Genus	**bochinche** *m* Lärm *m*, Tumult *m*, Krach *m*, Radau *m*; Durcheinander *n*, Wirrwarr *m*; ~**ar** *v/i*. *Am.* Krach machen.	género gramatical
Wortart		categoría gramatical
Konjugationsmuster (siehe Anhang S. 654ff.)	**ben|decir** [3p] *v/t*. **1.** segnen, (ein-)weihen; ~ *la comida* das Tischgebet sprechen; **2.** preisen, loben; [...]	paradigma de conjugación (véase pág. 654ss.)
Verweiszeichen	**barrete** *m* → *birrete*.	remisión
Bedeutungsdifferenzierung durch Objekte und typische Subjekte	**bornear**¹ **I.** *v/t*. **1.** aus-, um-, ver-biegen, krümmen; **2.** *Hausteine* setzen; *Säule* ringsum behauen; **II.** *v/i*. **3.** ⚓ schwojen; **4.** drehen (*Wind*); **III.** *v/r*. ~se **5.** s. werfen (*Holz*).	Las diferencias de significado se indican: mediante complementos directos y sujetos típicos
durch Sachgebietsangaben (Symbole und Abkürzungen)	**boro** 🜩 *m* Bor *n*. **bastidor** *m* **1.** (Stick-, Fenster-, Tür-)Rahmen *m*; *Phot.* Kassette *f*; **2.** ⊕ Gestell *n*, Gerüst *n*, Rahmen *m*; *Kfz.* Fahrgestell *n*; ~ (*lateral*) Zarge *f*; Leiterholm *m*; [...]	mediante la indicación de especialidad por símbolos y abreviaturas
Sprachgebrauchsebene	**bomba**³ F *adj. inv., adv.* prima F, dufte F, super F.	nivel del lenguaje
Lateinamerikanismen	**barzal** *m Am.* Sumpf *m*. **baúl** *m* **1.** gr. Koffer *m*; Truhe *f*; ~ *mundo* [...] **2.** *Kfz. Col.* Kofferraum *m*; **3.** *fig.* F [...]	americanismos
Angaben zur grammatischen Konstruktion	**barrer I.** *v/t*. **1.** kehren, (weg)fegen; freimachen, säubern (von *dat*. de); *fig.* hinwegfegen; mit s. fortreißen; [...]	indicaciones sintácticas
Das Semikolon trennt verschiedenartige Wörter, das Komma sinnverwandte Bedeutungen.	**baye|ta** *f* grober Flanell *m*; Scheuerlappen *m*, Putzlumpen *m*; ~**tón** *m* Molton *m*.	El punto y coma separa a los significados distintos, la coma a las voces sinónimas.
Ausführliche Benutzerhinweise ab S. 9		Indicaciones más detalladas para el uso del diccionario a partir de la pág. 9
Liste der im Wörterbuch verwendeten Abkürzungen ab S. 11		Explicación de las abreviaturas empleadas en el diccionario a partir de la pág. 11

LANGENSCHEIDTS
HANDWÖRTERBÜCHER

Langenscheidt
Diccionario Grande
Alemán

Primera parte
Español-Alemán

Dr. Heinz Müller
Prof. Dr. Günther Haensch

Editado por
la Redacción Langenscheidt

LANGENSCHEIDT
BERLÍN · MÚNICH · VIENA · ZÚRICH · NUEVA YORK

Langenscheidts Handwörterbuch Spanisch

Teil I
Spanisch-Deutsch

Von
Dr. Heinz Müller und
Prof. Dr. Günther Haensch

Herausgegeben von der
Langenscheidt-Redaktion

LANGENSCHEIDT
BERLIN · MÜNCHEN · WIEN · ZÜRICH · NEW YORK

Die Nennung von Waren erfolgt in diesem Werk, wie in Nachschlagewerken üblich, ohne Erwähnung etwa bestehender Patente, Gebrauchsmuster oder Marken. Das Fehlen eines solchen Hinweises begründet also nicht die Annahme, eine nicht gekennzeichnete Ware oder eine Dienstleistung sei frei.

Ni la ausencia ni la presencia de una indicación expresa de patentes o marcas significa que una denominación comercial que figure en esta obra carezca de protección legal.

© 2001 Langenscheidt KG, Berlin und München
Druck: C. H. Beck'sche Buchdruckerei, Nördlingen
ISBN 3-468-04343-0 (Deutschland)
ISBN 3-468-97802-2 (España)
Printed in Germany – Impreso en Alemania

Vorwort

Das spanisch-deutsche Handwörterbuch bietet dem Benutzer den modernen, lebendigen Wortschatz der spanischen und deutschen Sprache in übersichtlicher Form und handlichem Format. Das Wortgut aus allen Lebens- und Fachbereichen wird durch Anwendungsbeispiele, idiomatische Wendungen und genaue Angaben zur jeweiligen Sprachgebrauchsebene ergänzt.

Besondere Beachtung wird den sprachlichen Neubildungen der letzten Jahre sowie den Neubedeutungen vorhandenen Wortmaterials geschenkt, sowohl des allgemeinsprachlichen Wortguts als auch des Wortschatzes aus Industrie, Technik, Medizin, Wirtschaft, Politik usw. Als Beispiele seien angeführt: audiolibro *(Hörbuch)*, banco en casa *(Homebanking)*, bomba lapa *(Haftbombe)*, buzón de voz *(Mailbox)*, chatear *(chatten)*, Eurocámara *(Europaparlament)*, harina animal *(Tiermehl)*, internauta *(Internet-Surfer)*, móvil *(Handy)*, pareja de hecho *(eheähnliche Lebensgemeinschaft)*, tarifa plana *(Flatrate, Pauschaltarif)*, tarjeta monedero *(Geldkarte)*, telebanca *(Telefonbanking)*, transgénico *(gentechnisch verändert)*, hacer zapping *(zappen)* usw.

Der umgangssprachliche und populäre Bereich kommt in Einzelwörtern und Wendungen ebenfalls nicht zu kurz. So sind z. B. aufgeführt Einzelwörter wie: forofo *(Fan, Freak)*, grifota *(Haschischraucher, Kiffer)*, frustre *(Frust)*, mui *(Zunge)*, und (unter armario, moño, coco, esqueleto) Wendungen wie: salir del armario *(sich outen)*, estar hasta el moño *(die Schnauze voll haben)*, comer el coco a alg. *(j-m das Hirn od. den Verstand vernebeln; j-n weichmachen, -kneten)*, menear el esqueleto *(tanzen, herumhopsen, das Tanzbein schwingen)* usw.

Ausdrücke und Wendungen werden in diesem Wörterbuch entsprechend der Gebrauchsebene durch ein „F" (= *familiär*), „P" (= *populär*) oder „V" (= *vulgär*) gekennzeichnet (s. z. B. coño, dabuti, jalar). Diese Angaben sollen den Benutzer besonders bei Ausdrücken der niederen Volkssprache vor Fehlgriffen bewahren.

Angesichts der ständig wachsenden Bedeutung der Beziehungen zwischen lateinamerikanischen und deutschsprachigen Ländern findet sich der lateinamerikanische Wortschatz in größerem Umfang berücksichtigt. So findet der Benutzer in diesem Bereich u. a. camión Méj. *(Bus, Reisebus)*, celular Am. *(Handy)*, guayabera Am. *(Buschhemd)*, campero Col. *(Geländefahrzeug)*, grifero Pe., naftero Rpl. *(Tankwart)*, cíper Ant., Méj. *(Reißverschluß)*, cloch(e) Ant., Col., Méj., Ven. *(Kupplung)*, lavarropas Am. *(Waschmaschine)*, mamá Col., Méj. *(Mutter, allgemein, statt madre)*, mecha Méj. F *(Angst, Bammel)*, embolador Col. *(Schuhputzer)*, gremialista Rpl. *(Gewerk-*

schafter), pesero *Méj. (Streckentaxi)*, Am. Cent., Ven. *(Metzger, Fleischer)* usw.

Das Verweissystem zur Verbkonjugation mit der Darstellung der Musterverben im Anhang sowie eine wesentlich erweiterte, aktualisierte Liste gebräuchlicher spanischer und lateinamerikanischer Abkürzungen erhöhen zusätzlich den Gebrauchswert des Wörterbuchs.

Verfasser und Verlag hoffen, daß dieses Handwörterbuch auch weiterhin eine gute Aufnahme findet und dazu beitragen wird, die vielfältigen Beziehungen zwischen den Ländern spanischer Sprache und den deutschsprachigen Gebieten zu festigen.

LANGENSCHEIDT VERLAG

Prefacio

El Diccionario Grande español-alemán ofrece al usuario el vocabulario moderno y vivo de las lenguas española y alemana en una forma clara y accesible en un tamaño fácilmente manejable. El caudal léxico de todas las esferas de la vida que presenta, se completa por ejemplos de aplicación, modismos e indicaciones exactas sobre el nivel lingüístico de uso respectivo.

Se ha prestado especial atención a los neologismos más recientes y a las nuevas acepciones de palabras ya existentes tanto en la lengua general como en la de determinadas materias, por ej. industria, tecnología, medicina, economía, política, etc. Citemos algunos botones de muestra: audiolibro *(Hörbuch)*, banco en casa *(Homebanking)*, bomba lapa *(Haftbombe)*, buzón de voz *(Mailbox)*, chatear *(chatten)*, Eurocámara *(Europaparlament)*, harina animal *(Tiermehl)*, internauta *(Internet-Surfer)*, móvil *(Handy)*, pareja de hecho *(eheähnliche Lebensgemeinschaft)*, tarifa plana *(Flatrate, Pauschaltarif)*, tarjeta monedero *(Geldkarte)*, telebanca *(Telefonbanking)*, transgénico *(gentechnisch verändert)*, hacer zapping *(zappen)* etc.

También se ha tenido en cuenta el vocabulario del lenguaje coloquial y popular, tanto en cuanto a palabras como en lo que se refiere a modismos. Así aparecen en este diccionario palabras como forofo *(Fan, Freak)*, grifota *(Haschischraucher, Kiffer)*, frustre *(Frust)*, mui *(Zunge)*, y, bajo los lemas „armario, moño, coco, esqueleto", modismos como salir del armario *(sich outen)*, estar hasta el moño *(die Schnauze voll haben)*, comer el coco a alg. *(j-m das Hirn od. den Verstand vernebeln; j-n weichmachen, -kneten)*, menear el esqueleto *(tanzen, herumhopsen, das Tanzbein schwingen)* etc.

Las expresiones y modismos son caracterizados, según su nivel de uso, por "F" (= *familiar*), "P" (= *popular*) o "V" (= *vulgar*) (v. por ej. coño, dabuti, jalar). Estas indicaciones sirven para evitar que el usuario cometa deslices, especialmente con expresiones propias del lenguaje vulgar bajo.

Teniendo en cuenta la importancia creciente de las relaciones entre los países hispanoamericanos y germanohablantes, se ha dedicado especial atención al vocabulario del español de América, por ej. camión Méj. *(Bus, Reisebus)*, celular Am. *(Handy)*, guayabera Am. *(Buschhemd)*, campero Col. *(Geländefahrzeug)*, grifero Pe., naftero Rpl. *(Tankwart)*, cíper Ant., Méj. *(Reißverschluß)*, cloch(e) Ant., Col., Méj., Ven. *(Kupplung)*, lavarropas Am. *(Waschmaschine)*, mamá Col., Méj. *(Mutter, allgemein, statt madre)*, mecha Méj. F *(Angst, Bammel)*, embolador Col. *(Schuhputzer)*, gremialista Rpl. *(Gewerkschafter)*, pesero Méj. *(Streckentaxi)*, Am. Cent., Ven. *(Metzger, Fleischer)* etc.

El sistema de referencia a los paradigmas verbales y una lista considerablemente ampliada y actualizada de siglas españolas e hispanoamericanas aumentan el valor del diccionario para el usuario.

Los autores y la Casa Editora esperan que este diccionario siga teniendo una acogida tan favorable como hasta ahora y que contribuya a intensificar y consolidar las relaciones entre los países de habla española y los de lengua alemana.

Los Editores
EDITORIAL LANGENSCHEIDT

Inhaltsverzeichnis
Índice

Vorwort	5
Prefacio	6
Hinweise für die Benutzung des Wörterbuches	
Indicaciones para el uso del diccionario	9
Erklärung der im Wörterbuch verwendeten Zeichen und Abkürzungen	
Explicación de los símbolos y abreviaturas empleados en el diccionario	11
Zur Aussprache des Spanischen	15
Zur Schreibung des Spanischen	16
Das spanische Alphabet	17
Alphabetisches Wörterverzeichnis	
Vocabulario alfabético	19
Spanische Abkürzungen	
Abreviaturas españolas	647
Zahlwörter	
Numerales	653
Konjugation der spanischen Verben	655

Hinweise für die Benutzung des Wörterbuches
Indicaciones para el uso del diccionario

I. Die alphabetische Reihenfolge ist überall streng eingehalten. An alphabetischer Stelle sind auch angegeben:

a) die wichtigsten unregelmäßigen Formen der Verben sowie des Komparativs und Superlativs;

b) die verschiedenen Formen der Fürwörter.

II. Rechtschreibung. Für die Schreibung der spanischen Wörter dienten als Norm die Regeln der Real Academia Española, für die deutschen Wörter der „Duden".

III. Das Wiederholungszeichen oder die Tilde (~, ~, ♀, ♀) dient dazu, zusammengehörige oder verwandte Wörter zu Gruppen zu vereinigen. **Die fette Tilde** (~) vertritt das ganze Stichwort oder den vor dem senkrechten Strich (|) stehenden Teil dieses Stichwortes, z. B. **aire** m; **~ar** (= **airear**) v/t. usw.; **acen|to** m; **~tuar** (= **acentuar**) v/t. usw.

Die einfache Tilde (~) vertritt bei den in Gill-Schrift gesetzten Anwendungsbeispielen das unmittelbar vorhergehende Stichwort, das selbst schon mit Hilfe der Tilde gebildet sein kann, z. B. **alcance** m; ~ de tiro (= alcance de tiro) usw.; **bara|tísimo** adj.; **~to** adj.; dar de ~ (= dar de barato) usw.

Die Tilde mit Kreis (♀, ♀) wird verwendet, wenn sich der Anfangsbuchstabe ändert (groß in klein oder umgekehrt), z. B. **Medusa** f; Zo. ♀ (= **medusa**) usw.; **balanza** f; Astr. ♀ (= **Balanza**) usw.; **cámara** f; ♀ Alta (= Cámara Alta) usw.

IV. Wenn in einem spanischen Wort einzelne Buchstaben **in runden Klammern** stehen, so handelt es sich um zwei unterschiedslos gebräuchliche Formen, z. B. **secretor(io)** = **secretor** oder **secretorio** ⚔ absondernd.

V. Unterteilung der Stichwortartikel. Die **arabischen Ziffern** bezeichnen die verschiedenen Bedeutungen eines spanischen Stichwortes. Sie stehen fortlaufend und unabhängig von den römi-

I. El orden alfabético se ha observado rigurosamente. También se encuentran en el lugar alfabético correspondiente:

a) las formas irregulares más importantes de los verbos, así como del comparativo y del superlativo;

b) las diversas formas pronominales.

II. Ortografía. Las voces españolas han sido transcritas de acuerdo con las normas vigentes de la Real Academia Española; las palabras alemanas, según las normas oficiales (Duden).

III. El signo de repetición o tilde (~, ~, ♀, ♀) sirve para agrupar palabras análogas o de la misma familia. **La tilde gruesa** (~) remplaza a toda la palabra clave o a la parte de dicha voz que precede a la raya vertical (|), p. ej. **aire** m; **~ar** (= **airear**) v/t., etc.; **acen|to** m; **~tuar** (= **acentuar**) v/t., etc.

La tilde sencilla (~) remplaza, en los ejemplos que van en tipo "Gill", a la palabra clave inmediatamente precedente, la cual, a su vez, puede estar formada también valiéndose de una tilde; p. ej. **alcance** m; ~ de tiro (= alcance de tiro), etc.; **bara|tísimo** adj.; **~to** adj.; dar de ~ (= dar de barato), etc.

La tilde con círculo (♀, ♀) se emplea para indicar la modificación de la letra inicial (mayúscula en minúscula o al revés); p. ej. **Medusa** f; Zo. ♀ (= **medusa**), etc.; **balanza** f; Astr. ♀ (= **Balanza**), etc.; **cámara** f; ♀ Alta (= Cámara Alta), etc.

IV. Cuando en una palabra española aparecen algunas letras **entre paréntesis**, se sobrentiende que las dos formas se pueden usar indistintamente, p. ej. **secretor(io)** = **secretor** o bien **secretorio** ⚔ absondernd.

V. Subdivisión de las entradas. Las cifras arábigas separan los distintos significados de una palabra clave española. Aparecen de forma consecutiva, sin tomar en cuenta la secuencia de los

schen Ziffern. Bei weiteren Bedeutungsdifferenzierungen innerhalb der arabischen Ziffern werden Kleinbuchstaben verwendet.

Die römischen Ziffern kennzeichnen die verschiedenen Wortarten, denen ein Stichwort angehört. Sie werden zur Unterscheidung von Verb und Adjektiv bzw. Verb und Substantiv verwendet, die die gleiche Form haben und von gleicher Abstammung sind. Sie werden außerdem verwendet, um Substantive, die sowohl männlichen wie weiblichen Geschlechts sind, deutlich voneinander zu trennen, und sie dienen schließlich der Unterteilung bei Verben in v/i., v/t., v/r.

Wörter gleicher Schreibung, aber verschiedener Herkunft werden getrennt aufgeführt und sind in solchem Falle mit ¹, ² usw. bezeichnet worden, z. B. **balsa**¹ f Tümpel m; (neuer Titelkopf:) **balsa**² f Floß n.

VI. Das grammatische Geschlecht (m, f, n) ist bei allen spanischen und deutschen Substantiven angegeben, z. B. **argucia** f Spitzfindigkeit f, Sophismus m. Diejenigen Substantive, die für das Maskulinum und das Femininum die gleiche Form aufweisen, sowie Adjektive, die keine besondere Form für das Femininum haben, werden mit c bezeichnet, z. B. **artista** c 1. Künstler m; **amable** adj. c liebenswürdig; **belga** adj.-su. c belgisch; m Belgier m.

VII. Hinter unregelmäßig konjugierten spanischen Verben weisen die in eckigen Klammern stehenden Zahlen und Buchstaben auf das entsprechende **Konjugationsmuster** hin (s. S. 653ff.), z. B. **aplicar** [1g], **acoger** [2c], **advertir** [3i].

VIII. Die Rektion der Verben ist nur da angegeben, wo sie in beiden Sprachen verschieden ist. Deutsche Präpositionen sind überall mit der Kasusangabe versehen, z. B. **abusar** de a/c. (de alg.) et. (j-n) mißbrauchen, et. (j-n) ausnutzen; **aplicar** anwenden (auf ac. a).

IX. Die Bedeutungsunterschiede der verschiedenen Übersetzungen sind durch vorgesetzte bildliche Zeichen oder Abkürzungen bzw. durch vorgesetzte deutsche Objekte oder nachgesetzte deutsche Subjekte gekennzeichnet, z. B. **alienación** f Veräußerung f; ⚙ Geisteskrankheit f; **aherrojar** v/t. anketten, fesseln; fig. einsperren; fig. unterdrücken; **afinar** Metalle läutern; Instrumente stimmen; **adusto** adj. 1. finster, mürrisch (Person); düster (Sachen); 2. heiß (Landstrich).

números romanos. Para establecer diferencias más específicas dentro de las cifras arábigas, se emplean letras minúsculas.

Los números romanos especifican las diversas categorías gramaticales a las que puede pertenecer una misma palabra clave. Se utilizan para diferenciar el verbo y el adjetivo o bien el verbo y el sustantivo, que presentan la misma forma y derivación. Además, se emplean para separar más claramente sustantivos que a la vez pueden ser masculinos o femeninos, y, finalmente, para la subdivisión de los verbos en v/i., v/t., v/r.

Las palabras con idéntica grafía pero de distinto origen, aparecen por separado, y, en tales casos, son diferenciadas mediante exponentes ¹, ² etc.; p. ej. **balsa**¹ f Tümpel m; (nuevo artículo) **balsa**² f Floß n.

VI. El género gramatical (m, f, n) se indica en cada palabra española y alemana; p. ej. **argucia** f Spitzfindigkeit f, Sophismus m. Los sustantivos que presentan idéntica forma en masculino y femenino, así como los adjetivos que no tienen forma especial femenina, se especifican con una c; p. ej. **artista** c 1. Künstler m; **amable** adj. c liebenswürdig; **belga** adj.-su. c belgisch; m Belgier m.

VII. A continuación de los verbos de conjugación irregular, se remite, entre corchetes, al **correspondiente paradigma de conjugación** (véase pág. 653 y sig.); p. ej. **aplicar** [1g], **acoger** [2c], **advertir** [3i].

VIII. El régimen de los verbos se especifica solamente en los casos en que difiere en ambas lenguas. Las preposiciones alemanas van acompañadas de la indicación del caso que rigen; p. ej. **abusar** de a/c. (de alg.) et. (j-n) mißbrauchen, et. (j-n) ausnutzen; **aplicar** anwenden (auf ac. a).

IX. Las diferencias de significado de las distintas traducciones van precedidas de un símbolo o abreviatura al caso, o bien de sus complementos directos alemanes antepuestos o sujetos alemanes pospuestos; p. ej. **alienación** f Veräußerung f; ⚙ Geisteskrankheit f; **aherrojar** v/t. anketten, fesseln; fig. einsperren; fig. unterdrücken; **afinar** Metalle läutern; Instrumente stimmen; **adusto** adj. 1. finster, mürrisch (Person); düster (Sachen); 2. heiß (Landstrich).

Erklärung der im Wörterbuch verwendeten Zeichen und Abkürzungen
Explicación de los símbolos y abreviaturas empleados en el diccionario

I. Bildliche Zeichen – Símbolos

F	familiär, *lenguaje familiar*		⚘	Botanik, *botánica*
P	populär, *lenguaje popular*		△	Baukunst, *arquitectura*
V	vulgär, *vulgar*		⚒	Mathematik, *matemáticas*
⚹	selten, *raro*		⚗	Chemie, *química*
†	veraltet, *arcaísmo*		⚡	Elektrotechnik, *electrotecnia*
✝	Handel, Wirtschaft, *comercio, economía*		☤	Medizin, *medicina*
⚓	Schiffahrt, *navegación*		⚖	Rechtswissenschaft, *jurisprudencia, derecho*
⚔	Militär, *milicia*		📖	wissenschaftlich, *científico*
⊕	Technik, Handwerk, *tecnología, artesanía*		⛨	Wappenkunde, *heráldica*
⚒	Bergbau, *minería*		□	Gaunersprache, *jerga del hampa*
🚂	Eisenbahn, *ferrocarriles*		→	siehe auch, *véase*
✈	Flugwesen, *aviación*		=	gleich, *igual o equivalente a*
✉	Post, *correos*		<	kommt von, wird aus, *derívase de*
♪	Musik, *música*		~, ♀	siehe Hinweise auf S. 9, *véanse Indicaciones, p. 9*
⚘	Acker-, Gartenbau, *agricultura, horticultura*			

II. Abkürzungen – Abreviaturas

a.	auch, *también*		*Astrol.*	Astrologie, *astrología*
Abk.	Abkürzung, *abreviatura*		*Atom.*	Atom- und Kerntechnik, *técnica nuclear*
Abl.	Ableitung(en), *derivación (-ones)*			
abs.	absolut, *absoluto*		*attr.*	attributiv, *atributivo*
a/c.	etwas, *algo, alguna cosa*		*augm.*	augmentativ, *aumentativo*
ac.	Akkusativ, *acusativo*			
adj.	Adjektiv, *adjetivo*		*b.*	bei(m), *en; al*
adv.	Adverb, *adverbio*		*Bankw.*	Bankwesen, *banca*
Al.	Álava, *Álava*		*barb.*	Sprachwidrigkeit, *barbarismo*
alg.	jemand, *alguien, alguno*		*bask.*	baskisch, *vasco*
allg.	allgemein, *generalmente*		*best.*	bestimmt, *determinado*
Am.	Amerika(nismus), *Hispanoamérica, americanismo*		*Bew.*	Bewässerungswesen, *riego*
			bez.	bezüglich, *referente*
Am.Cent.	Mittelamerika, *América Central*		*bibl.*	biblisch, *bíblico*
Am.Mer.	Südamerika, *América Meridional*		*Biol.*	Biologie, *biología*
amt.	amtlich, *oficial*		*Bol.*	Bolivien, *Bolivia*
Am.trop.	tropisches Amerika, *América tropical*		*bsd.*	besonders, *especialmente*
Anat.	Anatomie, *anatomía*		*Buchb.*	Buchbinderei, *encuadernación*
And.	Anden, *Andes*		*burl.*	scherzhaft, *burlesco*
Andal.	Andalusien, *Andalucía*		*bzw.*	beziehungsweise, *o bien*
Angl.	Anglizismus, *anglicismo*			
Anm.	Anmerkung, *anotación*		*c*	beiderlei Geschlechts, *[género] común*
Ant.	Antillen, *Antillas*		*ca.*	zirka, *aproximadamente*
Ar.	Aragonien, *Aragón*		*Cast.*	Kastilien, *Castilla*
arab.	arabisch, *árabe*		*Cat.*	Katalonien, *Cataluña*
arauk.	araukanisch, *araucano*		*Chi.*	Chile, *Chile*
Arch.	Archäologie, *arqueología*		*Chir.*	Chirurgie, *cirugía*
Arg.	Argentinien, *Argentina*		*cj.*	Konjunktion, *conjunción*
Arith.	Arithmetik, *aritmética*		*cm*	Zentimeter, *centímetro*
Art.	Artillerie, *artillería*		*Col.*	Kolumbien, *Colombia*
art.	Artikel, *artículo*		*comp.*	Komparativ, *comparativo*
Ast.	Asturien, *Asturias*		*concr.*	konkret, *concreto*
Astr.	Astronomie, *astronomía*		*C.Ri.*	Costa Rica, *Costa Rica*

Cu.	Kuba, *Cuba*		*gr., gr.*	groß, *gran(de)*
			Gram.	Grammatik, *gramática*
			griech.	griechisch, *griego*
dat.	Dativ, *dativo*		*Gua.*	Guarani, *Guaraní*
def.	defektives Verb, *verbo defectivo*		*Guat.*	Guatemala, *Guatemala*
desp.	verächtlich, *despectivo*		*Guay.*	Guayana, *Guayana*
d.h.	das heißt, *es decir*			
dim.	Diminutiv, *diminutivo*		*hebr.*	hebräisch, *hebreo*
dipl., Dipl.	Diplomatie, *diplomacia*		HF	Hochfrequenz u. Elektronik, *alta frecuencia y electrónica*
d-m, d-m	deinem, *a tu* (dat.)			
d-n, d-n	deinen, *tu, a tu* (ac.)		*hist.*	historisch, *histórico*
d-r, d-r	deiner, *de tu, de tus*		*Hk.*	Hahnenkampf, *riña de gallos*
d-s, d-s	deines, *de tu*		*hl.*	heilig, *santo*
dt.	deutsch, *alemán*		*Hond.*	Honduras, *Honduras*
Dtl.	Deutschland, *Alemania*		*Hydr.*	Wasserbau, *hidráulica*
			ib.	ibidem, ebendort, *ibídem, allí mismo*
ea., ea.	einander, *uno(s) a otro(s)*		*id.*	idem, derselbe bzw. dasselbe, *ídem, el (lo) mismo*
Ec.	Ecuador, *Ecuador*			
ecl.	kirchlich, *eclesiástico*		*i.e.S.*	im engeren Sinne, *en sentido más estricto*
ecol.	Ökologie, *ecología*			
EDV	Elektronische Datenverarbeitung, *procesamiento (electrónico) de datos*		*imp.*	Imperativ, *imperativo*
			impf.	Imperfekt, *imperfecto*
e-e, e-e	eine, *una, a una* (ac.)		*inc.*	inkorrekt, *incorrecto*
ehm.	ehemals, früher, *antiguamente, antes*		*ind.*	Indikativ, *(modo) indicativo*
ellipt.	elliptisch, *elíptico, elípticamente*		*indef.*	unbestimmt, *indefinido*
			indekl.	indeklinabel, *indeclinable*
e-m, e-m	einem, *a un(o)*		*inf.*	Infinitiv, *(modo) infinitivo*
e-n, e-n	einen, *un(o), a un(o)* (ac.)		*inf.pt.*	Infinitiv des Perfekts, *infinitivo perfecto*
engl.	englisch, *inglés*		*int.*	Interjektion, *interjección*
e-r, e-r	einer, *de una, (a) una*		*intern.*	international, *internacional*
Ent.	Entomologie, *entomología*		*interr.*	Interrogativum, *interrogativo*
entspr.	entsprechend, entspricht, *correspondiente*		*inv.*	unveränderlich, *invariable*
			iron.	ironisch, *irónico*
Equ.	Reitkunst, *equitación*		*irr.*	unregelmäßig, *irregular*
et., et.	etwas, *algo, alguna cosa*		IT	Internet, *Internet*
Ethn.	Völkerkunde, *etnología*		*it., ital.*	italienisch, *italiano*
euph.	euphemistisch, *eufemismo*		*i.weit.S.*	im weiteren Sinne, *en sentido más amplio*
Extr.	Estremadura, *Extremadura*			
f	Femininum, *femenino*		*j., j.*	jemand, *alguien*
Fechtk.	Fechtkunst, *esgrima*		*Jgdw.*	Jagdwesen, *montería, caza*
Fi.	Fisch, *pez*		*Jh.*	Jahrhundert, *siglo*
fig.	figürlich, *en sentido figurado*		*j-m, j-m*	jemandem, *a alguien* (dat.)
Fil.	Philippinen, *Filipinas*		*j-n, j-n*	jemanden, *a alguien* (ac.)
Fmw.	Fernmeldewesen, *telecomunicación*		*j-s, j-s*	jemandes, *de alguien* (gen.)
Folk.	Folklore, *folklore*			
fort.	Befestigungswesen, *fortificación*		*K*	klassischer Sprachgebrauch, *uso clásico*
f/pl.	Femininum im Plural, *femenino plural*		*Kart.*	Kartenspiel, *juego de cartas*
frz.	französisch, *francés*		*kath.*	katholisch, *católico*
			Kchk.	Kochkunst, *arte culinario*
gal.	Gallizismus, *galicismo*		*Kdspr.*	Kindersprache, *lenguaje infantil, media lengua*
Gal.	Galicien, *Galicia*			
gan.	Viehzucht, *ganadería*		*Ke.*	Ketschua, *quechua*
gelegl.	gelegentlich, *ocasional*		*k-e, k-e*	keine, *ninguna, a ninguna* (ac.)
gen.	Genitiv, *genitivo*		*Kfz.*	Kraftfahrzeug(wesen), *automóvil, automovilismo*
Geogr.	Geographie, *geografía*			
Geol.	Geologie, *geología*		*kgl.*	königlich, *real*
Geom.	Geometrie, *geometría*		*kl.*	klein, *pequeño*
ger.	Gerundium, *gerundio*		*k-n, k-n*	keinen, *(a) ningún, (a) ninguno* (ac.)
Ggs.	Gegensatz, *contrario*			
gg.(-)	gegen(-), *contra(-)*		*koll.*	kollektiv, *colectivo*

k-r, *k-r*	keiner, *ninguno; de (od. a) ninguna*	*Parl.*	Parlament, *parlamento*
k-s, *k-s*	keines, *ninguno; de ningún, de ninguno*	*part.*	Partizip, *participio*
Ku.	Kunst(geschichte), *(historia del) arte*	*pas.*	Passiv, *pasivo, voz pasiva*
		Pe.	Peru, *Perú*
Li.	Linguistik, *lingüística*	*p.ext.*	im weiteren Sinne, *por extensión*
Lit.	Literatur(geschichte u. -wissenschaft) *(historia y ciencia de la) literatura*	*Pfl.*	Pflanzen, *plantas*
		pej.	pejorativ, *peyorativo*
lit.	literarisch(er Sprachgebrauch), *(uso) literario*	*pharm.*	Pharmakologie, *farmacología*
		Phil.	Philosophie, *filosofía*
Log.	Logik, *lógica*	*Phon.*	Phonetik, *fonética*
lt.	lateinisch, *latino*	*Phono.*	Tontechnik, *fonotecnia*
		Phot.	Photographie, *fotografía*
M	Militärargot, *jerga militar*	*Phys.*	Physik, *física*
m	Maskulinum, *masculino*	*Physiol.*	Physiologie, *fisiología*
Ma.	Mittelalter, *Edad Media*	*pl.*	Plural, *plural*
ma.	mittelalterlich, *medieval*	*poet.*	poetisch, *poético*
Mal.	Malerei, *pintura*	*Pol.*	Politik, *política*
Mál.	Málaga, *Málaga*	*port.*	portugiesisch, *portugués*
Mall.	Mallorca, *Mallorca*	*pred.*	prädikativ, *predicativo*
Map.	Mapuche, *araucano*	*pref.*	Präfix, *prefijo*
Marr.	Marokko, *Marruecos*	*prehist.*	Vorgeschichte, *prehistoria*
m-e, *m-e*	meine, *mi, mis*	*pret.*	Vergangenheit, *pretérito*
Mech.	Mechanik, *mecánica*	*P.Ri.*	Puerto Rico, *Puerto Rico*
Méj.	Mexiko, *Méjico, mejicanismo*	*pron.*	Pronomen, *pronombre*
Met.	Meteorologie, *meteorología*	*pron. dem.*	hinweisendes Fürwort, *pronombre demostrativo*
Min.	Mineralogie, *mineralogía*		
m-m, *m-m*	meinem, *a mi (dat.)*	*pron.indef.*	unbestimmtes Fürwort, *pronombre indefinido*
m-n, *m-n*	meinen, *mi, a mi (ac.)*		
mor.	moralisch, *moral*	*prot.*	protestantisch, *protestante*
mot.	Motorenbau, *construcción de motores*	*prov.*	provinziell, *provinciano*
m/pl.	Maskulinum im Plural, *masculino plural*	*prp.*	Präposition, *preposición*
m-r, *m-r*	meiner, *de mi; a mi (dat.)*	*prs.*	Präsens, *presente*
m-s, *m-s*	meines, *de mi*	*Psych.*	Psychologie, *psicología*
mst.	meistens, *generalmente, las más de las veces*		
		Raumf.	Raumfahrt, *astronáutica*
Murc.	Murcia, *Murcia*	*rd.*	rund, *más o menos*
Myst.	Mystik, *mística*	*refl.*	reflexiv, *reflexivo*
Myth.	Mythologie, *mitología*	*Reg.*	Regionalismus, *regionalismo*
		Rel.	Religion, *religión*
n	Neutrum, *neutro*	*rel.*	relativ, *relativo*
Na.	Nahuatl, *nahuatl*	*Repro.*	Repro(duktions)technik, *reproducción*
Nav.	Navarra, *Navarra*	*Rf.*	Rundfunk, *radio*
nd.	norddeutsch, *alemán del Norte*	*Rhet.*	Rhetorik, *retórica*
neol.	Neologismus, *neologismo*	*Rpl.*	Rio-de-la-Plata-Staaten, *rioplatense*
Nic.	Nicaragua, *Nicaragua*		
nom.	Nominativ, *nominativo*	*s.*	sich, *se (refl.), sí*
n/pl.	Neutrum im Plural, *neutro plural*	*S.*	Seite, *página*
npr.	Eigenname, *nombre propio*	*Sal.*	Salamanca, *Salamanca*
num.	Zahlwort, *numeral*	*Salv.*	El Salvador, *El Salvador*
		Sant.	Santander, *Santander*
obsz.	obszön, *obsceno*	*Sch.*	Schüler-, Studentensprache, *lenguaje escolar y estudiantil*
od., *od.*	oder, *o*		
öffentl.	öffentlich, *público*	*Schulw.*	Schulwesen, *enseñanza*
onom.	onomatopoetisch, *onomatopéyico*	*schweiz.*	schweizerisch, *suizo*
Opt.	Optik, *óptica*	*sdd.*	süddeutsch, *alemán del Sur*
örtl.	örtlich, *local*	*S.Dgo.*	Santo Domingo, *Santo Domingo*
öst.	österreichisch, *austríaco*	s-e, *s-e*	seine, *su, sus (pl.)*
		sg.	Singular, *singular*
Pan.	Panama, *Panamá*	*sid.*	Eisenhüttenkunde; Hüttenwesen, *siderurgia*
Par.	Paraguay, *Paraguay*		

silv.	Forstwirtschaft, *silvicultura*	*usw.*	und so weiter, *etcétera*
s-m, *s-m*	seinem, *a su (dat.)*	*u.U.*	unter Umständen, *tal vez*
s-n, *s-n*	seinen, *su, a su (ac.)*		
sol.	Sprachschnitzer, *solecismo*	*v.*	von, vom, *de, del, de la*
Soz.	Soziologie, *sociología*	*Val.*	Valencia, *Valencia*
Sp.	Spiel und Sport, *juegos y deportes*	*Vbdg(n)*	Verbindung(en), *palabra(s) compuesta(s)*
span.	spanisch, *español*		
Span.	Spanien, *España*	*Ven.*	Venezuela, *Venezuela*
Spinn.	Spinnerei, *hilandería*	*verallg.*	verallgemeinernd, *generalizando*
Spr.	Sprichwort, *proverbio*	*Vers.*	Versicherungswesen, *seguro*
s-r, *s-r*	seiner, *de su, de sus*	*versch.*	verschieden(e), *diferente(s)*
s-s, *s-s*	seines, *de su*	*Verw.*	Verwaltung, *administración*
Stk.	Stierkampf, *tauromaquia*	*vet.*	Tierheilkunde, *veterinaria*
stud.	Studentensprache, *lenguaje estudiantil*	*vgl.*	vergleiche, *véase, compárese*
		v/i.	intransitives Verb, *verbo intransitivo*
su.	Substantiv, *sustantivo*	*v/impers.*	unpersönliches Verb, *verbo impersonal*
subj.	Konjunktiv, *subjuntivo*	*Viz.*	Vizcaya, *Vizcaya*
substant.	substantivisch, *(usado como) sustantivo*	*v/r.*	reflexives Verb, *verbo reflexivo*
suf., suff.	Suffix, *sufijo*	*v/t.*	transitives Verb, *verbo transitivo*
sup.	Superlativ, *superlativo*	*vt/i.*	transitives und intransitives Verb, *verbo transitivo e intransitivo*
s.v.	(siehe) unter dem Stichwort, *sub voce*		
		Vkw.	Verkehrswesen, *transportes*
		Vmed.	in der Volksmedizin verwendet, *utilizado en la medicina popular*
Tel.	Telefon, Telegraphie, *teléfono, telegrafía*		
		Vo.	Vogel, *ave*
tex.	Textilien, *textiles*		
Thea.	Theater, *teatro*	*W.*	Wendungen, *locuciones, modismos*
Theol.	Theologie, *teología*	*Wkz.*	Werkzeug, *herramienta*
trop.	tropisch, *tropical*	*Wkzm.*	Werkzeugmaschine, *máquina-herramienta*
t.t.	fachsprachlich, *término técnico*		
turc.	türkisch, *turco*	*Wz.*	Warenzeichen, *marca registrada*
TV	Fernsehen, *televisión*		
Typ.	Typographie, Druckwesen, *tipografía*	*Zahnhlk.*	Zahnheilkunde, *odontología*
		z.B.	zum Beispiel, *por ejemplo*
		zeitl.	zeitlich, *temporal*
u., u.	und, *y*	*Zim.*	Zimmermannskunst und Schreinerei, *carpintería y ebanistería*
u.ä.	und ähnliches, *y otras cosas por el estilo*		
unprs.	unpersönlich, *impersonal*	*Zo.*	Zoologie, *zoología*
untr.	untrennbar, *inseparable*	zs., *zs.*	zusammen, *juntos*
Univ.	Hochschulwesen, *enseñanza superior*	*Zssg(n)*	Zusammensetzung(en), *palabra(s) compuesta(s)*
Ur.	Uruguay, *Uruguay*		
urb.	Städtebau, Städteplanung, *urbanismo*	*z.T.*	zum Teil, *en parte*
urspr.	ursprünglich, *original*		

Zur Aussprache des Spanischen

A. Die Vokale

Die spanischen Vokale werden weder extrem offen noch extrem geschlossen, weder sehr lang noch sehr kurz gesprochen. Sie sind von mittlerer Dauer, also **halblang** zu sprechen. Unbetonte Vokale haben dieselbe Klangfarbe wie die betonten, nur ist die Tonstärke geringer; das e in tonlosen Endsilben darf also nicht dumpf gesprochen werden wie das deutsche e in „bitten, badet".

B. Die Diphthonge

Bei den Diphthongen **ai, ay, au, ei, ey, eu, oi, oy** und **ou** behält jeder Vokal seinen vollen Lautwert. Sie werden wie zwei getrennte Vokale, jedoch dabei verschliffen, nicht abgehackt gesprochen. Das i bzw. y und das u bilden den unbetonten Teil des Diphthongs; der Ton liegt auf den Vokalen a, e und o *(fallender Diphthong)*: b**ai**le *Tanz*, h**ay** *es gibt*, c**au**sa *Ursache*, p**ei**ne *Kamm*, l**ey** *Gesetz*, d**eu**da *Schuld*, b**oi**na *Baskenmütze*, s**oy** *ich bin*, Port B**ou** *(Ort in Katalonien)*.

Bei den Diphthongen **ia, ie, io, ua, ue** und **uo** liegt der Ton gleichfalls auf den Vokalen a, e und o, d. h. auf dem zweiten Teil des Diphthongs, während i und u unbetont bleiben, bei den Diphthongen **iu** und **ui** wird ebenfalls der zweite Teil betont *(steigender Diphthong)*: camb**ia**r *wechseln*, p**ie**za *Stück*, p**io**jo *Laus*, c**ua**dro *Bild*, c**ue**nca *Becken*, c**uo**ta *Quote*, v**iu**da *Witwe*, c**ui**da *er besorgt*.

C. Die Konsonanten

b wird im absoluten Anlaut sowie nach **m** und **n** wie deutsches **b** in „Baum" gesprochen: **b**ueno *gut*, **b**lanco *weiß*, tam**b**ién *auch*, un **b**anco *eine Bank*. Zwischen Vokalen sowie vor und nach Konsonanten (außer **m** und **n**) wird **b** als stimmhafter, mit beiden Lippen gebildeter (bilabialer) Reibelaut gesprochen: escri**b**ir *schreiben*, a**b**uelo *Großvater*, cu**b**rir *bedecken*, ár**b**ol *Baum*.

c wird vor den dunklen Vokalen **a, o, u** sowie vor **Konsonanten** wie deutsches **k** in „Käfig" (jedoch ohne Behauchung!) gesprochen: **c**asa *Haus*, **c**ola *Schwanz*, **c**uña *Keil*, **c**lavo *Nagel*, **c**ruz *Kreuz*, la**c**a *Lack*, la**c**re *Siegellack*, o**c**tubre *Oktober*. Vor den hellen Vokalen **e** und **i** wird **c** als stimmloser Lispellaut etwa wie englisches stimmloses **th** in „thing" gesprochen: **c**entro *Mitte*, **c**inco *fünf*. In Lateinamerika und in Teilen Südspaniens wird c vor e und i wie scharfes s in „Messer" gesprochen: **c**ielo *Himmel*, **c**elo *Eifer*.

ch wird wie **tsch** in „Pritsche" gesprochen: **ch**ico *Junge*, mu**ch**o *viel*.

d wird im absoluten Anlaut sowie nach **l** und **n** wie deutsches **d** in „Dorf" gesprochen: **d**ólar *Dollar*, **d**roga *Droge*, cal**d**era *Kessel*, cuan**d**o *als*. In allen übrigen Fällen – besonders zwischen Vokalen – wird **d** als stimmhafter Reibelaut ähnlich dem englischen stimmhaften **th** in „other" gesprochen: na**d**a *nichts*, pa**d**re *Vater*. Im Wortauslaut wird **d** nur schwach artikuliert, oder es verstummt ganz: Madri**d**, amabilida**d** *Liebenswürdigkeit*.

g wird im absoluten Anlaut vor den dunklen Vokalen **a, o, u** und vor **Konsonanten** sowie nach **n** wie deutsches **g** in „Gast" (jedoch ohne Behauchung!) gesprochen: **g**anancia *Gewinn*, **g**olpe *Schlag*, **g**usto *Geschmack*, **g**loria *Ruhm*, **g**rado *Grad*, ten**g**o *ich habe*. Zwischen den dunklen Vokalen **a, o, u** sowie vor Konsonanten wird **g** als stimmhafter Reibelaut wie das deutsche **g** in „Pegel" gesprochen: a**g**ua *Wasser*, si**g**no *Zeichen*, ale**g**re *fröhlich*. Vor den hellen Vokalen **e** und **i** wird **g** wie **ch** in „Dach" gesprochen: **g**ente *Leute*, **g**iro *Kreislauf*. ü zwischen **g** und **i** oder **e** bedeutet, daß das **u** mit ausgesprochen werden muß: lin**gü**ista *Linguist*, ci**gü**eña *Storch*.

h ist immer **stumm**.

j wird wie **g** vor den hellen Vokalen **e** und **i** gesprochen, also wie **ch** in „Dach": **j**abón *Seife*, **j**efe *Chef*, Mé**j**ico, Don Qui**j**ote, **j**unta *Versammlung*.

ll wird, in sehr gepflegter Aussprache, wie eine Verschmelzung vom **l + j** zu einem Einheitslaut gesprochen, ähnlich der deutschen Endung **-lie** in „Familie": ca**ll**e *Straße*, Ma**ll**orca, Sevi**ll**a. In großen Teilen Spaniens und Lateinamerikas wird **ll** wie **j** in „Koje" artikuliert: ma**ll**a *Masche*; in einigen Gegenden vor allem Lateinamerikas wird **ll** wie das stimmhafte **j** in „Journalist" gesprochen: mi**ll**ón *Million*.

n wird meist wie deutsches **n** gesprochen (**n**adie *niemand*, ma**n**o *Hand*), vor den Lippenlauten **b, p, f, v** dagegen wie **m**: u**n** balón *ein Ball*, u**n** pié *ein Fuß*, e**n**fermo *krank*, tra**n**vía *Straßenbahn*. Vor **g, c** (außer **ci** und **ce**) und **j** wird **n** ungefähr wie deutsches **n** in „Anker, Ring" gesprochen: te**n**go *ich habe*, ba**n**co *Bank*, je**n**gibre *Ingwer*, mo**n**ja *Nonne*.

ñ wird wie die französische Konsonantenverbindung **gn** in „Champagner" gesprochen: Espa**ñ**a, ni**ñ**o *Kind*.

qu kommt nur vor den hellen Vokalen **e** und **i** vor und wird wie deutsches **k** in „Keim" (jedoch ohne Behauchung!) gesprochen: **qu**edar *bleiben*, **qu**inta *Landhaus*.

r ist im Anlaut sowie nach **l, n** und **s** ein **stark gerolltes Zungenspitzen-r** (**r**ascar *kratzen*, alrededor *ringsherum,* hon**r**a *Ehre,* is**r**aelí *Israeli);* ebenso **rr** (pe**rr**o *Hund).* In allen übrigen Fällen ist **r** ein **einmalig gerolltes Zungenspitzen-r**: seño**r** *Herr,* t**r**es *drei,* cuat**r**o *vier.*

s wird in der Regel, vor allem zwischen Vokalen, **scharf** (stimmlos) wie in „Messer" gesprochen: ca**s**a *Haus,* **s**ol *Sonne,* a**s**í *so.* Vor den stimmhaften Konsonanten **b, d, g, l, m, n, r** und **v** dagegen wird **s weich** (stimmhaft) wie in „Hase" gesprochen: Li**s**boa *Lissabon,* de**s**de *seit,* mi**s**mo *selbst.*

v wird wie **b** ausgesprochen: Im absoluten Anlaut sowie nach **m** und **n** wie deutsches **b** in „Baum": **v**ino *Wein,* vo**z** *Stimme,* tran**v**ía *Straßenbahn,* en**v**iar *schicken* (s. Aussprache von **n**). Zwischen Vokalen sowie nach Konsonanten wird **v** als stimmhafter, mit beiden Lippen gebildeter (bilabialer) Reibelaut gesprochen: gra**v**e *schwer,* ca**lv**a *Glatze,* Cer**v**antes.

x wird vor Vokalen meist wie **gs** gesprochen (é**x**ito *Ausgang,* e**x**amen *Prüfung),* vor Konsonanten meist als **stimmloses s**: e**x**clamar *ausrufen,* e**x**tremo *äußerst,* in sehr gehobener Aussprache als **ks**: e**x**presar *ausdrücken.*

y wird am Wortende wie **i** gesprochen (ha**y** *es gibt,* re**y** *König),* in allen übrigen Fällen als Konsonant wie **j**: a**y**er *gestern,* **y**ugo *Joch.* In einigen Gebieten Spaniens und Lateinamerikas wird das intervokalische **y** ähnlich wie **j** in „Journal" ausgesprochen: ma**y**o *Mai,* a**y**er *gestern.*

z wird vor stimmhaften Konsonanten als stimmhafter Lispellaut ähnlich dem englischen stimmhaften **th** in „other" gesprochen: ju**z**gado *Gerichtshof.* In allen anderen Fällen wird **z** wie **c** vor den hellen Vokalen **e** und **i** gesprochen, also als stimmloser Lispellaut wie englisches stimmloses **th** in „thing": **Z**aragoza, Aranjue**z**, Veláz**qu**e**z**. In Teilen Südspaniens und in Lateinamerika wird **z** wie **s** in „Messer" gesprochen: cora**z**ón *Herz.*

Zur Schreibung des Spanischen

I. Betonung

1. Mehrsilbige Wörter, die auf einen **Vokal, n** oder **s** enden, werden auf der **vorletzten** Silbe betont (p**o**rque *weil,* j**o**ven *jung,* C**a**rmen, naci**o**nes *Völker,* C**a**rlos).
2. Mehrsilbige Wörter, die auf einen **Konsonanten** (außer n oder s) oder auf **y** enden, werden auf der **letzten** Silbe betont (españ**o**l *spanisch,* ciud**a**d *Stadt,* señ**o**r *Herr,* est**o**y *ich bin).*
3. Ausnahmen von diesen beiden Regeln (somit auch alle auf der **drittletzten** Silbe betonten Wörter) werden durch einen **Akzent** (´) gekennzeichnet (est**á** *er ist,* naci**ó**n *Volk,* franc**é**s *französisch,* Vel**á**zquez, f**á**brica *Fabrik,* **é**poca *Zeit,* M**á**laga, C**ó**rdoba, L**é**rida).
4. Eine Anzahl einsilbiger Wörter wird mit Akzent geschrieben, um sie von gleichlautenden Wörtern mit anderer Bedeutung zu unterscheiden (t**ú** *du* – tu *dein,* **é**l *er* – el *der,* s**í** *ja* – si *wenn).*
5. Frage- und Ausrufewörter werden mit Akzent geschrieben (¿c**ó**mo? *wie?,* ¿cu**á**ndo? *wann?,* ¿d**ó**nde? *wo?,* ¿qui**é**n? *wer?,* ¡qu**é** bien! *wie gut!,* ¡cu**á**nto me alegro! *wie ich mich freue!).*

II. Groß- und Kleinschreibung

Grundsätzlich werden im Spanischen alle Wörter mit **kleinen** Anfangsbuchstaben geschrieben. Mit **großen** Anfangsbuchstaben werden geschrieben:

Das erste Wort eines Satzes, Eigennamen sowie die ihnen vorangestellten Titel (José, el Emperador Guillermo Segundo *Kaiser Wilhelm II.,* Asia *Asien,* Bélgica *Belgien),* Bezeichnungen von Institutionen, öffentlichen Gebäuden, Plätzen usw. (Biblioteca Nacional *Staatsbibliothek,* la Bolsa *die Börse,* la Puerta del Sol, Calle de Atocha, Avenida Calvo Sotelo), Bezeichnungen für Gott und verwandte Begriffe (Dios *Gott,* la Virgen *die Jungfrau Maria,* la Providencia *die Vorsehung),* Studienfächer (Arquitectura *Architektur,* Matemáticas *Mathematik)* sowie häufig Haupt- und Eigenschaftswörter in Überschriften und Buchtiteln (Diccionario Manual de la Lengua Española).

III. Silbentrennung

Für die Silbentrennung gelten im Spanischen folgende Regeln:

1. **Ein einfacher Konsonant** zwischen zwei Vokalen gehört zur folgenden Silbe (di-ne-ro, Grana-da).
2. **Zwei Konsonanten** werden getrennt (miér-coles, dis-cur-so). Ist der zweite Konsonant jedoch ein l oder r, so gehören beide zur folgenden Silbe (re-gla, nie-bla; po-bre, ca-bra). Auch ch, ll und rr gehören zur folgenden Silbe (te-cho, ca-lle, pe-rro).
3. Bei **drei Konsonanten** gehören die beiden letzten (meist l oder r) zur folgenden Silbe (ejem-plo, siem-pre). Ist der zweite Konsonant jedoch ein s, so wird hinter dem s getrennt (cons-tan-te, ins-ti-tu-to).
4. Bei **vier Konsonanten** – der zweite ist meist ein s – wird in der Mitte getrennt (ins-tru-men-to).
5. **Diphthonge** (Doppellaute) und **Triphthonge** (Dreilaute) dürfen nicht getrennt werden (bien, buey); getrennt dagegen werden Vokale, die verschiedenen Silben angehören (en-vi-an, acre-e-dor).
6. **Zusammengesetzte Wörter** – auch mit Vorsilben gebildete – werden entsprechend ihrer

Herkunft getrennt (nos-otros, des-ali-ño), jedoch gilt auch die Abtrennung nach dem auf s folgenden Buchstaben als korrekt (noso-tros, desa-liño).

IV. Zeichensetzung

Das **Komma** steht im Spanischen häufig nach adverbiellen Ausdrücken, die einen Satz einleiten (sin embargo, todos los esfuerzos eran inútiles *alle Bemühungen jedoch waren vergeblich*). Dagegen fehlt es – im Gegensatz zum Deutschen – vor que *daß*, si *ob* und vor Relativsätzen, die zum Verständnis des Hauptsatzes unentbehrlich sind (esperamos que nos conteste pronto *wir hoffen, daß er uns bald antwortet*; no sabemos si os gustará *wir wissen nicht,* ob es euch gefallen wird; dudo que lo haga ich bezweifle, daß er es tut; el vestido que vi ayer me gusta mucho *das Kleid, das ich gestern gesehen habe, gefällt mir sehr gut*).

Voranstehende Nebensätze werden durch ein Komma getrennt: si tengo tiempo, lo haré *wenn ich Zeit habe, mache ich es*; aber: lo haré si tengo tiempo *ich mache es, wenn ich Zeit habe*.

Frage- und Ausrufesätze werden mit den umgekehrten Satzzeichen eingeleitet, die dort stehen, wo Frage bzw. Ausruf beginnen. (Dispense usted, ¿está en casa el señor Pérez? *Entschuldigen Sie, ist Herr Pérez zu Hause?*; ¡Qué lástima! *Wie schade!*)

Das spanische Alphabet

A a	B b	C c	Ch ch	D d	E e	F f	G g	H h	I i	J j	K k	L l	Ll ll	M m	N n	Ñ ñ
a	be	θe	tʃe	de	e	ˈefe	xe	ˈatʃe	i	ˈxota	ka	ˈele	ˈeʎe	ˈeme	ˈene	ˈeɲe

O o	P p	Q q	R r	S s	T t	U u	V v	W w	X x	Y y	Z z
o	pe	ku	ˈere	ˈese	te	u	Span. ˈube Am. be	Span. ˈube ˈdoble Am. ˈdoble be	ˈekis	i ˈgriega	ˈθeða *oder* ˈθeta

A

A, a *f* A, a *n;* ~ *por* ~ *y be por be* der Reihe nach, eins nach dem andern; im einzelnen, ausführlich.
a *prp.* **1.** *lokal:* **a)** *Nähe:* ~ *la puerta* an der Tür; ~ *la izquierda zur* Linken, links; ~ *la mesa* bei Tisch; am Tisch; **b)** *Entfernung bzw. Abstand:* ~ *veinte kilómetros de Madrid* zwanzig km von Madrid (entfernt); *als Vergleichspartikel nach Komparativen auf -ior: precios m/pl. superiores* ~ *cien pesetas* Preise *m/pl.* über hundert Peseten; **c)** *Richtung u. Ziel:* al este nach Osten; ¿~ *qué?* wozu?; *bsd. bei Verben der Bewegung:* vamos ~ *España* wir fahren nach Spanien; *venía* ~ *preguntar* ich möchte (*od.* wollte) fragen; *voy* ~ *abrir* ich will (*od.* werde gleich) öffnen; *bei manchen Verben wird differenziert: caer al suelo* zu Boden fallen (*die Bewegung wird betont*); *caer en el suelo* auf den Boden fallen (*das Ziel wird bsd. betont*); **2.** *temporal:* ¿~ *qué hora?* wann?; ~ *las dos* um zwei (Uhr); *de seis* ~ *ocho* von sechs bis acht; ~ *siete de junio* am 7. Juni; ~ *los treinta años* mit dreißig Jahren; *nach dreißig Jahren; al día siguiente* am folgenden Tag; ~ *la muerte* beim Tode; **3.** *modal:* **a)** *Art u. Weise:* ~ *la española* auf spanische Art; ~ *la perfección* vollkommen; ~ *modo de* nach Art von (*dat.*); ~ *lo que parece* anscheinend; ~ *mi juicio* meines Erachtens; ~ *ciegas* blindlings; *paso* ~ *paso* Schritt für Schritt; **b)** *Mittel, Werkzeug; begleitender Umstand od. Ursache: escribir* ~ *mano* mit der Hand schreiben; ~ *fuego* mit Hilfe des Feuers; *in der Technik und Gastronomie übliche Verbindung: gambas f/pl. al ajillo* Garnelen *f/pl.* mit Knoblauchwürze; *madera f* ~ *hilo* Langholz *n;* avión *m* ~ *reacción* Düsenflugzeug *n; zu dem Gebrauch von a statt de^2 1; Preisangaben:* ~ 20 *pesetas el kilo* je Kilo 20 Peseten; ¿~ *cómo?,* ¿~ *cuánto* (*está*)? wie teuer ist das?; *Ursache u. Begründung:* ~ *ruegos de su padre* auf Bitten s-s Vaters; ~ *causa del frío* wegen der Kälte; **4.** *Verbindung mit Infinitiv* (*zum Ausdruck der Bedingung, meist bei negativen Fügungen; positiv meist mit de*): ~ *no ser así* andernfalls, sonst; ~ *no decirlo usted, lo dudaría* wenn Sie es nicht sagten, würde ich daran zweifeln; *mit substantiviertem Infinitiv* (*Ausdruck der Gleichzeitigkeit*): *al llegar los amigos* bei Ankunft der Freunde; *al firmar la carta* als er den Brief unterschrieb; **5.** *elliptisch:* ¡~ *callar!* still!, Ruhe!; ¡~ *que no lo sabes* wetten, daß du es nicht weißt; ¡~ *su salud!* Prost!, auf Ihre Gesundheit!; ~ *ver etwa:* nun; ¿~ *ver el Sr. X?* nun, Herr X? (*zu e-r Antwort u. ä. auffordernd*); ~ *ver lo que pasa* ich bin gespannt, was passiert; *beim Anpreisen von Waren:* ¡*al rico helado!* kauft prima Eis!; **6.** *Dativobjekt: dalo* ~ *tu hermano* gib es deinem Bruder; *der präpositionale Akkusativ bezeichnet e-e bestimmte Person od. bedeutet so etwas wie e-e Verpersönlichung des direkten Objekts: he visto* ~ *su secretaria* ich habe Ihre Sekretärin gesehen; (*aber: busco una secretaria* ich suche (*irgend*)eine Sekretärin;) *desbarataron al enemigo* sie schlugen den Feind; *mató al toro* er tötete den Stier; *desafío* ~ *la tormenta* ich trotze dem Sturm; **7.** *nach vielen Verben, Substantiven u. Adjektiven steht a: jugar al tenis* Tennis spielen; *aprender* ~ *leer* lesen lernen; *amenaza f* ~ *la paz* Friedensbedrohung *f* (*aber amenaza de muerte* tödliche Bedrohung); *amor m* ~ *la patria* Vaterlandsliebe *f; derecho m al trabajo* Recht *n* auf Arbeit; *decidido* ~ entschlossen zu.
a... (*Vorsilbe*) *Im populären Sprachgebrauch, bsd. in Lateinamerika, erscheinen viele Verben u. Nomina, die im korrekten Sprachgebrauch kein a haben, z. B. afusilar, aprensar, asacar für die Normalform fusilar, prensar, sacar.*
ababol ♀ *m* Klatschmohn *m.*
abacá *m* Manilahanf *m.*
abace|ría *f bsd. Am.* Lebensmittelgeschäft *n;* ~**ro** *m bsd. Am.* Lebensmittelhändler *m.*
abacial *adj. c* äbtlich, Abt(s)...;
Abtei...
ábaco *m* Rechenbrett *n* (*mit Kugeln*); △ Kapitellplatte *f.*
abacorar *v/t. Ant., Ven.* hetzen, angreifen.
abad *m* Abt *m; prov. a.* Pfarrer *m.*
abadejo *m* **1.** *Fi.* Kabeljau *m;* getrocknet *a.* gepreßt: Stockfisch *m;* **2.** *Vo.* Zaunkönig *m;* **3.** *Ent.* spanische Fliege *f.*
aba|dengo *adj.* Abt(s)...; ~**desa** *f* Äbtissin *f;* P *Chi.* Puffmutter *f f;* ~**día** *f* Abtei *f;* Amtswürde *f* des Abtes; *prov.* Pfarrhaus *n.*
aba|jadero *m* Abhang *m;* ~**jeño** *m Méj.* Tieflandbewohner *m;* ~**jera** *f Rpl.* Satteldecke *f;* ~**jino** *adj.-su. Chi.* aus Nordchile.
abajo *adv.* **1.** herunter, hinunter, hinab; *véase más* ~ siehe weiter unten; *de arriba* ~ von oben nach (*od.* bis) unten; vollständig; *el firmante* der Unterzeichnete; *cuesta* ~ bergab; *de diez para* ~ unter zehn; **2.** *int.* ¡~ *los traidores!* nieder mit den Verrätern!

abalanzar [1f] **I.** *v/t.* **1.** in die Waage bringen; ausgleichen; **2.** stoßen, schleudern; **II.** *v/r.* ~**se 3.** *s.* stürzen (auf j-n *sobre alg.*); ~**se** *a la ventana* zum Fenster stürzen; **4.** *Rpl. s.* bäumen, bocken (*Pferd*).
aba|ldonar *v/t.* schmähen; ~**lear** *v/t.* **1.** die Spreu nach dem Worfeln wegkehren; **2.** *Am.* beschießen (*ac.*); schießen auf (*ac.*); ~**leo** *m* **1.** ✓ Worfelbesen *m;* ♀ Besenginster *m u. ä. Pfl.;* **2.** *Am.* Schießerei *f.*
abalizar [1f] **I.** *v/t.* ⚓ betonnen, bebaken; *Sp.* Rennstrecke, Skipiste abstecken; **II.** *v/r.* ~**se** ⚓ peilen.
abalorio *m* Glasperle(n) *f*(*/pl.*).
aballestar ⚓ *v/t.* Trosse spannen, anziehen.
abande|rado *m* Fahnenträger *m; fig.* Vorkämpfer *m;* ~**rar** *v/t.* **1.** mit Fahnen schmücken; **2.** *ein fremdes Schiff unter der Flagge des eigenen Landes registrieren; Schiff* mit Flaggenpapieren versehen; ~**rizar** [1f] **I.** *v/t.* in (feindliche) Gruppen spalten; **II.** *v/r.* ~**se** *s.* zu e-r Gruppe zs.-schließen, *s.* abspalten.
abando|nado *adj.* **1.** (*estar*) verlassen, einsam; *niño m* ~ Findelkind *n;* **2.** (*ser*) nachlässig; schlampig; *tener* ~ *a/c.* et. vernachlässigen; ~**nar I.** *v/t.* **1.** verlassen; aufgeben; im Stich lassen; nicht beachten; **2.** *Zool.* abandonnieren; **II.** *v/i.* **3.** aufgeben; **III.** *v/r.* ~**se 4.** *abs. s.* gehen lassen; den Mut verlieren; ~**se** *a las drogas* dem Rauschgift verfallen; ~**se** *a la desesperación s.* der Verzweiflung überlassen; ~**nismo** *m* Hang *m* (*od.* Neigung *f*) zur Aufgabe *f;* ~**nista** *adj. c: política f* ~ Politik *f* des Verzichts; ~**no** *m* **1.** *a.* ⚖ Verlassen *n;* Aufgabe *f;* Verzicht *m;* Eigentumsaufgabe *f;* Verzicht-leistung *f,* -erklärung *f;* ~ *culpable* schuldhaftes (*od.* böswilliges) Verlassen *n;* ~ *de servicio* (*sin excusa*) (unentschuldigtes) Fernbleiben *n* von der Arbeit; ~ *de la víctima* (*por parte del conductor*) Fahrerflucht *f;* **2.** Hingabe *f;* **3.** Mutlosigkeit *f;* **4.** *bsd. Am.* Verwahrlosung *f;* Schlamperei *f.*
abani|car [1g] *vt/i.* fächeln, ~**cazo** *m* Schlag *m* mit dem Fächer; ~**co** *m* **1.** Fächer *m;* Ofenschirm *m; Col., Méj.* ~ *eléctrico* Ventilator *m;* ~ fächerförmig; **2.** Pfauenschwanz *m; abrir el* ~ ein Rad schlagen (*Pfau*); **3.** ⚓ Gillung *f,* Hebezeug *n;* **4.** P *altes* Gefängnis *n in Madrid;* **5.** F Säbel *m;* **6.** *fig.* Spektrum *n,* Skala *f,* Fächer *m;* ~**queo** *m* Fächeln *n;* ~**quero** *m* Fächer-macher *m;* ~ *m* Verkäufer *m.*
abanto I. *adj.* schreckhaft (*Stier*); ungeschickt, fahrig (*Person*); **II.** *m*

abaratamiento — abogadismo

Vo. Schmutzgeier *m.*

abarata|miento *m* Verbilligung *f*; ~r **I.** *v/t.* verbilligen; billig verkaufen; **II.** *v/i. u.* ~se *v/r.* billiger werden.

abarbetar ⊕ *v/t.* anlaschen, bändseln.

abarca *f* Bundschuh *m*; grobe Sandale *f.*

abarcar [1g] *v/t.* **1.** umfassen, umschließen; enthalten; ~ con la vista überblicken; *Spr.* quien mucho abarca, poco aprieta wer viel beginnt, zu nichts es bringt; **2.** *Treibjagd:* umstellen; **3.** *Méj.* horten, hamstern.

abarloar ⊕ *v/t.* längsseit(s) legen; festmachen.

abarquillarse *v/r.* schrumpfen (*Blätter, Pergament*); s. werfen (*Holz*).

abarraganarse *v/r.* → *amancebarse.*

abarrajar I. *v/t.* über-rennen, -fahren; **II.** *v/r.* ~se *Pe.* verlottern, verkommen.

abarranca|dero *m* → *atascadero*; ~**miento** *Geol. m* Rillenerosion *f*; ~**r** [1g] **I.** *v/t.* Schluchten bilden in (*dat.*); auswaschen (*Regen*); *fig.* in e-e schwierige Lage bringen; **II.** *v/i. u.* ~se *v/r.* ⊕ auf Sand laufen, stranden; *fig.* in Schwierigkeiten kommen.

abarrar *v/t.* schleudern, werfen.

abarro|tar *v/t.* verstauen; *a. fig.* vollstopfen (mit *dat.* de); el tranvía está ~ado de gente die Bahn ist gestopft voll; ~**te** *m* ⊕ *kl.* Staugut *n*; *Am.* tienda *f* de ~s (*bsd.* Lebensmittel-)Geschäft *m*; ~**tero** *m Am.* (Lebensmittel-)Händler *m.*

abas|tar *v/t.* → *abastecer*; ~**tardar** *v/i.* → *bastardear*; ~**tecedor** *m* Lieferant *m*; ~**tecer** [2d] *v/t.* beliefern, versorgen (mit *dat.* con, de); ~**tecimiento** *m* Lieferung *f*; Versorgung *f*; Verproviantierung *f*; ~**tero** *m Cu., Chi.* Vieh- u. Landesproduktenhändler *m*; ~**to** *m* 1. Versorgung *f, bsd. mit Lebensmitteln*; plaza *f* de ~ Markt(platz) *m*; **2.** Fülle *f*; dar ~ Genüge tun; no doy ~ abs. ich schaffe es nicht; ich werde nicht fertig (mit *dat. a*).

abatanar *v/t. tex. Tuch* walken; *fig.* durchwalken, verprügeln.

abate *m* Abbé *m* (*Weltgeistlicher*); *nichtspan.* Geistliche(r) *m, bsd. it. u. frz.*

abatí *m Arg.* Mais *m*; Maisschnaps *m.*

abati|ble *adj. c* kippbar, Kipp...; *Kfz.* asiento *m* ~ Liegesitz *m*; ~**do** *adj.* 1. niedergeschlagen; mutlos; **2.** verächtlich; minderwertig (*Ware*); ~**miento** *m* 1. Niedergeschlagenheit *f*; Hinfälligkeit *f*; **2.** Nieder-schlagen *n*, -reißen *n*; **3.** ⊕ Abdrift *f*, Abtrift *f*; ~**r I.** *v/t.* **1.** nieder-reißen, -werfen, -schlagen; *Flugwild* schießen; ⚔ abschießen; *Baum* fällen; ✤ vela de Segel streichen; **2.** entmutigen; **II.** *v/i.* **3.** ⊕ vom Kurs abfallen; **III.** *v/r.* ~se **4.** *fig.* mutlos werden; **5.** ~ (*sobre*) (herab)stoßen (auf *ac.*) (*Raubvogel*); **6.** nachgeben; **7.** abstürzen (*Flugzeug*).

abazón *m* Backentasche *f der Affen.*

abdica|ción *f* Abdankung *f*; Verzicht *m*, Aufgabe *f*; *a.* Abdankungsurkunde *f*; ~**r** [1g] *vt/i.* **1.** abdan-ken; el rey abdicó (la corona) en su sucesor der König dankte zugunsten s-s Nachfolgers ab; **2.** ~ (de) *et.* aufgeben, auf *et.* (*ac.*) verzichten.

abdo|men *m* Bauch *m*, Unterleib *m*; *Ent.* Hinterleib *m*; ~**minal** *adj.c* Bauch..., Unterleibs...; aleta *f* ~ Bauchflosse *f.*

abduc|ción *Physiol. f* Abziehen *n*; ~**tor** *Anat. adj.:* músculo *m* ~ Abduktor *m.*

abe|cé *m* Abc *n* (*a. fig.*), Alphabet *n*; *fig.* Anfangsgründe *m/pl.*; no saber el ~ (sehr) unwissend sein; k-e blasse Ahnung haben; ~**cedario** *m* 1. Alphabet *n*; **2.** Fibel *f.*

abedul ♀ *m* Birke *f*; Birkenholz *n.*

abe|ja *f* Biene *f*; ~ reina, ~ machiega, ~ maes(tr)a Bienenkönigin *f*; ~ obrera, ~ neutra Arbeitsbiene *f*; *fig.* estar como ~ en flor s. sehr wohl fühlen; s. wie der Fisch im Wasser fühlen; ~**jar** *m* Bienen-stock *m*, -korb *m*; ~**jarrón** *m* Hummel *f*; ~**jaruco** *Vo. m* Bienenfresser *m*; ~**jera** *f* **1.** Bienenstock *m*; **2.** ♀ Melisse *f*; ~**jero** *m* **1.** Imker *m*; **2.** → *abejaruco*; ~**jón** *m* Drohne *f*; Hummel *f*; ~**jorreo** *m* Bienensummen *n*; *fig.* Stimmengewirr *n*; ~**jorro** *m* 1. a) Hummel *f*; b) Maikäfer *m*; **2.** F schwerfälliger Mensch *m*, Tölpel *m*; ~**juno** *adj.* Bienen...

abelmosco ♀ *m* Moschusstrauch *m.*

abellacado *adj.* gaunerhaft; → *a. bellaco.*

abemolar *v/t.* ♪ um e-n halben Ton erniedrigen; *fig. Stimme* dämpfen.

aberenjenado *adj.* dunkelviolett.

aberra|ción *f Opt. u. fig.* Abweichung *f*; *Astr.* Aberration *f*; *fig.* Verwirrung *f*; ~ cromática Farbabweichung *f*; ~ mental Sinnesstörung *f*; ~**r** *v/i.* s. (ver)irren; umherirren.

abertal *adj. c:* terreno *m* ~ Gelände, das in der Trockenzeit rissig wird; *a.* offenes Feld *n.*

abertura *f* **1.** Öffnung *f*; Riß *m*, Spalt *m*; *Phot.* ~ del diafragma Blendenöffnung *f*; ⊕~ de inspección Guckloch *n*, Beobachtungsfenster *n*; ~ de manga Ärmelloch *m*; ~ 🕱 visual Sehschlitz *m*; **2.** (enges) Tal *n*; Bucht *f*; **3.** Offenherzigkeit *f*; ~ a Aufgeschlossenheit *f* für *et.* (*ac.*).

abertzale *adj. c-su. m* (baskischer) Nationalist *m*; *a.* Extremist *m.*

abe|tal *m* Tannenwald *m*; ~**tinote** *m* Tannenharz *n*; ~**to** *m* Tanne *f*; ~ rojo, ~ falso Fichte *f*; ~ blanco Silbertanne *f.*

abicharse *v/r.* wurmstichig werden (*Obst*); Würmer bekommen (*Tier*).

abichón *Fi. m* Ährenfisch *m.*

abierto *adj.* **1.** offen (*a.* 🕱, Gelände *u. fig.*), frei; *Phon.* offen (*Laut*), frei (*Silbe*); aufgeschlagen (*Buch*); ✝ cuenta *f* ~a offenes Konto; cheque *m* ~ Barscheck *m*; (man)tener ~ auf-, offen-halten; **2.** ehrlich, offenherzig; **3.** verständnisvoll; ~ a *a/c.* aufgeschlossen für *et.* (*ac.*).

abietáceas ♀ *f/pl.* Nadelhölzer *n/pl.*

abigarra|do *adj.* bunt(scheckig) (*a. fig.*); ~**miento** *m* Buntheit *f*; *fig.* Durcheinander *n.*

abige|ato ⚖ *m* Viehdiebstahl *m*; ~**o** *m* Viehdieb *m.*

abintestato ⚖ *adj.* ohne Testament; gesetzlich (*Erbe* [*Person*]).

abisal *adj. c* abgrundtief; Tiefsee...; fauna *f* ~ Tiefseefauna *f.*

Abisinia *f* Abessinien *n.*

abis|mar I. *v/t.* in e-n Abgrund stürzen; *fig.* verwirren; **II.** *v/r.* ~se en *fig.* versinken (en), versenken) in (*dat.*); ~se en el dolor s. ganz dem Schmerz hingeben; ~ado en sus pensamientos in Gedanken versunken; ~**mo** *m* Abgrund *m*, Kluft *f* (*a. fig.*); *fig.* Hölle *f.*

abi|tar ⊕ *v/t.* mit der Ankerbeting festmachen; ~**tón** ⊕ *m* Poller *m.*

abjura|ción *f* Abschwören *n*; Widerruf *m*; ~**r** *v/t.* (*a. v/i.* ~ de) widerrufen (*ac.*), abschwören (*ac. od. dat.*).

abla|ción *f* **1.** ♧ Amputation *f*, Ablation *f*; **2.** *Geol.* Abtragung *f*; Abschmelzung *f* (*Gletscher*).

ablan|dabrevas *m* (*pl. inv.*) Dummkopf *m*, Niete *f* F, Flasche *f*; ~**dador** *m* Enthärter *m*; ~**dar I.** *v/t.* **1.** aufweichen, weich machen; mildern; **2.** *fig.* besänftigen, beschwichtigen; verweichlichen; **3.** 🞉 ~ el vientre abführend wirken; **II.** *v/i. u.* ~se *v/r.* **4.** nachlassen, schwächer werden (*Wind, Kälte usw.*); *a. fig.* weich werden; ~**de** *Kfz. m Arg.* Einfahren *n*; estar en ~ eingefahren werden; ~**decer** [2d] *v/t.* weich (*od.* geschmeidig) machen.

ablativo *Gram. m* Ablativ *m.*

ablución *f* (Ab-)Waschung *f*; rituelle Waschungen *f/pl.* (*Judentum, Islam*); *kath.* Ablution *f* (*Liturgik*); ~**ones** *f/pl.* Wasser u. Wein für die Ablution.

ablusado *adj.* blusig (*Kleidung*).

abnega|ción *f* Entsagung *f*; Selbstlosigkeit *f*, Selbstverleugnung *f*; Opferwilligkeit *f*; ~**do** *adj.* opferbereit; selbstlos; ~**r** [1h *u.* 1k] **I.** *v/t.* entsagen (*dat.*), verzichten auf (*ac.*); **II.** *v/r.* ~se s. aufopfern (für *ac.* por, en favor de).

abobo|ado *adj.* dumm; ~**miento** *m* Verdummung *f*; ~**r** *v/t.* verdummen, dumm machen.

aboca|do *adj.* süffig (*Wein*); ~**r** [1g] **I.** *v/t.* **1.** mit dem Mund ergreifen; mit dem Maul packen; **2.** *Gefäß, Sack* umfüllen, umgießen; **3.** 🗲 Geschütz richten; **4.** ⚓ *Hafen usw.* ansteuern; **5.** *fig.* ~ado al fracaso zum Scheitern verurteilt; verse ~ado a un peligro vor e-r Gefahr stehen; **II.** *v/r.* ~se **6.** ~se con s. mit (*dat.*) besprechen, mit (*dat.*) verhandeln.

abocardar ⊕ *v/t.* Öffnung, Mündung *u. ä.* ausweiten.

abocetar *v/t.* skizzieren.

abocina|do *adj.* **1.** trompetenförmig; ausgeweitet; **2.** *Equ.* caballo *m* ~ „Kopfhänger" *m.*

abochorna|do *adj.* **1.** beschämt; **2.** schwül; ~**r I.** *v/t.* **1.** erhitzen; *fig.* beschämen; **II.** *v/r.* ~se **2.** ~se de *a/c.* (*por alg.*) s. schämen (*gen.*) (für j-n) 3. schwül werden; **4.** ♂ versengen (*v/i.*).

abofetear *v/t.* ohrfeigen.

aboga|cía *f* Anwalts-beruf *m*, -laufbahn *f*; Anwaltschaft *f*; Rechtsanwältin *f*; *fig.* Fürsprecherin *f*; ~**deras** *f/pl. Am.* verschlagene Beweisführung *f*, Kniffe *m/pl.*; ~**dillo** *m* Winkeladvokat *m*; ~**dismo**

abogado — abrillantar

desp. m Advokatenübereifer *m*; ~do **I.** *m* (Rechts-)Anwalt *m*; *fig.* Fürsprecher *m*; ~ *criminalista* Strafverteidiger *m*; ~ *del diablo* Advocatus Diaboli *m*; Span. ~ *del Estado* Rechtsvertreter *m* des Staates; ~ *de pobres* Armenanwalt *m*; ~ *de secano* Winkeladvokat *m*; *fig.* j., der von Dingen redet, von denen er nichts versteht; **II.** *f* Rechtsanwältin *f*; ~**r** [1h] *v/i.* 1. *abs.* e-e Partei vor Gericht vertreten; 2. *fig.* eintreten, s. einsetzen (für *ac. por, en pro de*); ~ *por* sprechen für (*ac.*) (*Gründe*).
abolengo *m* 1. Abstammung *f*; *de rancio* ~ von altem Adel; 2. Familienbesitz *m*.
aboli|ción *f* Abschaffung *f*; ~**cionismo** *m* Bewegung *f* zur Abschaffung von et. (*bsd. der Sklaverei*); ~**cionista** *adj. -su. c* Abolitionist *m*, Gegner *m* der Sklaverei; Gegner *m* bestehender Gesetze *usw.*; ~**r** *v/t.* [*def.*, *nur Formen mit -i- in der Endung gebräuchlich*] abschaffen.
abolsarse *v/r.* s. bauschen, s. (auf-)wölben.
abo|llado *adj.* zer-, ver-beult; ~**lladura** *f* Beule *f*, Delle *f*; Ausbeulung *f*; ⊕ getriebene Arbeit *f*; ~**llar** *v/t.* verbeulen; → ~**llonar** *v/t.* Metall treiben.
abomaso *m* Labmagen *m*.
abomba|do *adj.* 1. gewölbt; 2. F benommen; *Am.* beschwipst; ~**r I.** *v/t.* 1. wölben, ausbauchen; 2. *fig.* F betäuben; **II.** *v/r.* ~**se** 3. *Am.* verderben (*Lebensmittel*); 4. F s. beschwipsen F.
abomina|ble *adj. c* abscheulich, greulich; scheußlich; → *a. nieve* 1; ~**ción** *f* 1. Abscheu *m*; Verabscheuung *f*; Verfluchung *f*; 2. Greuel *m*, Abscheulichkeit *f*; ~**r** *v/t.* (*a. v/i.* ~ *de*) verabscheuen; verwünschen, verfluchen.
abona|ble ✝ *adj. c* zahlbar; fällig (*Wechsel*); *día m* ~ freier Tag *m*, für den Arbeitsvergütung gezahlt werden muß; ~**do I.** *adj.* 1. glaub-, vertrauens-würdig; 2. abonniert; 3. *fig. campo m* (*od. terreno m*) ~ günstiger Boden *m*, gefundenes Fressen *n* F; **II.** *m* 4. Abonnent *m*; ~ (*al teatro*) Theaterabonnent *m*; *S.* Abnehmer *m* (*Strom, Gas usw.*); *Tel.* Teilnehmer *m*; *lista f de* ~s Bezieherliste *f*; Teilnehmerverzeichnis *n*; Gästeverzeichnis *n* (*Mittagstisch, Klub usw.*); 6. ✄ Düngung *f*; ~**dor** *m* Bürge *m*.
abonanzar [1f] *v/i.* s. aufheitern (*Wetter*); s. beruhigen (*Sturm*, *a. fig.*).
abona|r I. *v/t.* 1. (be-, ein-)zahlen, begleichen; ✝ *en cuenta* gutschreiben (*e-m Konto*); 2. billigen, gutheißen; bürgen für (*ac.*); verbürgen; für j-n (gut)sprechen; 3. verbessern; ✄ düngen; 4. ~ *a alg. a una revista* für j-n e-e Zeitschrift abonnieren, ~ *in für den Bezug e-r Zeitschrift werben*; **II.** *v/r.* ~**se** 5. ~**se al teatro** ein Theaterabonnement nehmen; ~**se a un periódico** e-e Zeitung abonnieren (*od.* bestellen); ~**ré** *m* Schuldschein *m*.
abono[1] *m* Düngen *n*; Düngemittel *n*, Dünger *m*; ~ *químico* Kunstdünger *m*; ~ *verde* Gründünger *m*.
abono[2] *m* 1. Vergütung *f*, (Be-)Zahlung *f*; ~ (*en cuenta*) Gutschrift *f*; 2. ~ *al teléfono* Fernsprechanschluß *m*; ✆ (*tarjeta f de*) ~ Zeitkarte *f*; 3. *Thea.* Platzmiete *f*.
aboquillar *v/t.* mit e-m Mundstück, Zigaretten mit e-m Filter versehen; ⊕ mit e-r keilförmigen Öffnung versehen; △ ausschweifen.
aborda|ble *adj. c* 1. ⚓ zum Anlegen geeignet; 2. *a. fig.* zugänglich; erschwinglich (*Preis*); ~**je** ⚓ *m* 1. Entern *n*; *entrar* (*saltar, tomar*) *al* ~ entern; 2. Zusammenstoß *m*; ~**r I.** *v/t.* 1. ⚓ rammen; entern; ⚔ (er-)stürmen; 2. *fig. j-n* ansprechen; *Angelegenheit* anschneiden, zur Sprache bringen; **II.** *v/i.* 3. ⚓ anlegen; einlaufen.
abordo *m* → *abordaje*.
aborigen *adj.-su. c* bodenständig; *m* Ureinwohner *m*.
aborrascarse [1g] *v/r.* stürmisch werden (*Wetter*).
aborre|cer [2d] *v/t.* 1. verabscheuen, hassen; 2. *Zo. das Gelege* verlassen; 3. *fig.* F auf die Nerven gehen F (*dat.*); ~**cible** *adj. c* abscheulich, verabscheuenswert; ~**cimiento** *m* Abscheu *m*; Abneigung *f*.
abo|rregamiento F *m* Verdummung *f*, Verblödung *f* F; ~**rregarse** [1h] *v/r.* s. mit Schäfchenwolken überziehen (*Himmel*); *fig.* s. in Herdenmensch werden; verdummen; ~**rricarse** [1g] *v/r.* verdummen.
abor|tar I. *v/t.* abtreiben; *fig.* zum Scheitern bringen, vereiteln; **II.** *v/i.* e-e Fehlgeburt haben, abortieren; verwerfen (*Vieh*); verkürzt verlaufen (*Krankheit*); *fig.* mißlingen, scheitern; ~**tera** *f* Frau *f*, die gewerblich Abtreibungen vornimmt, Engelmacherin *f*; ~**tista** *c* Befürworter *m* der Abtreibung; ~**tivo** *adj.-su.* zu früh geboren; abtreibend; *m* Abtreibungsmittel *n*; ~**to** *m* 1. Fehlgeburt *f*, Abort *m*; Verwerfen *n* (*Tiere*); ~ *provocado* Schwangerschaftsunterbrechung *f*; Abtreibung *f*; 2. *fig.* Ausgeburt *f*; *es un* ~ *del diablo od.* (*sie*) *ist häßlich wie die Sünde* (*od.* wie die Nacht); ~**tón** *m* 1. zu früh geborenes Tier *n*; 2. Breitschwanz *m* (*Lammfell*).
abota(r)ga|miento *m* Anschwellen *n*; Geschwulst *f*; ~**rse** [1h] *v/r.* anschwellen (*Leib, Gesicht*); *fig.* stumpf werden, abstumpfen.
abotona|dor *m* (Schuh- *usw.*) Knöpfer *m*; ~**r I.** *v/t.* (zu)knöpfen; **II.** *v/i.* ✿ knospen, Knospen treiben.
abovedar △ *v/t.* (über)wölben.
aboyar ⚓ *v/t.* aufbojen.
abozalar *v/t.* e-n Maulkorb anlegen (*dat.*).
abra *f* 1. Bucht *f*; 2. Engpaß *m*; Schlucht *f*; 3. Erdspalte *f*; 4. *Rpl.* Lichtung *f*; 5. ⚓ Mastenabstand *m*; 6. *Col.* Tür-, Fenster-flügel *m*.
abracada|bra *m* Abrakadabra *n* (*a. fig.*); ~**brante** F *adj. c* toll F; *escena f* ~ rätselhaftes (*od.* schleierhaftes) Geschehen *n*.
Abrahán *npr. m* Abraham *m*.
abrasa|dor *adj.* sengend; *fig.* verzehrend; ~**miento** *m* Brennen *n*; Brand *m*; ~**r I.** *v/t.* 1. verbrennen; ausdörren, versengen; *fig.* verzehren 2. *fig.* vergeuden; 3. beschämen; **II.** *v/i.* 4. brennen (*Sonne, scharfe Speise*); **III.** *v/r.* ~**se** 5. verbrennen; völlig niederbrennen; *fig.* ~**se de sed** vor Durst vergehen.
abra|sión *f Geol.* Abrasion *f*; ✶ Ausschabung *f*; ⊕ Abrieb *m*, Verschleiß *m*; ~**sivo** *adj.-su.* (ab-)schleifend; ⊕ *m* Schleifmittel *n*.
abra|zadera *f* 1. ⊕ Klammer *f*, Zwinge *f*, Ring *m* (*a. Gewehr*); Rohrschelle *f*, Muffe *f*; 2. Kreissäge *f*; 3. *Typ.* eckige Klammer *f*; ~**zamiento** *m* Umarmung *f*; ~**zar** [1f] **I.** *v/t.* umarmen; *a. fig.* umfassen; *Beruf* ergreifen; ~ *el estado religioso* in ein (*od.* ins) Kloster eintreten; ~ *un partido* s. einer Partei anschließen; ~ *la religión católica* katholisch werden; **II.** *v/r.* ~**se a** s. an j-n *od.* et. klammern (*a. fig.*); ~**zo** *m* Umarmung *f*; *dar un* ~ *a alg.* j-n umarmen; *Briefschluß:* un (fuerte) ~ *etwa:* herzlichst, mit herzlichen Grüßen.
abre|cartas *m* (*pl. inv.*) Brieföffner *m*; ~**coches** *m* (*pl. inv.*) Bediensteter(f) *m*, der die Türen vorfahrender Wagen öffnet.
ábrego *m* Süd(west)wind *m* (*Südspan.*).
abre|latas *m* (*pl. inv.*) Büchsenöffner *m*; ~**ostras** *m* (*pl.inv.*) Austernmesser *n*.
abreva|dero, ~dor *m* Tränke *f*; ~**r** *v/t. Vieh* tränken; *Felle* einweichen.
abrevia|ción *f* 1. Kürzung *f*; 2. Kurzfassung *f*, Kompendium *n*; ~**damente** *adv.* kurzgefaßt; ~**do** *adj.: Li. forma f* ~**a** Kurzform *f*; ~**dor** *adj.-su.* zusammenfassend; ~**r** [1b] *v/t.* (ab-, ver-)kürzen, zs.-fassen; ~**tura** *f* Abkürzung *f*.
abri|dero I. *adj.* leicht zu öffnen(d) (*Früchte*); **II.** *m* ✿ Frühpfirsich *m*; ~**dor** *m* 1. (Flaschen-)Öffner *m*; ⊕ ~ *de lana* Reißwolf *m*; 2. ✄ Pfropfmesser *n*; 3. → *abridero*.
abri|gadero *m* windgeschützte Stelle *f*; ~**gado I.** *adj.* 1. windstill; 2. warm angezogen; **II.** *m* 3. ⚓ geschützter Ankerplatz *m*; ~**gador I.** *adj.* wärmend (*Kleidung*); **II.** *m Am.* Hehler *m*; ~**gar** [1h] **I.** *v/t.* 1. schützen (*bsd. vor Wind, Kälte*) (*vor dat. de*); zudecken; 2. *fig.* (be)schützen; 3. *fig. Hoffnungen usw.* hegen; *Pläne* schmieden; **II.** *vt/i.* 4. warm halten; **III.** *v/r.* ~**se** 5. s. schützen; s. warm anziehen; ¡~**se** *j-se!* Deckung!; ~**go** *m* 1. Obdach *n*; *a. fig.* Schutz *m*; *al* ~ geschützt durch (*ac.*), im (*od.* in den) Schutz (*gen. od.* von *dat.*); *a.* geschützt gegen (*ac.*) (*od.* vor *dat.*); *ropa f de* ~ warme Kleidung *f*; 2. ⚔ Deckung *f*; Unterstand *m*; 3. Mantel *m*; Wintermantel *m*; ~ *de entretiempo* Übergangsmantel *m*; 4. *fig.* F *es tío es de* ~ bei dem Kerl ist Vorsicht am Platz; 5. geschützter Ankerplatz *m*.
abril *m* April *m*; *fig.* ~**es** *m/pl.* Jugend(jahre *n/pl.*) *f*; *una muchacha de diecisiete* ~**es** ein Mädchen von siebzehn Lenzen (*lit.*); ~**leño** *adj.* April...
abrillanta|dor *m* Diamantenschleifer *m*; ~**r** *v/t. Steine* schleifen; auf Hochglanz bringen.

abrimiento — aburrir

abrimiento *m* → *abertura*.
abrir [*part. abierto*] **I.** *v/t.* **1.** öffnen; auf-machen, -drehen, -schlagen; ~ *el apetito* den Appetit anregen; ~ *los brazos a alg.* j-n herzlich aufnehmen; *a. fig.* ~ *brecha* e-e Bresche schlagen; F ~*le la cabeza a alg.* j-m den Schädel einschlagen F; ~ *camino* einen Weg bahnen (*fig. et.* anbahnen *a* a/c.); ~ *los ojos* die Augen öffnen; die Augen aufreißen, staunen, große Augen machen F; *fig. a.* sehend werden, s-e Augen der Wirklichkeit öffnen; *fig.* ~*le a alg. los ojos* j-m die Augen öffnen; *fig.* ~ *la mano* bestechlich sein; ~ *paso* (*od. calle od. Chi., Arg. cancha*) Platz machen; ✕ ~ *pozos* (ab)teufen; ~ *un túnel* e-n Tunnel bauen; *häufig mit adv., ger. u. prp.*: ~ *súbitamente* aufreißen; ~ *cortando* aufschneiden; ~ *a golpes* auf-, einschlagen; **2.** *fig.* eröffnen, beginnen; anfangen; *Konto, Kredit* eröffnen; ~ *la lista* an der Spitze des Verzeichnisses stehen; ~ *un certamen* e-n Wettbewerb ausschreiben; **II.** *v/i.* **3.** aufklaren (*Wetter*); *abre el día es* wird Tag; **4.** *las ventanas abren al patio* die Fenster gehen zum Hof; *la puerta no abre bien* die Tür schließt nicht gut; *en un* ~ *y cerrar de ojos* im Nu; *a medio* ~ halb geöffnet; **III.** *v/r.* ~*se* **5.** aufblühen (*Blume*); *s.* öffnen, aufgehen (*Tür u. ä.*); *fig.* F abhauen F, verduften F; **6.** *fig.* ~*se a* (*od. con*) *alg. s.* j-m eröffnen, *s.* j-m anvertrauen; ~*se paso* (*od. salida od. calle, Am. cancha*) *s.* durchdrängen, *s.* freie Bahn schaffen; *fig.* die Ellbogen gebrauchen; *J gdw.* ~*se en mano* ausschwärmen (*Jäger*); ✝ ~*se nuevos mercados* neue Märkte erschließen.
abrocha|dor *m* Knöpfer *m*; ~**dura** *f*, ~**miento** *m* Zuknöpfen *n*; ~**r I.** *v/t.* **1.** zu-knöpfen, -haken, -schnallen; **2.** *Am.* packen; **II.** *v/r.* ~*se* **3.** ✍, *Kfz.* ~*se el cinturón (de seguridad) s.* anschnallen, den Sicherheitsgurt anlegen.
abroga|ción ⚖ *f* Aufhebung *f*; ~**r** [1h] ⚖ *v/t.* aufheben, außer Kraft setzen; ~**tivo**, ~**torio** *adj.* aufhebend, Aufhebungs...
abro|jal *m* Distelfeld *n*; ~**jo** *m* **1.** ♀ Sterndistel *f*; **2.** *fort.* Fußangel *f*; **3.** *fig.* Geißelstachel *m der Büßer*; **4.** ~*s m/pl.* ⚓ blinde Klippen *f/pl.*; P Kummer *m*, Schmerzen *m/pl.*
abroma ♀ *m* tropische Malvenart *f*.
abromarse ⚓ *v/r.* vom Seewurm befallen werden (*Schiff*).
abroncar [1g] F *v/t.* **1.** peinlich sein (*dat.*); anwidern; **2.** anpfeifen F.
abroquela|do *bsd.* ♀ *adj.* schildförmig; ~**rse** *v/r. s.* mit e-m Schild decken; *fig. s.* verschanzen (*hinter dat. con, en, tras*).
abrótano ♀ *m* Eberraute *f*.
abruma|do *adj.* dunstig, diesig; ~**dor** *adj. a. fig.* schwer, drückend; *fig.* überwältigend; ~**r I.** *v/t. a. fig.* bedrücken, belasten; *fig.* über-häufen, -schütten (*mit dat. con, de*); **II.** *v/r.* ~*se* diesig werden (*Wetter*).
abrupto *adj.* steil, jäh; heftig, brüsk, abrupt.
abrutado *adj.* roh, brutal; vertiert.
abs|ceso ⚕ *m* Abszeß *m*; ~**cisa** ⚭ *f* Abszisse *f*; ~**cisión** ⚭ *f* Ab-, Herauslösung *f*.
absentismo *m* Absentismus *m* (*Fernbleiben der Großgrundbesitzer von ihren Gütern*); *allg.* Fehlen *n* bei der Arbeit.
ábside △ *m*, *f* Apsis *f*.
absidiola △ *f* Apsiskapelle *f*.
absin|tio *m* Absinth *m*; ~**tismo** ⚕ *m* Absinthismus *m*.
absolución *f Rel.* Lossprechung *f*, Absolution *f*; ⚖ Freispruch *m*; ~ *general Rel.* Generalabsolution *f*; *a. fig.* volle Los-, Frei-sprechung *f*.
absolu|ta *f* kategorische Behauptung *f*; ✕ *tomar la (licencia)* ~ s-n Abschied nehmen; ~**tamente** *adv.* absolut, durchaus; F *a.* keineswegs, gar nicht; ~**tista** *adj.-su. c* absolutistisch; *m* Absolutist *m*; ~**to** *adj.* absolut (*a.* A); unumschränkt; unbedingt; *fig.* eigenmächtig, gebieterisch; *adv. en* ~ **a)** ganz u. gar, rundweg; **b)** durchaus nicht; ~**torio** *adj.* **1.** ⚖ *excusa f* ~ Strafausschließungsgrund *m*; *sentencia f* ~*a* Freispruch *m*; **2.** *Rel. poder m* ~ Schlüsselgewalt *f der Kirche.*
absolve|deras F *f/pl.*: *tener buenas* ~ ein (allzu) nachsichtiger Beichtvater sein; zu viel durchgehen lassen; ~**r** [2h; *part. absuelto*] *v/t.* **1.** ~ *de* entbinden von (*dat.*) (*Verpflichtung*); **2.** ⚖ freisprechen; *Rel.* lossprechen; **3.** *Zweifel* lösen.
absor|bente *adj. c* 🦷 absorbierend; ⊕ dämpfend; *fig.* sehr in Anspruch nehmend; ~**ber I.** *v/t.* ein-, aufsaugen; ✝ *a. fig.* absorbieren; ⊕ dämpfen, abfangen; ⚡ abschirmen; *fig.* in Anspruch nehmen; fesseln; ✝ aufnehmen (*Markt*); *Konkurrenzfirma* schlucken; **II.** *v/r.* ~*se en s.* vertiefen in (*ac.*), *s.* verlieren in (*ac.*); ~**bimiento** *m*, ~**ción** *f Phys.*, 🦷 Aufnahme *f*, Absorption *f*; ~ *del calor* Wärmeaufnahme *f*; ⊕ ~ *del retroceso* Rückstoßdämpfung *f*; ~**to** *adj. fig.* hingerissen; versonnen; ~ *(en sus pensamientos)* (in Gedanken) versunken.
abstemio *adj.-su.* enthaltsam; *m* Abstinenzler *m*.
absten|ción *f* Verzicht *m* (*auf ac. de*); Enthaltung *f*; *bsd. Pol.* Stimmenthaltung *f*; ~**cionismo** *Pol. m* Sich-Heraushalten *n*; Stimmenthaltung *f*; ~**cionista** *Pol. adj.-su. c* j., der *s.* politisch nicht festlegen will (*bsd. durch* Stimmenthaltung), Nichtwähler *m*.
abstenerse [21] *v/r. abs.* verzichten; Abstinenz üben; ~ *de s.* enthalten (*gen.*); Verzicht leisten auf (*ac.*), entsagen (*dat.*).
abster|gente *adj.c-su. m* wundreinigend(es Mittel *n*); ~**ger** [2c] ⚕ *v/t. Wunden* reinigen; ~**sión** *f* (Wund-) Reinigung *f*.
abstinen|cia *f* Enthaltung *f*; Mäßigung *f*; *Rel.* Abstinenz *f*; ~**te** *adj. c* enthaltsam, mäßig.
abstrac|ción *f* **1.** Abstraktion *f*; Abstrahierung *f*; ~ *hecha de* abgesehen von (*dat.*); **2.** Zerstreutheit *f*; Gedankenverlorenheit *f*; ~**to** *adj.* abstrakt; abgesondert; *en* ~ abstrakt genommen.
abstra|er [2p] **I.** *vt/i.* abziehen, abstrahieren; **II.** *v/r.* ~*se* abgelenkt werden (*von dat. de*); zerstreut sein; meditieren; ~**ído** *adj.* **1.** gedankenvoll, weltentrückt; **2.** zerstreut.
abstruso *adj.* schwer verständlich, dunkel, abstrus, verwickelt.
absuelto [*part. zu absolver*] frei; *salir* ~ frei ausgehen; *quedar* ~ *Rel.* die Absolution erhalten; ⚖ freigesprochen werden.
absur|didad *f* Unsinn *m*, Widersinn *m*; ~**do I.** *adj.* ungereimt, widersinnig, vernunftwidrig, absurd; **II.** *m* Unsinn *m*, Widersinn *m*.
abubilla *Vo. f* Wiedehopf *m*.
abuche|ar *v/t.* niederschreien, auspfeifen, -zischen, ausbuhen F; ~**o** *m* Niederschreien *n*, Auszischen *n*, Auspfeifen *n*, Ausbuhen *n* F.
abue|la *f* Großmutter *f*; F alte Frau *f*; F *¡cuéntaselo a su* ~*!* machen Sie das e-m andern weis!; *P ese tío no necesita* ~ der Kerl streicht *s.* nicht schlecht heraus!; ~**lo** *m* **1.** Großvater *m*; F alter Mann *m*; ~*s m/pl.* Großeltern *pl.*; Vorfahren *m/pl.*; **2.** *Lotto:* die Zahl 90; **3.** F ~*s m/pl.* Nackenhaare *n/pl.*
abulense *adj.-su. c* aus Avila.
abulia *f* Willenlosigkeit *f*, Willensschwäche *f*.
abúlico *adj.* willensschwach.
abulta|do *adj.* dick, massig; wulstig (*Lippen*); ~**r I.** *v/t.* vergrößern (*im Umfang*); *fig.* aufbauschen, übertreiben; ~ *una estatua* e-e Statue aus dem Rauhen arbeiten; **II.** *v/i.* viel Raum einnehmen; auftragen; *bsd.* 👔, ✂ sperrig sein.
abun|damiento *m* **1.** *a mayor* ~ noch dazu; mit umso größerer Berechtigung; **2.** → ~**dancia** *f* Überfluß *m*, Fülle *f*, Reichtum *m*; *en* ~ in Hülle und Fülle; *vive en la* ~ er hat alles im Überfluß; *Spr. de la* ~ *del corazón habla la boca* wes das Herz voll ist, des geht der Mund über; ~**dancial** *Gram. adj. c*: *adjetivo m* ~ Adjektiv *n* der Fülle; ~**dante** *adj. c* reich(lich), reichhaltig; *mesa f* ~ reich gedeckter Tisch *m*; ~**dar** *v/i.* reichlich vorhanden sein; *aquí abunda el vino* Wein gibt es hier reichlich; ~ *en* ... reich an ... (*dat.*) sein; *fig.* ~ *en la opinión de alg. s.* j-s Meinung anschließen; ⛴ *dio:* F *ser más tonto que* ~ strohdumm sein F; ~**doso** *lit. adj.* → *abundante.*
abuñolar [1m] *v/t.* schaumig (u. goldgelb) backen; F zerknüllen.
¡abur! F *int.* ade!, leb wohl!
aburguesa|do *adj.* bürgerlich (geworden), spießig; ~**miento** *desp. m* Verbürgerlichung *f*; ~**rse** *v/r.* verbürgerlichen, verspießern (*v/i.*).
aburrado *adj.* eselhaft; *fig.* dumm; flegelhaft; derb, grob.
aburri|ción P *f bsd. Am.* → *aburrimiento*; ~**do** *adj.* (*estar*) verdrießlich, mißvergnügt; (*ser*) langweilig; ~**miento** *m* Überdruß *m*, Verdruß *m*; Langeweile *f*; ~**r I.** *v/t.* **1.** langweilen; belästigen; **2.** *Zeit, Geld* vertun, verplempern; **3.** → *aborrecer* 2; **II.** *v/r.* ~*se* **4.** *s.* langweilen; ~*se de et.* satt bekommen, überdrüssig werden (*gen.*); ~*se con s.* langweilen bei (*dat.*); *se aburre con* (*od. de*) *todo* ihm geht alles auf die Nerven; F *se aburre como una ostra* (*od. un mono*) er lang-

abu|sar *v/i. abs.* Mißbrauch treiben, zu weit gehen; ~ *de a/c. (de alg.) et. (j-n)* mißbrauchen, *et. (j-n)* ausnützen; ~ *de una mujer* e-e Frau vergewaltigen; **~sión** *f* → *abuso*; **~sivo** *adj.* mißbräuchlich; 🏛 widerrechtlich; **~so** *m* 1. Mißbrauch *m*; Unsitte *f*; 2. 🏛 ~ *de autoridad* Amts- *od.* Ermessens-mißbrauch *m*; ~ *de confianza* 🏛 Untreue *f*, Veruntreuung *f*; *allg.* Vertrauensbruch *m*; **~s** *m/pl. deshonestos* unzüchtige Handlungen *f/pl.*; **~són** F *m* Nassauer *m* F, Schmarotzer *m*.
abyec|ción *f* 1. Verworfenheit *f*, Niederträchtigkeit *f*, Verkommenheit *f*; 2. Schande *f*; **~to** *adj.* verworfen, niederträchtig, verkommen.
acá *adv. (unbestimmter als aquí; in Am. häufig statt aquí)* hier(her); *¡ven ~! komm her!; más ~* ein bißchen näher; *de ~ para a(cu)llá* hin u. her; *~ y a(cu)llá* hier u. da; dahin u. dorthin; hin u. wieder; hüben u. drüben.
acaba|ble *adj. c* 1. vollendbar; 2. vergänglich; hinfällig; **~do I.** *adj.* 1. fertig, vollendet *(a. fig.)*; Erz... *(fig.)*; vollkommen; ✝ *productos m/pl.* **~s** Fertigwaren *f/pl.*; *habitación ~a de empapelar* neu tapeziertes Zimmer *n*; 2. erledigt *(a. fig.)*, am Ende *(fig.)*; kraftlos, schwach; **II.** *m* 3. ⊕ Zurichtung *f*; Endverarbeitung *f*, Finishing *n*; Nachbehandlung *f*; *tex.* Appretur *f*; **~dora** ⊕ *f*: ~ *de firmes* Straßenfertiger *m*.
acaballa|dero *m* 1. Gestüt *n*; 2. Beschälplatz *m*; 3. Beschälzeit *f*; **~do** *adj.* pferdeartig; *fig. cara f ~a* Pferdegesicht *n*; *nariz f ~a* Habichtsnase *f*; **~r** *v/t.* decken, beschälen *(Pferd, Esel).*
acaba|miento *m* Ende *n*, Abschluß *m*; Vollendung *f*; **~r I.** *v/t.* 1. beenden, abschließen; vollenden, fertigstellen; ⊕ nachbehandeln; 2. *fig.* (die) letzte Hand an *et. (ac.)* legen; töten *(ac.)*, den Gnadenstoß geben *(dat.)*; *fig.* erschöpfen, ruinieren; **II.** *v/i.* 3. enden, (ab-) schließen; sterben; vergehen; ~ *bien (mal)* gut ausgehen (ein schlimmes Ende nehmen); *¡acabáramos! iron.* das hätten Sie auch gleich sagen können!; ach so!; so was!; *es el cuento de nunca ~* das ist e-e endlose Geschichte; 4. *mit prp. u. ger.* **a)** *mit de:* ~ *de hacer a/c. et.* soeben getan haben; *et.* zu Ende tun; ~ *de llegar* soeben angekommen sein; *no ~ de explicárselo es* s. nicht erklären können; **b)** *mit en:* ~ *en punta* spitz zulaufen; ~ *en consonante* auf Konsonant enden; **c)** *mit con:* ~ *con alg. (con a/c.)* j-n *(et.)* erschöpfen; j-n töten; j-n *(et.)* ruinieren; **d)** *mit por u. ger.:* ~ *por hacer a/c. od.* ~ *haciendo a/c.* schließlich *et.* tun; *este pleito ~ó por arruinarnos* dieser Prozeß wird uns noch *(od.* vollends) ruinieren; *acabó diciendo* er schloß mit den Worten; F *acaba uno volviéndose loco* man wird noch verrückt dabei; **III.** *v/r.* **~se** 5. enden, aufhören, zu Ende gehen; *se ha acabado el dinero* das Geld ist alle F; F *¡es el acabóse!* das ist doch die Höhe!; F *¡y San se*

acabó! Schluß damit!, punktum! F, (u. damit) basta! F.
acabestrar *v/t.* anhaltern.
acabildar *v/t.* versammeln.
acacia ♀ *f* Akazie *f*; ~ *de tres espinas* Christusdorn *m*.
acacoyo(t)l ♀ *m Méj.* Hiobsträne *f*.
acachetear *v/t.* ohrfeigen.
aca|demia *f* 1. Akademie *f*; Privatlehranstalt *f*; ~ *de baile (de idiomas)* Tanz- (Sprachen-)schule *f*; *Real 2 Española* Kgl. Spanische Akademie *f*; ~ *militar* Kriegs-akademie *f*; -schule *f*; 2. *Mal.* Akt *m*; **~demicismo** *Ku. m* akademische *(od.* schulgerechte) Art *f*; **~démico I.** *adj.* akademisch *(a. desp.)*; *Mal. figura f ~a* Aktfigur *f*; **II.** *m* Mitglied *n* e-r Akademie; *Anm.: dt.* Akademiker *mst. universitario*; **~demista** *c* Lehrer *m (od.* Schüler *m)* e-r academia.
acae|cedero *adj.* 1. möglich, wahrscheinlich; 2. zufällig; **~cer** [2d] *v/i. (a. v/impers.)* vorkommen, s. ereignen, geschehen; **~cimiento** *m* Ereignis *n*, Vorkommnis *n*, Geschehnis *n*, Begebenheit *f*.
acahual *m Méj.* Gestrüpp *n*, Unkraut *n auf e-m* Brachfeld.
acalambrarse *v/r.* Muskelkrämpfe bekommen.
acalefo Zo. *m* Qualle *f*.
acalenturarse *v/r. bsd. Am.* Fieber bekommen.
acalo|rado *adj.* hitzig, erhitzt; gereizt; **~ramiento** *m* Aufwallung *f*; Eifer *m*; **~rar I.** *v/t.* erwärmen, erhitzen; *fig.* erregen; anfeuern; **II.** *v/r.* **~se** warm werden, s. erhitzen *(a. fig.)*; *fig.* s. ereifern, s. hineinsteigern; in Wut geraten; **~ro** F *m* → *acaloramiento*.
acallar I. *v/t.* zum Schweigen bringen; beschwichtigen; *Hunger* stillen; **II.** *v/r.* **~se** s. beruhigen.
acamar ✍ *v/t. Saaten* umlegen *(Regen od. Wind).*
acampa|da *f* 1. Lagern *n*; Zelten *n*; *ir de ~* Lagern (gehen); 2. Zeltlager *n*; **~do(r)** *m* Camper *m*, Zeltler *m*.
acampanado *adj.* glockenförmig; *falda f ~a* Glockenrock *m*.
acampar I. *v/t.* ✕ lagern lassen; **II.** *v/i. a.* ✕ lagern; kampieren; zelten; campen.
acampe *m Am.* Zelten *n*; Lagern *n*.
acanala|do I. *adj.* ⊕ gerieft, rinnenförmig, ausgekehlt; gerippt; **II.** *m Rips m (Tuch);* **~dor** ⊕ *m* Kehlhobel *m*; **~dura** *f* Rille *f*, Rinne *f*, Auskehlung *f*; △ Kannelierung *f*; **~r** *v/t.* auskehlen, riefeln; *Tuch* riffeln.
acanallado *adj.* pöbelhaft; gemein.
acanelado *adj.* zimtfarben, Zimt-.
acanillado *adj.* streifig *(Web- od. Farbfehler);* gerippt *(Papier).*
acan|ta ♀ *f* Stachel *m*, Dorn *m*; **~táceas** ♀ *f/pl.* Akanthusgewächse *n/pl.*
acantilado I. *adj.* steil, abschüssig; felsig *(Küste);* **II.** *m* Steilküste *f*; steile *(Fels-)*Wand *f*.
acan|tio ♀ *m* Wolldistel *f*; **~to** *m* 1. ♀ Bärenklau *m*, *f*; 2. △ Akanthusblatt *n*.
acanto... *Zo.* in *Zssgn.* Stachel..., *z. B.* **~céfalo** *m* stachelköpfig.
acántona|miento ✕ *m* Belegung *f*; Quartier *n*, Unterkunft *f*; **~r** ✕ **I.** *v/t.* einquartieren, unterbringen; **II.** *v/r.* **~se** Quartier beziehen.

acapara|dor *adj.-su.* Aufkäufer *m*; Hamsterer *m*; **~miento** *m* Hamstern *n*; **~r** *v/t.* 1. aufkaufen, hamstern;¡ 2. *fig.* an s. reißen; für s. (allein) in Anspruch nehmen; ~ *la palabra* k-n andern zu Wort kommen lassen; ~ *la atención* die Aufmerksamkeit auf s. lenken.
acápite *m Am.* Absatz *m*.
acaponado *adj.* Kastraten-...; *voz f ~a* Kastraten-, Fistel-stimme *f*.
acara|colado *adj.* schneckenförmig; **~melado** *adj.* mit Karamel überzogen; *fig.* zuckersüß; übertrieben höflich; F verliebt; **~melar I.** *v/t.* mit Karamel überziehen; **II.** *v/r.* **~se** F zuckersüß tun; Süßholz raspeln.
acardenalar I. *v/t.* blaue Flecken verursachen *(dat.)*; **II.** *v/r.* **~se** s. verfärben, Flecken bekommen *(Haut).*
acarea|miento *m a.* 🏛 Gegenüberstellung *f*, Konfrontierung *f*; **~r** *v/t.* trotzen *(dat.)*; 🏛 *ea.* gegenüberstellen.
acari|ciador *adj.-su.* schmeichelnd; **~ciante** *adj. c* schmeichlerisch; *fig.* mild; **~ciar** [1b] *v/t.* 1. liebkosen, streicheln; hätscheln; 2. *fig. Plan, Gedanken, Hoffnung usw.* hegen.
acaricida ✗ *m* Milbenvernichtungsmittel *n*.
acariñar *v/t. Am.* → *acariciar*.
ácaro *Zo. m* Milbe *f*; ~ *de la sarna (del queso)* Krätz- (Käse-)milbe *f*.
acarpo ♀ *adj.* ohne Frucht.
acarralarse *v/r.* einlaufen *(Gewebe);* verkümmern *(Trauben durch Frost).*
acarre|ador *adj.-su.* Fracht...; Fuhrmann *m*; **~amiento** *m* → *acarreo*; **~ar** *v/t.* 1. anfahren, befördern, transportieren; ✍ einfahren; ✝ anliefern; *Geol.* anschwemmen; 2. *fig.* Schaden verursachen; **~o** *m* 1. Beförderung *f*, Transport *m*; ✍ Einfahren *n*; ✝ Rollfuhrdienst *m*; Anlieferung *f*, Zufuhr *f*; *(derechos m/pl. od. gastos m/pl. de)* ~ Rollgeld *n*; ⚓ Nachschub *m*; 3. *Geol. terreno m de* ~ Schwemmland *n*; 4. *EDV* Überlauf *m*.
acartonarse *v/r.* einschrumpfen; *fig.* hager werden.
acaserarse *v/r. Am.* Kunde werden; ~ *con alg.* mit j-m auf vertrauten Fuß kommen.
acaso I. *m* Zufall *m*; *bsd. Am.* unvorhergesehenes Ereignis *n*; *adv. al ~* aufs Geratewohl; *por ~* zufällig; **II.** *adv.* vielleicht, möglicherweise; etwa; *por si ~* **a)** *cj.* falls (etwa); **b)** *adv.* für alle Fälle. [akatalektisch.)
acata|léctico, **~lecto** *adj. Metrik:* **~miento** *m* 1. Ehrfurcht *f*, Hochachtung *f*; 2. Befolgung *f v. Gesetzen;* **~r** *v/t.* 1. ehren *(ac.)*, huldigen *(dat.)*; 2. *Gesetze usw.* befolgen, achten; 3. *Am. Cent., Col.* wahrnehmen, bemerken.
acatarrarse *v/r.* s. erkälten, e-n Schnupfen bekommen; F *bsd. Am.* s. beschwipsen F.
acato *m* → *acatamiento*.
acatólico *adj.-su.* nicht katholisch; *m* Nichtkatholik *m*.
acauda|lado *adj.* reich, begütert; **~r** *Reichtümer (a. fig.)* sammeln.
acaudillar *v/t.* anführen, befehligen.

acaule — aceptante

acaule ⚥ *adj.* c stengellos.
acayú *m Rpl.* Mahagoni-baum *m*; -holz *n*.
acce|dente *adj.* c beitretend; **~der** *v/i.* 1. zustimmen; nachgeben; *Pol.* beitreten (*e-m Vertrag a*); ~ a willfahren (*dat.*), entsprechen (*dat.*) (*e-r Bitte*); einwilligen in (*ac.*) od. zu + *inf.*; 2. Zugang haben (*zu dat. a*); gelangen (in *ac.*, zu *dat. a*); **~sibilidad** *f* Zugänglichkeit *f*; **~sible** *adj.* c zugänglich (*a. fig.*); umgänglich; erschwinglich (für *ac. a*); **~sión** *f* 1. *Pol.* ~ a un convenio Beitritt *m* zu e-m Abkommen; 2. ⚥ a) Zuwachs *m*; b) Nebensache *f*; 3. Beischlaf *m*; 4. ⚕ (*bsd.* Wechselfieber-)Anfall *m*.
accésit *m* Neben-, Trost-preis *m*.
acce|so *m* 1. Zu-tritt *m*, -gang *m* (zu *dat. a*) (*a. fig.*); *Vkw.* Zufahrt(straße) *f*; Zubringer(straße *f*) *m*; Auffahrt *f* (*zu e-m Schloß u. ä.*); de difícil ~ schwer zugänglich; ~ prohibido Zutritt verboten; ~ a la propiedad Vermögensbildung *f*; 2. ⚔ *u. fig.* Anfall *m*; ~ de rabia Tobsuchtsanfall *m*; 3. *EDV* Zugriff *m*; **~sorio I.** *adj.* 1. zugehörig, Neben...; ⚥ cláusula *f* ~a Zusatzklausel *f*; cosa *f* ~a Nebensache *f*; gastos *m/pl.* ~s Nebenausgaben *f/pl.*; **II.** *m* 2. Zubehörteil *n*; ~s *m/pl.* Zubehör *n* (*a. Auto*); *Mode*: Accessoires *n/pl.*; ⊕ *a.* Gerät *n*; *Thea.* Requisiten *n/pl.*; 3. Nebenumstand *m*.
acciden|tado *adj.* 1. verunglückt; *a.* bewußtlos; 2. uneben, hügelig (*Gelände*); *fig.* vida *f* ~a bewegtes Leben *n*; **~tal I.** *adj.c* 1. unwesentlich; zufällig; *director* ~ amtierender (*od.* kommissarischer) Direktor *m*; 2. *Phil.*, *Theol.*, ⚔ akzidentell; **II.** *m* 3. ♪ Vorzeichen *n*; **~tar I.** *v/t.* e-n Unfall verursachen (*dat.*); **II.** **~se** verunglücken; **~te** *m* 1. Unglück *n*, Unfall *m*; ~ de (*od. por*) alcance Auffahrunfall *m*; ~ múltiple, ~s *m/pl.* en cadena Massenkarambolage *f*; ~ del trabajo Betriebsunfall *m*; ~ de tráfico (*bsd. Am. de tránsito*) Verkehrsunfall *m*; 2. Ereignis *n*; Zufall *m*; *adv.* por ~ zufällig; 3. *Geogr.* ~s *m/pl.* del terreno Geländeunebenheiten *f/pl.*; 4. *Li.* ~s *m/pl.* (*gramaticales*) Akzidentien *n/pl.*; 5. *Phil.* Akzidens *n*, zufällige Erscheinung *f*; 6. ♪ Vorzeichen *n*.
acción *f* 1. Handlung *f* (*a. Lit.*); Tat *f*, Werk *n*; *Pol.* ~ directa direkte Aktion *f*; *kath.* ~ de gracias Dankkundgebung *f*; Dankgottesdienst *m*; ~ subversiva Wühlarbeit *f*, Untergrundtätigkeit *f*; hombre *m* de ~ Mann *m* der Tat; *entrar en* ~ beginnen; losschlagen, eingreifen, in Aktion treten; poner en ~ aktivieren, in Betrieb (*od.* in Tätigkeit) setzen; unir la ~ a la palabra den Worten Taten folgen lassen; 2. *allg.*, *Phys.*, ⚙ ⊕ Wirkung *f*, Einwirkung *f*; *física* physikalische Einwirkung *f* (*od.* Reaktion *f*); ~ de los rayos solares *a.* Sonnenbestrahlung *f*; ~ recíproca Wechselwirkung *f*; de ~ rápida rasch wirkend (*Heilmittel, Gift*); 3. ⚔ Gefecht *n*, Treffen *n*; ~ de conjunto Zusammenwirken *n* der Waffen; 4. ⚕ Aktie *f*; ~ de fundador Gründeraktie *f*; ~ nominativa (*ordinaria*) Namens- (Stamm-)aktie *f*; ~ popular (*al portador*, *preferente*)

Volks- (Inhaber-, Vorzugs-)aktie *f*; 5. ⚥ Klage *f*; ~ de nulidad Nichtigkeitsklage *f*; ~ posesoria Besitz(schutz)klage *f*; ~ privada Privatklage *f*; formar (*od. presentar la*) ~ pública Anklage erheben.
acciona|miento ⊕ *m* Antrieb *m*; ~ individual Einzelantrieb *m*; **~r I.** *v/i.* gestikulieren; ~ sobre einwirken auf (*ac.*); **II.** *v/t.* ⊕ antreiben; betätigen; ⚥ Antrag stellen (bei *dat.* ante).
accio|nariado *koll. m* Aktionäre *m/pl.*; **~nista** ⚕ *m* Aktionär *m*.
ace|bal *m*, **~beda** *f*, **~bedo** *m* mit Stechpalmen bewachsener Ort *m*; **~bo** ⚥ *m* Stechpalme *f*; **~buche** ⚥ *m* wilder Ölbaum *m*; **~buchina** ⚥ *f* Wildolive *f*.
acecinar I. *v/t.* Fleisch lufttrocknen; **II.** *v/r.* **~se** ausdorren; mager werden.
acecha|dero *m* Anstand *m* (*Jgdw.*); Hinterhalt *m*; **~dor** *adj.-su.* lauernd, spähend; *m* Späher *m*; Aufpasser *m*; Jäger *m* auf dem Anstand; **~r** *v/t.* auflauern (*dat.*), aus-spähen, -spionieren (*ac.*), nachstellen (*dat.*); Gelegenheit ab-passen, -warten.
aceche *m* Vitriol *n*.
ace|cho *m* Hinterhalt *m*; Auflauern *n*; *adv.* al ~, en ~ auf der Lauer; *Jgdw.* estar de ~ auf dem Anstand *m* (Ansitz) sein; ponerse al ~ s. auf die Lauer legen; **~chón** *m* Horcher *m*, Lauscher *m*, Späher *m*.
ace|dar I. *v/t.* säuern; *fig.* (v)erbittern; **II.** *v/r.* **~se** sauer werden; gelb werden (*Pfl.*); **~dera** ⚥ *f* Sauerampfer *m*; **~derilla** ⚥ *f* Sauerklee *m*; **~día** *f* 1. Säure *f*; Sodbrennen *n*; 2. *fig.* Bitterkeit *f*, unfreundliches Wesen *n*; 3. *Fi.* Scholle *f*; **~do** *adj.* sauer; *fig.* barsch, mürrisch.
acefa|lía *f*, **~lismo** *m* *Anat.* Kopflosigkeit *f*.
acéfalo *adj. Anat.* kopflos; *Soz.* führerlos.
acei|tada *f* 1. Öllache *f*; 2. Ölgebäck *n*; **~tado** *m* Ölen *n*, Schmierung *f*; → *a. lubrificación*; **~tar** *v/t.* (ein)ölen; schmieren; **~te** *m* 1. *allg.* Öl *n*; ölige Substanz *f*; ~ de coco Kokosöl *n*; ~ de colza, ~ de nabina Raps-, Rüb-öl *n*; ~ comestible Speiseöl *n*; ~ de girasol Sonnenblumenöl *n*; ~ de linaza Leinöl *n*; ~ de palma Palm(kern)öl *n*; ~ de soja, *Am.* de soya (*vegetal*) Soja- (Pflanzen-)öl *n*; 2. ⊕ ~ combustible (*crudo*) Heiz- (Roh-)öl *n*; ~ mineral Mineralöl *n*; ~ pesado Schweröl *n*; *Kfz.* ~ usado Altöl *n*; 3. ⚥ ⚔ de Aparicio Johanniskrautbalsam *m*; ~ de ballena, ~ de pescado Fischtran *m*; ~ esencial, ~ volátil ätherisches Öl *n*; ~ de hígado de bacalao Lebertran *m*; ~ de madera, de palo Kopaivabalsam *m*; ~ de ricino (*serpentino*) Rizinus- (Wurm-)öl *n*; **~tera** *f* 1. Ölkrug *m*; Öl-, Schmierkanne *f*; 2. Ölhändlerin *f*; 3. ~s *f/pl.* Essig- u. Ölgestell *n*, Menage *f*; **~tero I.** *adj.* 1. Öl...; *molino* ~ Ölmühle *f*; **II.** *m* 2. Ölhändler *m*; 3. Ölhorn *n* (*Behälter*); **~tillo** ⚥ *m* *And.*, *Am.* verschiedene *Am.* Baumarten, *z. B.* Kopal, **~tón** *m* 1. dickes, trübes Öl *n*; 2. ♂ *Krankheit der Oliven*; **~toso** *adj.* ölhaltig, ölig.

aceitu|na *f* Olive *f*; ~s aliñadas (*rellenas*) marinierte (gefüllte) Oliven *f/pl.*; *P* cambiar el agua a las ~s pinkeln gehen *F* (*Männer*); **~nado** *adj.* olivfarben; **~nero** *m* 1. Olivenpflücker *m*; -händler *m*; 2. Olivenkammer *f*; **~nil** *adj.* c → *aceitunado*; **~no** ⚥ *m* Ölbaum *m*.
acelajado *adj.* bewölkt.
acelera|ción *f* Beschleunigung *f* (*a.* ⊕); ~ negativa (*allg.*, *Phys.*), ~ retardatriz (*bsd.* ⚙) Verzögerung *f*; ~ terrestre Erdbeschleunigung *f*; **~da** *Kfz. f* Hochjagen *n* des Motors; **~damente** *adv.* schnell; **~do I.** *adj.* rasch, flott; paso *m* ~ Geschwindschritt *m*; **II.** *m* *Film*: Zeitraffer *m*; **~dor I.** *adj.* beschleunigend; *potencia f* ~a Beschleunigungsvermögen *n*; **II.** *m Kfz.* Gas-hebel *m*, -pedal *n*; *Phys.* ~ de partículas (Teilchen-)Beschleuniger *m*; **~miento** *m* Eile *f*; ~ de aceleración; **~r** *v/t.* beschleunigen; *fig.* vorantreiben; **~triz** *adj. f*: fuerza *f* ~a Beschleunigungskraft *f*.
acele|rómetro *m* Beschleunigungsmesser *m*; **~rón** *m* plötzliches Schneller-werden *n*, -fahren *n*.
acelga *f* ⚥ Mangold *m* (*Kchk. mst.* ~s *f/pl.*); *fig.* cara *f* de ~ fahles (*od.* leichenblasses) Gesicht *n*.
acémila *f* Saum-, Last-tier *n*; *fig.* Dummkopf *m*, Esel *m* F.
acemilero *adj.-su. m* Maultierführer *m*, -treiber *m*.
acemi|ta *f* Kleienbrot *n*; **~te** *m* Kleienmehl *n*; Grießmehlsuppe *f*.
acendra|do *adj.* geläutert (*Metalle u. fig.*); fig. lauter; **~r** *v/t.* läutern, reinigen.
acens(u)ar ⚥ *v/t.* besteuern; mit e-m Erbzins belasten.
acen|to *m* 1. Akzent *m*, Ton(zeichen *n*) *m*, Betonung *f*; Tonfall *m*; ~ agudo Akut *m*; ~ dinámico, ~ de intensidad Tonstärke *f*, Druckakzent *m*; ~ principal (*secundario*) Haupt- (Neben-)ton *m*; ~ tónico, ~ musical Tonhöhe *f*; 2. Akzent *m*, fremdartige (*od.* regionale) Aussprache *f*; no tiene ~ er hat k-n (fremden) Akzent, er spricht akzentfrei; 3. *fig.* Betonung *f*; poner el ~ en besonders betonen (*od.* hervorheben); **~tuación** *f* Betonung *f*; Akzentsetzung *f*; **~tuado** *adj. fig.* merklich, spürbar; stark; **~tuar** [1e] **I.** *v/t.* betonen, hervorheben; **II.** *v/r.* **~se** (stärker) zutage treten; s. verschärfen.
ace|ña *f* Wassermühle *f* für Getreide; Schöpfrad *n*; **~ñero** *m* (Wasser-) Müller *m*; Mühlenarbeiter *m*.
acepar *v/i.* Wurzel schlagen.
acepción *f* 1. Einzelbedeutung *f* e-s polysemen Wortes; 2. sin ~ de personas ohne Ansehen der Person.
acepilla|dora ⊕ *f* Hobelmaschine *f*; **~dura** *f* Hobeln *n*; Hobelspäne *m/pl.*; **~r** *v/t.* (aus)bürsten; (ab)hobeln; *fig.* F Schliff geben (*dat.*).
acep|table *adj.* c annehmbar; willkommen; **~tación** *f* 1. Anerkennung *f*, Billigung *f*; 2. *a.* ⚥ Annahme *f*; no ~ Nichtannahme *f*; 3. ✝ Akzept *n* (*Bankw.*); ~ por intervención Ehrenakzept *n*; ~ (*pagadera*) a tres meses (*fecha*) Dreimonatsakzept *n*; **~tador** ⚥ *m* Akzeptant *m*; **~tante** ⚥ *m* (Wechsel-)

Akzeptant *m*; ~**tar** *v/t.* 1. annehmen; billigen; akzeptieren, anerkennen; 2. *Bankw.*: Scheck in Zahlung nehmen; Wechsel mit Akzept versehen; *Span.* acepto (*od. aceptamos*) vorgeschriebener Akzeptvermerk (*neben der Unterschrift*); ~**to** *adj.* angenehm, wohlgefällig (*dat. a*); no ~ unerwünscht (*Person*).

ace|quia *f* Bewässerungs-graben *m*, -kanal *m*; *Pe.* Bach *m*; ~**quiero** *m* Grabenaufseher *m*; Kanalwärter *m*.

acera *f* Bürger-, Geh-steig *m*; Häuserreihe *f*; ⚠ Verblendstein *m* e-r *Wand*; *fig.* F *de la otra* ~, *de la* ~ *de enfrente* **a)** von der andern Partei, von der Konkurrenz F; **b)** homosexuell, von der anderen Fakultät F.

acera|ción ⊕ *f* Verstählung *f*; ~**do I.** *adj.* gestählt, stählern; *fig.* schneidend, beißend, scharf; **II.** *m* Verstählen *n*; ~**r**[1] *v/t.* ⊕ verstählen; *fig.* stählen; **II.** *v/r.* ~**se** *lit.*, *fig. s.* verhärten, hart werden.

acerar[2] *v/t.* Gehsteige anlegen in (*dat.*).

acer|bidad *f* Herbheit *f*; *fig.* Strenge *f*; ~**bo** *adj.* herb; *fig.* hart, streng, grausam.

acerca de *prp.* bezüglich (*gen.*), in bezug auf (*ac.*), über (*ac.*).

acerca|miento *m* Annäherung *f*; ~**r** [1g] **I.** *v/t.* (näher) heranbringen (an *ac. a*), nähern (*dat. a*); **II.** *v/r.* ~**se** *s.* nähern, näherrücken; *Südspan. u. Werbesprache*: ~**se** *a* bei j-m vorbeischauen, j-n (kurz) besuchen, j-n aufsuchen, gehen zu j-m.

ace|(re)ría ⊕ *f* Stahlwerk *n*; ~**rista** *m* Stahlfachmann; Stahlindustrielle(r) *m*. [Nadelkissen *n*.⟩

aceri|co, ~**llo** *m* kl. Kissen *n*;⟨

acerina *Fi. f* Kaulbarsch *m*.

acerino *poet. adj.* stählern.

acero *m* 1. Stahl *m*; ~ *en barras* Stabstahl *m*; ~ *Bessemer* Bessemerstahl *m*; ~ *acorazado*, ~ *de blindaje*, ~ *blindado* Panzerstahl *m*; ~ *bruto* Rohstahl *m*; ~ *colado*, ~ *fundido* Stahlguß *m*; ~ *de construcción* Baustahl *m*; ~ *al crisol*, ~ *acrisolado* (Tiegel-)Gußstahl *m*;~ *eléctrico* (*especial, laminado*) Elektro- (Edel-, Walz-)stahl *m*; ~ *de fusión* (*de grano argentino*) Fluß- (Silber-)stahl *m*; ~ *perfilado* (*rápido*) Form- (Schnell-)stahl *m*; ~ *soldado*, ~ *batido* Schweißstahl *m*; ~ *al tungsteno*, ~ *con wolframio* Wolframstahl *m*; *cable m de* ~ Stahlkabel *n*; *construcción f en* ~ *y hormigón* Stahlverbundbau(weise *f*) *m*; 2. *fig.* blanke Waffe *f*.

acerolo ♀ *m* Azerolbaum *m*.

acérrimo *adj. sup. v.* acre; *fig.* erbittert; hartnäckig; glühend (*Anhänger*).

acer|tado *adj.* geschickt, klug; richtig; treffend (*Bemerkung*); ~**tante** *c* Gewinner *m* (*Lotterie*, *Preisausschreiben*); ~**tar** [1k] **I.** *v/t.* 1. erraten, (richtig) treffen; finden; **II.** *v/i.* 2. *abs.* (*od.* ~ *a*) (das Ziel) treffen; *no acierto a hacerlo* es gelingt mir nicht, ich habe kein Glück damit; → *a. 5.*; 3. ~ *con* finden (*ac.*); das Richtige treffen mit (*dat.*); 4. richtig handeln; ~ + *ger.* (*od.* ~ *en* + *inf.*) recht daran tun, zu + *inf.*; 5. ~ *a* + *inf.* zufällig *et. sein od. tun*; *acertó a pasar* er kam gerade vorbei; ~**tijo** *m* Rätsel *n*.

acervo *m* 1. Haufen *m*; Sand *m in Flüssen u. Häfen*; 2. gemeinsamer Besitz *m*, gemeinsames Erbe *n* (*a. fig.*); ⚖ Erb-masse *f*, -gut *n*; *fig.* Erbe *n*; Traditions-, Kultur-gut *n*.

acetato ♀ *m* essigsaures Salz *n*, Azetat *n*, Acetat *n*; ~ *de alúmina* essigsaure Tonerde *f*; ~ *de plomo* Blei-azetat *n*, -zucker *m*.

acético *adj.* Essig...; *ácido m* ~ Essigsäure *f*.

ace|tileno ♀ *m* Azetylen *n*; ~**tona** ♀ *f* Azeton *n*; ~**toso** *adj.* essigsauer.

acetre *m* Schöpfeimer *m*; *kl.* Weihwasserkessel *m*.

acezar [1f] *v/i.* keuchen.

aciago *adj.* unheilvoll; *día m* ~ Unglückstag *m*.

acial *m* Maulzwinge *f*; Ohrenklemme *f*; *Am. Cent., Ec.* Peitsche *f*.

aciano ♀ *m* Kornblume *f*; ~*s m e-e* Ginsterart.

acíbar *m* Aloe *f*; Aloesaft *m*; *fig.* Bitternis *f*; Unannehmlichkeit *f*.

acibarar *v/t.* mit Aloe versetzen; *fig.* verbittern.

aciberar *v/t.* zermahlen.

acicala|do *adj.* geschniegelt, herausgeputzt; ~**dura**, ~**miento** *m* Politur *f*, Schleifen *n*; *fig.* Eleganz *f*; ~**r I.** *v/t.* Degen *usw.* blank putzen; Wand verputzen; *fig.* herausputzen, schniegeln; **II.** *v/r.* ~**se** *s.* zurechtmachen, s. herausputzen.

acicate *m Equ. maurischer* Sporn *m*; *fig.* Antrieb *m*, Anreiz *m*

acicular ⛏ *adj. c* nadelförmig.

aci|dez (*pl.* ~**ces**) *f* Säure *f*; Säuregehalt *m*; ~**dia** *f* Trägheit *f*, Faulheit *f*; ~**dificar** [1g] ♀ *v/t.* mit Säure versetzen, säuern; ~**dímetro** ♀ *m* Säuremesser *m*; ~**dismo** ♂ *m* (*bsd.* Super-)Azidität *f*.

ácido I. *adj.* sauer; **II.** *m* Säure *f*; *fig.* F LSD *n*; ~ *carbónico* Kohlensäure *f*; ~ *clorhídrico* Salzsäure *f*; ~ *fólico* Folsäure *f*;~**rresistente** *adj. c* säurebeständig (*Bakterien*).

acidular *v/t.* Flüssigkeit ansäuern; *agua f* ~*ada* → *acídulo*.

acídulo *adj.* säuerlich; *agua f* ~*a* Säuerling *m*, Sauerbrunnen *m*.

acierto *m* Treffen *n des Ziels*; *fig.* Geschicklichkeit *f*; Klugheit *f*; Erfolg *m*; Treffer *m* (*Lotterie*); *adv. con* ~ geschickt; treffend; richtig.

aciguatado *adj.-su.* an *ciguatera* leidend.

ácimo *adj.* ungesäuert (*Brot*).

acimut *Astr. m* Azimut *m, n.*

ación *f* Steigbügelriemen *m*.

acirate *m* erhöhter Grenzrain *m*; Pfad *m* zwischen zwei Baumreihen.

acitara *f* 1. Brückengeländer *n*; 2. (Sattel-)Decke *f*; 3. → *citara*.

acitrón *m* Zitronat *m*.

acivilarse *v/r.* *Chi. s.* standesamtlich trauen lassen.

aclama|ción *f* Beifall(srufen *n*) *m*; Zuruf *m*; *elección f por* ~ Wahl *f* durch Zuruf (*od. per Akklamation*); ~**dor** *adj.-su.* Beifalls...; ~**r** *v/t.* 1. j-m zujubeln; j-n durch Zuruf ernennen; ~ (*por od. como*) *presidente* durch Zuruf zum Präsidenten wählen; 2. *Vogel* locken.

aclara|ción *f* Aufklärung *f*; Erläuterung *f*; Aufhellung *f*; ~**r I.** *v/t.* (auf)klären; heller machen, *a.* Haar aufhellen; *Flüssigkeit* verdünnen; Wald, Reihen lichten; *Flüssigkeit*, Stimme klären; Wäsche spülen; Worte erläutern; **II.** *v/impers. aclara* es wird hell, es wird Tag; **III.** *v/i. u.* ~**se** *v/r.* hell werden; aufklaren (*Wetter*); ~**torio** *adj.* (auf)klärend, erläuternd.

aclarecer [2d] *v/t.* → *aclarar*.

aclimata|ción *f* Akklimatisierung *f*; Eingewöhnung *f*; ~**r I.** *v/t.* akklimatisieren; heimisch machen; **II.** *v/r.* ~**se** *s.* eingewöhnen, heimisch werden; *s.* akklimatisieren.

aclocar [1g u. 1m] **I.** *v/i.* → *enclocar*; **II.** *v/r.* ~**se** sich's bequem machen, *s.* rekeln.

aclorhidria ♂ *f* Achlorhydrie *f*.

acmé ♂ *f* (*a. m*) Höhepunkt *m* e-r Krankheit *f*, Akme *f*.

acné ♂ *f* Akne *f*.

acobarda|miento *m* Einschüchterung *f*; ~**r I.** *v/t.* einschüchtern; ~**ado** *adj.* verzagt, kleinmütig; **II.** *v/r.* ~**se** verzagen, den Mut verlieren; ~**se de** eingeschüchtert werden von (*dat.*) (*od.* durch *ac.*); *se acobardó ante* (*od. por*) *el peligro* er schreckte vor der Gefahr zurück.

acobrado *adj.* kupferfarben.

acocear *v/t.* Fußtritte geben (*dat.*); ausschlagen nach (*dat.*).

acocil *Zo. m* mexikanische Süßwasserkrabbe *f*.

acochinar F **I.** *v/t.* abmurksen F; fertigmachen F; **II.** *v/r.* ~**se** verdrecken F.

acoda|do *adj.* gebogen; geknickt; ⊕ *tubo m* ~ Winkelstück *n*; ~**lar** ⚠ *v/t.* abstützen; ~**r I.** *v/t.* 1. ✿ Senker stecken; 2. ✿ köpfen; **II.** *v/r.* ~**se** 3. die Ellbogen (auf-)stützen (*ac. en, sobre*).

acoderar ⚓ *v/t.* quer vor Anker legen.

aco|dillar *v/t.* knieförmig (um)biegen; ~**do** *m* 1. ✿ **a)** Ableger *m*; **b)** Absenken *n*; 2. ⚠ vorspringender Schlußstein *m e-s Gewölbes*.

aco|gedizo *adj.* anlehnungsbedürftig (*Person*); ~**gedor** *adj.* gastlich, gemütlich; liebenswürdig, gewinnend; ~**ger** [2c] **I.** *v/t.* 1. Gast, Nachricht aufnehmen; beschützen; ~ *con satisfacción* beifällig aufnehmen; **II.** *v/r.* ~**se** *a alg. s.* j-n halten; bei j-m Schutz (*od.* Hilfe) suchen; *hist.* ~**se** *a sagrado s.* an e-n geweihten Ort flüchten; ~**se** *a la barca s.* ins Boot retten; 3. ⚖ ~**se** *a a/c. s.* auf *et.* (*ac.*) berufen; ~**gida** *f* 1. Aufnahme *f*, Empfang *m*; *dispensar una buena* ~ *a* freundlich aufnehmen (*ac.*); *tener buena* ~ freundlich aufgenommen werden (*Personen*); Beifall finden, beim Publikum (gut) ankommen; günstig aufgenommen werden; 2. Zuflucht(sort *m*) *f*; ~**gido** *m* Armenhäusler *m*; ~**gimiento** *m* → *acogida*.

acogollar I. *v/t.* ✿ *Pfl.* mit Stroh *usw.* abdecken; **II.** *v/i. u.* ~**se** *v/r. s.* schließen, Köpfe bilden (*Kohl, Salat usw.*).

acogotar *v/t.* durch e-n Schlag (*od.* Stich) ins Genick töten; beim Genick packen *u.* niederwerfen; *fig.* F kleinkriegen F, unterkriegen F.

acojinar v/t. 1. polstern; 2. durchsteppen.
acojona|do P adj. feige; eingeschüchtert; **~miento** P m Einschüchterung f; Schiß m P; **~nte** P adj. c fürchterlich; toll F, dufte F; **~r** P I. v/t. 1. einschüchtern; 2. j-m imponieren, bei j-m Eindruck schinden F; II. v/r. **~se** 3. kalte Füße kriegen F.
acola|da f (Umarmung f nach dem) Ritterschlag m, Akkolade f; **~r** ⊠ v/t. Wappen vereinigen; e-m Wappen besondere Zeichen hinzufügen.
acolcha|do m Polster n; Steppzeug n; **~r¹** polstern; wattieren; steppen; **~r²** ⚓ v/t. → corchar.
acolchonar Am. v/t. → acolchar¹.
acolitar Col. v/t. Kinder (heimlich) verwöhnen.
acólito m 1. kath. Akoluth m; Ministrant m; 2. fig. iron. getreuer Schatten m.
acolla|dor ⚓ m Sorrtau n; **~r** [1m] v/t. 1. ✱ Pfl. häufeln; 2. ⚓ Fugen mit Werg verstopfen; sorren.
acollara|do adj. geringelt, Ringel... (von Tieren, bsd. Vögeln); **~r** I. v/t. Tieren ein Halsband anlegen (dat.); Jagdhunde koppeln; Pferden das Kummet anlegen (dat.); II. v/r. **~se** Am. **~se con alg.** mit j-m handgemein werden.
acomedi|do adj. Am. dienstbeflissen, gefällig; **~rse** [3l] v/r. Am. gefällig sein.
acome|tedor adj.-su. angriffslustig; m Angreifer m; **~ter** I. v/t. 1. angreifen, anfallen; s. stürzen auf (ac.); befallen (Schlaf, Krankheit usw.); 2. fig. et. in Angriff nehmen, an e-e Sache herangehen; II. v/i. 3. **~** contra a/c. auf et. (ac.) los-gehen, -stürmen; gg. et. (ac.) schlagen; ⊕ **~** (en) münden (in dat. od. ac.) (z.B. Rohr); **~tida** f 1. Angriff m; fig. Anfall m; 2. ⊕ Licht-, Wasser-, Gasanschluß m; **~timiento** m 1. Angriff m; Inangriffnahme f; 2. ⊕ Rohrmündung f (bsd. Kanalisation); **~tividad** f Angriffslust f; Streitlust f; fig. Draufgängertum n.
acomo|dable adj. c anpassungsfähig; **~dación** f 1. Anpassung f; Um-bau m, -gestaltung f; 2. Physiol. Akkomodation f, Anpassung(sfähigkeit) f des Auges; **~dadizo** adj. fügsam; leicht zu befriedigen(d); leicht anzupassen(d); **~dado** adj. 1. geeignet; 2. bequem; wohlhabend; auskömmlich (Leben); wohlfeil (Preis); **~dador** m Platzanweiser m; Thea. Logenschließer m; **~damiento** m Anpassen n, Einrichten n; Abkommen n, Abmachung f; **~dar** I. v/t. 1. einordnen; anpassen; in Einklang bringen; anwenden (auf ac. a); Thea. usw. j-m den (od. e-n) Platz anweisen; 2. unterbringen; anstellen, j-m e-n Arbeitsplatz verschaffen; II. v/i. 3. behagen, gefallen, passen (j-m a); III. v/r. **~se** 4. **~se** (a) s. anpassen (dat. od. an ac.); **~se a la situación** in die Lage schicken; todos se han acomodado bien alle haben e-n guten Platz gefunden; **~daticio** adj. 1. (mst. desp.) sehr anpassungsfähig, opportunistisch (Person); 2. fig. dehnbar; 3. → acomodadizo; **~do** m 1. Unterkommen n, An-

stellung f; 2. Auskommen n; 3. Kompromiß m, Modus vivendi m.
acompaña|do I. adj. 1. belebt (Straße); 2. beiliegend; II. m 3. Col. Abzugsrinne f (Kanalisation); **~dor** adj.-su. Begleit...; m Begleiter m; **~miento** m Begleitung f (a. ♩); Gefolge n; Betreuung f (Touristen); **~nte** adj.-su. c begleitend; m Begleiter m (a. ♩); Begleitperson f; Reiseleiter m; **~r** I. v/t. 1. begleiten (a. ♩); j-m Gesellschaft leisten; mit-essen, -trinken, -fahren usw. (mit dat. a); **~** a alg. en el sentimiento j-m sein Beileid aussprechen; le acompaño en el sentimiento herzliches Beileid; **~** el pescado con vino zum Fisch Wein trinken; 2. Papiere bei-legen, -fügen (dat. a); II. v/r. **~se** 3. ♩ s. selbst begleiten; **~se de buenos amigos** s. mit guten Freunden umgeben.
acompasa|damente adv. abgemessen, im Takt; **~do** adj. nach dem Takt; gemessen, langsam; fig. wohlgeordnet; **~r** I. v/t. rhythmisch (od. gleichmäßig) gestalten; ⚒ justieren, einstellen.
acomplejar v/t. j-m Komplexe verursachen.
acomunarse v/r. s. verbünden, s. zs.-tun (mit dat. con).
aconcharse v/r. s. anlehnen; ⚓ auflaufen; F Méj. schmarotzen, nassauern F.
acondiciona|do adj.: bien (mal) **~** in guter (schlechter) Verfassung; (instalación f de) aire m **~** → **~dor** m (de aire) Klimaanlage f; **~miento** m Zubereitung f; Aufbereitung f; **~** de aire Klimaanlage f; **~r** v/t. bilden, gestalten; herrichten; zubereiten, -richten.
aconfesiona|l adj. c konfessionslos; ohne Staatskirche (Staat); **~lidad** f Konfessionslosigkeit f.
acongoja|do adj. bekümmert; verhärmt, vergrämt; **~r** v/t. bedrücken, bekümmern, ängstigen.
aconitina 🜎 f Akonitin n.
acónito ⚘ m Eisenhut m.
aconseja|ble adj. c ratsam, empfehlenswert; **~r** I. v/t. j-m raten; j-n beraten; **~** a/c. a alg. j-m et. (ac.) (an)raten; le aconsejo que le escriba ich rate Ihnen, ihr zu schreiben; II. v/r. **~se** de (od. con) s. (dat.) Rat holen bei (dat.).
aconsonantar I. v/t. in Reime bringen; II. v/i. (s.) reimen.
aconte|cer [2d] v/i. geschehen, s. ereignen, vorkommen; **~cimiento** m Ereignis n, Geschehnis n, Begebenheit f; el feliz **~** das freudige Ereignis n.
acopa|do adj. becherförmig; baumkronenförmig; **~r** I. v/t. die Kronenbildung (z.B. beim Taxus) künstlich beeinflussen; II. v/i. Kronen bilden.
aco|piamiento m → acopio; **~piar** [1b] v/t. anhäufen, ansammeln; bsd. Vorräte aufkaufen; **~pio** m Anhäufung f; Aufkauf m; Vorrat m; Fülle f.
acopla|do m Arg., Chi. Anhänger m (Wagen); **~dura** f Zusammenfügen n (bsd. Zim.); **~miento** ⊕ m Kopplung f, Kupplung f; Schaltung f; Raumf.: **~** espacial Ankoppelungsmanöver n; Rf.: **~** regenerativo Rück-

kopplung f; árbol m de **~** Kupplungswelle f; **~r** I. v/t. 1. zs.-fügen; anpassen; fig. versöhnen; 2. ⊕ koppeln; kuppeln; ⚒ Batterie schalten; 3. Pferde zs.-koppeln; Tiere belegen lassen; II. v/r. **~se** 4. F s. zs.-tun; s. liebgewinnen; s. paaren (bsd. Tiere).
acoquinarse F v/r. s. einschüchtern lassen.
acorarse v/r. welk werden (Pfl.).
acoraza|do I. adj. gepanzert, Panzer...; cámara f (división f) **~a** Panzerschrank m (-division f); II. adj.-su. m (crucero m) **~** Panzerkreuzer m; bolsillo Taschenkreuzer m; **~r** [1f] I. v/t. panzern; II. v/r. fig. **~se** contra s. wappnen gg. (ac.).
acorazonado adj. herzförmig.
acorcha|do adj. korkartig eingetrocknet, eingeschrumpft; **~miento** m Einschrumpfen n; **~rse** v/r. eingeschrumpfen; korkartig werden; fig. einschlafen, taub werden (Glied); abstumpfen (Sinne, Gewissen).
acorda|do adj. wohlerwogen; lo **~** wie beschlossen; allg. die Vereinbarung; **~r** [1m] I. v/t. 1. bestimmen, beschließen; vereinbaren; bewilligen; 2. Meinungen auf e-n Nenner bringen; Farben aufeinander abstimmen; ♩ Instrumente stimmen; II. v/i. 3. übereinstimmen; III. v/r. **~se** 4. s. erinnern; **~se de** s. an (ac.) erinnern, gedenken (gen.); si mal no me acuerdo wenn ich mich recht erinnere; 5. s. einigen (mit dat. con).
acorde I. adj. c 1. übereinstimmend; estar **~** con einig sein mit (dat.); 2. ♩ harmonisch; II. m 3. ♩ Akkord m; **~** final Schlußakkord m; fig. entre los **~s** del himno nacional unter den Klängen der Nationalhymne.
acordelar v/t. mit e-r Schnur abstecken.
acordemente adv. einmütig.
acorde|ón m Akkordeon n, Ziehharmonika f; **~onero** m Col. Reg. → **~onista** m Akkordeonspieler m.
acordona|do adj. schnurförmig; Méj. schmächtig (Tiere); **~miento** m Abriegelung f e-s Gebietes (durch Militär od. Polizei); Absperrung f (Polizei-)Kordon m; **~r** v/t. 1. einver-schnüren; ⚒, Polizei: absperren, -riegeln; 2. Münzen rändeln.
acores ✱ m/pl. Flechtenausschlag m der Kinder.
acornear vt/i. mit den Hörnern stoßen.
ácoro ⚘ m Kalmus m; **~** bastardo, **~** falso, **~** palustre Wasserlilie f.
acorrala|miento m Einpferchen n; fig. Einkreisung f; política f de **~** Einkreisungspolitik f; **~r** v/t. 1. Vieh einpferchen; Wild eingattern; 2. fig. einkreisen, einschüchtern; in die Enge treiben.
acorrer v/i. → acudir.
acorta|miento m Ab-, Ver-kürzung f; **~r** I. v/t. (ab-, ver-)kürzen; Kleidung kürzer machen; el paso, **~** la marcha langsamer gehen; II. v/i. u. **~se** v/r. kürzer werden; III. v/r. **~se** stocken (beim Reden); verlegen werden.
acorvar v/t. → encorvar.
aco|sador adj.-su. aufdringlich; m (hartnäckiger) Verfolger m; **~samiento** m Verfolgung f; Anfein-

dung f; **~sar** v/t. verfolgen, hetzen; bedrängen; ~ a alg. a preguntas j-m mit Fragen zusetzen, j-n mit Fragen bestürmen (od. F löchern); **~so** m Hetze f (bsd. Tiere); ~ sexual sexuelle Belästigung f.
acosta|dero P adj. geil, scharf P; **~do** adj. liegend, waagerecht; ⌧ nebenstehend; estar ~ liegen; **~meinento** m Niederlegen n; **~r** [1m] I. v/t. zu Bett bringen; II. v/i. anlegen (Schiff); III. v/i. u. ~se v/r. s. neigen (a. Zünglein der Waage); s. anlehnen; IV. v/r. ~se s. niederlegen; ins Bett gehen (a. fig., mit j-m con alg.), schlafen gehen; fig. **~se** a s. anlehnen an (ac.).
acostumbra|damente adv. üblicherweise, gewohntermaßen; **~do** adj. gewohnt, gewöhnlich; estar ~ a a/c. (a hacer a/c.) an et. (ac.) gewöhnt sein (gewohnt sein, et. zu tun); mal ~ verwöhnt (Kind); **~r** I. v/t. ~ a alg. a (hacer) a/c. j-n an et. (ac.) gewöhnen (j-n daran gewöhnen, et. zu tun); II. v/i. pflegen, gewohnt sein; acostumbro (a) tomar té ich trinke gewöhnlich Tee; III. v/r. ~se a s. gewöhnen an (ac.).
acota|ción f 1. Randbemerkung f; Thea. Bühnenanweisung f; 2. Höhenangabe f bei topographischen Karten; 3. → acotamiento; **~da** f eingefriedeter Bezirk m (bsd. Baumschule); **~do** Jgdw. m Eigenjagd(revier n) f; **~miento** m Abgrenzung f; Vermarkung f; **~r** I. v/t. 1. abgrenzen; einfried(ig)en; 2. Bäume kappen; 3. bestimmen, bezeichnen; auswählen; Jgdw. zur Eigenjagd erklären; 4. mit Randbemerkungen versehen; in e-e Karte die Höhenziffern eintragen; 5. Angebot annehmen; II. v/r. ~se 6. s. in Sicherheit bringen (unter e-e fremde Gerichtsbarkeit).
acotile|dóneas f/pl., **~dones** m/pl. ♀ Nacktsamer m/pl.
acotillo m Schmiedehammer m.
acoyundar v/t. Ochsen anjochen.
acracia f 1. Pol. Akratie f; 2. ♂ → astenia. [Anarchist m.]
ácrata adj.-su. c anarchistisch; m)
acre¹ adj. c scharf, herb; bitter; fig. schroff, rauh; ätzend, beißend.
acre² m Acre n (engl. Landmaß).
acrecen|cia f Zuwachs m, ♂♀a, Vermehrung f; → **~tamiento** m Zunahme f; **~tar** [1k] I. v/t. vermehren, steigern, vergrößern; II. v/r. ~se anwachsen; zunehmen, s. steigern.
acre|cer [2d] v/t. vermehren; ♂♀ derecho m de ~ Anwachsungsrecht n; **~cimiento** ♂♀ m Anwachsung f (Erbrecht).
acredi|tado adj. 1. geachtet, angesehen; bewährt; restaurante m ~ geschätztes (od. vielbesuchtes) Restaurant n; 2. beglaubigt; akkreditiert; dipl. estar ~ cerca de akkreditiert sein bei (dat.); **~tar** I. v/t. 1. j-m Ansehen verleihen; verbürgen; rechtfertigen; bekräftigen; bestätigen (als ac. de); 2. ✝ ~ (en cuenta) gutschreiben; 3. glaubhaft machen; dipl. Gesandten beglaubigen (bei dat. cerca de); II. v/r. ~se 4. s. ausweisen; s. bewähren; s. Ansehen erwerben; **~se** (para) con alg. s. j-s Vertrauen erwerben.

ácreedor I. adj. anspruchsberechtigt; würdig (gen. a); hacerse ~ a (od. de) la confianza de la clientela das Vertrauen der Kundschaft gewinnen; II. m Gläubiger m; ~ hipotecario Hypothekengläubiger m; junta f (general) de ~es Gläubigerversammlung f; ser ~ de una cantidad e-e Summe guthaben.
acremente adv. fig. scharf, herb; hart.
acribar v/t. sieben; fig. sichten.
acribillar v/t. durchlöchern; fig. quälen, bedrängen (mit dat. a); ~ a balazos a alg. j-n (wie ein Sieb) durchlöchern, j-n durchsieben.
acrílico adj. Akryl...; ácido m ~ Akrylsäure f.
acriminar v/t. beschuldigen, bezichtigen (gen. de).
acrimo|nia f Schärfe f; fig. Herbheit f, Bitterkeit f; **~nioso** adj. scharf; fig. beißend.
acriollarse v/r. Am. die Lebensweise der Einheimischen annehmen.
acrisola|damente adv. rein; **~r** v/t. Metalle u. fig. läutern; fig. auf die Probe stellen.
acristala|do m Verglasen n; **~r** v/t. a. Fenster verglasen.
acritud f Schärfe f (a. fig.); herber Geschmack m.
acrobacia f Akrobatik f.
acróbata c Akrobat m.
acrobático adj. Akrobaten..., akrobatisch; vuelo m ~ Kunstflug m.
acromático ⌧ adj. achromatisch, farblos.
acroma|tismo Opt. m Achromatismus m; **~topsia** ♀ f Farbenblindheit f.
acromio(n) Anat. m Schulterhöhe f.
acrónimo m Akronym n.
acrópolis f Akropolis f.
acta f 1. Urkunde f; Protokoll n; ♂♀ a. Akt m, Akte f; ~ de acusación Anklageerhebung f; ~ de una sesión Sitzungs-protokoll n, -bericht m; ~ notarial notarielle Urkunde f; secretario m de ~s Protokollführer m; hacer constar en (el) ~ ins Protokoll aufnehmen, im Protokoll vermerken, protokollieren; levantar ~ (de a/c.) (et.) beurkunden; (et.) protokollieren; 2. ♀s f/pl. de los Apóstoles Apostelgeschichte f.
actinia Zo. f Seeanemone f.
actínico Phys. adj. aktinisch.
actinio ♀ m Aktinium n.
actino|metría f Aktinometrie f, Strahlungsmessung f; **~micetos** ♀ m/pl. Strahlenpilze m/pl.; **~micosis** ♂ f Strahlenpilzkrankheit f; **~ta** Min. f Aktinolith m; **~terapia** ♂ f Strahlen-behandlung f, -therapie f.
actitud f Stellung f, Haltung f (a. fig.); fig. Einstellung f; Benehmen n; Verhalten n; tomar (od. adoptar) una ~ e-e bestimmte Haltung einnehmen.
acti|vación f Aktivierung f; **~vamente** adv. tatkräftig, aktiv, eifrig; **~var** v/t. beleben (fig.); beschleunigen, antreiben, aktivieren; **~vidad** f 1. Tätigkeit f, Wirksamkeit f; en ~ tätig, in Tätigkeit; ~ misional, ~ misionera Missionstätigkeit f; 2. Lebhaftigkeit f, Betriebsamkeit f; Lebhaftigkeit f; 3. ~es f/pl. Gesamtbereich m der Tätigkeit e-r Person od. e-r Institution; ~es comerciales (docentes)

Geschäfts- (Lehr-)tätigkeit f; **~vista** Pol. c Aktivist m; **~vo** I. adj. 1. tätig, wirksam; tatkräftig, aktiv; en ~ aktiv, im Dienst stehend (Beamte, ⨉); 2. Gram. voz f ~a Aktiv n, Tätigkeitsform f; II. m 3. ✝ Aktivvermögen n, Aktiva n/pl.
acto m 1. Tat f, Handlung f, Werk n; en el ~ **a)** auf frischer Tat; **b)** auf der Stelle; sofort, unverzüglich; ~ carnal (od. sexual) Geschlechtsverkehr m; ~ continuo, ~ seguido sofort (danach), anschließend; hacer ~ de presencia (kurz) anwesend sein, s. (gerade mal) blicken lassen F; F quedarse en el ~ plötzlich sterben; 2. (öffentliche) Feier(lichkeit) f, Festakt m; **~s** culturales kulturelle Veranstaltungen f/pl.; ~ inaugural Eröffnungsfeier f; 3. Thea. Akt m, Aufzug m; 4. ♂♀ Handlung f, Akt m; ~ de conciliación Sühnetermin m; ~ jurídico Rechtsgeschäft n, -handlung f; ~ oficial Amtshandlung f; en ~ de servicio im Dienst (Beamter); in Erfüllung s-r Pflicht; 5. Phil. Akt m; 6. Rel. ~ de contrición Reueakt m, (vollkommene) Reue f; ♀s m/pl. Konzilsakten f/pl.; 7. ♂ ~ reflejo Reflexvorgang m.
actor m 1. Thea. Schauspieler m (a. fig.), Darsteller m; primer ~ Darsteller m der Titelrolle; los ~es die Truppe; a. fig. ser un ~ consumado ein vollendeter Schauspieler sein; 2. ♂♀ m (~a f) Kläger(in f) m; ~ civil Nebenkläger m; 3. Lit. Träger m der Handlung.
actriz f (pl. ~ices) Schauspielerin f.
actua|ción f Tätigkeit f, Wirken n; Auftreten n, Auftritt m (a. Thea.); Amtsführung f; ♂♀ **~ones** f/pl. Prozeßführung f; Gerichtsverhandlung f; Schriftverkehr m mit dem Gericht; TV ~ en directo Live-Auftritt m; **~do** adj. gewöhnt; geübt; **~l** adj. c 1. gegenwärtig, aktuell; reell; Phil. wirklich, aktuell; 2. wirksam; **~lidad** f Gegenwart f; Aktualität f; en la ~ gegenwärtig, zur Zeit; de gran ~ sehr aktuell; **~lización** f a. Li. Aktualisierung f; **~lizar** [1f] v/t. aktualisieren (a. Li.); auf den neuesten Stand bringen; **~lmente** adv. gegenwärtig, wirklich; **~nte** adj.-su. c wirksam; Teilnehmer m, Mitwirkende(r) m; **~r** [1e] I. v/i. wirken; tätig sein (bzw. werden); a. Thea. auftreten; ♂♀ sich handeln; ~ de apoderado als Bevollmächtigter auftreten; ~ en justicia vor Gericht klagen, das Gericht anrufen, prozessieren; ~ sobre einwirken auf (ac.); II. v/t. in Gang bringen; betätigen; ⊕ anlassen; III. v/r. **~se** zustande kommen; **~rio** m ♂♀ Protokollführer m, Urkundsbeamter m; 2. ~ de seguros Versicherungsmathematiker m.
acuadrillar v/t. e-e Bande anführen; zu e-r Bande zs.-schließen; Chi. in Rotten überfallen.
acua|fortista c Ätzgraphiker m; **~nauta** c Aquanaut m, Unterwasserforscher m; **~plano** Sp. m Wellenreiten n; Surfbrett n (Wellenreiten); **~rama** m Delphinarium n; **~rela** f Aquarell n; caja f de ~s Malkasten m; **~relista** c f Aquarellmaler m.
acuario m Aquarium n; Astr. ♋ Wassermann m.
acuartela|do ⌧ adj. geviert(et);

~miento ⚔ *m* **1.** Einquartierung *f*; Kasernierung *f*; **2.** Quartier *n*; **~r I.** *v/t.* **1.** einquartieren; kasernieren; in Garnison legen; **2.** ⚓ *Segel* in den Wind brassen; **3.** *Boden* parzellieren; **II.** *v/r.* **~se 4.** e-e Unterkunft beziehen.
acuáti|co *adj.* im Wasser lebend; Wasser...; *deporte m* ~ Wassersport *m*; **~1** *adj. c → acuático.*
acuatinta *f* Aquatinta *f.*
acuatiza|je ⚔ *m bsd. Am.* Wasserung *f*; **~r** [1f] *v/i. bsd. Am.* wassern.
acuci|a *f* Eifer *m*; Begierde *f*; **~ador** *adj.-su. fig.* dringend, brennend; *m* Hetzer *m*; **~ante** *adj. c → acuciador*; **~ar** [1b] **I.** *v/t.* **1.** an-stacheln, -treiben; **2.** begehren; **II.** *v/impers.* **3.** *le acucia + inf.* er hat es (damit) eilig, zu + *inf.*, es drängt ihn, zu + *inf.*; **~osidad** *f Ven.* Eile *f*; Begierde *f*; **~oso** *adj.* gierig; eifrig, beflissen.
acuclillarse *v/r. s.* (nieder)hocken, s. (zs.-)kauern.
acucharado *adj.* löffelförmig.
acuchillar I. *v/t.* er-, nieder-stechen; *Ärmel* schlitzen; *Fußboden* spänen, *Parkett* abziehen; *Pflanzbeet* auslichten; **~ado** *adj. fig.* gewitz(ig)t, abgebrüht; **II.** *v/r.* **~se** mit Messern aufea. losgehen.
acudiente *m Col.* Betreuer *m e-s Schülers od. Studenten* (, *der nicht bei der Familie lebt*).
acudir *v/i.* **1.** herbeieilen, s. einfinden; *e-n Ort* gewohnheitsmäßig aufsuchen; ~ (*a*) teilnehmen (an *dat.*); ~ *a una cita* s. am vereinbarten Ort einstellen; ~ *en socorro de j-m* zu Hilfe eilen; ~ *a las urnas* s. an der Wahl beteiligen, wählen; **2.** ~ *a alg.* s. an j-n (*um Hilfe, um Schutz od. um Unterstützung*) wenden; ~ *a un abogado* die Hilfe e-s Rechtsanwaltes in Anspruch nehmen; ~ *a a/c.* zu et. (*dat.*) greifen, s. e-r Sache (*gen.*) bedienen; **3.** Frucht tragen (*Erde*); **4.** gehorchen (*Reittier*).
acueducto *m* Aquädukt *m*; *Col. a.* Wasserversorgung *f e-r Stadt.*
acuerdado *adj.* schnurgerade.
acuerdo *m* **1.** Übereinstimmung *f*; Übereinkunft *f*; Verständigung *f*; Abkommen *n*, Vereinbarung *f*; ~ *comercial* Handelsabkommen *n*; ~-*marco* (*pl.* ~s-~) *Dipl.* Rahmenabkommen *n*; *Gewerkschaft*: Manteltarifvertrag *m*; ~ *pesquero* Fischereiabkommen *n*; *llegar a un* ~, *ponerse* (*od. quedar*) *de* ~ (*con*) s. einigen (mit *dat.*); *adv. de común* ~ einmütig, in gg.-seitigem Einvernehmen; *de mutuo* ~ in beiderseitigem Einverständnis (*Scheidung*); *de* ~ *con* gemäß (*dat.*); ¡*de* ~! einverstanden!; **2.** Beschluß *m*, Entscheid *m*; *tomar un* ~ e-n (gemeinsamen) Beschluß fassen; **3.** Erinnerung *f*; Besinnung *f*; Bewußtsein *n.*
acueste F *m* Beischlaf *m*, Bumsen *n* P.
acuidad *f* Schärfe *f* (*der Sinne*); ✴ akutes Stadium *n.*
acuífero 🕮 *adj.* wasserführend.
acuitar *v/t.* betrüben.
acular I. *v/t. fig.* F in die Enge treiben; **II.** *v/r.* **~se** ⚓ achtern auflaufen (*Schiff*).

aculturación *Soz. f* Akkulturierung *f.*
acullá *adv.* dort(hin); *acá y* ~ hier u. dort; → *a. acá.*
acumula|ción *f* **1.** Anhäufung *f*; Speicherung *f*; ~ *de calor* Wärmespeicherung *f*; ~ *de nieve* Schneeverwehung *f*; **2.** ⚖ ~ *de acciones* Klagehäufung *f*, Klagenverbindung *f*; *Pol.* ~ *de votos* Häufeln *n*; **3.** ✝ Zinseszins *m*; **~dor** *adj.-su. m* Anhäufer *m*; ⊕, ⚡ Sammler *m*, Speicher *m*; ~ (*eléctrico*) Akkumulator *m*, Akku *m*; ~ *hidráulico* Wasserkraftspeicher *m*; **~r I.** *v/t.* **1.** an-, auf-häufen, speichern; **2.** ~ *varias funciones* mehrere Ämter kumulieren; **3.** ✝ zs.-ziehen; ✝ ~ *los intereses al capital* die Zinsen zum Kapital schlagen; ✝ *intereses m/pl.* **~ados** aufgelaufene Zinsen *m/pl.*; **II.** *v/r.* **~se 4.** s. anhäufen; **~tiva** *adj.-su. f*: (*jurisdicción f*) ~ Zs.-ziehung *f* von Verfahren; **~tivo** *adj.* anhäufend; ✝ kumulativ.
acunar *v/t. Kind* wiegen.
acuña|ción *f* Prägung *f*; Münzen *n*, Prägen *n*; **~dor** *m* Präger *m*, Münzer *m*; **~r I.** *v/t.* **1.** münzen, prägen (*a. Wort*); **2.** ⊕ verkeilen.
acuo|sidad *f* Wässerigkeit *f*; Wasserreichtum *m*; **~so** *adj.* wässerig; wasserhaltig; saftig (*Obst*).
acupuntura ✴ *f* Akupunktur *f.*
acurrucarse [1g] *v/r.* s. niederhocken; s. ducken.
acusa|ción *f* Anklage *f* (*a.* ⚖) *fig.* Beschuldigung *f*, Bezichtigung *f*; **~do I.** *adj. fig.* klar, ausgeprägt; **II.** ⚖ Angeklagte(r) *m*; *allg. a.* Beschuldigte(r) *m*; **~dor I.** *adj.* anklagend; Anklage...; **II.** *m* Ankläger *m*; **~r** *v/t.* **1.** anklagen; beschuldigen, bezichtigen (*gen. de*); *Sch.* anzeigen; **2.** ✝ ~ *recibo de una carta* den Empfang e-s Briefes bestätigen; **3.** *Kart.* anmelden, ansagen; **4.** *e-n Zustand* (an)zeigen, verraten (*fig.*); auf-, aus-weisen; schließen lassen auf (*ac.*); *fig.* ~ *el golpe* s. getroffen (*od.* betroffen) zeigen; **~tivo** *Gram. m* Akkusativ *m*; **~torio** *adj.* anklägerisch; Anklage...; *acto m* ~ Anklageerhebung *f.*
acu|se *m* **1.** ~ *de recibo* Empfangsbestätigung *f*; **2.** *Kart.* Ansagen *n*; Reizen *n*; **~setas** *m* (*pl. inv.*) *Col.*, **~sete** *m*, **~sica** *Kdspr. c Am.* → **~són** F *adj.-su.* Petzer *m* F.
acústi|ca *f* Akustik *f*; **~co I.** *adj.* akustisch; auf Gehör *od.* Schall bezüglich; *nervio m* ~ Gehörnerv *m*; *órgano m* ~ Hörorgan *n*; *tubo m* ~ Sprach-, Hör-rohr *n*; **II.** *m* ✉ Klopfer *m*, Hammerunterbrecher *m.*
acutángulo ⚛ *adj.* spitzwinklig.
acutí *Zo. m Rpl.* → *agutí.*
achabacanar *v/t.* verpfuschen; *Geschmack usw.* verderben.
achaca|ble *adj. c* zuzuschreiben(d); **~r** [1g] *v/t.* zuschreiben, unterstellen (j-m et. *a/c. a alg.*); ~ (*la culpa*) *a alg.* j-m (die Schuld) zuschieben, (die Schuld) auf j-n schieben.
achacoso *adj.* anfällig, kränklich.
achachay I. *m Am.* ein Kinderspiel; **II.** *int. Col., Ec.* ¡~! wunderschön!, bravo!
achaflanar ⊕ *v/t.* abschrägen.
achahual ❀ *m Méj.* Sonnenblume *f.*
¡achalay! *int. Arg.* wunderschön!

achampañado *adj.* champagnerartig, Schaum...
achantar P **I.** *v/t.* zum Schweigen bringen; einschüchtern; ~ *la mui* den Schnabel (*od.* die Klappe) halten F, nichts ausplaudern; **II.** *v/r.* **~se** kalte Füße (*od.* Manschetten) kriegen F.
achaparra|do *adj.* untersetzt (*Person*); breit u. niedrig (*Gegenstände*); *árboles m/pl.* **~s** Krüppelholz *n*; **~rse** *v/r.* verkrüppeln, verkümmern.
achaque *m* **1.** Kränklichkeit *f*; Unpäßlichkeit *f*; Anfall *m*; *euph.* Schwangerschaft *f*; Periode *f* (*der Frauen*); **~s** *de la edad* Altersbeschwerden *f/pl.*; **2.** üble Angewohnheit *f*; Vorwand *m*; F *con* ~ *de* unter dem Vorwand (*gen.*).
achares P *m/pl.* Eifersucht *f.*
acharola|do *adj.* lackartig; **~r** *v/t.* → *charolar.*
achata|do *adj.* platt, abgeflacht; *nariz f* **~a** Stumpfnase *f*; **~r** *v/t.* plattdrücken; ⊕ abflachen.
achica|do *adj.* **1.** kindisch; **2.** verkleinert; **3.** eingeschüchtert; **~dor** ⚓ *m* Wasserschaufel *f*; **~dura** *f*, **~miento** *m* Verkleinerung *f*; **~r** [1g] **I.** *v/t.* **1.** kleiner machen, verkleinern; *fig.* einschüchtern, demütigen; **2.** *bsd.* ⚓, ⚒ auspumpen, ⚓ *a.* lenzen; **3.** P *Chi.* einlochen F; **4.** P *Col.* umlegen P; **II.** *v/r. se* **5.** kleiner werden; *fig.* F klein (u. häßlich) werden F, klein beigeben.
achicopalado *adj. Méj., Col.* erschöpft; niedergeschlagen.
achicoria ❀ *f* Zichorie *f*; ~ *silvestre* Wegwarte *f.*
achicharra|dero *m* sehr heißer Ort *m*, Brutkasten *m* F; **~nte** F *adj. c* glühend heiß; *calor m* ~ Gluthitze *f*; **~r I.** *v/t.* (zu) stark braten, rösten; *fig. j-m* sehr zusetzen; *Am.* zerdrücken; P zs.-schießen; **II.** *v/r.* **~se** verschmoren, verbrennen; *fig.* umkommen vor Hitze F, schmoren F.
achichinque *m* ⚒ Pumpenarbeiter *m*; *Méj.* Speichellecker *m.*
achiguarse *v/r. Rpl., Chi.* s. wölben; e-n Bauch bekommen.
achilar *v/t. Col.* demütigen.
achime|ro *m Am. Cent.* → *buhonero*; **~s** *m/pl. Am. Cent* → *buhonería.*
achina|do *adj.* chinesenähnlich; *Rpl.* nach der Art e-s Farbigen; pöbelhaft; **~r** *v/t. Am.* einschüchtern.
achinelado *adj.* pantoffelförmig.
achinería *f Am. Cent* → *buhonería.*
achiote ❀ *m* Orleanbaum *m*; Frucht *f* des Orleanbaumes.
achique ⚓ *m* Auspumpen *n*, Lenzen *n*; *bomba f de* ~ Lenzpumpe *f.*
achiquillado *adj.* ~ *aniñado.*
achira ❀ *f Am. e-e Alismazee* (rotblühend); *Pe.* eßbares Knollengewächs; *Chi.* span. Rohr *n.*
achispa|do F *adj.* beschwipst F; **~r(se)** *v/t.* (*v/r.*) in e-n leichten Rausch versetzen (s. beschwipsen F).
achocharse *v/r.* kindisch werden (*im Alter*); P vertrotteln F.
acholarse *v/r. Am.* s. schämen.
achonchare *v/r. Col.* **1.** es s. bequem machen; **2.** Angst kriegen.
achote *m* → *achiote.*
achubascarse [1g] *v/r. s.* stark bewölken.

achucu|tarse, ~yarse F v/r. Am. klein u. häßlich werden, Manschetten kriegen F; Guat. welken.
achu|char v/t. **1.** (auf)hetzen; **2.** zerquetschen, -drücken; stoßen; **~charrar** v/t. **1.** Am. (auf)hetzen; **2.** Col., Chi. zer-drücken, -treten; **~chón** F m Stoß m; leichte Krankheit f.
achula(pa)do F adj. zuhälter-, ganoven-haft; angeberisch, großspurig.
achuras f/pl. Rpl. Innereien f/pl.
achurruscar [1g] v/t. Chi. drücken.
adagio m **1.** Sprichwort n, Spruch m; **2.** ♪ Adagio n.
adalid m Anführer m, Heerführer m; fig. Vorkämpfer m.
adamado adj. zart; weibisch; wie e-e Dame.
adamantino adj. diamanten(-artig, -hart).
adamascado adj. damastartig.
Adán m npr. Adam m; hijos m/pl. de ~ Kinder n/pl. Adams, Menschengeschlecht n; bocado m (od. nuez f) de ~ Adamsapfel m; fig. como ~ en el paraíso im Adamskostüm, splitternackt; fig. F ♀ abgerissener Mensch m; liederlicher Kerl m; Faulenzer m.
adapta|ble adj. c anpaßbar; **~ción** f **1.** Anpassung f, Angleichung f; Thea., Film, ♪ Bearbeitung f; ~ cinematográfica Filmbearbeitung f; **2.** Umbau m; **~dor** m **1.** Thea., Film, ♪ Bearbeiter m; **2.** ⊕ Adapter m; EDV ~ RDSI ISDN-Karte f; **~r** I. v/t. **1.** anpassen; einpassen; ~ a la pantalla für den Film bearbeiten; **2.** △ umbauen; II. v/r. **~se 3. ~se** a s. anpassen (dat. od. an ac.); fertig werden mit (dat.).
adarga f (Leder-)Schild m; **~r** [1g] v/t. abdecken, schützen (a. fig.).
adarme m: (ni) un ~ de k-e Spur, k-n Funken (ac. od. von dat.).
adarve m Mauer-, Wehr-gang m; fig. Schutz m.
addenda m (ohne pl.) Nachträge m/pl.
adecenar v/t. in Gruppen zu je zehn anordnen (od. einteilen).
adecentar v/t. (ordentlich) herrichten, zurechtmachen.
adecua|ción f Angemessenheit f; **~damente** adv. angemessen; **~do** adj. angemessen, zweckmäßig, geeignet; **~r** [1d] v/t. anpassen.
adefe|siero adj. Am. lächerlich; **~sio** F m Unsinn m, Albernheit f; lächerlicher Aufzug m; estar hecho un ~ e-e Spottfigur sein.
adehala f Zugabe f; Trinkgeld n; Zulage f.
adehesar v/t. Col. Tiere zähmen.
Adelaida npr. f Adele f, Adelheid f.
adelan|tadamente adv. im voraus; **~tado** I. adj. **1.** fortgeschritten; **2.** vorzeitig; pago m ~ Vorauszahlung f; por ~ im voraus; ir ~ vorgehen (Uhr); **3.** frühreif; **4.** vorlaut; II. m **5.** hist. Statthalter m; **~tamiento** m Vorrücken n; Fortschritt m, Aufschwung m; Kfz. Überholen n; **~tar** I. v/t. **1.** vor-rücken, -schieben; Uhr vorstellen; Geld vorschießen; überholen (a. Kfz.); vorverlegen, beschleunigen; **2.** ~ a/c. con + inf. od. + su. mit (dat.) et. (ac.) erreichen; II. v/i. **3.** vorrücken; vorwärts-, vorankommen; Fortschritte machen (in dat. en); Kfz. überholen; vorgehen (Uhr); III. v/r. **~se 4.** vorangehen; überholen; **~se** a alg. j-m zuvorkommen; j-n übertreffen; **~se** a los acontecimientos den Ereignissen vorgreifen; **~se** a su época s-r Zeit voraus sein; **5.** früher (als erwartet) eintreffen; **~te** adv. vor(wärts); ¡~! a) los!, vorwärts!; b) herein!; (de hoy, de aquí) en ~ von jetzt an; de allí en ~ von da an; más ~ weiter vorn; weiter unten (Buch); später; llevar (od. sacar) ~ fördern; durchsetzen; sacar ~ a. Kinder auf-, groß-ziehen; salir ~ vorwärtskommen; **~to** m **1.** Vorsprung m; Fortschritt m; **2.** Vorgehen n (Uhr); **3.** Vorschuß m.
adel|fa ♀ f Oleander m; **~fal** m Oleanderhain m; **~filla** ♀ f Lorbeerkraut n.
adelgaza|dor adj. schlank machend; **~miento** m **1.** △ Verjüngung f; **2.** Abmagern n; cura f de ~ Abmagerungskur f; **~nte** m Schlankmacher n; **~r** [1f] I. v/t. dünner machen; II. v/i. dünner (od. schlank) werden, abnehmen; abmagern.
adema ♀ f → ademe.
ademán m Gebärde f; Haltung f; hizo ~ de huir es sah so aus, als wollte er fliehen; adv. en ~ de bereit zu; ademanes m/pl. Manieren f/pl.
ademar ✕ v/t. mit Verstrebungen abstützen.
además adv. auch, ferner, außerdem; prp. ~ de außer (dat.).
ademe ✕ m Stempel m, Abstützung f.
adenitis ✱ f (Lymph-)Drüsenentzündung f, Adenitis f.
adentellar v/t. zähnen; verzahnen.
adentrarse v/r. hineingehen; eindringen (a. fig.) (in ac. en).
adentro I. adv. darin; hinein; (nach) innen; ¡~! herein!; mar (tierra) ~ see- (landein-)wärts; II. m/pl. **~s:** decir para sus **~s** bei s. sagen; en sus ~ innerlich.
adepto m Adept m, Eingeweihte(r) m; Jünger m, Anhänger m.
adere|zar [1f] I. v/t. **1.** herrichten, zurechtmachen; Speisen würzen od. zubereiten; in Ordnung bringen, flicken; **2.** tex. appretieren; **3.** fig. führen, j-m den Weg weisen; II. v/r. **~se 4.** s. zurechtmachen; **~zo** m **1.** Zubereitung f; Anordnung f; **2.** Schmuck m, Garnitur f (Juwelen); Ausrüstung f, Zubehör n; **~s** m/pl. Gerätschaften f/pl.; Schmucksachen f/pl.; **3.** tex. Appretur f.
adeu|dado adj. verschuldet; **~dar** I. v/t. schulden, schuldig sein; ♰ ~ una suma en una cuenta ein Konto mit e-r Summe belasten; estas mercancías adeudan derechos elevados für diese Waren ist ein hoher Zoll zu entrichten; II. v/i. s. verschwägern; III. v/r. **~se** Schulden machen; **~do** m **1.** Schuld f; **2.** Zoll m.
adhe|rencia f Anhaften n, An-, Zs.-hängen n; Kfz. Bodenhaftung f; fig. Anhänglichkeit f; Phys. Adhäsion f; ✱ Verwachsung f; **~rente I.** adj. c (a) anhaftend, angewachsen, anklebend (an dat.); fig. Pol. gobierno m ~ beitretende Regierung f (Vertrag); II. m Anhänger m; ~s m/pl. Zubehör n; **~rir** [3i] I. v/i. (a) **1.** (an)haften (an dat.); **2.** zustimmen (dat.); II. v/r. **~se 3.** (an)kleben (v/i.) (an dat. a); **4. ~se** (a) s. anschließen (an ac.), beitreten (dat.); zustimmen (dat.); **~sión** f **1.** Anschluß m, Beitritt m; **2.** Phys. Adhäsion f; **~sivo** f, **~sivo I.** adj. anhaftend, Heft...; parche m ~ Heftpflaster n; II. m Klebstoff m; Aufkleber m.
adiabático Phys. adj. adiabatisch.
adiamantado adj. diamantartig.
adicción f Drogenabhängigkeit f.
adición[1] f nur: ~ de la herencia Erbschaftsannahme f.
adici|ón[2] f **1.** Zusatz m, Beifügung f; **2.** ♰ Addition f, Addieren n; **3.** ♰ Nachtrag m zu e-m Testament; **~onal** adj. c zusätzlich; **~onar** v/t. hinzufügen; addieren.
adicto I. adj. **1.** ergeben, zugetan (dat. a); ~ al gobierno regierungsfreundlich; **2.** zugeteilt (e-r Behörde); II. m **3.** Anhänger m.
adiestra|dor adj.-su. **1.** Unterweiser m; **2.** Dompteur m; **~miento 1.** Unterweisung f, Schulung f; **2.** Dressur f; **~r** I. v/t. **1.** abrichten, dressieren; Pferd zureiten; **2.** anleiten, schulen; II. v/r. **~se 3.** s. üben (in dat. en).
adinerado adj. reich, vermögend.
adintelado △ adj. abgeflacht (Bogen).
adiós I. int. ¡~! auf Wiedersehen!; Reg. a. Begrüßung: Grüß Gott!; iron. etwa: das wäre erledigt!; den hätten wir los!; das ist e-e schöne Bescherung!; ¡~ mi dinero! etwa: da war mein Geld weg!; ade, mein gutes Geld!; ~ Madrid (, que te quedas sin gente) iron. (beim Weggehen e-s Unbedeutenden) etwa: wie schade, daß Sie gehen (, jetzt haben wir niemand mehr); II. m Lebewohl n, Abschied m; decir ~ Abschied nehmen (von dat. a).
adipo|sidad f Fett(leibigkeit f) n; **~sis** ✱ f Fettsucht f; **~so** Anat. adj. fetthaltig, Fett...; tejido m ~ Fettgewebe n.
adir ♰ v/t. (nur inf.) Erbschaft annehmen.
adi|tamento m Zusatz m; Zulage f; Beilage f (Speisen); **~tivo** adj.-su. **~do** zusätzlich; Zusatz...; m Zusatz m.
adivi|na f Wahrsagerin f; **~nación** f Wahrsagung f; Ahnung f; Erraten n; **~nador** adj.-su. erratend; **~nanza** f Rätsel n; adivina ~ Einleitungsformel bei der Aufgabe e-s Rätsels; **~nar** vt/i. (er)raten; wahrsagen; hellsehen; **~natorio** adj. seherisch, Wahrsage...; **~no** m Wahrsager m; Hellseher m.
adjeti|vación f Adjektivierung f; **~vadamente** Gram. adv. adjektivisch; **~val** adj. c adjektivisch; **~vamente** adv. **1.** → adjetivadamente. **2.** beiläufig; **~var** v/t. adjektivieren; mit e-m Adjektiv versehen; **~vo I.** adj. **1.**: un problema ~ e-e Nebenfrage; **2.** Gram. adjektivisch; II. m **3.** Adjektiv n, Eigenschaftswort n.
adjudica|ción f **1.** Zuschlag m; ~ de una obra Vergabe f e-s Baues; **2.** Zuerkennung f; **~r** [1g] v/t. (bei Versteigerungen u. Ausschreibungen) zuschlagen; Preis zuerkennen; ~ al mejor postor dem Meistbietenden zuschlagen; II. v/r. **~se** s. et. aneignen; s. et. anmaßen; **~tario** m

adjunción — adulto

derjenige, der den Zuschlag erhält; Ersteigerer.
adjun|ción f Hinzufügung f; ⚓, ⚷ Adjunktion f; *Rhet.* Zeugma n; **~tar** ✝ v/t. beiliegend senden; **~to** I. *adj.* 1. angefügt; bei-, in-liegend; 2. stellvertretend; Hilfs...; II. *adj.-su.* m 3. (*profesor* m) ~ *etwa*: Assistent m; III. m 4. ✝ An-, Bei-lage f; 5. enger Mitarbeiter m; Stellvertreter m; Adlatus m.
adlátere m Adlatus m.
adminículo m Hilfsmittel n; Behelf m; kl. Ding n, kl. Sache f.
administra|ble *adj.* c verabreichbar (*Medikament u. ä.*); **~ción** f 1. Verwaltung f; ♀ *gelegl.* Regierung f; ~ *de justicia* Rechtspflege f, Rechtsprechung f; ~ *municipal* Gemeindeverwaltung f; *Pol.* ~ *pública* (öffentliche) Verwaltung f; ✝ *consejo* m *de* ~ Verwaltungsrat m; *régimen* m *de* ~ *fiduciaria* Treuhandsystem n; 2. Verwaltung(sgebäude n) f; 3. *Rel.* Spendung f *der Sakramente*; 4. Verabreichung f v. *Medikamenten*; **~dor** *adj.-su.* m Verwalter m; Geschäftsführer m; ~ *de los bienes* Vermögensverwalter m; *EDV* ~ *de archivos* Dateimanager m; **~r** v/t. 1. verwalten; *Amt* bekleiden; *Gut* bewirtschaften; ~ (*la*) *justicia* Recht sprechen; 2. *Rel.* Sakramente spenden; *Medikament* verabreichen; F *Fußtritt usw.* versetzen; **~tivamente** *adv.* im Verwaltungswege; **~tivo** *adj.* Verwaltungs..., administrativ.
admira|ble *adj.* c bewundernswert, wunderbar, ausgezeichnet; **~ción** f 1. Bewunderung f; Gg.-stand m der Bewunderung; 2. Verwunderung f, Staunen n; *no salir de su* ~ aus dem Staunen nicht herauskommen; 3. (*signo* m *de*) ~ Ausrufezeichen n; **~do** *adj.* (*estar*) erstaunt; **~dor** *adj.-su.* Bewunderer m, Verehrer m; **~r** I. v/t. 1. bewundern, bestaunen; 2. (*me*) wundern, staunen machen; II. v/r. **~se** 3. s. wundern (darüber, daß + *ind.* [*de*] *que* + *subj.*); **~tivo** bewundernd.
admi|sibilidad f Zulässigkeit f; **~sible** *adj.* c zulässig, statthaft; **~sión** f Zulassung f (*a.* ⚷); Aufnahme f (*a.* ⊕ *u. Klinik*); ⚷ Geständnis n; ⊕ *válvula* f *de* ~ Einlaßventil n; **~tancia** ⚷ f Scheinleitwert m; Admittanz f; **~tir** v/t. zulassen, dulden; aufnehmen; *Behauptungen* zugeben; anerkennen; *Bau* abnehmen (*amtl. Kommission*); ✝ *der Klage* stattgeben; ~ *en pago in* Zahlung nehmen; *se admiten aprendices* (*reservas de mesa*) Lehrlinge gesucht (Tischbestellungen werden entgegengenommen).
admoni|ción f Ermahnung f; Verwarnung f; **~torio** *adj.* Mahn..., Warn...
adoba|do *Kchk.* m Sauerbraten m; Pökelfleisch n; **~r** v/t. 1. *Kchk.* anrichten, zubereiten; pökeln; in Essigbeize einlegen, beizen; 2. *Leder* gerben; 3. *Wein* verschönen; 4. *allg.* herrichten.
adobe m Luftziegel m; **~ra** f 1. Luftziegelform f; 2. *Chi., Méj.* Käse m *in Ziegelform*; 3. → **~ría** f

1. Gerberei f; 2. Luftziegelei f.
adobo m 1. Zubereitung f; 2. Gerben n; 3. Beize f; Pökelbrühe f; *Reg. u. Am.* Schmorbraten m; 4. *tex.* Appreturmittel n.
adocena|do *adj.* Dutzend..., alltäglich; mittelmäßig; **~miento** m Mittelmäßigkeit f; **~r** v/t. nach Dutzenden ordnen (*bzw.* verkaufen); *fig.* geringschätzen, zu den Dutzendmenschen rechnen.
adoctrinar v/t. belehren, unterweisen; *Pol.* schulen.
adolecer [2d] v/i.: ~ *de* erkranken an (*dat.*), leiden an (*dat.*) (*a. fig.*); *fig.* kranken an (*dat.*).
adolescen|cia f Jugend f; Jünglingsalter m; **~te** I. *adj.* c halbwüchsig; II. m Jüngling m; ⚷ **~s** m/pl. Jugendliche(n) m/pl.; III. f Mädchen n.
Adolfo npr. m Adolf m.
adonde *adv.* wohin; *adónde* (*fragend*) wohin?; **~quiera** *adv.* 1. wohin auch immer; 2. wo auch immer.
adonis m (*pl. inv.*) *fig.* Adonis m, schöner Mann m.
adop|ción f Adoption f, Annahme f *an Kindes Statt*; *Parl.* Verabschiedung f *e-s Gesetzes*; **~table** *adj.* c annehmbar; **~tante** *adj.-su.* c Adoptiv-vater m *bzw.* -mutter f; **~tar** v/t. 1. adoptieren, an Kindes Statt annehmen; 2. s. zu eigen machen, übernehmen; *Haltung* einnehmen; *Maßnahmen* ergreifen; *Beschluß* fassen; *Gesetz* annehmen; **~tivo** *adj.* Adoptiv...; Wahl...; *hijo* m ~ **a)** Adoptivkind n; **b)** Adoptivsohn m; **c)** Ehrenbüger m; *patria* f ~*a* Wahlheimat f.
adoquín m Pflasterstein m; *fig.* F Dummkopf m, Tölpel m; **~quinado** m 1. Pflaster n; 2. Pflastern n; **~quinar** v/t. pflastern; *sin* ~ ungepflastert.
adora|ble *adj.* c anbetungswürdig; *fig.* F *a.* göttlich F; **~ción** f Anbetung f; Verehrung f; leidenschaftliche Liebe f; **~dor** *adj.-su.* m Anbeter m, Verehrer m; ~ *del sol* Sonnenanbeter m; **~r** I. v/t. anbeten; verehren; vergöttern, abgöttisch lieben; II. v/i. **~se** *in* Anbetung verharren, beten; **~torio** m 1. (*tragbarer*) Hausaltar m; 2. Götzentempel m; **~triz** f Nonne f *der* "*Esclavas del Sacratísimo Sacramento*"; *Am.* Angehörige f *der kath.* Gemeinschaft von der "Ewigen Anbetung".
adorme|cedor *adj.* einschläfernd; **~cer** [2d] I. v/t. einschläfern; *Schmerzen* stillen; beschwichtigen; II. v/r. **~se** einschlafen (*a. Glieder*); **~cimiento** m Einschläfern n; Schläfrigkeit f, Benommenheit f.
adormi|dera ♀ f Schlafmohn m (*Pfl. u. Samen*); **~larse, ~tarse** v/r. einnicken, halb einschlummern.
ador|nar v/t. (ver)zieren, (aus)schmücken (mit *dat.* con); *fig.* **~se** *con plumas ajenas* s. mit fremden Federn schmücken; **~nista** c Dekorationsmaler m; **~no** m 1. Schmuck m, Zierat m; Verzierung f; Zierde f (*a. fig.*); Zierleiste f; *planta* f *de* ~ Zierpflanze f; 2. ♀ Balsamine f.
adosar v/t. anlehnen; 🜨 anbauen; *Span. casa* f ~*ada, chalet* m ~*ado* Reihenhaus n.
adqui|rente *adj.-su.* c Erwerber m;

~rible *adj.* c erwerbbar; **~ridor** → *adquirente*; **~rir** [3i] v/t. erwerben; gewinnen, erlangen; **~sición** f Erwerb m; Erwerbung f; ✝ *gastos* m/pl. *de* ~ Anschaffungskosten pl.; *hacer una buena* ~ e-n guten Kauf machen (*a. fig.*); **~sidor** → *adquirente*; **~sitivo** *adj.* Erwerbs...; *Kauf...; poder* m ~ Kaufkraft f; **~sitorio** → *adquisitivo*.
adragante ♀ m Tragant m.
adrales m/pl. Leiter(wand) f; *carro* m *de* ~ Leiterwagen m.
adrede *adv.* absichtlich.
adrenalina 🜲 f Adrenalin n.
adrián m übermäßig vorspringender Knochen m *der großen Zehe*.
adriático *adj.-su.* adriatisch; m (*Mar* m) ♀ Adria f.
adscri|bir [*part. adscrito*] v/t. zuschreiben; *Beamten usw.* zu-teilen, -weisen; **~pción** f Zuteilung f, Zuweisung f; Zuschreibung f.
adsorción ⚗ f Adsorption f.
adstrato *Li.* m Adstrat m.
adstringir *u. Abl.* → *astringir*.
adua|na f 1. Zoll m (*Institution u. Geldbetrag*); Zollamt n; *agencia* f (*agente* m) *de* ~*s* Zoll-agentur f (-agent m); *declaración* f *de* ~*s* Zoll(inhalts)erklärung f; *precinto* m *de* ~ Zoll-verschluß m, -plombe f; *resguardo* m *de* ~ Zollschein m; *sin pagar* ~ unverzollt; zollfrei; *fig. pasar por todas las* ~ *sehr gerieben sein*; 2. *Art* Würfelspiel n; **~nal** *adj.* c *Am. Reg.* → *aduanero* I; **~nar** v/t. verzollen; **~nero I.** *adj.* Zoll...; *arancel* m ~ Zolltarif m; *unión* f (*visita* f) ~*a* Zollunion f (-kontrolle f); II. m Zollbeamte(r) m.
aduar m Zeltdorf n, Hüttendorf n *der Beduinen, Zigeuner od. Indianer*.
aducción *Anat.* f Anziehung f.
aducir [3o] v/t. 1. *Beweise, Begründungen u. ä.* anführen; 2. hinzufügen.
aductor *Anat. adj.-su.* m (*músculo* m) ~ Anziehmuskel m.
adueñarse v/r.: ~ *de* s. bemächtigen (*gen.*); meistern (*ac.*).
aduja ⚓ f Bucht f *e-r Leine*; **~r** ⚓ I. v/t. *ein Tau* aufschießen; II. v/r. **~se** s. zs.-kauern.
adula f 1. → *dula*; 2. ⚷ festgesetzte Berieselungszeit f.
adula|ción f Schmeichelei f, Lobhudelei f, Liebedienerei f; **~dor** *adj.-su.* Schmeichler m; **~r** *vt/i.* (*j-m*) schmeicheln; (*j-m*) schöntun, (vor *j-m*) katzbuckeln; **~torio** *adj.* schmeichlerisch (*Sachen, sonst adulador*).
adu|lete *adj.* c *Am.*, **~lón** *adj.-su.* Lobhudler m, Speichellecker m.
adulte|ración f Verfälschung f (*Lebensmittel u. fig.*); **~rado** *adj.* verfälscht; unecht; **~rador** *adj.-su.* verfälschend; m Fälscher m; **~rar** I. v/t. verfälschen; fälschen; *fig.* entstellen; II. v/i. die Ehe brechen; III. v/r. **~se** verderben (*Lebensmittel*) umschlagen (*Wein*); **~rino** *adj.* ehebrecherisch; im Ehebruch gezeugt; **~rio** m Ehebruch m.
adúltero I. *adj.* 1. ehebrecherisch; 2. verfälscht; II. 3. m Ehebrecher m.
adulto I. *adj.* erwachsen (*Mensch*), ausgewachsen (*Tier*); *fig.* voll entwickelt, reif; II. m Erwachsene(r) m.

adulzar [1f] *v/t.* **1.** *Metall* geschmeidig machen; **2.** → *endulzar.*
adumbrar *Mal. v/t.* schattieren.
adunar *lit. v/t.* vereinigen; versammeln.
adus|tez *f* Barschheit *f*, finstere Wesensart *f*; ~**to I.** *adj.* **1.** finster, mürrisch (*Person*); düster (*Sachen*); **2.** heiß (*Landstrich*); **II.** *m* **3.** *Fi.* gestreifter Schleimfisch *m.*
adve|nedizo I. *adj.* fremd, zugereist; hergelaufen; **II.** *m* Fremde(r) *m*; *desp.* Emporkömmling *m*; ~**nimiento** *m* **1.** Ankunft *f*; **2.** Thronbesteigung *f*; Machtergreifung *f*; **3.** *Rel.* el ~ del Señor die Ankunft des Herrn.
adventicio *adj.* zufällig hinzukommend (*od.* auftretend); fremd; ⚥ *raíces f/pl.* ~as Neben-, Adventivwurzeln *f/pl.*
adventis|mo *Rel. m* Sekte *f* u. Lehre *f* der Adventisten; ~**ta** *Rel. c* Adventist *m.*
adverar [1a] *v/t.* beglaubigen.
adver|bial *Gram. adj. c* adverbial, Adverbial..., Umstands...; ~**bializar** [1f] *v/t.* adverbialisieren, als Adverb verwenden; ~**bio** *m* Adverb *n*, Umstandswort *n*; ~ de lugar (de tiempo, de modo) Orts-, (Zeit-, Modal-) adverb *n.*
adver|samente *adv.* ungünstig; ~**sario** *m* Gegner *m* (*a.* ⚔), Widersacher *m*; ~**sativo** *Gram. adj.* adversativ, entgegenstellend; ~**sidad** *f* Widrigkeit *f*; Mißgeschick *n*, Unglück *n*; ~**so** *adj.* **1.** widrig, feindlich; *suerte f* ~a Mißgeschick *n*; **2.** ⚔ gegenüberliegend.
adver|tencia *f* **1.** Bemerkung *f*; Hinweis *m*; **2.** Vorwort *n*, Vorbemerkung *f*; **3.** Warnung *f*, Mahnung *f*; ~**tido** *adj.* erfahren, klug; ~**tir** [3i] *v/t.* **1.** bemerken, wahrnehmen, feststellen; **2.** ~ a/c. a alg. j-n warnen vor et. (*dat.*), j-n auf et. (*ac.*) aufmerksam machen; *te advierto que no lo hagas so* ich warne dich davor (, es zu tun).
adviento *Rel. m* Advent *m.*
advocación *f* Widmungsname *m*, Advokation *f* e-r Kirche; *poner bajo la ~ de San Pedro* auf den hl. Petrus weihen.
adyacente *adj. c* an-liegend, -grenzend; ⚔ *ángulos m/pl.* ~s Nebenwinkel *m/pl.*
aeración *f* (Be-, Ent-)Lüftung *f*; Luftzutritt *m.*
aéreo I. *adj.* **1.** Luft...; luftförmig; *navegación f* ~a Luftfahrt *f*; *tráfico m* ~ Luftverkehr *m*; *por vía ~a* auf dem Luftwege; **2.** ⚥, ⊕ oberirdisch; *línea f* ~a Oberleitung *f*; **3.** *fig.* leicht; schwerelos; nichtig, phantastisch; **II.** *adj.-su.* **4.** *m* (*ferrocarril m*) ~ Schwebebahn *f.*
aerí|cola 🜨 *adj. c* in der Luft lebend; ~**fero** *adj.* luftleitend.
aerí|ficar [1g] 🜨 *v/t.* vergasen; ~**forme** 🜨 *adj. c* luftförmig.
aero|bios *Biol. m/pl.* Aerobier *m/pl.*; ~**bús** *m* Airbus *m*; ~**deslizador** *m* Luftkissen-boot *n*, -fahrzeug *n*; ~**dinámica** *f* Aerodynamik *f*; ~**dinámico** *adj.* stromlinienförmig, aerodynamisch.
aeródromo *m* Flugplatz *m.*
aero|fagia 🜨 *f* Luftschlucken *n*, Aerophagie *f*; ~**fobia** *f* Flugangst *f*, Angst *f* vor dem Fliegen.
aerófoto *adj.* → *aerífero.*
aero|foto *f* Luftbild *n*; ~**freno** *m* Luftbremse *f*; ~**generador** *m* Windkraftanlage *f*; ~**grama** *m* Luftpostleichtbrief *m*, Aerogramm *n*; ~**línea** *f* Fluglinie *f*; ~**lito** *m* Meteorstein *m.*
aerómetro *m* Aerometer *n.*
aero|modelismo *m* Flugmodellbau *m*; ~**motor** *m* Luftmotor *m*; ~**moza** 𝕏 *f Am.* Stewardess *f*; ~**mozo** 𝕏 *m Am.* Steward *m*; ~**nauta** *m* Luftschiffer *m*; ~**náutica** *f* Luftfahrt *f*; ~**náutico** *adj.* Luftfahrt...; *ingeniero m* ~ Luftfahrtingenieur *m*; ~**nave** *f* Luft-fahrzeug *n*, -schiff *n*; ~**navegación** *f Am.* Luftfahrt *f*; ~**pirata** *m* Flugzeugentführer *m*; ~**plano** *m* Flugzeug *n*, † Aeroplan *m*; ~**postal** *adj. c* Luftpost...; ~**puerto** *m* Flughafen *m*; ~**sol** 🜨 *m* Aerosol *n*; Spray *m*, *n*; ~**stación** *f* Luftschiffahrt *f*, ~**stática** *f* Aerostatik *f*; ~**stático** *adj.*: *globo m* ~ Luftballon *m.*
aeróstato *m* Luftschiff *n*; Luftballon *m.*
aero|taxi *m* Aero-, Luft-taxi *n*; ~**técnica** *f* Luft(fahrt)-, Flug-technik *f*; ~**técnico** *adj.* flugtechnisch; ~**terapia** 🜨 *f* Lufttherapie *f*; Luftkur *f*; ~**trópico** ⚥ *adj.* aerotropisch; ~**vía** *f* Fluglinie *f.*
afa|bilidad *f* Leutseligkeit *f*; Freundlichkeit *f*; ~**bilísimo** *sup. v.* → ~**ble** *adj. c* leutselig (gg. ac. con, para con); freundlich (gg. ac., zu dat. con, para con).
afama|do *adj.* berühmt; ~**r** *v/t.* berühmt machen.
afán *m* **1.** Trachten *n*, Streben *n*; Eifer *m*, Drang *m*; Gier *f*, Sucht *f*; ~ de aprender Bildungsstreben *n*; ~ de lucro Gewinnsucht *f*; ~ de notoriedad Geltungsbedürfnis *n*; ~ de viajar Reiselust *f*; *poner todo su* ~ *en* alle Mühe verwenden (*ac.*); **2.** *Col.* Eile *f*; *estar de ~* es eilig haben.
afana|damente *adv.* → *afanosamente*; ~**dor** *m Méj.* Arbeiter *m* (*bsd. in Strafanstalten*), für die schmutzigsten Arbeiten; ~**r I.** *v/t.* **1.** F klauen F; **2.** quälen, ermüden; **II.** *v/r.* ~**se 3.** s. abrackern, schuften F; ~**se por** + *inf.* s. abmühen, um zu + *inf.*
afano|samente *adv.* **1.** mühevoll; **2.** eifrig; ~**so** *adj.* **1.** mühsam, beschwerlich; **2.** arbeitsam, strebsam.
afarolamiento *m Cu., Chi., Pe.* Ärger *m*, Zorn *m.*
afasia 🜨 *f* Aphasie *f*, Sprachlosigkeit *f.*
afásico[1] *adj.* 🜨 Sprachverlust...; aphasisch; ~[2] *adj.* phasenlos.
afea|miento *m* **1.** Verunstaltung *f*; **2.** Tadeln *m*; ~**r** *v/t.* **1.** verunstalten; **2.** tadeln; ~ a alg. *su conducta* j-m sein Verhalten vorwerfen.
afebril 🜨 *adj. c* fieberfrei.
afec|ción *f* **1.** 🜨 Leiden *n*; ~ *cardíaca* Herzleiden *n*; **2.** Stimmung *f*; Gefühlserregung *f*; **3.** Zuneigung *f*; ~**table** *adj. c* empfindlich; leicht erregbar; ~**tación** *f* Ziererei *f*; Geziertheit *f*, Geschraubtheit *f*; Heuchelei *f*, Getue *n*; ~**tado** *adj.* **1.** betroffen (von *dat. por*); behaftet (mit *dat. de*); **2.** affektiert, geziert, unnatürlich; ~**tar** *v/t.* **1.** betreffen, angehen, berühren; *esto le afecta mucho* das geht ihm sehr nahe; **2.** ✵ befallen, angreifen; **3.** vorgeben, zur Schau tragen; ~ *ignorancia* s. unwissend stellen; **4.** ~ a alg. (*od. a/c.*) a 🜨, † j-n (*od. et.*) zuweisen (*dat.*); ⚔ j-n abstellen zu (*dat.*); **5.** Abbruch tun (*dat.*); **6.** bestimmte Form annehmen; ~**tibilidad** *f* Empfindlichkeit *f*; ~**tísimo** *sup. adj.* sehr ergeben; (*Briefschluß*) hochachtungsvoll.
afec|tividad *f* Affektivität *f*, Gefühls-, Gemüts-erregbarkeit *f*; ~**tivo** *adj.* Gemüts...; empfindsam; sensibel; ~**to I.** *adj.* **1.** ~ a alg. j-m gewogen; **2.** ~ a zugeteilt (*e-r Behörde*); bestimmt für (*ac.*); **3.** ✵ ~ de befallen von (*dat.*); **II.** *m* **4.** Affekt *m*; Gemütsbewegung *f*; **5.** Zuneigung *f*, Gewogenheit *f*; **6.** ✵ Leiden *n*; Anfall *m.*
afectuo|samente *adv.* herzlich, liebevoll; ~**sidad** *f* Herzlichkeit *f*, Zärtlichkeit *f*; ~**so** *adj.* herzlich; zärtlich, liebevoll.
afei|tada *f Am. Reg.*, ~**tado** *m* Rasieren *n*, Rasur *f*; ~**tadora** *f* Trockenrasierer *m*; ~**tar** *v/t.* **1.** rasieren; *Pferdemähne, Stierhörner, Pfl.* stutzen; *fig.* streifen; *brocha f de* ~ Rasierpinsel *m*; *maquinilla f de* ~ Rasierapparat *m*; **2.** putzen, schminken; ~**te** *m* Putz *m*; Schminke *f*; Schönheitsmittel *m*; *sin* ~(s) ungeschminkt.
afelio *Astr. m* Sonnenferne *f*, Aphel(ium) *n.*
afelpado *adj.* plüschartig; *fig.* samt(art)ig, samten.
afemina|do I. *adj.* weibisch; weichlich; **II.** *m* Weichling *m*; ~**r I.** *v/t.* verweichlichen; **II.** *v/r.* ~**se** weibisch werden, verweichlichen.
aferente *Anat. adj. c* zuführend (*Gefäß*).
aféresis *Gram. f* (*pl. inv.*) Aphärese *f.*
aferra|do *adj.* halsstarrig, hartnäckig; zielbewußt; ~**miento** *m* Zupacken *n*; Hartnäckigkeit *f*, Verbissenheit *f*; ~ (a) Verranntheit *f* (in *e-e Idee*); ~**r** [1a, † a. 1k] **I.** *v/t.* **1.** anpacken; festhalten; ⊕ sichern, verankern (in *od.* an *dat.* en); **2.** ⚓ Anker werfen; *Segel* bergen; entern; **II.** *v/i.* **3.** ⚓ *v/r.* ~**se**, ~**se** a s. auf et. (*ac.*) versteifen, hartnäckig an et. (*dat.*) festhalten.
Afga|nistán *m* Afghanistan *n*; **ɔno** *adj.-su.* afghanisch; *m* Afghane *m*; *Zo.* (*perro m*) ~ *m* Afghane *m* (*Hund*).
afianza|miento *m* Stütze *f*; Sicherung *f*; *fig.* Bürgschaft *f*; ~**r** [1f] *v/t.* **1.** befestigen, (ab)stützen, sichern; ~ *con tornillos* anschrauben; **2.** ✵ bürgen für (*ac.*); **II.** *v/r.* ~**se 3.** s. stützen, s. sichern; **4.** ⚥ Wurzel fassen, s. verbreiten; s. festigen; ~**se en** bestärkt werden in (*dat.*).
afición *f* Zuneigung *f*, Liebe *f*; Liebhaberei *f*, Steckenpferd *n*; *koll.* Fans *m/pl.*, Anhänger(schaft *f*) *m/pl.*; *tiene mucha ~ a la música* er ist ein Musikliebhaber; *de ~ Liebhaber..., Amateur...*; *por ~* aus Liebhaberei.
aficiona|do I. *adj.*: ~ a zugetan (*dat.*); geneigt, (stets) aufgelegt zu (*dat.*); **II.** *m* Kunstfreund *m*; Sportfreund

aficionar — agallado 32

m; Liebhaber m, Amateur m; Kenner m; ~ a la música Musikliebhaber m; teatro m de ~s Liebhaberbühne f, Laientheater n; ~r I. v/t.: ~ a geneigt machen für (ac.); Liebe einflößen zu (dat.); II. v/r. ~se a s. verlieben in (ac.); s. an et. (ac.) gewöhnen; et. gern betreiben; ~se a + inf. s. angewöhnen zu + inf.
afiche m Am. Plakat n.
afidávit ⚖ m (ohne pl.) Affidavit n, eidesstattliche Erklärung f.
afiebrarse v/r. Am. Fieber bekommen.
afijo Gram. m Affix n.
afila|cuchillos m (pl. inv.) Messerschärfer m; ~dera f Wetzstein m; ~do I. adj. geschliffen; scharf, spitz (a. fig.); schmal (Finger, Gesicht); II. m Schliff m e-r Schneide; ~dor adj.-su. m 1. Schleifer m; Scherenschleifer m; 2. Streichriemen m; ~ (de acero) Wetzstahl m; 3. Rpl. Schürzenjäger m; ~dora f Schleifmaschine f; ~dura f Schleifen n; Wetzen n; ~lápices m (pl. inv.) Bleistiftspitzer m; ~miento m Abmagern n, Spitzwerden n (Gesicht, Nase); ~r I. v/t. 1. schärfen (a. fig.); schleifen; wetzen; spitzen; fig. ~ la lengua s. (absichtlich) mißverständlich ausdrücken; 2. fig. Rpl. schöntun (dat.); Frau anquatschen F, anmachen F; II. v/r. ~se 3. fig. schmal werden (Gesicht usw.).
afile F m Arg. Flirt m; Eroberung f F; Anmachen n F.
afilia|ción f Beitritt m (zu dat. a); Aufnahme f (in ac. a); Mitgliedschaft f (bei dat. a); ~do I. adj.: ~ (a) zugehörig (zu dat.); angeschlossen (an ac.); no ~ a. parteilos; II. m Mitglied n (gen. od. bei dat. a); ~r [1b] I. v/t. aufnehmen (in ac. a); II. v/r. ~se a eintreten in (ac.), beitreten (dat.).
afiligrana|do adj. filigranartig; fig. fein, zierlich; ~r v/t. filigranartig arbeiten; gut ausarbeiten, ausfeilen. [stahl m.)
afilón m Streichriemen m; Wetz-}
afilosofado desp. adj. philosophisch (sein sollend od. wollend).
afín adj. c 1. angrenzend; 2. verwandt (a. 🧬 u. fig.); verschwägert; ideas f/pl. ~ines verwandte Begriffe m/pl.
afina|ción f Verfeinerung f; ♪ Stimmen n; ⊕ Läuterung f; Veredelung f der Metalle; ~damente adv. ♪ richtig, rein singen usw.; fig. fein, verfeinert; ~dor m 1. ♪ a) (Klavier-)Stimmer m; b) Stimmschlüssel m; 2. ⊕ sid. Abtreiber m; ~dura f → afinación; ~r I. v/t. verfeinern, Schliff geben (dat.) (a. fig.); ⊕ Metalle läutern; sid. frischen, veredeln; ♪ Instrumente stimmen; II. v/i. tonrein singen (od. spielen); III. v/r. ~se feiner werden.
afincar [1g] v/i. Grundbesitz erwerben; → II. v/r. ~se ansässig werden, s. niederlassen; fig. Wurzel schlagen.
afini|dad f 1. Verschwägerung f; Verwandtschaft f (a. fig.); ~ electiva Wahlverwandtschaft f; 2. 🧬 Affinität f, Verwandtschaft f.
afino sid. m Veredelung f, Frischen n; horno m de ~ Frischofen m.
afirma|ción f Bejahung f; Versicherung f, Behauptung f; Bestätigung f; ~ de sí mismo Selbstbestätigung f; ~do m Befestigung f, Beschotterung f (Straßen); ~nte adj.-su. c bejahend; ~ de la vida lebensbejahend; ~r I. v/t. 1. befestigen, festmachen; 2. bejahen; behaupten; bestätigen; 3. Chi. schlagen; II. v/r. ~se 4. festen Fuß fassen; s. durchsetzen; auf e-r Aussage bestehen; ~se en s. stützen auf (ac.); ~tiva f Bejahung f; Zusage f; ~tivamente adv. bejahend; bestimmt; ~tivo adj. bejahend; en caso ~ bejahendenfalls; respuesta f ~a a. Zusage f; Gram. proposición f ~a Behauptungssatz m; F ¡~! na klar! F, jawohl!
afistularse ✢ v/r. Fisteln bilden, fisteln.
aflautado adj. Flöten...; iron. desp. voz f ~a Flötenstimme f (desp.).
aflechado adj. pfeilförmig.
aflic|ción f Betrübnis f, Leid n, Kummer m; ~tivo adj. betrübend; ⚖ pena f ~a etwa: Freiheits-, Leibes-strafe f.
afligi|damente adv. betrübt; ~do adj. bekümmert, bedrückt; ~miento m → aflicción; ~r [3c] I. v/t. betrüben; kränken, quälen, peinigen; heimsuchen; II. v/r. ~se s. grämen (über ac. con, de, por).
afloja|miento m Lockerung f; Nachlassen n; ~r I. v/t. 1. lockern; abspannen; fig. ~ Geld(summe) locker machen F; fig. ~ la mosca, ~ la bolsa zahlen, das Geld (od. die Moneten) herausrücken F; II. v/i. 2. nachlassen (in dat. en); erschlaffen; 3. Am. → ceder; → ventosear; III. v/r. ~se 4. abflauen (a. fig.); locker werden.
aflora|miento 🔩 m zutagetretendes Erz n; ~r v/i. ausstreichen (Erz); fig. zutage treten.
aflu|encia f Zu-fluß m, -strom m; Andrang m; fig. Redestrom m, Wortschwall m; horas f/pl. de ~ Haupt-verkehrs- (bzw. -geschäfts-)zeit f; ~ente I. adj. c zuströmend, einmündend; 🔑 redselig; II. m Nebenfluß m; ~ir [3g] v/i. einmünden; zu-, herbei-strömen (a. fig.); ~jo m Zufluß m; 𝕬 de (la) sangre Blutandrang m.
afofarse v/r. schwammig werden, quellen.
afollar I. v/t. mit dem Blasebalg anblasen; balgförmig falten; II. v/r. ~se Ausbuchtungen bekommen (Mauer).
afondar(se) v/t. (v/r.) → hundir(se).
afonía f Stimmlosigkeit f, Aphonie f.
áfono adj. tonlos.
afónico adj. stimmlos; stockheiser.
afora|do adj. bevorrechtet, privilegiert; ~dor m Eichmeister m; amtlicher Schätzer m; Zollbeschauer m; ~r¹ I. v/t. 1. (zoll)amtlich taxieren; 2. eichen; fließende Wassermenge abmessen; II. v/i. 3. Jgdw. Spuren lesen; ~r² [1m] v/t. Rechte (fueros) verleihen (dat. od. an ac.).
afo|rismo m Aphorismus m, Sinnspruch m; ~rístico adj. aphoristisch.
aforo m 1. Eichen f; Eichmaß n; 2. Bemessung f der in der Zeiteinheit durchfließenden Wassermenge; 3. Zollwertermittlung f; 4. zugelassene Gesamtzahl f der Plätze im Theater usw.
aforrar I. P v/t. → forrar; II. v/r. ~se P s. warm anziehen; fig. F kräftig einhauen F, tüchtig essen.
aforro m 1. ⚓ Taubekleidung f; 2. → forro.
afortuna|damente adv. glücklicherweise; ~do adj. 1. glücklich; vom Glück begünstigt; 2. Met. stürmisch; ~r v/t. glücklich machen, beglücken.
afoscarse [1g] v/r. ⚓ diesig werden; fig. verdrießlich werden.
afrailado adj. mönchisch.
afrancesa|do I. adj. französisch gesinnt; verwelscht; II. m Französling m (bsd. die span. Anhänger Napoleons); ~miento m Nachahmung f französischer Art; ~r I. v/t. verwelschen; II. v/r. ~se französische Sitten (od. Gesinnung) annehmen.
afranelado adj. flanellartig.
afre|chero Vo. m Col. Kleienfink m; ~cho m bsd. Am. Reg. Kleie f.
afren|ta f 1. Schimpf m, Schande f; 2. Beschimpfung f, Beleidigung f; ~tar I. v/t. beschimpfen, schmähen; II. v/r. ~se s. schämen (gen. de); ~toso adj. schimpflich, schändlich.
afreza f Köder m für Fische.
Africa f Afrika n; ~ negra (del Sur) Schwarz- (Süd-)afrika n.
africada Phon. f Affrikata f.
africa|na ♀ f Cu. kaktusähnliche Zierpflanze f; ~nista adj.-su. c Afrikaforscher m; Afrikanist m; ~no I. adj. 1. afrikanisch; II. m 2. Afrikaner m; 3. Am. Cent. süßes Eiergebäck n.
áfrico m Südwestwind m.
afrijolar F v/t. Col. umlegen F, kaltmachen F.
afrodisíaco adj.-su. m Aphrodisiakum n.
afrómetro m Schaum(wein)messer m.
afronitro m Mauersalpeter m.
afrontar I. v/t. 1. ea. gegenüberstellen (a. Zeugen); 2. trotzen (dat.), ~ un peligro e-r Gefahr ins Auge sehen; II. v/i. 3. † gegenüberliegen (dat. con).
af|ta ✢ f Mundfäule f; ~toso adj.: fiebre f ~a Maul- und Klauenseuche f.
afuera I. adv. draußen, außen; hinaus; heraus; de ~ von draußen; von auswärts; ¡~! hinaus!; II. ~s f/pl. Umgebung f; äußeres Stadtgebiet n; ✕ Festungsvorfeld n.
afufar(las) F v/i. verschwinden, verduften F.
afusión ✢ f Guß m.
afuste ✕ m Lafette f ohne Räder.
agacha|da F f Kniff m, Dreh m F; Ducken n; ~diza Vo. f Bekassine f; ~r I. v/t. Kopf, Rumpf beugen, ducken; II. v/r. ~se s. ducken; s. bücken; s. kauern; fig. Am. a. klein beigeben.
agalbanado adj. faul, träge.
agáloco ♀ m Agalochholz n.
aga|lla f 1. Gallapfel m; 2. Kieme f (Fische); Schläfe(nbein n) f der Vögel; 3. Anat. (Rachen-)Mandel f; ✢ ~s f/pl. Angina f; 4. ⊕ Bohrgewinde n der Bodensonde; 5. F tener ~s a) Mumm haben F; b) Am. gerissen (bzw. knauserig) sein; ~llado I. adj. 1. mit Galläpfeln gefärbt; 2. Chi.

stattlich; **II.** *m* **3.** Gallnußtinte *f*; **~llinarse** F *v/r.* Angst kriegen F; **~lludo** *adj. Am.* verwegen; *Col.* habgierig.
agama *f Ant.* Krebs(art *f*) *m.*
agamí *Vo. m* (*pl.* **~íes**) *Am.* Trompetervogel *m.*
agamitar *Jgdw. v/i.* fiepen, blatten.
ágamo ⚥ *adj.* geschlechtslos.
agamuzado *adj.* → *gamuzado.*
ágape *m Rel.* Agape *f*, Liebesmahl *n*; *p. ext.* Festessen *n.*
agar-agar *Biol. m* Agar-Agar *m.*
agarbillar ✗ *v/t.* in Garben binden.
agareno *hist. adj.-su. m* Maure *m*; Mohammedaner *m.*
agárico ⚥ *m* Feuerschwamm *m.*
agarra|da F *f* Wortwechsel *m*, Zank *m*; *tener una* ~ aneinandergeraten, s. in die Wolle geraten F; **~dera** *f* **1.** Topflappen *m*; **2.** *Am.* Henkel *m*; **~dero** *m* **1.** Griff *m*; Henkel *m*; Haltering *m*; **2.** ⚓ Ankergrund *m*; **3.** *fig.* gute Beziehung *f*; Ausflucht *f*; **~do** *fig.* F *adj.* geizig, knauserig F; **~dor** *m* **1.** Handschutz *m* für das Bügeleisen; **2.** F Greifer *m*, Häscher *m*; **~far** F *v/t.* derb anpacken (*bsd. b. Schlagerei*); **~pelos** ⚥ *m* (*pl. inv.*) *Reg.* Klette *f*; **~r I.** *v/t.* **1.** (er)greifen; (an)packen; F *Krankheit* erwischen F; F ~ *una borrachera* s. bedudeln F; **2.** *Rpl. für coger, tomar a/c.*; **II.** *v/i.* **3.** (an)wurzeln (*Pfl.*); ⚓ greifen (*Anker*); *Kfz.* haften (*Reifen*); **III.** *v/r.* **~se 4.** s. raufen; **5.** **~se de** (*od. a*) s. (an)klammern an (*ac.*).
agarre *Kfz. m* Haftung *f der Reifen.*
agarro *m* Ergreifen *n*, Zupacken *n*; **~chador** *Stk. m* Kämpfer *m*, der den Stier mit der *garrocha* angreift; **~char** *Stk. v/t.* mit der *garrocha* treffen.
agarrón *m Am.* derbes Zupacken *n*, Ziehen *n*; *fig.* Zank *m*, Streit *m.*
agarrotar I. *v/t.* **1.** fest zs.-binden; stark drücken; knebeln (*a. fig.*); mit der Würgschraube erdrosseln; **II.** *v/r.* **~se 2.** ⊕ fressen, s. festfressen; **3.** *fig.* steif werden (*Glieder*).
agasa|jador *adj.* gastlich; **~jar** *v/t.* freundlich aufnehmen; bewirten, beschenken; *j-n* feiern; **~jo** *m* freundliche Aufnahme *f*; Bewirtung *f*; Geschenk *n*; Ehrung *f.*
Ágata *npr. f* Agathe *f.*
ágata *f* Achat *m.*
agaucharse *v/r. Am.* wie ein Gaucho werden.
agavanzo ⚥ *m* Heckenrose *f.*
agave ⚥ *f* Agave *f.*
agavilla|dor *m* Garbenbinder *m*; **~r I.** *vt/i.* (in) Garben binden; schichten; **II.** *v/r.* **~se** *fig.* s. zs.-rotten.
agazaparse *v/r.* s. ducken; s. klein machen; s. verstecken.
agen|cia *f* **1.** Agentur *f*; Vertretung *f*; Büro *n*, Stelle *f*; ~ *de cobro* Inkassobüro *n*; ~ *de informes* Auskunftei *f*; ~ *de noticias* Nachrichtenagentur *f*; ~ *de transportes* Spedition(sfirma) *f*; ~ *de viajes* Reisebüro *n*; **2.** *intern.* ⚥ *Judía* Jewish Agency *f*; **3.** *Chi.* Pfandhaus *n*; **~ciar** [1b] **I.** *v/t.* besorgen, beschaffen; betreiben; **II.** F *v/r.* **~se** *a/c.* s. et. be- *od.* ver-schaffen; **~se** (*od. agenciárselas*) *para* + *inf.* es schaffen (*od.* hinkriegen F), zu +

inf.; **~ciero** *m Chi.* Pfandleiher *m*; **~cioso** *adj.* betriebsam, rührig.
agenda *f* Terminkalender *m*; Notizbuch *n*; *bsd. Am.* Tagesordnung *f.*
agente I. *adj. c* **1.** wirkend; *Gram. persona f* ~ Träger *m* der Handlung; **II.** *m* **2.** Agent *m*, Vertreter *m*; ~ *artístico* Impresario *m*, Manager *m* (*Künstler*); ~ *comercial* (Handlungs-)Reisende(r) *m*, Vertreter *m*; ~ *de cambio* (y *bolsa*) Börsenmakler *m*; Kursmakler *m*; ~ *general* Generalvertreter *m*; ~ *local* Platzagent *m*, örtlicher Vertreter *m*; ~ *marítimo* (*de transportes*) Seespediteur *m*; ⚓ ~ *de la propiedad industrial* Patentanwalt *m*; ~ *de transportes* Spediteur *m*; ~ *de viajes* Reise-vermittler *m*, -veranstalter *m*; *Span.* ~ *único* (Bus-)Fahrer *m*, *der gleichzeitig Fahrausweise verkauft*; **3.** ~ (*de policía*) Polizist *m*; ~ *de la autoridad* (Staats-)Beamte(r) *m*, Vertreter *m* der Staatsgewalt; ~ *municipal* (Gemeinde-)Polizist *m*; ~ *público* Staatsbedienstete(r) *m*; ~ *de tráfico* Verkehrspolizist *m*; **4.** *Pol.* ~ *consular* Konsularagent *m*; ~ *diplomático* diplomatischer Vertreter *m*; **5.** Agent *m*, Spion *m*; ~ *doble* (*secreto*) Doppel- (Geheim-)agent *m*; ~ *provocador* Lockspitzel *m*; **6.** ⊕ Triebkraft *f*; **7.** 🜃 ⚥ Mittel *n*, Agens *n*; ~ *espumoso extintor* Schaumlöschmittel *n*; ~ *patógeno* Krankheitserreger *m.*
agermanado *adj.* in deutscher Manier.
agestado *adj.*: *bien* (*mal*) ~ schön (häßlich) aussehend.
agibílibus F *m* (*pl. inv.*) **1.** Geschicklichkeit *f*, (Lebens-)Gewandtheit *f*; **2.** Schlau-kopf *m*, -meier *m* F.
agiganta|do *adj.* riesenhaft, riesig; *con* (*od. a*) *pasos* ~*s* mit Riesenschritten; **~r I.** *v/t.* riesengroß machen, ins Riesenhafte steigern; **II.** *v/r.* **~se** ins Ungeheure wachsen.
ágil *adj. c* flink, gewandt, behend; agil, *geistig* beweglich.
agili|dad *f* Behendigkeit *f*, Geschwindigkeit *f*, Gewandtheit *f*; Beweglichkeit *f*; *Theol. u. fig.* Agilität *f*; **~pollar** F *v/t.* verblöden F; **~tar** *v/t.* agilizar; **~zación** *f bsd.* Verwaltung: Beschleunigung *f*, Vereinfachung *f*; **~zar** [1f] *v/t.* erleichtern; *Verwaltung*: beschleunigen, vereinfachen.
ágilmente *adv.* behend, flink; lebhaft.
agio ✝ *m* Agio *n*, Aufgeld *n*; → *agiotaje*; **~tador** *m* → *agiotista*; **~taje** *m* Agiotage *f*, Börsenspekulation *f*; **~tista** (Börsen-)Spekulant *m.*
agita|ble *adj. c* bewegbar; **~ción** *f* heftige Bewegung *f*; Auf-, Er-regung *f*; *Pol.* Unruhe *f*; Agitation *f*; *fig.* Gärung *f*; ~ *callejera* Unruhen *f/pl.*; **~do** *adj.* aufgeregt, erregt; bewegt, stürmisch; **~dor I.** *adj.* **1.** Rühr...; **2.** *Pol.* agitatorisch, wühlerisch; **II.** *m* **3.** ⊕ Rührwerk *n*; 🝤 Schüttelbecher *m*; **4.** *Pol.* Agitator *m*; Unruhestifter *m*, Hetzer *m.*
agitanado *adj.* zigeuner-haft, -artig.
agi|tante *adj. c* aufreizend; beunruhigend; **~tar** *v/t.* (hin- u. her)bewegen, schwenken, schütteln; *fig.* auf-, er-regen, beunruhigen; ~ *el pañuelo* mit dem Taschentuch winken; *agítese antes de usarlo* vor Ge-

brauch schütteln; **II.** *v/r.* **~se** s. (heftig) bewegen; zappeln; s. sträuben.
aglome|ración *f* **1.** Anhäufung *f*; Zs.-ballung *f*; Menschenmenge *f*, Gedränge *n*; **2.** Siedlung *f*, Ortschaft *f*; **3.** ⊕ Binden *n*; **~rado I.** *adj.* angehäuft; zs.-geballt; dicht anea.-sitzend (*Früchte*, *Blätter*); **II.** *m* Brikett *n*; *Geol.* Trümmergestein *n*; **~rante** ⊕ *adj. c -su. m* Bindemittel *n*; **~rar I.** *v/t.* anhäufen; ⊕ brikettieren; **II.** *v/r.* **~se** s. zs.-ballen; ⊕ binden (*v/i.*).
agluti|nación *f* Kleben *n*, Verleimung *f*; ⊕ Sinterung *f*; Zs.-backen *n*; 🝤, *Li.* Agglutination *f*; *Chir.* Zusammenheilen *n*; **~nante I.** *adj. c* **1.** bindend, Binde..., Klebe...; **2.** *lengua f* ~ agglutinierende Sprache *f*; **II.** *m* **3.** Bindemittel *n*; Klebstoff *m*; Wundpflaster *n*; **~nar I.** *v/t.* verkleben; agglutinieren; **II.** *v/r.* **~se** ⊕ sintern; *Chir.* zs.-wachsen; **~nina** 🝤 *f* Agglutinin *n* (*mst. pl.*).
agnado 🝤 *m* Agnat *m.*
ag|nosticismo *Phil. m* Agnostizismus *m*; **~nóstico** *Theol.*, *Phil. adj. -su. c* agnostisch; *m* Agnostiker *m.*
agnus (**déi**) *Rel. m* Agnus Dei *n.*
agobia|do *adj.* gebeugt, krumm (*Rücken*); *fig. estoy* ~ *de trabajo* ich bin mit Arbeit überhäuft; **~dor** *adj.* drückend; **~r** [1b] **I.** *v/t.* **1.** beugen; überlasten; *fig.* (be-, nieder-)drükken; überhäufen (*mit dat. de*); **II.** *v/r.* **~se 2.** s. krümmen; **~se con los años** vom Alter gebeugt sein; **3.** traurig sein (*od.* werden).
agobio *m* Druck *m e-r* Last; *fig.* Last *f*, Mühsal *f*; Angst *f*; Bedrükkung *f.*
agogía ⚒ *f* Abzugsrinne *f.*
agolpa|miento *m* Auflauf *m*; Andrang *m*; **~rse** *v/r.* s. dicht drängen, zs.-laufen; plötzlich (hin)strömen; *fig.* s. überstürzen (*Gedanken*).
agonía *f* **1.** Todeskampf *m*, Agonie *f*; (*Todes*-)Angst *f*; *toque m de* ~ Sterbeglocke *f*; **2.** *fig.* Untergang *m e-s Reiches usw.*; **3.** verzehrender Wunsch *m.*
agónico *adj.* mit dem Tode ringend; Todes(kampf)...
agonística *Sp. f* Agonistik *f*, Wettkampfkunde *f.*
agoni|zante I. *adj.-su. c* Sterbende(r) *m*; **II.** *m* Kamillianermönch *m*, *der den Sterbenden beisteht*; **~zar** [1f] **I.** *v/i.* **1.** im Sterben liegen; *fig.* ~ *por a*) leiden unter (*dat.*); *b*) *et.* (*ac.*) sehr wünschen; **2.** *fig. lit.* s. dem Ende zuneigen, dem Ende zugehen; **II.** *v/t.* **3.** *e-m* Sterbenden beistehen; **4.** *fig.* F *j-n* löchern F, *j-n* bedrängen.
ágora *hist. f* Agora *f.*
agora|dor *adj.-su.* → *agorero*; **~fobia** 🝤 *f* Platzangst *f*; **~r** [1n] *v/t. mst. Unheil* voraussagen.
agorero I. *adj.* unheilverkündend; *ave f* ~*a* Unglücksvogel *m*; **II.** *m* Zeichendeuter *m*; Schwarzseher *m.*
agorgojarse ✗ *v/r.* vom Kornwurm befallen werden.
agos|tadero *m* Sommerweide *f*, Alm *f*; **~tar I.** *v/t.* austrocknen, verdorren lassen; **II.** *v/i.* auf den Stoppelfeldern weiden; **III.** *v/r.* **~se** verdorren; *fig.* zunichte werden; **~tero** *m* Erntearbeiter *m*; **~tizo** *adj.* im

agosto — agua

August (*od.* im Herbst) geboren (*Tier*); *fig.* schwächlich (*Tier*); ~to *m* August *m*; Ernte(zeit) *f*; *fig.* F *hacer su* ~ s-n Schnitt (*od.* Reibach F) machen, sein Schäfchen ins trockene bringen.

agota|ble *adj. c* versiegbar; ~do *adj.* erschöpft (*a. fig.*); abgespannt; ausverkauft (*Waren*); vergriffen (*Buch*); leer (*Batterie*); ✗ *filón m* ~ abgebautes Flöz *n*; ~dor *adj.* erschöpfend, aufreibend; ~miento *m* Erschöpfung *f* (*a.* ⊕); ~r **I.** *v/t.* **1.** aus-, er-schöpfen (*a. fig.*); ~ *el orden del día* (*la paciencia*) die Tagesordnung (die Geduld) erschöpfen; **2.** *Waren* ausverkaufen; *Vorräte* aufbrauchen; ~ *todos los recursos* kein Mittel unversucht lassen; **II.** *v/r.* ~se **3.** versiegen; ausgehen (*Vorräte*); **4.** ~se *trabajando* s. abrackern.

agrace|jo ♀ *m* **1.** Sauerdorn *m*; **2.** unreife Traube *f*, Herbling *m*; ~ño *adj.* sauer; ~ro *adj.* k-e reifen Früchte bringend (*Rebstock*).

agra|ciado *adj.* **1.** anmutig, zierlich; **2.** begnadet; begünstigt (*vom Glück*); *número m* ~ Gewinnzahl *f* (*Lotterie*); *salir* ~ gewinnen (*Los*); ~ciar [1b] *v/t.* ein gefälliges Aussehen geben (*dat.*); beschenken (mit *dat. con*); auszeichnen (mit *dat. con*).

agrada|bilísimo *sup. v.* → ~ble *adj. c* **1.** angenehm; gefällig; anmutig; F nett, hübsch; ~ *al* (*od. para el*) *gusto* wohlschmeckend (*subjektiv*); ~ *de sabor* wohlschmeckend (*objektiv*); **2.** freundlich (zu *dat. con, para con*); ~blemente *adv.* angenehm; ~r *v/i.* gefallen, behagen (*dat. a*); zusagen (*dat. a*); angenehm sein (*dat. a*).

agrade|cer [2d] *v/t.* **1.** ~ *a/c. a alg.* j-m für et. (*ac.*) dankbar sein, j-m für et. danken; *a.* j-m et. verdanken; ~ *que* + *subj.* dafür danken, daß + *ind.*; *le* ~*ía que* (*od. si*) + *subj. impf.* ich wäre Ihnen dankbar, wenn + *subj. impf.*; **2.** *fig. el suelo agradece el trabajo del campesino* der Boden belohnt die Arbeit des Bauern; ~cido *adj.* dankbar (für *ac. por*); ergiebig (*Boden*); ~cimiento *m* Dank(barkeit *f*) *m*; Erkenntlichkeit *f*.

agrado *m* **1.** einnehmendes Wesen *n*; Anmut *f*; **2.** (Wohl-)Gefallen *n*; Belieben *n*; *ser del* ~ *de alg.* j-m zusagen; *haga usted lo que sea de su* ~ handeln Sie ganz nach Ihrem Belieben; **3.** *Am.* kl. Geschenk *n*.

agrafía ⚕ *f* Agraphie *f*, Verlust *m* des Schreibvermögens.

agrama|dera *f* (Flachs-, Hanf-) Breche *f*; ~do *m* Brechen *n*; ~r *v/t. Flachs, Hanf* brechen.

agranda|miento *m* Vergrößerung *f*; ~r *v/t.* vergrößern, erweitern; *fig.* erhöhen.

agranujado[1] *adj.* körnig.

agranujado[2] *adj.* wie Gesindel, schurkisch.

agrario *adj.* Agrar..., Boden...; *Estado m* ~ Agrarstaat *m*; *ley f* ~*a* Landwirtschaftsgesetz *n*; *medida f* ~*a* Feldmaß *n*; *reforma f* ~*a* Bodenreform *f*.

agrava|ción *f* Erschwerung *f*; Verschärfung *f*; ⚖ Verschlimmerung *f*; ~dor *adj.* verschärfend; ~miento *m* **1.** → *agravación*; **2.** ⚖ *de pena* Strafverschärfung *f*; ~nte *adj. c* erschwerend; ⚖ *circunstancia f* ~ erschwerender Umstand *m*; ~r **I.** *v/t.* erschweren; verschlimmern; verschärfen; überlasten; **II.** *v/r.* ~se s. verschlimmern; ~torio ⚖ *adj.* Mahn...; erschwerend, verschärfend.

agra|viador *adj.-su.* beleidigend; ~viamiento *m* Unrecht *n*; Beleidigung *f*; ~viar [1b] **I.** *v/t.* beleidigen, beschimpfen, benachteiligen, j-m Unrecht tun; **II.** *v/r.* ~se s. beleidigt fühlen (durch *j-n de*, durch *et. ac. por*); ~se *por et.* übelnehmen (*ac.*); ~vio *m* **1.** Beleidigung *f*, Beschimpfung *f*; **2.** ⚖ Beschwerde *f*; † Berufung *f*; ~vión *adj.* Chi. übelnehmerisch, empfindlich; ~vioso *adj.* beleidigend.

agraz[1] *m* Sauerwein *m*, Agrest *m*; unreife Traube *f*; *fig.* Verdruß *m*; *en* ~ unreif (*a. fig.*); *fig.* in spe.

agraz[2] ♀ *m* Olivenmistel *f*.

agra|zada *f* Agrestgetränk *n*, gezuckerter Sauerwein *m*; ~zar [1f] **I.** *v/i.* sauer schmecken; **II.** *v/t. fig.* ärgern; ~zón *m* Wildtraube *f*; verkümmerte Traube *f*; *fig.* Ärger *m*.

agrecillo ♀ *m* Sauerdorn *m*.

agredir *vt/i.* (*ohne stammbetonte Formen*) angreifen, überfallen.

agrega|ción *f* Hinzufügung *f*; *Phys. estado m de* ~ Aggregatzustand *m*; ~do *m* **1.** Zusatz *m*; Konglomerat *n*; **2.** *dipl.* ~ (*diplomático*) Attaché *m*; ~ *comercial* (*cultural*) Handels-(Kultur-)attaché *m*; ~ *militar* (*naval*) Militär- (Marine-)attaché *m*; **3.** (*profesor m*) ~ *etwa*: außerordentlicher (*Abk. a. o.*) Professor *m*; **4.** Gemeindeexklave *f*; **5.** *Arg., Col.* Verwalter *m e-s Gutes, der ein Stück Eigenland bebauen darf*; ~duría *f* (Plan-)Stelle *f e-s* (*profesor*) *agregado*; ~r [1h] **I.** *v/t.* beigeben; hinzufügen; ⚖ *j-n e-r Dienststelle* zuteilen; **II.** *v/r.* ~se hinzukommen; s. anschließen (*dat. od.* an *ac. a*).

agremán *m* Besatz *m*, Posament(ierung *f*) *n*.

agremia|ción *f* Zs.-schluß *m*; *hist.* Zunftwesen *n*; ~ *forzosa* Zunftzwang *m*; ~do *m* Mitglied *n e-s* Verbandes, *Am. a.* e-r Gewerkschaft; ~r(se) [1b] *v/t.* (*v/r.*) (s.) in e-m Verband, *Am. a.* e-r Gewerkschaft *bzw. hist.* e-r Zunft zs.-schließen.

agre|sión *f* Angriff *m*, Überfall *m*; *Pol.* Aggression *f*; ~ *a mano armada* bewaffneter Überfall *m*; *acto m de* ~ Angriffshandlung *f*; ~sividad *f* herausforderndes Wesen *n*; Feindseligkeit *f*; Aggressivität *f*; ~sivo **I.** *adj.* herausfordernd; feindselig, aggressiv; **II.** ⚔ ~s *m/pl. químicos* Kampfstoffe *m/pl.*; ~sor *adj.-su.* angreifend; *m* Angreifer *m*; *Pol.* Aggressor *m*.

agreste *adj. c* ♀ wild(wachsend); *fig.* ungeschliffen, grob, roh.

agrete *adj. c* säuerlich.

agria|do *adj.* verbittert; ~mente *adv. fig.* herb; hart; bitter; ~r [1b] **I.** *v/t.* säuern; *fig.* er-, ver-bittern; **II.** *v/r.* ~se sauer werden; *fig.* s. ärgern; *su carácter se agrió er* wurde verbittert.

agrícola *adj. c* landwirtschaftlich; Acker..., Ackerbau...; *país m* ~ Agrarland *n*.

agricul|tor *m* Landwirt *m*; ~tura *f* Landwirtschaft *f*, Ackerbau *m*; *Ministerio m de* ♀ Landwirtschaftsministerium *n*.

agridulce *adj. c a. fig.* süßsauer.

agrieras *f/pl. Col.* Sodbrennen *n*.

agrieta|do I. *adj.* rissig; schrundig, zerklüftet; **II.** *m* Reißen *n*; ⊕ Krakelierung *f*; → ~miento *m* Spalten *n*; ~r **I.** *v/t.* auf-spalten, -reißen; *Glas, Keramik* krakelieren; **II.** *v/r.* ~se aufspringen, rissig werden (*Wand, Hände*).

agrifolio ♀ *m* Stechpalme *f*.

agrilla ♀ *f* Sauerampfer *m*.

agrimen|sor *m* Feldmesser *m*; ~sura *f* (Land-)Vermessung *f*, Feldmessung *f*.

agringarse [1h] *v/r. Am.* ausländische (*bsd.* nordamerikanische) Sitten nachahmen.

agrio I. *adj.* sauer; scharf; spröde (*Metall*); holprig u. steinig (*Weg, Gelände*); hart, grell (*Farben*); *fig.* unfreundlich; **II.** *m* saurer Fruchtsaft *m*; ~s *m/pl.* Zitrusfrüchte *f/pl.*

agrión *vet. m* Flußgalle *f*.

agripado *adj. bsd. Am.* an Grippe erkrankt, vergrippt F.

agripalma ♀ *f* Wolfsfuß *m*.

agrisa|do *adj.* gräulich; ~r *v/t.* grau machen.

agro|nomía *f* Landwirtschaftskunde *f*, Agronomie *f*; ~nómico *adj.* Landwirtschafts..., landwirtschaftlich.

agrónomo *m* Agronom *m*; *ingeniero m* ~ Diplomlandwirt *m*; *perito m* ~ *etwa*: staatlich geprüfter Landwirt *m*.

agropecuario *adj.* Agrar..., Landwirtschafts...

agróstide ♀ *f* Quecke *f*.

agroturismo *m* Urlaub *m* auf dem Bauernhof.

agrumarse *v/r.* klumpig werden (*Flüssigkeit*).

agrupa|ción *f* Gruppenbildung *f*, Gruppierung *f*; ⚔ Abteilung *f*; Zs.-schluß *m*; ~ *coral* Gesangverein *m*; ~ *local etwa*: Ortsverband *m*; ~ *política* politische Gruppe *f*; *por* ~*es* gruppenweise; ~miento *m* Gruppierung *f*, Zs.-stellung *f* (*a.* ⚔, ⊕); ~r **I.** *v/t.* gruppieren; zs.-stellen; zs.-fassen; **II.** *v/r.* ~se s. zs.-schließen; s. versammeln.

agrura *f* **1.** Säure *f*; **2.** *koll.* Zitrusbäume *m/pl.* *bzw.* -früchte *f/pl.*

agua *f* **1.** *allg.* Wasser *n*; → *bsd. a.* **6**; ~s *f/pl.* Gewässer *n*(*/pl.*); ~(s) *abajo* stromab(wärts); ~(s) *arriba* stromauf(wärts); ~ *bendita* Weihwasser *n*; ~ *blanda*, ~ *delgada* (*dura, gorda*) weiches (hartes) Wasser *n*; ~ *de coco* Kokosmilch *f*; ~ *dulce* (*potable*) Süß- (Stau-)wasser *n*; ~ *estantía*, ~ *muerta* stehendes Gewässer *n*; ~ *fluvial* (*lluvia, pluvial*) Fluß- (Regen-) wasser *n*; ~s *interiores* (*jurisdiccionales, territoriales*) Binnen- (Hoheits-)gewässer *n/pl.*; ~ (*de*) *manantial* Quellwasser *n*; ~ *de mar* (*de riego*) See- (Riesel-)wasser *n*; ~s *residuales* Abwässer *n/pl.*; ~ *salada* (*subterránea*) Salz- (Grund-)wasser *n*; F ~ *sucia* Blümchenkaffee *m* F, Abspül-

wasser n F; **derecho** m (od. legislación f) **de ~s** Wasser-recht n, -gesetzgebung f; **falto de ~** wasserarm; **resistente al ~** wasserbeständig; **Tribunal m de las ♀s** Wassergericht n in Valencia; **¡~ va!** Vorsicht!, Kopf weg!; **sin decir ~ va** mir nichts, dir nichts; (tan) **claro como el ~** sonnenklar; **como el ~ de mayo** hochwillkommen; fig. F **dar el ~** (vor Gefahr) warnen; fig. **echar ~ en el mar** Eulen nach Athen tragen; **está con el ~ hasta el cuello** das Wasser steht ihm bis zum Hals; **estar** (od. sentirse) **como** (el) **pez en el ~** s. (so wohl) wie ein Fisch im Wasser fühlen; **es una gota de ~ en el mar** das ist nur ein Tropfen auf e-n heißen Stein; **se me hace la boca ~** das Wasser läuft mir im Mund zs.; **hacerse a/c. ~ de borrajas** (od. **de cerrajas**) zu Wasser (od. zu Essig) werden; **es ~ pasada** das ist längst vorbei, das ist Schnee von gestern; Spr. **~ pasada no mueve molino** was gewesen, ist gewesen; (nadie puede decir) **de esta ~ no beberé** man soll niemals „nie" sagen; 2. Regen m; 3. Rel. **~ bautismal** Taufwasser n; **~ de socorro** Nottaufe f; 4. **~ mineral** Mineralwasser n; **~s minerales** Mineralbrunnen m; Mineralbad n; **~s termales** Thermalquelle f; Thermalbad n; **tomar las ~s** e-e Brunnenkur machen; 5. ♣ **~s** pl. Kielwasser n; **~s (del mar)** Meeresströmung f; **hacer ~** Wasser ziehen, lecken; **¡hombre al ~!** Mann über Bord!; **sacar ~** Wasser überbekommen; **sacar el ~** lenzen, pumpen; **tomar el ~** (ein) Leck stopfen; 6. künstliches Wasser n, Wasser n mit Zusätzen; **~ amoniacal** Ammoniakwasser n; Col. **~ aromática** Kräutertee m; **~ de Colonia** Kölnisch(es) Wasser n; **~ fuerte** Scheidewasser n; **~ madre** Mutterlauge f; **~ regia (rosada)** Königs- (Rosen-)wasser n; **~ de Seltz** Selterswasser n; Phys. **~ pesada** schweres Wasser n; 7. Physiol. **~(s menores)** Urin m; **~s mayores** Stuhl m; 8. Neigung f e-s Daches; **tejado a dos ~s** Satteldach n; 9. **~s** pl. Glanz m, Wasser n e-s Edelsteins; 10. tex. **~s** pl. Flammung f, Wässerung f; **con** (od. de) **~s** gcflammt, moiriert; 11. Äderung f (Holz).

aguacal m Tünche f.
aguacate m ♀ Avokadobaum m; Avokado(birne f) f; fig. Am. Trottel m F.
agua|cero m Platzregen m, Regenguß m; **~cha** f Pfützenwasser n.
aguachar[1] m → charco.
agua|char[2] I. v/t. 1. verwässern; Gelände ersäufen; Völlegefühl verursachen (dat.); 2. Am. Tiere bändigen, zähmen; II. v/r. **~se** 3. Rpl. dickbäuchig werden (Vieh); **~chento** adj. Am. wässerig (bsd. Obst); **~chirle** m Tresterwein m; fig. Gesöff n F; fig. Firlefanz m, Schmarren m F; **~da** f 1. Wasserstelle f; ♣ Wasservorrat m; ⚔ Wassereinbruch m; Ant., Arg., Chi. Tränke f; ♣, **hacer ~** Wasser einnehmen; 2. farbige Tünche f; Mal. Wasserfarbe f; Gouachemalerei f; **~dera** f 1. Handschwinge f der Vögel; 2. **~s** f/pl. Traggestell n für Esel zur Wasserbeförderung; **~dero I.** adj. 1. wasserdicht (Kleidung); II. m 2. Tränke f (bsd. Wild); 3. Flößstelle f, Flöße f; **~dija** 🪲 f Wundwasser n; **~do I.** adj. gewässert, wässerig; fig. gestört, verdorben; **II.** m → **abstemio**; **~dor** m Wasser-träger m, -verkäufer m; **~ducho** m 1. Trinkbude f; 2. Wasserschwall m; Platzregen m.
aguafiestas m (pl. inv.) Störenfried m, Spielverderber m.
aguafuer|te m 1. Kupferstichpart f; 2. Radierung f; **~tista** m Kupferstecher m.
aguai|tar I. v/t. belauern (ac.), auflauern (dat.); **II.** v/i. Am. warten; **~te** m Am. Warten n.
aguaje m 1. Wasserstelle f; Tränke f; ♣ Wasservorrat m; 2. ♣ a) Gezeiten f/pl.; hoher Seegang m; Springflut f; b) Kielwasser n; 3. Guat., Col., Ec. Platzregen m; 4. Am. Cent. Rüge f, Tadel m.
agua|mala Zo. f bds. Am. Qualle f; **~manil** m Aquamanile f, Waschkrug m zum Händewaschen; (Hand-)Becken n; Waschgestell n; **~mar** m → **aguamala**; **~marina** Min. f Aquamarin m; **~miel** m Honigwasser n; Met m; Am. Agavensaft m; **~nieve** f Schnee-wasser n, -regen m; **~nieves** Vo. f (pl. inv.) Bachstelze f; **~noso** adj. wässerig; morastig.
aguan|table adj. c erträglich; **~taderas** F f/pl. Duldsamkeit f; Geduld f; **~tar I.** v/t. 1. aus-, durch-halten; (er)dulden, durchmachen, ertragen; **~ el aliento** den Atem anhalten; **no le puedo ~** ich kann ihn nicht ausstehen; **~ burlas** Spaß verstehen; 2. tragen, stützen; Seil anspannen, (an)ziehen; II. v/i. 3. s. gedulden; aushalten; **~ con a/c.** et. ertragen (können); 4. Stk. die Stellung beibehalten, mit der man den Stier reizt, um ihn zu töten; 5. Reg. **¡aguanta!** los!, vorwärts!; III. v/r. **~se** 6. s. beherrschen, an s. halten; s. zufriedengeben; **~se contra viento y marea** Wind u. Wellen trotzen; **~se la sed** den Durst aushalten (müssen); **~te** m Ausdauer f; Widerstandsfähigkeit f; Durchhaltevermögen n; Geduld f.
aguapié m Tresterwein m; Quellwasser n.
aguaplana Sp. f Wellenreiten n.
aguar [1i] I. v/t. (ver)wässern; fig. **~ la fiesta** das Spiel verderben, (ein) Spielverderber sein; II. v/r. **~se** fig. F zu Essig werden F, ins Wasser fallen (fig.).
aguará Zo. m Am. Art Mähnenwolf m.
aguaraibá ♀ m Am. „falscher Pfefferbaum" m.
aguar|adero Jgdw. m Anstand m; **~r** I. v/t. 1. erwarten, warten auf (ac.), abwarten; 2. j-m e-e Frist geben; II. v/i. 3. warten; **~ a que +** subj. warten bis (od. daß) + ind.; III. v/r. **~se** 4. warten; **¡aguárdate!** warte es ab!
aguardillado adj. mansardenähnlich.

aguardo Jgdw. m Anstand m, Ansitz m.
aguarrás m Terpentin(öl) n.
aguasal f Salzlösung f.
aguatado m Wattierung f.
agua|tal m Ec. → **charco**; **~tar** v/t. (aus)wattieren; **~te** m → **ahuate**.
aguatero[1] m Arg. Wasserträger m.
aguatero[2] m Méj. dornenbestandener Platz m.
aguatinta f Tuschezeichnung f.
agua|turma ♀ f Erdbirne f; **~ verde** f grüne Meduse f (Meerstern); **~viento** m Regensturm m; **~vientos** ♀ m (pl. inv.) Windkraut n; **~villa** ♀ f Bärentraube f.
aguay ♀ m Arg. Baum m mit breiapfelähnlichen Früchten.
agua|zal m Wasserlache f; Morast m; **~zar** [1f] → **encharcar**; **~zo** m Gouache f, Wasserfarbenmalerei f; **~zul**, **~zur** ♀ m Mittagsblume f.
agu|damente adv. scharf; fig. scharfsinnig; geistreich; **~deza** f 1. Schärfe f; 2. fig. Verstandesschärfe f; Scharfsinn m; Schärfe f der Sinne; **~ auditiva** (visual) Hör- (Seh-)schärfe f; 3. geistreicher (od. scharfsinniger) Ausspruch m; **~dizar** [1f] I. v/t. schärfen; verschärfen; II. v/r. **~se** schlimmer werden (Krankheit); s. zuspitzen (Krise); **~do** adj. 1. a. fig. spitz; stechend (a. Schmerz), scharf (a. Geruch, Geschmack); schrill, gellend (Stimme, Ton); hoch (Tonlage); grell (Farbe); akut (Krankheit); Å spitz (Winkel); 2. Gram. endbetont, oxyton; **acento** m **~** Akut m; 3. fig. **~** (de ingenio) geistreich, scharfsinnig.
agüera ⚒ f Bewässerungsrinne f.
agüero m Vorbedeutung f; **de buen** (mal) **~** glück- (unheil-)verkündend; fig. **ave** (od. **pájaro** m) **de mal ~** Unglücksrabe m; Schwarzseher m.
aguerri|do adj. kriegserfahren; abgehärtet; **~r** v/t. [stammbetonte Formen ungebräuchlich] an den Krieg gewöhnen; abhärten.
agui|jada f Ochsenstachel m; **~jador** adj.-su. Viehtreiber m; **~jar I.** v/t. stacheln; fig. anspornen; **II.** v/i. schneller gehen, eilen; **~jón** m Stachel m (a. Pfl. u. Insekten); Sporn m; fig. Antrieb m, Ansporn m; **~jonada**, **~jonazo** m Stachelstich m; **~jonear** v/t. stacheln; sporen; fig. anspornen, anstacheln; beunruhigen.
águila f 1. Vo. Adler m, poet. Aar m; **~ barbuda**, **~ chivata** Bart-, Lämmer-geier m; **~ blanca**, **~ pesquera**, **~ de río** Fischadler m; **~ caudal(osa)**, **~ real** Steinadler m; **~ mirada** f (od. **vista** f) **de ~** Adlerblick m, -auge n; 2. Orden m del ♀ **negra** preußischer Schwarzer Adlerorden m; 3. a) mexikanische Goldmünze f; b) Zehndollarstück n in Gold; Sp. Münze des 16. Jh.; **~ o sello** Kopf oder Zahl (auf Münzen) 4. Astr. ♀ Adler m; 5. Fi. **~ (de mar)** Adlerrochen m; 6. Chi. Art Papierdrache m; 7. fig. bsd. Chi. Betrüger m, Gauner m; 8. **ser un ~** gerissen sein, mit allen Wassern gewaschen sein F.
aguile|ña ♀ f Akelei f; **~ño** adj. Adler-...; **nariz** f **~a** Adlernase f; **rostro** m **~** Raubvogelgesicht n, langes, hage-

aguilera — ahornar

res Gesicht n; ~ra f Adlerhorst m; M Fliegerhorst m.
agui|lilla I. m F Gauner m; **II.** adj. c Am. schnell (Pferd); ~lita m Méj. Polizist m; ~lón m 1. ⊕ Kranbaum m; 2. Dachgiebel m; 3. ⦰ stilisierter Adler m ohne Fänge u. Schnabel; ~lucho m 1. Jungadler m; 2. Zwergadler m.
aguín ♀ m Barttanne f.
agüinado adj. Cu. gelblichbraun (Vieh).
aguinaldo(s) m(/pl.) 1. Weihnachtsod. Neujahrs-geschenk n; Trinkgeld n zu Weihnachten od. Neujahr; Sonderzulage f; 2. ♀ m Am. Lianenart f, die zu Weihnachten blüht.
agüista c Bade-, Kur-gast m.
agüita f Am. Kräutertee m.
agu|ja f 1. Nadel f; a. Hut-, Ansteck-nadel f; ~ (de coser) (Näh-) Nadel f; ~ de embalar (de encuadernar) Pack- (Heft-)nadel f; mot. ~ de flotador Schwimmernadel f; ~ de gancho Häkelnadel f; ~ del grabador Ätznadel f, Stichel m; ~ imantada Magnetnadel f; ~ de (hacer) media (od. punto) Stricknadel f; ~ salmera, ~ saquera Sacknadel f; ⚔ ~ tubular, ~ hueca Hohlnadel f; ~ de zurcir Stopfnadel f; fig. alabar (a.hm. echar du bohonero alaba) sus ~s s-e Ware herausstreichen; fig. buscar una ~ en un pajar e-e Nadel im Heu(schober) suchen, et. Aussichtsloses versuchen; fig. meter ~ y sacar reja mit der Wurst nach der Speckseite werfen; 2. Zeiger m; Uhrzeiger m; Zünglein n der Waage; 3. ⚓ Kompaß m, ~ de bitácora, ~ de marear Steuerkompaß m; ~ giroscópica Kreiselkompaß m; ~ magnética Kompaß(nadel f) m; ~ de marcar Peilkompaß m; fig. F entender la ~ de marear den Rummel kennen F, den Bogen raus haben F; 4. △ Fiale f; Obelisk m; (Turm- usw.) Spitze f; 5. 🏰 Weiche f; entrar en ~s aufs Einfahrgleis fahren; 6. Kchk. Vorderrippenstück n (Schlachtvieh); (Fleisch-)Pastete f; 7. Am. Pfahl m e-s Zauns; 8. Fi. Hornhecht m; 9. ♀ ~ de pastor Art Reiherschnabel m; **~jal** △ m Rüstloch n; **~jazo** m Nadelstich m.
aguje|reado adj. löcherig; ⊕ disco m ~ Lochscheibe f; **~r(e)ar I.** v/t. durchlöchern; lochen; ⊕ (ein-, durch-)bohren; **II.** v/r. ~se löcherig werden; **~ro** m 1. Loch n, Öffnung f; Schlüsselloch n; ~ de limpieza Einstieg m (Kanalisation); ⊕ calibre m para ~s Lochlehre f; 2. Nadelmacher m; Nadelverkäufer m; 3. Nadelbüchse f; Nadelkissen n; 4. V Loch n V, Fotze f V (= Vagina); **~ta** f 1. Schnürriemen m; 2. Cu., Ven. Dorn m e-r Schnalle; Ant. Schusternadel f; Ven. Schmucknadel f; 3. ⚔ Achselschnur f; 4. V Loch n V, Fotze f V (= Vagina); 5. ~s f/pl. Muskelkater m; Seitenstechen n; **~tero** m Am. → agujero 3.
agu|jón m 1. Fi. Makrelenhecht m; Cu. geringgeschätzter Fisch; 2. Hutnadel f; **~juela** f dim. v. aguja; Nagel m, Pinne f.
aguosidad f Wässerigkeit f; ⚔ Gewebsflüssigkeit f.
¡agur! → abur.

agusanado adj. wurmstichig.
Agus|tín npr. m Augustin(us) m; **♀tinianismo** m ältere Bezeichnung für → ♀tinismo Theol.-Phil. m Augustinismus m; **♀tino** adj.-su. Augustiner...; m Augustiner m (Mönch).
agutí Zo. m (pl. ~íes) Am. Goldhase m, Aguti m, n.
aguza|dero adj. Wetz...; piedra f ~a Wetzstein m; **~do** zugespitzt; **~dor** adj.-su. Schleifer m; **~dura** f Schleifen n, Schärfen n; **~nieves** Vo. m (pl. inv.) Bachstelze f; **~r** [1f] v/t. schleifen, wetzen; (zu)spitzen; fig. ermuntern; schärfen (fig.); Appetit anregen; fig. ~ el oído die Ohren spitzen; ~ las pasiones die Leidenschaften aufstacheln.
¡ah! int. ah!, ach!, oh! (Schmerz, Bewunderung, Überraschung); ¡~, sí!, entiendo ach ja, ich verstehe!
ahebrado adj. faserig.
ahe|chaduras 🌾 f/pl. Abfall m beim Worfeln; **~char** v/t. worfeln, (aus)sieben; **~cho** m Worfeln n, (Aus-)Sieben n.
ahelear I. v/t. vergällen; **II.** v/i. a. fig. gallenbitter sein.
ahembrado adj. → afeminado.
aherrojar v/t. anketten, fesseln; fig. einsperren; fig. unterdrücken, knebeln.
aherrumbrar I. v/t. Eisen-farbe od. -geschmack geben (dat.); **II.** v/r. ~se rosten, rostig werden; Eisen-farbe od. -geschmack annehmen.
ahí adv. da; dort(hin); de ~ daher, hieraus; de ~ que ... (mst. + subj.) hieraus folgt, daß ..., daher ...; ¡(por) ~! gut so!, genug! (beim Servieren von Speisen usw.); me voy por ~ un rato ich gehe e-n Augenblick weg (bzw. hin) (unmittelbare Umgebung); por ~ dort(herum); por ~, por ~ ungefähr; por ~ vemos que ... so sehen wir, daß ...; ¡hasta ~! bis dahin: ¡~ va! Vorsicht!; jetzt kommt's; sieh' da!; ~ voy yo darauf wollte ich hinaus; ~ mismo, Arg. ~ no más gerade dort; ¡~ está! da haben wir's!; F ~ me las den todas das läßt mich kalt, das ist mir Wurs(ch)t F; Anm.: ahí liegt nicht so weit wie allí; in Am. wird oft ahí statt allí gebraucht.
ahidalgado adj. edel, ritterlich.
ahigadado adj. leberfarbig; ⚔ fig. tapfer.
ahija|do m Patenkind n; fig. Schützling m; **~r I.** v/t. adoptieren, an Kindes Statt annehmen; fremde Jungtiere säugen; die eigenen od. fremden Jungtiere dem Muttertier zur Aufzucht geben; fig. ~ a/c. a alg. j-m et. (fälschlich) zuschreiben, j-m et. unterstellen; **II.** v/i. Junge werfen; ♀ Schößlinge treiben.
ahila|do adj. sanft u. stetig (Wind); **~r I.** v/i. in e-r Reihe gehen (od. stehen); **II.** v/r. ~se abmagern; vor Hunger schwach werden; Fäden ziehen (Sauerteig, Wein); spierig werden, schießen (Pfl.).
ahílo m 1. Ohnmacht f; Entkräftung f; 2. Schimmel m am Brot.
ahinca|do adj. nachdrücklich; eifrig, beflissen; **~r** [1g] v/i. nachdrücklich bitten; **II.** v/r. ~se s. beeilen.
ahínco m Eifer m; Nachdruck m; adv. con ~ eifrig; nachdrücklich.
ahistórico adj. ahistorisch.

ahitar I. v/t. überfüttern; **II.** v/r. ~se s. überessen (an dat. de); fig. überdrüssig werden (gen. de).
ahíto I. adj. überdrüssig (gen. de); angeekelt (von dat. de); estar ~ übersättigt sein; **II.** m Magenüberladung f.
ahocicar [1g] **I.** v/t. die Schnauze in den Dreck stecken (dat.) (Strafe für nicht stubenreine Tiere); fig. F j-n mit Argumenten fertigmachen; **II.** v/i. ⚓ buglastig sein; Cu. klein beigeben.
ahocinarse v/r. durch Schluchten fließen (Fluß).
aho|gadero m überfüllter Raum m; **~gadizo** adj. schwer zu schlucken(d) (bsd. Obst); leicht sinkend (Holz); dumpf, stickig (Zimmer); **~gado I.** adj. eng, dumpf; unterdrückt (Schrei); **II.** adj.-su. ertrunken, erstickt; m Ertrunkene(r) m; Erstickte(r) m; **~gador** adj. erstickend; **~gamiento** m Ertränken n; Ertrinken n; **~gar** [1h] **I.** v/t. 1. ertränken; erdrosseln, erwürgen; fig. quälen. 2. (aus)löschen; ersticken; unterdrücken; 3. ⊕ drosseln; **II.** v/r. ~se 4. ersticken (a. Getreide); ertrinken; fig. s. sehr ängstigen; mot. s. verschlucken; absaufen (Vergaser); ⚓ Wasser über den Bug bekommen; untergehen; fig. ~se en un vaso de agua über jeden Strohhalm stolpern; **~go** m Ersticken n; Atemnot f; fig. Beklemmung f; fig. Bedrängnis f; **~guijo** vet. m → angina; **~guío** m → ahogo.
ahon|dar I. v/t. vertiefen; tief (aus)graben; ⊕ ausschachten; **II.** v/i. ~ en (tief) eindringen in (ac.) (a. fig.); grübeln über (ac.); **~de** m Aushöhlen n, Vertiefen n.
ahora adv. jetzt, nun; soeben; gleich; ~ bien also, demnach; (nun) aber; ~ más nun erst recht; ~ más que nunca jetzt mehr als (od. denn) je; ~ mismo sofort; eben (erst); ~ pues nun (aber); ~ como antes nach wie vor; ~ ..., ~ ... bald ..., bald ...; ¡~ ... o ... sei es nun ... oder ...; antes de ~ früher schon; de ~ heutig, jetzig; desde ~, de ~ en adelante von nun an; por ~ einstweilen, vorläufig; ~ que (nun) aber, nur; ~ que me lo dice usted, lo creo wenn Sie's freilich sagen, glaube ich's.
ahorca f Ven. → cuelga.
ahorca|do m 1. Erhängte(r) m; Gehenkte(r) m; 2. ~s m/pl. Am. Cent. Schnürstiefel m/pl.; **~dora** f Hond., Guat. giftige Wespe f; **~dura** f Henken n; **~jarse** v/r. s. rittlings setzen (auf dat. en); **~miento** m Hängen n; **~r** [1g] **I.** v/t. (auf)hängen, henken; fig. ~ los hábitos die Kutte an den Nagel hängen; p. ext. umsatteln, den Beruf wechseln; a la fuerza ahorcan **a)** mit Gewalt geht alles, **b)** da ist nichts zu machen; **II.** v/r. ~se s. erhängen (an dat. de), F heiraten, die goldene Freiheit aufgeben F.
ahorita F dim. v. ahora.
ahormar v/t. anpassen, die gehörige Form geben (dat.); über den Leisten schlagen; Schuhe austreten; fig. j-m den Kopf zurechtsetzen.
ahorna|garse [1h] v/r. ausdorren (Getreide usw.); **~r I.** v/t. → enhornar; **II.** v/r. ~se außen verbrennen u. innen teigig bleiben (Brot).

ahorquillar I. v/t. Äste mit Gabeln abstützen; gabelförmig biegen; **II.** v/r. ~se s. gabeln.
aho|rradamente adv. frei, unbehindert; **~rrado** adj. frei, zwanglos; **~rrador I.** adj. sparsam; einsparend; **II.** m Sparer m; **~rrar I.** v/t. **1.** (er)sparen (a. fig.); einsparen; no ~ sacrificios kein Opfer scheuen; **2.** schonen, schonend behandeln; **II.** v/i. **3.** abs. sparen; **III.** v/r. ~se **4.** ~se a/c. s. et. ersparen (a. fig.); **~rrativo** adj. sparsam; Spar...; geizig; **~rrista** c Am. Reg. Sparer m; **~rro** m Sparen m; ♱ a. Spartätigkeit f; Bankw. a. Einlagen f/pl.; ~(s) m(/pl.) Ersparnis(se)f(/pl.); ~ energético Energieeinsparung f.
ahoyar v/t. aushöhlen.
ahuate ♀ m Am. Cent., Méj. feiner Dorn m.
ahuchar[1] v/t. in die Sparbüchse tun; fig. auf die hohe Kante legen F, sparen.
ahuchar[2] v/t. Col., Méj. → azuzar.
ahueca|miento m Aushöhlen n; **~r** [1g] **I.** v/t. **1.** aushöhlen; weiten, auflockern; ✍ Erde lockern; **2.** ~ la voz mit tiefer (od. hohler) Stimme sprechen; F ~ el ala s. davonmachen, ausrücken F; **II.** v/r. ~se **3.** s. aufblasen, angeben F.
ahuesa|do adj. knochenfarben; knochenhart; knochig; **~rse** v/r. Chi., Pe. zum Ladenhüter werden.
ahuevarse F v/r. Col. Schiß kriegen P.
ahulado I. adj. wasserdicht, imprägniert; **II.** m Méj. wasserdichtes Zeug n.
ahuma|da f Rauch-zeichen n, -signal n (geben hacer); **~do I.** adj. **1.** rauchig; rauchfarben; cristal m ~ Rauchglas n; Kfz. a. getönte (Fenster-)Scheibe f; **2.** geräuchert, Rauch...; carne f ~a Rauchfleisch n; arenque m ~ Bückling m; **II.** m **3.** Räuchern n; **~r I.** v/t. räuchern; ausräuchern; **II.** v/i. rauchen; **III.** v/r. ~se Rauchgeschmack annehmen; vom Rauch schwarz werden; F s. (e-n) ansäuseln F.
ahusado adj. spindelförmig.
ahuyama f Col. Riesenkürbis m.
ahuyentar I. v/t. verscheuchen, verjagen, vertreiben (a. fig.); fig. ver-, ab-schrecken; **II.** v/r. ~se flüchten.
aí Zo. m (pl. aíes) Dreizehenfaultier n.
¡aijuna! int. Rpl. Donnerwetter!, verdammt! (Zorn, Überraschung).
ailanto ♀ m Götterbaum m.
aíllo m **1.** And. Wurfkugeln f/pl. aus Kupfer; **2.** indianische Dorfgemeinschaft f.
aimará adj.-su. c Aimara...; m Aimara m (Indios in Bol. u. Pe.; deren Sprache).
aína(s) adv. † rasch; leicht; beinahe; F no a ~ nicht so einfach.
aindiado adj. Am. indianerähnlich.
aira|do adj. zornig; aufbrausend; liederlich (Leben); **~miento** m Erzürnen n; Zorn m; **~r** [1c] **I.** v/t. erzürnen, erbosen; **II.** v/r. ~se aufbrausen, zornig werden, in Zorn geraten (über ac. de, por).
airbag m Kfz. Airbag m.
aire m **1.** Luft f; Wind m; Luftzug m; ¡~! Platz da!; ~ caliente Heißluft f; ~ líquido flüssige Luft f; ~ de mar Seeluft f; ~ viciado, ~ enrarecido verunreinigte (od. schlechte) Luft f; al ~ **a)** durchsichtig, à jour gefaßt (Edelstein); **b)** ⚙ freitragend; **c)** fig. unüberlegt, aufs Geratewohl; adv. en el ~ flugs, behend; por el ~ flugs; F angeschneit (kommen) F; al ~ libre im Freien; unter freiem Himmel; cambio de ~s Luftveränderung f, Klimawechsel m; corre (mucho) ~ es zieht (sehr); echar al ~ entblößen, freimachen; fig. estar en el ~ in der Luft hängen, ungewiß sein; Rf. senden (v/i.); perderse en el ~ verfliegen; tomar ~ frische Luft schöpfen; tomar ~s e-e Luftkur machen; libre como (el pájaro en) el ~ frei wie der Vogel in der Luft; **2.** Gestalt f, Aussehen n; Anmut f; ~ de familia Familienähnlichkeit f; ~ de suficiencia Selbstzufriedenheit f, anmaßendes Wesen n; darse un ~ a alg. j-m ähneln; darse ~s de grandeza s. wichtig machen, großtun; darse ~(s) de valiente den starken Mann spielen; **3.** ♪ Tempo n; Arie f; Weise f, Lied n; Arg. Tanz m; ~ popular Volksweise f; llevar el ~ das Tempo halten; **4.** Gang m der Pferde; **5.** Nichtigkeit f. ₰ prov. Schlaganfall m; **~ación** f → ventilación; **~ado** adj. gelüftet; luftig; **~ar I.** v/t. **1.** an die Luft geben, lüften; **II.** v/r. ~se **2.** an die Luft gehen; **3.** erkalten; **4.** Zugluft bekommen; s. erkälten; **~o** m Lüftung f.
airón m **1.** Vo. Fisch-, Grau-reiher m; **2.** Federbusch m.
airo|samente adv. anmutig; **~so** adj. **1.** luftig; **2.** anmutig; schmuck; salir ~ (de a/c.) glänzend abschneiden (bei et. dat.).
aisla|ble adj. c isolierbar; **~cionista** Pol. adj.-su. c isolationistisch; m Isolationist m; **~damente** adv. abgesondert; vereinzelt; **~do** adj. einzeln, vereinzelt, Einzel...; isoliert; **~dor** adj.-su. isolierend; m Isolator m; **~miento** m Abgeschiedenheit f; Einsamkeit f; Isolierung f (a. ⊕, ⚡, 🜨); ~ acústico (térmico) Schall-(Wärme-)isolierung f, -dämmung f; **~nte I.** adj. c isolierend; material m ~ Isoliermaterial n; **II.** m Isolierstoff m; Isolator m; ~ acústico Schallschutz m; ~ térmico Wärmeisolator m; **~r** [1c] v/t. absondern; isolieren (a. 🜨, ⚡, 🜨 u. fig.).
¡ajá! int. aha!; richtig! (Zustimmung, Überraschung).
ajada f Knoblauchsoße f.
¡ajajá! → ajá.
ajamiento m Welken n usw. → ajar[2].
ajamonarse F v/r. Fettpolster (od. Speck F) ansetzen, mollig werden.
ajaquecarse [1g] v/r. (die) Migräne bekommen.
ajar[1] m Knoblauchacker m.
ajar[2] **I.** v/t. zerknittern, zerknüllen; fig. herunter-machen, -putzen; **II.** v/r. ~se **.** s. abnützen; faltig werden; verblühen, welken.
ajaraca f Schleife f, Schlingenverzierung f (bsd. ⚙).
ajaspais m/pl. Lappalie f.
aje m Gebrechen n; andar lleno de ~s tausend Wehwehchen haben.
ajear v/i. ziepen, ängstlich schreien (Rebhuhn).

ajedrea ♀ f Bohnenkraut n.
ajedre|cista c Schachspieler m; **~z** m (pl. ~eces) Schach(spiel) n; Schachfiguren f/pl.; **~zado** adj. schachbrettartig.
ajengibre → jengibre.
ajenjo m ♀ Wermut m; Absinth m.
ajeno adj. andern gehörig; fremd; ~ a widersprechend (dat.), nicht gemäß (dat.); nicht gehörig zu (dat.); ~ de frei von (dat.), ohne (ac.); ~ de + inf. weit davon entfernt, zu + inf.; lo ~ fremdes Gut n; ser ~ a a/c. in Unkenntnis e-r Sache sein; nicht beteiligt an et. (dat.) sein; mit et. (dat.) nichts zu tun haben.
ajenuz ♀ m (pl. ~uces) Jungfer m im Grünen.
ajerezado adj. jerez-, sherry-ähnlich od. -artig.
ajete m **1.** ♀ dim. v. ajo; Wiesenlauch m; **2.** Knoblauchtunke f.
ajetre|arse v/r. s. plagen, s. schinden; vida f ~ada mühsames, gehetztes Leben n; **~o** m Mühe f, Plackerei f.
ají ♀ m Am. Cayennepfeffer m, Chil(l)i m, Ají m.
aji|aceite m Soße f mit Knoblauch u. Öl; Art Mayonnaise f mit Knoblauch; **~aco** m Am. Eintopf m bzw. **~cero** m Am. Ajiverkäufer m; Ajibehälter m.
ajili|moje, ~mójili F m Pfeffertunke f; F ~s m/pl. Drum u. Dran n.
ajillo: al ~ in Öl mit Knoblauch (gebraten).
ajimez ⚙ m (pl. ~eces) geteiltes Bogenfenster n.
ajipuerro ♀ m Wiesenlauch m.
ajizal m Ajifeld n.
ajo m **1.** Knoblauch m; Knoblauchzehe f; ~ blanco weißer Lauch m; Knoblauchwürze f; sopa(s) f(/pl.) de ~ Knoblauchsuppe f; **2.** F Kraftausdruck m; echar ~s (y cebollas) fluchen; Gift u. Galle speien; **3.** F andar (od. estar) en el ~ Mitwisser sein, s-e Hände (mit) im Spiel haben, mitmischen F; quien se pica, ~s come jeder zieht die Jacke an, die ihm paßt; wen's juckt, der kratze sich F.
¡ajó! od. **¡ajo!** int. Zuruf an Kleinkinder, um sie zum Sprechen zu ermuntern.
ajo|bar v/t. auf dem Rücken tragen; **~bero** m Lastträger m; **~bo** m Bürde f, Last f (a. fig.).
ajolote Zo. m Méj. Schwanzlurch m, Axolotl m.
ajon|je m Vogelleim m; **~jolí** ♀ m Sesam m.
ajo|nuez m Tunke aus Knoblauch u. Muskatnuß; **~queso** m Gericht mit Knoblauch u. Käse.
ajorca f Armspange f; Fußring m.
ajornalar v/t. auf Tagelohn dingen.
ajotollo m Am. Gericht aus e-r Welsart (Fi.) mit Knoblauch.
ajuar m Hausrat m; Ausstattung f; Aussteuer f.
ajuiciar [1b] v/i. Verstand annehmen, vernünftig werden.
ajumarse F v/r. s. (e-n) ansäuseln F.
ajuntarse F v/r. zs.-ziehen, wie Mann u. Frau zs.-leben.
ajus|table adj. c einstellbar, regulierbar; **~tado** adj. **1.** gerecht, billig; **2.**

ajustador — alarmista

ordentlich; passend; *está* ~ *es sitzt wie angegossen;* es liegt eng an (*Kleid*); **~tador** *m* **1.** Monteur *m*; Schlosser *m*; *Typ.* Metteur *m*; **2.** Vorsteckring *m am Finger*; **3.** † *u. Reg.* Mieder *n*, † Leibchen *n*; **~tamiento** *m* Angleichung *f*; Preisvereinbarung *f*; **~tar I.** *v/t.* **1.** einpassen, -fügen; zurichten; ⊕ einstellen; *Typ. a.* umbrechen; *Typ.* ~ *la composición* justieren; *fig.* ~ *a/c. a otra e-e* Sache der anderen angleichen (*od.* anpassen); **2.** *Kleidung* eng anliegend machen; **3.** *Preis* vereinbaren; *Dienstboten* verpflichten, dingen; **4.** *Konto* ausgleichen; *a. fig.* ~ *cuentas* abrechnen (mit *dat. a*); *fig.* ~ *le las cuentas a alg.* mit j-m abrechnen, mit j-m ein Hühnchen zu rupfen haben; **II.** *v/i.* **5.** genau passen; **III.** *v/r.* **~se 6.** **~se a s.** nach *j-m od. et.* richten; **~se con s.** nach (*dat.*); **7.** 𝄆 **~se el cinturón** *s.* anschnallen; **~te** *m* **1.** Anpassung *f*, Angleichung *f*; ⊕ Montage *f*; Einstellung *f*; *a. Typ.* Justieren *n*; *Typ. a.* Umbruch *m*; ~ *de precisión* Feineinstellung *f*; *palanca f de* ~ Stellhebel *m*; **2.** *fig.* ~ *de cuentas* Abrechnung *f* (*fig.*); **3.** Übereinkunft *f*, Vereinbarung *f*, Vergleich *m*.
ajusticia|do *m* Hingerichtete(r) *m*; **~miento** *m* Hinrichtung *f*; **~r** [1b] *v/t.* hinrichten.
al *Kontraktion v. a* el; *wenn* El *Bestandteil e-s Namens ist, nur in der Aussprache, nicht in der schriftlichen Wiedergabe üblich:* a El *bzw. geschrieben:* al Escorial.
ala *f* **1.** Flügel *m* (*Vogel, Gebäude, Heer, Pol. Partei, Flugzeug*); *fig.* → 2; (Hut-)Krempe *f*; ✗ *a.* Glied *n*; 𝄆 ~ *delta* **a)** Deltaflügel *m*; **b)** Hängegleiter *m*, Flugdrachen *m*; ~ *giratoria* Drehflügel *m*; **~s** *f/pl. de guia* Leitwerk *n*; ⊕ ~ *de hélice* Propeller-, Schrauben-flügel *m*; *Anat.* ~ *del hígado* Leberlappen *m*; **2.** *fig.* **~s** *f/pl.* Schwung *m*; *a.* Frechheit *f*; *F arrastrar el* ~ *den Hof machen*; *caérsele a alg. las* **~s a alg.** j-m die Flügel stutzen, j-n kurz halten; *dar* **~s a alg.** j-n (auch noch) dazu ermutigen (, *daß er et. tut*); *tomar* **~s** Mut bekommen; Aufschwung bekommen, frech werden; *a. fig.* flügge werden; *volar con sus propias* **~s** *auf eigenen Füßen stehen*; **3.** ⊕ Leesegel *n*; **4.** ♀ ~ *de loro* Tausendschön *n*; **5.** *fig.* Schutz *m*.
¡ala! *int.* **1.** *Span.* los!, vorwärts!; **2.** F *Col.* Tag!, Servus! (*Gruß*).
Alá *Rel. m* Allah *m*.
alabado *m* Lobgesang *m zu Ehren des Altarsakraments*.
alabancioso F *adj.* prahlerisch, angeberisch F.
alabandina *Min. f* Hauerit *m*; Granat *m*.
alaba|nza *f* Lob *n*, Preis *m*; Lobrede *f*; **~r I.** *v/t.* loben, rühmen; **II.** *v/r.* ~ *se* sehr zufrieden sein mit (*dat.*); *s.* rühmen (*gen.*), mit *et.* (*dat.*) prahlen.
alabar|da *f* Hellebarde *f*; *Thea. koll.* Claque *f*; **~dero** *m* Hellebardier *m*; *Thea.* Claqueur *m*; **~s** *m/pl.* Claque *f*.
alabas|trina *f* Alabasterscheibe *f*; **~trino** *adj.* alabastern; **~trita** *f*, **~trites** *f* Kalkalabaster *m*; **~tro** *m* Alabaster *m*; *fig. poet.* blendende Weiße *f*; ~ *oriental* Onyxmarmor *m*.
álabe *m* **1.** Wasserrad-, Turbinenschaufel *f*; **2.** zur Erde hängender Ast *m*; **3.** Mattenverkleidung *f* (*Seite e-s Wagens*).
alabe|ado *adj.* krumm, gebogen; *a.* ⚙ windschief; **~arse** *v/r. s.* werfen (*Holz*); krumm werden; **~o** *m* (Ver-)Werfen *n*, Verziehen *n*.
alacena *f* **1.** Wandschrank *m*; *Am.* Speisekammer *f*; *Méj.* Verkaufsstand *m*; **2.** *Anat. Ec.* Schlüsselbeingegend *f*.
alaco *m Am. Cent.* Lumpen *m*; *fig.* Lump *m*.
alacrán *m* **1.** *Zo.* Skorpion *m*; *Fi.* ~ *marino* Flughahn *m*; *Ent.* ~ *cebollero* Maulwurfsgrille *f*; *fig. es un* ~ *er hat ein giftiges Maul*; **2.** Öse *f*; **3.** *Equ.* Kinnkettenhaken *m*.
alacra|ncillo ♀ *m verschiedene am. Pfl.*, Heliotropiumarten; **~near** *v/i. Arg.* j-n schlechtmachen; **~nera** ♀ *f Art* Kronwicke *f*; **~nero** *m Am. Cent.* Ort *m*, wo es von Skorpionen wimmelt.
alacridad *f* Munterkeit *f*; Arbeitslust *f*.
alada *f* Flügelschlag *m*; **~res** *m/pl.* Schläfenlocken *f/pl.*
aladier|na *f*, **~no** *m* ♀ immergrüner Wegedorn *m*.
alado *adj.* ge-, be-flügelt; *fig.* schnell; ♀ flügelförmig.
aladroque *m* → boquerón 1.
alafia F *f*: *pedir* ~ um Gnade bitten, zu Kreuze kriechen F.
álaga ♀ *f Art* Spelt *m*.
alagadizo *adj.* leicht zu überschwemmen(d); sumpfig.
alagartado *adj.* eidechsen-artig, -farbig.
alajú *m* (*pl.* ~ues) Lebkuchen *m*.
alalá *m* (*pl.* ~aes) nordspan. Volkslied *n*.
alalia 𝄢 *f* → afonía.
alalimón *m Art* Kinderspiel *n*; *adv.* → alimón.
alamán *adj.-su.* alemannisch; *m* Alemanne *m*.
alamar *m* Schnüre *f/pl.*; Schnurschleife *f*.
alambi|cado *adj.* **1.** gekünstelt, gesucht; geziert; **2.** knapp, **~cador** *m Am.* Kleinigkeitskrämer *m*; **~camiento** *m* Destillation *f*; **2.** Überfeinerung *f*; Wortklauberei *f*; **~car** [1g] *v/t.* **1.** destillieren; **2.** *fig.* ausklügeln; *Stil* übermäßig feilen; **3.** *darauf* kalkulieren (*a.* ✝); **~que** *m* **1.** Destillier-, Brenn-kolben *m*; Destillierapparat *m*; *Col.* Schnapsbrennerei *f*; *fig. por* ~ kärglich, spärlich; **2.** *P Bol.* Nutte *f* P.
alambor △ *m* **1.** → falseo; **2.** *fort.* Böschung *f*.
alam|brada *f* Drahtgitter *n*; ✗ Drahtverhau *m*; ~ *baja* Stolperdraht *m*; **~brado I.** *adj.* Draht...; **II.** *m* Drahtgeflecht *n*; (Stachel-) Drahtzaun *m*; **~brar** *v/t.* mit Draht einzäunen; **~bre** *m* Draht *m*; ⊕, ♀ ~ *conductor* Leitungsdraht *m*; ~ *de malla* Maschendraht *m*; ~ *de púas* Stacheldraht *m*; ~ *recogido*, ~ *para atar* Bindedraht *m*; ✗ ~ *de entorpecimiento*, ~ *para tropezar* Stolperdraht *m*; *trenza f de* ~ Drahtgeflecht *n*; **~brera** *f* Fliegenfenster *n*; Käse-, Fleisch-glocke *f*; Drahtkorb *m* (*für Glühlampen u. Kohlenbecken*); ⊕ ~ *protectora*, ~ *de seguridad* Schutzgitter *n*; **~brista** *c* Seiltänzer(in *f*) *m*.
alameda *f* (Pappel-)Allee *f*; Pappelpflanzung *f*.
álamo ♀ *m* Pappel *f*; Pappelholz *n*; ~ *blanco* Silberpappel *f*; ~ *temblón* Zitterpappel *f*.
alam|parse *v/r.*: ~ *por beber* (*od.* comer) nach Trank (*od.* Speise) lechzen; **~po** *m* Brennen *n*.
alancea|dor *adj.-su. m* Lanzenkämpfer *m*; **~r** *v/t.* mit der Lanze angreifen *bzw.* verwunden.
alandrearse *v/r.* Kalksucht bekommen (*Seidenraupe*).
alano *m* **1.** *hist.* Alane *m* (*Volk*); **2.** *Zo.* Hetzhund *m*.
alanzar [1f] *v/t.* → alancear; lanzar.
alar *m* **1.** Traufdach *n*; **2.** □ **~es** *m/pl.* Hose *f*.
alárabe *od.* **alarbe I.** † *adj. c* arabisch; **II.** *m* 𝄆 *fig.* Unmensch *m*; grober Kerl *m*.
alar|de *m* **1.** Prahlerei *f*; Protzerei *f*; Renommierstück *n* F; *hacer* ~ *de* großtun mit (*dat.*), protzen mit (*dat.*); **2.** † Heerschau *f*; **~dear** *v/i.* protzen, großtun (mit *dat.* de); **~deo** *m* Prahlerei *f*, Angeberei *f* F; **~doso** *adj.* prahlerisch.
alarga|dera *f* Ansatz-röhre *f*, -stück *n*; Einsatzrohr *n*; Verlängerung *f für* Zirkel; **~do** *adj.* länglich; verlängert; schlank; **~miento** *m* Verlängerung *f*; Dehnung *f* (*a. Phon.*), Streckung *f*; 𝄆 Seitenverhältnis *n*; **~r** [1h] **I.** *v/t.* **1.** verlängern; *Kleidung* länger machen; (aus)dehnen; hinausschieben; ~ *el brazo den Arm ausstrecken*; ~ *el cuello den Hals recken*; ~ *un discurso* e-e Rede in die Länge ziehen; ~ *la mano die Hand ausstrecken*; nach *et.* (*dat.*) greifen; ~ *el paso* den Schritt beschleunigen; ✗ ~ *el tiro das Feuer vorverlegen*; **2.** reichen; **3.** *Lohn* erhöhen; **II.** *v/r.* **~se 4.** länger werden (*räumlich u. zeitlich*); **~se en una disertación** s. ausführlich verbreiten (bei e-m Vortrag); **5.** ⊕ umschlagen (*Wind*).
alaria *f* Glätteisen *n der* Töpfer.
alari|da *f* Geschrei *n*; **~do** *m* **1.** *hist.* Kriegsgeschrei *n der* Mauren; **2.** Geheul *n*; Geschrei *n*; *dar* **~s** schreien; heulen.
alarife *m* Schachtmaurer *m*; *Rpl.* Schlauberger *m*.
alarije *adj. c* → arije.
alar|ma *f* Alarm *m*; Notruf *m*; *fig.* starke Beunruhigung *f*; ✈ *aérea* Fliegeralarm *m*; *falsa* ~ blinder Alarm *m*; *grado m de* ~ Alarmbereitschaft *f*; *señal f* (*od. toque m*) *de* ~ Alarmzeichen *n*; *dar la* (*voz de*) ~ Alarm schlagen (*a. fig.*); *tocar* ~ Alarm blasen; **~mante** *adj. c* beunruhigend, alarmierend; **~mar I.** *v/t.* alarmieren (*a. fig.*); beunruhigen, besorgt machen; **II.** *v/r.* **~se** *s.* beunruhigen, besorgt werden (wegen *gen. por*); *estar* **~ado** beunruhigt sein; **~mismo** *m* Gerüchtemacherei *f*; Panikmache *f*; **~mista** *c* Gerüchte-

macher *m*; Schwarzseher *m*, Panikmacher *m*.
alastrarse *jgdw.* *v/r.* s. an den Boden drücken (*Wild*).
a látere *m* 1. *kath.* *legado m* ~ Legatus *m* a latere; 2. F Adlatus *m* F.
alavanco *m* → *lavanco*.
ala|zán → *alazano*; **~zana** *f* Ölpresse *f*; **~zano** *adj.-su.* rotbraun; *m* Fuchs *m* (*Pferd*).
alazo *m* → *aletazo*.
alazor ⚶ *m* Saflor *m*, Färberdistel *f*.
alba *f* 1. Morgendämmerung *f*; *al rayar* (*od.* romper *od.* clearear) *el* ~ bei Tagesanbruch; 2. *kath.* Albe *f*, Chorhemd *n*.
albace|a 🕮 *m* Testamentsvollstrecker *m*; **~azgo** *m* Amt *n* des Testamentsvollstreckers.
alba|cora *f* 1. ⚶ Frühfeige *f*; 2. *Fi.* weißer Thunfisch *m*; **~da** *f* → *alborada* 2.
albaha|ca ⚶ Basilienkraut *n*; Basilikum *n* (*Gewürz*); **~quero** *m* Blumentopf *m*; *Andal.* Blumenständer *m*; **~quilla** ⚶ *f* ~ *de río* Mauerkraut *n*; ~ *de Chile Art* Leguminose *f*.
albanega *f* Haarnetz *n*, Häubchen *n*; *jgdw.* Kaninchenschlinge *f*.
alba|nés I. *adj.* alban(es)isch; II. *m* Alban(i)er *m*; *das* Albanische; **♀nia** *f* Albanien *n*; **~no** → *albanés*.
albañal *m* Abwasserkanal *m*, Kloake *f*; *fig.* P *salir por el* ~ in den Eimer gehen F, in die Hose gehen P.
albañi|l *m* Maurer *m*; **~lería** *f* Maurerhandwerk *n*; Mauerwerk *n*.
albar I. *adj.* c ⚶ weiß; ⚶ *tomillo m* ~ Majoran *m*; II. *m* unbewässertes Land *n*; *bsd.* trockene Fläche *f* an e-m Hang; *jgdw.* Tier *n* mit hellem Gefieder *bzw.* Fell.
albarán *m* 1. (Aushänge-)Zettel *m* an Balkon *od.* Fenster, der besagt: zu vermieten; 2. † Lieferschein *m*.
albarazado I. *adj.* 1. schwarzrot; bunt; 2. aussätzig; II. *m* 3. *Méj.* Mischling *m*.
albar|da *f* 1. Packsattel *m*; *Am.* (Reit-)Sattel *m* aus ungegerbtem Leder; 2. Speckschnitte *f*; 3. *fig.* ~ *sobre* ~ Pleonasmus *m*, unnötiger Schimmel F; *poner dos* ~s *a un burro* e-n Pleonasmus gebrauchen; s. *wiederholen*; **~dado** *adj.* mit *von der sonstigen Körperfarbe verschiedener* Rückenzeichnung (*Tier*); **~dar** *v/t.* → *enalbardar*; **~dear** *v/t.* *Am. Cent.* belästigen; **~dela** *f* Sattel *m* zum Zureiten; **~dería** *f* Saumsattlerei *f*; **~dero** *m* (Saum-)Sattler *m*; **~dilla** *f* 1. → *albardela*; 2. Schutzpolster *n* an Bügeleisen *u. ä.*; Schulter-leder *n* *bzw.* -kissen *n* *der Wasserträger*; 3. ⚘ Mauerabdeckung *f*; Gatter *n* zwischen Gartenbeeten; 4. *Kchk.* Speckschnitte *f* z. *Braten v. Geflügel*; Mischung *f* aus Paniermehl u. Eiern; **~dín** *m* → *Albardine*, falscher Esparto *m*; **~dón** *m* 1. Reitsattel *m* in Saumsattelform; *Méj.* englischer Sattel *m*; 2. *Rpl.* Anhöhe *f* im Überschwemmungsgebiet.
albare|jo *adj.-su.* → *candeal*; **~que** *m* Sardinennetz *n*.
albaricoque ⚶ *m* Aprikose *f*; **~ro** *m* Aprikosenbaum *m*.
albarillo¹ ♪ *m* Gitarrenbegleitung *f* in schnellem Tempo.
albarillo² ⚶ *m* kl. weiße Aprikose *f* (*a. Baum*).

albari|za *f* Salzwasserlagune *f*; **~zo** *adj.-su.* *m* weißlich; (*terreno m*) ~ Kreideboden *m*.
albarrada¹ *f* Trockenmauer *f*; durch Trockenmauer abgestütztes Terrassenbeet *n*; Erdwall *m*.
albarrada² *f* Kühlkrug *m*.
albarra|na, **~nilla** ⚶ *f* Meerzwiebel *f*; **~z** ⚶ *m* Läusekraut *n*.
albatros *Vo.* *m* Albatros *m*.
albayalde *m* Blei-, Kremser-weiß *n*.
albazano *adj.* rotbraun (*Pferd*).
albazo *m* 1. *Am.* Morgenständchen *n*; † Morgenrot *n*; 2. *Rpl., Ec., Pe., Méj.* Frühaufstehn *n*; 3. *fig. Méj.* (unangenehme) Überraschung *f*.
albear *v/i.* 1. ins Weiße spielen; weiß schimmern; 2. *Rpl.* früh aufstehen.
albedrío *m* Willkür *f*; Laune *f*; *adv. a mi* (*tu, su, etc.*) nach meinem (d-m, s-m usw.) Belieben; *nach m-r* (*d-r, s-r usw.*) Laune; (*libre*) ~ freier Wille *m*; freies Ermessen *n* (*a.* 🕮).
albéitar † *m* Tierarzt *m*.
albellón *m* → *albañal*.
albendera *f* liederliches Frauenzimmer *n*.
albéntola *f* feines Netz *n* zum Fischfang.
alberca *f* gemauerter Wasserbehälter *m*; Zisterne *f*; Trog *m für Hanfröste*; *Méj., Am. Cent.* Schwimmbecken *n*.
albérchi|ga *f*, **~go** *m* ⚶ Herzpfirsich *m* (*a. Baum*); *Méj. a.* Aprikose *f*.
alberchiguero ⚶ *m* Herzpfirsichbaum *m*; *Méj.* Aprikosenbaum *m*.
alber|gador *adj.-su.* Beherberger *m*; **~gar** [1h] I. *v/t.* beherbergen; II. *v/r.* **~se** absteigen, s. einquartieren; **~gue** *m* Herberge *f*; Obdach *n*; Höhle *f* e-s Tieres; *Span.* ~ *de carreteras* Rasthaus *n*; staatliches Hotel *n*; ~ *juvenil* Jugendherberge *f*; ~ *nocturno etwa*: Obdachlosenasyl *n*; *dar* ~ *a alg.* j-m Unterkunft gewähren, j-n beherbergen.
albero I. *adj.* 1. weiß; II. *m* 2. Kreideboden *m*; 3. Geschirrtuch *n*.
alberquero *m* Brunnenmeister *m*.
Alberto *npr. m* Albert *m*.
albicante *adj.* c weißlich.
albigense *adj.-su.* c Albigenser *m*.
albillo ⚶ *m* Gutedeltraube *f*.
albín *m* → *hematites*.
albi|na *f* Salzkruste *f* e-r *Lagune*; Salzlagune *f*; **~nismo** *m* Albinismus *m*; **~no** *adj.-su.* Albino *m*; *Méj.* Mischling *m* aus morisco u. europea *od.* umgekehrt.
Albión *f* (*mst. burl.*): *la pérfida* ~ das perfide Albion.
albis → *in albis*.
albita *Min. f* weißer Feldspat *m*.
albo *poet. adj.* weiß.
alboaire *m* maurisches Kachelwerk *n* im Kuppelinnern.
albo|gón ♪ *m* 1. † Baßflöte *f*; 2. *Art* Dudelsack *m*; **~gue** ♪ *m* Schalmei *f*.
albohol ⚶ *m Art* Frankenie *f*; *Art* Wundkraut *n*.
albondiga *f* → *albondiguilla* 1.
albondiguilla *f* 1. *Kchk.* (Fleisch- *od.* Fisch-)Kloß *m*; 2. P (Nasen-)Popel *m* F; P *hacer* ~s popeln F.
alboquerón ⚶ *m* Blutwiekoje *f*.
albo|r I. *poet.* Weiße *f*; 2. Morgendämmerung *f*; *fig. mst.* ~es *m/pl.* Beginn *m*, Anbruch *m*; ~(es) *de la vida* Jugend *f*; **~rada** *f* 1. Tagesanbruch *m*; 2. Morgenständchen *n*; Morgenlied *n*, Aubade *f*; ⚔ Reveille *f*, feierliches Wecken *n*.
albórbola *f* (*mst.* ~s *pl.*) Beifallsgeschrei *n*, -lärm *m*.
alborear *v/i.* dämmern, Tag werden; *fig.* s. ankündigen (*Ereignis*).
albor|nía *f* Napf *m* aus Steingut; **~no** *m* → *alburno*; **~noz** *m* (*pl.* ~oces) 1. Bademantel *m*; 2. Burnus *m*.
alboro|nía *f* Gericht *n* aus Auberginen, Tomaten, Kürbis u. *Paprika*; **~que** *m* Vergütung *f für Vermittlerdienste*.
alboro|tadamente *adv.* wirr, durcheinander; **~tadizo** *adj.* leicht erregbar; **~tado** *adj.* aufgeregt; unbesonnen; aufgewühlt (*Meer*); **~tador** I. *adj.* aufwieglerisch; II. *m* Aufwiegler *m*, Unruhestifter *m*, Störenfried *m*, Ruhestörer *m*; **~tar** I. *v/t.* beunruhigen, aufscheuchen F; empören, aufwiegeln; II. *v/i.* lärmen, randalieren; III. *v/r.* **~se** in Zorn geraten; stürmisch werden (*Meer*); *Am.* s. (auf)bäumen (*Pferd*); **~tero**, **~tista** c *Am.* Lärmmacher *m*, Randalierer *m*; **~to** *m* Lärm *m*; Aufruhr *m*; (große) Unruhe *f*.
alboro|zado *adj.* freudig, vergnügt; **~zar** [1f] I. *v/t.* sehr erfreuen (*od.* beglücken); II. *v/r.* **~se** sich jubeln, jauchzen; **~zo** *m* Fröhlichkeit *f*, Jubel *m*.
albotín ⚶ *m* Terebinthe *f*.
albricias *f/pl.* Botenlohn *m* für e-e Freudenbotschaft; ¡~! gute Nachricht!
albufera *f* Salzwassersee *m*, Lagune *f* (*bsd. Val. u. Mallorca*).
albugo *m* ♠ weißer Fleck *m* in der Hornhaut *des Auges*; *Anat.* Halbmond *m am Nagel*.
álbum *m* (*pl. álbumes*) Album *n*; Stammbuch *n*; ~ *de delincuentes* Verbrecheralbum *m*; ~ *de fotografías* Fotoalbum *n*; ~ *de sellos* (*postales*) Briefmarkenalbum *n*.
albumen ⚶ *m* Albumen *n*, Keimhülle *f*.
albúmina *f* Albumin *n*, Eiweiß *n*.
albumi|nado *adj.* Albumin..., Eiweiß...; **~noide** 🕮 *m* Gerüsteiweiß *n*, Albuminoid; **~noso** *adj.* eiweißhaltig; **~nuria** 💊 *f* Albuminurie *f*, Eiweißharnen *n*.
albur¹ *m Art* Weißfisch *m*.
albur² *m Kart.* („*Monte*"): die beiden ersten Karten für den Bankhalter; *correr un* ~ s. e-m Risiko aussetzen, et. wagen; *Kart.* ~es *m/pl.* Albureesspiel *n*.
albur|a *f* 1. *lit.* (blendende) Weiße *f*; 2. Eiweiß *n*; 3. ⚶ → **~no** *m* Splintholz *n*.
n.acaba|la *hist. u. Ven.* *f* Verkaufssteuer *f*; **~lero** *hist. m* Einnehmer *m* der alcabala.
alca|cel, **~cer** *m* grüne Gerste *f*; Gerstenfeld *n*.
alca|ci, **~cil** ⚶ *m* wilde Artischocke *f*; **~chofa** *f* 1. ⚶ a) Artischocke *f*; b) Distelkopf *m*; *corazón m* (*fondo m*) *de* ~ Artischocken-herz *n* (-boden *m*); *fig. tiene corazón de* ~ er ist ein großer Schürzenjäger; 2. Saugkorb *m* (*Pumpe*); Brause *f der Dusche*, Gießkanne *u. ä.*; 3. *Art* Brötchen *n*; 4. F *Chi.* Ohrfeige *f*; **~chofado** I. *adj.* artischockenförmig; II. *m* Arti-

alcachofal — aleación

schockengericht n; ~chofal m Artischockenfeld n; ~chofera f Artischocke f; ~chofero m Artischockenverkäufer m.
alcahaz m (pl. ~aces) Vogelhaus n, Voliere f.
alcahue|ta f Kupplerin f; ~te m 1. Kuppler m; Zuhälter m; fig. F Hehler m; F Zwischenträger m (Person); 2. Thea. Zwischenaktvorhang m; 3. barb. für → cacahuete; ~tear I. v/t. verkuppeln; II. v/i. Kuppelei treiben; F herumtratschen F; ~tería f Kuppelei f; fig. F Kniff m, Dreh m F.
alcai|de hist. m 1. Burgvogt m; 2. Kerkermeister m; Leiter m e-r Strafanstalt; ~desa f Frau f des alcaide; ~día f Burgvogtei f (Amt, Gebäude).
alcal|dable adj. c als Bewerber um das Bürgermeisteramt zulässig; ~dada f Übergriff m, Autoritätsmißbrauch m; ~de m 1. Bürgermeister m; ~ de barrio (mayor) Bezirks-(Ober-)bürgermeister m; F ~ de monterilla Dorfschulze m; ~ pedáneo etwa: Gemeindevorsteher m; 2. hist. Ortsrichter m; 3. Vortänzer m; 4. Art Kartenspiel n; ~desa f Bürgermeisterin f; Frau f des Bürgermeisters; ~desco desp. F adj. Dorfschulzen...; ~día f Bürgermeisteramt n.
álcali ↗ m Laugensalz m, Alkali n; ~ mineral Soda f; ~ vegetal Pottasche f; ~ volátil Ammoniak n.
alca|limetría ↗ f Alkalimetrie f; ~lino adj. alkalisch; ~lizar [1f] v/t. alkalisieren; ~loide ↗ m Alkaloid n; ~loideo adj. Alkaloid...
alcaller m Töpfer m.
alcamonías f/pl. Gewürzkörner n/pl.
alcance m 1. Bereich m (a. n); Reich-, Seh-, Schuß-weite f; ✕ ~ de tiro Feuerbereich m; ⊕ ~ superior de revoluciones oberer Drehzahlbereich m; proyectiles m/pl. (od. cohetes m/pl.) de medio ~ Mittelstreckenraketen f/pl.; estar al ~ de erreichbar (od. zugänglich) sein für (ac.); al ~ de la mano in Reichweite; greifbar, erreichbar; al ~ de todos los bolsillos für jeden Geldbeutel erschwinglich; haré todo lo que esté a mi ~ ich werde mein Möglichstes tun; poner a/c. al ~ de alg. j-m et. zugänglich machen; 2. Einholen n, Erreichen n; dar ~ a alg. j-n einholen; ir a los ~s de alg. od. irle a alg. a los ~s j-m auf den Fersen sein, j-m auf dem Fuße folgen; 3. Bedeutung f, Tragweite f; de gran (od. mucho) ~ bedeutend, belangreich; de poco ~ belanglos; 4. ↑ Sollsaldo m; 5. letzte Meldung f (Zeitung); Am. Extrablatt m; 6. ℅ Eilbote m; 7. ~s m/pl. Verstand m (nur negativ); de pocos ~s beschränkt, einfältig.
alcancía f Sparbüchse f; Am. Opferstock m.
alcandía ♀ f Mohrenhirse f.
alcanfo|r m Kampfer m; ~rar v/t. kampfern; alcohol m ~ado Kampferspiritus m; ~rero ♀ m Kampferbaum m.
Alcántara: orden f de ~ span. Militärorden.
alcantarilla f 1. Steg m; 2. Durchlaß m; überdeckter (Abwasser-) Kanal m; 3. Méj. Trinkwasser-

zisterne f; ~do m städtische Kanalisation f; ~r v/t. entwässern, kanalisieren.
alcanza|dizo adj. leicht zu erreichen(d), leicht zugänglich; ~do adj. 1. ~ (de dinero) knapp bei Kasse; a. verschuldet; 2. Col. ermüdet; verspätet; ~r [1f] I. v/t. 1. einholen (a. fig.); erreichen (a. fig.); finden; treffen (Geschoß, Schicksal); ~ a alg. fig. a. es j-m gleichtun; ~ la cifra de s. belaufen auf (ac.); 2. Vkw. erfassen, anfahren; 3. et. reichen, et. geben; et. herabnehmen; 4. verstehen, begreifen; 5. Zeit, Ereignis noch erlebt haben bzw. noch erleben werden; ~ la época de ... die Zeit ... (gen.) erleben; ~ la ~ en días j-n überleben; II. v/i. 6. ~ a (od. hasta) reichen bis (dat.), et. erreichen; ~ con la mano hasta el techo mit der Hand die Decke erreichen; si alcanza no llega das ist kaum (od. gerade noch) ausreichend; 7. ~ a ver (a oír) sehen (hören) können; hasta donde alcanza la vista so weit das Auge reicht; III. v/r. ~se 8. s. verfangen (Pferd); 9. lit. no se me alcanza es will mir nicht in den Kopf.
alcapa|rra ♀ f Kaper(nstrauch m) f; ~rral m Kapernfeld n; ~rro ♀ m ~ alcaparra; ~rrón ♀ m gr., längliche Kaper f; ~rrosa f → caparrosa.
alcaraván Vo. m Rohrdommel f.
alcaravea ♀ f Dill m.
alcarra|cero m Kühlkruggestell n; Kühlkrugverkäufer m; ~za f Kühlkrug m.
alcatifa f 1. Spargips m der Fliesenleger; 2. † feiner maurischer Teppich m.
alcatraz[1] Vo. m (pl. ~aces) Am. (amerikanischer) Pelikan m.
alcatraz[2] m (pl. ~aces) Tüte f.
alcatraz[3] m (pl. ~aces) Aronstab m, Zehrwurz f.
alcau|cí, ~cil ♀ m wilde Artischocke f; Rpl. Artischocke f.
alcaudón m Würger m; ~ real Raubwürger m.
alcayata f Hakennagel m; Wandhaken m.
alcazaba f hist. maurische Festung f; Andal. (befestigte) Oberstadt f.
alcázar m Burg f, Festung f; maurisches Schloß f; ♣ Achterkastell n.
alcazuz ♀ m (pl. ~uces) Süßholz n.
alce[1] m Elch m.
alce[2] m 1. Kart. abgehobene Karten f/pl.; 2. Typ. Abzug m; 3. Cu. Verladen n des geernteten Zuckerrohrs.
alcino ♀ m Melisse f.
alción Vo. m Eisvogel m.
alcista ✝ I. adj. ↑ c tendencia f ~ a) Preisauftrieb m; b) Haussetendenz f (Börse); II. m Börse: Haussespekulant m, Haussier m.
alcoba f 1. Alkoven m; Schlafzimmer n; 2. Schere f der Waage; 3. Art Schleppnetz n.
alcocarra f Fratze f, Grimasse f; hacer ~s Fratzen schneiden.
alcoho|l m 1. Alkohol m; ~ absoluto reiner Alkohol m; ~ etílico (metílico) Äthyl- (Methyl-)alkohol m; ~ de menta Pfefferminztropfen m/pl.; ~ sólido (de quemar) Hart- (Brenn-)spiritus m; 2. Min. Bleiglanz m; ~lado I. adj. mit dunkel geränderten

Augen (Vieh); II. m alkoholische Essenz f; ~lar v/t. mit Alkohol versetzen; in Alkohol verwandeln; mit Alkohol abwaschen.
alco|holato Pharm. m Alkoholpräparat n; ~holemia f Alkohol m im Blut; (grado m de) ~ Blutalkoholspiegel m; prueba f de ~ Alkoholtest m; ~holero adj. Alkohol...; industria f ~a Alkoholindustrie f; ~hólico I. adj. 1. alkoholisch; 2. trunksüchtig; 3. Am. → alcoholero; II. m 4. Alkoholiker m; ~holificación f alkoholische Gärung f; ~holímetro m Alkoholmesser m; ~holismo ♀ m Alkoholismus m, Trunksucht f; Säuferwahnsinn m; ~holizado adj. trunksüchtig; ~holizar [1f] v/t. mit Alkohol versetzen; betrunken machen.
alcor lit. m Anhöhe f, Hügel m.
alcorán Rel. m Koran m.
alcorno|cal m Korkeichenwald m; ~que m ♀ Korkeiche f; fig. F (pedazo m de) ~ Dussel m F, Dummkopf m; ~queño adj. Korkeichen..., korkig.
alcorque[1] m Wassergrube f um die Pflanzen. [sohle.\
alcorque[2] m Schuh m mit Kork-/
alcorza f Zuckerguß m; Zuckergebäck n; ~r [1f] v/t. mit Zuckerguß überziehen; fig. ~ado süßlich, schleimig (fig. F).
alcotán Vo. m Baumfalke m.
alcotana f Maurerhammer m.
alcubilla f Wasser-turm m, -schloß n.
alcucero I. adj. naschhaft; II. m Ölkannen-macher m; -verkäufer m.
alcurnia f Geschlecht n, Abstammung f; de rancia ~ y abolengo von uraltem Adel.
alcuza f Ölkanne f; Pe., Ec. Menage f.
alcuzcuz m Kuskus m (Teig aus Mehl u. Honig u. Gericht daraus).
alda|ba f 1. Türklopfer m; 2. Sicherheitsriegel m; 3. Mauerring m zum Anbinden der Reittiere; 4. fig. Protektion f; agarrarse a (od. tener) buenas ~s mächtige Gönner haben; ~bada f, ~bazo m Schlag m mit dem Türklopfer; fig. Schreck (-schuß) m; ~bear v/i. anklopfen; ~beo m Anklopfen n; ~bía f Querbalken m e-r Zwischenwand; ~billa f Riegel m, Schließhaken m; ~bón m gr. Türklopfer m; gr. Griff m e-r Truhe u. ä.; ~bonazo m Schlag m mit dem Türklopfer; fig. ernste Warnung f.
aldea f (kleineres) Dorf n; Weiler m; ~niego adj. dörflich, bäuerlich; ~nismo m bäuerliches Wesen n; desp. bäuerliche Engstirnigkeit f (od. Rückständigkeit f); ~no I. adj. ländlich, bäuerlich, Dorf..., Bauern...; II. m bäurisch; II. m, ~a f Bauer m, Bäuerin f; Bauern-bursche m, -mädchen n.
Aldebarán Astr. m Aldebaran m.
aldehído ♀ m Aldehyd m.
alde|huela f Dörfchen n; ~orr(i)o m elendes Dorf n, Kaff n F.
alderredor adv. → alrededor.
aldino Typ. adj. aldinisch; edición f ~a Aldine f (mustergültiger Druck).
¡ale! int. auf!, los!, vorwärts!
alea f → aleya.
aleación f Legierung f; Glockenmetall n; ~ de cobre Kupferlegierung f.

alear¹ v/t. mischen, legieren.
alear² v/i. flattern; mit den Armen zappeln; *fig. ir aleando* s. erholen.
aleatorio *adj.* vom Zufall abhängig; ⚓ aleatorisch.
alebra(sta)rse v/r. s. an den Boden ducken (*wie ein Hase*); *fig.* verzagen.
alebrestarse v/r. **1.** → *alebrarse*; **2.** *Am.* s. aufregen; *Col.* unruhig werden (*Pferd*); *Méj., Ven.* s. begeistern.
alebronarse v/r. → *alebrarse*.
alecciona|dor *adj.* lehrreich; **~miento** *m* Unterweisung *f*; **~r** v/t. unterweisen, anleiten, schulen.
alecrín¹ *m Art* Haifisch *m*.
alecrín² ♀ *m* südam. Baum (*mahagoniähnlich*).
alechugar v/t. kräuseln, fälteln.
aleda *f* Stopfwachs *n*, Bienenharz *n*.
aledaño I. *adj.* angrenzend, Grenz...; **II.** *m* Anlieger *m*; **~s** *m/pl.* Umgebung *f*.
alefriz ⚓ *m* Kielfalz *m*.
alega|ción *f* Behauptung *f*; Zitat *n*; ⚓ → *alegato*; **~ones** *f/pl.* Einwände *m/pl.*; *aducir* **~ones** Vorstellungen erheben; **~dor** *adj. Am.* streitsüchtig; **~r** [1h] **I.** v/t. vorbringen, geltend machen, anführen, zitieren; *als Beweis* anführen; s. berufen auf (*ac.*); *Beweise* beibringen; **II.** v/i. ⚓ plädieren; *Col.* heftig protestieren; **~tista** *adj.* c *Col.* streitsüchtig; **~to** *m* ⚓ Darlegung *f* (*a. allg.*); Schriftsatz *m*; Verteidigungsschrift *f*; *p. ext.* Plädoyer *n*; *Am.* Streit *m*, Wortwechsel *m*.
ale|goría *f* Allegorie *f*; **~góricamente** *adv.* allegorisch; **~górico** *adj.* allegorisch, sinnbildlich; **~gorizar** [1f] v/t. versinnbildlichen.
alegra|dor I. *adj.* **1.** erfreulich; **II.** *m* **2.** Spaßmacher *m*; **3.** Fidibus *m*; **~r¹** [1h] **I.** v/t. **1.** erfreuen, erheitern; *fig.* beleben, verschönern; *Feuer* anfachen; *Licht* putzen; *Stk. Stier* reizen; **2.** ⚓ *Tau* abfieren; *Schiff* leichtern; **II.** v/r. **~se** **3.** **~se** (de od. con od. por) s. freuen (über ac.); *me alegro (das)* freut mich; *me alegro de que hayas venido* ich freue mich, daß du gekommen bist; **4.** F s. beschwipsen, s. andudeln F.
alegrar² v/t. **1.** ⚓ *Loch* erweitern **2.** *Chir.* (ab)schaben.
alegre *adj.* c lustig, fröhlich; froh, heiter (*Wetter, Gesicht, Gemüt*); freundlich (*Zimmer usw.*); F beschwipst, angeheitert; leichtsinnig (*Frau*); **~mente** *adv.* fröhlich, lustig; leichthin; leichtfertig; *gastar el dinero* **~** sein Geld zum Fenster hinauswerfen.
alegreto ♪ *m* Allegretto *n*.
alegría *f* **1.** Freude *f* (*machen dar*); Fröhlichkeit *f*, Frohsinn *m*; Leichtsinn *m*; F Schwips *m*; **~** *de la vida* Lebensfreude *f*; **2.** ♀ Sesam *m*; **3.** Lebkuchen *m od.* Nußschnitte *f* *mit Sesam gewürzt*; **4.** ♪ *andal. Volks-lied u. -tanz*; **5.** ⚓ Stückpfortenweite *f*; **6.** P **~s** *f/pl. Span.* männliche Geschlechtsorgane *n/pl.*
alegro ♪ *m* Allegro *n*.
ale|grón I. *adj.* **1.** *Am.* angeheitert; **II.** *m* **2.** F (*a. iron.*) Riesenfreude *f*; *llevarse un* **~** s. riesig freuen; **3.** Flackerfeuer *m*; **4.** *Am. Cent., Méj.* Schürzenjäger *m*; **~grona** F *f Bol.* Nutte *f* F.

alejamiento *m* Entfernung *f*; Zurückgezogenheit *f*.
Alejan|dría *f* Alexandria *n*; **~drino** *adj.-su.* alexandrinisch; *m* Alexandriner *m* (*Vers*); **~dro** *npr. m* Alex(ander) *m*.
alejar I. v/t. entfernen; fernhalten; **II.** v/r. **~se** s. entfernen (*a. fig.* von dat. de).
alela|do *adj.* verblüfft; einfältig, blöde; **~miento** *m* Verblüffung *f*; Verblödung *f*; **~r I.** v/t. **1.** verblüffen; **2.** verdummen; **II.** v/r. **~se** **3.** verdummen, verblöden; **4.** verblüfft sein.
alelí *m* → *alhelí*.
aleluya I. *m u. f* **1.** Halleluja *n*, Lobgesang *m*; *¡~!* Halleluja!; **II.** *m* **2.** Osterzeit *f*; **III.** *f* **3.** Heiligenbildchen *n*; **4.** Bilderbogen *m*; **5.** Art Osterkuchen *m*; **6.** F Reimerei *f* F *bzw.* Pinselei *f* F; **7.** F mageres Tier *n*; Bohnenstange *f* F (*Person*); **8.** ♀ Sauerklee *m*; *Am.* e-e Hibiskusart *f*.
alema *f* Wasserzuteilung *f b. Berieselung*; **~s** *f/pl. Bol.* Flußbadeanstalt *f*.
alemán I. *adj.* deutsch; *planchado m* **~** Stärkebügeln *n*; Stärkebügelanstalt *f*; *hist. la República Democrática* ♀na die Deutsche Demokratische Republik, die DDR; **II.** *m* Deutsche(r) *m*; *das Deutsche*; *alto (bajo)* **~** Hoch- (Nieder-)deutsch *n*.
aleman(d)a ♪ *f* Allemande *f* (*Tanz*)
Alemania *f* Deutschland *n*; (*la*) **~** *central* Mitteldeutschland *n*; (*la*) **~** *del Norte* (*del Sur*) Nord- (Süd-)deutschland *n*; (*la*) **~** *occidental* (*oriental*) West- (Ost-)deutschland *n*; *la República Federal de* **~** die Bundesrepublik Deutschland.
alemánico *adj.* alemannisch.
alenta|da *f*: *de* (*od. en*) *una* **~** in e-m Atemzug; **~damente** *adv.* beherzt, kräftig; **~do** *adj.* tapfer, mutig; stolz, herausfordernd; *Am.* wieder wohlauf *nach e-r Krankheit*; **~dor** *adj.* ermutigend; **~r** [1k] **I.** v/i. atmen; **II.** v/t. ermutigen; ermuntern; **III.** v/r. **~se** Mut fassen; *Am.* s. erholen, genesen.
alerce ♀ *m* Lärche *f*.
alergia 𝄞 *f* Allergie *f*.
alérgico 𝄞 *adj.* allergisch (gegen *ac. a*) (*a. fig.*).
alergólogo *m* Allergologe *m*.
ale|ro *m* **1.** Wetter-, Vor-dach *n*; *Kfz.* Kotflügel *m*; *fig. estar en el* **~** ungewiß (*od.* in der Schwebe) sein; **2.** *Sp.* Flügelstürmer *m*; **~rón** *m* ✈ Querruder *n*; *Kfz.* Spoiler *m*.
aler|ta I. *adv.* wachsam, aufmerksam; *estar (ojo)* **~** wachsam sein; *dem Quivive sein* F; *¡~!* Achtung!, Vorsicht!; **II.** *f* Alarm *m*; **~** *temprana* Frühwarnung *f*. *a. fig. dar la voz de* **~** Alarm schlagen; **~tamente** *adv.* wachsam; **~tar I.** v/t. wachsam machen; alarmieren; **II.** v/i. wachsam sein; **~to** *adj.* wachsam, vorsichtig.
alerzal *m* Lärchenwald *m*.
alesna *f* → *lezna*.
aleta *f* **1.** Flosse *f der Fische*; *Sp.* **~s** *f/pl.* Schwimmflossen *f/pl.*; **~** *caudal* (*dorsal*) Schwanz- (Rücken-)flosse *f*; **~** *pectoral* (*ventral*) Brust- (Bauch-)flosse *f*; **2.** *Kfz.* Kotflügel *m*; ✈ Windflügel *m* (*Fliegerbombe*); **~s** *estabilizadoras* ✈ Schwanz-, *Kfz.* Heck-flossen *f/pl.*; ⊕ **~** *del radiador*

alear — alferecía

Kühlrippe *f*; ✈ **~** *del reglaje* Hilfsruder *n*; **3.** Schaufel *f* (*Mühlrad, Turbine*); ⚓ Windvierung *f*; Bugsprietsbacken *f/pl.*; **4.** Brückenrampe *f*; △ Anbau *m*; **~da** *f* Flügelschlag *m*.
aletarga|miento *m* Einschläfern *n*; Lethargie *f*; **~r** [1h] **I.** v/t. einschläfern; **II.** v/r. **~se** erschlaffen; willenlos werden.
ale|tazo *m* Flügelschlag *m*; F *Cu., Chi.* Ohrfeige *f*; *Hond.* Diebstahl *m*; **~tear** v/i. mit den Flügeln schlagen; mit den Flossen schlagen, zappeln; F mit den Armen zappeln; F *va aleteando er* kommt wieder hoch; **~teo** *m* Flügelschlagen *n*; *fig.* Herzflattern *n*; **~tón** ✈ *m* Querruder *n*; **~ones** *m/pl. auxiliares de aterrizaje* Landeklappen *f/pl.*
Aleuti(an)as *f/pl.* Aleuten *pl.*
aleve *adj.* c falsch, treulos, heimtückisch, hinterlistig.
ale|vín, ~vino *m* Fischbrut *f*; *fig.* (Berufs-)Anfänger *m*, Neuling *m*.
alevo|samente *adv.* heimtückisch; **~sía** *f* Hinterlist *f*, Heimtücke *f*; **~so** *adj.* hinterlistig, heimtückisch.
aleya *f* Koranvers *m*.
alfa *f* Alpha *n*; *fig.* **~** *y omega* Anfang *u.* Ende *f*; *Phys. partículas f/pl.* (*rayos m/pl.*) **~** Alpha-teilchen *n/pl.* (-strahlen *m/pl.*).
alfa|bético *adj.* alphabetisch; *por orden* **~** in alphabetischer (Reihen-)Folge *f*; **~betización** *f* Bekämpfung *f* des Analphabetentums, Alphabetisierung *f*; **~betizado** *adj.* des Lesens u. Schreibens kundig; **~betizar** [1f] v/t. **1.** alphabetisch ordnen, alphabetisieren; **2.** bei ... (*dat.*) das Analphabetentum bekämpfen, alphabetisieren; **~beto** *m* Alphabet *n*; **~** *de los ciegos* (*de los sordomudos*) Blinden- (Taubstummen-)alphabet *n*; **~** *Morse* Morsealphabet *n*.
alfajor *m* Leb-, Pfeffer-kuchen *m*.
alfalfa ♀ *f* Luzerne *f*.
alfandoque *m Am. Art* Gewürzkuchen *m*.
alfaneque *Vo. m* Berberfalke *m*.
alfanje *m* **1.** Krummsäbel *m*; *Méj.* Machete *f*; **2.** *Fi.* Schwertfisch *m*.
alfanumérico *EDV adj.* alphanumerisch.
alfaque *m* Sandbank *f*.
alfaquí *m* (*pl.* **~íes**) mohammedanische(r) Gesetzeskundige(r) *m*.
alfar *m* **1.** → *alfarería*; **2.** → *arcilla*.
alfarda *f* Zug-, Binde-balken *m*; *Cu.* → *alfarjía*.
alfare|ría *f* Töpferei *f*; Töpferware *f*; **~ro** *m* Töpfer *m*.
alfar|je *m* **1.** Ölmühlpresse *f*; **2.** Täfelung *f*; **~jía** *f* Fenster- *od.* Tür-balken *m*.
alfazaque *Ent. m* spanischer Mondhornkäfer *m*.
alféizar *m* Tür-, Fenster-leibung *f*; Fensterbrett *n*; △ Anschlag *m*.
alfeñi|carse [1g] v/r. sehr abnehmen, überschlank werden; *fig.* s. zieren; **~que** *m* **1.** Zuckermandelstange *f*; **2.** *fig.* schwächliche Person *f*, Zuckerpüppchen *n* F, Schwachmatikus *m* F; **3.** Ziererei *f*; **4.** Schminke *f*.
alfe|razgo *m*, **~recía¹** *f* Leutnantsstelle *f*, -rang *m*.

alferecía — aliciente

alferecía[2] P f Epilepsie f.
alférez m (pl. ~eces) **1.** Leutnant m; hist. Fähnrich m, Fahnenträger m; ~ de fragata (de navío) Leutnant m (Oberleutnant m) zur See; ~ alumno Fähnrich m (Offiziersanwärter); Span. (im Bürgerkrieg) ~ provisional Leutnant m d. R. (= der Reserve); **2.** F Am. Gastgeber m, edler Spender m F bei e-m Fest; **3.** And. Stellvertreter m des Ortsältesten in Indianergemeinden.
alfil m Läufer m (Schach).
alfile|r m **1.** Stecknadel f; Anstecknadel f; ~ de corbata Krawattennadel f; Arg. ~ de gancho Sicherheitsnadel f; fig. prendido con ~es unzuverlässig; mangelhaft; fig. de veinticinco ~es geschniegelt u. gebügelt, in vollem Staat; no cabe un ~ es ist (hier) überfüllt, es könnte keine Stecknadel zu Boden fallen; **2.** ⚥ Federschnabel m; kubanisches Hartholz (-gewächs) n; **3.** Fi. kl. Schlangennadel f; **4.** ~es m/pl. Nadel-, Taschen-geld n; **~razo** m Nadelstich m (a. fig.); **~tero** m Nadelbüchse f.
alfom|bra f Teppich m; Bettvorleger m; Läufer m; ~ de nudo geknüpfter Teppich m; ~ de oratorio Gebetsteppich m; ~ de plástico Kunststoffmatte f; fig. meter a/c. debajo de la ~ et. unter den Teppich kehren; **~brado** m bsd. Am. Teppichboden m, Auslegeware f; **~brar** vt/i. (mit) Teppiche(n) (aus)legen; **~brero** m Teppichwirker m; **~brilla** f **1.** Bettvorleger m; Kfz. Fußmatte f; EDV ~ del ratón Mauspad n; **2.** ⚥ Masern pl.; **~brista** c Teppichhändler m; -leger m.
alfóncigo ⚥ f Pistazie f.
alfonsi|no I. adj. auf König Alfons bezüglich, alfonsinisch; **II.** m span. Münze f des XIII. Jh.; **~smo** m Alfonsinismus m (monarchistische Bewegung, Ggs. carlismo).
Alfonso npr. m Alfons m.
alforfón ⚥ m Buchweizen m.
alforja(s) f (/pl.) **1.** Quer-, Reise-sack m; Sattel-tasche f; Mundvorrat m; fig. sacar los pies de las ~s s. machen F, s-e Scheu ablegen, s. mausern F; **2.** ⚥ Stropp m.
alforza f Querfalte f bzw. (breiter) Saum m an Kleidern; fig. Narbe f.
alfoz m (a. f; pl. ~oces) Vorstadt f, Gemeindeverband m, (Verwaltungs-)Gebiet n mehrerer Dörfer.
Alfredo npr. m Alfred m.
alga ⚥ f Alge f, Tang m; ~ marina Seetang m.
algaida[1] f Buschwald m.
algaida[2] f Sanddüne f.
algalia[1] f **1.** Zibet m, Bisam m; (gato m de) ~ Zibetkatze f; **2.** ⚥ Bisamblume f.
algalia[2] ⚥ f Katheter m.
algaliar [1b] v/t. mit Bisam parfümieren.
algara[1] f ~ algarada[1] **1.**
algara[2] f → binza.
algarabía f **1.** arabische Sprache f; Kauderwelsch n, Jargon m; fig. Gezeter n; **2.** ⚥ Besenheide f.
algarada[1] f **1.** hist. Reitertrupp m; Überfall m bsd. zu Pferde; **2.** Straßenauflauf m; Krawall m; Geschrei n, Spektakel m F.
algarada[2] f → algarrada.

algarrada f Stierkampf m mit der Lanze im Freien; Einstellen n der Kampfstiere in die Zwinger; Jungstierkampf m.
algarra|ba ⚥ f **1.** Johannisbrot n; **2.** Futterwicke f; **~bal** m Johannisbrotbaum- bzw. Wicken-pflanzung f; **~billa** f → arveja; **~bo** ⚥ m Johannisbrotbaum m.
algazara f hist. Kriegsgeschrei n, bsd. der Mauren; fig. Getöse n, Lärm m; Freudengeschrei n.
algazul ⚥ m Mittagsblume f.
álgebra f Algebra f; † Knocheneinrenken n.
alge|braico adj. algebraisch; **~brista** m **1.** Algebraiker m; **2.** † Bader m, Knocheneinrenker m.
algébrico → algebraico.
algia ⚥ f Schmerz m.
algidez ⚥ f Kälte f; ~ (cadavérica) Todeskälte f.
álgido adj. eisig; fig. (höchst) kritisch; punto m ~ Gefrierpunkt m; inc. Höhepunkt m, Krise f; ⚥ fiebre f ~a Frostfieber n.
algo pron. u. adv. etwas, ein wenig, ein bißchen; adv. a. ziemlich; falta ~ para llegar noch sind wir nicht ganz da; esto sí que es ~ das läßt sich hören; por ~ lo habrá dicho aus gutem Grund (od. nicht umsonst) hat er das gesagt; ~ es ~ od. más vale ~ que nada besser etwas als nichts.
algo|dón m **1.** ⚥ Baumwollstaude f; **2.** Baumwolle f; Watte f; ~ en bruto ungereinigte Baumwolle f; ~ hidrófilo Verbandswatte f; ~ pólvora Schießbaumwolle f; ~ en rama Rohbaumwolle f; ~ones m/pl. Tintenfaßbaumwolle f; Wattepfropfen m/pl. für die Ohren; fig. estar criado entre ~ones verhätschelt (erzogen) sein; **~donal** Baumwollfeld n; **~donar** v/t. wattieren; **~donero I.** adj. Baumwoll-...; **II.** m Baumwollstaude f; Baumwoll-pflanzer m; -händler m; **~donita** f silberhaltiges Arsenkupfer n aus den Minen von Algodón, Chi.; **~donosa** ⚥ f Wiesenwolle f; **~donoso** adj. wollig, flauschig, pelzig.
algorín m Olivenspeicher m in Ölmühlen.
algorit|mia f **1.** „Algorithmik" f, Rechenkunst f (bsd. Arithmetik u. Algebra, Zahlentheorie); **2.** → **~mo** ⚥, EDV m Algorithmus m.
algoso adj. voller Tang (od. Algen).
alguaci|l m **1.** Gerichts-, Amts-diener m; Büttel m, Scherge m; Gerichtsvollzieher m; ~ de(l) campo Feldhüter m; como más que un ~ er frißt wie ein Scheunendrescher F; **2.** hist. Stadtgouverneur m; **3.** Ent. ~ de moscas Haussp inne f; **4.** Stk. ~ de alguacil, **~lesa** f Frau f e-s alguacil; **~lillo** Stk. m Platzräumer m (Bezeichnung für die beiden Reiter, die der cuadrilla voranreiten). [wer.)
alguien pron. indef. jemand, irgend-f
alguno adj.-pron. (vor su. m/sg. algún) jemand; etwas; (irgend)einer; mancher; ~a noche e-s Abends; algún día e-s Tages; algún tanto etwas; a vez bisweilen, gelegentlich; ~ que otro der eine oder andere, einige, ein paar; nachgestellt in negativen Sätzen, zur Verstär-

kung der Negation: de manera ~a keineswegs; pronominal: m/pl. ~s etliche, einige, manche.
alha|ja f Juwel n (a. fig.), Kleinod n, Geschmeide n; wertvoller Hausrat m; Pracht-stück n, -exemplar n (a. fig.); ~s f/pl. Pretiosen pl.; F iron. ¡menuda ~! ein sauberes Früchtchen F; **~jar** v/t. **1.** mit Juwelen schmücken; **2.** Haus ausstatten, einrichten; **~jera** f, **~jero** m Am. Schmuck-kasten m, -kästchen n.
alharaca f heftiger Gefühlsausbruch m, Gemütswallung f; Gezeter n; sin ~s ni bambollas ohne viel Wesens (zu machen). [kraut n.)
al|hárgama, **~harma** ⚥ f Harmel-f
alhelí ⚥ m (pl. ~íes) Levkoje f; ~ amarillo Goldlack m.
alheña f **1.** ⚥ Rainweide f, Liguster m; **2.** ⚸ Rost m bzw. Brand m des Getreides; **3.** Henna f; **~r** v/t. mit Henna färben; **II.** v/r. ~se brandig werden (Getreide).
alhóndiga f öffentlicher Kornspeicher m; Getreidemarkt m.
alhorre ⚸ m Darmausscheidung f Neugeborener, Kindspech n; Schorf m der Neugeborenen.
alhuce|ma ⚥ f Lavendel m; **~milla** ⚥ f Speik m.
ali... in Zssgn. mit ... Flügeln, z.B. alirrojo mit roten Flügeln.
aliáceo adj. knoblauchartig.
alia|do I. adj. **1.** verbündet; Pol. alliiert; **2.** m verbündete(r) m; Pol. Alliierte(n) m/pl. (Weltkriege); **4.** Verwandte(r) m; **5.** Cu. Droschke f; **~dófilo** adj.-su. alliiertenfreundlich (Weltkrieg).
aliaga ⚥ f Stechginster f.
alian|cista adj.-su. c Pol. Span. (Mitglied m, Anhänger m) der Alianza Popular; Am. Bündnispartner m; **~za** f **1.** Bündnis n, Bund m; Verbindung f (a. eheliche od. verwandtschaftliche); ~ conyugal Ehebund m; **2.** Pol. Bündnis n, Allianz f; ~ defensiva (ofensiva) Verteidigungs-, Defensiv- (Offensiv-)bündnis n; ~ ofensiva y defensiva Schutz- u. Trutzbündnis n; ~ secreta Geheimbund m; hist. Santa ♀ Heilige Allianz f; triple ~ Dreibund m; **3.** Ehering m.
aliar [1c] **I.** v/t. ⚸ vereinen; **II.** v/r. ~se s. verbünden; s. anschließen (dat. od. an ac. a).
aliaria ⚥ f Knoblauchkraut n.
alias I. adv. sonst, auch; genannt, alias; **II.** m Spitzname m.
alibi m Alibi n (→ coartada).
alicaído adj. flügellahm; fig. schwach, kraftlos; mutlos; heruntergekommen.
alicántara f → alicante **1.**
alican|te m **1.** Zo. Sandviper f; **2.** Alicantewein m; **3.** Art N(o)ugat n; **~tina** f List f; Verschlagenheit f.
alicata|do m Fliesenbelag m; Kacheltäfelung f im arab. Stil; **~r** v/t. mit Fliesen auslegen; Kacheln od. Fliesen einpassen (in ac.).
alicates m/pl. Flachzange f, Greifzange f; ~ de corte Beißzange f; ~ de uñas Nagelzange f; ~ universales Universal-, Kombi-zange f.
Alicia npr. f Alice f.
aliciente m Lockmittel n, Köder m (a. fig.); fig. Anreiz m.

alicorarse v/r. Col. s. betrinken.
alicortar Jgdw. v/t. flügeln.
alicuanta Arith. adj. f: parte f ~ mit Rest teilende (od. aliquante) Zahl f.
alícuota ♀ adj. c 1. parte f ~ aliquoter Teil m; Arith. ohne Rest teilende Zahl f, Aliquote f; ✝ Bruchteil m des Kapitals; 2. proportional.
alicuz m (pl. ~uces) Hond. lebhafter u. geschäftstüchtiger Mensch m.
alidada f Diopterlineal n.
aliena|ble adj. c → enajenable; **~ción** f Veräußerung f; ♂ Geisteskrankheit f; **~do** adj.-su. geisteskrank; m Geisteskranke(r) m; **~r** I. v/t. veräußern; II. v/r. **~se de** s. entäußern (gen.).
alieni̇́gena I. adj. c bsd. Am. ortsfremd; nicht im Lande geboren; II. c euph. Ausländer m.
alienista c Irrenarzt m.
aliento m Atem m; Hauch m; fig. Kraft f, Mut m; cobrar ~ Mut schöpfen; perder el ~ außer Atem kommen; quitar el ~ den Atem verschlagen (a. fig.); tomar ~ Atem holen; adv. de un ~ in e-m Zuge; ohne Unterbrechung; sin ~ atemlos, außer Atem.
alifafe m 1. F → achaque 1; 2. vet. (mst. **~s** m/pl.) Gallen f/pl. (b. Pferden).
aligación f Mischung f, Verbindung f; ✝ regla f de ~ Alligationsrechnung f.
aligátor Zo. m Alligator m.
aligera|miento m Erleichterung f; **~r** I. v/t. 1. erleichtern; lindern; mäßigen, abschwächen; Schiff löschen; 2. beschleunigen; ~ el paso den Schritt beschleunigen; II. v/i. 3. f s. beeilen; III. v/r. **~se** 4. s. freimachen zur Untersuchung beim Arzt; **~se de ropa** s. leichter kleiden.
aligero poet. adj. beflügelt; rasch.
ali|gonero ♀ m Zürgelbaum m; **~gustre** ♀ m Liguster m.
alija|dor I. adj. 1. erleichternd; II. m 2. ⚓ Schauermann m; b) Leichter(schiff n) m; 3. Baumwollreiniger m; **~r¹** v/t. 1. Schiff(sladung) Schiff leichtern; Schmuggelgut an Land bringen; 2. Baumwolle reinigen; 3. schmirgeln, (ab)schleifen.
alijar² m Brachland n.
alijo m 1. Löschen n, Leichtern n e-s Schiffes; 2. Schmuggel(ware f) m.
alilo ♀ m einwertiger Kohlenwasserstoff m.
alimaña f Raubzeug n; fig. Ungeziefer n; ge̊meine̊r Wicht m.
alimen|tación f 1. Ernährung f, Verpflegung f; Fütterung f; ~ forzosa Zwangsernährung f; 2. ⊕ Speisung f, Beschickung f; ~ con ácido Säurezufuhr f; EDV ~ de papel Papierzufuhr f; **~tador** adj.-su. Ernährer m; m ⊕ Speisekabel m; **~tante** I. adj. c ernährend; II. c Ernährer m; ✝✝ a. Unterhaltspflichtige(r) m; **~tar** I. v/t. 1. ernähren, beköstigen; ⊕ speisen, Hochöfen beschicken; EDV ~ con Daten einspeisen (dat.), eingeben (dat.); ~ por la fuerza zwangsernähren; 2. fig. nähren, unterhalten, schüren; II. v/r. **~se** s. ernähren, nahrhaft sein; **~tario** I. m → alimentista; II. adj. → **~ticio** adj. Nähr...; productos m/pl. **~s** Nahrungsmittel n/pl.; su(b)stancia f **~a** Nährstoff m; **~tista** ✝✝ c Unterhaltsberechtigte(r) m; **~to** m 1. Nahrung f; **~s** m/pl. Lebensmittel n/pl.; 2. **~s**

m/pl. ✝✝ Unterhalt m; Alimente pl.; 3. Heiz-, Brenn-stoff m; 4. fig. Nährboden m, Begünstigung f; **~toso** adj. sehr nahrhaft.
álimo ♀ m Meermelde f.
alimoche Vo. m Schmutzgeier m.
alimón adv.: al ~ Stk. wenn zwei Stierkämpfer s. e-r einzigen capa bedienen; allg. mit vereinten Kräften, gemeinsam.
alimonarse v/r. gelb werden (Erkrankung immergrüner Laubbäume).
alinda|do adj. stutzerhaft; **~miento** m Abgrenzung f; **~r¹** I. v/t. abgrenzen; II. v/i. ~ (con) angrenzen (an ac.); **~r²** v/t. verschönern, herausputzen.
alinea|ción f Ausrichtung f; Sp. Aufstellung f e-r Mannschaft; ⚔ Straßenflucht f, Fluchtlinie f; Typ. Schriftlinie f; Zeileneinstellung f (Schreibmaschine); **~ones** f/pl. montañosas Gebirgszüge m/pl.; **~r** I. v/t. ausrichten; abmessen; Sp. e-e Mannschaft aufstellen; ¡⚔ ~! richt' euch!; II. v/r. **~se** Richtung nehmen (a. ⚔); Pol. países m/pl. no **~ados** blockfreie Länder n/pl.
ali|ñado adj. 1. zierlich; 2. sauber; **~ñar** v/t. 1. Speisen anrichten; 2. in Beize legen; 3. schmücken; 4. Chi. Knochen einrenken, **~ño** m 1. Schmuck m, Verzierung f; 2. (Zu-)Bereitung f; 3. Würze f; 4. Geräte n/pl.
alioli m → ajiaceite.
alipego m Am. Cent. Zugabe f für den Käufer.
ali|quebrado ♂ adj. niedergeschlagen, mutlos; **~rrojo** adj. mit roten Flügeln, rotgeflügelt.
alisa|dor m 1. Polierer m, Schleifer m; 2. Glätt-, Schlicht-holz n; **~dura** f Glätten n; **~s** f/pl. Abfälle m/pl. beim Polieren; **~l, ~r¹** m Erlengehölz n; **~r²** v/t. glätten, polieren; Haar glattstreichen.
aliscafo Sp. m → acuaplano.
aliseda f → alisal.
alisios adj.-su. m/pl. (vientos m/pl.) ~ Passat(winde m/pl.) m.
alisma ♀ f Froschlöffel m.
aliso ♀ m Erle f.
alista|do I. adj. gestreift; II. m ⚔ Ausgehobene(r) m; **~dor** m 1. Listen-, Register-führer m; 2. ⚔ Werber m; **~miento** m 1. Einschreibung f; allg. Anwerbung f; 2. ⚔ a) Aushebung f, Musterung f; b) Anwerbung f; ⚓ Anheuerung f; **~r** I. v/t. 1. bsd. Am. herrichten, vorbereiten, bereitstellen; 2. einschreiben; 3. ⚔ anwerben; Wehrpflichtige erfassen; II. v/r. **~se** 4. s. einschreiben lassen; 5. ⚔ a) s. anwerben lassen; b) s. (freiwillig) melden; 6. Am. fertig werden, s. fertig machen.
alitán Fi. m großgefleckter Katzenhai m. [reim m.]
aliteración f Alliteration f, Stab-)
alitierno ♀ m → aladierna.
aliviada F f Rpl. Verschnaufpause f; Erleichterung f; **~adero** m Überlauf m b. Kanälen; **~ador** adj.-su. lindernd; **~ar** [1b] I. v/t. 1. medicamento me alivió dieses Medikament hat mir gutgetan; 2. beschleunigen; 3. fig. bestehlen, erleichtern F; II. v/r. **~se**

4. s. erholen; ¡que se alivie! gute Besserung!; **~o** m 1. Erleichterung f; Erholung f; ~ de luto Halbtrauer f; 2. ☐ Strafverteidiger m.
alizarina ♀ f Alizarin n, Krapprot n.
alja|ba ♀ Köcher m; **~ma** f 1. Mauren- bzw. Juden-versammlung f; bzw. -viertel n; 2. Synagoge f; 3. Moschee f; **~mía** f alte Bezeichnung der Mauren für das Spanische; heute: Texte m/pl. in span. Sprache, aber arab. Schrift.
aljez m (pl. **~eces**) Gipsstein m.
aljibe m 1. Zisterne f; Col. Brunnen m; 2. ⚓ Wassertank m; Tank-[schiff n.
aljofaina f → jofaina.
aljófar m kl. unregelmäßig geformte Perle(n) f(/pl.), Saatperlen f/pl.; fig. poet. Perle f v. Tau, Tränen; ~ de rocío Tauperlen f/pl.
aljofarar v/t. mit Perlen besticken.
aljonje m Vogelleim m.
alma f 1. Seele f; fig. Gemüt n, Herz n; fig. Mut m, Energie f; con el ~ herzlich; aufrichtig, gerne; con toda mi (su usw.) ~ von ganzem Herzen; con ~ y vida mit Leib u. Seele, sehr; adv. en el ~ lebhaft, tief (fig.); herzlich; ~ de Dios guter Kerl m, treue Haut f; ~ mía mein Liebes, mein Liebling; ~ en pena Seele f im Fegefeuer, arme Seele f; hijo m de mi ~ mein (lieber) Junge; como ~ que se lleva el diablo in aller Hast, mit Sturmeseile; (andar) como ~ en pena traurig, trübsinnig, melancholisch (sein); arrancarle a alg. el ~ j-n zutiefst verwunden; caérsele a alg. el ~ a los pies mutlos werden; me duele en el ~ es tut mir in der Seele weh; entregar el ~ (a Dios) den Geist aufgeben, sterben; írsele a alg. el ~ tras a/c. et. von Herzen herbeisehnen; et. sehnsüchtig erstreben; llegarle a alg. al ~ j-m zu Herzen (od. nahe) gehen; llevar a alg. en el ~ j-n von Herzen lieben; padecer como ~ en pena unsäglich leiden; F partirle (od. romperle) a alg. el ~ j-m den Schädel einschlagen F; salir del ~ von Herzen kommen; tener el ~ en la mano offen(herzig) sein (od. handeln); no tener ~ herzlos (od. gewissenlos) sein; tener el ~ en un hilo sehr gespannt sein; (wie) auf glühenden Kohlen sitzen; Angst haben; 2. fig. Seele f; fulano es el ~ de la empresa X ist die Seele des Unternehmens; un pueblo de dos mil **~s** ein Ort von 2000 Seelen; no se veía ~ viviente kein Mensch (od. k-e Menschenseele) war zu sehen; 3. Kern m; ⊕ Seele f (Kabel, Lauf e-r Waffe); 4. ♪ Stimmstock m, Seele f (Saiteninstrument); 5. △ vertikale Stütze f; Stützbalken m (z. B. e-s Gerüsts).
alma|cén m 1. Magazin n, Lager(haus) n; ⚔ Kammer f; ✝ en ~ auf Lager, vorrätig; ab Lager; ~ de la Aduana Zollager n; jefe m de ~ Lagerist m, Lagerverwalter m; depositar mercancías en los almacenes (de la Aduana) Waren unter Zollverschluß legen; 2. ✝ Niederlage f; Großhandlung f; Am. Einzelhandelsgeschäft n; (grandes) **~enes** m/pl. Waren-, Kauf-haus n; 3. ⚓ Wassertank m; ~ de carbón Kohlenbunker m; **~cenaje** m Einlagerung f; Lagermiete f; (derechos m/pl. de) ~ Lager-geld n, -ge-

almacenamiento — alpechín 44

bühr f; ~cenamiento m (Ein-)Lagerung f; EDV Speicherung f; Atom. ~ definitivo (temporal od. interino) End-(Zwischen-)lagerung f; ~cenar v/t. (ein)lagern; (auf)speichern; EDV speichern; estar ~ado lagern (v/i.); tener ~ado auf Lager (od. eingelagert) haben; ~cenero m Lagerist m, Magazinverwalter m; Rpl. Lebensmittelhändler m; ~cenista c Lagerhalter m; Grossist m.
almáci|ga f 1. Mastix m; (Fenster-)Kitt m; 2. Mist-, Treib-beet n; Baumschule f; ~go ♀ m Mastixbaum m; Am. Art Terebinthe f.
almádena f Steinhammer m.
alma|día f 1. Floß n; 2. Boot n der indischen Eingeborenen; ~diar [1b] v/i. u. ~se v/r. ↳ → marearse; ~diero m Flößer m; ~draba f Thunfischerei f; Thunfisch-fanggründe m/pl.; -netz n.
almadreña f Holzschuh m.
almagesto hist. m Almagest m, Handbuch n der Sternkunde.
alma|gra f → almagre; ~grar v/t. mit Ocker (od. Rötel) färben; ~gre m Ocker m; Rötel m; ~grero adj. ockerreich.
alma|izal, ~izar m Maurenschleier m; Rel. Humerale n, Schultertuch n; ~jal m Salzkrautfeld n; ~naque m Almanach m, Kalender m.
alman|dina f Almandin m, edler Granat m; ~ta f Furchenrain m; → entreliño; poner a ~ Weinstöcke dicht u. unregelmäßig pflanzen.
almarada f dreikantiger Dolch m; gr. Sattlernadel f.
almarbatar v/t. Holz verfugen.
almar|jal m 1. Salzkrautfeld n; 2. → marjal; ~ajo ♀ m Salzkraut n.
almár|taga, ~tega ♀ f Bleiglätte f.
almartigón m Krippenhalfter m.
almás|tec m, ~tiga f Mastix m.
almatriche m Bewässerungsgraben m. [Ölmüller m.]
almaza|ra f Ölmühle f; ~rero m]
almea f Storaxbalsam m; Storaxrinde f.
almeja f 1. Teppichmuschel f; 2. V Span. Fotze f V (= Vagina); ~r m (Teppich-)Muschelbank f.
almena f (Mauer-)Zinne f; ~do I. adj. mit Zinnen besetzt; zinnenförmig; ⚒ gekerbt; II. m ~ Zinnenwerk n, Mauerkrönung f; ~r¹ † m Fackelständer m; ~r² v/t. mit Zinnen versehen; ~ra † f 1. Feuerzeichen n; 2. Leuchter m.
almen|dra f 1. Mandel f; Mandelkern m; Kern m (Steinobst); ~ de cacao Kakaobohne f; ~ molida Krach-, Knack-mandel f; aceite m de ~s (amargas) (Bitter-)Mandelöl n; pasta f de ~s Mandelkleie f (Kosmetik); 2. mandelförmiger Zierat m (Kristallbehänge usw.); 3. F kl. Kiesel m; 4. F ~s f/pl. Kugeln f/pl., blaue Bohnen f/pl. F (= Geschoß); 5. Zo. ~ de mar Sammetmuschel f; ~drada f Mandelmilch f mit Zucker; ~drado I. adj. mandelförmig; II. m Mandelteig m; Mandelgebäck m; ~dral m 1. Mandelbaumpflanzung f; 2. → almendro; ~drera f, ~drero m 1. Mandelbaum m; 2. Mandel-schale f, -teller m; ~drilla f 1. Schotter m; 2. Nußkohle f; 3. Schlosserfeile f; ~dro ♀ m Mandelbaum m; ~drón ♀ m am.

Mandelbaum m; ~druco m grüne Mandel f.
alme|z ♀ m (pl. ~eces) Zürgel-, Elsbeer-baum m; ~za f Elsbeere f; ~zo m → almez.
almiar ⚒ m Feime f, Miete f.
almíbar m Sirup m; peras f/pl. en ~ Birnenkompott n.
almibara|do adj. zuckersüß (a. fig.); fig. süßlich, schmalzig; ~r v/t. Früchte in Sirup einkochen; mit Zuckerguß überziehen; fig. versüßen; j-m Honig ums Maul schmieren F.
almi|dón m Stärke f; Stärkemehl n; ~ de brillo Glanzstärke f; dar ~ a et. stärken; ~donado I. adj. gestärkt (Wäsche); fig. herausgeputzt; II. m Stärken n; ~donar v/t. Wäsche stärken; ~donería f Stärkefabrik f.
almilla f 1. Zim. Zapfen m; 2. Bruststück n vom Schwein.
almi|mbar m Mimbar m, Kanzel f e-r Moschee; ~nar m Minarett n.
almiran|tazgo m Admiralität f; Admiralsrang m; ~te m Admiral m; buque m ~ Flaggschiff n; insignia f de ~ Admiralsflagge f. [m.]
almirez Kchk. m (pl. ~eces) Mörser]
almizcle m Moschus m; Bisam m; cabra f de ~ Moschustier n; ~ña ♀ f Moschusblume f; ~ño adj. Moschus...; manzana f ~a Bisamapfel m; ~ra Zo. f Bisamspitzmaus f; ~ro I. adj. → almizcleño; II. m Zo. Moschustier m.
almo poet. adj. schaffend, nährend; ehrwürdig, heilig.
almocadén hist. m 1. Mukaddam m, Infanterieoberst m; 2. Marr. Art Bezirksbürgermeister m.
almo|cafre m Jäthacke f; ~cárabe, ~carbe △ m schleifenförmige Verzierung f; ~crí m (pl. ~íes) Koranleser m in Moscheen.
almodrote m scharfe Tunke f mit Knoblauch u. Käse.
almogávar hist. m Soldat m e-r Truppe, die Streifzüge in Feindesland unternahm.
almoha|da f 1. Kissen n, Polster n; Kopfkissen n; Kopfkissenüberzug m; Kniepolster n; ~ neumática Luftkissen n; fig. consultar (a/c.) la ~ e-e Sache überschlafen; fig. dar vueltas a la ~ nicht (ein)schlafen können, s. unruhig im Bett hin- und herwälzen; Spr. la mejor ~ es una conciencia tranquila ein gutes Gewissen ist ein sanftes Ruhekissen; 2. △ behauener Stein m, Bossage f; ~dilla f 1. kleines Kissen n; Nähkissen n; Sattelkissen n; ~ eléctrica Heizkissen n; ~ hidráulica Wasserkissen n (bsd. ⚒); ~ de tinta Stempelkissen n; servir de ~ Druck, Schlag usw. abschwächen (a. fig.); 2. ⊕ ~ de freno Bremsklotz m; Bremsbacke f; 3. △ Polster n (b. jonischen Säulenkapitell); Wulststein m (im Mauerwerk); ~dillado I. adj. gepolstert, Polster...; II. m Polsterung f; ⊕ Futter n; △ Bossage f; ~dón m 1. Kissen n; Sofakissen n; 2. △ Anfallstein m e-s Bogens.
almohaza f Striegel m; ~r [1f] v/t. striegeln.
almojábana Kchk. f Käsekuchen m; Art Pfannkuchen m; Col. Art Gebäck n.

almóndiga f → albondiguilla 1.
almone|da f 1. Versteinerung f; 2. Ausverkauf m; ~d(e)ar v/t. versteigern.
almorávides hist. m/pl. Almoraviden m/pl., islamische Sekte u. Dynastie in Spanien.
almorejo ♀ m Borstenhirse f.
almorrana(s) ♂ f(/pl.) Hämorrhoiden pl.
almor|ta ♀ f Platterbse f; ~zada f 1. zwei Hände voll; 2. Am. → almuerzo; ~zar [1f u. 1m] v/t/i. Span. offiziell u. in Restaurants, Am. zu Mittag essen; Span. Reg. (kräftig) frühstücken.
almud m Trockenmaß n regional verschieden von 1,76 l in Navarra od. 4,625 l in Kastilien bis 27,25 l.
almudí(n) m → alhóndiga.
almu|ecín, ~édano m Muezzin m, Gebetsausrufer m (Islam).
almuerzo m Span. offiziell u. in Restaurants, Am. Mittagessen n; Span. Reg. (kräftiges zweites) Frühstück n, Gabelfrühstück n; Span. ~ escolar Schulspeisung f; ~ de trabajo Arbeitsessen n.
alobunado adj. wolfsähnlich (Pelz).
aloca|do I. adj. verrückt; unüberlegt; II. m Wirrkopf m; ~rse [1g] v/r. verrückt werden.
alocución f kurze Ansprache f; ~ papal Allokution f.
alodio hist. m Freigut n, Allod n.
áloe od. aloe ♀, Pharm. m Aloe f.
alófono Phon. m Allophon n.
aloja f Arg. Bier n aus Johannisbrot.
aloja|do m a. ⚔ Quartiergast m, Einquartierte(r) m; ~miento m 1. Unterkunft f; Einquartierung f; 2. ⊕ Einbau m; Lager(ung f) n; ~r I. v/t. 1. beherbergen; unterbringen, einquartieren; 2. ⊕ einbauen; lagern; II. v/r. ~se 3. Wohnung beziehen, logieren; absteigen (Hotel); ⚔ Quartier beziehen.
aloma|do adj. bucklig; mit hochgebogenem Kreuz (Pferd); ~r ⚒ v/t. rigolen.
alón m Flügel m (ohne Federn).
alondra I. f Vo. Lerche f; II. m P Maurer m.
alonso¹ adj. 1. großkörnig (Weizen); 2. fig. dumm; faul.
Alonso² npr. m Alfons m.
alópata c Allopath m.
alo|patía f Allopathie f; ~pático adj. allopathisch; ~pecia ♂ f Haarausfall m, Alopezie f.
aloque adj.-su. m hellroter Wein m.
alosa Fi. f Alse f.
alotar ⚓ v/t. 1. reffen; trimmen; 2. Fische an Bord versteigern.
alo|tropía ♀ f Allotropie f; ~trópico adj. allotrop. [wolle f.]
alpaca¹ f 1. Zo. Alpaka n; 2. Alpaka-]
alpaca² f Alpaka n, Neusilber n.
alpamato ♀ m arg. Teestaude f.
alparga|ta f, a. ~te m Hanfschuh m, Leinenschuh m mit Hanfsohle; Bade-, Lauf-, Camping-schuh m; fig. no tener ni para unas ~s ein armer Schlucker sein, k-n Pfennig haben; ~tería f Hanfschuhwerkstatt f; koll. Hanfschuhe m/pl.; ~tero m Hanfschuh-macher m; -händler m; ~tilla c Schmeichler m; ~tudo m Col. armer Teufel m.
alpechín m Ölhefe f; Am. Pflanzenod. Obst-saft m.

alpende *m* Schuppen *m*; Bauhütte *f*.
Alpes *m/pl.* Alpen *f/pl.*; ⚵**tre** *adj. c* Alpen... *(bsd.* ✤*)*; bergig, rauh.
alpi|nismo *m* Bergsport *m*, Bergsteigen *n*; **~nista** *c* Bergsteiger *m*; **~no** *adj.* Alpen...; ⚔ cazador *m* ~ Gebirgsjäger *m*; club *m* ~ Alpenverein *m*.
alpiste *m* ⚵ Kanariengras *n*; Vogelfutter *n*; *fig.* F Lebensunterhalt *m*; **~ra** *f* Kuchen *m* aus Mehl, Eiern u. Sesam.
alquequenje ⚵ *m* Judenkirsche *f*.
alquería *f* Bauernhof *m*; Meierei *f*; *Val.* Landhaus *n*. [*fer.*]
alquifol *m* Glasurmasse *f der Töp-*
alqui|lable *adj. c* miet- bzw. vermiet-bar; **~ladizo** *adj.* Miet...; *fig. desp.* käuflich, bestechlich; **~lador** *m* 1. Vermieter *m*; 2. Mieter *m*; **~lamiento** *m* → alquiler; **~lar** I. *v/t.* 1. vermieten; 2. mieten; 3. verleihen; II. *v/r.* **~se** 4. s. verdingen (bei *dat.* con); **~ler** *m* 1. Vermieten *n*; 2. Miete *f*; Mietzins *m*; de ~ Miet(s)...; casa *f* de ~ Mietshaus *n*; ✝ **~venta** Mietkauf *m*; 3. Verleih *m*; (agencia *f* de) ~ de coches Auto-verleih *m*, -vermietung *f*; coche *m* de ~ (sin chófer) Leihwagen *m* (für Selbstfahrer).
alquimia *f* Alchimie *f*.
alquímico *adj.* alchimistisch.
alquimila ⚵ *f* Frauenmantel *m*.
alqui|mista *m* Alchimist *m*; **~tara** *f* Brennkolben *m*; *fig.* F dar a/c. por ~ et. nur spärlich (od. tropfenweise) geben; **~tarar** *v/t.* brennen, destillieren.
alquitira ⚵ *f* Tragant *m*.
alqui|trán *m* Teer *m*; ~ mineral, ~ de hulla Steinkohlenteer *m*; colorantes *m/pl.* de ~ Teerfarben *f/pl.*; jabón *m* de ~ Teerseife *f*; **~tranado** I. *adj.* teerig, Teer...; II. *m* Teerung *f*; Teerpflaster *n*; Teerdach *n*; **~tranadora** *f* Straßenteermaschine *f*; **~tranar** *v/t.* teeren.
alrededor I. *adv.* ringsherum; ~ de ungefähr; II. **~es** *m/pl.* Umgebung *f*, Umgegend *f*.
Alsacia *f* Elsaß *n*; ⚵**no** *adj.-su.* elsässisch; *m* Elsässer *m*.
alta *f* 1. ⚕ Entlassungsschein *m*; dar de ~, dar el ~ (a un enfermo) (e-n Kranken) gesundschreiben; 2. Anmeldung *f*; ⚔ Eintrittsschein *m*; dar de ~ den Dienstantritt bescheinigen; *Verw.* anmelden (j-n a alg.); darse de ~ als Mitglied eintreten; *Verw. s.* anmelden; ⚔ causar (od. ser) ~ (wieder) in Dienst treten.
altaico *adj.-su.* altaisch.
altamente *adv.* höchst, äußerst.
altamisa ⚵ *f* → artemisa.
altane|ría *f* 1. Höhe *f*, obere Regionen *f/pl.*; 2. Beiz-, Falken-jagd *f*; 3. Hochmut *m*, hochfahrendes Wesen *n*; **~ro** *adj.* 1. hochfliegend (Raubvögel); 2. hochmütig, stolz.
altano(s) *m(/pl.)* abwechselnde See- und Landbrisen *f/pl.*
altar *m* 1. Altar *m*; ~ de campaña Feldaltar *m*; ~ mayor Hochaltar *m*; *fig.* llevar al ~ zum Altar führen; *fig.* quedarse para adornar ~es e-e alte Jungfer sein (od. werden); *fig.* tener a alg. en los ~es j-m größte Hochachtung entgegenbringen; größte Hochachtung vor j-m haben; 2. ⚔ *Viz.* Erzader *f*.
altaricón *adj.* groß u. dick.
altavoz *m (pl.* **~oces)** Lautsprecher *m*; ~ de bocina Trichterlautsprecher *m*.
altea ⚵ *f* Malve *f*.
altera|bilidad *f* Veränderungsfähigkeit *f*; **~ble** *adj. c* wandelbar, veränderlich; **~ción** *f* 1. Veränderung *f*, Wechsel *m*; Störung *f*; Verfälschung *f*, Entstellung *f*; ~ del orden Unruhe(n) *f(/pl.)*; ~ del medio ambiente Störung *f* des ökologischen Gleichgewichts; 2. Aufregung *f*; Ärger *m*; Streit *m*; 3. *Phil.* Selbstentfremdung *f*; **~dizo** *adj.* unstet, veränderlich; **~rado** *adj.* aufgeregt, verstört, durcheinander; **~dor** *adj.-su.* verändernd; **~nte** *adj. c* wandelnd; **~rar** I. *v/t.* 1. (ver)ändern; entstellen; verfälschen; 2. beunruhigen, aufregen; II. *v/r.* **~se** 3. verderben, sauer werden (*Milch u. ä.*); 4. **~se** por s. ärgern, s. aufregen über *(ac.)*; **~tivo** *adj.* verändernd; Wandel bewirkend.
alterca|do *m* Wortwechsel *m*, Streit *m*; **~dor** *adj.-su.* streitsüchtig; störend; **~nte** *c* Streitende(r) *m*; **~r** [1g] *v/i. s.* (herum)streiten, (mitea.) zanken.
alter|nación *f* Abwechslung *f*; Wechsel *m*; **~nadamente** *adv.* → alternativamente; **~nado** *adj.* → alternativo; **~nador** *m* Wechselstromgenerator *m*; **~nancia** *f* 1. 🕮 Wechsel *m*, Abwechslung *f*; 2. ⚡ ~ (de polaridad) Polwechsel *m*; 3. *Li.* Abstufung *f*; ~ vocálica Umlaut *m*; **~nar** I. *vt/i.* 1. (ab)wechseln; ~ los ejercicios mit den Übungen wechseln; ~ al trabajo con el descanso abwechselnd arbeiten u. ausruhen; ~ entre ... y ... wechseln zwischen ... *(dat.)* u. ... *(dat.)*; II. *v/i.* 2. (s.) abwechseln; ~ con mit *j-m* verkehren; *Bardame usw.:* ~ con los clientes die Gäste animieren; ⚔ *Stk.* ~ un novillero → (tomar la) alternativa 3; **~nativa** *f* 1. Alternative *f*, (Doppel-)Wahl *f*; estar (poner) ante la ~ vor der Alternative stehen (vor die A. stellen); 2. Schicht *f (im Dienst)*; 3. *Stk.* dar la ~ (a un novillero) als Matador zulassen *(ac.)*; tomar la ~ als Matador zugelassen werden; 4. *mst.* **~s** *f/pl.* Wetter-umschlag *m*, -wechsel *m*; **~nativamente** *adv.* abwechselnd; schichtweise; **~nativo** *adj.* 1. alternativ, Alternativ...; 2. abwechselnd; ✓ Landwirtschaft *f*; **~ne** F *m* Anbändeln *n*; Anmachen *n* F; bar *m* de ~ Aufreißladen *m* P; chica *f* de ~ Nutte *f* F; **~no** *adj.* 1. ~ alternativo 2; a días ~s en un Tag um den andern; 2. ⚵ wechselständig; 3. 🕮 Wechsel...; ⚡ corriente *f* **~na** Wechselstrom *m*; ⚕ ángulos *m/pl.* **~s** Wechselwinkel *m/pl.*
alteza *f* 1. Hoheit *f*; Würde *f*; 2 *(Titel)*: Durchlaucht *f*; 2 Real Königliche Hoheit *f*; 2. *fig.* ~ de miras hoher (ethischer) Standpunkt *m*.
altibajo *m* 1. *Fechtk.* Hochquart *f*; 2. *m/pl.* Unebenheiten *f/pl.* im Gelände; *fig.* Auf u. Ab *n*, Wechselfälle *m/pl.* des Schicksals.
altilocuencia *f* → grandilocuencia.
altílocuo *adj.* → grandílocuo.

altillo *m* Anhöhe *f*; *Art* behelfsmäßiges Zwischenstockwerk *n in Geschäfts- u. Lagerräumen;* (Schrank-)Aufsatz *m*.
altimetría *f* Höhenmessung *f*.
altímetro *m* Höhenmesser *m*.
altipla|nicie *f*, **~no** *bsd. Am. m* Hochfläche *f*, -ebene *f*; Tafelland *n*.
altísimo *sup.* höchst; el ⚵ Gott *m*.
altisonan|cia *f* hochtönender Stil *m*; **~te** *adj. c* hoch-tönend, -trabend.
altísono *adj.* → altisonante.
altitud *f* Höhe *f*; Höhe *f* (über dem Meeresspiegel), Meereshöhe *f*.
alti|vamente *adv.* hochmütig; **~vez** *f* Stolz *m*, Hochmut *m*; **~vo** *adj.* hochmütig, stolz.
alto[1] I. *adj.* 1. *örtlich:* hoch; groß; el ~ Ebro der Oberlauf des Ebro; ~ horno *m* Hochofen *m*; piso *m* ~ oberes Stockwerk *n*; ~ Rin *m* Oberrhein *m*; ⚵ Volta *m* Obervolta *n*; a lo ~ nach oben; de ~a estatura von hohem Wuchs; *adv.* en lo ~ oben; *prp.* en lo (más) ~ de la escala (ganz) oben auf der Leiter; 2. *zeitlich:* vorgerückt, spät; spät (fallend) (*bewegliche Feste*); a ~as horas de la noche spät in der Nacht; 3. hochstehend; vortrefflich; vornehm; ~a sociedad *f* vornehme Gesellschaft *f*; ~ funcionario *m* hohe(r) Beamte(r) *m*; por todo lo ~ ganz groß F, glänzend; 4. wichtig, bedeutend; ~a traición *f* Hochverrat *m*; 5. ♣ *mar f* ~a hochgehende See *f*; en ~a mar auf hoher See; 6. en voz ~a laut; II. *adv.* 7. hablar ~ laut sprechen; pasar por ~ übergehen; III. *m* 8. Höhe *f*; Anhöhe *f*; diez metros de ~ zehn Meter hoch; 9. oberes Stockwerk *n*, Obergeschoß *n*; 10. *Am.* Haufen *m*; 11. ♪ a) † Alt *m*, Altstimme *f*; b) Bratsche *f*.
alto[2] *m* Halt *m*; Rast *f*; hacer ~ Halt machen; rasten; ¡~! halt!; ¡~ ahí! halt!, heda!; stopp!; ~ el fuego Feuereinstellung *f*, Waffenruhe *f*; *fig.* Waffenstillstand *m*; ¡~ el fuego! Feuer einstellen!; ~ ahí! ⚔ ¡Quién vive? Halt! Wer da?; *bsd.* ⚔ dar el ~ Halt rufen; den Befehl zum Halten geben.
altoparlante *m Am.* Lautsprecher *m*.
altozano *m* Anhöhe *f*.
altramuz ⚵ *m (pl.* **~uces)** Lupine *f*.
altruis|mo *m* Altruismus *m*, Selbstlosigkeit *f*; **~ta** *adj.-su. c* altruistisch, selbstlos; *m* Altruist *m*.
altura *f* 1. Höhe *f* (*a. Astr., Geom.,* ♪ *u. fig.*); Gipfel *m*, Spitze *f*; ~ polar Polhöhe *f*; *Sp.* ~ de salto Sprunghöhe *f*; pesca *f* de ~ Hochseefischerei *f*; de 150 m de ~ 150 m hoch; *fig.* estar a la ~ de la situación der Lage gewachsen sein; a estas ~s jetzt (, da es schon so weit *od.* so spät ist); 2. *fig.* Erhabenheit *f*, Vortrefflichkeit *f*; 3. ♣ timón *m* de ~ Höhensteuer *n*; vuelo *m* de ~ Höhenflug *m*; tomar ~ steigen.
alu|ata *Zo.* ⚵ *f Art* Brüllaffe *m*; **~bia** *f* ⚵ (Brech-)Bohne *f*, *Kchk.* weiße Bohne *f*.
aluci|nación *f* Halluzination *f*, Sinnestäuschung *f*; **~nado** *adj.-su.* an Halluzinationen leidend; **~nador** *adj.-su.* blendend; *m* Verblender *m*; **~nante** F *adj. c* 1. unglaublich, erstaunlich; verblüffend; 2. toll F, Klasse F, Spitze F; **~nar** I. *v/t.* blenden, täuschen; *fig.* bannen, fesseln;

alucine — amadrigar

II. *v/i.* halluzinieren; **III.** *v/r.* ~se e-r Halluzination zum Opfer fallen; ~ne F *m:* un ~ 'ne Wucht F, 'n Hammer F; *das ist ein Ding* F, *da ist alles dran* F.
alud *m* Lawine *f* (*a. fig.*).
aluda *f* geflügelte Ameise *f*.
aludir *v/i.* hinweisen, hindeuten, anspielen (auf *ac. a*); *el* ~*ido der* (Vor-) Erwähnte; *darse por* ~*ido es auf s.* beziehen; *no darse por* ~*ido s.* nichts anmerken lassen; *s.* nicht betroffen fühlen.
alumaje *mot. m bsd. Méj.* Zündung *f*.
alumbrado[1] **I** *adj.* 1. F beschwipst, angeselt F; **II.** *m* 2. Illuminate *m*; (*Sektierer des XVI. Jh.*); 3. Beleuchtung *f* (*a. Kfz.*); ~ *por gas* Gasbeleuchtung *f*; 4. ⚓ Befeuerung *f*.
alumbrado[2] **I.** *adj.* mit Alaun getränkt; **II.** *m* Alaunbad *n*.
alumbra|dor *adj.-su.* erleuchtend; ~**miento** *m* 1. Beleuchtung *f*, Erhellen *n*; 2. ~ *de aguas* Quellenerschließung *f*; 3. ⚕ Entbindung *f*; ~**nte** *adj. c* erleuchtend; ~**r**[1] **I.** *v/t.* 1. er-, beleuchten, erhellen; *j-m* leuchten; *fig.* aufklären; 2. *unterirdische Gewässer, Mineralien* erschließen; 3. F verhauen, -trimmen F; 4. *Jgdw.* ~ *candela ein Stück Wild beim Schießen treffen*; **II.** *v/i.* 5. leuchten; 6. entbinden, niederkommen; **III.** *v/r.* ~se 7. F *s.* beschwipsen, *s.* (einen) ansäuseln F.
alum|brar[2] *v/t.* mit Alaun behandeln, imprägnieren; ~**bre** *m* Alaun *m*; ~**brera** *f* Alaun-grube *f*; -werk *n*; ~**broso** *adj.* alaun-haltig, -artig.
alúmina *f* (reine) Tonerde *f*; *acetato m de* ~ essigsaure Tonerde *f*.
alumi|nífero *adj.* alaunhaltig; ~**nio** *m* Aluminium *n*; ~**nita** *Min. f* Aluminit *m*; ~**noso** *adj.* tonerdehaltig.
alum|nado *m* 1. *Am.* Internat *n*; 2. Schülerschaft *f*; ~**no** *m* Zögling *m*; Schüler *m*; Student *m*; ~ *de E.G.B.* Grund- *bzw.* Haupt-schüler *m*; ~ *externo* Externe(r) *m*; ~ *de formación profesional* Berufsschüler *m*; ~ *interno* Internatszögling *m*; ~ *modelo* (*piloto*) Muster- (Flug-)schüler *m*.
aluna|do *adj.* 1. mondsüchtig; 2. verdorben (*Speck*); 3. *vet.* verschlagen (*Pferd*); ~**rse** *v/r.* verderben (*Speck*).
alunita *f* → *aluminita*.
aluniza|je *m* (*suave*) (weiche) Mondlandung *f*; ~**r** [1f] *v/i.* auf dem Mond landen.
alusi|ón *f* Anspielung *f* (auf *ac. a*); Andeutung *f*; Erwähnung *f* (*gen. od.* von *dat. a*); *hacer* ~ *a* anspielen auf (*ac.*), erwähnen (*ac.*); ~**vo** *adj.* anzüglich; hindeutend, anspielend (auf *ac. a*).
aluvi|al *Geol. adj. c* angeschwemmt, Schwemm..., alluvial; ~**ón** *m* Überschwemmung *f*; *Geol.* Alluvion *f*, Schwemmland *n*; Ablagerung *f*, *fig.* Schwall *m*; *fig.* Riesen-, Unmenge *f*; *de* ~ Schwemm(land)...; *fig.* zs.-gestoppelt, gewürfelt.
alveario *Anat. m* äußerer Gehörgang *m*.
alvéo ⓂⒸ *m* Flußbett *n*.
alveolar *adj. c* zellenförmig, ⓂⒸ (*a. Phon.*) alveolar.
alvéolo *m* 1. *Anat.* Alveole *f*; Zahnfach *n*; ~**s** *m/pl.* Zahn-wulst *m*,

-damm *m*; 2. Bienenzelle *f*; 3. ⊕ Zelle *f*.
alver|ja *f Am. Mer.* grüne Bohne *f*; ~**jilla** ⚘ *f Art* wohlriechende Wicke *f*; ~**jón** ⚘ *m* Wicke *f*.
alza *f* 1. ⚕ Erhöhung *f*, Steigerung *f des Preises*; Hausse *f*; *jugar al* ~ auf Hausse spekulieren; 2. Aufsatz *m*, Visier *n* (*Feuerwaffen*); ~ *de bombardeo* Bombenzielgerät *n*; 3. *Typ.* Ausgleichsbogen *m*; 4. ⊕ Schleusentor *n*; Unterlage *f*, Keil *m*; 5. *Schusterei:* Leistenaufschlag *m*; ~**coches** *m* (*pl. inv.*) Wagenheber *m*; Hebebühne *f*; ~**cristales** *Kfz. m* (*pl. inv.*) Fensterheber *m*; ~**cuello** *m* Halsbinde *f der Geistlichen, prot.* Beffchen *n*, *kath.* Kollar *n*.
alzada *f* 1. Faust(maß *n*) *f des Pferdes*; 2. ⚖ Einspruch *m*, Beschwerde *f*.
alza|damente *adv.* pauschal, im großen u. ganzen; ~**do I.** *adj.* 1. Pauschal...; *fijar en un tanto* ~ pauschalieren; 2. in betrügerischer Absicht bankrott; 3. *Am.* wild (*Tiere in der Brunstzeit*); verwildert (*Haustier*); 4. F *Am.* steif F (*Penis*); 5. *Méj.* hochmütig, eingebildet; **II.** *m* 6. △, ⊕ (Höhen-)Aufriß *m*; 7. *Typ.* Aufhängen *n* der Druckbogen; 8. Höhe *f*; *buque m de poco* ~ Schiff *n* mit niedrigem Bord; 9. *Col.* ~ *en armas* Aufständische(r) *m*; ~**dor** *Typ. m* 1. Druckbogenordner *m*; 2. Aufhängeraum *m*; ~**dora** *f Bol.* ~ *niñera*; ~**miento** *m* 1. Emporheben *n*; 2. Erhebung *f*, Aufstand *m*; 3. ⚕ a) Mehr-, Über-gebot *n* (*Versteigerung*); b) betrügerischer Bankrott *m*.
alza|paño *m* Vorhanghalter *m*; Gardinenschnur *f*; ~**prima** *f* 1. Hebebaum *m*, Hebel *m*; Brechstange *f*; Keil *m*; 2. ♪ Steg *m* (*Saiteninstrumente*); ~**primar** *v/t.* mit der Brechstange anheben; *fig.* an-spornen, -treiben.
alzar [1f] **I.** *v/t.* 1. auf-, empor-, er-heben, hochhalten; (wieder) aufrichten; *Tisch* abdecken; *gerichtliche Maßnahmen, Belagerung* aufheben; *kath. die Hostie* erheben; F ~ *el grito* (Zeter u. Mordio) schreien; klagen; ~ *la mano die* Hand erheben (*a. fig.*); ~ *velas* unter Segel gehen; *fig.* F abhauen F; ~ *la vista*, ~ *los ojos* emporsehen; ~ *la voz die* Stimme erheben; 2. mitnehmen, mitgehen heißen; aufheben, verbergen, beiseite schaffen; 3. ⚒ *Ernte* einbringen; *Feld* brachen; 4. △ *Gebäude* errichten; anheben; beischaffen; 5. ⊕ *Hebel usw.* unterlegen; 6. *Typ. Druckbogen* sondern, ordnen, aufhängen; **II.** *v/i.* 7. *abs.* abheben (*Karten*); F *¡alza!* steh' auf!, los! F, voran!; 8. aufklaren (*Wetter*); 9. *kath. al* ~ bei der Wandlung; **III.** *v/r.* ~se 10. *s.* erheben; hervor-, empor-ragen (über *ac. sobre*) (*a. fig.*); 11. *Thea.* aufgehen, *s.* heben (*Vorhang*); ~*se en armas s.* erheben (*Aufruhr*); 12. *s.* vor der Revanche mit dem Gewinn zurückziehen (*Spieler*); 13. ⚖ Beschwerde einlegen, Einspruch erheben; 14. *Am.* verwildern (*Vieh*); 15. ~*se con el dinero* mit der Kasse durchgehen (*od.* durchbrennen).
allá *adv.* dort(-hin; -herum); da;

damals; *más* ~ (de) weiter weg (von *dat.*); jenseits (*gen.*); *el más* ~ das Jenseits; *muy* ~ ganz weit weg; ~ *en mi juventud* damals in meiner Jugend; ~ *abajo* da hinten, da unten; *por* ~ dorthin; *tan* ~ so weit; *¡*~ *él* (*ellos*)! das ist seine (ihre) Sache; ~ *en América* dort (irgendwo) in Amerika; ¡~ *se las arregle* (*él*)!, ¡~ *se las compagna* (*él*)! er soll sehen, wie er fertig wird! (*od.* wie er zurechtkommt!); ¡~ *va eso!* da kommt's!, hier ist es!; *¿quién va* ~? wer da?; ¡~ *voy!* (ich komme) gleich!
allana|miento *m* Einebnen *n*; Glättung *f*; Beseitigung *f von Hindernissen*; *fig.* ⚖ Anerkenntnis *n* e-r richterlichen Entscheidung; ~ *de morada Span.* Hausfriedensbruch *m*; *Col.* Haussuchung *f*; ~**r I.** *v/t.* 1. (ein)ebnen, planieren; gleichmachen, schlichten (*a.* ⊕ *u. fig.*); *Haus* niederreißen; *Schwierigkeiten* beseitigen *od.* überwinden; **II.** *vt/i.* 2. ⚖ ~ (*una morada*) Hausfriedensbruch begehen; *Col.* e-e Haussuchung vornehmen (lassen) (bei *dat.*); **III.** *v/r.* ~se 3. *s.* fügen (*dat. od.* in *ac. a*), *s.* unterwerfen (*dat. a*); 4. einstürzen; 5. auf Standesvorrechte verzichten.
allane *m Méj.* Einebnen *n*, Planieren *n*.
allega|dizo *adj.* wahllos zs.-gesucht; ~**do I.** *adj.* 1. nächstgelegen; 2. *fig.* nahestehend; *círculos m/pl.* ~*s al gobierno* der Regierung nahestehende Kreise *m/pl.*; **II.** *m* 3. Angehörige(r) *m*, Verwandte(r) *m*; Anhänger *m*; ~**dor** *m* hölzerner Getreiderechen *m*; Schürhaken *m*; ~**r** [1h] **I.** *v/t.* sammeln, zs.-tragen; ~ *dinero* Geld aufbringen; ~ *medios* Mittel auftreiben; **II.** *v/r.* ~se (*a*) *s.* nähern (*dat.*), *s.* anschließen (e-r Meinung).
allende *adv.* ⚓ auf der andern Seite; *prp.* jenseits (*gen.*); *de* ~ *los mares* von jenseits der Meere.
allí *adv.* da, dort(hin); damals; ~ *detrás* dahinter; ~ *mismo* ebendort, daselbst †; *de* ~ daher; *de* ~ *a poco* kurz darauf; *hasta* ~ bis dahin; *hacia* ~ da-, dort-hin; *por* ~ dortherum; dahinaus; *aquí y* ~ hier u. dort; dann u. wann.
allo|za *f* grüne Mandel *f*; ~**zo** *m* Mandelbaum *m*.
ama *f* Herrin *f*, Gebieterin *f*; Haushälterin *f*; ~ (*de casa*) Hausfrau *f*, Wirtin *f*; ~ *de cría*, ~ *de leche* Amme *f*; ~ *de gobierno*, ~ *de llaves* Haushälterin *f*, Wirtschafterin *f*; *Hotel:* Beschließerin *f*; ~ *seca*, *Am.* ~ *de brazos* Kinderfrau *f*.
ama|bilidad *f* Liebenswürdigkeit *f*, Freundlichkeit *f*; Entgegenkommen *n*; ~**bilísimo** *sup. v.* → ~**ble** *adj. c* liebenswürdig; gütig, zuvorkommend (zu *j-m para con, con*); ~**blemente** *adv.* freundlich.
amachinarse *v/r. Am.* → *amancebarse*.
amacho *adj. Am. Cent., Rpl.* hervorragend; männlich, tapfer.
amador *adj.-su. m* Liebhaber *m* (*bsd. fig.*).
amadrigar [1h] **I.** *v/t.* gut aufnehmen (*bsd. j-n, der es nicht verdient*); **II.** *v/r.* ~se *s.* in s-n Bau verkriechen (*a. fig.*).

amadrinar v/t. 1. j-s Patin werden (od. sein); fig. j-n bemuttern; 2. zwei Reittiere nebeneinanderspannen; Am. Reittier daran gewöhnen, daß es in der tropilla der Leitstute folgt; 3. ⚓ u. Am. zwei Gegenstände zur Verstärkung mitea. verbinden.
amaestra|do adj. abgerichtet (Tier); erfahren, schlau, gerieben; ~miento m Abrichten n, Dressur f; Unterweisung f; ~r v/t. Tiere abrichten, dressieren (desp. a. Personen); Pferd zureiten.
ama|gar [1h] v/i. drohen, bevorstehen; drohen, e-e drohende Gebärde machen; ~ y no dar drohen u. nicht zuschlagen; versprechen u. nicht halten; ~go m drohende Gebärde f; Anzeichen n; fig. Finte f; un ~ de ein Anflug von (dat.); ~ de una enfermedad Vorbote m e-r Krankheit.
ámago m Bitterhonig m; fig. Ekel m.
amai|nar I. v/t. 1. ⚓ Segel reffen, einziehen; 2. 🗡 Kübel aufziehen; 3. Zorn beschwichtigen; II. v/i. 4. nachlassen (Forderungen, Wünsche, Wind); ~ne m Streichen n der Segel; Nachlassen n; ~tinar v/t. belauern, bespitzeln; ~zado adj. Col. reich begütert.
amalgama f Amalgam n; Gemenge n, Gemisch n (a. 🝞 u. fig.); fig. Verquickung f; ~ción f Amalgamierung f; (Ver-)Mischung f (a. fig.); ~r I. v/t. amalgamieren, mit Quecksilber versetzen; verquicken; vermengen; II. v/r. ~se verschmelzen; s. vermengen.
amamanta|miento m Säugen n, Stillen n; ~r v/t. säugen, stillen.
amanal m Méj. Zisterne f; Teich m.
amancay 💐 m Goldamaryllis f.
amanceba|miento m wilde Ehe f; ~do: vivir ~ in wilder Ehe leben; ~r I. v/t. verkuppeln; II. v/r. ~se in wilder Ehe leben.
amancillar v/t. → mancillar.
amane|cer [2d] I. v/impers. 1. tagen, Tag werden; amanece (lit. Dios) es wird hell, es tagt; II. v/i. 2. bei Tagesanbruch irgendwo ankommen; s. zeigen, zum Vorschein kommen; 3. fig. lit. vorwärtsgehen, besser werden; 4. aufwachen (z. B. con dolor de cabeza mit Kopfschmerzen); III. m 5. Tagesanbruch m, Morgen(grauen) m; al ~ bei Tagesanbruch; ~ciente adj. c tagend, Morgen...; fig. beginnend.
amanera|do adj. geziert, affektiert, geschraubt; manieriert; artista m ~ Manierist m; ~miento m geziertes Wesen n, Affektiertheit f; Künstelei f; ~rse v/r. gekünstelt schreiben; s. geschraubt ausdrücken; affektiert werden.
amanita 💐 f Blätterschwamm m; ~ matamoscas Fliegenpilz m.
amanojar v/t. bündeln.
aman|sado adj. gezähmt, zahm; ~sador adj.-su. Tierbändiger m, Dompteur m; Am. Zureiter m; ~saje m Am. Pfl. mit → ~samiento m Zähmung f, Bändigung f; Besänftigung f; ~sar I. v/t. zähmen, bändigen; besänftigen; II. v/r. ~se zahm (od. sanft) werden; ~so m Am. → amansamiento.
amante I. adj. c liebreich, liebevoll; ~ de la paz friedliebend; II. c Liebhaber(in f) m; Geliebte(r) m, Geliebte f; ~s m/pl. Liebespaar n; III. m ⚓ Heißtau n; Segeltau n.
amanuense hist. c Schreiber m.
amanzanar v/t. Am. etwa: parzellieren.
ama|ñado adj. 1. geschickt, gewandt; 2. gefälscht; ~ñar I. v/t. geschickt ausführen, deichseln F; Rechnung, Bücher fälschen; II. v/r. ~se s. geschickt anstellen; s. leicht in et. (ac.) hineinfinden; bsd. Am. s. eingewöhnen, s. anpassen; ~se con alg. sich mit j-m auskommen; Col. mit j-m zs.-ziehen (od. in wilder Ehe leben); ~ño m 1. Geschick(lichkeit f) n, Anstelligkeit f; 2. ~s m/pl. Arbeitszeug n, -gerät n; 3. fig. Kniff m, Trick m.
amapola 💐 f (Klatsch-)Mohn m; más rojo que una ~ knallrot.
amar v/t. lieben, liebhaben (bsd. lit. u. abstr.; konkret mst. querer); hacerse ~ s. beliebt machen.
amaraje 🛪 m Wasserung f; ~ forzado Notwasserung f.
amaran|tina 💐 f rote Immortelle f; ~to 💐 m Fuchsschwanz m, Amarant m.
amarar 🛪 v/i. wassern.
amarchantarse v/r. Am. Stammod. Dauer-kunde werden.
amar|gamente adv. fig. bitter; bitterlich; ~gar [1h] I. v/t. bitter machen; fig. verbittern; ~ la vida (od. la fiesta) a alg. j-m das Leben schwer (od. sauer) machen; II. v/i. bitter sein od. schmecken; la verdad amarga Wahrheit tut weh; ~go I. adj. 1. a. fig. bitter; II. m 2. Magenbitter m; 3. Rpl. ungesüßter Mate m; 4. → amargor; ~gón 💐 m Löwenzahn m; ~gor m Bitterkeit f, bitterer Geschmack m; → a. amargura; ~goso I. adj. → amargo; II. m 💐 Eberesche f; ~guera 💐 f Bitterkraut n; ~guero adj.: espárrago m ~ Bitterspargel m; ~guillo m Bittermandelspeise f; ~gura f Bitterkeit f (a. fig.); Verdruß m; Kummer m; pasar ~s Bitteres erfahren.
amaric(on)a|do P adj. schwul P; ~rse** [1g] ([1a]) P v/r. verweichlichen; schwul werden P.
amarilis 💐 f Amaryllis f.
amari|lla f 1. F Goldfuchs m (Goldmünze); 2. vet. Leberbrand m; ~llar Am. → ~llear v/i. gelb (od. gelblich) sein; gelb werden, vergilben, verbleichen; ~llecer [2d] v/i. vergilben; ~llento adj. gelblich; fahlgelb; ~lleo m Vergilben n; Gelbwerden n; ~llez f Gelb n; gelbe Gesichtsfarbe f; ~llismo m Am. Sensationsmache f (Presse); ~llo I. adj. 1. gelb; ~ oscuro (claro) dunkel- (hell-)gelb; 🝞 fiebre f ~a Gelbfieber n; 2. fig. periódico m ~ Revolverblatt n F; prensa f ~a Sensationspresse f; sindicato m ~ arbeitgeberhörige Gewerkschaft f; II. m 3. Gelb n; ~ dorado, ~ de oro Goldgelb n; 4. gelber Fleck m der Netzhaut; 5. 💐 (a. palo m ~) Am. versch. Pfl. mit gelber Blüte; ~lloso adj. → amarillento.
amariposado adj. 💐 Schmetterlings...; fig. verweichlicht (Mann).
amariza|je 🛪 m Wasserung f; ~r [1f] 🛪 v/i. wassern.
amaro 💐 m Haselwurz f.
amarra f 1. ⚓ Ankertau n; Trosse f; ~s f/pl. Ankervertäuung f; 2. Sprungriemen m (Pferde); 3. fig. tener buenas ~s gute Beziehungen haben; ~dero m Sorr-pfosten m; -ring m; Anlegeplatz m; ~do adj. geizig, knauserig F; ~dura f Vertäuen n, Sorren m; ~je ⚓ m Ankergeld n; ~r I. v/t. 1. bsd. Am. an-, festbinden; 2. ⚓ vertäuen; ¡amarra! fest!; 3. die Volte schlagen (Karten); II. v/i. 4. F büffeln F, pauken; III. v/r. ~se 5. s. festschnallen.
amarre m 1. Verankerung f; 2. Volte f (Karten).
amarro m Befestigung f.
amartela|do adj. sehr verliebt; ~miento m leidenschaftliche Verliebtheit f; ~r I. v/t. 1. eifersüchtig lieben; den Hof machen (dat.); 2. verliebt machen; II. v/r. ~se 3. s. sterblich verlieben.
amartillar v/t. 1. (Abzugsfeder e-r) Waffe spannen; 2. → martillar.
amasa|dera f Backtrog m; ~dor m Backstube f; ~dor adj.-su. Kneter m; Am. Bäcker m; ~dora f (Teig-)Knetmaschine f; ~dura f Kneten n; Teig m; ~miento m Kneten n; 🝞 Massage f; ~ndería f Col., Chi. Bäckerei f; ~r v/t. 1. einrühren; kneten; 2. 🝞 massieren; 3. fig. F Geschäft usw. aushecken, schaukeln F.
amasia f Méj. Geliebte f; ~to m Méj. Liebschaft f, Konkubinat n.
amasijo m 1. Teig m; Knetmasse f; 2. Mörtel m; 3. fig. Mischmasch m; F Machenschaften f/pl.; 4. Méj. Backstube f.
amate 💐 m mexikanische Feige f.
amatista f Amethyst m.
ama|tividad f Liebestrieb m; ~tivo adj. zur Liebe neigend; liebesfähig; ~torio adj. Liebes...; arte m ~ Liebeskunst f.
amaurosis 🝞 f schwarzer Star m.
amazacotado adj. schwerfällig, überladen, voll-gepfropft, -gestopft (a. fig.).
ama|zona f 1. Amazone f (a. fig.); Reiterin f; fig. Mannweib n; 2. Reitkleid n; 3. Vo. Papageienart; ~zonas m Amazonas, Amazonenstrom m; ~zónico, ~zonio adj. 1. Amazonen...; 2. Geogr. Amazonas...; ~zonita Min. f Amazonit m.
ambages m/pl.: sin ~ unverhohlen, ohne Umschweife.
ámbar m fossiles Harz n, Bernstein m; ~ gris, ~ pardillo Amber m, Ambra f; ~ negro Jett m (a. n), Gagat m.
ambari|na f 💐 algalia; Am. → escabiosa; ~no adj. Bernstein...; Amber...
Amberes f Antwerpen n.
ambi|ción f Ehrgeiz m; Herrschsucht f; Streben n; sin ~ anspruchslos; ~cionar v/t. erstreben (sehnlich) wünschen; ~cioso adj. (ser) strebsam; ehrgeizig; estar ~ de (ac.) (sehr) wünschen, begierig sein auf (ac.); (od. wollen, wünschen).
ambidextro adj.-su. beidhändig geschickt; m Beidhänder m.
ambien|tación f Gewöhnung f an die Umwelt; ~tador m 1. Span. Filmarchitekt m; 2. Raumspray n, m; ~tal adj. c Umwelt...; ~tar bsd. Lit. v/t. Milieu od. Lokalkolorit geben (dat.),

ambiente — amoníaco

in e-e bestimmte Umwelt hineinstellen; ~te I. *adj. c* 1. umgebend; *medio m* ~ Umwelt *f*; II. *m* 2. die umgebende Luft; *fig.* Umwelt *f*, Umgebung *f*, Milieu *n*; ~ *de trabajo* Arbeitsklima *n*; *hacer buen (mal)* ~ *a* günstige (ungünstige) Stimmung *od.* Voraussetzungen schaffen für (*ac.*); *estar en su* ~ in s-m Element sein; 3. *Mal.* Ambiente *n*; 4. *Arg.*, *Chi.* Zimmer *n*.
ambi|gú *m* kaltes Büfett *n* (*Thea. usw.*); **~guamente** *adv.* zweideutig; **~güedad** *f* Zweideutigkeit *f*; **~guo** *adj.* 1. doppelsinnig, mehrdeutig; zweifelhaft, unsicher; 2. *Gram.* doppelgeschlechtig (*Nomen*).
ámbito *m* Umkreis *m*; Bereich *m.*
ambivalen|cia *f* Ambivalenz *f*; **~te** *adj. c* ambivalent.
ambla|dor *m* Zelter *m* (*Pferd*); **~dura** *f* Paßgang *m*; **~r** *v/i.* im Paßgang gehen.
ambo *m* 1. *Lotto*: Ambe *f*, Doppeltreffer *m*; 2. *Arg.*, *Chi.* (Herren-)Anzug *m.*
ambón *m* Ambo(n) *m*, Lesepult *n*; Seitenkanzel *f.*
am|bos, ~bas *adj. u. pron. pl.* beide; ~ *a dos* alle beide.
ambrosía *f* Ambrosia *f*, Götterspeise *f* (*a. fig.*).
am|brucia *f Cu.*, *Méj.*, **~bucia** *f Chi.* (Heiß-)Hunger *m.*
ambu|lancia *f* 1. Krankenwagen *m*; Sanka *m* (*M*); 2. Ambulanz *f*; Unfallstation *f*; 3. ⚔ Feldlazarett *n*; ~ *volante* fliegendes Feldlazarett *n*; 4. ~ (*de correos*) Bahnpost *f*; **~lante I.** *adj. c* wandernd; umherziehend; Wander...; *hospital m* ~ Feldlazarett *n*; *músico m* ~ Straßenmusikant *m*; *vendedor m* ~ Hausierer *m*; Straßenverkäufer *m*; **II.** *m* ~ *de correos* Bahnpostschaffner *m*; **~latorio I.** *adj.* 1. *Biol.* órganos *m/pl.* ~s Bewegungsorgane *n/pl.*; 2. ❀ *tratamiento m* ~ ambulante Behandlung *f*; **II.** ❀ *m* 3. Ambulanz *f.*
ameba *f* Amöbe *f.*
amebeo *lit. m* Wechselgesang *m.*
amedrentar I. *v/t.* einschüchtern, erschrecken; **II.** *v/r.* ~se ängstlich werden, verzagen.
amelga *f* Ackerbeet *n*; **~r** [1h] *v/t.* Saatfurchen ziehen in (*dat. od. ac.*).
amelo ♀ *m* Aster *f*; **~nado** *adj.* melonenförmig; *fig.* dumm; *fig.* F verknallt F, verschossen F.
amén¹ *m* Amen *n*; *en un decir* ~ im Nu; *decir a todo* ~ zu allem ja (u. amen) sagen; *fig. llegar a los amenes* fast am Schluß kommen (*bei e-r Veranstaltung*).
amén² *prp.*: ~ *de* 1. außer (*dat.*), ausgenommen (*ac.*); 2. außer, neben (*dat.*).
amenaza *f* Drohung *f*; ~ (*a*) Bedrohung *f* (*gen.*); ~ *de guerra* (*de ruina*) Kriegs- (Einsturz-)gefahr *f*; ~ *de huelga* Streikdrohung *f*; **~dor** *adj.* drohend; bedrohlich; **~nte** *adj. c* drohend; **~r** [1f] *v/t.* bedrohen (*ac.*); drohen (*dat.*) (*mit dat. de, con*); ~ *a alg. de muerte* j-m den Tod androhen; ~ *ruina* einzustürzen drohen; *amenaza lluvia* es sieht nach Regen aus.
amenguar [1i] *v/t.* beeinträchtigen, (ver)mindern; *fig.* beschimpfen,

schmähen, entehren.
ame|nidad *f* Lieblichkeit *f*, Anmut *f*, Reiz *m*; Annehmlichkeit *f*; **~nizar** [1f] *v/t.* verschönern; anregend gestalten; musikalisch untermalen; **~no** *adj.* lieblich; ansprechend; anregend, unterhaltsam.
amenorrea ❀ *f* Amenorrhoe *f*, Ausbleiben *n* der Menstruation.
amento ♀ *m* Kätzchen *n.*
amerarse *v/r.* Wasser anziehen (*Erde*, *Gebäude*).
amerengado *adj.* meringenartig; *fig.* zuckersüß; süßlich, schmalzig.
América *f* Amerika *n*; ~ *Central* (*latina*) Mittel- (Latein-)amerika *n*; ~ *del Norte* (*del Sur*) Nord- (Süd-)amerika *n.*
america|na *f* 1. *Span.* Sakko *m*, Jackett *n*; ~ *sport* Sportjacke *f*; 2. Amerikanerin *f*; **~nismo** *m* Amerikanismus *m*, (spanisch-)amerikanischer Ausdruck *m*; **~nista** *c* (Latein-)Amerikaforscher *m*; **~no I.** *adj.* 1. (latein-)amerikanisch; **II.** *m* 2. (Latein-)Amerikaner *m*; 3. (Nord-)Amerikaner *m.*
amerindio *adj.-su.* indianisch; *m* Indianer *m.*
amerita|do *adj. Am.* verdienstvoll; **~r** *v/t. Am.* verdienen.
ameriza|je ✈ *m* Wasserung *f*; ~ *forzoso* Notwasserung *f*; **~r** [1f] *v/i.* wassern.
amestizado *adj.* mestizen-ähnlich, -haft, -artig.
ametalado *adj.* metallisch.
ametralla|dor *m* ⚔ MG-Schütze *m*; ⚔ ~ *de popa* Heckschütze *m*; **~dora** ⚔ *f* Maschinengewehr *n*, MG *n*; ~ *pesada* schweres MG *n* (*Abk.* SMG); **~r** *v/t.* unter (Maschinengewehr-)Feuer nehmen; niederkartätschen; niederschießen; *a.* (durch Geschoßsplitter) verwunden.
ametropía ❀ *f* Ametropie *f*, Fehlsichtigkeit *f.*
amia *Fi. f* 1. Kahlhecht *m*; 2. Hai(art *f*) *m.*
amian|tina *f* Asbestgewebe *n*; **~to** *m* Asbest *m*; *plancha f* (*od. placa f*) *de* ~ Asbestplatte *f.*
ami|ba *f* Amöbe *f*, **~biasis** ❀ *f* Amöbenruhr *f.*
amiga *f* 1. Freundin *f*; Geliebte *f*; 2. ♀ Tuberose *f*; **~bilidad** *f* Freundschaftlichkeit *f*; **~ble** *adj. c* freundschaftlich; **~blemente** *adv.* freundschaftlich, gütlich; **~cho** *desp. m* Freund *m*, Kumpan *m*; **~rse** [1h] P *v/r.* in wilder Ehe leben.
amígdala *Anat. f* Mandel *f.*
amigdalitis ❀ *f* Mandelentzündung *f.*
amigo I. *adj.* 1. freundschaftlich; befreundet; **II.** *m* 2. Freund *m*; *p. ext.* Bekannte(r) *m*; ~ *íntimo* ~ *entrañable* Herzens-, Busen-freund *m*; ~ (*de la*) *casa* Hausfreund *m*, Freund *m* des Hauses; ~ *de la infancia* Jugendfreund *m*; ~ *de todo el mundo* Allerweltsfreund *m*; *ser* ~ *de a/c.* et. lieben, et. gern haben; *tener cara de pocos* ~s unfreundlich aussehen; 3. Liebhaber *m*; 4. ⚔ *Art* Aufzug *m*; **~te** F *m augm.* Spezi *m* F (*Reg.*), guter Freund *m*, *desp.* sauberer Freund *m.*
amiláceo *adj.* stärkehaltig; Stärke...

amilana|do *adj.* feig; **~miento** *m* Einschüchterung *f*; Schreck *m*; Verzagen *n*; **~r I.** *v/t.* einschüchtern; **II.** *v/r.* ~se verzagen.
amilasa ~ *f* Amylase *f.*
amílico I. *adj.*: *alcohol m* ~ Amylalkohol *m*; **II.** *m* F Fusel *m* F.
amiloideo *adj.* stärkeähnlich.
aminoácido ~ *m* Aminosäure *f.*
aminorar *v/t.* (ver)mindern; ~ *la marcha* langsamer fahren.
amis|tad *f* Freundschaft *f*; Zuneigung *f*; Gunst *f*; **~es** *f/pl.* Bekannte(n) *m/pl.*, Bekanntenkreis *m*; *hacer* ~ *s.* befreunden; *hacer* ~ *s.* aussöhnen; *romper la(s)* ~(*es*) *s.* verfeinden; **~tar(se)** *v/t.* (*v/r.*) (*s.*) anfreunden; (*s.*) versöhnen; **~toso** *adj.* freund(schaft)lich; *jt̃s* gütlich.
amito *kath. m* Achseltuch *n.*
amnesia ❀ *f* Amnesie *f*, Erinnerungsverlust *m.*
amni|os *Biol. m* (*pl. inv.*) Amnion *n*, Fruchtwasserhaut *f*; **~ótico** *adj.*: *liquido m* ~ Fruchtwasser *n*; *bolsa f* ~*a* Fruchtblase *f.*
amnis|tía *f* Amnestie *f*; **~tiar** [1c] *v/t.* amnestieren.
amo *m* Herr *m*; Gebieter *m*; Eigentümer *m*; Dienstherr *m*; ~ *de casa* Hausmann *m*; ~ *de la casa* Hausherr *m*; *fig. ser* ~ (*del cotarro*) das Regiment (*od.* das große Wort) führen.
amoblar [1m] *v/t. Am.* möblieren.
amodita *Zo. f* Sandviper *f.*
amodorra|do *adj.* schlaftrunken; benommen; **~miento** *m* 1. Schlaftrunkenheit *f*; Benommenheit *f*; 2. Katzenjammer *m*; **~rse** *v/r.* sehr schläfrig werden.
amófilo *Ent. m* Sandwespe *f.*
amohinar I. *v/t.* ärgern, verdrießen; **II.** *v/r.* ~se verdrießlich werden.
amojamar I. *v/t.* Thunfische einsalzen; **II.** *v/r.* ~se *fig.* mager werden.
amojona|miento *m* Vermarkung *f*; **~r** *v/t.* abgrenzen, vermarken.
amola|dera *f* (*a. piedra f* ~) Schleifstein *m*; **~do** *adj.-su. Am.* lästig; schlecht (*Charakter*); heruntergekommen; krank; **~dor** *m* Schleifer *m*; *fig.* aufdringlicher Kerl *m*; **~dura** *f* Schleifen *f*, Wetzen *n*; **~r** [1m] *v/t.* schleifen; *fig.* lästig fallen (*dat.*); *Reg. u. Am.* mißhandeln; töten.
amolda|dor *adj.-su.* Former *m*, Formgießer *m*; **~miento** *m* Formgebung *f*, Gestaltung *f*; **~r I.** *v/t.* formen, modellieren; gestalten; anpassen; **II.** *v/r.* ~se *a s.* anpassen an (*ac.*), *s.* bequemen zu (*dat. od. inf.*).
amomo ♀ *m* Amom *n* (*Gewürz*).
amonarse F *v/r. s.* beschwipsen, *s.* einen ansäuseln F.
amoneda|ción *f* Münzprägung *f*; **~r** *v/t.* münzen, prägen.
amonesta|ción *f* 1. Mahnung *f*, Ermahnung *f*; (Ver-)Warnung *f*; 2. **~ones** *f/pl.* (Heirats-)Aufgebot *n*; *correr las* **~ones** (*a alg.*) aufgeboten werden (*nom.*); **~dor** *adj.-su.* warnend; *m* Mahner *m*; **~r I.** *v/t.* (er-)mahnen; verwarnen (*a. Sp.*), erinnern; *Brautpaar* aufbieten; **II.** *v/r.* ~se aufgeboten werden.
amo|niacal ~ *adj. c* ammoniakhaltig; **~níaco** ~ *m* Ammoniak *n*;

esencia f de ~ Salmiakgeist m; sal f (de) ~ Salmiak m.
amónico adj. Ammon(ium)...
amonio m Ammonium n.
amonita[1] bibl. m Ammoniter m.
amoni|ta[2] f, **~tes** m Min. Ammonit m.
amontar I. v/t. vertreiben, verscheuchen; II. v/i. u. ~se v/r. in die Berge fliehen.
amontillado adj.-su. m Sherry m nach der Art von Montilla.
amontona|damente adv. haufenweise; **~dor** adj.-su. Stapler m; **~miento** m Anhäufung f, Ansammlung f; ~s m/pl. de nieve Schneewehen f/pl., -verwehungen f/pl.; **~r** I. v/t. 1. an-, auf-häufen; (auf)stapeln; ✗ Heu usw. in Haufen setzen; ⚔ Truppen massieren; II. v/r. ~se 2. s. häufen; zs.-laufen (Leute); 3. Méj. s. zs.-rotten; 4. P in wilder Ehe leben; 5. F s. ärgern, s. giften F.
amor m 1. Liebe f; Zuneigung f; ~es m/pl. Liebelei f; por ~ de (od. a) alg. j-m zuliebe; ¡por ~ de Dios! um Gottes willen!; con mil ~es herzlich gern; en (buen) ~ y compañ(í)a in Friede(n) u. Eintracht; fig. al ~ de la lumbre am Feuer od. am Kamin; ~ filial Kindesliebe f; ~ de madre, ~ materno Mutterliebe f; ~ libre freie Liebe f; ~ de las artes Kunstbegeisterung f; ~ de sí mismo Eigenliebe f; ~ -odio Haßliebe f; ~ propio Selbstbewußtsein n, -gefühl n; Ehrgeiz m; ~ a los padres Liebe f zu den Eltern; ~ de (a). a) la patria Vaterlandsliebe f; hacer el ~ a Hof machen (dat.), flirten mit (dat.) F; F hacer el ~ con alg. mit j-m schlafen F; 2. geliebte Person f od. Sache f; ~ mío mein Liebes, (mein) Liebling; 3. fig. Sanftmut f; Sorgfalt f; adv. con ~ sanft, zart; liebevoll; sorgfältig; 4. ♥ Art Trichterlilie f; ~es mil m/pl. Spornblume f; ~ de hortelano Klette(nkraut f); ~ al uso Art Eibisch m.
amora|l adj. c amoralisch; **~lidad** f Amoralität f; **~lismo** Phil. m Amoralismus m.
amorata|do adj. dunkelviolett, schwarzblau; ~ (de frío) blau vor Kälte; **~rse** v/r. s. schwarzblau (ver)färben, schwarzblau werden.
amorci|llarse P v/r. s. verheddern beim Sprechen; **~llo** m Kupido m, Amorette f.
amordaza|miento m Knebeln n, Knebelung f; **~r** [1f] v/t. knebeln (a. ⊕ u. fig.); fig. e-n Maulkorb anlegen (dat.); fig. mundtot machen.
amor|fia f **~fismo** m Formlosigkeit f; Mißbildung f; **~fo** adj. formlos, a. Min. amorph.
amorío m Liebelei f.
amoriscado adj. mit maurischen Zügen, maurisch beeinflußt.
amormado vet. adj. rotzig.
amoro|samente adv. liebevoll; **~so** adj. liebevoll, liebreich; Liebes-...; freundlich (Wetter); weich, locker (Stein, Erde).
amorrar I. v/i. den Kopf hängen lassen; F schmollen; ♣ buglastig sein; II. v/t. ♣ auf Strand setzen.
amortaja|dor m Leichen-einkleider m, -wäscher m; **~dora** f Leichenfrau f; **~r** v/t. 1. ins Leichentuch hüllen; Leichen waschen, ein-

kleiden u. aufbahren; 2. ⊕ → encajar.
amorte|cer [2d] I. v/t. abtöten; abschwächen, dämpfen; II. v/r. ~se ohnmächtig werden; **~cimiento** m Abschwächung f; tiefe Ohnmacht f; Abtötung f.
amortigua|ción f Dämpfung f (bsd. ⊕); ~ a (od. por) aceite Öldämpfung f, -druckfederung f; **~do** adj. erstorben, erloschen; gedämpft; no ~ mit voller Lautstärke (Radio); **~dor** ⊕ adj.-su. m Dämpfer m; Auto: ~ (de choques) Stoßdämpfer m; **~miento** m Abschwächung f; Dämpfung f; allmähliches Nachlassen n; **~r** [1i] v/t. 1. abschwächen, dämpfen; Kfz. ~ los faros (die Scheinwerfer) abblenden; 3. lindern, mildern; 3. ab-, er-töten; 4. Am. schlaff machen; 5. Chi. Gemüse abbrühen; II. v/r. ~se 6. Phys. abklingen (Schwingungen); verblassen; an Leuchtkraft verlieren (Farben).
amortiza|ble adj. c tilgbar; **~ción** f 1. Tilgung f, Ablösung f; ✝ ~ de una deuda Schuldentilgung f; 2. Abschreibung f, Amortisierung f; **~r** [1f] 1. tilgen, ablösen; 2. ✝ ~ (por desvalorización) abschreiben, absetzen.
amoscarse [1g] F v/r. 1. böse werden, einschnappen F; 2. Méj., Ant. verlegen werden. [werden.⁾
amostazarse [1f] F v/r. ärgerlich⌡
amotina|do adj.-su. meuternd; m Meuterer m; **~dor** adj.-su. aufwieglerisch; m Aufwiegler m, Aufrührer m; **~miento** m Meuterei f, Aufruhr m; **~r** I. v/t. auf-wiegeln, -hetzen; II. v/r. ~se s. zs.-rotten; meutern.
amo|vible adj. c absetzbar; widerruflich; **~vilidad** f (Am. a. amovibilidad f) Absetzbarkeit f; Widerruflichkeit f.
ampa|rador adj.-su. schützend; m Beschützer m, Gönner m; **~rar** I. v/t. 1. (be)schützen, (be)schirmen (vor dat. de, contra); beistehen (dat.); ¡Dios nos ampare! Gott steh' uns bei!; II. v/r. ~se s. schützen; s. verteidigen (gg. ac. de, contra); ~se con s. unter j-s Schutz stellen; s. mit et. (dat.) wehren; **~ro** m Schutz m, Hilfe f; Verteidigung f; Schirm m (lit.); al ~ de unter dem Schutz von (dat.).
ampe|raje ≠ m Amperezahl f, Stromstärke f; **~re** m → amperio; **~rímetro** ≠ m Amperemeter n; **~rio** ≠ m Ampere n.
amplia|ble adj. c dehnbar; vergrößerungsfähig; **~ción** f Ausdehnung f, Erweiterung f; a. Phot. Vergrößerung f; Ausbau m; **~dor** m Storchenschnabel m, Pantograph m; **~dora** Phot. f Vergrößerungsapparat m; **~mente** adv. weit; reichlich; eingehend, ausführlich; **~r** [1c] v/t. erweitern, ausbauen; a. Phot. vergrößern.
amplifica|ción f Erweiterung f; Phono Verstärkung f; Rhet. weitere Ausführung f, Amplificatio f; **~dor** adj.-su. m Phono Verstärker m; **~r** [1g] v/t. Ton verstärken; Rhet. Gedachtes, Gesprochenes erweitern, ausdehnen; **~tivo** adj. ausdehnend.

ampli|o adj. weit, geräumig; fig. weitläufig, ausführlich; reichlich; umfassend; **~tud** f Ausdehnung f, Weite f; Geräumigkeit f; fig. Breite f, Ausführlichkeit f; 📡 Amplitude f, Schwingungsweite f; Rf. ~ del sonido Tonstärke f.
ampo m Schneeweiße f; Schneeflocke f.
ampo|lla f 1. (Wasser-, Haut-, Brand- usw.) Blase f; levantar ~s Blasen ziehen; fig. Staub aufwirbeln, Aufsehen erregen; 2. ✚ Ampulle f; Phiole f; 3. kath. Meßkännchen n; **~llar**[1] adj. c blasenförmig; **~llar**[2] I. v/t. Blasen machen (od. entstehen lassen) in (dat.); II. v/r. ~se Blasen ziehen (Haut); ampollársele a alg. las manos Blasen an den Händen bekommen; fig. s. abrackern, schuften; **~lleta** f Sand-, Eier-uhr f; ⚓ Stundenglas n; Chi. Glühbirne f.
ampulo|sidad f Schwülstigkeit f (Sprache); **~so** adj. schwülstig, bombastisch, hochtrabend.
amputa|ción f ✚ Amputation f; fig. Verstümmelung f; **~do** adj.-su. amputiert; m Amputierte(r) m; **~r** v/t. amputieren; abnehmen; fig. verstümmeln; fig. beschneiden.
amuchachado adj. knabenhaft.
amuebla|do I. adj. möbliert; II. m Rpl. Stundenhotel n; **~r** v/t. möblieren.
amuinar v/t. Méj. ärgern.
amujerado adj. weibisch.
amularse v/r. unfruchtbar werden (Stute); Méj. unbrauchbar werden; F Am. bocken, störrisch werden.
amulatado adj. mulattenhaft.
amuleto m Amulett n, Talisman m.
amuniciona|miento ⚔ m Munitionsversorgung f; **~r** v/t. → municionar.
amuñecado adj. puppenhaft.
amura ⚓ f Hals m; Backe f e-s Segels; **~da** ⚓ f Schanzkleid n; **~llar** v/t. mit Mauern umgeben; fig. se amuralló en su negativa er blieb bei s-r hartnäckigen Weigerung; **~r** I. v/t. ⚓ halsen, anluven; II. vt/i. P Rpl. bumsen P.
amurriarse [1b] F v/r. Reg. e-n (od. den) Katzenjammer haben.
amusgar [1h] vt/i. die Ohren anlegen (Angriffshaltung der Stiere, Pferde usw.); mit zs.-gekniffenen Augen fixieren; lästig fallen (dat.); F Arg. klein beigeben.
ana[1] f Elle f (etwa 1 m).
ana[2] ⚕ adv. von jedem gleichviel (auf Rezepten).
Ana[3] npr. f Anna f.
anabaptis|mo Rel. m Sekte f der Wiedertäufer; **~ta** c Wiedertäufer m.
anacardo ♥ m 1. Akajounuß f; 2. Kaschubaum m.
anaco m Ec., Pe. Rock m der Indianerinnen; F Am. Schlitzrock m; Col. Fetzen m, Lumpen m.
anacoluto Li. m Anakoluth n.
anaconda Zo. f Anakonda f.
anaco|reta m Einsiedler m, Anachoret m; **~rético** adj. Einsiedler...
anacreóntico Lit. adj. anakreontisch.
ana|crónico adj. anachronistisch; **~cronismo** m Anachronismus m (a. fig.).
ánade Vo., 📡 u. poet. m u. f Ente f; ~

anadear — andar 50

real (silbón) Stock- (Pfeif-)ente f.
anadear v/i. watscheln.
anaerobios Biol. m/pl. Anaerobier m/pl.
anáfora Rhet. f Anapher f.
anaf(r)e m Kohlenbecken n; tragbarer Ofen m.
anafrodi|síaco: medios m/pl. ~s Mittel n/pl. zur Herabsetzung des Geschlechtstriebs; ~ta adj.-su. c frigid; enthaltsam.
anáglifo m 1. groberhabene Arbeit f, Relief n; 2. Phys. Raumbild n, Anaglyphe f; Stereophotographie f.
anagrama m Anagramm n, Buchstabenversetzung f.
anal ⚕ adj. c After..., Anal..., anal; Steiß...
analectas Lit. f/pl. Analekten pl.
ana|lepsia ⚕ f → convalecencia; ~léptico ⚕ adj. stärkend.
anales m/pl. Annalen pl. (a. fig.), Jahrbücher n/pl.
analfabe|tismo m Analphabetentum n; ~to adj.-su. Analphabet m.
anal|gesia ⚕ f Schmerzunempfindlichkeit f; ~gésico ⚕ adj.-su. m analgetisch, schmerzstillend(es Mittel n), Analgetikum n.
análisis m († f; pl. inv.) 1. Analyse f; Zergliederung f; Zerlegung f; Untersuchung f; kritische Beurteilung f; ~ de sangre Blutuntersuchung f; EDV ~ de sistemas Systemanalyse f; ~ volumétrico Maßanalyse f; 2. ⚭ Analysis f.
analista m 1. Annalist m, Chronist m; 2. Analytiker m; EDV ~-programador Softwareentwickler m; EDV ~ de sistemas Systemanalytiker m.
analíti|ca Phil. f Analytik f; ~co adj. analytisch (a. Sprache u. Geom.).
analizar [1f] v/t. analysieren, zergliedern; untersuchen; bsd. ⚭ auflösen.
análogamente adv. analog, entsprechend, sinngemäß.
ana|logía f Analogie f, Entsprechung f, Ähnlichkeit f; ~lógicamente adv. Gram. analog; ~ análogamente; ~lógico adj. Gram. nach den Gesetzen der Analogie; → análogo; ~logista Li. m Analogist m.
análogo adj. analog, entsprechend, übereinstimmend; ähnlich.
anamita adj.-su. c annamitisch.
anamnesia ⚕ f Anamnese f, Vorgeschichte f der Krankheit.
anamorfosis Mal. f Wandlungsbild n.
ananá(s) ⚘ m Am. Reg., bsd. Rpl. Ananas f.
anapelo ⚘ m Eisenhut m.
anapesto m Anapäst m (Versfuß).
anaptixis Rhet. f Anaptyxe f.
anaque|l m Fach(brett) n; Schrankbrett n; Bücherbord n; ~lería f Regal n.
anaranjado adj. orange(nfarbig).
anar|co F m Anarchist m; ~quía f Anarchie f, Gesetzlosigkeit f.
anárquico adj. anarchistisch, gesetzlos.
anar|quismo m Anarchismus m; ~quista adj.-su. c anarchistisch; m Anarchist m; ~quizante adj.-su. c Anarchist m; ~quizar [1f] v/i. den Anarchismus propagieren.
anastasia ⚘ f Beifuß m.
anastomosis ⚘, Zo., Chir. f Anastomose f.

anástrofe Rhet. f Wortversetzung f.
anata f Jahresertrag m e-r Stelle, e-s Amtes.
anatema m, f Bannfluch m, Anathem(a) n (a. fig.); lanzar el ~ contra alg. den Bannfluch wider j-n schleudern (a. fig.); ~tizar [1f] v/t. mit dem Kirchenbann belegen; fig. verfluchen; verdammen.
anatifa Zo. f Entenmuschel f.
anatocismo ⚜ m Zinseszins(en) m(/pl.).
ana|tomía f Anatomie f; ~ descriptiva (comparada) deskriptive (vergleichende) Anatomie f; pieza f de ~ anatomisches Präparat n; ~tómico adj.-su. anatomisch; Kfz. körpergerecht geformt (Autositz); m → ~tomista c Anatom m; ~tomizar [1f] v/t. sezieren, zergliedern (a. fig.); Mal. anatomisch genau darstellen.
anaveaje ✈ m Landung f auf e-m Flugzeugträger.
anca f 1. Hinterbacken m e-s Tieres; F Hintern m F; Kchk. ~ de rana Froschschenkel m; 2. Equ. ~s f/pl. Kreuz n, Kruppe f; Arg. en ~s → luego, después; ir a las ~s hinten aufsitzen; fig. volver ~s umkehren; 3. Pe. gerösteter Mais m; ~do adj. kreuzlahm (Pferd).
ances|tral adj. c uralt, Ahnen...; ~tro m Am. ehrwürdiges Alter n; Tradition f.
ancia|nidad f (Greisen-)Alter n; ~no I. adj. alt, (hoch)betagt, poet. greis; II. m Greis m.
ancla f 1. ⚓ Anker m; estar al ~ vor Anker liegen; echar ~s Anker werfen, ankern; levar ~s die Anker lichten; ¡~ arriba! klar Anker!; 2. ☐ Pfote f F (= Hand); ~dero m Ankerplatz m; ~je m Verankerung f (a. ⚓); Ankerplatz m; Ankergeld n; ~r I. v/t. verankern (a. ⚓); II. v/i. abs. ankern.
an|cón m, ~conada f kl. Bucht f.
áncora f Anker m (Uhr u. fig.); fig. ~ (de salvación) Rettungsanker m.
ancora|je ⚓ m Ankern n; ~r ⚓ v/i. ankern.
ancorca f Ockergelb n.
ancuviñas f/pl. Chi. Gräber n/pl. der Eingeborenen.
ancheta f F Schnitt m, Profit m; Am. gutes (od. iron. schlechtes) Geschäft n; Méj. Hausierhandel m; Arg., Bol. albernes Gerede n; F Col. Quatsch m F.
anchicorto adj. breit u. kurz.
ancho I. adj. breit; weit; klaffend (Wunde); a lo ~ nach (od. in) der Breite; fig. estar a sus ~as s. wohl (od. behaglich) fühlen; F ponerse muy ~ mächtig stolz sein, s. aufblähen; me quedo tan ~ das macht mir nichts aus, das ist mir egal; venir (od. ir, estar) (muy) ~ a j-m zu weit sein (Anzug, Schuhe usw.); fig. le viene muy ~ el cargo er ist (in s-m Amt) überfordert, das Amt ist ihm (od. ein paar) Nummer(n) zu groß für ihn F; II. m Breite f; 2 m. de ~ 2 m breit; ⊕ ~ de boca Maulweite f (Wkz.); ⚒ ~ de vía Spurweite f.
anchoa Fi. f Anschovis f, Sardelle f.
anchu|ra f 1. Breite f; Weite f; Brustweite f der Pferde; Spannweite f e-r Brücke; Kfz. ~ de vía Spurweite f; 2. fig. Ungeniertheit f, Zwanglosigkeit f; ~roso adj. sehr weit (od. geräumig).
anda → andar 1 u. andas.

anda|da f 1. Art Knäckebrot n; 2. Am. Gehen n; Wegstrecke f; 3. Jgdw. ~s f/pl. Spur f; fig. volver a las ~s in e-e schlechte Gewohnheit zurückfallen, rückfällig werden; ~dera f Am. → ~deras f/pl. Laufgestell n (für Kinder); ~dero adj. gut begehbar; ~do¹ I. adj. begangen (Straße); abgetragen (Kleidung); alltäglich, gewöhnlich; II. m Am. Cent. Gang(art f) m.
andado² F m Stiefsohn m.
anda|dor I. adj. 1. leichtfüßig; II. m 2. (guter) Fußgänger m; F Herumtreiber m; 3. Laufkorb m; ⚘ Gehhilfe f; ~es m/pl. Laufgeschirr n; ~dura f Gang m; Gangart f des Pferdes; ~lón adj. Méj., Am. Cent. gut zu Fuß.
Andalu|cía f Andalusien n; ⚘cismo m andalusische Ausdrucksweise f; ⚘cita Min. f Andalusit m; ⚘z adj.-su. (pl. ~uces) andalusisch; m Andalusier m; ⚘zada f Übertreibung f, Aufschneiderei f.
anda|miada f, ~miaje m (Bau-)Gerüst n; Tribüne f; ~mio m 1. (Bau-)Gerüst n; hölzerne Tribüne f; Ladebühne f; ⚓ Stelling f; ~ metálico, ~ tubular Stahl(rohr)gerüst n; 2. fig. Gerüst n; ~ óseo Knochengerüst n.
andana f Reihe f, Flucht f; ⚓ Breitseite f.
andanada f 1. ⚓ Breitseite f (Salve) (a. fig.); una ~ de insultos e-e Schimpfkanonade f; fig. F soltar a alg. la (od. una) ~ j-m e-e (dicke) Zigarre verpassen F; 2. Reg. Reihe f von Dingen; 3. Stk. zweiter Rang m (gedeckter Platz).
andan|cia f Am., ~cio m leichte (epidemische) Krankheit f.
andan|do: ¡~! los!, vorwärts!; ~te I. adj. c wandernd; unstet; II. ♪ m Andante n; II. adv. andantino; ~za f Schicksal n, Zufall m.
andar I. [1q] v/i. 1. gehen (a. Uhr); fahren; laufen (Maschine); verlaufen (Zeit); andar bedeutet im Ggs. zu ir u. venir zunächst nicht zielstrebige Bewegung; oft bedeutet es zu Fuß gehen; vamos andando gehen wir zu Fuß; ¡anda! int. (Freude, Überraschung, Bewunderung, Ironie): aber geh!; sieh einer an!; so ist's recht!; nanu!; imp. nur zu!; los!; F ¡anda, (y) vete (a paseo)! nun hau schon ab! F, scher dich weg!; ¡anda, di! sag mal!; ¡anda, corre! schnell, dalli! F; ¡anda con Dios! a) ade!; b) so ist's schön!; c) ach, du meine Güte!; ~ de acá para allá umher-, herum-gehen; ~ con alg. mit j-m verkehren; andan rumores de que ... es heißt, daß ...; es geht das Gerücht, daß ...; ~ suelto frei herumlaufen (Tiere, Verrückte usw.); ~ tras a/c. es eifrig verfolgen, hinter et. (dat.) her sein; hacer ~ in Gang bringen; 2. sein, s. befinden; modal verwendet, berührt s. andar eng mit estar, ir, venir; ~ triste (alegre) traurig (fröhlich) sein; ~ bien en matemáticas in (der) Mathematik gut stehen, gut Bescheid wissen; ~ en + inf. darauf verfallen, zu + inf.; ~ en el cajón im Schubfach herumkramen; ~ en ello s-e Hand im Spiel haben; ~ en pleitos

bei jeder Gelegenheit prozessieren; ~ *por (od. en) los 20 años* auf die 20 zugehen; etwa 20 Jahre alt sein; ~ *a + inf.* s. bemühen, *et.* zu erreichen; ~ *a golpe* s. (herum)prügeln; ~ *a tiros* s. schießen; ~ *a una* s. einig sein; ~ *con pólvora* mit Pulver herumhantieren; ~ *con rodeos* Umschweife machen; ~ *con cuidado* vorsichtig zu Werk gehen; F ~ *de cabeza* sehr beschäftigt sein, bis über die Ohren in Arbeit stecken F; ~ *mal de nichts* wissen von (*dat.*), nichts können in (*dat.*); von *et.* (*dat.*) wenig haben; ~ *mal de dinero* blank sein; ~ *por las nubes* unerschwinglich sein (*Preis*); ~ *+ ger.* dabei sein, *et.* zu tun, (gerade) *mit et.* (*dat.*) beschäftigt sein; ~ *tropezando* Fehler machen; **II.** *v/t.* **3.** Strecke zurücklegen; **III.** *v/r.* ~se **4.** ~se a s. beschäftigen mit (*dat.*); ~se con bromas scherzen; *no se anda con bromas* mit dem ist nicht zu spaßen; *todo se ~á* es wird noch alles gut werden; es wird schon gehen; **IV.** *m* **5.** Gang *m*, Gangart *f* (*a. Equ.*); Gehen *n*; ⚓ Fahrt *f*; *fig. adv. a más* ~ höchstens.
anda|riego I. *adj.* gut zu Fuß, wanderlustig; **II.** *m* → **~rín** *adj.-su.* Wanderer *m*, (schneller) Fußgänger *m*; *Sp. Am.* Geher *m*; **~rivel** *m* Fährseil *n*; Fahrkorb *m* zum Überqueren von Schluchten usw.; ⚓ Geitau *n*; Gangseil *n*; *Chi.* Ski: Schlepplift *m*; **~rríos** *Vo. m* (*pl. inv.*) Bachstelze *f*; **~s** *f/pl.* Sänfte *f*; Traggestell *n*; (Toten-)Bahre *f*; *fig. llevar* en ~ *a alg.* j-n mit Samthandschuhen anfassen.
ande P *adv.* → (a)dónde.
andén *m* **1.** Gehweg *m*; 🚉 Bahnsteig *m*; ~ *de transbordo* Verladerampe *f*; *billete m de* ~ Bahnsteigkarte *f*; **2.** Fach *n*, Brett *n* im Schrank usw.; **3.** *Col., Am. Cent.* Gehsteig *m*; **4.** ⚒ **~enes** *m/pl. And. für den Anbau angelegte* Terrassen *f/pl.*
andero *m* Sänftenträger *m*.
An|des *m/pl.* Anden *pl.*; **♀dinismo** *m Am.* Hochgebirgssport *m*; **♀dinista** *c Am.* Bergsteiger *m*, Hochtourist *m*; **♀dino** *adj.* Anden...
ándito *m* Umgang *m*, Galerie *f an e-m* Haus.
andoba P *Span.* **I.** *m* Kerl *m* F, Typ *m* F; **II.** *f* Tante *f* F, Biene *f* F.
andorga F *f* Wanst *m*; *llenarse la* ~ s. den Wanst vollschlagen F.
Andorra *f* Andorra *n*; **♀no** *adj.-su.* andorranisch; *m* Andorraner *m*.
andorre|ar F *v/i.* herum-flanieren, -bummeln; **~ro** *m* Pflastertreter *m*.
andrajo *m* Lumpen *m*, Fetzen *m*; **~so** *adj.* abgerissen, zerlumpt.
Andrés *npr. m* Andreas *m*.
androfobia *f* Männerscheu *f*.
andrógino *adj.-su.* androgyn, Zwitter...; ♀ zweigeschlechtig.
andro|ide *m* Android(e) *m*; **~latría** *f* Anthropolatrie *f*, göttliche Verehrung *f v.* Menschen.
Andrómeda *Astr. f* Andromeda *f*.
andrómina F *f* List *f*, Bluff *m*; **~s** *f/pl.* Ausflüchte *f/pl.*
andullo *m* Tabakrolle *f*; *Cu., Méj.* Priem *m*.
andurriales *m/pl.* abgelegene Gegend *f*.
anea ♀ *f* Rohrkolben *m*.
anear *v/t.* mit der Elle messen.
aneblar(se) [1k] *v/t.* (*v/r.*) ein-

nebeln; (s.) verdunkeln.
anécdota *f* Anekdote *f*.
anec|dotario *m* Anekdotensammlung *f*; **~dótico** anekdotisch, anekdotenhaft.
anega|ción *f* Überschwemmen *n*; Ertränken *n*; **~dizo** *adj.* Überschwemmungen ausgesetzt (*Gelände*); **~do:** *en llanto* in Tränen aufgelöst; tränenüberströmt; **~miento** *m* → *anegación*; **~r** [1h] **I.** *v/t.* ertränken; unter Wasser setzen, überschwemmen; *fig.* ~ *en sangre* blutig unterdrücken; **II.** *v/r.* **~se** ertrinken; ⚓ untergehen; *fig.* **~se** *en llanto* in Tränen zerfließen.
ane|jar *v/t.* zu-, an-fügen; **~jo I.** *adj.* **1.** angefügt, angeschlossen; zugehörig; beiliegend; *llevar* ~ *con derecho* mit e-m Recht verbunden sein; **II.** *adj.-su. m* **2.** (*edificio m*) ~ Anbau *m*, Nebengebäude *n*; Dependance *f* (*Hotel*); **III.** *m* **3.** Annex *m*, Anhang *m*; Beiheft *n* (*Zeitschrift*); **4.** Filial(kirch)e *f*; Ortsteil *m e-r Gemeinde*; **5.** ✞ Nebensache *f*.
aneldo ♀ *m* → *eneldo*.
anélidos *Zo. m/pl.* Ringelwürmer *m/pl.*
anemia 🝞 *f* Blutarmut *f*, Anämie *f*.
anémico 🝞 *adj.* blutarm, anämisch.
anemómetro *m* Windmesser *m*.
anemona (*a. anemone, anémona*) *f* ♀ Anemone *f*; *Zo.* ~ *de mar* Seeanemone *f*.
anemoscopio *Phys. m* Anemoskop *n*, Wind(richtungs)zeiger *m*.
aneroide *adj.: barómetro m* ~ Aneroidbarometer *n*.
anes|tesia 🝞 *f* Unempfindlichkeit *f*; Anästhesie *f*; ~ *por conducción* (*local*) Leitungs- (Lokal-)anästhesie *f*; **~tesiar** [1b] *v/t.* betäuben, narkotisieren; **~tésico** 🝞 *m* Betäubungsmittel *n*, Anästhetikum *n*; **~tesiólogo** *m* Anästhesist *m*; **~tesista** *c* Narkosearzt *m*.
aneurisma 🝞 *m* Aneurisma *n*.
anexar *v/t.* → *anexionar*.
anexión *f* Einverleibung *f*; Annektierung *f*, Angliederung *f*.
anexio|namiento *m Am.* → *anexión*; **~nar(se)** *bsd. Pol. v/t.* (*u. v/r.*) annektieren, (s.) (gewaltsam) einverleiben; **~nismo** *Pol. m* Annexionismus *m*, Theorie der Gewaltpolitik *f*; **~nista** *adj.-su. c* Vertreter *m* der Gewaltpolitik; *política f* Gewaltpolitik *f*.
anexo *adj.-su. m* **1.** † Anlage *f*; **2.** → *anejo*.
anfetamina *pharm. f* Amphetamin *n*.
anfibio I. *adj.* **1.** amphibisch; ⊕ *vehículo m* ~ Amphibienfahrzeug *n*; **2.** *fig.* schwankend, zweifelhaft; **II.** *m* **3.** Amphibie *f*; **4.** Amphibienflugzeug *n*.
anfibol *Min. m* Magnesiumsilikat *n*.
anfibo|logía *f* Zweideutigkeit *f*, Amphibolie *f*; **~lógico** *adj.* zweideutig.
anfictionía *hist. f* Amphiktyonie *f*, kultischer Staatenbund *m*.
anfípodos *Zo. m/pl.* Krebstiere *n/pl.*
anfi|teatro *m* Amphitheater *n*; *Thea.* Rang *m*; ~ (*anatómico*) Seziersaal *m*; **~trión** *m* Gastgeber *m*.
ánfora *f* Amphora *f*; *Am. Reg.* Wahlurne *f*.
anfractuosidad *f* Aushöhlung *f*,

Vertiefung *f*; *Anat.* Gehirnfurche *f*.
angaria ⚓ *f* Angarie *f*.
angarillas *f/pl.* **1.** Trage *f* für Lasten; Traggestell *n* mit Tragkörbchen *für Lasttiere*; **2.** Essig- u. Ölgestell *n*.
ángel *m* Engel *m* (*a. fig.*); † *El* ♑ *Erzengel Gabriel*; ~ *custodio*, ~ *de la guarda*, ~ *guardián* Schutzengel *m*; ~ *de tinieblas*, ~ *malo* Engel der Finsternis, Teufel *m*; *eres un* ~ du bist ein Engel; F *tener* ~ Charme haben; *salto m del* ~ Kopfsprung *m* beim Schwimmen.
angélica ♀ *f* Engelwurz *f*.
angelical *adj.* c engelhaft, engelrein; *fig. cara f* ~ Engelsgesicht *n*.
angélico *Rel. adj.* engelhaft; *legiones f/pl.* **~as** himmlische Heerscharen *f/pl.*; *salutación f* **~a** Englischer Gruß *m*.
ange|lito *m* Engelchen *n*; *fig.* armes Kind *n*; kl. Kind *n*; *fig. estar con los* ~ nicht bei der Sache sein; **~lón** F *m*: ~ *de retablo* Dickwanst *m*; **~lote** *m* Dickerchen *n* F.
ángelus *Rel. m* Angelus(läuten *n*) *m*.
angevino *hist. adj.* aus dem Hause Anjou.
angina *f* 🝞 (*mst.* ~s *pl.*) Angina *f*, Halsentzündung *f*; P ~s Titten *f/pl.* P; 🝞 ~ *de pecho* Angina *f* pectoris.
angio|ma 🝞 *m* Angiom *n*; **~spermas** ♀ *f/pl.* Angiospermen *pl.*
anglesita *Min. f* Bleivitriol *n*.
angli|cado *adj.* englisch beeinflußt; **~canismo** *m* Anglikanismus *m*; **~cano** *adj.-su.* anglikanisch; *m* Anglikaner *m*; **~cismo** *m* Anglizismus *m*, engl. Spracheigentümlichkeit *f*; **~sta** *Li. c* Anglist *m*.
anglísti|ca *f* Anglistik *f*; **~co** *adj.* anglistisch.
anglo... *in Zssgn.* Anglo..., anglo...; **~americano** *adj.* angloamerikanisch.
angló|filo *adj.* englandfreundlich; **~fobo** *adj.* englandfeindlich.
anglo|manía *f* Anglomanie *f*, Vorliebe *f* für alles Englische; **~sajón** *adj.-su.* angelsächsisch; *m* Angelsachse *m*.
Angola *f* Angola *n*; ♑**no** *adj.-su.* angolanisch; *m* Angolaner *m*.
ángor 🝞 *m* Angina *f* pectoris.
angora *f* **1.** *Zo.* Angorakatze *f*; Angorakaninchen *n*; Angoraziege *f*; **2.** Angorawolle *f*.
angos|tamente *adv.* knapp, spärlich; **~tar** *v/t.* verengern; *bsd. Am. Kleidung* enger machen; **~to** *adj.* eng; knapp; *Andal.* schmächtig; **~tura** *f* Enge *f*, Verengung *f*; Engpaß *m*; Meerenge *f*.
angra *f* Bucht *f*.
anguí *f* (*pl.* **~íes**) Uhr *f*, Zwiebel *f* F.
anguila *f* **1.** *Fi.* ~ Aal *m*; ~ *ahumada* Räucher-, Spick-aal *m*; **2.** ⚓ Gleitbalken *m* (*Werft*); **3.** ♠ ~ (*de cabo*) Zuchtpeitsche *f*; **~lero I.** *f* Aal Aal...; **II.** *m* Aal-fischer *m*; -verkäufer *m*; **~lla** *f Am. Cent.* → *anguila*.
angula *f Kchk.* Glasaal *m*.
angular *adj.* c eckig, wink(e)lig, Winkel...; *piedra f* ~ Eckstein *m* (*a. fig.*); **~mente** *adv.* winkelförmig.
anguloma *f* Hanfleinwand *f*; *fig. hacer* ~s *od. venir con* ~s mit Schmeicheleien kommen.
ángulo *m* **1.** Winkel *m*; *Phot.* ~ *abar-*

anguloso — anónimo

cador Bildwinkel m; ~ agudo (obtuso, recto) spitzer (stumpfer, rechter) Winkel m; ~ complementario (opuesto, suplementario) Ergänzungs- (Gegen-, Neben-)winkel m; ~ entrante (saliente) einspringender (vorspringender) Winkel m; ~s m/pl. adyacentes (alternos, externos, internos, opuestos por el vértice) Neben- (Wechsel-, Außen-, Innen-, Scheitel-)winkel m/pl.; ~ de incidencia (de inclinación) Einfalls- (Neigungs-)winkel m; ~ muerto toter Winkel m; ⊕ ~ de torsión Drehwinkel m, Verwindung f; ⊔ ~ facial (Huxleyscher) Gesichtswinkel m; ~ óptico, ~ visual (de reflexión, de refracción) Seh- (Reflexions-, Brechungs-)winkel m; ⚒ ~ de alza, ~ de mira Visierwinkel m; ~ de tiro Schußwinkel m; 2. Ecke f, Winkel m; Kante f, Ecke f; fig. desde este ~ (de vista) aus dieser Sicht.

anguloso adj. (viel)wink(e)lig; eckig.

angus|tia f Angst f; Beklemmung f; Betrübnis f, Herzeleid n; Phil., Psych. ~ vital Lebensangst f; **~tiadamente** adv. angstvoll; **~tiado** adj. be-, ge-ängstigt; ängstlich; F knauserig, filzig F; **~tiar(se)** [1b] v/t. (v/r.) (s.) ängstigen; (s.) quälen; **~tiosamente** adv. angstvoll; **~tioso** adj. 1. beängstigend; 2. angstvoll, ängstlich.

anhela|ción f Keuchen n; **~nte** adj. c 1. keuchend; 2. fig. sehnlich; sehnsüchtig; s. sehnend (nach dat. de); **~r** I. v/i. keuchen; II. v/t. (a. v/i. ~ por) wünschen, begehren, erstreben; ersehnen.

anhélito m Atem m, Hauch m; (bsd. schweres) Atmen m.

anhelo m Sehnsucht f; Verlangen n, Trachten n (nach dat. de); **~samente** adv. 1. keuchend; 2. sehnsuchtsvoll, sehnsüchtig; **~so** adj. 1. keuchend, kurzatmig; 2. sehnsüchtig.

anhídrido ⚗ adj.-su. m Anhydrid n; ~ carbónico Kohlendioxid n.

anhidro ⚗ adj. wasserfrei.

anidar I. v/t. beherbergen, aufnehmen; II. v/i. u. **~se** v/r. nisten; horsten; fig. F wohnen, hausen; caseta f de ~ Nistkasten m.

anieblarse v/r. 1. vom Mehltau befallen werden; 2. → aneblarse.

anilina f Anilin n.

anilla f Gardinenring m; ⊕ Ring m; Sp. ~s f/pl. Ringe m/pl.; **~do** I. adj. geringelt; II. m Zo. Ringelwurm m; **~miento** m Beringung f; **~r** v/t. ringeln; mit Ringen versehen; Vögel beringen.

anillo m 1. Ring m (a. ⊕); Kettenglied n, -ring m; ~ de boda, ~ nupcial Ehe-, Trau-ring m; ~ de brillantes Brillantring m; ~ del émbolo Kolbenring m; ~ pastoral Bischofsring m; ~ del pescador Fischerring m; ~ de sello Siegelring m; fig. no te caerán los ~s al (bei) fällt dir kein Stein aus der Krone; venir como ~ al dedo a) wie gerufen kommen; b) wie angegossen sitzen (od. passen); 2. ⚓ ~ anual Jahresring m; ~ lunar Ringfäule f; 3. ~ de solitaria Bandwurmglied n; 4. ⚓ ~ de cabo Bucht f e-r Taurolle.

ánima f 1. Rel. Seele f; ~ bendita, ~ del purgatorio Seele f im Fegefeuer; día m de las ~s Allerseelen n; (toque m de) ~s Abendläuten n; a las ~s fig. a. abends; 2. ⊕ Seele f, Bohrung f.

anima|ción f 1. Beseelung f, Belebung f; Lebhaftigkeit f; lebhafter Verkehr m, bewegtes Treiben n, Betrieb m F; 2. Animation f (a. Film); **~do** adj. 1. lebendig; belebt (a. fig.); lebhaft, munter, angeregt (Unterhaltung); 2. estar ~ a + inf. Lust haben, zu + inf.; entschlossen sein, zu + inf.; ~ del deseo de von dem Wunsche beseelt, zu; **~dor** I. adj. anregend, ermutigend; II. m Conférencier m (Varieté, Rf.); Animateur m b. Reisen; **~dora** f Alleinunterhalterin f (Sängerin, Tänzerin); Ansagerin f b. bunten Abenden u. ä.; in Nachtlokalen: Animierdame f; Animateurin f b. Reisen.

animadversión f Abneigung f, Feindschaft f; † Rüge f.

anima|l I. adj. c 1. tierisch, animalisch; carbón m ~ Tierkohle f; reino m ~ Tierreich n; II. m 2. Tier n; fig. brutaler Kerl m; Dummkopf m; **~es** pl.) de caza jagdbares Tier n (Wild n); fig. ~ cinematográfico der (die) geborene Filmschauspieler(in f) m; ~ dañino Schädling m; ~ doméstico (útil, de tiro) Haus- (Nutz-, Zug-)tier n; **~es** m/pl. de sangre fría (caliente) Kalt- (Warm-)blüter m/pl.; sociedad f protectora de ~es Tierschutzverein m; maltra(tamien)to m (od. tortura f) de ~es Tierquälerei f; 3. Lebewesen n; ~ racional (irracional) (nicht) vernunftbegabtes Lebewesen n; **~lada** F f dummer (od. roher) Streich m, Eselei f F; **~lejo** m Tierchen n; **~lidad** f, **~lismo** m 1. Beseelung f; Lebenskraft f; 2. Tiernatur f; **~lizar** [1f] I. v/t. 1. verdaulich machen; 2. zum Lebewesen (od. zum Tier) machen; II. v/r. **~se** 3. vertieren, verrohen; **~lucho** m häßliches Tier n, Biest n F, Viech n F.

animar I. v/t. 1. beseelen, beleben; 2. aufmuntern, ermutigen; anfeuern (zu dat. a); j-m (Trost) zusprechen; animieren; anregen; ~ una reunión Leben in e-e Gesellschaft bringen; e-e Gesellschaft aufmöbeln F; II. v/r. **~se** 3. s. (dazu) aufraffen, s. entschließen (zu + inf. a, para + inf.); Mut fassen; a. Lust bekommen; Leben bekommen, belebt werden.

anime m ⚘ Am. Kurbaril m, Lokustenbaum m; Animeharz n (gg. Rheuma).

anímico ⊔ adj. seelisch, psychisch.

animis|mo Phil. m Animismus m; **~ta** c Animist m.

ánimo m 1. Seele f; Geist m; Gemüt m; estado m de ~ Gemütszustand m, (seelische) Verfassung f; Stimmung f; presencia f de ~ Geistesgegenwart f; 2. Mut m; ¡~! nur Mut!, Kopf hoch!; cobrar ~ Mut fassen; dar (od. infundir) ~ (a) Mut einflößen (dat.), aufmuntern (ac.); perder el ~, caer(se) (od. decaer) de ~ den Mut verlieren; 3. Lust f, Verlangen n; Absicht f, Wille m; hacer (od. tener) ~ de + inf. die Absicht haben, zu + inf.; tener ~s para fähig sein, zu (inf. od. dat.); adv. con ~ tatkräftig; con ~ de in der Absicht zu.

animo|samente adv. beherzt; **~sidad** f Abneigung f; Gereiztheit f; Groll m; a. Pol. feindselige Stimmung f, Animosität f; **~so** adj. beherzt, tapfer; tatkräftig.

aniña|do adj. kindlich; kindisch; **~rse** v/r. s. kindisch betragen.

anión Phys. m Anion n.

aniquila|ción f Vernichtung f; **~dor** adj.-su. vernichtend; m Vernichter m; **~miento** m Vernichtung f; **~r** I. v/t. vernichten, zerstören; zugrunde richten; II. **~se** zunichte werden; fig. s. tief demütigen.

anís m 1. ⚘ Anis m; Cu. Anismagnolie f; 2. Anis-konfekt n; -likör m; fig. llegar a los anises zu spät zu e-m Fest kommen; Am. no valer un ~ k-n Pfifferling taugen.

anisa|do I. adj. mit Anis versetzt, Anis...; II. m Anisbranntwein m; **~l** m Chi. → **~r**[1] m Anisfeld n; **~r**[2] v/t. mit Anis versetzen.

anise|ro adj. Anis...; **~te** m Anislikör m.

anisófilo ⚘ adj. ungleichblättrig.

anito Fil. m Hausgötze m.

aniversario I. adj. alljährlich; II. m Jahrestag m; Jubiläum n; Geburtstag m; Jahrgedächtnis n (Seelenmesse); ~ de boda Hochzeitstag m; ~ de fundación Stiftungsfest n; el quinto ~ de la muerte (de) der fünfte Todestag (gen. od. von dat.).

¡anjá! int. Cu. aha!, recht so!; jawohl!

ano Anat. m After m.

anoche adv. gestern abend; gestern nacht; antes de ~ vorgestern abend; **~cedor** adj.-su.: ser ~ spät zu Bett gehen; **~cer** [2d] I. v/impers. anochece es dämmert, es wird Nacht (od. dunkel); II. v/i. zur Abend- od. Nacht-zeit ankommen od. irgendwo sein; III. m Dunkelwerden n, Abendstunde f; Nachtzeit f; al ~ bei Einbruch der Nacht; **~cida** f → anochecer III.

anodi|nia ⚕ f Schmerzlosigkeit f; **~no** I. adj.-su. m schmerzstillend (-es Mittel n); II. adj. fig. harmlos; nichtssagend, fade.

ánodo ⚡ m Anode f.

anodoncia f Zahnlosigkeit f.

anofeles Ent. adj.-su. m (pl. inv.) Anopheles(mücke) f.

anolis Zo. m Am. Anolis f, Art Leguan.

anomalía f Anomalie f, Regelwidrigkeit f.

anómalo adj. regelwidrig, abweichend, anomal.

anón m → anona[1].

anona[1] f 1. ⚘ Flaschenbaum m; Honigapfel m; ~ del Perú → chirimoyo; ~ de Méjico → guanábano; 2. fig. Am. Cent. Dummkopf m.

anona[2] f Proviant m.

anonada|ción f, **~miento** m Vernichtung f; Zerknirschung f; **~r** v/t. vernichten, niederschmettern (a. fig.); demütigen.

anónimo I. adj. 1. namenlos, ungenannt, anonym; carta f ~a → 3; † sociedad f ~a (S.A.) Aktiengesellschaft (AG) f; II. m 2. ungenannter Autor m, Anonymus m; 3. anonymer Brief m; 4. Anonymität f; guardar el ~ unbekannt (od. anonym)

bleiben; den Namen verschweigen.
anorak *m* Anorak *m*.
anorexia ⚕ *f* Appetitlosigkeit *f*, Anorexie *f*.
anorma|l ⚕ *adj. c* abnorm(al); regelwidrig; krankhaft, ano(r)mal; **~lidad** *f* Abnormität *f*, Regelwidrigkeit *f*.
anorza ♀ *f* Zaunrübe *f* (*Kletterpflanze*).
anota|ción *f* Anmerkung *f*, Notiz *f*; **~dor** *adj.-su.* verzeichnend; **~dora** *f* → *script-girl*; **~r** *v/t.* mit Anmerkungen versehen; auf-, ver-zeichnen, notieren; eintragen.
anovulatorio ⚕ *m* Ovulationshemmer *m*.
anquear *v/i. Am.* → *amblar*.
anqueta *f dim. v. anca*; *estar de media* ~ nur auf dem halben Gesäß sitzen.
anquílope ⚕ *m* Gerstenkorn *n*.
anquilo|sarse *v/r.* ⚕ *s.* versteifen, verknöchern (*Gelenk u. fig.*); *fig.* in der Entwicklung steckenbleiben, verkümmern; **~sis** ⚕ *f* Ankylose *f*, Gelenkversteifung *f*.
Ansa *hist. f* Hanse *f*, Hansa *f*.
ánsar *m* Gans *f*; ~ *gris* Graugans *f*; *pluma f de* ~ Gänse-feder *f*, -kiel *m*.
ansarino I. *adj.* Gänse...; **II.** *m* Gänschen *n*, Junggans *f*.
anseático *adj.* hanseatisch; *ciudades f/pl.* **~as** Hansestädte *f/pl.*
ansi|a *f* **1.** Begierde *f*, Sehnsucht *f*; ~ *de saber* Wißbegierde *f*; **2.** Beklemmung *f*; Pein *f*, Qual *f*; **~s** *f/pl.* Übelkeit *f*; **~s** *de la muerte* Todesangst *f*, Schrecken *m/pl.* des Todes; **~ar** [1b] *v/t.* ersehnen, *s.* nach *et.* (*dat.*) sehnen; **~edad** *f* (Seelen-)Angst *f*, innere Unruhe *f*; Beklemmung *f*, Unruhe *f* (*bsd.* ⚕); **~osamente** *adv.* begierig; **~oso** *adj.* **1.** sehnsüchtig; begierig; ~ *de* erpicht auf (*ac.*), gierig nach (*dat.*); **2.** beklommen.
anta¹ *Zo. f* Elch *m*; *Am.* Tapir *m*.
anta² *f* **1.** △ Eckpfeiler *m*; **2.** Menhir *m*.
anta|gónico *adj.* widerstreitend; gegnerisch, feindlich; **~gonismo** *m* Widerstreit *m*, Gegnerschaft *f*, Antagonismus *m*; **~gonista** *c* Gegner *m*, Widersacher *m*; Gegenspieler *m*.
anta|ño *adv. lit.* voriges Jahr; *p. ext.* einst, ehemals; **~ñón** *adj.* altmodisch.
antár|tico *adj.* antarktisch, Südpol...; *tierras f/pl.* **~as** → **~tida** *f* Antarktis *f*.
ante¹ *m* **1.** *Zo* **a)** Elen *n*; **b)** Büffel *m*; **2.** Wildleder *n*; **3.** *Arg.* Gelb *n*.
ante² *prp.* vor (*dat.*); in Gegenwart (*gen.*), im Beisein (*gen.*); angesichts (*gen.*); *b. Vergleich:* neben (*dat.*); vor (*dat.*); ~ *todo* zunächst, vor allem; ~ *notario* notariell.
ante³ *m Guat.* siruparige Süßspeise *f*; *Pe.* Erfrischungsgetränk *n* aus Wein, Mandeln, Früchten; *Méj.* Art Biskuitchaudeau *m, n*.
anteado *adj.* blaßgelb.
ante|altar *m* Altar(vor)platz *m*; **~anoche** *adv.* vorgestern abend; **~anteayer** *adv.* vorvorgestern; **~ayer** *adv.* vorgestern.
ante|brazo *m* Unterarm *m*; Vorarm *m* (*Pferd*); **~burro** *Zo. m Méj.*

Tapir *m*; **~cama** *f* Bettvorleger *m*; **~cámara** *f* Vorzimmer *n*.
antece|dencia *f* **1.** → *ascendencia*; **2.** → *antecedente* **II.** ; **~dente I.** *adj. c* **1.** vorig, vorhergehend; **II.** *m* **2.** Vordersatz *m* (*Logik*); *Gram.* Beziehungswort *n*; ♀ Vorderglied *n*; **3.** Präzedenzfall *m*; **~s** *m/pl.* voraufgegangene Umstände *m/pl.*; Vorgang *m*; *estar en* **~s** *im Bilde sein; poner en* **~s** *a alg.* j-n unterrichten, j-n ins Bild setzen; *sin* **~** *beispiellos;* **4.** **~s** *m/pl.* Vorleben *n*; **~s** (*penales*) Vorstrafen *f/pl.*; *sin* **~s** (*penales*) nicht vorbestraft; *tener malos* **~s** *e-n schlechten Ruf* (*od.* Leumund) haben; **~der** *vt/i.* → *preceder*; **~sor I.** *adj.* vorhergehend; **II.** *m* Vorgänger *m*; Vorfahr *m*; **~es** *m/pl.* Vorfahren *m/pl..*
ante|co *Geogr. m* Antöke *m*; **~cocina** *f* Vorküche *f*; **~coger** [2c] *v/t.* vor *s.* hertreiben; **2cristo** *m* → *Anticristo*.
ante|data *f* Zurückdatierung *f*; *poner* **~a** → **~datar** *v/t.* zurückdatieren; **~decir** [3p] *v/t.* → *predecir*; **~día** *adv.* vor e-m bestimmten Tag; *am Vortag;* wenige Tage zuvor; **~dicho** *adj.* obengenannt.
ante diem *lt. adv.* rechtzeitig (*vor e-m Termin*).
antediluviano *adj.* vorsintflutlich (*a. fig.*).
ante|firma *f* Nennung *f* des Titels des Adressaten *od.* des Schreibers vor der Unterschrift, *z. B.* soy de Su Eminencia obediente hijo; **~foso** ✕ *m* Außengraben *m*; **~grada** ⚓ *f* Vorhelling *f*; **~guerra** *f* Vorkriegszeit *f*; **~iglesia** *f* Vorhof *m* e-r Kirche; **~islámico** *adj.* vorislamisch.
antelación *f: con la mayor* ~ *posible* möglichst früh(zeitig); *con* ~ im voraus; vorzeitig; *con la debida* ~ rechtzeitig; *con tres días de* ~ drei Tage vorher, drei Tage vor (Beginn *usw.*).
antellevar *v/t. Méj.* an-, über-fahren (*bsd. Auto*).
antemano *adv.:* *de* ~ im voraus.
antemural *m fig.* Hort *m*, Schutz (-wall) *m*.
ante|na *f* **1.** *Rf.* Antenne *f*; ~ *aérea* (*alta*) Frei- (Hoch-)antenne *f*; ~ *colectiva* (*de cuadro*) Gemeinschafts- (Rahmen-)antenne *f*; ~ *emisora*, ~ *de emisión* Sendeantenne *f*; ~ *de haz*, ~ *dirigida* Richtstrahler *m*; ~ *horizontal* (*interior*) Boden- (Innen-, Zimmer-) antenne *f*; ~ *parabólica* Satellitenantenne *f*; ~ *plegable de varilla* einziehbare Stabantenne *f*; ~ *de radar* (*radiogoniométrica, de recepción*) Radar-(Peil-, Empfangs-)antenne *f*; ~ *telescópica* (*de televisión*) Teleskop-(Fernseh-)antenne *f*; *Rf.*, *TV llevar un año en* ~ seit einem Jahr auf dem Programm stehen; *poner en* ~ aufs Programm setzen; **2.** *Zo.* Fühlhorn *n*, Fühler *m*; **3.** ⚓ Rahe *f*; **4.** F Ohr *n*; **~nista** *m* Antennenbauer *m*.
ante|noche *adv.* **1.** → *anteanoche*; **2.** am Spätnachmittag; **~nombre** *m* Benennung *f*, die dem Namen vorausgeht (*Don, San, Fray usw.*).
anteo|jeras *f/pl.* Scheuklappen *f/pl.*; **~jo** *m* **1.** Fernrohr *n*; ~ *panorámico* Rundblickfernrohr *n*; ~ *de puntería*

Zielfernrohr *n*; ~ (*de*) *tijera* Scherenfernrohr *n*; **2.** **~s** *m/pl.* **a)** Opernglas *n*; **b)** Feldstecher *m*; **c)** Brille *f*.
ante|palco *Thea. m* Vorloge *f*; **~pasado I.** *adj.* vorhergegangen; **II.** **~(s)** *m*(*/pl.*) Vorfahr(en) *m*(*/pl.*), Ahn(en) *m*(*/pl.*); **~pecho** *m* Brüstung *f*; Fensterbrett *n*; ⚓ Reling *f*, Schanzkleid *n*; ✕ Brustwehr *f*.
ante|penúltimo *adj.* vorvorletzte(r, -s); **~poner** [2r] *v/t.* voranstellen, vorziehen; den Vorrang geben (*dat.*) (*vor dat. a*).
ante|portada *Typ.* *f* Schmutz-, Vor-titel *m*; **~posición** *f* Voranstellung *f*; Bevorzugung *f*; **~proyecto** *m* Vor-entwurf *m*, -projekt *n*; **~puerta** *f* Türvorhang *m*, Portiere *f*; ✕ → *contrapuerta*; **~puerto** *m* Vor-, Felsen-paß *m* vor dem Hochpaß; ⚓ Außen-, Vor-hafen *m*.
antepuesto *part. v. anteponer.*
antera ♀ *f* Staubbeutel *m*.
anterio|r *adj. c* vorhergehende(r, -s), frühere(r, -s), vorige(r, -s); *m*(*/pl.*); ~ *a la fecha* unter e-m früheren Datum; ~ *a mi viaje* vor m-r Reise; *el año* ~ ein Jahr zuvor; *lo* ~ Obige(s) *n*, wie oben; **~ridad** *f* Vorzeitigkeit *f*, Priorität *f*; *adv. con* ~ früher, vorher; *prp. con* ~ *a* vor (*dat.*); **~rmente** *adv.* eher; weiter oben.
antes I. *adv.* **1.** *abs.:* früher; *cuanto* **~**, *lo* ~ *posible*, F *con* ~ baldmöglichst; *de* ~ ehemalig, vorig; F → *anteriormente;* desde mucho ~ seit langem; *eso viene* ~ das geht vor; *eso viene de* ~ das geht auf früher (*od.* e-e frühere Zeit) zurück; *la noche* (*el mes*) ~ die Nacht (im Monat) zuvor; *lo he dicho* ~ ich habe es vorher gesagt; *poco* ~ kurz zuvor; **2.** *komparativisch od. adversativ bzw. korrigierend:* ahora como ~ nach wie vor; ~ *que* früher als (*nom.*), vor (*dat.*); ~ *que nada* vor allem; como vie zuvor, wie früher; ✝ *wie gehabt;* ~ (*bien*) *creo que* ... vielmehr (*od.* eher) glaube ich, daß ... ; ~ *querría marcharme que quedarme* ich möchte lieber abreisen (als bleiben); **II.** ~ *de prp.* **3.** vor; ~ *de ahora* früher; ~ *de anoche* → *anteanoche;* ~ *de ayer* → *anteayer;* ~ *de tiempo*, ~ *de hora* vorzeitig, vor der Zeit; *mit inf. od. part.:* ~ *de llegar el tren* vor Ankunft des Zuges; *poco* ~ *de verla yo en la calle* kurz bevor ich sie auf der Straße sah; ~ *de efectuar el trabajo* vor Beendigung der Arbeit; **III.** *cj.* **4.** ~ (*de*) *que* + *subj.* ehe, bevor + *ind.*; ~ (*de*) *que salga el sol* ehe die Sonne aufgeht, vor Sonnenaufgang.
ante|sala *f* Vorzimmer *n*; *hacer* ~ im Vorzimmer warten, antichambrieren; **~víspera** *f* der vorvorige Tag e-s Ereignisses.
anti... in *Zssgn.* Anti..., Gegen..., ...feind; anti..., feindlich; ...heilend.
antiabortista *adj.-su. c* Gegner *m* der Abtreibung.
antiácido ⚕ *adj.* säureneutralisierend.
antiaéreo I. *adj.* Luftschutz..., Fliegerabwehr..., Flak...; *defensa f* **~a** (*civil*) (ziviler) Luftschutz *m*; **II.** *m* Flakgeschütz *n*.
anti|alcohólico I. *adj.* alkoholfeindlich; *liga f* **~a** Abstinenzbewegung *f*; **II.** *m* Antialkoholiker *m*; **~alérgico**

antiarrugas — antitoxina

adj. antiallergisch; ~arrugas *adj. c*: crema *f* ~ Antifaltencreme *f*; ~artístico *adj.* unkünstlerisch, geschmacklos; ~artrítico *adj.-su. m* gichtheilend(es Mittel *n*); ~asmático *adj.-su. m* Asthmamittel *n*.
anti|bala(s) *adj. inv.* kugelsicher; ~belicista *c* Kriegsgegner *m*; ~biótico *m* Antibiotikum *n*; ~bloqueo *Kfz. adj. inv.: sistema m ~ (de frenos)* Antiblockiersystem *n* (*Abk.* ABS).
anti|canceroso I. *adj.* krebsverhütend; II. *m* Krebsbekämpfungsmittel *n*; ~carro ✕ *m* → antitanque; ~caspa *adj. c: champú m* ~ Antischuppenshampoo *n*; ~catarral *adj. c* Schnupfen heilend (*od.* lindernd); ~cátodo ⚡ *m* Antikathode *f*; ~católico *adj.* antikatholisch; ~ciclón *Met. m* Antizyklone *f*, Hoch(druckgebiet) *n*; ~ciclónico *adj.* Hochdruck...
antici|pación *f* 1. Vorausnahme *f*, Vorwegnahme *f*; ⟨⟩ Antizipation *f*; con ~ im voraus; aviso *m* con un mes de ~ monatliche Kündigung *f*; novela *f* de ~ Zukunftsroman *m*; ~pado *adj.*: con muchas gracias ~as mit vielem Dank im voraus; *adv.* por ~ im voraus; pago *m* ~ Voraus(be)zahlung *f*; ~pador *adj.* vorwegnehmend, vorgreifend; ~pante ⟨⟩ *part.* antizipierend; ~par I. *v/t.* 1. voraus- (*od.* vorweg-)nehmen, -schicken; zuvorkommen (*dat.*); Geld vorschießen, e-n Vorschuß geben (auf *ac. sobre*); ~ las gracias im voraus danken; 2. früher ansetzen, vorverlegen; II. *v/r.* ~se 3. *s.* früher einstellen, vorzeitig kommen (*od.* eintreten); ~se *a* zuvorkommen (*dat.*); vorgreifen (*dat.*); ~se *a* hacer *a/c. et.* verfrüht tun, *s.* mit et. (*dat.*) übereilen; ~po *m* 1. Vorschuß *m*; Handgeld *n*; Vorauszahlung *f*; Anzahlung *f*; 2. zeitliches Vorgreifen *n*.
anti|cívico *adj.* staats- *od.* ordnungsfeindlich; ~clerical *adj. c* antiklerikal; ~clericalismo *m* Antiklerikalismus *m*; ~comunismo *m* Antikommunismus *m*; ~comunista *adj.-su. c* antikommunistisch; *m* Antikommunist *m*; ~concepcionismo *m* Empfängnisverhütung *f*; ~conceptivo *adj.-su. m* Empfängnisverhütungsmittel *n*; ~conformista *adj.-su. c* nichtkonformistisch; *m* Nonkonformist *m*; ~congelante *m* Frostschutzmittel *n*; ~constitucional *adj. c* verfassungswidrig (*Sache*); (*Sache*); fassungsfeindlich (*Person*); ~constitucionalidad *f* Verfassungs-widrigkeit *f* bzw. -feindlichkeit *f*; ~corrosión *adj. inv.: garantía f* ~ Rostschutzgarantie *f*; ~corrosivo I. *adj.* nicht rostend; II. *m* Rostschutzmittel *n*; ~cresis ♁ *f* Antichrese *f*, Nutzungspfandrecht an Immobilien; ~cristiano *adj.* antichristlich; 2~cristo *m* Antichrist *m*.
anticua|do *adj.* veraltet; ~rse [1d] *v/r.* veralten; ~rio *m* Antiquitätenkenner *m*; -händler *m*.
anti|cuerpo ✱ *m* Antikörper *m*; ~choque *adj. inv.* stoßsicher; ~dáctilo *m* → anapesto.
anti|democrático *adj.* undemokratisch; ~deportivo *adj.* unsportlich, unfair; ~deslizante I. *adj. c* ⊕ Gleitschutz...; II. *mot. adj. c-su. m* (cadena *f*) ~ Gleitschutz-, Schnee-kette *f*;

~detonante *mot.* I. *adj. c* klopffest; II. *m* Klopfzusatz *m*; ~diftérico *adj.*: vacunación *f* ~o Diphtherieschutzimpfung *f*; ~dinástico *adj.* dynastiefeindlich; ~disturbios *adj. c: fuerzas f/pl.* ~, policía *f* ~ Spezialeinheit *f* der Polizei für Demonstrationen, Unruhen *usw.*
antídoto *m* Gegengift *n*; *fig.* Gegenmittel *n*.
anti|económico *adj.* unwirtschaftlich; ~emético *adj.* den Brechreiz stillend; ~empañable *adj. c* beschlag-sicher, -frei.
antier *adv. Am.* vorgestern.
anti|espasmódico ✱ *adj.-su. m* krampflösend(es Mittel *n*); ~español *adj.* spanienfeindlich; ~estético *adj.* unästhetisch; häßlich.
anti|fascista *adj.-su. c* antifaschistisch; *m* Antifaschist *m*; ~faz *m (pl.* ~aces) Larve *f*, Gesichtsmaske *f*; ~febril ✱ *adj. c* fieberdämpfend.
antífona *f Rel.* Antiphon *f*, Wechselgesang *m*; F (a. ~s *pl.*) Hintern *m* F, Po(po) *m* F.
antifo|nal, ~nario *m* 1. Chorgesangbuch *n*; 2. F Hintern *m* F.
antífrasis *Rhet. f* Antiphrase *f*.
antigás *adj. c* Gas(schutz)...; careta *f* ~ Gasmaske *f*.
antígeno ✱ *m* Antigen *n*.
anti|gramatical *adj. c* grammat(ikal)isch falsch; ~grisú ✕ *adj. c* schlagwettersicher.
antigua|lla *desp. f (a.* ~s *f/pl.*) alter Plunder *m*; *fig.* alter Schinken *m* (*Buch*); alter Zopf *m*; olle Kamellen *f/pl.*; ~mente *adv.* einst, früher, in alter Zeit; ~miento *m* Veralten *n*.
antigubernamental *adj. c* regierungsfeindlich; oppositionell.
anti|güedad *f* 1. Altertum *n*; ~ (clásica) Antike *f*, klassisches Altertum *n*; 2. ~es *f/pl.* Antiken *f/pl.*, Kunstaltertümer *n/pl.*; tienda *f* de ~es Antiquitätengeschäft *n*; 3. ~ (en el servicio) Dienstalter *n*; por ~ nach dem Dienstalter; ~guo I. *adj.* 1. alt, langjährig; althergebracht; altmodisch; *adv.* de ~ von alters her; un ~ amigo ein alter Freund; *adv. a* la ~a nach alter Art, so wie früher; altmodisch; 2. antik; *a* la ~a nach antiker Art; 3. ehemalig; II. *m/pl.* 4. los ~s die Alten *m/pl.*, *bsd. der* Antike.
anti|halo *Phot. adj. inv.* lichthoffrei; ~helmíntico ✱ *adj.-su. m* Wurmmittel *n*; ~héroe *Lit. m* Antiheld *m*; ~higiénico *adj.* unhygienisch; ~histamínico *m* ✱ Antihistaminikum *n*; ~humanitario *adj.* wider die Menschlichkeit; ~humano *adj.* unmenschlich, grausam, herzlos.
anti|imperialista *adj. c* antiimperialistisch; ~inflamatorio *adj.* ✱ entzündungshemmend; ~jurídico *adj.* rechtswidrig.
anti|legal *adj. c* gesetzwidrig; ~liberal *Pol. adj. c* antiliberal; ~logía *f* Widerspruch *m* (*Wortlaut*); ~lógico *adj.* widerspruchsvoll.
antílope *Zo. m* Antilope *f*.
antilla|no *adj.-su.* von den Antillen; 2s *f/pl.* Antillen *pl.*; ~ Mayores (Menores) die Großen (Kleinen) Antillen *pl.*
antimateria *Phys. f* Antimaterie *f*.
antimilitaris|mo *m* Antimilitarismus *m*; ~ta *adj.-su. c* antimilita

risch; *m* Antimilitarist *m*.
antimonárquico *adj.-su.* antimonarchistisch; *m* Antimonarchist *m*.
antimonio 🝞 *m* Antimon *n*.
antimoral *adj. c* → inmoral.
anti|nacional *adj. c* antinational; ~natural *adj. c* widernatürlich; unnatürlich; ~neurálgico ✱ *adj.su. m* schmerzstillend(es Mittel *n*).
antinomia ⟨⟩ *f* Antinomie *f*, un(auf)lösbarer Widerspruch *m*.
anti|nucleares *Pol. m/pl.* Kernkraftgegner *m/pl.*; ~oxidante *m* Rostschutzmittel *n*.
antipa|pa *m* Gegenpapst *m*; ~pado *m* Gegenpapsttum *n*; ~papista *adj.su. c* papstfeindlich; *m* Papstgegner *m*; ~ra *f* Wandschirm *m*; *Art* Gamasche *f*; ~rasitario *adj.-su. m* Schädlingsbekämpfungsmittel *n*; ~rásito HF *adj.* entstörend, Entstörungs...
antiparlamentario *adj.-su.* unparlamentarisch; *m* Parlamentsgegner *m*.
antiparras F *f/pl.* Brille *f*.
anti|patía *f* Widerwille *m*, Abneigung *f*, Antipathie *f*; ~pático *adj.* widerwärtig, abstoßend; unausstehlich, unsympathisch; ~patizar [1f] *v/i. Am.* Widerwillen hervorrufen (*bzw.* empfinden); ~patriota *Pol. c* Volksfeind *m*; ~patriótico *adj.* unpatriotisch; ~pirético ✱ *adj.-su.* fieberdämpfend *m* Antipyretikum *n*; ~pirina *f* Antipyrin *n*.
antípoda I. *m* Antipode *m*; II. *adj.su.* völlig entgegengesetzt.
anti|polilla *adj. c: bola f* ~ Mottenkugel *f*; bolsa *f* ~s Mottensack *m*, mottensicherer Kleidersack *m*; ~popular *adj. c* volksfeindlich; ~pútrido *adj.* Fäulnis verhütend; ~quísimo *adj.* uralt.
anti|rrábico ✱ *adj.*: suero *m* ~ Tollwutserum *n*; ~rreflejo(s) *Kfz. adj. inv.* blendfrei; ~rreglamentario *adj.* dienstwidrig; vorschriftswidrig; verboten, unerlaubt; *Vkw.* verkehrswidrig; ~rreligioso *adj.* religionsfeindlich; ~rreumático *adj.* gegen Rheuma; ~rrepublicano *adj.su.* antirepublikanisch; ~rresbaladizo *adj.* rutsch-sicher, -fest; ~rrevolucionario *adj.-su.* gegenrevolutionär; ~rrobo *m* Diebstahlschutz *m*; *Kfz.* Lenkradschloß *n*.
anti|semita *adj.-su. c* antisemitisch; *m* Antisemit *m*; ~sémítico *adj.* antisemitisch; ~semitismo *m* Antisemitismus *m*; ~sepsia *f* Antisepsis *f*; ~séptico *adj.* antiseptisch, keimtötend; ~sísmico *adj.* erdbebensicher (*Gebäude usw.*); ~social I. *adj. c* unsozial; asozial; II. *m Col.* Verbrecher *m*; ~strofa *f* Antistrophe *f*, Gegenstrophe *f*.
anti|submarino *adj.*: defensa *f* (lucha *f*) ~a U-Boot-Abwehr *f* (-Bekämpfung *f*); ~sudorífico *adj.* die Schweißabsonderung hemmend; ~tabaco *adj. c* Antiraucher...; ~tanque ✕ *adj. c-su. m* (cañón *m*) ~ Panzerabwehrkanone *f*, Pak *f*; ~térmico *adj.* ✱ fiebersenkend.
antítesis *f (pl. inv.)* Gegensatz *m*, Antithese *f*.
anti|tetánico *adj.*: suero *m* ~ Tetanusserum *n*; ~tético *adj.* antithetisch, gegensätzlich; ~toxina ✱

antituberculoso — apaciguador

ƒ Antitoxin n, Gegengift n; ~tuberculoso adj.: campaña ƒ ~a Tuberkulosebekämpfung ƒ; ~tusígeno m Hustenmittel n; ~variólico adj. gegen die Blattern; ~venéreo adj. gegen Geschlechtskrankheiten; ~virus m (pl. inv.) EDV (Anti-)Virusprogramm n.
anto|jadizo adj. launenhaft, grillenhaft; lüstern; ~jarse v/r.: se me antoja es fällt mir ein; la tela se me antoja buena der Stoff scheint gut zu sein, ich halte den Stoff für gut; antojárselo a alg. a/c. (plötzlich) Lust auf et. (ac.) haben, et. haben wollen; j-m in die Augen stechen; se me antoja + inf. ich habe Lust, zu + inf.; se me antoja que es scheint mir dabei; es kommt mir so vor, als ob; ~jera ƒ Scheuklappe ƒ; ~jitos m/pl. Méj. kl. pikante Vorspeisen ƒ/pl.; ~jo m 1. Gelüst n (a. von Schwangeren); Laune ƒ, Grille ƒ; a mi (tu usw.) ~ nach Lust u. Laune; 2. Muttermal n; 3. ☐ Fesseln ƒ/pl.
antología ƒ Anthologie ƒ; fig. F de ~ super F, dufte F, toll F, Klasse F.
antónimo Gram. adj.-su. von entgegengesetzter Bedeutung; m Antonym n, Gegenwort n.
Antonio npr. m Anton m; ecl. Antonius m.
antono|masia Rhet. ƒ Antonomasie ƒ; por ~ → ~másticamente adv. schlechthin; ~mástico adj. antonomastisch.
antor|cha ƒ Fackel ƒ (a. fig.); desfile m de ~s Fackelzug m; ~chero m Fackel-ständer m, -halter m. •
antozo(ari)os m/pl. Korallen-, Blumen-tiere n/pl., Anthozoen n/pl.
antra|cita ƒ Anthrazit m, Glanzkohle ƒ; ~cosis ♂ ƒ Anthrakose ƒ, Kohlenstaublunge ƒ.
ántrax ♂ m Karbunkel m; Milzbrand m.
antro m 1. Höhle ƒ, Grotte ƒ; P miese Bude ƒ, Bruchbude ƒ F; Kaschemme ƒ; ~ de corrupción Lasterhöhle ƒ; 2. Anat. Antrum n.
antro|pofagia ƒ Anthropophagie ƒ, Kannibalismus m; ~pófago adj.-su. Menschenfresser m; ~pófobo adj. menschenscheu; ~poide I. adj. c menschenförmig; II. m Menschenaffe m; ~pología ƒ Anthropologie ƒ; Am. a. Völkerkunde ƒ; ~pológico adj. anthropologisch; ~pólogo m Anthropologe m; ~pometría ƒ Anthropometrie ƒ; 🕵 a. (polizeilicher) Erkennungsdienst m; ~pomorfismo m Anthropomorphismus m; ~pomorfo adj. anthropomorph; menschenähnlich; ~posofía Phil. ƒ Anthroposophie ƒ; ~pósofo m Anthroposoph m.
antrue|jada ƒ Karnevalsscherz m; ~jo m Reg. Karneval m.
anturio ♀ m Flamingoblume ƒ.
antuvión m plötzlicher Schlag m; unerwartetes Ereignis n.
anua|l adj. c (ein)jährig; ~l del Jahres...; † balance m ~ Jahresabschluß m, -bilanz ƒ; ~lidad ƒ Jahres-betrag m, -ertrag m; Jahreseinkommen n; Annuität ƒ; ~lmente adv. jährlich.
anuario m Jahrbuch n; Kalender m; Adreßbuch n; ~ de la nobleza Adelskalender m; ⚓ ~ de mareas Gezeitentafel ƒ.
anuba(rra)do adj. bewölkt.
anubla|miento m Bewölkung ƒ; ~r I. v/t. bewölken; fig. verdunkeln; II. v/r. ~se s. be- od. um-wölken; fig. s. trüben; dahinwelken.
anuda|dor m: ~ de alfombras Teppichknüpfer m; ~dura ƒ, ~miento m Verknotung ƒ, Verknüpfung ƒ; ~r I. v/t. verknoten; anknüpfen (a. fig.); fig. verbinden; ~ado a mano handgeknüpft (Teppich); II. v/r. ~se im Wachstum zurückbleiben; fig. versagen (Stimme).
anuen|cia ƒ Einwilligung ƒ, Zustimmung ƒ; ~te lit. adj. c zustimmend; willfährig.
anula|ble adj. c aufhebbar, rückgängig zu machen(d); ~ción ƒ Aufhebung ƒ; Nichtigkeitserklärung ƒ; Annullierung ƒ; ~r¹ I. v/t. streichen, tilgen, aufheben; rückgängig machen; annullieren, für null u. nichtig erklären; II. v/r. ~se fig. s. demütigen.
anular² I. adj. c ringförmig; II. adj.-su. m (dedo m) ~ Ringfinger m.
anulativo adj. aufhebend, annullierend.
anuloso adj. geringelt; ringförmig.
anun|ciación ƒ Anzeige ƒ, Verkündigung ƒ; Rel. ♀ Mariä Verkündigung ƒ; ~ciador adj.-su. ver-, ankündigend; (columna ƒ) ~a ƒ Litfaß-, Anschlag-säule ƒ; ~ciante adj.-su. c Inserent m; ~ciar [1b] I. v/t. anzeigen, bekanntmachen; ankündigen; voraussagen; (an)melden; ¿a quién debo ~? wen darf ich melden?; F ¡qué anuncia este tipo? was will der Kerl eigentlich? F; II. v/i. inserieren; ~cio m Bekanntmachung ƒ; Meldung ƒ; Vorhersage ƒ; Anzeige ƒ; ~ luminoso Lichtreklame ƒ; Zeitung: ~s breves (verschiedene) Kleinanzeigen ƒ/pl.; ~s m/pl. económicos Kleinanzeigen ƒ/pl.; sección ƒ de ~s a) Anzeigenabteilung ƒ; b) Anzeigenteil m e-r Zeitung.
anuria ♂ ƒ Harnverhaltung ƒ.
anverso m Bildseite ƒ e-r Münze; Vorderseite ƒ.
anzuelo m Angelhaken m; fig. Lockmittel n; fig. caer (od. picar) en el ~, morder (od. tragar) el ~ anbeißen, darauf hereinfallen; echar el ~ die Angel auswerfen (a. fig.).
añada ƒ (bsd. Ernte-)Jahr n; ✍ Wechselerde ƒ.
añadi|do m Hinzugefügte(s) n; falsche Haare n/pl., Haarteil n; Typ. Zusatz m, Nachtrag m; ~dura ƒ Beigabe ƒ, Zusatz m; Zugabe ƒ beim Einkauf; ⊕ Ansatz(stück n) m; de ~ als Zugabe m; por ~ außerdem, (noch) obendrein; ~r v/t. hinzufügen; -rechnen; vergrößern, erweitern, verlängern; hay que ~ que ... es muß noch bemerkt werden, daß ...
añagaza ƒ Lockvogel m; fig. Lockmittel n, Köder m.
aña|l I. adj. c (ein)jährig (Schafe, Ziegen); → anual; II. m Opfer n zum Jahrgedächtnis der Verstorbenen; ~lejo m (Kirchen-)Agende ƒ.
¡añañay! int. Chi. bravo!, gut!
añapa ƒ And., Rpl. Karobengetränk n; Arg. hacer ~ a/c. et. kurz u. klein schlagen, et. zerteppern F.
añascar [1g] F v/t. 1. zs.-klauben; 2. verwirren.
añe|jar I. v/t. ablagern lassen; II. v/r. ~se altern, ablagern; mit dem Alter an Güte gewinnen (bzw. verlieren) (Wein usw.); ~jo adj. (ein)jährig; alt; F längst überholt (Nachricht); alteingewurzelt (Laster); althergebracht (Sitten); vino m ~ alter, abgelagerter Wein m.
añicos m/pl. Scherben ƒ/pl., Splitter m/pl., Fetzen m/pl.; F hacer ~ a/c. et. in Fetzen (zer)reißen; et. kurz u. klein schlagen, et. zerteppern F.
añil 1 m Indigo m; azul m ~ Indigoblau n; ~lar v/t. mit Indigo färben.
añinos m/pl. Lammwolle ƒ; piel ƒ de ~ (polnisch) Lammfell n.
año m 1. Jahr n; ~ bisiesto (civil) Schalt- (Kalender-)jahr n; ~ comercial, ~ económico Geschäfts-, Rechnungs-jahr n; ~ escolar (eclesiástico, litúrgico) Schul- (Kirchen-)jahr n; ~ de gracia Jahr n des Heils; ~ lunar (luz) Mond- (Licht-)jahr n; ~ natural (ein) volles Jahr; (día m de) ♀ Nuevo Neujahr(stag m) n; ~ de Jubileo, ~ Santo Heiliges Jahr n; ~s m/pl. de servicio Dienstjahre n/pl.; F el ~ de la nan(it)a, el ~ de la pera, el ~ de la polca Anno dazumal F; a los veinte ~s mit 20 Jahren; ¿cuántos ~s tienes? wie alt bist du?; del ~ pasado vorjährig, vom vorigen Jahr; de pocos ~s wenige Jahre alt; klein (Kind); de tres ~s dreijährig, drei Jahre alt; el ~ que viene nächstes Jahr; cumplir 40 ~s 40 Jahre (alt) werden; F estar de buen ~ dick u. fett sein F; Sch. ganar ~ das Abschlußexamen bestehen; das Klassenziel erreichen; entrado en ~s bejahrt; ¡por muchos ~s! meine Glückwünsche!; 2. Jahrgang m; mal ~ Miß-jahr n, -ernte ƒ.
añora|nza ƒ Sehnsucht ƒ (nach dat. de); wehmütige Erinnerung ƒ (an ac. de); ~r v/t. s. sehnen nach (dat.); nachtrauern (dat.).
añoso adj. alt.
añublo ✍ m Brand m (Getreidekrankheit).
añudar v/t. → anudar.
ao|jadura ƒ, ~jamiento m → aojo; ~jar v/t. durch den bösen Blick behexen; fig. zugrunde richten; ~jo m der "böse Blick".
aoristo Gram. m Aorist m.
aorta Anat. ƒ Aorta ƒ.
aova|do adj. oval; ~r v/i. Eier legen.
aovillarse v/r. s. knäueln; s. zs.kauern.
¡apa! int. Méj. nanu! (Befremdung).
apa Chi.: al ~ auf dem (bzw. den) Rücken.
apabullar F v/t. zerknüllen, plattdrücken; fig. am Boden zerstören F, mit Beweisen erdrücken.
apacenta|dero m Weideplatz m; ~miento m Weiden n, Hütung ƒ; ~r [1k] v/t. Vieh weiden, hüten; fig. schüren, nähren.
apaci|bilidad ƒ Sanftmut ƒ, Friedfertigkeit ƒ; Leutseligkeit ƒ; Milde ƒ (a. Met.); ~ble adj. c milde (a. Wetter), sanft (a. Wind), ruhig; leutselig; ~blemente adv. freundlich; leutselig.
apacigua|dor adj.-su. beschwichti-

apaciguamiento — apartar

gend; *m* Friedensstifter *m*; ~**miento** *m* Beschwichtigung *f*, Beruhigung *f*; *política f* de ~ Beschwichtigungspolitik *f*, Appeasement *n* (*engl.*); *tropas f/pl.* de ~ Friedenstruppe(n) *f(/pl.)*; ~**r** [1i] *v/t.* beruhigen, besänftigen, dämpfen; Frieden stiften unter (*od.* zwischen) (*dat.*).
apache I. *adj.-su. c* Apatsche *m* (*Indianer*); II. *m fig.* Apache *m*, Messerheld *m*, Ganove *m*; ~**ta** *And. f* Steinhaufen *m* als Zeichen des Dankes an die Gottheit *bei Paßübergängen; fig.* Notunterkunft *f*, Schutzhütte *f*.
apachurra|do *adj. Méj., Cu., Col.* untersetzt; ~**r** *v/t.* plattdrücken; *fig.* den Mund stopfen (*dat.*).
apadrina|miento *m* Begönnern *n*, Bemuttern *n*; ~**r** *v/t.* Patenstelle annehmen bei (*dat.*); (Trau- *usw.*) Zeuge sein bei (*dat.*); *fig.* verteidigen; fördern, begünstigen.
apaga|ble *adj. c* löschbar; ~**broncas** P *m* (*pl. inv.*) Rausschmeißer *m* P; ~**da** *f Am.* → apagamiento; ~**dizo** *adj.* schwer brennbar; ~**do** *adj.* erloschen; gedämpft (*Ton, Farbe*); dumpf (*Stimme*); verzagt (*Temperament*); ~**dor** *adj.-su. m* Löschhorn *n*; ♪ Dämpfer *m* (*Klavier*); *Méj.* (Licht-)Schalter *m*; ~**incendios** ⚜ *m* (*pl. inv.*) Feuerlöschpumpe *f*; ~**miento** *m* Ver-, Auslöschen *n*; ~**penol** ⚜ *m* Nockgording *f*; ~**r** [1h] I. *v/t.* (aus)löschen (*a. fig.*); *Licht* ausmachen; *Farben* mildern; *Ton u. fig.* dämpfen; *Kalk, Durst* löschen; ⚜ *Segel* reffen; II. *v/i. abs.* das Licht löschen; *fig.* F *apaga y vámonos* jetzt ist Schluß; jetzt reicht's F, jetzt langt's aber F; III. *v/r.* ~**se** ausgehen, erlöschen; verklingen; ~**velas** *m* (*pl. inv.*) Löschstock *m*, -horn *m*.
apagón I. *adj. Méj., Cu.* → apagadizo; II. *m* F Stromausfall *m*.
apaisado *adj.* in Querformat (*Bild, Buch*).
apaisanarse *v/r. Rpl.* verbauern.
apalabrar I. *v/t.* absprechen, mündlich vereinbaren; *j-n zu e-r Zs.-kunft* bestellen; II. *v/r.* ~**se** (*con*) s. verabreden (mit *dat.*).
apalanca|do F *adj.* versteckt; ~**r** [1g] *v/t.* mit Hebeln (*od.* Brechstangen) bewegen; F verstecken.
apalea|da *f Am.* → ~**miento** *m* Schlagen *n*, Durchprügeln *n*; ~**r** *v/t.* prügeln; *Teppiche* klopfen; *Kleider* ausklopfen; *Baum* mit Stangen schlagen, *um die Früchte zu ernten*; *Korn* worfeln; *fig.* F ~ *oro* (*od. plata usw.*) (das) Geld scheffeln, in Geld schwimmen F.
apancle *m* → apantle.
apancora *Zo. f Chi.* Seekrebs *m*.
apan|dar F *v/t.* stibitzen, klauen F; ~**dillarse** *v/r.* s. zs.-rotten.
apanojado ♀ *adj.* rispenförmig.
apantle *m Méj.* Wasserrinne *f*.
apaña|do *adj.* 1. tuchähnlich; 2. *fig.* F anstellig, geschickt, fix F; brauchbar, zweckdienlich; F *estamos* ~ jetzt stecken wir in der Patsche; e-e schöne Bescherung F, wir sind aufgeschmissen F; ~**dura** *f* 1. → apaño; ~**r** [1a] *zs f/pl.* Besatz *m*; ~**r** I. *v/t.* 1. flicken, ausbessern; 2. zurechtmachen; schön anziehen; 3. F stibitzen, mitgehen lassen, abstau-

ben F; 4. *Reg. u. Arg.* decken, in Schutz nehmen; II. *v/r.* ~**se** 5. s. geschickt anstellen; *apañárselas* zurechtkommen, s. zu helfen wissen; *no sé cómo se las apaña* ich weiß nicht, wie er es anstellt.
apaño *m* 1. Flicken *n*; Flicken *m*; 2. Zugreifen *n*; Stehlen *n*; 3. Geschick *n*; 4. P Liebhaber *m*; (Liebes-)Verhältnis *n*; 5. P guter (bequemer) Job *m* F.
apara|dor *m* 1. Büffet *n*; Kredenz *f*, Anrichte *f*; Geschirrschrank *m*; 2. Werkstatt *f*; 3. ✝ Auslage *f*; Schaufenster *n*; ~**r** I. *v/t.* zurechtmachen; *Zim.: Balken* usw. schlichten; ✂ jäten; *Schuhmacher: Schäfte* nähen; II. *vt/i. Hände, Schürze od. ä.* aufhalten; ~ (en *od. con la mano*) auffangen (*fast nur imp. gebräuchlich*).
aparasolado *adj.* schirmförmig; ♀ → umbelífero.
aparatarse *v/r. Reg. u. Col.* s. bewölken (*Himmel*).
aparato *m* 1. Apparat *m* (*a. fig.*), Gerät *n*, Vorrichtung *f*; Telefon *n*; Flugzeug *n*; ~ *adicional* Zusatzgerät *n*; ~ *auxiliar* Hilfsgerät *n*; Nebenapparat *m*; ~ *basculante* Kippvorrichtung *f*; ~ *de calcar* Lichtpausapparat *m*; *Lit., Phil.* ~ *crítico* kritischer Apparat *m*; ~ *dental* (*od. de ortodoncia*) Zahnspange *f*; *Thea.* ~ *eléctrico* Blitz *m* und Donner *m*; ❀ ~ *fisioterápico* Heilgerät *n*; → *a.* 3; ⚓ ~ *m/pl. para gobernar* Steuergerät *n*; ⊕ ~ *de mando* Steuergerät *n*; ~ *de mesa* Tisch-apparat *m*, -apparat *m*; *fig.* ~ *del* (*od. de un*) *partido* Parteiapparat *m*; ~ *de proyección* Projektionsapparat *m*; Projektor *m*; 👁 ~ *de rodadura* Laufwerk *n*; ~ *de toma* (Bild-, Ton-)Aufnahmegerät *n*; *Tel.* (estar) al ~ am Apparat (sein); 2. *Anat.* ~ *circulatorio* Kreislaufsystem *n*; ~ *digestivo* (vocal) Verdauungs- (Stimm-)apparat *m*; 3. ❀ Verband *m*; ~ *ortopédico* orthopädischer Verband *m* (*bzw.* Apparat *m*); 4. ❀ Krankheitssymptome *n/pl.*; 5. Prunk *m*, Gepränge *n*; 6. *fig.* Geschrei *n*; Lärm *m*; Umstände *m/pl.*; 7. P männliches (*od.* weibliches) Geschlechtsorgan *n*; ~**sidad** *f* Prunk *m*, Aufwand *m*, Übertreibung *f*; ~**so** *adj.* prunkhaft; auffallend; protzig; schrecken-, aufsehen-erregend.
aparca|dero *m Span.* Parkplatz *m*; ~**miento** *m* Parken *n*; Parkplatz *m*; ~ *subterráneo* Tiefgarage *f*; *mal* ~ Falschparken *n*; ~ *vigilado* bewachter Parkplatz *m*; ~**r** [1g] *vt/i.* parken.
aparce|ría *f* Halb-, Teil-pacht *f*; ~**ro** ✍ Halb-, Teil-pächter *m*; P *Am.* Kumpan *m*; *Arg.* Kunde *m*.
aparea|miento *m* Paarung *f*; ~**r** *v/t.* paaren (*bsd. Tiere*); paarweise zs.-stellen.
apare|cer [2d] I. *v/i.* 1. erscheinen, zum Vorschein kommen, zutage treten; auftreten; ~ *como aussehen wie*; *este título no aparece en el catálogo* dieser Titel steht nicht im Katalog; 2. erscheinen, veröffentlicht werden (*Buch*); II. *v/r.* ~**se** 3. (unvermutet) erscheinen, auftauchen; ~**cido** *m* Geist *m*, Gespenst *n*; Erscheinung *f*.
apare|jado *adj.* zweckmäßig, pas-

send; *llevar* (*od. traer*) ~ mit s. bringen, zur Folge haben; ~**jador** *m* 🏛 Bau-meister *m*, -führer *m*; ⚓ Takelmeister *m*; ~**jar** *v/t.* zubereiten, herrichten; rüsten (*a. fig.*); *Pferd usw.* (an)schirren; ⚓ auftakeln; ⊕, *Mal.* grundieren; ~**jo** *m* 1. Zurüstung *f*; 2. ⊕ Hebezeug *n*, Flaschenzug *m*; ✝ Talje *f*; 3. ⚓ Segelwerk *n*, Takelage *f*; ~**s** *m/pl.* Schiffsgerät *n*; 4. Pferdegeschirr *n*; *Am.* Pack- u. Reit-sattel *m* aus Binsen; 5. 🔺 Verband *m*; 6. *Mal.* Grundierung *f*; 7. ~**s** *m/pl.* Gerätschaften *f/pl.*; ~**s** *de pesca* Angel-*od.* Fischerei-gerät *n*.
aparen|tar *v/t.* vorspiegeln, vorgeben; ~ + *inf.* s. stellen, als ob, (so) tun, als ob + *subj.*; (no) *aparenta la edad que tiene* er sieht (nicht) so alt aus, wie er ist; ~**te** *adj. c* 1. äußerlich, augenscheinlich; scheinbar; 🏛 offenkundig; *argumento m* ~ Schein-beweis *m*; -grund *m*; *muerte f* ~ Scheintod *m*; 2. P passend, zweckmäßig; P hübsch, gut-aussehend; ~**temente** *adv.* scheinbar; anscheinend.
aparición *f* 1. Erscheinen *n*; *hacer su* ~ (auf der Bildfläche) erscheinen; 2. Erscheinung *f*, Vision *f*; Gespenst *n*.
apariencia *f* äußerer Schein *m*, Anschein *m*; Wahrscheinlichkeit *f*; *adv. en* (*la*) ~ scheinbar; offensichtlich, offenbar; *las* ~ *engañan* der Schein trügt; *salvar* (*od. cubrir*) *las* ~**s** den Schein wahren; *según* (*todas*) *las* ~**s** allem Anschein nach.
aparra|do *adj.* mit waagrecht gewachsenen Zweigen (*Baum*); *fig.* untersetzt, stämmig; ~**r** ✍ *v/t.* *Zweige* waagrecht ziehen.
aparroquiado *adj.* besucht (*Laden*); *ecl.* eingepfarrt.
apar|ta *f Am.* (Aus-)Sortierung *f* *v. Vieh beim rodeo*; ✍ *Col. de* ~ abgesetzt, entwöhnt; ~**tadamente** *adv.* getrennt; abseits; ~**tadero** *m* 1. Ausweichstelle *f*; 🚂 Ausweichgleis *n*; ~ *particular* eigener Bahnanschluß *m* (*Werk*); 2. Weidestreifen *m* längs e-r Straße; 3. *Stk.* Platz *m*, auf dem die Kampfstiere getrennt werden; 4. *Méj.* Aussonderung *f* von Vieh; ~**tadijo** *m* Häuflein *n*; ~**tadizo** *m* Nebenraum *m*; Verschlag *m*; ~**tado** I. *adj.* 1. abgelegen; entfernt; ruhig gelegen; II. *m* 2. Hinterzimmer *n*; Séparée *n*; 3. *Stk.* Einstellung *f* der Stiere; 4. ~ (*de correos od. postal*) Post-(schließ)fach *n*; 5. *Typ.* Absatz *m*; 6. ⊕ Gold-Silber-Scheidung *f*; *Méj.* Scheideanstalt *f*; ~**tador** *m* 1. Sortierer *m*; 2. ⊕ Prüfgefäß *n* für Goldproben; Retorte *f* für Silbergewinnung; 3. *Ec.* Ochsenstachel *m*; ~**tamento** *m* Appartement *n*; *bsd. Am.* Wohnung *f*; ~**tamiento** *m* 1. Entfernung *f*; Trennung *f*; Aussonderung *f*; 2. 🏛 Verzicht *m*; 3. → *apartamento*; ~**tar** I. *v/t.* 1. (ab)sondern, sortieren (*a. Vieh*); trennen; *Metalle* scheiden; 2. entfernen; beiseite legen, zurücklegen (*a. Geld*); ~ *de* abringen von (*dat.*); *de sí* von s. weisen; ~ *la cara*, ~ *los ojos* das Gesicht abwenden; II. *v/r.* ~**se** 3. s. entfernen; s. trennen; *fig.* s. zurück-

ziehen; abweichen (von *dat.* de); Platz machen; ~*se del camino vom Wege abkommen;fig. no* ~*se de* nicht abgehen von (*dat.*); ~**te I.** *adv.* **1.** beiseite; abseits; für sich; ~ de que abgesehen davon, daß; ~ de ello abgesehen davon; außerdem; *Thea.* hablar ~ zur Seite sprechen; **II.** *prp.* **2.** † *u. Am.* außer (*dat.*); **III.** *m* **3.** Absatz *m*; *punto y* ~ (Punkt u. neuer) Absatz; **4.** *Thea.* zur Seite Gesprochene(s) *n*; **5.** *Am.* Absonderung *f v. Vieh.*
apartidis|mo *Pol. m* Parteilosigkeit *f*; ~**ta** *adj.-su. c* parteilos.
apartijo *m* Häuflein *n*.
aparvar ✗ *v/t.* Korn zum Dreschen schichten; *fig.* anhäufen, sammeln.
apasiona|damente *adv.* leidenschaftlich; ~**do I.** *adj.* leidenschaftlich; begeistert; ~ *por el juego* spielbegeistert; *a. m* leidenschaftlicher Spieler *m*; **II.** *m fig.* Hitzkopf *m*; ~**miento** *m* leidenschaftliche Teilnahme *f*; Begeisterung *f*; ~**nte** *adj. c* mitreißend, begeisternd; ~**r I.** *v/t.* begeistern; für s. einnehmen; **II.** *v/r.* ~se in heftiger Leidenschaft entbrennen (zu j-m *por alg.*); ~*se por a/c.* s. für et. (*ac.*) begeistern; s. leidenschaftlich für et. (*ac.*) einsetzen.
apasote ♀ *m* → pazote. [Topf *m*.]
apaste *m Méj.* irdener (Henkel-)
apatía *f* Apathie *f*, Gleichgültigkeit *f*, Teilnahmslosigkeit *f*.
apático *adj.* apathisch, teilnahmslos, gleichgültig, stumpf.
apátrida *adj.-su. c* staatenlos; heimatlos.
apatusco *desp.* F *m* **1.** Putz *m*, Schmuck *m*; **2.** Vogelscheuche *f* (*fig.*); widerliche Type F.
apayasarse *v/r.* den Hanswurst spielen (*fig.*).
apea *Equ. f* Fessel *f*, Spannkette *f*; ~**dero** *m* Trittstein *m*; *fig.* Absteigequartier *n*; 🚂 Haltepunkt *m*; ~**dor** *m* Feldmesser *m*; ~**lar** *v/t. Am. dem Reittier* die Beine fesseln (*durch Lassowurf*); ~**r I.** *v/t.* j-m vom Pferd helfen; Feld vermessen u. abmarken; *Schwierigkeit* beheben; *Gebäude* (ab)stützen; *Wagen mit e-m Stein od. ä.* blockieren; *Pferd* fesseln; *Baum* fällen; *Am.* (*s-s Amtes*) entheben; ~ *de* von e-r Meinung *od.* Absicht abbringen; ~ *el tratamiento a alg.* j-n ihm zustehenden Titel vorenthalten; **II.** *v/r.* ~se absitzen; aussteigen; F ~*se de algo* von et. (*dat.*) abkommen; ~*se por la cola*, ~*se por las orejas* vom Pferd abgeworfen werden; *fig.* dummes Zeug vorbringen; ins Fettnäpfchen treten.
ape|char *v/i. Reg. u. Am.* → **chugar** [1h] **I.** *v/i.* ~ *con a/c.* s. et. auf den Hals laden, et. über s. ergehen lassen, in den sauren Apfel beißen; ~ *con todo* s. mit allem abfinden; **II.** *v/t. Ec.*, *Pe.* j-n beuteln, j-n schütteln; ~**darse** V *v/r.* s. besaufen P.
apedre|ado *adj.* **1.** buntscheckig; **2.** blatternarbig; ~**amiento** *m* Steinigung *f*; ~**ar I.** *v/impers.* hageln; **II.** *v/t.* mit Steinen bewerfen, steinigen; **III.** *v/r.* ~se verhageln (*v/i. Getreide*); ~**o** *m* Steinigen *n*.

ape|gado *adj.*: ~ *a* verwachsen (*fig.*) mit (*dat.*), verbunden mit (*dat.*); *estar* ~ *a ... an ... (dat.)* hängen; ~ *al terruño* heimat-, erd-verbunden; ~**garse** [1h] *v/r.* ~*se a* Zuneigung fassen zu (*dat.*); ~**go** *m* (a) Anhänglichkeit *f* (an *ac.*), Zuneigung *f* (zu *dat.*); *tener* ~ *a*, *sentir* ~ *por an* (*dat.*) hängen; *cobrar* ~ *a j-n od. et.* liebgewinnen.
apela|ble ⚖ *adj. c* anfechtbar; ~**ción** ⚖ *f* Berufung *f*; procedimiento *m* de ~ Berufungsverfahren *n*; *interponer* (*recurso de*) ~ Berufung einlegen; *a. fig.* sin ~ hoffnungslos; unwiderruflich; *... es susceptible de ~ gegen* ... (*ac.*) kann Berufung eingelegt werden; ~**do** *m* Berufungsbeklagte(r) *m*.
apelambrar *v/t. Felle* enthaaren.
apela|nte ⚖ *m* Berufungskläger *m*; ~**r** *v/i.* **1.** Berufung einlegen (gg. *ac.* de, bei *dat.* a); *passivisch a. als v/t.* möglich: la sentencia ha sido apelada gg. das Urteil wurde Berufung eingelegt; **2.** ~ *a* appellieren an (*ac.*); *Gericht* anrufen; s. berufen auf (*ac.*); ~ *a alg.* bei j-m Hilfe suchen; ~ *a la fuga*, ~ *a los pies* die Flucht ergreifen; ~ *a un medio* zu e-m Mittel greifen; ~**tivo I.** *Gram. adj.-su. m* (*nombre m*) ~ Gattungsname *m*; **II.** *m Am.* Familienname *m*.
apelmaza|do *adj.* klumpig (*a.* Brot); *fig.* kompakt; kleingedruckt, schwer lesbar (*Buch*); ~**r** [1f] **I.** *v/t.* feststampfen, zs.-pressen; **II.** *v/r.* ~se zs.-ballen (*Schnee*).
apelotonar I. *v/t.* zs.-knäueln, -ballen; **II.** *v/r.* ~se s. (*zs.-*)drängen; s. zs.-kauern; Knäuel *od.* Klumpen bilden.
apelli|damiento *m* (Be-)Nennung *f*; Zu-, An-ruf *m*; ~**dar I.** *v/t.* (be-)nennen; anrufen; *hist.* ⚔ einberufen, aufrufen; **II.** *v/r.* ~se mit Familiennamen heißen; ~**do** *m* **1.** Zu-, Familien-name *m*; *Span.* nombre *m y* ~s *m/pl.* Vorname u. in fast allen Ländern span. Sprache gebräuchlichen Familiennamen des Vaters u. der Mutter; *fig.* niño *m* sin ~ uneheliches Kind *n*, Kind n e-r ledigen Mutter; **2.** *hist.* Heerbann *m*.
apena|do *adj.* vergrämt, bekümmert; ~**r I.** *v/t.* bekümmern, schmerzen; **II.** *v/r.* ~se s. sorgen (um *ac. por*); *Am.* s. schämen, verlegen sein.
apenas *adv.* kaum; mit Mühe, mühsam; ~ *terminada la reunión* sofort nach Abschluß der Versammlung; ~ *llegué a la ciudad, (cuando) ... ich war kaum in der Stadt, da ...; ~ si ... apenas.*
apencar [1g] F *v/i.* schuften F, s. abrackern F.
apéndice *m* **1.** Anhang *m*; Zusatz *m*; *fig.* (getreuer) Schatten *m* (*fig.*); ~s *m/pl.* Ergänzungsbände *m/pl.*; **2.** *Anat.* ~ (*ileo*)*cecal*, ~ *vermiforme* Wurmfortsatz *m* des Blinddarms.
apendi|cectomía ⚕ *f* Appendektomie *f*; ~**citis** ⚕ *f* (*pl. inv.*) Blinddarmentzündung *f*, Appendizitis *f*.
Apeninos *m/pl.* Apennin *m*.
apensionarse *v/r. Arg.* schwermütig werden; *Moralischen* kriegen F.
apeo *m* **1.** ⚠ Unterfangen *n*, Abstützen *n*; Stützwerk *n*; **2.** Feldmessung *f*; Vermessungsurkunde *f*.

apeonar *v/i.* schnell laufen (*bsd. Rebhuhn*).
aperador *m* **1.** Stellmacher *m*; **2.** Oberknecht *m*; Gutsinspektor *m*; **3.** ⚒ Steiger *m*.
apercepción *Phil. f* Apperzeption *f*.
aperci|bimiento *m* Vorbereitung *f*; Warnung *f*; ~**bir I.** *v/t.* **1.** vorbereiten; ~*ido para* bereit zu (*dat. inf.*); **2.** warnen (vor *dat.* de); mahnen, tadeln, verwarnen; **3.** ⚖ über die Rechtsfolgen belehren; **4.** *Am.* → percibir 1, cobrar 1; **II.** *v/r.* ~se **5.** ~*se a (para, contra)* s. zu (*dat.*) (für *ac.*, gg. *ac.*) rüsten; ~*se de* s. versehen mit (*dat.*); **6.** *gal.* → notar, observar, advertir.
apercollar [1m] F *v/t.* **1.** am Kragen packen; den Hals umdrehen (*dat.*); **2.** stibitzen, klauen F.
apergamina|do *adj.* pergamentartig; lederartig (*Gesichtshaut*); ~**rse** *v/r.* zs.-schrumpfen.
aperiódico ⚡ *adj.* aperiodisch.
aperitivo I. *adj.* **1.** appetitanregend; **II.** *m* **2.** appetitanregende Speise *f*; kl. pikante Vorspeise *f*; **3.** 🍹 Aperitivum *n*.
apero *m* **1.** *mst.* ~s *m/pl.* (*de labranza*) Ackergerät(e) *n*(/*pl.*); **2.** *Am.* Pferdegeschirr *n*; Sattel *m*.
aperre|ado F *adj.* ermüdend, lästig; *este trabajo me trae* ~ hundemüde werde ich von dieser Arbeit F; ~**ar I.** *v/t.* mit Hunden hetzen; *fig.* F bedrängen (*a/c.*), auf den Wecker gehen (*dat.*) F; **II.** *v/r.* ~se s. abplacken, schuften; ~**o** *m* Belästigung *f*; Ermüdung *f*.
apersonarse *v/r.* → personarse.
apertu|ra *f* Öffnung *f*; Eröffnung *f*; Beginn *m* (*z. B. v. Kursen*); ~ *del testamento* Testamentseröffnung *f*; *Vkw.* ~ *al tráfico* Freigabe *f* für den Verkehr; *Pol.* ~ *a la izquierda* Öffnung *f* nach links; ~**rismo** *Pol. m* Politik *f* der Öffnung; ~**rista** *adj.-su. c* Befürworter *m* e-r politischen Öffnung.
apesa|dumbrado *adj.* bekümmert; ~**(dumb)rarse** *v/r.* s. schweren Kummer machen, s. härmen (wegen, *um ac. con, por, de*).
apes|tado *adj.* verpestet; *fig.* ~ *de géneros* mit Waren überfüllt; ~**tar I.** *v/t.* verpesten; *fig.* belästigen, langweilen (*ac.*), auf die Nerven gehen (*dat.*); **II.** *v/i.* übel riechen, stinken (*a. v/impers.*) (nach *dat. a*); *Chi.* ¡apesta! (*verstärkend*) verdammt!; **III.** *v/r.* ~se *Col.* s. erkälten; ~**toso** *adj.* stinkend; *fig.* widerlich.
apétalas ♀ *f/pl.* Einfachblumenblättrige *f/pl.*, Apetale(n) *f/pl.*
apete|cedor *adj.* **1.** erstrebend; **2.** verlockend, appetitlich; ~**cer** [2d] **I.** *v/t.* begehren, trachten nach (*dat.*); **II.** *v/i.* zusagen; ¿*qué te apetece?* was sagt dir zu?, was möchtest du?, worauf hast du Lust?; ~**cible** *adj. c* wünschens-, begehrens-wert; ~ (*al gusto*) schmackhaft; ~**ncia** *f* Appetit *m*; Verlangen *n*, Streben *n*.
apetito *m* Appetit *m* (auf *ac.* de); Verlangen *n*; Trieb *m*; Begierde *f* (*a. Phil. u. Psych.*); *bsd. Rel.* ~ *carnal* Fleischeslust *f*; *falta f de* ~ Appetitlosigkeit *f*;

apetitoso — aportar

~so *adj.* appetitlich, einladend; *poco* ~ unappetitlich.
apiadar I. *v/t. j-s* Mitleid erregen; **II.** *v/r.* ~se (de) Mitleid haben (mit *dat.*); s. (*j-s*) erbarmen.
apianar ♪ *v/t.* Lautstärke dämpfen; ~ *la voz* leiser sprechen.
apiario *m* Imkerei *f* (*Betrieb*).
apical ♀, ✱, *Phon. adj. c* apikal.
apicarado *adj.* durchtrieben.
ápice *m* 1. Gipfel *m*; Spitze *f* (*a. Gebäude*); *lit.* en el ~ *de la gloria* auf dem Gipfel s-s Ruhms; 2. *fig.* das Schwierigste *e-s Problems*; *fig.* Geringfügigkeit *f*, das Geringste; *un* ~ *de vergüenza* ein Funken Schamgefühl; *no falta un* ~ kein Tüpfelchen fehlt; 3. *Li.* Akzent *m*; *Phon.* Zungenspitze *f*; ~ *silábico* Schallgipfel *m*.
apícola *adj. c* Bienenzucht..., Imker...
apicul|tor *m* Imker *m*, Bienenzüchter *m*; ~**tura** *f* Bienenzucht *f*, Imkerei *f*.
apila|ble *adj. c* stapelbar; *silla f* ~ Stapelstuhl *m*; ~**r** *v/t.* häufen, schichten, stapeln; *Heu usw.* schobern.
apimpollarse ♀ *v/r.* Schößlinge (*od.* Knospen) treiben.
apin|tle, ~**to** ♀ *m Am.* Wildagave *f*.
api|ñado *adj.* dicht gedrängt; geschlossen (*Kohl, Salat*); ~**ñamiento** *m* Gedränge *n*, ~**ñar I.** *v/t.* zs.-drängen; **II.** *v/r.* ~se s. drängen; ~**ñonado** *adj. Méj.* zartbraun (*Hautfarbe*).
apio *m* 1. ♀ Sellerie *f*, *m*; ~ *de ranas* Hahnenfuß *m*; 2. P Tunte *f* P, warmer Bruder *m* P.
apiolar F *v/t.* 1. schnappen F, kassieren F, einbuchten F; 2. umlegen F, killen F.
apiparse F *v/r.* s. den Bauch vollschlagen F; s. vollaufen lassen F.
apisona|dora *f* Straßenwalze *f*; ~**r** *v/t.* fest-stampfen, -walzen.
apitonar I. *v/i.* ♀ sprießen; Knospen ansetzen; *Zo.* Hörner ansetzen; die Eierschale zerbrechen (*Vögel*); **II.** *v/r.* ~se F s. herumzanken, krakeelen F.
apizarrado *adj.* schieferfarben.
aplaca|ble *adj. c* versöhnlich; ~**dor** *adj.* beschwichtigend, besänftigend; ~**miento** *m* Besänftigung *f*; ~**r** [1g] **I.** *v/t.* besänftigen; mildern; *Hunger, Durst* stillen; **II.** *v/r.* ~se s. legen (*Unwetter*).
apla|cer [2x; *def.*] *v/i.* gefallen; ~**cerado** *adj.* seicht (*See*); ~**cible** *adj. c* → *agradable*.
aplana|calles *m Am.* → *azotacalles*; ~**dera** *f* Pflasterramme *f*; ~**do** *adj.* platt, flach; ~**dor** ⊕ **I.** *adj.* Planier...; **II.** *m* Planierhammer *m*; ~**miento** *m* Einebnen *n*, Planieren *n*; Abplattung *f*; *fig.* Niedergeschlagenheit *f*; ~**r I.** *v/t.* (ein)ebnen, planieren, glätten; *fig.* mutlos machen; schwächen, entkräften; bestürzen; **II.** *v/r.* ~se △ einstürzen; *fig.* bestürzt werden; den Mut (*od.* die Kraft) verlieren; *fig.* verfallen.
aplas|tante *adj. c* überwältigend; vernichtend; ~**tar** *v/t.* plattdrükken; zer-treten, -malmen; *Zigarette* ausdrücken; *fig.* F fertigmachen F, erledigen F.
aplatanarse *v/r.* 1. *Ant., Fil.* s. den einheimischen Sitten anpassen; 2. s. gehenlassen, nachlässig werden; abstumpfen (*bsd. im Tropenklima*).
aplau|didor *adj.-su.* Beifall spendend; ~**dir** *vt/i.* Beifall klatschen (*dat.*); *fig.* loben, billigen, begrüßen; ~**so** *m* Beifall *m*; Zustimmung *f*; ~ *ruidoso (estrepitoso)* rauschender (tosender) Beifall *m*; *digno de* ~ lobenswert.
aplayar *v/i.* über die Ufer treten (*Fluß*).
apla|zable *adj. c* verlegbar; ~**zamiento** *m* Vertagung *f*; Aufschub *m*; ✝ Stundung *f*; ~**zar** [1f] *v/t.* vertagen, ver-, auf-schieben (auf *ac. para*); *Wechsel* verlängern; *Arg. Prüfling* durchfallen lassen; ~**zo** *m Arg.* → *aplazamiento*.
aplebeyamiento *m* Verpöbelung *f*, Plebejisierung *f*.
aplica|bilidad *f* An-, Ver-wendbarkeit *f*; ~**ble** *adj. c* anwendbar (auf *ac. a*); ⚖ *a.* gültig (für *ac. a*); *ser* ~ *para* gelten (*od.* in Betracht kommen) für (*ac.*); ~**ción** *f* 1. Anwendung *f* (*a. EDV*), Verwendung *f*, Gebrauch *m*; 2. Lerneifer *m*, Fleiß *m*; 3. (Kleider-)Besatz *m*; 4. ✱ Anlegen *n e-s Verbandes usw.*; 5. *Am. Reg.* Gesuch *n*, Antrag *m*; ~**do** *adj.* fleißig; *ciencias f/pl.* ~**as** angewandte Wissenschaften *f/pl.*; ~**r** [1g] **I.** *v/t.* 1. an-, auf-legen; anbringen; *Farbe, Salbe usw.* auftragen; *Schlag* versetzen; 2. anwenden (auf *ac. a*); gebrauchen (für *ac. a*); ~ *el oído* aufmerksam zuhören; **II.** *v/r.* ~se 3. *abs.* fleißig sein, *bsd.* fleißig lernen; ~se *a a*) s. hingeben (*dat.*), s. widmen (*dat.*); **b)** gelten für (*ac.*), Anwendung finden auf (*ac.*); **c)** zur Bezeichnung von (*dat.*) dienen; ~se *a + inf.* s. bemühen, zu + *inf.*; ~se *el cuento* es auf s. beziehen; ~**ta** *f* Mittel *n* zum äußerlichen Gebrauch; ~**tivo** anwendbar; gebrauchsfähig.
aplique *m Thea.* Zusatzkulisse *f*; Wand-leuchte *f*, -arm *m*.
aplo|mado *adj.* 1. bleifarbig; 2. lot-, senk-recht; 3. *fig.* ernst; umsichtig; ~**mar** *v/t.* loten; nach dem Lot errichten; **II.** *v/r.* ~se einstürzen; *Chi.* s. schämen; ~**mo** *m* 1. Sicherheit *f*, Selbst-bewußtsein *n*, -sicherheit *f*; *tener (mucho)* ~ (sehr) selbstbewußt sein; 2. Ernst *m*; Umsicht *f*, Zuverlässigkeit *f*; 3. Linienführung *f* (*Körperbau des Pferdes*).
apnea ✱ *f* Apnoe *f*, Atemstillstand *m*.
apocado *adj.* 1. kleinmütig, verzagt; 2. niedrig, gemein (*Herkunft*).
Apoca|lipsis *m* Apokalypse *f*; *los cuatro jinetes del* ~ die vier Apokalyptischen Reiter *m/pl.*; ☾**líptico** *adj.* apokalyptisch (*a. fig.*).
apoca|miento *m* Kleinmut *m*, Verzagtheit *f*; ~**r** [1g] **I.** *v/t.* verkleinern; *fig.* herabsetzen; einschüchtern; **II.** *v/r.* ~se verzagen; s. demütigen.
apocopar *Gram. v/t.* apokopieren.
apócope *Gram. f* Apokope *f*.
apócrifo *adj.* apokryph; *escritos m/pl.* ~**s** Apokryphen *n/pl.*
apodar *v/t.* e-n Spitznamen geben (*dat.*), taufen F (*ac.*); **II.** *v/r.* ~se ... den Spitznamen ... haben.
apodera|do *m* 1. Bevollmächtigte(r) *m*; Prokurist *m*; ~ *general* Generalbevollmächtigte(r) *m*; *constituir* ~ *a alg.* j-m Vollmacht (*od.* Prokura) erteilen; 2. *Stk.*, ♪ Impresario *m*, Agent *m*, Manager *m*; ~**r I.** *v/t.* bevollmächtigen; Prokura erteilen (*dat.*); **II.** *v/r.* ~se *de s. e-r Sache* bemächtigen, *e-e Sache* an s. reißen.
apodíctico *adj.* apodiktisch, unwiderleglich.
apodo *m* Bei-, Spitz-name *m*.
ápodo *Zo. adj.-su.* fußlos; ~**s** *m/pl.* Apoden *pl.*
apó|dosis *Gram., Rhet. f* Nachsatz *m*; ~**fisis** *Anat. f* (Knochen-)Fortsatz *m*, Apophyse *f*.
apofonía *Li. f* Ablaut *m*.
apogeo *m Astr.* Erdferne *f*, Apogäum *n*; *fig.* Höhepunkt *m*; *fig. estar en su* ~ den Gipfel erreicht haben.
apolilla|do *adj.* von Motten zerfressen; wurmstichig; ~**dura** *f* Mottenfraß *m*; ~**r¹** *v/i. Arg.*: *la está apolillando* er schläft; ~**rse²** *v/r.* von Motten angefressen werden.
apolíneo *adj.* apollinisch; *fig.* stattlich, gutaussehend (*Mann*).
apolisma|do *adj. Am.* traurig, schwermütig; *Méj., Col., P. Ri.* kränklich (*Kind*); *C. Ri.* faul; ~**r** *v/t. Col., Cu., Méj., Pan., Pe., P. Ri.* → *magullar*.
apo|lítico *adj.* apolitisch, unpolitisch; ~**litismo** *m* 1. Parteilosigkeit *f*; 2. Staatenlosigkeit *f*.
Apolo *m* 1. Apoll(o) *m* (*a. fig.*); 2. *Ent.* ♀ Apollofalter *m*.
apolo|gética *f* Apologetik *f*; ~**gético** *adj.* rechtfertigend, apologetisch; ~**gía** *f* Verteidigungs-rede *f*, -schrift *f*, Apologie *f*.
apológico *adj.* Fabel..., Gleichnis...
apologista *c* Apologet *m*, Verteidiger *m*; Ehrenretter *m*.
apólogo *m* (Lehr-)Fabel *f*, Gleichnis *n*.
apoltronarse *v/r.* faul werden.
aponeurosis *Anat. f* Sehnenhaut *f*.
apo|plejía ✱ *f* Schlag(anfall) *m*, Gehirnschlag *m*, Apoplexie *f*; ~**plético** ✱ **I.** *adj.* apoplektisch; vom Schlag getroffen; *ataque m* ~ Schlaganfall *m*; **II.** *m* Apoplektiker *m*.
apoquinar P *v/t.* berappen F, blechen F.
aporca *f Am.* → ~**dura** ♂ *f* (An-)Häufeln *n*; Abdecken *n mit Erde*; ~**r** [1g] ♂ *v/t.* (an)häufeln.
aporisma *m* Bluterguß *m*.
aporrar I. *v/i.* kein Wort herausbringen (können); **II.** *v/r.* ~se lästig werden.
aporre|ado **I.** F *adj.* arm(selig), elend; abgefeimt; **II.** *m Cu.* Art Gulasch *n*; ~**ar** F **I.** *v/t.* (ver)prügeln (*Col. aporriar*); *fig.* belästigen; ~ *las teclas,* ~ *el piano* auf dem Klavier herum-klimpern, -hämmern, -stümpern; **II.** *v/r.* ~se s. schinden, s. abplacken; ~**o** *m* Prügeln *n*; Prügelei *f*; *fig.* Plackerei *f*.
apor|tación *f* 1. ✝ (Gesellschafts-)Einlage *f*; 2. Anteil *m*; Beitrag *m*; ~ *personal* persönliche Teilnahme *f*, Mitwirkung *f*; 3. ⚖ *das in die Ehe eingebrachte Gut*; ~**tar¹** *v/t.* 1. bringen; *Gründe* vorbringen, anführen; *Belege* beibringen; 2. *Artikel usw.*

beisteuern; *Kapital* einzahlen; ⚭ *Gut in die Ehe* einbringen; 3. verursachen; **~tar²** *v/i.* ⚓ einlaufen; *fig.* (irgendwohin) geraten, (irgendwo) landen F; **~te** *m Am.* → *aportación.*
aportillar I. *v/t.* e-e Bresche schlagen in *(ac.); et.* einreißen; **II.** *v/r.* **~se** bersten, einfallen *(Mauer).*
aposen|tador *m* Quartiermacher *m;* **~tamiento** *m* Einquartierung *f;* **~tar I.** *v/t.* beherbergen; einquartieren; ⚔ ~ *tropas* Quartier machen; **II.** *v/r.* **~se** Wohnung nehmen; ⚔ Quartier beziehen; **~to** *m* Gemach *n;* Herberge *f;* ⚔ Quartier *n; dar ~ a a. j-n* bei s. aufnehmen.
aposi|ción *Gram. f* Apposition *f,* Beisatz *m;* **~tivo** *adj.* appositiv, als Apposition.
apósito ⚕ *m* Wundverband *m;* äußerlich angewendetes Heilmittel *n;* ~ *higiénico* Damenbinde *f; material m de* **~s** Verbandszeug *n.*
aposta(damente) *adv.* absichtlich.
apostadero *m* ⚔ Posten *m,* Wachstation *f;* ⚓ Marine-, Flottenstation *f.*
apostar¹ [1m] **I.** *vt/i.* 1. wetten; *¿qué apostamos?* (um) was wollen wir wetten?; *(apuesto) a que no lo sabes* wetten, daß du es nicht weißt; *apuesto (a) que sí* ich wette, daß es s. so verhält; *apuesto la cabeza a que ...* ich wette (um) m-n Kopf, daß ...; **II.** *v/i.* 2. ~ *en el juego* im Spiel setzen; ~ *por un caballo (fig. por alg., a/c.)* auf ein Pferd (auf j-n, et.) setzen; 3. 🐓 wetteifern.
apostar² **I.** *v/t.* aufstellen *(a.* ⚔*);* **II.** *v/r.* **~se** s. aufstellen; *Jgdw.* s. ansetzen.
apostasía *f* Abtrünnigkeit *f,* Apostasie *f.*
apóstata *c* Abtrünnige(r) *m,* Apostat *m.*
apostatar *v/i.:* ~ *(de)* abtrünnig werden *(dat.);* vom *Glauben* abfallen.
apostema ⚕ *m* → *postema.*
a posteriori *lt. adv.* aus der Erfahrung geschöpft; *fig.* hinterher.
apostilla *f* Erläuterung *f,* Randbemerkung *f; fig.* schriftliche Empfehlung *f;* **~r** *v/t.* erläutern, glossieren.
apóstol *m* Apostel *m (a. fig.).*
apos|tolado *m* Apostolat *n,* Apostelamt *n; fig.* heiliger Beruf *m,* Sendung *f;* ~ *de los laicos,* ~ *seglar* Laienapostolat *n;* **~tólicamente** *adv.* apostolisch; F arm, bescheiden; **~tolicidad** *f* Apostolizität *f;* **~tólico I.** *adj.* apostolisch; päpstlich; *bendición f* **~a** apostolischer Segen *m; sede f* **~a** Heiliger Stuhl *m;* **II.** *hist.* **~s** *m/pl.* ultrakonservative Gruppe *f in Spanien nach 1820.*
apostrofar *v/t.* anreden; hart anfahren; *Gram.* apostrophieren.
apóstro|fe *f Rhet.* Apostrophe *f,* Anrede *f; fig.* Schmähred *f,* Invektive *f;* Verweis *m;* **~fo** *Gram. m* Apostroph *m.*
apostura *f* Anstand *m;* schmuckes Aussehen *n;* † → *pacto, concierto.*
apotegma ⚕ *m* Denkspruch *m,* Sentenz *f.*
apotema ⚚ *f* Seitenachse *f.*
apote|ósico *adj. fig.* glänzend, grandios; **~osis** *f (pl. inv.)* Vergötterung *f,* Apotheose *f; fig.* Höhepunkt *m;* **~ótico** → *apoteósico.*
apotrerar *v/t. Am. Weideland* in einzelne *Koppeln* aufteilen.
apo|yabrazos *m (pl. inv.)* Armstütze *f;* **~yadura** *f* einschießende Milch *f bsd. der Kühe;* **~yar I.** *v/t.* 1. stützen; ~ *el codo en la mesa* den Ellbogen auf den Tisch aufstützen; 2. *fig.* unterstützen; bestätigen; ~ *con documentos* mit Dokumenten stützen; ~ *en* stützen, (be)gründen auf *(ac.);* 3. *Am. Kalb* anlegen; **II.** *v/i.* 4. ⚂ ruhen (auf *dat. sobre);* **III.** *v/r.* **~se** 5. den Kopf hängen lassen *(Pferd);* 6. **~se en** s. stützen auf *(ac.);* ⊕ **~se sobre** ruhen auf *(dat.);* **~se** *contra la pared* s. an die Wand lehnen; **~yo** *m* 1. Stütze *f;* Lehne *f;* ⊕ Stütz-, Widerlager *n; punto m de* ~ Stützpunkt *m; fig.* Anhaltspunkt *m;* ~ *de motocicleta)* Fußraste *f;* 2. *fig.* Hilfe *f,* Unterstützung *f,* Rückhalt *m;* Anhaltspunkt *m; venir en* ~ *de j-m* zu Hilfe kommen.
apre|ciable *adj. c* schätzbar, berechenbar; wahrnehmbar; *fig.* achtbar, schätzenswert; beachtlich; **~ciación** *f* Preisbestimmung *f;* Wert-, Ab-schätzung *f;* **~ciado** *adj.* angesehen, geachtet; geschätzt; *Anrede in Briefen:* ~ ... (sehr) geehrte(r)...; **~ciador** *adj.-su.* Schätzer *m,* Taxator *m;* **~ciar** [1b] *v/t.* schätzen, taxieren, den Preis bestimmen *(gen. od.* von *dat.); fig.* schätzen; ~ *(en) mucho* hochschätzen; ~ *por,* ~ *en* beurteilen nach *(dat.); en la foto se aprecia...* auf dem Bild sieht man *(ac.) (od.* ist [*nom.*] zu sehen); **~ciativo** *adj.* Schätz(ungs)..., Wert...; **~cio** *m* Schätzung *f,* Wertbestimmung *f;* (Ein-)Schätzung *f;* Achtung *f; tener a alg. en gran* ~ *j-n* hochschätzen; *es persona de mi mayor* ~ ich habe (die) größte Hochachtung vor ihm; *para hacer* ~ anstandshalber, um Ihnen (dir *usw.)* k-n Korb zu geben.
aprehen|der *v/t.* fassen; festnehmen, ertappen; *bsd. Schmuggelware* beschlagnahmen; *Phil.* wahrnehmen; *gal.* → *temer;* **~sible** *adj. c* faßlich, begreiflich; **~sión** *f* Ergreifung *f,* Festnahme *f;* Beschlagnahme *f,* Sicherstellung *f;* **~sivo** *adj.* verständig; Verstandes...; **~sor** *adj.-su.* Ergreifer *m.*
apre|miadamente *adv.* gezwungen; unter (Zeit-)Druck; **~miante** *adj. c* drückend; drängend, dringlich; *necesidad f* ~ dringende Notwendigkeit *f;* **~miar** [1b] *v/t.* (be)drängen; zwingen; gerichtlich mahnen; **II.** *v/i.* eilig *(od.* dringlich) sein; *el tiempo apremia* die Zeit drängt; **~mio** *m* 1. Druck *m,* Zwang *m;* Mahnung *f (bsd. Gericht);* Steuerzahlung *f;* ⚭ *Verw. a.* Säumniszuschlag *m; (por vía de)* ~ (im) Zwangsverfahren *n;* 2. *por* ~ *de tiempo* aus Zeitmangel.
aprender I. *v/t.* (er)lernen; erfahren; ~ *con (de)* bei *(dat.)* (von *dat.)* lernen; ~ *a escribir* schreiben lernen; ~ *para mecánico* Mechanikerlehrling sein, Mechaniker lernen F; ~ *que ...* begreifen, daß ...; *lengua f difícil de* ~ schwer erlernbare *(od.* schwere) Sprache *f;* **II.** *v/i.* lernen; **III.** *v/r.* **~se** *a/c.* et. auswendig lernen.
aprendi|z *m (pl.* **~ices)** Lehrling *m,* Auszubildende(r) *m,* Azubi *m* F; *fig.* Anfänger *m,* Neuling *m;* ~ *de panadero* Bäckerlehrling *m; entrar (tomar) de* ~ in die Lehre treten (nehmen); *estar de* ~ in der Lehre sein; **~za** *f* Lehr-ling *m,* -mädchen *n,* Auszubildende *f,* Azubi *f* F; **~zaje** *m* 1. Lehrzeit *f,* Lehre *f; contrato m de* ~ Lehrvertrag *m;* 2. Erlernen *n.*
apren|sar *v/t.* ~ *prensar; fig.* bedrücken; **~sión** *f* Besorgnis *f;* Angst(vorstellung) *f;* Mißtrauen *n;* **~sivo** *adj.* überängstlich, furchtsam.
apresa|dor *m* Kaper *m,* Seeräuber *m;* **~miento** ⚓ *m* Aufbringen *n e-s Schiffes,* Prise *f;* Kaperei *f;* **~r** *v/t.* ergreifen; fangen; gefangennehmen; ⚓ kapern, aufbringen.
apres|tar I. *v/t.* zubereiten; rüsten; *Stoff* appretieren; **II.** *v/r.* **~se a** + *inf.* s. bereit machen, zu + *inf.,* s. anschicken, zu + *inf.;* **~to** *m* Vorbereitung *f;* Zurichten *n; tex.* Appretur *f;* ⚔ Bereitstellung *f.*
apresura|damente *adv.* eilig, überstürzt; **~do** *adj.* eilig; hastig; **~miento** *m* Eile *f;* Beschleunigung *f;* **~r I** *v/t.* (zur Eile) drängen, antreiben; beschleunigen; **II.** *v/r.* **~se** s. beeilen; hasten.
apreta|dera *f* Riemen *m,* Schnur *f (bei Koffern u. ä.);* **~do** *adj.* eng, knapp; dichtgedrängt; fest, straff; F geizig; *asunto m* ~ schwieriger Fall *m; estar muy* ~ in großer Bedrängnis sein; *estar* ~ *de tiempo* k-e Zeit haben; **~dor** *m* Leibchen *n;* Leibbinde *f b. Säuglingen;* **~dura** *f* Zs.-drücken *n;* **~r** [1k] *v/t.* 1. (zs.-)drücken, (zs.-)pressen; einklemmen; *Bremse, Schraube* anziehen; ~ *el botón* auf den Knopf drücken; ~ *los dientes* die Zähne zs.-beißen; ~ *los puños* die Fäuste ballen; ~ *contra* herandrängen an *(ac.);* anklemmen an *(ac.);* 2. *fig.* in die Enge treiben; *j-n* (be)drängen, *j-m* zusetzen; ängstigen; ~ *el paso* schneller gehen; **II.** *v/i.* 3. eilig sein, drängen *(Sachen);* stärker werden *(Hitze, Schmerz, Regen, Sonne);* s. beeilen, intensiv arbeiten; mehr verlangen *(z. B. im Examen);* ~ *a correr* losrennen; *¡fig. ¡aprieta!* anfeuernd: los! F, immer zu!; *Spr. Dios aprieta, pero no ahoga* Gott versucht den Schwachen nicht über die Kraft; **III.** *v/r.* **~se** 4. eng(er) werden; dicht aufschließen *(Kolonnen);* **~zón** *f Am.* Gedränge *n.*
apretón *m* 1. Druck *m;* ~ *de manos* Händedruck *m;* 2. *Mal.* Hervorhebung *f* durch dunklere *Tönung.*
apretu|jar *v/t.* zer-knittern, -knautschen; *f.* drängeln; **~jón** F *m* Drücken *n;* Drängeln *n;* **~ra** *f* 1. Gedränge *n;* Enge *f;* Beengung *f;* 2. Mangel *m,* Not *f.*
aprietatuercas *m (pl. inv.)* Schraubenschlüssel *m.*
aprieto *m* 1. Not(lage) *f,* Bedrängnis *f,* Klemme *f; estar en un* ~ in der Klemme sein F; 2. Gedränge *n.*
a priori *lt. I. Phil. conocimiento m* ~ Erkenntnis *f* a priori; **II.** *adv.* von vornherein, a priori.
aprisa *adv.* schnell.

apris|car [1g] v/t. einpferchen; ~co m Pferch m.
aprisionar v/t. gefangennehmen; fesseln (a. fig.); einklemmen; ⊕ festklemmen.
aproba|ción f Billigung f, Zustimmung f; Genehmigung f; Druckerlaubnis f; Beifall m, günstige Aufnahme f; ✝ ~ (de la gestión) Entlastung f; ~do Sch.: salir ~ durchkommen, die Prüfung bestehen; "~" „bestanden" (Examensnote); ~dor adj.-su., ~nte adj.-su. c zustimmend; ~r [1m] I. v/t. 1. gutheißen, billigen, genehmigen; Gesetz a. verabschieden; ~ una cuenta e-e Rechnung für richtig erkennen (od. befinden); ~ una decisión (lit. por buena) e-e Entscheidung billigen; 2. Prüfung bestehen; aprobó dos cursos er absolvierte zwei Studienjahre; 3. ~ de ingeniero (en matemáticas) a alg. j-n als Ingenieur (als Mathematiker) zulassen; **II.** v/i. 4. ~ con la cabeza (zustimmend) nicken; 5. abs. durchkommen, e-e Prüfung bestehen; sein Studium abschließen; ~torio adj. beifällig; zustimmend.
aproches m/pl. ⚔ Belagerungsarbeiten f/pl.; Bol. → inmediaciones.
apron|tar I. v/t. bereitstellen; Geld erlegen; Waren sofort ausliefern; Truppen mobilmachen; P. Ri., Cu. Geld vorstrecken; **II.** v/i. Jgdw. zu früh schießen; ~te m Arg. → preparativo.
apropia|ción f 1. Aneignung f; 2. Anpassung f; ~do adj. geeignet, angemessen, richtig; ~r [1b] I. v/t. anpassen; zueignen; **II.** v/r. ~se (de) a/c. s. et. aneignen.
aprovecha|ble adj. c brauchbar, nutzbar, verwertbar; ~do adj. 1. fleißig (Schüler); wohlgeraten (Kind); haushälterisch (Frau); 2. F findig, fix F; berechnend; Fes un ~ er ist ein Nassauer F; ~miento m 1. Benutzung f, Ausnutzung f; Nutzen m, Vorteil m; ~ de basuras Müllverwertung f; ~ del espacio Raumausnutzung f; ~ forestal Waldnutzung f; ~ pacífico de la energía nuclear friedliche Nutzung f der Atomenergie; 2. Erfolg m, Fortschritt m; ~r I. v/t. 1. benutzen, gebrauchen; ausnutzen, nützlich verwenden; aprovecho la ocasión para ... ich benutze die Gelegenheit, (um) zu ...; ~ el tiempo die Zeit nutzen; **II.** v/i. 2. nützen; von Nutzen sein; ¡que aproveche! guten Appetit!; wohl bekomm's!; sus gestiones no aprovechan s-e Bemühungen nützen nichts; 3. weiter-, voran-kommen; **III.** v/r. ~se 4. ~se de s. et. zunutze machen, et. ausnutzen.
aprovisiona|miento m Verpflegung f (bsd.⚔); ~r v/t. verpflegen, verproviantieren; versorgen.
aproxima|ción f 1. Annäherung f (a. fig.) (an ac. a); annähernde Berechnung f (od. Schätzung f); 2. Trostprämie f in der span. Lotterie; ~damente adv. ungefähr, rund; ~do adj. annähernd; cifra f ~a annähernd genaue Zahl f; ~r I. v/t. (an)nähern; näher (heran-) rücken; **II.** v/r. ~se s. nähern; nahen; anrücken (Truppen); ~se a

la verdad der Wahrheit in die Nähe kommen; ~tivo adj. annähernd; Å valor m ~ Näherungswert m.
ápside Astr. m Wendepunkt m, Apside f.
áptero Ent. adj. flügellos.
aptitud f Eignung f; Fähigkeit f; Geschick n; ~ para las lenguas Sprachbegabung f; ~ para los negocios Geschäftstüchtigkeit f; ⚔ para el servicio Dienstfähigkeit f.
apto adj. 1. fähig, geschickt (Personen); brauchbar, geeignet (für ac. para); ser ~ para profesor für den Lehrberuf geeignet sein; ~ para la aviación (para navegar) see- (luft-) tüchtig; 2. Examen: (no) ~ (nicht) bestanden; 3. (no) ~ para menores jugendfrei (für Jugendliche nicht zugelassen) (Film).
apuesta f Wette f; Wettbetrag m; Einsatz m; corredor m de ~s Buchmacher m; por (od. de) ~ um die Wette; hacer una ~ wetten; ~s f/pl. mutuas (deportivas) (Fußball- usw.) Toto m.
apuesto adj. stattlich, schmuck.
apunarse v/r. Am. Mer. die Höhenkrankheit bekommen, höhenkrank werden.
apunta|ción f 1. Zielen n, Anschlag m (Schußwaffe); 2. Anmerkung f, Notiz f; 3. ♪ Einrichtung f, Arrangement n; Notenschrift f; ~deras f/pl. Jgdw.: tener buenas ~ gut zielen, ein guter Schütze sein; ~do adj. spitz; im Anschlag (Waffe); ~dor m 1. Thea. Souffleur m; fig. F no se salva ni el ~ ein Drama mit vielen Toten; fig. etwa: da bleibt kein Auge trocken F; das ist (bzw. war) ein Massaker (z. B. in Examen); 2. ⚔ Richt-schütze m, -kanonier m.
apuntala|miento ▲ m Abstützen n; ~r ▲ v/t. ab-stützen, -fangen.
apun|tamiento m Zielen n; tta Aktenauszug m; ~tar I. v/t. 1. notieren, aufzeichnen, anmerken; skizzieren; tta e-n Aktenauszug machen aus (dat.); 2. zielen auf (ac.); Waffe anschlagen; Ziel anvisieren; ~ con el dedo mit dem Finger auf et. (ac.) zeigen; 3. erwähnen; zu verstehen geben, andeuten; hinweisen auf (ac.); como queda apuntado wie gesagt; 4. anspitzen; 5. mit Nägeln od. Faden leicht anheften; F flicken, stopfen; 6. Thea. soufflieren; Sch. vorsagen; **II.** v/i. 7. anbrechen (Tag); aufbrechen (Knospe); sprießen (Bart); fig. s. zeigen, zum Vorschein kommen, beginnen; este torero novel apunta dieser Jungstierkämpfer hat Anlagen; 8. ~ (a) zielen (auf ac.); ~(se) a s. (an)melden für (ac.) (od. zu dat.); fig. ~ hacia hinzielen auf (ac.), (ac.) im Auge haben, streben nach (dat.); ~ por hinweisen auf (ac.); fig. ~ alto hoch hinauswollen;⚔ ¡apunten! legt an!; y no dar versprechen u. nicht halten; **III.** v/r. ~se 9. e-n Stich bekommen (Wein); F s. beschweigen; Arg. → dirigirse; ~se a → 8; ~te m 1. Zielen n; 2. Anmerkung f; Aufzeichnung f, Notiz f; ~s m/pl. a. Skriptum n; libro m de ~s Notizbuch n; tomar ~s (s.) Notizen machen, mitschreiben; 3. Mal. Skizze f; to-

mar ~s skizzieren; 4. Thea. a) Souffleur m; b) Stichwort n des Souffleurs; Rollenbuch n des Souffleurs; c) Inspizient m; 5. Einsatz m der Spieler; 6. F Gauner m; Knilch m F, Kerl m F; 7. Rpl., Chi. (no) llevarle a uno el ~ (k-e) Notiz von j-m nehmen.
apuntillar Stk. v/t. den Genickstoß geben (dat.).
apuñala|do adj. dolchartig; ~r v/t. erdolchen.
apu|ración f Erschöpfung f; Vollendung f; Ausnutzung f, Aufbrauchen n; ~rada f Arg. → apuro; ~radamente adv. gerade noch, soeben; ~rado adj. 1. leer, erschöpft (a. fig.); 2. sorgfältig, genau; aféitame bastante ~ rasieren Sie mich ziemlich scharf aus; 3. heikel, schwierig (Lage); mittellos, arm; fig. gehemmt; ~ de dinero knapp bei Kasse; 4. bsd. Am. estar ~ es eilig haben; apuradísimo m (pl. inv.) Bleistiftverlängerer m; ~ramiento m → apuración; ~ranieves f → aguzanieves; ~rar I. v/t. 1. Metall, Seele usw. läutern; 2. Kraft, Geduld erschöpfen; Flasche, Teller leeren; Glas austrinken; Zigarette zu Ende rauchen; 3. Problem usw. ergründen, in allen Einzelheiten (od. erschöpfend) behandeln; 4. (zur Eile) drängen; 5. quälen; (ver)ärgern; **II.** v/i. 6. drückend sein; eilig sein, drängen; 7. scharf ausrasieren; **III.** v/r. ~se 8. s. grämen; s. Sorgen machen (um ac. por); s. et. zu Herzen nehmen; 9. bsd. Am. s. beeilen; ~ro m 1. Bedrängnis f; unangenehme Lage f; Mittellosigkeit f; Not f; en caso de ~ im Notfall; estar en un ~ in der Klemme sein F; poner en un ~ in e-e schwierige Lage bringen; pasar grandes ~s schwere Ungelegenheiten durchmachen; 2. Gram m, Kummer m; 3. Verlegenheit f; me da ~ ich schäme mich, es ist mir peinlich; 4. Am.⎫ aquanauta m Aquanaut m. [Eile f.⎭
aqueja|do adj.: ~ de bedrückt von (dat.); behaftet mit (dat.); estar ~ de a. leiden an (dat.); ~r v/t. quälen.
aquel, aquella, aquello I. pron. dem. der, die, das dort; jener, jene, jenes; der-, die-, das-jenige; dortig, dort befindlich; auf den Besprochenen (das Besprochene) od. den Entfernteren (das Fernerliegende) bezogen; substantiviert erhält es den Akzent in m. u. f.; jedoch gelten für aquel die gleichen neuen Normen wie für este; vgl. dort; en aquel entonces damals; ¡que no se lo olvide aquello! vergessen Sie die (bewußte) Sache nicht!; todo aquel que jeder, der; ¡ya apareció aquello! da haben wir's (ja)!; como aquello de wie die Geschichte von (dat.); por aquello de que ... unter dem Vorwand, daß ...; **II.** m F Anmut f, das gewisse Etwas F; Zuneigung f, Sympathie f.
aquelarre m Hexensabbat m (a.fig.).
aquende lit. adv.: (de) ~ el mar (von) diesseits des Meeres.
aquenio ♦ m Achäne f.
aqueren|ciado adj. Méj. verliebt; ~ciarse [1b] v/r. s. (irgendwo) eingewöhnen; ~ a s. gewöhnen an (ac.) (mst. an e-n Ort); Méj., Ur. → encariñarse.

aqueste † *u. poet. pron.* → *este.*
aquí *adv.* hier; hierher; jetzt; ~ *bezeichnet den Ort beim Sprecher (acá ist nicht so präzis);* ~ es hier ist's; ~ está *(el quid)* das ist's; das ist der springende Punkt; ~ *y allí* hier u. dort; ~ *esto, allá lo otro* bald dies, bald das; *de* ~ *que ...* daher (kommt es, daß) ...; *de* ~ *en adelante* von jetzt an; *de* ~ *a un mes* heute in vier Wochen; *de* ~ *allá* bis dahin; *de* ~ *para allí* hin u. her; *hacia* ~ hierher; *hasta* ~ bis hierher, bis jetzt; *¡he* ~*!* sieh(e) da!; *he* ~ hier ist, hier sind *(vgl. frz. voici)*; *heme* ~ hier bin ich; *por* ~ hier; hierher; hierdurch; hier herum; *¡usted, por* ~*!* Sie hier!; *¡* ~ *fue Troya!* hier begann das Unglück!; ~ *te cojo (od. te pillo),* ~ *te mato* die Gelegenheit nehme ich beim Schopf.
aquiescen|cia *f* Zustimmung *f* (zu *dat.*), Einverständnis *n* (zu, mit *dat.* a, en, para); ~**te** *adj. c* zustimmend.
aquieta|dor *adj.-su.* beruhigend; ~**r** *v/t.* beruhigen, beschwichtigen; lindern.
aquifolio ♀ *adj.*: *acebo m* ~ Stechpalme *f.*
aquilatar I. *v/t.* Gold auf s-e Reinheit prüfen; *fig.* läutern, erproben, prüfen; **II.** † *vt/i.* scharf kalkulieren.
Aquiles *m Myth.* Achill(es) *m*; *tendón m de* ~ *Anat.* Achillessehne *f*; *fig. a. talón m de* ~ Achillesferse *f.*
aquilino *lit. adj.* → *aguileño.*
aquilón *m* Nordwind *m*; Norden *m.*
aquillado *adj.* kielförmig; ⚓ langkielig *(Schiff).*
Aquisgrán *m* Aachen *n.*
Aqui|tania *hist. f* Aquitanien *n*; ℒ**tánico** *adj.* aquitanisch.
ara[1] *lit. f* Altar *m*; Altarstein *m*; *en* ~*s de (la amistad)* (der Freundschaft) zum Opfer; *lit. en* ~*s de la claridad* um der Klarheit willen.
ara[2] *m* Ara *m (Papagei).*
árabe *adj. su. c* arabisch; *m* Araber *m*; *das* Arabische; *(caballo m)* ~ Araber *m (Pferd).*
arabesco I. *adj.* arabisch, araberhaft; *decoración f* ~*a* → **II.** *m* Arabeske *f.*
Arabia *f* Arabien *n*; ~ *Saudita (od. Saudí)* Saudiarabien *n.*
arábi|co, *mst.* ~**go** *adj.* arabisch; *cifras f/pl.* ~*as* arabische Ziffern *f/pl.*; *goma f* ~*a* Gummiarabikum *n.*
arabis|mo *m* Arabismus *m*, arab. Ausdruck *m*; ~**ta** *c* Arabist *m.*
arabizar [1f] *v/t.* arabisieren.
arable *adj. c*: *suelo m* ~, *tierra f* ~ Ackerboden *m.*
¡araca! □ *int. Arg.* Achtung!, aufgepaßt!
aracanga *Vo. f Am.* Arakanga *f (Papagei).*
arácnidos *m/pl.* Spinnentiere *n/pl.*, Arachniden *f/pl.*
aracnoides *Anat. f* Arachnoidea *f*, Spinnwebenhaut *f.*
ara|da *f* 1. Pflügen *n*, Ackern *n*; 2. umgepflügtes Land *n*; 3. Joch *n (Land);* ~**do** *m* Pflug *m*; ~ *de motor (romano)* Motor- (Haken-) pflug; *múltiple* Kultivator *m*; ~**dor I.** *adj.-su.* Pflüger *m*; **II.** *m Ent.* ~ *(de la sarna)* Krätzmilbe *f.*

Ara|gón *m* Aragonien *n*; ℒ**gonés** *adj.-su.* aragon(es)isch; *m* Aragonier *m*; ℒ**gonesismo** *m* aragon(es)ischer Ausdruck *m*; ℒ**gonita** *Min. f* Aragonit *m.*
araguato *Zo. m Col., Ven.* ein Brüllaffe *m*, Kapuzineraffe *m.*
aralia ♀ *f* Aralie *f.*
arana *f* Betrug *m*, Schmu *m* F.
arance|l *m* (amtlicher, *bsd.* Zoll-) Tarif *m*; Gebührensatz *m*; Gebührenordnung *f für Rechtsanwälte*; ~ *por zonas* Zonentarif *m*; ~**lar I.** *v/t. Am. Cent.* zahlen; **II.** *v/r.* ~*se Guat.* Kunde werden; ~**lario** *adj.* Gebühren...; *bsd.* Zoll...; *tarifa f* ~*a* Zolltarif *m.*
arándano ♀ *m* Heidelbeerstrauch *m*; Heidel-, Blau-beere *f*; ~ *encarnado,* ~ *rojo* Preiselbeere *f.*
arandela *f* 1. Leuchtermanschette *f*; Wandleuchter *m*; Tischleuchte *f*; 2. Schutzring *m an Bäumen u. Lanzen;* 3. ~ *(del blanco)* Ring *m* der Schießscheibe; 4. ⊕ (Unterleg-)Scheibe *f*, Lamelle *f*; Flansch *m*; ~ *(de buje)* Nabenbuchse *f*; 5. ⚓ Pfortluke *f*; 6. *Am.* Halskrause *f.*
arandillo *Vo. m* Bachstelze *f.*
araña *f* 1. **a)** Spinne *f*; ~ *de agua (crucera, peluda)* Wasser- (Kreuz-, Vogel-)spinne *f*; ~ *de mar* See-, Meer-spinne *f (Krebs);* **b)** *Fi.* Mittelländisches Petermännchen *n*; *fig. matar la* ~ s-e Zeit vergeuden; 2. Kronleuchter *m*, Lüster *m*; 3. ♀ Frauenhaar *n*; *Cu., Méj.* wilde Hirse *f*; *versch. Pfl.*; 4. *Min.* Verästelung *f im Gestein;* ~**da** *f* 1. Menge *f* Spinnen; 2. → *arañazo*; ~**r** *v/t.* 1. (zer-) kratzen; schrammen; (ein)ritzen; *le arañó el rostro (con las uñas)* sie zerkratzte ihm (mit den Fingernägeln) das Gesicht; 2. *fig.* zs.-klauben, zs.-scharren; zs.-kratzen; ~**zo** *m* Kratzer *m*; Kratzwunde *f*, Schramme *f.*
arañue|la ♀ *f* Frauenhaar *n*; ~*lo Ent. m* **a)** Saatspinne *f*; **b)** Zecke *f.*
arapaima *Fi. m* Arapaima *m (größter Süßwasserfisch des Amazonasbeckens).*
aráquida ♀ *f* Erdnuß *f.*
arar[2] **I.** *v/t.* (be)ackern, umpflügen; Furchen ziehen in *(ac.)*; **II.** *v/i.* ⚓ den Grund streifen *(Schiff)*, Grundberührung haben.
araticú ♀ *m Rpl.* Art Chirimoyo *m.*
arau|cano *adj.-su.* araukanisch; *m* Araukaner *m*; ~**caria** ♀ *f* Araukarie *f*, Schuppentanne *f*; ~**co** † *adj.-su.* → *araucano*; ~**ja** ♀ *f* weiße duftende Winde *f.*
arbitra|ble *adj. c* willkürlich; schiedsrichterlicher Entscheidung unterliegend; ~**dor** *adj.-su.* Schiedsmann *m*; *juez m* ~ Schiedsrichter *m*; ~**je** *m* 1. Schiedsspruch *m*; 2. Schiedsverfahren *n*; *a. Pol.* tribunal *m de* ~ Schiedsgericht *n*; 3. † ~ *del cambio* Wechselarbitrage *f*; ~**l** ⚖ *adj. c* schiedsrichterlich; Schieds(gerichts)...; *contrato m* ~ Schiedsvertrag *m*; *sentencia f* ~ Schieds-urteil *n* (-gericht *n*); ~**m(i)ento** ⚖ *m* Schiedsverfahren *n*; -spruch *m*; ~**nte** *part. v.* → ~**r I.** *v/t.* 1. frei entscheiden; 2. schlichten (als Schiedsrichter) entscheiden;

3. *bsd.* Geldmittel bewilligen *bzw.* beibringen; **II.** *v/i.* 4. e-n Schiedsspruch fällen; *Sp.* Schiedsrichter sein; **III.** *v/r.* ~*se* 5. → *ingeniarse*; ~**riamente** *adv.* willkürlich; ~**riedad** *f* Willkür *f*; Eigenmächtigkeit *f*; Übergriff *m*; ~**rio** *adj.* willkürlich; eigenmächtig; *poder m* ~ Willkürherrschaft *f*; ~**rismo** *Phil. m* Lehre *f* von der Willensfreiheit; ~**tivo** *adj.* 1. freier Entscheidung unterliegend; 2. schiedsrichterlich; ~**torio** *adj.* → *arbitral.*
arbi|trio *m* 1. freier Wille *m*; Gutdünken *n*; 2. Hilfsquelle *f*, Mittel *n*, Ausweg *m*; 3. *mst.* ~*s m/pl.* Abgabe *f*, Steuer *f*; *hist.* ~ *municipal* Stadtzoll *m*; 4. † Schiedsspruch *m*; ~**trista** *c* Projekte-, Pläne-macher *m*; Kursspekulant *m.*
árbitro *m* Schiedsrichter *m (a. Sp.);* *fig.* (unumschränkter) Herr *m*; ~ *de la moda* tonangebend in der Mode.
árbol *m* 1. ♀ Baum *m*; ~ *de adorno (de Navidad)* Zier- (Weihnachts-) baum *m*; ~ *frutal* Obstbaum *m*; ~ *del cielo* Ailanthus *m*; ~ *de María* Kalambukbaum *m*; ~ *del pan (de la vida)* Brot- (Lebens-)baum *m*; *Rel.* → 8; *celebrar la Fiesta del* ~ den Tag des Baumes begehen; *Spr. del* ~ *caído todos hacen leña* wenn der Baum fällt, bricht jedermann Holz; *los* ~*es le impiden ver el bosque* er sieht den Wald vor lauter Bäumen nicht; 2. ⊕ Achse *f*, Welle *f*; Spindel *f*; ~ *(de) cardán* Kardanwelle *f*; ~ *de dirección,* ~ *de mando* Lenk-, Steuer-säule *f*; ~ *de impulsión,* ~ *motor* Antriebs-, Getriebe-welle *f*, Triebachse *f*; ~ *de levas* Nockenwelle *f*; ~ *del berbiquí,* ~ *de manivela* Kurbelwelle *f*; 3. Spindel *f e-r Wendeltreppe*; 4. ~ *genealógico,* ~ *de costados* Stammbaum *m*; 5. Stempel *m der Uhrmacher*; 6. *Typ.* Kegelhöhe *f*; 7. Registermechanik *f der Orgel*; 8. *Rel.* ~ *de la vida* Baum *m* des Lebens; ~ *de la cruz* Kreuzesstamm *m*; ~ *de la ciencia del bien y del mal* Baum *m* der Erkenntnis; 9. ⚓ Mast *m*; 10. Stock *m e-s Hemdes*; 11. *Chi.* Kleiderständer *m.*
arbo|lado I. *adj.* mit Bäumen bepflanzt; **II.** *m* Baumbestand *m*; Bewaldung *f*; Allee *f*, Baumgang *m*; ~**ladura** ⚓ *f* Bemastung *f*; ~**lar I.** *v/t.* 1. Fahne, Kreuz u. ä. aufpflanzen, aufrichten; ⚓ *Flagge* hissen; 2. ⚓ bemasten; 3. anlehnen; ~ *escalas a la casa* Leitern am Hause anlegen; **II.** *v/r.* ~*se* 4. *s. bäumen (Pferd);* ~**leda** *f* Baumgang *m*; Baumpflanzung *f*; ~**lete** Bäumchen *n*; *Jgdw.* Leimrutenzweig *m*; ⊕ kl. Welle *f*; ~**lillo** *m* 1. Bäumchen *n*; 2. *Zo.* Seemoos *n*; 3. ♉ Seitenmauer *f e-s Schmelzofens*; ~**lista** *c* Baumzüchter *m*; -händler *m*; ~**lito** F *m Col.: estar en el* ~ auf der Palme sein F.
arbollón *m* Abfluß *m e-s Teiches.*
arbóreo *adj.* baumähnlich; Baum...
arbo|rescencia *f* Heranwachsen *n* zum Baum; baumähnlicher Wuchs *m*, Verästelung *f v. Kristallen u. ä.;* ~**rescente** *adj. c* Baum...; ~**ricultor** *m* Baumzüchter *m*; ~**ricultura** *f*

arboriforme — argentería

Baumzucht *f*; **~riforme** *adj. c* baumartig; **~rización** *f* **1.** baumähnliche Maserung *f im Gestein*; *Anat.* Verästelung *f der Kapillaren*; **2.** *Am. a.* Pflanzen *n* von Bäumen; **3.** ⚓ *Am.* Notlandung *f* in e-m Wald *usw.*
arbotante *m* △ Strebepfeiler *m*, Schwibbogen *m*; ⚓ Ausleger *m*; Baum *m.*
arbusto *m* Strauch *m*, Busch *m*; Staude *f.*
arca *f* **1.** Kasten *m*, Truhe *f*; Geldschrank *m*; **~s** *m/pl.* Schatzkammer *f*; **2.** **~ de agua** Wasser-speicher *m*, -turm *m*; **3.** *Rel.* **~ de la alianza**, **~ del testamento** Bundeslade *f*; **~ de Noé**, **~ del diluvio** Arche *f* Noah; **4.** *Anat.* Weiche *f*; **~ del cuerpo** Rumpf *m*; F **~ de pan** Bauch *m.*
arcabu|cero *hist. m* **1.** Arkebusier *m*; **2.** Büchsenmacher *m*; **~co** *m Am.* Dickicht *n*; **~z** *m* (*pl.* **~uces**) Arkebuse *f*, Hakenbüchse *f.*
arcada *f* **1.** Säulen-, Bogen-gang *m*; Arkade *f*; **2.** Brückenbogen *m*; **3.** Aufstoßen *n* zum Erbrechen.
arcaduz *m* (*pl.* **~uces**) Brunnenrohr *n*; Schöpfeimer *m am Wasserrad*; *fig.* F Trick *m*, Kniff *m*, Dreh *m* F.
arca|ico I. *adj.* altertümlich, veraltet, archaisch; **II.** *Geol. adj.-su. m* Archaikum *n*; **~ismo** *m* veralteter Ausdruck *m*, Archaismus *m*; **~izante** *adj. c* archaisierend; **~izar** [1f] *v/i.* altertümliche Ausdrücke verwenden.
arcángel *m* Erzengel *m.*
arcano *adj.-su.* geheim, verborgen; *m* Geheimnis *n.*
arce ♃ *m* Ahorn *m.*
arcediano *m* Archi-, Erz-diakon *m.*
arcedo *m* Ahorn-wald *m*; -pflanzung *f.*
arcén *m* **1.** Rand *m*; *Vkw.* Randstreifen *m*; Standspur *f*; **2.** Brüstung *f.*
arci|lla *f* Ton *m*, Tonerde *f*; **~ (roja)** Lehm *m*; **~ cocida**, **~ calcinada** gebrannter Ton *m*; **~ fangosa** Mergelton *m*; **~ figulina**, **~ plástica** Töpferton *m*; **~ de porcelana** Porzellanerde *f*; **~lloso** *adj.* tonhaltig, lehmig; tonähnlich; **suelo** *m* **~** Lehmboden *m.*
arción *m Am.* → **ación**.
arcipres|tazgo *m* Würde *f* e-s Erzpriesters; **~te** *m* Erzpriester *m.*
arco *m* **1.** △ Bogen *m*; **~ apuntado**, **~ ojival** (*crucero*) Spitz- (Kreuz-)bogen *m*; **~ de herradura**, **~ árabe** Hufeisenbogen *m*; **~ de puente** (*de medio punto*) Brücken- (Rund-)bogen *m*; **~ triunfal**, **~ de triunfo** Triumphbogen *m*; **2.** ♪ Bogen *m*; **golpe** *m* **de ~** Bogen-strich *m*, -führung *f*; **3.** Faßreifen *m*; **4.** (Flitz-)Bogen *m*; **tender el ~** den Bogen spannen; **tiro** *m* **de ~** Bogenschießen *n*; **5.** ⊕ **~ voltaico** Lichtbogen *m*; **lámpara** *f* **de ~** Bogenlampe *f*; **6.** **~ iris**, **~ de San Juan**, **~ de San Martín** Regenbogen *m*; **7.** *Anat.* Bogen *m*; **~ ciliar** Augenbrauenbogen *m*; **8.** ⚐ **~ de círculo** Kreisbogen *m.*
arcón *m* große Truhe *f*; **~ congelador** Gefriertruhe *f.*
arcosa *f* Art Sandstein *m.*
archi... *pref.* Erz... (*a. fig.*).
archi|bribón *m* Erzschelm *m*; **~cofrade** *hist. m* Erzbruder *m*; **~cofradía** *hist. f* Erzbruderschaft *f*; **~diácono** *m* Erzdiakon *m*; **~diócesis** *f* Erzbistum *n*; **~ducado** *m* Erzherzogtum *n*; **~ducal** *adj. c* erzherzoglich; **~duque** *m* Erzherzog *m*; **~duquesa** *f* Erzherzogin *f*; **~fonema** Phonologie *m* Archiphonem *n*; **~mandrita** *Rel. m* Archimandrit *m*; **~millonario** *m* Multimillionär *m*; **~pámpano** F *m* hohes Tier *n* F (*Person*); **~piélago** *m* Archipel *n*, Inselgruppe *f.*
archi|vador *m* Aktenschrank *m*; Briefordner *m*; Kartothek *f*; **~fichero** *m* Karteischrank *m*; **~var** *v/t.* archivieren; *Briefe*, *Akten* ablegen; *p. ext.* ad acta legen; F *Am.* zum alten Eisen werfen; **~vero** *m* Archivar *m*; Urkundsbeamte(r) *m*; **~vista** ⚐ *c* → archivero; **~vo** *m* Archiv *n*; Registratur *f*; ✝ Ablage *f*; **~vología** *f* Archivkunde *f.*
archivolta △ *f* Archivolte *f*, Zierbogen *m.*
árdea *Vo. f* Rohrdommel *f.*
ardentía *f* **1.** Meeresleuchten *n*; **2.** ✡ Sodbrennen *n*; **3.** ⚐ → **ardor**.
arder I. *v/i.* **1.** brennen (*Am. a. Wunde*); in Flammen stehen; leuchten (*Berge*, *Meer*); lodern (*a. fig.*); **~ de** (*od. en*) **amor** (*cólera*, *odio*, *pasión*) in Liebe (Zorn, Haß, Leidenschaft) entbrennen, vor Liebe *usw.* brennen; **~ de entusiasmo** vor Begeisterung glühen; **~ por hacer** *a/c* darauf brennen, et. zu tun; **el país arde en guerras** das Land liegt in mörderischem Krieg; **está que arde** er ist wütend; F **toma, y ve(s) que arde(s)** (da nimm, y) und mehr gibt's nicht; **2.** verrotten (*Mist*); **II.** *v/t.* **3.** verbrennen; **III.** *v/r.* **~se 4.** *in der Hitze* verbrennen (*Pfl.*).
ardi|d *m* List *f*; Kniff *m*, Trick *m*, Kunstgriff *m*; **~do** ✝ *u. poet. adj.* tapfer, kühn; *Am.* zornig.
ardien|do *ger.* brennend; *fig.* (glühend) heiß; **~te** *adj. c* brennend, heiß (*a. fig.*); feurig (*a. fig.*); feuer-, hochrot; **~temente** *adv. fig.* sehnlichst; heiß, leidenschaftlich.
ardilla I. *f Zo.* Eichhörnchen *n*; **~ gris** Grauhörnchen *n*; **II.** *adj. c* clever, gerissen.
ardimiento[1] *m* Kühnheit *f.*
ardimiento[2] *m* Brand *m*, Brennen *n.*
ardínculo *vet. m* brandiges Geschwür *n.*
ardita *f Col.*, *Ven.* → **ardilla**.
ardite *m hist.* Scheidemünze; *fig.* **no importar** (*od. valer*) **un ~** überhaupt nichts wert sein; **no me importa un ~** das ist mir ganz egal.
ardo|r *m* Glut *f*, Hitze *f*; *fig.* Eifer *m*; **~ de estómago** Sodbrennen *n*; *fig.* **en el ~ de la disputa** in der Hitze des Gefechts; **~roso** *adj.* glühend; *fig.* feurig, hitzig.
ardu|amente *adv.* mühsam; **~idad** *f* Schwierigkeit *f*; **~o** *adj.* schwierig, mühselig.
área *f* **1.** (Bau-, Acker-)Gelände *n*; Areal *m*; **~ cubierta** überdachte Fläche *f*; ⚐ **~ de círculo** (*de triángulo*) Kreis- (Dreiecks-)fläche *f*. **2.** ♀ **Ar** *m*, **3.** Gebiet *n*, Raum *m*; *Sp.* **~ de castigo**, **~ de penalty** Strafraum *m*; ✝ **~ monetaria** (*del dólar*) Währungs- (Dollar-)gebiet *n*; *Met.* **~ de baja presión** Tief *n*; **~ de recreo** Erholungsgebiet *n*; **4.** *Vkw.* Autobahn: **~ de manutención** Autobahnmeisterei *f*; **~ de reposo** (*od.* de descanso) Rastplatz *m*; **~ de servicio** Rasthof *m*, -stätte *f.*
areca ♃ *f* Betelpalme *f.*
arefacción *f* Trocknen *n*, Dörren *n.*
arel *m* Getreidesieb *n.*
are|na I. *f* **1.** Sand *m*; **~ fina** (*gruesa*) Fein- (Grob-)sand *m*; **~ movediza** Treib-, Flug-sand *m*; **~ seca** Streusand *m*; **reloj** *m* **de ~** Sanduhr *f*; *fig.* **edificar sobre** (*od. fundar en*) **~** auf Sand bauen; *Stk.* **oler a ~**, **"den Sand riechen"** *v. Stier, der unruhig scharrt u. wittert*; **2.** Arena *f* (*a. Stk.*); Reitbahn *f*; **3.** ⚕ **~s** *f/pl.* Harngrieß *m*; **II.** *adj. inv.* **4.** (*de color*) **~** sandfarben; **~nal** *m* Sandfläche *f*; Sandgrube *f*; **~nar** *v/t.* mit Sand bestreuen; mit Sand fegen; **~nera** *f Am.* Sandspielplatz *m*; **~nero** *m* **1.** ⚖ Sandkasten *m*; ⊕ Sandstrahlgebläse *n*; **2.** *Stk.* Sandstreuer *m.*
arenga *f* Ansprache *f*; F langes Gerede *n*, Sermon *m* F; *Chi.* Streit *m*; **~r** [1h] *vt/i.* e-e Ansprache halten (an *ac.*); abkanzeln (*v/t.*); palavern F (*v/i.*); **~río** *m* Rednerpult *n.*
areni|lla *f* Streusand *m*; ⚕ Grieß *m*; **~llero** *m* Streusandbüchse *f.*
are|nisca *Min. f* Sandstein *m*; **~ abigarrada** Buntsandstein *m*; **~nisco** ⚐ *adj.* sandig; **~noso** *adj.* sandig, sandreich; Sand...
arenque *Fi. m* Hering *m*; **~ ahumado** Bückling *m*; **~ enrollado** Rollmops *m*; **~ en salmuera** Brathering *m*; **~ra** *f* Heringsnetz *n.*
areografía *f* Marsbeschreibung *f.*
aréola ♀ *f* (Brust-)Warzenhof *m*; Ringbildung *f um Pusteln u. ä.*
areó|metro *m* Aräometer *n*, Senkwaage *f*; **~pago** *m hist.* Areopag *m*; *fig.* Gruppe *f* kompetenter Persönlichkeiten.
are|pa *f Am.* versch. Arten Maisbrötchen *n*; *fig. Ven.*, *Col.* tägliches Brot *n*; **~pera** F *f Col.*, *Ven.* Lesbierin *f*, Lesbe *f* F.
ares|til, **~tín** *m* **1.** ♃ Disteldolde *f*; **2.** *vet.* Mauke *f*; *Arg.* Milchschorf *m.*
arete *m* Ring *m* (*Schmuck*); Ohrring *m.*
arévacos *hist. m/pl.* Bewohner *m/pl.* der Hispania Tarraconensis.
arfar ⚓ *v/i.* stampfen (*Schiff*).
argadi|jo, **~llo** *m* Haspel *f*; *fig.* F Zappelphilipp *m.*
argalia ⚕ *f* Sonde *f.*
argamandijo *m* Kleinkram *m*; Kram *m*, Zeug *n.*
argama|sa *f* Mörtel *m*; **~sar** *v/i.* Mörtel anmischen; **~són** *m* herausgebrochenes Mörtelstück *n.*
árgana *f* Hebekran *m*; **~s** *f/pl.* → árguenas.
argaña *f* Unkraut *n.*
argavieso *m* Platzregen *m.*
Arge|l *m* Algier *n*; **~lia** *f* Algerien *n*; **⁰lino** *adj.-su.* algerisch; *m* Algerier *m.*
argenta|r *v/t.* versilbern; silbernen Glanz geben (*dat.*); **~rio** *m* **1.** Münzaufseher *m*; **2.** → **platero**.
argénteo *adj.* silbern; mit Silberauflage.
argen|tería *f* Silber-arbeit *f*;

-stickerei f; ~tero m → platero; ~tífero adj. silber-haltig, -führend.
argenti|na f 1. Min. Schieferspat m; 2. ♀ Silberkraut n; 3. ♀ Argentinien n; ~nismo m argentinischer Ausdruck m; ~no¹ I. adj. silbern, Silber...; II. m alte arg. Goldmünze; ~no² adj.-su. argentinisch; m Argentinier m.
argentoso adj. silberhaltig.
argo ⚛ m Argon n.
argolla f 1. metallener Ring m; ⊕ Schelle f, Klammer f; Col., Am. Cent. Ehering m; F le puso la ~ sie hat ihn fest (den Bräutigam); fig. echar a uno una ~ s. j-n verpflichten; 2. Pranger m (Strafe); 3. (juego m de la) ~ versch. Arten Spiele, Art Krocket n; 4. Ec. Clique f; 5. V Arg. Fotze f V (= Vagina).
árgoma ♀ f Heideginster m.
argón ⚛ m Argon n.
argonauta m 1. Argonaut m; 2. Zo. Argonautenmuschel f.
Argos m Myth. Argos m, Argus m; fig. ♀ wachsamer Hüter m.
argot(e) m (pl. argot[e]s) Argot n, Gaunersprache f; Jargon m.
argucia f Spitzfindigkeit f, Sophismus m.
árgue|nas, ~ñas f/pl. Traggestell n für Lastkörbe; Satteltaschen f/pl.
argüir [3g] I. v/t. 1. folgern, schließen auf (ac.); vorbringen, anführen; 2. schließen lassen auf (ac.), hindeuten auf (ac.); ~ a alg. de a/c. j-m et. vorwerfen; II. v/i. 3. streiten, argumentieren; ~ contra a. ankämpfen gg. (ac.); fig. ~ con et. anführen, et. ins Feld führen.
argumen|tación f Beweisführung f, Begründung f, Argumentation f; ~tador adj.-su. argumentierend; m Gegner m, Opponent m; ~tante c (Diskussions-)Gegner m; ~tar v/i. Schlüsse ziehen, folgern; argumentieren; ~tista c 1. Diskutierer m, Widerspruchsgeist m; 2. Film: ~ es XY etwa: nach e-r Idee von XY; ~to m 1. Schluß m, Beweisgrund m, a. ⚖ Argument n; 2. Inhaltsangabe f e-s Stückes, Handlung f; Thea. Text m; Film: Drehbuch n.
aria ♪ f Arie f; Lied n.
aridez f Dürre f, Trockenzeit f (a. fig.); fig. Trockenheit f.
árido I. adj. dürr, unfruchtbar; fig. trocken; II. ~s m/pl.: medida f para ~s Trockenmaß n.
Aries Astr. m Widder m.
ariete m 1. Sp. Mittelstürmer m; 2. ⊕ Rammbär m; ⚔ hist. Sturmbock m, Widder m; 3. ⚓ (Schiff n mit) Rammsporn m.
ari|je adj. c rotbeerig (Traube); ~jo adj. locker (Ackererde).
arimez m (pl. ~eces) Vorbau m, Erker m.
ario adj.-su. arisch; m Arier m.
arisco adj. unbändig (Tier); barsch, widerborstig (Mensch).
arista f 1. Granne f, Bart m (Ähre); 2. Kante f, Schneide f; Grat m (a. Gebirge u. ⚙); Gebirgskamm m; ⚔ Schnittlinie f zweier Ebenen; de ~(s) viva(s) scharfkantig; 3. △ ~ (de arco, de bóveda) Gewölbeprofil m.
aristarco m fig. strenger Kritiker m.
aris|tocracia f Aristokratie f (a. fig.); ~tócrata c Aristokrat m; ~to- crático adj. aristokratisch; ~tocratizar [1f] v/t. a. fig. adeln.
aristón ♪ m Ariston n (mechanische Orgel).
aristoso adj. 1. voller Grannen; 2. kantig.
aritméti|ca f Arithmetik f, Rechenkunst f; ~camente adv. arithmetisch; ~co I. adj. arithmetisch, Rechen...; progresión f ~a arithmetische Reihe f; II. m Arithmetiker m; Rechenkünstler m.
arle|quín m 1. Harlekin m (a. Maske), Hanswurst m (a. fig.); 2. fig. F gemischter Eisbecher m u. ä.; ~quinada f Harlekinade f; dummer Streich m; fig. Kasperltheater n; ~quinesco adj. possenreißerisch, -haft.
arlota f Wergabfall m.
arma f 1. Waffe f; Gewehr n; ~s f/pl. atómicas Atomwaffen f/pl.; ~ automática automatische Waffe f; Selbstlader m; ~ corta (cortante, de corte) Faustfeuer- (Hieb-)waffe f; ~ defensiva Schutz-, Verteidigungs-waffe f; ~ de destrucción masiva Massenvernichtungs-mittel n, -waffe f; a. fig. ~ de dos filos zweischneidiges Schwert n; ~ de fuego Schußwaffe f; Am. ~ larga Gewehr n; Karabiner m; ~s ligeras (pesadas) leichte (schwere) Waffen f/pl.; ~ ofensiva (punzante) Angriffs- (Stich-)waffe f; ~ de puño Stich- od. Hieb-waffe f mit festem Griff; ~ de retrocarga Hinterlader m; ~ secreta (de tiro rápido) Geheim- (Schnellfeuer-)waffe f; (carrera f de) ~s militärische Laufbahn f; hecho m de ~s Waffentat f; hombre m de ~s Soldat m, Militär m; maestro m de ~s Fecht-meister m, -lehrer m; plaza f de ~s Exerzierplatz m; sala f de ~s Fechtboden m; alzarse en ~s s. erheben, s. empören; dejar las ~s s-n Abschied nehmen; estar sobre las ~ unter (den) Waffen stehen; pasar por las ~s (standrechtlich) erschießen, über die Klinge springen lassen; fig. P Frau umlegen P, vernaschen F; presentar ~ das Gewehr präsentieren; probar las ~s die Klingen kreuzen (a. fig.); rendir el ~ Ehrenbezeigung machen vor dem Allerheiligsten; rendir ~s die Waffen strecken (a. fig.); tomar las ~s zu den Waffen greifen; F mujer f de ~s tomar Feldwebel m F (fig.), Dragoner m F (fig.), Xanthippe f F; F es de ~s tomar mit dem (bzw. der) ist nicht gut Kirschen essen, vor dem (bzw. der) muß man s. in acht nehmen; ¡a las ~s! an die Gewehre!; ¡descansen — ar(mas)! Gewehr ab!; ¡presenten — ar(mas)! präsentiert das Gewehr!; 2. Waffen-, Truppen-gattung f; las tres ~s die drei Waffengattungen f/pl.; 3. fig. Waffe f; fig. Horn n; Krallen f/pl. usw. der Tiere; 4. ⚔ ~s f/pl. Wappen n; ⚔ Schwanz m P (= Penis); ~da f Kriegsflotte f; Kriegsmarine f.
armadía f Floß n.
armadi|jo m Falle f; Schlinge f; ~llo Zo. ~ Gürteltier n.
arma|do I. adj. 1. bewaffnet; ~ hasta los dientes bis an die Zähne bewaffnet m; 2. ausgerüstet n, ausgestattet (mit dat. de ⚙); armiert; hormigón m ~ Stahlbeton m; II. m 3. Fi. Panzerhahn m; 4. Gehar- nischte(r) m in altrömischer Rüstung bei Karwochenprozessionen; F Méj. Betuchte(r) m; 5. Ausrüsten m; ~dor m 1. Reeder m; ~ temporal Ausrüster m e-s Schiffes; 2. ⚓ Heuerbaas m für Wal- u. Dorschfänger; 3. Chi. Weste f; ~dura f 1. (Ritter-)Rüstung f; 2. Gestell n; Gerüst n; (Brillen-)Fassung f; Armatur f; ~ de cama Bettstelle f; ~ (de tejado) Dachstuhl m; ⚙ ~ de condensador Kondensatorbelag m; ~ de imán Magnetanker m; 3. Stk. → cornamenta.
arma|mentista adj. c Rüstungs...; ~mento m 1. Rüstung f; Kriegsausrüstung f; Pol. limitación f de ~s Rüstungsbeschränkung f; reducción f de ~s Teilabrüstung f; 2. ⚓ Bestückung f; Schiffsgerät n; ⚔ I. v/t. 1. bewaffnen; ausrüsten (a. fig. u. ⚙); ⚓ bestücken; ⚓ bemannen; Bett aufschlagen; Schlingen legen; Falle stellen; Maschine aufstellen; Tisch her-, an-richten; Feder spannen; Zelt aufschlagen; Schrauben zudrehen; ⚔ Zünder scharf machen; ⚔ ~ la bayoneta das Seitengewehr aufpflanzen; 2. ♪ ~ la clave Vorzeichen setzen; 3. fig. veranstalten, verursachen; ~ bronca (camorra, cisco, jaleo), ~la Streit suchen, Stunk machen F; ~ la Spielschulden machen; ~ cizaña Zwietracht stiften; 4. ~ caballero a alg. j-n zum Ritter schlagen; II. v/i. 5. liegen (Erz); 6. passen; III. v/r. ~se 7. heraufziehen (Gewitter); fig. la que se va a ~ das wird e-n gewaltigen Krach absetzen F; F se armó la de Dios es Cristo (od. la de San Quintín) es gab einen Mordskrach F (od. Mordsspektakel F); 8. s. rüsten (a. fig.); s. versehen (mit dat. de); ~se de valor (de paciencia) s. mit Mut (Geduld) wappnen; 9. Stk. zum Todesstoß ansetzen; 10. Am. reich werden; Am. ~se de un buen negocio ein gutgehendes Geschäft aufziehen; 11. Am. bocken (Tier); 12. V steif werden (Penis).
armario m Schrank m; ~ para libros Bücherschrank m; ~ de documentos (de luna) Akten- (Spiegel-)schrank m; ~ para ropa blanca (para medicamentos) Wäsche- (Arznei-)schrank m; ~ ropero (rinconero) Kleider-(Eck-)schrank m; ~-vitrina Glasschrank m; F salir del ~ s. outen.
armatoste m ungefüges Möbel n; fig. dicker u. unbeweglicher Mensch m, Klotz m F.
armazón f, m Gerüst n; Gestell n; Rahmen m (Maschinen-)Ständer m; △ Zimmerwerk n; ⚓ Schiffsgerippe n; ~ ósea Knochengerüst n; ~ de sierra Sägebogen m.
arme|lina f Hermelinpelz m; ~lla f Schrauböse f; Augenbolzen m.
Arme|nia f Armenien n; ²nio adj.-su. armenisch; m Armenier m.
arme|ría f 1. Waffenhandlung f; ⚔ Zeughaus n; 2. Waffenschmiede(kunst) f; 3. → heráldica; ~ro m 1. Waffenschmied m; Waffenhändler m; maestro m ~ Waffenmeister m; 2. Gewehr-ständer m, -schrank m.
armilla 1. △ Schaftring m bei Säulen; 2. Art Astrolabium n.
armi|ñado adj. mit Hermelin be-

armiño — arrastrar

setzt; hermelinweiß; ~ño m Hermelin n; Hermelin(pelz) m.
armisticio m Waffenstillstand m.
armón ⚔ m Protze f; Scherbalken m (Pioniere).
armonía f Harmonie f (a. fig.); Wohllaut m; fig. Eintracht f; fig. Ausgeglichenheit f; vivir en perfecta ~ in schönster Eintracht leben; falta f de ~ Unausgeglichenheit f; Disharmonie f.
armóni|ca f Mundharmonika f; ~co I. adj. harmonisch; fig. einträchtig; passend; II. m ♪ Oberton m, Flageoletton m.
armonio m Harmonium n; ~so adj. harmonisch (a. fig.); wohlklingend.
armónium m Harmonium n.
armoniza|ble adj. c in Einklang zu bringen(d), harmonisierbar; ~r [1f] I. v/t. harmonisieren; in Einklang bringen; ✝ angleichen; II. v/i. harmonieren, in Einklang stehen.
armorial m Wappenbuch m.
armuelle ♀ m Melde f.
arnero m Chi., Méj. Sieb n.
arnés m Harnisch m; ~eses m/pl. (Pferde-)Geschirr n; Reitzeug n.
árnica ♀ f Arnika f; tintura f de ~ Arnikatinktur f.
aro[1] m 1. Ring m; Bügel m; Cu., Ven. Fingerring m; Arg., Chi. Ohrring m; ~ de rueda Radreif m; ⊕ ~ de émbolo Kolbenring m; ~ de junta Dichtungsring m; fig. pasar por el ~ s. fügen, in den sauren Apfel beißen; hacer pasar por el ~ a alg. j-n zur Vernunft bringen; 2. Zarge f e-r Geige usw.; 3. Tischrahmen m; 4. Schlagreifen m.
aro[2] ♀ m Aron(s)stab m.
¡aro! int. Arg., Chi. Aufforderung an Vortragende od. Tanzende, zu unterbrechen u. e-n Trunk zu tun.
aro|ma m 1. Wohlgeruch m, Duft m, Aroma n; Blume f, Bukett n des Weins; 2. ♀ Blüte f der Duftakazie; ~maticidad f Würze f; Duft m; ~mático adj. aromatisch, würzig; Kräuter...; ~matizar [1f] v/t. würzen; durchduften; ~mo ♀ m Duftakazie f.
arón ♀ m Aron(s)stab m.
arpa f Harfe f; ~do adj. 1. poet. lieblich singend (Vogel); 2. ausgezackt; ~dura f Kratzer m, Schramme f; ~r v/t/i. (zer)kratzen.
arpe|giar [1b] ♪ vt/i. arpeggieren; ~gio m Arpeggio m.
arpella Vo. f Fischgeier m.
arpeo ⚓ m Enterhaken m.
arpía f Myth. Harpye f; fig. Hexe f (fig.), Drachen m (fig.).
arpi|llar v/t. in Sackleinwand einschlagen; ~llera f Sackleinen n.
arpista I. c Harfenspieler m, Harfenist m; II. m Méj. Langfinger m, Dieb m.
arpón m Harpune f; Stk. Banderilla(spitze) f; △ Krampe f.
arpo|nado adj. harpunenförmig; ~nazo m Harpunenschuß m; ~n(e)ar v/t. harpunieren; ~nero m Harpunenfischer m; Harpunier m.
arquea|da f 1. ♪ Bogenstrich m; 2. Brechreiz m; ~do adj. gewölbt; ~dor m Eichmeister m für Schiffe; ~je, ~miento m → arqueo[2]; ~r[1] I. v/t. wölben; rundbiegen; Wolle fachen; Stk. Degen durchbiegen beim Todesstoß; ~ las cejas die Brauen hochziehen; große Augen machen; ~ el lomo e-n Buckel machen (Tier); II. v/i. Brechreiz empfinden; III. v/r. ~se s. krümmen, s. (ver)biegen.
arquear[2] I. v/t. Schiff vermessen (od. eichen); II. v/i. ✝ Am. e-e Kassenprüfung vornehmen.
arqueo[1] m Wölben n; Wölbung f, Krümmung f.
arqueo[2] m 1. Schiffsvermessung f; ♺ bruto (neto) Brutto- (Netto-) tonnage f; 2. ✝ Kassen-prüfung f; -sturz m.
arque|olítico adj. altsteinzeitlich; ~ología f Archäologie f; ~ológico adj. archäologisch; ~ólogo m Archäologe m.
arquería f Bogenwerk n, Arkade f.
arquero[1] m 1. Schatzmeister m; 2. Truhenbauer m.
arquero[2] m Bogenschütze m; Sp. Torwart m.
arqueta f 1. Schatulle f, Kästchen n; 2. △ Brunnenstube f; Senk-, Sickerkasten m.
arquetipo m Urbild n, Archetyp(us) m; Vorbild n.
arqui|banco m Kastenbank f; ~diócesis f Erzdiözese f; ~episcopal adj. c → arzobispal; ~fonema ⊕ Li. m Archiphonem m.
Arquímedes m Archimedes m; principio m de ~ archimedisches Prinzip n; rosca f de ~ archimedische Schraube f.
arquimesa f Schreibschrank m; Sekretär m.
arqui|tecto m Architekt m; Baumeister m; ~ decorador, ~ de interiores Innenarchitekt m; ~ paisajista Gartenarchitekt m; ~tectónico adj. architektonisch; ~tectura f Architektur f, Baukunst f; Bauart f; ~ románica romanischer Stil m; ~trabe m Architrav m, Säulenbalken m.
arrabá m (pl. ~aes) maurische Bogenverzierung f an Türen u. Fenstern.
arraba|l m Vorstadt f; ~es m/pl. Umgebung f e-r Stadt; ~lero I. m Vorstädter m; fig. ungeschliffener Mensch m; II. adj. vorstädtisch; vulgär.
arrabiatarse F v/r. Am. (j-m) blindlings folgen.
arracacha f 1. ♀ Am. eßbares Knollengewächs; 2. → ~da f Col. Albernheit f.
arracada f Ohrgehänge n; Typ. Aussparung f im Satz.
arracima|do adj. traubenförmig; dichtgedrängt; ~rse v/r. s. (traubenförmig) zs.-drängen; schwärmen (Bienen).
arrai|gadamente adv. stetig; ~gado adj. verwurzelt; bodenständig; ansässig; fig. eingewurzelt, unverbesserlich; ~gamiento m → arraigo; ~gar [1h] I. v/t. 1. Wurzeln schlagen lassen (a. fig.); ⚖ Ec., Guat., Méj., Pe. unter Ortsarrest stellen; II. v/i. 2. ⚖ Pfand (od. Kaution) hinterlegen; 3. Wurzel schlagen; fig. → III. v/r. ~se 4. ansässig werden; heimisch werden; fig. einreißen (üble Gewohnheiten); ~go m 1. Wurzelschlagen n; Eingewöhnung f; persona f de ~ Alteingesessene(r) m; tener ~ a) verwurzelt sein; b) Einfluß haben; 2. Liegenschaften f/pl.
arramblar I. v/t. mit Schwemmsand bedecken (Fluß); II. v/i. fig. F ~ con an s. reißen (ac.); III. v/r. ~se versanden (nach Überschwemmung).
arrancaclavos m (pl. inv.) Nagelzieher m.
arranca|da f (plötzliches bzw. ruckweises) Anfahren n bzw. Antraben n (Pferd); ♺ (plötzliches) Ablegen n; Sp. Spurt m; Gewichtheben: Reißen n; ~dero Sp. m Start(platz) m; ~do adj. fig. verarmt; abgerissen; Am. abgebrannt (fig.); ~dor mot. m Anlasser m; ~dora ♻ f Roder m; ~dura f, ~miento m Aus-, Ent-, Los-reißen n; ~r [1g] I. v/t. 1. ausreißen; Zähne ziehen; Hackfrüchte ausmachen, ernten; 2. Motor anlassen; 3. ent-, weg-, los-reißen; entlocken; abnötigen; se lo he arrancado con violencia ich habe es mit Gewalt aus ihm herausgeholt, ich habe es ihm gewaltsam entrissen; II. v/i. 4. anziehen (Zugtier); losgehen (Mensch); starten (Wagen); anfahren (Zug); anlaufen (Maschine); schneller werden, spurten, losbrausen F; ausgehen von e-m Punkt (a. fig.); ~ a + inf. beginnen, zu + inf.
arranchar[1] ♺ v/t. nahe vorbeifahren an (dat.); Segel brassen.
arranchar[2] v/t. Pe. entreißen.
arranque m 1. Ausreißen n, Entwurzeln n; Entreißen n; 2. △ Gewölbe-, Bogenanfang m; Anat. Ansatz m; 3. a. Sp. Anlauf m; Start m; Anlaufen n (Maschine); Kfz. a) Anlassen n; b) Anlasser m; Sp.: final Endspurt m; ~ de pie Kickstarter m; ~ automático Startautomatik f; ~ en frío Kaltstart m; allg. punto m de ~ Ausgangspunkt m; 4. fig. Entschlußkraft f; rascher Entschluß m; überraschender Einfall m; Anwandlung f, Anfall m (fig.), Aufwallung f.
arranquera F f Am. Geldmangel m.
arra|piezo F m Lausejunge m; ~po m Lappalie f, Kleinigkeit f.
arras f/pl. 1. Anzahlung f; Handgeld n; 2. Brautgeld n; hist. symbolische Brautgabe f von 13 Münzen.
arrasa|do I. adj. tex. atlasähnlich; II. part. übervoll; con los ojos ~s en (od. de) llanto (od. lágrimas) mit tränenüberströmten Augen; ~dura f Zerstörung f; ~miento m Abstreichen n; Schleifen n; ~r I. v/t. Acker einebnen; Festung schleifen; Maß (Getreide usw.) abstreichen; bis zum Rand füllen; II. v/i. u. ~se v/r. aufheitern (Himmel); ~se en (od. de) lágrimas in Tränen zerfließen.
arras|trada P f Méj. Schlampe f F, Hure f (desp. F); ~tradamente F adv. 1. schwer; 2. elend; ~tradera f Schleppseil n (Ballon); ♺ Unterleesegel n; ♿ Hemmschuh m; ~tradero m Holzweg m; Stk. Abschleppweg m für die toten Stiere; ~trado I. adj. 1. armselig, elend; II. m 2. Spitzbube m, Rumtreiber m F; 3. Kart. Ramsch m; ~trar I. v/t. 1. schleppen, schleifen, ziehen; s-n Fuß nach s. schlurfen, latschen F; fig. ~ por los suelos mit Schmutz bewerfen; 2. an Land schwemmen (Meer); 3. fig. nach s.

ziehen; mit s. fortreißen; mitreißen; ~ (tras sí) en la caída mit s. ins Verderben ziehen (od. reißen); **II.** v/i. 4. *Kart*. Trumpf ausspielen; *Figur* ziehen; 5. ✍ *Méj*. eggen; 6. kriechen; schleppen (*Kleider, Vorhang*); *venir arrastrando* angekrochen kommen (*a. fig.*); **III.** v/r. ~se 7. kriechen (*a. fig.*); ~**tre** *m* **1.** Fortschleppen *n*; Fortreißen *n*; Holzabfuhr *f* (*aus dem Wald*); *Phot*. Filmtransport *m*; *Stk*. Abschleppen *n der getöteten Tiere*; Schleppen *n von Fischernetzen*; *estar para el* ~ schrottreif sein (*Sache*); zum alten Eisen gehören (*Person*); 2. Zugkraft *f*; 3. angeschwemmte Erde *f*; 4. ⚒ Schachtwandneigung *f*; 5. *Méj*. Silbererzmühle *f*; 6. *Ant., Méj*. Einfluß *m*; ~**trero** *m* Fischerboot *n* mit Schleppnetz.
arrau *Zo. m Am. Mer*. Arrauschildkröte *f*.
arra|yán ♀ *m* Myrte *f*; ~**yana** ♀ *f* mexikanische Myrte *f*.
arre I. ¡~! *int*. hü!, vorwärts!; **II.** *m Andal*. Reittier *n* (*bsd. Esel*); ~**ador** *m Rpl., Col., Pe*. Peitsche *f*; ~**ar I.** v/t. 1. *Lasttiere* antreiben; *fig*. treiben; 2. *Am. Cent., Rpl., Méj*. rauben; *Personen* entführen; *Am*. einziehen *zum Militär u. ä*.; 3. P Schlag *usw*. verpassen F, versetzen; **II.** v/i. 4. s. beeilen; schnell gehen; ¡*arrea!* **a)** schnell!, dalli! F; **b)** nanu!; *fig*. ¡*el que venga detrás, que arree!* den letzten beißen die Hunde.
arrebaña|duras *f/pl*. (Speise-) Reste *m/pl*.; Brosamen *m/pl*.; ~**r** v/t. zs.-raffen *bis auf den letzten Rest*; aufessen; *Teller* leeressen.
arreba|tadamente *adv*. jäh, überstürzt; ~**tadizo** *adj*. übereilt; impulsiv, unbesonnen; ~**tado** *adj*. ungestüm, jäh, hastig; unbesonnen; *carácter m* ~ *hombre m* ~ Hitz-, Feuer-kopf *m*; ~**tador** *adj.-su*. hinreißend, entzückend; ~**tamiento** *m* 1. Entreißen *n*; 2. Ungestüm *n*; Verzückung *f*, Ekstase *f*; ~**tar I.** v/t. 1. entreißen, rauben; wegraffen; mit s. reißen (*a. fig.*); entzücken; 2. *Am*. oft → *atropellar*; **II.** v/r. ~se 3. außer s. geraten, aufbrausen; s. ereifern; 4. verbrennen (*Frucht*); zu schnell gar werden (*od*. anbrennen (*Gericht*); ~**tiña** *f* Rauferei *f* (*um et.*); *andar a la* ~ (s.) um et. raufen; ~**to** *m* 1. Erregung *f*; Anwandlung *f*; ~ *de cólera* Jähzorn *m*; 2. Entzücken *n*; Verzückung *f*.
arrebiatarse v/r. *Am*. → *arrabiatarse*.
arrebo|l *m* 1. Morgen-; Abend-rot *n*; 2. † rote Schminke *f*; 3. *poet*. Röte *f*; ~**larse** v/r. *poet*. s. röten; s. rot schminken.
arrebuja|damente *adv*. undeutlich; ~**r I.** v/t. zer-knittern, -knautschen; **II.** v/r. ~se s. einmummeln, s. gut zudecken.
arreciar [1b] v/i. stärker werden, zunehmen (*Wind usw.*).
arrecife *m* Riff *n*, Felsbank *f*.
arrecirse [def., nur Formen mit *-i-*] v/r. vor Kälte erstarren; *arrecido* starr, klamm.
arre|cho *adj*. 1. *Am*. geil; 2. *Am. Cent*. mutig, energisch; 3. *Reg*. →

tieso; → *brioso*; ~**chucho** F *m* 1. Anwandlung *f*, Koller *m* F; 2. plötzliche Übelkeit *f*.
arredrar I. v/t. zurück-werfen, -stoßen; erschrecken; **II.** v/r. ~**se** zurückscheuen; zurückweichen, Angst bekommen.
arregaza|do *adj*. umgestülpt; *nariz f* ~*a* Stupsnase *f*; ~**r** [1f] v/t. *Rock* schürzen, raffen.
arregla|damente *adv*. ordnungsgemäß; ~**do** *adj*. ordentlich; geregelt; mäßig (*Preis*); *eso está* (*a. quedó*) *ya* ~ (das ist) schon erledigt; ~**r I.** v/t. 1. regeln, ordnen; in Ordnung bringen; ausbessern, überholen; *Preis* festsetzen; *Rechnung* begleichen; *Zimmer* machen (*Hotel*); *Uhr* stellen; *Typ*. zurichten; *Maschine* reparieren; ♪ arrangieren; **II.** v/r. ~**se** 2. s. schön machen, s. herrichten; ~*se el pelo sein* (*od*. s. das) *Haar* ordnen (*od*. zurechtmachen); 3. mitea. auskommen; ⚔ ~*se con alg*. s. mit j-m vergleichen; ~*se con a/c*. mit et. (*dat*.) zu Rande kommen; ~*se a* (*od. con*) *lo suyo* s. mit der Decke strecken; ¡*arréglese!* helfen Sie sich selbst!; *arreglárselas* mit et. (*dat*.) fertig wissen, s. zu helfen wissen, es einzurichten wissen; ¿*cómo se las arregla?* wie stellen Sie das bloß an?; wie kommen Sie zurecht? (mit *dat*. *con*).
arreglista ♪ *c* Arrangeur *m*.
arreglo *m* 1. Regel *f*, Ordnung *f*, Anordnung *f*, Regelung *f*; Ausbesserung *f*; Bezahlung *f* (*Rechnung*); ~ *de cuentas* Abrechnung *f* (*a. fig.*); ~ *de pies* Fußpflege *f*; 2. Einrichtung *f*, *Typ*. Zurichtung *f*; Bearbeitung *f* (*Buch*, ♪); ♪ Arrangement *n*; 3. Abmachung *f*; Vereinbarung *f*; ⚔ Vergleich *m*; ~ *judicial* (*arbitral, pacífico*) *de controversias internacionales* gerichtliche (schiedsgerichtliche, friedliche) Beilegung *f* internationaler Streitfälle; *adv. con* ~ *a* gemäß (*dat*.); *llegar a un* ~ zu e-r Vereinbarung (*od*. e-m Kompromiß) gelangen; (no) *tener* ~ (nicht) wiedergutzumachen sein; 4. ordentliches Verhalten *n*, Sittsamkeit *f*; 5. F *a. arreglito m* wilde Ehe *f*; 6. *bsd. Am.* ~ *floral* Blumenarrangement *n*.
arregostarse F v/r. ~ *a* Gefallen finden an (*dat.*).
arrejacar [1g] ✍ v/t. rigolen.
arrejuntarse v/r. zs.-ziehen, zs.-leben (*wie Mann u. Frau*).
arrellinarse [1h] F v/r. *Chi.* → *acicalarse*; *Arg.* → *resolverse*.
arrellanarse v/r. s. bequem zurechtsetzen; sich's bequem machen.
arreman|gado *adj.*: *nariz f* ~*a* Stülpnase *f*; ~**gar** [1h] **I.** v/t. *Ärmel* aufstreifen; *Hosen* aufkrempeln; *Kleid* aufstecken, aufschürzen; **II.** v/r. ~**se** F s. aufraffen, s. zs.-reißen; ~**go** *m* 1. Hochstreifen *n*; 2. Umgekrempelte(s) *n*; Schurz *m*.
arreme|tedero ⚔ *m* Angriffspunkt *m*; ~**tedor** *adj.-su*. angreifend; *m* Angreifer *m*; ~**ter I.** v/t. 1. *Pferd* anrennen lassen; 2. angreifen, anfallen; **II.** v/i. 3. ~ *contra* (*od. con, para, a*) *alg*. über j-n herfallen, j-n angreifen; 4. *fig*. verletzen(d wirken); unangenehm auffallen; ~**tida**

f Ansturm *m*; Angriff *m*, Überfall *m*.
arremolinarse v/r. aufwirbeln; s. (zs.-)drängen; zs.-laufen.
arrenda|ble *adj*. c verpachtbar; *Am. a*. vermietbar; ~**dor**[1] *adj.-su*. Zureiter *m*; ~**dor**[2] *m* 1. Verpächter *m*; *Am. a*. Vermieter *m*; 2. → *arrendatario*.
arrendajo *m Vo*. Eichelhäher *m*; *fig*. F Nachäffer *m*.
arrendamiento *m* Pacht *f*; Verpachtung *f*; *Am. a*. Vermietung *f*; Pacht-, Miet-zins *m*; (*contrato m de*) ~ Pacht-, Miet-vertrag *m*; ~ *de buque*, ~ *de avión* Chartervertrag *m*; *dar* (*od*. *ceder*) *en* ~ verpachten; *Am. a*. vermieten; *tomar en* ~ pachten; *Am. a*. mieten; *en* ~ pacht-, miets-weise.
arrendar[1] [1k] v/t. *Pferd* am Zügel festbinden; *Pferd* an den Zügel gewöhnen; *fig*. festhalten.
arrendar[2] [1k] v/t. verpachten; *Am. a*. vermieten; pachten; *Am. a*. mieten; *fig. no le arriendo la ganancia* ich möchte nicht in seiner Haut stecken; da war er schlecht beraten.
arrendar[3] v/t. nachahmen.
arrenda|tario I. *adj*.: *compañía f* ~*a* (staatliche) Monopolgesellschaft *f*; **II.** *m* Pächter *m*; *Am. a*. Mieter *m*; ~**ticio** ⚔ *adj*. Pacht...; *Am. a*. Miet...
arreo[1] *m* Putz *m*, Schmuck *m*; ~*s m/pl*. **a)** Geschirr *n*, Gezäum *n*; **b)** *Rpl., Chi., Ven*. Koppel *f* Lasttiere; **c)** Zubehör *n*.
arreo[2] *adv*. nacheinander, schnell.
arrepápalo *m* Art Spritzgebackene(s) *n*.
arrepenti|da *f* reuige Sünderin *f*; ~**do** *adj*. bußfertig; *estar* ~ *de a/c. et*. bereuen; ~**miento** *m* Reue *f*; Buße *f*; *Mal*. Korrektur *f*; ~**rse** [3i] v/r. Reue fühlen; ~ *de a/c. et*. bereuen.
arrequín *m Am*. Leittier *n*; *fig*. unzertrennlicher Begleiter *m*, Schatten *m* F.
arre|quintar v/t. *Am*. fest zs.-schnüren; ~**quives** *m/pl*. F Putz *m*; Staat *m* F; † Umstände *m/pl*.
arres|tado I. *adj*. 1. unerschrocken, schneidig; 2. verhaftet; **II.** *m* 3. Arrestant *m*; ~**tar I.** v/t. verhaften; **II.** v/r. ~**se** *a* s. heranwagen an (*ac*.); ~**to** *m* 1. Arrest *m*; Haft *f*; Verhaftung *f*; ~ *mayor* Gefängnis(strafe *f*) *n* (1—6 Monate); ~ *menor* Haft(strafe) *f* (1—30 Tage); ~ *domiciliario* Hausarrest *m*; 2. ~*s m/pl*. Schneid *m*, Mut *m*.
arrezafe ♀ *m* Distel *f*.
arrezagar [1h] v/t. 1. hochkrempeln, raffen; 2. (er)heben.
arria *f* Koppel *f* Saumtiere.
arriada[1] *f* Überschwemmung *f*.
arriada[2] ⚓ *f* Streichen *n der Segel*.
arria|nismo *Rel. m* Arianismus *m*; ~**no** *adj.-su*. arianisch; *m* Arianer *m*.
arriar[1] [1c] v/t. überschwemmen.
arriar[2] [1c] ⚓ v/t. fieren, niederlassen; *Tau* nachlassen, lockern; *Boot* fieren *od*. aussetzen; ~ (*la*) *bandera* die Flagge streichen; ~ *velas* Segel streichen; *fig*. klein beigeben; ¡*arría!* fall ab!; fier weg!; werft los!
arriata *f*, *mst*. ~**te** *m* 1. (Blumen-) Rabatte *f*; Mauerbeet *n*; 2. Blumengatter *n aus Rohr*.

arriaz m (pl. ~aces) Degenheft n; Schwertkreuz n.
arriba adv. oben, obenan (a. fig.); hinauf; ¡~! **a)** auf!, aufstehen!, los!; **b)** hoch!; ¡~ España! es lebe Spanien!; **c)** trink aus!; ⚓ ¡~ todo el mundo! alle Mann an Deck!; ~ de mehr als; ~ del todo ganz oben; (el) ~ mencionado (der) obenerwähnt(e); como decíamos más ~ wie weiter oben gesagt; de doce años (para) ~ über zwölf Jahre; von 12 Jahren an, ab 12 Jahren; de ~ von oben (a. fig.); vom Himmel, von Gott; Rpl., Cu. umsonst; en el piso de ~ im oberen Stockwerk; de ~ abajo von oben bis (bzw. nach) unten; fig. ganz u. gar, völlig; fig. von oben herab; volver lo de ~ abajo das Unterste zuoberst kehren; hacia (od. para) ~ hinauf; nach oben; herauf; llevar (traer) ~ hin- (her-)aufbringen; por ~ oben; oberhalb; por ~ y abajo überall; nach allen Seiten.
arri|bada ⚓ f Einlaufen n; derechos m/pl. de ~ Landegebühren f/pl.; entrar de ~ (forzosa) vom Sturm usw. gezwungen (sein), e-n (Not-)Hafen anzulaufen; **~baje** ⚓ m ~ arribada; **~bano** m Chi. Südchilene m; Pe. Binnenländer m; Arg. Bewohner m der Andenprovinzen; **~bar** v/i. **1.** ⚓ **a)** einlaufen; **b)** abfallen, Abdrift haben; **2.** fig. s-n Zweck erreichen; **3.** Am. ankommen; **4.** Am. gedeihen; **~bazón** m (andrängender) Fischschwarm m; Am. Andrang m; **~beño** m Am. Hochländer m; **~bismo** m Strebertum m; **~bista** c Emporkömmling m, Parvenü m; **~bo** m ⚓ Einlaufen n; Am. allg. Ankunft f, Eintreffen n.
arriendo m Pacht f; Verpachtung f; Pachtzins m; Am. Miete f; ceder en ~ verpachten; → a. arrendamiento.
arrie|raje m Pe. → **~ría** f Maultiertreiber-; Fuhrmanns-gewerbe n; **~ro** m Maultiertreiber m; Fuhrmann m.
arriesga|ble adj. c was man wagen od. aufs Spiel setzen kann; riskierbar; **~da** f Am. Wagemut m; Wagnis n; **~damente** adv. gewagt; **~do** adj. gefährlich, riskant; waghalsig, tollkühn; **~r** [1h] **I.** v/t. wagen, aufs Spiel setzen, riskieren; **II.** v/r. **~se** s. e-r Gefahr aussetzen; **~se a** a/c. (s. an) et. (heran)wagen.
arri|madero m Lehne f, Stütze f; Paneel n, Wandtäfelung f; **~madillo** m Wandverkleidung f; **~mador** m Stützscheit n im Kamin; **~mar I.** v/t. **1.** nähern, heranrücken; anlehnen; ¡~ el hombro! alle mal anpacken!, los, helft mal mit!; **2.** F Schlag usw. versetzen; Equ. Sporen einsetzen; **3.** ⚓ stauen; **4.** beiseite legen, weglegen; zum alten Eisen werfen; fig. zurücksetzen, übergehen; fig. aufgeben; **II.** v/r. **~se 5.** s. anlehnen; s. nähern; dicht herantreten (an ac. a); zs.-rücken; eng umschlungen tanzen; **~se a** alg. s. j-m anschließen; j-s Gunst suchen, s. an j-n heranmachen F; **~mo** m **1.** Stütze f, Lehne f; fig. Schutz m, Gunst f, Hilfe f; **2.** Brandmauer f; Am. Grenzmauer f zwischen zwei Grundstücken; **3.** Verhältnis n, wilde Ehe f; **4.** Tanzen n in enger Umschlingung; **~món** F m Tagedieb m, Eckensteher m.
arrincona|do adj. abgelegen; vergessen (Person); **~miento** m Zurückgezogenheit f; **~r I.** v/t. **1.** in e-n Winkel stellen; fig. in die Enge treiben; **2.** beiseitelegen, zum alten Eisen werfen, ad acta legen; fig. beiseite-, zurück-drängen; vernachlässigen; **II.** v/r. **~se 3.** fig. s. zurückziehen.
arriñonado adj. nierenförmig.
arriostrar ⊕ v/t. ver-steifen, -spreizen.
arrisca|do adj. **1.** felsig, klippig; **2.** beherzt, verwegen; **3.** rüstig, stattlich; **4.** Am. → arremangado; **~miento** m Wagemut m; Tatkraft f; **~r** [1g] **I.** v/t. wagen; **II.** v/r. **~se** abstürzen (Vieh); fig. wütend werden.
arritmia 🜛, 💊 f Arrhythmie f.
arrizar [1f] ⚓ v/t. reffen; vertäuen (an Bord).
arroba f **1.** IT @-Zeichen n, Klammeraffe m F; **2.** Arrobe f: **a)** Hohlmaß, Reg. verschieden; **b)** Gewicht, Reg. verschieden, z.B. in Kastilien 11,502 kg; fig. por ~s scheffelweise; echar por ~s übertreiben; Rpl. llevar la media ~ gewinnen, profitieren.
arro|bador adj. entzückend; **~bamiento** m Verzückung f, Ekstase f; Entzücken n; Verwunderung f; **~bar I.** v/t. ent-, ver-zücken; **II.** v/r. **~se** in Verzückung geraten; **~bo** m Verzückung f.
arroce|ría f Reispflanzung f; **~ro I.** adj. **1.** Reis...; molino m ~ Reismühle f; **II.** m **2.** Reisbauer m; **3.** Am. Reisfresser m (versch. Vögel).
arrocina|do adj. Schindmähren...; Rpl. zahm (Füllen); **~rse** F v/r. **1.** verblöden; **2.** s. verknallen F, s. vergaffen F.
arrochelarse v/r. Col., Ven. s. bäumen; bocken (Pferd).
arrodilla|do adj. **1.** kniend; **2.** geschmeidig; **~dura** f, **~miento** m Niederknien n; Kniefall m; **~r I.** v/t. niederknien lassen; **II.** v/r. **~se** (nieder)knien; s. niederwerfen; **~se a los pies de** alg. j-m zu Füßen fallen, s. j-m zu Füßen werfen.
arrodri|gar [1h], **~gonar** 🜍 v/t. Reben usw. anpfählen.
arroga|ción ⚖ f **1.** Annahme f an Kindes Statt; **2.** Anmaßung f; ~ de funciones Amtsanmaßung f; **~ncia** f **1.** Anmaßung f, Dünkel m; **2.** Schneid m; **~nte** adj. c **1.** anmaßend, arrogant, dünkelhaft, patzig F; **2.** forsch, schneidig; ~ belleza stattliche (od. stolze) Schönheit; **~r** [1h] **I.** v/t. ⚖ an Kindes Statt annehmen; **II.** v/r. **~se** s. Rechte, Befugnisse usw. anmaßen.
arrojadizo adj. Wurf..., Schleuder...; armas f/pl. **~as** Schleuder-, Wurf-waffen f/pl.; **~jado** adj. mutig, unternehmend; draufgängerisch; **~jador** adj.-su. Werfer m, Schleuderer m; **~jamiento** m Schleudern n; 💥 Abwurf m; ~ sin blanco Blindabwurf m; **~jar I.** v/t. **1.** schleudern, werfen, schmeißen F; Bomben (ab-)werfen; fig. hinauswerfen; ~ por la boca (aus)speien; **~ a la orilla** ans Ufer spülen; ⊕ ~ a/c. contra et. mit et. (dat.) besprühen (od. bewerfen); **2.** Licht ausstrahlen; Geruch verbreiten; Blüten hervorbringen, treiben; fig. als Resultat ergeben; aufweisen; Nutzen, Zinsen abwerfen; **II.** v/i. **3.** s. erbrechen; **III.** v/r. **~se 4.** s. stürzen (auf od. in ac. mst. a) (a. fig.); fig. s. erkühnen, s. erdreisten (zu + inf. a); **~se de (od. por) la ventana** aus dem Fenster springen, s. aus dem Fenster stürzen; **~se sobre** alg. über j-n herfallen; **~se a** (od. hacia) alg. auf j-n zustürzen; **~jo** m Draufgängertum n, Schneid m.
arrolla|ble adj. c (auf)wickelbar; zs.-rollbar; **~do** m Rpl., Chi., Pe. Rindsroulade f; Chi. Art Rollfleisch n; **~dor** m ⊕ Wickler m; tex. Abzugswalze f; **~miento** m ⊕ Wicklung f; 🜍 (auf-, zs.-)rollen; auf-wickeln; ~ un resorte e-e Feder aufziehen; **2.** (fort)wälzen; **3.** niederwerfen, -zwingen; überfahren (a. fig.); s. hinwegsetzen über (ac.) (bsd. Gesetze usw.).
arromadizarse [1f] v/r. (e-n) (Stock-)Schnupfen bekommen.
arromanza|do Li. adj. romanisiert, romanisch (bsd. Ma.); **~r** [1f] v/t. zu e-r Romanze machen; † ins Spanische übersetzen.
arronzar [1f] ⚓ v/i. **1.** die Anker lichten; **2.** ablaufen, s. nach der Windseite legen.
arropar¹ v/t. **1.** bekleiden; be-, zudecken; fig. estar bien **~ado** gute Beziehungen haben; **2.** Stier mit zahmen Ochsen abdrängen in s-n Stall usw.
arro|par² v/t. Wein mit Mostsirup versetzen; **~pe** m Mostsirup m; Sirup m; **~pía** f eingedickter Honig m.
arrostra|do adj.: bien (mal) ~ schön (häßlich); **~r** v/t. **1.** Trotz bieten (dat.), trotzen (dat.); **2.** wagen (ac.).
arrow-root engl. m → arruruz.
arroya|da f, **~dero** m Bachtal n; Bachbett n.
arroyarse v/r. vom Rost befallen werden (Pfl.).
arro|yo m **1.** Bach m; Bachbett n; a. fig. Gosse f, Rinnstein m; fig. **~s de lágrimas y de sangre** Ströme m/pl. von Tränen u. Blut; poner (od. plantar) a alg. en el ~ j-n auf die Straße setzen; desp. fig. salir del ~ aus der Gosse kommen (desp.), aus armseligen Verhältnissen stammen; **2.** Fahrdamm m; **~yuelo** m Bächlein n, Rinnsal m.
arro|z m **1.** Reis m; ~ con leche Milchreis m, Reisbrei m; ~ a la marinera Fischgericht n mit Reis; polvo m de ~ Reispuder m; fig. F ~ con tenedor ganz etepetete; sehr affektiert; **2.** Ven. häusliche Festlichkeit f; **~zal** m Reisfeld n.
arrufa|dura ⚓ f Sprung m; **~r I.** v/i. ⚓ Sprung haben; **II.** v/r. **~se** e-n Buckel machen (Katze); Andal., Ven. wütend werden.
arrufianado adj. zuhälterisch; Zuhälter...
arrufo ⚓ m → arrufadura.
arruga f Runzel f; Falte f, zerknitterte Stelle f (Stoff, Papier); hacer **~s** Falten werfen, knittrig werden; surcado de **~s** faltenzerfurcht; **~do** adj. runzlig, faltig; zerknittert, zer-

knautscht; ~r [1h] I. v/t. runzeln, falten; zer-knittern, -knüllen; *Nase* rümpfen; ~ *la frente (el entrecejo)* die Stirn (die Brauen) runzeln; II. v/r. ~se runzlig werden; knittern; *fig.* F Schiß kriegen F.

arruina|do adj. ruiniert, zugrunde-gerichtet; ~r I. v/t. zerstören, verwüsten, verderben; zugrunde richten, ruinieren; *Thea.* ~ *el espectáculo* die Vorstellung schmeißen; II. v/r. ~se verfallen; s. zugrunde richten; ~se *la salud* s-e Gesundheit ruinieren.

arru|llador adj. fig. einschläfernd, einlullend; ~llar I. v/t. 1. *Kind* in den Schlummer singen (od. wiegen); 2. j-m den Hof machen, mit j-m schäkern; F ~se mitea. schöntun; II. v/i. 3. girren, gurren *(Tauben u. fig.)*; ~llo m Girren n, Gurren n; Wiegenliedchen n; *fig.* zärtliche Worte n/pl.

arruma ⚓ f Laderaum m.

arrumaco F m 1. *mst.* ~s *pl.* Geschmuse n; fig. Getue n, Mätzchen n/pl. F; 2. wertloser Schmuck m, Tinnef m F.

arruma|je ⚓ m Stauen n; ~r ⚓ I. v/t. (ver)stauen; II. v/r. ~se s. bewölken; ~zón ⚓ m 1. (Ver-)Stauen n; 2. Gewölk n.

arrumbar¹ v/t. wegräumen, abstellen; *fig.* abblitzen lassen.

arrumbar² ⚓ I. v/i. 1. die Küste anpeilen; 2. den Kurs festlegen; II. v/r. ~se 3. die Position bestimmen.

arrurruz m indisches Stärkemehl n.

arrutinar I. v/t. zur Routine machen; II. v/r. ~se zur Routine werden.

arsenal m 1. Arsenal n, Zeughaus n; 2. Marinewerft f.

arseni|cal adj. c arsenikhaltig; ~cismo ♂ m Arsenvergiftung f.

arsénico 🜍 I. m Arsen(ik) n; II. adj.: *ácido* m ~ Arsensäure f.

arseni|oso adj. arsenhaltig; ~to m Arsenit n.

arta ♃ f Wegerich m.

arte m (pl. f) 1. Kunst f; ~s f/pl. ehm. Logik f, Physik f u. Metaphysik f; ~ *decorativo* dekorative Kunst f, Ausstattungskunst f; ~ *dramático* Schauspielkunst f; ~ *figurativo,* ~ *imitativo* gegenständliche Kunst f; ~s *liberales* freie Künste f/pl.; ~ *militar* Kriegskunst f; *el séptimo* ~ der Film; *versos* m/pl. *de mayor (menor)* Verse m/pl. von mehr als 8 (von 8 u. weniger) Silben; *con (sin)* ~ kunst-voll (-los); 2. Kunstfertigkeit f; Gewandtheit f; List f; *malas* ~s Ränke pl., List f u. Tücke f; *(como) por* ~ *de magia* (wie) durch ein Wunder; fig. *saber el* ~ den Trick (od. Kniff) kennen; *tener buen* ~ *gescheit* (od. geschickt od. fähig) sein; *no tener* ~ *ni parte* in nichts zu tun haben mit (dat.); 3. Art f, Weise f; 4. ~(s) *(de pesca)* Fischereigerät n.

artefacto m Artefakt n; mechanisches Kunstwerk n; Gerät n, Apparat m; Sprengkörper m; F iron. Möbel n.

artejo m 1. Finger-knöchel m, -gelenk n; -glied n; 2. ♃ Knoten m *(Stengel od. Rohr);* 3. Segment n der Gliederfüßer.

artemis(i)a ♃ f Beifuß m, Mutterkraut n; a. Schafgarbe f.

arte|ramente adv. (hinter)listig; ~ría f Hinterlist f.

arteri|a f 1. *Anat.* Schlagader f, Arterie f; ~ *coronaria* Kranzarterie f; ~ *carótida* Halsschlagader f; 2. Hauptverkehrsstraße f; ~al adj. c arteriell, Schlagader...; ~ografía f Arteriographie f; ~ología f Arteriologie f; ~osclerosis f Arteriosklerose f, Arterienverkalkung f; ~osclerótico adj. arteriosklerotisch; ~oso adj. arterienreich; arteriell.

artesa f (Back-, Knet- usw.) Trog m; Mulde f.

artesa|nado m Handwerker-schaft f; ~stand m, ~al adj. c Handwerks..., handwerklich; ~nía f 1. → *artesanado*; *Span. Cámara* f *Oficial de* ♀ Handwerkskammer f; 2. Kunsthandwerk n; ~no m Handwerker m; fig. Urheber m, Schöpfer m.

artesiano adj.: *pozo* m ~ artesischer Brunnen m.

arte|són m Scheuerfaß n; Kufe f, Bütte f, Trog m; △ Felder-, Kassetten-decke f; ~sonado adj.-su. mit Stuckarbeit verziert *(Zimmerdecke);* Kassetten...; m Täfelung f, Kassettierung f; p. ext. Kassettendecke f.

ártico adj. arktisch; nördlich, Nord...; *polo* m ~ Nordpol m; *regiones* f/pl. ~as od. ♀ m Arktis f.

articola adj.-su. c Arktisbewohner m.

articu|lación f 1. *Anat.* Gelenk n; ~ *del codo (de la rodilla)* Ellbogen-(Knie-)gelenk n; 2. ⊕ Gelenk n; ~ *(de) cardán,* ~ *universal,* ~ *en cruz* Kreuz-, Kardan-gelenk n; 3. *Phon.* Artikulation f; ~ *artificial* Lippensprache f der Taubstummen; 4. Gliederung f; 5. ♃ Abzweigung f, Knie n; ~ladamente adv. deutlich, klar; gegliedert; ~lado I. adj. c. gegliedert; Glieder...; Gelenk...; 🐟 *tren* m ~ Gliederzug m; 2. *lenguaje* m ~ artikulierte Sprache f; II. m 3. die Artikel m/pl.; die Paragraphen m/pl. e-s *Gesetzes, Vertrages usw.*; ⚖ Beweismaterial n; 4. Zo. ~s m/pl. Gliedertiere n/pl.; ~lar¹ adj. c Gelenk...; *reumatismo* m ~ Gelenkrheuma(tismus m) m; ~lar² I. v/t. 1. durch Gelenk inea.-fügen; gliedern; 2. ⚖ in Paragraphen aufgliedern; *Paragraphen* formulieren; *Beweismittel* od. *Fragen* vorlegen; II. vt/i. 3. artikulieren; deutlich aussprechen; ~lista c Artikelschreiber m.

artículo m 1. *Anat.* Gelenk n; Glied n; 2. *Gram.* Artikel m, Geschlechtswort n; ~ *(in)determinado* (un)bestimmter Artikel m; 3. ⚖ Artikel m, Paragraph m; ~ *adicional* Zusatz- od. Schluß-artikel m, -paragraph m; *formar* ~ *de* Zwischenklage vorbringen; 4. ✝ *Ware* f, Artikel m; ~ *de adorno y tocador* Putz(ware f) m; ~ *comercial,* ~ *de comercio* Handels-ware f, -artikel m; ~ *de moda* Modeartikel m; ~ *de primera necesidad* Artikel m des täglichen Bedarfs; ~ *de propaganda* Reklame-, Werbe-artikel m; ~ *de gran salida,* ~ *de gran consumo* Massenartikel m; vgl. → *bienes;*

5. *Aufsatz* m, Artikel m; ~ *de fondo* Leitartikel m; ~ *de pago* Inserat n; ~ *difamatorio,* ~ *muy violento* Hetzartikel m; F *hacer el* ~ *de a/c. et.* sehr anpreisen; 6. *Rel.* ~ *de fe* Glaubensartikel m; ~ *de la muerte* Sterbestunde f; Todeskampf m.

artífice m Künstler m; Kunsthandwerker m; fig. Urheber m.

artifi|cial adj. c künstlich, Kunst...; *fuegos* m/pl. ~es Feuerwerk n; ~ciero m Sprengstoffexperte m, Feuerwerker m; ✠ a. Kanonier m od 1. Maschine f. 2. Kunstfertigkeit f; fig. Kunstgriff m, Kniff m; Verstellung f; ~cioso adj. 1. unnatürlich, gekünstelt; gezwungen; 2. arglistig; verschmitzt; 3. kunstvoll.

artilugio m 1. Machwerk n; fig. F Trick m, Kniff m, Dreh m F; 2. Werkzeug n.

arti|llado ✠ m (Artillerie-)Bestückung f; ~llar v/t. bestücken; ~llería f 1. Artillerie f; Geschütz(e) n(/pl.); ~ *antiaérea* Flak(artillerie) f; ~ *antitanque* Pak(artillerie) f; ~ *de apoyo directo* Nahkampfartillerie f; ~ *a caballo* reitende Artillerie f; ~ *de campaña,* ~ *de batalla (de costa)* Feld-(Küsten-)artillerie f; ~ *gruesa* schwerste Artillerie f; ~ *montada (volante)* fahrende (fliegende) Artillerie f; ~ *de montaña* Gebirgsartillerie f; ~ *naval,* ~ *de marina,* ~ *de a bordo* Schiffsartillerie f; ~ *pesada (ligera, Am. liviana)* schwere (leichte) Artillerie f; ~ *de a pie* Fußartillerie f; *parque* m *de* ~ Geschützpark m 2. *Sp.* Sturm m *(Fußball);* ~llero m 1. Artillerist m; Kanonier m; 2. *Sp.* Stürmer m *(Fußball).*

artimaña f *Jgdw.* Falle f; fig. Kniff m; Betrug m, Nepp m F.

artiodáctilos Zo. m/pl. Paarzeher m/pl.

artista c 1. Künstler m (a. fig.); *Thea.* Darsteller m; *Zirkus usw.:* Artist m; 2. fig. Lebenskünstler m.

artístico adj. 1. künstlerisch, Kunst...; *director* m ~ Spielleiter m, Regisseur m; 2. artistisch.

artolas f/pl. Doppelsattel m; Packsattel m.

artrítico adj. arthritisch, gichtisch.

artritis ♂ f (pl. inv.) Arthritis f, Gelenkentzündung f; ~mo ♂ m Arthritismus m.

artrópodos Zo. m/pl. Gliederfüß(l)er m/pl.

artrosis f (pl. inv.) 1. ♂ Arthrose f; 2. *Anat.* Gelenk n.

Ar|turo m 1. npr. Art(h)ur m; *Astr.* Arkturus m; 2. ~*tús* m Artus m *(keltischer Sagenheld).*

arve|ja ♃ f (Acker-, Saat-)Wicke f; *Am.* (Platt-)Erbse f; ~jal, ~jar m Wickenfeld n; ~jana f → *arveja;* ~jera f Futterwicke f; ~jo m Erbse f; ~jón m gelbe Wicke f; ~jona f Wicke f; *Andal.* ~ *loca* Waldwicke f.

arvense ♃ adj. c unter der Saat wachsend; Feld...

arzobis|pado m 1. Erzbistum n; erzbischöfliches Amt n; 2. erzbischöfliches Palais n; ~pal adj. c erzbischöflich; ~po m Erzbischof m.

arzolla ♃ f 1. Flockenblume f; 2. Spitzklette f; 3. Gänsedistel f; 4. → *almendruco.*

arzón — **aseñorado**

arzón *m* Sattelbogen *m*.
as *m* 1. *Kart.* As *n*; ~ de oros *etwa*: Karo-As *n*; *fig.* F Hintern *m* F; 2. ein Auge *im Würfelspiel*; 3. *fig.* Meister *m*; (*Sport-, Film- usw.*) Größe *f*, Kanone *f* F, As *n* F; *Sch.* Klassenbeste(r) *m*; 3. As *n* (*altröm. Münze*); 4. ♦ ~ de guía Pahlstek *m* (*Seemannsknoten*).
asa[1] *f* 1. Henkel *m*, Griff *m*; *fig.* Vorwand *m*; *fig.* F tenerle por el ~ *a alg.* j-n in der Hand haben; 2. *fig.* F Nase *f*, Zinken *m* F; 3. *Anat.* Schleife *f*, Bogen *m*.
asa[2] ⚥ *f* Asant *m*; ~ *fétida* Stinkasant *m*.
asá F *adv.*: así o ~, así (que) ~ so oder so; völlig gleich, ganz wurscht F.
asa|ción *f* Braten *n*; *pharm.* Abkochung *f* im eigenen Saft; **~dero** *adj.* zum Braten *od.* Backen geeignet, Back... (*mst. Birnen od. Käse*); **~do** *m* Braten *m*; ~ a la parrilla Rostbraten *m*; ~ de ternera (de buey) Kalbs- (Rinder-)braten *m*; **~dor** *m* Bratspieß *m*; Grill *m*; ~ infrarrojo (de pollos) Infrarot- (Hühner-)grill *m*; **~dura** *f* 1. Innereien *pl.*, *bsd.* Leber, Herz, Lunge; 2. P Phlegma *n*, Lahmärschigkeit *f* P.
asaetea|dor *adj.-su. fig.* mörderisch, scheußlich; **~r** *v/t. fig.* mit Pfeilen beschießen (*od.* töten); *fig.* bombardieren, belästigen (mit *dat.* con, *a*).
asainetado *Thea. adj.*: comedia *f* ~a Lustspiel *n* nach Art e-s volkstümlichen Schwanks.
asalaria|do *adj.-su.* Lohn-, Gehalts-empfänger *m*; Arbeitnehmer *m*; **~r** [1b] *v/t.* löhnen; besolden.
asal|tador *adj.-su.*, **~tante** *adj.-su. c* angreifend; *m* Angreifer *m*; **~tar** *v/t.* 1. angreifen; überfallen; einbrechen in (*ac.*); anspringen (*Tier*); ⚔ stürmen; 2. *fig.* bestürmen; befallen (*Krankheit, Zweifel*); **~to** *m* 1. Angriff *m*, Überfall *m*; 2. ⚔ (Sturm-)Angriff *m*; Einbruch *m*, Vorstoß *m*; dar ~ a et. stürmen; tomar por ~ im Sturm nehmen (a. *fig.*); 3. Runde *f* (*Boxen*) Fechtk. Gang *m*, Ausfall *m*; 4. *fig.* Ansturm *m* (auf *ac.* de); 5. Überfall *m* (*mst. v. Karnevalsgruppen*) in ein befreundetes Haus, um dort zu feiern.
asamble|a *f* 1. Versammlung *f*; *Pol.* ⚥ Consultiva Beratende Versammlung *f*; ~ general Vollversammlung *f* (*UNO*); ~ legislativa gesetzgebende Versammlung *f*; ~ nacional National- (*od.* Volks-)versammlung *f*; ~ plenaria Vollversammlung *f*; → *a. junta*; 2. ⚔ Sammeln *n* (a. *Signal*); **~ísta** *c* Versammlungs-mitglied *n*; -teilnehmer *m*.
asar I. *v/t.* 1. braten; ~ bien durchbraten; ~ a fuego lento schmoren, ~ ligeramente anbraten; ~ en (*od. a*) la parrilla grillen; 2. *fig.* F nos asaron a preguntas sie löcherten uns mit Fragen F, estoy asado ich weiß nicht mehr aus noch ein (vor Arbeit); 3. P umlegen P, killen P; II. *fig. v/r.* **~se** 4. (F ~se vivo) vor Hitze umkommen, schmoren F.
asargado *adj.* sergeartig (*Stoff*).
asarina ⚥ *f* Zimbelkraut *n*.

ásaro ⚥ *m* Haselwurz *f*.
asaz *poet. adj. c* (*pl.* ~aces) → bastante.
asbesto *m* Asbest *m*.
ascalonia ⚥ *f* Schalotte *f*.
áscari *m* marokkanischer Soldat *m*, Askari *m*.
ascáride *f* Spulwurm *m*.
ascen|dencia *f* 1. aufsteigende Verwandtschaftslinie *f*; Vorfahren *m/pl.*; 2. Abstammung *f*; **~dente I.** *adj. c* aufsteigend; movimiento *m* ~ ansteigende Bewegung *f*; tren *m* ~ von der Peripherie nach Madrid fahrender Zug *m*; **II.** *m Astrol.* Aszendent *m*; **~der** [2g] **I.** *v/t.* 1. hinaufbefördern; 2. *im Amt* befördern; fue ascendido a capitán er wurde zum Hauptmann befördert; **II.** *v/i.* 3. hinaufsteigen; ~ a besteigen (*ac.*), steigen auf (*ac.*); 4. *im Amt* befördert werden (zu *dat. a*); 5. ~ a s. belaufen auf (*ac.*), betragen (*ac.*); **~diente I.** *adj. c* 1. → *ascendente*; **II.** *m* 2. Verwandte(r) *m* in aufsteigender Linie; ~s *m/pl.* Vorfahren *m/pl.*; 3. *fig.* (moralischer) Einfluß *m* (auf *ac.*), Macht *f* (über *ac.* sobre); **~sión** *f* 1. Besteigung *f* e-s Berges; Aufstieg *m* (Ballon); 2. *fig.* Thronbesteigung *f* (König, Papst); ~ al pontificado Erhebung *f* zur Würde des Pontifikats; 3. *Rel.* ⚥ (del Señor) (Christi) Himmelfahrt *f*; **~sional** *adj. c* aufsteigend; Auftriebs...; *Phys.* fuerza *f* ~ Auftrieb *m*; **~sionista** *c* 1. Bergsteiger *m*; Gipfelbesteiger *m*; 2. Luftschiffer *m*; Ballonfahrer *m*; **~so** *m fig.* Beförderung *f*; Beförderungsstufe *f*; **~sor** *m* Aufzug *m*, Fahrstuhl *m*, Lift *m*; ⊕ Elevator *m*; **~sorista** *c* 1. Liftboy *m*, Aufzugführer *m*; 2. Aufzugsmechaniker *m*.
asceta *c* Asket *m*.
ascéti|ca *Rel. f* Aszetik *f*; **~co** *adj.-su.* asketisch, enthaltsam; *m* Asket *m*; Büßer *m*.
ascetismo *m* Askese *f*; *Rel. a.* Aszese *f*.
ascitis ⚥ *f* (*pl. inv.*) Bauchwassersucht *f*, Aszites *m*.
asco *m* Ekel *m*, Widerwille(n) *m*; Brechreiz *m*; ¡es un ~! scheußlich!, ekelhaft!; da ~ es ekelt e-n an (*a. fig.*); hacer ~s (a *a/c.*) zimperlich tun (bei et. *dat.*); estar hecho un ~ dreckig sein F; *fig.* scheußlich aussehen; ¡qué ~! pfui Teufel!; tomar ~ a s. ekeln vor (*dat.*).
ascua *f* Glut *f* (glühendes Eisen, Kohlenglut usw.); ¡~s! Donnerwetter!; *fig.* F arrimar el ~ a su sardina auf s-n Vorteil bedacht sein; *fig.* estar en (*od.* sobre) ~s (wie) auf glühenden Kohlen sitzen; *fig.* pasar como sobre ~s rasch darüber hinweghuschen (*od.* hinwegegehen); *fig.* tener a alg. en ~s j-n auf die Folter spannen.
asea|do *adj.* sauber, reinlich (*a. fig.*); *fig.* niedlich, nett; **~r I.** *v/t.* putzen, säubern; *a.* herausstaffieren; **II.** *v/r.* **~se** s. fertig machen (waschen, kämmen usw.).
asecha|dor *adj.-su.* Verfolger *m*; **~miento** *m* → **~nza** *f* Falle *f*, Schlinge *f*; Hinterlist *f*, Ränke *pl.*; tender ~s a → **~r** *v/t.* j-m nachstellen.
asedado *adj.* seiden-ähnlich, -weich.
ase|diador *adj.-su.* Belagerer *m*; **~diar** [1b] *v/t.* belagern; *fig.* ~ con ruegos mit Bitten bestürmen; ~ *a* (*od.* con) preguntas a j-m mit Fragen zusetzen; **~dio** *m* Belagerung *f*; *fig.* Verfolgung *f*.
asegundar *v/t.* wiederholen.
asegura|do *adj.-su.* versichert; *m* Versicherte(r) *m*; ~ obligado Pflichtversicherte(r) *m*; **~dor** *m* Versicherer *m*; **~miento** *m* 1. Versicherung *f*, Behauptung *f*; 2. Sicherung *f*; *a.* ⚖ Sicherheit *f*; *EDV* ~ (de datos) (Daten-)Sicherung *f*; **~r I.** *v/t.* 1. sichern (*a.* ⚔, ⊕, ⚖); festmachen, befestigen; in Sicherheit bringen; ⚖ ~ los medios de prueba die Beweismittel sichern; ~ un nudo e-n Knoten festziehen; ~ al reo den Angeklagten in Haft nehmen; 2. versichern, behaupten; zusichern; ~ a alg. de su fidelidad j-n s-r Treue versichern; te aseguro que es así ich versichere dir, es verhält s. so; 3. *Vers.* versichern (gg. *ac.* contra, de); ~ un objeto contra (*od.* de) incendios y robo ein Objekt gg. Brand u. Diebstahl versichern; **II.** *v/r.* **~se** 4. s. sichern (vor *dat.* de); e-e Versicherung abschließen; 5. s. vergewissern (*gen.* de); 6. beständig werden (*Wetter*).
asemejar I. *v/t.* 1. ähnlich machen (*dat. a*); 2. vergleichen (mit *dat. a*); 3. ähnlich sein *bzw.* sehen (*dat.*); **II.** *v/r.* 4. ~se a ähnlich sehen (*dat.*), ähneln (*dat.*).
asenderea|do *adj.* 1. ausgetreten (*Weg*); *fig.* geplagt (*Leben*); 2. gewitzigt, erfahren; **~r** *v/t.* 1. im Wald Wege bahnen; 2. hetzen, verfolgen (*a. fig.*).
asenso *m* Zustimmung *f*, Beifall *m*; dar ~ Glauben schenken, glauben.
asenta|da F *f*: de una ~ auf e-n Sitz F, auf einmal; **~deras** *f/pl.* F Hintern *m* F, Po(po) *m* F; **~dillas**: *a* ~ im Damensitz; **~do** *adj.* 1. ruhig, gesetzt; vernünftig; 2. (wohl)fundiert; **~dor** *m.* 1. ✝ Verteiler *m*, Zwischenhändler *m*; 2. Abzieh-, Streich-riemen *m*; 3. Setzhammer *m* der Schmiede; 4. ⚙ Streckenarbeiter *m*; **~miento** *m.* 1. *fig.* Vernunft *f*, Klugheit *f*; 2. Siedlung *f*; Besiedlung *f*; **~r** [1k] **I.** *v/t.* 1. setzen, stellen; aufbauen, errichten; j-n ansiedeln; Ortschaft gründen; Fundament, Kabel legen; Lager aufschlagen; auf den Thron setzen; Regierung festigen; el pie fest auftreten; 2. Unebenheiten glätten; Naht glattbügeln; Messer usw. abziehen; F *Am.* ~le a uno las costuras j-m die Hosen strammziehen F; 3. Schlag versetzen; 4. Meinungen als wahr behaupten; *Thesen* aufstellen, setzen; 5. ein-tragen, -schreiben; ✝ buchen; 6. ⚖ Schuldnerbesitz übereignen; **II** *v/i.* 7. passen, gut stehen (*Kleid usw.*); fest stehen, nicht wackeln (*Möbel usw.*); **III.** *v/r.* **~se** 8. s. niederlassen (*a. fig.*); s. setzen (*Vogel, Insekt, Flüssigkeit*); 9. schwer im Magen liegen (*Speise*).
asenti|miento *m* Zustimmung *f*, Einwilligung *f*; Beifall *m*; **~r** [3i] *v/i. c* bei-stimmen, -pflichten (*dat.*), zustimmen (*dat.*); **~sta** *c* Lieferant *m* (an Großabnehmer); Heereslieferant *m*.
aseñorado *adj.* wer es den feinen Leuten nachtun will, hochfein (*iron.*).

aseo *m* 1. Sauberkeit *f*; ~ *personal* Körperpflege *f*; (*cuarto m de*) ~ Badezimmer *n*; WC *n*, Toilette *f*; Waschraum *m*; 2. Putz *m*.
asepsia ⚕ *f* Asepsis *f*.
aséptico ⚕ *adj.* aseptisch, keimfrei.
asequi|bilidad *f Am.* Erreichbarkeit *f*; **~ble** *adj.* c 1. erreichbar, möglich; erschwinglich; verständlich; 2. P → *tratable*.
aserción ⚏, *Lit. f* Behauptung *f*, Aussage *f*.
aserra|da *f Am.* Sägen *n*; Zuschnitt *m*; **~dero** *m* Säge-mühle *f*, -werk *n*.
ase|rrador, ~rrar, ~rrín → *serrador, serrar, serrín*; **~rrío** *m Col.* Sägemühle *f*.
aser|tar *v/t.* behaupten, versichern; **~tivo** *adj.* behauptend, bejahend; *Gram.* proposición *f* ~a Aussagesatz *m*; **~to** *m* → *aserción*; **~tórico** *Phil. adj.* assertorisch; **~torio** ⚏ *adj.* bekräftigend; ⚖ *juramento m* ~ assertorischer Eid *m*.
asesi|nar *v/t.* ermorden; sehr quälen, umbringen (*a. fig.*); **~nato** *m* Mord *m* (*a.* ⚖); ~ *con estupro* Lustmord *m*; ~ *judicial* Justizmord *m*; ~ *y robo* Raubmord *m*; **~no** *adj.-su.* mörderisch (*a. fig.*); *m* Mörder *m*; Attentäter *m*; *gritar "al* ~*"* Zeter u. Mordio schreien.
aseso|r *adj.-su.* beratend; *m* Berater *m*; *a.* ⚖ Beisitzer *m*; ~ *de empresas* (*fiscal*) Unternehmens- (Steuer-)berater *m*; ~ *de inversión* Anlageberater *m*; ~ *jurídico* Justitiar *m*, Syndikus *m*, Rechtsberater *m*; **~ramiento** *m* Beratung *f*; **~rar** *I. v/t.* j-n beraten, j-m mit Rat beistehen; **~se con** (*od. de*) *alg. s.* bei j-m Rat holen; mit j-m beratschlagen; *s.* von j-m beraten lassen; **~ría** Amt *n* u. Gehalt *n* e-s Beisitzers (*od.* Beraters); Beratungsbüro *n*.
asestar *v/t. Waffe* richten (auf *ac. contra*); 🗙 avisieren; *Schuß* abgeben; *Stein* werfen; *Schlag* versetzen.
asevera|ción *lit. f* Versicherung *f*, Behauptung *f*; **~r** *v/t.* behaupten, versichern; **~tivo** *adj.* → *asertivo*.
asexua|do *adj.*, *mst.* **~l** ⚏ *adj.* c ungeschlechtlich.
asfalta|do *I. adj.* 1. asphaltiert; *II. m* 2. Asphalt *m*; 3. Asphaltierung *f*; **~r** *v/t.* asphaltieren.
asfáltico *adj.* Asphalt...; *riego m* ~ Asphaltieren *n*.
asfalto *m* Asphalt *m*; ~ *de apisonar* Walzasphalt *m*; ~ *comprimido* Stampfasphalt *m*; F *estar en el* ~ auf dem Pflaster (*od.* auf der Straße) liegen, arbeitslos sein.
asfíctico *adj.* → *asfíctico*. Erstickungs...
asfixia *f* Ersticken *n*, Erstickung *f*, Asphyxie *f*, Atemstillstand *m*; *ataque m de* ~ Erstickungsanfall *m*; *morir de* ~ ersticken; **~do** *adj.* erstickt; *fig.* F blank F, abgebrannt F; **~nte** *adj.* c erstickend (*a. fig.*); *fig.* schwül; *gases m/pl.* ~s Giftgase *n/pl.*; 🗙 erstickende Kampfstoffe *m/pl.*; **~r** [1b] *I. v/t.* j-n ersticken; *II. v/r.* **~se** ersticken (*a. fig.*); *fig.* lahmgelegt sein (*fig.*).
asfíxico *adj.* → *asfíctico*.
asfódelo ♀ *m* Asphodill *m*.
asgo → *asir*.
así *I. adv.* 1. so; ~~, F *~ asá*, *Arg., Col., Chi.* ~ *no más* so so, mittelmäßig; *por decirlo* ~ sozusagen; *una piedra* ~ *de grande* ein so (*od.* so ein) großer Stein; ~ *como* ~ jedenfalls; sowieso; *ohne weiteres*; ~ *o* ~, ~ *que* ~, F ~ *o asá* (P *asado*) so oder so; ganz gleich, gehüpft wie gesprungen F; *es de sencillo so einfach ist das*; 2. *adjektivisch:* *un hombre* ~ ein solcher Mann; ~ *sea* so sei es, amen; *II. cj.* 3. *kopulativ:* ~ *tú como él* sowohl du als auch er; 4. *komparativisch:* ~ *como yo lo hago, también lo puedes hacer tú* so wie ich es tue, kannst du es auch tun; 5. *konsekutiv:* y ~ *tuvo que ir* u. so (*od.* daher) mußte er gehen; ~ *que* so daß; daher, also; ~ *pues* somit; *tanto es* ~ *que quisiera verle* kurz u. gut, ich möchte ihn sehen; ~ *es que* daher (*od.* so) kommt es, daß; 6. *konzessiv, lit.:* ~ *no lo hiciera*, ~ *le mataran* er täte es nicht, und wenn sie ihn umbrächten; 7. *temporal:* ~ *como* (*od.* ~ *que*) *entra* (*bzw.* mit futurischem Hauptsatz *entre*) sobald (*od.* sowie) er eintritt; 8. *optativisch*, *mst.* *als int.* hoffentlich!, möge ...!; P *j~* *lo maten*! soll er doch verrecken P.
Asia *f* Asien *n*; ~ *Menor* Kleinasien *n*.
asiático *I. adj.* asiatisch; F *lujo m* ~ orientalischer Prunk *m*; *II. m* Asiat *m*.
asidero *m* 1. Griff *m*, Henkel *m*; 2. *fig.* Handhabe *f*; Vorwand *m*; *fig.* Anhaltspunkt *m*; 3. F *tener buenos* ~s einflußreiche Gönner haben.
asidu|amente *adv.* emsig, eifrig, beflissen; **~idad** *f* Emsigkeit *f*, Fleiß *m*; Pünktlichkeit *f*; **~o** *adj.* emsig, eifrig, strebsam, dienstbeflissen; häufig, ständig (*z. B. Besucher*, *Zuhörer*); *a. su.* (*parroquiano m*) ~ *m* Stammgast *m*.
asiento *m* 1. Sitz *m*; Sitz-gelegenheit *f*, -platz *m*; *a.* Gesäß *f*; ~ *del conductor* (*del piloto*) Fahrer- (Piloten-)sitz *m*; ~ *delantero* (*trasero*) Vorder- (Rück-)sitz *m*; 🗙 ~ *expulsor* Schleudersitz *m*; ~ *plegable* Klappsitz *m*; ⚓ ~s *m/pl. de popa* Sitzraum *m* im *Heck*; *de un* ~ (*de dos*, *de cuatro* ~s) ein- (zwei-, vier-)sitzig; *pegársele a alg. el* ~ sitzen bleiben, (am Stuhl) kleben (bleiben) F, (einfach) nicht gehen wollen; *Equ. tener buen* ~ e-n guten Schluß haben (*Reiter*); *tomar* ~ s. *setzen*; *tome* (*usted*) ~ nehmen Sie bitte Platz; 2. Stelle *f*, Sitz *m*, Posten *m* b. *Behörden*, *Vereinigungen usw.*; 3. Wohnsitz *m*, Aufenthaltsort *m*; *estar de* ~s *hacer* ~ s. ständig aufhalten, ansässig sein; 4. Lage *f*; *Am.* Minengelände *n*; Minenarbeitersiedlung *f*; 5. 🏛 Sitz *m*; Lagerung *f*; Basis *f*, Fundament *n*; ▲ Schichtung *f der Steine usw.*; Bett *n* beim *Pflastern*; Mörtelschicht *f* zwischen den *Lagen*; (*base f de*) ~ Unterlage *f*; ~ *de un cable* Kabel(ver)legung *f*; ~ *de válvula* Ventilsitz *m*; 🚂 ~ *de vía* Bahn-planum *n*, -körper *m*; 6. Boden *m* e-s *Gefäßes*; Bodensatz *m*; 7. Stabilität *f*; richtige Lage *f*; 8. Setzung *f*, (Ab-)Sackung *f* (*Bauwerk*, *Erdreich*); Steuerlastigkeit *f* e-s *Schiffes*; 9. 🖋 Eintragung *f*, Buchung *f*, Posten *m*; 10. (Liefer-)Vertrag *m*; 11. *fig.* Gesetztheit *f*, Reife *f*; Beständigkeit *f*; *de* ~ gesetzt, vernünftig; verständig; 12. Unverdaulichkeit *f*; Verstopfung *f*; 13. *Pe. de* ~ in wilder Ehe lebend; 14. *Equ.* Gebiß *n* (*Zaum*); Gebißlücke *f* im *Maul*; 15. Fleischseite *f des Leders*; 16. ♀ ~ *de pastor* Art Ginster *m*; 17. ⚖ ~ *de la pena* Straffestsetzung *f*.
asigna|ble *adj.* c anweisbar; **~ción** *f* 1. Anweisung *f*; Bestimmung *f*; 2. (Geld-)Bezüge *m/pl.*, Gehalt *n*; **~r** *v/t.* 1. zuweisen, anweisen; j-n *od. et.* e-r *Behörde usw.* zuweisen; ~ *competencias* Kompetenzen (*od.* Befugnisse) erteilen; 2. *Gehalt* festsetzen; **~tario** ⚖ *m Cu., Chi.* gerichtlich anerkannter Erbe *m*; **~tura** *f* (Lehr-)Fach *n*; ~ *accesoria*, ~ *secundaria* Nebenfach *n*; ~ *facultativa* (*obligatoria*) Wahl- (Pflicht-)fach *n*; ~ *pendiente* nicht bestandenes Fach (, *dessen Prüfung nachgeholt werden muß*), Schwanz *m* F; ~ *principal* (*básica*) Haupt- (Kern-)fach *n*; *aprobar una* ~ (die Prüfung) in e-m Fach bestehen.
asi|lado *m* 1. *Pol.* Asylsuchende(r) *m*, Asylant *m*; 2. Insasse *m* e-s *Asyls*, *bsd.* Armenhäusler *m*; **~lar** *I. v/t.* 1. in ein Heim aufnehmen; *Pol.* Asyl gewähren (*dat.*); 2. *Arg.* ins Erziehungshaus (*für Dirnen*) bringen; *II. v/r.* **~se** 3. Asyl suchen (bei *dat.* en), s. flüchten (in *ac.* en); **~lo**[1] *m* 1. Asyl *n* (*a. Pol.*), Zufluchtsstätte *f*; *derecho de* ~ Asylrecht *n*; *pedir* (*dar*) ~ um Asyl ersuchen (Asyl gewähren); 2. Heim *n*; Armenhaus *n*; ~ *de ancianos* (*de inválidos*) *etwa:* Alters- (Invaliden-)heim *n für Arme, Hilfsbedürftige*.
asilo[2] *Ent. m* Raub-, Asyl-fliege *f*.
asi|metría *f* Asymmetrie *f*, Spiegelungleichheit *f*; **~métrico** *adj.* asymmetrisch, unsymmetrisch.
asimila|bilidad *Physiol. f* Assimilierbarkeit *f*; **~ble** *adj.* c assimilierbar; angleichbar; **~ción** *f* Angleichung *f*; Gleichmachung *f*; ⚏, *Biol., Li.* Assimilation *f*; **~r** *I. v/t.* 1. ähnlich machen; angleichen, gleichstellen; 2. (geistig) verarbeiten, (in s.) aufnehmen; auf-, erfassen, begreifen; 3. *Phon.* assimilieren; 4. *Physiol.* Nährstoffe verarbeiten; *II. v/i.* 5. auffassen, begreifen; *III. v/r.* **~se** 6. ea. ähnlich sehen; 7. **~se** *una idea* s. e-n Gedanken zu eigen machen, e-n Gedanken übernehmen.
a símili *lt.: argumento m* ~ Analogieschluß *m*.
asimismo *adv.* auch, ebenfalls, zugleich.
asimplado *adj.* einfältig, dumm aussehend.
asin|crónico ⚏, ⊕ *adj.* asynchron; **~cronismo** *m* asynchroner Ablauf *m*, asynchrone Bewegung *f*.
asindeton *Gram. m* Asyndeton *n*.
asindético *adj.* asyndetisch.
asíntota ⚗ *f* Asymptote *f*.
asir [3a; *pres. asgo*, *ases etc.*] *lit.* *I. v/t.* 1. (an)fassen, (er)greifen; packen (*an*, *bei der*, *de por*); *II. v/i.* 2. ♀ Wurzel schlagen; *III. v/r.* **~se** 3. s. festhalten (an *dat. a*, *de*); 🗙 *se al terreno* s. ans Gelände klammern; 4. *fig.* in e-n Wortwechsel geraten, aneinanderge-

Asiria — aspirar

ten; *Anm.: nur die Formen mit -i- sind gebräuchlich; sonst verwendet man coger, agarrar, trabar.*
Asiria *f* Assyrien *n*.
asismico *adj.* erdbeben-fest, -sicher.
asis|tencia *f* **1.** Anwesenheit *f; die Anwesenden m/pl., die Teilnehmer m/pl.;* ~ *al trabajo* Anwesenheit *f* am Arbeitsplatz; **2.** Beistand *m*, Mitwirkung *f*, Hilfe *f*; Unterstützung *f*; ~ *a los enfermos* Krankenpflege *f*; ~ *a las embarazadas* Schwangerenfürsorge *f*; ~ *espiritual* geistlicher Beistand *m*; ~ *judicial* Rechtshilfe *f (intern.)*; ~ *judicial (gratuita)* Armenrecht *n*; ~ *letrada* Beistand *m* e-s Rechtsanwalts; ~ *médica* ärztliche Behandlung *f (od.* Betreuung *f)*; ~ *pública* **a)** öffentliche Fürsorge *f*; **b)** Unfallstation *f*; ~ *social* (Sozial-)Fürsorge *f*; Fürsorgeamt *n*; ⚥ *Pública Domiciliaria (APD)* beamtete Ärzteschaft *f*; **3.** *Stk.* Gehilfe *m*; **4.** *Méj., Col. (casa f de)* ~ *hostería;* ~**tenta** *f* Zugeh-, Putz-frau *f*; ~**tente I.** *m* **1.** Anwesende(r) *m*, Teilnehmer *m*; *lista f de* ~**s** Anwesenheitsliste *f*; **2.** ✕ Putzer *m*, (Offiziers-)Bursche *m*; **3.** assistierender Bischof *m*; Hilfspriester *m*; **4.** Krankenwärter *m*; **5.** *hist.* Verwaltungsbeamte(r) *m mit den Befugnissen e-s corregidor;* **II.** *f* Pflegerin *f*; ~ *social* Sozialfürsorgerin *f*; ~**tir I.** *v/t.* **1.** *j-n* bedienen; *j-m* helfen, *j-m* beistehen; *Kranke* pflegen, betreuen; *¡Dios nos asista!* Gott steh' uns bei!; **II.** *v/i.* **2.** *Kart.* Farbe bekennen; **3.** ~ *(a)* anwesend sein (bei *dat.*), teilnehmen (an *dat.*); *Schule, Vortrag usw.* besuchen *(ac.).*
asma ✱ *f* Asthma *n.*
asmático *adj.* asthmatisch; dampfig *(Pferd).*
asna *f* Eselin *f*; ~**cho** ✤ *m* **1.** gelbes Eselskraut *n*; **2.** Hauhechel *f*; ~**da** *f* Esel *f*; **I.** *adj. c* esel-haft, -artig; Esel(s)...; *fig.* dumm.
asnería *f* Eselsherde *f*; *fig.* Eselei *f.*
asni|lla ▲ *f* Bock *m*, Gerüst *n*; Strebe *f*, Stütze *f*; ~**no** F *adj.* → *asnal.*
asno *m* Esel *m (a. fig.);* ~ *silvestre* Wildesel *m.*
asocia|ble *adj. c* **1.** verbindbar; zs.-schließbar; **2.** assoziierbar; ~**ción** *f* **1.** Vereinigung *f*; Verein *m*; Verband *m*; *Pol.* Assoziierung *f*; ~ *de consumidores (profesional)* Verbraucher-(Berufs-)verband *m*; ~ *de profesores* Lehrerbund *m*; ⚥ *Europea de Libre Cambio* Europäische Freihandelsvereinigung *f (EFTA);* ⚥ *Fonética Internacional* Weltlautschriftverein *m*; ⚥ *Internacional de Universidades (AIU)* Internationaler Hochschulverband *m*; ⚥ *de Transporte Aéreo Internacional* Internationaler Luftverkehrsverband *m (IATA);* ~ *de vecinos* etwa: Bürgerinitiative *f*; *derecho m de* ~ Vereinsrecht *n*; *Recht n auf* Vereinsbildung; *régimen m de* ~*ones* Vereinswesen *n*; → *a. unión*; **2.** 📱 Assoziation *f*; ~ *de ideas* Gedankenverbindung *f*; ~**cionismo** *m* Vereinswesen *n*; ~**do** *adj.-su. bsd. Pol.* assoziiert; *m* Teilhaber *m*, Partner *m*; Genosse *m*; ~**miento** *m* Zusammenschluß *m*, Verbindung *f*; ~**r** [1b] **I.** *v/t.* **1.** ~ *a alg. a a/c.* j-n an et. *(dat.)*

teilnehmen lassen; **2.** vereinigen, verbinden; *asociaron sus esfuerzos* sie vereinten ihre Kräfte; **3.** in (Gedanken-)Verbindung bringen (mit *dat. a);* **II.** *v/r.* ~**se 4.** ~*se a (od. con)* s. *j-m* anschließen, s. mit *j-m* zs.-tun; ~*se a teilnehmen an (dat.) (Schmerz, Kummer); ~se a (una tarea)* mitarbeiten, mithelfen *(abs. od.* bei *dat.);* ~**tivo** 📱 *adj.* Assoziations...
asocio *m Am. Cent., Rpl., Col., Ec.* → *asociación; bsd.:* en ~ de in Begleitung von *(dat.)*, (zs.) mit *(dat.).*
asola|ción *f* → *asolamiento*; ~**dor** *adj.-su.* verheerend, verwüstend; ~**miento** *m* Zerstörung *f*, Verwüstung *f*, Verheerung *f*; ~**nar** *v/t. Pfl.* austrocknen *(Ostwind);* ~**par** *v/t.* Dachziegel übereinander legen; ⊕ überlappen; ~**r**[1m] **I.** *v/t.* zerstören, verwüsten, verheeren; **II.** *v/r.* ~*se* veröden; ✦ s. setzen *(Flüssigkeit);* ~**r**[2] *v/t.* Getreide usw. ausdörren.
asoldar [1m] *v/t.* dingen; in Sold nehmen.
asolea|da *f Am. Cent., Col., Chi., Méj., Ven.* → *insolación;* ~**r I.** *v/t.* der Sonne(nhitze) aussetzen; *Wäsche* in der Sonne trocknen; **II.** *v/r.* ~*se* s. sonnen, ein Sonnenbad nehmen; verdorren *(Pfl.)*; e-n Erstickungsanfall bekommen *(Vieh).*
asoma|da *f* Auftauchen *n*, Erscheinen *n für e-n Augenblick;* ~**do** F *adj.* angeheitert F; ~**r I.** *v/t.* zeigen, sehen lassen; ~ *la cabeza* den Kopf hinausstecken; **II.** *v/i.* zum Vorschein kommen, erscheinen; heraussehen; *asoma el sol* die Sonne kommt heraus; **III.** *v/r.* ~*se* s. blicken lassen, s. zeigen; ~*se por (od. a)* la *ventana* zum Fenster hinaussehen, s. zum Fenster hinauslehnen; *¡no* ~*se!* nicht hinauslehnen (🚆 *u. ä.).*
asom|bradizo *adj.* furchtsam, scheu; schreckhaft; ~**brado** *adj.* erstaunt; bestürzt; ~**brador** *adj.* erstürzend; erstaunlich; ~**brar I.** *v/t.* **1.** beschatten, verdunkeln; *Farben* dunkler mischen; **2.** verwundern, in Erstaunen setzen; bestürzen; **II.** *v/r.* ~*se* **3.** s. wundern, erstaunt sein (über *ac. con, de);* ~**bro** *m* **1.** Erstaunen *n*, Staunen *n*; Bestürzung *f*; *no salir de su* ~ aus dem Staunen nicht herauskommen, es nicht fassen können; **2.** Gegenstand *m* der Bewunderung; ~**broso** *adj.* erstaunlich, verblüffend; bestürzend.
asomo *m* Anschein *m*, (An-)Zeichen *n*; Andeutung *f*, Anflug *m*; Ahnung *f*; *ni por* ~ nicht die Spur, kein Gedanke daran, beileibe nicht.
asonada *f* Auflauf *m*, Zs.-rottung *f*; *Col.* Überfall *m.*
asona|ncia *f* Assonanz *f*, vokalischer Gleichklang *m (Metrik, Rhet.); fig. tener* ~ *con* im Einklang stehen mit *(dat.);* ~**ntar** *v/i.* Assonanzen bilden; ~**nte** *adj. c* assonierend, vokalreimend; ~**r** [1m] *v/i.* assonieren.
asordar *v/t.* → *ensordecer.*
asotanar *v/t.* unterkellern.
aspa *f* **1.** *tex.* Haspel *f (a. m);* **2.** Windmühlenflügel *m*; **3.** Propellerflügel *m*; **4.** liegendes Kreuz *n*; 🔲 *de San Andrés* Andreaskreuz *n*; **5.** ✕ Schnittpunkt *m* zweier Adern; **6.** ~*s f/pl. Am. Reg.* Hörner *n/pl.;*

~**dera** *f* Haspel *f (a. m);* ~**do I.** *adj.* andreaskreuzähnlich; **II.** *m* Haspeln *n*; ~**dor** *m* Haspel *f (a. m);* ~**r I.** *v/t.* **1.** haspeln; **2.** *fig.* F quälen, peinigen; **II.** *v/r.* ~*se* **3.** s. winden *(vor Schmerzen),* s. (so) anstellen *f*; ~*se a gritos* toben, zetern, Zeter u. Mordio schreien; ~**ventero** *m* Faxenmacher *m*, Zeterer *m*; ~**viento** *m (mst.* ~*s m/pl.)* Faxen *pl.*, aufgeregtes Getue *n*, Gezeter *n*, Wirbel *m* F.
aspearse *v/r.* s. die Füße wund laufen.
aspecto *m* **1.** Anblick *m*; Aussehen *n*, Erscheinung *f*; *de buen* ~ gut aussehend; *tener* ~ *de + su. od. + inf.* (so) aussehen wie + *nom. od.* aussehen, als ob + *subj. impf.;* tener *buen* ~ gut aussehen *(a. fig.);* **2.** Gesichtspunkt *m*, Aspekt *m*, Seite *f e-r Sache;* **3.** *Gram., Astr.* Aspekt *m*; ⊕ Orientierung *f*, Ausrichtung *f e-s Bauwerks.*
ásperamente *adv.* rauh, barsch.
aspere|ar *v/t.* herb schmecken; ~**za** *f* **1.** Herbheit *f*; Rauheit *f (a. fig.);* Härte *f*, Strenge *f*; **2.** Unebenheit *f (Gelände);* **3.** Derbheit *f*; derber Ausdruck *m*; **4.** spröder Stil *m*; **5.** *fig. limar* ~*s* Meinungsverschiedenheiten *(od.* Schwierigkeiten) beseitigen.
asper|ger [2c] *v/t.* → *asperjar*; ~**ges** *m (pl. inv.) Rel.* Name der Antiphon „Asperges me ..."; Besprengung *f* mit Weihwasser; Weihwedel *m*; F *quedarse* ~ das Nachsehen haben, in die Röhre *(od.* in den Mond) gucken F.
aspe|ridad *f* → *aspereza*; ~**riego** *adj.: manzana f* ~ Renette *f (Apfelart);* ~**rilla** ✤ *f:* ~ *(olorosa)* Waldmeister *m*; ~**rillo** *m* säuerlicher Geschmack *m.*
asperjar *v/t.* (be)sprengen; mit Weihwasser besprengen.
áspero *adj.* rauh *(Fläche);* uneben *(Gelände);* herb *(Frucht); fig.* hart *(Wort);* schroff, barsch; spröde *(Stil).*
asperón *m* Schleif-, Sand-stein *m.*
aspérrimo *sup. v. áspero.*
asper|sión *Rel. f* Besprengung *f*, Aspersion *f*; ~**sor** *m:* ~ *(rotatorio)* Rasensprenger *m*; ~**sorio** *m* Weihwedel *m.*
aspérula ✤ *f* Waldmeister *m.*
áspid *Zo. m* (Gift-)Natter *f.*
aspidistra ✤ *f* Aspidistra *f.*
aspillera *f* ✕ Schießscharte *f*; ⊕ Schürloch *n.*
aspira|ción *f* **1.** Atemholen *n*, Einatmen *n*; ♪ Atempause *f*; **2.** ⊕ Ein-, An-saugen *n*; *aire m de* ~ Saugluft *f*; ~ *de aire* Saugrohr *n*; **3.** *Gram.* Aspirieren *n*; **4.** *fig.* Trachten *n*, Sehnen *n*, Streben *n (nach dat. a);* ~ *a la unidad* Einheitsbestrebungen *f/pl.; fig. tener grandes* ~*ones* sehr ehrgeizig sein, hoch hinauswollen; ~**do** *Phon. adj.: sonido m* ~ Hauchlaut *m*; ~**dor**, ~**dora** *bsd. Am. f* **1.** Staubsauger *m*; ~ *sin electricidad* Teppichkehrmaschine *f*; **2.** ~ *de aire* Luft(an)sauger *m*; ~**nte I.** *adj. c* an-, ein-saugend; ⊕ *bomba f* ~ Saugpumpe *f*; **II.** *c* Bewerber(in *f*) *m*, Anwärter(in *f*) *m*, Aspirant *m*; *oficial m* ~, ~ *a oficial* Offiziersanwärter *m*; ~**r I.** *v/t.* **1.** einatmen; ⊕ an-, ein-

saugen; 2. *Phon.* aspirieren; **II.** *v/i.* 3. (ein)atmen; 4. ~ *a* trachten, streben nach (*dat.*); no ~ *a tanto* s-e Ansprüche nicht so hoch schrauben; **~torio** *adj.* Einatmungs...; Ansaug...; *movimiento m* ~ Bewegung *f* beim Einatmen.
aspirina *f* Aspirin *n.*
asque|ar I. *v/t.* anwidern, anekeln; **II.** *v/i.* Ekel empfinden; **~rosamente** *adv.* widerlich; **~rosidad** *f* Schmutz *m,* Schweinerei *f* F; **~roso** *adj.* 1. ekelhaft, widerlich, scheußlich; 2. unflätig, schweinisch.
asta *f* 1. (Lanzen-)Schaft *m*; *ehm.* Lanze *f,* Speer *m*; 2. Fahnen-stange *f,* -mast *m*; ⚓ Topp *m*; *a media* ~ halbmast (*Flagge*); 3. *Mal.* Pinselstock *m,* -stiel *m*; 4. Stange *f e-s Geweihs*; Horn *n des Stiers*; *fig.* dejar a alg. en las ~s del toro j-n im Stich lassen; 5. △ Binder *m* (*Ziegel*).
astacicultura *f* Krebszucht *f.*
ástaco *Zo. m* Süßwasserkrebs *m.*
astado *adj.-su.* gehörnt; *m Stk.* Stier *m.*
astático *Phys. adj.* astatisch.
astenia ✵ *f* Kraftlosigkeit *f,* Schwäche *f,* Asthenie *f* (*a. fig.*).
asténico *adj.* kraftlos, schwach; asthenisch.
aster ✿ *m* Aster *f.*
aste|ria *f* 1. *Min.* Sternstein *m*; 2. *Zo.* Seestern *m*; **~risco** *Typ. m* Sternchen *n*; **~roide** *adj. c -su. m* sternförmig; *m* Asteroid *m,* Planetoid *m.*
astig|mático *Phys.,* ✵ *adj.* astigmatisch; **~matismo** *m* Astigmatismus *m.*
astil *m* 1. Stiel *m*; Pfeilschaft *m*; 2. Waagebalken *m*; 3. Federkiel *m.*
astilla *f* 1. Splitter *m,* Span *m*; *hacer* ~s zersplittern (*v/t.*); kurz u. klein schlagen; (Holz) spalten; Brennholz machen; *a. v/i.* → hacer ~s zersplittern, zerbrechen (*v/i.*); *fig. sacar ~ de a/c.* aus et. (*dat.*) Nutzen ziehen; *Spr. de tal palo tal ~* der Apfel fällt nicht weit vom Stamm; 2. ☐ falsche Karte *f*; Beuteanteil *m*; **~r I.** *v/t.* zersplittern; spalten; **II.** *v/r.* ~se s. spalten; springen (*Holz*); (ab)splittern; **~zo** *m* 1. Splitterwunde *f*; 2. Krachen *n des Holzes beim Springen.*
Astillejos *Astr. m/pl.* Zwillinge *m/pl.*
astillero[1] *m* 1. (Schiffs-)Werft *f*; 2. *Méj.* Holzschlag *m*; 3. ☐ Falschspieler *m.*
astillero[2] *m* Lanzengestell *n.*
astilloso *adj.* splitterig, Splitter...
astra|cán *m* 1. Astrachan *m* (*Fell u. Gewebe*); 2. Persianer(mantel) *m*; 3. *Thea.* → **~canada** *Thea. f* grober Witz *m*; Schmierenkomödie *f.*
astrágalo *m* 1. ✿ Tragant *m*; *café m de ~* Stragelkaffee *m*; 2. △ Säulenring *m*; 3. *Anat.* Sprungbein *n.*
astral *adj. c* Sternen...
astreñir [3h u. 3l] → astringir.
astric|ción *f bsd.* ✵ Zs.-ziehen *n*; **~tivo** *adj.* 1. zs.-ziehend; 2. verpflichtend; **~to** *part. irr. v. astringir*; *~ a un servicio* zu e-m Dienst verpflichtet.
astrin|gencia ✵ *f* zs.-ziehende Eigenschaft *f*; Zs.-ziehen *n*; **~gente** ✵ *adj. c -su. m* zs.-ziehend(es Mittel *n,* Adstringens *n*); *Am. a.* Mundwasser

n; **~gir** [3c] *v/t.* 1. ✵ zs.-ziehen; 2. *fig.* nötigen, zwingen (*zu dat. a*).
astriñir [3h] *v/t.* → astringir.
astro *m* Gestirn *n*; Stern *m* (*a. fig.*); *fig.* Star *m*; *~ rey* Sonne *f*; **~física** *f* Astrophysik *f*; **~labio** *m* Astrolabium *n*; **~logía** *f* Astrologie *f*; **~lógico** *adj.* astrologisch.
astrólogo *m* Astrologe *m.*
astro|nauta *c* Astronaut *m,* (Welt-)Raumfahrer *m*; **~náutica** Raumfahrt *f,* Astronautik *f*; **~nave** *f* (Welt-)Raumschiff *n*; **~nomía** *f* Astronomie *f,* Sternkunde *f*; **~nómico** *adj.* astronomisch (*a. fig.*).
astrónomo *m* Astronom *m.*
astroso *adj.* verlottert, schlampig, schmutzig; *fig.* elend, schäbig.
astu|cia *f* List *f,* Schlauheit *f,* Verschlagenheit *f*; Arglist *f,* Tücke *f*; **~cioso** *adj.* → astuto.
astu|r *hist. u. lit. adj.-su. c* → asturiano; **~rianismo** *m* asturische Ausdrucksweise *f,* Asturianismus *m*; **~riano** *adj.-su.* asturisch; *m* Asturien *n*; **♀rias** *f/pl. Príncipe m de ~* span. Kronprinz *m*
astuto schlau; verschlagen, hinterlistig.
asueto *m* Ferientag *m*; Ruhetag *m*; *bsd. día m (tarde f) de ~* schulfreier Tag *m* (Nachmittag *m*); *dar ~* frei geben.
asumir *v/t.* ergreifen; auf s. nehmen; übernehmen; *~ deudas* Schulden übernehmen; *~ la responsabilidad* die Verantwortung (⚖ die Haftung) übernehmen; *~ grandes proporciones* große Ausmaße annehmen; *Pol. ~ el poder* die Macht übernehmen.
asunción *f* 1. Übernahme *f*; ⚖ *~ de deuda* Schuldübernahme *f*; *Pol. ~ del poder* Machtübernahme *f*; 2. *Rel.* ♀ Mariä Himmelfahrt *f.*
asuntillo F *m* 1. Liebschaft *f,* Verhältnis *n*; 2. *ki, mst.* unsauberes Geschäft *n,* krumme Sache *f* F.
asunto *m* 1. Angelegenheit *f,* Sache *f*; Geschäft *n*; *"~"* „Betreff" *in Briefen*; *~ de honor* Ehrensache *f*; Ehrenhandel *m*; *~ particular* Privatangelegenheit *f*; *~ oficial, ~ del servicio* Dienstsache *f,* Amtsangelegenheit *f*; *~s m/pl. de trámite* Routineangelegenheiten *f/pl.*; *¡~ concluido!* laufende Geschäfte *n/pl.*; *¡~ concluido!* Schluß damit!; *Pol. hist. Span. Ministro m de ♀s Exteriores* Außenminister *m*; *eso es otro ~* das ist etwas ganz anderes; *no me gusta el ~* das gefällt mir nicht, dahinter steckt etwas; *mal ~* das ist schlecht; 2. ⚖ Sache *f,* Verfahren *n*; *~ civil (penal)* Zivil- (Straf-)sache *f*; *~ judicial* Gerichtssache *f*; *~ jurídico* Rechtssache *f*; 3. Stoff *m,* Gegenstand *m*; *Mal.* Vorwurf *m,* Motiv *n,* Sujet *n*; *Lit.* Thema *n,* Sujet *n*; *fig. ~ de meditación* Stoff *m* zum Nachdenken; 4. Liebschaft *f*; 5. *P* Schwanz *m* P (= *Penis*).
asurar I. *v/t. Speisen* anbrennen lassen; *Saat* verbrennen (*Hitze*); *fig.* sehr beunruhigen; **II.** *v/r. ~se* anbrennen (*Speise*); verdorren (*Saaten*).
asusta|dizo *adj.* schreckhaft, ängstlich; *~do adj.* erschrocken; *Pe.* zurückgeblieben (*Kind*); **~dor** *adj.* erschreckend; **~r I.** *v/t.* erschrecken; ängstigen; **II.** *v/r. ~se (de, con, por)*

erschrecken (vor *dat.*); s. fürchten (vor *dat.*).
atabacado *adj.* tabakfarben; *Bol.* → empachado.
ataba|l *m* (Kessel-)Pauke *f*; Paukenschläger *m*; **~lear** *v/i.* stampfen (*Pferd*); mit den Fingern trommeln; **~lero** *m* Paukenschläger *m.*
atabanado *adj.* weißgefleckt (*Pferd*).
atabernado *adj.*: *vino m ~* Schankwein *m.*
ataca|ble *adj. c* angreifbar; **~dera** ⚔ *f* Stopfer *m*; Pfropf *m* zum Verstopfen des Bohrlochs; **~do** *adj.* 1. verzagt, unentschlossen; 2. knauserig, schäbig; **~dor** *adj.-su. m* 1. Angreifer *m*; 2. Pfeifenbesteck *n*; ⊕ Stampfer *m,* Ramme *f*; 3. ⚔ Ansetzer *m, ehm.* Kanonenstopfer *m.*
ataca|ma *f Pe. Art* Baumwollgewebe *n*; **~mita** *Min. f* Atacamit *m* (*Kupfererz*).
ataca|nte *adj. -su. c bsd. Am.* Angreifer *m*; **~r** [1g] **I.** *v/t.* 1. angreifen (*a. fig.*); 2. bekämpfen; *~ el mal en su raíz* das Übel an der Wurzel packen; 3. *fig.* befallen (*Krankheit, Schlaf*); 4. ⚕ angreifen, anfressen; 5. hineintreiben; *Bohrloch,* ⚔ *ehm. Kanone* stopfen; *Geschützladung* ansetzen; 6. ♪ anstimmen; 7. *fig.* F in Angriff nehmen, beginnen; 8. *gal.* Urteil anfechten; **II.** *v/i.* 9. *abs.* angreifen; 10. *fig.* F einhauen F (*tüchtig essen*).
atachear *v/t. Datei* anhängen, als Attachment schicken.
atade|ras F *f/pl.* Strumpfbänder *n/pl.*; **~ro** *m* 1. Band *n*; 2. Haken *m,* Ring *m usw. z. Festbinden*; 3. *Méj.* Strumpfband *n.*
ata|dijo *m* unordentlich verschnürtes Päckchen, *a.* **~do I.** *adj.* verlegen, zaghaft, befangen; **II.** *m* Bündel *n*; *bsd. Am.* Büschel *n; fig.* Tolpatsch *m*; Memme *f,* Feigling *m*; **~dor** *adj.-su. m* Binder *m*; Garbenbinder *m*; **~dora** *f* Binderin *f*; Garbenbinder *m* (*Maschine*); **~dura** *f* 1. Binden *n*; 2. Band *n*; Bandeinfassung *f*; 3. ⊕ (*a. Schi*) Bindung *f*; 4. *fig. ~s f/pl.* Fesseln *f/pl.* (*fig.*), Gebundensein *n.*
atafagar [1h] *v/t.* betäuben, benebeln (*bsd. Geruch*); *fig.* F sehr belästigen, löchern F.
atafetanado *adj.* taftähnlich.
ataguía △ *f* Spundwand *f*; Fangdamm *m.*
ataharre *m* Schwanzriemen *m* (*Pferd*).
atahorma *Vo. f* Schlangenbussard *m.*
ataire *m* Gesims *n an Tür u. Fenster.*
ataja|caminos *m (pl. inv.)* Rpl. ein Abendvogel *m*; *fig.* zudringlicher Mensch *m*; **~dero** *m* Wasserverteiler *m*; **~dizo** *m* 1. Scheidewand *f*; 2. abgetrennter Raum *m*; **~dor** *m Méj.* Maultiertreiber *m*; **~primo** ♪ *m Cu. Art zapateado*; **~r I.** *v/t.* 1. *j-m* den Weg abschneiden (*od.* verlegen); 2. abtrennen *durch Wand, Gitter, Damm usw.*; *Wasser* abdämmen; 3. *Stellen in e-m Manuskript usw., die ausfallen sollen,* bezeichnen; 4. *fig.* eindämmen, hemmen; *j-n* unterbrechen, *j-m* ins Wort fallen; *Fieber* coupieren; *~ un mal de raíz* ein Übel an der Wurzel packen;

atajo — atentatorio

II. *v/i.* 5. den kürzesten Weg nehmen; **III.** *v/r.* ~se 6. verstummen, kleinlaut werden; 7. *Andal.* s. betrinken.
atajo *m* Abkürzung(sweg *m*) *f*; *echar (od. tirar) por el* ~ den kürzesten Weg nehmen (*a. fig.*); *Spr. no hay* ~ *sin trabajo etwa*: der kürzeste Weg ist oft der anstrengendste (*a. fig.*).
atalaje *m* 1. *bsd.* ⚔ Geschirr *n*, Bespannung *f*; 2. *fig.* F Aussteuer *f*.
atalantar *v/i.* gefallen, zusagen.
atalaya I. *f* 1. Wacht-, Wart-turm *m*; 2. Aussichtsturm *m*; *fig.* Aussichtspunkt *m*; **II.** *m* 3. Turmwächter *m*; ~**dor** *adj.-su. m* Türmer *m*; ~**r** *vt/i.* Ausschau halten (nach *dat.*), beobachten, erspähen (*v/t.*).
ataludar ⊕ *v/t.* böschen, abschrägen.
atamán *m* Ataman *m*, Kosakenhetman *m*.
atamiento *m fig.* Kleinmut *m*, Befangenheit *f*.
atanasia *f* 1. ♀ Frauenminze *f*; 2. *Typ.* Mittel *f*, *Schriftgrad von 14 Punkten*.
atanquía *f* 1. Enthaarungssalbe *f*; 2. *tex.* Flockseide *f*; Seidenwerg *n*.
atañer [2f; *nur* 3. *Person*]: *por lo que atañe a su padre* was s-n Vater betrifft; *esto no me atañe* das geht mich nichts an.
ataque *m* 1. ⚔ Angriff *m*; ✈ ~ *aéreo (bajo)* Luft- (Tief-)angriff *m*; ~ *de diversión (fingido od. simulado)* Ablenkungs- (Schein-)angriff *m*; ~ *de flanco (a. fig. frontal)* Flanken-(Frontal-)angriff *m*; ~ *de (la) infantería* Infanterieangriff *m*; ~ *por sorpresa, Am. a.* ~ *sorpresivo* Überraschungsangriff *m*; *expuesto a* ~*s aéreos* luftgefährdet; *dirigir* ~*s contra alg.* j-n angreifen; 2. ✵ *u. fig.* Anfall *m*; ~ *de (od. al) corazón (de fiebre)* Herz- (Fieber-)anfall *m*; ~ *(de nervios)* Nervenanfall *m*; 3. ♪, *Phon.* Einsatz *m*; 4. *Sp. línea f de* ~ Stürmerreihe *f*.
atar I. *v/t.* 1. (an-, ver-, zu-, fest-)binden, schnüren; knüpfen; bündeln; ~ *a un árbol* an e-n Baum binden; ~ *de pies y manos (por el cuello)* an Händen u. Füßen (am Halse) binden; *ser (un) loco de* ~ total verrückt sein; *fig.* ~ *corto a alg.* j-n kurz halten; *tener atada la lengua* zum Schweigen verpflichtet sein, über et. nicht sprechen können; ~ *cabos* Daten zs.-tragen, um Schlüsse zu ziehen; Rückschlüsse ziehen, folgern, s. e-n Reim auf et. (*ac.*) machen; ~ *bien todos los cabos* alles gut durchdenken; *atando cabos, se puede decir...* hieraus läßt sich schließen ...; *faltan (od. quedan) aún muchos cabos por* ~ da bleibt noch vieles unklar; *no ata ni desata* a) er redet völlig unzusammenhängend; b) er weiß s. keinen Rat; c) er hat nichts zu sagen (*fig.*); 2. *fig.* hemmen, hindern; **II.** *v/r.* ~se 3. verlegen werden; in Bestürzung geraten; 4. ✗ *a.* s. anschnallen.
ataracea *f* Intarsie *f*, Einlegearbeit *f*.
ataranta|do *adj.* 1. von e-r Tarantel gestochen; 2. *fig.* unruhig, quecksilbrig; 3. benommen; ~**r I.** *v/t.* betäuben; außer Fassung bringen; **II.** *v/r.* ~se in Bestürzung ge-

raten; *Col., Chi.* → *precipitarse; Guat., Méj.* → *achisparse*.
ataraxia *Phil. f* Ataraxie *f*, Seelenruhe *f*.
ataraza|na *f* 1. Arsenal *n*; 2. Seilerwerkstatt *f*; ~**r** [1f] *v/t.* → *tarazar*.
atardecer I. [2d] *v/impers.* Abend werden; **II.** *m* Abenddämmerung *f*, Anbruch *m* der Nacht; *al* ~ gegen Abend.
atarea|do *adj.* geschäftig; vielbeschäftigt; ~**r I.** *v/t.* j-m e-e Arbeit (auf)geben; **II.** *v/r.* ~se angestrengt arbeiten, schuften F, s. abrackern; ~**o** *m Cu.* → *ajetreo, trajín*.
atarjea *f* Abzugsrohr *n* (*Kanalisation*); Abzugsrinne *f*.
atarraya *f* Wurfgarn *n* der Fischer.
atarugar [1h] **I.** *v/t.* 1. *Zim.* verpflöcken; 2. spunden; 3. *fig.* j-m den Mund stopfen; j-n mit Essen vollstopfen; **II.** *v/r.* ~se 4. F s. verschlucken; *fig.* verlegen schweigen.
atasajado F *adj.* wie ein Sack auf dem Pferd liegend F.
atas|cadero *m* schlammige Wegstelle *f*; *fig.* Hindernis *n*; ~**camiento** *bsd.* ⊕ Hemmung *f*; Festfressen *n*; ⚔ Ladehemmung *f*; ~**car** [1g] **I.** *v/t.* 1. *Ritzen* zustopfen; *Loch, Rohr usw.* verstopfen; *Schiffswand* abdichten; 2. *fig.* hemmen, hindern; **II.** *v/r.* ~se 3. verstopfen, verstopft sein (*Leitung*); F s. den Magen vollstopfen; 4. *im Schlamm, beim Sprechen* steckenbleiben; s. festfahren (*a. fig.*); ⊕ e-e Hemmung haben, versagen, s. festfressen (*bewegliche Teile*); *se le atascaron las palabras* er verhaspelte sich; ~**co** *m* Hindernis *n* (*a. fig.*); Verstopfung *f* (*a. Magen*); Verkehrsstau(ung) *f m*; ⊕ Hemmung *f*; ~**coso** *adj. Méj.* nicht befahrbar (*Weg*).
ataúd *m* Sarg *m*; *poner en el* ~ einsargen.
atau|jía *f* Tauschierung *f*, Damaszierung *f*; ~**jiado** *adj.* tauschiert.
ataviar(se) [1c] *v/t.* (*v/r.*) (s.) putzen, (s.) schmücken.
atávico *adj.* atavistisch; *fig.* längst überholt.
atavío *m* Putz *m*, Schmuck *m*; Aufmachung *f*; ~*s m/pl.* Schmuck(sachen *f/pl.*) *m*.
atavismo *m* Atavismus *m*.
ataxia ✵ *f* Ataxie *f*, Störung *f* der Bewegungskoordination.
ate *m Méj.* Fruchtgelee *n*.
atecomate *m Méj.* Trinkglas *n*.
atediante *adj. c* → *tedioso*.
ateís|mo *m* Atheismus *m*, Gottlosigkeit *f*; ~**ta** *c* Atheist *m*, Gottlose(r) *m*; ~**tico** *adj.* atheistisch.
atelaje *m bsd. Artillerie* Bespannung *f*, Gespann *n*.
atemorizar [1f] *v/t.* erschrecken, einschüchtern.
atempera|nte *adj. c* mäßigend; ✵ *a.* Kreislaufberuhigungsmittel *n*; ~**r I.** *v/t.* 1. mäßigen, mildern; ✵ anpassen (*an ac. a*); **II.** *v/r.* ~se 3. s. anpassen (*an ac. a*); s. fügen (*dat. a*); ~se *a* s. richten nach (*dat.*).
atenacear → *atenazar*.
Atenas *f* Athen *n*.
atenazar [1f] *v/t.* mit Zangen zwikken; packen; *fig.* quälen, peinigen; *fig.* in die Zange nehmen; *fig. estar* ~*ado por la emoción* wie erstarrt sein

(vor Erschütterung).
atención *f* 1. Achtsamkeit *f*, Aufmerksamkeit *f*; ¡~! Achtung!; Vorsicht!; ⚔ ¡~! — ¡*alto!* Das Ganze — Halt!; ~ *sostenida, viva* ~ Spannung *f*; *en* ~ *a* mit Rücksicht auf (*ac.*); *im Hinblick auf* (*ac.*); *digno de* ~ beachtenswert; *falta f de* ~ Unaufmerksamkeit *f*; *falto de* ~ unaufmerksam; *llamar la* ~ Aufmerksamkeit erregen; auffallen (*j-m a alg.*); aus dem Rahmen (*od.* aus der Rolle) fallen F; *llamar la* ~ *de alg. sobre a/c.* j-n auf et. (*ac.*) aufmerksam machen; *j-n wegen et.* (*dat.*) verwarnen (*od.* rügen); *poner (mucha)* ~ *en* ~ *a en el trabajo* (sehr) sorgfältig arbeiten; *prestar* ~ aufmerksam sein, aufpassen (*auf ac. a*); 2. Liebenswürdigkeit *f*, Gefälligkeit *f*, Achtung *f*; *deshacerse en* ~*ones* überaus liebenswürdig sein; 3. ~*ones f/pl.* Verpflichtungen *f/pl.*, Aufgaben *f/pl.*; 4. ⚔ Pferdepflege *f*.
aten|dedor *Typ. m* Satzkorrektor *m*; ~**dencia** *f* Beachtung *f*; Pflege *f*, Betreuung *f*; ~**der** [2g] **I.** *v/t.* 1. zuhören (*dat.*), beachten (*ac.*), hören auf (*ac.*); berücksichtigen; 2. s. kümmern um (*ac.*), betreuen, behandeln (*Arzt*); *Kunden* bedienen; *Anruf* beantworten; ¿*le atienden ya?* werden Sie schon bedient? (*im Geschäft*); 3. ✝ *Wechsel* einlösen; **II.** *v/i.* 4. ~ *a* berücksichtigen (*ac.*), beachten (*ac.*), hören auf (*ac.*), achten an et. (*ac.*); *Geschäfte* wahrnehmen (*ac.*), *Verpflichtungen* nachkommen (*dat.*); 5. aufpassen; ¡*atienda!* passen Sie auf!, seien Sie vorsichtig!; 6. *el perro atiende por ...* der Hund hört auf den Namen ...; 7. *Typ.* Satzkorrektur lesen.
atendi|ble *adj. c* beachtlich; ~**do** *part.*: *bien* ~ gepflegt; *Am.* ~ *que* da; angesichts dessen, daß ...
atene|ísta *c* Mitglied *n* e-s ateneo; ~**o I.** *m Span.* Gelehrten-, Künstler-verein *m*; **II.** *poet. adj.-su.* → *ateniense*.
atenerse [2l] *v/r.*: ~ *a* s. halten an (*ac.*), s. richten nach (*dat.*); ~ *a lo dicho* dabei bleiben; ~ *a lo seguro* auf sicherem Boden bleiben; ~ *a lo mejor* s. das Beste aussuchen; *(no) saber a qué* ~ (nicht) wissen, woran man ist; *aténgase a las consecuencias* das haben Sie s. selbst zuzuschreiben.
ateniense *adj.-su. c* athenisch; *m* Athener *m*.
atenorado ♪ *adj.* Tenor...
atenta|do I. *adj.* besonnen, behutsam, vorsichtig; **II.** *m* Anschlag *m*, Attentat *n*; Delikt *n*; ~ *al honor* Angriff *m* auf die Ehre; ~ *contra la vida de alg.* Anschlag *m* auf j-s Leben; ~ *contra (la moral y) las buenas costumbres* Sittenwidrigkeit *f*, Verstoß gg. die guten Sitten; *cometer un* ~ e-n Anschlag (*od.* ein Attentat) verüben (*auf ac. contra*); ~**mente** *adv.* höflich, aufmerksam; *le saluda* ~ hochachtungsvoll (*Briefschluß*); ~**r** *v/i.*: ~ *a* s. vergreifen an (*dat.*); *fig.* verletzen (*ac.*); ~ *contra (la vida de) alg.* j-m nach dem Leben trachten; ~**torio** *adj.* beeinträchtigend; ~ *a gg.* (*ac.*) gerichtet; ~ *a la libertad de alg.* j-s Freiheit beeinträchtigend.

atento *adj.* **1.** aufmerksam, achtsam; ~ *a* bedacht auf (*ac.*); ~ *al menor ruido* auf das geringste Geräusch achtend; **2.** freundlich, aufmerksam (zu *dat. con*); **3.** ergeben (*in Briefen*); *le saluda su ~ y seguro servidor* (*su atto. y s.s.*) hochachtungsvoll, mit vorzüglicher Hochachtung.

atenua|ción *f* **1.** Abschwächung *f*, Milderung *f*; Verdünnung *f*; **2.** *Rhet.* Abschwächung *f*; **~do** *adj.* abgeschwächt; *Pol.*, ✕ *zona f ~a* verdünnte Zone *f*; **~nte I.** *adj. c* mildernd; strafmildernd; **II.** *adj.-su. f* ✞ (*circunstancia f*) ~ mildernder Umstand *m*; **~r** [1e] *v/t.* mildern, (ab)schwächen (*a. fig.*); verdünnen.

ateo *adj.-su.* atheistisch, gottlos; *m* Atheist *m*, Gottlose(r) *m*.

aterciopelado *adj.* samt-artig; -weich.

aterecerse [2d] *v/r.* → aterirse.

ateri|do *adj.* starr, erstarrt *vor Kälte*; **~miento** *m* Erstarren *n vor Kälte*; **~rse** [3a; *nur inf. u. part.*] vor Kälte erstarren.

atermal ⊡ *adj. c* kalt (*Quelle*).

atér|mano, **~mico** *Phys. adj.* atherman, wärmeundurchlässig.

aterrada ⚓ *f* Landung *f*; Ansteuerung *f*.

aterrador *adj.* erschreckend; niederschmetternd.

aterrajar ⊕ *v/t.* Gewinde bohren.

aterraje ⚓, ✈ *m* Landung *f*.

aterramiento *m* **1.** Schrecken *m*, Bestürzung *f*; **2.** Verlandung *f* (*Seen, Häfen*).

aterrar[1] [1k] **I.** *v/t.* **1.** zu Boden schlagen; *Antenne* erden; *Sense u. ä.* dicht über den Boden führen; ✕ *Schlacke* auf die Halde werfen; **2.** mit Erde bedecken; **II.** *v/i.* **3.** ⚓, ✈ landen.

aterrar[2] *v/t.* erschrecken; niederschmettern (*fig.*).

aterriza|je ✈ *m* Landung *f*; ~ *fácil* glatte Landung *f*; ~ *forzoso* (*instrumental, sin visibilidad*) Not- (Blind-) landung *f*; ~ *suave sobre la luna* weiche Mondlandung *f*; *derechos m/pl. de ~* Landegebühren *f/pl.*; **~r** [1f] *v/i.* ✈ landen, aufsetzen; *fig.* F aufkreuzen, landen F; ~ *con avería* Bruch machen.

aterronado *adj.* klumpig, schollig (*Erde*).

aterrorizar [1f] *v/t.* terrorisieren, in Schrecken versetzen.

atesar [1k] ⊕ *v/t.* (ver)steifen; *Am.* straffen.

atesorar *v/t.* Geld, Schätze usw. sammeln, anhäufen, horten (*a. fig.*); *gute Eigenschaften* in s. vereinigen.

atesta|ción *f* Zeugenaussage *f*; **~do**[1] *m* Zeugnis *n*, Attest *n*, Bescheinigung *f*; *Span.* Unfallprotokoll *n der Polizei*; ⚖ *instruir el ~* den Tatbestand aufnehmen, den Sachverhalt feststellen.

atestado[2] *adj.* dickköpfig.

atestado[3] *adj.*: ~ (*de gente*) gedrängt (*od.* gesteckt) voll.

atestar[1] [1k] **I.** *v/t.* **1.** vollstopfen (mit *dat.* de); hinein-stecken, -stopfen (in *ac.* en); F (mit *Essen*) abfüttern; *Most* nachfüllen; **II.** *v/r.* **~se** **3.** F s. vollstopfen (*od.* vollpumpen) (mit *dat.* de).

atestar[2] ⚖ *v/t.* (be)zeugen; bescheinigen; F *ir atestando* herumschimpfen.

atestigua|ción *f*, **~miento** *m* Bezeugung *f*; **~r** [1i] *v/t.* bezeugen, bekunden, attestieren, bescheinigen.

atetar *v/t. Tier* säugen.

ateza|do *adj.* **1.** sonnverbrannt (*Haut*); **2.** kohlschwarz; **~r** [1f] **I.** *v/t.* **1.** *Haut* bräunen; **2.** schwärzen; **II.** **~se** *v/r.* **3.** braun (*bzw.* schwarz) werden.

atibar ✕ *v/t.* mit Erde zuschütten.

atiborrar **I.** *v/t.* voll-stopfen, -pfropfen (*a.* mit *Essen*); **II.** *v/r.* **~se** s. vollstopfen (mit *dat.* de).

ático I. *adj.* attisch; athenisch; *fig. sal f ~a* attisches Salz *n*, geistreicher Witz *m*; **II.** *m* △ Attika *f*; Dachgeschoß(wohnung *f*) *n*; Penthouse *n*.

atierre ✕ *m* (Ein-)Bruch *m*.

atiesar *v/t.* steifen, straffen.

atigrado *adj.* getigert.

atilda|do *adj.* herausgeputzt, adrett; **~dura** *f*, **~miento** *m* Putz *m*; Zierlichkeit *f*, Feinheit *f*; **~r** *v/t.* **1.** *Gram.* mit Tilde versehen; **2.** herausputzen; **3.** tadeln.

atina|damente *adv.* treffend; **~do** *adj.* **1.** zutreffend, richtig; **2.** klug; **~r I.** *v/t.* erraten; **II.** *v/i.* ~ *a* (*od.* con) et. finden, auf et. (*ac.*) treffen; ~ *a hacer a/c.* et. (richtig) machen können; *no atino a* + *inf.* es gelingt mir nicht, zu + *inf.*; ~ *al blanco* ins Ziel treffen; *fig.* es richtig treffen.

atinente *adj. c* betreffend, in Frage kommend.

atípico ⊡ *adj.* atypisch.

atipla|do *adj.*: *voz f ~a* Diskant (-stimme *f*) *m*; **~rse** *v/r.* schrill werden, umkippen (*Stimme*).

atirantar *v/t.* **1.** straffen, spannen; △ *Mauern usw.* abstützen, verstreben.

atiriciarse [1b] *v/r.* die Gelbsucht bekommen.

atis|badura *f* Lauern *n*, Aufpassen *n*; **~bar I.** *v/t.* **1.** ausspähen, belauern; **2.** erspähen; **II.** *v/r.* **~se** **3.** *fig.* s. abzeichnen, sichtbar werden; **~bo** *m* Anzeichen *n*, Spur *f*.

atiza|candiles *m* (*pl. inv.*) Hetzer *m*, Schürer *m*; **~dero** *m* Schürloch *n der Schmelzöfen*; **~dor** *m*, **1.** Schür-, Feuer-haken *m*; **2.** *fig.* Hetzer *m*, Ohrenbläser *m*; **~r** [1f] **I.** *v/t.* Feuer, Haß schüren; Licht putzen; *Schläge* versetzen; ¡*atiza*! nanu!, so was!; was Sie nicht sagen!; **II.** *v/r.* P **~se** *un trago e-n* hinter die Binde gießen F.

atizonado *adj.* brandig (*Getreide*).

atlante *m* **1.** △ Trägerfigur *f*, Atlant *m*; **2.** ♀ = Atlas.

atlántico I. *adj.* **1.** atlantisch; *Typ. tamaño m ~* Großfolioformat *n*; *papel m ~* unbedrucktes Papier *n*; **2.** *Pol. Pacto m* ♀ (Nord-)Atlantikpakt *m*; **II.** *m* **3.** ♀ Atlantik *m*.

Atlas *m* **1.** *Myth., Geogr.* Atlas *m*; **2.** ♀ Atlas, Atlant *m*, Kartenwerk *n*; ♀ *anatómico* anatomischer Atlas *m*; ♀ *elemental* (*lingüístico*) Schul-(Sprach-)atlas *m*; **3.** *Anat.* ♀ Atlas *m*, oberster Halswirbel *m*.

atleta *c* Athlet *m* (*a. fig.*).

atlético *adj.* athletisch, kräftig; sportlich.

atletismo *m* Athletik *f*; Turnen *n*; ~ (*ligero*) Leichtathletik *f*; ~ *pesado* Schwerathletik *f*.

atmósfera *f* **1.** Lufthülle *f*, Atmosphäre *f* (*a.* ⊕); **2.** *fig.* Stimmung *f*, Atmosphäre *f*.

atmosférico *adj.* atmosphärisch; *estado m ~* Wetterlage *f*; *perturbaciones f/pl. ~as* atmosphärische Störungen *f/pl.*; *presión f ~a* Luftdruck *m*.

atoar ⚓ *v/t.* **1.** schleppen, bugsieren; **2.** verholen, warpen.

atocina|do F *adj.* feist; **~r** F **I.** *v/t.* **1.** abmurksen F; **II.** *v/r.* **~se** **2.** s. sterblich verlieben; **3.** aus der Haut fahren (*fig.*).

atocha ♀ *f* Espartogras *n*; **~r** **I.** *v/t.* **1.** mit *Espartogras* füllen; (aus)polstern; **2.** ⚓ *Segel* gegen den Mast wehen; **II.** *v/r.* **~se** **3.** ⚓ s. verklemmen.

atole *m Am. Cent., Méj., Cu.* **1.** Maisgetränk *n*; *fig.* F *Méj. dar ~ con el dedo a alg.* j-n betrügen; *ser un pan con ~* dumm sein; F *Col., Cu., Guat., Méj., P. Ri.* *tener sangre de ~* Fischblut (in den Adern) haben; **2.** Tanzlied *n*.

atolón *m* Atoll *n*, Korralleninsel *f*.

atolondra|damente *adv.* unbesonnen; **~do** *adj.* unvernünftig, übereilt; unvorsichtig, leichtsinnig; **~miento** *m* Betäubung *f*, Verwirrung *f*; Unbesonnenheit *f*; **~r I.** *v/t.* betäuben; *fig.* aus der Fassung bringen, verwirren; **II.** *v/r.* **~se** benommen werden; in Verwirrung geraten.

atolla|dero *m* Pfütze *f*; *fig.* Patsche *f*; *sacar a alg. del ~* j-n aus der Patsche ziehen; **~r** *v/i. u.* **~se** *v/r.* in den Dreck fahren, s. festfahren (*a. fig.*).

atomicidad *f* Anzahl *f* der Atome *im Molekül*.

atómi|ca *adj.-su. f Méj.* (*pluma f*) ~ Kugelschreiber *m*; **~co** *adj.* atomar, Atom-...; *bomba f* (*propulsión f*) *~a* Atom-bombe *f* (-antrieb *m*); *número m* ~ (*masa f ~a*) Atom-nummer *f* (-masse *f*).

atomis|mo *Phil. m* Atomismus *m*; **~ta** *adj.-su. c* atomistisch; *m* Atomist *m*.

atomísti|ca *f Phys.* Atomistik *f*, Atomlehre *f*; *Phil.* Atomismus *m*; **~co** *adj.* atomistisch.

atomiza|dor *m* Zerstäuber *m*, Spray *n*, *m*; Sprühgerät *n*; **~r** [1f] *v/t.* **1.** atomisieren; *fig.* zerstäuben, sprühen; *fig. e-e Frage* in allen Einzelheiten erörtern; *desp.* zerreden.

átomo *m* **1.** Atom *n* (*a. fig.*); *modelo del ~* Atommodell *n*; *ni un ~ de verdad* und von Wahrheit keine Spur!; **2.** Sonnenstäubchen *n*.

atonal ♪ *adj. c* atonal.

atonar *v/t.* erstaunen; verwirren.

atonía *f* ♀ Atonie *f*, Erschlaffung *f*; *fig.* Mangel *m* an Spannkraft; Unlust *f*, Lustlosigkeit *f*.

atónico *adj.* atonisch, schlaff.

atónito *adj.* betroffen; verblüfft, verdutzt.

átono *Li. adj.* unbetont, tonlos.

atonta|da *adj.* **1.** verdutzt; benommen; **2.** dumm; **~miento** *m* **1.** Verblüffung *f*; Betäubung *f*; **2.** Dumm-

atontar — atrincherar

heit f; ~r I. v/t. betäuben; verblüffen; dumm machen; II. v/r. ~se verdummen (v/i.), einfältig (od. kindisch) werden.
atopadizo adj. angenehm, behaglich (Ort).
atora|do adj. verstopft; ~rse v/r. bsd. Am. s. verschlucken; steckenbleiben.
atormenta|dor adj.-su. peinigend; m Folterknecht m; ~r I. v/t. foltern (a. fig.); quälen, peinigen; II. v/r. ~se s. quälen; a. s. kasteien (mit dat. con).
atornilla|do ⊕ m Verschraubung f; ~dor m Am. Schraubenzieher m; ~r v/t. an-, ein-, zu-schrauben; ver-, zs.-schrauben; fig. Col., Ec., Guat., Hond., Méj. belästigen.
atoro m Rpl., Chi., Pe., P. Ri. → atasco.
atorra|nte P m Rpl. Faulpelz m; Herumtreiber m, Penner m F; ~r P v/i. Am. Reg. pennen F, schlafen; Rpl. herumstreunen.
atortolar F I. v/t. verwirren, einschüchtern; II. v/r. ~se s. verlieben, s. verknallen F.
atosiga|miento m Quälerei f; ~r [1h] v/t. 1. vergiften; 2. fig. drängen, hetzen, treiben; ~ a alg. con (od. a) preguntas j-m mit Fragen zusetzen, j-n mit Fragen löchern F.
atóxico ⚛ adj. atoxisch, ungiftig.
atrabajado adj. abgearbeitet; fig. gekünstelt, geschraubt (Stil).
atrabancarse [1g] F v/r. in der Klemme sein. [bar.\
atrabiliario adj. griesgrämig, reiz-\
atraca|da f 1. ⚓ Anlegen n 2. Cu., Guat., Méj., Pe., P.Ri. → atracón; ~dero ⚓ m Anlegeplatz m, Pier m, ⚓ f; ~do adj. Chi. 1. streng; 2. knauserig; ~dor m Straßenräuber m; ~r [1g] I. v/i. 1. anlegen; längsseit gehen; II. v/t. 2. ⚓ längsseit legen; 3. überfallen; Rpl. Schlag versetzen; F Rpl. Frau anquatschen F, anmachen F; 4. mit Essen vollstopfen; III. v/r. ~se 5. s. überessen (an dat. de); 6. Rpl. s. nähern; 7. Col., Cu. s. prügeln.
atracción f 1. Anziehung(skraft) f; ⊕ ~ capilar Kapillarattraktion f; ⚛ ~ local örtliche Ablenkung f der Magnetnadel; (fuerza f de) ~ de un imán Tragkraft f e-s Elektromagneten; ~ universal Schwerkraft f; 2. Li. phonetische od. grammatische Attraktion f; 3. Anziehungspunkt m; fig. Glanznummer f; 4. ~ones f/pl. Varieté-, Kabarett-vorstellung f; parque m de ~ones Vergnügungspark m, Rummelplatz m.
atra|co m Raubüberfall m; ~cón F m Magenüberladung f; darse un ~ de s. den Magen mit (dat.) überladen, s. überfressen an (dat.) F.
atrac|tivo I. adj. 1. Anziehungs...; 2. anziehend, reizvoll; charmant; II. m 3. Anziehungsmittel n; 4. Reiz m; Liebreiz m, Charme m; sin ~ reizlos; ~triz Phys. adj. f: fuerza f ~ Anziehungskraft f.
atraer [2p] I. v/t. 1. anziehen; anlocken; fig. für s. einnehmen; ~ a la clientela zugkräftig sein (Ware); II. v/r. ~se 2. s. gg.-seitig anziehen; 3. ~se daño (reproches) s. Schaden (Tadel) zuziehen.

ataganta|miento m Verschlucken n; ~r I. v/t. 1. ⚒ mühsam schlucken; II. v/r. ~se 2. s. verschlucken (an dat. con); fig. F le tengo atragantado den habe ich gefressen F, der liegt mir im Magen F; 3. fig. steckenbleiben; 4. s. abrackern, schuften.
atraillar (stammbetonte Formen: -í-) v/t. Hunde zs.-koppeln; Wild mit der Meute jagen; fig. zu Paaren treiben, bändigen.
atramojar v/t. Col., Guat., Ven. → atraillar.
atramparse v/r. 1. in die Falle gehen; 2. s. verstopfen (Leitung); zuschnappen (Schloß); fig. s. festfahren.
atran|car [1g] I. v/t. verriegeln, verrammeln; Leitung verstopfen; II. v/i. lange Schritte machen; III. v/r. ~se steckenbleiben; fig. s. verrennen; ~co, ~que m 1. ⊕ Verklemmung f; 2. fig. Klemme f, Patsche f; no saber cómo salir del ~ nicht mehr aus noch ein wissen.
atrapamoscas ♣ m (pl. inv.) Venusfliegenfalle f.
atrapar v/t. fangen; erwischen F (a. fig.); ~ al vuelo (im Flug) erhaschen; 2. fig. einwickeln, drankriegen F.
atraque m Anlegen n (Boote).
atrás adv. (nach) hinten, rückwärts; vorher, früher; weiter oben in e-m Buch; ¡~! zurück(treten)!; ⚔ kehrt (-marsch)!; de ~ a) von hinten; b) seit langem; por ~ von hinten; F hacia ~ umgekehrt; años (meses) ~ vor Jahren (Monaten) dejar ~ hinter s. lassen (a. fig.); am Fortschritt hindern; dar un paso ~ e-n Schritt zurück tun; F echar ~ rückwärtsgehen; fig. echarse para ~ e-n Rückzieher machen; hacerse ~ zurücktreten; no mirar (hacia) ~ nicht zurückschauen (a. fig.); volverse s. zurückwenden; fig. Rpl. hacer ~ e-n Rückzieher machen.
atra|sado adj. 1. zurückgeblieben; rückständig; ir ~, estar ~ nachgehen (Uhr); ~ mental geistig zurückgeblieben; 2. veraltet, alt; comida f ~a Nahrungsmittel n/pl. mit abgelaufenem Verfallsdatum; números m/pl. ~s bereits erschienene Nummern f/pl. e-r Zeitung; 3. verschuldet; rückständig, ausstehend (Zinsen, Zahlungen); estar ~ en los pagos mit den Zahlungen im Rückstand sein; "cuentas ~as" „Außenstände" (Buchhaltung); ~sar I. v/t. 1. zurückgern, hemmen; am Fortschritt hindern; 2. Uhr zurückstellen; 3. aufschieben, später ansetzen; II. v/i. 4. nachgehen (Uhr); III. v/r. ~se 5. s. verspäten; in Rückstand geraten; ~so m 1. Zurückbleiben n, Verspätung f; 2. Rückstand m (Zahlung); Säumniszuschlag m; ~s m/pl. Rückstände m/pl.; 3. Rückgang m (a. fig.); 4. Rückständigkeit f; ~ mental geistige Zurückgebliebenheit f.
atravesa|da f 1. Fechtk., Stk. Traverse f; 2. Am. Überquerung f; ~do I. adj. 1. schräg (od. quer) stehend; fig. tener a alg. ~ (en la garganta) j-n nicht ausstehen können; 2. (leicht) schielend; fig. falsch, heimtückisch; II. m 3. Bastard m (Tier); III. adv. 4. ⚓ querschiffs; ~r [1k] I. v/t. 1. durch-queren,

-fahren; überqueren; durchfließen; ~ el río über den Fluß setzen; 2. fig. erleben, durchmachen; ~ una crisis s. in e-r Krise befinden; por este siglo que atravesamos in unserem Jahrhundert; a. v/i. las circunstancias por las cuales atraviesa nuestra economía die gg.-wärtige Lage unserer Wirtschaft; 3. durchstechen; durchbohren; durchschlagen; durch et. (ac.) (hindurch)dringen; fig. ~ el alma (od. el corazón) das Herz zerreißen; 4. quer über et. (dat.) liegen; quer über et. (ac.) legen; 5. Pläne durchkreuzen, hintertreiben; II. v/r. ~se 6. s. querstellen; in die Quere kommen; (im Halse) steckenbleiben (Bissen, Worte); 7. s. einmischen; 8. ⚓ anluven; 9. gesetzt werden (Geld im Spiel).
atravieso m Am. Einsatz m (Spiel); Chi. (Berg-)Paß m.
atrayente adj. c anziehend, verlockend.
atregua|do adj. 1. verrückt; 2. Waffenruhe haltend; 3. aufschiebend; ~r [1i] v/t. Waffenstillstand (bzw. Aufschub) gewähren (dat.).
atrepsia ⚕ f Verdauungsstörung f (bsd. b. Kleinkind).
atre|verse v/r. (es) wagen; s. erdreisten; ~se a + inf. (es) wagen, zu + inf.; ~ a alg. s. an et. (ac.) heranwagen; ~ con alg. s. an j-n heranwagen, es mit j-m aufnehmen, mit j-m anbinden; ¿cómo se atreve usted?; wie können Sie s. unterstehen?, was unterstehen Sie sich!; ~vido adj. 1. wagemutig, kühn, verwegen; 2. heikel, gewagt; 3. dreist, frech; ~vimiento m 1. Verwegenheit f, Kühnheit f; 2. Frechheit f, Unverschämtheit f.
atribu|ción f 1. Bei-, Zu-messung f, Zuschreibung f; Übertragung f; 2. Befugnis f, Zuständigkeit f; Aufgaben(bereich m) f/pl.; mst. ~ones f/pl. Vollmacht f; ⚖ de jurisdicción Gerichtsstandsfestsetzung f; salir de las ~ones de alg. nicht unter j-s Zuständigkeit fallen; ~ible adj. c zuschreibbar usw.; ~ir [3g] I. v/t. 1. zuschreiben, zuerkennen; beimessen; Werk ~ a alg. j-m zuschreiben; 2. ~ un cargo a alg. j-m ein Amt übertragen; II. v/r. ~se 3. ~se todos los méritos alle Verdienste für s. in Anspruch nehmen; 4. ~se el derecho de obrar así s. das Recht anmaßen, so zu handeln.
atribula|ción f → tribulación; ~damente adv. voller Drangsal; ~do adj. angstvoll; betrübt; tieftrauernd (b. Todesfall); ~r v/t. ängstigen; quälen.
atribu|tivo adj. beilegend; Gram. attributiv, ~to m 1. Eigenschaft f; 2. Kennzeichen n, Sinnbild n; 3. Titel m; 4. Gram. Attribut n.
atrición kath. f unvollkommene Reue f.
atril m (Lese-)Pult n; Notenständer m.
atrinchera|miento m 1. ⚔ Verschanzung f; 2. fig. moralischer Halt m; ~r I. v/t. verschanzen, befestigen; II. v/r. ~se s. eingraben, a. fig. s. verschanzen (hinter dat. en, tras).

atrio m 1. Vorhalle f, Vorhof m (*Kirche*); Atrium n; 2. Diele f; 3. *Anat.* Atrium n.
atrito adj. reumütig, bußfertig.
atrocidad f 1. Scheußlichkeit f, Greuel m; Gräßlichkeit f; ¡qué ~! nicht möglich!; *decir* ~*es die* unglaublichsten Dinge sagen; 2. F Unmenge f.
atrofia ⚕ f Atrophie f, (Organ-)Schwund m; ~**do** adj. verkümmert (a. *fig.*); ~**r** [1b] I. v/t. schwächen; II. v/r. ~**se** verkümmern, absterben (a. *fig.*).
atrófico ⚕ u. *fig.* adj. atrophisch; verkümmert, schwach entwickelt.
atrompetado adj. trompetenförmig.
atrona|**do** adj. unbesonnen, kopflos; ~**dor** adj. (ohren)betäubend, dröhnend; ~**dura** f 1. Rissigkeit f (*Holz*); 2. *vet.* Verfangen n; ~**miento** m 1. Betäubung f *durch Schlag, Lärm*; 2. *vet.* Hufzwang m; ~**r** [1m] I. v/t. 1. mit Lärm erfüllen; 2. durch Lärm betäuben; *Vieh* betäuben (*vor der Schlachtung*); 3. *Stk.* Stier durch Genickstoß töten; II. v/r. ~**se** 4. eingehen (*Küken, Seidenraupen, b. Gewitter*).
atropar I. v/t. um s. scharen, (ver-)sammeln; II. v/r. ~**se** s. zs.-rotten.
atrope|**lladamente** adv. hastig, überstürzt; ~**llado** adj. überstürzt, übereilt; hastig; ~**llador** adj.-su. rücksichtslos(er Mensch m); ~**llamiento** m Überstürzung f; → *atropello*; ~**llar** I. v/t. 1. überfahren (a. *fig.* F); umrennen; tätlich angreifen; anpöbeln; 2. ~ *todos sus deberes* alle Pflichten gröblich mißachten; 3. überstürzen, hinhauen F; II. v/i. 4. ~ *por todo* s. über alles hinwegsetzen; III. v/r. ~**se** 5. ~**se** (*en las palabras*) s. (beim Reden) überstürzen; ~**se** *en el obrar* übereilt handeln; ~**llo** m 1. Nieder-, Um-rennen n; Zs.-stoß m, Verkehrsunfall m; Überfahren n (a. *fig.* F); Gewalttätigkeit f; Überfall m; Beschimpfung f, Pöbelei f; 2. Ungerechtigkeit f.
atropina 🜍 f Atropin n.
atroz adj. c (*pl.* ~*oces*) gräßlich, abscheulich, scheußlich; F ungeheuer, riesig.
attaché m Aktenkoffer m.
attachment m IT Attachment n.
attrez|**zista** *Thea.* m Requisiteur m; ~**zo** *Thea.* m Requisiten n/pl.
atuendo m 1. Prunk m, Pracht f; 2. (Volks-)Tracht f.
atu|**far** I. v/t. 1. ärgern; II. v/r. ~**se** 2. von Kohlendunst benommen sein; 3. e-n schlechten Geruch annehmen; e-n Stich bekommen (*Lebensmittel, Getränke*); 4. *fig.* F s. giften F (über *ac. de, con, por*); ~**fo** F m Zorn m, Koller m F.
atún *Fi.* m Thunfisch m; *fig.* pedazo m de ~ Dummkopf m.
atu|**nara** f → almadraba; ~**nera** f Thunfischhaken m; ~**nero** I. adj.: barco m ~ Thunfischerboot m; II. m Thunfischer m.
aturdi|**damente** adv. unbesonnen; ~**do** adj. verwirrt, verblüfft; gedankenlos, kopflos; leichtfertig; ~**dor** adj. betäubend, verwirrend; ~**miento** m 1. Kopflosigkeit f, Bestürzung f, Verwirrung f; 2. 💊 Schwindel(anfall) m; ~**r** I. v/t. 1. betäuben; über den Schädel hauen; 2. *fig.* verblüffen, aus der Fassung bringen; II. v/r. ~**se** 3. betäubt (*od.* benommen) werden; 4. *fig.* (er)staunen, s. sehr wundern; 5. *fig.* s. betäuben.
aturquesado adj. türkisfarben.
aturrulla|**do** adj. sprachlos; unbesonnen; ~**miento** m Verblüfftheit f; Unbesonnenheit f; ~**r** I. v/t. verwirren; einschüchtern; II. v/r. ~**se** außer Fassung geraten; sprachlos sein.
atusar I. v/t. 1. *Haar* stutzen; oberflächlich kämmen; 2. *Bäume* beschneiden; II. v/r. ~**se** 3. s. auftakeln F, s. herausputzen.
auda|**cia** f Kühnheit f, Verwegenheit f, Wagemut m; ~**z** adj. c (~*aces*) kühn, verwegen; dreist, frech.
audi|**ble** adj. c hörbar; ~**ción** f 1. Hören n; Ab-, An-hören n; *Tel.* Verständigung f; ⚖ ~ *de testigos* Zeugenvernehmung f; 2. Gehör (-sinn m) n; 3. Konzert n, Vortrag m usw.; Abspielen n, Vorspielen n v. Tonbändern, Platten.
audiencia f 1. *Rf., TV* (índice m de) ~ Einschaltquote f; *TV a.* Sehbeteiligung f; Am. ~ → auditorio 1; 2. Audienz f, Empfang m; ~ *privada* Privataudienz f (bei *dat.* con); *dar ~, conceder ~ a j-m* e-e Audienz gewähren; 3. ⚖ Gericht(shof m) n; Gerichtssaal m; Gerichtsbezirk m; (Gerichts-)Verhandlung f; ~ *provincial etwa:* Landgericht n; ~ *territorial etwa:* Oberlandesgericht n.
audífono m Hör-gerät n, -apparat m; Am. a. Kopfhörer m.
audio|**frecuencia** f *Rf.* Tonfrequenz f; *Phys.* Hörfrequenz f; ~**grama** ⚕ m Audiogramm n; ~**libro** m Hörbuch n; ~**metría** ⚕ f Gehör-prüfung f, -messung f.
audiómetro m Audiometer n.
audión *Rf.* m Audion n.
audiovisual adj. c audiovisuell.
auditivo I. adj. Gehör..., Hör...; facultad f ~a Hörfähigkeit f; *Anat.* conducto m ~ Gehörgang m; II. m 🕽 Hörmuschel f.
audi|**tor** m 1. ⚖ Span. ~ *de guerra* Militärrichter m; ~ *de marina* Marinerichter m, Richter m, der in seerechtlichen Angelegenheiten entscheidet; 2. *kath.* ~ *de la nunciatura* päpstlicher Auditor m; ~ *de la Rota* Auditor m (*Richter der Rota*); 3. Rechnungsprüfer m; ~**toría** f: ~ (*de cuentas*) Buch-, Rechnungsprüfung f; Prüfungsbericht m (a. *Pol.*); ~**torio** m 1. Zuhörer(schaft f) m/pl., Publikum n; 2. → **tórium** m (Konzert- usw.) Saal m.
auge m 1. Gipfel-, Höhe-punkt m; ⚓ Aufschwung m; *en el* ~ *de su poder* auf dem Höhepunkt s-r Macht; *estar en* ~ blühen, im Aufschwung sein; 2. *Astr.* → apogeo.
augu|**r** *hist.* m Augur m, römischer Wahrsager m; ~**rar** I. v/t. voraussagen, prophezeien, bedeuten; II. v/i. wahrsagen; ~**rio** m Vorzeichen n, Vorbedeutung f, Omen n.
augusto[1] adj. erhaben, edel, erlaucht.
Augusto[2] *npr.* m August m; *hist.* Augustus m.
aula f Hörsaal m; Klassenzimmer n.
aulaga ♣ f Stech-, Stachel-ginster m.
áulico adj. höfisch, Hof...
aulla|**dor** adj.-su. heulend; (*mono* m) ~ Brüllaffe m; ~**nte** adj. c heulend; ~**r** [stammbetonte Formen -ú-] v/i. heulen. [heul n.⟩
aullido *od.* **aúllo** m Heulen n, Ge-⟩
aumen|**table** adj. c vermehrbar; vergrößerungsfähig; ~**tación** *Rhet.* f Steigerung f, Klimax f; ~**tado** ♪ adj.: intervalo m ~ übermäßiges Intervall n; ~**tador** adj. vergrößernd, verstärkend; ~**tar** I. v/t. 1. vermehren, vergrößern (a. *Opt.*); verstärken; erweitern; *Preise, Leistung, Löhne* erhöhen; steigern; *Zölle* anheben; ~ *la velocidad* die Geschwindigkeit steigern (*od.* erhöhen); 2. *fig.* übertreiben; II. v/i. 3. s. mehren; zunehmen, wachsen; steigen (*Preise*); ~ *de precio* im Preis steigen; ~ *de volumen* im Umfang zunehmen; ~ *los costos aumentan en un 3%* die Kosten erhöhen s. um 3%; III. v/r. ~**se** 4. erhöht werden (*Preise usw.*); 5. s. vergrößern, s. vermehren; ~**tativo** adj.-su. vermehrend, m *Gram.* Vergrößerungs- *od.* Vergrößerungs-form f *od.* -silbe f *od.* (*mst.*) -suffix n; ~**to** m 1. Vermehrung f; Vergrößerung f (a. *Opt.*); Erhöhung f; Aufschlag m; Zunahme f; Anhebung f v. Zöllen; ~ *de población* Bevölkerungszunahme f; ~ *de precios* Preiserhöhung f; ~ *de sueldo* Gehaltserhöhung f, -aufbesserung f; ~ *de la presión* Druck-anstieg m; -steigerung f; ~ *de temperatura* Temperaturanstieg m; *telescopio* m *de 200* ~*s* Teleskop n mit zweihundertfacher Vergrößerung; *ir en* ~ zunehmen; *fig.* aufwärts gehen; (*oft es geht aufwärts mit dat.; Leistung, Geschäft*); 2. *Gram.* Augment n; 3. *Méj., Guat.* Nachschrift f (*Brief*).
aún adv. noch, noch immer, ~ *no* noch nicht; ~ *no ..., cuando* noch nicht (*od.* noch kein ...), *od.* kaum ...) ..., als.
aun I. adv. sogar, auch; ~ *así* auch so noch; *ni* ~ nicht einmal; *veinte y* ~ *treinta* zwanzig, ja sogar dreißig; II. cj. ~ *cuando* wenn auch, obwohl.
aunar [stammbetonte Formen -ú-] I. v/t. verbinden; versammeln; (ver)ein(ig)en; ~ *esfuerzos para* (+ *inf.*) s-e Bemühungen vereinen, um zu (+ *inf.*); II. v/r. ~**se** s. einen; s. zs.-tun (mit *dat.* con).
aunque cj. obwohl, obschon, obgleich; wenn auch; ~ *llueve, saldré* ich gehe aus, wenn es auch regnet (*es regnet tatsächlich*); *saldré,* ~ *llueva* auch wenn es regnet, ich gehe aus (*es regnet möglicherweise od. es regnet tatsächlich, trotzdem gehe ich aus*); ~ *sea* (*con mucho trabajo*) wenn auch (mit viel Arbeit).
¡aúpa! F *int.* auf, auf!, hoch!; *de* ~ großartig, dufte F, prima F; gewaltig F, enorm F.
aupar [stammbetonte Formen -ú-] F v/t. auf-, hoch-heben; emporhelfen (*dat.*); *fig.* F nach oben bringen; ~**se** *los pantalones* s. die Hosen hochziehen.
aura[1] f Lufthauch m, Lüftchen n;

aura — autómata 76

⊕, ⚹ Aura *f*; ~ *popular* Volksgunst *f*.
aura² *Vo. f Am.* Aura *f (Geier).*
áureo *lit. adj.* golden, gülden *(poet.)*; ⚹ *sección f* ~*a* Goldener Schnitt *m*.
aureola (a. *auréola*) *f* **1.** *Theol., Ku. u. fig.* Aureole *f*, Heiligenschein *m*, Nimbus *m*; **2.** *Phys., Astr.* Aureole *f*, Lichthof *m*; ~**do** *adj.* von e-m Heiligenschein umgeben; gerändert *(Gefieder)*; ~**r** *v/t.* mit e-m Heiligenschein umgeben; *fig.* verherrlichen.
aureomicina *pharm. f* Aureomycin *n*.
aurícula *f* **1.** *Anat.* **a)** Ohrmuschel *f*; **b)** (Herz-)Vorhof *m*, Vorkammer *f*; **2.** ⚘ Aurikel *f*, Blattohr *n*.
auricular I. *adj. c* Ohren...; *Anat.* Vorkammer...; **II.** *m Tel.* **a)** Hörmuschel *f*; **b)** Hörer *m*; *Phono.* Kopfhörer *m*.
aurífero *adj.* goldhaltig; *veta f* ~*a* Goldader *f*.
aurificar [1g] *v/t.* → *orificar*.
aurochs *Zo. m* Auerochs *m*.
aurora *f* **1.** Morgenröte *f*; *de color de* ~ rosafarbig; **2.** *fig.* Frühzeit *f*, Anfang *m*; *la* ~ *de la vida de la Jugendzeit f*; **3.** ~ *austral* Polar-, Süd-licht *n*; ~ *boreal* Polar-, Nord-licht *n*; **4.** *Rel.* Frühlobhymnus *m*; **5.** Mandelmilch *f* mit Zimtwasser; *Bol. Art* Chicha *f*.
ausculta|ción ⚹ *f* Auskultation *f*, Abhorchen *n*; ~**r** *v/t.* auskultieren, abhorchen; *fig.* erforschen, ergründen.
ausen|cia *f* **1.** Abwesenheit *f*; ♃ Verschollenheit *f*; *F brillar por su* ~ durch Abwesenheit glänzen F *(Person)*; s. durch völliges Fehlen auszeichnen *(Sache)*; *hacer buenas (malas)* ~*s a alg.* gut (schlecht) von j-m reden; *tener buenas (malas)* ~*s* e-n guten (schlechten) Leumund haben; **2.** Fehlen *n*, Mangel *m* (*an dat.* de); **3.** *fig.* Zerstreutheit *f*; *Bol. Art* Bewußtseinstrübung *f*, Absence *f* (⊕); ~**tar I.** *v/t.* entfernen; **II.** *v/r.* ~**se** s. entfernen; verreisen; ~**te I.** *adj. c* fehlend; abwesend; ♃ ~ (*en paradero desconocido*) verschollen; **II.** *m* Abwesende(r) *m*; Verschollene(r) *m*; *Spr.* ~ *sin culpa, ni presente sin disculpa* der Abwesende hat immer unrecht; ~**tismo** *m* **1.** Reisewut *f*; **2.** → *absentismo*.
ausoles *m/pl. Am. Cent.* Erdspalten *f/pl. auf vulkanischem Gelände.*
auspi|ciar [1b] *v/t.* **1.** vorhersagen; **2.** fördern; die Schirmherrschaft übernehmen über *(ac.)*; ~**cio** *m* **1.** Vorzeichen *n*, Vorbedeutung *f*; *con tales* ~*s podemos empezar* wenn es so (gut) aussieht, können wir anfangen; **2.** ~*s m/pl.* Schutz *m*, Schirmherrschaft *f*; *bajo los* ~*s de* unter der Schirmherrschaft (*od.* unter den Auspizien) von *(dat.)*; ~**cioso** *adj.* verheißungsvoll, vielversprechend.
auste|ramente *adv.* streng; ~**ridad** *f* **1.** Strenge *f*, Ernst *m*, Härte *f*; Schmucklosigkeit *f*; *Pol. programa m de* ~ Sparprogramm *n*; **2.** Kasteiung *f*; ~**ro** *adj.* streng, hart, ernst; in s. gekehrt, zurückgezogen; schmucklos.
austral *adj. c* südlich, Süd...; *polo m* ~ Südpol *m*.

Australia *f* Australien *n*; ⚹**no** *adj.-su.* australisch; *m* Australier *m*.
Aus|tria *f* Österreich *n*; ⚹**triaco,** ⚹**triaco** *adj.-su.* österreichisch; *m* Österreicher *m*.
austro *lit. m* Südwind *m*.
austrohúngaro *hist. adj.* österreichisch-ungarisch.
autar|cía, ~**quía** *f* Autarkie *f*.
autárquico *adj.* autark.
autenticación *f* Beglaubigung *f*.
auténticamente *adv.* authentisch.
autenti|car [1g] *v/t.* beglaubigen; bestätigen, bekräftigen; ~**cidad** *f* Echtheit *f*, Authentizität *f*; Glaubwürdigkeit *f*; Bewährtheit *f*.
auténtico *adj.* rechtsgültig; echt, authentisch; glaubwürdig, zuverlässig.
autentificar [1g] → *autenticar*.
autillo¹ *m* Spruch *m* der Inquisition.
autillo² *Vo. m* Zwergohreule *f*.
autismo ⚹ *m* Autismus *m*.
auto¹ *m bsd. Chi., Pe.* Auto *n*; ~ *de choque* Skooter *m (Jahrmarkt)*; ~ *-expreso* Autoreisezug *m*; ~ *de pedales* Tretauto *n*.
auto²... *in Zssgn.* Auto..., Selbst...; *auto..., eigen...,* Auto..., Kraftfahr...
auto³ *m* **1.** ♃ richterliche Verfügung *f*; ~*s m/pl.* Prozeßakten *f/pl.*; ~ *de apertura, ~ de procesamiento* Eröffnungsbeschluß *m*; ~ *acordado* allgemeiner Gerichtsbeschluß *m* aller Senate; ~ *definitivo* Beschluß *m* **a)** *zur Einstellung des Verfahrens*; **b)** *nur über e-n strittigen Punkt*; ~ *interlocutorio* (prozeßleitender) Beschluß *m*; ~ *de prisión* Haftbefehl *m*; ~ *de providencia* vorsorglicher Beschluß *m*; *el día de* ~*s* am fraglichen Tage, am Tage der Tat; *lugar m de* ~*s* Tatort *m*; *constar en (od. de)* ~*s* aktenkundig sein; *en* ~*s de juicio* in den Gerichts- (*od.* Prozeß-)akten; *estar en* ~*s* im Bilde sein; *poner en* ~*s* einweihen (in *ac. sobre*), aufklären (über *ac. acerca de*); **2.** *Lit.* Mysterienspiel *n (Ma.)*; ~ *sacramental* eucharistisches Festspiel *n*; **3.** *Rel. hist.* ~ *de fe* Ketzer-gericht *n*, -verbrennung *f*, Autodafé *n*; F *hacer* ~ *de fe de a/c.* et. verbrennen.
auto|abastecimiento *m* Selbstversorgung *f*; ~**acusación** *f* Selbstanklage *f*; ~**adhesivo** *adj.* selbstklebend; ~**aprendizaje** *m* Selbststudium *n*; ~**ayuda** *f* Selbsthilfe *f*; ~**banco** *m* Autoschalter *m* bei Banken; ~**barredera** *f* Straßenkehrmaschine *f*; ~**biografía** *f* Autobiographie *f*; ~**biográfico** *adj.* autobiographisch; ~**biógrafo** *m* Autobiograph *m*; ~**bomba** *f* Tanklöschfahrzeug *n*; ~**bombo** F *m* Selbstlob *n*, Eigenreklame *f*; ~**bronceador** *adj.*: *leche f* ~*a* Bräunungsmilch *f*; Selbstbräuner *m*; ~**bús** *m* (Stadt-) Bus *m*; ~**busero** *m Ven.* Busfahrer *m*; ~**cama** *m* Autoreisezug *m*; ~**camión** *m* Last(kraft)wagen *m*, Laster *m*, Lkw *m*; ~**car** *m* Reise-, Überlandbus *m*; ⚹ Zubringerbus *m*; ~**caravana** *Kfz. f* Wohn-, Reise-mobil *m*; ~**cargador** ⊕ *m* Selbstlader *m*; ~**carista** *c* Busreisende(r) *m*; ~**carril** ⚙ *m* Draisine *f*; ~**céfalo** *adj.* autokephal, unabhängig *(bsd. orthodoxe Nationalkirchen u. fig.)*; ~**cine** *m* Autokino *n*; ~**clave** ⊕ *m* Autoklav *m*,

Dampf(druck)topf *m*; ~**cocedor** *m* Kochkiste *f*; ~**compasión** *f* Selbstmitleid *n*; ~**complacencia** *f* Selbstgefälligkeit *f*; ~**confianza** *f* Selbstvertrauen *n*; ~**conservación** *f* Selbsterhaltung *f*; ~**control** *m* Selbstbeherrschung *f*; ~**cracia** *f* Autokratie *f*, unumschränkte Herrschaft *f*.
autócrata *c* Autokrat *m*.
auto|crático *adj.* autokratisch, selbstherrlich; ~**crítica** *f* Selbstkritik *f* (üben *hacer*); ~**crítico** *adj.* selbstkritisch.
autocrómico *Typ. adj.*: *impresión f* ~*a* Autochromdruck *m*.
autóctono I. *adj.* autochthon, bodenständig; **II.** *m* Ureinwohner *m*.
autode|fensa *f* Selbstverteidigung *f*; ~**finido** *m* Kreuzworträtsel *n*; ~**gradación** *f* Selbsterniedrigung *f*; ~**nominarse** *v/r.*: ~ *a/c.* s. selbst bezeichnen als *(ac.)*; ~**nuncia** ♃ *f* Selbstanzeige *f*; ~**puración** *ecol. f* Selbstreinigung *f*; ~**terminación** *f* Selbstbestimmung *f (Phil., Psych., Pol.)*; *derecho m de* ~ Selbstbestimmungsrecht *n*.
autodi|dáctica *f* Selbstunterricht *m*; ~**dáctico** *adj.* autodidaktisch; ~**dacto** *adj.-su.*, ~**dacta** *c* Autodidakt *m*; *adj.* autodidaktisch.
auto|dinámico *adj.* autodynamisch, selbstwirkend; ~**disparador** *Phot. m* Selbstauslöser *m*; ~**dominio** *m* Selbstbeherrschung *f*.
autódromo *m* Autorennbahn *f*.
auto|edición *f EDV* Desktop publishing *n*; ~**educación** *f* Selbsterziehung *f*; ~**encendido** *mot. m* Selbstzündung *f*; ~**escalera** *f* Kraftfahrleiter *f (Feuerwehr)*; ~**escuela** *f* Fahrschule *f*; ~**estima** *f* Selbstachtung *f*, Selbstwertgefühl *n*; ~**estopista** *c* Anhalter *m*; ~**-expreso** *m* Autoreisezug *m*; ~**fecundación** ⚹ *f* Selbstbefruchtung *f*; ~**ferro** *m Col.* Schienenbus *m*; ~**financiación** *f* Selbstfinanzierung *f*; ~**fónico** *adj.*: *disco m* ~ selbstbesprochene Platte *f*.
autógeno *adj.* autogen; ⊕ *soldadura f* ~*a* autogenes Schweißen *n*.
autogestión *f* Selbstverwaltung *f in Betrieben*.
auto|giro ⚹ *m* Tragschrauber *m*; ~**gnosis** *f* Selbsterkenntnis *f*; ~**gobierno** *m* Selbstverwaltung *f*; ~**gol** *m Sp.* Eigentor *n*.
autogra|bado *Typ. m* → *huecograbado*; ~**fía** *f* Steindruck *m*; Steindruckerei *f*; ~**fiar** [1c] *v/t.* im Steindruckverfahren abziehen.
autográfico *adj.* Steindruck...; *tinta f* ~*a* Autographentinte *f*.
autógrafo I. *adj.* **1.** eigenhändig geschrieben; *carta f* ~*a* Handschreiben *n*; **II.** *m* **2.** Urschrift *f*, Originalhandschrift *f*; **3.** Autogramm *n*; **4.** *Typ.* Umdruckpresse *f*.
auto|hipnosis *f* Auto-, Selbst-hypnose *f*; ~**infección** *f* Selbstansteckung *f*; ~**inflamación** *f* Selbstentzündung *f*; ~**intoxicación** *f* Selbstvergiftung *f*; ~**justificación** *f* Selbstrechtfertigung *f*; ~**lesión** *f* Selbstverstümmelung *f*; ~**limpiante** *adj. c* selbstreinigend.
autolisis ⚹ *f* Autolyse *f*.
autómata *m* Automat *m* (⊕ *hist. u. fig.*); *fig.* willenloses Werkzeug *n*.

automáti|ca f 1. Musik-, Juke-box f; Waschmaschine f; 2. Selbstladepistole f; **~co I.** adj. automatisch, mechanisch (a. fig.), selbsttätig; **II.** adj.-su. m (botón m) ~ Druckknopf m; **III.** m elektrischer Türöffner m.
automa|tismo m 1. Automatie f, Automatismus m (a. ⚙); 2. bsd. ✠ Selbsttätigkeit f; Automatik f; 3. Psych. willenlose Handlung f, Triebhandlung f; **~tización** f Automatisierung f, Automation f; **~tizar** [1f] v/t. automatisieren.
automedicación f Selbstmedikation f.
automo|tor I. adj. s. selbst bewegend; ⊕ mit eigenem Antrieb; **II.** m 🚂 Triebwagen m; **~triz** adj. f → automotor; Am. industria f ~ Kraftfahrzeugindustrie f.
automóvil I. adj. c s. selbst bewegend, selbstfahrend; **II.** Kraftfahrzeug n; i. e. S. (Kraft-)Wagen m, Auto n bzw. Personen(kraft)wagen m, Pkw m; ~ de carreras (de deporte) Renn- (Sport-)wagen m; industria f del ~ Auto(mobil)industrie f.
automovi|lismo m Auto-, Kraftfahr-sport m; **~lista** c Kraft-, Autofahrer m; **~lístico** adj. Auto(mobil)..., Kraftwagen..., Kraftfahr...
automutilación f Selbstverstümmelung f.
auto|nomía f 1. Autonomie f, Eigengesetzlichkeit f, Selbständigkeit f (a. Phil.); 2. Pol. Autonomie f; ~ administrativa Selbstverwaltung f; 3. Kfz. ~, ✈ de vuelo Reichweite f; **~nómico** adj. Autonomie..., auf die Autonomie bezüglich (Verwaltung); **~nomista** Pol. adj.-su. autonomistisch; c Autonomist m.
autónomo adj. selbständig, a. Phil., Pol., ⚙, Zoll autonom; IT off-line; Span. Pol. Comunidad f 2a autonome Region f.
auto|piloto 🚁 m Autopilot m, automatische Steuerung f; **~pista** f Autobahn f; IT ~ de la información Datenautobahn f; de peaje gebührenpflichtige Autobahn f; **~plastia** ✠ f Autoplastik f; **~portante** Kfz. adj. c selbsttragend.
autopro|pulsión f Selbstantrieb m; **~tección** f Selbstschutz m.
autopsia f 1. ✠ Autopsie f, Sektion f, Obduktion f; 2. Phil. Autopsie f.
auto|r m 1. Täter m (a. 🜚); Urheber m; ~ moral Anstifter m; Schreibtischtäter m; 2. Verfasser m; Schriftsteller m, Autor m; derechos m/pl. de ~ Urheberrechte n/pl.; Thea. Tantiemen f/pl.; sociedad f de ~es Schriftstellerverband m; 3. Erfinder m, Entdecker m; **~ría** f 1. 🜚 Täterschaft f; 2. Lit. ehm. Amt m e-s Theaterdirektors, der a. Dichter der Stücke war.
autori|dad f 1. Ansehen n, Autorität f; Macht(befugnis) f; (Amts-) Gewalt f; hablar con ~ ein gewichtiges Wort (od. ein Machtwort) sprechen; tener plena ~ sobre alg. alles über j-n vermögen; no tener ~ sobre alg. bei j-m nichts ausrichten können; 2. (a. ~es f/pl.) Behörde f; Obrigkeit f; las ~es constituidas die bestehende Obrigkeit f; Alta 2 Hohe Behörde f (Montanunion); ~ administrativa (local) Verwaltungs- (Orts-)behörde f; 3. Autorität f, angesehene (od. kompetente) Persönlichkeit f; ser una ~ en ... e-e Autorität in ... (dat.) sein: **~tario** adj. autoritär, selbstherrlich, herrisch; **~tarismo** m autoritäres System n, autoritäres Prinzip n; **~tativo** adj. autoritativ, maßgeblich, Autoritäts...
autoriza|ción f 1. Bevollmächtigung f, Ermächtigung f; Genehmigung f; 2. Berechtigung f; 3. Beglaubigung f, Beurkundung f; **~damente** adv. mit Fug u. Recht; **~do** adj. 1. ermächtigt, befugt (zu dat. od. inf. para); zuständig (für ac. para); (no) ~ para firmar (para recibir) (nicht) unterschrifts- (empfangs-)berechtigt; 2. angesehen, glaubwürdig; **~nte** adj.-su. c beglaubigend; **~r** [1f] v/t. 1. bevollmächtigen, ermächtigen (zu + inf. od. + dat. para); 2. genehmigen, gutheißen; 3. berechtigen (zu + inf. od. + dat. para); ~se con s. berufen auf (ac.); 4. beglaubigen; belegen (mit dat. con); 5. fig. heben, j-m Ansehen geben.
auto|rradio f, m Autoradio n; **~rrealización** f Selbstverwirklichung f; **~rregadora** f (Straßen-)Sprengwagen m; **~rregistrador** adj.-su. selbstregistrierend; **~rretrato** m Selbstbildnis m; **~rriel** m Schienenbus m.
auto|sacrificio m Selbstaufopferung f; **~satisfacción** f Selbstzufriedenheit f; **~servicio** m Selbstbedienung f; (tienda f de) ~ Selbstbedienungsladen m; **~stop** m Autostop m; viajar por (od. en) ~ per Anhalter reisen; **~stopista** c Anhalter m; **~suficiencia** f Selbstgenügsamkeit f; desp. Überheblichkeit f, ✝, Pol. Autarkie f; **~sugestión** f Autosuggestion f; **~templante** ⊕ adj. c selbsthärtend (Stahl); **~tipia** Typ. f Autotypie f; **~trén** m Autoreisezug m; **~ubicación** f Selbsteinschätzung f des pol. Standortes; **~vía** 🚂 I. f Span. Triebwagen m; Schienenbus m; **II.** f ~ (de circulación od. comunicación rápida) Schnellstraße f.
autumnal adj. c herbstlich, Herbst...
Auvernia f Auvergne f.
auxilia|dor adj.-su. helfend; m Helfer m; **~ar I.** adj. c 1. helfend, Hilfs...; verbo m ~ Hilfszeitwort n; profesor m ~ Hilfslehrer m, Assistent m, Vertreter m e-s Lehrers, Professors; **II.** m 2. Gehilfe m, Hilfsbeamte(r) m; (a. f) b. Behörden etwa: Sekretär m, Angestellte(r) m; 🚂 de vuelo, ~ de a bordo Steward m; 3. Vkw. Zubringer(weg) m; **III.** [1b] v/t. 4. j-m helfen, j-m beistehen; Sterbenden geistlichen Beistand leisten; ~ m Hilfe f, Beistand m; Unterstützung f; ¡~! (zu) Hilfe!; ~ en carretera Pannendienst m; Straßenwacht f; ✠ Primeros 2s Erste Hilfe f; acudir en ~ j-m zu Hilfe eilen; pedir ~ um Hilfe bitten; um Hilfe rufen; prestar ~ a j-m helfen, j-m beispringen; recibir los ~ espirituales die Sterbesakramente empfangen.
auyama 🌿 f Col., C. Ri., Cu., S. Dgo., Ven. Kürbis m.
avadar v/i. u. **~se** v/r. durchwatbar werden.
avahar I. v/i. dampfen; **II.** v/t. Kchk. dämpfen.
aval m 1. ✝ Wechselbürgschaft f; Avalakzept n; allg. Garantieschein m; (crédito m de) ~ Avalkredit m; 2. fig. Bürgschaft f, Garantie f.
avalancha f Lawine f (a. fig.).
avalar I. v/t. 1. ✝ ~ una letra Wechselbürgschaft leisten; 2. allg. bürgen für (ac.), garantieren für (ac.); unterstützen; **II.** v/i. 3. Wechselbürgschaft übernehmen.
avalen|t(on)ado adj. säbelrasselnd, großsprecherisch, bramarbasierend; **~tonarse** → envalentonarse.
avalista ✝ c Wechselbürge m.
ava|lorar v/t. Wert verleihen (dat.); fig. ermutigen, **~luar**, taxieren; **~lúo** m Bewertung f, Schätzung f.
avance m 1. Vorrücken n; Vormarsch m; Fortschritt m; 2. ⊕ Vorschub m; mot. ~ del encendido, ~ de la ignición Früh-, Vor-zündung f; ~ de la chispa Zündverstellung f; EDV ~ de línea(s) Zeilenvorschub m; 3. ✝ Vorschuß m; 4. ✝ (Zwischen-)Bilanz f; 5. ✝ Voranschlag m; Pol. ~ de presupuesto Haushaltsvoranschlag m; 6. Film Vorschau f; Typ. **~s** m/pl. Vorabdruck m; TV ~ informativo Nachrichtenüberblick m, (Nachrichten f/pl. im) Schlagzeilen f/pl.; TV, Veranstaltungen: ~ de programas Programmvorschau f.
¡avante! ⚓ int. vorwärts!; ¡~ media (a toda) máquina! halbe (volle) Fahrt voraus!
avanza|da f 1. 🞭 Vorhut f; **~s** f/pl. (de combate) (Gefechts-)Vorposten m/pl.; 2. Vorlage f beim Schifahren; **~dilla** f Vortrupp m; **~do** adj. 1. vorgeschritten (Alter, Krankheit, Vorgang); 🞭 vorgeschoben; 2. fortschrittlich, entwickelt; **~r** [1f] v/i. vorrücken (a. 🞭); vorwärts-gehen; -kommen; fig. fortschreiten; ~ (od. ~se) a (od. hacia, hasta, sobre) un punto auf e-n Punkt zugehen, gegen (od. in Richtung auf) e-n Punkt vorrücken; a medida que avanzaba el tiempo perdía la esperanza mit (dem Vorrücken) der Zeit verlor er die Hoffnung; **II.** v/t. Geld vorschießen; ⊕ vorschieben; 🜚 Stollen vortreiben; F Méj. stehlen.
ava|ricia f Habsucht f; Geiz m; Geldgier f; **~ricioso** adj. geizig; habgierig, habsüchtig; **~riento**, **~ro I.** adj. habsüchtig (geizig, knauserig, schäbig; fig. ser ~ de a/c. mit et. (dat.) geizen; **II.** m Geizhals m, Geizkragen m F, Knauser m F.
avasalla|dor adj.-su. überwältigend; **~miento** m Unterwerfung f; **~r** v/t. unterwerfen, unterjochen, knechten; fig. überwältigen.
avatares m/pl. Wechselfälle m/pl. (des Schicksals).
ave f 1. Vogel m; **~s** f/pl. (de corral) (Haus-)Geflügel n; ~ acuática Wasservogel m; ~s de caza Federwild n; fig. ~ de mal agüero Unglücksrabe m; ~ migratoria, ~ de paso Zugvogel m (a. fig.); fig. Arg. ~ negra Advokat m, Rechtsverdreher m; ~ nocturna Nachtvogel m (a. fig.); ~ del paraíso Paradiesvogel m; ~ de rapiña, ~ rapaz, ~ de presa Raubvogel m; ~ de San Martín Blaufalke m; ~

avecilla — avión

tonta, ~ zonza Rohrammer f, -spatz m; fig. Einfaltspinsel m; ~ toro Rohrdommel f; fig. ser un ~ gerissen (od. schlau) sein; 2. F C. Ri. warmer Bruder m F (= Homosexueller).
avecilla f Vöglein n; ~ de las nieves → aguzanieves.
avecin|arse v/r. 1. s. nähern; 2. → avecindarse; ~dado adj. ansässig; eingesessen; ~damiento m Einbürgerung f; ~dar I. v/t. einbürgern, das Bürgerrecht erteilen (dat.); II. v/r. ~se s. ansiedeln, s-n Wohnsitz nehmen.
avecrem Wz. F m Fleischbrühwürfel m.
avechucho m a. fig. häßlicher Vogel
avefría Vo. f Kiebitz m.
avejentar I. v/t. vor der Zeit alt machen; II. v/r. ~se vor der Zeit altern.
avejigarse [1h] v/r. Blasen werfen (od. bilden).
avella|na f Haselnuß f; ~ de la India, ~ índica Myrobalane f (Gerbstoff); ~nado I. adj. 1. haselnußfarben; 2. faltig, runzlig; II. m 3. ⊕ Versenken n v. Schraubenköpfen usw.; ~nador ⊕ m Versenkbohrer m, Senker m; ~nal, ~nar¹ m Haselgebüsch n; ~nar² I. v/t. ⊕ Niet versenken; ausbohren; II. v/r. ~se fig. zs.-schrumpfen; runzlig werden; ~nedo m → avellanar¹; ~no ♀ m Hasel(strauch m) f.
avemaría Rel. f Avemaria n, Englischer Gruß m; Abendläuten n; al ~ beim Dunkelwerden; fig. F en un ~ im Nu, im Handumdrehen.
¡Ave María (Purísima)! int. ach du lieber Gott! (Erstaunen, Entsetzen); Grüß Gott! b. Eintritt ins Haus.
avena f 1. ♀ Hafer m; ~ loca Flughafer m; ~ mondada (molida) Hafergraupen (-flocken) f/pl.; harina f (od. flor f) de ~ Hafermehl m; papilla f de ~ Hafergrütze f, -brei m; 2. poet. Hirtenflöte f.
avenado adj. närrisch, verrückt.
avenal m Haferfeld n.
avena|miento m Entwässerung f, Dränage f (Land); ~r v/t. entwässern, dränieren.
avenencia f Übereinkunft f; Vergleich m; Einverständnis n, Eintracht f.
avenible adj. c verträglich.
avenida f 1. Allee f; Prachtstraße f; 2. Zustrom m; Hochwasser n; Überschwemmung f; 3. Zufahrt f; bsd. ⚒ ~s f/pl. Zugang(smöglichkeiten f/pl.) m.
aveni|do adj.: bien ~ einig; zufrieden (mit dat. con); mal ~ uneinig; unzufrieden (mit dat. con); matrimonio m mal ~ unharmonische Ehe f; ~miento m Einigwerden n; ~r [3s] I. v/t. 1. einigen, versöhnen; 2. F ~se 2. s. vertragen; s. einig sein (bzw. werden), s. einigen (über ac. en; mit dat. con); 3. ~se (a) s. anpassen (an ac.); s. abfinden (mit dat.); s. bequemen (zu + dat. od. + inf.); ~se a razones s. sagen lassen, vernünftig sein; 4. (no) ~se con (nicht) passen zu (dat.), (nicht) übereinstimmen mit (dat.) (Äußerungen, Benehmen usw.).
aventado|r adj.-su. m 1. ✦ Worfschaufel f; 2. ⊕ Windsichter m; 3. Wedel m, Fächer m; ~ra ✦ adj.-su. f (máquina f) ~ Windfege f.
aventaja|damente adv. vorteilhaft; ~do adj. 1. vorzüglich, tüchtig; alumno m ~ begabter Schüler m; de estatura ~a hochgewachsen, stattlich; 2. bevorzugt; † mit erhöhtem Sold (Soldat); ~miento m → ventaja; ~r I. v/t. 1. übertreffen, überragen (an dat. en); ~ a todos en es allen zuvortun an (od. in dat.), alle übertreffen an (od. in dat.); 2. vorziehen (ac.), den Vorzug geben (dat.); II. v/r. ~se s. hervortun.
aventa|miento m Worfeln n; ~r [1k] I. v/t. 1. Luft zuführen (dat.); Getreide, Erz worfeln; Feuer anfachen, fortwehen (Wind); F an die Luft setzen; 2. Méj. Schlag versetzen; 3. Cu. Zucker der Einwirkung v. Luft u. Sonne aussetzen; 4. Am. → hinchar; II. v/r. ~se 5. s. aufblähen; 6. fig. F s. davonmachen, abhauen F.
aventón m Méj. Schubser m, Ruck m.
aventu|ra f Abenteuer n; Erlebnis n, zufällige Begebenheit f; Wagnis n; ~ amorosa Liebesabenteuer n; ir (od. salir) en busca de ~s auf Abenteuer ausziehen; embarcarse en ~s s. auf Abenteuer einlassen; ~rar I. v/t. wagen, aufs Spiel setzen; ~ una conjetura e-e Vermutung wagen (bzw. hinwerfen); II. v/r. ~se s. vorwagen; ~ a salir s. hinauswagen; ~rero I. adj. 1. abenteuerlich; 2. ✦ Cu., Méj., S.Dgo. außerhalb der üblichen Saatzeit angebaut; II. m 3. Abenteurer m, Glücksritter m; 4. Méj. Mietstreiber m; ~rismo m Abenteuer-lust f, -geist m.
avergonza|do adj. beschämt; verschämt, schamhaft; ~r [1n u. 1f] I. v/t. 1. beschämen; II. v/r. ~se 2. s. schämen (zu + inf. de + inf.); ~se por su comportamiento s. s-s Verhaltens schämen; 3. erröten.
avería¹ f Geflügel(haus) n.
avería² f 1. ⚓ Havarie f, Haverei f; ~ gruesa, ~ común große Haverei f; ~ simple, ~ particular besondere Haverei f; liquidación f (od. reparto m) de ~s Dispache f; comisario m de ~s Dispacheur m; 2. Beschädigung f, Schaden m; bsd. mot. Panne f; ⊕ Störung f; ✂ Bruch m; servicio m de ~s Pannendienst m; tener una ~ e-e Panne haben; sufrir ~s Schaden leiden; Tel. llamar a ~s die Störungsstelle anrufen.
averia|do adj. beschädigt, schadhaft; ramponiert F; estar ~ e-n Knacks weghaben F, kränkeln; ~r [1c] I. v/t. beschädigen, Schaden verursachen an (dat.); II. v/r. ~se ⚓ Havarie leiden, havarieren; verderben (Ware); allg. beschädigt werden.
averigua|ble adj. c erforschbar; nach-, über-prüfbar; ~ción f Erforschung f, Nachforschung f, Ermittlung f, Untersuchung f; ~ de daños y perjuicios Schadensfeststellung f (†, ⚓, Versicherung); ~dor adj.-su. ergründend; ~miento m → averiguación; ~r [1i] I. v/t. untersuchen; ermitteln, ausfindig machen, in Erfahrung bringen; ergründen, auf den Grund gehen (dat.); F ¡averígüelo Vargas! das mag der liebe Himmel wissen!;

II. v/i. Am. Cent. → porfiar, discutir.
averío koll. m Geflügel n.
averno lit. m Hölle f.
averrugado adj. warzig.
aversión f Abneigung f, Widerwille m (gegen ac. a, por, hacia); Scheu f (vor dat. a); cobrar ~ a nicht mehr leiden können (ac.).
avestruz Vo. m (pl. ~uces) Strauß m; ~ de América Nandu m; fig. táctica f (od. actitud f od. política f) del ~ Vogel-Strauß-Politik f.
avetoro Vo. m Rohrdommel f.
avezar(se) [1f] v/t. (v/r.): ~ a (s.) gewöhnen an (ac.); ~se al ambiente s. in s-e Umgebung einleben.
avia|ción f Luftfahrt f; Luftfahrttechnik f; Flugwesen n; ~ civil, ~ comercial zivile (od. Verkehrs-)Luftfahrt f; ~ (militar) Luftwaffe f; escuela f de ~ Fliegerschule f; ~dor¹ m Flieger m; ~ civil Verkehrsflieger m; ⚔ ~ de caza (de combate) Jagd-(Kampf-)flieger m.
avia|dor² m 1. ⚓ Vor-, Schiffsbohrer m; 2. Am. a) Bergunternehmer m; b) Geldverleiher m; 3. Cu. → sodomita; ~dora f Am. Dirne f; ~r [1c] I. v/t. herrichten, fertigmachen; für die Reise vorbereiten; mit dem Nötigen versehen; ausstatten (mit dat. de); F herausputzen, -staffieren F; F ¡estamos aviados! da sitzen wir schön in der Patsche!; II. v/r. ~se s. fertigmachen; s. beeilen; F aviárselas → manejarse.
aviario I. m Vogelhaus n, Voliere f; II. adj. → avícola adj. c Geflügel...; granja f ~ Geflügelfarm f.
avicul|tor m Geflügel-; Vogel-züchter m; ~tura f Geflügel-; Vogelzucht f.
ávidamente adv. gierig.
avidez f Gier f; ~ de lucro Gewinnsucht f.
ávido adj. gierig; gefräßig; ~ de gierig auf (ac.); ~ de gloria ruhmsüchtig; ~ de saber wissenshungrig; ~ de sangre blutdürstig.
aviejar I. v/t. alt machen; II. v/r. ~se vor der Zeit altern; fig. altmodisch werden.
aviento m Worfel f; Strohgabel f.
avieso I. adj. 1. verkehrt; schief, krumm; 2. boshaft; ungeraten; verdreht F; II. m 3. Col. Abtreibung f.
avifauna f Vogelwelt f.
avi|lantarse v/r. übermütig (od. frech) werden; ~llanado adj. bäurisch, grob; niederträchtig.
avinagra|do adj. (essig)sauer; fig. mürrisch; ~r I. v/t. fig. verbittern; II. v/r. ~se sauer werden; fig. bitter werden.
avío m 1. Ausrüstung f; Mundvorrat m (Hirten usw.); 2. Am. Darlehen n an Arbeiter in Geld od. Naturalien; 3. Werkzeug n, Sachen f/pl.; ~s de afeitar (de coser) Rasier-(Näh-)zeug n; ¡al ~! ans Werk!; F hacer su ~ s-n Kram erledigen F.
avión¹ m Vo. Mauersegler m; fig. Leichtfuß m.
avión² m Flugzeug n; ~ de ala alta (de ala baja) Hoch-(Tief-)decker m; ~ anfibio (comercial) Amphibien-(Verkehrs-)flugzeug n; ~ de bombardeo Bomber m; ~ de carga (de comba-

te) Fracht- (Kampf-)flugzeug *n*; ~ *cisterna (cohete)* Tank- (Raketen-)flugzeug *n*; ~-*escuela* Schulflugzeug *n*; ~ *de exploración*, ~ *de reconocimiento* Aufklärungsflugzeug *n*, Aufklärer *m*; ~ *de hélice (de observación)* Propeller- (Beobachtungs-)flugzeug *n*; ~ *de (od. a) reacción (Am. a chorro)* Düsenflugzeug *n*; ~ *torpedo (de transporte)* Torpedo- (Transport-)flugzeug *n*; ✈ *por* ~ mit Luftpost; *fig.* F *hacer el* ~ auf den Wecker gehen *(od.* fallen) F.
avioneta *f* Klein-, Sport-flugzeug *n*.
avisa|damente *adv.* klug; ~**do** *adj.* schlau; behutsam; *mal* ~ übel beraten, unklug; leichtfertig; ~**dor I.** *adj.* 1. anzeigend, warnend, mahnend; **II.** *m* 2. Botengänger *m*, Laufbursche *m*; 3. ⊕ Meldeanlage *f*; ~ *de incendios* Feuermelder *m*; ~**r** *v/t.* 1. benachrichtigen *(ac.)*, Nachricht geben *(dat., a. abs.)*; warnen; *Arzt, Elektriker usw.* rufen; *j-m* Bescheid sagen *(od.* geben); *Taxi, Bett* bestellen; ~ *a alg. a/c. (od. que)* j-n auf et. *(ac.) (od.* darauf) aufmerksam machen (,daß); 2. anmelden, anzeigen, ankündigen; ✝ ~ *con quince días de anticipación* vierzehntägig kündigen *(dat.)*; 3. *Am.* inserieren.
aviso *m* 1. Benachrichtigung *f*, Nachricht *f*, Bekanntmachung *f*; Bescheid *m*; Anzeige *f*, Meldung *f*; ✝ ~ *de adeudo (de abono)* Gut- (Last-)schriftanzeige *f*; *dar* ~ *a j-n* benachrichtigen; *salvo* ~ *contrario* Widerruf vorbehalten; 2. Wink *m*, Fingerzeig *m*; Warnung *f*; *previo* ~ auf Abruf; entsprechende Benachrichtigung erfolgt noch; *adv. sin previo* ~ ohne Vorwarnung, unangemeldet, mir nichts dir nichts F; *estar sobre* ~ auf der Hut sein; *poner sobre* ~ warnen; (rechtzeitig) informieren; *servir de* ~ e-e Lehre sein; 4. ✣ Aviso *m*, Tender *m*; 4. *Stk.* Ankündigung *f* über e-e längere Dauer des Kampfes; 5. *Am.* Zeitungsanzeige *f*; 6. Kündigung *f*.
avis|pa *f* Wespe *f*; ~**pado** *adj.* geweckt, schlau; ~**par I.** *v/t.* Pferd antreiben; *fig.* munter machen, *j-m* Beine machen F; s. beunruhigen; ~**pero** *m* 1. Wespennest *n (a. fig.)*; Wespenschwarm *m*; *fig. meterse en un* ~ in ein Wespennest greifen *(od.* stechen); 2. ✣ Karbunkel *m*; ~**pilla** F *c* Schlaukopf *m* F; ~**pón** *m* Hornisse *f*.
avistar I. *v/t.* von weitem erblicken, sichten; **II.** *v/r.* ~*se* → *entrevistarse.*
avitelado *adj.* pergamentartig.
avituallar *v/t.* verpflegen, verproviantieren.
aviva|do *adj. fig.* gerieben; ~**dor I.** *adj.* 1. belebend, aufmunternd; **II.** *m* 2. ⊕ Falzhobel *m*; 3. ⊕ Falz *m*; ~**miento** *m* Belebung *f*; ~**r I.** *v/t.* beleben, *Feuer u. fig.* anfachen; ~ *la luz* das Licht heller brennen lassen; ~ *el ojo* scharf hinsehen *(bzw.* aufpassen); ~ *el paso* schneller gehen; **II.** *v/r.* ~*se* s. beleben; in Kraft u. Saft kommen *(Pfl.)*; ausschlüpfen *(Seidenraupen)*; aufflackern *(Licht, Flamme)*; F *Am.* aufwachen.
avizo|r *adj.: estar ojo* ~ auf der Hut sein; ~**rar** F *vt/i.* (aus)spähen, (be-)

lauern.
avocar [1g] ⚖ *v/t.* vor e-e höhere Instanz ziehen.
avugo ♀ *m* Holzbirne *f*.
avul|sión ♂ *f* Exstirpation *f*; ~**sivo** *Phon. m* Schnalzlaut *m*.
avutarda *Vo. f* Großtrappe *f*; ~ *menor* Zwergtrappe *f*.
axi(a)l *adj. c* Achs(en)..., axial.
axila *f* 1. *Anat.* Achsel(höhle) *f*; 2. ♀ Achsel *f*; ~**r** *adj. c* 1. *Anat.* axillar, Achsel...; 2. ♀ achsel-, winkel-ständig.
axiología *Phil. f* Wertlehre *f*.
axioma *m* Axiom *n*.
axis *Anat. m (pl. inv.)* 1. Achse *f*; 2. zweiter Halswirbel *m*, Dreher *m*.
axolote *Zo. m* → *ajolote.*
¡**ay**! *int.* ach!, oh!, au!; ¡~ *de mí!* weh' mir!, ich- Unglücklicher!; ¡~ *del que los engañe!* weh' dem, der sie betrügt!; ¡~ *Dios mío!* ach mein Gott!; ¡~ *(madre mía,) qué dolor!* (o Gott,) tut das weh!
ay *m (mst.* ~*es m/pl.)* Wehklagen *n*; *con* ~*es y gemidos* mit Weh u. Ach.
aya *f* Kinderfrau *f*; Erzieherin *f*.
ayate *m Méj.* Agavengespinst *n*.
ayato|lá, ~lah *m* Ajatollah *m*.
ayear F *v/i. Reg.* jammern, ächzen, stöhnen.
ayer I. *adv.* gestern; ~ *noche* gestern abend; *antes de* ~ vorgestern; *de* ~ gestrig; *de* ~ *acá, ~ a hoy* seit kurzem; *erst* gestern; *fig.* über Nacht; *lo que va de* ~ *a hoy etwa:* die Zeiten ändern s., es ist alles anders geworden; **II.** *m* Gestern *n*.
ayo *m* Erzieher *m*, Hauslehrer *m*.
ayote ♀ *m Am. Cent., Méj.* → *calabaza.*
ayuda I. *f* 1. Hilfe *f*; *fig.* Gunst *f*; Unterstützung *f*; ~ *de costa* Kostenbeitrag *m*; ~ *de vecino* fremde Hilfe *f*; *jgdw. perro m de* ~ Fänger *m*, Fanghund *m*; *con* ~ *de* mit Hilfe *(gen. od. von dat.)*; *fig. costar Dios y* ~ unendliche Mühe kosten; 2. ✉ Einlauf *m*; 3. ⚓ Hilfs-, Sicherungs-tau *n*, -gerät *n*; **II.** *m* 4. Gehilfe *m*; *de cámara* Kammerdiener *m*; ~**nte** *c (f a.* ~*a)* 1. Helfer *m*, Gehilfe *m*; Hilfslehrer *m*; ~ *(de cátedra) etwa:* wissenschaftlicher Assistent *m* mit Lehrauftrag; ~ *de laboratorio* Laborant *m*; ~ *de montes* Forstgehilfe *m*; ~ *de obras públicas* Wegebau-techniker *m*, -inspektor *m*; ~ *técnico-sanitario* Krankenpfleger *m*; 2.✗ Adjutant *m*; ~ *de campo (del regimiento,* ~ *mayor)* Flügel- (Regiments-)adjutant *m*; ~**ntía** *f* Adjutanten-stelle *f*; -zimmer *n*; Assistentenstelle *f*; ~**r I.** *v/t. j-m* helfen, *j-n* unterstützen; *a llevar* tragen helfen; *¿le ayudo?* darf ich Ihnen helfen? *(a. in den Mantel helfen)*; ~ *a alg. a salir de un apuro* j-m aus e-r schwierigen Lage helfen; ~ *a misa* ministrieren; ~ *en la fuga* j-m zur Flucht verhelfen, j-m bei der Flucht helfen; *Rel.* ~ *a bien morir* j-m in der Todesstunde beistehen; **II.** *v/r.* ~*se* s. helfen; s. zu helfen wissen.
ayuga ♀ *f* → *mirabel.*
ayu|nador *m* Faste(nde)r *m*; ~ *(de profesión)* Hungerkünstler *m*; ~**nar** *v/i.* fasten, nüchtern bleiben; *fig.* enthaltsam leben; *Rel.* ~ *la cuaresma* die Fasten halten; ~**nas** *adv.: en* ~ nüchtern, auf nüchternen Ma-

gen; *fig. quedarse (od. estar) en* ~ a) nichts verstanden haben; b) leer ausgehen; ~**no I.** *adj.* nüchtern; *fig.* ~ *de ... frei von ... (dat.),* ohne ... *(dat.)*; ~ *de protección* schutz-, wehrlos; *estar* ~ *de von (dat.)* k-e Ahnung haben; **II.** *m* Fasten *n*; *Rel. día m de* ~ Fasttag *m*.
ayuntamiento *m* 1. Rathaus *n*; Gemeinde-, Stadt-rat *m*, Magistrat *m*; 2. Versammlung *f*, Vereinigung *f*; ~ *carnal* Beischlaf *m*.
ayus|tar ⚓ *v/t.* spleißen; ~**te** ⚓ *m* Spleiß *m*.
azabache *m* 1. *Min.* Jett *m*, Gagat *m*; *fig. de* ~ tiefschwarz; 2. *Vo.* Gagatvogel *m*.
azacán *m* Wasserträger *m*; *fig. andar hecho un* ~ wie ein Lasttier arbeiten.
aza|da *f* Hacke *f*, Haue *f*; ~**dilla** *f* Jäthacke *f*, Haue *f*; ~**dón** *m* (Weinbergs-)Hacke *f*; Klaubhacke *f*; ~**donar** *v/t.* umhacken.
azafa|ta *f* 1. ✈ Stewardess *f*; ~ *de congresos* Hostess *f*; ~ *de relaciones públicas* (Empfangs-)Hostess *f*; ~ *de tierra* Bodenstewardess *f*; 2. *Am.* Kammerfrau *f* der Königin; ~**te** *m* flaches Körbchen *n*; Tablett *n*.
aza|frán ♀ *m* Safran *m*, Krokus *m*; 2. Safranfarbe *f*; 3. ⚓ Ruderblatt *n*; ~**franado** *adj.* safrangelb; *Reg., Am.* rothaarig; ~**franal** *m* Safranfeld *n*; ~**franar** *v/t.* mit Safran färben *(bzw.* würzen).
azagaya *f Am. hist.* indianischer Wurfspeer *m*.
azahar *m* Orangenblüte *f*; *agua f de* ~ Orangenblütenwasser *n*; *flor f de* ~ Orangenblüten *f/pl.* (Hochzeitsschmuck).
azalea ♀ *f* Azalee *f*.
azanca ✗ *f* unterirdische Quelle *f*.
azar *m* 1. Zufall *m*; *adv. al* ~ aufs Geratewohl, blindlings; *adv. por* ~ zufällig; *juego m de* ~ Glücksspiel *n*; 2. Schicksalsschlag *m*; 3. Unglückskarte *f*, -würfel *m b.* Spiel.
azararse *v/r.* 1. schiefgehen; 2. erschrecken, außer Fassung geraten; 3. *Méj., Cu., Col.* erröten.
azarbe *m* Auffangrinne *f (Bewässerung)*; ~**ta** *f* Nebenrinne *f*.
azarcón *m* 1. *Mal.* feuerrote Farbe *f*; 2. Mennig *m*, Bleiasche *f*.
azaroso *adj.* gefährlich; unsicher; waghalsig.
Azerbaiyán *m* Aserbaidschan *n*.
ázimo *adj.: pan m* ~ ungesäuertes Brot *n*, Matze *f*.
azimut *m* → *acimut.*
aznacho ♀ *m* Rotkiefer *f*.
azoa|do *adj.* stickstoffhaltig, Stickstoff...; ~**r** *v/t.* mit Stickstoff behandeln; ~**to** *m* Nitrat *n*.
azocar [1g] *v/t.* 1. ⚓ *Knoten usw.* festziehen; 2. *Cu.* (zer)pressen.
ázoe † *m* Stickstoff *m*.
azoga|do *adj.* quecksilberhaltig; *fig.* zappelig; *temblar como un* ~ zittern wie Espenlaub; ~**miento** *m* 1. Quecksilbervergiftung *f*; 2. Unruhe *f*, Quecksilbrigkeit *f*; ~**r¹** [1h] **I.** *v/t. Spiegel* versilbern; **II.** *v/r.* ~*se* s. e-e Quecksilbervergiftung zuziehen; *fig.* zappeln; übergätzlich sein.
azogar² [1h] *v/t. Kalk* löschen.
azogue *m* Quecksilber *n (a. fig.)*; *fig.* Zappelphilipp *m*, Quirl *m*.

azoico — azuzón 80

azoico[1] ⚥ *adj.*: colorante *m* ~ Azofarbstoff *m*.
azoico[2] *Geol. m* Azoikum *n*.
azor *Vo. m* Hühnerhabicht *m*.
azora|da *f Col.* → **~miento** *m* Schrecken *m*; Verdutztheit *f*; Benommenheit *f*; *Thea.* F Lampenfieber *n*; **~r** I. *v/t.* **1.** erschrecken, verwirren; **2.** aufreizen; **II.** *v/r.* **~se 3.** in Aufregung geraten; *estar azorado* sehr aufgeregt sein; *Thea.* F Lampenfieber haben.
Azores *m/pl.* Azoren *pl.*
azoro *m Andal., Méj., Pe., P. Ri.* → *azoramiento; Am. Cent.* → *duende.*
azorra|do *adj.* **1.** fuchsähnlich; **2.** berauscht; schlaftrunken; **3.** P **~a** *f* vernuttet P; **~miento** *m* Schwere *f* im Kopf; **~rse** *v/r.* schlaftrunken sein, benommen sein.
azo|tacalles F *m (pl. inv.)* Pflastertreter *m*, Herumtreiber *m*; **~tado I.** *adj.* **1.** bunt(scheckig); *Chi.* gestreift; **II.** *m* **2.** Ausgepeitschte(r) *m (Sträfling)*; **3.** Geißelbruder *m*, Flagellant *m*; **~tador** *m* Auspeitscher *m*; **~taina** F *f* Tracht *f* Prügel; **~tar** *v/t.* auspeitschen, geißeln; schlagen; *fig.* peitschen *(Wind usw.)*; verwüsten, heimsuchen; *fig.* ~ *el aire* s. vergeblich bemühen; **~tazo** *m* Peitschenhieb *m*; F Klaps *m* auf den Hintern F; **~te** *m* **1.** Peitsche *f*, Geißel *f*; Peitschenhieb *m*; Klaps *m* auf den Hintern F; **~s** *m/pl.* Prügelstrafe *f*; *dar* **~s** *a* verprügeln *(ac.)*, versohlen *(ac.)*; F **~s** *y galeras* gleichmäßig eintöniges Essen *n*, ewiger Schlangenfraß *m* F; **2.** *fig.* Geißel *f*, Fluch *m*.
azotea *f* flaches Dach *n*; (Dach-) Terrasse *f*; Terrassengeschoß *n*; F *Am.* Birne F F (= *Kopf*); ~ *(jardín)* Dachgarten *m*; F *está mal de la* ~ *er* spinnt F, er hat nicht alle Tassen im Schrank F.
azotina F *f* → *azotaina.*
azteca *adj.-su. c* aztekisch; *m* Azteke *m*.
azúcar *m (a. f)* Zucker *m*; **~es** *m/pl.* ✢ Zuckersorten *f/pl.*; ⏚ Zuckerarten *f/pl.*; ~ *(en) bruto* Rohzucker *m*; ~ *y canela* Zucker *u.* Zimt *m*; *fig.* weiß-rotbraun gescheckt *(Pferd)*; ~ *de caña* Rohrzucker *m*; ~ *cortadillo,* ~ *cuadradillo,* ~ *en terrones* Würfelzucker *m*; ~ *cristalizado* Kristallzucker *m*; ~ *de flor,* ~ *superior* feinste Raffinade *f*; ~ *(de) florete,* ~ *pilé* Feinzucker *m*, gestoßener Zucker; ~ *glas* Puderzucker *m*; ~ *de lustre* Staub-, Puder-zucker *m*; ~ *de malta* Malzzucker *m*; ~ *molido* Streu-, Stampfzucker *m*; ~ *moreno* brauner Zucker *m*; Farinzucker *m*; ~ *de palmera* Palmzucker *m*; ~ *(de) pilón* Hutzucker *m*; ⚥ ~ *de plomo,* ~ *de Saturno* Bleizucker *m*; ~ *de remolacha* Rübenzucker *m*; ~ *en polvo* Staubzucker *m*; ~ *refinado* Raffinade *f*; ♂ ~ *sanguíneo* Blutzucker *m*; *baño m de* ~ Zucker-kruste *f*, -guß *m*; *pan m de* ~ Zuckerhut *m*.
azuca|rado *adj.* gezuckert, süß; *fig.* (zucker)süß; **~rador** *m* Zuckergußspritze *f*; **~rar I.** *v/t.* (über)zuckern; kandieren; *fig.* ver-süßen, -zuckern; **II.** *v/r.* **~se** verzuckern *(v/i.)*; **~rera** *f* **1.** Zuckerfabrik *f*; **2.** Zuckerstreuer *m*; **~rería** *f Cu., Méj.* Zuckerladen *m*; **~rero I.** *adj.* **1.** Zucker...; *industria f* **~a** Zuckerindustrie *f*; **II.** *m* **2.** Zuckerdose *f*; Zuckerstreuer *m*; *Am. Méj., Pe.* Meister *m* in *e-r* Zuckermühle; **4.** *Vo. kl.* tropischer Klettervogel; **~rillo** *m* Schaumzucker(stange *f*) *m*.
azucena ♀ *f* Lilie *f*; ~ *de Buenos Aires* Art bunte Amaryllis *f*; ~ *silvestre* Türkenbund *m*, Goldwurz *f*.
azu|d *m* **1.** Flußwehr *n*; **2.** → **~da** *f* vom Fluß angetriebenes Schöpfrad *n*.
azuela *f* Zimmermannsdechsel *f*; Krummhaue *f*.
azufaifa ♀ *f* Brustbeere *f*.
azufra|do I. *adj.* Schwefel...; schwefelgelb; **II.** *m* (Aus-)Schwefeln *n*; **~dor** *m* **1.** ♂ Schwefler *m*; **2.** Schwefelkasten *m*; **~r** *v/t. bsd. Reben* schwefeln.

azufre *m* Schwefel *m*; *flor f de* ~ Schwefelblüte *f*; **~ra** *f* Schwefelgrube *f*; **~ro** *adj.* Schwefel...
azu|l I. *adj. c* **1.** blau; ~ *de acero* stahlblau; ~ *celeste* himmelblau, azur(e)n; ~ *claro (marino)* hell-(marine-)blau; ~ *mate (noche, turquí)* matt- (nacht-, türkis-)blau; ~ *de ultramar,* ~ *ultramarino* ultramarinblau; *fig. sangre f* ~ blaues Blut *n*; *Vkw. zona f* ~ Kurzparkzone *f*; **II.** *m* **2.** Blau *n*; ~ *(de) cobalto* Kobaltblau *n*; ~ *de Berlín,* ~ *de Prusia* Preußischblau *n*; ♂ ~ *de metileno* Methylenblau *n*; **3.** *Min.* ~ *de montaña* natürliches Kupferkarbonat *m*; **~lado** *adj.* bläulich; blau angelaufen; *gris (verde)* ~ blaugrau (-grün); **~lar** *v/t.* bläuen, blau färben; **~lear** *v/i.* blau (getönt) sein; ins Blaue spielen.
azule|jar *v/t.* kacheln; **~jero** *m* Kachelmacher *m*; **~jo**[1] *m* (Wand-)Kachel *f*, Fliese *f*.
azulejo[2] **I.** *adj.* **1.** *Am.* bläulich; **II.** *m* **2.** *Vo.* Bienenfresser *m*; **3.** ♀ *Art. kl.* Kornblume *f*; **4.** *Am.* „Bläuling" *m*: *versch. Pfl., Vögel, Fische.*
azu|lete *m* **1.** bläulicher Glanz *m*; **2.** Waschblau *n*; **~lgrana** *Sp. adj. c* auf den F.C. Barcelona bezüglich; **~lino** *adj.* bläulich; **~lón** *Vo. m* Stockente *f*; **~lona** *Vo. f gr.* Antillentaube *f*; **~loso** P *adj.* bläulich.
azumagrarse *v/r. Chi.* rosten; *Ec.* faulen *(Holz)*.
azum|brado F *adj.* betrunken, bedudelt F; **~bre** *m* Flüssigkeitsmaß: 2,016 l.
azuquita *f Arg., Chi., P. Ri. dim. v. azúcar*; F *Am. estar de* ~ glücklich u. zufrieden sein.
azu|r ⚥ *u. poet.* **I.** *adj. c* blau, azurn; **II.** *m* Azur *m*; **~rita** *Min. f* Azurit *m*, blauer Malachit *m*.
azu|zador *adj.-su.* Hetzer *m*, Scharfmacher *m*; **~zar** [1f] *v/t. Hunde u. fig.* hetzen; *fig.* antreiben; *bsd. Pol.* aufhetzen; *fig.* frotzeln F, reizen; **~zón** F *m* Necker *m*, Spötter *m*, Frotzler *m* F; Spaßmacher *m*.

B

B, b (= be) f B, b n (*Buchstabe*); *zur Unterscheidung von v auch als b(e) larga, b(e) alta, b(e) de Barcelona,* F ~ *de burro bezeichnet*; *be por* be *od. ce por* be haarklein, haargenau; F *tener las tres bes* gut (*bueno*), hübsch (*bonito*) u. billig (*barato*) sein.

baba f **1.** Geifer m; Schleim m v. Tieren, *Pfl.*; F *caérsele a alg. la* ~ mit offenem Mund gaffen; s. vergaffen (*od.* vernarrt sein) (in *ac.* con); P *cambiar ~s* (s. ab)knutschen F; *echar ~s* geifern; F *Col. hablar* ~ quasseln F, Quatsch reden F; **2.** *Zo. Col., Ven.* Brillenkaiman m; **~dor** m → babero; **~za** f **1.** dicker Schleim m, Geifer m; **2.** *Zo.* Weg-, Nackt-schnecke f.

babear v/i. geifern; F (um e-e Frau) herumscharwenzeln; F kriechen; klein u. häßlich werden F.

ba|bel fig. f Wirrwarr m, Durcheinander n; Sprachverwirrung f; **~bélico** adj. fig. wirr.

babe|o m Geifern n; **~ra** f **1.** ehm. Kinnstück n e-r *Rüstung*; **2.** → **~ro** m (Kinder-)Lätzchen n.

Babia f: *estar en* ~ geistesabwesend sein.

Babieca m *Name des Pferdes des Cid*; F ♀ c Simpel m, Einfaltspinsel m.

Babi|lonia f Babylonien n; fig. ♀ → babel; **~lónico** adj. babylonisch; fig. üppig; verderbt; mit ♀**lonio** adj.-su. babylonisch; m Babylonier m.

babi|lla, ~ta Zo. f Col. Brillenkaiman m.

bable m asturische Mundart.

babor ♁ m Backbord n; *¡a~ todo!* hart Backbord!

babo|sa f **1.** *Zo.* a) Nacktschnecke f; b) Schleimfisch m; **2.** *Stk.* kl. harmloser Stier m; **3.** ✱ Malvasierrebe f; ♀ Brackendistel f; **4.** vet. *Cu.* Leberseuche f des Rindviehs; *deren Erreger* m; **~sada** F f Col. dummes Zeug n F, Gequatsche n F; **~sear I.** v/t. **1.** begeifern; **2.** F *Am.* betrügen; **II.** v/i. **3.** geifern; **4.** Süßholz raspeln; vernarrt sein (in *ac.* con); **5.** *Méj.* Dummheiten machen; F Col. dummes Zeug reden F; **~seo** m Geifern n; fig. Beschwatzen n, Hofieren n; **~so I.** adj. **1.** geifernd; **2.** F *Am.* Mer. dämlich F; schlapp; **II.** m **3.** F Grünschnabel m, Rotznase f F.

babucha f **1.** Pantoffel m; *Méj.* Segeltuchschuh m; F *Arg. ir a ~* huckepack getragen werden; **2.** *Am.* **~s** f/pl. Kinderpumphöschen n.

babuino Zo. m Pavian m.

babujal m *Cu.* Dämon m.

baby m **1.** Baby n; **2.** Kittel m a. für *Kinder*; Kleiderschürze f.

baca[1] f Dach n, Verdeck n der Postwagen od. Autobusse; Plane f; *Kfz.* Dach(gepäck)träger m.

baca[2] P *Am.*: *dar* ~ Gegendampf geben (*Maschinisten*).

bacalada F f Bestechung f; Schmiergeld n.

bacaladero I. adj. Kabeljau...; **II.** m Kabeljaufangschiff n.

bacaladilla *Fi.* f Blauer Wittling m.

bacalao m **1.** Kabeljau m; ~ *pequeño* Dorsch m (*Handelsname*); ~ *seco* (*al aire*) Stockfisch m; fig. F *cortar el* ~ den Ton angeben, die erste Geige spielen; **2.** P Muschi f P (= *Vagina*).

bacán I. m **1.** *Cu.* Art Maispastete f; **2.** P *Arg., Bol.* Geliebte(r) m; *Arg.* Zuhälter m, Lude m F; **3.** *Arg.* Boß m; reicher Knilch m F; **II.** adj. **4.** F *Am.* toll F, prima F, super F.

bacan|al f Bacchanal n; fig. wüstes Gelage n, Orgie f; **~es** m/pl. Bacchanalien pl., Bacchusfest n; **~te** f Bacchantin f; fig. betrunkenes *od.* zügelloses Weib n.

bacará m Bakkarat n (*Glücksspiel*).

bacera vet. f Milzbrand m.

baceta *Kart.* f Kaufkarten f/pl., Stock m.

bacía f Napf m; Barbierbecken n.

báciga *Kart.* f Dreiblatt n.

baci|lar adj. c **1.** ✖ grob gefibert (*Erz*); **2.** ✱ Bazillen...; *disentería* f ~ Bazillen-, Bakterien-ruhr f; **~liforme** adj. c stäbchen-, bazillenförmig; **~lo** m Bazillus m; *portador* m *de ~s* Bazillenträger m.

bacín m **1.** Nachtgeschirr n; → bacineta, → bacía; **2.** P Scheißkerl m P.

baci|neta f kl. Becken m; Almosenschale f, **~nete** m **1.** hist. Sturmhaube f; Sturmhaubenträger m; **2.** *Anat.* Becken n; **~nica, ~nilla** f Almosenschale n; bsd. *Am.* Nachtgeschirr n.

back-up m *EDV* Back-up n.

Baco Myth. m Bacchus m; fig. Wein m.

bacón m (Frühstücks-)Speck m.

bacoreta Fi. f falscher Thunfisch m.

bacteri|a f Bakterie f; **~al** adj. c, **~ano** adj. bakteriell, Bakterien...; *cultivo* m *~ano* Bakterienkultur f; **~cida** adj. c-su. m Bakterizid n.

bactérico adj. → bacteriano.

bacteri|emia ♂ f Bakteriämie f; **~ófago** adj.-su. bakteriophag; **~ología** f Bakteriologie f; **~ológico** adj. bakteriologisch; **~ólogo** m Bakteriologe m.

báculo m lit. Stab m, Stütze f (a. fig.); ~ (*pastoral*) Hirten-, Bischofsstab m.

bache m **1.** Schlagloch n (*Straße*); Wagenrinne f, Radspur f; ✈ ~ (*de aire*) Luftloch n, Fallbö f; **2.** fig. Schwierigkeit f; Tiefpunkt m; (seelisches) Tief n; *pasar un* ~ in e-m Tief sein (*od.* stecken); **3.** Lücke f im Erinnerungsvermögen; **~ado** adj. mit vielen Schlaglöchern (*Straße*).

bachi|cha m **1.** F *Méj.* Zigarrenstummel m; **2.** F *desp. Rpl., Chi.* → **~che** c *Ec., Pe.* Italiener m.

bachille|r I. m Abiturient m; ~ (en artes) Bakkalaureus m; *certificado* m (*od. título* m) *de* ~ → bachillerato; **II.** adj.-su. m F Schwätzer m; **~a** f Siebengescheite f (iron.); Blaustrumpf m; **~rato** m Reifeprüfung f, Abitur n; Bakkalaureat n; *cursar el* ~ aufs Gymnasium gehen; **~rear** **I.** v/i. F in den Tag hinein schwatzen, klugreden; **II.** v/t. *Méj.* j-n häufig mit dem Doktortitel anreden; **~ría** f Geschwätzigkeit f; leeres Gerede n, dummes Zeug n, Unsinn m.

bada|jada f Klöppelschlag m; fig. Ungereimtheit f, leeres Gerede n; **~jear** F v/i. Unsinn reden, quasseln F; **~jo** m Glockenschwengel m, Klöppel m; fig. F alberner Schwätzer m.

badán m Rumpf m e-s *Tieres*.

badana f gegerbtes Schafleder n; Schweißband n (*Hut*); media ~ Halbfranzband m (*Einband*); fig. F *zurrar a alg. la* ~ j-m das Fell gerben; j-m ordentlich Bescheid sagen (*od.* stoßen F).

badea f **1.** minderwertige Melone f *od.* Gurke f; ♀ Col., *Ven.* Königsgranadille f; fig. gehaltloses Zeug n; F Col. *más simple que una* ~ strohdumm; **2.** fig. Faulpelz m; Waschlappen m F.

badén m natürliche Regenrinne f; *Vkw.* Querrinne f; Abzugskanal m *unter der Straße*.

baderna ♁ f Serving f.

badi|án ♀ m Sternmagnolie f, Badian m; **~ana** ♀ f a) → badián; b) Sternanis m.

badi|l m Feuerschaufel f; **~la** f → badil; fig. F *dar a alg. con la* ~ *en los nudillos* j-m auf die Finger klopfen, j-m e-n Dämpfer aufsetzen F; *darse con la* ~ *en los nudillos* s. ins eigene Fleisch schneiden; **~lazo** m Schlag m mit der Feuerschaufel; **~lejo** m Maurerkelle f.

badomía f Unsinn m, Dummheit f.

badula|cada f Eselei f; **~que** m Einfaltspinsel m; Stümper m; *Chi.* Schuft m, Lügner m; **~quear** v/i. s. dumm benehmen.

bafle *Phono.* m Lautsprecher-, Hi-Fi-Box f.

baga f Samenkapsel f des Flachses.

bagaje *m* Gepäck *n*; *fig.* ~ (*intelectual*) geistiges Rüstzeug *n*.
bagatela *f* **1.** Kleinigkeit *f*, Lappalie *f*; **2.** *Chi.*, *Pe.* Tischbillard *n*.
bagazo *m* leere Samenkapsel *f des Leins*; Preßrückstände *m/pl.*, Trester *m*; Bagasse *f* (*Zuckerrohr*); ~ *de aguardiente* Schlempe *f*.
bagre *m Am.* Bagrewels *m*; *fig. Bol.*, *Col.*, *Chi.*, *Ec.* widerlicher Kerl *m*; Vogelscheuche *f* (*fig.*).
bagual *Rpl.*, *Bol.* **I.** *adj. c* unbändig, wild (*bsd.* Reittier, Rindvieh); **II.** *m* Strolch *m*, Flegel *m*.
baguarí *Vo. m* Maguari *m*, *am.* Reiher.
¡bah! *int.* bah!, pah!, ach was!
Bahamas *f/pl.* Bahamas *pl.*
bahareque *m Col.* Wand *f* aus Lehm u. Bambusgeflecht.
bahía *f* Bucht *f*, Bai *f*.
bahorrina *f* Unrat *m*, Schweinerei *f*; *fig.* Gesindel *n*.
Bahrein *m* Bahrein *n*.
baila|ble I. *adj. c* tanzbar; *música f* ~ Tanzmusik *f*; **II.** *m* ♪, *Thea.* Tanz *m*; Tanzstück *n*, Ballett *n*; Tanzschlager *m*; Tanzplatte *f*; **~dero** *m* Tanz-platz *m*, -boden *m*; **~do**: ¡*que me quiten lo* ~! die Freude, die ich hatte (*od.* das Schöne, das ich erlebte), kann mir keiner mehr nehmen; **~dor I.** *adj.* tanzend; tanzlustig; **II.** *m*, ~*a f* Tänzer(in *f*) *m*; ♫ ~*a* (*para pequeñas circunferencias*) Null(en)zirkel *m*; **~r I.** *v/i.* **1.** tanzen; s. drehen (*Kreisel*); tänzeln (*Pferd*); *fig. iron. otro que tal baila* auch so einer!, noch einer vom gleichen Kaliber F; *fig.* ~ *con la más fea* (*od. negra*) in den sauren Apfel beißen; *al son que me tocan bailo ich* hänge mein Mäntelchen nach dem Wind; **2.** ⊕ Spiel haben; **3.** *fig.* s. innerlich erregen; **II.** *v/t.* **4.** *Tanz* tanzen; (*hacer*) ~ *Kreisel* laufen lassen; *fig.* ~ *el agua a alg.* j-m um den Bart gehen; **5.** P klauen F, stibitzen; **~rín** *adj.-su. m* Tänzer *m*; Balletttänzer *m*; Eintänzer *m*; (*primer*) ~ Solotänzer *m*; **~rina** *adj.-su. f* Tänzerin *f*; *primera* ~ Primaballerina *f*.
baile¹ *m* **1.** Tanzen *n*, Tanzkunst *f*; Tanz *m*; *Thea.*, ♪ Ballett *n*; ~ *popular* Volkstanz *m*; ~ *de sociedad* Gesellschaftstanz *m*; ✠ ~ *de San Vito* Veitstanz *m*; *concurso m de* ~ Tanzturnier *n*; *maestro m de* ~ Tanz-lehrer *m*, -meister *m*; Ballettmeister *m*; *salón m de* ~ Tanz-, Ball-saal *m*; Tanz-lokal *n*; **2.** Ball *m*, Tanzfest *n*; ~ *de etiqueta* (*de disfraces, de máscaras*) Fest-(Masken-)ball *m*; **3.** ☐ Dieb *m*.
baile² *hist. m* Amtmann *m*, Landvogt *m*.
bai|lete *m* Ballett *n* (*bsd. Thea.*); **~lón** F *adj.* tanzlustig; **~longo** F *m* mieser Schwof *m* F; **~lotear** *v/i.* herumhopsen, schwofen F; s. wiegen, s. bewegen; **~loteo** F *m* Schwof *m* F.
baja *f* **1.** Fallen *n*, Sinken *n*; ✝ Preisrückgang *m*; *Börse:* Baisse *f*; *la* ~ *del arroz* das Sinken der Reispreise; *en* ~ sinkend (*Börse*); *dar* ~, *ir de* ~, *ir en* ~ im Wert sinken; im Preis nachgeben (*a. fig.*); *estar de* ~ nachgeben, nachlassen (*a. fig.*); *hacer* ~ *den Preis ermäßigen*; *jugar a la* ~ auf Baisse spekulieren; *seguir en* ~ weiter fallen; *tender a la* ~ zum Fall neigen (*Preise*); *fallende Tendenz zeigen* (*Kurse*); **2.** ✠ Verlust

m, Abgang *m*; ✠, *Verw. u. allg.* Entlassung *f*; Abschied *m*; Entlassungsschein *m*; ~ *por maternidad* Erziehungsurlaub *m*; *Verw. causar* ~ ausscheiden; *dar de* ~ absetzen, *v. e-r Liste* streichen, auf die Verlustliste setzen; ausschließen; verabschieden, entlassen; abmelden; krankschreiben; *Col.* erschießen; *dar de* ~ *provisional* zurückstellen (*bei der Musterung*); *darse de* ~ *aus e-m Verein usw.* austreten; s. v. e-r Liste streichen lassen; s. abmelden; *estar de* ~ krankgeschrieben sein; ✠ *ser* ~ entlassen worden sein; s-n Abschied genommen haben; **3.** ⚓ sinkende Flut *f*, Ebbe *f*.
bajá *m* (*pl.* ~*aes*) Pascha *m* (*a. fig.*).
bajada *f* **1.** Abstieg *m*; *Sp.* Abfahrt *f*; ⛲ Einfahrt *f*; ✠ Herunter-, Nieder-gehen *n*; *fig. estar* (*od. ir*) *de* ~ nachgeben, nachlassen; **2.** Berghalde *f*; △ abschüssiges Gewölbe *n*; ~ *de aguas* Dachtraufe *f*; ✠ ~ *al foso* Unterminierung *f*.
bajalato *m* Paschawürde *f*, Paschalik *n*.
baja|mar *f* Niedrigwasser *n*, Ebbe *f*; **~mente** *adv.* niedrig, gemein; verächtlich.
bajar I. *v/t.* **1.** herabnehmen, hin-, her-unterbringen, herunter-lassen, -klappen, senken; neigen, umlegen; *Preise* herabsetzen; *Stimme* senken, dämpfen; *Augen* niederschlagen; IT *Daten* herunterladen; ⚓ ~ *un bote* ein Boot fieren; ~ *la cabeza* den Kopf senken; *fig.* s. schämen; s. demütigen; nachgeben, ~ *una cuesta* e-n Hang hinunter-gehen, -fahren; *fig.* ~ *los humos* (*od. los bríos*) *a alg.* j-m die Flügel stutzen; j-n demütigen; *a. Kfz.* ~ *las luces* abblenden; ♫ ~ *una perpendicular* e-e Senkrechte fällen; **II.** *v/i.* **2.** sinken, (hin)absteigen, aussteigen; ✡ einfahren; fallen (*Preise, Barometer*); *fig.* abnehmen, leiser werden (*Stimme*); *el color baja* die Farbe verbleicht (*od.* verschießt); ~ *al sótano* in den Keller (hinunter)gehen; ~ *por la escalera* die Treppe hinuntergehen; ✡ ~ *por un pozo* e-n Schacht befahren; **3.** ✝ *Cu.*, *S. Dgo.* zahlen; **4.** *fig.* *C. Ri. no* ~ *ni con aceite* Lügen *od.* Schwindeleien nicht schlucken; **III.** *v/r.* **~se 5.** s. bücken; hinuntersteigen, s. herablassen; aussteigen; s. neigen; sinken; **~se del caballo** absitzen; **6.** *Arg.* absteigen (*Hotel*); **7.** *fig.* s. erniedrigen, s. demütigen.
bajareque *m Col.* → bahareque.
bajativo *m Am.* (Gläschen *n*) Verdauungslikör *m*.
bajel † *u. poet. m* Schiff *n*, Nachen *m*.
baje|ra *f* **1.** *Am. Cent.*, *Méj.* minderwertiger Tabak *m*, Knaster *m* F; **2.** *Am.* Null *f*, Niete *f* F (*Person*); **~ro** *adj.* Unter-...; *falda f* ~*a* Unterrock *m*; ~*te m* **1.** F Knirps *m* F; **2.** ♪ Bariton *m*.
bajeza *f* Niedertracht *f*, Gemeinheit *f*; Erbärmlichkeit *f*; ~ *de ánimo* Kleinmut *m*.
bají P *f* Span. Stimmung *f*, Gemütsverfassung *f*.
bajial *m* **1.** *Méj.*, *Pe.*, *Ven.* Tiefland *n* mit Winterüberschwemmung; **2.** ⚓ Gebiet *n* mit Untiefen u. Sandbänken.
bajío *m* **1.** ⚓ Untiefe *f*, Sandbank *f*;

fig. Hindernis(se) *n*(/*pl.*); **2.** *Am.* (häufig überschwemmtes) Tiefland *n*.
bajista I. *adj. c* Baisse...; *tendencia f* ~ fallende Tendenz *f*, Baissetendenz *f* (*Börse*); **II.** *m* Baissier *m*, Baissespekulant *m*; *fig.* F Miesmacher *m* F.
bajo I. *adj.* **1.** niedrig (gelegen); tief(liegend) (*a. Augen*); gesenkt (*Augen, Kopf*); *el ♀ Ebro* der untere Ebro; *el ♀ Pirineo* die unteren Pyrenäen; *el ♀ Rin* der Niederrhein; ⚓ *cubierta f* ~*a* Unterdeck *n*; *en lo más* ~ (*de la escala*) zuunterst (auf der Leiter); **2.** niedrig, nieder, klein; ~ *de agujas* mit niedrigem Kreuz (*Pferd, Stier*); ~ *de cuerpo*, ~ *de estatura* kleinwüchsig; ⊕ ~*a presión f* Niederdruck *m*; ⚡ ~*a tensión f* Niederspannung *f*; **3.** niedrig, gemein; minderwertig; ~ *a. fondo, ley 2*; **4.** leise (*Stimme*); tief (*Ton, a. Stimme*); *adv. por lo* ~ **a**) leise; **b**) verstohlen, heimlich, unter der Hand; **5.** matt, glanzlos (*Farben*); **6.** *Sp. estar* ~ *de forma* nicht in Form sein; **7.** frühfallend (*bewegliche Feste*); **II.** *m* **8.** tiefgelegene Stelle *f*, Niederung *f*; ⚓ Sandbank *f*, Untiefe *f*; **9.** ♪ Baß *m*; Bassist *m*; ~ *cantante* Baßbariton *m*; ~ *continuo* Generalbaß *m*; **10.** *a.* ~*s m/pl.* Erdgeschoß *n*; **11.** *Equ.* Pferdefuß *m*; Huf *m*; **12.** Unter-kleidung *f*, -wäsche *f* für Frauen; **III.** *adv.* **13.** unten; darunter; *por* ~ unten; → *abajo*; **14.** leise (*sprechen*); ♪ *medio tono* (*más*) ~ e-n halben Ton tiefer; **IV.** *prp.* **15.** unter (*Bewegung, Richtung: ac.*; *Ruhe: dat.*); ~ *condición* bedingt; ~ *el fuego del enemigo* im feindlichen Feuer; ✝ ~ *precio* unter Preis; ~ (*el reinado de*) *Alfonso XIII* unter (der Regierung) Alfons(') XIII.; ~ *fianza* gg. (Stellung e-r) Kaution.
bajón *m* **1.** ♪ **a**) Fagott *n*; **b**) Baßflöte *f*; **2.** Niedergang *m*; Einbuße *f*; *dar un* (*gran*) ~ (sehr) herunterkommen; nachlassen.
bajon|azo *m* **1.** Kickser *m bzw.* falscher Ton *m es Fagotts*; **2.** *Stk.* Halsstich *m*; **3.** starkes Nachlassen *n*, Rückgang *m*; **~cillo** ♪ *m* gemeinsame Bezeichnung für Diskant-, Alt-, Tenor-fagott *n*; **~ista** *c* Fagottist *m*.
bajo|rrelieve *m* Flach-, Bas-relief *n*; **~vientre** *Anat. m* Unterbauch (-gegend *f*) *m*.
bajuno *adj.* niedrig, gemein.
bakalao ♪ *m* Techno *n*, *m*.
bakelita *f* → baquelita.
bala *f* **1.** Gewehr-, Kanonen-kugel *f*; Geschoß *n*; ~ *explosiva* Spreng-, Explosiv-geschoß *n*; ~ *de fogueo* Platzpatrone *f*; ~ *luminosa*, ~ *trazadora* Leuchtkugel *f*; ~ *perdida* verirrte Kugel *f*; *fig.* F wilder Junge *m*, Range *f*, *m*; *como una* ~ pfeil-, blitzschnell; → *a. proyectil*; **2.** ✝ Ballen *m* (*a. Papier*); **3.** Zucker- *od.* Wachskügelchen *n*; ~ *Am. Cent.*, *Ec.*, *Ur.*, **~cada** *f Arg.* Windbeutelei *f*; **~cear I.** *v/t.* an-, be-schießen; **II.** *v/i.* (herum)schießen; **~cera** *f Am.* Schießerei *f*.
balada *f* Ballade *f*.
baladí *adj. c* (*pl.* ~*íes*) unbedeutend, wertlos, gering.

baladrar v/i. auf-schreien, -heulen.
baladre ♀ m Oleander m.
bala|dro m Aufschrei m; Geschrei n, Geheul n; ~**drón** m Eisenfresser m, Prahlhans m; ~**dronada** f Prahlerei f, Aufschneiderei f; ~**dronear** v/i. aufschneiden, prahlen.
bálago m 1. Langstroh n; Strohhaufen m; 2. fetter Seifenschaum m.
ba(la)laica ♪ f Balalaika f.
balance m 1. Schwanken n (a. fig.); ⚓ Schlingern n, Rollen n; 2. ✝ Bilanz f (Buchhaltung); Abschluß m; Saldo m; ~ activo Rohaktiva f; -saldo m; ~ anual Jahres-bilanz f, -abschluß m; ~ provisional, ~ intermedio Zwischenbilanz f; ~ nuevo Saldovortrag m; hacer ~, pasar ~ Bilanz aufstellen od. ziehen od. machen; Kassensturz machen; → a. balanza 2; 3. Cu. Schaukelstuhl m; ~**ar I.** v/i. 1. schlingern, rollen (Schiff); s. wiegen, schaukeln; schwanken (a. fig.), balancieren; fig. zaudern; **II.** v/t. 2. ins Gleichgewicht bringen; 3. wiegen, schaukeln; 4. Kfz. Am. auswuchten; ~**o** m 1. Schwanken n, Pendeln n, Wanken n; ⚓ Schlingern n, Rollen n; 2. Wiegen n, Abwägen n; 3. Kfz. Am. Auswuchten n.
balancín m 1. Deichselquerholz n (Fuhrwerk); ⊕ Schwungarm m; 2. Balancierstange f (Seiltänzer); 3. ⚓ Ausleger m am Boot; ~**ines** m/pl. Baumgeile m; 4. Schaukel f, Schaukelstuhl m; Gartenschaukel f; Schaukelpferd n; 5. Prägestock m (Münze).
balan|dra ⚓ f Kutter m; ~**-piloto** f Lotsenkutter m; ~**drán** m talarähnlicher Umhang m der Geistlichen; ~**drista** c Jollensegler m; ~**dro** ⚓ m Jolle f.
bálano m (a. balano) Anat. Eichel f; Zo. Seetulpe f.
balanza f 1. Waage f; Waagschale f (a. fig.); fig. Abwägen n, Vergleichen n; ~ automática (de cocina) Schnell-(Küchen-)waage f; ~ de cruz, ~ de cuadrante Balkenwaage f; ~ hidrostática Wasserwaage f; ~ de platillos (de precisión) Teller- (Präzisions-, Fein-)waage f; ~ de resorte (de Roberval) Feder- (Tafel-)waage f; poner en ~ abwägen, überlegen; in Frage stellen; torcer (od. inclinar) la ~ den Ausschlag geben; e-e neue Lage schaffen; 2. ✝ (Außenhandel) Bilanz f; ~ comercial, ~ de comercio Handelsbilanz f; ~ de divisas (de pagos) Devisen-(Zahlungs-)bilanz f; 3. Am. Balancierstange f (Seiltänzer); 4. Astr. ♎ Waage f (mst. Libra).
balar v/i. blöken (Schaf); meckern (Ziege); röhren (Hirsch); schmälen (Reh); fig. F ~ por a/c. nach et. (dat.) lechzen; nach et. (dat.) schreien (fig. F).
balarrasa F m 1. Rachenputzer m, Fusel m; 2. Spinner m F.
balas|tar v/t. (be)schottern; ~**tera** f Schotter-grube f; -haufen m; ~**to** m Schotter m; 🚆 Beschotterung f, Bettung f.
balaus|trada f Balustrade f, Säulengeländer n; ~**tre** m (a. baláustre) Baluster(säule f) m.
balazo m 1. (Flinten-, Kanonen-)Schuß m; Schußwunde f; 2. F Am.

Anpumpen n; 3. ♀ Am. Philodendron m.
balboa m Pan. Balboa m (Währungseinheit).
balbu|cear v/i. stammeln, stottern; lallen; ~**ceo** m Stammeln n; Gestammel n; ~**cir** [3f; nur Formen mit -i- in der Endung; sonst → balbucear] stammeln.
Bal|canes m/pl. Balkan m; ♀**cánico** adj. Balkan..., balkanisch.
bal|cón m Balkon m; Erker m; Thea. Balkonsitz m; fig. Aussichtspunkt m; ~**conaje** m Balkonreihe f; ~**concillo** Stk. m Balkonplatz m über dem toril.
balda f Fach n, Schrankbrett n.
balda|dura f, ~**miento** m Lähmung f.
balda|quín, ~**quino** m Baldachin m; Thron-, Altar-himmel m.
baldar I. v/t. lähmen; fig. F j-n schädigen; j-n rupfen F; fig. F ~ a palos j-n windelweich schlagen F; **II.** v/r. ~**se** lahm werden (Glieder).
balde[1] adv.: de ~ umsonst, unentgeltlich; en ~ umsonst, vergeblich; estar de ~ a) überflüssig sein; b) nichts zu tun haben; Col. arbeitslos sein; Am. Cent. ¡no de ~! ach so!, ja, ja!
balde[2] m bsd. ⚓ u. Am. Eimer m; ~**ar** v/t. ⚓ das Deck waschen; ~**ro** m Rpl. Wasser-schöpfer m; -sucher m.
baldés m feines Schaf-, Nappaleder m.
baldí|amente adv. vergeblich; ~**o I.** adj. 1. unbebaut, brach, öde; 2. fig. eitel, unnütz; zwecklos; haltlos; **II.** m 3. Brachland m; 4. fig. Landstreicher m.
baldo Kart. adj.-su. m Fehlkarte f.
bal|dón m Schimpf m, Schande f; Schandfleck m; ~**don(e)ar** v/t. beleidigen, schmähen.
baldo|sa f (bsd. Boden-)Fliese f; ~**sado** m Am. Fliesenboden m; ~**sador** m Fliesenleger m; ~**sar** v/t. → embaldosar; ~**sín** m Fliese f.
baldragas F m (pl. inv.) Schwächling m; gutmütiger Tropf m F.
balduque m Aktenschnur f.
balear[1] v/t. Am. auf j-n od. et. schießen; j-n anschießen; Am. Cent., Am. Mer. erschießen.
balear[2] adj.-su. c von den Balearen; m Baleare m; (Islas f/pl.) ♀**es** f/pl. Balearen pl.; ~**árico**, ~**ario** adj. balearisch.
balénidos Zo. m/pl. Wale m/pl.
bale|o m Am. Schießerei f; ~**ro** m Kugelform f; Am. Reg. Fangbecherspiel n.
balicero ⚓ adj.-su. m Tonnenleger m.
balido m Blöken n (Schaf); Mekkern n (Ziege); Röhren n (Hirsch); Schmälen n (Reh).
balín m kleinkalibriges Geschoß n, (Reh- usw.)Posten m.
balísti|ca f Ballistik f; ~**co** adj. ballistisch; problema m ~ Flugbahnberechnung f.
bali|tadera Jgdw. f Fiepe m; ~**t(e)ar** v/i. häufig blöken usw., → balido.
baliza f Bake f, Boje f; ~ luminosa Leuchtbake f; ~**je**, ⚓ m Hafengebühr f; Betonnung f; ~**miento** m: ~ luminoso (de la ruta) Befeuerung f (a. ✈); a. Lichtanlage f b. Bauarbeiten;

~**r** [1f] v/t. ⚓, ≪ betonnen, bebaken; Sp. Rennstrecke abstecken.
balne|ario I. adj. Bade...; estación f ~**a** → **II.** m Bad n, Kurort m; Kurhaus n; ~**atorio** ♂ adj. Bade..., Bäder...; ~**oterapia** f Heilbadbehandlung f, Balneotherapie f.
balom|pédico adj. Fußball...; ~**pié** m Fußball m.
balón m 1. Ball m; Ballspiel n; 2. langhalsige Ballonflasche f; Ballon m, Gasbehälter m; 3. Warenballen m; ~ de papel Papierballen m (24 Ries); 4. ⚓ Spinnaker m (Segel).
balon|cesto Sp. m Korbball(spiel n) m; ~**manista** c Handballspieler m; ~**mano** Sp. m Handball(spiel n) m; ~**volea** Sp. m Volleyball m.
balota f Kugel f zum Abstimmen; ~**da** Equ. f Ballotade f; ~**je** m Stichwahl f; ~**r** v/i. ballotieren.
balsa[1] f Tümpel m, Pfütze f; Wasserbecken n für Bewässerung; Öltransumpf m; ⊕ ~ de filtración Filterbecken n; fig. (ser) una ~ de aceite e-e Friedensinsel (sein), sehr ruhig (hergehen) (b. Versammlungen usw.); spiegelglatt (sein) (Meer).
balsa[2] f 1. Floß n; Fähre f; ~ flotante Floßsack m; ~ de salvamento Rettungsfloß n; conducción f en ~**s** Flößen n; 2. ♀ Am. Art Ceiba f, Balsa f; ~**dera** f, ~**dero** m Floßplatz m, -lände f (Reg.); Anlegeplatz m der Fähre.
balsámico adj. balsamisch.
balsamina ♀ f Springkraut n, Balsamine f.
bálsamo m Balsam m (a. fig.); ~ del Perú, ~ peruviano Perubalsam m; ~ de Tolú Tolubalsam m.
balse|ar v/t. mit e-m Floß über e-n Fluß setzen; ~**ro** m Flößer m; Fährmann m.
balso ⚓ m Pahlstek m.
balsón m Nav., Méj. Lache f; Lagune f.
Báltico I. adj.-su. m (mar) ~ Ostsee f; **II.** adj. ♀ baltisch.
baluarte m Bollwerk n, Bastion f (a. fig.); fig. Pol. Hochburg f.
baluma ⚓ f Segeltiefe f.
balum|ba f 1. gr., sperriger Gg.-stand m; fig. Kram m F, Krempel m F; 2. Am. Krach m, Durcheinander n; ~**bo** m sperriger Gg.-stand m.
balle|na f 1. Am. Wal(fisch) m; ~ azul Blauwal m; aceite m de ~ (Walfisch-)Tran m; barba f de ~ Barte f, Fischbein n; blanco m (od. esperma f) de ~ Walrat m; 2. Fischbein n; Korsettstange f; Kragenstäbchen n für Hemden; Sp. Am. ♀ Walfisch m; 4. fig. F dicke Frau f, Tonne f F; ~**nato** Zo. m Jungwal m; ~**nera** f Walboot n; Beiboot n der Walfänger u. Kriegsschiffe; ~**nero I.** adj. Wal(fisch)...; **II.** m Walfänger *m (a. Schiff).*
balles|ta f 1. Armbrust f; hist. Wurfmaschine f; armar la ~ die Armbrust spannen; 2. ⊕ gr. Blattfeder f; 3. Vogelfalle f; ~**tada** f, ~**tazo** m Armbrustschuß m; ~**tear** v/t. mit e-r Armbrust schießen auf (ac.), ~**tero** m Armbrustschütze f; ~**tilla** f 1. Wurfangel f; 2. Stk. de ~ mit e-m Blitzstich; F Kartenschnellen n (Falschspielertrick).
ballet m Ballett n; ~ acuático Wasserballett n.

ballico — bañador

ba|llico ♀ *m* Raygras *n*; **~llueca** ♀ *f* Flughafer *m*.
bamba¹ *f* Glücksstoß *m b. Billard*; *Col. ni (de)* ~ kommt nicht in Frage.
bamba² *f* 1. *Reg.* Schaukel *f*; 2. *Am. Cent. (Ven.* anderthalb) Silberpeso *m*; **~lear** *v/i. u.* **~se** *v/r.* → *bambolear*; **~lina** *Thea. f* Soffitte *f*.
bambarri|a I. *f* → *bamba*¹; **II.** *c fig.* F Tölpel *m*.
bambino *m bsd. Chi., Rpl.* Kind *n*.
bamboche F *m* kl. Dickwanst *m*.
bambole|ar I. *vt/i.* schaukeln, schlenkern, schwingen; baumeln (*v/i.*); II. *v/r.* **~se** schaukeln, schwanken; **~o** *m* Schwanken *n*, Schaukeln *n*, Wackeln *n*.
bambolla *f* Prunk *m*, Pomp *m*; echar ~ angeben F, prahlen.
bambú ♀ *m* (*pl.* **~úes**) Bambus *m*; Bambusrohr *n*.
bambuco *m Col.* Volkstanz.
bamburé *Zo. m Am.* Riesenkröte *f*.
bana|l *adj. c* banal, gewöhnlich, abgedroschen, alltäglich; **~lidad** *f* Banalität *f*, Abgedroschenheit *f*.
bana|na *f* 1. ♀ *bsd. Am.* Banane *f*; 2. ⚥ Bananenstecker *m*; **~nero** I. *adj.* Bananen...; *repúblicas f/pl.* **~as** Bananenrepubliken *f/pl.*; II. *m* → ~o I. *f*; Bananenstaude *f*; II. *adj. P Col.* lästig, aufdringlich.
banas|ta *f gr.* Korb *m*; Tragkorb *m*; **~tero** *m* Korb-macher *m*, -flechter *m*; **~to** *m* runder Korb *m*; ☐ Gefängnis *n*, Knast *m* F.
banca *f* 1. Schemel *m*; (Holz-)Bank *f* ohne Rückenlehne; *Am.* (Sitz-)Bank *f*; *fig. Am. Reg.* Sitz *m* (*im Parlament*); 2. Waschbank *f*; 3. Verkaufstisch *m auf dem Markt*; 4. ✝ Bankwesen *n*; -welt *f*; Banken *f/pl.*; Wechsel-, Diskont-bank *f*; *IT* ~ online Online-Banking *n*; → *a. banco*; 5. *Kart.* Montespiel *n*; Bank *f im Spiel*; *hacer saltar la* ~ die Bank sprengen; **~ble** *adj. c* bankfähig; **~da** *f* 1. ⚓ Ruderbank *f*; ⊕ Gestell *n*, Basis *f*, (Grund-)Platte *f*; ⚒ Schachtstufe *f*; 2. △ Lage *f* Mauerwerk; **~l** *m* Terrasse(nbeet *n*) *f*; (Garten-)Beet *n*.
banca|rio *adj.* Bank...; bankmäßig; **~rrota** *f* Bankrott *m*, Pleite *f* F (*a. fig.*); *hacer* ~ Bankrott machen; **~rrotero** *adj.-su.*, **~rrotista** *adj.-su. c* bankrott; *m* Bankrotteur *m*.
banco *m* 1. (Sitz-)Bank *f*; *Parl.* ~ *del Gobierno, Span.* ~ azul Regierungsbank *f*; *fig.* herrar o quitar el ~ *etwa*: nun tu schon was oder laß die Finger ganz davon; 2. ✝ Bank *f*; *IT* ~ en casa Homebanking *n*; ~ de crédito (de depósitos) Kredit- (Deposten-) bank *f*; ~ de descuento(s) Diskont- u. Wechselbank *f*; ~ de emisión de valores Emissionsbank *f*; ~ emisor Noten-, Zentral-bank *f*; ~ industrial Gewerbebank *f*; ~ de giros, ~ de transferencias Girozentrale *f*; ~ hipotecario Hypothekenbank *f*, Bodenkreditanstalt *f*; ~ de importación y exportación Import- u. Exportbank *f*; ~ Außenhandelsbank *f*; ♀ *Internacional de Pagos* Bank *f* für Internationalen Zahlungsausgleich; ♀ *Mundial* Weltbank *f*; ~ por teléfono Telefon-Banking *n*; *empleado m de* (un) ~ Bankbeamte(r) *m*; 3. ⊕ ~ *f* (de trabajo) Arbeits-, Werk-bank *f*; ~ de carpin-

tero Hobelbank *f*; *EDV* ~ de datos Datenbank *f*; ~ de pruebas Prüfstand *m*; 4. ⚓ ~ de ojos (de sangre) Augen- (Blut-)bank *f*; 5. ⚓ Untiefe *f*; ~ de arena Sandbank *f*; 6. *Geol.* Schicht *f*, Bank *f*; ⚒ Flöz *n*, Lager *n*; *Ec.* Schwemmland *n an Flüssen*; *Ven.* höher gelegenes Gelände *n in der Savanne*; 7. Schwarm *m* (*Fische*); 8. ☐ Gefängnis *n*, Knast *m* F.
banda¹ *f* 1. Binde *f*, Band *n*; Gurt *m*; Streifen *m*; Ordensband *n*; ⚒ Feldbinde *f*; *Stk. u. Am.* Schärpe *f*; ~ *magnética* Magnetstreifen *m*; 2. *HF, Rf.* Band *n*; Bereich *m*; ~ de 30 metros 30 m-Band *n*; *HF* ~ de frecuencias Frequenzband *n*; *emisora f de* ~ *ciudadana* CB-Funk-Gerät *n*; ~ sonora Tonstreifen *m*; Filmmusik *f*, Soundtrack *m*; 3. *Kfz.* **~s** decorativos Zierleisten *f/pl.*; *Kfz.* ~ lateral de protección seitliche Schutzleiste *f*; *Vkw.* ~ metálica de protección Leitplanke *f*; *Kfz.* ~ de rodadura Lauffläche *f* (*Reifen*); *Col.* **~s** *f/pl.* de freno Bremsbeläge *m/pl.*; 4. *Vkw.* Fahrspur *f*; 5. *Billard*: Bande *f*; 6. *kath.* Humerale *n*; 7. ⌀ Schräglinksbalken *m*.
banda² *f* 1. Schar *f*, Rotte *f*; Partei *f*; ~ de ladrones Räuber-, Diebes-bande *f*; *fig.* F ser de la otra ~ von der anderen Fakultät (*od.* verkehrt herum) sein F; 2. (Musik-)Kapelle *f*; ~ militar Militärkapelle *f*; ~ municipal städtische Blaskapelle *f*; 3. ⚓ Breitseite *f e-s Schiffes*; de ~ a ~ durch u. durch; *fig.* cerrarse en (*od.* a la) ~ hartnäckig (*od.* stur F) bleiben; *dar la* ~ krängen; Schlagseite haben; *dar a* ~ kielholen; *fig.* F dejar en ~ a *alg.* j-n im Stich lassen.
bandada *f* Schwarm *m* (*Vögel, Fische*); ⚒ ~ de tiradores Schützenrudel *n*.
bandaje *m* Bereifung *f*.
bandazo *m* 1. ⚓ Krängung *f*; 2. *Pol.* plötzlicher Umschwung *m*, Ruck *m* (*nach dat. hacia*).
bandear I. *v/t. Am.* durchbohren; schwer verletzen; *Am. Cent.* verfolgen; II. *v/r.* **~se** schaukeln; *fig. s.* zu helfen wissen, zurechtkommen; ⚓ Schlagseite haben; *Am.* lavieren.
bandeja *f* 1. Tablett *n*; Servier-brett *n*, -teller *m*; servir en ~ 🎯 im Abteil servieren; *fig.* fix u. fertig übergeben; 2. ⊕ (Auffang-)Schale *f*; *Kfz.* Ölwanne *f*; 3. Einlegefach *n im Koffer*; *Verpackung*: Steige *f*.
bandeo *Jgdw. m* Weidwundschuß *m*.
bandera *f* 1. Flagge *f*, Fahne *f*; *lit. u. fig.* Banner *n*, Panier *n*; ⚓ ~ de conveniencia billige Flagge *f*; ~ negra Piraten-, Freibeuter-flagge *f*; ~s desplegadas mit fliegenden Fahnen; frei u. offen; ⚒ *a.* mit allen Ehren (abziehen salir); *bajo* ~ *falsa* unter falscher Flagge (*a. fig.*); bajada *f de la* ~ Grundpreis *m* (*Taxi*); llevar una ~ e-e Flagge führen; llevarse la ~, tener puesta la ~ den Sieg an s-e Fahnen heften; siegen, Erfolg haben; rendir la ~, batir ~s die Flagge dippen (*zum Gruß*); 2. *ehm.* Fähnlein *n*, Trupp *m*; Kompanie *f der Legión de África*; 3. *fig.* Gruppe *f*; Gruppenmeinung *f*; 4. *adv. de* ~ dufte F, super F, klasse F.
bande|ría *f* Partei *f*, Clique *f*; Parteilichkeit *f*; **~rilla** *f* 1. *Stk.* Banderilla *f*, kl. Spieß mit Wider-

haken; ~ de fuego Banderilla *f* mit Schwärmern; F poner (*od. plantar*) *a alg.* una ~ (*od.* un par de **~s**) j-m eins auswischen, j-m an den Wagen fahren F; 2. *fig.* F *Chi., Méj., P.Ri.* → **~rillazo** F *m Col., Méj., Pe.* Pump *m* F; Schwindel *m*; **~rillear** *Stk. v/i.* Banderillas setzen; **~rillero** *Stk. m* Banderillero *m*; **~rín** *m* 1. Fähnchen *n*; Feldzeichen *n*; Signalflagge *f*; Wimpel *m*; 2. ⚒ ~ (de enganche) Rekrutenwerbestelle *f*; 3. ⚒ Hilfsausbilder *m*.
banderizo I. *adj.* 1. parteigängerisch; 2. aufgeregt, wild; II. *m* 3. Parteigänger *m*; **~s** *m/pl.* Anhänger *m/pl.*
bande|rita *f* Fähnchen *n*; *Sp. usw.* ~ de salida Startflagge *f*; **~rola** *f* Wimpel *m*; Lanzenwimpel *m*; (*dt.*) Banderole (*precinta, tira*).
bandi|daje *m*, **~dismo** *m* Banditenunwesen *n*; **~do** *m* Räuber *m*, Bandit *m*.
bando¹ *m* Erlaß *m*; öffentliche Bekanntmachung *f*; echar ~ öffentlich bekanntmachen bzw. ausrufen.
bando² *m* 1. Partei *f*; en el ~ republicano auf Seiten der Republikaner; 2. *Reg.* Schwarm *m* (*Vögel, Fische*); *Jgdw.* Volk *n*, Kette *f* (*Rebhühner*).
bandola *f* 1. ♪ Mandoline *f*; 2. ⚓ Notmast *m*.
bandolera¹ *f* ⚒ Brust-, Schulterriemen *m*; Pistolenhalfter *m*, *f*, *m*; en ~ umgehängt (*Gewehr, Handtasche*).
bandole|ra² *f* Räuberbraut *f*; **~rismo** *m* Räuber-, Banditen-unwesen *n*; **~ro** *m* (Straßen-)Räuber *m*, Bandit *m*.
bandolín ♪ *m* Mandoline *f*.
bandolina¹ *f Art* (Haar-)Festiger *m*.
bando|lina² *f* ♪ Mandoline *f*; **~lón** ♪ Baßbandurria *f*; **~neón** ♪ *m* Bandoneon *n*; **~neonista** ♪ *c* Bandoneonspieler *m*.
bandullo *m* Eingeweide *n/pl.*, Innereien *pl.*; *Jgdw.* Aufbruch *m*; F Bauch *m*, Wanst *m* F.
bandu|rria ♪ *f* Bandurria *f*, *Art kl. Cister*; **~rrista** *c* Bandurriaspieler *m*.
Bangladesh *m* Bangladesch *n*.
banjo ♪ *m* Banjo *n*.
banquero *m* Bankier *m*; Bankhalter *m* (*Glücksspiel*).
banqueta *f* 1. Schemel *m*, Hocker *m*; Fußbänkchen *n*; schmale Bank *f* ohne Lehne; 2. ⊕ Bankett *n*; 3. *Vkw.* Seitenstreifen *m*; *Méj.* Gehsteig *m*.
banquete *m* Festessen *n*, Bankett *n*, Gastmahl *n*; ~ de gala Fest-tafel *f*, -essen *n*, Galadiner *n*; **~ar** *v/i.* schlemmen, festlich tafeln.
banqui|llo *m* Bänkchen *n*, Fußschemel *m*; 🎯 ~ (de los acusados) Anklagebank *f*; **~sa** *f* Eis-bank *f*, -feld *n*.
banzo *m* Spannholz *n* (*Stickrahmen*); Holm *m* (*Leiter usw.*); Tragstange *f* (*Sänfte*).
baña *f* → *bañil*; **~dera** *f Arg.* Badewanne *f*; **~dero** *m* → *bañil*; **~do** I. *part.-adj.* gebadet; ~ en sudor schweißgebadet; con los ojos **~s** en lágrimas mit tränenüberströmten Augen; II. *m Rpl.* Sumpfland *n*; **~dor** *m* 1. Badende(r) *m*; 2. Badeanzug *m*; Badehose *f*; ~ entero (de dos

piezas) ein- (zwei-)teiliger Badeanzug *m*; 3. Spülgefäß *n*, Bad *n*; ~r I. *v/t.* 1. baden; eintauchen; spülen, schwemmen; *Phot.* wässern; 2. tränken (mit *dat.* de, con); überziehen (mit *dat.* de, en); glasieren; ~ en estaño verzinnen; ~ en esmalte *Porzellan* glasieren; 3. bescheinen (*Sonne*); *Land, Ufer* usw. bespülen; II. *v/r.* ~se 4. baden; e-e Bäderkur machen; *Col. a. s.* duschen, s. waschen; *¡anda a bañarte!* verpiß dich P, hau ab! F.

bañe|ra *f* 1. Badewanne *f; für Vögel*: (Bade-)Wanne *f*, Badehäuschen *n*; 2. Badefrau *f*; ~ro *m* Bademeister *m*.

bañil *Jgdw. m* Suhle *f*.

bañista *c* Badegast *m*; Kurgast *m*; Badende(r) *m*.

baño[1] *m* 1. Bad *n*; Baden *n*; ~s *m/pl.* Heilbad *n*; Badeanstalt *f*; ~ de aire (de asiento) Luft- (Sitz-)bad *n*; ~ en bañera, ~ en pila Wannenbad *n*; ~ de cuerpo entero Vollbad *n*; ~ de medio cuerpo Halbbad *n*; ~ de lodo(s) (de mar) Moor- (See-)bad *n*; ~s minerales Heilbad *n*; ~ de pies (de sol) Fuß- (Sonnen-)bad *n*; ~ turco türkisches Bad *n*; ~ de vapor Dampfbad *n*; *casa f* (*od.* establecimiento *m*) de ~s Badeanstalt *f*; *Sch.* dar un ~ a alg. j-m zeigen, was man kann; j-n in den Schatten stellen; tomar ~s Bäder nehmen, e-e Kur machen; 2. Badewanne *f*, Badezimmer *n*; *bsd. Am.* WC *n*, Toilette *f*; 3. ~ de animales Schwemme *f*; 4. *a.* ⊕ Bad *n*; Überzug *m*, Glasur *f*; ~ de aceite Ölbad *n* (*Härtung*); *Phot.* ~ fijador Fixierbad *n*; ~ (de) María Wasserbad *n*; ~ de sumersión Tauchbad *n*; 5. Anstrich *m* (*a. fig.*).

baño[2] *hist. m* Bagno *n*.

baobab ♀ *m* Affenbrotbaum *m*, Baobab *m*.

baptis|ta *Rel. adj.-su. c* baptistisch; *m* Baptist *m*; ~terio *m* Taufkapelle *f*; Taufbecken *n*. [*m* F.]

baque *m* Aufschlag *m* (*Fall*), Plumps

baquear ⚓ *v/i.* mit der Strömung segeln.

baquelita *f* Bakelit *m*.

baque|ta *f* 1. Gerte *f*, Rute *f*; Reitgerte *f* der Zureiter; ⚔ Lade-, Wisch-stock *m*; ~s *f/pl.* Trommelschlegel *m/pl.*; 2. *hist.* (carrera *f* de) ~s *f/pl.* Spießrutenlaufen *n*; *fig. adv. a la* ~ rücksichtslos, hart; 3. Wünschelrute *f*; 4. △ Stäbchen *n*, Zierleiste *f*; ~tazo *m* Schlag *m*; darse un ~ hin-fallen, -schlagen; *fig.* F echar a ~ limpio *a alg.* mit Gewalt an die Luft setzen *f*, j-n hochkantig hinauswerfen F; ~teado *adj.* 1. an Strapazen gewöhnt, hart, zäh; 2. *Ec.* unverschämt; ~tear *v/t.* Spießruten laufen lassen (*a. fig.*); *fig.* plagen, quälen; ~tero *m* Rutengänger *m*.

baquía *f Am.* Geschicklichkeit *f*; Sachkenntnis *f*.

baquiano I. *adj.* orts- *od.* sach-kundig; geschickt; **II.** *m Am.* ortskundiger Führer *m*.

báquico *adj.* bacchisch; bacchantisch; canción *f* ~a Trinklied *n*.

báqui|ra *f*, ~ro *m Zo. Ven., Col.* Pekari *m*, Nabelschwein *n*.

bar[1] *m Art* Imbißstube *f*, Café *n*; ~ americano Bar *f* (*Hotel, Nachtlokal*); F ~ de ligue Aufreißladen *m* F.

bar[2] *Phys. m* Bar *n*.

barahúnda *f* Lärm *m*, Radau *m*; Tumult *m*.

bara|ja *f* 1. Spiel *n* Karten; *barb.* Spielkarte *f*; entrar en ~ ins Spiel kommen (*a. fig.*), mit dabei sein; jugar con dos ~s doppeltes Spiel treiben; 2. *Stk.* Verzeichnis *n* bzw. Gruppe *f* der besten Stierkämpfer; ~jar *v/t.* 1. (*a. v/i.*) *Karten* mischen; *fig.* verwirren, durchea.-bringen; F *fig.* ~ números mit Zahlen(material) jonglieren (*od.* um s. werfen); 2. *Chi.* anhalten; *Ec.* Pferd zügeln; 3. *fig.* erwägen, ins Auge fassen; ~ (en el aire) rasch fangen *od.* auffassen, begreifen; ~jo P *int. Am. ¡~!* Scheibe! (*euph.* P).

barajus|tar I. *v/t. Am. Cent., Ven.* beginnen; **II.** *v/r.* ~se *Am.* ausbrechen (*Tier*); ~te *m Col., Ven.* Ausbrechen *n* (*Tiere*); P *Ven. ¡~!* Scheibe! (*euph.* P).

baran|da *f* (Schutz-)Geländer *n*; Bande *f* (*Billard*); ~dado, ~daje *m* → barandilla; ~dal *m* 1. Geländerholm *m*; 2. → ~dilla *f* 1. Geländer *n*; Gitter *n*; ⚓ Reling *f*; 2. *Stk.* Balkonsitze *m/pl.*; 3. *Méj.* Notbrücke *f*, Steg *m*.

bara|ta *f* 1. Tausch *m*; † *u. Méj.* Ramschgeschäft *n*; 2. → baratura; ~tear *v/t.* verschleudern, verramschen; ~tería *f* Betrug *m*, Untreue *f*; ⚓ Baratterie *f*; ~tero *m* 1. Einnehmer *m* der Abgabe vom Spielgewinn; Boß *m* e-r Spielhölle; 2. *Am.* Ramscher *m*; *Chi., Ec.* Feilscher *m*.

barati|ja *f* Kleinigkeit *f*; ~s *f/pl.* Nippsachen *f/pl.*; Ramsch *m*, Plunder *m*, Schund *m*; ~llero *m* Trödler *m*; ~llo *m* Trödel-geschäft *n*, -markt *m*; Trödelware *f*, Ramsch *m*.

bara|tísimo *adj.* spottbillig; ~to I. *adj.* 1. billig, preiswert; *fig.* leicht, mühelos; dar de ~ a) zugeben, umsonst geben; b) ~ gutwillig (*od.* gern) zugestehen; hacer ~ billig abgeben; valer (*od.* costar) ~ billig sein; **II.** *m* 2. Verkauf *m* unter Preis; Ramschgeschäft *n*; 3. *Pe.* Abtreten *n* e-r Tänzerin von e-m andern Partner; 4. cobrar el ~ die Abgabe vom Spielgewinn einziehen; *fig.* der Schrecken s-r Umgebung sein.

báratro *poet. m* Unterwelt *f*, Hölle *f*.

baratura *f* Billigkeit *f*.

baraúnda *f* → barahúnda.

barba I. *f* 1. Kinn *n*; Kehllappen *m* der Hähne; *fig.* ~ de vieja spitzes Kinn *n*; 2. ~(s) *f(/pl.)* Bart *m* (*a. der Ziegen* usw.); ~ cerrada, corrida, ~ entera Vollbart *m*; ~ de chivo (♀ → 3), ~ en punta Spitzbart *m*; ~ inglesa Backenbart *m*; F hombre *m* con toda la ~ richtiger (*od.* ganzer) Mann *m*, ganzer Kerl *m* F; F a ~ von Angesicht zu Angesicht; por ~ pro Kopf, pro Nase F; *¡por mis ~s!* bei m-r Ehre!; *adv. a* ~ rega(la)da reichlich; F con toda la ~ mit allen Schikanen; *a la* ~ (*od.* en las ~s) de alg. j-m ins Gesicht in j-s Gegenwart; echar ~ e-n Bart bekommen; echar la ~ en remojo durch anderer Leute Schaden klug werden; estar con la ~ en remojo sehr im Druck sein; hacer la ~ a alg. j-n rasieren; *fig.* a) j-m auf die Nerven gehen; b) j-n einseifen (*fig.*); hacerse la ~ s. rasieren (lassen); mentir por (la mitad de) la ~ unverschämt lügen; subirse a las ~s de alg. s. j-m geg.-über et. herausnehmen; temblarle a alg. la ~ Angst haben; F *¡tiene ya ~!* so'n Bart! F; tener buenas ~s entschlossen sein; 3. ♀ ~ cabruna Bockskraut *n*; ~ de capuchino, ~ de chivo, ~ de fraile Seide *f*; 4. ♀ Granne *f* (*Ähre*); ~s *f/pl.* Wurzelfasern *f/pl.*; *Am.* Bart *m* des Maiskolbens; *Am.* Fasern *f/pl.* der Kokosnußschale; 5. Schwarmtraube *f* (*Bienen*); oberste Traube *f* des Bienenstocks; 6. *Zo.* Barte *f* (*Wal*), ~(s) Bart *m* der Vogelfeder; 7. ⚓ Ansatz *m*, Bewachsung *f* am Schiffsboden; 8. ⚓ ~s *f/pl.* beide Bugankertrossen *f/pl.*; 9. ~(s) *f(/pl.)* ungleicher Rand *m* an Papier, Büchern u. ä.; 10. ⊕ ~(s) *f(/pl.)* Grat *m*, Bart *m* (*Metall, Guß*); **II.** *m* 11. *Thea.* Heldenvater *m*; ~ azul Ritter Blaubart *m* (*Märchen*).

barbacana ⚔ *f* Schießscharte *f*; *hist.* Vorwerk *n*.

barba|coa *f* 1. Gartengrill *m*; Grillparty *f* (im Freien); 2. → ~cuá *f*, *Am. Cent., Bol., Col., Ec., Pa., Pe.* Lager *n* aus Weiden-, Lianengeflecht; 2. *Am. Cent., Cu., Méj., Ven.* im Erdloch zubereiteter Braten *m*; 3. *Pe.* (Frucht-)Speicher *m*.

barbada *f* 1. Kinnkette *f* (*Zaumzeug*); 2. *Fi.* Butt *m*; Grundel *f*; Steinbutt *m*; 3. F *Reg.* Radau *m*, Spektakel *m* F.

barbado I. *adj.* bärtig; **II.** *m* ♂ Setzling *m*; Senker *m*; Wurzeltrieb *m*.

Barbados *f* Barbados *n*.

barbar *v/i.* e-n Bart bekommen; ♀ Wurzeln treiben.

bar|barear *v/i. Am.* → barbarizar; ~bárico *adj.* barbarisch; ~baridad *f* 1. Barbarei *f*; Ungeheuerlichkeit *f*; F Unmenge *f*; F Heidengeld *n* F; *¡qué ~!* so was!; tolle Sache! F; *¡toller Kerl!* F; 2. F *Thea.* Reißer *m*; ~barie *f* Barbarei *f*; Grausamkeit *f*.

barbari|smo *m* 1. *Gram.* Barbarismus *m*, Sprachwidrigkeit *f*; 2. Unsinn *m*; ~zar [1f] *v/i.* Unsinn reden.

bárbaro I. *adj.* 1. barbarisch, grausam, wild, roh; 2. *Gram.* sprachwidrig; 3. F unglaublich, hanebüchen; F toll F, großartig, enorm F, sagenhaft F; **II.** *m* 4. Barbar *m*, Wilde(r) *m*; F toller Kerl *m* F.

Barbarroja *npr. m* (Kaiser) Barbarossa *m*.

barbaza F *f* dichter, voller Bart *m*.

barbear I. *v/t.* (mit dem Kinn) reichen bis an (*ac.*); **II.** *v/i.* ~ con (fast) die gleiche Höhe erreichen wie (*nom.*); *Stk.* ~ an den Planken entlangschnüffeln; **III.** *v/r.* ~se F mit j-m (*od.* mitea.) auf gespanntem Fuß stehen.

barbecue *m* Gartengrill *m*.

barbe|char ✓ *v/t.* brachen; ~chera *f* Brachen *n*; Brachzeit *f*; Brachland *n*; ~cho ✓ *m* 1. Brache *f*, Brachland *n* (estar) en ~ brach(liegen) (*a. fig.*); 2. frisch geackertes Feld *n*.

barbe|ría *f* Barbierstube *f*; einfaches Friseurgeschäft *n*; ~ril F *adj. c* Barbier(s)...; ~ro *m* 1. Barbier *m*, Bader *m*; einfacher Herrenfriseur *m*; **II.** *adj.-su. Méj.* Schmeichler *m*.

barbi F *adj. inv.* nett, sympathisch.

barbián F *adj.-su.* forsch, mutig, tapfer; stattlich, stramm F.
barbi|blanco *adj.* weißbärtig; **~cacho** *m* Kinnriemen *m*; **~cano** *adj.* graubärtig; **~castaño** *adj.* braunbärtig; **~corto** *adj.* mit kurzem Bart; **~espeso** *adj.* mit dichtem Bart; **~hecho** *adj.* frisch rasiert; **~lampiño I.** *adj.* bartlos; dünnbärtig; **II.** *m fig.* Grünschnabel *m*, Neuling *m*; **~lindo, ~lucio** *adj.* weibisch, geckenhaft.
barbi|lla *f* 1. Kinn *n*; Kinn-; Bartspitze *f*; 2. *Zim.* angeschrägter Zapfen *m*; **~llera** *f* Kinnbinde *f für Leichen*; **~negro** *adj.* schwarzbärtig; **~poniente, ~pungente** *adj.-su. c* flaum-, milch-bärtig; *m* Milch-bart *m*, -gesicht *n*; *fig.* Anfänger *m*, Neuling *m*; **~rrojo** *adj.* rotbärtig; **~rrubio** *adj.* blondbärtig; **~rrucio** *adj.* graubärtig.
barbitúrico ⚕ **I.** *adj.*: ácido *m* ~ Barbitursäure *f*; **II.** *m* Barbiturat *n*.
barbo *Fi. m* Barbe *f*.
barbón *m* 1. langbärtiger Mann *m*; *fig.* F alter(nder) Mann *m*; 2. Ziegenbock *m*.
barboquejo *m* Kinn-, Sturm-riemen *m* (a. ⚔); Sturmband *n am Hut*.
barbo|so *adj.* bärtig; **~t(e)ar** *v/i.* in den Bart murmeln (*od.* brumme[l]n); **~te** *m Rpl.* Lippenpflock *m der Indianer*; **~teo** *m* Brumme(l)n *n*, Gemurmel *n*.
barbudo *adj.-su.* (voll)bärtig.
barbu|lla *f* verworrenes Geschrei *n*, Stimmengewirr *n*; **~llar** *v/i.* brummeln, brabbeln; **~llón** F *adj.-su.* Nuschler *m*, Brabbelfritze *m* F.
barca *f* 1. Kahn *m*, Barke *f*; (kl.) Fischerboot *n*; ~ *de pasaje* Fähre *f*, Fährboot *n*; ~ *de pedales* Tretboot *n*; 2. *tex.* Trog *m*; 3. ~s *f/pl.* Schiffsschaukel *f*; **~da** *f* Boots-ladung *f*, -fahrt *f*; **~je** *m* (Boots-)Transport *m*; Fracht-; Fähr-geld *n*.
barcal *m* Auffangschale *f für überfließenden Wein*; Trog *m*.
barcarola ♪ *f* Barkarole *f*.
barcaza ⚓ *f* Barkasse *f*; Leichter *m*.
barcelo|nés *adj.-su.* aus Barcelona; **~nista I.** *adj. c* auf den F.C. Barcelona bezüglich; **II.** *m* Anhänger *m* des F.C. Barcelona.
barco *m* Schiff *n*; ~ *auxiliar* Tender *m*; ~ *de experimentación* Versuchsschiff *n*; ~ *fluvial* Fluß-, Binnenschiff *n*; ~ *de fondo de cristal* Glasbodenboot *n*; **~nodriza** (U-Boot-, Walfang-)Mutterschiff *n*; ~ *de un solo* (*de dos*) *palo*(*s*) Ein- (Zwei-)master *m*; ~ *transporte* Truppentransporter *m*; ~ *de vela* Segelschiff *n*, Segler *m*; *en el* ~ *auf dem Schiff*; *vgl. a. buque, embarcación, nave.*
barchilón *m Ec., Pe.* Krankenpfleger *m*; *Bol.* → *curandero.*
barda[1] *f* Panzer *m für das Pferd*; Sattelbausch *m*.
barda[2] *f* Dornenabdeckung *f auf Gartenmauern*; ⚡ Wolken-, Nebel-wand *f*.
bardaguera ⚕ *f* Korbweide *f*.
bardaje P *m* passive(r) Homosexuelle(r) *m*.
bardal *m* Dornenabdeckung *f auf Mauern*; Dornenhecke *f*.

bardana ⚕ *f* Klette *f*; ~ *menor* Spitzklette *f*.
bardo *m keltischer* Barde *m*; *lit. fig.* Sänger *m*, Dichter *m*.
baremo *m* 1. Rechenbuch *n* mit fertigen Ergebnissen; 2. Verrechnungs-, Verteilungs-schlüssel *m*; 3. Lohntabelle *f*; Tarifordnung *f*; *fig.* Kriterienkatalog *m*.
bargueño *m Art* Sekretär *m*, Vertiko *n*.
barí F *adj. c* (*pl.* **~íes**) toll F, enorm F, großartig.
baricentro *m* Schwerpunkt *m*; Treffpunkt *m der Mittellinien* (*Dreieck*).
bario[1] *Phys. m* Bar *n*.
bario[2] ⚗ *m* Barium *n*.
barista *f Am.* Bardame *f*.
barita ⚗ *f* (Ätz-)Baryt *m*, Bariumhydroxid *n*.
barítico *adj.* Baryt...
baritina *f Min.* Schwerspat *m*, Baryt *m*, ⚗ Bariumsulfat *n*.
barítono *m* Bariton *m*.
barlo|a ⚓ *f* Spring-, Borg-tau *n*; **~ar** ⚓ *v/t.* sorren, festbinden; **~ventear** *v/i.* ⚓ aufkreuzen, lavieren; F bummeln; **~vento** ⚓ *m* Luv *f*, Windseite *f*; *a* ~ luvwärts; *fig. ganar el ~ j-m* den Wind aus den Segeln nehmen.
barman *m* Bar-mann *m*, -keeper *m*.
barnabita *adj.c-su. m* Barnabit *m* (*Mönch*).
barni|z *m* (*pl.* **~ices**) 1. Firnis *m* (*a. fig.*); Lack(überzug) *m*; (Porzellan-)Glasur *f*; *Typ.* Druckerschwärze *f*; ~ *de alcohol* (*de fondo*) Spiritus- (Grundier-)lack *m*; ~ *brillante*, ~ *de lustre* Glanzlack *m*; **b)** ⚕ *del Japón* **a)** Japanlack *m*; ~ *nitrocelulósico* Nitro(zellulose)lack *m*; 2. Schminke *f*; *fig.* Tünche *f*, Anstrich *m*; **~zada** *Am.*, **~zado** *m* Firnissen *n*, Lackieren *n*; Lackierung *f*, Anstrich *m*; ~ *con soplete* Spritzlackierung *f*; **~zador** *m* Lackierer *m*; **~zar** [1f] lackieren; firnissen; glasieren; ~ *con laca incolora* lasieren.
barógrafo *m* Barograph *m*.
baro|metría *f* Barometrie *f*; **~métrico** *adj.* barometrisch; *altura f* **~a** Barometerstand *m*.
barómetro *m* Barometer *n*, *m* (*a. fig.*); ~ *aneroide* (*magistral*) Aneroid- (Normal-)barometer *n*; ~ *registrador* Barograph *m*.
barón *m* Baron *m*, Freiherr *m*.
baro|nesa *f* Baronin *f*, Freifrau *f*; **~nía** *f* Baronie *f*; Freiherrnwürde *f*.
baroscopio *Phys. m* Baroskop *n*.
barque|ar *vt/i.* mit e-m Boot (über e-n Fluß usw.) fahren; **~ro** *m* Bootsführer *m*; Fährmann *m*.
barquía *f* Ruderboot *n der Fischer*.
barquichue|la *f*, **~lo** *m kl.* Boot *n*; kl. Schiff *n*.
barqui|lla *f* 1. kl. Kahn *m*; 2. ⚕ (Ballon-)Korb *m*; 3. Waffeleisen *n*; 4. ⚓ Logscheit *n*; **~llero** 1. Waffelverkäufer *m*; 2. Waffeleisen *n*; 3. ⚓ Boots-, Jollen-führer *m*; **~llo** *m* Waffel *f*; Eistütchen *n*.
barquín *m* Blasebalg *m der Schmiede*.
barquinazo F *m* Rütteln *n bzw.* Umkippen *in e-s Fahrzeugs*; Gepolter *n*; Auflaufen *n* (*Schiff*) *Andal., Ec.* Schlingern *n* (*Schiff*); *fig.* Torkeln *n* (*Betrunkene*).
barra *f* 1. Stange *f*, Stab *m*; Schiene

f; (Gold-, Silber-)Barren *m*; Hebebaum *m*; *en* **~s** Stab..., Stangen...; ~ *de acoplamiento* Kupplungsstange *f*; *mot.* Spurstange *f*; ~ *de celosía* Gitterstab *m*; ~ *de carbón* (*de uranio*) Kohle- (Uran-)stab *m*; *Atom.* ~ (*de*) *combustible* Brennstab *m*; ⚡ ~ *de contacto* (Stangen-)Stromabnehmer *m*; *Kfz.* ~ *de dirección* Lenksäule *f*; *EDV* ~ *de herramientas*, ~ *de trabajo* Symbolleiste *f*; ~ *imantada* Stabmagnet *m*; *EDV* ~ *del menú* Menü-leiste *f*, -zeile *f*; ⚓ ~ (*del timón*) Ruderpinne *f*; *fig.* F *adv. a* **~s** *derechas ohne Falsch*; *de* ~ *a* ~ *durch u. durch, von e-r Seite zur anderen*; *fig. tirar la* ~ **a)** zu Höchstpreisen verkaufen; **b)** → F *estirar la* ~ *s.* sehr anstrengen; 2. Theke *f*, Bar *f*; ~ *americana* Aufreißladen *m* F; 3. Stift *m*; ~ (*de carmín*) Lippenstift *m*; 4. *Sp.* ~ *alta* Hochreck *n*; ~ *de equilibrio* Schwebebalken *m*; ~ *fija* Reck *n*; (**~s**) *paralelas* Barren *m*; ~ *vertical* Kletterstange *f*; 5. Schranke *f*; ⚖ Gerichtsschranken *f/pl.*; *Am. Mer.* Zuschauer *m/pl. b. Gericht*; *Am.* Anwaltskammer *f*; → *a.* 13; *llevar a alg. a la* ~ *j-n zur Rechenschaft ziehen*; *j-n gerichtlich belangen*; *fig. sin pararse en* **~s** *rücksichtslos, entschieden, ohne Rücksicht auf Verluste* F; 6. Sandbank *f an Flußmündungen*; ~ *de hielo* Eisblock *m*; Blockeis *n*; 7. ♪ **a)** Taktstrich *m*; ⚕ Wiederholungszeichen *n*; 8. Querstrich *m* (*Maschinenschrift*); *EDV* ~ *diagonal* Schrägstrich *m*; *EDV* ~ *diagonal inversa* Backslash *m*; 9. ⌀ (Schräg-)Balken *m*; *las tres* **~s** *das Wappen von Katalonien und Aragonien*; 10. *Am.* Fußblock *m* (*Fessel*); ⚔ Eisen *n* (*Fessel*); 11. Streifen *m* (*Webfehler*); 12. *Chi.* Wurfscheibenspiel *n*; 13. *Arg.* Freundeskreis *m*, Gruppe *f* von Freunden; *bsd. Sp. Am.* Fans *m/pl.*, begeisterte Anhänger *m/pl.*
barra|bás *m* Bösewicht *m*; **~basada** F *f* Schandtat *f*; übler *bzw.* unüberlegter Streich *m*.
barra|ca *f* Baracke *f*; *Val., Murc.* schilfgedecktes Bauernhaus *n* mit Satteldach; Jahrmarktsbude *f*; *Span.* (*a.* **~s** *f/pl.*) Elendswohnung(en) *f(/pl.)*; *Am.* Schuppen *m*; ~ *de tiro* Schießbude *f*; **~cón** *m* Schau-, Schieß-bude *f* (*Volksfest*).
barracuda *Fi. f* Barrakuda *m*.
barrado *adj.* gestreift (*Wappen, Tuch*).
barragán *m* Berkan *m*, Barchent *m*; Mantel *m* aus diesem Stoff.
barran|ca *f* → *barranco*; **~cal** *m* zerklüftetes Gelände *m*; **~co** *m* Steilhang *m*; Schlucht *f*, Klamm *f*; Engpaß *m*; (Bach-)Tal *n*; *fig.* Schwierigkeit *f*; Hindernis *n*; *Spr. no hay* ~ *sin atranco ohne Fleiß kein Preis*; **~coso** *adj.* schluchtenreich, zerklüftet; **~quera** *f* → *barranco*.
barra|quero *adj.-su.* Baracken...; *m* Barackenbauer *m*; *Am.* Lager-inhaber *m*; -verwalter *m*; **~quismo** *m* Vorhandensein *n v.* Elendswohnungen; **~quista** *c* Bewohner *m* e-r Baracke *od.* Elendswohnung.
barrar *v/t.* mit Lehm verschmieren.
barrear *v/t.* sperren; verrammeln, verbarrikadieren.

barreda f Absperrung f, Umzäunung f, Schranke f.
barre|dera f 1. (Straßen-)Kehrmaschine f; 2. (red f) ~ Schleppnetz n; ⚓ ~s f/pl. Beisegel n/pl.; **~dero** I. Schlepp...; (weg)fegend; II. m Bäckerbesen m; **~dor** m Kehrer m, Feger m; ~ de flecos Mop m; **~dura** f Kehren n; ~s f/pl. Kehricht m; **~lotodo** F m Allesverwerter m F; a. Schnüffler m; **~minas** ⚓ adj.-su. m (pl. inv.) Minenräumboot n.
barrena f 1. Bohrer m; ~ de centrar Zentrierbohrer m; ~ hueca, ~ tubular Hohlbohrer m, Sonde f; ~ de mina Bohrmeißel m, Gesteinsbohrer m; 2. ✈ Trudeln n; ~ horizontal Rolle f; entrar en ~ (ab)trudeln; 3. Zo. Bohrmuschel f; **~do** I. adj. verdreht, unvernünftig, närrisch; II. m Bohren n, Bohrung f; **~dora** ⊕ f Bohrmaschine f; **~r** I. v/t. 1. (an-, aus-, durch-)bohren; fig. gedanklich durchdringen; 2. fig. Recht, Gesetz mißachten; Absichten durchkreuzen; II. v/i. 3. ✈ trudeln.
barrendero m Straßenkehrer m.
barre|nero ✗ m (Sprengloch-)Bohrer m; Sprengmeister m; **~nieve** m Schi: Schneepflug m; **~nillo** m 1. Borkenkäfer m; 2. Auswuchs m an Bäumen; 3. fig. Cu. Halsstarrigkeit f; **~no** m 1. ✗ Bohrloch n; Sprengloch n; gr. (bsd. Sprengloch-)Bohrer m; dar ~ a Schiff anbohren; 2. fig. (Eigen-)Dünkel m.
barre|ña f, **~ño** m Spülbecken n; Trog m, Kübel m; Schüssel f.
barrer I. v/t. 1. kehren, (weg)fegen; freimachen, säubern (von dat. de); fig. hinwegfegen; mit s. fortreißen; Spuren verwischen; ✗ mit MG-Feuer bestreichen; fig. el viento barre las calles der Wind fegt durch (od. über) die Straßen; 2. mot. Gase spülen; II. v/i. 3. kehren; fig. ~ con todo reinen Tisch machen; fig. ~ en su propia casa vor s-r eigenen Tür kehren; fig. ~ hacia (od. para) dentro auf s-n Nutzen bedacht sein; III. v/r. **~se** 4. Méj. durchgehen, scheuen (Pferd).
barrera¹ f 1. Schranke f (a. Stk., 📻 u. fig.); Hindernis n; Grenze f; fig. Schutz m; ~s aduaneras Zollschranken f/pl.; ~ levadiza Schlagbaum m; Soz. ~ lingüística Sprachbarriere f; ~ óptica, ~ de luz Lichtschranke f; Autobahn: ~ de peaje Zahlschranke f; ~ del sonido Schallmauer f; Spr. el pensamiento no tiene (od. no conoce) ~(s) Gedanken sind (zoll)frei; 2. ✗ Sperre f; 3. Stk. erste Sitzreihe f; fig. ver los toros desde la ~ als Unbeteiligter (od. als nicht Betroffener) zusehen, nichts damit zu tun haben (wollen).
barre|ra² f 1. Lehmgrube f; 2. Taubhalden f/pl. (Salpetergewinnung); 3. Schrank m für Irdenware; **~ro** m 1. Töpfer m; 2. Lehmgrube f; 3. Am. Amer. salpeterhaltiges Gelände n; 4. Reg. → barrizal.
barreta f 1. kl. Stange f; ⊕ ~ (testigo) Teststab m; 2. Unterfütterung f (Schuh); 3. Andal. Art Lebkuchen m; 4. Bol., Méj., Pe., S.Dgo. Spitzhacke f.

barrete m → birrete.
barrete|ar v/t. mit Eisen u. ä. sichern; **~ro** ✗ m Hauer m.
barretina f phrygische Mütze f, Jakobinermütze f (katalan. Tracht).
barriada f (Teil m e-s) Stadtviertel(s) n; Am., bsd. Pe. Elendsviertel n.
barrial m Am. → barrizal.
barrica f kl. Faß n; **~da** f Barrikade f, (Straßen-)Sperre f; levantar ~s Barrikaden errichten.
barri|da f Am. Reg., **~do** m 1. Kehren n; Kehricht m; F servir lo mismo para un ~ que para un fregado Mädchen für alles sein; 2. ⊕ Spülung f (Gas).
barri|ga f 1. Bauch m, Leib m; echar ~ a) Bauch ansetzen; b) → P hinchar la ~ s. aufblasen, s. aufspielen; 2. Wölbung f e-s Gefäßes; 3. Durchbiegung f, Ausbuchtung f e-r Wand; **~gón** F I. adj.-su. dickbäuchig; II. m Dickwanst m F; Ant., Col. Kind m; **~gudo** I. F adj.-su. → barrigón; II. m Zo. Wollaffe m; **~guera** f Bauchgurt m (Pferd).
barri|l m Faß n, Tonne f; tönernes Wassergefäß n; Barrel n (Erdöl); **~laje** m Méj., **~lamen** m Faßwerk n; Fässer n/pl.; **~lería** f Faßwerk n; Faßbinderei f, Böttcherei f; **~lero** m Faßbinder m, Böttcher m; **~lete** m 1. Fäßchen n; 2. Zim. Klammer f; Opt. Tubus m, Rohr n; Federgehäuse n (Uhr); Trommel f (Revolver); 3. ⚓ Kreuzknoten m; 4. Zo. Art Seekrebs m.
barrilla f 1. 🌿 Salzkraut n; 2. Salzkrautasche f, Soda f; 3. Bol., Pe. gediegenes Kupfer n.
barrillo m Pickel m (Haut).
barrio m Stadtviertel n; Vorstadt f; Ortsteil m; ~ residencial Wohnviertel n; ~s m/pl. bajos a) Unterstadt f; b) „anrüchige" Viertel n/pl.; F irse al otro ~ sterben, abkratzen F; **~bajero** adj. Vorstadt..., fig. vulgär.
barrista c Barrenturner m.
barrita f 1. Stift m; Lippenstift m; ⊕ Stange f; ~ de soldar Schweißdraht m; Lötstange f; 2. Col. Mitesser m.
barritar v/i. trompeten (Elefant).
barrizal m Sumpf m, Morast m.
barro¹ m 1. Schlamm m, Kot m, Morast m; Lehm m; Töpfererde f; ~s m/pl. Töpferware f; de ~ irden, tönern; ~ cocido Steingut n; Terrakotta f; 2. fig. wertloses Zeug n; no ser ~ et. wert sein; 3. F Geld m, Moos m F; tener ~ a mano Geld wie Heu haben.
barro² m Pickel m, Pustel f; vet. Beule f.
barro|co I. adj.-su. barock; m Barockstil m; -zeit f, Barock n, m; **II.** adj. fig. überspannt, verstiegen, verschroben; **~quismo** m Barock n, barocke Art f; fig. Überladenheit f.
barroso¹ adj. lehmig, kotig; lehmfarben.
barroso² adj. pickelig.
barrote m Stab m, Stange f; Eisenbeschlag m.
barrueco m Barockperle f.
barrumbada F f Prahlerei f, Angabe f F; protzenhafte Verschwendung f.
barrun|tar v/t. ahnen, vermuten; Gefahr wittern; **~te**, **~to** m 1. Vorgefühl n, Ahnung f; Vermutung f; Witterung f; en ~s de la muerte im

Vorgefühl des Todes; 2. Anzeichen n, Spur f.
barsa f Name des F.C. Barcelona m.
bartola F: tumbarse (od. tenderse) a la ~ s. auf die faule Haut legen.
bartolillo m Creme- od. Fleisch-pastete f.
bartulear v/i. Chi. grübeln.
bártulos F m/pl. Siebensachen f/pl. F, Kram m F; liar los ~ s-e Siebensachen packen F.
baru|llero I. adj. wirr; alles durchea.-bringend; II. m Wirrkopf m; Störenfried m, Hetzer m; **~llo** m Wirrwarr m, Durcheinander n; Krach m, Lärm m.
barzal m Am. Sumpf m.
basa f 1. Basis f, Säulenfuß m; Sockel m; ⊕ Base f, Grund m; 2. †, ✗ Grundlage f.
basa|da ⚓ f Ablaufschlitten m (Werft); **~do** ✗ adj.: ~ en submarinos (en tierra) see-, U-Boot- (land-)gestützt (Raketen).
basáltico adj. Basalt...
basalto m Basalt m.
basa|mento 🏛 m Basis f; Unterbau m, Sockel m; Stützenfundament n (Bergbahn); **~r** I. v/t. gründen, stützen (auf dat. sobre); II. v/r. **~se** en bauen auf (ac.); fußen auf (dat.); estar basado en s. gründen auf (ac.), beruhen auf (dat.).
basáride Zo. f Katzenfrett n.
bas|ca f 1. (mst. ~s f/pl.) Übelkeit f, Brechreiz m; sentir ~s Brechreiz haben, s. übergeben (müssen); 2. (Schafs-)Tollwut f; F Wutanfall m, Raptus m F; **~cosidad** f Ekelhaftigkeit f; Schmutz m; Ec. Zote f.
báscula f 1. gr. Waage f; Hebelwaage f; ~ instantánea (de pesada continua, de puente) Schnell- (Durchlauf-, Brücken-)waage f; 2. fort. Hebebaum m (Ziehbrücke); 3. Unruh(e) f (Uhr).
bascula|ble adj. c kippbar; **~dor** Kfz., 🚛 Kipper m; **~nte** I. adj. c kippbar, Kipp...; II. m Kfz. Kipperbrücke f; **~r** v/i. wippen, schwingen.
base f 1. Grundlage f, Basis f (a. Anat.); a ~ de a) auf Grund von (dat.), wegen (gen.); b) aus (dat.), hergestellt mit (dat.); a ~ de bien sehr gut, ausgezeichnet; caer (od. fallar) por su ~ grundsätzlich falsch (od. verfehlt) sein; 2. ⊕ Basis f, Bodenplatte f, Bettung f; 3. ✗ Stützpunkt m, Basis f; ~ aérea (naval) Luft- (Flotten-)stützpunkt m; a. fig. ~ de operaciones Operationsbasis f; 4. ⚾ Base f; 5. ♀ Grund-zahl f; ~ -linie f; -fläche f; 6. Teilnahmebedingungen f/pl. (Wettkampf usw.).
base-ball m Baseball m.
básico adj. 1. grundlegend, Grund...; error m ~ Grundirrtum m; punto m ~ wesentlicher Punkt m, Haupt-punkt m, -sache f; vocabulario m ~ Grundwortschatz m; 2. 🧪 basisch, alkalisch.
basilar 🧠 I. adj. c auf die Basis bezüglich; ♀ grundständig; II. m Anat. Keilbein n.
Basilea¹ f Basel n.
basilea² ⊕ f Galgen m.
basílica I. f Basilika f; II. adj.-su. Anat. (vena f) ~ Basilica f.

basilical — batiduras

basilical *adj.* c Basiliken...
basílico ⚕ Basilienkraut n.
basilicón m Königs-, Zug-salbe f.
basil(i)ense *adj.-su.* c aus Basel; m Basler m.
basilio m Basilianermönch m.
basilisco m 1. *Myth.* Basilisk m; *hist.* ⚔ Feldschlange f; *fig.* (estar) hecho un ~ Gift u. Galle speien, fuchsteufelswild (sein); 2. *Zo.* Königsechse f.
basket-ball m *bsd. Am.* → baloncesto.
basquear *v/i.* Übelkeit verspüren.
basta f Heft-; Reih-; Stepp-naht f; Abnäher m.
bastante I. *adj.* c ausreichend, genügend; lo ~ hinreichend; tiene ~ dinero er hat ziemlich viel Geld; tiene dinero ~ er hat Geld genug; II. *adv.* genug; ziemlich; F *od. iron.* sehr; ~ bien recht gut; tener ~ con algo mit et. (*dat.*) auskommen; nunca tiene ~ er ist nie zufrieden, er kann nie genug kriegen F.
bastantear ⚖ *v/i.* e-e Vollmacht bestätigen (*od.* anerkennen).
bastar I. *v/i.* genügen (j-m a), ausreichen, langen; ¡basta (ya)! genug!, Schluß!; basta con + inf. es genügt, zu + inf.; ¡basta y sobra! genug u. übergenug!; basta de palabras genug der Worte; basta con eso das genügt; Schluß damit; II. *v/r.* ~se (a sí mismo) s. selbst genügen; ~se y sobrarse s. selber helfen können.
bastar|da f 1. feinkörnige Schlosserfeile f; 2. *Typ.* → bastardilla; ~**dear I.** *v/i.* (a. ~se *v/r.*) entarten, aus der Art schlagen (*gen. de*); degenerieren; II. *v/t. fig.* verfälschen, verschlechtern; ~**día** f 1. Ent-, Ab-artung f; 2. außereheliche Geburt f; 3. Gemeinheit f; ~**dilla** f 1. *Typ.* Kursivschrift f; 2. ♪ Art Flöte f; ~**do I.** *adj.* 1. unecht; entartet; Misch...; especie f ~a Abart f; 2. unehelich, außerehelich; hijo m ~ Bastard(sohn) m; 3. gemein, schändlich; II. m 4. Bastard m (a. *Schimpfwort*); 5. ⚓ Racktau n.
baste m 1. → basta; 2. Sattelkissen n.
bastear *v/t.* heften; reihen; steppen.
baste|dad f Grobheit f, Rauheit f; → ~**za** f Grobheit f, Plumpheit f; Ungeschliffenheit f.
bastidor m 1. (Stick-, Fenster-, Tür-)Rahmen m; *Phot.* Kassette f; 2. ⊕ Gestell n, Gerüst n, Rahmen m; *Kfz.* Fahrgestell m; ~ (lateral) Zarge f; Leiterholm m; ~ de montaje Montage-bock m, -gerüst n; 3. *Thea.* Kulisse f; *fig.* entre ~es hinter den Kulissen; 4. *Col., Chi.* Jalousie f.
bastilla f Saum(naht f) m, Stoß m.
bastimen|tar *v/t.* verproviantieren; ~**to** m Proviant m; *Am. a.* (Tages-)Einkauf m.
bastión m Bollwerk n, Bastion f; *fig. Pol.* Hochburg f.
basto¹ m 1. Packsattel m; *Am.* Sattelkissen n; 2. *Kart. etwa:* Eichel f, Treff m; (as m de) ~(s) Eichelas n.
basto² *adj.* grob, rauh; *fig.* roh, plump, ungeschliffen.
bastón m 1. (Spazier-)Stock m; Stecken m, Stab m; Feldherrnstab m; ~ (de) estoque Stockdegen m; ~ de mando Amtsstab m; Kommandostab m; dar ~ al vino → bastonear 2; *fig.* empuñar el ~ den Befehl (*od.* das Kommando) übernehmen; *fig.* meter a alg. ~ones entre las ruedas j-m Knüppel zwischen die Beine werfen; 2. ⚔ Steuerknüppel m; 3. ⌀ Pfahl m; *fig.* los ~ones de Aragón das Wappen von Aragonien.
basto|nada f 1. Bastonade f, Prügelstrafe f; 2. → ~**nazo** m Stockschlag m; ~s *m/pl.* Prügel *m/pl.*, Schläge *m/pl.*; ~**ncillo** m schmale Tresse f; ~**near** *v/t.* 1. durchprügeln; *fig.* autoritär regieren; 2. *Wein* schlagen, peitschen; ~**nera** f Stock-, Schirmständer m; ~**nero** m 1. Tanz-, Zeremonien-meister m; Festordner m; 2. *ehm.* Stockmeister m im Gefängnis.
basu|ra f 1. Kehricht m, Müll m; *a. fig.* Unrat m; acarreo m de ~s Müllabfuhr f; F hablar ~ Quatsch reden F; 2. (Pferde-)Mist m; ~**ral** m *Am. Reg.* Abfall-haufen m, -grube f; ~**rear** P *v/t. Rpl.* niederwerfen, aufs Kreuz legen P; umlegen P; ~**rero** m 1. Müllfahrer m; 2. Abfallhaufen m; Müllablademplatz m, Deponie f; ~**rita** f 1. F *Am.* Kleinigkeit f, et., womit man nicht viel anfangen kann; 2. P *Cu.* Trinkgeld n.
bata f Schlaf-, Morgen-rock m; Haus-rock m, -kleid n; (Arbeits-)Kittel m; *Col. a.* (Damen-)Kleid n; ~ (afelpada), *Am. a.* ~ de baño Bademantel m.
batacazo m Klatsch m, Plumps m, heftiger Fall m; Kladderadatsch m (a. *fig.*); dar (*od.* pegar) un ~ lang hinschlagen; *fig.* stürzen.
batahola F f Krach m, Spektakel m F.
batalla f 1. Schlacht f; Kampf m; *fig.* Streit m; (orden m de) ~ Schlachtordnung f; ~ campal Feldschlacht f; *fig.* Schlägerei f; ~ defensiva (decisiva) Abwehr- (Entscheidungs-)schlacht f; ~ de desgaste (de ruptura) Material- (Durchbruchs-)schlacht f; campo m de ~ Schlachtfeld n; dar (*od.* librar) ~ e-e Schlacht liefern; *fig.* s. widersetzen, die Stirn bieten (j-m a alg.); *fig.* dar la ~ kämpfen, den Kampf aufnehmen; presentar ~ s. (dem Gegner) zur Schlacht stellen; *fig.* s. zum Kampf stellen; 2. ~ de flores Blumenkorso m; *hist.* Blumenkrieg m im alten Mexiko; 3. *Mal.* Schlachtengemälde n; 4. Kleidung: de alltäglich, für den Alltag; strapazierfähig; 5. ⊕ Achsabstand m (*Fahrzeug*); 6. *Equ.* Sattelsitz m; ~**dor I.** *adj. a. fig.* kriegerisch, kämpferisch; II. m Kämpfer m; *hist.* ehrender Beiname ma. Helden; ~**r** *v/i.* 1. kämpfen, streiten; disputieren; 2. schwanken, zaudern.
batallón¹ ⚔ m Bataillon n; ~ de comunicaciones, ~ de transmisiones Nachrichtenabteilung f; comandante m de ~, jefe m de ~ Bataillonskommandeur m; *fig. bsd. Sch.* (ir a) formar parte del ~ de los torpes zu den geistig Minderbemittelten gehören F.
batallón² F *adj.:* asunto m ~, cuestión f ~**ona** Streitfrage f, Zankapfel m.
batán m *tex.* Walke f, Walk-maschine f, -mühle f; *Ec., Pe.* Maismühle f; *Chi.* Färberei f.
batanear *v/t. tex.* walken; *fig.* F durchwalken F, verprügeln.
bataola f → batahola.
bata|ta f 1. ⚕ Batate f, Süßkartoffel f; 2. *fig. Rpl., P. Ri.* a) Schüchternheit f; b) Simpel m F, Tropf m F; ~**tal**, ~**tar** m Batatenfeld n; ~**tazo** m *Rpl., Chi., Pe.* Sieg m e-s Außenseiters (*Pferderennen*).
batayola ⚓ f Hängemattenkasten m.
bate m 1. Stopf-, Stopp-hacke f der Rottenarbeiter; 2. *Sp.* Baseballschläger m.
bate|a f 1. Tablett n; Schüssel f; flacher Trog m; *Am.* Wasch-trog m, -mulde f; 2. 🚃 Plattformwagen m; 3. ⚓ Prahm m; 4. *Am. Mer.* Mulde f zum Goldwaschen; ~**ar** *vt/i.* Baseball: schlagen.
bate|l ⚓ m Kahn m, Boot n; ~**lero** m Kahn-, Boots-führer m.
bate|ría I. f 1. ⚔ Batterie f; Geschützstand m; ~ de bocas de fuego Rohr-, Geschütz-batterie f; ~ de campaña (de cohetes) Feld- (Raketen-)batterie f; ~ de costa (de plaza) Küsten- (Festungs-)batterie f; en ~ aufgefahren (*Artillerie*); dar ~ a unter Beschuß nehmen (*ac.*); *fig.* angreifen (*ac.*); 2. ⚓ Stück-, Geschütz-pforte f; *fort.* Mauereinbruch m, Bresche f; 3. ⚡ Batterie f; ~ de pilas secas Trockenbatterie f; 4. *a.* ⊕ Reihe f, Batterie f; ~ de cocina (Satz m) Küchengeschirr n; ~ de cracking Krackanlage f; ~ de lavabos Reihenwaschanlage f; *Vkw.* estacionamiento m en batería (sentido perpendicular) Senkrecht-, Querparken n, (sentido oblicuo) Schrägparken n; 5. *Thea.* Rampenlicht n; 6. ♪ Schlagzeug n; 7. Zudringlichkeit f; Belästigung *f/pl.*; II. m 8. → ~**rista** f m Schlagzeuger m.
batible *adj.* c schlagbar.
bati|borrillo, ~**burrillo** F m Mischmasch m F, Gemansche n F.
baticola *Equ.* f Schwanzriemen m.
batida f 1. Treibjagd f (*a. fig.*); Razzia f (*Polizei*); ⚔ Streife f; dar una ~ e-e Treibjagd *bzw.* e-e Razzia veranstalten; 2. *Hk. Cu., S. Dgo.* Angriff m.
bati|dera f Rührschaufel f der Maurer; Imkermesser n; ~**dero** m 1. Klappern n; Stuckern n; 2. ⚓ Wellenschlag m; ~s Spritzborde *m/pl.*; 3. holpriger Fahrweg m; sehr besuchter Ort m; ~**do I.** *adj.* 1. gebahnt, ausgetreten (*Weg*); 2. schillernd (*Seide*); II. m 3. Klopfen n, Schütteln n; 4. Teig m für Biskuit *od.* Oblaten; Eierschnee m; geschlagene Eier *n/pl.*; geschlagenes Eigelb m; 5. Mixgetränk n; 6. *HF* Überlagerung f; ~**dor** 1. Quirl m, Schnee-schläger m, -besen m; 2. Dreschflegel m; (Wasch-)Schlegel m; ⊕ Stößel m; *tex.* Schläger m; *tex.* Weblade f; ~ de oro Goldschläger m; 3. weitzahniger Kamm m, Frisierkamm m; 4. *Jgdw.* Treiber m; 5. ⚔ Kavallerie: Kundschafter m; ~es *m/pl.* Voraustrab m; 6. P *Arg.* Verräter m; ~**dora** f Mixer m; Rührwerk n; ~ de cables Kabelschläger m; ~**dura(s)** ⊕ *f(/pl.)* Hammerschlag m.

batiente I. *adj. c* **1.** schlagend; **II.** *m* **2.** Fenster-, Tür-flügel *m*; Anschlag *m*; **3.** Hammerleiste *f*, Dämpfer *m am Klavier*; **4.** Felsenklippe *f*, Deich *m*, *an dem s. die Wellen brechen.*
bati|fondo *m Rpl.* → *alboroto, barahúnda*; **~hoja** *m* Gold-, Silberschläger *m*; Blechschmied *m*; **~mento** *Mal. m* Schlagschatten *m*; **~metría** ⚓ *f* Tiefsee-messung *f*; -forschung *f*; **~miento** *m* Schlagen *n*; ⚔ Beschuß *m.*
batín *m* Haus- bzw. Friseur-kittel *m.*
batintín *m* Gong *m.*
batir I. *v/t.* **1.** *Metall* schlagen; *Stahl* gärben; *Münzen* prägen; *~ (en frío) Metall* kalt schlagen; **2.** quirlen; *Eier, Teig, Sahne* schlagen; *Teig* rühren; *~ la leche* buttern *(v/i.)*; **3.** bewegen; *mit den Flügeln* schlagen; *Boden* peitschen, schlagen; *~ el vuelo* (auf)fliegen; **4.** ♪ *Trommel, Takt* schlagen; *~ marcha* trommeln; **5.** anblasen, anwehen (*Wind*); bescheinen (*Sonne*); bespülen, anbranden an (*ac.*) (*Wellen*); **6.** *Jgdw.* treiben; ⚔, *a. Jgdw. Gelände* erkunden, durchstreifen; absuchen, durchkämmen; **7.** ⚔ *~ (con fuego)* unter Feuer (*od.* unter Beschuß) nehmen, beschießen; bestreichen; **8.** schlagen, besiegen; *fig.* vernichten; *Sp. u. fig. ~ la marca* e-n Rekord schlagen; **9.** *Zelt u. ä.* abbrechen; **10.** *Haar* (auf)kämmen; **11.** *Chi., Guat., Pe. Wäsche* spülen; **II.** *v/i.* **12.** heftig schlagen (*Herz*); **13.** □ *Arg.* beichten; **III.** *v/r. ~se* **14.** kämpfen, schlagen, s. streiten; *~se en duelo* s. duellieren, s. schlagen; *~se entre la vida y la muerte* in Agonie (*od.* im Sterben) liegen.
batiscafo *m* Bathyskaph *m*, Tiefseetauchgerät *n.*
batista *f* Batist *m*; *~ cruda* Nessel (-tuch *n*) *m.*
bato *m* **1.** Dummkopf *m*, Tölpel *m*; **2.** F *Span.* Vater *m*, Alte(r) *m* F.
batómetro *m* Tiefenmesser *m*, Bathometer *n.*
batracios *Zo. m/pl.* Froschlurche *m/pl.*; *~*, Batrachier *m/pl.*
batuda *f* Trampolinsprünge *m/pl. der Akrobaten u. Turner.*
Batue|cas F: *estar en las ~* zerstreut sein, nicht bei der Sache sein; *desp. parece que viene de las ~* er ist reichlich ungeschliffen; **♀co** F *adj.-su.* tölpelhaft; *m* Tolpatsch *m*; Flegel *m.*
batuque P *m Rpl.* Lärm *m*, Tumult *m*, Spektakel *m* F.
batu|rrada *f* Flegelei *f*, Rüpelei *f*; **~rrillo** F *m* Mischmasch *m* F, Gemansche *n* F; **~rro** F *adj.-su.* dickköpfig; bauernschlau; (*m*) aragonesisch(er Bauer *m*); *m* Aragonier *m.*
batuta ♪ *f* Taktstock *m*; *bajo la ~ de ... (Orchester)* unter (der Leitung von) ... (*dat.*); *fig. llevar la ~* führen, den Ton angeben.
baud *Tel. m* Baud *n (Maßeinheit).*
baúl *m* **1.** gr. Koffer *m*, Truhe *f*; *~ mundo* Schrank-, Kabinen-koffer *m*; P *cargar el ~ a j-m* die Schuld (*od.* den Schwarzen Peter F) zuschieben; **2.** *Kfz. Col.* Kofferraum *m*; **3.** *fig.* F Bauch *m*, Wanst *m* F; P *henchir el ~ s.* den Wanst vollschlagen F.

bauprés ⚓ *m* Bugspriet *n, m.*
bausán I. *m* Strohpuppe *f*; *fig.* Dummkopf *m*, Einfaltspinsel *m*; **II.** *adj. Pe.* faul, träge.
bautis|mal *adj. c* Tauf-...; *agua f ~* Taufwasser *n*; **~mo** *m* Taufe *f*; *~ de urgencia, ~ in artículo mortis* Nottaufe *f*; *~ de sangre* Bluttaufe *f*; *fig. ~ de fuego* (de la línea *od.* de mar) Feuer-(Äquator-)taufe *f*; *libro m de ~s* Taufbuch *n*; *nombre m de ~* Tauf-, Vorname *m*; F *romper el ~ a j-m* den Schädel einschlagen; **~ta** *m* Täufer *m*; F *Span.* Privatchauffeur *m*; *San Juan ~, El* ♀ Johannes der Täufer; **~terio** *m* Tauf-becken *n*, -kapelle *f.*
bauti|zado *m* Täufling *m*; Getaufte(r) *m*; **~zar** [1f] *v/t.* taufen (*a. fig.*); an-, be-spritzen; *fig. Wein* pan(t)schen; F *~ los nuevos* den Neulingen (*bsd. Rekruten*) e-n Streich spielen; **~zo** *m* Taufe *f*; Tauffeier *f.*
bauxita *Min. f* Bauxit *m.*
bávaro *adj.-su.* bay(e)risch; *m* Bayer *m.*
Baviera *f* Bayern *n*; *Alta (Baja) ~* Ober- (Nieder-)bayern *n.*
baya *f* Beere *f.*
bayadera *f* Bajadere *f.*
bayal¹ *adj.-su. m (lino m) ~* Herbstflachs *m.*
bayal² *m* Mühlsteinhebel *m.*
baye|ta *f* grober Flanell *m*; Scheuerlappen *m*, Putzlumpen *m*; **~tón** *m* Molton *m.*
bayo I. *adj.-su.* falb (*Pferd*); *m* Falbe(r) *m*; **II.** *m Ent.* Seidenspinner *m.*
bayona¹ ⚓ *f* langes Stoßruder *n.*
Bayona² *f* Bayonne *n.*
bayone|ta *f* Seitengewehr *n*, Bajonett *n*; *a la ~* mit dem Bajonett, Bajonett...; *calar la ~* das Seitengewehr aufpflanzen (*bzw.* fällen); *esgrimir la ~ mit dem Bajonett fechten*; **~tazo** *m* Bajonettstich *m*; **~tear** *v/t. Am.* mit dem Bajonett verwunden (*bzw.* töten).
baza *f Kart.* Stich *m*; *fig. ~ maestra* Meister-stück *m*, -schuß *m*; *fig.* (a)sentar bien su *~* **a)** die Trümpfe in der Hand haben; **b)** s-e Stellung, sein Ansehen *bzw.* s-e Meinung festigen; **c)** das Richtige im Schwarze treffen; *hacer ~* Stiche machen; *fig.* **a)** beteiligt sein; **b)** *Glück bei e-m Unternehmen* haben; *jugar una ~* e-n Trumpf ausspielen; *meter ~* (en) s. (*ins Gespräch usw.*) einmischen, s-n Senf dazugeben F; *no dejar meter ~* niemanden zu Wort kommen lassen.
bazar *m* Basar *m*, Bazar *m*; Warenhaus *m*; *~ benéfico* Wohltätigkeitsbasar *m.*
bazo¹ *Anat. m* Milz *f.*
bazo² *adj.* goldbraun; *pan m ~* Roggenbrot *m.*
bazofia *f* Speisereste *m/pl.*; *fig.* schlechtes Essen *n*, Schlangenfraß *m*
ba|zooka, ~zuca ⚔ *m* Panzerfaust *f*, Bazooka *f.*
bazu|car [1g], **~quear** *v/t. bsd. Flüssigkeit* schütteln, ~**queo** *m* Schütteln *n*; ♪ Plätschergeräusch *n.*
be¹ *f* B *n (Name des Buchstabens); → a. b.*
be² *onom.* bäh; *m* Bäh *n*, Geblök *n.*
bea|ta *f* **1.** Laienschwester *f*, Begine *f*; F Betschwester *f* F, Frömmlerin *f*;
Am. Reg. alte Jungfer *f*; P *de día ~, de noche gata tags* Betschwester, nachts Bettschwester P; **2.** P Pesete *f*; **~tería** *f* Frömmelei *f*, Scheinheiligkeit *f*; **~terio** *m* Beginenhaus *n*; **~tificación** *kath. f* Seligsprechung *f*; **~tíficamente** *adv.* **1.** *Theol. vivir ~* ein gottseliges Leben führen; **2.** *fig.* glücklich, selig; **~tificar** [1g] *v/t.* **1.** *kath.* seligsprechen; *Rel. u. fig.* seligpreisen; **2.** *fig.* beseligen; *fig.* heiligen; **~tífico** *adj.* **1.** *Theol.* selig; **2.** *fig.* friedlich; *desp.* naiv; **~tísimo** *sup.*: ♀ *Padre m* Heiliger Vater *m (Papst)*; **~titud** *f* **1.** *Theol.* ewige Glückseligkeit *f*, Seligkeit *f*; **2.** *Su* ♀ S-e Heiligkeit *f (Papst)*; **3.** *fig.* F Glück *n*, Behagen *n*; **~to I.** *adj. Theol.* selig; fromm; *desp.* scheinheilig; *desp.* naiv; ser *~* frömmeln; **II.** *m* Selige(r) *m*, Seliggesprochene(r) *m*; *desp.* → *~tón desp. m* Betbruder *m*, Frömmler *m.*
Beatriz *npr. f* Beatrix *f.*
bea|tuco, ~tucho *adj.-su. desp. v. beato.*
be|ba *f Rpl.* Baby *n (Mädchen)*; **~be** *Rpl.,* **~bé** *m* Baby *n*; **~-probeta** Retortenbaby *n.*
bebe|dera *f Col., Guat.* Trinken *n*, Saufen *n* F; **~dero I.** *adj.* **1.** trinkbar; **II.** *m* **2.** Trinknapf *m für Vögel*; Wild-, Vogel-, Vieh-tränke *f*; **3.** Schnauze *f an Trinkgefäßen*; **4.** ⊕ Gießerei: Guß-loch *n*, -trichter *m*; **5.** *Guat., Pe.* Schnapskneipe *f*; **~dizo I.** *adj.* trinkbar; **II.** *m* Heiltrank *m*; Gift-, Zauber-trank *m*; **~dor** *adj.-su.* Trinker *m*; *~ solitario* stiller Zecher *m*; **~ndurria** F *f* Sauferei *f* F; **~r I.** *vt/i.* **1.** trinken; saufen (F *u. Tiere*); *dar de ~ zu trinken geben*; *lit. u. Vieh* tränken; *~ el freno od. de la Stange beißen (Pferd)*; *~ en un vaso aus e-m Glas(e) trinken*; *~ a (od. por) la salud de auf j-s Gesundheit trinken*; **2.** *fig. ~ el aire* zerstreut (*od.* geistesabwesend) sein; *~ por lo ancho* alles für s. haben wollen; *~ la doctrina de s.* innig vertraut machen mit j-s Lehre; *~ fresco* sorglos (*od.* ahnungslos *od.* ohne Argwohn) sein; *~ los sesos a j-m* den Kopf verdrehen; *~ los vientos por et.* voller Sehnsucht herbeiwünschen; *in j-n sterblich verliebt sein*; *poet. ~ los vientos, ~ los aires* schnell wie der Wind laufen; **II.** *v/r. ~se* **3.** *~se a/c. et.* austrinken, et. leeren; **4.** hinunterschlucken (*a. fig.*); *~se las lágrimas* die Tränen unterdrücken; *como quien se bebe un vaso de agua* kinderleicht, spielend (leicht); im Handumdrehen (*et. erledigen u. ä.*); als ob gar nichts dabei wäre; **III.** *m* **4.** Trinken *n*; **~rrón** F *adj.-su.* trunksüchtig; *m* Trinker *m*, Säufer *m* F; **~stible** *adj. c* → *bebible.*
bebi|ble F *adj. c* trinkbar; **~da** *f* **1.** Getränk *n*; **2.** Trinken *n*; Trunksucht *f*; **~do** *adj.* angetrunken, beschwipst F; **~strajo** *desp. m* elendes Getränk *n*, Gesöff *n* F.
beborrotear F *v/i.* nippen, häufig *u.* in kleinen Schlucken trinken.
beca *f* **1.** Schärpe *f der Studenten*; **2.** Kapuze *f*; **3.** Freistelle *f*; *~ (de estudios)* Stipendium *n.*
beca|cina *Vo. f* Bekassine *f*; **~da** *Vo. f* (Wasser-)Schnepfe *f*; Waldschnepfe *f.*

becado — benigno 90

beca|do *m* Stipendiat *m*; ~r [1g] *v/t.*: ~ a *alg.* j-m ein Stipendium gewähren; ~rio *m* Stipendiat *m*.
bece|rra *f* 1. Färse *f*, (Kuh-)Kalb *n*; 2. ♀ Löwenmaul *n*; ~rrada *f* Stierkampf *m* mit jungen Stieren; ~rrillo *m* Kalbsleder *n*; ~rro *m* 1. Stierkalb *n*, Farre *m*; ~ marino Seehund *m*; *bibl.* el ~ de oro das Goldene Kalb *n* (*a. fig.*); 2. Kalbsleder *n*; 3. Urkundenbuch *n* e-s *Klosters*, e-r *Gemeinde*.
becoquino ♀ *m* Wachsblume *f*.
becuadro ♪ *m* Auflösungszeichen *n*.
bechamel *Kchk. f* Béchamelsoße *f*.
becquerel *Phys. m* Becquerel *n*.
bedano *m* Stemm-, Stech-eisen *n*.
bede|l *m* Pedell *m*; ~lía *f* Amt *n* e-s Pedells.
beduino *m* Beduine *m*.
befa *f* Hohn *m*, Spott *m*; hacer ~ (y mofa) de s-n Spott treiben mit (*dat.*); ~r I. *v/i.* die Lefzen bewegen (*Pferd*); II. *v/t.* (u. *v/r.* ~se de) verspotten, spotten über (*ac.*).
befo I. *adj.* 1. mit wulstiger Unterlippe; dicklippig; 2. krummbeinig; II. *m* 3. Lefze *f* (*Pferd*).
begardo *m* Beghard(e) *m* (*Sektierer*).
begonia ♀ *f* Begonie *f*.
begui|na *Rel. f* Begine *f*; ~no *m* → begardo.
begum *f* Begum *f*.
behaviorismo *Psych. m* Behaviorismus *m*, Verhaltensforschung *f*.
behetría *hist. f* „Freivasallenschaft" *f* (e-e freie *Gemeinde* schloß s. e-m *Lehnsherren* auf *Zeit* an).
beige *adj.* c beige.
béisbol *m* Baseball *m*.
bejel *Fi. m* roter Knurrhahn *m*.
bejín *m* ♀ Bovist *m*; *fig.* Hitzkopf *m*.
beju|ca *Zo. f Am.* Erzspitznatter *f*; ~cal *m* Lianendickicht *n*; ~co ♀ *m* Liane *f*, Schlingpflanze *f*; ~quear *v/t. Ec., Guat., Méj., Pe., P. Ri.* verprügeln; peitschen; ~quera *f*, ~quero *m* 1. *Am.* ~ bejucal; 2. *fig. Col.* verwickelte Situation *f*; ~quillo ♀ *m* Brechwurz *f*, Ipekakuanha *f*.
Belcebú *m* Beelzebub *m*; *Zo. Am.* ♀ Brüllaffe *m*, Beelzebub *m*.
belcho ♀ *m* Strandbeere *f*.
beldad *poet. f* Schönheit *f* (*a. Person*).
belduque *m Am. Cent., Col., Chi., Méj.* gr., spitzes Messer *n*.
belemnita *Geol. f* Belemnit *m*, Donnerkeil *m*.
Belén *m* Bethlehem *n*; ♀ bsd. Span. (Weihnachts-)Krippe *f*; *fig.* Lärm *m*; Durchea. *n*; (*mst.* ♀enes *n/pl.*) unsicheres Geschäft *n*; es un ♀ das ist höchst verwickelt; todo este ♀ dieser ganze Krempel; estar en ~ geistesabwesend (*bzw.* verdattert) sein.
belenista *m* Krippenbauer *m*.
beleño ♀ *m*: ~ (negro) (schwarzes) Bilsenkraut *n*.
belesa ♀ *f* Bleiwurz *f*.
belfo I. *adj.-su.* mit dicker Unterlippe; dicklippig; II. *m* Lefze *f* (*Pferd usw.*); Hängelippe *f*.
belga *adj.-su.* c belgisch; *m* Belgier *m*.
Bélgi|ca *f* Belgien *n*; ♀co *adj.* belgisch.
Belgrado *m* Belgrad *n*.
Belice *m* Belize *n*.
belicis|mo *m* Kriegslust *f*; Kriegstreiberei *f*; ~ta *adj.-su.* c kriegslüstern; *m* Kriegs-hetzer *m*, -treiber *m*.
bélico *adj.* kriegerisch, Kriegs-...;

ardor *m* ~ Kriegs-begierde *f*; -lust *f*.
belico|sidad *f* Kriegs-, Angriffs-lust *f*; ~so *adj.* kriegerisch; kriegslüstern; *fig.* streitbar.
beligeran|cia ⚖ *f* Status *m* als kriegführende Partei; *fig.* dar ~ a *alg.* j-n als (ebenbürtigen Diskussions-) Gegner anerkennen; ~te *adj.-su.* c krieg(s)führend; *m* Krieg(s)führende(r) *m*; *fig.* (ebenbürtiger Diskussions-)Gegner *m*.
belísono *poet. adj.* waffenklirrend.
belitre F *m* Lump *m*, Gauner *m*.
beluga *Zo. m* Weißwal *m*, Beluga *m*.
belvedere *m* Erker *m*; Eckturmchen *n*.
bella|cada *f* → bellaquería; ~co I. *adj.* gemein, verschlagen; *Rpl., Méj.* störrisch, tückisch (*Pferd*); II. *m* Schuft *m*, Schurke *m*, gemeiner Kerl *m*. [donna *f.*]
belladona ♀ *f* Tollkirsche *f*, Bella-)
bellamente *adv.* schön, großartig.
bellaque|ar *v/i.* 1. Schurkenstreiche verüben; 2. *Rpl., Bol.* bocken (*Pferd*; F *Arg. Person*); ~ría *f* Schurkerei *f*; Gemeinheit *f*.
belleza *f* Schönheit *f* (*a. Person*); Anmut *f*; ~ exterior, ~ de formaFormschönheit *f*; ~ ideal Schönheitsideal *n*.
bellísimo *sup. v. bello:* wunderschön; *fig.* una ~ persona ein sehr netter (*od.* anständiger) Mensch.
bello *adj.* schön; las ~as artes die schönen Künste *f/pl.*; el ~ sexo das schöne Geschlecht.
bello|ta *f* ♀ a) Eichel *f*; b) Nelkenknospe *f*; *fig.* si le menean da ~s er ist dumm wie Bohnenstroh F; ~te *m* Rundkopf *m* (*Nagel*); ~tear *v/i.* Eicheln fressen (*Schweine*); ~tera *f* (*Zeit f der*) Eichellese *f*; Eichelmast *f*; ~tero I. *adj.* eicheltragend; II. *m* Eichelsammler *m*; ~to *m* 1. ♀ chilenischer Eichellorbeer *m*; 2. *desp.* Stoffel *m* F, Lümmel *m* F, Trampel *n* F.
bem|ba *f Ant., Col., Ven.,* ~bo *m Cu.* Negerlippe *f*; dicke Lippe *f*; ~bón *Cu., P. Ri., Ven.,* ~budo *adj. Col., Cu., P. Ri.* mit wulstigen Lippen, dicklippig.
bemo|l *m* ♪ Erniedrigungszeichen *n*, b *n*; re ~ des; doble ~ Doppel-b *n*, bb *n*; *fig.* esto tiene (tres) ~es a) das ist äußerst schwierig; b) das ist doch allerhand (*Entrüstung*); ~lar *v/t.* ♪ mit b versehen; *Note* erniedrigen; *fig.* herabstimmen, dämpfen.
ben|ceno ⚗ *m* Benzol *n*; ~cidina ⚗ *f* Benzidin *m*; ~cina *f* Benzin *n*; Wund-, Wasch-benzin *n*; ~ de aviación Flugbenzin *n*; ~ bruta (ligera) Roh- (Leicht-)benzin *n*.
ben|decir [3p] *v/t.* 1. segnen, (ein-)weihen; ~ la comida das Tischgebet sprechen; 2. preisen, loben; ~dición *f* 1. Segen(sspruch) *m*; Einsegnung *f*, Weihe *f*; ~ de la mesa Tischgebet *n*; ~ nupcial Trauung *f*; echar la ~ (a) segnen (*ac.*); die Ehe einsegnen; s-n Segen geben (*dat.*) F; echar la ~ a a/c. (a *alg.*) auf et. (*ac.*) verzichten, et. Verlorenes abschreiben (mit j-m nichts mehr zu tun haben wollen); 2. Segen *m*, Wohltat *f*; ser una ~ (de Dios) ein wahrer (Gottes-)Segen sein (*a. fig.*); ~dito I. *adj.* 1. gesegnet; geweiht; F

einfältig, naiv; *euph. Am.* → maldito; agua *f* ~a Weihwasser *n*; ¡~ sea Dios! Gott sei Dank!; II. *m* 2. Segen *m* (*Gebet, das beginnt:* ~ y alabado sea ...); 3. es un ~ er ist ein (gutmütiger) Trottel F; dormir como un ~ schlafen wie ein Murmeltier; 4. P *Ven.* → cura[1]; 5. *Rpl.* Kapellchen *n*.
benedícite *m* Tischsegen *m*.
benedictino I. *adj.* 1. Benediktiner-...; II. *m* 2. Benediktiner *m* (*Mönch*); 3. Benediktiner(likör) *m*.
bene|factor *adj.-su. bsd. Am.* → bienhechor; ~ficencia *f* Wohltätigkeit *f*; ~ pública Wohlfahrt *f*, (öffentliche) Fürsorge *f*; centro *m* de ~ Wohltätigkeitsverein *m*; Estado *m* de ~ Wohlfahrtsstaat *m*; función *f* de ~ Wohltätigkeitsvorstellung *f*; ~ficiado *m* Inhaber *m* e-r Pfründe; *Thea.* Benefiziant *m*; ~ficiador *adj.-su.* wohltätig; *m* Wohltäter *m*; ~ficiar [1b] I. *v/t.* 1. wohltun (*dat.*); zustatten kommen (*dat.*); nutzen (*dat.*); 2. Land anbauen; Erze abbauen; 3. verbessern; ⚗ veredeln; Land düngen; 4. Amt erkaufen; 5. Wertpapiere unter dem Wert verkaufen; 6. *Am.* Vieh schlachten; II. *v/r.* ~se 7. ~se de aus et. (*dat.*) Nutzen ziehen; 8. *Am.* ~se a *alg.* j-n erschießen; j-n töten; ~ficiario m Nutznießer *m*; ✝ Zahlungs- *bzw.* Leistungsempfänger *m*; Begünstigte(r) *m* (*Versicherung, Scheck, Wechsel*).
beneficio *m* 1. Wohltat *f*, Vorteil *m*, Nutzen *m*; *Thea.* Benefiz(vorstellung *f*) *n*; a ~ de zugunsten (*gen.*), zum Besten (*gen.*); en ~ de zum Vorteil von (*dat.*), zum Wohl (*gen. od.* von *dat.*); b) kraft (*gen.*), vermöge (*gen.*); 2. ✝ Gewinn *m*; Verdienst *m*; ~ bruto (neto, líquido) Brutto-, Roh- (Netto-, Rein-)gewinn *m*; 3. ⚖ Rechtswohltat *f*; *gelegl. a.* Einrede *f*; ~ (legal) de probeza Armenrecht *n*; ~ de inventario beschränkte Erbenhaftung *f*; *fig.* a ~ de inventario mit Vorbehalt; 4. ⚒ Abbau *m*; en ~ in Betrieb; 5. ⚒ Anbau *m*; Düngung *f*; *Chi.* Dünger *m*; 6. *Am.* Schlachtung *f*; 7. *ecl.* Pfründe *f*; ~so *adj.* vorteilhaft; einträglich, wohltuend.
benéfico *adj.* 1. wohltätig, Wohltätigkeits-...; institución *f* ~a Wohltätigkeitsinstitution *f*, Hilfswerk *n*; 2. wohltuend; gütig; ~ para la salud gut für die Gesundheit.
Benemérita *f: Span.* la ~ die Landpolizei (= *Guardia Civil*).
bene|mérito *adj.* verdienstvoll; ~ de la patria (wohl)verdient um das Vaterland; ~plácito *m* Genehmigung *f*, Einwilligung *f*; Plazet *n*; *Dipl.* Exequatur *n*; ~volencia *f* Wohlwollen *n*, Gewogenheit *f*; con ~ wohlwollend.
benévolo *adj.* gütig, wohlgesinnt, wohlwollend; lector *m* ~ geneigter Leser *m* (*im Vorwort e-s Buches u. ä.*).
Benga|la *f* Bengalen *n*; luz *f* de ~, *mst.* ♀ bengalisches Feuer *n*; bengalisches Streichholz *n*; Leuchtrakete *f*; caña *f* de ~ *od.* ♀ Rotang *m*; Peddigrohr *n*; ♀lí *adj.-su.* c (*pl.* ~íes) bengalisch; *m* Bengale *m*; Bengali *n* (*Sprache*).
benig|nidad *f* Güte *f*, Gutherzigkeit *f*, Milde *f*; ⚕ Gutartigkeit *f*; ~no *adj.*

gütig, gnädig (zu *dat. con*); sanft; mild (*Wetter*); ⚔ gutartig.
Benín *m* Benin *n.*
benito *m* Benediktiner(mönch) *m*; ♀ *npr.* Benedikt *m.*
benjamín *m* 1. Nesthäkchen *n*; 2. ⚡ *Col.* Zwischenstecker *m.*
benjuí *m (pl. ~íes)* Benzoe(harz *n*) *f.*
benzo|ico *adj.*: *ácido m ~* Benzoesäure *f*; **~l** *m* Benzol *m.*
beo P *m Span.* Muschi *f* P (= *Vagina*).
beocio *adj.* böotisch; *fig.* einfältig.
beo|dez *f* Trunkenheit *f*; **~do** *adj.-su.* betrunken.
beque ⚓ *m* Bugfutter *m*; **~(s)** *m(/pl.)* Schiffsabort *m der Matrosen.*
bequista *c Am.* Stipendiat *m.*
berbén ⚕ *m Méj.* Skorbut *m.*
berberecho *Zo. m* „Grünling" *m*, gewöhnliche Herzmuschel *f.*
berberí *adj.-su. c (pl. ~íes)* → bereber.
berberisco *adj.-su.* berberisch; *m* Berber *m*; *hist. Estados m/pl.* **~s** Barbareskenstaaten *m/pl.*, Berberei *f.*
bérbero(s) ♀ *m* Sauerdorn *m.*
berbiquí *m (pl. ~íes)* Drillbohrer *m*, Bohrleier *f*; **~ de pecho**, **~ de mano** Brustleier *f.*
bereber(e) *adj.-su. c* Berber...; *m* Berber *m.*
berengo *adj. Méj.* einfältig, dumm.
berenjena *f* Aubergine *f*, Eierfrucht *f*; **~l** *m* Auberginenfeld *n*; *fig.* Klemme *f*; *meterse en un ~ s.* in die Nesseln setzen.
bergamo|ta ♀ *f* Bergamotte *f* (*Birne u. Pomeranze*); *esencia f de ~* Bergamottöl *n*; **~te**, **~to** ♀ *m* Bergamott(e)baum *m.*
bergan|te *m* unverschämter Spitzbube *m*, frecher Gauner *m*; **~tín** ⚓ *m* Brigg *f*; **~ goleta** Schonerbrigg *f.*
beriberi ⚕ *m* Beriberi *f.*
beri|lio ⚗ *m* Beryllium *n*; **~lo** *Min. m* Beryll *m.*
berkelio ⚗ *m* Berkelium *n.*
Berlín *m* Berlin *n.*
berlina *f* 1. *Kfz.* Limousine *f*; 2. Berline *f* (*Reisekutsche*), *Wagen*, *Kutsche*: Vorderabteil *n* mit e-r Sitzreihe.
berlinés *adj.-su.* berlinerisch, Berliner; *m* Berliner *m.*
berlinga ⚓ *f* Spiere *f.*
berma *f* 1. ✕ Grabenabsatz *m*; 2. Berme *f*, Böschungsabsatz *m.*
berme|jear *v/i.* rot schimmern; ins Rötliche spielen; **~jizo** *adj.* rötlich; **~jo** *adj.* (hoch)rot; rotblond; rotbraun (*Vieh*); **~juela** *Fi. f* Rötling *m*, Rotfisch *m*; **~llón** *m* Zinnober (-rot *n*) *m.*
Berna *f* Bern *n.*
bernardina F *f* Aufschneiderei *f*, Angeberei *f* F.
bernardo *adj.-su. m* Bernhardiner (-mönch) *m*; (*perro de*) *San* ♀ *od.* **~** *m* Bernhardiner(hund) *m*; ♀ *npr.* Bernhard *m.*
bernegal *m* Trinkschale *f.*
berra(za) ♀ *f Art* Eppich *m.*
berrea *f* Hirschbrunft *f*; **~r** *v/i.* blöken (*a. fig.*); *fig.* plärren; grölen, brüllen.
berrenchín *m* Schäumen *n des Wildschweines*; *fig.* F → berrinche.
berrendo I. *adj.* gescheckt (*Stier*); † zweifarbig; *P.Ri.* wütend; **II.** *m Zo. Méj.* Hirschziege *f.*
berreo *m* → berrinche; berrido.

berrido *m* Blöken *n*, Brüllen *n* (*a. fig.*); Röhren *n* (*Hirsch*); Plärren *n der Kinder*; Grölen *n*; Quieken *n*, Kreischen *n.*
berrín F *m* Hitzkopf *m.*
berrinche *m* 1. F Wutanfall *m*; Geplärr *n*; *coger un ~* a) (andauernd) plärren; b) e-n Wutanfall bekommen; **2.** *Ec.* Rauferei *f*, Schlägerei *f*; **3.** *Am.* Brunstgestank *m* (*Eber*, *Hengste*).
be|rrizal *m* Kressenbeet *n*; **~rro** ♀ *m* Kresse *f*; **~ amaro** Brunnenkresse *f.*
berro|cal *m* felsiges Gelände *n*; **~queño** *adj.* graniten; *fig.* felsenhart; *piedra f* **~a** Granit *m.*
berrueco *m* 1. Granit-, Fels-kegel *m*; 2. Barockperle *f.*
ber|za *f* ♀ Kohl *m*, Kraut *n*; **~ roja** Rotkraut *n*; **~ rizada** Wirsing *m*; *estar en* **~** in Saat stehen; *fig.* **~s** *y capachos* (wie) Kraut u. Rüben; *fig.* F *picar la ~* Anfänger sein, herumstümpern; **~z(ot)as** F *m (pl. inv.)* Niete *f* F, Flasche *f* F (*Person*).
bes *adj. inv.* beige.
besa|lamano *m veraltend*: kurze förmliche Mitteilung *f*, (*ohne Unterschrift*) *mit dem Vordruck B.L.M.* (*es küßt die Hand*); **~manos** *m (pl. inv.)* Handkuß *m.*
besamel(a) *f* Béchamelsoße *f.*
besana *f* ✍ Richtfurche *f*; Furchenziehen *n.*
besar *v/t.* küssen (auf den Mund *en la boca*); *fig. llegar y ~ el santo* es auf Anhieb erreichen; *fig. ~ el suelo* hinfallen; **II.** *v/r.* **~se** *fig.* zs.-backen (*Brot u. ä. im Ofen*); *s.* berühren.
besito *m* Küßchen *n*; *Col., Pe., P.Ri., Rpl. Art* Milch- *bzw.* Kokos-brötchen *n.*
beso *m* Küssen *n*; Kuß *m*; **~ de Judas** Judaskuß *m*; *Kchk. bsd. Am.* **~ de negro** Negerkuß *m*; *comerse a ~s a alg.* j-n abküssen; *tirar un ~ a j-m* e-n Kußhand zuwerfen; **~tear** *v/t. bsd. Rpl.* → besuquear.
Bessemer ⚒: *procedimiento m* **~** Bessemerverfahren *n*; *convertidor m* **~** Bessemer-birne *f*, -konverter *m.*
bes|tezuela *f dim.* Tierchen *n*; **~tia I.** *f* Tier *n*, Vieh *n*; Biest *n* F; *a. fig.* **~ de carga** Lasttier *n*; **~ de tiro** Zugtier *n*; *gran ~ a)* Elch *m*; *b)* Tapir *m*; **II.** *adj.-su. c* Flegel *m*, Rüpel *m*, Rohling *m*; ungehobelter (*od.* brutaler) Kerl *m*; Dummkopf *m*; **~tiaje** *m* Lasttiere *n/pl.*; **~tial** *adj. c* 1. bestialisch, viehisch; brutal; **2.** *fig.* F wahnsinnig (*fig.* F), riesengroß; *hambre f* **~** Mordshunger *m* F; **3.** *f* fabelhaft, toll F; **~tialidad *f*** 1. Bestialität *f*; Gemeinheit *f*; **2.** F Unmenge *f*; **~tializarse** [1f] *v/r.* vertieren; **~tión** △ *m* Fabeltier *n.*
besu|car [1g] *v/t.* → besuquear; **~cón** F *adj.-su.* Knutscher *m* F.
besu|go *m* 1. *Fi.* See-, Meer-brassen *m*; *fig.* F *ojos m/pl. de* **~** Glotzaugen *n/pl.*; *ya te veo* **~** ich weiß schon, worauf du hinauswillst; **2.** □ Leiche *f*; **~guera** *f* 1. Fischpfanne *f*; 2. **~guero** *m* 1. Brassenhändler *m*; **2.** Brassenhaken *m* (*Angel*); **~guete** *Fi. m* roter Seebrassen *m.*
besuque|ar *v/t.* (ab)küssen; abschmatzen F, (ab)knutschen F; **~o** *m*

Abküssen *n*; Geknutsche *n* F.
beta¹ *f* Beta *n*; *rayos m/pl.* **~** Betastrahlen *m/pl.*
beta² ⚓ *f* Läufer *m*, Tau *n.*
betabel *m Méj.* Rübe *f.*
betabloqueante ⚕ *m* Betablocker *m.*
betarra|ga, **~ta** ♀ *f* Rübe *f*; rote Bete *f.*
betatrón ⚡ *m* Betatron *n*, Elektronenschleuder *f.*
betel *m* 1. ♀ Betelpfeffer *m*; 2. Betel *m.*
bético *adj. hist.* aus der Baetica, bätisch; *lit.* andalusisch.
betlemita *adj.-su. c* aus Bethlehem; *m* Bethlehemit *m*; *kath.* Bethlehemiter(mönch) *m.*
betónica ♀ *f* Heilziest *m*, Betonie *f.*
bétula ♀ *f* Birke *f.*
betún *m* 1. Bitumen *n*, Erdpech *n*; Teer *m*; Klempnerkitt *m*; ⚓ Kalfatermasse *f*; **~ de Judea** Asphalt *m*; **2.** Schuhcreme *f*; *dar* **~** *a los zapatos* die Schuhe einkremen; **3.** Steingutglasur *f*; **4.** *Kchk. Chi.* Art Zuckerguß *m*; **5.** *Cu.* Tabakwasser *n zur Fermentation des Rohtabaks.*
betunero *m* Schuhcreme-hersteller *m*; -verkäufer *m*; *Reg.* Schuhputzer *m.*
bey *m* Bei *m*, Beg *m* (*türkischer Titel*).
bezo *m* Wulstlippe *f*, dicke Lippe *f*; F wildes Fleisch *n.*
bezoar *m* Bezoar *m*, Ziegenstein *m.*
bezudo *adj.* dicklippig.
Bhutan *m* → Bután.
bi... *pref.* bi..., zwei..., doppel...
biaba *f Arg., Ur.* Überfall *m*; Schlag *m.*
biajaiba *f Ant.* eßbarer Seefisch *m* (*Lutjanus synagris*).
bi|angular ⚛ *adj. c* zweiwinklig; **~articulado** *adj.* mit zwei Gelenken; mit doppeltem Gelenk (*Zo.*, ⊕); **~at(h)lón** *Sp. m* Biathlon *n*; **~atómico** ⚛ *adj.* zweiatomig; **~auricular** *adj. c* 1. beidohrig, auf beiden Ohren; 2. mit zwei Kopfhörern *od.* Hörern; **~axial** ⊕ *adj. c* zweiachsig; **~básico** ⚗ *adj.* zwei-, doppel-basisch.
bibelot *m* Ziergg.-stand *m*; **~(s)** *m(/pl.)* Nippsachen *f/pl.*; *koll.* Nippes *m.*
biberón *m* Saugflasche *f* für Säuglinge; *criar al* **~** mit der Flasche aufziehen.
bibijagua *f Cu.* Riesenameise *f*; *fig.* betriebsamer, emsiger Mensch *m.*
Biblia *f* Bibel *f*; *fig.* dicke Buch *n*, Wälzer *m* F; **~ comentada** Bibelwerk *n*; **~ ilustrada** Bilderbibel *f*; *fig.* F *la* ♀ (*einsame*) Spitze F, einfach klasse F; → *la* ♀ *en pasto* (*od. en verso*) ein Vermögen; jede Menge F.
bibli|camente *adv.* biblisch; *fig.* einfach; **~co** *adj.* biblisch; Bibel...; *sociedad f* **~a** Bibelgesellschaft *f.*
biblio|filia *f* Bibliophilie *f*, Bücher(sammel)leidenschaft *f*; **~ófilo** Bücherliebhaber *m*, Bibliophile(r) *m*; **~ografía** *f* 1. Bücherkunde *f*; 2. Bibliographie *f*, Literaturverzeichnis *n*; **~ográfico** *adj.* bibliographisch; **~ógrafo** *m* Bibliograph *m*; **~ología** *f* 1. Bücherkunde *f*; 2. Bibelkunde *f*; **~omanía** *f* Bibliomanie *f*, Bücherwut *f*; **~ómano** *m* Büchernarr *m*, Bibliomane(r) *m.*
bibliote|ca *f* 1. Bibliothek *f*, Bücherei

bibliotecario — bignonia

f; Bücher-, Schriften-sammlung *f*; ~ ambulante, ~ móvil *(circulante)* Wander- (Leih-)bücherei *f*; ~ *de escritores clásicos* Klassikerbibliothek *f*; ~ fabril *(particular)* Werks- (Privat-)bibliothek *f*; ♀ *Nacional* Staatsbibliothek *f*; ~ *popular* Volksbücherei *f*; *fig.* *(oft et. iron.)* es una ~ ambulante er ist ein wandelndes Lexikon; **2.** Büchersaal *m*; **3.** Bücherschrank *m*; Büchergestell *n*; ~**cario** *m* Bibliothekar *m*; ~**conomía** *f* Bibliotheks-wissenschaft *f*, -kunde *f*.
biblista *c* streng Bibelgläubige(r) *m*; Bibelkenner *m*; Bibelforscher *m*.
bical *m* männlicher Lachs *m*.
bicamera|l *Pol. adj. c*: *sistema m* ~ → ~**lismo** *Pol. m* Zweikammersystem *n*.
bicarbonato ⚕ *m* Bikarbonat *n*; ~ *de sodio*, ~ *sódico* Natriumbikarbonat *n*; *pharm.* Natron *n*, doppeltkohlensaures Natrium *n*.
bicéfalo *adj.* doppelköpfig; ⊘ *águila f* ~*a* Doppeladler *m*.
bicentenario *adj.-su.* zweihundertjährig; *m* (Zeitraum *m* von) zweihundert Jahre(n) *n/pl.*; Zweihundertjahrfeier *f*.
bíceps *Anat. m (pl. inv.)* Bizeps *m*.
bici F, ~**cleta** *f* Fahrrad *n*, Rad *n*; ~ *de carreras* Rennrad *n*; ~ *de carretera*, ~ *de turismo* Tourenrad *n*; ~ *de ejercicio*, ~ *estacionaria*, ~ *de gimnasia* Stand-, Trainings-, Zimmer-fahrrad *n*, Heimtrainer *m*; ~ *de señora* Damen(fahr)rad *n*; *(estilo m de)* ~ Wassertreten *n (Schwimmart)*; *ir en* ~ radfahren, radeln F; ~**clista** *c* → *ciclista*; ~**clo** *m* Hoch-, Zwei-rad *n*.
bicloruro ⚕ *m* Dichlorid *n*; ~ *de mercurio* Sublimat *n*.
bicoca *f* **1.** Lappalie *f*, wertlose Sache *f*; **2.** Glückskauf *m*; Goldgrube *f* *(fig.)*; **3.** *Arg., Bol., Chi.* Käppchen *n* *der Priester*.
bicolor *adj. c* zweifarbig.
bicóncavo *Opt. adj.* bikonkav.
biconvexo *Opt. adj.* bi-, doppel-konvex.
bico|quete, ~**quín** *m* Ohrenmütze *f*.
bicor|ne I. *adj. c* zweihörnig; zweizipflig; **II.** *m Stk.* Stier *m*; ~**nio** *m* Zweispitz *m (Hut)*.
bi|cromato ⚕ *m* Bichromat *n*; ~**cromía** *Typ. f* Zweifarbendruck *m*.
bicuadrado ⚕ *adj.* biquadratisch.
bi|cúspide *adj. c*, ~**cúspideo** *adj.* zweizipf(e)lig; *Anat.* mit zwei Wurzeln *(Zähne)*; *válvula f* ~ Bikuspidal-, Mitral-klappe *f*.
bicha *f* **1.** Schlange *f (um das unheilbringende Tabuwort culebra nicht zu verwenden)*; **2.** △ phantastische Schmuckfigur *f in e-m Fries*.
bicharraco *m (desp. v. bicho)* Tier *n*, Viehzeug *n*; *fig.* Biest *n*, Scheusal *n*, Ekel *n*; gefährliches „Ding" *n (Waffe usw.)*.
biche[1] *adj. c Col.* unreif *(Frucht)*; *Arg.* schwach, schwächlich *(Person)*; *adj. inv. Col.* verde ~ tiefgrün.
biche[2] ⚕ *m* süße Tamarinde *f*.
bicherío *m Am.* Ungeziefer *n*; Viehzeug *n*.
bichero ⚓ *m* Bootshaken *m*; Enterhaken *m*.
bicho *m* **1.** Tier *n*; wildes Tier *n*; *Stk.* Stier *m*; ~*s m/pl.* Ungeziefer *n*; F

Viecher *n/pl.* F; **2.** *fig.* F Kerl *m*, Nummer *f* F; *mal* ~ gemeiner *(od.* hinterlistiger*)* Kerl *m*; ~ *raro* komischer Kauz *m*; *cualquier (od. todo)* ~ *viviente* jeder; *no había* ~ *viviente* kein Mensch *(od.* kein Aas F) war da; **3.** P *Am. Cent., P.Ri.* Schwanz *m* P *(= Penis)*.
bichozno *m* Ururenkel *m*.
bidé *m* Bidet *n*.
bidente I. *adj. c poet.* zweizähnig; **II.** *m ehm.* Zweizack *m (Hacke)*.
bidet *m* Bidet *n*.
bidón *m* (Flüssigkeits-)Behälter *m*; Kanister *m*; *bsd. Am. Reg.* ~ *de basura* Mülltonne *f*; ~ *de gasolina* Benzinkanister *m*; ~ *de leche* Milchkanne *f*.
biela ⊕ *f* Pleuel(stange *f*) *m*; Tretkurbel *f (Fahrrad)*; ~ *de mando*, ~ *directriz* Lenkhebel *m (a. Kfz)*; ~ *de distribución* Steuerstange *f*; ~ *(motriz)* Treib-, Schub-stange *f*.
biel|dar ⚔ *v/t.* worfeln; ~**do** *m* Worfel(-schaufel *f* bzw. -wanne *f*) *f*; Stroh-, Heu-, Mist-gabel *f*, -rechen *m*.
Bielorru|sia *f* Weißrußland *n*; ♀*so* *adj.-su.* weißrussisch; *m* Weißrusse *m*.
bien I. *m* **1.** Gute(s) *n*; Wohl *n*, Nutzen *m*; Gut *n*; *el* ~ *das Gute*; *el supremo* ~ *das höchste Gut n*; ~ *público* öffentliches Wohl *n*, Gemeinwohl *n*; *por tu (su)* ~ zu d-m (s-m) Besten; *hacer* ~ *a todos* allen Gutes erweisen, allen wohltun; *Spr. haz* ~ *y no mires a quién tue* recht und scheue niemand; *no hay* ~ *ni mal que cien años dure* alles geht vorüber; **2.** 🏠 *mst.* ~*es m/pl.* Gut *n*; Habe *f*; Vermögen *n*; ~*es dotales* Heiratsgut *n*; ~*es del Estado* Staatsvermögen *n*; ~*es de propios*, ~*es comunales* Gemeindeeigentum *n*; ~*es raíces*, ~*es inmuebles* Immobilien *pl.*, Liegenschaften *f/pl.*; *declaración f de* ~*es* Vermögenserklärung *f*; **3.** ⚕ ~*es m/pl.* Güter *n/pl.*; ~*es de capital (de consumo)* Kapital- (Konsum-)güter *n/pl.*; ~*es de equipo*, ~*es de inversión* Investitionsgüter *n/pl.*; ~*es de lujo, Am. a.* ~*es suntuarios* Luxusgüter *n/pl.*; **II.** *adv.* **4.** gut, wohl, schön, recht; richtig; sehr gut; ¡(*está*) ~! gut!, in Ordnung!; ¡*está* ~!, ¡~ *hecho*! richtig!, gut so!; *ahora* ~, *pues* ~ nun (aber) *(oft unübersetzt)*; ~ *que mal* sowieso, jedenfalls; allenfalls; schlecht u. recht; ~ *hecho* wohl getan; ~ *hablado* recht gesprochen; ~ *mirado* recht betrachtet; eigentlich, bei genauerem Zusehen; ~ *lo decía yo* das habe ich gleich gesagt; *no estoy del todo* ~ mir ist gar nicht wohl, mir ist ganz schummerig F; *estar (a)* ~ *con alg. s.* mit j-m gut stehen; bei j-m gut angeschrieben sein; *hacer* ~ + *ger. od.* + *en* + *inf.* gut daran tun, zu + *inf.*; ~ *podías haberme avisado du hättest mich (aber) wirklich verständigen können*; *tener a* ~ + *inf. od.* + *que* + *subj.* es für richtig halten, zu + *inf.*; ~ *es verdad que ... es stimmt zwar, daß ...*; *todo esto está muy* ~, *pero ... (das ist) alles gut u. schön, aber ...*; *Einleitung e-r Frage*: *y* ~, *¿qué es esto? nun (od. na und* F*)*, *was soll das?*; **5.** *mehr* F sehr, recht, ganz, tüchtig; *un café* ~ *caliente* ein ganz heißer Kaf-

fee; **6.** gern; ~ *a* ~, *por* ~ gern; *antes* ~ *od. más* ~ vielmehr, eher; lieber; ~ *lo haría yo ich täte es gerne*; **III.** *cj.* 7. ~ ... *(o)* ~ ... entweder ..., oder ...; *a* ~ *que* ... nur gut, daß ...; *si* ~ ein Glück noch, daß ...; *si* ~ *od.* ~ *que* obwohl, obgleich; wenn auch; *no* ~ kaum; *no* ~ *lo había dicho* kaum hatte er es gesagt; **IV.** *adj. inv.* **8.** F *la gente* ~ die feinen Leute *pl.* F; *niño m* ~ verwöhnter Sohn *m* reicher Eltern.
bienal I. *adj. c* zweijährig; zweijährlich; **II.** *f* Biennale *f*; ~**mente** *adv.* zweijährlich, alle zwei Jahre.
bienandante *adj. c* glücklich, glückselig.
bienaventu|rado I. *adj. Rel. u. fig.* selig; *fig.* (über)glücklich; *fig.* einfältig, naiv; **II.** *m Rel.* Selige(r) *m*; ~**ranza** *f Rel. (ewige)* Seligkeit *f*; *fig.* Glück *n*; *Rel. las* ~*s* die Seligpreisungen *f/pl. der Bergpredigt*.
bienes|tante *adj. c* wohlhabend; ~**tar** *m* **1.** Wohlbefinden *n*; (Wohl-)Behagen *n*; **2.** Wohlstand *m*.
bien|hablado *adj.* höflich beredt; ~**hadado** *adj.* glücklich; ~**hechor** *adj.-su.* wohltätig; *m* Wohltäter *m*; ~**intencionado** *adj.* wohl-meinend, -gesinnt.
bienio *m* (Zeitraum *m* von) zwei Jahre(n) *n/pl.*, Biennium *n*.
bien|mandado *adj.* folgsam, gehorsam *(bsd. Kind)*; ~**oliente** *adj. c* wohlriechend; ~**parecer** *m* Wohlanständigkeit *f*; schöner Schein *m*; ~**querencia** *f* → **querer I.** *m* Wohlwollen *n*, Zuneigung *f*; **II.** *v/t.* [2u] *j-n* schätzen; *j-m* wohlwollen; ~**quistar I.** *v/t.* ~ *a alg. con j-n* bei *(dat.)* beliebt machen; **II.** *v/r.* ~*se con s.* mit *j-m* anfreunden; ~**quisto** *adj.* ~ *(de)* beliebt (bei *dat.*), geschätzt (von *dat.*).
bienteveo *m* Beobachtungsstand *m* *der Weinbergschützen*.
bienveni|da *f* Willkomm(en *n*) *m*, Bewillkommnung *f*; *discurso m de* ~ Begrüßungsansprache *f*; *dar la* ~ *a j-n* begrüßen, *j-n* willkommen heißen; ~**do** *adj.* willkommen (in *dat. a*).
bienvivir *v/i.* sein gutes Auskommen haben; ein anständiges Leben führen.
bies *m* Schrägstreifen *m* (Besatz an Kleidung); *adv. al* ~ schräg.
bifásico ⚡ *adj.* zweiphasig.
bife *m Rpl.* Steak *n*.
bífido ⚕ *adj.* zweispaltig.
bi|filar *f adj. c* zweidrähtig; ~**focal** *Opt. adj. c* bifokal; ~**foliado** ⚕ *adj.* zweiblättrig; ~**floro** ⚕ *adj.* zweiblütig.
bifron|tal *adj. c*: *guerra f* ~ Zweifrontenkrieg *m*; ~**te** ⚐ *adj. c* zweistirnig; doppelgesichtig.
biftec *m (pl.* ~*s)* → *bistec*.
bifur|cación *f* Gabelung *f*; Abzweigung *f*; *Anat.* Bifurkation *f*; ~**cado** *adj.* gabelförmig; zweigeteilt; ~**carse** [1g] *v/r. s.* gabeln, *s.* teilen; abzweigen.
bifuselaje ✈ *m* Doppelrumpf *m*.
bigamia *f* Bigamie *f*, Doppelehe *f*.
bígamo *adj.-su.* in Doppelehe lebend; *m* Bigamist *m*.
bígaro *m gr.* Meerschnecke *f (Muschel)*.
bignonia ⚕ *f* Trompetenblume *f*, Bignonie *f*.

bigor|nia f Spitzamboß m; ~**nio** □ m Schläger m, Raufbold m.
bigo|te m 1. Schnurrbart m; Schnurrhaare n/pl. *der Katze*; ~ *de morsa* Schnauzbart m; P *una cochinada de* ~ e-e Mordsschweinerei P; F *estar de* ~ toll F (*od.* Spitze F *od.* Klasse F) sein (*Sache*); ser (*hombre*) *de* ~ Charakter haben; F *tener* (*tres pares de*) ~(*s*) **a)** fest bleiben, s. von s-m Entschluß nicht abbringen lassen; **b)** äußerst schwierig (*od.* haarig F) sein; *fig. tener buenos* ~*s* hübsch sein (*Frau*); **2.** ⊕ Schlackenloch n *im Schmelzofen*; Schlackenansatz m; **3.** *Typ.* englische Linie f (*Zierlinie*); **4.** *Kchk. Méj.* Krokette f; ~**tera** f 1. Schnurrbartbinde f; **2.** Schnurrbart m (*Schaum usw. auf der Oberlippe*); **3.** Klapp-, Not-sitz m (*Wagen*); **4.** Nullenzirkel m; **5.** Schuhkappe f; ~**tudo** *adj.* schnurr-, schnauz-bärtig.
bigudí m (pl. ~*íes*) Lockenwickler m.
bija f 1. ⚘ Orleansstrauch m, Achote m, Ruku m; Rukufrucht f; **2.** Rukupaste f (*roter Farbstoff*); ~**o** ⚘ m Am. Heliconie f.
bikini m Bikini m; (Damen-)Slip m.
bilabia|do ⚘ *adj.* zweilippig; ~**l** *Phon. adj. c* bilabial.
bilateral *bsd.* ⚖ *adj. c* zweiseitig, bilateral.
bilbaíno *adj.-su.* aus Bilbao (*Vizcaya*).
biliar *Anat.,* ⚘ *adj. c* Gallen...; *conductos m/pl.* ~*es* Gallengänge m/pl.
bilin|güe *adj. c.* zweisprachig; ~**güismo** m Zweisprachigkeit f.
bili|oso *adj.* 1. ⚘ gallig; Gallen...; *cólico* m ~ Gallenkolik f; 2. *fig.* cholerisch (a. ⚘), reizbar; ~**rrubina** *Physiol.* f Bilirubin n; ~*s* f (*pl. inv.*) Galle f; *fig.* Zorn m; *fig. se le exaltó la* ~ ihm lief die Galle über; *tragar* ~ s-n Ärger hinunterschlucken.
bilítero *adj.* aus zwei Buchstaben (*bzw.* Lauten) bestehend.
bilobulado ⚘ *adj.* zweilappig.
billar m Billard(spiel) n; (*mesa* f *de*) ~ Billard(tisch) m; (*salón* m *de*) ~ Billardzimmer n; ~ *romano* römisches Billard n, Tivoli m; ~**ista** *c* Billardspieler m.
bille|taje m (Gesamtheit f aller) Eintrittskarten f/pl. (*bzw.* Fahrscheine m/pl. *usw.*); ~**te** m 1. Briefchen n, Zettel m; **2.** (Fahr- *bzw.* Eintritts-)Karte f; Fahrschein m; ~ *de avión* Flugschein m; ~ *circular* (*semicircular*) Rundreiseheft n (mit beschränkter Kombination); ~ *combinado*, *de correspondencia* Umsteigefahrschein m; ~ *entero* voller Fahrschein m; ~ *gratuito* Frei-karte f; -fahrschein m; ~ *de ida* (*sola*), ~ *sencillo* (Karte f für) Hinfahrt f, einfache Fahrkarte f; ~ *de ida y vuelta* Rückfahrkarte f; *medio* ~ halber Fahrschein m; Kinderfahrschein m; ~ *mensual* (*semanal*) Monats- (Wochen-)karte f; *Stk.* ~ *de toros* Anrecht n auf mehrere Plätze; a. Eintrittskarte f; *precio m del* ~ Fahrgeld n; *pasajero m sin* ~ Schwarzfahrer m; ⚓, ✈ blinder Passagier m; *tomar* (*od.* *sacar*) (un) ~ e-n Fahrschein (*bzw.* e-e Eintrittskarte) lösen; → *a. entrada* 3; **3.** ~ (*de banco*) Banknote f, Geldschein m; Span. ~ *verde* 1000-Peseten-Schein m; **4.** Anweisung f, Order f; **5.** ~ (*de lotería*) Lotterielos n; ~ *premiado* Treffer m; ~

no premiado Niete f, Fehllos n; ~**tera** f *Am. Reg.* Brieftasche f; ~**tero I.** m 1. Kartenverkäufer m; **2.** Brieftasche f; **II.** *adj.* **3.** *Vkw. máquina* f ~**a** Fahrkarten-, Fahrschein-automat m.
bi|llón m Billion f; *Am. Reg.* Milliarde f; ~**llonésimo** *adj.-su.* m ein Billionstel n; *der* Billionste.
bímano *od.* **bimano** *adj.-su.* zweihändig; m Zweihänder m.
bimba F f Zylinder(hut) m, Angströhre f F; *Méj.* Rausch m, Affe m F.
bimensual *adj. c* vierzehn-tägig; -täglich.
bimes|tral *adj. c* zweimonatlich; zweimonatig; ~**tre** m (Zeitraum m von) zwei Monate(n) m/pl.; Zweimonatsbetrag m (*Gehalt*, *Miete usw.*).
bimetalismo m Doppelwährung f, Bimetallismus m.
bimotor *adj.-su.* m zweimotorig(es Flugzeug n).
bina ⚘ f Zwiebrachen n; ~**ción** *kath.* f Bination f; ~**dera** f, ~**dor** m ⚘ Hackmaschine f; Fräshacke f; ~**r I.** *v/t.* ⚘ zwiebrachen; umhakken; **II.** *v/i. kath.* binieren, zwei Messen am Tage lesen.
binario ⚙ *adj.* binär; ♩ *compás m* ~ Zweiertakt m; *oft* Zweivierteltakt m.
bin|go m Bingo n (*Spiel u. Lokal*); ~**guero** m Bingospieler m.
binguí m *Méj.* Magueyschnaps m.
binocular *adj. c* binokulär, beidäugig.
binóculo m Binokel n, Zwillingsglas n; Kneifer m, Zwicker m.
binomio ⚙ m Binom n.
bínubo *adj.* wiederverheiratet.
binza f Ei-; Fleisch-häutchen n; Zwiebelhaut f.
bio|basura f Biomüll m; ~**cenosis** f Biozönose f; ~**cida** m Biozid m; ~**degradable** *adj. c* biologisch abbaubar; ~**dinámica** f Biodynamik f; ~**diversidad** f Artenvielfalt f; ~**física** f Biophysik f; ~**gás** m Biogas n; ~**génesis** f Biogenese f; Entwicklungsgeschichte f; ~**genético** *adj.* biogenetisch; ~**geografía** f Biogeographie f; ~**grafía** f Biographie f; ~**grafiado** m Person f, die Gg.-stand e-r Biographie ist; ~**grafiar** [1c] *v/t.* j-s Biographie schreiben; ~**gráfico** *adj.* biographisch.
biógrafo m Biograph m; *Am. Reg.* Kino n.
bio|logía f Biologie f; ~**lógico** *adj.* biologisch.
biólogo m Biologe m.
biomasa *Biol.* f Biomasse f.
biombo m spanische Wand f, Wandschirm m.
bio|mecánica f Biomechanik f; ~**metría** f Biometrie f; ~**nomía** f Bionomie f; ~**psia** ⚘ f Biopsie f.
bioquími|ca f Biochemie f; ~**co** *adj.-su.* m biochemisch; m Biochemiker m.
bio|rritmo *Biol.* m Biorhythmus m; ~**satélite** m Biosatellit m; ~**sfera** f Biosphäre f; ~**sociología** f Biosoziologie f; ~**ta** f Flora f und Fauna f; ~**tecnia** f Biotechnik f; ~**tecnología** f Biotechnologie f; ~**terapia** f Biotherapie f; ~**terapéutico** *adj.*: *tratamiento m* ~ Frischzellenbehandlung f; ~**tipo** m Biotyp(us) m.
biótopo m Biotop m, n.
bióxido ⚗ m Dioxid m.

biparti|dismo *Pol.* m Zweiparteiensystem n; ~**do** ⚙ *adj.* zweigeteilt; ~**to** *Pol. adj.* Zweier...; *pacto m* ~ Zweierpakt m.
bípe|de *c,* ~**do** *adj.-su.* zwei-füßig; -beinig; m Zweifüß(l)er m; ⊕ Zweibein n.
bipersonal *adj. c.*: *habitación* f ~ Zimmer n für zwei Personen (*privat*).
biplano I. *adj. bsd.* ⊕ biplan, doppelplan; **II.** m ✈ Doppeldecker m.
bipolar *adj. c* zweipolig.
biquini m, *Arg.* f Bikini m; (Damen-)Slip m.
birimbao m Brummeisen n, Maultrommel f.
biringo F *adj. Col.* nackt.
birlar *v/t.* 1. Kegelkugel weiterschieben (*Zweitwurf*); 2. F wegschnappen, klauen f; Freundin ausspannen f; **3.** P aufs Kreuz legen f; umlegen P.
birlí *Typ.* m (pl. ~*íes*) 1. Ausgangs-, Spitz-kolumne f; **2.** (Vorteil m, Gewinn m durch vorhandenen Stehsatz m.
birlibirloque F m: *por arte de* ~ wie durch Zauberei; wie her- *bzw.* weggezaubert.
birlocha f (Papier-)Drachen m.
birlonga f *Kart. Art* L'hombre n; *adv. fig.* F *a la* ~ drauflos, ziellos; in den Tag hinein.
Birma|nia f Birma n, Burma n; 2**no** *adj.-su.* birmanisch; m Birmane m.
birome m *Rpl.* Kugelschreiber m.
birre|actor ✈ m zweistrahliges Düsenflugzeug n; ~**fringente** *Phys. adj. c* doppelbrechend.
birre|ta f: ~ (*cardenalicia*) Kardinalshut m; ~**tado** m Barettträger m; ~**te** m Barett n; Birett n *der kath.* Geistlichen; Mütze f.
bi|rria F **I.** f Plunder m, Kram m F, Schmarren m F; *un niño* ~ *a.* langweilig (*bzw.* unausstehlich) sein; **II.** m Null f F, Heini m F; ~**rrioso** *desp. adj.* scheußlich; Pfusch...; *fig.* mickerig (*Person*).
bis *adv.* noch einmal; *Thea.,* ♩ *da capo*; *b.* Hausnummern: *el número 3* ~ Nummer 3 A.
bisabue|la, ~**lo** m Urgroß-mutter f, -vater m.
bisagra f 1. Scharnier n; *Pol. fig. Span. partido m* ~ kleine Partei rechts (*od.* links) von der Mitte; **2.** Glättholz n *der Schuster*; F Wiegen f *in der* Hüften *b. Tanz.*
bisanuo ⚘ *adj.* zweijährig.
bisar *v/t.* ein Stück wiederholen (*Thea.,* ♩).
bisbi|s(e)ar F *v/i.* lispeln, zischeln; ~**seo** m Zischeln n.
biscuit m Biskuit n, m; ~ *glacé* Vanille-Sahne-Eis m.
bisec|ar [1g] ⚙ *v/t.* halbieren; ~**ción** f Halbierung f; ~**triz** ⚙ *adj.-su.* f Winkelhalbierende f.
bise|l ⊕ m Schrägkante f, Abkantung f; ~**lador** m Kristall-, Spiegel-schleifer m; ~**lar** *v/t.* abfasen, abkanten; *Glas* schleifen; facettieren.
bise|manal *adj. c* zweimal wöchentlich erscheinend (*Zeitschrift*); ~**xual** *adj. c* bisexuell.
bisiesto *adj.*: *año m* ~ Schaltjahr n.
bi|silábico, ~**sílabo** *adj.* zweisilbig.
bismuto ⚗ m Wismut n, Bismut n.
bisnieto m Urenkel m.

biso *m* Byssus *m*, Muschelfäden *m/pl.*
bisojo *adj.-su.* schielend.
bisonte *Zo. m* Bison *m*; ~ *europeo* Wisent *m*.
bisoñada *f* Kinderei *f*, Dummheit *f*, unbesonnene Handlung *f*.
bisoñé *m* Halb-, Scheitel-perücke *f*, Toupet *n*; Haarteil *n*.
biso|ñería F *f* → *bisoñada*; ~**ñez** *f* Unerfahrenheit *f*; ~**ño** *adj.-su.* unerfahren, neu; *m* Neuling *m*; Grünschnabel *m* F; *M* Rekrut *m*.
bisté *m* → *bistec*.
bistec *m* (*pl.* ~s) (Beef-)Steak *n*; P Zunge *f*.
bistre *Mal. m* Bister *m*, Manganbraun *n*.
bisturí ✠ *m* (*pl.* ~íes) Skalpell *n*.
bisulco *Zo. adj.-su.* ~m Zwei-, Paarhufer *m*.
bisul|fato ⚗ *m* Bisulfat *n*; ~**fito** ⚗ *m* Bisulfit *m*.
bisurco *adj.*: *arado m* ~ Zweifurchenpflug *m*.
bisute|ría *f* Galanteriewaren *f/pl.*; Modeschmuck *m*; ~**ro** *m* Modeschmuck-hersteller *m*; -verkäufer *m*.
bit EDV *m* (*pl.* ~s) Bit *n*.
bita ⚓ *f* Beting *f*, Ankerkettenhalter *m*.
bitácora ⚓ *f* Kompaßhaus *n*.
bitango *adj.*: *pájaro m* ~ (Papier-)Drachen *m*.
bíter *m* Bitter *m* (*Aperitif*).
bitón ⚓ *m* Poller *m*.
bitongo F *adj.*: *niño m* ~ Kindskopf *m*, kindischer Bursche *m*.
bitoque *m* Spund *m*; *Méj.* Wasserhahn *m*.
bitor *Vo. m* Wachtelkönig *m*.
bítter *m* → *bíter*.
bitubular *adj. c* mit doppeltem Ansatzstutzen; zweihalsig (*z. B. Flasche*).
bituminoso *adj.* (erd)pechhaltig, Bitumen..., Pech...
bivalen|cia *f* Zweiwertigkeit *f*; ~**te** *adj. c* zweiwertig.
bivalvo *adj.* zweischalig (*Muschel, Frucht*).
bivitelino *adj.*: *gemelos m/pl.* ~s zweieiige Zwillinge *m/pl.*
bixáceas ♀ *f/pl.* Orleangewächse *n/pl.*
biyuya ☐ *f Arg.* Zaster *m* F, Moneten *pl.* F.
Bizan|cio *m* Byzanz *n*; ₂**tinismo** *m* Byzantinismus *m*; *fig.* Neigung *f* zu Haarspaltereien; ₂**tino I.** *adj.* byzantinisch; *fig. discusiones f(/pl.)* ~**as** Haarspalterei(en) *f(/pl.)*; Subtilitäten *f/pl.*; gehaltlose Reden *f/pl.*; **II.** *m* Byzantiner *m*.
biza|rría *f* **1.** Tapferkeit *f*, Mut *m*, Schneid *m*; **2.** Edelmut *m*, Großzügigkeit *f*; ~**rro** *adj.* **1.** mutig, tapfer; **2.** stattlich, ansehnlich; **3.** großzügig, edelmütig; **4.** seltsam, bizarr.
bizaza *f* (*mst.* ~s *pl.*) Ledersack *m*, Felleisen *n*.
bizcaitarra *m* baskischer Nationalist *m*.
biz|car [1g] **I.** *v/i.* schielen; **II.** *v/t.* ~ *un ojo auf e-m Auge schielen*; ~ *el ojo* blinzeln; ~**co I.** *adj.* schielend; *fig. dejar* ~ *a alg.* j-n auf die Matte legen; *quedarse* ~ erstaunt (*od.* platt F) sein; **II.** *m* Schieler *m*; *Stk.* Stier *m* mit ungleich langen Hörnern.
bizco|chada *f* Zwiebacksuppe *f*; ~**char** *v/t.* ein zweites Mal backen; ~**chería** *f Am.* Konditorei *f*; ~**cho** *m* **1. a)** Zwieback *m*; **b)** Biskuit *n*; ~ (de *barco*) Schiffszwieback *m*; ~ *borracho* Zuckerbrot *n* mit *Wein und Sirup*; **c)** *Am. a.* Kuchen *m*; **2.** ~ *de porcelana* Biskuitporzellan *n*.
bizcorne|ado *Typ. adj.* verschoben, schief bedruckt (*Bogen*); ~**to** *adj.-su. Col., Méj., Ven.* schielend.
bizcotela *f* feiner Zwieback *m* mit Zuckerguß; leichter Einback *m*.
bizma ✠ *f* Umschlag *m*; ~**r** *v/t.* Umschläge machen (*dat.*).
biznaga ♀ *f* Knorpelmöhre *f*; *Méj. Art* Kaktee *f*; Kakteenstachel *m*.
biznieto *m* Urenkel *m*.
bizque|ar *v/i.* schielen; ~**ra** *f* Schielen *m*.
blanca *f* **1.** Weiße *f* (*Rasse*); **2.** ♪ halbe Note *f*; **3.** *Kart.* Karte *f* ohne Bild; *Domino*: Null *f*; **4.** alte Münze *f*; *fig.* Geld *n*; F *no tener* ~, *estar sin* ~ blank sein, abgebrannt sein F; **5.** P Koks *m* P, Schnee *m* P (= *Kokain*); **6.** F ⚔ Entlassung *f*.
Blancanieves *f* Schneewittchen *n*.
blanco I. *adj.* **1.** weiß, hell; blank; bleich, blaß; ~ *como la nieve* schneeweiß; *fig.* unschuldig, harmlos; *lo* ~ *del ojo* das Weiße im Auge, die (weiße) Hornhaut; *más* ~ *que el armiño* schneeweiß; blitzsauber (*Person*); ~ *amarillento* (*grisáceo*) gelblich- (grau-)weiß; *agua f* ~*a* Bleiwasser *n* (*für Umschläge*); *arma f* ~*a* blanke Waffe *f*; *cerveza f* ~*a* **a)** helles Bier *n*; **b)** Weizenbier *n*; *hoja f* ~*a* leeres (unbeschriebenes, unbedrucktes) Blatt *n*; *Pol. libro m* ~ Weißbuch *n*; ~ *de tez, de tez* ~*a* hellhäutig; *en* ~ unbeschrieben, unbedruckt; ~ blanko, Blanko...; *Typ.* Blind(druck)...; *dejar en* ~ **a)** übergehen; auslassen; *im Text* frei lassen; **b)** im unklaren lassen; **c)** *j-n* täuschen; *j-n* sitzenlassen; *no distinguir lo* ~ *de lo negro* ein ausgemachter Dummkopf sein; *estar tan lejos como lo* ~ *de lo negro* grundverschieden sein, wie Tag und Nacht sein; *hacer de lo* ~ *negro od.* volver *en* ~ *lo negro* die Wahrheit entstellen, aus Schwarz Weiß machen; *juzgar lo* ~ *negro y lo negro por* ~ alles völlig verkehrt anfassen, das Pferd beim Schwanz aufzäumen; *sacar en* ~ heraus-finden, -bekommen; ~ *y en botella, leche* e-e Binsenwahrheit; **2.** *fig.* feige; **3.** *fig.* eindeutig, dumm; **II.** *m* **4.** Weiße(r) *m*; *los* ~*s* die Weißen *m/pl.*, die weiße Rasse; *fig.* ~ *y negro* jeder (-mann); *Kchk.* Eiskaffee *m*; **5.** Weiß *n*; ~ *de ballena* Walrat *m*; ~ *de cal*, ~ *opaco* Deckweiß *n*; ~ *de España* Schlämmkreide *f*; ~ *de huevo* Eiwasser *n* (*Schönheitsmittel*); *el* ~ *del ojo* das Weiße im Auge, die (weiße) Hornhaut; ~ *de plomo* Bleiweiß *n*; *el* ~ *de la uña* das Weiße am Nagel, das Möndchen; *fig.* die geringste Kleinigkeit (*od.* Einzelheit) *f*; **6.** *a. fig.* Ziel *n*, Zielscheibe *f*; ~ *circular*, ~ *arandelas* Ringscheibe *f*; ~ *móvil* bewegliches Ziel *n*; Laufscheibe *f*; ~ *remolcado*, ~ *arrastrado* Schleppscheibe *f*; *fig. cargar el* ~ *a alg.* j-m die Schuld zuschieben; *dar en el* ~ (*ins* Ziel) treffen; *fig.* das Richtige (*od.* ins Schwarze) treffen; *hacer* ~ (*en*) (*et.*) treffen; *es el* ~ *de las miradas* alle Blicke sind auf ihn gerichtet; **7.** leerer Zwischenraum *m*, Lücke *f*; *Thea.* (Zwischenakt-)Pause *f*; **8.** *Typ.* Schöndruck *m*; **9.** *Zo.* **a)** Schimmel *m*; **b)** Blesse *f* **b.** *Pferd usw.*; **10.** Feigling *m*.
blan|cor *m* → *blancura*; ~**cote** F Feigling *m*, Hasenfuß *m* F; ~**cura** *f* Weiße *f* (*Färbung*); *vet.* ~ (del *ojo*) Hornhauttrübung *f*; ~**cuzco** *adj.* weißlich, schmutzig-weiß.
blan|damente *adv.* sanft; ~**dear**[1] **I.** *v/t.* j-n in s-r Meinung schwankend machen, j-n von *et.* (*dat.*) abbringen; **II.** *v/i. u.* ~**se** *v/r.* nachgeben, schwankend werden.
blandear[2] *v/t.* → *blandir*.
blan|dengue *desp.* **I.** *adj. c* schwach, weich; willenlos; **II.** *m* Waschlappen *m* (*fig.* F); ~**dicia** *f* **1.** Weichlichkeit *f*; **2.** Schmeichelei *f*.
blandir (*pres. ungebräuchlich*) **I.** *v/t.* Degen *usw.* schwingen; **II.** *v/i. u.* ~**se** *v/r.* schwingen, schwirren; schwanken.
blando I. *adj.* **1.** weich, zart; mild (*Klima, Wetter*); ~ *al tacto* weich anzufühlen, nachgiebig; ~ *como manteca* butterweich; *estar* ~ weich (*od. zart od.* gar) sein (*Braten usw.*); **2.** *fig.* weich, sanft, nachgiebig; schlapp F, kraftlos; feige; *es un* ~ *er* ist ein Schwächling; **II.** *adv.* **3.** sanft.
blandón *m* **1.** *gr.* Wachskerze *f*; Wachsfackel *f*; **2.** Fackelleuchter *m*.
blandu|cho, ~**jo** F *adj.* weichlich; ~**ra** *f* **1.** das Weiche, Weichheit *f* (*a. fig.*); Sanftheit *f*; *fig.* Weichlichkeit *f*; Bequemlichkeit *f*; Trägheit *f*; **2.** Schmeichelei *f*; **3.** Tauwetter *n*; **4.** ✠ Zugpflaster *n*; ~**zco** *adj. desp. v.* → *blando*.
blanque|ado *m* → *blanqueo*; ~**ador** *m* Tüncher *m*; Bleicher *m*; ~**ar I.** *v/t.* **1.** weiß machen; weißen, tünchen, kalken; bleichen; **2.** Geld waschen; **3.** ⊕ Metalle sieden; **4.** Waben einwachsen (*Bienen*); **II.** *v/i.* **5.** weiß(lich) schimmern; **6.** bleichen, weiß werden; ~**cer** [2d] *v/t.* blankreiben, polieren; ⊕ *Metalle* weißsieden; ~**cino** *adj.* weißlich; ~**o** *m* **1.** Weißen *n*, Tünchen *n*; weißer Anstrich *m*; Bleichen *n*; Bleiche *f*; **2.** ~ *de dinero* Geldwäsche *f*; **3.** ⊕ Weißsieden *n der Metalle*; ~**te** *m* weiße Schminke *f*.
blanqui|llo I. *adj.* **1.** → *candeal*; **II.** *m* **2.** *Guat., Méj.* Hühnerei *n*; **3.** Weißling *m* (*Fi. u. Birnenart*); *Pe., Chi. Art* Pfirsich *m*; ~**m(i)ento** *m* Bleich-, Chlor-kalk *m*; ~**negro** *adj.* meliert (*Haar*); ~**noso**, ~**zco** *adj.* weißlich; *m* Gotteslästerer *m*.
Blas *m*: *díjolo* ~, *punto redondo etwa*: (*iron.*) Sie haben immer recht, da gibt's k-n Widerspruch.
blasfe|mador *adj.-su.* lästernd, fluchend; *m* Gotteslästerer *m*; ~**mar** *v/i.* fluchen, lästern; ~ *contra* lästern (*ac.*), verfluchen (*ac.*); ~**matorio** *adj.* → *blasfemo*; ~**mia** *f* Blasphemie *f*, Gotteslästerung *f*; Fluch *m*; ~**mo** *adj.-su.* gotteslästerlich; *m* Gotteslästerer *m*.
bla|són *m* **1.** Wappen *n*; Wappenschild *n*; *fig.* ~**ones** *m/pl.* adlige Abkunft *f*; **2.** Wappenkunde *f*; **3.** *fig.* Ruhm *m*, Ehre *f*; *hacer* ~ *de s. mit et.* (*dat.*) brüsten; ~**sonador** *adj.* prahlerisch; ~**sonar** *v/i.*: ~ *de s.*

aufspielen als *(nom.)*; **~soneria** *f* Aufschneiderei *f*, Prahlerei *f*; **~sonista** *c* Heraldiker *m*.
blasto|dermo *Biol. m* Blastoderm *n*, Keimhaut *f*; **~ma** ⚕ *m* Blastom *n*.
blástula *Biol. f* Keimblase *f*, Blastula *f*.
blazer *m* Blazer *m*.
bledo *m* ♀ Beermelde *f*; *fig.* nichts; (no) me importa un ~, no se me da un ~ das ist mir schnuppe *(od. egal)*.
blenda *Min. f* Blende *f*.
bleno|rragia, ~rrea ⚕ *f* Blennorrhagie *f*, Blennorrhö *f*.
blinda ⚔ *f* Blende *f (schußfeste Abschirmung)*; **~do** *adj.* ⚔, ⊕ gepanzert; Panzer...; ⊕ *a.* gekapselt; ⚓, HF abgeschirmt; ⚔ carro *m* ~ de exploración Panzerspähwagen *m*; chaqueta ~a kugelsichere Weste *f*; división *f* ~a Panzerdivision *f*; tren *m* ~ Panzerzug *m*; **~je** ⚔ Panzer *m*; *a.* ⊕ Panzerung *f*; ⚓, HF Abschirmung *f*; **~r** *v/t.* ⚔, ⊕ panzern; ⊕ kapseln; ⚓, HF abschirmen.
bloc *m* (Schreib-)Block *m*; ~ de dibujo Zeichenblock *m*; ~ de hojas perforadas (de notas, de pedidos) Abreiß- (Notiz-, Bestell-)block *m*.
blocao ⚔ *m* Bunker *m*.
block 🚂 *m* Block *m*; sistema *m* de ~ Blocksystem *n*.
blof(e) *m Am.* Bluff *m*; **~ear** *v/i. Am.* bluffen.
blonda *f* Blonde *f*, Seidenspitze *f*.
blondo *poet. adj.* blond.
bloque *m* 1. Block *m*, Klotz *m*; ~ de hormigón (de mármol) Zement- (Marmor-)block *m*; ~ (de viviendas) Wohnblock *m*; *adv.* en ~ in Bausch u. Bogen, pauschal; 2. ⊕ Block *m*; Unterlage *f*; ~ de cilindros ([de] motor) Zylinder- (Motor-)block *m*; ~ de resortes Feder-block *m*, -paket *n*; 3. *Pol.* Block *m*; ~ oriental Ostblock *m*; 4. (Schreib-)Block *m*; **~ar I.** *v/t.* 1.⚔, ✝ sperren *(a. EDV)*, blockieren; 🚂 blocken; 2. bremsen; *Bremsen* scharf anziehen; ⊕, *a. Typ.* blockieren; **II.** *v/r.* **~se** 3. ⊕ blocken, blockieren, festsitzen; **~o** *m* 1. ⚔, *Pol.* Blockade *f*; *hist.* ⚓ continental Kontinentalsperre *f*; ~ informativo Nachrichtensperre *f*; 2. ⊕ Sperrung *f*; Blockierung *f*; Verriegelung *f*; *EDV* ~ general Computerabsturz *m*; → *a.* block; 3. ✝ Stop(p) *m*; ~ de los alquileres Mietstop(p) *m*.
blu|f(f) *m* Bluff *m*; **~f(e)ar** *v/i.* bluffen.
blu|sa *f* Bluse *f*; Kittel *m*; ~ (de trabajo) Arbeitskittel *m*; **~són** *m (bsd.* Damen-)Kittel *m*.
bluyín *m Col., Pe.* (Blue) Jeans *pl.*
boa I. *f. Zo.* Boa *f*; ~ esmeralda Hundskopfboa *f*; **II.** *m* (Feder- *usw.*) Boa *f*.
boardilla *f* → buhardilla.
boato *m* Prunk *m*, Gepränge *n*, Pomp *m*; con ~ aufwendig *(leben)*.
bob *m* Bob(schlitten) *m*.
boba *f* hochgeschlossene Strickjacke *f*.
boba|da *f* Albernheit *f*, Dummheit *f*; **~lías** *c (pl. inv.)* Dummkopf *m*, Narr *m*; **~licón** *adj.-su.* dumm, einfältig; *m* Erzdummkopf *m*, Einfaltspinsel *m*; **~rrón** F *augm. adj.-su.* blöd, saudumm F; **~tel** F *m* Dummkopf *m*, Dämlack *m* F.

bobe|ar *v/i. s.* albern benehmen, kalbern F; **~r(i)a** *f* → bobada; **~ta** *adj.-su. c Rpl.* → bobalicón.
bóbilis F *adv.*: de ~ ~ ohne Mühe, umsonst; lo consiguió de ~ es ist ihm in den Schoß gefallen.
bobina *f* 1. Spule *f*; ~ de alambre (de calentamiento) Draht- (Heiz-)spule *f*; ~ de choque (de resistencia) Drossel- (Widerstands-)spule *f*; *Kfz.* ~ de encendido Zündspule *f*; ~ giratoria (magnética) Dreh-(Magnet-)spule *f*; 2. Filmrolle *f*, Rolle *f (Papier)*; Garnrolle *f*; **~do** *m* 1. ⚡ Wicklung *f*; ~ paralelo (primario) Parallel- (Primär-)wicklung *f*; 2. *tex.* Aufspulung *f*, Spulen *n*; **~dora** *f* Spulenwickelmaschine *f*; **~r** *v/t. tex.* (auf)spulen; ⚡ (be-)wickeln.
bobo I. *adj.* 1. dumm, albern, einfältig; *pdjaro m* ~; 2. weit (auslaufend) *(Ärmel)*; **II.** *m* 3. Dummkopf *m*, Narr *m*, Tropf *m*; *Spr.* entre ~s anda el juego auf e-n Schelmen anderthalbe; 4. *Thea.* Hanswurst *m*, Narr *m*; 5. P *Rpl.* Taschenuhr *f*, Zwiebel *f* F; 6. *Am. Cent., Ant., Col., Méj.* eßbarer Fisch, verschiedene Arten.
bo|bón, ~bote F *augm. adj.-su.* erz-, stroh-dumm; *m* Dussel *m* F, Dämlack *m* F.
boca *f* 1. Mund *m*; P *u. v.* Tieren Maul *n*; Schnauze *f*; de ~ leere Worte, nur Gerede, nichts dahinter; ~ abajo bäuchlings; auf dem *(bzw.* den) Bauch; ~ arriba rücklings; auf dem *(bzw.* den) Rücken; *prp.* por ~ de durch *(Wortführer)*; *fig.* ~ de risa freundlicher Mensch *m*; *fig.* ~ de verdades a) aufrichtiger Mensch *m*; b) Grobian *m*; *adv. a.* ~ llena rücksichtslos, frei (von der Leber) weg *(sagen)*; blando de ~ weichmäulig *(Pferd)*; duro de ~ hartmäulig *(Pferd)*; *fig.* verschlossen, zurückhaltend; *fig.* andar de ~ en ~ von Mund zu Mund gehen, Gg.-stand des Geredes sein; no decir esta ~ es mía den Mund nicht auftun, nicht piep sagen F; decir lo que se le viene a la ~ kein Blatt vor den Mund nehmen; decir (a/c.) con la ~ chica *(od. chiquita)* nur aus Höflichkeit so reden, es nicht so meinen; *fig.* echar por la ~ ¡losl, red' schon!, heraus damit!, mach's nicht so spannend!; hablar por la ~ de ganso *(od. de otro)* andern nach dem nachschwätzen; Unsinn reden *(od.* schwatzen); la ~ se me hace agua das Wasser läuft mir im Munde zusammen; irse de ~ irsele la ~ *a alg.* mit et. herausplatzen, unbesonnen daherreden; *mentir con toda la ~* unverschämt lügen; ~ a. pedir; pegar la ~ en la pared s-e Not verschweigen; ¡punto en ~! still!; Mund halten!; *fig.* poner *a/c.* en ~ de *alg.* j-m et. in den Mund legen, j-m et. unterstellen; quedarse con la *(od.* con tanta) ~ abierta äußerst erstaunt sein, paff sein F; *a qué quieres, ~* ganz nach Wunsch; saber *a/c.* de *(od. por)* ~ de otro et. vom Hörensagen wissen; tener buena ~ a) *Equ.* leicht dem Zügel gehorchen; b) gut schmecken; c) kein Kostverächter sein; leicht zufriedenzustellen sein; tener mala ~ e-n schlechten Geschmack im

blasonería — bocaza

Mund haben; traer en ~s a alg. j-n schlechtmachen, s. über j-n das Maul zerreißen F; *Spr.* en ~ cerrada no entran moscas (Reden ist Silber,) Schweigen ist Gold; 2. F Esser *m*; mantener muchas ~s viele Mäuler füttern müssen F; 3. *a.* ⊕ Öffnung *f*; Mündung *f*; Eingang *m*, Einfahrt *f*; (Fluß-)Mündung *f*; Schlund *m* e-s Vulkans; (Tunnel-, U-Bahn-)Eingang *m*; ~ de alcantarilla Gully *m, n*; ~ de buzón Briefeinwurf *m*; de ~ de cañón ganz aus der Nähe *(Schuß u. fig.)*; ⚓ ~ de carga Ladeluke *f*; ~ de horno Ofen-, Schür-loch *n*; a ~ de jarro → bocajarro; ~ de riego Hydrant *m*; 4. Mundstück *n*; ~ de aspiración Saugstutzen *m*; 5. ~ de fuego Geschütz *n*; Feuerwaffe *f*; 6. Schneide *f (Hacke, Meißel)*; (Hammer-)Bahn *f*; Weite *f*, Maul *n (Werkzeug)*; 7. *Anat.* ~ del estómago Magengrube *f*; 8. Schere *f der Krebse*; 9. Ärmelloch *n*; 10. Geschmack *m*, Blume *f (Wein)*; 11. *(provisiones f/pl.* de) ~ Mundvorrat *m*; 12. ✝ ~ de dragón Löwenmaul *n*; 13. *Jgdw.* Kaninchenbau *m*.
boca|bajo *adv. Cu., Méj., Pe., P.Ri.* → de bruces; **~calle** *f* Straßeneinmündung *f*; Straßenecke *f*; **~caz** *m (pl.* ~aces) Durchlaß *m* am Wehr; **~cha** *f* 1. F *augm.* Riesenmaul *n* F; 2. *hist.* Donnerbüchse *f*, Becherstutzen *m*; **~dear** *v/t.* zerstückeln; knabbern an *(dat.)*; **~dillo** *m* belegtes Brötchen *n*; Imbiß *m*, zweites Frühstück *n*; *Col., Ven.* eingemachte Guajabafrüchte *f/pl.*; *Cu.* Zuckergebäck *n* mit Bataten; *Méj.* Kokospaste *f*; tiempo *m* del ~ Frühstückspause *f*; **~dito** *m Cu.* Zigarette *f* mit Tabakhülle; F *Méj., Guat.* Essen *n*; **~do** *m* 1. Bissen *m*, Mundvoll *m*; Happen *m*; Biß *m*, Bißwunde *f*; a ~s bissenweise; buen ~ a) gutes Essen *n*; b) F Prachtweib *n* F; c) ~ ~ sin hueso gutes Geschäft *n*, prima Sache *f* F; *fig.* caro ~ kostspieliges Unternehmen *n*; hoher Preis *m*; *fig.* un ~ dificil de digerir ein harter Brocken *m*; ~ exquisito Leckerbissen *m*, Delikatesse *f*; dar un ~ zuschnappen, (zu)beißen; tomar un ~ e-n Imbiß nehmen; 2. Gebiß *n*, Kandare *f (Pferd)*; 3. ~s *m/pl.* Backobst *n*; 4. dem Essen beigemengter Giftbrocken *m*.
bocajarro *adv.*: a ~ aus nächster Nähe *(Schuß)*; *fig.* unvermutet; direkt, unverblümt.
bocal[1] *m* Krug *m* zum *Weinschöpfen*; Goldfischglas *n*.
bocal[2] *m* Mundstück *n* der Blasinstrumente; ⚓ breite Hafeneinfahrt *f*.
boca|llave *f* Schlüsselloch *n*; **~manga** *f* Ärmelloch *n*; Ärmelaufschlag *m*; **~mejora** ⚒ *f Am. Mer.* Nebenschacht *m*; **~mina** ⚒ *f* Mundloch *n*, Schachteinfahrt *f*.
bocana *f Col., Méj.* Flußmündung *f*.
bocanada *f* Schluck *m*, Mundvoll *m*; Rauch-, Wind-stoß *m*; Zug *m* beim Rauchen; *fig.* ~ de gente Gedränge *n*.
bocanegra *Fi. f* Fleckhai *m*.
bocarte *m* Pochwerk *n*.
bocata F *m* belegtes Brötchen *n*.
bocateja ⚒ *f* Traufziegel *m*.
boca|tero *adj.-su. Cu., Hond., Ven.* Angeber *m*; **~za I.** *f augm.* Maul *n* F; **II.** *m (oft.* ~s) *fig.* F Schwätzer *m*, Quatschkopf *m* F;

bocazo — boletín

~zo ✕ *m* Blindgänger *m*, erfolgloser Sprengschuß *m*.
boce|l *m* **1.** Wulst *m*, Bausch *m*; **2.** △ Rundstab *m*; **3.** ⊕ cepillo *m* ~ Kehlhobel *m*; ~**lar** *v/t.* bossieren, wulsten.
bocera *f* Trink-, Speise-rand *m an den Lippen*, Schnurrbart *m* F; ✄ Faulecke *f*.
boceto *m a. fig.* Skizze *f*, Entwurf *m*.
bocina *f* **1.** Schalltrichter *m*; **2.** Sprachrohr *n*, Megaphon *n*; ⚓ Nebelhorn *m*; (Post-, Hift-)Horn *n*; *Kfz.* Hupe *f*; *tocar la* ~ hupen; **3.** *Col., Chi.* Hörrohr *n*; ~**r** *v/i.* ins Horn stoßen; *Kfz.* hupen; ~**zo** *m* Hupsignal *n*; Hornstoß *m*.
bocio ✄ *m* Kropf *m*.
bock *m* kl. Glas *n* (*od.* kl. Krug *m*) Bier.
bocón *adj.-su.* großmäulig; *m* Großmaul *n*.
bocoy † *m* Transportfaß *n*.
bocha *f* Bocciakugel *f*; ~**s** *f/pl.* Boccia(spiel) *n*; ~**r** *v/t.* treffen (*Boccia*); ~**zo** *m* Treffer *m* (*Boccia*).
boche *m* **1.** Grube *f* für Klickerspiel *u. ä.*; **2.** *Chi., Pe.* Streit *m*; *Chi., Ec., Pe.* Lärm *m*, Wirrwarr *m*; *Méj., Ven.* dar (un) ~ a *j-n* vor den Kopf stoßen (*fig.*).
bochinche *m* Lärm *m*, Tumult *m*, Krach *m*, Radau *m*; Durcheinander *n*, Wirrwarr *m*; ~**ar** *v/i. Am.* Krach machen.
bochorno *m* **1.** heißer Sommerwind *m*; (Gewitter-)Schwüle *f*; **2.** leichter Schwindelanfall *m*; *fig.* Schamröte *f*; Scham *f*; ~**so** *adj.* schwül, drückend (heiß); *fig.* peinlich, beschämend.
boda *f* (*oft* ~**s** *f/pl.*) Hochzeit *f*; ~**s** *de diamante* (*de hierro*) diamantene (eiserne) Hochzeit *f*; *fig.* ~**s** *espirituales* Einsegnung *f* *e-r Nonne*; ♪ *las* ~**s** *de Fígaro* Figaros Hochzeit *f*; ~**s** *de plata* (*de oro*) silberne (goldene) Hochzeit *f*; *invitados m/pl. a la* ~ Hochzeitsgäste *m/pl.*; *celebrar* ~**s** (*od.* *la* ~) Hochzeit machen (*od.* feiern); *Spr. no hay* ~ *sin tornaboda* etwa: für alles muß man zahlen; *a.* keine Rose ohne Dornen.
bode|ga *f* **1.** Wein-, Vorrats-keller *m*; Kellerei *f*; Weinhandlung *f*; *bsd.* ⚓ (*im Hafen*) (*Chi.* ✄) Lager-, Warenschuppen *m*; ⚓ ~ (*de carga*) Laderaum *m im Schiff*; *estar en la* ~ lagern (*bsd. Wein, Bier*); **2.** Weinstube *f*, *Cu., Pe., Ven.* Lebensmittelgeschäft *n*; **3.** Scheune *f*; **4.** Wein-ernte *f* *od.* -produktion *f* *e-r best. Gegend*, *e-s best. Zeitabschnittes*; ~**gaje** *m Am.* Lagergeld *n*; *Am.* (Ein-)Lagern *n*, Lagerung *f*; ~**gón** *m* **1.** *Am.* Garküche *f*; billiges Gasthaus *n*, Kneipe *f*; **2.** *Mal.* Stilleben *n* (*Küchenstück u. ä.*); ~**gonear** *v/i.* s. in Kneipen herumtreiben; ~**gonero** *m* Garkoch *m*; Speisewirt *m*; ~**guero** *m* Kellermeister *m*.
bodijo *m* Mißheirat *f*; armselige Hochzeit *f*.
bodoque I. *m* **1.** Noppe *f* an Stickereien; Knötchen *n*; **2.** *Méj. fig.* Pfuscherei *f*; **II.** *adj.-su. c* **4.** Dummkopf *m*, Einfaltspinsel *m*; ~**ra** *f* Blasrohr *n*.
bodorrio *m* **1.** → bodijo; **2.** *Méj.* lärmende Feier *f bzw.* Armeleutehochzeit *f*.

bodrio *m fig.* Schlangenfraß *m* F; F übler Schinken *m* F (*schlechtes Buch*).
body *m* Body *m*.
bóer *adj.-su. c* burisch; *m* Bure *m*.
bofe *m* (*mst.* ~**s** *pl.*) Lunge *f* (F *u. v. Tieren*); *fig.* F *echar los* ~ *s*. abhetzen, s. gewaltig anstrengen; s. umbringen (für *ac. por*).
bofe|tada *f* Ohrfeige *f* (*a. fig.*); *dar* (*od. pegar*) *una* ~ *a alg.* j-n ohrfeigen, j-m e-e langen F (*od.* herunterhauen F); ~**tear** P *v/t.* j-n ohrfeigen, j-m e-e knallen F; ~**tón** *m* kräftige Ohrfeige *f*.
bofia F **I.** *f* Polente *f* F, Bullen *m/pl.* F, Schmiere *f* ☐; **II.** *m* Polyp *m* F, Bulle *m* F.
bofo *adj. Am.* schwammig.
boga[1] *f* Silberfisch *m* (*Flußfisch*); Gelbstriemen *m*, Blöker *m* (*Seefisch*).
boga[2] **I.** *f* Rudern *n*; *fig. estar en* ~ beliebt *od.* in Mode sein, „in" sein, hoch im Kurs stehen; **II.** *m Col.* Ruderer *m*; ~**da** *f* Ruderschlag(weite *f*) *m*; ~**dor** *m* Ruderer *m*; ~**r** [1h] *v/i.* rudern; *poet.* segeln; ~**vante** *m* **1.** *Zo.* Hummer *m*; **2.** *hist.* erster Ruderer *m der Ruderbank e-r Galeere*.
bog(g)ie *m* → boje[2].
Bohemia *f* Böhmen *n*; *cristal m de* ~ böhmische Glaswaren *f/pl.*; ☿ Boheme *f*, flottes Künstlerleben *n*.
bohémico *hist. adj.* böhmisch.
bohe|mio I. *adj.* **1.** böhmisch; **2.** tschechisch; **3.** zigeunerisch; **4.** *fig.* verbummelt, leichtlebig, liederlich; *vida f* ~**a** unbürgerliches Leben *n*, Bummelleben *n*; **II.** *m* **5.** Böhme *m*; **6.** Tscheche *m*; **7.** Zigeuner *m*; **8.** Bohemien *m*; ~**mo** *adj.-su.* böhmisch; *m* Böhme *m*.
bohío *m Ant.* Rohr-, Schilf-hütte *f*; *P.Ri.* (ortsfester) Sonnenschirm *m* mit Stroh- *od.* Schilfdach.
bohordo *m* **1.** ❀ Blütenschaft *m*; **2.** *hist.* Wurfspieß *m bei Turnieren*.
boico|t (*pl.* ~**s**), ~**teo** *m* Boykott *m*; Boykottierung *f*; ~**tear** *v/t.* boykottieren.
boina *f* Baskenmütze *f*.
boiquira *f Méj.* Klapperschlange *f*.
boite *od.* **boîte** *f* Nachtlokal *n*, Kabarett *n*.
boj *m* → boje[1].
boja ✄ *f* → abrótano.
boje[1] *m* **1.** ❀ Buchs(baum) *m* (*a. Holz*); **2.** Arbeitsleisten *m der Schuster*.
boje[2] *m* Drehgestell *n* (*Straßenbahn*, ❀).
boj(e)ar ⚓ *vt/i.* e-e Insel (ein Kap) um-kreisen, -schiffen; † e-n Umfang von ... haben.
bojedal *m* Buchsbaumgebüsch *n*.
boj(e)o ⚓ *m* Umfahren *n bzw.* Umfang *m e-s Kaps*, *e-r Insel*.
bojiganga *hist. f* Komödiantentruppe *f*.
bojote *m Col.* Bündel *n*, Paket *m*.
bol[1] *m* Fischzug *m*, Fang *m*; Wurfnetz *n*.
bol[2] *m* **1.** Kegel *m*; **2.** *Min.* Bolus *m*; ~ *arménico*, ~ *de Armenia* (rote) Siegelerde *f*.
bol[3] *m* **1.** Schale *f*; **2.** → ponchera.
bola *f* **1.** Kugel *f*; (Kegel-, Billard-) Kugel *f*; Ball *m* (*a.* ⚽); ❀ *corredera* Laufkugel *f* (*Kugellager*); ~ *de nieve* Schneeball *m*; ❀ Schneeballen *m*; *juego m de* ~ Kugelwerfen

n (*Spiel*); *fig. niño m de la* ~ Glückskind *n*; *el Niño de la* ~ das Jesuskind mit der Weltkugel; † *sistema m de la* ~ *de nieve* Schneeballsystem *n*; ¡dale ~! schon wieder kommt er damit!, wie lästig!, das ist ja nicht zum Aushalten!; *no dar pie con* ~ dauernd danebenhauen F, überhaupt nicht zurechtkommen; *dejar que ruede la* ~ die Dinge laufen lassen; *hacer* ~**s** die Schule schwänzen; P *Bol., Rpl.* ~ *sin manija* wie ein geölter Blitz; **2.** (Zier-)Kugel *f z. B.* *an Möbeln*; *Stk.* Degenknauf *m*; **3.** F Schwindel *m*, (Zeitungs-)Ente *f*; *Col.* Gerücht *n*; **4.** *Cu., Chi.* → *argolla* 3; **5.** Giftbrocken *m* (*für streuende Tiere*); **6.** Schuhwichse *f*; **7.** *Méj.* Lärm *m*, Streit *m*; Menge *f*; ~ *de gente* Menschenmenge *f*; **8.** ~**s** *f/pl.* *Am.* → boleadoras; **9.** *Kart.* Schlemm *m*, Ramsch *m*; **10.** P Ei *n* P (= *Hoden*); **11.** ☐ *Arg.* Freiheit *f*; Entlassung *f*.
bola|cha *f Arg.* Rohkautschukkugel *f*; ~**da** *f* **1.** Kugel-, Ball-wurf *m*; Stoß *m* (*Billard*); **2.** *Cu., Méj.* → *bola* 3; *Rpl., Ven.* günstige Gelegenheit *f*; ~**do** *m Am. Cent.* Gerücht *n*; *Chi., Hond., Méj.* Geschäft *n*, Angelegenheit *f*.
bolazo *m* Kugel-stoß *m*, -wurf *m*; *Rpl.* Unsinn *m*, Blödsinn *m*; *adv. Méj. de* ~ auf gut Glück.
bolche|vique *adj.-su. c* bolschewistisch; *m* Bolschewist *m*; ~**vi(qui)smo** *m* Bolschewismus *m*; ~**vista** *adj. c* → *bolchevique*; ~**vizar** [1f] *v/t.* bolschewisieren.
boldo *m bsd. Am.* ❀ Boldopflanze *f*; *té m de* ~ Boldotee *m*.
bolea|da *f Rpl.* Treiben *n* *des Viehs mit der Bola*; ~**dor** *m Méj.* Schuhputzer *m*; ~**doras** *f/pl. Am.* Bola *f*, Kugelriemen *m zum Einfangen des Viehs*; ~**r I.** *v/t.* **1.** werfen, schleudern; **2.** *Am.* Tier mit der Bola jagen *od.* fangen; **3.** *Am. fig.* durchfallen lassen (*b. Wahl, Prüfung*); P *j-n* abschießen F (*bei der Wahl, im Amt*); **4.** *Méj.* Schuhe blankputzen; **II.** *v/i.* **5.** ohne Einsatz spielen (*Billard, Geschicklichkeitsspiel*); **III.** *v/r.* ~**se** **6.** *And., Rpl.* bocken (*Reittier*); **7.** *Arg. s.* schämen.
bole|o *m* Kugel-, Boccia-werfen *n*; Bocciaplatz *m*; ~**ra** *f* Kegelbahn *f*; ♪ ~**s** *f/pl.* Bolero *m*; ~**ro**[1] *adj.-su.* **1.** (Schul-)Schwänzer *m*; Lügner *m*, Aufschneider *m*; **2.** *escarabajo m* ~ Pillendreher *m* (*Käfer*).
bolero[2] *m* **1.** ♪ Bolero *m* (*Tanz*); Bolerotänzer *m*; **2.** Bolero(jäckchen *n*) *m*; *Col., P.Ri.* Volant *m* (*Zierbesatz*); *Am. Cent.* Zylinder(hut) *m*; **3.** *Méj.* Schuhputzer *m*; **4.** *Col., Pe., P.Ri.* → *boliche*[2] *2*.
bole|ta *f* Einlaß-, Passier-schein *m*; Bezugsschein *m*; *Am.* Stimm- *bzw.* Los-schein *m*; ✕ Quartierzettel *m*; → *a. billete; boletín, boleto; cédula*; ~**tería** *f Am.* (Fahrkarten-)Schalter *m*; Kartenverkauf(sstelle *f*) *m*; ~**tero** *m Am.* Kartenverkäufer *m*; ~**tín** *m* **1.** Zettel *m*; Schein *m*; Formular *n*; ~ *de cotizaciones* Kurszettel *m* (*Börse*); ~ (*de pedido*), Zeitungen usw.: ~ *de suscripción* Bestellschein *m*; **2.** amtlicher Bericht *m*; Bulletin *n*, Mitteilungsblatt *n*; ~ *de denuncia* etwa: Strafzettel *m*; ~ *médi-*

co ärztliches Bulletin n; Span. ⚘ Oficial Amtsblatt n; Gesetzblatt n; ~ meteorológico Wetterbericht m; ~to m Am. Fahrkarte f; bsd. Am. Eintrittskarte f; a. Span. Losschein m; ☐ Arg. Lüge f.
boli|chada f Netzwurf m; fig. F Glückszug m, guter Fang m; ~che¹ m kl. Schlepp- od. Wurf-netz n; damit gefangener kl. Fisch m. Kegelbahn f; 4. ⚒ Bleischmelze f; kl. Schwelofen m; 5. Tabak m minderer Qualität; 6. Am. Kramladen
boliche² m 1. kl. Bocciakugel f; Zierkugel f an Möbeln; 2. Fangbecherspiel n; 3. Kegelspiel n; m; 7. Bol., Chi., Pe., Rpl. Taverne f, Kneipe f; ~ro m Kegelbahnbesitzer m; Arg. Krämer m.
bólido m Bolid m, Meteor(stein) m; fig. Rennwagen m, Bolid(e) m; como un ~ rasend (schnell).
bolígrafo m Kugelschreiber m; ~-reloj Quarzuhr-Kugelschreiber m.
boli|lla f 1. Klößchen n; 2. Stimmkugel f; ~**llo** m 1. kl. Kegel m; Spitzenklöppel m; trabajar al ~ klöppeln; 2. Col. Schlagstock m der Polizisten; ~s m/pl. Am. Cent., Col., Cu., Méj. Trommelschlegel m/pl.; 3. ~s m/pl. Zuckerstangen f/pl.
bolín m kl. Bocciakugel m; adv. F de ~, de bolán draufloss, aufs Geratewohl.
bolina f 1. ⚓ a) Senkblei n, Lot n; b) Bulin(e) f (Segelhaltetau); ir (od. navegar) de ~ beim Winde segeln; fig. F andar de ~ auf (den) Bummel gehen; fig. F echar de ~ Wind machen F, s. aufplustern F; 2. Streit m, Krach m.
bolista m Méj. Unruhestifter m.
bolita f Kügelchen n; Murmel f, Klicker m.
bolívar m Ven. Bolívar m (Münzeinheit).
bolivariano adj.-su. Anhänger m Bolívars.
Bolivia f Bolivien n; ⚘nismo m bolivianischer Ausdruck m, Bolivianismus m; ⚘no adj.-su. bolivianisch; m Bolivianer m; Boliviano m (Münzeinheit).
bolo¹ m 1. Kegel m; (juego m de) ~s m/pl. Kegeln n; Kegelspiel n; pista f de ~s Kegelbahn f; jugar a los ~s kegeln, Kegel schieben; fig. F echar a rodar los ~s lärmen, randalieren, die Puppen tanzen lassen F; 2. ⚙ Achse f, Spindel f e-r Wendeltreppe; 3. Kart. Schlemm m, Ramsch m; 4. Thea. Wandertruppe f; hacer un ~ Wandervorstellungen geben; 5. pharm. gr. Pille f; 6. ~ alimenticio (gekauter u. eingespeichelter) Bissen m; 7. F Cu., Méj. Silberpeso m; 8. P Span. Schwanz m P (= Penis).
bolo² adj.-su. dumm, vernagelt F; F Am. Cent., Méj. betrunken, blau F.
Bolo|nia f Bologna n; ⚘nio adj.-su. m span. Student m in Bologna, F Hohlkopf m; ⚘ñés adj.-su. aus Bologna, F Bologneser m.
bolsa¹ f 1. Beutel m, Sack m; Tasche f; (Papier-)Tüte f; Fußsack m; Futteral n; Staubbeutel m am Staubsauger; fig. Geldbeutel m, Geld m; ~ (de compra) Einkaufstasche f; Kfz. ~ de aire Airbag m, Luftsack m; ~ de agua caliente Wärmflasche f; ~ de basuras (de hielo) Müll- (Eis-)beutel m; ~

isotérmica Kühltasche f; ⚒ ~ de mareo Spucktüte f; Ski ~ riñonera Nierentasche f; fig. ~ rota Verschwender m; ~ turca zs.-legbares Trinkgefäß n aus Leder, Reisebecher m; ~ de viaje Reisetasche f; ¡la ~ o la vida! Geld her oder das Leben!; Col. parar ~s auf j-n eingehen; 2. ~ de aire ⚒ Luftloch n, Fallbö f; in Leitungen: Luftsack m; 3. Anat. Blase f; Hodensack m; Tränensack m; ~s f/pl. debajo de los ojos Säcke m/pl. unter den Augen; F Col., Ven. tener ~s Mumm haben F; 4. Bausch m, Falte f in der Kleidung; formar ~s s. bauschen, Falten werfen (od. schlagen); 5. Loch n (Billard); 6. ⚒ Fundstelle f gediegenen Metalls; 7. Stipendium n; 8. Am. → bolsillo.
bolsa² ⚘ f (⚘, wenn eine bestimmte Börse gemeint ist) Börse f; ~ de comercio (de mercancías) Handels- (Waren-)börse f; ~ negra schwarze Börse f; ~ de trabajo Arbeits-börse f, -markt m; ~ de valores Effekten-, Wertpapier-börse f; operaciones f/pl. de ~ Börsengeschäft n; reglamento m de la ~ Börsenordnung f; jugar a la ~ (an der Börse) spekulieren.
bolse|ada f Col. Taschendiebstahl m; ~**ar** v/t. → bolsiquear; ~**o** m Col. Taschendiebstahl m.
bolsillo m 1. Geldbeutel m (a. fig.), Börse f; F consultar con el ~ Kassensturz machen F, s-e Moneten zählen F (vor e-r Ausgabe); no echarse nada en el ~ uneigennützig handeln; 2. (Rock-, Westen-, Hosen-, Kleider-)Tasche f; ~ de parche aufgesetzte Tasche f; ~ trasero Gesäßtasche f; de ~ Taschen...; diccionario m de ~ Taschenwörterbuch n; edición f de ~ Taschen-ausgabe f, -buch n; libro m (tamaño m) de ~ Taschenbuch n (-format n); fig. meterse a alg. en el ~ j-n für s. gewinnen; le tiene en el ~ den hat er in der Tasche.
bolsín ⚘ m Vor- bzw. Nach-börse f.
bolsiquear Am. Reg. v/t. j-s Taschen durchsuchen (u. leeren).
bolsista c Börsenspekulant m; Am. Cent., Méj. Taschendieb m.
bol|sita f kl. Tüte f; ⚚ ~ individual de cura Verbandspäckchen n; ~**so** m 1. Beutel m; (Damen-)Handtasche f; ~ de bandolera Schultertasche f; 2. ⚒ ~ de aire Ballonett n, Luftsack m; 3. ⚓ Schwellung f e-s Segels; ~**són** I. m 1. Am. Mer. Schulmappe f; 2. Méj. Geländesenke f; II. adj. 3. F Col. blöd, dumm.
bolla|dura f → abolladura; ~**r** tex. v/t. ein Fabriksiegel anbringen an (dat.).
bolle|ra P f Lesbierin f, schwule Frau f F, Lesbe f F; ~**ría** f Feinbäckerei f; ~**ro** m Feinbäcker m.
bollo m 1. Milchbrötchen n; rundes Hefegebäck n; Méj., Ant. oft Brot n; ~ con frutas Früchtebrot n; 2. Beule f, Ausbeulung f, Bausch m; Noppe f (Verzierung); 3. Klumpen m; 4. Rpl., Hond. Faustschlag m; 5. F Durchea. n, Krach m; 6. P Span. Fotze f V (= Vagina).
bollón m 1. Polsternagel m; 2. Bosse f (getriebene Arbeit); Anhänger m (Schmuck).
bomba¹ f 1. Pumpe f; ⚓ ~ de achique, ~ de sentina Lenzpumpe f; ~ de aire, ~ de inflar Luftpumpe f; ⚒ ~ de agota-

miento Wasserhaltung(spumpe) f; ~ aspiradora (de calor) Saug- (Wärme-)pumpe f; ~ de engrase Abschmierpumpe f; Fett-, Schmierpresse f; ~ de gasolina (de inyección) Benzin- (Einspritz-)pumpe f; ~ de incendios Feuerspritze f; ~ de vacío Vakuumpumpe f; depósito m de (las) ~s de incendios Spritzenhaus n; dar a la ~ pumpen, ⚓ lenzen; 2. Col., Ven. Tankstelle f; 3. Col. Luftballon m; 4. Ant. gr. Trommel f der Neger.
bomba² f 1. ⚒ Bombe f (a. fig.); ~ atómica, ~ A Atombombe f; ~ de aviación Fliegerbombe f; ~ explosiva (fétida) Spreng- (Stink-)bombe f; ~ de fragmentación Splitterbombe f; ~ de hidrógeno, ~ termonuclear, ~ H Wasserstoffbombe f; ~ incendiaria Brandbombe f; ~ lapa Haftbombe f, Sprengsatz m an der Unterseite e-s Autos; ~ de mano (de piña) Hand-(Eierhand-)granate f; ~ de neutrones (de profundidad) Neutronen- (Wasser-)bombe f; ~ de plástico (de relojería, de señales) Plastik- (Zeit-, Leucht-)bombe f; fig. ~ sexual Sexbombe f; F caer como una ~ wie e-e Bombe einschlagen (Nachricht); plötzlich hereinplatzen F (Person); F estar echando ~s a) sehr erhitzt sein; b) vor Wut toben F; lanzar (od. tirar) ~s Bomben (ab)werfen; fig. F reventó (od. estalló od. explotó) la ~ die Bombe ist geplatzt F; jetzt ist es passiert F; a prueba de ~s bombensicher (a. fig.); ~ a. granada, proyectil; 2. Spraydose f; 3. Lampenglocke f; 4. Stegreifdichtung f; F ¡~ (va)! Achtung!, Ruhe! (zum Ausbringen e-s Trinkspruchs); 5. Am. Reg. Rausch m; F Méj. ponerse una ~ s. betrinken; 6. F Pe. Glühbirne f.
bomba³ F adj. inv., adv. prima F, dufte F, super F.
bomba|cha(s) f(/pl.) Arg. → ~**cho** adj.-su. m a. ~**chos** m/pl. 1. Pluderhose f; 2. Knickerbocker pl.
bombarda f 1. hist. ⚒ Bombarde f (Geschütz); 2. ♪ Bomhart m, Pommer m, Bombarde f (Orgelregister u. hist. Blasinstrument).
bombar|dear v/t. mit Bomben belegen, a. Atom. u. fig. bombardieren; ~**deo** m Bombardierung f, Bombenangriff m; Bombardement n; ~**dero** I. adj.-su. (avión ~) m Bomber m; ~ en picado Sturzkampfbomber m, Stuka m; II. m Ent. Bombardierkäfer m.
bombar|dino ♪ m Art Baßtuba f; ~**dón** ♪ m Bombardon n, (Kontra-)Baßtuba f.
bombástico adj. bombastisch, schwülstig, überladen.
bombazo m Detonation f e-r Bombe; Bombentreffer m; Am. Reg. Sensationsnachricht f, Knüller m F.
bombear¹ v/t. 1. mit Artillerie beschießen; 2. Arg., Bol., Pe. auskundschaften; 3. Col. auf die Straße setzen, feuern F.
bombear² F I. v/t. ausposaunen, gewaltige Reklame machen für (ac.); II. v/i. angeben F.
bombear³ bsd. ⊕ v/t. wölben.
bombe|ar⁴ vt/i. Am. pumpen; ~**o¹** m Am. Pumpen n.
bombeo² m Bauchung f, Wölbung f.
bombero m 1. Pumpen-arbeiter m, -meister m; 2. Feuerwehrmann m;

bómbice — bordoncillo

~s *m/pl.* (voluntarios) (freiwillige) Feuerwehr *f*; *jefe m de* ~s Brandmeister *m*; 3. *Col.* Tankwart *m*; 4. F Dummkopf *m*, Schwachkopf *m* F; *golpe m de* ~ Blödsinn *m*, Riesendummheit *f* F; Schnapsidee *f* F; 5. *Rpl.* Späher *m*.

bómbice *m* Seidenspinner(raupe *f*) *m*.

bombi|lla *f* 1. Ansaugrohr *n*; *Bol.*, *Pe.*, *Rpl.* Röhrchen *n* zum Matetrinken; 2. ~ (eléctrica) Glühbirne *f*; *Kfz.* (Scheinwerfer-)Lampe *f*; ⊕ Kugellaterne *f*; *Span.* ~ de llama Kerzenbirne *f*; 3. *Méj.* Schöpflöffel *m*; ~llo *m* 1. Saugrohr *n*, Heber *m*; Geruchsverschluß *m* b. *Aborten*; 2. ⚓ kl. Pumpe *f*; 3. *Col., Pan.* Glühbirne *f*; *Col.* ~ de vela Kerzenbirne *f*.

bombín *m* 1. Fahrradpumpe *f*; 2. F Melone *f* F (*steifer Filzhut*).

bombita *f Arg. Reg.* Glühbirne *f*.

bombo I. *adj.* 1. F bestürzt, verdattert F; II. *m* 2. ♪ gr. Trommel *f*, (bsd. Kessel-)Pauke *f*; *fig.* F Übertreibung *f*, Reklame *f*, Angabe *f* F; *dar* ~ *a alg.* j-n herausstreichen, j-n übermäßig loben, j-n in den Himmel heben; *pregonar a/c. a* ~ *y platillo* et. hinausposaunen; für et. (*ac.*) gewaltig die Werbetrommel rühren; *tengo la cabeza hecha un* ~ a) mir dröhnt der Kopf (wie e-e Pauke); b) ich weiß nicht, wo mir der Kopf steht; 3. ♪ Paukenschläger *m*; 4. ⊕ Trommel *f*; 5. ⊕ Glücksrad *n*, Lostrommel *f*; 6. flachgehendes Boot *n*; 7. *Rpl.* Hintern *m* F; *Arg. ir(se) al* ~ scheitern; kaputtgehen F.

bom|bón *m* 1. (Schokolade-)Bonbon *m, n*, Praline *f*; ~ *pectoral* Hustenbonbon *n*; 2. F hübsches Mädchen *n*; ~**bona** *f* Korbflasche *f*; Glasballon *m*; ~ de gas Gasflasche *f*.

bombone|ra *f* 1. Konfektschachtel *f*, Pralinenpackung *f*; 2. F hübsche (kleine) Wohnung *f*; ~**ría** *f Am.* → *confitería*.

bómper *Kfz. m Ant., Col.* Stoßstange *f*.

bonachón *adj.-su.* (*m*) gutmütig(er), naiv(er), einfältig(er Mensch *m*); Simpel *m*, Trottel *m* F.

bonaerense *adj.-su. c* aus Buenos Aires.

bonales *Jgdw. m/pl.* Tränke *f*; Suhle *f*.

bonan|cible *adj. c* sanft (*Wind*); ruhig (*Meer*); heiter, mild (*Wetter*); friedlich (*Person*); ~**za** *f* 1. Meeresstille *f*; ruhiges, heiteres Wetter *n*; *mar m* (en) ~ ruhige See *f*; *ir en* ~ mit günstigem Winde segeln; *fig.* gedeihen; 2. ⚒ reiche Erzader *f*; 3. ✝ *Col.* günstige Konjunktur *f*.

bonapartista *hist. adj.-su. c* bonapartistisch; *m* Bonapartist *m*.

bonda|d *f* Güte *f*; *tenga la* ~ (de ...) seien Sie bitte so freundlich (, und ...); ~**doso** *adj.* gütig, gutherzig.

bondi P *m Arg.* Straßenbahn *f*.

boneta ⚓ *f* Beisegel *n*.

bonete *m* 1. (Zipfel-)Mütze *f*; Barett *n*; Doktorhut *m*; Birett *n der Geistlichen*; F *gran* ~ hohes (*od.* großes) Tier *m* F; *ser a* ~ *od.* Kosten an etwas; 2. *fig.* Weltgeistliche(r) *m*; 3. Netzmagen *m der Wiederkäuer*; 4. Einmachglas *n*; ~**ría** *f Am. Reg.* Kurz-

warengeschäft *n*; ~**ro** *m* 1. Mützenmacher *m*; -verkäufer *m*; 2. ✠ Pfaffenhütchen *n*.

bongo *m Am. Cent., Col., Cu., Ven.* Flachboot *n*.

bon|gó *m Am.* Bongo *n*; ~**gocero** *m Ant., Méj.*, ~**guero** *m Col.* Bongospieler *m*.

boniato *m* 1. ♀ *Cu.* Batate *f*; 2. P *Span.* Tausend-Peseten-Schein *m*.

bonifica|ción *f* 1. Vergütung *f* (a. ✝, ⊕); 2. ✝ a) Gutschrift *f*; b) Rabatt *m*; 3. ✍ Melioration *f*; Düngung *f*; ~**r** [1g] *v/t.* 1. vergüten; 2. gutschreiben; 3. ✍ düngen; meliorieren.

bonísimo *adj.* → *buenísimo*.

boni|tamente *adv.* 1. gemächlich, in aller Ruhe; 2. geschickt; verstohlen, heimlich; ~**to**[1] *adj.* hübsch (*a. fig.*), nett; *desp. niño m* ~ Sohn *m* reicher Eltern; F ~*a faena que me han hecho de haben mich ganz schön hereingelegt* F; *Col. ¡que la vaya* ~*!* alles Gute!; auf Wiedersehen!

bonito[2] *Fi. m* Bonito *m*, Art kl. Thunfisch.

bono *m* Gutschein *m*, Bon *m*; ✝ Bonus *m*; ~ *del Tesoro* Schatzanweisung *f*.

bonobús *m* Streifen-, Mehrfahrtenkarte *f*.

bonote *m* Kokosbast *m*.

bon|zismo *m* Bonzentum *n*; ~**zo** *m* Bonze *m*, buddhistischer Priester *m*.

boñi|ga *f* Pferde-, Kuh-mist *m*; ~**go** *m* Kuhfladen *m*; Roßapfel *m*.

boom *m* Boom *m*, Hochkonjunktur *f*.

boque|ada *f* Öffnen *n* des Mundes; *fig. dar* (od. *estar dando*) *las* ~s im Sterben liegen; F zur Neige gehen, zu Ende gehen; ~**ar** I. *v/i.* den Mund öffnen; nach Luft schnappen; *fig.* im Sterben liegen; F zu Ende gehen, ausgehen; II. *v/t.* Worte hervorbringen, -stoßen; ~**ra** *f* 1. Wasserauslaß *m im Bewässerungsgraben*; (Scheunen-)Luke *f*; 2. ⚘ Faulecke *f*; ~**rón** *m* 1. Art Sardelle *f*; 2. weite Öffnung *f*; 3. *Col.* Eng-paß *m*, -stelle *f*; ~**te** *m* enge Öffnung *f*, Loch *n*; Bresche *f*; ⚔ *u. fig.* abrir un ~ (en) e-e Bresche schlagen (in *ac.*).

boqui|abierto *adj.* mit offenem Mund (*a. fig.*); *fig.* sprachlos, baff F; ~**ancho** *adj.* weitmäulig; ~**blando** *adj.* weichmäulig (*Reittier*); ~**dulce** *Fi. m* Siebenspalthai *m*; ~**duro** *adj.* hartmäulig (*Reittier*); ~**fresco** *adj.* feuchtmäulig (*Pferd*); *fig.* F es un ~ er hat ein loses Maul F, er nimmt kein Blatt vor den Mund.

boquilla *f* 1. Mundstück *n* (*a.* ⊕, ♪); Zigarren-, Zigaretten-mundstück *n*; -spitze *f*; -filter *m*; Gasbrenner *m*; Lampenfassung *f*; *Tel.* Schalltrichter *m*; *adv. de* ~ (*obs.* den ausgemachten) Geldeinsatz zu zahlen; *fig.* F nur zum Schein, nur mit Worten; 2. ⊕ Düse *f*; Tülle *f*; ~ (*roscado*) Nippel *m*; ~ *de cable* Kabelschuh *m*; ~ *de empalme* Ansatzstück *n*; Aufsteck-, Schraub-verschluß *m*; ~ *del inyector* Einspritzdüse *f*; 3. Verschluß *m* e-r Geldbörse *u. ä.*; untere Öffnung *f* des Hosenbeins; 4. *Ec.* boquiblando; *fig.* leicht zu lenken(d).

boqui|llero *m Ant.* Angeber *m* F; Scharlatan *m*; ~**muelle** *adj. c* boquiblando; *fig.* leicht zu lenken(d);

leichtgläubig; ~**negro** I. *adj.* schwarzmäulig; II. *m Art* Erdschnecke *f*; ~**rroto** *adj.* schwatzhaft; ~**rrubio** I. *adj.* geschwätzig; II. *m* F Milchbart *m*, Grünschnabel *m*; ~**tuerto** *adj.* schiefmäulig.

borato ⚛ *m* Borat *n*.

bórax ⚛ *m* Borax *m*.

borbo|ll(e)ar *v/i.* sprudeln, Blasen werfen; ~**llón** *m* Sprudeln *n*, Aufwallen *n*; *adv. a* ~**ones** hastig, Hals über Kopf; ~**llonear** *v/i.* → *borbollar*.

Bor|bón: *casa f de* ~ Bourbonen *m/pl.*; 2**bónico** *adj.-su.* bourbonisch; *m* Bourbone *m*.

borborigmo(s) *m*(/*pl.*) Kollern *n im Leib*.

borbo|tar *v/i.* → *borbollar*; ~**tón** *m* → *borbollón*; F (*hablar*) *a* ~**ones** überstürzt (reden).

borceguí *m* (*pl.* ~**íes**) Schnür-, Halb-stiefel *m*.

borda[1] *f Art* Almhütte *f in den Pyrenäen*; Sommer-stall *m od.* -scheune *f im Gebirge*.

borda[2] *f* 1. ⚓ Reling *f*; *arrojar* (*od.* *echar od. tirar*) *por la* ~ über Bord werfen (*a. fig.*); 2. † Großsegel *n der Galeeren*; ~**da** *f* ⚓ Gang *m*, Schlag *m*; *dar* ~s lavieren; *fig.* unentwegt hin- *u.* hergehen.

borda|do I. *adj.* 1. be-, ge-stickt; 2. *fig.* vollkommen, wunderschön; II. *m* 3. Stickerei *f*; ~ *a mano* Handstickerei *f*; ~ *de* (*od. a*) *realce* erhabene Stickerei *f*, Hochstickerei *f*; ~**dor(a** *f*) *m* Sticker(in *f*) *m*; ~*a f* (*mecánica*) Stickmaschine *f*; ~**dura** *f* Sticken *n*; Hochstickerei *f*; ⦸ Bord-düre *f*; ~**je** ⚓ *m* Schiffsverkleidung *f*; ~**r** *v/t.* sticken (*a. abs.*); besticken; *fig. et.* wunderschön ausführen (*bzw.* mit vielen Ausschmückungen erzählen); ~ *con* (*od. de, en*) *oro* mit Gold einsticken *bzw.* (be)sticken.

borde[1] I. *adj. c* wild (*Pfl.*); *fig.* täppisch, linkisch; II. *adj.-su. c* unehelich(es Kind *n*).

borde[2] *m* 1. Rand *m*; Ufer *n*; (Hut-)Krempe *f*; *a. fig. al* ~ *del abismo* am Rande des Abgrunds; 2. ⊕ Kante *f*, Rand *m*; ~**ar** I. *v/i.* 1. ⚓ aufkreuzen, lavieren; II. *v/t.* 2. umfahren, -segeln; am Rand (*gen. od.* von *dat.*) entlang gehen; *fig. e-r Sache* nahe sein; 3. ⊕ bördeln, ränteln.

bordelés *adj.-su.* aus Bordeaux; (*barrica f*) ~**esa** *f* Faß *n von* 225 *l.*

bordillo *m* Randstein *m*; Schwelle *f*.

bordo *m* 1. ⚓ Bord *m*; *a* ~ (*de un buque*) an Bord (e-s Schiffes); *al* ~ längsseit(s); *de a* ~ Bord...; *de alto* ~ seetüchtig; *fig.* einflußreich; *barco m de alto* ~ (Hoch-)Seeschiff *n*; *dar* ~s lavieren; *mantenerse sobre* ~s beigedreht haben; *subir a* ~ an Bord gehen; *venir* ~ *con* ~ Bord an Bord kommen, längsseit gehen; 2. *Guat., Méj.* Staudamm *m* (Bewässerung); 3. *Rpl.* Furchenrain *m*.

bor|dón *m* 1. Pilgerstab *m*; ⚓ Stenge *f*, Spiere *f*; 2. ♪ Baßsaite *f*, Trommelsaite *f*; 3. ⊕ Wulst *m*, Rand *m*; 4. *Typ.* Leiche *f* (Textauslassung beim Satz); 5. *fig.* Stütze *f*, Helfer *m*; 6. ~ ~**doncillo** *m* Kehrreim *m*; Flickwort *n*; Lieblingsausdruck *m*, stereotype (Rede-)Wen-

dung f; ~donear v/i. 1. mit dem Stab herumtappen; 2. s. bettelnd herumtreiben; 3. summen, brummen; ~donero adj.-su. Landstreicher m, Bettler m, Streuner m.
bordura ⌀ f Verbrämung f, Bordüre f.
boreal adj. c nördlich, Nord(wind)-...; aurora f ~ Nordlicht n.
bóreas m Boreas m, Nordwind m.
borgo|ña I. m Burgunder(wein) m; **II.** f ♀ Burgund n; ~ñón adj.-su. burgundisch; m Burgunder m.
boricado ⚕ adj. Bor...; agua f ~a Borwasser n.
bórico adj.: ácido m ~ Borsäure f.
bori|cuo, ~ncano, ~nqueño adj.-su. → portorriqueño.
bor|la f 1. Quaste f, Troddel f a. als Abzeichen der Promovierten; Puderquaste f; F tomar la ~ s-n Doktor machen; 2. ♀ ~s f/pl. Tausendschön n; ~larse v/r. Am. Mer. s-n Doktor machen; ~lilla ♀ f Staubgefäß n; ~lón m 1. augm. Troddel f; genoppter Stoff m; 2. ♀ Hahnenkamm m.
borne¹ ⚡ m Klemme f, Klemmschraube f; Polklemme f; Anschlußlasche f; ~ de la antena Antennenbuchse f; ~ de conexión Anschlußklemme f; ~ de tomatierra, ~ de (puesta a) tierra Erdungsbuchse f.
borne² ♀ m zottiger Geisklee m.
bornear¹ I. v/t. 1. aus-, um-, ver-biegen, krümmen; 2. Hausteine setzen; Säule ringsum behauen; II. v/i. 3. ⚓ schwojen; 4. drehen (Wind); III. v/r. ~se 5. s. werfen (Holz).
bornear² vt/i. mit e-m Auge (an-)peilen.
borní Vo. m (pl. ~íes) Blaufalke m.
boro ⚕ m Bor m.
borona f Hirse f; Mais m; Reg. Maisbrot n; Am. Brotkrümel m.
boronía f → alboronía.
borra f 1. einjähriges Lamm n; 2. Füllwolle f; Ziegenhaar n als Füllung; Flusen f/pl., Wollstaub m; Bodensatz m (Öl, Tinte); 3. fig. unnützer Kram m; gehaltloses Geschwätz n; F meter ~ Rede, Buch usw. unnötig aufblähen, leeres Stroh dreschen F.
borra|cha F f kl. Weinschlauch m; ~chada f → borrachera; ~chear v/i. trinken, s. oft betrinken; ~chera f Rausch m (a. fig.); Gelage n; fig. blühender Unsinn m; ~chería F f Kneipe f; ~chero ♀ m Am. Taumelstrauch m; ~chez f (pl. ~ces) Trunkenheit f; Verstandestrübung f; ~chín F m Zechbruder m; ~cho I. adj. 1. (estar) betrunken, berauscht (a. fig.); fig. trunken, besessen; 2. violett (Auberginen, Blumen); Chi. überreif (Frucht); II. m 3. Trinker m, Trunkenbold m; Betrunkene(r) m; 4. Fi. grauer Knurrhahn m.
borra|da I. m Phono. Löschung f (Tonband); **II.** adj. Pe. blatternarbig; ~dor m 1. schriftlicher Entwurf m, Konzept n; 2. Schmier-heft n; -zettel m; Kladde f; 3. Am. Reg. Radiergummi m; ~dura f Ausstreichen n; Streichung f (Liste usw.).
borretsch ♀ m Boretsch m. [malen.]
borrajear vt/i. kritzeln, Figuren
borrajo m Aschenglut f.
borrar I. v/t. 1. (aus)löschen, tilgen; aus-, ver-wischen; (aus)radieren; Tonband löschen; Spuren tilgen; EDV a. entfernen; 2. (aus-, durch-)streichen; bórrese lo no deseado Nichtgewünschtes bitte streichen; **II.** v/r. ~se 3. schwinden, erlöschen; verwehen (Spuren); esto no se borrará de mi (od. no se me borrará de la) memoria das wird nicht aus m-m Gedächtnis schwinden.
borras|ca f Sturm m (a. fig.); Unwetter n; Bö f; Met. (Sturm-)Tief n; fig. Gefahr f; ~coso adj. a. fig. stürmisch; fig. wechselvoll, bewegt (Leben); ~quero F adj. liederlich, ausschweifend.
borre|go m 1. (ein- bis zwei-)jähriger (Schaf-)Bock m; fig. Schaf n, Herdenmensch m; fig. F no hay tales ~s das gibt's (ja) gar nicht!; 2. Ant., Méj. Zeitungsente f; 3. ~s m/pl. Schäfchenwolken f/pl.; ~guero I. adj. 1. terreno m ~ Schaf(s)weide f; II. m 2. Schafhirt m; 3. 🐑 Vieh(transport)zug m; F Sonderzug m für Rekruten; ~guil adj. c Lämmer...; fig. Herden...
borrén Equ. m Vorder- bzw. Hinterzwiesel m am Sattel.
borri|ca f Eselin f; fig. F dummes Weibsstück n F; ~cada f 1. Eselherde f; 2. Eselritt m; fig. Eselei f, Dummheit f; ~co m 1. Esel m (a. fig. F); ser muy ~ ein (dummer) Esel sein; 2. Zim. → borriquete 1; ~cón, ~cote F adj.-su. m Esel m F, geduldiges Schaf n, Trottel m F; ~quero I. adj. ♀: cardo m ~ Eselsdistel f; **II.** m Eseltreiber m; ~quete m 1. Zim. Säge-, Gerüstbock m; 2. ⚓ Focksegel n.
borro m jähriges Lamm n.
bo|rrón m 1. Klecks m; echar ~ones klecksen (Füllhalter); fig. ~ y cuenta nueva Strich drunter, Schwamm drüber; 2. fig. Fehler m, Entstellung f; Schandfleck m, Schande f; 3. Skizze f, Entwurf m; Demutsform u. F ~ones m/pl. Schriften f/pl.; ~rronear vt/i. (be-, hin-)kritzeln, schmieren; ~rroso adj. trübe, flockig (Flüssigkeit); verschwommen, unklar.
boruca f Geschrei n, Lärm m, Getöse n.
borusca f dürres Laub n.
bos|caje m Wäldchen n, Gebüsch n; Mal. Landschaft f mit Bäumen u. Tieren; ~coso adj. waldig, Wald...
Bósforo m Bosporus m.
Bos|nia f Bosnien n; ~ y Herzegovina Bosnien-Herzegowina n; ♀niaco, ♀nio adj.-su. bosnisch; m Bosnier m, Bosniake m.
bosque m 1. Wald m, Busch m; ~ frondoso (mixto) Laub- (Misch-)wald m; 2. F dichter Haar-, Bart-wuchs m; ~cillo m Wäldchen n.
bosque|jar v/t. a. fig. skizzieren, entwerfen; ~jo m Skizze f, Entwurf m (a. fig.).
bosquete m (Park-)Wäldchen n, Boskett n.
bosquimán m Buschmann m.
bos|ta f Kuhfladen m; Roßäpfel m/pl.; ~tear v/i. Chi., Rpl. misten (Vieh).
boste|zadera f Am. Gähnen n; ~zar [1f] v/i. gähnen; ~zo m Gähnen n.
boston m Boston m (Kart. u. Tanz).
bóstrico Ent. m Borkenkäfer m.

bota¹ f 1. Lederflasche f; 2. Weinfaß n; 3. † Flüssigkeitsmaß f: 516 l.
bota² f Stiefel m; ~ alta Schaftstiefel m; ~ de agua (de fieltro) Wasser-(Filz-)stiefel m; ~ de botones Knopfschnür-stiefel m; ~ de media caña Halbstiefel m; ~ de montar (de piel) Reit- (Pelz-)stiefel m; ~ con rodillera Stulp(en)stiefel m; Bol., Rpl. ~ de potro Gauchostiefel m; fig. Fußball: colgar las ~s s. vom aktiven Sport zurückziehen; fig. morir con las ~s puestas in den Sielen sterben; ponerse las ~s s-e Stiefel anziehen; fig. e-n Schnitt machen, zu Wohlstand kommen; et. schamlos ausnützen; et. in vollen Zügen genießen.
bota|da F f Ant., Col., Pe. Entlassung f, Hinausschmiß m F; ~dero m Am. Schutt-, Müll-abladeplatz m; ~do F adj.-su. Am. Findelkind n; **II.** adj. F Col., Méj. sehr billig, geschenkt; ~dor I. adj. 1. bockig (Pferd); **II.** m 2. ⊕ Auswerfer m (Waffen); Wkz. Nagelzieher m; ⚓ Bootshaken m; ⚓ Stange f zum Staken; 3. Am. Reg. Verschwender m; ~dura ⚓ f Stapellauf m; ~fuego m ⚔ Luntenstock m; fig. F Hitzkopf m; ~lón m F Ausleger m, Baum m; ~ de foque Klüverbaum m.
botamen m 1. Büchsen f/pl. (Apothekerausstattung); 2. ⚓ Wasserfässer n/pl. an Bord.
botana f 1. Flicken m auf e-m Schlauch; Spundzapfen m an e-m Faß; 2. F Wundpflaster n; Narbe f; 3. Col., Cu. Spornschutz m der Kampfhähne; 4. ~s f/pl. Méj. kl., pikante Vorspeisen f/pl.
botáni|ca f Botanik f; P.Ri. Heilkräuter-laden m, -stand m; ~co adj.-su. botanisch; m Botaniker m.
botanista c Botaniker m.
bota|r I. v/t. 1. hinauswerfen, entlassen; bsd. Am. werfen, wegwerfen; ⊕ aus-stoßen, -werfen; 2. ⚓ vom Stapel (laufen) lassen; 3. verschwenden, zum Fenster hinauswerfen; **II.** v/i. 4. springen, zurückprallen (Ball); aufspringen; tänzeln, bocken (Pferd); fig. wütend werden; 5. ⚓ a babor das Ruder auf Backbord umlegen; **III.** v/r. ~se 6. s. hinwerfen; bocken (Pferd); ~ratada f dumme, unüberlegte Handlung f; ~rate m unbesonnener Mensch m, Schussel m F; Am. Verschwender m.
botarga f 1. Narrenkostüm n; Hanswurst m (a. fig.); 2. Kchk. Art Schwartenmagen m. [Sattel n.)
botasilla ⚔ f Hornsignal n zum)
botavara ⚓ f (Giek-)Baum m.
bote¹ m 1. Stoß m mit Lanze od. Spieß f; Fechtk. Ausfall m; 2. Sprung m, Satz m; ~ de carnero Ausschlagen n u. Bocken n (Pferd); dar ~s springen (Ball); aufspringen; bocken u. ausschlagen (Pferd); fig. hüpfen vor Freude); fig. wütend sein; fig. P dar el ~ a alg. j-n hochkantig rausschmeißen F; P darse el ~ abhauen F, verduften F; 3. Grube f für Klicker.
bote² m 1. Büchse f, Dose f; Span. gemeinsame Trinkgeldkasse f in Cafés usw.; Kfz. ~ de papeles Flickzeug n; F tener en el ~ in der Tasche haben (ac.), leichtes Spiel haben mit

bote — brasa

(*dat.*); **2.** F *Col.*, *Méj.* Kittchen *n* F, Knast *m* F.
bote³ *m* Boot *n*; ~ *de desembarco* (*neumático*) Landungs- (Schlauch-) boot *n*; ~ *plegable* Faltboot *n*; ~ *de salvamento*, ~ *salvavidas* Rettungsboot *n*.
bote⁴ *adv.*: *de* ~ *en* ~ ganz (*od.* gestopft) voll.
bote|lla *f* **1.** Flasche *f*; ✝ ~ *de un solo uso* Einwegflasche *f*; ~ *forrada* (*de paja etc.*) Korbflasche *f*; *Phys.* ~ *de Leyden* Leydener Flasche *f*; *fig.* F *media* ~ Dreikäsehoch *m*; **2.** *Ant.* Posten *m*, Pfründe *f*; **~llazo** *m* Schlag *m* mit e-r Flasche; **~llero** *m* Flaschen-fabrikant *m*; -händler *m*; **~llín** Fläschchen *n*; **~llón** *m gr.* Flasche *f*.
bote|ría *f* **1.** ⚓ ~ *botamen*; **2.** *Arg.*, *Chi.* → *zapatería*; **~ro**¹ *m* Weinschlauch-, Lederflaschen-macher *m*.
botero² *m* Bootseigner *m*; *Am. Reg.*, ⚓ Ruderer *m*; F *Pe(d)ro* ♀ Gottseibeiuns *m*.
botica *f* **1.** *Am. Reg.*, F *Span.* Apotheke *f*; *koll.* Arzneimittel *n/pl.*; **2.** F Hosen-schlitz *m*, -tür *f* F; **~rio** P *u. desp. m* Apotheker *m*.
boti|ja *f* **1.** weitbauchiger Krug *m*; F *estar hecho una* ~ **a**) quengeln (*Kind*); **b**) ein Dickwanst sein F; **2.** F *Am. Cent.*, *Ven.* vergrabener Schatz *m*; **~jero** *m* Krug-macher *m*; -händler *m*; **~jo I.** *m* **1.** Wasser-, Trink-, Kühlkrug *m* mit Tülle zum Trinken am Strahl; **2.** F Dickwanst *m* F; **3.** F Wasserwerfer *m der Polizei*; **II.** *adj.* **4.**: F *tren m* ~ Vergnügungs-; Bummel-zug *m*.
botilla *f* → *borceguí*.
botille|r(o) *m* Eis- u. Getränkeverkäufer *m*; **~ría** *f* Erfrischungs-, Trink-halle *f*; *Chi.* Getränkemarkt *m*.
botillo *m kl.* Weinschlauch *m*.
botín¹ *m* (Kriegs-)Beute *f*; ⚖ Beuterecht *n*.
bo|tín² *m* **1.** Gamasche *f*; **2.** → **~tina** *f* Schnürstiefel *m*; Halbstiefel *m*.
botinero *adj.* hellfarbig mit schwarzen Füßen (*Vieh*).
botiquín *m* **1.** Haus-, Reise-, Autoapotheke *f*; ⚓, ✕ Verbandskasten *m*; **2.** *Ven.* → *taberna*.
boto¹ *adj.* stumpf (*a. fig.*); *fig.* schwerfällig, plump.
boto² *m* Wein- bzw. Öl-schlauch *m*.
botocudo *adj.-su.* Botokude *m*.
botón *m* ♀ Knospe *f*; ~ *de oro* Goldranunkel *f*; **2.** Knopf *m an Kleidung*; ~ *automático* Druckknopf *m*; *fig.* ~ *de muestra* Probe *f*, Muster *n*; Kostprobe *f*; Glanznummer *f*, Paradestück *n*; *fig. de* ~*ones adentro* innerlich, im Herzen; **3.** *a.* ⊕ Knopf *m*, Taste *f*; Tür-, Schalter-knopf *m*; ~ (*de llamada*) Klingelknopf *m*; ~ *giratorio*, ~ *de control* Drehknopf *m an Geräten*; ~ *de mando* Schalt-, Steuer-knopf *m*; ~ *de presión* Druckknopf *m*; Stell-, Druckauslöse-knopf *m*; *apretar* (*od. pulsar*) *el* ~ auf den Knopf drücken; **4.** ♂ Hitzblatter *f*; ~ *de fuego* Brennkugel *f*; ~ *de Oriente* Aleppobeule *f*; **5.** ♪ Klappe *f bzw.* Ventil *n der Blasinstrumente*; **6.** P *Arg.* Polizeispitzel *m*; **7.** *adv. Rpl.*, *And. al* (*divino*) ~ **a**) umsonst; **b**) aufs Geratewohl.

boto|nadura *f* Knopf-garnitur *f*, -reihe *f*; **~nar** *v/i. Am. Mer.* Knospen treiben; **~nazo** *Fechtk. m* Rapier-, Florett-stoß *m*; **~nería** *f* Knopf-fabrik *f*; -laden *m*; **~nero** *m* Knopf-macher *m*; -händler *m*; **~nes** *m* (*pl. inv.*) Laufbursche *m*, Page *m*, Boy *m im Hotel*.
botu|lina ⚗ *f* Botulin *n*; **~lismo** *m* Fleischvergiftung *f*, Botulismus *m*.
botuto *m* **1.** *Am.* Kriegstrompete *f der Indianer*; **2.** *Am.* hohler Blattstiel *m des Milchbaums*.
bou *m Cat.* Langleinenfischerei *f*; ⚓ Trawler *m*.
boudoir *m* Boudoir *m*.
bouquet *m* → *buqué*.
boutique *f* Boutique *f*.
bóveda *f* **1.** △ Gewölbe *n*; Keller-, Dach-gewölbe *n*; ~ *por arista* Kreuz(grat)gewölbe *n*; ~ *de cañón* (*de crucería*) Tonnen- (Kreuz-)gewölbe *n*; ~ *esférica* Kuppel(bau *m*) *f*; ~ *rebajada* Flachgewölbe *n*; Stichkuppel *f*; ~*-vaída* Hängeschwebe-kuppel *f*; **2.** Kuppel(kapelle) *f*, Krypta *f*; **3.** ~ *celeste* Himmels-kuppel *f*, -gewölbe *n*; **4.** *Anat.* ~ *craneal* Schädeldach *n*; ~ *palatina* harter Gaumen *m*.
bovedilla △ *f* Sparrenfeld *n*; Kappengewölbe *n*.
bóvidos *Zo. m/pl.* Rinder *n/pl.*
bovino I. *adj.* Rind(s)..., Rinder...; *peste f* ~*a* Rinderpest *f*; **II.** ~*s m/pl.* Großrinder *n/pl.*
bowling *m* Kegeln *n*.
box *m* (Stall-, Wagen-)Box *f*; Kabine *f*; **~calf** *m* Boxcalf(leder) *n*.
boxe|ador *m* Boxer *m*; **~ar** *v/i.* boxen; **~o** *m* Boxen *n*; ~ *de pesos fuertes* Schwergewichtsboxen *n*; ~ *de simulacro* Schattenboxen *n*.
bóxer *m* **1.** Boxer *m* (*Hund*); **2.** Boxershorts *pl.*
boya ⚓ *f* **1.** Boje *f*; ~ *luminosa* Leuchtboje *f*, -tonne *f*; *Sp.* ~ *de meta* Zielboje *f*; ~ *de salvamento* (*de silbato*) Rettungs- (Heul-)boje *f*; **2.** Schwimmer *m* (*Kork an Netz*).
boya|da *f* Ochsenherde *f*, ~**l** *adj. c* Rinder..., Ochsen...
boyante¹ *adj. c* ⚓ nicht tiefgehend; leicht befrachtet (*Schiff*); *fig.* F *estar* (*od. andar*) ~ Erfolg *od.* Glück haben.
boyante² *Stk. adj. c* lenkbar (*Stier*).
boyar ⚓ *v/i.* loskommen, wieder flott werden.
boyardo *hist. m* Bojar *m*.
boye|r(iz)a *f* Ochsenstall *m*; **~r(iz)o** *m* Ochsen-hirt *m*, -treiber *m*.
boy-scout *m* Pfadfinder *m*.
boyuno *adj.* Rind(s)..., Ochsen...
boza ⚓ *f* Halte-tau *n*, -leine *f*.
bozal I. *adj.-su. c* **1.** wild, ungebändigt (*Tier*); *fig.* unerfahren, neu; dumm; *hist. Am. negro m* ~ aus Afrika neuangekommener Neger *m*; **2.** *Cu.* das Spanische nur radebrechend; **II.** *m* **3.** Maulkorb *m*; **4.** Glöckchenhalfter *n für Pferde*; *Am.* Halfter *m*, *f*, *n*.
bozo *m* **1.** Flaum-, Milch-bart *m*; *Am. Reg.* Damenbart *m*; *apunta el* ~ *el* erste Bart wächst; **2.** Lippen(gegend *f*) *f/pl.*; **3.** Halfter(strick *m*) *m*, *f*, *n*.
braban|te *m* Brabanter Linnen *n*; **~zón** *adj.-su.* brabantisch; *m* Brabanter *m*.
brace|ada *f* → *brazada*; **~aje** *m* →

brazaje; **~ar I.** *v/i.* **1.** mit den Armen um s. schlagen; s. hangeln, klimmen; *fig.* → *esforzarse*; **2.** Hand über Hand schwimmen; **3.** (zu) hoch traben (*Pferd*); **II.** *v/t.* **4.** Metallschmelze umrühren; **5.** ⚓ brassen; **~ro I.** *adj.* **1.** Wurf...; *chuzo m* ~ Wurfspieß *m*; **II.** *m* **2.** *servir de* ~ (*a alg.*) (j-n) am Arm führen, (j-m) den Arm bieten; F *adv. de* ~ Arm in Arm; **3.** Tagelöhner *m* (*Landarbeiter*); **~te** F *adv.*: *de* ~ → *de bracero*.
bracista *Sp. c* Brustschwimmer *m*.
braco *adj.-su.* **1.** (*perro m*) ~ Bracke *f*, Schweißhund *m*; **2.** stumpf-, stülp-nasig.
bráctea ♀ *f* Deck-, Trag-blatt *n*.
bradi... *in Zssgn.* ⚗ Brady..., (Ver-) langsam(ung); **~cardia** ⚗ *f* Bradykardie *f*, Pulsverlangsamung *f*.
braga *f* **1.** Unterlegetuch *n* (*Windel*); ~*s f/pl.* **a**) Knie- *pop*. Pluder-hosen *f/pl.*; **b**) Schlüpfer *m*, Unterhose *f*; *estar hecho una* ~ völlig erschossen sein F; F *no poder con las* ~*s* hinfällig (*od.* schwach) sein; **2.** Hebeseil *n*; **~da** *f* innere Schenkelseite *f* (*Pferd*, *Rind*); **~do** F *adj.* schneidig, draufgängerisch; **~dura** *f* **1.** Zwischenbeingegend *f* (*Mensch*, *Tier*); **2.** Schritt *m* (*Hose*); **~zas** F *m* (*pl. inv.*) Pantoffelheld *m*, Schwächling *m*.
brague|ro ⚗ *m* Bruchband *n*; **~ta** *f* Hosen-latz *m*, -schlitz *m*; V *tener* ~*s* **a**) ein ganzer Kerl sein; **b**) sehr schwierig sein; **~tazo** P *m*: *dar* (*un*) ~ e-e reiche Frau heiraten; **~tero I.** *adj.* F wollüstig; ~*d* mannstoll F; **II.** *m Am. Reg.* Mitgiftjäger *m*; von s-r Frau (*od.* Geliebten) ausgehaltener Mann *m*; **~tillas** F *m* (*pl. inv.*) Hosenmatz *m* (*Kind*); armes Hascherl *n*.
braguita *f* (Mädchen-)Unterhose *f*; ~ *higiénica* Monatshöschen *n*.
brah|mán, **~mane** *m*; **~mánico** *adj.* brahmanisch; **~manismo** *m* Brahmanismus *m*; **~mín** *m* → *brahmán*.
brama *f Jgdw.* Brunft(zeit) *f*; Brunst *f der Stiere u. fig.* **~dera** *f*; Brummholz *n der Kinder*; *Ethn.* Schwirrholz *n*; Hirtenschnarre *f*; **~dero** *Jgdw. m* Brunftplatz *m*; **~dor I.** *adj.-su.* brüllend; **II.** *m* □ → *pregonero*; *P. Ri.* Brüllaffe *m*.
bramante¹ *adj. c* brüllend.
bramante² *m* Bindfaden *m*, Schnur *f*.
bra|mar *v/i.* brüllen (*bsd. Stier*); röhren (*Hirsch*); heulen (*Wind*); toben, brüllen (*Brandung*, *Meer*, *Mensch*); **~mido** *m* Brüllen *n* (*Stier*); Röhren *n* (*Hirsch*); Gebrüll *n*; Toben *n*, Wüten *n* (*Elemente*, *Mensch*); *dar* ~*s* brüllen.
branca|da *f* Stell-, Sperr-netz *n* (*Fischerei*); **~l** *m* Kastenwände *f/pl.* (*Fuhrwerk*).
brandal ⚓ *m* Pardune *f*.
Brandebur|go *m* Brandenburg *n*; **2gués** *adj.-su.* brandenburgisch; *m* Brandenburger *m*.
brandy *m* Weinbrand *m*, Kognak *m*.
branqui|a *f* Kieme *f*; **~al** *adj. c* Kiemen...; **~ópodos** *Zo. m/pl.* Kiemenfüßler *m/pl.*
braqui|al ⚗ *adj. c* Arm..., brachial; **~céfalo** *adj.-su.* rund-, kurz-köpfig.
brasa *f* **1.** Kohlenglut *f*, glühende

Kohlen f/pl.; fig. estar (como) en ~s (wie) auf glühenden Kohlen sitzen; ponerse hecho una ~ feuerrot anlaufen; tener a alg. en ~s j-n in Unruhe halten; ☐ Dieb m.
brase|rillo m Räucherpfanne f; Wärmepfanne f; **~ro** m 1. Kohlenbecken n; Méj., Rpl. Küchenherd m; 2. hist. Verbrennungsplatz m (Hinrichtungsplatz); fig. sehr heißer Ort m, Brutofen m (fig.).
brasier m Am. Büstenhalter m.
Brasi|l m Brasilien n; palo m del ~ od. ♀ m Brasilholz(baum m) n; (palo m) ♀ Brasilholz n; **~leño**, Am. a. **~lero** adj.-su. brasilianisch; m Brasilianer m; **~lete** ♀ m Rotholz n.
brassier m → brasier.
Bratislava f Preßburg n.
brava f Cu. Pump m, Anpumpen n; adv. Col. a la ~ → (a la) torera 3; **~mente** adv. 1. tapfer, verwegen; 2. grausam; 3. tüchtig, kräftig, viel; gut; **~ta** f prahlerische Drohung f; Großsprecherei f; echar ~s drohen; prahlen.
brave|ar v/i. prahlerisch drohen; prahlen, aufschneiden; **~za** f Wut f (See, Elemente); Col. Wut f, Ärger m, Zorn m.
bravío I. adj. 1. wild, ungebändigt; wild(wachsend) (Pfl.); 2. fig. widerspenstig, -borstig; ungeschliffen, ungehobelt; **II.** m 3. Wildheit f (bsd. der Stiere).
bravo I. adj. 1. tapfer, mutig, beherzt; 2. wild (Tier, Am. a. Indianer), ungezähmt; wild(wachsend) (Pfl.); toro ~ Kampfstier m; 3. wild, unwegsam, steil (Gelände); aufgewühlt, bewegt (See); 4. barsch, schroff; rauflustig; prahlerisch; Am. wütend, eingeschnappt F; 5. Am. scharf (Gewürz); **II.** int. 6. ¡~! bravo!; fig. ¡~a cosa! (ein) verrückter Einfall!, e-e Schnapsidee! F; (e-e) schöne Geschichte!; **III.** m 7. Beifallsruf m, Bravo n; 8. ☐ Richter m.
bravu|cón desp. adj.-su. Maulheld m, Prahlhans m; **~conada** f Maulheldentum n; Prahlerei f, Angeberei f; **~conear** v/i. poltern, mit dem Säbel rasseln (fig.); **~conería** f → bravuconada; **~ra** f 1. (Helden-)Mut m, Tapferkeit f; 2. Wildheit f der Tiere; 3. → bravata; 4. ♪ aria f de ~ Bravourarie f.
braza f 1. Klafter m, ⚓ Faden m (span. 1,6718 m, arg. 1,733 m, engl. 1,823 m); 2. ⚓ Brasse f; 3. Sp. (estilo m) ~ Brustschwimmen n; **~da** f 1. Armbewegung f; Schwimmstoß m; 2. Am. Reg., Span. Reg. → braza 1; 3. → **~do** m Armvoll m (Holz, Laub usw.); **~je** m 1. ⚓ Fadentiefe f der See; 2. Münzprägung f; **~l** m 1. Armschiene f (Rüstung); Handgriff m e-s Schildes; 2. Bew. Wassergrabenanzapfung f; 3. → brazada 2; **~lete** m 1. Armband n; 2. (Arm-)Binde f; ~ de luto Trauerflor m am Ärmel; 3. → brazal 1.
brazo m 1. Arm m; Anat. Oberarm m; Vorderbein n der Tiere; adv. a ~ mit der Hand; ~ a ~ Mann gg. Mann, im Nahkampf; en ~s auf (od. in) den Armen; (cogidos) del ~ Arm in Arm, untergehakt; a fuerza de ~s mit großer Anstrengung; mit

Gewalt; adv. a ~ partido Leib an Leib (Ringen, Raufen); fig. → adv. a todo ~ mit (aller) Gewalt, aus Leibeskräften; fig. adv. (con) los ~s abiertos mit offenen Armen; fig. no dar su ~ a torcer nicht nachgeben, s. nichts gefallen lassen; echarse (od. entregarse od. caer) en ~s de alg. a. fig. s. j-m in die Arme werfen; fig. s. ganz auf j-n verlassen; s. j-m ausliefern; fig. estar (od. quedarse) con los ~s cruzados die Hände in den Schoß legen, untätig (od. gleichgültig) zusehen; fig. F quedar el ~ sano a alg. noch (Geld-)Reserven haben, s. noch nicht verausgabt haben; fig. ser el ~ derecho de alg. j-s rechte Hand sein; 2. Waagebalken m; Kreuzesarm m; Leuchterarm m; Armlehne f (Stuhl usw.); Schenkel m (Zirkel); Phono. Tonarm m; de dos (tres) ~s zwei- (drei-)armig bzw. -schenklig; 3. ⊕ Arm m, Hebel m; ~ articulado (mecánico) Gelenk- (Greif-)arm m; ~ de la fuerza Kraftarm m; 4. Ast m, Zweig m; 5. ~ de mar Meeresarm m; ~ de río Flußarm m; 6. fig. Gewalt f, Macht f; hist. ~s m/pl. del Reino Reichsstände m/pl. in den Cortes: Adel, Geistlichkeit, niederer (od. dritter) Stand; ~ secular (Arm m der) weltliche(n) Gerichtsbarkeit f; 7. mst. ~s m/pl. Arbeitskräfte f/pl.; 8. mst. ~s m/pl. Helfer m/pl., Beschützer m/pl.; valerse de buenos ~s gute Hilfe (bzw. Fürsprache) haben; 9. Mut m; 10. (Körper-)Kraft f.
brazuelo m 1. Vor(der)arm m der Vierfüßler; 2. Bug m am Zaum.
brea f 1. Teer m, Pech n; ~ líquida Teer m, flüssiger Asphalt m; ~ mineral Steinkohlenteer m; ~ seca Harzpech n; 2. ⚓ Kalfatermasse f; 3. Teertuch n.
break m Sp. Break m.
break(dance) m Breakdance m.
brear v/t. 1. plagen, quälen; ~ a golpes ver-trimmen F, -sohlen F; 2. foppen.
brebaje m widerliches Getränk n, Gebräu n; desp. Medizin f; lit. Trank m.
breca Fi. f 1. Weißfisch m; 2. Rotbrassen m.
brécol(es) ♀ m(/pl.) Spargelkohl m, Brokkoli pl.
brecolera ♀ f Art Brokkoli pl.
brecha¹ f 1. Bresche f, Mauerbruch m; ⚔ u. fig. abrir ~ (en) e-e Bresche legen (in ac.); fig. ins Wanken bringen, erschüttern (ac.); estar (siempre) en la ~ immer zur Verteidigung (e-r Sache) bereit sein; 2. Eindruck m; hacer ~ en alg. auf j-n Eindruck machen.
brega f 1. Kampf m (a. fig.); Zank m, Streit m; fig. harte Arbeit f; andar a la ~ schuften, s. abrackern; 2. Possen m; dar ~ a alg. j-n narren, foppen (a. fig.); s. abrackern; s. herumplagen (mit dat. con); **II.** v/t. Teig ausrollen.
brema ☐ f Arg. Spielkarte f.
breña f mit Gestrüpp bewachsenes Gefels n; **~l** m felsiges, mit Gestrüpp bewachsenes Gelände n.
breque m 1. Fi. → breca; 2. 🐛 Ec., Pe., Rpl. Gepäckwagen m; 3. Am. Reg., bsd. Ant. Bremse f.

braserillo — brigada

bretaña f 1. Leinen n aus der Bretagne; ♀ Bretagne f; Gran ♀ Großbritannien n; 2. ♀ Hyazinthe f.
brete m 1. Fußeisen n (Fessel); 2. fig. schwierige Lage f, Klemme f F; poner en un ~ in die Klemme F bringen; 3. Rpl. Pferch m zum Markieren bzw. Schlachten des Viehs.
bretón I. adj.-su. 1. bretonisch; 2. (col m) ~ m Sprossenkohl m; **II.** m 3. Bretone m; das Bretonische.
breva f 1. ♀ Frühfeige f; fig. F Zufallsgewinn m, Glück(sfall m) n, Massel m F; fig. más blando que una ~ (jetzt ist er) pflaumenweich; fig. no caerá esa ~ daraus wird nichts, das sind Illusionen; fig. está madura la ~ die Zeit ist reif; 2. frühreife Eichel f; 3. flache Havannazigarre f; Am. Cent., Cu., Méj. Kautabak m; 4. ☐ Jahr n.
breve I. adj. c u. adv. kurz (a. Silbe); kurz(gefaßt); kurz(dauernd); ~ ⚡ schmal; rasch (zupackend); es ~ contar das ist schnell erzählt; ser ~ s. kurz fassen; adv. en ~ a) bald; b) → en ~s palabras in wenigen Worten, kurz(gefaßt); **II.** f Gram. kurze Silbe f; ♪ Brevis f (Note); **III.** m ~ (pontificio) (päpstliches) Breve n; **~dad** f Kürze f; a la mayor ~ posible baldmöglichst; para mayor ~ der Kürze halber; adv. con ~ → **~mente** adv. kurz; mit e-m Wort.
breviario m 1. kath. Brevier n; 2. Abriß m, Kompendium n; 3. Typ. Borgis f (9-Punkt-Schrift).
bre|zal m Heide f; **~zo** m ♀ Heide (-kraut n) f; Erika f; pipa f de ~ Bruyèrepfeife f.
bri|ba f Gauner-, Lotter-leben n; andar a la ~ → bribonear; **~bón** adj.-su. nichtsnutzig; Gauner..., m Taugenichts m; Strolch m; Gauner m; Schurke m, Schuft m; **~bonada** f Gaunerei f, Schurkerei f; **~bonear** v/i. herum-strolchen, -streunen, stromern; ein Gaunerleben führen; **~bonería** f Herum-treiben n, -lungern n; Streunen n, Strolchen n; → bribonada; **~bonzuelo** dim. m kl. Gauner m, Schlingel m.
bricbarca ⚓ f Bark(schiff n) f.
brico|la|dor m Heimwerker m, Bastler m; **~je** m Heimwerken n, Basteln n.
bricho m (Gold- bzw. Silber-)Lahn m.
brida f 1. Zaum m, Zügel m; Zaumzeug n; a la ~ mit langen Steigbügelriemen, à la bride; a toda ~ in vollem Galopp; volver la ~ umkehren, zurückreiten; 2. ⊕ (loser) Flansch m; Lasche f, Bügel m; Bund m; ~ de carril Schienenlasche f; 3. ⚕ ~s f/pl. Bride pl.
bridge m Bridge n.
bridón m Trense f; poet. feuriges Roß n.
briga|da I. f 1. ⚔ a) Brigade f; b) Stoßtrupp m (Lasttiere u. Führer); 2. ⚓ Wache f; 3. ~ (de obreros) Arbeitertrupp m (Arbeiter); ~ de bomberos Löschzug m (Feuerwehr); ~ municipal städtische Arbeiter m/pl.; 4. Polizei f; ~ criminal (mundana) Kriminal-(Sitten-)polizei f; ~ social (politische) Polizei f unter Franco; ~ de homicidios Mordkommission f; ~ de estupefa-

brigadier — brújula

cientes (*od. de narcóticos*) Rauschgiftdezernat *n*; **II.** *m* 5. ⚔ Feldwebel *m*; **~dier** *hist.* ⚔ *m* Brigadier *m*.
brigán *m Guat., S. Dgo., Ven.* → bandolero.
Brígida *npr. f* Brigitte *f*.
Briján F: *saber más que ~ alle Kniffe kennen.*
brik *m* Kartonverpackung *f für Getränke*.
brillan|te I. *adj. c* strahlend, leuchtend, glänzend (*a. fig.*); Glanz...; *fig.* hervorragend, brillant; **II.** *m* Brillant *m*; *~ falso* Brillantenimitation *f*, Straß *m*; **~tez** *f* (*pl. ~eces*) Glanz *m*; *Foto, Repro. u. fig.* Brillant *f*; **~tina** *f* 1. Brillantine *f*; 2. *tex.* Glanzperkal(in *n*) *m*.
brilla|r *v/i.* funkeln, strahlen, leuchten, *a. fig.* glänzen; scheinen (*Sonne*); *fig.* brillieren, hervorstechen; *~ en la cátedra* ein glänzender Gelehrter (*od.* Redner) sein; **~zón** *m Bol., Rpl.* Fata Morgana *f*.
brillo *m* Glanz *m* (*a. Phot. u. fig.*), Schein *m*, Schimmer *m*; *fig.* Vortrefflichkeit *f*; Ruhm *m*; Prunk *m*; *~ del sol* Sonnenschein *m*; *dar* (*od. sacar*) *~ a* a/c. et. polieren, et. blank putzen; *sin ~* unscheinbar, glanzlos.
brin|car [1g] **I.** *v/i.* hüpfen, springen; *fig.* F hochgehen F, in die Luft gehen F; *está que brinca* er zittert vor Wut; **II.** *v/t. fig.* (absichtlich) übergehen; **~co** *m* Sprung *m*, Satz *m*; *dar ~s* hüpfen; F *pegar un ~* e-n Satz machen; *en un ~* im Nu.
brin|dar I. *v/i.* 1. anstoßen *beim Trinken;* e-n Trinkspruch ausbringen (auf *ac. por*); *~ por la salud de alg.* auf j-s Wohl trinken; **2.** *~ a alg. con* j-m et. anbieten (*od.* darbringen); **II.** *v/t.* 3. an-, dar-bieten; schenken; *Gelegenheit* bieten; *nos brindó una conferencia* er hielt e-n Vortrag bei uns; *el bosque brinda agradable sombra* der Wald spendet angenehmen Schatten; **4.** *Stk. ~ el toro a* den Stier *j-m* zu Ehren töten; **III.** *v/r.* **~se 5.** *~se a + inf.* s. erbieten zu + *inf.*; **~dis** *m* (*pl. inv.*) Trinkspruch *m*, Toast *m*; Zutrinken *n*; *hacer un ~* e-n Trinkspruch ausbringen.
brío *m* 1. (*oft ~s m/pl.*) Kraft *f*; Mut *m*, Schneid(igkeit *f*) *m*; Schmiß *m* F, Schwung *m*, Feuer *n* (*fig.*) *m*; 2. Anmut *f*.
brioche *m* Brioche *f* (*Hefegebäck*).
briol ⚓ *m* Geitau *m*.
brioso *adj.* mutig; feurig, schwungvoll, schneidig F, schwungig F.
briqué *m Col.* Feuerzeug *n*.
briqueta *f* Brikett *n*.
brisa *f* **1. a)** Nordostwind *m*; **b)** Brise *f*; **c)** Land- *bzw.* See-wind *m*; **d)** *~s f/pl. Ven.* Passat *m*; **2.** *Col.* Sprühregen *m*; **3.** F *Cu.* Hunger *m*, Appetit *m*.
brisca *Kart. f* Briska(spiel) *n*.
briscado *adj.*: *hilo m ~* mit Gold- *bzw.* Silberfaden umsponnener Draht *m*.
brise|ra *f*, **~ro** *m Ant., Col.* Sturm-, Wind-laterne *f*.
brisote *m* steife Brise *f*.
bri|tánico *adj.-su.* britisch; *m* Brite *m*; **~tano** *adj.-su. hist. u. lit.* Brite *m*.
brizna *f* Fädchen *n*, Faser *f*; Krümel *m*, Splitter *m*; Trinkhalm *m*; *fig.* Stäubchen *n*; *fig. tener ~s de* e-n Anflug (*od.* e-n Anstrich) haben von (*dat.*).
broca *f* **1.** Schusterzwecke *f*; **2.** ⊕ Drill-, Spitz-bohrer *m*; *~ de avellanar* Senkbohrer *m*, Krauskopf *m*; **3.** *tex.* Spule *f*.
broca|dillo *tex. m* leichter Brokat *m*; **~do** *m* **1.** Brokat(gewebe *n*) *m*; **2.** Leder *n* mit Gold- *od.* Silberpressung.
brocal *m* **1.** Brunnenrand *m*; **2.** Schwertband *n*; Schildrand *m*; **3.** Mundstück *n* e-r bota.
brocatel *m* **1.** *tex.* Brokatell *m*; **2.** *mármol m ~* Tortosamarmor *m*.
brocha I. *f* gr. Malerpinsel *m*; Rasierpinsel *m*; → *a. pintor;* obra f de ~ gorda Kleckserei *f* F, Schmiererei *f* (*a. v. Literatur*); **II.** *m Col.* derber, ungebildeter Kerl *m*; **~da** *f* → *brochazo*.
brochado *adj.* (gold-, silber-)durchwirkt; **~ra** *Typ. f* (Draht-)Heftmaschine *f*.
brochal △ *m* Querbalken *m*.
brochazo *m* (grober) Pinselstrich *m* (*a. fig. Mal. u. Lit.*).
broche *m* **1.** Haken *m* u. Öse *f*; Schnalle *f*; Bücherschloß *n*; *Span. ~ automático, Am. ~ de presión* Druckknopf *m*; **2.** Brosche *f*; *poner ~ de oro a et.* krönen; **3.** *Chi., Pe., P. Ri.* Büroklammer *f*.
brocheta *f* Bratspieß *m*.
brochón *m* Tüncherquast *m*.
brollo *m Ven.* → embrollo.
broma[1] *f* Scherz *m*, Spaß *m*; Witz *m*, Ulk *m*; *~ pesada* dummer Spaß *m*, Unfug *m*; übler Scherz *m*; *~s aparte, fuera ~s* Scherz beiseite; *de* (*od. en od. por*) *~* im Scherz, im Spaß; *entre ~s y veras* halb ernsthaft, halb scherzhaft; *echar* (*od. tomar*) *a/c. a ~* et. nicht ernst nehmen; et. ins Lächerliche ziehen; *estar de ~* zu Späßen aufgelegt sein; (nur) Spaß machen; *no estoy para ~s* mir ist nicht zum Lachen (zumute); *gastar ~s* Spaß machen; *faz. mezclar ~s con veras* mit Zuckerbrot u. Peitsche (vorgehen).
broma[2] *f Art* Mörtel *m*.
broma[3] *f* Bohr-, Schiffs-wurm *m*; **~r** *v/t.* anbohren (*Bohrwurm*).
broma|to ⚗ *m* Bromat *n*; **~tología** ⚗ *f* Ernährungskunde *f*; **~tólogo** *m* Ernährungsfachmann *m*.
bro|mazo *m* übler Scherz *m* (*bzw.* Streich *m*); **~mear** *v/i. u. ~se v/r.* scherzen, spaßen, Spaß machen.
brómico ⚗ *adj.*: *ácido m ~* Bromsäure *f*.
bromista *adj.-su. c* lustig, fidel F; *m* Spaßvogel *m*, fideles Haus *n* F.
bromo[1] ⚗ *m* Brom *n*.
bromo[2] ♀ *m* Trespe *f*.
bromuro ⚗ *m* Bromid *n*; *~ de plata* Silberbromid *n*, Bromsilber *n*; *Phot. papel m ~* Silberbromidpapier *n*.
bronca F *f* Zänkerei *f*, Krach *m* F (machen, schlagen *armar*); *se armó una* (*od. la*) *~* (*padre*) es hat (e-n Riesen-)Krach gegeben; *me armó* (*od. echó*) *una* (*od. la gran*) *~* e-n schönen Krach hat der mir gemacht F; *~zo m* Mords-krawall *m* F, -spektakel *m* F; *bsd. Stk.* lärmender Protest *m*.
bron|ce *m* **1.** Bronze *f*; Erz *n* (*poet.*); *~ fundido* Bronzeguß *m*; *hist.* Edad *f* de(*l*) *~* Bronzezeit *f*; *fig. ser de ~, ser un ~* zäh *bzw.* hart, mitleidslos *bzw.* unnachgiebig sein; **2.** Bronze-standbild *n*, -figur *f*; **3.** *poet.* **a)** (Kriegs-)Trompete *f*; **b)** Geschütz *n*; **c)** Glocke *f*; **~ceado I.** *adj.* bronzefarben; braungebrannt, sonnengebräunt; **II.** *m* Bronzierung *f*; (Sonnen-)Bräune *f*; **~ceador** *m* Sonnen(schutz)-creme *f*, -öl *n*; **~cear** *v/t.* 1. bronzieren; 2. *a. v/i.* bräunen (*Sonne*); *crema f ~adora* Sonnen(schutz)creme *f*; *~(se)* braun werden; **~cería** *f* Bronzeware(n) *f*(/*pl.*); **~cíneo** *adj.* bronzen; bronzeartig; **~cista** *c* Bronzearbeiter *m*.
bronco *adj.* 1. roh, unbearbeitet (*Metall*); spröde, brüchig (*Metall*); wild, rauh (*Gegend*); 2. rauh, heiser (*Stimme, Ton*); 3. barsch (*Wesen*).
bronconeumonía ✢ *f* Bronchopneumonie *f*.
bronquedad *f* Rauheit *f*; Sprödigkeit *f*; *vgl.* bronco.
bronquial *Anat. adj. c* Bronchial...
bronqui|na F *f* Zank *m*, Krach *m* F; **~noso** F *adj. Am. Reg.* streitsüchtig.
bron|quio *Anat. m* Bronchus *m*; *~s m/pl.* Bronchien *m/pl.*; **~quíolos** *m/pl.* Bronchiolen *m/pl.*; **~quítico** *adj.* bronchitisch; **~quitis** ✢ *f* Bronchitis *f*.
broquel *m* kl. Rundschild *m*; *fig.* Schutz *m*.
broqueta *f* Bratspieß *m*.
brota|dura *f ~ brote*; **~r I.** *v/i.* 1. (hervor)keimen; sprießen (*Pfl.*); ausschlagen (*Baum*); aufgehen (*Saat*); 2. (hervor)quellen (aus *dat. de*); entspringen (*dat. de*) (*a. fig.*); *fig. ~ de s-n* Ursprung haben in (*dat.*); *brota un grano* es bildet s. ein Pickel; *los ensayos que brotan de su pluma* die Essays (, die) aus s-r Feder (stammen), s-e Essays; **II.** *v/t.* 3. hervor-treiben, -bringen.
brote *m* Knospe *f*; Sproß *m*; Sprießen *n*; *fig.* Anfang *m*, Keim *m*; ✢ *~s m/pl.* leichter Hautausschlag *m*.
brótola *Fi. f*: *~ de fango* Gabeldorsch *m*.
browning *m* Browning(pistole *f*) *m*.
browser *m IT* Browser *m*.
broza *f* 1. dürres Laub *n*; Gestrüpp *n*; 2. Abfall *m*; *fig.* (leeres) Geschwätz *n*, Gewäsch F; 3. *Typ.* → *bruza* 2.
brucero *m* Bürsten-macher *m*; -händler *m*.
bruces *adv.*: *de ~* auf dem Bauch (liegend); *caer* (*od. dar*) *de ~* aufs Gesicht (*od.* auf die Nase) fallen; *darse de ~ con alg.* mit j-m zs.-stoßen; *fig. j-m* unerwartet begegnen.
bruja *f* Hexe *f* (*a. fig.*); *fig.* alte Hexe *f*, Vettel *f*; *fig.* Vamp *m*.
Brujas *f* Brügge *n*.
bru|jear *v/i.* hexen; **~jería** *f* Hexerei *f*, Zauberei *f*; *fig. ~ engaño;* **~jesco** *adj.* Hexen..., Zauber...; **~jo I.** *m* Zauberer *m*, Hexenmeister *m*; *Am. Reg.* Kurpfuscher *m*; **II.** *adj. fig.* ver-, be-zaubernd, verführerisch; *amor m ~* Liebeszauber *m*.
brújula *f* 1. Magnetnadel *f*; (Schiffs-)Kompaß *m*; *~ giroscópica* Kreiselkompaß *m*; *fig. por ~* nur undeutlich; über den Daumen gepeilt; *fig. perder la ~* die Orientierung verlieren; 2. Seh-, Diopter-loch *n*.

brujulear I. *v/t. Karten langsam abziehen, um sie zu erkennen; fig.* allmählich herausbekommen, erraten; **II.** *v/i. saber* ~ s. geschickt durchschlagen, den Rummel kennen F.
brulote *m Bol., Chi.* Zote *f*, Schimpfwort *n*.
bruma *bsd.* ⚓ *f* Nebel *m*, ⚓ Mist *m*; **~zón** ⚓ *m* dichter Nebel *m*.
brumoso *adj.* dunstig, neblig.
brunch *m* Brunch *m*.
Brunei *m* Brunei *m*.
bruno ♀ *m* Schwarzpflaume *f*.
Brunswick *m* Braunschweig *n*.
bruñi|do I. *adj.* geschliffen; **II.** *m* Politur *f*, Schliff *m*; Polieren *n*; **~dor** *m* Polierstahl *m*; **~r** [3h] *v/t.* 1. ⊕ glätten, polieren; (blank)schleifen; 2. F schminken.
brus|camente *adv.* barsch, brüsk; **~co I.** *adj.* plötzlich, jäh; brüsk (*a. fig.*); **II.** *m* ♀ Mäusedorn *m*.
brusela ♀ *f gr.* Immergrün *n*.
Bruse|las I. *f* Brüssel *n*; **II.** ♀ *f/pl.* Goldschmiedezange *f*; **~lense** *adj.-su. c* aus Brüssel; *m* Brüsseler *m*.
brusquedad *f* Barschheit *f*, Schroffheit *f*; *con* ~ schroff, barsch.
bruta|l *adj. c* brutal, roh; viehisch; F großartig, enorm F; toll F; **~lidad** *f* Brutalität *f*, Roheit *f*; *fig.* Dummheit *f*, Unvernunft *f*; F große Menge *f*.
bruteza *f* → brutalidad; tosquedad.
bruto I. *adj.* 1. tierisch; 2. *fig.* dumm, unwissend; grob; ungeschliffen, ungehobelt; unvernünftig; *fuerza f* **~a** rohe Gewalt *f*; *Rpl. adv. a la* **~a** brutal, roh; 3. ⊕ (en) ~ roh, nicht bearbeitet, Roh-...; *hierro m* (en) ~ Roheisen *n*; *pieza f* **~a** Rohling *m*; 4. ♇ brutto, Roh-..., Brutto...; 5. P *ponerse* ~ scharf (*od.* geil) werden P; **II.** *m* 6. Tier *n* (*im Sinne von unvernünftiges Wesen*); *poet.* ~ *el noble* ~ das Roß (*poet.*).
bruza *f* 1. *Equ.* Kardätsche *f*; 2. *Typ.* Bürste *f der Setzer*.
bu *Kdspr. m* (*pl.* búes) Schwarzer Mann *m*.
búa *f* Pustel *f*; Eiterbeule *f*.
bu|bas 𝆺 *f/pl.* entzündete Lymphknoten *m/pl.*; Syphilis *f*; **~bón** 𝆺 *m gr.* Geschwür *n*, Bubo *m*; **~bónico** 𝆺 *adj.:* peste **~a** Bubonenpest *f*.
bucal *adj. c* Mund...; *cavidad f* ~ Mundhöhle *f*.
bucanero *hist. m* Seeräuber *m*, Bukanier *m*.
bucare ♀ *m Am.* Bukare *m* (*Schattenbaum*).
búcaro *m* Blumenvase *f*.
bucea|dor *m* (Sport-)Taucher *m*; **~r** *v/i.* tauchen; *fig.* (nach)forschen (*nach dat. acerca de*).
bucéfalo F *m* Tolpatsch *m*; *Rpl.* Schindmähre *f*.
buceo *m* Tauchen *n*.
bucle *m* 1. Locke *f*; 2. *fig.* Windung *f*, Schleife *f*, Knick *m*.
bucóli|ca *f lit.* Hirtendichtung *f*; F Essen *n*; **~co** *lit. adj.* Hirten-..., Schäfer-..., bukolisch.
buche[1] *m* 1. Kropf *m der Vögel* (*Méj.* 𝆺); 2. Labmagen *m der Rinder usw.*; 2. Mundvoll *m Wasser usw.*; 3. F Magen *m*; *fig.* Herz *m*; *fig. no le cabe en el* ~ er kann den Mund nicht halten; *fig. sacar algo* ~ *a alg.*

et. aus j-m herausholen; 4. *Ec.* Zylinder(hut) *m*.
buche[2] *m* noch saugendes Eselfüllen *n*. [backe *f*.]
buchete *m* dicke Backe *f*; Paus-]
buchón *adj.* 1. *paloma f* **~ona** Kropftaube *f*, Kröpfer *m*; 2. *Cu.* → bonachón.
Buda *m* Buddha *m*.
bu|dín *m* Pudding *m*; *a.* Fleisch-, Fisch-aspik *m*; **~dinera** *f* Puddingform *f*.
budión *Fi. m* Pfauenschleimfisch *m*.
budis|mo *m* Buddhismus *m*; **~ta** *adj.-su. c* buddhistisch; *m* Buddhist *m*.
bue|n *adj. Kurzform v.* bueno *vor su. m sg.*; **~na** *adj. f* (*elliptisch a. su. f*): *una* ~ e-e tolle Geschichte; *a la* ~ *de Dios* aufs Geratewohl; *dar una* ~ *a alg.* j-n fertigmachen, j-n kleinkriegen; → *bueno*, **~namente** *adv.* 1. leicht, bequem; 2. gern.
buenamoza *adj. f Am.* gutaussehend.
buenaventura *f* Glück *n*; *decir* (*od. echar) la* ~ aus der Hand wahrsagen.
bue|nazo F *adj.* seelengut; kreuzbrav; **~nísimo** F *sup.* sehr gut; **~nmozo** *adj. m Am.* gutaussehend; **~no** *adj.* 1. gut; **~a** *mercancía f* gute Ware *f*; *de* **~a** *clase* gut; hochwertig; ~ *como el oro* todsicher (*Geschäft u. ä.*); ~ *de comer* gut, schmackhaft; *¡~! a)* gut!, (geht) in Ordnung!; *b)* na schön, meinetwegen, schon gut! *c)* na na!, das fehlte noch!; *¡~ (ya)!* Schluß jetzt, jetzt langt's!; F *Gruß: ¡(muy) ~s!* guten Morgen!, guten Tag! *usw.; adv. a* ~ *as od.* por las ~ *as a)* im guten, gütlich, *b)* gern; *por las* ~*as o por las malas* wohl oder übel; im guten oder im bösen; en las ~*as y en las malas* in Freud u. Leid; *adv. de* ~*as a primeras* mir nichts, dir nichts; sofort; *de* ~ *a mejor* immer besser; *cogí un susto de los* ~*s* da habe ich mich schön erschreckt; *dar por* ~ billigen; *darse a* ~*as* nachgeben, Vernunft annehmen; *¿qué dices de* ~*o?* was bringst du Neues?; *¡está* ~*!* das ist gut!; gut so! (*a. iron.*); *¡estaría* ~*!* das wäre ja nicht schöner!; *estoy* ~ *para bromas* ich bin wirklich nicht zu Scherzen aufgelegt; *no estar* ~ *de la cabeza* nicht recht bei Trost sein; *hacer* ~*a una cantidad* e-e Summe gutschreiben; *hace* ~ es ist schön(es Wetter); *iron. ponerle* ~ *a uno* j-n heruntermachen; ~ *soy yo para eso* mit mir könnt ihr's ja machen (*bzw.* könnt ihr so et. nicht machen); *iron. lo* ~ *es que ... das Schönste (bzw.* Sonderbarste) ist, daß ...; *Spr. lo* ~, *si breve, dos veces* ~ in der Kürze liegt die Würze; 2. gehörig, tüchtig, kräftig; ~*a cantidad* große Summe *f*; *buen trozo m* gehöriges Stück *n*; 3. (*estar*) gesund; *está* ~ (*de la enfermedad*) er ist wieder gesund; 4. gut, lieb, freundlich; brav (*Kind*); gutmütig; anständig (*Mädchen*); *estar de* ~*as* gut gelaunt sein; *seas* ~ sei nett; *sei friedlich*; sei nicht kleinlich; *más* ~ *que el pan* äußerst gutmütig.
buey *m* 1. Ochse *m*; Rind *m*; *Kchk.* oft → *vaca*; ~ *almizcleño* Moschusochse *m*; *Jgdw.* ~ *de cabestrillo*, ~ *de caza* Jagdochse *m* (*als Tarnung*; oft nur

Attrappe); ~ *corneta Chi., Rpl.* einhörniger (*Bol.* störrischer) Ochse *m*; *fig. Rpl.* Liedrian *m*; ~ *de labor* Zugochse *m*; *trabajar como un* ~ s. abrackern, schuften; *el* ~ *suelto bien se lame* Freiheit tut wohl; *habló el* ~ *y dijo mu* vom Ochsen kann man nur Rindfleisch verlangen; 2. *Méj.* ~ *cornudo* Hahnrei *m*, betrogener (*od.* gehörnter F) Ehemann *m*; 3. *P. Ri.* Unsumme *f*; 4. ⚓ ~ *de agua* überkommende See *f*; 5. □ ~*es m/pl.* Karten *f/pl.*
bufa *f* → bufonada; *Méj., Cu.* → borrachera.
bufado *adj.:* vidrio *m* ~ geblasenes Glas *n*, Springglas *n*.
búfa|la *f* Büffelkuh *f*; **~lo** *m* Büffel *m*; *piel f de* ~ Büffelleder *n*.
bufanda *f* Schal *m*, Halstuch *n*.
bufar I. *v/i.* schnauben (*a. fig.* vor Wut *de ira*); fauchen (*Katze*); **II.** *v/r.* ~*se Méj.* abblättern (*Verputz u. ä.*).
bufé *m* Büffett *n*; ~ *libre* All-you-can--eat-Büffet *n*. [*m.*]
bufeo *Zo. m Am.* Süßwasserdelphin]
bufete *m* 1. Schreibtisch *m*; 2. **a)** Anwaltskanzlei *f*; **b)** Klientel *f*; *abrir* ~ s. als Rechtsanwalt niederlassen; 3. Anrichte *f*, Büfett *n*.
buffet *m* Büfett *n* (*Thea. usw.*).
bufido *m* Schnauben *n*; *dar* ~*s a. vor Wut* schnauben; F *me lanzó unos* ~*s* der hat mich vielleicht angeschnauzt F; *soltar un* ~ (laut) herausplatzen (*lachen*).
bu|fo I. *adj.* komisch, possenhaft; ♪ *ópera f* ~*a* komische Oper *f*; **II.** *m* ♪ (Baß-)Buffo *m*; **~fón** *adj.-su.* närrisch; *m* Hofnarr *m*; Possenreißer *m*; **~fonada** *f* Narren-streich *m*, -posse *f*, Hanswurstiade *f*; **~fonearse** *v/r.* Possen reißen; **~fonesco** *adj.* komisch, närrisch; Narren...; **~fonizar** [1f] *v/i.* Possen reißen.
bufosa □ *f Arg.* Schießeisen *n*, Kanone *f*.
buga P *f* Kiste *f* F, Karre *f* F (= *Auto*).
buganvil *m Col.*, **~la** ♀ *f* Bougainvillea *f*.
bugle ♪ *m* (Signal-)Horn *f*.
buglosa ♀ *f* Ochsenzunge *f*.
buhard|(ill)a *f* Dach-luke *f*, -fenster *n*; Dachstube *f*; Dachkammer *f*.
buha|rra □ *f* Dirne *f*; **~rro** *Vo. m* Bussard *m*.
búho *m Vo.* Uhu *m*; *fig.* Griesgram *m*.
buhone|ría *f* Hausierware *f*; **~ro** *m* Hausierer *m*; *caja f de* ~ Bauchladen *m*.
buido *adj.* 1. spitz; 2. gerieft.
buitre *Vo. m* Geier *m* (*a. fig.*); ~ *carroñero* Aasgeier *m*; **~ro** *adj.-su.* Geier-...; *m* Geierjäger *m*.
buitrón *m* 1. Fischreuse *f*; Fangnetz *n*; Falle *f*; 2. *Am. Reg.* Silberschmelzofen *m*; 3. *Col.* (Dach-)Kamin *m*.
buja|rra P *m*, **~rrón** P *m* aktive(r) Homosexuelle(r), Tunte *f* P.
buje ⊕ *m* Buchse *f*; Radnabe *f*.
buje|da *f*, **~dal**, **~do** *m* Busch *m*, Gebüsch *n*.
bujería(s) (*f/pl.*) (billiger) Kram *m*, Trödelkram *m*.
bujeta *f* Büchschen *n*; Riechfläschchen *n*.
bujía *f* 1. Kerze *f*; 2. *Phys.* Kerze *f* (*Lichtstärkemaß*); *Kfz.* ~ (*de encendido*) Zündkerze *f*; 3. 𝆺 Bougie *f*.

bujiería f → cerería.
bul P m Hintern m F, Arsch m P.
bula f (päpstliche) Bulle f; Ablaß m; hist. Urkundensiegel n des Papstes; ~ de la (Santa) Cruzada Kreuzzugsbulle f; ~ de excomunión Bannbulle f; fig. F tener ~ s. et. anmaßen (od. herausnehmen); vender ~s hist. Ablässe verkaufen; fig. F schwindeln; s. scheinheilig aufführen.
bul|bar adj. c ♀ Knollen...; Anat. bulbär; **~bo** m 1. ♀ Zwiebel f; Blumenzwiebel f; Knolle f; 2. Anat. Bulbus m; ~ dentario Pulpa f; ~ raquídeo verlängertes Mark n, lt. Medulla f oblongata; 3. ⊕ Kolben m (Glasflasche); **~boso** adj. 1. ♀ knollig; plantas f/pl.; ~as Knollen-, Zwiebelpflanzen f/pl.; 2. △ cúpula f ~a Zwiebelturm m; 3. Anat. wulstig.
buldog m 1. Zo. Bulldogge f; 2. ⊕ Bulldogg m.
buldozer ⊕ m Bulldozer m.
bule m Méj. Kürbis m; Gefäß n aus Kürbis.
bule|ro m hist. Ablaßhändler m; □ u. prov. Schwindler m; **~to** m päpstliches Breve n.
bulevar m Boulevard m, Ring-, Pracht-straße f.
Bulgaria f Bulgarien n.
búlgaro adj.-su. bulgarisch; m Bulgare m; das Bulgarische.
bulimia ✱ f Heißhunger m, Bulimie f.
bulín P m Arg. Zimmer n; Knast m F.
bulo m Falschmeldung f, Ente f.
bulón ⊕ m Arg. Bolzen m.
bulto m 1. Bündel n; undeutliche Gestalt f; adv. a ~ a) ungefähr, grob geschätzt; global, pauschal; nach Augenmaß; b) drauflos, ins Blaue hinein (reden, schwatzen); en ~ im großen u. ganzen, kurz; fig. F buscar a alg. el ~ j-m auf den Pelz rücken F; F coger (od. pescar) a alg. el ~ j-n (beim Schlafittchen F) packen, j-n schnappen F; escurrir (od. escapar od. guardar od. huir) el ~ s. drücken F, s. dünnemachen F; F menear (od. moler od. sacudir) a alg. el ~ j-n verprügeln, j-m das Fell gerben F; P sacar el ~ abhauen F, verduften F; 2. Umfang m; fig. Raum(inhalt) m; fig. Bedeutung f, Gewicht n; de ~ sperrig; fig. gewichtig; groß, bedeutend; gewaltig; hacer ~ (viel) Platz einnehmen; auftragen; fig. Gewicht haben; poner de ~ hervorheben, deutlich machen; 3. Gepäckstück n; Warenballen m; ✱ ~s m/pl. Stückgut n; ~ de carga Frachtstück n; ~s de mano Handgepäck n; 4. figura f de ~ Standbild n; 5. Beule f; Anschwellung f; 6. F Thea. Komparse m; 7. Füllung f e-s Kopfkissens; 8. M Rekrut m; 9. Am. Schulmappe f.
bultuntún F adv.: a ~ aufs Geratewohl, ins Blaue hinein, frei nach Schnauze F.
bulla f Lärm m, Krach m; Krawall m; meter (od. armar) ~ Krach (od. Radau) machen; F estar de ~ aufgeräumt (od. lustig) sein; **~besa** f Bouillabaisse f (= Fischsuppe). **~je** m (Menschen-)Auflauf m, Gedränge n; **~nga** f Aufruhr m, Tumult m; **~nguero** adj.-su. lärmend; streitsüchtig; m Unruhestifter m, Radaubruder m F.

bullebulle F m: es un ~ er ist ein Quecksilber, er muß immer Wirbel machen F.
bulli|cio m Getöse n, Lärmen n; Unruhe f, Tumult m; **~cioso** adj. unruhig, lärmend; aufrührerisch; **~dor** adj. unruhig, lebhaft, quecksilbrig; **~r** [3h] v/i. 1. sieden, sprudeln, (auf)wallen; fig. hervorsprudeln (Gedanken); fig. le bulle la sangre (en las venas) er hat ein überschäumendes Temperament; er schäumt über (vor Tatendrang, vor Wut); 2. wimmeln; fig. ständig unterwegs sein, Wirbel machen F; ~ en todo überall dabei sein; 3. **~le** a alg. a/c. heftig nach et. (dat.) verlangen; me bullen los pies es juckt mich in den Füßen (= ich möchte wandern, tanzen usw.).
bullón[1] m 1. Ziernagel m auf Einbänden; 2. Bausch m, Puffe f (Kleid, Stoff).
bullón[2] m Färbersud m.
bume|rán, ~rang m Bumerang m.
buna f Buna m, n.
bunga|ló, ~low m Bungalow m.
buniato ♀ m → boniato 1.
bún|ker, ~quer m (pl. ~s) ⚔ Bunker m; Pol. Span. die reaktionäre Rechte.
buñole|ría f Stand m e-s → **~ro** m Krapfen-bäcker m; -verkäufer m.
buñuelo m 1. span. Ölgebäck n, Art Krapfen m; ~ de viento Windbeutel m; F mandar a freír ~s zum Teufel schicken F; 2. fig. F Pfuscherei f, Pfusch(arbeit f) m F, Murks m F; F no es ~ so schnell geht das nicht, so einfach ist das nicht.
buque m 1. Schiff n; (→ a. barco, vapor); ~ almirante, ~ insignia (de altura) Flagg- (Hochsee-)schiff n; ~ de carga Frachtschiff n, Frachter m; ~ cisterna Tanker m; ~ escuela (factoría) Schul- (Fabrik-)schiff n; ♪ El Ձ Fantasma der Fliegende Holländer; ~ faro Feuerschiff n; ~ frigorífico (gemelo) Kühl- (Schwester-)schiff n; ~ hospital Lazarettschiff n; ~ de línea Linienschiff n (a. ⚔); ⚔ Schlachtschiff n; ~ de pasaje(ros) Passagierschiff n; ~ de salvamento Bergungs-, Rettungs-, Hebe-schiff n; ~ trampa Schiffsfalle f, U-Boot-Falle f; ~ vagabundo, ~ volandero Trampschiff n; ~ vigía Brand- bzw. Hafen-wache f; ¡ah del ~! Schiff ahoi!; en ~ mit dem Schiff; 2. Schiffsrumpf m.
buqué m Bukett m, Blume f des Weins.
bura Zo. m Texashirsch m.
burbuja f (Wasser-, Luft-)Blase f; ⊕ Libelle f (Wasserwaage); ✱ baño m de ~s Sprudelbad n; **~jear** v/i. Blasen werfen, sprudeln, brodeln; **~jeo** m Sprudeln n, Brodeln n.
burdégano Zo. m Maulesel m.
burdel m Bordell n, Freudenhaus n; fig. lärmende Gesellschaft f; wüster Haufen m.
Burdeos I. m Bordeaux m; ♀ vino m de ~ Bordeaux(wein) m; II. adj. inv. ♀ bordeaux(rot).
burdo adj. grob (Wolle, Tuch u. fig.); fig. derb; plump.
burear v/i. Am. s. amüsieren.
bureche m Ven. alkoholisches Getränk n aus Maniok.
bureo F m Zeitvertreib m, Vergnügen n; ir de ~ s. amüsieren, auf den

Bummel gehen.
bureta 🜊, ⚗ f Bürette f.
burga f Thermalquelle f.
burgalés adj.-su. aus Burgos.
burgo m Flecken m, Weiler m; hist. Burg f; **~maestre** m Bürgermeister m (dt., schweiz. u. niederländischer Städte).
burgrave hist. m Burggraf m (Dtl.).
bur|gués I. adj. bürgerlich, Bürger...; desp. spießbürgerlich; Pol. desp. bourgeois; II. m Bürger m; desp. Spießbürger m; Pol. desp. Bourgeois m; **~guesía** f Bürgerstand m; Bürgertum n; Mittelstand m; desp. Pol. Bourgeoisie f; desp. Spießbürgertum n; gran (pequeña) ~ Groß- (Klein-)bürgertum n.
buriel adj. c rötlichbraun.
buri|l m (Grab-, Gravier-)Stichel m; **~lar** v/t/i. stechen, gravieren (in Kupfer en cobre).
burla f 1. Spott m; Spötterei f, Hänselei f, Fopperei f; adv. de ~s, en ~s, por ~ im Scherz, zum Scherz, zum Spaß; adv. ~ burlando a) unversehens; so nebenher; b) unauffällig; (no) aguantar ~s, (no) entender de ~s e-n (k-n) Spaß verstehen; gastar ~s con alg. j-n verulken; no hay ~s con ... mit ... (dat.) darf man nicht spielen; hacer ~ de todo alles ins Lächerliche ziehen; 2. Prellerei f, **~dero** m 1. Stk. Schutzwand f vor der Brüstung für die Stierkämpfer; 2. Vkw. Verkehrsinsel f; **~dor** m 1. Verführer m; el ~ de Sevilla Don Juan; 2. Vexierkrug m u. ä. Scherzartikel; **~r** I. v/t. 1. täuschen; an der Nase herumführen; 2. vereiteln, zunichte machen; II. v/i. 3. spotten; a él le gusta ~ er liebt den (od. e-n) Spaß; III. v/r. **~se** de s. lustig machen über (ac.), spotten über (ac.); me burlo (de ello) a) darüber muß ich lachen; b) das ist mir ganz gleich (od. egal).
burle|ría f Spaß m, Fopperei f; Lüge f, Lügengeschichte f; **~sco** adj. spaßhaft, scherzhaft; schnurrig; Lit. burlesk; historia f ~a spaßige Geschichte f, Schnurre f.
burlete m Filzstreifen m, Stoffleiste f zum Abdichten von Fenstern u. Türen.
bur|lón adj.-su. spöttisch; m Spaßvogel m; Spötter m; **~lonamente** adv. spaßhaft; spöttisch.
buró m (pl. ~s) Schreibtisch m; Méj. Nachttisch m.
burocracia f 1. Bürokratie f; 2. Beamtenschaft f.
burócrata c Bürokrat m.
buro|crático adj. bürokratisch; **~cratismo** m Bürokratismus m.
burra I. f 1. Eselin f; F ~ de leche Amme f; fig. descargar la ~ s-e Arbeit auf andere abladen, die anderen arbeiten lassen; F írsele a alg. la ~ s. verschnappen, den Mund plaudern; 2. Arbeitstier n (Frau); 3. F Fahrrad n, Drahtesel m F; II. adj.-su. f 4. F dumme Pute f, dummes Weibsstück n F, **~da** f Eselsherde f; fig. Eselei f, Dummheit f; fig. F costar una ~ e-e Stange Geld kosten; **~jo m** trockener Esels- od. Pferde-mist m.
burre Zo. m Col. kl. Gürteltier(art f) n.
burrear P v/t/i. klauen F, abstauben F.

burrero m Eselsmilchhändler m; Méj. Eseltreiber m.
burricie f Blödheit f; ~**go** adj. kurzsichtig; halbblind.
burri|llo F m Agende f; ~**to** m **1.** dim. v. burro; **2.** Méj. Ponyhaarschnitt m; **3.** Méj. Maispastete f mit Fleisch.
burro m **1.** a. fig. Esel m; F Rpl. Rennpferd n; fig. ~ cargado de letras ein gelehrter Esel m F, ein Fachidiot m F; ~ de carga Packesel m; fig. Arbeitstier n; fig. F caer (od. apearse) del (od. de su) ~ s-n Irrtum einsehen; fig. F no apearse del ~ a. stur bleiben F; (una vez) puesto en el ~ wer A sagt, muß auch B sagen; **2.** ⊕, Zim. Bock m, Gestell n; Cu., Méj. Bockleiter f; **3.** Kart. Burro n, Dreiblatt n.
burrumbada F f Angeberei f F.
bursátil ✝ adj. c Börsen...; informe m ~ Börsenbericht m.
buru|jo m Knäuel m, n, Klumpen m; ~**jón** m **1.** Haufen m; (Menschen-)Menge f; **2.** Beule f.
Burundi m Burundi n.
bus Am. Bus m; ~ escolar Schulbus m.
busano Zo. m Purpurschnecke f.
busardo Vo. m Bussard m.
busca I. f **1.** Suche f (a. Jgdw.) (nach dat. de, por); a la (od. en) ~ de auf der (bzw. die) Suche nach (dat.); ⚥ ~ y captura Fahndung f (nach dat. de); dar la orden de ~ y captura de j-n zur Fahndung ausschreiben; **2.** Jgdw. Jäger m/pl. mit Treibern u. Meute; **3.** Ant., Méj. Nebeneinnahme f im Amt; **II.** m **4.** F Piepser m F; **5.** Jgdw. Suchhund m; ~**do** ✝ adj. gesucht (Ware); ~**dor** m a. Phot., Rf., Tel. Sucher m; IT Suchmaschine f; ~ de oro Goldsucher m; ~ de tesoros Schatzgräber m; ~**minas** ⚓ adj.-su. m (pl. inv.) Minensucher m; ~**personas** m (pl. inv.) Pager m; ~**pié** m Köder m, hingeworfenes Wort n, um et. herauszubekommen; ~**piés** m (pl. inv.) Schwärmer m, Knallfrosch m; ~**pleitos** m (pl. inv.) Winkeladvokat m; ~**r** [1g] **I.** v/t. **1.** suchen (ac. od. nach dat.), (nach)forschen nach (dat.); F ~ bronca Streit suchen (mit dat. a); ⚔ u. fig. ~ el contacto Fühlung aufnehmen, vorfühlen; fig. ~ la boca (od. la lengua) a alg. j-n reizen, j-n provozieren; **2.** holen (lassen); abholen; te iré a ~ ich hole dich ab; mandamos ~ al médico wir lassen den Arzt holen; **3.** ☐ klauen F; **II.** v/i. **4.** a. Jgdw. suchen; ¡busca, busca! such!, apport! (Ruf für den Hund); Spr. quien busca, halla wer sucht, der findet; **III.** v/r. ~**se 5.** ~**se la vida** od. buscársela(s) s. recht u. schlecht durchschlagen; se lo ha buscado er ist selbst schuld, er hat es so gewollt, das geschieht ihm recht F; ~**rruidos** F c (pl. inv.) Streithammel m F, Radaubruder m F; ~**vida(s)** F c **1.** Schnüffler m; **2.** arbeitswilliger Mensch m, der s. redlich durchschlagen muß.
busco m Schleusenschwelle f.
bus|cón m Dieb m, Gauner m; ~**cona** f Dirne f; ~**conear** v/i. Ant., Méj. herumschnüffeln.
buseca Kchk. f Arg. Kaldaunen f/pl.
buseta f Col. städtischer Bus m (etwas kleiner u. komfortabler als der bus).
busilis F m: ahí está el ~ das ist des Pudels Kern, da liegt der Hund begraben F (od. der Hase im Pfeffer); dar en el ~ ins Schwarze treffen.
búsqueda f Suche f; Suchaktion f; ~ y captura Fahndung f; → a. busca 1.
bustier m Bustier m.
bus|to m Oberkörper m; Büste f; Brustbild n; ~**tón** adj. Col. vollbusig.
buta|ca f Lehnsessel m; Thea. Parkettplatz m; Col. (Küchen-)Hocker m; ~ de mimbre Korbsessel m; ~ de orej(er)as Ohrensessel m; ~**cón** m Klubsessel m.
Bután m Bhutan n.
butanero ⚓ m Butantransporter m.
butanés adj.-su. bhutanisch; m Bhutaner m.
butano 🜚 m Butan n.
butaque m Am. Liegesessel m.
buten P adj.: de ~ super F, dufte F, klasse F.
butifarra f **1.** Cat. Art Bratwurst f; Pe. Weißbrot n mit Schinken u. Salat; Rpl. tomar a alg. para la ~ j-n aufs Ärmchen nehmen F; **2.** fig. F zu weiter Strumpf m, Ziehharmonika f F.
butírico 🜚 adj.: ácido m ~ Buttersäure f.
buyón F m Arg. Fleischbrühe f; Essen n.
buz m (pl. buces) Handkuß m.
buzamiento ⚒ m Neigung f des Flözes.
buzo¹ m (bsd. Tief-)Taucher m; barco m ~ Taucherschiff n.
buzo² m Vo. Mäusebussard m; ☐ Meisterdieb m.
buzo³ m Schutzanzug m für gefährliche Arbeiten; Col. Rollkragenpullover m, Rolli m F.
bu|zón m **1.** Briefeinwurf m; Briefkasten m; ~ de alcance Richtungsbriefkasten m; IT ~ electrónico Mailbox f; Tel. ~ de voz Voice-, Mail-box f; echar al ~ Brief einwerfen, in den Kasten werfen; **2.** Auslaß m e-s Teichs; Klappe f b. Wasserleitungen u. ä.; **3.** F gr. Mund m, Futterluke f F, Brotladen m F (Reg.); ~**zonero** m Am. Cent., Chi., Pe., Rpl. Briefkasten(ent)leerer m.
bypass ✱ m Bypass m.
byte m EDV Byte n.

C

C, c (= ce) f C, c n; → ce.
¡ca! F int. (i) bewahre!, i wo!; kein Gedanke!
Caaba Rel. f Kaaba f (islam. Heiligtum).
cabal I. adj. c völlig, vollständig; vollendet; richtig; genau; rechte m ~ ein ganzer Mann; cuentas f/pl. ~es richtige (od. genaue) Rechnungen f/pl.; justo y ~ ganz richtig; ¡~! richtig!, so ist es!; **II.** m no estar en sus ~es nicht richtig bei Verstand sein, nicht recht bei Trost sein F.
cábala f 1. Rel. Kabbala f 2. fig. Kabale, Intrige f; 3. ~s f/pl. Mutmaßung f; hacer ~s Vermutungen anstellen (über ac. acerca de, sobre).
cabalga|da f Kavalkade f, Reitertrupp m; hist. Erkundungsritt m, Streifzug m; † (Aus-)Ritt m; **~dor** adj.-su. m Reiter m; **~dura** f 1. Reittier n; 2. Lasttier n; **~r** [1h] I. v/i. 1. (umher)reiten (auf dat. en); fig. ~ sobre una ilusión s. Illusionen hingeben; **II.** v/t. 2. Rhet. Wort am Versende trennen; 3. decken, bespringen (Hengst); **~ta** f Kavalkade f, Reiterzug m; Umritt m; (Reiter-) Umzug m; (-)Prozession f der Heiligen Drei Könige an Epiphanias.
caba|lista c Kabbalist m; fig. Ränkeschmied m; **~lístico** adj. kabbalistisch; fig. geheimnisvoll, dunkel.
cabalonga ♀ f Cu., Méj. Ignatiusbohne f.
caballa Fi. f Makrele f.
caballa|da f 1. Pferdeherde f; 2. Am. (grober) Unfug m, roher Streich m; **~je** m 1. Kfz. PS-Zahl f; 2. Bespringen n, Decken n (Pferde, Esel); Beschälgeld m; **~r** adj. c Pferde...; ganado m ~ Pferde n/pl.; **~zo** m Chi., Guat., Méj. Niederreiten n.
caballe|ar F v/i. oft ausreiten; **~jo** m dim. u. desp. Pferdchen n; Schindmähre f; fig. Folterbank f; **~resco** adj. ritterlich; Ritter...; **~rete** F m Stutzer m, Geck m, Gras-, Zieraffe m F; **~ría** f 1. Reittier n; ~ de carga Lasttier n; ~ mayor Pferd n bzw. Maultier n; ~ menor Esel m; 2. hist. Rittertum n; Ritterschaft f; orden f de ~ Ritterorden m; libro m de ~s Ritterroman m; fig. andarse en ~s. in (unnützen) Komplimenten ergehen; 3. ⚔ Kavallerie f, Reiterei f; (cuerpo m de) ~ Kavalleriekorps n; soldado m de ~ Kavallerist m; 4. Landmaß reg. versch.; **~rito** F m Reg. junger Mann m; **~riza** f Pferde-, Maultier-stall m; Stallburschen m/pl.; ~s f/pl. Stallung f; ~s reales kgl. Marstall m; **~rizo** m Stallmeister m; ⚔ Pferdepfleger m.
caballero I. adj. 1. reitend; ~ en un burro auf e-m Esel reitend; fig. ~ en su opinión hartnäckig auf s-r Meinung bestehend; **II.** m 2. Reiter m; 3. Ritter m; Ordensritter m; ~ andante fahrender Ritter m; ~ gran cruz Großkreuzträger m; ~ cubierto hist. span. Grande m; fig. F unhöflicher Mensch m, Bauer m (fig. F); ~ del (Santo) Grial Gralsritter m; ~ de San Juan, ~ de Jerusalén, ~ de Malta, ~ sanjuanista Johanniter (-ritter) m, Malteser(ritter) m; ~ de la Triste Figura Ritter m von der Traurigen Gestalt (= Don Quijote); fig. armselige Gestalt f; ~ sin miedo y sin tacha Ritter m ohne Furcht u. Tadel; 4. Ehrenmann m; Kavalier m; (vornehmer) Herr m; ~ de industria Hochstapler m; es todo un ~ er ist ein Gentleman (Ehrenmann); ~ del volante Kavalier m am Steuer; 5. Anrede: „mein Herr"; an Toilettentüren: ~s Herren; **~samente** adv. ritterlich; **~sidad** f 1. Ritterlichkeit f; 2. Ehrenhaftigkeit f; Großmut f, Edelmütigkeit f; **~so** adj. 1. ritterlich; 2. ehrenhaft; edelmütig, großmütig.
caballeta Ent. f Heuschrecke f.
caballete m 1. dim. u. desp. v. caballo; 2. △ a) Dachfirst m; b) Schornstein- bzw. Kamin-abschluß m; 3. Mal. Staffelei f; ⊕ Arbeitsgestell n, Bock m; tex. Scherbock m; 4. Rpl. Messerbänkchen n; 5. ✗ Furchenrücken m; 6. hist. Folterbank f; 7. Anat. a) Nasenrücken m; b) Brustbein n der Vögel.
caballista c Pferdekenner m; (guter) Reiter m; F Kunstreiter m.
caballito m 1. Pferdchen n; ~ (de palo, ~ de juguete) Steckenpferd n der Kinder; fig. F montar sobre el ~ ein hohes Tier sein F, e-e hohe Stellung haben; 2. ~s m/pl. Glücksspiel (mechanisches Pferderennen); ~s del tiovivo Karussell n; 3. Pe. kl. Schlauchfloß n; 4. Ent. ~ del diablo Libelle f.
caballo m 1. Pferd n, Roß n (poet.); Zo. → a. 3; ~ de alabarda Packpferd n; ~ de batalla a) hist. Schlachtroß n; b) fig. Stärke f, starke Seite f e-r Person; Hauptpunkt m, -argument n e-r Streitfrage; Lieblingsthema n, Steckenpferd n; ~ blanco Schimmel m; □ Reitpferd n; ~ de brida, ~ de montar Reitpferd n; ~ de carga (de carreras) Last- (Renn-)pferd n; ~ de columpio Schaukelpferd n; ~ de cría (de escuela) Zucht- (Schul-)pferd n; ~ de madera Holzpferd n; ~ negro Rappe m; ~ de palo Holz-, Übungspferd n in Reitschulen; fig. Folterbank f; Arg. ~ de pecho Zugpferd n; (~ de) pura sangre, ~ de raza Vollblut n; ~ de regalo (de relevo) Parade-, Luxus- (Ersatz-)pferd n; Sp. ~ (de saltos) Bock m; ~ de silla Sattelpferd n; Reitpferd n; ~ de tiro Zugpferd n; de un ~ (de dos, de cuatro ~s) ein-(zwei-, vier-)spännig; a ~ zu Pferd, beritten; reitend; ⚔ ¡a ~! aufgesessen!; prp. a ~ de im Zuge von (dat.), als Folge von (dat.); F adv. con mil de a ~ wütend od. mit Pauken u. Trompeten F (z. B. hinauswerfen); adv. a uña de ~ a) schnell, sofort, spornstreichs; b) mit knapper Not, mühsam; ir (montar) a ~ reiten; F ir en el ~ de San Francisco auf Schusters Rappen reiten, per pedes (apostolorum) (gehen); poner a alg. a ~ j-m das Reiten beibringen; fig. j-n in den Sattel heben; sacar bien (od. limpio) el ~ Sp., Stk. das Pferd gut hindurchbringen; fig. gut durchkommen, Erfolg haben; Spr. a regalado no hay que mirarle al diente e-m geschenkten Gaul sieht man nicht ins Maul; 2. ⚔ Reiter m, Kavallerist m; ~s m/pl. Kavallerie f; 3. Zo. ~ de mar, ~ marino Seepferdchen n; 4. Ent. ~ del diablo Libelle f; 5. Schach: Springer m, Rössel n; salto m de ~ Rösselsprung m (Schach, Rätsel); 6. ~ de Fris(i)a spanischer Reiter m (Drahtverhau); 7. ♘ Taubenstein f in e-r Ader; 8. Astr. ♞ (Mayor) Pegasus m; ♞ Menor Equuleus m; 9. ♣ Partleine f, Manntau m; 10. fig. F hochfahrender Mensch m; 11. Kart. etwa: Dame f bzw. Königin f; ~ de copas etwa: Herzkönigin f; 12. Kfz. usw. ~s al freno Brems-PS pl.; ~(s) de vapor (Abk. CV, früher: H.P.) Pferdestärke(n pl.) f, PS n(/pl.); ~s fiscales Steuer-PS pl.; 13. (Säge-)Bock m; 14. Pe. Deichverhau m gg. Ackerüberschwemmung; 15. Myth. u. fig. ~ de Troya Trojanisches Pferd n; 16. F Heroin n, Stoff m F, H [ehtsch] n.
caba|llón ✗ m Furchenrücken m; **~lluno** adj. Pferde...
caba|ña f 1. (Schäfer-, Feld-)Hütte f; Kate f; ~ de troncos Blockhütte f; 2. gr. Schafherde f; Lasttierzug m (Getreidetransport); 3. koll. Viehbestand m e-r Region u. e-s Landes; Rpl. Gut n zur Züchtung v. Stammbaumtieren; **~ñal I.** adj.-su. m (camino m ~) Viehtrift f; **II.** m Katendorf n; **~ñero I.** adj. 1. Schafherden...; perro m ~ Hirtenhund m; **II.** m 2. Schafhirt m, Schäfer m; 3. Rpl. Herdbuchzüchter m; **~ñil I.** adj. c Schäferhütten...; **II.** m Pferdehüter m; **~ñuelas** f/pl. Tage am Anfang e-s Jahres, e-r Sai-

son, die im Volksglauben das Wetter für e-n bestimmten Zeitraum vorausbestimmen.
caba|ré, ~ret *m* Nachtklub *m*; ~ literario Kabarett *n*, Kleinkunstbühne *f*; **~retero** *m*, **~retista** *c* Kabarettist *m*.
cabe[1] *m* Stoß *m*, Treffer *m* beim Argollaspiel; *fig.* F ~ de pala unerwartete Gelegenheit *f*, Glücksfall *m*; F dar un ~ a vermindern (*ac*.); schädigen (*ac*.), beeinträchtigen (*ac*.).
cabe[2] † *u. poet. prp.* neben (*dat. bzw. ac.*), bei (*dat.*).
cabecear I. *v/i.* 1. den Kopf schütteln; *Sp.* e-n Kopfball schießen; 2. mit dem Kopf nicken, (ein)nicken; 3. mit dem Kopf auf- u. niedergehen, „galoppieren" (*Pferd*); 4. ⚓, ✈, *Equ.* stampfen; *s.* auf u. ab bewegen, schütteln, hin u. her gehen (*Gg.-stände*); 5. *Chi.* Knollen ansetzen (*Zwiebel usw*.); 6. *Ven.* anfangen zu sinken *bzw.* zu steigen (*Fluß*); II. *v/t.* 7. *Wein* verschneiden; 8. um-säumen, -nähen; *Strümpfe* anstricken; 9. *Sp.* Ball köpfen; 10. *Zim.* Bretter od. Balken verstärken *bzw.* anstückeln; 11. *Ant.*, *Méj.* Tabakblätter bündeln.
cabece|o *m su.* zu *cabecear*; *bsd.* Nicken *n*; *Equ.* „Galoppieren" *n*; ⚓, ✈ Stampfen *n*; F *Pe.* →*agonía*; **~ra** I. *f* 1. Kopfende *n* (*Tisch usw*.); Ehrenplatz *m* am Tisch; Stirnseite *f* e-s *Raumes*; 2. Kopfende *n* des Bettes; Kissen *n*; *autor m de* ~ Lieblingsschriftsteller *m*, -autor *m*; médico *m* de ~ Hausarzt *m*; *asistir* (*od. estar*) *a la* ~ del enfermo den Kranken pflegen; me gusta la ~ alta (baja) ich liege gern hoch (tief); 3. Haupt-teil *n*, -stück *n*, -punkt *m*; 4. Bezirkshauptstadt *f*; 5. ~ del tribunal Gerichtsvorsitz *m*; Gerichtssitz *m*; Richter-tisch *m*, -platz *m*; 6. Brückenkopf *m*; 7. *Geogr.* Oberlauf *m* e-s *Flusses*; obere Tallandschaft *f*; 8. *Typ.* **a**) Kopfende *n* *bzw.* unteres Ende *n* e-s *Buchrückens*; **b**) Titelvignette *f*; **c**) Kolumnentitel *m*; **d**) Schlagzeile *f*; II. *m* 9. Anführer *m*; 🗡 Sprengmeister *m*; **~ro** *Zim. m* Tür- *bzw.* Fenster-sturz *m*.
cabeci... in *Zssgn.* mit ... Kopf, ...köpfig, *z. B.* cabeciancho *adj.* breitköpfig.
cabeci|duro *adj. Am.* dickköpfig, starrsinnig; **~lla** I. *f* 1. *dim. v.* cabeza; 2. ⊕ Köpfchen *n*, Nippel *m*; II. *m* 3. Häuptling *m*; Rädelsführer *m*; III. *c* 4. Windbeutel *f*, Hohlkopf *m*; **~ta** *f dim. v.* cabeza.
cabe|llado *adj.* braunschillernd; **~llar** *v/i. s.* behaaren; **~llera** *f* (Haupt-)Haar *n*; Skalp *m*; *fig.* Fasern *f/pl.*; *poet.* Laub *n*, Gezweig *n*; ~ de cometa Kometenschweif *m*; **~llo** *m* 1. Haar *n*, de ~ aus Haaren, haarig; *fig.* no faltar un ~ a *a/c.* (so gut wie) fertig (*bzw.* vollständig) sein; *fig.* hender (*od.* partir) un ~ en el aire Haarspaltereien treiben; *fig.* llevar a alg. de un ~ j-n um den Finger wickeln (können); llevar a alg. de (*od.* por) los ~s j-m an den Haaren herbeizerren; tirarse (*od.* asirse) de los ~s *s.* an den Haaren zerren, *s.* in die Haare geraten; *fig.* traer *a/c.* por los ~s et. an den Haaren

herbeiziehen; → *a.* pelo; 2. ♀ ~s *m/pl.* Bart *m* des Maiskolbens; ~(s) de ángel **a**) ♀ *Ant.*, *Am. Cent.* Art Hahnenfußgewächs *n*; *Chi.*, *Pe.* Art Flechtgras *n*; **b**) Fasermelonenkonfitüre *f*; *Am. Reg.* versch. Süßigkeiten; **c**) Engelhaar *n* (*Christbaumschmuck*); **d**) *Kchk. Am.* Fadennudeln *f/pl.*; **~lludo** *adj.* langhaarig; dicht behaart; ♀ behaart; **~lluelo** *m* Härchen *n*.
caber [2m] I. *v/i.* 1. (hin)eingehen (in *ac.* en), Platz haben (in *dat.* en), passen (in *ac.* en, auf *ac.* por); no ~ de pies *s.* drängen (*Menge in e-m Raum*); en esta sala caben veinte personas dieser Saal faßt 20 Personen; *fig.* no ~ en sí de alegría vor Freude, vor Freude (ganz) aus dem Häuschen sein; *fig.* no me cabe en la cabeza das will mir nicht in den Kopf, das begreife ich nicht; no ~ juntos nicht zuea. passen; P ¿cuántas veces cabe cinco en veinte? wie oft geht 5 in 20?; 2. zufallen, zuteil werden; me cupo entregárselo ich mußte es ihm überreichen; die Wahl, es ihm zu geben, fiel auf mich; no nos cupo tal suerte solches Glück war uns nicht beschieden; 3. ~ en alg. *a/c.* zu et. (*dat.*) fähig sein; todo cabe en este individuo dieser Kerl ist zu allem fähig; II. *v/impers.* 4. möglich sein; cabe que + *subj.* es ist möglich, daß + *ind.*, es kann sein, daß + *ind.*; cabe muy bien que **a**) es ist sehr gut möglich, daß; **b**) es ist nur natürlich, daß; cabe decir man darf (ruhig) sagen (*bzw.* behaupten); cabe preguntar man muß *s.* (*bzw.* man darf doch) fragen; no cabe das ist nicht möglich (*bzw.* nicht gestattet), das gibt's nicht F; no cabe perdón das ist unentschuldbar; → *a.* duda; *¡no cabe más!* das ist (doch) die Höhe!; hermosa que no cabe más wunderschön; si cabe wenn möglich.
cabestraje *m* 1. Halfter *n/pl.*; 2. Halftergeld *n*.
cabes|trar *v/t.* anhalftern; **~trear** I. *v/i. s.* am Halfter führen lassen; II. *v/t. Am.* am Halfter führen; **~trero** *m* Halftermacher *m*; **~trillo** ✣ *m* 1. Tragschlinge *f*, Mitella *f*; 2. Kinnverband *m*; **~tro** *m* 1. Halfter *n*, *f*, *m*; *fig.* llevar del ~ *j-n* gängeln, *j-n* an die Kandare nehmen; 2. F Hahnrei *m*, gehörnter Ehemann *m*.
cabete *m* Metallhülse *f* an Schnürsenkeln u. ä.
cabeza I. *f* 1. Kopf *m*, Haupt *n* (*lit.*); Schädel *m*; *fig.* Verstand *m*; de ~ **a**) kopfüber (*a. fig.*); **b**) sofort; ins Blaue hinein; de su ~ sein Einfall, auf s-m Mist gewachsen F; *Reg. u. Guat.* en ~ barhäuptig; de pies a ~ von Kopf bis Fuß, von oben bis unten; *fig.* sin pies ni ~ ohne Hand u. Fuß; dolor *m* de ~ Kopfschmerz(en) *m(/pl.)*; *fig.* mala ~ Wirrkopf *m*; Leichtfuß *m*; *fig.* ~ encogida schwerfälliger Geist *m*, Dummkopf *m*; ~ reducida Schrumpfkopf *m*; F ~ torcida Heuchler *m*; ~ de turco Sündenbock *m*, Prügelknabe *m*; Karnickel *n* F; alzar la ~ den Kopf heben; *fig.* alzar (*od.* levantar) ~ Mut fassen; *s.* erholen; aprobar *od.* afirmar (negar) con la ~ zustimmend

nicken (den Kopf schütteln); *fig.* calentarle la ~ *a alg.* j-m den Kopf heiß machen; calentarse la ~ *s.* aufregen, wütend werden; se calentó la ~ *a.* ihm rauchte der Kopf (*vom vielen Studieren*); se le carga la ~ ihm wird der Kopf schwer; ihm wird schwindlig; dar de ~ auf den Kopf fallen; *an Ansehen, Vermögen usw.* verlieren; dar con la ~ en las paredes **a**) wütend werden; **b**) mit dem Kopf durch die Wand wollen; descomponérsele *a alg.* la ~ den Verstand verlieren; le duele la ~ er hat Kopfschmerzen; *fig.* F er steht unmittelbar vor dem Sturz, die Herrlichkeit wird nicht mehr lange dauern F; F echar una ~ ein Nickerchen machen; *fig.* esconder (*od.* meter) la ~ bajo el ala den Kopf in den Sand stecken; estar ido (*od.* mal) de la ~ ein Schwachkopf sein, nicht ganz bei Trost sein; te va en ello la ~ es geht um deinen Kopf; se le va la ~ ihm wird schwindlig; llenar *a alg.* la ~ de viento (*od.* de pajaritos) j-m schmeicheln, j-m e-n Floh ins Ohr setzen F; no levantar ~ *od.* no alzar ~ **a**) nicht (von der Arbeit) aufsehen, unablässig arbeiten; **b**) sehr krank sein; **c**) ganz niedergeschlagen sein; **d**) nicht mehr hochkommen können (*geschäftlich*); *fig.* llevar de ~ a todo el mundo alle Leute verrückt machen; *a. fig.* llevarse las manos a la ~ *s.* an den Kopf greifen; *fig.* meter la ~ en alguna parte s-e Zulassung (*bzw.* Mitwirkung *u. ä.*) erreicht haben; meterse de ~ en *a/c.* et. sehr eifrig betreiben; *s.* kopfüber in et. (*ac.*) stürzen (*fig.*); meterse (*od.* ponerse) *a/c.* en la ~ *s.* et. in den Kopf setzen; se le ha metido (*od.* encajado) en la ~ er bildet *s.* das nur ein; pasarle (*od.* pasársele) *a alg. por* la ~ j-m durch den Kopf gehen; *fig.* perder la ~ den Kopf verlieren; *fig.* quebrarse la ~ *s.* den Kopf zerbrechen; no saber dónde volver (*od. se* tiene) la ~ nicht mehr wissen, wo e-m der Kopf steht; sentar la ~ Vernunft annehmen; *fig.* subírsele *a alg.* la ~ j-m zu Kopf steigen (*Wein*, *Erfolg*); j-m in den Kopf steigen (*Blut*); tener (*una*) buena ~ ~ Verstand haben; tener la ~ *a* pájaros *od.* en el Wirrkopf (*bzw.* sehr zerstreut) sein; *fig.* F tener pájaros en la ~ e-n Vogel haben F; estar tocado de la ~ auf den Kopf gefallen sein, e-n Dachschaden haben F; tornar la ~ *a. s.* hinwenden zu (*dat.*); s-e Aufmerksamkeit zuwenden (*dat.*); *fig.* F vestirse por la ~ weibliches Geschlechts (*bzw.* Geistlicher) sein; 2. Kopf *m* bei *Zählungen*; por ~ jeweils, je Person, pro Kopf; 3. Stück *n* *Vieh*; ~ mayor Stück Großvieh; ~ menor Kleinvieh *n*; 4. Hauptstadt *f*; ~ de partido Bezirkshauptstadt *f*; 5. Anfang *m*, die) Spitze; ✕ ~ de columna Kolonnenspitze *f*; 🚂 ~ de línea Kopfbahnhof *m*; ~ de túnel Tunneleingang *m*, -portal *n*; ponerse a la ~ an die Spitze setzen; 6. Gipfel *m* (*a. Berg*); oberer Teil *m*; ~ de campana Glocken-stuhl *m*, -joch *n*; 7. Anfang *m*, Eingangsformel *f* e-s *Schriftstücks*; *Typ.* Kapitelüberschrift *f*; en ~

cabezada — cabreriza 108

oben(an) (*in Listen usw.*); *Pol.* ~ de lista Listenführer *m*; ⚖ ~ de proceso richterliche Verfügung *f zur Einleitung e-r Untersuchung*; **8.** Leitung *f*, Führung *f*; *fig.* Oberhaupt *n*; ~ de la *Iglesia* Papst *m*; → *a*. 15; **9.** Kopf *m*, Kopfstück *n* (*a*. ⊕); ~ *de alfiler* Stecknadelkopf *m*; ⚔ ~ *de un cohete* Raketenkopf *m*; ~ *nuclear* Atomsprengkopf *m*; *Phono*: ~ *de sonido* Tonkopf *m*; **10.** ♣ Kopf *m*, Köpfchen *n* (*z. B. Geschwür*); Gelenkkopf *m*; **11.** ⚓ Bug *m*; ~s *f/pl*. Bug m u. Heck *n*; *estar en* ~ *auf Kiel gelegt sein*; **12.** *Astr.* ~ *de dragón* aufsteigender Knoten *m*; **13.** *Kchk.* ~ *de olla* erster Abguß *m e-r Brühe*; **14.** ~s *f/pl. Am.* Quellgebiet *n e-s Flusses*; **II.** *m* **15.** (Ober-)Haupt *n*, (An-)Führer *m*, Leiter *m*; ~ *de familia* Haushaltsvorstand *m*, Familien(ober)haupt *n*; ~ (*a. f*) *de linaje* Familienoberhaupt *n* (*Adelsfamilie*); *a*. Titelerbe *m*; **16.** ~*rapada* Skinhead *m*.

cabe|zada *f* **1.** Stoß *m* mit dem Kopf; Kopfneigen *n als Gruß*; Kopfnicken *n*, *bsd*. Einnicken *n*; *dar* (*od. echar*) *una* ~ einnicken, ein Schläfchen machen; F *darse de* ~s s. abmühen; *bsd*. wie ein Narr suchen (u. doch nichts finden); *fig. darse de* ~s *contra las paredes* mit dem Kopf wider die Wand rennen; **2.** ⚓ Stampfen *n*; **3.** *Equ.* Kappzaum *m*; **4.** Oberleder *n am Stiefel*; **5.** *Buchb*. Kapitalband *n*; **6.** höchster Punkt *m im Gelände*; ~**zal** *m* **1.** Kopfkissen *n*; *gr*. Querpolster *m*, Kopfkeil *m*; *Kfz*. Kopfstütze *f*; **2.** Kompresse *f nach Aderlaß*; **3.** ⊕ Kopf(stück *n*) *m*; *Wkzm*. Spindelstock *m*; → *a. cabeza* 9; ~**zazo** *m* Kopfstoß *m*; *Fußball*: Kopfball *m*; ~**zo** *m* **1.** Geländekopf *m*, Hügel *m*; **2.** *über Wasser gelegener Teil m e-s Riffs*; **3.** Hemdenbörtchen *n*; ~**zón I.** *adj*. **1.** großköpfig; **2.** dickköpfig; **II.** *m* **3.** Hemdenbörtchen *n*; Kopfschlitz *m an Kleidung*; **4.** *Equ*. ~ (*de serreta*) Kappzaum *m*; **5.** *fig*. Dickkopf *m*; ~**zonada** *f*, ~**zonería** F *f* Dickköpfigkeit *f*, Halsstarrigkeit *f*; ~**zorro** F *m* unförmiger Kopf *m*, Wasserkopf *m* F; ~**zota** F *adj.-su. c* großköpfig; *m* Dickschädel *m* F, Starrkopf *m*; ~**zote** *m Cu., Andal*. Füllstein *m beim Mauern*; ~**zudo I.** *adj*. **1.** dickköpfig (*a. fig*.); **2.** schwer (*Wein*); **II.** *m* **3.** Dickkopf *m*, Starrkopf *m*; ~s *m/pl*. (Zwergen-)Figuren *f/pl. mit gr. Kopf bei Umzügen*; **4.** *Fi*. Meerrässche *f*; ~**zuela I.** *f* **1.** Kleienmehl *n*; **2.** ♀ a) Blütenkörbchen *n*; b) Brachdistel *f*; **II.** *c* **3.** Dummkopf *m*.

cabida *f* **1.** Raumgehalt *m*, Fassungsvermögen *n*; ⚓ Ladefähigkeit *f*; *dar* ~ *a* a) aufnehmen (*ac*.) (*z. B. in ein Wörterbuch*); berücksichtigen (*ac*.); b) zulassen (*ac*.); *esta sala tiene* ~ *para 50 personas* dieser Raum faßt 50 Personen; **2.** Flächeninhalt *m*.

cabila *f* Berber- *bzw*. Araber-stamm *m*, Qabila *f*.

cabil|dada F *f* unsinniger Beschluß *m am grünen Tisch*; ~**dante** *m Am. Mer*. Stadtrat *m* (*Person*); ~**dear** F *v/i*. intrigieren *innerhalb e-r Gemeinschaft*; ~**deo** F *m*: *andar en* ~s intrigieren, die Köpfe zs.-stecken; ~**dero** *m* Ränkeschmied *m*, Intrigant *m*; ~**do m 1.** Stiftskapitel *n*; Ordenskapitel *n*; ~ *catedralicio* Domkapitel *n*;

2. Stadtrat *m* (*Versammlung*); **3.** Kapitel- *bzw*. Stadtrats-sitzung *f*; *hist. Am*. ~ *abierto* offene Bürgerversammlung *f*; **4.** Ratssaal *m*; Rathaus *n*; **5.** *fig. Cu*. Negerfest *n*; *desp*. lärmende Versammlung *f*, Räuberkonzil *n* F.

cabileño *adj.-su. m* Kabyle *m*.

cabi|lla *f* **1.** Rundeisen *n*; dicker Draht *m*; **2.** ⚓ a) Zapfen *m*, Bolzen *m*; b) Handspeiche *f des Ruders*; ~**llo** ♀ *m* Stengel *m*, Stiel *m*.

cabim(b)a *f* ♀ *Ven*. Kopaiva *f*.

cabi|na *f* Kabine *f*, Zelle *f*; Umkleide-, Bade-kabine *f*; *Lkw*., *Kran*: Führerhaus *n*; ☢ ~ *acondicionada* Klimakammer *f*; ~ *de ducha* Duschraum *m*; ~ *de mando* Steuer-raum *m*; -pult *n*; *Kfz*. ~ *a ruedas od. coche-* ~ *m* Kabinenroller *m*; ~ *telefónica* Fernsprech-, Telephon-zelle *f*; ⚓ ~ *del timonel* Ruder-, Steuer-haus *n*; ~**nera** *f Am*. Stewardeß *f*.

cabio *Zim. m* **1.** Sparren *m*; Dachsparren *m*; **2.** Fußbodenbalken *m*; **3.** Schwelle *f bzw*. Sturz *m*.

cabizbajo *adj*. mit gesenktem Kopf; *fig*. niedergeschlagen, kopfhängerisch *F*.

cable *m* **1.** Kabel *n*; Tau *n*, Seil *n*; ~ *aéreo* Hängeseil *n*; ⚡ Freileitung *f*; ~ *de alambre* Drahtseil *n*, Trosse *f*; ⚓ ~ (*de ancla*[*je*]) Ankertau *n*, ~ *de arrastre* Schlepp-kabel *n*, -leitung *f*; ~ *de conexión*, ~ *de empalme* Anschlußkabel *n*; ~ (*de corriente de*) *alta tensión* Hochspannungskabel *n*; ~ *elástico*, ~ *Bowden* Bowdenzug *m*; ~ *eléctrico* Elektrokabel *n*, Leitungsdraht *m*; ~ *metálico* Metalldraht *m*; Draht-litze *f*; -seil *n*; *Kfz*. ~ *de remolcar* Abschleppseil *n*; ~ *submarino* (*subterráneo*) See-(Land-)kabel *n*; F *Reg. echar* (*od. tender*) *un* ~ *a j-m* aus e-r schwierigen Lage heraushelfen, *j-n* (wieder) an Land ziehen F; **2.** ⚓ Kabellänge *f*; **3.** Kabel(telegramm) *n*; *comunicar* (*od. avisar*) *por* ~ drahten, kabeln; ~**ado** ⊕, ⚡ *m* Verdrahtung *f*, Verkabelung *f*; ~**ar** ⊕, ⚡ *v/t*. verseilen; -kabeln, -teilen; verdrahten; *tex*. schnüren; ~**grafiar** [1c] *v/i*. (*a. v/t*. ~ *un despacho*) kabeln; ~**gráfico** *adj*. Kabel...; *despacho m* ~ ~ **grama** Kabel *n*; († *mst. cable* 3); ~**ro** ⚓ *adj.-su. m* Kabelleger *m*, -schiff *n*.

cablista *m* Kabel-macher *m*, -flechter *m*.

cabo *m* **1.** Ende *n* (*räumlich u. zeitlich*); Spitze *f*; Endchen *n*; Zipfel *m*, Rand *m* (*Stück n*) Bindfaden *m*, Garn *n*; ~ (*de alambre*) Litze *f*, Draht *m*; *fig*. ~ *suelto* unerledigte Angelegenheit *f*; ungeklärte Frage *f*; ~ *de vela* Kerzenstumpf *m*; *Am*. ~ *de tabaco* (Zigarren-, Zigaretten-)Stummel *m*; *a* ~ → *al* ~ zuletzt; *al* ~ *del año* (*de tres meses*) wenn das Jahr vorbei ist (nach e-m Vierteljahr); F *al fin y al* ~ zuletzt Endes, schließlich; *al* ~ *de un rato* kurz darauf; *de a* ~, F *de* ~ *a rabo* von A bis Z F, durch u. durch; *von Anfang bis Ende*; *hasta el* ~ bis ans Ende; bis zum letzten, bis zum Äußersten; *atar* (*od. juntar*, *unir*) ~s Beweisgründe sammeln (*bzw*. zs.-fassen);

Rückschlüsse ziehen, folgern; s. e-n Reim darauf machen; s. ein Bild machen; *atando* ~s *se podría decir ... daraus könnte man schließen ...*; *áteme usted esos* ~s *etwa*: wenn Sie da e-n Sinn hineinbringen; das widerspricht s. doch; *fig. estar al* ~ am Ende sein; *bsd*. dem Tode nahe sein; *estoy al* ~ *de mi paciencia* (*de mis fuerzas*) m-e Geduld ist zu Ende (ich bin am Ende m-r Kräfte); *fig*. F *estar al* ~ *de a/c*. (*od. de la calle*) dahinter gekommen sein, Bescheid wissen; *llevar a* ~ *a/c. et. vollbringen, et. aus-, durch-führen*; *no tener* ~ *ni cuerda* weder Hand noch Fuß haben; **2.** ⚓ Leine *f*, Tau *n*; ~ *de amarre* Haltetau *n*; ~ *de remolque* ⚓ Schlepptrosse *f*; *Kfz*. Abschleppseil *n*; *dar* ~ *a Schiff* abschleppen; *Person* aus dem Wasser ziehen; **3.** Stiel *m* (*a.* ♀), Handgriff *m*; **4.** *fig*. (An-)Führer *m*, Chef *m* F; ~ (*de maestranza*) Vorarbeiter *m*, Rotten-; Werk-führer *m*; ~ *de vara Strafvollzug*: Kalfaktor *m*; Kapo *m*; **5.** ⚔ Gefreiter *m*, Korporal *m*, Kapo *m M*; *verallg*. Zug-, Patrouillen-führer *m*; ~ *de cañón* Geschützführer *m*; ~ *de cuartel* Unteroffizier *m* vom Dienst, U.v.D. *M*; ~ *de fila*, ~ *de ala* Flügelmann *m*; ⚓ ~ *de mar* Maat *m*; ~ *primero* Obergefreiter *m*; ~ *de rancho* Gruppenführer *m*; ⚔ Führer *m e-r Korporalschaft*; **6.** *Geogr*. Kap *n*, Vorgebirge *n*, Landzunge *f*; El ♀ *od*. *Ciudad f del* ♀ Kapstadt *n*; El ♀ *de Buena Esperanza* Kap *n* der Guten Hoffnung; ♀ *de Hornos* Kap *n* Ho(o)rn; ♀ *Verde* Kapverden *pl*., Kapverdische Inseln *f/pl*.; **7.** *Zoll*: kl. Warenballen *m*; **8.** ⚔ Besatz *m*, Biesen *f/pl*.; **9.** ~s *m/pl*. Einzelheiten *f/pl. e-s Gesprächs usw*.

cabotaje ⚓ *m* Küsten-(schif-)fahrt *f*; -handel *m*; *a*. Trampfahrt *f*; *buque m de* ~ Küstenfahrzeug *n*; *gran* ~ mittlere Fahrt *f*.

cabra *f* **1.** Ziege *f*; Ziegenleder *n*; ~ *hispánica*, ~ *montés* span. Steinbock *m*; *pelo m de* ~ (*de Angora*) Mohair-, Angora-wolle *f*; *estar como una* ~, F *ser una* ~ *loca* narrisch (*od*. verrückt) sein; *e-n Dachschaden (od. e-n Sparren*) *haben* F; *meterle a alg. las* ~s *en el corral* j-n ins Bockshorn jagen; *la* ~ *siempre tira al monte* die Katze läßt das Mausen nicht; **2.** *Stk. desp*. verkümmerter Stier *m*; **3.** *Col., Cu., Ven. a*) falscher Würfel *m*; b) Betrug *m beim Würfeln*; **4.** *Zim. Chi*. Dreibein *n*; **5.** *Chi*. leichter zweirädriger Wagen *m*; **6.** *Chi*. Mädchen *n*, junge Frau *f*; **7.** *Fi*. ~ *del mar* Knurrhahn *m*; **8.** ⊕ *pata f* (*od. pie m*) *de* ~ Geißfuß *m*.

cabracoja *fig*. F *m* armer (*bzw*. armes) Wurm *m* (*n*).

cabracho *Fi. m* roter Drachenkopf *m*.

cabrahi|gadura ✿ *f* Kaprifikation *f*, Veredelung *f der Eßfeige*; ~**gar** *m* Wildfeigenpflanzung *f*; ~**go** ♀ *m* Wildfeige *f* (*Baum u. Frucht*).

cabre|ar I. *v/t*. P ärgern; *Pe*. *Verfolger* abschütteln; **II.** *v/i. Chi*. herumtollen; **III.** *v/r*. ~se P einschnappen F, wütend werden; ~**o** P *m* Wut *f*, Verärgerung *f*; *coger* (*od. agarrar*) *un* ~ → *cabrearse*.

cabre|ra *f* Ziegenhirtin *f*; ~**ría** *f* **1.** *koll*. Ziegen *f/pl*.; **2.** Ziegenstall *m*; ~**riza** *f* Hütte *f* der Ziegenhirten;

~rizo adj.-su. Ziegen...; m Ziegenhirt m.
cabrestante m ⊕ Winde f, Bockwinde f; ⚓ Spill n; Ankerspill n; ⚒ Förder-haspel f, -lade f.
cabrí Zo. m Am. Gabelgemse f.
cabria f Hebe-zeug n, -bock m.
cabri|lla f 1. Fi. Art Sägebarsch m; 2. Zim. Dreibein n, Bock m; 3. Astr. ♋ f/pl. Siebengestirn n; 4. ~s f/pl. Kräuselwellen f/pl., ⚓ Kabbelsee f; 5. Steinchenschnellen n über e-e Wasserfläche; 6. ~s Schäfchenwolken f/pl.; ~llear v/i. 1. s. kräuseln (See bei Wind), ⚓ kabbeln; 2. schimmern, flimmern; ~lleo ⚓ m Kabbelung f.
cabrio m Zim. Deckenbalken m; Balken m; Zim., ⌂ Sparren m.
cabrío adj. Ziegen...; ganado m ~ Ziegen f/pl.; macho m ~ Ziegenbock m.
cabrio|la f Bock-, Luft-sprung m; Equ., Tanz: Kapriole f; ~l(e)ar v/i. Bocksprünge machen, herumspringen, -hopsen; ~lé m Kabriolett n (Einspänner, 🞴 Auto).
cabri|ta f Zicklein n; ~tada F f übler Streich m, Gemeinheit f; ~tilla f Ziegen-, Bock-, Glacé-leder n; Chevreauleder n; guantes m/pl. de ~ Glacéhandschuhe m/pl.; ~to m 1. Zicklein n; 2. ♀ Pfifferling m; 3. ~s m/pl. Chi. Puffmais m; 4. F Pe. Prügelknabe m; 5. fig. euph. für → cabrón 2.
cabro F m Chi. (bsd. junger) Mann m.
cabrón m 1. Ziegenbock m; 2. P (wissentlich) betrogener Ehemann m; V Schweinehund m; P, Scheißkerl m P (Schimpfwort); Am. Reg. Zuhälter m, Lude m F.
cabrona P f Arg. Puffmutter f F; ~da V f Sauerei f P, Hundsgemeinheit f P; ~zo P desp. m augm. v. cabrón 1.
cabron|cete, ~zuelo m dim. v. cabrón.
cabruno adj. Ziegen...
cabruza Fi. f gestreifter Schleimfisch m.
cabu|cho ▢ m Gold n; ~jón m geschliffener, unfacettierter (od. rundgeschliffener) Edelstein m, Cabochon m (gal.).
caburé m Arg. Weiberheld m.
cabu|ya f 1. Am. ♀ Pita f, Agave f; Pitahanf m; (Hanf-)Seil n; Schnur f; 2. → ~yería ⚓ f Tauwerk n.
caca I. f bsd. Kdspr. Kot m, Stuhl(gang) m; P a. fig. Kacke f P, fig. Schmutz m; Kdspr. hacer ~ Aa machen (Kdspr.); fig. F ocultar (od. callar od. tapar) la ~ den Fehler vertuschen, den Mist zudecken F; F Kdspr. ¡~! nicht anfassen!, ba! (Kdspr.), pfui!; II. m P Scheißkerl m P.
caca|hual m Kakaopflanzung f; ~huate m Méj. → cacahuete; ~huatero adj.-su. Erdnuß...; m Erdnußverkäufer m; -anbauer m; ~hué m → cacahuete; ~huero m Am. Kakaoarbeiter m; ~huete, ~huye m Erdnuß f (a. Staude).
cacalote m 1. Am. Cent., Cu., Méj. Puffmais m; 2. Cu. Unsinn m.
cacao¹ m 1. Kakao-baum m; -bohne f; -getränk n; ~ en polvo Kakaopulver n; 2. Am. Schokolade f; 3. hist. Kakaobohne f (Zahlungsmittel der Azteken); 4. fig. F Durcheinander n, Tumult m.

cacao² m Am.: pedir ~ um Gnade bitten, klein u. häßlich werden F.
cacaotal m bsd. Am. Kakaoplantage f.
cacaraña f Blatternarbe f; ~do adj. blatter-, pocken-narbig.
cacare|ador adj. gackernd; fig. F aufschneiderisch, prahlerisch; ~ar I. v/i. gackern (a. fig.); krähen; II. v/t. fig. F aus-posaunen, -trompeten F (s-n eigenen Ruhm usw.); la tan ~ada hospitalidad española die so vielgepriesene spanische Gast(freund)lichkeit; F ~ y no poner huevos Angabe (u. nichts dahinter) F; ~o m Gackern n; fig. Geschnatter n; fig. F Aufschneiderei f, „Geschrei" n, „Lärm" m; ~ro F m Aufschneider m.
cacatúa f Vo. Kakadu m; fig. P Vogelscheuche f F.
cacear v/t. mit dem Schöpflöffel umrühren.
cace|ría f Jagd f (bsd. Am.); Jägerei f, Jagd(wesen n) f; Mal. Jagdstück n; ~rina f Patronentasche f.
cacerola f 1. Schmortopf m, Kasserolle f; 2. Zo. Molukkenkrebs m.
caci|ca f Kazikenfrau f; ~cada f typische Handlung f e-s Bonzen F; ~cal adj. c Kaziken...; ~cato lit. m, ~cazgo m Würde f bzw. Amtsbereich m e-s Kaziken.
cacillo m kl. Stielpfanne f; Schöpflöffel m.
caci|que m 1. Am. Kazike m, Häuptling m; 2. fig. F großes (od. hohes) Tier n F, bsd. Ortsgewaltige(r) m, Dorftyrann m, Bonze m F; Chi. (fetter) Lebemann m; ~quear F v/i. herumkommandieren, in alles hineinreden; ~quería f die (politisch) einflußreiche Clique f F, die Bonzen m/pl. (desp.), die hohen Tiere n/pl. F; ~quesco burl. adj.: política f ~a Bonzenwirtschaft f, Klüngelei f, Filz(o)kratie f) m F; ~quismo m Bonzentum n, Klüngel m; ~quista I. adj. c Kaziken...; Bonzen...; zur Clique gehörig; II. c Parteigänger m e-s cacique.
cacle m Méj. Art Ledersandale f.
caco m (Meister-)Dieb m; fig. Feigling m, Memme f.
caco|fonía f Kakophonie f, Mißklang m; ~fónico adj. mißtönend, kakophonisch.
cacomiztle Zo. m Méj. Katzenfrett m.
cac|táceo adj. Kaktus..., Kakteen...; ~to, ~tus ♀ m Kaktus m.
cacumen m 1. ▢ Scheitelpunkt m, Gipfel m; 2. fig. F Scharfsinn m, Grütze f F, Witz m.
cacha f 1. Heft n; (Griff-)Schale f; meter el cuchillo hasta las ~s en das Messer bis ans Heft in (ac.) stechen; fig. F meterse hasta las ~s en un asunto ganz in et. (dat.) aufgehen; bis über die Ohren in et. (dat.) stecken; 2. Hinterkeule f (Kleinwild); P ~s f/pl. Arschbacken f/pl. P.
cachaco Col. I. adj. 1. wohlerzogen, kultiviert; elegant; II. m 2. Mann m aus gutem Hause; 3. F Bewohner m des Landesinnern.
cacha|da f Schlag m auf den Kopf e-s Kreisels (Kreiselspiel); Am. Mer., Hond. Hornstoß m; Rpl. → burla 1; ~flín m Col Marihuanazigarette f.
cachalote m Zo. Pottwal m; fig. F Fettwanst m F.

cachamarín ⚓ m Lugger m.
cachano F m Reg. Teufel m; llamar a ♀ umsonst bitten; zwecklos jammern.
cachaña f Chi. Art Zwergpapagei m; fig. F Hohn m, Spott m; Unverschämtheit f, Angabe f F; Streit m.
cacha|pa f Maisbrötchen n; ~quear F v/i. Col. angeben f, s. aufspielen.
cachar v/t. 1. zer-brechen, -stücken, kurz u. klein schlagen; Holz (auf)spalten; 2. 🖊 zwischen den Furchen pflügen; 3. Ec., Rpl. verspotten, lächerlich machen; 4. Am. Cent., Ur. stibitzen F; Méj. rasch erfassen.
cacha|rrazo m 1. Plumps m, Knall m, Zs.-stoß m; menudo ~ etwa: da hat's gekracht; 2. F Ant. Schluck m Schnaps; ~rrería f Töpferei f; Töpfer-ware f, -laden m; Col. Ramschladen m; ~rrero m Töpfer m; Topfwarenhändler m; fig. F m kleiner Topf m; Scherbe f; F desp. alte Kiste f F, alter Karren m F (Maschine); ~s m/pl. Küchengeräte n/pl.; fig. F Kram m, Plunder m F.
cachava f 1. Art Golf(spiel) n der Kinder; Schläger m zu diesem Spiel; 2. Hirtenstab m.
cachaza¹ F f Ruhe f, Phlegma n; Kaltblütigkeit f.
cacha|za² f 1. Melasseschaum m; 2. ungefärbter Zuckerrohrschnaps m; ~zo m Am. → cornada; ~zudo F adj.-su. phlegmatisch, pomadig F, tranig F; bedächtig; kaltblütig.
cache F I. adj.-su. c Arg. schlecht (bzw. geschmacklos) gekleidet; p. ext. liederlich; II. m schlechte Kleidung f.
caché m EDV Zwischenspeicher m, Cache m.
cachear v/t. Personen bsd. nach Waffen untersuchen, filzen F.
cachelos Kchk. m/pl. galicischer Eintopf m (Fleisch od. Fisch mit Kartoffeln u. Paprika).
cachemi|r m, ~ra f Kaschmirtuch n; lana f ~ Kaschmirwolle f; ♀ra f Kaschmir m.
cacheo m 1. Leibesvisitation f, Filzung f F, Filzen n F; 2. S. Dgo. Palmwein m.
cachera f grobes, langhaariges Wollzeug n.
cachere|ría f 1. Rpl. schlechter Geschmack m (Kleidung usw.); 2. F Am. Trödelladen m; fig. Kleinigkeit f.
cachero adj. Am. Cent. zudringlich; C. Ri., Col., Ven. verlogen, betrügerisch.
cache|t m 1. Vornehmheit n, persönliche Note f; 2. pharm. Briefchen n bzw. Kapsel f; ~ta f Zuhaltung f im Schloß.
cache|tada f Am. Cent. Ohrfeige f; ~te m 1. Schlag m (bsd. auf den Kopf); 2. bsd. Stk. Genickfänger m (Dolch); 3. Pausbacke f; Méj. Backe f, Wange f; ~tear v/t. 1. Stk. ab-fangen, -knicken; 2. Reg. ohrfeigen; ~tero m 1. Genickfänger m (Stk. u. Schlächter); 2. Stk. Gehilfe m, der den Stier mit dem Genickfänger tötet; F él ha sido el ~ er hat ihm (bzw. der Sache) den Rest gegeben; ~tón m Klaps m; ~tudo adj. pausbäckig.
cachi F c Arg. Reg., Bol. Schießbudenfigur f.

cachicamo *Zo. m Col.* Gürteltier *n.*
cachicán *m* ♂ Vorarbeiter *m*; Gutsverwalter *m*; F Schlauberger *m.*
cachicuerno *adj.* mit Horngriff (-schalen) (*Messer*).
cachi|diablo F † *u. Reg. m* Teufelsmaske *f*; ~**fo** F *m Am. Cent., Col., Ven.* Bengel *m*; ~**follar** F *v/t.* ärgern, foppen; demütigen; ~**gordete**, ~**gordo** F *adj.* untersetzt, klein u. dick.
cachi|la *f*, ~**lo**[1] *m Arg.* 1. Erdfink *m*; *p. ext.* kl. Vogel *m*; 2. *fig.* kl. Person *f*, Knirps *m* F; ~**lo**[2] P *m Arg.* Schwengel *m* P (= *Penis*).
cachilla *f Chi.* Reisgericht *n* nach indian. Art. [*Treppenwinkel*.]
cachimán *m Reg.* Versteck *n*, *bsd.*)
cachim|ba *f* 1. F Tabakspfeife *f*; 2. *Cu.* Dirne *f*; 3. *Rpl.* flacher Strandbrunnen *m*; ~**bo** *m* 1. *Am.* (*außer Col., Pe.*) (Tabaks-)Pfeife *f*; F *Ven. chupar* ~ a) Pfeife rauchen; b) am Finger lutschen (*Säugling*); 2. V *Am. Reg.* Schwengel *m* P (= *Penis*); 3. *desp. Pe.* Mitglied *n* der guardia nacional; 4. *Cu.* kl. Zuckersiederei *f.*
cachipo|lla *f* Eintagsfliege *f*; ~**rra** *f* Knüppel *m*; Keule *f.*
cachirí *m Ven.* Schnaps *m der Indios.*
cachirulo *m* 1. Schnaps-flasche *f*, -gefäß *n*; 2. ⚓ Lugger *m.*
cachito *m* Stück(chen) *n*; Portion *f.*
cachivache *desp. m* 1. (*mst.* ~*s m/pl.*) Geschirr *n*; Kram *m*, Plunder *m*, Gerümpel *n*, Ramsch *m*, Klamotten *f/pl.*; 2. *fig.* olle Kamellen *f/pl.* F, überlebtes Zeug *n* F; 3. *fig.* F lächerliche Figur *f*, Taugenichts *m*, Trottel *m*; Lügenbeutel *m*; ~**ría** *f Col. Reg., Ec., Ven.* Trödel-kram *m*; -laden *m.*
cachiyuyo ♀ *m Rpl.* Pampamelde *f.*
cacho[1] *m* 1. Stück *m*; Brocken *m*; Scherbe *f*; F *hacer* ~*s* zerschlagen, kaputtmachen; 2. *Am.* Horn *n*; *estar fuera de* ~ *Stk.* außer Reichweite der Hörner arbeiten; *fig.* in Sicherheit sein; *fig. Chi. raspar a alg. el* ~ j-m eins auf den Deckel geben; 3. *And.* Würfelbecher *m*; *p. ext.* Würfelspiel *n*; *fig. Bol. tirar al* ~ *das Glück entscheiden lassen*; 4. *Col., Ec., Ven.* Schnurre *f*, Witz *m*; *C. Ri., Chi.* Betrug *m*, Schwindel *m*; *Chi., Ec. de* ~ im Scherz; 5. *Rpl.* Bananenbüschel *n*; 6. *Chi.* Ladenhüter *m.*
cacho[2] *Fi. m* Art Barbe *f.*
cacho[3] *adj.* geduckt, gebückt; hängend.
cachola *f* 1. ⚓ Mastbacke *f*; 2. F *Reg.* Kopf *m*, Schädel *m* F.
cachón *m* 1. ans Ufer schäumende Welle *f*, Brecher *m*; aufschäumender Wasserstrahl *m*, Schwall *m*; 2. *Zo.* Sepia *f*, Tintenfisch *m.*
cachon|dear P *v/i. u.* ~*se v/r.* 1. s. aufreizend (*od.* herausfordernd) benehmen; 2. ~*se de alg.* s. lustig machen über j-n; ~**deo** P *m* Ulk *m*, Jux *m*, Mordsspaß *m* F; Unfug *m*; *¡menos* ~, *niño!* zur Sache, mein Junge!; laß' deine dummen Späße!; F *tomar a/c. a* ~ *et.* nicht ernst nehmen; ~**dez** *f* Läufigkeit *f der Hündin*; *fig.* Geilheit *f*, Brunst *f*; P Sex Appeal *m*; ~**do** *adj.* läufig (*Hündin*); *fig.* F brünstig, scharf F, geil F (*Frau*), aufreizend; *poner* ~ *a alg.* j-n auf-

reizen, j-n aufgeilen F, j-n˘ scharf machen F.
cachorrada *f Ven.* Ungezogenheit *f.*
cachorreña F *f* Trödelei *f*; Tölpelei *f.*
cacho|rrillo *m* Taschenpistole *f*; ~**rro** *m* 1. *Zo.* Welpe *m*; Junge(s) *n von Raubtieren*; 2. Taschenpistole *f*; 3. *fig.* starker, kräftiger Junge *m.*
cachu|cha *f* 1. *andal.* Volkstanz *m*; 2. *bsd. Am.* Schirmmütze *f*; 3. kl. Boot *n*; 4. *Bol.* Zuckerrohrschnaps *m*; *Méj.* Art Cocktail *m*; 5. *Rpl. Reg., Chi.* Ohrfeige *f*; 6. P *Arg.* Muschi *f* F (= *Vagina*); ~**cho** *m Ant.* eßbarer Seefisch. [gerieben.]
cachudo F *adj. Chi.* verschlagen,]
cachuela *f* 1. Kaninchenklein *n* (Innereien) *Jägeressen nach der Jagd*); *Sw.* Schweineklein *n* (*bsd. Extr., Rioja*); 2. *Bol., Pe.* Stromschnelle *f.*
cachupín *m Am.* neu eingewanderter Spanier *m*; *fig.* Emporkömmling *m.*
cada[1] *adj. c* jeder (einzelne), jede, jedes; ~ *uno, lit.* ~ *cual,* F ~ *quisque* ein jeder, jedweder (*lit.*); ✝ ~ *uno je (od.* für das) Stück; *adjektivisch u. pronominal:* ~ *hora* (all)stündlich (*adv.*); *de* ~ *hora* stündlich (*adj.*); ~ *día* jeden Tag, täglich (*adv.*); ~ *vez* jedesmal, *vez que* ... jedesmal wenn; so oft wie ...; immer wenn ...; *todos y* ~ *uno (de nosotros)* (ein) jeder (von uns); *distributiv:* ~ *dos días* alle zwei Tage, e-n Tag um den andern; ~ *cien máquinas se hace un control* bei jeder hundertsten Maschine wird e-e Stichprobe gemacht; *komparativisch:* ~ *día (od.* ~ *vez) más* immer mehr *bzw.* immer stärker; *allg. Wendungen:* ~ *cosa* alle nur irgend möglichen Dinge; die ungeheuerlichsten Dinge F; *mst. iron.*: *te dicen* ~ *cosa* etwa: da kannst du was zu hören kriegen F; F *me das* ~ *alegría* etwa: du machst mir Spaß!; F *en esa taberna encuentras* ~ *tipo* ... trifft man die unmöglichsten Typen F; *fig. a* ~ *paso* fortwährend, immer wieder; F *Am. Cent., Col., Méj. a* ~ *nada* immer wieder, alle Augenblicke F.
cada[2] ♀ *m* Wacholder *m.*
cadalso *m* Schafott *n.*
cadañero *adj.* 1. ♂ jährlich gebärend; 2. ~ *anual.*
cadarzo *m* Kokonschale *f der Seidenraupe*; Flockseide *f.*
ca|dáver *m* Leiche *f*, Leichnam *m* (*a. fig.*); Kadaver *m*, Tierleiche *f*; *examen m* (*od. inspección f*) *de* ~*es* Leichenschau *f*; ~**davérico** *adj.* Leichen...; leichen-haft; -blaß.
cadejo *m* 1. (verfilzte) Haarsträhne *f*; *Arg.* Mähne *f*; 2. Strähne *f* (*Garn, Seide*); Strang *m* (*Kordel*).
cadena I. *f* 1. Kette *f* (*a.* 🐕); ~ *de agrimensor* Meßkette *f*; ~ *del ancla* (*de reloj*) Anker- (Uhr-)kette *f*; *Kfz.* ~ *antideslizante* Schneekette *f*; *Bagger:* ~ *de cangilones,* Feuerbekämpfung: ~ *de cubos* Eimerkette *f*; ~ *del frío* (*de tiendas*) Kühl- (Laden-)kette *f*; ~ *hotelera* Hotelkette *f*; ~ *de montañas* Bergkette *f*; ~ *de montaje* Fließband *n*; ~*oruga* Raupenkette *f*; ~ *de seguridad* Sicherheits-, Sperr-kette *f*; *atar con* ~ *Gefangenen* in Ketten legen; *Hund* anketten, an die Kette

legen; *trabajo m en* ~ Fließbandarbeit *f*; 2. △ Stütz-gerüst *n*,, -verstrebung *f*; 3. *TV*: 1ª, 2ª ~ 1., 2. Programm *n*; 4. *fig.* Zwang *m*; ~*s f/pl.* Fesseln *f/pl.*, Ketten *f/pl.*, Bande *n/pl.*; ☆~ (perpetua) (lebenslängliche) Zuchthausstrafe *f*; *hist.* Kerker(strafe *f*) *m*; *koll.* ~ Kettensträflinge *m/pl.*; 5. *tex.* Aufzug *m*, Kette *f*; 6. ♪ *versch.* Tanzfiguren; II. *m* 7. F ~*s* (*pl. inv.*) Angeber *m* F.
caden|cia *f* 1. Takt *m*; Rhythmus *m*; Tempo *n*; *fig.* ~*s f/pl.* Töne *m/pl.*, Klang *m*; ~ *de tiro* Feuergeschwindigkeit *f*; 2. ♪ Kadenz *f*; 3. Tonfall *m*; 4. ⊕ (Reihen-)Folge *f*; ~ *de imágenes* Bildfolge *f*; ~**cioso** *adj.* 1. rhythmisch; taktmäßig; 2. harmonisch (*Bewegung, Ton*); abgemessen.
cade|nero *m Arg.* 1. schlechter Kampfhahn *m*; 2. Vorspannpferd *n*; ~**neta** *f* 1. *Handarbeit:* Kettenspitze *f*; (*punto m de*) ~ Kettenstich *m*; 2. *Buchb.* Kapitalband *n*; ~**nilla** *f* Kettchen *n*; *Equ.* ~ (*del bocado*) Schaumkette *f.*
cade|ra *f* 1. Hüfte *f*; Lende *f*, Flanke *f*; F *hacer* ~*s* breite Hüften bekommen; 2. ~*s f/pl.* → *caderillas*; ~**ramen** F *m Span.* breite (weibliche) Hüften *f/pl.*; ~**rillas** *hist. f/pl.* Hüftpolster *n* für Reifröcke.
cade|tada F *f* Lausbubenstreich *m*; ~**te** *m* 1. ⚔ Kadett *m*; *fig.* F *hacer el* ~ s. unbesonnen aufführen; dumme Streiche machen; F *enamorarse como un* ~ s. wie ein Primaner verlieben; 2. *Bol., Rpl.* Lehrling *m*; Volontär *m*; *Chi.* Laufbursche *m.*
cadí *m* (*pl.* ~*es*) Kadi *m.*
cadi|llar *m* mit Kletten bewachsener Ort *m*; ~**llo** ♀ *m* 1. Haftdolde *f*; 2. Spitzklette *f.*
cadmía *sid. f* Gichtschwamm *m.*
cadmio ⚛ *m* Cadmium *n.*
cado|so, ~**zo** *m* Strudel *m*, Untiefe *f* e-s Flusses.
caduca|ción 🏛 *f* Verfall *m*, Wegfall *m*, Erlöschen *n*; ~*nte part.* hinfällig; verjährend; ~**r** [1g] *v/i.* 1. alt u. hinfällig werden; kindisch werden *vor Alter*; 2. in Verfall geraten; abnehmen, veralten, außer Gebrauch kommen; 3. verfallen (*Gesetz, Vertrag*); erlöschen (*Recht, Frist*); ablaufen (*Frist, Paß*), ungültig werden.
cadu|cidad *f* 1. Ver-, Weg-fall *m*, Erlöschen *n*; 2. Hinfälligkeit *f*, Gebrechlichkeit *f*; *fig.* Vergänglichkeit *f*; ~**co** *adj.* 1. baufällig; *fig.* vergänglich; 2. gebrechlich, altersschwach, hinfällig; 3. 🏛 verfallen, ungültig (geworden); 4. ♀ *árboles m/pl. de hoja* ~ laubabwerfende Bäume *m/pl.*; 5. 🗲 *mal m* ~, *gota f* ~*a* Epilepsie *f*, Fallsucht *f*; ~**quez** *f* Hinfälligkeit *f*, Altersschwäche *f.*
caedizo I. *adj.* leicht fallend; *fruta f* ~*a* Fallobst *f*; II. *m Am. Cent., Col., Méj.* Vordach *n.*
caer [2o] I. *v/i.* 1. (hin-, ab-, herunter-)fallen; umfallen; abstürzen; ein-fallen, -stürzen, zs.-fallen; ⚓ *al agua* über Bord fallen; ~ *como muerto* niederstürzen wie ein gefällter Baum; ~ *de lo alto* herunterfallen, stürzen (*a. fig.*); ~ *de golpe* niederstürzen, -fallen, hinschlagen; ~ *de*

plano der Länge nach hinfallen; ⚓ ~ *para atrás* abfallen, achteraus treiben; ~ *al (od. en el) suelo* auf den *(od. zu)* Boden fallen; *dejar* ~ fallen lassen; *fig.* einstreuen, hinwerfen, beiläufig erwähnen; → *a. dejar* 12; *hacer* ~ um-werfen, -reißen, stürzen; **2.** *fig.* stürzen, gestürzt werden; herunterkommen, (ab)sinken; **3.** *nach e-r Seite* ausschlagen *(Waage), a. fig. s. nach e-r Seite* neigen; **4.** irgendwo aufkreuzen, landen F; **5.** *in et. (ac.)* geraten, *in e-e Lage* kommen; ~ *en cama* bettlägerig werden; ~ *desmayado* ohnmächtig werden; *a. fig.* ~ *en el garlito* in die Falle gehen; ~ *en la miseria* ins Elend geraten; ~ *en pecado* sündigen; ~ *en tentación* in Versuchung kommen; **6.** zufallen *(dat. a)*; abfallen, (dabei) herauskommen *(Trinkgeld)* (für *ac. a*); ~*le a/c. a alg. et.* bekommen, et. erwischen F; **7.** ~ *bien (mal)* gelegen (nicht gelegen) kommen; (un)sympathisch sein; gut (übel) empfangen werden *(Person)*; *s.* (nicht) schicken; beifällig (übel) aufgenommen werden, gut (schlecht) ankommen, einschlagen (nicht einschlagen) *(Rede, Nachricht usw.); Reg.* bekommen (nicht bekommen) *(Speise);* **8.** ~ *(en el chiste)* kapieren F, begreifen; *¡ahora caigo!* jetzt begreif' ich's!; jetzt hab' ich's erfaßt!; → *a. cuenta* 6; **9.** liegen; *s.* befinden; *esta calle cae por la plaza de ...* diese Straße liegt in der Nähe des ...platzes; ~ *al jardín* zum Garten hinausgehen; *eso cae dentro (fuera) de mis atribuciones* dafür bin ich (nicht) zuständig; **10.** ~ *en (od. por)* zeitlich fallen auf *(od.* in) *(ac.);* **11.** *s.* neigen *(Tag);* untergehen, sinken *(Sonne);* **12.** ~ *sobre alg. s.* auf j-n stürzen, über j-n herfallen; *hacer* ~ *la conversación sobre* das Gespräch auf *(ac.)* lenken; **13.** *fig.* durchfallen *(Kandidat, Prüfling);* **14.** ⚔ fallen *(Soldat, Festung);* **15.** *estar al* ~ (unmittelbar) bevorstehen *(Sachen);* jeden Augenblick kommen (können) *(Person); están al* ~ *las cinco* gleich schlägt es fünf *(Uhr);* **16.** fällig werden *od.* sein *(Zahlung);* **17.** fallen *(Stoff);* sitzen, passen *(Kleidung);* herunterhängen; zipfeln; **II.** *v/r.* ~*se* **18.** fallen, stürzen; abfallen *(Blätter);* ausfallen *(Haare, Zähne); das Reflexivum dient häufig zum Ausdruck der Intensivierung des Verbalvorgangs;* ~*se redondo* (auf der Stelle) umfallen *(z. B.* ohnmächtig, *tot); fig. se me cae la casa encima (od. a cuestas)* mir fällt die Decke auf den Kopf, ich halte es in den vier Wänden nicht (mehr) aus; ~*se en pedazos* ausea.-fallen; *fig.* ~*se de bueno (de tonto)* äußerst gut (dumm) sein; ~*se muerto de miedo* halbtot vor Furcht sein; ~*se de risa s.* totlachen; ~*se de (od. por) su (propio) peso* selbstverständlich *(od.* einleuchtend) sein; ~*se de sueño* zum Umfallen müde sein, sehr schläfrig sein; ~*se de suyo* in s. zs.-stürzen; k-n festen Halt *(od.* k-n Bestand) haben *(a. fig.);* ~*se de viejo* sehr alt u. hinfällig sein; *no tener dónde* ~*se muerto* arm wie e-e Kirchenmaus sein; *¡cuidado (que)* no se *caiga! od. ¡a ver si se cae!* Vorsicht, Sie fallen!, Vorsicht, gleich fallen Sie!; **III.** *v/t.* **19.** P fallen lassen.

cafarnaúm *m* Gewühl *n*, Durcheinander *n*.
café I. *m* **1.** ♀ Kaffee(baum) *m;* **2.** *(grano m de)* ~ Kaffeebohne *f;* ~ *de cebada (de centeno)* Gersten- (Roggen-)kaffee *m;* ~ *instantáneo,* ~ *soluble* Pulverkaffee *m,* löslicher Kaffee *m; caramelos m/pl. de* ~ *(y leche)* Milchkaramellen *f/pl.;* **3.** Kaffee *m* (Getränk); F ~ ~ sehr starker *(bzw.* ausgezeichneter) Kaffee *m;* ~ *con leche* Kaffee *m* mit viel Milch, Milchkaffee *m;* ~ *cortado* Kaffee *m* mit etwas Milch, Kaffee *m* crème; ~ *completo* komplettes Frühstück *n;* ~ *helado* eisgekühlter Kaffee *m;* ~ *largo* weniger starker Kaffee *m;* ~ *negro,* ~ *solo* schwarzer Kaffee *m; fig.* F *Rpl. dar* ~ j-m den Kopf waschen F; *echar (od. servir)* ~ (en las tazas) Kaffee eingießen; F *Col., P. Ri., Ven. echárselas de* ~ *con leche* aufschneiden, angeben; *fig.* F *tener mal* ~ schlechter Laune sein; e-n üblen Charakter haben; **4.** Café *n,* Kaffeehaus *n;* ~ *cantante* Tanz-, Konzert-café *n;* **II.** *adj. inv.* **5.** *(de color)* ~ kaffeebraun; *Am.* dunkelbraun.
cafeína ♀ *f* Koffein *n,* Coffein *n.*
cafereta □ *m Arg.* → *cafiso.*
cafeta|l *m* Kaffeepflanzung *f;* ~**lero** *m,* ~**lista** *c Cu., Méj., P. Ri.* Kaffeepflanzer *m.*
cafe|tear F *Rpl. v/t.* j-m den Kopf waschen F; ~**tera** *f* Kaffeekanne *f;* ~ *(eléctrica)* (elektrische) Kaffeemaschine *f;* F ~ *rusa* Plunder *m,* Schrott *m* F; *(bsd. Auto)* alter Schlitten *m* F, alte Karre *f* F; F *estar como una* ~ spinnen *(fig.* F); ~**tería** *f* Kaffeestube *f,* Cafeteria *f;* Imbißstube *f* mit Selbstbedienung; *Cu.* Kaffeeladen *m;* ~**tero I.** *adj.* **1.** Kaffee...; F *zona f* ~*a* Kaffee(anbau)zone *f;* F *ser muy* ~ e-e Kaffeetante sein F; **II.** *m* **2.** Cafébesitzer *m,* Cafetier *m;* **3.** Kaffeepflanzer *m;* **4.** starker Kaffeetrinker *m,* Kaffeebruder *m;* F ~**tín** *desp. m* mieses Café *m;* ~**to** ♀ *m* Kaffee-baum *m,* -staude *f;* ~**tucho** *desp. m* Budike *f,* mieses Café *m.*
caficul|tor *m* Kaffeepflanzer *m;* ~**tura** *f* Kaffeeanbau *m.*
cafi|olo □ *m Arg.* → *cafiso;* ~**sismo** □ *m Arg.* Zuhälterei *f;* ~**so** □ *m Arg.* Zuhälter *m,* Lude *m* F, Louis *m* F.
cafre *adj.-su. m* Kaffer *m (a. fig.).*
caftán *m* Kaftan *m.* [F.]
cafúa P *f Rpl.* Gefängnis *n,* Knast *m*
caga|ceite V *o. m* Mistel-, Schnärrdrossel *f;* ~**chín** *m* **1.** rote Stechmücke *f;* **2.** kl. Finkenvogel *m; fig.* P Scheißkerl *m* P; ~**da** *f* P Kothaufen *m,* Haufen *m* P; *fig.* P mißglücktes Unternehmen *n,* Scheiße *f* P; ~**dero** P *m* Abtritt *m,* Scheißhaus *n* P; ~**do** P *adj.* feig, ängstlich P; ~**fierro** ⊕ *m* Eisenschlacke *f;* ~**jón** *m* Roßapfel *m;* ~**lera** P *f* Durchfall *m,* Dünnschiß *m* P; ~**nidos** *m (pl. inv.)* etwa: Zugvogel *m,* Zigeuner *m (f),* der häufig umzieht); ~**r** [1h] **I.** *v/t.* P verpfuschen; versauen F, versaubeuteln F; ~*la en* e-n Bock schießen F, ins Fettnäpfchen treten F; **II.** *v/i.* P kacken, scheißen P; **III.** *v/r.* ~*se* P *a. fig.* in die Hosen machen P; *me cago en* + *gemeintes Objekt (Fluch); me cago en tu madre (*sehr schwere Beleidigung*); me cago en diez* (en tu tía, en

la mano) verdammt noch mal P, verfluchte Scheiße V.
caga|rria ♀ *f* Spitzmorchel *f (Speisepilz);* ~**rropa** *f* kl. Stechmücke *f;* ~**rruta** *f* Kot *m (Kleinvieh),* Losung *f (Wild);* ~**tinta(s)** *desp. m* Federfuchser *m,* Schreiberling *m,* Bürohengst *m (alle* F *desp.);* ~**torio** *burl. m* → *cagadero.*
cagón V *adj.-su. m* Scheißer *m* P *(a. fig.),* Scheißkerl *m* P.
caguama *f Ant. Art* Karettschildkröte *f.* [Scheißeritis *f* P.]
caguera P *f* Dünnschiß *m* P,
cague|ta V **I.** *f* **1.** *Reg.* → *caguera;* **2.** Bammel *m* F, Schiß *m* P; **II.** *m* **3.** Scheißkerl *m* P, Angsthase *m;* ~**tis** *m* → *cagueta2.* [schieden.]
cahiz *m* Trockenmaß (regional ver-)
cahuín P *m Chi.* Zechgelage *n,* Fresserei *f* mit Besäufnis F.
caí Zo. *m Am.* Kapuzineräffchen *n.*
caico *m Cu.* Felsenriff *m.*
caíd *m* Kaid *m,* Beamte(r) *m; Marr.* Hauptmann *m,* Chef *m.*
caída *f* **1.** Fallen *n,* Fall *m;* Einsturz *m;* Absturz *m;* ⚔ Ein-, Auf-schlag *m;* ~ *(de aguas)* Wasserfall *m;* Met. Niederschlag *m;* Jgdw. ~ *de la cuerna* Abwerfen *n* des Geweihs; ~ *de ojos* Niederschlagen *n* der Augen; ~ *del pelo* Haarausfall *m; fig. ir de* ~ **a)** nachlassen; **b)** heruntergekommen sein; *dar una* ~ stürzen; F *a.* hereinfallen; **2.** Abhang *m,* Steilhang *m;* Neigung *f,* Schräge *f; a.* ⊕, *Phys.* Fall *m;* Abfall *m;* Gefälle *n;* HF ~ *de antena* Antennenableitung *f;* ~ *de la balanza* Ausschlag *m;* ~ *de temperatura* Temperatursturz *m;* ⚡ ~ *de tensión* Spannungsabfall *m;* **3.** *fig.* Sturz *m (bsd. Pol.); Theol., fig.* Fall *m,* Sündenfall *m;* ~ *del Imperio Romano* Untergang *m* des Römischen Reiches; **4.** ~ *de la tarde* (Einbruch *m* der) Dämmerung *f; a la* ~ *del sol* bei Sonnenuntergang; **5.** ⚓ Segeltiefe *f;* Segeltiefe *f;* **6.** *Phon.* (Aus-)Fall *m,* Abstoßen *n;* **7.** Fenster-, Wandbehang *m;* Faltenwurf *m;* Zipfel *m (an Kleid, Tuch); tex.* ~*s f/pl.* Raufwolle *f;* **8.** F ~*s f/pl.* witzige *(od.* treffende) Einfälle *m/pl.;* **9.** *fig.* Reinfall *m.*
caído I. *adj.* **1.** gefallen *(a. fig.);* herabhängend; schlaff; ~ *(de ánimo)* niedergeschlagen, bedrückt; ~ *de color bzw.* verblichen; **II.** *m* **2.** Gefallene(r) *m (im Kriege);* **3.** ~*s m/pl.* schräge Schreiblinien *f/pl.* im Heft zum Schreibenlernen; **4.** ~*s m/pl.* fällige Zinsen *m/pl.*
caigo → *caer.*
cailón *Fi. m* Heringshai *m.*
caimán *m* **1.** *Zo.* Kaiman *m;* ~ *negro* Mohrenkaiman *m;* **2.** *fig.* F Schlauberger *m,* gerissener Kunde *m* F; *Col.* Aushilfsarbeiter *m.*
caimiento *m* Fall *m,* Fallen *n;* Niedergeschlagenheit *f.*
Caín *m fig.* Bösewicht *m;* F *pasar las de* ~ elend zu leiden haben F; mächtig schuften müssen F; aufgeschmissen sein F.
cainita ♂, ✧ *f* Kainit *m.*
caire □ *m* (Huren-)Geld *n.*
cairel *m* **1.** Perückenunterlage *f;* Perücke *f;* **2.** ~*es m/pl.* F Fransenbesatz *m;* **3.** ⚓ Reling *f,* Leiste *f.*
Cairo *m:* El ~ Kairo *m;* ⚡**ta** *adj.-su. c* aus Kairo.

caja — calamitoso　　　　　　　　　　　　**112**

caja f **1.** Kiste f; Kasten m, Truhe f; Büchse f, Dose f; Schachtel f; Futteral n; ⊕ ~ 7; ~ de cartón Pappschachtel f; ~ de cartón plegable Faltkarton m; ~ de cerillas (de cigarrillos) Streichholz- (Zigaretten-)schachtel f; ~ de colores Mal-, Farb-kasten m; ~ de construcción (Stein-)Baukasten m; EDV ~ de herramientas Toolbox f; F TV ~ idiota, ~ tonta Glotze f F; ~ de muerto, ~ mortuoria Sarg m; ~ de reloj Uhrgehäuse n; Myth. u. fig. la ~ de Pandora die Büchse der Pandora; fig. F echar (od. despedir) con ~s destempladas j-n hochkantig hinauswerfen F; **2.** Kasse f; Kassenschrank m; Kassenschalter m; Zahlstelle f; Kassenbestand m; ~ de caudales, ~ fuerte Geldschrank m, Panzerschrank m, Tresor m; Bankw. ~ de noche Nachttresor m; ~ registradora Registrierkasse f; horas f/pl. de ~ Kassenstunden f/pl.; **3.** Kasse f (Institut), Bank f; Fonds m; ~ de compensación Ausgleichs-, Verrechnungs-kasse f; ~ de depósitos (de préstamos) Depositen- (Darlehns-)kasse f; ~ de pensiones (para la vejez) (Alters-)Versorgungs-, Pensions-kasse f; ~ (postal) de ahorros (Post-)Sparkasse f; ~ de resistencia Streikfonds m; ~ de retiro (zusätzliche) Altersversorgungskasse f der Betriebe; ~ de (seguros contra) enfermedad Krankenkasse f; **4.** ⚔ ~ de reclutamiento Wehrersatzstelle f; entrar en ~ einberufen werden; estar en ~ wehrpflichtig sein, der Wehraufsicht unterliegen; **5.** Kutsch-, Wagen-kasten m; Kfz., ⚓ Aufbau m; **6.** ⚒ Schacht m (Mine, Brunnen, Schornstein, Aufzug); ~ de la escalera Treppen-haus n, -schacht m; **7.** ⊕ Gehäuse n; Büchse f, Buchse f, Lager n; Mantel m; BraseroGehäuse n; ⚔ Schaft m (Handfeuerwaffe, Armbrust); Lafette f; Typ. Magazin n der Setzmaschinen; Typ. ~ alta (baja) Teil m des Setzkastens für Groß- (Klein-)buchstaben; 🞋 ~ de agujas Hebelwerk n; Kfz. ~ de cambios, ~ de velocidades Getriebe n; ⚔ ~ del cañón Laufmantel m; ⚡ ~ de Faraday Faradayscher Käfig m; 🞋 ~ negra Flugschreiber m; **8.** (Straßen-)Bett n; Chi. (trockenes) Flußbett n; **9.** ♪ gr. Trommel f; Pe. Rassel- od. Pfeifen-trommel f der Indianer; ~ de música Spieldose f; ~ (de resonancia) Resonanzkörper m; Phono: ~ de sonido (bsd. Licht-)Tongerät n; ~ de viento Windlade f der Orgel; **10.** Anat. ~ (ósea) Schädelgehäuse n; ~ (torácica) Brustkorb m; ~ del tímpano Pauke(nhöhle) f (Ohr); **11.** ⚒ Gebirge n (= das die fündige Schicht umgebende Gestein); **12.** Zim. Zapfenloch n; **13.** Kegelspiel: Ziel n, Aufstellungsraum m; **14.** Gleichgewichtspunkt m der Waage; **15.** ♀ Samenkapsel f.

caje|ra f **1.** Kassiererin f; **2.** ⚓ Scheibengatt n; **~ro** m **1.** Kassierer m, b. Vereinen u. ä. oft Kassenwart m; Bankw. ~ automático Geldautomat m; Bankw. ~ nocturno Nachttresor m; **2.** Kanal-böschung f; -wandung f.

cajeta f **1.** Kästchen n, Dose f; Méj. Gelee- bzw. Dessert-behälter m; das Dessert selbst; **2.** ⚓ Platting(sleine) f; **3.** P Arg. Muschi f F (= Vagina).

caje|tilla I. f Päckchen n Tabak; Schachtel f Zigaretten; Chi. Meringe f in Papiertüte; **II.** m desp. Rpl. feiner Pinkel m F; **~tín** m **1.** Kästchen n; Fahrscheintasche f der Schaffner; Typ. Fach n im Schriftkasten; **2.** Akten-, Hand-stempel m; **3.** ⚡ Holzleiste f zum Verlegen von Leitungen.

caji|lla ♀ f Samenkapsel f; **~llero** m Obstpacker m.

cajista Typ. c (Schrift-)Setzer m.

cajita f Kästchen n; Kassette f; ~ de bombones (de cerillas) Pralinen- (Streichholz-)schachtel f.

cajón m **1.** Kasten m; große Kiste f; Phot. aparato m de ~ Kastenapparat m; fig. F ~ de sastre Sammelsurium n, Durcheinander n; p. ext. Wirrkopf m, Konfusionsrat m F; F ser de ~ üblich od. gebräuchlich sein; **2.** ⊕ Senkkasten m, Caisson m; ⚓ ~ de amarre Vertäuboje f; **3.** Schublade f, -fach n; Fach n im Regal; **4.** Krambude f.

cajone|ra f Sakristeischrank m; **~ría** f Fächer n/pl., Schubladen f/pl.

cajuela Kfz. f Méj. Kofferraum m.

cal f Kalk m; ~ aérea (hidráulica) Luft- (Wasser-)kalk m; ~ apagada, ~ muerta gelöschter Kalk m; ~ anhidra, ~ viva, ~ cáustica Ätzkalk m; ~ silícea Kieselkalk m; cloruro m de ~ Chlorkalk m; fig. de ~ y canto felsenfest; dauerhaft; fig. cerrado a ~ y canto verriegelt und verrammelt; F una de ~ y otra de arena abwechselnd, immer schön im Wechsel F.

cala[1] f kl. Bucht f; Angelgrund m.

cala[2] f **1.** Sondierung f, Auslotung f; hacer ~ (en) (et.) genau untersuchen, sondieren (fig.), überprüfen; **2.** Sonde f (bsd. ⚕); Angelblei n; ⚓ (Lot-)Blei n; **3.** ⚓ Kielboden m bzw. Kielraum m; Tiefgang m e-s Schiffes; ~ seca Trockendock n; **4.** Anschnitt m, Scheibe f e-r Melone usw.; **5.** ⚒ Méj. Schürf(ungs)probe f; **6.** ⚘ Stuhl-, bsd. Seifenzäpfchen n.

cala[3] ♀ f Kalla f.

calaba|cear F v/t. Studenten durchfallen lassen; **~cera** ♀ f Kürbispflanze f; **~cero** m **1.** Kürbishändler m; **2.** ⚘ C. Ri. Kürbisbaum m; **~cilla** f **1.** birnenförmiger Anhänger m (Ohrring); **2.** ♀ Springkürbis m; **~cín** m ♀ Zucchino m; **~ines** m/pl. Zucchini m/pl.; **2.** fig. F Dummkopf m; **~cinate** m Kürbisgericht n; **~cino** m Kürbisflasche f; **~za** f **1.** ♀ Kürbis(pflanze f) m; ~ de cidra, ~ confitera Riesen(einmach)kürbis m; ~ vinatera, ~ de peregrino Flaschenkürbis m; **2.** Kürbisflasche f, Kalabasse f; fig. Kopf m, Schädel m F, Dassel m F; fig. F Schafskopf m, Trottel m F (F a ~s a a) j-n beim Examen durchfallen lassen; **b)** e-m Freier e-n Korb geben F; llevar(se) ~s durchfallen; e-n Korb bekommen; fig. nadar sin ~s allein zurechtkommen, s. ohne fremde Hilfe durchschlagen; fig. salir ~ enttäuschen, e-e Niete sein F; **3.** ⚓ elendes Schiff n, Seelenverkäufer m; **4.** F Dietrich m (Nachschlüssel); **~zada** f Schlag m auf den Kopf; fig. darse de ~s s. den Kopf zerbrechen; **~zar** m Kürbisfeld n; **~zate** m Kürbis

in Sirup; **~zazo** F m Stoß m mit dem Kopf; **~zo** m Kürbis m (Frucht); Kürbisflasche f; Cu., P. Ri. Kürbistrommel f. [gen m.⟩

calabobos F m Niesel-, Sprüh-re-⟩

calabo|cero m Kerkermeister m; **~zo**[1] m Kerker m, Verlies n; Arrestzelle f.

calabozo[2] m Art schwere Baumschere f.

cala|brés adj.-su. kalabrisch; m Kalabrier m; **♀bria** f Kalabrien n.

calabrote ⚓ m Trosse f; Anker-; Schlepp-tau n.

cala|da f **1.** Eindringen n, Einsikkern n; Eintauchen n; fig. F dar una ~ a e-n scharfen Verweis erteilen (dat.), e-e (dicke) Zigarre verpassen (dat.) F; **2.** Flug m e-s Raubvogels; **3.** tex. (Web-)Fach n, Fadenöffnung f; **4.** Zug m b. Rauchen; **~dero** m Fischplatz m, Fanggrund m; **~do I.** adj. **1.** durchbrochen (Stickerei u. ä.); **2.** durchnäßt; ~ hasta los huesos patschnaß F; **II.** m **3.** durchbrochene Stickerei f; Hohlsaum m; ~ de papel Ausschnittarbeit f; **4.** ⚓ Tiefgang m (Schiff); Seetiefe f; **5.** Col. zwiebackartiges Weißbrot n in Scheiben; **6.** ⚡ Phasenverschiebung f; ⊕ Verschlukken n, Absaufen n (Explosionsmotor); **~dor 1.** ⚓ Kalfatereisen n; **2.** Sonde f (a. ⚕); **~dura** f Anschnitt m e-r Frucht.

calafa|te ⚓ m Kalfaterer m; a. Schiffszimmermann m; **~tear** v/t. ⚓ kalfatern; ⊕ verstemmen; abdichten; **~teo** m Kalfatern n; **~tín** m Kalfaterlehrling m.

calagraña ♀ f Art Herbling m (Traube).

calaguala ♀ f Kalahuala f, peruanischer Farn m.

calaíta f Türkis m; Kallait m.

calalú m **1.** Cu. scharfe Gemüsesuppe f der Neger; **2.** ♀ Cu. ein Amarantgewächs; Salv. Hanfeibisch m, eßbar; Faser: Gambohanf m.

calamaco m **1.** tex. Kalmank m, Lasting m; **2.** Méj. Agavenschnaps m. [fisch m.⟩

calamar m Kalmar m, Art Tinten-⟩

calambac ♀ m Aloebaum m.

calam|brar v/t. j-m e-n Krampf verursachen; **~bre** m **1.** Muskel- bzw. Waden-krampf m; Magenkrampf m; ~ del escribiente Schreibkrampf m; **2.** elektrischer Schlag m b. Berührung.

calambuco ♀ Am. Mer. Kalambukbaum m; Harz: Marienbalsam m.

calambur m **1.** Kalauer m, Wortspiel n; fauler Witz m; **2.** ♀ indische Balsamaloe f.

calamento m **1.** ♀ Bergminze f; **2.** Auslegen n der Fischnetze usw.; vgl. calar[2].

calamidad f **1.** Not f; Unheil n, Katastrophe f; Mißgeschick n; ~ pública Landplage f; Notstand m; F es una ~ das ist verheerend (od. katastrophal); **2.** F Unglücksmensch m; tenemos a esa ~ de Carlos wir haben da den C., dieses Häufchen Elend F (bzw. diese Niete F).

cala|mina Min. f Zinkspat m; **~minta** ♀ f Bergmelisse f; **~mita** f Magnetstein m.

calamitoso adj. unglücklich, erbärmlich; jammervoll, trübselig; unheilvoll.

cálamo *m* **1.** Schalmei *f*; *poet.* Rohr *n*, Stengel *m*; *lit.* (Schreib-) Feder *f*; **2.** ⚕ ~ *(aromático)* Kalmus *m*, Magenwurz *f*.
calamo|cano I. *adj.* F beschwipst, angeheitert; **II.** *m* ⚕ Lupine *f*; ~**co** *m* Eiszapfen *m* an *Dächern*.
calamocha *f* gelber Ocker *m*.
calamón *m* **1.** Hängekammer *f* *e-r Waage*; **2.** Polster-, Tapeziernagel *m*; **3.** *Vo.* Samtente *f*.
calamo|rra I. *adj. f* im Gesicht bewollt *(Schaf)*; **II.** *f* F Kopf *m*; Schopf *m* F; ~**rro** F *m* Latsche *f* F, Trampelsandale *f* F. [(*bsd.* ✝).)
calanchín *m Col.* Strohmann *m*
calan|dra *f* Kalander *m*; ~**draca** ⚓ *f* Schiffszwiebacksuppe *f*; ~**drado** *m* **1.** Kalandern *n*; **2.** Walzpappe *f*; ~**drajo** *m* Fetzen *m*, Lumpen *m*; *fig.* F Taugenichts *m*, Strolch *m*; ~**drar** *v/t.* **1.** ⊕, *tex., Papier, Kunststoff* kalandern; *Kunststoff* walzen; *Papier* satinieren; **2.** *Wäsche* mangeln; ~**dria**[1] *I. f* **1.** ⊕ Kalander *m*, Glättwerk *n*; **2.** Tret-rad *n*, -mühle *f*; **3.** Hebevorrichtung *f* (*bsd. Steinbruch*); **4.** (Wäsche-)Mangel *f*; **II.** *c* **5.** *fig.* F Simulant *m*.
calandria[2] *Vo. f* Kalander-, Heidelerche *f*.
calandria[3] *P f* Pesete *f*.
calanta ⚕ *f* falscher Acajou *m*, Zedrobaum *m*.
calaña *f* Muster *n*, Vorbild *n*; *fig.* Art *f*, Sorte *f*, Schlag *m* F (*Personen*) (*ohne Qualifikativ mst. desp.*); *hombre de buena (mala)* ~ gutartiger (gefährlicher) Mensch *m*.
calao *od.* **cálao** *m* philippinischer Nashornvogel *m*.
calapé *m Am. Mer.* Schildkrötenbraten *m* in *der eigenen Schale*.
calar[1] **I.** *adj. c* Kalk..., kalkartig; **II.** *m* Kalk(stein)bruch *m*.
calar[2] **I.** *v/t.* **1.** herablassen, (ein-)senken; ⚔ *Seitengewehr, Lanze usw.* fällen; ⚓ niederlassen, fieren; *Fischernetze* aus-legen, -werfen; **2.** *Hut, Mütze* aufstülpen *bzw.* tief ins Gesicht ziehen; **3.** durchstoßen, hineinstoßen; *Melone u. ä.* anschneiden; **4.** ⊕ anschneiden; ausschneiden (*in Holz, Papier, Metall*); verkeilen, *Keil* eintreiben; aufpressen; drücken, senken; **5.** durchnässen, -tränken; *Brot u. ä.* einweichen; *la lluvia le caló el poncho* der Regen drang durch s-n Poncho; **6.** *fig.* treffen; *sus palabras me calaron muy hondo* s-e Worte gingen mir sehr zu Herzen; **7.** *fig.* ergründen, erforschen; F durchschauen; **8.** ☐ stehlen, klauen F; **9.** F *Span. Schüler* durchfallen lassen; **II.** *v/i.* **10.** ein-, durch-dringen (*bsd. Wasser*); **11.** ⚓ Tiefgang haben; *el barco cala poco* das Schiff hat wenig Tiefgang; **III.** *v/i. u.* ~**se** *v/r.* **12.** herunter-, nieder-stoßen (*Raubvogel*); ~(se) *sobre la presa s.* auf die Beute stürzen *(a. fig.)*; **13.** *s.* einschleichen, *s.* Eingang verschaffen, eindringen (*in ac. en*); **IV.** *v/r.* ~**se** *v.* **14.** *Hut* aufstülpen (*s.*), ~**se** *las gafas* (*s.*) die Brille auf die Nase setzen; **15.** absaufen (*Motor*).
calato *adj. Pe.* nackt.
calatravo *hist. adj.-su. m* Ritter *m* des Calatravaordens.

calave|ra I. *f* Totenkopf *m* (*a. Schmetterling*), Schädel *m*; **II.** *m fig.* Leichtfuß *m*, Windhund *m* (*fig.*); Lebemann *m*; Hohlkopf *m*, Dummerjan *m*; ~**rada** *f* dummer (*od.* toller) Streich *m*, Eskapade *f*, wildes Treiben *n*; ~**rear** F *v/i.* dumme Streiche machen; bummeln.
calazón ⚓ *f* Tiefgang *m*.
calcado *m* Pause *f*, durchgepauste Zeichnung *f*; ~**r** *m* Durchzeichner *m*; (Durch-)Pausapparat *m*.
cal|cáneo *Anat. m* Fersenbein *n*; ~**cañal**, ~**cañar**, ~**caño** *m* Ferse *f*.
calcar [1g] *v/t.* durch-zeichnen, -pausen; *fig.* genau (*bzw.* sklavisch) nachahmen; *papel m de* ~ Pauspapier *n*. [Kalk...)
calcáreo *adj.* kalkartig, kalkig;)
calce *m* **1.** Unterlage *f*, Keil *m*; Bremsklotz *m*, Hemmschuh *m*; **2.** Radfelge *f*; **3.** *Ec.* Stützpfosten *m*. [stein].)
calcedonia *f* Chalzedon *m* (*Edel*-)
calcemia *Physiol. f* Kalziumspiegel *m im Blut*.
calceolaria ⚕ *f* Pantoffelblume *f*.
calcés ⚓ *m* Masttopp *m*.
calce|ta *f* Strumpf *m*; *Chi., Méj.* (Herren-)Kniestrumpf *m*; *fig.* Fußschelle *f*; *hacer* ~ Strümpfe stricken; ~**tería** *f* Strumpf-wirkerei *f*; -geschäft *n*; ~**tero** *m*, ~**tera** *f* Strumpfwirker(in *f*) *m*; Stricker(in *f*) *m*; Strumpfhändler(in *f*) *m*; ~**tín** *m* Socke *f*; Halbstrumpf *m*; P Pariser *m* P (= *Präservativ*); ~**tón** *m* Stiefelstrumpf *m*, Füßling *m*.
cálcico ⚗ *adj.* kalzium-, calciumartig, Kalzium..., Calcium...
calcicosis ⚕ *f* Kalklunge *f*.
calcifica|ción ⚕ *f* Verkalkung *f*; ~**r** [1g] **I.** *v/t.* verkalken; **II.** *v/r.* ~**se** ⚕ verkalken (*v/i.*).
calcímetro *m* Kalkmesser *m*.
calci|nación ⊕, ⚗ *f* Kalzinierung *f*, Brennen *n*; ~**nado** *adj.* kalziniert; *cal f* ~**a** gebrannter Kalk *m*; ~**nador** *adj.-su. m:* ~ *de yeso* Gipsbrenner *m*; ~**namiento** *m* → *calcinación*; ~**nar** *v/t.* **1.** ⊕, ⚗ kalzinieren, ausglühen; *Kalk* brennen; *Erze* rösten; *organische Substanzen* verbrennen; verkoken; **2.** *fig.* aus-, ver-brennen; ~**natorio** *m* Kalzinier-ofen *m*; -tiegel *m*; ~**nero** *m* Kalkbrenner *m* (*Person*).
calcio ⚗ *m* Kalzium *n*, Calcium *n*; *Physiol. nivel m del* ~ (*en la sangre*) Kalziumspiegel *m* (*im Blut*)
calcita *Min. f* Calcit *m*, Kalkspat *m*.
calco *m* **1.** Durchzeichnung *f*, Pause *f*; Abdruck *m*; *a. fig.* Abklatsch *m*; *Li.* ~ *lingüístico* Lehnprägung *f*; ~**grafía** *f* **1.** Kupferstechkunst *f*; **2.** Werkstatt *f* e-s Kupferstechers; ~**grafiar** [1c] *v/t.* in Kupfer stechen.
calcógrafo *m* Kupferstecher *m*.
calco|manía *f* Abziehbild *n*; Abziehbilderbogen *m*; ~**pirita** *Min. f* Kupferkies *m*; ~**tipia** *f* Kupferdruck *m*, Bilddruckverfahren *n*.
calcula|ble *adj. c* berechenbar, schätzbar, zählbar; ~**ción** *f* F Berechnung *f*, Kalkulation *f*; Kostenvoranschlag *m*; → *a. cálculo*; ~**damente** *adv. fig.* mit Berechnung, vorsätzlich, mit Vorbedacht; ~**dor I.** *adj.* berechnend; **II.** *m* Rechner *m*; Kalkulator *m*; ⊞, ⊕, ✕, ✈

cálamo — calderilla

Rechengerät *n*; ~**dora** *f* **1.** Rechnerin *f*; **2.** Rechenmaschine *f*; ~ *de bolsillo* Taschenrechner *m*; ~ *electrónica* Elektronenrechner *m*, Computer *m*; ~**r** *vt/i.* (be-, aus-, er-)rechnen; veranschlagen, kalkulieren (*a.* ✝); *fig.* abschätzen, ermessen; (aus-)denken, bedenken; *¡calcule Vd.!* bedenken Sie nur!; denken Sie (s.) nur!; ~**torio** *adj.* Rechen..., rechnerisch; Kalkulations...; kalkulatorisch.
calculista *c* Pläneschmied *m*; *fig.* berechnender Kopf *m*.
cálculo *m* **1.** Rechnen *n* (*a. Unterrichtsfach*); Rechnung(sart) *f* (*bsd.* Berechnung *f*, Kalkulation *f* (*a. fig.*); Überschlag *m*, Schätzung *f*; ✝ ~**s** *m/pl.* Kalkulation *f*; *adv. por* ~ **a)** rechnerisch; **b)** *fig.* aus Berechnung; ~ *algebraico* Algebra *f*; ~ *anticipado por muestreo* Hochrechnung *f*; ~ *aritmético* Arithmetik *f*; ~ *aproximado* Näherungsrechnung *f*; Überschlag(srechnung) *m* (*bsd.* ✝); ~ *de comprobación*, ~ *de verificación* Nach-, Kontroll-rechnung *f*; ~ *diferencial* Differentialrechnung *f*; ~ *mental* Kopfrechnen *n*; ~ *de probabilidades* Wahrscheinlichkeitsrechnung *f*; *hacer* ~**s** kalkulieren, berechnen; **2.** ⚓ ~ (*de la posición*) Besteck *n*, Ortsbestimmung *f*; **3.** *fig.* (Be-)Rechnung *f*, Vermutung *f*, Dafürhalten *n*; Plan *m*; **4.** ⚒ Stein *m*; ~**s** *m/pl.* Steinleiden *n*; ~ *biliar* (*renal*) Gallen- (Nieren-)stein *m*; ~ *urinario* (*vesical*) Harn- (Blasen-)stein *m*.
calcu|lógrafo *Tel. m* automatischer Sprechzeitzähler *m*; ~**loso** ⚒ *adj.-su.* Stein...; *m* an (Gallen- *usw.*) Steinen Leidende(r) *m*.
calchona *f Chi.* Wegeschreck *m*, Hexe *f* (*a. fig.*).
calda *f* Wärmen *n*, Erhitzen *n*; ~**s** *f/pl.* Thermal-quelle *f*, -bad *n*.
caldaico *adj.* chaldäisch.
caldea|miento *m* Erhitzen *n*; Beheizung *f*; ~**r I.** *v/t.* erhitzen (*a. fig.*), (er)wärmen; *bsd.* ⊕, *a.* HF heizen, beheizen; *Metall* glühen(d machen), ausglühen; **II.** *v/r.* ~**se** *s.* erhitzen, heiß werden.
caldeo[1] *adj.-su.* chaldäisch; *m* Chaldäer *m*; *das Chaldäische*.
caldeo[2] *m bsd.* ⊕ Erhitzen *n*; Beheizung *f*; Glühen *n der Metalle.*
calde|ra *f* **1.** Kessel *m*; Kesselvoll *m*; ♪ Paukenkessel *m*; F alter Kram *m*, schlecht funktionierendes Gerät *n*; Taschenuhr *f*, Wecker *m* F; *fig.* F ~**s** *f/pl. de Pero Botero* Hölle *f*; **2.** ⊕ Kessel *m*; Pfanne *f* (*Brauerei, Gießerei*); Heizkessel *m*; ~ *de vapor* Dampfkessel *m*; ~ *acuotubular* Wasserrohrkessel *m*; ~ *de colado* Gießpfanne *f*; ~ *de jabón* Seifensiederei *f*; **3.** *Chi.* Teekanne *f*; *Rpl.* Kaffeekanne *f*; **4.** *Ec.* Vulkankrater *m*; ~**rada** *f* **1.** Kesselvoll *m*; *f* Riesenmenge *f*; F *a* ~**s** in (Un-) Mengen F; **2.** Gebräu *n*, *bsd.* ⊕ Sud *m*; ~**rería** *f* Kesselschmiede *f*; Kesselfabrik *f*; ~**rero** *m* Kesselschmied *m*; Kupferschmied *m*; *ambulante* Kesselflicker *m*; ~**reta** *f* **1.** kl. Kessel *m* Weihwasserkessel *m*; ⊕ Hilfskessel *m*; *Kchk.* **a)** Fischallerlei *n*; **b)** Lamm- *bzw.* Zickel-ragout *n*; ~**rilla** *f* **1.** Weih-

caldero — calificar 114

wasserkessel *m*; **2.** Kupfergeld *n*; Klein- *bzw*. Wechsel-geld *n*; **3.** ⚥ Bergjohannisbeere *f*; ~**ro** *m* Kessel *m mit Henkel*; Eimer *m*; ~**rón** *m* **1.** *gr.* Kessel *m*; **2.** ♪ → *fermata*.
calderoniano *Lit. adj*. Calderón...
calderuela *Jgdw. f* Blendlaterne *f*.
caldillo *m* Brühe *f* (*a. fig. desp.*); *Chi*. Zwiebelsuppe *f*; *Méj*. Hackfleisch *n mit scharfer Tunke*; *Pe. Art* Sahnegulasch *n*.
caldo *m* **1.** (Fleisch-)Brühe *f*; Würzbrühe *f für den gazpacho*; *Weinbereitung*: (Wein-)Brühe *f*; ~ (*de carne*) Fleischbrühe *f*, Bouillon *f*; ~ esforzado Kraftbrühe *f*; ~ gallego galicischer Eintopf *m aus Grünzeug, Brechbohnen, Rind- und Schweinefleisch*; ~ *de gallina*, ~ *de pollo* Hühnerbrühe *f*; *fig*. amargar el ~ *a alg*. j-m die Suppe versalzen, j-m Ärger machen; *fig*. hacer a alg. el ~ gordo j-s Spiel spielen, j-n ins Fett setzen, (in aller Stille) alles für j-n tun; *fig*. revolver el ~ die Sache wieder aufrühren; **2.** ⚘ ~ *de cultivo* Nähr-bouillon *f*, -boden *m* (*a. fig.*); **3.** ~s *m/pl.* **a)** ✝ (alle) Flüssigkeiten *wie Wein, Öl, Obstsäfte usw*.; **b)** Weine *m/pl.* aus e-r bestimmten Gegend; **4.** ⊕ Brühe *f*; Schmelze *f*; ~**so** *adj.* mit viel(er) Brühe; zu dünn (*z. B. Suppe*).
caldu|cho *desp. m* Brühe *f*, Gelabber *n* F; ~**da** *f Chi. Art* Eierpastete *f*; ~**do** *adj*. → *caldoso*.
calé *m* P, □ Geld *n*, Zaster *m* F, Kies *m* F; *Andal*. Zigeuner *m*; Zigeunersprache *f*.
caledonio *hist. adj.-su.* kaledonisch.
calefac|ción *f* Heizung *f* (*a.* ⊕, ♂); Erhitzung *f*; Heizung *f*, Heizvorrichtung *f*; ~ *con* (*od. por*) *agua caliente* Warmwasserheizung *f*; ~ *por aire caliente* Warmluftheizung *f*; ~ *central* Zentralheizung *f*; ~ (*od. de*) *gas* (*aceite*) Gas- (Öl-)heizung *f*; ~ *a distancia* Fernheizung *f*; ~ *individual* Einzelheizung *f*; ~ *bajo pavimento* (Fuß-)Bodenheizung *f*; ~ *por* (*od. a od. de*) *vapor* Dampfheizung *f*; *aparato m* (*od. dispositivo m*) *de* ~ Heizgerät *n*; ~**tor** *m* Heizofen *m*; Heizlüfter *m*.
caleidoscopio *m* → *calidoscopio*.
calenda *f* **1.** *kath*. Kalende *f*; **2.** ~s *f/pl. hist*. Kalenden *pl.*; F ⚢ *griegas* Nimmermehrstag *m*; *fig.* F (graue) Vergangenheit *f*; *fig.* aplazar (*od. remitir*) *ad* ⚢*s Graecas* ad Calendas Graecas verschieben; ~**rio** *m* Kalender *m*; *fig*. Termin-kalender *m*, -plan *m*; ~ *de pared* Wandkalender *m*; ~ *de bolsillo* (~ *perpetuo*) Taschen- (Dauer-)kalender *m*; ~ *de taco, bsd. Am*. ~ *exfoliador* Abreißkalender *m*; ~ *gregoriano* (*juliano*) Gregorianischer (Julianischer) Kalender *m*; *fig.* F *hacer* ~s **a)** brüten, Grillen fangen; **b)** Luftschlösser bauen; ~**rista** *c* Kalendermacher *m*.
caléndula ⚥ *f* Ringelblume *f*.
calenta|ble *adj. c* heizbar; ~**dor** **I.** *adj*. **1.** erwärmend, erhitzend; Heiz...; **II.** *m* **2.** Heizung *f*, Heizgerät *n*; Wärmflasche *f*; Wasser-, Bier-, usw. -wärmer *m*; Kocher *m*; ~ *de agua* Boiler *m*, Warmwasserbereiter *m*; ~ *de aire* Winderhitzer *m* (*Verhüttung*); ~ (*de baño*) Badeofen *m*; ~ *continuo* Durchlauferhitzer *m*; ~ *eléctrico de inmersión* Tauchsieder *m*; **3.** *fig.* F *gr.* Taschenuhr *f*; ~**miento** *m* **1.** Wärmen *n*, Erhitzen *n*; ~ *global*, ~ *terrestre* Erderwärmung *f*; **2.** *bsd.* ⊕ Beheizung *f*, An-, Vor-wärmen *n*; **3.** ⚲, *vet*. ~ (*de la sangre*) Hitze *f*.
calentano *adj.-su. Col*. aus der *tierra caliente*, *der heißen Zone*.
calen|tar [1k] **I.** *v/t*. **1.** (er)wärmen, (be)heizen; heiß machen, erhitzen; ~ *al rojo* (*vivo*) bis zur (*od.* auf) Rotglut erhitzen; F ~ *el asiento*, ~ *la silla* zu lange bleiben (*bei e-m Besuch*), am Stuhl kleben F; **2.** *fig*. beleben, ermuntern; P *sexuell* scharf machen P, aufgeilen P; P ver-prügeln, -sohlen F; **3.** *Sp*. Ball vor dem Wurf etwas in der Hand halten, „anwärmen"; **4.** *Sch. Ec.* büffeln; **II.** *v/r.* ~**se 5.** s. wärmen; (s.) warm (*bzw.* heiß) laufen (*a.* ⊕, *mot.*); s. erhitzen (*a. fig.*); s. ereifern; zornig *od.* wütend werden; *dejar* ~**se** (el motor) (den Motor) warmlaufen lassen; **6.** brünstig werden (*Tiere*); ~**tito** *adj. dim. v. caliente*; *fig.* F frisch (gebacken), noch warm (*Brötchen usw.*); ~**tón I.** *m* **1.** F: *darse un* ~ s. rasch ein wenig aufwärmen; **2.** *Jgdw. Reg.* Schuß *m* ins Genick; **II.** *adj*. **3.** P *Span.* → ~**torro** P *adj.* scharf P, geil P.
calentu|ra *f* **1.** Fieber *n*; ~s *f/pl*. Wechselfieber *n*; **2.** *Chi*. Lungentuberkulose *f*; **3.** *fig.* Unruhe *f*; *Col*. Wut *f*; **4.** ~ *de(l) león* Wut *f*, Mordlust *f des Löwen*; ~**riento I.** *adj*. fiebrig, fiebernd, fieberkrank; *fig.* erregt; aufgeregt; **II.** *m* Fieberkranke(r) *m*; ~**rón** *augm. m* starkes Fieber *n*; ~**roso** *adj.* fiebrig.
caleño *adj.* Kalk...; *piedra f* ~*a* zur Ätzkalkgewinnung geeigneter Kalkstein *m*.
cale|ra *f* **1.** Kalkbruch *m*; **2.** Kalkofen *m*; ~**ría** *f* Kalkbrennerei *f*; ~**ro I.** *adj.* Kalk...; **II.** *m* Kalkbrenner *m*.
cale|sa *f* Kalesche *f*; ~**sera** *f* Janker *m nach Art der andal. caleseros*; ~**sero** *m* Kaleschenkutscher *m*; ~**sín** *m* leichte Kalesche *f*, Gig *n*; ~**sitas** *f/pl. Andal.*, *Rpl.* (Pferdchen-)Karussell *n*.
caleta *f* **1.** *kl*. Bucht *f*, Schlupfhafen *m*; **2.** *Am.* Küstenboot *m*; **3.** *Ven*. Transportarbeitergewerkschaft *f*.
caleto P *m* Tölpel *m*, Bauernlümmel *m* F.
caletre F *m* Verstand *m*, Grips *m* F.
calibita *Min.* *f* Spateisenstein *m*.
cali|bración *f* Eichung *f*, Kalibrierung *f*; ~ *de medidas* Maßeichung *f*; ~**brado**, *adj*. geeicht, ⊕ kalibriert; ~**brador** ⊕ *m* Maßlehre *f*; Streichmaß *n*; Schublehre *f*; ~ *de espesores* Dickenlehre *f*; → *calibre*; ~**braje** *m* Kaliber(maß) *n*; Kalibrierung *f*; ~**brar** *v/t*. kalibrieren, eichen; (aus)messen; HF abgleichen; *fig*. einschätzen, taxieren; ~**bre** *m* **1.** ⚔, ⊕ Bohrung *f*, Rohrweite *f* (*a. Geschütz*); lichte Weite *f*; (Geschoß-)Kaliber *n*; Durchmesser *m*; Dicke *f*; Stärke *f e-r Säule usw.*; *a*. ⚔ *de pequeño* (*de gran*) ~ klein- (groß-)kalibrig; **2.** ⊕ Lehre *f*, Schablone *f*; ~ *de ajuste* Einstell-, Paß-lehre *f*; ~ *de rosca* Gewinde-, Schrauben-lehre *f*; **3.** *fig.* Art *f*, Beschaffenheit *f*, Kaliber *n*; Bedeutung *f*, Wichtigkeit *f*, Wert *m*; *de buen* (*mal*) ~ von guter (schlechter) Qualität, gut (schlecht).
calicanto *m* festes Mauerwerk *n*.
calicata ⚒ *f* Mutung *f*, Schürfung *f*.
calicó *tex. m* Kaliko *m*, Buchbinderleinen *n*.
caliche *m* **1.** Kalkbröckchen *n in irdenem Geschirr*; *von der Tünche* abgeblättertes Kalkstückchen *n*; **2.** *Chi*. (Chile-, Roh-)Salpeter *m*; *Pe*. Abraumhalde *f beim Salpeterabbau*; **3.** P *Span.* Bumserei *f* P, Vögelei *f* P; ~**ra** *f Bol., Chi., Pe*. Salpeterlager *n*.
calidad *f* **1.** Beschaffenheit *f*, Eigenschaft *f*, Qualität *f*, Güte *f*; ~ *de vida* Lebensqualität *f*; *de primera* ~ erstklassig, von höchster Güte; *de probada* (*od. acreditada od. aceptada*) ~ von bewährter Güte (*od.* Qualität); *de inferior* ~ minderwertig; **2.** Eigenschaft *f*; Rang *m*; *fig.* Bedeutung *f*, Wichtigkeit *f*; *en* (*mi*) ~ *de amigo* (*in m-r Eigenschaft*) als Freund; *persona f de* ~ angesehene (*bzw.* vornehme) Persönlichkeit *f*; Mensch *m* von Charakter; *tener* ~ *de* den Rang (*od.* die Würde) e-s ... haben; **3.** ~(*es*) *f*(*/pl.*) Begabung *f*, Talent *n*.
cálido *adj*. **1.** *lit.*, *Mal. u. fig*. warm; *zona f* ~*a* heiße Zone *f*; **2.** wärmeerzeugend (*im Organismus*).
calidos|cópico *adj.* kaleidoskopisch; ~**copio** *m* Kaleidoskop *n*.
calienta|cerveza *m* (*pl. inv.*) Bierwärmer *m*; ~**piés** *m* (*pl. inv.*) Fußwärmer *m*; *a*. Wärmflasche *f*; ~**platos** *m* (*pl. inv.*) Tellerwärmer *m*; ~**pollas** V *m* (*pl. inv.*) aufreizendes Weib *n* P, *das nicht hält, was es verspricht*.
caliente I. *adj. c* **1.** warm, heiß; *fig*. lebhaft; hitzig, heftig, erregt; *muy* ~ heiß; *fig. adv. en* ~ sofort, auf der Stelle; *fig.* ~ *de cascos* hitzköpfig; *a*. ⊕ *poner* ~ erwärmen; *ande yo* ~ *y ríase la gente* **a)** was die Leute sagen, ist mir egal; **b)** Hauptsache, es geht mir gut („die andern interessieren mich nicht"); **2.** *Mal*. warm, in warmen Tönen; **3.** (*estar*) ~ läufig *od.* brünstig *od.* heiß (sein) (*Tiere*, *desp. a. von Menschen*); **4.** F frisch, neu; **5.** beschwipst; **6.** *Col.* mutig; **II.** *m* **7.** *Col.* Grog *m*.
califa *m* Kalif *m*; ~**l** *adj. c* Kalifen...; ~**to** *m* Kalifat *n*.
califero *adj*. kalkhaltig.
califica|ble *adj. c* qualifizierbar, definierbar; benennbar; ~**ción** *f* **1.** Benennung *f*, Bezeichnung *f*; Qualifikation *f*, Qualifizierung *f*; Eignung *f*, Befähigung *f*; **2.** (bezeichnendes) Beiwort *n*; Prüfungsnote *f*, Prädikat *n*; Beurteilung *f*, Einstufung *f*; ⚖ *escrito m de* ~ Anklageschrift *f*; ~**damente** *adv*. qualifiziert; auf geeignete Art; ~**do** *adj*. **1.** befähigt, fähig, geeignet, qualifiziert; angesehen; bedeutend, wichtig; *obrero m* ~ Facharbeiter *m* (→ *cualificado*); **2.** ausgesprochen, richtig; ⚖ qualifiziert (*Delikt*); ~**dor I.** *adj*. beurteilend, würdigend; Prüfungs...; **II.** *m* Beurteilende(r) *m*; *hist*. Zensor *m der Inquisition*; ~**r** [1g] *v/t*. **1.** beurteilen, ein Prädikat geben (*dat.*); qualifizieren; beurteilen, würdigen; nennen, bezeichnen, kennzeichnen (als **de**);

2. *Chi.* in die Wahllisten eintragen; **II.** *v/r.* ~se **3.** *a. Sp.* s. qualifizieren (für *ac. para*); s-e Fähigkeiten beweisen; † s-n Adel nachweisen; ~**tivo I.** *adj.* bestimmend, bezeichnend, kennzeichnend; *Gram. adjetivo m* ~ Eigenschaftswort *n*; **II.** *m* Beiname *m*, Würdename *m*.
Cali|fornia *f* Kalifornien *n*; ℲFor̄**ni(an)o**, Ჹ**fórnico** *adj.-su.* aus Kalifornien, kalifornisch; *m* Kalifornier *m*.
calígine *poet. f* Nebel *m*; Finsternis *f*.
caliginoso *poet. adj.* neblig, diesig; finster, düster.
cali|grafía *f* Kalligraphie *f*; ~**grafiar** [1c] *v/t.* in Schönschrift ausführen; ~**gráfico** *adj.* kalligraphisch.
calígrafo *m* Kalligraph *m*.
calilla F *f Am.* → *molestia, pejiguera.* (*Fischerei*.)
calima *f* **1.** → *calina;* **2.** Netzboje *f*
calim|ba ♂ *f Cu.* Brandeisen *n*; Brandmal *n*; ~**bo** F *m* Beschaffenheit *f*; Art *f*; Aussehen *n*.
calimocho *m* Mischung *f* aus Wein u. Kolagetränk.
calina *f* Dunst *m*, diesige Luft *f*, Mist *m* ⚓; Nebelbank *f*.
calin|da, ~**ga** *f Cu.* Negertanz.
calinoso *adj. bsd.* ⚓ dunstig, diesig, mistig ⚓.
calistenia *f* rhythmische Gymnastik *f*, Schönheitsturnen *n*.
cáliz *m* (*pl.* ~*ices*) **1.** Kelch *m*; *fig.* ~ *de dolor od.* ~ *de (la) amargura* Leidens-, Schmerzens-kelch *m*; *a. fig. apurar hasta las heces el* ~ (*de cicuta*) den bitteren Kelch (*od.* den Schierlingsbecher) bis zur Neige leeren; **2.** ♀ Blumenkelch *m*.
cali|za *f* Kalk(stein) *m*; ~**zo** *adj.* kalkhaltig, Kalk...
calma *f* **1.** ⚓ Wind-, Meeres-stille *f*; ~ *chicha* völlige Windstille *f*, Flaute *f*; *en* ~ ruhig, unbewegt; *zona f de las* ~*s* Kalmengürtel *m*; **2.** Ruhe *f*, Stille *f*, Frieden *m*; Gleichmut *m*, Gelassenheit *f*; Trägheit *f*, Phlegma *n*, Gleichgültigkeit *f*; ¡~! langsam!; immer mit der Ruhe! F; *época f de* ~ Flaute *f*, Sauregurkenzeit *f*; *quedar en* ~ ruhig bleiben (*a. fig.*); *tener mucha* ~ sehr ruhig sein; *a.* äußerst phlegmatisch sein; *adv. con* ~ gelassen, ruhig, überlegt; **3.** Nachlassen *n*, Beruhigung *f*; ~**nte** *adj. c -su. m* beruhigend; schmerzstillend(es Mittel *n*); ~**r I.** *v/t.* beruhigen; besänftigen, beschwichtigen; *Schmerz* lindern; *Durst* stillen; **II.** *v/i.* ruhig sein (*See, Luft*); abflauen (*Wind*); **III.** *v/r.* ~*se* s. beruhigen, ruhig werden; nachlassen (*Schmerz, Hitze*); s. legen (*Wind, Aufregung*); abflauen (*Wind*); ~**zo** *m* ⚓ Flaute *f*; Windstille *f* u. Schwüle *f*.
cal|mo *adj.* ruhend; ♂ brach, unbebaut; ~**moso**, ~**mudo** *adj.* **1.** ruhig, still; gelassen; ⚓ flau (*Wind*); **2.** langsam; träge, phlegmatisch.
caló *m* **1.** Zigeunersprache *f*; P Zigeuner *m*; **2.** Gaunersprache *f*.
calo|friarse [1c] *v/r.* Fieberschauer haben; ~**frío** *m* Fieberschauer *m*.
calome|l *m*, ~**lanos** *m/pl. pharm.* Quecksilber(-I-)Chlorid *n*, † Kalomel *n*.

calón *m* Stange *f* zum Aufhängen von Fischernetzen; Meß-, Peil-stange *f* zum Messen der Wassertiefe.
calonche *m* Opuntienwein *m*.
calo|r *m* († *Reg. f*) **1.** Wärme *f* (*a. fig.*); Hitze *f* (*a. fig.*); *fig.* ~ *de combustión* Verbrennungswärme *f*; ~ *especifico* spezifische Wärme *f*; ~ *natural* Körperwärme *f*; ~ *negro* elektrische Heizung *f*; ~ *sofocante* Schwüle *f*, Hitze *f*; *fig. dar* ~ *a* beleben (*ac.*), aufmuntern (*ac.*); fördern (*ac.*), begünstigen (*ac.*); *entrar en* ~ (wieder) warm werden (*Person*); *hace (mucho)* ~ es ist (sehr) heiß; *fig. meter en* ~ in Hitze bringen; aneifern, anspornen (zu *dat. para, para que*); *tengo* ~ mir ist heiß; *tomar a/c. con* ~ et. mit Eifer aufnehmen (*bzw.* unternehmen); **2.** ✱ ~*es* Blutwallung *f*, Wallungen *f/pl.*; *del hígado* → *cloasma*; ~**razo** F *m* (unerträgliche) Hitze *f*, Gluthitze *f*; ~**ría** *Phys. f* Kalorie *f*, Wärmeeinheit *f*; ~**ricidad** *Physiol. f* Körper-, Lebens-wärme *f*.
calórico I. *adj. Phys.*, ✱ kalorisch; Kalorien...; **II.** *m Phys.* Wärme-prinzip *n*, -stoff *m*.
calorífero I. *adj.* wärmeleitend, wärmeabgebend; **II.** *m* Heizung *f*, Heizvorrichtung *f*; Wärmflasche *f*.
calo|rificación ⚙ *f* Wärmeerzeugung *f*, *bsd. im Organismus*; ~**rífico** *adj.* wärme-erzeugend; -abgebend; *acción f* ~*a* Wärme-abgabe *f*, -ausstrahlung *f*; ~**rífugo** ⚙ *adj.* nicht wärmeleitend, wärmeisolierend; feuerfest; ~**rimetría** *Phys. f* Kalorimetrie *f*, Wärmemessung *f*; ~**rimétrico** *adj.* kalorimetrisch; ~**rímetro** *m* Kalorimeter *n*, Wärmemengenmesser *m*.
calorro P *adj.-su.* zigeunerisch; *m* Zigeuner *m*.
calostro *Physiol. m* Kolostrum *n*.
caloyo *m* **1.** *Zo.* neugeborenes Lamm *n*; Spanisch-Lamm *n* (*Pelz*); **2.** F Rekrut *m*.
Cal|pe *m* Kalpe *n* (*antiker Name Gibraltars*); Ჹ**pense** *adj. c* aus Gibraltar.
calquín *Vo. m Arg.* patagonischer Adler *m*.
caluma *f Pe.* **1.** Engpaß *m*, Schlucht *f*; **2.** Platz *m*, Siedlung *f der Indios*.
calumbre *f* Schimmel *m* am Brot.
calum|nia *f* Verleumdung *f*, üble Nachrede *f*; ~**niador** *adj.-su. m* Verleumder *m*; ~**niar** [1b] *v/t.* verleumden, fälschlich beschuldigen; ~**nioso** *adj.* verleumderisch.
caluroso *adj.* **1.** heiß (*a. fig.*); **2.** *fig.* lebhaft; hitzig; herzlich, warm.
calva *f* Glatze *f*; Kahlheit *f*; kahle Stelle *f in Fell, Tuch, Feld*; Lichtung *f im Wald*; *fig.* Zwischenraum *m*, Lücke *f*; ~ *labrada* Feuerschneise *f in Wäldern*.
Calvario *m* **1.** Golgatha *n*; **2.** Kreuzweg *m*; Kalvarienberg *m*; *Mal.* Kreuzwegstationen *f/pl.*; **3.** *fig.* Ჹ Leidensweg *m*, Qual *f*; **4.** *fig.* F Ჹ angekreidete Schuld *f*.
calvatrueno *m* Vollglatze *f*, Vollmond *m* F; *fig.* unbesonnener Mensch *m*, Faselhans *m*.

cal|verizo *adj.* stark gelichtet (*Wald*); ~**vero** *m* **1.** Lichtung *f*, Kahlschlag *m*; **2.** Kreidegrube *f*; ~**vez**, ~**vicie** *f* Kahlheit *f*; Kahlköpfigkeit *f*.
calvinis|mo *Rel. m* Kalvinismus *m*; ~**ta** *adj.-su. c* kalvinistisch; *m* Kalvinist *m*.
calvo I. *adj.* **1.** kahl; kahlköpfig; fadenscheinig, abgewetzt (*Pelz, Gewebe*); *fig. ni tanto ni tan* ~ nur keine Übertreibung; **II.** *m* **2.** Kahl-, Glatz-kopf *m*; **3.** P Schwengel *m* P (= *Penis*).
calza *f* **1.** ⊕ Keil *m*, Stollen *m*; Stützkeil *m*; Hemmschuh *m*; **2.** ~*s f/pl.* (Strumpf-, Knie-)Hosen *f/pl.*; Unterkleider *n/pl.*; *hist. medias* ~*s* Kniehosen *f/pl.*; **3.** Ring *m*, Band *n am* Fuß *von Jungtieren*; **4.** *Col.* (Zahn-) Plombe *f*.
calzada *f* **1.** befestigte Straße *f*; *hist.* ~ (*romana*) Römerstraße *f*; **2.** Fahrbahn *f*.
calza|dera *f* **1.** Sandalenschnur *f für abarcas*; *fig.* F *apretar las* ~*s* Fersengeld geben; **2.** Radbremse *f*; ~**do I.** *adj.* **1.** beschuht (*Mönche*); **2.** federfüßig, behost (*Vögel*); andersfarbig an den Füßen (*Pferd usw.*); **II.** *m* **3.** Schuhwerk *n*, Fuß-, Bein-bekleidung *f*; ~**dor** *m* Schuhanzieher *m*, -löffel *m*; *Kfz.* ~ (*de neumáticos*) Montiereisen *n*, Reifenaufzieher *m*; F *entrar a/c. con* ~ sehr schwierig sein; ~**dura** *f* Radbeschlag *m*; Verkeilung *f*; ~**r** [1f] **I.** *v/t.* **1.** *Schuhe, Handschuhe usw.* anziehen *bzw.* anhaben *od.* tragen; *Schuhe usw.* anfertigen *bzw.* beschaffen für (*ac.*); *Sporen* anlegen *bzw.* tragen; ~ *el 40* Schuhnummer 40 haben; **2.** *fig.* F verstehen, begreifen; *poco* schwer von Begriff sein; *ancho* ein lockerer Zeisig sein; **3.** *a.* ⊕ durch e-n Keil sichern, verkeilen; *a. Möbelstücke* unterlegen (*Rad* **a**) beschlagen; **b**) aufziehen; *Typ.* Klischees *usw.* ausgleichen; **4.** ✕ ein bestimmtes Kaliber haben; **5.** ♂ *Reg. u. Guat. Pfl.* häufeln; **6.** P *Span.* bumsen P, vögeln P; **7.** *Col.* Zahn plombieren; **II.** *v/r.* ~*se* **8.** (s.) *Schuhe usw.* anziehen; **9.** *fig.* F *et.* erreichen; *fig.* F ~*se a alg.* j-n beherrschen; *fig.* F sein über, j-n in die Tasche stecken F; *calzárselos* e-n Anpfiff F (*od.* e-e Strafe) verdient haben.
calzo ⊕ *m* Radschiene *f*; Bremsklotz *m*; ⚓ Klampe *f*, Stütze *f*.
calzón *m* **1.** Hose *f*, Beinkleid *n*; *Méj.* ~*ones* Schlüpfer *m*; *bsd. Méj.* ~ *de baño* Badehose *f*; *fig.* meter *a* ~*ones* kümmern Sie s. um ihre eigenen Sachen (*od.* um Ihren Kram F); *ponerse* (*od.* *calzarse od. llevar*) *los* ~*ones* die Hosen anhaben, das Regiment führen (*Frau*); *tener bien puestos los* ~*ones* ein ganzer Kerl sein; **2.** Dachdecker-gurt *m*, -seil *n*; **3.** *Kart.* Tresillo *f*; **4.** ♀ ~ *de zorra* Fingerhut *m*.
calzona|rias *f/pl. Am. Reg.* Hosenträger *m/pl.*; ~**zos** F *m* (*pl. inv.*) Schwächling *m*, Feigling *m*; Pantoffelheld *m*.
calzoncillo[1] *m Ven.* Art Papagei *m*.
calzoncillos[2] *m/pl.* Unterhose(n) *f*(*/pl.*); *fig.* F *dejar a alg. en* ~ j-n

calzoneras — camarilla

bis aufs Hemd ausziehen F, j-n rupfen F.
calzoneras f/pl. Méj. an beiden Seiten geknöpfte Reithose f.
calzorras F m (pl. inv.) → calzonazos.
calla ⚔ f Chi. Pflanzstock m.
callada[1] Kchk. f Kaldaunen f/pl.
calla|da[2] f 1. (Still-)Schweigen n; adv. de ~ in der Stille, heimlich; dar la ~ por respuesta nicht antworten; 2. ⚓ Stille f (See, Wind); ~damente adv. still, heimlich; ~dito I. adj. dim. v. callado; II. m Chi. ein Volkstanz ohne Gesang; ~do adj. 1. (still)schweigend; verschwiegen; wortkarg, schweigsam; 2. heimlich, verstohlen; heimlich handelnd.
callampa f Chi. 1. Pilz m; 2. Elendswohnung f.
callana f 1. And., Col. irdenes Gefäß n zum Maisrösten u. ä.; ⚒ And. Probiertiegel m; 2. F Chi. Taschenuhr f, Zwiebel f F; 3. Chi., Pe. Blumentopf m; 4. ~s f/pl. And. Gesäßschwielen f/pl., angebliches Rassemerkmal der Neger u. Zambos.
callandi|co, ~to od. **~tas:** a las ~ F adv. ganz leise, sachte, heimlich.
callao m Bach-, Fluß-kiesel m; Can. Geröllfeld n.
callapo m And. 1. ⚒ Stempel m; 2. Trage f; 3. Floß n.
callar I. v/t. verschweigen; Geheimnis bewahren; ¡calla (od. cállate) la boca (od. el pico)! halt den Mund!, halt's Maul! P; **II.** v/i. u. ~se v/r. schweigen; den Mund halten; verstummen; ¡calla! bzw. ¡calle (usted)! nanu!; oho!; ei was (Sie sagen)!; kein Gedanke!; hacer ~ zum Schweigen bringen (a. fig. = töten); (se) calla como un muerto er redet kein Sterbenswörtchen; er ist verschwiegen wie ein Grab; ¡tú te callas! du hast hier nichts zu sagen!; quien calla otorga wer schweigt, stimmt zu.
calle f 1. Straße f in geschlossenen Ortschaften; Col. von O nach W verlaufende Straße f; fig. Weg m, Mittel n; Ausweg m; ¡~! Platz da!; de la ~ von der Straße, Straßen... (a. fig.); gemein; ~ arriba, ~ abajo straßauf, straßab; ~ comercial (lateral) Geschäfts- (Seiten-)straße f; Vkw. ~ de dirección única, Chi., Méj. ~ de un sentido (de prioridad) Einbahn- (Vorfahrts-)straße f; ~ mayor Hauptstraße f; abrir ~ Bahn brechen, Platz machen, Raum schaffen; alborotar la ~ die Straße in Aufruhr bringen, ruhestörenden Lärm verursachen; F azotar ~s durch die Straßen schlendern (od. bummeln); coger la ~ (plötzlich) weggehen; Méj. auf den Strich gehen F; coger (por) una ~ e-e Straße einschlagen; fig. dejar a alg. en la ~ j-n sitzenlassen; j-m das Brot wegnehmen; F hacer la ~ auf den Strich gehen F; llevar(se) a alg. de ~ über j-n Herr werden; j-n überzeugen; F poner a alg. (de patitas) en la ~ j-n auf die Straße setzen, j-n hinauswerfen F; quedar(se) en la ~ auf der Straße

sitzen (fig.); 2. ~ (de árboles) Allee f, Baumgang m; 3. Felderreihe f (Brettspiele); 4. Typ. Gasse f, überea.-stehende Spatien n/pl. im Satz; ~ja f 1. Gäßchen n; Gasse f; 2. ☐ Flucht f; ~jear v/i. umherbummeln, durch die Straßen schlendern; ~jeo m (Umher-)Bummeln n; Leben n auf der Straße, Straßentreiben n; ~jera f Dirne f; ~jero I. adj. Straßen..., Gassen...; streunend (Katze); aire m ~ Gassenhauer m; mujer f ~a Herumtreiberin f; ser muy ~ s. viel auf der Straße herumtreiben; **II.** m Straßen-verzeichnis n, -liste f; ~jón m 1. enge Gasse f; Hohlweg m; Waldschneise f; ~ sin salida Sackgasse f (a. fig.); 2. Stk. Gang m zwischen den Schranken; ~juela f Gäßchen n; fig. Aus-rede f, -flucht f.
calli|cida m Hühneraugenmittel n; ~sta c Hühneraugenoperateur m; Fußpfleger m.
callo m 1. Schwiele f, Hornhaut f; Verhärtung f (a. fig.); Hühnerauge n; fig. F dar el ~ schuften F, s. abplacken F; criar ~(s) Schwielen machen (auch bekommen); fig. s. bei der (bzw. für die) Arbeit abhärten; fig. criar ~s s. ein dickes Fell wachsen lassen; 2. ⚔ Kallus m; 3. Kchk. ~s m/pl. Kaldaunen f/pl.; 4. P häßliches Mädchen n.
callonca I. adj. c halb-gar, -gebraten (Kastanien, Eicheln); **II.** f F gerissenes Weibsstück n F.
callo|sidad f Hornhaut f, Schwiele f; Verhornung f; Verhärtung f; ~so **I.** adj. schwielig; knorp(e)lig; **II.** adj.-su. m Anat. (cuerpo m) ~ Gehirnbalken m.
cama[1] f 1. Bett n; Bett-gestell n, -statt f; Lager n (für Tiere); ~ armario Schrankbett n; ~ de campaña Pritsche f; Feldbett n; ~ de camping Liege f; ~ con dosel, ~ imperial Himmelbett n; Sp. ~ elástica Trampolin n; ~ infantil Kinderbett n; ~ de matrimonio Doppel-, Ehe-bett n; ~ a la francesa französisches Bett f; fig. ~ de podencos, ~ de galgos Hundelager n (fig.), elendes Bett n; ~ plegable, ~ turca Schlafsofa n, Diwan m; caer en ~ krank werden; estar en ~s, guardar ~, hacer ~ das Bett hüten; estar en la ~ im Bett liegen; hacer la ~ das Bett machen; ir a la ~ ins Bett (od. schlafen) gehen; F llevarse a la ~ Frau vernaschen F; 2. Streu f für Tiere; Jgdw. Sasse f (Hasenlager); 3. Wagenboden m; 4. ⊕ (Unter-)Lage f; Schicht f; tex. Schergang m; Typ. Aufzug m; 5. ⚔ auf der Erde aufliegender Teil m e-r Melone u. ä.
cama[2] f 1. Zügelspange f; Gebißstange f; 2. Radfelge f; 3. Sterzbett n am Pflug.
camacero ♀ m Am. trop. Kürbisbaum m.
Cama|cho Lit. npr.: fig. bodas f/pl. de ~ rauschendes Fest(gelage) n; ²**chuelo** Vo. m Hänfling m.
camada f 1. Wurf m junger Tiere; Brut f, Genist n; fig. (Diebes-)Bande f; fig. lobos m/pl. de una misma ~ Gelichter n gleichen Schlages; 2. ⊕ Schicht f, Lage f, Fundament n; ⚒ Sohle f, Stockwerk n.

camafeo m Kamee f, Gemme f.
camagua ♀ f Am. Cent., Méj. reifender (od. grüner) Mais m.
camal m 1. Halfter m (a. m, n); 2. † Sklavenkette f; 3. Bol., Ec., Pe. Schlachthaus n.
camaleón m 1. Zo. Chamäleon n (a. fig.); Bol. Leguan m; C. Ri. Sperberfalke m; 2. ~ mineral Kaliumpermanganat n.
camalero m Pe. Schlächter m.
camalote ♀ m Am. 1. Kamelottgras n; 2. schwimmende Insel f.
camama P f Schwindel m, Lug u. Trug m.
camándula f Kamaldulenserorden m; fig. F Schlauheit f, Tücke f; tener muchas ~s es faustdick hinter den Ohren haben.
camandulero F adj.-su. heuchlerisch, scheinheilig; m Heuchler m.
camao m Cu. kl. Wildtaube f.
cámara I. f 1. Gemach n, Kammer f, Saal m; ⚓ Kajüte f; ~ acorazada Stahlkammer f e-r Bank; ~ de gas Gaskammer f; ~ de horrores Gruselkabinett n; ~ o(b)scura Dunkelkammer f; Phys. → 3; 2. ⊕ Kammer f, Raum m; ⚔ de aire (Kfz. a. ~ neumática) Kfz. Schlauch m e-s Reifens; ⊕ Wind-, Luft-kessel m; bsd. ⚓ ~ de calderas Kesselraum m; ~ de combustión, ~ de explosión Verbrennungsraum m; ~ frigorífica Kühlraum m; ⊕ ~ de alta presión Hochdruckkammer f; 3. Phot. Kamera f; ~ cinematográfica Filmkamera f; ~ digital Digitalkamera f; ~ de espejo, ~ reflex, ~ óptica de reflexión Spiegelreflexkamera f; ~ estereoscópica Stereokamera f; ~ de fuelle, ~ plegable Faltkamera f; ~ lenta Zeitdehner m; a ~ lenta in Zeitlupe; Phys. ~ o(b)scura Camera f obscura; ~ submarina (de televisión) Unterwasser- (Fernseh-)kamera f; 4. ⚜, Pol., Verw. Kammer f; ~ alta 2. Kammer f; ♀ Alta Oberhaus n; ~ baja 1. Kammer f; ♀ Baja ♀ de (los) Diputados, Am. ♀ de los Representantes Abgeordneten-haus n, -kammer f; England: ♀ de los Lores Oberhaus n; ~ de comercio (e industria) (Industrie- und) Handelskammer f; 5. de ~ Kammer...; Hof...; música f de ~ Kammermusik f; médico m de ~ Leibarzt m; 6. Anat. Höhle f, Kammer f, Raum m; ~ del ojo Augenkammer f; 7. Kornspeicher m; 8. ~s f/pl. Stuhlgang m; a. Durchfall m; hacer ~s Stuhlgang haben; irse de ~s unwillkürlichen Stuhlgang haben; fig. F schwatzen; **II.** m 9. Span. Kameramann m.
camara|da m Kamerad m; Schulfreund m; (Amts-)Kollege m; Pol. Genosse m; de ~ bzw. como ~(s) kameradschaftlich; ~dería f Kameradschaft f; Freundschaft f.
camare|ra f 1. Stubenmädchen n; Kellnerin f; ⚓ Stewardeß f; Zofe f; Kammerfrau f; Hofdame f; ~ mayor erste Hofdame f; ~ro m 1. Kellner m; ⚓ Steward m; ~ cobrador (primer ~) Zahl- (Ober-)kellner m; 2. Kammerdiener m; 3. Kammerherr m; päpstlicher Kämmerer m; ~ mayor Oberkämmerer m.
camari|lla f 1. Kamarilla f (a. fig.); fig. Clique f; 2. Schlafecke f hinter

e-m Vorhang; ~llesco desp. adj. Kamarilla..., Cliquen...
camarín 1. Heiligennische f hinter dem Altar; Schrein m für Schmuck u. Gewänder für Heiligenbilder; 2. Ankleidezimmer n; Thea. Garderobe f der Schauspieler; 3. Privatbüro n; 4. Fahrstuhlkabine f; 5. ⚓ → camarote.
camarlengo m Camerlengo m.
cama|rón m 1. Zo. Sandgarnele f, Granat m; 2. Am. Cent., Col. Trinkgeld n; 3. Pe. a) Mogelei f, bsd. b. Hk.; b) Heuchler m; ~ronero m Garnelenfangschiff n.
camarote ⚓ m Kajüte f; Kabine f; ~ particular (doble) Einzel- (Doppel-)kabine f; ~ de lujo Luxuskabine f; ~ro ⚓ m Am. Steward m.
camas|tra F f Chi. Schlauheit f, Gerissenheit f, Verschlagenheit f; ~tro m elendes Bett n; ⚔ (Wach-, Bereitschafts-)Pritsche f; ~trón F I. adj. hinterlistig, heimtückisch; gerieben, gerissen; II. m Heimtücker m; listiger Fuchs m, gerissener Kerl m f.
cambado adj. Arg., Col., Ven. krummbeinig.
cambala|ch(e)ar F v/i. (v/t.) (er-, ver-)schachern; ~che F m Tausch m, Schacher m; Arg. Trödlerladen m; ~chero adj.-su. m Trödler m; Schacherer m.
cambar v/t. Ast., Rpl., Ven. krümmen, biegen.
cámba|ra Zo. f kl. Seespinne f; ~ro Zo. m Strandkrabbe f.
cambera f Krebs-, Krabben-netz n.
cambia|ble adj. c wandelbar; ver-, aus-tauschbar; auswechselbar; verstellbar; ~da f 1. ⚓ Segelwechsel m; Kursänderung f; 2. Equ. Finte f (bsd. Stk.); ~do Stk. m Wechsel m der Muleta aus der e-n in die andere Hand; ~discos Phono m (pl. inv.) Plattenwechsler m; ~dor I. adj. 1. wechselnd, tauschend; II. m 2. ⊕ Wechsler m, Austauschgerät n; 3. 🐎 Chi., Méj. Weichensteller m; 4. ☐ Bordellwirt m; ~nte I. adj. c 1. wechselnd; bsd. tex. schillernd, changierend; II. m 2. Schillern n, Changieren n; ~s m/pl. Farbenspiel n; ~l Bankw. f Wechsel m; ~r [1b] I. v/t. 1. (ver-, um-)tauschen; bsd. ⊕ aus-tauschen, -wechseln; Getriebe u. ä. (um)schalten; Geld (um)wechseln bzw. umtauschen (in ac. en); Baby wickeln, trockenlegen; ~ a/c. de lugar et. um-, ver-stellen; fig. ~ impresiones con alg. mitea. Meinungen austauschen, s. mit j-m aussprechen; F ~ la peseta erbrechen, b. Seekrankheit die Fische füttern F; 2. (ver-, um-, ab-)ändern; verwandeln, umgestalten; II. v/i. 3. s. (ver)ändern, wandeln; ~ de et. ändern; et. wechseln; ~ de dirección (od. de rumbo) die Richtung (in den Kurs) ändern; ~ de opinión s-e Meinung ändern; ~ de traje s. umziehen; ~ de tren umsteigen; Kfz. ~ de velocidad schalten, in e-n anderen Gang einlegen; está completamente ~ado er ist völlig verändert, er ist wie ausgewechselt; 4. ⚓ umspringen, drehen (Wind); wenden (Schiff); 5. wechseln, mutieren (Stimme); 6. tex., Equ. changieren; 7. Stk. ein Täuschungsmanöver durchführen; III. v/r. ~se 8. s. verwandeln (in ac. en); 9. abs. s. umziehen; die Wäsche wechseln; bsd. Méj. ~se de casa umziehen.
cambiario † adj. Wechsel..., Kurs...; derecho m ~ Wechselrecht n.
cambiavía 🚂 I. m Col., Cu., Méj., P. Ri. Weichensteller m; II. f Cu., Guat., P. Ri. Weiche f.
cambiazo F m plötzlicher Wechsel m; dar el ~ a) in betrügerischer Absicht vertauschen; b) fig. plötzlich umschwenken, e-n plötzlichen Wechsel vornehmen.
cambija f Wasserturm m.
cambio m 1. Tausch m; Austausch m; Änderung f, Wechsel m, Wandel m; Vkw. Umsteigen n; Wechseln n, Umziehen n (Wohnung, Kleidung); ⚔ taktische Wendung f; ⊕ Aus-tausch m, -wechseln n; Umsteuerung f; a ~ dafür; a ~ de gg. (ac.), für (ac.); a ~ de lo cual a) wofür; b) wo(hin)gegen; en ~ a) da-, hin-gegen; b) dafür; Kfz. ~ de aceite Ölwechsel m; ~ de dirección a) Änderung f der Anschrift; b) Richtungsänderung f; ~ de domicilio Wohnungswechsel m; ~ de experiencias Erfahrungsaustausch m; Li. ~ fonético Lautwandel m; ~ de opinión Meinungsänderung f; ⚔ u. fig. ~ de posición Stellungswechsel m; Kfz. ~ de ruedas Reifenwechsel m; ⚓ ~ de signo Tendenzwende f; ~ del tiempo Witterungs-, Wetter-änderung f; 🚂 ~ de tren Umsteigen n; dar en ~ in Tausch geben, (ein)tauschen; ¿qué me das a ~? was gibst du mir dafür?; hacer un ~ et. eintauschen; 2. † Geldwechseln n; Börsenkurs m; Wechsel-kurs m, -gebühr f; ~ del día Tageskurs m; ~ forzoso, ~ único Zwangs-, Einheits-kurs m; ~ a la par, ~ paritario Parikurs m; bsd. Am. casa f de ~ Wechselstube f; derecho m de ~s Wechsel-ordnung f, -recht n; letra f de ~ → letra f 5; libre ~ Freihandel m; tipo m de ~ Wechsel-kurs m; 3. Wechsel-, Klein-geld n; dar el ~ (das Wechselgeld) herausgeben; 4. ⊕ Schaltung f, Schaltvorrichtung f; ⊕ de color Farbbandschaltung f; Kfz. ~ de marcha, ~ de velocidad Gang(schaltung f) m; ~ por palanca (en el volante) Knüppel- (Lenkrad-)schaltung f; 🛞 ~ (de vía) Weiche f; 5. ⚗ ~ permuta; 6. ♪ Art Seguidilla f; 7. Stk. Finte f; 8. ☐ Bordell n, Hurenhaus n (desp. F).
cambista m 1. Geldwechsler m; 2. Bankier m; 3. 🚂 Am. Reg. Weichensteller m.
Camboya f Kambodscha n; 2no adj.-su. aus Kambodscha, kambodschanisch; m Kambodschaner m.
cambray tex. m Kambrik(batist) m.
cambriano Geol. adj. kambrisch.
cámbrico Geol. m Kambrium n, kambrische Formation f.
cambrón ♧ m 1. Bocksdorn m; 2. Kreuzdorn m; 3. Brombeere f; Dornbusch m; ~ones n/pl. Christdorn m.
cambucho m Chi. 1. Tüte f; 2. Papier- bzw. Wäsche-korb m; 3. Strohhülle f für Flaschen; 4. desp. Hütte f, elendes Loch n.
cambujo adj. schwarzbraun (Esel);
Méj. schwarz (Vögel); Méj. F dunkelhäutig.
cambullón m Col., Méj., Ven. → cambalache; Chi., Pe. → trampa, enredo.
cambur m bsd. Ven. Kambur m, kl. Banane f.
cambu|te m 1. 🌿 Am. Tropengras n; 2. C. Ri. gr. eßbare Muschel f; ~to P adj. Pe. rundlich, untersetzt.
camcórder m Camcorder m.
came|drio, ~dris ♧ m echter Gamander m.
camela|dor F adj. schmeichelnd, galant; ~r v/t. 1. F umschmeicheln, einseifen F; P lieben, verführen; 2. F Méj. (an)sehen; beobachten, belauern.
came|lia f 1. ♧ Kamelie f; Cu. Klatschmohn m; Lit. la dama de las ~s die Kameliendame f; 2. Chi. seidenartiger Wollstoff m; ~liáceas ♧ f/pl. Kameliazeen f/pl.
camélidos Zo. m/pl. Kameltiere n/pl.
camelina ♧ f Flachs-, Raps-dotter m.
camelo m 1. F Süßholzraspeln n F; Schmeichelei f; 2. Necken n, Foppen n; Thea. u. F unverständliches Wort n bzw. Geschwätz n; F Lüge f, Ente f F; F dar el ~ a alg. j-n auf den Arm nehmen F, j-m et. aufbinden F; ¡menos ~! zur Sache!
camelote[1] tex. m Kamelott n.
camelote[2] ♧ m Am. versch. trop. Gräser.
camella[1] f Futtertrog m.
camella[2] ♰ f Jochbogen m.
camella[3] f 1. Kamelstute f; 2. ♰ Furchen-rücken m, -rain m.
came|llería f 1. Beruf m des Kameltreibers; 2. Kamel-stall m, -pferch m; 3. Herde f von Kamelen; ~llero m Kameltreiber m; ~llo m 1. Zo. Kamel n (↑ a. fig.); tex. pelo m de ~ Kamelhaar n; ⚓ Kamel n (Hebevorrichtung); Hebeleichter m; 3. F Dealer m F.
camellón m 1. (Rinder-)Tränktrog m; 2. Méj. Feld n, Garten m auf e-r schwimmenden Insel.
cámera f Kameramann m.
camerino Theat. m Künstlergarderobe f.
camero I. adj.: cama f ~a gr. einschläfriges Bett n; manta f ~a breite Bettdecke f; II. m Betten-macher m, -händler m.
camerógrafo m Am. Kameramann m.
Came|rún m Kamerun n; 2runés adj.-su. kamerunisch; m Kameruner m.
camilucho adj.-su. m Am. indianischer Tagelöhner m.
cami|lla f Ruhebett n; Krankentrage f; runder Klapptisch m mit Untersatz für das Kohlenbecken; ~llero m Krankenträger m; ⚔ Sanitäter m, Sani m M.
caminante m 1. Fußgänger m; Wanderer m; 2. Fußlakai m e-s Reiters; 3. Vo. Chi. Art Lerche f.
cami|nar I. v/i. gehen; zu Fuß gehen, wandern; strömen (Fluß); s-e Bahn ziehen (Stern usw.); sich bewegen; Col. ¡camina! beeil dich!, mach schnell!; II. v/t. Strecke zurücklegen; ~nata f Wanderung f,

caminero — campaña

Fußreise f; lange u. beschwerliche Reise f; Am. Gehen n als Sportart; ~nero adj.: peón m ~ Straßen-arbeiter m; -wärter m.

caminí m Rpl. Mate m, Paraguaytee m.

camino m Weg m (a. fig.), Straße f; Gang m; Reise f; fig. Methode f, Mittel n; ~ de B. **a**) Straße f nach B.; **b**) auf dem Wege nach B.; de ~ auf dem Wege; unterwegs; im Vorbei- od. Vorüber-gehen (a.fig.); beiläufig; fig. en ~ de + su. od. + inf. auf dem Wege zu + dat.; ~ de acceso Zugang m, Zufahrt(sweg m) f; ~ derecho, ~ recto gerader Weg (a. fig.); ~ firme fester (od. befestigter) Weg m; lit. ~ de hierro Eisenbahn f; ~ hondo Hohlweg m; ~ para peatones Fuß(gänger)weg m; hist. ~ real Land-, Heer-straße f; ~ vecinal Gemeindeweg m; Feldweg m; a medio ~ auf halbem Wege, halbwegs; a tres horas de ~ de aquí drei Wegstunden von hier; abrir ~ Bahn brechen (a. fig.); abrirse ~ s. Raum schaffen, durchstoßen (a. fig.); fig. abrir nuevos ~s neue Wege weisen, bahnbrechend wirken; fig. allanar el ~ den Weg ebnen; cerrar (od. atajar) el ~ a alg. j-m den Weg verlegen (a. fig.); j-m entgegentreten; echar por un ~ od. tomar un ~ einen Weg einschlagen; cada cual echa (od. va od. tira) por su ~ jeder geht s-n Weg (a. fig.); fig. entrar (od. meter) a alg. por ~ j-n zur Vernunft bringen; estar en (od. llevar) mal ~ auf dem falschen Weg sein; e-n Umweg machen (beide a. fig.); hallar ~ s. durchfinden, s. zurechtfinden; ir (od. llevar) su ~ s-n Weg (od. sein Ziel) verfolgen (a. fig.); a. fig. ir por (od. llevar) buen ~ auf dem rechten Wege sein; richtig sein; berechtigt sein; la cosa lleva ~ de + inf. die Sache sieht so aus, als ob + subj.; ponerse en ~ para nach (dat.) abreisen, s. aufmachen nach (dat.).

camión m 1. Last(kraft)wagen m, Laster m, Lkw m; Méj. Bus m bzw. Reisebus m; ~ grúa Abschlepp-, Kran-wagen m der Polizei; ~ hormigonera Transportbetonmischer m; ~ de mudanzas, Col. ~ de trasteo Möbelwagen m; ~ pesado Schwerlaster m; ~ de recogida, ~ de basuras Müllabfuhr(wagen m) f; ~ con remolque Lastzug m; ~ tanque, ~ cisterna Tankwagen m; ~ volquete Kipplaster m, Kipper m; F Span. estar como un ~ e-e tolle Figur haben F (Frau); 2. Rollwagen m.

camio|naje m Rolldienst m, Güterbeförderung f; Rollgeld n; ~nero m Lastwagenfahrer m; ~ de grandes rutas Fernfahrer m; ~neta f Kleinlast-, Liefer-wagen m; Bereitschaftswagen m der Polizei; Reg. Kleinbus m; Kombiwagen m.

camisa I. f 1. Hemd n; ~ de caballero, ~ de hombre Herren(ober)hemd n; ~ de fuerza Zwangsjacke f; ~ de noche, Am. de dormir Nachthemd n; ~ polo (de rejilla) Polo- (Netz-)hemd n; en ~ im Hemd; fig. ohne Mitgift; fig. F dar hasta la ~ das letzte Hemd (= alles) hergeben; fig. dejar a alg. sin ~ j-n ausplündern, j-n ruinieren; jugar hasta la ~ s-n ganzen Besitz verspielen; fig. ein leidenschaftlicher Spieler sein; fig. no llegarle a uno la ~ al cuerpo e-e Riesenangst haben; F meterse en ~ de once varas **a**) s. auf Dinge einlassen, denen man nicht gewachsen ist, s. übernehmen; **b**) s-e Nase in Dinge stecken, die e-n nichts angehen, s. in die Nesseln setzen; F volver la ~ s-e Meinung (völlig) ändern, umschwenken; 2. fig. hist. ~s azules Blauhemden n/pl. (Mitglieder der Falange); → a. II; 3. ⊕ Mantel m, Futter n, Auskleidung f; ⚔ Geschoßmantel m; ~ de agua (de la bomba) Wasser-, Kühl- (Pumpen-)mantel m; 4. Umschlag m, Hülle f; 5. ♀ Fruchtdecke f (Nußhäutchen u. ä.); 6. Kokonschale f; 7. abgestreifte Haut f e-r Schlange usw.; 8. △ Bewurf m; Tünche f; 9. ♣ Pavillon m (Segel); 10. ✧ Glühstrumpf m; **II.** 11. Pol. hist. ~s m/pl. negras (pardas) Schwarz- (Braun-)hemden n/pl.; ~s viejas Altfalangisten m/pl., alte Garde f.

cami|sería f Hemdenladen m; Herrenwäschegeschäft n; ~sero I. m Hemden-näher m; -verkäufer m; fig. F ser un ~ dauernd umfallen (fig. F); **II.** adj.-su. (blusa f) ~a od. ~ Hemdbluse f; ~seta f 1. Unterhemd n, T-Shirt n; ~ de malla Trikot-, Netzhemd n; 2. Frisiermantel m; ~sola f Frackhemd n; hist. Kamisol n; Jacke f der Galeerensträflinge; Col., P. Ri. Frauenhemd n; Méj. → camisón; ~solín m Vorhemd n, Chemisette f; ~són m langes Hemd n; Nachthemd n; Col., Chi., Ven. Frauenkleid n.

ca|mita adj.-su. c, ~mítico adj. hamitisch; m Hamite m.

camón m 1. Equ. Zaumstange f; 2. ⊕ Radkranzstück n am Wasserrad; Felge f.

camo|rra F f Streit m, Rauferei f; armar ~ Krakeel machen F, herumkrakeelen F; buscar ~ e-n Streit vom Zaun brechen; ~rrista F adj.-su. c streitsüchtig; rauflustig; m Raufbold m, Radaubruder m F, Raufer m F.

camote m 1. Méj. Süßkartoffel f, Batate f; Am. (Blumen-)Zwiebel f; 2. Am. Verliebtheit f; innige Freundschaft f; tomar un ~ s. verlieben; 3. Chi., Pe. Geliebte f; 4. Ec., Rpl. Dummkopf m; Méj. Gauner m; ~ar I. v/t. Guat. ärgern, belästigen; **II.** v/i. Méj. vergebens herumsuchen.

campa adj. c baumlos; nur für den Getreideanbau geeignet.

campa|l adj. c: batalla f ~ (offene) Feldschlacht f; ~mento m Lagern n; Lager n, Lagerplatz m; (Feld-, Truppen-)Lager m; Am. a. Straf-, Gefangenen-lager n; Span. offiziell: ~ turístico (od. de turismo) Campingplatz m.

campamiento m 1. Hervorragen n; 2. Gepränge n, Prangen n.

campana I. f 1. Glocke f; (en forma) de ~ glockenförmig; a ~ herida (od. tañida), a toque de ~ mit dem Glockenschlag, pünktlich wie die Maurer (burl. F); 2. eilig; ~ (de reloj) Schlag-, Läute-werk n e-r Uhr; juego m de ~s Läutewerk n; Glockenspiel n; reloj m de ~ Schlaguhr f, Uhr f mit Glockenschlag; toque m de ~s Glockengeläute n; fig. vuelta f de ~ Überschlagen n z. B. e-s Wagens; Purzelbaum m; echar las ~s al vuelo mit allen Glocken läuten; fig. s. sehr freuen, jubeln; jubelnd (bzw. feierlich) verkünden; F oír ~s y no saber dónde nur ungefähr wissen, etwas haben läuten hören; tocar (od. voltear, tañer) las ~s die Glocken läuten; querer tocar las ~s y asistir a la procesión **a**) an zwei Orten zugleich sein wollen; **b**) man kann nicht alles (auf einmal) (od. beides) haben, entweder oder; P Span. tocar la ~ wichsen P (= onanieren); 2. Glassturz m; ⊕ Glocke f, Sturz m, Schale f; ~ (de chimenea) Kaminsturz m, Herdmantel m, Abzug m; ~ de buzo, ~ de bucear, ~ de inmersión Taucherglocke f; ~ extractora Dunstabzugshaube f; ✧ de oxígeno Sauerstoffzelt n; 3. fig. ♣ ~ de niebla, ~ de bruma Nebelglocke f; 4. Stiefelstulp m; 5. Kirch-spiel n, -sprengel m; 6. ☐ Frauenunterrock m; Arg. Posten m, Schmiersteher m; ~da f 1. Glockenschlag m; ♣ (sencilla) Glas n, Stundenschlag m; 2. F Skandal m, dar una ~ (ärgerliches) Aufsehen erregen; ~rio m Glockenturm m; Glockenstube f; ⊕ Glockenständer m; fig. de ~ engstirnig, kleinkariert, Kirchturm...; fig. F subirse al ~ (die Wände) hochgehen F, auf die Palme gehen F.

campane|ar I. v/i. anhaltend läuten (Glocken); **II.** v/t. Stk. auf den Hörnern herumwirbeln; ~o m Glockenläuten n; F Schwingen n, Wiegen n der Hüften; ~ro m 1. Glockengießer m; Türmer m; 3. Ent. Gottesanbeterin f; 4. Arg., Bras., Ven. „Glockenvogel" m (Chasmarhynchus nudicollis); 5. F. Ri., P. Ri. Neuigkeitskrämer m; ~ta f Glöckchen n.

campani|forme adj. c glockenförmig, Glocken...; Arch. vaso m ~ Glockenbecher m; ~l I. adj. c: metal m ~ Glockengut m; **II.** m Kampanile m, Glockenturm m; ~lla f 1. Glöckchen n, Schelle f; Klingel f; Tisch- bzw. Schul-glocke f; kath. Meßglöckchen n; F de (muchas) ~s großartig; wichtig; berühmt; hochstehend; F tener muchas ~s ein hohes Tier sein F; 2. Anat. Zäpfchen n; 3. Blase f; glockenförmige Verzierung f, Glocke f; 4. Stk. Stier m, dem von e-r Verletzung Hautfetzen herunterhängen; 5. ♀ Glöckchen n; Am. ~ blanca Schneeglöckchen n; ~llazo m (starkes) Klingeln f; ~llear v/i. anhaltend läuten; ~lleo m Geklingel n; ~llero Läuter m, Klingler m.

campano m 1. kl. Glocke f, Schelle f; 2. Am. ein Baum (Schiffsholz).

campante F adj. c vortrefflich; zufrieden; stolz; quedarse tan ~ s. verhalten (od. so tun), als ob gar nichts (passiert bzw. dabei) wäre.

campanudo adj. 1. glockenförmig, nach oben weiter werdend (Stiefel); dröhnend (Stimme); 2. fig. schwülstig; hochtrabend, bombastisch.

campánula ♀ f Glockenblume f.

campaña f 1. Feld n, flaches Land n (oft für Land im Gg.-satz zur Stadt; besser: campo); tienda f de ~ Zelt n; 2. ⚔ u. fig. Feldzug m, Kampagne f; en ~ im Felde, im Krieg; ⚔ estar (od. hallarse) en ~

im Felde stehen; ~ *antiparasitaria* (Aktion *f* zur) Schädlingsbekämpfung *f*; ~ *electoral* Wahlkampf *m*; ~ *periodística* Zeitungskampagne *f*; ~ *de propaganda*, ~ *propagandística*, ~ *publicitaria* Werbe-, Reklamefeldzug *m*, Werbeaktion *f*; 3. ♂ Ernte *f*, (Getreide- *usw.*) Wirtschaftsjahr *n*; *Am.* Ernte-, Jahresbilanz *f* e-r *Hazienda*; ~ *azucarera* (*remolachera*) Zucker- (Rüben-)ernte *f*; *Sp.* ~ *futbolística* Fußballsaison *f*; 4. ⚓ Kreuzfahrt *f*; 5. *fig.* Amts-, Dienst-zeit *f*; 6. ⚒ Schildfuß *m*.
campañista *m Chi.* (bsd. Roß-, Rinder-)Hirt *m*.
campañol *Zo. m* Feldratte *f*.
campar *v/i.* 1. lagern, kampieren; *fig.* ~ *con su estrella* Glück (*od.* Erfolg) haben; *fig.* ~ *por sus respetos* eigenmächtig (*bzw.* selbständig) vorgehen; nach s-r eigenen Laune leben; 2. s. hervortun.
campeador *hist. adj.-su. m* wackerer Kämpe *m*, Kriegsheld *m*; *bsd.* el (Cid) ♀ *Beiname des Cid*.
campear *v/i.* 1. weiden (*Vieh*); umherstreifen (*Naturvölker*); *Am. Reg.* e-n Inspektionsritt *über die Weidegründe* machen; 2. ✕ *hist.* auf Erkundung ziehen; im Felde stehen, Krieg führen; 3. *Col.* angeben F, prahlen; 4. grünen (*Saaten*).
campecha|na *f* 1. *Ant., Méj.* Art Cocktail *m*; 2. *Ven.* Hängematte *f*; 3. *Ven.* Prostituierte *f*; **~nería** *f Pe., Rpl.* → **~nía** *f* Leutseligkeit *f*; ungezwungenes Wesen *n*; **~no** *adj.* 1. leutselig; gemütlich, ungezwungen; 2. freigebig.
campeche ♀ *adj.-su. m* (*palo m*) ~, *palo m de* ♀ Campeche-, Jamaika-, Brasil-holz *n*.
campe|ón *m lit.* Kriegsheld *m*; *fig.* Vorkämpfer *m*, Held *m*; *Sp.* Meister *m*; ~ *mundial* Weltmeister *m*; **~onato** *Sp. m* Meisterschaft(skampf *m*) *f*; F *de* ~ super F, dufte F, klasse F; Riesen... F, Mords... F, gewaltig F.
campero I. *adj.* 1. im freien Feld stehend; im Freien nächtigend (*Vieh*); 2. *Rpl.* im Kampleben sehr erfahren; 3. *Méj.* leicht trabend (*Pferd*); 4. ♀ mit waagerechten Blättern; 5. *traje m* ~ Kleidung *f* der andal. Hirten u. Viehzüchter; **II.** *m* 6. *Col.* Geländefahrzeug *n* (*z. B. Jeep*).
campe|sino I. *adj.* bäuerlich, ländlich; **II.** *m* Landbewohner *m*; Bauer *m*, Landmann *m*; **~stre I.** *adj.* c 1. *lit.* → *campesino*; 2. Feld..., Land...; *vida f* ~ Landleben *n*; **II.** *m* 3. ♪ *alter mexikanischer Tanz*.
campi|chuelo *m Arg.* kleineres Stück *n* offenen Graslandes; **~llo** *m* kl. Feld *n*; Gemeindetrift *f*.
camping *od.* **cámping** *m* Camping *n*, Zelten *n*; Zeltlager *n*; (*terreno m de*) ~ Campingplatz *m*; ~ *salvaje* wildes Zelten *n*; *hacer* ~ zelten, campen.
campiña *f* 1. flaches Land *n*, Ackerland *n*, Feld *n*; Gefilde *n*, Flur *f*; 2. bebautes Land *n*.
campirano I. *adj. C. Ri.* bäuerisch; **II.** *adj.-su. Méj.* erfahren in der Landwirtschaft u. im Umgang mit Tieren; *m* guter Reiter *m*.

campista I. *m Méj.* Gruben-, Bergwerks-pächter *m*; **II.** c Zelt(l)er *m*, Camper *m*.
campo *m* 1. Land *n* (*Gg.-satz zur Stadt*); Feld *n* (*a.* ⚐); offenes Land *n*; ~*s m/pl.* Ländereien *f/pl.*, Felder *n/pl.*; *Am.* gr. Gras- *od.* Weide-flächen *f/pl.*; *poet.* Flur *f*; *en* ~ *al aire* auf dem Lande; ~ (*de cultivo*) Feld *n*, Acker *m*; *casa f de* ~ Landhaus *n*; 2. Feld *n*, Fläche *f*, freier Platz *m*; *fig. a.* Schauplatz *m*; *Sp.* Sportplatz *m*; Rennbahn *f*; *adv. a* ~ *traviesa* querfeldein; *fig.* ~ *de Agramante* toller Wirrwarr *m*, Babel *m*; ~ *de aviación* Flug-platz *m*, -feld *n*; ✕ *a.* Fliegerhorst *m*; ✈ ~ *de aterrizaje* (*forzoso*) (Not-)Landeplatz *m*; ~ *de fútbol* Fußballplatz *m*; ~ *raso* offenes Gelände *n*; *a* ~ *raso* im Freien; ~ *santo* → *camposanto*; *fig. dejar el* ~ *libre* (*od. expedito*) *od.* ceder el ~ *das* Feld räumen; *descubrir* (el) ~ *Gelegenheit*, *Lage usw.* prüfen, sondieren; *bsd. Am. hacer* ~ Platz machen, den Platz (*von Menschen*) räumen; *fig. hacer* ~ *raso de a/c.* mit et. (*dat.*) reinen Tisch machen; *irse por esos* ~*s de Dios* umher-ziehen, -irren; *fig.* ohne Sinn daherreden; weitschweifig werden; *fig. tener* ~ *libre* freie Bahn haben; 3. ✕ Lager *n*; Feld *n*, Übungsgelände *n*; ~ ⚔ ~ mit Aufgebot aller Kräfte; ~ *de batalla* Schlachtfeld *n*, Walstatt *f* (*lit.*); ✕ ~ *de castigo* (*de concentración*, *de prisioneros*) Straf- (Konzentrations-, Gefangenen-)lager *n*; *Sp.* ~ *de entrenamiento* Trainingslager *n*; *lit.* ~ *del honor* Feld *n* der Ehre, Schlachtfeld *n*; ~ *de instrucción* Truppenübungsplatz *m*; ~ *de operaciones* Operationsgebiet *n*; *fig.* Tätigkeitsfeld *n*; ~ (*de tiro* **a**) Schießplatz *m*; **b**) Schußfeld *n*; *batir* (*od. reconocer*) *el* ~ das Gelände erkunden; *hacer* ~ in offener Feldschlacht (*bzw.* Mann gg. Mann) kämpfen; *a. s.* zum Kampf stellen; *levantar el* ~ das Lager abbrechen; *fig.* **a**) e-e Sache aufgeben; **b**) als erster weggehen; *lit. quedar en el* ~ (*del honor*) fallen; 4. *a. Phys., Li.,* ⚛ Feld *n*; Bereich *m*; ~ *de gravitación* Schwerefeld *n*; ~ *de fuerza*, ~ *magnético* Kraftfeld *n*; ~ *léxico* Wortfeld *n*; ~ *visual* Gesichts-, 🐾 Seh-feld *n*; 5. *fig.* Branche *m*, Feld *n*, Gebiet *n*; *en el* ~ *de la técnica* auf dem Gebiet der Technik; ~ *de acción* Wirkungs-feld *n*, -bereich *m*; ~ *de actividad*(*es*) Arbeits-feld *n*, -bereich *m*, Tätigkeitsbereich *m*; ~ *de aplicación* An-, Ver-wendungsgebiet *n*; 6. *fig.* Seite *f*, Lager *n*, Partei *f*; 7. *Mal.* (unbemalte) Fläche *f*.
camposan|tero *m* Totengräber *m*; Friedhofswärter *m*; **~to** *m* Kirch-, Fried-hof *m*.
campus *m* (Universitäts-)Campus *m*.
camue|sa ♀ *f* Kalville *f*, Kantapfel *m*; **~so** *m* ♀ Kalvillbaum *m*; *fig.* F Einfaltspinsel *m* F, Trottel *m* F.
camufla|je *m* Tarnung *f* (*a. fig.*); *red f de* ~ Tarnnetz *n*; **~r** *v/t.* tarnen (*a. fig.*).
can¹ *m* 1. *lit.* Hund *m*; 2. *Astr.* ♀ *Mayor* (*Menor*) großer (kleiner) Hund *m*; ♀ *Luciente* Sirius *m*, Hundsstern *m*.
can² *m* Khan *m*.

cana *f* weißes Haar *n*; *las* ~*s koll.* weißes Haar *n*, *poet.* Silberhaar *n*; *echar* ~*s* graue Haare bekommen; F *echar una* ~ *al aire* **a**) s. e-n vergnügten Tag machen, auf den Bummel gehen, auf die Pauke hauen F; **b**) fremdgehen F; *fig. peinar* ~*s* alt sein.
Canaán *bibl.*: *Tierra f de* ~ das Land Kanaan.
cana|ca *m* 1. *desp. Am.* Kanake *m*; 2. *Chi. desp. von Angehörigen der gelben Rasse* Gelbe(r) *m*; 3. *Chi.* Bordellwirt *m*; **~co** *adj. Chi., Ec.* gelb, blaß.
Cana|dá *m* Kanada *n*; *bálsamo m de* ~ Kanadabalsam *m*; **²diense I.** *adj.-su.* c kanadisch; *m* Kanadier *m*; **II.** *f* Windjacke *f* mit Pelzkragen, Canadienne *f*.
canal *m* (in der Bdtg. Fahrwasser, Talenge, Dachtraufe *a. f*) 1. Meerenge *f*; Kanal *m*; Fahr-rinne *f*, -wasser *n*; ~ *de desagüe* Abfluß-, Entwässerungs-kanal *m*; ♀ *de la Mancha* (*de Panamá, de Suez*) Ärmel- (Panama-, Suez-)kanal *m*; ~ *de riego* Bewässerungskanal *m*; *fondo m* (*od.* suelo *m*) *de*(*l*) ~ Kanalsohle *f*; 2. ⊕ Nut *f*; Hohlkehle *f*; *a.* TV Kanal *m*; ~ *vertedero* Steilrutsche *f*; Ablauf *m*, Müllschlucker *m*; 3. (Rinder-, Schweine-)Hälfte *f*; *en* ~ ausgeweidet (*Schlachtvieh*); *abrir en* ~ ausweiden; in zwei Hälften teilen; (von oben bis unten) auf-schneiden, -schlitzen; 4. Dachrinne *f*, Traufe *f*; Traufziegel *m*; 5. Talenge *f*, enges Tal *n*; 6. △ Rille *f*; 7. *Buchb.* ausgekehlter Schnitt *m*; 8. *fig.* Weg *m*, Mittel *n* zum Zweck; 9. Tränktrog *m*; 10. *Anat.* Kanal *m*; Rinne *f*, Furche *f*; 11. ✕ Zug *m* im Gewehrlauf.
cana|ladura △ *f* Kannelierung *f*, Schaftrinne *f*; **~lear** *v/i.* TV zappen; **~leja** *f* Schüttrinne *f an der Mühle*; **~leta** *f Am., Chi.* Schüttrinne *f*; Gesäßfalte *f*; *Chi.* **~lete** ⚓ *m* 1. Schaufel-, Heck-ruder *n*; 2. (Kanu-)Paddel *m*; 3. Rolle *f*, Haspel *f*.
canali|zable *adj.* c kanalisierbar; **~zación** *f* 1. Kanalisation *f*; Kanalsystem *n*; Leitungsnetz *n* (*Wasser, Gas*); 2. Kanal *m*; 3. Kanalisierung *f*; **~zar** [1f] *v/t.* kanalisieren; *Fluß* regulieren; *fig.* (in bestimmte Bahnen) lenken, orientieren, kanalisieren; **~zo** *m* 1. ⚓ enge Durchfahrt *f*; Fahrrinne *f*; 2. ⊕ Rinne *f*.
cana|lón¹ *m* 1. (Dach-)Traufe *f*, Dachrinne *f*; Wasserspeier *m*; 2. *prov.* Abfluß *m*; Spül-, Wasserstein *m*; **~lones²** *Kchk. m/pl.* Canneloni *m/pl.*
cana|lla I. *f* Gesindel *n*, Pack *n*, Gelichter *n*, Mob *m*; **II.** *m* Lump *m*, Schuft *m*, Kanaille *f*; **III.** *adj.* c gemein, niederträchtig; **~llada** *f* Gemeinheit *f*, Schurkerei *f*; **~llesco** *adj.* (hunds)gemein F, schuftig; viehisch.
canana *f* 1. Patronengurt *m*; Patronentasche *f* (*bsd. Jgdw.*); 2. *Am. Cent.* Kropf *m*; 3. *Col.* Zwangsjacke *f*.
cananeo *adj.-su.* kana(a)näisch, kana(a)nitisch; *m* Kana(a)näer *m*, Kana(a)niter *m*.
canapé *m* 1. Kanapee *n*, Sofa *n*; 2. *Kchk.* Kanapee *n* (= *pikant belegte* [*getoastete*] *Weißbrotscheibe*).

cana|ria f 1. Kanarienvogelweibchen n; 2. ⚥s f/pl. Kanarische Inseln f/pl., Kanaren pl.; **~ricultura** f Kanarienzucht f; **~riense** adj.-su. c → canario 1; **~riera** f 1. Brut-, Heck-käfig m für Kanarienvögel; 2. ♀ Kanarienrebe f; 3. ♪ kanarische Volksweise; **~rio** I. adj.-su. 1. kanarisch, von den Kanarischen Inseln; m Kanarier m; II. m 2. Kanarienvogel m; P Span. cambiar el agua al ~ pinkeln gehen P; 3. F Hundertpesetenschein m; Hundertpesoschein m; 4. F ¡~(s)! (Himmel-)Donnerwetter! (Überraschung, Ärger); 5. F Chi. wer ein gutes Trinkgeld zahlt; 6. P Span. Schwengel m P (= Penis).
canas|ta f 1. (Henkel-)Korb m; ⚓ Mastkorb m; 2. Kart. Canasta (-spiel) n; **~tero** m 1. Korb-flechter m; -verkäufer m; 2. Chi. fliegender Gemüsehändler m; **~tilla** f 1. (Näh-usw.) Körbchen n; 2. Korb m (Tastenfeld der Schreibmaschine u. ä.); 3. Baby-ausstattung f, -wäsche f; Andal. Brautausstattung f (beschaffen hacer); **~tillero** m Korb-macher m; -verkäufer m; **~tillo** m (flaches) Körbchen n; **~to** m (Trag-)Korb m (mst. oben eng als unten); ¡~! Donnerwetter!, Teufel! (Überraschung, Zorn usw.).
cáncamo ⚓ m Ring-bolzen m, -öse f.
cancamu|rria F f Trübsinn m; **~sa** F f Fopperei f, (Hinter-)List f; **~so** F adj. Cu. viejo m ~ alter Bock m F, Lustgreis m.
cancán m 1. ♪ Cancan m; 2. Cancanrock m, Art Petticoat; Am. Reg. Strumpfhose f.
cancanear F v/i. 1. herum-schlendern, -lungern; 2. Méj., Col., C. Ri. stottern; stockend lesen.
cáncano F m Laus f.
cance|l m Windfang m an der Tür; Windschirm m; **~la** f (Haus-)Türgitter n; Gattertor n.
cancela|ción f ♱, ⚖ Tilgung f, Löschung f, Streichung f; Am. Bezahlung f e-r Rechnung; EDV Abbruch m; **~do** adj. ungültig, gestrichen; **~dora** f Vkw.: ~ de billetes Fahrscheinentwerter m; **~r** v/t. Schrift ausdurch-streichen; Urkunde, Eintragung löschen; Scheck sperren; Auftrag zurückziehen (od. annullieren); Schuld tilgen; bsd. Am. Rechnung zahlen; allg. ungültig machen; streichen; EDV abbrechen; fig. aus dem Gedächtnis streichen.
cancela|ría f päpstliche Kanzlei f, Cancelleria f apostolica; **~rio** m 1. hist. Cancellarius m, Magister Scholae m; 2. Bol. Rektor m e-r Universität.
cáncer m 1. ♋ Krebs m; fig. Krebsschaden m; 2. Astr. ♋ Krebs m.
cancera|do adj. Krebs..., verkrebst, krebskrank; fig. (seelisch) verderbt, bösartig, grundböse; **~r** I. v/t. an Krebs erkranken lassen; wie Krebs zerfressen (bsd. fig.); fig. zerstören; plagen, quälen; II. v/r. **~se** verkrebsen, bösartig werden.
cancerbero Myth. u. fig. m Zerberus m.
cance|riforme adj. c krebs-ähnlich, -förmig; **~rígeno** adj. krebs-erregend, -erzeugend, karzinogen; **~rofobia** f Krebsfurcht f; **~rógeno** adj.

→ cancerígeno; **~rología** f Cancerologie f; **~roso** adj. verkrebst, krebsartig, Krebs...; afección f ~a Krebserkrankung f.
cancilla f Gitter-tor n, -tür f.
cancille|r m 1. Kanzler m; ~ federal Bundeskanzler m; 2. hist. kgl. Siegelbewahrer m; el ♀ de Hierro der Eiserne Kanzler (Bismarck); ~ del Reich, ~ del Imperio alemán deutscher Reichskanzler m; 3. (Botschaft, Konsulat) Kanzler m; 4. Am. Außenminister m; **~resco** adj. 1. Kanzler...; 2. Kanzlei...; estilo m ~ Kanzleistil m; **~ría** f 1. Kanzleramt m; (Staats-)Kanzlei f; ~ federal Bundeskanzleramt n; 2. Am. Außenministerium n.
canción f Gesang m; Lied n, Weise f; Chanson m; ~ de amor, ~ amatoria (de cuna) Liebes- (Wiegen-)lied n; ~ callejera Gassenhauer m; ~ de moda (Mode-)Schlager m; ~ popular Volkslied n; ~ (de) protesta Protestsong m; fig. siempre la misma ~, F y dale con la ~ immer das gleiche Lied, immer dieselbe Leier F.
cancio|neril adj. c im Stil der cancioneros; **~nero** m Lieder-buch n, -sammlung f; **~neta** f Kanzonette f; **~nista** I. c 1. Liedersänger(in f) m; Schlager- bzw. Couplet- od. Brettlsänger(in f) m; 2. Lieder- bzw. Schlager- usw. -komponist(in f) m; II. f 3. Chansonette f.
can|co m 1. Chi. irdener Topf m; 2. Bol., Chi. Hinterbacke f; 3. P Span. warmer Bruder m P; **~cón** F m Popanz m, Schwarzer Mann m; **~cona** F adj.-su. f Chi. Frau f mit mächtigem Gesäß.
cancro m 1. ♀ Baum-, Rinden-krebs m; 2. Zo. Flußkrebs m; **~ide** ⚕ m Kankroid m; **~ideo** ⚕ adj. krebsähnlich, -artig.
cancha[1] f 1. bsd. Am. Spiel-, Sportplatz m; Übungsplatz m (a. ⚔); Spielraum m der Pelotari; Am. (a. Lager-)Hof m; (bsd. Pferde-)Rennbahn f; 2. breites Flußbett n; breiter Trockenrand e-s Flußbettes m; Rpl. ¡~! Platz (da)!; C. Ri., Chi., Rpl. abrir (od. dar) ~ a alg. j-m den Weg frei machen, j-m den Weg ebnen (a. fig.); Chi., Rpl. estar en su ~ in s-m Element sein; Rpl. tener ~ Einfluß haben; 3. Spielhölle f; Col., Ec. Spielgeld n.
cancha[2] f Am. Mer. gerösteter Mais m; Pe. ~ (blanca) Puffmais m.
canchal m Steinwüste f, felsiges Gelände n.
canchalagua ♀ f (pharm.) versch. am. versch. Arten von Tausendgüldenkraut n.   [m.)
canchamina ⚒ f Erzscheideplatz)
canchea|dor adj.-su. Am. Mer. faul; m Faulenzer m; Gelegenheitsarbeiter m; **~r**[1] F v/i. Am. Mer. den Gelegenheitsarbeiter machen; herumlungern, s. herumtreiben.
canchear[2] v/i. über Felsen klettern.
canchero I. adj.-su. 1. Arg., Chi. Herumtreiber m; Gelegenheitsarbeiter m; II. m 2. Am. Spielhausbesitzer m; 3. Chi. Gepäckträger m.
canchita f Pe. Puffmais m.
cancho[1] m Felsen m; mst. ~s m/pl. felsiges Gebiet n, Gefels n.
cancho[2] F m Chi. Bezahlung f, die

für den kleinsten Dienst verlangt wird (bsd. von Geistlichen u. Rechtsanwälten); fig. übermäßige Gebühr f.
canchón Am. m Weide f, Kamp m.
candado m 1. Vorhänge-, Vorlegeschloß n; fig. bsd. Pol. Maulkorb m; ley f del ~ Maulkorbparagraph m; ~ de combinación (de seguridad) Kombinations-(Sicherheits-)schloß n; fig. echar ~ a los labios (od. a la lengua od. a la boca) ein Geheimnis (treu) bewahren, kein Wort verlauten lassen, dicht halten F; a. j-m ein Schloß vor den Mund legen; 2. Col. Spitz-, Kinn-bart m.
candaliza ⚓ f Geitau n, Talje f.
candar v/t. (zu)schließen, (zu)sperren.
cande adj. c: azúcar m ~ Kandiszucker m.
candeal adj. c: pan m ~ Weizenbrot n; trigo m ~ Weichweizen m.
candela f 1. Licht n, Kerze f; F (Kohlen-)Feuer n; (Kerzen-)Leuchter m; ⚓ en ~ senkrecht, lotrecht; kath. fiesta f de las ~s → Candelaria; fig. acabarse la ~ a) ablaufen (Frist bei Versteigerungen); b) im Sterben liegen; c) zu Ende (od. zur Neige) gehen; F arrimar ~ a j-n versohlen F, j-n verhauen F; bsd. Am. dar ~ Feuer geben zum Zigarettenanzünden; F estar con la ~ en la mano im Sterben liegen; 2. ♀ Kerzen-, bsd. Kastanien-blüte f; 3. Abstand m zwischen den Zünglein der Waage u. dem Gleichgewichtspunkt.
candelabro m 1. Armleuchter m, Kandelaber m; bibl. ~ de (los) siete brazos siebenarmiger Leuchter m; 2. ♀ Kerzenkaktus m; ~ de brazos Trompetenbaum m.
candela|da f 1. offenes Feuer n, Lagerfeuer n; 2. † Ausglühen n von Wunden; 2 ria f kath. f Lichtmeß f.
candele|ja f Chi., Pe. Leuchter(tülle f) m; **~jón** adj. Col., Chi., Pe. harmlos, naiv; **~ra** ♀ f Königskerze f; **~ro** m 1. Leuchter m, Lampe f; fig. estar en (el) ~ großen Einfluß haben, an höchster Stelle stehen; hoch im Kurs stehen, aktuell sein; poner en (el) ~ j-n e-m breiten Publikum bekannt machen, j-n aufbauen F; 2. tragbare Öllampe f, Ampel f; 3. ⚓ Klau f, Stütze f; ~s m/pl. Geländer-bzw. Zelt-stützen f/pl.
candeli|lla f 1. Lichtchen m, Nachtlicht n; fig. hacerle a alg. ~s los ojos angesäuselt sein F, e-n sitzen haben F; 2. ♀ (Blüten-)Kerze f, Kerzenblüte f; Wolfsmilchkätzchen n; Am. versch. Euphorbien; 3. Arg., Chi. Irrlicht n; 4. Am. Reg. Leuchtkäfer m; 5. Cu. (Stepp-)Naht f; 6. ⚔ Bougie f; **~zo** F m Eiszapfen m.
candente adj. c glühend; weiß- bzw. rot-glühend; fig. cuestión f ~ brennende Frage f.
candida|ta f Kandidatin f; **~to** m Kandidat m; (Amts-)Bewerber m; Prüfling m; ser ~ (a) kandidieren (für ac.), s. bewerben (um ac.); **~tura** f 1. Bewerbung f; bsd. Pol. Kandidatur f; presentar su ~ para s. als Kandidat aufstellen lassen für (ac.), s. bewerben um (ac.); 2. Kandidaten-, Bewerber-gruppe f; Kan-

didaten-, Vorschlags-liste *f*; Wahl-, Stimm-zettel *m*.
candidez *f* **1.** *lit.* (leuchtende) Weiße *f*; **2.** *fig.* Unschuld *f*; Aufrichtigkeit *f*; Einfalt *f*, Naivität *f*.
cándido *adj.* **1.** *lit.* glänzend weiß; **2.** *fig.* arglos, harmlos, treuherzig, blauäugig F; einfältig, naiv, kindlich; F *no seas ~ sei nicht so naiv.*
candi|l *m* **1.** Zinn-, Schnabel-lampe *f*, Öllampe *f*; *Méj.* Kronleuchter *m*; F *ni buscando con (un) ~ so was (bzw. so e-n) kannst du mit der Laterne suchen* F, *so was kriegt man so bald nicht wieder* F; *pescar al ~ mit Locklicht (fig.* im trüben) fischen; **2.** *Ent.* Libelle *f*; **3.** Ende *n am Hirschgeweih*; *~ de hierro (de ojo)* Eis- (Aug-)sprosse *f*; **4.** ♃ *~es m/pl.* **a)** *Art* Osterluzei *f*; **b)** Mönchskappe *f*; **c)** Aronstab *m*; **5.** ☐ Diebshelfer *m*; Bordelldiener *m*; **6.** *Cu.* rötlicher *Leuchtfisch*; **~leja** *f* **1.** Öllämpchen *n*, Funzel *f*; Ölbehälter *m e-r Lampe*; *Thea.* *~s f/pl.* Rampenlicht(er) *n(/pl.)*; **2.** ♃ **a)** Schwarzkümmel *m*; **b)** Laserkraut *n*; **~lera** ♃ *f* Jerusalemsalbei *f*.
candinga *f* **1.** *Chi.* Plage *f*; Dummheit *f*, Tölpelei *f*; **2.** *Hond.* Wirrwarr *m*; **3.** *Méj.* ♀ *der* Teufel.
candiota **I.** *adj.-su.* *c* kandiotisch, kretisch; *m* Kandiot *m*, Kreter *m*; **II.** *f* Weinfäßchen *n*; Zapfkrug *m*.
candombe **I.** *m (a. candomba) ein Negertanz*; Candombe(tanz)platz *m*; Candombetrommel *f*; **II.** *adj.-su.* F *Rpl.* schamlos; *m* Mißwirtschaft *f (Pol.)*.
candon|ga *f* **1.** unaufrichtige Schmeichelei *f*; Stichelei *f*; Fopperei *f*; *dar ~ a auf die Schippe nehmen* F *(ac.)*, verulken *(ac.)*; **2.** Maultier *n (Zugtier)*; **3.** F Pesete *f*; **4.** *~s f/pl. Col.* gr. (runde) Ohrringe *m/pl.*; **~go** F **I.** *adj.* **1.** schmeichlerisch; gerieben; **2.** arbeitsscheu; **II.** *m* **3.** Drückeberger *m*, Faulenzer *m*; **~guear** F **I.** *v/t.* verulken, hänseln; **II.** *v/i. s.* (geschickt) vor der Arbeit drücken; **~guero** F *adj.-su.* **1.** hinterhältiger Schmeichler *m*; **2.** Stichler *m*; **3.** Drückeberger *m*, Faulenzer *m*.
cando|r *m* blendende Weiße *f*; *fig.* Unschuld *f*, Kindlichkeit *f*; Aufrichtigkeit *f*; Naivität *f*, Einfalt *f*; **~roso** *adj.* arglos, aufrichtig; reinen Herzens; einfältig, harmlos, naiv, dumm.
candujo ☐ *m* (Vorhänge-)Schloß *n*.
caneca *f* **1.** irdene Schnapsflasche *f*; *Ec.* Kühlkrug *m*; *Arg.* Holzkübel *m*; *Cu.* Wärmflasche *f*; *Col.* Abfalleimer *m*; Mülltonne *f*; **2.** *Cu.* Flüssigkeitsmaß: 19 l.
canecillo △ *m* Kragstein *m*.
caneco *adj.* *Arg. Reg.*, *Bol.* beschwipst.
canéfora *Arch. u.* △ *f* Kanephore *f*.
canela **I.** *f* **1.** Zimt *m*; *fig.* F *→ ~ en rama* Zimtrinde *f*; *fig. das* Feinste, *das Beste*; *¡de ~! großartig!*, einfach wundervoll!; *~ fina n.* sehr Feines; *es la flor de la ~ es ist das Beste vom Besten*; **2.** F *Col.* Schneid *m* F; **II.** *adj. inv.* **3.** *(color) ~* zimtfarben; **~do**[1] *adj.* zimtfarben.
canelado[2] △ *adj.* kanneliert.
cane|lar *m* Zimtpflanzung *f*; **~lero** ♃ *m* Zimtbaum *m*; **~lo** **I.** *adj.* zimt-

farbig *(bsd. Pferd)*; **II.** *m* ♃ Zimtbaum *m*; *Am.* *versch. Pfl.*: *Am. Cent. Art* Lorbeerbaum *m*; *Chi. Art* Magnolie *f*; *Rpl.* Baum *(Myrsina floribunda)*; P *hacer el ~ ausgebeutet (od.* hereingelegt) werden.
canelón *m* **1.** Wasserspeier *m*, Traufe *f*; **2.** Eiszapfen *m an der Traufe*; **3.** Raupe *f*, geflochtene Achselschnur *f an e-r Uniform*; *kath.* Geißelende *n*; **4.** *Kchk.* → *canalones*; **5.** P *Arg.* echar *un ~ bumsen* P, *vögeln* P.
caneludo *m Col.* Draufgänger *m*.
canesú *m (pl. ~ués)* Leibchen *n*, Rundspenzer *m*; Oberteil *m an Hemd od. Bluse*.
canevá *m Am.* Kanevas *m*.
caney *m* **1.** *hist. Ant.* Herrenhaus *n der Kaziken*; **2.** *Col., Ven., Cu.* gr. Hütte *f*; **3.** *Cu.* Flußbiegung *f*.
canfor *m → alcanfor*.
canga[1] *f Reg.* **1.** Joch *n*; **2.** schmale Berg- *od.* Wald-wiese *f*.
canga[2] *f Arg., Bol.* tonhaltiges Eisenerz *n*.
canga[3] *f* Block *m (chinesisches Folterwerkzeug u. Folter selbst)*.
cangagua *f Col., Ec.* Ziegelerde *f*.
cangalla[1] *f Bol., Chi.* Abfälle *m/pl. bei der Erzgewinnung*; Diebstahl *m von Erzstücken*.
cangalla[2] *c* abgemagertes Wesen *n*, Kümmerling *m*; Feigling *m*.
cangalla[3] *f* Karren *m*.
canga|llar *v/i. Bol., Chi.* Erz stehlen; *p. ext.* Steuern hinterziehen; **~llero** *m Chi.* Erzdieb *m in den Minen*; *Pe.* Trödler *m*.
cangilón *m* **1.** Schöpfeimer *m*; Löffel *m*, Becher *m (Bagger)*; Förderkübel *m (Fördermaschine)*; Kübel *m*, gr. Wasserkrug *m*; **2.** *Col.* Trommel *f*.
cangre *m Cu.* Yukkasteckling *m*; F Kraft *f*, Mumm *m* F.
cangre|ja ⚓ *adj.-su. f (vela f) ~* Gaffelsegel *n*; **~jal** *m Rpl.* krebsreiches, sumpfiges Gelände *n*; **~jera** *f* Krebs-, Krabben-loch *n*; **~jero** *m* **1.** Krebs-, Krabben-verkäufer *m*; -fänger *m*; **2.** *Vo.* Krabbenreiher *m*; **~jo I.** *m* **1.** Krebs *m*; *~ (de río)* Flußkrebs *m*; *~ felpudo (de mar)* Woll- (Strand-)krabbe *f*; *~ grande* Taschenkrebs *m*; *patas f/pl. de ~* Krebsscheren *f/pl.*; *fig. caminar como los ~s* im Krebsgang gehen; *ponerse como un ~ asado* knallrot werden; **2.** ⚓ Gaffel *f*; **3.** ☐ 25 Peseten *f/pl.*; **II.** *adj.-su.* **4.** *Ec.* dumm; **5.** *Pe.* gerissen, schlau; *m* Schurke *m*, Gauner *m*.
cangrena *f*, **~rse** *v/r. → gangrena, gangrenarse*.
cangri(s) ☐ *m* Kirche *f*.
cangro *m Col., Guat., Méj. Astr. (♋)*. ♨ Krebs *m*.
cangue|lar P *v/i.* Schiß haben P; **~lo** P *m* Schiß P.
canguro *m Zo.* Känguruh *m*; *Span. fig.* Babysitter *m*.
ca|níbal *adj.-su. c* kannibalisch; *m* Kannibale *m (a. fig.)*, Menschenfresser *m*; **~nibalismo** *m* Kannibalismus *m (a. fig.)*, Menschenfresserei *f*.
canica Murmel *f*, Klicker *m*; P *Span.* Ei *n* P *(= Hoden)*.
canicie *f* graues Haar *n*; Ergrauen *n*.
canícula *f* **1.** *koll.* Hundstage *m/pl.*;

hochsommerliche Hitze *f*; **2.** *Astr.* ♀ Sirius *m*, Hundsstern *m*.
cani|cular *adj. c* Hundstags...; hochsommerlich; *a. su. (días m/pl.)* *~es m/pl.* Hundstage *m/pl.*; **~cultor** *m* Hundezüchter *m*; Besitzer *m e-s* Hundezwingers.
cánidos *Zo. m/pl.* Hunde *m/pl.*, Caniden *m/pl.*
canijo P *adj.* schwächlich, kränklich, mick(e)rig F.
canil *m* Kleien-, Schwarz-brot *n*.
cani|lla *f* **1.** *Anat.* Röhrenknochen *m*; Schienbein *n*; Elle *f*; Flügelknochen *m der Vögel*; *Col.* Wade *f*; F *Am.* Bein *n*; **2.** Faß-; Spund-hahn *m*; Spritzhahn *m*; *Rpl.* Wasserhahn *m*; **3.** *tex.* Spule *f in Schiffchen*, *a. in Nähmaschine*; **4.** Webstreifen *m*; **5.** F *Méj.* Mumm *m in den Knochen* F, körperliche Kraft *f*; **~llado** *adj.* gerippt, streifig; **~lladora** *tex. f* Spulmaschine *f*; **~llera** *f* **1.** Beinschiene *f*; **2.** F *Col.* Schreck *m*, Entsetzen *n*; **3.** → **~llero** *m* Spund-, Zapf-loch *n*; **~llita** *m Arg.* Zeitungsjunge *m*.
cani|na *f* Hundekot *m*; **~no** *adj.* Hunde..., hundeartig; *diente m ~* Eckzahn *m*; *b. Tieren*: Reiß-, Fang-zahn *m*; *hambre f ~a* Wolfs-, Heiß-hunger *m*; **~vete** P *m* Bumserei *f* P; Orgasmus *m*.
canje *m* **1.** Aus-, Um-tausch *m*; Auswechseln *n*; Einlösen *n*; *en ~ im Tausch (z. B. Zeitschriften)*; *~ de notas diplomáticas* Notenwechsel *m*; *~ de prisioneros* Gefangenenaustausch *m*; **2.** Umtauschschein *m*; **3.** Wechselgeld *n*, Rest *m*; **~able** *adj. c* umtauschbar, auswechselbar; **~ar** *v/t.* auswechseln, einlösen; um-, aus-tauschen.
cano *adj.* grau, weiß *(Bart, Haar)*; grau-, weiß-haarig; *poet.* weiß; *fig.* alt; ♃ *hierba f ~a* Kreuzkraut *n*.
canoa *f* **1.** ⚓ **a)** Einbaum *m*, **b)** Kanu *m*; **c)** Gig *m*, Beiboot *n*; **2.** *Am.* Röhre *f*, Rinne *f*; Traufe *f*; **3.** *Am.* Trog *m*; *C. Ri., Hond.* Futterkrippe *f*; **4.** F Zylinder(hut) *m*.
canódromo *m* Hunderennbahn *f*.
canoero *m* Kanufahrer *m*, Kanute *m*.
canofer *m* Toilettenschrank *m mit dreiteiligem Spiegel*.
canófilo *m* Hundeliebhaber *m*.
canon *m* **1.** *kath.* Kanon *m*, Gesetz *n*; Kanon *m*, Verzeichnis *n*; *cánones m/pl.* kanonisches Recht *n*; **2.** ♃ staatliche Konzessionsabgabe *f*; **3.** Pachtgebühr *f*; *~ de agua* Wassergebühr *f*; **4.** ♪ Kanon *m*; **5.** *fig. cánones m/pl.* Kanon *m*, Regeln *f/pl. (z. B. der Dichtung, der Malerei usw.)*; **6.** *Typ.* 2 Cicero *f (24-Punkte-Schrift)*.
canonesa *f* Stiftsdame *f*, Kanonissin *f*.
canónica *Rel. f* kanonisches Leben *n*, Leben *n nach der heiligen Regel*.
canonical *adj. c* kanonisch, wie ein Kanonikus; *fig. vida f ~* gemächliches Dasein *n*.
canónicamente *adv.* kanonisch.
canonicato *m → canonjía*.
canóni|co *adj.* kanonisch; echt *(Schrift der Bibel)*; *derecho m ~* kanonisches Recht *n*; Kirchenrecht *n*; *kath. horas f/pl. ~as* kanonische Zeiten *f/pl.*; *libros m/pl. ~s* kano-

canóniga — canto 122

nische Bücher *n/pl.*; ~ga F *f* Schläfchen *n* vor dem Mittagessen; ~go *m* Dom-, Chor-herr *m*, Kanoniker *m*; *fig.* F *vivir como un* ~ ein bequemes Leben führen.
canonista *m* Kanonist *m*, Lehrer *m* bzw. Kenner *m* des Kirchenrechts.
canoniza|ble *kath. adj. c* der Heiligsprechung würdig; ~ción *kath. f* Kanonisation *f*, Heiligsprechung *f*; ~r [1f] *v/t.* kanonisieren, heiligsprechen; *fig.* in den Himmel heben.
canonjía *f* Kanonikat *n*; Domherrenwürde *f*; *fig.* F Sinekure *f*, ruhiger Posten *m*.
canoro *adj.* **1.** melodisch singend (*Vogel*); *aves f/pl.* ~as Singvögel *m/pl.*; **2.** melodisch, wohlklingend.
canoso *adj.* grauhaarig, ergraut.
cano|taje *m* Kanusport *m*; ~tero *m* Kanusportler *m*, Kanute *m*.
canoti|é, ~er *m* flacher Strohhut *m*, Kreissäge F *f*.
canquén *m Chi.* Wildgans *f*.
cansa|do *adj.* **1.** (*estar*) müde, matt; abgespannt, erschöpft (*a.* ✶ *Boden*); *ojos m/pl.* ~s, *vista f* ~a (er)müde(te) (*od.* schwachgewordene) Augen *n/pl.*; *estoy cansad(ísim)o* ich bin (tod)müde; *fig.* F *nació* ~ er ist von Beruf müde F, er ist ein unverbesserlicher Faulpelz; **2.** (*estar*) ~ *de a/c.* e-r Sache überdrüssig (sein); *está* ~ *de oírlo* er mag es nicht mehr hören, es hängt ihm zum Hals heraus F; ~ *de la vida* (*de de vivir*) lebens-müde, -überdrüssig; **3.** (*ser*) langweilig, lästig; **4.** (*ser*) anstrengend, ermüdend; ~ncio *m* Müdigkeit *f* (*a. fig.*); Ermüdung *f* (*a.* ⊕); Überdruß *m*; ~r I. *v/t.* **1.** ermüden, müde machen; anstrengen, strapazieren; *esta letra cansa la vista* diese Schrift ermüdet die Augen (*od.* strengt die Augen an); **2.** langweilen, belästigen, ärgern; *me cansa con sus exigencias* s-e Ansprüche gehen mir auf die Nerven F; **3.** ✶ *den Boden* erschöpfen; **II.** *v/i.* **4.** müde machen; langweilig sein (*od.* werden); **III.** *v/r.* ~se **5.** ermüden, müde werden; s. langweilen; ärgern; ~se *trabajando* s. abplagen, s. müde arbeiten; ~se *de hablar das Reden satt haben*.
cansera *f* **1.** Belästigung *f*, Zudringlichkeit *f*; **2.** *Reg.* Mattigkeit *f*; **3.** *Am.* Zeitverschwendung *f*.
can|sino *adj.* **1.** abgehetzt, überanstrengt, übermüdet; *fig.* langsam, müde; **2.** F langweilig, auf die Nerven gehend F; ~són *adj.* lästig, langweilig.
cantable I. *adj. c* **1.** singbar, sangbar; **II.** *m* **2.** ♪ Kantabile *n*; **3.** *Thea.* Gesang(s)nummer *f*.
cantábrico *adj.-su.* kantabrisch, nordspanisch; *el (mar)* ♀ der Golf von Biskaya; *Sistema m* ♀ Kantabrisches Bergland *n*.
cántabro *hist. adj.-su.* kantabrisch; *m* Kantabrer *m*.
canta|da ♪ *f* (Volks-)Singen *n*; ~dor *m*, ~dora *f* Volkssänger(in *f*) *m*.
cantal *m* Stein *m*, Stein-feld *n*, -wüste *f*.
cantalear *v/i. prov.* gurren, girren (*Tauben*).
cantale|ta *f* † Katzenmusik *f*; *fig.* Spott *m*, Frotzelei *f*; ~tear *v/i. Am.* et. bis zum Überdruß wiederholen.

cantamañanas F *m* (*pl. inv.*) Windbeutel *m*, unzuverlässiger Kerl *m* F.
cantamisano *kath. m* Primiziant *m*.
cantante I. *adj. c* singend; *voz f* ~ Singstimme *f*; *fig.* llevar *la voz* ~ den Ton angeben, die erste Geige spielen; **II.** *c* Sänger(in *f*) *m*; ~ *de ópera* Opernsänger(in *f*) *m*.
cantaor *m*, ~a *f Andal.* Flamencosänger(in *f*) *m*.
cantar I. *v/i.* **1.** singen (*a. Vogel*); **2.** krähen (*Hahn*), quaken (*Frosch*); zirpen (*Grille*); **3.** quietschen (*Tür*); kreischen (*Achsen, Räder*); klappern (*Geschirr, Gewehr*); **4.** ⚓ pfeifen (*Kommando*); **5.** F gestehen, singen F; *a.* alles sagen (*od.* verraten), aufschlußreich sein (*Sache*); ~ *de plano* alles (ein)gestehen, auspacken F; **6.** F *Cu.* stinken; **II.** *v/t.* **7.** singen; *Stunden, Lotterienummer u. ä.* ausrufen; ~ *el alfabeto* das Alphabet auf-, her-sagen; ~ *misa* → *misa*; ~*las claras* kein Blatt vor den Mund nehmen, frei von der Leber weg reden F; ~ *le a alg. las cuarenta* j-m den Kopf waschen F; **8.** besingen, rühmen; F ~ *a alg. a/c.* j-m et. vorschwärmen von (*dat.*); **9.** *Kart.* ansagen; **III.** *m* **10.** Lied *n*; Gesang *m*, Weise *f*; ~ *popular* Volkslied *n*; *bibl. el* ♀ *de los Cantares* das Hohelied; *lit.* ~ *de gesta* Heldenlied *n*; *fig.* ese es *otro* ~ das ist et. ganz anderes.
cántara *f* **1.** Krug *m*, Kanne *f*; **2.** Flüssigkeitsmaß: 16,13 l.
cantarano *m* Schreibschrank *m*.
cantarela *f* **1.** höchste Saite *f* der Geige bzw. der Gitarre; **2.** ♀ Pfifferling *m*.
cantare|ra Kruggestell *n*, Topfbank *f*; ~ro *m* Töpfer *m*.
cantárida *f* Kantharide *f*, spanische Fliege *f*; Kantharidenpflaster *n*; *fig.* F *aplicarle a alg.* ~s j-m die Hölle heiß machen F.
cantarilla *f* irdener Krug *m*.
cantarín I. *adj.* **1.** sangesfreudig; immer singend; **2.** *lit.* murmelnd, plätschernd (*Wasser*); **II.** *m* **3.** Berufssänger *m*.
cántaro *m* **1.** (gr. Henkel-)Krug *m*; Krugvoll *m*; *fig.* F *alma f de* ~ Einfaltspinsel *m*, Tropf *m*, Taps *m* F; *moza f de* ~ Hausmagd *f*; *fig.* dralles (*od.* derbes) Frauenzimmer *n*; *adv. a* ~s haufenweise, in Hülle u. Fülle, in Mengen; in Strömen (*regnen*); **2.** *Weinmaß, reg. versch.*; **3.** Losurne *f*; **4.** F *Méj.* Baßtuba *f*.
canta|ta *f* ♪ Kantate *f*; *fig.* F langweilige Geschichte *f*; ~triz *f* (Konzert-)Sängerin *f*.
cantautor *m* Liedermacher *m*.
cantazo *m* Steinwurf *m*.
cante *m* **1.** *bsd. Andal.* Singen *n*, Gesang *m*; **2.** *Andal.* Volks-lied *n*, -weise *f*; ~ *hondo*, ~ *jondo andal. sentimentale Volksweise.*
cantear I. *v/t.* abkanten, abschrägen; *Holz, Stein* (be)säumen; *Ziegel* auf die Schmalseite legen; **II.** *v/i. Guat.* e-e Sache versiehen; **III.** *v/r.* ~se s. auf die Kante stellen; s. verschieben.
canteles *m/pl.* ⚓ Faßtaue *n/pl.*
cante|ra *f* **1.** Steinbruch *m*; **2.** *fig.* Mine *f*, unerschöpfliche Quelle *f*; **3.** *fig.* Nachwuchs *m* (*bsd. im Sport*); ~ría *f* **1.** Steinmetz-, Steinhauer-kunst *f*; **2.** Hau-, Quader-steine *m/pl.*; Quadersteinwerk *n*; ~rios *Zim. m/pl.* Deckenbalken *m/pl.*; ~ro *m* **1.** Steinbrucharbeiter *m*; Steinmetz *m*; **2.** Kanten *m*, Kante *f*, Ende *n* (z. B. *Brot*); **3.** *Am.* Gartenbeet *n*.
canticio F *m* häufiges, lästiges Singen *n*, Singerei F *f*.
cántico *m* **1.** Lob-gesang *m*, -lied *n*; *ecl.* ~ *de acción de gracias* Danklied *n*; **2.** *poet., bsd.* K Lied *n*.
cantidad *f* **1.** Quantität *f*; Anzahl *f*, Menge *f*; Summe *f*, Betrag *m*; *en* ~ in größerer Anzahl, in größerer Menge; ~ *alzada* veranschlagte Summe *f b. Kostenanschlag*; ~ *máxima (mínima)* Höchst- (Mindest-)menge *f*; ~ *de producción* Produktionsmenge *f*, Anfall *m*, Ausstoß *m*; F *ohne Artikel*: ~ (de) (Riesen-)Menge (*ac. od. nom.*); **2.** *Phon.* Quantität *f*, Silbenlänge *f*; **3.** ⅍ Größe *f*; ~ *continua* kontinuierliche (*od.* stetige) Größe *f*.
cántiga *od.* **cantiga** *f lit. hist.* Lied *n* (*bsd. religiöses*).
cantil *m* **1.** Steilklippe *f*; Felsenriff *n*; *Am.* Rand *m* e-s Steilhangs; **2.** *Guat.* Art gr. Schlange.
cantilena *f* ♪, *Lit.* Kantilene *f*; *fig.* F die alte Leier F.
cantimplora *f* **1.** Feldflasche *f*; Kühlkrug *m*; **2.** ⊕ Heber *m*, *bsd.* Weinheber *m*; **3.** *Guat.* Kropf *m*.
cantina *f* **1.** Weinkeller *m*; Trinkwasserkühlraum *m*; **2.** (Bahnhofs-usw.)Kantine *f*; *Am.* Taverne *f*, Schenke *f*; **3.** Proviant-koffer *m*, -tasche *f*, -behälter *m*; *Méj.* ~s *f/pl.* Satteltaschen *f/pl. für Verpflegung*; **4.** Milchkanne *f*.
cantine|ra *f* **1.** Kantinenwirtin *f*; **2.** ⚔ Marketenderin *f*; ~ro *m* Kantinenwirt *m*; Kellermeister *m*.
canti|ña *f* Liedchen *n*; Gassenhauer *m*; ~ñear *v/i.* trällern, vor s. hin summen.
cantizal *m* Stein-, Kiesel-feld *n*.
canto¹ *m* **1.** Singen *n*; Gesang *m*, Lied *n*, Weise *f*; *fig.* Lied *n*, Gedicht *n*; *Lit.* Gesang *m*; *fig.* ~ *del cisne* Schwanengesang *m*; ~ *guerrero* Kriegslied *n*; ~ *gregoriano*, ~ *llano* Gregorianik *f*; *fig.* F *en* ~ *llano* **a)** klar u. deutlich; **b)** schlicht u. einfach; **2.** Singen *n*, Gesangskunst *f*; **3.** Zirpen *n* (*Grille*); Quaken *n* (*Frosch*); ~ *de la codorniz* (*del ruiseñor, del pinzón*) Wachtel- (Nachtigallen-, Finken-)schlag *m*; ~ *del gallo* Hahnenschrei *m*, Krähen *n des Hahns*; *fig. al* ~ *del gallo* bei Tagesanbruch.
canto² *m* **1.** Kante *f*, Seite *f*; Ecke *f*, Rand, Saum *m*; Bruchstück *n*; *de* ~ hochkant; F *al* ~ natürlich; das kann gar nicht ausbleiben; wie erwartet; ~ *(de pan)* Kanten *m* (*od.* Ranft *m*) Brot; ~ *agudo*, ~ *vivo* spitze Ecke *f*; scharfe Kante *f*; *fig.* F *por un* ~ *de un duro* um ein Haar, fast; *le faltó el* ~ *de un duro para* + *inf.* um ein Haar (*od.* fast) kehrt er + *part.*; *¡pruebas al* ~! (hier sind) die Beweise dazu!; **2.** (Messer-, Säbel-)Rücken *m*; **3.** vorderer Schnitt *m* e-s *Buches*; ~ *dorado* Goldschnitt *m*; **4.** Dicke *f* e-r *Sache*; *de 12 centímetros de* ~ 12 cm dick; **5.** Stein *m*; Kiesel *m*; ~ *rodado vom Wasser rundgeschliffener Stein m*; ~s

m/pl. rodados Geröll *n*; **6.** Steinwerfen *n* (*Wurfspiel der Kinder*).
cantón[1] *m* **1.** Ecke *f*; **2.** ⚕ Quartier *n*, Feld *n*; **3.** Kanton *m* (*a. Schweiz*), Kreis *m*, Bezirk *m*; **4.** ⚔ Quartier *n*.
cantón[2] *tex. m Méj.* Kantonkaschmir *m*.
cantona|do ⚕ *adj.* mit Nebenfeldern; **~l** *adj. c* Kantonal...; **~lismo** *Pol. m* **1.** Kantonalsystem *n*; **2.** Kantonalismus *m*, Zerfall *m* e-s Staates *in fast unabhängige pol. Einheiten* (*entarteter Föderalismus*); **~lista** *adj.-su. c* kantonalistisch, zur völligen Aufgliederung neigend.
cantone|ar F *v/i.* herumlungern, (das) Pflaster treten F; **~ra** *f* **1.** ⊕ Kante(nschutz *m*) *f*, Randleiste *f*, Eckbeschlag *m*; Treppenleiste *f*; Kolbenbeschlag *m am Gewehr*; Ecke *f* (✝ *u. Bucheinband*); **2.** *fig.* F Dirne *f*; **~ro I.** *adj.* **1.** herumschlendernd, Müßiggänger...; **II.** *m* **2.** Eckensteher *m*, Pflastertreter *m*; **3.** *Buchb.* Vergoldungsmesser *n*.
canto|r I. *adj.-su.* Sing...; (*aves f/pl.*) **~as** *f/pl.* Singvögel *m/pl.*; **II.** *m* Sänger *m* (*a. fig.*); **~** *de cámara* (*de feria*) Kammer- (Bänkel-)sänger *m*; *Thea.* los Maestros ₂es de Nuremberg die Meistersinger von Nürnberg; **III.** *adj. Rpl.* armselig (*Pferdegeschirr*); **~ra** F *f Bol., Chi., Pe.* Nachtgeschirr *n*; **~ral** *ecl. m* Chorbuch *n*.
canto|rral *m* steiniges Gelände *n*; **~rroso** *adj.* steinig.
cantueso *m* ♀ Stöchaslavendel *m*; *Span.* Kräuterlikör *m* aus Murcia.
cantu|ría *f* **1.** Singen *n*; ♪ Melodie *f*, Singweise *f*; **2.** Singsang *m*, eintöniges Geleier *n* F; **~rrear** *v/i.* → *canturriar*; **~rreo** *m* Trällern *n*, Summen *n*;*fig.* F Herunterleiern *n* F; **~rria** *f* → *canturía* 2; **~rriar** [1b] F *v/i.* (halblaut) trällern, vor s. hin summen; *fig.* her(unter)leiern F.
cantuta ♀ *f Am. Mer.* Bartnelke *f*.
cánula ⚕ *f* Kanüle *f*, Rohr *n*.
canular *adj. c* rohrförmig.
canu|tero *m* Nadelbüchse *f*; *Am.* Federhalter *m*; Füllfeder *f*; **~tillo** *m* **1.** Röllchen *n* (*Gebäck*); **2.** gedrehter Gold- *od.* Silberdraht *m* zum Sticken; **3.** Trinkhalm *m*.
canuto[1] **I.** *m* **1.** **~** *canuto* 1; **2.** ⚔ (Dienst-)Entlassung *f*; **3.** ⊕ Stutzen *m*, kurze Röhre *f*; **4.** *Zo.* Eierpaket *n der Heuschrecken*; **5.** *Méj.* Vanilleeisrolle *f*; **6.** F Haschischzigarette *f*, Joint *m* F; **II.** *adj.* P dufte *f*, toll F, Klasse F.
canuto[2] *m Chi.* prot. Pfarrer *m*.
caña *f* **1.** ♀ (Schilf-)Rohr *n*; Rohrpalme *f*; **~** (*de azúcar*, **~** *dulce*, **~** *melar*) Zuckerrohr *n*; *Am. Cent., Méj. Reg.* **~** *agria versch.* Ingwergewächse; *Am. trop.* **~** *amarga, Hond., C. Ri., Méj., Pe., Ven.* **~** *brava* wildes Zuckerrohr *n*; *Cu., P. Ri.* **~** *brava* ein Rispengras; **~** *de bambú* (*de Batavia*) Bambus- (Batavia-)rohr *n*; **~** *de Bengala*, **~** *de Indias* Rotang *m*; Peddigrohr *n*; *Am.* **~** *de Castilla* weißes Zuckerrohr *n*; **~** *de cuentas*, **~** *de* (*la*) *India* → *cañacoro*; **2.** *fig.* F lange Latte *f* F, Hopfenstange *f* F (*Person*); **3.** Rohr *n*, Stange *f*; Rohr-, Spazierstock *m*; (Anker-, Gewehr-, Säulen-,

Stiefel-)Schaft *m*; **~** (*de pescar*) Angelrute *f*; ⚓ **~** *del timón* Ruderpinne *f*; F *dar* **~** *a alg.* j-n verprügeln, j-n verwamsen F; **4.** Röhrenknochen *m, bsd.* Schienbein *n u.* Armknochen *m*; *p. ext.* Knochenmark *n*; **~** *de buey*, **~** *de vaca* Rindermark *n*; **5.** Glasbläserpfeife *f*; Blasrohr *n*; ♪ Ansatz (-rohr *n*) *m*, Mundstück *n*; **6.** hohes Glas *n* (*200 ccm*); *Span. kl.* Glas *n* Bier; **7.** *Col., Cu., Chi., Méj., Ven.* Zuckerrohrschnaps *m*; **8.** (Blut-) Rinne *f an Seitengewehren u. ä.*; **9.** ⚔ Gang *m*, Stollen *m*; **10.** *Col.* ein Volkstanz; **11.** *Reg.* Flächenmaß: 6 Ellen im Quadrat; **12.** *Col., Ven.* Angeberei *f*, Prahlerei *f*; *Col., Ec., Ven. fig.* Ente *f* F, Falschmeldung *f*; **13.** Beinling *m* (*Strumpf*); □ Strumpf *m*; **14.** *hist. correr* **~***s* tjosten, Lanzen-, Ringel-stechen halten.
cañabota *Fi. f* Grauhai *m*.
cañacoro ♀ *m* Indisches (Blumen-) Rohr *n*.
cañada *f* **1.** Hohlweg *m*, Engpaß *m*; **2.** (*real*) **~** Viehtrift *f*, Weideweg *der Wanderherden*; **3.** *hist. u. Reg.* Wege-, Weide-geld *n* (*Abgabe der Wanderhirten*); **4.** Knochen-, *bsd.* Rinder-mark *n*.
cañaduz *f Andal., Col.* Zuckerrohr *n*.
cañafís|tola, ~tula ♀ *f* Fistelrohr *n*.
caña|heja, **~herla** ♀ *f* Harz-, Gummi-Kraut *n*, Narthex *m*; **~hua** ♀ *f Pe.* Indianerhirse *f*; **~huate** ♀ *m Col.* guajakähnlicher Baum.
cañahueca F *c* Schwätzer *m* F.
cañal *m* Fischwehr *n*; Fischgraben *m* (*künstliche Flußabzweigung*).
cañama|r *m* Hanffeld *n*; **~zo** *m* **1.** (Hanf-)Werg *n*; **2.** Hanfleinwand *f*; Stramin *m*, Stickleinen *n*; **3.** ⊕ öfter für Gitter *n*, Raster *m*; **4.** ♀ Wasserbrot *n*; *Cu.* ein immergrünes Gras.
cañame|lar *m* Zuckerrohrpflanzung *f*; **~ño** *adj.* aus Hanf, hanfen; **~ro** *adj.* Hanf...; *industria f* **~***a* Hanfwirkerei *f*; -industrie *f*.
cañamiel ♀ *f* Zuckerrohr *n*.
cañamiza *f* Hanfabfall *m*.
cáñamo *m* **1.** ♀ Hanf *m*; *Am. versch. Textilpfl.*; **~** *indio* indischer Hanf *m*; **~** *de Manila* (*en rama*) Manila-(Bast-, Roh-)hanf *m*; **2.** Hanf-faser *f*; -leinwand *f*; (*estopa f de*) **~** Hanfwerg *n*; **3.** *poet.* Strick *m*.
cañamón *m* Hanfsamen *m*; *aceite m de* **~***ones* Hanföl *n*. [wehr *n*.)
cañar *m* **1.** Röhricht *n*; **2.** Fisch-)
caña|riego *adj.* Weideweg..., Wanderherden...; **~rroya** ♀ *f* Mauerkraut *n*.
caña|vera ♀ *f* Binse *f*, Stuhl-, Dach-rohr *n*; **~veral** *m* Röhricht *n*, Ried *n*; (*a.* Zucker-)Rohrfeld *n*; **~zo** *m* **1.** Schlag *m* mit e-m Rohrstock; *fig.* F *dar* **~** *a alg.* j-m e-n Schlag versetzen (*fig.*), j-m Kummer machen; *Cu. darse* **~** hereinfallen (*fig.*); **2.** *Am.* Zuckerrohrschnaps *m*; *Cu., P. Ri.* kräftiger Schluck *m* Schnaps.
cañe|do *m* → *cañaveral*; **~ra** *f* **1.** ♀ → *cicuta*; **2.** → *cañero*[1] 2; **~ría** ⊕ *f* Rohr-leitung *f*, -netz *n*; **~** *de agua* (*de gas*) Wasser- (Gas-)leitung *f*; **~ro**[1] *m* **1.** Brunnenmeister *m*, Rohr-macher *m*; -leger *m*; **2.** *Andal.* Servierbrett *n für Wein-*

gläser; **3.** *prov.* Angler *m*.
cañero[2] **I.** *adj.* Zuckerrohr...; *industria f* **~***a* Zuckerrohr- bzw. Rohrzucker-industrie *f*; **II.** *m Cu.* Zuckerrohrverkäufer *m*; *Hond.* Zuckerrohrschnapshersteller *m*.
cañete *m* **1.** (*ajo m*) **~** rotschaliger Knoblauch *m*; *Reg. beber a* **~** am Strahl trinken *aus dem "botijo"*; **2.** F *P. Ri.* Rum *m*.
cañí □ F *adj.-su. c* Zigeuner(...) *m*; *la España* **~** spanische Folklore *f* für Touristen (*Stierkämpfe, Flamenco usw.*).
cañi|cultor *m* Zuckerrohrfarmer *m*; **~cultura** *f* Zuckerrohranbau *m*; **~hueco** *adj.* hohlhalmig (*Weizen*); **~lavado** *adj.* dünnbeinig (*Pferd*).
cañista *m* Rohrflechter *m*.
cañita *f Pe.* Trinkhalm *m*.
cañiza I. *adj. c* längsgestreift (*Holz*); **II.** *f* grobe Leinwand *f*.
cañiza|l, **~r** *m* → *cañaveral*.
cañizo *m* Rohrgeflecht *n*; Hürde *f*, Darre *f* (*zum Obstdörren*); Seidenraupenhaus *f*; △ Verputz-, Deckengeflecht *n*; *Reg.* geflochtene Seitenwand *f des Leiterwagens*; *Reg.* Gatter-, Gitter-tor *n*.
caño *m* **1.** Röhre *f*, Rohr *n* (*a.* ⊕); ⊕ (Rohr-)Stutzen *m*; Abzugsrohr *n*; Schlüsselbüchse *f* (*Schloß*); *Kfz. Arg.* **~** *de escape* Auspuffrohr *m*; Brunnenrohr *n*; Wasserstrahl *m*; *p. ext.* Brunnen *m*; *Arg., Pe.* Wasserhahn *m*; **3.** Abzugsgraben *m*; **4.** ⚓ enge Hafen- *od.* Bucht-ausfahrt *f*; enges Fahrwasser *f*; **5.** Kühl-, Tiefkeller *m*; **6.** ⚔ Schacht *m*, Stollen *m*; **7.** Orgelpfeife *f*; **8.** *prov.* Kaninchenbau *m*; -gehege *n*; **9.** *Col.* Bach *m* (*Zufluß gr. Flüsse*); **10.** P *Arg.* passive(r) Homosexuelle(r) *m*.
cañón[1] *m* **1.** Rohr *n* (*a. e-s Fernrohrs*); Brunnenrohr *n*; **~** *de chimenea* Schornstein *m*; Kaminrohr *n*; **~** *de estufa* Ofenrohr *n*; **2.** (Flinten-, Geschütz-)Lauf *m*; **~** *doble* Doppellauf *m* (*Büchse*); **~** *estriado*, **~** *rayado* (*liso*) gezogener (glatter) Lauf *m*; **3.** ⚔ Kanone *f*; Geschütz *n*; **~** *de agua* Wasserwerfer *m*; **~** *antiaéreo* (*antitanque*) Flak- (Pak-)geschütz *n*, Flug- (Panzer-)abwehrkanone *f*; **~** *de a bordo* ⚓ Bordgeschütz *n*; ⚓ Bordkanone *f*; **~** *cohete* Raketengeschütz *n*; *hist.* **~** *de crujía* Deckgeschütz *n* (*auf dem Mitteldeck*); **~** *giratorio* Drehgeschütz *n*; **4.** *Cañon m, tiefeingeschnittenes Flußbett n od.* Tal *n*; *Méj., Pe., P. Ri.* Hohlweg *m*, Engpaß *m*; **5.** **~** *de órgano* Orgelpfeife *f*; **6.** Stoppel *f* (*Bart, Gefieder*); **~** (*de pluma*) Federkiel *m*; **7.** *Am.* Knüller *m*; ♪ Schlager *m*, Hit *m*; **8.** *Thea.* Hauptscheinwerfer *m der Bühnenbeleuchtung von außen*; **9.** *Equ.* Seitenteil *m des Gebisses*; **10.** Rundfalte *f an Gewand od.* Kragen; **11.** *Méj.* Pulquefaß *n*; **12.** *Col.* Baumstamm *m*; **13.** *Ven.* Straßenmusikanten *m/pl.*; **14.** □ Strolch *m*; Angeber *m*, Hinterbringer *m*.
cañón[2] F *adj. inv. u. adv.* toll F, umwerfend F, sagenhaft F.
caño|nazo *m* Kanonenschuß *m*; Kanonendonner *m*; *Am. a.* Schlager *m*, Hit *m*; **~near I.** *v/t.* mit Geschützfeuer belegen; **II.** *v/i.* mit Kanonen schießen; **~neo** *m* Beschie-

cañonera — capilleta

ßung f, Kanonade f; Geschützfeuer n; ~ de tambor Trommelfeuer n; **~nera** f 1. Schießscharte f; Geschützstand m; ⚓ Stückpforte f; 2. ⊕ Schenkel m; 3. Am. Pistolenhalfter n; 4. Feldzelt n; 5. ⚓ Kanonenboot n; **~nería** f 1. Pfeifen(werk n) f/pl. e-r Orgel; 2. Geschütze n/pl., Artillerie f; **~nero** ⚔ I. adj. 1. lancha f ~a Kanonenboot n; **II.** m 2. Kanonier m; 3. Kanonenboot n; 4. Sp. Torjäger m.
cañuela ♀ f Wiesenschwingel m.
cañutazo F m Klatsch m, Tratsch m.
cañu|tería f Gold- od. Silber-drahtstickerei f; **~tero** m Nadelbüchse f; **~tillo** m 1. gedrehter Gold- od. Silberdraht m zum Sticken; 2. Glasröhrchen n für Kleiderbesatz; 3. Eierpaket n der Heuschrecken; 4. Min. Antimonkupferglanz m; 5. ⚘ injertar de ~ hinter die Rinde pfropfen.
cañuto m 1. Rohr-, Halm-abschnitt m zwischen zwei Knoten; 2. fig. F Klatschmaul n F, Ohrenbläser m.
cao Vo. m Cu., S. Dgo. Jamaikarabe m.   [n.)
caoba ♀ f Mahagoni-baum m; -holzſ
caolín m Kaolin n, Porzellanerde f.
ca|os m Chaos n (a. fig.); **~ótico** adj. chaotisch.
capa f 1. Umhang m, Pelerine f, Radmantel m; Cape n; Capa f der Stierkämpfer; kath. Chormantel m; ~ consistorial, ~ magna Cappa magna f, bischöflicher Chormantel m; a) andar (od. ir) de ~ caída a) niedergeschlagen sein; b) heruntergekommen sein, jämmerlich aussehen; c) an Ansehen verlieren; d) nachlassen; F dar la ~ das Letzte (od. alles bis aufs Hemd) hergeben; dejar la ~ al toro, soltar la ~ s. e-s kleineren Vorteils begeben, um ein größeres Ziel zu erreichen (od. um e-r Gefahr zu entgehen); Haare lassen, aber davonkommen F; fig. echar la ~ al toro zu j-s Gunsten eingreifen; fig. hacer de su ~ un sayo mit s-n Sachen (od. in s-n Angelegenheiten) tun können, was man will; no tener más que la ~ en el hombro gerade das Hemd auf dem Leibe besitzen (= sehr arm sein); fig. tirar a alg. de la ~ j-m e-n Wink geben; 2. Vorwand m; so ~ heimlich, verstohlen; so (od. bajo) ~ de unter dem Vorwand von + dat. od. zu + inf.; 3. a. ⊕, Geol. Lage f, Schicht f; Min. Flöz n; ⊕ Belag m, Auflage f, Überzug m; △ Anstrich m, Übertünchung f; ~ aislante Isolierschicht f; ~ de cal, ~ de yeso Tünche f, Verputz m; ~ de ozono Ozonschicht f; fig. ~s sociales soziale Schichten f/pl.; 4. Decke f, Hülle f; Deckblatt n e-r Zigarre; Haarfarbe f, Decke f der Tiere; 5. ⚓ Primgeld n; 6. ⚓ a la ~ beigedreht; 7. Vermögen n; 8. fig. ~ (de ladrones) Hehler m; 9. ⊘ Wappenmantel m (Schildumrahmung).
capá ♀ m (pl. ~aes) Ant. Baum (Schiffsbauholz).
capacete m 1. hist. Sturmhaube f; 2. Cu., P. Ri. Verdeck n e-s Wagens.
capacidad f 1. Fassungsvermögen n; ⊕ Kapazität f; Leistung(sfähigkeit) f, Kraft f; ⚓ Ladefähigkeit f; ⚔ Tragfähigkeit f; ~ de absorción Absorptionsfähigkeit f; Aufnahme-

leistung f; ~ de elevación Förderleistung f (Elevator, Pumpe); ⚔ Steigfähigkeit f; ~ de producción Produktionskapazität f; 2. ⚖ Kompetenz f, Rechtsbefähigung f; ~ de conducir Fahrtüchtigkeit f; ~ jurídica (de obrar) Rechts- (Geschäfts-)fähigkeit f; tengo ~ para ello ich bin dazu berechtigt; 3. Fähigkeit f, Befähigung f, Tüchtigkeit f; Klugheit f, Talent n; ~ de aguante Stehvermögen n; ~ de trabajo Arbeits-vermögen n; -fähigkeit f; (tener) gran ~ para las lenguas e-e große Sprachbegabung (haben, sehr sprachbegabt sein); 4. Inhalt m, Raum m; Rauminhalt m; medida f de ~ Hohlmaß n.
capacita|ción f 1. Befähigung f, Begabung f; 2. Aus-, Fort-bildung f; Schulung f; **~ndo** m Praktikant m; Auszubildende(r) m; **~r** I. v/t. 1. berechtigen, j-m das Recht geben (zu + inf. od. + dat. para); 2. befähigen; schulen; geeignet machen; 3. Chi. bevollmächtigen; beauftragen; **II.** v/r. ~se 4. ~se para s. die Fähigkeiten (bzw. die Kenntnisse) zu (dat.) aneignen; den Befähigungsnachweis für (ac.) erbringen.
capa|cha f Obstkörbchen n; **~chero** m Korb-, Kiepen-träger m; Hersteller m von capazos; **~cho** m 1. ♀ Art Indisches Rohr n; 2. fig. F Barmherziger Bruder m (kath. Orden); 3. Bol. alter Hut m; 4. Vo. Strandfischer m; 5. → capazo.
capa|dor m 1. (Ver-)Schneider m von Tieren; 2. ♪ Am. Panflöte f; **~dura** f 1. Verschneiden n, Kastrieren n; Kastrationsnarbe f; 2. minderwertiger Tabak m; **~r** v/t. 1. Tiere verschneiden, V a. Menschen kastrieren (Hähne kapaunen; 2. fig. F vermindern, beschneiden.
caparazón m 1. Satteldecke f; Schabracke f; Überdecke f; Wagenverdeck n; 2. Panzer m der Schildkröten, Krebse usw.; Deckflügel m der Käfer; 3. Futtersack m für Zugtiere.   [Affe.)
caparro m Col., Pe., Ven. ein weißerſ
caparrón m Baum- bzw. Rebknospe f, Auge n; prov. a) Bohne f; b) Kaper f.
capa|rrós m, **~rrosa** f Vitriol n; ~ azul Kupfervitriol n.
capataz m (pl. ~aces) 1. Vorarbeiter m; Aufseher m; Werkmeister m; Münzmeister m; △ Polier m; ⚒ Rottenführer m, Bahnmeister m; ~ Groß-, Ober-knecht m; ~ de cultivo etwa: landwirtschaftlicher Meister m; ⚒ ~ de minas Steiger m; 2. fig. (An-)Führer m, Chef m.
capaz adj. c (pl. ~aces) 1. fähig, befähigt, begabt, tüchtig, tauglich, geschickt; imstande; ~ para un cargo für ein Amt geeignet; ⚖ ~ de (od. para) contratar geschäftsfähig; ⚖ ~ para (od. de heredar) erbfähig; ~ de todo zu allem fähig; ser ~ de + inf. imstande sein, zu + inf., vermögen zu + inf.; 2. geräumig, weit, groß; ~ para 60 litros 60 Liter fassend; 3. ~ que... es ist möglich, daß ...
capazo m Espartokorb m; geflochtene Einkaufstasche f; Tragkorb m für Mörtel usw.
capci|ón f → captación; captura;

~osidad f Verfänglichkeit f; **~oso** adj. verfänglich, Fang..., Suggestiv...; pregunta f ~a Fangfrage f.
capea Stk. f 1. Reizen n des Stiers mit der Capa; 2. Amateurkampf m mit Jungstieren; **~dor** Stk. m Capeador m, Kämpfer, der mit der Capa reizt; **~r** I. v/t. 1. Stk. den Stier mit der Capa reizen; 2. fig. F an der Nase herumführen, hinhalten; 3. ~ el temporal ⚓ vor dem Winde liegen, beiliegen; fig. s. geschickt vor et. (dat.) drücken, Schwierigkeiten (od. Entscheidungen) aus dem Wege gehen (dat.); **II.** v/i. 4. an e-r capea teilnehmen.
cape|lina ⚔ f → capellina; **~lo** m 1. kath. u. ⍟ Kardinalshut m; Kardinalswürde f; hist. Kardinalsrente f; 2. Am. Glassturz m, Glocke f; 3. † Hut m; 4. Am. Doktorhut m bzw. Professorentalar m (mit Doktorhut).
capellán m 1. Kaplan m; p. ext. Geistliche(r) m; Hauskaplan m; ~ castrense Militärgeistliche(r) m; 2. F **~anes** m/pl. prov. Speicheltropfen m/pl.; 3. Fi. Zwergdorsch m.
capellanía f Kaplanei f, Kaplanstelle f; -pfründe f; F Col. Feindschaft f, Groll m, Pik m F.
capellina ⚔ f Haube f, Kopfverband m.
capeo m 1. Stk. Capaschwenken n, Reizen n des Stiers mit der Capa; ~s m/pl. Jungstierkampf m; 2. ⚓ Beidrehen n.
capeón m Jungstier m für e-e capea.
caperu|cita f Käppchen n; ⚘ roja Rotkäppchen n (Märchen); **~za** f Kapuze f, Kappe f (a. fig.); ⊕ Haube f, Kappe f (a. Füllhalter usw.); ~ de la chimenea Kaminaufsatz m; Rf. ~ de válvulas Röhrenanschlußkappe f.
capetonada ⚓ f Tropenerbrechen n.
capia f Arg., Col., Pe. süße Maisart; Zuckermais m (Süßspeise).
capibara Zo. m Am. Wasserschwein n.
capicúa f symmetrische Zahl f (z. B. 1991); von beiden Seiten lesbares Wort n (z. B. ala — ala, Roma — Amor); Stein m, den man an beiden Enden des Spiels ansetzen kann (Domino), Zug m damit.
capigo|rra c, **~rrista** adj.-su. c, **~rrón** F m Tagedieb m, Schmarotzer m F.
capila|r adj.c-su. ~ m haar-förmig, -fein; Haar..., Kapillar...; presión f (tensión f) ~ Kapillar-druck m (-spannung f); (tubo m) ~ Kapillarröhrchen n; (vasos m/pl.) ~es Kapillargefäße n/pl.; **~ridad** f 1. Haarfeinheit f; 2. Phys. Kapillarität f; Kapillar-kraft f; -wirkung f.
capilla f 1. Kapelle f; Personal n e-r Kapelle; Kirchen-musiker m/pl., -chor m; ~ ardiente (Raum m für die) feierliche Aufbahrung f; ~ mayor Altarraum m, Apsis f; estar en ~ die Hinrichtung erwarten; fig. in tausend Nöten (od. Ängsten) sein; 2. ⚔ Feldaltar m; Meßzelt n; 3. fig. F Gruppe f, Clique f; 4. (bsd. Mönchs-)Kapuze f; 5. Typ. Aushängebogen m; 6. ⊕, ⚓ Schutz m, Schutzhaube f.
capille|jo m 1. Kinderhäubchen n; 2. Strähne f Nähseide f; **~ta** f Seitenkapelle f; (Kapellen-)Nische f.

capillo *m* **1.** leinene Kinderhaube *f*; Tauf-häubchen *n*, -hemd *n*; **2.** (Vorder-)Kappe *f* (*Schuh*); **3.** Blumenknospe *f*; Kokonhülle *f*; **4.** *Jgdw.* Kaninchennetz *n*; **5.** Wikkel *m* e-r Zigarre; **6.** *pharm.* Kapsel *f* über dem Flaschenverschluß; **7.** Wachsfilter(sack *m*) *n*; ⚓ Schutz(überzug) *m*; **8.** *Am. Mer.* Schmelztiegel *m für Zinn u. Blei*; **9.** *Pe.* Medaille *f zur Erinnerung an Taufe od. Eheschließung.*
capiro|tada *f* **1.** *Kchk.* Kräutertunke *f mit Eiern, Knoblauch usw.*; *Am.* Eintopf *m (Fleisch, Käse, Mais)*; **2.** P *Méj.* Massengrab *n*; ~**tado** ◊ *adj.* gehaubt (*bsd. Falken*); ~**tazo** *m* Kopfnuß *f*, Nasenstüber *m*; ~**te** **I.** *adj. c* **1.** mit andersfarbigem Kopf (*Rind*); **II.** *m* **2.** Kappe *f*; hohe, spitze Mütze *f*; Doktormantel *m mit Haube in den Fakultätsfarben*; **3.** Falkenhaube *f*; **4.** Bienenkorbabdeckung *f*; **5.** Klappverdeck *n* (*Wagen*); **6.** Kopfnuß *f*; **7.** *fig.* tonto de ~ stockdumm.
capitación *hist. f* Kopfsteuer *f*.
capital I. *adj. c* hauptsächlich, wesentlich; Haupt..., Kapital...; delito *m* ~ schweres Verbrechen *n*; pecado *m* ~ Todsünde *f*; pena *f* ~ Todesstrafe *f*; punto *m* ~ Hauptpunkt *m*; **II.** *f* Hauptstadt *f*; Großstadt *f*; ~ de distrito (federal) Bezirks- (Bundes-)hauptstadt *f*; ~ de partido (de país) Kreis- (Landes-)hauptstadt *f*; ~ de territorio Landeshauptstadt *f in Bundesstaaten*; **III.** *adj.-su. f (letra f)* ~ Großbuchstabe *m*, *Typ.* Versal *m*; **IV.** *m* Kapital *n*; ~ en acciones Aktienkapital *n*; ~ circulante Umlaufvermögen *n*; ~ fijo, ~ inmovilizado Anlagekapital *n*; ~ de explotación (fundacional) Betriebs- (Gründungs-)kapital *n*; ~ disponible, ~ líquido (suscrito) flüssiges (gezeichnetes) Kapital *n*; ~ social Gesellschaftskapital *n*; Stammkapital *n (GmbH*); Grundkapital *n (AG)*; mercado de ~es Kapitalmarkt *m*.
capita|lidad *f* hauptstädtischer Charakter *m*; ~**lismo** *m* Kapitalismus *m*; ~**lista I.** *adj. c* kapitalistisch; **II.** *c* Kapitalist *m*; Geldgeber *m*; ~**lizable** *adj. c* kapitalisierbar; ~**lización** *f* Kapitalisierung *f*; ~**lizar** [1f] *v/t.* kapitalisieren; *fig.* Kapital schlagen aus (*dat.*); ~**lmente** *adv.* **1.** tödlich, schwer; **2.** wesentlich, hauptsächlich.
capitán *m* **1.** Hauptmann *m*; ⚔, ⚓ Kapitän *m*; ~ de altura Kapitän *m* auf großer Fahrt; ~ aviador Flugkapitän *m*; ✈ Fliegerhauptmann *m*; ~ de caballería Rittmeister *m*; ~ de corbeta (de fragata) Korvetten- (Fregatten-)Kapitän *m*; ~ general Generaloberst *m (höchster Rang in Span.)*; Wehrbereichskommandant *m*; → *a*. **3**; ~ de navío Kapitän *m* zur See; **2.** Heerführer *m*; Anführer *m*; ~ de bandoleros Räuberhauptmann *m*; **3.** *hist.* General *m*; Admiral *m*; ~ general Generalkapitän *m*; Statthalter *m*; ~ general de la armada (de ejército) Großadmiral *m* (Oberbefehlshaber *m* des Heeres); Gran ♀ → *general*; Feldherr Gonzalo Fernández de Córdoba (1453-1515); F (son) las cuentas del Gran ♀ das ist ja sagenhaft teuer F,

das kann kein Mensch bezahlen F; **4.** *Sp.* Mannschafts-führer *m*, -kapitän *m*; ~ de industria Industriekapitän *m*, Großindustielle(r) *m*.
capita|na *f* **1.** *hist.* ⚓ Flagg-, Admirals-schiff *n*; **2.** Frau *f* e-s capitán; *fig.* Anführerin *f*; ~**near** *v/t.* befehligen, (an)führen, leiten (*a. fig.*); ~**nía** *f* **1.** Hauptmanns-rang *m*, -stelle *f*; *fig.* Führerschaft *f*; **2.** Hafenbehörde *f*; **3.** ~ general Amt *n* des Wehrbereichskommandanten; *hist.* Generalkapitanat *n*, Statthalterschaft *f*.
capitel ⌂ *m* Kapitell *n*; Turmspitze *f*.
capito|lino I. *adj.* kapitolinisch; **II.** *m* Edelsteinsplitter *m*; ♀**lio** *m* Kapitol *n*.
capitón *m* **1.** *Fi.* Meeräsche *f*; **2.** *Reg.* Schlag *m* auf den Kopf; Nicken *n* e-s Schläfrigen.
capitoné I. *adj. inv.* gepolstert; wattiert; **II.** *m* Span. Möbelwagen *m*.
capitoste F *m* Bonze *m*, Obermacher *m* F, Boß *m* F.
capítula *kath. f* Schriftlesung *f nach Psalm u. Antiphon.*
capitula|ción *f* **1.** Vertrag *m*, Pakt *m*; ~**ones** *f/pl. matrimoniales* Ehevertrag *m*; **2.** ✠ Kapitulation *f*; ~**r I.** *adj. c* **1.** zu e-m Kapitel gehörig; Kapitel-, Ordens-...; Gemeinde-, Stadtverordneten...; manto *m* ~ Ordensmantel *m*; sala *f* ~ Stadtbzw. Gemeinde-saal *m*; *Rel.* Kapitelsaal *m*; **II.** *m* **2.** Domkapitular *m*, Stiftsherr *m*; **3.** Stadtrat *m*, Ratsherr *m*; **4.** ~es *m/pl.* Ordensregeln *f/pl.*; **III.** *v/t.* **5.** vereinbaren; **IV.** *v/i.* **6.** kapitulieren (*a. fig.*), s. ergeben; *fig.* ~ con la conciencia sein Gewissen befragen.
capítulo *m* **1.** *Rel.* Kapitel *n*, Ordensversammlung *f*; **2.** Domkapitel *n*; Stift *n*; **3.** Kapitel *n (Buch usw.)*; esto es ~ aparte das ist et. ganz anderes (*od.* ein ganz anderes Kapitel); **4.** Beschuldigung *f*, Anklage *f*; ~ de cargos, ~ de culpas, ~ de pecados Sündenregister *n*; llamar (*od.* traer) a alg. a ~ von j-m Rechenschaft fordern.
capó *Kfz. m* Motor-, Kühler-haube *f*.
capola|do *m Arg.* Hackfleisch *n*; ~**r** *v/t.* kleinhacken.
capón *m* **1.** Kapaun *m*; *allg.* verschnittenes Tier *n*; *Rpl.* Hammel *m*; *a. adjektivisch*: cerdo *m* ~ Mastschwein *n*; caballo *m* ~ Wallach *m*; **2.** Reisigbündel *n*.
capona ✠ *f* Achselklappe *f*.
caponar *v/t.* Rebschößlinge hochbinden.
caponera *f* **1.** Kapaun(en)käfig *m*; **2.** F Gefängnis *n*, Kittchen *n* F.
caporal *m* Anführer *m*; Aufseher *m*; Viehaufseher *m*; ✠ Gefreite(r) *m*, Korporal *m*.
capot *m* → capó.
capota[1] *f* **1.** ♣ Distelkopf *m*; **2.** Kapotthut *m*; **3.** *Kfz.* Verdeck *n*.
capota[2] *f* Capa *f* ohne Kragen.
capo|taje *m* ✈ Kopfstand *m*; *Kfz. v/i.* s. auf den Kopf stellen; **2.** nach vorn überschlagen; ~**tazo** *Stk. m* Figur *f* mit dem capote; ~**te** *m* Regenmantel *m*; weiter Überrock *m*; Arbeits-, Schutz-mantel *m*; Umhang *m*; ~ de brega (de paseo)

roter (bunter) Stierkämpfermantel *m*; ~ (militar) Militärmantel *m*; ~ de monte *Art* Poncho *m*; dar ~ *Kart.* alle Stiche machen; *fig.* alle Trümpfe in der Hand haben; dar ~ a alg. j-m alle Trümpfe aus der Hand nehmen, j-m den Wind aus den Segeln nehmen; *fig.* decir para (*od.* a) su ~ bei s. sagen (*od.* denken); **2.** *fig.* (Gewitter-)Wolken *f/pl.*; **3.** finstere Miene *f*; **4.** *Méj. adv.* de ~ heimlich.
capote|ar *v/t. Stk.* → capear; *fig.* j-n hinhalten; ~**o** *m su.* zu → capotear; ~**ra** *f* **1.** *Am.* Kleiderbügel *m*; **2.** *Ven.* Reisetasche *f*; ~**ro I.** *adj.*: aguja *f* ~a Sattlernadel *f*; **II.** *m* Mantel-, Capa-schneider *m*.
caprario *adj.* Ziegen...
Capricornio *m* **1.** *Astr.* Steinbock *m*; **2.** *Ent.* ♀s *m/pl.* Bockkäfer *m/pl.*
capricul|tor *m* Ziegen-halter *m*, -züchter *m*; ~**tura** *f* Ziegen-haltung *f*, -zucht *f*.
capricho *m* Einfall *m*, Laune *f*, Grille *f*, Schrulle *f*, Kaprice *f*; Eigensinn *m*, Willkür *f*; ~ de la naturaleza Laune *f* der Natur; a ~ nach Belieben, nach Laune; por (puro *od.* mero) ~ aus (purer) Laune *f*, aus (reiner) Willkür; ~**so I.** *adj.* launenhaft, launisch; wunderlich, schrullig; willkürlich, kapriziös, bizarr; **II.** *m a.* Phantast *m*.
cápridos *Zo. m/pl.* Ziegen *f/pl.*
caprifoliáceas ♣ *f/pl.* Geißblattgewächse *n/pl.*
caprino I. *adj.* ⌑ → cabruno; **II.** *m* Ziegen-, Zicklein-fleisch *n*.
caprípe|de *adj. c*, ~**do** *adj.* bocksfüßig.
cápsula *f* **1.** Hülse *f*, Kapsel *f* (*a. pharm.*); Flaschenkapsel *f*; *Raumf.* ~ espacial Raumkapsel *f*; ~ fulminante Zündhütchen *n*; ~ del fulminato Sprengkapsel *f*; **2.** ♣ Samen-, Frucht-kapsel *f*; **3.** *Anat.* ~ articular Gelenkkapsel *f*; ~ suprarrenal Nebenniere *f*; **4.** *Labor:* Abdampfschale *f*.
capsular I. *adj. c* kapselförmig; Kapsel...; cierre *m* ~ Kapselverschluß *m*; **II.** *v/t.* ver-kapseln, -schließen.
capta|ción *f* Erschmeichelung *f*; ⚖ Erschleichung *f*; ~ de herencias Erbschleicherei *f*; **2.** ⊕ Anzapfung *f*; Erfassung *f*, Gewinnung *f*; Nutzbarmachung *f*; ~ de aguas Wassergewinnung *f*; ~ de fuentes Quellfassung *f*; ~**dor** *adj.-su.* ⊕ Sucher *m*; Sammler *m*; ⚒ Erbschleicher *m*; ~**r** *v/t.* **1.** (*a.* ~**se** *v/r.*) erschmeicheln; zu gewinnen wissen; erschleichen; ~ la atención die Aufmerksamkeit fesseln; ~(se) la confianza de alg. j-s Vertrauen gewinnen; s. in j-s Vertrauen schleichen; ~**se** simpatías s. beliebt machen; **2.** erfassen, begreifen; **3.** auf-, ab-fangen; **4.** ⊕ gewinnen; sammeln; nutzbar machen; *Rf.* Sender hereinbekommen.
captor *m* Fänger *m*; Entführer *m*.
captura *f* Festnahme *f*; (Ein-)Fangen *n*, Fang *m wilder Tiere*; ⚓ Aufbringen *n* e-s Schiffes; ~**r** *v/t.* ergreifen, festnehmen; (ein)fangen; ⚓ aufbringen, kapern; *fig.* erbeuten.
capuana F *f* Prügel *pl.*, Keile *pl.* F.

capucha *f* 1. Kapuze *f*; 2. ⊕ Kappe *f* (*a. Füllhalter usw.*), Haube *f*; 3. *Typ.* Zirkumflex *m*.
capuchi|na *f* ⚘ Kapuzinerkresse *f*; *Kchk.* Eigelbsüßspeise *f*; **~no** I. *adj.* 1. Kapuziner...; II. *m* 2. Kapuziner(mönch) *m*; *fig.* caen ~s del cielo es gießt in Strömen; 3. *Zo.* Kapuzineraffe *m*.
capu|cho *m* Kapuze *f*; **~chón** *m* 1. *gr.* Kapuze *f*; Mantel *m* mit Kapuze; P ponerse el ~ hinter schwedische Gardinen kommen F, aus dem Blechnapf fressen P; 2. *hist.* kurzer Domino *m*; 3. Verschlußkappe *f*; ⊕ Windhaube *f* (*Esse*).
capu|lí(n) ⚘ *m* Ananaskirsche *f*; **~lina** *f* 1. ⚘ Ananaskirsche *f* (*Frucht*); 2. *Méj.* Giftspinne *f*; 3. *Méj.* Dirne *f*.
capullada F *f* Dummheit *f*, Eselei *f* F.
capullo *m* 1. Seidenraupengespinst *n*, Kokon *m*; en ~ eingesponnen; ~ocal Doppelkokon *m*; hacer el ~ s. einspinnen; salir del ~ ausschlüpfen, s. entpuppen; 2. ⚘ Blumen-, *bsd.* Rosen-knospe *f*; Eichelnäpfchen *n*; en ~ knospend; 3. *Anat.* Vorhaut *f*; 4. P Naivling *m* F.
capu|z *m* (*pl.* ~uces) Kapuze *f*; **~zar** [1f] *v/t.* 1. untertauchen; 2. ⚓ (*das Vorschiff*) stärker belasten.
ca|quéctico ⚚ *adj.* kachektisch; **~quexia** ⚚ *f* Kachexie *f*.
caqui[1] *m* Khaki(stoff) *m*; color *m* ~ Khaki *n*.
caqui[2] ⚘ *m* Kaki-baum *m*; -pflaume *f*.
caquiro *m Am.* Yukkawein *m*.
cara *f* 1. Gesicht *n*; Miene *f*; *fig.* Aussehen *n*; Anschein *m*; Stirn *f* (*fig.*); ~ adelante nach vorn, vorwärts; ~ atrás nach hinten, rückwärts; ~ a ~ von Angesicht zu Angesicht, persönlich, in s-r (*usw.*) Gegenwart; ~ al sol mit dem Gesicht zur Sonne; der Sonne entgegen; *fig. a* ~ descubierta offen, ehrlich; öffentlich, vor aller Augen; ¿con qué ~? e-e unglaubliche Unverschämtheit!; de ~ gg.-über; von vorne; *a.* ins Gesicht; de ~ a im Hinblick auf (*ac.*); de ~ al sur nach Süden gewandt, südwärts; *fig.* de dos ~s zwiegesichtig, doppelzüngig, falsch; en la ~ de *alg.* vor j-m, in j-s Gegenwart; *fig. por su bella* (*od. linda*) ~, *por su* ~ *bonita* um s-r schönen Augen willen; F ~ dura Unverschämtheit *f*, Chuzpe *f* F; (*m* ~ caradura); ~ de pascua, ~ de aleluya zufriedenes (*od.* lächelndes) Gesicht *n*; ~ de viernes (*santo*) trauriges (*bzw.* verhärmtes) Gesicht *n*; ~ de vinagre saure Miene *f*; dar la ~ für s. einstehen; dar (*od.* sacar) la ~ por *alg.* für j-n eintreten, j-n verteidigen; echar en ~ a *alg.* a/c. j-m et. vorwerfen; hacer ~ (a) die Stirn bieten (*dat.*), entgegentreten (*dat.*), s. stellen (*dat.*); no mirar a la ~ a *alg.* mit j-m verfeindet sein; *Stk.* no perder la ~ al toro dicht am Stier bleiben; plantar ~ a *alg.* j-m die Stirn bieten, j-m mutig entgegentreten; poner buena (mala) ~ ein (un)freundliches Gesicht machen; ¡la ~ que puso! das Gesicht hättest du sehen müssen; te sale a la ~ *od.* se le conoce (*od.* se le ve) en la ~ man sieht es ihm an; *fig.* F saltar a la ~ a *alg.* j-m ins Gesicht

springen F, j-n derb anfahren; tener buena (mala) ~ gut (schlecht) aussehen (*a. Sachen*); tener dos ~s zwei Seiten haben (*fig.*); *fig.* doppelzüngig sein; ¡tiene ~ de eso! danach sieht er auch aus!; das bringt er fertig; ¿tienes ~ para hacer eso? schämst du dich nicht (, das zu tun)?; tiene ~ de cualquier cosa der ist zu allem fähig; tener ~ de pocos amigos verdrießlich (*od.* unfreundlich) aussehen; P tener más ~ que espalda ein unverschämter Kerl sein F; ¡nos veremos las ~s! wir treffen uns noch! (*Drohung*); volver la ~ a *alg.* j-n nicht ansehen, an j-m vorbeisehen; volver la ~ nach anfänglicher Flucht s. (erneut) gg. den Feind wenden; 2. Vorderseite *f*; Außenseite *f*, Seitenfläche *f* (*z. B. e-s Polyeders*); Oberfläche *f*; rechte Seite *f*, Oberseite *f* (*Gewebe, Blatt*); *a.* ⊕ Fläche *f*; ~ de asiento Paßfläche *f*; de dos ~s zweiseitig; *tex.* seitengleich; *Opt.* de ~s paralelas planparallel; 3. ~ o cruz, *Am. a.* ~ o sello Bild oder Schrift, Kopf oder Zahl (*Münzwerfen*).
caraba F *f*: ¡es la ~! das ist das Letzte!; ¡es la ~ en bicicleta! a) das ist ja zum Piepen! F; b) das ist 'ne Wucht F; c) das ist e-e Schweinerei P.
cárabe *m* Bernstein *m*.
carabela *f* 1. ⚓ Karavelle *f*; 2. *Gal.* Tragkorb *m*; 3. *Zo.* Striegelmuschel *f*.
carabi|na *f* 1. Büchse *f*, Stutzen *m*; ⚔ Karabiner *m*; F ser (*lo mismo que*) la ~ de Ambrosio nichts taugen, ganz unbrauchbar sein; ⚔ Anstandswauwau *m* F, Anstandsdame *f*; **~nazo** *m* Büchsen-, Karabinerschuß *m*; **~nero** *m* 1. Grenzpolizist *m*, Grenzer *m*; ⚔ *hist.* Karabinier *m*; 2. *Zo.* rote Riesengarnele *f*.
cárabo[1] *m* 1. *Ent.* Laufkäfer *m*; 2. ⚓ kl. maurisches Segelboot *m*.
cárabo[2] *Vo. m* Waldkauz *m*.
caracal *Zo. m* Karakal *m*.
caracará *Vo. m Rpl.* Karakara *m*.
caracas *m* Caracaskakao *m*; F *Méj.* Schokolade *f*.
caraco|l *m* 1. *Zo.* Schnecke *f* mit Haus; Schneckenhaus *n*, Muschel *f*; (escalera *f* de) ~ Wendeltreppe *f*; F ¡~es! Donnerwetter!; 2. ⊕, *Anat.* Schnecke *f*; 3. Schmachtlocke *f*; 4. Wendung *f*, Tummeln *n* (*Pferd*); *fig.* F hacer ~es torkeln (*Betrunkener*); 5. *Méj.* Bettjacke *f*; Damenbluse *f*; 6. ⚘ Bohne *f*; **~la** *f* Muschel *f*; Muscheltrompete *f*; **~lada** *f* Schneckengericht *n*; **~lear** *v/i.* s. tummeln (*Pferd*); hacer ~ Pferd tummeln; **~leo** *m* Herumtummeln *n*; F Torkeln *n*; **~lero** *m* Schneckensammler *m*.
caraco|lí ⚘ *m Col.* Akajoubaum *m*; **~lillo** *m* 1. Perlkaffee *m*; 2. ⚘ *Méj.*, *Am. Mer.* caoba *f* ~ schöngeädertes Mahagoniholz *n*.
carácter *m* (*pl.* caracteres) 1. Eigentümlichkeit *f*, Charakter *m*, Art *f*; Erkennungszeichen *n*, Merkmal *n*; ~ dramático Dramatik *f*; ~ genérico Gattungsmerkmal *n*; ~ heredado Erbanlage *f*; ~ inofensivo Harmlosigkeit *f*; ~ revestir más bien un ~ general eher allgemein gehalten sein; 2. Wesens-, Gemüts-art *f*, Charakter(zug) *m*; Charakterstärke

f, Wille(n) *m*, Energie *f*; falta *f* de ~ Charakterlosigkeit *f*; 3. charaktervoller Mensch *m*, Charakter *m*; ser todo un ~ wirklich Charakter haben; ein ganzer Mann sein; 4. ~ (de letra) Schriftzeichen *n*, Buchstabe *m*; *EDV* ~ de control, ~ de mando Steuerzeichen *n*; *EDV* ~ especial Sonderzeichen *n*; caracteres *m*/*pl.* (de escritura) Schriftzeichen *n*/*pl.*; *Typ.* Lettern *f*/*pl.*, Schrift *f*; 5. Würde *f*, Stand *m*; Titel *m*; de (*bzw.* con) ~ oficial in amtlicher Eigenschaft; offiziell; en su ~ de presidente (in s-r Eigenschaft) als Präsident; 6. *kath.* ~ (indeleble) unauslöschliches (Merk-)Mal *n durch Taufe, Firmung, Priesterweihe*.
caracte|riología *bsd. Phil. f* Charakterkunde *f*; **~rística** *f* 1. Wesensmerkmal *n*, Charakteristikum *n*; Unterscheidungsmerkmal *n*; *a.* ⊕ Eigenschaft *f*; ~ genética genetischer Fingerabdruck *m*; ~s *f*/*pl.* técnicas technische Daten *n*/*pl.* (*od.* Angaben *f*/*pl.*); 2. Charakteristik *f*, Kennzeichnung *f*; 3. *Thea.* Charakterdarstellerin *f*; komische Alte *f*; 4. *Rf. u. ä.* Pausen-, Zeit-zeichen *n*; 5. ♃ Kennziffer *f*; 6. ⚛, *Phys.* Kenn-, Schaulinie *f*; **~rístico** I. *adj.* charakteristisch, bezeichnend (für *ac.* de); rasgo *m* ~ Wesens-, Charakter-zug *m*; Merkmal *n*; II. *m Thea.* Charakterdarsteller *m*.
caracteriza|ción *f* Charakterisierung *f*; *a. Thea.* Darstellung *f*; Verkleidung *f*; **~do** *adj.* hervorragend, berühmt; estar ~ por gekennzeichnet sein durch (*ac.*); **~r** [1f] I. *v/t.* 1. charakterisieren, auszeichnen, kennzeichnen; 2. schildern, darstellen, bezeichnen (als + *adj.* de); ~ como hinstellen als (*ac.*); 3. *Thea.* rollengetreu darstellen; II. *v/r.* ~se 4. *Thea.* s. schminken, s. für die Rolle zurechtmachen; s. verkleiden; 5. ~se por s. auszeichnen durch (*ac.*), bekannt sein für (*ac.*) (*od.* wegen *gen.*).
caracterología 🗓 *f* Charakterologie *f*.
caracú *m Arg., Bol.* Rinderart; *Bol., Chi., Rpl.* Markknochen *m der Tiere*.
caracul *m* 1. Karakulschaf *n*; 2. Persianer(fell *n*) *m*.
¡carachas! *int. Col.* Donnerwetter!
caracho *adj.* violett; F *Col.* ¡~! → carachas.
carachoso *adj. Pe.* räudig, krätzig.
carado *adj.*: mal (bien) ~ häßlich (schön) von Gesicht.
caradura F *m* unverschämter Kerl *m* F.
caraguay *Zo. m Bol.* Leguan *m*.
cara|ja F *f Col.* Frauenzimmer *n*, Tante *f f*; **~jada** *f* P Eselei F; F Bagatelle *f*; **~jillo** *m Span.* schwarzer Kaffee *m* mit e-m Schuß Schnaps; **~jo** V, *Am.* F *m* männliches Glied *n*, Schwanz *m* P; *int.* ¡~! verdammt!, Scheiße! P; ¡al ~! contigo! scher dich zum Teufel F; irse al ~ kaputtgehen, vor die Hunde gehen F; mandar al ~ zum Teufel schicken F.
caramanchel *m* 1. ⚓ Lukendecke *f*; 2. *Andal.* süßer Schnaps *m*; 3. *Arg., Chi.* Schenke *f*; *Col.* Verschlag *m*, Hütte *f*.
carama|ñola *f* 1. *Reg.* Schnabelgefäß *n*; 2. → **~yola** *f Arg., Chi.* Feldflasche *f*.

¡**caramba**! *int.* Donnerwetter!; kaum zu glauben.
carámbano *m* Eiszapfen *m.*
carambola[1] *f* Karambolieren *n (Billard);* Karambolespiel *n; fig.* Schwindel *m,* Betrug *m;* F zwei Fliegen mit e-r Klappe; *por* ~ *auf Umwegen, um die Ecke* F; zufällig.
carambola[2] ⚥ *f* Sternapfel *m.*
carambo|lear *v/i.* karambolieren; *Chi. s.* betrinken; **~lero** *m* 1. ⚥ *Art* Sauerklee *m*; 2. *Arg., Chi.* → **~lista** *c* Karambolespieler *m.*
caramel *m* Mittelmeersprotte *f.*
carame|lizar [1f] *v/t.* mit Karamel überziehen; **~lo** *m* Karamel(zucker) *m;* Karamelle *f; allg.* Bonbon *m;* ~ *de palo* Lutscher *m.*
caramente *adv.* 1. teuer, kostspielig; 2. inständig, angelegentlich.
caramilla *Min. f* Zinkspat *m;* **~r** *m* Salzkrautfeld *n.*
caramillo *m* 1. Rohrpfeife *f*; 2. F Durcheinander *n,* Wirrwarr *m;* Geschrei *n;* Gerede *n,* Klatsch *m;* 3. ⚥ Salzkraut *n.*
carancho *Vo. m Bol., Rpl., Pe.* Geierfalke *m.*
caranda|í, **~y** ⚥ *m Am.* Caranday-, Wachs-palme *f.*
caranga *f od.* **carángano**[1] *m Am. Cent., Ec.* Laus *f.*
carángano[2] ♪ *m Arg., Bol., Col.* Schlagbaß *m.*
caran|tamaula F *f* Fratze *f (a. fig.),* häßliche Maske *f;* **~toña** F *f* 1. → *carantamaula;* 2. *fig.* aufgetakelte Alte *f;* 3. **~s** *f/pl.* Schmus *m* F, Getue *n,* Schmeichelei *f; hacer* **~s** *a alg.* j-m schmeicheln, j-m um den Bart gehen F; **~toñero** F *adj.-su.* schöntuerisch; *m* Schöntuer *m,* Schmeichler *m.*
caraña *f* 1. ⚥ Karannaharzbaum *m; Am. Cent.* Sandelbaum *m*; 2. *pharm.* Karannabalsam *m.*
caraota *f Ven.* farbige Bohne *f.*
carapa *f* 1. Karapabaum *m*; 2. Karapaöl *n.*
carapacho *m* 1. *Zo.* Rückenschale *f;* Muschelschale *f*; 2. Schildpatt *n;* 3. *Kchk. Cu., Ec.* Krebs- *usw.* -fleisch *n* in der eigenen Schale.
carapato *m* Rizinusöl *n.*
¡**carape**! *int.* verflucht!, Donnerwetter!
carapulca *f Pe.* Eintopf *(Fleisch, Kartoffeln, Ají*pfeffer*).*
caraqueño *adj.-su.* aus Caracas *(Ven.).*
carate *m Am.* Hautkrankheit der Neger.
cara|tillo, **~to**[1] *m Ven.* Erfrischungsgetränk mit gequirltem Maismehl.
carato[2] ⚥ *m Am.* → *jagua.*
carátula *f* 1. Maske *f,* Larve *f*; 2. Schauspielkunst *f*; 3. *Am.* Titelseite *f,* -blatt *n*; 4. rundes Hinweisschild *n.*
caratulero *m* Maskenverleiher *m.*
carava|na *f* 1. Karawane *(a. fig.); Span.* Autoschlange *f; a.* **~**remolque Wohn-wagen *m,* -anhänger *m*; 2. *Cu.* Vogelfalle *f*; 3. *Méj.* übertriebene Höflichkeit *f;* Kompliment *n/pl.*; 4. **~s** *f/pl. Arg., Bol., Chi.* Ohrgehänge *n;* **~nero** *m* Karawanenführer *m;* **~nista** *c* 1. Karawanenreisende(r) *m*; 2. *Kfz* Caravaner *m.*

cara|ván-seral, **~vanserrallo,** **~vasar** *m* Karawanserei *f.*
caray[1] *Zo. m* → *carey.*
¡**caray**![2] F *int.* zum Teufel!, verflixt!
cara|yá *m Col., Rpl.,* **~yaca** *m Ven.* Brüllaffe *m.*
carba *f Reg.* Eichenwäldchen *n;* Ruheplatz *m für das Vieh.*
carbizo *m Reg.* Kastanieneiche *f.*
carbol ⚗ *m* Karbol *n.*
carbólico ⚗ *adj.: ácido m* ~ Karbolsäure *f.*
carbolíneo ⚗ *m* Karbolineum *n.*
carbun|clo *m* 1. → *carbúnculo;* 2. → **~co** *m* 1. ⚘ Karbunkel *m; vet.* Milzbrand *m*; 2. † → *carbúnculo.*
carbúnculo *Min. m* Karfunkel *m.*
carbura|do ⚗ *adj.* kohlenstoffhaltig; **~dor** ⚗, ⊕ *m* Vergaser *m;* ~ *doble* Doppelvergaser *m;* ~ *múltiple* Mehrfachvergaser *m;* **~nte** I. *adj. c* ⚗ kohlenwasserstoffhaltig; II. *m mot.* Kraft-, Treib-stoff *m;* ~ *ligero* Vergaserkraftstoff *m;* **~r** I. *v/t.* ⚗ karburieren; *mot.* vergasen; *Stahl* aufkohlen; II. *v/i.* F klappen F, funktionieren.
carbu|rina *f* Schwefelkohlenstoff *m (Fleckentferner);* **~ro** ⚗ *m* Karbid *n,* Carbid *n;* ~ *de calcio,* ~ *cálcico,* F ~ Calciumcarbid *n,* Karbid *n* F.
carca[1] P *adj.-su. c Pol.* „Schwarze(r)" *m* F *(Anhänger des Klerikalismus); allg.* Mucker *m;* Betbruder *m* F; *ser un* ~ engstirnig *od.* rückschrittlich *od.* stockkonservativ F) sein.
carca[2] *f And.* Topf *m, bsd. für Chicha;* F *Pe.* Schmutzkruste *f.*
carcaj *m* Köcher *m;* Fahnengurt *m.*
carcajada *f* Gelächter *n,* Lachsalve *f; reír a* **~s** schallend lachen; *soltar la* ~ laut loslachen *od.* auflachen.
carcamal F *desp. adj.-su. c* alter K(n)acker *m* F.
carcamán[1] ⚓ *m* alter Pott *m* F, (alter) Kahn *m,* Eimer *m* F.
carcamán[2] *m* 1. *desp. Arg.* Italiener *m,* Katzelmacher *m* F *(desp.); p.ext. u. Cu.* schäbiger Ausländer *m; Pe.* Angeber *m* F; 2. *Méj.* Glücksspiel.
carcasa *f* Ofenfackel *f.*
cárcava *f* 1. Wasser-loch *n,* -graben *m* nach Überschwemmungen; Graben *m;* ⚔ Verteidigungsgraben *m;* 2. Grab *n.*
carcavón *m* von *Wasser* ausgewaschene Schlucht *f;* Graben *m; Geogr.,* ⊕ Kolk *m.*
cárcel *f* 1. Gefängnis *n;* † Kerker *m; meter en (Am. a) la* ~ ins Gefängnis werfen *(od.* sperren); 2. ⊕ Schraubzwinge *f; Typ.* Brücke *f e-r* Presse; 3. *reg. versch.* Holzmaß *f:* 100- 200 Kubikfuß.
carcel ⊕ *m* Carcel *n (Lichteinheit).*
carce|lario *adj.* Gefängnis...; *fig. ambiente m* ~ Zustände *m/pl. (od.* Stimmung *f,* Ton *m)* wie im Zuchthaus, reinste Diktatur *f;* **~lera** ♪ *f andal.* Liedgattung, „Kerkerlied" *n;* **~lería** *hist. f* Zwangsaufenthalt *m;* **~lero** I. *adj.* → *carcelario;* II. *m* Gefängniswärter *m; hist.* Kerkermeister *m.*
carcino|ma ⚕ *m* Karzinom *n,* Krebs(geschwulst *f) m;* **~(mato)sis** ⚕ *f* Karzinose *f;* **~(mato)so** *adj.* karzinomatös.
carco|ma *f* 1. *Zo.* Holz-, Bohrwurm *m*; 2. Holzmehl *n*; 3. Wurmfraß *m,* Wurmstichigkeit *f;* ⚥ Fäule

carcomer — cargado

f; *fig.* Gram *m*, Kummer *m*; Fäulnis *f* (*fig.*), Zerstörung *f*; *fig. tiene la ~ dentro* die Fäulnis steckt in ihm; das Gewissen (*bzw.* der Neid) plagt ihn (*Person*); da ist der Wurm drin F (*Sachen*); **4.** Verschwender *m*, Vergeuder *m*; **~mer I.** *v/t.* zernagen, -fressen; anbohren (*Wurmfraß*); *fig.* untergraben, allmählich zerstören; **II.** *v/r.* **~se** wurmstichig werden; *fig.* ver-, zer-fallen; **~mido** *adj.* wurmstichig; *fig. ~ por la edad* morsch, altersschwach.
carda *f* **1.** ⚥ Distelkopf *m*; **2.** *tex.* Karde *f*, Kratze *f*; **3.** *Equ.* Kardätsche *f*; **4.** *fig.* F *dar una ~ a j-m* den Kopf waschen F, *j-m e-e* Abreibung verpassen F; **~do** *tex. m* Krempeln *n*, Kratzen *n*; Streichen *n*, Kämmen *n*; **~dor** *m* **1.** *tex.* Wollkratzer *m*, -kämmer *m*; **2.** *Ent.* Schnurassel *f*; **~dora** *tex. f* Krempel *f*, Rauhmaschine *f*.
cardal *m* Distelfeld *n*.
carda|mina ⚥ *f* Garten-; Brunnenkresse *f*; **~momo** ⚥ *m* Kardamom *m*, *n*. [lenk *n*.⟩
cardán ⊕ *m* Kardan-, Kreuz-ge-⟩
cardar *v/t. tex. Wolle* kämmen, karden, krempeln; *Tuch* aufrauhen; *Pferd* striegeln; *Haar* toupieren; *fig.* F *~ la lana a alg.* j-m den Kopf waschen F; *j-m das Fell gerben* F.
cardelina *Vo. f* Distelfink *m*.
cardenal[1] *m* **1.** Kardinal *m*; ⚥ *Secretario de Estado* Kardinalstaatssekretär *m*; **2.** *Zo.* **a)** *Vo.* Kardinal *m*; **b)** Kardinalfalter *m*; **c)** Kardinalschnecke *f*; **3.** ⚥ Kardinalsblume *f*, Lobelie *f*; *Chi.* → *geranio*; **4.** Kardinal *m* (*Getränk*).
cardenal[2] *m* blauer Fleck *m*; Strieme *f*.
cardena|lato *m* Kardinalswürde *f*; **~licio** *adj.* Kardinals...; *fig. púrpura f ~a* Kardinalspurpur *m* (*fig.*).
cardencha ⚥ *f* Karde(ndistel *f*); *tex.* Karde *f*; **~l** ⚥ *m* Distelfeld *n*.
cardeni|lla ⚥ *f versch. Pfl. z. B.* **1.** Kugelblume *f*; **2.** *e-e kleinbeerige, blaurote Traube*; **~llo I.** *adj.-su.* blaurötlich (*bsd. Trauben*); **II.** *m* Grünspan *m*; Hellgrün *n* (*Farbe*).
cárdeno *adj.* dunkelviolett; schwarz u. weiß (*Stier*); opalisierend (*Flüssigkeit*).
cardería *tex. f* Krempelsaal *m*.
...cardia ⚥ *in Zssgn.* ...kardie *f*; *z. B. taquicardia f* Tachykardie *f*.
cardíaco ⚥ **I.** *adj.* **1.** Herz..., kardial; *actividad f* (*insuficiencia f*) *~a* Herztätigkeit *f* (-insuffizienz *f*); *defecto m ~* Herzfehler *m*; **2.** herz-krank, -leidend; **II.** *adj.-su. m* **3.** herzstärkend(es Mittel *n*); *m* Herzkranke(r) *m*.
cardia|lgia ⚥ *f* Magenkrampf *m*; **~s** *Anat. m* (*pl. inv.*) Magenmund *m*, Kardia *f*.
cardigán *m:* **~** *de punto* Strickjacke *f*.
cardi|llar *m* Golddistelfeld *n*; **~llo** ⚥ *m span.* Golddistel *f*.
cardinal *adj. c* hauptsächlich, wesentlich, Haupt..., Kardinal...; *los cuatro puntos ~es* die vier Himmelsrichtungen *f/pl.*; *números m/pl. ~es* Grund-, Kardinal-zahlen *f/pl.*
cardinas △ *f/pl.* Distelblätter- *bzw.* Ranken-verzierung *f*.
card(io)... ⚥ *pref.* Kardio..., Herz...

cardi|ocirujano *m* Herzchirurg *m*; **~ografía** ⚥ *f* Kardiographie *f*; **~ógrafo** *m* Kardiograph *m*; **~ograma** ⚥ *m* Kardiogramm *n*; **~ología** *f* Kardiologie *f*, Herzforschung *f*; **~ológico** *adj.* kardiologisch; **~ólogo** *m* Kardiologe *m*, Herzspezialist *m*; **~ópata** *adj.-su. c* herzleidend; *m* Herzleidende(r) *m*; *a.* Herzspezialist *m*; **~opatía** ⚥ *f* Herzleiden *n*; **~orrafia** *f* Herznaht *f*; **~oterapia** *f* Herztherapie *f*; **~otomía** *f* Herzschnitt *m*; **~ovascular** *adj. c* kardiovaskulär, Herz-Kreislauf-...; **~tis** ⚥ *f* Herzentzündung *f*.
car|dizal *m* Distelfeld *n*; **~do** *m* **1.** ⚥ Distel *f*, Karde *f*; Kardenartischoke *f*; *~ borriqueño*, *~ borriquero*, *~ común*, *~ timonero*, *~ yesquero* Esels-, Weg-distel *f*; *~ cabezudo* Kugeldistel *f*; *~ corredor*, *~ estelado*, *~ setero* Brachdistel *f*; *~ estrellado* Art Stern-, Silber-distel *f*; **2.** *Am.* ⚥ *versch. Agaven- u. Kakteenarten*; **3.** *fig.* F Besen *m* F, häßliche Frau *f*; **~dón** *m* Weberdistel *f*; *Am. versch. Pfl., bsd. Kakteen u. Agaven.*
Cardona *npr.*: F *más listo que ~* sehr geschickt (*od.* gewandt), e-e Möglichkeit blitzschnell erfassend.
cardume(n) *m* Fischschwarm *m*; *fig. Chi.* Unmenge *f*, Fülle *f*.
careador I. *adj.-su. m* (*perro m*) *~* Hüte-, Schäfer-hund *m*; **II.** *m S. Dgo.* Kampfhahnbetreuer *m während des Kampfes.*
carear I. *v/t.* **1.** ⚥ *Zeugen usw.* ea. gg.-überstellen; *Urkunden usw.* mitea. vergleichen; **2.** *Andal., Col., Méj. Holz* schlichten, zuhauen; **3.** *Am. Kampfhähne* prüfen, vergleichen; **II.** *v/i.* **4.** *Hk. Pe., P. Ri.* e-e Kampfpause einlegen; **III.** *v/r.* **~se** **5.** zu e-r Besprechung zs.-kommen; *tener que ~se con alg.* mit j-m noch ein Wörtchen zu reden haben.
care|cer [2d] *v/i.* **1.** *~ de* nicht haben (*ac.*), entbehren (*ac.*), ermangeln (*gen*); nicht (mehr) vorrätig (✝ *a.* nicht auf Lager) haben (*ac.*); *~ de interés* uninteressant (*od.* belanglos) sein; **2.** *Reg. abs.* fehlen, nicht vorhanden sein; **~cimiento** *m* Mangel *m* (an *dat. de*).
carel *m* (Boots-, Teller-*u.ä.*)Rand *m*.
carena *f* **1.** *poet.* Kiel *m*; **2.** ⚓ Kielholen *n*; Ausbesserung *f*, Schiffsreparatur *f am Rumpf*; **3.** ⚥ Blattkiel *m*; **4.** *fig.* Stichelei *f*, Neckerei *f*; *aguantar (llevar, sufrir) ~* auf die Schippe genommen F (*od.* verulkt) werden; **5.** ⊕ → **~do** ⊕ *m* Stromlinienverkleidung *f*; **~dura** ⊕ *f* → *carena* 2; **~r** *v/t.* ⚓ kielholen *n*; *Schiffsrumpf* ausbessern, überholen; *Kfz.* stromlinienförmig verkleiden.
carencia *f* Mangel *m*, Fehlen *n*; Entbehrung *f*; *~ de medios* Mittellosigkeit *f*; ⊕ *~ de ruidos* Geräuschfreiheit *f bzw.* -armut *f*; *~ de enfermedad f por ~* Mangelkrankheit *f*; *~l adj. c: período m ~* Wartezeit *f*, Karenz(zeit) *f* (*Versicherung*).
carenero ⚓ *m* Trockendock *n*.
carente *adj. c: ~ de frei von (dat.), ohne (ac.), ...los; ~ de escrúpulos* skrupellos.
careo *m* **1.** *a.* ⚥ Gegenüberstellung *f*, Konfrontation *f*; *a.* Kreuzverhör *n*;

Vergleichen *n v. Dokumenten*; **2.** Raffinieren *n des Hutzuckers*; **3.** *Hk. Ec., P. Ri., S. Dgo.* Kampfpause *f*.
carero F *adj.* teuer (*verkaufend*).
carestía *f* **1.** Mangel *m*, Not *f*; Hungersnot *f*; **2.** Teuerung *f*.
careta *f* Maske *f*, Larve *f*; Schutzmaske *f*; Imkermaske *f*; *~* (*antigás*) Gasmaske *f*; *~* respiratoria Atem(schutz)maske *f*; *fig. quitarle a alg. la ~ j-m* die Maske vom Gesicht reißen; *quitarse la ~* die Maske fallen lassen (*fig.*).
carey *m* **1.** Karettschildkröte *f*; **2.** Schildpatt *n*; **3.** ⚥ *Cu.* **a)** Guajakbaum *m*; **b)** *e-e Liane.*
carga *f* **1.** Last *f*, Belastung *f* (*a.* ⚥; → *a. gravamen*); Mühsal *f*, Bürde *f*; *~s f/pl. fiscales, ~s tributarias* Steuerlast(en) *f*(*/pl.*); ⚥ *~ real* Reallast *f*; *fig. dar con la ~ en tierra* (*od.* en el suelo) **a)** unter der Last zs.-brechen; **b)** *fig.* alles hinwerfen, die Flinte ins Korn werfen; **c)** wütend werden; *fig. llevar la ~ die Last* (zu) tragen (haben); *ser* (*od. resultar*) *una ~ para alg.* j-m zur Last fallen, e-e Last sein für j-n; j-m lästig fallen (*od.* sein); **2.** Ladung *f*, Last *f*; Fracht(gut *n*) *f*; Fuhre *f*; Nachfüllpackung *f*; Beladen *n*, Befrachten *n*; *a.* ⊕ Belastung *f*; ✝ *~ de bultos sueltos* Stückgutladung *f*; *~ y descarga* Be- u. Entladen *n*, Auf- u. Abladen *n* (*Waren*), Güterabfertigung *f*; ⚓ *~ general* (✝ *a granel*) Stück- (Schütt-)gut *n*; *~ de retorno*, *~ de vuelta* Rückfracht *f*; *~ útil*, *~ efectiva* Nutzlast *f*; *exceso m de ~* Über-ladung *f*, -lastung *f*; *a plena ~* vollbelastet; **3.** ✗, ⚓, ♃ Ladung *f*; Sprengsatz *m*; ⚔ Aufladung *f*; *~ abierta* offene Sprengladung *f*; *~ amontonada*, *~ compacta*, *~ concentrada* geballte Ladung *f*; *~ explosiva* (*nuclear*) (Kern-)Sprengladung *f*; ⚔ *~ de profundidad* Wasserbombe *f*; *~ propulsora* (*para cohetes*) (Raketen-)Treibsatz *m*; **4.** ⊕ Beschickung *f*, Begichtung *f* (*Hochofen*); **5.** ✗ Angriff *m*; *dar una ~* angreifen; *fig.* entschlossen vorgehen; *fig. volver a* (*od.* sobre) *la ~* hartnäckig sein, auf et. (*dat.*) (*od.* darauf) bestehen, (immer) wieder damit anfangen; **6.** Rüge *f*, Verweis *m*; ⚥ Beschuldigung *f*, (An-)Klage *f*; Beschwerde *f*; **7.** Pflicht *f*, Verpflichtung *f*; *~s f/pl. a.* Amtspflichten *f/pl.*; **8.** Last *f* (*als Maßeinheit, reg. u. nach Ware versch.*).
carga|dero *m* **1.** Ladeplatz *m*; Ladebühne *f*; *Hochofen:* Gicht *f*; ✗ Füllort *m*; **2.** △ Sturz *m*; **~dilla** F *f* Schuldzins *m*; **~do I.** *part.-adj.* **1.** (voll)belastet, überladen (*a. fig.*); stark (*Kaffee, Tee*); bedeckt (*Himmel*); *~ de años* hochbetagt; ✗ *~ con bala* scharfgeladen; *~ de deudas* überschuldet; *~ de espaldas* **a)** mit hohen Schultern; **b)** mit krummem Rükken, höckerig; **c)** *Reg.* angetrunken; ⚓ *~ de popa* hecklastig; *el árbol está ~ de peras* der Baum hängt voller Birnen; *fig. ~ de razón* vernünftig; **2.** schwül (*Wetter*); stickig (*Luft*); *fig.* F wütend, geladen F; **3.** übertrieben, karikiert; **4.** trächtig (*Schaf*); **5.** ⌀ übermalt; **II.** *m* **6.** (Be-)Laden *n*; Füllen *n*; **7.** ♪ *Tanzschritt*: Fußwechsel *m*.

carga|dor m 1. (Ver-)Lader m; Lastträger m; Verschiffer m; ~ de muelle Schauermann m (pl. Schauerleute); 2. ⊕ Ladevorrichtung f; ~ automático Ladeautomat m; tex. Selbstaufleger m; (carro m) ~ Ladewagen m; ⚔ ~ de baterías Batterieladegerät n; Phot. ~ del obturador Verschlußspanner m; ~ de red Netzgerät n; 3. ✕ Rahmen m, Magazin n; Maschinengewehrgurt m, Ladestreifen m; 4. ✗ Strohgabel f; **~mento** m (bsd. Schiffs-)Ladung f, Fracht f; ⚓ ~ de retorno Rückfracht f; póliza f de ~ Ladeschein m; **~nte** F adj. c lästig, aufdringlich.

cargar [1h] **I.** v/t. 1. be-laden, -lasten (mit dat. con, de); befrachten (mit dat. de); (auf-, ver-)laden (auf ac. en); Ware verfrachten; EDV laden; 2. auf-, anfüllen; Pfeife stopfen; Magen überladen; Speisen stark würzen; Kaffee, Tee usw. stark machen; ~ la mano en et. zu stark würzen; 3. beschweren, belasten (a. fig.); fig. drücken; Steuern, Verpflichtungen auferlegen bzw. abwälzen (auf ac. a); † le cargamos en cuenta el importe de ... wir belasten Ihr Konto (od. Sie) mit dem Betrag von ...; ~ sobre sí auf s. nehmen, übernehmen (Pflicht, Schuld usw.); 4. Steuer erhöhen; 5. anschuldigen, bezichtigen; ~ la culpa (la responsabilidad) a alg. j-m die Schuld (die Verantwortung) zuschieben; 6. Verschluß(feder), Armbrust spannen; Waffe, Kamera laden, e-n Film einlegen in (ac.); Batterie (auf)laden; Hochofen, Förderband beschicken; 7. a. ✕ angreifen, s. wenden gg. (ac.); auf j-n einschlagen; fig. belästigen, reizen; 8. übertreiben; ~ el color e-e grelle Farbe auftragen; (die Farbe) dick auftragen (a. fig.); 9. ⚓ Segel einziehen; 10. Kart. (über)stechen; 11. ⌼ Embleme überea.-malen; 12. aufnehmen, fassen (Behälter); 13. F Am. tragen, bei s. haben; 14. Cu. bestrafen; 15. Méj. decken, bespringen; **II.** v/i. 16. lasten, liegen (auf dat. en); drücken; el acento carga en (od. sobre) la última sílaba die Betonung liegt auf der letzten Silbe; el techo carga sobre (od. en) las vigas das Dach (od. die Decke) ruht auf dem Gebälk; 17. ~ con et. übernehmen, et. auf s. nehmen; F et. stehlen, et. mitgehen lassen F; F ~ con el paquete (u. el muchuelo) et. (od. es) ausbaden müssen F; 18. Stk. angreifen; „chargieren" (Muletafigur); 19. ~ sobre alg. auf j-n eindringen, j-m zusetzen; ~ contra (od. sobre) el enemigo den Feind angreifen; 20. ⚓ krängen (Schiff); ~ de popa (de proa) heck- (bug-)lastig sein; 21. s. zs.-ziehen (Wolken); s. verziehen (nach dat. hacia); 22. (reich) tragen (Baum); 23. kräftig essen; viel trinken; 24. zunehmen, stärker werden (Wind usw.); **III.** v/r. **~se** 25. s. (an)füllen (mit dat. de); 26. ~se de (od. con) s. belasten mit (dat.); s. et. aufladen, s. et. auf den Hals laden; ~se de deudas in Schulden geraten; F **cargársela** es auf s. nehmen (Verantwortung, Schuld); 27. zornig werden; s. nicht mehr beherrschen können, wild werden F; 28. s. beziehen, s.

bedecken (Himmel); 29. F ~se a alg. a) j-n umlegen P; b) Sch. j-n durchfallen lassen (im Examen); c) j-n (Frau) vernaschen F, umlegen P; F a ese tío me lo cargo den Kerl mach ich fertig F; 30. s. nach der Seite neigen, s. biegen.

carga|reme m (Kassen-)Quittung f; **~zón** f 1. Ladung f, Belastung f; 2. (nachdrückliche) Betonung f; 3. 🌡 Kopfdruck m; Magendrücken n; 4. dickes Gewölk n; 5. F Arg. Plunder m F, Rumpelkasten m (Maschinerie); Pfuscharbeit f F; 6. ✗ Chi. reicher Ertrag m; 7. Col., Cu., Rpl. de ~ minderwertig, billig. **cargo** m 1. Verpflichtung f, Auftrag m; Posten m, Amt n; a ~ de a) zu Lasten von (dat.); b) unter der Leitung von (dat.); unter dem Befehl von (dat.); alto ~ hohe Stellung f; ~ de honor, ~ honorífico Ehrenamt n; cesar en el ~ aus dem Amt scheiden; (eso) corre (od. va) de mi ~ das ist m-e Sache, dafür muß ich sorgen; a. das werde ich erledigen; desempeñar un ~ e-e Stellung innehaben; ein Amt ausüben; hacerse ~ de a/c. a) klar sein über et. (ac.); et. berücksichtigen; et. bedenken; et. begreifen od. verstehen; b) et. übernehmen; ¡hazte ~! stell dir das nur vor!; tener a su ~ für et. (ac.) sorgen; et. leiten, für et. (ac.) die Verantwortung haben; für j-n die Verantwortung haben od. verantwortlich sein; j-n unter s. haben (Stellung); tomar a/c. a su ~ et. übernehmen; 2. Vorwurf m; Einwand m; ⚖ Anklagepunkt m; ~ de conciencia Gewissensnot f, Skrupel m/pl.; hacer ~ a alg. de a/c. j-m et. vorwerfen; j-m et. zuschreiben; 3. † Soll n, Debet n; nota f de ~ Lastschriftanzeige f; 4. Frachtschiff n; 5. Last f, Korb m (best. Menge Oliven zum Pressen bzw. Trauben zum Keltern); Last f Holz, reg. versch. Gewicht; 6. ⚖ Chi. Vorlagevermerk m auf Urkunden.

car|goso adj. 1. lästig; beschwerlich; 2. schwer; **~gue** m Am. Ein-, Be-, Auf-laden n; **~guero** adj.-su. m 1. Lasttier n; Bol., Col., Rpl. Lastträger m; 2. ⚓ Frachter m; 3. ~s m/pl. Packsattel m; **~guío** m Ladung f; Frachtgüter n/pl.

cari... [1] lit. u. F in Zssgn. ...gesichtig, mit ... Gesicht; z. B. **~ancho** mit breitem Gesicht; **~gordo** dickbackig, vollwangig.

cari² **I.** adj. c 1. Arg., Chi. (hell-)braun; **II.** m Am. Brombeere f; 3. Chi. Pfeffer m.

caria ⚠ f Säulenschaft m.

cariacedo lit. adj. sauertöpfisch, mürrisch.

cariaco m Cu. Volkstanz; Guay. Art Schnaps m; Ven. etwa: Wild... (Pfl. u. Tiere); z. B. paloma f ~ (od. ~a f) Wildtaube f.

cariacontecido adj. nachdenklich; betroffen, verstört.

caria|do adj. angefault, hohl; 🌡 kariös (Zahn, Knochen); **~r** [1b] **I.** v/t. Fäule verursachen an (dat.); **II.** **~se** (an)faulen; hohl werden (Zahn).

caribe **I.** adj. c-su. m karibisch; Ven. (pez m) ~ Karibenfisch m; **II.** m Karibe m; el ⚥ die Karibik; **~ño** adj. karibisch, Karibik...

cari|blanca Zo. f Col., C. Ri. Maisäffchen n; **~bú** Zo. m Karibu n. **caricato** Thea. m Baßbuffo m. **caricatu|ra** f Karikatur f, Zerrbild n (a. fig.); Méj. ~s f/pl. Zeichentrickfilm m; **~rar** v/t. → caricaturizar; **~resco** adj. Karikatur...; zur Karikatur geworden; **~rista** c Karikaturist m, Karikaturenzeichner m; **~rizar** [1f] v/t. a. fig. karikieren, verzerren.

cari|cia f Zärtlichkeit f; Liebkosung f; Streicheln n; Schmeichelei f; hacer ~s a un niño (a un gato) ein Kind liebkosen (e-e Katze streicheln); **~cioso** adj. zärtlich, liebkosend.

caridad f 1. Theol. Caritas f, Agape f; 2. christliche Nächstenliebe f, Barmherzigkeit f, Wohltätigkeit f; 3. Liebesgabe f, Almosen n; casa f de ~ Armen-haus n; -spital n; vivir de la ~ pública von der Fürsorge leben; 4. Méj. Sträflingskost f.

caridoliente adj. c mit schmerzlich verzogenem Gesicht, mit (e-r) Leidensmiene.

cariedón Zo. m Nußwurm m.

caries f 1. 🌡 Karies f, Knochenfraß m; ~ dental, ~ dentaria Zahnfäule f; 2. ❀ Brand m; 3. Wurmstichigkeit f.

carillo **I.** adj. 1. ⚘ lieb, teuer; 2. F ganz schön teuer F (Preis); **II.** m 3. poet. Liebhaber m.

carillón m Glockenspiel n.

carincho Kchk. m Am. Kartoffeln f/pl. mit Paprikafleisch.

Carin|tia f Kärnten n; **~tino** Min. f Carinthin m; **~tio** adj.-su. kärntnerisch; m Kärntner m.

cari|ñar v/i. Arg. Heimweh haben; **~ñín** F m mein Liebling (zu Kindern); **~ño** m 1. Liebe f, Zuneigung f; Zärtlichkeit f; Sehnsucht f; ~ (mío) (mein) Liebes, (mein) Liebling m; adv. con ~ liebevoll, zärtlich; tenerle (tomarle) ~ a alg. j-n lieb-haben (-gewinnen); 2. ~s m/pl. a) Liebkosung(en) f(/pl.); b) Grüße m/pl., Aufmerksamkeiten f/pl.; 3. Sorgfalt f; 4. Chi., Rpl. Geschenk n, Mitbringsel n; **~ñosamente** adv. → con cariño; **~ñoso** adj. liebevoll, zärtlich, zutraulich (Kind); freundlich; in Briefen: ~s saludos m/pl. herzliche Grüße m/pl.

carioca **I.** adj.-su. c aus Rio de Janeiro; p. ext. brasilianisch; **II.** f ♪ Carioca f (Tanz).

cariocinesis Biol. f Karyokinese f, indirekte Kernteilung f.

cariofiláceas ❀ f/pl. Nelkengewächse n/pl.

cari|parejo F adj. mit unbewegtem Gesicht, unerschütterlich; **~rredondo** adj. mit rund(lich)em Gesicht.

carísimo sup. v. caro; sehr teuer; sehr lieb; kath. ~s en Cristo Geliebte in Christo.

caris|ma m Charisma n, Begnadung f, Berufung f; **~mático** adj. charismatisch.

carita f EDV Smiley m.

caritativo adj. karitativ, hilfreich, mildtätig, barmherzig; obra f ~a Hilfswerk n, Wohltätigkeitsinstitution f.

carite *Fi. m Cu., P. Ri. Art* Sägefisch *m*; *Ven.* Karibenfisch *m*, Piranha *m*.

cariz *m* (*pl.* ~ices) Wetterlage *f*; *fig.* Lage *f*, Aussehen *n*; ~ (*de los negocios*) Geschäftslage *f*; *la cosa va tomando mal* ~ die Sache wird bedenklich (*od.* brenzlig); *de tal* ~ derartig.

carlan|ca *f* 1. Stachelhalsband *n*; *Col., C. Ri.* Fußeisen *n der Sträflinge*; 2. *fig.* F Geriebenheit *f*, Gerissenheit *f*; *tener muchas* ~s es faustdick hinter den Ohren haben, mit allen Wassern gewaschen sein F; 3. *Chi., Hond.* Zudringlichkeit *f*, Belästigung *f*; ~**cón** *m* Schlauberger *m*, Schlaukopf *m*. [wurz *f*.]

carlina ♀ *f* Silberdistel *f*, Eber-

carlinga *f* ⚓ Kielschwein *n*; ✈ Pilotenkanzel *f*, Cockpit *n*.

carlis|mo *Pol. m* Karlismus *m*; ~**ta** *adj.-su. c* Karlist *m*, Anhänger des Thronprätendenten Don Carlos (*19. Jh.*) *u. s-r* Nachkommen.

Carlo|s *npr. m* Karl *m*; ~**ta** *npr. f* Charlotte *f*; ♀ *Kchk.* Charlotte *f* (*Art Baisertorte*).

carlovingio *adj.-su.* → carolingio.

carmel ♀ *m* Spitzwegerich *m*.

carmelina *f* Karmelinwolle *f*.

carme|lita I. *adj.-su. c kath.* Karmeliter...; *c* Karmeliter-mönch *m*; -nonne *f*; II. *f* Kapuzinerkressenblüte *f* (*Salatwürze*); III. *adj. c Am. Reg.* braun; ~**litano** *adj.* Karmeliter...; ~**lo** *m*: (*Monte m*) ~ (Berg) Karmel *m*.

carmen[1] *lit. m* Carmen *n*, Gedicht *n*.

carmen[2] *m Granada*: Landhaus *n* mit Garten.

Carmen[3] *m* Karmeliterorden *m*.

carmenar *v/t.* 1. *tex.* Wolle kämmen, schlichten; *fig.* an den Haaren ziehen, zerzausen; 2. *fig.* F rupfen F, ausplündern.

carme|sí (*pl.* ~íes) I. *adj. c* karm(es)inrot, hochrot; II. *m* Karm(es)in *n*; ~**sita** *Min. f* Karmesit *m*.

carmín *m* 1. Scharlachrot *n*; Lippenstift *m*; 2. ♀ rote Wildrose *f*.

carminativo 🞸 *adj.-su. m* blähungstreibend(es Mittel *n*).

car|míneo, ~minoso *adj.* karm(es)infarben, tiefrot.

carna|ción ⌀ *f* Fleischfarbe *f*; ~**da** *f Jgdw.*, *Fischerei*: Köder *m*; *fig.* F Falle *f*, Köder *m*; ~**dura** *f* 1. Beleibtheit *f*; 2. P Muskulatur *f*, Fleisch *n*; 3. 🞸 Heilungstendenz *f der Gewebe*; ~**je** ⚓ *m* Pökelfleisch(vorrat *m*) *n*; ~**l** I. *adj. c* 1. fleischlich, sinnlich, weltlich; *acto m* (*od. comercio m*) ~ Beischlaf *m*; 2. blutsverwandt; *hermano m* ~ leiblicher Bruder *m*; II. *m* 3. *Rel.* Nichtfastenzeit *f*; ~**lidad** *f* Fleisches-, Sinnen-lust *f*.

carnava|l *m* 1. Karneval *m*, Fastnacht *f*, *südd.* Fasching *m*; 2. ~es *m/pl.* Luftschlangen *f/pl.*; Konfetti *n*; ~**lada** *f* Fastnachts-, Karnevalsscherz *m*; Karnevalstreiben *n*; *fig.* Farce *f*; ~**lesco** *adj.* Fastnachts..., Karnevals...

carnaza *f* Fleischseite *f an Häuten*; Fleischköder *m* (*Jagd, Fischerei*); *desp.* Fleisch *n*, Beleibtheit *f*.

carne *f* 1. Fleisch *n*; Fleischgericht *n*; Fruchtfleisch *n*; ~ *asada* Bratfleisch *n*, Braten *m*; ~(s) *f*(/*pl.*)

blanca(s) weißes Fleisch *n* (*Geflügel, Kalb u. ä.*); ~ *de caballo* (*de cordero*) Pferde- (Lamm-)fleisch *n*; *fig.* ~ *de cañón* Kanonenfutter *n*; ~ *cocida* (*congelada*) Suppen- (Gefrier-)fleisch *n*; *Rpl.* ~ *con* (*od. de*) *cuero* in der Haut gebratenes Fleisch; ~ *de gallina* Hühnerfleisch *n*; *fig.* Gänsehaut *f*; ~ *de lata* Dosen-, Büchsen-fleisch *n*; ~ *de membrillo* Quitten-brot *n*, -käse *m*; *bsd. Am.* ~ *molida* Hackfleisch *n*; ~ *mollar* mageres Fleisch *n* ohne Knochen; ~ *de pelo* Wild *n* (*Hasen, Kaninchen*); ~ *picada* Hackfleisch *n*; Haché *n*; ~ *de pluma* Geflügel *n*; ~ *rallada* (*seca*) Schabe- (Dörr-)fleisch *n*; ~ *salvajina* Wild(bret) *n* (*Wildschwein, Hirsch, Reh*); ~ *de vaca*, ~ *de bovino, Am.* ~ *de res* Rindfleisch *n*; ~ *viva* gesundes Fleisch (*bei Wunden*); bloßliegendes Fleisch *n*; *fig.* en ~s (*vivas*) nackt, splitternackt F; *aferrarse con* ~ *y uña* s. mit Klauen u. Zähnen anklammern (*od.* verteidigen); *echar* (*od. cobrar, criar, tomar*) ~s, *entrar en* ~s Fleisch ansetzen, dick werden; *fig. herir en* ~ *viva* zutiefst verletzen (*od.* treffen); *estar metido* (*od.* F *metidito*) *en* ~s, *tener buenas* ~s beleibt sein, dick sein, gut gepolstert sein F; F *perder* ~(s) abmagern, vom Fleisch fallen F; *fig. poner toda la* ~ *en el asador* a) alles auf e-e Karte setzen; b) alle Hebel in Bewegung setzen; *ponérsele a alg.* ~ *de gallina, abrírsele a alg. las* ~s e-e Gänsehaut bekommen; (ser) de ~ *y hueso* auch (nur) ein Mensch (sein); leibhaftig (sein), wirklich (sein); aus Fleisch u. Blut (sein); *fig. no ser* ~ *ni pescado* weder Fisch noch Fleisch sein; *fig. ser uña y* ~ ein Herz u. e-e Seele sein; *fig. le tiemblan las* ~s *er* (sie) zittert an allen Gliedern; 2. Sinnlichkeit *f*, Fleischeslust *f*; 3. *Rel.* Fleisch *n*; ~ *humana* menschliche Schwachheit *f*; 4. *Mal.* Fleischfarbe *f*; *color* (de) ~ fleischfarben, inkarnat; 5. *Am. Mer.* Kernholz *n e-s* Stammes.

carne|ada *f Rpl.* Schlachtung *f*; ~**ar** *v/t.* 1. *Rpl., Chi.* schlachten; *fig. Rpl.* niederstechen, töten; 2. *Chi.* betrügen, prellen; ~**cería** *f* → *carnicería*; ~**cilla** *f* kl. Fleischwucherung *f*; ~**rada** *f* Hammelherde *f*; ~**rear** *v/t. Rpl.* (von e-r Bewerberliste) streichen; ~**rero** *m* Schäfer *m*, Schafhirt *m*; ~**ril** *adj. c* Schaf...; *dehesa f* ~ Schafweide *f*; ~**ro** *m* 1. Hammel *m*; ~ *semental* Zuchtbock *m*, Widder *m*; *fig.* F *no hay tales* ~s so was gibt's ja gar nicht F, da lachen ja die Hühner F; 2. Hammelfleisch *n*; 3. *Arg., Bol.*, *Pe.* ~ *de la sierra* Lama *n*; 4. *Vo.* ~ *del cabo* Albatros *m*; 5. ⊕ Bohrwidder *m*; *hist.* ⚔ Widder *m*, Rammbock *m*; 6. *Chi., Rpl.* Schwächling *m*, Nachbeter *m*, Herdenmensch *m*; 7. F *Arg.* Streikbrecher *m*; ~**runo** *adj.* Hammel..., Schaf...; hammel-, schaf-artig.

carnestolendas *f/pl.* die drei letzten Tage der Fastnachts-, Karnevalszeit *f*, Fasching *m*.

car|né, ~net *m* (*pl.* ~és, ~ets) 1. Ausweis(karte) *f* *m*; ~ *acreditativo* Ausweis *m* (*allg.*); ~ *de identidad* Personalausweis *m*; ~ (*internacional*) *de conducir* (internationaler) Führerschein *m*; ~ *de periodista* Presseausweis *m*; 2. Notizbuch *n*.

carnice|ría *f* 1. Metzgerei *f*, Fleischerei *f*; *Ec.* Schlachthof *m*; 2. *fig.* Blutbad *n*, Gemetzel *n*, Massaker *n*; F *hacer una* ~ ein Blutbad anrichten; ~**ro** I. *adj.* 1. reißend (*wildes Tier*), fleischfressend; 2. *fig.* blutgierig, grausam; F gern Fleisch essend; 3. *olla f* ~**a** Wurstkessel *m*; *fig.* F Koch-, Eß-kessel *m für Erntearbeiter usw.*; II. *m* 4. Fleischer *m*, Metzger *m*; 5. *fig.* Schinder *m*, Schlächter *m*; *desp.* F Metzger *m* F (= *schlechter Chirurg*); 6. ~s *m/pl.* Raubtiere *n/pl.*

carni|col *m* Klaue *f der Spaltzeher*; ~**forme** *adj. c* fleisch-ähnlich, -artig.

carniola *Min. f* Karneol *m*.

carniseco *adj.* hager, dürr.

carnívoro I. *adj.* fleischfressend; II. ~s *m/pl.* Fleischfresser *m/pl.*; *a.* Raubtiere *n/pl.*

carniza *f* Fleischabfälle *m/pl.*; F schlechtes (*od.* stinkendes) Fleisch *n*, Aas *n*.

car|nosidad *f* 1. 🞸 Fleischwucherung *f*; 2. überschüssiges Fett *n*; Beleibtheit *f*; ~**noso** *adj.* fleischig (*a. von Pfl.*); *fig.* beleibt; ~**nudo** *adj.* fleischig; beleibt; ~**nuza** *f desp.* minderwertiges, billiges Fleisch *n*.

caro[1] I. *adj.* 1. teuer; kostspielig; *resultar* ~ viel Geld kosten; 2. *lit.* lieb, teuer, wert; kostbar; F ~*a mitad f* bessere Hälfte *f* (*Ehefrau*); II. *adv.* 3. *vender* ~ teuer verkaufen; *fig. te costará* ~ das wird dich teuer zu stehen kommen; *a.* das sollst du mir büßen.

caro[2] *m Cu.* Krebsrogen *m*.

caroba ♀ *f* Skrofelkraut *n*; *Rpl.* Karobe *f*.

caroca *f* 1. Straßendekoration *f bei Festzügen u. ä.*; 2. Posse *f im Volksstil*; 3. *fig.* F übertriebene Schmeichelei *f*; *hacer* ~s Süßholz raspeln; Faxen machen; *a.* angeben F.

carocha *f u. Abl.* → *carrocha*.

carolingio *hist. adj.-su. c* karolingisch; *m* Karolinger *m*.

carón *adj. Am.* pausbäckig.

carona *f* 1. Satteldecke *f*, Woilach *m*; 2. Teil *n* des Pferderückens, auf dem der Sattel aufliegt.

Caronte *Myth. m* Charon *m*.

caroñoso *adj.* wundgerieben (*Reit-, Lasttier*).

carota F I. *m* unverschämter Kerl *m*; II. *f* Frechheit *f*, Chuzpe *f* F.

carótida *Anat. adj.-su. f* (*arteria f*) ~ Halsschlagader *f*, Karotis *f*.

carozo *m* 1. Maisrispe *f*; 2. *Reg. u. Am.* Kern *m*, Stein *m* (*Obst*).

carpa[1] *Fi. f* Karpfen *m*; ~ *dorada* (Gold-)Karausche *f*; *Sp.* (*salto m de*) ~ Hechtsprung *m*.

carpa[2] *f* Traubenbüschel *n*.

carpa[3] *f Am.* Zelt *n*; *Span.* Zirkuszelt *n*; *Chi., Méj., Pe., P. Ri.* Krämerbude *f*.

carpanel △ *m* Korb-bogen *m*, -gewölbe *n*.

carpanta F *f* 1. Mordshunger *m* F; 2. *Andal.* aufdringliches, neugieriges Frauenzimmer *n* F; 3. *Méj.* (Räuber-)Bande *f*.

carpático *adj.* aus den Karpaten, Karpaten...

Cárpatos m/pl. Karpaten pl.
carpe ♀ m Weiß-, Hage-buche f; **∼dal** m Weißbuchenhain m.
carpelo ♀ m Fruchtblatt n, Karpell(um) n.
carpera f Karpfenteich m.
carpeta f 1. Schreib-, Kolleg-mappe f; Schreibunterlage f; Aktendeckel m; (Schallplatten-)Hülle f; Am. Aktentasche f; ∼ de anillas Ringbuch n; ∼ de dibujo Zeichenmappe f; 2. (Tisch-)Decke f; 3. † Aufstellung f, Abrechnungsliste f von Wertpapieren (Bankw.); 4. Pe. Schreibpult n; **∼zo** F: dar ∼ a un asunto et. unerledigt liegenlassen, et. ad acta legen.
carpiano Anat. adj. Handwurzel...
carpidor ⚙ m Am. Jäthacke f.
carpincho Zo. m Col., Rpl. Wasserschwein n.
carpin|tear vt/i. zimmern, tischlern; **∼tera** adj.-su. f: (abeja f) ∼ Holzbiene f; **∼tería** f 1. Zimmerwerkstatt f, Tischlerei f; ∼ y ebanistería f Bau- u. Möbelschreinerei f; 2. Zimmer- bzw. Tischler-handwerk n; 3. Zimmerung f, Gerüst n, Holzwerk n; **∼teril** adj. c Zimmermanns...; Tischler...; **∼tero** m Tischler m, Schreiner m; ∼ (de armar) Zimmermann m; ∼ de obra (de afuera) Bauschreiner m; ∼ de ribera Schiffszimmermann m.
carpir vt/i. 1. ♀ Am. jäten, säubern; 2. betäuben.
carpo Anat. m Handwurzel f, Carpus m.
carquesa ⊕ f Frittofen m für Glas.
carraca[1] f 1. hist. gr. Lastschiff n; desp. schwerfälliges Schiff n, Eimer m (F desp.); 2. fig. F Klapper-, Rumpel-kasten m F; F estar hecho una ∼ ein Klappergreis sein; 3. hist. Werft f.
carraca[2] f Klapper f, Schnarre f; ⊕ Knarre f, Ratsche f; Bohrknarre f.
carraco[1] F adj. kränklich, klapprig F.
carraco[2] Vo. m Col. Aura f, am. Geier m; C. Ri. e-e Ente.
Carracuca F m: estar más perdido que ∼ schön in die Tinte geraten sein F, tief im Schlamassel stecken F; ser más feo (tonto) que ∼ häßlich wie die Nacht F (erzdumm F od. erzdämlich) sein.
carrador m Korkarbeiter m.
carra|gahen, ∼geen ♀ m Karrageen n.
carral m Transportfaß n für Wein.
carraleja Ent. f Maiswurm m, Ölkäfer m.
carranza f Stachel m am Stachelhalsband.
carrao m Ven. ein Stelzvogel (Riesen-'ralle).
carraón ♀ m Spelz m, Spelt m.
carrasca[1] ♀ f kl. Steineiche f; a. Scharlach-, Kermes-eiche f.
carrasca[2] ♪ f Col. Rumbagurke f.
carrascal m 1. Steineichenwald m; 2. Chi. → pedregal.
carrasco m 1. ♀ kl. Stein-, Stecheiche f; pino m ∼ Schwarzfichte f; 2. Am. Dickicht n, Busch m; **∼so** adj. mit Steineichen bestanden.
carraspada f Getränk aus Rotwein mit Wasser, Honig u. Gewürzen.
carraspe|ar v/i. s. räuspern; hüsteln; **∼ño** adj. rauh, heiser (Stimme); **∼o** m, **∼ra** f Heiserkeit f; Hüsteln n.
carraspique ♀ m Schleifenblume f, Bauernsenf m.
carrasposo adj. chronisch heiser; krächzend (Stimme); Col., Cu., Ec., Ven. rauh (anzufühlen).
carras|queño adj. 1. ♀ Steineichen...; aceituna f ∼a e-e Olivenart; 2. fig. F rauh, hart; mürrisch, barsch; **∼quera** f → carrascal; **∼quilla** ♀ f Reg. 1. Felsenbirne f; 2. echter Gamander m; 3. immergrüner Wegdorn m.
carrejo m Korridor m, Flur m, Durchgang m.
carrera f 1. Laufen n, Lauf m; de ∼ eiligst, flugs; fig. hastig, in wilder Hast (od. Eile), überlegt; adv. a ∼ abierta od. a ∼ tendida od. a la ∼ in vollem Lauf; eilig, schnell; adv. Am. a las ∼s eilig, hastig; dar una ∼ hasta laufen bis an (ac. od. zu dat.); partir de ∼ unüberlegt (od. leichtsinnig) zu Werke gehen; tomar ∼ (e-n) Anlauf nehmen (a. fig.); 2. Weg-strecke f, zurückgelegte Strecke f; Bahn f der Gestirne; Prozessions-, Fest-weg m; a. Aufmarschstraßen f/pl.; Heer-, Land-straße f; bei Straßennamen: Straße f; Col. v. N nach S verlaufende Straße f (Ggs. → calle 1); Schiffahrtsstraße f; 3. Sp. Wettlauf m, Rennen n; Renn-strecke f, -bahn f; fig. ∼ de armamentos, ∼ armamentista Rüstungswettlauf m, Wettrüsten n; ∼ de automóviles (a. bicicletas) Auto- (Rad-)rennen n; ∼s de caballos, ∼ hípicas Pferderennen n(/pl.); ∼ de cien metros Hundertmeterlauf m; ∼ corta, ∼ a corta distancia Kurzstreckenlauf m; ∼ en cuesta Berg-rennen n; ∼ de destreza Geschicklichkeits-lauf m; -rennen n; ∼ de esquí(e)s Skirennen n; ∼ de fondo Langstreckenlauf m; Ski: Langlauf m; ∼ de galgos Windhundrennen n; ∼ de medio fondo Mittelstreckenlauf m; ∼ de motocicletas Motorradrennen n; fig. ∼ nuclear Atomwettrüsten n; ∼ de obstáculos Hindernis-lauf n; -rennen n; a. Hürdenlauf m; ∼ de relevo(s) Staffellauf m; ∼ de resistencia m Dauerlauf m; Equ. Distanz-, Gewalt-ritt m; ∼ de sacos Sackhüpfen n; ∼ de trote Trabrennen n; ∼ de vallas Hürdenlauf m; automóvil m (od. coche m) de ∼s Rennwagen m; juez m de ∼s Renn-, Lauf-richter m; a. Startrichter m; 4. Laufbahn f, Karriere f; Fach n, Beruf m; bsd. akademisches Berufsstudium n; ∼ de abogado Rechtsanwaltslaufbahn f; diplomático m de ∼ Berufsdiplomat m; hombre m de ∼ Akademiker m, Fachingenieur m usw.; joven m de ∼ studierter junger Mann m, Jungakademiker m; cambiar de ∼ den Beruf wechseln, umsatteln F; dar ∼ a alg. j-n studieren lassen; estudiar (od. seguir) la ∼ de médico Arzt werden, Medizin studieren; hacer ∼ Karriere machen, beruflich vorwärtskommen; fig. no poder hacer ∼ de (od. con) alg. mit j-m nicht zurechtkommen, mit j-m nichts anfangen können; 5. † Kurve f; ∼ ascensional (descendente) de precios ansteigende (fallende) Preiskurve f; 6. ⊕ Weg m, zurückgelegte Strecke f; ∼ del émbolo Kolbenhub m; 7. Reihe f; ∼ de árboles Allee f, Baumreihe f; 8. Lebensweise f; F mujer f de ∼ Dirne f; F hacer la ∼ auf den Strich gehen F; 9. Lauf m bzw. Dauer f des Lebens; 10. ♪ a) alte Tanzweise; b) Lauf m; Kadenz f; 11. ⚓ Trag-, Stütz-balken m; Rahmen(holz n) m; 12. (Haar-)Scheitel m; 13. Laufmasche f.
carre|rilla f 1. ♪ a) Läufer m, Passage f von e-r Oktave; b) e-e Tanzfigur, zwei schnelle Schritte f; 2. kurzer Lauf m; fig. de ∼ überstürzt, unüberlegt; Sp. tomar ∼ Anlauf nehmen; 3. Laufmasche f; **∼rista** c Rennsportler m; Rennfahrer m; Liebhaber m von (bzw. Wetter m bei) Pferderennen; **∼ro** m Fuhrmann m.
carreta f 1. zweirädriger Wagen m; F Am. oft der carrete, carretilla, carretón; 2. prov. hacer la ∼ schnurren (Katze); **∼da** f Fuhre f, Fuder n; Wagenladung f; F Menge f; a ∼s haufenweise F, jede Menge F; **∼l** m grob zugehauener Baustein m.
carrete m Spule f, Haspel f; Angelspule f; Phot. Film-rolle f, -patrone f; Rollfilm m; ⚡ (Induktions- usw.) Spule f; ∼ de hilo Garnrolle f; ⚓ ∼ de corredera Logrolle f; dar ∼ die Angelschnur u. ä. nachlassen; fig. j-n vertrösten, j-n hinhalten; **∼able** m Col. schlechter, unbefestigter Fahrweg m.
carretear I. v/t. 1. auf e-m Karren fortschaffen; e-n Wagen ziehen; II. v/i. 2. e-n Wagen führen, fahren; ⚡ rollen; 3. Cu. krächzen (junge Papageien); III. v/r. **∼se** 4. s. ins Geschirr stemmen (Zugtiere).
carretel m ⚓ Logrolle f; Méj. Spule f der Nähmaschine.
carrete|la f leichte Kutsche f; Chi. Überlandwagen m; **∼o** m Beförderung f auf Karren; ⚡ Rollen n.
carretera f Landstraße f (im Ggs. zur Straße in Ortschaften = calle); ∼ de primera (de segunda) categoría Landstraße f I. (II.) Ordnung; ∼ comarcal in Span. (Abk. C 1, 2 usw.) dt. etwa: Staats-, Land-straße f; ♀ Federal in einigen am. Staaten (Abk. F 1, 2 usw.) Bundesstraße f; ∼ local in Span. etwa: Gemeindestraße f; ♀ Nacional in Span. (Abk. N 1, 2 usw.) Nationalstraße f, in Dtl. etwa: Bundesstraße f; ∼ de peaje Mautstraße f; ∼ principal Fernverkehrsstraße f; Durchgangsstraße f; ∼ radial in Span. (Abk. I, II usw.) die von Madrid ausgehenden 6 großen Fernverkehrsstraßen; ∼ secundaria Nebenstraße f; ∼ vecinal Gemeinde-, Ortsverbindungs-straße f.
carre|tería f 1. Stellmacherei f; Stellmacherarbeit f; Stellmacherviertel n; 2. Fuhrwesen n; 3. (Menge f) Karren m/pl.; **∼teril** adj. c 1. Stellmacher...; 2. Fuhrmanns...; **∼tero** m 1. Stellmacher m; 2. Fuhrmann m; fig. ungebildeter (bzw. gemeiner) Kerl m; blasfemar como un ∼ fluchen wie ein (Müll-)Kutscher, gottserbärmlich fluchen; 3. ♪ Falschspieler m; **∼til** adj. c Karren...; **∼tilla** f 1. Schubkarren m, Handwagen m; ∼ eléctrica Elektrokarren m; ∼ de equipaje Gepäck-

carretillada — cartear 132

karren m; ~ elevadora (de horquilla) Hub- (Gabel-)stapler m; 2. Frosch m, Schwärmer m (Feuerwerk); 3. Laufkorb m für Kinder; 4. Arg., Chi. Kinnlade f; 5. Rpl. Maultierdreigespann n (Lastwagen); 6. fig. adv. de ~ (stur) auswendig, mechanisch; gewohnheitsmäßig; ~tillada f Schubkarrevoll f.

carre|tón m 1. offener (bzw. kl.) Kastenwagen m; (Scherenschleifer-)Karren m; Wägelchen n; Rollwägelchen n für Beinamputierte u. ä.; 2. ⊕ Schlitten m; Leitrad n bei Raupenfahrzeugen; 🚲 Triebradgestell n; 3. Lampen(flaschen)zug m bei Kronleuchtern; 4. Am. Cent. Garnrolle f; ~tonero m 1. Handwagen- usw. -fahrer m; 2. ♣ Col. (Futter-)Klee m.

carricera ♣ f Katzenschwanz m.

carri|coche desp. m Rumpelkasten m, -kiste f; Reg. Mistwagen m; ~cuba ♂ f Sprengwagen m.

carriego m Fischreuse f; tex. Behälter m zum Flachsbleichen.

carriel m Col., Ec., Ven. Gürteltasche f der Maultiertreiber; Lederbeutel m, -tasche f.

carril m 1. Vkw. (Fahr-)Spur f; Autobahn: ~ de aceleración (de deceleración) Beschleunigungs- (Verzögerungs-)spur f; ~ para adelantar Überholspur f; Span. ~-bici Fahrspur f für Radfahrer; Rad(fahr)weg m; ~ contrario Gegenfahrbahn f; ~ lento Kriechspur f; 2. ⊕ Schiene f (a. 🚲); Führungsleiste f; ~ de cortinaje Vorhangschiene f; ~ normal Voll-, Regelschiene f; Vkw. ~ protector Leitplanke f; fig. F entrar en (el) ~ zur Vernunft kommen; 3. Furche f; 4. Chi. Eisenbahn f.

carri|lada f Rad-, Wagen-spur f im Gelände; ~lano m Chi. Eisenbahner m; desp. Gauner m, Bandit m; ~lera f 1. → carrilada; 2. 🌿 Strahlenpilzkrankheit f; 3. 🚲 Cu. Ausweichstelle f; 🚲 Col. Gleis n; 4. Chi. Pfahlrost m.

carri|llada f 1. Backenfett n der Schweine; 2. ~s f/pl. Zähneklappern n; ~llera f 1. Anat. Kiefer m; 2. Kinn-, Schuppen-kette f am Helm; Kinn-, Sturm-riemen f an Helm, Tschako usw.; ~llo m Anat. Backe f, Wange f; comer (od. mascar) a dos ~s mit vollen Backen kauen, mampfen F; p. ext. wie ein Scheunendrescher (fr)essen F; fig. a) zwei Eisen im Feuer haben; b) auf beiden Schultern tragen; ~lludo adj. paus-, dickbäckig.

carriola f 1. Rollbett n; 2. leichter Wagen m.

carrito m Wägelchen n; Teewagen m; 🚲, 🛄 Kofferkuli m; ⊕ Schlitten m; Laufkatze f; ~ (de inválido) Krankenfahrstuhl m, Selbstfahrer m; ~ de (la) compra Einkaufswagen m; Ven. ~ por puesto Strecken-, Sammel-taxi n.

carri|zada ⚓ f Reihe f von Fässern (als Floß in Schlepp genommen); ~zal m Röhricht n; ~zo m 1. ♣ Schilf n; Teichrohr n; Binse f; Ried(gras) n; Am. italienisches Rohr n; Rpl., Col., Hond., Pe., P. Ri., Ven. „Wasserrohr" n (die Stengel enthalten Wasser); Rpl. ~ de las Pampas Pampasgras n; 2. ¡~!

int. Col., Ven., Am. Cent. nein, so (et)was! (Überraschung).

carro m 1. Karren m, Karre f; Wagen m, Fuhrwerk n; ⊕ Wagen m (a. Schreibmaschine); Schlitten m; F a ~s haufenweise; ~ de asalto hist. Kampfwagen m; ⚔ → ~ de combate Panzer(kampfwagen) m; ~ de basura Müll(abfuhr)wagen m; ~ basculante Kipp-wagen m; -lore f; 🚲 ~ giratorio Drehgestell n; ⊕ ~ (de grúa) Laufkatze f; ~ entoldado, ~ de toldo (de mano) Plan- (Hand-)wagen m; ~ de motor Motorwagen m, Selbstfahrer m; ~ de riego Sprengwagen m; ~ triunfal, ~ triunfante Triumphwagen m; ~-vivienda Wohnwagen m der Schausteller; a. fig. se ha atascado el ~ die Karre steckt (tief) im Dreck F; fig. tirar del ~ schuften müssen; alles selber tun müssen; fig. F untar (od. engrasar) el ~ schmieren F, bestechen; 2. Am. außer Chi. u. Rpl. (Kraft-)Wagen m, Auto n; → a. coche; Méj. ~ de sitio Taxi n; 3. Fuhre f, Wagenladung f; 4. bsd. Arg. ~ (urbano) Straßenbahn f; 5. bsd. Chi., Cu., Méj. Eisenbahnwagen m; 6. Sp. Hantel f; 7. Astr. ♀ Mayor (Menor) Großer (Kleiner) Wagen m; 8. Ven. Schwindler m, Hochstapler m; Schwindelei f; P Cu. stattliches Weißbild n F; 9. □ Glücksspiel n.

carroce|ría f 1. Kfz. Karosserie f; ~ autosustentadora, ~ monocasco selbsttragende Karosserie f; 2. Karosseriebau m; ~ro I. adj. Karosserie...; taller m ~ Karosseriewerk(statt f) n; II. m Stellmacher m; Kfz. Karosseriebauer m, Styler m, Designer m.

carrocha f Eier n/pl. der Insekten; ~r v/i. Eier legen (Insekten).

carroma|tero m (Roll-)Fuhrmann m; ~to m zweispänniger Lastkarren m; desp. Klapperkiste f F, Karre f F.

carro|ña f Aas n, Luder n (a. fig. F); ~ñero F m Trittbrettfahrer m (fig. F); ~ñoso adj. 1. stinkend, nach Aas riechend; 2. verwest.

carrotanque m Am. Tank(last)wagen m.

carroza I. f 1. Karosse f; Prachtstaats-kutsche f; 2. ♣ (bsd. Boots-)Verdeck n; II. c 3. F alter Knacker m F, Mann m mit überholten Ideen; P schwuler Lustgreis m (desp.); III. adj. inv. 4. F altmodisch, alt.

carruaje m Fuhrwerk n, Wagen m; koll. Wagen m/pl., Wagenpark m für Reise u. ä.; ~ro m Fuhrmann m, Kutscher m; Am. Wagenbauer m.

carruco m 1. desp. zu carro Rumpelkasten m; 2. Bauernkarren m; 3. prov. Last f Dachziegel.

carrusel m 1. Reiteraufzug m, Kavalkade f; Equ. Ringelstechen m; 2. Karussell n.

cárstico Geol. adj. Karst...

carta f 1. Brief m, Schreiben n; Urkunde f, Dokument n; por ~ brieflich; ~ abierta offener Brief m; ~ blanca Blankoformular n; → a. 2; ~-bomba Briefbombe f; ~ certificada Einschreiben n, Einschreibebrief m; ~ de ciudadanía Staatsbürgerurkunde f; Heimatrecht n (a. fig.); ~ de crédito cumplimientos (bloßer) Höflichkeitsbrief m; ~ de despedida Abschiedsbrief m; Zeitung: ~ al director Leser-

brief m, -zuschrift f; Col., Méj. ~ de entrega inmediata Eilbrief m; ~ de felicitación (de gracias) Glückwunsch- (Dank-)schreiben n; ~ por avión Luftpostbrief m; hist. ~ de marca Kaperbrief m; EDV ~ modelo Serienbrief m; ~ de naturaleza Einbürgerungsurkunde f; ~ orden Auftrag(s-)schreiben n) m, Bestellung f; a. schriftlicher Befehl m; ⚖ Rechtshilfeersuchen n (e-s höheren an ein niederes Gericht); ~ de pago Zahlungsbeleg m, (Schuldzahlungs-)Quittung f; ~ de pésame Beileidsschreiben n; ~ de porte (aéreo) (Luft-)Frachtbrief m; ~ de presentación, ~ de recomendación Empfehlungsschreiben n; Col. ~ recomendada, Méj. ~ registrada Einschreibebrief m, Einschreiben n; ~ de reivindicación Bekennerbrief m; ~ urgente Eilbrief m; ~ con valores (declarados) Wertbrief m; ~ de vecindad Ortsbürgerrecht n; ~ de venta Kauf-urkunde f, -brief m fig.; adquirir (dar a alg.) ~ de naturaleza s. einbürgern (j-m Heimatrecht gewähren); fig. dar ~ blanca freie Hand lassen; Vollmacht geben; echar (od. llevar) una ~ al correo e-n Brief zur Post bringen; fig. F sein Bedürfnis verrichten; 2. (Spiel-)Karte f; ~ blanca Zahlenkarte f; echar ~s (die) Karten austeilen; echar las ~s die Karten legen (Wahrsagerin); echar las ~s a alg. j-m wahrsagen; jugar a las ~s Karten spielen; a. fig. jugar a ~s vistas mit offenen Karten spielen; fig. jugárselo a una sola ~ alles auf e-e Karte setzen; a. fig. jugar la última ~ die letzte Karte (od. den letzten Trumpf) ausspielen; fig. no saber a qué ~ quedarse nicht aus noch ein wissen; unschlüssig sein; fig. tomar ~s en un asunto s. an et. (dat.) beteiligen, in et. (ac.) eingreifen; Spr. ~(s) canta(n) Sinn: wir können es schwarz auf weiß beweisen; 3. a ~ cabal vollständig, unbedingt, durch u. durch; hombre m (honrado) a ~ cabal grundehrlicher Mann m; mujer f (honrada) a ~ cabal kreuzbrave Frau f; 4. Pol. Charta f; hist. engl. ♀ Magna Magna Charta f; fig. Grundgesetz n (der Freiheit); 5. ⚔, ♣ Karte f; marina, ~ náutica, ~ de marear, ~ de navegar Seekarte f; Geogr. ~ muda stumme Karte f; 6. tex. Zettel m, Kettfäden m/pl.; 7. Speisekarte f; ~ de vinos (y licores) Wein-, Getränke-karte f; comer a la ~ nach der Karte (od. à la carte) speisen.

cartabón m 1. gleichschenkliges Winkelmaß n; verstellbares Winkelmaß n (Schuster, Zim.); Visierprisma n (Geometer); a ~ im rechten Winkel, rechtwinklig; fig. echar el ~ die nötigen Maßnahmen treffen; 2. Zim. First-, Dachstuhl-winkel m.

cartagi|n(i)ense adj.-su. c aus Karthago; ~nés m Karthager m.

cárta|ma, ~mo m ♣ Färberdistel f, wilder Safran m.

cartapacio m 1. Schul-mappe f, -ranzen m; 2. Schreibunterlage f; 3. Schreibsachen f/pl.; fig. de ~ ausgeklügelt, rein akademisch (Argument usw.); 4. Notizbuch n.

cartazo F m Brief m voller Kritik (od. Vorwürfe), „Liebesbrief" m F.

cartea|do Kart. adj.-su. m Spiel n, bei dem nicht gereizt wird; ~r I.

v/i. Kart. niedrige Karten ausspielen; **II.** v/r. ~se in Briefwechsel stehen, mitea. korrespondieren.
cartel m **1.** Plakat n, Anschlag m; (Film-, Stierkampf- usw.) Programm n; Vkw. ~ croquis Vorwegweiser m; ~ de teatro, ~ teatral Theaterzettel m; estar en ~ auf dem Spielplan stehen (Theater usw.); seguir en ~ verlängert werden, weitergespielt werden (Film,Thea.); tener ~ auf s-m Fachgebiet e-n guten Namen haben, berühmt sein; un artista de ~ ein berühmter Künstler; **2.** Wand-bild n, -tafel f in Schulen zum Leseunterricht; **3.** Pol. Vereinbarung(svorschlag m) f zwischen kämpfenden Mächten; **4.** hist. ~ de desafío Kartell n, Herausforderung zum Zweikampf; **5.** Pol. Kartell n, Block m; ✝ → **cártel**.
cártel ✝ m Kartell n, Absprache f; ~ de precios Preiskartell f.
carte|la f **1.** △ Kragstein m; Konsole f; **2.** ⊕ Knoten-, Eck-blech n; **3.** ▨ stehender Schild m; ~ acostada liegender Schild m; **~lera** f **1.** große, harmonikaartig angeordnete Aushänge(stand)tafeln f/pl.; Anschlagbrett n; Plakat-, Litfaß-säule f; **2.** ~ (de espectáculos) Vergnügungsanzeiger m; Tagesprogramm n in Zeitungen; **~lero** m Plakatkleber m; **~lista** c Plakatmaler m; **~lón** mst. desp. m gr. Anschlagzettel m, Riesenplakat n.
carteo m **1.** Briefwechsel m; **2.** Kart. Spiel n ohne Einsatz.
cárter ⊕ m Gehäuse n; bsd. Kfz. Ölwanne f; Ketten(schutz)kasten m; ~ del cigüeñal Kurbelgehäuse m.
cartera f **1.** Brieftasche f (a. ~ de bolsillo); (Schreib-, Zeichen-)Mappe f; Am. (Damen-)Handtasche f; Span. ~ (mochila) Schulranzen m; ~ (de documentos, de mano) Aktenmappe f, -tasche f; ~ de música Notenmappe f; fig. tener en ~ a/c. et. vorhaben, et. vorbereiten; et. vorgemerkt haben; **2.** Ministeramt n, Ressort n; tener la ~ de Finanzas (Span. de Hacienda) Finanzminister sein; **3.** ✝ (Wertpapier- usw.) Bestand m; ~ de pedidos Auftragsbestand m; valores m/pl. (letras f/pl.) en ~ Wertpapier(Wechsel-)portefeuille n; **4.** Taschenklappe f, Patte f.
carte|ría ✆ f Briefträgeramt n; Briefabfertigung f; ~ rural Posthalterei f; **~rilla** f Heftchen n Streichhölzer; **~rista** c (bsd. Brief-)Taschendieb m; **~ro** m Briefträger m, Postbote m.
cartesia|nismo Phil. m Kartesianismus m, **~no** adj.-su. kartes(ian)isch; m Kartesianer m.
cartila|gíneo Zo., Fi. adj.-su. Knorpel...; m Knorpelfisch m; **~ginoso** adj. knorpelartig, knorpelig; Anat. tejido m ~ Knorpelgewebe n.
cartílago Anat. m Knorpel m; volverse ~ verknorpeln.
cartilla f **1.** (Kinder-)Fibel f; Leitfaden m; Elementarbuch m; F leerle (od. cantarle) a alg. la ~ j-m den Kopf waschen F; F no saber (ni) la ~ nicht einmal das kleine Einmaleins können F, k-e Ahnung (od. k-n blassen Schimmer F) haben; **2.** Ausweisschein m; ⚕ a. Krankenschein m; ~ (de ahorro) Sparbuch n; ~ de

familia Familien(stamm)buch n; ~ (de racionamiento) Lebensmittelkarte f; ⚔ ~ (militar) Militärpaß m; ~ de vacunación Impfpaß m; **3.** bsd. ⚔ Kartenblatt n; **4.** (Kirchen)Agende f.
carto|grafía f Kartographie f; **~gráfico** adj. kartographisch.
cartógrafo m Kartograph m.
carto|mancia f Karten-legen m, -schlagen n; **~mántico** adj.-su. Kartenleger m; **~metría** Geogr. f Kartometrie f.
cartón m **1.** Pappe f, Karton m; Pappschachtel f, Karton m; Stange f Zigaretten; ~ alquitranado, ~ embreado Teer-, Dach-pappe f; ~ aislante (ondulado) Isolier- (Well-)pappe f; ~ piedra Pappmaché n; Buchb. encuadernar en ~ kartonieren; fig. tirano m de ~ Duodeztyrann m, Tyrann m im Kleinformat; **2.** Am. Karikatur f; **3.** Méj. Diplom n.
carto|naje m Kartonage f, Papp(en)arbeit f; **~né** adj kartoniert; **~nería** f Kartonagen-geschäft n; -fabrik f; **~nero,-su.** m Karton...; m Kartonagen-händler m; -arbeiter m.
cartu|cho P f Arg. Jungfrau f; **~chera** f Patronen-tasche f; -gurt m; Kartuschenkiste f; Arg. Federmappe f; **~chería** f **1.** Patronen f/pl., Schießbedarf m; **2.** Patronenfabrik f; **~chero** m Patronenhersteller m; **~cho** m **1.** Patrone f (⚔, ⊕, Phot.); Kartusche f; ~ con bala, ~ de guerra scharfe Patrone f; ✂ ~ de barrena Zünd-, Sprengpatrone f; ~ de perdigones Schrotpatrone f; ~ de salvas, ~ sin bala, ~ de fogueo Platzpatrone f; quemar el último ~ die letzte Patrone verschießen (bsd. fig.); **2.** Papiersack m; Tüte f; Hülse f, Hülle f; ~ de calderilla (de dulces) Kleingeld-(Bonbon-)rolle f; ~ de correo neumático Rohrposthülse f; fig. ~ de perdigones Geldrollennachahmung f; Gauner-trick m, -schwindel m; **3.** Filtereinsatz m der Gasmaske; **4.** Typ. Zierleiste f; **5.** Col., Chi. Mann m ohne sexuelle Erfahrung.
cartu|ja kath. f Kartäuserkloster n; **~jano, ~jo I.** adj. Kartäuser...; **II.** m Kartäuser(mönch) m; fig. Einsiedler m, Sonderling m; schweigsamer Mensch m; vivir como un ~ sehr zurückgezogen leben.
cartulario hist. m Kopialbuch n, Kartular n.
cartulina f dünner, feiner Karton m; ~ brillante (marfil) Glanz-(Elfenbein-)karton m.
carúncula f Karunkel f, Fleischwärzchen n; ~ lagrimal Tränenwärzchen n.
carurú ♀ m Am. Laugenholz n.
carvajo m → carvallo.
carva|llar, ~lledo m Eichenwald m; **~llo** ♀ m Ast., Gal. Eiche f.
carvi pharm. m Karvensame m.
casa f **1.** Haus n, fig. Wohnung f; a ~ nach Haus(e); de ~ von Hause; Haus..., Familien...; de ~ en ~ von Haus zu Haus; de alg. bei j-m; en la ~ de alg. in j-s Haus; fuera de ~ aus dem Haus; außer Haus; ~ por ~ F como una ~ (hohe Steigerung) riesengroß; wie ein Schrank F; fig. richtig, wie er (bzw. sie, es) im

Buch steht; Chi. ~ (de agencia) → casa de empeños; ~ de alquiler, ~ de pisos, ~ de vecindad, Am. ~ de apartamentos, Méj. ~ de renta Mietshaus n; Méj. ~ de asistencia Pension f; ~ de beneficencia, ~ de caridad Armenhaus n; ♀ Blanca Weißes Haus n (Washington); bsd. Am. ~ de cambio Wechselstube f; ~ de citas, ~ de compromiso Stundenhotel n; ~ de comidas einfaches Speiselokal n; Méj. ~ chica Wohnung f e-r ausgehaltenen Geliebten; ~ de Dios, ~ del Señor Gotteshaus n, Haus n des Herrn; ~ de empeños, ~ de préstamos Pfand-, Leih-haus n; ~ flotante Hausboot n; ~ de huéspedes einfacher Pension f; ~ de labor, ~ de labranza Bauernhof m mit Stallung usw.; ~ de locos, ~ de orates Irren-haus n, -anstalt f (bsd. fig.); ecl. ~ matriz Mutterhaus n; ✝ → **2**; ~ de oración Kirche f; Kapelle f; Betsaal m; ~ paterna Eltern-, Vaterhaus n; ~ propia Eigenheim n; ~ profesa Kloster n; ~ pública, ~ de putas, lit. ~ de lenocinio, ~ de mancebía Freudenhaus n, Bordell n; ♀ Real, Real ♀, ~ del rey kgl. Palast m; kgl. Hausverwaltung f; Hofstaat m; Arg., Chi. ~ rodante Wohn-wagen m, -anhänger m; ~ de salud Genesungs-, Erholungs-heim n; ~ de socorro Unfallstation f, Rettungs-, Sanitäts-wache f; ~ solar(iega) Stammsitz m, (alter) Herrensitz m; F ~ de tócame Roque Haus n, in dem alles drunter und drüber geht; ~ unifamiliar Einfamilienhaus n; F gente f de ~ Nachbarn m/pl.; Bekannte(n) m/pl.; fig. no caber en toda la ~ völlig aus dem Häuschen sein, wüten; echar (od. tirar) la ~ por la ventana das Geld mit vollen Händen hinauswerfen; ein großes Fest (od. ganz groß F) feiern; estar en ~ zu Hause sein; fig. s-e Rechte zu wahren wissen; está usted en su ~ tun Sie, als ob Sie zu Hause wären; estar de ~ im Hausrock (bzw. Hauskleid) sein; s. ganz schlicht (od. zwanglos) bewegen; ir a ~ alg. zu j-m gehen; j-n besuchen; ¡pase usted por ~! kommen Sie einmal vorbei!; poner ~ e-e Wohnung einrichten; ein Haus beziehen; e-n Hausstand gründen; fig. queda en ~ es bleibt in der Familie; die Kosten werden von der Familie gemeinsam aufgebracht; ser de ~ ein guter Freund der Familie sein; ser muy de su ~ sehr häuslich sein; tener ~ puesta ein Haus führen; calle ... tiene Vd. su ~ ich wohne in der ...straße; (in Briefen: su ~: folgt die Anschrift des Absenders); ya sabe usted dónde tiene su ~ besuchen Sie mich bald wieder (einmal); cada cual manda en su ~ jeder ist Herr im eigenen Haus; en ~ del gaitero (od. alboguero od. tamborilero) todos son danzantes wie die Alten sungen, zwitschern die Jungen; der Apfel fällt nicht weit vom Stamm; **2.** ✝ (comercial, ~ de comercio) Haus n, Firma f; ~ central, ~ matriz Stammhaus n, Zentrale f; ~ importadora, ~ de importación (exportadora, ~ de exportación) Import- (Export-)firma f; **3.** Haus-halt m, -arbeit f; llevar la ~ den Haushalt führen; **4.** Familie f, Sippe f; Dynastie f; hist. ♀ de Austria Haus n Habsburg, Habsburger m/pl.; ~ de

casabe — casero 134

Borbón Bourbonen m/pl.; 5. (Familien-)Angehörige(n) m/pl., Haushalt m; a. Haus n, Dienerschaft f; 6. Astrol. ~ (celeste) Haus n; 7. Schach, Billard: Feld n; 8. hist. Vasallen m/pl., Lehnsleute pl.; 9. kath. Col., Ven. Gesetz n des Rosenkranzes.
casabe m Kassave-, Maniok-fladen m.
casaca f 1. Kasack m; Leib-, Gehrock m; Uniformrock m; † cambiar (de) ~, volver (la) ~ die Partei wechseln, umschwenken; 2. F Heirat(svertrag m) f.
casación ⚖ f Kassation f, Aufhebung f, Ungültigkeitserklärung f; recurso m de ~ Revision f (einlegen interponer).
casa|dero adj. heiratsfähig; heiratslustig; **~da** f Ehefrau f, Vermählte f; **~do I.** adj. 1. verheiratet; recién ~ neuvermählt; F casadísimo schwer verheiratet F (kurz gehaltener Ehemann); F ~s detrás de la iglesia in wilder Ehe leben(d); ~ ~ y arrepentido gerade erst verheiratet u. schon bereut; fig. allg. hätte ich's nur nicht getan; II. m 2. Ehemann m; los recién ~s das junge Paar, die Neuvermählten m/pl.; 3. Typ. Seitenanordnung f.
casa|l m 1. Landhaus n; Meierei f; 2. Rpl. Pärchen n; **~licio** m Haus n, Gebäude n, Gehöft n.
casamata ⚔ f Kasematte f.
casa|mentero adj.-su. Heiratsvermittler m, Ehe-, Heirats-stifter m; **~miento** m Heirat f, Verheiratung f, Hochzeit f; Trauung f; ~ por amor, ~ por inclinación Liebesheirat f, Neigungsehe f; ~ desigual nicht standesgemäße Heirat f, Mesalliance f; ~ por dinero Geldheirat f.
casapuerta f überdachter Eingang m; Flur m.
casa|quilla f, **~quín** m kurze Jacke f.
casar¹ m Weiler m, Flecken m, Siedlung f.
casar² ⚖ v/t. für ungültig erklären, aufheben, kassieren.
casar³ I. v/i. 1. heiraten (j-n con); → ~se; por ~ heiratsfähig; heiratslustig; noch nicht verheiratet; 2. harmonieren, gut zs.-passen; in Einklang stehen, übereinstimmen; 3. den gleichen Betrag auf dieselbe Karte setzen, mithalten (Bankhalter u. Spieler); **II.** v/t. 4. verheiraten, unter die Haube bringen F; trauen, zs.-geben; 5. fig. harmonisch verbinden, zs.-fügen, -setzen; ~ los cortinajes con el empapelado sehen, daß die Gardinen u. Vorhänge zur Tapete passen; **III.** v/r. **~se** 6. (s. ver)heiraten, s. vermählen; ~(se) por lo civil s. standesamtlich trauen lassen; fig. no se casa con nadie er will unabhängig bleiben (in s-r Meinung, Haltung usw.). [nung.)
casatienda f Laden m mit Wohn-
casatorio ⚖ adj. aufhebend, Aufhebungs...
casca f 1. Reb-, Wein-trester m; 2. Gerber-rinde f, -lohe f; 3. Toledo: Treberwein m; 4. prov. Schale f, Hülse f, Rinde f.
cascabe|l m 1. Glöckchen n, Schelle f; fig. poner el ~ al gato der Katze die Schelle umhängen, e-e schwierige (bzw. gefährliche) Aufgabe übernehmen; 2. fig. Hohlkopf m, Narr m; ser un ~ sehr lustig sein; **~la** f C. Ri. Klapperschlange f; **~lada** f 1. † Schellenfest n (Bauernfest); 2. fig. Dummheit f, Unbesonnenheit f, Narrenstreich m; **~lear I.** v/t. 1. narren, aufs Glatteis locken, an der Nase herumführen; **II.** v/i. 2. (mit Glöckchen) klingeln; klappern (Schlange); 3. s. unvernünftig benehmen, dumm daherreden, Quatsch machen F; **~leo** m Schellengeläut n; fig. Stimmenklang m, Lachen n (helle Stimmen); **~lero I.** adj.-su. Hohlkopf m, Windbeutel m; **II.** m Kinderklapper f; **~lillo** ♀ m Art Zwetsch(g)e f.
cascabillo m 1. Schelle f, Glöckchen n; 2. ♀ a) Eichelnäpfchen n; b) Kornhülse f.
cascaciruelas F c (pl. inv.) Taugenichts m, Angeber m F.
cascada f Kaskade f, Stufenfall m; kl. Wasserfall m.
casca|do adj. gesprungen, geborsten; brüchig (Stimme); abgearbeitet, verbraucht; altersschwach; **~dura** f Zer-schlagen n, -brechen n; ⚡ Bruch m.
casca|jal m, **~jar** m, **~jera** f Schotter-, Kies-grube f; Geröll-, Kieshalde f; **~jo** m 1. Schotter m, Kies m; Splitt m; Füllsteine m/pl.; 2. Scherben m/pl.; F alter Scherben m; Gerümpel m, Plunder m F; 3. F Tappergreis m, Ruine f F, Wrack n F; 4. Schalobst n; 5. kupferne Scheidemünze f; **~joso** adj. kiesig, voller Kies od. Schotter.
cascalote ♀ m Méj. Gerberbaum m, Kaskalote m.
casca|nueces m (pl. inv.) 1. Nußknacker m; F Windbeutel m, Springinsfeld m; 2. Vo. Tannenhäher m; **~piñones** m (pl. inv.) Mandel-, Nuß- usw. -knacker m.
cascar [1g] **I.** v/t. 1. (auf-, zer-) knacken (Nüsse usw.); aufbeißen; 2. F prügeln, verhauen, vertrimmen F; 3. F fertigmachen; Sch. durchfallen lassen; Zensur draufknallen (j-m a); 4. P umlegen P, killen P; ~la → 6; **II.** v/i. 5. F schwatzen, viel reden; 6. P ~(la) abkratzen P, sterben, verrecken P; 7. fig. ~le a(l) et. büffeln, et. eifrig lernen; **III.** v/r. ~se 8. (zer)springen (Gefäß).
cáscara f 1. (Eier-, Mandel-, Nuß-, Zwiebel-)Schale f; Obstschale f von Apfelsinen, Zitronen, Bananen usw., (die man mit den Fingern schälen kann); a. fig. ⚡ de nuez Nußschale f; fig. no hay más ~s da bleibt nichts anderes übrig; fig. F ser de (la) ~ amarga a) streit-, händel-süchtig (bzw. politisch radikal) sein; b) schwul sein F; F j~(s)! Donnerwetter!; 2. ⊕ Schale f, Gehäuse n; 3. ~ sagrada Faulbaumrinde f.
cascarada □ f Lärm m, Krach m, Krakeel m F.
cascarela Kart. f L'hombrespiel n zu viert.
cascari|lla f 1. ⊕ (Metall-)Folie f; Sinter m; Zunder(schicht f) m; Schutz-schicht f, -haut f; abgebröckelter Verputz m; botones m/pl. de ~ mit Metall überzogene (od. metallbeschlagene) Knöpfe; 2. ♀ Schale f; Häutchen n; ~s f/pl. Kakaoschalen f/pl.; 3. pharm. Rinde f einiger Euphorbiazeen; 4. → **~llo** ♀ m China-, Cinchonabaum m; Krotonbaum m.
cascarón m 1. (bsd. leere) Eierschale f (nach dem Ausschlüpfen); ~ de nuez Nußschale f (a. fig.); salir del ~ ausschlüpfen (Küken); fig. flügge werden P llevas todavía el ~ pegado al culo du bist noch grün (od. noch nicht trocken) hinter den Ohren F; F salirse del ~ s. zuviel herausnehmen, vorlaut sein; 2. △ Halbrund-, Schalen-gewölbe n; 3. Am. bemaltes u. gefülltes Karnevalsei n; 4. ♀ Rpl. roter Gummibaum m.
cascarrabias F c (pl. inv.) rabiater Kerl m, Wüterich m; a. Meckerer m; Spielverderber m; f Xanthippe f.
casca|rria f Am. → cazcarria; **~rriento** adj. Am. → cazcarriento.
cascarrón F adj. barsch, brummig; ⚡ rauh, scharf (Wind). [lig.)
cascarudo adj. dick-rindig; -scha-
cascás m ein chil. Käfer mit gr. Beißhaken.
casco m 1. Helm m; Friseur: ~ (secapelos) Trockenhaube f; ~ de acero (colonial) Stahl- (Tropen-)helm m; ~ antichoque (protector) Sturz- (Schutz-)helm m; Pol. ~ azul Blauhelm m; 2. Oberteil n, m, Kopf m des Hutes; 3. (Schiffs-, Flugzeug-) Rumpf m; Skelett n, Gerippe n e-s Hauses, Rohbau m; ⊕ ~ (de presión, ~ resistente) Druckkörper m; 4. ~ (urbano) Stadtkern m, Innenstadt f; ~ (de la ciudad) Altstadt f; 5. fig. ~s m/pl. Schädel m, Kopf m; Hammel-, Rinder-schädel m; F Kopf m, Hirn n, Verstand m, Grips m F; F ligero (od. alegre) de ~s unbesonnen, leicht-sinnig, -fertig; persona f ligera de ~s a. Flittchen n F, leichtfertiges Frauenzimmer n; romper los ~s a alg. j-m den Schädel einschlagen F; fig. j-m mit Klagen Geschwätz usw. auf die Nerven gehen F; fig. romperse los ~s s. totarbeiten, s. abrackern (bsd. beim Lernen); a. s. den Kopf zerbrechen; 6. Scherbe f, Splitter m; (Bomben-, Granat-)Splitter m; ~s (de vidrio) Glassplitter m/pl.; 7. (Pferde-rino, Huf m; 8. Tonne f, Faß n; leere Flasche f; 9. Sattelgestell n; 10. Körper m, Rauminhalt m; 11. Col., Chi., Rpl. Schnitz m, Scheibe f bzw. Schale f von Orangen, Guajave usw.; 12. Stück n Zwiebelschale.
cascote m (Bau-)Schutt m; ⚔ Abraum m.
case|ación f Verkäsung f der Milch; **~ico** 🜍 adj. käsig, Käse...; **~ificación** f Verkäsung f (a. ⚡); Käsebereitung f; **~ificar** [1g] v/t. verkäsen; **~ína** 🜍 f Kasein n, Casein n.
cáseo I. adj. käsig; **II.** m Dickmilch f, Quark m.
caseoso adj. käsig, Käse...
case|ramente adv. häuslich; schlicht, ungezwungen; **~ría** f Bauernhof m, Gehöft n; **~río** m 1. Weiler m; Häuser n/pl., Bauernhof m; **~ro I.** adj. 1. Haus...; hausgemacht, Hausmacher...; hausgebacken (Brot); remedio m ~ Hausmittel m; 2. häuslich; ser muy

~ sehr häuslich sein, ein Stubenhocker sein F; **3.** haushälterisch, sparsam; gemütlich, schlicht, einfach; **II.** *m* **4.** Haus-herr *m*, -wirt *m*; *los* ~*s die Wirtsleute pl.*; **5.** Hausverwalter *m*; **6.** (Guts-)Pächter *m*; **7.** *Cu., Chi.* fahrender Lebensmittelhändler *m*; **8.** *Chi., Pe.* Kunde *m*.
case|rón *m gr.* Haus *n*; *desp.* alter Kasten *m*; ~**ta** *f* Häuschen *n*, Zelle *f*; Jahrmarktsbude *f*; Verkaufsstand *m*; Messestand *m*; Wärterhäuschen *n* (*Feld, Bau,* ⛴); ~ (*de baños*) Badekabine *f*; ~ *de feria* Jahrmarktsbude *f*; ⚓ *de derrota* (*del timonel*) Karten-(Ruder-)haus *n*; ~ *de perro* Hundehütte *f*; ~ *de tiro* Schießbude *f* (*Jahrmarkt*); ~**te** *m* → cassette.
casetón △ *m* Kassettendecke *f*.
casi *adv.* fast, beinahe, nahezu, bald; ~~ nicht ganz; *es* ~ *perfecto, y sin* ~ es ist beinahe vollkommen, ja, man muß sagen, es ist vollkommen; ~,, *e* (*que*) *me caigo* beinahe wäre ich gefallen.
casilla *f* **1.** Hütte *f*, Häuschen *n*; (Bahnwärter-, Feldhüter-, Wächter-)Häuschen *n*; *fig.* F *sacar a alg. de sus* ~*s* j-n aus dem Häuschen bringen, j-n verrückt machen F; *a.* j-n aus s-n festen Gewohnheiten reißen; *salirse de sus* ~*s* aus der Haut fahren F, aus dem Häuschen geraten; **2.** ⊕ Kanzel *f*, Kabine *f*; **3.** Kästchen *n*, Karo *n auf kariertem Schreibpapier*; Spalte *f in Tabellen*; **4.** Fach *n in Schränken usw.*; **5.** Feld *n* (*Schachbrett usw.*); **6.** ☐ Absteige *f e-r Dirne*; **7.** *Chi., Bol., Pe., Rpl.* Post(schließ)fach *n*; **8.** *Cu.* Vogelfalle *f*; **9.** *Ec.* Abort *m*; **10.** *Méj.* Wahl-lokal *n*; -zelle *f*.
casillero *m* **1.** Fächer-regal *n*, -schrank *m*; ⛴ ~ *de consigna* (Gepäck-)Schließfächer *n/pl.*; **2.** ⛴ Bahnwärter *m*.
casimba *f Cu., Pe., Rpl., Ven.* Flußzisterne *f*; (Regen-)Wasserfaß *n*.
casimi|r *m*, ~**ra** *f tex.* Kaschmirtuch *n*; &ro *npr. m* Kasimir *m*.
casimita *Min. f* Barytfeldspat *m*.
casino *m* Kasino *n*; Spielkasino *n*; Klub(haus *n*) *m*; *Reg.* Café *n*, Lokal *n zum Lesen, Spielen usw. in Landstädten*; ~ *militar* Offizierskasino *n*. [peia *f*.]
Casiopea *Myth., Astr. f* Kassio-)
casis I. *f* ♀ schwarze Johannisbeere *f*; **II.** *m* Cassis *m* (*Likör*).
casita *f* Häuschen *n*.
casiterita *Min. f* Zinnstein *m*, Kassiterit *m*.
caso *m* **1.** Fall *m* (*fig.*); Umstand *m*; Anlaß *m*, Grund *m*; *a* ~ *hecho od. de* ~ *pensado* absichtlich; (*en*) ~ (*de*) *que* + *subj.*, ~ *de* + *inf.* falls, wenn, wofern; *en* ~ *contrario* andernfalls, sonst; *en ese* ~ *od. en tal* ~ in diesem Falle, dann, deshalb; *en ningún* ~ keinesfalls, durchaus nicht, unter k-n Umständen; *en* ~ *necesario od. en* ~ *de necesidad* nötigenfalls; *en su* ~ an s-r Stelle, (an)statt s-r; dafür, beziehungsweise; gegebenenfalls; *en todo* ~ jedenfalls, auf jeden Fall; allenfalls; *en último* ~ allenfalls, notfalls; schließlich; *yo en tu* ~ *od. en el* ~ *de Stelle; para el* ~ *que* + *subj.* für den Fall, daß + *ind.*; falls + *ind.*; ~ *de accidente* Unglücks-, Schadens-fall

m; ~ *de conciencia* Gewissensfrage *f*; ~ *excepcional* Ausnahmefall *m*; ~ *fortuito* (*mst.* schlimmer) Zufall *m*; *el hombre para el* ~ der richtige Mann, der rechte Mann am rechten Platze; ~ *de muerte* Todesfall *m*; ~ *particular* Einzel-, Sonder-fall *m*; ~ *perdido* hoffnungsloser Fall *m*; ~ *de urgencia* Dringlichkeits-, Not-fall *m*; *se da el* ~ (*de*) *que ...* es kommt vor, daß *...*; *dado* (*el*) ~ *que* + *subj.* vorausgesetzt, daß + *ind.*; *wofern* + *ind.*; *demos el* ~ *que* + *subj. od. pongamos* (*por*) ~ *que* + *subj.* setzen wir den Fall, daß + *ind.*, nehmen wir an, daß + *ind.*; F *estar en el* ~ im Bilde sein, auf dem laufenden sein; *no hay* ~ es ist nicht nötig, es besteht k-e Ursache (zu + *inf. de*); *hablar al* ~ zur Sache sprechen; (no) *hacer al* ~ (nicht) zur Sache gehören; (nicht) angebracht sein, (nicht) passen; *no hace al* ~ *a.* es macht gar nichts aus; *no le hace* ~ er beachtet ihn nicht, er läßt ihn links liegen; er läßt s. von ihm nichts sagen; *¡no le haga usted* ~! beachten Sie ihn gar nicht!; glauben Sie ihm nicht(s)!; *hacer* ~ *de* beachten (*ac.*); Rücksicht nehmen auf (*ac.*); *hacer gran* ~ *de a/c.* viel auf et. (*ac.*) geben; viel Wesens machen von et. (*dat.*); *hacer* ~ *omiso de et.* unbeachtet lassen; *et.* auslassen; *et.* unter den Tisch fallen lassen F; *si llega el* ~ gegebenenfalls; F *poner en el* ~ *a alg.* j-n auf dem laufenden halten; j-m das Neueste mitteilen, j-n unterrichten; *puesto* (*el*) ~ *de que* + *subj.* gesetzt den Fall (, daß) *...*), angenommen (, daß) *...*; (no) *ser del* ~ (nicht) dahingehören, (nicht) hergehören, (nicht) zutreffen; *no es del* ~ *a.* es steht nicht in Frage; *el es que ...* die Sache liegt so, daß *...*; *el* Sache verhält s. folgendermaßen: (*folgt Bericht*); jedenfalls *...*; *para el* ~ es lo mismo das macht nichts; das ist doch gleich; *si es* ~ in dem Falle; vielleicht; gegebenenfalls; *¡(vamos) al* ~! zur Sache!; *venir al* ~ → *hacer al* ~; *viene al* ~ *a.* das ist hier der Fall, das trifft hier zu; **2.** *Gram.* Kasus *m*, Fall *m*; ~ *recto* unabhängiger Fall *m*, Rectus *m* (*Nom. u. Vokativ*); ~ *obliucuo* Obliquus *m*, abhängiger Fall *m* (*alle außer Nom. u. Vokativ*).
ca|són *m*, ~**sona** *f augm. zu casa* gr. Haus *n*.
casorio F *m* Mißheirat *f*; übereilte Heirat *f*.
cas|pa *f* **1.** Kopfschuppen *f/pl.*; Schuppen(bildung *f*) *f/pl. der Haut*; **2.** abblätternde Patina *f*, Kupferoxid *n*; **3.** *Pe.* Maiskolben *m*; ~**pera** *f* Staubkamm *m*.
caspicias F *f/pl.* Überbleibsel *n*(*/pl.*).
caspio *adj.-su.* kaspisch; (*mar m*) ♂ *m* Kaspisches Meer *n*.
caspiroleta *f Col., Chi., Ec., Pe.* Erfrischungsgetränk aus Milch, Zucker, Eiern, Weinbrand, Zimt.
¡cáspita! F *int.* potztausend!, Donnerwetter!
casposo *adj.* schuppig, grindig.
casque|tazo *m* Stoß *m* mit dem Kopf; ~**te** *m* **1.** *hist.* Helm *m*, Sturmhaube *f*; **2.** Kappe *f*, Mütze *f*; **3.** Grindpflaster *n*, Krätzekappe *f*; **4.** Scheitelperücke *f*; **5.** ~ *esférico* Kugel-kalotte *f*, -kappe *f*; *Kfz.*

~ *de válvula* Ventilkappe *f*; **6.** P *Span.* Bumserei *f* P; *echar un* ~ bumsen P, vögeln P.
casquijo *m* Mörtelsand *m*; Kies *m*, Schotter *m*.
casquilla *f* **1.** Königinnenzelle *f im Bienenstock*; **2.** ~*s f/pl.* Silberschrot *m*, Gräne *n/pl.* (*Gewicht der Goldschmiede*).
casquillo *m* **1.** Zwinge *f am Stock*; Pfeilspitze *f*; (leere) Patronenhülse *f*; Hülle *f*, Puppe *f* (*Insektenlarve*); **2.** ⊕ Hülse *f*, Buchse *f*; ♂ Sockel *m*, Schuh *m*; ~ *cojinete* Lagerbuchse *f*; ~ *roscado* Gewindebuchse *f*; Nippel *m*; ♂ Schraub-, Gewinde-sockel *m*; **3.** *Am.* Hufeisen *n*; **4.** *Guat., Hond.* Hut-, Schweiß-leder *n*.
casquite *adj. c Ven.* sauer (*Getränk*); *fig.* sauertöpfisch, übelgelaunt.
casquiva|nez *f* Leichtfertigkeit *f*; ~**no** *adj.* leichtfertig.
cassette I. *m* (*a. f*) Kassettenrecorder *m*; **II.** *f* (*a. m*) (Tonband-)Kassette *f*.
casta *f* **1.** Rasse *f*; Art *f*, Zucht *f*, Blut *n*; *a.* Geschlecht *n*, Familie *f*; *de* ~ edel, reinrassig, von bestem Geblüt; *perro m* (*caballo m*) *de* ~ Rasse-hund *m* (-pferd *n*); *toro m de* ~ *a.* angriffslustiger Kampfstier *m*; *venir de* ~ angeboren sein; **2.** Kaste *f* (*a. fig.*); *espíritu m de* ~ Kastengeist *m*.
castamente *adv.* keusch; sittsam, ehrbar, züchtig.
casta|ña *f* **1.** Kastanie *f*, Marone *f*; ~ *americana*, ~ *del Marañón* Paranuß *f*; ~ *asada* Röstkastanie *f*; ~ *caballuna*, ~ *de Indias* Roßkastanie *f*; ~ *pilonga* Dörrkastanie *f*; F *dar la* ~ *a alg.* j-n übers Ohr hauen F, j-n prellen; *parecerse como un huevo a una* ~ s. nicht im mindesten ähneln, völlig verschieden sein; *sacar las* ~*s del fuego* die Kastanien aus dem Feuer holen (für j-n *a alg.*); **2.** Korbflasche *f*, Ballon *m*; *Méj.* Faß *n*; **3.** Haarknoten *m*; **4.** F Ohrfeige *f*, Kopfnuß *f*; **5.** F *no valer una* ~ nichts taugen, nichts wert sein; ~**ñal, ñar** *m* Kastanien-baumgruppe *f*, -bestand *m*; ~**ñazo** F *m* Faustschlag *m*, Ohrfeige *f*; *me pegó un* ~ er haute mir e-e herunter; ~**ñeda** *f*, ~**ñedo** *m*, ~**ñera** *f* → *castañal*; ~**ñero** *m* **1.** Kastanien-, Maronen-verkäufer *m*; **2.** ein Schwimmvogel (*Taubenvogel*).
castañe|ta *f* **1.** Fingerschnalzer *m*; ♪ → *castañuela* **1**; **2.** *Vo.* → *reyezuelo*; **3.** schwarze Schleife *f am Zopf der Stierkämpfer*; ~**tada** *f*, ~**tazo** *m* **1.** ♪ Kastagnettenschlag *m*; **2.** Finger- *bzw.* Zungen-schnalzer *m*; Knacken *n im Gelenk*; Knall *m e-r zerplatzenden Kastanie* (*durch Hitze*); ~**te** *adj. c* rötlichbraun; ~**teado** *m* Kastagnettenklappern *n*; ~**tear I.** *vt/i.* die Kastagnetten schlagen, mit den Kastagnetten klappern; mit den Zähnen klappern; in den Gelenken knacken; (*los dedos*) mit den Fingern schnalzen; **II.** *v/i.* locken (*Rebhuhn*); ~**teo** *m* Klappern *n* (*Kastagnetten, Zähne*); Schnalzen *n* (*Finger*); Knacken *n* (*Gelenke*); Locken *n* (*Rebhuhn*).
castaño I. *m* ♀ Kastanie(nbaum *m*) *f*; *bsd.* Edelkastanie *f*; Kastanienholz *n*; ~ *de Indias*, ~ *caballuno*

castañuela — Catalina

Roßkastanie f; F *pasar de ~ obscuro* zuviel sein, über die Hutschnur gehen; *Ven. pelar el ~* s. aus dem Staub machen, Fersengeld geben; **II.** *adj.* (kastanien)braun.

castañue|la f **1.** ♪ Kastagnette f; *fig. estar (alegre) como unas ~s* sehr fröhlich sein, quietschvergnügt sein F; **2.** ♣ *Art* Zypergras n; **3.** ⚓ Klampe f, Poller m; **4.** *Fi.* Mönchsfisch m; **~lo** *adj.-su.* Kastanienbraun n; m Braune(r) m *(Pferd)*.

castella|na f **1.** *hist.* Burgherrin f; Frau f e-s Burgvogts; **2.** Kastilierin f; **3.** *ma.* Goldstück n; **4.** *hist.* Vierzeiler m *(achtsilbige Romanzenverse)*; **~nía** *hist.* f Burggrafschaft f; **~nismo** m dem Kastilischen eigene Wendung f; **~nizar** [1f] *v/t.* dem Kastilischen *(p. ext.* Spanischen) angleichen; **~no I.** *adj.* **1.** kastilisch; spanisch *(Sprache)*; **2.** *Andal.* edel, frei, offen; **II.** m **3.** Kastilier m; **4.** *das Kastilische; p. ext. das Spanische,* spanische Sprache f; *fig. (hablar) en ~ (puro y llano)* frei *(od.* offen) reden; auf gut deutsch (sagen); **5.** *hist.* Burg-, Schloß-herr m; Burggraf m; Burgvogt m; **6.** (Schloß-)Verwalter m.

Castellón: F *ser de ~ de la Plana* flachbusig sein.

casti|cidad f Rassenreinheit f; Echtheit f; Stilreinheit f; **~cismo** m Vorliebe f *(bzw.* Eintreten n) für Reinheit u. Urwüchsigkeit *(des Brauchtums, des Stils)*; *Rhet.* Reinheit f des Stils; **~cista** c Meister m der Sprache; Purist m.

castidad f Keuschheit f, Enthaltsamkeit f; Sittsamkeit f; *hacer voto de ~* ein Keuschheitsgelübde ablegen.

castiga|do *adj.* **1.** gepflegt *(Stil)*; **2.** *fig.* schwergeprüft, heimgesucht; ⚓ *ya ~* vorbestraft; **~dor I.** *adj.* **1.** strafend, züchtigend; **II.** m **2.** Züchtiger m, strafende Hand f; **3.** F Schürzenjäger m, Frauenheld m; **~dora** f F Vamp m aufreizende Frau f; **~r** [1h] *v/t.* **1.** (be)strafen; rügen; **2.** züchtigen; kasteien; **3.** schaden *(dat.)*, Schaden zufügen *(dat.)*, verderben *(ac.)*; *~ duramente al enemigo* dem Feind hart zusetzen; **4.** *Schriftliches* verbessern, (aus)feilen; **5.** *Stk. Stier* verwunden mit „*pica*" *od.* „*banderilla*"; **6.** F den Kopf verdrehen *(dat.)* F, *Männer* (auf)reizen.

castigo m **1.** Bestrafung f, Strafe f (für *ac. por*); Züchtigung f; *bibl.* Heimsuchung f; *~s m/pl. anteriores* Vorstrafen f/pl.; **2.** *~ (de los sentidos y de la carne)* Kasteiung f, Abtötung f (des Fleisches und der Sinne[n]); **3.** Verbesserung f des Stils usw.; **4.** Verwundung f des Stiers *(vgl. castigar 5)*.

Castilla I. f **1.** Kastilien n; *~ la Nueva (la Vieja)* Neu- (Alt-)kastilien n; *¡ancha es ~!* nur Mut (u. Gottvertrauen)!; tun Sie s. keinen Zwang an!; **2.** ♀ *Chi.* Molton m *(Stoff)*; **II.** *adj.-su.* c **3.** ♀ *Fil.* spanisch; m Spanier m; *Ec.* ¡♀ *cosa!* et. ganz Hervorragendes!

castille|jo m **1.** Hebegerüst n *an Bauten*; *Chi., Méj., Ven.* Lagerbock m *der Presse in Zuckermühlen*; **2.** Laufkorb m für *Kinder*; **3.** Nußwerfen n *(Kinderspiel)*; **~te** m *dim. zu castillo*; Turm m; Stützgerüst n; Kartenhaus n; ⊕ Bohrturm n; Förderturm m.

castillo m **1.** *ma.* Schloß n, Burg f, Kastell n, Feste f; *~ de arena* Sandburg f; *~ feudal* Ritterburg f; *~ de fuego, ~ de pólvora* Feuerwerk n; *~ de naipes* Kartenhaus n; *~ roquero* Felsen-burg f, -schloß n; *~ señorial* Ritterburg f; Herrensitz m, Schloß n; *fig.* P *unos tíos como un stramme* Kerle m/pl. F; *fig. derrumbarse como un ~ de naipes* wie ein Kartenhaus zs.-fallen; *fig. hacer ~s en el aire* Luftschlösser bauen; **2.** ⚓ *~ de popa* Achterdeck n, *hist.* Achterkastell n; *~ de proa* Vorschiff n, Back f, *hist.* Vorderkastell n; **3.** Turm m *(Schach)*; **4.** ⊘ Kastell n, Turm m; **5.** Zelle f *der Bienenkönigin*; **6.** *Arg. gr.* Karren m; **7.** *Chi.* Art Gugelhupf m.

casting m Casting n.

castizo *adj.-su.* **1.** rasserein; echt, rein *(Sprache, Abstammung)*; echt, typisch *(Volkscharakter)*; unverfälscht, urwüchsig *(Person)*; korrekt, gefeilt *(Sprache, Stil)*; F *eres un ~* du bist ein urwüchsiger Kerl F, *Reg.* du bist ein Urviech F; *no es muy ~* das ist nicht korrekt; **2.** sehr fruchtbar, zeugungskräftig; **3.** *P. Ri.* Sohn m e-s Mestizen u. e-r Kreolin.

casto *adj.* keusch, züchtig; ehrbar, sittsam.

castor m **1.** *Zo.* Biber m; **2.** Biberpelz m, -fell n; Biber m *(Baumwollstoff)*; **3.** Biber-, Kastor-hut m; **4.** *Am. Mer. aceite de (de) ~* Rizinusöl n; **5.** △ Flachziegel m; **6.** ⚹ Bitterklee m.

casto|ra f *bsd. Andal., Extr.* Zylinder(hut) m; *~reño adj.-su. m (sombrero m) ~* Biberhut m; *Stk.* Hut m *der Pikadores.* [n.\]

castóreo m Bibergeil n, Kastoreum f

castorina f **1.** Kastorin m *(feines Wolltuch)*; **2.** ⚹ Kastorin n.

castra|(ción) f Kastrierung f, b. Menschen *~.* Entmannung f; Zeideln n *(Imker)*; Be-, Ver-schneiden n *der Bäume*; **~dera** f Zeidelmesser n; *~do adj.-su.* kastriert; m Kastrierte(r) m; Entmannte(r) m; Kastrat m; *~dor* m Verschneider m, Kastrierer m; *~dura* f **1.** Kastrationsnarbe f; **2.** → *castración*; *~r v/t. Tiere* verschneiden, kastrieren; *Menschen* kastrieren, entmannen; *Bienenstöcke* ausnehmen; *Bäume* be-, ver-schneiden; *fig.* verstümmeln; tilgen, ausmerzen *(z. B. Bücherstellen)*; *fig.* schwächen, entkräften; *~zón* f Ausnehmen n *der Bienenstöcke.*

castrense *adj.* c Feld..., Militär..., Heeres...; *médico m ~* Feld-, Militär-arzt m; *disciplina f ~* soldatische Zucht f.

castris|mo m Castrismus m; *~ta* c Anhänger m (Fidel) Castros.

castro¹ m **1.** *hist.* befestigtes (Römer-)Lager n; **2.** *Ast., Gal.* Festungs-, Burg-ruine f; **3.** *Ast., Gal., Sant.* Felsnase f, Kap n; Küstenriff n; **4.** *Wurfspiel der Kinder.*

castro² m Ausnehmen n *der Bienenstöcke.*

castrón m verschnittener Ziegenbock m; *Cu.* verschnittene Sau f.

casua|l I. *adj.* c **1.** zufällig, gelegentlich, ungewiß; ⚓ *~* zufällig, kasual; **2.** *Gram. flexión f ~* Kasusflexion f; **II.** m **3.** P → *casualidad*; *por un ~* zufällig, **~lidad** f Zufall m; Zufälligkeit f; *adv. por ~, de ~* zufällig(erweise); *da la ~ que ... zufällig ...*; *dio la ~ que* der Zufall wollte, daß ..., es traf s., daß ...; *ha sido una ~* es war (reiner) Zufall; *quiso la ~ que pasara un hombre* zufällig kam ein Mann vorüber; **~lismo** *Phil.* m Kasualismus m.

casualmente *adv.* zufällig(erweise).

casuario *Vo.* m Kasuar m.

casu|ca f, *~cha* f, *~cho* m *desp.* elendes Haus n, Hütte f F, Kasten m F, Stall m F.

casu|ismo m Kasuistik f; *~ista* c Kasuist m; *~ística* f Kasuistik f; *bsd.* Moralkasuistik f; *~ístico adj.* kasuistisch; *fig.* spitzfindig.

casu|lla f Meßgewand n; *~llero* m Paramentenmacher m.

casus belli m Casus belli m.

cata¹ f **1.** Versuchen n, Kosten n; *~ (de vinos)* Weinprobe f; **2.** † u. *Am. Reg.* ⚒ Schürfen n; Schürfprobe f; *Méj.* Schürfgrube f; **3.** *Col.* Verborgene(s) n, *bsd.* versteckter Vorrat m.

cata² *Vo.* f *Arg., Bol., Chi., Méj.* Mönchssittich m.

**cata|bre, *~bro* m *Col., Ven.* Kürbisschale(ngefäß n) f *zur Aufbewahrung v. Samen.*

catacaldos F m (pl. inv.) Schnüffler m.

cata|clasia f *(bsd.* Knochen-)Bruch m; *~clismo* m Kataklysmus m, Erdumwälzung f; Sintflut f; *fig.* Katastrophe f; *Pol.* Umsturz m.

catacresis *Rhet.* f Katachrese f.

catacumbas f/pl. Katakomben f/pl.

catadióptri|ca *Phys.* f Katadioptrik f, Lehre f von der Strahlenbrechung; *~co* m Rückstrahler m.

cata|dor m Kenner m; *~ (de vinos)* Wein-prüfer m; *vino m ~*; *~dura* f **1.** → *cata¹* 1; **2.** Aussehen n, Gesichtsausdruck m; F *de mala ~* verdächtig aussehend.

catafalco m Katafalk m, Trauergerüst n.

catafoto *Kfz.* m Rückstrahler m.

cata|lán *adj.-su.* katalanisch; m Katalane m; *Li. das Katalanische*; *~lanismo Li., Pol.* m Katalanismus m; *~lanista Pol. adj.-su.* c Anhänger m des Katalanismus; *~lanizar* [1f] *v/t.* katalanisieren, katalanisch machen; *~lanófilo* m Kenner m der katalanischen Sprache u. Kultur.

cataláunico *adj.* **1.** *hist.: Campos m/pl. ~s* Katalaunische Felder n/pl.; **2.** *fig.* katalanisch.

cataldo ⚓ m Dreiecksegel n *der Logger.*

**cata|léctico, *~lecto* *adj.* katalektisch, unvollkommen; *~lectos m/pl.* Katalekten *pl.*, Fragmentsammlung f.

catalejo m Fernglas m.

cata|lepsia ⚕ f Katalepsie f, Starrsucht f; *~léptico* ⚕ *adj.* kataleptisch; starr(süchtig).

catalicores m (*pl. inv.*) *Reg.* Faßheber m, Probierröhre f.

Catalina¹ f *npr.* Katharina f, Käthe f; F *¡que si quieres arroz, ~!* nichts zu

machen!, so einfach ist das nicht!
catalina[2] **I.** *adj.* **1.** *rueda f* ~ Steigrad *n* (*Uhr*); **II.** *f* 2. ⚜ Wolfsmilch *f*; **3.** P *Reg.* Kot *m*, Haufen *m* F, Kaktus F.
catálisis ⚗ *f* Katalyse *f*.
cata|lítico *adj.* katalytisch; ~**lizador** *m* Katalysator *m*.
cataloga|ble *adj. c* katalogisierbar; ~**ción** *f* Katalogisierung *f*, Aufnahme *f* in e-n Katalog; ~**r** [1h] *v/t.* katalogisieren, in ein Verzeichnis aufnehmen.
catálogo *m* Katalog *m* (*a. fig.*), Verzeichnis *n*; ~ (*por orden*) *alfabético* alphabetischer Katalog *m*; ~ *por materias* (*de librería*) Sach-, Real- (Bücher-)katalog *m*.
Cataluña *f* Katalonien *n*.
catamarán ⚓ *m* Katamaran *m*.
catán *m* Art ostasiatischer Krummsäbel *m*.
catana *f* **1.** *Am.* Kahn *m*; *Cu.* plumpes Ding *n*; **2.** *Chi., Rpl.* (Schlepp-)Säbel *m*; **3.** *Ven.* ein grün-blauer Papagei *m*.
catanga *f* **1.** *Arg., Chi.* Art Mistkäfer *m*; **2.** *Bol., Rpl.* Obstkarren *m*; **3.** *Col.* Reuse *f*.
cataplasma I. *f* Kataplasma *n*, (Brei-)Umschlag *m*; *fig.* F Kränklichkeit *f*, Anfälligkeit *f*; **II.** *c* kränklicher (*bzw.* langweiliger *od.* lästiger) Mensch *m*.
cataplines P *m/pl.* Eier *n/pl.* P (= *Hoden*).
¡cata|plum!, ¡~plún! *int.* plumps, klatsch!
catapulta *f* 1. ⚔ *hist.* Wurfmaschine *f*, Katapult *n*; 2. ⚓ ~ *de lanzamiento* Katapult *n*, Startschleuder *f*; *asiento m* ~ Schleudersitz *m*; ~**r** *v/t.* katapultieren.
catar *v/t.* **1.** kosten, schmecken; prüfen, probieren; **2.** *Bienenstöcke* ausnehmen.
catarata *f* **1.** Katarakt *m*, Wasserfall *m*; Stromschnelle *f*; *las* ~*s del Niágara* die Niagarafälle *m/pl.*; *bibl. u. fig. se abren las* ~*s del cielo* die Schleusen des Himmels öffnen s.; **2.** ⚕ (*bsd.* grauer) Star *m*; ~ *senil* Altersstar *m*; ~ *verde* Glaukom *m*, grüner Star *m*; *fig.* tener ~*s en los ojos* verblendet sein (von *dat.*, durch *ac.* por).
catarinita *Vo. f Méj.* Art Mönchssittich *m*.
cátaros *Rel. m/pl.* Katharer *m/pl.*
cata|rral *adj. c* katarrhalisch, Katarrh...; ~**rro** *m* Katarrh *m*; Erkältung *f*; ~ *del seno frontal* (*de la vejiga*, ~ *vesical*) Stirnhöhlen- (Blasen-)katarrh *m*; *coger* (*od.* F *pillar*) *un* ~, *lit. contraer* ~ *s.* erkälten, e-n Schnupfen bekommen; F *al* ~, *con el jarro etwa*: bist du erkältet, trink 'nen Schnaps; ~**rroso** *adj.* **1.** verschnupft, erkältet; **2.** zu Erkältungen neigend.
catarsis *f* ⚗ Reinigung *f*, Purgation *f*; *Lit., Psych.* Katharsis *f*; *fig.* Läuterung *f*, Reinigung *f*.
catártico I. *adj.*, ⚗, *Psych.* kathartisch; *fig.* reinigend, läuternd; **II.** *m* Kathartikum *n*, (mildes) Abführmittel *n*.
catasarca ⚕ *f* Hautwassersucht *f*.
catas|tral *adj. c* Kataster...; ~**tro** *m* **1.** Kataster *m*, *n*; Katasteramt *n*; **2.** Grundsteuer *f*; **3.** *hist.* Besitz-

steuer *f* an den König.
catástrofe *f* Katastrophe *f* (*a. fig.*); ~ *aérea*, ~ *de aviación* Flugzeugkatastrophe *f*, -unglück *n*; ~ *por inundación* Überschwemmungskatastrophe *f*.
catas|trófico *adj.* katastrophal (*a. fig.*); *fig.* folgenschwer, unheilvoll; ~**trofista** *adj.-su. c* schwarzseherisch, defätistisch; *m* Schwarzseher *m*.
catatar F *v/t. Pe.* ver-, be-zaubern, behexen; mißhandeln.
cata|viento ⚓ *m* Wind-fahne *f*, -leine *f*; ~**vino** *m* Stech-, Faßheber *m*; Probierglas *n*; Probierloch *n* im Faß; ~**vinos** *m* (*pl. inv.*) Wein-prüfer *m*, -koster *m*; F Zechbruder *m* F, Trunkenbold *m*.
cate F *m* Schlag *m*; Ohrfeige *f*; F *dar* ~ (*en*) durchfallen lassen (in *e-r Prüfung*).
catea|dor *m* Erz-, Schürf-hammer *m*; Mineralogenhammer *m*; *Am.* Schürfer *m*, Erzsucher *m*; ~**r** *v/t.* **1.** *Reg.* (auf)suchen; **2.** F durchfallen lassen im *Examen*; **3.** ⚒ *Am.* schürfen.
catecismo *m* **1.** Katechismus *m*; **2.** *a. allg.* Handbuch *n*; **3.** Religionsstunde(n) *f*(*/pl.*), -unterricht *m* in *Schulen*.
catecú *pharm. m* Kaschu *m*, *n*.
catecúmeno *m* Katechumene *m*, Katechetenschüler *m*; *prot.* Konfirmand *m*; *fig.* Anwärter *m*, Neuling *m*.
cátedra *f* **1.** Katheder *n*, *m*; *fig.* ~ (*sagrada*) Kanzel *f*; **2.** Lehrstuhl *m*, Professur *f*; Lehrfach *n*; ~ *de anatomía* (*de filosofía*) Lehrstuhl *m* für Anatomie (für Philosophie); *Span.* ~ *de instituto* Studienratsstelle *f*; ~ *de San Pedro* Papst-, Bischofs-würde *f*; *ex* ~ *ex cathedra*; *fig. poner* ~ dozieren (*desp.*), schulmeisterlich (*od.* von oben herab) reden, schulmeistern (*de*) *fig.* Schule machen; *desp. s.* als Spezialist (für *ac.*) ausgeben; *Sp. a. s-e* Überlegenheit deutlich zeigen (*od.* beweisen).
catedral|l *f* Kathedrale *f*; Bischofs-, Haupt-kirche *f*; Dom *m*, Münster *n*; *fig. como una* ~ gewaltig F, enorm F; ~**licio** *adj.* Dom..., Kathedral...
catedráti|ca *f* Professorin *f*, Dozentin *f*; Studienrätin *f*; F Frau *f* e-s Professors; ~**co** *m* **1.** ~ (*de universidad*) Hochschullehrer *m*, (Universitäts-)Professor *m*; ~ *honorario* Honorarprofessor *m*; *Span.* ~ (*de instituto*, ~ *de enseñanza media*) Gymnasiallehrer *m*; Studienrat *m*; ~ *numerario*, ~ *titular* ordentlicher Professor *m*, Ordinarius *m*; ~ *visitante*, ~ *invitado* Gastprofessor *m*; **2.** *Stk. fig.* Meister *m*, Lehrer *m* der Stierkampfkunst; **3.** *Arg.* Kenner *m*, der Tips für Rennwetten gibt; *Span.* ~*s m/pl.* Kenner *m/pl. bzw.* Wetter *m/pl.* beim Pelotaspiel.
categorema *Phil. f* Kategorem(a) *n*.
cate|goría *f* Kategorie *f* (*a. Phil.*), Art *f*, Klasse *f*, Sorte *f*; *fig.* Rang *m*; *de* ~ *mediana* von mittlerer Güte (*z. B. Ware*); *de poca* ~ bedeutungslos; *igualdad f de* ~ Ranggleichheit *f*; *es persona de* ~ er ist e-e Persönlichkeit von Rang (*od.* ein bedeu-

tender Mann); *XY no tiene* ~ *para el cargo que ocupa* XY ist s-m Amt nicht gewachsen; ~**góricamente** *adv.* kategorisch; ~**górico** kategorisch, bestimmt, unbedingt, entschieden; *fig.* rangmäßig, Rang...; ~**gorismo** *m* Kategorial-, Kategorien-system *n*; ~**gorización** *f* Kategorisierung *f*; ~**gorizar** [1f] *v/t.* kategorisieren, einordnen.
catenaria *f* ⚡ Kettenlinie *f*; 𝆕 Oberleitung *f*.
cateo ⚒ *m Méj.* (Probe-)Schürfung *f*.
cate|quesis *f* Katechese *f*, religiöse Unterweisung *f*; ~**quética** *Theol. f* Katechetik *f*; ~**quismo** *m* **1.** Katechese *f*; **2.** Unterricht *m* in Form von Frage u. Antwort; **3.** Katechismus *m*; ~**quista** *c* Katechet *m*, Religionslehrer *m*; ~**quístico** *adj.* katechetisch; *fig.* in Form von Frage u. Antwort; ~**quización** *f* Katechisierung *f*; ~**quizador** *m* → *catequista*; *fig.* Lehrer *m*, Prediger *m*; ~**quizar** [1f] *v/t. Rel.* Religionsunterricht erteilen (*dat.*); *fig.* belehren, einweihen.
caterético ⚕ *adj.* leicht kaustisch, ätzend.
catering *m* Catering *n*.
caterva *desp. f* Haufe(n) *m*, Menge *f*.
catete *m* **1.** *Chi.* dicke Schweinsbrühe *f*; **2.** F *Am.* Teufel *m*.
catéter *m* Katheter *m*.
cateteri|smo ⚕ *m* Katheterisieren *n*; ~**zar** [1f] *v/t/i.* katheterisieren.
cateto[1] *Geom. m* Kathete *f*.
cateto[2] F *desp. m* ungehobelter Kerl *m* F, Tölpel *m*, Einfaltspinsel *m*.
catey *m* **1.** *Vo. Cu.* Art Sittich *m*; **2.** *S. Dgo.* Cateypalme *f*.
catgut ⚕ *m* Katgut *n*.
cati|bia *Cu.*, ~**bía** *Ven. f* geriebene u. ausgepreßte Yukkawurzel *f*.
catibo *m Cu. Fi.* Art Muräne *f*; *fig. desp.* Bauer *m*, Lümmel *m*.
catilinaria *f fig.* Brand-, Hetz-rede *f*; ~*s f/pl.* katilinarische Reden *f/pl.*
catimbao *m* **1.** *Arg., Chi., Pe.* Maskengestalt *f* bei Umzügen; **2.** *fig. Chi.* Hanswurst *m*; Fatzke *m*; *Pe.* Dickwanst *m*.
catinga *f Bol., Chi., Rpl.* Gestank *m*; *bsd.* Schweißgeruch *m* der Indianer u. Neger; *Span. allg.* Mief *m* F; *Rpl.* Achselgeruch *m*.
catingo *Bol.* **I.** *m* Geck *m*, feiner Pinkel *m* F; **II.** *adj.* → ~**so** *adj. Arg.* übelriechend.
catión *Phys. m* Kation *n*, positives Ion *n*.
catira 𝆕 *f Ven.* bittere Yukka *f*.
catire *adj.-su. c Ven.* blond; weiß-*bzw.* hell-häutig.
catirrinos *Zo. m/pl.* Schmalnasen *m/pl.* (*Affen*).
catita *f Arg., Bol.* kl. Papagei *m*.
catite *m* **1.** Zuckerhut *m*; *Am.* (sombrero *m* de) ~ spitzer Hut *m*; **2.** F *dar* ~ *a j-m* e-n Klaps geben; **3.** *Méj.* ein Seidenstoff; ~**ar** *v/i. Arg. s.* inea. verheddern (*Drachenschnur*); mit dem Kopf wackeln (*Altersschwäche*); kein (*od.* wenig) Geld haben, abgebrannt sein F.
cato *pharm. m* Cachou *m*.
catoche F *m Méj.* miese Laune *f* F, Murrköpfigkeit *f* F.
catódico *Phys., HF adj.* kathodisch,

cátodo — cauterizar

Kathoden...; *tubo m* ~ Kathodenröhre *f*. [Pol *m*.)
cátodo *Phys.m* Kathode *f*, negativer)
catoli|cidad *f* **1.** Katholizität *f*, katholischer Glaube *m*; **2.** Gemeinschaft *f* der katholischen Gläubigen; ~cismo *m* **1.** Katholizismus *m*, katholische Religion *f* (*od.* Konfession *f*) ; **2.** → *catolicidad* 2.
católico I. *adj.* **1.** katholisch; ~ (*apostólico*) *romano* römisch-katholisch; ~ *viejo, a...* *liberal* altkatholisch; **2.** *fig.* F einwandfrei (*Meinung, Überzeugung, Wein*); *no estar muy* ~ s. nicht recht wohlfühlen; **II.** *m* **3.** Katholik *m*; ~ *de izquierda* Linkskatholik *m*.
catolicón *pharm. m* abführende Latwerge *f*.
catolizar [1f] *v/t*. katholisieren, zum katholischen Glauben bekehren.
Catón *m npr.* Cato *m*; ♀ *fig.* erstes Lesebuch *n*, Fibel *f*; *fig.* strenger Kritiker *m*.
catoniano *adj.* katonisch (*a. fig.*); *fig.* (sitten)streng.
catóptri|ca *Phys. f* Katoptrik *f*, Lehre *f* von der Spiegelreflexion; ~co *adj.* katoptrisch, Spiegel...
cator|ce *num.* vierzehn; ~ceavo *num.* → *catorzavo*; ~cena *f e-e* Anzahl von vierzehn; ~ceno *adj.-su.* vierzehnte(r); vierzehnjährig; ~zavo *num.* vierzehnte(r, -s); *m* Vierzehntel *n*.
catre *m* Feldbett *n*; Pritsche *f*; ~ *de tijera, Méj., Pe., Ven.* ~ *de viento* Klappbett *n*; Liegestuhl *m*; *Arg.* ~ *de balsa* (Rettungs-)Floß *n*; *fig. P. Ri. cambiar la* ~ **a**) das Thema wechseln, e-e andere Platte auflegen F; **b**) umziehen, die Wohnung wechseln; ~cillo *m* Klapp-, Feld-stuhl *m*.
catricofre *m Art* Schrankbett *n*.
catrín I. *m Am. Cent., Méj.* Stutzer *m*, Geck *m*, Modenarr *m*; **II.** *adj.* F schick, gut angezogen.
catrintre *m Chi.* Magermilchkäse *m*; *fig.* armer Schlucker *m*.
catsup *m Span.* Ketchup *m, n*.
catu|rra *f*, ~rro *m Chi. Art* Wellensittich *m*; *Col. nur m* minderwertige Kaffeesorte *f*.
caúca *od.* **cauca** *f Col., Ec.* Futterpflanze; *Bol.* Weizenbiskuit *m, n*.
cau|cáseo, ~casiano, *heute mst.* ~cásico *adj.* kaukasisch; weiß (*Rasse*).
Cáucaso *m* Kaukasus *m*.
cauce *m* **1.** Wassergraben *m*; ~ (*de río*) (Fluß-)Bett *n*; ~ (*de desagüe*) Abzugsgraben *m*; ~ *de derivación* Vorfluter *m*; ~ (*de riego*) Bewässerungsgraben *m*; **2.** *fig.* Bahn *f*, Richtung *f*; *volver a su* ~ (wieder) ins normale Geleise kommen.
caucel *Zo. m Hond., Méj., C. Ri.* Wildkatze *f, Art* Ozelot *m*.
caución ⚖ *f* Bürgschaft *f*, Kaution *f*, Sicherheitsleistung *f*.
cauciona|miento ⚖ *m* Sicherheitsleistung *f*, Stellung *f* e-r Kaution; ~**r** *vt/i.* e-e Kaution stellen (für *ac.*); bürgen (für *ac.*).
caucha ♀ *f Chi.* Hakendistel *f*.
cauchahue *m Chi.* Lumabeere *f*, Frucht *f* des *Myrtus luma* (*zur Bereitung e-s Rauschtranks*).
caucha|l *m* Kautschuk-wald *m*, -pflanzung *f*; ~**r** *v/i. Col., Ec.* Kaut-schuk zapfen *bzw.* verarbeiten.
cauche|ra *f* **1.** ♀ Kautschuk-pflanze *f*; -baum *m*; **2.** *Col.* Steinschleuder *f*; ~**ro I.** *adj.* Gummi..., Kautschuk...; **II.** *m* Kautschuk-zapfer *m*; -arbeiter *m*; -händler *m*.
cauchífero *adj.* Gummianbau...
caucho *m* Kautschuk *m*, Gummiharz *n*; Kautschuk *m*, Gummi *m, n*; ~ *bruto,* ~ *virgen* Roh-kautschuk *m*, -gummi *m, n*; ~ *elástico* (*vulcanizado*) Weich- (Hart-)gummi *m, n*, ~ *sintético* Kunstkautschuk *m*; F *Kfz*. *quemar el* ~ rasen F, e-n Affenzahn draufhaben F.
cauchotina *f* Imprägnierungsmasse *f der Gerber*.
cauda *f* **1.** Schleppe *f*, *bsd.* der „Cappa magna"; **2.** *Vo.* ~ *trémula* Bachstelze *f*.
cauda|do *adj.* ⚛ schweifförmig verlängert; ⌀ geschweift; ~**l**[1] *adj. c* Schwanz...; *aleta f* (*pluma f*) ~ Schwanz-flosse *f* (-feder *f*).
cauda|l[2] **I.** *m* **1.** Wassermenge *f*; ⊕ Durchflußmenge *f*; (Förder-)Leistung *f* e-r *Pumpe*; ~ *de estiaje* Niederwassermenge *f*; **2.** Vermögen *n*, Reichtum *m*, Kapital *n*; **3.** *fig.* Reichtum *m*, Schatz *m*; Fülle *f*, Vorrat *m*; ~ *léxico* Wort-schatz *m*, -gut *n*; **II.** *adj. c* **4.** ⚛ wasserreich; ~**loso** *adj.* **1.** wasserreich; **2.** reich, vermögend; *fortuna* ~**a** großes Vermögen *n*.
caudato *Astr.,* ⌀ *adj.* Schweif..., geschwänzt.
caudatrémula *Vo. f* Bachstelze *f*.
caudi|llaje *m* Führer-schaft *f*, -tum *n* (*bsd. Pol.*); Herrschaft *f* e-s *caudillo*; *fig. Am.* → *caciquismo*; ~**llismo** *m Am.* → *caudillaje*; ~**llo** An-, Heer-führer *m*; *Pol.* Führer *m*; Oberhaupt *n*; *el* ♀ (= *Beiname Francos*).
caudino *hist. adj.* kaudinisch; *fig. pasar por las horcas* ~**as** e-e schmachvolle Niederlage hinnehmen (*bzw.* s. dem Stärkeren unterwerfen) müssen.
caula *f Am. Cent., Chi.* List *f*, Betrug *m*, Trick *m*.
caulescente ♀ *adj. c* stengeltreibend.
caulí|culo (*a. caulícolo*) △ *m* Blattstengel *m* am korinthischen Kapitell; ~**fero** ♀ *adj.* stengelblütig.
caulifloras ♀ *f/pl.* Stammfrüchtler *m/pl.,* Kauliflore *pl*.
cauque *m Chi. Fi. Art* Spöke *f*; *fig.* aufgeweckter Mensch *m*, Schlaukopf *m*; *iron.* Tölpel *m*.
cauri *m Zo.* Kauri(schnecke) *f*; Kaurimuschel *f* (*als Zahlungsmittel*).
causa[1] **I.** *f* **1.** Ursache *f*, Grund *m*, Anlaß *m*; ~ *eficiente* Wirkursache *f*; ~ *impulsiva,* ~ *motiva* Beweggrund *m*, Motiv *n*, Anlaß *m*; ~ *legal,* ~ *legitima* Rechtsgrund *m*; *relación f* (*de*) ~ (*a*) *efecto* Kausalzusammenhang *m*; *con* ~ nicht ohne Grund, mit (gutem) Grund; *sin* ~ grundlos, ohne Grund; *¿por qué* ~? weshalb?, aus welchem Grund?; **2.** Sache *f*; Rechtssache *f*; ⚖ Prozeß *m*, Verfahren *n*; ~ *civil* (*criminal, penal*) Zivil- (Straf-)sache *f*, -prozeß *m*; *kath.* ~**s** *f/pl. mayores* der Entscheidung des Papstes vorbehaltene Rechtssachen *f/pl.*; ~ *pública* öffentliches Wohl *n*; *la buena* ~ die gute Sache *f*; *hacer* ~ *común con alg.* mit j-m gemeinsame Sache machen; *ser abogado de mala* ~ e-e schlechte Sache vertreten (*bsd. fig.*); **II.** *prp.* **3.** *a* ~ *de wegen* (*gen.*, F *dat.*), aufgrund (*gen. od.* von *dat.*), um ... (*gen.*) willen; *a* ~ *de ello* dadurch, deswegen; *por* ~ *mía, por mi* ~ (*por* ~ *tuya, por tu* ~ *etc.*) meinet- (deinet-)wegen, meinet- (deinet-)halben, um meinet- (deinet-)willen.
causa[2] F *f Chi.* (Zwischen-)Imbiß *m*, *kl.* Stärkung *f*; *Pe. kalter Kartoffelbrei, Salat u. Quark mit choclo u. ají*.
causa|dor *adj.-su.* Urheber *m*, Verursacher *m*; ~**habiente** ⚖ *m* Rechtsnachfolger *m*; ~**l I.** *adj. c* ursächlich, begründend, ⚕ kausal; *relación f* ~ *od.* nexo *m* ~ Kausalzusammenhang *m*; ⚕ *tratamiento m* ~ Kausalbehandlung *f*; **II.** *f* Ursache *f*; Veranlassung *f*, Beweggrund *m*; ~**lidad** *f* Kausalität *f*, Ursächlichkeit *f*; *principio m de* ~ Kausal(itäts)prinzip *n*; ~**nte I.** *adj. c* **1.** *ser* (*el*) ~ *de algo et.* verursachen, et. verschulden; **3.** ⚖ **a**) Erblasser *m*; **b**) Rechtsvorgänger *m*; **4.** *Méj.* Steuer-, Abgaben-zahler *m*; ~**r I.** *v/t.* verursachen; herbeiführen, hervorrufen, veranlassen, bewirken; *Schaden* anrichten, zufügen; *Unruhe, Unheil* stiften; *Freude, Eindruck, Kummer* machen; ~ *efecto* wirken, (s-e) Wirkung tun; *me ha* ~**ado** *mucha tristeza* es hat mich sehr geschmerzt, ich bin sehr traurig darüber; **II.** *v/i. Reg., pol. Ar.* e-n Prozeß führen; ~**tivo I.** *adj.* verursachend, Grund...; **II.** *adj.-su. Li.* kausativ; *m* Kausativ *m*.
causear *v/i. Chi.* vespern; essen; *et.* zwischendurch schlecken; *fig.* mit j-m spielend fertig werden, leicht (die Oberhand) gewinnen.
causídico ⚖ *adj.*: *poder m* ~ Prozeßvollmacht *f* des *procurador*.
causón ⚕ *m* kurzer, heftiger Fieberanfall *m*.
cáustica *f* ⚕ Brennlinie *f* (*Kurve*); *Opt.* kaustische Linie *f*; *Phys.* Kaustik *f*; ~**mente** *adv. bsd. fig.* beißend; spöttisch.
causti|car [1g] *v/t.* ätzend machen; ~**cidad** *f* Ätz-, Beiz-kraft *f*; *fig.* Bissigkeit *f*, beißender Spott *m*.
cáustico I. *adj.* ätzend, beizend, beißend, kaustisch (*a. fig.*); *sosa f* ~**a** Ätznatron *n*; **II.** *m* Ätz-, Beiz-mittel *n*; ⚔ **a**) Kaustikum *n*; **b**) Zugpflaster *n*.
cau|tamente *adv.* vorsichtig; ~**tela** *f* **1.** Vorsicht *f*, Behutsamkeit *f*; Vorbehalt *m*; **2.** Klugheit *f*, Schläue *f*, Gerissenheit *f*; ~**telar I.** *v/t.* verhüten; vorbeugen (*dat.*); **II.** *v/r.* ~**se** (*de*) s. hüten (*vor dat.*); **III.** *adj. c* Vorsichts...; ~**telosamente** *adv.* vorsichtig; schlau; ~**teloso** *adj.* **1.** vorsichtig, behutsam; **2.** schlau, pfiffig, gerissen.
cauteri|o ⚔ *m* **1.** Brenner *m*, Kauter *m*; **2.** → ~**zación** *f bsd.* ⚔ Kauterisation *f*, Ausbrennen *n*; (Ver-)Ätzung *f*; ~**zador** *adj.* ätzend; ~**zar** [1f] *vt/i.* (aus)brennen, kauter(isiere)n, verschorfen; *lápiz m para* ~ Höllenstein-, Ätz-stift *m*.

cautín *m* Lötkolben *m für Zinn*.
cauti|vador *adj.* packend, fesselnd; **~var I.** *v/t.* gefangennehmen; **II.** *vt/i. fig.* fesseln, packen, gefangennehmen; entzücken, bestricken; ~ con favores mit Gefälligkeiten (an s.) binden *(od. für s. gewinnen);* **~verio** *m*, **~vidad** *f* Gefangenschaft *f (a. fig.); lit.* Knechtschaft *f*, Sklaverei *f*; Gefangennahme *f*; caer en ~ in Gefangenschaft geraten; **~vo I.** *adj.* gefangen; *fig.* ~ de su amor (de sus vicios) in Liebesbanden (in s-e Laster) verstrickt; aves *f/pl.* **~as** Käfigvögel *m/pl.;* llevar ~ in die Gefangenschaft führen, gefangen mit s. führen; **II.** *m* Gefangene(r) *m (bsd. hist.* christliche Gefangene der Mauren bzw. der Indianer).
cauto *adj.* vorsichtig, behutsam; schlau.
cava[1] *f* Behacken *n*, Umgraben *n (bsd. Weinberg)*; dar una ~ a las viñas die Rebgärten behacken *(od.* häckeln).
cava[2] **I.** *f* **1.** *hist.* Hofkellerei *f*; **2.** *Reg.* Sekt-, Wein-kellerei *f*; **3.** Burg-, Schloß-graben *m*; **4.** *Kfz.* (Schmier-)Grube *f*; **II.** *m* **5.** *spanischer* Sekt *m*.
cava[3] *Anat. adj.-su. f* (vena *f*) ~ inferior (superior) untere (obere) Hohlvene *f*.
cava|dizo *adj.:* tierra *f* **~a a)** leicht zu behackendes Erdreich *f*; **b)** beim Häckeln aufgeworfene Erde *f*; **~dor** *m* Gräber *m;* △ Erdarbeiter *m;* † Totengräber *m*; **~dura** *f* **1.** (Um-) Graben *n*, Ausheben *n*; **2.** Grube *f*, Aushöhlung *f*, Vertiefung *f*; **~r I.** *vt/i.* **1.** (be)hacken; (um)graben; ausheben;✗ graben, schanzen; *fig.* ~ su propia tumba *b.* sein eigenes Grab schaufeln; **II.** *v/t.* **2.** ✗ Schacht abteufen; ~ una mina e-e Mine *(od.* e-n Stollen) anlegen; **3.** aushöhlen, unterspülen, auswaschen; unterminieren, -graben; **III.** *v/i.* **4.** (nach)grübeln (über *ac.* en).
cavatina ♪ *f* Kavatine *f*.
cavazón *f* Um-, Auf-graben *n der Erde*.
caver|na *f* Höhle *f*, Grotte *f*; 🎵 Kaverne *f*; hombre *m* de las **~s** Höhlenmensch *m*; *fig.* Steinzeitmensch *m*; **~nario** *adj.* Höhle...; **~nícola** *c* Höhlen-bewohner *m*, -mensch *m*; Troglodyt *m*; *fig.* Reaktionär *m*, Rückständige(r) *m*; **~nosidad** *f* Höhle *f*; Aushöhlung *f*; **~noso** *adj.* **1.** höhlenreich, voller Höhlen; unterhöhlt (Gelände usw.); 🎵 kavernös; schwammig, sehr porös (Mineralien); **2.** hohl (Stimme, Ton); tos *f* **~a** hohler Husten *m*.
caví ♀ *m Pe.* eßbare Okawurzel *f*.
caviar *m* Kaviar *m*.
cavicornios *Zo. m/pl.* Horntiere *n/pl.*
cavidad *f* Höhlung *f*, Hohlraum *m*, Vertiefung *f*; *Anat.* Höhle *f*; ~ abdominal (bucal) Bauch- (Mund-)höhle *f*; ~ pleural (torácica) Pleura-(Brust-)höhle *f*, -raum *m*.
cavi|lación *f* **1.** Grübelei *f*; **2.** Spitzfindigkeit *f*; **~lador** *adj.-su.* grüblerisch; *m* Grübler *m*; **~lar** *v/i.* (✗ *v/t.*) grübeln, nachsinnen, sinnieren (über *ac.* sobre', en); **~losidad** *f* **1.** Voreingenommenheit *f*, Argwohn *m*; **2.** Grübelei *f*, **~loso** *adj.*

1. grüblerisch; sinnierend; **2.** argwöhnisch; spitzfindig.
cay *Zo. m Rpl.* Kapuzineraffe *m*.
caya|da *f* Hirtenstab *m*; **~dilla** *f* Schüreisen *n der Schmiede*; **~do** *m* **1.** Hirtenstab *m*; Krumm-, Bischofs-stab *m*; **2.** *Anat.* ~ de la aorta Aortenbogen *m*.
cayajabo *m Cu.* gelber Mate *m*.
cayapear *v/i. Ven. s. zs.-rotten,* um j-n zu überfallen.
Caye|na *f* Cayenne *n*; ♀**nero** *m Ven.* aus Cayenne entsprungener Häftling *m*.
cayente *part. zu caer.*
cayetano *m And. gr.* Weingefäß *n*.
cayo *m* flache Sandinsel *f im Karibischen Meer*.
cayo|ta *f*, **~te** *m* ♀ Faserkürbis *m*.
cayu|ca F *f Cu.* Kopf *m*, Schädel *m* F, Dassel *m* F; **~co**[1] *adj.-su. Cu.* mit vorn spitzem, hinten breitem Kopf.
cayuco[2] *m* Kajak *m*.
caz *m (pl. caces)* Wassergraben *m*; Mühlgerinne *n*.
caza I. *f* **1.** Jagd *f (a. fig.)*, Weidwerk *n*, Pirsch *f*; Jägerei *f*; Jagdwesen *n*; Wild *n*; Wildbret *n*; Wildbestand *m*; ~ de acoso Hetz-, Parforce-jagd *f; fig.* ~ de brujas Hexenjagd *f*; ~ furtiva, ~ en vedado Wilderei *f*; ~ del jabalí Saujagd *f*; ~ mayor **a)** hohe Jagd *f*; **b)** Hochwild *n*; ~ menor **a)** Niederjagd *f*; **b)** Niederwild *n*; ~ en ojeo Treibjagd *f*; ~ de pelo (de pluma) Haar-(Feder-)wild *n*; ~ al rececho Pirsch (-jagd) *f*; ~ con reclamo Lockjagd *f*; avión *m* de → caza *m*; pabellón *m* de ~ Jagd-haus *m*, -schlößchen *n*; dar (⚓, ✗ dar la) ~ a (ver)jagen *(ac.)*; verfolgen *(ac.)*; Jagd machen auf *(ac.)*; estar de ~ auf der Jagd sein *(a. fig.)*; ir *(od.* andar) a la ~ de un destino auf (der) Ämterjagd sein, nach e-m Pöstchen jagen F; ir *(od.* salir) de ~ auf die Jagd gehen; *fig.* levantar *(od.* alborotar) la ~ **a)** das Wild aufscheuchen *(od.* -stöbern); **b)** *fig. et.* (vorzeitig) verraten, ein *(od.* das) Geheimnis lüften; **c)** *fig.* den Stein ins Rollen bringen, den Anstoß geben; **2.** Jagdbeute *f*, Strecke *f*; ¡buena ~! Weidmannsheil!; **3.** Jagdrevier *n*; *Mal.* ~ (muerta) Jagdstück *n*; **II.** *m* **5.** Jäger *m*, Jagdflugzeug *n*; ~-bombardero Jagdbomber *m*, Jabo *m*; ~ de reacción Düsenjäger *m*; ~ todo tiempo Allwetterjäger *m*.
cazaautógrafos *m (pl. inv.)* Autogrammjäger *m*.
cazabe *m* Kassawe *f*, Maniokwurzelbrot *n*.
cazable *adj. c* jagdbar.
caza|cerebros *m (pl. inv.)* ⚓ Headhunter *m*; **~clavos** ⊕ *m (pl. inv.)* Nagelzieher *m*.
caza|dero *m* Jagd-gebiet *n*, -revier *n*; **~dor I.** *adj.* **1.** jagdliebend; jagend bzw. wildernd (*Tier*); **II.** *m* **2.** Jäger *m*; Weidmann *m*; ✗ Jagdflieger *m*, Schütze *m*; ✈ Jagdflieger *m*; *Ethn.* **~es** *m/pl.* Jäger *m/pl.;* ~ de alforja Fallensteller *m*; Schlingenleger *m*; ~ de cabezas Kopfjäger *m*; ~ dominguero Sonntagsjäger *m*; ~ furtivo Wilddieb *m*, Wilderer *m*; ✗ ~ de montaña Gebirgsjäger *m*; *fig.* ~ de sonido Tonjäger *m*; **3.** ⚓ Rackleine *f*; **~dora** *f* **1.** Jagdrock *m*; Wind-, Leder-jacke *f*; Blouson *m*; **2.** Jägerin *f*;

3. *Am. Cent.* leichter Wagen *m*; **4.** *Col. gr.* Baumschlange *f*; **~dotes** *m (pl. inv.)* Mitgiftjäger *m*; **~fortunas** *m (pl. inv.)* Glücksritter *m*.
cazalla *f* Anislikör *m*.
caza|minas ⚓ *m (pl. inv.)* Minensucher *m*, Minensuchboot *n*; **~moscas** *Vo. m (pl. inv.)* Fliegenschnäpper *m*; **~noticias** *m (pl. inv.):* ser un ~ dauernd auf der Jagd nach Neuigkeiten *(od.* Sensationen) sein; **~ofertas** *m (pl. inv.)* Schnäppchenjäger *m* F.
cazar [1f] **I.** *v/t.* **1.** jagen; erjagen; nachjagen *(dat.) (alle a. fig.)*; moscas Fliegen *(od. fig.* Grillen) fangen; **2.** F ergattern *f*, erwischen, erhaschen; *fig.* stellen, ertappen, abfangen, erwischen; **3.** F einfangen, umgarnen; **4.** ⚓ Segel anziehen; **II.** *v/i.* **5.** *abs.* jagen; ~ a espera, ~ en paranza, ~ en puesto auf den Ansitz *(od.* Anstand) gehen; ~ furtivamente wildern; ~ a lazo Schlingen legen; ~ en vedado in fremdem *(od.* verbotenem) Revier jagen *(bsd. fig.); fig.* j-m ins Gehege geraten; ir a ~ auf die Jagd gehen.
caza|rreactor ✈ *m* Düsenjäger *m*; **~submarinos** ⚓ *m (pl. inv.)* U-Bootjäger *m*; **~talentos** *m (pl. inv.)* ⚓ Headhunter *m*; **~torpedero** ⚓ *m* Torpedobootjäger *m*.
cazcalear F *v/i.* zwecklos hin- und herlaufen.
cazca|rria *f* Kotspritzer *m* an der Kleidung bzw. auf dem Fell der Tiere *(mst. ~s pl.); Rpl.* Schaf- bzw. Schweine-kot *m*; **~rriento**, **~rrioso** *adj.* kotig, schmutzig.
cazcorvo *adj.* krummbeinig *(bsd. Reittiere).*
cazo *m* **1.** Stielpfanne *f*; Schöpflöffel *m*, -kelle *f*; Leimtopf *m*; **2.** Messer- usw. -rücken *m*; **3.** *fig.* F Tölpel *m*, Tolpatsch *m*; **~leja** *f* → cazoleta; **~lero** *m* Topfmacher *m*; *fig.* Schnüffler *m*, Tratscher *m*; **~leta** *f* **1.** kl. Kasserolle *f*; **2.** Nietpfanne *f der Werkbank*; **3.** Zünd-, Pulver-pfanne *f der alten Feuerwaffen*; **4.** Pfeifenkopf *m*; **5.** Stichblatt *n*, Degenkorb *m* an der blanken Waffe; **~letero** → cazolero.
cazón *m* **1.** *Fi.* **a)** Hausen *m*; **b)** Hundsai *m*; **2.** Hausenblase *f (Leim).*
cazuela[1] *f* **1.** Tiegel *m*; Schmortopf *m*; **2.** Schmorfleisch *n*; **3.** *Thea.* Olymp *m* F *(Galerie)*; **4.** *Typ.* übergroßer Winkelhaken *m*.
cazuela[2] *Chi.:* por ~ *(ganz)* zufällig.
cazum|brar *v/t.* Weinfässer verpichen; **~bre** *m* Werg(schnur *f*) *n* zum Abdichten der Weinfässer usw.
cazu|rrería *f* Verschlossenheit *f*, Wortkargheit *f*; Trübsinn *m*; Verschlagenheit *f*; **~rría** *f* → cazurrería; **~rro** *adj.* **1.** wortkarg; ungesellig, verschlossen, menschenscheu; **2.** derb, plump, ungehobelt.
CD *m* CD *f*; CD-Spieler *m*.
ce *f (pl. ces)* C *n (Name des Buchstabens);* F ~ por be *od.* ~ por ~ haarklein, mit allen Umständen; por ~ o por be so oder so, auf die eine oder andere Art.
¡ce! † *u. Reg. int.* pst!, he!, heda!
ceba *f* **1.** Mast *f*; Mästung *f*; Mast-

futter n; 2. ⊕ Beschickung f e-s Hochofens.
ceba|da ⚥ f Gerste f; Gerstenkorn n; ~ barbada Bart-gerste f, -hafer m, -gras n; ~ mondada (perlada) Gersten- (Perl-)graupen f/pl.; ~ de verano (de invierno) Sommer- (Winter-)gerste f; ~dal m Gerstenfeld n; ~dar v/t. Pferde usw. mit Gerste füttern; ~dazo adj. Gersten...; ~dera¹ f Futtersack m; Gersten-, Futter-kasten m; ~dera² f ⚓ Bugsprietsegel n; ⊕ Trichterkübel m e-s Hochofens; Rpl. Mategefäß n; ~dero m 1. Futter-händler m bzw. -meister m; Stall-, Futterknecht m; 2. Leittier n e-r Tragtiergruppe; 3. Futterplatz m, Mast (-weide) f; Jgdw. Köderplatz m; 4. Mal. Geflügelbild n (Fütterungsszene); 5. ⊕ Gicht f e-s Hochofens; 6. hist. Falkenier m, Falkner m.
cebadilla ⚥ f 1. wilde Gerste f; 2. Nieswurz f; 3. Am. versch. Pfl., bsd. Sabadill-, Sebadilla-staude f; Am. Reg. oft für Insektenvertilgungsmittel n bzw. Niespulver n; 4. Rpl. Bluthirse f.
ceba|do adj. gefüttert, gemästet, Mast...; Am. tigre ~ → tigre 2; ~dor m 1. Viehmäster m; 2. Pulverflasche f; ~dura f Fütterung f; Mast f; ~r I. v/t. 1. Tiere mästen (F a. Menschen); füttern; durch Futter od. Köder locken; Angel beködern; 2. ⊕ Schwungrad, Maschine anlassen; Hochofen beschicken; Saugleitung e-r Pumpe u. ä. füllen; Öl in e-e Lampe nachfüllen; den Zündsatz bei Raketen usw. anbringen; Pulver aufschütten; 3. fig. Leidenschaften, Zorn schüren; 4. Rpl. Mate, p. ext. Kaffee usw. bereiten; II. v/i. 5. fassen, eindringen (Schraube); 6. Jgdw. abs. Köder auslegen; 7. Méj. a. (→ fallar) nicht losgehen (Schuß); nicht klappen (Geschäft usw.); III. v/r. ~se 8. s. mästen; fig. s. weiden (an dat. en); ~se en la matanza moderig (od. blutdürstig) sein; se ceba la peste die Pest wütet; ~se contra (od. en) alg. s-e Wut an j-m auslassen; 9. fig. ~se en s. in et. (ac.) versenken (od. vertiefen), in et. (ac.) versunken sein.
cebellina adj.-su. f Zobel...; (marta f) ~ Zobel m; Zobelpelz m; tex. ~ Zibeline f.
cebiche m Chi., Ec., Pe. kaltes Gericht n aus rohen Fischen od. Meeresfrüchten mit Zitronensaft mariniert.
cebo¹ Zo. m Brüllaffe m.
cebo² m 1. Futter n; Mastfutter n; Fraß m, Fressen n; 2. Köder m, Lockspeise f (a. fig.); fig. Nahrung f e-r Leidenschaft; Anreiz m, Verlockung f; morder el ~ anbeißen (Fisch u. fig.); poner ~ Köder auslegen (a. fig.); 3. ⚔ Zündsatz m.
cebo|lla ⚥ f 1. Zwiebel f; Blumenzwiebel f; 2. Lochfilter(einsatz) m b. Wasserleitungen usw.; Brennstoffbehälter m b. Öllampen; 3. Holzkernfäule f bzw. Ringschäle f der Bäume; 4. P Kopf m, Birne f F; 5. □ Huhn n; ~llada f Zwiebelgericht n; ~llana ⚥ f Salatzwiebel f; ~llar m Zwiebelacker m; ~llero m Zwiebel-(an)bauer m; -händler m; ~lleta f 1. Steckzwiebel

f; ~ (común) Winterzwiebel f, Hohllauch m; 2. Cu. Art Erdmandel f; ~llino m 1. Samenzwiebel f; ~ común, ~ francés Schnittlauch m; ~ inglés Winterzwiebel f; F escardar ~s herumlungern, unserm Herrgott den Tag stehlen; 2. F Dummkopf m, Dämlack m F; ~llón m süße Zwiebel f; fig. Chi. eingefleischter Junggeselle m; ~lludo adj. zwiebelartig; Zwiebel... (Pfl.); †, ⚘ plump bäuerisch.
cebón I. adj.-su. gemästet, Mast...; m Masttier n; pavo m ~ Mastputer m; II. m Schwein n; fig. F Fett-, Dickwanst m F.
cebra I. f Zo. Zebra n; II. adj. inv. Vkw.: paso m ~ Zebrastreifen m; ~do adj. gestreift (Tier).
cebrión Ent. m Eckflügler m.
cebruno adj. 1. hirschartig; 2. fahl.
cebú Zo. m (pl. ~ues) Zebu m; Arg. Art Brüllaffe m.
ceburro adj. Winter... (Weizen u. Hirse).
ceca f 1. ehm. Münzpräge(stätte) f; 2. ir de (od. de la) ♀ en (od. a la) Meca von Pontius zu Pilatus laufen.
cecal ☤ adj. c Blinddarm...; región f (ileo)~ Blinddarmgegend f.
cece|ar v/i. 1. lispeln; 2. „s" als Interdental sprechen, z. B. caza für casa; Ggs. seseo; ~o m 1. Lispeln n; 2. Aussprache von „s" als Interdental; ~oso adj.-su. lispelnd; m Lispler m.
cecial m Stockfisch m (Hechtdorsch).
cecina f Rauch-, Dörr-fleisch m; fig. estar como una ~ sehr mager (od. dürr) sein; ~r v/t. einpökeln.
cecografía f Blindenschrift f.
cechero m Jäger m auf dem Ansitz; fig. Lauscher m.
ceda¹ f Borste f; Schwanz-, Mähnenhaar n.
ceda² f Name des Buchstabens Z n.
ceda|cería f Siebmacherei f; ~cero m Siebmacher m; ~cico m Feinsieb n; ~cillo ⚥ m Art Zittergras n; ~zo m Sieb n; Grobsieb n; Getreidesieb n; Méj. a. Seihe(r m) f, Filter m; Art Wurfnetz n der Fischer.
cede|nte adj.-su. c abtretend; gewährend; m Zedent m; ☤ Abtretende(r) m, Zedent m; ~r I. v/t. 1. abtreten, abgeben (j-m et. od. et. an j-n a/c. a alg.), überlassen (j-m et. a/c. a alg.); ⚖, ✝, ☤ zedieren; Phys. Wärme abgeben; ~ el paso a alg. j-m den Vortritt lassen; hinter j-m zurückstehen; von j-m (od. durch j-n) verdrängt werden; Vkw. j-m die Vorfahrt lassen; Vkw. ceda el paso Vorfahrt beachten!; II. v/i. 2. nachgeben, s. beugen; weichen; ~ en favor de otro zugunsten e-s andern zurücktreten; ~ en su empeño von s-m Vorsatz abgehen; no ~ a nadie en ... niemandem nachstehen in (dat.); ~ a la necesidad s. ins Unvermeidliche schicken; ~ a los ruegos den Bitten nachgeben, s. durch Bitten erweichen lassen; 3. ~ de sus derechos auf s-e Rechte verzichten; 4. nachgeben, s. bessern; reißen, zs.brechen; nachlassen (Wind, Schmerz); ⚔ ~ automáticamente selbsttätig einfahren (Fahrgestell).

cederrón m CD-ROM f.
cedilla Gram. f Cedille f.
cedizo adj. angefault, stinkend (Fleisch usw.).
cedoaria ⚥ f Zitwer m, persischer Wurm-Beifuß m.
cedral m Zedernwald m.
cedreleón m Zedernharzöl n.
cedria f Zedernharz n.
cédride f Zedernsame m, Zedernapfel m.
cedri|no adj. Zedern...; ~to m Zedernwein m.
cedro m 1. ⚥ Zeder f; ~ de España a) Acajoubaum m; b) Weihrauchwacholder m; ~ del Líbano echte Zeder f, Libanonzeder f; 2. Zedernholz n.
cedrón ⚥ m Am. Cent. Fiebernußbaum m; Chi., Pe. ein Eisenkrautgewächs.
cédula f 1. Zettel m, Schein m; Schuldschein m; Urkunde f; Ausweis m; ~ hipotecaria Pfandbrief m; Am. ~ de identidad Personalausweis m; ~ personal, ~ de vecindad Personalausweis m; Heimatschein m; ~ de transeúnte Aufenthalts-schein m, -karte f; 2. hist. Verordnung f, Erlaß m; ~ real kgl. Verordnung f bzw. kgl. Gnadenbrief m.
cedu|lario m Sammlung f kgl. Erlasse; ~lón m fig. Schmähschrift f.
cefal(o)..., céfalo... ⚥, ⚕ in Zssgn. Kopf..., Kephal(o)..., Zephal(o)...
cefa|lalgia ☤ f Kopfschmerzen m/pl.; ~lea ☤ f heftiger Kopfschmerz m.
cefálico adj. Kopf..., Schädel...; remedio m ~ Kopfschmerzmittel n; Anregungsmittel n.
céfalo Fi. m Wolfsbarsch m.
cefalo|faríngeo adj. Kopf u. Luftröhre betreffend; ~grama m Kephalogramm n; ~metría ☤ f Kephalometrie f.
céfiro m 1. lit. Zephyr m, Westwind m; fig. sanfter Wind m; 2. tex. Zephir m, Zephyr m.
cegajoso adj. triefäugig.
cegar [1h u. 1k] I. v/t. 1. blenden, blind machen; fig. verblenden; la pasión le ciega (los ojos, el juicio) s-e Leidenschaft läßt ihn nicht zur Einsicht kommen; 2. Loch, Leitung verstopfen; Lücke zumauern; Graben, Teich zuschütten; Leck abdichten; II. v/i. 3. erblinden, blind werden; 4. ⚓ vertauben; III. v/r. ~se 5. ~se (por arena) versanden; 6. fig. ~se por alg. blind in j-n verliebt sein; ~se de ira blind vor Wut sein.
cega|rr(it)a F adj.-su. c, ~to F, ~tón F adj.-su. kurzsichtig; m Kurzsichtige(r) m; ~toso adj. triefäugig.
cegrí hist. m (pl. ~íes) Angehöriger e-s Maurengeschlechts in Granada; fig. ~es y abencerrajes wie Hund u. Katze (leben), (s.) spinnefeind (sein).
cegue|dad f Blindheit f; fig. Verblendung f; ~ra bsd. ☤ f Blindheit f; ~ para (od. de los) colores Farbenblindheit f; ~ diurna (nocturna) Tag-(Nacht-)blindheit f; ~zuelo adj.-su. dim. zu ciego.
cei|ba ⚥ f Am. trop. 1. Ceiba f, Wollbaum m (versch. Arten); 2. Sargassokraut n; ~bo ⚥ m 1. → ceiba; 2. Am.

Mer. Seibo *m*, Bukare *m*; ⁓**bón** ⚥ *m* **1.** *Nic.* Ceiba *f*; **2.** *Ant. versch. Pachiraarten.*
Cei|lán *m* Ceylon *n*; ⁓**lanés** *adj.-su.* ceylonesisch; *m* Ceylonese *m.*
ceja *f* **1.** (Augen-)Braue *f*; *arquear (od. enarcar) las* ⁓*s* die Brauen hochziehen; *fig. estar hasta las* ⁓*s von j-m od. et.* genug haben, die Nase voll haben F; *quemarse las* ⁓*s* s. blind studieren, büffeln F; *tener (od. llevar) entre* ⁓ *y* ⁓ *od. metérsele (od. ponérsele) a alg. entre* ⁓ *y* ⁓ **a)** *e-e Sache* im Auge haben, s. auf *et.* (*ac.*) versteifen; **b)** *j-n* nicht ausstehen können, *j-n* im Magen haben F; **2.** hervorstehender Rand *m*; ⁓ (*de la encuadernación*) Einband-, Buch-rand *m*; **3.** Wolkenstreif *m über Bergen*; Bergspitze *f*; *Am. Mer.* Waldstreifen *m*; *Cu., Am. Reg.* Waldweg *m*; **4.** ♪ **a)** Sattel *m* (*Streichinstrument*); **b)** Kapodaster *m der Gitarre*; **c)** Barrégriff *m b. der Gitarre.*
cejar *v/i.* zurückweichen; *fig.* weichen, nachgeben; *no* ⁓ durchhalten; *no* ⁓ *en* nicht abgehen von (*dat.*); *adv. sin* ⁓ unverdrossen.
cejijunto *adj.* mit zs.-gewachsenen Augenbrauen; *fig.* finster blickend.
cejilla ♪ *f* → *ceja 4.*
cejo *m* Frühnebel *m über Gewässern.*
cejudo *adj.* mit buschigen Brauen.
cejuela ♪ *f* → *ceja 4.* [*haube f.*]
celada¹ *hist.* ♪ Helm *m*; Sturm-
celada² *f* Hinterhalt *m* (*a. fig.*).
cela|damente *adv.* heimlich, verstohlen; ⁓**dor I.** *adj.* **1.** wachsam; **II.** *m* **2.** Inspektor *m*; Studienaufseher *m*; (Gefängnis-)Wärter *m*; *bsd. Am.* Bewacher *m*; Nachtwächter *m*; **3.** Telegraphenarbeiter *m*; **4.** *Am. auf dem Land oft noch:* Art Schultheiß *m od.* Richter *m.*
celaje *m* **1.** Gewölk *n* (*bsd.* ♪); *mst.* ⁓*s m/pl.* Schleierwolken *f/pl. im Licht des Sonnenaufgangs od. -untergangs*, bunte Morgen- *od.* Abend-Wolken *f/pl.*; **2.** Dachfenster *n*, Luke *f*; **3.** *fig.* Ahnung *f*, (gutes) Vorzeichen *n*; **4.** *P. Ri.* Schatten *m*, Gespenst *n*; *Am. Reg. como un* ⁓ blitzschnell.
celar¹ *v/t.* verbergen, verheimlichen, verhehlen, vertuschen.
celar² **I.** *v/i. abs.* eifersüchtig sein (*bsd. Kinder*); **II.** *v/t.* beobachten; überwachen, beaufsichtigen; argwöhnisch (*od.* eifersüchtig) wachen über (*ac.*).
celar³ *v/i.* gravieren; meißeln; schnitzen.
celastro ⚥ *m* Hottentottenkirsche *f.*
cel|da *f* **1.** (Kloster-, Gefängnis-)Zelle *f*; ⁓ *de aislamiento* (*de castigo*) Isolier- (Straf-)zelle *f*; **2.** Bienenzelle *f*; ⁓**dilla** *f* **1.** Bienen-, Honig-zelle *f*; **2.** Kerngehäuse *n*; Samenfach *n e-r Samenkapsel*; **3.** Mauernische *f.*
celebérrimo *sup. zu célebre*, hochberühmt.
celebra|ción *f* **1.** Feier *f*, feierliche Verrichtung *f*; Begehung *f*; Abhaltung *f*; Vollzug *m*; Abschluß *m e-s Vertrages u. ä.*; *kath.* Zelebrieren *n e-r Messe*; **2.** Lob *n*, Beifall *m*; ⁓**dor** *adj.* beifallspendend; ⁓**nte** *kath. m* Zelebrant *m*, Priester *m*, *der die Messe liest*; ⁓**r I.** *v/t.* **1.** loben,

preisen; s. freuen über (*ac.*); ⁓ *que + subj.* s. freuen, daß + *ind.*, glücklich sein, daß + *ind.*; *celebro verte* (*de nuevo*) ich freue mich (sehr), dich zu sehen; *lo celebro mucho* es freut mich sehr; **2.** *j-n od. et.* feiern; feierlich begehen; abhalten; *a. Trauung* vollziehen; *Sitzung* abhalten; *Gespräch* führen; *Vertrag* schließen; **II.** *v/i.* **3.** *kath.* zelebrieren, Messe halten *od.* lesen; **III.** *v/r.* ⁓**se 4.** stattfinden; abgehalten werden; gefeiert werden.
célebre *adj. c* berühmt (*a. fig.*); *fig.* unterhaltsam, witzig; F toll F.
celebridad *f* **1.** Berühmtheit *f* (*a. Person*); Ruf *m*, Ruhm *m*; **2.** ⚥ Feier(lichkeit) *f.*
celemín *m* Getreide- *u.* Trockenmaß: 4,625 l; *bibl.* meter la luz bajo el ⁓ sein Licht unter den Scheffel stellen.
celen|terados, ⁓**téreos**, ⁓**terios** *Zo. m/pl.* Schlauch-, Hohl-tiere *n/pl.*, Zölenteraten *m/pl.*
célere *lit. adj. c* rasch, behende.
cele|ridad *f* Schnelligkeit *f*, *a.* ⊕ Geschwindigkeit *f*; ⁓**rímetro** ⊕ *m* Geschwindigkeitsmesser *m.*
celesta ♪ *f* Celesta *f.*
celes|te I. *adj. c* himmlisch (*a. fig.*), Himmels...; *azul* ⁓ himmelblau; *cuerpos m/pl.* ⁓*s* Himmelskörper *m/pl.*; **II.** *adj.-su. m* ♪ (*registro m*) ⁓ Vox *f* celestis (*Orgelregister*); ⁓**tial** *adj. c* **1.** himmlisch; *fig.* überirdisch, göttlich; *armonía f* ⁓ Sphärenmusik *f*; *fig. música f* ⁓ leeres Gerede *n*, Zukunftsmusik F *f*; **2.** *iron.* dumm; ⁓**tialmente** *adv.* himmlisch (*a. fig.*); durch göttliche Fügung.
celestina¹ *f* Kupplerin *f*; *fig. polvos m/pl. de la madre* ♀ Zauber-pulver *n*, -mittel *n.*
celestina² *f* **1.** *Min.* Zölestin *m*, Cölestin *m*; **2.** ⚥ blauer Wasserdost *m.*
celestinesco *lit. adj.* Kuppler...
celíaco *Anat. adj.* Bauch...; *arteria f* ⁓*a* Bauchschlagader *f.*
celiba|tario *adj.-su.* → *célibe*; ⁓**to** *m* Zölibat *m, n*, Ehelosigkeit *f.*
célibe *adj.-su. c* unverheiratet, ledig; *m* Junggeselle *m*; *f* Junggesellin *f*, unverheiratete Frau *f.*
célico *poet. adj.* → *celeste*, *celestial.*
celícola *lit. m* Himmelsbewohner *m.*
celidonia ⚥ *f* Schöllkraut *n*; ⁓ *menor* Scharbockskraut *n.*
celidónico *?ᵐ adj.*: *ácido m* ⁓ Chelidonsäure *f.*
celinda ⚥ *f* falscher Jasmin *m.*
celindrate *Kchk. m* Gericht mit Koriander.
celo *m* **1.** Eifer *m*; Dienst-, Pflichteifer *m*; *ardiente* Feuereifer *m*; **2.** Glaubenseifer *m*, Inbrunst *f*; **3.** Brunft(zeit) *f*; (*estar*) *en* ⁓ brünstig, brünftig (sein); läufig, heiß (sein) (*Hündin, Katze*); *estar en* ⁓ brunften (*Hochwild*); **4.** Neid *m*; **5.** ⁓*s m/pl.* Eifersucht *f*; *dar* ⁓*s* eifersüchtig machen; *tener (od. sentir)* ⁓*s (de, a. a)* eifersüchtig sein (auf *ac.*); **6.** (*cinta f*) ⁓ Tesafilm *m.*
celobiosa ⚥ *f* Cellobiose *f.*
celofán *m* Cellophan *n*; *papel m* ⁓ Cellophanpapier *n.*
celomanía *f* krankhafte Eifersucht
celosa ⚥ *f Cu., Méj. Staude, Verbenazee* (*Duranta repens*).
celo|samente *adv.* eifersüchtig;

eifrig; ⁓**sía** *f* **1.** ⊕ Gitterwerk *n*; Fachwerk *n*; **2.** Jalousie *f*; **3.** (krankhafte) Eifersucht *f*; ⁓**so I.** *adj.* **1.** eifrig, sorgfältig; pflichteifrig; ⁓ *de a.* bedacht auf (*ac.*); **2.** neidisch (auf *ac. de*); **3.** ⚓ rank; **4.** *Am. Mer.* empfindlich (*Mechanismus*); **II.** *m* **5.** Eifersüchtige(r) *m*; **6.** Eiferer *m*, Zelot *m.*
celo|ta *bibl. m* Zelot *m*; ⁓**tipia** *bsd. Rel. f* Eifersucht *f.*
Celsio *npr., Phys. m* Celsius *m*; *diez grados* ⁓ (10° C) zehn Grad Celsius.
celsitud *f* Erhabenheit *f*, Größe *f* (*fig.*); *hist.* (*Kgl.*) Hoheit *f* (*Anrede*)
cel|ta *adj.-su. c* keltisch (*Sprache*); *m* Kelte *m*; ⁓**tibérico**, ⁓**tiber(i)o**, ⁓**tibero** *adj.-su.* keltiberisch; *m* Keltiberer *m*; ⁓**tismo** *m* Keltentheorie *f*; Keltologie *f*; ⁓**tista** *c* Keltologe *m.*
célula *f* **1.** *Biol.* Zelle *f*; ⁓ *adiposa* (*cancerosa*) Fett- (Krebs-)zelle *f*; **2.** ⚓, ⚡ Zelle *f*; ⁓ *fotoeléctrica* Photozelle *f*; ⁓ *de selenio* Selenzelle *f*; **3.** *Pol.* Zelle *f.*
celula|do *adj.* zellenförmig; zellig, in Zellen; ⁓**r** *adj.-su. c* zellenförmig; Zell..., Zellen...; *m Am. Tel.* Handy *n*, Mobiltelefon *n*; △ *construcción f* ⁓ Zellenbauweise *f*; *Biol. estructura f* ⁓ Zellstruktur *f.*
celu|litis *f* Zellulitis *f*; ⁓**loide** *m* Zelluloid *n*; ⁓**losa** *f* Zellulose *f*, Cellulose *f*; Zellstoff *m*; *tex.* Zellwolle *f*; ⁓**lósico** *adj.* Zellulose...; ⁓**loso** *adj.* zellig, mit vielen Zellen.
celuloterapia ⚕ *f* Frischzellentherapie *f.*
cella|dura *f* Bereifen *n* von Fässern; ⁓**r I.** *v/t.* Fässer bereifen; **II.** *adj. c*: *hierro m* ⁓ Reif(en)eisen *n der Böttcher.*
cellis|ca *f* heftiges Schneegestöber *n* mit Regen; ⁓**quear** *v/impers.* stöbern (*Wetter*).
cello *m* Faßreifen *m.*
cémbalo ♪ *m* Cembalo *n.*
cementa|ción *f* ⊕ Einsatzhärtung *f*, Zementierung *f* (*Metall*); △ Zementdichtung *f*; ⁓**r** *v/t.* Eisen, Stahl zementieren, härten, harteinsetzen; *bsd. Kupfer* aus e-r Lösung gewinnen; △ einkitten.
cementerio *m* Fried-, Kirch-hof *m*; ⁓ *civil* Friedhof *m* für Nichtkatholiken; F ⁓ *de coches* (*od. de automóviles*) Autofriedhof *m.*
cemen|tero *adj.* Zement...; ⁓**to** *m* Zement *m*; ⁓ (*de fraguado*) *lento* (*rápido*) Langsam- (Schnell-)binder *m*; *fig.* F *tener la cara como el* ⁓ *in s-n Forderungen* schamlos sein, ganz schön unverschämt sein F; ⁓**toso** *adj.* zementartig.
cem|pasúchil, ⁓**poal** ⚥ *m Méj.* Samt-, Studenten-blume *f.*
cena *f* Abendessen *n*; *Rel. la* (*Santa od. Última*) ♀ das heilige Abendmahl (*Christi*); ⁓ *fría* kaltes Buffet *n.*
cenaoscuras F *c* (*pl. inv.*) **1.** Pfennigfuchser *m* F, Knicker *m* F; **2.** Eigenbrötler *m*, ungeselliger Mensch *m.*
cenáculo *m* Abendmahlssaal *m*; *fig.* Zirkel *m*, Verein *m*, Club *m von Gelehrten*, Künstlern *usw.*
cenacho *m* Esparto-, Markt-korb *m.*
cena|da *f Am.* → *cenata*; ⁓**dero** *m* Speisezimmer *n*; Gartenlaube *f*;

~dor I. *adj.* zu Abend essend; **II.** *m* Laube *f*, Pavillon *m*; *Reg.* Laubengang *m der Häuser*; **~duría** *f Méj.* Gar-, *bsd.* Abend-küche *f*.
cena|gal *m* Morast(loch *n*) *m*, Sumpf *m*; Moor *n*; *fig.* ~ *(de vicios)* Sumpf *m*, Sündenpfuhl *m* *(lit.)*; **~goso** *adj.* morastig, sumpfig, verschlammt.
cenal ⚓ *m* Geitau *n*.
cenar *vt/i.* zu Abend essen; *cenamos pollo* wir haben *(bzw.* hatten) ein Hähnchen zum Abendessen; F *a la cama sin* ~ ins Bett ohne Abendessen *(Strafe)*; *fig.* du wirst deine Strafe schon kriegen F.
cenata *f Col.*, *Cu.* fröhliches u. reichliches Abendessen *n im Freundeskreis*.
cenceño *adj.* schlank, schmächtig; ungesäuert *(Brot)*.
cence|rrada *f* wildes Schellengeklingel *n*; Höllenlärm *m*, Katzenklamauk-musik *f (bsd. am Hochzeitsabend von Verwitweten, die wieder heiraten)*; dar ~ j-m e-e Katzenmusik machen; **~rrear** *v/i.* 1. mit Viehschellen läuten; klirren, klappern, knarren, quietschen *(Türen, Fenster, Maschinen usw.)*; ♪ (herum)klimpern; auf e-m verstimmten Instrument spielen; kreischen, plärren *(Kind)*; 2. lose sein, wackeln *(Zahn)*; **~rreo** *m* Schellengeklingel *n*; Klimperei *f*; Klappern *n*; Geplärr *n*, Gekreisch *n*; **~rro** *m* Vieh-glocke *f*, -schelle *f*; ~ zumbón Leitglocke *f*; *fig. (loco) como un* ~ total verrückt, bescheuert F; *llevar el* ~ der Leithammel sein *(a. fig.)*; **~rrón** *m* verkümmerte Traube *f*.
cenco *Zo. m Am.* Ameisennatter *f*.
cendal *m* 1. Zindel(taft) *m*; *kath.* Humerale *n der Priester*; 2. Federbart *m*; 3. *fig. Andal.* Hirngespinst *n*; Lug *m* u. Trug *m*; 4. **~es** *m/pl.* Tintenbaumwolle *f*.
cendra *f* 1. Bleichasche *f (Metallveredelung)*; 2. Schmelztiegel *m*; **~da** *f* → *cendra* 1; **~dilla** *f* Läuterungsofen *m für Edelmetalle*; **~zo** *m* Silberschmelzprobe *f (aus dem Tiegel gebrochen)*.
cenefa *f* 1. Saum *m*, Rand *m*; Einfassung *f*, Borte *f*; *kath.* Mittelstreifen *m des Meßgewandes*; △ Zierrand *m*; 2. ⚓ a) Marsrand *m*, b) (seitlich überfallender Rand *m* des) Sonnensegel(s) *m*.
cenetista *Pol. adj.-su. c* Mitglied *n (od.* Anhänger *m) der CNT (span.* Gewerkschaft*)*.
cenicero *m* 1. Aschenkasten *m im Ofen*; ⊕ Aschenraum *m unter Kesseln*; 2. Asch(en)becher *m*; ~ rotativo Flugascher *m*.
Cenicien|ta *f* Aschen-brödel *n*, -puttel *n (a. fig.)*; **Q̃to** *adj.* aschgrau; aschblond.
ceni|t *m* Zenit *m*, Scheitelpunkt *m*; *fig.* Gipfel(punkt) *m*; **~tal** *adj. c im* Zenit stehend, Zenit...; △ luz *f* ~ Lichteinfall *m* von oben.
ceni|za *f* 1. Asche *f*; **~s** *f/pl.* Abbrand *m*; Holzasche *f*; *fig.* Asche *f*, sterbliche Hülle *f*, *poet.* Staub *m*; *fig.* escribir en la ~ in den Sand (*od.* in den Wind) schreiben; *fig.* huir de la ~ y caer en la(s) brasa(s) vom Regen in die Traufe kommen; *reducir a* ~*s od.*

hacer ~(s) in Schutt u. Asche legen; *fig.* zerstören, vernichten; *renacer de sus propias* ~*s (como el ave Fénix)* aus der Asche (wieder) erstehen (wie der Vogel Phönix); *kath.* tomar la ~ das Aschenkreuz nehmen; 2. *Mal.* Aschen- u. Leimgrundierung *f*; ~(s) *f(/pl.)* azul(es) Berg-, Kupfer-blau *n*; ~(s) verde(s) Berg-, Malachit-grün *n*; 3. ♀ Mehltau *m*, Grauschimmel *m*; **~zal I.** *adj. c* Aschen...; **II.** *m* → *cenicero*; **~zo I.** *adj.* 1. aschfarben; **II.** *m* 2. ♀ weißer Gänsefuß *m*; 3. → *ceniza* 3; 4. F Pechvogel *m bzw.* Unglücksbringer *m im Spiel*; Spielverderber *m*; 5. F Dummkopf *m*; **~zoso** *adj.* aschenhaltig; mit Asche bedeckt; aschgrau.
ceno|bial *adj. c* klösterlich; **~bio** *m* Kloster *n*, Zönobium *n*; **~bita** *m* Zönobit *m*, *im Kloster lebender* Mönch *m*; **~bítico** *adj.* klösterlich; *fig.* einsiedlerisch, zurückgezogen; **~bitismo** *m* Klosterleben *n*.
cenopista *c Méj.* Mitglied *n* der Gewerkschaft *CNOP*.
cenotafio *m* Kenotaph *n*, Zenotaph *n*.
cenote *m Méj.* Wassergrotte *f*; unterirdischer Wasserspeicher *m*.
cenozoico *Geol. adj.-su.* känozoisch; *m* Känozoikum *n*.
censa|lero, **~tario** *m* Zinspflichtige(r) *m*, -zahler *m*.
censar I. *v/t.* zählen, erfassen; **II.** *v/i.* eine Volkszählung durchführen.
censo *m* 1. Zählung *f*; statistische Erhebung *f*; Vermögens(ab)schätzung *f*; *hist.* Zensus *m*; ~ electoral *hist.* Wahlzensus *m*; *heute:* Wählerliste *f*; ~ *(de población)* Volkszählung *f*; 2. (Pacht-, Erb-)Zins *m*; Abgabe *f*; *fig.* ewige Ausgabenquelle *f*, Faß *n* ohne Boden; *dar a* ~ verpachten; 3. (An-)Zahl *f*, Menge *f*, Anteil *m*.
censo|r *m* Zensor *m (a. fig. u. hist.)*; *fig.* Kritiker *m*, Tadler *m*; *Sch.* Klassenaufseher *m*; Aufsichtsbeamte(r) *m* öffentlich-rechtlicher *Körperschaften*; ~ *(jurado) de cuentas* (vereidigter) Buchprüfer *m*; **~rio** *adj.* Zensor...; Zensur...
censua|l *adj. c* zinsbar, (Pacht-, Grund-)Zins...; **~lista** *c* Pachtempfänger *m*; 𝒻 (Erb-)Zinsberechtigte(r) *m*; **~rio** *m* Zinspflichtige(r) *m*.
censura *f* 1. (Bücher-, Film-, Presse-, Theater- usw.) Zensur *f*; *previa* ~ Vorzensur *f*; "*con* ~ *eclesiástica*" *etwa:* mit kirchlichem Imprimatur *(Bücher)*; *tachado por la* ~ von der Zensur gestrichen; *(auto)*~ voluntaria freiwillige Selbstkontrolle *f*; 2. Zensurbehörde *f*; 3. Kritik *f*, Tadel *m*; amtliche Rüge *f*; Gerede *n*; *exponerse a la* ~ *pública* s. dem öffentlichen Tadel *(bzw.* Gerede) aussetzen; **~ble** *adj. c* tadelnswert; **~dor**, *adj.-su.* tadelnd, kritisch betrachtend; ~ *v/t.* 1. zensieren; 2. tadeln, rügen; kritisieren, beanstanden, bemängeln (et. an j-m *a/c. a* [*od.* en] alg.).
centaur(e)a ♀ *f* Flockenblume *f*; ~ menor Tausendgüldenkraut *n*.
centauro *Myth. m* Zentaur *m*, Kentaur *m*; **~maquia** *Myth. f* Kentaurenkampf *m*.
centavo I. *adj.-su. m* Hundertstel;

la ~*a parte* der hundertste Teil; **II.** *m* Centavo *m* (1/100 *Peso*); ~ *de euro* Eurocent *m*.
cente|lla *f* 1. Funke(n) *m* (*a. fig.*); Blitz *m* (*a. fig.*); *fig. kl.* Funke *m*, Rest *m von* Liebe, Haß *usw.*; *ser (vivo como) una* ~ sehr lebhaft sein; 2. ♀ *Chi.* Ranunkel *f*; **~llar** *v/i.* → *centellear*; **~lleante** *adj. c* funkelnd, glitzernd; sprühend; **~llear** *v/i.* funkeln (*a. Augen, Stil*), glitzern, flimmern, sprühen; glänzen, leuchten; **~lleo** *m* Funkeln *n*, Blitzen *n*; Flimmern *n*; ⚡ Augenflimmern *n*; **~llita** *f* Fünkchen *n*; **~llón** *m* großer Funke *m*; Brand *m*.
centén *hist. m span.* Goldmünze (100 *reales*).
centena *f* das Hundert; ~*s f/pl.* de Hunderte *n/pl.* von *(dat.)*; **~da** *f* ein rundes Hundert; *a* ~*s* → *a centenares*; **~l**[1] *m* → *centena*.
centena[1][2], **~r**[1] *m* Roggenfeld *n*.
centena|r[2] *m* das Hundert; Hundertjahrfeier *f*; ~*es m/pl.* de fieles Hunderte von Gläubigen; *a* ~*es* zu Hunderten; *fig.* in Hülle u. Fülle; **~rio I.** *adj.* 1. hundertjährig; **II.** *m* 2. Hundertjährige(r) *m*; 3. Hundertjahrfeier *f*; *con motivo del segundo* ~ *de* anläßlich des zweihundertsten Todes- (*bzw.* Geburts-)tages (*gen. od.* von *dat.*).
cente|naza *f* Roggenstroh *n*; **~nero** *adj.* für den Roggenanbau geeignet; **~no**[1] *m* Roggen *m*.
centeno[2] *adj.-su.* → *centésimo*.
centenoso *adj.* mit (viel) Roggen vermischt.
Cen|tesimal *adj. c* hundertteilig, zentesimal; ⅄ *sistema* *m* ~ Zentesimalsystem *n*; **~tésimo** *num.* hundertste(r, -s); *m* Hundertste(r) *m*; *el* ~, *la* ~*a parte* das Hundertstel.
centi... *pref. in Zssgn.* Zenti...
centiárea *f* Zentiar *n* (= 1 *m*²).
centigrado I. *adj.* hundertgradig; *dos grados m/pl.* ~*s* zwei Grad *m/pl.* Celsius; **II.** *m* Zentigrad *m*.
centi|gramo *m* Zentigramm *n*, Hundertstelgramm *n*; **~litro** *m* Zentiliter *n*, *m*; **~llero** *kath. m* siebenarmiger Leuchter *m*; **~mano** *Myth. adj.-su.* hunderthändig.
cen|tímetro *m* Zentimeter *n*, *m*; ~ *cuadrado (cúbico)* Quadrat- (Kubik-)zentimeter *n*, *m*; **~timétrico** *adj.:* HF *ondas f/pl.* ~*as* Zentimeterwellen *f/pl.*
céntimo I. *adj.-su.* → *centésimo*; **II.** *m hist. span.* Münze (1/100 *Pesete*); *al* ~ auf den Pfennig genau.
centinela *f* u. (*der Mann*) *m* Wache *f*, (Wach-)Posten *m*; Schildwache *f*; *fig.* Aufpasser *m*; *estar de* ~, *hacer* ~ Posten stehen.
centinodia ♀ *f* Vogelknöterich *m*.
centí|pedo I. *adj.* hundertfüßig; **II.** *m Zo.* Tausendfüß(l)er *m*.
cento|l(l)a *f*, **~llo** *m Zo. gr.* Seespinne *f*.
cen|tón *m* bunte Flickendecke *f*; *fig.* Flickwerk *n*; **~tonar** *v/t. fig. zs.*-stoppeln, -häufen.
centra|do I. *adj.* 1. zentriert; 2. ▢ bedeckt; **II.** *m* 3. ⊕ Zentrierung *f*; **~dor** ⊕ *m* Zentriergerät *n*; Spannbacke *f der Werkbank*; **~je** ⊕ *m* Zen-

trierung *f*; ~l **I.** *adj.*- *c* zentral, Mittel..., Zentral...., *bsd.* ⊕ mittig; *casa f* ~ Stamm-, Mutter-Haus *n*; **II.** *f* Zentrale *f*, Hauptstelle *f*; ~ *(abastecedora) de agua* Wasserwerk *n*; ~ *automática de teléfonos* Selbstwählamt *n*; ~ *de correos* Hauptpost(amt *n*) *f*; ~ *(de energía) eléctrica* Elektrizitäts-, E-Werk *n*; ~ *(de energía) atómica*, ~ *electroatómica*, ~ *nuclear* Kernkraftwerk *n*; ~ *hidráulica*, ~ *hidroeléctrica* Wasserkraftwerk *n*; ~ *lechera* Molkereizentrale *f*; ~ *de mando* Befehlsstelle *f*; ⚡ Schaltstelle *f*; ~ *siderúrgica* Eisenhüttenwerk *n*; ~ *sindical* Gewerkschaftszentrale *f*; ~ *telefónica* Telephonzentrale, Fernsprechamt *n*; ~ *térmica* Wärmekraftwerk *n*; ~lilla *f* → centralita.

centra|lismo *m* Zentralismus *m* (*bsd. Pol. u. Verw.*); ~**lista** *adj.-su. c* zentralistisch; *m* Zentralist *m*; ~**lita** *Tel. f* (Haus-, Klein-)Zentrale *f*, Hausvermittlung *f*; ~**lización** *f* Zentralisierung *f*; Vereinheitlichung *f*; ~**lizado** *adj.* zentral; *Kfz.* cierre *m* ~, cerradura *f* ~*a* Zentralverriegelung *f*; ~**lizar** [1f] *v/t.* zentralisieren; vereinheitlichen; ~**r I.** *v/t.* 1. ⊕ zentrieren, auf Mitte einstellen; 2. ⊕ vorkörnen (*an der Bohrmaschine*); broca *f* de ~ Zentrumsbohrer *m*; 3. *Sp. Ball* zur Mitte spielen; **II.** *v/r.* 4. ~*se en s.* konzentrieren auf (*ac.*).

céntrico *adj.* Zentral..., Mittel..., zentrisch; *de situación* ~*a* im Mittelpunkt gelegen; *b. Wohnungen:* mit guter Verbindung zum Stadtzentrum.

centrífuga *f* → centrifugadora.
centrifuga|dora *f* Zentrifuge *f*, Schleuder *f* (*a. Wäsche*); ~**r** [1h] *v/t.* (aus)schleudern.
centrí|fugo *Phys. adj.* zentrifugal; fuerza *f* ~*a* Zentrifugal-, Fliehkraft *f*; ~**peto** *Phys. adj.* zentripetal, zur Mitte strebend; fuerza *f* ~*a* Zentripetalkraft *f*.
centrista *Pol. adj.-su. c* Anhänger *m* e-r Partei (*od.* der Parteien) der Mitte.
centro *m* 1. Mitte *f*; Mittelpunkt *m*, Zentrum *n* (*a. Pol.*); Orts-, Stadtmitte *f*; ⚖ Mittellinie *f*; ~ de gravedad Schwerpunkt *m*; ~ de mesa Tischaufsatz *m*; mesita *f* de ~ Couchtisch *m*; *fig.* estar en su ~ in s-m Element sein; 2. Stelle *f*, Institut *n*; Verein *m*; Vereinshaus *n*; ~ de cálculo, *bsd. Am. de computación* Rechenzentrum *n*; ~ comercial **a)** Einkaufszentrum *n*; **b)** Handelsplatz *m*; ~ de consultas Beratungsstelle *f* (*bsd.* 𝄞); *EDV* ~ de datos Datenzentrum *n*; *Span. hist.* ~ de EGB Grund- und Hauptschule *f*; ~ escolar Schule *f*; ~ de esparcimiento (*bsd. Am.*), ~ de recreo Vergnügungsstätte *f*; ~ de investigación Forschungsstelle *f*, -zentrum *n*; ~ penitenciario Strafvollzugsanstalt *f*; 3. *Cu.* dreiteiliger Anzug *m*; *Méj.* (Hose *f* u.) Weste *f*.

Centro|américa *f* Mittelamerika *n*; ⁀**americano** *adj.-su.* mittelamerikanisch; *m* Mittelamerikaner *m*; ⁀**campista** *Sp. c* Mittelfeldspieler *m*; ⁀**europeo** *adj.-su.* mitteleuropäisch; *m* Mitteleuropäer *m*.

centuplicar [1g] *v/t.* verhundertfachen, -fältigen.

céntuplo *adj.-su.* hundertfach; *m das* Hundertfache.
centu|ria *f* Jahrhundert *n*; *hist.* Zenturie *f*, Hundertschaft *f* (*a. Falangeeinheit in Span.*); ~**rión** *hist. m* Zenturio *m*; Amt *n* e-s Zenturio.
cénzalo *m* Stechmücke *f*.
cenzon|te *C. Ri.*, ~**tle** *Méj. Vo. m* Spottdrossel *f*.
ceñi|do *adj.* eng anliegend, hauteng; fest geschnürt; *Stk.* faena *f* ~*a* Reizen *n des Stieres* aus nächster Nähe; seguimos el camino ~s a la muralla wir gingen dicht an der Mauer entlang; ~**dor** *m* Gürtel *m*; Leibbinde *f*; ~**r** [3l u. 3h] **I.** *v/t.* 1. gürten, umschnallen; ~(se) la espada den Schwert gürten; den Degen anschnallen; 2. umgeben; einfassen, einschließen; ~ bien (el cuerpo) eng anliegen, gut sitzen (*Kleid*); 3. ~ la corona die Krone aufsetzen; *fig.* König werden; ~ la frente con (*od.* de) rosas die Stirn mit Rosen (be)kränzen; **II.** *v/r.* ~*se* 4. *s.* gürten; *s.* schnüren; ~ *a.* 1; 5. *s.* anschmiegen (*dat. od.* an *ac. a*); *s.* herandrängen (an *ac. a*); 6. ~*se a a/c. s.* an et. (*ac.*) halten, *s.* auf et. (*ac.*) beschränken; ~*se a su trabajo s.* ganz s-r Arbeit widmen; ~*se a la verdad s.* strikt an die Wahrheit (*od.* an die Tatsachen) halten.
ceño[1] *m* 1. Reif *m*, Zwinge *f*; 2. *vet.* Hufverwachsung *f*.
ce|ño[2] *m* 1. Stirnrunzeln *n*; finstere Miene *f*; *adv.* con ~ finster, düster; poner ~ ein finsteres Gesicht machen; 2. drohendes Aussehen *n* (*Himmel, Wolken usw.*); ~**ñoso**, ~**ñudo** *adj.* stirnrunzelnd; finster (blickend), düster.
ceo *Fi. m* Petersfisch *m*.
cepa *f* 1. Baumstrunk *m*, Wurzelknorren *m*; Wein-, Reb-stock *m*; *fig.* Ursprung *m* e-r Sippe; ~ virgen wilder Wein *m*; *fig.* de buena ~ *od.* de pura ~ rein, unverfälscht (*a. Wein*); sehr gut; echt, waschecht F; 2. Horn- *od.* Schwanz-ansatz *m* der *Tiere*; 3. ⚒ Fundamentgrube *f*; 4. *Méj.* Loch *n*, Grube *f*.
cepe|jón *m* Wurzel(knorren *m*, -ast *m*) *f*; ~**llón** *m* Wurzelballen *m mit Erde*; Plagge *f*, ausgestochenes Rasenstück *n*.
cepi|llado *m* Hobeln *n*; ~**lladora** ⊕ *f* Hobelmaschine *f*; ~**lladura** *f* 1. Hobeln *n*; 2. Hobelspäne *m/pl.*; ~**llar** *v/t.* 1. (aus)bürsten; striegeln; 2. hobeln; *Parkett* abziehen; *fig.* *j-m* Manieren beibringen; no ~*ado* ungehobelt (*Reg. a. fig.*); 3. *Sch.* durchfallen lassen (*im Examen*); 4. F ausplündern; P umlegen P; 5. P *j-m* schöntun; *Frau* vernaschen F, umlegen P; ~**llazo** F *m*: dar un ~ *a Kleider* flüchtig abbürsten; ~**llo** *m* 1. Bürste *f*; ~ de cabeza, ~ de pelo (*para zapatos*) Haar- (Schuh-)bürste *f*; ~ de (*od.* para los) dientes (de *od.* para las uñas) Zahn- (Nagel-)bürste *f*; ~ de grama (de ropa) Wurzel- (Kleider-)bürste *f*; ~ (de palo) Schrubber *m*; corte *m* de pelo al ~ Bürstenschnitt *m*; limpiar con ~ (aus)bürsten; fegen, schrubben; 2. ~ (de carpintero) Hobel *m*; ~ de alisar *od.* ~ corto Schlichthobel *m*; 3. Sammelbüchse *f*; *ecl.* (de limosnas, de ofrenda, de ánimas) Opferstock *m*; ~**llón** *adj.* schmeichlerisch.

cepo *m* 1. Ast *m*; Klotz *m*; 2. Flintenschaft *m*; 3. ⊕, ⚓ ~ (de ancla) Ankerstock *m*; ~ (de freno) Bremsklotz *m*; -backe *f*; ~ de polea Rollen-, Tau-kloben *m*; ~ (del yunque) Amboßuntersatz *m*; 4. Zeitungshalter *m*; *hist.* Hals- bzw. Fuß-block *m*, -eisen *n der Sträflinge*; 5. (Raubtier-)Falle *f*; Fangeisen *n*; *fig.* Falle *f*; caer en el cepo in die Falle gehen; *Vkw.* ~ (de automóvil) (Park-)Kralle *f*; 6. → cepillo 3; ~**rro I.** *m* Rebknorren *m*, *bsd. als Brennholz*; *fig.* Tölpel *m*; F dormir como un ~ wie ein Murmeltier schlafen; **II.** *adj.* dumm.

cera *f* 1. Wachs *n*; ~ de los oídos Ohrenschmalz *n*; ~ moldeable (*para esquís*) Modellier- (Ski-)wachs *n*; ~ sintética Kunstwachs *n*; *a.* → ~ dura Hartwachs *n*; depilación *f a la* ~ Enthaarung *f* (*od.* Depilation *f*) mit (heißem) Wachs; museo *m* de figuras de ~ Wachsfigurenkabinett *n*; impresión *f* en ~ Wachsabdruck *m*; hacer la ~ *j-m* die (überflüssigen) Haare mit Wachs entfernen; *fig.* ser (como) una ~ wachsweich (= bildsam *bzw.* willensschwach *bzw.* empfindlich) sein; estar (pálido) como la ~ leichenblaß (*od.* kreidebleich) sein; F no hay más ~ que la que arde das ist alles, mehr ist nicht drin F; 2. ~s *f/pl.* Wachslichter *n/pl.*; 3. Wachshaut *f der Vögel*.

ceráceo *adj.* wächsern; wachsartig.
ceración 🜂 *f* Metallschmelzung *f*.
cerafolio 🜕 *m* Kerbel *m*.
cerámi|ca *f* Keramik *f* (*a. Gg.-stand*); ~ artística Kunstkeramik *f*; ~**co** *adj.* keramisch, Töpfer...
ceramista *c* Keramiker *m*, Kunsttöpfer *m*.
cerapez *f* Schusterpech *n*.
cerasiote *pharm. m* Kirschsaftlaxans *n*.
ceras|ta(s) *f*, ~**te(s)** *m* Zo. Hornviper *f*.
cerato *pharm. m* Wachssalbe *f*; Wachs-, Pech-pflaster *n*.
ceraunómetro *Phys. m* Blitzmesser *m*.
cerbatana *f* 1. Blasrohr *n*; 2. Hörrohr *n*.
cerbero *m* Cerberus *m*.
cerca[1] *f* 1. Umzäunung *f*; Einfriedung *f*, Zaun *m*; Gehege *n*; 2. ⚔ *hist.* Karree *n*.
cerca[2] *I. adv. u. prp.* nahe; in der Nähe; ~ de **a)** bei (*dat.*); **b)** ungefähr, rund, etwa; de ~ aus der Nähe, näher; estar ~ nahe sein, in der Nähe sein (*bzw.* liegen); zeitlich nahe- (*od.* näher-)gerückt sein; estar ~ de caer(se) nahe am Fallen sein, gleich umfallen (werden); seguir de ~ in kurzem Abstand (*od.* auf dem Fuße) folgen; veamos más ~ (*od.* de ~) sehen wir näher (*od.* genauer) zu; embajador *m* ~ de la Santa Sede Botschafter *m* beim Vatikan; **II.** ~*s m/pl. Mal.* Vordergrund *m*.

cercado *m* 1. eingefriedetes Grundstück *n*; 2. Ein-, Um-zäunung *f*, Zaun *m*; Hecke *f*; ~ de alambre **a)** Dornenhecke *f*; **b)** Stacheldrahtzaun *m*; 3. *Pe.* Kreis *m*, Provinz *f*; ~**r** *m* 1. Belagerer *m*; 2. Reißeisen *n* der Ziseleure.

cerca|namente adv. nahe; **~nía** f Nähe f; **~s** f/pl. Umgebung f, bsd. e-r Ortschaft; tren m de **~s** Nahverkehrszug m; **~no** adj. nahe (bei dat. a), in der Nähe (gen. od. von dat. a) (liegend); baldig; **~** a su fin s-m Ende nahe; lo más **~** das Nächstliegende; un pariente **~** ein naher Verwandter.
cercar [1g] v/t. 1. umzäunen, einfriedigen; 2. umgeben; einschließen, umzingeln (a. ✕); ✕ belagern.
cercear v/impers. prov.: cercea es geht ein heftiger Nordwind.
cercén adv.: a **~** ganz u. gar; cortar a **~** an der Wurzel abschneiden; fig. mit der Wurzel ausrotten; Arm an der Schulter abnehmen (od. abtrennen = amputieren).
cercena|dura f, **~miento** m 1. Ab-, Be-schneiden n; Schmälern n; 2. Abgeschnittene(s) n, Abfall m; **~r** v/t. ab-, be-schneiden; den Rand (gen. od. von dat.) abschneiden; fig. schmälern, beschneiden, einschränken.
cerceta f 1. Vo. Krickente f; 2. Jgdw. **~s** f/pl. Spieße m/pl. der Hirschkälber od. Spießer.
cerciorar I. v/t. überzeugen (von dat. de); II. v/r. **~se** de s. von et. (dat.) überzeugen; **~se** de que ... s. vergewissern, daß ...
cerco m 1. Ring m, Kreis m; Reif m, Reifen m (Faß u. Ent.); Fenster-, Tür-rahmen m; Zim. Zarge f; **~** metálico Metallrahmen m; 2. Kreis(-bewegung f) m; 3. Hof m um Sonne od. Mond; 4. ✕ Belagerung f; Einkreisung f; poner **~** a una ciudad e-e Stadt einschließen; estrechar el **~** den Belagerungsring enger schließen; 5. Einfriedigung f; Zaun m; 6. Umweg m.
cercha f 1. ⊕ Krummholz n, Ringsegment n; bsd. △ Spriegel m; Binder m; Am. Cent., Arg., Ec. Lehrgerüst n beim Gewölbebau; 2. Stange f v. Bett od. Moskitonetz.
cerchámetro ⚙ m Lade-profil n, -lehre f. [stecken.)
cerchar ⚒ vt/i. Rebschößlinge)
cerchón △ m Lehrgerüst n beim Gewölbebau.
cerda f 1. (Schweins-)Borste f; Roßhaar n; brocha f de **~s** Borstenpinsel m; 2. Zo. Sau f; 3. Ernte f; 4. Col. Zufallsgeschäft n, Glück n; **~da** P f Gemeinheit f, Schweinerei f; **~jf** m Kreuzung f aus Haus- und Wildschwein; **~men** m Borstenbündel n.
cerdear v/i. 1. auf den Vorderbeinen einknicken (Tier); 2. schnarren (Saiten); 3. F faule Ausflüchte machen, s. drücken; s. gemein benehmen.
Cerdeña f Sardinien n.
cerdo m 1. Schwein n; Schweinefleisch n; **~** asado Schweinebraten m; **~** cocido Wellfleisch m; cría f de **~s** Schweinezucht f; pie m (od. pata f) de **~** a) Eisbein n, Schweinsknöchel n; b) Schweins-hachse f, pierna f de **~** Schweins-hachse f, -haxe f (Reg.); 2. fig. F Schwein (-igel m) m f; 3. Fi. **~** marino Schweinsfisch m; **~so** adj. borstig, borstenähnlich, struppig; kratzig.
cerdudo adj. mit dichtbehaarter Brust.

cerea|l I. adj. c 1. Getreide...; 2. Myth. Ceres...; II. m 3. mst. **~es** m/pl. Getreide n, Korn n; Getreideflocken f/pl.; **~es** de verano (de invierno) Sommer- (Winter-)getreide n; **~es** panificables (forrajeros) Brot- (Futter-)getreide n; **~lista** adj.-su. c Getreide...; m Getreide-erzeuger m, -anbauer m bzw. -händler m.
cere|belo Anat. m Kleinhirn n, Zerebellum n; **~bral** adj. c 1. Gehirn..., Hirn..., zerebral; hemorragia f **~** Gehirnblutung f; 2. fig. a. intellektuell, Denk...; **~bralidad** f Verstandeskraft f; fría **~** Verstandeskühle f, abstrakte Kühle f; **~bralismo** m → cerebralidad; **~bro** m Gehirn n, Hirn n; Anat. Großhirn n; Kchk. Hirn n, Brägen m (Reg.); fig. Kopf m, Verstand m; **~** electrónico Elektronengehirn n; **~broespinal** ⚚ adj. c zerebrospinal.
cerecilla ⚘ f span. Pfeffer m.
ceremo|nia f 1. Feierlichkeit f, Zeremonie f; de **~** feierlich, förmlich; mit allem Prunk; por **~** um der Form zu genügen, nur zum Schein; maestro m de **~s** Zeremonienmeister m; traje m de **~** Amtsbzw. Fest-tracht f; 2. übertriebene Förmlichkeit f; sin **~(s)** ohne Umstände, zwanglos, ungeniert; **~nial** I. adj. c zeremoniell, feierlich, förmlich; II. m Zeremoniell n, Etikette f, Förmlichkeit(en) f(/pl.); kath. Caeremoniale n; **~niero**, **~nioso** adj. zeremoniös, förmlich, feierlich; fig. umständlich, steif; recepción f **~a** feierlicher Empfang m.
cereño adj. wachsfarben (Hund).
céreo I. adj. wächsern, Wachs...; II. m ⚘ Fackeldistel f.
cere|ría f Wachszieherei f; Wachswaren(laden m) f/pl.; **~ro** m Wachszieher m; -händler m.
Ceres Astr., Myth. f Ceres f.
cere|sina pharm. f Ceresin; **~visina** pharm. f Bierhefe f.
cere|za f 1. Kirsche f; **~** mollar Süßkirsche f; **~** póntica Weichsel f; **~** silvestre Wild-, Kornel-kirsche f; 2. C. Ri. Costaricakirsche f; P. Ri. Art Stachelbeere f; Am. Kaffeekirsche f; Ant., Méj. Schale f des Kaffeekerns; 3. a. adj. inv. (de) **~** kirschrot; **~zal** m Kirschgarten m; **~zo** ⚘ m 1. Kirschbaum m; **~** silvestre, **~** de monte, **~** de aves wilde Süßkirsche f, Wild-, Kornelkirsche f; 2. Am. e-e Malpighie u. versch. Cordiaarten. [malerei f.)
cerífico adj.: pintura f **~** Wachs-)
ceri|ficar [1g] v/i. Wachs bilden; zu Wachs werden; Bienenwachs reinigen bzw. bleichen; **~flor** ⚘ f Wachsblume f (aber künstliche: flor artificial de cera).
ceri|lla f 1. (Wachs-)Streichholz n, Zündholz n; caja f de **~s** Streichholzschachtel f; 2. Wachsstock m; 3. Ohrenschmalz n; **~llera** f, **~llero** m 1. Streichholzschachtel f; 2. Streichholzverkäufer(in f) m; **~llo** m 1. Wachsstock m; 2. Andal., Ant., Am. Wachs-Streichholz n.
cerio ⚛ m Cer(ium) n.
cerita Min. f Zerit m, Cerit m.
cerme|ña f Muskatellerbirne f; **~ño** m Muskatellerbirnbaum m; fig. F Tölpel m, Flegel m; Schmutzfink m.

cernada f 1. Laugenasche f; Mal. Leim-Aschen-Grundierung f; 2. Bol. ein Brechmittel.
cerne m Kernholz n.
cerne|dero m 1. Beutel-werk n, -kammer f in Mühlen; 2. Mehlschurz m der Sieber; **~dor** m 1. Siebrolle f, -zylinder m; 2. Sieber m.
cerneja f Kötenschopf m der Pferde.
cerner [2g] I. v/t. 1. (durch-, aus-) sieben; Mehl beuteln; 2. beobachten, überprüfen; sieben (fig.); II. v/i. 3. ⚘ Frucht(knoten) ansetzen (Rebe, Ölbaum, Weizen); 4. ⚘ nieseln, fein regnen; III. v/r. **~se** 5. s. wiegen beim Gehen; 6. schweben bzw. flattern (Vögel); rütteln (Raubvögel); 7. fig. drohen, im Anzug sein (Gewitter, Gefahr); s. zs.-ziehen (Wolken); **~se** sobre alg. über j-n hereinzubrechen drohen, j-m drohen (Gefahr, Unglück).
cernícalo m 1. Vo. Turm-, Mauerfalke m; 2. fig. Dummkopf m, Flegel m; 3. fig. F Rausch m; coger un **~** s. e-n (Rausch) antrinken, s. ansäuseln f.
cerni|do m 1. Beuteln n (Mehl); (Aus-)Sieben n; 2. Beutel-, Feinmehl n; 3. prov., Col. Sprühregen m; **~dura** f Beuteln n (Mehl); **~r** [3i] → cerner.
cero m Null f (a. fig.); Phys., ⊕ Nullpunkt m; **~** absoluto absoluter Nullpunkt m; 18 grados bajo **~** 18 Grad unter Null, minus 18 Grad; empezar de **~** bei Null anfangen; F ser un **~** (a la izquierda) e-e völlige Null (od. e-e Niete F, e-e Flasche F) sein; fig. Span. el 091 die Funkstreife.
cerógrafo m Wachsmaler m; Arch. Wachssiegelring m.
cerollo adj. unreif bei der Ernte (Getreide).
ceroman|cia, **~cía** f Wahrsagung f aus Wachstropfen, Wachsgießen n.
cero|plástica f Wachs-bildnerei f, -modellierung f; **~so** adj. wachsartig; weich, zart; **~te** m Schusterpech n; fig. F Angst f, Bammel m f; **~tear** I. v/t. Faden einwachsen (Schuster); II. v/i. Chi. tropfen (Kerzen); **~to** pharm. m Pechpflaster n.
cerqui|llo m 1. Tonsur f der Priester; 2. Brandsohle f (Schuhe); **~ta** F adv. ganz nahe. [gen m.)
cerracatín m Knauser m, Geizkra-)
cerrada f Rücken(teil n) m (Fell, Leder).
cerra|dera f: echar la **~** s. allen Bitten (bzw. Vorstellungen) verschließen; **~dero** I. adj. 1. verschließbar; II. m 2. Taschenverschluß m; 3. Beutelschnur f; **~dizo** adj. verschließbar; **~do** adj. 1. geschlossen (a. Phon.), zu; dicht (Baumbestand, Pfl.-wuchs, Reihen, Bart); eng (Schrift); scharf (Kurve); schwül (Wetter); bedeckt (Himmel); tiefschwarz, finster (Nacht); unergründlich, rätselhaft, geheimnisvoll; echt, schwer verständlich (Dialekt); **~** de cuello hochgeschlossen (Kleidung); a ojos **~s** mit geschlossenen Augen, blindlings; oler a **~** muffig riechen; 2. fig. dickköpfig; verschlossen, unzugänglich; engstirnig; dumm; F ser más **~** que un

cerrojo dumm wie Bohnenstroh sein F; **~dor** *adj.-su.* schließend; *m* Verschluß *m*, Schloß *n*; Schlüssel *m*; **~dura** *f* (Ver-)Schließen *n*; Schloß *n*; ~ de cilindro, ~ de bombillo (de combinación) Zylinder- (Kombinations-)schloß *n*; ~ de golpe, ~ de resorte, ~ de salto Schnappschloß *n*; ~ de (*od.* con) pestillo Riegelverschluß *m*, Verriegelung *f*; ~ de seguridad Sicherheitsschloß *n*.
cerraja *f* ⚕ Gänsedistel *f*; *fig.* volverse (*od.* quedarse en) agua de ~s s. zerschlagen, ins Wasser fallen (*Pläne usw.*).
cerraje|ría *f* Schlosserei *f*; Schlosserhandwerk *n*; **~ro** *m* Schlosser *m*; ~ artístico (mecánico) Kunst- (Maschinen-)Schlosser *m*.
cerrajón *m* steile, zerklüftete Anhöhe *f*.
cerra|miento *m* 1. Schließen *n*; Verschluß *m*; 2. Abdeckung *f*; Umfriedung *f*; Gehege *n*; **~r** [1k] I. *v/t*. 1. alle *a. fig.* (ab-, ver-, zu-)schließen, zumachen; einschließen; Zugang usw. verstellen; Weg, Hafen (ab)sperren; Grundstück u. ä. umzäunen; Buch, Kasten, Fächer, Messer zuklappen; Schublade zuschieben; Schirm zs.-legen; Riß zunähen; Loch, Grube zuschütten; Leck zustopfen; Rohr verstopfen; Fabrik, Universität usw. schließen; Bergwerk stillegen; Versammlung, Wettbewerb usw. für geschlossen erklären; Rechnung, Konto, Bilanz abschließen; Vertrag usw. (ab-)schließen; Zug, Aufmarsch beschließen; Brief schließen; ~ la boca (F el pico) den Mund (*od.* den Schnabel F) halten; ~ el concurso de (Melde-)Frist für den Wettbewerb für beendet erklären; ~ con llave zu-, ver-, ab-schließen; ~ con cerrojo verriegeln; ~ la mano, ~ el puño die Faust ballen; *fig.* ~ los ojos ein Auge zudrücken (bei *dat.* a, ante); *Vkw.* ~ al tráfico Straße für den Verkehr sperren; II. *v/i*. 2. s. schließen (*Wunde, Kreis*); schließen (*Tür, Schloß usw.*); ablaufen (*Frist*); an-, herein-brechen (*Nacht*); al ~ el día bei Anbruch der Nacht; cierra el día a. der Himmel bewölkt s.; 3. *bsd.* ⚔ angreifen (*abs.*; *j-n* con, contra); *hist.* ¡Santiago y cierra España! Spanien, schlag drein! (*Schlachtruf der span. Heere*); III. *v/r*. **~se** 4. s. schließen (*Wunde*); zugehen (*Tür*); zu-, ein-schnappen (*Falle, Feder*); **~se** de golpe zuschlagen (*Tür usw.*); *fig.* se le han cerrado todas las puertas **a**) er darf das Haus nicht mehr betreten; **b**) er wird überall abgewiesen, er findet überall verschlossene Türen; 5. s. über-, zuziehen (*Himmel*); se cierra el horizonte am Horizont ziehen Wolken auf; 6. hereinbrechen (*Nacht*); 7. **~se** en callar hartnäckig schweigen; **~se** en su opinión hartnäckig auf s-r Meinung beharren; 8. **~se** a s. widersetzen (*dat.*), s. verschließen (*dat.*); s. sperren gg. (*ac.*).
cerrazón *f* 1. Wolkenwand *f*, Gewitterwolken *f/pl.*; *Arg.* Nebel *m*; 2. *fig.* Engstirnigkeit *f*, Borniertheit *f*; 3. *Phon.* Schließung *f*.
cerrejón *m* Hügel *m*, (isolierte) Bodenwelle *f*.

cerrero *adj.* ungebildet, ungeschliffen.
cerreta ⚓ *f* Spiere *f*.
cerri|l *adj.* c 1. bergig; zerklüftet; 2. wild, ungezähmt (*Pferd, Rind*); *fig.* zügellos; 3. ungeschliffen, ruppig F; engstirnig; stur; **~lidad** *f* Sturheit *f*; **~lismo** *m* Engstirnigkeit *f*; **~lmente** *adv.* kurz angebunden, grob.
cerrillar *v/t.* Münzen rändeln.
cerrión *m* Eiszapfen *m*.
cerro¹ *m* Bündel *n* von gehecheltem Flachs *od.* Hanf.
cerro² *m* 1. Hügel *m*, Anhöhe *f*; *Am.* Berg *m*; *fig.* irse (*od.* echar *od.* tirar) por los ~s de Úbeda dummes Zeug reden, unsinnige Antworten geben; 2. Hals *m* bzw. Rückgrat *n* bzw. Rücken *m* der Tiere.
cerro³ ⚕ *m* Zerreiche *f*.
cerrojazo *m*: dar un ~ den Riegel heftig vorschieben; *fig.* dar (el) ~ e-e Versammlung, e-e Veranstaltung plötzlich u. unerwartet abbrechen bzw. schließen.
cerrojillo *Vo. m* Schwarzmeise *f*.
cerrojo *m* 1. Riegel *m*; Verriegelung *f*, Sperre *f*; ~ de corredera Schubriegel *m*; echar (*od.* correr) el ~ den Riegel vorschieben, zuriegeln; *fig.* s. taub stellen; s. allen Bitten verschließen; 2. ⚔ Verschluß(stück *n*) *m*; Schloß *n* am MG; 3. *Sp.*, ⚔ Riegel(stellung *f*) *m*; 4. ⚔ Stollenkreuzung *f*.
certamen *m* Wett-streit *m*, -bewerb *m* (*bsd. lit.*); Leistungsschau *f*.
certe|ramente *adv.* treffsicher; sicher; **~ro** *adj.* 1. treffend; genau, passend; sicher; 2. treffsicher; gut, sicher (*Schütze*); treffend; tiro *m* ~ sicherer Schuß *m*; Treffer *m*; **~za** *f* Gewißheit *f*; Bestimmtheit *f*, Sicherheit *f*. [heit *f*.]
certidumbre *f* Gewißheit *f*, Sicher-
certifica|ción *f* Bescheinigung *f*, Beglaubigung *f*; Nachweis *m*; → **~do** I. *adj.* bescheinigt, beglaubigt; ✉ eingeschrieben; "~", "Einschreiben"; envío *m* ~ Einschreibesendung *f*; II. *m* Schein *m*, Bescheinigung *f*; Nachweis *m*, Beleg *m*; Zeugnis *n*, Zertifikat *n*, Attest *n*; ✉ Einschreiben *n*; ~ de aptitud Befähigungs-nachweis *m*, -zeugnis *n*; ~ de buena conducta (polizeiliches) Führungszeugnis *n*; ~ de defunción Totenschein *m*; ~ de estudios Studien-bescheinigung *f*; -zeugnis *n*; ~ de examen Examens-, Prüfungs-bescheinigung *f*, -zeugnis *n*; ~ (del) médico, ~ facultativo ärztliches Attest *n*; ✝ ~ de origen Ursprungszeugnis *n*; ~ de penales Strafregister-auszug *m*; ✉ extender un ~ en Zeugnis usw. ausstellen; ✉ mandar por ~ eingeschrieben (*od.* als Einschreiben) schicken; **~r** [1g] *v/t.* 1. bescheinigen; beglaubigen, beurkunden; ✉ einschreiben (lassen); eingeschrieben schicken; 2. versichern, als sicher hinstellen; **~torio** *adj.* bestätigend, bescheinigend; documento *m* ~ Urkunde *f*, dokumentarischer Nachweis *m*.
cer|tísimo *sup. v. cierto*; bombensicher F; **~titud** *f* → certeza.
cerúleo *poet.* *adj.* himmelblau; tiefblau, azurn (*poet.*).

cerumen 💊 *m* Ohrenschmalz *n*.
ceru|sa *f* Blei-, Kremser-weiß *n*; **~sita** *Min. f* Bleiglimmer *m*.
cerval *adj.* c Hirsch...; *fig.* miedo *m* ~ panischer Schrecken *m*.
cervan|tesco, ~tino *Lit. adj.* cervantinisch, Cervantes betreffend, Cervantes...; **~tismo** *m* cervantinische Redensart *f*; Einfluß *m* des Cervantes; Cervantesforschung *f*; **~tista** *adj.-su.* c Cervantes-schwärmer *m* bzw. -forscher *m*.
cerva|tillo *m* Bisamhirsch *m*; **~to** *m* Hirschkalb *n*.
cerve|cería *f* Bier-stube *f*, -ausschank *m*; (Bier-)Brauerei *f*; **~cero** *m* Bier-brauer *m*; -wirt *m*; **~za** *f* Bier *n*; ~ de barril Faßbier *n*; ~ blanca, ~ clara, ~ rubia helles Bier *n*; ~ de malta Malzbier *n*; ~ negra dunkles Bier *n*.
cervicabra *Zo. f* Hirschziege *f*.
cervical *adj.* c Genick..., zervikal.
cérvidos *Zo. m/pl.* Hirsche *m/pl.*
cervi|gón *m* Stier-, Speck-nacken *m*; **~gudo** *adj.* feist-, speck-nackig; *fig.* dickköpfig; **~guillo** *m* → cervigón.
cervino¹ *adj.* → cervuno.
Cervino² *m* Matterhorn *n*.
cerviz *f* (*pl.* ~ices) Genick *n*, Nacken *m*; *fig.* doblar (*od.* bajar) la ~ s. demütigen, s. (vor der Gewalt) beugen; ser de dura ~ hartnäckig (*od.* halsstarrig) sein; levantar la ~ stolz (*od.* arrogant *od.* hochmütig) sein (*od.* werden).
cervuno *adj.* hirschartig, Hirsch...; fahl (*Pferd*); Hirschleder...
cesa|ción *f* Aufhören *n*, Beendigung *f*, Stillstand *m*, Einstellung *f*; **~nte** *adj.-su.* c aufhörend; (aus dem Amt) scheidend; im Wartestand (*Beamter*); dejar ~ in den Wartestand versetzen; **~ntía** *f* Abbau *m*, Entlassung *f* von Beamten; (Versetzung *f* in den) Wartestand *m*; Wartegeld *n*.
César *npr. m* Cäsar *m*; ♀ *fig.* Cäsar *m*, Kaiser *m*; o ~ o nada oder nichts.
cesar I. *v/i.* 1. ⚔ ~ el fuego das Feuer einstellen; 2. *Pol., Verw.* s-s Amtes entheben; II. *v/i.* 3. aufhören (zu + *inf.* de + *inf.*); *ger.* ununterbrochen, ohne Unterlaß; ~ en el cargo aus dem Dienst (*od.* Amt) scheiden.
cesaraugustano *adj.* aus Caesarea Augusta (= *Saragossa*).
cesáre|a 💊 *adj.-su. f* (operación *f*) ~ Kaiserschnitt *m*; **~o** *adj.* Cäsar...; kaiserlich.
cesa|rismo *m* Cäsarismus *m*; **~ropapismo** *hist. m* Cäsaropapismus *m*; **~ropapista** *adj.-su.* c cäsaropapistisch.
cese *m* 1. Aufhören *n*, Beendigung *f*; Aufgabe *f* e-s Geschäfts *f*; ⚔ ~ de alarma Entwarnung *f*; ~ (en el cargo) Ausscheiden *n* (*od.* Entlassung *f*) aus dem Dienst (*od.* Amt); ~ de hostilidades Einstellung *f* der Feindseligkeiten, Waffenruhe *f*; ~ del trabajo Arbeits-niederlegung *f*, -einstellung *f*; 2. Zahlungssperre *f* b. Behörden.
cesio ⚗ *m* Cäsium *n*.
cesi|ón *f* *bsd.* ⚖, ✝ Abtretung *f*, Überlassung *f*, Zession *f*; **~onario** ⚖, ✝ *m* Zessionar *m*; **~onista** *m* Zedent *m*, Abtretende(r) *m*.
césped *m* 1. Rasen *m*; 2. Plagge *f*,

cesta — ciempiés 146

Rasenstück n; *sacar* ~ Rasen (ab-)stechen.
cesta¹ f Ballschläger m *der baskischen Pelotaspieler.*
ces|ta² f **1.** (Binsen-, Weiden-)Korb m; ~ *de asas (de ropa)* Henkel-(Wäsche-)korb m; ⚥ ~ *de la compra* Warenkorb m; ~ *de merienda* Picknickkorb m; **2.** *Sp.* Wurfkorb m *(Korbballspiel);* **~tada** f Korbvoll m; **~tería** f Korbflechterei f; Korbwaren(geschäft n) f/pl.; **~tero** m Korb-flechter m; -warenhändler m; **~tillo** m Körbchen n; *a.* Bienenkorb m; **~to¹** *hist.* m Schlagriemen m *der Faustkämpfer;* **~to²** m (hoher) Korb m; ~ *de costura* Nähkorb m; ~ *de papeles* Papierkorb m; *echar al* ~ *de papeles* in den Papierkorb werfen *(a. fig.);* F *estar hecho un* ~ sinnlos betrunken *(od.* sternhagelvoll F) sein.
cesura f Zäsur f *(Lit. u. fig.).*
cetáceos *Zo.* m/pl. Wale m/pl.
cetaria f **1.** Fisch-teich m, -becken n; **2.** Behälter m für Krustentiere, der mit frischem Meerwasser gespeist wird.
cetina 🌿 f Zetin n, Cetin n.
cetonia *Ent.* f Rosenkäfer m.
cetre|ría *Jgdw.* f Beizjagd f; Falknerei f; **~ro** m Falkner m.
cetrino *adj.* grüngelb; *fig.* grämlich, trübsinnig.
cetro m Zepter n, Herrscherstab m; *fig.* Herrscherwürde f; Regierungszeit f; *fig. empuñar el* ~ die Regierung antreten, das Zepter ergreifen.
ceutí *adj.-su.* c aus Ceuta.
Cey|lán m *hist.* Ceylon n; 🌿 lanés *adj -su.* ceylonesisch; m Ceylonese m.
ch: *im spanischen Alphabet ein eigener Buchstabe nach c.*
cía¹ f Hüftbein n.
cía² ⚓ f Rückwärts-rudern n, -fahren n.
ciaboga ⚓ f Wenden n *e-s Schiffes.*
cia|n I. 🌿 m Zyan n, Cyan n; **II.** *adj.* c zyan(blau); **~nato** 🌿 m Zyanat n, Cyanat n.
cianhídrico 🌿 *adj.: ácido m* ~ Blausäure f.
ciánico 🌿 *adj.* Zyan..., Cyan...
cia|nita *Min.* f Disthen m, Kyanit n; **~nógeno** 🌿 m Zyan n, Cyan n; **~nosis** 🜨 f Zyanose f, Blausucht f; **~nótico** 🜨 *adj.* zyanotisch, blausüchtig; **~nuro** 🌿 m Zyanid n, Cyanid n; ~ *de potasio,* ~ *potásico* Kaliumcyanid n, Cyancalium n.
ciar [1c] v/i. ⚓ rückwärts rudern *(od.* fahren); *fig.* nachlassen, zurückstecken F.
ciáti|ca 🜨 f Ischias f, m, n; **~co I.** *adj.* Hüft..., Ischias...; **II.** m Hüftnerv m.
cibelina *Zo.* f: *(marta f)* ~ Zobel m.
cibera I. *adj.* c Futter..., Mast...; **II.** f Mahlkorn n; Futterkorn n.
ciber|bar m, **~café** m Internet-Café n; **~espacio** m Cyberspace m; **~nauta** m Internet-Surfer m.
cibernéti|ca f Kybernetik f; **~co** *adj.-su.* kybernetisch; m Kybernetiker m.
cibí m *Cu.* eßbarer Fisch *(Caranx cibi).*
cíbolo m *Méj.* Bison m.
ciborio m *Arch. u. kath.* Ziborium n.
cicate|ar F v/i. knausern, geizig *(od.* filzig F) sein; **~ría** f Geiz m, Knauserei f; **~ro** *adj.-su.* knauserig, knickerig; m Knauser m, Knicker m, Geizkragen m; □ Taschendieb m.
cicatri|z f *(pl. ~ices)* Narbe f *(a. fig.); bibl.* Wundmal n; *fig. a.* Spur f *(fig.);* **~zante I.** *adj.* c vernarbend; **II.** m Wundsalbe f; **~zar** [1f] **1.** v/t. Wunden u. fig. heilen; *fig.* vergessen machen; **II.** v/i. u. **~se** v/r. vernarben *(a. fig.);* s. schließen, abheilen.
cicca 🌿 f Sikkastaude f.
cícero *Typ.* m Cicero f *(12-Punkt-Schrift).*
Cicerón m *npr.* Cicero m; ♀ *fig. gr.* Redner m.
cicerone m Cicerone m, Fremdenführer m.
ciceroniano *adj.* ciceroni(ani)sch, Cicero...
cicimate 🌿 m *Méj.* Wund-Kreuzkraut n.
cicindela *Ent.* f Sandkäfer m.
ciclamato m Zyklamat n.
cicla|men I. m 🌿 Alpenveilchen n; **II.** *adj. inv.* zyklamenfarben; **~mor** 🌿 m Judenbaum m.
ciclar v/t. Edelsteine schleifen, polieren.
cíclico *adj.* zyklisch.
ciclis|mo m Rad(fahr)sport m; **~ta I.** *adj.* c Rad...; *carrera* f ~, *vuelta* f ~ Radrennen n; **II.** m Rad-fahrer m, -sportler m.
ciclístico *adj.* (Fahr-)Rad..., Radsport...
ciclo m **1.** *Astr.* Zyklus m, Zeitkreis m; *adv. en* ~ zyklisch; ~ *lunar* decemnovenal Mondzyklus m *(19 Jahre);* ~ *pascual* Osterzyklus m *(532 Jahre);* ~ *solar* Sonnenzyklus m *(28 Jahre);* **2.** Zyklus m, Reihe f; ~ *de conferencias* Vortragsreihe f; ~ *de estudios* Studienzyklus m; *Am.* oft Semester n bzw. Studienjahr n; **3.** ♀ Periode f; **~s** m/pl. *por segundo* Periodenzahl f; **4.** Ablauf m, Prozeß m, Zyklus m; ~ *económico,* ~ *de coyunturas* Wirtschafts-, Konjunktur-zyklus m; *mot.* ~ *de dos tiempos* Zweitakt m; **5.** Sagenkreis m; ~ *del rey Arturo,* ~ *de la Mesa redonda* Artus-kreis m, -sage f; **6.** *Biol.* Kreislauf m; ~ *menstrual* Periode f, Menstruationszyklus m; **~ide** ⚹ f Zykloide f, Radlinie f; **~motor** m Moped n.
cicló|n m Zyklon m, Wirbelsturm m, F, bsd. *Am.* peor que un ~ *wie der Elefant im Porzellanladen* F; **~nico** *adj.* Zyklon..., Wirbelsturm...
cíclope I. m *Myth.* Zyklop m; *fig.* Riese m; **II.** *adj.* c Riesen..., riesig.
cicló|peo, **~pico** *adj.* zyklopisch, Zyklopen...; *fig.* riesenhaft, Riesen...; *muralla* f **~a** Zyklopenmauer f.
ciclorama m Panorama n *(a. Thea.).*
ciclo|stil(o) m Vervielfältigungsgerät n; **~timia** 🜨 f Zyklothymie f; **~tímico** *adj.-su.* zyklothym; **~trón** *Phys.* m Zyklotron n; **~vía** f Col. Rad(fahr)weg m.
cicuta 🌿 f Schierlingen m.
Cid m Cid m; *Lit. Cantar m de Mío* ~ Heldengedicht aus dem 12. Jh.; *fig. más valiente que el* ~ sehr tapfer, ein Held.
cidia *Ent.* f Pfirsichwickler m.
cidiano *adj.* auf den Cid bezüglich.
ci|dra 🌿 f Zedratzitrone f; ~ *cayote* Faser-melone f, -kürbis m; ~ *confitada* Zitronat n; **~drada** f Zitronatkonfitüre f; **~drera** f, **~dro** m 🌿 Zedratbaum m.
cie|gamente *adv.* blind(lings); **~gas** *adv.:* a ~ blind(lings); unbesonnen; *andar* a ~ im Dunkeln tappen; *jugar* a ~ blindspielen *(Schach);* **~go I.** *adj.* **1.** blind; *aterrizaje* m ~ Blindlandung f; ~ *para colores* farbenblind; *(ser)* ~ *de nacimiento* blind geboren (sein); *quedar(se)* ~ blind werden; **2.** *fig.* blind *(a. Glaube, Vertrauen);* geblendet; verblendet; ~ *para* blind für *(ac.);* *sumisión* f **~a** blinde Unterwerfung f, Hörigkeit f; *estar* ~ *de amor (de ira)* blind sein vor Liebe (vor Wut); *estar* ~ *por alg.* in j-n blind verliebt sein; **3.** *fig.* verstopft; blind(endend), ohne Ausgang; *conducto* m ~ blinder Gang m; *marco* m ~ Blindrahmen m; **II.** *adj.-su.* m **4.** *(intestino* m) ~ Blinddarm m; **III.** m **5.** Blinde(r) m; *fig. lo ve un* ~ *das sieht (doch) ein Blinder;* **6.** *Cu.* unzugängliches Gelände n; **7.** *Kart. Rpl.* Spieler m, der k-e Trumpfkarte hat.
ciegue|cito, **~zuelo** m *dim. zu ciego;* arme(r) *(od.* kleine[r]) Blinde(r) m.
cie|lín F m Liebling m *(Kosename);* **~lito** ♪ m *Chi., Rpl. Reigentanz (nach dem Eingangswort des Kehrreims).*
cielo m **1.** Himmel m *(a. fig.);* i~(s)! Himmel!, ach du lieber Himmel! F; i~ mío! Liebling! *(mst. zu Kindern);* a ~ *abierto (od. raso)* unter freiem Himmel, im Freien; ~ *aborregado* Schäfchenwolken f/pl.; *fig. bajado del* ~ *Himmels...*, wunderbar, herrlich; *fig. caído (od. llovido) del* ~ urplötzlich, vom Himmel gefallen; *fig. estar en el quinto (od. séptimo)* ~ im siebenten Himmel sein F; F *estar hecho un* ~ wunderschön beleuchtet u. ausgeschmückt sein *(Kirche, Festsaal usw.);* *ganar el* ~ in den Himmel kommen; *a.* e-e Engelsgeduld haben; *fig. llegar como caído del* ~, *venir (como) llovido del* ~ wie gerufen kommen; F *se le ha ido el santo al* ~ er ist *(in s-r Rede usw.)* steckengeblieben, er hat den Faden verloren; *fig.* (re)*mover (od. revolver)* ~ *y tierra* Himmel u. Hölle in Bewegung setzen; *ser un aviso del* ~ ein Fingerzeig *(bzw.* e-e Warnung) des Himmels sein; *se viene el* ~ *abajo* a) das Unwetter tobt, der Himmel stürzt ein; **b)** ein Höllenspektakel (bricht los), man glaubt, das Haus stürzt ein; *fig. ver los* **~s** *abiertos* den Himmel voller Geigen sehen, den Himmel offen sehen; *fig. ver el* ~ *por un agujero* recht unerfahren *(od.* naiv) sein; *su vida es un* ~ *sin nubes* er hat keinerlei Sorgen, sein Leben ist völlig problemlos; **2.** Klima n, Himmelsstrich m; **3.** (Zimmer-)Decke f, Plafond m; *Kfz.* Himmel m; ~ *de la cama* Betthimmel m; ~ *raso* **a)** *(de la boca)* Gaumen m.
b) Fehlboden m; *pintura* f *de* ~ *raso* Deckengemälde n; **4.** *Anat.* ~ *(de la boca)* Gaumen m.
cielorraso m *bsd. Am.* (Zimmer-)Decke f.
ciempiés m *Zo.* Tausendfüß(l)er m; *fig.* Arbeit f ohne Hand u. Fuß.

cien I. → *ciento*; F *Kfz.* correr a ~ mit hundert Sachen fahren F; F *esto me pone a ~ das reizt mich*; **II.** *m Rpl.*, *Span.* WC *n*, Toilette *f*.

ciénaga *f* Sumpf *m*, Moor *n*; Morast *m* (*a. fig.*); *Col.*, *Ven.* versumpfte Lagune *f*.

ciencia *f* Wissenschaft *f*; Wissen *n*, Kenntnisse *f/pl.*; Können *n*, Geschicklichkeit *f*; ~s *f/pl. mst.* Naturwissenschaften *f/pl.* u. Mathematik *f*; ~s *f/pl.* auxiliares Hilfswissenschaften *f/pl.*; ~s *f/pl.* de la Comunicación Kommunikationswissenschaft *f*; ~s económicas y sociales Wirtschafts- und Sozialwissenschaften *f/pl.*; ~s empíricas Erfahrungswissenschaften *f/pl.*; ~s empresariales Betriebswirtschaft *f*; ~s exactas Mathematik *f*; ~-ficción Science-fiction *f*; ~s físicas Physik *f*; ~ infusa von Gott eingegebenes Wissen *n*; *iron.* zugeflogenes Wissen *n*; ~s naturales Naturwissenschaften *f/pl.*; *lit.* ~ sagrada Gottesgelehrsamkeit *f*, Theologie *f*; ~ del tráfico Verkehrswissenschaft *f*; *adv. a* (*od. de*) ~ cierta ganz sicher, bestimmt; *a* ~ *y paciencia de* ... mit Wissen u. Billigung des ...; *hombre m de* ~ Wissenschaftler *m; fig. eso tiene poca* ~ das ist ganz einfach (*od.* leicht).

cienmi|lésimo *num.* hunderttausendste(r, -s); *m* Hunderttausendstel *n*; **~límetro** *m* Hundertstel *n* Millimeter (0,01 mm); **~llonésimo** *num.* hundertmillionste(r, -s).

cieno *m* Schlamm *m*, Schlick *m*; *a. fig.* Schmutz *m*; ⊕ Klärschlamm *m*.

cien|tificismo *m* übertriebene Wissenschaftsgläubigkeit *f*; **~tífico** *adj.-su.* wissenschaftlich; Wissenschafts...; *m* Wissenschaftler *m*; **~tista** *c Am. Reg.* Wissenschaftler *m*.

ciento I. *num.* (*alleinstehend u. vor Zahlwörtern*; *vor su. Kurzform* cien) hundert; cien mil hunderttausend; *aber:* tres ~s milliones dreihundert Millionen; ~ veinte hundertzwanzig; el (*od.* un) cinco por ~, 5% fünf Prozent, 5%; *a. fig.* ~ por ~, F cien por cien hundertprozentig, echt; tanto *m* por ~ Prozentsatz *m*; **II.** *m* Hundert *n*; ~s de Hunderte *n/pl.* von (*dat.*); *a* ~s zu Hunderten.

cierne *m* Bestäubung(szeit) *f*; en ~(s) aufkommend, nahend (*Gewitter u. ä.*); *fig.* zukünftig, in spe; estar en ~(s) blühen (*Weizen, Wein usw.*); *fig.* ganz am Anfang stehen, noch unvollkommen (*od.* unfertig) sein, in den Kinderschuhen stecken.

cierre *m* 1. Schließen *n*; Abschließen *n*, Sperren *n*; Schließung *f* (*a. von Fabriken u. Grenzen*); Stillegung *f* (z. B. *Bahnlinien*); Laden- usw.) Schluß *m*; ✝ ~ del balance Bilanzabschluß *m*, ~ dominical Sonntagsruhe *f*, TV ~ de las emisiones Sendeschluß *m*; ✝, *Pol.* ~ patronal Aussperrung *f*; *hora f de(l)* ~ Polizei-, Sperr-stunde *f* (*Lokal*); Redaktionsschluß *m* (*Zeitung*); **2.** Schloß *n*, Verschluß *m*; Schließe *f* (*a. an Kleidung*); Sperre *f*, Blockierung *f*, Sperrvorrichtung *f*; ~ adhesivo Klettverschluß *m*; *Kfz.* ~ centralizado Zentralverriegelung *f*; ~ de cremallera, *Am.*, *bsd. Arg.* ~ relámpago Reißverschluß *m*; P *echa pie no! halt die* Klappe! F; **3.** Gitter *n*; Rolladen *m*; ~ metálico Metallrolladen *m*.

cierro *m* 1. *Arg.*, *Chi.* Briefumschlag *m*; **2.** *Andal.* ~ de cristales Erker *m*.

cier|tamente *adv.* sicher, gewiß; ¡~! aber sicher!; **~to I.** *adj.* **1.** *vor su.* gewiß (*unbestimmt*); *~a cosa* (irgend)etwas, e-e gewisse Sache; ~s autores *m/pl.* manche Autoren *m/pl.*; ~ individuo einer, jemand, irgendeiner; en ~a ocasión (irgendwann) einmal, gelegentlich; **2.** *nach su. u. alleinstehend:* wahr; gewiß, sicher, zuverlässig; spürsicher (*Jagdhund*); *adv. de* ~ gewiß; *adv. por* ~ a) übrigens; freilich; b) gewiß, (ganz) bestimmt; *por* ~ *que* ... nebenbei gesagt ...; sí, por ~ aber sicher; ja, gewiß; *una cosa* ~a e-e sichere Sache, et. Sicheres; ¿es ~ que vendrá? kommt er auch bestimmt?; estar en lo ~ recht haben, es genau treffen; *eso no es* ~ das ist nicht wahr, das stimmt nicht; *lo* ~ (que hay) es que ... sicher ist (*od.* soviel steht fest), daß ...; jedenfalls ...; **II.** *adv.* **3.** sicher, gewiß, ja (*bsd. als Antwort*).

cier|va *f* Hirschkuh *f*; **~vo** *m* **1.** Hirsch *m*; ~ de doce candiles Zwölfender *m*; *fig.* F ser ~ die Hörner aufgesetzt bekommen F; **2.** *Ent.* ~ volante Hirschkäfer *m*; **3.** ♀ lengua *f* de ~ Zungenfarn *m*.

cierzas ✗ *f/pl.* Rebsetzlinge *m/pl.*

cierzo *m* Nordwind *m*.

cifra *f* **1.** Ziffer *f*; Zahl *f*; de dos (varias) ~s zwei- (mehr-)stellig (*Zahl*); **2.** Kennzahl *f*, Chiffre *f*; Chiffre *f*, (Geheim-)Code *m*, Verschlüsselung *f*; en ~ verschlüsselt, chiffriert; *fig.* geheimnisvoll, rätselhaft; **3.** verschlungene Initialen *pl.* auf Siegeln, als Markenzeichen Monogramm *n*; **4.** Anzahl *f*; *Bankw.* ~ de las transacciones, ✝ ~ de ventas, ~ de negocios Umsatz *m*; **5.** *fig.* Inbegriff *m*, Summe *f*; **6.** ♪ beziffert Baß *m*, **~damente** *lit. adv.* kurz u. bündig; **~do I.** *adj.* verschlüsselt, chiffriert; beziffert; *cuenta f* ~*a* Nummernkonto *n*; telegrama *m* ~ Chiffretelegramm *n*; **II.** *m* Chiffrieren *n*; **~dor** *m* Chiffrierer *m*, Chiffrierbeamte(r) *m*; **~r I.** *v/t.* **1.** verschlüsseln (*a. EDV*), chiffrieren; **2.** zs.-fassen; *fig.* ~ su esperanza en s-e Hoffnung setzen (*od.* richten) auf (*ac.*); **II.** *v/r.* ~se **3.** ~se en letztlich hinauslaufen auf (*ac.*); s. beschränken auf (*ac.*); bestehen in (*dat.*).

cigala *Zo. f* Kaisergranat *m*, Kronenhummer *m*.

cigarra *f* **1.** *Ent.* Zikade *f*; **2.** *Zo.* ~ de mar gr. Bärenkrebs *m*; **3.** □ Geldbeutel *m*.

ciga|rrera *f* **1.** Zigarren-, Zigarettenarbeiterin *f*, -verkäuferin *f*; **2.** *bsd.* *Am.* Zigarrenkiste *f*; Zigarren-, Zigaretten-etui *n*; **~rrería** *f Am.* Tabakladen *m*; *Col.* Feinkostgeschäft *n* (*ohne Tabakverkauf*); **~rrero** *m* **1.** Zigarren-, Zigaretten-arbeiter *m*; -händler *m*; **2.** *Ent.* Rebenstecher *m*; **~rrillo** *m* Zigarette *f*; **~rro** *m*: ~ (puro, habano) Zigarre *f*; ~ *a.* Zigarette *f*; **~rrón** *Ent. m* Wanderheuschrecke *f*.

cigo|ma *Anat.* *m* Jochbein *n*, **~mático** *adj.* Joch...; *arco m* ~ Jochbogen *m*.

cigoñal *m* **1.** Brunnenschwengel *m*; *p. ext.* Ziehbrunnen *m*; **2.** beweglicher Zugbrückenbalken *m*.

cigo|ñino *m* Storchenjunge(s) *n*; **~ñuela** *f* Zwergstorch *m*.

cigoto *Biol. m* Zygote *f*.

ciguatera ✗ *f Ant.*, *Méj.*, *Ven.* Eiweißvergiftung *f*.

cigüe|ña *f* **1.** *Zo.* Storch *m*; *fig.* (Klapper-)Storch *m*; *fig.* P verwahrlostes Frauenzimmer *n* F; *fig.* F pintar la ~ angeben F, den großen Herrn spielen; **2.** Glockenkrone *f*; **3.** Kurbel *f*, Schwengel *m*; **4.** □ Polente *f* F, Schmiere *f* □; **~ñal** ⊕ *m* **1.** Kurbelwelle *f*; **2.** → *cigüeña 3*; **~ñuela** *Vo. f* Stelzenläufer *m*.

cilanco *m* Flußlache *f* nach Überschwemmung *od.* in sonst trockenem Flußbett.

cilantro ♀ *m* Koriander *m*.

cilia|do I. *adj.* bewimpert, Wimper...; **II.** *m Biol.* Wimpertierchen *n*; **~r** *adj.* c Augenlid..., Wimpern...

cilicio *m* Büßerhemd *n*; Bußgürtel *m*.

cilindra|da *Kfz. f* Hubraum *m*; **~do** ⊕ *m* Walzen *n*, Plätten *n*; Satinieren *n* (*Papier*); **~je** *m* → *cilindrada*; *cilindrado*; **~r** ⊕ *v/t.* walzen, plätten; *Papier* satinieren.

cilíndrico *adj.* zylindrisch, walzen-, rollen-förmig, Zylinder...

cilindrín P ⊕ *m* Glimmstengel *m*, Stäbchen *n* F.

cilindro *m* **1.** *Geom.*, ⊕ Zylinder *m* (*a. Kfz.*, *Uhr*); Walze *f* (*a. Typ.*), Rolle *f*; Trommel *f* (*Revolver*); ⊕ ~ graduado Meßzylinder *m*; *Kfz.* de cuatro ~s opuestos Vierzylinden..., Boxer... (*Motor*); **2.** *Méj.* Drehorgel *f*; **3.** ✗ Zylinder *m*; **4.** *Vo.* (*bsd.* Vielfarben-)Tangare *m*; **~eje** ✗ *m* Neurit *m*; **~ide** *Geom. adj.* c zylinderähnlich.

cima *f* **1.** Gipfel *m*; (Baum-)Wipfel *m*; *Phys.*, ⊕ (Wellen-)Berg *m*; ✗ First *m*, *Anat.* Spitze *f*; **2.** *fig.* Vollendung *f*, Gipfel *m*, Höhepunkt *m*; *dar* ~ *a a/c. et.* vollenden; † por ~ → por encima (*ac.*); **3.** ♀ a) (Dolden-)Traube *f*; b) (*bsd.* Distel-)Stengel *m*.

cima|rrón I. *adj.* **1.** *Am.* wild (*Tier*, *Pfl.*); verwildert; wildernd (*Haustier*); *fig.* roh, verwildert (*Mensch*); **2.** *hist. Am.* entsprungen (*Sklave*); **3.** *Rpl.* ungesüßt (*Mate*); **II.** *adj.-su.* **4.** ⚓ arbeitsscheu; *m* Faulpelz *m*; **5.** (caballo *m*) ~ Mustang *m*; **III.** *m* **6.** *Fi.* gr. Thun *m*, **~rronada** *f Am.* Wildherde *f*.

cimba *m Bol.* Zopf *m*; **~do** *m Bol.* geflochtene Peitsche *f*.

cimbalaria ♀ *f* Zymbelkraut *n*.

címbalo ♪ *m* Zimbel *f*.

cimbel *m Jgdw.* Lockvogelleine *f*; *p. ext.* Lockvogel *m*; *fig.* Köder *m*; P Schwengel *m* P (= *Penis*).

cimbor(r)io △ *m* Kuppelgewölbe *n*.

cimbra *f* **1.** △ a) Lehrgerüst *n*; b) innere Bogenwölbung *f*; Biegung *f* der Planken am Schiffsrumpf; **~do** *m* rasche Beugung *f* des Oberkörpers (*Tanzschritt*); **~r I.** *v/t.* **1.** schwingen, schwirren lassen (*Gerte u. ä.*); mit e-m Stock fuchteln; **2.** in schlagen, daß er s. krümmt; **II.** *v/r.* ~se **3.** s. krümmen.

cimbre|ante *adj.* c geschmeidig, biegsam; **~ar** → *cimbrar*; **~o** *m*

cimbrón — ciquiricata 148

Biegung f, Wölbung f; F Prügel pl.
cim|brón m Am. Reg. Fuchtelhieb m; Guat., Rpl. Ruck m; Zittern n; **~bronazo** m 1. Am. Reg. Zs.-zukken n, -schrecken n; 2. Ven. Erdstoß m.
cimbros hist. m/pl. Kimbern m/pl.
cimenta|ción f a. fig. Fundament n; fig. Gründung f, Grundlegung f; **~r** [1k] v/t. 1. (be)gründen, verankern (a. fig.); mit Zement vergießen; 2. Gold läutern.
cime|ra f Helmzier f (hist. u. ⌀); **~ro** adj. oberst, krönend, Ober...; fig. hervorragend; bsd. Am. conferencia f **~a** Gipfelkonferenz f.
cimicaria ♀ f Zwergholunder m.
cimiento m 1. mst. **~s** m/pl. Grundmauer f; Fundament n (a. fig.); fig. echar (od. poner) los **~s** de a/c. die Grundlagen für et. (ac.) schaffen; 2. fig. Quelle f, Wurzel f, Anfang m.
cimitarra f orientalisches Krummschwert n.
cinabrio m Min. Zinnober m; Zinnoberrot n (Farbe).
cinacina ♀ f Art Parkinsonie f.
cinámico ⚗ adj. Zimt...
cinamomo ♀ m Zedrach m.
cinc m (pl. cines) Zink n; Min. flores f/pl. de **~** Zinkblüte f. [Kegeln.\
cinca f Fehlwurf m, Pudel m F beim⌋
cince|l m Meißel m; Stemmeisen n; Grabstichel m; **~lado** m gestochene Arbeit f; Ziselierung f; **~lador** m Ziseleur m; **~ladura** f 1. Meißeln n; Ziselieren n; 2. → cincelado; **~lar** v/t. mit dem Meißel ausarbeiten, meißeln; ziselieren; fig. ausfeilen; **~lista** m Ziseleur m.
cinco I. num. 1. fünf; F decirle a alg. cuántas son **~** j-m gehörig den Kopf waschen F; F saber cuántas son **~** schon Bescheid wissen, nicht auf den Kopf gefallen sein; no tener ni (od. estar sin) **~** k-n Pfennig haben, blank sein; II. m 2. Fünf f (Zahl); Fünfer m (Kart., Geld usw.); F esos **~** die Neun; 3. Ven. fünfsaitige Gitarre f; 4. F Méj. Po(po) m F.
cinco|añal adj. c fünfjährig; **~enrama** ♀ f Fünffingerkraut n.
cincogra|bado Typ. m Zinkätzung f; **~fía** Typ. f Zinko(graphie f) n; Klischieranstalt f.
cincomesino adj. Fünfmonats...
cincona ♀ f Chinabaum m.
cincuen|ta I. num. fünfzig; fünfzigste(r, -s); en los años **~** in den fünfziger Jahren; II. m Fünfzig f; **~tavo** num. fünfzigste(r, -s) m; Fünfzigstel n; **~tena** f etwa fünfzig; 50 Tage m/pl.; **~tenario** f Fünfzigjahrfeier m; **~tón** m Fünfzig(jährig)er m (Person).
cincha f Sattel-)Gurt m; F Gürtel m; **~r** v/t. den Sattelgurt anlegen (dat.); Faß usw. bereifen; **~zo** m Am. Cent., P. Ri. Fuchtelhieb m.
cin|chera f Equ. Gurtstelle f; Druckempfindlichkeit f der Pferde an dieser Stelle; **~cho** m 1. Leibgurt m; Am. Reg. Sattelgurt m; 2. eiserner Reif(en) m; 3. ◬ vorspringender Bogenteil m im Tonnengewölbe; 4. vet. Wulst m am Pferdehuf; **~chón** m Am. Reg. Sattelgurt m; Arg. Obergurt m.
cine m 1. Kino n, Lichtspieltheater n; **~** de barrio Vorstadtkino n; **~** de

estreno Erstaufführungstheater n; **~** de reestreno Nachspiel-kino n, -theater n; **~** de sesión continua (numerada) Kino n mit durchgehenden (mit regelmäßig beginnenden) Vorstellungen; 2. koll. Film(kunst f) m; **~** hablado (sonoro) Sprech- (Ton-) film m; **~** en colores (mudo) Farb- (Stumm-)film m; **~** en relieve dreidimensionaler Film m, 3 D-Film m; director m de **~** Filmregisseur m; **~asta** c 1. Cineast m; Film-schaffende(r) m; -produzent m; -schauspieler m; 2. Cineast m, Kinoamateur m, Filmfreund m; **~cámara** f Filmkamera f; **~club** m Filmklub m; **~clubista** c Mitglied n e-s Filmklubs.
cinegéti|ca ⌘ f Jagd f, Jägerei f, Kynegetik f; **~co** adj. Jagd..., kynegetisch.
cine|ísta c Film-produzent m; -schaffende(r) m; a. Film-schauspieler m bzw. -amateur m; **~landia** f „die Traumfabrik" (mst. = Hollywood); **~ma** F m Kino n; **~mascope** m Cinemaskope n; **~mateca** f Filmarchiv n, Kinemathek f.
cinemáti|ca Phys. f Kinematik f; **~co** Phys. adj. kinematisch.
cinema|tografía f Filmkunst f; **~** en colores Farbfilmaufnahmen f/pl.; **~tografiar** [1c] v/i. filmen; **~tográfico** adj. Film..., **~tógrafo** m → cine.
cinerama m Cinerama n.
cinerari|a ♀ f Aschenkraut n; **~o** adj. Aschen...
cinéreo adj. aschgrau, Aschen...; Astr. luz f **~a** Erdwiderschein m auf dem Mond.
cinéti|ca Phys. f Kinetik f; **~co** adj. kinetisch, Bewegungs...
cingalés adj.-su. singhalesisch; m Singhalese m.
cíngaro adj.-su. Zigeuner m.
cinglar[1] v/t. Eisen zänge(l)n, entschlacken.
cinglar[2] ⚓ v/t. wriggen, mit Heckriemen rudern.
cíngulo m Anat. Band n; kath. Zingulum m.
cínico adj.-su. zynisch; schamlos; bissig; m Zyniker m (a. Phil.); bissiger Spötter m.
cínife Ent. m Stechmücke f, Gallwespe f.
cinismo m Phil. u. fig. Zynismus m.
cino|céfalo Zo. m Pavian m; **~glosa** ♀ f Hundszunge f.
cinqueño Kart. m L'hombre n zu fünft.
cinque|ría ⊕ f Zinkgießerei f; **~ro** m Zink-gießer m, -arbeiter m.
cinta f 1. Band n, Streifen m; (Hut-, Zopf-, Haar- usw.)Band n; Schleife f; (Papier-)Streifen m; Farbband n (Schreibmaschine); **~** (cinematográfica) Film(streifen) m; **~** adhesiva Klebestreifen m; **~** aislante Isolierband n; **~** cargadora ⊕ Ladeband n; ✂ Ladegurt m; **~** sin fin endloses Band n; Fließband n; **~** magnetofónica (Magnet-)Tonband n; **~** métrica Bandmaß n, Meßband n; **~** de orillo Stoß(band) m; Am. **~** pegante Klebestreifen m; **~** sonora Tonfilm(band n) m; 2. △ Leiste f; Platten-, Kachelrand m; Rand m des Gehsteigs; 3. ⌀ Spruchband n; 4. ⚓ Barkholz n; 5. Thunfischnetz n; 6. ♀ Bandgras n; 7. Fi. roter Bandfisch m; 8. Equ. Huf-

krone f; 9. fig. meter en **~** a alg. j-m Disziplin beibringen.
cintagorda f Hanfnetz n (Thunfischfang).
cintar ◬ v/t. mit Bandleisten versehen.
cinta|razo m Fuchtelhieb m; **~rear** v/t. mit der flachen Klinge schlagen; **~rrón** m Riesenband n.
cinte|ado adj. bebändert, mit Bändern geschmückt; **~ría** f 1. Bandware f, Posamenten n/pl.; 2. Bandwirkerei f; Posamentengeschäft n; **~ro** m 1. Bandwirker m, Posamentier m; 2. (Schlepp-, Leit-)Seil n; **~ta** f Art Fischnetz n.
cintilar v/i. funkeln, schimmern.
cintillo m Reg. 1. (Zier-)Band n; 2. kl. Schmuckring m.
cinto m bsd. Am. Reg. Gürtel m.
cintra ◬ f Bogen-, Gewölbe-krümmung f; **~do** ◬ I. adj. gekrümmt, gewölbt; II. m Bogen-lehre f, -gerüst n.
cintu|ra I. f 1. Lenden(gegend f) f/pl.; Taille f (a. v. Kleidern); con la **~** marcada tailliert (Hemd usw.); quebrado de **~** mit hohlem Kreuz; fig. meter en **~** a alg. j-n zur Vernunft bringen; 2. oberer Teil m des Kaminmantels; 3. ⚓ Laschung f des Tauwerks an den Mast; II. m 4. Cu. Schürzenjäger m; **~rilla, ~rita** f zierliche Taille f; **~rón** m 1. Gürtel m; ✂ Koppel n; Gehenk n; **~** de castidad Keuschheitsgürtel m; **~** de corcho Kork-, Schwimm-gürtel m; **~** salvavidas Rettungsring m; Kfz., ⚠ **~** de seguridad (retráctil) Sicherheitsgurt m (mit Aufrollmechanismus, Automatikgurt m); abrocharse (od. ajustarse) el **~** (de seguridad) s. anschnallen, den (Sicherheits-)Gurt anlegen; apretarse el **~** (s.) den Gürtel enger schnallen (bsd. fig.); 2. Ring m (Umgehungs- bzw. Entlastungsstraße); (Stadt- usw.) Gürtel m; bsd. Am. **~** de miseria Elendsviertel n/pl. am Stadtrand; **~** verde Grüngürtel m; 3. Astr. Gürtel m.
cinzolín adj.-su. rötlich violett.
ciñuelo m Rpl. Leitochse m.
cipayo ✂ hist. m 1. Sepoy m; 2. Spahi m.
cipe I. adj. c 1. Am. Cent. schwächlich (Säugling); II. m 2. Folk. C. Ri. Aschenkobold m; 3. Salv. Harz m; 4. Hond. Maisfladen m.
cíper m Ant., Méj. Reißverschluß m.
cipo Arch. m 1. Meilenstein m; Mark-, Grenz-stein m; 2. Gedenkstein m; **~** funerario Grabstele f.
cipolino adj.-su.: mármol m **~** Glimmermarmor m.
cipote I. adj. c 1. Guat. dick, rund; II. m 2. Am. Cent., Ven. Junge m; 3. ∨ Stange f ∨ (= Penis); **~ar** P v/i. bumsen P, vögeln P.
ciprés ♀ m Zypresse f; Zypressenholz n; **~** de Levante breitästige Zypresse f.
cipre|sal m Zypressenhain m; **~sillo** ♀ m Gartenzypresse f; **~sino** adj. Zypressen...
ciprínidos Zo. m/pl. Karpfenfische m/pl.
cipri|(n)o adj.-su., **~ota** adj.-su. c zyprisch; m Zyprer m.
ciquiricata F f Schmeichelei f, Getue n F.

circaeto *Vo. m* Schlangenbussard *m*.
cir|cense *adj. c* Zirkus...; *juegos m/pl.* ~s Zirkusspiele *n/pl. (Rom)*; ~**co** *m* 1. Zirkus *m (a. hist.); p. ext.* Kampfplatz *m*, Arena *f*; Amphitheater *n*; ~ **ambulante** Wanderzirkus *m*; 2. *Geogr.* Talkessel *m*; Gebirge *n* im Halbkreis, Felszirkus *m*.
circón *Min. m* Zirkon *m*.
circui|r [3g] *v/t.* umkreisen, umgeben; ~**to** *m* 1. Umkreis *m*; Bezirk *m*; *Sp.* Renn-strecke *f*, -bahn *f*; ~ *natural* Trimmpfad *m*; 2. Kreisbewegung *f*, -lauf *m*; Rundfahrt *f*; *Sp.* Rennen *n*; Runde *f*; 3. ⊕ Kreis(verkehr) *m b. Bandstraßen*; 4. ⚡ Stromkreis *m*; Schaltung *f*; ~ *abierto (cerrado)* offener (geschlossener) Stromkreis *m*; *Kfz.* doble ~ *de frenos* Zweikreisbremssystem *n*; *corto* ~ Kurzschluß *m*; *Rf.* ~ *emisor* Sendekreis *m*; ~ *integrado* integrierter Schaltkreis *m*; *poner fuera de* ~ ab-, aus-schalten.
circula|ción *f* 1. Kreis-lauf *m*, -bewegung *f*; *Physiol.* ~ *(de la sangre)* Blutkreislauf *m*; 2. ⊕ Umlauf *m*, *de aire* Luftzug *m*; Luftumwälzung *f*; *Phys.* ~ *de electrones* Elektronenfluß *m*; 3. ✝ Umlauf *m*, Verkehr *m*; ~ *de la moneda*, ~ *monetaria* (~ *fiduciaria*) Geld- (Noten-)umlauf *m*; *libre* ~ Freizügigkeit *f (Personen)*; ✝ freier (*Waren-, Kapital- usw.*) Verkehr *m*; *fuera de* ~ außer Kurs (*Geld*); *de gran* ~ sehr verbreitet (*Zeitung*); *poner en* ~ in Umlauf bringen; *poner fuera de* ~ aus dem Verkehr ziehen; 4. *Vkw.* Verkehr *m*; ~ *giratoria* Kreisverkehr *m*; *doble* ~ Gegenverkehr *m*; *vía f de* ~ *rápida* Schnell(verkehrs)straße *f*; *retirar de la* ~ aus dem Verkehr ziehen; (*a. fig.* F); *fig.* P umlegen F, abservieren F; ~**nte** *adj. c* umlaufend, in Umlauf befindlich; *biblioteca f* ~ Leihbücherei *f*.
circular I. *adj. c* kreisförmig, Kreis...; ⊕ *imperfectamente* ~ unrund; *viaje m* ~ Rund-fahrt *f*, -reise *f*; II. *adj.-su. f (carta f)* ~ Rundschreiben *n*, Zirkular *n*; III. *v/t.* in Umlauf bringen; *mst. als Rundschreiben* versenden; IV. *v/i.* (umher)gehen; s. bewegen, gehen (*Personen*), fahren (*Fahrzeuge, Personen, im Straßenverkehr*); verkehren (*Züge usw.*); fließen, strömen (*Flüssigkeit*); *circula la noticia de que...* es geht die Nachricht, daß...; *¡circulen!* weitergehen!; ~**mente** *adv.* kreisförmig, im Kreis.
circulatorio *adj.* 1. *Physiol.* Kreislauf...; 2. Verkehrs..., Kreis...
círculo *m* 1. Kreis(fläche *f*) *m*; Kreisumfang *m*; *hist.* ~ *de carros* Wagenburg *f*; *fig.* ~ *vicioso* Circulus *m vitiosus* (*lt.*), *Phil. a.* Zirkelschluß *m*; *allg. a.* Teufelskreis *m*; 2. *Geogr.*, *Astr.* Kreis *m*; ~ *horario* Stundenkreis *m*; ~ *polar ártico* nördlicher Polarkreis *m*; ~ *máximo (menor)* Größt-, Groß- (Klein-)kreis *m*; *Astr.* ⚓ ~ *de reflexión* Spiegeltheodolit *m*; ~ *vertical* Scheitelkreis *m*; 3. *fig.* Kreis *m*, Zirkel *m*; Klub *m*, Verein *m*; ~ *de amistades (de familia)* Bekannten- (Familien-)kreis *m*; ~ *recreativo* Klub *m*, Kasino *n*; *en* ~s *bien informados se afirma que...* aus gut unterrichteten Kreisen verlautet, daß...
circumpolar *adj. c* um den Pol herum, Zirkumpolar...
circunci|dar *v/t.* beschneiden *(a. fig.)*; ~**sión** *f* Beschneidung *f*; ~**so** *adj.-su.* beschnitten; *m* Beschnittene(*r*) *m*.
circun|dante *adj. c* umgebend, umliegend; *el mundo* ~ die Umgebung, die Umwelt; ~**dar** *v/t.* umgeben, umringen; einfassen; umspülen (*Meer*); ~**ferencia** *f* Kreis(linie *f*) *m*; Umfang *m*, Umkreis *m*; ~**ferencial** *adj. c* Umkreis..., Umfangs...
circun|flejo *Gram. m* Zirkumflex *m*; ~**locución** *Rhet. f* Umschreibung *f*, Periphrase *f*; ~**loquio(s)** *m(/pl.)* Umschweife *pl.*; *andar con* ~s Umschweife machen, drumherum reden F; ~**navegación** *f* (*bsd.* Erd-)Umsegelung *f*, Umschiffung *f*; ~**navegante** *m* Erdumsegler *m*; ~**navegar** [1h] *v/t.* um-segeln, -schiffen.
circuns|cribir I. *v/t.* 1. ⚡ umschreiben; ~ *un hexágono a un círculo* ein Sechseck um e-n Kreis zeichnen; 2. *lit.* beschränken (*auf ac. a*); II. *v/r.* ~**se** 3. *s.* beschränken (*auf ac. a*); *a*) beschränkt bleiben (*auf ac. a*), ~**cripción** *f* 1. Eingrenzung *f*; 2. ⚡ Umschreibung *f e-r Figur*; 3. *Bezirk m*; Begrenzung *f*; ~**crito** *adj.* umgrenzt; umschrieben (*a.* ⚡); ~ *a* beschränkt auf (*ac.*).
circunsolar *adj. c* um die Sonne.
circunspec|ción *f* Vorsicht *f*; Zurückhaltung *f*, Reserve *f*; ~**to** *adj.* vorsichtig; zurückhaltend, reserviert; klug.
circunstan|cia *f* Umstand *m*, Gegebenheit *f*; Umwelt *f*; ~s *f/pl.* Lage *f*, Situation *f*; ~s *personales* persönliche Verhältnisse *n/pl.*; *bsd.* Personalien *pl.*; *de* ~s *Gelegenheits...*, provisorisch, vorläufig; *poesía f de* ~s Gelegenheitsdichtung *f*; *en estas* ~s unter diesen Umständen; *amoldarse (od. adaptarse) a las* ~s *s.* nach den Umständen richten, s. den Verhältnissen anpassen; *poner cara a* ~s das passende (*od.* der Situation entsprechende) Gesicht machen; ~**ciadamente** *adv.* umständlich, sehr genau; ~**ciado** *adj.* umständlich, ausführlich; ~**cial** *adj. c* Umstands...; *den Umständen entsprechend*; behelfsmäßig; vorläufig, vorübergehend; *seguridad f* ~ (nur) bedingte Sicherheit *f*; *Gram.* *complemento* ~ Umstandsbestimmung *f*; ~**cialmente** *adv.* unübergehend, kurzfristig; ~**ciar** [1b] *v/t.* ausführlich (*od.* umständlich) schildern; ~**te** I. *adj. c* umgebend; anwesend; II. ~s *m/pl.* Anwesende(n) *m/pl.*
circun|valación *f* 1. ⚔ Umwallung *f*; 2. *carretera f de* ~ Umgehungsstraße *f*; *tranvía m de* ~ Ringbahn *f*; ~**valar** *v/t.* um-geben, -ringen; ~**vecino** *adj. c* benachbart; ~**volar** [1m] *v/t.* herumfliegen um (*ac.*); ~**volución** *f a. Anat.* Windung *f*; ~ *cerebral* Hirnwindung *f*; ~**yacente** *adj. c* umliegend. [*m.*]
cirial *kath. m* Altar-, Hand-leuchter
cirílico *adj.* kyrillisch.

cirineo *m* 1. aus Kyrene; 2. *fig.* Helfer *m*, Stütze *f*.
cirio *m* 1. Altarkerze *f*; ~ *pascual* Osterkerze *f*; 2. ♀ *Méj.* Orgelkaktee *f*; 3. P Durcheinander *n*, Saustall *m* F; *se armó (od. se montó) un* ~ es gab ein wüstes Durchea.
cirro *m* 1. ♀ Ranke *f*; 2. *Biol.* Zirrus *m*; 3. *Met.* Zirruswolke *f*.
cirrosis 🝆 *f (bsd.* Leber-)Zirrhose *f*.
cirrus *Met. m* Zirruswolke *f*.
ciruela *f* Pflaume *f*, *süddt.* Zwetsch(g)e *f*; ~ *amarilla* Mirabelle *f*; ~ *pasa* Dörr-, Back-pflaume *f*; ~**lo** *m* 1. ♀ Pflaumenbaum *m*; ~ *silvestre* Schwarzdorn *m*; 2. *fig.* F Dumm-, Schafs-kopf *m*.
ciru|gía *f* Chirurgie *f*; ~ *dental* Kieferchirurgie *f*; ~ *estética* kosmetische Chirurgie *f*; ~ *mayor gr.* Chirurgie *f*; ~ *plástica* plastische (*od.* wiederherstellende) Chirurgie *f*; ~ *traumática* Unfallchirurgie *f*; ~**jano** *m* Chirurg *m*; ~**jía** *f* → *cirugía*.
cis|alpino *adj.* zisalpin, diesseits der Alpen (*v. Rom aus*); ~**andino** *adj.* diesseits der Anden; *Arg. región f* ~ Voranden(gebiet *n*) *pl.*
cisca ♀ *f* Teich-, Schilf-rohr *n*.
cis|car [1g] I. *v/t.* P verdrecken F, besudeln; *Méj.* beschämen; in Wut bringen; II. *v/r.* ~**se** P in die Hose(n) machen (*bsd. fig.*); *fig.* V ~ *se en a/c.* scheißen V; ~**co** *m* Kohlen-grus *m*; -staub *m*; *fig.* F Krach *m*; Radau *m* F; Krawall *m* F; *armar* ~ Streit anfangen; *hacer* ~ *et.* zertäppern F, in Klump hauen F; *quedar hecho* ~ total kaputtgehen F; total erledigt sein F (*Person*).
cisi|ón *f* (Ein-)Schnitt *m*; *Am.* Spaltung *f*, Teilung *f*; ~**onar** *Pol. v/i.* Pe. Gruppen bilden.
Cisjordania *f* Westbank *f*, Westjordanland *n*.
cis|ma *m Rel.* Schisma *n*; *fig.* Spaltung *f der Meinungen*; ~**mar** *v/t.* Zwietracht stiften unter (*dat.*), spalten; ~**mático** *adj.-su.* schismatisch; *m* Schismatiker *m*.
cisne *m* 1. *Zo. (Astr.* ♀) Schwan *m*; *a. fig. canto m de(l)* ~ Schwanengesang *m*; 2. *lit. fig.* Dichter *m*, Musiker *m*; 3. *Span.* jersey *m* cuello ~ Rollkragenpullover *m*, Rolli *m* F.
cisoria *adj. f*: *arte f* ~ Tranchierkunst *f*.
cisquero *Mal. m* Staubbeutel *m zum Durchbauschen*.
Cister *od.* **Císter** *kath. m* Zisterzienserorden *m*; ♀**ciense** *adj.-su.* Zisterzienser(mönch) *m*.
cisterna *f* Zisterne *f*; Wasser-behälter *m*, -wagen *m*; Spülkasten *m* (*WC*); *Kfz.* camión *m* ~, 🚃 *vagón m* ~ Tankwagen *m*.
cisticerco 🝆 *m* Blasenwurm *m*.
cístico 🝆 *adj.* zystisch; *Anat.* conducto *m* ~ Gallenblasengang *m*.
cistitis 🝆 *f* Blasenentzündung *f*.
cisto ♀ *m* Zistrose *f*.
cistoscopia 🝆 *f* Zystoskopie *f*.
cisura *f* Schnitt *m*; feiner Riß *m*; 🝆 Einschnitt *m*.
cita *f* 1. Verabredung *f*; Rendezvous *n*; *acudir a una* ~ zu e-r Verabredung erscheinen; *dar (una)* ~ *a alg. s.* mit j-m verabreden; *tener* ~ *para las cinco* für fünf Uhr bestellt sein; *um fünf Uhr verabredet sein*;

citación — claro 150

2. Zitat n; Anführung f, Erwähnung f; ~ción f **1.** Zitieren n; ~ de honor ehrenvolle Erwähnung f (bsd. ✕); **2.** ⚡ (Vor-)Ladung f; cédula f de ~ Ladungsschreiben n; ~dor adj.-su. Zitator m, Zitierende(r) m; ~r I. v/t. **1.** zu e-r Zs.-kunft bestellen; ⚡ vorladen; estar ~ado verabredet sein; ⚡ (e-n) Termin haben; **2.** zitieren; anführen, erwähnen; angeben; la cantidad ~ada die genannte Summe; **3.** Stk. Stier locken, reizen; **II.** v/r. ~se **4.** s. verabreden, e-n Termin ausmachen (od. vereinbaren).

citara f dünne Backsteinmauer f.
cítara ♪ f Zither f.
citarista c Zitherspieler(in f) m.
citarón △ m Fachwerkunterbau m.
citatorio ⚡ adj.: mandamiento m ~ Vorladungsschreiben n.
citerior adj. c diesseitig; hist. España ♀ Tarragonien n (römische Provinz).
citocromía Typ. f Farbendruck m.
citola f Mühlklapper f.
cito|logía f Zytologie f; ~plasma m Zell-, Zyto-plasma n; ~soma m Zytosom n, Zellkörper m.
citrato 🜲 m Zitrat n, Citrat n.
cítrico I. adj. Zitronen...; 🜲 ácido m ~ Zitronensäure f; **II.** ~s m/pl. Zitrusfrüchte f/pl.
citricultura f Anbau m von Zitrusfrüchten.
ci|trino adj. zitronenfarben; ~trón m Zitrone f.
ciudad f Stadt f (a. als Gg.-satz zum Land); ✕ ~ abierta offene Stadt f; ~ dormitorio Schlafstadt f; ~ Estado Stadtstaat m; ~ lineal langgestreckte Stadtanlage f; ~ jardín (marítima) Garten- (Hafen-)stadt f; ~ de lona (satélite) Zelt- (Trabanten-)stadt f; ~-República Stadtrepublik f; ~ universitaria Universitäts-stadt f (kon. -viertel n; la ♀ Condal = Barcelona; la ♀ de Dios der Gottesstaat; la ♀ Eterna die Ewige Stadt (= Rom); la ♀ Imperial = Toledo; la ♀ del Oso y del Madroño = Madrid.
ciudada|nía f **1.** Bürgertum n; Staatsangehörigkeit f; (derecho m de) ~ Bürgerrecht n (a. fig.); **2.** Bürgersinn m; ~no **I.** adj. **1.** städtisch; **2.** bürgerlich; **II.** m **3.** Städter m; **4.** Bürger m; Staatsbürger m; ~ medio Durchschnittsbürger m; ~ del mundo Weltbürger m; ~ de honor, ~ honorario Ehrenbürger m.
ciudadela f Zitadelle f.
cive|ta Zo. f Zibetkatze f; ~to Zo. m Zibet m, Bisam m.
cívico adj. bürgerlich, Bürger...; staatsbürgerlich; national, patriotisch; deber m ~ Bürgerpflicht f; valor m ~ Zivilcourage f.
civi|l I. adj. c **1.** bürgerlich, Bürger-..., Zivil...; ⚡ acción f ~ Zivilklage f; derecho m ~ Bürgerliches Recht n; derechos m/pl. ~es bürgerliche (Ehren-)Rechte n/pl.; jurisdicción f ~ Zivilgerichtsbarkeit f; adv. por lo ~ standesamtlich (heiraten); matrimonio m ~ Zivilehe f, standesamtliche Trauung f; registro m ~ Standesamt m; **2.** gesittet, kultiviert, höflich; **3.** zivil, Zivil...; **II.** m **4.** fig. Angehörige(r) m der Guardia Civil; **5.** Zivilist m; ~lidad f Höflichkeit f;

Gesittung f; Bildung f; ~lismo m **1.** Pol. Am. „Civilismus" m, Bewegung gg. die pol. Macht des Militärs; **2.** → civismo; ~lista ⚡ c Zivilrechtler m.
civiliza|ble adj. c zivilisierbar; erziehbar; ~ción f **1.** Zivilisation f, Kultur f; ~ alta Hochkultur f; **2.** Zivilisierung f; ~do adj. zivilisiert, gesittet; gebildet; hombre m ~ Kulturmensch m; F gebildeter Mensch m; mundo m ~ Kulturwelt f; ~dor adj.-su. Zivilisator m; ~r [1f] I. v/t. zur Kultur erziehen, zivilisieren; bilden, erziehen; Sitten verfeinern; **II.** v/r. ~se Kultur annehmen; zivilisiert werden; feinere Sitten annehmen, zahm werden F.
civilmente adv. **1.** gesittet, höflich; **2.** ⚡ zivilrechtlich; casarse ~ s. standesamtlich trauen lassen.
civismo m **1.** Bürger-sinn m, -tugend f; **2.** Bürgerkunde f, staatsbürgerliche Erziehung f.
cizalla|(s) f(/pl.) **1.** Blech-, Metallschere f; ⊕ a. Schneidemaschine f; **2.** Metallspäne m/pl.; ~r ⊕ v/t. mit der Blechschere schneiden.
ciza|ña ♀ Taumellolch m; fig. Unkraut m, Gift m; meter (od. sembrar) ~ → ~ñ(e)ar vt/i. Zwietracht säen, Streit stiften (unter dat..).
cla... (b. so beginnenden Wörtern → a. tla...).
clac m (pl. claques) **1.** Klappzylinder m; **2.** Art Dreispitz m.
clachique m Méj. unvergorener Agavensaft m.
clamadoras f/pl. Schreivögel m/pl.
clamar vt/i. schreien, rufen (nach dat. por); bitten, flehen, jammern; ~ al cielo zum Himmel schreien; himmelschreiend sein; ~ a Dios zu Gott flehen; ~ venganza nach Rache schreien; ~ en el desierto tauben Ohren predigen.
clamidosauro Zo. m Mantelechse f.
clamo|r m **1.** Geschrei n; Jammergeschrei n, Klage f; **2.** Totengeläut n; ~reada f → clamor 1; ~rear v/i. **1.** schreien, jammern (nach dat. por); **2.** läuten (Totenglocke); ~reo m Gejammer n, Gezeter n; Flehen n; ~rosa hist. f Hetzjagd f; ~roso adj. **1.** klagend, jammernd; **2.** durchschlagend (Erfolg).
clan m Clan m, (bsd. schottischer) Stammesverband m; fig. Clan m, Sippe f (a. desp.), Mischpoke f (desp. F).
clandesti|nidad f Heimlichkeit f, Verborgenheit f; Pol. Untergrund m; ~nista m Guat. Branntweinschmuggler m; ~no adj. heimlich, verstohlen, geheim; Geheim..., Schwarz..., Raub...; Rf. emisora f ~ Schwarz-, Geheim-sender m; movimiento m ~ Untergrundbewegung f.
clanga Vo. f Schreiadler m.
clangor poet. m (bsd. Trompeten-) Geschmetter n.
claque Thea. f Claque f; ~ta f Klappe f (Filmstudio).
clara[1] F f Chi. → clarisa.
clara[2] f **1.** Eiweiß n; ~ de huevo batida Ei(er)schnee m; **2.** dünne Stelle f im Tuch; lichte Stelle f im Haar; **3.** F Regenpause f, Aufheiterung f; **4.** F Limonade f mit Bier, Radlermaß f (Reg.); **5.** F → claridad 1; ~boya f

Dachluke f; Oberlicht(fenster) n; ~mente adv. verständlich; deutlich, klar; ~r v/t. → aclarar.
clare|ar I. v/i. tagen, hell werden; s. aufklären (Himmel); s. abheben gg. s-e Umgebung, s. abzeichnen; aufscheinen; **II.** v/t. erhellen; lichten; ♪ jäten; **III.** v/r. ~se durchsichtig (bsd. fadenscheinig) werden; fig. F s. verraten; ~cer [2d] v/i. hell werden, tagen; ~ o m (Aus-)Lichten n (bzw. Durchforsten f) e-s Waldes; □ Aussage f; ~te m Rosé m (Wein).
claridad f **1.** Helle f; Licht n; Schein m; **2.** a. ⊕ Klarheit f, Reinheit f, Schärfe f; Opt. Bildschärfe f; **3.** fig. Klarheit f; Deutlichkeit f; Offenheit f; F adv. con ~ meridiana ganz klar, ganz deutlich; **4.** Theol. Verklärtheit f; **5.** 🜲 Berühmtheit f.
clarifica|ción f **1.** Klärung f; fig. a. Richtigstellung f; **2.** ⊕ (Ab-)Klärung f, Läuterung f; (Abwässer-)Klärung f; instalación f de ~ Kläranlage f; ~dor ⊕ m Klärmittel n; ~r [1g] v/t. **1.** ⊕ Flüssigkeit klären; a. Zucker läutern; **2.** erhellen; fig. aufklären, erhellen; fig. läutern; verklären; **3.** Wald usw. lichten; ~tivo adj. klärend, läuternd.
clarífico lit. adj. strahlend, glänzend.
clarín m **1.** ♪ a) (Signal-)Horn n; helle Trompete f; b) Clairon n (Orgelregister); **2.** ✕ Hornist m; **3.** dünne Leinwand f.
clari|nada f, ~nazo m Trompeten-, Horn-signal n; fig. Warnsignal n; fig. F Unsinn m, Blödsinn m F; ~nete ♪ m **1.** Klarinette f; ~ bajo Baßklarinette f; **2.** Klarinettist m; ~netero m Klarinettenmacher m; ~netista c Klarinettist m.
clarión m Maler-, Tafel-kreide f.
clarisa kath. adj.-su. f Klarissin f; ~s f/pl. Klarissenorden m.
clarividen|cia f Weitblick m; Scharfblick m; ~te adj. c weitsichtig, weitblickend; hellhörig.
claro I. adj. **1.** hell (a. Farbe); klar, rein, durchsichtig; wolkenlos, heiter; sternklar (Himmel, Nacht); Mal. ~ oscuro → claroscuro; **2.** klar, deutlich, verständlich; offen, aufrichtig; adv. a la(s) ~(s) deutlich, unverhohlen, unverblümt; 📦 intervalos m/pl. ~s lichte Momente m/pl.; vista f ~a a) klarer Blick m; b) klare Sicht f; ¡~! natürlich!; klar!; selbstverständlich!; ¡está ~! das (od. die Sache) ist klar!; ~ está natürlich, freilich; **3.** hell (Stimme, Ton); klar, rein (Stimme); **4.** dünn (Gewebe, Haar); dünn(flüssig); dünn (Kaffee usw.); **5.** lit. berühmt; **6.** Stk. plötzlich angreifend (Stier); **7.** Equ. ausgreifend; **II.** adv. **8.** klar, deutlich; hablar ~ deutlich (bzw. offen) sprechen; **III.** m **9.** Helle f, Licht n; ~ de luna Mondschein m; pasar(se) la noche de ~ (en ~) die Nacht schlaflos zubringen; a. s. die Nacht ohne Ohren schlagen F (feiern); poner en ~ a) ins reine schreiben; b) klarstellen; **10.** Mal. Licht n; poner ~s Lichter aufsetzen; **11.** Lücke f; Zwischenraum m; lichte Stelle f; unbeschriebene Stelle f; fig. weißer Fleck m auf der Landkarte; Lich-

tung *f im Wald*; **12.** Regenpause *f*, *kurze* Aufheiterung *f*; **13.** ⚓ lichte Weite *f*; Fenster-, Tür-, (Brücken-)Bogenöffnung *f*; Säulenweite *f*; **14.** Oberlicht *n*; **15.** *Cu.* Mazamorrabrühe *f*; *Pe. Art* (Mais-)Bier *n*; *Ven.* Zuckerrohrschnaps *m*; **16.** *fig. vestir de* ~ die Trauer(kleidung) ablegen.

claro|r *m* Schein *m*, Glanz *m*, Licht *n*; **~scuro** *Mal., Phot. m* Helldunkel *n*, *Mal.* Clair-obscur *n*.

clarucho F *adj. desp.* sehr dünn; *caldo m* ~ Kloßbrühe *f* F, sehr dünne Brühe *f*.

clase *f* **1.** Klasse *f* (*a. Biol.*), Abteilung *f*; Art *f*, Sorte *f*; *de buena* ~ gut, hochwertig; *de dos* ~s zweierlei; *de muchas* ~s vielerlei, allerlei; ✝ *de primera* ~ erstklassig, erste Wahl; *Typ.* ~ *de tipo* Schriftart *f*; *tener* ~ rassig sein, Stil haben; **2.** Klasse *f*, *soz.* Schicht *f*; Rang *m*, Stand *m*; *de baja* ~ niederer Herkunft; ~*s f/pl. activas* erwerbstätige Bevölkerung *f*; ~ *media* Mittelstand *m*; ~ *médica* Ärzteschaft *f*; ~*s pasivas* Versorgungsempfänger *m/pl.*; *koll.* ~ *política* die Berufspolitiker *m/pl.*; *lucha f de* ~*s* Klassenkampf *m*; **3.** *Sch.* Klasse *f*; Lehrgruppe *f*; Unterricht(sstunde *f*) *m*; *Univ.* Vorlesung *f*; (*sala f de*) ~ Klasse(nzimmer *n*) *f*; ~ *elemental* Elementar-, Anfänger-unterricht *m*; ~*s nocturnas* Abendkurs *m*; ~ *particular* Privat-unterricht *m*, -stunde *f*; *asistir a* ~ am Unterricht teilnehmen; in die Schule gehen; *dar* ~ *con alg.* bei j-m Unterricht nehmen; *dar* ~ *a alg.* j-m Unterricht geben (*od.* erteilen); *hoy no hay* ~ heute fällt der Unterricht (*Univ.* fallen die Vorlesungen) aus; **4.** 🐎, 🥋, ⚓ Klasse *f*; ~ *comercial* Businessklasse *f*; ~ *económica* (*turista*) Economy- (Touristen-)klasse *f*; **5.** ⚔ ~*s f/pl.* Unteroffiziere *n/pl.*

clasicis|mo *m* Klassik *f*; Klassizismus *m*; ~**ta** *adj.-su. c* klassizistisch; *m* Klassizist *m*.

clásico I. *adj.* klassisch; *fig.* klassisch, mustergültig; *antigüedad f* ~ klassisches Altertum *n*; **II.** *adj.-su.* (*autor m*) ~ Klassiker *m*; F *conocer sus* ~ *s-e* Pappenheimer kennen.

clasifica|ción *f* **1.** Einteilung *f*, Einordnung *f*, Sonderung *f in Klassen*, Einstufung *f*; Klassifikation *f*, Sortieren *n*; ✝, ⊕ Sichten *n*, Sondern *n*; *Sch.* Zeugnis *n*, Note *f*; ~ *decimal* Dezimalklassifikation *f*; ~**dor** *m* Brief-, Akten-ordner *m*; Aktenschrank *m*; ⊕ Sichter *m*, Sortierer *m*; 👤 Briefsortierer *m* (*Person*); Briefsortierwerk *n*; ~**dora** ⊕ *f* Sortiermaschine *f*; ~**r** [1g] *v/t.* einordnen, sortieren, klassifizieren; ✝, ⊕ sichten, sortieren, sondern; *Briefe* sortieren; *Briefe* ablegen; *Jgdw. Spuren* deuten.

claudia *adj.-su. f* (*ciruela f od. reina f*) ~ Reineclaude *f*.

claudica|ción *f* **1.** Nachgeben *n*, Weichwerden *f*; **2.** Pflichtvergessenheit *f*; **3.** 🦶 Hinken *n*; ~**nte** *adj. c* schwankend; hinkend; ~**r** [1g] *v/i.* **1.** s. zweideutig verhalten; s-e Überzeugung verraten; gg. s-e Pflicht verstoßen; **2.** hinken (*a. fig., z. B. Vergleich*); **3.** wanken, nachgeben; umfallen (*fig.* F).

Claus: *Santa* ~ *m* Weihnachtsmann *m*, Nikolaus *m*.

clausor *Kfz. m* Lenkradschloß *n*.

claus|tra *f* Säulen-, Kreuz-gang *m*; ~**tral** *adj. c* klösterlich, Kloster...; ~**trillo** *m* Sitzungssaal *m e-r* Universität; ~**tro** *m* **1.** Kreuzgang *m*; **2.** *fig.* Kloster(leben) *n*; **3.** ~ (*de profesores*) engerer Lehrkörper *m* (*Univ., a. Schule*); **4.** *lit.* ~ *materno* Mutterleib *m*, -schoß *m*; ~**trofobia** ❦ *f* Klaustrophobie *f*, Platzangst *f* F.

cláusula *f* **1.** 🏛 Klausel *f*, Bestimmung *f*; ~ *de adhesión* (*de arbitraje*) Beitritts- (Schieds-)klausel *f*; ~ *de escape*, ~ *escapatoria* Ausweichklausel *f*; ~ *de* (*la*) *nación más favorecida* Meistbegünstigungsklausel *f*; ~ *penal* (*contractual*) Konventionalstrafe *f*, Strafklausel *f*; ~ *testamentaria* testamentarische Bestimmung *f*; **2.** *Rhet.* Klausel *f*; *Gram.* Satz *m*, Periode *f*; ~ *absoluta* Ablativus *m* absolutus; ~ *compuesta* zs.-gesetzter Satz *m*; Satzgefüge *n*; ~ *simple* einfacher Satz *m*.

clausula|do I. *adj.* in kurzen Sätzen abgefaßt; **II.** *m* 🏛 Klauseln *f/pl.*, Vertragsbestimmungen *f/pl.*; ~**r** *v/t.* **1.** *den Satz* abschließen; *p. ext.* abschließend sagen; **2.** 🏛 verklausulieren, durch Bedingungen sichern.

clausura *f* **1.** Abschluß *m*, Schluß *m*; Sperrung *f*, Schließung *f*; *ceremonia f de* ~ (Ab-)Schluß-feier *f*, -veranstaltung *f*; *sesión f de* ~ Schlußsitzung *f*; **2.** *kath. u. fig.* Klausur *f*; ~**r** *v/t.* **1.** *Tagung, Sitzung usw.* (ab)schließen; **2.** *Geschäft usw.* (von Amts wegen) schließen.

clava *f* Keule *f* (*Waffe*); ~**do I.** *part.-adj.* **1.** ver-, ge-nagelt; **2.** *fig.* F *¡*~*! genau so!; ¡como* ~*!* a) wie angegossen!; b) wie gerufen!; *fig. dejarle a alg.* ~ j-n mit offenem Mund dastehen lassen, j-n verblüffen; *es su padre* ~ er ist s-m Vater (wie) aus dem Gesicht geschnitten; **II.** *m* **3.** Nagelung *f*; **4.** Sprung *m* ins Wasser; *Sp. Am. de palanca* (*de trampolín*) Turm- (Kunst-)springen *n*; ~**dura** *Equ. f* Hufverletzung *f* durch e-n Hufnagel; ~**r I.** *v/t.* **1.** ver-, zu-nageln; (fest-, ein-, an-)nageln; beschlagen; *Edelsteine* fassen; *Pfahl usw.* ein-rammen, -schlagen; *Nagel* einschlagen; *Nadel* einstechen; *Dolch* hineinstoßen; *Dolchstoß* versetzen; ~ *en la cruz* ans Kreuz schlagen (*od.* heften) (*a. fig.*); ~ *en la pared* an die Wand nageln; *fig.* F ~ *una multa a alg.* j-m e-e Geldstrafe aufbrummen F; *ahí le tienes clavado* er wankt u. weicht nicht, der ist nicht wegzukriegen F; **2.** *Blick usw.* richten, heften (*auf ac. en*); ~ *los ojos en alg.* j-n scharf (*bzw.* starr) ansehen; **3.** F hereinlegen F, anschmieren F; *Restaurant:* neppen F, ausnehmen F; **4.** *Sch. Fragen* richtig beantworten; *Aufgaben* lösen; **II.** *v/r.* ~**se 5.** eindringen (*Splitter, Dorn*); *se me ha clavado* (*od. me he clavado*) *una astilla en la mano* ich habe mir e-n Splitter in die Hand eingezogen; *fig. se me ha clavado en el alma* es hat mich tief getroffen; **6.** *Méj.* s. verlieben; **7.** *Am. clavárselas* s. betrinken.

clavario *m* Schlüsselmeister *m in versch. kath. Orden*.

clavazón *f* **1.** Beschlag *m an Türen usw.*; ⚓ *a.* Verbolzung *f*; **2.** Beschlagnägel *m/pl.*

clave I. *f* **1.** ⚓ Schlußstein *m* (*Gewölbe, Bogen*); *fig. echar la* ~ *a* (*od. de*) *et.* abschließen; **2.** Code *m zu verschlüsselten Texten*; ~ *bancaria* Bankleitzahl *f*; ~ *telegráfica* Telegrammschlüssel *m*, Code *m*; **3.** *fig.* Schlüssel *m*, Aufschluß *m*; Lösung *f*; F *no dar con la* ~ nicht dahinterkommen F; ~ *de un enigma* Lösung(swort *n*) *f*; **4.** Lösungsheft *n*, Schlüssel *m zu Aufgaben*; **5.** *nachgestellt:* Schlüssel...; *posición f* ~ Schlüsselstellung *f*; **6.** 🎵 Notenschlüssel *m*; ~ *de do* C-Schlüssel *m*; ~ *de do en 3ª línea* Altschlüssel *m*; ~ *de fa* F-Schlüssel *m*, Baßschlüssel *m*; ~ *de sol* G-Schlüssel *m*, Violinschlüssel *m*; **II.** *m* **7.** → ~**cín** *m* Cembalo *n*.

clave|l *m* **1.** ♀ Nelke *f*; **2.** *Zo.* ~ *de mar* Nelkenkoralle *f*; ~**lina** ♀ *f* → *clavellina*; ~**lón** ♀ *m* Studenten-, Totenblume *f*, Stinknelke *f*; ~**llina** ♀ *f* **1.** ♀ Bartnelke *f*; **2.** *Zo.* Haarstern *m*.

claveque *Min. m* belgischer Bergkristall *m*. [form *f*.]

clavera *f* Nagelloch *n*; ⊕ Nagel-*f*]

clave|ría *f* Schlüsselmeisteramt *n*; *Méj.* Domrent(en)amt *n*; ~**ro**[1] *m* Schließer *m*; *kath.* ~ *clavario.* [*m.*]

clavero[2] ♀ *m* Gewürznelkenbaum *f*]

clavero[3] *m Méj.* Kleiderrechen *m*.

clavete ♪ *m* Plektron *n*.

clavetear *v/t.* **1.** (ver)nageln; mit Nägeln beschlagen; ⊕ verkeilen; **2.** *fig.* fest abschließen (*z. B. Geschäft usw.* (von Amts wegen) schließen.

clavi|cémbalo ♪ *m* Cembalo *n*; ~**cordio** ♪ *m* Klavichord *n*.

cla|vícula *Anat. f* Schlüsselbein *n*; ~**vicular** *adj. c* Schlüsselbein...

clavi|ja *f* **1.** Stift *m*, Bolzen *m*, Zapfen *m*, Dübel *m*; Splint *m*; ⚡ Stöpsel *m*, Stecker *m*; ⚡ ~ *banana*, ~ *con hembrilla* Bananenstecker *m*; *Tel.* ~ *de conexión* Verbindungsstöpsel *m*; ~ *maestra* Span-, Deichsel-nagel *m*; ⊕ *juntar con* ~*s* verdübeln; **2.** ♪ Wirbel *m* (*Saiteninstrument*); *fig. apretar las* ~*s a alg.* j-m hart zusetzen, j-n unter Druck setzen; ~**jero** *m* **1.** ♪ Wirbelkasten *m*; **2.** Kleiderrechen *m*; **3.** *Tel.* Stöpselschrank *m*.

clavillo *m* **1.** (Scheren-, Fächer-, Scharnier- *usw.*) Stift *m*; Dorn *m e-r Schnalle*; **2.** ♀ Gewürznelke *f*.

claviórgano ♪ *m* Orgelklavier *n*.

clavo *m* **1.** Nagel *m*, ⊕ Spieker *m*; ~ *baladí kl.* Hufnagel *m*; ~ *de ala de mosca* Hakennagel *m*; *fig.* F *de* ~ **a)** offensichtlich; **b)** leicht ausführbar; (*ahí está od. ahí le tienes*) *como un* ~ (*je nach Situation*): (da ist) er (und) wankt u. weicht nicht; man wird ihn nicht los; er geht e-m auf die Nerven; er ist nicht zu erschüttern; pünktlich wie immer; *agarrarse a un* ~ *ardiente* nach e-m Strohhalm greifen, alles mögliche tun, um s. zu helfen; F (*ser capaz de*) *clavar un* ~ *con la cabeza* mit dem Kopf durch die Wand gehen; *fig. dar en el* ~ den Nagel auf den Kopf treffen; *fig.* F *dar una en el* ~ *y ciento en la herradura* oft danebenschlagen

claxon — coaligarse

(*od.* vorbei-)hauen F; P *poner un* ~ bumsen P (*Mann*); *fig. remachar el* ~ s. in e-n Irrtum verrennen; *¡por los* ~*s de Cristo!* (*od. burl. de una puerta vieja!*) um Himmels willen!; *un* ~ *saca otro e-e* Sorge verdrängt die andere; **2.** Plage *f*, Kreuz *n* (*fig.*), ständige Sorge *f*; **3.** ✱ **a)** Eiterpfropf(en) *m*; **b)** Hühnerauge *n*; **c)** Tampon *m zur Drainage*; **4.** *vet.* Fesselgeschwulst *f der Pferde*; **5.** ~ (*de especia*) Gewürznelke *f*; *Am. versch. andere Gewürzsorten*; *esencia f de* ~ Nelkenöl *n*; **6.** *Am. Reg.* lächerlicher *bzw.* unerträglicher Mensch *m*; **7.** *Chi.*, *Rpl.* Ladenhüter *m*; **8.** *Am. Reg.* Einpesostück *n*; **9.** *Bol.* Fundort *m* von Edelmetall.
claxo|**n** *m* (Auto-)Hupe *f*, (Signal-)Horn *n*; *tocar el* ~ hupen; ~**nazo** F *m* Hupen *n*, Hupsignal *n*.
clearing ✝ *m* Clearing *n*, Verrechnung(sverkehr *m*) *f*.
clemátide ♀ *f* Klematis *f*, Waldrebe *f*; *in Span. bsd.* weiße Waldrebe *f*.
clemen|**cia** *f* Milde *f*; Gnade *f*, Güte *f*; ~**te** *adj. c* mild(e) (*a. Klima*); nachsichtig, gütig; ~**tina** ♀ *f* Klementine *f* (*Mandarine*).
clepsidra *f* Wasseruhr *f*.
clep|**tomanía** *f* Kleptomanie *f*; ~**tomaníaco**, ~**tómano** *adj.-su.* kleptomanisch; *m* Kleptomane *m*.
clerecía *f* Geistlichkeit *f*, Klerus *m*; Priester-tum *n*, -schaft *f*.
clergyman *m* Kollar *n der Geistlichen*.
cleri|**cal** *adj. c* geistlich; klerikal; ~**calismo** *m* Klerikalismus *m*; *desp.* Pfaffenherrrschaft *f*; ~**cato** *m*, ~**catura** *f* geistlicher Stand *m*, Priesterwürde *f*; ~**galla** *desp. f* Klerisei *f*, Pfaffen *m/pl.*
clérigo *m* Geistliche(r) *m*; Kleriker *m* (*nur kath.*); ~ *de cámara* päpstlicher Ehrenkämmerer *m*; ~ *de menores* Abbé *m*; ~ *regular* Ordensgeistliche(r) *m*; ~ *secular* Weltgeistliche(r) *m*.
cleri|**guicia** *desp. f* Pfaffen *m/pl.*; ~**zón** *m gelegl.* Chorknabe *m*; ~**zonte** *m desp.* Pfaffe *m*.
clero *m* Klerus *m*, (*kath.*) Geistlichkeit *f*; ~ *alto* (*bajo*) hohe (niedere) Geistlichkeit *f*; *el* ~ *joven die jungen Priester m/pl.*; ~ *regular* (*secular*) Regular- (Säkular-)klerus *m*.
clic *m*: *hacer* ~ klicken; *EDV hacer* ~ *en od. sobre a/c.* auf et. klicken, et. anklikken; ~, *clac onom.* klitsch, klatsch (*Schlag, Peitschenknall*).
clicar [1g] *v/i.* klicken (auf *ac.* en, sobre).
cliché *m* **1.** Klischee *n*, abgedroschene Redensart *f*, Gemeinplatz *m*; **2.** *Typ.* → *clisé.*
cliente *m* **1.** ✝ Kunde *m*; ✱ Patient *m*; ⚖ Mandant *m*; Klient *m*; **2.** *hist.* Klient *m*; *fig.* Schützling *m*; ~**la** *f* ✝ Kundschaft *f*; *Rechtsanwalt, Arzt*: Praxis *f*; ~ *fija* (*de paso*) Stamm- (Lauf-)kundschaft *f*; *tener mucha* ~ e-n großen Kundenkreis (✱, ⚖ e-e große Praxis) haben; *ganarse la* ~ (die) Kundschaft anlocken, viele Kunden gewinnen; ~**lismo** *Pol. m* Klüngelwirtschaft *f*, Filzokratie *f* F; ~**lista** *Pol. c* Anhänger *m* (*od.* Nutznießer *m*) der Klüngelwirtschaft, Filzokrat *m* F.
clima *m* **1.** Klima *n*; ~ *de altura* Höhen-, Gebirgs-klima *n*; **2.** *fig.* Klima *n*, Atmosphäre *f*, Stimmung *f*; **3.** Land *n*, Gegend *f*, Zone *f*; ~**térico** *adj.* ✱ klimakterisch; *fig.* kritisch, bedenklich; *año m* ~ kritisches Lebensjahr *n*; ~**terio** ✱ *m* Klimakterium *n*, Wechseljahre *n/pl.*
climático *adj.* klimatisch, Klima...; *estación f* ~*a* Luftkurort *m*.
clima|**tización** *f* Klimatisierung *f*; *instalación f de* ~ → ~**tizador** *m* Klimaanlage *f*; ~**tizar** [1f] *v/t.* klimatisieren; ~**tología** *f* Klimatologie *f*, Klimakunde *f*; ~**tológico** *adj.* klimatologisch; klimatisch (bedingt); ~**toterapia** *f* Klima-behandlung *f*, -therapie *f*.
clímax *m* (*pl. inv.*) *Rhet.* Klimax *f*, Steigerung *f*; *Lit.* Höhepunkt *m*.
clinero *m* Taschentuchverkäufer *m auf der Straße*.
clínex *m* (*pl. inv.*) Papiertaschentuch *n*.
clíni|**ca** *f* **1.** Klinik *f*, Krankenhaus *n*; ~ *obstétrica*, ~ *ginecológica* Frauenklinik *f*; ~ *de urgencia* Unfallkrankenhaus *n*; -station *f*; **2.** klinische Medizin *f*; ~**co I.** *adj.* klinisch; *fig. ojo m* ~ kritischer Blick *m*; **II.** *m* Kliniker *m*, praktizierender Arzt *m*.
clinómetro *m* Klinometer *n*, Neigungsmesser *m*.
clinoterapia *f* klinische Therapie *f* (*od.* Behandlung *f*); Bettruhe *f*.
clip *m* (Ohr-, Haar- *usw.*)Clip *m*; Büro-, Brief-klammer *f*.
clíper *m* (*pl.* ~**es**) ⚓ Klipper *m*; ✈ Clipper *m*.
cli|**sado** *Typ. m* Klischierung *f*; ~**sar** *Typ. v/t.* klischieren; ~**sé** *m Typ.* Klischee *n*, Stereotypplatte *f*; *Phot.* Negativ *n*; ~**ses**, ~**sos** □ *m/pl.* Augen *n/pl.*
cliste|**l**, ~**r** ✱ *m* Klistier *n*, Einlauf *m*; ~**rizar** [1f] *v/t.* e-n Einlauf machen (*dat.*).
clitómetro *m* Neigungsmesser *m*, Klitometer *n*. [*m.*\]
clítoris *Anat. m* Klitoris *f*, Kitzler
clivoso *lit. adj.* geneigt, abschüssig.
clo *onom.*: *hacer* ~, ~ gackern, glucken (*Henne*).
cloaca *f* Kloake *f* (*a. Zo.*, ✱).
cloasma ✱ *m* Leberflecken *m/pl.*
clocar [1g *u.* 1m] → *cloquear.*
cloch(**e**) *f Kfz. m Ant., Col., Méj., Ven.* Kupplung *f*.
clon *Biol. m* Klon *m*; ~**ación** *f* Klonen *n*; ~**ar** *v/t.* klonen.
clónico *adj.* klonisch.
cloque *m* Bootshaken *m*; Fisch-haken *m*, -speer *m* (*b. Thunfischfang*).
cloque|**ar** *v/i.* glucken, locken (*Henne*); ~**o** *m* Glucken *n*, Locken *n der Henne*; ~**ra** *f* Brutzeit *f*.
clora|**l** ✱ *m* Chloral *m*; ~**r** *v/t.* chlor(ier)en, mit Chlor versetzen; ~**to** ✱ Chlorat *n*; ~ *potásico* (*sódico*) Kalium- (Natrium-)chlorat *n*.
clor|**hídrico** ✱ *adj.*: *ácido m* ~ Salzsäure *f*; ~**ita** *Min. f* Chlorit *m*; ~**ización** *f* Chlorieren *n*, *bsd. des Wassers*.
cloro ✱ *m*; ~ *gaseoso* Chlorgas *n*; ~**fíceas** ♀ *f/pl.* Grünalgen *f/pl.*; ~**fila** *f* Chlorophyll *n*, Blattgrün *n*; ~**fílico** *adj.* des Chlorophylls, ~**formización** *f* Chloroformierung

f; ~**formizar** [1f] *v/t.* chloroformieren; ~**formo** ✱ *m* Chloroform *n*; ~**sis** ✱ *f* Bleichsucht *f*, Chlorose *f*; ~**so** *adj.* chlorig, chlorhaltig.
clorótico ✱ *adj.* bleichsüchtig.
cloruro ✱ *m* Chlorid *n*; ~ *de cal* Chlorkalk *m*; ~ *de amonio* Ammoniumchlorid *n*, Salmiak *m*; ~ *de etilo* Äthylchlorid *n*, Chloräthyl *n*; ~ *de potasio*, ~ *potásico* Kaliumchlorid *n*; ~ *de sodio*, ~ *sódico* Natriumchlorid *n*, Kochsalz *n*.
clown *m* Clown *m*, Spaßmacher *m*.
clu|**b** *m* (*pl.* ~**s**, *Am.* ~**es**) Klub *m*; ~ *de fútbol* Fußball-verein *m*, -klub *m*; ~ *hípico* Reit(er)klub *m*; ~ *de natación* (*náutico*) Schwimm- (Yacht-)klub *m*; ~ *nocturno* Nachtlokal *n*; ~**bista** *c* Klubmitglied *n*.
clue|**ca** *adj.-su. f*: (*gallina f*) ~ Glucke *f*; *fig.* F *ponerse como una gallina* ~ s. aufplustern (*fig.*), gakkern (*fig.*) *wie e-e Henne, die ein Ei gelegt hat*.
cluniacense *adj. c* -*su. m* Kluniazenser(mönch) *m*.
coa[1] ✝ ✱ *Am.* Grabstock *m der Indianer*; **2.** *Méj.* Spaten *m*.
coa[2] *onom. f Am. versch. Baumvögel der Gattung „Trogon"*; *Chi. Art* Baumeule *f*; *fig. Chi.* Gaunersprache *f*.
coac|**ción** *f bsd.* ⚖ Zwang *m*, Nötigung *f*; ~ *electoral* Wahlbehinderung *f*; ~**cionar** *v/t.* zwingen, e-n Zwang ausüben auf (*ac.*), nötigen.
coacreedor ⚖, ✝ *m* Mitgläubiger *m.*
coactivo *adj.* Zwangs...; *bsd.* ⚖ *procedimiento m* ~ Zwangsverfahren *n*; *medios m/pl.* ~ Zwangsmittel *n/pl.*
coacusado *m* Mitangeklagte(r) *m*.
coadjuto|**r** *m bsd. ecl.* Koadjutor *m*, Hilfsgeistliche(r) *m*; *obispo m* ~ Weihbischof *m*; ~**ría** *f* Koadjutorstelle *f*.
coadministrador *m* Koadministrator *m e-s Bischofs*, Generalvikar *m*.
coadqui|**rente** *c* Miterwerber *m*; ~**rir** [3i] *v/t.* miterwerben; ~**sición** *f* Miterwerb(ung *f*) *m*, Mitkauf *m*.
coadunar *v/t.* vereinigen; beimischen.
coadyu|**torio** *adj.*, ~**vante** *adj. c* mithelfend, unterstützend; ~**var** *v/i.* (*a, en*) mithelfen (bei *dat.*); s-e Unterstützung geben (*dat.*); ~ *a* unterstützen (*ac.*), beitragen zu (*dat.*).
coagente *adj.-su. c* mit(be)wirkend; ✱ *sustancia f* ~ unterstützendes Agens *n*.
coagula|**ble** *adj. c* gerinnungsfähig; ~**ción** *f* Gerinnen *n*, Gerinnung *f*; ~**nte** *m* Gerinnungsmittel *n*, Koagulans *n*; ~**r I.** *v/t.* zum Gerinnen bringen, ausflocken; **II.** *v/i. u.* ~**se** *v/r.* gerinnen.
coágulo *m* Gerinnsel *n*, Koagulum *n*; ~ *de sangre* Blutgerinnsel *n*.
coai|**ta**, ~**tá** *Zo. m* schwarzer Klammeraffe *m*.
coala *Zo. m* Koala *m*, Beutelbär *m*.
coali|**ción** *f* Bund *m*, Bündnis *n*; *Parl.* Koalition *f*; *gobierno m de* ~ Koalitionsregierung *f*; ~**cionar** *v/i.* koalieren. s. verbünden; ~**cionista** *adj.-su. c* Koalitions...; *m* Mitglied *n* e-r (*od.* der) Koalition; ~**gado** *adj.* Koalitions...; in Koalition, ~**garse** [1h] *v/r.* s. verbünden, koalieren.

coaptación *Chir. f* Koaptation *f*, Einrichten *n von Knochenbruchstücken.* [pächter *m*.]
coarrenda|dor, ~tario *m* Mitcoarta|**ción** *f* **1.** Ein-, Beschränkung *f*; **2.** Zwang *m*, Erzwingung *f* (bsd. 🏛); **~da** 🏛 *f* Alibi *n*; *probar la ~* sein Alibi nachweisen; **~r** *v/t.* **1.** ein-schränken, -engen, hemmen; **2.** zwingen.
coatí *Zo. m Am.* Koati *m.*
coautor *m* Mit-autor *m*, -verfasser *m*; 🏛 Mittäter *m.*
coaxial *adj. c* koaxial.
coba[1] F *f* Schmeichelei *f*, Schmus *m* F; *dar ~ a alg.* j-m um den Bart gehen, j-m Honig ums Maul schmieren F.
coba[2] *f Marr.* Sultanszelt *n*; mohammedanisches Heiligengrab *n*; *p. ext.* (Gebäude *m* mit) Kuppel *f*.
cobalto *Min. m* Kobalt *m*, Cobalt *n*; *flor f de ~* Kobaltblüte *f*.
cobar|de I. *adj. c* **1.** feige; **2.** gemein, hinterhältig; **II.** *m* **3.** Feigling *m*, Memme *f*, Jammerlappen *m* F; **~demente** *adv.* feige; **~día** *f* Feigheit *f*; Niedertracht *f*.
coba|ya *f*, **~yo** *m* Zo. Meerschweinchen *n*; **~yismo** *m*: (*prácticas f/pl. de*) ~ Menschen-versuche *m/pl.*, -experimente *n/pl.*
cober|tera I. *f* **1.** (Topf-)Deckel *m*; **2.** *fig.* Kupplerin *f*; **3.** ~ *informativa* Berichterstattung *f*; **II.** *adj.* **4.** *pluma f* ~ Deckfeder *f der Vögel*; **~tizo** *m* **1.** Schuppen *m*, Hütte *f*; 🏛 *a.* Hangar *m*; **2.** Schutzdach *n*; Vordach *n*; **~tor** *m* Bett-, Über-decke *f*; **~tura** *f* **1.** Bedeckung *f*, Decke *f*; Überzug *m*; **2.** †, *Vers.* Deckung *f*; ~ *oro* Golddeckung *f*; **3.** *Tel.* Empfang *m*; **4.** *prov.* Überdecke *f*.
cobez *Vo. m* (*pl.* **~eces**) Art Falke *m.*
cobi|ja *f* **1.** Firstziegel *m*; **2.** Schutz-, Dunen-feder *f der Vögel*; **3.** *prov.* kurzer Frauenschleier *m*; **4.** *Am., bsd. Col., Méj., Ven.* Decke *f*; Bett-zeug *n*, -decke *f*; Mantel *m*, Umhang *m*; **5.** *Ant.* (Schutz-)Dach *n*; **~jamiento** *m* **1.** Zudecken *n*; **2.** Unterbringung *f*; *fig.* Unterschlupf *m*; **~jar** *I.* *v/t.* **1.** be-, zu-decken; **2.** beherbergen; Unterschlupf gewähren (*dat.*), aufnehmen; *fig.* Gedanken, Hoffnungen usw. hegen; **II.** *v/r.* **~se 3.** in Deckung gehen (*a.* 🏛); *s.* unterstellen; (e-n) Unterschlupf finden; Zuflucht suchen (*bei dat. con, en*); **~jo** *m* Unterschlupf *m*; Höhle *f von Tieren.*
cobista F *c* Schmeichler *m*, Speichellecker *m* (*desp.*).
cobla *f* **1.** 🎵 *Cat.* Sardanakapelle *f*; **2.** *Lit. ma.* Dichtungsform *f*.
Coblenza *f* Koblenz *n*.
cobo *m Ant.* **1.** Riesenmuschel *f*; **2.** Muschelhorn *n*.
cobra[1] *Zo. f* Kobra *f*.
cobra[2] *f* Stutengespann *n zum Dreschen*; Jochriemen *m* (*Ochsen*).
cobra[3] *Jgdw. f* Apport *m*.
cobra|ble *adj. c*, **~dero** *adj.* einziehbar (*Geldforderung*); zahlbar, eintreibbar (*Zahlung*); **~dor I.** *adj.-su. m Jgdw.* (*perro m*) ~ für den Apport abgerichteter Hund *m*; **II.** *m* † Kassierer *m*, Kassenbote *m*; *Vkw.* Schaffner *m*; ~ *de la luz* Kassierer *m der Elektrizitätswerke*; *mozo m ~* Zahlkellner *m*; **~nza** *f* **1.** (Steuer-)Erhebung *f*, Einziehung *f*; † Eintreibung *f*, Einkassieren *n*, Inkasso *n*; **2.** *Jgdw.* Einbringen *n der* Strecke; **~r I.** *v/t.* **1.** einziehen, (ein)kassieren; (ab)verlangen, fordern (*von dat. a*); *Scheck* einlösen; *Schulden, Steuern* eintreiben; *Gehalt* beziehen, verdienen; *Spenden* sammeln; *¿cuánto cobras al mes?* wieviel verdienst du im Monat?; ~ *lo suyo* nicht zu kurz kommen; erhalten, was e-m zusteht; **2.** erlangen, bekommen; 🏛 ~ *altura* Höhe gewinnen; ~ *fama de estafador* in den Ruf e-s Hochstaplers kommen; **3.** *Neigung, Gefühl* bekommen, empfinden; ~ *ánimo* (neuen) Mut fassen (*od.* bekommen); ~ *le afición* (*od. cariño*) *a alg.* j-n liebgewinnen; ~ *le odio a alg.* j-n (allmählich) hassen; **4.** *Jgdw.* a) *Wild* erlegen; b) zur Strecke bringen; ~ *muchas piezas* e-e große (*od.* gute) Strecke haben; **5.** (*Obst-*)*Ernte* einsammeln; *Seil, Strick* a) anziehen; b) ein-ziehen, -holen; **II.** *v/i.* **6.** (Prügel) beziehen, (etwas) abkriegen; (*le advierto*) *que va a ~* passen Sie auf, Sie kriegen (et)was ab; **7.** kassieren; *zum Kellner:* *¿quiere ~?* ich möchte zahlen!; (*Ober,*) bitte zahlen!; **III.** *v/r.* **~se 8.** *s.* bezahlt machen; auf *s*e Kosten kommen; **~se** (*de*) *s.* schadlos halten (*an dat.*); ¡*cóbrese!* ziehen Sie den (entsprechenden) Betrag ab!; **9.** eingehen (*Betrag*); **10.** wieder zu *s*. kommen; † *s.* erholen (*Kurse usw.*); **~torio** *adj.* Einkassierungs-...; † *cuaderno m ~* Inkassokladde *f*.
cobre *m* **1.** Kupfer *n*; ~ *amarillo* Messing *n*; ~ (*en*) *bruto* Rohkupfer *n*; ~ *negro* Roh-, Schwarzkupfer *n*; ~ *rojo, ~ puro* reines Kupfer *n*, Rotkupfer *n*; ~ *verde* Malachit *m*; (*mineral m de*) ~ Kupfererz *n*; *fig. batir(se) el ~* *s.* gewaltig anstrengen; *batirse el ~ hart auf hart gehen, rauh zugehen;* **2.** Kupfermünze *f*; -geld *n*; Kupfergeschirr *n*; (*grabado m en*) ~ Kupferstich *m*, Radierung *f*; **3.** 🎵 ~*s m/pl.* Blech *n* (= *Blechinstrumente*); **~ado** *m* Verkupferung *f*; Kupfer- (*a.* Messing-)überzug *m*.
cobrizo *adj.* kupferhaltig; kupferfarben; *raza f ~a* rote Rasse *f*.
cobro *m* Erhebung *f* (*Gebühren*); Einziehung *f*, Beitreibung *f* (*Schulden, Summen, Steuern*); Einlösung *f* (*Scheck*); † Inkasso *n*; ~*s m/pl.* *atrasados*, ~*s pendientes* Außenstände *m/pl.*; *de difícil* ~ schwer einzutreiben(d); *de* ~ *dudoso* notleidend (*Wechsel*); *presentar al* (*od. para el*) ~ zum Inkasso vorlegen.
coca[1] *f* **1.** 🌿 Kokablätter *n/pl.*; ~ (*de Levante*) Kockelsfisch-korn *n* (*Beere*); **2.** → *cocacola*; **3.** F Kokain *n*, Koks *m* F, Schnee *m* F.
coca[2] *f* **1.** kl. Beere *f*; **2.** F Kopf *m*, Dassel *m* F; F Nasenstüber *m*; Kopfnuß *f*; **3.** *Méj. de ~* a) umsonst, vergeblich; b) umsonst, gratis; **4.** ⚓ Kink *f* = *Schlinge im Tau*, Knick in e-r Stahltrosse.
coca[3] *f Reg. desp.* flacher Osterkuchen *m*; Osterfladen *m*.
coca[4] ⚓ *Ma. f* Kogge *f* (*Schiff*).
coca(-)cola *f* Coca-Cola *f*, *n* (*Getränk, Wz.*); *desp. Col. los "coca-colas", los "cocacolos"* die Teenager *m/pl.*
cocada *f And., Méj., Ven.* Kokosnußkonfekt *n*.
coca|ína *pharm. f* Kokain *n*; **~inomanía** *f* Kokainsucht *f*; **~inómano** *adj.-su.* kokainsüchtig; *m* Kokainsüchtige(r) *m*.
cocal *m* **1.** *And.* Koka-strauch *m*; -pflanzung *f*; **2.** *Am. Cent., Ant., Col., Ven.* Kokospalmenwald *m*.
cocar [1g] **I.** *v/i.* Gesichter schneiden; **II.** *v/t.* j-n verwöhnen; j-m schmeicheln.
cóccidos Ent. *m/pl.* Schildläuse *f/pl.*
coc|cígeo *Anat. adj.* Steißbein-...; **~cinela** *Ent. f* Marienkäfer *m*; **~cíneo** 📖 *adj.* purpurn, hochrot.
cocción *f bsd.* 🏛 *u. pharm.* Ab-, Aus-kochen *n*; Sud *m*, Abkochung *f*; *cámara f de ~* Sudhaus *n* (*Brauerei, pharm.*).
cocea|dor *adj.-su.* ausschlagend; *m* Schläger *m* (*Pferd*); **~dura** *f*, **~miento** *m* Ausschlagen *n* (*Reit-, Zug-tier*); Tritt(verletzung *f*) *m*; **~r** *v/i.* ausschlagen (*Pferd, Tier*); *fig.* widerspenstig sein, *s.* widersetzen.
coce|dero I. *adj.* kochbar, leicht zu kochen(d); **II.** *m* Koch-, Back-stube *f*; Mostsiederei *f*; Gärkeller *m* (*Weinbereitung*); **~dizo** *adj.* → *cocedero*; **~dor** *m* **1.** Mostsieder *m*; Kocher *m*, Gefäß *n zum Aufkochen*; **2.** Koch-, Back-stube *f*; **~dura** *f* Kochen *n*; **~huevos** *m* (*pl. inv.*) Eierkocher *m*.
cocer [2b *u.* 2h] **I.** *v/t.* **1.** (auf-)kochen, sieden; *Brot, Kuchen* backen; *Äpfel* braten; 🔩 *Instrumente* aus-kochen *bzw.* -glühen; *Kchk.* ~ *al vapor* dämpfen; **2.** Kalk, Ton, Ziegel brennen; *Flachs* wässern; **3.** Bier brauen; **4.** P verdauen; **5.** (reiflich) überlegen; **II.** *v/i.* **6.** kochen, sieden; *a medio* ~ halb-gar, -roh; schlecht gebrannt (*Ton, Ziegel*); **7.** *fig.* gären, brodeln; **8.** 🍇 reif werden, (anfangen zu) eitern (*Geschwür*); **III.** *v/r.* **~se 9.** sehr leiden, *s.* verzehren, *s.* aufreiben; *fig. se me cocían los sesos* mir rauchte der Kopf; **10.** *fig.* braten, gebraten werden *vor Hitze* (*Person*); **11.** *fig.* F ausgeheckt (*od.* ausgebrütet) werden F; **12.** *fig.* F *s.* besaufen F, *s.* vollaufen lassen F; *estar* ~*ido* blau sein (wie e-e Strandhaubitze) sein F.
cocido I. *part.-adj.* gekocht, gesotten; gar; gebrannt (*Ton*); ~ (*al horno*) gebacken; *bien ~, muy ~* recht gar, gut durch F, mürb(e); *medio ~* halbgar; **II.** *m Kchk.* Eintopf *m aus Fleisch*, *Gemüse*, *Kichererbsen*, *Kartoffeln*, Speck *u.* chorizos.
cociente *m* 🧮 Quotient *m*; ~ *de inteligencia* Intelligenzquotient *m*, Abk. IQ *m*.
cocimiento *m* **1.** (Ab-)Kochen *n*; *bsd.* 🌿 Auskochen *n*; **2.** Absud *m*, Abkochung *f*.
coci|na *f* **1.** Küche *f*; ~ *de a bordo* ⚓, 🏛 Bordküche *f*; ⚓ Kombüse *f*; 🏛 ~ *de campaña* Feldküche *f*; ~ *funcional* Einbauküche *f*; ~ *sala de estar* Wohnküche *f*; **2.** Küche *f*, Kochkunst *f*; ~ *española* spanische Küche *f*; ~ *casera* bürgerliche Küche *f*,

Hausmannskost *f*; ~ *de dieta*, ~ *dietética* Diätküche *f*; *libro m de* ~ Kochbuch *n*; 3. Herd *m*, Kocher *m*; ~ *económica* (*eléctrica*) Spar- (Elektro-)herd *m*; ~ *de vitrocerámica* Cerankochfeld *n*; ~**nar I.** *vt/i.* kochen; **II.** *v/i. fig.* F s. in Dinge hineinmischen, die e-n nichts angehen; **III.** *v/r.* ~*se Am.* gar (*od.* weich) werden; ~**nera** *f* Köchin *f*; ~**nería** *f Chi.*, *Pe.* Garküche *f*; ~**nero** *m* Koch *m*; ~ *jefe* Chefkoch *m*, Küchenchef *m*; ~ *mayor* Oberkoch *m*; *hist.* kgl. Küchenmeister *m*; *fig.* F *haber sido* ~ *antes que fraile* das Metier verstehen, kein Neuling sein; ~**neta** *f Am.* Koch-nische *f*, -ecke *f.*

cocini|lla I. *f* → *cocinita*; **II.** *m* P *desp.* Mann *m*, der s-e Nase überall (im Haushalt) hineinsteckt; ~**ta** *f* Öfchen *n*; (Spiritus-)Kocher *m*.

cóclea *f* 1. *Phys.* Wasserschraube *f*, archimedische Schraube *f*; ⊕ Baggerlöffel *m*, Becher *m*; 2. *Anat.* Gehörschnecke *f.*

coco¹ *m* 1. Kokosnuß *f*; harte Kokosnußschale *f*; *Am. a.* Gefäß *n daraus*; ~ (*de Indias*) Kokospalme *f*; ~ *de Levante* Kockelskörnerstrauch *m*; 2. F *Am.* Kokain *n*, Koks *m* F, Schnee *m* F; 3. *tex. Pe.* Perkal *m*; 4. *Col., Ec.* Tropenhelm *m.*

coco² *m* 1. *Ent.* (Obst-, Getreide-) Wurm *m*; Schädling *m*; 2. 🐛 Kokkus *m*; ~*s m/pl. a*) Kokken *m/pl.*; **b**) *Kockelskörner als Rosenkranzperlen f/pl.*; **c**) F *Cu.* Dollars *m/pl.*

coco³ *onom. m* 1. F Kopf *m*, Birne *f* F; *fig.* Hirn *n* F, Grips *m* F; P *comerse el* ~ *a alg.* j-m das Hirn (*od.* den Verstand) vernebeln F; j-n weich-machen F, ~*kneten* F; P *comerse el* ~ s. das Hirn zermartern F; *P. Ri. dar en el* ~ *den Nagel auf den Kopf treffen*; F *estar hasta el* ~ *de a/c.* von et. (*dat.*) die Schnauze voll haben F; 2. *Méj.* Schorf *m*, *bsd. am Mund.*

coco⁴ *m* 1. Popanz *m*, Kinderschreck *m*; *hacer el* ~ *den schwarzen Mann spielen*; *tener que hacer de* ~ *zum Buhmann abgestempelt werden*; 2. Fratze *f*, Grimasse *f*; *hacer* ~*s* Grimassen schneiden; *hacer(se)* ~*s mitea.* liebäugeln, s. verliebte Blicke zuwerfen.

coco⁵ *Vo. m Cu.* weißer Ibis *m*; *Méj., Am. trop.* grauer Ibis *m.*

coco⁶ F *m Span.* Mitglied *n* der *CC.OO.* (= *Comisiones Obreras*).

cocó *m Cu.* Weißerde *f* (*Art Naturzement*).

coco|bálsamo *m* Frucht *f* des Balsambaums; ~**bolo** ♀ *m C. Ri.* Art Affenbrotbaum *m* (*Hartholz*).

cocodrilo *m* 1. Krokodil *n*; *fig. lágrimas f/pl. de* ~ Krokodilstränen *f/pl.*; 2. F 🐛 *mechanische* Warn- u. Haltevorrichtung *f.*

cocol *m Méj.* Raute *f* (*Verzierung*); rautenförmige Semmel *f.*

cocolera *Vo. f Méj.* Art Turteltaube *f.*

coco|lero F *m Méj.* Bäcker *m*; ~**lía** *f Méj.* Zorn *m*, Pick *m* F (*auf ac. a*).

cocoliche *m Rpl.* Kauderwelsch *n*, *bsd. das Spanisch der ital. Einwanderer*; Italiener *m*; *p. ext.* Ausländer *m.*

cocoliste *m Méj.* Seuche *f.*

cócono *Vo. m Méj.* Puter *m*, Truthahn *m.*

cócora F *c* lästiger Mensch *m.*

cocorota F *f Span.* Birne *f* F, Deez *m* F.

cocoso *adj.* wurmstichig, madig.

cocotal *m* Kokoswald *m.*

cocotazo *m* Kopfnuß *f.*

cocotero ♀ *m* Kokospalme *f.*

cóctel, *Am.* **coctel** *m* Cocktail *m* (*a. Party*); ~ *Molotov* Molotov-Cocktail *m*; *dar un* ~ *e-e* Cocktailparty geben.

coctele|ra *f* 1. Mixbecher *m*; 2. Hausbar *f*; ~**ría** *f* Cocktailbar *f.*

cocui ♀ *m Am.* Agave *f*; ~**za** *f Am.* Agaveseil *n.*

cocu|y *m* 1. Agave *f*; 2. → ~**yo** *m* 1. *am.* Leuchtkäfer *m*; 2. ♀ *Cu.* Hartholzbaum.

cocha¹ *f Bol., Chi., Ec., Pe.* Lagune *f*, Teich *m*; 🐟 *Col., Chi.* Waschteich *m*; *Pe.* freier Platz *m*, Feld *n.*

cocha² *f Reg.* 1. Sau *f*; 2. Harn *m.*

cochama *m Col. gr. Fisch des Magdalenenstroms.*

cocham|bre F *m, f* Schmutz *m*, Unrat *m*; ~**brería** F *f* Schweinerei *f* F, Saustall *m* F; ~**brero** F, ~**broso** *f adj.* schmutzig, dreckig F, schmierig; *estar* ~ vor Dreck starren F.

cochayuyo *m Chi., Pe.* Meeralge *f* (*Durvillaca utilis*).

cochazo F *m Span.* Straßenkreuzer *m* F, Luxusschlitten *m* F.

coche *m* Wagen *m* (*bsd. Auto*); (Eisenbahn-)Wagen *m*, Waggon *m*; *in Span., Rpl.* Wagen *m*, Auto *n*, Pkw *m* (*Am. carro*); ~ *abierto*, ~ *descubierto* offener Wagen *m*; ~ *de alquiler* Mietwagen *m*; *a.* Taxi *n*; † *Pferdedroschke f*; ~ *de alquiler sin chófer* Leihwagen *m* (*für Selbstfahrer*); ~-*bomba* Autobombe *f*; ~ *de un caballo* Einspänner *m*; ~-*cabina* Kabinenroller *m*; 🐛 ~-*cama* Schlafwagen *m*; ~ *de carreras* Rennwagen *m*; ~ *celular*, ~ *de* (*od. a, para*) *presos* Gefangenenwagen *m*; 🐛 ~-*comedor* Speisewagen *m*; ~ *de choque* Autoskooter *m*; ~ *deportivo* Sportwagen *m*; 🐛 ~ *directo* Kurswagen *m*; ~ *de época*, ~ *vetusto* Oldtimer *m*; ~-*escala* Kraftfahr(dreh)leiter *f* (*Feuerwehr*); ~ *fúnebre* Leichenwagen *m*; ~ *de línea* Linien-, Überland-bus *m*; 🐛 ~-*litera(s)* Liegewagen *m*; ~ (*de tipo*) *medio* Mittelklassewagen *m*; ~ *oficial* Dienstwagen *m*; F ~-*parado* Balkon *m*, Veranda *f* an *belebten Straßen*; ~ *patrulla* Streifenwagen *m*; ~ *de pedales* Tretauto *n für Kinder*; ~ *de dos pisos* Doppeldeckwagen *m*; *hist.* ~ *de posta* Post-wagen *m*, -kutsche *f*; ~ *de prueba* Testwagen *m*; ~ *de punto* † Pferdedroschke *f*; *heute a.* Taxi *n*; ~ *de reparto* Lieferwagen *m*; 🐛 ~-*restaurante* (*salón*) Speise- (Salon-)wagen *m*; *Span.* (~ *de*) *turismo m* Personen(kraft)wagen *m*, Pkw *m*; ~ *usado* Gebrauchtwagen *m*; ~ *utilitario* **a**) Gebrauchs-, Nutz-fahrzeug *n*; **b**) Kleinwagen *m*; ~(-)*vivienda* Wohnwagen *m*; *ir* (*od. viajar*) *en* ~ (mit dem Wagen) fahren; *llevar en* ~ *Sachen* weg-, ab-fahren; *a. Personen* mitnehmen; *tener* ~ s. e-n Wagen haben; *ir en* ~ *caminar usw.*) *en el* ~ *de San Fernando* (*od. de San Francisco*) *auf Schusters Rappen* (*od. per pedes apostolorum*) reisen, zu Fuß gehen.

coche|cito *m* 1. Kinder-, Korb-wagen *m*; ~ (*de muñeca*) Puppenwagen *m*; 2. Spielzeugauto *n*; ~**ra** *f* Wagenschuppen *m*, Remise *f*; Garage *f*; ~**ril** *adj. c* Kutscher..., Fuhrmanns...; ~**ro I.** *adj.*: *puerta f* ~*a* Einfahrt *f*, Torweg *m*; **II.** *m* Kutscher *m*, Fuhrmann *m.*

cochevís *Vo. f* Haubenlerche *f.*

cochi *int. Reg.*: ~, ~, ~ Lockruf für *Schweine.*

cochifrito *Kchk. m* gekochtes u. überbackenes Lamm- *od.* Zickelfleisch *n.*

cochigato *m Méj. ein Stelzvogel, schwarz-rotgrün.*

cochina *f* Sau *f*, Mutterschwein *n*; ~**da** *f* Schmutz *m*, Unrat *m*; Schweinerei *f* (*a. fig.*); *fig.* Gemeinheit *f*; Niedertracht *f*; ~**mente** *adv.* schweinisch (*fig.*), niederträchtig(erweise).

cochinata *f* 1. ⚓ Wrange *f*, Querversteifung *f*; 2. *Cu.* junge Sau *f.*

cochi|nería *f* Schweinerei *f* (*fig.*); Schmutz *m*, Unflat *m*; ~**nero I.** *adj.* minderwertig, Futter... (*Obst usw.*); *habas f/pl.* ~*as* Saubohnen *f/pl.*; **II.** *m Reg.* Schweinehirt *m.*

cochinilla *f* 1. *Zo.* (Land-)Assel *f*; ~ *de humedad* Kellerassel *f*; 2. *Ent.* Koscheniele(schildlaus) *f*; Koschenille(farbstoff *m*) *f*, Karmin *n.*

cochinillo *m* Spanferkel *n*; ~ *asado* Ferkelbraten *m.*

cochinito *Ent. m*: ~ *de San Antón* Marienkäfer *m.*

cochi|no I. *adj.* schweinisch (*a. fig.*), Schweine...; P *ni una* ~*a peseta* nicht mal 'ne lumpige Pesete; *vida f* ~*a* das verfluchte (*od.* verdammte) Leben; **II.** *m* Schwein *n* (*a. fig.*); *fig.* Ferkel *n*, Schmutzfink *m*; ~**quera** F *f* Schweinestall *m* (*a. fig.*); ~**strón** F *m fig.* Mist-, Schmutz-fink *m*; ~**tril** *m* Schweinestall *m*; *fig. desp.* Saustall *m*, Dreckloch *n* (*Zimmer*, *Hotel usw.*).

cochizo 🗡 *m* ergiebigster Stollen *m.*

cocho¹ I. † *part. irr. zu cocer*; **II.** *adj. Reg.* nicht durchgebacken (*Brot*); nicht gargekocht; **III.** *m Chi.* Art Polenta *f* aus geröstetem Mehl.

cocho² *m Reg.* Schwein *n* (*bsd. fig.*).

cochura *f* Backen *n*; Brotteig *m*, (Ein-)Schub *m*; ⊕ Brennen *n* (*Kalk*, *Porzellan*); Brand *m* (*Keramik*, *Ziegel*); (Ein-)Brennen *n* (*Email*).

coda¹ ♪ *f* Koda *f.*

coda² *Zim.* 1. Keilstück *n*, Winkelklotz *m*; ~**l I.** *adj. c* 1. Ellbogen..., Bogen..., Winkel...; **II.** *m* 2. *hist.* Ellbogengelenk(stück) *n e-r Rüstung*; 3. ⊕ Winkel *m*, Ellbogenstück *n an Geräten*; *Zim.* Stütz-, Quer-balken *m*; Spreize *f*, Spannbohle *f*; Arm *m*, Griff *m an Säge*, *Wasserwaage*; ⚒ Stützbogen *m.*

codaste ⚓ *m* Achtersteven *m.*

codazo *m* Schlag *m* (*od.* Stoß *m*) mit dem Ellbogen.

codear I. *v/i.* (mit dem Ellbogen) stoßen, drängeln; **II.** *v/t. Am.* Geld ergaunern, ablisten; **III.** *v/r.* ~*se auf gleichem Fuß* (*od.* freundschaftlich) *verkehren* (mit *dat. con*); F ~*se con los de arriba* zu den oberen Zehntausend gehören; *poder*

codeína — cogida

~se con *alg.* s. mit j-m messen können.
codeína *pharm. f* Kodein *n*, Codein *n*.
codelincuen|cia ⚖ *f* Teilnahme *f* an e-r strafbaren Handlung; ~te ⚖ *c* Teilnehmer *m*, Komplize *m*.
codemandante ⚖ *m* Mitkläger *m*.
codeo *m* 1. Drängeln *n*, Stoßen *n* mit dem Ellbogen; 2. vertrauter (*od.* freundschaftlicher) Umgang *m*; 3. *Am.* Pump *m*, Anpumpen *n*; 4. *Chi.* Kumpan *m*.
codera *f* 1. Flicken *m* auf dem Ellbogen; 2. ⚓ Hecktau *n*, Achterleine *f*.
code|sera *f* Geißkleefeld *n*; ~so ♀ *m* Geißklee *m*.
codeudor ⚖ *m* Mitschuldner *m*.
códice *m* 1. Kodex *m*, alte Handschrift *f*; 2. *gelegl.* → código.
codicia *f* 1. Habsucht *f*, Gewinnsucht *f*; Geldgier *f*, Habgier *f*; 2. Drang *m*, Trieb *m*, Wunsch *m*; ~ *de saber* Wissensdurst *m*, Wißbegier *f*; 3. *Stk.* Angriffslust *f*; ~**ble** *adj. c* begehrens-, wünschenswert; ~**do** *adj.* begehrt; ~**r** [1b] *v/t.* begehren, erstreben, sehnlich wünschen.
codicilo ⚖ *m* Testamentsnachtrag *m*; *hist.* Kodizill *n*, letztwillige Verfügung *f*.
codicioso *adj.-su.* 1. (*ser*) habgierig, gewinnsüchtig; (*estar*) gierig, begierig (nach *dat. de*); ~ *de dinero* geldgierig; 2. *fig. f* arbeits-, streb-sam.
codifica|ble *adj. c* kodifizierbar; ~**ción** ⚖ *f* Kodifizierung *f*, Sammlung *f* (*bzw.* Aufnahme *f*) in e-m (*od.* in ein) Gesetzbuch; ~**r** [1g] *v/t.* kodifizieren, systematisch in e-m Gesetzbuch zs.-fassen; *fig.* geordnet zs.-stellen.
código *m* 1. ⚖ Gesetzbuch *n*; ~ *de la circulación* Straßenverkehrsgesetz(buch) *n*; ~ *civil* Bürgerliches Gesetzbuch *n*; ~ *de comercio* Handelsgesetzbuch *n*; ~ *penal* Strafgesetzbuch *n*; *Anm.* Großschreibung ist üblich, wenn man s. auf ein bestimmtes Gesetzbuch bezieht; 2. Code *m*, (Chiffre-)Schlüssel *m*; ~ *de barras* Strichcode *m*; ~ *postal* Postleitzahl *f*; ⚓ ~ *de señales* Signalbuch *n*; *Tel.* ~ *territorial* Ortsnetzkennzahl *f*; 3. *fig.* Kodex *m*, Gesetz *n*, Verhaltensnormen *f/pl.*, *bsd.* e-r *soz.* Gruppe.
codillo *m* 1. Vorarm *m bzw.* Ellbogen *m der Vierfüßer*; Spitzbein *n am Schinken*; 2. *Jgdw.* Blatt *n*; 3. ⚓ Kiel-ende *n*, -krümmung *f*; 4. *Kart.* (*Whist*) Kodille *f*; *dar* ~ Kodille gewinnen; 5. ⊕ Knie *n*, Krümmer *m*.
codo *m* 1. Ellbogen *m*; *fig. del* ~ *a la mano* winzig, drei Spannen hoch; *con los* ~*s* (*od. de* ~*s*) *sobre la mesa* auf die Ellbogen gestützt; *fig.* abwartend, unentschlossen; F *alzar* (*od. empinar od. levantar*) *el* ~ (gern) e-n hinter die Binde gießen F, (gern) e-n heben F; *comerse* (*od. roerse*) *los* ~*s de hambre* am Hungertuch nagen; *fig.* ~ *con* ~ gemeinsam, Hand in Hand; F *llevar* ~ *con* ~ *a alg.* j-n verhaften, j-n ins Gefängnis stecken; F *Hond.* doblar *los* ~*s* sterben; *hablar por los* ~*s* zuviel reden, schwatzen, quatschen; *mentir por los* ~*s* das Blaue vom Himmel herunterlügen; *estar metido hasta los* ~*s en*

a/c. bis zum Hals in e-r Sache stecken; *romperse los* ~*s* pauken, büffeln F; 2. Biegung *f*, Krümmung *f*; ~ *de* (*la*) *carretera* Straßenbiegung *f*; 3. ⊕ Krümmer *m*, Knie(stück) *n*; Winkel(stück *n*) *m*; 4. *hist.* Elle *f* (*Maß: rund 42 cm*); 5. F *Méj.*, *Guat.* Geiz-hals *m*, -kragen *m* F.
codorniz *Vo. f* Wachtel *f*; *rey m de* ~*ices* Wachtelkönig *m*.
coeducación *f* Koedukation *f*, Gemeinschaftserziehung *f*.
coeficiente I. *adj. c* mit-, zs.-wirkend; II. *m* Koeffizient *m*, Faktor *m*; Index *m*, Ziffer *f*, Rate *f*; ~ *de absorción* (*de dilatación*) Absorptions- (Ausdehnungs-)koeffizient *m*; *Kfz.* ~ *aerodinámico*, ~ *de resistencia al aire*, ~ *de penetración aerodinámica* Luftwiderstandsbeiwert *m*, c_W-Wert *m*.
coer|cer [2b] *v/t. bsd.* ⚖ zwingen; *fig.* im Zaum halten; ~**cible** *adj. c* erzwingbar, durchsetzbar; komprimierbar (*Luft*); ~**ción** *f bsd.* ⚖ Zwang *m*; *fig.* Ein-, Be-schränkung *f*; ~**citivo** ⚖ *adj.* Zwangs...; *medida f* ~*a* Zwangsmaßnahme *f*.
coetáneo *adj.-su.* gleichaltrig; zeitgenössisch; *m* Alters- *bzw.* Zeitgenosse *m*.
coevo *lit. adj.-su.* → coetáneo.
coexis|tencia *f a. Pol.* Koexistenz *f*; *Nebenea.-bestehen n*; ~ *pacífica* friedliche Koexistenz *f*; ~**tente** *adj. c* koexistent, gleichzeitig (*bzw.* nebenea.) bestehend; ~**tir** [3a] *v/i.* koexistieren (*a. Pol.*), nebenea. bestehen; gleichzeitig leben (mit *dat. con*).
cofa ⚓ *f* Mastkorb *m*; Krähennest *n*.
cofia *f* 1. Haube *f*; Haarnetz *n*; 2. Schutzhaube *f* (*a.* ⚔ *der Granate*), Kappe *f*; 3. Frisier-, Trocken-haube *f*; 4. *hist.* Helm-kissen *n*, -polster *n* (*Druckschutz*).
cofín *m* Obst-, Trag-korb *m* (*mst. aus Esparto*).
cofra|de *m* Mitglied *n* e-r Laienbruderschaft; F (*oft burl.*) Kollege *m*; *desp.* Kumpan *m*; □ Helfershelfer *m*; ~**día** *f* Laienbruderschaft *f*; F *u. desp.* Verein *m*, Zunft *f*; F *entrar en la* ~ (*de los casados*) heiraten, die goldene Freiheit aufgeben.
cofre *m* 1. Kästchen *n*, Schatulle *f*; Truhe *f*; Schrank *m*, Kasten *m*; Koffer *m*; 2. *Fi.* Kofferfisch *m*; ~**cillo** *m* Schatulle *f*, Kästchen *n*.
coge|dera *f* Greifer *m*; Obstpflücker *m* (*Gerät*); Gurkenzange *f*; Brötchen-, Gebäck- *usw.* -zange; Schwarmkasten *m der Imker*; ~**dero** I. *adj.* pflückreif; II. *m* Griff *m*; Stiel *m*; ~**dizo** *adj.* leicht zu greifen(d) (*od.* zu fassen[d]); ~**dor** *m* 1. (Kohlen-, Aschen-, Kehricht-)Schaufel *f*; 2. Erntearbeiter *m*, Pflücker *m*; ~**dura** *f* (Ein-)Sammeln *n*; Fassen *n*, Ergreifen *n*.
coger [2c] I. *v/t.* 1. (s. *Anm. unter* 15.) nehmen; (er)greifen; (an)fassen, (auf)fangen; *Wasser* schöpfen; ~*la con alg. Méj.* mit j-m anbinden; *Col.*, *P. Ri.* ~ *fin* für dumm verkaufen; ~ *de* (*od. por*) *los cabellos* bei den Haaren fassen; ~ *por el cuello* beim Kragen (*od.* beim Schlafittchen F) nehmen; ~ *de* (*od. por*) *la mano bei der Hand*

nehmen; *cogidos de la mano* Hand in Hand; ~ *la vez a alg.* j-m zuvorkommen; ~ *al vuelo* (auf)fangen, schnappen, ergreifen; *no hay por donde* ~ *este asunto* man weiß (wirklich) nicht, wie man diese Sache anpacken soll; 2. *Krankheit* bekommen; *Zuneigung usw.* fassen; ~ *cariño a alg.* zu j-m Zuneigung fassen, j-n liebgewinnen; ~ *frío* s. erkälten, s. e-n Schnupfen holen; ~ *miedo* Angst bekommen (*od.* kriegen F); F ~ *una mona* s. e-n Schwips antrinken, s. beschwipsen; 3. antreffen, überraschen, erwischen; *le cogerás de buen humor* du wirst ihn bei guter Laune antreffen; ~ *descuidado* überraschen, überrumpeln, überfallen; ~ *de golpe*, ~ *de sorpresa* überraschen (*Besuch*, *Nachricht*, *Ereignis*); *la noche nos cogió en el campo* die Nacht hat uns auf freiem Feld überrascht; 4. fangen, erwischen; ergreifen; ⚔ *a.* besetzen; *Rf. Sender* hereinbekommen; *Nachrichten* abfangen; *Zeiten*, *Ereignis* erleben; *zu et.* dazu kommen; 5. erfassen, überfahren (*Fahrzeug*); treffen, erwischen (*Geschoß usw.*); *Stk.* auf die Hörner nehmen; 6. nehmen; herausgreifen, (aus)wählen; *Zug usw.* nehmen; F ~ *la calle*, ~ *la puerta* s. davonmachen; *Méj.* ~ *la calle* auf die Straße (*od.* auf den Strich F) gehen; ~ *el camino de* den Weg nach (*dat.*) einschlagen; 7. (an)nehmen, akzeptieren; übernehmen; *Gewohnheiten usw.* annehmen; *ha cogido la costumbre de* + *inf.* er hat s. angewöhnt, zu + *inf.*; 8. (weg-, ab-)nehmen; *me ha cogido el lápiz* er hat m-n Bleistift (weg)genommen, er hat mir den Bleistift (weg)genommen; 9. ernten, sammeln; *Früchte*, *Blumen* pflükken; *Holz*, *Beeren*, *Trauben*, *Ähren* lesen; 10. fassen, in s. enthalten; 11. Raum (aus-)füllen, einnehmen; *Wasser* ziehen; 12. *fig.* begreifen, erfassen, verstehen; *Nachricht usw.* aufnehmen; 13. aufnehmen, beginnen, anpacken; 14. ⚓ *Leck* abdichten; 15. *Reg., bsd. Am.* bespringen, decken (*Tiere*); V *bsd. Rpl.* vögeln P; *Anm.: wegen der vulgärsprachlichen Bedeutung wird in Am., bsd. Rpl., coger durch tomar, agarrar, recoger usw. ersetzt*; II. *v/i.* 16. Wurzel fassen; 17. eingehen, Platz haben (in *dat. en*); P gelegen sein, liegen; 18. *Reg. u. Am.* ~ *por* (*od. a*) *la derecha* (*izquierda*) nach rechts (links) gehen; *Col.* ~ *para* nach (*dat.*) (*od. zu dat.*) gehen; 19. F *abs.* s. bedienen, nehmen (*beim Essen*, *mst. imp.*); 20. allmählich *prov. cogió y* (*se marchó*) er ging auf der Stelle (weg); 21. V *Rpl.* geschlechtlich verkehren, vögeln P; III. *v/r.* ~*se* 22. hängen bleiben, s. (ver)fangen (in *dat. en*); s. einklemmen (in *dat. en*); *fig.* s. fangen, s. verraten; k-n Ausweg mehr haben; ~*se los dedos* s. die Finger einklemmen; in die Klemme geraten, s. finanziell übernehmen; 23. s. einlassen (in *ac. en*).
cogerente ✝ *m* Mittelalter *m*, (Mit-)Geschäftsführer *m*.
cogestión *f* Mitbestimmung(srecht *n*) *f*.
cogida *f* 1. (Obst-)Ernte *f*; 2. *Stk.*

cogido — cola 156

Verwundung *f* (*durch Hornstoß*); tener (*od.* sufrir) una ~ auf die Hörner genommen werden; P s. e-e Geschlechtskrankheit zuziehen, s. die Gießkanne verbeulen P.
cogido I. *part.*: *fig.* tener ~ a alg. j-n in der Zange haben; estar ~ in der Klemme sein F; II. *m* Kleider-, Gardinen-falte *f*.
cogita|bundo *lit. adj.* grübelnd, (nach)sinnend, nachdenklich; **~tivo** *adj.* denkfähig, mit Denkkraft begabt.
cogna|ción ⚥ *f* Kognation *f*, Blutsverwandtschaft *f* mütterlicherseits; **~do** *m* Kognat *m*, Blutsverwandte(r) *m* mütterlicherseits.
cognición *f Phil.* Kognition *f*, Erkenntnis(vermögen *n*) *f*; ⚥ *acción f* de ~ Feststellungsklage *f*.
cognomento *m* Beiname *m*, Cognomen *n*.
cognosci|ble *Phil. adj. c* erkennbar, vorstellbar (*bsd. hist., sonst* conocible); **~tivo** *adj.* erkenntnisfähig; potencia *f* ~a Erkenntnisvermögen *n*.
cogollero *m Cu., Méj.* „Tabakwurm" *m* (*Schädling*).
cogo|llo *m* 1. Herz *n* (*Salat*), Kopf *m* (*Kohl usw.*); 2. ⚥ Schößling *m*, Sproß *m* e-s *Baumes*; Herz *n*, Pinienkronenende *n*; Palm- *bzw.* Weiden-kätzchen *n*; *Cu., Méj., Pe., Ven.* Spitze *f* des Zuckerrohrs; 3. *fig.* das Beste, das Feinste, das Erlesenste; 4. *fig.* Kern *m*; 5. F *Chi.* Abschlußfloskel *f b.* e-r Rede usw.; 6. *Arg. gr.* Zikade *f*; **~lludo** *adj.* fest, festblättrig (*Salat, Kohl*).
cogón ⚥ *m* philippinisches Dschungelgras *n*.
cogorza I. *f* 1. ⚥ *Art* Flaschenkürbis *m*; 2. *fig.* F Rausch *m*, Schwips *m*, Affe *m* F; II. *adj. inv.* 3. P beschwipst.
cogo|tazo *m* Schlag *m* in den Nakken; **~te** *m* Hinterkopf *m*; Nacken *m*, Genick *n*; F estar hasta el ~ de a/c. von et. (*dat.*) die Schnauze (*od.* die Nase) voll haben F; *fig.* ser tieso de ~ stolz (*od.* hochfahrend) sein; **~tera** *f* Nacken-schutz *m bzw.* -schleier *m an Hut, Helm*; Sonnenschutz *m* der *Pferde*; **~tudo** *m Col.* eingebildete(r) Neureiche(r) *m*.
cogucho *m* Koch-, Plaggen-zucker *m*.
cogujada *Vo. f* Haubenlerche *f*.
cogujón *m* Zipfel *m* an *Kissen*, *Bettzeug*, *Sack u. ä.*
cogulla I. *f* Mönchs-kutte *f bzw.* -kapuze *f*; II. *m* F Kuttenträger *m*.
cohabita|ción *f* 1. Beischlaf *m*; 2. Zs.-leben *n*, -wohnen *n*; **~r** *v/i.* 1. den Beischlaf vollziehen; 2. zs. wohnen, zs. leben.
cohe|char *v/t.* bestechen; **~cho** *m* Bestechung *f* (*a.* ⚥); ~ activo (passivo) aktive (passive) Bestechung *f*.
cohere|dar *vt/i.* miterben; **~dero** *m* Miterbe *m*.
coheren|cia *f Phys., Phil.,* ⚥ *Psych.* Kohärenz *f*; *allg. a.* Zs.-hang *f*; **~te** *adj. c* kohärent; *allg.* zs.-hängend; lückenlos; ⚥ angewachsen; **~temente** *adv.:* hablar ~ zs.-hängend (*od.* vernünftig) sprechen.
cohe|sión *f Phys.,* ⚥ Kohäsion *f*;

Zs.-halt *m* der Moleküle; ⚥ Frittung *f*; **~sionar** *fig. v/i.* zs.-halten; **~sivo** *Phys.,* ⚥ *adj.* kohäsiv, Kohäsion bewirkend; **~sor** ⚥ *m* Fritter *m*.
cohete *m* 1. Rakete *f*, Feuerwerkskörper *m*; 2. Rakete *f*; ~ aire-suelo, ~ aire-superficie Luft-Boden-Rakete *f*; ~ antiaéreo Luftabwehrrakete *f*; ~ de despegue (de aterrizaje) Start- (Lande-)rakete *f*; ~ de fren(ad)o (intermedio, de alcance medio) Brems- (Mittelstrecken-)rakete *f*; ~ de propulsión, ~ propulsor Antriebsrakete *f*; ~ portador, ~ portasatélites Trägerrakete *f*; ~ de señales Leuchtrakete *f*; ~ de tres (de varias) etapas (*od.* fases) Drei- (Mehr-)stufenrakete *f*; vehículo *m* ~ Raketenfahrzeug *n*; *fig.* F salir disparado como un ~ abzischen F; *adv.* al ~ *Rpl.* umsonst, nutzlos; 3. *Reg.* Sprengladung *f*; **~ar** ⚒ *v/i. Méj.* Sprenglöcher vorbereiten; sprengen; **~ría** *f koll.* Raketen(waffen) *f/pl.*; **~ro** *m* Feuerwerker *m* (*nicht* ⚥).
cohi|bente ⚡ *adj. c* schlecht leitend; **~bición** *f* Einengung *f*, Hemmung *f* (*a. Psych.*); Einschüchterung *f*; Verbot *n*, Schranke *f*; **~bido** *adj.* gehemmt; befangen, schüchtern; **~bimiento** *m* → cohibición; **~bir** I. *v/t.* hemmen, beengen, einschüchtern, befangen machen; zurückhalten; II. *v/r.* ~se s. gehemmt fühlen, eingeschüchtert werden; s. zurückhalten, s. beherrschen.
cohobo *m* Hirschleder *n*; *Zo. Ec., Pe.* Hirsch *m*.
cohom|bral *m* Gurken-feld *n*, -beet *n*; **~brillo** ⚥ *m*: ~ amargo Spring-gurke *f*, -kürbis *m*; **~bro** *m* 1. ⚥ *gr.* Gurke *f*; 2. *Zo.* ~ de mar See-gurke *f*, -walze *f*; 3. gurkenförmiges Gebäck *n*, *Art* → churro.
cohonesta|ción *f* Beschönigung *f*; **~r** *v/t.* 1. beschönigen, bemänteln; 2. (mitea.) in Einklang bringen.
cohorte *f hist.* Kohorte *f*; *fig. lit.* Menge *f*, Schar *f*.
coicoy *Zo. m Chi.* Unke *f*.
coima[1] † *u. lit. f* Konkubine *f*.
coi|ma[2] *f* † Spiel-, Karten-geld *n* (Zahlung an den Spielhöllenbesitzer) *p. ext.* Spielhölle *f*; *Am.* Schmiergeld *n*; **~me** *m* 1. † Spielhöllenbesitzer *m*; □ Herr *m*, Boß *m* F; *a.* Gott *m*; 2. *Col.* Kellner *m*.
coinci|dencia *f* 1. Zs.-treffen *n*; Gleichzeitigkeit *f*; 2. Übereinstimmung *f*; ¡qué extraña ~! (welch ein seltsames Zs.-treffen!, (ein) merkwürdiger Zufall!; da la ~ de que ... zufällig ...; 2. ⚥ Kongruenz *f*; **~dente** *adj. c* 1. zs.-fallend, gleichzeitig (erfolgend); 2. ⚥ kongruent; **~dir** *v/i.* zs.-treffen, -fallen, gleichzeitig geschehen (*bzw.* auftreten), koinzidieren; übereinstimmen s. decken (*a.* ⚥); ⊕ *a.* synchron sein; las clases coinciden die Unterrichtsstunden überschneiden s.; mis deseos coinciden con los tuyos wir haben die gleichen Wünsche.
coin|quilino *m* Mitbewohner *m*; **~teresado** *adj.-su.* mitbeteiligt; mitinteressiert.
coi|po, ~pu *Zo. m Chi., Rpl.* Sumpfbiber *m*, Coipo *m*.
coirón ⚥ *m Am. Mer. Art* Pampasgras *m*.

coito *m* Beischlaf *m*, Koitus *m*. [*m.*]
cojate ⚥ *m Cu.* kubanischer Ingwer
coje|ar *v/i.* hinken, humpeln; lahmen; wackeln, nicht fest stehen (*Tisch, Stuhl*); nicht vollständig (*od.* vollkommen) sein, Mängel aufweisen; (auch) s-e Fehler haben; el argumento cojea das Argument ist nicht ganz logisch (*od.* trifft nicht ganz); ~ del pie izquierdo auf dem linken Fuß hinken; *fig.* ~ del mismo pie die gleichen Fehler haben; saber de qué pie cojea alg. j-s Fehler kennen, s-e Pappenheimer kennen; **~ra** *f* Hinken *n*, Humpeln *n*.
cojijo *m* 1. Ungeziefer *n*; 2. Verärgerung *f*, Mißstimmung *f*; **~so** *adj.-su.* empfindlich, wehleidig, pimpelig F.
cojín *m* 1. *gr.* Kissen *n*; Sofa-, Stützkissen *n*; ⚓ Fender *m*; ~ de aire Luftkissen *n*; *Kfz.* Luftsack *m*, Airbag *m*; 2. *euph. für* → cojón.
cojinete *m* 1. *kl.* Kissen *n*; **~s** *m/pl. Col., Ven.* Satteltaschen *f/pl.*; 2. ⊕ Lager *n*; Schale *f*, Pfanne *f*; (Schneid-)Backe *f* (*Drehbank*); ⚙ Schienenlager *n*; ~ de bolas, *Rpl.* ~ a bolillas Kugellager *n*; ~ de la biela (de engrase continuo) Pleuel- (Dauerschmier-)lager *n*; ~ de deslizamiento (de rodillos) Gleit- (Rollen-)lager *n*.
cojinillo *m Rpl.* Satteldecke *f*; *Méj.* Satteltaschen *f/pl.*
coji|núa, ~nuda *f Cu., P. Ri.* eßbarer Fisch (Caranx pisquetus).
cojitranco F *desp. adj.-su.* herumhinkend; *m* Hinkebein *n* F; bösartige(r) Lahme(r) *m*.
cojo I. *adj.* hinkend (*a. fig.*), lahm; wackelig (*Möbel*); ~ del pie derecho auf dem rechten Fuß hinkend; la mesa está ~a der Tisch wackelt; razonamiento *m* ~ hinkender Überlegung; verso *m* ~ hinkender Vers (-fuß) *m*; andar a la pata ~a auf e-m Bein hüpfen; *fig.* F no ser ~ ni manco zu allem fähig sein; II. *m* Lahme(r) *m*, Hinkende(r) *m*.
cojobo ⚥ *m Cu.* → jabí.
cojolite *Vo. m Méj.* Haubenfasan *m*.
cojón *m* (*mst.* cojones *pl.*) P Hoden *m*(/*pl.*); *in vielen vulgären Ausdrücken gebräuchlich:* ¡cojones! verdammte Scheiße! V; Donnerwetter!; de ~ cojonudo; V estar con los cojones de corbata Mordsschiß haben P; (no) tener cojones (k-n) Schneid (*od.* Mumm) haben; no valer un ~ e-n Scheißdreck wert sein P.
cojonudo P *adj.* 1. Spitze F, dufte F, super F, (affen)geil F, *bsd. Jugendsprache*); 2. verdammt schwer F.
cojudo I. *adj.* 1. unverschnitten (*Tier*); 2. *Am.* oft → cojonudo; II. *adj.-su.* 3. *Bol., Chi., Ec., Ur.* dumm; *m* Dummkopf *m*, Einfaltspinsel *m*, Depp *m* F.
cojuelo *adj.* ein wenig hinkend.
cok *m* Koks *m*.
col ⚥ *f* Kohl *m*; ~ blanca Weißkraut *n*, -kohl *m*; ~ de Bruselas, ~ rosita Rosenkohl *m*; ~ común Grün-, Braun-kohl *m*; ~ de Milán, ~ rizada Wirsing *m*; *Spr.* entre ~ y ~ lechuga Abwechslung muß sein.
cola[1] ⚥ *f* Kolabaum *m*; Kolanuß *f*; F *Abk. für* Coca-Cola *u. ä.*
cola[2] *f* Leim *m*; dar de ~ leimen; F

eso no pega ni con ~ das paßt überhaupt nicht, das ist blühender Unsinn.

cola³ f **1.** Schwanz m, Schweif m der Tiere u. fig.; Penis m der Kinder, Zipfel m F; Sterz m (Vögel); fig. Ende n, Schluß m; fig. Schlange f beim Anstehen; ~ de alacrán Giftstachel m des Skorpions; ~ de avión Flugzeugheck n, -schwanz m; Leitwerk n; ~ de caballo **a)** Pferdeschwanz m (a. Frisur); **b)** → 3; ⛟ coche m de ~ Schlußwagen m; adv. a la ~ am Schluß, am Ende, hinten; nach hinten; fig. atar por la ~ et. am falschen Ende anfassen, das Pferd am Schwanz aufzäumen; hacer (a. guardar, formar) ~, ponerse en ~ Schlange stehen; ¡haga usted ~! od. ¡póngase en ~! stellen Sie s. (mit) an, stellen Sie s. (gefälligst mit) in die Reihe; hacer (la) ~ zurückbleiben, der letzte sein; fig. ins Hintertreffen geraten; fig. ir a la ~ der letzte sein; im letzten Wagen fahren; fig. morderse la ~ s. in den Schwanz beißen; F Sch. salir el primero por la ~ als letzter durchkommen (b. e-r Prüfung), am schlechtesten abschneiden; fig. tener (od. traer) ~ (böse) Folgen (od. ein Nachspiel) haben; **2.** ⊕ ~ de milano, ~ de pato **a)** Ζim., Mech. Schwalbenschwanz m; a. Zinke f; **b)** △ trapezförmige Schmuckfigur f, Trapez n; ~ de ratón **a)** ⊕ Lochfeile f; **b)** ♀ → 3; △ ensambladura f ~ de milano Schwalbenschwanz(verspundung f) m; **3.** ♀ ~ de caballo Schachtelhalm m; Méj. ~ de diablo Art Opuntienkaktus m; ~ de ratón Tausendkorn n; ~ de zorra Wiesenfuchsschwanz m; **4.** Schleppe f am Kleid; Frackschoß m; **5.** Astr. (Kometen-)Schweif m; ~ del Dragón (del León) Schwanz m des Drachen (des Löwen); **6.** ♪ Schlußton m.

cola⁴ P m Chi. warmer Bruder m F.

colabora|ción f Mitarbeit f, Mitwirkung f; en ~ con in Zs.-arbeit mit (dat.), unter Mitwirkung von (dat.); **~cionismo** Pol. m Kollaboration f, Zs.-arbeit f mit dem Feind; **~cionista** Pol. c Kollaborateur m; **~dor** m Mitarbeiter m; Partner m (z. B. Entwicklungshilfe); **~r** v/i. mitarbeiten, mitwirken (an dat. en); zs.-arbeiten (mit dat. con), zs.-wirken (a. ⚔).

cola|ción f **1.** Imbiß m; leichtes Abendessen n an Fasttagen; Méj., Chi. Konfektmischung f; † süßer Teller m für Dienstboten zu Weihnachten; **2.** Vergleichen n von Handschriften; **3.** Verleihung f e-r Würde, e-s Titels; **4.** † geistliches Gespräch m unter Mönchen; fig. traer (od. sacar) a/c. (a alg.) a ~ das Gespräch auf et. (j-n) bringen; et. vorbringen; s-n Senf dazugeben F; **5.** ⚖ Ausgleichung f, † Kollation f bei Erbausea.-setzung; **~cionar** v/t. Texte vergleichen, kollationieren; ⚖ Erbschaft ausgleichen.

colactáneo m Milchbruder m.

colada f **1.** (Auf-)Waschen n; Wäsche f; Waschlauge f; Lauge f in der Lauge; hacer la ~ die Wäsche einlaugen; waschen; fig. todo saldrá en la ~ die Sonne bringt es an den Tag; **2.** Viehweg m; **3.** Engpaß m;

4. ⊕ (Hochofen-)Abstich m; (Metall-)Schmelze f; hacer (la) ~ abstechen; **5.** Col. **a)** Art Reisbrei m; **b)** Getränk n aus Reis u. Milch; Ec. Maisbrei m.

cola|dera f Filtersack m; bsd. Col. Seiher m, Filter m; Méj. Abzugsgraben m; **~dero** m **1.** Sieb n, Seihe f; **2.** Engpaß m; Durchlaß m; **3.** ⚒ Aufhau m, Durchbruch m zum Hauptstollen; **4.** fig. Diplomfabrik f (Schule usw., wo man leicht durchs Examen kommt); **~do I.** adj. **1.** aire m ~ Blas-, Zug-luft f; hierro m ~ Gußeisen n; **2.** F verliebt, verschossen F; **II.** m **3.** Durchseihen n, Passieren n (Flüssigkeit); **~dor** m Sieb n, Durchschlag m; Saugkorb m e-r Pumpe; ~ de té (de café) Tee- (Kaffee-)Sieb n; fig. dejar como un ~ (wie ein Sieb) durchlöchern; **~dora** f **1.** Wäscherin f; **2.** Waschkessel m; **~dura** f **1.** Seihen n, Sieben n; Seihrückstand m; **2.** F grobes Versehen n; Reinfall m F, Blamage f.

colágeno ♋ m Kollagen n.

colana F f Schluck m, Zug m.

colanilla f kl. Fenster- bzw. Türriegel m.

colaña f Geländerwand f an Treppen; niedere Trennwand f.

colapez f Fischleim m.

colap|sar I. v/i. zs.-brechen (fig.); **II.** v/t. zum Erliegen bringen, zs.-brechen lassen; **~so** m ⚕ Kollaps m; fig. Zs.-bruch m; ⚕ a. cardíaco (circulatorio) Herz- (Kreislauf-)kollaps m; sufrir un ~ zs.-brechen; ⚕ a. e-n Kollaps erleiden, kollabieren.

colar¹ kath. v/t. Pfründe vergeben.

colar² [1m] **I.** v/t. **1.** (durch)seihen, passieren; Wein a. klären; **2.** Wäsche f in der Bleichlauge ziehen lassen, einlaugen; **3.** ⊕ ~ (en moldes) Metalle vergießen, in Formen gießen; **4.** F heimlich mitbringen, durchschmuggeln; ~ a/c. a alg. j-m et. andrehen F; j-m et. weismachen; a mí no me la cuelas mir machst du das nicht weis, mich kannst du nicht für dumm verkaufen F; **II.** v/i. **5.** durch-, ein-sickern; durch e-e enge Stelle hindurch-strömen (od. Luft) -streichen; **6.** F durchkommen, geglaubt werden; an den Mann gebracht werden (können); **7.** F (Wein) trinken, zechen; **III.** v/r. **~se 8.** F s. einschleichen, s. einschmuggeln; **9.** F dummes Zeug reden; e-n Bock schießen, danebenhauen F.

colar³ v/t. leimen, kleben.

colateral adj. c Seiten...; kollateral; calles f/pl. ~es Seitenstraßen f/pl.; línea f ~ Seitenlinie f; pariente m ~ Seitenverwandte(r) m; **~mente** adv. parallel, auf beiden Seiten liegend.

colativo adj. verleih-, vergeb-bar (Pfründe). [m.]

colcóreo ♋ m Polierrot n, Kolkothar

colcha f Bettdecke f; ~ (guateada) Steppdecke f; ~ (de plumas) Ober-, Feder-bett n; **~do** m **1.** Polsterung f; **2.** → **~dura** f Steppen n; **~r** v/t. steppen, abnähen; polstern; ⚓ verseilen.

col|chón m Matratze f; Unterbett n; ⚓ ~ de aire Luftkissen n (Boot); ~ de crin (de goma espuma) Roßhaar- (Schaumgummi-)matratze f; ~ de muelle(s) Sprungfedermatratze f; ~ neumático, ~ hinchable Luftmatratze f; **~chonera I.** f Matratzennäherin f; **II.** adj.-su. f (aguja f) ~ Matratzen-, Polster-nadel f; **~chonería** f Tapezierladen m, Matratzengeschäft n; artículos m/pl. de ~ Tapeziererwaren f/pl.; **~chonero** m Matratzenmacher m; Tapezier(er) m, Polsterer m P (Mannschafts-)Mitglied n des F.C. Atlético Madrid; **~choneta** f Bank-, Bett-polster n; Sprung-matte f, -matratze f; Luftmatratze f; ⛵ Reisekissen n.

colcrem m → **cold cream** m Cold-Cream m, F f.

cole Sch. m Penne f F.

colea|da f **1.** (Schweif-)Wedeln n; **2.** Kfz. Schleudern n, (seitliches) Ausbrechen n; **~dor** adj. schweifwedelnd; **~r I.** v/i. **1.** (mit dem Schwanz) wedeln; **2.** Kfz. **a)** ins Schleudern geraten; seitlich ausbrechen; **b)** e-n Schlag haben (Rad); **3.** fig. F noch nicht abgeschlossen sein; todavía colea das hat noch gute Weile, das dauert noch; **II.** v/t. **4.** Stk. den Stier am Schwanz festhalten (bzw. zurückziehen).

colec|ción f **1.** Sammlung f; bsd. ✝ Kollektion f; ~ de cuadros Gemäldesammlung f; ~ numismática Münzsammlung f; ✝ ~ de muestras Musterkollektion f; **2.** ⚕ ~ purulenta Eiteransammlung f; **~cionable** m Serienartikel m zum Sammeln; **~cionador** m → coleccionista; **~cionar** v/t. sammeln; **~cionismo** m Sammeln n; Sammlerleidenschaft f; **~cionista** c Sammler m; ~ de sellos Briefmarkensammler m.

colecistitis ⚕ f (pl. inv.) Gallenblasenentzündung f.

colec|ta f **1.** (Geld-)Sammlung f; ecl. Kollekte f; hacer una ~ sammeln; **2.** kath. Meßgebet n vor der Epistel; p. ext. Gemeindegebet n; **~tación** f Abgabenerhebung f; (Spenden-, Geld-)Sammlung f.

colecticio adj.: obra f ~a Sammelwerk n, Kompilation f; ⚔ tropas f/pl. ~as zs.-gewürfelte Truppe f, Sauhaufen m M.

colecti|vamente adv. insgesamt; gemeinschaftlich; **~vero** m Arg. Busfahrer m; **~vidad** f bsd. Soz. Gemeinschaft f, Gruppe f; Gesamtheit f; Pol., Soz. Kollektiv n; (Fremden-)Kolonie f; ~ de derecho público öffentlich-rechtliche Körperschaft f; ~ obrera Arbeiterschaft f; **~vismo** m Kollektivismus m; **~vista** Pol., Soz. adj.-su. c kollektivistisch; m Kollektivist m; **~vización** f Kollektivierung f; **~vizar** [1f] **I.** v/t. kollektivieren; **II.** v/r. ~se Kollektive bilden; s. zu Gemeinschaften zs.-schließen; **~vo I.** adj. gemeinsam; gesamt, ganz; ▦ kollektiv; Sammel...; contrato m ~, convenio m ~, ✝ ⚖ expedición f ~a Tarifvertrag m, Sammel-ladung f, -fracht f; Tel. número m ~ Sammelnummer f; psicosis f ~a Massenpsychose f; Pol. responsabilidad f ~a Kollektivschuld f; ✝ sociedad f ~a Offene Handelsgesellschaft f; ⚖ trabajo m ~ Gemeinschaftsarbeit f; **II.** adj.-su. m Gram. (nombre m) ~ Kollektiv(um) n, Sammelwort n; Phil. (concepto m) ~ Sammel-,

colector — colmado

Kollektiv-begriff *m*; **III.** *m Soz.*, *Pol.* Kollektiv *n*; *Kfz. Am.* Sammel-bus *m bzw.* -taxi *n*; *Am.* kl. Omnibus *m*; ~ de trabajo Arbeitsteam *n* (*Techniker*, *Journalisten usw.*).
colector I. *adj.* **1.** Sammel...; *Opt.* lente *f* ~a Sammellinse *f*; **II.** *m* **2.** Sammler *m*; Steuer- *bzw.* Lotterieeinnehmer *m*; *kath.* Kollektor *m*; **3.** ⊕ Sammler *m* (*a. Typ.*); Sammel-becken *n*, -kanal *m*; ⚡ Kollektor *m*, Strom-sammler *m*, -wender *m*; Anker *m* (*Dynamo*).
,**colédoco** ⚕ *adj.-su. m* (*conducto m*) ~ Gallengang *m*.
colega *m* Kollege *m*, bei Geistlichen *a.* Amtsbruder *m*; *im allg.* nur bei freien Berufen u. Beamten gebräuchlich, sonst compañero.
cole|giado I. *adj.* **1.** zu e-m Kollegium gehörig; zu e-r (Berufs-)Kammer gehörend (*Ärzte, Anwälte*); **2.** Kollegial...; ⚖ tribunal *m*, ~ Kollegialgericht *n*; **II.** *m* **3.** Schiedsrichter *m*; **~gial I.** *adj.* c 1. zu e-m Kollegium (*bzw.* e-r Schule *bzw.* e-r Stiftskirche*) gehörig; iglesia f ~ Stiftskirche *f*; **II.** *m* **2.** Schüler *m* (*bsd. e-r privaten höheren Schule*), Oberschüler *m*; † *fig.* schüchterner (*bzw.* unerfahrener) Junge *m*; **~giala** *f* Schulmädchen *n* (*a. fig.*), höhere Tochter *f* († *u. iron.*); *fig.* Backfisch *m*; F como una ~ sehr schüchtern, wie ein kleines Mädchen; **~gialista** *Pol. m Ur.* Anhänger *m* der Kollegialregierung, **~gialmente** *adv.* gemeinschaftlich, kollegial, als Kollegium; **~giarse** [1b] *v/r.* **1.** s. zu e-r Berufskammer zs.-schließen; **2.** e-r Berufskammer beitreten; **~giata** *adj.-su. f* Stiftskirche *f*; **~giatura** *Univ. f* Studiengebühr *f*.
colegio *m* **1.** Schule *f*; Erziehungsanstalt *f*, -institut *n*; Kolleg *n*, kath. Studienanstalt *f*; *Span.* ~ de bachillerato Gymnasium *n*; ~ de ciegos Blindenschule *f*; ~ de EGB Grund- und Hauptschule *f*; ~ de internos Internat *n*, Schülerheim *f*; ~ mayor Studentenheim *n*; ~ de párvulos Kinderhort *m*, -schule *f*; ~ de primera enseñanza Volks-, Elementar-schule *f*; ~ de enseñanza media Höhere Schule *f*, Gymnasium *n*; ~ de sordomudos Taubstummenanstalt *f*; **2.** Kollegium *n*; *kath.* ~ de cardenales, ~ cardenalicio, sacro ~ Kardinalskollegium *n*; ~ electoral Wähler(schaft *f*) *m/pl.*; *a.* Wahllokal *n*; **3.** berufsständischer Verband *m*, Kammer *f*; *Span.* (*ilustre*) ~ de abogados Anwaltskammer *f*; ~ de médicos Ärztekammer *f*.
colegir [31 *u.* 3c] *v/t.* **1.** folgern, schließen, ersehen, entnehmen (aus *dat.* de, por); **2.** zs.-fassen, -bringen.
colegislador *adj.-su.* mitgesetzgebend.
coleo *m* Wedeln *n*; Schleudern *n*, Ausbrechen *n* (*Rad e-s Fahrzeugs*); *Stk.* Sichfesthalten *n* am Schwanz des Stieres, um nicht auf die Hörner genommen zu werden.
coleóptero I. *adj. u.* ~s *m/pl.* Koleopteren *pl.*, Käfer *m/pl.*; **II.** *m* ✈ Koleopter *m*, Ringflügelflugzeug *m*.
cólera I. *f* Galle *f*; *fig.* Zorn *m*, Wut *f*; montar en ~ in Zorn (*od.* in Harnisch) geraten, aufbrausen; **II** *m* ✱ Cholera

f; ~ asiático, ~-morbo asiatische (*od.* epidemische) Cholera *f*.
colérico I. *adj.* **1.** (*ser*) cholerisch, jähzornig, (leicht) aufbrausend; (*estar*) zornig, wütend; **II.** *m* **2.** Choleriker *m*, Hitzkopf *m*, Heißsporn *m*; **3.** Cholerakranke(r) *m*.
coleri|forme *adj.* c choleraähnlich; **~na** ⚕ *f* Cholerine *f*, Brechdurchfall *m*.
coleste|rina ⚕ *f* Cholesterin *n*; **~rol** ⚕ *m* Cholesterol *n*.
cole|ta *f* Zopf *m*; Nackenschopf *m*; ~ de caballo Pferdeschwanz *m* (*Frisur*); *koll.* gente *f* de ~ Stierkämpfer *m/pl.*; *fig.* cortarse la ~ den Beruf aufgeben (*bsd.* Stierkämpfer); **~tazo** *m* Schlag *m* mit dem Schwanz; *Kfz.* Wegrutschen *n*, Ausbrechen *n* (*Wagenheck*); dar ~s mit dem Schwanz wedeln; *Kfz.* hinten wegrutschen; *fig.* dar el último ~ noch einmal richtig feiern; s. (vor dem Ende) noch einmal etwas gönnen; **~tería** *Stk. f* Stierkämpfer *m/pl.*; **~tilla** *f dim.* zu coleta; **~to** *m* Lederkoller *n*, Wams *n*; Reitjacke *f*; *fig.* decir para su ~ für (*od.* bei) s. sagen (*od.* denken, meinen); F echarse un jarro de vino al ~ s. e-n Krug Wein hinter die Binde gießen F; **~tón** *m Cu., Ven.* Sackleinwand *f*.
coletuy ✿ *m* Kronwicke *f*.
colga|dero I. *adj.* aufhängbar, zum Aufhängen (*z. B. Früchte*); **II.** *m* Haken *m*; Henkel *m*, Öse *f* zum Aufhängen; Kleiderhaken *m*; *Typ.* Aufhängeschnüre *f/pl.*; **~dizo I.** *adj.* -*ac.*-anhängbar; **II.** *m* Vor-, Wetter-dach *n*; *Cu.* Pultdach *n*; **~do** *adj.* hängend; freitragend (*Treppe usw.*); *fig.* dejar ~ a *alg.* j-n in s-n Erwartungen enttäuschen; j-n im Stich lassen, j-n versetzen F; *fig.* estar ~ de un cabello (*od.* hilo) an e-m (seidenen) Faden hängen; *fig.* estar ~ de los cabellos (wie) auf glühenden Kohlen sitzen; *fig.* estar ~ de las palabras de *alg.* an j-s Lippen hängen; **~dor** *m* Kleiderbügel *m*; *Am. u. Span. Reg.* Kleider-rechen *m*; -schrank *m*; *Typ.* Aushängevorrichtung *f für Druckbogen*; ~ autoadhesivo (Selbst-)Klebehaken *m*; **~dura** *f* Wand-, Fenster-behang *m*, Drapierung *f*; ~ de cama Bettvorhang *m*; ~s *f/pl.* Vorhänge *m/pl.*; **~jo** *m* **1.** (Tuch- *usw.*)Fetzen *m*; **2.** zum Trocknen aufgehängte Früchte *f/pl.*; **3.** ⚕ Hautlappen *m*; **~miento** *m* Aufhängen *n*.
colgante I. *adj.* c **1.** hängend; puente ~ Hängebrücke *f*; **II.** *m* **2.** Anhänger *m* (*Schmuck*); *Am.* Ohrring *m*; **3.** *a.* △ Feston *n*; **4.** ~s *m/pl.* Fransen *f/pl.*
colgar [1h *u.* 1m] **I.** *v/t.* **1.** (an-, auf-) hängen (an *ac. od. dat.* de, en); *Tel.* Hörer auflegen; ~ de (*od.* en) un clavo an e-n Nagel hängen; **2.** (auf)hängen, henken; **3.** behängen, schmücken *mit Wandbehängen usw.*; **4.** F durchfallen lassen im *Examen*; me han colgado en Latín in Latein bin ich durchgefallen; **5.** *fig.* F ~ *a/c. a alg.* j-m et. anhängen, et. auf j-n schieben; F ~ a *alg.* el sambenito (*od.* el mochuelo) j-m alle Schuld in die Schuhe schieben, j-m den Schwarzen Peter zuschieben F;

II. *v/i.* **6.** (herab)hängen; ~ del clavo am Nagel hängen; F y lo que cuelga und was drum u. dran hängt F; **7.** *Tel.* auflegen; **III.** *v/r.* ~se **8.** s. erhängen; **9.** *EDV* abstürzen; **10.** ~se del (*od. al*) cuello de *alg. lit.* j-s Hals umschlingen; *fig.* s. j-m an den Hals werfen.
colibacilos ⚕ *m/pl.* Kolibakterien *f/pl.*
colibrí *Vo. m* (*pl.* ~íes) Kolibri *m*.
cóli|ca ⚕ *f* leichte Darmkolik *f*; **~co I.** *m* ⚕ Kolik *f*; ~ bilioso, ~ biliar, ~ hepático Gallenkolik *f*; ~ nefrítico, ~ renal Nierenkolik *f*; **II.** *adj. Anat.* Dickdarm...
colicoli *Ent. m Chi. Art* Bremse *f*.
colicuar [1d] **I.** *v/t.* (ein)schmelzen; zs.-schmelzen; auflösen; **II.** *v/i.* zerfließen, zerschmelzen.
coliflor ✿ *f* Blumenkohl *m*.
coliga|ción *f* Verbindung *f*; Bund *m*, Bündnis *n*, Liga *f*; **~do I.** *adj.* verbündet; **II.** *m* Verbündete(r) *m*, Bundesgenosse *m*; **~dura** *f*, **~miento** *m* → coligación; **~r** [1h] **I.** *v/t.* verbinden, vereinigen; **II.** *v/r.* ~se s. verbünden, koalieren.
coli|guay ✿ *m Chi.* Wolfsmilchgewächs, Pfeilgift (*Adenopestres colliguaya*); **~güe**, **~hue** ✿ *m Arg., Chi. e-e Kletterpflanze.*
colilargo I. *adj.* F langschwänzig; **II.** *m Ec. e-e* Ratte.
coli|lla *f* (Zigarren-, Zigaretten-) Stummel *m*, Kippe *f*; **~llero** *m* Kippensammler *m* F.
colima|ción 🔭 *f* Kollimation *f*, Zs.-fallen *n* zweier Linien; **~dor** *Phys. m* Kollimator *m*.
colimbo *Vo. m* Seetaucher *m*.
colín I. *adj.-su.* kurzschweifig (*Pferd*); **II.** *m* F Stutzflügel *m*; *Vo.* ~ de Virginia Wachtel-, Colin-huhn *n*.
colina[1] *f* Hügel *m*, (An-)Höhe *f*.
colina[2] *f* **1.** Kohlsame *m*; Kohlsteckling *m*; **2.** Kohlmistbeet *n*; **~bo** ✿ *m* Kohlrübe *f*.
colindante I. *adj.* c angrenzend, benachbart; **II.** *m* (Grenz-)Nachbar *m*, Anrainer *m*.
colineta *Kchk. f* Tafelaufsatz *m* mit Zuckerwerk u. Früchten.
colino ✿ *m* → colina[2] **1.**
colipava *Vo. adj. f*: paloma *f* ~ Breitschwanztaube *f*.
colirio ⚕ *m* Kollyrium *n*, Augenwasser *n*, -salbe *f*.
colirrábano ✿ *m* Kohlrabi *m*.
colirrojo *Vo. m* Rotschwänzchen *n*.
Coliseo *m* Kolosseum *n* (*Rom.*).
coli|sión *f* **1.** Zs.-stoß *m* (*a. fig.*); *Vkw.* ~ frontal Frontalzs.-stoß *m*; entrar en ~ zs.-stoßen; **2.** *fig.* Kollision *f*, Interessenkonflikt *m*; **~sionar** *Vkw. v/i.* zs.-stoßen.
colista c **1.** *Sp.* Tabellenletzte(r) *m*, Schlußlicht *n* F; **2.** Person *f*, die Schlange steht. [*m.*]
colitigante ⚖ *adj.-su.* c Mitkläger}
colitis ⚕ *f* (*pl. inv.*) Colitis *f*, Dickdarmentzündung *f*.
colma|damente *adv.* reichlich, in Hülle u. Fülle; **~do I.** *adj.* voll, angefüllt; beladen; (über)reichlich, reichgedeckt (*Tisch*); ~ de felicidad überglücklich; ~ de riquezas steinreich; **II.** *m Cat.* Lebensmittelgeschäft *n*; Weinschenke *f* (*bsd.*

Andal.); Imbißhalle *f*; ~r *v*/*t*. (an-)füllen (mit *dat.* de); überfüllen; *fig.* überhäufen (mit *dat.* de); ~ de felicidad überglücklich machen; *fig.* ~ la medida das Maß vollmachen; dem Faß den Boden ausschlagen.
colmatar *v*/*t*. ⊕ aufladen, auffüllen.
colme|na *f* **1.** Bienen-korb *m*, -stock *m*; *fig.* Menschen-menge *f*, -gewimmel *n*; **2.** F Zylinder(hut) *m*; **3.** F *Méj.* Biene *f*; **~nar** *m* Bienenhaus *n*, -stand *m*; **~nero** *m* **1.** Imker *m*; **2.** *Zo. Méj.* Ameisenbär *m*; **~nilla** ♀ *f* (Falten-)Morchel *f*.
colmi|llada *f* → colmillazo; **~llar** *adj. c* Eck-, Reiß-zahn..., Hauer...; **~llazo** *m* Biß *m* mit e-m Reiß- (*od.* Fang-)zahn; dar un ~ die Fangzähne einschlagen, zubeißen; **~llo** *m* Eckzahn *m*; Reißzahn *m* (*Hund, Raubtier*); Hauer *m* (*Wildschwein*); Stoßzahn *m* (*Elefant*); enseñar los ~s die Zähne zeigen (a. *fig.*); **~lludo** *adj.* mit großen Fang- (*bzw.* Eck-)zähnen (*bzw.* Hauern); *fig.* schlau, gerieben, verschlagen.
colmo[1] *m* Übermaß *n*; *fig.* Gipfel *m*, Höhe(punkt *m*) *f*; Fülle *f des Glücks usw.*; con ~ gehäuft (*Trockenmaß*); (*y*) *para* ~ u. zu alledem, u. noch dazu; *para* ~ de la desgracia um das Unglück vollzumachen; ¡(esto) es el ~! das ist doch die Höhe!, da hört (s.) doch alles auf!
colmo[2] *adj.* randvoll. [affe *m*.}
colobo *Zo. m Am.* Langschwanz-}
coloca|ción *f* **1.** Anbringen *n*, Anbringung *f*; Aufstellung *f*, Anordnung *f*; Stellung *f*, Lage *f*; Verlegung *f* (*Kabel usw.*); ~ de la primera piedra Grundsteinlegung *f*; **2.** (Geld-, Kapital-)Anlage *f*, Placierung *f*; Absatz *m*, Verkauf *m* (*Waren*); **3.** Anstellung *f*, Arbeit *f*, Stelle *f*; Unterbringung *f*, Versorgung *f*; agencia *f* de ~ones Stellenvermittlung *f*; oficina *f* de ~ones Arbeitsamt *n*; **4.** F Versorgung *f*, Heirat *f*; **5.** *Li.* Kollokation *f*; **~do** *adj.* placiert, auf (dem zweiten) Platz (*Rennen*); estar bien ~ eine gute Stellung haben; **~r** [1g] **I.** *v*/*t*. **1.** setzen, stellen, legen; aufstellen; anbringen; ein-, auf-spannen; an-, ein-ordnen; ⊕ *Kabel, Minen, Gleise* verlegen; ~ en fila (auf)reihen; ~ por orden einordnen, geordnet hin- (*od.* auf-)stellen; **2.** *Geld* anlegen; *Waren* absetzen; **3.** anstellen; versorgen, unterbringen; *j-m* ~ e-e Stelle verschaffen; **4.** F *Tochter* versorgen, verheiraten; **II.** *v*/*r*. **~se 5.** e-e Anstellung finden, angestellt werden (bei *dat.*, in *dat.* con, en); **6.** ✝ Absatz finden; **7.** *Sp.*, *Stk.* Aufstellung nehmen; s-e Ausgangsstellung einnehmen; s. placieren.
colocasia ♀ *f* Kolokasie *f*, ägyptisches Arum *n*.
colocutor *m* Mitredende(r) *m*, Gesprächspartner *m*.
colodi|ón 🝙 *m* Kollodium *n*; **~onar** *Phot. v*/*t*. Platten mit Kollodium beschichten.
colodra *f* **1.** Melkkübel *m*; *Reg.* Schöpf-, Maß-gefäß *n für Wein*; **2.** Klatschweib *f*.
colodrillo *m* Hinterkopf *m*.
colofón *m Typ.* Kolophon *n*, Schluß-vermerk *m*, -impressum *n*; *fig.* Abschluß *m*, Ende *n*; y, como ~ (*od. para* ~) u. zum Abschluß, abschließend.
colofonia *f* Kolophonium *n*, Geigenharz *n*.
coloi|dal *Phys. adj. c* kolloid(al); 🝙, ♂ reacción *f* ~ Kolloidreaktion *f*; **~de I.** *adj. c* kolloid; **II.** *m* Kolloid *n*; **~deo** *adj.* → coloidal; **~doquímica** *f* Kolloidchemie *f*.
Colombia *f* Kolumbien *n*; ~ *Británica* Britisch-Kolumbien *n*; **~nismo** *m* Kolumbianismus *m*, kolumbianische Redensart *f*; **&no** *adj.-su.* kolumbianisch; *m* Kolumbianer *m*.
colombicul|tor *m* Taubenzüchter *m*; **~tura** *f* Taubenzucht *f*.
colombina *f pharm.* Kolombowurzel(extrakt *m*) *f*; *Col.* Lutscher *m*.
colombino *adj.* Kolumbus..., auf Kolumbus bezüglich, kolumbinisch; la *América* ~a Amerika *n* nach der Entdeckung durch Kolumbus, das kolumbi(ni)sche Amerika.
colombo ♀ *m* Kolombowurzel *f*.
colom|bofilia *f* (mst. Brief-)Taubenzucht *f*; **~bófilo** *adj.-su.* Taubenzucht *f*, -züchter *m*; sociedad *f* ~a Taubenzüchterverband *m*; Brieftaubenzüchterverein *m*.
colon *m* (*pl.* cola) **1.** *Anat.* Kolon *n*, Grimmdarm *m*; **2.** *Li.* Satzglied *n*; *Gram.* **a)** Kolon *n*, Doppelpunkt *m*; **b)** Semikolon *n*, Strichpunkt *m*; *Rhet.* rhythmische Spracheinheit *f*.
Colón *m* **1.** *npr.* Kolumbus *m*; el huevo de ~ das Ei des Kolumbus; **2.** ✝ ⚥ *Salv., C. Ri.* Silberdollar *m*.
Colonia[1] *f* Köln *n*; agua *f* de ~ *od.* ♀ Kölnisch Wasser *n*.
colonia[2] *f* **1.** Kolonie *f*; (An-)Siedlung *f*; Niederlassung *f*; la ~ alemana (española) die deutsche (spanische) Kolonie (im Ausland); ~ obrera Arbeitersiedlung *f*; ~ penitenciaria Strafkolonie *f*; ~ veraniega Ferienkolonie *f*; koll. Sommerfrischler *m*/*pl.*; Kurgäste *m*/*pl.*; **2.** *Méj.* Siedlung *f*, Vorort *m*; **3.** *Zo.*, ♀ Kolonie *f*; ~ de corales Korallen-stock *m*, -kolonie *f*; ~ de hormigas Ameisen-bau *m*, -haufen *m*; ♀ ~ de hongos Pilz-kolonie *f*, -rasen *m*; **4.** ♀ *Cu.* nickende Alpinie *f*; **5.** *Stk.* Lanzenzeichen *n*, schmales Seidenband *an der Lanze*; **6.** ♀ *Am.* span. Kolonialzeit *f*; **~je** *m Am.* span. Kolonial-zeit *f*; -system *n*; *fig.* Unterdrückung *f*, Fremdherrschaft *f*; **~l** *adj. c* **1.** Kolonial..., kolonial, Siedlungs..., Kolonien..., época *f* ~ Kolonialzeit *f*; **2.** *Am. Reg.* ländlich; **~lismo** *m* Kolonialismus *m*; **~lista** *c* Anhänger *m* des Kolonialismus, Kolonialist *m*.
coloniza|ción *f* Kolonisation *f*, Kolonisierung *f*, Ansiedlung *f*; **~dor** *adj.-su.* Kolonisator *m*; **~r** [1f] *v*/*t*. an-, be-siedeln; kolonisieren, erschließen.
colono *m* **1.** Kolonist *m*, Ansiedler *m*; **2.** Pächter *m*; **3.** *Cu.* Krämer *m* (Nebenverkaufsstelle).
coloquia|l *Li. adj. c* umgangssprachlich; lenguaje *m* ~ Umgangssprache *f*; **~r** [1b] *v*/*i*. s. unterhalten, besprechen.
coloquíntida ♀ *f* Koloquinte *f*, Bitterkürbis *m*.
coloquio *m* Gespräch *n*, Besprechung *f*; ⚎ Kolloquium *n*.

color I. *m* († u. *Reg.*, bsd. *Andal.*) **1.** Farbe *f* (*a. fig.*); Färbung *f*; Farbton *m*; Farbe *f*, Färb(e)mittel *n*; de ~, en ~(es) farbig, Farb...; de muchos (*od.* varios) ~es vielfarbig, bunt; de un (*solo*) ~ einfarbig, uni; sin ~ farblos; a todo ~ (ganz)farbig, Farb...; bunt; *Typ.* in getreuer Farbwiedergabe, in Originalfarbe; ~ complementario Komplementärfarbe *f*; ~ didfano Lasur *f*; ~es *m*/*pl.* espectrales Spektralfarben *f*/*pl.*; ~ de fondo, ~ de imprimación Grund(ier)farbe *f*; ~ fluorescente, ~ fosforescente, ~ luminescente *od.* ~ luminoso Leuchtfarbe *f*; ~ de moda Modefarbe *f*; ~ al óleo Ölfarbe *f*; falta *f* de ~ Farblosigkeit *f* (*a. fig.*); *Typ.* plancha *f* en ~es (*od.* de ~) Farbplatte *f*; dar de ~ a anstreichen (*ac.*); färben (*ac.*); dar ~ a Farbe geben (*dat.*) (*a. fig.*); *fig.* ausschmücken (*ac.*); *Mal.* meter en ~ *Bild, Zeichnung* farbig anlegen; ser subido de ~ von greller Farbe sein; *fig.* pikant sein (*Witz, Geschichte*); tomar ~ Farbe annehmen, s. färben (z. B. *Frucht*); bräunen, braun werden (*in der Sonne*); tomar el ~ Farbe annehmen (*beim Färben*); **2.** Hautfarbe *f*; Gesichtsfarbe *f*; gente *f* de ~ farbige Völker *n*/*pl.*; cambiar de ~ die Farbe wechseln, erröten *bzw.* erblassen, erbleichen; *fig.* → 3; F un ~ se le iba y otro se le venía er wurde abwechselnd rot und blaß; se puso de mil ~es er errötete tief, alles Blut schoß ihm ins Gesicht; sacarle a alg. los ~es (a la cara) j-m die Farbe (*od.* die Zorn-, Scham-röte) ins Gesicht treiben; salírsele (*od.* subírsele) a alg. los ~es (a la cara) erröten, zorn- (*od.* scham-)rot werden; **3.** Schattierung *f*, Anstrich *m*, Tönung *f*, Nuance *f*, Darstellungsweise *f*; político Färbung *f*; ~ local Lokalkolorit *n*; *fig.* cambiar de ~ s-e Meinung ändern, zu e-r anderen Partei übergehen; **4.** ~es *m*/*pl.* nacionales Landes-, National-farben *f*/*pl.*, Flagge *f*; **5.** ~es heráldicos Wappenfarben *f*/*pl.*; **6.** *fig.* so ~ de unter dem Vorwand *od.* unter (der) Vorspiegelung + *gen. od.* zu + *inf.*; **II.** *adj. inv.* **7.** ...farben; ~ (de) aceituna olivgrün.
colora|ción *f* **1.** Färbung *f*, Farb(en)gebung *f*, *Mal.* Kolorit *n*; **2.** Verfärbung *f* (*a.* 🝙, ⊕); **~do I.** *adj.* **1.** farbig; bsd. hellrot; rot geflleckt (*Vieh*); ~ a mano handkoloriert; poner ~ a alg. j-n erröten lassen (*od.* machen); ponerse ~ (hasta las orejas) (bis über die Ohren) rot werden; **II.** *m* **2.** ♀ *Cu.* Scharlachfieber *n*; **3.** ~s *m*/*pl.* Kolloradozigarren *f*/*pl.*; **~dote** F *adj. c*: ¡qué ~ estás! Sie haben eine herrlich frische Farbe!
colora|nte *adj. c-su.* **m** Farbstoff *m*, Farbe *f*; Färbemittel *n*; → *a. pintura*; *tex.* → tinte; *Typ.* → tinta; **~r** *v*/*t*., **~tivo** *adj.* färbend, Farb...
coloratura ♪ *f* Koloratur *f*.
colore|ar I. *v*/*t*. färben; kolorieren, mit Farben ausmalen; *fig.* färben, beschönigen; **II.** *v*/*i*. Farbe bekommen, rot werden (*Früchte*); ins Rötliche spielen; **~te** F *m* (rote)

colorido — combinatorio 160

Schminke f; Am. a. Lippenstift m; ponerse ~ Rouge auflegen.
colo|rido m 1. Farbe f, Färbung f; riqueza f de ~ Farbenpracht f; 2. Mal., ♪ Kolorit n; 3. fig. Vorwand m; fig. Färbung f, Stil m; **~rimetría** ⚛, Astr. f Kolorimetrie f; **~rímetro** m Kolorimeter n, Farbmesser m.
colo|rín m 1. Vo. Stieglitz m; 2. schreiende (od. grelle) Farbe f; (y) ~ colorado (,este cuento se ha acabado) Schlußformel span. Märchen u. F e-s Berichts usw. u. damit wäre die Geschichte zu Ende; Basta!, Schluß! F; 3. Chi. Rothaarige(r) m; **~rir** (ohne prs.) v/t. an-, aus-malen, kolorieren; fig. schönfärben; **~rismo** m Kolorismus m, koloristische Malerei f; **~rista** adj.-su. c koloristisch; m Kolorist m.
colosal adj. c riesig, riesenhaft, kolossal; fig. fabelhaft, großartig; estatua f ~ Kolossalstatue f.
colosenses bibl.: Epístola f a los ~ Kolosserbrief m.
coloso m Riesenstandbild n, a. fig. Koloß m; fig. Genie n.
colote m Méj. (bsd. Wäsche-, Kleider-)Korb m.
colotipia Typ. f Gummiklischeedruck m, Kollotypie f.
colpa f 1. Min. Kolkothar m; 2. And. gediegenes Mineral n.
cólquico ⚛ m Herbstzeitlose f.
colúbridos Zo. m/pl. Nattern f/pl.
columbario Arch. m Kolumbarium n.
columbeta f Purzelbaum m.
columbino adj. taubenähnlich; Tauben...; taubenblau (Granat).
colum|brar v/t. 1. von weitem ausmachen; **~se** (undeutlich) sichtbar werden; 2. fig. ahnen, vermuten; **~bres** □ m/pl. Augen n/pl.; **~brete** ⚓ m flache (Sand-)Bank f.
columna f 1. a. fig. Säule f, Pfeiler m; ~ compuesta Säule f mit Kompositkapitell; ~ de anuncios Anschlag-, Litfaß-säule f; 2. Stapel m; 3. Typ. Spalte f, Kolumne f; (Zahlen-)Reihe f, (-)Kolonne f; en una (en cuatro) ~s) ein- (vier-)spaltig (Satz); título m de ~ Kolumnentitel m; 4. ⚛ Kolonne f, (Auf-)Satz m; Phys. Säule f, (Barometer-, Thermometer-)Säule f; 5. a. ⚔ Kolonne f; Reihe f; ⚔ a. Heeresgruppe f; lit. Heer(es)säule f; ~ de automóviles (Kraft-)Fahrzeugkolonne f; hist. u. fig. la quinta ~ die fünfte Kolonne f; 6. Anat. ~ vertebral Wirbelsäule f.
columnata f Kolonnade f.
columnista c Kolumnist m (Zeitung).
columpi|ar [1b] I. v/t. schaukeln; II. v/r. **~se** (s.) schaukeln; fig. s. (beim Gehen) hin- u. herwiegen; **~o** m Schaukel f; Chi. Schaukelstuhl m; **~s** m/pl. con lanchas Schiffsschaukel f.
coluro Astr. m Kolur m.
colusión ⚖ f Kollusion f.
colutorio ⚕ m Gurgel-, Mundwasser n.
colza ♃ f Raps m.
colla¹ ⚛ f 1. Koppel f (Hunde); desp. (Räuber-)Bande f; 2. (Fisch-)Reusenkette f; 3. hist. Halsberge f e-r Rüstung.

colla² ⚓ f Fil. Südwestböen f/pl.; fig. Windstoß m, Bö f.
colla³ m Am. Anden-, Hochlandindianer m; fig. Bolivianer m; Arg. Mischling m; Pe. Geizkragen m.
collada¹ f → collado 2.
collada² ⚓ f anhaltender (od. stetiger) Wind m.
collado m 1. Hügel m, Höhe f; 2. Berg-sattel m, -paß m.
collar m 1. Halsband n; (Hals-)Kette f; Ordenskette f; Halskrause f; ~ de perlas Perlen-kette f, -kollier n, -halsband n; ~ de perro (de púas) Hunde- (Stachel-)halsband n; fig. los mismos perros con otros ~es es sind immer die gleichen Gauner; 2. hist. Halseisen n der Sträflinge; 3. ⊕ Preßring m; Rohr-schelle f, -klemme f; Bund m e-r Welle; 4. Zo. andersfarbiger Halsring m am Gefieder; 5. ⚛ Halsverband m.
colla|rín m 1. dim. Krägelchen n; steifer Kragen m der Geistlichen, Koller n; 2. ⊕ Halslager n; Flansch m; 3. ⚔ Halsmanschette f.
colleja ♃ f weißes Leimkraut n.
colle|ra f 1. Kum(me)t n; Halszier f der Reit- u. Zugtiere; 2. Am. Koppel f, Gespann n (Tiere); Pe. Gruppe f bsd. v. Freunden; 3. **~s** f/pl. Arg., Chi. Manschettenknöpfe m/pl.; **~rón** m Pracht-, Zier-kummet n.
collón F adj.-su. feige; gemein.
coma¹ f Gram. Komma n (a. ♪, Phys.); fig. sin faltar una ~ haargenau; vollständig; fig. con puntos y ~s in allen Einzelheiten.
coma² ⚕ m Koma n; en (estado de) ~ im Koma; entrar en ~ in tiefe Bewußtlosigkeit versinken (od. fallen).
coma|drazgo m Gevatterschaft f; **~dre** f 1. Gevatterin f (a. als Anrede); 2. fig. Hebamme f; fig. Klatschbase f; chismes m/pl. de ~(s) Klatsch m, Weibertratsch m; 3. F Kupplerin f; 4. □ Schwule(r) m F; Weichling m; **~drear** v/i. klatschen, tratschen; **~dreja** f 1. Zo. Wiesel n; Am. Opossum n; 2. P Dieb m; **~dreo** m, **~drería** f Klatsch m, Gerede n; **~drero** adj. klatschsüchtig; **~drón** m Geburtshelfer m; **~drona** f Hebamme f.
comal m Méj. Pfanne f zur Zubereitung v. tortillas.
comanche adj.-su. c Komantsche m (Indianer).
coman|dancia ⚔ f Kommandantur f; Kommandeurs- bzw. Majors-rang m; Span. ~ de marina etwa: oberste Marinebehörde f e-r (Küsten-)Provinz; **~danta** † ⚓ f Flaggschiff n; **~dante** I. m ⚔ Major m; 2. ⚔ Kommandeur m; Befehlshaber m, Führer m; Kommandant m; ✈ Flugkapitän m; ~ en jefe Oberkommandierende(r) m; ~ de guardia Wachhabende(r) m; ~ de plaza (del puerto) Standort- (Hafen-)kommandant m; **~dar** ⚔ v/t. bsd. Am. befehlen, kommandieren.
comandita † f Kommanditisteneinlage f; sociedad f en ~ → comanditario; **~rio** v/t. et. als stiller Teilhaber finanzieren; **~rio** † I. adj. Kommandit...; sociedad f ~a (por acciones) Kommanditgesellschaft f (auf Aktien). II. m Kommanditist m, schweiz. Kommanditär m.
comando m ⚔ u. Pol. Kommando n (Gruppe); bsd. Am. Befehl(sgewalt f)

m, Kommando n; EDV Befehl m; EDV ~ por voz Sprachsteuerung f.
comarca f Land-strich m, -schaft f, Gegend f; Umgegend f; **~l** I. adj. c Landschafts..., Kreis..., Lokal...; II. f ellipt. → carretera ~; **~no** I. adj. benachbart, anstoßend; umliegend; II. m (engerer) Landsmann m; **~r** [1g] v/i. anea.-grenzen.
comatoso ⚕ adj. komatös; en estado ~ im Koma.
comba f 1. Biegung f, Krümmung f, Durchhang m (Seil, Balken usw.); 2. Springseil n; Seilspringen n; jugar (od. saltar) a la ~ seilspringen; 3. □ Grab n; **~do** adj. durchhängend; seilkurvenförmig; knieeng (Pferd); **~dura** f Durchhängen n, Verziehen n (Holz); **~r** I. v/t. Holz, Eisen krümmen, biegen; II. v/r. **~se** durchhängen.
comba|te m Kampf m (a. Sp.); Gefecht n; Streit m; ~ aéreo Luftkampf m; ~ desigual Kampf m mit ungleichen Waffen (a. fig.); ungleicher Kampf m; ~ naval Seegefecht n; ~ singular Einzel-, Zweikampf m; estar (poner) fuera de ~ kampfunfähig sein (außer Gefecht setzen); **~tible** adj. c bekämpfbar; bestreitbar; **~tiente** m Kämpfer m, Streiter m; Kriegsteilnehmer m; Vo. Kampfläufer m; **~tir** I. v/i. kämpfen, streiten (gg. ac. contra; für ac. por); II. v/t. bekämpfen; III. v/r. ~se s. schlagen, kämpfen, streiten; **~tividad** f Kampf(es)lust f; Kampfkraft f; Angriffslust f; **~tivo** adj. kampflustig; -kräftig; gern zur Polemik bereit; Kampf...; valor m Gefechts-, Kampf-, Schlag-kraft f.
combi m Kühl-Gefrier-Kombination f; **~(na)** f Plan m, Trick m, Kombination f; **~nación** f 1. Zs.-stellung f, a. ⚛ Verbindung f; ⚛ Anschluß m; ~ de colores Farb(en)-zs.-stellung f; 2. ⚛ Kombination f, Zahlengruppe f; ~ de seis cifras Sechserkombination f (Sicherheitsschloß); 3. Berechnung f, Kombination f; Plan m, Anschlag m; F descubrirle a uno la ~ hinter j-s Absichten (bzw. Listen od. Tricks) kommen; F hacer una ~ Vorkehrungen treffen, Maßnahmen ergreifen; 4. Sp. (juego m de) ~ Zs.-, Kombinations-spiel n; 5. a) Unterrock m; b) (Flieger- usw.) Kombination f, Schutzanzug m; c) Reg. zwei- od. drei-teiliger Anzug m bzw. zwei- od. drei-teiliges Kleid n; 6. Cocktail m; **~nada** Sp. f: ~ alpina (nórdica) alpine (nordische) Kombination f; **~nado** I. adj. 1. ⚛ gebunden; II. m 2. ⊕ (Produkt n e-r) Verbindung f; 3. Pol. (Wirtschafts-)Kombinat n; 4. Cocktail m; **~nador** m Anlaßwiderstand m (Elektromotoren); Fahrschalter m (Straßenbahn); **~nar** I. v/t. 1. zs.-stellen, -fügen; ⚛ verbinden; binden; 2. fig. berechnen, kombinieren; Gedanken verknüpfen; mitea. in Verbindung setzen, in Einklang bringen; II. v/i. 3. Sp. zs.-spielen, kombinieren; III. v/r. **~se** 4. s. verbinden; ⚛ e-e Verbindung eingehen; **~natoria** ⚛ f Kombinatorik f; **~natorio** adj. Verbindungs...; Phil. arte f ~a Kombinationskunst f.

combo[1] I. *adj.* verbogen, durchhängend; II. *m* Faßuntersatz *m*.
combo[2] *m Chi., Pe.* (Stein-)Hammer *m*; *Chi.* Faustschlag *m*.
combo[3] *m* Combo *f* (*kl. Jazzkapelle*).
comburente ⚥ *adj. c -su. m* verbrennungsfördernd, Brenn...
combus|tibilidad *f* Brennbarkeit *f*; **~tible** I. *adj. c* brennbar; II. *m* Brennstoff *m*; Heiz-, Brenn-material *n*; ⊕ *a.* Betriebsstoff *m*; *Kfz.* Kraftstoff *m*; ~ *atómico* (*nuclear*) Atom- (Kern-)brennstoff *m*; **~tión** *f* Verbrennung *f*, Verbrennen *n*; Abbrennen *n*; ~ *de aceite* (*de carbón*) Öl- (Kohlen-)feuerung *f* (*als System*); ~ *espontánea* spontane Verbrennung *f*; ~ *lenta* Glimmen *n*, Schwelen *n*; langsame Verbrennung *f*.
comecuras F *m* (*pl. inv.*) eingefleischte(r) Antiklerikale(r) *m*.
comedero I. *adj.* 1. eßbar; II. *m* 2. Futter-trog *m*, -krippe *f*; Vogelnapf *m*; 3. Eßzimmer *n*; Speisesaal *m*; 4. F *Reg.* Essen *n*.
comedia *f* 1. Lustspiel *n*, Komödie *f*; *p. ext.* Schauspiel *n*; *Lit.* ~ *del arte*, ~ *italiana* Commedia *f* dell'Arte; ~ *de capa y espada* Mantel- u. Degenstück *n*; ~ *de carácter* Charakterstück *n*; ~ *de costumbres* (*de enredo*) Sitten-, Gesellschafts- (Intrigen-)stück *n*; *K* ~ *de figurón* Sittenkomödie *f*; 2. *fig.* Komödie *f*, Farce *f*; *hacer la* (*od. una*) ~ Komödie (*od.* Theater) spielen; *sus lágrimas son* ~ ihre Tränen sind reinste Komödie (*od.* nur Mache F); **~nta** *f*, **~nte** *m* Schauspieler(in *f*) *m*, Komödiant(in *f*) *m* (*bsd. fig.*); *fig.* Heuchler(in *f*) *m*.
comedi|damente *adv.* höflich; **~do** *adj.* höflich, zurückhaltend, gemessen; bescheiden; **~miento** *m* Anstand *m*, Höflichkeit *f*, Zurückhaltung *f*.
comediógrafo *m* Bühnenautor *m*; Komödienschreiber *m*.
comedirse [31] *v/r.* 1. *s.* mäßigen, *s.* zurückhalten, zurückhaltend sein; ~ *en sus deseos* anspruchslos sein; 2. *Am.* äußerst zuvorkommend sein; 3. *Ec. s.* einmischen.
come|dón *m* Mitesser *m*; **~dor** I. *adj.* 1. gefräßig; II. *m* 2. Eßzimmer *n* (*a. Möbel*); Speise-raum *m*, -saal *m* (*Hotel*); ~ (*colectivo*) (Werks-)Kantine *f*; ~ *de estudiantes*, ~ *universitario* Mensa *f*; ⚔ ~ (*de oficiales*) (Offiziers-)Messe *f*; ~ *público etwa*: Volksküche *f*; 3. Mittagstisch *m*; 4. ~ *de fuego* Feuerfresser *m*, -schlucker *m*.
come|jén *m Ent. bsd. Am.* Termite *f*; *fig.* F *Am. Reg.* Rotznase *f* F, frecher Kerl *m*; *Am. Reg.* Unruhe *f*; **~jenera** *f* Termitenbau *m*; *fig.* F *Ven.* Räuberhöhle *f*, Schlupfwinkel *m*.
comen|dador *m* 1. Komtur *m* der Ritterorden; ~ *mayor* Großkomtur *m*; 2. Ordensprior *m versch. rel. Orden*; **~dadora** *f* Priorin *f versch. Frauenklöster*; **~datorio** *adj.* Empfehlungs...; **~dero** *hist. m* Kommenden-inhaber *m*, -komtur *m*.
comensa|l *c* Tischgenosse *m*; (Tisch-)Gast *m*; **~lía** *f* Tischgenossenschaft *f*.

comen|tador *m* Kommentator *m*; **~tar** *v/t.* 1. erklären, auslegen; 2. besprechen, kommentieren; *Buch* rezensieren; Bemerkungen machen über (*ac.*); **~tario** *m* Kommentar *m*; Erklärung *f*, Auslegung *f*; *fig.* Gerede *n*, Geschwätz *n*; *los* ⚥*s de César der Gallische Krieg* (*Werk Cäsars*); *sin más* ~ ohne weitere Erklärung; ohne weiteres; *dar lugar a* ⚥*s* Anlaß zu Bemerkungen geben, *s.* dem Gerede aussetzen; **~tarista** *c* berufsmäßiger Kommentator *m*; Ausleger *m*, Erklärer *m*; **~to** *m* 1. Kommentieren *n*; 2. → *comentario*.
comenzar [1f *u.* 1k] I. *v/t.* anfangen, beginnen; in Angriff nehmen; *Frucht*, *Brot* anschneiden; II. *v/i. abs.* beginnen, anfangen; ~ *a* + *inf.* beginnen zu + *inf.*, anfangen zu + *inf.*; ~ *por* + *inf.* zunächst (*od.* zuerst) *et. tun*; *v/impers. comienza a llover* es fängt an zu regnen.
comer I. *vt/i.* 1. essen, (ver)speisen, verzehren; fressen (*Tiere u.* P *Menschen*); zu Mittag essen; *Col., Chi.* zu Abend essen; ~ *por* ~ ohne Appetit essen; (nur) aus Höflichkeit et. *s.* nehmen; P ~ *caliente* zu essen haben; ~ *por cuatro* essen für vier; *fig.* F ~ *a alg.* vivo aus j-m Hackfleisch (*od.* Kleinholz) machen F (*Drohung*); *antes* (*después*) *de* ~ vor (nach) Tisch, vor (nach) dem Essen; *fig.* ¿*con qué se come eso?* was soll das (bedeuten)?; *dar de* ~ *a*) *j-m* zu essen geben; *b*) für *j-s* Unterhalt sorgen; *echar de* ~ *a Tier* füttern (*ac.*), Futter geben (*dat.*); F *estar a/c. diciendo cómeme* sehr appetitlich (*bzw.* ganz reizend) aussehen; *fig. tener qué* ~, *sin* ~ *sein Auskommen haben; fig. sin* ⚥*lo ni beberlo* (ganz) ohne sein eigenes Zutun; II. *v/t.* 2. (zer)fressen (*Rost*, *Säure*); 3. *fig.* el río come las orillas der Fluß nagt an s-n Ufern; 4. *fig.* nagen an (*dat.*), verzehren (*ac.*) (*Kummer*, *Schmerz*, *Neid*, *Eifersucht*); 5. *Farbe* ausbleichen; 6. *Worte*, *Silben* verschlucken, auslassen; 7. *Vermögen* durchbringen; 8. *Brettspiel: Steine od. Figuren* wegnehmen; *Damespiel:* blasen; 9. jucken; *me come todo el cuerpo* es juckt mich überall; III. *v/r.* ⚥*se* 10. aufessen; ver-, hinunter-schlingen; 11. *fig.* ⚥*se a/c. et.* übersehen, *et.* überspringen; *fig.* ⚥*se de* vergehen vor (*dat.*), *s.* verzehren vor (*dat.*); *fig.* F ⚥*se crudo a alg.* j-n in die Tasche stecken, j-m übersein; *fig.* ⚥*se las ganas s. et.* verkneifen; ⚥*se con los ojos* (*con la vista*) mit den Augen verschlingen; *fig. está para comérsela* sie ist zum Anbeißen hübsch; *con su pan se lo coma* das ist s-e Sache, da trägt er die Verantwortung; ⚥*se los santos ein* Betbruder (*od.* Frömmler) sein; 12. *Vermögen* vergeuden, verbrauchen; F *Col. Frau* vernaschen F; IV. *m* 13. Essen *n*, Speise *f*; Mahlzeit *f*; *ser de buen* ~ *a*) schmackhaft sein, *b*) ein starker Esser sein.
comer|ciable *adj. c* 1. (ver)käuflich, umsetzbar; handelsfähig; 2. umgänglich, gesellig; **~cial** *adj. c* kaufmännisch, geschäftlich, kommerziell, Handels..., Geschäfts...; *acuerdo m* ~ (*y de pagos*) Handels-

(u. Zahlungs-)abkommen *n*; *agente m* ~ Handelsvertreter *m*; *local m* ~ Geschäftslokal *n*; **~cialismo** *m* Geschäfts-sinn *m*, -tüchtigkeit *f*; **~cialización** *f* Absatz *m*, Vermarktung *f*; Kommerzialisierung *f*; **~cializar** [1f] *v/t.* vermarkten, absetzen; kommerzialisieren; **~cialmente** *adv.* kommerziell, kaufmännisch, als Kaufmann; **~ciante** *c* Kaufmann *m* (⚥ *f* Kauffrau *f*; ⚥*s m/pl.* Kaufleute *m/pl.*); Händler *m*, Geschäftsmann *m*; ~ *al por mayor* Großhändler *m*; ~ *al por menor*, ~ *al detalle* Einzel-, Kleinhändler *m*; ~ *de radio* (*en vinos*) Radio- (Wein-)händler *m*; **~ciar** [1b] *v/i.* 1. handeln, Handel treiben (*mit dat. con*, *en*); ~ *al por mayor* Großhandel (be)treiben (*mit dat. con*); 2. *fig.* Umgang haben (*mit dat. con*).
comercio *m* 1. Handel *m*; Handlung *f*, Geschäft *n*, Laden *m*; Handelsverkehr *m*; Handelsgewerbe *n*; ~ *de cabotaje* Küstenhandel *m*; ~ *clandestino*, ~ *ilícito* Schleichhandel *m*; ~ *electrónico* elektronischer Handel *m*, E-Kommerz *m*; ~ *de exportación* (*de importación*) Ausfuhr- (Einfuhr-)handel *m*; ~ *exterior* (*interior*, *nacional*) Außen- (Binnen-)handel *m*; ~ *intermediario* Zwischenhandel *m*; ~ *internacional*, ~ *mundial* Welthandel *m*; ~ *al por mayor*, ~ *mayorista* Großhandel *m*; ~ *al por menor*, ~ *al detalle* Klein-, Einzel-handel *m*; ~ *de ultramar* Überseehandel *m*; ~ *de ventas por correspondencia* Versandgeschäft *n*; *operación f de* ~ Handelsgeschäft *n*; *todo el* ~ *cierra el domingo* am Sonntag bleiben alle Geschäfte geschlossen; *establecerse en el* ~ *s.* als Kaufmann niederlassen; 2. Geschäftswelt *f*, -leben *n*, -kreise *m/pl.*, -leute *pl.*; 3. *Reg. u. Am.* Geschäftsviertel *n*; 4. *fig.* Umgang *m*, Verkehr *m*; ~ *carnal*, ~ *sexual* Geschlechtsverkehr *m*; 5. *versch.* Kartenspiele.
comestible I. *adj. c* eßbar; II. ⚥*s m/pl.* Eßwaren *f/pl.*, Lebensmittel *n/pl.*; ⚥*s finos* Feinkost *f*, Delikatessen *f/pl.*; *tienda f de* ⚥*s* Lebensmittelgeschäft *n*.
cometa I. *m Astr.* Komet *m*; II. *f* Drachen *m*; Papierdrachen *m*; *volar la* ~, *echar* (*od. hacer subir*) *un* ~ e-n Drachen steigen lassen.
come|tedor *adj.-su.* Täter *m*, Urheber *m*; **~ter** *v/t.* 1. *Irrtum*, *Sünde*, *Verbrechen* begehen, Fehler machen, *s. e-s Vergehens* schuldig machen; 2. ✝ ~ *a/c. a alg.* j-n mit *et.* (*dat.*) beauftragen, **~tido** *m* Auftrag *m*; Aufgabe *f*.
comezón *f* Jucken *n*, Juckreiz *m*; *fig.* Kitzel *m*, Gelüst *n*; Unruhe *f*; F *tengo una* ~ (*interna*) mir ist irgendwie unbehaglich.
comible F *adj. c* (noch) eßbar.
comic *m Span.* Comic (strip) *m*.
cómica *Thea. f* Komikerin *f*; P Schauspielerin *f*.
comicastro *desp. m* schlechter Schauspieler *m*, Schmierenkomödiant *m* (*fig.*).
comicial *hist. u. lit. adj. c* (Volks-) Versammlungs..., Wahl...
comicidad *f* Komik *f*.
comicios *m/pl.* Volks-, Wahl-versammlung *f*; Wahlbezirk *m*; *p. ext.*

cómico — cómoda 162

Wahlen *f*/*pl.*; *hist.* Komitien *pl.* (*Rom*).
cómico I. *adj.* **1.** komisch, lustig, spaßhaft, witzig; *lo* ~ *das Komische*; **2.** Komödien...; Lustspiel...; komisch; *actor m* ~ → **3**; **II.** *m* **3.** Komiker *m* (*Schauspieler*); P Schauspieler *m*; ~ *de la legua* Wanderschauspieler *m*; Schmierenkomödiant *m*.
comi|da *f* Essen *n*, Speise *f*, Nahrung *f*; Mahlzeit *f*; Mittagessen *n*; *Col., Chi.* Abendessen *n*; ~ *casera* Hausmannskost *f*, (gut)bürgerliche Küche *f*; ~ *de despedida* Abschiedsessen *n*; ~ *principal* Hauptmahlzeit *f*; ~ *rápida* Fast food *n*; *dar una* ~ *a alg.* für j-n (*od.* j-m zu Ehren) ein Essen geben; *hacer la* ~ *das Essen zubereiten; hacer tres* ~*s al día* dreimal täglich essen; *tener* ~ *y alojamiento* Unterkunft u. Verpflegung (*od. als Bestandteil e-s Entgelts* freie Station *f*) haben; ~**dilla** *f* **1.** Hauptthema *n*; Stadtgespräch *n*; *ser la* ~ *de la gente* (*del público*) *das* Stadtgespräch sein, stadtbekannt (*od.* in aller Munde) sein; **2.** Lieblingsbeschäftigung *f*, Steckenpferd *n*, Hobby *n*; ~**do** *adj.* **1.** satt (gegessen); F (*lo*) ~ *por* (*lo*) *servido* es kommt nichts dabei heraus, es langt gerade von der Hand in den Mund (*Lohn, Verdienst*); (*estar*) ~ *y bebido* den ganzen Unterhalt (haben); *estar* ~ *de trampas* bis über beide Ohren verschuldet sein; *llegar* ~ nach dem Essen kommen (*Besuch*); F *es pan* ~ das ist ganz leicht (zu machen); **2.** durchlöchert; ~ *de orín* rostig, vom Rost zerfressen.
comienzo *m* Beginn *m*, Anfang *m*; Ursprung *m*, Wurzel *f*; Antritt *m* (*Reise, Kur*); *desde el* ~ von Anfang an; *al* ~, *en el* ~ *im* (*od.* zu) Anfang, anfänglich; *a* ~*s de mayo* Anfang Mai; *a* ~*s del verano* zu Beginn des Sommers; *dar* ~ beginnen, anfangen (*v*/*i.*); *dar* ~ *a et.* beginnen, *et.* in Angriff nehmen.
comi|lón *adj.-su.* gefräßig; *m* Vielfraß *m*; Schlemmer *m*; ~**lona** F *f* Eßgelage *n*, Fresserei *f* F; Abfütterung *f* F; F *estar de* ~ mächtig schlemmen.
comillas *f*/*pl.* Anführungszeichen *n*/*pl.*, Gänsefüßchen *n*/*pl.*; *poner entre* ~ in Anführungszeichen setzen (*a. fig.*).
comi|near *v*/*i.* **1.** ein Kleinigkeitskrämer sein; **2.** s. mit Weiberkram abgeben F (*Mann*); ~**nería** F *f* Kleinigkeitskrämerei *f*; ~**nero** F *m* **1.** Schnüffler *m*; Topfgucker *m*; **2.** Kleinigkeitskrämer *m*; ~**nillo** *m* ♀ Taumellolch *m*; *Rpl.* Kümmel *m* (*Schnaps*); ~**no** *m* **1.** ♀ (Kreuz-)Kümmel *m*; *pharm.* esencia *f de* ~ Kümmelöl *n*; *licor de* ~ Kümmel *m* (*Schnaps*); **2.** *fig.* Knirps *m*, kl. Wicht *m*; F *eso* (*no*) *me importa un* ~ *das ist mir ganz egal, das dir mir schnuppe* F.
comique|ar F *v*/*i.* Liebhabertheater spielen; ~**ría** F *koll. f* Schauspieler *m*/*pl.*, Ensemble *n*.
comisa|r ⚖ *v*/*t.* einziehen, beschlagnahmen; ~**ría** *f* (*a.* ~**riato** *m*) Kommissariat *n*; ~ (*de policía*) Polizei-revier *n*; -wache *f*; ~**rio** *m* **1.** Kommissar *m*; Beauftragte(r) *m*;

amtlicher Vertreter *m*; *Pol. alto* ~ Hochkommissar *m*; ~ (*de policía*) Polizeikommissar *m*; **2.** Marinezahlmeister *m*.
comiscar [1g] *vt*/*i.* wenig u. oft essen, naschen.
comisión *f* **1.** Kommission *f*, Ausschuß *m*; ~ *administrativa* (*económica*) Verwaltungs- (Wirtschafts-)ausschuß *m*; *Verw.* ~ *calificadora* Prüfungsausschuß *m*; ♀ *de los Derechos del Hombre* Ausschuß *m* für Menschenrechte *der UNO*; ♀ *Económica para América Latina* Wirtschaftskommission *f* für Lateinamerika; ~ *especial* Sonderausschuß *m*; ~ *de estudios* Studien-, Prüfungs-kommission *f*; ~ *Europea* Europäische Kommission *f*; ~ *de investigación*, ~ *investigadora bsd. Parl.* Untersuchungsausschuß *m*; *constituir* (*od. formar, establecer*) *una* ~ *e-e* Kommission (e-n Ausschuß) einsetzen; *formar parte de la* ~ Ausschußmitglied sein; **2.** † ~ (*mercantil*) Kommission(sgeschäft *n*) *f*; Provision *f*; *agente m de* ~ Kommissionär *m*, Geschäftsvermittler *m*; *dar* (*vender*) *en* ~ in Kommission geben (verkaufen); *establecer una casa de* ~*ones y representaciones* ein Kommissionsgeschäft aufziehen; *trabajar a* ~ auf (*od. gg.*) Provision arbeiten; **3.** Auftrag *m*; *venir en* ~ *de* in Auftrag von (*dat.*) kommen; **4.** Begehen *n*, Begehung *f e-r Sünde, e-s Verbrechens*; Verübung *f e-s Verbrechens*; ⚖ *delito m de* ~ Kommissivdelikt *n*; *Theol. pecado m de* ~ Tatsünde *f*; **5.** ⚖ *rogatoria* Rechtshilfeersuchen *n an ein ausländisches Gericht*; *interrogar a alg. por* ~ *rogatoria* j-n kommissarisch (*aufgrund e-s Rechtshilfeersuchens*) vernehmen.
comisio|nado *m* †, ⚖ Bevollmächtigte(r) *m*, Beauftragte(r) *m*; *bsd. Am.* Kommissar *m*; ~**nar** *v*/*t.* †, ⚖ beauftragen (j-n mit *et. dat. a/c. a alg.*); ~ *a/c. a alg.* j-m en Auftrag geben; ~**nista** † **I.** *adj.* c Kommissions...; *librero m* ~ Kommissionsbuchhändler *m*; **II.** *m* ~ (en nombre ajeno) Vertreter *m*, Agent *m*; ~ (en nombre propio) Kommissionär *m*; ~ *de transportes* Spediteur *m*.
comiso ⚖ *m* **1.** Einziehung *f*, Beschlagnahme *f*; *de* ~ beschlagnahmt, eingezogen; **2.** Rücktrittsberechtigung *f v. der Erbpacht*; ~**rio** ⚖ *adj.* befristet (gültig).
comistrajo F *desp. m* (Hunde-)Fraß *m* F.
comisura *Anat. f* Verbindungsstelle *f*, Kommissur *f*; ~ *de los labios* Mundwinkel *m*; ~ *de los ojos, ~ de los párpados* Augenwinkel *m*.
comité *m* Ausschuß *m*, Komitee *n*; *Pol.* ♀ *Central* Zentralkomitee *n*; ~ *ejecutivo Pol.* Exekutivkomitee *n*; *Vereine usw.*: geschäftsführender Ausschuß *m*; ~ *electoral* Wahlausschuß *m*; ~ *de empresa* Betriebsrat *m*; ~ *de normalización* Normenausschuß *m*; ♀ *Olímpico Internacional* Internationales Olympisches Komitee *n*; ~ *organizador* vorbereitender (Fest-)Ausschuß *m*; Messeausschuß *m usw.*

comitente †, ⚖ *m* Auftraggeber *m*.
comitiva *f* Gefolge *n*, Begleitung *f*; Zug *m*.
cómitre *m* ⚓ *hist.* Rudermeister *m auf den Galeeren*; Schiffshauptmann *m*; *fig.* Leuteschinder *m*.
comiza *Fi. f* Bartfisch *m*, gr. Flußbarbe *f*.
como I. *adv.* **1.** *Eigenschaft*: als; ~ *profesor y amigo* als Lehrer u. Freund; *asistir* ~ *observador* als Beobachter teilnehmen; **2.** *Vergleich*: wie, sowie; so wie; *tiene tanto dinero* ~ *tú* er hat soviel Geld wie du; *y otros casos*, ~ *son* u. andere Fälle, wie z. B.; *no* ~ *quiera* wie es sich gehört, anständig; nicht leichthin; *tal* ~ *era entonces*, ya no es so wie damals ist es nicht mehr; *sabrás la manera* ~ *sucedió* du wirst wissen, wie es zugegangen ist; **3.** *Beziehung u. Annäherung*: ungefähr, etwa; gewissermaßen; F *was* ... (*ac.*) *angeht*, was man so nennt; F ~ *quien dice mil marcos* sozusagen (*od.* rund) 1000 Mark; *hará* ~ *tres meses* es mag ein Vierteljahr her sein; ~ *entenderlo, no lo entiendo* genau genommen, versteh' ich's nicht, verstehen tu ich's nicht; **II.** *cj.* wie, als; **4.** *Vergleich*: wie; *hazlo* ~ *puedas* mach's, wie es eben geht; ~ *quiera* (*usted*) wie Sie wollen, nach Ihrem Belieben; ~ *si* + *subj.* als ob + *subj.*; ~ *si fuera rico* als ob er reich wäre; *hacía* ~ *que dormía* er tat, als ob er schliefe; *¡esto es* ~ *para desesperarse!* das ist ja zum Verzweifeln!; **5.** *Zeitsatz*: sobald; (*así od. tan pronto*) ~ *se hubieron* (*od. se habían*) *acercado* (*a. se acercaran bzw. se acercaron*) *las tropas, se entabló la lucha* sobald die Truppen herangerückt waren (*od.* kaum waren die Truppen herangerückt), begann der Kampf; (*tan pronto*) ~ *vuelva a casa, se lo diré* sobald er nach Hause kommt, sage ich's ihm; **6.** *Bedingung*: wenn; ~ *no seas puntual, me voy* wenn du nicht pünktlich bist, gehe ich; **7.** *Begründung*: da, weil; ~ *es domingo, está todo cerrado* da Sonntag ist, ist alles geschlossen; ~ *quiera que da; tienes un coche precioso — ¡~ que me ha costado un dineral!* du hast e-n schönen Wagen — der hat mich aber auch e-e Stange Geld gekostet; **8.** *Einräumung*: ~ *quiera que sea* es sei, wie es wolle; ~ *quiera* (*que*) + *subj.* obwohl, wenn ... auch; **9.** *Objektsatz* (*hier mst. que*): daß; *verás* ~ *lo hago* du wirst sehen, daß (*bzw.* ob) ich es tue.
cómo I. *adv.* *Frage* (*direkt u. indirekt*) u. *Ausruf*: wie?, wieso?; *¿* ~ ...!; *¿*~ *que?, ¿*~ *pues?* wieso?; *¡*~ *que no!* wieso nicht!; *¿*~ *estás?* wie geht es dir?; *¿a* ~ *está el cambio?* wie steht der Kurs?; *¿a* ~ *está el pan?* wie teuer ist das Brot?; *no sabía* ~ *hacerlo* er wußte nicht, wie er es anstellen sollte; *no sé* ~ *no lo hago* am liebsten möchte ich's tun; *según y* ~ je nachdem, es kommt darauf an; *¡*~ *no!* natürlich!, selbstverständlich!; **II.** *m* *el* ~ *y el cuándo* das Wie u. das Wann.
cómoda *f* Kommode *f*.

cómodamente *adv.* bequem, leicht; bequem, behaglich.
como|dante ᵣₜ *m* Verleiher *m*; ⁓**dato** ᵣₜ *m* Leihe *f*; *prestar en* ⁓ leihen; ⁓**datorio** ᵣₜ *m* Entleiher *m*.
comodidad *f* **1.** Bequemlichkeit *f*, Behaglichkeit *f*; Wohlstand *m*; *con todas las* ⁓*es* mit allem Komfort (*Wohnung*); **2.** Nutzen *m*; *buscar* ⁓*es s-n* Vorteil suchen.
comodín *m* **1.** *kl.* Kommode *f*; *Typ.* Setzregal *n*; **2.** F Mädchen *n* für alles (*fig.*); **3.** *Kart.* Joker *m*; *EDV* Platzhalter *m*; **4.** Lieblingsausdruck *m*; **5.** *kl.* Handkoffer *m*.
cómodo *adj.* bequem, leicht; behaglich, gemütlich; solide, breit (*Mehrheit*); *aquí estamos muy* ⁓*s* hier fühlen wir uns sehr wohl, hier haben wir es gemütlich; F *póngase* ⁓ machen Sie sich's bequem, fühlen Sie s. wie zu Hause.
comodón F *adj.-su.* bequem, faul.
comodoro ⚓, ✈ *m* Kommodore *m*.
comoquiera *adv.* → *como* (*quiera*) **8**; ⁓, *se ha de enfadar* er wird s. sowieso ärgern.
Comoras *f/pl.* Komoren *pl.*
compa F *m Span.* Kumpel *m* F.
compac|idad *f* Kompaktheit *f*, Dichtigkeit *f*; ⁓**tar** *v/t.* verdichten, zs.-drängen; anhäufen; ⁓**tible** *adj.* *c* zs.-drückbar; ⁓**to** *adj.* dicht, fest, kompakt, massiv; fest (*Holz*); schwer (*Schnee*); *Typ.* eng (*Satz, Schrift*); *coche m* ⁓ Kompaktwagen *m*; *multitud f* ⁓*a* dichtgedrängte Menge *f*.
compadecer [2d] **I.** *v/t.* (*u.* ⁓*se v/r.* *de*) bemitleiden, Mitleid haben mit (*dat.*); s. erbarmen (*gen.*); **II.** *v/r.* ⁓*se (mal) una cosa con otra* s. (schlecht *od.* nicht) vertragen mit (*dat.*), (nicht) zuea. passen.
compa|draje *m* Cliquen-bildung *f*, -wirtschaft *f*, Kamarilla *f*; ⁓**drar** *v/i.* Gevatter werden; j-s Freund sein (*od.* werden) (*mst. desp.*); ⁓**drazgo** *m* Gevatterschaft *f*; *fig.* Clique *f*; ⁓**dre** *m* **1.** Gevatter *m* (*Reg. a. als Anrede*); *fig.* Freund *m*; *Col.* *vamos a ser* ⁓*s* jetzt haben wir beide das gleiche gesagt; ¡⁓! nanu!, alle Achtung!; **2.** *Rpl.* Angeber *m*, Windhund *m*; ⁓**drear** *v/i.* **1.** → *compadrar*; **2.** *Rpl.* s. aufspielen, mit guten Beziehungen prahlen; ⁓**dreo** *m* Freundschaft *f* (*mst. zu unterlaubten Zwecken*); ⁓**drito** *m Rpl.* Geck *m*, Fatzke *m*; ⁓**drón** *m Rpl.* Maulheld *m*; Raufbold *m*.
compagina|ción *f* **1.** *Typ.* **a)** Paginierung *f*; **b)** Umbruch *m*, Umbrechen *n des Satzes*; **2.** *fig.* Einordnung *f*; Vergleich(ung *f*) *m*; **3.** *fig.* Verkettung *f*; ⁓**dor** *Typ. m* Metteur *m*; ⁓**r I.** *v/t.* **1.** *Typ.* **a)** paginieren; **b)** umbrechen; **2.** in Einklang bringen (mit *dat. con*); **II.** *v/r.* ⁓*se* **3.** ⁓*se con* passen zu (*dat.*), in Einklang stehen mit (*dat.*).
compaña F *f* → *compañía*; *y la* ⁓ und die ganze Sippschaft; *¡adiós, Paco y la* ⁓*!* auf Wiedersehen, Franz u. alle miteinander!
compa|ñerismo *m* Kameradschaft (-lichkeit) *f*; Kollegialität *f*; ⁓**ñero** *m* **1.** Begleiter *m*; Gefährte *m*; Genosse *m*; Kollege *m*; Mitarbeiter *m*;

Kamerad *m*, Freund *m*; ⁓ *de armas* Waffenbruder *m*, Kampfgefährte *m*; ⁓ *de cautiverio* Mitgefangene(r) *m*; ⁓ *de clase* Schulfreund *m*; *Boxen:* ⁓ *de entrenamiento* Sparringspartner *m*; ⁓ *de estudios* Studien-genosse *m*, -kollege *m*, Kommilitone *m*; ⁓ *de fatigas* Leidensgenosse *m*; ⁓ *de juego* Spielgefährte *m*; ⁓ *de viaje* Reisegefährte *m*; *Pol.* Mitläufer *m*; **2.** *fig.* Seiten-, Gegen-stück *n*; *estos zapatos no son* ⁓*s* diese Schuhe gehören nicht zuea.; **3.** ♘ *u. fig.* Kumpel *m*; ⁓**ñía** *f* **1.** Begleitung *f*; Gesellschaft *f*; *p. ext.* Begleiter *m*, Gefährte *m*; *en* ⁓ (*de*) zs. (mit *dat.*); *malas* ⁓*s f/pl.* schlechte Gesellschaft *f*; *encontrar* ⁓ Gesellschaft finden; *estar en buena* ⁓ *s.* in guter Gesellschaft befinden; *hacer* ⁓ *a alg.* j-m Gesellschaft leisten; **2.** *a.* ✈ Gesellschaft *f*; ⁓ *aérea*, ⁓ *de aviación* (*de navegación*) Luftfahrt-, Flug- (Schiffahrts-)gesellschaft *f*; ⁓ (*mutua*) *de seguros* Versicherungsgesellschaft *f* (auf Gegenseitigkeit); ⁂ *Pérez y Cía* Firma Pérez & Co.; **3.** *kath.* ⁓ *de Jesús* Gesellschaft *f* Jesu; **4.** *Thea.* Truppe *f*, Ensemble *n*; ⁓ *de ópera* Opern-truppe *f*, -ensemble *n*; ⁓ *de la legua*, ⁓ *ambulante* Wanderbühne *f*; Schmierentheater *n*; **5.** ♘ Kompanie *f*; ⁓ *de honor* Ehrenkompanie *f*.
compara|ble *adj. c* vergleichbar (mit *dat. a*), ⁓**ción** *f* **1.** Vergleich *m*, Gg.-überstellung *f*; *en* ⁓ (*con*) im Vergleich (mit, zu *dat.*); *adv.* dagegen; *por* ⁓ vergleichsweise; *sin* ⁓ mit Abstand; *no tener* ⁓ unvergleichlich sein; *toda* ⁓ *es odiosa* (alle) Vergleiche hinken; **2.** Gleichnis *n*; **3.** *Gram.* Steigerung *f*; ⁓**do** *adj.* vergleichend; ⁓ *con* comparado con (*dat.*), im Vergleich zu (*dat.*); ⁓**dor** *Phys. m* Komparator *m*; ⁓**nza** † *u. Reg. f* → *comparación*; ⁓*r v/t.* vergleichen (mit *dat. a, con*); gg.-einander abwägen; gg.-überstellen; *imposible de* ⁓ unvergleichbar; ⁓**tista** *c bsd.* Sprachvergleicher *m*; Rechtsvergleicher *m*; ⁓**tivo I.** *adj.* vergleichend; *Gram.* *oración f* ⁓*a* Vergleichssatz *m*; **II.** *m Gram.* Komparativ *m*.
compa|recencia *bsd.* ᵣₜ *f* Erscheinen *vor Gericht*; *orden f de* ⁓ Vorführungsbefehl *m*; ⁓**recer** [2d] *v/i. vor Gericht* erscheinen; F *iron.* auftauchen, in Erscheinung treten; ⁓**reciente** *adj.-su. c vor Gericht* Erscheinende(r) *m*; ⁓**rendo** ᵣₜ *m* Vorladung *f*; ⁓**rición** ᵣₜ *f* Erscheinen *n vor Gericht*; Vorladung *f*.
compar|sa I. *f* **1.** Gefolge *n*; **2.** Maskengruppe *f*; **3.** F, *mst. iron.* Menge *f*, Volk *n*; **II.** *c* **4.** *Thea.* Statist *m*, Komparse *m*; ⁓**sería** *Thea. f* Statisten *m/pl.*
compar|te ᵣₜ *c* Mitkläger *m*; ⁓**tidor** *m* Mitteilhaber *m*; Mitverteiler *m*; ⁓**timento** *m Am.*, ⁓**timiento** *m* Abteilung *f*, Fach *n*; Feld *n*; ⚓ Abteil *n*; ⚓ ⁓ *estanco durch Schotten* gesicherte Abteilung *f e-s Schiffes*; ⁓**tir** *v/t.* auf-, ver-, einteilen; teilen, gemeinsam haben (mit *dat. con*); ⁓ *la opinión de otro* die Meinung *s-s* anderen teilen; ⁓ *las alegrías y las penas* Freud' und Leid teilen; ⁓ *entre muchos* auf viele verteilen.

compás *m* **1.** Zirkel *m*; ⁓ *de espesor*, ⁓ *de grueso* Dickenmesser *m*, (Ab-)Greifzirkel *m*, Tasterlehre *f*; *estuche m* (*od. juego m od. caja f*) *de compases* Reißzeug *n*; **2.** ♪ Takt *m*; *allg.* Rhythmus *m*, Tempo *n*, Maß *n*; *a* ⁓ im Takt; im Gleichschritt; ⁓ *de dos* (*tres*) *por cuatro* Zwei- (Drei-)vierteltakt *m*; ⁓ *de espera* ganztaktige Pause *f*, Pausentakt *m*; *fig.* Vorspiel *n*; ⁓ *menor* → *compasillo*; ⁓ *mayor alla breve*-Takt *m*; ⁓ *de vals* Walzertakt *m*; *llevar el* ⁓ Takt halten; *fig.* den Ton angeben; *marcar el* ⁓ den Takt angeben (*od.* schlagen); *fig.* den Ton angeben; *perder el* ⁓ aus dem Takt kommen; **3.** *fig.* Maß *n*, Richtschnur *f*; *al* ⁓ *de* nach Maßgabe von (*dat.*), in Übereinstimmung mit (*dat.*); **4.** ⚓ Kompaß *m*; → *a. brújula*; **5.** Klostergelände *n*; **6.** *Fechtk.* Wendung *f*.
compasa|damente *adv.* taktmäßig; abgemessen; mit Maß u. Ziel; ⁓**do** *adj.* taktmäßig; abgemessen; maßvoll, klug; ⁓**r** *v/t.* abzirkeln; ausmessen; ♪ in Takte einteilen; *fig.* bemessen, einteilen.
compasillo ♪ *m* Vierviertaktakt *m*.
compa|sión *f* Mitleid *n*; Erbarmen *n*; *¡por* ⁓*!* um Gotteswillen!; *sin* ⁓ erbarmungs-, rücksichts-los; *dar* ⁓, *despertar* ⁓ Mitleid erwecken; *tener* ⁓, *sentir* ⁓ Mitleid haben (mit *dat. de*); ⁓ *ein* Einsehen haben (mit *dat. de*); ⁓**sionado** *adj.* → *apasionado*; ⁓**sivo** *adj.* mitleidig, barmherzig; mitfühlend, teilnehmend.
compati|bilidad *f* Vereinbarkeit *f*, ⓘ Kompatibilität *f*; Verträglichkeit *f*; ⁓**ble** *adj. c* vereinbar, *bsd.* *EDV* kompatibel (mit *dat. con*); verträglich.
compatriota *c* Lands-mann *m*; -männin *f*; ⁓*s m/pl.* Landsleute *pl.*
compeler *v/t.* nötigen, zwingen (zu + *inf. od. dat. a*).
compen|diado *adj.* abgekürzt, zs.-gefaßt; ⁓**diador** *m* Kompendienverfasser *m*; ⁓**diar** [1b] *v/t.* zs.-fassen, kürzen; in Auszug bringen; ⁓**dio** *m* Kompendium *n*, Abriß *m*, Leitfaden *m*, Auszug *m*; ⁓**diosamente** *adv.* auszugsweise; ⁓**dioso** *adj.* im Auszug, gekürzt, summarisch.
compene|tración *f* gg.-seitige Durchdringung *f*; (gg.-seitiges) Verständnis *n*; † Verflechtung *f*; ⁓**trarse** *v/r.* ea. durchdringen; *inea.* aufgehen (*a. fig.*); ⁓ (*de*) bis in die geringsten Einzelheiten (*e-r Sache*) eindringen; ⁓ *con alg.* s. mit j-m gut verstehen.
compensa|ble *adj. c* ersetzbar; ausgleichbar; ⁓**ción** *f* **1.** Ausgleich *m*; Ersatz *m*, Vergütung *f*; ⁓ *de energía* Energieausgleich *m*; *en* ⁓ *de* als Ersatz (*od.* zum Ausgleich) für (*ac.*); **2.** † Verrechnung *f*; *central f de* ⁓ Verrechnungs-, Clearing-stelle *f*; ⁓ *de cargas* Lastenausgleich *m*; ⁓**dor I.** *adj.* ausgleichend; **II.** *m* Kompensator *m*, Ausgleicher *m* (⊕); Uhrenpendel *n*; ∮ Aus-, Ab-gleichkondensator *m*; ⁓**r I.** *v/t.* **1.** ausgleichen, ersetzen, kompensieren; ⁓ *las pérdidas con las ganancias*

compensatorio — compra

Verlust u. Gewinn ausgleichen; 2. ~ (de, por) entschädigen (für ac.); II. v/r. ~se 3. ea. aufwiegen; ~tivo, ~torio adj. ausgleichend.
compe|tencia f 1. Wett-streit m, -bewerb m; ✝ Konkurrenz f; allg., Sp., ✝ ~ (inter)nacional (inter)nationaler Wettbewerb m; a ~, en ~ um die Wette, konkurrierend; fuera de ~ außer Konkurrenz; ✝ estar en ~ konkurrieren, im Wettbewerb stehen; estar en la ~, ser de la ~ zur Gg.-partei gehören, von der Konkurrenz sein; am Wettbewerb teilnehmen; 2. Zuständigkeit f (a. ⚖), Befugnis f, Kompetenz f; Fähigkeit, Tauglichkeit f; esto (no) es de su ~ dafür ist er (nicht) zuständig, das gehört (nicht) zu s-n Obliegenheiten; ~tente adj. c 1. zuständig, befugt, berechtigt; tribunal m ~ zuständiges Gericht m; 2. sach-verständig, -kundig, kompetent; maßgebend; einschlägig; ser ~ en sachverständig sein in (dat.); maßgebend sein bei (od. in dat.); 3. begabt, tauglich; 4. zustehend, gebührend; 5. entsprechend, gehörig; edad f ~ (para) erforderliches Alter (für ac. od. um zu + inf.); ~tentemente adv. sachverständig, ~ter v/i. ~ (a) zukommen, zustehen, obliegen (dat.); ~tición f Wettbewerb m; ~ futbolística Fußballspiel n; ~ profesional Berufswettkampf m; ~tidor I. adj. rivalisierend, Konkurrenz..., im Wettbewerb stehend; casas f/pl. ~as Konkurrenz(firmen f/pl.) f; II. m Mitbewerber m, Konkurrent m; Nebenbuhler m; ~ a la presidencia Mitbewerber m um die Präsidentschaft; ~tir [31] v/i. s. mitbewerben (um ac. para); wetteifern, konkurrieren; ~ en fuerza an Kraft mitea. wetteifern; doce equipos compiten en los certámenes zwölf Mannschaften nehmen an den Wettspielen teil; (no) poder ~ (nicht) konkurrieren können, (nicht) konkurrenzfähig sein; ~titividad ✝ f Wettbewerbsfähigkeit f; ~titivo ✝ adj. Wettbewerbs..., Konkurrenz...
compi P m Kumpel m F.
compila|ción f Kompilation f; Zs.-tragen n; Sammelwerk n; desp. Sammelsurium n; ~dor m Kompilator m, Verfasser m e-s Sammelwerks; ~r v/t. kompilieren, zs.-tragen, -stellen; desp. zs.-stoppeln.
compinche F c Kumpan m, Spießgeselle m.
compla|cedor adj. gefällig, entgegenkommend; ~cencia f 1. Befriedigung f, Wohlgefallen n; tener gran ~ en große Befriedigung empfinden über (ac.); 2. a. ✝ Gefälligkeit f, Entgegenkommen n; Bereitwilligkeit f; ✝ Kulanz f; 3. ~(s) f(/pl.) Nachsicht f; ~cer [2x] I. v/t. gefallen (dat.), befriedigen (ac.); gefällig sein (dat.); willfahren (dat.); II. v/r. ~se en Gefallen finden an (dat.); s. freuen über (ac.); se complace en + inf. es macht ihm Spaß, zu + inf.; nos complacemos en remitirle adjunto ... wir freuen uns, Ihnen beiliegend ... übersenden zu können; ~cido adj. zufrieden, befriedigt; ~ciente adj. c gefällig, zuvorkommend; ✝ kulant; nachsichtig, tolerant, nachgiebig; willfährig (desp.).
compleción ⚹ f Ergänzung f.
comple|jidad f 1. Vielfältigkeit f, Vielschichtigkeit f; 2. Schwierigkeit f; ~jo I. adj. 1. komplex, vielschichtig, zs.-gesetzt, verwickelt; ⚹ números m/pl. ~s komplexe Zahlen f/pl.; II. m 2. Komplex m, Gesamtheit f, Ganze(s) n; Verbindung f; 3. Psych. Komplex m; ~ de Edipo (de inferioridad) Ödipus- (Minderwertigkeits-)komplex m; 4. ~ de edificios (industrial) Gebäude- (Industrie-)Komplex m; ~ residencial Wohnanlage f; ~ turístico Fremdenverkehrszentrum n; a. Feriendorf n.
complemen|tar v/t. ergänzen, vervollständigen; ~tario adj. ergänzend; Ergänzungs..., Komplementär...; ser ~ s. ergänzen; ~to m Ergänzung f, Vervollständigung f; ⚡ Komplement n; Gram. nähere Bestimmung f, Ergänzung f; ~ directo Akkusativobjekt n; ~s m/pl. de moda (Mode-)Accessoires n/pl.; ⚔ oficial m de ~ Reserveoffizier m.
comple|tamente adv. ganz, völlig; ~tar v/t. vervollständigen, ergänzen, komplettieren; ~ una suma die Summe vollmachen; ~tas Rel. f/pl. Komplet f; ~tivo adj. Gram. → complementario; ergänzend; ~to adj. vollständig, ganz, völlig; ¡~! besetzt! (Wagen); ausverkauft (Thea., Kino); adv. por ~ völlig; estar ~ vollzählig sein; traje m ~ dreiteiliger Anzug m; estar al ~ ausgebucht sein.
comple|xión f 1. Körperbau m, Konstitution f; Veranlagung f; 2. Rhet. Complexio f (lt.); ~xionado adj.: bien (mal) ~ von kräftigem (schmächtigem) Körperbau m.
complica|ción f Verwicklung f, Kompliziertheit f; Verkettung f, Zs.-treffen f von Umständen; Komplikation f (a. ⚕); Schwierigkeit f; ~do adj. verwickelt, verworren; schwierig, knifflig, a. ⚹ kompliziert; ~r [1g] I. v/t. 1. komplizieren, erschweren, verwirren; 2. ~ a alg. en algo ac. j-n in et. (ac.) hineinziehen, j-n in e-e Sache verwickeln; II. v/r. ~se 3. la cosa se va complicando die Sache wird immer verwickelter; F se la vida (od. la existencia) s. unnötige Schwierigkeiten schaffen; ~ das Leben (selbst) schwer machen.
cómplice ⚖ c Komplize m, Mitschuldige(r) m; i.e.S. Helfer m; ser ~ en un delito bei e-r Straftat mitwirken.
complicidad ⚖ f Mittäterschaft f; i.e.S. Beihilfe f.
complot m (pl. ~s) Komplott n, Verschwörung f. [de Henares.)
complutense adj.-su. c aus Alcalá⌡
compone|dor m 1. ⚖ u. allg. (amigable) ~ Vermittler m, Schiedsrichter m; 2. Typ. Winkelhaken m; 3. Chi. Knocheneinrenker m, Bader m; ~ra Typ. f Setzmaschine f.
componenda F f Kuhhandel m F, Absprache f; Kompromiß m.
compo|nente m (oft f) Bestandteil m, Komponente f; ⚹, ⊕ ~ efectiva (imaginaria) Wirk- (Schein-)wert m; ~ner [2r] I. v/t. 1. zs.-setzen; anordnen; zubereiten; 2. zu-, herrichten; aufputzen, schmücken; 3. in Ordnung bringen; ausbessern, reparieren; 4. ein Ganzes bilden, ausmachen; componen la junta ... dem Ausschuß gehören an ... (nom.); 5. verfassen, Aufsatz, Gedicht usw. schreiben; ♪ komponieren; 6. Typ. (ab)setzen; 7. ⚹ versöhnen; II. v/i. 8. abs. schreiben, dichten; komponieren; III. v/r. ~se 9. ~se de bestehen aus (dat.), s. zs.-setzen aus (dat.); 10. abs. s. (auf)putzen, s. schmücken; ~se el pelo s. das Haar ordnen; 11. s. vergleichen, s. aussöhnen, zu e-m Vergleich kommen (mit dat. con); 12. F componérselas s. behelfen, zurecht-, durch-kommen; componérselas para + inf. es schaffen, zu + inf.; ¿cómo se las compone? wie fangen (od. stellen) Sie es an?, wie machen Sie das?; ~nible adj. c passend, vereinbar; ausgleichbar, beizulegen(d).
comporta f Lese-, Trauben-korb m.
comporta|ble adj. c erträglich; ~miento m Betragen n, Benehmen n, a. ⊕ Verhalten n; Psych. ~ colectivo (sexual) Gruppen- (Sexual-)verhalten n; ~r I. v/t. 1. ertragen; 2. mit s. bringen, zur Folge haben; II. v/r. ~se 3. s. betragen, s. benehmen, s. verhalten.
composi|ción f 1. Zs.-setzung f, -stellung f; Gram. ~ de palabras Wortzs.-setzung f; ⚹ ~ de trenes Zugzs.-stellung f; 2. ⚹ Verbindung f; (chemische) Zs.-setzung f; ~ molecular Molekularverbindung f; sin ~ echt, unverfälscht; 3. Typ. Satz m; ~ a mano (a máquina) Hand- (Maschinen-)satz m; 4. (Schrift-)Werk n; Dichtung f; Schule: schriftliche Klassenarbeit f; ~ (literaria) Aufsatz m; ~ poética Gedicht n; 5. ♪ Komposition(slehre) f; ~ (musical) Komposition f, Musikstück n; 6. Mal. Komposition f; 7. fig. hacer su ~ de lugar das Für u. Wider abwägen; 8. Rel. Schlichtung f; ~tivo Gram. adj.: partículas f/pl. ~as Komposit(ions)partikel f/pl.; ~tor m 1. Komponist m, Tonsetzer m; Verfasser m; 2. Typ. Setzer m; 3. Rpl. Bereiter m (Renntraining).
compost m Kompost m; ~ar v/t. kompostieren.
compostelano adj.-su. aus Santiago de Compostela.
compostura f 1. Zs.-setzung f, Verfertigung f; Einrichtung f, Anordnung f; 2. Ausbesserung f, Instandsetzung f; 3. Zierde f, Schmuck m; 4. Beimischung f a. zur Verfälschung des Weins; 5. Bescheidenheit f, Zurückhaltung f; Anstand m; X no tiene ~ X kennt k-e Zurückhaltung; guardar ~ maßhalten; den Anstand wahren.
compo|ta f Kompott n; ~tera f Kompott-schale f, -schüssel f.
compound ⊕ adj. c: máquina f de vapor ~ Verbundmaschine f.
compra f Kauf m, An-, Ein-kauf m; ~ al contado Bar(ein)kauf m; ~ de ocasión, ~ de lance Gelegenheitskauf m; ~ a plazos Teilzahlungs-, Raten-kauf m; agente m de ~ Einkäufer m; libro m de ~s Einkaufsbuch n; negocio m de ~ y venta a.

Trödlerladen *m*; *estar de* ~ *beim Einkaufen sein*; F in anderen Umständen sein; *ir a la* ~ auf den Markt gehen (*Hausfrau*); → *ir de* ~*s einkaufen gehen*; ~**ble** *adj. c* käuflich (*a. fig.*); *fig.* bestechlich; ~**dor** *m* (*a. adj.*) Käufer *m*, Abnehmer *m*; Kunde *m*; ~**r I.** *vt/i.* kaufen, erwerben, *lit.* erstehen; ~ *a/c. a alg.* **a**) j-m et. abkaufen, bei j-m et. kaufen; **b**) j-m (*od.* für j-n) et. kaufen; ~ *a peso de oro* mit Gold einkaufen (*od.* aufwiegen); ~ *a plazos* auf Ratenzahlung (*od.* auf Abschlag) kaufen; ~ *barato* (*caro*) billig (teuer) kaufen; ~ *por* († *u. Reg.* en) *30 ptas.* für († *u. Reg.* um) 30 Peseten kaufen; **II.** *v/t. fig.* kaufen, bestechen; ~**venta** ⚖ *f* Kauf *m*; *contrato m de* ~ Kaufvertrag *m*.
comprehen|der, ~**sivo** → *comprender, comprensivo*.
compren|der *v/t.* **1.** umfassen, einschließen; in s. fassen, enthalten, einbegreifen; *Castilla la Vieja comprende ocho provincias* Altkastilien hat acht Provinzen; *todo comprendido* alles (mit)ein-, in-begriffen (*im Preis*); *sin* ~ *los gastos de viaje* ausschließlich (der) Reisekosten; **2.** verstehen, begreifen; auf-, erfassen; ~ *mal* mißverstehen, falsch verstehen; F *¡comprendido!* ich kapiere! F, schon verstanden!; *hacer* ~ begreiflich machen, beibringen; *hacerse* ~ s. verständlich machen; ~**sibilidad** *f* Begreiflichkeit *f*, Verständlichkeit *f*, Faßlichkeit *f*; ~**sible** *adj. c* faßlich, verständlich; ~ *para todos* allgemeinverständlich; ~**sión** *f* **1.** Verständnis *n*, Einsicht *f*; **2.** Verstehen *n*, Verstand *m*; Auffassungs-kraft *f*, -gabe *f*, -vermögen *n*; **3.** Begriffs-umfang *m*, -inhalt *m*; ~**sivo** *adj.* **1.** in s. begreifend; *precio m* ~ *de todos los gastos adicionales* Preis *m* einschließlich aller Nebenkosten; **2.** *Phil.* subsumtiv (*Begriff*); **3.** verständnisvoll, einsichtig, großzügig.
compresa *f* ⚕ Kompresse *f*; ~ (*higiénica*) Damenbinde *f*.
compre|sibilidad *f* Zs.-drückbarkeit *f*; ~**sible** *adj. c* zs.-drückbar, ⚏, ⊕ kompressibel; ~**sión** *f* Zs.-pressung *f*, Druck *m*, ⊕ Kompression *f*, Verdichtung *f*; ~ *del vapor* Dampfspannung *f*; *Kfz. de alta* ~ hochverdichtet; ~**sivo** *adj.* zs.-pressend, verdichtend; ~**so I.** *part. irr. zu comprimir*; **II.** *m Chi.* Tablette *f*; ~**sor I.** *adj.* zs.-drückend; **II.** *m* ⊕ Kompressor *m*, Verdichter *m*; ⊕ *de émbolo* (*rotativo*) Kolben- (Kreisel-)kompressor *m*.
comprimi|ble *adj. c* zs.-drückbar, komprimierbar; ~**do I.** *adj.* **1.** zs.-gepreßt, -gedrängt, komprimiert; dicht, kompreß; *aire m* ~ Druckluft *f*; **II.** *m* **2.** *pharm.* Tablette *f*; ~ *efervescente* Brausetablette *f*; **3.** *Sch. Col.* Spickzettel *m*; ~**r I.** *v/t.* **1.** zs.-pressen, zs.-drücken; **2.** ⊕ verdichten, komprimieren; **2.** unterdrücken; **II.** *v/r.* ~**se 3.** *fig.* an s. halten, s. mäßigen.
comproba|ble *adj. c* feststellbar, beweisbar, nachprüfbar; ~**ción** *f* **1.** Feststellung *f*; Nachweis *m*, Beweis *m*, Bestätigung *f*; **2.** (Über-)Prüfung *f*, Durchsicht *f*, Kontrolle

f; ~ *de materiales* Materialprüfung *f*; ~**dor** ⊕ *adj.-su. m* (*dispositivo m*) ~ Prüfgerät *n*; ~ *de elementos* (*de batería*) Zellenprüfer *m*; ~**nte I.** *adj. c* bestätigend; beweiskräftig; **II.** *m* Beleg *m*, Nachweis *m*; Kontrollschein *m*; ~ *de desembolso* Ausgabebeleg *m*; ~**r** [1m] *v/t.* **1.** feststellen, konstatieren; **2.** bestätigen; nachweisen, beweisen; **3.** durch-, nachsehen, (über)prüfen, kontrollieren; **II.** *v/r.* ~**se 4.** *como puede* ~*se* nachweislich; *que no puede* ~*se* nicht nachweisbar, unverbürgt; ~**torio** *adj.* feststellend, beweiskräftig, Beweis...; Prüfungs..., Kontroll...
comprome|tedor *adj.* kompromittierend; heikel; riskant; ~**ter I.** *v/t.* **1.** verpflichten (*zu dat. od. inf. a*); *Zimmer* nehmen, mieten; **2.** in Gefahr bringen, gefährden; **3.** bloßstellen, kompromittieren, blamieren; **4.** *Rechte* vergeben (*od.* in die Hände e-s Dritten geben); **5.** *Komplizen* verraten, verpfeifen F; **II.** *v/r.* ~**se 6.** s. verpflichten, -heischig machen (*zu* + *inf. a*); s. engagieren; ~*se con alg.* s. j-m gg.-über verpflichten; ~*se con alg.* in una empresa j-n zu e-m Unternehmen hinzuziehen; **7.** s. bloßstellen, s. kompromittieren, s. blamieren; **8.** *Am.* s. verloben; ~**tido** *adj.* **1.** heikel, gefährlich, schwierig; **2.** *estar* ~ schon s-e Verabredung haben; **3.** engagiert (*Pol., Rel.*); *Pol. países m/pl. no* ~*s* blockfreie Länder *n/pl.*
compromi|sario *m* **1.** Vermittler *m*, Sprecher *m*; Schiedsrichter *m*; **2.** *Pol.* Wahlmann *m*; ~**so** *m* **1.** Kompromiß *m* (*a. n*); **2.** Verpflichtung *f*; *casa f de* ~ Freudenhaus *n*; *por* ~ aus Zwang; (nur) der Form halber; † *libre de* ~ freibleibend; *a.* † *sin* ~ unverbindlich; F noch zu haben F, noch frei (= *nicht verlobt*); *contraer un* ~ e-e Verpflichtung eingehen (*od.* übernehmen); **3.** Verlegenheit *f*, Blamage *f*; *es un* ~ *para nosotros* es ist uns unangenehm; *estar en* ~ fraglich sein; *poner en* ~ in Frage stellen; *poner en un* ~ in e-e schwierige (*bzw.* schiefe) Lage bringen; **4.** ⚖ Schiedsvertrag *m*; **5.** Wahlmännerkollegium *n*; **6.** † ~*s m/pl.* Passiva *n/pl.*; ~**sorio** *adj.* Kompromiß... usw., *vgl. compromiso*; *elección f* ~ *a* Wahl *f* durch Wahlmänner.
compuerta *f* **1.** Tür *f* in e-m Haustor; Vor-, Schutz-tür *f*; *ehm.* Eingangsverschluß *m* (*mst. Plane*) *b. Kutschen*; **2.** ⊕ Schieber *m*, Klappe *f*; Schleusentor *m*; ⚓ Schottentür *f*; ~ *de descarga* Entleerungsschieber *m*; *b. Schleusen:* Freifluter *m*.
compues|tamente *adv.* **1.** sittsam; **2.** ordentlich, ~**tas** ⚕ *f/pl.* Korbblütler *m/pl.*; ~**to I.** *adj.* **1.** zs.-gesetzt; *Gram. palabra f* ~*a* zs.-gesetztes Wort *n*, Kompositum *n* (*lt.*); *estar* ~ *de* bestehen aus (*dat.*); **2.** ordentlich; ernst, gesetzt, umsichtig; anständig, sittsam; **II.** *m* **3.** Zs.-setzung *f*; Mischung *f*; ⚕ Verbindung *f*; ~ *medicinal* Heilmittel *n*, Medizin *f*; ~*s m/pl.* arsénicos Arsenverbindungen *f/pl.*
compul|sa ⚖ *f* **1.** Beglaubigung *f*, beglaubigte Abschrift *f*; **2.** → ~**sación** *f* (Urkunden-)Vergleichung *f*;

Vornahme *f* e-r amtlichen Beglaubigung *f*; ~**sar** ⚖ *v/t.* **1.** *Urkunden* vergleichen; **2.** *Am.* zwingen; ~**sión** *f gerichtlicher* Zwang *m*; ~**sivo** *adj.* Zwangs...; ~**sorio** ⚖ *adj.-su. m:* (*mandato m*) ~ Ausfertigungsbefehl *m*; Anmahnung *f*.
compun|ción *f* **1.** Zerknirschung *f*, Reue *f*; **2.** Mit-leid *n*, -gefühl *n*; ~**gido** *adj.* **1.** zerknirscht, reuig, reuevoll; **2.** betrübt; ~**gir** [3c] **I.** *v/t.* zur Reue bewegen; **II.** *v/r.* ~**se** Gewissensbisse haben; zerknirscht sein.
compurga|ción ⚖ *f hist. u. kanonisch:* Reinigungseid *m*; Gottesurteil *n*; ~**r** [1h] *v/t./i.* s-e Unschuld durch den Reinigungseid beweisen; *Méj., Pe., Rpl.* Sühne leisten, büßen.
computa|ble *adj. c* berechenbar; ~**ción** *f* Berechnung *f*; ~**dor(a)** *m* (*f*) Rechner *m*; ~ (*electrónico*) Elektronenrechner *m*, Computer *m*; ~**r** *v/t.* aus-, be-rechnen, überschlagen; ~**rizar** [1f] *v/t.* auf Computer umstellen, computerisieren; mit Computer be-, er-rechnen.
cómputo *m* Be-, Aus-rechnung *f*; Überschlag *m*; ~ *eclesiástico* Berechnung *f* des Kirchenjahres *zur Festlegung der beweglichen Feste*.
comulga|nte *adj.-su. c Rel.* Kommunikant *m*; *fig.* (sehr) jung, Kind *n*; ~**r** [1h] *v/t. Rel.* das heilige Abendmahl reichen (*bzw.* empfangen); *fig.* ~ (en) e-r Meinung sein (über *ac.*), übereinstimmen (in *dat.*); F *no* ~ *con ruedas de molino* s. nichts weismachen lassen, nicht auf den Kopf gefallen sein F; ~**torio** *m* Kommunionsbank *f*; Kommunionsbuch *n*.
común I. *adj. c* **1.** gemeinsam, gemeinschaftlich, allgemein; ⚖ gemein (*Bruch*); ~ *a todos* allen gemeinsam; *en* ~ gemeinsam, gemeinschaftlich, zusammen; *adv. de* ~ *acuerdo* in gg.-seitigem Einvernehmen, einmütig; *bienes m/pl. comunes* Gemeinschafts-, Allgemeinbesitz *m*; *posesión f* (en) ~ gemeinschaftlicher Besitz *m*; *tener en* ~ gemeinsam haben; **2.** allgemein, gewöhnlich, alltäglich, weit verbreitet; häufig; *opinión f* ~ allgemeine Meinung *f*; *sentido m* ~ gesunder Menschenverstand *m*; *fuera de lo* ~ nada ~, poco ~ außergewöhnlich; *adv. por lo* ~ gewöhnlich, gemeinhin, üblicherweise; *gente f* ~ Leute *pl.*, (gewöhnliches) Volk *n*; **II.** *m* **3.** Allgemeinheit *f*, Volk *n*; Gemeinwesen *n*; Gemeinde *f*; *el* ~ *de las gentes*, *el* ~ *de los mortales* die meisten (Leute); **4.** (*Cámara f de*) *los Comunes* das Britische Unterhaus *n*; **5.** Abort *m*; F *Méj.* Hintern *m* F.
comu|na *f* **1.** *Chi., Guat., Pe.* Gemeinde *f*; **2.** *hist.* Kommune *f* (*Paris 1871*); **3.** (Wohn-)Kommune *f*; ~**nal I.** *adj. c* Gemeinde...; **II.** *m* Gemeinde *f*; ~**nero I.** *adj.* **1.** freundlich, leutselig; **II.** *m* **2.** Mitbesitzer *m* e-s Landguts, e-s Anrechts; ~*s m/pl.* Gemeinden *m/pl.* mit Allmendenutzl; **3.** *hist.* ⚔ *a*) Anhänger *m/pl.* der *Comunidades de Castilla*; **b**) Aufstandskämpfer *m/pl. gg. Spanien in*

Paraguay (1717/35) u. *Neugranada* (1812/13).
comunica|ble *adj.* c **1.** mitteilbar; **2.** gesellig; leutselig; **~ción** f **1.** Mitteilung f; Bekanntgabe f; ~ *oficial* amtliche Mitteilung f; Amtsschreiben n; **2.** Umgang m, Verkehr m, Verbindung f, Fühlung f, Kontakt m; *estar en* ~ *in Verbindung stehen*; *ponerse en* ~ *con* s. *in Verbindung setzen mit* (*dat.*); **3.** Verbindung f; Verkehrsverbindung f, Verkehr m; *Tel.* Anschluß m; *~ones* f/pl. Nachrichtenverbindungen f/pl.; Post u. Fernmeldewesen n; Verkehr m; ~ *radiotelegráfica* Funkverbindung f; *vía* f *de* ~ Verkehrsweg m, Verbindung(sweg m) f; *establecer la* ~ *con* die Verbindung herstellen mit (*dat.*), verbinden mit (*dat.*); *Tel.* *póngame* (*en* ~) *con* verbinden Sie mich bitte mit (*dat.*); **4.** ⚇ Kommunikation f; *teoría* f *de la* ~ Kommunikationslehre f; **5.** Rapport m (*Hypnose*).
comunica|do I. *adj.*: *bien* ~ *mit guten Verkehrsverbindungen*, verkehrsgünstig (gelegen); *mal* ~ abgelegen (*Gegend*); **II.** m Meldung f; Kommuniqué n, Verlautbarung f; Eingesandte(s) n (*Zeitungswesen*); **~ndo** *Tel. Span.*: *está* ~ besetzt (*Nummer*); **~nte I.** *adj.* c *Phys.* vasos m/pl. ~s kommunizierende Röhren f/pl.; **II.** c Einsender m v. *Zuschriften an Zeitungen.*
comunica|r [1g] **I.** v/t. **1.** mitteilen, bekanntgeben; **2.** ~ *a/c. a alg.* j-n mit et. (*dat.*) anstecken; *e-e Krankheit auf j-n übertragen*; et. *an j-n weitergeben*; ~ *un movimiento e-e Bewegung mitteilen* (*od.* übertragen); **II.** v/i. **3.** (*mitea.*) in Verbindung stehen; *Phys.* kommunizieren; **III.** v/r. **~se 4. ~se** (*entre sí*) *mitea. in Verbindung stehen*; *los calles se comunican* die Straßen laufen inea., *man kann von e-r Straße in die andere kommen*; **5.** Briefe wechseln, in Gedankenaustausch stehen; **~se por señas** s. durch Zeichen verständigen; **6.** übertragen werden (*Krankheit*); um s. greifen (*Feuer, Epidemie*); **~tivo** *adj.* **1.** mitteilsam, gesprächig; **2.** ansteckend (*Freude u. ä.*).
comunidad f **1.** Gemeinsamkeit f; Gemeinschaft f; Körperschaft f; *en* ~ gemeinsam; ⚖ ~ *de bienes* (*de intereses*) Güter- (Interessen-)Gemeinschaft f; ~ *de origen* gemeinsamer Ursprung m; ~ *religiosa* religiöse Gemeinschaft f; Kloster n; ⚖ ~ *sucesoria* Erbengemeinschaft f; **2.** *Pol. Span.* ⚖ *Autónoma* autonome Region f; *hist. Pol.* ⚖ *Económica Europea* (*C.E.E.*) Europäische (Wirtschafts-)Gemeinschaft f (EWG) ⚖ *Europea del Carbón y del Acero* (*C.E.C.A.*) Europäische Gemeinschaft für Kohle u. Stahl (Montanunion); ⚖ *Europea de Energía Atómica* Europäische Atomgemeinschaft f, Euratom f; **3.** *hist.* *~es* f/pl. Volksaufstand m; *bsd.* ⚖*es de Castilla unter Karl V.*; **4.** *Pol., Soz.* Gemeinde f.
comunión f **1.** Gemeinsamkeit f, Gemeinschaft f; *Rel.* ~ *de los fieles* Gemeinschaft f der Gläubigen (*od.* der Katholiken); ~ *de los Santos* Gemeinschaft f der Heiligen; **2.** *Rel.*

Kommunion f, heiliges Abendmahl n; *primera* ~ Erstkommunion f; **3.** Weltanschauung f; Partei f; ~ *tradicionalista* Traditionalisten(partei f) m/pl. (= *Karlisten*).
comunis|mo m Kommunismus m; **~ta** *adj.*-*su.* c kommunistisch; m Kommunist m.
comunitario *adj.* der EU, Gemeinschafts...
comúnmente *adv.* (im) allgemein(en), (für) gewöhnlich; häufig.
con *prp.* mit (*dat.*); **1.** *Begleitung u. begleitende Umstände*: *estar* ~ *sus amigos bei s-n Freunden sein* (*bzw.* leben *od.* wohnen); *lo haré* (*junto*) ~ *Juan ich werde es* (zs.) *mit Hans machen*; *estar* ~ *fiebre Fieber haben*; ~ *este tiempo bei diesem Wetter*; *trabaja* ~ *su padre er arbeitet bei* (*bzw.* mit) *s-m Vater*; **2.** *Mittel, Werkzeug, Art u. Weise, Grund*: ~ *la boca mit dem Mund*; *cortar* ~ *un cuchillo mit e-m Messer* (zer-)schneiden; ~ *brío schneidig*; ~ *mucho miedo sehr ängstlich*; *tener* ~ *qué vivir zu leben* (*od.* zum Leben) *haben*; ~ *tres días de antelación drei Tage zuvor* (*od.* im voraus); ~ *el susto que le dio no vio nada vor Schreck sah er nichts*; **3.** *Zs.-gehörigkeit, Inhalt, Besitz, geistiges Vermögen*: *café* ~ *leche Kaffee mit Milch, Milchkaffee*; *pan* ~ *mantequilla Butter m. Brot, Butterbrot m*; *una bolsa* ~ *dinero e-e Börse mit* (*od.* voll) *Geld*; *verse* ~ *facultades de hacerlo* s. *für* (be)fähig(t) *halten, es zu tun*; **4.** *Beziehung*: *amable* (*para*) ~ *todos freundlich zu allen* (*od.* allen gg. über); *severo* ~ *los alumnos streng gg.* die Schüler; *reñir* ~ *streiten* (*bzw.* zanken) *mit* (*dat.*); **5.** *Vergleich, Gg.-überstellung, Gg.-satz, Gg.-seitigkeit*: *amaos unos* ~ *otros liebet euch untereinander*; *su historia no es nada en comparación* ~ *la que os voy a contar yo s-e Geschichte ist nichts im Vergleich zu der, die ich euch jetzt erzählen will*; ~ *toda su amabilidad, me resulta antipático trotz* (*od.* bei all) *s-r Liebenswürdigkeit kann ich ihn nicht leiden*; ~ *eso damit, daher, also* (*Grund*); *dann, darauf* (*temporal*); *Einräumung*: ~ *ser tan amigos, disputan siempre obwohl sie* (*od.* wenn sie auch) *gute Freunde sind, streiten sie ständig*; *Bedingung*: ~ *tal de* + *inf.* falls; ~ *tal* (*de*) *que* + *subj.* vorausgesetzt* (, daß) + *ind.*; ~ *sólo decirle una palabra … ich brauche* (ihm) *nur ein Wort zu sagen …*; *¡*~ *lo caro que me costó! u. dabei hat es mich ein Heidengeld gekostet!*; ~ *que* → *conque.*
conato m **1.** Versuch m (*bsd.* ⚖); ~ *de incendio versuchte Brandstiftung* f; ~ *de rebelión mißglückter Putsch* (-versuch) m; **2.** Bemühung f; Absicht f; Hang m, Neigung f.
concadena|ción f → *concatenación.* **~r** v/t. verketten (*fig.*); verbinden.
concatenación f Verkettung f (*fig.*); *Rhet.* Epanastrophe f.
concavidad f (Aus-)Höhlung f; Vertiefung f; Konkavität f.
cóncavo *adj.* konkav; hohl.
concebi|ble *adj.* c faßlich, denkbar; verständlich, begreiflich; **~r** [31] **I.** v/t. **1.** auffassen, verstehen; be-

greifen; *no* ~ *semejante cosa so et. nicht begreifen* (*od.* verstehen) *können*; **2.** ausdenken, ersinnen; *Gedanken, Plan* fassen; empfinden, hegen; *Verdacht, Hoffnung* schöpfen; ⊕ auslegen (für, auf *ac. para*); ~ *antipatía hacia Abneigung fassen gg.* (*ac.*); ~ *ciertas esperanzas* s. *gewisse Hoffnungen machen*; *hacer* ~ *esperanzas zur Hoffnung Anlaß geben*, *hoffen lassen*; **II.** vt/i. **3.** empfangen (*ac.*), schwanger werden (mit *dat.*); **III.** v/r. **~se 4.** *no* **~se** *unvorstellbar sein.*
conceder v/t. gewähren; zubilligen, zugestehen; *Rechte, Ehren* verleihen; *Wert, Bedeutung* beimessen, beilegen; ~ *atención* a *achten auf* (*ac.*); ~ (*la*) *gracia* (*a*) *begnadigen* (*ac.*); ~ *concedo que no estuve amable ich gebe zu, daß ich nicht freundlich war.*
conce|jal m Stadt-verordnete(r) m, -rat m; *los* ~*es die Stadtväter* m/pl.; **~jalía** f Stadtratsamt n; **~jil** *adj.* c Stadtrats...; Stadt..., Gemeinde...; **~jo** m Stadt-, Gemeinde-rat m (*Körperschaft*); Ratssitzung f; Gemeinde-, Rat-haus n.
concento m mehrstimmiger harmonischer Gesang m.
concentra|ble *adj.* c konzentrierbar; zs.-ziehbar; **~ción** f **1.** Konzentrierung f, Zs.-ziehung f, (Ver-)Sammlung f; Verstärkung f; Aufmarsch m, Kundgebung f; *de masas* Massenkundgebung f; ⚔ ~ *de tropas* **a)** Aufmarsch m; **b)** Truppenansammlung f; ⚔ ~ *de*(*l*) *fuego* Feuervereinigung f; *campo de* ~ Konzentrationslager n, KZ n; **2.** ✙ Konzentration f, Zs.-schluß m; ✝ *parcelaria* Flurbereinigung f; **3.** Konzentration f, innere Sammlung f; Aufmerksamkeit f; **4.** 🜍 Konzentration f; Gehalt m; ~ *salina* Salzgehalt m; *de alta* ~ hochkonzentriert; **~do I.** *adj.* konzentriert; hochprozentig (*Strahl*); **II.** m Konzentrat n; **~r** **I.** v/t. konzentrieren (*a.* ⚔), (an e-m Punkt) sammeln; *auf e-n Punkt richten*; 🜍 *Lösung* anreichern; ~ *la atención* **a)** die Aufmerksamkeit auf s. ziehen; **b)** die (gesamelte) Aufmerksamkeit richten (auf *ac. en*); **II.** v/r. **~se** *abs.* s. (innerlich) sammeln, **~se** (*en*) s. (auf *et. ac.*) konzentrieren.
concéntrico *adj.* konzentrisch.
concep|ción f **1.** *Biol.* Empfängnis f; *Rel. la Inmaculada* (*od. la Purísima*) ⚖ *die Unbefleckte Empfängnis* (*a. kath. Feiertag, 8. Dezember*); **2.** Auffassungsvermögen n, Fassungs-, Denk-kraft f; **3.** Auffassung f, Vorstellung f, Konzeption f; Plan m; **~cional** *adj.* c Gedanken-(bildungs)..., Begriffs(bildungs)...
concep|táculo m (*bsd.* Frucht-) Kapsel f; **~tible** ⚇ *adj.* c vorstellbar, faßlich, **~tismo** *Lit.* m Konzeptismus m; **~tista I.** *adj.* c *Lit.* konzeptistisch; *desp.* gesucht geistreich; **II.** m Konzeptist m; *desp.* geistreichelnder Schreiberling m, Gehirnakrobat m F; **~tivo** *adj. Biol.* empfängnisfähig; *fig.* gedankensinn-reich, gedankentief; **~to** m Begriff m; Vorstellung f, Gedanke m, Idee f; Auffassung f, Meinung f;

bajo ningún ~ unter k-n Umständen; bajo todos los ~s unter allen Umständen; en mi ~ m-r Meinung nach, m-s Erachtens; en ~ de als; le abonaremos 50.000 ptas. en ~ de honorarios als Honorar schreiben wir Ihnen 50 000 Peseten gut; por todos (los) ~s in jeder Hinsicht; formar(se) ~ de s. e-n Begriff machen von (dat.); ¿qué ~ tiene usted (formado) del Sr. X? was halten Sie (od. welche Meinung haben Sie) von Herrn X?
conceptu|alismo Phil. m Konzeptualismus m; **~ar** [1e] v/t.: ~ de halten (od. erachten) für; estar ~ado de rico als reich gelten; **~osidad** f Feuerwerk n der Gedanken; desp. Geistreichelei f; **~oso** adj. geistsprühend; spitzfindig geistreich; desp. geistreichelnd.
concer|niente adj. c: ~ a betreffend (ac.), bezüglich (gen.); hinsichtlich (gen.); en lo ~ a was ... (ac.) angeht; **~nir** [3i] v/t. angehen, betreffen; en lo que concierne a su padre hinsichtlich (od. bezüglich) s-s Vaters.
concerta|ción Pol. f Span. Absprache f, konzertierte Aktion f; **~do** adj. geordnet, geregelt; vereinbart; 🐝 franqueo m ~ Pauschalfrankierung f; **~dor** adj.-su. m Vermittler m; ♪ maestro m ~ Korrepetitor m; **~nte** ♪ I. adj. c konzertant; II. c → concertista; **~r** [1k] I. v/t. 1. Geschäft, Versicherung abschließen, Vertrag schließen; vereinbaren, abmachen; absprechen; ~ + inf. vereinbaren, übereinkommen, zu + inf.; ~ (el alquiler d)el piso en 15.000 ptas. al mes die Wohnung für 15 000 Peseten monatlich mieten; 2. versöhnen; Dinge aufea. abstimmen; bringen; II. v/i. 3. zuea. passen, übereinstimmen (a. Gram. in Geschlecht, Zahl usw.); ♪ harmonisch klingen; harmonieren; 4. Jgdw. die Jagd erkunden, das Wild aufspüren (vor Beginn e-r Treibjagd); III. v/r. **~se** 5. **~se para** übereinkommen zu + inf., s. verabreden zu + inf. od. + dat.; 6. Am. s. verdingen (Dienstbote).
concer|tina ♪ f Konzertina f; **~tino** m Konzertmeister m, erster Geiger m; **~tista** ♪ c Konzertspieler m (Konzertgeiger usw.); adj. pianista m ~ Konzertpianist m.
conce|sible adj. c verleihbar; statthaft; **~sión** f 1. Gewährung f, Bewilligung f; behördliche Genehmigung f, Konzession f, Lizenz f; ~ de créditos Kreditgewährung f; ~ de divisas Devisenzuteilung f; 2. Konzession f: Recht n zur Erschließung u. Ausbeutung e-s Geländes; das Gebiet selbst; 3. Konzession f, Zugeständnis n; sin ~ones ohne Zugeständnisse, kompromißlos; **~sionado** adj. zugelassen, konzessioniert; **~sionario** adj.-su. m Konzessionär m, Konzessionsinhaber m; Vertragshändler m; sociedad f ~a konzessionierte (od. behördlich zugelassenes) Unternehmen n; Kfz. taller m ~ Vertragswerkstatt f; **~sionista** c Lizenzgeber m; **~sivo** adj. konzessiv, einräumend; Gram. oración f ~a Konzessivsatz m.
concien|cia f 1. Gewissen n; Gewissenhaftigkeit f; adv. a ~ gewissenhaft; adv. en ~ mit gutem Gewissen; aufrichtig; en (mi) ~ auf Ehre u. Gewissen; ~ ancha weites Gewissen n; ~ estrecha (übertriebene) Strenge f mit s. selbst; ~ recta Redlichkeit f, Rechtschaffenheit f; buena (mala) ~ gutes (schlechtes) Gewissen n; caso m de ~ Gewissensfrage f; sin ~ gewissenlos; acusar la ~ a alg. Gewissensbisse haben; apelar a la ~ de alg. j-m ins Gewissen reden; tener la ~ limpia ein reines Gewissen (od. F e-e reine Weste) haben; 2. Bewußtsein n; Soz. ~ de clase(s) Klassenbewußtsein n; ~ del deber Pflichtbewußtsein n; Psych. ~ de grupo Gruppenbewußtsein n; ~ de sí (mismo) Selbstbewußtsein n; tener ~ de sus actos s. s-r Handlungen bewußt sein; **~ciación** f Bewußtmachen n; Bewußtseinsbildung f; Sensibilisierung f; **~ciar** [1b] v/t. j-s Bewußtsein schärfen (für ac. acerca de); bewußt machen (j-m et. a alg. acerca de); sensibilisieren (für ac.); **~tización** f → concienciación; **~tizar** [1f] v/t. → concienciar; **~zudamente** adv. gewissenhaft; **~zudo** adj. gewissenhaft; sorgfältig.
concierto m 1. ♪ Konzert n; ~ de piano (de violín) Klavier- (Violin-)konzert n; dar un ~ ein Konzert geben; 2. Übereinkunft f, Vereinbarung f; Übereinstimmung f; Zs.-spiel n; adv. de ~ übereinstimmend; sin orden ni ~ wirr, ohne Zs.-hang, ungereimt; ~ económico wirtschaftliche Zs.-spiel n; Wirtschaftsvereinbarung f; Pol. ♀ europeo europäisches Konzert n.
concili|able adj. c vereinbar; **~ábulo** m ecl. Ketzerkonzil n; fig. geheime Zs.-kunft f; Verschwörung f, Intrige f; **~ación** f Aus-, Versöhnung f; Ausgleichung f; Einigung f; Vergleich m; Schlichtung f (Arbeitsrecht); 🐝 intento m de ~ Sühneversuch m; **~ador** I. adj. versöhnlich, entgegenkommend; II. m Vermittler m, Schlichter m; **~ar** I. adj. c 1. Konzil(s)...; padres m/pl. **~es** Konzilsväter m/pl.; II. [1b] v/t. 2. aus-, versöhnen; in Einklang (od. in Übereinstimmung) bringen (mit dat. con); 3. ~ el sueño einschlafen (können); III. [1b] v/r. **~se** 4. für s. gewinnen, **~se el respeto de todos** die Achtung aller erwerben (od. gewinnen); **~ativo, ~atorio** adj. versöhnlich; versöhnend, ausgleichend; vermittelnd; **~o** ecl. m Konzil n.
conci|samente adv. knapp, bündig, gedrängt, prägnant; **~sión** f Kürze f, Gedrängtheit f, Knappheit f, Bündigkeit f; **~so** adj. gedrängt, kurz(gefaßt), knapp, konzis.
concitar I. v/t. aufwiegeln, anstacheln, aufhetzen (gg. ac. contra); II. v/r. **~se el odio del pueblo s.** den Haß des Volkes zuziehen; (~ nur v. feindlichen Gefühlen).
conciudada|no m, **~na** f Mitbürger(in f) m; Lands-mann m (-männin f).
cónclave m kath. Konklave n; fig. F Versammlung f; Beratschlagung f.
conclu|ir [3g] I. v/t. 1. beenden, (ab)schließen, vollenden; 2. folgern, schließen (aus dat. de); por lo cual (od. por donde) concluimos que daraus schließen wir, daß; 3. Mal. feinmalen; 4. Vertrag schließen; Geschäft abschließen; II. v/i. 5. zu Ende gehen, schließen; ~ con (od. en, por) schließen mit, enden in (dat. od. mit dat.); auslaufen in (dat. od. ac.); ~ con alg. mit j-m Schluß machen, mit j-m brechen; ~ de escribir a) fertig schreiben; b) gelegl.: gerade geschrieben haben; ~ por hacerlo od. ~ haciéndolo es schließlich (doch) tun; para ~ dijo ... zum Abschluß sagte er ...; ¡asunto concluido! Schluß (jetzt)!; todo ha concluido alles ist aus; 6. 🐝 die Schlußanträge stellen; III. v/r. **~se** 7. enden, aufhören, zu Ende gehen, alle sein F; todo se ha concluido alles ist aus; **~sión** f 1. Vollendung f, (Ab-)Schluß m; 2. Beschluß m; Abschluß m; ~ de la paz Friedensschluß m; 3. Schlußfolgerung f; adv. en ~ kurz u. gut, schließlich; sacar una ~ e-n Schluß ziehen; 4. 🐝 ~ provisional Antrag m im Prozeß; ~ definitiva Schlußantrag m; **~ones** f/pl. Anklagepunkte m/pl. in der Anklageschrift; **~sivo** adj. (ab)schließend; (Ab-)Schluß..., End..., **~so** part. irr. zu concluir; 🐝 dar por ~ (para sentencia) für spruchreif erklären; **~yente** adj. c überzeugend, beweiskräftig, bündig; schlüssig, schlagend (Beweis).
conco|merse v/r. mit den Achseln zucken (weil se e-n juckt); fig. F die Achseln zucken; fig. s. verzehren vor Wut, Neid usw.; **~mi(mient)o** F m Achselzucken n; Unruhe f.
concomitan|cia 🚶 f Zs.-wirken n; gleichzeitiges Bestehen n; kath. Theol. Konkomitanz f; **~te** adj. c Begleit...; circunstancias f/pl. **~s** Begleitumstände m/pl.
concón m Chi. 1. Vo. Waldkauz m; 2. Landwind m an der pazifischen Küste.
concorda|ncia f 1. Übereinstimmung f, Konkordanz f; Einklang m; Gram. Kongruenz f; en ~ übereinstimmend, mitea. ~; 2. **~s** f/pl. (de la Biblia) (Bibel-)Konkordanz f; **~nte** adj. c übereinstimmend; **~r** [1m] I. v/t. in Einklang bringen, Gg.-sätze ausgleichen; Streitende mitea. versöhnen; II. v/i. übereinstimmen (mit dat. con, in dat. en); la copia concuerda con el original die Abschrift deckt s. mit (od. entspricht) dem Original; **~tario** adj. Konkordat(s)...; **~to** m Konkordat n.
concor|de adj. c einstimmig; einmütig; estar ~(s) übereinstimmen (in dat. en); estar ~ en + inf. (damit) einverstanden sein, zu + inf.; **~dia** f 1. Eintracht f; 2. doppelter (Finger-)Ring m.
concre|ción f 1. Zs.-wachsen n; Verhärtung f; Geol. Ablagerung f; ⊕ Geol. Sinterung f; Phys. Erstarren n, Festwerden n; Festgewordene(s) n; 🐝 Konkrement n; Ablagerung f; 2. Greifbarwerden n; **~cionarse** v/r. sintern; Geol. s. ablagern; Phys. fest werden n; fig. greifbar werden.
concre|tamente adv. konkret, bestimmt, genau, **~tar I.** v/t. 1. zs.-

setzen; ~ verdichten; 2. *Gedanken kurz zs.-fassen*; ~ *a* beschränken auf (*ac.*); 3. vereinbaren, festsetzen; II. *v/r*. ~se 4. greifbar werden; 5. ~se *a s*. beschränken auf (*ac.*); **~to** I. *adj*. konkret, greifbar; kurzgefaßt; benannt (*Zahl*); *caso m* ~ bestimmter Fall *m*; *nada en* ~ nichts Bestimmtes *n*; *adv*. en ~ a) kurz (-gefaßt); konkret; klar, deutlich; b) *Am*. bar (*zahlen*); II. *m Am*. Beton *m*.
concubina *f* Konkubine *f*; **~to** *m* Konkubinat *n*, wilde Ehe *f*.
concúbito *m* Beischlaf *m*.
concuerda *Verw*.: *por* ~ für die Richtigkeit (der Abschrift).
conculca|ción *f lit*. Niedertrampeln *n*; *fig*. Verletzung *f*, Bruch *m e-s Gesetzes usw*.; **~r** [1g] *v/t*. *lit*. mit Füßen treten; *fig*. verletzen, übertreten. [F.]
concuñado *m* Schwippschwager *m*)
concupis|cencia *f* Lüsternheit *f*, Sinnenlust *f*, Konkupiszenz *f*; **~cente** *adj*. *c* lüstern; genußsüchtig; **~cible** *adj*. *c* begehrlich; triebhaft.
concu|rrencia *f* 1. Zulauf *m*, Gedränge *n*; Publikum *n*, Teilnehmer (-zahl *f*) *m/pl.*, Besucher(zahl *f*) *m/pl.*; 2. Zs.-treffen *n v. Umständen*, *Ereignissen*; Zs.-wirken *n*; 3. †, ⚓ Mitwirkung *f*; **~rrente** *adj*.-*su*. *c* mitwirkend; *m* Besucher *m*, Teilnehmer *m*; **~rrido** *adj*. stark besucht; beliebt; überlaufen; **~rrir** *v/i*. 1. zs.-strömen, s. (ver)sammeln, zs.-laufen; zs.-treffen; zeitlich zs.-fallen; ~ *a* teilnehmen an (*dat*.); besuchen (*ac*.); ~ *a la misma meta* dem gleichen Ziel zustreben; 2. ~ *a* beitragen zu (*dat*.); ~ *con una cantidad a e-e Summe* zu (*dat*.) beisteuern; 3. ~ *en la misma opinión* der gleichen Meinung sein.
concur|sado *m* Gemeinschuldner *m b. Konkurs*; **~sante** *m* (Mit-)Bewerber *m*; Submittent *m b. Ausschreibungen*; Teilnehmer *m b. e-m Preisausschreiben*; **~sar** I. *v/t*. gg. *j-n* den Konkurs eröffnen; II. *v/i*. an e-m Wettbewerb teilnehmen; **~so** *m* 1. Zulauf *m*, Menschenmenge *f*; 2. Wettbewerb *m*; Preisausschreiben *n* (*z. B. in Illustrierten*); ~ *hípico* Pferderennen *n*; Reit- (u. Fahr-)turnier *n*; ~ *de belleza* Schönheits-wettbewerb *m*, -konkurrenz *f*; ~ *de pesca* Wettangeln *n*; ~-*subasta* (öffentliche) Ausschreibung *f*; *sacar a* ~ (öffentlich) ausschreiben; 3. Mitarbeit *f*, Unterstützung *f*; *prestar* ~ *a* mitwirken bei (*dat*.); 4. ⚖ Konkurs *m* (*e-s Nichtkaufmanns*); ~ *de acreedores* Gläubigerversammlung *f*; 5. Zs.-treffen *n*; ~ *ideal* (*real*) Ideal- (Real-)konkurrenz *f*.
concu|sión *f* 1. Erschütterung *f*; 2. ⚖ übermäßige Gebührenerhebung *f*, Gebührenüberhebung *f*; **~sionario** *adj*.-*su*. erpresserisch; *m* Erpresser *m*.
concha *f* 1. Muschel *f*; Muschel-, Schildkröten-schale *f*; Schneckenhaus *n*; ~ *de peregrino*, ~ *de Santiago* Pilger-, Kam(m)-muschel *f*; *fig. meterse en su* ~ menschenscheu sein; *tener muchas* ~s, *tener más* ~s *que un galápago* es faustdick hinter den Ohren haben, mit allen Salben geschmiert sein F; 2. Schildpatt *n*; 3. abgesplittertes Stück *n Porzellan, Glas*; 4. *Thea*. ~ (*del apuntador*) Souffleurkasten *m*; 5. (muschelförmige) Bucht *f*; Hafenbecken *n*; 6. *Col., Ven*. Rinde *f*, Schale *f*; 7. P *Arg., Col., Pe., P. Ri., Méj.* Muschi *f* P (= *Vulva*).
concha|bamiento *m*, **~banza** *f* F Verschwörung *f*; **~bar** I. *v/t*. 1. ⚓ vereinigen; 2. *Wolle* mischen; 3. *Am. Reg*. in Dienst nehmen, dingen; II. *v/r*. ~se 4. *Reg*. *s*. verschwören; **~bo** *m Am. Mer., Méj*. Verdingung *f* (*Dienstbote*). [seide *f*.\
conchal *adj*. *c*: *seda f* ~ Trama-\
conchero *m Am*. Muschelhaufen *m* (*frühgeschichtliche Zeit*).
conchil *Zo*. *m Art* Purpurschnecke *f*.
¡concho! P *int*. verflixt! F, verdammt! F
concho[1] *m Chi., Pe*. 1. Abfall *m*, Rest *m*; 2. Nesthäkchen *n*.
concho[2] *m Cu*. 1. Vetter *m*; 2. Einfaltspinsel *m*.
concho[3] *adj*. *Ec*. rötlich braun; *Pe*. dunkelrot.
conchu|do *adj*. schuppig (*Tier*); *fig*. pfiffig, gerissen; **~ela** *f* mit Muschelschalen bedeckter Meeresboden *m*.
con|dado *m* Grafschaft *f*; Grafenstand *m*; **~dal** *adj*. *c* gräflich; **~de** *m* 1. Graf *m*; 2. Zigeuner-fürst *m*, -könig *m*.
condecora|ción *f* Auszeichnung *f*, Orden *m*; Ordenszeichen *n*; **~do** *m* Ordensträger *m*, Inhaber *m e-s Ordens*; **~r** *v/t*. auszeichnen mit *e-m Orden*.
condena ⚖ *f* Verurteilung *f*; Strafe *f*; ~ *condicional* Strafaussetzung *f* zur Bewährung; *cumplir* (*la*) ~ s-e Strafe verbüßen; **~ble** *adj*. *c* verwerflich; strafbar; **~ción** *f* Verurteilung *f*, Verwerfung *f*, Verdammung *f*, *Rel*. Verdammnis *f*; F ¡~! verdammt (noch mal)! F; *la* ~ (*eterna*) die ewige Verdammnis; **~do** I. *adj*. verurteilt; verdammt (*a*. F *fig*.); F verflixt F; *Chi., Ven*. gerissen; II. *m* ⚖ Verurteilte(r) *m*; *fig*. Racker *m* (*a*. F als *Kosewort*) *m*; F verflixter Kerl *m* F; F *gritar como un* ~ schreien, als ob man am Spieß steckte; **~r** I. *v/t*. 1. verurteilen; verwerfen; verdammen; ⚖ ~ *a muerte* zum Tode verurteilen; ~ *en costas* zu den Kosten verurteilen; 2. *Öffnung, Tür* zustellen, vermauern, verrammeln; 3. ärgern, reizen; II. *v/r*. ~se 4. *Rel*. verdammt werden; **~torio** *adj*. verurteilend, verdammend; *sentencia f* ~*a* Strafurteil *n*.
condensa|ble *adj*. *c* verdichtbar, kondensierbar; **~ción** *f* Verdichtung *f*, Kondensierung *f*; *agua f de* ~ Kondenswasser *n*; **~do** *adj*. kondensiert; *leche f* ~ Kondensmilch *f*; **~dor** *m* Verdichter *m*; *Opt*. Kondensor *m*, Beleuchtungslinsensatz *m*; HF Kondensator *m*; ~ *de antena* Netzantenne *f*; **~r** *v/t*. 1. verdichten (*a. fig*.); *Feuchtigkeit* niederschlagen; *Flüssigkeit* ein-, ver-dikken; 2. *Rede, Bericht* knapp zs.-fassen; **~tivo** *adj*. verdichtend, kondensierend.
condesa *f* Gräfin *f*.
condescen|dencia *f* Herablassung *f*; Gefälligkeit *f*; Nachgiebigkeit *f*; **~der** [2g] *v/i*. nachgeben; ~ *a* einwilligen in (*ac*.), *s*. herablassen zu + *inf*. *od*. + *dat*.; ~ *con alg*. j-m nachgeben; ~ *en hacer a/c*. auf (*ac*.) eingehen; **~diente** *adj*. *c* herablassend; nachgiebig, gefällig.
condesita *f* Komtesse *f*.
condestable *m hist*. Konnetabel *m*; ⚓ Maat *m* (*Marineartillerie*).
condición *f* 1. Veranlagung *f*, Natur *f*, Art *f*, Beschaffenheit *f*; Zustand *m*, Verfassung *f*, Kondition *f*; ~ *humana* die menschliche Natur, die Wesensart des Menschen; ~*ones f/pl. del terreno* Geländebeschaffenheit *f*; *Sp*. *estar en* ~ in (guter) Kondition (*od*. in Form) sein; *estar en buenas* ~*ones* in gutem Zustand sein; *estar en* ~*ones de* imstande (*od*. fähig *od*. in der Lage) sein, zu + *inf*. *od*. + *dat*.; *poner a alg. en* ~*ones de hacer algo* j-m et. (*ac*.) ermöglichen (*bzw*. erleichtern); *ser de mala* ~ e-n schlechten Charakter haben; 2. Stand *m*, Rang *m*, Herkunft *f*; *de* ~ von Stande; *de* ~ *dudosa* von zweifelhafter Ruf, (von) zweifelhafter Herkunft; 3. Bedingung *f*, Voraussetzung *f*; ~*ones f/pl*. Bedingungen *f/pl*.; Verhältnisse *n/pl*.; *a* (*od*. *con la, bajo la*) ~ (*de*) *que* + *subj*. unter der Bedingung (*od*. Voraussetzung), daß + *ind*.; *en estas* ~*ones* unter diesen Umständen; *sin* ~*ones* bedingungslos; ~*ones climatológicas* klimatische Bedingungen *f/pl*.; ~*ones de entrega* Lieferbedingungen *f/pl*.; ~ *preliminar*, ~ *previa* Vorbedingung *f*, Voraussetzung *f*; ~ *sine qua non conditio f sine qua non* (*lt*.), unerläßliche Bedingung *f*; *poner* (*od*. *hacer*) ~*ones* Bedingungen stellen.
condicio|nado *adj*. bedingt (*a*. *Physiol*.); *estar* ~ *a* abhängen von (*dat*.), abhängig sein von (*dat*.); **~nal I**. *adj*. *c* bedingt; konditionell, konditional; *Gram*. *proposición f* ~ Bedingungs-, Konditional-satz *m*; II. *m Gram*. Konditional(is) *m*, Bedingungsform *f*; **~nalmente** *adv*. bedingt; bedingungsweise; **~namiento** ⊕ *m* Konditionierung *f*, Aufbereitung *f* (*z. B. Textilfasern*); **~nante I**. *adj*. *c* bedingend; II. *f* Bedingung *f*; Voraussetzung *f*; **~nar** *v/t*. 1. bedingen; *a*. die Weichen stellen für (*ac*.); ~ *el salario al rendimiento* den Lohn von der Leistung abhängig machen; 2. ⊕ konditionieren.
condigno *adj*. entsprechend, angemessen.
cóndilo *Anat*. *m* Gelenkkopf *m*.
condimen|tar *v/t*. würzen (*a*. *fig*.); **~to** *m* Würze *f*; Gewürz *n*.
condiscípulo *m* Mitschüler *m*; Schulfreund *m*.
condo|lencia *f* Anteilnahme *f*; Beileid *n*; **~lerse** [2h] *v/r*.: ~ *de* Mitleid haben mit (*dat*.), beklagen (*ac*.).
condominio *m* Mitbesitz *m*; *Pol*. Kondominium *n*; *P. Ri*. Eigentumswohnung *f*.
condón *m* Kondom *n*, Präservativ *n*.
condona|ción *f* Straferlaß *m*; Erlassung *f*, Erlaß *f*; Verzeihung *f*; **~r** *v/t*. *Strafe, Schuld* erlassen.
cóndor *m* 1. *Vo*. Kondor *m*; 2. *Chi., Ec*. *versch. Münzen*.

condotiero m hist. Kondottiere m; fig. Söldner m.
condrila ⚥ f Wegewärtel m.
condroma ⚥ m Chondrom n.
conducción f 1. Herbei-, Überführung f, Transport m; Kfz. Lenken n; a. Fahrweise f; ~ del cadáver Überführung f, Leichentransport m; Beisetzung f; ~ de presos Gefangenentransport m; Sträflingszug m; 2. ⊕ Zufuhr f; a. ⚡ Leitung f; ⚡ ~ aérea Oberleitung f; ~ de agua(s) Wasserleitung f.
condu|cente adj. c zweck-mäßig, -dienlich; ~ a führend zu (dat.); **~cir** [3o] I. v/t. 1. leiten, führen; überführen; transportieren, befördern; ⊕, ⚡ leiten; zuführen; 2. geleiten, leiten, führen; vorangehen (dat.); 3. Wagen fahren, lenken; II. v/i. 4. abs. fahren, chauffieren; permiso m de ~ Führerschein m; 5. ~ a führen zu (dat. od. nach dat.); no ~ a nada zu nichts führen, unnütz sein; III. v/r. **~se** 6. s. benehmen; s. verhalten.
conduc|ta f 1. Führung f, Benehmen n, Betragen n; Verhalten n; cambiar de ~ a) sein Verhalten (bzw. s-e Haltung) ändern; b) s. bessern; 2. K ⚥ Werbevollmacht f; 3. K Führung f, Leitung f; **~tancia** ⚡ f Konduktanz f, Leitwert m; **~tibilidad** Phys. f Leitfähigkeit f; **~tible** Phys. adj. c leitfähig; **~tividad** f Führungsvermögen n; ⚡ Leitfähigkeit f; **~tivo** adj. ⚡ leitfähig; K zur Führung befähigt; **~to** m 1. Leitung f, Röhre f; Rinne f; Kanal m; ⊕ ~ de admisión Zu(führungs)leitung f; ~ de ventilación Entlüftungskanal m; Kfz. ~ del combustible Kraftstoffleitung f; 2. Anat. Gang m, Kanal m; ~ auditivo (biliar) Gehör- (Gallen-)gang m; 3. fig. por ~ de durch Vermittlung von (dat.), über (ac.); **~tor** I. adj. 1. Phys. (wärme- bzw. strom-)leitend; hilo m ~ ⚡ Leitungsdraht m; fig. roter Faden m; 2. führend, leitend; II. m 3. Führer m, Leiter m; Wagenführer m; Kfz. Fahrer m; 4. Phys. Leiter m; ~ eléctrico (neutro) Strom- (Null-)leiter m.
condueño m Mit-besitzer m; -eigentümer m.
condumio F m Essen n, Futter n F.
conec|tador ⚡ m Schalter m, Schaltgerät n; ~ de regulación graduada Stufenschalter m; **~tar** I. vt/i. verbinden (⊕, ⚡); ⚡ (ein)schalten; ~ a (od. con) tierra erden; ~ con Vkw. Anschluß haben an (ac); fig. passen zu (dat.), in Einklang stehen mit (dat.); mit j-m Verbindung aufnehmen; Rf. conectamos con ... wir schalten um auf ... (ac.); II. v/r. **~se** IT s. einloggen, s. anmelden; **~tivo** adj. verbindend.
cone|ja f Mutterkaninchen n, Zibbe f; fig. P Gebärmaschine f P; **~jal**, **~jar** m Kaninchengehege n; **~jera** f Kaninchen-bau m, -stall m; fig. F Spelunke f, Loch n; **~jillo** m: ~ de Indias) Meerschweinchen n; fig. Versuchs-kaninchen n, -karnickel n F; **~jo** I. m 1. Kaninchen n; ~ doméstico Hauskaninchen n; ~ de monte wildes Kaninchen n; fig. risa f de ~ gezwungenes Lachen n; 2. V Fotze f V; ~s m/pl. Hoden m/pl.,

Eier n/pl. P; II. adj. 3. Am. Cent. fade (a. fig.); **~juna** f Kaninchenhaar n; **~juno** adj. Kaninchen...
cone|xidades f/pl. Zubehör n (Behördenwort); **~xión** f 1. Verbindung f, Verknüpfung f, Zs.-hang m, Konnex m; **~ones** f/pl. Verbindungen f/pl.; Beziehungen f/pl.; ~ de ideas Gedankenverbindung f; 2. ⊕, ⚡ Anschluß m (a. 📱, 💻); Schaltung f; ~ a la red Netzanschluß m; IT ~ a la bzw. en red Vernetzung f; ~ paralela (en serie) Parallel- (Reihen-)schaltung f; ~ a tierra Erdung f; vuelo m de ~ Anschlußflug m; **~xionar** I. v/t. verbinden, verknüpfen; II. v/r. **~se** zs.-hängen; Verbindungen anknüpfen; **~xivo** adj. verbindend; **~xo** adj. verbunden, verknüpft, zs.-hängend; ideas f/pl. **~as** damit verbundene Gedanken m/pl.
confabula|ción f Verschwörung f; **~dor** m Verschwörer m; **~rse** v/r. s. verschwören.
confa|lón m Banner n, Fahne f; **~lonier(o)** hist. m Gonfaloniere m.
confec|ción f Anfertigung f, Herstellung f, Verarbeitung f; Konfektion f (Kleidung); Typ. ~ gráfica (drucktechnische) Gestaltung f; traje m de ~ Konfektionsanzug m; vestirse de ~ Anzüge von der Stange tragen (od. kaufen); **~cionado** adj. Konfektions...; **~cionador** adj.-su. Hersteller m; Typ. Gestalter m; **~cionar** v/t. ver-, an-fertigen, herstellen; Typ. gestalten.
confedera|ción Pol. f Bündnis n, Bund m; ~ de Estados Staatenbund m; **~do** adj.-su. konföderiert; m Verbündete(r) m; hist. USA los **~s** die Konföderierten m/pl.; **~l** adj. c staatenbündisch; **~r** I. v/t. föder(alis)ieren, verbünden; II. v/r. **~se** s. verbünden, e-n Bund schließen.
conferen|cia f 1. Besprechung f, Konferenz f; ~ de desarme (de la paz) Abrüstungs- (Friedens-)konferenz f; ~ de prensa Pressekonferenz f; ~ por vídeo Videokonferenz f; 2. Vortrag m; dar una ~ e-n Vortrag halten; 3. ~ (telefónica) Telefongespräch n; mst. Ferngespräch n; ~ de cobro revertido R-Gespräch n; ~ internacional, ~ con el extranjero Auslandsgespräch n; **~ciante** c (Vortrags-)Redner m, Vortragende(r) m; **~ciar** [1b] v/i. s. besprechen, ein Konferenz abhalten, verhandeln; e-e Besprechung abhalten, verhandeln; sobre konferieren über (ac.); **~cista** c Am. → conferenciante.
conferir [3i] v/t. 1. Amt, Auszeichnung u. fig. verleihen; erteilen, gewähren; 2. vergleichen; II. v/i. 3. beraten, konferieren.
confe|sar [1k] I. v/t. 1. (ein)gestehen, zugeben, bekennen; ⚖ gestehen; Rel. beichten; ~ a alg. j-m die Beichte abnehmen; 2. ~ la fe s. zum Glauben bekennen; II. v/i. 3. abs. ⚖ gestehen, geständig sein; Rel. beichten; ~ de plano ein umfassendes Geständnis ablegen; III. v/r. **~se** 4. die Beichte ablegen; **~se** de et. beichten; **~se con un sacerdote** bei e-m Priester beichten; **~sión** f 1. Geständnis n (a. ⚖); 2. Rel. Beichte f; Beichtandacht f; ~ auricular (general) Ohren- (General-)beichte f; hijo m

(bzw. hija f) de ~ Beichtkind n; secreto m de ~ Beichtgeheimnis n; oír la ~ die Beichte hören; 3. Glaubensbekenntnis n, Konfession f; la ~ de Augsburgo das Augsburger Bekenntnis; **~sional** adj. c konfessionell, Konfessions...; **~sionario** m 1. Beichtstuhl m; 2. Beichtspiegel m; **~so** adj.-su. 1. ⚖ geständig; 2. m Laienmönch m; hist. getaufter Jude m; **~sor** m 1. Beichtvater m; 2. Bekenner m (Glaubenszeuge).
confeti m Konfetti n.
confia|bilidad f Zuverlässigkeit f (bsd. ⊕); **~ble** adj. c zuverlässig; **~damente** adv. vertrauensvoll; **~do** adj. 1. vertrauensvoll; ser demasiado ~ zu vertrauenselig (bzw. naiv) sein; 2. zuversichtlich, getrost; estar ~ de que ... zuversichtlich hoffen, daß ...; 3. selbstbewußt; eingebildet; **~nza** f Vertrauen n, Zutrauen n; Zuversicht f; Selbstbewußtsein n; ~ excesiva Vertrauensseligkeit f; ~ en sí mismo Selbstvertrauen n; adv. con ~ rückhaltlos; zuversichtlich; de ~ zuverlässig, vertrauenswürdig, verläßlich; adv. en ~ vertraulich; cosa f de ~ Vertrauenssache f; puesto m de ~ Vertrauensposten m; poner ~ en Vertrauen setzen in (ac.); es mi hombre de ~ er ist der Mann m-s Vertrauens; tener ~ en zu j-m Vertrauen haben; tener (mucha) ~ con alg. mit j-m auf (sehr) vertraulichem Fuße stehen; F no se tome demasiada ~ nehmen Sie s. nicht zu viel (Freiheiten) heraus; **~nzudo** adj. (allzu) vertraulich; **~r** [1c] I. v/t. anvertrauen; Aufgabe übertragen; II. v/i. ~ en Dios auf Gott vertrauen; ~ en alg. j-m trauen; ~ en a/c. s. auf et. verlassen; ~ en que fest damit rechnen, daß; darauf vertrauen, daß; III. v/r. **~se** abs. vertrauensselig sein, **~se** a alg. sein Vertrauen in j-n setzen; s. j-m anvertrauen.
confiden|cia f 1. Vertraulichkeit f, vertrauliche Mitteilung f; 2. → confianza; **~cial** adj. c vertraulich, geheim; **~cialmente** adv.: tratar ~ vertraulich behandeln; **~ta** F f Vertraute f; **~te** I. adj. c 1. zuverlässig, treu; II. m Vertraute(r) m; 2. Vertrauensmann m; hacer ~ a alg. j-n ins Vertrauen ziehen; 3. Spitzel m; 4. zweisitziges Kanapee n; **~temente** adv. vertraulich; treu.
configura|ción f 1. Gestaltung f, Bildung f; Formgebung f; △ ~ de interiores Innengestaltung f; 2. Gebilde n, Gestalt f; ~ del terreno Geländebeschaffenheit f; 3. EDV Konfiguration f; **~r** v/t. bilden, formen, gestalten; EDV konfigurieren.
confín I. adj. c angrenzend; II. m (mst. pl.) lit. Grenze f; en los confines del horizonte fern am Horizont.
confina|ción f → confinamiento; **~do** m Verbannte(r) m, Zwangsverschickte(r) m; **~miento** m Zwangsaufenthalt m; Verbannung f; **~nte** adj. c angrenzend; **~r** I. v/t. j-m e-n Zwangsaufenthalt zuweisen; j-n verbannen; II. v/i. (an-)grenzen (an ac. con). [schaft f.)
confinidad f Nähe f, Nachbar-)
confirma|ción f 1. Bestätigung f, ~ de pedido Auftragsbestätigung f; 2. kath. Firmung f; prot. Konfirma-

confirmadamente — congruidad 170

tion *f*; ~damente *adv.* sicher; bestätigtermaßen; ~do *m kath.* Gefirmte(r) *m*; ~ndo *m kath.* Firmling *m*; *prot.* Konfirmand *m*; ~nte I. *adj. c* bestätigend; II. *m kath.* Firmbischof *m*; ~r I. *v/t.* 1. bestätigen, bekräftigen; besiegeln; bestärken (in *dat.* en); 2. *kath.* firme(l)n; *prot.* konfirmieren; 3. F ohrfeigen; II. *v/r.* ~se 4. s. bestätigen (*Nachricht*); no ~ado unbestätigt; 5. bestärkt werden (in *dat.* en); ~tivo, ~torio *adj.* bestätigend (*bsd.* ⚡).

confisca|ción *f* Einziehung *f*, Beschlagnahme *f*; ~r [1g] *v/t.* beschlagnahmen, (gerichtlich) einziehen, konfiszieren.

confi|tado *adj.* 1. kandiert, überzuckert; 2. F zuversichtlich; hoffnungsvoll; ~tar *v/t.* überzuckern, kandieren; *fig.* versüßen; ~te *m* Zuckerwerk *n*, Konfekt *n*.

confíteor *m* Beichtgebet *n*; *fig.* Generalbeichte *f*.

confi|tera *f* Konfekt-schale *f*, -dose *f*; ~tería *f* Süßwarengeschäft *n*; *Am.* Konditorei *f*; ~tero *m* Süßwarenhändler *m*; Konditor *m*; ~tura *f* Eingemachte(s) *n*, Konfitüre *f*, Marmelade *f*.

conflagra|ción *f* Brand *m* (*mst. fig.*); *lit.* ~ mundial Weltkrieg *m*, Weltenbrand *m* (*lit.*); ~r I. *v/t. mst. fig.* in Brand setzen; II. *v/r.* ~se in Flammen aufgehen.

conflic|tivo *adj.* konfliktreich, Konflikt...; *situación f* ~a Konflikt(situation *f*) *m*; ~to *m* Konflikt *m*; Kampf *m*, Streitigkeit *f*; *fig.* Reibung(en) *f*(/*pl.*); ~ generacional Generationskonflikt *m*; ~ laboral, ~ de trabajo Arbeitskampf *m*.

conflu|encia *f* Zs.-fluß *m*, Vereinigung *f* zweier Flüsse *od.* Wege; ~ente I. *adj. c* zs.-fließend; II. *m* Zs.-fluß *m*, Vereinigung *f*; ~ir [3g] *v/i.* zs.-fließen, -strömen; s. vereinigen (*a. fig.*).

conforma|ción *f* Bildung *f*, Gestalt(ung) *f*; ~ de los órganos Bau *m* der Organe; ~dor *m* Hut-form *f*, -leisten *m*; ~r I. *v/t.* 1. formen, gestalten, Form geben (*dat.*); 2. ~ a/c. con et. in Übereinstimmung (*od.* in Einklang) bringen mit (*dat.*); 3. zufriedenstellen; II. *v/r.* ~se 4. s. einigen, ~se (*con*) s. abfinden, s. zufriedengeben, s. begnügen (mit *dat.*).

confor|me I. *adj. c* übereinstimmend, gleichlautend; entsprechend (*dat. a*); ⚡ winkel- bzw. maßstabgetreu; konform; estar ~ (*con*) einverstanden sein (mit *dat.*); s. zufriedengeben (mit *dat.*); ¡~! einverstanden!; ser ~ *a* entsprechen (*dat.*); II. *prp.* ~ a in Übereinstimmung mit (*dat.*), gemäß (*dat.*); III. *adv. u. cj.* in dem Maße wie, sobald; (so) wie; ~ ha dicho wie Sie gesagt haben, nach Vereinbarung mit Ihnen; ~ envejecía, se esforzaba más le älter er wurde, desto mehr strengte er s. an; IV. *m* Billigung *f*, Genehmigung *f*; ~memente *adv.* übereinstimmend, ~midad *f* 1. Übereinstimmung *f*, Gleichförmigkeit *f*; ⚡ Winkel- u. Maßstabtreue *f e-r Abbildung*; de (*od.* en) ~ con gemäß (*dat.*), in Übereinstimmung

mit (*dat.*); de ~ con la ley nach dem Gesetz, gesetzmäßig; † de ~ gleichlautend (*buchen*); 2. Einwilligung *f*; Zustimmung *f*; Ergebung *f* (*ins Schicksal usw.*).

conformis|mo ⚡ *m* Anpassungs-(be)streben *n*, Konformismus *m*; ~ta *adj.-su. c* Anhänger *m* der anglikanischen Staatskirche, *a. fig.* Konformist *m*.

confor|t *m* Komfort *m*, Bequemlichkeit *f*; ~table *adj. c* bequem, komfortabel, gemütlich, behaglich.

confor|tación *f* Stärkung *f*; *fig.* Tröstung *f*; ~tador *adj. c* stärkend; tröstlich; ~tante I. *adj. c* stärkend; tröstlich; II. *m* Stärkungsmittel *n*; *fig.* Trost *m*; ~tar *v/t.* stärken; *fig.* trösten; ~tativo *adj.-su.* → confortante.

confrater|nar *v/i.* s. verbrüdern, fraternisieren; ~nidad *f* Verbrüderung *f*; Brüderschaft *f*; ~nizar [1f] *v/i.* → confraternar.

confronta|ción *f* Gg.-überstellung *f* (*a.* ⚡); Vergleich *m*; ~r I. *v/t.* Zeugen ea. gg.-überstellen; Schriftstücke usw. vergleichen; II. *v/i.* ~ con grenzen an (*ac.*); III. *v/r.* ~se s. gg.-überstellen; gg.-überstehen (*dat.* con); *fig.* übereinstimmen, harmonieren (mit *dat.* con).

confucianismo *m* Lehre *f* des Konfuzius.

confundi|ble *adj. c* verwechselbar; ~r I. *v/t.* 1. (ver)mischen; *Umrisse* verwischen; 2. verwirren, durchea.-bringen; verwechseln; 3. beschämen, in Verwirrung bringen, verblüffen; verwirren; 4. zuschanden machen (*bsd. bibl.*); II. *v/r.* ~se 5. in Verwirrung (*od.* aus der Fassung) geraten; s. verblüffen lassen; s. schämen, (scham)rot werden; 6. *fig.* s. irren (in *dat.* de); verwechseln (*ac.* de); ~se de dirección s. an die falsche Adresse wenden; en Falschen erwischen F; 7. *los contornos se confunden* die Umrisse verlaufen inea.

confu|samente *adv.* wirr, durcheinander; undeutlich; ~sión *f* 1. Konfusion *f*, Verwirrung *f*, Durchea. *n*, Wirrwarr *m*; Sinnesstörung *f*; Verwechslung *f*, Irrtum *m*; 2. Bestürzung *f*, Beschämung *f*; 3. ⚡ Konfusion *f*; ~sionismo F *m* (heillose) Begriffsverwirrung *f*; ~so *adj.* 1. unklar, undeutlich, dunkel; *Opt.* unscharf; 2. verwirrt; konfus, verlegen; beschämt.

confutar *v/t.* widerlegen.

conga *f* 1. *Zo. Col.* Giftameise *f*; *Cu.* Waldratte *f*; 2. *Cu.* Conga *f*, ein Tanz; ~l *m Méj.* Bordell *n*.

congela|ble *adj. c* gefrierbar; ~ción *f* 1. Gefrieren *n*; *a.* † Vereisung *f*; *punto m de* ~ Gefrierpunkt *m*; 2. *a.* † Einfrieren *n*; ~ de precios (de salarios) Preis- (Lohn-)stop(p) *m*; ~dor *m* Tiefkühl-, Gefrier-fach *n*; ~ (horizontal) Gefrier-, Tiefkühl-truhe *f*; ~ (vertical) Gefrier-, Tiefkühl-schrank *m*; ~dora *f* Eismaschine *f*; ~miento ⊕ *m* Vereisung *f* (*z. B.* ⚡); ~r I. *v/t.* gefrieren (*bzw.* gerinnen) lassen; tiefkühlen; einfrieren (*a. fig.*); *Preise* blockieren; II. *v/r.* ~se gefrieren, gerinnen; F *me quedé* ~ado ich war total erfroren F; ~tivo *adj.-su. m*

Gefriermittel *n*.

congénere *adj.-su. c* gleichartig, artverwandt; *m* Artgenosse *m*.

congenia|l *adj. c* geistig ebenbürtig, kongenial; ~r [1b] *v/i.* harmonieren, s. vertragen.

congénito *adj.* angeboren.

conges|tión *f* ⚡ Blut-andrang *m*, -stauung *f*; *fig.* Stauung *f*, Stockung *f* (*bsd. Verkehr*); ~tionar I. *v/t.* Blutandrang verursachen (*dat.*); *fig.* Straße verstopfen, versperren; II. *v/r.* ~se Blutandrang haben; *fig.* e-n roten Kopf bekommen, hochrot (im Gesicht) werden; ~tivo ⚡ *adj.* kongestiv, Hochdruck...

congloba|ción *f* Anhäufung *f*; Häufung *f* von Beweisgründen; ~r(se) *v/t.* (*v/r.*) (s.) zs.-ballen.

conglomera|ción *f* Zs.-häufung *f*, Vermengung *f*; ~do *m Geol. u. fig.* Konglomerat *n*; *fig.* Haufen *m*, Block *m*; ~rse *v/r.* s. anhäufen; *fig.* s. zs.-schließen, e-n Block bilden.

conglutina|ción *f* Verklebung *f*; ~r I. *v/t. bsd.* ⚡ verkleben; II. *v/r.* ~se zs.-kleben; s. verkitten; ~tivo *adj.-su.* verklebend.

Congo[1] *m* Kongo *m*.

congo[2] *m* 1. *Cu.* Sprungbein *n*; 2. *Nic.* Brüllaffe *m*; 3. *Cu.* afrokubanischer Volkstanz.

congo|ja *f* Schmerz *m*, Kummer *m*; Angst *f*, (Herz-)Beklemmung *f*; ~jar *v/t.* Kummer machen (*dat.*), betrüben; das Herz beklemmen (*dat.*); ~joso *adj.* 1. bekümmert, betrübt; angstvoll; 2. qualvoll; beklemmend.

congola *f Col.* (Tabaks-)Pfeife *f*.

congo|leño, ~lés *adj.-su.* Kongo..., kongolesisch; *m* Kongolese *m*.

congosto *m Span. Reg.* Klamm *f*, Durchbruch *m e-s Flusses*.

congracia|miento *m* Einschmeicheln *n*; ~rse [1b] *v/r.* Wohlwollen erwerben; ~se con alg. s. bei j-m einschmeicheln (*od.* beliebt machen).

congratula|ción *f* Glückwunsch *m*; ~r I. *v/t.* beglückwünschen; II. *v/r.* ~se de (*od. por*) algo s. zu et. (*dat.*) beglückwünschen, s. über et. (*ac.*) freuen; III. *v/i. lit. nos congratula ver que ... es freut uns (zu sehen), daß ...*

congrega|ción *f* Versammlung *f*; *kath.* Kongregation *f*; *prot. Am.* Kongregationalistengemeinde *f*; *kath.* ♀ de Ritos Ritenkongregation *f*; ~ de los fieles Gemeinschaft *f* der Gläubigen; ~nte *c* Mitglied *n* e-r Kongregation; ~r(se) [1h] *v/t.* (*v/r.*) (s.) versammeln.

congre|sal *c Am.*, ~sante P *c*, ~sista *c* Kongreßteilnehmer *m*; ~so *m* 1. Kongreß *m*, Versammlung *f*, Tagung *f*; Zs.-kunft *f*; ~ (del partido) Parteitag *m*; ~ extraordinario Sonderparteitag *m*; 2. *Pol.* ♀ (de los Diputados) Kongreß *m*; *Span.* Abgeordnetenkammer *f* (*1. Kammer*).

congrio *m Fi.* Meer-, See-aal *m*; F Tolpatsch *m*; komischer Kauz *m*.

congrua *ecl. f* Kongrua *f*, Mindestgehalt(sgarantie *f*) *n*.

congru|encia *f* Übereinstimmung *f*; ⚡, *Theol.* Kongruenz *f*; ~ente *adj. c* übereinstimmend; passend, zweckdienlich, angemessen, geeignet; ⚡ kongruent; ~idad *f* Zweck-

mäßigkeit *f*; ~o *adj.* passend, zweckmäßig.
conicidad *f* Kegelform *f.*
cónico *adj.* kegelförmig, konisch; ⚤ **sección** *f* ~a Kegelschnitt *m.*
coníferas ⚥ *f/pl.* Nadelhölzer *n/pl.*, Koniferen *f/pl.* [schnäbler *m.*]
conirrostro *Zo. adj.-su. m* Kegel-⎰
conjetura *f* Vermutung *f*; hacer ~s Vermutungen anstellen; ~ble *adj.* c zu vermuten, mutmaßlich; ~l *adj.* c auf Mutmaßungen (*od.* Annahmen) beruhend; ~r *v/t.* vermuten, annehmen (aufgrund von *dat.* de, por).
conjuez *m* (*pl.* ~eces) Mitrichter *m.*
conjuga|ble *adj.* c vereinbar; *Gram.* konjugierbar; ~ción *f Gram.* Konjugation *f*; ⊕ Zuordnung *f*, Verbindung *f*; *Biol.* Verschmelzung *f*, *fig.* Vereinigung *f*; ~do ⚤, ⊕ *adj.* zugeordnet, konjugiert; ~r [1h] I. *v/t.* 1. *Gram.* Verb konjugieren; 2. vereinigen; *Ansprüche usw.* mitea. in Einklang bringen (*bzw.* ausgleichen); II. *v/r.* ~se 3. konjugiert werden; 4. ⊕ inea.-greifen.
conjun|ción *f* 1. *Gram., Astr.* Konjunktion *f*, *Gram.* Bindewort *n*; 2. Verbindung *f*, Vereinigung *f*; ~**tamente** *adv.* zusammen, mitea.; ~**tiva** *Anat. f* Bindehaut *f*; ~**tival** *adj.* c Bindehaut...; ~**tivitis** ⚕ *f* Bindehautentzündung *f*; ~**tivo** *adj.* verbindend; *Gram. partícula f* ~a Bindewort *n*; *Anat. tejido m* ~ Bindegewebe *n*; ~**to I.** *adj.* 1. verbunden; **II.** *m* 2. Ganze(s) *n*, Gesamtheit *f*, Einheit *f*; Gefüge *n*, Komplex *m*; (An-)Sammlung *f*, Verbindung *f*; *Thea.*, ♪ Ensemble *f*; en ~ im ganzen (gesehen); en su ~ insgesamt; en este ~ in diesem Zs.-hang, in dieser Hinsicht; ~ de problemas Fragenkomplex *m*; clase *f* de ~ Orchesterübung *f*; vista *f* de ~ Übersicht *f*, Gesamtbild *n*; 3. Ensemble *n*; Komplett *n* (*Damenkleidung*); Kombination *f* (*Herrenanzug*); ~ maternal Umstandskleid *n.*
conjuntor *Tel. m:* ~ de ruptura Trennklinke *f.*
conju|ra *f*, ~**ración** *f* Verschwörung *f*; ~**rado** *adj.-su.* Verschwörer *m*; ~**rador** *m* Beschwörer *m*, (*Teufels-*) Banner *m*; ~**rante** *adj.-su.* c beschwörend; ~**rar** I. *v/t.* beschwören, anflehen; *Geister, Gefahr* bannen; **II.** *v/r.* ~se s. verschwören (gg. *ac.* contra); ~**ro** *m* 1. Beschwörung *f*; Zauberformel *f*; 2. inständige Bitte *f.*
conllevar *v/t.* 1. mit-tragen, -helfen; j-n oder et. ertragen; 2. j-n hinhalten; 3. bsd. Am. mit s. bringen, zur Folge haben.
conmemora|ción *f* Gedenken *n*, Gedächtnis *n*; Gedenkfeier *f*; *Rel.* ~ de los (*Fieles*) Difuntos Allerseelenfeier *f*; en ~ de zur Erinnerung an (*ac.*); ~r *v/t.* erinnern an (*ac.*); (feierlich) gedenken (*gen.*); ~**tivo**, ~**torio** *adj.* Gedenk..., Denk..., Erinnerungs..., Gedächtnis...; fiesta *f* ~a Gedächtnis-, Gedenk-feier *f*; monumento *m* ~ Denkmal *n.*
conmensurable *adj.* c meßbar; ⚤ kommensurabel.
conmigo *pron.* mit mir; bei mir.
conmilitón *m* Waffenbruder *m*, Kriegskamerad *m.*
conmina|ción *f* (An-, Be-)Drohung *f*; ~r *v/t.* bedrohen; ~le a alg. con

j-m et. androhen; ~**torio** *adj.*: carta *f* ~a Drohbrief *m.* [leid *n.*⎱
conmiseración *f* Erbarmen *n*, Mit-⎰
conmi|stión *f*, ~**stura** *f*, ~**xtión** *f* (Ver-)Mischung *f.*
conmo|ción *f* Erschütterung *f* (a. *fig.*); Erd-stoß *m*, -beben *n*; *fig.* Aufruhr *m*; ⚕ ~ cerebral Gehirnerschütterung *f*; ~**vedor** *adj.* erschütternd, ergreifend; rührend; ~**ver** [2h] I. *v/t.* erschüttern (a. *fig.*); rühren, ergreifen; beunruhigen, erregen, empören; **II.** *v/r.* ~se gerührt werden; s. rühren lassen; ~**vido** *adj.* ergriffen, erschüttert; bewegt, gerührt.
conmuta *f Chi., Pe., Ec.* → conmutación; ~**ble** *adj.* c vertauschbar; ⚤ umschaltbar; ~**ción** *f* Tausch *m*; Umwandlung *f*; ⚤ Umschaltung *f*; ⚖ ~ de pena Strafumwandlung *f*; ⚤ palanca *f* de ~ Schalthebel *m*; ~**dor** *m* 1. ⚤ Stromwender *m*, Schalter *m*; ~ giratorio Drehschalter *m*; 2. *Am. Reg.* Telefon-zentrale *f*, -vermittlung *f*; ~r *v/t.* 1. a/c. por (*od.* con) otra cosa et. gg. et. anderes tauschen; 2. ⚖ Strafe umwandeln; 3. ⚤ umschalten; *Tel.* ~ con clavijas umstöpseln; ~**tivo** *adj.* Tausch...; ~**triz** ⚤ *f* Umformer *m.*
connato *adj.* zugleich geboren; angeboren, *fig.* inhärent.
connatura|l *adj.* c naturgemäß, angeboren; ~**lizar** [1f] I. *v/t.* eingewöhnen; **II.** *v/r.* ~se s. eingewöhnen; s. gewöhnen (an *ac.* con).
conniven|cia *f* ⚖ Konnivenz *f*; estar en ~ con alg. mit j-m unter e-r Decke stecken; ~**te** *adj.* c duldsam; zu nachsichtig.
connota|ción *Gram. f* Konnotation *f*; ~**do** *adj. Am.* distinguiert.
connubio *lit. m* Ehe *f.*
cono *m* 1. ⚤, ⚤ Kegel *m*, Konus *m*; *Vkw.* Leit-, Warn-kegel *m*, Pylon *m*; ~ truncado Kegelstumpf *m*; ~ de luz (de sombra) Licht- (Schatten-)kegel *m*; superficie *f* del ~ Kegelmantel *m*; 2. ⚥ Zapfen *m*; 3. el ♀ Sur = Argentinien, Chile u. Uruguay.
cono|cedor *adj.-su.* kundig (*gen.* de); *m* Kenner *m*; ~ de hombres Menschenkenner *m*; ~**cer** [2d] I. *v/t.* 1. kennen (*ac.*), bekannt sein mit (*dat.*); (schon) wissen; ~ de nombre (de vista) dem Namen nach (vom Sehen) kennen; 2. kennenlernen; erfahren; er-(wieder)erkennen; dar a a/c. a alg. 1. et. bekanntgeben; j-n mit et. bekannt machen; darse a ~ s. zu erkennen geben; llegar a ~ (erst richtig) kennenlernen; 3. kennen, verstehen, können; et. verstehen von (*dat.*); 4. *bibl.* danken; 5. geschlechtlich erkennen; F no ha conocido mujer der hat noch k-e Frau gehabt; **II.** *v/i.* 6. ⚖ ~ de (*od.* en) una causa über e-e Sache befinden, in e-r Sache erkennen; zuständig sein für e-e Sache; 7. ~ de et. verstehen von (*dat.*); **III.** *v/r.* ~se 8. s. kennen; s. (gg.-seitig) kennenlernen; conócete a ti mismo erkenne dich selbst; 9. zu erkennen sein; se conoce que ... man sieht (*od.* merkt), daß ...
conoci|ble *adj.* c erkennbar; ~**damente** *adv.* bekanntermaßen; klar;

~**do** I. *adj.* bekannt; anerkannt; F ser muy ~ en su casa ein unbekanntes (*bzw.* verkanntes) Genie sein; **II.** *m* Bekannte(r) *m*; un ~ mío ein Bekannter von mir; ~**miento** *m* 1. (Er-)Kenntnis *f*; Einsicht *f*; Verständnis *n*; ~ de sí mismo Selbsterkenntnis *f*; para su ~ zu Ihrer Kenntnisnahme; con ~ de causa bewußt; überlegt; con gran ~ de causa mit (*od.* aus) gründlicher Sachkenntnis; dar ~ de et. bekanntmachen; poner a/c. en ~ de j-n in Kenntnis setzen von (*dat.*); no tener ~ de k-e Kenntnis haben von (*dat.*); nichts wissen von (*dat.*); 2. ⚕ Bewußtsein *n* (verlieren perder); recobrar el ~ (wieder) zur Besinnung (*od.* zu s.) kommen; sin ~ bewußtlos; 3. ✝ ~ (de embarque) Konossement *n*, Seefrachtbrief *m*; ~ aéreo Luftfrachtbrief *m*; 4. Bekanntschaft *f*; *lit.* trabar ~ con j-s Bekanntschaft machen; 5. ~s *m/pl.* Kenntnisse *f/pl.*; ~s previos (técnicos) Vor- (Fach-)kenntnisse *f/pl.*
conoide ⚤ *m* Konoid *n*; ~o ⚤ *adj.* kegelförmig. [hang *m.*⎱
conopeo *kath. m* Tabernakelvor-⎰
conopial ⚤ *adj.* c: arco *m* ~ Eselsrücken *m*, geschweifter Spitzbogen *m.*
conque *cj.* also, folglich, daher; nun; no entiendes nada de esto, ~ cállate davon verstehst du nichts, sei also (gefälligst) still; ¿~ te vas o te quedas? gehst du nun oder bleibst du da?; *oft iron. od.* drohend: ¡~ no hay nada que hacer? (ihr habt) wohl gar nichts zu tun, wie?; ¡~ andando! also los, gehen wir!
conquiforme *adj.* c muschelförmig.
conquista *f* 1. Eroberung *f* (a. *fig.*); Errungenschaft *f*; *fig.* F ir de ~ auf Eroberungen ausgehen; 2. *hist.* la ♀ die Conquista, Zeitalter der Besitznahme Amerikas durch die Spanier; 3. ✝ Erschließung *f* von Märkten; ~**ble** *adj.* c (leicht) zu erobern(d) (a. *fig.*); ~**dor** *adj.-su.* Eroberer *m*; *hist.* Konquistador *m*; *fig.* F Frauenheld *m*; ~r *v/t.* erobern (⚔ *u. fig.*); gewinnen, für s. einnehmen; **II.** *v/r.* ~se gewinnen (*Sympathie usw.*).
Conrado *npr. m* Konrad *m.*
consabido *adj.* bewußt, (schon) erwähnt; üblich, sattsam bekannt; *trdigame* lo ~ bringen Sie mir das Übliche (*Bestellung im Stammcafé*); ~r *m* Mitwisser *m.*
consagra|ción *f* 1. *Rel.* Weihe *f*, Einweihung *f*, Konsekration *f*; Wandlung *f* (*Messe*); 2. *fig.* Widmung *f*; Aufopferung *f*; Opfer *n*; ~**nte** *adj.-su. m bsd. kath.* Weihpriester *m*, Konsekrant *m*; ~r *v/t.* 1. *Rel.* weihen, einsegnen, heiligen; Hostie konsekrieren; 2. ~ a *usw.* widmen (*dat.*); weihen (*dat.*), (auf)opfern (*dat.*); 3. bestätigen, autorisieren; ~ como bestätigen als (*ac.*); giro *m* ~do por el uso (ganz) geläufige (Rede-)Wendung *f*; **II.** *v/r.* ~se 4. ~se a s. widmen (*dat.*), s. hingeben (*dat.*); s. dauernd (od.) durchsetzen als (*nom.*), s-n Ruf als (*nom.*) festigen.
consan|guíneo *adj.* blutsverwandt; hermanos *m/pl.* ~s Halbgeschwister

pl. väterlicherseits; ~**guinidad** *f* Blutsverwandtschaft *f*.
consciente *adj. c* bewußt (*gen.* de).
conscrip|ción ⚔ *f bsd. Am.* Aushebung *f*, Musterung *f*; ~**to** *m* Rekrut *m*, Ausgehobene(r) *m*.
conse|cución *f* Erlangung *f*, Erreichung *f*; *de fácil* ~ leicht zu erreichen(d); ~**cuencia** *f* 1. Folge *f*, Folgerung *f*; Konsequenz *f*; Folgerichtigkeit *f*; *a* ~ *de* als Folge (*gen. od.* von *dat.*); *en* ~ *de* gemäß (*dat.*), zufolge (*dat.*); *cj. por* ~, *en* ~, *a* ~ folglich; *llevar* (*od. afrontar*) *las* ~*s* die Folgen tragen; *sacar la* ~ die (Schluß-)Folgerung ziehen; *sacar las* ~*s* die Konsequenzen ziehen; *sacar en* ~ daraus folgern (*od.* schließen); *tener* (*od. traer*) ~*s* Folgen (*od.* Konsequenzen) haben; noch ein dickes Ende haben F; *traer* (*od. tener*) *como* ~ zur Folge haben; 2. Wichtigkeit *f*, Bedeutung *f*; ~**cuente** I. *adj. c* folgerichtig, konsequent; *ser* ~ (*consigo mismo*) konsequent sein, s. selber treu sein; II. *m* ♀, *Phil.* (Schluß-)Folgerung *f*; *Gram.* Folge-, Nach-satz *m*; ~**cuentemente** *adv.* folgerichtig; entsprechend; ~**cutivo** *adj.* 1. (*mst. pl.*) aufea.-folgend; *tres veces* ~*as* dreimal nachea.; 2. *Gram.* proposición *f* ~*a* Konsekutivsatz *m*; 3. ~ *a s.* aus (*dat.*) ergebend, als Folge von (*dat.*).
conseguir [31 *u.* 3d] *v/t.* erlangen, erreichen; bekommen; durchsetzen; erzielen; ~ *que* + *subj.* erreichen, daß; *consigo hacerlo* ich bringe es fertig; *consigo adelantarlos es* gelingt mir, sie zu überholen; *sin haber* ~*ido nada* unverrichteter Dinge, ohne Erfolg, erfolglos.
conse|ja *desp. f* (Ammen-)Märchen *n*, Fabel *f*; ~**jera** F *f* Frau *f* Rat, Rätin *f*; ~**jero** *m* Ratgeber *m*, Berater *m*; Rat *m* (*Titel*); Ratsmitglied *n*; ~ *de administración* Verwaltungsrat(smitglied *n*) *m* (*in Span. AG*); ~ *áulico* Hofrat *m*; ~ *económico* Wirtschaftsberater *m*; ~ *de embajada* Botschaftsrat *m*; ~ *jurídico* (*de seguridad*) Rechts- (Sicherheits-)berater *m*; ~ *técnico* Fachberater *m*; technischer Berater *m*; ~**jo** *m* 1. Rat *m*, Ratschlag *m*; *dar* ~ e-n Rat geben (*od.* erteilen); *entrar en* ~ beraten, beratschlagen; *pedir* ~ *a j-n* um Rat bitten; *tomar* ~ *de s.* beraten lassen von (*dat.*); *s.* bei (*dat.*) Rat holen; 2. Rat *m* (*Gremium*); Ratsversammlung *f*; ~ *de administración* Verwaltungsrat *m*; *hist.* ⚔ *de Castilla* kastilischer Kronrat *m* (*zugleich Oberstes Gericht*); *hist. ma.* ⚔ *de Ciento* Rat der Hundert (*Barcelona*); ⚔ *de Estado* Staatsrat *m*; ⚔ *de Europa* Europarat *m*; ~ *de familia* Familienrat *m*; ~ *de guerra* Militärgericht *n*; *hist.* Kriegsgericht *n*; Standgericht *n*; ~ *de ministros* Ministerrat *m*; Kabinett *n*; ~ *municipal* Stadt-, Gemeinde-rat *m*; ~ *real, Span.* ⚔ *del Reino* Kronrat *m*; ⚔ *de Seguridad* (Welt-)Sicherheitsrat *m* (*UNO*); ⚔ *Superior de Investigaciones Científicas Span.* (Oberster) Forschungsrat *m*; 3. Beschluß *m*; *tomar el* ~ *de* + *inf.* den Beschluß fassen zu + *inf.*
consen|so ⚔, *lit. m* Zustimmung *f*, Einwilligung *f*; ~**sual** ⚔ *adj. c:* *contrato m* ~ Konsensualvertrag *m*.
consen|tido *adj.* verwöhnt, launisch, verzogen (*Kind*); *marido m* ~ wissentlich betrogener Ehemann *m*; ~**tidor** I. *adj.* zu nachsichtig; II. *m* Mitwisser *m*; ~**timiento** *m* Einwilligung *f*, Zustimmung *f*, Genehmigung *f*; ~**tir** [3i] I. *v/t.* 1. gestatten, zulassen, erlauben; billigen; dulden; ~ *a/c. a alg. a.* j-m et. durchgehen lassen; *no consiento que* + *subj.* ich lasse nicht zu, daß + *ind.*; 2. *bsd. Am.* verwöhnen; liebkosen; II. *v/i.* 3. ~ *en a/c.* in et. (*ac.*) einwilligen; ~ *con los vicios de j-s* schlechte Gewohnheiten dulden; III. *v/r.* ~*se* 4. Risse bekommen, springen.
conserje *m* Hausmeister *m*; Portier *m*, Pförtner *m*; *de noche* Nachtportier *m*; ~**ría** *f* Portiersloge *f*, Pforte *f*.
conserva *f* 1. Konserve *f*, Dauerware *f* (*mst. pl.*); Eingemachte(s) *n*; *en* ~ konserviert, Konserven...; ~ *de carne* (*de sangre*) Fleisch- (Blut-)konserve *f*; *poner en* ~ einmachen, einlegen; 2. *hist.* ⚓ *adv. en* ~ im Geleitzug; ~**ción** *f* Erhaltung *f*; Konservierung *f*; Frischhaltung *f*; Aufbewahrung *f*, Verwahrung *f*; ~ *de la energía* Erhaltung *f* der Energie (*a. Phys.*); ~ *de monumentos antiguos* Denkmalspflege *f*; *instinto m de* ~ Selbsterhaltungstrieb *m*; ~**do** *adj.:* *bien* ~ gut erhalten (*a. Person*), noch frisch; ~**dor** I. *adj.* 1. erhaltend; 2. *a. Pol.* konservativ; II. *m* 3. Erhalter *m*, Pfleger *m*; Aufseher *m*; ~ *del museo* Konservator *m* (*bzw.* Kustos *m*) am Museum; 4. *a. Pol.* Konservative(r) *m*; 5. ~ *de helados* Kühlbox *f* für Speiseeis; ~**durismo** *m* Konservati(vi)smus *m*; ~**r** I. *v/t.* 1. erhalten; beibehalten; pflegen; schonen; ~ *los amigos* die (alten) Freunde beibehalten; ~ *la salud* die Gesundheit erhalten; ~ gesund bleiben; ~ *en buen estado* gut instand halten; 2. aufbewahren; *consérvese en sitio fresco y seco* kühl u. trocken aufbewahren; 3. *Früchte usw.* einmachen, einlegen; konservieren; II. *v/r.* ~*se* 4. erhalten bleiben; ~*se en* (*od. con*) *salud* gesund bleiben; *consérvate bien* halte dich gesund; pflege dich, schone dich; ~**tismo** *m Am.* → *conservadurismo*; ~**tivo** *adj.* erhaltend, konservierend; ~**torio** I. *adj.* der Erhaltung dienend; ⚔ *medida f* ~*a* Sicherungsmaßnahme *f*; II. *m* Konservatorium *n*; Musik(hoch-)schule *f*; ~ *de arte dramático* Schauspielschule *f*.
conserve|ría *f* Konservenherstellung *f*; ~**ro** I. *m* Konserven-hersteller *m*; -arbeiter *m*; II. *adj.:* *industria f* ~*a* Konservenindustrie *f*.
considera|ble *adj. c* beachtlich, ansehnlich; beträchtlich, erheblich; ~**ción** *f* Betrachtung *f*, Überlegung *f*, Erwägung *f*, Beachtung *f*; Berücksichtigung *f*, Rücksicht(nahme) *f*; Hoch-achtung *f*, -schätzung *f*, Ansehen *n*; *de* ~ bedeutend; erheblich; *en* ~ *a* in Anbetracht (*gen.*), im Hinblick auf (*ac.*); *por* ~ aus Rücksicht auf (*ac.*); *sin* ~ rücksichtslos; *falta f de* ~ Rücksichtslosigkeit *f*; (grobe) Unhöflichkeit *f*; *cargar* (*od.*

fijar) *la* ~ *en* sein Augenmerk richten auf (*ac.*), *et.* überlegen; *entrar en* ~ in Betracht kommen; *tener* ~ *con alg.* j-n rücksichtsvoll (*bzw.* achtungsvoll) behandeln; *tener* (*od. tomar*) *en* ~ *a/c.* a) et. berücksichtigen; b) et. in Erwägung ziehen; *Briefstil: con la mayor* ~, *con el testimonio de mi* (*bzw. nuestra*) *mayor* ~ mit vorzüglicher Hochachtung; ~**do** *adj.* 1. überlegt, besonnen; rücksichtsvoll; 2. *bien* ~ (wenn man es) genau überlegt, eigentlich; 3. *bien* (*mal*) ~ (nicht) sehr geschätzt *od.* angesehen.
considera|ndo I. *prp.* ~ *que* ... angesichts der Tatsache, daß ...; *Verw.* da, weil; ⚔ üblicher Anfang e-r Urteilsbegründung; II. *m* ⚔ ~*s m/pl.* (rechtliche) Urteilsbegründung *f*; ~**r** I. *v/t.* 1. bedenken, erwägen; berücksichtigen; überlegen; ~*le a alg.* (*como*) *feliz* j-n für glücklich halten; ~ *el pedido* (*como*) *anulado* den Auftrag als zurückgezogen betrachten (*od.* ansehen); 2. mit Rücksicht behandeln; hochachten; II. *v/r.* ~*se* 3. *s.* für *et.* halten; ~*se en casa* glauben, daheim zu sein; *si bien se considera* wenn man es recht überlegt; *¡considérese despedido!* Sie sind entlassen!
consigna *f* 1. ⚔ *u. fig.* Parole *f*, Losung *f*; Weisung *f*; *dar la* ~ die Losung ausgeben; *fig. respetar la* ~ der Parole Folge leisten; 2. ⚔ Gepäckaufbewahrung *f*; ~ *automática* (Gepäck-)Schließfach *n*; ~**ción** *f* 1. (Geld-)Anweisung *f*; Hinterlegung *f*; Kaution *f*; 2. ✝ Konsignation *f*; Ansichtssendung *f*; ~*ones f/pl.* globales Sammel-ladung *f*; -güter *n/pl.*; 3. ~ *en acta* aktenmäßige (*od.* protokollarische) Fixierung *f*; ~**dor** Konsignant *m*; ~**r** *v/t.* 1. anweisen; ✝ konsignieren; gerichtlich hinterlegen; schriftlich niederlegen; 2. *Handgepäck* zur Aufbewahrung geben; ~**tario** ✝, ⚔ *m* Konsignator *m*; Verwahrer *m*; ⚔ (Ladungs-)Empfänger *m*; ~ (*de buques*) Schiffsmakler *m*.
consigo *pron.* mit sich, bei sich; *llevar dinero* ~ Geld bei s. haben; *no tenerlas todas* ~ Argwohn hegen, dem Frieden nicht trauen; *dar* ~ *en tierra* s. überschlagen, hinfallen; *hablar* ~ *mismo* Selbstgespräche führen.
consiguiente *adj. c:* ~ (*a*) *s.* ergebend (aus *dat.*); entsprechend (*dat.*); *cj. por* ~ folglich, daher, also; ~**mente** *adv.* folgerichtig; folglich.
consiliario *m* Rat *m* (*Person*).
consis|tencia *f* 1. *Phys.* Dichtigkeit (-sgrad *m*) *f*; Dickflüssigkeit *f*; *allg.* Festigkeit *f*, Bestand *m*, Dauer *f*; Beschaffenheit *f*, Konsistenz *f*; 2. *Phil.* Konsistenz *f*, Widerspruchslosigkeit *f*; ~**tente** *adj. c* fest, stark, haltbar, dauerhaft; dickflüssig; ~ *en* bestehend aus (*dat.*); ~**tir** *v/i.* ~ *en* bestehen aus (*dat.*); beruhen auf (*dat.*); ~ *en que* darin (*bzw.* daran) liegen, daß.
consistori|al *adj. c* 1. *Rel.* Konsistorial...; 2. *Reg.* Gemeinde...; *casa(s) f(/pl.)* ~(es) Rathaus *n*, Gemeindeamt *n*; ~**o** *m* 1. *Rel.* Konsistorium *n*; *ante el* ~ *divino* vor dem Richterstuhl

Gottes; 2. *Reg.* Gemeinderat *m*.
consocio *m* Mitinhaber *m*; Genosse *m*.
conso|l *m Pe.*, **~la** *f* Wandtischchen *n*, Konsole *f*; △ Konsole *f*.
consola|ble *adj. c* tröstbar; **~ción** *f* Trost *m*; Tröstung *f*; Zuspruch *m*; *premio de* ~ Trostpreis *m*; **~dor** I. *adj.* tröstlich, tröstend; II. *m* Tröster *m*; **~r** [1m] I. *v/t.* trösten; II. *v/r.* **~se** s. trösten; **~se de** über *et.* (*ac.*) hinwegkommen, *et.* verschmerzen; **~se con** a) s. mit *et.* (*dat.*) abfinden; b) bei *od.* in *et.* (*dat.*) Trost finden; c) bei *j-m* Trost suchen; **~tivo**, **~torio** *adj.* → consolador.
consólida ♀ *f* Schwarzwurz *f*; ~ *real* Rittersporn *m*.
consolida|ción *f* 1. Befestigung *f*, Sicherung *f*, Verankerung *f*; Festigung *f*, Gesundung *f* (*a.* ✝); 2. ⚚ Ver-narbung *f*, -heilung *f*; 3. ♌, ✝, ⊕, ⚛, *Geol.* Konsolidierung *f*, Konsolidation *f*; **~do** ✝ I. *adj.* konsolidiert (*Staatsschuld*); II. **~s** *m/pl.* Konsols *m/pl.*; **~r** I. *v/t.* 1. (be)festigen, sichern; verstärken; versteifen; ✝ konsolidieren; 2. ⚚ die Heilung (*gen.*) fördern; II. *v/r.* **~se** 3. s. festigen; ⚚ zuheilen.
consomé *m* Kraftbrühe *f*.
consonan|cia *f* 1. ♪ Ein-, Gleichklang *m*, Harmonie *f*; Konsonanz *f*; 2. End-, Voll-reim *m*; 3. Übereinstimmung *f*; *en* ~ *con* in Übereinstimmung mit (*dat.*); **~te** I. *adj. c* 1. übereinstimmend; zs.-stimmend; ♪ harmonisch zs.-klingend; konsonant; 2. reimend; 3. ⚚ konsonierend; II. *f* 4. Konsonant *m*, Mitlaut *m*; **~tismo** *m* Konsonantismus *m*.
consonar [1m] *v/i.* 1. zs.-stimmen, zs.-klingen; 2. s. reimen.
consor|cio *m* 1. Genossenschaft *f*; 2. Konsortium *n*, Konzern *m*; ~ *bancario* Bankenkonsortium *n*; 3. *fig.* vivir en buen ~ in guter Gemeinschaft leben; **~te** *c* (Schicksals-, Leidens-)Genosse *m*; Ehegatte *m* (*Mann od. Frau*); *los* **~s** die Eheleute *pl.*; *príncipe m* ~ Prinzgemahl *m*.
conspicuo *adj.* hervorragend, berühmt.
conspira|ción *f* Verschwörung *f* (*a. fig.*); **~do**, **~dor** *m* Verschwörer *m*; **~r** *v/i.* s. verschwören, konspirieren (gg. *ac. contra*); ~ *en* bei *et.* (*dat.*) mitmachen, an *et.* (*dat.*) beteiligt sein; *todo conspira para su desgracia* alles hat s. zu s-m Unglück verschworen; ~ *a* (*la persecución de*) *un fin* gemeinsam hinwirken auf *et.* (*ac.*), *et.* gemeinsam bezwecken.
constan|cia *f* 1. Standhaftigkeit *f*, Beständigkeit *f*, Beharrlichkeit *f*, Ausdauer *f*; ♌, ⊕ Konstanz *f*; 2. Sicherheit *f*, Gewißheit *f*; *bsd. Am.* dar (*od. dejar*) ~ de *et.* bestätigen; *et.* festhalten, *et.* zum Ausdruck bringen; **~te** I. *adj. c* 1. standhaft, beständig, beharrlich; stetig; *a.* ♌ konstant; 2. ständig, dauernd; 3. sicher; II. *f* ♌, ⊕, *Phys.* Konstante *f*; **~temente** *adv.* ständig, stetig.
Constantino|pla *f* Konstantinopel *n*;

♀**politano** *adj.-su.* aus Konstantinopel.
Constanza *f* 1. Konstanz *n*; *Lago m de* ~ Bodensee *m*; 2. *npr.* Konstanze *f*.
consta|r *v/i.* 1. gewiß sein, feststehen; *me consta que* ... ich weiß bestimmt, daß ...; *conste que* ... es sei (hiermit) festgestellt, daß ...; *¡que conste!* das muß festgehalten werden!, hört!; *¡para que te conste!* damit du Bescheid weißt!, daß du's nur weißt!; *hacer* ~ feststellen; *in Dokumenten:* y para que (*así*) *conste* zu Urkund dessen; 2. verzeichnet (*od.* aufgeführt) sein (in *dat. en*); *hacer* ~ *en escritura pública* urkundlich feststellen (lassen); (*como*) *consta en autos de juicio* wie aus den (Gerichts-)Akten hervorgeht; 3. ~ *de* bestehen aus (*dat.*); **~tación** *f* Feststellung *f*; **~tar** *v/t.* feststellen.
constela|ción *f* Gestirn *n*, Sternbild *n*; Konstellation *f* (*a. fig.*); **~do** *adj.* gestirnt, Sternen...; *fig.* ~ *de besät* (*od.* bedeckt) mit (*dat.*).
consterna|ción *f* Bestürzung *f*, Fassungslosigkeit *f*; **~do** *adj.* bestürzt, konsterniert; fassungslos; **~r** I. *v/t.* bestürzen, in Bestürzung versetzen; II. *v/r.* **~se** sehr betroffen sein.
constipa|ción *f* Verstopfung *f*; **~do** I. *adj.* verschnupft; II. *m* Schnupfen *m*, Erkältung *f*; **~rse** *v/r.* s. erkälten, s. e-n Schnupfen holen.
constitu|ción *f* 1. Beschaffenheit *f*, Zustand *m*; körperliche Verfassung *f*, Konstitution *f*; Anordnung *f*, Aufbau *m*; Zs.-setzung *f*; 2. *Pol.* Verfassung *f*; ⚖ Statut *n*, Verfassung *f*; *jurar la* ~ den Eid auf die Verfassung leisten; 3. ⚖ Einsetzung *f*, Bestellung *f*; (Be-)Gründung *f*; Gründung *f*, Errichtung *f* e-r Gesellschaft; ~ *de una renta* Rentenbestellung *f*; ~ *de una hipoteca* Bestellung *f* e-r Hypothek; **~cional** *adj. c* 1. verfassungsmäßig, konstitutionell, Verfassungs...; *monarquía f* ~ konstitutionelle Monarchie *f*; *Tribunal m* ~ Verfassungsgericht *n*; 2. ⚚ angeboren, konstitutionell; **~cionalidad** *f* Verfassungsmäßigkeit *f*; **~cionalismo** *Pol. m* Konstitutionalismus *m*; **~ir** [3g] I. *v/t.* 1. bilden, darstellen, ausmachen, sein; bedeuten; ~ *un delito* ein Vergehen sein (*od.* darstellen); 2. *ein Ga*~*es* ausmachen, bilden; *constituyen el equipo once jugadores* die Mannschaft besteht aus elf Spielern; 3. konstituieren, (be)gründen, errichten; *zum Erben einsetzen*; *Hypothek, Garantien bestellen*; *Rente, Mitgift aussetzen*; *Kommission einsetzen*; ~ *en berufen als* (*ac.*), bestellen zu (*dat.*); ⚖ ~ *reservas* Reserven abstellen (*od.* ausscheiden); II. *v/r.* **~se** 4. s. konstituieren; gegründet werden; **~se en república** e-e Republik bilden, Republik werden; 5. **~se** en auftreten als (*nom.*), **~se en** *fiador* die Bürgschaft übernehmen, als Bürge auftreten; **~tivo** I. *adj.* wesentlich, Bestand..., Grund..., Haupt...; ~ *de et.* begründend; ⚖ ~ *de derecho* rechtsgestaltend; II. *m* Haupt-, Bestand-teil *m*; **~yente** *adj. c* begründend, konstituierend; verfassunggebend; *Asamblea f* ~ ver-

fassung(s)gebende Versammlung *f* (*a. la* ♀).
constreñi|miento *m* Zwang *m*, Nötigung *f*; **~r** [3h *u.* 3l] *v/t.* zwingen, nötigen (zu *dat. a*); *bsd.* beengen, einschnüren; zs.-ziehen.
constric|ción *f* Zs.-ziehung *f*; ⚚ Beengung *f*, Konstriktion *f*; **~tor** *adj. bsd.* ⚚ ver-, be-engend; **~tor** *adj.* 1. zs.-schnürend, -ziehend; *Anat. músculo m* ~ Konstriktor *m*; 2. *Zo. boa f* ~ Boa *f* constrictor.
construc|ción *f* 1. Bau(en *n*) *m*, Konstruktion *f*; Bauweise *f*; Gebäude *n*; ~ *enteramente de acero* Ganzstahlbauweise *f*; ~ *especial* Sonderausführung *f*, **~ones** *f/pl.* hidráulicas Wasserbauten *m/pl.*; ~ *de madera* (*mecánica*) Holz- (Maschinen-)bau *m*; ~ *todo metal* Ganzmetallbau(weise *f*) *m*; ~ *prefabricada* Fertigbau *m*; *materiales m/pl. de* ~ Baustoffe *m/pl.*; 2. Bauwesen *n*; (*ramo m de la*) ~ Baugewerbe *n*; ~ *naval* Schiffsbau (-industrie *f*) *m*; ~ *de viviendas* Wohnungsbau *m*; 3. *Gram.* ~ *de la frase* Satzbau *m*; 4. ⚚ Konstruktion *f*; **~tivo** *adj.* konstruktiv (*a. fig.*), aufbauend; ⊕ *elemento m* ~ Bau-, Konstruktions-teil *m*; **~tor** *adj.-su.* Erbauer *m*; Konstrukteur *m*; ~ *de automóviles* (*de máquinas*) Kraftfahrzeug- (Maschinen-)bauer *m*; ~ *naval* Schiffsbauer *m*; Werftbesitzer *m*.
construir [3g] *v/t.* (er)bauen; an-, ver-fertigen, errichten, anlegen; *a. Gram.*, ⚚ konstruieren, ⚚ zeichnen.
consubstancia|ción *Theol. f* Konsubstantiation *f*; ~ *lidad Theol. f* Wesenseinheit *f der* Dreifaltigkeit.
consuegro *m* Mit-, Gegen-schwiegervater *m*.
consuelda ♀ *f* Schwarzwurz *f*; ~ *menor* Günsel *m*.
consuelo *m* Trost *m*, Tröstung *f*, Zuspruch *m*; *fig.* Erleichterung *f*.
consuetudinario *adj.* gewohnheitsmäßig; *derecho m* ~ Gewohnheitsrecht *n*.
cónsu|l *m* Konsul *m* (*a. hist.*); ~ *de carrera* Berufskonsul *m*; ~ *honorario, Am. oft* ~ *honorífico* Wahlkonsul *m*; ~ *general* Generalkonsul *m*; **~la** F *f* → consulesa.
consu|lado *m* Konsulat *n* (*a. hist.*); ~ *español*, ~ *de España* spanisches Konsulat *n*; **~lar** *adj. c* konsularisch, Konsular..., Konsulats...; *agente m* ~ Konsularagent *m*; **~lesa** *f* Konsulin *f*.
consul|ta *f* 1. Befragung *f*; Anfrage *f*; Beratung *f*; ⚚ Konsultation *f*; (Arzt-)Praxis *f*; Sprechstunde *f*; ⚚ *bsd. Am.* ~ *externa* Ambulanz *f*; *Pol.* ~ *popular* Volksbefragung *f*; *horas f/pl. de* ~ Sprechstunden *f/pl.*; *obra f de* ~ Nachschlagewerk *n*; *P Am. ésa es la* ~ so wirklich st. die Sache; *hacer una* ~ *a alg.* j-n konsultieren; *hacer una* ~ *en el archivo* im Archiv nachsuchen; *beim Archiv anfragen*; *pasar* ~ Sprechstunde halten; 2. Gutachten *n*; **~table** *adj. c* beratschlagenswert; **~tación** *f* → consulta; **~tante** *adj. c-su. m* Konsulent *m*; Konsultant *m*; **~tar** I. *v/t.* (be)fragen, um Rat fragen; zu Rate ziehen; ~ *el diccionario* im Wörterbuch nachschlagen; ~ *el reloj* auf die Uhr sehen; II. *vt/i.* ~ *con*

consultivo — contento 174

su abogado (et.) mit s-m Anwalt (be)sprechen; ~**tivo** *adj.* beratend (*a. Ausschuß, Stimme*), konsultativ; ~**tor** *m* Berater *m*; Gutachter *m*; *hist.* ~ *del Santo Oficio* Inquisitor *m*; ~**toría** *f* ✝ Beratungs-, Consulting-firma *f*; ~**torio** *m* Beratungsstelle *f* (*a. ✡*); ✡ Sprechzimmer *n*; *bsd. Am.* (Arzt-)Praxis *f*; ~ *médico etwa:* Poliklinik *f*; ~ *sentimental* Briefkastenecke *f* in *Zeitschriften.*

consuma|ción *f* Vollendung *f*; Vollziehung *f*; Erfüllung *f*; *bibl. la* ~ *de los siglos* das Ende der Welt; ~**do** *adj.* vollzogen, vollendet (*a. fig. u. ♟*); vollkommen, meisterhaft; Erz...; ~**r** *v/t.* voll-enden, -bringen (*a. Rel.*); ♟ voll-enden, -ziehen; *Verbrechen* begehen; ~**tivo** *adj. bsd. Rel.* vollendend, vollbringend.

consu|mición *f* Verzehr *m*, Zeche *f*; ~**mido** *adj.* abgezehrt, abgehärmt; F immer bekümmert; ~**midor** *adj.-su.* Verbraucher *m*, Konsument *m*; Gast *m* (*Gaststättengewerbe*); ✝ *a.* Abnehmer *m*; ~**mir I.** *v/t.* auf-, ver-zehren, auf-, ver-brauchen; *fig.* verzehren, vernichten; *la impaciencia le consume* die Ungeduld zehrt an ihm; **II.** *vt/i. kath.* ~ (*el cáliz*) den Kelch leeren (*Priesterkommunion*); **III.** *v/r.* ~**se** s. verzehren; s. aufreiben; vergehen (vor *dat. de*); ~**se a fuego lento** langsam verbrennen; ~**se con la enfermedad** von der Krankheit ausgezehrt werden; ~**se de celos** krankhaft eifersüchtig sein, s. in Eifersucht verzehren; ~**mismo** *m* Verbraucherverhalten *n* in der Konsumgesellschaft.

consummatum est *lt. bibl.* es ist vollbracht; *fig.* F alles ist (da)hin F, nichts mehr zu machen.

consumo *m* 1. Verbrauch *m*, Konsum *m*; ~ *de drogas* Drogenkonsum *m*; ~ *de energía* Energie-bedarf *m*, -verbrauch *m*; ~ *por cabeza* Pro-Kopf-Verbrauch *m*; *bienes m/pl. de* ~ Konsumgüter *n/pl.*; *artículos m/pl.* (*od. bienes m/pl.*) *de* ~ *duraderos* Gebrauchsgüter *n/pl.*; 2. ~**s** *m/pl.* (*Span. mst. usos m/pl. y* ~**s**) Verbrauchssteuer *f*; *hist.* Torzoll *m*.

consunción ✡ *f* Ab-, Aus-zehrung *f*. **consuno** *adv.:* *de* ~ einhellig, übereinstimmend.
consuntivo ✡ *adj.* auszehrend; *fiebre f* ~**a** hektisches Fieber *n*. **consunto** *part. irr. zu consumir.*
consustancial *adj. c* → *consubstancial.*

conta|bilidad ✝ *f* Buch-führung *f*, -haltung *f*; Rechnungswesen *n*; ~ *de costos* Kostenrechnung *f*; ~ *por partida simple* (*doble*) einfache (doppelte) Buchführung *f*; ~ *nacional* volkswirtschaftliche Gesamtrechnung *f*; *jefe m de* ~ Hauptbuchhalter *m*; ~**bilización** *f* (Ver-)Buchung *f*; ~**bilizar** [1f] *v/t.* (ver)buchen; ~**ble I.** *adj. c* zählbar; **II.** *c* Buchhalter *m*.

contac|tar *v/i.:* ~ *con alg.* mit j-m Verbindung aufnehmen, j-n kontaktieren; ~**to** *m* 1. Berührung *f*, Fühlung(nahme) *f*, *a.* ⚡ Kontakt *m*; ⚓ ~ *con el fondo* Grundberührung *f*; ~ *a tierra* (*con la masa*) Erd- (Masse-) schluß *m*; ⚡ ~ *flojo* Wackelkontakt *m*; *punto m de* ~ Berührungspunkt *m*; ⚡

Kontakt(stelle *f*) *m*; *entrar en* ~ *in* Verbindung treten; *poner en* ~ *in* Berührung bringen; *ponerse en* ~ Verbindung (*od.* Kontakt) aufnehmen, s. in Verbindung setzen (mit *dat. con*); 2. Verbindungsmann *m*. **contactor** *m* 1. ⚡ Schaltschütz *n*; 2. Verbindungsmann *m*; *Spionage:* Resident *m*.

conta|dero I. *adj.* zählbar; **II.** *m* Personenzähler *m*; ~**do** *adj.* 1. selten; *adv.* ~**as veces** selten; 2. gezählt; *tiene los días* ~**s** s-e Tage sind gezählt, er ist dem Tode nahe; 3. *adj. u. adv. al* ~ bar; *negocio m al* ~ Bar-, Kassen-geschäft *n*; 4. *adv. por de* ~ sicher, gewiß; ~**dor I.** *adj.* 1. Zähl...; *mecanismo m* ~ Zählwerk *n*; *tablero m* ~ Rechen-tafel *f*, -brett *n*; **II.** *m* 2. *bsd. Am.* Rechnungsführer *m*; Buchhalter *m*; *Am.* ~ *público* Buch-, Wirtschafts-prüfer *m*; 3. ⚓ Zahlmeister *m*; ⚔ ~ *de la Armada* Marinezahlmeister *m*; 4. ⊕ Zähler *m*, Zählwerk *n*; ~ *de agua* Wasseruhr *f*; ~ *de corriente* (*eléctrica*) Stromzähler *m*; ~ *de revoluciones* Drehzahlmesser *m*; ~ *Geiger* Geigerzähler *m*; ~**duría** *f* 1. Rechnungsstelle *f*, -kammer *f*; (öffentliche) Zahlstelle *f*; Buchhaltung *f*; ⚔ Zahlmeisterei *f*; 2. *Thea.* Vorverkauf(skasse *f*) *m*; *despacho m en* ~ (Eintrittskarten im) Vorverkauf *m*.

conta|giar [1b] **I.** *v/t.* anstecken (*a. fig.*); **II.** *v/r.* ~**se** angesteckt werden; Wünschen geschickt anpassen; j-n (zeitweilig) ertragen.

contamina|ble *adj. c* infizierbar; ~**ción** *f* 1. Verunreinigung *f*, Verseuchung *f*, Ansteckung *f*; ~ *del aire*, ~ *atmosférica* (*ambiental*) Luft- (Umwelt-)verschmutzung *f*; ~ *radiactiva* radioaktive Verseuchung *f*; 2. *Li.* Kontamination *f*; ~**do** *adj.* verunreinigt; ⚛ kontaminiert; ~**nte I.** *adj. c* anstecken *usw.*; → *contaminar*; **II.** *m/pl.* ~**s** Schadstoffe *m/pl.*; ~**r I.** *v/t.* verunreinigen, verseuchen; anstecken (mit *dat. con, de*); *fig.* besudeln, beflecken; verderben; **II.** *v/r.* ~**se** angesteckt werden (von *dat. con, de*).

contante *adj. c -su.* bar; *m* Bargeld *n*; *pagar en dinero* ~ *y sonante* in klingender Münze zahlen.

contar [1m] **I.** *v/t.* 1. (ab)zählen; be-, aus-, er-rechnen; *Boxen:* ~ *le las diez a alg.* j-n auszählen; ~ *a alg. entre sus amigos* j-n zu s-n Freunden zählen (*od.* rechnen); ~ *por docenas* nach Dutzenden abzählen; 2. erzählen; *no me cuente historias* erzählen Sie mir k-e Geschichten; F *¿qué (me) cuentas? wie* geht's?; *¡qué me cuentas!* nein, so was!, das ist doch nicht möglich!; **II.** *v/i.* 3. zählen; rechnen; *cuenta 30 años de edad* er ist dreißig Jahre alt; *eso no cuenta* das zählt nicht, das ist nicht wichtig; *das macht nichts;* ~ *con los dedos* mit den Fingern zählen, an den Fingern abzählen; *a* ~ *desde* (*od. de*) ... *von* ... (*dat.*) *an* (*bzw.* ab); ~ *con que* damit rechnen, daß; *la casa cuenta con un*

jardín zum Haus gehört ein Garten; *poder* ~ *con* mit *j-m* rechnen (*od.* auf *j-n* zählen) können; ~ *entre los mejores* zu den Besten gehören; *sin* ~ *con que* (ganz) abgesehen davon, daß; *no sabe ni* ~ er kann nicht einmal rechnen, er ist (einfach) blöd; **4.** erzählen; *y pare de* ~ u. das ist alles; **III.** *v/r.* ~**se** 5. *se cuenta que man erzählt s.,* daß; *es heißt* (, daß); *eso no se cuenta* **a**) das wird nicht berechnet; **b**) das darf man nicht sagen, das ist unanständig (*od.* F nicht salonfähig).

contempla|ción *f* 1. Betrachtung *f*, Anschauung *f*; Nachsinnen *n*; *Theol.* Betrachtung *f*, Versenkung *f*; 2. *mst.* ~**ones** *f/pl.* Rücksicht(nahme) *f*; *adv. sin* ~**ones** rücksichtslos; ~**r I.** *v/t.* 1. betrachten, anschauen; ins Auge fassen; 2. sehr aufmerksam sein gg.-über (*dat.*); 3. *et.* vorsehen, berücksichtigen (*Gesetz, Maßnahme*); *et.* betreffen; **II.** *v/i.* 4. (nach-)sinnen; meditieren; ~**tivo** *adj.* 1. beschaulich, kontemplativ; 2. entgg.-kommend, höflich.

contempo|raneidad *f* Gleichzeitigkeit *f*; ~**ráneo I.** *adj.* gleichzeitig; zeitgenössisch; **II.** *m* Zeitgenosse *m*. **contemporiza|ción** *f* kluge Rücksichtnahme *f*; Anpassungsvermögen *n*; ~**dor** *adj.-su.* nachgiebig, anpassungsfähig; *m* Zauderer *m*; ~**r** [1f] *v/i.* Zugeständnisse machen; geschickt lavieren; ~ *con alg.* s. j-s Wünschen geschickt anpassen; j-n (zeitweilig) ertragen.

conten|ción *f* 1. Mäßigung *f*, Beherrschung *f*, Bezwingung *f*; *muro m de* ~ Umfassungs-, Schutz-mauer *f*; *política f de* ~ Eindämmungspolitik *f*; ✡ ~ *de la sangre* Blutstillung *f*; 2. Anstrengung *f*; 3. (Wett-)Streit *m*, Kampf *m*; ~**cioso** *adj.* ♟ strittig, Streit..., Gerichts...; *asunto m* ~ strittige Frage *f*; Streitfall *m*, Rechtsstreit *m*; *procedimiento m* ~ *administrativo* Verwaltungsstreitverfahren *n*; ~**dedor** *m* Gegner *m*; ~**der** [2g] *v/i.* kämpfen, streiten (um *od.* über et. *ac. sobre a/c.*); ~**diente** *adj.-su. c* Gegner *m*; Streitende(r) *m*.

contenedor *m* Container *m*.
contenencia *f* 1. *Jgdw.* Rütteln *n* (*Vogel*); 2. Schwebeschritt *m* beim *Tanz.*

conte|ner [2l] **I.** *v/t.* 1. in s. enthalten, umfassen; haben, zeigen; 2. im Zaume (*od.* in Schranken) halten; eindämmen; *Atem* anhalten; *Blut* stillen; **II.** *v/r.* ~**se** 3. an s. halten; s. beherrschen; Maß halten; ~**nido** *m* 1. Inhalt *m* (*a. fig.*); ~ *de aceite* Ölfüllung *f*; 2. Gehalt *m*; ~ *de hierro* Eisengehalt *m*.

conten|ta *f* ⚓ Solvenzbescheinigung *f für den Ladungsoffizier*; *Am.* Quittung *f des Gläubigers*; ~**tadizo** *adj.* genügsam, bescheiden; *leicht zufriedenzustellen(d);* *mal* ~ schwer zufriedenzustellen(d); ~**tamiento** *m* Befriedigung *f*; Freude *f*; ~**tar I.** *v/t.* befriedigen, zufriedenstellen; ✝ *Wechsel* indossieren; **II.** *v/r.* ~**se con** zufrieden sein mit (*dat.*); s. begnügen mit (*dat.*); ~**tivo I.** *adj.* eindämmend, fest-, zurück-haltend; blutstillend; **II.** *m* ✡ Druckverband *m*; ~**to I.** *adj.* 1. zufrieden (mit *dat.*

con, de); befriedigt; froh, fröhlich; darse por ~ s. zufrieden geben; poner (od. dejar) ~ befriedigen, zufriedenstellen; estar (od. ponerse) ~ zufrieden sein; s. freuen; y tan ~ damit war er (od. gab er s.) zufrieden; **II.** m 2. Zufriedenheit f; Befriedigung f; Freude f, Behagen n, Vergnügen n; a ~ de todos zur Zufriedenheit aller; sentir gran ~ sehr zufrieden sein; ... que es un ~ ... daß es e-e Lust (od. e-e Freude) ist; **3.** ▢ ~s m/pl. Moneten pl. F, Zaster m F, Knete f F.
conteo m **1.** Berechnung f; Schätzung f; **2.** Nach-zählen n, -rechnen n; bsd. Am. Zählung f.
contera f (z. B. Stock-)Zwinge f; Ortband n am Seitengewehr; Bleistiftschoner m.
contero ⚓ m Perlstab m, Rosenkranz m (Verzierung).
contertuli(an)o m Teilnehmer an e-r tertulia; F Stammtischbruder m.
contesta F f Am. → contestación; Méj. → conversación; ~**ble** adj. c bestreitbar; strittig; fragwürdig; ~**ción** f **1.** Antwort f; Beantwortung f; Entgegnung f, Erwiderung f; en ~ a in Beantwortung (gen.); dejar sin ~ unbeantwortet lassen; mala ~ unverschämte Antwort f; **2.** ⚖ ~ (a la demanda) Einlassung f, Klageerwiderung f; **3.** Streit m, Wortwechsel m; **4.** Protest m, Protestbewegung f (bsd. Jugendliche, Randgruppen); ~**dor** Tel. m: ~ automático (automatischer) Anrufbeantworter m; ~**r I.** v/t. **1.** beantworten, erwidern; **2.** bestreiten; **3.** in Frage stellen, protestieren gegen (ac.); **II.** v/i. **4.** a. abs. antworten (auf ac. a); entgegnen; ~ a erwidern (ac.) (Rede, Gruß); **5.** übereinstimmen; **6.** F widersprechen; ¡Vd. a mí no me contesta! Sie haben mir nicht zu widersprechen!; keine Widerrede!; **7.** P Méj. → conversar 1; ~**tario** adj.-su. Protest...; m Protestler m.
conteste adj. c: estar ~s übereinstimmen (Zeugen).
contestón F adj.-su. schnippisch; m Widerspruchsgeist m.
contex|to m Verkettung f; Gewebe n; fig. Zs.-hang m, Kontext m; ~**tura** f Verbindung f, Gefüge n, Aufbau m, Anordnung f.
contienda f Streit m, Kampf m.
contigo pron. mit dir; bei dir.
conti|guamente adv. anstoßend; ~**güidad** f Nebenea.-liegen n, Angrenzen n; Nachbarschaft f; ~**guo** adj. anstoßend (an ac. a), nebenea.-liegend; Neben...; estar ~ nebenan liegen, anstoßen.
continencia f **1.** Enthaltsamkeit f, Mäßigkeit f; Keuschheit f; **2.** Folk. Reg. Verbeugung f beim Tanz.
continen|tal adj. c kontinental; festländisch; clima m ~ Kontinentalklima n; ~**te¹** m Kontinent m, Erdteil m; Festland n.
continente² **I.** adj. c **1.** enthaltsam, keusch; **II.** m **2.** Behälter m; **3.** (Körper-)Haltung f, Auftreten n.
contingen|cia f Möglichkeit f, Zufälligkeit f; Ungewißheit f; Phil. Kontingenz f; ~**tación** f Kontingentierung f; ~**tar** v/t. kontingentieren; ~**te** **I.** adj. c **1.** zufällig, möglich; Phil. kontingent; **II.** m **2.** Anteil

m; ✝ Kontingent n; ~ de importación Einfuhrkontingent n; **3.** ⚔ (Truppen-)Kontingent n.
continua|ción f Fortsetzung f, Fortführung f; Fortdauer f; Verlängerung f; adv. a ~ dann, darauf; anschließend; nachstehend; ~**damente** adv. fort-während, -laufend, ständig; ~**do** adj. fortgesetzt; → continuo; ~**dor** adj.-su. Fortsetzer m, -führer m; ~**mente** adv. ständig, ununterbrochen, in e-m fort; ~**r** [1e] **I.** v/t. **1.** fortsetzen, fort-, weiter-führen; beibehalten; ~ la derrota auf Kurs bleiben; ⚔ ~ el fuego (la marcha) weiter-feuern (-marschieren); **II.** v/i. **2.** fortfahren; weiter-gehen; -führen; weitermachen (a. ⚔); continuará Fortsetzung folgt; continúe usted a) fahren Sie fort, machen Sie weiter; b) gehen Sie weiter; ~ hablando weitersprechen; ~ por buen camino den rechten Weg eingeschlagen haben; gut vorankommen (a. fig.); **3.** (noch immer) sein; bleiben; ~ en su puesto auf s-m Posten bleiben; ~**tivo** adj. fortsetzend; conjunción f ~a Bindewort n des zeitlichen od. örtlichen Anschlusses (z. B. entonces, después dann, hernach).
continu|idad f Stetigkeit f; Fortdauer f, Zs.-hang m, Andauern n, Kontinuität f; ~**o** **I.** adj. ständig, stetig; unablässig, fortwährend, ununterbrochen; ↯ adv. de ~ unablässig, fortwährend; acto ~ gleich darauf; ⊕ marcha f ~a Dauerbetrieb m; **II.** m ⓙ Kontinuum n; **III.** adv. ununterbrochen, ständig.
contone|arse v/r. s. in den Hüften wiegen; ~**o** m wiegender Gang m.
contor|cerse [2b u. 2h] v/r. s. verrenken, s. verdrehen; s. winden; ~**ción** f Verdrehung f, Verrenkung f.
contor|near v/t. **1.** um-kreisen, -gehen; **2.** umreißen, im Umriß zeichnen; ~ con la sierra aussägen; ~**neo** m **1.** Umkreisung f; **2.** Konturierung f; ~**no** m **1.** Umriß m, Kontur f; Umkreis m; adv. en (todo el) ~ im Umkreis, ringsumher; **2.** ~(s) m(/pl.) Umgebung f e-s Ortes.
contor|sión f Verrenkung f (a. 🐍), Verzerrung f; ~**sionista** c Schlangenmensch m.
contra **I.** prp. **1.** gg. (ac.), wider (ac.); gg.-über (dat.); an (dat. bzw. ac.), auf (dat. bzw. ac.); gg. (ac.), in Richtung auf (ac.); ¡~! verflixt!; ~ esto dagegen, dawider; cambiar la pieza ~ otra das Stück gg. ein anderes austauschen; dar ~ un árbol gg. (od. an) e-n Baum stoßen (bzw. fahren); estrechar ~ su pecho an s-e Brust drücken; estar (od. et.) sein; **II.** adv. **2.** en ~ dagegen; votar en ~ dagegen stimmen; **III.** cj. **3.** P ~ más → cuanto más; **IV.** m **4.** el (los) pro(s) y el (los) ~(s) das Für u. Wider, das Wenn u. Aber; **5.** ♪ Orgelpedal n; ~s m/pl. tiefe Bässe m/pl. der Orgel; **V.** f **6.** Schwierigkeit f, Hindernis n; Kart. Kontra n; Fechtk. Konterhieb m; hacer la ~ den Gg.-part spielen; Widerworte geben, s. wi-

dersetzen; Kontra geben.
contra|almirante ⚓ m Konteradmiral m; ~**amura** ⚓ f Halstalje f; ~**ataque** m Gg.-angriff m; ~**aviso** m Gg.-bescheid m; Gg.-befehl m, -order f; ~**bajo** ♪ m **1.** Baßgeige f, Kontrabaß m; **2.** Kontrabassist m; **3.** tiefer Baß m; ~**bajón** ♪ m Baßfagott n; ~**balancear** v/t. das Gleichgewicht halten mit e-r Sache; fig. aufwiegen, ausgleichen; ~**balanza** f Gegengewicht n.
contraban|dear v/i. schmuggeln, Schleichhandel treiben; ~**dista** c Schmuggler m, Schleichhändler m; ~**do** m Schmuggel m, Schleichhandel m; Schmuggelware f, Konterbande f; ~ de guerra Kriegs-Konterbande f; (a. adv.) de ~ geschmuggelt; Schmuggel...; fig. heimlich; verboten; hacer ~ schmuggeln; pasar de ~ durchschmuggeln (a. fig.).
contra|barrera Stk. f zweite Sperrsitzreihe f; ~**basa** ⚓ f Säulenunterbau m, Sockel m; ~**batería** ⚔ f Gg.-batterie f; ~**batir** ⚔ v/i. feindlichen Batterien beschießen, zurückschießen; ~**bloqueo** m Gg.-blockade f; ~**braza** ⚓ f Gegenbrasse f; ~**caja** Typ. f oberer Teil m des Setzkastens; ~**cambio** m Tausch m; en ~ als Ersatz; ~**canal** m Abzugs-, Seiten-kanal m; ~**carril** ⊕ m Gg.-schiene f.
contracción f **1.** Zs.-ziehung f; a. 🧔, Li. Kontraktion f; Verkürzung f; ⊖, ✝ Schrumpfung f; Schwund m; ~ monetaria Währungsschrumpfung f; **2.** Chi., Pe. ~ al estudio Lerneifer m.
contra|cepción f Empfängnisverhütung f; ~**ceptivo** adj.-su. empfängnisverhütend; m (Empfängnis-)Verhütungsmittel n; ~**cifra** f (Chiffre-)Schlüssel m; ~**clave** ⚓ f Nebenschlußstein m; ~**corriente** f Gg.-strömung f; ⚡ Gg.-strom m; ~**costa** f Gg.-Küste f, auf der entgg.-gesetzten Seite e-r Insel liegende Küste f.
contráctil adj. c zs.-ziehbar.
contrac|tilidad f Zs.-ziehbarkeit f; ~**to** adj. zu contraer; Li. kontrahiert (Verben); ~**tual** adj. c vertraglich, vertragsgemäß; ~**tualmente** adv. vertraglich, laut Vertrag; ~**tura** ⚓ f Kontraktur f.
contra|cubierta Typ. f vierte Umschlagseite f; ~**cultura** f Gegenkultur f; ~**chap(e)ar** v/t. furnieren; madera f ~(e)ada Sperrholz n; ~**choque** ⊕ m Rückschlag m; ~**danza** ♪ f Kontertanz m.
contra|decir [3p; part. contradicho] **I.** v/t. widersprechen (dat.); im Widerspruch stehen zu (dat.); **II.** v/r. ~**se** s. widersprechen; im Widerspruch stehen (zu dat. con); ~**denuncia** f Gg.-anzeige f; ~**dicción** f Widerspruch m; Gg.-satz m; Unvereinbarkeit f; estar en ~ im Widerspruch stehen (zu dat. a); espíritu m de ~ Widerspruchsgeist m; sin ~ widerspruchslos, unstreitig; ~**dictor** adj.-su. widersprechend; m Gegner m; ~**dictoriamente** adv. widersprüchlich; ~**dictorio** adj. (ea.) widersprechend; widersprüchlich; ⚖ sentencia f ~a kontradiktorisches (od. streitiges) Urteil n.

contra|dique m Gegen-, Vor-deich m, -damm m; **~dirección** f: ir en ~ gg. die Fahrtrichtung fahren (*in Einbahnstraßen*).
contraer [2p] I. v/t. **1.** zs.-ziehen,' kontrahieren (*a. Li.*); verkürzen; **2.** Vertrag (ab)schließen; Freundschaft schließen; Verpflichtung eingehen, übernehmen; Schulden machen; ~ matrimonio die Ehe eingehen; **3.** Gewohnheit annehmen; e-e Krankheit bekommen, s. e-e Krankheit zuziehen; ~ un vicio s. ein Laster angewöhnen; e-e schlechte Gewohnheit annehmen; **4.** ~ a beschränken auf (*ac.*); II. v/r. ~se **5.** s. zs.-ziehen; s. verkürzen; schrumpfen; **6.** ~se a s. beschränken auf (*ac.*); **7.** Chi., Pe. ~se en sus estudios eifrig lernen.
contra|escarpa *fort.* f Außen-, Gg.-böschung f; **~escota** ♣ f Hilfs-, Borg-schot f; **~escritura** f Gg.-, Widerrufungs-urkunde f; **~espionaje** m Gg.-spionage f, (Spionage-)Abwehr f; **~estay** ♣ m Hilfs-, Borg-stag n.
contra|fallar *Kart.* v/t. übertrumpfen; **~figura** f Gg.-bild n; Ebenbild n; **~filo** m Gg.-schneide f am Säbel usw.; **~firma** f Gegenzeichnung f; Kontrollunterschrift f (*Reiseschecks usw.*); **~foso** m Thea. untere Versenkung f; *fort.* Gg.-, Bahn-graben m; **~fuego** m Gg.-feuer n; **~fuero** m Rechtsbruch m; recurso m de ~ Verfassungsbeschwerde f; **~fuerte** m **1.** ♣ Strebebogen m; Strebepfeiler m; Widerlager n; *fort.* Gg.-schanze f; **2.** Hinterkappe(nverstärkung) f am Schuh; **3.** Tracht f am Sattel; **4.** Ausläufer m e-s Berges; **~fuga** ♪ f Kontrafuge f; **~gobierno** m Gegenregierung f; **~golpe** m Rück-stoß m, -schlag m; Gg.-schlag m (*bsd. fig.*); **~guardia** *fort.* f Vorwall m; **~hacer** [2s] v/t. **1.** nachmachen, nachahmen; **2.** fälschen; Buch widerrechtlich abdrucken; **3.** vortäuschen; **~hecho** adj. **1.** nachgemacht; gefälscht; **2.** verwachsen, bucklig; **~hechura** f Nachahmung f; Fälschung f; **~hierba** ♀ f Am. → contra-yerba; **~hilo** adv.: a ~ gg. den Strich, quer; **~huella** ♣ f Treppenstufenhöhe f, Setzstufe f; **~indicación** f Gg.-anzeige f, Kontraindikation f (*bsd.* ♂); **~indicado** adj. kontraindiziert, nicht anzuraten(d) (♂ u. fig.); **~lecho** ♣ adv.: a ~ senkrecht (gelagert) (*Hausteine im Verband*).
contralmirante m → contraalmirante.
contralo|r m **1.** ✕ Artillerie, Lazarett: Zahlmeister m; **2.** Am. Reg. Rechnungsprüfer m b. Behörden; **~ría** f Am. Rechnungsprüfstelle f.
contralto ♪ I. m Alt(stimme f) m; II. c Altist(in f) m.
contra|luz f Gg.-licht n; a ~ im Gg.-licht; *Phot.* (foto f de) ~ Gg.-lichtaufnahme f; **~maestre** m Werkmeister m; ⊕ Meister m; Gg.-Obermaat m, ♣ Bootsmann m; **~mandar** v/t. absagen, -bestellen; Gg.-befehl erteilen; **~mandato** m Abbestellung f; Absage f; Gg.-befehl m; **~manifestación** f Gg.-demonstration f; **~manifestantes** m/pl. Gg.-demonstranten m/pl.; **~mano** adv.: a ~ in der Gg.-richtung, verkehrt; **~marca** f **1.** Gg.-zeichen n; Kontrollmarke f; **2.** Gebührenmarke f; Gebühr f, Steuer f, die durch contramarca quittiert wird; **3.** Zollplombe f; **~marcar** [1g] v/t. mit e-r Kontrollmarke (*bzw.* Zollplombe usw.) versehen; **~marco** m äußerer Tür- bzw. Fenster-rahmen m.
contra|marcha f **1.** ✕ Gg.-marsch m; ♣ Gg.-manöver n; **2.** ⊕ Vorgelege n, Zwischengetriebe n; ~ de velocidades escalonadas Stufengetriebe n; **~marchar** ✕ v/i. rückwärts marschieren; die Front umkehren; **~marea** f Gg.-flut f; **~medida** f Gg.-maßnahme f.
contra|mina ✕ f Gg.-mine f (*a. fig.*); **~minar** v/t. ✕ gg.-minieren; *fig.* vereiteln; **~motivo** ♪ m Gg.-motiv n; **~muelle** m Gg.-damm m, -mole f; **~muralla** f, **~muro** m Gg.-mauer f; *fort.* Gg.-, Unterwall m.
contranatural adj. c widernatürlich.
contra|ofensiva ✕ f Gg.-offensive f (*a. fig.*); **~oferta** ✝ f Gg.-angebot n, -offerte f (*a. fig.*); **~opinión** f Gg.-meinung f; **~partida** ✝ f Gg.-posten m; Gg.-buchung f; *fig.* Gg.-leistung f; **~pasar** v/i. zum Gegner überlaufen; **~paso** m Gg.-schritt m, Schrittwechsel m beim Tanz.
contra|pelo adv.: a ~ gg. den Strich (*Haare u. fig.*); *fig.* mit Zwang, widerwillig; **~pesar** vt/i. das Gleichgewicht halten (*dat.*), ausgleichen (*a. fig.*); **~peso** m Gg.-gewicht n (*a. fig.*); **~pilastra** ♣ f **1.** Strebepfeiler m; **2.** Windschutzleiste f; **~poner** [2r] v/t. **1.** entgegenstellen; einwenden; **2.** gegenhalten, vergleichen; **~posición** f Gg.-überstellung f; Gg.-satz m; Widerstand m en ~ a im Gg.-satz zu (*dat.*); **~presión** f Gg.-druck m; **~prestación** f *bsd.* ♃ Gg.-leistung f.
contra|producente adj. c das Gg.-teil bewirkend, fehl am Platz; *fig.* unzweckmäßig; **~proposición** f, **~propuesta** f Gg.-vorschlag m; **~proyecto** m Gg.-entwurf m; Gg.-plan m; **~prueba** f Gg.-probe f; Gg.-beweis m; *Typ.* Kontrollabzug m; **~puerta** f Flurtür f; Vor-, Doppel-tür f; ✕ *fort.* Vortor n e-r Festung; **~puesto** part. zu contraponer; **~punta** ⊕ f Reitstock m; **~puntear** I. v/i. ♪ kontrapunktisch singen; II. v/t. *fig.* gg. j-n sticheln; III. v/r. ~se s. verfeinden; **~puntismo** ♪ m Kontrapunktik f; **~punto** ♪ m Kontrapunkt m; ♘ → contrapunta; **~punzón** ⊕ m Durchschlag m, Körner m; **~quilla** ♣ f Kielschwein n.
contra|ria f: llevar la ~ widersprechen, s. widersetzen (*dat. a*); gg. den Strom schwimmen; **~riamente** adv. dagegen; **~riar** [1c] v/t. **1.** widerstehen (*dat.*), s. entg.-stellen (*dat.*), s. in den Weg stellen (*dat.*); Vorhaben durchkreuzen; **2.** ärgern, verdrießen; Verdruß machen (*dat.*); mostrarse muy contrariado sehr ärgerlich (*bzw.* enttäuscht) sein; **~riedad** f Widerstand m, Hindernis n; Unannehmlichkeit f, Ärger m, Verdruß m; **~rio I.** adj. **1.** entgg.-gesetzt, widrig; feindlich; Gegen...; schädlich, nachteilig (für ac. a); de lo ~ sonst, andernfalls; adv. en ~ dagegen; lo ~ das Gg.-teil; todo lo ~ ganz im Gg.-teil; ser ~ a gg. et. (*ac.*) sein; im Gg.-satz stehen zu (*dat.*); viento m ~ Gg.-wind m; F ni poco, ni mucho, sino todo lo ~ ich weiß selber nicht, wieviel ich will; **II.** m **2.** Gegner m (*a.* ✕), Feind m; **3.** Hindernis n; Widerspruch m; al ~, por el ~ (ganz) im Gg.-teil.
contra|rraya f Gg.-schraffierung f; **~rreacción** HF f Gg.-Kopplung f; **~rreforma** hist. f Gg.-reformation f; **~rregistro** m Nach-prüfung f, -durchsuchung f (Zoll, Polizei); **~rréplica** f Duplik f, neue Entgegnung f; **~rrestar** v/t. **1.** entgg.-wirken (*dat.*); hemmen, aufhalten, Einhalt tun (*dat.*); **2.** wettmachen, ausgleichen; **3.** Ball zurückschlagen (*Pelotaspiel*); **~rrevolución** f Gg.-, Konter-revolution f; **~rrevolucionario** adj. konterrevolutionär; **~rrotación** f Gg.-drehung f; **~salva** ✕ f Gg.-salve f; **~sellar** v/t. gg.-siegeln; -stempeln; **~sello** m Gg.-siegel n; Gg.-stempel m.
contra|sentido m **1.** Gg.-sinn m der Worte; Widersinn m; **2.** Unsinn m; **~seña** f ✝ Kontrollschein m; *allg.* Garderobenmarke f; *Thea. a.* Kontrollmarke f; ✕ u. *fig.* Kennwort n, Losung f; EDV Paßwort n; **~signar** v/t. Am. gg.-zeichnen.
contras|tar I. v/t. **1.** vergleichend untersuchen (*od.* kontrollieren); Gold, Silber auf Gehalt, Maße prüfen; Maße, Gewichte eichen; ~ con el cronómetro (ab)stoppen (*mit der Stoppuhr*); **2.** widerstehen (*dat.*), s. widersetzen (*dat.*); **II.** v/i. **3.** ~ (entre sí) s. sehr vonea. unterscheiden, e-n Gg.-satz bilden; ~ con im Widerspruch stehen zu (*dat.*); **~te** m **1.** Gg.-satz m, Kontrast m; ~ de colores Farbkontrast m; *Pol.* ~ de opiniones Meinungsgg.-sätze m/pl.; ✱ (medio m de) ~ Kontrastmittel n; formar ~ e-n Gg.-satz bilden; **2.** Eichen n; **3.** Eichamt n; **4.** Eichmeister m; **5.** (Gold-, Silber-) Stempel m; **6.** ♣ Umspringen n des Windes.
contra|ta f (Dienstleistungs-, Werk-)Vertrag m; Engagement n, *Thea.* (Bühnen-)Vertrag m; ~ de obras Bauvertrag m; **~tación** f Vertragsabschluß m; An-, Einstellung f v. Arbeitern, Personal; ✝ Abschluß m; **~tante I.** adj. c vertragschließend; *Pol.* las Altas Partes ♀s die Hohen Vertragschließenden Teile m/pl.; **II.** c Kontrahent m, Vertragspartner m; ~ de seguro Versicherungsnehmer m; **~tar I.** v/t. **1.** vertraglich abmachen; **2.** Arbeiter, Personal einstellen; in Dienst (*od.* unter Vertrag) nehmen; Künstler engagieren; **II.** v/i. **3.** e-n Vertrag schließen; ✝ abschließen; **III.** v/r. ~se **4.** s. vertraglich verpflichten; **5.** vereinbart werden.
contratiempo m **1.** Unannehmlichkeit f, widriger Zufall m, Mißgeschick n; (unangenehme) Überraschung f; llegar sin ~ gesund (u. munter) ankommen; **2.** ♪ Synkope

f; *a* ~ gg. den Takt.
contra|tista *c* (Vertrags-)Unternehmer *m*; ~ **de obras** Bauunternehmer *m*; **~to** 🕂, ✝ *m* Vertrag *m* (*privatrechtlich*); *adv.* **por** ~ vertraglich; ~ **de ahorro** (**de alquiler**) Spar- (Miet-)vertrag *m*; ~ **de prenda** (**de préstamo**) Pfand- (Darlehens-)vertrag *m*; ~ **de seguro** (**de trabajo**) Versicherungs- (Arbeits-)vertrag *m*; ~ **de sociedad**, *Pol.* ~ **social** Gesellschaftsvertrag *m*; ~ **tipo** Standardvertrag *m*; ~ **de transporte** Frachtvertrag *m*.
contra|torpedero ⚓ *m* Torpedobootszerstörer *m*; **~tuerca** ⊕ *f* Gg.-, Sicherungs-mutter *f*.
contra|valor *m* Gg.-wert *m*; **~valla** *Stk. f* zweite Umzäunung *f*; **~vapor** ⊕ *m* Gg.-dampf *m*; **~vención** *f* 🕂 Übertretung *f*; Zuwiderhandlung *f*, Verstoß *m*; (Vertrags-)Verletzung *f*; **~veneno** *m* Gg.-gift *n*; *fig.* Gg.-mittel *n*; **~venir** [3s] *v/i.*: ~ *a* zuwiderhandeln (*dat.*), verstoßen gg. (*ac.*); übertreten (*ac.*), verletzen (*ac.*); **~ventana** *f* Fensterladen *m*; **~ventor** *adj.-su.* Zuwiderhandelnde(r) *m*, Übertreter *m*; Verkehrssünder *m*; **~vía** *f Am. adv.*: **en** ~ in verkehrter (*od.* verbotener) Richtung (*Einbahnstraße*); **~vidriera** *f* Doppelfenster *n*; **~viento** *m Met.* Gg.-wind *m*; ⊕, ✈ Verstrebung *f*, Verspannung *f*.
contrayente *adj.-su.* *c* Vertragschließende(r) *m*; **~s** *m/pl.* Eheschließende(n) *pl.*
contrayerba 🌿 *f* japanischer Maulbeerbaum *m*; *Am. versch. Pfl., bsd. Dorstenia brasiliensis.*
contribu|ción *f* 1. Beitrag *m* (zu *dat. a*), Unterstützung *f*; ~ **alimentaria**, ~ **alimenticia** Unterhaltsbeitrag *m*; **poner a** ~ *a/c.* a) mit et. (*dat.*) beitragen; b) s. e-r Sache bedienen, et. zu Hilfe nehmen; 2. Abgabe *f*, Steuer *f*; Umlage *f* (*z. B. für Anlieger b. Straßenbau*); *Chi.* ~ **a los bienes raíces** Grundsteuer *f*; ~ **de guerra** (Kriegs-)Kontribution *f*; ~ **(in)directa** (in)direkte Steuer *f*; ~ **industrial** *etwa:* Gewerbesteuer *f*; ~ **personal** Personensteuer *f*; *Span.* ~ **sobre la renta** Einkommen(s)steuer *f*; *Span.* ~ **rústica** (**urbana**) Steuer *f* auf landwirtschaftliche (auf bebaute) Grundstücke; *Span.* ~ **de usos y consumos** *etwa:* Verbrauchssteuer *f*; ~ **territorial** Grundsteuer *f*; ~ **derechos, impuesto, tributo;** **~ir** [3g] I. *v/i.* 1. bei-tragen, -steuern, mithelfen (zu *dat. a*); ~ **con** helfen mit (*dat.*); *et.* beisteuern; ~ (**a, para**) mitwirken (bei *dat.*); 2. Abgaben (*od.* Steuer) zahlen; II. *v/t.* 3. Summe als Steuer zahlen; **~tario** *adj.-su.* mitbesteuert; **~tivo** *adj.* Steuer...; **capacidad** *f* **~a** Steuerkraft *f*; **~yente** *adj.-su.* *c* steuerpflichtig; *m* Steuerzahler *m*.
contrición *f* Zerknirschung *f*; *Rel.* vollkommene Reue *f*.
contrincante *c* Mitbewerber *m b.* **den oposiciones**; *fig.* Konkurrent *m*, Nebenbuhler *m*.
contri|star *v/t.* betrüben; **~to** *adj.* zerknirscht, reumütig; tiefbetrübt.
contro|l *m* Kontrolle *f*, Überwachung *f*; Steuerung *f*; Überprüfung *f*; *EDV* Steuerungstaste *f*; ⊕

~ *a distancia*, ~ **remoto** Fernüberwachung *f*; -steuerung *f*; ~ **de divisas** Devisenbewirtschaftung *f*; ~ **de nacimientos** Geburten-regelung *f*, -kontrolle *f*; ~ **de sí mismo** Selbstbeherrschung *f*; *Vkw.* ~ **de velocidad por radar** Radarkontrolle *f*; *EDV* ~ **por voz** Sprachsteuerung *f*; **de** ~ **remoto** ⊕ ferngesteuert; *Kfz. a.* **von innen verstellbar** (*Außenspiegel*); **~lador** *m*: ~ (**de tráfico**) *aéreo*, ~ **de vuelo** Fluglotse *m*; **~lar** I. *v/t.* über-wachen, -prüfen, kontrollieren; ✝ beherrschen, kontrollieren; bewirtschaften; steuern; II. *v/r.* **~se** s. beherrschen, s. in der Gewalt haben.
controver|sia *f* Ausea.-setzung *f*, Streit *m*, Kontroverse *f*; **~tible** *adj.* *c* strittig, kontrovers; bestreitbar; **~tido** *adj.* umstritten; **~tir** [3i] *v/t.* diskutieren, streiten über (*ac.*); bestreiten, in Abrede stellen.
contubernio *m* 1. Zs.-wohnen *n*; wilde Ehe *f*; 2. schmähliches Bündnis *n*; Clique *f*.
contuma|cia *f* Halsstarrigkeit *f*; 🕂 Nichterscheinen *n* vor Gericht; 🕂 **por** ~ in Abwesenheit; **~z** *adj.* *c* (*pl.* **~aces**) halsstarrig; 🕂 **condenar por** ~ in Abwesenheit verurteilen.
contumelia *f* Beleidigung *f*.
contun|dencia *f* Schlagkraft *f e-s Beweises*; **~dente** *adj.* *c* 1. schlagend, Schlag...; **arma** *f* ~ Schlagwaffe *f*; 2. *fig.* schlagend, überzeugend; **~dir** *v/t.* (zer)quetschen, zerschmettern.
conturba|ción *f* Beunruhigung *f*, innere Unruhe *f*; **~do** *adj.* beunruhigt; **~r** *v/t.* beunruhigen, verstören.
contu|sión ⚕ *f* Quetschung *f*, Prellung *f*; **~sionar** *v/t.* quetschen, e-e Quetschwunde beibringen (*dat.*); **~so** *adj.* gequetscht; Quetsch...
conuco *m Am. kl.* Stück *n* Land; *Ven.* Obstgarten *m*.
convale|cencia *f* Genesung *f*, Rekonvaleszenz *f*; (**casa** *f* **de**) ~ Erholungsheim *n*; **~cer** [2d] *v/i.* genesen, s. erholen (von *dat. de*); **~ciente** *adj.-su.* *c* Genesende(r) *m*, Rekonvaleszent *m*.
convalida|ción *f* Bestätigung *f*, Bekräftigung *f*; *Sch.* Anerkennung *f v. Zeugnissen usw.*; **~r** *v/t.* bestätigen, bekräftigen; als gültig erklären.
convección *Phys. f* Konvektion *f*.
convecino *adj.-su.* benachbart; *m* Mitbewohner *m*, Hausgenosse *m*; Mitbürger *m*.
conven|cedor *adj.-su.* überzeugend; **~cer** [2b] I. *v/t.* 1. überzeugen (von *dat. de*); überreden; ~ *a alg.* **de que** a) + *subj.* j-n (dazu) überreden zu + *inf.*; b) + *ind.* j-n davon überzeugen, daß; **no me convence das** sagt mir nicht zu; 2. 🕂 überführen; II. *v/r.* **~se** 3. s. überzeugen (*bzw.* überreden) (lassen); **~se de** *a/c.* s. e-r Sache vergewissern; s. von et. (*dat.*) überzeugen; **~cido** *adj.* überzeugt (daß de que); **~cimiento** *m* 1. Überzeugung *f*; Sicherheit *f*; **llegar al** ~ **de** *a/c.* s. von et. (*dat.*) überzeugen; **tener el** ~ **de von** et. (*dat.*) überzeugt sein; 2. Selbstbewußtsein *n*.
conven|ción *f* Übereinkunft *f*, Abkommen *n*; Konvention *f*; *Pol. a.*

Konvent *m*; *bsd. Am.* Tagung *f*, Zs.-kunft *f*; *hist.* ℒ Nationalkonvent *m* (*Frankreich*); ~ **del partido** Parteikonvent *m*; **~cional I.** *adj.* *c* **1.** herkömmlich; üblich; förmlich; konventionell (*a. Waffen*); **2.** vertragsmäßig, absprachegemäß; **precio** *m* ~ Preis *m* nach Vereinbarung; **II.** *m* 3. *hist.* Konventsmitglied *n*; **~cionalismo** *Phil., Soz. m* Konventionalismus *m*; **~cionalista** *adj.-su.* *c* Konventionalist *m*.
conve|nenciero *adj.* (übertrieben) auf Einhaltung gesellschaftlicher Regeln bedacht; **~nible** *adj.* *c* **1.** verträglich, anpassungsfähig; **2.** mäßig (*Preis*); **3.** annehmbar; **~nido** *adj.* vereinbart; **¡**~**!** abgemacht!, topp!; **según lo** ~ laut Vereinbarung; **~niencia** *f* **1.** Zweckmäßigkeit *f*, Angemessenheit *f*; Nutzen *m*; Bequemlichkeit *f*; **2.** **~s** *f/pl.* Einkünfte *pl.*; Vermögen *n*; **3.** **~s** (**sociales**) (gesellschaftliche) Konventionen *f/pl.*; herkömmliche Sitte *f*, Anstand *m*; **~niente** *adj.* *c* angemessen; angebracht, zweckmäßig; nützlich; schicklich; ratsam; **~nientemente** *adv.* richtig, ordentlich.
conve|nio *m* Übereinkunft *f*; Abmachung *f*, Vereinbarung *f*, *Pol.* Abkommen *n*; ✝ Vergleich *m*; ~ **de autonomía** Autonomieabkommen *n*; ~ **colectivo** Tarifvertrag *m*; ~ **mercantil** Handelsabkommen *n*; **forzoso** Zwangsvergleich *m*; **~nir** [3s] **I.** *v/t.* **1.** vereinbaren, verabreden; **II.** *v/i.* **2.** **en** *a/c.* a) et. abmachen, e-e Vereinbarung treffen über et. (*ac.*); b) in e-r Sache die gleiche Meinung haben; **precios** *m/pl. a* ~ Preis *m* nach Vereinbarung; **3.** ~ *a* zusagen (*dat.*), passen (*dat.*); recht sein (*dat.*); entsprechen (*dat.*); **¿te conviene mañana?** paßt es dir morgen? (*Verabredung*); **III.** *v/impers.* **4.** **conviene** + *inf.* es gehört s., zu + *inf.*; es ist ratsam, zu + *inf.*; **IV.** *v/r.* **~se 5.** **~se en** *a/c.* (**con** *alg.*) s. über e-e Sache (mit j-m) einigen; s. in e-r Sache (mit j-m) vergleichen.
conven|tico *m* Mietshaus *m*; **~tícula** *f*, **~tículo** *m* heimliche Zs.-kunft *f*; Konventikel *n*; **~tillo** *m Arg.* armselige Mietwohnung *f*; **~to** *m* Kloster *n*; **~tual** **I.** *adj.* *c* klösterlich, Kloster...; **misa** *f* ~ Konventualmesse *f*; **II.** *m* Klostermitglied *n*; Konventuale *m*.
conver|gencia *f* Zs.-laufen *n versch.* Linien; Konvergenz *f*; *fig.* Zs.-streben *n*; Übereinstimmung *f*; **~gente** *adj.* *c* zs.-laufend, konvergent; *Opt.* **lente** *f* ~ Sammellinse *f*; *fig.* **opiniones** *f/pl.* ~**s** (weitgehend) übereinstimmende Meinungen *f/pl.*; **~ger** [2c], **~gir** [3c] *v/i.* konvergieren; zs.-laufen; *fig.* nach e-m Ziel streben, s. vereinigen.
conversa ℱ *f* Unterhaltung *f*, Schwatz *m* F; **~ble** *adj.* *c* gesellig, umgänglich; **~ción** *f* Unterhaltung *f*, Gespräch *n*; ~ **exploratoria** Sondierungsgespräch *n*; **dirigir la** ~ *alg.* j-n ins Gespräch ziehen; **das Wort** an j-n richten; **sacar** (*od.* **hacer [re]caer**) **la** ~ **sobre** *a/c.* das Gespräch auf et. (*ac.*) bringen; **no es**

conversar — copiloto

amigo de ~ones er ist kein Freund (*od.* er hält nichts) von langen Reden; **~r** *v/i.* **1.** s. unterhalten, mitea. sprechen; ein Gespräch (mitea.) führen; ~ *con alg. sobre (od. de) a/c.* mit j-m über et. (*ac.*) sprechen (*od.* et. besprechen); **2.** mitea. verkehren; **3.** ✕ e-e Schwenkung machen; **4.** *Chi., Ec.* berichten.
conver|sión *f* **1.** Umkehrung *f*, Umformung *f* (*a.* ⚛); Verwandlung *f*; ✕ ~ *de armamentos* Umrüstung *f*; **2.** ✝ Umtausch *m* (*Aktien u. ä.*); Umstellung *f*, Umrechnung *f*; Konvertierung *f* (*a. EDV*); ~ *de la deuda pública* Umwandlung *f* der Staatsschuld; *tabla f de* ~ Umrechnungstabelle *f*; **3.** *Rel. u. fig.* Bekehrung *f*, Konversion *f*; **4.** ⊕ Konversion *f*; **5.** ✕ Schwenkung *f*; **~sivo** *adj. bsd. Phys.*, ⚗ die Umwandlung bewirkend, Umwandlungs...; **~so** *adj.-su. m* **1.** Konvertit *m*; *a. fig.* Bekehrte(r) *m*; *hist.* Neuchrist *m* (*zwangsgetaufte Juden u. Morisken*); **2.** Laienbruder *m*; **~sor** *HF m:* ~ *de imágenes* Bildwandler *m*.
converti|bilidad ✝ *f* Konvertibilität *f*; *libre* ~ *de divisas* freier Devisenumtausch *m*; **~ble** *adj. c* umwandelbar (*a.* ⚛); ✝ konvertierbar; **~dor** ⊕ *m* Umformer *m*; *sid.* Konverter *m*; ~ *de Bessemer* Bessemerbirne *f*; ⚡ ~ *de corriente* Stromwandler *m*; **~r** [3i] **I.** *v/t.* **1.** um-, verwandeln (in *ac. en*), umformen; ✝ konvertieren (*a. EDV*); umtauschen; um-wandeln, -stellen; **2.** *Rel.* bekehren (zu *dat. a*); **II.** *v/r.* **~se 3.** *Rel.* s. bekehren; übertreten (zu *dat. a*); **4.** **~se** in s. verwandeln in (*ac.*); et. (*nom.*) *bzw.* zu et. (*dat.*) werden; **~se en realidad** in Erfüllung gehen (*Wunsch, Traum*); s. verwirklichen.
conve|xidad *f* Wölbung *f*, Konvexität *f*; **~xo** *adj.* konvex; *Opt. lente f ~a* Konvexlinse *f*.
convic|ción *f* Überzeugung *f*; *por* ~ aus Überzeugung; 🙥 *objeto m* (*od. pieza f*) *de* ~ Beweisstück *n*, Corpus *n* delicti; *ser persona de ~ones* ein Mensch mit Grundsätzen (*bzw.* mit ausgeprägten eigenen Ansichten) sein; **~to** 🙥 *adj.* überführt; ~ *y confeso* überführt u. geständig.
convida|da F *f: dar una* ~ (zu ein paar Bechern) einladen; **~do** *adj.-su.* Eingeladene(r) *m*, Gast *m*; *el ~ de piedra* der Steinerne Gast (*in* Tirsos "*Burlador de Sevilla*"); *fig. estar como el ~ de piedra* s. nicht rühren, wie e-e Statue dasitzen; **~dor** *adj.-su.*, **~ante** *adj.* einladend; *m* Gastgeber *m*; **~r I.** *v/t.* einladen (zu *dat. a*); *fig.* einladen, (ver)lokken, reizen (zu *dat. a*); ~ *a alg. con a/c.* j-m (*Gast*) et. anbieten; F *¡estás ~ado!* du bist mein Gast!; **II.** *v/r.* **~se** s. selbst einladen; **~se a** s. erbieten, zu + *inf.*
convincente *adj. c* überzeugend; schlagend, treffend, triftig.
convite *m* Einladung *f*; Gastmahl *n*, Schmaus *m*.
convi|vencia *f* Zs.-leben *n*; Mitea.-leben *n*; **~vir** *v/i.* zs.-leben; zs.-wohnen.
convoca|ción *f* Einberufung *f* e-r Konferenz; **~dor** *adj.-su.* einberufend; **~r** [1g] *v/t.* Konferenz, Versammlung einberufen; zs.-rufen; *Wettbewerb* ausschreiben; vorladen; **~toria** *f* Einberufung *f*; Einberufungsschreiben *n*; Ausschreibung *f* (*Wettbewerb*); **~torio** *adj.* Einberufungs...
convólvulo ♣ *m* Winde *f*.
convo|y *m* **1.** ✕ Geleit *n*; Geleitzug *m*, Konvoi *m*; Wagenzug *m*, Kolonne *f*; 🚂 Zug *m*; **2.** F Essig- u. Ölständer *m*; **~yar** *v/t.* geleiten, Geleitschutz geben (*dat.*).
convul|sión *f* Zuckung *f*, Krampf *m*; Schüttelkrampf *m*; *fig.* **~ones** *f/pl. políticas* politische Wirren *pl.*; **~sionar** *v/t.* 🠗 Krämpfe verursachen (*dat.*); *fig.* erschüttern, aufrühren; **~sivo** *adj.* krampfhaft, Krampf...; *tos f ~a* Krampfhusten *m*; **~so** *adj.* verkrampft; verzerrt; *cara f ~a de espanto* angstverzerrtes Gesicht *n*.
conyugal *adj. c* ehelich, Ehe...; Gatten...; **~mente** *adv.* ehelich.
cónyuge *c* Gatte *m*; Gattin *f*; *los ~s* die Eheleute.
conyugici|da *c* Gattenmörder *m*; **~dio** *m* Gattenmord *m*.
coña *f* F Ulk *m*, Witz *m*; F *adv. con* ~ in böser Absicht; F *dar la* ~ *a alg.* j-m auf den Wecker fallen F; F *¡es la ~! das ist doch die Höhe!*, so e-e Schweinerei!
coñac *m* Kognak *m*, Weinbrand *m*.
coñazo P *m* Ärgernis *n*; Quatsch *m* F.
coñe|arse P *v/r.* s. lustig machen (über *ac. de*); **~te** *m Chi., Pe.* schäbiger Kerl *m*, Gauner *m*, Wucherer *m*.
coñico P *desp. m Chi.* Spanier *m*.
coño V *m* **1.** weibliches Geschlechtsorgan *n*, Fotze *f* V; *¡~!* Scheiße! P, verflucht! P (*Verwunderung, Ärger*); *el portero de* ~ der Scheißhausmeister! P; *mandar al* ~ zum Teufel schicken F; *¿pero qué* ~ *le importa a usted?* das geht Sie (doch) e-n (feuchten) Dreck an P; **2.** *Chi.* → *coñico*.
cooli(e) *m* Kuli *m*.
coopera|ción *f* Mit-wirkung *f*, -arbeit *f*; Zs.-arbeit *f*, -wirken *n*; **~dor** *adj.-su.* Mitarbeiter *m*, Helfer *m*; *adj.-su.-c* mitwirkend; *m* Entwicklungshelfer *m*; **~r** *v/i.* mit-wirken, (-)helfen (bei *dat. en*); mitarbeiten (*mit dat. con*); **~tiva** *f* Genossenschaft *f*; ~ *de consumo* (*de producción*) Konsum- (Produktions-)genossenschaft *f*; ~ *lechera* ([*viti*]*vinícola*) Molkerei- (Winzer-)genossenschaft *f*; **~tivismo** *m* Genossenschafts-wesen *n*, -bewegung *f*; **~tivo** *adj.* Genossenschafts...; *sociedad f ~a* Genossenschaft *f*.
coopositor *m* Mitbewerber *m* um ein Amt.
coordenadas ⚛ *f/pl.* Koordinaten *f/pl.*
coordina|ción *f* Bei-, Zu-ordnung *f*, Koordinierung *f*; **~do** *adj.* bei-, zu-geordnet; *a. Gram.* koordiniert; **~dor** *adj.-su.* koordinierend; **~r** *v/t.* bei-, zu-ordnen; *Kräfte, Mittel usw.* aufea. abstimmen, *a. Gram.* koordinieren; **~tivo** *adj.* beiordnend, koordinierend.
copa *f* **1.** (Stiel- *bzw.* Kelch-)Glas *n*; *napoleónico* Kognakschwenker *m*; *una ~ de vino* ein Glas *n* (voll) Wein; *una ~ para vino* ein Weinglas *n*; *tomar* (*od.*

echar[*se*]) *unas ~s* ein paar Glas (*od.* Gläschen) trinken; **2.** *a. Sp.* Pokal *m*; ~ *de honor* (Ehren-)Pokal *m*; ♀ *Davis* Davis-Cup *m*, -Pokal *m*; **3.** Kopf *m*, Stulp *m des Hutes*; **4.** (Baum-)Krone *f*, Wipfel *m*; **5.** *Astr.* Becher *m*; **6.** Kohlenbecken *n in Napfform*; **7.** ♀ Trugdolde *f*; **8.** Farbe *der span.* Karten; ~s *f/pl. etwa*: Herz *n*; ~ *a.* Herz-As *n*; **9.** Schale *f*, Körbchen *n am Büstenhalter*; **10.** *Maß*: 126 cm³.
copada *Vo. f* Haubenlerche *f*.
copa|do *adj.*: *árbol m ~* Baum *m* mit Krone; ✕ Kugelbaum *m*; **~go** *m* Zuzahlung *f b. Medikamenten*.
copaiba ♣ *f* Kopaiva *f*; *bálsamo m de ~* Kopaivabalsam *m*.
copal *m* Kopal(harz *n*) *m*.
copar *v/t.* **1.** ✕ *Truppen* (*dat.*) den Rückzug abschneiden; *Feind* einkesseln; **2.** *alle Mandate* bei e-r Wahl erhalten; *alle Stimmen* auf s. vereinen (*od.* erhalten); *fig.* alles für s. in Besitz (*od.* in Anspruch) nehmen; *Sp. alle Titel usw.* gewinnen, einheimsen; **3.** *Glücksspiel*: die gleiche Summe setzen.
copar|ticipación *f* Mitbeteiligung *f*; **~tícipe** ✝, ⚖ *c* Mit-teilhaber *m*, -inhaber *m*; Mitberechtigte(r) *m*; **~tidario** *Pol. m* Parteigenosse *m*.
copear *v/i.* F trinken, e-n heben F.
copela ⊕ *f* Schmelztiegel *m*.
Copenhague *f* Kopenhagen *n*.
copeo F *m* Bechern *n* F, Trinken *n*.
copera *f* **1.** Gläser-schrank *m*; -tablett *n*; Schanktisch *m*; **2.** *Am.* Schenkkellnerin *f*; Bardame *f*.
copernicano *adj.* kopernikanisch.
copero 1. Mundschenk *m*; **2.** Likörglas-schrank *m*, -ständer *m*.
cope|te *m* **1.** Haar-schopf *m*, -tolle *f*; (Stirn-)Schopf *m der Pferde*; Haube *f e-s Vogels*; **2.** *fig.* Stolz *m*, hochfahrendes Wesen *n*; F *gente de alto* ~ bedeutende Leute *pl.*, hohe (*od.* große) Tiere *n/pl.* F; *tener mucho* ~ die Nase (recht) hoch tragen; **3.** Oberhäntn *am Schuh*; **4.** Schaum *m von Getränken*; **~tín** *m Am. Reg.* Likörglas *n*; Umtrunk *m*; **~tón** *adj. Col.* beschwipst; *Am. Reg.* → *copetudo*; **~tuda** *Vo. f* Haubenlerche *f*; **~tudo** *adj.* **1.** mit Stirnhaar; Hauben...; **2.** hochfahrend, hochnäsig.
copey *m* *Am. Cent., Ant., Col., Ven. e-e* Guttifere.
copia *f* **1.** Abschrift *f*, Kopie *f*; *Phot., Typ.* Abzug *m*; ~ (*al carbón*) Durchschlag *m*; ~ *ilegal*, ~ *pirata* Raubkopie *f*; *EDV* ~ *de seguridad* Sicherheitskopie *f*, Back-up *n*; ~ *sonora* Tonkopie *f*; **2.** Abbildung *f*, Abzeichnung *f*; Abbild *n*; Nachahmung *f*; ⊕ Nachbau *m*; **3.** Exemplar *n*, Belegstück *n*; **4.** *lit.* (*gran*) ~ (*de*) (e-e) Fülle (von *dat.*); (e-e) Menge (von *dat.*); **~dor** *m* Kopiergerät *n*; ✝ Kopierbuch *n*; **~dora** *adj.-su. f* (*prensa f*) ~ Kopierpresse *f*; Vervielfältigungsgerät *n*; **~nte** *c* Abschreiber *m* (*bsd. Sch.*); ♪ Notenschreiber *m*; **~r** [1b] *vt/i.* **1.** abschreiben (*a. Sch.*), kopieren (*a. EDV*); ab-malen, -zeichnen; *Phot., Typ.* abziehen; *tinta f de* ~ Kopiertinte *f*; *papel m de* ~ Abzug-, Kopier-papier *n*; **2.** ~ *a/c.* (*a alg.*) et. (j-n) nachahmen.
copiloto *m* Kopilot *m*; *Kfz.* Beifahrer *m*.

copinar v/t. Méj. abhäuten; fig. losreißen.
copión m F Plagiator m; Sch. Abschreiber m.
copio|samente adv. reichlich; **~sidad** f Fülle f, Reichhaltigkeit f; **~so** adj. 1. reichlich; 2. zahlreich.
copis|ta c 1. Kopist m, Abschreiber m; ♪~ (de música) Notenschreiber m; 2. fig. Nachahmer m; **~tería** f (Photo-)Kopierbüro n.
copita f Gläschen n; tomar una ~ ein Gläschen trinken; s. e-n genehmigen F.
copla f 1. Strophe f; 2. (bsd. improvisiertes Volks-)Lied n (Art Schnadahüpfl); P ~s f/pl. Verse m/pl.; ~s de ciego Moritaten f/pl.; Knüttelverse m/pl. (desp.); fig. alte Leier f F, übliche Geschichte f (die keinen interessiert); andar en ~s in aller Munde sein; sacarle las ~s a alg. Spottlieder auf j-n machen; F ni en ~s nicht im Traum.
coplear v/i. coplas dichten (bzw. aufsagen, singen).
co|plero m, **~plista** c Copla-dichter m (bzw. -sänger m, -verkäufer m); desp. Verseschmied m, Dichterling m; **~plón** m elende Reimerei f.
copo[1] m 1. Flocke f (a. tex.); ~ de nieve Schneeflocke f; Kchk. ~s m/pl. de avena Haferflocken f/pl.; 2. Col. Wipfel m.
copo[2] m 1. ganzer Einsatz m beim Glücksspiel; 2. Stimmengesamtheit f b. e-r Wahl; 3. Sacknetz n zum Fischen u. Fang m mit diesem; 4. ⚔ Abschneiden n der feindlichen Linien; Einkreisung f des Feindes; 5. Sp. ir al ~ con → copar 2.
copón m kath. Hostienkelch m; P adj. del ~ gewaltig F, riesig (fig. F), grandios F.
copose|sión f Mitbesitz m; **~sor** m Mitbesitzer m.
coposo Kchk. adj. flockig.
copra f Kopra f.
coproducción f Koproduktion f (Film).
copro... ⚥ in Zssgn. Kot...; Kopro...
coprológico ⚥ adj.: examen m ~ Stuhluntersuchung f.
copropie|dad f Miteigentum n; **~tario** m Miteigentümer m.
cóptico adj. ~ copto.
copto adj.-su. koptisch; m Kopte m; das Koptische (Sprache).
copucha f Chi. Rindsblase f.
copudo adj. mit (dichter) Krone (Baum).
cópula[1] △ f → cúpula.
cópula[2] f Phil., Li. Kopula f, Gram. Satzband n; Biol. Kopulation f der Gameten; Begattung f der höheren Tiere; Verknüpfung f.
copula|ción f Biol. Kopulation f, Paarung f; ⚤ Veredelung f; 🐎 Koppelung f, Kuppelation f; **~r** I. v/t. bsd. Biol. kopulieren, verbinden; 🐎 koppeln; II. v/r. **~se** s. verbinden; s. paaren; **~tivo** adj. verbindend (a. Gram.), Kopulativ...; Gram. beiordnend.
copyright m Copyright n.
coque m Koks m; ~ de gas (metalúrgico, de mina) Gas- (Zechen-, Hütten-)koks m; ~ en polvo Grude(koks m) f); **~facción** ⊕ f Verkokung f.
coqueluche f Keuchhusten m.

coquera[1] f Kreiselkopf m.
coquera[2] f kl. Vertiefung f in Steinen.
coquera[3] f Kokskasten m.
coquera[4] f Bol. Koka-feld n; -behälter m.
coquería f Kokerei f.
coquero m Am. Kokainhändler m.
coque|ta I. adj.-su. f kokett, gefallsüchtig, eitel; niedlich, hübsch; **II.** f Frisierkommode f; **~tear** v/i. kokettieren, liebäugeln (a. fig.); **~teo** m, **~tería** f, **~tismo** m Koketterie f, Flirt m, Liebelei f, Tändelei f; **~to** adj. kokett; niedlich, hübsch; **~tón I.** adj. reizend, verlockend, verführerisch; kokett; stutzerhaft, affig F (desp. auf Männer bezogen); **II.** m (eleganter) Stutzer m, Frauenheld m.
coquina f (Cadiz-)Muschel f.
coquino ♀ m Am. → corozo.
coquito[1] m Am. ♀ Ölkernpalme f; deren Ölkern m; Vo. Kuckuckstaube f.
coquito[2] m Gebärde f, mit der man ein Kind zum Lachen bringen möchte.
coracero m 1. Kürassier m; 2. F Giftnudel f F, Stinkadores f F (starke schlechte Zigarre).
coracoides Anat. adj.-su. f: apófisis f ~ Rabenschnabelfortsatz m.
coracha f Ledersack m.
cora|je m 1. Zorn m, Wut f; lleno de ~ zornentbrannt, wutschnaubend; ~ me da ~ ich bin wütend darüber; 2. Mut m, Courage f; **~jina** F f Wutanfall m, Koller m F; **~joso** adj. zornig; **~judo** adj. 1. jähzornig; 2. beherzt, mutig.
coral[1] ♪ **I.** adj. c Chor...; Choral...; canto m ~ Chor-gesang m; -lied n; Choral m; sociedad f ~, entidad f ~, masa f ~ Chor m, Gesangverein m; **II.** m Choral m; **III.** f Chor m; ~ de cámara Kammerchor m.
coral[2] m 1. Koralle f; de ~ korallenrot; 2. ♀ Cu. Korallenbaum m; Chi. Korallenstrauch m.
coral[3] f Am. Mer. giftige Korallenschlange f.
cora|larios Zo. m/pl. Korallen (-tiere n/pl.) f/pl., Blumentiere n/pl.; **~lero** m Korallen-fischer m; -händler m; **~lífero** adj.: isla f ~ a Koralleninsel f; **~liforme** adj. c korallenförmig; **~lillo** m 1. Zo. Am. Mer. Korallenschlange f; **2.** ♀ **~lina** ♀ f Korallenmoos n; **~lino** adj. korallen-förmig; -farbig; Korallen...
corambre f Lederwaren f/pl.; Felle n/pl., Häute f/pl.; Lederschlauch m.
corá|n m Koran m; **~nico** adj. Koran...
coraza f Panzer m, Panzerung f; fig. Schutz m; hist. Küraß m.
corazonada f 1. Kchk. geschmortes Herz n; 2. Kern m e-r Kiefer.
corazón m 1. Anat. Herz n; de(l) ~ Herz...; ~-pulmón artificial Herz-Lungen-Maschine f; Chir. a ~ abierto am offenen Herzen (Operation); 2. fig. Seele f, Herz n, Innere(s) n; Mut m; ~ empedernido, de piedra hartes Herz n, Herz n von Stein; kath. el ♀ de Jesús, el Sagrado ♀ das Herz Jesu; ~ mío, mi ~ mein Herz, mein Liebling; blando de ~ sanftmütig, weichherzig, empfindlich; duro de ~ hartherzig, unnachgiebig; de ~ von Herzen; muy de ~ herzlichst; de todo (mi) ~ von ganzem Herzen; con el ~ encogido, con el ~ (metido) en un puño schweren Herzens; dem Weinen nahe; sin ~ herzlos, hartherzig; abrir el ~ a alg. j-m sein Herz ausschütten; atravesar el ~ ins Herz schneiden; das Herz durchbohren; no caberle a alg. el ~ en el pecho a) sehr großzügig sein; b) vor Freude (bzw. vor Schreck) außer s. sein; se le cayeron las alas del ~, el ~ se le hizo pasa das Herz fiel ihm in die Hosen; ya me lo decía (od. anunciaba od. daba) el ~ ich ahnte es schon; llegar al ~ ans Herz gehen, das Herz rühren; meterse en el ~ de alg. s. j-m ins Herz schmeicheln; poner en el ~ ans Herz legen; ser todo ~ ein herzensguter Mensch sein; salir del ~ von Herzen kommen; ser un gran ~ ein edler Mensch sein; tener el ~ en la mano das Herz auf der Zunge tragen; nicht falsch sein können; (no) tener ~ para (nicht) den Mut (bzw. den Schwung) haben zu + dat. od. + inf.; tener el ~ en su sitio (od. bien puesto) das Herz auf dem rechten Fleck haben; 3. fig. Kern m, Zentrum n; ⊕, ⊘ Herzstück n; ♀ ~ del tronco Stammkern m.
corazonada f 1. plötzliche Anwandlung f; schneller, mutiger Entschluß m; 2. Ahnung f, Eingebung f, Gespür n; 3. F Kchk. Kaldaunen f/pl.
corazoncillo ♀ m Johanniskraut n.
corazonista adj. c auf das Herz Jesu (od. den entsprechenden rel. Orden) bezogen.
corbacho m Riemenpeitsche f.
corba|ta f 1. Krawatte f, Schlips m; Halstuch n der Gauchos; ~ de lazo Schleife f, Fliege f F; 2. Fahnenschleife f; 3. Ordensschleife f einiger ziviler Orden; **~tería** f Krawattengeschäft n; **~tero** m Krawattenhalter m; **~tín** m Schleife f (Binder); Patentschlips m; Halsbinde f der Soldaten; F salirse por el ~ sehr mager (od. zaundürr F) sein.
corbato m Kühlmantel m am Destillierapparat.
corbeta ⚓ f Korvette f.
corbina Fi. f → corvina.
Córcega f Korsika n.
corcel lit. m Streitroß n; Pferd n.
corcino m Rehkitz n.
corco|va f Buckel m; Höcker m; **~vado** adj. bucklig, höckerig; **~var** v/t. krümmen; **~vear** v/i. Bocksprünge machen; bocken (Pferd); **~veta** c Bucklige(r) m; **~vo** m Buckel m der Katze; Aufbäumen n (Pferd); fig. Krümmung f, Windung f.
corcusi|do F m Flickerei f, Flickwerk n, Pfuscherei f (schlechte Näharbeit); **~r** F v/t. zs.-flicken, -pfuschen.
corcha ⚓ f Schlag m e-s Taus; **~r** v/t. ⚓ Tau schlagen od. flechten.
corche m Korksandale f.
corchea ♪ f Achtelnote f; doble ~ Sechzehntelnote f; silencio m de ~ Achtelpause f.
corche|ra I. adj. Kork...; **~ro** I. adj. Kork...; industria f ~ Korkindustrie f; **II.** m Korkarbeiter m.
corche|ta f Öse f zum Haken; **~te**

corcho — coro 180

m 1. Haken *m*, Häkchen *n*; Heftel *n*; ⊕ Klammer *f*; ⊕ ~ de correa Riemen-öse *f*, -kralle *f*; 2. *Typ.* eckige Klammer *f*.
corcho *m* 1. Kork *m*; Korkpfropfen *m*, Korken *m*; Kork-matte *f*; -unterlage *f*, -untersatz *m*; -behälter *m*; -sandale *f*; ~ *bornizo*, ~ *virgen* Kork erster Schälung; ~ *aglomerado* Preßkork *m*; ~*s m/pl.* de baño, ~*s para nadar* Schwimmgürtel *m*; *tapar con* ~ verkorken; 2. Bienenkorb *m*; 3. Korkeiche *f*; 4. F *cabeza f de* ~ Stroh-, Hohl-kopf *m*; 5. ¡~*s*! → *caramba*; ~**lata** *f Méj.* (Flaschen-)Verschluß *m*; ~**so** *adj.* korkartig; schwammig; ~**taponero** *adj.*: *industria f* ~*a* Kork-(pfropfen)industrie *f*.
¡**córcholis**! F *int.* → *caramba*.
corda|da *f* 1. ⚓ → *cordaje*; 2. Seilschaft *f* (*Bergsteiger*); ~**do I.** *adj.* ♪ besaitet; **II.** ~*s m/pl. Zo.* Chorda-, Rückenstrang-tiere *m/pl.*; ~**je** ⚓ *m* Takelwerk *n*; ~**l**[1] *adj. c*: *muela f* ~ Weisheitszahn *m*; ~**l**[2] ♪ *m* Saitenhalter *m*; ~**men** *m* Bespannung *f* (*Tennisschläger*).
corde|l *m* Schnur *f*, Bindfaden *m*; Leine *f*; *a* ~ schnurgerade; ⚡ ~ **de enlace** Verbindungsschnur *f*; *trazar a* ~ abstecken; abkreiden (*Modistin*); ~**lado** 1. gerändelt; 2. *cinta f* ~*a* Band *n* aus gedrehter Seide; ~**lar** *v/t.* abstecken; mit der Schnur vermessen; ~**lejo** *m* Schnürchen *n*; F *dar* ~ *a* verulken (*ac.*), foppen (*ac.*); ~**lería** *f* Seilerei *f*; Seilerwaren *f/pl.*; ⚓ Takelwerk *n*; ~**lero** *m* Seiler *m*.
corde|ra *f* weibliches Lamm *n*; *fig.* sanfte, fügsame Frau *f*; ~**ría** *f* Seilerwaren *f/pl.*; ⚓ Takelwerk *n*; ~**rilla** *f*, ~**rillo** *m* Lämmchen *n*; ~**rina** *f* Lammfell *f*, ~**rino** *adj.* Lamm...; *lana f* ~*a* Lammwolle *f*; ~**ro** *m* 1. Lamm *n* (*a. fig.*); *Rel.* ♀ *de Dios* Lamm *n* Gottes; ~ *pascual* Osterlamm *n*; ~ *lechal*, ~ *recental* Milchlamm *n*; F *ahí está la madre del* ~ da liegt der Hase im Pfeffer; 2. Lammfell *n*; 3. Lammfleisch *n*; ~ *asado* Hammelbraten *m*; ~**ruelo** *m* Lämmchen *n*; ~**runa** *f* Lammfell *n*.
cordezuela *f dim. zu cuerda*.
cordia|l I. *adj. c* 1. herzlich, freundlich; 2. *pharm.* herzstärkend; 3. *a. subst.* ~*m* (*dedo m*) ~ Mittelfinger *m*; **II.** *m* 4. Magenlikör *m*; ~**lidad** *f* Herzlichkeit *f*, Freundlichkeit *f*; ~**lmente** *adv.* herzlich, von Herzen; *Briefschluß*: mit herzlichen Grüßen.
cordiforme *adj. c* herzförmig.
cordi|lla *f* gerade geborener Thunfisch *m*; ~**lo** *Zo. m* afrikanische Gürteleidechse *f*.
cordilla *f* Katzenfutter *n* (*Hammelkaldaunen u. ä.*).
cordille|ra *f* Gebirgs-kette *f*, -zug *m*; ~**rana** *Vo. adj.-su. f*: (*perdiz f*) ~ *bsd. Chi.* Andenrebhuhn *n*; ~**rano** *adj.-su.* Anden...; *m* Andenbewohner *m*.
córdoba *m Nic.* Córdoba *m* (*Münzeinheit*).
cordo|bán *m* Korduan-, grobes Saffian-leder *n*; ~**bana**: F *andar a la* ~ splitternackt gehen; ~**bés I.** *adj.-su.* aus Córdoba; **II.** *m* Cordobeser *m* (*flacher breitkrempiger Hut*).

cor|dón *m* 1. Schnur *f*; Litze *f*; Klingelschnur *f*; Einzug-, Durchzug-band *n*; Schnürsenkel *m*; Hüftstrick *m der Ordensgeistlichen*; ⚔ Fangschnur *f*; ⚡ ~ *conductor* Leitungsschnur *f*; Telefonlitze *f*; ~ *de la cortina* Vorhangschnur *f*; 2. ⚓ Gurt(band *n*) *m*; 3.⚔ Posten-, Truppen-kette *f*, Kordon *m*; ~ *sanitario* Sperr-, Sicherheits-gürtel *m*; 4. Cord *m* (*Stoff*); 5. *Anat.* ~ *umbilical* Nabelschnur *f* (*a. fig.*); 6. ⊕ Schweißnaht *f*; 7. ~ *litoral* Nehrung *f*, schmale Landzunge *f zwischen e-r Lagune u. dem Meer*; ~**donazo** *bsd.* ⚓ *m*: ~ *de San Francisco* Sturm *m* zur Zeit der Herbst-Tagundnachtgleiche; ~**doncillo** *m* 1. Schnürchen *n*; *bsd.* Hutschnur *f*; 2. Münzrand *m*; ~**donería** *f* Posamenten *n/pl.*; Posamenten-handel *m*; -handwerk *n*; ~ **donero** *m* Posament(ier)er *m*.
cordura *f* Verstand *m*, Besonnenheit *f*, Umsicht *f*, Vernunft *f*.
corea[1] ⚡ *f* Veitstanz *m*, Chorea *f*.
Corea[2] *f* Korea *n*; ♀**no** *adj.-su.* koreanisch; *m* Koreaner *m*; *fig.* F verrückter Kerl *m*.
corear *v/t.* ♪ mit dem Chor begleiten; *et.* mitsingen; *fig.* in den Chor einfallen, begeistert zustimmen (*dat.*).
core|o *m* 1. Choreus *m*, Trochäus *m* (*Versfuß*); 2. ♪ Inea.-greifen *n* der Chorpartien; ~**ografía** *f* Choreographie *f*; ~**ografiar** [1c] *v/t.* choreographieren; ~**ográfico** *adj.* choreographisch; ~**ógrafo** *m* Choreograph *m*.
cori ⚡ *m* Johanniskraut *n*.
coriáceo 🕮 *adj.* ledern; lederartig.
cori|ámbico *adj.*: *verso m* ~ → ~**ambo** *m* Choriambus *m* (*vierfüßiger Vers*).
coriana *f Col.* Decke *f*.
corifeo *m* 1. *hist.* Chorführer *m*; 2. *fig. a. desp.* Sprecher *m*, Anführer *m*; 3. *Méj.* Anhänger *m*.
corimbo ⚡ *m* Dolde *f*, Schirmrispe *f*.
corindón *Min. m* Korund *m*.
coríntico 🕮 → *corintio*.
corin|tio *adj.-su.* aus Korinth; *a.* ⚓ korinthisch; ♀**to** *m* Korinth *n*.
corion *Anat. m* Chorion *m*, Zottenhaut *f*.
corisantho ⚡ *m e-e chil.* Orchidee.
corista *c* Chorsänger(in *f*) *m*, Chorist(in *f*) *m*; *f desp.* Balletthäschen *n*; Revuegirl *n*.
coriza ⚡ *f* Schnupfen *m*, Coryza *f*.
corl(e)ar *v/t.* mit Goldlack anmalen, vergolden.
corma *f* Fußblock *m*; *fig.* Hemmnis *n*. [Staude *f*.]
cormiera ⚡ *f* vogelbeerähnliche]
cormorán *Vo. m* Kormoran *m*.
cornáceas ⚡ *f/pl.* Hartriegelgewächse *n/pl.*
corna|da *f* (Verletzung *f* durch e-n) Hornstoß *m*; *dar* ~ *s* mit den Hörnern stoßen; *fig. más* ~*s da el hambre etwa*: es gibt Schlimmeres; Hungern wäre schlimmer; F *no morirá de* ~ *burro* er ist ein Hasenfuß F; ~**dura** *f* Gehörn *n*; ~**l** *m* Jochriemen *m der Ochsen*; ~**lina** *Min. f* Karneol *m*; ~**lón** *adj.* mit stark ausgebildeten Hörnern; ~**menta** *f* Gehörn *n*; Geweih *n*.
cornamusa *f* 1. ♪ a) Dudelsack *m*; b) Wald-, Jagd-horn *n*; 2. ⚓

Klampe *f*, Kreuzholz *n*.
cornatillo ⚡ *m* Hornolive *f*.
córnea *Anat. f* Hornhaut *f des Auges*. [ßen.]
cornear *vt/i.* mit den Hörnern sto-]
corneci|co, ~**llo**, ~**to** *m dim. zu cuerno*; Hörnchen *n*.
corneja *Vo. f* (Raben-)Krähe *f*.
cornejo ⚡ *m* Kornel-kirsche *f*, -baum *m*.
córneo *Anat. adj.* Horn(haut)...; *capa f* ~*a* Hornschicht *f*.
córner *Sp. m* Eck-ball *m*, -stoß *m*.
corne|ta I. *f* 1. ♪ (Jagd-)Horn *n*; Kornett *n*; ⚔ Signalhorn *n*; ~ *de posta* Posthorn *n*; 2. ~ (*acústica*) Hörrohr *n*; 3. *hist.* Dragonerfähnlein *n*; 4. zweigezacktes Fähnlein *n*; ⚓ Splittflagge *f*; **II.** *m* 5. ⚔ Hornist *m*; *hist.* Kornett *m*; 6. Laufbursche *m in der Kaserne*; ~**te** *m* 1. *Anat.* Nasenmuschel *f*; 2. Richthorn *n* (*Radar*); ~**tilla** *f*: (*pimiento m de*) ~ scharfer Paprika *m*; ~**tín** *m* 1. ♪ Kornett *n*, Piston *n*; ⚔ Signalhorn *n*; 2. ⚡ ~ *de órdenes* Hornist *m*; ~**to** *adj. Guat., Salv.* säbelbeinig; *Chi.* mit nur einem Horn; *Ven.* stutzohrig (*Pferd*); ~**zuelo** *m* 1. *dim. zu cuerno*; 2. ⚡ Hornolive *f*; ~ (*del centeno*) Mutterkorn *n*; 3. Sporn *m der Seidenraupe*.
corn flakes *m/pl.* Corn-flakes *pl.*
corni|abierto *adj.* mit weit auseinanderstehenden Hörnern; ~**al** *adj. c* hornförmig; ~**apretado** *adj.* mit eng zs.-stehenden Hörnern; ~**cabra** ⚡ *f* 1. Terebinthe *f*; 2. Zapfenolive *f*; 3. wilde Feige *f*; ~**forme** *adj. c* hornförmig; ~**gacho** *adj.* mit abwärts gebogenen Hörnern.
corni|ja ⚓ *f* ~ *cornisa*; ~**jal** *m* 1. Ecke *f*, Zipfel *m*; 2. *kath.* Kelchtuch *n*; ~**jón** ⚓ *m* Straßenecke *f*; Hauptgesims *n*.
cornil *m* Jochriemen *m der Zugochsen*.
corniola *f* → *cornalina*.
corni|sa ⚓ *f* Karnies *n*, Kranzgesims *n*; Obersims *n*; ~**sam(i)ento** ⚓ *m* Fries *m*; Träger *m*, Abschluß *m*; ~**són** ⚓ *m* → *cornijón*.
corni|veleto *adj.* mit geraden, hochstehenden Hörnern (*Rindvieh*); ~**zo** *m* → *cornejo*.
corno *m* 1. ⚡ Kornelkirsche *f*; 2. ♪ ~ *inglés* Englischhorn *n*.
cornucopia *f* Füllhorn *n*; (Rokoko-) Spiegel *m mit Rahmenleuchtern*.
cornudilla *Fi. f* Hammerfisch *m*.
cornudo *adj.-su.* gehörnt (*a. fig.* F); *m fig.* Hahnrei *m*, gehörnter Ehemann *m* F.
cornúpe|ta *lit. adj.-su. c* stößig; ~**to** F *m* Stier *m*.
cornuto *Phil.*: *argumento m* ~ Dilemma *n*, Doppelschluß *m*.
coro[1] *m* 1. ♪, *Thea.* Chor *m*; Chorgesang *m*; Chorwerk *n*; ~ *hablado* Sprechchor *m*; ~ *mixto* gemischter Chor *m*; *a* ~ im Chor; zugleich, einstimmig; *a* ~*s* wechsel-, gruppenweise; *director m de* ~ Chordirigent *m*; *hacer* ~ *con alg.* j-m beistimmen, j-m beipflichten; 2. ⛪ Chor *n*, *m*; (*alto*) Empore *f*; ~ *lateral* Seitenchor *m*, *n*; *sillería f del* ~ Chorgestühl *n*.
coro[2] *poet. m* Nordwest *m* (*Wind*).

corocha *Ent. f* Larve *f* des Rebenkäfers.
corografía *f* Länderbeschreibung *f*.
coroides *Anat. f* Aderhaut *f*, Chorioidea *f*.
coro|jo ⚥ m *Méj.* Art Ölpalme *f*; **⁓la ⚥ f** Blumenkrone *f*, Korolla *f*.
corolario *Phil. m* Korollar(ium) *n*.
coroliflora ⚥ *adj. c* kronenblütig.
corona *f* **1.** Krone *f* (*a. Münze u. fig.*); Kranz *m*; Strahlenkrone *f*; Heiligenschein *m*; ⁓ *de espinas* Dornenkrone *f*; ⁓ *funeraria*, ⁓ *mortuoria* Trauerkranz *m*; ⁓ *olímpica* Olympischer Kranz *m*; *fig.* olympische Ehren *f/pl.*; ⁓ *de rosas* Rosenkranz *m*; *rezar la* ⁓ den Rosenkranz beten; *se ruega no envíen* ⁓*s* Kranzspenden verbeten; **2.** Krone *f*; Königs-, Kaiser-würde *f*; Thron *m*; ⁓ *imperial* (*real*) Kaiser- (Königs-)krone *f*; ⁓ *de nobleza* Adelskrone *f*; *bienes m/pl. de la* ⁓ Krongüter *n/pl.*; *discurso m* (*od. mensaje m*) *de la* ⁓ Thronrede *f*; *heredero m de la* ⁓ Thronfolger *m*; *sucesión f a la* ⁓ Thronfolge *f*; **3.** Wirbel *m am Haupt*; Tonsur *f der Geistlichen*; **4.** *Anat.* (Zahn-)Krone *f*; **5.** ⊕ Bund *m e-r Welle*; Radkranz *m*; Spurkranz *m* (*Schienenfahrzeug*); ⁓ *dentada* Zahnkranz *m*; **6.** ⚓ Hanger *m*; **7.** Krone *f e-r Uhr*; **8.** △ Kranzleiste *f*; **9.** ✂ Kronenwerk *n*; **10.** (Rauch-)Ring *m*; ♃ Kreisring *f*; Hof *m* um den Mond; ⁓ *solar* (Sonnen-)Korona *f*; **11.** *vet.* Hufkrone *f*; **12. ⚥** ⁓ *de rey* dreizahnige Kugelblume *f*; **⁓ción** *f* Krönung *f* (*a. fig.*); *fig.* Vollendung *f*; **⁓do I.** *adj.* gekrönt; ⁓ *de éxito* erfolgreich; **II.** *m* Tonsurträger *m*, Geistliche(r) *m*; **⁓l** *Anat. adj. c*: *hueso m* Stirnbein *n*; *sutura f* ⁓ Kranznaht *f*; **⁓miento** *m* **1.** Krönung *f*, Vollendung *f*; **2.** Bekrönung *f*, Abschluß *m e-s Gebäudes*; ⚓ Heckbord *f*; ⁓**r** *v/t.* **1.** krönen; (be-)kränzen; *fig.* krönen, vollenden; *Spr. el fin corona la obra* Ende gut, alles gut; **2.** Damespiel: aufdamen; **⁓ria ⚥ f** Samtnelke *f*; **⁓rio** *adj.* **1.** kranz-, kronen-förmig; **2.** *Anat.* Koronar..., Herzkranz...; *arteria f* ⁓*a* Koronararterie, Herzkranzgefäß *n*.
corondel *Typ. m* Spaltensteg *m*.
corone|l m 1. ✂ Oberst *m*; *teniente m* ⁓ Oberstleutnant *m*; **2.** △ Ziersims *m*; **3.** ⌀ Helmkleinod *m*, **⁓la f 1.** F Frau Oberst *f*; **2.** *Zo.* Haselnatter *f*; **⁓lía f** Obersten-, Regimentskommandeurs-stelle *f bzw.* -rang *m*.
coroni|lla f 1. Scheitel *m*; Haarwirbel *m*; Tonsur *f der Geistlichen*; *dar de* ⁓ *auf den Kopf fallen*; *estar hasta* (*más allá de*) *la* ⁓ *de a/c. et.* (über)satt haben, von et. (*dat.*) die Nase voll haben F; *andar (od. bailar) de* ⁓ *et.* sehr eifrig u. sorgfältig betreiben; **2. ⚥** ⁓ *real* Bärenklee *m*; **⁓llo ⚥ m** *Am.* Purpurbaum *m*.
coronta f *Am. Mer.* entkörnte Maisrispe *f*.
corosol f *Am.* ein Flaschenbaum.
corota ⚥ f *Bol.* Hahnenkamm *m*.
corotos *m/pl. Am.* Gerät *n*; *bsd.* Krempel *m*, Gerümpel *n*.
coroza f 1. *hist.* Büßermütze *f der Inquisitionsverurteilten*; **2.** *Gal.* Binsenhut *m der Landarbeiter*.
corozo ⚥ m *Am. trop.* Öl-, Fett-,

Butter-palme *f*.
corpa|(n)chón *m* **1.** F *augm. zu cuerpo*; großer, plumper Leib *m*; **2.** Rumpf *m des geschlachteten Geflügels*; ⁓**zo** F *m* mächtiger Korpus *m* F.
corpiño *m* Mieder *n*; Leibchen *n*; *Arg.* Büstenhalter *m*.
corpora|ción f Körperschaft *f* (*a.* ⚖); (Berufs-)Genossenschaft *f*; (Studenten-)Verbindung *f*; Verein *m*; Innung *f*; *früher:* Zunft *f*, Gilde *f*; (*asistir*) *en* ⁓ geschlossen (*od. in corpore*) (erscheinen); **⁓l I.** *adj. c* körperlich, leiblich; *ejercicios m/pl.* ⁓*es* Leibesübungen *f/pl.*; **II.** *m kath.* Meßtuch *n*, Korporale *n*; **⁓lidad f** Leiblichkeit *f*; Körperlichkeit *f*; **⁓lmente** *adv.* körperlich; leiblich; **⁓tivamente** *adv.* als Körperschaft; korporativ; **⁓tivo** *adj.* körperschaftlich, Körperschafts...; ständisch (gegliedert); korporativ; *Estado m* ⁓ Ständestaat *m*.
cor|poreidad f Körperlichkeit *f*, Leiblichkeit *f*; **⁓póreo** *adj.* körperlich, Körper...; **⁓porificar** [1g] *v/i.* (feste) Gestalt annehmen.
corpu|do *adj.* beleibt; **⁓lencia f** Beleibtheit *f*, Korpulenz *f*; **⁓lento** *adj.* (wohl)beleibt, korpulent, dick(leibig).
Corpus *m Rel.* (*día m del*) ⁓ (*Cristi*) Fronleichnam(stag) *m*; *procesión f del* ⁓ Fronleichnamsprozession *f*.
cor|puscular *Phys. adj. c* korpuskular; **⁓púsculo** *m* Korpuskel *n*, Körperchen *n*; Elementarteilchen *n*.
corra|l m 1. Hof(raum) *m*; Wirtschaftshof *m*; Hühnerhof *m*; *Stk.* Korral *m bei der Arena*; *Am.* Pferch *m*, Gehege *n*; *Reg.* Stall *m*; *fig.* ⁓ (*de vacas*) Schweinestall *m*, unsauberer Ort *m*; *como pava en* ⁓ wie die Made im Speck; **2.** Fischgehege *n*; **3.** *fig.* Lücke *f*, ausgelassene Stelle *f in e-m Text*; **4.** *Typ.* Gasse *f*; **5.** *hist.* (*teatro m de*) ⁓, ⁓ *de comedias* Theater *n* mit offenem Innenhof u. mehreren Galerien; **6.** *Reg.* ⁓ *de vecindad* Mietskaserne *f*; **7.** *Cu.* Bauernhaus *n*, (Vieh-)Farm *f*; **⁓lera f** *Andal.* **1.** Tanzlied *n* F; **2.** F freches Weibsstück *n* F; **⁓lero** *adj.-su bsd. Andal.* Geflügelzüchter *m*; **⁓lito m** Laufstall *m für Kinder*; **⁓liza f** Hof, Gehege *n*; **⁓lón** *m augm. zu corral*; *Rpl.* Holzlager *n*; -geschäft *n*.
correa f 1. Riemen *m*, Gurt *m*; Streichriemen *m*; *Am.* Gürtel *m*; ⊕⁓ (*de transmisión*) Treibriemen *m*; ⁓ *trapezoidal*, ⁓ *del ventilador* Keilriemen *m*; ⁓ *de transporte* Förderband *n*; **2.** △ Pfette *f*, waagerechter Dachstuhlbalken *m*; **3.** *fig.* Dehnbarkeit *f*, Biegsamkeit *f*; *tener* ⁓ s. ziehen (*od.* biegen) lassen; F *tener mucha* ⁓ a) s. viel gefallen lassen, e-n Spaß vertragen; b) Ausdauer haben, zäh sein; **4. ⚥** Hirtennagel *f*; ⁓*s f/pl.* Ledertanga *m*; ⁓**je m** Ledergurtzeug *n*; Bänderung *f der Gasmaske*; ⁓**zo** *m* Hieb *m* mit e-m Riemen.
correc|ción f 1. Verbesserung *f*, Korrektur *f* (*a. Sch. u. Typ.*), Berichtigung *f*; ⚔ ⁓ *de altura* Höhenkorrektur *f*; ⁓ *gregoriana* (*del calendario*) Gregorianische Kalenderreform *f* (*1582*); ✝ ⁓ *de precios* Preisberichtigung *f*; *Typ.* ⁓ *de pruebas*

(*de galeradas*) Druck- (Fahnen-)korrektur *f*; **2.** Zurechtweisung *f*, Verweis *m*, Tadel *m*, Strafe *f*; ⁓ *disciplinaria* Disziplinarstrafe *f*; ⁓ *fraterna(l)* Verweis *m* unter vier Augen; *casa f de* ⁓ Besserungsanstalt *f*; Fürsorgeheim *f*; **3.** Korrektheit *f*; Richtigkeit *f*; Anstand *m*; *adv. con* ⁓ einwandfrei; tadellos, korrekt; ⁓ *de lenguaje* Sprachkorrektheit *f*, -richtigkeit *f*; **⁓cional I.** *adj. c* züchtigend, strafend; *pena f* ⁓ Vergehensstrafe *f*; **II.** *m* Besserungs-, Fürsorge-anstalt *f*; *Am.* (*Arg. f*) Strafanstalt *f*; **⁓cionalismo** ⚖ *m* Besserungstheorie *f*, Korrektionalismus *m*.
correc|tamente *adv.* korrekt, einwandfrei; richtig; höflich; **⁓tivo I.** *adj.* **1.** verbessernd; **2.** mildernd, lindernd; **II.** *m* **3.** Korrektiv *n*; Besserungsmittel *n*; **4.** Zucht-, Erziehungs-mittel *n*; **5.** Linderungs-, Milderungs-mittel *n*; mildernder Ausdruck *m* (*bzw.* Absatz *m*) *zur Abschwächung des Dargestellten*; **⁓to** *adj.* fehlerfrei; einwandfrei, untadelig; richtig, korrekt; höflich; kunstgerecht; **⁓tor I.** *adj.* verbessernd; **II.** *m* Tadler *m*; Zuchtmeister; *Typ.* Korrektor *m*; *EDV* ⁓ *ortográfico* Rechtschreibprüfung *f*; **⁓tora** HF *f* Gleichrichterröhre *f*.
corre|dera f 1. Schieber *m*, Schiebetür *f*; ⊕ Schieber *m*, Verteiler *m*; Gleitbahn *f*; **2.** ⚓ Log *n*, Logleine *f*; *medir con* ⁓ loggen; **3.** Reitbahn *f*; lange breite Straße *f*; **4.** *Ent.* Kellerassel *f*; Küchenschabe *f*; **5.** Kupplerin *f*; **⁓dizo** *adj.* Schiebe...; *puerta f* ⁓*a* Schiebetür *f*; *Kfz. techo m* ⁓ Schiebedach *n*; **⁓dor I.** *adj.* **1.** schnellaufend, schnellfüßig; **2.** wanderlustig; **II.** *m* **3.** *Sp.* Läufer *m*; *Zo.* Rennfahrer *m*; ⁓ *ciclista* Radrennfahrer *m*; ⁓ *a corta distancia* Sprinter *m*, Kurzstreckenläufer *m*; ⁓ *de fondo* (*de maratón*) Langstrecken- (Marathon-)läufer *m*; ⁓ *de relevo(s)* (*de vallas*) Staffel- (Hürden-)läufer *m*; **4.** Rennpferd *n*; **5.** Gang *m*, Durchgang *m*; Korridor *m*; Galerie *f*; ⚓ Laufplanke *f*; *fort.* Laufgang *m*; ✈ ⁓ *aéreo* Luftkorridor *m*; **6.** ✝ Vertreter *m*; Makler *m*; ⁓ *de apuestas* Buchmacher *m*; ⁓ *de bolsa* (*de fincas*) Börsen- (Grundstücks-)makler *m*; ⁓ *de comercio* Handelsmakler *m*; freier Makler *m* (*Börse*); *intérprete de buques* Schiffsmakler *m*; ⁓ *de seguros* Versicherungsmakler *m*; **⁓doras** *f/pl.* Laufvögel *m/pl.*; **⁓duría f 1.** (Makler-)Agentur *f*; Maklergebühr *f*, Provision *f*.
correero *m* Riemenmacher *m*.
corregi|ble *adj. c* besserungsfähig; zu verbessern(d); **⁓dor** *m hist.* Land-, Stadt-richter *m*; Amtmann *m*, Vogt *m*; *Am. Reg. Art* Landrat *m*; **⁓dora f** Frau *f* des corregidor; **⁓miento** *m hist.* Vogtei *f*; Landrichteramt *n*; *Am. Reg. Art* Landratsamt *n*; **⁓r** [3c *u.* 3l] **I.** *v/t.* **1.** (ver)bessern, berichtigen, richtigstellen; *a. Typ., Sch.* korrigieren; HF entzerren; *Typ.* ⁓ *pruebas* Korrektur(en) lesen; ✂ ⁓ *la puntería* nachrichten, neu einschießen; **2.** tadeln; **3.** Schärfe mildern; **II.** *v/r.* ⁓*se* **4.** *s.* bessern; ⁓*se de e-n Fehler*

corregüela — corrimiento

usw. ablegen.
corre|güela, ~huela ♀ *f* Acker-, Korn-winde *f*; ~ *de los caminos* Vogelknöterich *m.*
correjel *m* Riemen-, Sohl-leder *n.*
correla|ción *f* Wechselbeziehung *f*, Korrelation *f*; ~ *de fuerzas* Kräfteverhältnis *n*; **~cionar** *v/t.* in Wechselbeziehung setzen; **~tivo** *adj.* wechselseitig; s. gg.-seitig bedingend, korrelat(iv); fortlaufend, nacheinander.
correligionario *m* Glaubensgenosse *m*; *fig.* Gesinnungsgenosse *m.*
correlón *adj. Am.* schnellaufend, gut zu Fuß; *Méj.* feige.
corren|cia *f* F Durchfall *m*, Laufen *n* F; *fig.* Beschämung *f*, Verlegenheit *f*; **~dilla** F *f* kurzer Lauf *m*; **~tada** *f Am. Mer.* starke Strömung *f*; **~tía** F *f* → *correncia*; **~tío** *adj.* 1. fließend, strömend; 2. *fig.* F leicht, zwanglos; **~tón** *adj.* 1. gern umherschlendernd, faulenzend; 2. lustig, aufgeräumt; **~toso** *adj. Am.* reißend (*Strom*).
correo[1] *m* 1. Bote *m*, Kurier *m*; ~ *diplomático,* ~ *de gabinete* diplomatischer Kurier *m*; ~ *de malas nuevas* Unglücksbote *m*; 2. Post *f*, Korrespondenz *f*, Postsachen *f/pl.*; Posteingang *m*; (*por*) ~ *aéreo* (mit) Luftpost; ~ *electrónico* E-mail *f*; ~ *militar (neumático)* Feld- (Rohr-)post *f*; (*Administración f central de*) &s Hauptpost(verwaltung) *f*; (*avión m*) ~ Post-; Kurier-flugzeug *m*; (*buque m*) ~ Postschiff *n*; *empleado m de* ~s Postbeamte(r) *m*; (*oficina f de*) ~s Postamt *n*; (*tren m*) ~ Postzug *m*; *Span.* (langsamer) Personenzug *m*; *por* (*el*) ~ mit der Post; *a vuelta de* ~ postwendend; *por* ~ *separado, por* ~ *aparte* mit gleicher (*od.* getrennter) Post.
correo[2] *m* Mit-angeklagte(r) *m*, -schuldige(r) *m.*
correoso *adj.* dehnbar; zäh(e); sehnig (*Fleisch*); schwammig, teigig.
correr I. *v/i.* 1. laufen, eilen, rennen; ~ *alrededor de ... um ... (ac.)* herum laufen; ~ *detrás* hinterherlaufen; *fig.* ~ *detrás de* (*od. tras*) *las niñas* hinter den Mädchen hersein; ~ *al encuentro de j-m* entgg.-laufen; F *corre que te corre* immerzu laufend; immerfort; schleunigst; *déjalo* ~ laß es laufen; Schluß damit; *corriendo* schnell; *voy corriendo* ich komme schon; *a todo* ~ in vollem Lauf; 2. ver-, ab-laufen, vergehen (*Zeit*); *en el año que corre* im laufenden Jahr; *al* ~ *de los años* im Laufe der Jahre; *en los tiempos que corren* heutzutage; 3. im Umlauf sein, gültig sein (*Münzen*); (weiter-)laufen (*Zahlungen*), gezahlt werden, laufen (*Gehalt*); 4. (um)gehen (*Gerücht*); *corren rumores od. corre la voz* es verlautet, man munkelt; 5. gehen, wehen (*Wind*); *el viento corre a 50 kms. por hora* der Wind hat e-e Geschwindigkeit von 50 Stundenkilometern; 6. fließen; *no* ~ *la sangre* es wird kein Blut fließen; 7. ~ *con a/c.* et. übernehmen (*Besorgung, Amt, Kosten*); ~ *con la casa* den Haushalt besorgen; ~ *de* (*od. por*) *cuenta de alg.* auf j-s Rechnung gehen; zu j-s Lasten gehen; *eso corre de* (*od. por*) *mi cuenta* das zahle ich; das nehme ich

auf m-e Kappe; **II.** *v/t.* 8. durcheilen; bereisen; *hist.* ~ *el campo enemigo* in Feindesland einfallen; F ~ *la od.* ~ *cada juerga* bummeln gehen, einen draufmachen F; ~ *mundo* s. die Welt ansehen; auf die Wanderschaft gehen; ♱ ~ *la plaza* den Platz bereisen; 9. erfahren, erleben; *Gefahr* laufen; *Risiko* eingehen; *corre prisa* es eilt, die Sache ist eilig; ~ *la misma suerte* das gleiche Schicksal erleiden; 10. *Pferd* (aus)reiten, tummeln; *Jgdw. Wild* hetzen; *Stk. Stier* hetzen; 11. *Möbel* (ver)rücken; *Riegel* vorschieben; *Gardine* vorziehen; *EDV* scrollen; 12. *Geschäft* erledigen; *Ware* vertreiben; 13. *mst. dejar corrido* beschämen, verlegen machen; 14. F stibitzen, klauen F; 15. F → 20; **III.** *v/r.* **~se** 16. s. verschieben; auf die Seite rücken (*od.* rutschen); *córrete un poco hacia la derecha* rück' ein bißchen nach rechts; 17. verlaufen, ausfließen (*Tinte*); tropfen (*Kerze*); *Phot.* s. verschieben (*Abzug*); 18. **~se** (*de vergüenza*) s. schämen; 19. übertreiben, s. übernehmen; **~se** *al prometer* zuviel versprechen; 20. F **~**(*se*) *la clase* die Schule schwänzen; 21. F kommen F (= *e-n Orgasmus haben*); 22. F **~se** *una juerga* e-n draufmachen F, s. toll amüsieren F.
correría *f* 1. ⚔ Einfall *m*, Beutezug *m*; 2. *mst.* **~s** *f/pl.* Streifzug *m*, Wanderung *f.*
correspon|dencia *f* 1. Brief-wechsel *m*, -verkehr *m*; (Brief-)Post *f*; ~ *mercantil,* ~ *comercial* Handelskorrespondenz *f*; ~ *privada,* ~ *particular* Privatkorrespondenz *f*; 2. Entsprechung *f*, Verhältnis *n*; ~ *de* (*od. entre*) *las partes con* (*od. y*) *el todo* Verhältnis *n* der Teile zum Ganzen; 3. Erwiderung *f*; Erkenntlichkeit *f*; *en* ~ als Gg.-leistung; 4. 🕮 entsprechen (*dat.*); **~der I.** *v/i.* 1. ~ *a* entsprechen (*dat.*), übereinstimmen mit (*dat.*), passen zu (*dat.*); ~ *a una invitación* e-e Einladung annehmen; 2. ~ *a alg.* j-m zustehen; (*no*) *me corresponde* (*a mí*) ich bin (nicht) zuständig; ich muß (nicht) (+ *inf.*); *dadle lo que le corresponde por su trabajo* gebt ihm den ihm zustehenden Arbeitslohn; *pregúnteselo a quien corresponda* fragen Sie danach an zuständiger Stelle; 3. ~ *a* entfallen auf (*ac.*); 4. ~ *a* erwidern (*ac.*) (*a. Gruß*), vergelten (*ac.*); *ser correspondido* Erwiderung finden (*für Zuneigung usw.*); *amor m no correspondido* unerwiderte (*od.* unglückliche) Liebe *f*; **II.** *v/r.* **~se** 5. s. lieben, s. liebhaben; 6. (*mitea.*) in Briefwechsel stehen; 7. s. entsprechen; 8. in Verbindung stehen *bzw.* inea.-gehen (*Zimmer*); **~diente** *adj. c* 1. entsprechend; angemessen; (da-)zugehörig; jeweilig; zuständig; ♱ *ángulo m* ~ Gg.-winkel *m*; 2. *académico m* ~ Korrespondierendes Mitglied *n e-r Akademie*; **~dientemente** *adv.* entsprechend, gehörig; **~sal** *m* 1. ♱ Geschäftsfreund *m*; *banco m* ~ Korrespondenzbank *f*; 2. ♱ (Handels-)Korrespondent *m*; 3. (Zeitungs-)Korrespondent *m*, Berichterstatter *m.*
corretaje *m* Maklergeschäft *n*; Maklergebühr *f*, Courtage *f.*

correte|ar *v/i.* umher-bummeln, -laufen; s. tummeln, tollen (*Kinder*); **~o** *m* Herumlaufen *n*; **~ro** F *adj.-su.* herumlaufend; *m* (Straßen-)Bummler *m.*
correve(i)dile F *c* Klatschmaul *n*, Zuträger *m.*
corri|da *f* 1. Lauf *m*; ~ (*de toros*) Stierkampf *m*; *llegar de* ~ gelaufen kommen; *adv. de* ~ schnell; fließend (*sprechen*); auswendig (*sagen*); *en una* ~ (blitz)schnell, in ein paar Sekunden; 2. ⚒ Verlauf *m e-r Erzader*; *Rpl.* zutage tretendes Erz *n*; *Chi.* Reihe *f*; 3. **~s** *f/pl. andal. Volkslied*; 4. P Orgasmus *m*; **~damente** *adv.* geläufig; **~do I.** *adj.* 1. beschämt, verlegen; F ~ *como una mona* tief beschämt; 2. weltgewandt, durchtrieben; F *más* ~ *que un zorro viejo* mit allen Wassern gewaschen; 3. reichlich (*Gewicht*); *tener 50 años* ~s über (die) 50 sein; 4. *adv. de* ~ fließend (*od.* schnell) (*sprechen*); 5. *Am.* fortlaufend, ununterbrochen; **II.** *m* 6. Schuppen *m entlang e-s corral*; 7. *Reg.* rückständige Zahlung *f.*
corriendo *ger.-adv.* → *correr* 1.
corriente I. *adj. c* 1. fließend; flüssig (*Stil*); *agua f* ~ fließendes Wasser *m*; 2. laufend; *año m* (♱ *cuenta f*) ~ laufendes Jahr *n* (Konto *n*); 3. üblich, gewöhnlich, alltäglich; Durchschnitts...; F *salir todo* ~ *y moliente* glatt verlaufen, gut ausgehen; 4. gültig, im Umlauf (*Geld*); **II.** *f* 5. Strom *m* (*a.* ⚡); Strömung *f* (*a. fig.*); Richtung *f*; ~ *de aire* Luftzug *m*; ~ *continua* (*alterna*) Gleich- (Wechsel-)strom *m*; ~ *de alta* (*baja*) *frecuencia* Hoch- (Nieder-)frequenzstrom *m*; ⚡ *del Golfo* Golfstrom *m*; ~ *primaria* (*secundaria, inducida*) Primär- (Sekundär-, induzierter)Strom *m*; ~ *de baja tensión* Schwachstrom *m*; ~ *de alta intensidad,* ~ *fuerte* Starkstrom *m*; ~ (*de*) *fuerza* Kraftstrom *m*; ~ *trifásica* Dreh-, Dreiphasenwechselstrom *m*; *sin* ~ stromlos, ausgeschaltet; *toma f de* ~ **a**) Stromabnehmer *m*; **b**) Steckdose *f*; *fig. dejarse llevar de* (*od. por*) *la* ~ mit dem Strom schwimmen (*bsd. fig.*); *fig. ir* (*od. navegar*) *contra la* ~ gg. den Strom schwimmen; *llevar* (*od. seguir*) *a alg. la* ~ nach j-s Pfeife tanzen; j-m nach dem Mund reden; *fig. tomar la* ~ *desde la fuente* der Sache auf den Grund gehen; **III.** *m* 6. laufender Monat *m*; *el 2 del* ~ (*od. de los* ~s) am 2. des Monats; *al* ~ am laufenden; *estar al* ~ *de a/c.* über et. (*ac.*) auf dem laufenden (*od.* im Bilde) sein; *poner a alg. al* ~ *de a/c.* j-n über et. (*ac.*) unterrichten; *tener las cuentas al* ~ mit der Abrechnung auf dem laufenden bleiben; **~mente** *adv.* geläufig; leicht, leicht.
corrigendo *adj.-su.* Fürsorgezögling *m*; Sträfling *m.*
corri|llero *m* Bummler *m*; **~llo** *m* Gruppe *f* von Plaudernden, Stehkonvent *m* F.
corrimiento *m* 1. Verschiebung *f*, Verrutschen *n*; Ausea.-laufen *n*; *Pol.* Rutsch *m*, Ruck *m*; *Pol.* ~ *hacia la izquierda* Linksruck *m*; ~ *de tierras* Erdrutsch *m*; 2. ⚔ Fluß *m*; 3. Scham

f, Verlegenheit *f*; **4.** ✔ Verkümmern *n der Reben*; **5.** *Chi.* Rheuma(tismus *m*) *n*.
corrincho *m* Lumpenpack *n*; Gaunerversammlung *f*.
corro *m* **1.** Kreis *m*, Gruppe *f* (*Zuschauer*); *fig.* F *escupir en ~ s.* ins Gespräch mischen, s-n Senf dazu geben F; *formar ~* zs.-treten, e-n Kreis bilden; *formar ~ aparte* e-e eigene Gruppe bilden, e-n eigenen Verein aufmachen F; *hacer ~* im Kreis ausea.-treten, Platz machen; **2.** Reigen *m*, Ringelreihen *m*; *jugar al ~* Ringelreihen spielen; **3.** † *Börse*: (Wertpapier-)Gruppe *f*, Werte *m/pl.*; **4.** Kreis *m*, Ring *m*; runder Platz *m*.
corrobora|ción *f* Bekräftigung *f*, Bestätigung *f*; Beweis *m*; *a.* ✱ Stärkung *f*; **~nte** *m* stärkendes Mittel *n*; **~r** *v/t.* **1.** bestärken, bekräftigen, bestätigen, erhärten; **2.** † stärken; **~tivo** *adj.* bekräftigend, bestätigend.
corro|er [2za] **I.** *v/t.* **1.** zer-, anfressen; ⊕ *a.* ätzen, beizen; korrodieren; **2.** *fig.* nagen an (*dat.*) (*Kummer usw.*); **II.** *v/r.* **~se 3.** zerstört (*od.* zersetzt) werden; *fig.* s. vor Gram verzehren; **~ído** *part.* zerfressen; *~ por la herrumbre* durch-, an-gerostet, verrostet.
corrom|per I. *v/t.* **1.** verderben (*a. fig.*); verschlechtern; entstellen; *fig.* verführen, verderben, bestechen; **2.** F belästigen, auf die Nerven gehen (*dat.*); **II.** *v/i.* **3.** F stinken; **III.** *v/r.* **~se 4.** verderben, verfaulen; *fig.* sittlich verkommen; **~pido** *adj.* verdorben (*a. fig.*), faulig; *fig.* korrumpiert, korrupt; bestochen.
corrosal ♀ *m Ant.* Flaschenbaum *m*.
corro|sible *adj. c* ätzbar; korrosionsanfällig; **~sión** *f* Korrosion *f*, Ätzen *n*, An-, Zer-fressen *n*; **~sivo I.** *adj.* ätzend, Ätz..., korrosiv, (zer)fressend; *fig.* beißend; **II.** *m* ⚕ Ätzmittel *n*, Beize *f*; **~yente** *adj. c* → *corrosivo*.
corruga|ción *f* Zs.-schrumpfen *n*; **~do** *adj. Am.* gewellt; *cartón m ~* Wellpappe *f*.
corrumpente *adj. c* **1.** verderblich; korrumpierend; **2.** lästig.
corrupción *f* **1.** Verderb(en *n*) *m*; Verwesung *f*, Fäulnis *f*, Zersetzung *f*; **2.** *fig.* Verfall *m*, Niedergang *m*; *~ de costumbres* Sittenverderbnis *f*; **3.** Bestechung *f*, Korruption *f*; **4.** Verführung *f*; **5.** Verfälschung *f* e-s *Schriftstücks*.
corrupia F *f* Ungeheuer *n*, Untier *n*.
corrup|tamente *adv.* korrupterweise; **~tela** *f* Korruption *f*, Mißbrauch *m*; **~tibilidad** *f* Verderblichkeit *f*, Verweslichkeit *f*; *fig.* Bestechlichkeit *f*; **~tible** *adj. c* verderblich, fäulnisanfällig; verweslich; *fig.* bestechlich; **~tivo** *adj.* verderblich (*passiv u. aktiv*); **~to** *adj. fig.* verdorben, korrupt; **~tor I.** *adj.* verderblich, Verderben bringend; sittenverderbend; **II.** *m* Verderber *m*, Verführer *m*; Bestecher *m*.
corsario I. *adj.* Freibeuter..., Kaper...; *m* *buque m ~* **II.** *m* Kaper(schiff *n*) *m*; Freibeuter *m*, Korsar *m*.

corsé *m* Korsett *n*, Mieder *n*; ✱ *~ enyesado* (*metálico*) Gips- (Stahl-) korsett *n*.
corsete|ría *f* Miederwaren *f/pl.* (*a. Geschäft*); **~ro** *m* Korsettmacher *m*; -händler *m*.
corso[1] *adj.-su.* korsisch; *m* Korse *m*.
corso[2] *m* **1.** Kaperei *f*, Freibeuterei *f*; *guerra f* (*patente f*) *de ~* Kaperkrieg *m* (*-brief m*); *hacer el ~* (*ir od. salir a ~*) auf Kaperfahrt sein (gehen); **2.** *bsd. Chi., Rpl.* Korso *m*; *~ de flores* Blumenkorso *m*.
corta *f* Holzfällen *n*, Abholzen *n*.
corta|alambres *m* (*pl. inv.*) Drahtschere *f*; **~callos** *m* (*pl. inv.*) Hühneraugenmesser *n*; **~césped** *m* Rasenmäher *m*; **~cigarros** *m* (*pl. inv.*) Zigarrenabschneider *m*; **~circuito** ⚡ *m* Sicherung *f*; **~corriente** ⚡ *m* Abschalter *m*; **~cristales** *m* (*pl. inv.*) Glasschneider *m*.
corta|da *f Am.* Schnittwunde *f*; **~dera** *f* Schrotmeißel *m der Schmiede*; Zeidelmesser *n der Imker*; **~dillo I.** *adj.* beschnitten (*Münze*); **II.** *m* kl. zylindrisches Weinglas *n*; *echar ~s a*) geziert reden; **b**) (*Wein*) trinken; **~do I.** *adj.* **1.** bündig, knapp (*Stil*); **2.** geronnen (*Milch*); **3.** *fig.* betreten, verlegen; **4⁴** F *estar ~ para* bestens geeignet sein für (*ac.*); **5.** 🖂 gehälftet; **II.** *m* **6.** Kaffee *m* mit wenig Milch; **7.** ⊕ Schneiden *n*; **~dor I.** *adj.* **1.** schneidend; **II.** *m* **2.** Schneider *m* (*Gerät*); Vorlegemesser *n*; ⊕ *~ autógeno* (*de vidrio*) Autogen-(Glas-)schneider *m*; **3.** Zuschneider *m*; *Méj. ~ de pelo* Friseur *m*; **4.** Schlachter *m*; **5.** Schneideraum *m*; **~dora** *f Typ.* (Papier-)Schneidemaschine *f*; *~ de cocina* Brot-, Küchenschneidemaschine *f*; **~dura** *f* **1.** Durchschneiden *n*; Schnitt *m* (*a. Wunde*); Schnitt-fläche *f*, -rand *m*; ⊕ (Ab-)Scherung *f*; *~ con soplete* Schneidbrennen *n*; *~s f/pl.* Abfälle *m/pl.*; Schrot *m*; Schnitzel *n/pl.*; **2.** Gebirgseinschnitt *m*, Engpaß *m*.
corta|fiambre *m* Wurstschneidemaschine *f*; **~forrajes** ✍ *m* (*pl. inv.*) Futterschneidemaschine *f*; **~frío** ⊕ *m* Hart-, Kalt-, Schrot-meißel *m*; **~fuego**(s) *m* **1.** Brandmauer *f*; **2.** *a. pasillo m ~* (Feuer-)Schneise *f*; **~hojas** *Ent.* *m* (*pl. inv.*) Rebenstecher *m*; **~lápices** *m* (*pl. inv.*) Bleistiftspitzer *m*.
cortamente *adv.* kurz, knapp; spärlich.
cortante I. *adj. c* schneidend (*a. fig. Wind, Kälte*); Schneide...; **II.** *m* Schneide *f* e-s *Beils*; Hackmesser *n der Fleischer*.
corta|papel(es) *m* Brieföffner *m*; *a. Typ.* Papiermesser *n*; **~picos** *Ent. m* (*pl. inv.*) Ohrwurm *m*.
cortapisa *f* **1.** Vorbehalt *m*, Einschränkung *f*; Hindernis *n*, Stolperstein *m*; *poner ~s* Vorbehalte (*bzw.* Schwierigkeiten) machen; *sin ~s* ungehemmt; **2.** Witz *m*, nette Art *f*, *mit der man et. sagt*.
corta|plumas *m* (*pl. inv.*) Federmesser *m*; **~pruebas** *Phot. m* (*pl. inv.*) Kopiermesser *n zum Beschneiden der Negative*; **~puros** *m* (*pl. inv.*) Zigarrenabschneider *m*.
cortar I. *v/t.* **1.** (ab-, aus-, be-, durch-, zer-)schneiden; ⚓ *Tau*

Mast kappen; *Haar* schneiden; *Baum* fällen; *Wald* abholzen; *Gras* mähen; *Fleisch* hauen, hacken; *~ el agua* das Wasser durchfurchen (*Schiff*); *~ la cabeza a alg.* j-n enthaupten; *~ en trozos, ~ en pedacitos* in Stücke schneiden, zerkleinern; ⊕ *a.* schroten; *Kchk.* kleinschneiden; *~ al cero* kahlscheren; *sin ~* noch nicht aufgeschnitten (*Buch*); *Buchb.* (noch) nicht beschnitten; **2.** ab-, zer-trennen; unterbrechen; hemmen, sperren; zum Stillstand bringen; *Schmerz* stillen; *Wort, Weg* abschneiden; *Fußball*: vom Ball trennen; *Fieber* senken; *Durchfall* stoppen; *Rede* abbrechen, unterbrechen; *Licht, Gas, Wasser, Strom, Zufuhr* sperren; *Kfz. Gas* wegnehmen; *Verbindung* abbrechen *bzw.* unterbrechen, abschneiden; *b. Funksprechverkehr*: ¡*corto!* Ende!; *bsd.* ✝ *~ las relaciones* die Verbindungen abbrechen; **3.** *Text* kürzen, streichen; *Film* zensieren, kürzen; *aus dem Film* herausschneiden; **4.** *Kleid, Stoff* zuschneiden; **5.** *Streit* schlichten; **6.** *Bienenstöcke* zeideln; **7.** *Wein* verschneiden; **8.** *Schwein usw.* kastrieren; **9.** *fig. Am.* j-n unsichtbar; *Am. ~ al prójimo* andere kritisieren; **II.** *v/i.* **10.** *Kart.* abheben; **11.** schneiden; *fig. un aire que corta* schneidender Wind *m*, scharfe Luft *f*; **III.** *v/r.* **~se 12.** s. schneiden; *~se pelo* s. die Haare schneiden (lassen); **13.** sauer werden; gerinnen (*Milch*); umschlagen (*Wein*); **14.** zum Stehen kommen (*Brand*); **15.** auf-springen, -reißen (*Haut, Rinde*); **16.** stocken, steckenbleiben (*in der Rede, vor Verlegenheit*); *el niño se corta fácilmente* das Kind ist sehr schüchtern.
corta|sangre *adj. c*-*su. m* (*barrita f*) *~* Rasier-, Alaun-stift *m*, Blutstiller *m*; **~setos** *m* (*pl. inv.*) Heckenschere *f*; **~tubos** ⊕ *m* (*pl. inv.*) Rohr(ab-)schneider *m*; **~uñas** *m* (*pl. inv.*) Nagelzange *f*; **~vidrios** *m* (*pl. inv.*) Glasschneider *m*; **~viento** *m* Windschutz(scheibe *f*) *m*; ✔ Windschutzzaun *m*.
corte[1] *m* **1.** Schnitt *m*; (An-, Ab-, Durch-)Schneiden *m*; (Holz-)Fällen *f*; ⊕ Hieb *m* e-r *Feile*; *~ dorado* Goldschnitt *m* (*Buch*); *~ de pelo* Haar-schnitt *m*; -schneiden *m*; *~ de pelo a navaja* Messerschnitt *m*; *silv. ~ a tala rasa* Kahlschlag *m*; **2.** Ausschnitt *m*; ⊕, △ Aufriß *m*; *~ horizontal* (*vertical*) Grund- (Auf-)riß *m*; *~ longitudinal* (*transversal*) Längs- (Quer-)schnitt *m*; **3.** Zuschneiden *n*; Zuschnitt *m* (*a. fig.*); **4.** Stoff *m*, Coupon *m für Anzug od. Kleid*; *academia f de ~ y confección* Nähschule *f*; **4.** Aufhebung *f*, Einstellung *f*, Sperre *f*; *~ de agua* Wasserabstellung *f*; *~ de corriente* Stromsperre *f*; *~ de tráfico* Verkehrsstau *m*, Stillstand *m* des *Verkehrs*; *Verkehrs-*, Straßen-sperre *f*; **5.** Streichung *f*, Kürzung *f*.
corte[2] *f* **1.** (Königs- *usw.*)Hof *m*; Hofstaat *m*; Gefolge *n*; *la* (*Villa y*) ♀ (= *Madrid*); *la ~ celestial* die himmlischen Heerscharen *f/pl.*; **2.** ♀s *f/pl. Span.* Cortes *pl.*, Parlament *n* (*beide Kammern*); *hist.* (*unter Franco*) Ständedeparlament *n*; *hist.* Landstände *m/pl.*; *~s constituyentes* verfassungs-

cortedad — coser

cortedad gebende Versammlung f; 3. *Am.* (höheres) Gericht n; *Pol.* ♀ Permanente de Arbitraje Ständiger (Haager) Schiedshof m; 4. *hacer la ~ a alg.* → *cortejar.*
cortedad f 1. Kürze f; 2. Beschränktheit f; Verlegenheit f, Schüchternheit f; *~ de vista* Kurzsichtigkeit f.
corte|jador adj.-su. m Galan m, Verehrer m; Schmeichler m; **~jar** v/t. *j-m den Hof machen, j-n umwerben (a. fig.); j-m um den Bart gehen, j-m schmeicheln;* **~jo** m 1. (Fest-, Um-)Zug m; Gefolge n; *fig.* Folge f; *~ nupcial* Hochzeits-, Braut-zug m; 2. Liebeswerben n⇩ Liebschaft f; 3. F Liebhaber m.
cortés[1] adj. c höflich, zuvorkommend; lo ~ *no quita lo valiente* Höflichkeit u. Festigkeit schließen ea. nicht aus.
Cortés[2] npr.: Hernán ~ Fernando Cortez, a. Cortes.
corte|sana f Kurtisane f; *ehm.* Hofdame f; **~sanamente** adv. höflich; **~sanía** f 1. höfliches (bzw. höfisches) Benehmen n; 2. Hofgesellschaft f; **~sano** I. adj. 1. höfisch, Hof...; 2. höflich; II. m 3. Höfling m; **~sía** f 1. Höflichkeit f; Aufmerksamkeit f, freundliche Geste f; (fórmula f de) ~ Höflichkeits-, Schlußformel f am Ende e-s Briefes; 2. Verbeugung f bzw. Knicks m; *hacer una ~ s.* verbeugen; knicksen; 3. Anrede f, Titel m; 4. *Typ.* leeres Zwischenblatt n.
corte|za f Rinde f (a. fig.); Kruste f; Schale f (Obst); Schwarte f (Speck); (rauhe) Außenseite f; *Kchk.* geröstete Schweineschwarte f; *Anat. ~ cerebral* Gehirnrinde f; *pharm. ~ peruviana* Chinarinde f; *~ terrestre* Erdrinde f, -kruste f; **~zón** m augm. dicke Rinde f; **~zudo** adj. mit dicker Rinde; *fig.* rauhbeinig, ungeschliffen.
cortical adj. c bsd. 𝄞 rindenartig; Rinden... [steron n.)
corticosterona *Physiol.* f Cortico-∫
corti|jada f *Andal.* Gruppe f von Gehöften; Gutswohnungen f/pl.; **~jero** m 1. Besitzer m e-s cortijo; 2. Vorarbeiter m, Aufseher m auf e-m cortijo; **~jo** m *Andal.* Gutshof m; Gutswohnung f des Eigentümers; *fig.* F *alborotar el ~* Wirbel machen F, den Laden auf den Kopf stellen F.
cortil m Gehege n, Hof m.
corti|na f 1. Gardine f, Vorhang m (a. fig.); *fig.* Schleier m; *~ de aire caliente* Warmluftvorhang m; *~ de agua* strömender Regen m; ⚔ *~ de fuego* Feuer-riegel m, -vorhang m; ⚔ *~ de humo* Rauchschleier m; *Pol. Am. ~ de hierro* Eiserner Vorhang m; *~ de niebla* Nebelwand f; *correr la ~* den Vorhang zuziehen; *fig.* den Schleier über et. (ac.) werfen; et. mit Schweigen übergehen; *descorrer la ~* den Vorhang auf- od. wegziehen; das Geheimnis (den Schleier) lüften; 2. *~ de muelle* Hafendamm m; 3. *fort.* Schutzwall m; **~nado** m *Rpl.*, **~naje** m *Vorhänge m/pl.* u. Gardinen f/pl.; Vorhangstoffe m/pl.; **~nilla** f: *~ automática, ~ de resorte* Rollvorhang m;

~nón m augm. bsd. Türvorhang m.
cortiña *Gal.* f Hausgarten m.
cortisona *pharm.* f Kortison n, Cortison n.
corto adj. (a. adv.) (ser) kurz (Länge u. Dauer); knapp; klein; scheu, schüchtern; (estar) (zu) kurz (Kleidung); ~ (de alcances) (geistig) beschränkt; *~ de oído* schwerhörig; *~ de vista* kurzsichtig; (estar) ~ de medios knapp bei Kasse (sein); *un número ~* e-e geringe (An-)Zahl; *de vida ~a* kurzlebig; *desde muy ~a edad* von Kind auf; *adv. ni ~ ni perezoso* so mir nichts, dir nichts, ganz einfach, nicht faul; *fig. atar a ~ alg.* j-n an die Kandare nehmen; *quedarse ~* a) zu kurz kommen; b) nicht dahinter kommen; *no quedarse ~ bsd.* keine Antwort schuldig bleiben; *quedarse ~ en a/c. et.* zu gering einschätzen; ⚔ *tirar (demasiado) ~* zu kurz schießen.
cortocircui|tar 𝄞 v/t. kurzschließen; **~to** 𝄞 m Kurzschluß m.
cortometraje m Kurzfilm m.
cortón *Ent.* m Maulwurfsgrille f, Werre f.
corúa *Vo.* f *Cu. Art* Kormoran m.
coruja *Vo.* f → *curuja.*
coruscar [1g] *poet.* v/i. glänzen, gleißen, schimmern.
corva f 1. Kniekehle f; 2. *vet.* Hechsengeschwulst f der Pferde; 3. *Fi.* Meerrabe m; **~dura** f Krümmung f, Biegung f; △ Wölbung f e-s Bogens; **~l** ♀ adj. c: *aceituna f ~* langfruchtige Olive f; **~llo** *Fi.* m → corva 3; **~to** *Vo.* m Jungrabe m.
corve|jón[1] m Sprunggelenk n; Hachse f der Rinder; **jón**[2] *Vo.* m Kormoran m; **~ta** *Equ.* f Kurbette f, Bogensprung f; **~tear** *Equ.* v/i. kurbettieren.
córvidos *Zo.* m/pl. Rabenvögel m/pl.
corvi|na *Fi.* f Adlerfisch m; **~no** adj. Raben...
corvo I. adj. 1. krumm, gekrümmt, gebogen; II. m 2. Haken m; 3. → *corvina.*
cor|za f Reh(geiß f) n, Ricke f; □ Dirne f, bsd. Dirne, die ihren Liebhaber aushält, Pferdchen n F, Mieze f (Reg.); **~zo** m Reh(bock m) n.
cosa f 1. Ding n, Sache f, Gg.-stand m; Angelegenheit f; etwas; *~ de etwa, ungefähr; ~ de cinco km ungefähr 5 km; a ~ de las nueve gg. neun Uhr, ungefähr um neun Uhr; ~ de importancia et.* Wichtiges; *~ de risa* nicht ernst zu nehmen(de Sache), lächerlich; *¡~ hecha!* vollendete Tatsache; *¡~ hecha!* abgemacht!; *adv. a ~ hecha* a) mit sicherem Erfolg; b) absichtlich; *~ de (de ver)* hörens- (sehens-)wert; *será ~ de ver* das bleibt noch abzuwarten, das wollen wir (erst mal) sehen; *~ principal (secundaria)* Haupt-(Neben-)sache f; *¡~ rara!* seltsam!, merkwürdig!; *cada ~ alles; cada ~ en (od. a) su tiempo (y los nabos en adviento)* alles zu s-r Zeit; *como si tal ~ (so)* mir nichts, dir nichts; ganz einfach; als ob nichts geschehen wäre; *ninguna ~* nichts; *poca ~* wenig; *poquita ~* nichts; unbedeutende Person; *¡qué ~!* (nein) so was!, das ist (doch) nicht zu glauben!; *la ~ cambia* das Blatt wendet s.; *fig. cambiando una ~ por otra* um das Thema zu

wechseln; reden wir von et. anderem; *no decir ~* kein Wort sagen; *ahí está la ~* das ist es, da liegt der Hase im Pfeffer; *estando las ~s como están* wenn (od. da) s. die Dinge so verhalten; *no es ~ mía* das geht mich nichts an, das ist nicht m-e Sache; *hacer sus ~s* sein Geschäft verrichten (bsd. *Kind*); *no hay tal ~* dem ist nicht so; keineswegs; so et. gibt es (ja gar) nicht; *no parece gran ~, pero ... er (sie, es) sieht ganz unscheinbar aus, aber ...; poner las ~s en su lugar* die Sache richtigstellen; *no ponérsele a alg. ~ por delante* vor nichts zurückschrecken, gerade auf sein Ziel losgehen; *no tener ~ suya* a) nichts sein eigen nennen, bettelarm sein; b) von allem den andern mitgeben, sehr gebefreudig sein; *una ~ trae otra* eins (bzw. ein Wort) bringt das andere; ~s *que van y vienen* das ist schnell vorbei (od. vergänglich); *ni ~ que lo valga* bei weitem nicht, mit Abstand nicht; F *las ~s que se ven (en el mundo)* was man (so) alles zu sehen bekommt (od. erleben muß); 2. ⚖ Sache f; *~ nullius* herrenlose Sache f; 3. *~s f/pl.* Ideen f/pl., Einfälle m/pl.; Grillen f/pl.; *(son) ~s de ella od. son sus ~s* das sind so ihre Einfälle, echt sie; das ist typisch für sie.
cosaco adj.-su. Kosaken...; m Kosak m; Kosakentanz m; F *beber como un ~* trinken wie ein Bürstenbinder, saufen wie ein Loch F.
cosario I. adj. 1. Fuhrmanns...; 2. häufig begangen; II. m 3. (Fracht-)Fuhrmann m; 4. (Berufs-)Jäger m.
coscarse [1g] F v/r. mit den Achseln zucken.
cosco|ja ♀ f Kermeseiche f; dürres Laub n der Kermeseiche; *Am.* → *coscojo,* **~jal, ~jar** m Kermeseichenwald m; **~jita** f → *coxcojita;* **~jo** m Gallapfel m der Kermeseiche; *Equ.* Ring m am Gebiß.
cosco|lina f *Méj.* Dirne f, Prostituierte f; **~mate** m *Méj.* Maissilo m aus Lehm u. Flechtwerk.
coscón F adj. verschmitzt.
cosco|roba *Vo.* f *Chi., Rpl. Art* Schwan m; **~rrón** m Kopfnuß f, Schlag m auf den Kopf.
cosecante ∡ f Kosekante f.
cose|cha f Ernte f; a. *fig.* Ausbeute f, Ertrag m; Erntezeit f; *mala ~ 1956* Mißernte f; *~ 1956* Jahrgang 1956 (*Wein*); *~ propia* Eigenbau m; *~ récord* Rekordernte f; *fig. de su (propia) ~* auf seinem eigenen Acker gewachsen; Früchte f/pl. eigner Arbeit; **~chadora** f Mähdrescher m; **~char** vt/i. ernten (a. fig.); **~chero** m Winzer m; Erntearbeiter m, Pflücker m.
cose|dera f Heftapparat m für Papier; **~dora** f Heftmaschine f (Büro); **~dura** f → *costura.*
coselete m 1. leichte Rüstung f; *hist.* Gewappnete(r) m; 2. *Ent.* Brustschild m.
coseno ∡ m Kosinus m.
cosepapeles m (pl. inv.) Hefter m, Heftmaschine f.
coser I. v/t. 1. nähen; an-, zu-nähen; *Typ.* heften; 2. *fig. ~ a tiros* mit Schüssen durchlöchern; II. v/i. 3. nähen; *máquina f de ~* Näh-(bzw. *Typ.* Heft-)maschine f; F *es*

(*cosa de*) ~ *y cantar* es ist ganz (*od.* spielend) leicht; **III.** *v/r.* ~**se 4.** *fig.* ~**se la boca** den Mund halten, dicht halten F; **5.** ~**se contra** (*od. a, con*) s. anschmiegen an (*ac.*). [*zahl f.*]
cósico ॥ *adj.: número m* ~ Potenz-
cosicosa F *f* Rätsel *n.*
cosido I. *part.-adj.* genäht; *Buchb.* geheftet; **II.** *m* Nähen *n*; Näharbeit *f*; *Buchb.* Heften *n.*
cosifica|ción *f* Versachlichung *f*; ~**r** [1g] *v/t.* versachlichen.
cosméti|ca *f* Kosmetik *f*, Schönheitspflege *f*; ~**co I.** *adj.* kosmetisch; *operación f* ~*a*, *corrección f* ~*a* kosmetische Operation *f*, Schönheitskorrektur *f*; **II.** *m* Schönheits-(pflege)mittel *n*; ~**s** *m/pl.* Kosmetika *n/pl.*
cosme|tología *f bsd. Am.* Kosmetik *f*; ~**tóloga** *f*, ~**tólogo** *m bsd. Am.* Kosmetiker(in *f*) *m.*
cósmico *adj.* kosmisch, Weltraum...; *estructura f* ~*a* Bau *m* des Alls, Weltenbau *m.*
cosmobiología *f* Kosmobiologie *f.*
cosmódromo *m* Startplatz *m* für Raumschiffe.
cosmo|física *f* Raum-, Kosmophysik *f*; ~**gonía** *f* Kosmogonie *f*; ~**grafía** *f* Kosmographie *f*; ~**gráfico** *adj.* kosmographisch.
cosmógrafo *m* Kosmograph *m.*
cosmo|logía *f* Kosmologie *f*; ~**nauta** *c* Raumfahrer *m*, Kosmonaut *m*; ~**náutica** *f* (Welt-)Raumfahrt *f*; ~**náutico** *adj.* kosmonautisch; ~**nave** *f* Raumschiff *n*, -fahrzeug *n*; ~**polita** *adj.-su. c* kosmopolitisch; vielen Ländern u. Völkern gemeinsam; *m* Weltbürger *m*, Kosmopolit *m*; ~**politismo** *m* Weltbürgertum *n*, Kosmopolitismus *m*; ~**rama** *f* Kosmorama *f.*
cosmo|s *m* Welt(all *n*) *f*, Kosmos *m*; ~**visión** *f bsd. Am.* Weltanschauung *f.*
coso[1] *m* Holzwurm *m.*
coso[2] *m* **1.** Festplatz *m*; *lit.* ~ (*taurino*) Stierkampfarena *f*; **2.** *Ar.* Hauptstraße *f*; **3.** *Col.* Stierzwinger *m.*
coso[3] *m Col.* Dingsda *n.*
cospe *m* Schlichthieb *m* an Balken; ~**l** *m* Münzplatte *f.*
cos|que, ~**qui** F *m* → **coscorrón**.
cosqui|llar *v/t.* → **cosquillear**; ~**llas** *f/pl.* Kitzeln *n*; *buscar las* ~ *a alg.* j-n reizen; *hacer* ~ (*a*) kitzeln (*a. fig.*); *fig.* reizen, locken; *tengo* ~ **a**) ich bin ihm kitzlig; **b**) es kitzelt mich; *tener malas* ~ *od.* *no sufrir* ~ k-n Spaß verstehen; ~**llear** *v/t.* kitzeln; *fig.* locken, reizen; ~**lleo** *m* Kitzeln *n*; Juckreiz *m*; *fig.* ~ *nervioso* Nervenkitzel *m*; ~**lloso** *adj.* kitzlig; *fig.* empfindlich; reizbar.
costa[1] *f* **1.** Kosten *pl.*; *pl.* Gerichtskosten *pl.*; *a* ~ *de a*) mittels (*gen.*), durch (*ac.*), mit (*dat.*); **b**) auf Kosten von (*dat.*) (*a. fig.*); *a* ~ *mía* auf m-e Kosten (*a. fig.*); *a* ~ *ajena*, *a* ~ *de los demás* auf anderer Leute Kosten; *adv. a toda* ~ um jeden Preis; **2.** Kost *f* als Teil des Lohns.
costa[2] *f* Küste *f*; ~ *abierta* (*acantilada*) Flach- (Steil-)küste *f*; ♀ *Azul* Côte d'Azur; ♀ *de Marfil* (*de Oro*) Elfenbein- (Gold-)küste *f*; ♀ *Rica* Costa Rica *n.*

costa[3] *f* Glättholz *n* der Schuster.
costado *m* **1.** Seite *f*; *a.* ⚔ Flanke *f*; Zarge *f e-r Geige*; ⚓ (Breit-)Seite *f*, Bordwand *f*; *dolor m de* ~ Seitenstechen *n*; ⚓ *andar de* ~ treiben; ⚓ *venir al* ~ längsseit(s) kommen, anlegen; *por el* ~ seitlich; **2.** ~**s** *m/pl.* Ahnenlinie *f* väter- u. mütterlicherseits; *noble por los cuatro* ~**s** edlen Blutes, einwandfrei adeliger Herkunft; *fig. por los cuatro* ~**s** rein(blütig), hundertprozentig.
costal[1] *adj. c* Rippen...
costa|l[2] *m* **1.** (*Mehl-, Getreide-*)Sack *m*; *fig. a boca de* ~ überreichlich, maßlos; *fig.* ~ *de mentiras* Lügenbeutel *m*, Erzlügner *m*; *el* ~ *de (los) pecados* der menschliche Leib; *fig.* F *vaciar el* ~ alles ausplaudern, auspacken F; **2.** △ Querholz *n b.* Fachwerk; Ramme *f*; ~**lada** *f*, ~**lazo** *m* Fall *m* auf Seite *od.* Rücken; ~**learse** *v/r. Chi.* auf den Rücken fallen; *fig.* enttäuscht werden; ~**lero** *m Andal.* Dienstmann *m*; Träger *m bsd.* der → *pasos* in der Karwoche.
costa|na *f* abschüssige Straße *f*; ~**nera** *f* Steigung *f*, Hang *m*; △ ~**s** *f/pl.* Dachsparren *m/pl.*; ~**nero** *adj.* **1.** abschüssig, steil; **2.** Küsten...
costar [1m] *vt/i.* kosten; *fig.* schwerfallen; ~ *caro* teuer sein; *fig.* teuer zu stehen kommen (j-n *a alg.*); *no cuesta nada* es kostet nichts; *fig.* es ist kinderleicht; *cueste lo que cueste* koste es, was es wolle; *um jeden Preis*; ~ *mucho trabajo* viel Mühe (*od.* Arbeit) machen; *fig.* ~ *la cabeza* (*od. la vida*) den Kopf kosten (j-n *a alg.*); *me cuesta creerlo* ich kann es kaum glauben; *me cuesta* (*abs. od.* + *inf.*) es fällt mir schwer (, zu + *inf.*); *lo cuesta, pero no lo vale* das ist viel zu teuer, das ist s-n Preis nicht wert.
costarri|cense *adj.-su. c*, ~**queño** *adj.-su.* aus Costa Rica; ~**queñismo** *m* in Costa Rica gebräuchlicher Ausdruck *m.*
coste *m* Preis *m*; Wert *m*; Kosten *pl.* (*Kalkulation*); *a bajo* (*a gran*) ~ mit geringem (mit großem) (Kosten-)Aufwand; ~ *de entretenimiento* (*de mantenimiento*) Wartungs- (Unterhaltungs-)kosten *pl.*; ~ *de producción* Produktions-, Gestehungskosten *pl.*; ~ *de (la) vida* Lebenshaltungskosten *pl.*; *análisis m* ~-*beneficio* Kosten-Nutzen-Analyse *f*; *a precio de* ~ zum Selbstkostenpreis; → *a. costo, gasto*; ~**ar**[1] I. *v/t.* **1.** bezahlen, die Kosten bestreiten von (*dat.*); ~ *los estudios a alg.* j-m das Studium bezahlen, j-n studieren lassen; **2.** *Rpl.* Vieh auf der Weide eingewöhnen; **II.** *v/r.* ~**se 3.** (*a. v/i.*) *la producción no (se) costea* die Erzeugung deckt die Kosten nicht; **4.** *Pe. s.* über j-n lustig machen.
costear[2] ⚓ *vt/i.* ~ (*la isla*) an der Küste (an der Insel) entlang-fahren *bzw.* -segeln.
costeleta *f Rpl.* → **costilla 2**, *chuleta.*
costeño I. *adj.* Küsten...; **II.** *m bsd. Am.* Küstenbewohner *m.*
coste|ra *f* **1.** Seite *f e-r* Kiste *u. ä.*; Decklage *f*; *b.* e-*m* Papierstoß **2.** Abhang *m*; **3.** Küste *f*; **4.** ⚓ Fangzeit *f* (*bsd.* Seelachs); ~**ro**

I. *adj.* **1.** Küsten...; **II.** *m* **2.** Küsten-bewohner *m*; -fahrzeug *n*; **3.** Schwarte *f b.* der Holzverarbeitung; **4.** Seitenwand *f e-s* Hochofens; ⚔ Verschalung *f*; ~**zuela** *f dim.* zu *cuesta.*
costi|l *adj. c* Rippen...; ~**lla** *f* **1.** *Anat.* Rippe *f*; ~ *falsa* (*verdadera*) falsche (wahre) Rippe *f*; *fig.* F *mi* (*cara*) ~ m-e bessere Hälfte *f*; *dar de* ~**s** auf den Rücken fallen; F *medirle* (*od. pasearle*) *a alg. las* ~**s** j-n verprügeln, j-n vertrimmen F; **2.** *Kchk.* ~ *de cerdo* Schweinsrippchen *n*; **3.** ⊕ Rippe *f* (*a.* ⚓); Querlatte *f*; Daube *f*; ⚔ ~ *de ala* Flügelrippe *f*, Flugzeugspant *f*, ~**llaje** *m* **1.** Rippen *f/pl.* (*a.* ⊕); **2.** → ~**llar** *m* Rippenteil *m* des Körpers; F Brustkasten *m*; ~**lludo** F *adj.* breitschultrig.
costo[1] ⚘ *m* Kost-wurz *f*, -kraut *n.*
costo[2] *m* (*bsd.* ♰, *oft* ~**s** *m/pl.*) Kosten *pl.*; Preis *m*; ~**s** *fijos* (*variables*) feste *od.* fixe (variable) Kosten *pl.*; *de modesto* ~ für wenig Geld, billig; ~**so I.** *adj.* **1.** kostspielig, teuer; **2.** mühsam.
costra *f* **1.** Kruste *f*, Rinde *f*; ⚚ (Wund-)Schorf *m*; ⊕ ~ *de hierro* Hammerschlag *m*, Zunder *m*; ~ *de pan* Brot-kruste *f*, -rinde *f*; ⚚ ~ *láctea* Milchschorf *m*; **2.** (Licht-)Schnuppe *f*; ~**da** *f e-e* süße Pastete *f*, Krustade *f*. [krustet.]
costroso *adj.* krustig; schorfig; ver-)
costum|bre *f* **1.** Gewohnheit *f*, Sitte *f*, Brauch *m*; Gewöhnung *f*; *fuerza f de la* ~ Macht *f* der Gewohnheit; *mala* ~ schlechte Angewohnheit *f*, Unsitte *f*; *novela de* ~**s** Sittenroman *m*; *de* ~ gewöhnlich; gewohnheitsmäßig; *como de* ~ wie üblich, wie immer; *según* ~ üblicherweise; *según la* ~ *local* orts-üblich; *ser* ~ üblich sein; *tener* (*la*) ~ *de, tener por* ~ gewohnt sein, zu + *inf.*, zu tun pflegen; *tomar la* ~ *de* die Gewohnheit annehmen, zu + *inf.*; *todo se arregla con la* ~ man gewöhnt s. an alles; **2.** ♀ Gewohnheitsrecht *n*; **3.** *Physiol. Col.* Regel *f*, Menstruation *f*; ~**brismo** *Lit.* in Sittenschilderung *f* (*lit. Gattung bzw. Richtung*); ~**brista** *Lit. adj.-su. c* Sitten...; *m* Sitten-, Milieu-schilderer *m.*
costu|ra *f* **1.** Naht *f*; Nähen *n*; Näharbeit *f*; *alta* ~ feine Damenmoden *f/pl.*, Haute Couture *f*; *cesto m de* ~ Nähkörbchen *n*; *fig. meter no* ~ *a* j-n zur Vernunft bringen; *la* ~ *se ha roto* die Naht ist geplatzt; *fig.* F *sentar las* ~**s** *a* j-m verdreschen F, j-n verwamsen F; **2.** ⊕ Naht *f*; Fuge *f*; *a.* ⚓ (Zs.-)Spleißung *f*; ~ (*de soldadura*) Schweißnaht *f*; ~ *plegada* Falznaht *f*; ~**rajo** *m Méj.* → **costurón**[1]; ~**r(e)ar** *vt/i. Am. Reg.* nähen; ~**rera** *f* Näherin *f*, Schneiderin *f*; ~**rería** *f Rpl.* Schneiderei *f*; ~**rero** *m* Näh-tisch *m*; -kasten *m*; ~**rón** *m* **1.** grobe Naht *f*; schlecht Genähte(s) *n*; **2.** F Schmarre *f*, Narbe *f.*
cota[1] *f* **1.** ~ (*de mallas*) Panzerhemd *n*; **2.** *Jgdw.* Schwarte *f* des Wild-schweins.
cota[2] *f* Höhenzahl *f auf Landkarten*; ⚔ Höhe *f*; ⊕ Maß(angabe *f*) *n* (*Zeichnung*).

cotana *Zim. f* **1.** Zapfenloch *n*; **2.** Lochmeißel *m*.
cotangente ◊ *f* Kotangens *m*.
cotar *v/t.* mit Höhenzahlen versehen.
cota|rra *f* Seitenwand *f*, Abstieg *m e-r Schlucht*; **~rrera** *f* gemeines Weibsstück *n*; □ Dirne *f*; **~rro** *m* **1.** → *cotarra*; **2.** † Nachtasyl *n*, Obdachlosenheim *n*; P Clique *f*, Blase *f* F; *fig.* F *alborotar el* ~ das Fest stören, Krach anfangen; *andar de* ~ *en* ~ die Zeit (mit Besuchen) vertrödeln; F *ser el amo del* ~ *od. dirigir el* ~ die erste Geige spielen (*fig.*).
cote ⊕ *m* Schlag *m*, Stek *m* (*Tauschlinge*); **~jar** *v/t.* vergleichen, gg.-überstellen; **~jo** *m* Vergleich *m*, Gg.-überstellung *f*.
coterráneo *adj.-su.* Landsmann *m*.
cotí *m* Drillich *m*.
cotidiano *adj.* täglich.
cotila *f od.* **cótila** *f* ⚘ (*oft a. cotilo m*) Gelenkpfanne *f*.
cotiledón *Biol. m* Keimblatt *n*.
coti|lla I. *f* Schnürbrust *f*; **II.** *c* F Klatschmaul *n*, Klatsche *f* F; **~llear** *v/i.* klatschen, tratschen; **~lleo** *m* Klatschen *n*; **~llero** *adj.-su.* klatschhaft; **~llón** *m* Kotillon *m* (*Tanz*).
cotín *m* **1.** schräges Zurückschlagen *n des Balls beim Pelotaspiel*; **2.** *Am.* Drillich *m*. [*amsel f.*\
cotinga *Vo. f Am. Mer.* Schmuck-\
cotiza[1] ⃝ *f* schmales Band *n*.
cotiza[2] *f Ven.* Hanf-, Bauern-schuh *m*; *fig. ponerse las* ~*s* sein Heil in der Flucht suchen.
cotiza|ble ⊕ *adj. c* notierbar; ~ *y negociable en* (*la*) *Bolsa* börsenfähig; **~ción** *f* **1.** ⊕ Kurs *m*, (Börsen-)Notierung *f*; ~ *bursátil* (*ofrecida*) Börsen-(Brief-)kurs *m*; ~ *extraoficial* freie Notierung *f*; ~ *de última hora* Schlußnotierung *f*; ~*ones f/pl. oficiales en Bolsa* amtliche Börsennotierungen *f/pl.*; ~*ones de valores* Effektenkurse *m/pl.*; **2.** Einstufung *f für die Zahlung v. Beiträgen*; *f* [1f] **I.** *v/t.* **1.** *Kurs* notieren; *Preis* angeben; **2.** *Geld* zs.-legen; **II.** *v/i.* **3.** s-n Beitrag zahlen; **III.** *v/r.* **~se 4.** an der Börse notiert werden (mit *dat. a*); *a. fig.* gut (*od.* hoch) im Kurs stehen; geschätzt werden.
coto[1] *m* **1.** umfriedetes Grundstück *n*; ~ (*de caza*) Jagd(revier *n*) *f*; ⚒ ~ *minero* Revier *n*; ~ *redondo* Großgrundbesitz *m*; *fig.* ~ *cerrado* exklusive Gesellschaft *f*, Clique *f*, Clan *m*; *fig. esto es* ~ *cerrado de García* komm bloß G. nicht ins Gehege; **2.** Grenz-stein *m*, -linie *f*; *poner* ~ *a e-r Sache* Einhalt tun (*od.* Schranken setzen).
coto[2] *Fi. m* Stachelfisch *m*.
coto[3] *m Am. Mer.* Kropf *m*.
cotón *m* Kattun *m* (*Baumwollstoff*); *Chi.*, *Pe.* Bauernhemd *n*; *Ven.* Weste *f*.
coto|na *f Chi.*, *Salv.* Kittel *m*; *Méj.* Arbeitshemd *n*; Wildlederrock *m*; **~nada** *f* Kattunband *n*; **~nía** *f* Art weißer Baumwollzwich *m*.
coto|rra *f* **1.** *Vo.* **a)** grüner Mönchssittich *m*; **b)** ⩗ Wellensittich *m*; **c)** Elster *f*; **2.** *fig.* F Schwätzerin *f*, Schnatterbüchse *f*; *habla más que una* ~ sie schwatzt unaufhörlich; **~rrear** *v/i.* schwatzen, schnattern; **~rreo** *m* Schwatzen *n*, Geschwätz *n*, Geschnatter *n*; **~rrera** *f* → *cotorra* 2; **~rrón** *adj.* (noch) den Jugendlichen spielend.
cotudo *adj.* **1.** dicht behaart; **2.** *Am. Mer.* kropfig.
cotufa *f* ⚘ Erd-birne *f*, -artischocke *f*; *fig.* Leckerbissen *m*; ~*s f/pl.* geröstete Maiskörner *n/pl.*, Popcorn *n*.
coturno *m* Kothurn *m*; *fig. de alto* ~ vornehm; hochtrabend; *fig. calzar el* ~ schwülstig reden.
cotutela 🕮 *f* Mitvormundschaft *f*.
cova|cha *f* (*mst. desp.*) Höhle *f* (*a. fig.*); *Ec.* Gemischtwarenladen *m*; *Pe.*, *Rpl.* Rumpelkammer *f*; **~chuela** F *f* Amt *n*, Büro *n*; **~chuelista** *c*, **~chuelo** *m* Bürokrat *m*, Federfuchser *m*.
cox|al *adj. c* Hüft...; **~algia** ⚕ *f* Koxalgie *f*, **~álgico** *adj.* hüftleidend; Koxalgie... [*Kinder.*⟩
coxcoji|lla, **~ta** *f* Hüpfspiel *n* der⟨
coxi|s *Anat. m* (*pl. inv.*) Steißbein *n*; **~tis** ⚕ *f* (*pl. inv.*) Koxitis *f*, Hüftgelenkentzündung *f*.
coy ⊕ *m* Hängematte *f*.
coya *hist. f* Königin *f im Inkareich*.
coyo|taje *m Méj.* Spekulationsgeschäft *n*; **~te** *m* Kojote *m*; **~teo** *m Méj.* Straßen-, Schleich-, Gelegenheits-handel *m*; **~tero** *adj.-su. m* zur Kojotenjagd abgerichtet(er Hund *m*).
coyunda *f* Jochriemen *m*; *fig.* F *la* (*santa*) ~ das (heilige) Joch der Ehe.
coyuntura *f* **1.** *Anat.* (bewegliches) Gelenk *n*; **2.** † Konjunktur *f*; *a. fig.* günstige Gelegenheit *f*; *fig. a.* Umstände *m/pl.*, Lage *f*, Situation *f*; **~l** *adj. c* Konjunktur..., konjunkturell.
coyuyo *m Arg.* Heuschrecke *f*.
coz *f* (*pl. coces*) **1.** Ausschlagen *n* (*Reittier*); Fußtritt *m*; Rückstoß *m des Gewehrs*; *fig.* Grobheit *f*; *dar* (*od. tirar*) *coces* (hinten) ausschlagen; *fig. dar coces contra el aguijón* wider den Stachel löcken; *fig.* F *está dando coces* bei dem ist (heute) dicke Luft F; F *soltar* (*od. tirar*) *la* ~ grob werden; *mandar a coces barsch u.* herrisch sein; **2.** ⊕ ~ *del timón* Hacke *f* des Ruders.
crabrón *Ent. m* Grabwespe *f*.
crac **I.** *int.* ¡ ~! knacks, krach; **II.** *a. crack* Bankrott *m*; Bankkrach *m*; *fig.* Zs.-bruch *m*.
crack *m* Crack *n* (*Droge*).
Cracovia *f* Krakau *m*; **⚪na** *f* Krakowiak *m* (*Tanz*); **⚪no** *adj.-su.* aus Krakau; *m* Krakauer *m*.
cra-cra *onom. m* Gekrächz *n*.
cran *Typ. m* Signatur *f e-r Letter.*
craneal *Anat. adj. c* Schädel...; *bóveda f* ~ Schädeldach *n*.
cráneo *m* Schädel *m*; Hirnschale *f*.
craneo|logía *f* Kraniologie *f*; **~lógico** *adj.* kraniologisch; **~metría** *f* Schädelmessung *f*, Kraniometrie *f*; **~scopia** *f* Kranioskopie *f*, Schädelkunde *f*; **~tomía** *f* Kraniotomie *f*, Schädelschnitt *m*.
crápula I. *f* Ausschweifung *f*, Völlerei *f*; *darse a la* ~ ein Luderleben führen; **II.** *m* F Wüstling *m*, Lustmolch *m* F.
crapuloso *adj.* liederlich, verbummelt; *vida f* ~*a* → *crápula* I.

crasamente *adv.* gröblich unwissend.
crascitar *v/i.* krächzen (*Rabe*).
crasis *Gram. f* Krasis *f*, Kontraktion *f*.
cra|situd *f* **1.** Fettleibigkeit *f*; **2.** Kraßheit *f*; **~so** *adj.* **1.** fett, dick, plump; **2.** kraß (*Unwissenheit*), grob (*Irrtum*).
crásula ⚘ *f* Fett-henne *f*, -kraut *n*.
cráte|r *m* Krater *m*; Trichter *m*; **~ra** *Arch. f* Krater *m*, Krug *m*.
crawl *Sp.* ~ crol.
craza ⊕ *f* Schmelztiegel *m*; **~da** *f* geläutertes Silber *n*.
crea|ción *f* **1.** Erschaffung *f*, Schöpfung *f*; ~ *del mundo* Erschaffung *f* der Welt; **2.** Schaffung *f*, Herstellung *f*; Errichtung *f*; Gründung *f*; Werk *n*; ~ *de créditos* (*de dinero*) Kredit- (Geld-)schöpfung *f*; *última* ~ *de la moda* neueste Modeschöpfung *f* (*od.* Kreation *f*); **3.** Welt(all *n*) *f*; **~dor I.** *adj.* schöpferisch; **II.** *m el* 2 der Schöpfer *m* (= Gott); ~ *de una obra* Schöpfer *m* (*od.* Urheber *m*) *e-s Werks*; **~r I.** *v/t.* **1.** (er)schaffen; **2.** errichten, schaffen, gründen; kreieren; *Geld* schöpfen; *Rechte* schaffen; ~ *escándalos e-n* Skandal heraufbeschwören; *X fue* ~*ado cardenal* X wurde zum Kardinal erhoben; *Thea.* ~ *un papel* e-e Rolle kreieren (*bsd.* als erster u. in besonderer Weise gestalten); **II.** *v/r.* **~se 3.** *fig.* s. *et.* vorstellen, s. *et.* ausdenken; ~*se ilusiones* s. Illusionen machen; **~tinina** *Physiol. f* Kreatinin *n*; **~tividad** *f* Kreativität *f*; **~tivo** *adj.* schöpferisch, kreativ.
crece|dero *adj.* **1.** (noch) im Wachstum begriffen; **2.** zum Hineinwachsen (*Kinderkleider*); **~pelo** *m* Haarwuchsmittel *n*; **~r** [2d] *I.* *v/i.* wachsen, größer (*od.* stärker) werden, zunehmen (*a. Mond*); s. vermehren; steigen (*Fluß, Flut*, † *Nachfrage*); länger werden (*Tage*); ~ *en conocimientos y experiencias* an Kenntnissen u. Erfahrungen reicher werden; **II.** *v/r.* **~se** *fig.* wachsen; s. aufrichten; an Bedeutung zunehmen; *bsd. Am.* frech werden; **~s** *f/pl.* Zugabe *f* (*bsd. b. Nähten an Kleidern*); *fig. adv. con* ~ reichlich, mit Zinseszinsen (*fig.*); *pagar con* ~ doppelt vergelten (*bzw.* heimzahlen).
creci|da *f* Hochwasser *n*; Überschwemmung *f*; **~damente** *adv.* in erhöhtem Ausmaß, reichlich; **~do I.** *adj.* erwachsen; groß; ansehnlich, zahlreich; **II.** ~*s m/pl.* Zunehmen *n*, Zugabe *f* der Maschen beim Strikken; **~ente I.** *adj. c* wachsend *usw.* → *crecer*; zunehmend (*Mond*); *estar en* ~ zunehmen (*Mond*); **II.** *f* Anschwellen *n e-s Gewässers*; Mondsichel *f*; **III.** *m* ⊘ Halbmond *m*; **~miento** *n* Anwachsen *n*; Wachstum *n*, Zunahme *f*; † Zuwachs *m*; Wachstum *n*; † *cero* Nullwachstum *n*.
credencia *f* **1.** *hist.* Kredenz *f* für die *kgl.* Getränke; **2.** *kath.* Mensula *f*, Altartischchen *n*; **~l I.** *adj. c* **1.** beglaubigend; **II.** *f* **2.** Ernennungsurkunde *f*; *Dipl.* (*cartas*) ~*es f/pl.* Beglaubigungsschreiben *n* (*überreichen presentar*); **3.** *bsd. Am.* Ausweis *m*; Kreditkarte *f*.
credi|bilidad *f* Glaubwürdigkeit *f*;

~ticio ✝ *adj.* Kredit...
crédito *m* **1.** ✝ Kredit *m*; Akkreditiv *n*; (Schuld-)Forderung *f*; Kreditwesen *n*; *a ~ auf Kredit* (*ver-kaufen*); *~ abierto* offener Kredit *m*; *~ agrícola, ~ rural* Agrarkredit *m*; *~ bancario* (*en blanco*) Bank-(Blanko-)kredit *m*; *~ documentario* (Dokumenten-)Akkreditiv *n*; *~s dudosos, ~s de cobro dudoso* Dubiosa *pl.*; *~ para fines de construcción* (*para fines de desarrollo*) Bau-(Entwicklungs-)kredit *m*; *~ (in-)mobiliario* (Im-)Mobiliarkredit *m*; *~ territorial* Bodenkredit *m*; *banco m de ~ inmobiliario* (*bzw. agrícola od. territorial*) Bodenkreditbank *f*; *digno de ~* kreditwürdig; *fig.* → **2**; *conceder* (*un*) *~ a alg.* j-m (e-n) Kredit gewähren; *facilitación f de un ~* Kreditbereitstellung *f*; *tomar un ~* e-n Kredit aufnehmen; **2.** Ansehen *n*, Ruf *m*; Kreditwürdigkeit *f*; Glauben *m*, Vertrauen *n*; (*digno*) *de ~* glaubwürdig; vertrauenswürdig; *dar ~ a* **a**) Glauben schenken (*dat.*); **b**) Ansehen verleihen (*dat.*); *no poder dar ~ a sus oídos* s-n Ohren nicht trauen; *sentar* (*od. tener sentado*) *el ~ in* gutem Rufe stehen, sehr angesehen sein; **3.** *bsd. Am. ~s m/pl.* Punkte *m/pl.*, detaillierter Leistungsnachweis *m bei der Bewertung schulischer Leistungen.*
credo *m Rel. u. fig.* Kredo *n*, Glaubensbekenntnis *n*; *fig. en un ~ im* Nu.
credulidad *f* Leichtgläubigkeit *f*.
crédulo *adj.* leichtgläubig.
creede|ras F *f/pl.*: *tener buenas ~* alles glauben, alles schlucken F; **~ro** *adj.* glaubhaft, wahrscheinlich.
cre|encia *f* Glaube *m*, Glaubensüberzeugung *f*; Religion *f*, Glaube *m*; *~ popular* Volksglaube *m*; *falsa ~* Irrglaube *m*; **~er** [2e] **I.** *v/t.* **1.** glauben; meinen, annehmen; *~ a/c. et. glauben; ~le a alg.* j-m glauben; *creérselo* es ihm glauben; *le creímos en Madrid* wir glaubten, er sei in Madrid; *~ las palabras* den Worten glauben (*od.* Glauben schenken), die Worte für wahr halten, *~le a alg. por* (*od. sobre*) *su palabra* j-m aufs Wort glauben; *~ punto por punto od. ~ como evangelio* aufs Wort (*od.* wörtlich) glauben; *creo que sí* (*que no*) ich glaube, ja (nein); *hacer ~ a alg. a/c.* j-m et. weismachen, j-m et. einreden; *¡quién iba a ~lo!* wer hätte das gedacht!; *¡ya lo creo!* das will ich meinen!; *si no lo veo, no lo creo* erstaunlich!; man sollte es nicht für möglich halten; **2.** halten für (*adj. od. ac.*); *~ conveniente + inf.* es für angebracht halten, zu + *inf.*; *~le a alg. capaz de todo* (*bzw. de hacerlo*) j-n zu allem fähig halten (*bzw.* j-n für fähig halten, es zu tun); *¿le crees tan tonto?* hältst du ihn für so blöd?, ist er (denn) so blöd? F; **II.** *v/i.* **1.** *abs. a. Rel.* glauben; *~ de ligero* leichtgläubig sein; *~ en a/c.* (*en alg.*) an et. (*ac.*) (an j-n) glauben; *no ~ ni en la propia sombra* sehr mißtrauisch sein; **III.** *v/r. ~se* **4.** *mehr* F *~se a/c. et.* (leichthin) glauben; *s. et.* (*ac.*) einbilden; *~se en el caso de glauben, et. tun zu müssen; ~se algo* s. wichtig tun, s. für et. Besonderes halten, angeben F; *¿qué se ha creído?* was fällt Ihnen ein?; *que te crees tú eso* das bildest du dir (bloß) ein; *se lo tiene muy creído* das (*Erfolg, Titel*) ist ihm zu Kopf gestiegen.
creí|ble *adj. c* glaubhaft, zu glauben; **~do I.** *part.* geglaubt; **II.** *adj.* eingebildet, arrogant.
crema[1] *f* **1.** Sahne *f*, Rahm *m*; **2.** *Kchk.* **a**) Creme *f*, Krem *f*; **b**) Creme *f*, *gebundene* Suppe *f*; *tarta f de ~* Cremetorte *f*; **3.** *~ de café* (*de cacao*) Mokka- (Kakao-)likör *m*; **4.** Creme *f*, Krem *f, m*; *~ de afeitar* (*de noche*) Rasier- (Nacht-)creme *f*; *bsd. Am. ~ dental* Zahn-pasta *f*, *-creme f*; *~ hidratante* (*limpiadora*) Feuchtigkeits- (Reinigungs-)creme *f*; **5.** *fig.* Blüte *f*, Beste(s) *n*; *la ~* (*y nata*) *de la sociedad* die Spitzen *f/pl.* der Gesellschaft, die Hautevolée *f* F; **6.** Cremefarbe *f*.
crema[2] *Gram. f* Trema *n*, Trennpunkte *m/pl.* [erbestattung *f*.]
cremación *f* Verbrennung *f*; Feu-
cremallera I. *f* ⊕ Zahnstange *f*; (*cierre m de*) *~* Reißverschluß *m*; **II.** *m* (*ferrocarril m de*) *~* Zahnradbahn *f*.
crematorio *m* Krematorium *n*; (*horno m*) *~* Verbrennungsofen *m*.
crémor *pharm. m*: *~ tártaro* Weinstein(säure *f*) *m*.
cremoso *adj.* sahnig; cremeartig, kremig; salbenartig. [*n.*]
crencha *f* Scheitel *m*; Scheitelhaar
creosota ⚕ *f* Kreosot *m*.
crep(é) *m tex.* Krepp *m*; *nur crepé* **a**) falsches Haar *n*; **b**) *Kchk.* Eier-, Pfann|kuchen *m*.
crepita|ción *f* Prasseln *n*, Knistern *n*, Knattern *n* (*Feuer, Flammen*); ⚕ Rasseln *n*, Rasselgeräusch *n* (*Atem*); Knochenreiben *n* (*b. Brüchen*); **~nte** *adj. c* prasselnd, knisternd; **~r** *v/i.* prasseln, knistern, knattern; sprühen; ⚕ rasseln (*Atem*); knistern (*Knochenbruch*).
crepuscular *adj. c* dämmerig; Dämmerungs...; *luz f ~* Dämmerlicht *n*.
crepúsculo *m* **1.** (*bsd.* Abend-)Dämmerung *f*; *~ matutino* (*vespertino*) Morgen- (Abend-)dämmerung *f*; **2.** *fig.* Unter-, Nieder-gang *m*, Ende *n*; ♀ *de los Dioses* Götterdämmerung *f* (*Wagner-Oper*).
cresa *f* Made *f*; *lleno de ~s* madig.
crescendo ♪ *adv.-su. m* Crescendo *n*.
creso *m* steinreicher Mann *m*, Krösus *m*.
cres|po I. *adj.* **1.** kraus (*Haar, Blatt*); *Col.* lockig, gelockt; *uva f ~a* Stachelbeere *f*; **2.** verschnörkelt, dunkel (*Stil u. ä.*); **3.** *fig.* aufgeregt, gereizt; **II.** *m* **4.** Kraushaar *f*; Locke *f*; **~pón** *m tex.* Krepp *m*, Flor *m*; *~ de luto* Trauerflor *m*; *papel m ~* Krepppapier *n*; **~ponar** ⊕, *tex. v/t.* kreppen, krausen; *papel m ~ado* Kreppapier *n*.
cres|ta *f* **1.** Kamm *m des* Hahns; *fig.* Hochmut *m*; *alza* (*od. levanta*) *la ~* ihm schwillt der Kamm, er wird hochmütig; *cortar* (*od. rebajar*) *la od. dar a ~ a alg.* j-n demütigen, j-m e-n Dämpfer aufsetzen; **2.** Bergkamm *m*; *Vkw.* Kuppe *f*; **3.** ⚓ *~ de una ola* Wellenberg *m*, Wogenkamm *m*; *Phys. ~ de* (*la*) *onda* Wellenberg *m*; *Phys. ~ luminosa* Lichtbündel *n*; **4.** *fort.* Glaciskrone *f*; **5.** ♀ *~ de gallo* **a**) Hahnenkamm *m*; **b**) Ackersiegwurz *f*; **~tado** *adj.* mit Kamm, Krone *od.* Haube versehen (*bsd. Vo.*); **~tería** *f* **1.** △ Zackensims *n*; Schnörkelwerk *n*; *bsd. ~* (*anglogótica*) Tudorblatt *n*; **2.** *hist. fort.* Zinnen *f/pl.*
crestomatía ⚔ *f* Chrestomathie *f*.
cres|tón I. *m* Helmstutz *m*; ⚒ *über das Wasser ragender* Klippenkamm *m*; **II.** *adj. Col.* → *enamoradizo*; *Méj.* dumm, blöd; **~tudo** *adj.* mit (großem) Kamm; *fig.* stolz, eingebildet.
Creta[1] *f* Kreta *n*.
cre|ta[2] *f Geol.*, ⚔ Kreide *f*; ⊕ *~ lavada, ~ de Bolonia*, ⚒ *~ precipitada* Schlämmkreide *f*; **~táceo** *Geol. adj.-su.* Kreide...; *m* Kreidezeit *f*. [Kreter *m.*]
cretense *adj.-su. c* aus Kreta; *m*
creti|nismo ⚕ *n* Kretinismus *m*, angeborener Schwachsinn *m*; **~no** *adj.-su.* zwergwüchsig u. kröpfig; *m* Kretin *m* (*a. fig.* F), Schwachsinnige(r) *m*; F Trottel *m*.
cretona *tex. f* Kretonne *f, m*.
creyente *adj.-su. c* gläubig; *m* Gläubige(r) *m* (*Rel.*).
cri *onom.*: *hacer ~-~* zirpen (*Grillen*).
cría *f* **1.** Fortpflanzung *f*; Laichen *n der* Fische; **2.** Zucht *f*, Aufzucht *f*, Züchtung *f*; *~ de gusanos de seda* (*de caballos*) Seidenraupen- (Pferde-)zucht *f*; *~ pura* Reinzüchtung *f*; *caballo m* (*ganado m*) *de ~* Zuchtpferd *n* (*-vieh n*); **3.** Säugling *m*; (Tier-)Junge(s) *n*; Brut *f* (*Fische, Reptilien, Vögel u. dgl. fig.*); Wurf *m* (*Säugetiere*); Satz *m* (*Hasen, Fische*).
cria|da *f* Dienstmädchen *n*, Hausgehilfin *f*, ✗, *lit. u. fig.* Magd *f*; *fig.* F *salirle a alg. la ~ respondona* schief (*od.* daneben) gegangen sein F; *s.* blamieren; **~dero I.** *adj.* **1.** fruchtbar; **II.** *m* **2.** Zucht *f*, Züchterei *f*; Pflanzschule *f*; *bsd. Am.* Tierfarm *f*; *~ de pollos* Kükengehege *n*; *~ de ostras* Austernzucht *f*; **3.** ⚒ Erz-gang *m*, -lager *n*; *~ de oro* Goldfundort *m*; *Min. ~ sedimentario* Trümmerlagerstätte *f*; **4.** *fig.* Brutstätte *f*; **~dilla** *f* **1.** *Kchk.* (Gericht *n* aus) Hoden *m(f)/pl. od.* Kurzwildbret *n*; **2.** ♀ *~* (*de tierra*) Trüffel *f*; → *a. trufa*; **~do I.** *adj.*: *bien ~* wohlerzogen; *mal ~* ungezogen; **II.** *m* Diener *m*, ✧ Knecht *m*; *~s m/pl.* Dienerschaft *f*, ✓ Gesinde *n*; **~dor I.** *adj.* fruchtbar, ergiebig; *~ de cereales* getreidereich (*Land*); **II.** *m* Züchter *m*; *el* ♀ *der* Schöpfer *m* (= *Gott*); **~miento** *m* Pflege *f*, Erhaltung *f*; Erneuerung *f*, Verjüngung *f*; **~n-dera** *f Am.* (Säug-)Amme *f*; **~nza** *f* **1.** Stillen *n*, Stillgeschäft *n*; **2.** Aufzucht *f*; *tiempo* (*mala*) *~* gute (schlechte) Erziehung *f*; **3.** ✧ *Chi.* Zucht *f*; **~r** [1c] **I.** *v/t.* **1.** züchten, *a.* Kinder aufziehen; **2.** säugen (*a. Tiere*), stillen; *le cría la madre* s-e Mutter nährt ihn selbst; **3.** erzeugen, (er)schaffen; hervorbringen; *~ trigo* Weizen tragen (*dat.*); **II.** *v/i.* **7.** Junge bekommen; *los conejos crían a menudo* Kaninchen bekommen oft Junge; **III.** *v/r. ~se* **8.** *~se* (*bien*) gedeihen, *fig.* aufwachsen; *~se juntos con* mitea. aufwachsen; **9.** *~tura* *f* Kreatur *f*, Geschöpf *n* (*a. fig.*); Wesen *n*; **2.** Kind *n*, Säugling *m* F; F *ser una*

criba — criticón

~ a) kindisch sein; b) noch ein Kind (*od.* zu jung *für et.*) sein; ¡~! du Kind(skopf)!
criba *f* Grob-, Schrot-sieb *n*; ✗ Setzkasten *m*; ⊕ ~ *de tambor* Trommelsieb *n*, Siebtrommel *f*; *fig. estar hecho una* ~ wie ein Sieb durchlöchert sein; F *pasar por la* ~ genau überprüfen, (aus)sieben (*fig.*); **~do** *m* (Durch-)Sieben *n*; **~dor** *m* Sieber *m*; **~dora** *f* Siebmaschine *f*; **~r** *v/t.* sieben; ⊕ *a.* sichten, aus-, durchsieben; *fig. Gebiet* durchkämmen.
Cribas: F *euph.* ¡(*voto a*) ~! bei Gott!
cric *m* ⚓, ⊕ (Schrauben-)Winde *f*; *Kfz.* Wagenheber *m*.
crica *f* 1. Schlitz *m*, Ritze *f*; *sid.* Glühspan *m*; 2. P weibliche Scham *f*, Schlitz *m* P. [krick, krack!\
¡**cric, crac!** *onom.* knacks!, krach!,⌡
cricket *Sp. m* Kricket *n*.
cricoides *Anat. m* Ringknorpel *m*.
Crimea *f* Krim *f*.
crimen *m* Verbrechen *n*; *a. fig.* Frevel *m*, Greuel *m*, Missetat *f*; ~ *de guerra* Kriegsverbrechen *n*; ~ *de lesa humanidad*, ~ *contra la humanidad* Verbrechen *n* gg. die Menschlichkeit; ~ *de lesa majestad* Majestätsbeleidigung *f*.
crimina|ción *f* Beschuldigung *f*, Bezichtigung *f*; **~l** I. *adj. c* 1. verbrecherisch, kriminell; strafbar; 2. Kriminal..., Straf...; *brigada f* ~ Kriminalpolizei *f*; *sala f de lo* ~ Strafkammer *f bzw.* -senat *m*; **II.** *m* 3. Verbrecher *m*; **~lidad** *f* Strafbarkeit *f*; Verbrechertum *n*; Kriminalität *f*; ~ *callejera organizada* Bandenkriminalität *f*; ~ *juvenil* Jugendkriminalität *f*; **~lista** *c* Kriminalist *m*; Strafrechtler *m*; **~lística** *f* Kriminalistik *f*; **~lístico** *adj.* kriminalistisch.
crimi|nalmente *adv.* kriminell, verbrecherisch; **~nar** *v/t.* beschuldigen; **~nología** *f* Kriminologie *f*; **~nológico** *adj.* kriminologisch, kriminalwissenschaftlich; **~nólogo** *m* Kriminologe *m*; **~noso** *adj.-su.* → *criminal.*
crin *f* Mähnen- *bzw.* Schwanz-haar *n*; **~es** *f/pl.* Mähne *f*; ~ (*de caballo*) Roßhaar *n*; ~ *vegetal* Seegras *n*; *fig. asirse a las* **~es** ängstlich auf s-n Vorteil bedacht sein.
crinolina *f* Krinoline *f*.
crinudo *adj.* struppig.
crío F *m* Säugling *m*; *iron.* Kind *n*.
criolita *Min. f* Eisstein *m*, Kryolith *m*.
crio|llismo *m* Kreolentum *n*; **~llo** *adj.-su.* kreolisch; *Am.* einheimisch; *m* Kreole *m*; *Am.* Einheimische(r) *m*; *negro m* ~ in Amerika geborener Neger *m*.
crip|ta *f* Krypta *f*; Gruft *f*; Gruftkirche *f*; **~tógamas** *Biol. f/pl.* Kryptogamen *f/pl.*, Sporenpflanzen *f/pl.*; **~togamicida** ♂ *m* Pilzbekämpfungsmittel *n*; **~tógeno**, **~togenético** *Biol. adj.* kryptogen(etisch); **~tografía** *f* Geheimschrift *f*; **~tográfico** *adj.* geheimschriftlich; *lit.* Kryptogramm...; **~tograma** *m* Geheim-schrift *f*, -text *m*; *lit.* Kryptogramm *n*.
criquet *m* → *cricket.*
cris *m* Kris *m*, Malaiendolch *m*.
crisálida *Zo. f* Puppe *f*; *salir de la* ~ ausschlüpfen; *transformarse en* ~

s. *ver-*, *ein-puppen.*
crisantemo ♀ *m* Chrysantheme *f*.
crisis *f (pl. inv.)* 1. ♂ Krise *f*, Krisis *f*, Wendepunkt *m*; akuter Anfall *m*; ~ *nerviosa* Nervenkrise *f*; **2.** *allg.* Krise *f*, Not *f*; Entscheidung *f*; Schwierigkeit *f*, Klemme *f* F; ~ *energética* Energiekrise *f*; ~ *económica* (*mundial*) (Welt-)Wirtschaftskrise *f*; ~ *gubernamental*, *bsd. Am.* ~ *ministerial* Regierungs-, Kabinetts-krise *f*; ~ *de(l) liderazgo* Führungskrise *f*; ~ *social* soziale Krise *f*, Gesellschaftskrise *f*; *atravesar una* ~ e-e Krise durchmachen; *hacer* ~, *provocar una* ~ e-e Entscheidung erzwingen; **3.** ♆ Urteil *n*.
cris|ma *m*, *f ecl.* Salböl *n*, Chrisma *m*, *n*; F *f* Kopf *m*; *fig.* F *romper la* ~ *a alg.* j-m den Schädel einschlagen, j-n erschlagen; *romperse la* ~ s. den Hals brechen; **~mera** *ecl. f* Salbgefäß *n*; **~món** *ecl. m* Christusmonogramm *n*.
criso|berilo *Min. m* Chrysoberyll *m*; **~l** *m* Schmelztiegel *m*; Prüfstein *m* (*a. fig.*); *fig. pasar por* ~ e-r strengen Prüfung unterwerfen; **~lar** *v/t.* schmelzen, läutern; **~lito** *Min. m* Chrysolith *m*; **~mélidos** *Ent. m/pl.* Blatt-, Gold-käfer *m/pl.*; **~peya** † *f* Goldmacherkunst *f*; **~prasa** *Min. f* Chryspras *m*. [wandt.\
crisóstomo *adj.* beredsam, redege-⌡
crispa|ción *f* Verkrampfung *f* (*a. fig.*); innere Spannung *f*; **~do** *adj.* verkrampft (*a. fig.*); **~dura** *f*, **~miento** *m* → *crispatura*; **~r** I. *v/t.* zs.-krampfen; kräuseln; *fig.* F in Wut bringen; auf die Nerven gehen (*dat.*); *hoja f* ~*ada* Krausblatt *n*, gekräuseltes Blatt *n*; *con el rostro* ~*ado por el dolor* mit schmerzverzerrtem Gesicht; **II.** *v/r.* ~*se* s. zs.-, verkrampfen; **~tura** *f* Zs.-krampfen *n*; Verkrampfung *f*.
crispir *v/t. Anstrich* marmorieren.
cristal *m* **1.** *Min.*, *Geom.* Kristall *m*; ~ *de roca* Bergkristall *m*; **2.** Glas *n*; geschliffenes Glas *n*; Kristall *n*; (*Brillen-*, *Uhr-*, *Spiegel-*)Glas *n*; ~ *ahumado* Rauchglas *n*; ~ *de aumento* (*de botella*) Vergrößerungs- (Flaschen-)glas *n*; ~ *esmerilado* Mattscheibe *f*, blindes Glas *n*; *a. Phot.* ~ *mate* Mattscheibe *f*; ~ *de seguridad* Sicherheitsglas *n*; ~ *de mesa de Bohemia* böhmisches Kristallgeschirr *n*; *fig. verlo todo con* ~ *ahumado* alles durch die schwarze Brille (an)sehen; **3.** *fig.* Fenster(scheibe) *f*; *fig.* Spiegel *m*, **~es** *m/pl.* Verglasung *f*; **4.** *poet.* Wasser *n*; **~lera** *f* Glässchrank *m*; Glastür *f*; breites Fenster *n*; Käseglocke *f*; **~lería** *f* **1.** Glas-hütte *f*, -fabrik *f*; (*taller m de*) ~ Glaserei *f*; **2.** Glas-, Kristall-waren *f/pl.*; Gläser *n/pl.*; Glasgegenstände *m/pl.*; **~lino** I. *adj.* 1. kristallinisch; 2. kristall-, glas-klar, durchsichtig; *voz f* ~*a* helle Stimme *f*; **II.** *m* 3. *Anat.* Linse *f des Auges*; **~lizable** *adj. c* kristallisierbar; **~lización** *f* Kristallisation *f*, Kristallbildung *f*; **~lizar** [1f] I. *v/t.* kristallisieren; **II.** *v/i.* Kristalle bilden; *azúcar m* ~*ado* Kristallzucker *m*; **~lografía** *f* Kristallographie *f*; **~loideo** *adj.* *de m* Kristalloid *n*; **~loideo** *adj.* Kristalloid...
cristel *m* → *clister.*

cristia|namente *adv.* christlich; **~nar** F *v/t.* taufen; *Am.* kirchlich trauen; **~ndad** *f* Christentum *n*; Christenheit *f*; **~nísimo** *hist. adj.* allerchristlichst (*König von Frankreich*); **~nismo** *m* 1. Christentum *n*; Christenheit *f*; 2. Taufe *f*; **~nización** *f* Christianisierung *f*; **~nizar** [1f] *v/t.* christianisieren, zum Christentum bekehren; verchristlichen; **~no** I. *adj.* christlich; F getauft (*Wein*); **II.** *m* Christ *m*; F Mensch *m*; *Pol.* ~-*demócratas m/pl.* Christdemokraten *m/pl.*; ~ *nuevo* Neuchrist *m* (*bsd. hist.*); ~ *viejo* Altchrist *m* (*bsd. hist.* wer weder maurische noch jüdische Vorfahren hatte); *fig.* strenggläubiger Christ *m*; Konservative(r) *m*; *deber m de* ~ Christenpflicht *f*; *moros y* ~*s Art* Räuber u. Gendarm (*Kinderspiel*); F *hablar en* ~ s. klar ausdrücken; Spanisch sprechen; *por aquí no pasa un* ~ hier kommt niemand (*od.* kein Aas F) durch.
cristino *hist. adj.-su.* Anhänger *m* der Königinmutter Maria Christina (*19. Jh.*).
cristo *m* Kruzifix *n*; ♀ Christus *m*; *kath.* ♀ *sacramentado* geweihte Hostie *f*; *antes* (*después*) *de* ♀ vor (nach) Christus; F *¡voto a* ♀*!* gerechter Himmel!; *como a un santo* ~ *un par de pistolas* wie die Faust aufs Auge, wie der Schlips zum Affen F; *donde* ♀ *dio las tres voces* wo s. die Füchse gute Nacht sagen; P *todo* ~ *je-* (*der*)(*mann*); *poner a alg. como un* ~ j-n erbärmlich (*od.* fürchterlich) zurichten; P *¡ojo al* ♀ *que es de barro!* Vorsicht!, aufgepaßt!
Cristóbal *npr. m* Christoph *m*, Christof *m*.
cristofué *Vo. m Ven.* Christusvogel *m*.
cristología *f* Christologie *f*.
crisuela *f* Öllampengefäß *n*.
criterio *m* 1. Kriterium *n*, Wertmesser *m*; Gesichtspunkt *m*; Urteilsvermögen *n*; Urteil *n*; Meinung *f*; *lo dejo a su* ~ ich überlasse es (*od.* die Entscheidung) Ihnen; *según* ~ *médico* nach ärztlicher Vorschrift; 2. ♂ Kennzeichen *n*.
crítica *f* 1. Kritik *f*, Beurteilung *f*, wissenschaftliche Prüfung *f*; Besprechung *f*, Rezension *f* (*Buch*); ~ *textual*, ~ *de textos* Textkritik *f*; 2. Kritik *f*, Tadel *m*; Gerede *n*; *superior a toda* ~ über alle Kritik erhaben; *hacer la* ~ (*de*) (*et.*) kritisieren; 3. Gesamtheit *f* der Kritiken, Kritik *f*.
criti|cable *adj. c* kritisierbar; tadelnswert; **~cador** *m* Tadler *m*; **~car** [1g] *v/t.* 1. kritisieren, kritisch betrachten, beurteilen; *Buch* rezensieren; 2. bemängeln, beanstanden, tadeln, kritisieren; **~castro** *m* Krittler *m*, Mäkler *m*, Kritikaster *m* F; **~cidad** *f* kritische Haltung *f*; **~cismo** *m* *bsd. Phil.* Kritizismus *m*.
crítico I. *adj.* 1. kritisch, (streng) urteilend; 2. kritisch; gefährlich, entscheidend, krisenhaft; *edad f* ~*a* kritisches Alter *n*; *hora f* ~*a* entscheidender Augenblick *m*; **II.** *m* 3. Kritiker *m*; ~ *de arte* (*de música*) Kunst- (Musik-)kritiker *m*.
criti|comanía *f* Tadelsucht *f*; **~cón** I. *adj.* überkritisch, tadelsüchtig, nörglerisch; **II.** *m* Krittler *m*,

Nörgler *m*, Meckerer *m* F; ~**quizar** [1f] *vt/i.* (be)kritteln *v/i.* (*v/t.*), nörgeln, meckern F.
crizneja *f* Flechte *f*, Zopf *m*; Seil *n* aus Esparto u.ä.
Croacia *f* Kroatien *n*.
croar *v/i.* quaken; krächzen.
croata *adj.-su. c* kroatisch; *m* Kroate *m*; *Li.* das Kroatische.
crocante *m* Krokant *m*.
crocino *adj.* Safran...; Krokus...
crocitar *v/i.* krächzen (Rabe).
croco ♀ *m* Krokus *m*; Safran *m*; ~**dilo** P *Zo. m* → cocodrilo.
croché *m* Häkelarbeit *f*; *Am.* hacer ~ häkeln.
croi(s)sant *m* Hörnchen *n* (Gebäck), Croissant *n*.
crol *Sp. m* Kraulen *n*; nadar a ~ kraulen.
croma|do ⊕ *m* Verchromung *f*; ~**r** *v/t.* verchromen.
cromático *adj.* **1.** *Opt.* chromatisch; Farb...; **2.** ♪ chromatisch; escala *f* ~**a** chromatische Tonleiter *f*.
croma|tismo *m* ♪ Chromatik *f*; *Opt.* Farbzerstreuung *f* von Linsen, Chromatismus *m*; ~**to** ♐ *m* Chromat *n*.
crómico ♐ *adj.* Chrom...; *ácido m* ~ Chromsäure *f*.
cromita *Min. f* Chromeisenerz *n*.
cromo *m* **1.** ♐ Chrom *n*; acetato *m* de ~ Chromazetat *n*; papel *m* ~ Chrompapier *n*; **2.** *Typ.* → cromolitografía; *fig.* (Heiligen-)Bild *n*; Sammelbild *n*; F kitschiges Bild *n*; F ser un ~ ein hübsches Gesicht haben; ~**fotografía** *f* Farb(en)photographie *f*; ~**lito** *m* Chromolith *m*; ~**litografía** *f* Chromolithographie *f*, Mehrfarben-Steindruck *m*; ~**litografiar** [1c] *v/t.* im Mehrfarben-Steindruck herstellen.
cromosfera *Astr. f* Chromosphäre *f*.
cromosoma *Biol. m* Chromosom *n*.
cromoti|pia *f* Farben-, Bunt-druck *m* (Ergebnis); ~**pografía** *f* Farbendruck *m* (Verfahren u. Ergebnis).
crónica *f* Chronik *f*; Bericht *m* in Zeitungen; ~ escandalosa Skandalchronik *f*; ~ de nuestro corresponsal eigener Bericht *m*; ~ local Lokale(s) *n*, lokale Nachrichten *f/pl.* in Zeitungen; ~ de sucesos etwa: aus dem Polizeibericht; ~**mente** *adv.* chronisch.
cronicidad ⚕ *f* Chronizität *f*.
crónico **I.** *adj.* chronisch, langwierig (⚕ *u. fig.*); **II.** *m* → crónica.
cronicón *m kl.* Chronik *f* (bsd. des Ma.).
cronista *c* Chronist *m*; Lokalredakteur *m*; F *Reg.* Maulheld *m*; ~ de guerra Kriegsberichterstatter *m*.
cronógrafo *m* Chronograph *m*.
crono|grama *m* Chronogramm *n*; ~**logía** *f* Chronologie *f*; Zeitfolge *f*; ~**lógico** *adj.* chronologisch, in zeitlicher Folge; ~**metrador** *m* Zeitnehmer *m* (*a. Sport*); ~**metraje** *m* Zeitmessung *f*, -nahme *f*; ~ del trabajo Arbeitszeitmessung *f*; ~**metrar** *v/t.* die Zeit (*gen.*) abnehmen (*od.* stoppen); mit der Stoppuhr messen; ~**metría** *f* Chronometrie *f*, Zeitmessung *f*; ~**métrico** *adj.* chronometrisch.

cronómetro *m* Chronometer *n*, Zeitmesser *m*; Präzisionsuhr *f*; *Sp.* Stoppuhr *f*.
croquet *Sp. m* Krocket *n*.
croqueta *Kchk. f* Krokette *f*.
croquis *m* (*pl. inv.*) Skizze *f*, Entwurf *m*; ⚔ Geländezeichnung *f*, Kroki *n*.
croscitar *v/i.* krächzen (Rabe).
crótalo *m* **1.** *Zo.* Klapperschlange *f*; deren Klapper *f*; **2.** *hist.* Rassel *f*.
crotón ♀ *m* Krotonbaum *m*; aceite *m* de ~ Krotonöl *n*.
crotorar *v/i.* klappern (Storch).
croupier *m* → crupier.
cruasán *m* Croissant *n*.
cruce *m* **1.** *Vkw.* Kreuzung *f*; Straßenübergang *m*; ~ de (dos) calles Straßenkreuzung *f*; 🚂 ~ de vía Bahnübergang *m*; *Kfz.* luz *f* de ~ Abblendlicht *n*; **2.** *Biol.* Kreuzung *f*; **3.** *Gram.* ~ de palabras Wortkreuzung *f*; ~**ra** *Equ. f* Widerrist *m*; ~**ría** ⚛ *f* Kreuzverzierungen *f/pl.* (gotisches Gewölbe); ~**rista** *c* Teilnehmer *m* an e-r Kreuzfahrt; ~**ro I.** *adj.* **1.** Kreuz...; **II.** *m* **2.** ⚓ **a)** Kreuzbogen *m*; **b)** Querschnitt *m*; **c)** Vierung *f* (*in Basiliken*); **d)** Querbalken ⚓ Kreuzer *m*; ~ acorazado (de bolsillo) Panzer- (Taschen-)kreuzer *m*; ~ ligero leichter Kreuzer *m*; Raketenkreuzer *m*; **5.** ⚓ Kreuzen *n*; Gebiet *n*, in dem gekreuzt wird; Kreuzfahrt *f*; ~ (de placer) Vergnügungs-, Kreuz-fahrt *f*; **6.** *Min.* Schichtung(sverlauf *m*) *f*; **7.** *ecl.* Kreuzträger *m bei Prozessionen*; **8.** ♀ *Astr. Am.* → cruz 4; ♀ *fig.* cruz *f*.
cruceta *f* **1.** Kreuzstich *m* (*Handarbeit*); Gitter *n*; **2.** ⊕ Kreuz-kopf *m*, -stück *n*; Kardankreuz *n*; *Kfz. Am.* Kreuz(schlüssel *m*) *f*; **3.** ⚓ Saling *f* der Segelschiffe.
cruci|al *adj. c* kreuzförmig, Kreuz...; *fig.* entscheidend; ~**ata** ♀ *f* Kreuzenzian (*a. Ku.*); ~**ferario** *m* Kreuzträger *m*.
crucífe|ras ♀ *f/pl.* Kreuzblüter *m/pl.*; ~**ro** *poet. adj.-su.* Kreuzträger *m*.
crucifi|cado I. *adj.* gekreuzigt; **II.** *m* el ♀ der Gekreuzigte (Christus); ~**car** [1g] *v/t.* kreuzigen; *fig.* quälen, peinigen; ~**jo** *m* Kruzifix *n*; ~**xión** *f* Kreuzigung *f* (*a. Ku.*).
cruciforme *adj. c* kreuzförmig.
crucigra|ma *m* Kreuzworträtsel *n*; ~**mista** *c* Schreiber *m* (bzw. Löser *m*) von Kreuzworträtseln.
crucillo *m* Nadelspiel *n*.
cru|da F *f Méj.* Katzenjammer *m* F, Kater *m* F; ~**delísimo** *sup. zu* cruel; ~**deza** *f* **1.** Rohzustand *m*; Härte *f* des Wassers; *fig.* Roheit *f*, Härte *f*, Schroffheit *f*; ~**s** *f/pl.* Derbheiten *f/pl.*, Grobheiten *f/pl.*, Zoten *f/pl.*; **2.** ~**s** *f/pl.* schwerverdauliche Speisen *f/pl.*; ~**dillo** *tex. m* ungebleichtes Linnen *n*; Futterleinen *n*; ~**dívoro** *m* Rohköstler *m*; ~**do I.** *adj.* **1.** roh, ungekocht; régimen *m* ~ Rohkost *f*; **2.** unreif (*Obst u.* ⚕ *Abszeß usw.*); **3.** ⊕, *bsd. tec.* roh, Roh...; lienzo *m* ~ Rohleinen *n*; **4.** rauh (*Witterung*); hart (*Wasser, Licht*); *fig.* grob, hart; derb, gemein; **5.** schwer verdaulich; **6.** F großsprecherisch, angeberisch; **7.** F *Méj.* verkatert; **II.** *m* **8.** *tex.*

critiquizar — cruz

Sackleinwand *f*; Crude *f*; **9.** Roh(erd)öl *n*.
cruel *adj. c* grausam; *fig.* unmenschlich; unbarmherzig (zu *dat.* con, para, para con); madre *f* ~ Rabenmutter *f*; ~**dad** *f* Grausamkeit *f*; *fig.* Unmenschlichkeit *f*, Härte *f*, Unbarmherzigkeit *f*; Scheußlichkeit *f*, Greueltat *f*; ~**mente** *adv.* grausam.
cruento *adj. fig.* blutig.
crujía *f* **1.** ⚓ **a)** Gang *m*, Flur *m*; **b)** Mauerabstand *m*; **c)** Zimmerflucht *f*; **d)** Krankensaal *m*; **2.** ⚓ Mittelgang *m auf Deck*; Laufplanke *f*; **3.** *hist.* Art Spießrutenlaufen *n*.
cruji|dero *adj.* → crujidor; ~**do** *m* Krachen *n*, Knirschen *n* usw. → crujir; ~**dor** *adj.*, ~**ente** *adj. c* krachend, knirschend *usw.*; *Kchk.* knusprig; ~**r I.** *v/i.* krachen (Holz, zerbrechendes Geschirr, zs.-stoßende Körper); knacken, knistern (Gebälk, Knochenbruch, Gelenk); knarren (Fußboden, Leder); rauschen (Seide); rascheln (Blätter); knirschen (Zähne, Sand, Schnee); knurren (Magen); **II.** *v/r.* ~**se** *Méj.* gefrieren.
cru|p ⚕ *m* Krupp *m*, Halsbräune *f*; ~**pal** *adj. c*, ~**poso** *adj.* kruppös, Krupp...
crupi|é, ~**er** *m* Croupier *m*.
crural *Anat. adj. c* Schenkel...
crustáceo I. *adj. c* krustig, krustenartig; **II.** *m Zo.* Schalentier *n*.
cruz *f* (*pl.* ~**uces**) **1.** Kreuz *n* (Kreuzformen, Insignien, Auszeichnungen *u.* ✠); *fig.* Leid *n*; ~ de áncora, ~ ancorada Ankerkreuz *n*; ~ de hierro Eisernes Kreuz *n*; ~ latina Passionskreuz *n*, lateinisches Kreuz *n*; ~ de Malta Malteser Kreuz *n*; ⚜ → 3; ~ del mérito militar Kriegsverdienstkreuz *n*; ♀ Roja Rotes Kreuz *n*; ~ de San Andrés, ~ decusada Andreas-, Schräg-kreuz *n*, Schragen *m*; gran ~ de Caballero (de la Orden de ...) Großkreuz *n* des Ritters (vom ...orden); Ritterkreuz *n*; sacrificio *m* de la ~ Kreuzesopfer *n*; *fig.* andar con la ~ a cuestas Bittgänge machen; *s.* schwer plagen müssen; *fig.* besar la ~ *s.* ins Unvermeidliche schicken; zu Kreuze kriechen; *fig.* llevar la ~ sein Kreuz tragen; *Arg.* ¡~ diablo! Gott verhüte es!; **2.** Kreuzeszeichen *n*; hacerse cruces *s.* bekreuzigen; *fig.* sprachlos sein; hacer la señal de la (santa) ~ das Kreuzeszeichen machen, ein Kreuz schlagen; **3.** *allg.* Kreuz *n*; en ~ kreuzweise, überkreuz; Kreuz...; con los brazos en ~ mit weit ausgebreiteten Armen (*wie gekreuzigt*); ~ de balanza Waagekreuz *m*; ✠ ~ de bayoneta Parierstange *f*; ~ de Malta ⚙ Kreuzschaltung *f*, Schaltkreuz *n*; 🎖 ~ vendaje *m* en ~ Kreuzverband *m*; ¡~ y raya! Schluß damit!, genug davon!; *Opt.* ~ reticular, ~ filar Fadenkreuz *n*; punto *m* de ~ Kreuzstich *m*; desde la ~ hasta la fecha von Anfang bis Ende; hacer ~ y raya Schluß machen, e-n Schlußstrich ziehen; enter hasta la ~ den Degen usw. bis zum Griff hineinstoßen; **4.** *Astr.* ♀ del sur Südliches Kreuz *n*; **5.** Ast-, Kronen-ansatz *m* (Baumstamm); **6.** Schriftseite *f* e-r Münze; (*a*) cara o ~ Bild oder Schrift (*Münzwerfen*); **7.**

cruzada — cuaima 190

Bug *m* bzw. Kreuz *n*, Widerrist *m der Tiere*; 8. ☐ → *camino*.
cruza|da *f* 1. *a. fig.* Kreuzzug *m*; *fig.* ~ *antialcohólica* Kreuz- (*od.* Feld-)zug *m* gg. den Alkohol; 2. ♀ (*Nacional*) spanischer Bürgerkrieg *m* (*1936/39, aus der Sicht der „nacionales"*); 3. ♣ Labkraut *n*; 4. *Reg.* Kreuzweg *m*; ~**do** I. *adj.* gekreuzt; s. kreuzend, s. (über)schneidend, kreuzförmig; Kreuz...; zweireihig (*Anzug*); *Biol.* animal *m* ~, planta *f* ~*a* Kreuzung *f*; ⚔ *u. fig.* fuego *m* ~ Kreuzfeuer *n*; *líneas f/pl.* ~*as* s. kreuzende Leitungen *f/pl.* (⚡), Linien *f/pl.* (*Geom.*); tela *f* ~*a* Köper *m* (*Stoff*); II. *adj.-su. m hist.* Kreuzfahrer *m*; (*caballero m*) ~ Kreuzritter *m*; Ordensträger *m*; III. ~*s m/pl.* Kreuzschraffierung *f*; ~**miento** *m* Kreuzung *f* (*Straßen, Biol.*).
cruzar [1f] I. *v/t.* 1. (durch)kreuzen, überqueren; ~ *en avión* (*en coche*) durch-fliegen (-fahren); *fig.* ~ *la cara a alg.* j-n ohrfeigen; 2. *Arme* verschränken; *Beine* übera.-schlagen; 3. *Briefe, Gruß* wechseln; ~ *la palabra con alg.* mit j-m sprechen; *no* ~ *palabra con alg.* mit j-m zerstritten (*od.* verkracht F) sein; 4. *Linien* kreuzen, schneiden; *Verband usw.* über Kreuz anlegen; *Gewebe* köpern; 5. *Biol.* kreuzen; 6. ein Ordenskreuz verleihen (*dat.*); II. *v/i.* 7. vorbei-fahren, -kommen; ♣ kreuzen; III. *v/r.* ~*se* 8. ea. treffen; *Geom.* s. kreuzen, s. (in verschiedenen Ebenen) überschneiden; *fig.* s. überschneiden; *a. s.* gg.-seitig stören; ~*se* (*en el camino*) anea. vorbei-gehen, -fahren; ~*se de brazos* die Hände in den Schoß legen, untätig zuschauen; ~*se de palabras* in e-n Wortwechsel geraten, anea. geraten; 9. *hist.* das Kreuz nehmen (*Kreuzfahrer*).
cruzeiro *m* Cruzeiro *m*, bras. Währungseinheit.
cu¹ *f* (*pl. cúes*) *span. Name des Buchstabens* Q.
cu² *m* (*Maya*) *urspr.* Hügelgrab *n*; dann Pyramidentempel *m im alten Mexiko*.
cuaco *m Andal.* roher Kerl *m*, Flegel *m*; *Am. Mer.* Yukkamehl *n*; *Méj.* Gaul *m*, Klepper *m*.
¡cua!, ¡cua! *onom. m* Quaken *n der Frösche*.
cuader|na *f* 1. ♣, ⚔ Spant *n*; ♣ ~ *maestra* Hauptspant *n*; 2. *Würfelspiel u. Domino*: Doppelgas *m*; 3. *Lit.* ~ *vía* Strophenform *des span. Ma.*, Vierzeiler aus gleichreimenden Alexandrinern, 14-silbig; 4. *hist.* Münze (8 Maravedís); ~**nal** *m* ♣ Blockrolle *f*; ~**nillo** *m* Lage *f* von 5 Bogen Papier; Agende *f*, Kirchenkalender *m*; ~**no** *m* 1. (Schreib-)Heft *n*; ♣ ~ *de bitácora* Logbuch *n*; ~ *de campo* Heft *n* der Natur- und Umweltschützer; in dem diese Beobachtungen über Nistplätze, Gewohnheiten, Wanderungen usw. der Wildtiere vermerken; ~ *de notas* Notizbuch *n*; ~*s m/pl. de historietas gráficas* Comics *pl.*; 2. *Typ.* Lage *f* zu 4 Bogen; Lieferung *f*; Aktenband *m*.
cuadra *f* 1. (Pferde-)Stall *m*; ~ (*de caballos de carreras*) Rennstall *m*; ~*s f/pl.* Stallungen *f/pl.*; 2. *Am.* Ent-

fernung *f* zwischen zwei Querstraßen *auf e-r Straße*; 3. Schlafsaal *m in Kasernen usw.*; Halle *f*, Saal *m*; *Pe.* Empfangszimmer *n*; 4. ♣ größte Breite *f des Schiffes*; *navegar a la* ~ mit Backstagswind segeln; 5. *Equ.* Kruppe *f*; 6. *Am.* Wegemaß: rd. 100 m; ~**da** ♪ *f* Brevis *f*; ~**damente** *adv.* genau; ~**dillo** *m* Vierkantlineal *n*, Kantel *m, n*; Zwickel *m* (*Hemd, Ärmel, Strumpf*); ~**do** I. *adj.* 1. quadratisch, viereckig F; vierkantig; Quadrat...; *fig.* genau, vollkommen; *cabeza f* ~*a* Dickschädel *m* (*fig.*); *metro m* ~ Quadratmeter *m*; *muchacho m* *bien* ~ stattlicher Junge *m*; 2. *Stk.* toro *m* ~ Stier *m* in Kampfstellung; *vgl.*
cuadrarse 6; II. *m* 3. Quadrat *n*, gleichseitiges Rechteck *n*; Qudratzahl *f*; *al* ~ im (*od.* ins) Quadrat; *elevar al* ~ ins Quadrat erheben; ~ *mágico* magisches Quadrat *n* (*Rätsel*); 4. ⊕ Vierkant *m*; 5. → *cuadradillo*.
cuadra|genario *adj.-su.* vierzigjährig; ~**gésima** *ecl. f* Quadragesima *f*, Fastenzeit *f*; ~**gesimal** *adj. c* Fasten...; ~**gésimo** *num.* vierzigste(r, -s); *m* Vierzigstel *n*. [*n.*]
cuadral ⚒ *m* Quer-balken *m*, -holz]
cuadrangular *adj. c* vier-eckig, -kantig.
cuadrángulo I. *adj.* → *cuadrangular*; II. *m* Viereck *n*.
cuadran|tal *adj. c:* ♣ *triángulo m* ~ sphärisches Dreieck *n*; ~**te** *m* 1. ⚔, ♣, *Astr., Geogr.* Quadrant *m*, Viertelkreis *m*; *Radio*: Skala *f*; Zifferblatt *n e-r Uhr*; ~ *milimétrico* Millimeterskala *f bei Meßinstrumenten*; 2. Sonnenuhr *f*; 3. △ → *cuadral*; 4. *Typ.* Schneidemaschine *f*; 5. ⚛ vierter Teil *m e-r Erbschaft*; 6. *Rel.* Kirchenzettel *m* (*Gottesdienstordnung*).
cuadrar I. *v/t.* 1. viereckig machen; ⚒ ins (*od.* zum) Quadrat erheben; 2. ~ *los pies* die Füße in Stillgestanden-Stellung bringen; 3. *Stk. Stier* zum Stehen bringen; 4. → *cuadricular* I; II. *v/i.* 5. passen (*j-m a alg.*), übereinstimmen; *no* ~ *con* nicht übereinstimmen mit (*dat.*), nicht passen zu (*dat.*); III. *v/r.* ~*se* 6. auf allen Vieren stehenbleiben (*Reittier*; *Stk. Stier*, der damit die von der Regel verlangte Kampfstellung einnimmt); 7. ⚔ still-(stramm-)stehen; ¡*cuádrense*! stillgestanden!; 8. *fig.* F s. auf die Hinterbeine stellen F, die Zähne zeigen.
cuadrático *adj.* quadratisch.
cuadra|tín *Typ. m* Geviert *n*, Quadrat *n*; ~**tura** *f* Quadratur *f*; △ Vierung *f*; ~ *del círculo* Quadratur *f des Kreises* (*bsd. fig.*).
cuadricenal *adj. c* alle vierzig Jahre, Vierzigjahr...
cuadrícula *f* Raster *m*, Liniennetz *n*; Gitter *n*, Karierung *f*; ⚔ Planquadrat *n*; △ ~ *de artesonado* Kassette *f*.
cuadricula|do I. *adj.* kariert (*Papier, Stoff*); II. *m* Gitter-, Kartennetz *n*; *Typ.* (Feld-)Einteilung *f*; ~**r** I. *v/t. Schreibpapier usw.* karieren; *Karten, Zeichnungen* gittern; *Pläne usw.* mit e-r Feldeinteilung versehen; II. *adj. c* → *cuadriculado*.
cuadri|enal *adj. c* vierjährig; Vierjahres...; vierjährlich; ~**enio** *m*

Zeitraum *m* von vier Jahren; ~**foli(ad)o** ⚘ *adj.* vierblättrig; ~**forme** *adj. c* vier-gestaltig; -eckig.
cuadriga *f* Quadriga *f*, Viergespann *n*.
cuadril *vet. m* Hüftknochen *m*.
cuadri|látero *adj.-su.* vierseitig; *m* Viereck *n*; *Sp.* (Box-)Ring *m*; ~**literal** *adj. c*, ~**lítero** *adj.* aus vier Buchstaben; ~**longo** *adj.-su.* rechteckig; *m* Rechteck *n*.
cuadri|lla *f* 1. Trupp *m*, Gruppe *f*; *desp.* Bande *f*; Team *n*, Kolonne *f* (*Handwerker*); *Stk.* Mannschaft *f* *e-s Torero*; ~ (*de ladrones*) Räuberbande *f*; ⚖ *delito m en* ~ Bandendelikt *n*; 2. ♪ Quadrille *f*; 3. *hist.* Gruppe *f b. e-m Turnier od. Fest*; *hist.* Häschertrupp *m der Santa Hermandad*; ~**llero** *m hist.* Landreiter *m* (*Gendarm*); Anführer *m* e-r *cuadrilla*.
cuadringentésimo *num.* vierhundertste(r, -s); *m* Vierhundertstel *n*.
cuadri|nomio ⚒ *m* Quadrinom *n*; ~**plicar** *v/t.* → *cuadruplicar*; ~**silabo** *adj.* viersilbig; ~**vio** *m* Kreuzweg *m*, Vierweg *m*; *hist.* Quadrivium *n*.
cuadro *m* 1. Bild *n* (*a. Thea. u. fig.*); Gemälde *n*; *fig.* Anblick *m*; ⚘ ~ *clínico* klinisches Bild *n*; ~ *de costumbres Lit.* Sitten-bild *n*, -gemälde *n*; *Mal.* Genrebild *n*; ⚘ ~ *hemático* Blutbild *n*; ~ *luminoso* Leuchtbild *n*; ~ *mural* Wandbild *n* (*Unterricht*); ~ *vivo* lebendes Bild *n*; *fig. hacer* ~*s* Gruppensex treiben; 2. Aufstellung *f*, Tafel *f*, Tabelle *f*; *Col.* Wandtafel *f*; ~ *de avisos* Warn- bzw. Merk-tafel *f*; ⚡ ~ *contador* Zähler-brett *n*, -tafel *f*, -schrank *m*; ⚡ ~ *de distribución* Schalt-tafel *f*, -schrank *m*; ~ *indicador*, ~ *de llamadas* Ruftafel *f in e-m Betrieb od. Haus*; ~ *de mando Kfz.* Armaturenbrett *n*; ⚡ ~ ~ *de distribución*; ~ *sinóptico* Übersicht(stafel) *f*, Tabelle *f*; *ordenar en* ~*s* übersichtlich (*od.* in Tabellen) zs.-stellen; 3. Viereck *n*; Karo *n*; Quadrat *n*; ⚔ Karree *n*; *Brettspiele*: Feld *n*; ~*s* Würfel *m/pl.*; *en* ~ im Quadrat; *de* (*od. a*) ~*s* kariert (*Stoff, Anzug*); 4. (Garten-)Beet *n*; ~ *de flores* Blumenbeet *n*; *Cu.* ~ *de café* Pflanzung *f* von 10 000 Kaffeebäumen; 5. Rahmen *m* (*a. fig. u.* ⊕); ~ *de bicicleta* Fahrradrahmen *m*; 6. ⚔ *mst.* ~*s m/pl.* Rahmenverbände *m/pl.*, Stamm(personal *n*) *m*, *a. Pol.* Kader *m/pl.*; *Thea.* ~ *de actores* Ensemble *n*; 7. *fig. estar* (*od. quedarse*) *en* ~ allein (*od.* ohne Familie) zurückbleiben; alles verlieren; 8. *Astrol.* Quadrat *n*, Geviertschein *m*; 9. *Chi.* Schlachthof *m*; 10. ☐ Dolch *m*.
cuadrofonía *f* Quadrophonie *f*.
cua|drumano, ~**drúmano** *Zo. adj.-su.* vierhändig; *m* Vierhänder *m*; ~**drúpedo** *Zo. adj.-su. m* Vierfüß(l)er *m*.
cuádruple *adj. c* vierfach; *hist.* ♀ *Alianza f* Vierbund *m*.
cuadruplica|do *adj. c* vierfach, viermalig; *por* ~ in vierfacher Ausfertigung; ~**r** [1g] *v/t.* vervierfachen.
cuádruplo *adj.* → *cuádruple*; *el* ~ das Vierfache.
cuaima *f Ven. Zo.* Buschmeister *m* (*Giftschlange*); *fig.* hinterhältiger

cuaja|da *f* geronnene Milch *f*; Quark *m*; ~**dillo** *tex. m Art* Seidenkrepp *m*; ~**do I.** *adj.* **1.** geronnen; *leche f* ~*a* → *cuajada*; **2.** *fig.* ~ *de* übersät mit, bedeckt mit *(dat.)*; ~ *de estrellas* sternenübersät *(Himmel)*; *escrito m* ~ *de faltas* Schreiben *n*, das von Fehlern wimmelt; **3.** *quedarse* ~ **a)** erstarren *(vor Schreck, Überraschung)*; **b)** einschlafen; **II.** *m* **4.** *Art* süße Fleischpastete *f*; ~ *de leche* Grützkuchen *m*; ~**dura** *f* Gerinnen *n*; *fig.* Ergebnis *n*; ~**leche** ♀ *f* Kletten-, Lab-kraut *n*.
cuaja|miento *m* Gerinnung *f*; ~**r I.** *m Zo.* Labmagen *m*; **II.** *v/t.* **1.** gerinnen machen, zum Gerinnen bringen; verdicken; **2.** *fig.* ~ *de* bedecken mit *(dat.)*; **III.** *v/i.* **3.** gerinnen; fest werden; *la nieve no llega a* ~ der Schnee bleibt nicht liegen; **4.** Erfolg haben; F klappen, hinhauen F; *cuajó su deseo* sein Wunsch ging in Erfüllung; **5.** passen, behagen, gefallen; **IV.** *v/r.* ~*se* **6.** gerinnen *(Milch)*; **7.** *fig.* einbrechen *(Nacht)*; ~*se de s.* bedecken mit *(dat.)*; ~*se de gente (de lágrimas)* s. mit Menschen (mit Tränen) füllen; ~**rón** *m (bsd.* Blut-)Gerinnsel *n*; geronnene Milch *f*.
cuajo *m* **1.** Lab *n*; Labmagen *m*; *fig.* Langsamkeit *f*, Phlegma *n*; *fig. arrancar de* ~ mit Stumpf u. Stiel ausreißen; F *tener mucho (od. buen)* ~ **a)** sehr pomadig sein; **b)** hart im Nehmen sein; **2.** Gerinnen *n*; *Cu.* Eindicken *n* des Zuckerrohrsaftes; **3.** *Méj.* **a)** Geplauder *n*; **b)** Lüge *f*, Ente *f*.
cuakerismo *m*, **cuákero** *m* → *cuaquerismo*, *cuáquero*.
cual I. *pron.* **1.** *pron. rel.*: *el* ~, *la* ~, *lo* ~; *los* ~*es*, *las* ~*es* der, die, das; was; die; welcher, welche, welches; *(bsd. gebräuchlich bei Sach- u. Personalbeziehungen nach Präpositionen; im Nominativ nur bei explizierendem Relativsatz)*; *el hombre del* ~ *estás hablando* der Mann, von dem du sprichst; *con respecto a lo* ~, *me dijo* ... darüber sagte er mir ...; *el motivo por el* ~ *no te llamé* der Grund, warum ich dich nicht angerufen habe; **2.** *pron. correl. cosas tales* ~ *es ocurren a menudo* Fälle, (so) wie sie häufig vorkommen; *todos contribuyeron,* ~ *más,* ~ *menos, al buen éxito* alle trugen nach bestem Vermögen zum Gelingen bei; → *a. tal*; **II.** *adv.* **3.** *¿cómo estás?* — *tal* ~ wie geht dir's? — so so, so einigermaßen; *tal* ~ *te lo dice* so, wie er dir's sagt; *sea* ~ *sea (od. lit. fuere)* wie dem auch sei; *a* ~ *más* um die Wette; **III.** *cj.* **4.** *por lo* ~ deshalb; *hacía* ~ *si durmiese* er tat, als ob er schliefe.
cuál I. *pron.* **1.** *interr. (direkte od. indirekte Auswahlfrage)* welche(r, -s)?; wer?; was für ein?; *¿* ~ *de (od. entre) ellos?* wer von *(od.* unter) ihnen?; *¿* ~ *es la más importante de todos?* welcher ist der wichtigste von allen?; *¿* ~ *de las piezas de Albéniz prefieres?* welches Stück von Albéniz magst du lieber?; *ignoro* ~ *será el resultado* ich weiß nicht, wie das Ergebnis ausfällt; **2.** *distributiv*,

lit. ~ ..., ~ ... der eine ..., der andere ...; *teils* ..., *teils* ...; **II.** *int.* **3.** *lit. ¡*~ *feliz se consideraría!* wie glücklich wäre er!
cualesquier(a) *pl. zu cualquiera.*
cuali|dad *f* Eigenschaft *f*, *a. Phil.* Qualität *f*; Fähigkeit *f*, Qualifizierung *f*; ⚔ ~*es f/pl. de vuelo* Flugeigenschaften *f/pl.*; *determinar las* ~*es de* bewerten *(ac.)*, begutachten *(ac.)*; ~**ficación** *f* Qualifizierung *f*, Befähigung *f*; ~**ficado** *adj.* qualifiziert; *obrero m* ~ (un)gelernter Arbeiter *m*; ~**ficar** [1g] **I.** *v/t.* qualifizieren; **II.** *v/r.* ~*se s.* qualifizieren (für *ac. para*); ~**tativamente** *adv.* qualitativ (*a.* ✝); ~**tativo** *adj.* qualitativ; Qualitäts-..., Güte-..., Wert-...; ℞ *análisis m* ~ qualitative Analyse *f*.
cualquiera I. *adj. indef. (vor su. cualquier)* irgendein(e); jede(r, -s) jede(r, -s) beliebige, x-beliebige(r, -s) F; *en cualquier caso* in jedem Fall; *de cualquier modo* irgendwie; so obenhin, oberflächlich; *cualquier día* **a)** irgendwann (einmal); bald; **b)** *iron.* F so bald nicht, da kannst du lange warten F; *ser capaz de cualquier cosa* zu allem fähig sein; **II.** *pron. indef.* (irgend-) jemand; ~ *que fuese* wer es auch (immer) sei; F *¡*~ *lo entiende!* das soll einer verstehen!; *¡*~ *lo puede hacer!* das kann doch jeder; *un* ~ irgend jemand, irgendwer; *fig.* e-r aus der Masse, ein Dutzendmensch; *desp.* ein gewisser Jemand; *usted no es* ~ Sie sind doch nicht irgendwer; **III.** *f* F *una* ~ e-e Nutte *f* 𝇋.
cuan *u.* betont *(b. Frage, Zweifel, Ausruf)* **cuán** *lit. adv.* wie, wie sehr; *tan* ... *cuan* ... *od.* ~ ..., ebenso ... wie ...); *cayó cuan largo era* er fiel der Länge nach hin; *la recompensa será tan grande cuan grande fue el esfuerzo* die Belohnung entspricht dem Maß der Anstrengung; *¿puedes figurarte cuán feliz me siento?* kannst du dir vorstellen, wie glücklich ich mich fühle?; → *a. lo, qué, como.*
cuando I. *adv.*: *de* ~ *en* ~, *de vez en* ~ von Zeit zu Zeit, ab u. zu, hin u. wieder; ~ *quiera* jederzeit; irgendwann; ~ *más,* ~ *mucho* höchstens; ~ *menos* wenigstens, mindestens; **II.** *cj.* ~ + *ind. (immer)* wenn, (jedesmal) wenn; ~ + *subj. prs.* (temporal, im futurischen Sinn) wenn (im Dt. mit Präsens u. Futur); ~ (im Dt. mit Präteritum); ~ *no* wenn nicht gar; ja sogar; *tuve que reírme* ~ *la vi* ich mußte lachen, als ich sie sah; *usted lo dice wenn Sie es sagen; aun* ~ *lo dice (od. diga) él* obwohl *(od.* selbst wenn) er es sagt; **III.** *prp.* während *(gen.)*, damals in *(dat.)*; *yo,* ~ *niño* (damals) in m-r Kindheit, als Kind.
cuándo I. *adv. (fragend)* wann?; *¿* ~ *vendrá usted?* wann kommen Sie?; *todavía no sé* ~ *vendré* ich weiß noch nicht, wann ich komme; *¿de acá?, ¿desde* ~? seit wann?; *¿hasta* ~? bis wann?, wie lange (noch)?; *¿para* ~? bis zu welchem Termin?; **II.** *cj.* ~ ..., ~ ... bald ..., bald ...; **III.** *m el* ~ *y el cómo* das Wann u. Wie.

cuanta *Phys.* (= *pl. v.*) → *cuanto 3.*
cuan|tía *f* Menge *f*, Summe *f*; Bedeutung *f*; ⚖ ~ *(del litigio)* Streitwert *m*; *de mayor* ~ höher; bedeutend; *de menor* ~ unbedeutend; geringer; ~**tiar** [1c] *m. Besitz* (ab-) schätzen; ~**tidad** *Phil.*, ℞ *f* Quantität *f*, Größe *f*, Menge *f*; ~**tificable** *adj. c* quantifizierbar; ~**tificación** *f* Quantifizierung *f*; ~**timás** F *adv.* → *cuanto (2) más*; ~**tímetro** ⊕ *m* Mengenmesser *m*; ~**tiosamente** *adv.* beträchtlich; sehr reichlich; ~**tioso** *adj.* erheblich, beträchtlich, bedeutend; zahlreich; ~**titativo** *adj.* quantitativ *(a.* ♆ *Analyse).*
cuántico *adj.*: *teoría f* ~*a* Quantentheorie *f*.
cuanto I. *adj. u. adv.* **1.** *adjektivisch u. pronominal: todo* ~ *te ha dicho, no es cierto* alles, was er dir gesagt hat, stimmt nicht; *dio* ~ *tenía* er gab alles (, was er besaß); ~ *alcanzan sus ojos, tanto querría poseer* was s-e Augen sehen, möchte er besitzen; *¿tienes muchos libros?* — *unos* ~*s hast du viele Bücher?* — ein paar (od. einige); **2.** *relativ-distributiv, adverbial u. in bindewörtlicher Funktion:* ~*s ingresos, tantos gastos* ebensoviel Ausgaben wie Einnahmen; ~ *antes* möglichst bald; ~ *más pronto, mejor je* eher, desto besser; ~ *más* ..., *(tanto) más* ... je mehr ..., desto mehr ~; ~ *más que* ... um so mehr, als ...; *en* ~ *a, por* ~ *concierne (a)* bezüglich *(gen.)*, was *(ac.)* angeht *(od.* betrifft); *en* ~ *a eso* diesbezüglich; *en* ~ *(que) + subj.* sofern, insoweit + *ind.*; *en* ~ *llegue, se lo entregaré* sobald er kommt, werde ich es ihm aushändigen; *en* ~ *llegó el tren, subió* sobald der Zug kam, stieg er ein; *tiene tanto más interés en hacerlo,* ~ *que* ... er ist um so eher gewillt, es zu tun, als ...; *por* ~ *da,* weil *(in der Amtssprache wird der folgende Hauptsatz oft mit por tanto eingeleitet);* **II.** *m* **3.** Quantum *n (a. Phys.)*; Wieviel *n*; *Phys. teoría f de los* ~*s* Quantentheorie *f*; ~*s m/pl. de luz* Lichtquanten *n/pl.*
cuánto *adj. u. adv.* **1.** *interrogativ*: wieviel *f*?; wie sehr?; *¿a* ~ *el kilo?* wieviel kostet das Kilo?; *¿por* ~ *lo deja?* für wieviel *(od.* um welchen Preis) verkaufen Sie es?; *¿* ~ *tiempo?* wie lange?; *¿a* ~ *as veces?* wie oft?; *¿* ~ *s son cinco por seis?* wieviel ist fünf mal sechs?; *¿* ~ *va?* was gilt's?; *¿a* ~ *s estamos?* den wievielten haben wir heute?; F *un tal no sé* ~*s* ein Herr Soundso F; **2.** *emphatisch: ¡* ~ *a alegría!* welche Freude!, so-e Freude!; ¡ ~ *me alegro!* wie ich mich freue!; *¡* ~ *lo siento!* das tut mir sehr leid!
cuaquerismo *m* Quäkertum *n*.
cuáquero *m* Quäker *m*.
cuar|cífero *Min. adj.* quarzhaltig; ~**cita** *Min. f* Quarzit *m*.
cuaren|ta *num.* vierzig; *el* ~ *die* Vierzig; *cantar las* ~ *Kart.* Vierzig ansagen; *fig.* F *j-m den Kopf waschen* F; *andar por los* ~ um die 40 sein *(Alter)*; ~**tena** *f* **1.** vierzig Stück; **2.** Quarantäne *f*; *fig. poner en* ~ mit Mißtrauen aufnehmen; an-, bezweifeln; **3.** Fastenzeit *f*; ~**tón** F *adj.-su. m* Vierzig(jährig)er *m*.
cuaresma *Rel. f* Fasten(zeit *f*) *n*;

cuaresmal — cubierta

domingo m de ~ Fastensonntag *m*; *fig.* ser *es largo que una* ~ (*sin pan*) kein Ende nehmen; ~l *adj. c* Fasten...; ~rio *kath. m* Fastenpredigtbuch *n*.
cuark *Phys. m* (*pl.* ~s) Quark *n*.
cuar|ta *f* 1. Spanne *f*, Viertelelle *f*; ♃ Strich *m* (*Kompaß*); 2. ♪, *Fechtk.* Quart *f*; 3. ♎ Viertel *n* (*gesetzlicher Anteil im Erbrecht*); 4. *Equ.* ~s *f*/*pl.* Mittelpferde *n*/*pl.*; *Am. Reg.* ~ Vorspann *m*; 5. *Cu.* Riemenpeitsche *f*; *Chi.* Zaumriemen *m*; *Méj.* Geißel *f*; 6. *Astr.* ~ *cuadrante*; 7. *fig. prov. u. Am. tirar* ~s *al aire* nutzlose Anstrengungen machen; ~tago *m* Klepper *m* (*Pferd*); ~tal *m Reg.* Viertellaib *m* Brot; ~tana ♂ *f* Viertage-Fieber *n*, Quartana *f*; ~tazo *m* 1. *Méj.* Peitschen-, Geißelhieb *m*; 2. F ~ *m* (*pl. inv.*) dicker, schlapper Mann *m*, Plumpsack *m* F.
cuartear I. *v/t.* 1. vierteilen, spalten; ausschlachten, zerlegen; 2. *Stk. die banderillas mit e-r Viertelwendung einsetzen*; 3. *Méj.* peitschen, geißeln; II. *v/i.* 4. *Stk.* mit e-r Viertelwendung ausweichen; III. *v/r.* ~se 5. Risse bekommen (*Wand, Dach*).
cuarte|l *m* 1. ✕ Kaserne *f*; Quartier *n*; ~ *general* (*de invierno*) Haupt-(Winter-)quartier *n*; 2. Pardon *m*; *sin* ~ erbarmungslos; (*no*) *dar* ~ (k-n) Pardon geben; 3. ⊘ viereckiges Wappenfeld *n*, Quartier *n*; 4. Gartenstück *n*, -beet *n*; Feld *n*; 5. ⚓ (*de escotilla*) Lukendeckel *m*; 6. † Stadtviertel *n*; ~lada ✕ *f* Militärputsch *m*; ~lado ⊘ *adj.* geviert; ~lazo *m Am.* ~ *cuartelada*; ~lero I. *adj.* Kasernen...; II. *m* ✕ Stubendiensthabende(r) *m*; ♃ Gepäckmeister *m*; F schlechter Tabak *m*; ~lesco *adj.* Kasernen..., Soldaten...
cuarte|o *m* 1. Spalt *m*, Riß *m*, Sprung *m*; 2. *Stk.* Ausweichbewegung *f der banderilleros*; 3. Vierteilen *n*; ~ra *f* Bohle *f* (*Bauholz*) 15 Fuß × 8 Zoll; ~ro *m Andal.* Pachteintreiber *m der cortijos*; ~rola *f* 1. Viertelfaß *n*; Flüssigkeitsmaß : 130 l; 2. *Chi.* Karabiner *m*, Reiterstutzen *m*; ~rón *I. adj.-su.* 1. *Am. m* Quarteron(e) *m*, Doppelmischling *m* (*Halbblut u. Weißer*); II. *m* 2. Viertel(pfund) *n*; *Span.* Packung *f gewöhnlichen Grobschnitts* (*Tabak*); 3. △ Türfüllung *f*; Füllstück *n*, Paneel *n*; Fensterladen *m*; ~ones *m*/*pl.* Türflügel *m*/*pl.*
cuarte|ta *Lit. f* vierzeilige Strophe aus acht Silben, Redondilla *f*; ~to ♪, *Lit. m* Quartett *n*; (*Lit. Strophe:* 4-*Elfsilber*); ~ *de cuerda* (*para instrumentos de viento*) Streich- (Bläser-)quartett *n*.
cuarti|lla *f* 1. Viertelblatt *n* (*DIN*); *Typ.* Quartbogen *m*; Blatt *n* Schreibpapier; Zettel *m*; Manuskript-, Konzept-blatt *n*; *escribir un par de* ~s ein paar Seiten schreiben; 2. *Equ.* Fessel *f*; 3. *Maß:* Viertel-arroba *f*, -fanega *f*; ~llo *m* 1. Schoppen *m* (0,504 l); (*Getreide-, Beeren-maß*:) Liter *n* (1,156 l); 2. *hist.* Münze: Viertelreal *m*; *andar a tres menos* ~ **a**) knapp bei Kasse sein; **b**) wie Hund u. Katze sein; **c**) nichts verstehen; ~zo *m* Balken *m*.

cuarto I. *num.* 1. vierte(r, -s); *en* ~ *lugar* viertens; *las tres* ~*as partes* drei Viertel; II. *m* 2. vierter Teil *m*, Viertel *n* (*a. Fleischerei*); ~ *creciente* (*menguante*) erstes (letztes) Viertel *n* (*Mond*); *Schlachttier:* ~ *delantero* (*trasero*) Vorder- (Hinter-)viertel *n*; *Equ.* → 6; *Sp.* ~ *de final* Viertelfinale *n*; *un* ~ *de hora* e-e Viertelstunde; *las tres menos* (*bzw. y*) ~ Viertel vor (*bzw.* nach) drei; ⊕ ~ *de vuelta* Viertel-drehung *f* (*z. B. b. Einstellung*); *fig.* F *hacer a alg.* ~*s* j-n in Stücke reißen, aus j-m Hackfleisch machen F (*mst. Drohung*); *írsele a alg. cada* ~ *por su lado* sehr unansehnlich (*od.* häßlich) sein; 3. Zimmer *n*, Raum *m*; Wohnung *f*; ~ *de aseo* Waschraum *m*; → ~ *de baño* Badezimmer *n*; ~ *de estar* (*de fumar*) Wohn- (Rauch-)zimmer *n*; ~ *exterior* (*interior*) Vorder-, Außen- (Hinter-, Innen-)zimmer *n*; ~ *para huéspedes* Gast-, Gäste-zimmer *n*; ~ *trastero* Rumpelkammer *f*; 4. *hist.* Münze (4 Maravedis); *fig.* Heller *m*; F ~s *m*/*pl.* Geld *n*, Moneten *f*/*pl.* F; *fig. dar un* ~ *al pregonero es* (*od. et.*) *an die große Glocke hängen*; *echar su* ~ *a* (*od. de*) *espadas* s-e Meinung sagen, s-n Senf dazugeben F; *estar sin un* ~ k-n Pfennig besitzen; 5. *Typ.* Quartformat *n*; *en* ~ *mayor* in Großquartformat; *en* ~ *menor* in kleinem Quartformat; 6. *Equ.* ~ *delantero* (*medio, trasero*) Vor- (Mittel-, Hinter-)hand *f*; 7. ♃ ~ (*de guardia*) Wachabteilung *f*, Wache *f*; 8. *Astr.* Viertelkreisbogen *m*, -weg *m*; 9. *Genealogie:* großelterliche Linie *f*; 10. *Schneiderei:* ~s *m*/*pl.* Hauptbestandteile *m*/*pl. e-s Kleidungsstückes*; 11. *Col.* Kamerad *m*; *hacer* ~ *a alg.* j-m helfen.
cuartón *m* Balken *m* (*Bauholz*).
cuartucho *desp. m* elendes Zimmer *n*, Loch *n* F, Bude *f* F.
cuarzo *Min. m* Quarz *m*.
cuásar *Astr. m* Quasar *m*.
cuasi *adv.* beinahe; quasi...
cuasia ♀ *f* Quassia *f*.
cuasi|contrato ♎ *m* Quasivertrag *m*, vertragsähnliches Verhältnis *n*; ~delito ♎ *m* Quasidelikt *n*, unerlaubte Handlung *f*; ~modo *Rel. m* (*domingo de*) ~ Quasimodogeniti *m*, weißer Sonntag *m*.
cua|ta *f*, ~te *m Méj.* 1. Zwilling *m*; Zwillings-bruder *m*, -schwester *f*; 2. Freund *m*, Kumpel *m* F.
cuaterna *f* Quaterne *f*, Viererserie *f* (*Lotterie*); ~rio ♒ *adj.*; *Geol.* Quartär...; *época f* ~a Quartär *n*.
cuatezón *Méj.* I. *adj.* ohne Hörner (*Rindvieh*); II. *m* F Feigling *m*.
cuati *Zo. m* Nasenbär *m*.
cuatismo *m Méj.* Vetternwirtschaft *f*.
cuatralbo *adj.* mit vier weißen Füßen (*Pferd*).
cuatre|ño *adj.* vierjährig (*Kalb*); ~ro *m* Vieh-, Pferde-dieb *m*.
cuatri|enio *m* Zeitraum *m* von 4 Jahren; ~frontal *adj. c* an vier Fronten; ~lingüe *adj. c* viersprachig; ~llizos *m*/*pl.* Vierlinge *m*/*pl.*; ~llón *num. m* Quadrillion *f*; ~mestral *adj. c* viermonatlich; viermonatig; ~mestre *m* vier Monate *m*/*pl.*; ~motor *adj.-su. m* viermotorig(es Flugzeug *n*).

cuatrinca *f* Vierergruppe *f*; *Kart.* Serie *f v. vier Karten*.
cuatri|partita *adj. c bsd. Pol.* Vierer..., Viermächte...; ~sílabo *adj.-su.* viersilbig.
cuatro I. *num.* 1. vier; *fig.* ein paar; *el* ~ *de abril* am vierten April; ~ *veces* viermal; *más de* ~ viele, manche; *en filas de a* ~ in Viererreihen; *escribir* ~ *letras* ein paar Zeilen schreiben; *tener* ~ *ojos* (e-e) Brille tragen; II. *m* 2. Vier *f* (*a. Karten*); 3. ♪ Quartett *n* (*Gesang*); 4. *Méj.* ~(s) *m*(*/pl.*) Unsinn *m*; 5. *Ven.* viersaitige Gitarre *f*.
cuatro|centista *adj.-su. c* aus dem 15. Jh.; *m* Künstler *m*, Schriftsteller *m* des 15. Jh.; *auf Italien bezogen:* Quattrocentist *m*; ~cientos I. *num.* vierhundert; II. *m el* ~ (*bsd. Lit. u. Kunst*) das 15. Jh.; *auf Italien bezogen:* Quattrocento *n*; ~doblar *v/t.* vervierfachen; ~ojos *Fi. m* (*pl. inv.*) Vierauge *n*; ~tanto *m* das Vierfache *n*.
cuba¹ *f* 1. (Wein-, Öl-)Faß *n*; Bottich *m*; Eimer *m*, Kübel *m*; Weinkühler *m*; Faßvoll *n*; 2. *fig.* starker Trinker *m*, Zecher *m*; Dickwanst *m*; F *estar hecho* (*od. como*) *una* ~ sternhagelvoll sein F; 3. ⊕ Schacht *m* (*Hochofen*); 4. *mst. m* ~ *libre* Coca-Cola *f* mit Rum (*od.* Gin).
Cuba² *f* Kuba *n*, Cuba *n*; ♀no *adj.-su.* kubanisch; *m* Kubaner *m*; ♀ta *m*, *a. f* Coca-Cola *f* mit Rum (*od.* Gin).
cube|ría *f* Böttcherei *f*; ~ro *m* Böttcher *m*, Küfer *m*; *fig. a ojo de buen* ~ nach Augenmaß, über den Daumen gepeilt *f*.
cuber|tería *f koll.* Besteck *n*; ~tero *m* Besteckkasten *m*; ~tura *f Kchk.* Kuvertüre *f*; *hist.* Grandenernennung(szeremoniell *n*) *f*; *a.* ~ *cobertura*.
cube|ta *f* 1. Waschfaß *n*; Kübel *m*, Zuber *m*; Trageimer *m*; 2. Napf *m*; ⊕, ♒, ♂ Schale *f*; Wanne *f*, Küvette *f*; ⊕~-draga Greifbagger *m*; 3. ⚓ ~ *de bitácora* Kompaßgehäuse *n*; ~ *de mercurio* Quecksilberkapsel *f* (*Thermometer*); ~to *m* kl. Kübel *m*.
cubica|je *Kfz. m* Hubraum *m*; ~r [1g] *v/t.* 1. Raum ausmessen, berechnen; *Faß* eichen; *Holz* klaftern; 2. ♈ in die dritte Potenz erheben.
cúbico *adj.* kubisch, würfelförmig; ♈ Kubik...; *metro m* ~ Kubik-, Raum-meter *m*, *n*.
cubículo *m* (*bsd.* Schlaf-)Gemach *n*; *Katakomben:* Nische *f*, Cubiculum *n*.
cubier|ta *f* 1. Bedeckung *f*, Hülle *f*; Schutz *m*; Decke *f*, Überzug *m*; ~ *de lona* Plane *f*; ~ *de coche* Wagenplane *f*; -verdeck *n*; 2. Buch-, Heftumschlag *m bzw.* -deckel *m*, Briefumschlag *m*; 3. ⊕ Hülle *f*, Mantel *m*, Verkleidung *f*; (Schutz-)Haube *f*; *Kfz.* Motorhaube *f*; 4. *Kfz. usw.* (Reifen-)Decke *f*, Reifen *m*; ~ *maciza*, ~ *sin aire* Vollgummireifen *m*; 5. ♃ Deck *n*; ~ *alta*, ~ *superior* (*media*) Ober-(Zwischen-)deck *n*; ~ *de paseo* (*de sol*) Promenaden- (Sonnen-)deck *n*; *sobre* ~ *an* (*bzw.* auf) Deck; 6. △ Abdeckung *f*; Bedachung *f*, Dach *n*; ~ *de pizarra* Schieferdach *n*; 7. ✕ Deckung *f*; 8. *fig.* Deckmantel *m*,

Vorwand m; Tarnung f (Spion); ~tamente adv. heimlich; ~to I. part. zu cubrir; II. adj. 1. bedeckt (a. Himmel) (mit od. von dat. de); überdacht; gedeckt (a. ✝, ⚔ u. fig.); eingezahlt (Kapital); besetzt (freie Stelle); ~ de hierba grasüberwachsen; ~ de polvo staubbedeckt; III. m 2. Gedeck n, Kuvert n; Besteck n; Menü n; ~ de 500 ptas. Gedeck n (od. Menü) zu 500 Peseten; 3. (Schutz-)Dach n; überdeckter Gang m; Schuppen m; a ~ (de) geschützt (vor dat.), in Sicherheit (vor dat.); poner(se) a ~ (s.) unterstellen; (s.) in Sicherheit bringen.
cubijar v/t. → cobijar.
cubi|l m Lager n v. Tieren; Flußbett n; ~lar I. m → cubil; II. v/i. in der Schafhürde übernachten.
cubilete m 1. Würfelbecher m; Zauberbecher m e-s Taschenspielers; 2. Sektkübel m; 3. Backform f; 4. Kchk. Fleischpastete f in Becherform; 5. Am. Reg. Zylinder(hut) m; ~ar v/i. den cubilete handhaben; F (hinter)listig vorgehen, den Dreh verstehen F; ~o F m Arbeit f mit Tricks, (Hinter-)List f; ~ro m 1. Taschenspieler m; 2. Back-, Pasteten-form f. [m.⎞
cubilote ⊕ m Kupol-, Kuppel-ofen⎠
cubi|lla Ent. f Laub-, Öl-käfer m; ~llo m 1. Ent. → cubilla; 2. Kühlgefäß n.
cubis|mo m Kubismus m; ~ta adj.-su. c kubistisch; m Kubist m.
cubi|tal adj. c 1. e-e Elle lang; 2. Ellbogen...; arteria f ~ Ulnararterie f.
cubi|tera f Eiswürfelbehälter m (Kühlschrank); ~to m kl. Würfel m; Phot. ~ de flash Blitzwürfel m; ~s de hielo Eiswürfel m/pl.
cúbito Anat. m Elle f; Sp. echarse de ~ die Brücke machen.
cubo[1] m 1. ♉ Würfel m, Kubus m; Kubikzahl f; elevar al ~ zur dritten Potenz erheben; 2. Würfel m, würfelförmige Verzierung f; ~ comecocos, ~ mágico, ~ de Rubic Zauberwürfel m.
cubo[2] m 1. Eimer m, Kübel m; Zuber m, Bottich m, Bütte f; ~ de la basura Müll-, Abfall-eimer m; ~ higiénico Toiletteneimer m, Abortkübel m in Gefängnissen; 2. ⊕ Nabe f (Rad, Luftschraube usw.); 3. ⚔ runder Befestigungsturm m.
cubocubo ♉ m neunte Potenz f.
cubre|asientos Kfz. m (pl. inv.) Schonbezug m; ~cadena m Kettenschutz m (Fahrrad); ~cama f, m Tagesdecke f; ~junta ⊕ f Deck-, Stoß-lasche f; Stoßplatte f; Verbindungslasche f; Dichtungsleiste f; ~lecho m Überdecke f (Bett); ~nuca m Nackenschutz m (a. ⚔); ~objetos m (pl. inv.) Deckglas n (Mikroskop); ~rruedas ⊕ m (pl. inv.) Radschutz m; ~tapa f WC-Deckelbezug m; ~tetera f Teewärmer m; ~volante Kfz. m Lenkrad-hülle f, -bezug m.
cubri|ción f Zo. Decken n, Deckzeit f; ~miento m 1. (Be-)Decken n; ✝ Deckung f; ~ de grava Beschotterung f (Straße); 2. hist. Annahme f der Grandenwürde; ~r (part. cubierto) I. v/t. 1. be-, zudecken, bekleiden; Loch (auf)füllen;

Sicht nehmen, verdecken; Haus, Dach decken; fig. überschütten, überhäufen (mit dat. de); fig. ~ una vacante e-e freie Stelle besetzen; 3. fig. decken; verbergen; beschönigen, bemänteln; 4. ✝ Ausgaben, Fehlbetrag, Nachfrage, Risiko decken; ~ los gastos die Kosten bestreiten; 5. ⚔ decken, sichern; ~ a alg. j-m Feuerschutz geben; ¡~ la batería! an die Geschütze!; 6. Zo. decken; bespringen (Vierfüßer); beschälen (Hengst); treten (Vögel); 7. Entfernung zurücklegen; Ziel erreichen; II. v/r. ~se 8. s. bedecken; abs. den Hut aufsetzen; ¡cúbrase! setzen Sie Ihren Hut auf!; ~se de gloria s. mit Ruhm bedecken; 9. ⚔ a) in Deckung gehen, Deckung nehmen; b) auf Vordermann gehen; 10. ~se contra s. schützen gg. (ac.).
cuca f 1. Erdmandel f; 2. Raupe f, Made f; geflügelter Kakerlak m; fig. F mala ~ Schlangen-, Ottern-gezücht n; 3. leidenschaftliche Glücksspielerin f, Spielratte f; ~monas f/pl. Geschmuse n, Schmus m.
cuca|ña f Kletterstange f b. Volksfest; fig. Glückstreffer m; Zufallseinnahme f; ~ñero m (~ñera f) F (weiblicher) Glücksritter m.
cucar [1g] v/t. 1. ~ (el ojo) (a alg.) (j-m zu)blinzeln; 2. verspotten.
cucara|cha f 1. Schabe f, Kakerlak m; Kellerassel f; 🐢 Schildlaus f; 2. Col. Blase f am Finger; ~chear v/i. Col. s. hinter s-n Büchern verschanzen; ~chero m 1. P. Ri. → cucañero; 2. F burl. Kammerjäger m.
cucarda f 1. Kokarde f; Hutschleife f; Bandrosette f; 2. Fäustel m der Steinmetze.
cucarón m Col. 1. Ent. Käfer m; bsd. gr. Flugkäfer m; 2. F Kfz. (VW-)Käfer m.
cuclillas: en ~ hockend; estar en ~ hocken.
cuclillo Vo. m Kuckuck m.
cuco[1] m Popanz m, der schwarze Mann m; Chi. der Teufel m.
cuco[2] I. adj. F 1. niedlich, hübsch; gut, nett (Geschäft); 2. schlau, aalglatt; II. m 3. Vo. Kuckuck m; reloj m de ~ Kuckucksuhr f; 4. Gewohnheitsspieler m.
cucú m (pl. cucúes) Kuckuck(sruf m) n.
cucu|bá Vo. m Cu. Hundseule f; ~iza f Am. Sisalfaden m; ~lí Vo. m Bol., Chi., Ec., Pe. Art Ringeltaube f.
cu|cúrbita f ♀ Kürbis m; ✝ Retorte f; ~curbitáceas ♀ f/pl. Kürbisgewächse n/pl., Kukurbitazeen f/pl.
cucurucho m 1. Papiertüte f; fig. Büßermütze f; Kchk. (Eis[kugel]f) n im) Waffeltütchen f; 2. Cu. Melassebehälter m.
cucuy(o) m Am. Glühwürmchen n, Leuchtkäfer m.
cucha f Vo. Sumpf m.
cucha|ra I. f 1. Löffel m; ~ de sopa, ~ sopera Suppenlöffel m; F meter su ~ s-n Senf dazugeben F; meter a alg. a/c. con ~ en el mund ein paukern; fig. F de ~ aus dem Mannschaftsstand (aufgestiegen) (Offizier); 2. ⊕ Greifer m (Kran); (Gieß-)Kelle f; ~ de arranque

(Bagger-)Löffel m; 3. Angeln: Blinker m; II. m 4. Vo. Löffelente f; ~rada f Eßlöffelvoll m; a ~s löffelweise; ~radita f Kaffeelöffelvoll m; ~rear I. v/t. mit dem Löffel herausfischen; II. v/i. → cucharetear; ~rero m Löffelbrett n; ~reta f 1. Vo. Löffelreiher m; 2. vet. Leberkrankheit f der Schafe; ~retear v/i. mit dem Löffel herumrühren; fig. F s. in fremde Angelegenheiten mischen; ~retero m Löffelbrett n; ~rilla, ~rita f 1. (Tee-, Kaffee-)Löffel m; Löffelchen n; ~ de postre Dessertlöffel m; 2. vet. Leberkrankheit f der Schweine; 3. (cucharilla) Blinker m (Angeln); ~rón m Kochlöffel m; Schöpflöffel m; Vorlegelöffel m; fig. servirse (od. despacharse) con el ~ den Löwenanteil für s. beanspruchen.
cucharro ⚓ m Gillung f.
cuché adj. c: papel m ~ satiniertes Papier n, Kunstdruckpapier n.
cuchí m Pe. Schwein n.
cuchiche|ar v/i. zischeln, tuscheln, flüstern; ~o m Getuschel n; andar en ~s geheimtun, die Köpfe zns.-stecken. [(Rebhuhn).⎞
cuchichiar [1c] Jgdw. v/i. locken⎠
cuchilla f 1. Klinge f, Schneide f (a. ⊕); Rasierklinge f; 2. a. ⊕ (breites) Messer n; Am. Federmesser n; (Hobel-, Schuster-)Messer n; Buchbinderhobel m; ⊕ ~ de afinar Feinschlichtstahl m (Wkzm.); ~ (de carnicero) Fleischermesser n; ~ de picar Hack-, Wiege-messer n; ✁ tex. ~ de tijeras Schermesser n; ~ de torno Drehstahl m (Drehbank); 3. Sech n, Kolter n am Pflug; 4. poet. Schwert n, Degen m; 5. (Fels-)Grat m; Am. Gebirgskette f; -rücken m; 6. ~ de aire kalter Luftzug m; ~da f Schnitt m, Stich m, Hieb m; Schmarre m; fig. ~s f/pl. Streit m, Rauferei f; fig. dar ~ de ~ die Gunst des Publikums erringen, einschlagen (bsd. Künstler); ~r m Gebirge n mit steilen Gipfeln.
cuchi|llería f Stahlwaren f/pl.; Messerfabrik f; Stahlwaren-, Messer-geschäft n; ~llero m 1. Messerschmied m; fig. Messerheld m; 2. Zim. Klammer f; ~llo m 1. Messer n; ~ de cocina (eléctrico, de mesa) Küchen- (Elektro-, Tafel-)messer n; ~ de monte Hirschfänger m; ~ patatero Kartoffelschäler m; ~ de resorte (de trinchar) Spring-, Schnapp- (Tranchier-)messer n; fig. pasar a ~ über die Klinge springen lassen; 2. Zwickel m a Kleidung u. Strümpfen; 3. Zim. Stützbalken m, Schere f; 4. ⚓ ~s m/pl. (de vela) Gilling f; 5. fig. Pein f; kath. Virgen f de los ~s Schmerzensmutter f; 6. Jgdw. ~s m/pl. Schwungfedern f/pl. bsd. des Falken.
cuchi|panda desp. f Gelage n; ~tril m Schweinestall m; fig. elendes Zimmer n, Loch n F.
cucho I. m 1. Chi. Katze f; 2. Col. Winkel m; kl. Kammer f; II. adj. 3. Méj. stumpfnasig.
cuchuco m Col. Suppe f aus Gerste (od. anderem Getreide) mit Schweinefleisch.
cuchu|chear v/i. → cuchichear; ~fleta F f Witz m, Neckerei f; ~fletero F m Spaßvogel m, Witzbold m.
cuchumbi Zo. m Col., Méj., Pe.,

Wickel(schwanz)bär m.
cuchuña ↓ f Chi. Art Wassermelone f.
cudria f Espartoschnur f.
cueca f Am. Mer. Volkstanz.
cuecehuevos m (pl. inv.) elektr. Eierkocher m.
cuelga f Bündel n Früchte, zum Trocknen; **~capas** m (pl. inv.) Kleiderständer m, Mantelhaken m.
cuelgue m EDV Absturz m; F Drogenrausch m.
cuelmo m Kienspan m.
cuelli|corto adj. kurzhalsig; **~erguido** adj. den Kopf hochtragend; **~largo** adj. langhalsig.
cuello m 1. Hals m; ~ de cisne Schwanenhals m (a. fig.); P cortar el ~ a alg. j-n um e-n Kopf kürzer machen F; echar a alg. los brazos al ~ j-m um den Hals fallen; fig. levanta el ~ der Kamm schwillt ihm; 2. (Hals-)Kragen m; ~ alto Stehkragen m; ~ bajo, ~ vuelto Umlegekragen m; Schillerkragen m; ~ cisne Rollkragen m; ~ duro (postizo) steifer (loser) Kragen m; ~ de pajarita (steifer) Eckenkragen m; 3. ⊕ (Flaschen-, Kolben-, Schrauben- usw.)Hals m; ~ de botella Vkw. Engstelle f (Straße); † Engpaß m; 4. Anat. ~ uterino Gebärmutterhals m.
cuen|ca f 1. Holznapf m; 2. tiefes Tal n; ~ (hidrográfica) (Wasser-)Einzugsgebiet n, Becken n; ~ del Ebro Ebrobecken n; ~ carbonífera Kohlenrevier n, -becken n; **~co** m 1. Napf m; 2. Höhlung f; el ~ de la mano die hohle Hand.
cuenda f Trennschnur f der Garnstränge.
cuenta f 1. Rechnen n; Zählen n; ~ atrás Countdown m, n; fig. ~ de la vieja Abzählen n an den Fingern; llevar la ~ de et. zählen; 2. Rechnen n; Rechnung f (a. †); a ~ Akonto..., a conto, auf Rechnung; a ~ de auf Kosten von (dat.); por ~ ajena, por ~ de tercero für fremde Rechnung; por ~ propia für eigene Rechnung; por ~ y riesgo de auf Rechnung u. Gefahr von (dat.); ~s atrasadas, ~s pendientes unbezahlte Rechnungen f/pl., Außenstände pl.; ~ de pérdidas y ganancias Gewinn- u. Verlustrechnung f; Tribunal de ~s Rechnungshof m; ajustar ~s mit j-m (noch) abrechnen; fig. ajustarle las ~s a alg. mit j-m (noch) abrechnen; dar más de la ~ zu viel (od. mehr als verlangt) geben; echar la ~ abrechnen; echar ~s be-, aus-rechnen, kalkulieren; ¡eche (usted) la ~! (machen Sie) die Rechnung (bitte)! (im Geschäft, zum Kellner); fig. pasar la ~ a alg. j-m die Rechnung präsentieren; sacar la ~ (de) (et.) ausrechnen; e-e Rechnung ausstellen; fig. Schlüsse ziehen; no me sale la ~ die Rechnung geht nicht auf (bsd. fig.); fig. tener ~s pendientes con alg. mit j-m noch ein Hühnchen zu rupfen haben; tomar por su ~ auf s. nehmen; Spr. la ~ es ~ Geschäft ist Geschäft; vgl. 3, 4, 5; 3. † Konto n; ~ abierta offenes Konto n; ~ de ahorro (a plazo fijo) Spar-(Depositen-)konto n; ~ bancaria (bloqueada, congelada) Bank- (Sperr-)konto n; ~ cifrada, ~ numerada Nummernkonto n; ~ colectiva (a la vista) Sammel- (Sicht-)konto n; ~ corriente laufendes Konto n, Kontokorrent n; Girokonto n; ~-salario Lohnkonto n; apertura f de una ~ Kontoeröffnung f; abonar en ~ (e-m Konto) gutschreiben; fig. anrechnen; cargar a/c. en ~ a alg. j-m et. berechnen; j-s Konto mit et. (dat.) belasten; 4. Berücksichtigung f; Betracht(ung f) m; entrar en ~ in Frage (od. in Betracht) kommen; tener (od. tomar) en ~ in Betracht ziehen; beachten, berücksichtigen; teniendo en ~ + su. (od. + que) im Hinblick auf (ac.) (od. darauf, daß); tener (od. traer) ~ s. lohnen, nützlich sein; ¡por la ~ que me trae! ich bin ja daran interessiert!; persona f de ~ wichtige Person f; 5. Rechenschaft f; dar ~ de algo a) über et. (ac.) Rechenschaft geben (od. ablegen); b) et. mitteilen, über et. (ac.) Nachricht geben; über et. (ac.) berichten (j-m a alg.); c) mit et. (dat.) fertig werden; d) et. (Speise) zu s. nehmen; →a. 6; P dar ~ de alg. j-n fertigmachen; j-n umlegen P; dar buena (mala) ~ de su persona s. (nicht) bewähren; s. als (nicht) vertrauenswürdig erweisen; darse ~ de s. über et. (ac.) klarwerden, et. (be)merken; ya me doy ~ ich bin mir darüber klar; deja eso de mí ~ überlaß das mir; entrar en ~s consigo bei s. überlegen; sein Gewissen prüfen, sein Verhalten überlegen; pedir ~s a alg. von j-m Rechenschaft fordern; ¡~ con lo que dices! sei vorsichtig mit deinen Worten!; 6. Angelegenheit f, Sache f; es ~ mía das ist m-e Sache; caer (od. dar) en la ~ dahinterkommen, (plötzlich) verstehen (daß de que); s. darüber klarwerden; ¡vamos a ~s! kommen wir zur Hauptsache!; klären wir die Sachlage!; perder la ~ (de) (et.) vergessen, s. nicht mehr erinnern (an ac.), den Faden verlieren; en resumidas ~s kurz u. gut, (kurz) zs.-gefaßt; 7. Perle f am Rosenkranz; Glasperle f.
cuenta|correntista † c Kontokorrentinhaber m; **~dante** adj.-su. der zur Rechenschaft Verpflichtete, der Rechenschaft Gebende; **~garbanzos** m (pl. inv.) Geizhals m, Knicker m F; **~gotas** ♂ m (pl. inv.) Tropfenzähler m; Tropfglas n; adv. con ~ tropfenweise (a. fig.); **~hilos** tex. m (pl. inv.) Fadenzähler m; **~kilómetros** m (pl. inv.) Kilometerzähler m; **~pasos** m (pl. inv.) Schrittzähler m; **~rrevoluciones** m (pl. inv.) Drehzahlmesser m, Tourenzähler m.
cuen|tero desp. adj.-su., **~tista** adj.-su. c Erzähler m (A. Lit.); F Klatschmaul m; Prahlhans m; **~to¹** m 1. Erzählung f; Geschichte f (a. fig.); dumme Geschichte f, Unannehmlichkeit f; ~s m/pl. Gerede n, Quatsch m F; Ausreden f/pl.; sin ~ unzählig, endlos; ~ (de hadas) Märchen n; ~s chinos Ente f, Lüge f, Fabel f; chistoso Humoreske f; ~ viejo alte Geschichte f, aufgewärmter Kohl m F; ~ de viejas Ammenmärchen m; dejarse de ~s zur Sache kommen; es mucho ~ es wird viel geredet, es ist nur wenig wahr daran; aplicarse el ~ es s. zu Herzen nehmen, e-e Lehre daraus ziehen; es el ~ de nunca acabar das hört nie auf; das (od. es) ist immer die gleiche Geschichte;
tener mucho ~ angeben, übertreiben; venir a ~ zur rechten Zeit (od. gelegen) kommen; eso no viene a ~ das hat damit nichts zu tun; 2. Reg. Million f; ~ de ~s Billion f.
cuento² m 1. Zwinge f, Eisenbeschlag m; 2. Stützbalken m; 3. Flügelgelenk n der Vögel. [(a. desp.).)
cuentón F m Geschichtenerzähler m.
cuerda f 1. Seil n, Leine f; Schnur f; ⚓ **~guía** Schleppseil n; ⊕ ~ de piano Einfachdraht m; ♪ ~ 4; ~ de tender ropa Wäscheleine f; ~ de tracción Zugleine f; ~ floja (Akrobaten-)Drahtseil n, Seiltänzerdraht m; ♪ ~ 4; fig. bajo ~, por debajo de ~ heimlich, unter der Hand; fig. bailar en la ~ floja lavieren, nach beiden Seiten manövrieren, e-n Eiertanz aufführen F; fig. la ~ se rompe siempre por lo más delgado etwa: der Stärkere hat immer recht, kleine Diebe hängt man, große läßt man laufen; fig. la ~ no da más auf dem letzten Loch pfeifen; fig. tirar de la ~ a alg. a) j-n zügeln, j-n bremsen; b) j-m die Würmer aus der Nase ziehen F; 2. Feder f (Uhrwerk); ~ automática Selbstaufzug m (Federmechanismus); ~ de mecanismo Aufzugfeder f; dar ~ al reloj die Uhr aufziehen; dar ~ a alg. auf j-s Lieblingsthema kommen; fig. F parece que le han dado ~ er redet wie aufgezogen; tener ~ aufgezogen sein (Uhr, Feder); fig. aufgekratzt sein (fig. F); F (noch) leistungsfähig sein; 3. Sehne f (a. ⚔, △); ~ de arco Bogensehne f; ~ del círculo Kreissehne f; Anat. ~s f/pl. vocales Stimmbänder n/pl.; 4. ♪ Saite f; ~ floja lockere (od. nicht straffgezogene) Saite f; ~ de tripa (de metal, de piano) Darm- (Stahl-, Klavier-)saite f; instrumentos m/pl. de ~ Saiteninstrumente n/pl.; música f de ~ Streichmusik f; fig. aflojar la ~ mildere Saiten aufziehen; fig. apretar la ~ andere Saiten aufziehen; 5. ♪ Stimme f; media ~ Mittelstimme f; 6. Reihe f anea.-geketteter Gefangener; Sp. Seilschaft f; a. desp. son de la misma ~ die gehören (doch) alle zur gleichen Sippschaft.
cuer|damente adv. klug; **~do** adj. klug, vernünftig, gescheit; einsichtig; verständig.
cue|reada f Am. Mer. Ledersaison f vom Schlachten bis Auslieferung der Rohhäute; Méj. ~ cueriza; **~rear** v/t. Rpl. abhäuten; Am. fig. verprügeln; **~riza** F f Am. Tracht f Prügel.
cuerna f 1. Geweih n; Gehörn n; 2. Horngefäß n, Trinkhorn n; 3. ♪ Kuh-, Hirten-horn n.
cuérnago m Wasserrinne f, Rinnsal n.
cuernito Kchk. m Méj. Hörnchen n.
cuerno m 1. Horn n (Zo. u. Substanz); ~ de la abundancia Füllhorn n; ~ de Amón Ammonshorn n (Versteinerung); ¡~s! Donnerwetter!; ¡al ~ con ...! zum Teufel mit ...!; irse al ~ zum Teufel gehen, kaputtgehen, in den Eimer (od. baden) gehen F; fig. andar (od. verse) en los ~s del toro in höchster Gefahr sein, auf dem Pulverfaß sitzen; fig. llevar ~s Hahnrei sein; fig. poner ~s al marido dem Ehemann

Hörner aufsetzen; *oler (od. saber) a* ~ *quemado* **a**) sehr bitter sein (für j-n *a alg.*); **b**) (j-m) verdächtig sein; *vete al* ~ scher dich zum Teufel!; **2.** Fühlhorn *n*; **3.** Spitze *f der Mondsichel; fig.* poner por (*od. en*) *al* ~ levantar a *od. hasta*) *los* ~s *de la luna* in den Himmel heben, über den grünen Klee loben; **4.** ♪ Horn *n*; Jagdhorn *n*; ~ *de los Alpes* Alphorn *n*; *tocar el* ~ ins Horn stoßen.

cuero *m* **1.** Leder *n*; Haut *f*; ~ *artificial*, ~ *imitado*, ~ *de imitación* Kunstleder *n*; ~ *cabelludo* Kopfschwarte *f*, behaarte Kopfhaut *f*; ~ *al cromo (de Rusia)* Chrom- (Juchten-)leder *n*; ~ *verde* ungegerbte Rohhaut *f*; *F en* ~s nackt; *dejar a alg. en* ~s (*vivos*) j-m alles wegnehmen, j-n bis aufs Hemd ausziehen F; **2.** (Wein-, Öl- *usw.*)Schlauch *m*; **3.** F Trunkenbold *m*, Säufer *m* F; *estar hecho un* ~ stockbetrunken (*od.* veilchenblau F) sein; **4.** F *Méj.* hübsche Frau *f*.

cuerpear *v/i. Rpl.* ausweichen.

cuerpo *m* **1.** Körper *m*, Leib *m*; Rumpf *m*; Leichnam *m*; *a* ~ ohne Mantel; *a* ~ *gentil* leicht gekleidet; *fig.* ohne fremde Hilfe, durch eigene Kraft; *adv. a* ~ *de rey* fürstlich; ⚔ *a* ~ **a**) *adv.* Mann gg. Mann; **b**) *m* Handgemenge *n*, *a. Sp.* Nahkampf *m*; *¡*~ *a tierra!* Deckung!; *de* ~ *entero* in voller Größe; *fig.* vollkommen, vollendet, Vollblut...; *adv. en alma y* ~ mit Leib u. Seele, ganz, gänzlich; *sin* ~ körperlos; ⚔ *extraño al* ~ körperfremd; *dar con el* ~ *en tierra* fallen; *echar el* ~ *fuera* s. (vor *et. dat.*) drücken; F *echarse a/c. al* ~ essen *bzw.* trinken; *estar de* ~ *presente* aufgebahrt sein (*Leiche*); *ganar(lo) con su* ~ s. verkaufen (*Dirne*); *hacer del* ~ s-e Notdurft verrichten; *huir* (*od. hurtar*) *el* ~ **a**) ausweichen; **b**) s. (*vor et.*) drücken; *pedirle a alg. el* ~ *a/c.* (ein unbezwingliches) Verlangen haben nach et. (*dat.*); et. zu s. nehmen wollen; *¿qué le pide el* ~? wozu haben Sie Lust? (*Essen, Trinken*); *fig. no quedarse con nada en el* ~ alles rückhaltlos heraussagen; **2.** Körper *m* (*a. Geom.*), Gg.-stand *m*; *Physiol.* ~ *amarillo* Gelbkörper *m*; ⚛ ~ *del delito* Beweisstück *n*, Corpus *n* delicti; ~ *extraño* Fremdkörper *m*; ⚛ ~ *simple* Element *n*, Grundstoff *m*; ~ *sólido* fester Körper *m*; **3.** Körper(schaft *f*) *m*; ~ *de bomberos* (*voluntarios*) (freiwillige) Feuerwehr *f*; ~ *consular* (*diplomático*) konsularisches (diplomatisches) Korps *n*; ~ *facultativo* (*de funcionarios*) Ärzte- (Beamten-)schaft *f*; *en* ~ insgesamt, geschlossen, in corpore; **4.** ⚔ Korps *n*; Truppe(n-körper *m*) *f*; ~ *de ejército* Armeekorps *n*; ~ *de guardia* **a**) Wach-lokal *n*, -stube *f*; **b**) Wache *f*; **5.** Gestalt *f*, Figur *f*; Dicke *f*, Stärke *f*; Größe *f*; Gewicht *n*; *dar* ~ *a* ein-, verdicken (*ac.*); Gestalt geben (*dat.*); *tomar* ~ Gestalt annehmen, s. verdichten, deutlich werden; zunehmen; *vino m de* ~ starker (*od.* kräftiger) Wein *m*; **6.** ⊕ Körper *m*; Gehäuse *n*; *Typ.* Kegel *m der Letter*; ⊕ Schaft *m e-r Niete*; ⚡ ~ *incandescente* Glühkörper *m*; ~ *de alumbrado*, ~ *luminoso* Beleuchtungskörper *m*; ⚓ ~ *muerto* Uferbalken *m*

beim Brückenbau; Vertäupfahl *m*; **7.** *a. fig.* Teil *m*; Haupt(bestand)teil *m*; *fig.* ~ *de doctrina* Lehrgebäude *n*; *de un* (*solo*) ~ (*de dos* ~s) ein- (zwei-)schläfrig (*Bett*); ein- (zwei-)teilig (*Schrank*); **8.** Sammlung *f bsd. von Gesetzen*; Band *m* (*z. B. als Bestandteil e-r Bibliothek*); **9.** *tex.* Grund *m*.

cuer|va *Vo. f* Dohle *f*; ~**vo** *Vo. m* (Kolk-)Rabe *m*; ~ *marino* **a**) Kormoran *m*; **b**) Sägetaucher *m*; *negro como un* ~ rabenschwarz.

cuesco *m* **1.** Obstkern *m*; **2.** ♀ *Art* Bovist *m*; **3.** V kräftiger Furz *m* P.

cuesta *f* Hang *m*, Abhang *m*; Berg *m*, Anhöhe *f*; *Vkw.* Steigung *f*; Gefälle *n*; *adv.* ~ *abajo* bergab; *adv.* ~ *arriba* bergauf; *adv. a* ~s auf dem Rücken; huckepack; *hacer* ~ steil abfallen; abschüssig sein (*Gelände, Straße*); *esto se le hace* ~ *arriba* das geht ihm gg. den Strich, das fällt ihm sehr schwer; F *la* ~ *de enero* die Kassenebbe nach Weihnachten u. Neujahr.

cuesta(ción) *f* Sammlung *f*; Kollekte *f*; *hacer una* ~ sammeln.

cues|tión *f* Frage *f*; Problem *n*, Sache *f*; Ausea.-setzung *f*; *en* ~ *de* ... in der Angelegenheit (*od.* in Dingen) des ...; *en* ~ fraglich; *la* ~ *que* ... *es* handelt s. darum, daß ...; *la Sache ist die, daß* ...; *es* ~ *de* ... ist e-e Frage (*od.* Sache) von (*dat.*); ⚖ ~ *de derecho* (*de hecho*) Rechts- (Tat-)frage *f*; ~ *previa* Vorfrage *f*; *entrar en* ~ in Frage kommen; *eso es otra* ~ das ist et. ganz anderes; *hacer* (*od. poner od. plantear*) *una* ~ e-e Frage stellen; *Pol. u. fig. plantear la* ~ *de confianza* (*od. de gabinete*) die Vertrauensfrage stellen; *ser* ~ *de confianza* Vertrauenssache sein; F *la* ~ *es pasar el rato* Hauptsache, man unterhält s. (dabei); ~**tionable** *adj. c* fraglich, zweifelhaft, strittig; ~**tionar** *v/t.* **1.** erörtern, diskutieren; **2.** in Frage stellen; ~**tionario** *m* Fragebogen *m*.

cuesto *m* Hügel *m*, Anhöhe *f*.

cues|tor *m hist.* Quästor *m*; *Karitas:* Spendensammler *m*; ~**tura** *hist. f* Quästur *f*.

cuete *m Méj.* **1.** Rausch *m*; F *ponerse* ~ s. besaufen F; **2.** Pistole *f*; **3.** Rindskeule *f*.

cueto *m* steile Anhöhe *f*; Höhenstellung *f*, befestigte Höhensiedlung *f*.

cueva *f* **1.** Höhle *f*; *a. fig. la* ~ *del león* die Höhle des Löwen; *fig.* ~ *de ladrones* Räuberhöhle *f*; **2.** Keller *m*.

cuévano *m* Kiepe *f*, Korb *m*; Trag-korb *m* (*Saumtier*). [*m.*]

cuezo *m* Mörteltrog *m*; Waschtrog

cúfico *Li. adj.* kufisch.

cuguar *Zo. m* Puma *m*, Kuguar *m*.

cugujada *Vo. f* Haubenlerche *f*.

cuicacoche *Vo. m Méj. Art* Singdrossel *f*.

cuico *m* **1.** *Am. Reg.* Spottname für Ausländer; *Arg.* Mestize *m*; **2.** *Méj.* Polizist *m*; Petzer *m*.

cuidado *m* **1.** Sorge *f*; Vorsicht *f*; Sorgfalt *f*, Aufmerksamkeit *f*; (*ser*) *de* ~ gefährlich (sein), mit Vorsicht zu genießen (*Pers.*); *¡*~*!* Achtung!, Vorsicht!, aufgepaßt!; *¡*~ *conmigo!* nehmt euch in acht vor mir!; *estar*

de ~ schwerkrank sein; *estar con* ~ in Sorge (*od.* beunruhigt) sein; *¡*~ *contigo si no trabajas!* du kannst etwas erleben, wenn du nicht arbeitest!; *¡*~*, que está loco!* der ist ganz schön verrückt!; *¡*~ *con hacerlo!* bloß nicht tun!; ~ *en* (*od. de*) *no caer* Vorsicht, daß du nicht fällst!; *¡allá* ~*s!* das ist doch mir egal!; ich will davon nichts wissen!; *¡no hay* ~*!* keine Sorge!; das fällt mir nicht im Traum ein!; *ir* (*od. proceder*) *con* ~ behutsam vorgehen; *usted* ~*!* seien Sie unbesorgt!; *tener* ~ aufpassen (daß + *ind.* de que + *subj.*); s. vorsehen (mit *dat. od.* bei *dat. con*); *eso me trae sin* ~ das läßt mich kalt; **2.** Betreuung *f*, Besorgung *f*, Pflege *f*; Wartung *f* (*Maschinen*); ~s *m/pl.* Pflege *f*, Fürsorge *f*; ~ *del coche* Wagenpflege *f*; ~ *de la piel* Hautpflege *f*; *lo dejo a su* ~ ich lege es in Ihre Hand; *tener* ~ *de* Sorge tragen für Ihnen; *tener* ~ *de* Sorge tragen für (*ac.*); ~**r** **I.** *adj.* äußerst (*od.* peinlichst) besorgt, bemüht; aufmerksam; **II.** *m Am.* Aufseher *m*; (Haus-)Verwalter *m*; *Rpl.* Krankenpfleger *m*; ~**ra** *f Méj.* Kindermädchen *n*; ~**samente** *adv.* sorgfältig; ~**so** *adj.* **1.** sorgfältig; **2.** *para con* rücksichtsvoll gg. (*ac.*).

cuidar I. *v/t.* ~ (*de*) besorgen, versorgen; pflegen, betreuen (*dt. alle v/t.*); achtgeben auf (*ac.*); s. kümmern um (*ac.*); ~ *la casa* die Hausarbeit verrichten; ~ *a* (*od. de*) *los niños* für die Kinder sorgen, die Kinder betreuen; **II.** *v/r.* ~*se* s. hüten (*vor dat. de*); ~*se de* s. kümmern um (*ac.*), s. sorgen um (*ac.*); *¡cuídese usted bien!* achten Sie auf Ihre Gesundheit!; *¡cuídate muy bien de meterte en este asunto!* misch' dich bloß nicht in diese Angelegenheit!

cuido *m* Sorge *f*, Pflege *f* (*von Sachen*).

cuija *f Méj.* e-e kl. Mauerechse *f*; *fig.* häßliches, dürres Weib *n*.

cuita *f* Sorge *f*, Kummer *m*, Harm *m*, Leid *n*; ~**do** *adj.* traurig, bekümmert; kleinmütig, elend.

cuja *f* **1.** Lanzenschuh *m am Sattel*; **2.** Bettgestell *n*; *Am. Reg.* Bett *n*; **3.** *Méj.* Verpackung *f* für Kolli.

cuje *m Cu.* **1.** ♀ *Art* Ingwer *m*; **2.** *Cu. zum Dörren des Tabaks.*

cují ♀ *m Ven.* duftende Akazie *f*.

culada F *f*: *dar una* ~ auf den Hintern fallen; ⚒ *dar* ~ **a**) auf Grund stoßen; **b**) zurücklaufen.

culanchar F *v/i. Arg.* Manschetten haben F.

culan|trillo ♀ *m* Frauen-, Venushaar *n*; ~**tro** ♀ *m* Koriander *m*.

culas *f/pl.* Gruben *f/pl. b. Argolla-Spiel*.

culata *f* **1.** Gewehrkolben *m*; Bodenstück *n* e-r Kanone; ~ *adaptable* Anschlagkolben *m* zum Aufsetzen *v. Pistolen*; F *salirle a alg. el tiro por la* ~ nach hinten losgehen, ein Bumerang sein; **2.** ⊕ Magnet-, Transformatoren-joch *n*; *Kfz. de cilindro* Zylinderkopf *m*; **3.** *Equ.* Kruppe *f*; ~**da** *f* Rückstoß *m e-s Gewehrs*; ~**zo** *m* **1.** Schlag *m* mit dem Kolben, Kolbenstoß *m*; **2.** = *culatada*.

culcusido P *m* → *corcusido*.

culear P *v/i. Arg.* bumsen P, vögeln P.

cule|bra f **1.** Schlange f (vor allem kleine; in Am. mst. jede Art von Schlange); fig. (Schlangen-)Windung f; ~ de Esculapio Äskulapschlange f; hacer ~ ~ culebrear; **2.** ⊕ Kühlschlange f; Heizschlange f; **3.** F Lärm m, Wirrwarr m; F Ulk m, Streich m; **4.** ⚓ Reihleine f; **5.** □ **a)** Geldkatze f; **b)** Feile f; **6.** F Col. **a)** (Geld-)Schuld f; **b)** Gläubiger m; **~brazo** m Streich m; **~brear** v/i. s. schlängeln; schwanken, im Zickzack gehen, in Schlangenlinien fahren (Betrunkene); **~breo** m Schlängeln n; Sichdahinwinden n; **~brera** Vo. f See-, Schlangen-adler m; **~brilla** f **1.** ⚘ Schlangenflechte f; **2.** ⚘ Schlangenkraut n; **3.** Zo. ~ de agua Ringelnatter f; ~ ciega maurische Netzwühle f; **4.** ⚔ Riß m, Sprung m im Geschützrohr; **~brina** f **1.** ⚘ Schlangenkraut n; **2.** Met., ⚘ Schlangenblitz m; **3.** hist. ⚔ Feldschlange f; **~brón** m **1.** gr. Schlange f; fig. F gerissener Kerl m; schlechtes Weibsstück n F; **2.** F TV Seifenoper f, Daily Soap f; **3.** Méj. schlechtes Schauspiel n; Hintertreppenroman m.
cule|ra f **1.** Kotfleck m in Windeln; **2.** Flicken m am Hosenboden; neuer Hosenboden m; Gesäß-futter n; -tasche f; **~ro** m **1.** Unter-lage f, -tuch n für Kleinkinder; Chi. Lederschurz m der Bergleute; **2.** F Bummelant m F, Nachzügler m; **3.** Darre f der Vögel.
culi m Kuli m.
culiblanco Vo. m Steinschmätzer m.
culina|ria adj.-su. f (arte f) ~ Kochkunst f; **~rio** adj. c kulinarisch;
culito m dim. zu culo. [Küchen-.)
culmi|nación f Höhepunkt m, Gipfel m; Astr. Kulmination(spunkt m) f; **~nante** adj. c überragend (fig.); punto m ~ Kulminationspunkt m (a. fig.); Höhepunkt m; **~nar** v/i. fig. gipfeln, den Höhepunkt erreichen (in, bei dat. en).
culo m **1.** P Po(po) m F, Hintern m F; Am. Reg. ~ coño; F a ~ pajarero mit nacktem Hintern; auf den nackten Hintern; adv. nackt; de ~ rückwärts, verkehrt; fig. F andar con el ~ a rastras auf dem letzten Loch pfeifen F; bsd. pleite sein F, blank sein F; caer (od. dar) de ~ auf den Hintern fallen; fig. herunterkommen; fig. Rpl. echar ~ e-n Rückzieher machen; fig. enseñar el ~ feige sein, ausreißen; V esto me lo paso por el ~ darauf scheiß ich V; ser ~ de mal asiento kein Sitzfleisch haben; fig. P tomar (od. confundir) el ~ por las (cuatro) témporas alles durchea.-werfen, alles verwechseln; **2.** Boden m e-r Flasche; Fuß m e-r Lampe; Unterteil n, m; fig. F ~ de vaso falscher Edelstein m, Scherben m F.
culombio ⚡ m Coulomb n.
culón I. P dickarschig P; **II.** m fig. diensunfähiger Soldat m.
culote ⚔ m Stoß-, Hülsen-boden m e-s Geschosses.
culpa f Schuld f; Verschulden n; ⚖ a. Fahrlässigkeit f; ~ grave (leve) schweres (leichtes) Verschulden n (rechtlich u. moralisch); por ~ de ... durch Schuld des..., wegen (gen.); adv. por su ~, por ~ suya schuldhaft; durch s-e Schuld; sin ~ ohne Schuld, unverschuldet, schuldlos; cargar a otro con la ~ e-m andern die Schuld anhängen; echar la ~ (de a/c.) a alg. j-m die Schuld (an et. dat.) geben; ¿de quién es la ~? wer ist schuld?, an wem liegt die Schuld?; fue ~ mía ich war schuld daran; tener ~ schuld haben; tener la ~ de a/c. an et. (dat.) schuld sein, et. verschulden; **~bilidad** f Strafbarkeit f; Schuld f (rechtlich); **~ble I.** adj. c **1.** strafbar; straffällig; schuldig; ser ~ schuldig sein (gen. de); ser ~ de algo Schuld an et. (dat.) tragen, s. et. zuschulden kommen lassen, für et. (ac.) können; hacerse ~ Schuld auf s. laden; schuld haben (an dat. de); s. schuldig machen (gen. de); **2.** sträflich; **II.** c **3.** Schuldige(r) m; **~blemente** adv. schuldhaft; **~ción** f Beschuldigung f; **~damente** adv. schuldhaft; **~do** adj. schuldig; ⚖ **~r** v/t. beschuldigen, anklagen (e-r Sache de a/c.); rügen.
culpeo Zo. m Chi. Fuchs m.
culposo adj. bsd. Am. u. ⚖ fahrlässig.
culta|latiniparla F f gezierte Sprache f der Puristen; p. ext. Blaustrumpf m; **~mente** adv. höflich; gepflegt; geziert, affektiert.
culte|dad f Geziertheit f, Geschraubtheit f; **~ranismo** Lit. m Kult(eran)ismus m, Schwulststil m (urspr. des Barocks); **~rano** adj.-su. kultistisch, schwülstig; **~ría** f Schwulst m, Geschraubtheit f; **~ro** adj.-su. → culterano.
culti|parlar v/i. geschraubt (od. geziert) reden; **~parlista** adj.-su. c affektierter Redner m; desp. für culterano; **~picaño** F adj. affig, possenhaft.
cultismo m **1.** Buchwort n, gelehrtes Wort n; **2.** → culteranismo.
culti|vable adj. c anbaufähig, urbar; Acker.,; **~vador** adj.-su. m **1.** Züchter m; fig. Pfleger m; **2.** ⚒ Kultivator m, Grubber m; **~var** v/t. **1.** ⚒ Feld bebauen, bestellen; anbauen; züchten, pflanzen; **2.** Bakterien usw. züchten; **3.** fig. kultivieren; pflegen; **~vo** m **1.** ⚒ Anbau m; Bebauung f; Züchtung f; ~ de arroz (de cereales) Reis- (Getreide-)anbau m; ~ intensivo (extensivo) Intensiv- (Extensiv-)kultur f; ~ del suelo Bodenbearbeitung f; poner en ~ urbar machen; **2.** Kultur f, Züchtung f; ~ de bacterias, ~ de microbios Bakterienkultur f; caldo m de ~ a. fig., medio m de ~ Nährboden m; **3.** Pflege f.
culto I. adj. **1.** gebildet; kultiviert; höflich, gesittet; **2.** geziert, schwülstig; **II.** m **3.** Kult m, Gottesdienst m; Kult m, Verehrung f; ~ divino Gottes-verehrung f; -dienst m; ~ de los antepasados Ahnenkult m; Pol. ~ de (las) personas Personenkult m; rendir ~ a **a)** verehren (ac.); **b)** Kult treiben mit (dat.).
cultu|al adj. c Kult(us)...; **~ra** f **1.** Kultur f; Gesittung f; Bildung f; ~ general (popular) Allgemein- (Volks-)bildung f; grado m de ~ Bildungsgrad m; hombre m de gran ~ sehr gebildeter Mensch m; F ¡~! Bildung muß man eben haben!; gebildet müßte man sein!; **2.** Pflege f; ~ física Körperpflege f; **3.** → cultivo; **~ral** adj. c kulturell, Kultur...; Bildungs...; nivel m ~ Kulturstufe f; Bildungsstand m; **~rar** v/t. anbauen, bestellen; **~rismo** m Bodybuilding n; **~rista** c Bodybuilder m; **~rología** f Kulturwissenschaft f.
cumá P f Rpl. Patin f; Gevatterin f.
cumarina ⚘ f Cumarin n.
cumarú ⚘ m Tongabaum m.
cumba f Hond. Schokoladenschale f; **~rí** adj.-su. m Rpl. (ají m) ~ scharfer Ajipfeffer m.
cum|bé m Am. Folk. Negertanz; **~bia(mba)** f Col. Volkstanz m.
cumbre f **1.** Berggipfel m; fig. Gipfel m; Pol. ~ od. conferencia f (en la) ~ Gipfel-konferenz f, -treffen n; ~ comunitaria EU-Gipfel m; **2.** ⚕ First m; **~ra** f **1.** ⚕ **a)** First m; **b)** Oberschwelle f, Türsturz m; **2.** Höhenrücken m.
cúmel m Kümmel m (Branntwein).
cumiche F m Am. Cent. Jüngste(r) m e-r Familie, Benjamin m F.
cumíneo adj. kümmelähnlich.
cuminol ⚘ m Kümmelöl n.
cumpa P m Chi., Rpl. Pate m; Gevatter m.
cúmplase: auf Urkunden: „genehmigt"; m Genehmigungsvermerk m.
cumpleaños m Geburtstag m.
cumpli|damente adv. vollkommen, wie es s. gehört; **~dero** adj. **1.** zweckdienlich; **2.** ablaufend (Frist); **~do I.** adj. **1.** vollkommen; vollendet; tener 30 años ~s das 30. Lebensjahr vollendet haben; **2.** ausgedient (Soldat); **3.** gebildet, höflich; **4.** weit (Kleid); **II.** m **5.** Höflichkeit f, Zuvorkommenheit f; Kompliment n; Glückwunsch m; adv. por ~ aus Höflichkeit, aus Anstand; sin ~s ohne Umstände; frei von der Leber weg F (sprechen); visita f de ~ Höflichkeitsbesuch m; no gastar ~s ohne Umschweife handeln; nicht viel Federlesens machen; **~dor** adj.-su. pflichtbewußt, zuverlässig.
cumpli|mentar v/t. **1.** ⚖ ausführen, vollstrecken; **2.** begrüßen; beglückwünschen; e-n Höflichkeitsbesuch abstatten (dat.); **~mentero** adj. übertrieben höflich; umständlich; **~miento** m **1.** Erfüllung f; Ausführung f, Vollziehung f; kath. ~ pascual Osterpflicht f; **2.** Höflichkeit f; adv. por ~ der Form halber, aus Höflichkeit; **~r I.** v/t. **1.** vollenden, erfüllen; befriedigen; Auftrag, Befehl, Beschluß ausführen, vollziehen; Wunsch, Versprechen, Bedingung erfüllen; Strafe absitzen; Dienstzeit beenden; el deber s-e Pflicht tun; ~ (30) años s-n (30.) Geburtstag feiern; cúmpleme decir es ist meine Pflicht, zu sagen; ich muß sagen; F los cuarenta, ya no los cumple die ist schon mehr als vierzig; **II.** v/i. **2.** abs. ausgedient haben (Soldat); ablaufen, zu Ende gehen (Frist); **3.** abs. zuverlässig sein; ~ con su deber s-e Pflicht tun; ~ con la Iglesia bsd. s-e Osterpflicht erfüllen; ~ con todos **a)** allen gg.-über s-e Pflicht tun; **b)** zu allen freundlich sein; su amigo cumplirá por usted Ihr Freund wird für Sie einspringen (od. Ihre Aufgabe übernehmen); adv. por ~ (nur) der

Form halber; aus reiner Höflichkeit; **III.** v/r. ~se **4.** in Erfüllung gehen (*Vorhersagen, Wünsche, Fluch*).
cumquibus F m Moneten pl. F, Pinke f F, Moos n F, Zaster m F.
cumular v/t. → *acumular*.
cúmulo m Haufe m, Menge f; *Met.* Kumulus-, Haufen-wolke f.
cumulonimbos *Met.* m/pl. Kumulonimbus m, Gewitterwolke f.
cuna f **1.** Wiege f (a. fig.); p. ext. Kinderbett n; canción f de ~ Wiegenlied n; (*casa f*) ~ Kinderkrippe f; Säuglingsheim n; *conocer a alg. ya desde su* ~ j-n schon als kleines Kind gekannt haben; **2.** *fig.* Geschlecht n; Abstammung f; *de* ~ *humilde* aus einfacher Familie (stammen); **3.** ⚔ Rohrwiege f; ⚓ Schlitten m (*Stapellauf*); **4.** Hörnerweite f (*Stier*).
cunaguaro *Zo.* m *Ven.* Tigerkatze f.
cunar v/t. → *cunear*.
cundir[1] v/t. *Am.* würzen; ~[2] v/i. s. ausbreiten, auslaufen (*Flecken*); s. verbreiten (*Nachricht, Panik usw.*); (auf)quellen (*beim Kochen*); reichen, ausgeben, ausgiebig sein; (*no*) *me cunde el trabajo* die Arbeit geht mir gut (geht mir nicht) von der Hand, ich komme gut (komme schlecht) voran mit der Arbeit; *cunde el mal ejemplo* das schlechte Beispiel macht Schule; *le cunde la espera* das Warten wird ihm recht lang.
cunear v/t. Kind wiegen.
cuneiforme adj. c keilförmig; *escritura f* ~ Keilschrift f.
cune|o m Wiegen n, Einwiegen n e-s Kindes; ~**ro** adj.-su. m Findelkind n; F in s-m Wahlkreis unbekannter, von der Regierung lancierter Abgeordnete(r) m; *Stk.* Stier m unbekannter Herkunft.
cuneta f Straßengraben m; Wassergraben m, bsd. *in alten Befestigungsanlagen; fig. dejar a alg. en la* ~ j-n überholen, j-n überrunden; j-n in der Patsche sitzen lassen.
cunicul|tor m Kaninchenzüchter m; ~**tura** f Kaninchenzucht f.
cuña f **1.** Keil m; *Met.* ~ anticiclónica Hochdruckkeil m; *fig. ser buena* ~ e-e gute Empfehlung (od. Hilfe) sein; *meter* ~ Unruhe stiften; F *meterle a alg. una* ~ j-m helfen; *tener* ~s gute Beziehungen haben; **2.** TV bsd. *Am.* Werbespot m.
cuña|da f Schwägerin f; ~**día** f Schwägerschaft f; ~**do** m Schwager m.
cuñar v/t. Münzen prägen.
cuñete m Fäßchen n.
cuño m Prägestempel m für Münzen; Prägung f; fig. Gepräge n; fig. *de nuevo* ~ neu geprägt (*Wort, Ausdruck*), (ganz) neu.
cuociente *Arith.* m Quotient m.
cuodlibeto m Quodlibet n.
cuota f Quote f, Anteil m, Beitrag m; Gebühr f, Taxe f; ~ *de amortización* Tilgungsquote f; ~ *anual* Jahresbeitrag m; ~ (*de socio*) Mitgliedsbeitrag m.
cupé m Coupé n (*Kfz. u. Kutsche*); ~ *deportivo* Sportcoupé n.
cupido m **1.** *fig.* ewig verliebter Mann, Schwerenöter m; **2.** schönes Kind n; **3.** ♀ *Myth. npr.* Cupido m; **4.** ~ *de las praderas* Präriehund m.
cuplé m Chanson n, Couplet n.

cuple|tera desp. f, ~**tista** c Schlager-, Couplet-, Chanson-sänger(in f) m.
cupo m **1.** Kontingent n; Quote f, Anteil m; ✝ ~ *de importación* Einfuhrkontingent n; **2.** Truppenkontingent n; **3.** *Am.* Fassungsvermögen n, Kapazität f; verfügbare Plätze m/pl., Zimmer n/pl. usw. (*Flugzeug, Hotel*).
cupón m Kupon m, Abschnitt m; ~**ones** Annuitäten f/pl.: Jahresdividende f; Jahreszinsen m/pl.; ~ *de ciegos* Los n der Blindenlotterie; ~ *de dividendo* Dividendenschein m; ~ (*de intereses*) Zinsschein m; ~-*pedido* Bestellschein m; ~ *de racionamiento* Bezugsschein m; ✆ ~-*respuesta* Rückantwortschein m (*international*); ~ *de vuelo* Flugschein m.
cupre|sáceas ♀ f/pl. Zypressenartige(n) f/pl.; ~**sino** *lit.* adj. Zypressen...; aus Zypressenholz.
cúprico adj. kupfern; Kupfer...; ♎ *yoduro* m ~ Kupferjodid m.
cu|prífero adj. kupferhaltig; ~**prita** *Min.* f Rotkupferez n; ~**proniquel** m Nickelkupfer n; ~**proso** ♎ adj. Kupfer(I)-...
cúpula f **1.** ⚙ Kuppel f; ⚓, *fort.* Panzerkuppel f; ⚓ ~ *aplanada* Flachkuppel f, Kappe f; ⊕ ~ *de vapor* Dampfdom m e-s Kessels; **2.** ♀ Becher m der Eichel, Haselnuß usw.
cupulífero ♀ adj. becher-, näpfchen-tragend.
cupulino △ m Laterne f.
cuquería f Niedlichkeit f; Verschmitztheit f, Schlauheit f.
cuquillo *Vo.* m Kuckuck m.
cura[1] m Geistliche(r) m; ~ *párroco* Pfarrer m; *oft desp. los* ~s die Pfaffen m/pl. (*desp.*); F este ~ ich.
cura[2] f Kur f; Heilung f; Behandlung f e-r *Wunde*; ~ *de aguas*, ~ *hidrológica* Brunnenkur f; ~ *de almas* Seelsorge f; ~ *balnearia*, ~ *termal* Bade-, Thermal-kur f; fig. ~ *de caballo* Roßkur f; ~ *de cama*, ~ *de reposo* (*en decúbito*) Liegekur f; *primera* ~, ~ *de urgencia* erste Hilfe f; *erste Behandlung f;* *(nicht) heilbar sein;* ~**bilidad** f Heilbarkeit f; ~**ble** adj. c heilbar.
curaca m *Bol., Pe.* Häuptling m.
curación f Heilung f; Genesung f; ~ *espontánea* spontane Heilung f, Selbstheilung f.
curadera f *Chi.* Rausch m.
curadillo m Stockfisch m.
curado[1] adj.: *beneficio* m ~ Pfarrpfründe f mit seelsorgerischer Pflicht.
curado[2] **I.** adj. **1.** geheilt, heil; *fig.* abgehärtet, hartgeworden; F ~ *de espanto* abgebrüht, unerschütterlich; **2.** ⊕ *cuero* m ~ zur Weiterhandlung fertiges Rohleder n; gegerbtes Leder n; *lienzo* m ~ gebleichte Leinwand f; **3.** F *Am. Reg.* besoffen F; **II.** m **4.** ⊕ Aushärtung f von *Mörtel, Kunststoffen*.
cura|dor I. adj. heilend; **II.** m ✝ Pfleger m; ⊕ Gerber m; Fischverarbeiter m usw.; → *curar* 3; ~**duría** ✝ f
curagua ♀ f *Chi.* Hartmais m.
curalotodo F m Allheilmittel n.
curande|ra f Kurpfuscherin f;

cumquibus — currinche

~**rismo** m Kurpfuschertum n, Quacksalberei f; ~**ro** m Kurpfuscher m, Quacksalber m F; *hacer de* ~ quacksalbern.
curar I. v/i. **1.** heilen; genesen; **II.** v/t. **2.** (ärztlich) behandeln; heilen; *Wunde, Bruch* verbinden; **3.** *Fleisch, Fische* einsalzen, räuchern; *Häute* gerben; *Leinen* bleichen; *Mörtel usw.* aushärten; *Holz* zum Trocknen lagern (lassen); **III.** v/r. ~**se 4.** genesen, gesund werden; heilen; F *Am.* (gern) einen heben F, s. besaufen F; ~*se en salud* vorbeugen, vorbauen, es nicht erst darauf ankommen lassen; ~*se de a/c. s. um et.* (*ac.*) kümmern.
curare m Kurare n (*Pfeilgift*).
curasao m → *curazao*.
curatela ✝ f Pflegschaft f; *persona* f *bajo* ~ Pflegebefohlene(r) m.
curati|va f Heilmethode f; ~**vo** heilend, Heil...
curato m Pfarr-, Hirten-amt n; *p. ext.* Pfarrei f.
curazao m Curaçao m (*Likör*).
curbaril ♀ m *Am. trop.* Lokustenbaum m.
cúrcuma ♀ f Gelbwurz f.
curcuncho adj. *Am.* bucklig.
curda F **I.** Schwips m, Rausch m; **II.** m Säufer m F; *estar* ~ besoffen (*od.* blau) sein F.
curdo adj.-su. kurdisch; m kurdische Sprache f; Kurde m.
cureña ⚔ f Lafette f; ~ *automóvil* Selbstfahrlafette f.
curí m **1.** *Am.* ♀ Art Araukarie f; **2.** *Zo. Col.* Meerschweinchen n.
curia f **1.** Gerichtshof m; Justizverwaltung f; **2.** Kurie f (*a. hist. u. kath.*); ~**l I.** adj. c bsd. kath. Kurien...; **II.** m Beamte(r) m der Kurie, Kuriale m; ~**lesco** adj. kanzleimäßig, kurial; desp. *estilo* m ~ Kanzlei-, Gerichts-, Amts-stil m.
curie *Phys.* m Curie n.
curio|samente adv. **1.** seltsamerweise; **2.** sauber; ~**sear I.** v/i. neugierig sein, herumschnüffeln F; *por los escaparates* e-n Schaufensterbummel machen; **II.** v/t. neugierig betrachten (*od.* fragen); *in e-m Buch usw.* blättern; ~**sidad** f **1.** Neugier(de) f, Wißbegier f; ~ *de noticias* Wunsch m, Neuigkeiten zu erfahren; Neugier f; **2.** Sehenswürdigkeit f; Merkwürdigkeit f; **3.** Sauberkeit f; Sorgfalt f; ~**so I.** adj. **1.** wißbegierig; neugierig; naseweis, vorwitzig; *estoy* ~ *por saber si* ... ich bin neugierig, ob ...; ich möchte gern wissen, ob ...; **2.** merkwürdig, sonderbar; sehenswert; **3.** sauber, reinlich; sorgfältig; **II.** m **4.** Neugierige(r) m.
curiyú *Zo.* m Wassernatterschlange f.
currante P m Arbeiter m.
curr(el)ar P v/i. *Span.* schuften F, malochen F.
curre(lo) F m **1.** Arbeit f, Schufterei f F; **2.** □ *Sore f* □.
curricán m Schleppangel f.
curricular adj. c *Pädagogik:* curricular.
currículo m *Pädagogik:* Curriculum n.
currículum m *vitae* Lebenslauf m.
currinche desp. m Anfänger m als Zeitungsberichterstatter m.

curro *adj.* **1.** schmuck, hübsch; **2.** selbstsicher.
currutaco F *adj.-su.* stutzerhaft; *m* Stutzer *m*, Modenarr *m*, Geck *m*.
curry *m* Curry *m*.
cursa|do *adj.* geübt, erfahren, bewandert; **~nte** *m bsd. Am.* Student *m*; Schüler *m*; Kursteilnehmer *m*; **~r** *v/t.* **1.** *Fach, Wissenschaft* studieren; **~** (*estudios de*) *filología* Philologie studieren; **2.** *Auftrag* erteilen; *Telegramm* aufgeben; *Einladungen* verschicken; *Bericht* in Umlauf geben; *Gesuch, Akten* (amtlich) weiterleiten (an *dat. a*); **3.** häufig aufsuchen; oft tun.
cursear F *v/i. Am. Cent.* Durchfall (*od.* Durchmarsch *m* F) haben.
cursi F **I.** *adj. c* kitschig, geschmacklos; **II.** *m* Vornehmtuer *m*, Laffe *m* F, (Lack-)Affe *m* F; **~lería** *f* Kitsch *m*, Vornehmtuerei *f*, Getue *n*.
cursi|llista *c* Lehrgangs-, Kurs-teilnehmer *m*; **~llo** *m* (Kurz-)Lehrgang *m*, Kurs *m*; **~** *de refresco* Förder-, Lift-, Auffrischungs-kurs *m*; **~sta** *c* Kursteilnehmer *m*; **~va** *adj.-su.* *f* (*letra f*) **~** Kursive *f*, Kursivschrift *f*; **~vo** *adj.* kursiv (*Druck, Schrift*).
curso *m* **1.** Strömung *f*; (Wasser-, Fluß-)Lauf *m*; **~** *inferior* (*superior*) *del río* Fluß-unterlauf *m* (-oberlauf *m*); **2.** Bahn *f*, Lauf *m der Gestirne*; Verlauf *m e-r Kurve*; Weg *m*; ⊕ Hub *m*, Kolbenweg *m*; **~** *de los electrones* Elektronenweg *m*; **3.** Umlauf *m*, Gültigkeit *f*; ✝ en **~** im Umlauf; **~** *legal* offizieller Kurs *m*; **4.** *fig.* Weg *m*, Verlauf *m*, Gang *m*, Lauf *m*; en (*od. durante*) el **~** de während (*gen.*), im Verlauf (*gen. od.* von *dat.*); el mes en **~** der laufende Monat; dar **~** *a una solicitud* ein Gesuch weiterleiten; dejar **~** *a una instancia* e-m Ersuchen stattgeben; estar en **~** de fabricación in Arbeit (*od.* Bearbeitung) sein; el negocio sigue su **~** das Geschäft geht (weiterhin) s-n Gang; **5.** Lehrgang *m*, Kurs(us) *m*; Vorlesung *f*; **~** (*escolar*) Schul-, Hochschul-jahr *n*; **~** *acelerado* (*od. de formación acelerada*) Schnellkurs *m*; **~** *de ampliación* (*de conocimientos*) Fortbildungslehrgang *m*; **~** *por correo* Fernlehrgang *m*; Fernunterricht *m*; **~** *de formación* Ausbildungs-, Schulungs-kurs *m*; **~** *de idiomas* Sprachlehrgang *m*; **~** *intensivo* Intensivkurs *m*; **~** *de perfeccionamiento* (*od. de adiestramiento*) *profesional* Kurs *m* für berufliche Weiterbildung *f*; **~** *preparatorio* Vorbereitungskurs *m*; **~** *para principiantes* (*de reciclaje*) Anfänger- (Auffrischungs-)kurs *m*; **6.** *Col.* **~s** *m/pl.* Durchfall *m*.
cursor ⊕ *m* Läufer *m*, Schieber *m am Rechenschieber*; ⚡ Reib-, Schleif-kontakt *m*; *EDV* Cursor *m*.
curtación *Astr. f* ekliptische Verkürzung *f*.
curti|do **I.** *adj.* **1.** erfahren, bewandert (in *dat.* en); **2.** abgehärtet; gebräunt; gegerbt (*a. vom Wetter*); *fig.* unempfindlich, abgebrüht; **II.** *m* **3.** Gerben *m*; **~s** *m/pl.* gegerbte Häute *f/pl.*; **~dor** *m* Gerber *m*; **~dura** *f* → curtimiento *m*; **~duría** *f* Gerberei *f*; **~embre** *f Am.* Lohgerberei *f*; **~ente** *m* Gerbstoff *m*; **~miento** *m* **1.** Gerben *n*; **2.** *fig.* Abhärten *n*; Bräunen *n*; **~r** **I.** *v/t.* **1.** *Felle, Haut* gerben; bräunen; *fig.* abhärten; *Rpl.* verprügeln; **II.** *v/r.* **~se** **2.** braun werden (in der Sonne *por el sol*); *fig. s.* abhärten; **3.** *Hond. s.* schmutzig machen.
curu|ja *Vo. f* Waldohreule *f*; **~l** *Pol. f Am.* Sitz *m im Parlament*; **~ro** *Zo. m Chi.* Art Feldratte *f*; **~rú** *Zo. m* Wabenkröte *f*.
curva *f* **1.** Kurve *f*; Krümmung *f*, Bogen *m*; F **~s** *f/pl.* Kurven *f/pl. e-r Frau*; ⚓, ⊕ **~** *de caída* Fallkurve *f*; **~** *característica* charakteristische Kurve *f*, ⊕ oft Kennlinie *f*; **~** *descendente* fallende Kurve *f*; **~** *diferencial*, **~** *derivada* Differentialkurve *f*; **~** *escarpada* Steilkurve *f*; ⚕ **~** *de la fiebre* Fieberkurve *f*; **~** *de nivel* Höhen-, Schicht-linie *f*; *Vkw.* tomar una **~** e-e Kurve nehmen; **2.** ⚓ Krummholz *n*; **~do** *adj.* gekrümmt; geschweift; Rund...; **~dora** ⊕ *f* Biegemaschine *f*; **~tón** ⚓ *m* Stützplatte *f*; **~tura** *f* Krümmung *f*; **~r** *v/t. bsd.* ⊕ biegen, krümmen.
curvi|dad *f* → curvatura; **~líneo** *adj.* in e-r Kurve verlaufend.
curvímetro *m* Kurvenmesser *m*.
curvo *adj.* krumm, gekrümmt; gebogen, rund.
cusca *f* **1.** *Méj.* leichtes Mädchen *n*; **2.** *hacer la* **~** *a alg.* **a)** j-n belästigen, j-n auf die Palme bringen; **b)** j-m schaden.
cuscu|rro, **~rrón** *m* Brot-rinde *f*, -kruste *f*.
cuscús *Zo. m* Flugeichhörnchen *n*.
cuscuta ♀ *f* Flachsseide *f*.
cusir F *v/t.* → corcusir.
cúspide *f* Spitze *f*, *a. fig.* Gipfel *m*; *Geom.* Spitze *f* (*höchster Punkt e-s Körpers*).
cusqui F: *hacer la* **~** → *hacer la cusca.*
custo|dia *f* **1.** Aufbewahrung *f*, Verwahrung *f* (*a. Wertpapiere*), Gewahrsam *f* (*a. Polizei*), Obhut *f*; Bewachung *f*; ✝ **~** *de valores* Depotgeschäft *n*; **2.** *kath.* Monstranz *f*; **~dio** *adj.-su. m* Wächter *m*; Kustos *m*; *ángel* **~** Schutzengel *m*; *hist.* **~** *del Gran Sello* Großsiegelbewahrer *m*.
cusú *Zo. m* Kusu *m*.
cusumbe *m Ec.* Koatí *m*.
cususa *f Am. Cent.* Zuckerrohrschnaps *m*.
cuta|cha *f Hond.* langes Messer *n*; **~ma** *f Chi.* Mehlsack *m*; *fig.* schwerfälliger Mensch *m*.
cutáneo ⚕ *adj.* Haut...
cutar(r)a *f Méj., Am. Cent.* Bauernschuh *m*.
cúter ⚓ *m* Kutter *m*.
cutí *tex. m* (*pl.* **cutíes**) Drillich *m*; **~cula** *Anat. f* Oberhaut *f*; Nagelhaut *f*; **~** *de la célula* Zellhaut *f*.
cuticular *adj. c* Oberhaut...
cutio F *m Reg.* Knochenarbeit *f* F.
cuti|rreacción ⚕ *f* Hautreaktion *f*; **~s** *m* (*bsd.* Gesichts-)Haut *f*.
cuto *adj. Bol., Salv.* einarmig; lahm.
cutral *adj. c* ausgedient (*Rindvieh*).
cutre *m* Geizhals *m*, Knauser *m*.
cuy *Zo. m Pe., Ec.* Meerschweinchen *n*.
cuyo **I.** *pron. rel. poss.* dessen, deren; *fragend:* ¿cúyo? wessen?; *mi amigo, cuya hija está en Madrid* mein Freund, dessen Tochter in Madrid ist; *por cuya causa* weshalb; **II.** *m* F Liebhaber *m*.
¡cuz, cuz! hierher! (*Lockruf für Hunde*).
cuzcuz *m* → alcuzcuz.
czar *m u. Abl.* → zar.
czarda ♪ *f* Csárdás *m* (*Tanz*).

Ch

Ch, ch (= che) f vierter Buchstabe des span. Alphabets.
chabaca|nada f, **~nería** f Geschmacklosigkeit f, Plattheit f; Derbheit f; Pfuscherei f; **~no I.** adj. geschmacklos, platt; plump, derb, gemein; Pfusch...; **II.** m ⚓ Méj. Aprikosenbaum m; Aprikose f.
chabela f Bol. Mischgetränk aus Wein u. Chicha.
chabó □ m Bursche m, Junge m.
chabo|la f Hütte f, Gartenhäuschen n; F elende Wohnung f; ⚔ Unterstand m; **~lismo** m (Unterbringung f in od. Vorhandensein n von) Elendsquartiere(n) n/pl.; **~lista** c Bewohner m e-s Elendsquartiers.
chaca|l m Zo. Schakal m; fig. Trittbrettfahrer m (fig.); **~laca** f Am. Vo. Schreivogel m; fig. Schwätzer m.
chacanear vt/i. Chi. (dem Pferd) kräftig die Sporen geben; fig. ärgern, schikanieren.
chácara f Am. → chacra¹.
chacarero m Am. Mer. Bauer m, Landmann m.
chacarrachaca F f Geschrei n, Klamauk m F.
chaci|na f Schweinswurstfleisch n; Pökel-, Selch-fleisch n; **~nero** m Wurstfabrikant m; Schweinemetzger m.
Chaco m: el Gran **~** das Chacogebiet n, der Gran Chaco.
chacó m (pl. **~ós**) Tschako m.
chacolí m (pl. **~íes**) bask. leichter (Bauern-)Wein m.
chacolotear v/i. scheppern, klappern (loses Hufeisen usw.).
chacona ♪ f Chaconne f (alter span. Reigentanz).
chaco|ta f Klamauk m F, Radau m, lärmende Freude f; Juchhe(i) n; Gelächter n; hacer **~** de a/c., echar (od. tomar[se]) a/c. a **~** et. nicht ernst nehmen, s. über et. (ac.) lustig machen; **~tear I.** v/i. Spaß treiben, (s. e-n) Fez machen F; **II.** v/r. **~se** de s. lustig machen über (ac.); **~tero** adj.-su. aufgedreht, lustig.
chacra¹ f Am. Mer. kl. Farm f, Bauernwirtschaft f.
chacra² Equ. f Chi. Scheuerwunde f.
chacha¹ F f Dienst- bzw. Kindermädchen n; Mädchen n; Kleine f (Koseform).
chacha² f Am. → chacalaca.
cha-cha-chá ♪ m Cha-Cha-Cha m (Tanz).
chachalaca f → chacalaca.
cháchara f Geschwätz n, leeres Gerede n, Gequassel n F; **~s** f/pl. Plunder m, Krimskrams m; desp. estar de **~** schwatzen, quasseln F.
chacha|rear F v/i. schwatzen, quatschen F; **~rero** adj.-su. schwatzhaft; m Schwätzer m; **~rón** F adj.-su. Quasselfritze m F, Quatschkopf m F.
chachi P adj. inv., adv. dufte F, Klasse F, Spitze F.
chacho F m Junge m (Koseform).
Cha|d m Tschad m; ²**diano** adj.-su. tschadisch; m Tschader m.
chafado adj. zerknüllt, zerknittert; zerquetscht; fig. hundemüde F; fig. dejar a alg. **~** **a)** j-m den Mund stopfen; **b)** j-n sehr bedrücken.
chafaldete ⚓ m Gei-, Segel-tau n.
chafal|dita F f Neckerei f, Ulk m; **~mejas** F c (pl. inv.) Farbenkleckser m.
chafa|llar v/t. verpfuschen; **~llo** F m Flickerei f; Pfusch(arbeit f) m F; **~llón** F adj.-su. Pfuscher m.
chafandín F m Fatzke m F, eingebildeter Dummkopf m.
chafar I. v/t. 1. zerquetschen; zertreten; zerknittern, zerknautschen; 2. fig. zum Schweigen bringen; (et. Boden zerstören (fig. F); F niederdrücken, fertigmachen F; **II.** v/r. **~se** 3. s. plattdrücken; zerquetscht werden.
chafarote F m Schleppsäbel m, Plempe f F.
chafarri|nada f → ·chafarrinón; **~nar** v/t. be-, ver-klecksen; **~nón** m Klecks m, Flecken m; Kleckserei f; fig. F Schandfleck m.
chaflán m a. ⊕ Schrägkante f, Schräge f, Fase f; △ (abgeschrägte) Haus- (bzw. Straßen-)ecke f; hacer **~** die Ecke bilden.
chagorra f Méj. (Straßen-)Dirne f.
chagra I. f Col., Ec. kl. Farm f; Bauernhof m; **II.** m Ec. Bauer m.
chagrín m Chagrinleder n.
chagualo F m Col. alter Schuh m.
chaguascar [1g] v/impers. Arg. nieseln, fein regnen.
chai P f Span. junge Nutte f F.
chaira f 1. Schustermesser n, Kneif m; P Span. (bsd. Klapp-)Messer n der Ganoven; 2. Wetzstahl m.
chajal m Ec. Diener m.
chal m Schal m, Schultertuch n; Am. a. gr. wollener Überwurf m.
chala|do P adj.: estar **~** beknackt sein F, spinnen F, e-n Dachschaden haben F; estar **~** por vernarrt (od. verknallt F) sein in (ac.), stehen auf (ac.) F; **~dura** P f Verrücktheit f, Spinnerei f F.
chalán I. adj. gerieben, gerissen; **II.** m (bsd. Pferde-)Händler m; Roßtäuscher m; Schacherer m; Pe., Col. Zureiter m.
chalana ⚓ f Schute f, Leichter (-prahm) m.
chala|near vt/i. schachern; Chi. (Pferde) zureiten; **~neo** m, **~nería** f Schacherei f.
chalar F **I.** v/t. verrückt machen; **II.** v/r. **~se** verrückt werden, durchdrehen F; **~se (por)** s. verknallen F (in ac.).
chalaza Biol. f Hagelschnur f im Ei.
chalchihuite m Méj. Art Smaragd m; Am. Cent. Plunder m, Flitterkram m.
chalé m 1. kl. Landhaus n, Sommervilla f; 2. Bungalow m; Villa f; Span. **~** adosado Reihenhaus n.
chale|co m Weste f; **~** salvavidas Schwimmweste f; **~quera** f Westenschneiderin f.
chalet m → chalé.
chalina f feines Halstuch n; Halsschleife f; Arg. a. Schal m.
chalona f Bol. Dörrschaffleisch n; Pe. gepökeltes Hammelfleisch n.
chalote ♣ m Schalotte f.
chalupa f 1. ⚓ Schaluppe f; Méj. Zweierkanu n; 2. Méj. gefülltes Maisküchlein n.
chama f Tausch m (Trödler).
chama|ca f Méj. Mädchen n; **~co** m Méj. Junge m; **~da** f → chamarasca; **~goso** adj. Méj. schmutzig; gemein.
cha|mán m Schamane m; **~manismo** m Schamanentum n.
chamar v/i. tauschen (Trödler u. P).
chámara u. **chamarasca** f 1. Reisig(holz) n; 2. Flackerfeuer m.
chamari|lear v/i. → chamar; **~(l)lero** m 1. Trödler m; 2. Falschspieler m; **~llón** adj.-su. schlechter Spieler m, Stümper m (Kart.).
chama|riz Vo. m (pl. **~ices**) Gartenzeisig m; **~rón** Vo. m Schwanzmeise f.
chama|rra f Kittel m aus grobem Zeug; **~rreta** f Art kurzer Kittel m.
chamba¹ f Zufallstreffer m, Schwein n F; por **~** (nur) durch (e-n glücklichen) Zufall; F estar de **~** Schwein haben F; **~²** f Ec. Rasen m; Col. Graben m; **~do** m, Chi. (Trink-) Horn n, Becher m.
chambelán m Kammerherr m.
chambergo m 1. runder, breitkrempiger Schlapphut m, Rembrandthut m; F Hut m, Deckel m F; 2. Vo. Reisfresser m.
chambo m Méj. Tauschhandel m (Saatfrucht).
cham|bón F adj.-su. schlechter (Karten- usw.)Spieler m; fig. Stümper m, Pfuscher m; fig. Glückspilz m; **~bonada** f 1. stümperhaftes Spiel n; fig. Stümperei f, Pfuscherei f F; Danebenhauen n F; 2. Zufallstreffer m.

chambra f 1. Unterjäckchen n; P Bluse f; 2. □ Zufall m.
chambrana △ f Verzierung f; Simswerk n.
chami|co ⚥ m Am. Mer. Stechapfel m; ~za f ⚥ Schilfrohr n; Reisig n; ~zo m 1. halbverkohlter Baum m, halbverkohltes Holzscheit n; 2. schilfgedeckte Hütte f; desp. Spelunke f; mieses Bordell n.
chamo|rra F f kahlgeschorener Kopf m, Platte f F; ~rro adj.-su. kahlgeschoren; bartlos (Weizen).
chamota f Töpferton m.
champán[1] m Fil., Am. Reg. flachgehendes gr. Boot n; China: Sampan m.
cham|pán[2] m Champagner m; ~panero m Sektkübel f; ♀paña f 1. Champagne f; 2. ♀ Am., ♀ m Span. Champagner m, Sekt m; ~pañado adj. champagnerartig, Schaum...; ~pañazo m Am. Bankett n mit Champagner, Sektgelage n F.
champar F v/t. j-m e-e erwiesene Gefälligkeit vorhalten; zu j-m frech werden.
champiñón m Champignon m.
champú m (pl. ~úes) Shampoo n; lavar con ~ schampunieren.
champurrar F v/t. Getränke mischen, mixen; trinken.
cham|pús, ~puz m Ec., Pe. Maisbrei m mit Naranjillasaft.
chamuco m Méj. Teufel m; übler Kerl m.
chamuchina f Am. gemeines Volk n, Pöbel m; Méj. → chamusquina.
chamulla P f Kauderwelsch n; Jargon m; Gequassel n F; ~r P v/i. quasseln F, quatschen F.
chamus|cado F adj. angesteckt, infiziert F (von e-m Laster, e-r Ideologie usw.); ~car [1g] v/t. an-, versengen; Zucker, Gefiederreste u.ä. ab-brennen, -sengen; ~co m, ~quina f (Ab-)Sengen n; Brandgeruch m; fig. F Rauferei f; huele a ~ es riecht brenzlig; fig. F es ist dicke Luft F, es ist (od. wird) brenzlig.
chanada F f Streich m, Betrug m.
chanca f → chancla.
chanca|ca f Ec., Pe. Rohzucker m; brauner Zucker m; Am. Reg. Art türkischer Honig m.
chance m Am. 1. (günstige) Gelegenheit f; 2. lotterieähnliches, z.T. verbotenes Glücksspiel n.
chance|ar I. v/i. scherzen; spaßen; II. v/r. ~se con alg. mit j-m Spaß treiben; ~se de alg. j-n (ein bißchen) auf den Arm nehmen F; ~ro adj.-su. spaßig; m Spaßmacher m.
chancille|r hist. m Siegelbewahrer m (vgl. canciller).
chan|cla f 1. alter, abgetretener Schuh m, Latschen m F; 2. → chancleta; ~clero □ m Hehler m; ~cleta f 1. Hausschuh m, Pantoffel m; en ~s mit abgetretenen Absätzen; fig. F estar hecho una ~ alt u. hinfällig sein; 2. F Am. Baby n; 3. Kfz. Col. Gaspedal n; ~cletear v/i. mit den Pantinen klappern; in Hausschuhen gehen; ~cleteo m Pantinen-, Holzschuh-geklapper n; ~clo m Überschuh m; Holzschuh m.
chancro ⚔ m Schanker m; ~ blando (duro) weicher (harter) Schanker m.
chancuco m Col. 1. Schmuggelware

f; 2. Schwindel m; Sch. Spick-, Schmu-zettel m.
chancha f Am. Mer. Sau f; fig. Schlampe f.
cháncharras máncharras F f/pl.: andar en ~ Flausen machen, mit faulen Ausreden kommen F.
chanchería f Arg., Chi. Schweinemetzgerei f.
chanchi P: pasarlo ~ es s. gutgehen lassen, s. toll amüsieren F.
chanchito m Pe. (Keller-)Assel f.
chancho adj.-su. Am. schweinisch, schmutzig; m Schwein n (a. fig.).
chanchu|llear v/i. schieben, schwindeln; ~llero adj.-su. Schwindler m, Schieber m, ~llo m Schwindel m, Schiebung f F; fig. ¡menos ~s! zur Sache!
chanda vet. f Col. Räude f.
chándal m Trainingsanzug m.
chanelar P v/t. Span. kapieren F.
chanfaina f 1. versch. reg. Gerichte: Cat.: pikante dicke Soße f aus versch. Gemüsesorten; Col. Schweine- und Rindfleisch n mit verschiedenen Zutaten; fig. P Schlangenfraß m P; 2. fig. Col. Pfründe f, leichte Arbeit f.
chanflón adj. plump, grob.
changa f 1. Arg., Bol. Lasttragen n; Gelegenheitsarbeit f; 2. Cu., P.Ri. Scherz m, Spaß m; ~dor m Arg., Bol. Lastträger m; Dienstmann m; Gelegenheitsarbeiter m.
changle ⚥ m Chi. eßbarer Eichenpilz m.
chango m Méj. 1. Art Klammeraffe m; 2. F Junge m.
changua f Col. Suppe f aus Wasser, Milch, Zwiebeln usw.
chan|guear v/i. Cu., P.Ri. scherzen, Spaß machen; ~guero m Ant. → chancero; ~güí m 1. F Spaß m F; dar ~ a alg. j-n verulken; j-n hereinlegen; 2. Cu. ein Tanz; fig. Krawall m, Radau m.
chanolera F f Méj. Lesbierin f.
chanquete m (Fritüre f aus) kl., sardinenähnl. Fisch(e) m.
chanta|je m Erpressung f; hacer ~ a alg. j-n erpressen; ~jear v/t. erpressen; ~jista c Erpresser m.
chan|tar v/t. 1. befestigen, einschlagen; 2. Kleid anziehen; 3. fig. se la he ~ado ich habe es ihm gesteckt F; ~tear Jgdw. v/i. pirschen; ~teo Jgdw. m Pirsch f.
chantre ecl. m Kantor m.
chan|za f Scherz m, Spaß m, Witz m; ~zoneta f Späßchen n.
chañar ⚥ m Am. Mer. Baum mit süßen Früchten (Gourliea decorticans).
chao F bsd. Rpl. Gruß: tschau (Reg.), tschüs, Servus F.
chapa f 1. Blech n; ~ de blindaje Mantel-blech n, -eisen n; Panzerblech n; ~ cortafuego Blechschott n; ~ ondulada Wellblech n; ~ protectora Schutzblech n; 2. Platte f; Tel. ~ de llamada Anrufklappe f (Klappenschrank); 3. Blechmarke f; Kfz. Rpl. polizeiliches Kennzeichen n; ~ de control Kontrollmarke f; ⚔ ~ de identidad Erkennungsmarke f; 4. Beschlag m aus Blech; Lederbesatz m an Schuhen; 5. Furnier f; 6. ~s f/pl. Chapaspiel n (Münzenwerfen); 7. ~s f/pl. Am. rosige Wangen f/pl.; 8. P Span. Verkehr m mit Dirnen; ~do I.

adj. furniert; beschlagen; fig. ~ a la antigua altmodisch; altfränkisch; II. m Furnier(ung f) n.
chapale|ar v/i. 1. klappern, scheppern; 2. plätschern; plan(t)schen; ~o m Plan(t)schen n; Plätschern n; ~ta f Pumpenventil n; Fallklappe f; ⚕ (de ventilación) Belüftungsklappe f; ~teo m Plätschern n. [pech n.)
chapapote m Ant. Asphalt m, Erd-)
chapar v/t. 1. → chapear 1; 2. fig. Wort hinwerfen, an den Kopf werfen; entgg.-schleudern (j-m a alg.); Arg. packen, ergreifen.
chapa|rra ⚥ f immergrüne Eiche f; Kermeseiche f; ~rrada f Regenguß m; ~rrear v/impers. regnen; ~rreras f/pl. Méj. lederne Beinkleider n/pl.; ~rrete f adj. klein v. Wuchs; ~rro m 1. ⚥ Eichenbuschwerk n; 2. Méj. kl. Mensch m, Knirps m; ~rrón m Platzregen m, Regenguß m; fig. kalte Dusche f; a ~ones in Strömen (regnen); F aguantar el ~ die Strafpredigt über s. ergehen lassen; ~rrudo Fi. m Schwarzgrundel m; ~tal m Pfütze f, Schlammloch n.
chape m Chi. Haarzopf m.
chape|ado ⊕ part.-su. m 1. Furnier n; 2. Plattierung f; ~ de oro aus Golddublee; ~ar I. v/t. 1. ⊕ mit Platten beschlagen; belegen; plattieren; furnieren; 2. Cu. mit der Machete jäten (Pflanzung); II. v/i. 3. klappern, scheppern; ~ra △ f Plankensteige f; ~ría ⊕ f Furnierarbeit f; ~ro F m Span. homosexuelle(r) Prostituierte(r) m, Strichjunge m F, Stricher m F; ~ronado ∅ adj. gehaubt; ~ta f roter Fleck m; Röschen n auf der Wange; ~tón I. adj.-su. 1. Am. neu angekommen (Europäer, bsd. Spanier in Am.); Chi. neu, unerfahren; m Neuling m; II. m 2. F Arg. Angeber m F, Großmaul m; 3. Regenguß m; 4. Pe. → tonada f Am. Erkrankung f durch Klimawechsel; fig. Unerfahrenheit f.
chapín m 1. Fi. Art Kofferfisch m; 2. ⚥ Frauenschuh m; 3. Damenschuh m (fersenfrei).
chápiro F m Hut m.
chapis|ta m Blechschlosser m; Autospengler m; ~tería f Karosseriewerkstatt f, Autospenglerei f.
chapita P f Cu. Brustwarze f.
chapitel m Turmspitze f; Kapitell n.
chaple ⊕: buril m ~ Beitel m, Grabstichel m.
chapodar v/t. Bäume (aus)lichten; fig. beschneiden, schmälern.
chapola f Col. Schmetterling m.
chapón m gr. Tintenklecks m.
chapote|ar I. v/i. in Wasser u. ä. plätschern, plan(t)schen; plätschern (Wasser); II. v/t. anfeuchten; ~o m Plätschern n, Plan(t)schen n.
chapuce|ar vt/i. (zs.-, ver-)pfuschen; verhunzen F; Méj. prellen, betrügen; ~ría f Flickarbeit f, Pfusch(erei f) m F, Machwerk n, Murks m F; ~ro I. adj. 1. stümperhaft, liederlich; II. m 2. Pfuscher m, Stümper m; Reg. Lügner m; 3. Grobschmied m.
chapulín m Am. Cent., Méj., Ven. Heuschrecke f.

chapu|rrado *m Cu.* Getränk *n* aus nelkengewürzter Pflaumenbrühe; **~rr(e)ar** *v/t.* e-e Sprache radebrechen; F *Getränke* mixen; **~rreo** *m* Kauderwelsch *n*; Radebrechen *n*.

chapu|z *m (pl.* **~uces)** Unter-, Eintauchen *n*; dar (un) ~ *a* → chapuzar; **~za** *f* Flickarbeit *f*; *fig.* Pfuscharbeit *f*; **~zar** [1f] **I.** *v/t.* untertauchen **II.** *v/i. u.* **~se** *v/r.* das Gesicht ins Wasser tauchen; (kopfüber) ins Wasser springen; **~zón** *m* Untertauchen *n*; dar un ~ untertauchen; F darse un ~ (kurz) baden gehen.

chaqué *m* Cut(away) *m*.

chaqueño *adj.-su.* aus dem Chacogebiet.

chaqueta *f* Jacke *f*; Jackett *n*, Sakko *m*, *n*; ~ blindada Panzerweste *f*; *fig. desp.* cambiar de ~ sein Fähnchen nach dem Wind hängen; F decir a/c. para su ~ et. zu s. selbst sagen.

chaquete *m* Tricktrack *m (Spiel)*.

chaque|tear *v/i.* 1. die Gesinnung wechseln; 2. zurückschrecken, kalte Füße bekommen; **~tero** *m* Wetterfahne *f (fig.)*; Opportunist *m*; **~tilla** *f* kurze Jacke *f*, Spenzer *m*; **~tón** *m* Joppe *f*; Windjacke *f*; ~ de cuero Lederjacke *f*, -joppe *f*.

chara *Vo. f Chi.* junger Strauß *m*.

charada *f* Scharade *f (Rätsel)*.

charamusca[1] *f Gal.* Funke *m*; **~s** *f/pl. Am.* Reisig *n*, Kleinholz *n*.

charamusca[2] *f Méj.* gedrehte Zuckerstange *f*.

charan|ga *f* Blechmusik(kapelle) *f*; **~go** *Pe. m* kl. fünfsaitige Mandoline *f* der Indianer; **~guero** *m* Pfuscher *m*, Stümper *m*; *Andal.* Hausierer *m*.

charape *m Méj.* Sorbet *m* aus vergorenem Agavensaft.

char|ca *f (gr.)* Tümpel *m*; *fig.* F ~ de ranas lärmende Versammlung *f*; **~cal** *m* Sumpf *m*; Gelände *n* mit vielen Pfützen; **~co** *m* 1. Pfütze *f*, Lache *f*; *fig. pasar (od. cruzar)* el ~ über den großen Teich (= *nach Übersee)* fahren; 2. Col. → remanso; **~cón** *adj.-su. Arg., Bol.* mager *(Tier, Mensch)*.

charcutería *f* (Schweine-)Metzgerei *f*; Wurstwaren *f/pl.*

charla *f* Plauderei *f*; literarischer Vortrag *m*; *desp.* Geschwätz *n*; dar una ~ e-n (kurzen) Vortrag halten; estar de ~ plaudern; **~dor** *adj.-su.* schwatzhaft; *m* Schwätzer *m*; **~nte** F *m* Plauderer *m*; **~r** *v/i.* plaudern; schwatzen, quasseln; **~tán I.** *adj.* **1.** geschwätzig; marktschreierisch; **II.** *m* **2.** Schwätzer *m*; Marktschreier *m*; **3.** Quacksalber *m*, Scharlatan *m*; **~tanear** *v/i.* schwatzen, quasseln F; **~tanería** *f* **1.** Geschwätzigkeit *f*; Geschwätz *n*; **2.** Quacksalberei *f*; Scharlatanerie *f*; *betrügerische* Prahlerei *f*; **~torio** *burl.* F *m* Schwatzbude *f*; *desp.* ~ nacional Quasselbude *f (desp.)* (= *Parlament)*.

charlestón ♪ *m* Charleston *m (Tanz)*.

Charlie, charlie P *m* → Charly.

char|lista *f* Vortragsredner *m*; **~lotada** *f* komische Stierhetze *f (Stierkämpfer als Clowns)*; *Reg.* Amateur-Stierkampf *m*; *fig.* Groteske *f*, grotesker *(od.* lächerlicher) Auftritt *m*; **~lotear** F *v/i.* → charlar; **~loteo** F *m* → charla.

Charly P *m* Koks *m* F, Schnee *m* F.

charnego *desp. m Cat.* nichtkatalanischer, spanischsprechender Einwanderer *m*.

charne|la *f* Scharnier *n*; *Zo.* Schloß-, Schließ-band *n* b. *Muscheln*; **~ta** F *f* Scharnier *n*.

charo|l *m* **1.** Lack *m*; *fig.* F darse ~ s. mächtig aufspielen, angeben F; **2.** Lack-, Glanz-leder *n*; zapatos *m/pl.* de ~ Lackschuhe *m/pl.*; **3.** Glanzschuhcreme *f*; **4.** Col. → **~la** *f Méj.* Tablett *n*; **~lado** *adj.* glänzend, blank; Lack...; **~lar** *v/t.* Leder *u. ä.* lackieren; **~lista** *m* Lackierer *m*; Vergolder *m*.

charpa *f* Schulterriemen *m*; ⚕ Armbinde *f*, Mitella *f*.

char|que, ~qui *m Am. Mer.* Dörr-, Trocken-, Rauch-fleisch *n*; *Chi.* Dörrobst *n*; **~quicán** *m Arg., Bol., Chi., Pe.* Eintopf *m* aus *Kartoffeln, Bohnen u. Dörrfleisch*.

cha|rrada *f* **1.** Bauerntanz *m*; **2.** Geschmacklosigkeit *f*; Kitsch *m*; **3.** Grobheit *f*, Flegelei *f*; **~rrán** *m* Schurke *m*, Gauner *m*, Taugenichts *m*; **~rranada** *f* Gemeinheit *f*, (Schurken-)Streich *m*.

charrasca F *f* Klappmesser *n*.

charreada *f Méj.* typisch mexikanisches Volksfest *n* mit Reiterspielen.

charretera *f* **1.** Achselstück *n*, Schulterklappe *f*, Epaulette *f*; **2.** Knieband *n*; Schulterkissen *n* der Wasserträger.

charro I. *adj.* **1.** salmantinisch; *desp.* bäurisch; grob; **2.** buntscheckig, grell; *bsd. Am.* aufgedonnert, geschmacklos; **II.** *m* **3.** Bauer *m* aus der Provinz Salamanca; *Méj.* Mann *m* vom Lande *in typischer Reitertracht*.

chárter: vuelo *m* ~ Charterflug *m*.

chartreuse *f* Chartreuse *m (Likör)*.

¡chas! → zas.

chasca *f* **1.** ausgeschnittenes Gezweig *n*, Reisig *n*; **2.** *And.* Haarbüschel *n*, Zotte(l) *f*; **~r** [1g] **I.** *v/i.* → chasquear 3; **II.** *v/t.* knallen (Peitsche); (mit der Peitsche) knallen; (mit der Zunge) schnalzen; **~rrillo** *m* Schnurre *f*, Anekdötchen *n*.

chas|co[1] *m* Streich *m*, Possen *m*, Fopperei *f*; Reinfall *m*, Enttäuschung *f*; dar un ~ a j-n hereinlegen; llevarse un ~ enttäuscht werden, s. verrechnen, hereinfallen; ¡menudo ~! so ein Reinfall!; **~co**[2] *Bol.*, **~cón** *adj. Chi.* zottig.

chasis *m*, *Am.* **chasís** *m (pl. inv.) Kfz.* Fahrgestell *n*, Chassis *n*; *Phot.* Kassette *f*; *fig.* F quedarse en el ~ zaundürr (*od.* nur noch ein Gerippe) sein.

chasponazo *m* Streifschuß(spur *f*) *m*.

chasquea|do *adj.:* quedar(se) ~ hereinfallen, e-n Reinfall erleben; dejar ~ → **~r I.** *v/t.* **1.** j-m e-n Streich spielen; j-n anführen, j-n reinlegen F; j-n im Stich lassen; **2.** mit der Peitsche knallen; mit der Zunge schnalzen; **II.** *v/i.* **3.** krachen, knacken (Holz).

chasqui *hist. m And.* Bote *m* im alten Inkareich.

chasquido *m* **1.** Knistern *n*, Knakken *n*, Knarren *n*; Schnalzen *n*; Knallen *n*; dar **~s** → chascar; **2.** *Phon.* Schnalzlaut *m*.

chat *m IT* Chat *m*.

chata *f* **1.** Bettschüssel *f*; **2.** ⚓ → chalana; *Kfz. Arg.* Pritschenwagen *m*; **3.** F kl., untersetzte Frau *f*, Pummelchen *n* F; *Anrede:* Kleine(s *n*) *f*.

chata|rra *f* **1.** (Erz-)Schlacke *f*; **2.** Schrott *m*, Alteisen *n*; **3.** *M* Lametta *n M (Orden u. Ehrenzeichen)*; **~rrero**, **~rrista** *m* Schrotthändler *m*.

chatear *v/i. IT* chatten.

chateo F *m: andar (od. ir)* de ~ die Kneipen abklappern, F von e-r Kneipe in die nächste ziehen.

chato I. *adj.* **1.** stumpfnasig; platt, flach, (abge)stumpf(t); nariz *f* **~a** Stumpf-, Stups-nase *f*; **II.** *m* **2.** niedriges Weinglas *n*; tomar un ~ s. ein Gläschen genehmigen; **3.** ♂ *M* Jagdeinsitzer *m*; **4.** Liebling *m (Kosewort)*.

chatón *m* Solitär *m (Edelstein)*.

chatre *adj. c And.* herausgeputzt.

chatun|ga *f*, **~go** *m* F Mädchen *n*; Kind *n*.

¡chau! Gruß, *bsd. Rpl.* auf Wiedersehen!, tschau! (*Reg.*), ade!

chaucha *f* **1.** *Arg.* grüne (lange) Bohne *f*; *Chi.* Saatkartoffeln *f/pl.*; *Rpl.* **~s** blaue Bohnen *f/pl.* F; **2.** F *Chi.* Zwanzigcentavostück *n*.

chaúl *m (mst.* blaue) Chinaseide *f*.

chauvinis|mo *m* Chauvinismus *m*, **~ta** *adj.-su. c* chauvinistisch; *m* Chauvinist *m*.

chava|l F *m* Junge *m*, junger Bursche *m*; **~la** F *f* Mädchen *n*, Biene *f* F; **~lina** F *f* kl. Mädchen *n*.

chavalongo *m Chi.* Typhus *m*.

chavea F *m* Bürschchen *n*.

chaveta I. *f* Splint *m*; Bolzen *m*, Keil *m*; Feder *f*; F *fig.* Kopf *m*, Birne *f* F; perder la ~ den Verstand verlieren, durchdrehen F; **II.** *adj. c* F bescheuert F, beknackt F.

chavo *m Méj.* Junge *m*.

chavó P *m* Junge *m*, Kerl *m* F.

chaya *f Chi.* Fastnachtstreiben *n*; *p. ext.* Konfetti *n*.

chayote *m* Chayotefrucht *f*, Stachelgurke *f*; **~ra** ♣ *f* Stachelgurke *f (Pfl.)*.

che *f* Name des Buchstabens CH im Span.

¡ché!, *oft* **¡che!** F *int. Val., Rpl.* he!

checa *f* **1.** *Pol. hist.* Tscheka *f*, russische *pol.* Polizei; ähnliche Organisation im *span.* Bürgerkrieg; **2.** *p. ext.* (Folter-)Gefängnis *n*.

checo *adj.-su.* tschechisch; *m* Tscheche *m*; das Tschechische; **~(e)slovaco** *hist. adj.-su.* tschechoslowakisch; *m* Tschechoslowake *m (nur Staatsbürger)*; **♀(e)slovaquia** *hist. f* Tschechoslowakei *f*.

cheche *m Cu., P. Ri.* Aufschneider *m*, Eisenfresser *m*.

Cheche|nia *f* Tschetschenien *n*; **♀no** *adj.-su.* tschetschenisch; *m* Tschetschene *m*.

chécheres *m/pl. Col., C. Ri.* Plunder *m*, billiges Zeug *n*; Siebensachen *f/pl.* F.

cheira *f* Schustermesser *n*.

cheli F *m Span.* Freund *m*, Liebhaber *m*; Kerl *m* F.

chelín *m* Schilling *m (Münze)*.

chelo ♪ *m* → violonchelo.

chenchena *Vo. f Ven.* Schopfhuhn *n*.

che|pa, II. *f* F Buckel *m*; **II.** *adj. inv.* → **~poso, ~pudo** *desp. adj.* bucklig.

cheque *m* Scheck *m*; ~ abierto offener Scheck *m*, Barscheck *m*; ~ cru-

chequear — chinche 202

chequear zado gekreuzter Scheck m; Verrechnungsscheck m; ~ nominativo (postal) Namens- (Post-)scheck m; ~ a la orden (al portador) Order- (Inhaber-, Überbringer-)scheck m; ~-regalo Geschenkgutschein m; ~ de viaje(ros) Reisescheck m; librar (od. extender) un ~ e-n Scheck ausschreiben (od. ausstellen); **~ar I.** Am. Cent. v/i. Schecks ausstellen; **II.** v/t. überprüfen, vergleichen; ⚔ (gründlich) untersuchen.
chequén ⚕ m Chi. Myrte f.
chequeo m ⚔ Generaluntersuchung f; allg. a. Überprüfung f; ⚔ ~ oncológico Krebsvorsorgeuntersuchung f.
chequetrén 🚂 m (pl. ~enes) Span. Gutscheinheft n mit Ermäßigung.
Chequia f Tschechien n.
chercán m chil. Nachtigall f.
chercha f Hond., Ven. Spaß m, Ulk m.
cherna Fi. f Wrackbarsch m.
cherva ⚕ f Rizinus m.
chéster m Chesterkäse m.
cheuto adj. Chi. hasenschartig.
chéve|re, ~ri f adj. c Ant., Col., Méj. prima, dufte F.
cheviot tex. m Cheviot m, f.
chía ⚕ ⚕ ölhaltige(r) am. Salbei m.
Chiapa: pimienta f de ~ Paradieskörner n/pl., Art Amom n.
chibchas m/pl. Chibchas m/pl., alter Indianerstamm b. Bogotá.
chic I. m Chic m, Schick m; **II.** adj. inv. nur nachgestellt chic, schick, elegant.
chica f **1.** Kleine f, Mädchen n; (Dienst-)Mädchen n; ~ para todo Alleinmädchen n, Mädchen n für alles; **2.** Lehrmädchen n; **3.** kl. Flasche f; Kleine(s) n (Glas Bier); Méj. Pulquemaß n; **4.** Méj. kl. Silbermünze; **~da** f F Kinderei f.
chicalote ⚕ m Méj. Argemone f, Art Mohn m.
chica|na f bsd. Am. Schikane f; **~near** v/t. bsd. Am. schikanieren, piesacken F; **~no** m Chicano m, in den Südstaaten der USA lebender Nachkomme der Mexikaner.
chicarrón adj.-su. m augm. kräftig entwickelter Junge m.
chicle m Kaugummi m; P pegarse como el ~ s. wie e-e Klette an j-n hängen; **~ar** v/i. Am. (Kau-)Gummi kauen.
chico I. adj. **1.** klein; jung; **II.** m **2.** Kleine(r) m; Junge m; F junger Mann m; F ¡ ~! Mensch(enskind)! F; ¡vamos, ~! nun hör mal!, nun mach 'nen Punkt; ser buen ~ ein netter Kerl sein; ser un ~ (noch) ein Kind sein; F los ~s de la prensa die Leute von der Presse; **3.** Weinmaß: 0,186 l; **~co** adj.-su. m Chi. Zwerg m, Knirps m F.
chicole|ar F v/i. Süßholz raspeln; **~o** m Kompliment n, Schmeichelei f.
chicoria ⚕ f Zichorie f.
chicorro|tico, ~tillo, ~tín f adj.-su. klein, winzig, klitzeklein F; m Winzling m F, Knirps m F.
chico|ta f dralles Mädchen n; **~te** m **1.** kräftiger Bursche m; **2.** F (billige) Zigarre f; **3.** ⚓ Tauende n; **4.** Am. Reg. (kurze) Peitsche f; **~tear** v/t. Am. Reg. peitschen.
chicue|la f kl. Mädchen n; **~lo** m kl. Junge m.

chicha¹ f Kdspr. u. F Fleisch n; F tener (od. ser de) pocas ~s nur Haut u. Knochen sein.
chicha² ⚓ adj.: calma f ~ völlige Windstille f, Flaute f.
chicha³ f Am. Chicha f, mst. Maiswein bzw. -branntwein; F no ser ~ ni limonada (od. limoná) weder Fisch noch Fleisch sein; F de ~ y nabo wertlos, sehr durchschnittlich; vom großen Haufen F; **~r** v/i. Arg. maßlos Chicha trinken.
chícharo m Méj. Erbse f.
chicha|rra f **1.** ⊕ Bohrknarre f; Ratsche f, Knarre f; ⚔ Summer m; **2.** Zikade f; fig. canta la ~ es ist sehr heiß; fig. F hablar como una ~ wie ein Wasserfall reden; **3.** □ Brieftasche f; **~rrero** m Brutkasten m, Backofen m (fig.); **~rrina** F f glühende Hitze f, Bruthitze f F; **~rro** m **1.** Fi. → jurel; **2.** → **~rrón** m **1.** Kchk. Griebe f; fig. F Angebrannte(s) n überhaupt; Arg. Art Röstfleisch m; **2.** fig. F sonnenverbrannter Mensch m.
chiche¹ F **I.** m Am. Brust f der Amme; **II.** f Amme f.
chiche² m Am. Spielzeug n; Zierat m.
chiche|ante Li. m Zischlaut m; **~ar** vt/i. (aus)zischen.
chichería f Am. Chichakneipe f.
chichi I. m Pe. kl. Flußkrebs m; **II.** f F Am. kl. Brust f.
chichí F Col. m **1.** Pipi n; hacer ~ Pipi machen; **2.** Spatz m F, Zipfel m F (= Penis der Kinder).
chichigua f **1.** Am. Cent. Amme f; **2.** Col. Lappalie f.
chichisbeo m Cicisbeo m, Hausfreund m.
chichón m Beule f am Kopf.
chichuangar [1h] v/i. Arg. Wäsche auswringen.
chiffonnier m Wäschekommode f.
chifla¹ f Schab-, Glätt-messer n für Leder; **~²** f **1.** Zischen n; Pfeifen n; **2.** Pfeife f; **~do** F: estar ~ a) nicht ganz bei Trost sein F, spinnen F; b) verknallt sein F (in ac. por); **~dura** f Pfeifen n; fig. F Verrücktheit f; Spinnerei f F; Fimmel m F, Marotte f; ~ de los sellos Briefmarkenfimmel m; **~r¹** v/t. Leder glätten, schaben; **~r² I.** v/i. **1.** pfeifen; zischen; **2.** F e-n heben F, s. vollaufen lassen F; **II.** v/t. **3.** auszischen; verhöhnen; **4.** F verrückt machen; **III.** v/r. **~se 5.** F verrückt werden, überschnappen F; **~se por** verrückt sein nach j-m od. et.; **6.** **~se de** s. lustig machen über (ac.), j-n veralbern; **~to** m Pfeife f.
chifle m Pfeife f; **~te** m **1.** Lockpfeife f der Jäger; **2.** Fi. Pfeilhecht.
chiflido m Pfiff m. [m.]
chiflis F adj. inv. Col. bescheuert F, meschugge F.
chiflón m Am. Reg. Luftzug m; Am. Cent. Wasserfall m.
chifonier m → chiffonnier.
chigre ⚓ m Winde f, Winsch f.
chigüil m Ec. Pastete f aus Mais, Eiern, Butter u. Käse.
chigüiro m Col. Wasserschwein n.
chiíta adj.-su. c schiitisch; m Schiit m.
chilaba f Dschellaba f (Arabermantel).
chilar m Chillipflanzung f.
chile¹ m Méj. **1.** ⚕ Ají-, Chile-pfeffer m, Chilli m; **2.** F Schwengel m P (= Penis).

Chile² m Chile n; **⚕nismo** m Chilenismus m; **⚕no** adj.-su. chilenisch; m Chilene m.
chilindrina F f **1.** Bagatelle f, Lappalie f; **2.** Schnurre f, Witz m; Neckerei f.
chilmo|l(e), ~te m Méj. Gericht n mit Ajipfeffer- u. Tomatensoße.
chilla¹ f Schindel f; dünnes Brett n; F lockerer Griff m.
chilla² f Arg. Art Fuchs m.
chilla³ Jgdw. f Lockjagd f auf Kaninchen; Lockpfeife f.
chillado m Schindeldach n.
chi|llar v/i. **1.** kreischen, schreien, schrillen; quietschen; heulen F, flennen F (Kind); Jgdw. mit der Lockpfeife locken; **2.** zu grell sein (Farben); **~llería** f Gekreisch n, Geschrei n; **~llido** m Aufschrei m; **~s** m/pl. Gekreisch n, Gequieke n; **~llo** Jgdw. m Lockpfeife f (Kaninchenjagd); **~llón I.** adj. **1.** kreischend, gellend, schrill, schreiend (a. fig.); grell (Farbe); no me seas tan ~ widersprich mir nicht; sei nicht so frech; **II.** m **2.** Schreier m, Schreihals m F; **3.** Latten-, Schindel-nagel m.
chimango m Vo. And. Chimango m; F Arg. Mann m aus dem niederen Volk.
chimbo I. adj. F Col. wertlos; gefälscht bzw. ungedeckt (Scheck); **II.** m P Méj. Schwengel m P (= Penis).
chimenea f **1.** Kamin m, Mantelofen m; **2.** Schornstein m, Kamin m; Esse f; ⚔ Wetterschacht m; fig. F fumar como una ~ wie ein Schlot rauchen F; **3.** ⊕ Führungsbuchse f; **4.** Bergsport: Kamin m; **5.** Thea. Bühnen-, Seiten-schacht m.
chimpancé Zo. m Schimpanse m.
china¹ f **1.** & Chinesin f; **b)** ⚕ China n; la ⚕ nacionalista (roja) National- (Rot-)china n; **2.** Chinaseide f; **3.** chinesisches Porzellan m; **4.** ⚕ Chinawurzel f; oft Am. Stechwinde f; Ant. Orange f.
china² f **1.** (Kiesel-)Steinchen n; Steinchenraten n (Kinderspiel); fig. F tocarle a alg. la ~ mst. Pech haben, es ausbaden müssen; fig. poner ~s a alg. j-m Steine in den Weg legen; j-m Schwierigkeiten machen; echar (a la) ~ Steinchen raten (Kinderspiel); **2.** F Geld n, Kies m F, Zaster m F.
china³ f **1.** Am. Cent., Am. Mer. urspr. (junge) Indianerin f; p. ext. Mestizin f; Hausmädchen n, Magd f; Am. Mer. (bsd. eingeborene) Geliebte f; Chi. leichtes Mädchen n, Dirne f; Guat., Salv. Kindermädchen n; Col. elegante junge Dame f; Am. Reg. Mädchen n; **2.** → chinita.
china⁴ f Col. Fächer m zum Anfachen des Feuers.
chinampa f Méj. Garten m auf den Lagunen bei Mexiko.
china|rro m größerer (Bach-)Kiesel m; **~zo** m Wurf m mit e-m Kiesel.
chincol Vo. m Chi. Singspatz m.
chin|cha Ent. f Ant. → chinche 1; **~char I.** v/t. **1.** F ärgern, belästigen, piesacken F; **2.** □ umlegen P; **II.** v/r. **~se P. s.** ärgern, sauer werden F; ¡chínchate! geschieht dir (ganz) recht!; **~charrero** m Wanzennest m; Am. kl. Fischerboot n; **~che I.** f (a. m) **1.** Wanze f; fig. F Quälgeist m; aufdringlicher Kerl m;

chincheta — chispazo

freche Wanze f F; caer (od. morir) como ~s haufenweise (od. wie die Fliegen) sterben; 2. Reiß-nagel m, -zwecke f; 3. F Abhörmikrofon n, Wanze f F; **II.** adj. c 4. F → chinchoso; ~cheta f Reißzwecke f.
chinchilla f Zo. Chinchilla f; Chinchillapelz m.
chinchín onom. m Tschingbum m (Beckenklang), Tschingderassassa n (a. fig.).
chinchona f Am. Mer. Chinin n.
chinchorre|ría f 1. Zudringlichkeit f; 2. Klatsch m; ~ro I. adj. auf-, zu-dringlich; klatschsüchtig; **II.** m Klatschmaul m.
chinchorro m 1. Zugnetz n; 2. Ant., Ven. (Netz-)Hängematte f; 3. kl. Ruderboot m, Jolle f.
chinchoso F adj. lästig, aufdringlich.
chiné adj. c bunt (Seide).
chinear v/t. Am. Cent. Kinder auf den Armen (od. auf dem Rücken) tragen.
chinela f Hausschuh m, Pantoffel m.
chine|ro m Porzellanschrank m; ~sco I. adj. chinesisch; **II.** m ♪ Schellenbaum m.
chin|ga f C. Ri. Zigarrenstummel m; Hond. Spaß m, Ulk m; Ven. Schwips m; ~gana f Am. Mer. Tanzkneipe f, Tingeltangel n, m; ~gar [1h] P **I.** vt/i. stark trinken, saufen F; **II.** v/t. Méj., Salv. ärgern, belästigen, auf den Wecker gehen F (dat.); **III.** v/r. ~se s. betrinken, s. besaufen F; Am. Cent., Am. Mer. hereinfallen; Chi. mißlingen, danebengehen F; ~go **I.** adj. P Cu. kleine, C. Ri. schwanzlos; Ven. stumpfnasig; **II.** m P Arg. Schwengel m P (= Penis). [spatz m.}
chingol(o) Vo. m Am. Mer. Sing-}
chingue Zo. m Chi. Stinktier n.
chinguero m C. Ri. Inhaber m e-r Spielhölle.
chinguirito m Cu., Méj. Fusel m, Schnaps m.
chinita f Am. schöne Frau f; Geliebte f; Liebste f; desp. Arg. indianisches Dienstmädchen n.
chino[1] adj.-su. chinesisch; m Chinese m; das Chinesische; fig. esto es ~ para mí, esto me parece ~ das kommt mir spanisch vor, das sind für mich böhmische Dörfer; engañarle a alg. como a un ~ j-n gewaltig übers Ohr hauen F; tener la paciencia de un ~ e-e Engelsgeduld haben.
chino[2] **I.** m 1. Ethn. Chino m (Mischling v. Indianerin u. Zambo od. umgekehrt); 2. Am. Farbige(r) m; Indianer m; oft desp. (indianischer) Diener m; 3. Arg., Chi. kosend: lieber Junge; Schatz m; 4. F Col. kl. Junge m, Bübchen n; **II.** adj.-su. 5. Arg., Chi. häßlich, ungehobelt; m Mann m aus dem Volk; 6. Méj. kraus, lockig.
chino[3] m Méj. Staubkamm m.
chinostra □ f Kopf m, Birne f, Deez m F.
chip EDV m (pl. ~s) Chip m.
chipa f Rpl. Strohhülle f; geflochtener Korb m; fig. Rpl., Bol. Gefängnis n; Chi. Tragnetz n.
chipá m Rpl. Mais-, Maniok-kuchen m.
chipar P v/t. 1. Arg. strafen; que te chipe el diablo, si ... der Teufel soll dich holen, wenn ...; 2. Bol. beschwindeln.
chipé □ f Wahrheit f; ~(n) F adj.-adv.: de ~ 1. toll F, Klasse F, Spitze F; 2. wirklich, tatsächlich.
chipi|chape m → zipizape; ~chipi m Méj. Sprühregen m; ~lear v/t. Méj. verhätscheln.
chipirón m Tintenfisch m.
chipote m Am. Cent. → manotada; Méj. Furunkel m.
Chi|pre f Zypern n; ♀priota, ♀priote adj.-su. c aus Zypern, zyprisch; m Zyprer m, inc. Zypriote m.
chique ⚓ m Versteifung f.
chiquear v/t. Cu., Méj. schmeicheln (dat.); liebkosen; verhätscheln.
chiquero m 1. bsd. Am. Schweinekoben m; 2. Stierzwinger m; 3. M Bau m M (Arrest).
chiquichaque onom. m Ritzeratze n (Sägegeräusch); Schmatzen n beim Kauen.
chiqui|licuatre, ~licuatro F m Laffe m, Fatzke m F, Fant m; ~lla f kl. Mädchen n, Göre f F; ~llada f Kinderei f; ~llería F f Haufen m Kinder; ~llo adj.-su. klein; m Kind n; (kl.) Junge m; p. ext. Tierjunge(s) n; fig. Kindskopf m.
chiquirriti|co, ~llo, ~to F adj. ganz klein, winzig; blutjung.
chiqui|(rri)tín adj.-su. klein, winzig; m Bübchen n, kl. Kerlchen n; ~to **I.** adj.-su. klein; jung; dejarle a alg. ~ in weit hinter s. lassen, j-m sehr übersein; bsd. Rpl. a. j-n kleinkriegen; F no andarse en ~as keine Umstände machen, den Stier bei den Hörnern packen; ganze Arbeit leisten, Nägel mit Köpfen machen F; **II.** m Col. After m.
chirca ♀ f Am. Chirca f (Euphorbiazee); ~l m Chircawald m.
chiribi|ta f 1. Funken m; F me hacen ~s los ojos ich habe Augenflimmern, ich sehe Sterne; echar ~s Gift u. Galle spucken; 2. ♀ Margerite f; ~tal m Col. Ödland n.
chiribitil m (Dach-)Kammer f; Verschlag m; fig. elende Bude f, Loch n F.
chirigo|ta F f Scherz m; tomarse a/c. a ~ et. auf die leichte Schulter (od. nicht ernst) nehmen; ~tero adj.-su. Spaßvogel m.
chirimbolo(s) F m(/pl.) Kram m, Krimskrams m, Plunder m; Ding n, Werkzeug m.
chiri|mía ♪ **I.** f 1. Schalmei f; 2. Col. Bläsergruppe f; **II.** m 3. Schalmeienbläser m; ~miri m → sirimiri.
chirimo|ya f Chirimoya f, Zuckerapfel m; ~yo ♀ m Zuckerapfelbaum m.
chiringuito m Span. fliegender Stand m mit Imbißverkauf.
chirinola f 1. Kegelspiel n für Kinder; 2. fig. Lappalie f; 3. Balgerei f, Rangelei f; Ausea.-setzung f; langes Gespräch n, Palaver n F.
chiri|pa f Billard: Fuchs m, a. fig. Zufallstreffer m; fig. Glück n, Schwein n F; por ~ od. de ~ zufällig; tener ~ un Glücksvogel sein; Glück (od. Schwein F) haben; ~pá m Chi., Rpl. hosenförmiges Kleidungsstück der Gauchos; ~pero F m Glückspilz m.
chirivía f ♀ Pastinake f; Vo. Bachstelze f.
chir|la f Venusmuschel f; ~lar v/i. kreischen, schreien; ~le **I.** m Schaf-, Ziegen-mist m; **II.** adj. c F dünn(flüssig); fade (a. fig.); ~lería F f Schwatzen n; Geschwätz n; ~lo m Schmarre f, Schmiß m; Arg. (Peitschen-)Hieb m; Méj. Riß m in der Kleidung; ~lomirlo m 1. F Kloßbrühe f F, kraftlose Nahrung f; 2. Kehrreim m e-s best. Kinderspiels.
chiro m Col. Lumpen m; F los ~s die Kleider n/pl., die Klamotten f/pl. F.
chirona F f Kittchen n F, Knast m F, meter en ~ hinter Schloß u. Riegel bringen, einbuchten F.
chirri|adero, ~ador adj., ~ante adj. c quietschend; kreischend; ~ar [1c] v/i. quietschen (Achsen, Türangeln), knarren; brutzeln (in der Pfanne); zirpen (Grille); kreischen, schilpen (Vögel); F kreischen F, krächzen F (= singen); ~do m Knarren n; Quietschen n; Zirpen n; Kreischen n, Schilpen n; ~ón m (zweirädriger) Karren m; Am. (Leder-)Peitsche f.
chirula f Schalmei f.
chirumen F m Verstand m, Köpfchen n F, Grips m F.
¡chis! int. 1. pst!, Ruhe!, 2. he!, hallo! [m.}
chiscarra Min. f spröder Kalkstein)
chis|cón m elendes Loch n (Wohnung); ~garabís F m Naseweis m, Hansdampf m in allen Gassen; ~guete F m F Guß m, Strahl m; Schluck m (Wein).
chis|mar v/i. → chismorrear; ~me m 1. Klatsch m, Gerede n; ~s m/pl. mundanos Gesellschaftsklatsch m; ~ de vecindad dummer Klatsch m; traer y llevar ~s (den) Klatsch herumtragen, das Neueste austragen; 2. F Ding n; Zeug n; Kram m F, Plunder m; ~s m/pl. (Sieben-)Sachen f/pl.; coger sus ~s y largarse ~se Siebensachen packen; ~mear v/i. → chismorrear; ~mería f Klatsch(erei f) m; ~mero adj. → chismoso; ~mografía F f Klatschsucht f; Klatsch m; ~mógrafo m Klatschkolumnist m; ~morrear v/i. klatschen; ~morreo m Geklatsche m, Tratscherei f; ~mosa f Klatschbase f, Tratsche f F; ~moso adj.-su. klatschsüchtig; m Klatschmaul m.
chis|pa f 1. Funke(n) m (a. fig.); fig. Geistesblitz m, Einfall m; (Mutter-)Witz m; ~ (eléctrica) elektrischer Funke m; Blitz m; arma f de ~ Steinschloßgewehr n; piedra f de ~ Feuerstein m; echar ~s Funken sprühen; fig. F wütend sein, vor Wut schäumen; fig. no dar ~(s) geistlos (od. langweilig) sein; ≠ u. fig. salta la ~ der Funke(n) springt über; fig. tener mucha ~ vor Geist sprühen; helle sein F; 2. Spritzer m, kl. Tropfen m; sein F; 3. fig. Funken m, Spur f; in negativen Sätzen: nichts; una ~ de ein bißchen; ¡ni ~! gar nicht(s); 4. Diamantsplitter m; 5. F Schwips m, Spitz m F; coger una ~ s. ansäuseln F, s. beschwipsen F. 6. Col. Lüge f, Ente f; ~pazo m 1. a. fig.

chispeante — chotearse

Funke(n) m; elektrische Entladung f; F Blitz m; **2.** Klatsch m, Anekdötchen n; **3.** Geist m, Mutterwitz m; ~peante adj. c (funken)sprühend; fig. geistsprühend; ~pear **I.** v/i. funkeln, aufblitzen; Funken sprühen; **II.** v/impers. tröpfeln, nieseln; ~pero m **1.** Grobschmied m; **2.** Sprührakete f; ~po F adj. angesäuselt F, beschwipst; ~porrotear v/i. Funken sprühen; prasseln (Holz b. Verbrennen); knattern (Motorrad); spritzen, sprühen; ~porroteo m Sprühen n; Prasseln n.
chisquero m Feuerzeug n.
¡chiss...! int. pst!
chistar v/i. (nur mit Negation) reden; sin ~ ohne s. zu mucksen, ohne e-n Ton von s. zu geben.
chis|te m Witz m (a. fig. iron.); Schnurre f; Pointe f; caer en el ~ dahinterkommen, et. (richtig) verstehen; j-s Absicht erraten, den Braten riechen F; dar en el ~ **a)** die Pointe erfassen; **b)** den Nagel auf den Kopf treffen; F tiene ~ la cosa das ist ja ein Witz! (iron.), das darf doch nicht wahr sein F; ~tera f **1.** Fangkorb m der Fischer; Korbschläger m der Pelotari; **2.** F Zylinder(hut) m, Angströhre f F; ~toso adj. witzig; spaßig; a. iron. komisch.
chistu ♂ m Txistu m, bask. Flöte f; ~lari m Txistuspieler m.
chita f **1.** Sprungbein n; **2.** Knöchel-, Wurf-spiel n; **3.** Méj. Netz (-tasche f) n; **4.** F adv. a la ~ callando still u. heimlich.
chitica|lla F c schweigsamer Mensch m, Schweiger m; ~llando adv.: (a la) ~ still u. heimlich. [m.)
chito[1] m **1.** Wurfspiel n; **2.** P Köter]
¡chito![2] int. pst!, still!, kusch!
chitón[1] Zo. m Panzermuschel f.
¡chitón![2] F int. → chito[2].
chi|va f **1.** junge Ziege f, Geißlein n; **2.** Am. Spitzbart m; **3.** Am. Cent. (Bett-)Decke f; **4.** Hond. Rausch m; **5.** □ Frau f; **6.** Col. Knüller m, sensationelle Nachricht f; **7.** Col. Auto n; ~var **I.** v/t. **1.** P ärgern, belästigen; **2.** □ verpfeifen; **II.** v/r. ~se **3.** F ~se (con) j-n verpetzen (bei dat.); **4.** F ¡que te chives! ätsch!; geh (doch) zum Teufel F; **5.** Cu., Ven. wütend werden, in die Luft gehen F; ~vata f Hirtenstock m; ~vatazo F m Petzerei f; dar el ~ et. (ver)petzen, et. verpfeifen; ~vato m **1.** (Ziegen-)Böckchen n, Kitzlein n; **2.** P Petzer m, Angeber m; ~ve P m (Ver-)Petzen n, Hinhängen n; ~vear **I.** v/t. Col. bsd. Lebensmittel verfälschen; **II.** v/r. ~se Méj. befangen (od. gehemmt) sein; ~vera f Col. Spitzbart m; ~vo[1] **I.** m **1.** Zicklein m, fig. kl. Kerlchen n (Kleinkind); ~ expiatorio Sündenbock m; **2.** desp. Spitzbart m (Person); **3.** P Petzer m, Angeber m; **II.** adj.-su. **4.** Cu. gereizt, wütend.
chivo[2] m Behälter m für Olivenstrester in Ölmühlen.
choca adj.-su. anstoßend; Vkw. el coche ~ der den Zs.-stoß verursachende Wagen; ~nte adj. c **1.** anstößig, empörend; befremdend, sonderbar; **2.** possenhaft, witzig; **3.** Méj. abstoßend; ~r [1g] **I.** v/i. **1.** anstoßen (an ac. con, contra); auftreffen, aufschlagen (Geschoß, Ball); **2.** aufea.-treffen, -stoßen; zs.-stoßen (a. fig. mit dat. con); **II.** v/t. **3.** fig. ~ a alg. Anstoß erregen bei j-m, j-n wundern; **4.** P barb. ~ a gefallen (dat.); **5.** ~ los vasos anstoßen beim Trinken; **6.** F ¡choca esos cinco! schlag ein!, die Hand drauf!; ~rrear v/i. derbe Witze reißen; ~rrería f Derbheit f; derber Witz m; ~rrero **I.** adj. derb, saftig F; **II.** m (derber) Witzemacher m; ~zo F m Zs.-stoß m, -prall m.
choclo m **1.** Holz-schuh m, -pantine f; **2.** Am. Mer. junger Maiskolben m; Gericht n aus jungen Maiskolben.
choco[1] m kl. Tintenfisch m.
choco[2] **I.** adj.-su. **1.** Bol. dunkelrot; **2.** Chi. kraushaarig; **3.** Chi. schwanzlos; ein-beinig, -ohrig; Guat., Hond. einäugig; **II.** m **4.** Zo. Chi., Pe. Pudel m; Pe. weißer Wollhaaraffe m; **5.** Chi. Gliedstumpf m.
choco[3] P m → chocolate **3.**
chocola|te I. m **1.** Schokolade f (a. Getränk); ~ a la española Frühstücks-)Schokolade f; ~ en polvo Schokoladenpulver n; Kakao m; **2.** fig. F Am. Reg. sacar ~ a alg. j-m die Nase blutig schlagen; **3.** P Hasch n F, Shit m, n F, Pot n F; **II.** adj. inv. **4.** (de) color ~ schokoladenfarben, tiefbraun; ~tera f **1.** Schokoladen-, Kakao-kanne f; **2.** F veraltetes Fahrzeug n, Klapperkiste f F; ~tería f Schokoladen-geschäft n; -fabrik f; Frühstücksstube f; ~tero adj.-su. **5.** Schokoladen-fabrikant m; -händler m; -liebhaber m; barb. Am. Kakaopflanzer m; ~tina f Schokoladenpraline f.
chocolo m Col. junger Maiskolben m.
cho|cha f **1.** Vo. Schnepfe f; Fi. ~ de mar Meerschnepfe f; **2.** F schwachköpfige (od. kindische) Alte f; ~chaperdiz Vo. f (pl. ~ices) → chocha[1]; ~chear v/i. kindisch werden (im Alter); faseln; F spinnen F, total verdreht sein (Alter); ~chera, ~chez f F Spinnerei f F.
chocho[1] m **1.** Lupine f; **2.** Süßspeise f mit Zimt; ~s m/pl. Süßigkeit f für Kinder.
chocho[2] **I.** adj. **1.** schwachköpfig, kindisch (im Alter); närrisch; estar ~ por alg. (ganz) vernarrt sein in j-n; **II.** m **2.** Schwachkopf m/ Quaßler m F; **3.** P Fotze f V (= weibliche Scham).
chochocol m Méj. gr. Krug m.
chófer, Am. chofer m Chauffeur m; Kraftfahrer m.
chola f **1.** F → cholla; **2.** Am. Chola f (vgl. cholo). **3.** Col. Dienstmädchen n.
cholo m Am. Cholo m (Mischling aus Indianerin u. Europäer); p. ext. Mestize m; (halb)zivilisierter Indianer m; Mann m aus den unteren Volksschichten.
cho|lla F f Kopf m, Schädel m F; Grips m F; ~llo F m günstige Gelegenheit f; Gelegenheitskauf m.
chompa f Méj. dünne Jacke f; Col. Sportjacke f; Bol., Pe. Pullover m.
choncar [1g] v/t. Arg. schlagen, züchtigen.
chon|go m **1.** Chi. Armstumpf m; **2.** Guat. Locke f; Méj. Haar-knoten m, -wulst m; **3.** Méj. Spaß m; ~guearse F v/r. Méj. → chunguearse.
chonta ♀ f Am. Cent., Pe. versch. Stachelpalmen; ~duro, ~ruro ♀ m Ec. Palme mit eßbaren Früchten.
chop m Arg. Glas n Bier; ~ directo Bier n vom Faß.
chopa f **1.** Arg. Flinte f, Gewehr n; **2.** Fi. Brandbrassen m.
cho|pal m, ~p(al)era f Pappelbestand m.
chopo[1] ♀ m Schwarzpappel f.
chopo[2] F m Gewehr n, Knarre f F.
choque m **1.** Stoß m (a. ⊕.); An-, Aufprall m, Aufschlag m; a. fig. Zs.-stoß m, -prall m; ~ múltiple Massenkarambolage f; ~ de vasos Anstoßen n b. Trinken; **2.** 𝄞 ~ shock.
choquezuela F f Kniescheibe f.
chorba P f Span. Mädchen n, Biene f F.
chorcha f Méj. Horde f Jugendlicher.
chorear F v/i. Chi. brummen, schimpfen.
chori|cear P v/t. klauen F, stibitzen; ~cería f Wurstgeschäft n; ~cero m Wurst-macher m; -händler m; fig. F aus Estremadura; ~zar [1f] → choricear; ~zo m **1.** Chorizo m, typisch span. Paprikawurst; **2.** Balancierstange f; **3.** Méj. Geldrolle f; **4.** Zo. rote Garnele f; **5.** P Schwengel m P (= Penis); **6.** □ Dieb m.
chor|la f **1.** Art gr. Haselhuhn f; **2.** P Kopf m, Birne f F; ~lito m Vo. Regenpfeifer m, Goldkiebitz m; fig. F cabeza f de ~ Wirrkopf m, Windbeutel m.
chorlo Min. m Schörl m, schwarzer Turmalin m.
chorote m Col. Tongefäß n zur Zubereitung von Schokolade und anderen Getränken.
choroy Vo. m Chi. Chilesittich m.
cho|rrada f **1.** Zugabe f zum Maß bei Flüssigkeiten; **2.** F Geschwätz n; Wortschwall m; ~rreado adj. dunkelgestreift (Rind); ~rreadura f **1.** Tropfspur(en) f(/pl.); **2.** → chorreo; ~rrear **I.** v/i. **1.** rieseln; spritzen; triefen; **2.** fig. tropfenweise einkommen (bzw. weggehen) (z. B. Geld); **II.** v/t. **3.** verspritzen; **4.** Rpl. stehlen; ~rreo m Rieseln n, Geriesel n; P Span. Anschnauzer m F, Rüffel m F; ~rrera f **1.** Rinnsal n; Rinne f; **2.** (Spitzen-)Jabot n; ~rretada f Sprudel m, Guß m; ~rrillo m kl. Strahl m; ✎ sembrar a ~ den Samen durch e-n Trichter aussäen; ~rrito m dünner Strahl m; ~rro m **1.** Strahl m, Guß m; Wasserstrahl m; Col. Stromschnelle f; fig. Strom m, Schwall m, Menge f; adv. a ~ **a)** reichlich; **b)** am Strahl (trinken); **c)** im Strahl (fließen); a ~s in Strömen; ⊕ ~ de arena Sandstrahl m; ~ de dinero Geld-strom m, -regen m; ~ de sangre Blut-strom m, -schwall m; ~ de voz gewaltige Stimme f; avión m a ~ Düsenflugzeug n; hablar a ~s e-n Wortschwall loslassen; wie ein Wasserfall reden; soltar el ~ (de la risa) aus vollem Halse lachen; **2.** Arg. Peitschenstrang m; **3.** □ Arg. Dieb m; ~rroborro desp. F m Unmenge f; Schwall m.
chota F f Arg. Schwengel m P (= Penis).
chotacabras Vo. f, m (pl. inv.) Ziegenmelker m.
chote|arse v/r. s. lustig machen,

spotten (über *ac. de*); ~o F *m* Gaudium *n*; Spektakel *m*; *tomar a* ~ *et.* nicht ernst nehmen; s. lustig machen über (*ac.*).
chotis ♪ *m*: ~ (*madrileño*) *Madrider Volkstanz.*
cho|to *m* Zicklein *n*; *Reg.* Kälbchen *n*; ~**tuno** *adj.* Zickel...; *oler a* ~ stinken.
chova *Vo. f* Turmkrähe *f.*
chovinismo *m* → *chauvinismo.*
choza *f* Hütte *f.*
chozno *m* Ururenkel *m.*
chozo *m* Hüttchen *n.*
choz|par *v/i.* hüpfen (*Lämmer, Ziegen*); ~**po** *m* Hüpfer *m*, Sprung *m.*
¡chss! pst!, Ruhe!
chubas|co *m* 1. Platzregen *m*; *a.* ⚓ Regenbö *f*; ⚓ ~ (*de viento*) Sturmbö *f*; 2. Unglücksschlag *m*; ~**quería** ⚓ *f* (Aufziehen *n* e-r) Regenbö *f* (*Gewölk*); ~**quero** *m* Wetter-, Regen-mantel; ⚓ Ölzeug *n.*
chúcaro *m Am.* wild, ungezähmt (*Pferd, Rind*).
chucear F *v/i. Arg.* vögeln P, bumsen P.
chucrut *Kchk. m* Sauerkraut *n.*
chucuru *Zo. m Ec.* Art Wiesel *n.*
chucha *f* 1. *Zo.* F Hündin *f*; *Col.* Opossum *n*; 2. *Col.* Kürbisrassel *f*; 3. *fig.* F Affe *m* F, Schwips *m*; 4. P *Arg.* Muschi *f* P (= *Vulva*); ~**zo** *m Cu., Ven.* Peitschenhieb *m.*
chuche|ar *v/i.* 1. tuscheln, zischeln; 2. Vögel mit Schlingen fangen; ~**ría** *f* 1. Flitterkram *m*; Krimskrams *m*; 2. Näschereien *f/pl.*; ~**ro** *m* Vogelsteller *m*; *Col.* Hausierer *m.*
chucho[1] *m* 1. F Köter *m*; 2. *Fi.* Adlerrochen *m*; 3. *Cu., Ven.* Peitsche *f*; 4. 🐴 *Cu.* Weiche *f*; 5. F *Span.* 5 Peseten *f/pl.*
¡chucho![2] *int.* pfui!, kusch! (*Zuruf an Hunde*).
chucho[3] I. *m* 1. *And.* Wechselfieber *n*; Schüttelfrost *m*; 2. P *Arg.* Angst *f*, Schiß *m* P; 3. 🌶 *Col.* Stinkpfeffer *m*; II. *adj.* 4. *Bol., Chi.* runzlig, verrunzelt; *Col.* wässerig (*Frucht*).
chucho[4] *m Chi.* ein Raubvogel, Kauz *m*; *Folk.* Unheilsvogel *m*; *fig.* Unglücksbringer *m.*
chuchoca *f And.* Art Mais- od. Bohnen-pastete *f.*
chuchumeco *desp. m* elender Kerl *m*, Knilch *m* (*desp.* F).
chueca *f* 1. *Anat.* Gelenk-kopf *m*, -knochen *m*; 2. Baumstrunk *m*; 3. *Art* Kugelschieben *n* (*Spiel*); *fig.* Streich *m.*
chueco *adj. Col., Chi., Ec.* krummbeinig.
chuela *f Chi.* Handbeil *n.*
chueta *c Baleares*: Abkömmling *m* von getauften Juden.
chu|fa *f* 🌶 Erdmandel *f*; *fig.* Lüge *f*; Prahlerei *f*; F Ohrfeige *f*; *echar* ~s prahlen; *fig. tener sangre de* ~ Fischblut in den Adern haben; ~**far** *v/i.* spotten, ~**feta** F *f*, ~**fla** *f Andal., Am.*, ~**fleta** *f* Witz *m*, Spaß *m* F; ~**fletear** F *v/i.* scherzen; ~**fletero** *adj.-su.* scherzhaft; anzüglich; *m* Spaßmacher *m*; Spötter *m.*
chuguarse *v/r. Arg.* s. Zöpfe flechten.
chula *f* Nopal-, Kaktus-feige *f.*
chu|lada *f* 1. Derbheit *f*; Frechheit *f*; 2. → *chulería* 1; ~**lángano** P *m* Angeber *m* F; ~**lapa** P *f* kesse Göre P; ~**lapo** *m*, ~**lapón** *m* → *chulo*; ~**lear** I. *v/t.* bespötteln; II. *v/i. u.* ~**se** *v/r.* angeben F; P als Zuhälter leben, (ein) Pferdchen laufen haben (*od.* lassen) P; III. *v/r.* ~**se** s. lustig machen; ~**lería** *f* 1. Angeberei *f*, Angabe *f* F; Mutterwitz *m*; Ungezwungenheit *f*; 2. „*chulos*" *m/pl.*; ~**lesco** *adj.* dreist, keck, patzig; angeberisch F, großkotzig F.
chuleta *f* 1. *Kchk.* Kotelett *n*, Rippenstück *n*; 2. *fig.* F Ohrfeige *f*; 3. *Sch.* Spickzettel *m.*
chulo I. *adj.* 1. dreist, vorlaut; keß; angeberisch F; 2. gerieben, Gauner...; 3. *Méj.* hübsch, nett; II. *m* 4. „Chulo" *m* (*Madrider Volkstype*), Strizzi *m* (*Öst.*), kesser Flegel *m*; Angeber *m* F; 5. Zuhälter *m*; Gauner *m*, Messerheld *m*; 6. *Stk.* Gehilfe *m*; Gehilfe *m* im Schlachthof.
chulla *f Col.* Schimpfwort *n.*
chullo *m Pe.* bunte gestrickte Wollmütze *f* der Hochlandindianer.
chumacera *f* ⊕ Zapfenlager *n* (*von Achsen*); ⚓ Drehdolle *f.*
chumbe *m Rpl., Col., Pe.* Binde *f*, breiter Gürtel *m*; Stirnband *n.*
chum|bera 🌶 *f* Feigenkaktus *m*; ~**bo** *adj.-su. m* (*higo m*) ~ Kaktusfeige *f.*
chumpipe *m Am. Cent., Méj. Reg.* Truthahn *m.*
chuncho *m* 1. *Vo. Chi.* Kauz *m*; 2. 🌶 *Pe.* Ringelblume *f.*
chunchos *m/pl.* Spitzname der Peruaner für die Bolivianer *m/pl.*
chun|ga F *f* Neckerei *f*, Scherz *m*; *estar de* ~ Spaß treiben; ~**go** P *adj.* miese Type *f* F, falscher Fuffziger *m* F; ~**guear** F *v/r.* scherzen; s. necken, kalbern F; ~**gueo** F *m* Spaß *m*, Neckerei *f*; Veralberung *f*; ~**guero** *m* Witzbold *m*, Spaßmacher *m.*
chuña *f* 1. *Arg., Bol.* ein als Haustier gehaltener Stelzvogel (*Dicholophus cristatus*); 2. *Chi.* Zs.-raffen *n.*
chupa I. *f* 1. *hist.* Wams *n*; P Jackett *n*; *fig. poner a alg. como* ~ *de dómine* j-n abkanzeln, j-n fertigmachen F, j-n zur Schnecke (*od.* zur Minna) machen F; 2. Durchnässung *f*, Naßwerden *n*; 3. *Arg., Am. Cent., Pe., Ur.* Rausch *m*; II. *m* 4. F *Col.* Polizist *m*; ~**cirios** F *m* (*pl. inv.*) Betbruder *m* F; ~**da** *f* Zug *m* (*Raucher, Trinkender*); *dar una* ~ *e-n* Zug tun; ~**dero** *adj.-su.* saugend; *m* → *chupador*; ~**do** *adj.* 1. *fig.* hager; eingefallen (*Gesicht*); 2. eng (anliegend) (*Kleidung*); schmal; 3. *feige*; 4. *Arg.* beschwipst; ~**dor** I. *adj.* saugend, Saug...; II. *m* Sauger *m*, Schnuller *m*; ⊕ Mundstück *n an Geräten*; ~**dura** *f* Saugen *n.*
chupa|flor *Vo. m Ven.* Art Kolibri *m*; ~**lla** *f Chi.* grober Strohhut *m*; ~**mirto** *Vo. m Méj.* Kolibri *m.*
chupar *v/t/i.* 1. (aus-, ein-)saugen; *an der Zigarre usw.* ziehen; lutschen (*ac. od.* an *dat.*); *et.* ablecken; aufsaugen; *fig.* aussaugen; erschöpfen (*Gesundheit*); ~ *a/c. a alg.* j-m et. abknöpfen; *fig.* ~ *del bote* (*od. del tarro*) mit teilhaben, (mit) schmarotzen, nassauern F; *fig.* ~ *la sangre a alg.* j-n (bis aufs Blut) aussaugen; 2. *Hond., Méj.* rauchen; II. *v/r.* ~**se** 3. *fig.* abmagern; 4. *fig.* ~**se los dedos** (*de gusto*) s. die Finger danach lecken; F ~**se el dedo** leer ausgehen, in die Röhre (*od.* in den Mond) gucken F; *fig.* F no ~**se el dedo** nicht auf den Kopf gefallen sein, (auch) nicht von gestern sein F; F *¡chúpate ésa!* das geht dich an!; das mußt du (schon) einstecken!; ... und wenn ich vor Wut platzt! F; ~**sangre** *fig. m* Blutsauger *m*; ~**tintas** F *desp. c* (*pl. inv.*) Federfuchser *m*, Bürohengst *m* F.
chupe|ta *f* 1. ⚓ (erhöhtes) Quarterdeck *n*; 2. *Chi.* Glas *n*; Likör *m*; 3. *Chi., Am. Cent.* → ~**te** *m* 1. Schnuller *m*; F (Saug-)Flasche *f*; 2. Lutschstange *f*; Bonbon *n*, *m*; F *ser de* ~ ausgezeichnet (*od.* dufte F) sein; ~**tear** *v/i.* lutschen; ~**teo** *m* Lutschen *n*; Gelutsche *n* F; ~**tón** *m* Saugen *n*; kräftiger Zug *m.*
chupín *m* kurzes Wams *n.*
chupo *m Col.* Schnuller *m.*
chupó|n I. *adj.* 1. saugend; II. *m* 2. Zug *m* an e-r Zigarre; 3. Saugmal *n*; 4. 🌶 Wassertrieb *m*; 5. Lutscher *m*, Lolli *m* F; 6. *fig.* F → ~**ptero** F *m* Schmarotzer *m*, Nassauer *m* F.
chur|la *f*, ~**lo** *m* mit Jute gefütterter Ledersack *m.*
churo *m Ec.* 1. Muscheltrompete *f*; 2. *a. Col.* (Haar-)Locke *f*; 3. Liebhaber *m.*
churra *Vo. f* Stein-, Birk-huhn *n.*
chu|rrasco *m Am. Mer.* auf offenem Feuer gebratenes Fleisch *n*; ~**rrasquería** *f* Steakhaus *n*; ~**rre** *m* 1. *tex.* Wollschweiß *m*; 2. F abtropfendes Fett *n*; ~**rrería** *f* Ölkringelverkauf *m*; ~**rrero** *m* Ölkringelbäcker *m*; ~**rretada** *f* gr. Schmutzfleck *m*; ~**rrete** *m* Schmutzfleck *m bsd. im Gesicht*; ~**rretoso** *adj.* voller Schmutzflecken.
churri|ana P *f* schlampige Hure *f*; ~**burri** P *m* Gesindel *n.*
churriento *adj.* von Fett triefend; schmutzig.
churrigue|resco *adj.* im Schnörkelbarockstil (*nach dem span. Baumeister Churriguera*); *fig.* überladen, verschnörkelt; ~**rismo** *m* span. (Schnörkel-)Barock *m*, *n.*
churro I. *adj.* 1. grobwollig; 2. *Col.* hübsch, schlicht; 3. *Méj.* schlecht!; II. *adj.-su.*4. *Val.* (*bsd. aragonesischer*) Bauer *m*; III. *m* 5. Ölkringel *m* (*typisch span. Gebäck*); *fig.* F Murks *m* F, Pfuscherei *f*; Quatsch *m* F.
churru|chada P *f* Löffelvoll *m*; ~**llero** *adj.* geschwätzig; ~**scarse** [1g] *v/r.* anbrennen (*Speise*); ~**sco** *m* 1. angebranntes Brot *n*; 2. *Col.* Kraushaar *n*; 3. *Col.* Raupe *f*; 4. 🌸 *Col.* Spirale *f* für Empfängnisverhütung.
churumbel (*Zigeuner*) *m* Kind *n*, Balg *n* F.
churumbela *f* Schalmei *f*, Hirtenflöte *f*; *Am.* Saugrohr *n.*
churu|men F *m* Grips F *m*, Verstand *m*; ~**mo** F *m* Saft *m*, Kern *m*; *poco* ~ wenig dahinter.
churuno *m Bol.* rundes Kürbisgefäß *n.*
chus: *¡*~*! int.* hierher! (*Zuruf an Hunde*); F *no decir ni* ~ *ni mus* den Mund nicht aufmachen, nicht piep sagen F.
chus|cada *f* lustiger Streich *m*; Schnurre *f*; ~**co** I. *adj.* 1. drollig,

chusma — **chuzonería**

witzig; **II.** *m* **2.** Witzbold *m*; Spaßvogel *m*; **3.** *M* Kommißbrot *n*; *P* Brötchen *n*.
chusma *f* Gesindel *n*, Pöbel *m*; *hist.* Galeerensträflinge *m/pl.*; **~je** *m Am.* Pöbel *m*.
chuspa *f Rpl., Pe.* Lederbeutel *m*.
chusquero *M m* Berufssoldat *m*, Kommißkopf *m* F.
chu|t *Sp. m* Schuß *m* (*Fußball*); **~ta** F *f* Spritze *f zur Drogeninjektion*; **~tar I.** *v/i.* schießen, kicken; F *va que chuta es klappt prima, das geht (ja) wie geschmiert* F; *un coche que chuta ein toller Wagen* F; **II.** *v/r.* **~se** F fixen F, *an der Nadel hängen* F; **~te** F *m* Schuß *m* F (= *Drogeninjektion*).
chu|za *f* **1.** *Chi., Rpl. Art* Spieß *m*; **2.** *Méj. Billard:* Stoß *m*, *der alle Kugeln trifft*; *Kegeln: etwa* alle Neune; *fig.* F *hacer* ~ *gründlich aufräumen*; **~zar** [1f] *v/t. Col., Ven.* stechen; **~zo** *m* **1.** Spieß *m*, Stock *m*, *bsd. der serenos*; *Col.* (Brat-)Spieß *m*; *Cu.* Reitpeitsche *f*; **2.** *Chi.* Klepper *m*; **3.** *caen* ~*s* (F *de punta*), *llueve* ~*s es gießt, es hagelt*; *nieva* ~*s es schneit stark*; **~zón** *adj.-su.* schlau, gerissen; spöttisch; *m* Spötter *m*; *hist. Thea.* Hanswurst *m*; **~zonería** *f* Possen *m*(*/pl.*).

D

D, d (= de) f D, d n (*Buchstabe*).
dable *adj.* c möglich, durchführbar.
dabu|te(n), **~ti** F *adj. inv.*, *adv.* Span. toll F, Klasse F, super F.
daca: F *andar al* ~ *y toma* s. herumstreiten, e-n Wortwechsel haben; *fig.* (*política f de*) *toma y* ~ *etwa:* Kuhhandel m, Tauziehen n, Hickhack n F.
da capo ♪ da capo; m Dakapo n.
dacio *adj.-su.* dakisch; m Daker m.
dación ⚖ f Hergabe f, Abtretung f; ~ *en pago* Abtretung f an Zahlungs Statt.
dacorrumano Li. *adj.-su.* dakorumänisch; m das Dakorumänische n.
dacti|lado 🕮 *adj.* fingerähnlich; **~lar** *adj.* c Finger...
dactílico *adj.* daktylisch (*Vers*).
dáctilo m 1. Daktylus m (*Vers*); 2. *Zo.* Dattelmuschel f.
dacti|lógrafa f Maschinenschreiberin f; **~lografía** f Maschinenschreiben n; **~lografiar** [1c] *vt/i.* mit der Maschine schreiben, tippen F; **~lográfico** *adj.* maschinenschriftlich; **~lógrafo** m Maschinenschreiber m.
dactilo|lalia f, **~logía** f Fingersprache f; **~scopia** f Fingerabdruckverfahren n, Daktyloskopie f; **~scópico** *adj.* daktyloskopisch; *examen* m ~ Untersuchung f der Fingerabdrücke.
dacha f Datscha f.
dadaís|mo m Dadaismus m; **~ta** *adj.* c dadaistisch.
dádiva f Gabe f; Geschenk n; Spende f.
dadivo|sidad f Freigebigkeit f; **~so** *adj.* freigebig.
dado[1] I. *part. v.* → dar; II. *adj.* 1. ergeben; *ser* ~ *a los vicios* dem Laster verfallen sein; 2. gegeben; vergönnt; 3. *in prp. u. conj. Funktion:* ~ *que* da, weil; ~ *que* + *subj.* wenn + *ind.*
dado[2] m 1. Würfel m; ~ *falso*, ~ *cargado*, ~ *trucado* falscher, gefälschter Würfel m; *echar* (*od. tirar*) *los* ~s, *jugar a los* ~s Würfel spielen, würfeln; knobeln F (*um ac. por*); *fig. correr el* ~ Glück haben; *fig. estar como un* ~ glänzend gehen, sehr verheißungsvoll aussehen; 2. Würfel m, Kubus m; △ Säulenfuß m; 3. ⊕, *bsd.* ⚓ Lagerzapfen m; Lagerbuchse f; (Ketten-)Steg m; 4. ⌀ Raute f e-r Flagge; 5. *Art* Abschlagen n (*Kinderspiel*).
dador ✝, ⚖ m Geber m; Überbringer m *e-s Schreibens;* ~ *de crédito* Kreditgeber m.

dafne ♀ m Seidelbast m.
daga f 1. *hist.* Kurzschwert n; 2. *P. Ri.* Machete f.
dale (*zu* → *dar*); F ¡~ (*fuerte*)!, ¡~ *escabeche!* gib ihm Saures! F, immer feste druff! F; ¡(y) ~!, ¡~ *que* ~!, ¡~ *bola!* immer wieder, auf Teufel komm raus F; schon wieder!; *y* ~ *con la música* schon wieder kommt er mit der Musik!
dalia ♀ f Dahlie f.
Dalmacia f Dalmatien n.
dálmata *adj.-su.* c dalmatinisch; m Dalmatiner m.
dalmáti|ca f Dalmatika f (*hist u. Meßgewand*); **~co** *adj.-su.* dalmatisch (*Sprache*).
dalto|niano *adj.-su.* farbenblind; **~nismo** m Farbenblindheit f.
dalla f → *dalle*; **~dor** m Mäher m; **~r** *vt/i.* (*Gras*) mähen.
dalle m Sense f.
dama[1] f 1. Dame f; Geliebte f; ~ (*de compañía*) Gesellschaftsdame f, Gesellschafterin f; ~ *de honor* Ehren-, Hof-dame f; Brautjungfer f; *primera* ~ First Lady f (*engl.*); *echar* ~s *y galanes* Paare auslosen b. Gesellschaftsspiel; *Ant.* ¡~s *y caballeros!* m-e Damen und Herren!; 2. Brettspiel, Schach: Dame f; (*juego m de*) ~s f/pl. Damespiel n; *llevar* (*ir*) *a* ~ zur Dame machen (Dame werden); 3. *Thea.* joven jugendliche Liebhaberin f; (*primera*) ~ Hauptdarstellerin f; *segunda* ~, *tercera* ~ Zweitrollendarstellerin f.
dama[2] *Zo.* f Damhirsch m.
damajuana f gr. Korbflasche f; (Glas-)Ballon m.
damas ⚓ f/pl. (Ruder-)Dollen f/pl.
dama|sceno I. *adj.-su.* (*ciruela f*) **~a** f Damaszener Pflaume f; II. *adj.* aus Damaskus; III. m Damaszener m.
damas|co m 1. *tex.* Damast m; 2. ♀ *Am.* Aprikose f; 3. ♀ Damaskus n; **~ina** *tex.* f Halbdamast m; **~quinado** I. *adj.* 1. tauschiert; *bisutería f* ~*a* tauschierter Schmuck m, Toledoartikel m (*/pl.*); II. m 2. ⊕ Tauschierung f, Damaszierung f; 3. Toledoarbeit f, -ware f; **~quinar** *v/t.* tauschieren; **~quino** I. *adj.* aus Damaskus; *espada f* ~*a*, *hoja f* ~*a* Damaszenerklinge f; *tejido m* ~ Damast(gewebe n) m; II. m ♀ Aprikosen-, Damaszenerpflaumen-baum m.
damería f Zimperlichkeit f, Prüderie f.
damero m (Damespiel-)Brett n.
damisela *lit., iron.* f Dämchen n.
damnifica|do I. *adj.* ge-, be-schädigt; II. m Geschädigte(r) m; ~s *por las inundaciones* Hochwassergeschädigte(n) m/pl.; **~r** [1g] *v/t.* (be)schädigen.
Damocles m *fig.:* la espada de ~ das Damoklesschwert.
dance m *Ar.* Schwertertanz m.
dáncing m Tanzbar f.
danchado ⌀ *adj.* gezahnt.
dan|di m Dandy m, Stutzer m; **~dismo** m Geckenhaftigkeit f.
danés *adj.-su.* dänisch; m Däne m; *das Dänische;* (*perro m*) ~ Dogge f.
dan|ta *Zo.* f *Am. Mer.* Tapir m; Elch m; **~te** P m aktive(r) Homosexuelle(r) m. [Dante...)
dantesco *adj.-su.* dantisch; dantesk;ʃ
danu|biano *adj.* Donau...; ♀**bio** m Donau f.
dan|za f 1. Tanz m; Tanz-weise f, -lied n; -musik f; Tanzkunst f; *baja* ~ Allemande f; ~ *burlesca* Tanzgroteske f; ~ *de espadas* Schwert(er)tanz m; ~ *sobre el hielo* Eistanz m; ~ *macabra* (*popular, del vientre*) Toten-(Volks-, Bauch-)tanz m; 2. *fig.* Radau m, Krawall m; F ¡*buena* ~ *se armó!* da gings vielleicht los! F, das gab e-e tolle Rauferei!; 3. F Angelegenheit f; *entrar en* ~ eingreifen; *meterse od. andar* (*metido*) *en* ~ in e-e Sache verwickelt sein; mit im Spiel sein, mitmischen F; *meterle a alg. los perros en* ~ in e-e üble Geschichte hineinbringen; **~zado** m Tanz m; **~zador** *adj.-su.* tanzend; m Tänzer m; **~zante** f 1. Tänzer m (*b. Umzügen u. ä., sonst* → *bailador*); 2. *fig.* F Leichtfuß m; Schlaumeier m; **II.** *adj.* c 3. *té m* ~ Tanztee m; **~zar** [1f] *v/t./i.* tanzen; herumhüpfen F, *fig. v/i.* mitmachen, mitmischen F (*bei dat. en*), s. *einmischen* (*in ac. en*); **~zarín** I. *adj.* 1. tanzlustig; II. m 2. geschickter Tänzer m; 3. *fig.* F Leichtfuß m; Wildfang m; **~zarina** f (gute) Tänzerin f; **~zón** ♪ m *Cu. Art* Habanera f.
daña|ble *adj.* c schädlich; verwerflich; **~do** *adj.* 1. be-, ge-schädigt; verdorben; schlecht; 2. tückisch; 3. *Col.* homosexuell; **~r** I. *v/t.* schaden (*dat.*); schädigen (*ac.*), verderben (*ac.*); *bsd. Am.* kaputtmachen; II. *v/r.* **~se** Schaden leiden, beschädigt werden; verderben.
da|ñino *adj.* schädlich (*bsd. Tier*); gesundheitsschädigend; **~ño** m 1. Schaden m (*a. Vers.,* ⚖); Verletzung f; Verlust m, Einbuße f; ~s m/pl. *a.* Sachbeschädigung f; ~ *corporal,* ~ *físico* Personenschaden m; ~ *por incendio* Feuer-, Brand-schaden m; ⚖ ~ *moral* immaterieller Schaden m; *material* Sachschaden m; *Kfz. a.* Blechschaden m F; ⚖ *materieller* Schaden m; ⚖ ~s *y perjui-*

dañoso — de 208

cios Schaden(ersatz) m; a ~ de alg. auf j-s Gefahr, zu j-s Lasten; en (od. con) ~ de alg. zu j-s Schaden (od. Nachteil); causar ~ a alg. (en a/c.) j-m Schaden verursachen; j-m (physisch) weh tun (Schaden anrichten in od. an et. dat.); hacer ~ schaden, Schaden zufügen (j-m a); Schaden anrichten; hacerse ~ s. weh tun; s. verletzen; verletzt werden; no hace ~ es tut nicht weh; sufrir ~ zu Schaden kommen; Schaden nehmen (od. erleiden); 2. And., Chi., Rpl. Hexerei f; **~ñoso** adj. schädlich, nachteilig.

dar I. vt/i. **1.** geben, schenken; hergeben; übergeben; verschaffen; verleihen; ~ de beber a j-m zu trinken geben; Vieh tränken (v/t.); Rpl. ~ dada a/c. et. verschenken (a. fig.), et. um e-n Apfel u. ein Ei hergeben (od. verkaufen); ~ a entender zu verstehen geben; ~ de más zugeben; zuviel geben; a. Sp. ~ todo lo que dé alles (bzw. sein Letztes) hergeben; ~ la vida por sein Leben einsetzen für (ac.); s. abrackern für (ac.); F no da una si macht alles verkehrt, er haut ständig daneben F; **2.** bewilligen; billigen; zustimmen; zubilligen; beimessen; beilegen; ~ la aprobación (para) s-e Zustimmung geben (zu dat.); die Genehmigung erteilen (zu dat., für ac.); ~ vía libre 🚗 die Strecke freigeben; fig. → ~ libre curso (a) freien Lauf lassen (dat.); **3.** (ein)geben; verabreichen; fig. ~ algo a alg. j-m et. (ein)geben, j-n vergiften (bzw. verhexen); me ha dado usted una idea da haben Sie mich auf e-n Gedanken gebracht; F ~la a alg. j-n reinlegen, j-n drankriegen F; → a. dale; **4.** geben, versetzen; beibringen; ~ un abrazo a alg. j-n umarmen; ~ un bofetón e-e Ohrfeige geben (od. versetzen); ¡ahí me las den todas! das ist mir (doch) gleich!, das ist mir wurs(ch)t! F; was geht (denn) das mich an!; **5.** erregen, hervorrufen; verursachen; **a)** mit su.: ~ celos a alg. j-n eifersüchtig machen (auf ac. de bzw. auf ac., wegen gen. por); ~ lugar (od. pábulo) a, ~ motivo (od. pie) para Anlaß geben zu (dat.); ~ miedo Furcht einflößen; ~ pena Mitleid erwecken (od. erregen); ~ (buen) resultado s. bewähren (Gebrauchsgegenstand, Verfahren u. ä.); ~ risa zum Lachen bringen (bzw. sein); **b)** mit que: ~ que decir od. que hablar zu(r) Kritik Anlaß geben; ~ que hacer zu tun geben; lästig werden; Arbeit machen; **6.** mitteilen; zeigen; äußern; aussprechen; sagen; ~ conocimiento de a/c. a alg. j-n von e-r Sache in Kenntnis setzen; ~ el sí das Jawort geben; **7.** bestimmen, festsetzen; ~ fin a a/c. et. beenden; a. fig. ~ el tono den Ton angeben; **8.** ~ (la hora) schlagen (Uhr); dan las ocho es schlägt acht Uhr; al ~ las nueve Schlag neun Uhr; **9.** in Bewegung setzen; ~le al caballo das Pferd anspornen; ~ manivela (al motor) (den Motor) ankurbeln; ~ vuelta a et. drehen; et. in Umdrehung versetzen; **10.** machen, tun; Schrei ausstoßen; ~ (de) barniz lackieren; ~ brincos springen, hüpfen; ~ vueltas s.

drehen, s. wälzen; herumgehen; **11.** hervorbringen; tragen; el nogal da nueces der Nußbaum trägt Nüsse; **12.** veranstalten, (ab)halten; Vortrag halten bzw. veranstalten; Film geben od. spielen; ¿qué película dan? was für ein Film läuft?; **13.** reichen; ~ la mano die Hand geben; fig. behilflich sein; **14.** ~ por erklären für, erachten als, halten für; ~ por concluido (od. terminado) als abgeschlossen (od. beendet) erklären (bzw. ansehen od. gelten lassen); ~lo por perdido (es) aufgeben, aufstecken F; **II.** v/impers. **15.** da pena verlo es zu sehen ist schmerzlich; le dio un ataque de fiebre er bekam (e-n) Fieber(anfall); (me) da igual, (me) da lo mismo das ist (mir) gleich, das ist dasselbe in grün F; ¡qué más da! was liegt schon daran!; **III.** v/i. **16.** Kart. geben, austeilen; **17.** fig. irgendwohin gehen od. kommen od. führen; **a)** mit a: ~ a la calle zur Straße hinausgehen (od. hin liegen) (Fenster usw.); ~ al mediodía nach Süden liegen (Zimmer usw.); **b)** mit en: führen; (auf et.) treffen, stoßen; fig. ~ en blando k-n Widerstand finden; ~ en la cara ins Gesicht scheinen (Licht, Sonne); fig. ~ en el clavo (od. en el hito) den Nagel auf den Kopf treffen, es genau erfassen; ~ de espaldas (en el suelo) auf den Rücken fallen; ~ en la selva in den Wald führen (Weg usw.); ♣ ~ en seco stranden; fig. ~ en lo vivo die empfindliche Stelle treffen; vgl. 18; **c)** mit con: ~ con algo (od. alg.) auf et. (od. j-n) treffen bzw. stoßen; et. (od. j-n) finden; mit et. (od. j-n) zs.-stoßen; **d)** mit contra: ~ contra la pared gegen die Wand prallen, an die Wand stoßen; **e)** mit por: fig. ~ por tierra con a/c. et. über den Haufen werfen; et. zunichte machen; vgl. 18; **f)** mit sobre: ~ sobre el mar aufs Meer hinausgehen (Fenster); ~ sobre el más débil über den Schwächsten herfallen; **g)** mit tras: hinter et. (dat.) od. j-m her sein; **18.** fig. ~ en + inf. darauf verfallen sein, zu + inf.; ~ en llamar (be)nennen; ~le a alg. por + inf. od. + su. auf et. (ac.) verfallen; ahora le ha dado por la televisión jetzt will er immer fernsehen, jetzt hat er den Fernsehfimmel F; (no) me da por ahí ich habe (k-e) Lust dazu, das liegt mir (nicht); **19.** ~ de sí **a)** weiter werden, s. dehnen (Stoff usw.); **b)** hergeben, einbringen (Mühen, Ertrag); **20.** ~ para ausreichen für (ac.), ausreichend sein für (ac.); F no da para más zu mehr reicht's nicht; **21.** adv. a mal ~ wenigstens; **22.** Spr. donde las dan, las toman wie du mir, so ich dir; Wurst wider Wurst; **IV.** v/r. ~se **23.** geschehen, vorkommen; se dan casos es kommt vor, es gibt Fälle; **24.** gedeihen; vorkommen; las patatas se dan bien die Kartoffeln gedeihen gut; **25.** s. selbst (od. gg.-seitig) geben; ~se cuenta de et. bemerken; s. über et. (ac.) klarwerden; ~se la mano s. die Hand geben; s. versöhnen; dársela a alg. (P con queso) j-n (gehörig) an der Nase herumführen; j-m (üblen) Streich spielen; j-n übers Ohr hauen F; **26.** s. ergeben (abs.); ~se a s. widmen (dat.), s. hingeben (dat.); a.

aufgehen in (dat.); s. ergeben (e-m Laster usw.), verfallen (dat.); **27.** ~se a + inf. **a)** darauf verfallen, zu + inf.; **b)** geben; ~se a creer s. vorstellen, s. einbilden; ~se a conocer s. zu erkennen geben; zeigen, wer man ist; s. bekannt machen; Farbe bekennen; ~se a ver s. blicken lassen; **28.** ~se por s. halten für, sein; ~se por aludido s. betroffen fühlen; ~se por pagado s. zufriedengeben, s. begnügen (mit dat. con); ~se por vencido s. ergeben, aufgeben; **29.** fig. angeben; ~se mucho aire, ~se tono sehr dick(e) tun, s. wichtig machen; darüber stehen... s. aufspielen als ...; s. hinstellen als ...; dárselas de inocente den Unschuldigen spielen; **30.** bedeuten; dársele poco a alg. j-m wenig ausmachen (od. bedeuten); tanto se me da das ist mir egal (od. wurst F); **31.** fig. dársele a alg. a/c. j-m liegen; et. auf sich nehmen. **Dardanelos** m/pl.: (el estrecho de) los ~ die Dardanellen pl.

dar/dazo m Speerwurf m; Speer-, Pfeil-wunde f; **~do** m **1.** Speer m; Spieß m; **2.** ⚔ Pfeilspitze (nornament n) f; **3.** ⚔ Kurztrieb m; **4.** bissige Bemerkung f, Stich m; Hohn m; **5.** ~ de llama Stichflamme f.

dares y tomares m/pl. Wortwechsel m; andar en ~ e-n Wortwechsel haben, streiten (mit dat. con).

dársena f Hafenbecken n; Dock n.

darta ⊕ f Gußnarbe f.

darvi|niano adj. Darwin...; **~nismo** m Darwinismus m; **~nista** adj.-su. c darwinistisch; m Darwinist m.

dasímetro Phys. m Gasdichtemesser m, Dasymeter n.

daso|logía f forstliche Ertragskunde f; **~nomía** f Forstwissenschaft f; Forst-wesen n, -wirtschaft f; **~nómico** adj. forst-wissenschaftlich; -wirtschaftlich.

data|ción bsd. Li. f Datierung f; **~r I.** v/t. datieren, mit dem Datum versehen; **II.** v/i. zeitlich: ~ de zurückgehen auf (ac.); von ... (dat.) herrühren.

dátil m **1.** Dattel f; Zo. eßbare Dattelmuschel f; **2.** P ~es m/pl. Finger m/pl.

dati|lado adj. dattelförmig; dattelfarben; **~lera** f Dattelpalme f.

datismo Rhet. m Synonymenhäufung f.

dativo Gram. m Dativ m, Wemfall m.

dato m Beleg m; Unterlage f; Angabe f; ~s m/pl. Angaben f/pl., Daten n/pl. (a. EDV); ~s personales Angaben f/pl. zur Person, Personalien pl.; ~s técnicos technische Daten n/pl.; banco m de ~s Datenbank f; centro m de ~s Datenzentrum f.

datura ♀ f Stechapfel m.

davídico adj. davidisch, Davids...

daza ♀ f Sorgho m.

de¹ f D n (Name des Buchstabens). **de²** prp. **1.** Bezeichnung des Genitivverhältnisses, appositive u. attributive Verwendung, Eigenschaftshervorhebung, Klammer für die Wortzusammensetzung, „zu" beim Infinitiv: el amo ~ la casa der Herr des Hauses, der Hausherr; ancho ~ pecho breitbrüstig, mit kräftigem Brustkorb; (mst. ohne ~) el año (~) 1970 das Jahr 1970; un artista ~ talento ein begabter Künstler; la calle ~ Alcalá die Alcalá-Straße (vgl. el camino ~ Veracruz die Straße nach [bzw. von] Veracruz); el cargo ~ presidente das Amt des Präsidenten, die Präsidentenwürde; el dos ~ mayo der zweite Mai; estar ~ (secretaria en una fábrica) als (Sekretärin in e-r Fabrik) arbeiten, tätig sein; la isla ~ Cuba die Insel Cuba; máquina f ~ coser (~ escribir) Näh-(Schreib-)maschine f; el mes ~ diciembre der Monat Dezember; el muchacho ~ las gafas der Junge mit der Brille; ~ niño als Kind od. in der Kindheit; 2. zur Verstärkung od. Hervorhebung u. bei Ausrufen: a) el burro ~ Juan der Esel von Hans od. Hans, dieser Esel; b) ¡ay ~ mí! wehe mir!, ach, ich Ärmster!; 3. Ausgangspunkt, Ursprung, Herkunft, Abstammung: a) ~ Alemania (~ Madrid) aus Deutschland (aus Madrid); mi amigo es ~ Oviedo mein Freund ist (od. stammt) aus Oviedo; Adelsprädikat: el señor ~ Elizalde Herr von Elizalde; b) fig. ~ esto se puede deducir daraus läßt s. schließen; 4. Trennung, Entfernung, Abstand: a) de ... a ... von ... nach ...; descolgarse ~ la muralla s. von der Stadtmauer herablassen; despedirse ~ los suyos von den Seinen Abschied nehmen; b) ~ arriba abajo von oben bis (bzw. nach) unten; c) fig. temporal u. modal: abierto ~ 9 a 12 geöffnet von 9 bis 12; ~ aquí a tres días in (od. binnen) drei Tagen; ~ hombre a hombre von Mann zu Mann; ~ ti (bzw. ~ usted) a mí unter uns, unter vier Augen; 5. Bereich, Zugehörigkeit, Besitz: la casa ~ su padre das Haus s-s Vaters bzw. sein Vaterhaus; ¿~ quién es este libro? wem gehört dieses Buch?; fig. Carmen López ~ Castro Carmen Castro geb. (= geborene) López; 6. Material: una cadena ~ plata e-e Kette aus Silber; e-e silberne Kette; e-e Silberkette; fig. un corazón ~ piedra ein Herz von Stein od. ein steinernes Herz; 7. partitive Verwendung: a) Bezeichnung des Teiles e-s Ganzen bzw. Auswahl aus e-r Menge od. Anzahl; Verwendung nach Mengenbezeichnungen: uno ~ ellos einer von ihnen; una docena ~ huevos ein Dutzend Eier; miles ~ hombres Tausende von Menschen; F tener mucho ~ tonto ziemlich dumm (od. blöd F) sein; escoger ~ (entre) su producción aus s-m Schaffen (z. B. e-s Dichters) auswählen; no ser ~ sus amigos nicht zu s-n Freunden gehören (od. zählen); comer ~l asado vom Braten essen; erstarrte Fügungen: dar ~ barniz = barnizar lackieren bzw. firnissen; b) Inhalt: botella f ~ vino Flasche f Wein; oft a. Weinflasche f (genauer: botella para vino); libro m ~ física Physikbuch n; hablar ~ negocios über Geschäfte sprechen; 8. Vergleichspartikel bei mit Zahlenangaben verbundenem más u. menos und beim Satzvergleich (→ a. más, menos; que, a): más (menos) ~ mil hombres mehr (weniger) als tausend Menschen; más ~ seis semanas mehr (od. länger) als sechs Wochen (aber: no ... más que = sólo); gasta mucho más dinero ~l que gana er gibt viel mehr Geld aus, als er verdient (das Substantiv, auf das s. der Vergleich bezieht, ist Objekt zu

beiden Sätzen); tiene más dinero ~ lo que Vd. cree er hat mehr Geld als Sie glauben (das substantivische Beziehungswort des Vergleichs ist Objekt nur zum Hauptsatz); la falda era más corta ~ lo (que era) decente der Rock war kürzer als schicklich (der Vergleich bezieht s. auf ein Adjektiv); llegaron antes ~ lo que pensábamos sie kamen eher an, als wir dachten (der Vergleich bezieht s. auf ein Adverb); 9. Ursache: esta chuleta no se puede comer ~ (od. por lo) dura (que está) dieses Kotelett ist so hart, daß man es nicht essen kann; ~ (pura) envidia aus (od. vor) (lauter) Neid; padecer ~ una enfermedad an e-r Krankheit leiden; 10. Bezeichnung der Urheberschaft beim Passiv; diese Verwendung beschränkte s. schon in klassischer Zeit vornehmlich auf die Bezeichnung der geistigen Urheberschaft od. der Begleitung bzw. der begleitenden Umstände; in der modernen Sprache weicht de auch in diesen Fällen immer mehr den vordringenden por: acompañado ~ su familia begleitet von (od. in Begleitung) s-r Familie; curtido ~l aire von der Luft gebräunt; saludado ~ (od. por) sus partidarios von s-n Anhängern begrüßt; 11. Adverbialer Gebrauch zur Umstandsbestimmung: a) lokal: ~ (od. por) este lado von (bzw. auf) dieser Seite; hier; von uns u. ä.; ~ esta parte hier; hierher; b) temporal: ~ día am Tage, tagsüber; muy ~ mañana sehr früh, früh am Morgen; c) modal: ~ camino im Vorbeigehen; camino ~ auf dem Wege zu (bzw. nach) (dat.); ~ intento absichtlich; ~ pie stehend (vgl. a pie zu Fuß; en pie aufrecht; unversehrt); 12. in konjunktionaler Funktion: a) kausal: ~ tanto trabajar se puso enfermo er wurde krank, weil er zu viel gearbeitet hatte; → a. porque, como u. unter 9; b) konditional: ~ haberlo sabido antes hätte ich's vorher gewußt; ~ ser necesario wenn es nötig ist, nötigenfalls; ~ no ser así andernfalls; → a. si, como; c) konzessiv: y ~ haberlo dicho él auch wenn er's gesagt hätte; → a. aunque; 13. in Verbindung mit haber, deber u. (heute kaum mehr) tener zum Ausdruck e-r Verpflichtung: he ~ escribirle ich muß ihm schreiben; debería (~) ser así es müßte (eigentlich) so sein; haber ~ + inf. hat Reg. F, bsd. Am., futurische Funktion: he ~ escribir ich werde (od. will) ihm schreiben.

deambula|r v/i. wandeln; schlendern; **~torio** △ m (Chor-)Umgang m in Kirchen.

de|án m 1. ecl. Dechant m, Dekan m; 2. † Dekan m e-r Fakultät; **~anazo** m, **~anazgo** ecl. m Dekanat m.

debajo I. adv. unten; unterhalb; quedar ~ unterliegen (abs.); **II.** prp. ~ de unter (dat. bzw. ac.); † ~ del cambio unter Kurs, unter dem Kurswert; por ~ de unter (dem) Preis (kaufen); de (por) ~ de la mesa unter dem Tisch hervor; estar muy por ~ de alg. j-m bei weitem nicht gleichkommen.

deba|te m Besprechung f; Auseinandersetzung f, Erörterung f; Debatte f, Aussprache f; Streit m;

~ parlamentario Parlamentsdebatte f; **~tir I.** v/t. besprechen, erörtern; **II.** v/i. verhandeln, debattieren; kämpfen, streiten (um ac. sobre); **III.** v/r. ~se s. sträuben, zappeln; ~se entre la vida y la muerte zwischen Leben und Tod schweben.

debe † m Soll n, Debet n; ~ y haber Soll n u. Haben n.

debela|ción f Debellation f, Niederkämpfen n; **~dor** adj.-su. Bezwinger m; Sieger m; **~r** v/t. unterwerfen; bsd. Am. Aufstand niederschlagen.

deber I. vt/i. 1. Geld, Dank usw. schulden, schuldig sein; (zu) verdanken (haben); ~ a medio mundo bis über die Ohren in Schulden stecken; 2. ~ + inf. müssen; sollen (Pflicht); dürfen; el resultado debe ser el siguiente folgendes muß das Ergebnis sein; no debes hacerlo du darfst es nicht tun; ~ de + inf. (eigentlich) müssen, sollen (Verpflichtung, Möglichkeit, Vermutung, Zweifel); debe de ser así es muß schon so sein; die Umgangssprache u. z. T. auch die Schriftsprache macht häufig keinen Unterschied zwischen ~ + inf. u. ~ de + inf. für müssen, sollen, dürfen; **II.** v/r. ~se 3. s. gehören, s. gebühren (für ac. a); como se debe wie es s. gehört, hat keinen Gebühr, richtig, ordentlich; 4. zu verdanken sein; zuzuschreiben sein (e-r Sache a a/c.); zurückzuführen sein (auf ac. a); darauf, daß a [la circunstancia de] que); lo cual se debe a que ... das kommt davon, daß ...; **III.** m 5. Pflicht f; Verpflichtung f, Schuldigkeit f; ⚖ ~ de alimentos Unterhaltspflicht f; ~ del ciudadano, ~ cívico Bürgerpflicht f; contrario al ~ pflichtwidrig; creer (de) su ~ es für s-e Pflicht halten; cumplir (con) un ~ de Pflicht erfüllen; estar en el ~ de advertir aufmerksam machen müssen, pflichtgemäß aufmerksam machen; 6. ~es m/pl. Pflichten f/pl., Aufgaben f/pl.; Sch. Span. Hausaufgaben f/pl.

debi|damente adv. ordnungsgemäß, gebührend; **~do** adj. 1. gebührend, richtig; angemessen; como es ~ wie es s. gehört; richtig, anständig F; en forma ~a vorschriftsmäßig, in gehöriger Form; a (od. en) su ~ tiempo zur rechten Zeit; rechtzeitig; richtig; (bleibt dt. z. T. unübersetzt); 2. ser ~ e-e Folge sein von (dat.); prp. ~ a wegen (gen., F a. dat.); dank (dat., a. gen.); ~ a que ... infolge davon, daß ..., weil ...

débil I. adj. c schwach (a. su.); kraftlos; fig. matt, bald (Farbe, Ausdruck); leise (Stimme, Geräusch); Li. schwach (Vokal); fig. la química es su punto ~ er ist schwach in Chemie; **II.** adj.-su. (los) económicamente ~(es m/pl.) arm (die Armen m/pl.).

debili|dad f 1. Schwäche f (physisch od. moralisch); Schwachheit f (bsd. moralisch); Kraftlosigkeit f, Mattigkeit f; ~ mental Geistesschwäche f, Schwachsinn m; ~ senil Altersschwäche f; 2. fig. F Schwäche f; momento de ~ schwacher Moment m; tener ~ por e-e

debilitador — decir

Schwäche haben für (*ac.*); ~**tador** *Phot. m* Abschwächer *m*; ~**tamiento** *m* ⊕ Abschwächung *f*; ~**tar I.** *v/t.* schwächen; *a.* ⊕ abschwächen; entkräften; **II.** *v/r.* ~**se** schwach werden, ermatten.

debitar ✝ *v/t.*: ~ *una cantidad en cuenta* ein Konto mit e-r Summe belasten.

débito *m* Schuld *f*; Verpflichtung *f*; ✝ ~**s** *m/pl.* Verbindlichkeiten *f/pl.*

debocar [1g] *vt/i. Arg.* erbrechen.

debu|t *m Thea.* (*a. fig.*) Debüt *n*; Erstaufführung *f*; erstes Auftreten *n*; ~**tante** *c Thea.* (*a. fig.*) Debütant(in *f*) *m*; Anfänger(in *f*) *m*; ~**tar** *v/i. Thea.* (*a. fig.*) debütieren, zum ersten Mal auftreten.

década *f* 1. Dekade *f* (*a. Lit.*); Zeitraum *m* von zehn Tagen (*bzw.* Jahren); 2. zehn Stück.

decaden|cia *f* Verfall *m*, Niedergang *m*; Dekadenz *f*; *estar en plena* ~ gänzlich verfallen; 2. Niedergeschlagenheit *f*; ~**te** *adj. c* 1. im Verfall begriffen; entartet; 2. *Ku.* dekadent; 3. → *decaído*; ~**tismo** *Lit.*, *Ku. m* Dekadenz *f*; ~**tista** *Lit.*, *Ku. adj.-su. c* Dekadente(r) *m* (*Anhänger der Dekadenz*).

decaedro ⚘ *m* Dekaeder *n*.

decaer [2o] *v/i.* 1. in Verfall geraten; nachlassen, abnehmen; *fig.* herunterkommen; ⚜ verfallen; ~ *de ánimo* mutlos werden; ~ *en fuerzas* Kraft verlieren; *va decayendo es geht bergab* (mit *Geschäft, Gesundheit, Schönheit usw.*); 2. ⚓ abtreiben.

decágono ⚘ *adj.-su.* zehneckig; *m* Zehneck *n*. [Deka *n*.〕

decagramo *m* Dekagramm *n*, *östr.*〕

deca|ído *adj.* 1. kraftlos, matt; mutlos; 2. heruntergekommen; entartet; ~**imiento** *m* Verfall *m*; Niedergeschlagenheit *f*, Mutlosigkeit *f*.

decalaje ⊕ *m* Versetzung *f*.

decalitro *m* Dekaliter *n* (= *zehn Liter*).

decálogo *bibl. m* die Zehn Gebote *n/pl.*

decalvar *v/t.* kahlscheren.

Decamerón *Lit. m* Dekameron *n*.

decámetro *m* Dekameter *n*.

decampar *v/i.* ⚔ *hist.* das Lager abbrechen; *fig.* aufbrechen, weggehen.

deca|nato *m* Dekanat *n*, *nur ecl.* Dechanat *m*; ~**natura** *f Col.* Dekanat *n*; ~**nía** *f* Klosteramt *n*; Klosterkirche *f*; ~**no** *m* 1. Dekan *m* (*a. Univ.*), *nur ecl.* Dechant *m*; 2. Älteste(r) *m*; *Dipl.* Doyen *m*; *fig.* Nestor *m*.

decantar *v/t.* 1. 🜄, ⊕ dekantieren: *Flüssigkeit* (ab)klären, (-)setzen, (-)gießen; *Erze* abschlämmen; 2. *oft iron.* rühmen, preisen; ausposaunen (*desp.*); *el* ~**ado** *artista mst. iron.* der so vielgepriesene Künstler.

decapa|do ⊕ *m* Beize *f* (*Metalle*); ~**r** ⊕ *v/t. Metalle* beizen, dekapieren.

decapita|ción *f* Enthauptung *f*, Köpfen *n*; ~**r** *v/t.* enthaupten, köpfen.

decasílabo *adj.-su.* zehnsilbig; *m* Dekasyllabus *m*, Zehnsilber *m* (*Vers*).

decatizar [1f] *tex. v/t.* dekatieren.

decat(h)lón *Sp. m* Zehnkampf *m*.

decelera|ción *f a. Phys.* Verzögerung

f, negative Beschleunigung *f*; ⊕ Untersetzung *f*; ~**r** *v/t.* verzögern, verlangsamen.

decena *f* 1. (*etwa*) zehn; 2. *Arith.* Zehner *m*; 3. ♪ Dezime *f*; ~**l** *adj. c* zehnjährig; zehnjährlich; ~**rio I.** *adj.* zehnteilig; **II.** *m kath.* Rosenkranz *m* mit zehn Kugeln.

decencia *f* Anstand *m* (*a. fig.*); Schicklichkeit *f*.

dece|nio *m* Jahrzehnt *n*; ~**no** *adj.* → *décimo.*

decentar [1k] **I.** *v/t.* 1. *Brot usw.* an-schneiden, -brechen; 2. *bsd. Gesundheit* beeinträchtigen; **II.** *v/r.* ~**se** 3. *s.* durch- *od.* wund-liegen.

decente *adj. c* 1. anständig; ehrbar; schicklich; sittsam; *a.* menschenwürdig (*Leben*); *ser* ~ *anständig sein*; *s.* gehören; *medio* ~ halbwegs anständig; 2. angemessen (*Preis*).

decep|ción *f* Enttäuschung *f*; ~**cionar** *v/t.* (ent)täuschen; hintergehen.

deceso *lit. m Am.* Tod *m*.

decibelio *Phys. m* Dezibel *n*.

decidi|damente *adv.* entschlossen; entschieden; schlechterdings; ~**do** *adj.* entschlossen; energisch; entschieden; *estar* ~ *a entschlossen sein zu* (*dat. od. inf.*); ~**r I.** *vt/i.* 1. entscheiden; beschließen; abschließen; ~ + *inf.* s. entschließen zu + *inf. od.* + *dat.*; ~ *sobre* (*od.* de) *über et.* (*ac.*) entscheiden, für *et.* (*ac.*) entscheidend sein; 2. veranlassen, überreden; ~ *a alg. a hacer a/c.* j-n veranlassen (*bzw.* j-n dazu) überreden, et. zu tun; **II.** *v/r.* ~**se** 3. entschieden werden; 4. ~**se** *a* + *inf.* s. entschließen, zu + *inf.*; ~**se** *a* (*od.* en) *favor* de s. entscheiden für (*ac.*).

decidor I. *adj.* gesprächig, unterhaltsam; **II.** *m a.* Witzbold *m*; ~ *de sinceridades* wer kraß die Wahrheit sagt.

deci|gramo *m* Dezi-, Zehntelgramm *n*; ~**litro** *m* Dezi-, Zehntelliter *n*.

décima *f* 1. Zehntel *n*; Zehntelgrad *m* (*Fieberthermometer*); Zehntelsekunde *f* (*z. B. b. Belichten*); *tener* ~**s** *erhöhte Temperatur haben*; 2. *Lit.* Dezime *f* (*zehnteilige Stanze von Achtsilbern*); 3. ♪ Dezime *f*.

decimal I. *adj. c* dezimal, Dezimal...; ⚘ *fracción f* (*od.* *quebrado m*) ~ Dezimalbruch *m*; **II.** *f* Dezimale *f*, Dezimalzahl *f*.

decímetro *m* Dezi-, Zehntel-meter *m*; *fig.* Maßstab *m* (*Gerät*).

décimo I. *num.* 1. zehnte(r, -s); *en* ~ *lugar* an zehnter Stelle; zehntens; **II.** *m* 2. Zehntel *n*; *el* ~ der Zehnte; ~ (*de lotería*) Zehntellos *n*; 3. *Am.* Zehncentavostück *n* (*Münze*).

decimo|ctavo *num.* achtzehnte(r, -s); ~**cuarto** *num.* vierzehnte(r, -s); ~**noveno** *num.* neunzehnte(r, -s); ~**quinto** *num.* fünfzehnte(r, -s); ~**séptimo** *num.* siebzehnte(r, -s); ~**sexto** *num.* sechzehnte(r, -s); ~**tercero**, ~**tercio** *num.* dreizehnte(r, -s).

decir I. [3p] *v/t.* (*z. T. a. v/i.*) 1. sagen, sprechen, mitteilen; *la(s) gente(s) dice(n) que od. dicen que es heißt*, man sagt, es verlautet, daß; *¡no me diga!* was Sie nicht sagen!; *tatsächlich?*; *¡no me diga más!*

jetzt verstehe ich (warum ...); *¡diga usted!* sagen Sie (doch) mal!; *Telefon Span.*: *¡diga!* (*Angerufener*) hallo! (*od.*: sprechen Sie bitte!); *vgl. oiga*; *¡dígamelo a mí!* wem sagen Sie das!; *¡digo!* das will ich meinen!; *¡digo, digo!* hört, hört!; nanu!; *ach, sieh mal an!*; → *a. Diego*; *¡digo yo!* meine ich!; *digo ...* (ich meine) vielmehr ...; *una chica, digo mal, un ángel* ein Mädchen, was sage ich, ein Engel; *am Schluß e-r Rede*: *he dicho od. dije* ich habe gesprochen; *como quien dice od. como si dijéramos* sozusagen; (*also*) ungefähr; *como quien no dice nada* so ganz nebenbei, als wäre das gar nichts; *cualquiera diría que ...* man könnte fast meinen, (daß) ...; *als ob ...*; *¡cualquiera (lo) diría!* kaum zu glauben!, man sollte es nicht für möglich halten!, wer hätte das gedacht!; *no* ~ *una cosa por otra* die Wahrheit sagen; ~ *bien* gut sprechen; *a.* recht haben; *F* ~**le a alg. cuatro cosas** (*od.* cuatro frescas) j-m gehörig die Meinung sagen, mit j-m deutsch reden *F*; *¡usted dirá!* natürlich!; ganz wie Sie wünschen!; bestimmen Sie bitte!, Sie haben das Wort!; *bestätigend*: meine ich auch!; *eso es más fácil de* ~ *que de hacer* das ist leichter gesagt als getan; ~ *y hacer* → *dicho*; ~ *para* (*od.* entre) *sí*, ~ *para sus adentros* zu s. selbst (*od.* vor s. hin) sagen, bei s. denken (*od.* überlegen); *no digo nada* natürlich, jawohl; *... que no digo nada* das habe ich schon im voraus gewußt, das konnte ich mir schon denken; *por* ~**lo así** sozusagen, gewissermaßen; ~ *por* ~ daherreden, belangloses Zeug reden; *lo dice por él* er meint ihn, das ist auf ihn gemünzt; *por mejor* ~ besser gesagt; *ni que tiene es erübrigt s.*, zu erwähnen, ich brauche nicht erst zu sagen; *el qué dirán* das Gerede (*der Leute*); *¡quién lo diría!* wer hätte das gedacht!; *no digamos que sea así* es ist zwar (*od.* freilich) nicht ganz so; *no es barato que digamos* es ist nicht gerade billig; *no hay más que* ~ *basta!*, genug!, jetzt ist Schluß!; das genügt (vollkommen)!; *y* ~ *que es ciego* (und) dabei ist er blind; wenn man bedenkt, daß er blind ist; ~ *que sí* (*que no*) ja sagen; *a.* das Jawort geben (nein sagen); *no sé qué me diga* ich weiß nicht, was ich dazu sagen soll; *según dicen* wie es heißt, dem Vernehmen nach; *tener algo que* ~ et. zu sagen haben (bei *dat. en*); *tú que tal dijiste* das hast du gesagt; *dime con quién andas y te diré quién eres* sage mir, mit wem du umgehst, und ich sage dir, wer du bist; *quien mal dice, peor oye etwa*: wie man in den Wald hineinruft, schallt es zurück; 2. auf-, her-sagen; vortragen; ~ *maquinalmente* heruntersagen, -plappern; *ein Sprüchlein herbeten*; 3. *Be.)sagen; lauten; bedeuten; erkennen lassen; es* ~ *das heißt*; *¿es* ~ *que no sale?* er reist also nicht ab?; *querer* ~ (be)sagen wollen, bedeuten; *su cara lo dice todo* (*no dice nada*) sein Gesicht sagt alles (s-e Miene ist ausdruckslos); *el documento dice como sigue* das Schriftstück lautet wie folgt; *la práctica dice die Praxis* (*od.* die Erfahrung) lehrt (*od.* zeigt); 4. anordnen, befehlen; *dile*

que venga en seguida (sag ihm,) er soll sofort kommen; **5.** *Kart.* ansagen, Farbe bekennen; **6.** passen (zu *dat.* con); *eso no me dice nada* das ist mir gleichgültig; *¿qué me dice de ...?* was sagen Sie zu ... (*dat.*)?, wie gefällt Ihnen ... (*nom.*)?; **7.** nennen; *le dicen Miguel* er heißt (man nennt ihn) Michael; **8.** *gut od. schlecht stehen,* s. ankündigen; **II.** *v/r.* ~se **9.** heißen; sagen; *¿cómo se dice?* wie sagt man?; **10.** sagen, reden; *se dice que man sagt, es heißt; se dicen tantas cosas* es wird so viel geredet; *se diría (que)* man könnte meinen (, daß); es scheint (so, als ob); *estos hombres que se dicen ser sus rivales* diese Männer, die angeblich s-e Rivalen sind; **III.** *m* **11.** Redensart *f*, Redeweise *f*; ~es *m/pl.* Gerede *n*; *es un ~ das ist so e-e Redensart, es ist nicht so (schlimm) gemeint; al ~ de nach dem, was (nom.) sagt.*
deci|sión *f* **1.** Entscheidung *f*; Entschluß *m*; ⚖, *Pol. a.* Beschluß *m*; *~ judicial* richterliche Entscheidung *f*, Urteil *n; tomar una ~ e-n* Entschluß fassen, s. entschließen; **2.** Entschlossenheit *f*; *falto de ~* unentschlossen; **3.** Bestimmung *f*; **~sivo** *adj.* **1.** entscheidend; ausschlaggebend; *a. Sp. encuentro m ~* Entscheidungs-kampf *m*, -spiel *n*; **2.** *fig.* entschieden (*Ton*); **~sorio** *adj.* → *decisivo;* ⚖ *juramento m ~* zugeschobener Eid *m.*
declama|ción *f* Deklamation *f*; Vortragskunst *f*; *fig.* Wortgepränge *n*; **~dor** *adj.-su.* Vortragskünstler *m*; *fig.* Phrasendrescher *m*; **~r** *vt/i.* deklamieren, vortragen; *fig.* schwülstig reden; *~ contra* wettern gg. (*ac.*); **~torio** *adj.* deklamatorisch (*a. fig.*); *arte f ~a* Vortragskunst *f.*
declara|ble *adj. c* erklärbar; **~ción** *f* Erklärung *f (a.* ✝, ⚖); Äußerung *f*, Angabe *f*; ✝ Verzeichnis *n*, Aufstellung *f*; *~ (de amor)* Liebeserklärung *f*; ⚖ *de ausencia* (*indeterminada*) Verschollenheitserklärung *f*; ✝ *~ de carga* Schiffsbericht *m*; ✝ *~ de entrada (de salida)* Ein- (Aus-)fuhrerklärung *f*; *~ de guerra* (*de impuestos, de intenciones*) Kriegs- (Steuer-, Absichts-)erklärung *f*; *~ jurada* eidesstattliche Erklärung *f*; *~ de mayoría de edad (de muerte)* Mündigkeits- (Todes-)erklärung *f*; *Pol. ~ de principios* Grundsatzerklärung *f*; *~ de quiebra* Konkursanmeldung *f*; *F u. fig.* Bankrotterklärung *f*; ⚖ *de voluntad* Willenserklärung *f*; *hacer una ~* e-e Aussage machen; e-e Erklärung abgeben; ⚖ *tomar ~ a j-n* vernehmen, *j-n* verhören; **~damente** *adv.* unverhohlen, deutlich; **~do** *adj.* erklärt *a. fig. Feind*); 💰 *valor m ~* Wertsendung *f*; **~nte** ⚖ *c* Aussagende(r) *m*; Anmeldende(r) *m*; **~r I.** *vt/i.* **1.** erklären, aussagen; anmelden; ✝ deklarieren; verzollen; ⚖ *~ culpable* für schuldig erklären, schuldig sprechen; *~ la renta* e-e (bzw. s-e) Einkommensteuererklärung machen; *~ por enemigo* zum Feind erklären; **2.** aussagen, zeugen; *encontrarse en estado de ~* vernehmungsfähig sein; **II.** *v/r.* ~se **3.** *abs.* s. erklären, e-e Liebeserklärung machen; **4.** s. erklären (für

ac. por); ~se *en quiebra* Konkurs anmelden; ~se *con alg.* s. mit j-m aussprechen; ~se *a (od. en) favor de alg.* für j-n eintreten; **5.** ausbrechen (*Feuer, Pest usw.*); s. einstellen; *se le declaró una fiebre* er bekam Fieber; **~tivo** *adj.* erklärend; ⚖ Klärungs...; **~torio** *adj.* (er)klärend; ⚖ Feststellungs...; *acción f ~a* Feststellungsklage *f.*
decli|nable *Gram. adj. c* deklinierbar; **~nación** *f Gram., Astr., Geogr.* Deklination *f*; *fig.* Verfall *m*; *fig. no saber las ~ones* nicht bis drei zählen können; **~nar I.** *v/t.* **1.** *Gram.* deklinieren; **2.** ablehnen; abschlagen; abweisen; *~ toda responsabilidad* jede Verantwortung ablehnen; **II.** *v/i.* **3.** *Astr.* vom Meridian abweichen; *Geogr.* miß-, fehl-weisen (*Magnetnadel*); **4.** s. neigen (*a. fig., z.B. Tag*); sinken (*Sonne*); abklingen (*Fieber*); **5.** *fig.* zerfallen; abnehmen; **~natoria** ⚖ *f* Geltendmachung *f* der Unzuständigkeit des Gerichts; **~natorio I.** *adj.* ablehnend; **II.** *m Phys.* Deklinatorium *n*; **~nómetro** *Phys. m* Ablenkungsmesser *m.*
decli|ve *m* **1.** Abhang *m*; Gefälle *n*, Neigung *f*; *~ áspero* steile Böschung *f*; Steilhang *m*; *en ~* abschüssig; *bergab (a. fig.); formar ~, ir en ~, tener ~* abfallen, s. senken; **2.** *fig.* Verfall *m*, Abnehmen *n*; *ir en ~* verfallen; **~vidad** *f*, **~vio** *m* Senke *f*; → *declive.*
decoc|ción *f* Abkochung *f*, Sud *m*; Absud *m*; *pharm.* Dekokt *n*; **~tor** 🍳, ⊕ *m* Kocher *m.*
decodifica|ción *f* Entschlüsselung *f*; **~dor** *HF m* Decoder *m*; **~r** [1g] *v/t.* entschlüsseln, dekodieren.
decola|je ✈ *m Col., Ec.* Start *m*, Abflug *m*; **~r** ✈ *v/i. Col., Ec.* starten, abfliegen.
decolora|nte *adj.-su. m* Bleichmittel *n*; **~r** *v/t.* entfärben; bleichen.
decomi|sar *v/t.* (gerichtlich) einziehen; **~so** *m* Einziehung *f*; *vgl. comiso.*
decora|ción *f* **1.** Ausschmückung *f*, Dekoration *f*; Innenausstattung *f*; **2.** *Thea.* Bühnenbild *n*; **~do m 1.** Ausschmückung *f* (Schaufenster-)Dekoration *f*; **2.** *Thea.* Bühnen-bild *n*, -ausstattung *f*; *~s m/pl.* Bauten *m/pl.* (*Film*); **~dor** *m* Dekorateur *m*; (Film-)Architekt *m*; **~r** *v/t.* **1.** ausschmücken, verzieren; dekorieren; **2.** *Thea.* ausstatten; **3.** auswendig lernen; aufsagen; Silbe für Silbe sprechen; **~tivista** *adj. c: pintor m ~* Dekorationsmaler *m*; **~tivo** *adj.* dekorativ (*a. fig.*); zierend; Schmuck ...
decoro *m* Anstand *m*, Schicklichkeit *f*; *guardar el ~* den Anstand wahren; das Gesicht wahren; **~so** *adj.* anständig, ehrbar; sittsam; dezent; standesgemäß.
decortica|ción *f* Entrinden *n; Chir.* Dekortikation *f*; **~r** [1g] *v/t.* entrinden.
decre|cer [2d] *v/i.* abnehmen, schwinden, sinken; fallen (*Wasserstand*); **~ciente** *adj. c* abnehmend; *Phon.* fallend (*Diphthong*); **~cimiento** *m ~ disminución* **~mento** *m* **1.** Abnahme *f*; Verfall *m*; **2.** 📊, ⊕ Verringerung *f*, Abfall *m.*
decrepitar *v/i.* dekrepitieren (*Kristalle*).

decrépito *adj.* **1.** hinfällig; altersschwach; verfallen; *anciano m ~* Tattergreis *m* F; **2.** *fig.* morsch, vermodert.
decrepitud *f* Hinfälligkeit *f*, Altersschwäche *f*; *fig.* Verfall *m.*
decrescendo *it. m ♪* Decrescendo *n*; *fig.* Abnahme *f*, Nachlassen *n.*
decretal *kath. f* Dekretale *n*; *~es f/pl. hist.* Dekretalien *pl.*
decre|tar *v/t.* ver-, an-ordnen, verfügen; *Befehl* erlassen; **~to** *m* Verordnung *f*! Verfügung *f*, Erlaß *m; Real ~ Kgl.* Erlaß *m*, Kabinettsorder *f*; *~ reglamentario* Durchführungsverordnung *f*; *~-ley m* Rechtsverordnung *f*; **~torio** ⚖ *adj.* kritisch.
decúbito ⚖ *m* **1.** Liegen *n*; *~ dorsal, ~ supino* Rückenlage *f*; *en ~* liegend; **2.** (*úlcera f de*) *~* Dekubitus *m.*
decu|plar, **~plicar** [1g] *v/t.* verzehnfachen.
décuplo *adj.-su.* zehn-fach, -fältig; *el ~* das Zehnfache.
decurso *m* Ver-, Ab-lauf *m der Zeit.*
decu|sado, **~so** 🌿 *adj.* gekreuzt; 💐 kreuzständig.
dechado *m* **1.** Vorlage *f*; (bsd. Stick-)Muster *n*; **2.** *fig.* Muster *n*, Ausbund *m*; *~ de maldades (de virtudes)* Ausbund *m* von Schlechtigkeit (Tugend).
deda|da *f* Fingerspitzenvoll *f*, Prise *f*; *~ una ~ de miel* ein Trostpfläster-chen *n*; **~l** *m* Fingerhut *m*; **~lera** 🌿 *f* Digitalis *f*; *Zo.* Wirrwarr *m.*
dédalo *m* Labyrinth *n*, Irrgarten *f*
dedeo *bsd.* ♪ *m* Finger-fertigkeit *f*, -technik *f*; Fingersatz *m.*
dedica|ción *f* **1.** Einweihung *f*; Weihinschrift *f*; Fest *n* der Kirchweih; *f*; **2.** Widmung *f*; **3.** *fig. bsd. Am.* Hingabe *f*, Fleiß *m*; **4.** *Verw. Span. ~ exclusiva* Amtsausübung *f* ohne Nebentätigkeit; **~nte** *c* Widmende(r) *m*; **~r** [1g] **I.** *v/t.* **1.** weihen; widmen, zueignen; *libro m ~ado* Buch *n* mit Widmung *f*; **2.** *fig.* widmen; *Zeit* auf-, verwenden (für *ac.*, auf *ac. a*); **II.** *v/r.* ~se **3.** ~se *a* s. widmen (*dat.*); *¿a qué se dedica?* was macht er (beruflich)?; **~toria** *f* Widmung *f*, Zueignung *f*; **~torio** *adj.* Widmungs...
de|dil *m* Fingerling *m*; **~dillo** *m*: *conocer ac. al ~* et. aus dem Effeff (*od.* wie s-e Westentasche) kennen; *saber al ~ a/c. et.* genauestens wissen; s. (wie) an Schnürchen hersagen können; **~do** *m* **1.** *Anat.* Finger *m*; Zehe *f*; *~ anular* Ringfinger *m*; *(~) del corazón* Mittelfinger *m*; *(~) índice, Rpl. ~ mostrador* Zeigefinger *m*; *(~) meñique, ~ auricular kl.* Finger *m*; *~ gordo,* (~) *pulgar* Daumen *m*; *~ gordo (del pie)* große Zehe *f*; P *el ~ veintiuno* der elfte Finger F (= *Penis*); **2.** ⊕ Finger *m*; **3.** *fig. el ~ de Dios* der Finger Gottes; *adv. a dos ~s de ganz nahe an (dat.),* drauf u. dran; *antojársele los ~s huéspedes a alg.* a) sehr argwöhnisch sein; b) s. Illusionen machen; *atar bien (o.* ~ s-e Vorkehrungen treffen; → *a. cogerse 22; comerse los ~s por* sehr begierig sein nach (*dat.*); → *a. chuparse 4; dar un ~ de la mano por* alles hergeben für (*ac.*); *¡métele el ~ en la boca!* der ist alles andere als dumm!; *meter a alg. los ~s (en la boca)* j-n

deducción — degollar 212

geschickt ausforschen, j-n ausholen F; *meterle a alg. los ~s por los ojos* j-m Sand in die Augen streuen; *morderse los ~s* s-n Ärger verbeißen; s. in ohnmächtiger Wut verzehren; *fig. poner el ~ en la llaga* den wunden Punkt berühren; den Finger auf die Wunde legen; *ponerle a alg. los cinco ~s en la cara* j-m e-e Ohrfeige geben; ♪ *poner bien los ~s* e-e gute Fingertechnik haben; *señalar a alg. con el ~* mit Fingern auf j-n zeigen, j-n bloßstellen; *ser el ~ malo* ein Unglücksrabe sein, Unglück bringen; *tener cinco ~s en la mano* selber zupacken können, von k-m andern abhängig sein; *fig. F tengo ~s de manteca* heute fällt mir alles aus der Hand; *fig. no tener dos ~s de frente* kein großes Kirchenlicht sein.

dedu|cción *f* 1. Ableitung *f*; Folgerung *f*; 2. Preisabschlag *m*; Abzug *m*; *~ hecha de, previa ~ de* nach Abzug von (*dat.*); *con ~ de* abzüglich (*gen.*); **~cible** *adj. c* ableitbar; ✝ abzugsfähig; **~cir** [3o] *v/t.* 1. ableiten; folgern; *de ello se deduce que ...* daraus kann man schließen, daß ..., daraus folgt, daß ...; 2. abziehen; *~idos los gastos, resulta ...* nach Abzug der Spesen ergibt s. ...; **~ctivo** *Phil. adj.* deduktiv.

defacto *adv. (a. adj.; a. de facto)* tatsächlich, de facto.

defasador ⚡ *m* Phasenschieber *m*.

defeca|ción *f* 1. Stuhl(gang) *m*, ⚡ Defäkation *f*; 2. 🜚 Läuterung *f*, Abklärung *f*; **~r** [1g] I. *v/t.* 🜚 abklären; II. *v/i.* Stuhlgang haben.

defec|ción *f* Abfall *m v. e-r Partei, Ideologie usw.*; Abtrünnigkeit *f*; **~cionar** ⚡ desertar; **~tivo** *adj.* 1. unvollständig, mangelhaft; 2. *Gram.* defektiv; **~to** *m* 1. Fehler *m*, Mangel *m* (*a. fig.*); ⊕ *~ de construcción* Konstruktionsfehler *m*; *sin ~* fehlerfrei, tadellos; ✻ *~ de técnica* Kunstfehler *m*; *remediar (od. subsanar od. suplir) un ~* e-n Fehler (*od.* Mangel) beheben; 2. *allg. u. ~* körperlicher Fehler *m*, Gebrechen *n*; 3. Fehlen *n*, Mangel *m*; *en ~ de* in Ermangelung (*gen. od. von dat.*); *en su ~* falls nicht vorhanden; 4. *EDV por ~* Standard..., Default...; **~tuoso** *adj.* fehlerhaft, schadhaft; mangelhaft, lückenhaft, unvollkommen; schlecht gelungen.

defen|der [2g] I. *v/t.* 1. verteidigen (*a.* ⚖); (be)schützen; (ab)schirmen; in Schutz nehmen; *Meinung* verfechten; rechtfertigen; *~ la causa de alg.* j-s Sache vertreten; 2. verbieten; II. *v/r.* *~se* s. verteidigen (*gg. ac. de, contra*); s. schützen, s. zur Wehr setzen (*gg. ac. de*); 4. s. durchsetzen; zurechtkommen; *se ha ~ido (bien)* er hat s. gut geschlagen (*od.* gehalten) F *irse defendiendo* s. (so) durchschlagen, von der Hand in den Mund leben; **~dible** *adj. c* vertretbar; annehmbar.

defenestra|ción *f* Sturz *m* aus dem Fenster; *Span.* (Partei-)Ausschluß *m*; *hist.: la ~ de Praga* der Prager Fenstersturz; **~r** *Pol. v/t. Span. aus e-r Partei* ausschließen.

defen|sa I. *f* 1. *allg.* Verteidigung *f* (*a. Sp.*), Schutz *m*, *Fußball* a.: Abwehr *f*; Vertretung *f*; Entlastung *f*; *ponerse en ~* s. zur Wehr setzen; *tomar la ~ (od. salir en ~) de alg.* j-n verteidigen, j-n in Schutz nehmen; 2. ⚔ Verteidigung *f*; *fig. a.* Verteidiger *m*; (en) *legítima ~* (in, aus) Notwehr *f*; (en) *~ propia* (zum) Selbstschutz *m*, (zur) Selbstverteidigung *f*; 3. ✻ Verteidigung *f*; Schutzwaffe *f*; *fort. ~s f/pl.* Verteidigungsanlagen *f/pl.*; *~ antiaérea* Flug-, Luft-abwehr *f*, Flak *f*; *~ pasiva*, *~ civil* Zivilschutz *m*; 4. ⚓, ⊕ Schutzvorrichtung *f*; ⚓ Fender *m*; *Hydr.* Wehr *n*; *Kfz. Am. Reg.* Stoßstange *f*; ⚓ *~ del costado* Lade-, Lösch-bord *m*; 5. *~s f/pl.* Hauer *m/pl.* (*Keiler*); Hörner *n/pl.* (*Stier*); Stoßzähne *m/pl.* (*Elefant*); 6. ✻ *~s f/pl. biológicas* biologische Abwehrkräfte *f/pl.*; **II.** *m* 7. *Sp.* Verteidiger *m*; **~siva** *f* Verteidigung *f*, Defensive *f*; *ponerse a la ~* s. in Verteidigungszustand setzen; *fig.* in die Defensive gehen; *Sp. a. ~* auf die Verteidigung beschränken, *Fußball:* mauern F; **~sivo** *adj.* 1. verteidigend, defensiv, Abwehr..., Defensiv...; *arma ~a* Verteidigungs-, Defensiv-waffe *f*; 2. ⊕ *~ contra el polvo* staubabweisend; **~sor** *m a.* ⚖ Verteidiger *m*; *fig.* Vorkämpfer *m*, Verfechter *m*; *Pol. Span.* ⚖ *del Pueblo Art* Ombudsmann *m*; **~soría** ⚖ *f* Verteidigung *f* (= *Amt des Verteidigers*); **~sorio** *~s n* Verteidigungsschrift *f*.

defe|rencia *f* Nachgiebigkeit *f*; Willfährigkeit *f*; Entgegenkommen *n*; Ehrerbietung *f*; **~rente** *adj. c* nachgiebig; willfährig; zuvorkommend; ehrerbietig; **~rido** ⚖ *adj.* → *decisorio*; **~rir** [3i] I. *v/t.* übertragen (j-m *et. od. et.* auf j-n *a/c. a.*); II. *v/i. (a)* zustimmen (*dat.*), einwilligen (in *ac.*); ⚖ *~ a alg.* j-m zufallen (*Erbschaft*).

deficien|cia *f* Mangel *m*; Fehlerhaftigkeit *f*; Ausfall *m*; *~ mental* Geistesschwäche *f*; *~ de oído* Schwerhörigkeit *f*; 🕿 *~ (de porte)* fehlendes Porto *n*; **~te** *adj. c* mangelhaft, fehlerhaft, unzulänglich; defekt; ♪ vermindert.

déficit *m (pl. inv.)* Fehlbetrag *m*, Defizit *n*; Manko *n*; *~ presupuestario* Haushaltslücke *f*.

deficitario *adj.* defizitär.

defini|ble *adj. c* definierbar; erklärbar; **~ción** *f* 1. Begriffsbestimmung *f*, Definition *f*; Erklärung *f*; 2. ⊕, *HF, TV* Auflösung *f*; **~do** *adj.* bestimmt (*a. Gram.*); definiert; unverhohlen; **~r** I. *v/t.* 1. bestimmen, definieren; erklären; 2. entscheiden (*bsd. Konzil, Papst*); 3. *Mal.* letzte Hand anlegen an (*ac.*); II. *v/r. ~se* 4. *abs.* s. festlegen, s. entscheiden; **~tiva** ⚖ *f* Endurteil *n*; **~tivo** *adj.* endgültig, abschließend; entscheidend; definitiv; *adv. en ~a* schließlich u. endlich, letzten Endes.

defla|ción ✝, *Geol. f* Deflation *f*; **~cionista** (*a. deflacionario*) *adj. c* deflationistisch, deflatorisch.

deflagra|ción 🧪 *f* schnelle Verbrennung *f*; Verpuffung *f*, Deflagration *f*; **~r** *v/i.* ver-, ab-brennen; verpuffen; aufflackern.

deflec|tómetro *Phys. m* Ablenkungsmesser *m*; **~tor** *Phys. m* Deflektor *m*.

deflexión 🛠 *f* Ablenkung *f*; Deflexion *f*.

defolia|ción *f (bsd.* vorzeitiger) Laubfall *m*; Entlaubung *f* (*bsd. Vietnamkrieg*); **~nte** *m* Entlaubungsmittel *n*; **~r** [1b] *v/t.* entlauben.

deforesta|ción *f* Abholzen *n*; **~r** *v/t.* abholzen.

deforma|ble ⊕ *adj. c* verformbar; **~ción** *f* 1. Entstellung *f*; Verzerrung *f*; Gestalt-, Form-veränderung *f*; *~ de la columna vertebral* Rückgratverkrümmung *f*; 2. ⊕ Verformung *f*; Verwerfung *f*; Verzerrung *f* (*a. TV, Rf. Ton, Bild*); *~ en caliente* Warmverformung *f*; *Tel. ~ de texto* Textverstümmelung *f*; **~do** *adj.* verbogen; verzogen; verformt; verzerrt.

defor|mante *adj. c* verzerrend; Zerr...; **~mar** I. *v/t.* entstellen, verunstalten; ⊕ umformen, verformen; verzerren; II. *v/r. ~se* s. verformen; s. verziehen; **~matorio** *adj.* entstellend, verzerrend; **~me** *adj. c* unförmig, ungestalt; häßlich; **~midad** *f* 1. Häßlichkeit *f*; Mißgestalt *f*; Mißbildung *f*; 2. *fig.* grober Irrtum *m*.

defrauda|ción *f* 1. Veruntreuung *f*; Unterschlagung *f*; Hinterziehung *f*; ⚡ *a.* Entziehung *f* elektrischer Energie; 2. Betrug *m*, Täuschung *f*; **~dor** *adj.-su.* Betrüger *m*; Steuerhinterzieher *m*; Zollbetrüger *m*; **~r** *v/t.* 1. hinterziehen; veruntreuen; unterschlagen; betrügen; 2. *fig.* enttäuschen; *~ las esperanzas de alg.* j-s Hoffnungen enttäuschen; *fig. ~ el sueño de* die Nacht durcharbeiten; *a. s.* die Nacht um die Ohren schlagen F; *esperanza ~ada* Enttäuschung *f*.

defuera *adv.*, *a. por ~* außen, außerhalb, draußen; von außen.

defunción *f* Ableben *n*, Hinscheiden *n*; Tod(esfall) *m*; *cédula f (od. certificado m) de ~* Totenschein *m*.

degenera|ción *f* Entartung *f*, Degeneration *f*; Verfall *m*; ✻ *~ adiposa* Verfettung *f*; **~do** *adj.* entartet, degeneriert; **~r** *v/i.* entarten, degenerieren; *~ en s.* auswachsen zu (*dat.*); ausarten in (*ac.*); **~tivo** ✻ *adj.* degenerativ.

deglu|ción *f* (Hinunter-)Schlucken *n*, Schlingen *n*; **~tir** *vt/i.* (ver-)schlucken, (hinunter)schlingen; **~torio** *adj.* Schluck...

degolla|ción *f* Enthauptung *f*; Schlachten *n*; *fig.* Morden *n*, Blutbad *n*; **~dero m** 1. a) Nacken *m* b. *Schlachtvieh*; **b)** Schlachthof *m*; 2. Schafott *n*; 3. Halsausschnitt *m am Kleid*; **~dor m** Enthaupter(r) *m*; **~dor m** Scharfrichter *m*; Schlächter *m im Schlachthof u. fig.*; **~dura** *f* 1. → *degolladero*; 2. Halswunde *f*; 3. Schnitt *m*, Riß *m (Segel, Zelt usw.)*; 4. ⊕ Aus-, Ein-schnitt *m*; ⚠ Einschnürung *f*; Mauerfuge *f*; **~nte** F *c* auf-, zu-dringlicher Mensch *m*; **~r** [1n] *v/t.* 1. *Kleid* ausschneiden; 2. ⚓ *Segel* kappen; ⊕ *Schraube* abdrehen; 3. köpfen; (ab)schlachten; niedermetzeln; *Rel.* schächten; *Stk.* schlecht treffen, *Stier* abmurksen F; 4. *fig.* zerstören, einreißen; *Thea.* Stück schlecht spielen, schmeißen F; j-m auf die Nerven gehen; *Sprache* radebrechen.

degollina F *f* Schlächterei *f*, Gemetzel *n*.
degrada|ción *f* 1. Degradierung *f*; Absetzung *f*; *fig.* Erniedrigung *f*; Beschimpfung *f*; 2. ⚔ Abbau *m*; 3. *Mal.* Verkürzung *f*; Abtönung *f*; **~do** *adj. fig.* verkommen; **~nte** *adj. c* entwürdigend, erniedrigend; **~r** I. *v/t.* 1. absetzen; ⚔ degradieren; 2. *fig.* erniedrigen; demütigen; 3. ⚔ abbauen; 4. *Mal.* perspektivisch verkürzen; abtönen; II. *v/r.* **~se** 5. *s.* verunehren; verkommen.
degüello *m* 1. Enthauptung *f*, Köpfen *n*; Gemetzel *n*; *entrar a ~* plündern, brandschatzen; 2. *Rel.* Schächten *n*; 3. *fig. pasar (od. tirar) a ~ a alg.* j-n über die Klinge springen lassen; 4. Hals *m*, schmalster Teil *m* e-r *Waffe*.
degusta|ción *f* Kostprobe *f*; Kosten *n*; *(salón de de) ~* Probierstube *f*; **~r** *vt/i.* kosten, probieren.
dehe|sa *f* (Vieh-)Weide *f*; Koppel *f*; Gemeindeanger *m*; **~sero** *m* Heger *m*.
dehiscente ♀ *adj. c: fruto m ~* Springfrucht *f*.
deici|da *adj.-su. c* Gottesmörder *m*; **~dio** *m* Gottesmord *m*; *fig.* Frevel *m*.
dei|dad *f* Gottheit *f*; **~ficación** *f* Vergöttlichung *f*; Vergottung *f*; **~ficar** [1g] *v/t.* vergöttlichen; vergöttern.
deís|mo *Phil. m* Deismus *m*; **~ta** *adj.-su. c* deistisch; *m* Deist *m*.
deja|ción *f* Überlassung *f*; Abtretung *f*; Verzicht *m*; **~da** *f* Lassen *n*; → *dejación*; **~dez** *f* Schwäche *f*; Schlaffheit *f*, Nachlässigkeit *f*, Schlamperei *f* F, **~do** *adj.* 1. (*ser*) nachlässig, schlampig; 2. (*estar*) **a)** verlassen; **b)** niedergeschlagen; **~miento** *m* 1. Schlaffheit *f*, Schwäche *f*; 2. Ablassen *n*, (Los-)Lösung *f* (*von dat. de*); 3. → *dejación*.
dejar I. *v/t.* 1. unterlassen; weglassen; be-, da-lassen; loslassen; zulassen; stehen-, liegen-, übergehen; *~ aparte* dahingestellt lassen; *¡déjemoslo (así)!* lassen wir's (dabei)!, damit soll es sein Bewenden haben; *~ atrás* hinter s. lassen, zurücklassen; übertreffen; *~ caer* fallen lassen; *fig.* (wie unabsichtlich) *et.* sagen, hinwerfen; *a. fig. ~ correr* laufenlassen; F *¡déjelo correr!* lassen Sie der Sache freien Lauf; kümmern Sie s. nicht darum!; *~ escrito* stehenlassen *in e-m Schriftstück*; schriftlich hinterlassen (*Nachricht*); → *a.* 4; *~ a un lado* beiseite lassen (*od.* schieben); *fig.* aufs tote Gleis schieben; *~ en libertad a Gefangene* freilassen; → *a.* 2; *no me ~á mentir* er kann es bezeugen *od.* er weiß davon (*Beteuerung*); *~ para otro día* auf e-n andern Tag verschieben; *~ paso a* durchlassen; *~ sin acabar* unvollendet (hinter)lassen; liegenlassen; *~ en su sitio* stehen-, liegenlassen; unverändert (da)lassen, nicht anrühren; *dejadle con su tema* laßt ihn bei s-m Thema; **~lo todo como está** alles beim alten lassen; *Spr. no dejes para mañana lo que puedes hacer hoy* was du heute kannst besorgen, das verschiebe nicht auf morgen; 2. geben, ab-, über-lassen; (aus-, ver-)leihen; anvertrauen; **~lo al arbi-**trio *de alg.* es in j-s Ermessen stellen, es j-m anheimstellen; **~lo en libertad** *de alg.* es j-m freistellen; *¿no me lo podría ~ más barato?* könnten Sie es mir nicht billiger (ab)lassen?; 3. verlassen, aufgeben; im Stich lassen; *~ la casa* sein Haus verlassen; *~ una cosa por otra* eines wegen des anderen aufgeben, eines aufgeben u. das andere tun; *~ el empleo* die Stelle aufgeben, den Dienst quittieren; *le dejó la fiebre* er hat kein Fieber mehr; ⚓ *~ la línea* ausscheren; 4. hinterlassen; *~ dicho* Nachricht hinterlassen; 5. einbringen; Gewinn bringen; 6. *fig. in e-m Zustand* (zurück)lassen, *en-Zustand* hervorrufen; *~ airoso a alg.* j-m zu e-m Erfolg verhelfen; *~ (muy) bien a alg.* j-m (sehr) herausstreichen; j-m viel Ehre machen; *el éxito loe dejó entusiasmados* sie waren von dem Erfolg begeistert; *la excursión me dejó rendido* ich war wie zerschlagen von dem Ausflug; *me lo ha ~ado peor que antes* jetzt ist er schlechter als zuvor (*z. B. Anzug, der in der Reinigung war*); 7. in Ruhe lassen; *¡deja!* laß (mal)!, weg!; fort!; *¡déjame en paz!* laß mich in Ruh(e)!; *fig. no ~ le vivir a alg.* j-m k-e Ruhe geben; II. *v/i.* 8. (zu)lassen, erlauben; dulden; *si me dejan* wenn ich könnte, wie ich wollte; 9. *~ de + inf.* aufhören zu + *inf.*; *et.* nicht mehr *tun*; *a.* ⊕ *~ de funcionar* aufhören, versagen; *~ de rodar* ausrollen (*Wagen, Flugzeug*); *~ de sonar* verklingen, verhallen; 10. *no ~ de + inf.* nicht aufhören zu + *inf.*; nicht vergessen (*od.* nicht unterlassen), zu + *inf.*; nicht versäumen, zu + *inf.*; *no ~ de conocer et.* nicht verkennen; *no deje de pasar por mi casa* Sie müssen mich wirklich (einmal) besuchen; *no (por eso) deja de ser importante* nichtsdestoweniger ist es wichtig; III. *v/r.* **~se** 11. s. ablassen; s. vernachlässigen; **~se de** *et.* (unter)lassen; *¡déjese de bromas!* lassen Sie die Späße!; *¡déjese de rodeos!* kommen Sie zur Sache!; 12. **~se caer a)** *s.* fallen lassen; **b)** *fig.* (plötzlich) auftauchen (*Besuch*), aufkreuzen F; F *a ver si te dejas caer por casa* besuch uns doch mal!; **c)** *fig. ~se caer con e-e Bemerkung* einfließen lassen; *et.* durch e-e Bemerkung nahelegen; **d)** *~se caer con 5 pesetas* 5 Peseten springen lassen; 13. **~se decir** *s.* die Bemerkung entschlüpfen lassen; **~se llevar** *s.* mitreißen lassen (*von dat. por od. de*); 14. **~se sentir** spürbar werden; **~se ver** sichtbar werden; s. zeigen.
de|je *m* 1. Nachgeschmack *m* (*a. fig.*); Nachklang *m*; 2. dialektaler (*bzw.* spezifischer) Tonfall *m*; leichter Akzent *m*; 3. Anflug *m*, Spur *f*; **~jillo** *m dim. v. deje*; **~jo** *m* → *deje*.
de jure *adv.* (*a. adj.*) von Rechts wegen, de jure.
del Kontraktion *v. de u. el.*
delación *f* 1. Anzeige *f*, Denunziation *f*; Verrat *m*; 2. ⚖ *~ de la sucesión* Erbanfall *m*; *~ de la tutela* Übertragung *f* der Vormundschaft.
delantal *m* Schürze *f*; Schurz *m*; *~-vestido m* Kleiderschürze *f*.
delan|te I. *adv.* (*nicht temporal*) vorn, voran; voraus; davor; *de ~* von vorn; *por ~* von vorn; vorbei; *estar ~* davorliegen, davorstehen; vorauf (*od.* voraus) sein; *poner ~* davorlegen; vorlegen; *tener ~* vor Augen haben; II. *prp. ~ de* vor (*dat. bzw. ac.*); vor (*dat.*), in Gegenwart von (*dat.*); **~tera** *f* 1. Vorderteil *m* e-s *Kleidungsstückes*, e-s *Wagens usw.*; 2. *Thea. u. ä.* Vorderreihe *f*; Vordersitz *m*; 3. *tener la ~* Vorsprung haben; *fig.* die führende Stellung einnehmen; *Sp. tomar la ~ s.* an die Spitze setzen; *Sp., Kfz.* überholen (j-n *a alg.*); j-m zuvorkommen; j-m übertreffen; 4. *Fußball:* Sturm *m*; **~tero** I. *adj.* vordere(r), Vorder...; II. *m* Vorreiter *m*; *Fußball:* Stürmer *m*; *~ centro* Mittelstürmer *m*.
dela|tar I. *v/t.* anzeigen, denunzieren; verraten; II. *v/r. ~se durch ein unbedachtes Wort u. ä.* verraten; **~tor** *adj.-su.* Anzeigende(r) *m*; Denunziant *m*; Verräter *m*.
delco ⚡ *m* (Zünd-)Verteiler *m*.
dele *Typ. m* Deleatur *n* (*Tilgungszeichen*).
deleble *adj. c* auslöschbar, tilgbar.
delectación *f* Ergötzen *n*, Lust *f*.
delega|ción *f* 1. Delegation *f*; Abordnung *f*; 2. Stelle *f*, Amt *n*; ⚖ *Aduanera* Zollamt *n*; ⚖ *del Trabajo* Arbeitsamt *n*; 3. Auftrag *m*, Amt *n*; *por ~* in Vertretung; im Auftrag; **~do** I. *adj.* abgeordnet; II. *m* Abgeordnete(r) *m*; Delegierte(r) *m*; Beauftragte(r) *m*; **~r** [1h] *v/t.* delegieren; abordnen; entsenden; *bsd.* Vollmachten *u. ä.* übertragen (*dat. od.* auf *ac.* en); *~ un juez para instruir el sumario* e-n Richter zur Untersuchung bestellen; **~torio** *adj.* Abordnungs..., Delegations...
delei|tación *lit. f* → *deleite* 1; **~tamiento** *m* → *delectación*; **~tar** I. *v/t.* ergötzen; II. *v/r. ~se s.* ergötzen, s. laben (an *dat.* con); **~te** *m* 1. Ergötzen *n*, Wonne *f*; Vergnügen *n*; 2. Wollust *f*, Sinnenlust *f*; **~toso** *adj.* 1. köstlich; wonnevoll; 2. wollüstig.
deletéreo *adj.* tödlich, giftig.
deletre|ar *vt/i.* buchstabieren; entziffern; F *¿lo quiere deletreado?* soll ich's Ihnen noch deutlicher sagen?; **~o** *m* Buchstabieren *n*.
deleznable *adj. c* 1. zerbrechlich; bröckelig; 2. schlüpfrig; 3. *fig.* vergänglich; nichtig.
délfico *adj.* delphisch.
delfí|n *m* 1. *Zo.* Delphin *m*; *Am. estilo ~* Delphinstil *m* (*Schwimmen*); 2. *hist.* ♔ Dauphin *m*; **~nidos** *Zo. m/pl.* Delphine *m/pl*.
Delfos *m* Delphi *m*; *oráculo m de ~* delphisches Orakel *n*.
delga|dez *f* Dünne *f*, Feinheit *f*; Schlankheit *f*; Zartheit *f*; **~do** *adj.* dünn; fein; zart; schlank; ✍ leicht (*Boden*); weich (*Wasser*); **~ducho** *desp. adj.* zaundürr.
delibera|ción *f* Überlegung *f*; Beratung *f*; Beschlußfassung *f*; **~damente** *adv.* überlegt; mit Vorbedacht; wissentlich; **~do** *adj.* überlegt; willentlich; wohlüberlegt; *desp.* abgekartet (*Sache*); **~nte** *adj. c* beratend; **~r** I. *v/t.* überlegen, erwägen; *~ + inf.* nach gründlicher Überlegung beschließen, zu + *inf.*; II. *v/i.* beraten (über *ac.* sobre); *~*

deliberativo — demostración

con sus asesores 🏛 mit s-n Beisitzern beraten; *allg.* s. mit s-n Beratern besprechen; ~tivo *adj.* beratend; Beratungs...
delica|dez *f* Schwächlichkeit *f*; Empfindlichkeit *f*; Reizbarkeit *f*; → ~deza *f* 1. Zartheit *f*; Schwäche *f*; 2. Zartgefühl *n*; Takt *m*; *sin* ~ taktlos; ~do *adj.* 1. zart, fein; dünn, schlank; zerbrechlich; kränklich, schwächlich; fein *bzw.* leise (*Ton*); † *cosas* ~*as* Vorsicht, zerbrechlich!; 2. zärtlich; zartfühlend, taktvoll, rücksichtsvoll; gewissenhaft; 3. schmackhaft, köstlich, lecker; delikat, erlesen; 4. reizbar; heikel; schwierig; schwer zu befriedigen(d); ~ *para la comida* empfindlich im Essen; *operación f* ~*a* schwierige Operation *f bzw.* heikles Geschäft *n*.
delici|a *f* Vergnügen *n*, Entzücken *n*; Lust *f*, Wonne *f*; *et.* Köstliches *n*; *hacer las* ~*s de alg.* j-n entzücken; ~oso *adj.* köstlich; wonnevoll; lieblich, allerliebst; charmant.
delic|tivo, ~tuoso *adj.* auf e-e Straftat bezüglich; kriminell, verbrecherisch, Verbrechens..., Straf...; *acto m* ~ strafbare Handlung *f*.
delicuescen|cia *f* Zerfließen *n*; ~te *adj. c* zerschmelzend, zerfließend; *fig.* in Auflösung (begriffen).
delimita|ción *bsd.* ⚙, ⊕ *f* Be-, Abgrenzung *f*, Umgrenzung *f*; ~r *v/t.* begrenzen; *fig.* ab-, ein-grenzen.
delincuen|cia *f* Verbrechen *n*, Straftat *f*; Verbrechertum *n*; ~ *de cuello blanco* Weiße-Kragen-Kriminalität *f*; ~ *ecológica* Umweltkriminalität *f*; ~ *informática* Computerkriminalität *f*; ~ *juvenil*, ~ *de menores* Jugendkriminalität *f*; ~te II. *adj. c* verbrecherisch; II *c* Verbrecher *m*; Rechtsbrecher *m*; ~ *habitual* Gewohnheitsverbrecher *m*; ~ *ocasional* Gelegenheitstäter *m*; ~ *orgánico* Hang-, Trieb-täter *m*; ~ *profesional* (*sexual*) Berufs- (Sexual-)verbrecher *m*.
deline|ación *f* Umriß *m*; Entwurf *m*; Skizzieren *n*; ~ador *adj.-su.* Zeichner *m*; ~ *de ojos* Eyeliner *m*; ~ante *c* technischer Zeichner *m*; Planzeichner *m*; ~ar *v/t.* auf-, an-reißen; zeichnen; entwerfen; *a. fig.* umreißen.
delinqui|miento *m* Straffälligwerden *n*; Rechtsbruch *m*; Gesetzesverletzung *f*; ~r [3e] *v/i. s.* vergehen (*gg. ac. contra*); e-e Straftat begehen, straffällig werden.
deli|rante *adj. c* irrereden; wahnsinnig; *a. fig.* rasend; stürmisch (*Beifall*); ~rar *v/i.* irrereden, phantasieren; rasen, toben; schwärmen (für *ac. por*); ~rio *m* 1. Delirium *n*; Raserei *f*; ~ *alcohólico* Säuferwahn *m*; ~ *furioso* Tobsucht *f*; ~ *de grandezas* Größenwahn(sinn) *m*; ~ *de persecución* Verfolgungswahn *m*; 2. *fig.* tobende Begeisterung *f*; F *¡el* ~*! nicht zu überbieten!;* F *le quiere con* ~ sie ist ganz verrückt nach ihm F.
delírium m trémens ♂ Delirium *n* tremens, Säuferwahn(sinn) *m*.
delito 🏛 *m* Delikt *n*; Straftat *f*; ~ *frustrado* vollendeter Versuch *m*; ~ *de defraudación de impuestos* Steuervergehen *n*; ~ *laboral* (*monetario*) Arbeits- (Währungs-)vergehen *n*; ~ *por omisión* (*de opinión*) Unterlassungs-

(Meinungs-)delikt *n*; ~ *contra la seguridad general* gemeingefährliches Verbrechen *n*.
delta I. *f* Delta *n* (*Buchstabe*); ⚔ *ala f* ~ (Flug-)Drachen *m*; **II.** *m Geogr.* Delta *n*.
deltoides *Anat. adj.-su. m* (*pl. inv.*) Deltamuskel *m*.
delu|sorio, ~sorio *adj.* (be)trügerisch.
demacra|ción *f* Abmagerung *f*; ~do *adj.* abgezehrt, abgemagert.
dema|gogia *f* Demagogie *f*; ~gógico *adj.* demagogisch; ~gogo *m* Demagoge *m*; Volksaufwiegler *m*.
demanda *f* 1. Forderung *f*; (An-) Frage *f*; Ersuchen *n*; *dirigir una* ~ *a* ein Gesuch richten an (*ac.*); *hacer la* ~ *bsd. telefónicamente* anfragen *od.* rückfragen; 2. † Nachfrage *f* (*nach dat. de*), Bedarf *m* (*an dat. de*); Bestellung *f*, Auftrag *m*; ~ *de brazos* Kräfte-, Arbeiter-bedarf *m*; *hacer una* ~ bestellen (*ac. de*); *tener mucha* ~ sehr gefragt sein; 3. 🏛 Klage *f*; ~ *por deuda* (*de divorcio, de nulidad*) Schuld- (Scheidungs-, Nichtigkeits-)klage *f*; ~ *de pago* Zahlungs-forderung *f*, -anspruch *m*; (*escrito m de*) ~ Klageschrift *f*; *contestar la* ~ Einlassungen vorbringen; *entablar* (*od. presentar*) *la* ~ Klage erheben; *presentar una* ~ *por* (*od. de*) *difamación contra alg.* e-e Klage wegen übler Nachrede gg. j-n anhängig machen; 4. *lit.* Unternehmen *n*, Unterfangen *n*; 5. Suche *f*; *bsd. amtl. ir en* ~ *de alg.* j-n suchen; 6. *ecl.* Spende *f*; Opferkörbchen *n u.ä. für diese Spende*; ~dero *m* Bote(ngänger) *m*; Laufbursche *m*; ~do 🏛 *m* Beklagte(r) *m*; ~nte *c* 1. 🏛 (*actor m*) ~ Kläger *m*; 2. *bsd. ecl.* Almosensammler *m*; ~r *vt/i.* 1. bitten; (an)fragen; fordern; 2. 🏛 *en juicio*, ~ *ante el juez* **a**) (s-n Anspruch) gerichtlich geltend machen; *et.* einklagen; **b**) j-n gerichtlich belangen; ~ *por* (*od. de*) *calumnia a alg.* j-n wegen Verleumdung verklagen.
demarca|ción *f* Abgrenzung *f*; Bezirk *m*; *Pol.*, ⚔ (*línea f de*) ~ Demarkationslinie *f*; ~r [1g] *vt/i.* abgrenzen; abmarken; ⚓ *vermarken*; ⚓ das Besteck machen.
demarraje *Kfz. m* → *arranque*.
demás I. *adj. inv.* übrige(r, -s), andere(r, -s); *lo* ~ das übrige; *los* (*bzw. las*) ~ die andern, die übrigen; *se llevó el dinero, la ropa y* ~ er nahm das Geld, die Wäsche usw. mit; **II.** *adv. por* ~ **a)** umsonst; **b)** überaus; **c)** überreichlich; *no es por* ~ + *inf.* es hat s-n Grund, wenn + *ind.*; *por lo* ~ im übrigen.
demasía *f* 1. Übermaß *n*; Übertreibung *f*; *en* ~ zuviel; 2. ⊕ Zugabe *f*; 3. Übergriff *m*; Dreistigkeit *f*; 4. Wagnis *n*.
demasia|do I. *adj.* (*attr. nur vorangestellt*) zuviel; zu viel; ~ *tiempo* zu lange; zuviel Zeit; *fig. ¡esto es* ~*!* das ist zu viel!, das geht zu weit!; das ist (doch) die Höhe! **II.** *adv.* (all)zu, zu sehr; ~ (*que*) *lo sabemos* wir wissen es nur zu gut; *este trabajo no se puede apreciar* ~ diese Arbeit kann man gar nicht genug würdigen; ~rse [1c] *v/r.* maßlos werden; ausfallend werden; zu weit gehen.

demediar [1b] *vt/i.* halbieren; die Hälfte *e-s Weges usw.* zurücklegen.
demen|cia ♂ *f* Irresein *n*; Schwachsinn *m*; ~tar **I.** *v/t.* verrückt machen; **II.** *v/r.* ~se wahnsinnig (*od.* verrückt) werden; ~te *adj.-su. c* schwach-, wahn-sinnig; *m* Geistesgestörte(r) *m*.
demérito *m* Unwert *m*; † Minderbewertung *f*; *fig.* Nachteil *m*, kein Verdienst *n*.
demisión *f* Demut *f*; Unterwürfigkeit *f*.
demiurgo *Phil. m* Demiurg *m*.
demo *f EDV* Demoversion *f*.
democracia *f* Demokratie *f*; ~ *popular* Volksdemokratie *f*; ~ *social* Sozialdemokratie *f*; Sozialdemokraten *m/pl*.
demócrata *adj.-su. c* demokratisch; *m* Demokrat *m*.
demo|crático *adj.* demokratisch (*Ideen, Parteien*); ~cratización *f* Demokratisierung *f*; ~cratizar [1f] *v/t.* demokratisieren; ~cristiano *Pol. adj.-su.* christ(lich-)demokratisch; *m* Christdemokrat *m*.
demo|grafía *f* Bevölkerungskunde *f*, Demographie *f*; ~gráfico *adj.* demographisch; Bevölkerungs...; *movimiento m* ~ Bevölkerungs-entwicklung *f*; -statistik *f*.
demodula|ción *Rf. f* Gleichrichtung *f*; ~dor *Rf. m* Gleichrichter *m*.
demo|ler [2h] *v/t. a. fig.* zerstören; zertrümmern; abbrechen; einreißen; demolieren; *Festung* schleifen; ~lición *f a. fig.* Zerstörung *f*; Abbruch *m*; Niederreißen *n*; Zertrümmerung *f*; ~ones *f/pl.* Schutt *m*.
demo|nche F *m* → *demonio*; ~níaco *adj.* dämonisch; teuflisch; ~nio *m* Teufel *m*; Dämon *m*; *de mujer* Weibsteufel *m*; F *darse a todos los* ~*s od.* ponerse *hecho un* ~ fuchsteufelswild werden; gräßlich fluchen; *fig. estudiar con el* ~ ein ganz gerissener Schurke sein, mit allen Wassern gewaschen sein; *ir al quinto* ~ *s.* zu weit vorwagen; *saber a* ~ scheußlich schmecken; *¡(qué)* ~*!* zum Teufel!; *¿para qué* ~ *quieres esto?* wozu zum Teufel willst du das?; *ser el mis(mísi)mo* ~ ein (rechter) Teufelskerl sein; → *a. diablo;* ~nolatría *f* Dämonenverehrung *f*; ~nología *f* Dämonologie *f*; ~nomancía *f* Teufelsbeschwörung *f*; ~nomanía *f* Teufelswahn *m*.
demontre F *m* Teufel *m*; *¡*~*!* zum Teufel!, potztausend!
demora *f* Verzögerung *f*; † Verzug *m*, Aufschub *m*; *bsd. Am.* Verspätung *f*; (*no*) *admitir* ~ (k-n) Aufschub dulden; ~ *en la entrega* Lieferungsverzug *m*; *de* ~ Verzugs...; *sin* ~ unverzüglich, sofort; 2. ⚓ Peilung *f*, Richtung *f*; ~do *adj. Am.* verspätet; ⚓, ⚔ *estar* ~ Verspätung haben; ~r **I.** *v/t.* verzögern, auf-, ver-schieben; **II.** *v/r.* ~se *s.* aufhalten (lassen).
Demóstenes *fig. m* großer Redner *m*.
demostra|ble *adj. c* beweisbar; nach-, er-weislich; ~ción *f* 1. Beweis *m*; Nachweis *m*; Beweisführung *f*; Bekundung *f*; Kundgebung *f*; ~ *naval* Flotten-schau *f*; -demonstration *f*; ~ *de poder* Machtbeweis *m*; 2. Darlegung *f*; Vorführung *f*;

~do: no ~ unbewiesen; **~dor** adj.-su. Vorführer m, bsd. v. Neuheiten; **~r** [1m] v/t. 1. beweisen; darlegen; zeigen, bekunden; 2. erläutern, erklären; vorführen; **~tivo** adj. beweisend; demonstrativ; anschaulich; Gram. pronombre m ~ Demonstrativpronom n.

demuda|ción f, **~miento** m Verfärbung f; Entstellung f; **~r** I. v/t. verfärben; entstellen; verzerren; II. v/r. **~se** s. verfärben; fig. aus der Fassung geraten; zornig werden.

demultiplicación ⊕ f Untersetzung(sverhältnis n) f.

denario I. adj. zur Zahl zehn gehörig; II. m hist. Denar m (Münze).

dendrita Min., Biol. f Dendrit m.

denega|ble adj. c verneinbar; absprechbar; **~ción** f 1. (Ab-)Leugnung f; 2. Verweigerung f; Aberkennung f; Verw. abschlägiger Bescheid m; ⚖ ~ de auxilio unterlassene Hilfeleistung f; ~ de deposición Aussageverweigerung f; **~nte** adj. c ablehnend; **~r** [1h u. 1k] v/t. verneinen; verweigern; Gesuch abschlagen, abschlägig bescheiden; Staatsbürgerschaft aberkennen; **~torio** adj. abschlägig.

dene|grecer [2d], **~grir** (def.) v/t. schwärzen.

den|goso adj. geziert, zimperlich; **~gue** m 1. Zimperlichkeit f; F **~s** m/pl. Ziererei f; Mätzchen n/pl., Sperenzchen n/pl. F; hacer **~s** s. zieren, s. anstellen F; 2. 𝄞 Denguefieber n; Am. Reg. starke Grippe f; 3. P Teufel m; **~guero** adj. → dengoso.

denier tex. m Denier n.

denigra|ción f Anschwärzung f; Herabsetzung f; **~nte** adj. c verleumdend; herabsetzend; **~r** v/t. anschwärzen; herab-setzen, -ziehen; **~tivo** adj. ehrverletzend.

denodado adj. unerschrocken, furchtlos, kühn; ungestüm.

denomina|ción f Benennung f, Name m; ✝ Stückelung f von Wertpapieren; Li., ✝ Bezeichnung f; ✝ ~ de origen Ursprungsbezeichnung f; **~damente** adv. deutlich; besonders; namentlich; **~do** adj. a. Arith. benannt; ⚖ el ~ XY der XY; **~dor** m Arith. Nenner m; a. fig. reducir a un común ~ auf e-n gemeinsamen Nenner bringen; **~r** v/t. (be)nennen; namentlich aufführen; **~tivo** adj.-su. bezeichnend; m Li. Denominativ(um) n.

denosta|dor adj.-su. Beleidiger m, Schmäher m; **~r** [1m] v/t. beschimpfen, schmähen, beleidigen.

denota|ción f Bezeichnung f (a. Li.); Angabe f; Bedeutung f; **~r** v/t. bezeichnen (a. Li.); bedeuten, (an)zeigen; hindeuten auf (ac.), schließen lassen auf (ac.).

den|sidad f Dichtigkeit f; a. Phys. Dichte f; ~ de población (de tráfico) Bevölkerungs- (Verkehrs-)dichte f; **~sificar** [1g] v/t. verdichten; **~simetría** Phys. f Dichtigkeitsmessung f; **~símetro** m Densimeter n, Aräometer n; **~so** adj. dicht (a. ⊕); dick (Konsistenz); dichtgedrängt (Menge); fig. unklar; **~sógrafo** Phys. m Densograph m.

denta|do I. adj. gezähnt; gezackt; verzahnt; ⊕ rueda f **~a** Zahnrad n; II. m ⊕ (Ver-)Zahnung f; **~dura** f 1. Gebiß n; Zahnreihe f; ~ de leche Milch-gebiß n, -zähne m/pl.; 2. → dentado; **~l** I. adj. c Zahn...; Dental...; II. m ⚒ Pflugsterz m; Dreschstein m; III. f Li. Zahnlaut m, Dental(laut) m; **~lizar** [1f] Phon. v/i. dentalisieren; **~r** [1k] I. v/t. ⊕ (ver)zahnen; II. v/i. ⚘ zahnen; **~ria** ♀ f Zahnkraut n; **~rio** adj. → dental.

dente|llada f Biß m; Bißwunde f; a **~s** mit den Zähnen; partir de una ~ entzweibeißen; **~llado** adj. gezahnt; ausgezackt; **~llar** v/i. mit den Zähnen klappern; **~llear** v/t. beißen, schnappen; **~llón** m 1. ⊕ Zahn m, Zacken m am Schloß; 2. △ Zahnschnitt m; **~ra** f 1. (sentir) ~ ein unangenehmes Gefühl an den Zähnen (haben) von saurem Obst u. ä.; 2. fig. Neid m; Begehren n; F dar ~ den Mund wässerig machen; **~zuelo** m dim. zu diente.

denti|ción f Zahnen n; estar con la ~ zahnen; **~culado** adj. gezähnt, gezackt; **~cular** adj. c zahnförmig.

dentículo △ m Zahnfries m.

den|tiforme adj. c zahnförmig; **~tífrico** adj.-su.: **~s** m/pl. Zahnpflegemittel n/pl.; agua f **~a** Mundwasser n; pasta f **~a** Zahnpasta f; **~tina** f Zahnbein n.

dentirrostro Vo. adj.-su. m Zahnschnäbler m.

den|tista adj.-su. c Dentist m; (médico m) ~ Zahnarzt m; técnico m ~ Zahntechniker m; **~tistería** f Am. zahnärztliche Praxis f; de ~ Zahnarzt...; Dentisten...; **~tón** I. adj.-su. F mit gr. Zähnen; iron. zahnlos; II. m Fi. Zahnbrassen m.

dentro I. adv. darin, drinnen; fig. ¡~ o fuera! entweder oder!, kommen Sie (bzw. komm) zu e-m Entschluß!; ~ a adentro; (por) de ~ (lokal) innerhalb; von innen (her); de (od. por) ~ innen; fig. por ~ im Herzen; poner (colocar) ~ hineinlegen bzw. -stecken; fig. salir de ~ von Herzen kommen; II. prp. ~ de innerhalb (gen.), binnen (gen.), in (temporal dat., lokal ac. bzw. dat.); ~ de lo posible möglichst, im Rahmen des Möglichen; III. m F Chi. (Kassen-)Einnahme f.

dentudo I. adj. großzahnig; II. m Fi. Cu. Zahnfisch m, Art Hai.

denudar ⛊ I. v/t. ⚘ freilegen; Geol. Erdreich abtragen bzw. auswaschen; II. v/r. **~se** die Rinde verlieren (Baum).

denuedo m Mut m, Kühnheit f, Tapferkeit f. [hung f.⟩

denuesto m Schimpf m, Schmä-⟩

denuncia f 1. Anzeige f; Angabe f; Anschwärzung f, Verrat m; obligatoria Anzeigepflicht f; formular (od. presentar) una ~ bei der Fiscalía por ... bei der Staatsanwaltschaft Anzeige erstatten wegen ... (gen.); 2. Kündigung f e-s Vertrages; 3. 🎯 Mutung f; **~ble** adj. c anzeigefähig; ⊕ → denuncia 1, 2; **~dor** adj.-su. anzeigend; **~nte** c Denunziant m; Anzeigeerstatter m; **~r** [1b] v/t. 1. anzeigen (wegen gen. por); verraten, denunzieren; 2. Vertrag kündigen; 4. 🎯 muten.

denuncio F m Col. Strafanzeige f.

deontología f Pflichtenlehre f; Ethik f.

deparar v/t. bereiten, zuteilen, darbieten, bescheren; entró en la primera casa que le deparó la suerte er ging in das erste Haus, in das ihn der Zufall führte.

departamen|tal adj. c Abteilungs...; **~to** m 1. Abteilung f (a. Kaufhaus u. ✝); Fachbereich m (Universität); ⊕ a. Raum m; ~ extranjero Auslandsabteilung f; ~ de ingeniería Konstruktionsbüro n; jefe m de ~ Abteilungsleiter m; 2. 🚂 Abteil n; ~ para (no) fumadores (Nicht-)Raucherabteil n; 3. Verw. Bezirk m, Departement n; 4. Ministerium f; 5. Ausstellungsstand m; 6. Am. Reg. Wohnung f.

departir v/i. plaudern, s. unterhalten (über ac. de, sobre).

depaupera|ción f Verarmung f; **~r** I. v/t. ins Elend bringen, auspowern; 𝄞 schwächen; II. v/r. **~se** verelenden.

depen|dencia f 1. Abhängigkeit f; Unterordnung f; vivir en (od. bajo la) ~ de alg. von j-m abhängig sein; 2. Anhang m; 3. ✝ Angestellte(n) m/pl.; Belegschaft f; 4. ✝ Geschäft(sniederlage f); Zweigstelle f; Geschäftsraum f; 5. Nebengebäude n, Neben-, Gäste-haus n e-s Hotels; Zweigbetrieb m; 6. **~s** f/pl. Zubehör n; **~der** v/i. abhängen, abhängig sein (von dat. de); ankommen (auf ac. de); ¡depende! das kommt darauf an!; je nachdem!; **~dienta** f Angestellte f, **~diente** I. adj. c abhängig; II. c Angestellte(r) m; Untergebene(r) m; ~ de comercio Handlungsgehilfe m; Verkäufer m; kaufmännische(r) Angestellte(r) m.

depila|ción f Enthaarung f; 𝄞 Depilation f; 𝄞 a. Haarausfall m; **~r** v/t. enthaaren; **~torio** adj.-su. m Enthaarungsmittel n; 𝄞 Depilatorium n.

deplora|ble adj. c bedauerlich; bejammernswert; erbärmlich; **~r** v/t. bejammern; beklagen; bedauern.

depolarizante Phys., ⚡ m Depolarisator m.

depone|nte I. adj. c aussagend; II. c ⚖ a) aussagender Zeuge m; b) Hinterleger m; III. m Li. Deponens n; **~r** [2r] I. v/t. 1. niederlegen, absetzen; entfernen; Waffen niederlegen; ⚖, ✝ hinterlegen, deponieren; 2. absetzen, s-s Amtes entheben; 3. Verhalten ändern; ablassen von (dat.); II. v/t./i. 4. (Stuhl) entleeren; Guat., Hond., Méj. (er)brechen; 5. (als Zeuge) aussagen.

deporta|ción f Verschickung f; Verbannung f; Verschleppung f, Deportation f; **~do** m Deportierte(r) m, Verschleppte(r) m; **~r** v/t. verschicken; verbannen; verschleppen, deportieren.

depor|te m Sport m; ~ de (alta) competición (Hoch-)Leistungssport m; ~ de esquí (náutico, de la vela) Ski- (Wasser-, Segel-)sport m; **~(s)** de invierno Wintersport m; ~ de montaña (submarino) Berg- (Unterwasser-)sport m; ~ de la pesca (con caña) Sportfischerei f; equipo m de ~ Sportausrüstung f; tienda f de artículos de ~ Sportgeschäft n; practicar un ~ (bzw.

deportismo — derechohabiente 216

los ~*s*) Sport (be)treiben; ~**tismo** *m* Sport(betrieb) *m*; Sportbegeisterung *f*; ~**tista** *adj.-su. c* Sportler *m*, Sportsmann *m*; Sportliebhaber *m*; ~ *náutico* Wassersportler *m*; ~**tividad** *f*, ~**tivismo** *m* Sportlichkeit *f*; ~**tivo** *adj.* sportlich (*a. fig.*); Sport...; *ejercicios m/pl.* ~*militares* Geländesport *m*; *sociedad f* ~*a, club m* ~ Sportverein *m*, -klub *m*; ~**toso** *adj.* → *divertido.*
deposi|ción *f* 1. Ablegen *n*; Niederlegung *f*; ~ (*final*) (End-)Lagerung *f*; 2. Absetzung *f*, Amtsenthebung *f*; 3. ⚖ Aussage *f*; 4. ⚔ Stuhlgang *m*; ~**tado** *adj.* hinterlegt; ~**tante** *adj.-su. c* 1. ✝ Deponent *m*, Einzahler *m*; 2. ⚖ Hinterleger *m*; ~**tar** I. *v/t.* 1. ✝, ⚖ hinterlegen, deponieren; *Waren* einlagern; ~ *dinero en un banco* Geld bei e-r Bank einlegen; 2. niederlegen; an e-n sicheren Ort bringen; *Gepäck* abstellen; *fig.* ~ (*su*) *confianza en alg.* (sein) Vertrauen in j-n setzen; 3. *Leichen* vorläufig beisetzen; 4. an-, ab-setzen; *a. v/i.* Bodensatz bilden (*Flüssigkeit*); II. *v/r.* ~**se** 5. s. niederschlagen, s. absetzen (*Schwebstoffe*); ~**taría** *f* Niederlage *f*; Depot *n*; Verwahrungs-, Hinterlegungs-stelle *f*; Depositenkasse *f*; ~**tario** *m* 1. Verwahrer *m*; *fig.* ~ *de un secreto* Geheimnisträger *m*; 2. Vorsteher *m* e-r Depositenkasse.
depósito *m* 1. Depot *n*, Lager *n*; Verwahrungsraum *m*; Behälter *m*; Tank *m*; ~ *de agua* Wasser-speicher *m*, -reservoir *n*; ~ *de basuras* Müllbunker *m*; ~ *de chatarra* Schrott-(ablade)platz *m*; ~ *de equipajes* **a)** ⚙ Gepäckraum *m*; **b)** 🧳 Gepäckaufbewahrung *f*; Gepäckabfertigung *f*; *Kfz.* ~ *de gasolina* Benzintank *m*; ~ *de municiones* Munitionslager *n*; *tomar en* ~ *Waren* auf Lager nehmen; 2. ~ *de cadáveres* Leichen-haus *n*, -halle *f*; ~ *judicial* Leichenschauhaus *n*; 3. ✝ Einlage *f*; Hinterlegte(s) *n*; Hinterlegung *f*; *Typ.* ~ *legal* **a)** Ablieferung *f* der Pflichtexemplare (*Drucksachen*); **b)** alle Rechte vorbehalten; 4. ⚔ Ablagerung *f*, Ansammlung *f*; 5. ⛏ Niederschlag *m*; Bodensatz *m*.
deprava|ción *f* Verderbnis *f*; moralische Zerrüttung *f*, sittlicher Verfall *m*; ~**do** *adj.* lasterhaft; verkommen, verworfen; ~**r** I. *v/t.* verderben; (*a.* sittlich) zerrütten; *Gesundheit* zerrütten; II. *v/r.* ~**se** verkommen, verderben.
depre F *adj.-su. c* depressiv, down F; *f* Depression *f*.
depreca|ción *f* 1. Flehen *n*; inständige Bitte *f*; 2. *Rel.* Gebet *n*; Fürbitte *f*; ~**r** [1g] *v/t.* anflehen; ~**tivo**, ~**torio** *adj.* (er)bittend; Bitt...
deprecia|ción *f* Entwertung *f*; Geldentwertung *f*; Sinken *n* der Preise; ~**r** [1b] I. *v/t.* entwerten, abwerten; *im Wert bzw. im Preis* herabsetzen; II. *v/r.* ~**se** entwertet werden.
depreda|ción *f* 1. (Aus-)Plünderung *f*; 2. Veruntreuung *f* im Amt; ~**dor** I. *adj.* 1. erpresserisch; II. *m* 2. Plünderer *m*; Erpresser *m*; 3. *Zo.* Raubtier *n*, Räuber *m*; ~**r** *v/t.* 1. plündern; erpressen; 2. veruntreuen; 3. *Zo.* jagen (*ac.*), nachstellen (*dat.*).

depre|sión *f* 1. Senkung *f*; (Ab-)Sinken *n*; Vertiefung *f*; *Met.* ~ *atmosférica*, ~ *barométrica* Tief(druck *m*) *n*; *Geogr.* ~ *de*(*l*) *terreno* Senke *f*; 2. ✝ Depression *f*, Konjunkturtief *n*; ~ *económica mundial* Weltwirtschaftskrise *f*; 3. *fig. a.* ⚕ Depression *f*; 4. ⚓ ~ *de*(*l*) *horizonte* Kimmtiefe *f*; 5. *mot.* Unterdruck *m*; 🔧 Sog *m*; ~**sivo** *adj.* drückend; demütigend; ⚕ depressiv; ~**sor** *adj.-su.* (nieder)drückend; demütigend; *m* ~ *lingual* Zungenspatel *m*.
depri|mente *adj. c* (nieder)drückend; deprimierend; ~**mido** *adj.* gedrückt, deprimiert; ~**mir** I. *v/t.* 1. deprimieren; schwächen; *fig.* demütigen; 2. (herunter)drücken; II. *v/r.* ~**se** 3. s. verringern, abnehmen (*Volumen*); *fig.* deprimiert werden, Depressionen bekommen.
depuesto *part. zu deponer.*
depura|ción *f* 1. Reinigung *f*; Läuterung *f*; ⚔ Blutreinigung *f*; *Pol.* Säuberung *f*; 2. *fig.* Klarstellung *f*; Bereinigung *f*; ~**do** *adj.* gereinigt; *fig.* sauber, genau, fein; ~ (*de tóxico*) entgiftet (*Gas*); ~**dor** ⊕ *adj.-su. m*: ~ *de aire* Luftreiniger *m*; ~**dora** ⊕ *adj.-su. f*: (*estación*) ~ **a)** Kläranlage *f*; **b)** Umwälzanlage *f* (*Schwimmbecken*); ~**r** *v/t.* reinigen; läutern; *Pol.* säubern; *fig.* klarstellen, bereinigen; ~**tivo** ⚔ *adj.-su. m* Blutreinigungsmittel *n*.
derby *Sp. m* Derby *n*.
derecha *f* 1. rechte Hand *f*, Rechte *f*; rechte Seite *f*; *adv. a* (*la*) ~, *por la* ~ nach rechts; rechts; *principal* ~ erster Stock rechts (*Wohnungsangabe*); *de* ~ *a izquierda* von rechts nach links; ✖ ¡~! rechtsum!; *Vkw.*: *llevar su* (*od.* guardar *su*, *Rpl.* conservar *su*) ~ rechts gehen (*bzw.* fahren); *circulación f por la* ~ Rechtsverkehr *m*; 2. *fig. adv. a* ~ *wie es s. gehört*, ordentlich; *no hacer nada a* ~*s* nichts richtig machen, alles verkehrt machen; 3. *Pol. la*(*s*) ~(*s*) die Rechte *f*, die Rechtsparteien *f/pl.*; ~**mente** *adj.* gerade(n)wegs, stracks; *fig.* rechtschaffen; ~**zo** *m* 1. *Boxen:* Rechte *f* (*Schlag*); 2. *Pol. fig.* Rechtsruck *m*.
dereche|ra *f* gerader Weg *m*; ~**ro** I. *adj.* rechtschaffen; gerecht; aufrichtig; II. *m* Abgaben-, Gebühreneinnehmer *m*.
derechista *Pol. adj.-su. c* rechtsorientiert, Rechts...; *m* Anhänger *m* e-r Rechtspartei, Rechte(r) *m*.
derechización *Pol. f* Rechts-trend *m*, -drall *m*.
derecho I. *adj.* 1. recht; gerade; aufrecht (*a. fig.*); gewissenhaft; aufrichtig; *a mano* ~ *a* rechter Hand; *nach rechts*; *estar* ~ *a. Opt.* aufrecht sein (*od.* stehen); *nombre m* ~ richtiger Name *m* (*kein Deckname*); → *a. derecha*; 2. *Am. Cent.* glücklich; II. *adv.* 3. gerade; gerad(e)aus, geradezu; *fig. andar* ~ *den geraden Weg* gehen; ehrlich handeln; *¡siga* ~! gehen Sie (immer) geradeaus!; III. *m* 4. rechte Seite *f* (*Stoff, Papier usw.*); 5. Recht *n*; (Rechts-)Anspruch *m*; Anrecht *n*; Rechts-gebiet *n*; -wissenschaft *f*, -lehre *f*; *fig.* Gerechtigkeit *f*; ~ *administrativo* Verwaltungsrecht *n*; ~ *aéreo* (*aeronáutico*) Luft(fahrt)recht

n; ~ *bancario* (*cambiario*) Bank-(Wechsel-)recht *n*; ~*s cívicos* staatsbürgerliche Rechte *n/pl.*, bürgerliche Ehrenrechte *n/pl.*; ~ *civil* Bürgerliches Recht *n*; ~ *comparado* Rechtsvergleichung *f*; ~ *común* allgemeines Recht *n*; *a. für engl.* Common Law *n*; ~ *de cosas* (*de familia*) Sachen- (Familien-)recht *n*; ~ *criminal* Strafrecht *n*; ~ *eclesiástico* (*electoral*) Kirchen- (Wahl-)recht *n*; ♪ ~ *de ejecución* Aufführungsrecht *n*; ~ *de explotación* Nutz(ungs)recht *n*; ⛏ Abbau-, Förder-recht *n*; ~*s m/pl.* *fundamentales* Grundrechte *n/pl.*; ~ *de gentes*, ~ *internacional público* Völkerrecht *n*; ~*s del hombre* Menschenrechte *n/pl.*; ~ *de huelga* Streikrecht *n*; ~ (*internacional*) *privado* (internationales) Privatrecht *n*; ~ *laboral* (*marítimo*) Arbeits- (See-)recht *n*; ~ *matrimonial* (*mercantil*) Ehe- (Handels-)recht *n*; ~ *natural* (*penal*) Natur- (Straf-)recht *n*; ~ *personal* (*público*) persönliches (öffentliches) Recht *n*; ~ *de personas* (*bsd. Parl., Verw. de presentación*) Personen-(Vorschlags-)recht *n*; ~ *político* Staatsrecht *n*; ~ *de prensa* (*e imprenta*) Presserecht *n*; ~ *procesal* (*social*) Prozeß- (Sozial-)recht *n*; ~ *sindical* Gewerkschaftsrecht *n*; ~ *de sindicación* Recht *n* auf gewerkschaftlichen Zs.-schluß; ~ *de sociedades* (*de voto*) Gesellschafts- (Stimm-)recht *n*; ~ *sucesorio* Erbrecht *n*; *Ciencia f del* ~ Rechtswissenschaft *f*; *doctor m en* ~ Doktor *m* der Rechte, Dr. jur.; *estudiante c de* ~ Rechtsstudent *m*; *mit prp.*: *al* ~ wie es s. gehört; *con* ~ mit (Fug u.) Recht; *con* ~ *a berechtigt zu* (*inf. od. dat.*), mit Anspruch auf (*ac.*); *con justicia y* ~ mit Recht u. Billigkeit; *con pleno* ~ mit vollem Recht; *¿con qué* ~? mit welchem Recht?; *aus welchem Grund?*; ⚖ *conforme a* ~, *según* ~ von Rechts wegen, nach dem Recht, rechtlich; *a.* ⚖ *de* ~ de jure, von Rechts wegen, rechtens; *de pleno* ~ mit vollem Recht; *ganz von selbst*; vollberechtigt (*Mitglied*); *por* ~ *propio* kraft s-s (*usw.*) Amtes; *según el* ~ *vigente* nach geltendem Recht; *sin* ~ rechtlos; *dar* ~ *a alg. a* + *inf.* j-n berechtigen, zu + *inf.*; *estar en su* ~ dazu berechtigt sein; *ejercer* (*od. ejercitar*) *un* ~ ein Recht ausüben; *estudiar* ~ Jura (Rechtswissenschaft) studieren; F *¡no hay* ~! das ist doch unerhört!; *tener* ~ *a* berechtigt sein zu + *dat. od.* + *inf.*, ein Recht haben auf + *ac. od.* ein Recht darauf haben zu + *inf.*, dürfen + *inf.*; 6. *Verw.*, ⚖ Gebühr *f*, Abgabe *f*; Steuer *f*; ~*s m/pl.* Gebühren *f/pl.*; ~*s de exámenes*, *a.* ~*s de admisión* (*a un examen*) Prüfungsgebühr(en) *f*(*/pl.*); ~ *de sello*, ~ *de timbre* Stempel-gebühr *f*, -steuer *f*; → *a.* impuesto, contribución, tasa; → *a.* 7; 7. Zoll *m*; ~ *de importación* (*de tránsito*) Einfuhr- (Durchgangs-, Transit-)zoll *m*; ~ *interior* (*preferente*) Binnen- (Präferenz-)zoll *m*; ~ *ad valorem* Wertzoll *m*; *zu 6 u.* 7: *libre* (*od. exento*) *de* ~*s* gebühren- *bzw.* zoll-frei; *sujeto a* ~*s* gebühren- *bzw.* zoll-pflichtig; → *a. aduana, arancel*; ~**habiente** *m* Rechtsinhaber *m*; Berechtigte(r) *m*;

Rechtsnachfolger *m*.
derechura *f* **1.** Richtigkeit *f*; Geradheit *f*; Geradlinigkeit *f*; *adv.* **en ~** geradewegs, geradezu; schnurstracks; **2.** *Am. Cent.* Glück *n*.
deriva ⚓ *f* Abtrift *f*; hielo m a la ~ Eisgang *m*; *ir a la* ~ abtreiben; *fig.* s. treiben lassen; **~ble** *adj.* c ableitbar; **~brisas** *Kfz. m* (*pl. inv.*) Windabweiser *m*; *a.* Ausstellfenster *n*; **~ción** *f* **1.** *a. Li.* Ableitung *f*; **2.** Abstammung *f*; Herkunft *f*; **3.** ⊕ Hinleitung *f des Wassers*; Ableitrohr *n*; ⚡ Nebenschluß *m*; Stromverlust *m*; ⊕, ⚡ **~ térmica** Wärmeableitung *f*; **~da** Å *f* Differentialquotient *m*; **~do I.** *adj.* **1.** abgeleitet; abge-, ver-zweigt; **II.** *m* **2.** *Li.* abgeleitetes Wort *n*; **3.** 🕭 Abkömmling *m*, Derivat *m*; **~r I.** *v/t.* **1.** ableiten, herleiten (von *dat.* de); abzweigen (*a.* ⚡); **2.** *Verkehr* umleiten; **II.** *v/i.* **3.** hervorgehen (aus *dat.* de); **4.** ⚓ abtreiben; **III.** *v/r.* **~se 5.** abstammen, herrühren, s. ableiten (von *dat.* de); **6.** abzweigen (*v/i.*); *fig.* abschweifen; **~tivo** *adj.-su.* Ableitungs...; *m Li.* Ableitung *f*; ⚡ ableitend(es Mittel *n*).
derivo *m* Ursprung *m*, Herkunft *f*.
derma|titis ⚕ *f* (*pl. inv.*) Dermatitis *f*; **~tología** ⚕ *f* Dermatologie *f*; **~tológico** *adj.* dermatologisch; **~tólogo** ⚕ *m* Dermatologe *m*; **~tosis** ⚕ *f* (*pl. inv.*) Dermatose *f*.
dérmico ᗩ *adj.* Haut...
der|mis ⚕ *f* Lederhaut *f*; **~mitis** ⚕ *f* → *dermatitis*; **~mohidratante** *adj.* c feuchtigkeitsspendend (*Creme*); **~moprotector** *adj.* hautschützend; **~morreacción** ⚕ *f* Hautprobe *f*.
deroga|ble *adj.* c aufhebbar; **~ción** *f* Abschaffung *f*; Aufhebung *f von Gesetzen usw.*; **~r** [1h] **I.** *v/t.* aufheben, außer Kraft setzen; **II.** *v/i.* ~ a gg. et. (*ac.*) verstoßen; **~tivo**, **~torio** 𐒈 *adj.* aufhebend; Aufhebungs... bzw. Ausnahme...
derrama *f* Umlage *f* (*Geld, Steuer*); **~damente** *adv.* reichlich(st); verschwenderisch; **~dero** *m* Überlauf *m*; Überfallwehr *n*; **~do** *fig. adj.* ausschweifend; → **~dor** *adj.-su. fig.* verschwenderisch; *m* Verschwender *m*; **~miento** *m* **1.** Vergießen *n*; Ausgießen *n*; Überlaufen *n*; ~ *de sangre* Blutvergießen *n*; **2.** *fig.* Verschwendung *f*; **~placeres** (*pl. inv.*) Störenfried *m*, Spielverderber *m*; **~r I.** *v/t.* **1.** ver-gießen, -schütten; aus-, weg-schütten; *Tränen* vergießen; ~ *un líquido sobre a/c.* et. mit e-r Flüssigkeit übergießen; **2.** *lit.* (verschwenderisch) austeilen, verschwenden; **3.** *Verw.* ~ *los pechos* e-e Abgabe umlegen; **4.** *Nachricht* verbreiten; **II.** *v/r.* **~se 5.** s. ergießen, münden (in *dat.* en) (*Fluß usw.*); ⚓ leck sein; **~se por el suelo** auf den Boden laufen, auslaufen; **6.** *fig.* auseastieben, -jagen, s. zerstreuen; **7.** *fig.* ein ungezügeltes Leben führen.
derra|me *m* **1.** Ausguß *m*; Erguß *m* (*a.* ⚕); **2'** Auslaufen *n*, Lecken *n*; ✝ Leckage *f*; ⚕ ~ *cerebral* Gehirnblutung *f*; **2.** Überlaufen *n*; Überlauf *m beim Messen u.* ⊕; **3.** △ (Fenster-, Tür-)Leibung *f*; **4.** *fig.* Verschwendung *f*; **5.** *Am.* → *desbordamiento* 1; **~mo** 🜂 *m* → *derrame* 3.

derra|pada *f*, **~paje** *m Kfz.* Schleudern *n*; **~par** *Kfz. v/i.* ins Schleudern geraten, schleudern; **~pe** *m* Schleudern *n*.
derredor *m* Umkreis *m*; *adv.* **en** ~ → *alrededor*.
derrelicto ᗩ, ⚓ *m* herrenloses Gut *n*; Wrack *n*.
derrenegar [1h *u.* 1k] F *v/i.*: ~ *de a/c.* et. hassen wie die Sünde.
derrenga|do *adj.* lendenlahm; **~dura** *f* (Hüft-)Verrenkung *f*; **~r** [1h] **I.** *v/t.* aus-, ver-renken; *Hüfte, Kreuz* verrenken; F ~ *a palos* windelweich schlagen; **II.** *v/r.* **~se** *fig.* s. abarbeiten, s. abplacken.
derreniego F *m* Fluch *m*.
derreti|do *adj.* geschmolzen; **~miento** *m* Schmelzen *n*, Zergehen *n*; Auftauen *n*; *fig.* Dahinschmelzen *n*, Inbrunst *f*; **~r** [3l] **I.** *v/t.* **1.** schmelzen, zergehen lassen; auftauen; **2.** *fig.* vergeuden; F *Geld* (*in kl. Münzen*) wechseln; **II.** *v/r.* **~se** **3.** schmelzen, zergehen; auftauen (*v/i.*); **4.** *fig.* vergehen (vor *dat.* de); **~se por** verliebt sein in (*ac.*).
derri|bado *adj. fig.* entkräftet, kraftlos; erledigt; welk, schlaff (*Brust*); **~bar** **I.** *v/t.* **1.** einreißen, *Haus, Zelte* ab-bauen, -brechen; um-stürzen, -kippen; um-werfen, -reißen; zu Boden werfen; niederschlagen; *Tür* einschlagen; *Bäume* fällen; *a.* 🏹 abschießen; *Stiere* mit dem Spieß niederzwingen; *Equ.* abwerfen; **2.** *fig. Regierung usw.* stürzen; zerstören; demütigen; aufs äußerste entkräften (*Krankheit*); **3.** *schlechte Neigungen usw.* bezwingen; **II.** *v/r.* **~se 4.** stürzen (*v/i.*), (ein)fallen; s. fallen lassen; **~bo** *m* **1.** Niederreißen *n*; Abbruch *m* (*Haus*); Abbruchstelle *f*; *mst.* **~s** *m/pl.* Bauschutt *m*; **2.** 🏹 Abschuß *m*.
derrick ⊕ *m* Bohrturm *m*.
derroca|dero *m* Felshang *m*; **~miento** *m* **1.** Herabstürzen *n*; Absturz *m*; **2.** *fig.* Sturz *m*; Zerstörung *f*; **~r** [1g *u.* 1m; *a.* 1g *u.* 1a] **I.** *v/t.* herabstürzen, niederreißen; *fig.* zerstören, zunichte machen; *Pol.* stürzen; **II.** *v/r.* **~se** (ab)stürzen (in *ac.* en od. por).
derro|chador *adj.-su.* Verschwender ·; **~char** *v/t.* verschwenden, vergeuden; **~che** *m* Verschwendung *f*; Vergeudung *f*; *fig.* Überfluß *m*; Überfülle *f bzw.* Verschleudern *n von Waren*; **~chón** F *adj.-su.* verschwenderisch; *m* Verschwender *m*.
derrota¹ *f* Pfad *m*, Weg *m*; ⚓, 🏹 Kurs *m* (abstecken *trazar*); *caseta f de* ~ Navigationsraum *m*; *oficial m de* ~ Navigationsoffizier *m*.
derro|ta² *f* Niederlage *f*; *sufrir una* ~ e-e Niederlage (*od.* Schlappe) erleiden, geschlagen werden; **~tar** *v/t.* **1.** (vernichtend) schlagen; *ser* **~ado** (*en una votación*) (bei e-r Abstimmung) durchfallen; **2.** ruinieren, zerstören; **3.** ⚓ vom Kurs abbringen; **II.** *v/r.* **~se 4.** ⚓ vom Kurs abkommen; **~tero** *m* **1.** Fahrtrichtung *f*; *fig.* Weg *m*; *cambiar de* ~ den Kurs wechseln; **2.** Segelhandbuch *m*; **~tismo** *m* Defätismus *m*; Miesmacherei F *f*; **~tista** c Defätist *m*, Miesmacher *m* F.
derrubi|ar [1b] *Geol. v/t.* Ufer auswaschen, abschwemmen; **~o** *Geol. m*

Auswaschung *f*; Unterspülung *f*.
derruir [3g] *v/t.* niederreißen; zerstören; ~ *a cañonazos* zs.-schießen.
derrum|badero *m* **1.** Abgrund *m*; **2.** *fig. Gefahr f*; *caer en un* ~ in e-e (sehr) gefährliche Lage geraten; **~bamiento** *m* (Ab-)Sturz *m*; Einsturz *m*; Bergsturz *m*; Erdrutsch *m*; *a. fig.* Zs.-bruch *m*; ~ *de precios* Preissturz *m*; **~bar I.** *v/t.* herabstürzen; *Am. a.* → *derribar*; **II.** *v/r.* **~se** herab-, abstürzen; zs.-fallen, -brechen, einfallen; *EDV* abstürzen; **~be** *m* Abgrund *m*; *bsd.* 🝑 Grubeneinsturz *m*; *Am. a.* Erdrutsch *m*; **~bo** *m* **1.** Felshang *m*, Schlucht *f*; **2.** *Am.* Abschuß *m*.
derviche *m* Derwisch *m*.
desabaste|cer [2d] *v/t.* schlecht (*od.* nicht mehr) versorgen; **~cimiento** *m* mangelnde Versorgung *f*.
desabollar ⊕ *v/t.* ausbeulen.
desaborido F *adj.* geschmacklos, *a. fig.* fade; *fig.* langweilig.
desabotonar I. *v/t.* aufknöpfen; **II.** *v/i.* aufbrechen (*Blüten*).
desabri|do *adj.* **1.** fade; abgestanden; **2.** rauh, barsch; mürrisch; **~gado** *adj.* ungeschützt; schutz-, hilf-los; **~gar** [1h] **I.** *v/t.* hilflos lassen; **II.** *v/r.* **~se** (*Mantel usw.*) ausziehen; s. leichter kleiden; **~go** *m* **1.** zu leichte Kleidung *f*; **2.** Verlassenheit *f*, Schutzlosigkeit *f*; **~miento** *m* **1.** Fadheit *f*; Geschmacklosigkeit *f*; **2.** Erbitterung *f*; Unfreundlichkeit *f*; **~rse** *v/r.* s. ärgern.
desabrochar *v/t.* auf-haken, -knöpfen, -schnüren; abschnallen; **~se** s. los-, ab-schnallen.
desaca|tamiento *m* → *desacato*; **~tar** *v/t.* **1.** unehrerbietig behandeln; nicht achten; *Gesetze* mißachten; **2.** in Abrede stellen; **~to** *m* **1.** Unehrerbietigkeit *f*; Nicht-, Miß-achtung *f e-r Behörde*, *e-s Gesetzes*; ᗩ Beamtenbeleidigung *f*; **2.** Ableugnung *f*.
desacelera|ción *f* Verlangsamung *f*; **~r** *vt/i.* verlangsamen, *Kfz.* (das) Gas wegnehmen.
desa|certado *adj.* falsch, verfehlt, irrig, dumm; ungeschickt; **~certar** [1k] *v/t.* fehlgreifen; s. irren; **~cierto** *m* Mißgriff *m*; Irrtum *m*; *Psych.* Fehlleistung *f*.
desacomplejarse *v/r.* s-e Komplexe verlieren.
desaconseja|ble *adj.* c nicht ratsam; **~do** *adj.* unbesonnen; **~r** *v/t.*: ~ *a/c. a alg.* j-m von et. (*dat.*) abraten.
desacoplar *v/t.* ⊕ abschalten, auskuppeln; 🝑 abkuppeln.
desacor|dado *adj.* **1.** uneinig, unharmonisch; nicht zuea. passend; **2.** vergeßlich; **~dar** [1m] **I.** *v/t.* verstimmen; *fig.* entzweien; **II.** *v/i.* verstimmt sein (*Instrument*); falsch singen (*od.* spielen); **III.** *v/r.* **~se** vergessen; uneins werden; **~de** *adj.* c **1.** ♪ disharmonisch; **2.** nicht zuea. passend; **3.** uneinig.
desacostumbra|do *adj.* **1.** ungebräuchlich; ungewöhnlich; **2.** nicht (mehr) gewöhnt; **~r** *v/t.*: ~ *a alg. de a/c.* j-m et. abgewöhnen.
desacralizar [1f] *v/t.* entsakralisieren.
desacredita|do *adj.* verrufen, anrü-

desacreditar — desarmar 218

chig; ~r I. v/t. in Verruf bringen; II. v/r. ~se in Verruf kommen.
desactiva|ción f Entschärfen n e-s Sprengkörpers; ~r v/t. 🎇, ⊕ des-, ent-aktivieren; ✕ Zünder entschärfen.
desactualizado adj. nicht mehr aktuell.
desacuerdo m 1. Meinungsverschiedenheit f; Zerwürfnis n; Unstimmigkeit f; Irrtum m; 2. Vergeßlichkeit f.
desafec|ción lit. f → ~to I. m Abneigung f (gg. ac. a, por); II. adj. abgeneigt, abhold.
desafia|dor m Herausforderer m; Duellant m; ~nte adj. c herausfordernd; ~r [1c] v/t. herausfordern; trotzen (dat.); die Stirn bieten (dat.).
desafina|ción ♪ f Verstimmung f; ~do adj. verstimmt, unrein; ~r v/i. ♪ unrein klingen; falsch singen (od. spielen); verstimmt sein; fig. e-n Mißton hineinbringen; aus der Rolle fallen.
desafío m 1. Duell n; 2. Herausforderung f; Anreiz m zum Wettbewerb.
desafora|do adj. 1. gewaltig; ungeheuer; gewalttätig, rabiat F; wütend; 2. widerrechtlich; ~rse [1m] v/r. ausfallend werden, wüten; in Harnisch geraten.
desafortunado adj.-su. unglücklich; m Unglückliche(r) m.
desafuero m Frevel m, Verstoß m; Ungebühr(lichkeit) f; Gewalttat f.
desagra|ciado adj. 1. anmutlos; 2. unglücklich; ~dable adj. c unangenehm; ungemütlich; peinlich; ~dar v/t. mißfallen (dat.); ~decer [2d] v/t. undankbar sein für (ac.); ~decido adj.-su. undankbar (für ac. a); m Undankbare(r) m; ~decimiento m Undank(barkeit f) m; ~do m 1. Unzufriedenheit f; Widerwille m; 2. unfreundliches Wesen n; 3. Unannehmlichkeit f.
desagravi|ar [1b] I. v/t. j-n entschädigen; j-m Genugtuung geben; II. v/r. ~se s. schadlos halten (an dat. de); s. erholen (von dat. de); ~o m Genugtuung f, Entschädigung f; Sühne f.
desagrega|ción f Zersetzung f; Auflösung f; Verwitterung f; ~r [1h] I. v/t. zersetzen, auflösen, trennen; 🎇 aufschließen; II. v/r. ~se zerfallen; s. zersetzen; ausea.-gehen, -fallen; verwittern.
desagua|dero m Abzugskanal m; Entwässerungsrohr n; ~do m Entwässerung f; ~dor m Entwässerungsgraben m; Abflußrinne f; ~r [1i] I. v/t. entwässern; 🎇, 🎇 dränieren; auspumpen; trockenlegen; II. v/i. (ein)münden, s. ergießen (in ac. en).
desagüe m Abfluß m; Abwasserleitung f; Entwässerung f; Dränage f; ~ de avenida Hochwasser-abfluß m bzw. -becken n; Überflutungsgelände n.
desaguisado I. adj. 1. unvernünftig; 2. unrecht; ungerecht; II. m 3. Durchea. n; Unsinn m; fig. Bescherung f; 4. Unrecht n, Untat f.
desaho|gadamente adv. bequem, behaglich; vivir ~ sein gutes Auskommen haben; ~gado adj. 1. bequem, behaglich; weit, geräumig; 2. wohlhabend, sorgenfrei; 3. frei, zwanglos; ungeniert; ~gar [1h] I. v/t. aus e-r Notlage befreien; j-m Linderung verschaffen; II. v/r. ~se a. fig. s. Luft machen; sich's bequem machen; s. erholen (von dat. de); fig. s. abreagieren; s. aussprechen; ~go m 1. Geräumigkeit f; 2. Wohlhabenheit f; 3. Erleichterung f; Erholung f; 4. Zwanglosigkeit f; Unverschämtheit f; 5. ⊕ Entweichen n.
desahu|ciado 🎇 adj. aufgegeben, unrettbar; ~ciar [1b] v/t. 1. ärztlich aufgeben; 2. j-n aus der Wohnung weisen, 🎇 zwangsräumen; ~cio m Zwangsräumung f; 🎇 demanda f de ~ Räumungsklage f.
desai|rado adj. linkisch; schlecht sitzend (Anzug); quedar ~ leer ausgehen; ~rar v/t. herabsetzen; kränken, bloßstellen; zurückweisen; ~re m 1. Zurücksetzung f; Kränkung f; hacer un ~ a alg. j-n zurückweisen; j-n kränken; tomar a ~ übelnehmen; 2. Unhöflichkeit f; Unannehmlichkeit f; ¡qué ~! wie unangenehm!
desaislar [1c] ⊕ v/t. abisolieren.
desajus|tar v/t. in Unordnung bringen; Maschine verstellen; ~te m Unordnung f; Verwirrung f; Störung f; Fehleinstellung f (Maschine).
desalación f Entsalzung f.
desalado adj. eilig; eifrig; gierig.
desalar I. v/t. 1. entsalzen; Fisch wässern; 2. die Flügel stutzen (dat.); II. v/r. ~se 3. s. sehr beeilen; ~ por vor Verlangen nach (dat.) vergehen.
desa|lentado adj. 1. atemlos; 2. mutlos; ~lentar [1k] I. v/t. entmutigen; II. v/r. ~se den Mut verlieren; ~liento m Mutlosigkeit f; Kleinmut m.
desalinizador adj.: planta f ~a Meerwasserentsalzungsanlage f.
desali|ñado adj. verwahrlost, schlampig F; zerzaust (Haar); ~ño m Nachlässigkeit f; Verwahrlosung f; Schlamperei f F.
desalmado adj.-su. herzlos; gewissenlos; m Schurke m, Bösewicht m.
desalo|jamiento m Räumung f; Vertreibung f (a. ✕); allg.: aus e-r Wohnung); ✕ Aufgabe f e-r Stellung; ~jar I. v/t. aus-, ver-treiben; verdrängen; Wohnung räumen; ✕ zur Räumung zwingen; Jgdw. aufstöbern, -jagen; II. v/i. ausziehen; ✕ die Stellung räumen; ~je, ~jo m → desalojamiento.
desalquila|do adj. frei, leerstehend (Wohnung); ~r I. v/t. Mietwohnung aufgeben bzw. räumen lassen; II. v/r. ~se frei werden (Wohnung).
desalterar v/t. beruhigen, besänftigen.
desama|rar ✕ v/i. abwassern, starten; ~rrar ⚓ I. v/t. vom Anker lösen, losmachen; II. v/r. ~se loswerfen, ablegen.
desamor m Lieblosigkeit f; Gleichgültigkeit f.
desampa|rado adj. hilflos (a. Schiff), schutzlos; verlassen; ~rar v/t. 1. verlassen, schutzlos lassen; 2. 🎇 Besitz an e-r Sache aufgeben; ~ro m Schutz-, Hilf-losigkeit f; Verlassenheit f. [men.)
desamueblar v/t. Zimmer ausräu-}
desandar [1q] v/t.: ~ el camino den Weg zurückgehen; fig. ~ lo andado wieder von vorn anfangen.
desangelado adj. ohne (jeglichen) Charme.
desangra|miento m Verbluten n; Blutverlust m; ~r I. v/t. 1. j-m viel Blut abzapfen; ausbluten lassen; fig. j-n bluten lassen F; 2. fig. Teich usw. trockenlegen; II. v/r. ~se 3. ver-, aus-bluten.
desanima|ción f 1. Mutlosigkeit f; gedrückte Stimmung f; 2. Öde f; Langeweile f; ~do adj. 1. mutlos; gedrückt, lustlos; 2. wenig belebt (od. besucht) (Ort); öde; ~r I. v/t. entmutigen; II. v/r. ~se den Mut sinken lassen, verzagen.
desánimo m Entmutigung f, Mutlosigkeit f.
desa|nudar, ~ñudar v/t. entwirren; fig. F ~ la voz die Sprache wiederfinden.
desapacible adj. c unfreundlich (a. Wetter); barsch, mürrisch; unbehaglich (Lage); häßlich (Geräusch).
desaparcar [1g] v/i. ausparken.
desapa|recer [2d] v/i. verschwinden; unsichtbar werden; schwinden; fig. unter-gehen, -tauchen; hacer ~ verschwinden lassen; unterschlagen; ~recido adj.-su. vermißt; ~rejar v/t. Equ. abschirren; ⚓ abtakeln; ~rición f Verschwinden n.
desapasionado adj. kühl, gelassen; unparteiisch.
desape|garse [1h] v/r. fig. s. lösen (von j-m de alg.); ~go m Abneigung f (gg. ac. a).
desapercibido adj. 1. unvorbereitet; coger ~ überfallen, den Ahnungslosen überraschen; 2. achtlos; 3. unbeachtet.
desaplica|ción f Trägheit f; ~do adj. träge; nachlässig.
desapolillar I. v/t. entmotten; II. v/r. ~se F s. auslüften F (wenn man lange im Zimmer war). [zen.)
desapreciar [1b] v/t. geringschät-}
desapren|der v/t. verlernen; ~sión f 1. Rücksichtslosigkeit f; 2. Unvoreingenommenheit f; ~sivo adj. 1. rücksichtslos; 2. vorurteilslos.
desapro|bación f Mißbilligung f; ~bar [1m] v/t. mißbilligen, ablehnen; ~piarse [1b] v/r. ~ de s. entäußern (gen.); ~vechado adj. 1. unnütz, ohne Nutzen; a. ⊕ nicht ausgenützt; 2. verbummelt F, zurückgeblieben (Schüler); ~vechamiento m Nichtausnutzung f; ~vechar I. v/t. nicht (aus)nutzen; Gelegenheit versäumen, s. entgehen lassen; II. v/i. zurückbleiben, bummeln F (Schüler). [wracken.)
desarbolar ⚓ v/t. entmasten; ab-}
desar|mable adj. c zerlegbar; ~mado adj. waffenlos; a. fig. entwaffnet; ~mador m Abzug m (Waffe); Pe., Méj. Schraubenzieher m; ~mar I. v/t. 1. a. fig. entwaffnen; wehrlos machen; Waffe entspannen; Bombe usw. entschärfen; Truppen a. demobilisieren; 2. Zölle abbauen; 3. ⊕ ausea.-nehmen; zerlegen; abmontieren; ⚓ abtakeln; ⚓ abwracken; außer Dienst stellen; II. v/i. 4. ✕ abs.

abrüsten; **III.** *v/r.* ~se 5. die Waffen niederlegen; **~me** *m* 1. Entwaffnung *f*; Abrüstung *f*; *conferencia f de(l) (od. sobre el)* ~ Abrüstungskonferenz *f*; 2. ⚓ Abtakelung *f*; 3. Zollabbau *m*.
desarmonía *f a. fig.* Disharmonie *f*, Mißklang *m*.
desarrai|gado *adj.-su.* Entwurzelte(r) *m (fig.)*; **~gar** [1h] *v/t.* entwurzeln *(a. fig.)*; mit den Wurzeln (her)ausreißen; *fig.* ausrotten; vertreiben; **~go** *m a. fig.* Entwurzelung *f*; Ausrottung *f*.
desarre|glado *adj.* unordentlich; liederlich; ausschweifend; *mujer f* ~a Schlampe *f* F; **~glar** *v/t.* in Unordnung bringen; **~glo** *m* 1. Störung *f (a.* ⊕, ♂ *u. mot.)*; Unordnung *f*; *bsd. mot.* Panne *f*; 2. Liederlichkeit *f*; Ausschweifung *f*.
desarrendar [1k] *v/t.* 1. den Zügel abnehmen *(dat.)*; 2. die Pacht kündigen für *(ac.)*.
desarri|mar *v/t.* 1. abrücken; 2. *fig.* → *disuadir*; **~mo** *m a. fig.* Mangel *m* an Halt; Hilflosigkeit *f*.
desarro|llar **I.** *v/t.* 1. ent-, abrollen; 2. ⊕ abwickeln; abspulen; 3. ⚔ *e-e Aufgabe* lösen; 4. *fig.* entwickeln *a.* fördern; 5. darlegen, ausführen, behandeln; **II.** *v/r.* ~se 6. s. entwickeln *(a.* ⚔); s. abspielen; spielen *(Handlung)*; **~llismo** *m* Entwicklungspolitik *f (bzw.* Erschließung *f)* um jeden Preis; **~llista** *adj. c* Entwicklungs...; **~llo** *m* 1. Ab-, Entrollen *n*; 2. ⊕ Ablauf *m*; Abwicklung *f*; Aufwand *m*; Entwicklung *f*; ~ de energías *(od.* de fuerzas) Kraftentwicklung *f*; *(normaler)* Kraftaufwand *m*; ~(s) *pequeño(s)* kl. Übersetzung *f (Fahrrad)*; 3. *tex.* Abzug *m*; 4. *fig.* Förderung *f*; Entwicklung *f*; Ausbau *m*; Fortschritt *m*; *ayuda f de (od. al od. para el)* ~ Entwicklungshilfe *f*; *de reciente* ~ neu entwickelt; 5. *Biol.* Entwicklung *f*.
desarru|gar [1h] *v/t.* glätten; glattstreichen; ~ *la frente,* ~ *el ceño die Stirn glätten; fig.* s. aufheitern; **~mar** ⚓ *v/t.* Ladung (um)trimmen.
desarticula|ción *f* 1. Zerlegung *f*; 2. ♂ a) Auskugeln *n*; b) Exartikulation *f*; **~r I.** *v/t.* zerlegen, auseinandernehmen; zergliedern; *fig.* Plan, *Spionagering* zerschlagen; **II.** *v/r.* ~se el brazo s. den Arm ausrenken.
desarzonar *v/t.* aus dem Sattel werfen *(bzw.* heben); *Equ.* abwerfen.
desasea|do *adj.* unsauber, unappetitlich; schlampig; **~r** *v/t.* verunreinigen; verunzieren.
desasegurar *v/t.* unsicher machen; *Waffe* entsichern. [perei]
desaseo *m* Unsauberkeit *f*; Schlamp(ig)
desasi|miento *m* Loslassen *n*; Entsagung *f*; Uneigennützigkeit *f*; *Myst.* Weltentsagung *f*; **~r** [3a] *pres. wie salir]* **I.** *v/t.* losmachen; aufhaken; **II.** *v/r.* ~se de entsagen *(dat.)*.
desasistir *v/t.* im Stich lassen.
desasnar F *v/t. j-m* Bildung *(od.* Schliff) beibringen.
desaso|segado *adj.* unruhig; ruhelos; **~segar** [1h *u.* 1k] *v/t.* beunruhigen, ängstigen; aufrütteln; **~siego** *m* Unruhe *f*, Ruhelosigkeit *f*; Sorge *f*.

desas|trado *adj.* 1. zerlumpt; unsauber; schlampig F; 2. unglücklich, elend; **~tre** *m* schweres Unglück *n; a. fig.* Katastrophe *f*; **~troso** *adj.* 1. unglückselig; unheilvoll; furchtbar, schrecklich; 2. jämmerlich, erbärmlich.
desatar I. *v/t.* 1. losbinden; aufschnüren; *a. fig.* lösen; *fig.* auslösen, entfesseln; *Ränke* aufdecken; **II.** *v/r.* ~se 2. s. freimachen; s. lösen *(von dat.)*; 3. losbrechen *(Unwetter u. fig.)*; *fig.* ~se *en ultrajes contra alg.* auf j-n losschimpfen *fig. lit.* ~se sobre hereinbrechen über *(ac.) (Unglück, Unheil)*; 4. s. lösen; auftauen *(Eis u. fig.)*.
desatascador *m* Abflußreiniger *m*.
desatascar [1g] **I.** *v/t.* 1. aus dem Morast ziehen; *fig.* aus der Patsche helfen *(j-m a alg.)*; 2. *Rohr u. ä.* durchspülen; **II.** *v/r.* ~se 3. wieder loskommen.
desaten|ción *f* Unaufmerksamkeit *f*; Ungefälligkeit *f*, Unhöflichkeit *f*; **~der** [2g] *v/t.* nicht beachten; s. nicht kümmern um *(ac.)*; vernachlässigen; mißachten; **~tar** [1k] *v/t.* aus der Fassung bringen; **~to** *adj.* unhöflich; unaufmerksam; zerstreut.
desatierre *m Am.* → *escombrera*.
desati|nado *adj.* unsinnig; kopflos; **~nar** *v/i.* Unsinn reden; kopflos handeln, danebenhauen F; **~no** 1. Unsicherheit *f im Zielen u. fig.*; 2. Unsinn *m*, Stuß *m*; Fehlgriff *m*.
desatomiza|ción *f* Schaffung *f* e-r atom(waffen)freien Zone; **~do** *adj.* atomwaffenfrei.
desatornilla|dor *m Am. Reg.* Schraubenzieher *m*; **~r** *v/t.* ab-, losschrauben.
desatrancar [1g] *v/t.* aufriegeln; *verstopfte Rohre u. ä.* freimachen; *Brunnen* säubern.
desaturdir I. *v/t.* wieder zur Besinnung bringen, ermuntern; **II.** *v/r.* ~se wieder munter werden.
desautoriza|ción *f* Absprechen *n* der Zuständigkeit; Herabwürdigung *f*; **~damente** *adv.* unbefugterweise; unberechtigterweise; **~do** *adj.* unbefugt; **~r** [1f] **I.** *v/t.* 1. die Zuständigkeit absprechen *(dat.)*; herabwürdigen; abwerten; 2. dementieren; 3. verbieten; **II.** *v/r.* ~se 4. das Recht, die Glaubwürdigkeit *usw.* verlieren.
desave|nencia *f* Uneinigkeit *f*; Zwist *m*; Gegensätze *m/pl.*; **~nido** *adj.* uneins, uneinig; widerstreitend; **~nir** [3s] **I.** *v/t.* entzweien; **II.** *v/r.* ~se uneins werden; s. überwerfen *(mit dat. con)*.
desaventajado *adj.* benachteiligt; nachteilig.
desavisa|do *adj.* unklug; unvorsichtig; **~r** *v/t.* Gegenbescheid geben.
desayu|nado: *venir* ~ nach dem Frühstück kommen; **~nar** *vt/i. (lit.* ~se *v/r.)* frühstücken; **~** *con café* zum Frühstück Kaffee trinken; *fig.* F ¿*ahora te desayunas?* das hast du erst jetzt gehört?; **~no** *m* Frühstück *n*; ~ *completo* komplettes Frühstück *n*.
desa|zón *f* 1. Fadheit *f*; ⚕ Unreife *f*; 2. *fig.* Verdruß *m*, Kummer *m; a. fig.* Unbehagen *n*; **~zonado** *adj.*

mürrisch, verdrießlich; unbehaglich; *tenerle a alg.* ~ j-n ärgern; **~zonar I.** *v/t. Speise* geschmacklos machen; *fig.* verstimmen, ärgern; **II.** *v/r.* ~se unpäßlich sein.
desbancar [1g] *v/t. j-m* die Bank sprengen *(Glücksspiel)*; *fig. j-n* verdrängen.
desbanda|da *f* wilde Flucht *f*, Auflösung *f*, ⚔ ungeordneter Rückzug *m; a la* ~ in wilder Flucht; in völliger Auflösung; **~rse** *v/r.* ausea.-stieben, s. zerstreuen.
desbara|justar *v/t.* völlig durchea.-bringen; **~juste** *m* Wirrwarr *m*; **~tado** *adj.* 1. wirr, zerfahren; 2. leichtfertig, zügellos; **~tar I.** *v/t.* in Unordnung bringen; zerstören; *Pläne* vereiteln, zunichte machen; *Gesetze* verletzen; *Geld* verschwenden, durchbringen F; *Feinde* in die Flucht jagen; **II.** *v/i.* Unsinn reden; Quatsch machen F; **III.** *v/r.* ~se zerfallen; s. zerschlagen *(Pläne)*; den Kopf verlieren.
desbarba|do I. *adj.* bartlos; **II.** *m* ⊕ Entgratung *f*; **~r I.** *v/t. Federn* schleißen; *Korn,* ⊕ *Gußstücke* entgraten; **II.** *(~se)* F *v/t. (v/r.) (s.)* rasieren.
desbarranca|dero *m Am.* (gefährlicher) Abgrund *m*; **~miento** *m Am.* Absturz *m*; **~r** [1g] *Am.* **I.** *v/t.* wegstoßen; verdrängen; hinunterstürzen; **II.** ~se *v/r.* abstürzen.
desba|rrar *v/i.* ausrutschen *(a. fig.)*; *fig.* unüberlegt reden *(od.* handeln); faseln F; **~rro** *m* Ausrutschen *n (a. fig.)*.
desbas|tado ⊕ *m* → *desbaste* 1; **~tador** *m* Schrotmeißel *m der Schmiede*; **~tar I.** *vt/i.* 1. ⊕ abhobeln; grob (vor)arbeiten; grobschleifen; **II.** *v/t.* 2. *fig.* F den ersten Schliff beibringen *(dat.)*; 3. abnützen; **~te** *m* 1. ⊕ erste Bearbeitung *f*; Rohbehauen *n der Stämme*; Abhobeln *n*; (Ab-)Schroten *n (Schmiede)*; 2. ⊕ Bramme *f*; 3. *fig.* erster Schliff *m*.
desbloque|ar *v/t. Konten usw.* freigeben, entsperren; **~o** *m* Freigabe *f*, Entsperrung *f*.
desboca|do *adj.* 1. *Equ.* durchgehend; 2. beschädigt *(z. B. Tülle e-r Kanne, Mündung e-r Waffe usw.)*; 3. halsfern *(Kragen)*; 4. *fig.* zügellos; schamlos; **~r** [1g] **I.** *v/t.* die Tülle abstoßen an *e-m Gefäß; Loch* ausweiten; **II.** *v/r.* ~se scheu werden, durchgehen *(Pferd); fig.* F loslegen F, auspacken F; frech werden.
desbor|damiento *m* 1. Austreten *n über die Ufer f*; 2. ⚔ Überflügelung *f*; 3. *fig.* Flut *f*; ~ *de alegría* überschäumende Freude *f*; **~dante** *adj. c* überquellend, überschäumend *(fig.)*; ~ *de público* überfüllt; **~dar I.** *v/t.* überfluten; *fig.* Geduld, Fähigkeit übersteigen; *fig. las masas desbordaron a los dirigentes* die Führung verlor die Kontrolle über die Massen; **II.** *v/i. u.* ~se *v/r.* überlaufen, überfließen; über die Ufer treten; ~se *(de)* überquellen *(von dat.)*.
desbragado *adj.* ohne Slip, ohne Höschen.
desbravar I. *v/t. Pferde usw.* zureiten; zähmen; **II.** *v/i.* zahm werden; *fig.* s. beruhigen.

desbrozar — descerrajadura

desbrozar [1f] v/t. v. *Gestrüpp, Schlick usw.* reinigen; *Baum* ausputzen; *fig. Weg* bahnen.

descabe|llado *adj. fig.* verworren, unsinnig; **~llar** v/t. zerzausen; *Stk.* durch e-n Genickstoß niederstrecken; **~llo** *m* Genickstoß *m*.

descabe|strar v/t. abhalftern; **~zado** *adj.* kopflos (a. *fig.*); **~zar** [1f] I. v/t. a. *fig.* köpfen; *Bäume* kappen; oberes Ende ab-schneiden, -nehmen (*dat. od.* von *dat.*); F *Arbeit* anfangen; den ersten Schritt zur Überwindung e-r Schwierigkeit tun; F~ *un sueñ(ecit)o* ein Nickerchen machen; II. v/r. ~se *fig.* F s. den Kopf zerbrechen.

descacharrante F *adj. c* zum Schießen (*fig.* F), umwerfend (komisch) F.

descafeinar v/t. das Koffein entziehen (*dat.*); **~ado** entkoffeiniert.

descala|bazarse [1f] v/r. s. das Hirn zermartern (um zu + *inf.* en, *para*); **~brado** *adj. fig. salir* ~ (de) übel wegkommen (bei *dat.*); **~bradura** *f* Kopfverletzung *f*; **~brar** v/t. (am Kopf) verletzen; *fig.* schädigen; **~bro** *m* Widerwärtigkeit *f*; Verlust *m*; Schlappe *f* (a. ✕); Mißgeschick *n*; F Reinfall *m* F.

descalcifica|ción *f* Entkalken *n*; **~dor** *m* Entkalker *m*; **~r** [1g] v/t. entkalken; ✍ Kalk entziehen (*dat.*).

descalifi|cación *Sp. f* Disqualifizierung *f*; **~car** [1g] v/t. disqualifizieren.

descal|zar [1f] I. v/t. 1. j-m die Schuhe (bzw. die Strümpfe) ausziehen; 2. den Hemmschuh v. e-m *Rad usw.* lösen; den Keil wegziehen von (*dat.*); 3. *Mauer* unterhöhlen (bzw. unterspülen); untergraben; 4. ✕ schrämen; II. v/r. ~se 5. *Equ.* ein Eisen verlieren; **~zo** *adj.-su.* barfuß; *fig.* bettelarm; (*fraile m*) ~ *m* Barfüßermönche *m*.

descamarse ✍ v/r. abschuppen (*Haut*).

descami|nado *adj.* verirrt; irrig; *fig. andar* ~ s. irren; **~nar** I. v/t. irreführen; II. v/r. ~se irregehen; s. verfahren; auf Abwege geraten; **~sado** I. *adj.* (*estar*) ohne Hemd; (*ser*) *fig.* bettelarm; II. ~s *m/pl. Arg.* Proletarier *m/pl.*; *hist.* Perón-Anhänger *m/pl.*

descampa|do *adj.-su. m* offen(es Gelände *n*); frei(es Feld *n*); **~r** v/i. → *escampar*; ✕ abmarschieren.

descansa|dero *m* Ruheplatz *m*; **~do** *adj.* bequem, behaglich; geruhsam (*Leben*); mühelos (*Arbeit*); unbesorgt; **~piés** *m* (*pl. inv.*) Fußstütze *f*; **~r** I. v/t. 1. auf-, an-lehnen; stützen (*auf ac. sobre,* en); legen, setzen; unterstützen; ✕ *¡descansen – armas! Gewehr – ab!*; 2. ~ *a alg.* j-m die Arbeit erleichtern, j-n entlasten; II. v/i. 3. (aus)ruhen (a. ⚓ *Boden*); rasten; schlafen; s. erholen (von *dat.* de); ~ *que descanses!* schlaf gut!, gute Nacht!; ✕ *¡en su lugar – descansen!* rührt euch!; *adv. sin* ~ rastlos, unaufhörlich; 4. ~ en ruhen auf (*dat.*); ⊕ aufliegen auf (*dat.*); ~ *sobre* stehen auf (*dat.*).

descan|sillo *m* Treppenabsatz *m*; Podest *m*, *n*; **~so** *m* 1. Rast *f*; Ruhe *f*; Erholung *f*; Erleichterung *f*; ✕ a. Marschpause *f*; ✕ *¡~!* rührt euch!; ~ *nocturno* Nachtruhe *f*; *día m de* ~ Ruhetag *m*; *Sch. hora f de* ~ Zwischenstunde *f*; *adv. sin* ~ rastlos, unaufhörlich; 2. ♪, *Thea., Zirkus:* Pause *f*; *Sp.* Halbzeit *f*; 3. Stütze *f*; ⊕ Unter-, Auf-lage *f*; → *descansillo*; ~ *del pozo* Schachtbühne *f*; 4. F *Chi.* Abort *m*.

descantillar v/t. 1. ⊕ *Zim.* abkanten; 2. *Rechnung* nach unten abrunden.

descapitalización *f* Kapitalabwanderung *f*.

descapotable *m* Kabriolett *n* (*Auto*).

desca|rado *adj.* unverschämt, frech, patzig F; **~rarse** v/r. unverschämt werden (zu j-m *con alg.*); ~ *a + inf.* die Stirn haben, zu + *inf.*

descar|bonatar v/t. die Kohlensäure entziehen (*dat.*); **~burar** v/t. ✍, ⊕ entkohlen, ⊕ frischen.

descarga *f* 1. Entladen *n*; Ab-, Ausladen *n*, ⚓ Löschen *n*; 2. Abführung *f* (*Ladekran, Förderband*); 3. ✕ Entladung *f*; Salve *f*, Lage *f*; ~ *cerrada* Salvenfeuer *n*; 4. ✍ Entladung *f*; (elektrischer) Schlag *m*; ~ *atmosférica* Blitz *m*; 5. △ *arco m de* ~ Entlastungsbogen *m*; 6. ✝ Entlastung *f*; 7. ~ *de palos* Tracht *f* Prügel; **~dero** *m* Ablade- (⚓ Lösch-)platz *m*; **~dor** *m* 1. Ablader *m*; ⚓ Schauermann *m*; 2. ✍ Ableiter *m*, Entlader *m*; **~r** [1h] I. v/t. 1. ab-, aus-, entladen, ⚓ löschen, *IT* herunterladen; 2. *Waffe* entladen; *Schuß* abgeben; *Gewehr* abschießen; 3. *e-n (heftigen) Schlag* versetzen; *Zorn, Wut usw.* auslassen (an *dat.* en, *contra*, sobre); *lit.* ~ *la mano sobre alg.* j-n züchtigen; 4. ✍ entladen; ableiten; 5. *fig.* entlasten (a. ⊕, ⚖), erleichtern; ⚖ freisprechen (von *dat.* de); 6. ~ *el vientre* s-e Notdurft verrichten; II. v/i. 7. s. entladen (*Gewitter, Unwetter, Wolken*); niedergehen, (-)fallen (*Regen*); 8. enden (*Treppe*); münden (*Fluß*); III. v/r. ~se 9. ~se (de) s. freimachen (von *dat.*), (*Stelle*) aufgeben; ~se *de ac.* s. e-r Sache entledigen; et. abwälzen (auf *ac.* en); ~se en (*od. contra*) s-n Zorn auslassen an (*dat.*); 10. ✝, ⚖ s. entlasten; 11. s. entladen (a. ✍); von selbst losgehen (*Waffe*); 12. *Rel.* Buße tun; beichten; 13. leer werden (*Straßenbahn*).

descar|go *m* 1. ✝, *Verw.* Entlastung *f* (erteilen *conceder*); *nota f de* ~ Gutschrift *f*; Quittung *f*; 2. Rechtfertigung *f*; Entlastung *f* (a. ⚖); *por* ~ zur Entlastung; 3. ⚓ Löschen *n*; **~gue** *m* ⚓ Löschen *n*; *Am. allg.* Abladen *n*, Entladen *n* von *Waren*.

descarna|da *f fig.* Tod *m*; **~damente** *adv.* unverhohlen; **~do** *adj.* fleischlos; abgezehrt, knöchern; *fig.* bissig, scharf; nackt, ungeschminkt (*Wahrheit*); **~r** I. v/t. (das) Fleisch ablösen von (*dat.*); *Knochen u. fig.* bloßlegen; II. v/r. ~se abmagern.

descaro *m* Unverschämtheit *f*, Frechheit *f*.

desca|rriar [1c] I. v/t. irreführen; versprengen; II. v/r. ~se s. verirren; s. verlaufen; versprengt werden; **~rrilamiento** 🚂 *m* Entgleisung *f*; **~rrilar** v/i. *u.* ~se 🚂 entgleisen.

descar|tar I. v/t. 1. beiseite lassen; ausschalten, ausschließen; beseitigen; 2. *Typ.* Farbauszüge machen; II. v/r. ~se 3. (*Karten*) ablegen; 4. ~se de s. um *et.* (*ac.*) *od.* vor *et.* (*dat.*) drücken; **~te** *m Typ.* Herstellung *f* von Farbauszügen; Ablegen *n v.* Spielkarten.

descarteliza|ción *f* Entkartellisierung *f*; **~r** [1f] v/t./i. entkartellisieren.

descartuchar F v/t. *Arg.* entjungfern.

descasar v/t. *Typ. Kolumnen* anders zs.-stellen; P *Eheleute* trennen, scheiden; *fig.* Zs.-gehörendes trennen.

descasca|r [1g] I. v/t. → *descascarar*; II. v/r. ~se in Stücke gehen; *fig.* F geschwollenes Zeug reden, s. e-n abbrechen F; **~radera** *f* Schälmaschine *f* für *Kaffee, Obst*; **~rar** I. v/t. ab-, aus-schälen; ent-, aushülsen; entrinden; II. v/r. ~se aufbrechen, -springen (*Rinde, Schale*); **~rillar** I. v/t. ab-, aus-schälen; enthülsen; ⊕ entzundern; II. v/r. ~se s. schälen; absplittern.

descas|tado *adj.* aus der Art geschlagen; ungeraten (*Kinder*); undankbar; **~tar** I. v/t. *Raubzeug* ausrotten; II. v/r. ~se aus der Art schlagen.

descen|dencia *f* 1. Nachkommenschaft *f*; 2. Abstammung *f*; Geschlecht *n*; **~dente** *adj. c* absteigend; fallend; *Span.* tren *m* ~ aus dem Landesinnern nach der Küste fahrender Zug *m*; **~der** [2g] I. v/t. 1. herabnehmen; her-, hinunterbringen; 2. *Treppe usw.* hinuntersteigen; II. v/i. 3. herab-, hinunter-steigen; ab-, aus-steigen; hinunterfließen; stromab fahren; ✈ a) an Höhe verlieren, b) zur Landung ansetzen; *la colina desciende hacia el mar* der Hügel fällt zur See hin ab; 4. *a. fig.* sinken; abnehmen; 5. abstammen, s. herleiten (von *dat.* de); **~dida** *f* → *bajada*, *descenso*; **~diente** I. *adj. c* abstammend (von *dat.* de); *a.* ⚖ absteigend; II. *c* Nachkomme *m*; *poet.* Nachfahr(e) *m*; ⚖ a. Abkömmling *m*; **~dimiento** *m* Herabsteigen *n*; Herabnehmen *n*; *Ku.* Kreuzabnahme *f*; **~sión** *f* Herabsteigen *n*; **~so** *m* 1. Heruntersteigen *n*; Abstieg *m*; Talfahrt *f*; *Ski:* Abfahrt(slauf *m*) *f*; 2. ✈ Heruntergehen *n*; ~ *en paracaídas* (*de paracaidista[s]*) Fallschirm-absprung *m* (-springen *n*); ~ *en tirabuzón* Abtrudeln *n*; 3. ⊕ Abfallen *n*; 4. ✝ Sinken *n*, Fallen *n* (*Preise, Kurse*); 5. *fig.* Niedergang *m*; Rückgang *m*; *Verw.* niedrigere Einstufung; ✕ Degradierung *f*; *fig. estar en* ~ auf dem absteigenden Ast sein (*od.* sitzen) nachlassen; 6. Abhang *m*, Gefälle *n*; 7. ✝ Senkung *f*.

descentra|ción ⊕ *f* Dezentrierung *f*; **~do** ⊕ *adj.-su.* exzentrisch; *m* Schlag *m*, Unwucht *f*; **~lización** *f* Dezentralisierung *f*; **~lizador** *adj.: medidas f/pl. ~as* Maßnahmen *f/pl.* zur Dezentralisierung; **~lizar** [1f] v/t. dezentralisieren; **~r** v/t. schlecht (*od. falsch*) einstellen; *fig.* aus dem Gleichgewicht bringen.

descepar v/t. mit der Wurzel ausreißen; *fig.* ausrotten.

descerraja|do *adj. fig.* zügellos; **~dura** *f* Aufbrechen *n e-s Schlosses*;

~r *v/t.* den Verschluß auf-brechen, -sprengen an (*dat.*); *Schrank* aufbrechen; F ~ *un tiro a alg.* j-m eins auf den Pelz brennen F.
descifra|ble *adj. c* leserlich; zu entschlüsseln; ~**dor** *m* Entzifferer *m*; ~**miento** *m* Entzifferung *f*; Entschlüsselung *f*; ~**r** *v/t.* entziffern; entschlüsseln (*a. EDV.*); dechiffrieren; *fig.* enträtseln, aufklären.
desclava|dor ⊕ *m* Geißfuß *m*; ~**r** *v/t. Nagel* herausziehen; *Nägel* (her)ausziehen aus (*dat.*); ~ *de la cruz* vom Kreuz herunternehmen; → *a. desengastar.*
desclorurado ⚕ *adj.* salzlos; salzarm (*Diät*).
descoagulante ⚕ *m* Antikoagulans *n*.
desco|cado F *adj.* frech, unverschämt; ~**car** [1g] I. *v/t.* Baum abraupen; II. *v/r.* ~**se** F frech werden; vorlaut sein; ~**co** F *m* Frechheit *f*; ~**dificación** *f a. EDV, Li.* Dekodierung *f*; ~**dificar** [1g] *v/t.* dekodieren, entschlüsseln; ~**gollar** *v/t. Nüsse usw.* auskernen; ✱ ausgeizen; ~**gotado** F *adj.* mit behaartem Nacken.
descojonarse P *v/r. Span.* s. *totlachen* F, s. *vor Lachen bepinkeln* F.
descohesor ✱ *m* Entfritter *m*.
descolgar [1h *u.* 1m] I. *v/t. Bild usw.* (her)abnehmen, *Telefonhörer, Vorhänge* abnehmen; aushaken; abhängen; herablassen (von *dat.* de); *Jgdw. Flugwild* schießen; *Rennsport:* abhängen; II. *v/r.* ~**se** F. herunterlassen (von *dat.* de); springen (von, aus *dat.* de); 🐎 abspringen; *fig.* von der Höhe *od.* vom Berg) herabsteigen; F ~**se** *por un sitio* irgendwo aufkreuzen F; *fig.* F ~**se** *con a/c.* mit et. (*dat.*) herausplatzen.
descoloniza|ción *f* Entkoloni(ali)sierung *f*; ~**r** [1f] *v/t.* entkoloni(ali)sieren.
descolo|ramiento *m* Entfärbung *f*; Verfärbung *f*; Blässe *f*; ~**rante** *m* Entfärber *m*; Bleichmittel *n*; ~**rar** I. *v/t.* entfärben; (aus)bleichen; II. *v/r.* ~**se** verblassen (*Farbe*), ~**rido** *adj.* blaß (*estar*); farblos (*ser*); verschossen, ausgewaschen; fahl; ~**rir** → *descolorar.*
descolla|do *adj.* überlegen, selbstbewußt; ~**r** [1m] I. *v/i.* hervorragen, an erster Stelle stehen; glänzen; ~ *entre (od. sobre) los demás* die anderen überragen (an *dat.* en); II. *v/r.* ~**se** s. *hervortun.*
descom|brar *v/t.* abräumen, von Schutt räumen; ~**bro** *m* Abräumen *n*; Enttrümmerung *n*; *trabajo(s) m(|pl.) de* ~ Aufräumungsarbeiten *f/pl.*
descomedi|do *adj.* übermäßig; unmäßig; unhöflich; ~**miento** *m* Unhöflichkeit *f*; Grobheit *f*; ~**rse** [3l] *v/t.* s. *ungebührlich betragen*; ausfallend werden.
descomer P *v/i.* den Darm entleeren.
descom|pás *m* falscher Takt *m*; ~**pasado** *adj.* 1. übermäßig; 2. grob; ~**pasarse** *v/r. fig.* grob werden.
descompensación ⚕ *f* Dekompensation *f*.
descompo|ner [2r] I. *v/t.* 1. zerlegen (*a.* 🜲, *Phys.*); ausea.-nehmen; zersetzen (*a.* 🜲); zergliedern; auflösen; in Unordnung bringen; 2. *fig.* entzweien; 3. aus der Fassung

bringen; II. *v/r.* ~**se** 4. s. zersetzen; verwesen; in Fäulnis übergehen; faulen; verderben (*Speise*); s. auflösen; 5. *fig.* kränklich werden; 6. *fig.* die Fassung verlieren; aufgebracht werden; ~**se con** s. überwerfen mit (*dat.*); *j-n* hart anfahren; ~**se en palabras** zu starke Worte gebrauchen; ~**sición** *f* Zerlegung *f* (*a. Physiol.*, 🜲); Auflösung *f*; Zerrüttung *f*; Verzerrung *f*; *fig.* Zerwürfnis *n*; 🜲 Zersetzung *f*, Umsetzung *f*; ~ (*pútrida*) Fäulnis(zersetzung) *f*; ~ (*en estado de*) ~ (in) Verwesung *f*.
descompostura *f* 1. Unsauberkeit *f*; vernachlässigte(s) Äußere(s) *n*; 2. Frechheit *f*.
descompresión *Phys. f* Dekompression *f*; Druckausgleich *m beim Auftauchen*.
descomprimir *v/t. EDV* entpacken.
descompues|tamente *adv.* frech; ~**to** *adj.* 1. entzwei; zersetzt, (ver-)faul(t); 2. *fig.* unordentlich; 3. außer Fassung, verstört; verzerrt (*Gesicht*); *tener la salud* ~**a** nicht gesund sein; 4. wild, zornig; 5. *Am.* betrunken.
descomunal *adj. c* ungeheuer, riesig; außerordentlich; P *hambre f* ~ Riesen-, Mords-hunger *m* F; ~**mente** *adv.*: *comer* ~ ungeheuer viel essen.
desconcen|tración ✝ *f* Entflechtung *f*; ~**trar** ✝ *v/t.* entflechten.
desconcerta|do *adj.* 1. verlegen, verblüfft; bestürzt, verwirrt; 2. zerrüttet; ~**dor** *adj.* verwirrend, beunruhigend; ~**nte** *adj. c* verwirrend; verblüffend; ~**r** [1k] I. *v/t.* 1. in Unordnung bringen (*a. Mechanismus*); aus-, ver-renken; *fig.* Absicht durchkreuzen; 2. *fig.* entzweien; zerrütten; 3. *fig.* verwirren, aus der Fassung bringen; bestürzen; verblüffen, verlegen machen; II. *v/r.* ~**se** 4. uneinig werden; s. trennen; 5. s. den Magen verderben; 6. *fig.* die Fassung verlieren; verblüfft sein.
desconcierto *m* 1. Unordnung *f*; Störung *f*, Schaden *m*; 2. Verwirrung *f*; Bestürzung *f*; 3. Uneinigkeit *f*; Zerrüttung *f*; *estar en* ~ uneinig sein.
descon|chado *m*, ~**chadura** *f* △ abgebröckelte Stelle *f*; Abblättern *n*; ~**charse** *v/r.* abblättern (*Wand, Decke*); ~**chón** *m* → *desconchado*.
desco|nectable *adj. c* ab-, ausschaltbar; ~**nectar** I. ✱ *v/t.* ab-, ausschalten; ~ *a. desacoplar*; II. *v/r.* ~**se** *EDV* s. ausloggen, s. abmelden; ~**nexión** ✱ *f* Abschaltung *f*.
desconfi|ado *adj.* mißtrauisch, argwöhnisch; (ver)zweifelnd (an *dat.* de); ~**anza** *f* Mißtrauen *n*, Argwohn *m*; Zweifel *m*; Unglauben *m*; ~**ar** [1c] *v/i.* mißtrauen (*dat.* de); zweifeln (an *dat.* de); viel Kummer haben (zu *dat.* de); ~ *de ponerse bien* nicht (mehr) an s-e Gesundung glauben.
desconformar I. *v/i.* verschiedener Meinung sein (in *dat.* en); II. *v/r.* ~**se** nicht übereinstimmen, s. widersprechen.
descongela|ción *f* Auftauen *n* (*Tiefkühlkost*); Abtauen *n* (*Kühlschrank*); Entfrosten *n* (*Scheiben*);

🐎 Enteisen *n*; ✝ Freigabe *f v. Konten usw.*; ~**dor** *m* Enteiser *m*; Entfroster *m*, Defroster *m*; ~**r** *v/t. Kost* auftauen; *Scheiben u. ä.* entfrosten; 🐎 enteisen; *Kühlschrank* abtauen; *Preise, Konten* freigeben.
desconges|tión *f* Entlastung *f* (*bsd. Verkehr*); ~**tionar** *v/t.* entstauen; *Verkehr* entlasten.
descono|cedor *adj.-su.*: ~ (*de*) unkundig (*gen.*); ~**cer** [2d] *v/t.* 1. nicht wissen; nicht kennen; 2. nicht wiedererkennen; *le desconoces en este asunto* du kannst einfach nicht glauben, daß er so et. tut; 3. nicht anerkennen; verkennen; *no* ~ *las ventajas* die Vorteile (wohl) zu schätzen wissen; 4. *ein Werk usw.* verleugnen, nicht als s-s anerkennen; 5. so tun, als wüßte man et. nicht; ~**cido** I. *adj.* 1. unbekannt; unerkannt; unkenntlich; verkannt; *completamente* ~ wildfremd; *ser* ~ unbekannt sein; *estar* ~ nicht wiederzuerkennen (*od.* ganz verändert) sein; 2. undankbar, nicht erkenntlich (für *ac. a*); II. *m* 3. *un* ~ ein Unbekannter; *un gran* ~ e-e (zu Unrecht) in Vergessenheit geratene Größe; ~**cimiento** *m* 1. Unkenntnis *f e-r Tatsache*; 2. Undankbarkeit *f*.
desconsidera|ción *f* Mißachtung *f*; Rücksichtslosigkeit *f*; ~**do** *adj.* unbedacht, unüberlegt; rücksichtslos.
descon|solación *f* → *desconsuelo*; ~**solado** *adj.* trostlos, trübselig; *viuda f* ~**a** untröstliche Witwe *f*; ~**solador** *adj.* hoffnungslos; jämmerlich; *noticia f* ~**a** Hiobsbotschaft *f*; ~**solar** [1m] I. *v/t.* aufs tiefste betrüben; II. *v/r.* ~**se** untröstlich sein; ~**suelo** *m* Trostlosigkeit *f*; tiefe Betrübnis *f*.
descontado *adj.*: *dar por* ~ als sicher annehmen; *quedar* ~ nicht in Frage kommen; *por* ~ selbstverständlich; *¡* ~ *!* ausgeschlossen!
descontamina|ción *f* Entseuchung *f* (*bsd. Radioaktivität*); ~**r** *v/t.* entseuchen.
descontar [1m] I. *v/t.* 1. herabsetzen; *Summe* abziehen (von *dat.* de); ✝ skontieren; ✝ *Wechsel* diskontieren; 2. *fig.* abstreichen, wegnehmen (von *dat.* en, de); *descontando que ...* abgesehen davon, daß ...; F *¡descuente usted!* da müssen Sie ein paar Abstriche machen; das ist zu dick aufgetragen; II. *v/r.* ~**se** 3. s. verrechnen.
desconten|tadizo *adj.* wählerisch; mißvergnügt; ~**tar** *v/t.* unzufrieden machen; mißfallen (*dat.*); ~**to** I. *adj.* unzufrieden (mit *dat.* con, de); mißvergnügt; II. *m* Unzufriedenheit *f*; Mißvergnügen *n*.
descontro|l *m* mangelnde Kontrolle *f* (*od.* Beherrschung *f*); ~**larse** *v/r.* die Beherrschung verlieren.
descopar *v/t.* Baum köpfen (*ac.*), die Krone absägen (*dat.*).
descorazona|do *adj.* entmutigt, verzagt; ~**dor** *m*: ~ *de manzanas* Apfelstecher *m*; ~**r** I. *v/t.* entmutigen; II. *v/r.* ~**se** den Mut verlieren.
descor|chador *m bsd. Am.* Korkenzieher *m*; ~**char** *v/t.* Korkeiche schälen; *Flasche* entkorken; *fig. Behälter* aufbrechen, *um zu stehlen*; ~**che** *m*

descorificar — desdoblar

Abschälen *n der Korkeiche*; Entkorken *n*; *Am. a.* Kork(en)geld *n*.
descor|ificar [1g] ⊕ *v/t.* entschlacken; ~nar [1m] **I.** *v/t.* die Hörner abbrechen (*dat.*); **II.** *v/r.* ~se *fig.* F s. den Kopf zerbrechen.
desco|rrer I. *v/t.* Vorhang aufziehen; *Riegel* zurückschieben; *Weg* zurücklaufen; **II.** *v/i. u.* ~se *v/r.* ab-fließen, -laufen; ~**rrimiento** *m* Abfluß *m*, Ablauf *m*.
descor|tés *adj.-su. c* unhöflich, grob; ~**tesía** *f* Unhöflichkeit *f*, Ungezogenheit *f*.
descorteza|dor *m* Schälmesser *n*; Schäler *m*; ~**dora** *f* ⊕ Entrindungsmaschine *f*; ✗ *u. Haushalt:* Schälmaschine *f für Kartoffeln usw.*; ~**dura** *f* Schälrinde *f*; ~**miento** *m* Abschälen *n*; *a.* ⚘ Ausschälung *f*; ~**r** [1f] *v/t.* entrinden, schälen; *fig.* abschleifen.
desco|ser I. *v/t.* **1.** *Naht, Kleidungsstück* auftrennen; *Heftklammern* entfernen von (*dat.*); *fig.* F *no* ~ *la boca* (*od. los labios*) nicht piep sagen *v*; **II.** *v/r.* ~se **2.** aufgehen (*Naht*); **3.** F *s.* verplappern; **4.** P einen streichen lassen F; ~**sido I.** *adj.* **1.** aufgetrennt; **2.** *fig.* unzs.-hängend; *fig.* unordentlich; **3.** schwatzhaft; **II.** *m* **4.** aufgetrennte Naht *f*; **5.** F *como un* ~ wie ein Wilder F; unmäßig; wie ein Wasserfall (*reden*); *reír como un* ~ schallend lachen. [chen (*dat.*).)
descostillar *v/t.* die Rippen bre-
descostrar *v/t.* entkrusten; den Schorf entfernen von (*dat.*).
descoyunta|miento *m* Verrenkung *f*; ~**r I.** *v/t.* ver-, aus-renken; *fig.* plagen, belästigen; *Tatsachen usw.* verdrehen, entstellen; **II.** *v/r.* ~se F s. schieflachen, s. kranklachen F.
descrédito *m* Mißkredit *m*, Verruf *m*; *caer en* ~ sein Ansehen verlieren; *ir en* ~ *de alg.* j-n in Verruf bringen.
descreído *adj.-su.* ungläubig (*a. Rel.*); mißtrauisch.
descremar *v/t.* Milch entrahmen.
describir (*part.* descrito) *v/t.* beschreiben (*a.* 𐊀, *z. B. Kreis*); schildern, erzählen; *Kurve* ziehen.
descrip|ción *f* **1.** Beschreibung *f*; Schilderung *f*; Darstellung *f*; **2.** 𖤐 Verzeichnis *n*; *de una patente* Patentschrift *f*; ~**tible** *adj. c* zu beschreiben(d); ~**tivo** *adj.* beschreibend, 🕮 deskriptiv; *música f* ~**a** Programmusik *f*; ~**to** *bsd. Am. part. zu describir*; ~**tor** *m* Beschreiber *m*; Schilderer *m*.
descrismar I. *v/t.* **1.** *j-m* das Salböl abwischen; **2.** *fig.* F eins über den Schädel hauen (*dat.*) F; **II.** *v/r.* ~se **3.** *fig.* F *s.* abrackern; s. den Kopf zerbrechen; s. die Sohlen ablaufen (um zu + *inf. od.* um *ac.* por); **4.** F aus der Haut fahren, wütend werden.
descristianar *v/t.* ~ *descrismar*.
descrito *part. zu describir*.
descruzar [1f] *v/t.*: ~ *los brazos* die verschränkten Arme ausbreiten; ~ *las piernas* die übergeschlagenen Beine wieder vonea.-nehmen.
descua|jar I. *v/t.* **1.** *Geronnenes* auflösen; *fig.* den Wind aus den Segeln nehmen (*dat.*); den Mut nehmen (*dat.*); **2.** *Baum* entwurzeln; *Gestrüpp* beseitigen in (*dat.*); **II.**

v/r. ~se **3.** *Am.* aus dem Leim gehen, s. auflösen; **4.** F s. abplagen; ~**jaringarse** [1h] F *v/r.* ermüden (*Glieder*); schlappmachen F; schwach werden vor *Lachen*; ~**je**, ~**jo** *m* Roden *n*.
descuartiza|miento *m* Vierteilung *f b. Schlachten u. hist. Strafe*; *fig.* F Zerschlagen *n*; ~**r** [1f] *v/t.* vierteilen; *fig.* F in Stücke schlagen; *estar* ~**ado** wie gerädert sein.
descubier|ta *f* **1.** ✗ (Erkundungs-)Spitze *f*; **2.** † Entdeckung *f*; **3.** ⚓ Beobachtung *f* des Sonnendurchgangs am Horizont; **4.** *Kchk.* ungedeckter *Obst- od.* Marmelade-kuchen *m*; ~**to I.** *adj.* **1.** unbedeckt; barhäuptig; wolkenlos (*Himmel*); **2.** offen, freiliegend; baumlos; *al* ~ unter freiem Himmel, im Freien; ⚔ über Tage; ✗ ungedeckt, ohne Deckung; *a pecho* ~ ohne Schutz (*-waffen*); *fig.* todesmutig; *hablar al* ~ offen sprechen; *fig.* *poner al* ~ frei-, bloß-legen; **3.** (schutzlos) preisgegeben; *fig.* quedar (en) ~ s. nicht rechtfertigen können; **4.** † (*en*) ~ überzogen (*Konto*); ungedeckt (*Scheck*); offen (*Rechnung*); *operación f al* ~ Blankogeschäft *n*; **II.** *m* **5.** † ungedeckte Schuld *f*; Kontoüberziehung *f*.
descubri|dero *m* Aussichtspunkt *m*; ~**dor** *m* Entdecker *m*; ✗ Kundschafter *m*; ⚖ Finder *m*; ~**miento** *m* Entdeckung *f*; Aufdeckung *f*; ~**r** (*part.* descubierto) **I.** *v/t.* **1.** Topf aufdecken; *Denkmal* enthüllen; **2.** entdecken, erblicken, *a.* ♆ sichten; **3.** *Unbekanntes* entdecken, eine *Wahrheit* ermitteln; *Verborgenes* offenbaren; *Blößen* herausstellen; ✗ entblößen, aufstöbern; *sein Herz* ausschütten; ~ *que* ... dahinterkommen, daß ...; **II.** *v/r.* ~se **4.** die Kopfbedeckung abnehmen; **5.** s. zeigen, an den Tag kommen; *fig.* sein Herz ausschütten, s. offenbaren (j-m *a od.* con *alg.*); **6.** s. blamieren.
descuello *m a. fig.* alles überragende Höhe *f*; Hochmut *m*.
descuento † *m* **1.** Abzug *m*, Skonto *m*, *n*; ~ *por cantidad* Mengenrabatt *m*; ~ *por merma de peso* Gewichtsabzug *m*; ~ *por pago al contado* Kassen-skonto *m*, -rabatt *m*; *tienda f del.* almacén *m od.* almacenes *m/pl.*) *de* ~ Discount-laden *m*, -geschäft *n*; *sin* ~ ohne Abzug; *conceder un* ~ e-n Abzug gewähren, Skonto geben; **2.** *Bank:* Diskont *m*; Diskontierung *f*; *operaciones f/pl. de* ~ Diskontgeschäft *n*; *aumento m* (*reducción f*) *del* (*tipo de*) ~ Diskont-erhöhung *f* (-senkung *f*).
descuerar *v/t. bsd. Am.* häuten; *fig.* kein gutes Haar an *j-m* lassen.
descui|dado *adj.* **1.** nachlässig, liederlich (*ser*); fahrlässig, unachtsam; vernachlässigt (*estar*); *traje m* ~ *a.* saloppe Kleidung *f*; **2.** ahnungslos, unvorbereitet (*estar*); *coger* ~ überraschen; ~**dar I.** *v/t.* **1.** vernachlässigen, versäumen; **II.** *v/i.* **2.** ¡*descuide* (*usted*)! seien Sie unbesorgt!, verlassen Sie s. darauf!; **III.** *v/r.* ~se **3.** nicht achtgeben; unvorsichtig sein; nachlässig sein; ~**se de** (*od. en*) *sus obligaciones* s-n Verpflichtungen schlecht nachkommen; **4.** s. vergessen, e-n Fehltritt tun;

descui|dero *m* Taschen-, Gelegenheits-dieb *m*; ~ (*de coches*) Automarder *m*; ~**do** *m* **1.** Nachlässigkeit *f*; Fahrlässigkeit *f*; Unachtsamkeit *f*; Versehen *n*; *adv. al* ~ a) nachlässig; b) → *con* ~ *afectado* mit vorgetäuschter Sorglosigkeit, nonchalant F; *con* ~ achtlos, leichthin; *por* ~ versehentlich; aus Fahrlässigkeit; *Am. Reg.* adv. *en un* ~ unerwartet; **2.** Vergeßlichkeit *f*, Bummelei F *f*; **3.** Fehl-, Miß-griff *m*; Unhöflichkeit *f*; ~**tado** *adj.* leichtsinnig, sorglos.
deschavetado F *adj. Am.* bescheuert F, beknackt F.
desde I. *prp.* **1.** *lokal:* von, von ... aus, aus (*alle mit dat.*); ~ *aquí* von hier aus; ~ *aquí hasta allí* von hier nach (*bzw.* bis) dort; ~ *arriba hacia abajo* von oben nach unten; ~ *lejos* von weitem; **2.** *temporal:* seit, von ... an (*beide dat.*); ~ *ahora* (*en adelante*) von nun an; ~ *aquel día* seit diesem Tag, von diesem Tage an; ~ *cuándo?* seit wann?; ~ *entonces* seither; von da an; ~ *hace una semana* seit e-r Woche; **II.** *adv.* **3.** ~ *luego*, *Am. Reg.* ~ *y* ~ selbstverständlich, natürlich; sogleich; *Rpl.* ~ *ya*, ~ *ahora* sofort; **III.** *cj.* **4.** ~ *que* seit; ~ *que te vi seit ich dich gesehen habe*; ~ *que vi que no llegaste* sobald ich sah, daß du nicht kamst; ~ *que podemos recordar* solange wir zurückdenken können; *Gal.* ~ *que* → *puesto que.*
desdecir [3p] **I.** *v/i.* abweichen (von *dat. de*), im Widerspruch stehen (*zu dat. de*); *esto desdice* das paßt nicht (*zuea.*); das fällt aus der Art; ~ *de sus padres* nicht nach s-n Eltern geraten, aus der Art schlagen; ~ *de su origen* s-n Ursprung verleugnen; **II.** *v/r.* ~se (*de*) *et.* widerrufen, *et.* zurücknehmen; ~*se de su promesa* sein Versprechen nicht halten.
desdén *m* Geringschätzung *f*, Verachtung *f*; Gleichgültigkeit *f*; *adv. con* ~ geringschätzig, verächtlich, von oben herab F; *al* ~ nachlässig.
desdentado *adj.* zahnlos, *Zo. a.* zahnarm.
desde|ñable *adj. c* verachtenswert; *nada* ~ recht ordentlich; ~**ñador** *adj.* verächtlich; ~**ñar I.** *v/t.* geringschätzen; verachten; verschmähen; **II.** *v/r.* ~se *de* (*hacer*) *algo* es für unter s-r Würde halten, *et.* zu tun; ~**ñoso** *adj.* verächtlich, wegwerfend; hochmütig.
desdicha *f*, *a.* ~*s f/pl.* Unglück *n*; Elend *n*; F *poner a alg. hecho una* ~ j-n schrecklich zurichten; j-n sehr beschmutzen; ~**damente** *adv.* **1.** unglücklicherweise; **2.** elend; ~**do I.** *adj.* **1.** unglücklich, erbärmlich; **2.** einfältig; **II.** *m* **3.** armer Teufel *m*, Pechvogel *m*; **4.** einfältiger Mensch *m*.
desdobla|ble ⚙ *adj. c* (auf)spaltbar; ~**miento** *m* **1.** Entfaltung *n*; Ausbreiten *n*; **2.** ⚙ (Auf-)Spaltung *f* (in *ac. en*); **3.** ⊕ Aufbiegung *f*; **4.** *Biol.* Teilung *f*; **5.** ✗ Entfaltung *f*; **6.** ⚔ ~ *de un tren* Einsatz *m* e-s Entlastungszuges; **7.** *Psych.* Spaltung *f*; **8.** *fig.* Darlegung *f*; ~**r I.** *v/t.* **1.** entfalten, ausbreiten; **2.** ⊕ geradebiegen;

aufbiegen; 3. ⚕, Physiol., Psych. spalten; Biol. teilen, verdoppeln; **II.** v/r. ~se 4. a. fig. s. entfalten; 5. la barra no se desdobla die Stange läßt s. nicht geradebiegen.

desdo|rar v/t. 1. die Vergoldung entfernen von (dat.); 2. fig. verunehren; **~ro** m Unehre f; Schimpf m, Schande f; Schandfleck m.

desdramatiza|ción f Entdramatisierung f; Herunterspielen n, Entschärfung f; **~r** [1f] v/t. entdramatisieren; herunterspielen, entschärfen.

desea|ble adj. c wünschenswert; begrüßenswert; erwünscht; erstrebenswert; **~do** adj. erwünscht; ersehnt; niño m ~ Wunschkind n; ¡tdchese lo no ~! Nichtgewünschtes bitte streichen!; **~r** v/t. 1. wünschen (j-m et. a/c. a alg.); 2. wünschen, herbeiwünschen, ersehnen; ¡no hay más que ~! Ihr Wunsch ist mir Befehl!, Sie brauchen (es) nur zu wünschen!; (no) dejar (nada) que ~ (nichts) zu wünschen übrig lassen; ser de ~ zu wünschen (od. wünschenswert) sein; F me veo y me deseo ich möchte es schrecklich gern (haben usw.); 3. tun mögen; wollen; deseo que venga en seguida er soll sofort kommen.

deseca|ción f Trockenlegung f (Sumpf); Austrocknung f, Trocknen n; Dörren n (Gemüse); **~do** bsd. ⊕ m Trocknung f; **~dor** ⊕ m Trockner m, Exsikkator m; **~r** [1g] v/t. trocknen; ausdörren, trokkenlegen, entwässern; dörren; **~tivo** bsd. ⊕ adj. (aus)trocknend; → secante.

dese|char v/t. 1. Wertloses wegwerfen; ⊕ zum Ausschuß werfen; alte Kleider usw. ablegen; 2. Randalierende des Lokals verweisen; 3. Bergwerk aufgeben; 4. Befürchtungen v. weisen; Angebote, Stellungen ausschlagen; Mahnungen u. ä. in den Wind schlagen; Gedanken, Vorsätze, Vorschläge verwerfen; hinwegsetzen über (ac.); ~ algo del pensamiento s. et. aus dem Kopf schlagen; 5. Riegel zurückschieben; Schlüssel umdrehen zum Öffnen; **~cho** m 1. Abfall m; Überbleibsel n; ⊕ Ausschuß m; Bruch m; Abfall m; ⚔ ausgemusterte Pferde n/pl. (bzw. Geräte n/pl.); de ~ ausgemustert; Typ. Makulatur...; 2. ⚔ Abraum m; 3. → atajo.

desellar v/t. entsiegeln.

desembala|dor m Auspacker m; Markthelfer m; **~je** m Auspacken m; **~r** vt/i. auspacken.

desembal|sar v/t. Staubecken auslassen; **~se** m Wasserentnahme f aus e-m Staubecken; (Ent-)Leerung f e-s Staubeckens.

desembara|zadamente adv. zwanglos; **~zado** adj. 1. ungehemmt, zwanglos; 2. frei (Weg, Raum); geräumt (Platz, Zimmer); **~zar** [1f] I. v/t. von e-m Hindernis, e-r Last befreien, freimachen; (ab-, auf-, aus-)räumen; Saal usw. räumen; **II.** v/i. Rpl. entbinden, gebären; **III.** v/r. ~se s. freimachen (von dat. de); **~zo** m 1. Wegräumen n von Hindernissen; ⚓ Rpl. Entbindung f; 2. fig. Ungezwungenheit f, Zwanglosigkeit f; Unbefangenheit f.

desembar|cadero m 1. ⚓ Landungsplatz m; Landungsbrücke f; Pier m, ⚓ a f; Ausladestelle f, Löschplatz m; 2. 🚆 Ankunftsbahnsteig m; **~car** [1g] I. v/t. 1. ⚓ Personen ausschiffen; Waren ausladen, löschen; **II.** v/i. 2. aussteigen; ⚓ landen; ⚓ an Land gehen; 3. ⚓ abheuern; 4. enden (Treppe); 5. P entbinden; **III.** v/r. ~se 6. an Land gehen; **~co** m 1. Ausschiffung f (Personen); 2. ✈ Landung f; ~ aéreo Luftlandung f; tropas f/pl. de ~ Landetruppen f/pl.; 3. Treppen-, Etagen-absatz m.

desembar|gar [1h] v/t. 1. 🗝 Beschlagnahmtes freigeben; 2. von Hindernissen befreien; **~go** 🗝 m Freigabe f, Aufhebung f der Beschlagnahme.

desembarque m ⚓ Ausladen n, Löschen n (Waren); Landung f; derechos m/pl. de ~ Löschgebühr f.

desembarrancar [1g] v/t. Schiff wieder flottmachen.

desemboca|dero m Flußmündung f; **~dura** f Mündung f (Fluß, Rohr usw.); ⊕ a. Auslauf m, Ende n; **~r** [1g] v/i. (ein)münden (in ac. en) (Straße, Fluß).

desembol|sar v/t. 1. aus der Börse nehmen; 2. Geld ausgeben bzw. auslegen; zurück-, aus-zahlen; ✝ Kapital einzahlen; **~so** m Zahlung f; Ausgabe f, Auslage f; ✝ Einzahlung f (Kapital); ~ total Volleinzahlung f.

desemboque m → desembocadero.

desemborrachar I. v/t. ernüchtern; **II.** v/r. ~se (wieder) nüchtern werden.

desembo|tar v/t. (wieder) scharf machen, schärfen; **~zar** [1f] I. v/t. fig. enthüllen; offenbaren; **II.** v/r. ~se sein (fig. sein wahres Gesicht enthüllen.

desembra|gar [1h] ⊕ vt/i. ausrücken, Kfz. auskuppeln; **~gue** ⊕ m Ausrücken n, Kfz. Auskuppeln n.

desembriagar(se) [1h] v/t. (v/r.) → desemborrachar(se).

desembo|llar F v/t. entwirren (a. fig.); **~zar** [1f] v/t. → desbrozar.

desembuchar vt/i. 1. s. kröpfen (Vogel); 2. fig. F auspacken; herausplatzen (mit dat.); ¡desembuche usted! schießen Sie los! F.

desemeja|nte adj. c unähnlich, ungleich; verschieden; **~nza** f Unähnlichkeit f; **~r** I. v/i. unähnlich (od. anders) sein; **II.** v/t. entstellen.

desempa|car [1g] I. v/t. auspacken; **II.** v/r. ~se F s. beruhigen; **~chado** adj. zwanglos, ungezwungen; **~char** I. v/t. den Magen erleichtern; **II.** v/r. ~se fig. die Scheu ablegen, auftauen F; **~cho** m fig. Ungezwungenheit f; Dreistigkeit f; **~lagarse** [1h] v/r. den südlichen Geschmack e-r Speise herunterspülen; Herzhaftes hinterherschicken F.

desempa|ñar v/t. beschlagene Fenster usw. abwischen; Kind aus den Windeln nehmen; **~pelar** v/t. aus dem Papier auswickeln; Tapeten von Wänden herunterreißen; **~que** m Auspacken n; **~quetar** v/t. auspakken; EDV entpacken; **~rejar** v/t. → desigualar, desparejar.

desempa|tar v/t. 1. Sp. unentschiedenes gebliebenes Spiel entscheiden (mit 2:1 a 2:1); 2. Pol. ~ los votos bei Stimmengleichheit entscheiden; **~te** m Stichentscheid m; Sp. gol m de ~ Entscheidungstor n.

desempedrar [1k] v/t. das Pflaster e-r Straße usw. aufreißen; F ~ la(s) calle(s) die Beine unter die Arme nehmen.

desempe|ñar I. v/t. 1. Pfand, Schuldner auslösen; 2. Pflicht erfüllen; Auftrag erledigen, ausführen; Amt versehen, ausüben; 3. Thea. u. fig. e-e Rolle spielen; **II.** v/r. ~se 4. **~se** bien s. gut schlagen, s. aus der Schlinge ziehen; bsd. Rpl. ~se como ... tätig sein als (nom.); **~ño** m 1. Einlösen n e-s Pfandes; Auslösung f e-s Schuldners; Schuldtilgung f; fig. Befreiung f; 2. Erledigung f e-s Auftrages; Erfüllung f e-r Pflicht; en el ~ de sus funciones in Ausübung s-s Amtes; 3. Thea. Spiel n e-r Rolle.

desem|pleados m/pl. Arbeitslose(n) m/pl.; **~pleo** m Arbeitslosigkeit f; seguro m de ~ Arbeitslosenversicherung f.

desempol|vado m, **~vadura** f Ent-, Ab-stauben n; **~v(or)ar** v/t. ent-, abstauben; fig. auffrischen, aktualisieren.

desenamorar I. v/t. j-m Abneigung einflößen; **II.** v/r. ~se de a/c. e-r Sache überdrüssig werden.

desencadena|miento m Entfesselung f; **~nte** m fig. Auslöser m; **~r** I. v/t. losketten; fig. entfesseln; **II.** v/r. ~se fig. losbrechen, wüten.

desenca|jado adj. ⊕ ausgerastet; a. ⚕ verrenkt; fig. verzerrt; **~jamiento** m a. ⚕ Verrenkung f, Verzerrung f; ⊕ Ausrasten n; **~jar** I. v/t. ⚕ verrenken, verzerren; ⊕ aus den Fugen reißen; ausrasten; **II.** v/r. ~se aus den Fugen geraten; ausrasten (v/i.); fig. s. verzerren (Gesicht); s. (schreckhaft) weiten (Augen); außer Fassung geraten; **~je** bsd. ⊕ m Ausrasten n; Aus-den-Fugen-Gehen n.

desenca|lante m Kalklöser m; **~llar** I. v/t. aufgelaufenes Schiff flottmachen; **II.** v/i. u. ~se v/r. vom Grund los-, frei-kommen.

desencaminar → descaminar.

desencan|tar v/t. entzaubern; fig. enttäuschen; ernüchtern; **~to** m Entzauberung f; Enttäuschung f.

desenca|potar I. v/t. j-m den Umhang abnehmen; fig. F aufdecken; **II.** v/r. ~se fig. s. aufhellen (Wetter, Stimmung); **~prichar** I. v/t. zur Vernunft bringen; **II.** v/r. ~se (wieder) vernünftig werden.

desencarcelar v/t. → excarcelar.

desencarecer [2d] I. v/t. verbilligen; **II.** v/r. ~se billiger werden.

desencargar [1h] ✝ v/t. abbestellen.

desencastillar v/t. ver-, aus-treiben; Geheimnis aufdecken.

desencla|var v/t. herausreißen; ⊕ aus-klinken, -lösen; **~vijar** v/t. 1. ♪ die Wirbel e-s Saiteninstruments

desencoger — desesperar

herausziehen; 2. *fig.* weg-, ausea.-reißen; fortstoßen.
desenco|ger [2c] I. *v/t.* strecken, ausea.-breiten; II. *v/r.* ~se die Beine (aus)strecken; *fig.* auftauen F; **~gimiento** *m fig.* Keckheit *f*, Dreistigkeit *f*.
desencolar I. *v/t.* Geleimtes ablösen; II. *v/r.* ~se aus dem Leim gehen.
desenco|nar I. *v/t.* Entzündung kühlen; *fig.* beschwichtigen; II. *v/r.* ~se *fig.* ruhig werden, abkühlen; **~no** *m* Beschwichtigung *f*.
desencordar [1m] ♪ *v/t.* die Saiten abnehmen (*dat. od. von dat.*).
desencuadernar I. *v/t.* Bücher losheften; *Einband* ausea.-nehmen; II. *v/r.* ~se aus dem Einband gehen (*Buch, Heft*).
desen|chufar *v/t.* ⚡ den Stecker e-s *Geräts* herausziehen; abschalten (*fig. v/i.*); **~diosar** *v/t.* entgöttern; *fig.* vom hohen Pferd herabstoßen.
desenfa|daderas *f/pl.*: tener buenas ~ s-n Ärger (*od.* Zorn) rasch vergessen; **~dado** *adj.* 1. ungezwungen; dreist, ungeniert; heiter; 2. geräumig, luftig (*Raum*); **~dar** *v/t.* beschwichtigen; aufheitern; **~do** *m* Ungezwungenheit *f*; Unverschämtheit *f*.
desenfard(el)ar *v/t.* Warenbündel aufschnüren.
desen|filar ✕, *bsd.* ⚓ *v/t.* decken; **~focado** *Opt., Phot. adj.* unscharf (*Einstellung*); **~focar** [1g] *v/t. Opt.* unscharf einstellen; *fig.* unter falschen Gesichtspunkten betrachten; **~foque** *m Opt.* Unschärfe *f*; falsche Einstellung *f* (*a. fig.*); *fig.* falscher Gesichtspunkt *m*.
desenfre|nado *adj.* zügellos, hemmungslos, ausschweifend; **~nar** I. *v/t.* 1. *Equ.* abzäumen; II. *v/r.* ~se 2. zügellos leben; 3. aus-, los-brechen, wüten (*Unwetter, Krieg*); **~no** *m* Zügellosigkeit *f*; Ungestüm *n*; P Durchfall *m*, Durchmarsch *m* F.
desen|friar [1c] *v/t.* anwärmen; **~fundar** *v/t.* den Überzug ziehen von (*dat.*); *Revolver* ziehen.
desengan|chado F *adj.* clean F, nicht mehr abhängig (*von dat. de*) (*Rauschgift*); **~char** *v/t.* aus-, loshaken; *Kfz.* abhängen; *Pferde* ausspannen; *m* ⊕ auslösen *n*; Ausrücken *n*; *Kfz.* Abhängen *n*; *Pol.* Ausea.-rücken *n* der (feindlichen) Machtblöcke.
desenga|ñado *adj.* enttäuscht; ernüchtert; **~ñar** I. *v/t.* enttäuschen; *j-m* die Augen öffnen (über *ac. de*); II. *v/r.* ~se e-e Enttäuschung erleben; ~se de sus ilusiones aus s-n Illusionen erwachen; ¡*desengáñate*! sieh es (doch endlich) ein!, laß dich e-s Besseren belehren!; **~ño** *m* Enttäuschung *f*; Ernüchterung *f*.
desen|garzar [1f] 1. *Perlen* ausfädeln; 2. → **~gastar** *v/t. Edelsteine usw.* aus der Fassung nehmen.
desengra|sado ⊕, **~samiento** *bsd.* 🎨, *Physiol. m* Entfettung *f*; **~sar** I. *v/t.* 1. entfetten; *Kchk.* ausbraten; 2. ⊕ entfetten; entölen; *Wolle* entschweißen; II. *v/i.* 3. F scharfe Sachen *zu fetten Speisen* essen; **~se** ⊕, 🎨, *m* Entfettung *f*.
desen|hebrar *v/t.* Nadel ausfädeln; **~jaezar** [1f] *v/t. Pferd* abschirren; **~jaular** *v/t.* aus dem Käfig fallen lassen.
desenla|ce *m* Lösung *f*; *fig.* Ausgang *m* (*Drama usw.*); *fig.* ~ funesto Tod *m*; ~ fatal bitteres Ende *n*; **~zar** [1f] I. *v/t.* losbinden, aufschnüren; *fig.* lösen; *Roman, Film usw.* ausgehen (*od.* enden) lassen; II. *v/r.* ~se ausgehen (*Drama u. fig.*).
desenlodar *v/t.* von Schlamm (*od.* Schmutz) säubern (*od.* befreien).
desenmascara|damente *adv.* offen; **~r** I. *v/t.* demaskieren, *j-m* die Maske vom Gesicht nehmen (*fig.* reißen); *et.* aufdecken; II. *v/r.* ~se die Maske abnehmen (*fig.* fallen lassen).
deseno|jar *v/t.* besänftigen; beruhigen; **~jo** *m* Besänftigung *f*; Beruhigung *f*.
desenre|dar I. *v/t.* Haare durchkämmen; *fig.* entwirren; Ordnung bringen in (*ac.*); II. *v/r.* ~se *fig.* herauskommen aus *e-r Schwierigkeit*; **~do** *m a. fig.* Entwirrung *f*.
desen|rollar I. *v/t.* ab-, auf-wickeln; abspulen; entrollen; II. *v/r.* ~se abspulen (*Band, Film*); **~roscar** [1g] *v/t.* Gewinde auf-drehen, -schrauben; *Deckel usw.* abschrauben.
desensibili|zación *f* ⚕-Desensibilisierung *f*; **~zar** [1f] *v/t.* desensibilisieren.
desensillar *Equ. v/t.* absatteln.
desenten|derse [2g] *v/r.* 1. ~ (de) so tun, als ob man (von *et. dat.*) nichts wüßte; 2. s. fernhalten (von *dat. de*); kein Interesse (mehr) haben (an *dat. de*), s. abwenden (von *dat. de*); **~dido** *adj.*: hacerse el ~ s. unwissend stellen; so tun, als ob es einen nichts anginge *bzw.* als ob man nichts merke.
desenterra|miento *m* Ausgrabung *f*; Ausgraben *n*; **~r** [1k] *v/t. a. fig.* ausgraben; *Schatz* heben; *fig.* der Vergessenheit entreißen; *Vergangenes* aufwärmen F.
deseno|nadamente *adv.* mißtönig; **~nar** *v/t.* demütigen, dukken F; II. *v/i.* ♪ unrein klingen; *fig.* störend wirken; ~ con überhaupt nicht passen zu (*dat.*); III. *v/r.* ~se s. im Ton vergreifen, ausfallend werden; **~no** *m* Mißton *m* (*a. fig.*); Ungehörigkeit *f*.
desentorpecer [2d] *v/t.* Glieder wieder beweglich machen; *fig.* F *j-m* Schliff (*bzw.* Wissen) beibringen.
desentrampar F I. *v/t.* von Schulden freimachen; II. *v/r.* ~se aus den Schulden herauskommen; **~ado** schuldenfrei.
desentrañar I. *v/t.* 1. *Tier* ausweiden; die Eingeweide herausreißen (*dat.*); 2. *fig.* ergründen, herausbringen; II. *v/r.* ~se 3. s. selbst verleugnen, sein Letztes hergeben.
desentre|nado *adj.* aus der Übung gekommen; **~namiento** *m*, **~no** *m* mangelndes Training *n*.
desentumecerse [2d] *v/r.* abs. s. Bewegung machen; ~ *las piernas* s. die Beine vertreten.
desenvainar *vt/i.* 1. *Degen* ziehen, zücken (*v/t.*); blankziehen (*v/i.*); *Krallen* zeigen; 2. *fig.* herausrücken (mit *dat.*); *a. fig.* vom Leder ziehen.
desen|voltura *f* Ungezwungenheit *f*; Unbefangenheit *f*; Nonchalance *f*, Lässigkeit *f*; **~volver** [2h; *part.* desenvuelto] I. *v/t.* 1. ent-, los-, auf-, aus-wickeln; auspacken; abwickeln; entfalten; ✕ entwickeln; aufrollen (*a. fig.*); 2. *fig.* darlegen, erklären; untersuchen; II. *v/r.* ~se 3. s. entwickeln (*a.* ↑, ✕); **~volvimiento** *m* 1. Entwicklung *f* (*a.* ✕); Ab-, Verlauf *m*; *a.* ✕ Entfaltung *f*; Weiterentwicklung *f*; 2. Darlegung *f*; 3. Entwirrung *f*, (Neu-)Ordnung *f*; **~vuelto** *adj.* ungezwungen, unbefangen, frei; dreist, keck.
deseo *m* 1. Wunsch *m*; Verlangen *n*, Begehren *n*; Bestreben *n*; Drang *m*; Sehnen *n*; ~ *ardiente* größter (*od.* brennender) Wunsch; ~ *de comer* Eßlust *f*; ~ *íntimo* (*legítimo*) inniger (berechtigter) Wunsch *m*; ~ *de orinar* Harndrang *m*; ~ *de saber* Wissens-drang *m*, -durst *m*; *a medida del* ~ nach Herzenslust; *lit.* venir en ~(s) de a/c. et. begehren; (s.) et. wünschen; 2. ✝ *adv. a* ~ auf Wunsch; *conforme a los* ~s (*de alg.*) wunschgemäß, nach Wunsch; **~so** *adj.*: ~ (*de*) begierig (nach *dat.*); in dem Wunsch (dem Wunsche beseelt(, zu + *inf.*); ~ de decírselo in der Absicht, es ihm zu sagen.
desequili|brado *adj. fig.* unvernünftig; halbverrückt; **~brar** I. *v/t.* aus dem Gleichgewicht bringen; II. *v/r.* ~se aus dem Gleichgewicht geraten (*a. fig.*); **~brio** *m* 1. Gleichgewichtsstörung *f*; ⊕ Unwucht *f*; *a. Phys. usw.* Ungleichgewicht *n*; 2. ~ (*mental*) Geistesverwirrung *f*.
deser|ción *f* Abfall *m*, Untreue *f*; ✕ Fahnenflucht *f*; ⚖ Verzichtleistung *f auf ein eingelegtes Rechtsmittel*; **~tar** *v/i.* 1. desertieren, fahnenflüchtig werden; überlaufen zum Gegner; ~ de abtrünnig werden (*dat.*); ~ del trabajo den Arbeitsplatz eigenmächtig verlassen; 2. ⚖ auf ein eingelegtes Rechtsmittel verzichten; 3. *fig.* F ~ de los cafés s. in den Cafés nicht mehr blicken lassen.
desértico *adj.* wüstenartig, Wüsten...
desertor *m* Fahnenflüchtige(r) *m*, Deserteur *m*; Abtrünnige(r) *m*; Arbeitsverweigerer *m*.
desescala|da *Pol. f* Deeskalation *f*; **~r** *vt/i.* deeskalieren.
desescombro *m* Trümmerbeseitigung *f*; Aufräumungsarbeit(en) *f*(*/pl.*).
desespe|ración *f* Verzweiflung *f*; Trostlosigkeit *f*; *caer en la* ~ verzweifeln; *ser* ~ *es* zum Verzweifeln sein; **~rado** I. *adj.* hoffnungslos; verzweifelt; *estar ya* ~ (schon) aufgegeben sein (*Kranker*); ~ de verzweifelnd an (*dat.*); *adv. a la* ~ in letzter Verzweiflung, verzweifelt; II. *m fig.* Desperado *m*; Bandit *m*; *correr como un* ~ wie verrückt laufen; **~rante** *adj.* c entmutigend; zum Verzweifeln; **~ranza** *f* → desesperación; **~ranzado** *de* → desesperado; **~ranzar** [1f] *v/t. j-n* mutlos machen; *j-m* jede Hoffnung nehmen; **~rar** I. *v/t.* zur Verzweiflung bringen; II. *v/i.* verzweifeln (*an dat. de*); *el médico desespera de salvarle* der Arzt hat k-e Hoffnung, ihn zu retten; III. *v/r.* ~se verzweifeln; in Verzweiflung gera-

ten; ⁓ro m Col., Ven. Verzweiflung f.
desestabiliza|ción bsd. Pol. f Destabilisierung f; Erschütterung f; ⁓r [1f] v/t. aus dem Gleichgewicht (od. ins Wanken) bringen; bsd. Pol. destabilisieren.
desestima|(ción) f Verachtung f; Geringschätzung f; ⁓r v/t. 1. verachten; geringschätzen; 2. Verw. Gesuch ablehnen, abschlägig bescheiden; ⚖ Klage, Rechtsmittel abweisen.
desfacedor † u. iron. F m: ⁓ de entuertos Weltverbesserer m F.
desfacha|(ta)do F adj. frech, unverschämt; ⁓tez F f (pl. ⁓eces) Unverschämtheit f, Unverfrorenheit f.
desfal|car [1g] v/t. 1. Gelder hinterziehen; unterschlagen; 2. fig. Freundschaft usw. rauben; ⁓co m Unterschlagung f; Hinterziehung f; Kassenmanko m.
desfalle|cer [2d] I. v/t. schwächen; II. v/i. ohnmächtig werden; nachlassen; ermatten; ⁓ de ánimo den Mut verlieren; me siento ⁓ mir wird übel; mir schwinden die Kräfte; adv. sin ⁓ unermüdlich, mit zähem Durchhalten; ⁓cimiento m Ohnmacht f; Schwäche f; Mutlosigkeit f.
desfa|sado adj. TV unscharf (Bild); fig. zeitgemäß; überholt; fig. gestört, unregelmäßig (Ablauf, Gleichgewicht); ⁓s(a)je m Phys., ⊕ Phasenverschiebung f; fig. mangelnde Abstimmung f; (ungünstige) Verschiebung f.
desfavo|rable adj. c ungünstig; nachteilig; abfällig; ⁓recer [2d] v/t. 1. j-m die Gunst entziehen; 2. j-m nicht gut stehen, j-n nicht kleiden (Frisur, Kleidung); fig. ⁓ido de la naturaleza von der Natur stiefmütterlich behandelt.
desfibra|dora ⊕ f Zerfaserer m (Holz); Reißwolf m (Lumpen); ⁓r v/t. Zuckerrohr, Holz zerfasern; Stoff zerreißen.
desfigura|ción f Entstellung f; Verzerrung f (a. Rf., ⊕); ⁓r I. v/t. entstellen; verzerren; verunstalten; unkenntlich machen; Text verstümmeln; II. v/r. ⁓se das Gesicht verzerren; aus der Fassung geraten (vor Wut u. ä.).
desfi|ladero m Engpaß m; Hohlweg m; ⁓lar v/i. vorbeimarschieren; in Reih u. Glied vorüberziehen; fig. (allmählich) aufbrechen (Gäste usw.); fig. s. die Klinke in die Hand geben (Gäste); ⁓le m 1. ⚔ Parade f; ⁓ naval Flottenparade f; 2. (Um-)Zug m; Pol. Vorbeimarsch m; ⁓ de antorchas Fackelzug m; ⁓ de modelos (od. de moda) Moden(m)schau f.
desflecar [1g] v/t. aus-, zer-fransen; Cu. auspeitschen.
desflo|ración f 1. Verblühen n; 2. ⚥ Defloration f; ⁓rar v/t. 1. entjungfern, ⚖ deflorieren; entehren; fig. e-r Sache den Reiz der Neuheit nehmen; ⁓ e-e Angelegenheit streifen; ⁓recer [2d] v/i. verblühen.
desfogar [1h] I. v/t. ⚓ s. in Regen auflösen (Wolke, Sturm); II. v/t. 2. Kalk löschen; 3. ⁓ su mal humor en (od. con) s-e schlechte Laune auslassen an (dat.); III. v/r.

⁓se 4. s. austoben (a. fig.); s. abreagieren; ⁓se en alg. s-e Wut an j-m auslassen.
desfon|dar v/t. 1. e-m Faß den Boden ausschlagen; ⚓ Schiff in den Grund bohren; 2. ✓ rigolen; ⁓de m 1. ✓ Rigolen n; 2. ⊕ (Erd-)Ausschachtung f.
desfrenar Kfz. v/i. die Bremse lösen.
desgaire m zur Schau getragene Nachlässigkeit f, Nonchalance f; adv. al ⁓ (betont) nachlässig.
desga|jar I. v/t. Ast abbrechen; Papier abreißen; fig. zer-brechen, -trümmern, -schlagen; II. v/r. ⁓se losbrechen (Regen); s. losreißen (von dat. de); ⁓je m Abbrechen n e-s Astes; Losreißen n.
desgalichado F adj. ungepflegt, schlampig F; abgerissen.
desga|na f Appetitlosigkeit f; Unlust f; Ekel m; adv. a ⁓ widerwillig, ungern; ⁓nado adj. appetitlos; estar ⁓ k-n Appetit haben; fig. lustlos sein, k-e Lust mehr haben; ⁓nar I. v/t. j-m die Lust (bzw. Eßlust) vertreiben; II. v/r. ⁓se die Lust (bzw. den Appetit) verlieren.
desgañi|farse, ⁓tarse F v/r. s. die Seele aus dem Leib schreien F.
desgarbado adj. 1. anmutlos; ungehobelt, tölpelhaft; plump; 2. unansehnlich, schlacksig.
desgargantarse F v/r. s. heiser schreien.
desga|rrado adj. 1. frech, unverschämt, schamlos; 2. verarbeitet (Hände); ⁓rrador adj. fig. herzzerreißend; ⁓rramiento m → desgarro; ⁓rrar I. v/t. zerfetzen; zerreißen (a. fig.); Seele abdrücken; II. v/r. ⁓se (zer)reißen; s. aufspalten, aufklaffen; ⁓rro m 1. Riß m (a. ⚕), Einriß m; Bruch m; 2. fig. Frechheit f; Prahlerei f; ⁓rrón m Riß m; Fetzen m.
desgasificar [1g] ⚗ v/t. entgasen.
desgas|tado adj. abgenützt, verschlissen, abgetragen, abgefahren (Autoreifen); fig. verbraucht; ⁓tar I. v/t. 1. abnützen; verschleißen (a. ⊕); Waffe leerschießen; ⁓ andando Schuhe ablaufen, abtreten; 2. fig. zermürben, aufreiben; Kräfte verbrauchen; verschleißen; II. v/r. ⁓se 3. verschleißen, s. abnutzen; auslaufen (Lager); ⁓te m 1. Abnutzung f, Verschleiß m; ⁓ de energía(s) Kraftverschleiß m; ⊕ a. Kraftaufwand m; 2. fig. Zermürbung f, Verbrauch m; ⚔ u. fig. táctica f de ⁓ Zermürbungstaktik f.
desglo|sar v/t. † Kosten, Statistik usw. aufschlüsseln; ⁓se m 1. Ausdieren in auf von Glossen (od. Anmerkungen); hacer un ⁓ Auszüge (od. Exzerpte) machen; 2. † Aufschlüsselung f (Kosten, Statistik).
desgo|bernado adj. unordentlich, unbeherrscht (Betragen); ⁓bernar [1k] v/t. 1. in Unordnung bringen; herunterwirtschaften; ⚓ schlecht führen (od. steuern); fig. a. Pol. schlecht führen (od. verwalten); 2. Knochen ausrenken; ⁓bierno m 1. Mißwirtschaft f; Unordnung f; 2. Unbeherrschtheit f; Zuchtlosigkeit f.
desgolletar I. v/t. e-r Flasche u. ä. den Hals abschlagen; II. v/r. ⁓se den Hals freimachen.

desgoznar I. v/t. Tür aus den Angeln heben; II. v/r. ⁓se fig. s. verrenken (Tanzbewegung).
desgracia f 1. Unglück n; Unheil n; Mißgeschick n; Unfall m; adv. por ⁓ leider, unglücklicherweise; Vkw. ⁓s f/pl. personales Personenschaden m; sin ⁓ glücklich (verlaufen); ¡qué ⁓! welch ein Unglück!; so ein Pech! F; 2. Ungnade f; caer en ⁓ in Ungnade fallen; 3. Unbeholfenheit f; ⁓damente adv. leider, unglücklicherweise; ⁓do I. adj. 1. arm (-selig); estar ⁓ Pech haben; II. m 2. unglücklicher Mensch m; Pechvogel m, armer Teufel m; 3. Ec., Guat., Méj., Pe., Rpl. Hurensohn m (schwere Beleidigung); ⁓r I. v/t. 1. j-m mißfallen; j-n verdrießlich machen; 2. ins Unglück stürzen; II. v/r. ⁓se 3. in die Brüche gehen (Unternehmen, Freundschaft); ausea.-kommen (Freunde); in Ungnade fallen; 4. verunglücken, umkommen; Chi. Hand an s. legen.
desgra|nado m Entkörnen n der Baumwolle usw.; ⁓nar I. v/t. Baumwolle, Mais usw. auskörnen; Trauben abbeeren, Schotenfrüchte ausschalen; Flachs riffeln; kath. ⁓ las cuentas del rosario den Rosenkranz abbeten; fig. ⁓ imprecaciones (alabanzas) mit Flüchen (Lobsprüchen) um s. werfen; II. v/r. ⁓se ausfallen (Getreide); ⁓ne m Auskörnen n; Abbeeren n. [schweißen.]
desgrasar v/t. entfetten; Wolle ent-
desgrava|ción f Entlastung f; ⁓ones f/pl. fiscales Steuererleichterungen f/pl.; ⁓r ⚖ , Verw. v/t. entlasten; erleichtern.
desgreña|do adj. mit wirrem Haar, struppig; ⁓r I. v/t. Haare zerzausen; II. v/r. ⁓se fig. s. streiten, mitea. raufen.
desgua|ce m Ausschlachten n; Abwracken n e-s Schiffes; allg. Verschrotten n; para ⁓ schrottreif; ⁓cista m Schrotthändler m; Verschrotter m.
desguarnecer [2d] v/t. von e-m Kleid den Besatz, von e-r Tür usw. die Beschläge abnehmen; Festung entblößen; Pferd abschirren.
desguaza|miento m → desguace; ⁓r [1f] v/t. 1. ⊕ behauen; abhobeln; 2. ⚓ abwracken, ausschlachten, allg. verschrotten.
desguin|ce m → esguince 1; ⁓zadora** ⊕ f Reißwolf m; ⁓zar [1f] ⊕ v/t. Hadern zerreißen (Papierherstellung).
deshabillé m Déshabillé n; Morgenrock m.
deshabi|tado adj. unbewohnt; ⁓tar v/t. Ort, Wohnung nicht mehr bewohnen; Land entvölkern; ⁓tuación f Abgewöhnung f; ⁓tuar [1e] I. v/t.: ⁓ a alg. de a/c. j-m et. abgewöhnen; II. v/r. ⁓se: ya se ha ⁓ado er hat es s. schon abgewöhnt.
deshacer [2s] I. v/t. 1. ausea.-nehmen; abbauen; zerlegen, zerteilen, zerstückeln; abreißen; aufbinden, aufmachen; Gepäck auspacken; (auf)lösen (in dat. en), 2. ⚔ aufreiben, vernichten(d schlagen); fig. ser el que hace y deshace die erste Geige spielen, das große Wort füh-

desharrapado — deslavar 226

ren; 3. *Vertrag, Versprechen* rückgängig machen (*a. EDV*); *Versehen* wieder gutmachen; II. *v/r.* ~se 4. ausea.-, entzwei-gehen; zerbrechen; s. auflösen; aufgehen (*Naht, Knoten*); 5. ~se de s. freimachen von (*dat.*); ~se de s. *j-s* (*e-r Sache*) entledigen; *Ware* abstoßen (*ac.*); *Rock* ablegen (*ac.*); 6. ~se en cumplidos s. in Komplimenten ergehen; ~se en *elogios* überschwengliche Lobreden halten; ~se en *insultos* wüst schimpfen; ~se en *llanto* in Tränen zerfließen; ~se de *impaciencia* vor Ungeduld vergehen; ~se por + *inf.* alle Hebel in Bewegung setzen, um zu + *inf.*
desharrapado *adj.* zerlumpt, abgerissen.
deshe|billar *v/t.* auf-, los-schnallen; ~**brar** *v/t.* aus-fasern, -zupfen.
deshecho I. *part. zu deshacer*; **II.** *adj.* 1. entzwei, *a. fig.* kaputt F; F *estoy* ~ ich bin total erledigt F; 2. heftig, gewaltig; strömend (*Regen*).
deshelar [1k] **I.** *v/t.* auftauen; *Kühlschrank* abtauen; **II.** *v/r.* ~se (auf-)tauen (*v/i.*); **III.** *v/impers.*: *deshiela* es taut.
desherbar [1k] ⚒ *v/t.* ausjäten; abgrasen.
deshereda|ción *f* Enterbung *f*; ~**do** *adj.-su.* enterbt; arm; *m* Enterbte(r) *m*; *fig.* Ausgestoßene(r) *m*, Paria *m*; ~**miento** *m* Enterbung *f*; Verstoßung *f*; ~**r I.** *v/t.* enterben; verstoßen; **II.** *v/r.* ~se *fig.* s. *durch sein Handeln selbst aus der Familie ausschließen.*
desherrar [1k] *v/t.* die Eisen (*od.* Fesseln *bzw.* die Hufeisen) abnehmen (*dat.*).
desherrumbrar *v/t.* den Rost entfernen (*bzw.* abklopfen) von (*dat.*).
deshice *pret. zu deshacer.*
deshidrata| ⚒, ⚒ *f* Wasserentzug *m*, Entwässerung *f*; ~**nte** *adj. c-su. m* wasserentziehend(es Mittel *n*); ~**r** *v/t.* das Wasser entziehen (*dat.*), entwässern.
deshidrogenar *v/t.* dehydrieren, den Wasserstoff entziehen (*dat.*).
deshielo *m* Auftauen *n*; Tauen *n*; Eisgang *m*; *a. Pol.* Tauwetter *n*.
deshilachar I. *v/t.* ausfasern (*a. tex.*); auszupfen; zerfransen; **II.** *v/r.* ~se ausfasern; fadenscheinig werden.
deshila|do *m* durchbrochene Arbeit *f*, Lochstickerei *f*; ~**r** *v/t.* 1. ausfransen; *Fäden* ziehen aus (*dat.*); 2. ⚒ *Bienenstock* teilen; 3. *Fleisch* zerschnitzeln; *Holz* fein aufspleißen. [sinnlos.⎫
deshilvanado *adj.* zs.-hanglos;⎭
deshincha|r I. *v/t.* zum Abschwellen bringen; *Luftballon* entleeren; **II.** *v/r.* ~se abschwellen; *fig.* klein u. häßlich werden, klein beigeben; ~**zón** *f* Abschwellung *f*.
deshipotecar [1g] *v/t.*: ~ *una casa* e-e auf e-m Haus lastende Hypothek löschen.
desho|jar I. *v/t.* ab-, ent-blättern, entlauben; *Blütenblätter* auszupfen; *Kalenderblatt* abreißen; *fig.* ~ *la margarita* (e-n) an den Knöpfen abzählen; **II.** *v/r.* ~se die Blätter (*od.* das Laub) verlieren, kahl werden; ~**je** *m* Entlaubung *f*; Laubfall *m*.

deshollina|dera *f* Schornsteinfegerbesen *m*; Kratzeisen *n*; ~**dor** *m* 1. Schornsteinfeger *m*, Kaminkehrer *m*; 2. Kaminkehrerbesen *m*; 3. Entrußungsmittel *n*; 4. *fig.* F Schnüffler *m*; ~**r** *v/t. Schornstein* fegen; *a.* ⊕ entrußen; *fig.* F herumschnüffeln in (*dat.*).
deshones|tidad *f* Unehrbarkeit *f*; Unkeuschheit *f*; Unzucht *f*; ~**to** *adj.* anstößig, unanständig; unkeusch; *a.* unehrlich; ⚖ *actos m/pl.* ~s unzüchtige Handlungen *f/pl.*
deshonor *m* Entehrung *f*; Schande *f*, Schmach *f*.
deshon|ra *f* Unehre *f*; Schande *f*; Entehrung *f*, Ehrverlust *m*; ~**rado** *adj.* entehrt; ~**rante** *adj. c* ehrverletzend, ehrenrührig; ~**rar** *v/t.* entehren; schänden; entwürdigen; Schande machen (*dat.*); ~**roso** *adj.* entehrend; schändlich; *fig.* dunkel, anrüchig.
deshora *adv.*: *a* ~ zur Unzeit, ungelegen.
deshuesa|dor *m* Ent-kerner *m*, -steiner *m*; ~**r** *v/t. Fleisch* entbeinen; *Obst* entsteinen, entkernen.
deshumanizar [1f] *v/t.* entmenschlichen.
deshumedecer [2d] *v/t.* entfeuchten, trocknen.
deside|rable *adj. c* wünschenswert; ~**rata** *f* Wunschliste *f*; *bsd.* Desideratenliste *f* der Bibliotheken; ~**rativo** *adj. bsd. Gram.*: *oración f* ~*a* Wunschsatz *m*; ~**rátum** *lt. m* (*pl.* ~*rata*) Wunsch *m*; Ersehnte(s) *n*.
desi|dia *f* Fahrlässigkeit *f*; Nachlässigkeit *f*; Trägheit *f*; ~**dioso** *adj.* träge; nachlässig.
desierto I. *adj.* 1. wüst; leer; öde; unbewohnt; *estar* ~ verlassen (*od.* verödet) daliegen (*Straße, Ort*); 2. *Verw.*, ⚖ *quedar* ~ ohne Meldung bleiben (*Wettbewerb*); *el jurado declaró* ~ *el premio* die Jury vergab (diesmal) k-n Preis; **II.** *m* 3. Wüste *f*; Einöde *f*; Wildnis *f*.
desig|nación *f* Bezeichnung *f*; (vorläufige) Ernennung *f*, Designierung *f*; ~**nar** *v/t.* 1. festsetzen; 2. vorzeichnen, -schreiben; 3. bezeichnen; bestimmen; (vorläufig) ernennen, designieren; ~ *a alg. para algo* j-n zu (*od.* für) et. (*ac.*) bestimmen (*od.* aussehen); ~**nio** *m* Vorhaben *n*, Vorsatz *m*; Absicht *f*, Ziel *n*.
desigual *adj. c* 1. ungleich, verschieden; ungleichmäßig, uneben (*Gelände*); 2. *fig.* unbeständig, wankelmütig; ~**ar** *v/t.* ungleich *usw.* machen (→ *desigual*); ~**dad** *f* 1. Verschiedenheit *f*; Ungleichheit *f* (*a.* 𝔸); Ungleichmäßigkeit *f*; Unebenheit *f*; 2. Veränderlichkeit *f*, Wankelmut *m*.
desilu|sión *f* Enttäuschung *f*, Ernüchterung *f*; ~**sionado** *adj.* enttäuscht, ernüchtert; *fig.* nüchtern; blasiert; ~**sionar I.** *v/t. j-n* enttäuschen; *j-n* ernüchtern, *j-m* die Augen öffnen; **II.** *v/r.* ~se e-e Enttäuschung erleben; jede Illusion verlieren.
desiman(t)ar *v/t.* entmagnetisieren.
desincorporar *v/t. Einverleibtes* abtrennen; aus einem Ganzen herauslösen.

desincrusta|nte *m* Kesselsteinentferner *m*; ~**r** ⊕ *v/t.* Kesselstein entfernen von (*dat. od.* aus *dat.*).
desindividualizarse [1f] *v/r.* s-e Persönlichkeit aufgeben (*od.* verlieren).
desinencia *Gram. f* Endung *f*; ~**l** *Gram. adj. c* End(ungs)...
desinfec|ción *f* Desinfektion *f*; ⚒ ~ *de semillas* Saatgutbeizung *f*; ~**tante I.** *m* Desinfektionsmittel *n*; ⚒ Beizmittel *n*; **II.** *adj. c* desinfizierend; ~**tar** *v/t.* desinfizieren, keimfrei machen; ⚒ *Saatgut* beizen.
desinflamarse ⚕ *v/r.* ab-schwellen, -klingen.
desinflar I. *v/t. Ballon* entleeren; *Kfz.* die Luft herauslassen aus *e-m Reifen*; *fig. j-m* e-n Dämpfer aufsetzen; **II.** *v/r.* ~se zs.-schrumpfen (*Ballon, Luftschlauch*); Luft (*od.* Druck) verlieren (*Reifen*); *fig.* die Lust (*od.* den Schwung) verlieren, aufgeben; *fig.* klein und häßlich werden; ~**odo** ohne Luft, luftleer.
desinformación *f* mangelnde Information *f*; *Spionage*: Spielmaterial *n*.
desinhibición *f* Enthemmung(szustand *m*) *f*.
desinstalar *v/t. EDV* deinstallieren.
desintegra|ción *f* Zerlegung *f*, Auflösung *f*, Trennung *f*; Zersetzung *f*; ⚛ Zerfall *m*; Verwitterung *f*; *Physiol.* Abbau *m*; *Phys.* ~ *nuclear* Kernzerfall *m*; ~**r I.** *v/t.* zerlegen, trennen; ⚛, *Physiol.* abbauen; auflösen; *a. fig.* zersetzen; **II.** *v/r.* ~se zerfallen (*a. fig.*).
desinte|rés *m* 1. Uneigennützigkeit *f*, Selbstlosigkeit *f*; 2. ~ (*por*) Interesselosigkeit *f* (für *ac.*); Teilnahmslosigkeit *f*, mangelndes Interesse *n* (für *ac.*, an *dat.*); ~**resado** *adj.* 1. *abs.* uneigennützig, selbstlos; 2. unparteiisch; unbeteiligt; 3. teilnahmslos; des-, un-interessiert; ~**resarse** *v/r.*: ~ *de* das Interesse an (*dat.*) verlieren.
desintonizar [1f] *HF v/t.* verstimmen.
desintoxica|ción ⚕ *f* Entgiftung *f*; *cura f* (*establecimiento m*) *de* ~ Entziehungs-kur *f* (-anstalt *f*); ~**r** [1g] *v/t.* entgiften.
desinversión *f* Rückgang *m* der Investitionen.
desisti|miento *m* Abstehen *n* (von *dat. de*), Verzicht(leistung *f*) *m* (auf *ac. de*); ⚖ Rücktritt *m* von *e-m Vertrag*; ~ *de la demanda* Klagerücknahme *f*; ~**r** *v/i.* 1. ~ (*de*) abstehen (von *dat.*); ~ *de Absicht* aufgeben; *hacer* ~ *de* von *et.* (*dat.*) abbringen; 2. ⚖ von e-m Vertrag zurücktreten; ~ *de la demanda* die Klage zurücknehmen.
desjarretar *v/t.* 1. *Rindern usw.* die Sehnen *in den Kniekehlen* durchschneiden (*dat.*); 2. *fig.* F schwächen, umwerfen F.
deslabonar *v/t. Glieder e-r Kette* ausea.-nehmen; *fig.* durchea.-bringen; *Plan* durchkreuzen.
deslastrar ⚓, ✈ *v/t.* Ballast abwerfen aus (*dat.*).
deslava|do I. *adj.* verwaschen (*Farbe*); *fig.* frech; **II.** *m* Verwaschen *n* (*Farbe*); *fig.* (Ab-)Schwächen *n*; ~**r** *v/t.* oberflächlich wa-

deslavazado — desmontar

schen; *Farbe* aus-, ver-waschen; *fig.* (ab)schwächen; *Méj.* → *derrubiar*; ~zado *adj.* dünn, wässerig (*Suppe, Gemüse usw.*); *fig.* fade; *fig.* schlaff; wirr, unzs.-hängend.

deslave *m Am.* → *derrubio*.

desleal *adj. c* treulos; unaufrichtig; ungetreu, pflichtvergessen; ✝ unlauter (*Wettbewerb*); ~tad *f* Untreue *f*; Treulosigkeit *f*; Treuebruch *m*; *bsd. Pol.* Illoyalität *f*.

des|leído *adj. fig.* weitschweifig; ~leimiento *m* Auflösen *n*; Lösung *f*, Verdünnung *f*; ~leír [3m] I. *v/t.* (auf)lösen (in *dat.* en); zergehen lassen; *Farben* anreiben; *Medikamente* verrühren; *fig.* Gedanken breittreten, zerreden; II. *v/r.* ~se s. auflösen, zergehen.

deslengua|do *adj.-su.* scharfzüngig; unverschämt; *m* Lästerzunge *f*; ~miento *m* loses Gerede *n*; ~rse [1i] *v/r.* e-e lose Zunge haben; sein Lästermaul aufreißen.

desliar [1c] I. *v/t.* 1. *Wein* abklären; 2. auf-binden, -schnüren; II. *v/r.* ~se 3. aufgehen (*Knoten, Bündel usw.*).

desligar [1h] *v/t.* auf-, los-binden; ⊕, *a. Tel.* trennen, abschalten; ablösen; *fig.* entwirren; ~ de von e-r *Pflicht usw.* entbinden.

deslin|damiento *m* → *deslinde*; ~dar *v/t.* abgrenzen (*a. fig.*); abstecken; *Land* vermarken; ~de *m* Grenze *f*; Abgrenzung *f*; Vermarkung *f*.

desli|z *m* (*pl.* ~ices) Ausgleiten *n*, Ausrutschen *n*; *fig.* Fehltritt *m* (begehen tener); Mißgriff *m*; ~zable *adj. c* leicht ausgleitend; ~zadera ⊕ *f* Gleitführung *f*; ~zadero I. *adj.* → *deslizadizo*; II. *m* glitschige Stelle *f*; Rutschbahn *f*; ⊕ Rutsche *f*; *Reg.* Riese *f* (*Rinne zum Abtransport des Holzes*); ~zadizo *adj.* schlüpfrig, glitschig; ~zador ⚓ *m* Gleitboot *n*; ~ *acuático* Luftkissenboot *n*; ~zamiento *m* 1. → *desliz*; 2. ⊕ Gleiten *n*, Rutschen *n*; ⚙ Abschmieren *n*; 3. Schleifschritt *m b. Tanzen*; ~zar [1f] I. *v/t.* 1. schieben, ins Gleiten bringen; ⊕ gleiten (*od.* rollen) lassen; *fig.* ~ *a/c. a alg.* j-m (heimlich) *et.* zustecken; 2. *Sp.* abseilen; 3. *fig. Wort* fallen lassen, einwerfen; *Unterhaltung* (ab)lenken (auf *ac.* en); II. *v/i. u.* ~se *v/r.* 4. (ab)gleiten; dahingleiten; ⚙ ~ de ala abschmieren; ~se sobre (*od.* por) el suelo über den Boden gleiten, ⚙ rollen; 5. *fig.* s. hinwegschleichen; se me ha ~ado un error mir ist ein Fehler unterlaufen; *a. fig.* ~se por (entre) *las mallas* durch die Maschen schlüpfen; 6. *fig.* s. danebenbenehmen, entgleisen F.

desloma|do *adj.* kreuzlahm; *Equ.* buglahm; *fig.* (wie) zerschlagen; ~r I. *v/t.* j-n lendenlahm schlagen; j-n fürchterlich strapazieren F (*Arbeit u. ä.*); II. *v/r.* ~se s. abrackern.

desluci|do *adj.* abgetragen, schäbig (*Kleidung*), *fig.* unscheinbar, glanzlos; nicht gerade brillant, schwach; ~miento *m* Mangel *m* an (äußerem) Glanz, Unscheinbarkeit *f*; Mattheit *f*; Gedämpftheit *f* (*Farben*); ~r [3f] I. *v/t.* den Glanz nehmen (*dat.*); beeinträchtigen; con sus hechos desluce sus palabras mit s-n Taten verwischt er den guten Eindruck s-r Worte; II. *v/r.* ~se den Glanz verlieren; verschießen (*Farben*); den Reiz verlieren; s-m guten Ruf schaden.

deslum|brador *adj.* blendend; ~bramiento *m* Blendung *f* (*a. fig.*); *fig.* Verblendung *f*, Selbsttäuschung *f*; ⊕ *sin* ~ blendfrei; ~brante *adj. c* blendend (*a. fig.*); trügerisch; ~brar I. *vt/i.* blenden (*a. fig.*); *fig.* verblenden; II. *v/r.* ~se geblendet werden; *fig.* s. blenden lassen (von *od.* durch *dat.* por); ~bre *m* Schimmer *m*.

deslus|trar *v/t.* den Glanz nehmen (*dat.*); *Glas* mattieren; *fig.* herabsetzen; → *decatizar*; ~tre *m* Mattierung *f*; Glanzlosigkeit *f*; Schande *f*; Schandfleck *m*; ~troso *adj. fig.* glanzlos; schäbig.

desmadejado *adj.* schlapp, schlaff.

desma|drado F *adj.* hemmungslos; ~drarse F *v/r.* als Bürgerschreck auftreten; aus der Rolle fallen; ~dre F *m* Durcheinander *n*.

desmagnetizar [1f] *v/t.* entmagnetisieren.

desmán[1] *m* 1. Unglück *n*; 2. Übergriff *m*; Gewaltstreich *m*; ~anes *m/pl.* Ausschreitungen *f/pl.*

desmán[2] *Zo.* ~ *m* Bisam(spitz)maus *f*.

desmanda|do *adj.* ungehorsam, widerspenstig; ~r I. *v/t.* Befehl (*od. Auftrag*) widerrufen; II. *v/r.* ~se ungehorsam (*bzw.* aufsässig *od.* widerspenstig) sein; scheuen, ausbrechen (*Tier*). [buttern.]

desmantecar [1g] *v/t. Milch* s-}

desmantela|do *adj. fig.* verwahrlost; baufällig; ~miento *m* Schleifen *f* in e-r *Festung*; Demontage *f* von *Industrieanlagen*; ⚓ Abwracken *n*; ~r *v/t. Festung* schleifen; *Fabrik* ausräumen *bzw.* demontieren; *Gerüst* *m*. abbauen; ⚓ abwracken.

desma|ña *f* Ungeschick *n*, Unbeholfenheit *f*; ~ñado *adj.* unbeholfen, linkisch; plump; ~ño *m* Ungeschick *n*; Nachlässigkeit *f*.

desmaquilla|je *m* Abschminken *n*; Abschminkung *f*, Abschminkcreme *f*; ~r(se *v/r.*) *v/t.* (s.) abschminken.

desmarrido *adj.* matt; traurig.

desma|yado *adj.* ohnmächtig; *fig.* hungrig, nüchtern (*Magen*); matt (*Farbe*); ~yar I. *v/t.* niederschmettern (*Nachricht*); II. *v/i.* nachlassen, erlahmen; verzagen; III. *v/r.* ~se ohnmächtig werden; zs.-brechen; ~yo *m* 1. Ohnmacht *f*; Schwäche *f*; Mutlosigkeit *f*; le dio un ~ er (*bzw.* sie) wurde ohnmächtig; *adv.* sin ~ unermüdlich; 2. ♀ Trauerweide *f*.

desmedi|do *adj.* übermäßig, maßlos; ungeheuer; ~rse [3l] *v/r.* das Maß überschreiten; ~ en maßlos sein in (*dat.*).

desme|drado *adj. fig.* verkümmert; abgezehrt; ~drar I. *v/t.* herunterbringen (*fig.*); II. *v/i. u.* ~se *v/r. fig.* herunterkommen; zurückgehen (*z. B. Geschäft*); verkümmern; ~dro *m* Nichtgedeihen *n*; *fig.* Rückgang *m*; Verfall *m*; Nachteil *m*, Schaden *m*.

desmejora *f* Schaden *m*; Abnahme *f*, Verfall *m*; ~miento *m* Verschlechterung *f*; Verfall *m*; ~r I. *v/t.* verschlechtern, beeinträchtigen; II. *v/i. u.* ~se *v/r.* verfallen, dahinsiechen (*Kranker*).

desmelena|do *adj.* zerzaust, wirr (*Haar*); ~rse *v/r.* → *desmadrarse*.

desmembra|ción *f*, ~miento *m* Zerstückelung *f*, Zerlegung *f*; *Pol. a.* Teilung *f*, (Ab-)Trennung *f*; ~r [1k] *v/t.* zerlegen, zergliedern; zerstückeln; (auf)teilen, (ab)trennen.

desmemoria|do *adj.-su.* vergeßlich; gedächtnisschwach; ~rse [1b] *v/r.* das Gedächtnis verlieren; vergeßlich werden.

desmenti|da *f* 1. Widerlegung *f*; dar una ~ *a alg.* j-n widerlegen; j-n Lügen strafen; 2. Ableugnung *f*; *Pol.* Dementi *n*; ~do *m Rpl.* → *desmentida*; ~r [3i] I. *v/t.* abstreiten, in Abrede stellen; ab-, wegleugnen; widerlegen; Lügen strafen; *bsd. Pol.* dementieren; im Widerspruch stehen zu (*dat.*); *Argwohn* zerstreuen; II. *v/t.* ~ (de) su *carácter* sein Wesen verleugnen; III. *v/r.* ~se s. selbst wider-sprechen, -legen; ~se de *a/c. et.* zurücknehmen.

desmenuzar [1f] I. *v/t.* zer-kleinern, -stückeln; zerlegen; zer-krümeln, -reiben; *Wolle* zupfen; *fig.* unter die Lupe nehmen; zerpflücken (*fig.*); II. *v/r.* ~se ab-, zerbröckeln.

desmere|cer [2d] I. *v/t. fig.* nicht verdienen; II. *v/i.* an Güte (*od.* Wert) abnehmen (*bzw.* nachstehen *dat. de*); in der Achtung sinken; ~cimiento *m* → *demérito*.

desmesura|do *adj.* 1. maßlos, übermäßig; ungeheuer; riesengroß; 2. frech, unverschämt; ~rse *v/r.* unverschämt werden.

desmigajar I. *v/t.* zer-bröckeln, -krümeln; II. *v/r.* ~se ab-, zerbröckeln; ~r [1h] I. *v/t. Brot* zerkrümeln; II. *v/r.* ~se krümeln.

desmilitariza|ción *f* Entmilitarisierung *f*; ~r [1f] *v/t.* entmilitarisieren.

desminar *v/t.* von Minen säubern, entminen.

desmirriado F *adj.* abgezehrt.

desmitifica|ción *f* Entmythologisierung *f*; ~r [1g] *v/t.* entmythologisieren (*a. fig.*).

desmo|char *v/t.* stutzen; *Baumkronen* kappen; *fig.* verstümmeln; *Angelegenheit* kurz streifen; ~che *m* Kappen *n* (*Baumkronen usw.*); Stutzen *n*; *fig.* Verstümmeln *n*.

desmonetizar [1f] *v/t. Münzen usw.* außer Kurs setzen; *Metallwährung* durch Papierwährung ersetzen.

desmonta|ble I. *adj. c* zerlegbar; zs.-klappbar; abmontierbar; ausbaubar; II. *m Kfz.* (Reifen-)Montiereisen *n*; ~dor ⊕ *m* Montiereisen *n*; ~dura *f* Rodung *f*; Auslichtung *f* e-s *Waldes*; ~je ⊕ *m* Ab-, Aus-bau *m*; Zerlegung *f*; Ausea.-nehmen *n*; Demontage *f*; ~r I. *v/t.* 1. Berg, *Wald* abholzen; *Wald, Acker* roden; Gelände ebnen, planieren; 2. *Gebäude* ab-, ein-reißen; *Gerüst* abbrechen; 3. ⊕ demontieren, ausea.-nehmen; abmontieren; ab-, aus-bauen; 4. ⚔ *Geschütz* außer Gefecht setzen; ~ el (*muelle del*) *fusil* das Gewehr entspannen; 5. abmisten lassen; *Reiter* abwerfen; II. *v/i. u.* ~se *v/r.* 6. absitzen, absteigen (von *dat. de*); ⚔ ¡desmonten! absitzen!

desmon|tarruedas *Kfz. m* (*pl. inv.*) Radabdrücker *m*; ~te *m* 1. Planierung *f*; ~s *m/pl.* Abtragungsarbeiten *f/pl.*; 2. abgetragene (*od.* ausgehobene) Erde *f*; 3. Rodung *f*; Abholzen *n*; ~ completo Kahlschlag *m*; 4. 🚇 Bahneinschnitt *m*; 5. Abbau *m e-s Gerüsts*; Demontage *f*; 6. 🞨 *Chi.* Taubgestein *n*.
desmoraliza|ción *f* Sittenverfall *m*; Demoralisation *f*; *bsd.* 🞨, *Pol.* Demoralisierung *f*; ~r [1f] **I.** *v/t.* demoralisieren; mutlos machen; **II.** *v/r.* ~se den Mut verlieren.
desmorona|dizo *adj.* bröckelig; baufällig; ~miento *m* Erdrutsch *m*; Einsturz *m*; (allmählicher) Zerfall *m* (*a. fig.*); *Min.*, 🞨 Zersetzung *f*; ~rse *v/r.* ver-, zer-, zs.-fallen; abbröckeln; baufällig werden; *fig.* zerfallen.
desmoviliza|ción *f* Demobilisierung *f*; ~r [1f] *vt/i.* demobilisieren.
desnacionaliza|ción *f* Entnationalisierung *f*; 🞨 Reprivatisierung *f*; ~r [1f] *vt* [1f]. entnationalisieren; 🞨 reprivatisieren.
desnata|do *m* Entrahmen *n*; ~dora *f* Milchzentrifuge *f*; ~r *vt/i.* (Milch) entrahmen; *fig.* den Rahm abschöpfen (von *dat.*) F; *leche f* ~ada Magermilch *f*.
desnaturali|zación *f* 1. Ausbürgerung *f*; 2. Entstellung *f*; Entartung *f*; 3. 🞨 Vergällung *f* (*Alkohol*); ~zado *adj.* 1. unnatürlich; ungeraten; entartet; *madre f* ~a Rabenmutter *f*; 2. 🞨 vergällt (*Alkohol*); ~zar [1f] **I.** *v/t.* 1. ausbürgern; aus der Staatsangehörigkeit entlassen; 2. 🞨 *Alkohol* vergällen; *Lebensmittel* ungenießbar machen; 3. entstellen; *fig.* die Natur *e-r Sache* verändern; **II.** *v/r.* ~se 4. entarten, s. verändern; 5. auf die Staatsangehörigkeit verzichten.
desnitrificar [1g] 🞨 *v/t.* denitrieren.
desnive|l *m* 1. Abweichung *f* von der Waagerechten; Höhenunterschied *m*, *a. fig.* Gefälle *n*; ~ *del terreno* Bodensenke *f*; 2. *fig.* Ungleichheit *f*; Unterschied(e) *m(/pl.)*; ~lar **I.** *v/t.* uneben (*bzw.* ungleich) machen; 🞨 aus dem Wasser bringen; **II.** *v/r.* ~se 🞨 aus der Waagerechten kommen; *fig.* ungleich werden.
desnucar(se) [1g] *v/t.* (*v/r.*) (s.) das Genick brechen (*dat.*).
desnuclearización *f* Schaffung *f* einer atomwaffenfreien Zone; Ausstieg *m aus der* Atomenergie.
desnu|dadamente *adv. fig.* klar; offen; ~damiento *m* Entkleiden *n*; *fig.* Freilegung *f*; ~dar **I.** *v/t.* 1. entkleiden, ausziehen; *fig.* ausplündern; entblößen; *Bäume* entblättern; *Degen* ziehen; 2. *fig.* aufdecken, bloßlegen; **II.** *v/r.* ~se 3. s. entkleiden, s. ausziehen; *fig.* ~se de *a/c.* et. ablegen, s. freimachen von et. (*dat.*); ~dez *f* 1. Nacktheit *f*, Blöße *f*; Kahlheit *f* (*Bäume, Gelände*); ~eces *f/pl.* (zur Schau getragene) nackte Körperteile *m/pl.*; *a.* Schamteile *m/pl.*; 2. *fig.* Entblößung *f*, Hilf-, Mittel-losigkeit *f*; ~dismo *m* Freikörperkultur *f*, *Abk.* FKK; ~dista *c* Anhänger(in *f*) *m* der FKK; ~do **I.** *adj.* 1. nackt (*a. fig. Wahrheit*); unbekleidet; P ~ *como le parió su madre* splitternackt; 2. *fig.* ärmlich gekleidet; arm; *estar* ~ *de a/c.* et. nicht haben; 3. bloß (*Degen*); 4. kahl (*Bäume, Gelände, Einrichtung*); schlicht (*Stil*); 𝆕 nicht isoliert (*Draht*); **II.** *m* 5. Nackte(r) *m*; *Mal.* Akt *m*; ~s *m/pl. od.* fotos *m/pl. al* ~ Aktaufnahmen *f/pl.* (machen *sacar*); *fig.* poner al ~ bloßlegen.

desnutri|ción *f* Unterernährung *f*; ~do *adj.* unterernährt; ~rse *v/r.* abmagern (*od.* schwach werden) infolge Unterernährung.

desobe|decer [2d] *v/t.* nicht gehorchen (*dat.*); nicht befolgen; ~diencia *f* Ungehorsam *m*; Unfolgsamkeit *f*; Nichtfolgeleistung *f*; ~diente *adj. c* ungehorsam; unfolgsam.

desobligar *v/t.* (de) *e-r Verpflichtung* (*gen.*) entheben; *fig.* abwendig machen.

desobs|trucción *f* Räumung *f*, Freimachung *f*; ~truir [3g] *v/t.* freimachen, räumen; säubern; öffnen.

desocupa|ción *f* Muße *f*, Untätigkeit *f*; 🞨 Arbeitslosigkeit *f*; Räumung *f* (*Hotelzimmer*); ~do *adj.* 1. unbeschäftigt, müßig; *a.* arbeitslos; 2. frei (*Sitzplatz, Wohnung*); ~r **I.** *v/t.* räumen, freimachen (*a.* 🞨, *Hotelzimmer*); ausräumen, leermachen; **II.** *v/r.* ~se frei werden (*Wohnung usw.*); P entbinden (*Frau*).

desodo|rante *adj. c-su. m* de(s)odorierend (*es Mittel n*, De[s]odorant *n*); *barr*(*it*)*o f* ~ *od.* ~ *m* Deostift *m*; ~rar, ~rizar [1f] *v/t.* desodorieren, geruchlos machen.

desoír [3q] *v/t.* absichtlich überhören; kein Gehör schenken (*dat.*); nicht hören auf (*ac.*).

desojarse *fig. v/r.* s. die Augen aussehen (nach *dat. por od. por ver + su.*).

desola|ción *f* 1. Verheerung *f*, Verwüstung *f*; 2. Trostlosigkeit *f*; ~do *adj.* trostlos; ~r [1m] **I.** *v/t.* verheeren, verwüsten; **II.** *v/r.* ~se untröstlich sein (über *ac. por*); s. abhärmen.

desoldar [1m] 𝆕 *v/t.* ab-, los-löten, -schweißen; (her)ausschmelzen.

desolla|dero *m* Abdeckerei *f*; ~do F *adj.* unverschämt; ~dor *adj.-su. m* Abdecker *m*; *fig.* Leuteschinder *m*; Halsabschneider *m*; ~dura *f* 1. Abdecken *n*, Abhäuten *n*; 2. Wundreiben *n*; (Haut-)Abschürfung *f*; ~r [1m] **I.** *v/t.* 1. abdecken, abbalgen; *fig. aun falta el rabo* (*od. la cola*) *por* ~ das dicke Ende kommt noch F; ~la *s-n* Rausch ausschlafen; 2. *fig.* schröpfen, neppen; F *le a uno* (*vivo*) **a**) *j-n* gehörig rupfen; **b**) *über j-n* herziehen, kein gutes Haar an *j-m* lassen; **II.** *v/r.* ~se 3. s. wundlaufen (*bzw.* wundreiben); ~se *las manos aplaudiendo* wie rasend Beifall klatschen.

desollón F *m* Hautabschürfung *f*; Scheuerstelle *f*, Wolf *m* F.

desopilante *adj. c* lustig, spaßig.

desorbita|do *adj.* 1. aus der Kreisbahn gebracht; *fig.* (*con los*) *ojos m/pl.* ~s (mit) weit aufgerissene(n) Augen *n/pl.*; 2. *fig.* maßlos (*Ansprüche usw.*) (stellen *tener*); 3. F *Arg.* verrückt; ~r *v/t.* 1. aus der Kreisbahn bringen; 2. *fig.* (maßlos) übertreiben.

desorde|n *m* 1. Unordnung *f*; Verwirrung *f*; Durchea. *n*; *estar en* ~ unordentlich sein (*od.* herumliegen); 2. *mst.* desórdenes *m/pl.* Ausschweifungen *f/pl.*; *mst. pl.* Ausschreitungen *f/pl.*, Tumult *m*; 3. 🞵 Störung *f*; ~nado *adj.* 1. ungeordnet; unordentlich, durchea. (-gebracht); liederlich, schlampig; 2. zügellos, ausschweifend; ~nar **I.** *v/t.* in Unordnung bringen; durchea.-bringen, verwirren, stören; zerrütten; **II.** *v/r.* ~se gg. die Ordnung verstoßen; Ausschreitungen begehen; über die Stränge schlagen.

desorganiza|ción *f* Zerrüttung *f*, Auflösung *f*; Des-, Fehl-organisation *f*; ~do *adj.* zerrüttet; schlecht organisiert; ~r [1f] *v/t.* zerrütten, auflösen; stören; desorganisieren.

desorienta|ción *f* Irreführung *f*; mangelnde Orientierung *f*; Verwirrung *f*; Verirrung *f*; *fig.* ~ *general* allgemeine Unkenntnis *f*; ~ *política* mangelnde politische Ausrichtung *f*; schlechte Kenntnis *f* der politischen Verhältnisse; ~do *adj.* (*estar*) fehlgeleitet; verirrt; verwirrt; desorientiert; *fig.* nicht im Bilde; ~r **I.** *v/t.* irre-führen, -leiten (*a. fig.*); verwirren; **II.** *v/r.* ~se s. verirren; die Orientierung verlieren (*a. fig.*); verwirrt werden.

deso|var *v/i.* laichen; ~ve *m* Laichen *n*; Laichzeit *f*.

desovillar *v/t. Wolle u. ä.* abwickeln; *fig.* entwirren.

desoxi|dar *v/t.* 🞨 desoxidieren; ⊕ entrosten; abbeizen; ~genar 🞨, 🞨 *v/t.* den Sauerstoff entziehen (*dat.*), reduzieren.

despabila|do *adj. fig.* wach, munter; aufgeweckt, gescheit; ~r **I.** *v/t.* 1. *Licht* schneuzen; 2. *fig.* aufrütteln, aufmuntern; *j-m* die Augen öffnen; 3. F stibitzen, klauen F; **II.** *v/i.* 4. *mst. imp.* ¡despabila! mach ein bißchen fix! F; **III.** *v/r.* ~se 5. munter werden; schlau (*od.* helle F) werden; 6. *Am.* weggehen, abhauen F.

despa|cio *adv.* 1. langsam, allmählich; gemach, sachte; ¡ ~! langsam!; immer mit der Ruhe! F; immer eins nach dem anderen!; 2. P *Am.* leise (sprechen); F ¡cerrar ~! leise schließen!; ~cioso *adj. Am.* langsam, gemächlich; ~cito *F adv.* schön langsam; (ganz) sachte.

despachante *m Rpl.* Verkäufer *m*; Handlungsgehilfe *m*; Zollagent *m*.

despachar I. *v/t.* 1. Arbeit, Auftrag ausführen; erledigen (*a. Korrespondenz, Geschäfte*); ausfertigen; 2. verkaufen; *Getränke* ausschenken; *Fahrscheine usw.* ausgeben; 3. *Kunden* bedienen; *j-n* abfertigen; et. mit *j-m* besprechen; mit *j-m e-e* Besprechung haben; 4. *Depesche usw.* (ab-)senden; *Kurier* senden *od.* abfertigen; 5. *j-n* entlassen, *j-m* kündigen; *j-n* hinauswerfen (aus *dat. de*); *j-n* abweisen; 6. F umbringen, abservieren F, erledigen F; 7. F aufessen, verdrücken F; austrinken F; **II.** *v/i.* 8. (s.) *mitea.* (be)sprechen; amtieren, Amtsstunden haben; die laufenden

despacho — despersonalizar

Geschäfte (a. *Regierungsgeschäfte*) erledigen; **9.** F entbinden, gebären; **10.** F *abs. mst. imp.* ¡despacha de una vez! nun sag's schon!, red nicht lang drum herum! F; ¡despacha! beeil dich, mach zu! F; **III.** *v/r.* ~se **11.** ~se de s. e-r *Sache (gen.)* entledigen; *et.* erledigen; ~se a (su) gusto sagen, was man auf dem Herzen hat; **12.** *Am. Reg.* s. beeilen.
despacho *m* **1.** Erledigung *f*; Ausführung *f*; Abfertigung *f*, Bedienung *f*; **2.** (Ver-)Sendung *f*; Verkauf *m*, Vertrieb *m*; ~ de bebidas Getränkeausschank *m*; ~ (de localidades) (Theater- usw.) Kasse *f*; **3.** Publikumsverkehr *m*, Schalterbetrieb *m*; ⚓, *Zoll* Abfertigung *f*; Schalter *m*; ~ de billetes Fahrkartenschalter *m*; ~ de equipajes Gepäck-abfertigung *f*, -ausgabe *f*; **4.** Arbeitszimmer *n*; Büro *n*; Geschäftsstelle *f*; Amt(szimmer) *n*; **5.** Mitteilung *f*; *Dipl.* Note *f*; Depesche *f*; *hist.* el ~ de Ems die Emser Depesche *f*; ~ (telegráfico) Telegramm *n*; **6.** *Verw.* Beschluß *m*, Verfügung *f*; (Beförderungs- *usw.*) Urkunde *f*; **7.** ⚓ Dispache *f*, Seeschadenberechnung *f*; **8.** *Chi.* Kramladen *m*.
despachurrar F *v/t.* plattdrücken; zerquetschen; *fig.* Bericht auswalzen, breittreten; *fig.* kaputtmachen; *fig.* j-n kleinkriegen F, j-n fertigmachen F.
despampa|nante F *adj. c* erstaunlich; fabelhaft; ~nar **I.** *v/t.* **1.** *Reben* stutzen; *Pfl.* ausgeizen; **2.** *fig.* F aus der Fassung bringen; **II.** *v/i.* **3.** F s. frei aussprechen, auspacken F; **III.** *v/r.* ~se **4.** s. b. e-m *Fall u. ä.* ernstlich verletzen.
despan|churrar F, ~zurrar F *v/t.* den Bauch aufschlitzen *(dat.); et.* zum Platzen bringen.
desparasitar *v/t.* von Ungeziefer befreien; *HF* entstören.
despare|cer [2d] *v/i.* verschwinden; ~jado *adj.* einzeln, ohne das zugehörige Paar; ~jar [1f] *v/t.* Zs.-gehöriges trennen; ~jo *adj.* ungleich, nicht zs.-gehörig; uneben *(Fliesen, Boden).*
desparpajo *m* **1.** Zungenfertigkeit *f*; Forschheit *f*; Unverfrorenheit *f*; con mucho ~ kurz drauflos; **2.** F *Am. Cent.* Durcheinander *n*.
desparra|mado *adj.* **1.** weitverstreut; ausgedehnt; offen, weit; **2.** *fig.* ausschweifend; ~mador *adj.-su.* verschwenderisch; ~mar **I.** *v/t.* **1.** (aus-, umher-, zer-)streuen; (ver)schütten; **2.** durchbringen, verschwenden; **3.** *Kräfte usw.* verzetteln, zersplittern; **II.** *v/r.* ~se **4.** s. ausbreiten; **5.** *fig.* sehr ausgelassen sein, s. toll amüsieren F.
despatarra|da *f* Spreizschritt *m b.* best. *Tänzen*; ~do *adj.* breitbeinig; mit gespreizten Beinen; quedarse ~ **a)** alle viere v. s. strecken; **b)** *fig.* F heftig erschrecken; verdattert sein F; ~rse F *v/r.* die Beine (aus-)spreizen.
despavesar *v/t.* die Asche v. der Glut wegblasen; *Licht* schneuzen.
despavorido *adj.* entsetzt, schaudernd.
despearse *v/r.* s. (die Füße) wundlaufen.

despectivo I. *adj.* verächtlich; von oben herab; *Gram.* pejorativ; **II.** *m Gram.* Despektivum *n*.
despe|chadamente *adv.* **1.** ungehalten, verärgert; **2.** trotzig; ~chado *adj.* unmutig, ungehalten; ~char[1] **I.** *v/t.* erbosen, (v)erbittern; ärgern, wurmen F; **II.** *v/r.* ~se s. entrüsten; ~char[2] F *v/t. Kind* entwöhnen; ~cho *m* Groll *m*, Zorn *m*; Erbitterung *f*; Verzweiflung *f (gen.);* a ~ de él ihm zum Trotz; *adv.* por ~ in der Verärgerung, zum Trotz.
despechuga|do *adj.* mit entblößter Brust; P (allzu) tief dekolletiert; ~rse [1h] *v/r.* ein tiefes Dekolleté tragen.
despedazar [1f] **I.** *v/t.* zer-stückeln, -reißen, -fetzen, -schneiden, ausea.-brechen; zs.-hauen; *fig.* zerreißen; mit Füßen treten; **II.** *v/r.* ~se in Stücke gehen, zerbrechen.
despedi|da *f* **1.** Abschied *m*; Verabschiedung *f*; Abschiedsfeier *f*; (fórmula *f* de) ~ Schlußformel *f (Brief);* **2.** Entlassung *f*, Kündigung *f*; dar la ~ a alg. j-m kündigen; **3.** Schlußstrophe *f b. einigen Volksliedern;* ~r [3] **I.** *v/t.* **1.** verabschieden; *a.* das Abschiedsgeleit geben *(dat.);* **2.** j-n entlassen; j-m kündigen; ⚔ die Truppe **a)** entlassen, **b)** wegtreten lassen; **3.** werfen, schleudern; *Reiter* abwerfen; *Pfeil* entsenden *(od.* abschießen); salir ~ido (de) (aus *dat.)* herausgeschleudert werden; **4.** ausstrahlen; ausströmen; *Lichtstrahlen* aussenden; *Licht* ausstrahlen, *Widerschein* geben, *Reflexe* werfen; **II.** *v/r.* ~se **5.** s. verabschieden, Abschied nehmen (von *dat.* de); se despide *(Abk. s.d.)* um Abschied zu nehmen *(auf Besuchskarten u. Einladungen);* de su padre grüßen Sie bitte Ihren Vater von mir; **6.** ~se de a/c. die Hoffnung auf et. *(ac.)* fallenlassen (müssen); *et.* abschreiben; ~se + *inf.* die Hoffnung aufgeben, zu + *inf.*
despe|gado *adj.* unfreundlich, barsch, schroff; ~gador *m* Lösungsmittel *n*; ~gadura *f* Ablösung *f v.* Geleimtem; Lösung *f*, Trennung *f (a. fig.);* ~gamiento *m* → desapego; ~gar [1h] **I.** *v/t.* **1.** (ab-, los-)lösen; sin ~ los labios ohne den Mund aufzutun, ohne e-n Muckser F; **II.** *v/i.* **2.** ✈ starten, abheben; *vom Wasser* abwassern; ⚓ (vom Ufer) abstoßen *(v/t.);* **III.** *v/r.* ~se **3.** s. (ab)lösen; *fig.* s. zurückziehen, s. lösen, s. abkehren (von *dat.* de); **4.** F nicht zs.-passen; nicht passen (zu *dat.* con); ~gue *m* 🜰 Start *m*, Abheben *n*; *fig.* Aufschwung *m*; ~ vertical Senkrechtstart *m*; avión *m* de ~ vertical Senkrechtstarter *m*.
despeina|do *adj.* ungekämmt; ~r *v/t.* zerzausen *(ac.),* das Haar durchea.-bringen *(dat.).*
despe|jado *adj.* **1.** hell, wolkenlos, heiter *(Tag, Himmel);* **2.** weit, offen; geräumig; frei, geräumt; breit *(Stirn);* **3.** munter; aufgeweckt; klug; persona *f* ~a s. ungezwungen gebender *(bzw.* gewandter) Mensch *m*; ~jar **I.** *v/t.*

1. *Platz, Straße usw.* räumen, freimachen *(a. Polizei u.* ⚽*);* **2.** auf-, ab-räumen; säubern; ⚓ ¡despeja cubierta! Klar Deck!; **3.** *fig. Lage usw.* aufhellen, klären; **4.** *Arith.* e-e *Unbekannte* bestimmen; **II.** *vt/i.* **5.** Weg, Platz, Lokal freimachen; fortgehen; ¡despejen! Platz da!, (die) Straße frei!, Achtung!; **III.** *v/i.* **6.** nachlassen *(Fieber);* **IV.** *v/r.* ~se **7.** s. aufheitern, s. aufklären *(Wetter);* s. klären *(Lage);* **8.** munter werden; in Stimmung kommen F; s. vergnügen; ~se la cabeza s. den Kopf freimachen; **9.** fieberfrei werden; ~jo *m* **1.** Räumung *f*; *Stk.* Räumung *f* der Arena durch die alguacilillos; **2.** *fig.* Gewandtheit *f*; Mutterwitz *m*.
despelota|do F *adj.* nackt; ~rse F *v/r.* s. (nackt) ausziehen, s. entblättern F.
despellejar *v/t.* abhäuten; *fig.* kein gutes Haar an j-m lassen.
despenaliza|ción *f* Entkriminalisierung *f*; ~r [1f] *v/t.* entkriminalisieren; nicht mehr unter Strafe stellen.
despenar *v/t.* trösten; *fig.* F j-m den Rest geben, j-n umlegen P.
despen|sa *f* **1.** Speise-, Vorratskammer *f*; Anrichteraum *m*; ⚓ Pantry *f*; **2.** Vorrats-, Speiseschrank *m*; **3.** (Lebensmittel-)Vorrat *m*; ~sero *m* Speisemeister *m*; Beschließer *m*.
despe|ñadamente *adv.* Hals über Kopf; ~ñadero **I.** *adj.* abschüssig; **II.** *m* jäher Abhang *m*; Abgrund *m*; Felswand *f*; *fig.* gefährliches Unternehmen *n*; ~ñadizo *adj.* abschüssig, steil abfallend; ~ñamiento *m* → despeño; ~ñar **I.** *v/t.* herab-, hinab-stürzen; **II.** *v/r.* ~se (ab-)stürzen; s. hinabstürzen; ~ño *m* **1.** Absturz *m*; *fig.* Sturz *m*, Ruin *m*; **2.** F Durchfall *m*, Durchmarsch *m* F.
despepitar[1] *v/t. Baumwolle usw.* entkörnen.
despepitarse[2] F *v/r.* **1.** s. den Hals ausschreien; viel Geschrei machen, s. e-n abbrechen F; **2.** schwärmen (für *ac.* por).
desperdi|ciado(r) *adj.-su.* verschwenderisch; *m* Verschwender *m*; ~ciar [1b] *v/t.* verschwenden, vertun; vergeuden; *Gelegenheit* versäumen; ~cio *m* **1.** Verschwendung *f*; **2.** ~(s) *m(/pl.)* Abfall *m*; Abfälle *m/pl.*; ⊕ *a.* Ausschuß *m*, Bruch *m*; *fig.* no tener ~ äußerst nützlich sein *(a. v. Personen);* *iron.* nicht mehr schwache nur gute Seiten haben.
desperdigar(se) [1h] *v/t. (v/r.)* (s.) zerstreuen.
despere|zarse [1f] *v/r.* s. strecken, rekeln F; ~zo *m* Sichrecken *n*, Strecken *n*, Rekelei *f* F.
desperfec|cionar *v/t. bsd. Am.* beschädigen; ~to *m* Schaden *m*, Beschädigung *f*; Fehler *m*, Defekt *m*, Hemmung *f*; ligero ~ (kl.) Schönheitsfehler *m*; sufrir algunos ~s leicht beschädigt werden.
desperfila|do *adj.* unscharf, verschwommen; ~r *v/t. Mal.* Umrisse verwischen; ⚔ tarnen.
despersonaliza|ción *f* Entpersönlichung *f*; Persönlichkeitsverlust *m*; ~r [1f] *v/t.* entpersönlichen, die Persönlichkeit nehmen *(dat.).*

desperta|dor I. *adj.* ermunternd; II. *m* Wecker *m* (*Uhr*, *Tel.*); *fig.* Aufmunterung *f*; ~r [1k] I. *v/t.* 1. (auf)wecken; aufmuntern; 2. *fig.* (er)wecken; *a. Erinnerungen* wachrufen; *Verdacht* wecken; *Hunger, Aufmerksamkeit* erregen; *esto despertó en mi padre la idea de das* brachte m-n Vater auf den Gedanken an + *ac.* (*od.* zu + *inf.*); II. *v/i.* 3. *a. fig.* aufwachen, erwachen (aus *dat.* de); III. *v/r.* ~se 4. er-, aufwachen.
despiadado *adj.* unbarmherzig, erbarmungslos; schonungslos.
despido *m* Entlassung *f*, Kündigung *f*; ~ en masa Massenentlassungen *f/pl.*
despierto *adj.* (*estar*) wach, munter; (*ser*) aufgeweckt, lebhaft, rege; witzig.
despilfa|rradamente *adv.* verschwenderisch; ~rrado *adj.* 1. zerlumpt, abgerissen; 2. *Chi.* spärlich, dünn; 3. → ~rrador *adj.-su.* verschwenderisch; *m* Verschwender *m*; ~rrar *v/t.* verschwenden, vergeuden, verplempern F; ~rro *m* 1. Verschwendung *f*, Vergeudung *f*; Mißwirtschaft *f*; *hacer un* ~ unnötige Ausgaben machen; 2. Verkommenlassen *n.* [geizen.}
despimpollar ♂ *v/t.* beschneiden,}
despintar I. *v/t.* entfärben, Farbe ab- bzw. aus-waschen von (*dat. bzw.* aus *dat.*); *fig.* entstellen, falsch wiedergeben; II. *v/i.* ~ (de) aus der Art (*gen.*) schlagen; III. *v/r.* ~se verblassen, verschießen; *fig. no despintársele a alg. a/c. s.* genau erinnern an et. (*ac.*); *fig. no* ~se *s.* nicht verstellen können.
despiojar *v/t.* (ent)lausen; *fig. j-n* aus dem Elend herausholen.
despis|tado I. *adj.* (*estar*) zerstreut, unaufmerksam, geistesabwesend; nicht im Bilde; II. *adj.-su.* (*ser*) weltfremd; ~tar I. *vt/i.* von der Spur (*od.* Fährte) abbringen; *Aufmerksamkeit* ablenken; irreführen; an der Nase herumführen; *¡no despistes!* verstell dich nicht!; II. *v/r.* ~se von der Straße abkommen, schleudern (*Auto*); ~te *m* 1. Zerstreutheit *f*; *tener un* ~ geistesabwesend sein; 2. Unkenntnis *f*.
desplan|tador ♂ *m* Pflanzenheber *m*; ~tar I. *v/t. Pfl.* versetzen; umtopfen; II. *v/r.* ~se e-e schiefe Stellung einnehmen *b. Tanzen od. Fechten*; ~te *m fig.* Frechheit *f*; *hacer (od. dar) un* ~ *a alg.* j-m e-e Abfuhr erteilen, j-n abblitzen lassen.
despla|tado F *adj. Am.* verarmt; ~yar ⚓ *v/i.* ebben.
desplaza|miento *m* 1. Verschiebung *f*, Verlegung *f*; 2. ⚓ Wasserverdrängung *f*; ~ *útil* Tragfähigkeit *f*; 3. ⊕ Abweichung *f*; Verlagerung *f*; Abwanderung *f*, Fortbewegung *f*; ~ *de la carga* Gewichtsverlagerung *f*; 4. Reise *f*, Ortsveränderung *f*; ✕ ~ (*de tropas*) Truppenbewegung *f*, -verschiebung *f*; 5. ♂ → *dislocación*; ~r [1f] *v/t.* 1. von der Stelle bewegen; ⊕ verschieben; verlagern; verstellen; ⚓ *Wasser* verdrängen; 2. ✕ verlegen; 3. *Pol.* verschleppen; vertreiben; *personas f/pl.* ~adas Verschleppte(n) *m/pl.*; 4. *fig.* verdrängen; 5. *fig. estar* ~ado deplaziert (*od.* fehl am Platz) sein; II. *v/r.* ~se 6. s. begeben, reisen (nach *dat. a*); 7. ⊕ wandern.
desplegar [1h *u.* 1k] I. *v/t.* 1. entfalten, ausea.-falten; ausbreiten; öffnen; *Falte* glätten; *Gebogenes* geradebiegen; 2. ⚑ *Flagge* zeigen, wehen lassen; *Segel* beisetzen; 3. entfalten, entwickeln; ✕ *Raketen* stationieren; ~ *actividad* tätig (*od.* aktiv) werden; II. *v/r.* ~se 4. ✕ ausschwärmen.
despliegue *m* 1. Entfaltung *f*; Ausbreitung *f*; ✕ Stationierung *f* (*Raketen*); ~ *de fuerzas* a) Kraftaufwand *m*; b) Polizeiaufgebot *n*; 2. ✕ Aufmarsch *m*; Ausschwärmen *n*; 3. ⚒ Ausfahren *n des Fahrwerks*; 4. Zurschaustellung *f*.
desplo|mar I. *v/t.* 1. aus dem Lot bringen; 2. *Ven.* tadeln; II. *v/r.* ~se 3. ⚒ absacken; 4. aus dem Lot geraten; einstürzen (*Wand*); *fig. s.* fallen lassen; zs.-sinken, -brechen; *fig.* ins Wanken geraten; ~me *m* 1. Abweichung *f* von der Senkrechten; 2. △ Überhang *m*; Absacken *n e-s Gebäudes*; Sichsenken *n* (*Weg u. ä.*); 3. *fig.* Einsturz *m*; Zs.-bruch *m*; ~mo *m* → desplome 1, 2, 3.
desplu|mar *v/t.* rupfen (*Federvieh u. fig.*); *fig.* neppen; ~me *m* Rupfen *n.*
despobla|ción *f* Entvölkerung *f*; ~do *adj.-su. m* unbewohnt(er Ort *m*); entvölkert; menschenleer; ~r [1m] I. *v/t.* entvölkern; *fig.* verwüsten; ~ *de árboles* kahlschlagen; II. *v/r.* ~se (*de gente*) s. entvölkern, menschenleer werden.
despo|jar I. *v/t.* berauben (e-r Sache de *a/c.*); ausplündern; entblößen (*gen. od.* von *dat.* de); II. *v/r.* ~se *s.* freimachen von (*dat.*); *et.* ablegen (*a. fig.*), et. abnehmen (*Kleidung*); *fig. s. e-s Besitzes* entäußern; entsagen (*dat.*); ~jo *m* 1. Beraubung *f*; *a. fig.* Beute *f*; 2. Besitzenteußerung *f*; 2. ~s *m/pl.* Überbleibsel *n/pl.*; Schlachtabfälle *m/pl.*; △ Abbruchsteine *m/pl.*; ⚓ ~ *del mar* Strandgut *m*; ~s *mortales* sterbliche Überreste *m/pl.*, sterbliche Hülle *f*.
despolariza|dor *Phys.*, ⚡ *m* Depolarisator *m*; ~r [1f] ⚡ *v/t.* depolarisieren.
despolitiza|ción *f* Entpolitisierung *f*; ~r [1f] *v/t.* entpolitisieren.
despol|v(ore)ar *v/t.* ent-, ab-stauben; *Teppich* klopfen *bzw.* absaugen; ~voreo *m* Ent-, Ab-stauben *n.*
desporrondingarse [1h] F *v/r. Col., Guat.* das Geld zum Fenster hinauswerfen F.
desportillar *v/t.* den Rand ausbrechen (*dat.*); schartig machen.
desposa|da *f* Braut *f*; Neuvermählte *f*; ~do I. *adj.* 1. *mit Handschellen* gefesselt; 2. verlobt; II. *m* 3. Bräutigam *m*; ~s *m/pl.* Brautpaar *n*; ~r I. *v/t.* trauen, zs.-geben; II. *v/r.* ~se *s.* verloben; die Ehe eingehen.
despose|er [2c] I. *v/t.* enteignen; *a alg. de j-m et.* (*ac.*) (*od.* den Besitz an *et. dat.*) entziehen; j-n *s-s Postens* entheben; II. *v/r.* ~se *s.* entäußern (*gen.*), entsagen (*dat.*); ~ído I. *part.: ser* ~ *de sus bienes* s-r Güter verlustig gehen; II. ~s *m/pl.* Arme(n) *m/pl.*, Besitzlose(n) *m/pl.*; ~imiento *m* Enteignung *f*; Entziehung *f*; ~sión *f* Enteignung *f.*
desposorios *m/pl.* Verlobung *f*; Eheschließung *f.* [*scher m.*}
déspota *m* Despot *m*, Gewaltherr-}
des|pótico *adj.* despotisch, tyrannisch; ~potismo *m* Despotismus *m*; *hist.* ♀ *Ilustrado* Aufgeklärter Absolutismus *m*; ~potizar [1f] *v/t. Chi., Pe., Rpl.* tyrannisieren.
despotri|car [1g] F *v/i.* faseln; ~ (*contra*) lospoltern, wettern (gg. *ac.*), meckern F, schimpfen (über *ac.*); ~que *m* Wettern *n*, Schimpfen *n*; Stänkern n F.
desprecia|ble *adj. c* verächtlich (*Person, Sache, Ansicht*); verwerflich (*Handlung*); *argumento m nada* ~ durchaus ernst zu nehmendes Argument *n*; ~dor *adj.-su.* verachtend, wegwerfend; *m* Verächter *m*; ~r [1b] *v/t.* 1. gering-schätzen, -achten, verachten; geringschätzig behandeln; 2. verschmähen, ausschlagen; in den Wind schlagen; *no* ~ + *inf.* es nicht für unter s-r Würde halten, zu + *inf.*; ~tivo *adj.* verächtlich, gering-, ab-schätzig.
desprecintar *v/t.* die (Zoll- *usw.*) Plombe öffnen an (*dat.*).
desprecio *m* Verachtung *f*, Geringschätzung *f.*
despren|der I. *v/t.* 1. *a.* ⊕ losmachen, (ab)lösen; abstoßen; lockern; II. *v/r.* ~se 2. *s.* losmachen, *s.* abhaken; abplatzen; *s.* lösen; ✂ ~se (*del suelo*) vom Boden abheben; 3. *Phys.*, 🜊 ⊕ frei werden; *s.* entwickeln (*Kräfte*, *Stoffe*); 4. *fig.* ~se *de s.* entäußern (*gen.*), *s.* begeben (*gen.*); *et.* aufgeben; *s.* freimachen von (*dat.*); 5. *de esto se desprende que ...* daraus ergibt *s.*, daß ..., daraus kann man entnehmen, daß ...; ~dido *adj.* großzügig; uneigennützig; ~dimiento *m* 1. Losmachen *n*; Lockern *n*; *Rel., Mal.* Kreuzabnahme *f*; 2. 🜊, ⊕ Freiwerden *n*; Abgabe *f*; ~ *de calor* Wärmeentwicklung *f*; ✕ ~ *de gas(es)* Gasausbruch *m*; ~ *de tierras* Erdrutsch *m*; ⚙ ~ *de la retina* Netzhautablösung *f*; 3. *fig.* Lösung *f* (von *dat.* de); 4. Großzügigkeit *f*; Uneigennützigkeit *f.*
despreocupa|ción *f* 1. Vorurteilslosigkeit *f*; 2. Teilnahmslosigkeit *f*; 3. Sorglosigkeit *f*, Leichtfertigkeit *f*; ~do *adj.* 1. (*estar*) unvoreingenommen, vorurteilslos; 2. unbekümmert, sorglos; *esto me tiene* ~ das ist mir völlig egal; ~rse *v/r. s.* nicht (mehr) kümmern (um *ac.* de).
despresti|giar [1b] I. *v/t.* um sein Ansehen bringen, entwerten; II. *v/r.* ~se s-n guten Ruf verlieren (*bzw.* schädigen); ~gio *m* Prestigeverlust *m*; Entwürdigung *f*; Schandfleck *m.*
despreve|nción *f* Mangel *m an* Vorsorge, Leichtsinn *m*; Achtlosigkeit *f*; ~nido *adj.* unvorbereitet, ahnungslos; *cogerle a uno* ~ j-n überraschen, j-n überrumpeln.
despropor|ción *f* Mißverhältnis *n*, Disproportion *f*; ~cionadamente *adv.* unverhältnismäßig; ~cionado *adj.* unverhältnismäßig groß *bzw.* lang *usw.*; disproportioniert; ~cionar *v/t.* unregelmäßig gestalten, in

despropósito *m (oft ~s m/pl.)* Unsinn *m*; Ungereimtheit *f*.
desprotección *f* Schutzlosigkeit *f*.
despro|veer [2e] *v/t*.: ~ *a alg. de j-m das Nötigste* entziehen, j-n entblößen (*gen*.); **~visto** *adj*.: ~ *de* ohne (*ac*.); entblößt von (*dat*.), bar (*gen*.); *estar* ~ *de et*. entbehren, *et*. nicht haben.
después **I.** *adv*. nachher; dann; darauf; nachträglich; *un año* ~ ein Jahr später; *el día* ~ der Tag (*bzw*. am Tag[e]) darauf; *hasta* ~ bis gleich; **II.** *prp*. ~ *de* nach (*dat*.); **a)** ~ *de un mes* nach e-m Monat; *seguía* ~ *de él* sie kam hinter ihm; ~ *de esto* danach, hierauf; ~ *del hecho* hinterher; ~ *de lo que se despidió* worauf er s. verabschiedete; *la mejor* ~ *de mi madre* die Beste nach m-r Mutter; ~ *de todo* letzten Endes, schließlich (und endlich); **b)** ~ *mit inf. u. part*.: ~ *de decirlo*, ~ *de haberlo dicho* nach diesen Worten, nachdem er (*usw*.) dies gesagt hatte; ~ *de terminada la guerra* nach Kriegsende; **III.** *cj*. ~ *que, in Span. mst*. ~ *de que* nachdem, als; seit.
despulpar *v/t*. das Fruchtfleisch *von et*. entfernen.
despunta|do *adj*. stumpf; **~r I.** *v/t*. 1. stumpf machen; die Spitze abbrechen *od*. abschlagen *od*. abschneiden (*dat*.); *Blattspitzen* abrupfen; 2. † ⚓ *Kap* umfahren; **II.** *v/i*. ⚓ knospen, sprießen (*Pfl*.); aufbrechen (*Knospen*); zum Vorschein kommen, s. zeigen; anbrechen (*Tag*); aufgehen (*Sonne*); 4. *fig*. hervorragen (in *dat*. en; als *nom. de*; durch *ac. por*); ~ *en literatura* in der Literatur Ausgezeichnetes leisten. [Reisig *n*.]
despunte *m* 1. *Kfz.* → *sopié*; 2. *Chi.*
desqui|ciamiento *m* Ausheben *n aus den Angeln*; *fig*. Zerrüttung *f*; Sturz *m*; **~ciar** [1b] **I.** *v/t*. aus den Angeln heben (*a. fig*.); aushängen; *fig*. in s-r Sicherheit erschüttern; sehr beirren; zerrütten; *fig*. verdrängen; **II.** *v/r*. **~se** aus den Angeln gehen (*a. fig*.); *fig*. erschüttert werden; den Halt verlieren; **~cio** *m Am. Reg*. → *desquiciamiento*.
desquilatar *v/t*. den Feingehalt *des Goldes* verringern; *fig*. entwerten, herabsetzen.
desqui|tar I. *v/t*. für e-n Verlust entschädigen; **II.** *v/r*. **~se** s. schadlos halten (für *ac. de*); s. rächen (für *ac. de*, an *dat.* en); *a. fig*. s. revanchieren; **~te** *m* Entschädigung *f*; Genugtuung *f*, Vergeltung *f*; *Spiel u. fig*. Revanche *f*; (*encuentro m de*) ~ Revanchespiel *n*; *tomar el* ~ s. rächen; *a. fig*. s. revanchieren.
desramar ✗ *v/t*. abästen.
desratiza|ción *f* Rattenvertilgung *f*; **~r** [1f] *v/t*. entratten, rattenfrei machen; ⚓ ausräuchern.
desregulación *f* Deregulierung *f*.
desrielar *v/i. Am. Reg*. entgleisen.
desrizar [1f] **I.** *v/t*. ⚓ *Segel* entfalten; **II.** *v/r*. **~se** aufgehen (*Locken*).
destaca|do *adj. fig*. führend; hervorragend; **~mento** ⚔ *m* Kommando *n*, Abkommandierung *f*; Abteilung *f*, Detachement *n*; **~r** [1g] **I.** *v/t*. 1. ⚔ ab-stellen, -kommandieren; 2. *Mal. u. fig*. hervorheben; *fig*. betonen; **II.** *v/i. u.* **~se** *v/r*. 3. s. abheben, hervortreten; *fig*. s. auszeichnen, hervorragen (durch *ac. por*).
desta|jador *m* Setzhammer *m* (*Schmiede*); **~jar** *vt/i*. Arbeitsbedingungen festlegen (für *ac*.); *Kart*. abheben; **~jero** *m*, **~jista** *c* Akkordarbeiter *m*; **~jo** *m* 1. ✟ Akkordarbeit *f*; *a* ~ Akkord...; im (*bzw*. auf) Akkord; *obrero m a* ~ → *destajista*; 2. *adv. a* ~ **a)** *Chi*. in Bausch u. Bogen; **b)** *Reg*. lose, vom Faß (*verkaufen*); **c)** *fig.* F überstürzt; mit viel Plackerei F; *hablar a* ~ dauernd (F im Akkord) reden.
destapa|da *Kchk. f Art* Pastete *f*; **~dor** *m bsd. Am*. Flaschenöffner *m*; **~r** **I.** *v/t*. den Deckel (*bzw*. die Decke) wegnehmen von (*dat*.); *Topf* aufdecken; *Flasche* öffnen; *a. fig*. aufdecken; enthüllen; **II.** *v/i. Méj*. ausbrechen (*Tiere*); **III.** *v/r.* **~se** *fig*. s. offenbaren, s. eröffnen (j-m *con alg*.); s. e-e Blöße geben (mit *ac., durch ac. con*).
destape *m Span*. Ausziehen *n*; Striptease *m*, *n*; *fig*. Lockerung *f* der Sitten.
destaponar *v/t*. entkorken.
destartalado *adj*. krumm u. schief; baufällig (*Haus*); klapprig (*Wagen*); verwahrlost.
deste|char *v/t. Haus* abdecken; **~jar** *v/t*. die Dachziegel herunternehmen von (*dat*.); → *destechar*; *fig*. **~ado** ungeschützt (*Sache*); **~jer** *vt/i. Gewebe, Strickarbeit* wieder auftrennen; *fig*. vereiteln, zunichte machen.
deste|llador *Kfz. m Am*. Blinker *m*; Blinkanlage *f*; **~llar** *v/i*. aufblitzen; ⚓, ✕, ⚡ blinken, morsen; **~llo** *m* 1. Aufblitzen *n*, Aufleuchten *n*; Flimmern *n*; *fig*. Funke *m*; ~ *de luz* Lichtblitz *m*; 2. ⚓, ✕, ⚡ *fuego m de* ~ Blinkfeuer *n*; *mensaje m de* ~ Blinkspruch *m*.
destem|plado *adj*. 1. unmäßig; unbeherrscht; rauh, barsch; unfreundlich; 2. *a*. ♪ unharmonisch, mißtönend, verstimmt; 3. ⊕ enthärtet (*Stahl*); **~plador** ⊕ *m* Enthärter *m*; **~planza** *f* 1. Unmäßigkeit *f*; Übertreibung *f*; Heftigkeit *f*; 2. Frösteln *n*; leichter Fieberanfall *m*; 3. Unbeständigkeit *f*; Rauheit *f der Witterung*; **~plar** **I.** *v/t*. 1. Harmonie, Ordnung stören; *Instrument* verstimmen; 2. j-m Unpäßlichkeit verursachen; 3. ⊕ *Stahl* enthärten; **II.** *v/r*. **~se** 4. ungleichmäßig werden (*Puls*); versteln; e-n leichten Fieberanfall bekommen; unpäßlich werden; 5. *fig*. das Maß verlieren; heftig werden, aufbrausen; 6. *Ec., Guat., Méj*. → (*sentir*) *dentera*; **~ple** *m* 1. Verstimmung *f* (♪ *u. fig*.); Unpäßlichkeit *f*; 2. Härteverlust *m* (*Metall*); 3. *Ec., Guat., Méj*. → *dentera 1*.
desteñi|do *adj*. verfärbt; verblichen; **~r** [3l] **I.** *v/t*. verfärben; (aus)bleichen; **II.** *v/i. u.* **~se** *v/r*. abfärben; ausbleichen; verblassen.
desternillar F *v/r*. ~ *de risa* s. krank- (*od*. kaputt-)lachen F.
desterra|do *m* Verbannte(r) *m*; **~r** [1k] *v/t*. 1. verbannen, in die Verbannung schicken; *fig. Sorgen, Schmerz usw*. vertreiben, verscheuchen; ~ *una idea* s. e-n Gedanken aus dem Kopf schlagen; 2. Wurzeln u. ä. von der Erde befreien.
desterronar ✗ *v/t*.: ~ *un campo* auf e-m Feld die Erdklumpen zerkleinern.
deste|tar *v/t. Kind* entwöhnen; *Tier* absetzen; **~te** *m* Entwöhnen *n*; Absetzen *n*; **~to** *m* entwöhntes Jungvieh *n*.
destiempo *adv.*: *a* ~ zur Unzeit; ungelegen.
destierro *m* Verbannung *f*; *hist*. Bann *m*; Verbannungsort *m*; ⚖ *a*. Aufenthaltsverbot *n für bestimmte Gebiete*.
destila|ción *f* Destillieren *n*; ⚗, ⊕ Destillation *f*, Destillierung *f*; Brennen *n* (*Wein usw*.); ~ *a baja temperatura* Schwelung *f*; *balón m de* ~ Destillierkolben *m*; **~dera** *f* Destillierapparat *m*; **~do** *adj.-su*. destilliert; (*producto m*) ~ Destillat *n*; **~dor** **I.** *adj*. 1. Destillier...; **II.** *m* 2. Destillateur *m*, (Branntwein-)Brenner *m*; 3. ⊕ Destillierer *m*; **~r** *v/t*. 1. destillieren; *Schnaps usw*. brennen; *pharm*. *Kräuter usw*. ausziehen; 2. durch-, ab-tropfen lassen; *la llaga destila sangre* die Wunde blutet nach; **~torio** *adj.-su. m* (*aparato m*) ~ Destilliergerät *n*.
destilería *f* Destillieranlage *f*; Brennerei *f*; Destillation *f*.
desti|nación *f* Bestimmung *f*; **~nar** *v/t*. 1. bestimmen, ausersehen (für *ac. a, para*); ~ *a/c. a alg*. j-m *et*. zuweisen; *estar* ~ *ado a* (*od. para*) bestimmt (*bzw*. berufen) sein zu (*dat. od. inf*.); 2. abstellen, senden; *las mercancías van* ~ *adas a Lima* die Waren gehen nach Lima; 3. *Verw*. versetzen; auf Mission schicken; ✕ abstellen, (ab)kommandieren (zu *dat. a*); **~natario** *m* Empfänger *m*, Adressat *m*; Empfangsberechtigte(r) *m*; *en caso de que no se encuentre el* ~, *devuélvase al remitente* falls nicht zustellbar, bitte an Absender zurück; **~no** *m* 1. Schicksal *n*, Los *n*; Geschick *n*; *fatal* ~ Verhängnis *n*; 2. Bestimmung(sort *m*) *f*; Ziel *n*; *estación f de* ~ Bestimmungsbahnhof *m*; *con* ~ *a* (*Madrid*) nach (*Madrid*); 3. Amt *n*, Anstellung *f*; ✕ Kommando *n*, Auftrag *m*; *derecho m a* ~ Anstellungsberechtigung *f*; 4. Verwendung(szweck *m*) *f*; *dar a* ~ *a/c*. *et*. verwenden, *et*. gebrauchen.
destitu|ción *f* Amts-, Dienst-enthebung *f*; Entlassung *f*; **~ible** *adj*. absetzbar; **~ir** [3g] *v/t*. 1. absetzen, des Amtes entheben, entlassen; 2. ~ *a alg. de a/c*. j-m *et*. entziehen.
destocar [1g] **I.** *v/t*. j-m die Frisur durchea.-bringen; **II.** *v/r*. **~se** *a*. die Kopfbedeckung abnehmen.
destorcer [2b *u*. 2h] **I.** *v/t*. Seil *usw*. aufdrehen; *Verbogenes* geradebiegen; *fig*. ~ *la vara de la justicia das Recht wiederherstellen*; **II.** *v/r*. **~se** ⚓ vom Kurs abkommen.
destornilla|do F *adj*. bescheuert F, kopflos; **~dor** *m* Schraubenzieher *m*; ~ *automático* Drillschraubenzieher *m*; **~r I.** *v/t*. auf-, herausschrauben *mit Schraubenzieher*;

destrabar — detención

II. *v/r.* ~se *fig.* F den Kopf verlieren.
destrabar *v/t. j-m* die Fesseln lösen; *Waffe* entsichern.
destrenzar [1f] *v/t.* auf-, entflechten.
destreza *f* Geschicklichkeit *f*, Gewandtheit *f*, Fertigkeit *f*; ~ de los dedos Fingerfertigkeit *f*; *adv.* con ~ geschickt.
destrincar [1g] ⚓ *v/t. Verstautes* losreißen.
destripa|cuentos F *m* (*pl. inv.*) Pointenverderber *m*; ~**r** *v/t.* **1.** *Wild* ausweiden, aufbrechen; *Bauch, Polster usw.* aufschlitzen; **2.** *fig.* die Pointe verderben (*dat.*); ~**terrones** F *fig. desp. m* (*pl. inv.*) Bauernlümmel *m* (*desp.*), Bauer *m* (*desp.*).
destrísimo *adj. sup. zu diestro.*
destrizar [1f] **I.** *v/t.* völlig zerstükkeln; **II.** *v/r.* ~se *fig.* vor Kummer (*od.* Ärger) vergehen.
destrona|miento *m* Entthronung *f* (*a. fig.*); ~**r** *v/t.* entthronen (*a. fig.*).
destron|car [1g] **I.** *v/t.* Baum umhauen; *fig.* verstümmeln; *Gespräch* unterbrechen; *Chi., Méj. Pfl.* ausreißen; **II.** *v/r.* ~se F s. abplacken, s. schinden; ~**que** *m Chi., Méj.* Roden *n*.
destro|zar [1f] **I.** *v/t.* **1.** zerstückeln; zerreißen; verwüsten; zerstören (*a. fig.*); *Kleidung* (mutwillig) zerreißen; *fig.* F estar ~odo hundemüde (*od.* völlig erschossen) sein F; **2.** ⚔ vernichtend schlagen; **II.** *v/r.* ~se **3.** in Stücke gehen; Bruch machen (*a.* ✵); ~**zo** *m* **1.** Zerreißen *n*; Riß *m*; Verheerung *f*; *a. fig. causar* (*od. hacer*) ~**s** (*od. un* ~) Verwüstungen (*od.* Zerstörungen) anrichten (in, an *dat.*, bei *dat.* en); **2.** ⚔ vernichtende Niederlage *f*; **3.** ~**s** *m/pl.* Trümmer *pl.*, Stücke *n/pl.*; ~**zón** *adj.-su. m* Reißteufel *m*; ser un niño ~ alles kaputtmachen F.
destruc|ción *f* Zerstörung *f*, Verheerung *f*; Vernichtung *f*; *fig.* Untergang *m*; ~ Verödung *f*; ~**tible** *bsd.* ♾, ⊕, *lit. u. Am. adj. c* zerstörbar; ~**tividad** *f* zerstörende Gewalt *f*; Zerstörungswut *f*; ~**tivo** *adj.* zerstörend; destruktiv; ~**tor** F *adj.* **1.** zerstörend; ⚔ fuerza *f* ~**a** (*de un explosivo*) Sprengkraft *f*, Brisanz *f*; **2.** *a. fig.* zersetzend; *Pol.* umstürzlerisch; **II.** *m* **3.** *a.* ⚓ Zerstörer *m*; ~ escolta Begleitzerstörer *m*.
destrui|ble *adj. c* zerstörbar; ~**r** [3g] **I.** *v/t.* zerstören, vernichten; verheeren, verwüsten; ✵ veröden; *fig. j-n* zugrunde richten, *j-n* ruinieren; *Argument* erledigen; *Plan* durchkreuzen; **II.** *v/r.* ~se *fig.* zunichte werden; *Arith.* s. aufheben.
desuello *m* Ent-, Abhäutung *f*; *fig.* Unverschämtheit *f*; Prellerei *f*.
desue|rar *v/t.* Serum (*bzw.* Molken) entfernen aus (*dat.*); ~**ro** *m* Kneten *n* der Butter.
desulfurar 🜍 *v/t.* entschwefeln.
desuncir [3b] *v/t.* Ochsen ausjochen.
desu|nido *adj.* getrennt; *fig.* uneins, entzwei; ~**nión** *f* Trennung *f*; *fig.* Uneinigkeit *f*, Zwietracht *f*; ~**nir** *v/t.* trennen; loslösen; *fig.* entzweien; verfeinden.
desu|sado *adj.* ungebräuchlich; ungewohnt; ~**sarse** *v/r.* ungebräuchlich werden; ~**so** *m* Nichtanwendung *f*; Nichtbenützung *f*; caer en ~ ungebräuchlich werden, veralten; caído en ~ veraltet (*Wort*).
desvaído *adj.* **1.** blaß (*Farbe*); *fig.* verschwommen; **2.** hochaufgeschossen u. schmal (*Person*).
desvainar *v/t.* aus-hülsen, -schoten.
desvali|do *adj.* hilflos, schutzlos; ~**jador** *m* Plünderer *m*; ~ de cadáveres Leichenfledderer *m*; ~ de coches Automarder *m*; ~**jamiento** *m* Ausplünderung *f*, Raub *m*; ~**jar** *v/t.* ausplündern, berauben; ~**miento** *m* Hilflosigkeit *f*; Verlassenheit *f*.
desvalo|rar *v/t.* → desvalorizar; ~**rización** *bsd.* ✝ *f* Abwertung *f*; Wertminderung *f*; ~**rizar** [1f] *v/t. fast nur* ✝ abwerten.
desván *m* Dachboden *m*, Speicher *m*; Rumpelkammer *f*.
desvane|cedor *Phot. m* Abdeckrahmen *m*; ~**cer** [2d] **I.** *v/t.* **1.** verwischen; auflösen; **2.** zunichte machen; **II.** *v/r.* ~se **3.** verdunsten, verfliegen; *s.* auflösen, verschwinden, vergehen; **4.** ohnmächtig werden; ~**cido** *adj.* hochmütig, dünkelhaft; ~**cimiento** *m* **1.** Auflösung *f*, Vergehen *n*; 🝠 Verflüchtigung *f*; HF Schwund *m*; **2.** *fig.* Hochmut *m*, Dünkel *m*; **3.** Ohnmacht *f*; Schwindel *m*.
desva|rar *v/t.* **1.** ⚓ flottmachen; **2.** *Kfz. Col.* reparieren; ~**re** *Kfz. m Col.* Reparatur *f*, Instandsetzung *f*.
desva|riado *adj.* **1.** phantasierend (*im Fieber*); unsinnig; **2.** ins Holz geschossen (*Zweige*); ~**riar** [1c] *v/i.* faseln, irrereden; *im Fieber* phantasieren; ~**río** *m* Wahnsinn *m*; Fieber-wahn *m*, -phantasien *f/pl.*; ~**s** *m/pl.* Wahnvorstellungen *f/pl.*
desve|lado *adj.* schlaflos; munter, wachsam; ~**lamiento** *m* → desvelo; ~**lar I.** *v/t.* wach (er)halten; nicht schlafen lassen; **II.** *v/r.* ~se *fig.* wachsam sein; ~se por sehr besorgt sein um (*ac. od.* wegen *gen.*); ~**lo** *m* Schlaflosigkeit *f*; *fig.* Sorge *f*; Fürsorge *f*; ~**s** *m/pl.* schlaflose Nächte *f/pl.*
desvencijar I. *v/t.* ausea.-reißen; **II.** *v/r.* ~se aus den Leim (*bzw.* aus den Fugen) gehen, ausea.-fallen; ~**ado** klapprig; ausgeleiert.
desvendar *v/t.* die Binde (ab)nehmen (*dat. od.* von *dat.*).
desven|taja *f* Nachteil *m*, Schaden *m*; ~**tajoso** *adj.* unvorteilhaft; nachteilig, ungünstig; ~**tura** *f* Unglück *n*; Unheil *n*; ~**turadamente** *adv.* unglücklicherweise; leider; ~**turado I.** *adj.* **1.** unglücklich; einfältig; **2.** geizig; **II.** *m* **3.** Unglückliche(r) *m*; Trottel *m*; **4.** Geizkragen *m*.
desver|gonzado *adj.* schamlos; unverschämt, frech; ~**gonzarse** [1f *u.* 1n] *v/r.* unverschämt werden (zu *dat.*, gg.-über *dat.*, gg. *ac.* con); ~**güenza** *f* Schamlosigkeit *f*; Unverschämtheit *f*, Frechheit *f*.
desvertebrar *v/t. Spionagering, Terroristengruppe* zerschlagen.
desvestir [3l] *v/t.* entkleiden, ausziehen.
desvia|ble *adj. c* ablenkbar; ~**ción** *f* **1.** *bsd. Phys.*, ⊕ *u. fig.* Abweichung *f*; Ablenkung *f*; Ausschlag *m* (*Zeiger*); *Phys.* ~ de fase Phasenhub *m*; ~ de la luz Lichtbrechung *f*; ~ magnética Magnetabweichung *f*; ✵ ~ de mando Steuerausschlag *m*; **2.** ♠ Verkrümmung *f*; **3.** *Vkw.* ~ (*del tráfico*) Umleitung *f*; ~**cionismo** *Pol. m* Abweichlertum *n*; Abweichung *f*; ~**cionista** *Pol. adj.-su. c* abtrünnig, von der Parteilinie abweichend; *m* Abweichler *m*; ~**do** *Kfz. adj.* ausgeschlagen (*Lenkung*); ~**dor** 🦊 *m Am.* Weiche *f*; ~**r** [1c] **I.** *v/t.* **1.** ablenken; umleiten (*a. Vkw.*); *Flußlauf* ableiten; verschieben, verlagern; *Lichtstrahlen* brechen; ⚓ ~ del rumbo vom Kurs abbringen, abtreiben (*v/t.*); **2.** *fig.* ~ de abbringen von (*dat.*). **3.** *Fechtk.* parieren; **II.** *v/r.* ~se **4.** ⊕ ausschlagen (*Zeiger*); ⚓, ✵ abgetrieben werden; *a. fig.* vom Wege abkommen; auf Abwege geraten.
desvincula|do *adj.*: estar ~ allein stehen; ohne Bindungen sein; ~**r** *v/t. Rpl.* → amortizar.
desvío *m* **1.** Abweichung *f*; Ablenkung *f*; *Vkw.* Umleitung *f*; Abzweigung *f*; 🦊 Ausweichgleis *n*; *Tel.* ~ de llamadas Rufumleitung *f*; **2.** *fig.* Abneigung *f*, Kälte *f*; Widerwille *m*.
desvirtuar [1e] **I.** *v/t.* die Eigenschaft(en) *e-r Sache* verderben; *fig.* entkräften; *Argument* widerlegen *od.* zerpflücken; **II.** *v/r.* ~se *s-e* Eigenschaft verlieren; *s.* zersetzen (*Lebensmittel usw.*).
desvitrificar [1g] *v/t.* entglasen.
desvivirse *v/r.*: ~ por vor Sehnsucht nach *et.* (*dat.*) vergehen; sehr erpicht sein auf *et.* (*ac.*); alle Hebel in Bewegung setzen, um zu + *inf.*; alles für *j-n* tun.
desvolvedor ⊕ *m* Windeisen *n*.
desyerbar *v/t.* jäten; abgrasen.
desyugar [1h] *v/t.* ausjochen.
deta|lladamente *adv.* im einzelnen; genau, umständlich; ~**llado** *adj.* ausführlich; mit (*od.* in) allen Einzelheiten; genau; ~**llar** *vt/i.* **1.** ausführlich beschreiben; einzeln aufführen; die einzelnen Punkte aufzählen; **2.** ✝ im kleinen verkaufen; ~**lle** *m* **1.** Einzelheit *f*; Kleinigkeit *f*; en ~ im einzelnen; entrar en ~(s) (bis ins einzelne gehen; sehr ausführlich sein (*bzw.* behandeln); **2.** Einzelhandel *m*; **3.** Einzelaufführung *f*, Spezifikation *f* (*Rechnung, Liste*); **4.** *fig.* (schöner) Zug *m*, (großzügige) Geste *f*; Aufmerksamkeit *f* (*Blumen, Geschenk*); ~**llista** *c* **1.** Kleinmaler *m*; **2.** ✝ Einzelhändler *m*.
detartraje *m* Zahnsteinentfernung *f*.
detasa ✝ *f* Frachtrabatt *m*.
detec|ción *f* Auffinden *n*; *Rf.* Detektion *f*, Gleichrichtung *f*; ✵ ~ precoz Früherkennung *f*; ~**tar** *bsd.* ⊕ *v/t.* auffinden, registrieren; ~**tive** *m* Detektiv *m*; agencia *f* de ~**s** Detektei *f*; ~**tor** *Phys., Rf.,* ⊕ *m* Detektor *m*; ~ de galena (de mentiras) Kristall- (Lügen-)detektor *m*; ⚔ ~ de minas Minensuchgerät *n*; ~ de movimientos Bewegungsmelder *m*.
detención *f* **1.** Festnahme *f*, Verhaftung *f*; Haft *f*; ~ ilegal Freiheitsberaubung *f*; ~ precautoria (pre-

ventiva) Schutz- (Untersuchungs-)haft *f;* **2.** Verzögerung *f;* Aufhalten *n;* Hemmung *f;* Stillstand *m;* ~ *en ruta* Fahrtunterbrechung *f; adv. sin* ~ unverzüglich; **3.** *fig.* Ausführlichkeit *f*, Gründlichkeit *f.*
detener [21] **I.** *v/t.* **1.** an-, auf-halten; hemmen; verzögern; stoppen; ⚓ *Leck* abdichten; ~ *la marcha a. laufende Maschine* abstellen; ~ *el paso* langsamer gehen; stehenbleiben; **2.** einbehalten, zurückbehalten; in Gewahrsam haben; **3.** festnehmen, verhaften; *llevar detenido* abführen; **II.** *v/r.* ~*se* **4.** stehenbleiben; zum Stillstand kommen; *Auto a.* anhalten; ~*se a hacer a/c.* s. damit aufhalten, et. zu tun; *fig. no* ~*se ante nada* vor nichts haltmachen; ~*se con (od. en) bei (od. von) (dat.)* aufgehalten werden; bei *(dat.)* verweilen; ~*se en a. lange (Zeit)* brauchen für *(ac.);* ~*se en el examen de et.* genau überprüfen.
deteni|damente *adv.* lange; gründlich, ausführlich, aufmerksam; ~*do* **I.** *adj.* **1.** langsam, zögernd; **2.** eingehend, gründlich; **3.** unentschlossen; gehemmt, ängstlich; **4.** geizig; **II.** *adj.-su.* **5.** Verhaftete(r) *m;* Gefangene(r) *m; queda usted* ~ Sie sind verhaftet; ~**miento** *m* Ausführlichkeit *f;* con ~ → *detenidamente.*
detenta|ción ⚖ *f* unrechtmäßiger Besitz *m;* Vorenthaltung *f;* ~**r** ⚖ *v/t.* zu Unrecht einbehalten *bzw.* besitzen; ~ *la herencia (de alg.* j-m) das Erbe vorenthalten.
detente *hist. m (a.* ~ *bala)* Amulett *n mit Herz-Jesu-Bild (für Soldaten, die in den Krieg zogen).* [*m.*\
detentor ⊕ *m* Halter *m;* Spannring)
deter|gente *a.* ⚕, ⊕ *adj.c-su. m* Reinigungs- *bzw.* Wasch-, Spülmittel *n;* ~**ger** [2c] ⚕ *v/t. Wunde* säubern.
deterio|ración *f* → *deterioro;* ~**rado** *adj. a.* ⚓, ⊕ fehlerhaft; beschädigt, schadhaft; ~**rar** *v/t.* beschädigen, verderben; *Zähne, Metall* angreifen; ~**ro** *m* Beschädigung *f;* Verschlechterung *f;* Wertminderung *f;* Verderb *m; de fácil* ~ leichtverderblich; *sin* ~ *de* unbeschadet *(gen.).*
determi|nable *adj. c* bestimmbar *(a.* ⚛); ~**nación** *f* **1.** Bestimmung *f,* Festlegung *f;* ⚓, ⚔ ~ *del rumbo* Kursbestimmung *f;* ~ *de la posición* Ortung *f;* **2.** Beschluß *m;* Entschluß *m; tomar una* ~ e-n Entschluß fassen; **3.** Entschlossenheit *f;* **4.** *Phil.* Determiniertheit *f;* ~**nado** *adj.* entschlossen; bestimmt; mutig, kühn; ~**nante I.** *adj. c* entscheidend; bestimmend (*für ac. de*); **II.** *m Gram.* Bestimmungswort *n;* **III.** *f* ⚛ Determinante *f;* ~**nar I.** *v/t.* fest-legen, -setzen; bestimmen *(a.* ⚛); *a.* ⚔ ~ *la posición* (de) orten *(ac.);* **2.** ~ *hacer a/c.* beschließen, et. zu tun; ~ *a alg. a hacer a/c.* j-n dazu veranlassen, et. zu tun; **3.** feststellen; **4.** verursachen, bestimmend sein für *(ac.);* **II.** *v/r.* ~**se 5.** ~*se a (hacer) a/c.* s. zu et. *(dat.)* entschließen, s. entschließen, et. zu tun; ~**nativo** *adj. bsd. Gram.* determinativ, bestimmend.

determinis|mo *Phil. m* Determinismus *m;* ~**ta** *Phil. adj.-su. c* deterministisch; *m* Determinist *m.*
deter|sivo, ~**sorio** *adj.-su. bsd.* ⚕ *(medicamento m)* ~ *m* reinigend(es Mittel *n*).
detesta|ble *adj. c* abscheulich; ~**ción** *f* Abscheu *m;* Haß *m;* ~**r** *v/t.* verabscheuen; hassen; verwünschen; s. ekeln vor *(dat.).*
detona|ción *f* Detonation *f,* Explosion *f,* Knall *m;* ⚔ ~ *supersónica* Knall *m* beim Durchbrechen der Schallmauer; ~**dor I.** *adj.: pistola f* ~*a* Schreckschußpistole *f;* **II.** *m* Sprengkapsel *f,* Zünder *m;* ~ *de tiempo* Zeitzünder *m;* ~**nte I.** *adj. c: mezcla f* ~ Sprengmischung *f;* **II.** *m* Zündsatz *m;* Zünder *m;* ~**r** *v/i.* detonieren; knallen; krepieren *(Geschoß).*
detorsión *f (bsd.* Muskel-)Zerrung *f.*
detrac|ción *f* Herabsetzung *f,* Verleumdung *f,* üble Nachrede *f;* ~**tar** *v/t.* herabsetzen; verleumden; schlechtmachen; ~**tor** *adj.-su.* Verleumder *m,* Lästerer *m.*
detraer [2p] *v/t.* **1.** abziehen; ablenken; **2.** *Verdienst, Ehre* herabsetzen, schmälern; verleumden, schlechtmachen.
detrás I. *adv.* hinten, dahinter; hinterher; *por* ~ von hinten; *estar* ~ dahinter stehen *(od.* stecken) *(a. fig.); a.* ⚔ *el que está* ~ Hintermann *m;* **II.** *prp.* ~ *de* hinter *(dat. bzw. ac.);* ~ *de mí (de ti)* hinter *bzw.* nach mir (dir); *uno* ~ *de otro* einer hinter dem anderen, hinterea.; *correr* ~ *de alg.* j-m nachlaufen *(a. fig.); hablar (por)* ~ *de alg.* hinter j-s Rücken sprechen; *ir* ~ *de alg.* hinter j-m hergehen; *fig.* F j-m (*e-r Frau*) nachsteigen.
detrimento *m* Schaden *m,* Nachteil *m; en* ~ *suyo* zu s-m Schaden; *en* ~ *de la calidad* auf Kosten der Qualität.
detrítico *adj.* **1.** *Geol.:* capa *f* ~*a*, formación *f* ~*a* Trümmer-, Verwitterungs-schicht *f,* -formation *f;* **2.** ⚕ Detritus...
detri|to *m* **1.** Trümmer *pl.,* Zerfallsmasse *f; Bodensatz m; fig.* Abschuß *m; Geol.* ~*s* Trümmergestein *n;* ~*s m/pl. animales* tierische Abfälle *m/pl.;* **2.** ⚕ Detritus *m,* Gewebstrümmer *pl.;* ~**tus** ⚕ *m* → *detrito.*
deuda *f* Schuld *f (a. fig.);* Verschuldung *f;* ~ *activa* (Schuld-)Forderung *f;* ~*s f/pl. exteriores* Auslandsschulden *f/pl.,* -verschuldung *f;* ~ *flotante* schwebende *(bsd.* Staats-) Schuld *f;* ⚥ *pública* Staatsschuld *f; libre de* ~*s* schuldenfrei; *fig. contraer una* ~ e-e Verpflichtung eingehen; *contraer* ~*s* Schulden machen; *fig. saldar una* ~ *pendiente* e-e alte Schuld begleichen.
deudo *m* **1.** Verwandte(r) *m;* **2.** Verwandtschaft *f.*
deudor I. *adj.* schuldend; schuldig; ⚕ *Soll...,* Debet...; *u. fig. anotar en la cuenta* ~*a* auf der Debet-Seite verbuchen; **II.** *m* Schuldner *m;* ~ *de un* ~ Drittschuldner *m;* ~ *solidario* Gesamtschuldner *m.*
deuterio ⚛ *m* Deuterium *n; óxido m de* ~ schweres Wasser *n.*

Deuteronomio *bibl. m* Deuteronomium *n.*
devalar ⚓ *v/i.* abtreiben.
deva|luación ✝ *f* Abwertung *f,* Devalvation *f;* ~**luar** [1e] *v/t.* abwerten; ~**lúo** *m* → *devaluación.*
devana|dera *f* Haspel *f;* Aufspulgerät *n;* Garnwinde *f;* Spule *f;* ~**do** ⊕ *m* Haspeln *f;* ⚡ Wicklung *f;* ~ *de inducido* Ankerwicklung *f;* ~**dor** *m* (Papier-)Rolle *f* zum Garnwickeln; ~**dora** ⊕ *f* Haspel *f;* ~**r** **I.** *v/t.* abspulen, abwickeln; *Garn, Draht* haspeln; **II.** *v/r.* ~*se fig.* ~*se los sesos* s. den Kopf zerbrechen; *Cu.,* *Méj.* ~*se de ...* s. krümmen vor ... (*Lachen usw.*).
deva|near *v/i.* phantasieren, faseln, spinnen F; ~**neo** *m* **1.** Faselei *f;* Hirngespinst *n;* **2.** ~*s m/pl.* Liebelei *f;* **3.** Zeitvertreib *m,* Spielerei *f.*
devasta|ción *f* Verwüstung *f,* Verheerung *f;* ~**do** *adj.* verwüstet; ~**dor** *adj.* verwüstend, verheerend; ~**r** *v/t.* verwüsten, verheeren.
devatiado ⚡ *adj.: corriente f* ~*a* Blindstrom *m.*
develar *v/t.* entschleiern, enthüllen.
devengar [1h] *v/t.* Anrecht *(od.* Anspruch) haben auf *(ac.);* ein-, beziehen) *Zinsen* abwerfen, einbringen; ~**ado** angefallen (*Zinsen*).
devenir I. [3s] *Phil. v/i.* werden; **II.** *m Phil.* Werden *n.*
deviación *bsd. Astr. f* Abweichung *f.*
devisa *hist. f* Erbsitz *m.*
devisar *v/t. Méj.* → *divisar u.* P *atajar.*
devo|ción *f* **1.** Andacht *f,* Frömmigkeit *f;* Verehrung *f,* Anbetung *f; adv. con* ~ andächtig; *fig.* ehrfürchtig, hingebungsvoll; *libro m de* ~ → *devocionario; objetos m/pl. de* ~ Devotionalien *f/pl.;* **2.** Ergebenheit *f;* Zuneigung *f; estar a la* ~ *de alg.* j-m bedingungslos ergeben sein; *fingir* ~ frömmeln; *tener por* ~ + *inf.* dic (feste) Gewohnheit haben, zu + *inf.;* ~**cionario** *m* Gebets-, Andachts-buch *n.*
devolu|ción *f* **1.** Rückgabe *f;* Zurückerstattung *f;* ✝ *artículo m de* ~ Kommissionsartikel *m;* **2.** ⚖ *(Erbschaft)* Anfall *m;* ~**tivo**, ~**torio** ⚖ *adj.* (zurück)erstattend; Rückerstattungs...
devolver [2h] *part.* devuelto] **I.** *v/t.* **1.** zurück-geben, -schicken; herausgeben; **2.** zurückzahlen; *Ausgaben* erstatten; **3.** zurückstellen; wieder *an s-n Platz* stellen; **4.** vergelten, heimzahlen; *Dank, Besuch usw.* erwidern; ~ *bien por mal* Böses mit Gutem vergelten; **5.** *fig.* wiedergeben; ~ *la vida a* wiederbeleben *(ac.);* **6.** F *(a. v/i.)* Speisen erbrechen; **II.** *v/r.* ~*se* **7.** *Am.* umkehren; zurückgehen.
de|voniano *Geol. adj.-su. m* Devon *n;* ~**vónico** *Geol. adj.* devonisch.
devora|dor *adj.* verzehrend; *hambre f* ~*a* Heißhunger *m;* ~**nte** *adj. c* → *devorador;* ~**r** *v/t.* **1.** *(auf)fressen;* zerreißen; ver-, hinunterschlingen; *fig. Buch, et.* mit den *Augen* verschlingen; *Tränen* hinunterschlucken; *fig.* F ~ *kilómetros* Kilometer fressen F; **2.** *fig.* verzehren *(bsd. Feuer);* vergeuden; vernichten, ruinieren; *le devora la*

devotería — dialecto 234

impaciencia er vergeht vor Ungeduld.
devo|tería F f → beatería; **~to I.** adj. 1. Andachts...; imagen f ~a Heiligenbild n; 2. andächtig, fromm; 3. ergeben; untertänig, devot; II. m 4. Andächtige(r) m; 5. Gg.-stand m der Verehrung; 6. Verehrer m, Anhänger m (von dat. de) (a. desp.); los ~s del volante die Auto-narren m/pl., -fans m/pl.
dexteridad f Geschick(lichkeit f) n.
dextrina f Dextrin n.
dextro hist. m Asylgebiet n um e-e Kirche; **~cardia** f Dextrokardie f.
dex|trógiro adj. rechtsläufig (Schrift); rechtsdrehend; **~trogirismo** m Rechtsläufigkeit f (Schrift); **~trorrotación**, ⊕ f Rechtsdrehung f; Rechtsdrall m; **~trosa** f Dextrose f.
dey hist. m Dey m (Algerien).
deyección f 1. Stuhlgang m; 2. Geol. ~ones f/pl. Auswurf m e-s Vulkans.
dez|mable adj. c zehntpflichtig; **~mar** [1k] v/t. → diezmar; **~mero** m → diezmero.
día m 1. Tag m; Zeit f; Zeitpunkt m; Zeitabschnitt m; el ~ 12 de octubre (Vollform der Datumsangabe) am 12. Oktober; ~s m/pl. aquellos Tage m/pl., an denen die RENFE Ermäßigungen einräumt; ~ de campo Landpartie f; ⊕ ~ de cierre (de compto) Schluß- (Abrechnungs-)tag m; ~ civil (festivo) Kalender- (Feier-)tag m; ~ franco, ~ libre freier Tag m; Ausgang m; ~s de gracia, ~s de cortesía Respekttage m/pl.; ~ de fiesta entera (de media fiesta) voller (halber) Feiertag m; ~ laborable, ~ hábil Werktag m; ~ de la Madre (del Padre) Mutter- (Vater-)tag m; Am. ~ de la Raza, Span. ~ de la Hispanidad Tag m der Hispanität (12. Oktober); ~ de respiro Verzugstag m; un ~ e-s Tages, einmal; algún ~ e-s Tages; einst; später (einmal); un ~ de estos dieser Tage, bald; iron. nie; a ~s gelegentlich; al ~ a) auf dem laufenden; auf dem neuesten Stand; b) täglich, pro Tag; el ~ antes (después) tags zuvor (darauf); dos ~s después am übernächsten Tag; cada ~ jeden Tag, (tag)täglich; cada dos ~s, un ~ sí y otro no jeden zweiten Tag; de ~ bei (od. am) Tage; de unos ~s acá, de unos ~s a esta parte seit einiger Zeit; seit geraumer Zeit; de ~ en ~ von Tag zu Tag; de un ~ (de quince ~s) ein- (vierzehn-)tägig; del ~ vom Tage, ganz neu; soeben fertig, frisch; aktuell; (durante) ~s enteros tagelang; en su ~ rechtzeitig; de hoy en ocho ~s heute in acht Tagen; fig. el ~ de mañana die Zukunft; el mejor ~ e-s schönen Tages; el otro ~ neulich, kürzlich; iron. ¡otro ~! ein andermal!; morgen! (= nie); por ~s tageweise; ~ por ~ Tag für Tag; al otro ~, al ~ siguiente am nächsten Tag; aplazar de ~ en ~ (od. de un ~ para otro) von e-m Tag auf den andern verschieben; crecer de ~ en ~ immer größer werden; estar al ~ auf dem laufenden sein; auf der Höhe des Tages sein; fig. F ¡tal ~ hará (od. hizo) un año! ich pfeife was darauf! F; a.

darauf kannst du lange warten! F; poner(se) al ~ (s.) auf dem laufenden halten; (s.) einarbeiten; fig. u. ~ tener sus ~s s-e Tage haben; trabajar al ~ tagelöhnern; 2. Tag m (im Gg.-satz zur Nacht); Tageslicht n; ~ lunar Mondtag m; abre (od. despunta od. rompe) el ~ der Tag bricht an; ya es de ~ es wird schon hell; antes del ~ frühmorgens, vor Tagesanbruch; 3. Wetter n; hace buen ~ es ist schönes Wetter; 4. Gruß: (dar los) buenos ~s guten Morgen (bzw. Tag) (wünschen); (nach dem Mittagessen: buenas tardes); fig. no darse los buenos ~s verfeindet sein; ¡hasta otro ~! auf (baldiges) Wiedersehen!; 5. Leben(stage m/pl.) n; al fin de sus ~s (kurz) vor s-m Tod; en mis ~s zu m-r Zeit; ¡no en mis ~s! nie!; fig. por él no pasan los ~s an ihm geht die Zeit spurlos vorbei.
diabasa Geol. f Grünstein(schiefer) m.
dia|betes f Diabetes m, Zuckerkrankheit f; **~bético** adj.-su. diabetisch, zuckerkrank; m Diabetiker m; **~beto** Phys. m Tantalusbecher m.
dia|bla f 1. Teufelin f (a. fig.); F adv. a la ~ verteufelt schlecht, miserabel; 2. Thea. Kulissenlicht n; 3. ⊕ (Reiß-)Wolf m; **~blejo** m dim. Teufelchen n; **~blesa** f Teufelsweib n; **~blesco** adj. → diabólico; **~blillo** m Teufelsmaske f (a. Person); dim. Teufelchen n; Range f, Lausejunge m; **~blito** dim. m Teufelchen n.
diablo m 1. Teufel m; ~ (de hombre) Teufelskerl m; estos niños son el (mismísimo) ~ das sind (die reinsten) Teufelsrangen; ~ cojuelo lit. hinkender Teufel; fig. Kobold m, Schelm m; Störenfried m; un pobre ~ ein armer Teufel m (od. Schlucker m); fig. F ~ predicador der Teufel als Sittenprediger, der Wolf im Schafspelz; 2. b. Vergleichen: como el (od. como un) ~: correr como el ~ wie ein Irrer rennen; Verstärkung: eso pesa como el ~ das wiegt verteufelt schwer; F más que el ~ verdammt viel F; de mil ~s, de (todos) los ~s: hay un barrullo de mil ~s das ist ja ein Heidenlärm; 3. fig. anda el ~ suelto der Teufel ist los; darse al ~ (od. a todos los ~s) s. mächtig aufregen, außer s. sein; wüst schimpfen; F irse al ~ zum Teufel (od. vor die Hunde) gehen F; mandar al ~ a alg. j-n zum Teufel schicken F; j-n rausschmeißen F; F ya que nos lleve el ~, que sea en coche wenn uns schon der Teufel holt, dann bitte mit Glanz und Gloria; tener el ~ en el cuerpo den Teufel im Leib haben; 4. int. ¡diablo(s)! (zum) Teufel!, Donnerwetter!; ¡al ~ con ...! zum Teufel mit ...!; ¡un ~! (Ausdruck des Widerwillens gg. e-e Arbeit usw.) etwa: den Teufel werde ich tun!; ¿cómo ~s lo ha hecho? wie hat er das nur fertiggebracht?; ¡el ~ que lo entienda! das versteht kein Mensch!, das soll der Teufel verstehen!; ¡guárdate del ~! sei auf der Hut!; überlege dir genau, was du tun willst; ¡qué ~(s)! zum Teufel!; das fehlte gerade noch!; verflucht noch einmal! F; ¿qué ~s va a decir? was zum Teufel wird er sa-

gen?; ¡que el ~ cargue con él! der Teufel soll ihn holen!; ¡que se lo lleve el ~! hol's der Teufel!; no tiene el ~ por donde cogerle er ist der reinste Teufel; er ist ein Ausbund von Lastern; Spr. el ~, harto de carne, se metió a fraile wenn der Teufel alt wird, wird er fromm; → a. demonio; 5. C. Ri., Chi., Hond. ~s m/pl. azules Säuferwahn m; 6. Billardstockauflage f; 7. tex. Reißwolf m; 8. Chi. Ochsenwagen m für Langholz f; 9. Nagelzieher m; 10. Fi. ~ marino Drachenkopf m; ~ de mar Teufelsrochen m, Manta f; 11. □ Gefängnis n, Knast m F.
dia|blura f 1. Teufelei f; Streich m; 2. Mutwille m; **~bólico** adj. teuflisch; fig. vertrackt, verteufelt.
diábolo m Diavolo(spiel) n der Kinder.
dia|citrón m → acitrón; **~codión** m Mohnsaft m.
diaco|nado, ~nato m Diakonat n; **~nía** † f Diakonatsbezirk m; **~nisa** f Diakonisse f.
diácono m Diakon m.
diacrítico adj. diakritisch.
dia|cronía Li. f Diachronie f; **~crónico** Li. adj. diachronisch.
diacústica Phys. f Diakustik f.
diadema f Diadem n; Stirnband n; fig. Herrscherkrone f.
diado adj. anberaumt (Tag).
diadoco hist. u. fig. m Diadoche m.
diafanidad f Durchsichtigkeit f; Lichtdurchlässigkeit f.
diáfano adj. durch-sichtig, -scheinend; diaphan; fig. klar; offen.
diafanoscopia f Durchleuchtung f; **~pio** m Diaphanoskop n.
diaforético adj. → sudorífico.
diafragma f 1. Anat. Zwerchfell n; 2. Phys., ⊕, f Membran f; durchlässige Zwischenwand f; 3. Grammophon usw. Schalldose f; 4. Phot. Blende f; ~ de disco Scheibenblende f; ~ giratorio (iris) Revolver- (Iris-)blende f; **~r** Phot. vt/i. abblenden.
diagnos|is, Zo., f Diagnostik f; **~ticador** u. fig. m Diagnostiker m; **~ticar** [1g] v/t. diagnostizieren.
diagnóstico I. adj. diagnostisch; charakteristisch (Merkmal); II. m Diagnostik f; Diagnose f (a. fig.); Befund m; ~ diferencial (precoz) Differential- (Früh-)diagnose f.
diagonal I. adj. c 1. diagonal, schräg(laufend); en ~ schrägverlaufend; II. f 2. Diagonale f; 3. Diagonal m (schräggestreifter Stoff).
diágrafo m Diagraph m (Zeichengerät).
diagrama m 1. Diagramm n, Schaubild n; Skizze f, Abriß m; Kennlinie f; EDV ~ de flujo Flußdiagramm n; 2. Drudenfuß m.
dial m Rf. Stationsskala f; Tel. Nummernscheibe f.
dialectal adj. c mundartlich, dialektal; Dialekt...
dialécti|ca Phil. f Dialektik f; **~camente** adv. dialektisch; **~co I.** adj. dialektisch; materialismo m ~ dialektischer Materialismus m, DIAMAT m; II. m Dialektiker m.
dialec|tismo Li. m Dialekt-form f, -ausdruck m; **~to** m Dialekt m,

Mundart f; ~tología f Dialektologie f, Mundartenkunde f; ~tólogo m Dialektologe m.
diálisis ⚕, ⚕ f Dialyse f.
dialo|gador adj. gesprächsfreudig; ~gal adj. c dialogisch; ~gante adj. c gesprächsbereit; ~gar [1h] I. v/t. in Gesprächsform abfassen; Lit. ~ado dialogisiert, in Gesprächsform; II. v/i. ein Zwiegespräch führen, s. unterhalten; ~gismo Lit. m Dialogismus m, Darstellung f in Dialogform; ~gístico adj. dialogisch, Dialog...; in Dialogform dargestellt; ~gizar [1f] v/i. → dialogar.
diálogo m Dialog m; Zwiegespräch n; (Wechsel-)Gespräch n; es un ~ entre sordos sie reden aneinander vorbei.
dialoguista c Lit. Verfasser m von Dialogen; Film: Dialog-bearbeiter m; -regisseur m.
diaman|tado adj. diamantartig; ~tar v/t. Diamantglanz geben (dat.); ~te m 1. Diamant m; ~ (en) bruto Rohdiamant m; ~ rosa Rosette f; ~ de vidriero (Glaser-)Diamant m; ~ punta f de ~ a) Phono Saphir m; b) Diamantnadel f (Schmuck); c) Glaserdiamant m; 2. fig. bodas f|pl. de ~ diamantene Hochzeit f; 3. Typ. a) Brillant f (3-Punkt-Schrift); b) edición f ~ Diamantausgabe f; 4. Kart. etwa: Karo n; ~tífero adj. diamantenhaltig; Diamanten...; ~tino adj. diamanten, aus Diamanten; fig. stahlhart, ehern; unerschütterlich; ~tista c Diamanten-schleifer m; -händler m.
diametral adj. c diametral; línea f ~ Durchschnittslinie f; ~mente adv.: ~ opuesto diametral entgg.-gesetzt.
diámetro m Durchmesser m; Kfz. ~ de giro Wendekreis(durchmesser) m; ⚔ ~ del cañón Rohrweite f.
diana f 1. ⚔ (toque m de) ~ Wecken n; 2. (das Schwarze der) Zielscheibe f; dar en la ~, hacer ~ a. fig. ins Schwarze treffen.
dian|che, ~tre m F Teufel m; → a. diablo.
diapasón ♪ m 1. Griffbrett n (Geigen u. ä.); Stimmpfeife f; ~ (normal) Stimmgabel f; p. ext. a. Kammerton m; 2. Stimm- bzw. Tonumfang m F bajar (subir) el ~ leiser (lauter) sprechen; fig. fallar el ~ s. im Ton vergreifen, aus der Rolle fallen.
diapente ♪ m Quint(e) f.
diapositiva Phot. f Dia(positiv) n.
diaprea ⚕ f Art Pflaume f.
dia|rero m Arg. Zeitungsverkäufer m; ~riamente adv. täglich; ~rio I. adj. 1. täglich; Tages...; II. m 2. Tagebuch n; ✝ Tagebuch n, Journal n; ⚓ ~ de navegación, ~ de a bordo Schiffstage-, Log-buch n; Am. ~ oficial Amtsblatt n; 3. Tagesaufwand m; 4. de ~ Alltags...; a ~ täglich; 5. (Tages-)Zeitung f; Rf. ~ hablado Nachrichten f|pl.; ~rismo m Am. → periodismo; ~rista c Am. Journalist m; Zeitungsverleger m.
diarquía Pol. f Biarchie f.
diarre|a ⚕ f Durchfall m, Diarrhö f; ~ico adj. Durchfall...
diartrosis Anat. f (pl. inv.) Kugelgelenk n, Diarthrose f.

diarucho F m Am. Reg. Käseblatt n F.
diáspora Rel. f Diaspora f.
diaspro Min. m Art Jaspis m.
di|astasa f ⚕ Diastase f; ✝ → ~ástasis ⚕ f Diastase f, Ausea.-treten n von Knochen (od. Muskeln); ~ástole Metrik, ⚕ f Diastole f; ~astólico ⚕ adj. diastolisch; ~astrofia ⚕ f Verrenkung f; Verzerrung f.
dia|térmano Phys. adj. diatherman; ~termia ⚕ f Diathermie f; ~térmico ⚕ adj. diathermisch, Diathermie...
diatesarón ♪ m Quart f.
diátesis ⚕ f (pl. inv.) Diathese f.
diatomeas ⚕ f|pl. Kieselalgen f|pl.
diató|mico ⚕ adj. zweiatomig; ~nica ♪ f Diatonik f; ~nico ♪ adj. diatonisch.
diatriba f Schmäh-schrift f, -rede f; Invektive f.
diávolo m → diábolo.
dibu|jante m Zeichner m; ~ de Artes Gráficas Graphiker m; ~ de construcción (de prensa) Bau-(Presse-)zeichner m; ~ de productos industriales y comerciales Gebrauchsgraphiker m; ~jar I. v/t/i. zeichnen (a. fig.); II. v/r. ~se fig. s. abzeichnen; allmählich hervortreten; ~jo m 1. Zeichnen n; de ~ Zeichen...; ~ industrial technisches Zeichnen n; ~ publicitario Werbegraphik f; papel m de ~ Zeichenpapier n; 2. Zeichnung f; Entwurf m, Skizze f; ~s m|pl. animados Zeichentrickfilm m; ~ al carboncillo (a lápiz, a mano, a pluma) Kreide-(Bleistift-, Hand-, Feder-)zeichnung f; ~ en sección Schnitt(zeichnung f) m; ~ topográfico (topographische) Aufnahme f; 3. Gewebemuster n, Dessin n; con ~s gemustert; sin ~ uni(farben); 4. Kfz. ~ (de la banda de rodadura) (Reifen-)Profil n; 5. fig. Schilderung f.
dica|cidad ⚕ f Scharfzüngigkeit f; ~z adj. c (pl. ~aces) scharfzüngig, bissig.
dic|ción f 1. ⚕ Wort n; 2. Ausdrucksweise f, Art f des Vortrags, Diktion f; clases f|pl. de ~ Sprecherziehung f; ~cionario m Wörterbuch n, Lexikon n; ~ de bolsillo Taschenwörterbuch n; ~ ideológico, ~ analógico Begriffswörterbuch n; fig. ser un ~ ein wandelndes Lexikon sein; ~cionarista c Wörterbuchautor m.
díceres m|pl. Am. Gerüchte n|pl.
diciembre m Dezember m.
dicotiledóneo ⚕ adj. zweikeimblättrig.
dicotomía Phil., ⚕ f Dichotomie f.
dicro|ísmo m Dichroismus m b. Kristallen; ~mático adj. zweifarbig.
dicta|do m 1. Diktat n (a. fig.); escribir al ~ nach Diktat schreiben; 2. fig. Eingebung f, innere Stimme f; ~ de la conciencia Gewissensgebot n; 3. Titel m, (Bei-)Name m; ~dor m Diktator m; ~dura f Diktatur f.
dicta|men m Ansicht f, Meinung f; Urteil n; Gutachten n; Vortrag m; emitir un ~ → ~minar v/i. ein Gutachten abgeben; ~ (acerca) de (od. sobre) a/c. et. begutachten.

díctamo ⚕ m Eisenwurz f.
dicta|r v/t. 1. diktieren; 2. befehlen; vorschreiben; Gesetze erlassen; ~ (la) sentencia das Urteil fällen; 3. Vortrag halten; 4. fig. eingeben; hard lo que le dicta (bzw. dicte) la conciencia er wird nach s-m Gewissen handeln; ~torial adj. c diktatorisch, gebieterisch; ~torio adj. auf den Diktator bezüglich; hist. dignidad f ~a Würde f des Diktators.
dicterio m Schmähung f.
dicha f Glück n; Glückseligkeit f; adv. por ~ zum Glück, glücklicherweise; zufällig(erweise); Col. ¡qué ~! wie gut!, wie schön!, wie herrlich!; Spr. nunca es tarde si la ~ es buena besser spät als nie.
dichara|chero F adj.-su. Zotenreißer m; Witzbold m; ~cho m Zote f.
dichero F adj.-su. Andal. witzig, schlagfertig.
dicho I. part. zu → decir; 1. besagt, genannt; ~a casa die genannte Firma; ~ y hecho gesagt, getan; lo ~ das Gesagte, das Erwähnte; ¡lo ~! habe ich gesagt!; es bleibt dabei!; wie besprochen!; lo ~, ~ was man versprochen hat, muß man auch halten; ich stehe zu m-m Wort; está ~ das ist schon alles erledigt; das braucht nicht wiederholt zu werden; dejar ~ mündlich hinterlassen; ¡haberlo ~! hätte ich (bzw. hätten Sie usw.) das (nur) eher gesagt!; ~ (sea) de paso nebenbei bemerkt; no ser para ~ unsäglich (od. unbeschreiblich) sein; II. m 2. Ausdruck m; Ausspruch m; Witzwort n; Sinnspruch m, Sentenz f; es un ~ man sagt das so; es ist (nur) e-e Redensart; F soltarle a alg. cuatro ~s j-m ein paar Frechheiten an den Kopf werfen; Spr. del ~ al hecho hay mucho trecho Versprechen u. Halten ist zweierlei; 3. ⚖ (Zeugen-)Aussage f; 4. Thea. ~s m|pl. die Vorigen (Bühnenanweisung); 5. tomarse los ~s sich verloben (Ehebereitschaftserklärung vor der geistlichen Behörde); Südspan. toma f de ~s Verlobung f.
dichón adj. Rpl. → dicaz.
dichoso adj. 1. pred. (ser, sentirse) glücklich, glückselig; 2. int. ¡~ los ojos (que te ven)! wer kommt denn da!; sieht man dich auch einmal wieder!; das ist ja e-e Überraschung!; ¡(usw.) wiederzusehen; 3. attr. lit. ~a soledad f selige Einsamkeit f; 4. attr. F leidig; verflixt F, verdammt F.
didácti|ca f Didaktik f; ~co I. adj. didaktisch, Lehr...; método m ~ Unterrichtsmethode f; poesía f ~a Lehrgedicht n; II. m Didaktiker m.
didelfos Zo. m|pl. Beuteltiere n|pl.
dieci|nueve num. neunzehn; el siglo ~ das neunzehnte Jahrhundert; ~nueveavo num. Neunzehntel n; ~ochavo num. Achtzehntel n; Typ. m Oktodez(format) n; ~ocheno num. achtzehnte(r, -s); adj. tex. 1800fädig (Kette); ~ochismo m Eigenart f (Stil, Mode usw.) des 18. Jhs.; ~ochista adj. c zum 18. Jh. gehörig; typisch 18. Jh.; ~ocho num. achtzehn; ~séis num. sechzehn; ~seisavo num. Sechzehntel

dieciseiseno *n; Typ. m* Sedez(format) *n;* ~**seiseno** *num.* sechzehnte(r, -s); *adj. tex.* 1600fädig (*Kette*); ~**siete** *num.* siebzehn; ~**sieteavo** *num.* Siebzehntel *n.*

diedro ⚥ **I.** *m* Dieder *n;* **II.** *adj. ángulo m* ~ von zwei s. schneidenden Ebenen gebildeter Winkel *m.*

Diego *m* 1. *npr.* Jakob *m; fig.* F *hacer el Don* ~ den Unwissenden spielen; *donde digo "digo", no digo "digo", sino digo "~" etwa:* ein Oberkonfusionsrat!; 2. ⚥ ♀ → dondiego.

dieléctrico *Phys. adj.-su.* dielektrisch; *m* Dielektrikum *n.*

dien|te *m* 1. Zahn *m;* ~s *m/pl.* Zähne *m/pl.,* Gebiß *n;* ~s *anteriores* Vorderzähne *m/pl.;* ~ *canino,* ~ *columelar (molar)* Eck- (Backen-)zahn *m;* ~ *empotrado,* ~ *de espiga* Stiftzahn *m;* F ~s *de embustero* auseastehende Zähne *m/pl.;* ~ *incisivo* Schneidezahn *m;* ~ *inferior (superior)* oberer (unterer) Zahn *m;* ~s *de leche* Milchzähne *m/pl.;* ~s *permanentes* bleibendes Gebiß *n;* ~ *postizo* künstlicher Zahn *m;* ~ *venenoso* Giftzahn *m; hilera f de ~s* Zahnreihe *f; me duelen los ~s* ich habe Zahnschmerzen; *echar* ~s Zähne bekommen, zahnen; → *a.* 2.; 2. *fig. adv. de ~s afuera* heuchlerisch, unaufrichtig; *alargársele a alg. los* ~s et. schrecklich gern haben wollen; großen Appetit bekommen; *dar* ~ *con* ~ mit den Zähnen klappern; *decir (od. hablar) entre* ~ in den Bart brummen, brabbeln; *fig.* echar los ~s wütend sein; *a. fig.* enseñar los ~s die Zähne zeigen; *no haber para untar un* ~, *no tener para un* ~ nichts zu brechen u. zu beißen haben; *Méj., P. Ri., Ven. pelar el* ~ kokett lächeln; *j-n* anhimmeln; *poner los ~s largos a alg.* j-m den Mund wässerig machen; *romperse los* ~s *con* s. die Zähne ausbeißen an (*dat.*); *tener buen* ~ ein guter Esser sein; *traer entre* ~s *a alg.* j-n nicht ausstehen können; j-n schlechtmachen; 3. ⊕ Zacken *m,* Zinke *f;* Zahn *m* am Zahnrad; 4. ♀ (Knoblauch-)Zehe *f;* ~ *de león* Löwenzahn *m;* ~ *de muerto* Platterbse *f;* ~ *de perro* Hundszahn *m,* Quecke *f;* 5. *Geogr.* Zacke *f;* ~**tecillo** *m dim.* Zähnchen *n;* ~**timellado** *adj.* zahnlückig; ~**tudo** *adj.* → dentudo.

diéresis ⌺ *f (pl. inv.)* 1. *Gram., Metrik* Diärese *f (a.* ♪*),* Trennung *f* von Diphthongen; 2. Trema *n.*

dies irae *kath. m* Dies irae *n (Sequenz des Seelenamts).*

diesel *m* ⊕ *(a. diésel)* Dieselmotor *m; a. Kfz.* Diesel(öl) *n;* ~**eléctrico** *adj.* dieselelektrisch; ~**ización** 🎙 *f* Umstellung *f* auf Dieselbetrieb; ~**izar** [1f] *v/t.* auf Dieselbetrieb umstellen.

diesi ♩ *f* Erhöhung(szeichen *n) f,* Kreuz *n.*

dies|tra *f* rechte Hand *f,* Rechte *f; vgl. a.* → ~**tro I.** *adj.* 1. rechte(r, -s); rechtshändig; 2. geschickt, gewandt; anstellig; schlau, wendig; ~ *en hablar* gewandter Sprecher; *adv. a* ~*a y siniestra* aufs Geratewohl, in die Kreuz u. Quer, drauflos; **II.** *m* 3. Rechtshänder *m;* 4. *Stk.* Matador *m;* 5. *Equ.* Zaum *m,* Halfter *f, n, m.*

dieta[1] *f* Diät *f,* Kranken-, Schonkost *f; allg.* Ernährungsweise *f;* ~ *adelgazante* Schlankheitsdiät *f;* ~ *cruda* Rohkost *f;* ~ *disociativa* Trennkost *f;* ~ *láctea* Milch-diät *f, -kur f; estar a* ~ *(rigurosa)* (strenge) Diät halten (müssen); auf schmale Kost gesetzt sein; *poner a* ~ *a j-m* Diät verordnen, *j-n* auf Diät setzen; *fig. tener a* ~ *a alg.* j-n kurz *(od.* knapp) halten.

dieta[2] *Pol. f* 1. Landtag *m; z. B.* Schweden *u. hist.* Reichstag *m;* ~ *federal* Bundestag *m;* 2. ~s *f/pl.* Tagegelder *n/pl. (Beamte),* Diäten *f/pl. (Abgeordnete);* Spesen *pl., (Zeugenusw.)* Gebühren *f/pl.;* ~s *de asistencia* Anwesenheits-, Sitzungs-gelder *n/pl.;* ~**rio** *m* 1. Haushalts-, Abrechnungs-buch *n;* Merk-, Notiz-buch *n;* 2. *hist. Ar.* Chronik *f.*

dietéti|ca *f* Diätetik *f,* Ernährungskunde *f,* -wissenschaft *f;* ~**co** ⚕ **I.** *adj.* diätetisch, Diät...; **II.** *m* Diätassistent *m.*

dietoterapia ⚕ *f* Diättherapie *f.*

diez I. *num.* 1. zehn; *Alfonso* ~ Alphons der Zehnte (*od.* der Weise); *el* ~ *de setiembre* am zehnten September; **II.** *m* 2. Zehn *f; Kart.* ~ *de bastos etwa:* Kreuzzehn *f; Sch., Univ. sacar un* ~ eine Bestnote bekommen, *pt. etwa:* eine Eins bekommen; 3. *kath.* Gesetz *n* des Rosenkranzes; Vaterunserperle *f;* 4. *Chi.* Zehncentavostück *n;* 5. *euph. für* Gott *m.*

diez|mar I. *v/i. hist.* den Zehnten zahlen, (ein)treiben); **II.** *v/t. hist. u. fig.* dezimieren; aufräumen unter (*dat.*); ~**mero** *hist. m* Zehntentrichter *m bzw.* -empfänger *m;* ~**mesino** *adj.* zehnmonatig.

diezmi|lésimo *num.* Zehntausendstel *n;* ~**límetro** *m* Zehntelmillimeter *m, n.*

diezmo *hist. m* Zehnt(abgabe *f) m.*

difama|ción *f* Verleumdung *f,* üble Nachrede *f;* Lästerung *f;* ~**dor** *adj.-su.* verleumderisch, diffamierend; *m* Verleumder *m;* Ehrabschneider *m;* ~**r** *v/t.* verleumden, diffamieren; verketzern; entehren, schmähen; ~**torio** *adj.* verleumderisch, ehrenrührig. [phasen...)

difásico ⊕ *adj.* zweiphasig, Zwei-)

diferen|cia *f* 1. Unterschied *m,* Verschiedenheit *f;* Abstand *m;* ~ *de (la) edad* Altersunterschied *m;* ~ *de nivel* Gefälle *n;* ~ *en más (en menos)* Plus- (Minus-)differenz *f; a* ~ *de* zum Unterschied von (*dat.*), im Unterschied zu (*dat.*); *hacer (una)* ~ *(entre)* unterscheiden (zwischen *dat.*); *¡va una gran* ~*!* das ist et. ganz anderes!; 2. ⚥ Rest *m;* Differenz *f;* 3. ♱ Rest(betrag) *m;* Fehlbetrag *m;* 4. *fig.* Meinungsverschiedenheit *f,* Streit *m,* Differenz *f; partir la* ~ beiderseits nachgeben, s. auf halbem Wege entgegenkommen; ~**ciación** *f* Differenzierung *f (a.* ⚥); ~**cial I.** *adj. c* Ausgleichs...; Differenz...; Differential...; ⚥ *cálculo* ~ Differentialrechnung *f;* ♱ *tarifa f* ~ Differentialtarif *m;* **II.** *adj.-su.* ⊕ *Kfz. (de engranaje m)* ~ Differential *n,* Ausgleichsgetriebe *n;* **III.** *f* ⚥ Differential *n;* ~**ciar** [1b] **I.** *v/t.* 1. unterscheiden, ⌺ differenzieren; ~ *A de B*

A von B unterscheiden; ~ *la comida* das Essen abwechslungsreich gestalten; **II.** *v/i.* 2. uneinig sein; ~ *en opiniones* verschiedener Meinung sein; **III.** *v/r.* ~*se* 3. s. unterscheiden (von *dat.* de, durch *ac.* por); abweichen; *fig.* s. auszeichnen; 4. *Biol.* s. differenzieren; ~**te** *adj. c* 1. unterschiedlich; verschieden; abweichend; *ser* ~ *de (bzw. en)* verschieden sein von (*dat.*) *(bzw.* in *dat.*); 2. *vor su.* ~s *pl.* mehrere, manche, verschiedene.

diferir [3i] **I.** *v/t.* auf-, hinaus-schieben; verschieben (auf *ac. a*); verzögern; vertagen; **II.** *v/i.* (vonea.) abweichen; verschieden sein; ausea.-gehen, differieren; ~ *de los demás* anders sein *(bzw.* denken) als die übrigen; ~ *(de alg.) en opiniones* e-e andere Meinung haben (als j.).

difícil *adj. c* 1. schwer, schwierig; beschwerlich; knifflig; es ~ + *inf.* es ist (*od.* hält) schwer, zu + *inf.;* ~ *de hacer* schwer zu tun *(bzw.* zu machen); (*él*) es ~ *de llevar* es ist schwer, mit ihm auszukommen; *libros m/pl.* ~*es de leer* schwer lesbare Bücher *n/pl.; lo veo (od. me parece)* ~ das halte ich für unwahrscheinlich; das wird wohl kaum gehen; *Spr. los comienzos siempre son* ~*es* aller Anfang ist schwer; 2. heikel (*Situation*); schwer zufriedenzustellen(d); spröde, widerspenstig (*Person*); 3. verunstaltet, häßlich (*Gesicht*); ~**mente** *adv.* schwer; schwerlich, kaum.

dificul|tad *f* 1. Schwierigkeit *f;* Hindernis *n;* Mühe *f; a.* ⊕ ~ *de manejo* Bedienungsschwierigkeit *f;* ~ *de oído* Schwerhörigkeit *f;* ~ *respiratoria* Atemnot *f;* ~ *de visibilidad* Sichtbehinderung *f;* F *Don* ~*es* → dificultista; *estoy en* ~*es* ich bin in (momentaner) Verlegenheit; ich habe Schwierigkeiten; *poner* ~*es* Schwierigkeiten bereiten (*od.* machen); *adv. con* ~ (nur) schwer; schwerlich, kaum; *adv. sin la menor* ~ ohne weiteres, anstandslos, glatt; 2. Bedenken *n/pl.,* Einwand *m;* ~**tador** *adj.-su.* erschwerend; *m* Umstandskrämer *m* F; ~**tar** *v/t.* erschweren, behindern; schwierig(er) machen; ~**tista** F *c* Umstandskrämer *m* F; ~**toso** *adj.* 1. schwierig, mühsam; bedenklich; 2. F auffallend *bzw.* verunstaltet (*Gesicht*); 3. → dificultador.

diflu|ente *adj. c* zerfließend; ~**ir** [3g] *v/i.* s. auflösen, zerfließen.

diforme *adj. c inc.* → deforme.

difrac|ción *Phys. f* Beugung *f;* ~ *(de la luz)* Lichtbeugung *f;* ~**tar** *Opt. v/t.* beugen.

dif|teria ⚕ *f* Diphtherie *f;* ~**térico** *adj.* Diphtherie..., diphtherisch.

difum(in)ar *v/t. Graphik, Typ.* verlaufen lassen, schummern.

difundi|do *adj.* bekannt, verbreitet; ~**r I.** *v/t.* 1. Flüssigkeiten ausschütten; versprühen; 2. *Nachrichten* verbreiten; *Rf.* Sendungen übertragen; **II.** *v/r.* ~*se* 3. s. ausbreiten, bekannt werden.

difun|tear P *v/t.* abmurksen P, umlegen F; ~**to I.** *adj.* tot, verstorben; **II.** *m* Verstorbene(r) *m; día m de (los fieles)* ~s Allerseelentag *m.*

difu|sión *f* 1. Aus-, Ver-gießen *n;*

Versprühen n; 2. Mischung f, Verschmelzung f; 3. Streuung f (a. Phys.), Verbreitung f; Rf. ~ de programas Programmübertragung f; 4. fig. Weitschweifigkeit f; ~so adj. 1. verbreitet; weit; Phys. diffus, zerstreut (Licht, Wärme); luz f ~a Flutlicht n; 2. fig. weitschweifig; verschwommen; ~sor m 1. Phys., ⊕ Diffusor m; Absüßer m in Zuckerfabriken; 2. Zerstäuber m (Parfüm); 3. Auto: Vergaserdüse f.
digeri|ble adj. c verdaulich; fácilmente ~ leichtverdaulich; ~r [3i] I. vt/i. 1. verdauen; II. v/t. 2. 🐎 ausziehen, -laugen; 3. fig. innerlich verarbeiten; genau überdenken; fig. Unglück usw. verschmerzen, verwinden; F no poder ~ a alg. j-n nicht ausstehen können, j-n im Magen haben F.
digesti|bilidad f Verdaulichkeit f; ~ble adj. c (leicht)verdaulich; ~ón f 1. Verdauung f; de difícil ~ schwerverdaulich; F cortarse la ~ s. den Magen verderben; fig. F ser de mala ~ unausstehlich sein; 2. 🐎 Auslaugen n; ~vo adj.-su. m Verdauungs...; verdauungsfördernd(es Mittel n); aparato m ~ Verdauungsapparat m; licor m ~ Magenlikör m.
digestor 🐎, ⊕ m Dampfkochtopf m; Papinscher Topf m.
digita|ción ♪ f Fingersatz m; ~do Zo., ♀ adj. gefingert; fingerförmig; ~l I. adj. c 1. ⊕, bsd. EDV digital, Digital..., Ziffern...; 2. Finger...; 🖋 digital; II. f 3. ♀ Fingerhut m; pharm. Digitalis n; ~lina 🐎 f Digitalin n; ~lizar [1f] v/t. EDV digitalisieren.
digitígrados Zo. m/pl. Zehengänger m/pl.
dígito I. adj.-su. m Arith. einstellig(e Zahl f); de dos ~s zweistellig (Zahl); II. m Astr. Zwölftel n des Sonnen- od. Monddurchmessers.
digitoxina pharm. f Digitoxin n.
diglosia Li. f Diglossie f.
digna|ción f Herablassung f; ~mente m. würdig, mit Würde; ~rse v/r. geruhen, s. herablassen, die Güte haben (zu + inf. a + inf., od. mst. ohne prp.); Su Majestad se dignó recibirla Ihre Majestät geruhte(n), sie zu empfangen; dígnese + inf. a) Verw., höfliche Aufforderung: wollen Sie bitte + inf.; b) mst. iron. F geruhen Sie (bitte), zu + inf.; ~tario m Würdenträger m; alto (od. gran) ~ hoher Würdenträger m.
digni|dad f 1. Würde f; ~ humana, ~ del hombre Menschenwürde f; 2. Anstand m, würdiges Benehmen n; adv. con ~ würdig, würdevoll; 3. (Ehren-)Amt n; (Amts-)Würde f; a. Würdenträger m; bsd. kath. rentas f/pl. de ~ Pfründe(ngelder n/pl.) f; Su ♀ S-e Ehrwürden, S-e Eminenz; ~ficante adj. c würdig machend; ~ficar [1g] v/t. würdig machen; zu e-r Würde erheben.
digno adj. 1. würdevoll, würdig; ehrenwert; 2. angemessen, passend; ~ de würdig (gen..); ~ de atención beachtens-, bemerkens-wert; ~ de compasión bemitleidenswert; ~ de confianza (de fe) vertrauens-(glaub-)würdig; ~ de consideración beachtlich, beachtlich, ~ de mención (de verse) erwähnens-

(sehens-)wert; con un empeño ~ de mejor causa mit e-m Eifer, der e-r besseren Sache würdig (gewesen) wäre. [rung f.⟩
digrafía † f doppelte Buchführ-⟩
digresión f Abschweifung f, Abweichung f; Exkurs m.
dije¹ pret. zu decir.
dije² m Anhänger m (Schmuck); fig. Perle f, Juwel n (Person).
dilacera|ción f Zerfleischung f; fig. Entehrung f; ~nte adj. c reißend (Schmerz); ~r v/t. zer-reißen, -fleischen; fig. Ehre schmähen; Stolz brechen.
dilación f Verzögerung f; Aufschub m; sin ~ unverzüglich.
dilapida|ción f Verschwendung f, Vergeudung f; ~dor adj.-su. verschwenderisch; m Verschwender m; ~r v/t. verschwenden, vergeuden.
dilata|bilidad Phys. f Dehnbarkeit f; Ausdehnungsvermögen n; ~ble adj. c (aus)dehnbar; ~ción f 1. Erweiterung f (a. 🖋), Ausweitung f; 2. Phys. Ausdehnung f; 3. fig. ~ (del ánimo) innere Ruhe f (bzw. Freude f); ~do adj. ausgedehnt; weit; a. fig. con las aletas de la nariz ~as mit geblähten Nüstern; ~dor 🖋 m Dilatator m (Muskel u. Instrument); ~r I. v/t. 1. (aus)dehnen, erweitern (a. fig.); a. ⊕ ausweiten; fig. Herz erheben; 2. †, lit., Am. verzögern, hinausziehen; 3. 🐎 ver-, auf-schieben; a. verbreiten, bekanntmachen; II. v/r. ~se 5. s. (aus)dehnen, s. erweitern; 6. fig. s. verbreiten, weitschweifig werden in e-r Rede usw.
dilato|ria f Aufschub m; andar con (od. en) ~s et. auf die lange Bank schieben; ~rio 🖋 adj. aufschiebend, Verzögerungs..., Verschleppungs...
dilecto lit. u. burl. adj. (innig) ge-⟩
dilema m Dilemma n.   [liebt.⟩
diletan|te adj.-su. c a. desp. dilettantisch; m Dilettant m, Amateur m; teatro m de ~s Liebhaberbühne f; ~tismo m Kunstliebhaberei f; Dilettantismus m; desp. Stümperei f.
diligen|cia f 1. Fleiß m, Eifer m; Sorgfalt f; Beflissenheit f; Schnelligkeit f; 2. 🖋 Gerichtsakt m; behördliche Maßnahme f, Veranlassung f; ~s f/pl. a. polizeiliche Ermittlungen f/pl.; 3. fig. Maßnahme f, Bemühung f; Geschäft n; bsd. Am. Besorgung f, Behördengang m; hacer ~s a. die notwendigen Schritte unternehmen; 4. hist. Postkutsche f; ~ciar [1b] bsd. Verw. v/t. betreiben, in die Wege leiten; erledigen, bearbeiten; ~ciero m etwa: Agent m für Bearbeitung von Schrift- u. Behördensachen (a. freiberuflich); ~te adj. c fleißig; sorgfältig; zuverlässig; flink; ~ para cobrar rasch im Kassieren.
dilucida|ción f Aufklärung f; Erläuterung f; ~r v/t. aufklären, erläutern, erhellen.
dilu|ción f Verdünnung f; ~ente m Verdünnungsmittel n; ~ir [3g] v/t. verdünnen; auflösen; vermischen; sin ~ unverdünnt.
dilu|vial Geol. adj. c-su. diluvial; m Alluvium n; ~viano adj. sintflutartig; Sintflut...; ~viar [1b] v/i. in Strömen regnen, schütten; ~vio m 1. Sintflut f (a. fig.; bibl. a. ♀ Universal);

difuso — dinero

fig. Flut f, Schwall m; ~ de balas Kugelhagel m; detrás de mí el ~ nach mir die Sintflut; 2. Geol. Diluvium n; ~yente m → diluente.
dimana|ción f Ausströmung f; Ausströmen n; fig. Ursprung m; ~r v/i. herrühren, s. herleiten (von dat. de); su éxito dimana de su voluntad den Erfolg verdankt er s-m Willen.
dimen|sión f Ausdehnung f, Ausmaß n, Dimension f; TV ~ de la imagen Bildumfang m; ~sional adj. c dimensional, Ausdehnungs...; ~sionar ⊕ v/t. dimensionieren, bemessen.
dimes F: ~ y diretes m/pl. Hin u. Her n, Rede u. Widerrede f; andar en ~ y diretes s. herumstreiten, herumdiskutieren.
dimicado m Arg. durchbrochene Stickerei f.
diminu|tamente adv. 1. 🐎 spärlich; kärglich; 2. einzeln, ausführlich; ~tivamente adv. verkleinernd; ~tivo Gram. I. adj. verkleinernd; sufijo m ~ Diminutivsuffix n; II. m Diminutiv(um) m, Verkleinerungswort n; ~to adj. winzig; ♪ vermindert.
dimi|sión f Rücktritt m, Demission f; Abdankung f, Verzicht m; presentar su ~ s-n Rücktritt einreichen; hacer ~ de verzichten auf (ac.); ~sionario adj. 1. zurücktretend; 2. zurückgetreten; ~sorias f/pl. ecl. Dimissoriale n; fig. llevar(se) ~ auf die Straße gesetzt werden; e-e Abfuhr erhalten; ~tente adj.-su. c → dimisionario; ~tir I. v/t. Amt aufgeben, niederlegen; ~ el cargo de presidente von der Präsidentschaft zurücktreten; II. v/i. zurücktreten.
dimorfo 🖲 adj. dimorph.
dina Phys. f Dyn n.
dinacho ♀ m Chi. eßbare Araliazee.
Dinamar|ca f Dänemark n; 2qués adj.-su. dänisch; m Däne m; das Dänische.
dinamia f → kilográmetro.
dinámi|ca Phys., ♪ f Dynamik f; ~co adj. dynamisch (a. fig.); kraftvoll, energisch; schwungvoll.
dinamismo m 1. 🖲 Dynamismus m; 2. fig. Dynamik f, Schwung m.
dinami|ta f Dynamit n; ~tar v/t. mit Dynamit sprengen; ~tazo m Dynamitsprengung f; ~tero adj.-su. Dynamit...; m Sprengmeister m; Sprengstoffattentäter m.
dínamo od. **dinamo** ⚡ f Dynamo(-maschine f) m; Kfz. Lichtmaschine f.
dina|moeléctrico adj. dynamoelektrisch; ~mómetro m Dynamometer n, Kraftmesser m; ~motor ⚡ m Motorgenerator m.
dinar m Dinar m (Münze).
dinas|ta m Dynast m; ~tía f Dynastie f (a. fig.); Herrschergeschlecht n; ~haus n.
dinástico adj. dynastisch.
dine|rada f Menge f Geld; ~ral I. adj. c: pesa f ~ Geldwaage f; II. m große Menge Geld, Heidengeld n F; F costar un ~ e-e Stange Geld kosten F; ~rillo ↘ F Sümmchen m; hist. Münze n in Ar. u. Val.
dinero m 1. Geld n; ~ bancario, ~ en cuentas (blanco) Buch- (Silber-)geld

dingo — directo

n; ~ *en caja* Kassen-, Geld-bestand *m*; *fig.* ~ *caliente* heißes Geld *n*; ~ *al contado*, ~ *contante*, ~ *en metálico*, ~ *en efectivo* Bargeld *n*; ~ *contante y sonante* klingende Münze *f*; ~ *metálico* Hartgeld *n*; *de plástico* Plastikgeld *n*; ~ *suelto* Klein-, Wechsel-geld *n*; *kath.* ~ *de San Pedro* Peterspfennig *m*; *fig. cambiar el* ~ ohne Gewinn verkaufen; *estar mal con su* ~ schlecht mit s-m Geld umgehen; *estar (od. andar) mal de* ~ kein Geld haben; *hacer* ~ (viel) Geld verdienen (*od.* machen); ~ *llama* ~ wo Geld ist, kommt Geld zu; *el* ~ *no hace la felicidad* Geld (allein) macht nicht glücklich (, aber es beruhigt); **2.** *hist.* Bezeichnung versch. Münzen.

dingo *Zo. m* Dingo *m*.

dingolondangos F *m/pl.* Zärtlichkeiten *f/pl.*, Hätschelei *f*; Mätzchen *n/pl.* F.

dinosaurio *Zo. m* Dinosaurier *m*.

dintel △ *m* Oberschwelle *f*, Tür- *bzw.* Fenster-sturz *m*; häufig fälschlich für Türschwelle *f*.

dintorno *Mal.*, △ *m* Umriß *m*, Figur *f*.

diñarla P *v/i.* sterben, abkratzen F, krepieren P.

diocesano *ecl. adj.-su.* diözesan; *m* Diözesan *m*; *kath. consejo m* ~ Ordinariat *n*.

diócesis *ecl. f* Diözese *f*, Sprengel *m*.

diodo HF *m* Diode *f*.

dioico ⚥ *adj.* zweihäusig.

dionea ⚥ *f* Venusfliegenfalle *f*, Klebnelke *f*. [sisch.⟩

diop|tra *Opt. f* Diopter *m* (Zielgerät); **~tría** *Opt. f* Dioptrie *f*.

dióptri|ca *Opt. f* Lehre *f* von der Lichtbrechung *f*, † Dioptrik *f*; **~co** *Opt. adj.* dioptrisch.

diorama *m* Diorama *n*.

Dios *m* **1.** Gott *m*; *el Buen* ~ der liebe Gott; ~ *Hombre de* menschgewordene Gott, Gottmensch *m*; *a* → *adiós*; *¡ay* ~*!*, *¡oh* ~*!* ach Gott!, o Gott!; ~ (*mío)!* (mein) Gott!; *¡por* ~*!* um Gottes willen!; aber ich bitte Sie (*bzw.* dich)!; *fig. cada mañana de* ~ jeder (*bzw.* jeden) Morgen (, den Gott gibt); F *todo* ~ jeder, alle; *¡alabado sea* ~*!* gottlob!; Gott sei gelobt!; gelobt sei Jesus Christus! (*Gruß beim Eintreten*); *¡*~ *nos asista!*, *¡*~ *nos coja confesados!*, *¡*~ *nos tenga de su mano!* Gott steh' uns bei!, um Gottes (*od.* um Himmels) willen!; *¡*~ *te ayude!* helf' Gott!, wohl bekomm's (*beim Niesen*); *¡*~ *te bendiga!* Gott segne dich!; *¡bendito sea* ~*!* Gelobt sei Gott!, Gott befohlen!; *F um Gottes willen!*; F *a la buena de* ~ aufs Geratewohl, ins Blaue hinein; *kath. darle a* ~ *a alg.* j-m die (letzte) Wegzehrung spenden; *darse* ~ *y a los santos* **a)** zu allen Heiligen flehen; sehr besorgt sein; **b)** F verdammt fluchen; F ~ *te (se usw.) la depare buena* wir wollen das Beste hoffen; *digan que de* ~ *dijeron* laßt sie doch reden; um ihr Gerede kümmere ich mich nicht; ~ *dirá* das liegt in Gottes Hand, das steht bei Gott; *como* ~ *le da a entender* so gut er's eben versteht; *estaba de* ~ Gott hat es so gewollt, es war e-e Fügung Gottes; *estar con* ~, *gozar de* ~ bei Gott (*od.* im Himmel) sein, selig sein; *¡*~ *te guarde!* Gott schütze dich!; *para él no hay más* ~ (*ni Santa María*) *que el juego* das Spiel ist sein ein u. alles; ~ *me (le usw.) habló* es war e-e Eingebung Gottes; *de menos nos hizo* ~ etwa: trotz allem hoffe ich, es (mit m-n bescheidenen Mitteln *od.* Kräften) fertigzubringen; *¡*~ *nos libre!* Gott behüte!; *¡*Gott steh' uns bei!*; ~ *le ha llamado* Gott hat ihn zu s. gerufen, er ist gestorben; *llamar a* ~ *de tú* allzu unverfroren sein (*bsd. mit Höhergestellten*); *fig. como* ~ *manda* wie es s. gehört, anständig F; *necesitar* ~ *y ayuda* vor e-r äußerst schwierigen Aufgabe stehen; *ofender a* ~ Gott beleidigen; s. versündigen; *¡*~ *te (usw.) oiga!* der Herr erhöre dich!, hoffentlich!, dein Wort in Gottes Ohr!; ~ *se lo pague* vergelt's Gott!; *pedir por* ~ betteln; ~ *me perdone, pero* ... Gott verzeih' mir, aber ...; *poner a* ~ *por testigo (de a/c.)* Gott zum Zeugen anrufen (für et. *ac.*); *ponerse a bien con* ~ beichten; *si* ~ *quiere* so Gott will; *¡no (lo) quiera* ~*!* da sei Gott vor!; *recibir a* ~ kommunizieren; *sabe* ~ weiß Gott; vielleicht; ~ *sabe (que digo la verdad)* Gott weiß es *od.* Gott ist mein Zeuge (, daß ich die Wahrheit sage); *no servir a* ~ *ni al diablo* zu gar nichts taugen; *si* ~ *es servido od. como* ~ *sea servido* wie (*od.* so) Gott will, wenn es zur Ehre Gottes geschieht; *tentar a* ~ Gott versuchen (*fig.*); *¡válgame* ~*!* Gott steh' mir bei!; *¡vaya por* ~*!* **a)** wie Gott will!; **b)** F stell dir vor!, so etwas!, es ist nicht zu fassen F; *¡vete (vaya) bendito de* ~*!*, *¡vete (vaya) con* ~*!* behüte dich (Sie) Gott, ade!; nun geh' (gehen Sie) schon endlich!, ~ hör'(hören Sie) bloß auf damit!; laß' (lassen Sie) mich endlich in Ruh!; *venir a* ~ *a alg.* unversehens Glück haben, e-e unerwartete Freude erleben; *¡venga* ~ *y véalo!* das ist himmelschreiend! (*Unrecht, Fehler u.ä.*); *vivir como* ~ (*en Francia*) wie Gott in Frankreich leben; *lit. ¡vive* ~ *bei Gott!*; *voto a* ~ K das schwöre ich (bei Gott); F verdammt noch mal F; verflixt (und zugenäht) F; *Spr. los cría y ellos se juntan* gleich und gleich gesellt s. gern; F *si* ~ *de ésta me escapa, nunca me cubrirá tal capa* etwa: wenn Gott mir nur diesmal noch heraushilft, werde ich mich nie mehr in e-e solche Sache einlassen; **2.** ⚥ heidnischer Gott *m*, Gottheit *f*; Götter-bild *n*, -statue *f*; Abgott *m*, Götze *m*; ⚥ *es m/pl.* domésticos Hausgötter *m/pl.*

diosa *f* Göttin *f*.

dioscuros *Myth. m/pl.* Dioskuren *m/pl.*

dióxido ⚛ *m* Dioxid *n*.

dipétalo ⚥ *adj.* zweiblättrig.

diplococos *Biol. m/pl.* Diplokokken *m/pl.*

diplo|ma *m* Diplom *n*; Zeugnis *n*; Urkunde *f*; **~macia** *f* Diplomatie *f* (*a. fig.*); *fig.* Verhandlungsgeschick *n*; kluge Berechnung *f*; **~mado** *adj.* diplomiert; Diplom...; **~mar** *v/t.* diplomieren, Diplom...; **~mática** *f* Diplomatik *f*, Urkundenlehre *f*; **~máticamente** *adv.* diplomatisch; **~mático I.** *adj.* **1.** diplomatisch (*a. fig.*); Diplomaten...; *Cuerpo m* ~, *Abk.* CD Diplomatisches Korps *n*; **2.** Diplom...; **II.** *m* **3.** Diplomat *m* (*a. fig.*).

dipolo *od.* **dípolo** HF *m* Dipol *m*.

dip|somaníaco, **~sómano** ⚥ ⚥ *adj.-su.* trinksüchtig.

díptero ⟨⟩ *adj.-su. m* **1.** △ Gebäude *n* mit doppelter Säulenreihe; **2.** *Ent.* ~*s m/pl.* Zweiflügler *m/pl.*

dípti|ca *f* **1.** *hist.* Klappschreibtafel *f*; **2.** *ecl. mst.* ~*s pl.* Bischofs- u. Spender-liste *f e-r* Diözese; **~co** *m* Mal. Diptychon *n*.

dipton|gación *Li. f* Diphthongierung *f*; **~gar** [1h] *Li. v/i.* diphthongieren; **~go** *Li. m* Diphthong *m*; ~ *creciente (decreciente)* steigender (fallender) Diphthong *m*.

diputa|ción *f* **1.** Abordnung *f*, Deputation *f*; Dauer *f e-s* Mandats; ~ *provincial etwa:* Provinzialland-, Kreis-tag *m*; **2.** *Méj.* Rathaus *n*; **~do** *m* Abgeordnete(r) *m* (von X por X); ~ *del Congreso* Kongreß-, Parlamentsabgeordnete(r) *m*; ~ *provincial etwa:* Kreistagsabgeordnete(r) *m*; *v/t.* abordnen; als Vertretung wählen; ins Parlament (in den Bezirkstag *usw.*) entsenden; ~ *para* bestimmen für (*ac.*); ~ *apto a alg.* j-n für geeignet halten.

dique *m* **1.** Damm *m*; Deich *m*; **2.** Dock *n*; ~ *flotante* Schwimmdock *n*; ~ *de carena*, ~ *seco* Trockendock *n*; *meter en* ~ (ein)docken; **3.** *Am.* Talsperre *f*; **4.** *fig.* Schutz(wall) *m*; *poner* ~*s a* Einhalt tun (*dat.*); e-n Schutzwall errichten gegen (*ac.*).

diquelar P *v/t.* **1.** sehen; **2.** kapieren F, spannen F.

dirección **1.** (Geschäfts-)Leitung *f*; Oberaufsicht *f*; Direktorium *n*; Direktion *f*; *Thea. usw.* ~ *artística* Regie *f*, künstlerische Leitung *f*; ⚥ *General* Generaldirektion *f* in Ministerien etwa dt. Hauptabteilung); **2.** Leitung *f*, Führung *f*; *llevar la* ~ *de a/c.* die Leitung e-r Sache innehaben; **3.** *Kfz.* Steuerung *f*, Lenkung *f*; ~ *asistida* Servolenkung *f*; ⊕ ~ *a distancia* Fernsteuerung *f*, -lenkung *f*; **4.** Anschrift *f*, Adresse *f*; *IT* ~ *electrónica* E-Mail--Adresse *f*; ~ *fortuita*, ~ (*en caso) de necesidad* Notadresse *f* (*Wechsel*); ~ *telegráfica* Telegrammadresse *f*, Drahtanschrift *f*; *poner la* ~ die Adresse schreiben; **5.** Richtung *f*; ⚥ ~ *del filón* Fallrichtung *f e-s Flözes*; ~ *de la marcha* Marschrichtung *f*; Fahrtrichtung *f*; *calle f de* ~ *única* Einbahnstraße *f*; *en* ~ *longitudinal (transversal)* in Längs- (Quer-)richtung; *salir con* ~ *a* abreisen nach (*dat.*).

direc|ta *Kfz. f* direkter Gang *m*; **~tiva** *f* **1.** Direktive *f*, Weisung *f*, Anleitung *f*; ~*s f/pl.* Leitsätze *m/pl.*, Richtlinien *f/pl.*; **2.** Vorstand *m*; **~tivo I.** *adj.* leitend; *junta f* ~*a* Vorstand *m*; **II.** *adj.-su. m* leitende(r) Angestellte(r) *m*; *Pol.* Führer *m*; (*miembro m*) ~ Vorstandsmitglied *n*; *quiere hablar con un* ~ er möchte mit e-m (der) leitenden Herr(en) sprechen; **~to I.** *adj.* **1.** gerade; geradlinig; in gerader Richtung; **2.** unmittelbar; direkt (*a. Pol. Wahl*); ohne Umschweife; *camino m* ~ kürzester

Weg *m*; *Gram.* complemento *m* ~ Akkusativobjekt *n*; 📖 método *m* ~ direkte Methode *f*; *Rf.*, *TV* (re)transmisión *f* en ~ Direktübertragung *f*, Live-Sendung *f*; 📺 tren *m* ~ Schnellzug *m*; **II.** *m* **3.** F *Boxen*: Gerade *f*; ~ *a la mandíbula* Kinnhaken *m*.

directo|**r I.** *adj.* leitend; *f* → *directriz*; **II.** *m* Leiter *m*, Vorsteher *m*; Direktor *m*; *Thea.*, *Film*: ~ *artístico* Regisseur *m*; ~ *espiritual* Beichtvater *m*, Seelsorger *m*; ~ *general* Generaldirektor *m*; ~ *Verw. etwa*: Ministerialdirektor *m*; ~ *médico* (*del balneario usw.*) Kurarzt *m*; ⚕ ~ *de la obra* Bauleiter *m*; ~ *de orquesta* (Orchester-)Dirigent *m*; Kapellmeister *m*; ~ *técnico* technischer Direktor *m*; ~**ra** *f* Leiterin *f*, Vorsteherin *f*; Direktorin *f*; ~**rado** *m* Direktorat *n*; ~**ral** *adj. c* direktorial; ~**rio I.** *adj.* **1.** → *directivo*; **II.** *m* **2.** Leitung *f*, Führung *f*; Direktorium *n*; Verwaltungsrat *m*; **3.** Richtschnur *f*, Anleitung *f*; **4.** *bsd. Am.* Adreßbuch *n* (*Notizbuch*); *Am.* ~ telefónico Telefonbuch *n*; **5.** *EDV* Verzeichnis *n*.

directriz (*pl.* ~**ices**) **I.** *adj.*-*su. f* Richtlinie *f*; *Geom.* Leitlinie *f*; idea *f* ~ Leitgedanke *m*; **II.** *f* Direktorin *f*, Vorsteherin *f*.

dirigente I. *adj. c* leitend, führend; **II.** *m* leitende Persönlichkeit *f*, Leiter *m*; Machthaber *m*; *los* ~*s del partido* die Parteiführer *m/pl*.

dirigi|**ble I.** *adj. c* lenk-, steuer-bar; **II.** *adj.*-*su. m* (*globo m*) ~ (lenkbares) Luftschiff *n*; ~**r** [3c] **I.** *v/t.* **1.** lenken, leiten, führen; 🚢 steuern; ~ *una película* bei e-m Film Regie führen; **2.** richten (an *ac.*, auf *ac.* a); ~ *la palabra a alg.* das Wort an j-n richten; ~ *una pregunta a alg.* j-m e-e Frage stellen; **3.** *Brief* adressieren (an *ac.* a); **II.** *v/r.* ~**se 4.** ~*se a s.* richten an (*ac.*), wenden an (*ac.*); *s.* begeben nach (*dat.*); ~*se a* (*od. hacia*) ... Richtung auf ... (*ac.*) nehmen; *la brújula se dirige al norte* der Kompaß zeigt nach Norden; *fig.* ~*se* po. richten nach (*dat.*); *fig.* no ~*se la palabra* nicht (mehr) mitea. sprechen.

dirigis|**mo** ✝ *m* Dirigismus *m*; ~**ta** ✝ *adj. c* dirigistisch.

diri|**mente** 🕯 *adj. c*: impedimento *m* ~ die Ehe trennendes Hindernis *n*; ~**mir** *v/t.* Ehe trennen *wegen e-s Ehehindernisses*; *Streit(frage)* schlichten.

dirt-track *Sp. m* Dirt-Track- (*od.* Aschenbahn-)Rennen *n*.

discado *Tel. m Am.* Wählen *n*; ~ *directo* Direkt-, Durch-wahl *f*.

discan|**tar** *v/t.* **1.** *Verse* rezitieren *bzw.* dichten; **2.** *fig.* kommentieren, erläutern; ~**te** ♪ *m* Diskant *m*; Diskantgitarre *f*.

discar [1g] *Tel. vt/i. Am.* wählen.

discente *m* Lernende(r) *m*, Lerner *m*.

discer|**nimiento** *m* **1.** Unterscheidung *f*, Sonderung *f*; **2.** Unterscheidungsvermögen *n*, Einsicht(svermögen *f*; Urteilskraft *f*; Überlegung *f*; *edad f de* ~ zurechnungsfähiges Alter *n*; *sin* ~ unzurechnungsfähig; 🕯 *f* richterliche Ermächtigung *f* für die Übernahme *e-s Amtes*; ~**nir** [3i] **I.** *vt/i.* **1.** unterscheiden (können), erkennen; **2.** zuerkennen; **II.** *v/t.* **3.** 🕯 j-n mit e-r *Vormundschaft* betrauen.

disciplina *f* **1.** Disziplin *f*, Zucht *f*; *Verw.* consejo *m* de ~*s* Disziplinarrat *m*; **2.** Ordensregel *f*; Beobachtung *f* der Regel, Klosterzucht *f*; **3.** Zuchtrute *f*; *a.* ~*s f/pl.* (Buß-)Geißel *f*; **4.** 📖 Lehrfach *n*, Disziplin *f*; ~**ble** *adj. c* folgsam, fügsam; ~**do** *adj.* **1.** diszipliniert; **2.** 🌿 gesprenkelt; ~**l** *adj. c* disziplinarisch; ~**r I.** *v/t.* **1.** in Zucht nehmen (*bzw.* halten), disziplinieren; **2.** unterrichten; **3.** geißeln; **II.** *v/r.* ~**se 4.** Disziplin annehmen; **5.** *kath. s.* kasteien; ~**rio** *adj.* disziplinarisch; Disziplinar-...; ⚔ *batallón m* ~ Strafbataillon *n*; *derecho m* ~ Disziplinarrecht *n*; *pena f* ~*a* Disziplinar-, Dienst-strafe *f*; *procedimiento m* ~ Disziplinarverfahren *n*.

dis|**cipulado** *m* Schülerschaft *f*; ~**cípulo** *m* Schüler *m*; *bibl. u. fig.* Jünger *m*; *fig.* Schüler *m* e-s berühmten *Meisters usw.*; Anhänger *m*.

discman *m* Discman *m*.

disco *m* **1.** Scheibe *f*; *Tel.* Wählerscheibe *f*; *Vkw.* *Span.* (Verkehrs-) Ampel *f*; *Anat.* ~ *intervertebral* Bandscheibe *f*; ~ *de control* (*de horario*) Parkscheibe *f*; *Kfz.* ~ *de llanta* Radkappe *f*; *Vkw.*, 📺 ~ (*de señales*) Befehlsscheibe *m*; Signalscheibe *f*; **2.** ~ *solar* (*lunar*) Sonnen- (Mond-)scheibe *f*; **3.** (Schall-)Platte *f*; *fig.* F langweilige Platte *f usw.*, ewig gleiches Gerede *n*; *alte Leier f F*; *EDV* ~ *duro* Festplatte *f*; ~ *hablado* Sprechplatte *f*; ~ (-)*impacto* Disko-Hit *m*; *EDV* ~ *magnético* Diskette *f*; ~ *microsurco*, ~ *de larga duración* Langspielplatte *f*; *a. fig.* cambiar el ~ die Platte wechseln; *a. fig.* ¡ponga otro ~! legen Sie e-e andere Platte auf!; *Sp.* Diskus *m*; lanzador *m* (lanzamiento *m*) de ~ Diskus-werfer *m* (-werfen *n*); **5.** 🌿 Blattfläche *f*; **6.** *Fi.* (*pez m*) ~ Disko(fisch) *m*.

discó|**bolo** *hist.*, *Ku.*, *lit. m* Diskuswerfer *m*; ~**fono** *m* Plattenspieler *m*.

disco|**grafía** *f* Plattenschneiden *n*; Schallplattenverzeichnis *n*; ~**gráfico** *adj.* (Schall-)Platten-...; *compañía f* ~*a* Plattenfirma *f*.

discoidal 📖, ⊕ *adj. c.* scheibenförmig.

díscolo *adj.* widerspenstig, ungezogen.

discoloro 🌿 *adj.* zweifarbig (*Blatt*).

disconfor|**me** *adj. c* **1.** nicht passend; **2.** nicht einverstanden; uneins; ~**midad** *f* Nichteinverständnis *n*; Uneinigkeit *f*; Disharmonie *f*.

disconti|**nuar** [1e] *v/t.* unterbrechen; ~**nuidad** *f* Ungleichförmigkeit *f*; Unterbrechung *f*; Diskontinuität *f*; ~**nuo** *adj.* unterbrochen, aussetzend; abreißend, zs.-hangslos; ⚡ unstetig.

disconvenir [3s] *v/i.* nicht passen; nicht zusagen; nicht behagen.

discor|**dancia** *f* **1.** ♪ Mißklang *m*, falsche Stimmung *f*; **2.** *fig.* Verschiedenheit *f*; Meinungsverschiedenheit *f*; Mißton *m*; ~**dante** *adj. c* abweichend; unharmonisch (*a. fig.*), mißtönend; *fig.* dar la (*od.* una) nota ~ (en) die Harmonie stören, e-n Mißton bringen (in *ac.*); ~**dar** [1m] *v/i.* **1.** ♪ nicht stimmen, disharmonisch klingen; **2.** nicht übereinstimmen (mit *dat.* de); nicht zs.-passen; verschiedener Meinung sein; ~**de** *adj. c* verstimmt; disharmonisch, mißtönend; *fig.* uneinig; ~**dia** *f* Zwietracht *f*, Uneinigkeit *f*, Zwist *m*.

discoteca *f* Schallplattensammlung *f*; Diskothek *f*, *Lokal a.* Disko *f* F.

discre|**ción** *f* **1.** Urteilskraft *f*, Verstand *m*; Takt *m*, Feingefühl *n*; *adv.* con ~ klug, umsichtig; taktvoll, rücksichtsvoll; **2.** Ermessen *n*, Belieben *n*; *adv. a* ~ nach Belieben, nach Gutdünken; ✝ *bei Angeboten*: auf Wunsch; wahlweise; *pan a* ~ Brot nach Belieben *in Restaurants*; ⚔ entregarse *a* ~ *s.* auf Gnade oder Ungnade ergeben; **3.** Verschwiegenheit *f*, Diskretion *f*; *adv. bajo* ~ vertraulich; ~**cional** *adj. c* beliebig; 🕯 *facultad f* ~ Ermessen(sfreiheit *f*) *n*; *Vkw.* parada *f* ~ Bedarfshaltestelle *f*; *Vkw.* "servicio ~", "Sonderfahrt" (*Busse*).

discrepa|**ncia** *f* Unterschied *m*; Diskrepanz *f*; Meinungsverschiedenheit *f*; ⊕ Abweichung *f*; ~**nte** *adj. c* abweichend (von *dat.* de); ausea.-gehend; diskrepant, divergierend; ~**r** *v/i. s.* unterscheiden, vonea. abweichen; verschiedener Meinung sein.

discre|**tear** *desp. v/i.* geistreich reden, *mst. desp.* witzeln; ~**teo** *m* Witzelei *n*, Geistreichelei *f*; ~**to I.** *adj.* **1.** klug, gescheit; geistreich; **2.** zurückhaltend, taktvoll, verschwiegen, diskret; *a lo* ~ → *a discreción*; **3.** 🎨 unstetig; **II.** *m* **4.** Stellvertreter *m* e-s Ordensobern.

discrimina|**ción** *f* Unterscheidung *f*; *desp.* Diskriminierung *f*; ~**dor** *HF m* Diskriminator *m*; ~**r** *v/t.* **1.** unterscheiden; **2.** *Pol.* diskriminieren; ~**torio** *adj.* diskriminierend.

discromía 🩺 *f* Hautverfärbung *f*.

disculpa *f* Entschuldigung *f*, Rechtfertigung *f*; *a.* Ausrede *f*; *en mi* ~ zu m-r Entschuldigung; *en tono de* ~ als (*od.* zur) Entschuldigung; *no hay* ~ (*que valga*), *no valen* ~*s* es gibt k-e Entschuldigung; *no tener* ~ unentschuldbar sein; ~**ble** *adj. c* entschuldbar; ~**blemente** *adv.* verzeihlicherweise; ~**damente** *adv.* aus verzeihlichen Gründen; ~**r I.** *v/t.* entschuldigen, verzeihen; Nachsicht haben mit (*dat.*); ~ *a alg. de una falta* j-n wegen e-s Fehlers entschuldigen; ~ *en m-n Fehler* verzeihen; ~ *a/c. por et.* mit (*dat.*) entschuldigen; *le disculpan sus pocos años* man muß ihm s-e Jugend zugute halten; **II.** *v/r.* ~*se con* (*od. ante*) *alg. por* (*od. de*) *a/c. s.* bei j-m für et. (*ac.*) (*od. wegen et. gen.*) entschuldigen; *se disculpó de asistir a la fiesta* er entschuldigte *s.* für sein Fernbleiben (*vom Fest*).

discurrir I. *v/i.* **1.** umher-gehen, -laufen; fließen (*Fluß*); **2.** verstreichen, verlaufen, ablaufen (*Zeit*, *Leben*); **3.** ~ (*sobre*) nachdenken, *s.* den Kopf zerbrechen (über *ac.*); *poco s-n Kopf* (*Verstand*) wenig gebraucht; *no está mal* ~*ido* nicht unvernünftig gedacht, recht ver-

discursear — disoluto

nünftig; II. v/t. 4. F s. ausdenken, aushecken F.
discur|sear F iron. v/i. e-e Rede halten; ~sista c Schwätzer m, Vielredner m; ~sivo adj. 1. nachdenklich; 2. redselig; 3. ⚇ diskursiv, schlußfolgernd; facultad f ~a Urteilskraft f; ~so m 1. Rede f; primer ~ erste Rede; Jungfernrede f; 2. Abhandlung f; 3. Gedankengang m, Überlegung f.
discu|sión f Besprechung f, Erörterung f; Diskussion f; entablar (concluir) la ~ die Diskussion eröffnen (abschließen); entrar en ~ones s. in Erörterungen einlassen; esto no admite ~ darüber gibt's k-e Diskussion, das ist indiskutabel; ~tible adj. c bestreitbar, fraglich, anfechtbar; eso sería ~ darüber ließe s. reden; ~tidor adj.-su. Rechthaber m; (leidenschaftlicher) Diskutierer m; ~tir I. v/t. 1. besprechen, erörtern, diskutieren; 2. bestreiten, in Abrede stellen; widersprechen (dat.); ser muy ~ido sehr umstritten sein; II. v/i. 3. diskutieren, verhandeln bzw. streiten (über ac. de, sobre, por).
diseca|ción f → disección; ~dor m → disector.
disec|ar [1g] v/t. sezieren; Tiere, Pfl. präparieren; Tiere ausstopfen, Pfl. trocknen; fig. genau untersuchen; ~ción f Zergliederung f; Anat. Sezieren n, Sektion f; fig. genaue Untersuchung f; ~tor m ⚕ Prosektor m; Präparator m für Tiere, Pflanzen.
disemina|ción f Aus-, Ver-streuung f; ~do adj. verstreut, verteilt (über ac. por); ~dor adj.-su. verbreitend; m Verbreiter m; ~r v/t. umher-, ausstreuen; verbreiten.
disen|sión f, ~so m Uneinigkeit f, Zwist m, Unfrieden m.
disentería ⚕ f Dysenterie f, Ruhr f.
disenti|miento m Meinungsverschiedenheit f, ⚖ Dissens m; ~r [3i] v/i. anderer Meinung sein (als nom. de), nicht zustimmen (dat. de).
dise|ñador m Zeichner m; bsd. Kfz. Designer m, Stylist m; ⊕ Konstrukteur m; ~ñar v/t. zeichnen; skizzieren; entwerfen; konturieren, umreißen; ~ño m Entwurf m, a. fig. Skizze f; Zeichnung f; Muster n, Dessin n; a. Kfz. Design n; ~ industrial Planzeichnen n.
diser|tación f (wissenschaftliche) Abhandlung f; Vortrag m; ~tante adj.-su. c dozierend; m Redner m, Vortragende(r) m; ~tar v/t. v/i.: ~ sobre a/c. e-n Vortrag halten (bzw. e-e Abhandlung schreiben) über et. (ac.); ~to adj. rede-, wort-gewandt.
disfasia ⚕ f Dysphasie f.
disfor|mar v/t. verunstalten; verformen; ~me adj. c mißgestaltet, ungestalt, unförmig; ~midad f Unförmigkeit f; Häßlichkeit f.
disfra|z m (pl. ~aces) 1. Verkleidung f, Maskierung f; Maske(nkostüm n) f; 2. ⚔ Tarnung f; 3. fig. Verstellung f, Maske f; adv. sin ~ offen; presentarse sin ~ sein wahres Gesicht zeigen; ~zado adj. maskiert (als nom. de); vermummt; fig. getarnt (als nom. de); verkappt; ~zar [1f] I. v/t. 1. verkleiden, mas-

kieren; ⚔ tarnen; ⚓ ~ el navío unter falscher Flagge segeln; 2. fig. verbergen, verhehlen; Tatsachen verhüllen, kaschieren; II. ~se 3. s. verkleiden, s. maskieren, fig. s. tarnen (als nom. de).
disfru|tar I. vt/i. ~ (de) genießen (ac.), s. erfreuen (gen.), haben (ac.); Amt innehaben; ~ de Urlaub haben; ~ (los productos de) una finca die Nutznießung e-s Landguts haben; ~ una mujer mit e-r Frau schlafen; II. v/i. abs. s. irgendwie wohlfühlen; ~ con et. genießen; ~te m Genuß m; Nutznießung f; Besitz m.
disfunción ⚕ f Funktionsstörung f.
disgrega|ción f 1. Zersprengung f; Zerstreuung f; 2. a. Biol., ⚗ Zerlegung f, Aufschließung f, Zersetzung f; Geol. Verwitterung f; ~dor ⊕ m Desintegrator m; ~nte adj. c trennend; zersetzend; ~r [1h] I. v/t. 1. zersprengen; zerlegen; zerstreuen; ⚖ von der Erbschaft absondern; 2. Physiol. usw. aufschließen, abbauen; 3. Massen u. ä. trennen, auflösen; ⚔ Truppen ausea.-ziehen; II. v/r. ~se 4. ausea.-gehen, s. auflösen; 5. a. ⚗ usw. s. zersetzen; Physiol. abgebaut (bzw. aufgeschlossen) werden; ~tivo adj zerstörend, zersetzend; auflösend.
disgus|tado adj. unwillig, verärgert; verdrießlich; estar ~ con alg. auf j-n böse sein; ~tar I. v/t. 1. verstimmen, (ver)ärgern; 2. j-m widerstehen (Speise); II. v/r. ~se 3. s. ärgern (wegen gen., über ac. de, con, por); ~se con alg. s. mit j-m überwerfen (od. verfeinden); ~to m 1. Ärger m, Verdruß m; Kummer m; Mißstimmung f; Unannehmlichkeit f, Schererei f; adv. a ~, con ~ widerwillig; dar un ~ a alg. j-m Kummer machen; j-n enttäuschen; estar (sentirse) a ~ s. unbehaglich fühlen, unzufrieden sein; llevarse un ~ Unannehmlichkeiten (od. Schrereien) bekommen; warnend: te voy a dar un ~ mach dich auf et. gefaßt; tener (un) ~ Ärger haben; mißgestimmt sein; 2. Streit m, Zank m; tener un ~ con alg. mit j-m anea.-geraten; ~toso adj. nicht schmackhaft; ärgerlich, unangenehm.
disi|dencia Pol., Rel. f Abfall m; Abtrünnigkeit f; Spaltung f; Zwist m; ~dente Rel., Pol. adj.-su. c abtrünnig; m Abtrünnige(r) m, Dissident m; ~dir v/i.: ~ (de) s. trennen; abfallen (von dat.).
di|silábico, ~sílabo → bisílabo.
disi|metría f Asymmetrie f; ~métrico asymmetrisch.
disímil adj. c ungleich, verschieden.
disimi|lación ⚇ f Dissimilation f; ~lar Li., Physiol. v/t. dissimilieren; ~litud f Verschiedenheit f.
disimu|lación f 1. Verheimlichung f, Verhehlen n, ⚖ Dissimulation f; Verstellung f, Heuchelei n; 2. Nachsicht f; ~lado adj. (ser, Personen) hinterhältig, heimtückisch; hacerse el ~ s. dumm (od. unwissend) stellen; ~lada f heimlich, versteckt; ~lador adj.-su. Heimlichtuer m; Duckmäuser m, Schleicher m; ~lar I. v/t. 1. verstecken, verbergen; verheimlichen, verhehlen; s.

nicht anmerken lassen; fig. tarnen; ⚖ Gewinn verschleiern; el jarabe disimula lo amargo de la poción der Sirup überdeckt den bitteren Geschmack der Arznei; no ~ a/c. kein(en) Hehl aus et. (dat.) machen; 2. (nachsichtig) übersehen; verzeihen, vergeben; II. v/i. 3. s. verstellen, heucheln; s. nichts anmerken lassen; ¡disimule usted! a. machen Sie s. nichts daraus!; ~lo m Verstellung f; Verschleierung f; Beschönigung f; Nachsicht f; adv. con ~ a) unauffällig; heimlich; b) heimtückisch.
disipa|ción f 1. Zerstreuung f, Auflösung f; 2. Verschwendung f, Vergeudung f; flottes Leben n; Ausschweifung f; ~ (de esfuerzos) Verzettelung f; ~do(r) adj.-su. verschwenderisch; flott, ausschweifend; ~r I. v/t. 1. a. fig. auflösen; zerstreuen (a. Zweifel u. ä.); 2. verschwenden, vergeuden; II. v/r. ~se 3. s. zerstreuen, s. auflösen; zerrinnen, s. verflüchtigen.
dislalia ⚕ f Sprachstörung f.
dislate m → disparate.
dislexia ⚕ f Legasthenie f.
dislo|cación, ~cadura f 1. ⚕ Verrenkung f; Verdrängung f; ~ del maxilar Kiefer- (F Maul-)sperre f; 2. Geol. Verwerfung f; ~car [1g] I. v/t. 1. aus-, ver-renken; 2. Geol. verschieben, verwerfen; 3. fig. Tatsachen entstellen; II. v/r. ~se 4. a. ⊕ ausea.-gehen; s. verschieben (zwei Teile); ~se el brazo s. den Arm ausrenken; ~que F m fig. Höhepunkt m, Gipfel m; aquello fue el ~ das war nicht mehr zu überbieten.
dismenorrea ⚕ f Dysmenorrhö(e) f, Menstruationsbeschwerden f/pl.
disminu|ción f Verminderung f, Rückgang m (Preis), Senkung f (a. Ausgaben); Abklingen n (Fieber); Nachlassen n (z. B. Kraft); △ Verjüngung f; ir en ~ a) abnehmen, s. verringern; b) schlechter werden (Gesundheit); c) △ s. verjüngen; ~ido I. adj. A. ♪ vermindert; behindert; II. m: ~ físico Körperbehinderte(r) m; ~ir [3g] I. v/t. 1. vermindern, verkleinern; Preise usw. herabsetzen, senken; 2. △ verjüngen; II. v/i. 3. abnehmen; zurückgehen; weniger werden; abflauen, nachlassen; ~ de precio im Preis sinken; ir disminuyendo kürzer werden (Tage).
dismnesia ⚕ f Gedächtnisschwäche f. [kurzatmig.)
disne|a ⚕ f Atemnot f; ~ico ⚕ adj.)
disocia|ble ⚗ adj. c (auf)spaltbar, trennbar; ~ción ⚗ u. fig. f Trennung f, (Auf-)Spaltung f, Dissoziation f; ~r [1b] I. v/t. trennen, absondern; ⚗ (auf-, ab-)spalten; II. v/r. ~se zerfallen.
disolu|bilidad bsd. ⚗ f Auflösbarkeit f; ~ble adj. c löslich, auflösbar; ~ción f 1. ⚗ (Auf-)Lösung f; ~ salina Salzlösung f; 2. Auflösung f, Trennung f; Scheidung f; ~ del Parlamento Auflösung f des Parlaments; 3. fig. Ausschweifung f; (sittlicher) Verfall m; ~tamente adv. liederlich, ausschweifend; ~to adj.-su. zügellos,

hemmungslos; ausschweifend; m Lebemann m; Wüstling m.
disolve|nte I. adj. c a. ⚗ (auf)lösend; zersetzend; **II.** m ⚗ Lösungs-, Verdünnungs-mittel n; ~**r** [2h; part. disuelto] **I.** v/t. a. fig. (auf)lösen; zersetzen; trennen; zerrütten; Demonstration auflösen; ~ un matrimonio e-e Ehe auflösen (bzw. zerrütten); **II.** v/r. ~se s. auflösen.
disón ♪ m → disonancia 1.
disona|ncia f **1.** ♪ Mißklang m, Dissonanz f; **2.** fig. Unstimmigkeit f; Mißverhältnis n; ~**nte** adj. c ♪ dissonant, a. fig. unharmonisch; unschön; abstoßend; ~**r** [1m] v/i. ♪ u. fig. dissonieren; nicht stimmen (Instrument); fig. störend wirken; ~ (de, en) nicht im Einklang stehen (mit dat.); nicht passen (zu dat.).
dispar adj. c ungleich, verschieden.
dispara|da f Rpl., Chi., Méj., Pe. Ausea.-stieben n; adv. a la ~ Hals über Kopf; ~**damente** adv. überstürzt; F unsinnig; ~**dero** m Abzug m, Drücker m; fig. está en el ~ jetzt geht er gleich hoch, jetzt kocht er; ~**dor** m **1.** Schütze m; **2.** Abzug (Waffe); **3.** ⊕, Phot. Auslöser m; ~ automático Selbstauslöser m; ~**r** **I.** v/t. **1.** Stein schleudern; Pfeil, Gewehr abschießen, Geschütz abfeuern; Schuß abgeben; Feuerwerk abbrennen; Photo knipsen, schießen (a. v/i.); ⊕ einrücken; fig. F salir~ado davon-eilen, -rasen, abbrausen F; **II.** v/i. **2.** schießen; feuern, abdrücken; **3.** fig. → disparatar; **4.** ⚓ vor Anker gehen; **III.** v/r. ~se **5.** losgehen (Waffe); **6.** fig. Hals über Kopf davonrennen; durchgehen (Pferd, Motor); wütend werden; losbrüllen; ~**tado** adj. unsinnig, ungereimt; unüberlegt; F irrsinnig F, ungeheuer F; ~**tador** adj.-su. Unsinn redend, faselnd; ~**tar** v/i. Unsinn reden, irrereden; Dummheiten begehen (od. machen); ~**te** m oft ~s m/pl. Dummheit f, Unsinn m; Blödsinn m, Quatsch m F, Blech n F; un ~ a. irrsinnig viel (groß usw.) F; ~**tero** Am. → disparatador; ~**torio** m unsinniges Gerede n (od. Geschreibsel n).
dispa|rejo adj. → dispar; ~**ridad** f Ungleichheit f; Verschiedenheit f; ✝ Gefälle n, Disparität f; ~ (entre ... y ...) Unterschied m (zwischen ... dat. u. ... dat.); Gefälle n (von ... dat. zu ... dat.).
disparo m Schuß m; Abfeuern n; ⊕, Phot. Auslösung f; Losschnellen n (Feder); ~ al aire, ~ de aviso, ~ intimidatorio Schuß m in die Luft, Warnschuß m.
dispendio m Verschwendung f; Aufwand m; ~**so** adj. kostspielig, aufwendig.
dispensa f **1.** Dispens m, f; Erlassung f, Befreiung f; kath. ~ matrimonial Ehedispens f; **2.** Dispensschein m; ~**ble** adj. c erlaßbar; entschuldbar; ~**r** **I.** v/t. **1.** a. Beifall spenden; gewähren; zuteil werden lassen; Wohltaten erweisen; ~**r 2.** verteilen; aus-, ab-geben; **3.** ~ a alg. de j-m et. erlassen; j-n befreien von (dat.); j-n dispensieren von (dat.); j-n (vom Militärdienst) freistellen; **II.** vt/i. **4.** verzeihen, entschuldigen; ¡usted dispense! entschuldigen Sie bitte!; **III.**

v/r. ~se **5.** ~se de a/c. (od. de + inf.) s. et. schenken, auf et. (ac.) verzichten; darauf verzichten zu + inf.; no poder ~se (de + inf.) nicht umhinkönnen (zu + inf.).
dispensa|ría f Chi., Pe. → ~**rio** m **1.** Ambulanz f, Poliklinik f; ärztliche Beratungsstelle f; Fürsorgestelle f; **2.** pharm. Arzneibuch n.
dispepsia ✱ f Verdauungsstörung f.
disper|sar **I.** v/t. **1.** zerstreuen; Phys., ⚗, ✕ streuen; Truppen (ausea.-)sprengen; **2.** fig. ~ sus esfuerzos s. verzetteln; **II.** v/r. ~se **3.** s. zerstreuen; ✕ ausschwärmen; ~**sión** f a. ⚛, ⊕ (Zer-)Streuung f; Dispersion f; fig. ~ de esfuerzos Kräftezersplitterung f; ~**sivo** adj. zerstreuend; Streuung bewirkend; ~**so** adj. zerstreut; ✕ versprengt.
display m ⊕ Display n.
displicen|cia f Unfreundlichkeit f; Unlust f, üble Laune f; adv. con ~ unfreundlich; verdrießlich; ~**te** adj. c unfreundlich, ungnädig; mürrisch, verdrießlich.
dispone|nte adj. c disponierend; ~**r** [2r] **I.** v/t. **1.** (an-, ein-)ordnen; Sch. ~ por filas reihenweise aufstellen (bzw. setzen usw.); **2.** vorbereiten; ~ a/c. para a/c. et. für et. (ac.) herrichten; **3.** anordnen, verfügen; ✕ Angriff ansetzen; la ley dispone que ... das Gesetz sieht vor (od. bestimmt), daß ...; **II.** v/i. **4.** ~ de a/c. über et. (ac.) verfügen; et. (zur Verfügung) haben, et. besitzen; abs. ~ a su antojo nach Belieben schalten und walten; disponga de mi ich stehe zu Ihrer Verfügung; **III.** v/r. ~se **5.** ~se a (od. para) s. anschicken zu + inf., s. vorbereiten auf (ac.); ~se a aterrizar (die) Landevorbereitungen treffen.
disponi|bilidad f **1.** Verfügbarkeit f; en ~ verfügbar; de servicio Betriebsbereitschaft f; **2.** ✝ ~es f/pl. Bestand m (Geld, Ware); ~es en efectivo Bar-bestand m, -vermögen n; ~**ble** adj. c verfügbar; ✝ vorrätig, auf Lager (Ware); flüssig (Kapital); ✕ einsatzbereit.
disposi|ción f **1.** Anordnung f, Aufstellung f; Gliederung f, Disposition f; Gliederung f (od. Lage f) e-s Gebäudes; ~ clara Übersichtlichkeit f; **2.** ⊕ Einrichtung f (Maschinenanlage); Vorrichtung f; ~ de servicio Betriebsbereitschaft f; **3.** 🕆 u. allg. Bestimmung f, Verfügung f; ~ones de la ley gesetzliche Bestimmungen f/pl.; última ~ od. ~ testamentaria letztwillige Verfügung f; derecho de ~ Verfügungsrecht n; a ~ de usted gern; ganz wie Sie wollen; estar a la ~ de j-m zur (od. zu j-s) Verfügung stehen; poner a ~ (de) (j-m) zur Verfügung stellen; tener a su ~ verfügen über (ac.); tomar las ~ones necesarias die notwendigen Vorkehrungen treffen; **4.** Veranlagung f; Fähigkeit f; Talent n, Begabung f (für ac. para); Neigung f, Lust f; **5.** Gesundheitszustand m; ~ (de ánimo) Verfassung f; Stimmung f; estar en ~ de + inf. in der Lage sein, zu + inf., bereit sein, zu + inf.; ~**tivo** m **1.** ⊕ Vorrichtung f, Gerät n, Einrichtung f;

Apparat(ur f) m, Anlage f; ~ de ajuste Einstellvorrichtung f; ~ giratorio Drehvorrichtung f; ~ fonométrico Schallmeßgerät n; 💉 ~ intrauterino Intrauterinpessar n, Spirale f F; ~ de mando Steuer-gerät n, -vorrichtung f; ⚡ ~ de cortocircuito Kurzschließer m; Tel. ~ de conferencia simultánea Rundspruchanlage f; **2.** ~ de seguridad (polizeiliche) Sicherheitsmaßnahmen f/pl.; **3.** ✕ ~ de marcha Marsch-gliederung f, -folge f.
disproporcionalidad f Disproportionalität f (Konjunkturtheorie).
dispuesto adj. **1.** fertig, bereit; angerichtet (Essen); estar ~ a (od. para) + inf. **a)** bereit sein, zu + inf.; **b)** entschlossen sein, zu + inf.; ~ para la impresión druckfertig; ~ para disparar a. Phot. schußbereit; **2.** geneigt, willig; favorablemente ~ günstig gesonnen; **3.** gelaunt; estar bien (mal) ~ gut (schlecht) aufgelegt sein; ✋ (nicht) gesund sein; **4.** begabt (für ac. para); fähig.
disputa f Wortstreit m, Disput m; Zank m; F Krach m F; adv. sin ~ unbestreitbar, zweifellos; ~**ble** adj. c strittig, problematisch; ~**dor** adj.-su. streitsüchtig; ~ Zänker m; ~**r** **I.** v/t. bestreiten; streitig machen; Sp. Meisterschaft usw. austragen; ~ una cátedra s. um e-n Lehrstuhl (bzw. e-e Studienratsstelle) durch Teilnahme an den oposiciones bewerben; no ~ado unbestritten; **II.** v/i. streiten, zanken (wegen dat. por); disputieren, ein Streitgespräch führen; ~ con alg. sobre (od. de, por) a/c. mit j-m über (od. um) et. (ac.) streiten; **III.** v/r. ~se a/c. s. um et. (ac.) streiten; s. um et. (ac.) reißen; s. et. streitig machen; Sp. a. um et. (ac.) kämpfen; fig. mitea. um et. (ac.) wetteifern; ~se a golpes a/c. s. um et. (ac.) schlagen (od. raufen F).
disque|ría f Am. Schallplattengeschäft n; ~**te** EDV m Diskette f; ~**tera** f Diskettenlaufwerk n.
disquisición f Untersuchung f, Studie f, Abhandlung f; F ~**ones** f/pl. überflüssige Kommentare m/pl.
distan|cia f **1.** Entfernung f, Abstand m, Distanz f; ~ entre ejes Achs- (Kfz. Rad-)stand m; Opt. ~ focal Brennweite f; Vkw. ~ prudencial Sicherheitsabstand m; ~ entre vías Gleisabstand m; ~ visual Seh-, Sicht-weite f; a ~ weit, fern; in (bzw. aus) der Ferne; a corta ~ in (od. aus) der Nähe; in (od. aus) kurzer Entfernung; a larga ~ auf weite (bzw. in weiter) Entfernung; a una ~ de 50 kms. in (bzw. auf) 50 km Entfernung, 50 km entfernt; a. iron. a respetable ~ in (bzw. aus) respektvoller Entfernung; **2.** fig. Abstand m, Distanz f; Unterschied m; tener a ~ auf Abstand halten; von j-m Leibe halten F; **3.** → distanciamiento; ~**ciación** f Distanzierung f; Zurückbleiben n; Zurückklassen n; ~**ciado** adj. **1.** entfernt; fig. estar ~(s) ea. fremd sein, nicht mehr befreundet sein; **2.** lit. verfremdet; ~**ciamiento** m Distanzierung f; Lit. Verfremdung f; ~**ciar** [1b] **I.** v/t. (vonea.) entfernen; trennen; **II.** v/r.

distante — divisa 242

~se s. entfernen; s. distanzieren; ausea.-kommen, ea. fremd werden (*Freunde*); ⚔ ~se de s. *vom Feind absetzen;* ~te *adj. c* entfernt, fern (*a. zeitlich*); weit, abgelegen.
distar *v/i.* entfernt sein (von *dat. de*); verschieden sein; ~ *mucho de* + *inf.* weit davon entfernt sein, zu + *inf.*; *la lista dista mucho de ser exhaustiva* das Verzeichnis ist bei weitem nicht erschöpfend.
disten|der [2g] *v/t.* strecken, ausea.-ziehen; *Mech.* entspannen, lokkern; 🏥 zerren; ~**sible** *adj. c* dehnbar; ~**sión** *f* Streckung *f*; *Mech., Pol.* Entspannung *f*; 🏥 Zerrung *f*; Dehnung *f*.
dístico *m* Distichon *n* (*Vers*).
distin|ción *f* 1. Unterscheidung *f*; *hacer (una)* ~ unterscheiden; *sin* ~ *de persona* ohne Ansehen der Person; 2. Bestimmtheit *f*, Deutlichkeit *f*; 3. Unterschied *m*; *a* ~ *de* zum Unterschied von (*dat.*); *adv.* *sin* ~ ohne Unterschied; blindlings, rücksichtslos; 4. Vornehmheit *f*; *de* ~ vornehm, distinguiert; hervorragend; 5. Auszeichnung *f*; *ser* (*od. hacer*) *objeto de muchas* ~*ones* vielfach ausgezeichnet werden; *tratar a alg. con* ~ j-n mit großer Hochachtung behandeln; sehr höflich sein zu j-m; ~**go** *m* Unterscheidung *f*; Einwand *m*, Vorbehalt *m*; ~**guible** *adj. c* unterscheidbar; erkennbar; ~**guido** *adj.* fein, ausgezeichnet, vornehm, distinguiert; ~ *amigo* (*Briefanrede*) verehrter Freund; ~**guir** [3d] I. *v/t.* 1. unterscheiden (können); erkennen, ausmachen; 2. kennzeichnen; mit Kennzeichen versehen; *la razón distingue al hombre de la Vernunft* ist das unterscheidende Merkmal des Menschen; 3. hochschätzen, mit Auszeichnung behandeln; ~ *con* auszeichnen mit (*dat.*); II. *v/i.* 4. *saber* ~ Urteilsvermögen besitzen; ~ *entre* e-n Unterschied machen, unterscheiden (können) zwischen (*dat.*); *fig. saber* ~ *de colores* klar sehen können; s. auskennen; Gespür (*od.* Fingerspitzengefühl) haben; III. *v/r.* ~**se** 5. s. unterscheiden; s. auszeichnen, hervorragen; 6. sichtbar werden, zu erkennen sein; ~**tamente** *adv.* 1. verschieden; 2. deutlich, klar; ~**tivo** I. *adj.* 1. unterscheidend; II. *m* 2. Merkmal *n*; 3. Abzeichen *n*, Erkennungszeichen *n*; ⚔ Rangabzeichen *n*; ~ *honorífico* Ehrenzeichen *n*; ⚔ ~ *de nacionalidad* Hoheitszeichen *n*; ~**to** *adj.* 1. verschieden, unterschiedlich; *¿*~ *de qué?* worin verschieden?; *ser* ~ *de* anders sein als (*nom.*); *estar* ~ verändert aussehen; (*cosa*) *es* ~ *das ist ed.* (ganz) anderes; 2. ~**s** *pl. vor su.* mehrere, einige, verschiedene; *de* ~*as clases* verschiedene(rlei); 3. klar, deutlich, verständlich.
distonía 🏥 *f* Dystonie *f*.
distorsión *f* 1. *Phys.* Verzerrung *f*; *Opt., TV* ~ *de la imagen* Bildverzerrung *f*; 2. 🏥 Verstauchung *f*; Zerrung *f*.
distra|cción *f* 1. Unachtsamkeit *f*, Geistesabwesenheit *f*, Zerstreutheit *f*; *por* ~ aus Versehen; 2. Ab-

lenkung *f*, Zerstreuung *f*, Vergnügen *n*; ~**er** [2p] I. *v/t.* 1. unterhalten, zerstreuen; auf andere Gedanken bringen; ablenken (von *dat. de*); 2. *euph.* unterschlagen; II. *v/r.* ~**se** 3. s. unterhalten, s. vergnügen; 4. nicht aufpassen, nicht achtgeben; ~**ídamente** *adv.* zerstreut, in Gedanken; ~**ído** *adj.* 1. zerstreut, geistesabwesend; achtlos, unaufmerksam; *a.* vergnügt; 2. zügellos; 3. unterhaltsam (*Spiel*); 4. *Chi., Méj.* abgerissen, zerlumpt; verwahrlost.
distribu|ción *f* 1. Verteilung *f*, Austeilung *f*, Zuteilung *f*; *Reg. a.* ⚖ Zustellung *f*; 2. Anordnung *f*, Einteilung *f*; *Typ.* Ablegen *n* des Satzes; *Thea.* Rollenverteilung *f*; 3. ✝ Vertrieb *m*; (Film-)Verleih *m*; Bücher: Auslieferung *f*; ~ *exclusiva* Alleinvertrieb *m*; 4. ⊕ Steuerung *f*; Schaltung *f*; Verteilung *f*; ⚡ *cuadro m de* ~ Schalttafel *f*; 5. *Rhet.* Aufzählung *f*. ~**idor** *m* 1. Verteiler *m*; 2. ✝ Vertreter *m*, Auslieferer *m*; Agent *m*; 3. ~ (*automático*) Spender *m*, Automat *m*; 4. ⊕ Verteiler *m*; Schieber *m* (*Hydraulik*); Schalter *m* (⚡, *Hydraulik*); *Kfz.* ~ *de chispas,* ~ *de ignición* Zündverteiler *m*; 5. ♀ ~**dora** *f* 1. ⚡ Düngerstreumaschine *f*; 2. Filmverleih *m* (*Firma*); ~**ir** [3g] *v/t.* 1. aus-, ver-teilen; ✝ *Dividende* ausschütten; 2. ein-, ab-teilen; anordnen; *Typ. Satz* ablegen; ~**tivo** *adj.* 1. verteilend; zerlegend; 2. *Gram.* distributiv (*Zahlwort*).
distrito *m* Bezirk *m*; Kreis *m*; Revier *n*; ~ *electoral* (*postal*) Wahl-(Post-)bezirk *m*; ♀ *Federal* Bundesbezirk *m v. Buenos Aires, Mexiko usw.*; ~ *forestal* Forstamt *n*; ~ *militar* Wehrbereich *m*.
distrofia 🏥 *f* Dystrophie *f*.
disturbio *m* Störung *f*; ~**s** *m/pl. Rf.* (Empfangs-)Störungen *f/pl.*; *Pol.* Unruhen *f/pl.*; ~**s** *callejeros* (*raciales*) Straßen- (Rassen-)unruhen *f/pl.*
disua|dir *v/t. Pol.,* ⚔ abschrecken; *allg.* ~ *a alg. de j-m von et.* (*dat.*) abraten; j-m *et.* ausreden; j-m abraten, zu + *inf.*; j-n von *et.* (*dat.*) abbringen; ~**sión** *f* Abraten *n*, Ausreden *n*; *Pol.* Abschreckung *f*; ~**sivo,** ~**sorio** *adj.* widerratend; *Pol.,* ⚔ abschreckend, Abschreckungs...
disuelto *part. zu disolver*.
disyun|ción *f* Trennung *f*; ~**tiva** *f* Alternative *f*; ~**tivo** *Gram. adj.* disjunktiv, ausschließend (*Bindewort*); ~**tor** *m* ⚡ Trennschalter *m*, Unterbrecher *m*; *Kfz.* Zündverteiler *m*.
dita *f Reg.* Bürge *m*; Pfand *n*; *Chi., Guat.* ~**s** *f/pl.* Schulden *f/pl.*
diti|rámbico *adj.* dithyrambisch; *fig.* trunken, überschwenglich; ~**rambo** *m* Dithyrambe *f*; *fig.* Loblied *n*.
diu *m* ⚡ Spirale *f* F.
diu|resis 🏥 *f* Diurese *f*; ~**rético** *adj.-su. m* harntreibend(es Mittel *n*).
diurno I. *adj.* täglich; Tages...; *luz f* ~*a artificial* künstliches Tageslicht *n*; *Zo. animal m* ~ Tagtier *n*; II. *m kath.* Diurnale *n*, Tagzeitenbrevier *n*.
diva *f poet.* Göttin *f*; *fig.* Diva *f*; *caprichos m/pl. de* ~ *Starallüren f/pl.*
divaga|ción *f* Abschweifung *f*; Gefasel *n*, Gequassel *n* F; ~**r** [1h] *v/i.*

1. abschweifen, vom Thema abkommen; *¡no* ~! zur Sache!; 2. ungereimtes Zeug reden.
diván *m* Diwan *m* (*Möbel u. fig.*).
diver|gencia *f* Abweichung *f*; Divergenz *f* (*a. fig.*); *tex.* Webfehler *m*; ⚡ Kraftfeld *n*; *círculo m de* ~ (Zer-)Streuungskreis *m*; ~**gente** *adj. c* ausea.-laufend, abweichend; *fig.* gg.-sätzlich; *Opt. lente f* ~ Zerstreuungslinse *f*; ♀ *números m/pl.* ~**s** divergierende Zahlenreihen *f/pl.*; ~**gir** [3c] *v/i.* abweichen; ausea.-streben; divergieren (*a. fig.*); verschiedener Meinung sein; ~**samente** *adv.* verschieden, unterschiedlich; verschiedentlich; ~**sidad** *f* Verschiedenheit *f*; Verschiedenartigkeit *f*; Mannigfaltigkeit *f*; (*una*) *gran* ~ *de libros* e-e bunte Menge von Büchern; ~**sificar** [1g] *v/t.* verschieden machen; mannigfaltig gestalten; Abwechslung bringen in (*ac.*); ~**sión** *f* 1. Vergnügen *n*; Zeitvertreib *m*; Lustbarkeit *f*; *servir de* ~ *a.* zum Ziel des Spottes werden; *por* ~ zum Zeitvertreib; 2. *a. Pol.* Diversion *f*; ⚔ *u. fig.* Ablenkung *f*; *maniobra f de* ~ Ablenkungsmanöver *n*; ~**sivo** I. *adj.* ablenkend, Ablenkungs...; II. *adj.-su. m* 🏥 ableitend(es Mittel *n*); ~**so** *adj.* 1. verschieden; 2. anders; 3. ~**s** *pl.* einige, mehrere; ~*as cosas* Verschiedene(s) *n*; ~**tido** *adj.* 1. (*ser*) lustig; unterhaltsam; (*estar*) vergnügt, in guter Stimmung; *¡estamos* ~**s**! das ist e-e schöne Bescherung!, da haben wir den Salat! F; *mst. iron. ¡está* ~! das ist (ja) lustig (*od.* heiter F)!; 2. *Rpl., Chi.* beschwipst; ~**timiento** *m* 1. Vergnügen *n*, Zeitvertreib *m*; 2. Ablenkung *f der Aufmerksamkeit*; ~**tir** [3i] I. *v/t.* 1. ablenken, unterhalten, zerstreuen, aufheitern; 2. ⚔ Gegner ablenken; II. *v/r.* ~**se** 4. s. gut unterhalten, s. amüsieren, s. ablenken; s. vergnügen (mit *dat. con*); *¡que te diviertas!* viel Vergnügen!; ~*se a costa de alg. s.* auf j-s Kosten lustig machen (*od.* amüsieren).
divi|dendo *m* 1. *Arith.* Dividend *m*; 2. ✝ Dividende *f*; *reparto m de* ~**s** (*od. del* ~) Dividendenausschüttung *f*; ~**dero** *adj.* zu teilen(d), aufzuteilen(d); ~**dir** *v/t.* 1. (ab-, ver-, auf-)teilen; ~ *por la mitad* (*od. por mitades*) halbieren; 2. ♀ teilen, dividieren; 12 ~*ido por* (*od. entre*) 6 (*igual a*) 2 (12:6 = 2) 12 geteilt durch 6 ist 2; 3. *fig.* entzweien, ausea.-bringen.
dividivi ♀ *m* Dividivi *m*.
divieso 🏥 *m* Furunkel *m*.
divi|namente *adv. fig.* großartig; ~**natorio** *adj.* Wahrsage...; seherisch; ~**nidad** *f* Göttlichkeit *f*; Gottheit *f*; *fig.* göttliche Schönheit *f*; wunderbar schönes Stück *n*; ~**nizar** [1f] *v/t.* vergöttlichen; heiligen; *fig.* vergöttern; ~**no** *adj.* 1. göttlich, überirdisch; heilig, erhaben; *Lit. La 2a Comedia* die Göttliche Komödie. 2. F großartig, himmlisch F.
divisa *f* 1. Kennzeichen *n*; Rangabzeichen *n*; Wahlspruch *m*; Devise *f*; ⚖ Wappenspruch *m*; *Stk.* Kennzeichen *n* (*mst. bunte Bänder*)

der Stierzüchtereien; **2.** ✝ ~s *f/pl.* **Devisen** *f/pl.; tráfico m (ilegal) de* ~s **Devisenschiebung** *f;* ~**r I.** *v/t.* **1.** erblicken; in der Ferne ausmachen (können); sehen *bzw.* (noch) wahrnehmen (können); **2.** ⌀ mit e-m Wappenspruch versehen; **II.** *v/r.* ~**se 3.** erscheinen, zu sehen sein, auftauchen.
divi|sibilidad *f* Teilbarkeit *f;* ~**sible** *adj. c* teilbar; ~**sión** *f* **1.** Teilung *f,* Einteilung *f;* ~ *celular* Zellteilung *f;* ~ *en grados* Gradeinteilung *f;* ~ *en tres partes* Dreiteilung *f;* **2.** *Verw.* Abteilung *f;* Fußball: Liga *f; fig.* Kategorie *f,* Klasse *f;* **3.** Gliederung *f; a. Gram.* Trennung *f; Gram., Typ.* Trennungs-, Teilungsstrich *m;* **4.** ⚔ Division *f,* Teilung *f;* **5.** ⚔ Division *f;* ~ *blindada* Panzerdivision *f;* **6.** *fig.* Zwist *m;* Auseinanderbringen *n;* ~**sionario** *adj.* Teilungs...; *moneda f* ~*a* Scheidemünze *f;* ~**sor** *adj.-su. m* **1.** ⊕ Teiler *m;* **2.** ⚔ Teiler *m,* Divisor *m; máximo común* ~ größter gemeinsamer Teiler *m;* ~**soria** *adj.-su. f:* (*línea f*) ~ *de aguas* Wasserscheide *f;* ~ *meteorológica* Wetterscheide *f;* ~**sorio** *adj.* teilend, trennend; *Grenz...,* Scheide...
divo *poet.* **I.** *adj.* göttlich; **II.** *m Thea. fig.* Bühnengröße *f* (*Sänger*).
divor|ciado *adj.* geschieden (*Ehe*); *fig.* getrennt; ~ *de la realidad* wirklichkeits-, welt-fremd; ~**ciar** [1b] **I.** *v/t.* Ehe *u. fig.* eng *Zs.-gehöriges* scheiden (*od.* trennen); **II.** *v/r.* ~**se** *de alg.* s. von j-m scheiden lassen; ~**cio** *m* **1.** (Ehe-)Scheidung *f;* 🔠 *demanda f de* ~ Scheidungsklage *f;* **2.** *fig.* Trennung *f;* ~**cista** *c* Befürworter *m* der Ehescheidung.
divulga|ción *f* Verbreitung *f;* allgemeinverständliche Darstellung *f,* Popularisierung *f; de* ~ populärwissenschaftlich; *libros m/pl. de* ~ Sachbücher *n/pl.;* ~**dor** *adj.-su.* Verbreiter *m;* ~**r** [1h] **I.** *v/t.* verbreiten, bekanntmachen; *Gerüchte* aussprengen, verbreiten; **II.** *v/r.* ~**se** s. verbreiten, bekannt werden.
dizque *Am.* es heißt, man sagt.
Djibouti *m* Djibouti *n*.
do ♩ *m* (*pl. does*) *C n;* ~ *sostenido* Cis *n;* ~ *bemol* Ces *n;* ~ *de pecho* hohes *C*.
dobla *f* **1.** *hist. span.* Goldmünze; **2.** *Spiel: jugar a la* ~ mit verdoppeltem Einsatz spielen; **3.** ✵ *Chi.* Tagesschürflohn *m;* F Gratisessen *n;* ~**das** *f/pl. Cu.* Abendläuten *n;* ~**dillo** *m* **1.** (Kleider-)Saum *m;* **2.** Strickzwirn *m;* ~**do I.** *adj.* **1.** uneben (*Gelände*); **2.** gedrungen, kräftig (*Person*); **3.** *fig.* falsch, verschlagen; **II.** *m* **4.** ⊕ Biegen *n;* Falzen *n; tex.* Doppelung *f;* ~**dor** *m* **1.** ⊕ Biegegerät *n;* Falzapparat *m;* **2.** *Film:* Synchronsprecher *m;* ~**dura** *f* **1.** *bsd.* ⊕ (Ver-)Biegung *f;* Falzung *f; tex.* Faltenbruch *m;* **2.** ✵ *Am.* Ersatzpferd *n;* **3.** *m* Synchronisation *f* (*Film*), ~**miento** *m* Falten *n;* Biegung *f;* Verdopplung *f;* ~**r I.** *v/t.* **1.** verdoppeln; *Film* synchronisieren; ~*le a alg.* la edad doppelt so alt sein wie (*nom.*); ~ *el paso* sehr schnell gehen, **2.** biegen, beugen, krümmen; zs.-falten; ~ *la cabeza* den Kopf neigen; *fig.* sterben; F ~ *a palos* vertrimmen F, windelweich schlagen F; **3.** *a.* ⊕ (ab-,

durch-)biegen; *a. Blech* falzen; *a. tex.* doublieren; **4.** ⚓ *Kap* umfahren; *um die Ecke* biegen; **5.** *Méj.* niederschießen; **II.** *v/i.* **6.** *Thea.* e-e Doppelrolle spielen; **7.** ~ (*por alg.*) (j-n) zu Grabe läuten; ~ *a muerto* die Totenglocke läuten; **8.** ~ *a* (*od.* hacia) *la izquierda* nach links abbiegen; **9.** *kath.* zwei Messen an e-m Tag lesen; **10.** *Stk.* e-e Wendung machen; **III.** *v/r.* ~**se 11.** s. biegen; s. durchbiegen; s. krümmen; *fig.* s. fügen, s. beugen.
doble I. *adj. c* **1.** doppelt, Doppel...; *columnas f/pl.* ~*s* **a)** ⚙ Doppelsäulen *f/pl.;* **b)** *Typ.* Doppelspalten *f/pl.;* ♩ ~ *cuerda f* Doppelgriff *m; cuerda f* ~ Doppelsaite *f;* ~ *fondo m* Doppelboden *m* (*Schiff, Koffer usw.*); *fig. de* ~ *fondo* hinterhältig; zweideutig; 🎱 ~ *vía f* Doppelgleis *n; jugar* ~ *contra sencillo* zwei gg. eins wetten; **2.** ♀ gefüllt (*Nelke usw.*); **3.** *fig.* doppelzüngig, heuchlerisch; **II.** *m* **4.** Doppelte(s) *n;* Doppelgänger *m;* ✝ Duplikat *n; Li.* Dublette *f; Thea., Film* Double *m; Film:* ~ *de luces* Lichtdouble *n; al* ~ noch einmal so viel; *fig. Chi., Pe., P. R.* estar a tres ~s y un repique auf dem letzten Loch pfeifen; **5.** Halbe *f* (= ¹/₂ *l Bier*); **6.** Grab-, Toten-geläut *n;* **III.** *adv. f.* doppelt.
doblega|ble *adj. c* biegsam; faltbar; ~**dizo** 🗝 *adj. fig.* gefügig; ~**r** [1h] **I.** *v/t.* biegen; krümmen; beugen; nachgiebig machen; *fig. difícil de* ~ unnachgiebig (*Charakter*); **II.** *v/r.* ~**se** *a. fig.* nachgeben.
doble|mente *adv.* doppelt; *fig.* falsch, hinterhältig; ~**te** *m* Dublette *f* (*a. Li.*); Edelsteinimitation *f;* Doublé *n* (*Billard*); ~**z I.** *m* (*pl.* ~**ces**) Doppelung *f* (*Kleidung*), Falte *f;* **II.** *m, f fig.* Falschheit *f,* Scheinheiligkeit *f*.
doblón *hist. m* Dublone *f* (*Münze*).
doce *m* zwölf; *a las* ~ *y media* um halb eins; *el siglo* ~ das zwölfte Jahrhundert *n;* ~**añista** *adj.-su. c* Anhänger *m* der Verfassung von Cádiz (1812); ~**na** *f* Dutzend *f; F la* ~ *del fraile* dreizehn Stück; *a* ~*s* dutzendweise; *vender por* ~(*s*) *im Dutzend verkaufen;* ~**nal** *adj. c* im Dutzend.
docen|cia *f* Lehrtätigkeit *f;* ~**te I.** *adj. c* lehrend, unterrichtend, Lehr...; *centro m* ~ (Lehr-)Institut *n,* (Unterrichts-)Anstalt *f; cuerpo m* ~ Lehrkörper *m;* **II.** *m* Unterrichtende(r) *m*.
dócil *adj. c* **1.** gelehrig; gefügig, willig; artig; ~ (*a*) gehorsam (*dat.*); **2.** geschmeidig, biegsam; gut zu bearbeiten(d) (*Werkstoffe*).
docilidad *f* Gelehrigkeit *f;* Fügsamkeit *f,* Nachgiebigkeit *f;* Geschmeidigkeit *f*.
dócilmente *adv.* fügsam *usw.*
dock *m* Dock *n;* Hafenlager *n;* ~**er** *m* Hafenarbeiter *m*.
docto *adj.-su.* gelehrt; kenntnisreich; bewandert (*in dat. en*).
docto|r *m* Doktor *m;* F Arzt *m,* Doktor *m;* ~**es** *m/pl. de la Iglesia* Kirchenlehrer *m/pl.; bibl.* ~**es** *m/pl. de la ley* Schriftgelehrte(n) *m/pl.;* ~ *en ciencias* Doktor *m* der Naturwissenschaften, Dr. rer. nat.; ~ *en filosofía y letras* Doktor *m* der Philosophie, Dr. phil.; ~ *honorario,*

honoris causa Ehrendoktor *m,* Dr. h. c.; ~ *por la Sorbona* Doktor *m* der Sorbonne; *grado m de* ~ Doktorgrad *m;* ~**ra** *f* Ärztin *f;* F Frau *f* e-s Arztes; *fig.* Blaustrumpf *m;* ~**rado** *m* Doktor-titel *m,* -würde *f;* Promotion *f; fig.* vollendete Kenntnis *f* e-s Fachgebiets; ~**ral** *adj. c* Doktor...; *tesis f* ~ Dissertation *f,* Doktorarbeit *f;* ~**ramiento** *m* Promotion *f;* ~**rando** *m* Doktorand *m;* ~**rarse** *v/r.* promovieren, s-n Doktor machen; F *Stk.* als Stierkämpfer zugelassen werden.
doctri|na *f* **1.** Lehre *f,* Doktrin *f;* Lehrmeinung *f; Phil. a.* Schule *f;* ~**s** *económicas* volkswirtschaftliche Lehrmeinungen *f/pl.;* 🔠 *legal vigente* geltende Rechtslehre *f; fig.* F *no saber la* ~ sehr unwissend sein; **2.** Doktrin *f;* ~ (*cristiana*) Glaubenslehre *f;* Katechismus *m;* **3.** *hist. Am.* Ordenspfarre *f;* christianisierte Indianergemeinde *f;* ~**nal** **I.** *adj. c* belehrend, Lehr...; **II.** *m fast nur Rel. u. desp.* Lehrbuch *n;* ~**nario** *adj.-su.* doktrinär; *m* Doktrinär *m; fig.* Prinzipienreiter *m;* ~**narismo** *m* Doktrinarismus *m;* ~**nero** *m* Katechet *m; hist. Am.* Indianerpfarrer *m;* ~**no** *m* schüchterner, gehemmter Mensch *m*.
documen|tación *f* Beurkundung *f;* Beleg *m;* Dokumentation *f,* Unterlagen *f/pl.;* (Ausweis-)Papiere *n/pl.; Kfz.* ~ *del coche* Wagenpapiere *n/pl.;* ~ *fotográfica* Bildmaterial *n;* ~**tado** *adj.* **1.** beurkundet; belegt; **2.** genau unterrichtet; **3.** mit Ausweispapieren versehen; ~**tal I.** *adj. c* urkundlich; durch Urkunden belegt (*od.* gestützt); 🔠 *prueba f* ~ Urkundenbeweis *m;* **II.** *m* Dokumentarfilm *m;* Kulturfilm *m;* ~**talmente** *adv.* dokumentarisch; urkundlich; an Hand von Dokumenten; aktenmäßig; ~**tar I.** *v/t.* beurkunden; belegen, dokumentarisch nachweisen; **II.** *v/r.* ~**se** (*sobre*) s. Unterlagen verschaffen (über *ac.*); ~**to** *m* Urkunde *f,* Dokument *n* (*a. EDV*); Beweis *m,* Beleg *m;* ✝ ~ *m/pl. de aduana* (de envío) Zoll- (Versand-)papiere *n/pl.; Span.* ~ *nacional de identidad* Kennkarte *f;* ~ *notarial* (*público*) notarielle (öffentliche) Urkunde *f;* 🔠 ~ *privado* Privaturkunde *f*.
dode|caedro ⚙ *m* Dodekaeder *n;* ~**cafonía** *f,* ~**cafonismo** *m* ♩ Zwölfton-musik *f,* -system *n;* ~**cágono** ⚙ *adj.-su.* zwölfeckig; *m* Zwölfeck *n*.
dogal *m* Strick *m* zum Anbinden *v. Tieren;* Strick *m* des Henkers; *fig. poner* (*od. echar*) *a alg. el* ~ *al cuello* j-n unterkriegen; j-n an die Kandare nehmen; *fig. estar con el* ~ *al cuello* das Wasser steht ihm bis zum Hals.
dog-cart *m* Dogcart *m* (*Wagen*).
dog|ma *m* Dogma *n;* Lehrsatz *m;* ~**mático I.** *adj.* dogmatisch (*a. fig.*), die Glaubenslehre betreffend; *fig.* lehrhaft; **II.** *m* Dogmatiker *m;* ~**matismo** *m* Dogmatismus *m;* ~**matizador** *adj.-su.,* ~**matizante** *adj. c* dogmatisierend; ~**matizar** [1f] **I.** *v/t.* zum Dogma erheben; **II.** *v/i.* schulmeisterlich reden (*od.* schreiben); Dogmen aufstellen.

dogo *m Zo.* Dogge *f; fig.* F Rausschmeißer *m* F.
dogre ⚓ *m* Dogger(boot *n*) *m*.
dolar [1m] *v/t.* (ab)hobeln.
dólar *m* Dollar *m*; ~ estadounidense US-Dollar *m*; ~ oro Golddollar *m*.
dole|ncia *f* Leiden *n*, Krankheit *f*; **~r** [2h] I. *v/i.*: ~ *a alg.* j-m wehtun, j-n schmerzen (*a. fig.*); *fig.* j-m leid tun; *le duele el vientre* er hat Bauchschmerzen; *me duele que* + *subj.* es schmerzt mich, daß + *ind.*; *fig.* F *ahí (le) duele da drückt Sie der Schuh!*; das ist der Haken; II. *v/r.* ~se de über *et.* (*ac.*) klagen; *a. et.* bereuen; ~se con alg. j-m sein Leid klagen.
dolicocéfalo 🎓 *adj.-su.* langschädelig; *m* Langschädel *m*.
dolido: *estar* ~ *de* (*od. por*) *s.* beleidigt fühlen durch (*ac.*).
doliente *adj. c* 1. leidend, krank; F pimpelig F; 2. leidtragend, trauernd (*bsd. Angehöriger*).
dolmen *m* Dolmen *m* (*Hünengrab*).
dolo 🎓 *m* Vorsatz *m*; Arglist *f*, arglistige Täuschung *f*; Betrug *m*.
dolobre ⊕ *m* Spitzhaue *f*.
dolo|mía, **~mita** *Min. f* Dolomit *m*, Braunspat *m*; ♀**mitas** *f/pl.* Dolomiten *pl.*
dolo|r 1. Schmerz *m*; Leid *n*; Reue *f*; ~ *de cabeza* Kopfschmerzen *m/pl.*; *¡ay, qué~!* das tut weh!; *estar con (los)* ~es in Wehen liegen; (*no*) *sentir* ~(es) *a la presión* (nicht) druckempfindlich sein; 2. *kath.* la Virgen de los ~es → Dolorosa; ~**rido** *adj.* 1. schmerzhaft, schmerzend; 2. schmerzerfüllt; traurig; klagend; ♀**rosa** *Rel. f* (Mater) Dolorosa *f*, Schmerzensmutter *f*; ~**roso** *adj.* 1. schmerzhaft, schmerzlich; 2. kläglich, beklagenswert.
doloso 🎓 *adj.* vorsätzlich; betrügerisch; arglistig.
dom *m* Dom *m* (*Titel v. Ordensgeistlichen*).
doma *f* Zähmung *f v. Tieren u. fig.*; ~**ble** *adj. c* zähmbar; bezwingbar; ~**dor** *m* Tierbändiger *m*, Dompteur *m*; ~ *de potros* Zureiter *m*; ~**dora** *f* Dompteuse *f*; ~**dura** *f* Zähmung *f*; Dressur *f*, Abrichtung *f*; Bezwingung *f*; ~**r** *v/t. a. fig.* zähmen, bezwingen; bändigen; *Füllen* zureiten.
domeña|ble *adj. c* zähmbar; ~**r** *lit. v/t.* zähmen; bezwingen, unterwerfen.
domestica|ble *adj. c* zähmbar; zu bändigen(d); ~**ción** *f* Zähmung *f*, Abrichtung *f*; ~**do** *adj.* gezähmt; ~**r** [1g] *v/t.* zähmen; *Wild-Pfl. u.* ~iere domestizieren; *Tiere* dressieren; *fig.* bändigen; *rauhes Wesen* sänftigen.
doméstico I. *adj.* häuslich, Haus...; *trabajo m* ~ Heimarbeit *f*; *Sch. ejercicios m/pl.* ~s Hausaufgaben *f/pl.*; II. *m* Hausdiener *m*; Dienstbote *m*.
domici|liación *f* Domizilierung *f* (*Wechsel*); ~ *de pagos* Einzugsermächtigung *f*; ~**liado** *adj.* wohnhaft, ansässig (*in dat. en*); ✝ *letra f* ~**a** Domizilwechsel *m*; *estar* ~ s-n festen Wohnsitz haben in (*dat.*); ~**liar** [1b] I. *v/t.* 1. ansiedeln; 2. ✝ *Wechsel* domizilieren; II. *v/r.* ~se 3. s-n (festen) Wohnsitz nehmen, ansässig werden; ~**liario** I. *adj.* ortsansässig; Haus...; Heim...;

Wohnsitz...; 🎓 *registro m* ~ Haussuchung *f*; II. *m* Ortsansässige(r) *m*; ~**lio** *m* 1. Wohnung *f*, Haus *n*; Wohn-ort *m*, -sitz *m*; (*derecho m de*) ~ Wohn-, Niederlassungs-recht *n*; 🎓 ~ *forzoso* Zwangsaufenthalt *m*; *establecer* (*od. fijar*) *su* ~ (s-n) Wohnsitz nehmen, s. niederlassen; *sin* ~ *fijo* ohne festen Wohnsitz; 2. ✝ Domizil *n*, Zahlungsort *m* (*Wechsel*); (*social*) Sitz *m* (*Firmen*); *recogido a* ~ ab Haus, wird abgeholt; *entregado* (*od. llevado*) *a* ~ frei Haus; *wird* (ins Haus) gebracht; *servicio m a* ~ Lieferung *f* frei Haus.
domina|ble *adj. c* beherrschbar; ~**ción** *f* 1. (Ober-)Herrschaft *f*; Beherrschung *f*; ~ *extranjera* Fremdherrschaft *f*; 2. *Biol.* Dominanz *f*; ~**do** *adj.* beherrscht; unterworfen; ~**nte** I. *adj. c* 1. vorherrschend; herrschend, dominierend; *a. fig.* beherrschend; 2. herrschsüchtig; II. *m* 3. *Astrol.* Herrscher *m*, Dominant *m*; III. *f* 4. 🎵 Dominante *f*, vorherrschendes Merkmal *n*; 5. ♪ Dominante *f*; ~**r** I. *v/t.* 1. beherrschen (*a. fig.*); bezwingen; meistern; *fig.* eindämmen; 2. überragen; ~ (*con la vista*) überblicken; *el castillo domina el pueblo* die Burg liegt hoch über der Ortschaft; II. *v/i.* 3. herrschen, vorherrschen; 4. ~ *sobre* hoch aufragen über (*ac.*), emporragen über (*ac.*) (*Berg, Gebäude*); III. *v/r.* ~se 5. *s.* beherrschen.
dómine F *desp. m* Schulmeister *m*, Pauker *m*; *fig.* Pedant *m*.
domin|gada *f* sonntägliches Fest *n*; Sonntagsvergnügen *n*; ~**go** *m* Sonntag *m*; ~ *in albis* Weißer Sonntag *m*; ~ *de Pascua*, ~ *de Resurrección* Ostersonntag *m*; ~ *de Ramos* Palmsonntag *m*; *los* ~s *y días festivos* an Sonn- u. Feiertagen; *fig. hacer* ~ blauen Montag machen; *ir de* ~ sonntäglich gekleidet sein; ~**guejo** *m* → *dominguillo*; ~**guero** I. *adj.* sonntäglich; *traje m* ~ Sonntags-anzug *m* (*bzw.* -kleid *n*); II. *m* F *Kfz.* Sonntagsfahrer *m*; ~**guillo** *m* Stehaufmännchen *n*; *traer a alg. como un* ~ j-n herumhetzen, j-n in Atem halten F.
domínica *ecl. f* Sonntag (sperikope *f*) *m*.
Dominica *f* Dominica *f*.
domini|cal *adj. c* sonntäglich, Sonntags...; *descanso m* ~ Sonntagsruhe *f*; ~**cano** I. *adj.* dominikanisch; *República f* ~**a** Dominikanische Republik *f*; II. *m* Bewohner *m* der Dominikanischen Republik; ~**co** I. *adj. kath.* dominikanisch, Dominikaner... (*Orden*); II. *m* (~**a** *f*) Dominikaner(in *f*) *m*; III. *m Am. Cent.* kleine Banane(nart) *f*.
dominio *m* 1. Herrschaft *f*, Macht *f*; Eigentum(sgewalt *f*) *n*; 🎓 ~ *útil* Nutzeigentum *n*; *EDV* ~ *público* Public-Domain-Software *f*; *bienes m/pl. comunes de* ~ *público* öffentliches Eigentum *n*, Gemeingut *n*; *ser del* ~ *público* Staatseigentum (*bzw.* Gemeingut) sein; *fig.* allgemein bekannt sein; 2. *a. fig.* Bereich *m*; Gebiet *n*; ~ *lingüístico* Sprachgebiet *n*; 3. *Pol.* Gebiet *n*; ~ *colonial* Kolonialreich *n*; *los* ~ *británicos* die britischen Dominions *n/pl.*
dómino *m od.* **dominó** *m* 1. Domino

m (*Maske*); 2. Domino(spiel) *n*.
domo *m* △ Kuppel *f*; ⊕ Dom *m*.
dompedro *m* 1. ✿ Wunderblume *f*; 2. F Nachttopf *m*.
don¹ *m* Don, Herr (*nur vor den Vornamen*; *respektvoll intimere Anrede*; *Abk.* D.); *fig.* ♀ *Juan* Frauenheld *m*, Herzensbrecher *m*; *es un* ♀ *Nadie* er ist ein Habenichts, er ist e-e Null.
don² *m* 1. Gabe *f*, Geschenk *n*; *hacer* ~ *de a/c. a alg.* j-m et. schenken; 2. Begabung *f*, Gabe *f*; *iron. a.* Talent *n*; *tener (el)* ~ *de gentes* gewandt im Umgang mit Menschen sein; ~ *de mando* Gabe *f* der Menschenführung; ~ *natural* Naturbegabung *f*; Gabe *f* der Natur; *tener el* ~ *de la palabra* wortgewandt sein.
dona *f Chi.* Geschenk *n*; ~s *f/pl.* Hochzeitsgabe *f* des Bräutigams.
dona|ción *f a.* 🎓 Schenkung *f*, Zuwendung *f*; 🎓 ~ *de órganos* Organspende *f*; ~ *entre vivos* Schenkung *f* unter Lebenden; ~**da** *Rel. f* Laienschwester *f*; ~**do** *m* Laienbruder *m*; ~**dor** *m* Spender *m*, Geber *m*; 🎓 → *donante*.
donai|re *m* 1. Anmut *f*; gewandtes Auftreten *n*; 2. Scherz(wort *n*) *m*, Witz *m*; Schmeichelei *f*, Kompliment *n*; ~**roso** *adj.* witzig, geistreich.
dona|nte *adj.-su. c* Stifter *m*; Schenker *m*; Geber *m*; 🎓 ~ *de órganos* Organspender *m*; 🎓 ~ *de sangre* Blutspender *m*; ~**r** *v/t.* schenken; stiften, spenden; ~**tario** 🎓 *m* Beschenkter *m*; ~**tivo** *m* Schenkung *f*; Stiftung *f*; Geschenk *n*.
donce|l I. *m* Edelknabe *m*; Knappe *m*; *lit.* Jüngling *m*; II. *adj. c* mild, lieblich (*z. B. Wein*); süß (*Paprika*); ~**lla** *f* 1. Jungfrau *f*; Kammermädchen *n*, Zofe *f*; ~ *de honor* Ehren- *bzw.* Braut-jungfer *f*; 2. *Fi.* Meerjunker *m*; 3. ✿ *hierba f* ~ Immergrün *n*; *Pe.* ~ Mimose *f*; ~**llez** *f* Jungfräulichkeit *f*.
donde I. *adv.* wo; *a* ~ wohin; *hacia* ~, *para* ~ wohin (*Richtung*); *hasta* ~ wohin (*Ziel*); *de* ~ woher, von wo; *woraus*; *en* ~ wo; *por* ~ woher, woraus; worüber; *aquí* ~ *usted me ve* so wahr ich hier stehe!; ob Sie es glauben oder nicht (, ich ...); *allí* ~ *se encuentra* dort befindet er s.; *está en* ~ *sus padres* er ist bei s-n Eltern; *el lugar por* ~ *pasamos* der Ort, über den wir fahren; *la sala* ~ *estamos* der Raum, in dem (*od.* wo) wir uns befinden; ~ *quiera* → *dondequiera*; II. *prp. Am.* zu (*dat.*); bei (*dat.*); ~ *José* bei Josef; *vamos* ~ *el dentista* gehen wir zum Zahnarzt.
dónde *adv.* (*direkt od. indirekt fragend*) *¿*~*?* wo?; *¿a* ~*?* wohin?; *¿de* ~*?* woher?; von wo?; *¿en* ~*?* wo?; *¿hacia* ~*?* wohin?, in welche(r) Richtung?; *¿por* ~*?* woher?; durch welchen Ort?; warum?, weshalb?; *¿por* ~ *a (od. por* ~ *queda) ese pueblo?* wie kommt man zu dieser Ortschaft?
dónde *m*: *el* ~ *y el cuándo* das Wo u. Wann.
dondequiera *adv.* überall; ~ *que llegó* überall wohin er kam; ~ *que llegara* wohin auch immer er kommen mochte; ~ *que sea* wo(hin) immer es auch sei.

don|diego ♥ *m*: ~ *de día* dreifarbige Winde *f*; ~ *de noche* → **~juán** ♥ *m* Wunderblume *f*.
donjua|nesco *adj.* Don-Juan-...; **~nismo** *m* Art *f u.* Wesen *n* des Don Juan, „Donjuanismus" *m*.
dono|sidad *f* → *donosura*; **~so** *adj.* anmutig, nett; witzig, drollig.
donostiarra *adj.-su. c* aus San Sebastián.
donosura *f* Anmut *f*, Grazie *f*; Witz *m*.
donprisas F *m* (*pl. inv.*) Mensch *m*, der es immer eilig hat.
donut *m* Donut *m*.
doña *f* Frau (*vor dem Vornamen*): ~ (*od.* 2) *Inés* Frau Agnes.
doñear F *v/i.* ein Schürzenjäger sein.
dopar(se) *v/t.* (*v/r.*) (*s.*) dopen.
doquier(a) *lit.* → *dondequiera*.
dora|da *f* 1. *Fi.* Goldbrassen *m*; 2. *Cu.* (giftige) Goldfliege *f*; **~dillo** I. *adj.* 1. *Rpl.* honigfarben (*Pferd*); II. *m* 2. dünner Messingdraht *m für Fassungen*; 3. *Vo.* Bachstelze *f*; **~do** I. *adj.* 1. golden, Gold...; vergoldet; goldgelb; ~ *a fuego* feuervergoldet; *Myth. u. fig. edad f* **~a** goldenes Zeitalter *n*; goldenes Alter *n*; goldene Jahre *n/pl.*; *Fi. pez m* ~ Goldfisch *m*; II. *m* 2. Vergoldung *f*; **~s** *de encuadernación* Fileten *n/pl.*, Goldverzierung *f auf dem Einband*; 3. *El* ♀ Eldorado *n*; **~dor** *m* Vergolder *m*; **~dura** *f* Vergoldung *f*; **~r** I. *v/t.* 1. vergolden; *Kchk.* goldbraun (heraus)backen (*od.* werden lassen); 2. *fig.* beschönigen, bemänteln; ~ *la píldora* die Pille versüßen; II. *v/r.* **~se** 3. *Kchk.* goldbraun werden; 4. *lit.* golden (auf)leuchten (*in Licht, Sonne usw.*).
dórico I. *adj.* dorisch; *Ku. orden m* ~ dorische Säulenordnung *f*; II. *m* dorischer Dialekt *m*.
dorífora *Ent. f* Kartoffelkäfer *m*.
dorio *m hist.* Dorer *m*.
dormi|da *f* 1. Erstarrung *f der Seidenraupen*; 2. Nachtlager *n* (*Tiere, Vögel*); *Bol., C. Ri., Chi.* Schlafstätte *f*; 3. P Beischlaf *m*; **~dera** *f* 1. ♥ Mohn *m*; *Cu., C. Ri.* Mimose *f*; 2. F **~s** *f/pl.*: *tener buenas* **~s** leicht einschlafen können; **~dero** I. *adj.* einschläfernd; II. *m* Lager *n des Viehs*; Schlafplatz *m des Wildes*; **~do** *adj.* schläfrig, schlaftrunken; *estar* ~ schlafen (*a. fig.*); *medio* ~ verschlafen, halb im Schlaf; **~lón** *adj.-su.* schläfrig, verschlafen; schlafmützig; *m* Langschläfer *m*; *Spionage*: Schweigequelle *f*, Schläfer *m* F; **~lona** *f* 1. Langschläferin *f*, Schlafmütze *f*; 2. Ohrgehänge *n*; 3. Schlafsessel *m*; 4. *Ven.* Nachthemd *n*; 5. ♥ *Am. Cent., Cu.* Mimose *f*; **~r** [3k] I. *vt/i.* 1. schlafen (*a. fig.*); F *s-n Rausch* ausschlafen; ~ *como un leño* (*od. tronco od. lirón*), ~ *a pierna suelta* wie ein Murmeltier schlafen; ~ *la siesta* Mittagsschlaf halten; ~ *de un tirón* durchschlafen; ~ *en* (*la paz de*) *Dios* in Gott ruhen; ~ *sobre a/c.* e-e Sache *b-*, über-schlafen; *dejar* ~ *a/c. Angelegenheit* ruhen lassen; II. *v/t.* 2. einschläfern (*a.* ✿); III. *v/r.* **~se** 3. einschlafen (*a. Glieder*); **~se** *sobre* (*od. en*) *los laureles* auf s-n Lorbeeren ausruhen; 4. *fig.* e-e Gelegenheit versäumen; 5. ⚓ **a**) *s.* nicht mehr bewegen (*Kompaßnadel*); **b**) krängen; **~rlas** *m* Versteckspiel *n*; **~tar** *v/i.* im Halbschlaf liegen, dösen F, duseln F; **~tivo** *adj.-su.* schlafbringend; *m* Schlafmittel *n*; **~torio** *m* Schlafzimmer *n*; Schlafsaal *m*.
dor|najo *m* Trog *m*, Kübel *m*; **~nillo** *m* Napf *m*, Schüssel *f aus Holz*.
Dorotea *npr. f* Dorothea *f*.
dor|sal I. *adj.* ~ Rücken ...; ✠ dorsal; II. *adj.-su. Li.* dorsal, Zungenrücken...; (*sonido m*) ~ *m* Dorsal *m*; III. *m Sp.* Start-, Rücken-nummer *f*; **~so** *m* Rücken *m*; Rückseite *f* (*Blatt, Formular usw.*); *al* (*od. en el*) ~ auf der (*bzw.* auf die) Rückseite; ~ *de la mano* (*de la nariz*) Hand- (Nasen-)Rücken *m*.
dos I. *num.* 1. zwei; zweite(r, -s); ~ *a* ~ zwei zu zwei (*z. B. Sp. gewinnen*); jeweils zwei zs.; *de* ~ *en* ~ immer zwei, paarweise; ~ *tantos* doppelt (soviel); *Fußball*: zwei Tore *n/pl.*; *los* ~ alle zwei, beide; *los* ~ *podemos decir* wir beide können sagen; F *a* ~ *por tres* ohne viel Federlesens, geradezu; (*a*) *cada* ~ *por tres* alle Augenblicke, ständig, dauernd; *tan cierto como* ~ *y* ~ *son cinco* so sicher wie zwei mal zwei vier ist, bombensicher F; F *en un* ~ *por tres* im Nu; *entre los* ~ unter vier Augen; *romper en* ~ entzweibrechen; II. *m* 2. Zwei *f, Reg.* Zweier *m* (*Zahl, a. Benotung*); 3. der zweite des Monats; 4. ♪ ~ *por cuatro* Zweivierteltakt *m*.
dosado ⊕ *m* Dosierung *f*.
dos|añal *adj. c* zweijährig; zweihundert; **~cientos** I. *num.* zweihundert; II. *m* die Zahl Zweihundert.
dosel *m* Thronhimmel *m*, Baldachin *m*; Betthimmel *m*.
dosifica|ble *adj. c* dosierbar; **~ción** *f a.* ⚗, 🜨, ⊕ *u. fig.* Dosierung *f*, Zumessung *f*; ~ *excesiva* Überdosis *f*; **~dora** *f* Dosiermaschine *f*; **~r** [1g] *v/t. a. fig.* dosieren; 🜨 titrieren.
dosimetría ⚗ *f* Dosimetrie *f*.
dosímetro ⚗ *m* Dosimeter *n*.
dosis *f* (*pl. inv.*) *a.* ⚗ *u. fig.* Dosis *f*; Gabe *f*, Menge *f*; *en pequeñas* ~ in kl. Gaben (*od.* Dosen); ~ *máxima* Maximaldosis *f*; *fig. tener una buena* ~ *de paciencia* e-e ganze Menge Geduld haben.
dota|ción *f* 1. Ausstattung *f*; Aussteuer *f*; 2. Schenkung *f*, Stiftung *f*; 3. ⚓ Besatzung *f*; ✠ ~ *de un cañón* Geschützbedienung *f*; ~ *de policía* Polizeieinheit *f*; 4. Personal *n*; 5. ~ *de un príncipe etc.* Apanage *f*; 6. *Psych.* Begabung *f*; **~l** *adj. c* Mitgift...; 🜨 *régimen m* ~ Dotalgüterstand *m*; *bienes m/pl.* **~es** Heiratsgut *n*, Mitgift *f*; **~r** *v/t.* 1. ausstatten, -rüsten, versehen (mit *dat. con, de*); ⚓, ✠ bemannen; 2. stiften; 3. dotieren.
dote I. *m, f* Mitgift *f*; Aussteuer *f*; *dar* (*recibir*) *en* ~ in die Ehe mitgeben (mitbekommen); II. *f* Gabe *f*, Begabung *f*; III. *m* Anzahl *f* Spielmarken zu Spielbeginn.
dovela ⚛ *f* Keilstein *m*; Gewölbeformstein *m*; Schlußstein *m*.
doy → *dar*.
dozavo *num.* Zwölftel *n*; *edición f en* ~ Duodezausgabe *f*.

dracma *f* Drachme *f* (*a. hist.*).
draconiano *adj. a. fig.* drakonisch.
draga *f* Bagger *m*; Naßbagger *m*; ~ *de cadena* Kettenbagger *m*; ~ *de cangilones* Becherwerk *n*; **~do** ⊕ *m* (Aus-)Baggern *n*; **~dor** *adj.-su. m* (buque *m*) ~ Baggerschiff *n*; **~minas** ⚓ *m* (*pl. inv.*) Minen-suchboot *n*, -räumboot *n*; **~nte** ⊘ *m* Drachenkopf *m*; **~r** [1h] *vt/i.* (aus)baggern.
drago ♥ *m* Drachen(blut)baum *m*.
dragón *m* 1. Drache *m* (*Fabeltier u.* ♀ *Sternbild*); *fig.* F ~ *de seguridad* Anstandswauwau *m* F; 2. *Fi.* ~ (*marino*) Drachenfisch *m*; Leierfisch *m*; *Zo.* ~ (*volante*) Flugdrache *m*; 3. ✠ *hist.* Dragoner *m*; 4. *Rpl.* Verehrer *m*; 5. ♥ Drachenkraut *n*; 6. ⊕ Speiseloch *n am Hochofen*.
dragona *f* 1. Drachenweibchen *n*; 2. ✠ Achselschnur *f*; *Chi., Méj.* Portepee *n*; 3. ♪ Dragonermarsch *m*; 4. *Rpl.* Verehrerin *f*; 5. *Méj.* Art Umhang *m*.
dragonci|lla ♥ *f* Schlangenkraut *n*; **~llo** ♥ *m* Estragon *m*; **~s** *m/pl.* Drachenkraut *n*.
dragone|ar F *v/i.* 1. *Am.* ein Amt ohne Qualifikation ausüben; *s.* aufspielen (als *nom. de*); *s.* brüsten (mit *dat. de*); 2. *Rpl.* flirten; **~o** *m Rpl.* Flirt *m*; **~te** ⊘ *m* → *dragante*.
dragontea ♥ *f* Drachenmaul *n*.
drama *m* Drama *n* (*a. fig.*); Schauspiel *n*, Bühnenstück *n*; ~ *lírico* lyrisches Drama *n*; Musikdrama *n*.
dramáti|ca ⚘ *f* Dramatik *f*, dramatische (Dicht-)Kunst *f*; **~co** I. *adj.* 1. dramatisch, Schauspiel..., Bühnen...; *actor m* ~ Tragöde *m*; *actriz f* **~a** Tragödin *f*; 2. *fig.* dramatisch, erschütternd; *a.* sensationell; II. *adj.-su. m* 3. (*autor m*) ~ Dramatiker *m*, Bühnendichter *m*.
drama|tismo *m* Dramatik *f* (*a. fig.*); **~tizar** [1f] *v/t.* dramatisieren (*a. fig.*), für die Bühne bearbeiten; **~turgia** *f* Dramaturgie *f*; **~turgo** *m* 1. Dramaturg *m*; 2. Dramatiker *m*.
dramón *desp. m* Schauerdrama *n*; F Kolossalschinken *m* F (*Film*).
draque *m Am. Mer.* Getränk *n* (*Wasser, Muskat, Schnaps*).
drástico *adj.-su.* drastisch (*a. fig.*); *m* starkes Abführmittel *n*.
drawback † *m* Zollrückvergütung *f*.
drena|ble ⚗, ⊕ *adj. c* drainierbar; **~je** *m* ✡ *mst.* Drainage *f* ⊕, 🌱 Dränung *f*, Dränage *f*; **~r** *v/t.* ⚗, ⊕ dränieren ✡, ⊕ entwässern.
dria|(da), ~de *Myth. f* Dryade *f*, Waldnymphe *f*.
dri|blar *Sp. v/i.* dribbeln; **~bling** *Sp. m* Dribbeln *n*.
dril *tex. m* Dril(li)ch *m*; **~no** *Zo. m* grüne Baumschlange *f*.
driver *m EDV* Treiber *m*.
driza ⚓ *f* Leine *f*, Hißtau *n*; **~r** [1f] ⚓ *v/t.* 1. hissen; 2. niederholen.
dro|ga *f* 1. Droge *f*; Rauschgift *n*; ~ *blanda* (*dura*) weiche (harte) Droge *f*; ~ *de diseño* Designerdroge *f*; ~ *sintética* synthetische Droge *f*; 2. *fig.* Schwindel *m*; 3. Unannehmlichkeit *f*; *ser* (*una*) ~ unangenehm (*od.* lästig) sein; 4. *Chi., Méj., Pe.* (Geld-)Schuld *f*; **~gadicto** *adj.* drogensüchtig; **~garse** [1h] *v/r. s.* dopen, Aufputschmittel nehmen; Rauschgift (*od.* Drogen) nehmen;

drogodependencia — duplicado

~godependencia f Drogenabhängigkeit f; ~godependiente c, ~gota c Drogenabhängige(r) m.
dro|guería f Drogerie f; Col. Apotheke f; ~guero m, ~guista c Drogist m.
dromedario m Zo. Dromedar n; fig. desp. Kamel n (Beschimpfung).
drope F desp. m Kerl m, Knilch m F.
dro|sera ♀ f Sonnentau m; ~sófila Ent. f Taufliege f; ~sómetro Met. m Drosometer n, Taumeßgerät n.
druida hist. m Druide m.
drupa ♀ f Steinfrucht f.
drusa Min. f (Kristall-)Druse f.
dry adj. c trocken (Wein).
dua|l I. adj. c dyadisch; II. m Gram. Dual m, Zweizahl f; ~lidad f Dualität f; Zweiheit f; ~lismo a. Phil. m Dualismus m; ~lista adj.-su. c dualistisch; m Dualist m.
dubio 🕂 m Zweifelsfall m.
dubita|ción f Rhet. rhetorische Zweifelsfrage f, Dubitation f; ~tivo ⌑, Gram. adj. dubitativ; conjunción f ~a Dubitativkonjunktion f.
dublé m Dublee n, Doublé n.
duca|do m 1. Herzogtum n; Herzogswürde f; Gran ♀ Großherzogtum n; 2. Dukaten m (Münze); ~l adj. c herzoglich, Herzogs...
duco m Spritz-, Nitrozelluloselack m; pintado al ~ spritzlackiert.
ductibilidad f Dehnbarkeit f, Biegsamkeit f.
dúctil adj. c dehnbar; geschmeidig; ⊕ a. hämmerbar; streckbar; fig. nachgiebig, gefügig.
ductilidad f 1. Dehnbarkeit f, Streckbarkeit f; Duktilität f; 2. fig. Nachgiebigkeit f.
ductor 🕂 m Führungssonde f.
ducha¹ f farbiger Streifen m im Stoff.
ducha² f Dusche f; Brause(bad n) f; ~ de aire caliente Heißluftdusche f; 🕂 ~ nasal Nasendusche f; dar(se) una ~ (s.) duschen, (s.) abbrausen; a. fig. ~ (de agua) fría kalte Dusche f; ~r(se) v/t. (v/r.) (s.) (ab)duschen; (s.) abbrausen.
ducho adj. erfahren, bewandert; tüchtig, versiert (in dat. en); es muy ~ en la materia er ist ein guter Sachkenner; ~ en negocios geschäftstüchtig.
duda f Zweifel m; Ungewißheit f; Skepsis f; adv. sin ~ zweifellos, sicher; allerdings, freilich; adv. sin ~ alguna zweifelsohne, unstreitig; F por (si) las ~s auf alle Fälle; abrigar ~s Zweifel hegen; no admitir ~ k-m Zweifel unterliegen; no cabe la menor ~ sin lugar a ~s ganz zweifellos; no cabe ~ que ... es unterliegt k-m Zweifel, daß ..., zweifellos ...; ¿qué ~ cabe (Am. tiene)? das ist nicht anzuzweifeln; wirklich u. wahrhaftig; dejar en ~ offen (od. in der Schwebe) lassen; estar en ~ zweifeln; unschlüssig sein; estar fuera de toda ~ ganz unzweifelhaft (od. über jeden Zweifel erhaben) sein; no hay ~ es ist gewiß; ¿hay todavía ~s? hat j. noch Fragen?; poner en ~ in Zweifel ziehen, in Frage stellen; sacar de ~s (od. de la ~) Gewißheit geben; salir de ~s (od. de la ~) aufhören zu zweifeln, Gewißheit erlangen; tener sus ~s (so) s-e Zweifel haben, nicht sicher sein;

~r I. v/i. 1. zweifeln (an dat. de); Bedenken tragen; unschlüssig sein; ~ en hacer a/c. s. zu e-r Sache nicht entschließen können; ~ de hacerlo Bedenken tragen, es zu tun; no hay que ~ da darf man nicht zögern, man muß s. rasch entschließen; dudo mucho (de) que venga ich bezweifle sehr, daß er kommt; no dudo que es honrado er ist gewiß ein ehrenwerter Mann; no dudo que sea honrado (pero ...) an s-r Ehrenhaftigkeit möchte ich nicht zweifeln (, aber ...); 2. ~ de alg. j-n verdächtigen, j-n in Verdacht haben; II. v/t. 3. bezweifeln; lo dudamos wir bezweifeln es, wir zweifeln daran.
dudo|samente adv. zweifelhaft; schwerlich, kaum; ~so adj. 1. zweifelhaft, fragwürdig, verdächtig, dubios; cliente m ~ unsicherer Kunde m, Kunde m von zweifelhafter Zahlungsfähigkeit f; es muy ~ das ist recht fraglich; 2. (estar) unschlüssig, schwankend.
duela f (Faß-)Daube f; ~je m Weinschwund m im Faß.
duelista m Duellant m; fig. Raufbold m.
duelo¹ m Duell n, Zweikampf m; batirse en ~ s. duellieren; ~ a pistola Pistolenduell n; provocar a ~ a alg. j-n fordern.
duelo² m 1. Trauer f; Traurigkeit f; ~ nacional Staatstrauer f; (manifestación f de) ~ Beileidsbezeigung f; estar de ~ in Trauer sein, a. fig. trauern (um ac. por); 2. Leichenbegängnis n, Trauergefolge n; Leidtragende(n) m/pl.; se despide (en la calle de ...) das Trauergefolge wird (in der ...-straße) verabschiedet; presidir el ~ den Trauerzug führen; als Vertreter der Leidtragenden das Beileid entgegennehmen; 3. mst. ~s m/pl. Leid n, Kummer m; adv. sin ~ maßlos, unmäßig; 4. Kchk. ~s y quebrantos m/pl. Geflügel- bzw. Hammel-klein n; Hirn m mit Rührei.
duende m 1. Gespenst n, Poltergeist m; Kobold m; ~ de las imprentas, ~ de los tipógrafos Druckfehlerteufel m; hay ~s es spukt; 2. fig. Irrwisch m, Wildfang m; 3. Andal. tener ~ das gewisse Etwas (od. Pfiff) haben.
duendo adj. zahm; bovino m ~ Hausrind n.
dueña f 1. Eigentümerin f; Herrin f; 2. hist. Wirtschafterin f; Duenna f; Erzieherin f; Anstandsdame f; ~ de honor Ehrendame f; fig. poner a alg. cual (od. como [no]) digan ~ j-n sehr heruntermachen.
dueño m Eigentümer m, Besitzer m; Wirt m; Herr m (über ac. de); Arbeitgeber m; ~ de la casa Hausherr m; ~ de una (hora de la) imprenta der Druckereibesitzer m; hacerse ~ de a/c. s. et. aneignen, s. zum Herren von et. (dat.) machen; ser (muy) ~ de hacer a/c. et. (ganz) nach Belieben tun können; es usted muy ~ ganz wie Sie wollen; no ser ~ de sí mismo s. nicht beherrschen können; außer s. sein; sin ~ herrenlos (bsd. Sache); cual el ~, tal el perro wie der Herr, so's Gescherr.
duermevela m Halbschlaf m, unruhiger Schlaf m, Duseln n F.
duer|na f Backtrog m; ~no m 1.

Typ. Lage f von zwei Bogen; 2. → duerna.
due|tista ♪ c Duettsänger m; Duospieler m; ~to ♪ m Duett n.
dugo m: Am. Cent. correr (od. echar) buenos (malos) ~s j-m behilflich (hinderlich) sein; Hond. de ~ unentgeltlich.
dugong Zo. m Seekuh f, Dugong m.
duis ☐ adj. zwei.
dula 🕂 f Bewässerungsparzelle f; Allmende f; Gemeindeweide f.
dulcamara ♀ f Allmenraute f.
dulce I. adj. c 1. süß; agua f ~ Süßwasser n; jamón m ~ gekochter Schinken m; lit. de ~ sabor angenehm schmeckend; de sabor ~ süß schmeckend; a. fig. ~ como la miel zuckersüß; a. fig. entre ~ y amargo bittersüß; 2. fig. weich (a. Eisen); zart (a. Farbe); sanft; lieblich; ~ vida f dolce vita f (it.); II. m 3. Zuckerwerk n; Süßspeise f; Kompott n; ~s m/pl. Süßigkeiten f/pl.; Nachspeisen f/pl.; ~ de almíbar Früchte f/pl. in Sirup; ~ de leche, Col. ~ del Valle Art Karamelmasse f; ~ de membrillo Quittengelee m; ~ platillo, ~ seco kandierte Früchte f/pl.; fig. a nadie le amarga un ~ et. Angenehmes hat man (bzw. hört man) immer gern; el mucho ~ empalaga allzu viel ist ungesund; ~dumbre 🕂 f → dulzura; ~ra f Einmachgefäß n; Kompottschale f; Marmeladendose f; Konfektschale f; ~ría f → confitería; ~ro I. adj. naschhaft; II. m → confitero.
dulcifica|nte adj. c (ver)süßend; ~r [1g] v/t. süßen; a. fig. versüßen; mildern. [nea f.)
dulcinea f Herzensdame f, Dulzi-)
dulero m Gemeinhirt m; Flur-, Weide-wächter m.
dulimán m Dolman m (Kleidungsstück).
dul|zaina f 1. ♪ Dolzflöte f, Art Schalmei f; 2. desp. billiges Zuckerzeug n; Übersüßigkeit f; ~zainero m Dolzflötenspieler m; ~zaino F adj. widerlich süß; ~zamara ♀ f → dulcamara; ~zarrón desp. adj. widerlich süß; ~zón adj. übersüß; a. fig. süßlich, schmalzig (Musik); ~zor lit. m → ~zura f a. fig. Süße f, Süßigkeit f; Lieblichkeit f; Anmut f; Milde f, Sanftmut f.
duma Pol. hist. f Duma f.
dumdum ✗ adj.-su. m Dumdumgeschoß n.
dumping 🕂 m Dumping n.
duna f Düne f.
dundo adj. Am. Cent. dumm.
Dunquerque Dünkirchen m.
dúo ♪ m Duo n (Instrumente); Duett n (Gesang).
duodéci|ma ♪ f Duodezime f; ~mo num. zwölfte(r, -s); m Zwölftel n.
duode|nal Anat. adj. c Zwölffingerdarm...; ~no Anat. m Zwölffingerdarm m.
duomesino adj. zweimonatig.
dúplex I. ⌑, ⊕ adj. inv. Duplex...; bomba f ~ Duplexpumpe f; II. m Maisonette f.
dúplica 🕂 f Duplik f, Gegenerwiderung f.
duplica|ción f Verdoppelung f; ~do I. adj. (ver)doppelt; II. m Zweitschrift f, Duplikat n; ✝ por ~

in doppelter Ausfertigung; *hecho por ~ y a un solo efecto* doppelt für einfach (gültig); *bei Hausnummern número 18* ~ Nr. 18 A; **~dor** *m* Duplikator *m*; **~r** [1g] **I.** *v/t.* verdoppeln; **II.** *v/i.* ♂ auf die Replik antworten.

duplicidad *f* **1.** Duplizität *f*; **2.** Doppelzüngigkeit *f*.

duplo *adj.-su.* doppelt; *m* Doppelte(s) *n*.

duque *m* **1.** Herzog *m*; *los* **~s** *das* Herzogspaar; *Gran* ♀ Großherzog *m*; *Rußl. hist.* Großfürst *m*; **2.** ⚓ ~ *de alba* Duckdalbe *f*; **~sa** *f* Herzogin *f*; *Gran* ♀ Großherzogin *f*.

dura|bilidad *f* Dauerhaftigkeit *f*; **~ble** *adj. c* dauerhaft, haltbar; langlebig (*Güter*); **~ción** *f* Dauer *f*, Zeitdauer *f*; ⊕ Lebensdauer *f*; Dauerhaftigkeit *f*; ~ (*de empleo*) Gebrauchsdauer *f*; ~ *del frenado* (*de [la] oscilación*) Brems- (Schwingungs-)dauer *f*; *de* ~ *ilimitada* unverwüstlich; ~ *de la trayectoria* Flugzeit *f* (*Geschoß, Rakete*); *de larga* ~ langwierig; ⊕ langlebig (*Maschine*); **~dero** *adj.* dauerhaft; dauernd; nachhaltig.

duraluminio *m* Duraluminium *n*.

duramadre *Anat. f* harte Hirnhaut *f*, Dura *f* mater (*lt.*).

duramen ♀ *m* Kernholz *n*.

durante *prp.* während (*gen.*); ~ *dos años* während zweier Jahre; zwei Jahre lang; ~ *su ausencia* während (*od.* in) s-r Abwesenheit; ~ *el viaje* während (*od.* auf) der Reise; unterwegs; ~ *la vida* zeitlebens.

dura|r *v/i.* **1.** (fort-, an-)dauern, währen; (aus)halten, durchhalten; *el traje le duró muchos años* den Anzug hat er lange Jahre tragen können; *¡que dure!* möchte es von Dauer sein! *b.* Glückwünschen u. ä.; *lit. lo que duran las rosas* er (sie usw.) lebt (*bzw.* das hält) nicht lange; das bleibt nicht lange schön *u. ä.*; **2.** (ver)bleiben; *a. s.* halten können (*z. B. in e-r Stellung*); **~tivo** *Li. m* Durativ *m*.

duraz|nero ♀ *m* Herzpfirsichbaum *m*; **~nillo** ♀ *m* Flohkraut *n*; *Arg., Col., Ven.* ein Fieberkraut; **~no** ♀ *m* Herzpfirsich *m* (*Baum u. Frucht*); *Am. jede Art* Pfirsisch *m*.

durdo *Fi. m* Lippfisch *m*.

dureza *f* Härte *f*, Zähigkeit *f*; Derbheit *f*; *fig.* Strenge *f*; Unbarmherzigkeit *f*, Gefühllosigkeit *f*; *a.* ♂ **~s** *f/pl.* Verhärtungen *f/pl.*; ~ *de oído* Schwerhörigkeit *f*; ♪ schlechtes Gehör; ~ *de vientre* Hartleibigkeit *f*; *fig.* ~ *de corazón* Hartherzigkeit *f*.

durillo ♀ *m* **1.** Steinlorbeer *m*; **2.** Kornelkirsche *f*.

durmiente I. *adj.-su. c* schlafend; *m* Schlafende(r) *m*; *la Bella* ♀ (*del bosque*) Dornröschen *n*; **II.** *f* ⊕ (Grund-)Schwelle *f*; Tragbalken *m*; 🚂 *Am.* (Eisenbahn-)Schwelle *f*.

duro I. *adj.* **1.** hart (*a. Wasser, Droge*); fest, zäh; widerstandsfähig; ~ *como acero* stahlhart; ~ *como piedra* steinhart; **2.** *fig.* schwierig; schwer; es ~ + *inf.* es ist hart, zu + *inf.*; *a* **~as** *penas* mit knapper Not; ~ *de entenderas* schwer von Begriff; ~ *de oído* schwerhörig; ♪ mit schlechtem Gehör; *lo más* ~ *está hecho* das Schwerste ist getan; das Schlimmste liegt hinter uns; *fig.* F *ser (un huevo)* ~ *de pelar* e-e harte Nuß sein, haarig sein F; **3.** streng, hart(herzig); rauh (*a. Klima*); schroff, barsch; ~ *de rasgos* hart (*Gesicht*); **4.** hartnäckig, eigensinnig; **5.** geizig; **II.** *adv.* **6.** kräftig, tüchtig, ordentlich F; F *¡dale* ~*!* schlag zu!, gib ihm Saures! F; **III.** *m* **7.** Duro *m* (*Münze, 5 Peseten*); **8.** ⚓ starker Wind *m*; **9.** *fig.* un ~ *de pelicula* ein (Film-)Held *m*; ein Sieger(typ) *m*.

durómetro *od.* **duroscopio** *m* ⊕ Härteprüfer *m*.

dux *hist.* Doge *m*.

duz *adj. c* (*pl.* duces) *Andal.* süß.

DVD *m* DVD *f*; DVD-Player *m*.

E

E, e¹ f E, e n.

e² cj. und (*für y vor nicht diphthongiertem i u. hi, jedoch nicht im Anlaut v. Frage- u. Rufsätzen*; z. B. Carmen e Inés; padre e hijo; ¿y Inés?).

¡ea! int. nun!, auf!, los!; ach was!; aus!, fertig!; oder etwa nicht!

easonense lit. adj.-su. c aus San Sebastián.

ebanis|ta m Möbel-, Kunsttischler m; **~tería** f 1. Möbel-, Kunsttischlerei f; 2. Tischlerarbeit(en) f(/pl.), Möbel n/pl.

ébano m Ebenholzbaum m; Ebenholz n; poet. de ~ schwarz wie Ebenholz.

ebenáceas ⚘ f/pl. Ebenholzgewächse n/pl.

ebonita ⚘ f Ebonit n (*Hartgummi*).

ebri|edad lit. f Rausch m (a. fig.); **~o** lit. adj. betrunken; fig. berauscht, trunken (vor dat. de); blind (vor dat. de).

ebu|llición f Aufwallen n, a. fig. Sieden n; de fácil ~ leicht siedend; punto de ~ Siedepunkt m; entrar en ~ den Siedepunkt erreichen (a. fig.); **~llómetro** Phys. m Siedepunktmesser m; **~lloscopio** Phys. m Ebullioskop n.

ebúrneo poet. adj. elfenbeinern.

ecarté Kart. m Ekarté n.

eccehomo m Rel., Ku. Christus m mit der Dornenkrone; fig. estar hecho un ~ jämmerlich (od. wie das Leiden Christi F) aussehen.

eccema ⚘ m (a. f) Ekzem n, (Flechten-)Ausschlag m; **~toso** adj. ekzematös.

eclampsia ⚘ f Eklampsie f.

eclecticis|mo Phil., 🕮 m Eklektizismus m; **~ta** adj.-su. c → ecléctico.

ecléctico adj.-su. eklektisch; m Eklektiker m.

eclesia|l adj. c Kirchen...; **⚘stés** bibl.: el ~ Prediger m (Salomo).

eclesiástico I. adj. 1. kirchlich, Kirchen...; **II.** m 2. Geistliche(r) m; 3. ♀ bibl. (das Buch) Jesus Sirach.

eclímetro ⊕ m Neigungsmesser m.

eclip|sar I. v/t. Astr. verfinstern, verdunkeln; fig. in den Schatten stellen; **II.** v/r. **~se** s. verfinstern; fig. (ver-)schwinden; s. aus dem Staube machen; **~se** m Astr. Finsternis f; Verfinsterung f; fig. Verdunkelung f; Verschwinden n; ~ de luna, ~ lunar (de sol, solar) Mond- (Sonnen-)finsternis f.

eclípti|ca Astr. f Ekliptik f; **~co** adj. ekliptisch.

eclisa 🔗 f Lasche f e-r Schiene.

eclosión f Aufbrechen n, Aufblühen n; fig. Werden n.

eco m 1. Echo n, Widerhall m; a. fig. Nachhall m; fig. hacer ~ Aufsehen erregen; hacer ~ a a/c., hacerse ~ de a/c. et. weiter-verbreiten, -geben; ser el ~ de otro j-m (bedenkenlos) nachreden (od. nachbeten); tener ~, encontrar ~ Widerhall (od. Anklang) finden; 2. Zeitung: ~s m/pl. de sociedad Nachrichten f/pl. aus der Gesellschaft; 3. Lit. Echo(verse m/pl.) n; 4. ¡~! int. Col. a) prima!; b) Donnerwetter! (*Überraschung*); **~etiqueta** f Umweltzeichen n; **~goniómetro** ⊕ m Echopeilgerät n; **~ico** adj. Echo...; Lit. poesía f ~a → eco 3.

eco|logía f Biol. Ökologie f; Umweltforschung f; **~lógico** adj. ökologisch, Umwelt...; **~logismo** m Umwelt-(schutz)bewegung f; **~logista** adj.-su. c Umweltschutz...; m Umweltschützer m; Pol. a. Grüne(r) m.

ecólogo m Ökologe m; Umweltforscher m.

ecómetro ⊕ m Echolot n.

econo|mato m 1. Verwalterstelle f; 2. Konsumverein m; **~mía** f 1. Wirtschaft f; ~ agraria, ~ agrícola, ~ agropecuaria Agrar-, Land-wirtschaft f; ~ dirigida, ~ planificada gelenkte Wirtschaft f, Planwirtschaft f; ~ doméstica Hauswirtschaft(slehre) f; ~ de la(s) empresa(s) Betriebswirtschaft(slehre) f; ~ industrial gewerbliche Wirtschaft f; ~ nacional einheimische (od. nationale) Wirtschaft f; ~ política Volkswirtschaft(slehre) f; ~ subterránea (od. sumergida) Schattenwirtschaft f; 2. Wirtschaftlichkeit f; Sparsamkeit f; Einsparung f; Zweckmäßigkeit f in der Anordnung; ~s f/pl. Ersparnisse f/pl.; ~ de tiempo Zeitersparnis f; medidas f/pl. de ~ Sparmaßnahmen f/pl.; hacer ~s Einsparungen machen; sparen; sparsam leben; 3. Li. ~ lingüística Sprachökonomie f; 4. Physiol. ~ hídrica Wasserhaushalt m.

económi|camente adv. 1. finanziell; 2. wirtschaftlich; sparsam; **~co** adj. 1. wirtschaftlich, Wirtschafts...; finanziell; actividades f/pl. ~as Wirtschafts-tätigkeit f; -leben n; pretensiones f/pl. ~as Gehaltsansprüche m/pl.; situación f ~a finanzielle Lage f; Wirtschaftslage f; 2. haushälterisch; sparsam; wirtschaftlich, Spar...; 3. billig, preiswert.

econo|mista c Volkswirt(schaftler) m; Wirtschaftsfachmann m; **~mizador** ⊕ m Spargerät n, Sparer m; **~mizar** [1f] vt/i. (er-, ein-)sparen; abs. sparen; sparsam (od. gut) wirtschaften; no ~ esfuerzos k-e Mühe scheuen.

ecónomo m Verwalter m; Vermögensverwalter m; cura m ~ Pfarrverweser m.

eco|sistema m Ökosystem n; **~sonda** f Echolot n; **~tasa** f ✝ Ökosteuer f.

ectasia ⚘ f Ektasie f.

ectodermo Biol. m Ektoderm n.

ecuación Arith. f Gleichung f; ~ de segundo grado Gleichung f zweiten Grades.

ecuador m 1.: ~ (terrestre) (Erd-)Äquator m, ♁ Linie f; ~ celeste Himmelsäquator m; fig. pasar el ~ die Hälfte hinter s. haben (*Studium, Arbeit usw.*); 2. ♀ Ecuador n.

ecuánime adj. c gleichmütig; gelassen, ruhig.

ecuanimidad f Gleichmut m, Gelassenheit f; Unparteilichkeit f.

ecuatoguineano adj.-su. aus Äquatorial-Guinea; m Äquatorial-Guineaner m.

ecuatoria|l I. adj. c Äquator(ial)...; **II.** m Äquatorial n (Instrument); **~nismo** m Spracheigentümlichkeit f Ecuadors; **~no** adj.-su. ecuadorianisch, aus Ecuador; m Ecuadorianer m.

ecuestre adj. c Reiter...; arte m ~ Reitkunst f; estatua f ~ Reiterstandbild n.

ecu|ménico adj. bsd. ecl. ökumenisch; concilio m ~ ökumenisches Konzil n; **~menismo** m ökumenische Bewegung f, Ökumene f.

eczema ⚘ m → eccema.

echa|cantos F m (pl. inv.) Prahlhans m; Null f F, Flasche f F; **~cuervos** F m (pl. inv.) 1. Kuppler m; 2. Gauner m, Taugenichts m.

echa|da f 1. Wurf m, Werfen n; 2. Manneslänge f als Maß; 3. Méj., Rpl. Prahlerei f; **~dero** m Lager n, Ruheplatz m; Schlafstelle f; **~dizo I.** adj. 1. weggeworfen; zum Wegwerfen, unbrauchbar (Gerümpel usw.); **II.** adj.-su. 2. Schnüffler m; Ausstreuer m e-s Gerüchts; 3. 🔗 Findelkind n; **~do I.** m 🐾 Neigung f e-s Flözes; **II.** part. liegend; estar ~ liegen; **III.** adj. fig. ~ para atrás hochmütig, hochnäsig; ~ para adelante beherzt, mutig; unternehmungslustig; **~dor** m Schleuderer m, Werfer m; Schenkkellner m für den Ausschank von Kaffee u. Milch am Tisch; **~dora** f: ~ de cartas Kartenlegerin f; **~dura** f Sichsetzen n zum Brüten (Glucke); **~miento** m Werfen n, Schleudern n; Wurf m.

echar I. v/t. 1. werfen (in od. auf ac. en od. a); schleudern; weg-werfen, -schütten; Anker werfen; Netz auswerfen; Brief einwerfen; Blick werfen (auf ac. a, sobre); ~ abajo a) Gebäude nieder-, ab-reißen; b) *fig.* zerstören, zunichte machen; c) ablehnen; ~ *al agua* ins Wasser werfen; ⚓ vom Stapel laufen lassen; ~ *el cuerpo a un lado* ausweichen; ⚔ ~ *cuerpo a tierra* in Deckung gehen; **2.** vertreiben; hinauswerfen; weg-, ver-jagen; entlassen; ~ *de casa* aus dem Haus werfen (*od.* jagen); **3.** von s. geben, ausstrahlen, ausströmen; F *Geruch* verbreiten; *Feuer, Flammen* speien; *Funken* sprühen; **4.** (ein)gießen, (-)schütten, (-)füllen; ~ *de beber (a alg.* j-m) einschenken; ~ *de comer (a)* Futter geben (*dat.*); *Tiere* füttern; *Kfz.* ~ *gasolina* tanken; *échese más leche* nehmen Sie mehr Milch; **5.** (zu s.) nehmen; *Schluck* tun; *Zigarette* rauchen; → a. **23**; **6.** setzen, stellen, legen, stecken; *Riegel* vorschieben; **7.** *Wort, Drohung, Fluch* ausstoßen; *Rede* halten, schwingen F; ~ *en cara a/c. a alg.* j-m et. vorwerfen; **8.** *Haare, Zähne, Bart* bekommen; *Knospen, Blätter usw.* treiben; *Wurzel(n)* schlagen; *Fett, Fleisch* ansetzen, *e-n Bauch* bekommen; **9.** *Alter, Gewicht* schätzen; *Schuld* zuschreiben, geben; *¿qué edad le echa?* für wie alt halten Sie ihn?; **10.** *Partie, Karten, Spiel* spielen; *Karten* legen; *Film* spielen; *Stück* aufführen; *¿qué película echan?* was für ein Film läuft (*od.* wird gegeben)?; **11.** auf-nehmen, -fassen; ~ *a broma* als Scherz auffassen (*od.* nehmen); ~ *de menos,* ~ *en falta* vermissen; s. sehnen nach (*dat.*); ~ *de ver a/c.* **a)** et. sehen; et. bemerken; **b)** et. einsehen; **12.** *Tiere* paaren; *Glucke* ansetzen; ~ *el perro a la perra* die Hündin (vom Rüden) decken lassen; **13.** (neuerdings) haben, tragen, benützen; s. zugelegt haben F; → a. **24**; ~*la* → **26**; **14.** *Bekanntmachung* veröffentlichen; *Feiertag, Feier* bekanntgeben; **15.** *Abgaben* erheben; **16.** *Arg., Pe., P. Ri. Menschen od. Tiere als für den Kampf bsd.* geeignet herausstellen, *für den Kampf* benennen (*Sp., Hk. u. ä.*); **II.** *v/i.* **17.** *in e-r bestimmten Richtung* gehen; ~ *por la izquierda* nach links gehen; **18.** ~ *a + inf.* beginnen, zu + *inf.*, anfangen, zu + *inf.*; ~ *a correr* losrennen; **19.** *¡echa, echa!* sieh mal ei! ach!; nanu!; ~ *por mayor* (*od. por quintales, por arrobas*) reichlich übertreiben; **III.** *v/r.* ~*se* **20.** s. stürzen (auf *ac. sobre*); ~*se atrás* s. zurückwerfen; zurückweichen; *fig.* von s-m Wort abgehen, e-n Rückzieher machen; ~*se al agua* ins Wasser springen; *fig.* s. plötzlich *zu e-r schwierigen Sache* entschließen, ins kalte Wasser springen (*fig.*); ~*se de la cama* aus dem Bett springen; ~*se al suelo* s. hinwerfen; *fig.* ~*se encima a alg.* über j-n herfallen (*fig.*), auf j-n losgehen; **21.** s. hinlegen;~*se en la cama* s. ins Bett legen; *¡~se hinlegen!* (*a.* ⚔); kusch! (*zum Hund*), ~*se a dormir* s. (angekleidet) zum Schlafen hinlegen; *fig.* s. um nichts kümmern, alles vernachlässigen; **22.** ~*se a* + *inf.* beginnen, zu + *inf.*, anfangen, zu + *inf.*; **23.** ~(*se*) *un cigarrillo* s. e-e Zigarette anstecken, e-e Zigarette rauchen; ~(*se*) *una copita* s. ein Gläschen genehmigen; **24.** ~*se* + *su.* F s. anschaffen

(*ac.*), s. zulegen (*ac.*); ~*se una amiga* s. e-e Freundin zulegen F; **25.** s. *e-m Beruf* widmen; **26.** *echárselas* (*od. echarla*) *de* (*músico*) s. als (Musiker) aufspielen; *Col. ¡écheselas!* nun mal fix!; *Tempo, Tempo!*; **27.** ~*se* (*una capa*) *sobre los hombros* s. (e-n Umhang) über die Schultern werfen; **28.** ⚓ s. legen (*Wind*); **29.** s. zum Brüten setzen (*Vogel*).

echarpe *f* Schulterschal *m*; *Am.* Schärpe *f.*

echazón *f* Wurf *m*; ⚓ Seewurf *m der Ladung*; ⚔ Not(ab)wurf *m.*

¡eche! *int. Col.* na so was!; nein, das geht nicht!

edad *f* **1.** (Lebens-)Alter *n*; Altersstufe *f*; *a la* ~ *de* im Alter von (*dat.*); *a mi* ~ in m-m Alter; *de corta* ~ (noch) sehr jung; *de cierta* ~ älter; *de mediana* ~ in mittlerem Alter; *entrar en* ~ alt werden; *¿qué* ~ *tiene?* wie alt sind Sie?; ~ *adulta* Erwachsenenalter *n*, Vollreife *f*; ~ *avanzada* höheres Alter; *avanzado de* ~ vorgerückten Alters, recht alt; ~ *ingrata*, F ~ *del pavo*, P ~ *burral* Flegeljahre *n/pl.*; ~ *temprana* frühes Alter *n*, Jugend *f*; *la tercera* ~ das Alter, der Lebensabend; (*las personas f/pl. de*) *la tercera* ~ die Senioren *m/pl.*, die Alten *m/pl.*; *tierna* ~ zartes Alter *n*, Kindheit *f*; ~ *tope* Höchstalter *n*; ~ *viril* Mannesalter *n*; *es de mi* ~ er ist (etwa) so alt wie ich; *son cosas de su* ~ das ist typisch für sein Alter; *son cosas de la* ~ das sind (typische) Alterserscheinungen; *tiene más* ~ *que tú* er ist älter als du; **2.** *hist., Geol.* Zeit(alter *n*) *f*; ~ *antigua* Altertum *n*; ~ *geológica* Erdzeitalter *n*; ~ *de piedra* (*de cobre*) Stein- (Kupfer-)zeit *f*; ~ *del bronce* (*del hierro*) Bronze-(Eisen-)zeit *f*; ~ *media* Mittelalter *n*; ~ *moderna* Neuzeit *f*; *poet.* ~ *de oro,* ~ *dorada* goldenes Zeitalter *n.*

edafo|logía *f* Bodenkunde *f*; ~**lógico** *adj.* bodenkundlich.

edecán *m* ⚔ Adjutant *m*; *fig.* F Adlatus *m* (*fig.* F); Zuträger *m.*

edema 🇲 *m* Ödem *n*; ~ *pulmonal* Lungenödem *n*; ~**toso** *adj.* ödematös.

edé|n *m* (Garten *m*) Eden *n*, *a. fig.* Paradies *n*; ~**nico** *adj.* paradiesisch, Eden,~

edición *f* **1.** Ausgabe *f*; Auflage *f*; Herausgabe *f*; ~ *de bolsillo* (*completa, popular*) Taschenbuch- (Gesamt-, Volks-)ausgabe *f*; ~ *extraordinaria* Sonder-, Extra-ausgabe *f* (*bsd. Zeitung*); ~ *de lujo* Prachtausgabe *f*; ~ *pirata* Raubdruck *m*; ~ *príncipe* Erstausgabe *f alter Werke*, Editio *f* princeps (*lt.*); *segunda* ~ *corregida y aumentada* zweite, verbesserte u. erweiterte Auflage *f*; *Zeitungen:* ~ *de la mañana* Morgen-ausgabe *f*, -blatt *n*; ~ *vespertina,* ~ *de la noche* Abend-, Nacht-ausgabe *f*; *fig.* ser la segunda de... genauso aussehen wie ... (*nom.*), *desp.* ein Abklatsch von ... (*dat.*) sein; **2.** Verlagswesen *n*; Verlagsbuchhandel *m.*

edicto 🜲 *m* **1.** Aufgebot *n*; **2.** Edikt *n* (*hist.*); Verordnung *f*, Erlaß *m.*

edículo △ *m* Grabkapelle *f*; Nischenumrahmung *f an Gebäuden.*

edifi|cable *adj. c* **1.** bebaubar; **2.** baureif; ~**cación** *f* **1.** Errichtung *f*,

Erbauung *f*; *permiso m de* ~ Baugenehmigung *f*; **2.** Bau *m*, Gebäude *n*; **3.** *fig.* Erbauung *f*;~**cador** *adj.-su.* **1.** Bau...; *m* Erbauer *m*; **2.** → ~**cante** *adj. c* erbaulich, lehrreich; *poco* ~ **a)** unerquicklich; **b)** nicht ganz salonfähig (*Witz*); ~**car** [1g] **I.** *v/t.* (er)bauen; errichten, aufführen; *fig.* erbauen, belehren; **II.** *v/i. abs.* bauen; **III.** *v/r.* ~*se fig.* s. erbauen (an *dat.* con); ~**cativo** *adj.* erbaulich; ~**catorio** *adj.* Bau...; ~**cio** *m* **1.** *a. fig.* Bau *m*, Gebäude *n*, Bauwerk *n*; ~ *de apartamentos* Apartmenthaus *n*; ~ *de nueva construcción* (*od. planta*) Neubau *m*; ~ *escolar* Schulgebäude *n*; ~ *monumental* Monumentalbau *m*; **2.** Hochhaus *n*; ~ *de oficinas* Bürohochhaus *n.*

edil *m hist.* Ädil *m*; *fig.* Stadtrat *m*, Ratsherr *m*; ~**a** *f* Stadträtin *f.*

Edimburgo *m* Edinburg *n.*

Edipo *npr. m* Ödipus *m*; *complejo m de* ~ Ödipuskomplex *m.*

edi|tar *v/t. Schriften* heraus-geben, -bringen; verlegen; *EDV* editieren; ~**tor I.** *adj.* Verlags...; **II.** *m* Verleger *m*; Herausgeber *m*; *EDV* Editor *m*; ~**torial I.** *adj. c* Verlags...; *contrato m* ~ Verlagsvertrag *m*; *gran éxito m* ~ großer Bucherfolg *m*; **II.** *m* Leitartikel *m*; **III.** *f* Verlag(shaus *n*) *m*; ~ *comisionista* Kommissionsverlag *m*; ~**torialista** *m* Leitartikler *m*; ~**torializar** [1f] *v/i.* Leitartikel schreiben.

edredón *m* **1.** Eiderdaune *f*; **2.** Federbett *n*, Plumeau *n*; Daunendecke *f.*

Eduardo *npr. m* Eduard *m.*

educa|bilidad *f* Erziehbarkeit *f*; ~**ble** *adj. c* erziehbar; bildungsfähig; ~**ción** *f* **1.** Erziehung *f*, Bildung *f*; ~ *Ausbildung *f*; ~ *de adultos* Erwachsenenbildung *f*; ~ *física* Leibeserziehung *f*, körperliche Ertüchtigung *f*; ~ *vial* Verkehrserziehung *f*; *Span.* Ministerio *m* de 🜲 *y Ciencia* Unterrichtsministerium *n*; **2.** Bildung *f*; (gutes) Benehmen *n*; *falta f de* ~ Mangel *m* an Benehmen; Ungezogenheit *f*; *sin* ~ ungebildet, ungezogen; *no tener* ~ ungebildet sein; kein Benehmen (*od.* e-e schlechte Kinderstube) haben; ~**cional** *adj. c Am.* → *educativo*; ~**cionista** *adj.-su. c* → *educador*; ~**do** *adj.* erzogen; (*bien*) ~ wohlerzogen; höflich; gebildet; *mal* ~ ungezogen; ~**dor** *adj.-su.* Erzieher *m*; *i.weit. S.* Lehrer *m*; ~ *de enseñanza especial* Sonderschullehrer *m.*

educa|ndo *m* Zögling *m*; Schüler *m*; ~**r** [1g] *v/t.* erziehen; ausbilden, unterrichten; *a. Gehör, Blick usw.* schulen; ~ *la mano* die Hand (fertigkeit) ausbilden; ~ *en la limpieza* zur Sauberkeit erziehen; ~**tivo** *adj.* erzieherisch, erziehlich, Lehr..., Erziehungs...; *sistema m* ~ Erziehungssystem *n*; Bildungswesen *n.*

edulco|rante *pharm. m* Süßstoff *m*; ~**rar** *v/t. pharm.* (ver)süßen; *fig.* (in) rosig(em Licht) darstellen.

efe *f* F *n* (Name des Buchstabens).

efebo *m* Ephebe *m*, Jüngling *m.*

efectis|mo *m* Effekthascherei *f*; ~**ta** *adj.-su. c* auf Wirkung ausgehend (bzw. ausgerichtet); effekthascherisch.

efecti|vamente *adv.* wirklich, tatsächlich; ~**vidad** *f* **1.** Wirklichkeit *f*, Tatsächlichkeit *f*; **2.** Auswirkung

efectivo — ejercicio

f, Wirksamkeit *f*; **3.** *Verw.* endgültige (*od.* planmäßige) Anstellung *f*; ✕ aktive Verwendung *f*; **4.** ⊕ Effektivwert *m*; ~**vo I.** *adj.* **1.** wirklich, tatsächlich, effektiv; reell (*Zahl*); *a.* ⊕ Effektiv...; ✝ Bar...; *Verw.* definitiv (*Anstellung*); planmäßig (*Beamter*); ordentlich *bzw.* aktiv (*Mitglied*); *hacer* ~ in die Tat umsetzen, verwirklichen; *Geld* einziehen; *Scheck* einlösen; **2.** wirksam; **II.** *m* **3.** Bestand *m*; ✝ Barbestand *m*; ✕ Truppenstärke *f*; ✝ en ~ (in) bar(em Geld); ✝ ~ en *caja* Kassenbestand *m*; ~ *real* (*teórico*, *previsto*) Ist- (Soll-)Bestand *m*, -Stärke *f*;✕ ~ de combate Gefechtsstärke *f*; ~s *m/pl.* de guerra Kriegsstärke *f*;✕ ~ reglamentario Sollstärke *f*.
efecto *m* **1.** Wirkung *f*; Ergebnis *n*, Folge *f*; Effekt *m*; ~ *cáustico* Ätzwirkung *f*; *de* ~ *directo* unmittelbar wirkend; ~ *explosivo* Sprengwirkung *f*; ~ *recíproco* Wechselwirkung *f*; ⊕ *u.* *allg.* ~ *útil* Nutzleistung *f*, -effekt *m*; *al* ~ zu diesem Zweck, dazu; *con* ~ wirksam; erfolgreich; 🜊 *a* (*od. para*) *los* ~s *de* (*la ley*) im Sinne des (Gesetzes); *de* *doble* ~ doppelt wirkend; *de gran* (*od. mucho*) ~ von großer (*od.* starker) Wirkung; eindrucksvoll; *adv.* *en* ~ in der Tat, wirklich; *adv. para los* ~s eigentlich, praktisch, sozusagen; *dejar sin* ~ **a)** ungültig (*bzw.* unschädlich) machen; **b)** nicht berücksichtigen; *hacer* ~ wirken, Wirkung haben (*auf ac. a, sobre*); *llevar a* ~ zustande bringen, verwirklichen; *producir* ~ Erfolg haben; wirken; *ser de mal* ~ e-n schlechten Eindruck machen; *tener* ~ stattfinden; **2.** ~s *m/pl.* Sachen *f/pl.*; **3.** ✝ Wechsel *m*; Wertpapier *n*; ~ *de comercio* Handelswechsel *m*; ~ *bancario* (*financiero*) Bank- (Finanz-)wechsel *m*; *Bankw.* ~s *m/pl.* en cartera Wechselbestand *m*; ✝ ~s *a cobrar* Wechselforderungen *f/pl.*; ~s *públicos* Staatspapiere *n/pl.*
efectuar [1e] **I.** *v/t.* ausführen, verwirklichen; unternehmen, machen; *Geschäft* tätigen; *Amtshandlungen* vornehmen; *Bewegung* ausführen; **II.** *v/r.* ~se s. vollziehen, geschehen; stattfinden; zustande kommen.
efélide ✱ *f* Sommersprosse *f*.
efeméride *f* bemerkenswertes Ereignis *n* (*od.* Datum *n*); ~s *f/pl.* Tagebuch *f*; Ephemeriden *f/pl.*, astronomisches Jahrbuch *n*; Chronik *f*.
efémero ♀ *m* Sumpfschwertlilie *f*.
efervescen|cia *f* (Auf-)Brausen *n*, Brodeln *n*; *fig.* Erregung *f*; Aufruhr *m*; 🜊 *hacer* ~ sprudeln; ~**te** *adj. c* 🜊 *u. fig.* aufbrausend; *polvos m/pl.* ~s Brausepulver *n*.
efesi(n)o *bibl.*: la Epístola a los Efesios der Epheser-Brief.
efi|cacia *f* Wirksamkeit *f*, Wirkung *f*; Leistungsfähigkeit *f*; *de gran* ~ *publicitaria* sehr werbewirksam; ~**caz** *adj. c* (*pl.* ~*aces*) wirksam, wirkungsvoll, erfolgreich; leistungsfähig; ~**ciencia** *f* Wirksamkeit *f*; Leistungsfähigkeit *f*; Tüchtigkeit *f*; ~**ciente** *adj. c* wirksam, effizient; schlagkräftig; leistungsfähig, tüchtig (*Person*).

efigie *f* **1.** Bild(nis) *n*, Abbild(ung *f*) *n*; **2.** Bild *n*, Verkörperung *f*.
efímera I. *adj.-su. f* ✱ (*fiebre f*) ~ Eintagsfieber *n*; **II.** *f* Eintagsfliege *f*.
efimeridad *f* Kurzlebigkeit *f*.
efímero *adj.* vergänglich, flüchtig, kurzlebig, ephemer.
eflore|cerse [2d] *v/r. Min.*, 🜊 ausblühen, auswittern; ~**scencia** *Min.*, 🜊, ✱ *f* Effloreszenz *f*; ~**scente** *adj. c* auswitternd.
efluvio *m* Ausfluß *m*, Ausströmung *f* feinster *Teilchen*; *fig.* Fluidum *n*, ⚡ Glimmen *n*, Glimmentladung *f*.
efusi|ón *f* **1.** Vergießen *n*, Ausströmen *n*; ✱ Erguß *m*; ~ *de sangre* Blutvergießen *n*; **2.** *fig.* (Herzens-)Erguß *m*; Innigkeit *f*, Zärtlichkeit *f*; *adv. con* ~ → ~**vamente** *adv.* herzlich; ~**vo** *adj.* überströmend; zärtlich, innig; herzlich.
egeo *adj.* ägäisch; (*mar m*) ♀ *m* Ägäis *f*, Ägäisches Meer *n*.
égida *f* (*a. egida*) Ägide *f*; *fig. bajo la* ~ *de* unter der Schirmherrschaft (*od.* Ägide) von (*dat.*).
egip|ciaco, ~cíaco, ~ciano, ~cio I. *adj.* ägyptisch; *Typ. letra f* ~*o* Egyptienne *f*; **II.** *m* Ägypter *m*; *das* Ägyptische; ♀*to* *m* Ägypten *n*; ~**tología** *f* Ägyptologie *f*; ~**tólogo** *m* Ägyptologe *m*.
égloga *Lit. f* Ekloge *f*.
ego *Phil. m*: el ~ das Ich; ~**céntrico** *adj.-su.* egozentrisch; *m* Egozentriker *m*; ~**centrismo** *m* Egozentrik *f*; ~**ísmo** *m* Egoismus *m*, Selbstsucht *f*; ~**ísta** *adj.-su. c* egoistisch, selbstsüchtig; *m* Egoist *m*; ~**latría** *f* Egolatrie *f*, Selbstverherrlichung *f*; ~**tismo** *m* Ich-Betonung *f*, Egotismus *m*; ~**tista** *adj.-su. c* egotistisch; *m* Egotist *m*. [ragend.⌋
egregio *adj.* edel, erlaucht; hervor-⌈
egre|sado ~ *Am.* Abiturient *m*; Hochschulabgänger *m*; ~**sar** *v/i. Am.* s-e (Schul- *usw.*)Ausbildung abschließen; ~**so** *m* ✝ Ausgabe *f*; *Am.* Schul- *bzw.* Studien-abschluß *m*.
¡**eh**! *int.* he!; ¿~? was?; wie?; ¡que no se le olvide aquello, ~! vergessen Sie die Sache nur nicht!; F es bueno, ¿~? es ist gut, nicht (wahr)?
éider *Vo. m* Eiderente *f*.
eje *m* **1.** Achse *f* (*a. fig.*); ⚙ ~ *de abscisas* (*de ordenadas*) Abszissen-(Ordinaten-)achse *f*; *Pol.* (las *potencias de*) *el* ♀ *die* Achse(nmächte) *f*(*/pl.*); *fig. partir por el* ~ *j-n* (*od. et.*) zugrunde richten; kaputtmachen; **2.** ⊕ Achse *f*, Welle *f*; *Kfz.* ~ *delantero* (*trasero*) Vorder- (Hinter-)achse *f*; ~ *oscilante* Schwing-, *Kfz.* Pendel-achse *f*; ~ *tándem* Doppelachse *f*; *carga f* (*od. peso m*) *por* ~ Achslast *f*.
ejecu|ción *f* **1.** Ausführung *f*, Durchführung *f*, Erledigung *f*; ⊕, ✝ *Bauart f*, ~ *especial* Sonder-ausführung *f*; -anfertigung *f*; ~ *de una orden* **a)** Auftragserledigung *f*; **b)** Durchführung *f* e-s Befehls; *no* ~ Nichterfüllung *f*; *en vías de* ~ in Bearbeitung; *poner en* ~ ausführen; **2.** ♪ Vortrag *m*; *Thea.* Aufführung *f*; **3.** ✝ Vollstreckung *f*; ~ (*forzosa*) Zwangsvollstreckung *f*; **4.** Hinrichtung *f*, Exekution *f*; ~**ta-**

ble I. *adj. c* aus-, durch-führbar; ♪ spielbar; 🜊 einklagbar; **II.** *m EDV* ausführbare Datei *f*, Programm *n*; ~**tante I.** *adj. c* ausführend; **II.** *adj.-su. c* 🜊 (*acreedor m*) ~ Vollstreckungsgläubiger *m*; **III.** *c* vortragender Künstler *m*; *Rf.* Ausführende(r) *m*; ~**tar** *v/t.* **1.** ausführen (*a. EDV*), durchführen; **2.** 🜊 vollstrecken; (aus)pfänden; **3.** hinrichten; **4.** *Thea.*, ♪ spielen; ~**tivo I.** *adj.* **1.** ausführend; ausübend; **2.** 🜊 vollstreckbar; Vollstreckungs...; Exekutiv...; *título m* ~ Vollstreckungstitel *m*; *juicio m* ~ **a)** Zwangsvollstreckung *f*; **b)** Urkundenprozeß *m*; **3.** dringend, drängend; **II.** *adj.-su. m* **4.** *Pol.* (*poder m*) ~ Exekutive *f*, vollziehende Gewalt *f*; **III.** *m* **5.** Manager *m*, leitende(r) Angestellte(r) *m*, Führungskraft *f*; ~**tor I.** *adj.* ausführend; **II.** *m* Ausführende(r) *m*; Vollstrecker *m*; Gerichtsvollzieher *m*; ~ (*de la justicia*) Scharfrichter *m*; ~ *testamentario* Testamentsvollstrecker *m*; ~**toria I.** *f* **1.** 🜊 Vollstreckungsbefehl *m*; vollstreckbares Urteil *n* (*Urkunde*); **2.** Helden-, Ruhmes-tat *f*; **III.** *m* **5.** (*carta f*) ~ (*de hidalguía*) Adelsbrief *m*; ~**toría** *f* Gerichtsvollzieherei *f*; Vollstreckungsbehörde *f*; *a.* Name anderer Behörden; ~**torio** *adj.* 🜊 vollstreckbar; rechtskräftig (*Urteil*).
¡**ejem**! *onom.* (*Räuspern*) *u. int.* hem!, hm!
ejempla|r I. *adj. c* **1.** muster-, beispiel-haft, vorbildlich; **2.** exemplarisch, abschreckend; **II.** *m* **3.** Exemplar *n*; Muster *n*; Belegstück *n*; *sin* ~ beispiellos, unerhört; ♾ *gratuito*, ~ *libre* (*para la reseña*) Frei- (Rezensions-)exemplar *n*; ~**ridad** *f* **1.** Mustergültigkeit *f*; **2.** abschreckendes Beispiel *n*; ~**rismo** *m* Beispielhaftigkeit *f*; ~**rizar** [1f] **I.** *v/i.* ein Beispiel geben, mit gutem Beispiel vorangehen; **II.** *v/t. inc.* → *ejemplificar*; ~**rmente** *adv.* **1.** exemplarisch, zur Abschreckung; **2.** vorbildlich.
ejem|plificante *adj. c* beispielhaft; richtungweisend; ~**plificar** [1g] *v/t.* durch Beispiele erläutern; mit Beispielen belegen; ~**plo** *m* Beispiel *n*; Vorbild *n*, Muster *n*; ~ *clásico* Schulbeispiel *n*; *por* ~, *a título de* ~ zum Beispiel; *sin* ~ beispiellos, unvergleichlich; *el* ~ *cunde* das Beispiel macht Schule; *dar* (*buen bzw. mal*) ~ ein (gutes *bzw.* schlechtes) Beispiel geben; *poner de* ~ als Beispiel hinstellen; *tomar por* ~ als Beispiel nehmen; s. ein Beispiel nehmen an (*dat.*).
ejer|cer [2b] **I.** *v/t.* **1.** *Beruf, e-e Kunst* ausüben; *Amt* bekleiden; *Geschäft* betreiben; *Wohltätigkeit* üben; **2.** *Druck* ausüben; *Einfluß* ausüben, haben (*auf ac. sobre, en*); **3.** üben, schulen; **II.** *v/i.* **4.** tätig sein, praktizieren (*Arzt*); s-n Beruf ausüben; **5.**✕ exerzieren; ~**cicio** *m* **1.** Übung *f*, Training *n*; Bewegung *f*; ~s *m/pl.* con *aparatos* Geräteturnen *n*; ~s de *dedos* Fingerübungen *f/pl.*, ~s *físicos* Leibesübungen *f/pl.*, Turnen *n*; ✱ ~s de *rehabilitación* Heilgymnastik *f bsd. einzelner Glieder*; ~s *de relajación* Entspannungsübungen *f/pl.*; ~s *respiratorios* Atemübungen *f/pl.*; *hacer*

ejercitado — elevación

~ s. Bewegung machen; 2. *Sch.* Übung *f*, Aufgabe *f*; Prüfungsaufgabe *f*; 3. ✗ Waffenübung *f*; ~s *m/pl.* Exerzieren *n*; ~ de las armas Waffendienst *m*; 4. Ausübung *f* e-s Berufes, Beschäftigung *f*; con ~ dienstverpflichtet; en ~ praktizierend (*Arzt*); amtierend (*Beamter usw.*); 5. ✝, *Verw.* Geschäfts-, Wirtschafts-, Rechnungs-jahr *n*; 6. *kath.* ~s *m/pl.* (*espirituales*) Exerzitien *pl.*

ejerci|tado *adj.* geübt, bewandert (in *dat.* en); **~tante I.** *adj.-su. c* 1. (ein)übend; **II.** *m* 2. *kath.* Teilnehmer *m* an Exerzitien; 3. Prüfungsteilnehmer *m*; **~tar I.** *v/t.* 1. *Amt* bekleiden, *Beruf* ausüben; 2. üben, schulen; unterweisen; drillen; ✗ *a.* exerzieren lassen; *Muskeln usw.* trainieren; 3. ⚖ *Recht* ausüben; geltend machen; ~ una acción e-n Anspruch gerichtlich geltend machen; **II.** *v/r.* ~se 4. ~se en s. in *et.* (*dat.*) üben.

ejército *m* 1. ✗ a) Heer *n*; b) Armee *f*; c) Streitkräfte *f/pl.* e-s Landes; ~ de Tierra, Mar y Aire Heer *n*, Marine *f* u. Luftwaffe *f*; ~ permanente stehendes Heer *n*; ~ popular Volksarmee *f*; 2. *Rel.* ⚥ de Salvación Heilsarmee *f*; 3. *fig.* Heer *n*, Menge *f*.

eji|datario *m Am.* Mitglied *n* e-s ejido (2); **~do** *m* 1. Gemeinde-weide *f*; -anger *m*; 2. *Am.* Ejido *m* (= genossenschaftliches Nutzungssystem).

ejión ⚠ *m* Knagge *f*, Querholz *n b.* Gerüsten.

ejote ❦ *m Am. Cent., Méj.* grüne Bohne *f*.

el *Gram.*: der, bestimmter männlicher Artikel; weiblicher Artikel vor Wörtern, die mit betontem (h)a beginnen (außer Eigennamen): el agua *f*; el hambre *f*.

él *pron.*: er; *Rel.* *Él* Er, Gott.

elabora|ble *adj. c* herstellbar; be-, ver-arbeitbar; **~ción** *f* Be-, Ver-arbeitung *f*; Herstellung *f*, Zubereitung *f*; Ausarbeitung *f*; Auswertung *f*; ~ del petróleo Erdölaufbereitung *f*; ~ ulterior Weiterverarbeitung *f*; **~do** *adj.* verarbeitet; ausgefeilt, geschliffen (*Stil*); no ~ unverarbeitet; **~dor** *bsd.* ⊕ *adj.* verarbeitend; **~r** *v/t.* 1. ausarbeiten, anfertigen; herstellen; be-, ver-arbeiten; *Plan* ausarbeiten; 2. *Physiol.*: *Speisen* verarbeiten.

elástica *f* Unter-hemd *n*, -jacke *f*.

elasticidad *f a. fig.* Elastizität *f*, Spannkraft *f*.

elástico I. *adj. a. fig.* elastisch, dehnbar; geschmeidig; ser ~ *a. fig.* geschmeidig sein; federn; *artículo m demasiado* ~ Kautschukparagraph *m* F; **II.** *m* Gummi-band *n*, -zug *m*.

elativo *Li. m* Elativ *m*.

Elba *m* Elbe *f* (*Fluß*); (isla *f* de) ~ Elba *n* (*Insel*).

Eldorado *m* Eldorado *n*.

ele *f* L *n* (*Name des Buchstabens*); en ~ in L-Form (*Gebäude*).

eléboro ❦ *m* Nieswurz *f*.

elec|ción *f* 1. Wahl *f*; Auswahl *f*; de ~ Wahl...; ~ por lista(s) Listenwahl *f*; **~ones** *f/pl.* generales (libres) allgemeine (freie) Wahlen *f/pl.*; **~ones** *f/pl.* legislativas (municipales) Parlaments- (Gemeinde-)wahlen *f/pl.*; libre ~ de médico freie Arztwahl *f*; ~ presidencial Präsidentenwahl *f*; a ~ wahlweise, nach Belieben, nach Wunsch; no me queda otra ~ mir bleibt k-e andere Wahl; 2. *Rel.* Auserwählung *f*; **~cionario** *adj. Am.* → *electoral*; **~tivo** *adj.* Wahl..., ⌨ elektiv; **~to** *adj.* gewählt (*aber noch nicht im Amt*); **~tor** *adj.-su.* 1. wahlberechtigt; *m* Wähler *m*; Wahlberechtigte(r) *m*; 2. *hist.* (príncipe *m*) ~ *m* Kurfürst *m*; **~torado** *m* 1. Wählerschaft *f*; 2. *hist.* Kurfürstentum *n*; **~toral** *adj. c* 1. *Pol.* Wahl..., Wähler...; Wahlrechts...; discurso *m* (de propaganda) ~ Wahlrede *f*; ley *f* (programa *m*) ~ Wahl-gesetz *n* (-programm *m*); victoria *f* ~ Wahlsieg *m*; 2. *hist.* kurfürstlich; Kur...; **~torero I.** *adj.* Wahlschwindel...; **II.** *m* Wahlmanipulierer *m*.

electri|cidad *f* Elektrizität *f*; ~ por frotamiento Reibungselektrizität *f*; **~cista** *adj.-su. c* Elektriker *m*; Elektromonteur *m*.

eléctrico *adj.* 1. elektrisch; 2. *fig.* elektrisierend.

electri|ficación *f* Elektrifizierung *f*; **~ficar** [1g] *v/t.* elektrifizieren; **~zable** *adj. c* elektrisierbar; **~zación** *f* Elektrisieren *n*, Elektrisierung *f*; *fig.* Begeistern *n*; Beleben *n*; **~zador** *adj.-su.*, **~zante** *adj. c* elektrisierend (*a. fig.*); **~zar** [1f] **I.** *v/t.* elektrisieren (*a. fig.*); ⚡ aufladen; *fig.* entflammen, begeistern; **II.** *v/r.* ~se s. elektrisieren; *fig.* s. begeistern (an *dat.* con).

electro *m* Elektron *n* (*Gold-Silber-Legierung*); **~acústica** ⊕, *Phys. f* Elektroakustik *f*; **~acústico** *adj.* elektroakustisch; **~cardiograma** ⚕ *m* Elektrokardiogramm *n*, EKG *n*; **~cución** *f* Hinrichtung *f* (*bzw.* tödlicher Unfall *m*) durch elektrischen Strom; **~cutar** *v/t.* auf dem elektrischen Stuhl hinrichten; morir ~ado durch e-n Stromstoß getötet werden; **~choque** ⚕ *m* Elektroschock *m*.

electrodinámi|ca *f* Elektrodynamik *f*; **~co** *adj.* elektrodynamisch.

electrodo ⚡ *m* Elektrode *f*.

electrodoméstico *adj.*: aparatos *m/pl.* ~s Elektrogeräte *n/pl.*

electroencefalograma ⚕ *m* Elektroenzephalogramm *n*, EEG *n*.

electró|fono *m* Koffergrammophon *m*, Phonokoffer *m*; **~foro** *m* Elektrophor *m*; **~geno** *adj.* elektrizitätserzeugend; grupo *m* ~ Stromaggregat *n*.

electroimán *m* Elektro-, Haft-magnet *m*.

elec|trólisis ⚗ *f* Elektrolyse *f*; **~trolítico** *adj.* elektrolytisch; **~trolito** *m* Elektrolyt *m*; **~trolizador** *m* Elektrolyseur *m*.

electro|magnético *adj.* elektromagnetisch; **~magnetismo** *m* Elektromagnetismus *m*; **~mecánico** *adj.* elektromechanisch; **~metalurgia** ⊕ *f* Elektrometallurgie *f*.

elec|trometría *Phys. f* Elektrizitätsmessung *f*; **~trómetro** *m* Elektrometer *m*; **~tromotor** Elektromotor *m*; **~tromotriz I.** *adj. f*: fuerza *f* ~ elektromotorische Kraft *f*; **II.** *f* E-Lok *f* (*elektrische Lokomotive*); **~tromóvil** *m* Elektroauto *n*. **elec|trón** *Phys. m* Elektron *n*; **~voltio** Elektronenvolt *n*; **~tronegativo** *adj.* elektronegativ; **~trónica** *Phys. f* Elektronik *f*; ~ de ocio, ~ de consumo Unterhaltungselektronik *f*; **~trónico** *adj.* elektronisch, Elektronen...; calculadora *f* ~a (cerebro *m* ~) Elektronen-rechner *m* (-[ge]hirn *n*); de mando ~ elektronisch gesteuert.

electro|positivo *adj.* elektropositiv; **~química** *f* Elektrochemie *f*; **~químico** *adj.* elektrochemisch; **~scopio** *Phys. m* Elektroskop *n*; **~smog** *m* Elektrosmog *m*.

electro|stática *Phys. f* Elektrostatik *f*; **~stático** *adj.* elektrostatisch; máquina *f* ~a Elektrisiermaschine *f*; **~tecnia** *f* Elektrotechnik *f*; **~técnico** *adj.* elektrotechnisch; **~terapia** ⚕ *f* Elektrotherapie *f*; **~tipia** *Typ. f* Elektro-, Galvano-typie *f*.

elefan|ta *Zo. f* Elefantenkuh *f*; **~te** *m Zo.* Elefant *m*; *fig.* F *Chi., Méj., Pe., Rpl.* ~ blanco Luxusgegenstand *m*; höchst kostspieliges u. unnützes Unternehmen *n*; weißer Elefant *m* F; ~ marino See-Elefant *m*; *fig.* tener memoria de ~ ein Gedächtnis wie ein Elefant haben; **~tiasis** ⚕ *f* Elephantiasis *f*; **~tino** *adj.* Elefanten...

elegan|cia *f* Eleganz *f*, Anmut *f*, Geschmack *m*; Feinheit *f*; ~ espiritual vornehmes Wesen *n*; **~te I.** *adj. c* elegant, geschmackvoll; anmutig; fein; vornehm; **II.** *m* Stutzer *m*, Modenarr *m*; **~temente** *adv.* elegant, geschmackvoll; **~tizar** [1f] *v/t.* elegant machen; **~tón** F, **~toso** F *Méj. adj.* elegant, piekfein F.

elegía *f* Elegie *f*, Klagelied *n*; **~co** *adj.* elegisch; *fig.* schwermütig.

elegi|bilidad *f* Wählbarkeit *f*; **~ble** *adj. c* wählbar; **~do I.** *adj.* gewählt; ausgesucht; **II.** *adj.-su. Rel.* auserwählt; **~r** [3c u. 31] *v/t.* 1. aussuchen, (aus)wählen; a ~ nach Wahl; 2. durch Abstimmung wählen; ~ a alg. (presidente) j-n (zum Präsidenten) wählen.

elemen|ta F *f Span.* Weibsstück *n* F, Luder *n* F; **~tal** *adj. c* 1. grundlegend, elementar; *fig.* elementar; *fig.* uranfänglich; nociones *f/pl.* ~es Grundbegriffe *m/pl.*; 2. selbstverständlich, elementar; *vulg.* F *Chi.* s. wundern; **~to** *m* 1. 🜁, 🜃, ⊕ Element *n*; ⚡ Zelle *f*; *a.* ⊕ Bestandteil *m*; Faktor *m*; ~ (constructivo) Bau-, Konstruktions-teil *m*; ~ activo wirksamer Bestandteil *m*, *a. fig.* aktives Element *n*; 2. Grundlage *f*; ~s *m/pl.* Grundbegriffe *m/pl.*; 3. Element *n*; ~s *m/pl.* Elemente *n/pl.*, Naturgewalten *f/pl.*; *fig.* estar en su ~ in s-m Element sein; 4. *oft desp.* Person *f*; *Pol.* ~s *m/pl.* subversivos subversive Elemente *n/pl.*; *desp.* está hecho un ~ er ist ein zweifelhaftes (od. verdächtiges) Subjekt (*desp.*); 5. *Pe., Chi.* Einfaltspinsel *m*.

Elena *npr. f* Helene *f*.

elenco *m* 1. *Thea.* Besetzung *f*; Ensemble *f*; 2. Verzeichnis *n*.

elepé *m* Langspielplatte *f*, LP *f*.

eleva|ción *f* 1. Heben *n*, Anhebung *f*; Steigerung *f*; Förderung *f* (*Pumpe*); 2. Erhebung *f* zu e-r Würde *f*; al trono Thron-erhebung *f*, -besteigung *f*; 3. ⚛ ~ a potencia(s) Potenzierung *f*; 4. Boden-, Gelände-erhebung *f*, Anhöhe *f*; 5. ✗

elevado — embargo

Richthöhe *f*; (*dar la*) ~ Erhöhung (geben); **6.** *kath.* Wandlung *f*; **7.** Erhabenheit *f*; ~ *de sentimientos* hohe Gesinnung *f*, Edelmut *m*; **8.** Verzückung *f*; ~**do** *adj.* **1.** hoch (*a. Preis*); erhöht; gehoben (*Stil*); **2.** ✱ *siete* ~ *a la quinta* (*potencia*) sieben hoch fünf; ~**dor I.** *m* ⊕ Hebezeug *n*; Hebebühne *f* (*a.* ~ *hidráulico*); ♪ Elevator *m*; *Méj.* Aufzug *m*, Lift *m*; ~ *de cangilones* Becherwerk *n*; **II.** *adj.-su. m Anat.* (*músculo m*) ~**dora** ⊕ *f*: ~ *de rosario* Eimerkettenbagger *m*; ~**dorista** *m Méj.* Liftboy *m*; ~**lunas** *Kfz. m* (*pl. inv.*) Fensterheber *m*; ~**miento** *m* → *elevación*; ~**r I.** *v/t.* **1.** (empor)heben; erheben; erhöhen, steigern; anheben; fördern (*Pumpe*, *Wasserrad*); *Lasten* heben, winden; *Denkmal* errichten; **2.** ✱ ~ *al cuadrado* zum (*od.* ins) Quadrat erheben; ~ *a potencia*(*s*) potenzieren, zur Potenz erheben; **3.** *zu e-r Würde* erheben; ~ *a los altares* selig- *bzw.* heilig-sprechen; ~ *al trono* auf den Thron erheben; **4.** *Gesuch* einreichen (bei *dat. a*), *Eingabe* machen (an *ac. a*); **II.** *v/r.* ~**se 5.** s. erheben; (auf)steigen; ~*se sobre el vulgo* über der Masse stehen; **6.** ✝ ~*se a* betragen (*ac.*), s. belaufen auf (*ac.*); **7.** *fig.* in Verzückung geraten; in höheren Regionen schweben; **8.** hochmütig (*od.* eingebildet) werden.
elfo *Myth.* ~ Elf *m*.
elidir *v/t. Gram.* elidieren, abstoßen.
elimina|ción *f* Beseitigung *f*, Ausmerzung *f*, Ausschaltung *f*; Ausschließung *f*; *HF* ~ *de perturbaciones* Entstörung *f*; ~**dor** *adj.-su. m* **1.** *bsd. HF* Entstörer *m*; **2.** ✱ ~ *de bacilos* Bazillenausscheider *m*; ~**r** *v/t.* **1.** beseitigen, ausmerzen, entfernen (*a. EDV*), ausschließen; *Störung, Fehler* beheben; ✱ eliminieren; *Konkurrenz* verdrängen; **2.** ✱ ausscheiden; ~**toria** *Sp. f* Ausscheidungskampf *m*; ~**torio** *adj. bsd. Sp.* Ausscheidungs...
elip|se ✱ *f* Ellipse *f*; ~**sis** *Gram. f* Ellipse *f*, Auslassung *f*; ~**sógrafo** *m* Ellipsenzirkel *m*; ~**solide** ✱ *m* Ellipsoid *n*.
elíptico ✱, *Gram. adj.* elliptisch, Ellipsen...
elíseo *Myth. adj.-su.* elys(ä)isch; *m* ♀ Elysium *n*; *los Campos* ♀*s* **a**) die Elysischen Gefilde *n/pl.*; **b**) die Champs Elysées (*Paris*).
elisión *f Gram.* Elision *f*.
élite *f* Elite *f*.
elitista *adj. c* elitär.
élitro *Ent. m* Deckflügel *m*.
elixir (*a. elíxir*) *m* Elixier *n*, Heiltrank *m*; ~ *bucal*, ~ *dentífrico* Mundwasser *n*; ~ *estomacal* Magentropfen *m/pl.*
elocu|ción *f* Ausdrucksweise *f*, Vortragsart *f*; ~**encia** *f* Beredsamkeit *f*; ~**ente** *adj. c a. fig.* beredt; *fig.* sprechend (*Beweis*).
elo|giable *adj. c* lobenswert; ~**giar** [1b] *v/t.* loben, rühmen, preisen; ~**gio** *m* Lob *n*, Lobrede *f*, Belobigung *f*; *hacer* ~*s de* loben (*ac.*), rühmen (*ac.*); ~**gioso** *adj.* lobend.
elongación *f Phys., Astr.* Elongation *f*; ✱ Dehnung *f*, Zerrung *f*.
elote *Kchk. m Am. Cent., Méj.* zar-

ter Maiskolben *m*; *fig.* F *Hond.*, *C. Ri. pagar los* ~*s et.* ausbaden müssen.
eloxar ⊕ *v/t.* eloxieren.
elucida|ción *f* Aufklärung *f*, Erläuterung *f*; ~**r** *v/t.* auf-, er-klären; ~**rio** Erläuterungsschrift *f*.
elucubración *f* → *lucubración*.
eludir *v/t. Gesetz, Schwierigkeiten* umgehen; *Fragen, Pflichten* ausweichen (*dat.*); *tratar de* ~ *a alg.* (versuchen,) j-m aus dem Weg (zu) gehen.
elzevi|r(io) *Typ. m* Elzevirausgabe *f*; ~**riano** *Typ. adj.* Elzevir...
ella *pron. f* sie; F *¡ahora es* ~*!* da haben wir die Geschichte!; jetzt geht's los!; *¡después será* ~*!* dann wird's krachen!; ~**s** *pron. f/pl.* sie.
ello *pron.* es; *con* ~ damit; *de* ~ davon; *para* ~ dazu; *por* ~ darum; *¡a* ~*!* nur zu!, drauf!; *estar en* ~ **a**) schon dabei sein; **b**) es verstehen; *estar para* ~ drauf u. dran sein; *estar por* ~ dafür sein; willens sein; ~**s** *pron. m/pl.* sie; *¡a* ~*!* drauf!, packt sie!
e-mail *m* E-Mail *f*; *mandar un* ~ mailen.
emana|ción *f* Ausströmung *f*, Ausdünstung *f*; *a. Phil.* Emanation *f*; ~ *de gas* Gasausbruch *m*; ~**nte** *adj. c* ausströmend; ~**ntismo** *Phil. m* Emanationslehre *f*; ~**r** *v/i.* ausfließen, -strömen; entspringen; herrühren, ausgehen (von *dat.* de).
emancipa|ción *f* **1.** Freilassung *f*, Freimachung *f*; Befreiung *f*; ⚖ Volljährigkeitserklärung *f*; *hist. la* ♀ *de las Américas* die Befreiung Amerikas von der Loslösung von den Mutterländern; **2.** Emanzipation *f*, Gleichstellung *f*, *bsd. der Frau*; ~**r** *I. v/t.* **1.** freilassen, befreien; für volljährig erklären; **2.** gleichstellen, emanzipieren; **II.** *v/r.* ~**se 3.** s. selbständig (*od.* unabhängig) machen; s. emanzipieren; s. freimachen (von *dat.* de); *fig.* flügge werden; ~**torio** *adj.* Emanzipations...
emascular *v/t.* entmannen.
embabiamiento F *m* Geistesabwesenheit *f*.
embadurna|dor *adj.-su.* Schmierer *m*, Kleckser *m* (*desp.*); ~**r** *v/t.* **1.** be-, über-, ver-schmieren; **2.** *desp.* (an)malen, (be)klecksen, schmieren.
embaír (*def., fast nur inf. u. part.*) *v/t.* an-, be-schwindeln.
embaja|da *f* **1.** Botschaft(eramt *n*) *f*; Botschaft(sgebäude *n*) *f*; Botschaft(sangehörige[n] *m/pl.*) *f*; **2.** Botschaft *f*, Nachricht *f*; F *¡brava* ~*! iron.* e-e nette Bescherung!; ~**dor** **1.** Botschafter *m* (bei *dat. cerca de*); ~ *de España* spanischer Botschafter *m*; ~ *extraordinario* Sonderbotschafter *m*; ~ *volante* fliegender Botschafter *m*; **2.** (geheimer) Bote *m*, Sendbote *m*; ~**dora** *f* Botschafterin *f* (*a. fig.*); Frau *f* des Botschafters.
embala|do *m* Hochdrehen *n des Motors*; ~**dor** *m* Packer *m*; ~**dora** *f* Verpackungsmaschine *f*; *Chi.*, ~**je** *m* Verpackung *f*; Verpackungskosten *pl.*; ~ *de presentación* Schaupackung *f*; ~ *transparente* Klarsichtpackung *f*; *sin* ~ unverpackt; ~**r I.** *v/t.* (ver)packen; *Kfz. Motor* auf Touren bringen; **II.**

v/r. ~*se* auf Touren kommen (*Motor*) (F *a. fig.*); s. begeistern (für *ac.* por); *salir* ~*ado* davon-, los-schießen (*fig.*).
embaldosa|do *m* **1.** Fliesenlegen *n*; **2.** Fliesen-boden *m*, -belag *m*; ~**r** *v/t.* mit Fliesen (*od.* Platten) belegen.
embalsadero *m* Sumpf(lache *f*) *m*, Tümpel *m*.
embalsama|dor *m* (Ein-)Balsamierer *m*; ~**miento** *m* Einbalsamieren *n*; ~**r** *v/t.* **1.** (ein)balsamieren; **2.** mit Wohlgeruch erfüllen.
embal|sar I. *v/t. Wasser* stauen; **II.** *v/r.* ~*se* s. (an)stauen (*Wasser*); ~*se m* **1.** Anstauen *n*, Stau *m*; **2.** Stau-see *m*, -becken *n*; Stau-wehr *n*, -damm *m*.
embalumar I. *v/t.* überladen; **II.** *v/r.* ~*se* s. zuviel zumuten, s. übernehmen.
emballenado I. *m* Fischbeinstäbe *m/pl.*; **II.** *adj.* mit Fischbeinstäben (versehen).
embanastar *v/t.* in e-n Korb legen; in Körbe verpacken; *fig.* zs.-pferchen.
embancarse [1g] *v/r.* **1.** ⚓ auflaufen; **2.** *Chi., Ec.* verlanden (*Fluß, See*).
embanderar *v/t.* mit Fahnen schmücken.
embara|zada I. *adj. f* schwanger (*de seis meses im 6. Monat*); **II.** *f* Schwangere *f*; ~**zado** *adj.* verlegen; gehemmt; ~**zar** [1f] *I. v/t.* **1.** behindern, hemmen; versperren; **2.** verwirren, verlegen machen; **3.** schwängern; **II.** *v/r.* ~*se* **4.** gestört werden; aufgehalten werden (bei *dat.*, mit *dat.* con); **5.** in Verlegenheit geraten; **6.** schwanger werden; ~**zo** *m* **1.** Hindernis *n*, Hemmung *f*; Störung *f*; *poner* ~*s a* hemmen (*ac.*), behindern (*ac.*); **2.** Verwirrung *f*, Verlegenheit *f*; **3.** Schwangerschaft *f*; ~**zosamente** *adv.* schwer, schwierig; ~**zoso** *adj.* **1.** hinderlich, lästig; ✝ *mercancías f/pl.* ~*as* Sperrgut *n*; **2.** peinlich.
embar|becer [2d] *v/i.* e-n Bart bekommen; ~**billar** *Zim. vt/i.* verzahnen; fugen.
embar|cable *adj. c* verschiffbar; ~**cación** *f* **1.** Schiff *n*, (Wasser-)Fahrzeug *n*; Boot *n*; ~ *menor* kl. (Wasser-)Fahrzeug *n*; Hafenboot *n*; Schlepper *m*; **2.** Fahrt(dauer) *f*; **3.** → *embarco*; ~**cadero** *m* ⚓ Ladeplatz *m* (*a.* 🚂); Löschplatz *m*; Landungsbrücke *f*; *p. ext.* 🚂 Abfahrtsbahnsteig *m*; ~**cador** *m* Verlader *m*; ~**car** [1g] *I. v/t.* ⚓ einschiffen, an Bord nehmen; 🚂, ✈ einladen; *fig.* hineinziehen (in *ac.* en); **II.** *v/r.* ~*se* an Bord gehen; reisen (nach *dat.* para); *fig.* s. einlassen (auf *ac.* en); ~*co m* ⚓ Einschiffung *f* (*Personen*); An-Bord-Gehen *n*; 🚂, ✈ Verladung *f*.
embar|gable ⚖ *adj. c* pfändbar; beschlagnahmbar; ~**gar** [1h] *v/t.* **1.** ⚖ beschlagnahmen, (aus)pfänden; ⚓, *Pol.* mit (e-m) Embargo belegen; **2.** stören, hemmen, behindern; **3.** *fig.* in Bann schlagen; gefangennehmen; in Beschlag nehmen; ~**go** *m* ⚖ Pfändung *f*; Beschlagnahme *f*; Embargo *n*; ~ *de armas* Waffenembargo *n*; *adv. sin* ~ jedoch, trotzdem, nichtsdestoweniger.

embarnizar [1f] *v/t.* firnissen; lakkieren.
embarque *m* ⚓ Verschiffung *f*, a. 🚚 Verladung *f v. Gütern; documentos m/pl. de* ~ Schiffspapiere *n/pl.*; *talón m de* ~ Schiffszettel *m*.
embarrad|a *f Arg., Col., Chi., P. Ri.* Albernheit *f*, Dummheit *f*; **~dor** *adj.-su.* Schwindler *m*; Ränkeschmied *m*.
embarranca|miento ⚓ *m* Stranden *n*; **~r** [1g] *v/i. u.* **~se** *v/r.* **1.** ⚓ auf Grund (auf)laufen, stranden; **2.** steckenbleiben (*Karren u. fig.*).
embarrar I. *v/t.* **1.** (mit feuchter Erde *u. ä.*) beschmieren; **2.** *Arg., Chi.* j-n anschwärzen; **3.** *Méj.* in e-e schmutzige Sache verwickeln; **4.** F *Col.* ~*la* es verpatzen F; **II.** *v/r.* **~se 5.** s. beschmutzen; s. mit Schlamm beschmieren.
embarrilar *v/t.* auf Fässer füllen.
embarulla|dor *adj.-su.* Pfuscher *m*, Hudler *m*; **~r** *v/t.* **1.** durcheabringen, verwirren, verwechseln; **2.** hastig (u. unordentlich) machen, hinhauen F.
embasamiento △ *m* (Haus-) Sockel *m*.
embas|tar *v/t.* mit großen Stichen nähen, (an)heften; absteppen; **~te** *m* Heftnaht *f*; **~tecer** [2d] **I.** *v/i.* dick werden; **II.** *v/r.* **~se** grob werden.
embasurar *v/t.* mit Abfällen bedecken (*od.* überhäufen).
embate *m a. fig.* Anprall *m*, heftiger Angriff *m*; Windstoß *m*; heftiger Seewind *m*; ~ (*de las olas*) Wellenschlag *m*; (starke) Brandung *f*.
embauca|dor *adj.-su.* betrügerisch; *m* Schwindler *m*; **~miento** *m* Schwindel *m*, Betrug *m*; **~r** [1g] *v/t.* betrügen, umgarnen, beschwatzen.
embaular *v/t.* **1.** einpacken; **2.** F s. vollstopfen mit (*dat.*).
embazar [1f] **I.** *v/t.* **1.** braun färben; **2.** hindern, hemmen; **3.** *fig.* in Erstaunen setzen; **II.** *v/r.* **~se 4.** Seitenstechen bekommen; **5.** **~se** (*de*) (e-r Sache) überdrüssig werden.
embebe|cer(se) [2d] (*v/t.* (*v/r.*) → **embelesar(se)**; **~cido** *adj.* **1.** entzückt, begeistert; **2.** geistesabwesend.
embe|ber I. *v/t.* **1.** *Feuchtigkeit* auf-, ein-saugen; tränken (mit *dat.* de); (ein)tauchen (in *ac.* en); **2.** versenken, hineinstecken; eingliedern; **3.** *Typ.* überstehenden Zeilenschluß einbringen; **II.** *v/i.* **4.** einlaufen (*Tuch*); einschrumpfen; **5.** durchschlagen (*Flüssigkeit*); **III.** *v/r.* **~se 6.** *a. fig.* s. vollsaugen (mit *dat.* de); *fig.* s. vertiefen (*od.* versenken) (in *ac.* en); s. gründlich vertraut machen (mit *dat.* de); **~bido** △ *adj.*: *columna f* **~a** Halbsäule *f*.
embele|car [1g] *v/t.* betrügen, beschwindeln; **~co** *m* Betrug *m*, Schwindel *m*; *fig.* F a) lästige Person *f*; b) Tand *m*; **~samiento** *m* → **embeleso**; **~sar** *v/t.* berücken, bezaubern; betäuben; **II.** *v/r.* **~se** s. begeistern (an *dat.* con, en); **~so** *m* Entzücken *n*, Begeisterung *f*; Wonne *f*.
embelle|cedor *Kfz. m* Radzierkappe *f*; **~cer** [2d] **I.** *v/t.* verschönern; **II.** *v/r.* **~se** s. schön-, zurecht-machen;

das Make-up erneuern; **~cimiento** *m* Verschönerung *f*.
embe|rrenchinarse, **~rrincharse** F *v/r.* e-n Wutanfall bekommen F, in die Luft gehen F.
embes|tida *f* Angriff *m*; *fig.* le dio una ~ er überfiel ihn mit s-r Bitte; **~tir** [31] **I.** *v/t.* angreifen (*a.* ⚔), anfallen; *fig.* j-m zusetzen (mit *dat.* con); **II.** *v/i. abs.* angreifen (*bsd. Stier*); ~ *contra* anrennen gg. (*ac.*).
embetunar *v/t.* teeren; *Schuhe* einkremen.
embijar *v/t. Hond., Méj.* beschmieren.
embiste *Stk. m* Stoß *m* mit den Hörnern.
emblan|decer [2d] **I.** *v/t.* erweichen; **II.** *v/r.* **~se** *fig.* weich werden; s. rühren lassen; **~quecer** [2d] *v/t.* bleichen; weiß anstreichen; tünchen.
emble|ma *m* Sinnbild *n*, Emblem *n*; Wahrzeichen *n*; Kennzeichen *n*; ~ (*nacional*) Hoheitszeichen *n*; **~mático** *adj.* sinnbildlich.
embo|bado *adj.* erstaunt, verblüfft; **~miento** *m* **1.** Verblüffung *f*, Erstaunen *n*; **2.** Verdummung *f*; **~r** **I.** *v/t.* **1.** verblüffen, erstaunen, verwirren; **2.** dumm machen; **II.** *v/r.* **~se 3.** verblüfft werden; F ganz vernarrt sein (in *ac.* con, de, en).
embobecer [2d] *vt/i.* verdummen (*vt/i.*).
embobinadora *f* Spulmaschine *f*.
emboca|dero *m* Mündung *f*, Öffnung *f*; Einfahrt *f*; Engpaß *m*; **~do** *adj.* süffig (*Wein*); **~dura f 1.** Mündung *f*; ♪, ⊕ Mundstück *n*; ♪ Ansatz *m*; *Equ.* Gebiß *n*; Geschmack *m*, Süffigkeit *f* (*Wein*); *tener buena* ~ a) zügelfromm sein (*Pferd*); b) ♪ e-n guten Ansatz haben; **2.** Begabung *f* (für *ac. para*); **~r** [1g] **I.** *v/t.* **1.** in den Mund stecken; F (hinunter)schlingen; *Bissen* schnappen (*Hund*); **2.** hinein-stecken, -treiben, -zwängen; ⊕ einführen; ansetzen; ♪ *Instrument* ansetzen; **3.** *Sache* einleiten, beginnen; **4.** F *Unwahres* weismachen; **II.** *v/i. u.* **~se** *v/r.* **5.** (hin)einfahren (in *ac.* por).
embodegar [1h] *v/t.* einkellern.
embolada *f* Kolbenspiel *n*; (Doppel-)Hub *m*.
embola|do *m* **1.** *Stk.* Stier *m* mit Schutzkugeln auf den Hörnern; **2.** *fig.* F Vorspiegelung *f*, Lüge *f*, Ente *f*; **3.** *Thea. u. fig.* unbedeutende Nebenrolle *f*; **~dor** *m Col.* Schuhputzer *m*; **~r I.** *v/t.* **1.** *Schuhe* putzen; **II.** *v/r.* **~se** s. aufplustern (*Vogel*); **3.** *Am. Cent., Méj.* s. betrinken.
embolia 𝄞 *f* Embolie *f*; ~ *gaseosa* (*pulmonal*) Luft- (Lungen-)embolie *f*.
embolis|mar *v/t.* verhetzen, Unfrieden stiften zwischen (*dat.*); **~mo** *m* ⚷ Embolismus *m*; *fig.* Wirrwarr *m*; Klatsch *m*, Intrige *f*.
émbolo *m* **1.** ⊕ Kolben *m*; ~ *de bomba* Pumpen-kolben *m*, -stock *m*; ~ *giratorio*, ~ *rotatorio* Dreh-, Kreiskolben *m*; **2.** 𝄞 Embolus *m*.
embolsar(se) *v/t.* (*v/r.*) *Geld* einnehmen; einstecken.
embo|nar *v/t.* **1.** ⚓ spiekern; **2.** *Am. Reg.* düngen; **II.** *v/i.* **3.** *Cu., Méj.* gut passen; **~no** ⚓ *m* Spiekerhaut *f*.

embo|que *m* **1.** *Sp.* Durchlauf *m* e-r *Kugel durch ein Tor*; *fig.* Passieren *n* e-s engen Durchlasses; **2.** F Täuschung *f*, Betrug *m*; **~quillado** *adj.-su.* (*cigarrillos m/pl.*) **~s** *m/pl.* Filterzigaretten *f/pl.*; mit Mundstück; **~quillar** *v/t.* **1.** *Zigaretten* mit Mundstück (*bzw.* Filter) versehen; **2.** ⚒ vorbohren.
emborracha|cabras ♀ *f* (*pl. inv.*) Gerbermyrte *f*; **~dor** *adj.* berauschend; **~miento** F *m* Rausch *m*; **~r** **I.** *v/t.* **1.** berauschen; betrunken machen; mit Wein (*od.* Likör) tränken; **II.** *v/r.* **~se 2.** s. betrinken; betrunken werden; *fig.* betäubt werden; **3.** inea.-laufen (*Farben*).
emborrar *v/t.* **1.** ausstopfen, polstern; **2.** F gierig verschlingen.
emborra|scar [1g] **I.** *v/t.* F ärgern, reizen; **II.** *v/r.* **~se** stürmisch werden (*Wetter*); *fig.* zunichte werden; **~zar** [1f] *v/t.* Geflügel spicken.
emborricarse [1g] F *v/r.* **1.** verblüfft sein, dastehn wie der Ochs vorm neuen Tor F; **2.** s. bis über beide Ohren verlieben.
emborronar *v/t.* (hin-, ver-)schmieren; beklecksen; ~ *cuartillas* (*od. papel*) ein schlechter Journalist (*od.* Schriftsteller), *desp.* ein Schreiberling (*od.* ein Tintenklecker) sein.
emborrullarse F *v/r.* s. herumzanken, lärmen, streiten.
embosca|da *f* Hinterhalt *m*; *fig.* Falle *f*; Intrige *f*; *poner* ~ e-n Hinterhalt legen; *m* Heckenschütze *m*; **~r** [1g] **I.** *v/t.* in e-n Hinterhalt legen; *fig.* tarnen; **II.** *v/r.* **~se** s. in e-n Hinterhalt (*od.* auf die Lauer) legen; *fig.* s. hinter e-r andern Tätigkeit *als der eigentlich zu verrichtenden* verschanzen.
embota|do *adj.* abgestumpft, stumpf (*a. fig.*); **~miento** *m* Abstumpfen *n* (*a. fig.*); ⚕ ~ *sensorial* Benommenheit *f*; **~r** **I.** *v/t.* **1.** abstumpfen (*a. fig.*), stumpf machen; **2.** in e-e Büchse füllen; **II.** *v/r.* **~se 3.** stumpf werden, abstumpfen.
embotella|do I. *adj.* **1.** auf Flaschen gefüllt, eingefüllt; *vino m* ~ Flaschenwein *m*; **2.** *fig.* vorbereitet, nicht aus dem Stegreif gesprochen (*Rede usw.*); **II.** *m* **3.** Abfüllen *n auf Flaschen*; **~dora** *f* (Flaschen-)Abfüllmaschine *f*; **~miento** *m Vkw.* m Verkehrsstau(ung) *f*; **~r** *v/t.* **1.** abfüllen, auf Flaschen ziehen; *Wein* abziehen; **2.** *Verkehr* behindern, aufhalten, blockieren; *Geschäft* stören, hemmen; ⚓ die Ausfahrt verlegen (*dat.*); **3.** j-n in die Enge treiben; **4.** auswendig lernen, s. eintrichtern F.
embotijarse F *v/r.* s. aufblähen; wütend werden.
embovedar *v/t.* **1.** ins Gewölbe schließen; **2.** wölben; überwölben.
embo|zalar *v/t.* den Maulkorb anlegen (*dat.*); **~zar** [1f] **I.** *v/t.* verhüllen; vermummen, *a. fig.* verschleiern; *fig.* bemänteln; **II.** *v/r.* **~se** s. vermummen, s. in den Mantel (*bzw.* in die Decke) hüllen; den Mantelkragen hochschlagen; **~zo** *m* Futterstreifen *m* u. oberes Vorderteil *n des Radmantels*; Überschlag *m* e-r *Bettdecke*; *a. fig.* Verhüllung *f*, Hülle *f*; *fig. quitarse el* ~ die Maske fallenlassen (*fig.*).

embra|gar [1h] *v/t.* Last anseilen; *a. Kfz.* (ein)kuppeln; **~gue** ⊕ *m* 1. Kupplung *f*; Getriebeschaltung *f*; 2. Einrücken *n*, (Ein-)Kuppeln *n*.
embrave|cer [2d] I. *v/t.* in Wut bringen; II. *v/r.* ~se in Wut geraten, wüten, toben (*a. Naturgewalten*); **~cido** *adj.* wütend; *a. fig.* tobend; *mar m ~* hochgehende See *f*; **~cimiento** *m* Wut *f*, Toben *n*.
embraza|dura *f* Handgriff *m am Schild;* **~r** [1f] *v/t.* den Schild ergreifen. [ren; verpichen.)
embrea|do *m* Teeren *n*; **~r** *v/t.* tee-)
embria|gado *adj.* betrunken, *a. fig.* berauscht; *fig.* trunken; **~gador** *adj.*, **~gante** *adj. c* berauschend; **~gar** [1h] I. *v/t.* berauschen; entzücken, hinreißen; II. *v/r.* **~se** s. betrinken, s. berauschen (mit *dat. con*); **~guez** *f (pl. ~eces) a. fig.* Trunkenheit *f*, Rausch *m*; Taumel *m*; Betäubung *f*.
embridar *v/t.* Equ. (auf)zäumen; ⊕ verlaschen.
embri|ogenia *Biol. f* Embryogenese *f*; **~ología** *Biol. f* Embryologie *f*; **~ón** *m Biol.* Embryo *m*; *fig.* Keim *m*, Keimzelle *f*; *fig.* Anfang *m*; *en ~* im Keim; **~onario** *a.* embryonal, Keim...; *fig.* (noch) nicht ausgereift (*Plan*); *a. fig.* estado *m ~* Embryonal-, Anfangsstadium *n*.
embro|llado *adj.* wirr; **~llador** *adj.-su.* Wirrkopf *m*; Störenfried *m*; **~llar** *v/t.* verwirren, verwickeln; stören, Unruhe stiften unter (*dat.*); entzweien; **~llista** *adj.-su. c Am.* → embrollón; **~llo** *m* 1. Verwirrung *f*, Wirrwarr *m*, Durchea. *n*; Patsche *f* F; 2. Betrug *m*, Schwindel *m*; **~s** *m/pl.* Ränke *pl.*, Intrigen *f/pl.*; **~llón** *adj.-su.* 1. Wirrkopf *m*; 2. Schwindler *m*, Lügner *m*; Intrigant *m*; **~lloso** F *adj.* 1. verworren; 2. verwirrend; Unruhe stiftend.
embroma|dor *adj.-su.* Spaßmacher *m*; **~r** *v/t.* 1. narren, verulken; 2. ⊕ Fugen (ver)stopfen; 3. *Am.* die Zeit stehlen (*dat.*).
embruja|miento *m* Be-, Verhexung *f*; **~jar** *v/t.* verhexen, verzaubern; Mann bezirzen; **~jo** *poet. m* Zauber *m*; Verzauberung *f*.
embrute|cer [2d] I. *v/t.* verrohen (lassen); II. *v/r.* ~se verrohen, abstumpfen; **~cido** *adj.* verroht; verdummt; **~cimiento** *m* Verrohung *f*; Verdummung *f*, Stumpfsinn *m*.
embucha|do *m* 1. Preßsack *m* (*Wurst*); 2. *fig.* Ablenkungsmanöver *n*; Wahlschwindel *m* (*Hineinmogeln v. Stimmzetteln in die Wahlurne*); 3. *Thea.* Extempore *n*; *Typ.* Einschaltung *f in den Text;* **~r** I. *v/t.* 1. Wurst stopfen; 2. *Geflügel* kröpfen; *fig.* gierig schlingen; *fig. et.* einpauken; 3. *Jgdw.* weidwund schießen; II. *v/r.* ~se 4. ~se un libro ein Buch verschlingen.
embu|dar *v/t.* 1. den Trichter aufsetzen auf (*ac.*); *fig.* betrügen; 2. *Jagdw. Wild* einkreisen; **~dista** F *c* Betrüger *m*; Ränkeschmied *m*; **~do** *m* 1. Trichter *m*; ⋊ *~ de bomba* Bombentrichter *m*; 2. *fig.* Schwindel *m*, Mogelei *f* F; *ley f del ~* Behördenwillkür *f*; Schikane *f*; *das Recht des Stärkeren*.

emburujar I. *v/t.* verfilzen, zs.-knäueln; II. *v/r.* ~se *Ant., Col., Méj.* s. einmumme(l)n.
embus|te *m*, **~tería** F *f* Betrug *m*, Schwindel *m*; *fig.* ~s *m/pl.* Flitterkram *m*; **~tero** I. *adj.* lügnerisch, verlogen; II. *m* Lügner *m*, Betrüger *m*, Schwindler *m*; *Spr.* antes se coge al ~ que al cojo Lügen haben kurze Beine.
embuti|do *m* 1. ⊕ eingelegte Arbeit *f*, Intarsie *f*; 2. Wurst *f*; **~s** *m/pl.* Wurstwaren *f/pl.*; ~ *ahumado* Dauerwurst *f*; 3. *Am.* Spitzeneinsatz *m*; **~r** I. *v/t.* 1. *Wurst, Polster* füllen, stopfen; vollstopfen; ~ *carne* Wurst machen; 2. hineinpressen, -drücken, -stopfen; *fig.* gierig (ver-)schlingen; 3. ⊕ *Holzarbeit u. ä.* einlegen; *Metall* treiben; *Niet* einlassen; *Bleche* drücken, *Hohlkörper* ziehen; ~ *marfil en la madera* das Holz mit Elfenbein einlegen; II. *v/r.* ~se 4. ~se en un pantalón s. in e-e (enge) Hose zwängen.
eme *f* M *n* (*Name des Buchstabens*); P mandar a alg. a la ~ j-n zum Teufel schicken F.
emer|gencia *f* 1. Auftauchen *n*; 2. (unerwartetes) Vorkommnis *n*; de ~ *Not...*; ⚓, 🚗 *caso de* ~ Notfall *m*; **~gente** *adj. c* entstehend; *Vers.* eintretend (*Schaden*); *Verw.* 🛈 año *m* ~ Anfangsjahr *n* e-r Zeitrechnung; **~ger** [2c] *v/i.* auftauchen; emporragen *über e-e Fläche*; entspringen.
emérito I. *adj.* ausgedient; im Ruhestand; emeritiert; II. *m hist.* römischer Veteran *m*.
emersión *f Astr.* Wiederhervortreten *n e-s Gestirns; p. ext.* Emportauchen *n*.
emético ⚕ *adj.-su.* emetisch; *m* Brechmittel *n*.
emigra|ción *f* Auswanderung *f*; *Pol.* Emigration *f*; **~do** *m* Ausgewanderte(r) *m*; *Pol.* Emigrant *m*; **~nte** I. *adj. c* auswandernd; emigrierend; II. *c* Auswanderer *m*; **~r** *v/i.* auswandern; *Pol.* emigrieren; fortziehen (*Zugvögel*); **~torio** *adj.* Auswanderungs...
Emilio *npr. m* Emil *m*.
eminen|cia *f* 1. Anhöhe *f*, Bodenerhebung *f*; 2. *Anat.* Höcker *m*, Vorsprung *m*; 3. *fig.* Erhabenheit *f*; Vorzüglichkeit *f*; 4. hervorragende Persönlichkeit *f*; ~ *gris* graue Eminenz *f*; Su ⚜ Seine Eminenz (*Titel*); **~te** *adj. c* hervorragend, eminent; **~temente** *Phil. adv.* wesentlich; **~tísimo** *sup.*: ⚜ Señor Euer Eminenz (*Titel*).
emi|r *m* Emir *m*; **~rato** *m* Emirat *n*; ⚜s *m/pl.* Arabes Unidos Vereinigte Arabische Emirate *n/pl.*
emisario *m* 1. Emissär *m*, Sendbote *m*; 2. Abflußrohr *n* (*bsd. Abwässer*).
emisión *f* 1. ✝ Emission *f*, Auflage *f*; Ausgabe *f* (*Wertpapiere, Banknoten, Briefmarken*); ~ *de valores* Emissionsgeschäft *n*; *tipo m de* ~ Ausgabekurs *m*; 2. *Rf.* Sendung *f*; ~ (radio)agrícola Landfunk *m*; ~ escolar Schulfunk *m*; ~ publicitaria (radiofónica) Werbe- (Rundfunk-)sendung *f*; ~ *de sobremesa* Mittagssendung *f*; 3. *a. Phys.* Abgabe *f*, Entsendung *f*, Ausstrah-

lung *f*, Emission *f*; ~ *de calor* Wärmeabgabe *f*; ⚛ ~ *de bacilos* Bazillenausscheidung *f*.
emiso|r I. *adj.* 1. *Rf.* Sende...; 2. ✝ Ausgabe...; *banco m* ~ Notenbank *f*; II. *m* 3. ✝ Ausgeber *m*, Emittent *m*; 4. HF Sender *m* (*Gerät*); **~ra** *adj.-su. f* (*estación f*) ~ Sendeanlage *f*, Sender *m*; ~ *f* Funkstelle *f*; ~ clandestina (*interceptora, perturbadora*) Schwarz- (Stör-)sender *m*; ~ *de ondas ultracortas* UKW-Sender *m*; ~ *pirata* (*de radioaficionados*) Piraten- (Amateur-)sender *m*; ~ *de radio*(*difusión*) (*de televisión*) Rundfunk- (Fernseh-)sender *m*.
emitir *v/t.* 1. von s. geben, abgeben, entsenden, ausstoßen; *Phys.* ausstrahlen, emittieren; *Wärme* ab-, aus-strahlen, ~ *rayos* Strahlen entsenden, strahlen; 2. *Gutachten, Meinung, Urteil, Stimme* abgeben; *Verw.* Verordnung erlassen; *Laute* hervorbringen *bzw.* ausstoßen; 3. ✝ *Aktien, Wertpapiere, Banknoten* ausgeben, emittieren; in Umlauf bringen; *Anleihe* auflegen; 4. HF, *Rf.* ausstrahlen, senden, geben.
emoci|ón *f* 1. (Gemüts-)Bewegung *f*; Ergriffenheit *f*, Rührung *f*; 📺 Emotion *f*; con honda (*od.* *profunda*) ~ tiefbewegt; 2. Erregung *f*, Aufregung *f*; **~onal** *adj. c* emotional, Gemüts...; **~onante** *adj. c* bewegend, (herz)ergreifend, rührend; **~onar** I. *v/t.* 1. zu Herzen gehen (*dat.*), bewegen, rühren, ergreifen; 2. aufregen; II. *v/r.* ~se 3. gerührt werden; 4. *s.* aufregen.
emoliente *adj. c-su. m* 🌿, ⊕ Aufweichmittel *n*; ⚕ Emolliens *n*.
emolumento *m*, *mst.* ~s *m/pl.* (Neben-)Einkünfte *pl.*; Bezüge *m/pl.*
emoti|vidad *Psych. f* Emotivität *f*; Erregbarkeit *f*; **~vo** *adj.* 1. Gemüts..., Erregungs...; 2. empfindsam; leicht erregbar; 3. er-, aufregend.
empa|car [1g] I. *v/t.* in Bündel (*od.* Ballen) verpacken; bündeln; *bsd. Am.* verpacken (*allg.*); II. *v/r.* ~se störrisch werden, s. auf et. (*ac.*) versteifen; *Equ. Am.* bocken; **~cón** *Equ. adj. Rpl., Pe.* störrisch.
empa|chadamente *adv.* linkisch; **~chado** *adj.* plump, ungeschickt; estar ~ e-n verdorbenen Magen haben; *fig.* verlegen sein, s. schämen; **~char** I. *v/t.* 1. (be)hindern; 2. *Magen* überladen *bzw.* verderben; 3. verhehlen, verhüllen; II. *v/r.* ~se 4. verlegen werden; steckenbleiben *in der Rede;* **~cho** *m* 1. Magenverstimmung *f*; 2. Verlegenheit *f*, Befangenheit *f*; *adv. sin ~* ungezwungen, frei von der Leber weg F; **~choso** *adj.* 1. schwer (verdaulich); 2. *fig.* hemmend; beschämend; 3. *fig.* → empalagoso.
empadrarse *v/r.* s-e Eltern übermäßig lieben.
empadrona|dor *m* Listenführer *m* (*Steuerregister u. ä.*); **~miento** *m* 1. Eintragung *f* in das Steuerregister; listenmäßige Erfassung *f*; 2. Register *n*; **~r** *v/t.* in die (Volkszählungs-, Steuer-, Wahl- *usw.*) Liste eintragen.
empaja|da *f* Häcksel *m*, *n*; **~r** *v/t.* mit Stroh füllen (*bzw.* bedecken).

empala|gamiento m → empalago; **~gar** [1h] I. v/t. j-m Ekel verursachen, j-n anekeln; j-m widerstehen; j-m lästig fallen; II. v/i. widerlich süß sein; a. fig. ekelhaft sein; **~go** m Überdruß m; Ekel m; **~goso** adj. widerlich süß; fig. süßlich; lästig, zudringlich; ekelhaft.
empalar v/t. pfählen (Todesstrafe).
empalidecer [2d] v/i. erbleichen.
empalizada f Palisade f, Pfahlwerk n; ~ contra la nieve Schneezaun m.
empal|mado P adj. scharf F, geil F; Méj. nachlässig; **~madura** f Zs.-fügung f; **~mar** I. v/t. 1. (mitea.) verbinden; ⊕ an den Enden zs.-fügen; anschließen (an ac. con); Balken verlaschen; Seilenden (ver)spleißen; fig. Gespräch anknüpfen; Unterhaltung endlos ausdehnen; 2. Sp. ~ un tiro ein Tor erzielen; II. v/i. 3. Vkw., 🚌 Anschluß haben (an ac. con); abzweigen (nach dat. con); s. treffen (Straßen, Kanäle); **~me** m 1. Zs.-fügung f; ⊕ Verbindung(sstelle) f; ⚡ Anschluß m; Zim. ~ a hebra Stoß(verbindung f) m; ~ de tubería Rohrabzweigung f; 2. Vkw., 🚌 Knotenpunkt m; (estación f de) ~ Verbindungs-, Umsteige-station f.
empalomado m Stauwehr n im Fluß.
empam|parse v/r. Am. Mer. s. in der Pampa verirren; **~pirolado** F adj. prahlerisch; hochnäsig.
empana|da f (Fleisch-, Fisch- usw.) Pastete f in Teighülle; fig. Schwindel m; Vertuschen n; **~dilla** f Pastetchen n; **~r** I. v/t. panieren; in Teig wickeln, einbacken; II. v/r. **~se** 🠢 ersticken (weil zu dicht gesät).
empandar △ v/t. durchbiegen.
empantanar I. v/t. in e-n Sumpf verwandeln; II. v/r. **~se** versumpfen; in e-n Sumpf geraten; fig. s. festfahren; ins Stocken kommen; fig. dejar **~ado** a alg. j-n im Stich lassen.
empaña|do adj. verschleiert (Stimme); trübe, matt (Glas, Metall, Farben); beschlagen (Scheibe); feucht (Augen); **~r** I. v/t. 1. Kind wickeln; 2. Glanz trüben; Glas, Scheiben beschlagen; Holz usw. mattieren; Ruhm verdunkeln; II. v/r. **~se** 3. trüb werden; anlaufen, s. beschlagen (Scheibe, Glas, Metall); feucht werden (Augen).
empañetar v/t. Col., C. Ri., Ec., Ven. tünchen.
empapa|dor m Windelhöschen n; **~r** I. v/t. 1. eintauchen; tränken, (ein-) tunken (in ac. en); 2. aufsaugen; s. vollsaugen (mit dat.); 3. durchnässen; II. v/r. **~se** 4. durchweichen; s. vollsaugen (mit dat. de, en); **~ado** durchnäßt, **~ado** en sudor schweißgebadet; 5. fig. s. ganz versenken (in ac. en); 6. fig. F s. überessen; fig. ¡para que te empapes! ätsch!; siehste! F.
empapela|do m 1. Tapezieren n; 2. Tapeten f/pl.; **~dor** m Tapezierer m; **~r** I. v/t. 1. tapezieren; 2. in Papier packen; mit Papier bekleben; fig. F gerichtlich verfolgen.
empapirotar(se) F v/t. (v/r.) (s.) herausputzen.
empapu|ciar [1b], **~jar**, **~zar** [1f] F I. v/t. vollstopfen, nudeln (a. Gänse usw.); II. v/i. mampfen F.

empaque[1] m 1. Aussehen n; Aufmachung f; 2. (gespreizte) Würde f, Gravität f; adv. con ~ gespreizt; 3. poner todo el ~ para + inf. alles daransetzen, um zu + inf.; 4. Am. Reg. Frechheit f; 5. Am. Bocken n e-s Tiers.
empaque[2] m Einpacken n; Verpackung f; Packmaterial n; Am. a. ⊕ Dichtung f; Dichtungsring m; **~tado** m Ein-, Ver-packen n; **~tador** m Packer m; **~tadora** f Verpackungsmaschine f; **~tadura** ⊕ f Packung f, Dichtung f; **~s** f/pl. Dichtungsmaterial n; **~tar** I. v/t. 1. ein-, ver-packen; 2. ⊕ (ab)dichten; 3. fig. F herausputzen, auftakeln F; II. v/i. 4. abs. packen.
emparamarse v/r. 1. Am. Reg. auf den páramos erfrieren; fig. erstarren vor Kälte; 2. Col. vom Regen naß werden; s. naß machen (Kleinkind).
emparchar v/t. be-, ver-pflastern; Schlauch flicken.
empareda|do I. adj. eingeschlossen; II. m Kchk. belegte Doppelschnitte f (Brot), Sandwich n; ~ de jamón Schinkenbrot n; **~r** v/t. Büßer, Sträflinge einmauern; a. fig. einschließen (zwischen ac. entre).
emparejar I. v/t. 1. paaren, paarweise zs.-stellen; 2. ausrichten, auf e-e Höhe setzen (mit dat. con); angleichen; 3. Tür, Fenster anlehnen; II. v/i. 4. gleich(artig) sein; ~ con a) j-m gleichkommen; b) j-n einholen; III. v/r. **~se** 5. Méj. et. erlangen.
emparentar v/i. s. verschwägern; estar **~ados** mitea. verschwägert sein; F estar bien **~ado** gute (Familien-)Beziehungen haben.
empa|rrado m (Wein-)Laube f; Laubengang m; **~rrillado** m ⊕ Rost m; Feuerrost m; 🚢 Schutzgitter n; Gräting f; **~rrillar** v/t. auf dem Rost braten; grillen.
emparvar 🠢 v/t. Getreide zum Dreschen auf der Tenne ausbreiten.
empas|tado Am. Impasto n, dicker Farbenauftrag m; **~tador** m 1. Mal. Impastierpinsel m; 2. Am. a. Buchbinder m; **~tar**[1] v/t. 1. einschmieren, verkleben, verkitten; 2. Buch kartonieren; Am. a. binden; 3. Zähne füllen, plombieren; 4. Mal. impastieren, pasten malen; II. v/i. 5. schmieren; **~tar**[2] 🠢 v/t. Am. Reg. zu Weideland machen; **~te**[1] m 1. Plombieren n (Zahn); Plombe f; ~ de oro Goldplombe f; 2. Einschmieren n; Verkitten n; 3. Mal. Impasto n, dicker Farbenauftrag m; **~te**[2] m Arg. Trommelsucht f des Viehs.
empastelar v/t. 1. Typ. Satz quirlen; fig. Angelegenheit heillos verwirren, durchea.-bringen; 2. (ver-) kleben; fig. kitten.
empa|tado adj. unentschieden (Wahl, Spiel); tot (Rennen); **~tar** I. v/t. Entscheidung, Verfahren aussetzen; hemmen, aufhalten; Am. verbinden, zs.-fügen; II. v/i. unentschieden ausgehen; ~ a tres (tantos) mit 3:3 unentschieden spielen; **~te** m 1. Unentschieden n (Sp.); Stimmengleichheit f b. Wahl; en caso de ~ bei Stimmengleichheit; 2. fig. Gleichziehen n; Pol. ~ nuclear nukleares Patt n.

empavesa|da f 1. hist. Verschanzung f; 2. 🚢 a) Beflaggung f; b) Schanzkleid n; **~do** I. adj. 1. 🚢 über die Toppen geflaggt; II. m 2. hist. Schildgewappnete(r) m; 3. 🚢 Flaggengala f; **~r** v/t. 1. 🚢, ✕ beflaggen, 🚢 Flaggengala anlegen (dat.); 2. Denkmal vor der Einweihung verhüllen.
empavonar ⊕ v/t. brünieren.
empecatado adj. bösartig, unverbesserlich; nichtsnutzig.
empecina|do I. adj. zäh, hartnäckig; II. m Pechsieder m; **~r** I. v/t. aus-, ver-pichen; II. v/r. **~se** Am. hartnäckig bleiben; **~se** en eisern festhalten an (dat.).
empedernido adj. 1. hart(herzig), unerbittlich; grausam; 2. eingefleischt (Junggeselle); unverbesserlich, leidenschaftlich (Trinker usw.).
empedra|do m (Straßen-)Pflaster n; Pflasterung f; **~dor** m Pflasterer m; **~r** [1k] v/t. pflastern; fig. ~ de spicken mit (dat.).
empegar [1h] v/t. Fässer pichen; mit Pech abdichten; Schlauch verpichen; Vieh mit e-m Pechmal versehen.
empeine m 1. Anat. a) Rist m, Spann m; b) Leistengegend f; 2. Schuh: Vorderblatt n, Oberleder n; 3. 🦋 Impetigo m; 4. 🌿 Leberkraut n.
empelar v/i. 1. Haare bekommen; 2. gleichhaarig sein (Reittiere).
empelotarse F v/r. s. verwirren; in Streit geraten; Am. Reg. s. nackt ausziehen.
empe|lla f 1. Oberleder n (Schuh); 2. Col., Chi., Méj. (Schweine-) Schmalz n; **~llar** v/t. stoßen, schubsen; **~llón** m Stoß m, Schubs m F, Puff m F; a **~ones** stoßweise, ruckweise; mit Gewalt. [derbusch.]
empenachado adj. mit (e-m) Federbusch.]
empenaje 🛫 m Leitwerk n.
empeña|damente adv. nachdrücklich; **~do** adj. 1. erbittert, heftig (Streit, Ausea.-setzung); 2. verschuldet; F ~ hasta el cuello bis über die Ohren verschuldet F; 3. estar ~ en + inf. hartnäckig darauf bestehen, zu + inf.; s. nicht davon abbringen lassen, zu + inf.; **~r** I. v/t. 1. verpfänden, versetzen (für 100 000 Pesetas en 100.000 pesetas); 2. als Wort verpfänden; 2. als Vermittler gebrauchen, vorschieben; 3. ✕ Truppen einsetzen; 4. verpflichten, zwingen (zu dat., a para); 5. Diskussion, Kampf beginnen; II. v/r. **~se** 6. Schulden machen in Höhe von dat.; F **~se** hasta la camisa s. bis über beide Ohren verschulden F; 7. **~se** por (od. con) alg. für j-n einstehen; s. für j-n einsetzen; 8. **~se** en (od.) darauf bestehen, (zu + inf.); 9. beginnen, **~se** en a/c. s. in et. (ac.) einlassen; et. beginnen; 10. s. verpflichten; 11. 🚢 in Gefahr kommen (zu stranden).
empe|ñero m Méj. Pfand-, Geld-leiher m; **~ño** m 1. Verpfändung f; casa f de **~s**, Méj. ~ Pfandhaus n, Versatzamt n; en ~ als Pfand, als Sicherheit; 2. Eifer m, Bemühung f; Bestreben n; Beharrlichkeit f; adv. con ~ beharrlich; eifrig; hacer un ~ s. anstrengen; tener (od. poner) ~ en a/c. s. auf et. (ac.) versteifen; 3.

empeñoso — empujón

Unternehmen *n*, Unterfangen *n*; 4. Verpflichtung *f*; *hacer ~ de a/c.* s. et. zur Pflicht machen; 5. *~s m/pl.* (gute) Beziehungen *f/pl.*; 6. ⚓ Gefahr *f*; 7. Verwicklung *f*; **~ñoso** *adj. Am. Reg.* fleißig, eifrig.

empeora|miento *m* Verschlimmerung *f*, Verschlechterung *f*; **~r** **I.** *v/t.* verschlimmern, verschlechtern; **II.** *v/i. u. ~se v/r.* s. verschlimmern, schlimmer werden; s. verschlechtern, schlechter werden.

empequeñecer [2d] *v/t.* verkleinern *(a. fig.)*; *fig.* herabsetzen.

empera|dor *m* 1. Kaiser *m*; *lt.* Imperator *m*; *fig.* Herrscher *m*; *El* ♀ *Karl V.*; 2. *Fi.* Schwertfisch *m*; **~triz** *f (pl. ~ices)* Kaiserin *f*; *fig.* Herrscherin *f*.

empere|jilar(se) F *v/t. (v/r.)* (s.) herausputzen, (s.) auftakeln F; **~zar** [1f] **I.** *v/t.* auf-, hinaus-schieben; **II.** *v/i. u. ~se v/r.* faul *(od.* träge*)* werden. [binden.)

empergaminar *v/t.* in Pergament)

emperifollar(se) F *v/t. (v/r.)* → emperejilar(se).

empero *lit. cj.* indes, hingegen; aber, jedoch.

emperra|miento F *m* Halsstarrigkeit *f*, Sturheit *f* F; **~rse** F *v/r.* eigensinnig *(od.* stur F) sein; s. hartnäckig widersetzen.

empetro ♣ *m* Seefenchel *m*.

empezar [1f *u.* 1k] *vt/i.* anfangen, beginnen (zu + *inf. a* + *inf.*); *~ por hacer a/c.* et. anfangs tun, et. zunächst *(od.* zuerst*)* tun; *~ el pan* das Brot anschneiden *(od.* anbrechen*)*; *al ~* zu Beginn, anfangs; *para ~* zunächst einmal; erstens, als erstes.

empicarse [1g] *v/r. Méj.* verrückt sein *(nach dat. por).*

empiezo *m Am. Reg.* Anfang *m*.

empina|da *f: irse a la ~* s. aufbäumen *(Tiere)*; **~do** *adj.* hoch(ragend); steil, jäh, abschüssig; *fig.* hochstehend; stolz, hochmütig; **~r I.** *v/t.* 1. steil aufrichten; empor-, hochheben; 2. *fig.* F *~la od. ~ el codo* (allzu)gern e-n heben F; **II.** *v/r. ~se* 3. s. aufbäumen *(Pferd)*; 4. s. auf die Fußspitzen stellen; 5. emporragen.

empingorota|do F *adj.* hochgestellt, hochstehend; dünkelhaft, hochnäsig; **~r** F *v/t.* obenauf stellen.

empiñonado *m* Piniennußgebäck *n*.

empiparse *v/r.* s. übernessen.

empíreo I. *adj.* himmlisch; **II.** *m Phil.* Empyreum *n*; *lit.* Himmel *m*.

empireuma *m* Brandgeruch *m* organischer Substanzen.

em|pírico *adj.-su.* empirisch; *m* Empiriker *m*; **~pirismo** *m* 1. Empirismus *m*; 2. Empirie *f*, Erfahrungswissen(schaft *f*) *n*.

empitonar *Stk. v/t.* auf die Hörner nehmen.

empiyamar *v/t. Col.* e-n Schlafanzug anziehen *(dat.)*.

empizarra|do *m* Schieferdach *n*; **~r** *v/t.* mit Schiefer decken.

emplas|tar I. *v/t.* 1. ein Pflaster auflegen *(dat.)*; *fig.* zurechtmachen; ein Schönheitspflästerchen (auf)legen auf *(ac.)*; 2. *Geschäft* behindern; **II.** *v/r. ~se* 3. s. voll-, einschmieren; **~tecer** [2d] *Mal. v/t.* spachteln *(a. Anstreicher).*

emplástico *adj.* klebrig; 🍀 eiterableitend.

emplasto *m* 1. 🍀 Pflaster *n*; *~ adhesivo*, *~ aglutinante* Heft-, Klebepflaster *n*; 2. *fig.* Flickwerk *n*; halbe Arbeit *f*; 3. ⊕ Spachtelkitt *m*.

emplaza|miento *m* 1. Platz *m*, Lage *f*; Standort *m z. B.* e-r *Industrie*; ⚔ Stellung *f*; Geschützstand *m*; 2. Aufstellung *f*; ⚔ *~ de una batería* Instellungbringen *n* e-r Batterie; Feuerstellung *f*; 3. 🛡 a) (Vor-)Ladung *f*; b) Anberaumung *f* e-s *Termins*; **~r** [1f] *v/t.* 1. *Industrie* ansiedeln; ⚔ in Stellung bringen, aufstellen; 2. 🛡 (vor)laden; *Termin* anberaumen.

emple|ada *f* Angestellte *f*; *~ (del hogar)* Hausangestellte *f*; **~ado I.** *part.* *dar por bien ~ s-e Schritte, s-e Opfer* nicht bereuen; F *te está bien ~* es ist dir (ganz) recht geschehen; **II.** *m* Angestellte(r) *m*; *~s m/pl.* Angestellte(n) *m/pl.*, Personal *n*; **~ador** *m bsd. Am.* Arbeitgeber *m*; **~ar I.** *v/t.* 1. anwenden, verwenden, benützen; verwerten; *Zeit* verwenden (für *ac. en, por*), *Zeit* zubringen (mit *dat. con*); einsetzen; *Geld* aufwenden (für *ac. en*), anlegen (in *dat. en*); *~ todas las fuerzas* s. sehr anstrengen; alle Hebel in Bewegung setzen; 2. *j-n* anstellen, beschäftigen; **II.** *v/r. ~se* 3. *~se en a/c.* s. in e-r Sache betätigen; s. mit et. *(dat.)* beschäftigen; *~se a fondo* et. gründlich machen; hart arbeiten; sein Bestes geben; **~o** *m* 1. Anwendung *f*; Verwendung *f*, Gebrauch *m*; Einsatz *m*; Geldanlage *f*; Aufwand *m v. Mitteln*; Verwendungszweck *m*; *modo m de ~* Gebrauchsanweisung *f*; *tener ~ para* Verwendung haben für *(ac.)*; 2. Beschäftigung *f*; Stelle *f*, Stellung *f*, Posten *m*; Amt *n*; *pleno ~* Vollbeschäftigung *f*; *creación f de ~* Schaffung *f* von Arbeitsplätzen.

emplomar *v/t.* ⊕ verbleien; *Verw.*, ☩ plombieren, verplomben; *Am. a.* Zahn plombieren.

emplu|mado *m* Gefieder *n*; **~mar I.** *v/t.* 1. mit Federn schmücken; 2. teeren u. federn *als Strafe*; 3. *Cu.* hinauswerfen; *Ec., Ven.* strafversichicken; 4. *Cu., Guat.* betrügen, einseifen F; **II.** *v/i.* 5. *Am. Mer.* Reißaus nehmen; 6. → **~mecer** [2d] *v/i.* Federn ansetzen *(Vo.)*; flügge werden.

empobre|cer [2d] **I.** *v/t.* arm machen; **II.** *v/i.* verarmen, arm werden; **~cimiento** *m* Verarmung *f*; Auslaugung *f des Bodens u. fig.*; ⚒ Erschöpfung *f* e-r *Mine.*

empol|var I. *v/t.* 1. mit Staub bedecken, bestauben; **II.** *v/r. ~se* 2. einstauben, staubig werden; *~se los zapatos* adj. mit Staub die Schuhe bekommen; 3. s. pudern; 4. *Méj.* einrosten, die Übung verlieren; **~voramiento** *m* 1. Bestauben *n*, Einstauben *n*; 2. Pudern *n*; **~vorar, ~vorizar** [1f] *v/t.* → empolvar.

empo|llado F *adj.: estar ~ en a/c., tener ~ a/c.* et. (mächtig) gepaukt haben F; **~llar I.** *v/t.* aus-, be-brüten; *fig.* brüten über *(dat.)*; **II.** *vt/i.* F büffeln F, pauken F, ochsen F; **III.** *v/i.* Eier legen *(Bienen)*; **IV.** *v/r. F ~se* (s.) *et.* einpauken F; **~llón** F *m* Büffler *m* F, Streber *m*.

emponzoña|dor *adj.-su.* giftig *(bsd. fig.)*; *m* Giftmischer *m*; *fig.* Verderber *m*; **~miento** *m* Vergiftung *f*; **~r** *v/t.* vergiften *(a. fig.)*; *fig.* verderben; *copa f ~ada* Giftbecher *m*.

empopar ⚓ *v/i.* 1. das Heck in den Wind drehen; 2. stark hecklastig sein.

emporcar [1g *u.* 1m] *v/t.* beschmutzen, besudeln.

emporio *m* 1. Handelszentrum *n*; Kulturzentrum *n*; *hist.* Stapelplatz *m*; 2. *Am. cpr.* Warenhaus *n*.

emporra|do F *adj.* high F; **~rse** F *v/r.* Hasch rauchen F, kiffen F.

empotra|do ⊕ *adj.* eingemauert, eingebaut; unter Putz; *armario m ~* Einbauschrank *m*; **~r** ⊕ *v/t.* einlassen, einmauern; einkeilen; *~ con hormigón* einbetonieren.

empozar [1f] **I.** *v/t.* 1. in e-n Brunnen werfen; 2. *Hanf* rösten; **II.** *v/i. u. ~se v/r.* Am. Lachen bilden; **III.** *v/r. ~se* 4. *fig.* ins Stocken geraten; vergessen werden.

emprende|dor *adj.* unternehmungslustig; **~r** *v/t.* unternehmen; an et. *(ac.)* herangehen, et. in Angriff nehmen, et. beginnen; *Auftrag* übernehmen; *~ camino (od. marcha) a, ~la para* s. aufmachen nach *(dat.)*, aufbrechen nach *(dat.)*; F *~la an die Sache herangehen; F ~la con alg.* mit j-m streiten; F *~la a tiros (con alg.)* (auf j-n) schießen.

empreñar I. *v/t.* F schwängern; **II.** *v/i. ~se* trächtig werden *(Tier).*

empresa *f* 1. Unternehmung *f*, Vorhaben *n*; *~ arriesgada* Wagnis *n*; 2. ✝ Unternehmen *n*, Betrieb *m*; *~ constructora* Bauunternehmen *n*; *~ estatal* Staatsbetrieb *m*; *~ industrial* Industrie-unternehmen *n*, -firma *f*; *mediana ~* Mittelstand *m*; *~ de trabajo temporal* Zeitarbeitsfirma *f*; *~ de transportes* Transportunternehmen *n*; *~ de transportes públicos* öffentliche Verkehrsbetriebe *m/pl.*; 3. Konzert-, Theater-direktion *f*; 4. Devise *f*, Wahlspruch *m*; **~riado** *koll. m* die Unternehmer *m/pl.*; **~rial** *adj. c* Betriebs-..., Unternehmens-..., unternehmerisch; *régimen m ~* Betriebs-ordnung *f*, -verfassung *f*; **~rio** *m* 1. Unternehmer *m*; Arbeitgeber *m*; 2. Theater-, Konzert- *usw.* -unternehmer *m*; Impresario *m*; **~rismo** *m* Unternehmertum *n*.

empréstito ✝ *m* Anleihe *f* (aufnehmen *contraer*); *~ amortizable (estatal)* Tilgungs- (Staats-)anleihe *f*.

empringar [1h] *v/t.* beschmieren.

empu|jar I. *vt/i.* 1. stoßen, treiben; puffen, schieben; drücken; *~ hacia arriba* hinaufschieben; *~ hacia atrás* zurückstoßen; *¡~! od. ¡~ad! (Tür)* drücken!; **II.** *v/t.* 2. vertreiben, verdrängen; 3. aufmuntern, anstoßen; **~je** *m* 1. Stoß *m*; Druck *m*; ⊕ Schub *m*; Wucht *f*; ⊕ *~ ascendente (Person)*; *~ de* Schubkraft *f*; 2. *fig.* Schwung *m*; Nachdruck *m*; *de ~* tatkräftig, energisch *(Person)*; **~jón** *m* heftiger Stoß *m*; Stauchen *n*; Rippenstoß *m*, Schubs *m*; Puff *m* F; *fig.* Ruck *m* (rasches Vorwärtskommen *b. e-r Ar-*

empuña|dura f 1. Griff m; (Stock-, Schirm-)Knauf m; hasta la ~ bis zum Griff, bis ans Heft; 2. fig. einleitende Wendung f e-r Erzählung usw.; ~r v/t. 1. ergreifen, packen; am Griff fassen; ~ la espada (las armas) zum Degen (zu den Waffen) greifen; 2. fig. in den Griff bekommen; 3. Stellung, Posten bekommen.
emú Vo. m Emu m.
emula|ción f Wetteifer m; Nacheiferung f; ~r v/t. (a. v/i. con) j-m nacheifern, mit j-m wetteifern.
emulgente ♎, Physiol. I. adj. c 1. emulgierend; 2. Anat. arterias y venas f/pl. ~s Nierenarterien u. -venen f/pl.; II. m 3. Emulgens n.
émulo lit. adj.-su. wetteifernd; m Nacheiferer m; Rivale m.
emul|sión f 1. Emulsion f; 2. Emulgierung f; ~sionar ♎, pharm. v/t. emulgieren; kirnen.
en prp. 1. lokal (Lage u. seltener — mst. nur in festen Wendungen — Richtung): in, auf, an (alle dat. bzw. ac.); aus (dat.); ~ la calle auf (bzw. in) der Straße; auf die Straße; ~ la ciudad in der Stadt; ~ la pared an der Wand; an die Wand; ~ el sobre auf dem (bzw. den) Umschlag; in dem (bzw. den) Umschlag; beber ~ un vaso aus e-m Glas trinken; ~ el agua ins Wasser fallen; vgl. a; 2. temporal: in; ~ seis horas in sechs Stunden (vgl. dentro de in, binnen); de día ~ día von Tag zu Tag; ~ breve in kurzem, bald; ~ verano im Sommer; ~ otoño im Herbst; ~ 1970 (im Jahre) 1970; 3. modal u. instrumental (Art u. Weise, Preis, Wertung, adverbiale Wendungen): ~ absoluto gänzlich; überhaupt; negativ: durchaus nicht; keineswegs; ~ broma im Scherz, zum Spaß; ~ (forma de) espiral spiralförmig; ~ español (auf) spanisch; ~ mi provecho zu m-m Vorteil; ~ traje de calle im Straßenanzug; calcular ~ diez marcos auf zehn Mark schätzen; comprar por, K, Reg. u. lit. ~ mil pesetas für tausend Peseten kaufen; ir ~ coche (~ tranvía) im bzw. mit dem Wagen (mit bzw. in der Straßenbahn) fahren; vivir ~ la miseria im Elend leben; dar ~ prenda als (od. zum) Pfand geben; tener ~ poco gering (ein)schätzen; 4. Beziehung: an (dat.); fértil ~ recursos erfinderisch; rico ~ reich an (dat.); abundar ~ a/c. Überfluß an etwas (dat.) haben; pensar ~ alg. an j-n denken; 5. mit ger. (veraltend); je nach dem Sinn (temporal, konditional, kausal) entsprechen im Dt. die Konjunktionen sobald, sowie, als; wenn; da, weil; temporal betont in die Gleichzeitigkeit; ~ diciendo esto indem man dies sagt (bzw. sagte).
enacerar v/t. a. fig. stählen.
enagua(s) f(/pl.) (Frauen-)Unterrock m.
enagua|char v/t. 1. Magen durch zu viel Flüssigkeit verderben; 2. → ~r [1i] v/t. verwässern; ~zar [1f] v/t. schlammig machen.
enagüillas f/pl. 1. Lendenschurz m, bsd. auf Christusdarstellungen; 2. ~ (escocesas) Schottenrock m, Kilt m;

3. Fustanella f der Griechen.
enajena|ble adj. c veräußerlich; ~ción f, ~miento m 1. Veräußerung f, Verkauf m; 2. Verzückung f; Geistesabwesenheit f; ~ mental Geisteskrankheit f; ~r I. v/t. 1. veräußern, weggeben; 2. entfremden (j-n j-m a alg. de alg.); ~ a alg. a/c. j-n um et. (ac. bringen; 3. entrücken, verzücken; von Sinnen bringen; II. v/r. ~se 4. s. e-r Sache entäußern; 5. s. zurückziehen (vom Umgang mit j-m de alg.); 6. außer s. geraten.
enalbardar v/t. 1. Equ. den (Pack-)Sattel auflegen (dat.); 2. Kchk. a) spicken; b) panieren.
enaltecer [2d] v/t. erheben, erhöhen; preisen, verherrlichen, rühmen.
enamora|dizo adj. liebebedürftig; leicht entflammt; ~do adj.-su. verliebt (in ac. de); m Freund m, Bewunderer m, Anhänger m (gen. de); los ~s das Liebespaar; ~dor I. adj. liebreizend, entzückend; II. m Liebhaber m; ~miento m Verliebtheit f; Liebelei f; Erweckung f der Liebe; ~r I. v/t. Liebe einflößen (dat.); den Hof machen (dat.), umwerben (ac.); II. v/r. ~se (de) s. verlieben (in ac.); liebgewinnen (ac.), Gefallen finden (an dat.).
enamoriscarse [1g] F v/r. s. verlieben, Feuer fangen F.
ena|nismo Biol. m Zwergwuchs m; ~no I. adj. zwergenhaft, Zwerg...; árbol m ~ Zwergbaum; II. m Zwerg m; enan(it)o m de jardín Gartenzwerg m.
enarbola|do ♎ m Gerüst n, Gebälk n (Turm, Gewölbe); ~r I. v/t. aufrichten, aufpflanzen; Flagge hissen; II. v/r. ~se s. (auf)bäumen; zornig werden.
enarcar [1g] I. v/t. 1. Fässer bereifen; (rund)biegen; 2. Schiffe eichen; II. v/r. ~se 3. s. ducken; Méj. s. bäumen (Pferd).
enarde|cer [2d] I. v/t. a. fig. entzünden; fig. entflammen; II. v/r. ~se s. erhitzen, s. entzünden; s. begeistern (für ac. por); ~cimiento m Erhitzung f; Begeisterung f.
enarenar I. v/t. mit Sand bestreuen; II. v/r. ~se ⚓ stranden, auflaufen; versanden (Fluß).
enarmonar v/t. et. aufrichten.
enarmónico ♩ adj. enharmonisch; cambio ~ enharmonische Verwechslung f.
enartrosis Anat. f Enarthrose f.
enastar v/t. Werkzeug stielen.
encabalga|miento m 1. Traggerüst n; 2. Lit. Enjambement n; ~r [1h] I. v/t. mit Pferden versehen; II. v/i. aufliegen.
encaballar I. v/t. Ziegel u. ä. überea.-legen; Typ. Form verschieben; II. v/i. aufliegen.
encabestrar I. v/t. 1. (an)halftern; 2. fig. einfangen, in Schlepp nehmen f; II. v/r. ~se 3. s. in der Halfter verfangen.
encabeza|do m EDV Kopfzeile f; ~miento m 1. Kopf m (Brief, Urkunde, Kapitel); Eingangsformel f; 2. Verw. Einschreibung f, Registrierung f; 3. Steuerrolle f; Steuerquote f; ~r [1f] I. v/t. 1. einschreiben, eintragen; zu Abgaben veranlagen; 2. überschreiben,

die Überschrift e-s Briefes usw. setzen; 4. einleiten; als erster auf e-r Liste stehen; Am. (an)führen; 5. Wein verschneiden; 6. Zim. Balken an den Enden verbinden; II. v/r. ~se 7. fig. das kleinere Übel auf s. nehmen.
encabritarse v/r. s. bäumen (Reittier); Kfz., ✈ bocken.
encacha|do m Bettung f, Befestigung f (Kanal, Brückenpfeiler); ~r v/t. befestigen; Messer mit e-m Heft versehen.
encadena|do I. adj. Lit. verso m ~ Kettenvers m; II. m △ a) Traggebälk n; b) Widerlager n; 🛠 Abstrebung f; Ankettung f; ~r I. v/t. 1. in Ketten legen, fesseln; anketten; Hund an die Kette legen; 2. fig. an-, ver-ketten; mitea. verknüpfen; 3. fig. hemmen, hindern; 4. ⚓ Hafeneinfahrt mit Ketten sperren; II. v/r. ~se 5. fig. inea.-greifen (Ereignisse).
encaja|dura f 1. ⊕ Einfügung f, Einpassung f; 2. Fassung f e-s Edelsteins; ~r I. v/t. 1. a. ⊕ einfügen, ein-, an-passen; einlassen; einlegen; inea.-fügen; 2. Schlag versetzen, a. Schuß verpassen F; Sp. Tor schießen, Ball einkicken; → a. 5.; 3. Beleidigungen u. ä. an den Kopf werfen; no encajó un chiste er hat da e-n äußerst unangebrachten Witz losgelassen; 4. unwahres Zeug weismachen; Ware, Falschgeld aufhängen, andrehen F; ~ a/c. a otro et. andern et. zuschieben (od. aufbürden); 5. fig. F et. aufnehmen, schlucken F; mit et. (dat.) fertig werden; Sp. Tor einstecken; 6. Hut aufstülpen; II. v/i. 7. inea.-passen, schließen (Schloß); schließen (Tür); 8. passen (a. fig.) (auf ac. en, zu dat. con); fig.übereinstimmen (mit dat. con); fig. s. schicken; III. v/r. ~se 9. s. eindrängen; s. aufdrängen; s. hineinzwängen; 10. s. den Hut aufstülpen.
encaje m 1. Einfügen n; Beilage f e-r Zeitung; 2. ⊕ Falz m, Nut f, Fuge f; Sitz m b. Passungen; Einsatz m, Eingriff m; 3. eingelegte Arbeit f; 4. 🕸 ~s m/pl. Dreiecksfelder n/pl.; 5. tex. (mst. ~s m/pl.) Spitzen f/pl.; ~s de bolillos Klöppelspitzen f/pl.; ~ de la camisa Hemden-spitze f, -krause f, Passe f; 6. ✝ Kassenbestand m; ~ (oro) Goldreserve f; 7. fig. tener capacidad de ~ hart im Nehmen sein; ~ra f Spitzenklöpplerin f.
enca|jetillar v/t. Tabak in Packungen abfüllen; ~jonado m Lehmmauer f; ~jonar I. v/t. 1. in Kisten packen; 2. einengen; 3. Hydr. Fundament in Senkkästen mauern; △ Mauer abstützen; II. v/r. ~se 4. e-e Enge bilden (z. B. Wasserlauf); s. verfangen (Wind).
encala|bozar [1f] v/t. ins Verlies (F ins Loch) stecken; ~brinar I. v/t. 1. benebeln (Wein, Geruch); 2. die Nerven reizen; II. v/r. ~se 3. ~se con s. et. in den Kopf setzen, erpicht sein auf (ac.).
encala|do m Tünchen n, Weißen n; ~dor m 1. Tüncher m; 2. Kalkbot-

encalambrarse — encartonado

tich *m der Gerber*; **~mbrarse** *v/r. Am.* e-n Krampf bekommen; **~r** *v/t.* weißen, tünchen; kalken (*a. Gerber*).

encalma|do *adj.* windstill; *fig.* flau (*Börse, Geschäft*); **~rse** *v/r.* **1.** abflauen (*Wind*); **2.** *s.* überanstrengen (*Tiere, durch Hitze, Arbeit*); *p. ext.* F ermatten, schlappmachen F (wollen).

encalvecer [2d] *v/i.* kahl werden.

encalla|dero *m* ⚓ Sandbank *f*; *fig.* Patsche *f* F; **~dura** ⚓ *f* Stranden *n*; **~r I.** *v/i.* ⚓ stranden; *fig.* stocken (*Geschäft*); wegbleiben (*Motor*); ⊕ *s.* festfressen (*Gewinde*); **II.** *v/r.* **~se** *Kchk.* hart werden *durch Unterbrechung beim Kochen.*

encalle|cer [2d] **I.** *v/i.* schwielig werden; **II.** *v/r.* **~se** *fig.* hart werden; *s.* abhärten; **~cido** *adj.* schwielig; *fig.* abgehärtet; abgestumpft; verkrustet; **~jonar** *v/t. z. B. Stiere* in e-e enge Gasse treiben.

encamarse *v/r.* **1.** *s.* niedertun (*Wild*); F *s.* ins Bett legen (*b. Krankheit*); **2.** *s.* legen (*Getreide*).

encamelar *v/t.* Frauen bezirzen.

encamina|do *adj.* angebahnt; *ir ~ a + inf.* darauf abzielen, zu *+ inf.*; **~r I.** *v/t.* auf den Weg bringen; (hin)leiten, (hin)lenken; einleiten; *Brief, Paket* befördern; *fig. ~ sus energías a* s-e Kraft verwenden auf (*ac.*); **II.** *v/r.* **~se** (*a, hacia*) *s.* aufmachen (nach *dat.*).

encamisar *v/t.* das Hemd anziehen (*dat.*); *Kissen usw.* beziehen; *fig.* verdecken; ⊕ ummanteln.

encampana|do *adj.* glockenförmig; *Méj., P. Ri.* dejar a alg. ~ j-n im Stich lassen; **~rse** *Stk. v/r.* den Kopf herausfordernd heben (*Stier*).

encana|lar, ~lizar [1f] *v/t.* kanalisieren.

encanallarse *v/r.* verlottern, verludern, verkommen.

encanar I. *v/t.* F *Am.* in den Knast stecken F, einbuchten F; **II.** *v/r.* **~se** nicht mehr können vor Weinen *od.* Lachen.

encandila|do *adj.* **1.** leuchtend (*Augen*); **2.** F aufrecht; groß, hoch; **~r I.** *v/t.* **1.** *a. fig.* blenden; F bezaubern, hinters Licht führen; *erotisch* scharf machen F; **2.** Feuer anfachen; **II.** *v/r.* **~se 3.** (auf)leuchten, glühen; glänzen (*Augen*); *se encandiló con el vino* s-e Augen begannen vom Wein zu glänzen.

encanecer [2d] *v/i. u.* **~se** *v/r.* ergrauen, grau werden; *fig.* alt werden; schimmelig werden (*Brot*).

encanija|do *adj.* kränklich; **~rse** *v/r.* kränkeln, verkümmern (*bsd. Kinder*); *Ec., Pe.* vor Kälte erstarren.

encanillar *v/t.* spulen.

encan|tado *adj.* **1.** ver-, be-zaubert; Zauber...; *Folk.* verwunschen; **2.** entzückt; begeistert; ~ (*de conocerle*) es freut mich sehr (, Sie kennenzulernen), sehr angenehm F; ¡~! sehr gerne!, mit Vergnügen!; F ¡~ *de la vida*! das ist prima!; **~tador I.** *adj.-su.* zauberhaft; *m* Zauberer *m*; ~ *de serpientes* Schlangenbeschwörer *m*; **II.** *adj. fig.* bezaubernd, entzückend; **~tamiento** *m* Zauber *m* (*a. fig.*),

Zauberei *f*; Bezauberung *f*, Verzauberung *f*; **~tar** *v/t.* **1.** verzaubern, beschwören; *fig.* bezaubern, entzücken; *me encanta que + subj.* ich freue mich sehr, daß *+ ind.*; **2.** □ betrügen; **~to** *m a. fig.* Zauber *m*; Liebreiz *m*, Charme *m*; Entzücken *n*, Wonne *f*; *como por ~* wie durch Zauber(hand); *se ha roto el ~* der Bann ist gebrochen; *este panorama es un ~* dieser Rundblick ist zauberhaft (*od.* wundervoll); ¡~! Liebling!

encaña|da *f* Engpaß *m*; **~do** *m* Röhrenleitung *f*; Dränage *f*; ↙ Rohrspalier *n*; **~r** *v/t.* **1.** *Wasser* durch Röhren leiten; ↙ entwässern, dränieren; **2.** ↙ *Pfl.* mit e-m Stützrohr versehen; **3.** *tex.* Seide spulen.

encañizado △ *m* Stukkaturmatte *f*.

encañona|do *adj.* durch e-n Engpaß strömend (*Wind u. ä.*); **~r** *v/t.* **1.** in Röhren leiten; **2.** aufs Korn nehmen, zielen (*od.* anlegen) auf (*ac.*); **3.** *Stoff, Papier* fälteln.

encapota|do *adj.* bedeckt (*Himmel*); **~miento** *m fig.* finstere Miene *f*; **~rse** *v/r.* **1.** *s.* bedecken (*Himmel*); *fig.* ein finsteres Gesicht machen; **2.** *s.* den Umhang anziehen.

encapricha|miento *m* Halsstarrigkeit *f*; Laune *f*; **~rse** *v/r. ~ con* (*od. en*) *er.* durchaus (*od.* hartnäckig) wollen, versessen sein auf (*ac.*); F *s.* blindlings verlieben in (*ac.*), e-n Narren gefressen haben an (*dat.*) F.

encapsulado *adj.* eingekapselt, verkapselt.

encapu|chado I. *adj.* vermummt (*z. B. Gangster*); **II.** *m* Kapuzenträger *m b. Prozessionen*; **~llado** *adj.* in der Knospe eingeschlossen; eingesponnen (*Raupe*).

encara|do *adj.: bien ~* hübsch; *mal ~* häßlich; *fig.* ungezogen; **~mar I.** *v/t.* **1.** empor-, hinauf-heben; -stellen; **2.** *fig.* herausstreichen, verhimmeln F; **II.** *v/r.* **~se 3.** (hinauf)klettern (auf *ac.* en, *a*, sobre); *fig.* sehr hoch steigen.

encara|miento *m* **1.** Gg.-überstellung *f*; **2.** Anschlag *m* (*Waffe*); **~r I.** *v/t.* **1.** *Waffe* anlegen (auf j-n *a alg.*); **2.** *ea.* gg.-überstellen; **3.** die Stirn bieten (*dat.*), *et.* meistern; **II.** *v/i. u.* **~se** *v/r.* **4.** *~*(se) *con alg.* **a)** j-m gg.-übertreten; **b)** j-m widerstehen.

encarcela|do *adj.* **1.** eingesperrt, im Gefängnis; **2.** ⚒ eingeklemmt (*Bruch*); **~miento** *m* Einsperren *n*, Einweisung *f* in e-e Haftanstalt; **~r** *v/t.* **1.** ins Gefängnis sperren; **2.** △ einlassen; vermauern.

encare|cedor *adj.* **1.** preissteigernd; **2.** rühmend; **~cer** [2d] **I.** *v/t.* **1.** verteuern; **2.** loben, (an)preisen; *~ a/c. a alg.* j-m *et.* sehr ans Herz legen; j-m et. sehr empfehlen; *~ a alg. que + subj.* j-n inständig bitten, zu *+ inf.*; **II.** *v/i.* **3.** teuer (*od.* teurer) werden; **~cidamente** *adv.* inständig, nachdrücklich, eindringlich; *recomendar ~* wärmstens empfehlen; **~cimiento** *m* **1.** Verteuerung *f*, Preissteigerung *f*; **2.** Anpreisung *f*, Lob *n*; Nachdruck *m*; *con ~* → *encarecidamente.*

encar|gado I. *adj.* beauftragt; **II.** Beauftragte(r) *m*; Sachwalter *m*; Geschäftsführer *m*; Disponent *m*;

~ de curso Lehrbeauftragte(r) *m*; *~ de gasolinera* Tankwart *m*; *Dipl. ~ de negocios* Geschäftsträger *m*; **~gar** [1h] **I.** *v/t. a.* ✝ bestellen; *~ a/c. a alg.* (*a. ~ a alg. de a/c.*) j-m *et.* übertragen; j-n mit *et.* (*dat.*) betrauen; j-m *et.* anvertrauen, j-m *et.* auftragen, j-n mit *et.* (*dat.*) beauftragen; *~ a alg. que + subj.* j-m den Auftrag geben, zu *+ inf.*; *~ a un técnico* e-n Techniker heranziehen; **II.** *v/r.* **~se de et.** übernehmen; *yo me encargo de eso a.* das mache ich schon; **~go** *m* **1.** Auftrag *m*, Bestellung *f* (*a.* ✝); *fig.* F *como* (*hecho*) *de ~* wie auf Bestellung, wie gerufen; tadellos; *de ~* auf Bestellung; *por ~ de* im Auftrag (*od.* auf Veranlassung) von (*dat.*); ✝ *ya se ha dado el ~ a otra casa* der Auftrag ist schon vergeben; *tener ~ de* beauftragt sein von (*dat.*); **2.** F *hacer ~s* Besorgungen erledigen; **3.** bestellte Ware *f*, Sendung *f*.

encariñar I. *v/t.* Zuneigung erwecken bei (*dat.*); **II.** *v/r.* **~se** *con j-n od. et.* liebgewinnen, *s.* mit *et.* (*dat.*) *od.* mit j-m befreunden.

encar|nación *f* **1.** *Rel.* Fleischwerdung *f, a. fig.* Inkarnation *f*; Verkörperung *f*; **2.** *Mal.* Fleischfarbe *f*; **~nado I.** *adj.* **1. a)** rot; **b)** fleischfarben, inkarnat; **2.** *Rel.* fleischgeworden; *fig.* leibhaftig; **3.** eingewachsen (*Nagel*); **II.** *m* **4.** *Mal.* Fleischfarbe *f*, Inkarnat *n*; **~nadura** *f* **1.** ✱ Heilungstendenz *f der Gewebe*; **2.** Eindringen *n* ins Fleisch (*Waffe*); **3.** Sichverbeißen *n* (*Hetzhunde*); **~nar I.** *v/t.* **1.** verkörpern; darstellen; **2.** *Mal.* im Fleischton malen; **3.** *Jgdw.* Jagdhunde "genossen" machen, *vom Fleisch des erlegten Wildes fressen lassen*; **4.** Angelhaken mit e-m Köder versehen; **II.** *v/i.* **5.** *Rel.* Fleisch werden; **6.** heilen (*Wunde*); **7.** *s.* verbeißen (*Hunde*); **III.** *v/r.* **~se 8.** *fig.* mitea. verschmelzen, eins werden; verwachsen; einwachsen (*Fingernagel*); **~necer** [2d] *v/i.* Fleisch ansetzen; **~nizadamente** *adv.* erbittert; **~nizado** *adj.* rot entzündet (*Wunde*); blutunterlaufen (*Augen*); *fig.* erbittert; wild, blutig; **~nizamiento** *m* Erbitterung *f*; Blutgier *f*, Grausamkeit *f*; **~nizar** [1f] **I.** *v/t.* erbittern; wütend machen; *Hetzhunde u. fig.* scharf machen; **II.** *v/r.* **~se** *s.* verbeißen *bzw.* die Beute zerreißen (*Hunde, Raubtiere*); *fig.* wütend werden; *se en* (*od. con*) *alg.* s-e Wut an j-m auslassen.

encaro *m* **1.** aufmerksames Beobachten *n*, (An-)Starren *n*; **2.** Anlegen *n*, Anschlag *m* (*Waffe*); Kolbenwange *f am Gewehr.*

encarpetar *v/t.* Akten einheften, in Mappen legen. [*ne f.*)

encarretadora *tex. f* Spulmaschi-

encarrilar I. *v/t.* ⚙ aufgleisen; *fig.* in die Wege leiten, einfädeln F; in e-e rechte Richtung bringen F; **II.** *v/r.* **~se** *fig.* ins (rechte) Geleise kommen, *s.* einrenken F.

encarrujado *adj.* gekräuselt, geringelt; *Méj.* uneben (*Gelände*).

encarta|do *adj.-su.* in (Untersuchungs-)Haft; *m* Häftling *m*, Untersuchungsgefangene(r) *m*; **~r** I. *v/t.* ✍ j-m den Prozeß machen; **II.** *v/i. Kart.* in die Hand spielen.

encartona|do I. *adj.* kartoniert; **II.**

m Kartonierung *f*; ⁓r *v/t*. kartonieren; einfalzen.
encascotar *v/t*. mit Schutt auffüllen.
encasilla|do *m* Einteilung *f* in Felder; Fächerwerk *n*; ✣ Geflecht *n*; ⁓r **I.** *v/t*. **1.** einreihen, einordnen; in ein Klischee pressen, auf e-e bestimmte Tätigkeit festlegen (*z. B. Schauspieler auf bestimmte Rollen*); *Am.* → escaquear; **2.** regierungsseitig auf die Wahlliste setzen; **II.** *v/r*. ⁓se **3.** ⁓se (en) s. festlegen (für *ac.*), s. anschließen (*dat.*) (*bsd. Pol.*)
encasquetar I. *v/t*. **1.** Hut aufstülpen, tief in die Stirn drücken; **2.** *fig. Schlag* versetzen; *fig.* einreden, einhämmern; **II.** *v/r*. ⁓se **3.** ⁓se *a/c*. (*od.* encasquetárseie *a/c. a alg.*) s. et. in den Kopf setzen.
encasquilla|dor *m Am*. Hufschmied *m*; ⁓r **I.** *v/t*. **1.** ⊕ einbuchsen; **2.** *Am. Pferd* beschlagen; **II.** *v/r*. ⁓**dor 3.** Ladehemmung haben; ⊕ steckenbleiben (*beweglicher Teil*).
encas|tar *v/t. Tiere* (durch Zucht) veredeln; ⁓**tillado** *adj*. **1.** *fig*. verbohrt; **2.** hochmütig; ⁓**tillar I.** *v/i*. die Weiselzelle bauen; **II.** *v/r*. ⁓se s. verschanzen (*a. fig.*); *fig.* ⁓se en s. in et. (*ac.*) verrennen, hartnäckig bestehen auf (*dat.*).
encastrar *v/t*. verzahnen.
encaucha|do *m* Gummileinwand *f*; ⁓r *v/t*. mit Gummi überziehen.
encausar *v/t*. verklagen, gerichtlich belangen.
en|causte, ⁓**causto** *m* **1.** Brandmalerei *f*; **2.** Enkaustik *f*; ⁓**cáustico I.** *adj*. enkaustisch; **II.** *m* Polierwachs *n*; Beize *f*.
encauza|miento *m* Eindeichung *f*; Flußregulierung *f*; ⁓r [1f] *v/t*. **1.** *Fluß* regulieren, eindeichen, eindämmen; **2.** *fig*. in die Wege leiten; *Gespräch, Meinungen* lenken; e-e bestimmte Richtung geben (*dat.*).
encebollado *Kchk. m* Art Zwiebelfleisch *n*.
en|cefálico *Anat. adj*. Gehirn...; ⁓**cefalitis** ✱ *f* Enzephalitis *f*; ⁓**céfalo** *Anat. m* Gehirn *n*; ⁓**cefalografía** ✱ *f* Enzephalographie *f*; ⁓**cefalograma** ✱ *m* Enzephalogramm *n*.
encela|do *adj*. eifersüchtig; *Zo*. brünstig, brunftig; ⁓**jarse** *v/r*. s. mit Schleiertuch überziehen (*Himmel*); ⁓r **I.** *v/t*. eifersüchtig machen; **II.** *v/r*. ⁓se eifersüchtig werden (auf *ac.* de).
enceldar *v/t*. in e-e Zelle einschließen.
encenaga|do *adj*. verschlammt; kotig; *fig*. verkommen; ⁓r [1h] **I.** *v/t. a. fig*. beschmutzen; **II.** *v/r*. ⁓se verschlammen; *fig*. versumpfen, verkommen.
encen|daja(s) *f*(*/pl.*) Reisig *n* zum Feuermachen; ⁓**dedor** *m* Anzünder *m*; Feuerzeug *n*; *Kfz*. Zigarren-, Zigaretten-anzünder *m*; ⁓ de gas Gas-feuerzeug *n*; -anzünder *m*; ⁓ (de faroles) Laternenanzünder *m*; ⁓**der** [2g] **I.** *v/t*. **1.** an-, ent-zünden, in Brand stecken; *Kfz*. zünden; *Feuer, Kerze, Zigarette* anzünden; *Licht, Beleuchtung* anmachen, andrehen; *Ofen* (ein)heizen; **2.** *fig*. anfachen, ent-flammen, -fachen; erhitzen; **II.** *v/r*. ⁓se **3.** s. entzünden, zünden;

aufflammen; ⁓se en ira zornig werden; **4.** *fig*. erröten (vor *dat.* de); ⁓**dido I.** *adj*. **1.** *fig*. brennend, stark gerötet, hochrot; **2.** hitzig; **II.** *m* **3.** *a. Kfz*. Zündung *f*; ⁓ defectuoso (*retardado*) Fehl- (Spät-)zündung *f*; ⁓ de magneto (*transistorizado*) Magnet-(Transistor-)zündung *f*; avanzar el ⁓ den Zündzeitpunkt vorverlegen; **4.** ⊕ Anheizen *n* e-s Kessels.
encenizar [1f] *v/t*. mit Asche bedecken.
encentrar ⊕ *v/t*. zentrieren.
ence|par I. *v/t*. **1.** *Gewehr* schäften; **2.** *hist*. in den Block spannen (*Strafe*); **II.** *v/i*. ⚘ tiefe Wurzeln treiben; ⁓**pe** ⚘ *m* Ver-, An-wurzeln *n*.
encera|do I. *adj*. **1.** wachsfarben; **II.** *m* **2.** Wand-, Schul-tafel *f*; *Arch*. Wachstafel *f*; **3.** Wachstuch *n*; ⚓ Persenning *f*; **4.** Wachspapier *n*; **5.** ✱ Wachspflaster *n*; **6.** (Ein-) Wachsen *m*; Bohnern *n*; ⁓**dor** *m* Bohnerbesen *m*; ⁓**dora** *f* Bohnermaschine *f*; ⁓**miento** *m* Wachsen *n*; Bohnern *n*; ⁓r *v/t*. (ein)wachsen; bohnern; *Stiefel* wichsen.
ence|rrada *f Am*. Einschließen *n*; ⁓**rradero** *m* Pferch *m*; Stierzwinger *m*; ⁓**rramiento** *m* encierro; ⁓**rrar** [1k] **I.** *v/t*. **1.** einschließen, einsperren; **2.** *fig*. ein-, um-schließen, in s. fassen (*Schach u. fig.*); **II.** *v/r*. ⁓se **4.** ⁓se (en un convento*) s. ins Kloster zurückziehen; ⁓**rrona** F *f* **1.** hacer la ⁓ s. für einige Zeit zurückziehen *v. gesellschaftlichen Verkehr*; **2.** privater Stierkampf *m*; **3.** *fig*. Zwickmühle *f*, Zwangslage *f*; **4.** Sitzen *n* (*Gefängnis*); **5.** Hinterhalt *m*, Falle *f*.
encespedar *v/t*. mit Rasen bedecken *od*. einsäen.
encestar *v/t*. in e-n Korb tun; *Sp*. mit *dem Ball* in den Korb treffen.
encetar *v/t. Brot usw*. an-schneiden, -brechen.
encía *f, mst*. ⁓s *f/pl*. Zahnfleisch *n*.
encíclica *f* Enzyklika *f*.
enciclo|pedia *f* Enzyklopädie *f*; Konversationslexikon *n*; ⁓ práctica Sachwörterbuch *n*; Bildungsbuch *n*; *fig*. F ser una ⁓ (viviente *od*. andante) ein wandelndes Lexikon sein; ⁓**pédico** *adj*. enzyklopädisch, umfassend; ⁓**pedismo** *m* Lehre *f* der französischen Enzyklopädisten; ⁓**pedista** c **1.** Enzyklopädist *m*; **2.** Verfasser *m* e-r Enzyklopädie
encierro *m* **1.** Einschließen *n*, Einsperren *n*; *Stk*. Eintreiben *n* der Stiere; **2.** Haft *f*, Einschließung *f*; *Span. a*. (freiwillige) Einschließung *f* als Protestkundgebung; **3.** Zurückgezogenheit *f*; Klausur *f*; **4.** *fig*. abgelegener Ort *m*; Weltabgeschiedenheit *f*; **5.** *Jgdw*. Bau *m* (*Raubzeug, Kaninchen*).
encima I. *adv*. oben; darauf; oben-drein; **⁓** *de adv*. von oben; *adj. inv*. obere; lo ⁓ *adv*. der ober(st)e Teil; *por* ⁓ darüber; hinüber; *fig*. obenhin, oberflächlich; *dar* (*Chi. de* ⁓) darüber hinaus *od*. zusätzlich *od*. dazu geben; *echarse* ⁓ *a/c. et*. auf s. nehmen, et. übernehmen; *la noche se echó (od. se vino)* ⁓ die Nacht brach herein; *estar* ⁓ **a**) oben(auf) sein; **b**) in Sicht sein, bevorstehen; ganz nahe sein (*Ge-*

encartonar — **encolar**

fahr usw.); **c**) s. (selbst) um alles kümmern; *llevar* ⁓ bei s. haben; *ponerse* ⁓ s. *et*. überziehen, *et*. anziehen; *los enemigos nos vinieron* (*od. se nos echaron*) ⁓ die Feinde kamen über uns (*od*. überraschten uns); *cj*. ⁓ (de) que llega tarde, viene regañando erst (*od. da*) kommt er zu spät u. dann schimpft er auch noch; **II.** *prp*. ⁓ de auf; über; *por* ⁓ de la casa über das (*bzw*. dem) Haus; *por* ⁓ de él gg. s-n Willen, ihm zum Trotz; *por* ⁓ de todo a) auf jeden Fall, unbedingt; **b**) vor allem, in erster Linie; echarse ⁓ de alg. s. auf j-n stürzen; s. über j-n werfen; estar *por* ⁓ de j-m überlegen sein; über *et*. (*dat.*) stehen; está por ⁓ de nuestras posibilidades das geht über unsere Möglichkeiten.
encimar *v/t*. obenauf stellen (*od*. legen); überea.-stellen; *Kart*. den Einsatz erhöhen um (*ac.*); *Col., Chi., Pe*. zusätzlich geben.
encime *m Span. Reg*. Zugabe *f*.
enci|na ⚘ *f* Steineiche *f*; ⁓**nal,** ⁓**nar** *m* Steineichen-wald *m*, -bestand *m*.
encinta *adj. f*: estar (quedar) ⁓ schwanger sein (werden).
encinta|do *m* Bordschwelle *f*; ⁓r *v/t. a.* ⊕ bebändern; Randsteine setzen an (*ac.*).
enci|smar, ⁓**zañar** *v/t*. entzweien, Zwietracht stiften zwischen (*dat.*).
enclaustrar *v/t*. in ein Kloster stecken; *fig*. verbergen, verstecken.
enclava|do *adj*. eingeschlossen, eingefügt; ⁓**dura** *Zim. f* Zapfennut *f*; ⁓**miento** *m* ⊕ Verriegelung *f*; Sperrung *f*; *Chir*. (Knochen-)Nagelung *f*; ⁓r *v/t*. **1.** *a.* ⊕ vernageln; verriegeln, sperren; einfügen; **2.** durchbohren; **3.** *fig*. F hinters Licht führen, hintergehen.
enclave *m* Enklave *f*.
enclavijar *v/t*. **1.** ⊕ einstöpseln; in-ea.-stecken; zs.-, ver-klammern; **2.** ♪ mit Wirbeln versehen.
enclenque *adj*. *c* schwächlich, kränklich.
enclítico *Gram. adj*. enklitisch.
enclo|car [1o *u*. 1g], ⁓**quecer** [2d] *v/i. u*. ⁓se *v/r*. glucken.
encobar *v/i*. brüten.
encobrar *v/t*. verknüpfen. [gern.⌉
encocorar(se) F *v/t*. (*v/r*.) (s.) är-⌋
encofra|do *m* Verschalen *n*; ⁓r ⊕ *v/t*. ein-, ver-schalen (*a.* ⚒).
enco|ger [2c] **I.** *v/t*. **1.** *Glied* an-, ein-ziehen; zurückziehen; ⁓ los hombros → **3.** zs.-ziehen, verkürzen; **3.** *fig*. einschüchtern; **II.** *v/i. u*. ⁓se *v/r*. **4.** einlaufen (*Stoff*); **III.** *v/r*. **5.** (zs.-)schrumpfen; s. zs.-ziehen; kriechen (*Beton*); ⁓se de (*od*. ⁓ los) hombros die Achseln zucken; se me encoge el corazón das Herz schnürt s. mir zs.; **6.** *fig*. schüchtern (*od*. kleinlaut) werden; ⁓**gido** *adj*. scheu, verlegen; gehemmt; linkisch; ⁓**gimiento** *m* Einlaufen *n* (e-s Stoffes); *fig*. Schüchternheit *f*, Befangenheit *f*; Ängstlichkeit *f*.
encojar F *v/i. u*. ⁓se *v/r*. krank werden *bzw*. s. krank stellen.
encola|do *m* **1.** Leimung *f*; Aufkleben *n*; **2.** Abklären *n* von Wein; ⁓**dura** *Mal. f* Leimen *n b. Tempera*; ⁓r **I.** *v/t*. **1.** (ver)leimen; (an)kleben;

encolerizado — enderezar 260

Mal. aufleimen; **2.** *Wein* klären; **3.** *Gewebe* schlichten; **II.** *v/r.* ~se **4.** an e-e schwer zugängliche Stelle geraten (*geworfener Gg.-stand*).
encoleriza|do *adj.* zornig, wütend; ~**r** [1f] **I.** *v/t.* erzürnen; **II.** *v/r.* ~se in Zorn geraten, aufbrausen.
encomen|dar [1k] **I.** *v/t.* **1.** ~ a/c. a *alg.* j-n mit et. (*dat.*) beauftragen; j-m et. übertragen; j-m et. anvertrauen; ~ *en manos de alg.* in j-s Hände legen (*od.* geben); **2.** ~ *j-n* empfehlen (j-m a *alg.*); **3.** *Ritterorden u. hist.* **a)** zum Komtur machen; **b)** mit dem Komturkreuz auszeichnen; **c)** als Kommende übergeben; *vgl.* encomienda 4; **II.** *v/r.* ~se **4.** ~se a *alg.* s. j-m anvertrauen; s. j-s Schutz empfehlen; *fig.* sin ~se ni a Dios ni al diablo ohne Überlegung; **5.** *me encomiendo* ich empfehle mich (*Abschied*); ~**dero** *hist. m* Kommendeninhaber *m.*
encomi|ador *adj.-su.* Lobredner *m*; ~**ar** [1b] *v/t.* loben, preisen, rühmen; ~**ástico,** ~**ativo** *adj.* Lob(es)...; lobrednerisch.
encomienda *f* **1.** Auftrag *m*; **2.** Empfehlung *f*; **3.** Schutz *m*; **4.** Kommende *f*; *hist. Am.* Siedlung *f* höriger Indianer; **5.** *Ritterorden:* **a)** Komturei *f*; Komturwürde *f*; **b)** Komturkreuz *n*; **6.** *Am.* ~ (*postal*) Postpaket *n.*
encomio *lit. m* Lob *n*, Lobeserhebung *f.*
enco|nado *adj. fig.* erbittert; verbissen; ~**namiento** *m* Vereiterung *f* e-r *Wunde*; *fig.* → encono; ~**nar I.** *v/t.* **1.** Zorn reizen; *Feindschaft* schüren; **2.** *Gewissen durch e-e böse Tat* belasten; **3.** *Wunde* infizieren; **II.** *v/r.* ~se **4.** s. erzürnen; ~se con (*od. contra*) *alg.* gg. j-n aufgebracht sein; **5.** eitern, s. entzünden (*Wunde*); ~**no** *m* Groll *m*, Erbitterung *f*; Verbissenheit *f*; ~**noso** *adj.* schwärend (*Wunde*); *fig.* nachtragend.
encon|tradamente *adv.* entgg.gesetzt; ~**tradizo:** *hacerse el* ~ *con alg.* so tun, als begegne man j-m zufällig; ~**trado** *adj.* entgg.-gesetzt; gg.-teilig; ~**trar** [1m] **I.** *v/t.* **1.** finden (*ac.*); treffen (*ac.*), begegnen (*dat.*); auf *Hindernisse, Schwierigkeiten* (*ac.*) stoßen; *imposible de* ~ unauffindbar; *no le encuentro ningún sabor* ich finde, das hat überhaupt k-n Geschmack; **II.** *v/i. u.* ~se *v/r.* **2.** zs.-stoßen, aufea.stoßen; **III.** *v/r.* ~se **3.** s. treffen; ea. begegnen, zs.-treffen; ~se (con) *j-n* (zufällig) treffen; *et.* finden; **4.** sein, s. befinden (*a. gesundheitlich*); ~se *con* (*od. ante*) *un hecho* vor e-r Tatsache stehen; ~**trón** *m* unerwartete Begegnung *f*; ~**tronazo** *m a. fig.* Zs.-stoß *m*; Aufprall *m.*
encoñar P **I.** *v/t.* **1.** Mann scharf machen F, aufgeilen P; **2.** auf die Palme bringen F; **II.** *v/r.* ~se **3.** s. verknallen (in *ac.* de) (*Mann*); *abs.* s. mit Weibern einlassen F.
encopeta|do *adj.* eingebildet, stolz; hochgestochen; ~**r** **I.** *v/t.* erheben; **II.** *v/r.* ~se stolz werden, s. aufblähen.
encorajinarse *v/r.* in Wut geraten, hitzig werden.
encor|char *v/t.* Flaschen zukorken; *Schwarm* in den Bienenstock tun;

~**dar** [1m] **I.** *v/t.* **1.** ♪ *Instrument* besaiten; **2.** umschnüren, zs.-schnüren; **II.** *v/i.* **3.** *Reg.* für e-n Toten läuten; ~**donar** *v/t.* mit Schnüren besetzen *bzw.* versehen.
encor|nar [1m] *v/t.* **1.** auf die Hörner nehmen und verletzen; **2.** F *j-m* Hörner aufsetzen F; ~**setar I.** *v/t. j-m* ein Korsett anlegen; **II.** *v/r.* ~se s. (ein)schnüren; ~**tinar** *v/t.* mit Vorhängen versehen; zuhängen.
encorva|do *adj.* gekrümmt; (durch)gebogen; mit abgebeugtem Rücken (*Mensch*); ~**dura** *f* Krümmen *n*, Biegen *n*; (Ver-)Krümmung *f*; ~**r** **I.** *v/t.* krümmen, biegen; (nieder)beugen; verkrümmen; **II.** *v/r.* ~se s. krümmen, s. biegen; e-n Buckel machen (*Pferd*).
encrespa|do *adj.* kraus *bzw.* gesträubt (*Haar*); schäumend (*Wellen*); ~**r I.** *v/t.* **1.** kräuseln; **II.** *v/r.* ~**se 2.** s. kräuseln; s. sträuben (*Haar*); sein Gefieder sträuben (*Vogel*); **3.** schäumen (*Meer*); anschwellen (*Wogen*); *fig.* aufbrausen, wütend werden; **4.** schwierig werden.
encrip|tación *f EDV* Verschlüsselung *f*; ~**tar** *v/t. EDV* verschlüsseln.
encristalar *v/t.* Tür, *Fenster* verglasen.
encrucijada *f* **1.** Kreuzung *f*; *fig.* Scheideweg *m*; **2.** Hinterhalt *m*, Falle *f.*
encrudecer [2d] **I.** *v/t.* roh machen; *fig.* erbittern, reizen; **II.** *v/r.* ~se s. entzünden (*Wunde*); *fig.* wütend werden; erbittert werden.
encuaderna|ción *f* **1.** (Ein-)Binden *n*; (Ein-)Band *m*; ~ *en cartón* Pappband *m*; ~ *en cuero*, ~ *de piel* (Ganz-) Lederband *m*; ~ *de lujo* (*de media pasta*) Pracht-, Luxus- (Halbleder-) band *m*; **2.** Buchbinderei *f*; ~**dor** **1.** Buchbinder *m*; **2.** Heftklammer *f*; Musterklammer *f*; ~**dora** *f* Buchbindemaschine *f*; ~**r** *v/t.* Bücher (ein)binden (in *ac.* en).
encua|drar *v/t.* (ein-, um-)rahmen (*a. fig.*); einpassen; ~**dre** *m* Bildausschnitt *m* (*Film, Photo*).
encubar *v/t.* in (*od.* auf) Fässer füllen.
encu|bierta *f* Hehlerei *f*; ~**bierto** *adj.* verdeckt, verblümt; ~**bridor** *adj.-su.* hehlerisch; *m* Hehler *m*; Begünstiger *m*; ~**brimiento** *m* 🏛 Hehlerei *f*; Begünstigung *f*; ~**brir** [*part. encubierto*] *v/t.* verhehlen, verheimlichen; verdecken; 🏛 hehlen; begünstigen, decken.
encuentro *m* **1.** *a. fig.* Begegnung *f*; Treffen *n*, Zs.-kunft *f* (*a. Pol.*); *ir* (*od. salir*) *al* ~ *de alg.* **a)** j-m entgegengehen; j-n abholen; **b)** s. j-m entgg.-stellen; **2.** ⚔ Treffen *n*, Gefecht *n*; **3.** *Sp.* Begegnung *f*, Spiel *n*; **4.** Zs.-stoß *m*; *fig.* Uneinigkeit *f*, Streit *m*; **5.** Widerstand *m*, Widerspruch *m*; **6.** *Billard:* Abprallen *n*; **7.** *Anat.* Achselhöhle *f*; Flügelansatz *m b. Vögeln*; **8.** △ Winkel *m* von zs.-treffendem Gebälk; **9.** *Typ.* ~s *m/pl.* Aussparungen *f/pl.*
encuerado F *adj. Méj.* nackt.
encuesta *f* Nachforschung *f*, Untersuchung *f*; Umfrage *f*; ~ *demoscópica*

Meinungsumfrage *f*; ~ *por muestreo* (*od. sondeo*) Repräsentativbefragung *f*; ~**dor** *m* Meinungsbefrager *m*; ~**r** *v/t.* befragen; zu *et.* (*dat.*) e-e Umfrage durchführen.
encumbra|do *adj.* hochgestellt; hervorragend; ~**miento** *m* **1.** Emporheben *n*; **2.** Bodenerhebung *f*; **3.** *fig.* Aufstieg *m*; **4.** Lobeserhebung *f*; ~**r I.** *v/t.* **1.** erhöhen, erheben; **2.** *fig.* loben, rühmen; **II.** *vt/i.* **3.** *Berg* ersteigen, auf den Gipfel steigen; **III.** *v/r.* ~se **4.** hochragen, emporragen; *fig.* aufsteigen, emporkommen.
encurti|dos *Kchk. m/pl.* Essiggemüse *n*, Mixed Pickles *pl.*; ~**r** *v/t.* in Essig einlegen.
encharca|da *f* Lache *f*, Stehwasser *n*; ~**do** *adj.* sumpfig; ~**r** [1g] **I.** *v/t.* in e-n Sumpf verwandeln; **II.** *v/r.* ~se versumpfen.
enchi|lada *Kchk. f Méj.* mit Fleisch, Zwiebeln u. Chili-Sauce gefüllte *tortilla*; ~**loso** *adj. Méj.* scharf, pikant.
enchi|querar *v/t.* Stiere einzeln einsperren; F → **ronar** P *v/t.* einlochen F, einbuchten F.
enchuecar [1g] *v/t. Méj.* (ver)drehen, (ver)biegen.
enchu|fado F *m* Pöstcheninhaber *m*; Drückeberger *m*; ~**far I.** *v/t.* **1.** *Röhren* inea.-stecken; *Schlauch u.* ⊕ anschließen; verbinden; **2.** *fig.* F *j-m* ein Pöstchen verschaffen; **II.** *v/r.* ~se **3.** F durch *Beziehungen* zu e-r Anstellung (*od.* zu Vorteilen) kommen; ~**fe** *m* **1.** ⊕ Muffe *f*; ⚡ Steckdose *f*; ⚡ ~ (*macho*) Stecker *m*; *Rf.* ~ *de la antena* Antennen-buchse *f bzw.* -stecker *m*; ~ *para cables* Kabelmuffe *f*; **2.** *fig.* F gute Beziehung(en) *f*(*/pl.*); → **fillo** F *m* Pöstchen *n*; ~**fismo** F *m* Vetternwirtschaft *f*; (Ausnutzung *f* von) Beziehungen *f/pl.*; ~**fista** F *adj.-su. c* durch Beziehungen zu s-r Anstellung gekommen; *m* Pöstchenjäger *m.*
ende *lit. adv.: por* ~ daher, deshalb.
ende|ble *adj. c* schwächlich, kraftlos; *a. fig.* schwach; ~**blez** *f* Kraftlosigkeit *f*; *a. fig.* Schwäche *f*; ~**blucho** F *adj.* schwächlich, mickerig F.
en|década *f* Zeitraum *m* von elf Jahren; ~**decasílabo** *adj.-su.* elfsilbig; *m* Elfsilb(n)er *m* (*Vers*).
endecha *f* **1.** Klagelied *n*; **2.** Endecha *f* (*Strophe aus vier Sechs- od. Siebensilbern*); ~**r** *v/t.* Klagelieder singen auf (*ac.*), beklagen.
endehesar *v/t. Vieh* auf die Weide bringen.
en|demia 🏥 *f* Endemie *f*; ~**démico** *adj.* endemisch.
endemonia|damente F *adv.* greulich, fürchterlich F; ~**do I.** *adj.* **1.** besessen; **2.** teuflisch; **3.** F verflixt F, verteufelt F; **II.** *m* **4.** Besessene(r) *m*; **5.** Teufel *m* (*fig.*).
endenante P *adv. Am.* vor kurzem.
endenta|do ⊘ *adj.* gezahnt; ~**r** [1k] ⊕ *v/t.* verzahnen.
endereza|do *adj.* zweckmäßig, günstig; ~**r** [1f] **I.** *v/t.* **1.** *a.* ⊕ aufrichten; gerade-richten; -biegen, -machen; ausrichten; *Flugzeug* abfangen; **2.** in Ordnung bringen; berichtigen; **3.** züchtigen, strafen; **4.** ~ *a* (*od. hacia*) lenken (*od.* richten) auf (*ac.*); *s-e Schritte* lenken

nach (dat.); **II.** v/r. ~se **5.** s. aufrichten.
endeuda|do adj. verschuldet; ~**rse** v/r. Schulden machen.
endiabla|do adj. **1.** teuflisch; **2.** F verteufelt, verflixt F, verdammt F; gräßlich; ~**r I.** v/t. F verführen; verderben; **II.** v/r. ~se wütend werden.
endibia ⚘ f Chicorée m, f.
endilgar [1h] F v/t. **1.** in die Wege leiten, einfädeln; **2.** Lügen auftischen; ~ a/c. a alg. **a)** j-m et. aufhängen (od. aufhalsen) F; **b)** j-m et. verpassen F; **3.** schnell machen, hinhauen F.
endino F adj. (abgründig) schlecht.
endiñar P v/t. aufhängen F, aufhalsen F; Schlag verpassen F.
endiosa|do adj. stolz, hochmütig; ~**miento** m a. fig. Vergötterung f; fig. Verzückung f; iron. Gottähnlichkeit f; Hochmut m; ~**r I.** v/t. **1.** a. fig. vergöttern; **II.** v/r. ~se **2.** in Verzückung geraten; **3.** s. über alles erhaben fühlen.
endo|cardio Anat. m Endokard n, Herzinnenhaut f; ~**carditis** ⚕ f Endokarditis f; ~**crino** Anat. adj. endokrin; ~**crinología** f Endokrinologie f; ~**crinólogo** m Endokrinologe m; ~**doncia** ⚕ f Endodontie f; ~**gamia** Biol. f Endogamie f.
endógeno 🕮 adj. endogen.
endominga|do adj. sonntäglich herausgeputzt, im Sonntagsstaat; ~**rse** [1h] v/r. bsd. iron. s. sonntäglich herausstaffieren.
endo|sable † adj. c indossierbar, durch Indossament übertragbar; ~**sante** † c Indossant m, Girant m; ~ m anterior Vormann m; ~**sar** v/t. **1.** † indossieren, girieren (Wechsel, Scheck); **2.** F ~ a/c. a alg. j-m et. aufhängen (od. aufhalsen) F; ~**satario** † m Indossatar m, Giratar m.
endosco|pia ⚕ f Endoskopie f; ~**pio** ⚕ m Endoskop n.
endose m → endoso.
endósmosis Phys. f Endosmose f.
endoso † m Indossament n, Indosso n, Giro n, Übertragungsvermerk m.
endo|spermo Biol. m Endosperm n; ~**telio** Biol. m Endothel(ium) n; ~**venoso** ⚕ adj. intravenös.
endriago Myth. m Drache m.
endri|na ⚘ f Schlehe f; ~**no I.** adj. schwarzblau; **II.** m ⚘ Schlehdorn m.
endrogarse [1h] v/r. Am. → drogarse. [süßen.⟩
endulzar [1f] v/t. süßen; fig. ver-⟨
endure|cer [2d] **I.** v/t. **1.** a. ⊕ härten; verhärten (a. fig.); **2.** abhärten (gg. ac. a); **II.** v/r. ~se **3.** a. fig. hart werden; **4.** s. abhärten (durch ac. con, por); ~**cimiento** m **1.** ⊕ Härtung f; **2.** a. fig. Verhärtung f, Verstocktheit f; **3.** Abhärtung f.
ene f N n (Name des Buchstabens); ~ pesetas -zig Peseten; F ~ de palo Galgen m. [n) m.⟩
enea ⚘ f Kolbenschilf n; Bast(rohr⟨
eneágono ⚘ adj.-su. neuneckig; m Neuneck n.
ene|brina f Wacholderbeere f; ~**bro** ⚘ m Wacholder m.
eneldo ⚘ m Dill m.
enema ⚕ f Einlauf m; ~ de contraste (od. opaca) Kontrasteinlauf m.
enemi|ga f **1.** Feindschaft f, Haß m;

ganarse la ~ de alg. s. j-s Feindschaft zuziehen; **2.** Feindin f; ~**go I.** adj. feindlich, Feindes...; tierra f ~a Feindesland n; **II.** m Feind m; Gegner m; el ~ (malo) der böse Feind, der Teufel; ~ del Estado Staatsfeind m; soy ~ de cualquier cambio ich bin gg. jeden Wechsel; ~**stad** f Feindschaft f; ganarse la ~ de alg. s. j-s Feindschaft zuziehen; ~**star I.** v/t. verfeinden; **II.** v/r. ~se con alg. s. mit j-m verfeinden (od. überwerfen.)
éneo poet. adj. ehern.
ener|gética f Energetik f; ~**gético** adj.-su. energetisch; Energie...; m Energetiker m; ~s m/pl. a. Energiequellen f/pl.; -träger m/pl.; ~**gía** f ~ Phys. Energie f, Kraft f; fig. Tatkraft f; Strenge f; adv. con ~ tatkräftig; nachdrücklich; sin ~ kraftlos; ohne Nachdruck; ~ absorbida Leistungsaufnahme f; ~ atómica, ~ nuclear Atom-, Kern-energie f, -kraft f; ~ primaria (solar) Primär- (Sonnen-, Solar-)energie f; consumo m de ~ Energieverbrauch m; falta f de ~ Kraftlosigkeit f, Schwäche f.
enérgico adj. energisch, tatkräftig; nachdrücklich; kräftig (Mittel).
energúmeno m Rasende(r) m, Besessene(r) m (a. fig.).
enero m Januar m, östr. Jänner m.
enerva|ción f, ~**miento** m Entkräftung f, Schwächung f; ~**r** v/t. entnerven, schwächen, entkräften (a. fig.); fig. auf die Nerven gehen (dat.). [zum x-ten Mal.⟩
enésimo adj. ♈ n-ter; F por ~o vez⟨
enfa|dadizo adj. reizbar; schnell beleidigt; ~**dar I.** v/t. ärgern; **II.** v/r. ~se s. ärgern, zornig werden (über j-n con, contra alg.); estar ~ado (con alg.) (j-m od. auf j-n bzw. mit j-m) böse sein; ~se por poco s. über jede Kleinigkeit ärgern; ~**do** m Ärger m, Verdruß m; Mühe f, Plackerei f; ~**doso** adj. ärgerlich; lästig.
enfangar [1h] **I.** v/t. a. fig. beschmutzen; **II.** v/r. ~se fig. sittlich verkommen.
enfar|dadora f Packmaschine f; ~**d(el)ar** v/t. zu Ballen zs.-packen; Waren (od. in)packen.
énfasis m Emphase f; Eindringlichkeit f; adv. con ~ eindringlich.
enfático adj. emphatisch; nachdrücklich, eindringlich.
enfatizar [1f] v/t. nachdrücklich betonen (od. aussprechen); besonderen Nachdruck legen auf (ac.).
enfer|mar I. v/t. krank machen; schwächen; **II.** v/i. erkranken, krank werden (durch ac. con); ~ del hígado s. ein Leberleiden zuziehen, an der Leber erkranken; ~**medad** f Krankheit f, Leiden n; Erkrankung f; por ~ krankheitshalber; ~ de las alturas Berg-, Höhen-krankheit f; ~ azul Blausucht f; ~ mental (profesional) Geistes- (Berufs-)krankheit f; ~ orgánica Organerkrankung f; organisches Leiden n; ~ tropical Tropenkrankheit f; ~**mera** f Krankenschwester f, -pflegerin f; ~ diplomada, ~ titulada geprüfte (od. examinierte) Krankenschwester f; ~ jefe (de noche) Ober- (Nacht-)schwester f; ~ jefe de planta Stationsschwester f; ~**mería** f Kranken-zimmer n, -station f; Stk. Unfallstation f; ⚔

Revier n; ~**mero** m Kranken-pfleger m, -wärter m; ~**mizo** adj. kränklich, schwächlich; a. fig. krankhaft; ~**mo I.** adj. (estar) krank (sein) (fig. vor dat. de); ~ del hígado leberkrank; ~ de muerte tod-, sterbens-krank; caer (od. ponerse) ~ krank werden, erkranken (an dat. de); **II.** m Kranke(r) m; Patient m; ~**moso** adj. Am. Reg., ~**mucho** F adj. → enfermizo.
enfervorizar [1f] v/t. begeistern, erwärmen. [wicht bringen.⟩
enfielar v/t. Waage ins Gleichge-⟨
enfiestarse v/r. Am. Reg. s. vergnügen, s. amüsieren.
enfilar I. v/t. **1.** anea.-, auf-reihen; einfädeln; in e-e Flucht bringen; **2.** visieren, anpeilen; ⚔ (der Länge nach) bestreichen; **II.** v/i. **3.** Kfz. fahren (nach dat. hacia); **III.** v/r. ~se **4.** s. einreihen; Vkw. s. einordnen.
enfisema ⚕ m Emphysem n.
enfi|teusis ✝ f etwa: Erbpacht f; hist. Emphyteuse f; ~**teuta** c etwa: Erbpächter m; ~**téutico** adj. Erb(pacht)...; censo m ~ etwa: Erb(pacht)zins m; contrato m ~ etwa: Erbpachtvertrag m.
enflaque|cer [2d] **I.** v/t. schwächen; **II.** v/i. abmagern; fig. erschlaffen; mutlos werden; ~**cimiento** m Entkräftung f, Schwäche f.
enflauta|da f Dummheit f, Unsinn m; ~**do** F adj. geschwollen (fig.); ~**r** v/t. **1.** F aufblasen; **2.** täuschen, anführen; **3.** verkuppeln; **4.** Col. j-m et. aufhalsen F, andrehen F.
enfo|cado Phot. m Einstellung f; ~**cador** Opt., Phot. adj.-su. m Sucher m; lente f ~a od. ~ m Einstelllinse f; ~**car** [1g] v/t. **1.** Opt., Phot. einstellen; **2.** fig. (richtig an)fassen; Sache, Problem untersuchen, beleuchten.
enfollonar P **I.** v/t. in e-e (unangenehme) Sache verwickeln (od. hineinziehen); **II.** v/r. ~se: ~se en a/c. in et. (ac.) hineingezogen werden.
enfoque Opt. u. fig. m Einstellung f; fig. (Frage-, Problem-)Stellung f; Opt. ~ nítido Scharfeinstellung f.
enfrailar v/t. zum Mönch machen; v/i. Mönch werden.
enfrascar [1g] **I.** v/t. in Flaschen (od. in e-e Flasche) füllen; **II.** v/r. fig. ~se en s. versenken (od. vertiefen) in (ac.); ~se en la política ganz in der Politik aufgehen.
enfrenar v/t. Equ. (auf)zäumen; a. fig. zügeln; ⊕ verlangsamen.
enfren|tado adj. verfeindet, gegnerisch; ~**tamiento** m Zs.-stoß m (bsd. fig.); ~**tar I.** v/t. (ea.) gg.-überstellen; **II.** v/i. ~se con a/c. a alg. j-m gg.-übertreten; j-m die Stirn bieten; ~**te** adv. gg.-über; prp. ~ de gg.-über (dat.).
enfria|dera f Kühl-gefäß n, -krug m; ~**dero** m Kühlraum m; ⊕ Kühlgerät n; ~**dor** m ⊕ Kühler m (Kfz.: radiador); Kühl-box f, -truhe f; ~**miento** m **1.** a. fig. Abkühlung f; Kühlung f; Kaltwerden n; **2.** Erkältung f; ~**r** [1c] **I.** v/t. **1.** a. fig. (ab)kühlen; a. ⊕ ~ bruscamente abschrecken; **2.** fig. F kaltmachen F, killen F; **II.** v/r. ~se **3.** a. fig. (s.) abkühlen, erkalten; a. ⊕, Kchk. kalt werden; kühler werden (Wetter).
enfundar I. v/t. in e-e (Schutz-)Hül-

enfurecer — enjoyelado

le (*od.* e-n Überzug *od.* ein Futteral) stecken; **II.** *v/r.* ~se (en su traje) (in s-n Anzug) schlüpfen.
enfure|cer [2d] **I.** *v/t.* wütend machen; **II.** *v/r.* ~se wütend werden (über *ac.*, wegen *gen. por*; auf *ac. con, contra*); toben (*a. Meer usw.*); ~**cido** *adj.* wütend; tobend; ~**cimiento** *m* Wut *f*; Toben *n*, Rasen *n*.
enfurruña|do F *adj.* mürrisch; bockig; ~**miento** F *m* Murren *n*; miese Laune *f* F; ~**rse** F *v/r.* böse werden, bocken (*bsd. Kinder*); trüb werden (*Himmel*).
engaitar F *v/t.* überlisten; einwickeln F, beschwatzen.
engalana|do ⚓ *m* Flaggengala *f*; ~**r I.** *v/t.* schmücken, putzen; verzieren; **II.** *v/r.* ~se s. herausputzen, s. schönmachen F.
engalla|do *adj.* stolz; ~**dor** Equ. *m* Gebißriemen *m*; ~**rse** *v/r.* Equ. u. *fig.* den Kopf hochtragen; *fig.* s. in die Brust werfen.
engan|chador *m* ⚒ Werber *m*; ⚓ Heuerbaas *m*; ~**char I.** *v/t.* **1.** ein-, an-haken, anhängen; ⊕ an-, verkoppeln; 🐎 koppeln; ⚒ aufprotzen; *Zugtier* einspannen; **2.** ⚒ mittels *Handgeld* anwerben; **3.** *Stk.* auf die Hörner nehmen; **4.** F be-, überreden, bequatschen F; F *j-n* einfangen, (s.) *j-n* kapern F; P *Span. j-n* drogenabhängig machen; **II.** *v/r.* ~se **5.** s. festhaken, hängenbleiben; **6.** ⚒ s. anwerben lassen; ~**che** *m* **1.** Festhaken *n*; ⊕ (Haken-)Kupplung *f*; Koppel *f* e-r *Orgel*; **3.** ⚒ Anwerbung *f*; ⚓ Anheuerung *f*; ~**chón** *m* (Riß *m*) Hängenbleiben *n*.
engaña|bobos *m* (*pl. inv.*) **1.** Bauernfänger *m*, Betrüger *m*; *juegos m/pl.* de ~ Bauernfängerei *f*; **2.** *Vo.* Ziegenmelker *m*; ~**dizo** *adj.* leicht zu betrügen(d); ~**dor** *adj.-su.* täuschend; betrügerisch; *m* → ~**mundo(s)** *m* Betrüger *m*; Hochstapler *m*; ~**pastores** *Vo. m* (*pl. inv.*) Ziegenmelker *m*; ~**r I.** *v/t.* betrügen; täuschen; beschummeln F, hereinlegen; ~ el hambre nur e-n Happen essen; *las apariencias engañan od. la vista engaña* der Schein trügt; **II.** *v/r.* ~se s. irren, s. täuschen (in *dat.* en); s. et. vormachen; *si no me engaño* wenn ich (mich) nicht irre.
enga|ñifa F *f* Betrug *m*, Hinterhältigkeit *f*; ~**ño** *m* Betrug *m*; Täuschung *f*; Irrtum *m*; F *es* ~ *das ist erlogen, das ist nicht wahr*; *llamarse a* ~ s. betrogen fühlen; s. auf Betrug (*od.* Irrtum) berufen; ~**ñoso** *adj.* (be)trügerisch, täuschend; erlogen.
engarabitar *v/i. u.* ~se *v/r.* klettern, steigen; *fig.* F s. krümmen; klamm werden (*Finger*).
engar|ce *m* Aufreihen *n* v. *Perlen*; Fassung *f* v. *Steinen; a. fig.* Verkettung *f*; ~**zar** [1f] *v/t.* **1.** aufreihen; *Edelsteine* fassen (in *ac.* de); *a. fig.* verketten; **2.** Haare kräuseln.
engas|tador *m* Schmuckarbeiter *m*; ~**tar** *v/t. Edelstein* fassen; ⊕ zwei *Teile* einpassen *od.* einfassen; ~**te** *m* **1.** Fassung *f* v. *Schmuck*; **2.** Flachperle *f*.
engata|do *adj.* diebisch (veranlagt); ~**r** F *v/i.* → *engatusar*.
engatillar *v/t.* ⊕ bördeln; einklinken; *Zim.* verklammern.

engatusa|dor *adj.-su.* Schmeichler *m*; ~**r** F *v/t.* umschmeicheln, einwickeln F, einseifen F; *Mann* bezirzen F.
engavillar ⚒ *v/t.* in Garben binden.
engen|dramiento *m* Zeugung *f*; ~**drar** *v/t.* **1.** zeugen; **2.** erzeugen; hervorbringen, bewirken; verursachen; ~**dro** *m* Mißgeburt *f* (*a. fig.*), *fig.* Ausgeburt *f der Phantasie*, Hirngespinst *n*; Machwerk *n*; *koll. desp.* Brut *f*; *fig.* mal ~ Taugenichts *m*, Früchtchen *n*.
englobar *v/t.* einbegreifen; umfassen; zs.-fassen.
engolado *adj.* mit Halskrause *f*; *fig.* hochtrabend, schwülstig.
engolfar I. *v/i.* ⚓ auf hohe See gehen; **II.** *v/r. fig.* ~se en s. vertiefen in (*ac.*), s. versenken in (*ac.*).
engolillado *adj.* steif, altfränkisch.
engolondrinarse *v/r.* **1.** vornehm tun; **2.** s. verlieben.
engolosinar I. *v/t.* (ver)locken; *j-m* den Mund wässerig machen; **II.** *v/r.* ~se con Geschmack finden an (*dat.*); erpicht sein auf (*ac.*).
engoma|do I. *adj.* **1.** gummiert, Klebe...; **2.** *fig. Chi.* geckenhaft; **II.** *m* **3.** → ~**dura** *f* Gummierung *f*; ~**r** *v/t.* gummieren.
engor|da *f Chi., Méj.* **1.** Mast *f*; **2.** Mastvieh *n*; ~**dar I.** *v/t.* mästen; **II.** *v/i.* dick werden; ~**de** *m* Mast *f*; de ~ Mast... (*a.* ⚒, ⚒).
engorro *m* Hemmung *f*; Belästigung *f*; Schwierigkeit *f*; ~**so** *adj.* umständlich; lästig; mühselig, mühsam.
engrana|je *m* ⊕ *u. fig.* Getriebe *n*, Räderwerk *n*; Verzahnung *f*; *fig.* Inea.-greifen *n*, Zs.-hang *m*; ~ *recto* Stirnradgetriebe *n*; ~**r** *v/i.* ⊕ eingreifen; *a. fig.* inea.-greifen.
engran|dar *v/t.* vergrößern; ~**decer** [2d] **I.** *v/t.* vergrößern; *fig.* erhöhen; verherrlichen, preisen; übertreiben; **II.** *v/r.* ~se aufsteigen (*fig.*); ~**decimiento** *m* Vergrößerung *f*; *fig.* Lobeserhebung *f*; Rangerhöhung *f*, Aufstieg *m*.
engrapar *v/t.* mit Klammern befestigen; ⊕ verklammern.
engra|sado *m* → *engrase* 1; ~**sador** ⊕ *m* **1.** Fett-, Schmier-büchse *f*; Öler *m*; Schmiergerät *n*; **2.** Schmiernippel *m*; ~**sar** *v/t.* **1.** beschmieren; **2.** ⊕ einfetten, ölen, schmieren; *Auto* abschmieren; **3.** ⚒ düngen; ~**se** *m* **1.** Schmierung *f*; *Auto*: abschmieren *n*; ~ *por circulación* Umlaufschmierung *f*; fosa *f* (*od.* foso *od.* pozo *m*) de ~ Abschmiergrube *f*; **2.** Schmiermittel *n*; Öl *n*, Fett *n*.
engre|ído *adj.* dünkelhaft, eingebildet; F *¡es más ~! der gibt (vielleicht) an!* F; ~**imiento** *m* Einbildung *f*, Dünkel *m*; ~**ír** [3l] **I.** *v/t.* eingebildet machen; *Pe.* verhätscheln; **II.** *v/r.* ~se s. in die Brust werfen; s. rühmen (*gen.* de), prahlen (mit *dat.* con); *Pe.* ~se con alg. *j-n* liebgewinnen.
engrescar [1g] *v/t.* auf-, ver-hetzen, (gg.-ea.) aufstacheln.
engri|fada ⌀ *adj. f* stilisiert (*Adler*); ~**fado** ⌀ *adj.* rauschgiftsüchtig; high F; ~**far I.** *v/t.* sträuben; **II.** *v/r.* ~se Equ. s. bäumen; ~**llar** *v/t.* Fußschellen anlegen (*dat.*).

engringarse [1h] *v/r. Am.* die Lebensweise der Ausländer, *bsd. der US-Amerikaner*, annehmen.
engrosar [1m] **I.** *v/t.* dick machen; verdicken; vermehren, vergrößern; *fig.* übertreiben; **II.** *v/i.* dick(er) werden; zunehmen; wachsen.
engru|dar *v/t.* kleistern; ~**do** *m* Kleister *m*.
enguantarse *v/r.* die Handschuhe anziehen; ~**ado** behandschuht.
enguatar *v/t.* (aus)wattieren.
enguayabado F *adj. Col.* verkatert.
enguedejado *adj.* (lang)strähnig (*Haar*); mit langen Haaren, langhaarig.
enguijarrar *v/t.* (be)schottern.
enguirnaldar *v/t.* mit Girlanden behängen.
engullir [3a *u.* 3h] *vt/i.* (ver)schlingen, (ver)schlucken; *desp.* fressen P; *fig.* schlucken.
enharinar *v/t.* mit Mehl bestäuben.
enhebillar *v/t.* zu-, fest-schnallen.
enhebrar *v/t.* einfädeln; auffädeln.
enhestar [1k] *v/t.* auf-, empor-richten.
enhiesto *adj.* gerade (aufgerichtet), steil (aufragend).
enhora|buena *f* Glückwunsch *m*; *¡~!* **a)** ich gratuliere!, m-n Glückwunsch!; **b)** von mir aus!, meinetwegen!; *dar la ~ a alg. j-n* beglückwünschen, *j-m* gratulieren; *estar de* ~ Glück haben, s. gratulieren können; *¡sea ~!* viel Glück!; ~**mala** *int. ¡~!* zum Teufel!
enhor|nar *v/t.* in den Ofen schieben; ~**quetar** *Cu., Méj., P.Ri., Rpl.* **I.** *v/t. Kinder* auf den Rücken tragen; **II.** *v/r.* ~se en *la bicicleta* s. aufs Rad schwingen.
enig|ma *m* Rätsel *n* (*a. fig.*); ~**mático** *adj.* rätselhaft, geheimnisvoll.
enjabona|do *m*, ~**dura** *f* Einseifen *n*; Abseifen *n*; ~**r** *v/t.* **1.** einseifen; abseifen; *fig.* F **a)** Honig ums Maul schmieren (*dat.*) F, schmeicheln (*dat.*); **b)** den Kopf waschen (*dat.*), zs.-stauchen F.
enjaeza|do P *adj.* hochelegant; ~**r** [1f] *v/t. Pferd* anschirren; *Am.* satteln.
enjalbega|do *m* Tünchen *n*; ~**dor** *m* Tüncher *m*; ~**dura** *f* Weißen *n*, Tünchen *n*; ~**r** [1h] *v/t.* weißen, tünchen.
enjalma *f* leichter Saumsattel *m*; ~**r** *v/t.* Packtier satteln.
enjam|bradera *f* Weiselzelle *f*; ~**brar I.** *v/i.* schwärmen (*Bienen*); *fig.* wimmeln; **II.** *v/t.* Bienenschwarm einfangen; (in Menge(n)) hervorbringen; ~**brazón** *f* Schwärmen *n der Bienen*; ~**bre** *m* (Bienen-)Schwarm *m*; *fig.* große Menge *f*; Schwarm *m*.
enja|rciar [1b] ⚓ *v/t.* auftakeln; ~**retado I.** *adj.*: *dejar* ~ *fertig(gemacht) haben*; **II.** *m* ⚓ Gräting *f*; ~**retar** *v/t.* **1.** Band durchziehen; **2.** *fig.* F eilig (fertig)machen, zs.-hudeln F; *Rede* herunterleiern; F *j-m* et. aufhalsen F.
enjaular *v/t.* in e-n Käfig sperren; F einsperren (*Gefängnis*), einbuchten F.
enjo|yar *v/t.* mit Juwelen besetzen (*bzw.* schmücken); *fig.* verschönern; ~**yelado** *adj.*: *oro m* ~

Schmuckgold n; ~yelador m Goldschmied m.
enjua|gadientes m (pl. inv.) Mundwasser n; fig. Schluck m; ~**gar** [1h] I. v/t. (ab-, aus-)spülen; (kurz) durchwaschen; II. v/r. ~se s. den Mund spülen; ~**gatorio** m Mundwasser n; ~**gue** m 1. Spülen n; Mundspülung f; ⊕ Spülung f; 2. bsd. Méj. Mundwasser n; 3. fig. Intrigen f/pl., dunkle Machenschaften f/pl.
enjuga|dero m 1. Trockenplatz m; 2. → ~**dor** m Trocken-gestell n, -ständer m; ⚓ Abtropfschale f; ~**manos** m (pl. inv.) Am. Handtuch n; ~**r** [1h] I. v/t. 1. (ab)trocknen; ab-, auf-wischen; 2. fig. Schuld löschen od. streichen; II. v/r. ~se 3. s. (ab)trocknen.
enjuicia|ble ⚖ adj. c gerichtlich verfolgbar; ~**miento** m 1. Beurteilung f; 2. ⚖ Einleitung f des Gerichtsverfahrens; Prozeß m; ley f de ~ civil (criminal) Zivil- (Straf-)prozeßordnung f; ~**r** [1b] v/t. 1. beurteilen, ein Urteil fällen über (ac.); fig. kritisieren; 2. ⚖ a) das Verfahren eröffnen über (ac.); ein Verfahren anhängig machen gg. (ac.); b) das Urteil fällen über (ac.).
enjun|dia f 1. tierisches Fett n; 2. fig. Gehalt m, Kraft f; Substanz f; de ~ bedeutend; substanzreich; ~**dioso** adj. 1. fettreich; 2. fig. markig, kernig; substanzreich.
enjunque ⚓ m Ballast m.
enju|tar v/t. 1. △ Kalk abtrocknen lassen; 2. Arg., Chi. trocknen; ~**to** I. adj. 1. trocken, dürr; ~ (de carnes) dürr, hager; adv. a pie ~ trockenen Fußes; II. ~s m/pl. 2. (pikante) Happen m/pl. zum Getränk; 3. dürres Reisig n.
enla|biar [1b] v/t. beschwatzen, betören; ~**bio** m Beschwatzen n.
enlace m 1. Verbindung f, Verflechtung f, Verknüpfung f; Zs.-hang m; IT Link m; lit. ~ (matrimonial) Hochzeit f; ~ radiofónico Funksprechverbindung f; ⚔ oficial m de ~ Verbindungsoffizier m; 2. Vkw., ⚙ Anschluß (-linie f, -bahn f) m; ⚓ Anschluß m; 🚃 a. Kurswagen m; ~ aéreo Flugverbindung f; "~s ferroviarios" Bahn f, Verbindungsbahn f; ~ telefónico Telefon-verbindung f, -anschluß m; 3. ⚓ Bindung f; 4. ⚔ u. allg. Verbindungsmann m; ⚔ Melder m; ⚔ ~ motorista Kradmelder m.
enlaciar [1b] I. v/t. welk machen; II. v/r. ~se welken (z. B. Gemüse).
enladrilla|do m Backsteinpflaster n; ~**dor** m Fliesenleger m; ~**dura** f Fliesenboden m; ~**r** v/t. mit Backsteinen pflastern; mit Fliesen belegen.
enlaguna|da f Col. Alkoholismus m mit Gedächtnislücken; ~**r** v/t. überschwemmen.
enlardar Kchk. v/t. spicken.
enlata|dos m/pl. Am. (Lebensmittel-)Konserven f/pl.; ~**r** [1h] 1. in Büchsen füllen; 2. Am. Reg. mit Latten decken.
enlaza|dura f, ~**miento** m Verknüpfung f; ~**r** [1f] I. v/t. 1. festbinden, verschnüren, (ver)knüpfen; verbinden; anknüpfen (an ac. con); ⚓, Tel., Vkw. anschließen; 2. Am. mit dem Lasso (ein)fangen; II. v/i.
3. s. anschließen (an ac. con); 🚃 Anschluß haben (an ac. con); III. v/r. ~se 4. s. vermählen; in verwandtschaftliche Beziehungen treten.
enlegajar v/t. Akten bündeln.
enligarse [1h] v/r. auf dem Leim gehen (Vogel).
enlistonado △ m Sims(werk) n, Leiste f.
enloda|r, ~zar [1f] v/t. a. fig. beschmutzen; △ mit Lehm bewerfen; ⚔ Sprengloch verstopfen.
enloque|cer [2d] I. v/t. der Vernunft berauben; fig. betören; II. v/i. u. ~se v/r. den Verstand verlieren, verrückt werden; fig. aus dem Häuschen geraten; ~**cimiento** m Verrücktheit f; Wahnsinn m.
enlosa|do m Fliesenboden m; ~ de piedra Pflasterboden m; ~**dor** m Platten-, Fliesen-leger m; ~**r** vt/i. (mit) Fliesen (be)legen.
enluci|do m (Gips-)Verputz m, Bewurf m; ~**dor** m Gipser m; ~**r** [3f] v/t. verputzen.
enluta|do adj. in Trauer(kleidung); mit Trauerrand (Papier); ~**r** I. v/t. verdüstern; betrüben; II. v/r. ~se Trauer anlegen.
enllantar v/t. mit Felgen versehen; Col., Ec. Reifen aufziehen.
enma|derar v/t. mit Holz verkleiden; Wand täfeln; ~**drarse** v/r. immer am Rockzipfel der Mutter hängen (Kind).
enma|llarse v/r. in den Maschen hängenbleiben (Fisch); ~**lle** m Fischfang m mit dem Stellnetz.
enmaraña|do adj. wirr, verworren; ~**miento** m Verwirrung f, Verwicklung f; ~**r** I. v/t. verwirren (a. fig.), verwickeln; Angelegenheit verfahren; II. v/r. ~se s. verwirren.
enmararse ⚓ v/r. in See stechen.
enmarcar [1g] v/t. um-, einrahmen, umranden.
enmascara|do m Maske f (Person); Typ. Maskenverfahren n (Repro); ~**miento** m Verkleidung f; a. ⚔ Tarnung f; ~**r** v/t. verkleiden, a. Repro maskieren; ⚔ u. fig. tarnen.
enmela|do m Honiggebäck n; ~**r** [1k] I. v/t. mit Honig bestreichen; fig. versüßen; II. v/i. Honig erzeugen (Bienen).
enmenda|ble adj. c verbesserungsfähig; ~**r** [1k] I. v/t. (ver)bessern; Fehler beseitigen, ausmerzen; Schaden gutmachen; ⚖ Urteil berichtigen; ⚓ Kurs berichtigen; fig. ~ la plana (a alg.) (j-n) kritisieren, (alles) besser machen wollen (als nom.); II. v/r. ~se s. (moralisch) bessern.
enmienda f (Ver-)Besserung f; Entschädigung f; ⚖ Berichtigung f; Parl. Abänderung(santrag m) f; Zusatzantrag m; ⚒ mst. ~s f/pl. (bsd. Mineral-)Dünger m; no tener ~ unverbesserlich sein.
enmohe|cer [2d] I. v/t. a. fig. rostig (bzw. schimmelig) machen; II. v/r. ~se (ver)schimmeln; (ein-, ver-) rosten, schwammig werden (Holz); ~**cimiento** m (Ver-)Rosten n; (Ver-)Schimmeln n.
enmoqueta|dor m Teppichboden-

enjoyelador — enredar

verleger m; ~**r** v/t. mit Teppichboden auslegen.
enmude|cer [2d] v/i. schweigen; verstummen; ~**cimiento** m Verstummen n; Schweigen n.
ennegre|cer [2d] I. v/t. (an-, ein-) schwärzen; Pfeife anrauchen; II. v/r. ~se schwarz werden; fig. s. verfinstern; ~**cimiento** m Schwärzen n; Schwarzwerden n.
ennoble|cer [2d] v/t. 1. veredeln, erhöhen; e-n vornehmen Anstrich verleihen (dat.); 2. adeln (a. fig.); ~**cimiento** m 1. Veredlung f; 2. Adeln n.
eno|jadizo adj. reizbar, jähzornig; ~**jar** I. v/t. ärgern, kränken; Kummer machen (dat.); II. v/r. ~se Span. lit., Am. allg. s. ärgern (über et. ac. de a/c.); ~**se** con (od. contra) alg. auf j-n böse sein; ~**jo** m Ärger m, Kummer m; Unmut m; ~**jón** adj. Chi., Méj. → enojadizo; ~**joso** adj. ärgerlich; unangenehm, lästig.
eno|logía f Weinkunde f; ~**lógico** adj. weinkundlich.
enólogo m Wein-kenner m, -fachmann m.
enorgulle|cer [2d] I. v/t. stolz machen; II. v/r. ~se stolz werden (auf ac. de); ~**cimiento** m Stolz (-werden n) m.
enor|me adj. c ungeheuer, enorm; abscheulich, ungeheuerlich; ~**memente** adv. enorm, ungeheuer; ~**midad** f Übermaß n; Ungeheuerlichkeit f; fig. Ungereimtheit f; F riesig viel F; me costó una ~ a. es hat mich gewaltige Arbeit (bzw. ein Heidengeld) gekostet F.
enotecnia f (Lehre f von der) Weinbereitung f.
enquiciar [1b] v/t. Tür usw. einhängen; fig. Angelegenheit in Ordnung bringen, einrenken F.
enquista|do ♐ u. fig. adj. ein-, abgekapselt; ~**rse** v/r. fig. s. ab-, ein-kapseln; ♐ e-e Zyste bilden.
enrabiar [1b] I. v/t. wütend machen; II. v/r. ~se wütend werden.
enraizar [1f] v/i. Wurzel(n) schlagen (a. fig.).
enrama|da f Laubdach n; Laubhütte f; ~**do** ⚓ m Spanten f/pl., Schiffsrippen f/pl.; ~**r** I. v/t. 1. mit Zweigen umranken; 2. ⚓ ~ un buque die Spanten e-s Schiffes zs.-bauen; II. v/i. u. ~**se** v/r. 3. Zweige bekommen; s. belauben. (den.}
enramblar v/t. Tuch trocknen lassen.)
enranciarse [1b] v/r. ranzig werden.}
enrare|cer [2d] I. v/t. Gase verdünnen; fig. selten machen; verknappen; fig. Klima usw. verschlechtern, vergiften; II. v/r. ~se dünn werden; fig. selten (er) werden, knapp werden; fig. ~**ido** getrübt, gespannt (Beziehungen); verdünnt (bzw. von schlechter, verunreinigt (Luft); ~**cimiento** m Verdünnung f; fig. Verknappung f; Pol. Verschlechterung f der Beziehungen.
enrasar v/t. Zim., ⊕ ab-, aus-gleichen; Zim. bündig machen.
enreda|dera ♀ f Schling-, Kletterpflanze f; ~**dor** I. adj. ränkevoll; 2. unruhig, zu Unfug aufgelegt (Kinder); II m 3. Ränkeschmied m, Intrigant m; Quertreiber m; ~**r** I. v/t. 1. a. fig. verwickeln; verstricken; durchea.-bringen; um-

enredijo — enseres

garnen; 2. verhetzen, entzweien; 3. *Jgdw.* Netze legen; mit Netzen fangen; **II.** *v/i.* 4. Unfug treiben; 5. hetzen; **III.** *v/r.* ~se 6. s. verfangen (in *dat.*), hängen bleiben (in, an *dat.* en, con, a); s. verwickeln, s. verheddern; s. verstricken (in *ac.* en); *no te enredes en eso* laß die Finger von dieser Sache; 7. F in wilder Ehe leben; ein Verhältnis eingehen (mit *dat.* con).
enre|dijo F *m* → enredo; ~**dista** *adj.-su. c Am.* → enredador; ~**do** *m* 1. wirrer Knäuel *m*, Wirrwarr *m*; 2. Verwicklung *f*, Verwirrung *f*; Intrige *f*; *Lit.* Schürzung *f* des Knotens; 3. Liebeshandel *m*, Techtelmechtel *n* F; 4. ~s *m/pl.* Kram *m*, Zeug *n*, Sachen *f/pl.*; ~**doso** *adj.* verwickelt, verworren; heikel; *Chi., Méj.* → enredador.
enreja|do *m* 1. Gitter(werk) *n*; Gitterladen *m*; (Draht-, Rohr-)Geflecht *n*; 2. ⊕ Rost *m*; ⚓ Gräting *f*; 3. Netzarbeit *f*, Filet *n*; 4. □ Gefangene(r) *m*; ~**r I.** *v/t.* 1. vergittern; einzäunen; (ver)flechten; 2. kreuzweise überea.-schichten (*bzw.* stapeln); 3. □ einbuchten F; **II.** *vt/i.* 4. *Méj.* flicken, stopfen.
enrevesado *adj.* 1. verworren, verwickelt; unleserlich; 2. ausgelassen, mutwillig; störrisch, widerspenstig.
enriar [1c] *v/t.* Hanf, Flachs rösten.
Enrique *npr. m* Heinrich *m*.
enrique|cer [2d] **I.** *v/t.* bereichern; reich machen; ⚲ anreichern (mit *dat.* con, de); *fig.* verschönern; auszeichnen; **II.** *v/i.* u. ~se *v/r.* reich werden; ~**cido** *adj.-su.* reich geworden; *m* Neureiche(r) *m*; ~**cimiento** *m a.* ⚙ Bereicherung *f*; ⚲ Anreicherung *f* (mit *dat.* con).
enrisca|do *adj.* felsig; steil; ~**r** [1g] **I.** *v/t. fig.* erheben, erhöhen; **II.** *v/r.* ~se in (*od.* auf) die Felsen flüchten (*Wild*).
enristrar *v/t.* 1. Lanze einlegen: 2. *fig.* auf *ein Ziel* losgehen; mit e-r *Schwierigkeit* schließlich fertig werden; 3. *Zwiebel usw.* zu Schnüren zs.-binden.
enrizar [1f] *v/t.* kräuseln.
enrocar [1g] **I.** *vt/i.* ~ (*el rey*) rochieren (*Schach*); **II.** *v/r.* ~se s. am Fels verhängen (*Angelschnur*).
enrodar [1m] *ehm. v/t.* rädern.
enro|jar *v/t.* rotglühend machen; *Ofen* einheizen; ~**jecer** [2d] **I.** *v/t.* röten; rot färben; rotglühend machen; **II.** *v/r.* ~se erröten; rot werden; ~**jecimiento** *m* Erröten *n*; Rotwerden *n*; Rötung *f*, Röte *f*.
enrolar ⚓ **I.** *v/t.* erfassen, mustern; **II.** *v/r.* ~se s. anwerben lassen.
enrollar I. *v/t.* 1. (ein-, auf-)rollen; zs.-rollen; (ein-, be-)wickeln; 2. F verwirren, durchea.-bringen; 3. F irre gefallen F (*dat.*); *esa música me enrolla a.* ich steh' auf diese Musik F; **II.** *v/r.* ~se F 4. wie ein Wasserfall reden; *se enrolla como las persianas* er tötet einem den Nerv (mit s-m Geschwätz) F.
enronquecer [2d] **I.** *v/t.* heiser machen; **II.** *v/i.* u. ~se *v/r.* heiser werden.
enroque *m Schach*: Rochade *f*.
enroscar [1g] **I.** *v/t.* spiralförmig zs.-rollen; *Gewinde* ein-, festschrauben; **II.** *v/r.* ~se s. zs.-rollen, s. winden (um et. *ac.* en *algo*).
enrostrar *v/t. Am.* ~ *a/c. a alg.* j-m et. vorwerfen (*fig.*).
enru|biar [1b] **I.** *v/t.* blond färben; **II.** *v/r.* ~se blond werden; ~**bio** *m* Blondfärbemittel *n*; ~**decer** [2d] **I.** *v/t.* vergröbern; **II.** *v/r.* ~se verrohen; verwildern.
ensabanar *v/t.* mit Laken verhüllen; △ gipsen.
ensacar [1g] *v/t.* in Säcke füllen.
ensaimada *Kchk. f* spiralförmig gerolltes Hefe(blätterteig)gebäck *n* (*Mallorca*).
ensala|da *f* 1. *Kchk.* Salat *m*; ~ *de lechuga* Kopfsalat *m*; ~ *rusa* italienischer Salat *m*; en ~ kalt (*od.* als Salat) serviert; 2. *fig.* Mischmasch *m*, Salat *m* F; *fig.* hacer una ~ ein heilloses Durchea. anrichten; e-n schrecklichen Salat machen F (aus *dat.* de); 3. *Lit.* Mischgedicht *n*; 4. *Cu.* Erfrischungsgetränk *n* mit Ananas u. Zitrone; ~**dera** *f* 1. Salatschüssel *f*; 2. *fig.* F *Sp.* Davis-Cup *m*; ~**dilla** *f* 1. Gemisch *n*; *Kchk.* a) Kartoffelsalat *m* mit Mayonnaise u. versch. Ingredienzien; b) gemischtes Konfekt *n*; 2. bunter Edelsteinschmuck *m*; 3. *Cu., Ven.* Spottverse *m/pl.*
ensalivar *v/t.* einspeicheln; (ab-)lecken.
ensal|mador *m* Knocheneinrenker *m*; Gesundbeter *m*; ~**mar** *vt/i.* (Knochen) einrenken; (Kranke) gesundbeten; ~**mo** *m* Besprechen *n* e-r *Krankheit*; Beschwörung(sformel) *f*; (como) por ~ wie durch Zauber; *desaparecer como por* ~ wie weggezaubert sein.
ensalza|miento *m* (Lobes-)Erhebung *f*; Verherrlichung *f*; ~**r** [1f] *v/t.* preisen, rühmen; verherrlichen.
ensam|bladura ⊕ *f* Verbindung *f*, Verfugung *f*; *Zim.* ~ *de espiga* Zapfenverband *m*; ~ *a diente* Verzahnung *f*; ~**blaje** *m* Zs.-bau *m*, Montage *f*; ~**blar** *v/t.* Werkstücke, *bsd. aus Holz* zs.-fügen, verzapfen; verbinden; zs.-bauen, montieren; ~**ble** *m* Verbindung *f*.
ensan|chador *m* (Hand-)Schuhausweiter *m*; ⊕ Rohraufweiter *m*; ~**char I.** *v/t.* 1. erweitern; weiter machen, ausweiten; ausdehnen; vergrößern; *fig. se le ensanchó el corazón* das Herz wurde ihm weit; **II.** *v/r.* ~se 2. weiter werden; s. (aus)dehnen; *fig.* F s. breitmachen F (= viel Platz einnehmen); 3. s. bitten lassen; 4. s. groß dünken; ~**che** *m* 1. Erweiterung *f*; Ausweitung *f*; *a. fig.* Ausbau *m*, Ausdehnung *f*; Einschlag *m* zum Auslassen an Kleidung; 2. Stadtrand *m*, Außenbezirk *m*; Randsiedlung *f*; 3. Erweiterungsbau *m*; Stadterweiterung *f*.
ensangrentar *v/t.* mit Blut beflecken; ~**ado** blut-überströmt; -befleckt; **II.** *v/r.* ~se wütend werden; ~**se con(tra)** *alg.* grausam vorgehen gg. j-n.
ensaña|miento *m* Erbitterung *f*, verbissene Wut *f*; ~**r I.** *v/t.* erbittern; **II.** *v/r.* ~se en (*od.* con) *alg.* s-e Wut an j-m auslassen.
ensartar *v/t.* 1. *Perlen usw.* auf e-e Schnur (auf)reihen; *a. fig.* anea.-reihen; *fig.* ~ *avemarías* ein Ave nach dem anderen herunter-beten *od.* -leiern F; 2. an-, auf-spießen; *Nadel* einfädeln.
ensa|yador *m* Münzprüfer *m*; ~**yar I.** *v/t.* 1. versuchen; (aus)probieren; *Thea. usw.* proben, üben (*a. abs.*); *están* ~*ando* sie sind bei der Probe (*Thea.*, ♪); 2. Metall, Münzen prüfen; ⊕ erproben, versuchen, testen; 3. ~ *a/c. a alg.* j-m et. beibringen, j-n et. lehren; **II.** *v/r.* ~se 4. s. (ein-)üben; ~**ye** *m* Metallprobe *f*; ~**yista** *c* Essayist *m*; ~**yo** *m* 1. Versuch *m*; *a. Thea.* Probe *f*; Erprobung *f*; Test *m*; Versuch *m*, Experiment *n*; *Kfz.* ~ *de choques* Crash-Test *m*; ~ *general* Generalprobe *f*; ~ *en gran escala* Großversuch *m*; *caballete m* (*od. banco m od. puesto m*) *de* ~ Prüfstand *m*; *campo m de* ~*s* Versuchsfeld *m*; *a modo* (*od. a título od. por vía*) *de* ~ probeweise; 2. Metall-, Münz-probe *f*; 3. *Lit.* Essay *m*.
ensebar *v/t.* mit Talg einschmieren.
enseguida *adv.* sofort.
ensena|da *f* Bucht *f*; *Rpl.* eingefriedete Koppel *f*; ~**rse** ⚓ *v/r.* in e-e Bucht einfahren.
enseña *f* Fahne *f*, Feldzeichen *n*; Landesfarben *f/pl.*; ~**ble** *adj. c* lehrbar; ~**do** *adj.*: bien (mal) ~ gut (schlecht) erzogen; ~**miento** *m* Unterweisung *f*; ~**nza** *f* 1. Unterricht *m*; Unterrichtswesen *n*; Bildungswesen *n*; Bildung *f*; ~ *de adultos* Erwachsenen(fort)bildung *f*; ~ *básica* Grund- und Hauptschulwesen *n*; ~ *por correspondencia*, ~ *a distancia* Fernunterricht *m*; ~ *elemental* (*especial*) Grund- (Sonder-)schulwesen *n*; ~ *individual* Einzelunterricht *m*; ~ *media* Sekundarschulwesen *n*; ~ *obligatoria* Schulzwang *m*; ~ *pre-escolar* Vorschulwesen *n*; ~ *primaria od. primera* ~ Volksschulwesen *n*; ~ (*de formación*) *profesional* Berufs-, Fachschulwesen *n*; ~ *radiofónica* Rundfunkunterricht *m*; ~ *religiosa* Religionsunterricht *m*; ~ *secundaria od. segunda* ~ Sekundarschulwesen *n*; ~ *superior* Hochschulwesen *n*; ~ *técnica* Fachschul-wesen *n*; -unterricht *m*; ~ *por televisión* TV-Studienprogramm *n*; *centro m de* ~ Schule *f*; *inspector m de* ~ Schul-rat *m*, -inspektor *m*; *instituto m de* ~ *media* staatliches Gymnasium *n*; 2. (belehrendes) Beispiel *n*; Lehre *f*; *le servirá de* ~ das wird ihm e-e Lehre sein.
enseñar I. *v/t.* 1. ~ *a/c. a alg.* j-m et. zeigen; j-n et. lehren, j-n in et. (*dat.*) unterrichten, j-m et. beibringen; ~ *a escribir a j-n* schreiben lehren; *la vida os enseñará* das Leben wird es euch (noch) lehren; 2. vor-zeigen, -führen; *enseña los dedos* (*por los zapatos*) die Zehen gucken ihm (aus den Schuhen) heraus; **II.** *v/i.* 3. Unterricht geben, unterrichten; ~ *con el ejemplo* mit gutem Beispiel vorangehen; **III.** *v/r.* ~se 4. ~se en s. üben in (*dat.*); s. gewöhnen an (*ac.*).
enseñorearse *v/r.*: ~ *de a/c.* s. e-r Sache bemächtigen.
enseres *m/pl.* Gerätschaften *f/pl.*, Sachen *f/pl.*, Gerät *n*; Einrichtung(sgg.-stände *m/pl.*) *f*; ~ *de casa*,

~ *domésticos* Hausgerät *n*; ~ *de labor* Ackergerät *n*, landwirtschaftliches Gerät *n*; ~ *de pesca* Fischereigerät *n*; Angelzeug *n*.
enseriarse [1b] *v/r. Am. Reg.* ernst werden.
ensiforme *adj.* c schwertförmig.
ensila|je *m* Einsilieren *n*; ~r *v/t.* (ein)silieren.
ensilla|da *f* (Gebirgs-)Sattel *m*; ~**do** *adj.* *Equ.* satteltief; *fig.* mit hohlem Kreuz (*Person*); ~**dura** *f* Satteln *n*; *Anat.* natürliche Krümmung *f* der Lendenwirbelsäule; ~r *v/t. Equ.* satteln; *Méj.* belästigen.
ensimisma|do *adj.* gedankenverloren; nachdenklich; geistesabwesend; ~**miento** *m* Insichversunkensein *n*, Nachdenklichkeit *f*; Grübelei *f*; ~**rse** *v/r.* s-n Gedanken nachhängen, grübeln; *Col., Chi., Ec.* eingebildet sein.
ensoberbecer [2d] **I.** *v/t.* stolz machen; **II.** *v/r.* ~se hochmütig werden; toben (*Meer*); hochgehen (*Wogen*).
ensogar [1h] *v/t.* anseilen, festbinden; *Flasche u. ä.* mit e-m Geflecht überziehen.
ensombrecer [2d] **I.** *v/t. a. fig.* überschatten, verdüstern; **II.** *v/r.* ~se melancholisch werden.
ensoñador *adj.-su.* träumerisch; *m* Träumer *m*, Schwärmer *m*.
ensopar *v/t. Brot usw.* ein-tauchen, -tunken; *Arg., Hond., P. Ri., Ven.* durchnässen.
ensorde|cedor *adj.* (ohren)betäubend; ~**cer** [2d] **I.** *v/t.* betäuben, taub machen; dämpfen; *Li.* stimmlos machen; **II.** *v/i.* (*a.* ~se *v/r.*) taub werden, ertauben; *Li.* stimmlos werden.
ensortijar I. *v/t.* kräuseln, ringeln; *Tier* mit e-m Nasenring versehen; **II.** *v/r.* ~se s. kräuseln; *cabello m* ~**ado** Ringellocken *f/pl.*; Kraushaar *n*.
ensuciar [1b] **I.** *v/t. a. fig.* beschmutzen, beflecken, besudeln; *fig.* schänden; P ~*la* die Sache versauen P; **II.** *v/r.* ~se s. schmutzig machen; F ins Bett *(bzw.* in die Hose) machen F; *fig.* s. bestechen lassen.
ensueño *m* Traum *m*; Täuschung *f*, Wahn *m*; F *de* ~ Traum..., traumhaft.
entabla|ción *f* Täfelung *f*; In-, Auf-schrift *f in Kirchen*; ~**do** *m* 1. Täfelung *f*; Bretterboden *m*; 2. Gerüst *n*; 3. → *entarimado*; ~**mento** *m* Sims *n*; ~r **I.** *v/t.* 1. dielen; täfeln; 2. *fig.* Verfahren einleiten; *Prozeß* anstrengen; *Gespräch, Schlacht* beginnen; *Frage* anschneiden; 3. *Schachfiguren u. ä.* aufstellen; 4. ♟ → *entablillar*; 5. *Arg. Pferde* daran gewöhnen, truppweise zu gehen; **II.** *v/i.* 6. *Am. Reg.* unentschieden spielen; **III.** *v/r.* ~se 7. beginnen (*Gespräch, Kampf, Guat., Méj. a. z. B. Regen*); 8. s. versteifen (*Wind*); **9.** *Equ.* s. nicht seitlich wenden wollen.
enta|ble *m* 1. Aufstellung *f auf dem Schachbrett*; 2. Täfelung *f*; ~**blerarse** *Stk. v/r.* s. ans Schutzgeländer drücken (*Stier*); ~**blillar** ♟ *v/t.* schienen.
entalegar [1h] *v/t.* einsacken; in Beutel stecken; *Geld* sparen, anhäufen.
enta|llado *adj.* tailliert (*Hemd usw.*); *abrigo m* ~ Taillenmantel *m*; ~**lladura** *f*, ~**llamiento** *m* 1. Kerbe *f* (*Baumfällen*); Einschnitt *m in die Baumrinde*; Ausklinkung *f* (*Blech*); 2. Taillierung *f* (*Kleid*); ~**llar I.** *v/t.* 1. *a.* ⊕ (ein)kerben; einschneiden; einstechen *b.* Drehen; ein-, aus-meißeln; 2. *Kleid* auf Taille arbeiten; **II.** *v/i. u.* ~se *v/r.* 3. in der Taille anliegen; *el traje entalla bien der Anzug* sitzt auf Taille; ~**lle** *m* Holzschnitzerei *f*; ~**llecer** [2d] *v/i. u.* ~se *v/r.* Stengel *bzw.* Schößlinge treiben.
enta|pizar [1f] *v/t.* mit Teppichen belegen (*bzw.* behängen); ~**pujar I.** *v/t. bsd. fig.* (zu)decken; vertuschen; **II.** *v/i.* die Wahrheit verbergen.
entarima|do *m* 1. Täfelung *f*; Parkett(boden *m*) *n*; ~ *de barritas* Stabparkett *n*; 2. Podium *n*, Tritt *m*; ⚓ Bodenplatte *f*; ~**dor** *m* Fußboden-, Parkett-leger *m*; ~r *vt/i.* täfeln; (mit) Parkett (aus)legen.
entaruga|do *m* Holzpflaster *n*; ~r [1h] *v/t.* mit Holz pflastern.
éntasis △ *f* Entasis *f e-r Säule*.
ente *m* 1. Wesen *n*; Gebilde *n*; *Phil. el* ~ das Seiende; 2. F Sonderling *m*, (komischer) Kauz *m* F; 3. Amt *n*, Behörde *f*; Körperschaft *f*; *Span.* ~ *autonómico* autonome Gebietskörperschaft *f* (= *Region*).
enteco *adj.* kränklich, schwächlich; sehr mager.
entejar *v/t. Am.* (mit Ziegeln) decken.
entelequia *Phil. f* Entelechie *f*.
enten|dederas F *f/pl.* Verstand *m*, Grips *m* F; *ser corto de* ~, *tener malas* ~ schwer von Begriff sein, e-e lange Leitung haben F; ~**dedor** *adj.-su.* verständnisinnig; *m* Kenner *m*; *al buen* ~, *pocas palabras* *etwa:* Sie verstehen (schon); ich brauche nicht deutlicher zu werden; ~**der** [2g] **I.** *v/t.* 1. verstehen, begreifen (*a. abs.*); *si entiendo bien* wenn ich recht verstehe, wenn ich (mich) nicht irre; ~ *mal* schlecht verstehen; mißverstehen; *ya (le) entiendo* ich verstehe schon; ich sehe schon, worauf Sie hinauswollen; *¿qué entiendes por hiperestesia?* was verstehst du unter Hyperästhesie?; *a (od. por) lo que entiendo yo m-r* Meinung nach; *dar a* ~ zu verstehen geben, durchblicken lassen; *hacerse* ~ s. verständlich machen; 2. verstehen, können; ~ *el alemán* Deutsch verstehen (*od.* können); ~*lo* s. gut auskennen, sein Handwerk verstehen; 3. meinen, glauben, annehmen; *entendemos que sería mejor + inf.* wir halten es (eher) für angebracht, zu + *inf.*; → *entendido* 4; 4. ~ + *inf.* beabsichtigen, zu + *inf.*, vorhaben, zu + *inf.*; **II.** *v/i.* 5. ~ *en algo s.* auf et. (*ac.*) verstehen; ⚥ ~ *en una causa* in e-r Sache erkennen, für e-e Sache zuständig sein; 6. ~ *de a/c.* von e-r Sache et. verstehen; ~ *de mujeres* s. auf Frauen verstehen; **III.** *v/r.* ~se 7. s. verstehen; ~se *con alg.* s. mit j-m gut auskommen; s. mit j-m verständigen (über *ac. sobre*); F mit j-m ein Verhältnis haben; *¡entendámonos!, ¡entiéndase bien!* wohlverstanden!; *los precios se entienden al contado* die Preise verstehen s. gg. bar; 8. wissen, was man will; *yo me entiendo* ich weiß genau, was ich sage; ich weiß Bescheid; ich habe m-e Gründe; *¡él se las entienda!* das ist s-e Sache!, da muß er selbst zusehen!; **IV.** *m* **9.** Meinung *f*; *a mi* ~ m-r Meinung nach, m-s Erachtens (*Abk.* m. E.); ~**dido I.** *adj.* 1. *a. su.* sachverständig; beschlagen, bewandert (in *dat.* en); klug, gescheit; gewandt, geschickt; *no darse por* ~ s. dumm stellen; 2. einverstanden; *¿~?* verstanden?; *¡~(s)!* einverstanden!, gut!; 3. selbstverständlich; *bien* ~ *que ..., queda* ~ *que ...* es ist selbstverständlich, daß ...; **II.** *part.* 4. *tener* ~ meinen, (fest) annehmen, davon ausgehen (daß ... que ...); wissen; *tenga* ~ *que ...* berücksichtigen (*od.* bedenken) Sie, daß ...; ~**dimiento** *m* 1. Verstand *m*, Begriffsvermögen *n*; Verständnis *n*; *de* ~ verständig, gescheit; 2. Verständigung *f*; Vereinbarung *f*; *fig. buen* ~ Eintracht *f*, Harmonie *f*. [verfinstern.\]
entenebrecer(se) [2d] *v/t.* (*v/r.*)(s.)⌋
ente|rado *adj.* 1. *attr.* erfahren, gewandt; 2. *estar* ~ (*de*) auf dem laufenden sein (über *ac.*), im Bilde sein (über *ac.*); Bescheid wissen (in *dat.*, über *ac.*); *Tel. u.* ✕ *¡~!* verstanden!; *no darse por* ~ s. unwissend (*od.* dumm) stellen; ~**ramente** *adv.* ganz, gänzlich; vollständig; ~**rar I.** *v/t.* 1. ~ *a alg. de a/c.* j-n über et. (*ac.*) informieren, j-n von et. (*dat.*) benachrichtigen; 2. *Arg., Chi. Summe* vollmachen; *C. Ri., Hond., Méj.* (ein)zahlen; **II.** *v/r.* ~se 3. ~se *de a/c.* et. erfahren, von et. (*dat.*) Kenntnis erhalten, über et. (*ac.*) unterrichtet werden; F *¡para que te enteres!* damit du (des) endlich kapierst! F; ~**reza** *f* 1. Vollständigkeit *f*; *fig.* Vollkommenheit *f*; 2. (Charakter-)Festigkeit *f*, Standhaftigkeit *f*; Rechtschaffenheit *f*; Unbescholtenheit *f*; ~ *de ánimo* fester Sinn *m*; Geistesgg.-wart *f*; *adv. con* ~ fest, beharrlich.
entérico ⚕ *adj.* Darm... [men.\]
enterísimo *adj. sup.* ganz vollkom-⌋
enteritis ⚕ *f* (*pl. inv.*) Enteritis *f*.
enterizo *adj.* aus e-m Stück; vollständig.
enterne|cer [2d] **I.** *v/t.* auf-, erweichen; *fig.* rühren; **II.** *v/r.* ~se weich werden (*a. fig.*); gerührt werden; ~**cido** *adj. fig.* gerührt; zärtlich; ~**cimiento** *m* Rührung *f*; Zärtlichkeit *f*.
entero I. *adj.* 1. ganz (*a. Zahl*); völlig; voll(ständig, -zählig); ungeteilt; *adv. por* ~ ganz, gänzlich, voll(ständig); *horas f/pl.* ~*as* stundenlang; *partir por* ~ *Arith.* ohne e-e ganze Zahl teilen; *fig.* F bei e-r Teilung alles für s. nehmen, alles an s. reißen; 2. fest (*a. Stimme*); standhaft, unbeugsam; beharrlich; *un hombre* ~ ein ganzer Mann; ein redlicher Mensch; 3. unversehrt, heil; gesund; kräftig; 4. jungfräulich; 5. unverschnitten (*Tier*); 6. ♀ ganzrandig (*Blatt*); 7. *Guat., Pe., Ven.* sehr ähnlich, ganz gleich; **II.**

enterorragia — entrar

m 8. ganze Zahl *f*, Ganze(s) *n*; Börse, Sp. Punkt *m*; ✍, Philatelie: ~ postal Ganzsache *f*; 9. Col., C. Ri., Chi., Méj. (Ein-)Zahlung *f*.

enterorragia ⚕ *f* Darmblutung *f*.

enterra|dor *m* Totengräber *m* (a. Ent.); Stk. Gehilfe *m*, der u. U. den Fangstoß gibt; **~miento** *m* 1. Begräbnis *n*; Grablegung *f*; Vergraben *n*; 2. Grab *n*; **~r** [1k] I. *v/t.* 1. begraben, bestatten; *fig.* él nos enterrará a todos er wird uns alle überleben; 2. be-, ver-, ein-graben; verscharren; 3. *fig.* Hoffnungen, Feindschaft begraben; vergessen (lassen); II. *v/r.* ~se 4. *fig.* ~se en vida s. lebendig begraben, s. von den Menschen abschließen.

enti|bación Zim., ⚒ *f* Abstützung *f*; Zim. Verzimmerung *f*; ⚒ (Strekken-)Ausbau *m*; **~bador** ⚒ *m* (Gruben-)Zimmermann *m*; **~bar** *v/t.* abstützen; verzimmern; ⚒ ausbauen; **~biar** [1b] I. *v/t.* a. *fig.* abkühlen; lauwarm machen; anwärmen; *fig.* mäßigen, mildern; II. *v/r.* ~se abkühlen (a. *fig.*); **~bo** *m* ⚒ Grubenholz *n*, Stempel *m*; Zim. u. *fig.* Stütze *f*.

entidad *f* 1. Wesenheit *f*; Phil. Entität *f*, Seinshaftigkeit *f*; *lit. de* ~ wesentlich, wichtig; 2. Vereinigung *f*; Körperschaft *f*, Firma *f*; Stelle *f* (Amt); ~ jurídica Körperschaft *f*; ~ recreativa Geselligkeitsverein *m*; ~ local Ortsverein *m*; örtliche Stelle *f* (Amt).

entierro *m* 1. Begräbnis *n*, Beerdigung *f*, Bestattung *f*; ~ civil nichtkirchliches Begräbnis *n*; casa *f* de ~ Trauermiene *f*; Folk. ~ de la sardina entspricht dt. etwa: Karnevals-, Löffel-begräbnis *n* am Aschermittwoch; 2. Leichenzug *m*; 3. Grab (-stätte *f*) *n*; 4. vergrabener Schatz *m*; 5. Vergraben *n*, Einscharren *n*.

entiesar *v/t.* steifen; straffen.

entigrecerse [2d] *v/r.* wütend werden.

entintar *v/t.* mit Tinte beschmieren; *fig.* färben; Typ. einfärben.

entirriarse [1b] F *v/r.* wütend werden, einschnappen F. (kreiden.)

entizar [1f] *v/t.* Billardstock ein-⌡

entolda|do *m* Sonnendach *n*; Bier-, Fest-, Tanz-zelt *n*; **~r** I. *v/t.* mit e-m Sonnendach versehen; ein Zelt spannen über (ac.); II. *v/r.* ~se s. bewölken (Himmel); *fig.* stolz werden.

ento|mología *f* Entomologie *f*, Insektenkunde *f*; **~mológico** *adj.* entomologisch; **~mólogo** *m* Entomologe *m*.

entomostráceos Zo. *m/pl.* niedere Krebse *m/pl.*

entona|ción *f* 1. ♪, Li. Intonation *f*; ♪ Anstimmen *n*; Li. Tonfall *m*; ~ interrogativa Frageton *m*; 2. Mal. Abtönung *f*; 3. *fig.* Anmaßung *f*, Dünkel *m*; **~do** *adj.* hochgestellt (*fig.*); anmaßend, dünkelhaft; **~dor** I. *adj.* stärkend, kräftigend; II. *m* Vorsänger *m*; Bälgetreter *m* der Orgel; **~miento** *m* → entonación; **~r** I. *vt/i.* 1. ♪, Li. intonieren; ♪ (den) Ton halten; anstimmen; a. *fig.* den Ton angeben; (Orgelpfeifen) nachstimmen; 2. Mal. (Farbe) abtönen; II. *v/i.* 3. die Bälge treten

b. der Orgel; 4. harmonieren (mit dat. con), passen (zu dat. con); III. *v/t.* 5. ✱ kräftigen; IV. *v/r.* ~se 6. *fig.* anmaßend (od. großspurig) auftreten; in Stimmung (od. in Schwung) kommen.

entonces *adv.* damals; dann, da; de ~ damalig; desde ~ seitdem; en (od. por) aquel ~ damals, zu jener Zeit; hasta ~ bis dahin; ¡pues ~ ...! ja dann ...!; ¿y ~ qué? na und!; was denn?; ~ me voy dann gehe ich also; ~ fue cuando debió hacerlo a) damals mußte er es tun; b) damals hätte er es tun müssen. (tonnen.)

entonelar *v/t.* aufs Faß füllen; ein-⌡

entono *m* 1. Selbstbewußtsein *n*, Dünkel *m*; 2. → entonación.

enton|tar Am., **~tecer** [2d] I. *v/t.* dumm machen, verdummen; II. *v/i.* u. ~se *v/r.* verdummen, verblöden F.

entorchado *m* Gold-, Silber-faden *m*, -tresse *f*; -stickerei *f* auf Uniformen. [Zwinger sperren.]

entorilar Stk. *v/t.* Stiere in den⌡

entor|nar *v/t.* 1. Augen halb öffnen; Fenster, Tür anlehnen; 2. seitwärts neigen, kippen; **~no** *m* Umgebung *f*.

entorpe|cer [2d] I. *v/t.* behindern, hemmen, verzögern, stören; lähmen; *fig.* abstumpfen, betäuben; II. *v/r.* ~se *fig.* stumpf werden; **~cimiento** *m* Hemmung *f*; Hindernis *n*, Behinderung *f*; Lähmung *f*; *fig.* Benommenheit *f*; ✕ Ladehemmung *f*.

entrada *f* 1. Eintritt *m*, Eintreten *n*; Ein-fahrt *f*, -marsch *m*, -zug *m*; Einreise *f*; Zutritt *m*; ⚓ ~s eingelaufene Schiffe *n/pl.*; Thea. u. *fig.* ~ en escena Auftritt *m*; ~ gratuita freier Eintritt *m* → a. 3; ~ libre Aufschrift: Zutritt frei; ~ prohibida, se prohibe la ~ Eintritt verboten; *fig.* dar ~ a zulassen (ac.); *j-n* aufnehmen; tener ~ en eingeführt sein bei (dat.), Zutritt haben zu (dat.); tener ~ con alg. (jederzeit) Zutritt bei *j-m* haben, *j-n* gut kennen, bei *j-m* ein- u. ausgehen; hacer su ~ en la ciudad s-n Einzug in die Stadt halten, in die Stadt einziehen (Truppen: einrücken); hacer su ~ la sociedad (en el mundo) zum erstenmal in der Gesellschaft (in der Öffentlichkeit) erscheinen (od. auftreten), debütieren; *adv.* de ~ zunächst, vorläufig; als erstes; de primera ~ im ersten Anlauf, auf Anhieb; 2. Eingang *m*; Zu-gang *m*, -fahrt *f*; Diele *f*, Vorplatz *m*; ~ de artistas Bühnen-, Künstler-eingang *m*; ~ de (od. a) la autopista Autobahneinfahrt *f*; ~ del puerto Hafeneinfahrt *f*; ~ de servicio Hintereingang *m*; 3. (Eintritts-, Theater- usw.) Karte *f*; ~ gratuita Freikarte *f*; 4. Thea. Zuschauer *m/pl.*, Besucher(zahl *f*) *m/pl.*, ~s *f/pl.* Zugänge *m/pl.* (Krankenhaus); Thea. gran (media) ~ voll-(halb-)besetztes Haus *n*; 5. ⊕ Eintritt *m*, Einlaß *m*; Einführung *f*; Zufuhr *f*; ✕, ~ (abertura *f*) de Einstieg *m*; ~ de la llave a) Schlüsselführung *f* im Schloß; b) Schlüsselloch *n*; 6. Beginn *m*, Anfang *m*; ~ del año Jahresanfang *m*; ~ en funciones Amts-übernahme *f*, -antritt *f*; ~ en servicio Dienst-antritt *m*, -beginn *m*; ¡feliz (od. buena) ~ de año! Prosit

Neujahr!; ein glückliches Neues Jahr!; 7. ✝ Eingang *m*; Post: Einlauf *m*; Eingangsdatum *n*; Einnahme *f*; Anzahlung *f*, erste Rate *f*; Einstand(sgeld *n*) *m*; ~ en caja Kasseneingang *m*; ~s y salidas ✝ Ein- u. Aus-gänge *m/pl.*; Einnahmen u. Ausgaben *f/pl.*; *fig.* geheime Abmachungen *f/pl.*, Machenschaften *f/pl.*; *fig.* irse ~ por salida s. ausgleichen, s. die Waage halten; 8. ✝ Einfuhr *f*; Einfuhrzoll *m*; 9. △ Einsprung *m* e-r Mauer; Balken- bzw. Pfeiler-ende *n*; 10. Ein-leitung *f*, -führung *f*; Titelseite *f*; 11. ✕ Schicht *f*; 12. ♪ Einsatz *m*; 13. ~s *f/pl.* Schläfenwinkel *m/pl.*, Geheimratsecken *f/pl.* F; 14. Stk. Angriff *m*; Cu., Méj. Überfall *m*; Prügelei *f*; 15. Vorspeise *f*; Zwischengericht *n*; 16. Wörterbuch: Eintrag *m*, Artikel *m*; EDV Eingabe *f*.

entra|do *part.*: ~ en años schon älter, bejahrt; ~ en carnes dick, beleibt; (hasta) bien ~ a la noche (bis) spät in (der) die Nacht; **~dor** *adj.* Col. kontaktfreudig; gesprächig; Chi. zudringlich, aufdringlich.

entrama|do △ *m* Fachwerk *n*; ~ del tejado Dachstuhl *m*; **~r** △ *v/t.* in Fachwerk bauen.

entrambos *lit. adj.* (alle) beide.

entrampar I. *v/t.* 1. in e-e Falle locken; *fig.* überlisten; 2. mit Schulden belasten; II. *v/r.* ~se 3. s. in Schulden stürzen; 4. in e-e Falle gehen.

entrante *adj.* c 1. kommend (Woche, Monat, Jahr); 2. einspringend (Winkel).

entraña|(s) *f(/pl.)* 1. Eingeweide *n/pl.*; *fig.* Inner(st)e(s) *n*; Herz *n*, Gemüt *n*; de malas ~s, sin ~s herzlos; de buenas ~s (herzens)gut; hijo *m* de mis ~s mein Herzenssohn, liebster Junge; F echar las ~s (stark) erbrechen, wie ein Reiher kotzen P; sacar las ~s a alg. a) *j-m* das Herz aus dem Leibe reißen; *j-n* übel zurichten; b) alles von *j-m* bekommen, *j-n* bis aufs Hemd ausziehen F; 2. Kern *m*, Innere(s) *n*; las ~s de la tierra das Erdinnere; las ~s del universo das Geheimnisse *n/pl.* des Weltalls; **~ble** *adj.* c innig, herzlich, tief (Freundschaft usw.); (innig)geliebt, Herzens...; **~blemente** *adv.* herzlich, innig; **~r** I. *v/t.* 1. ins Inner(st)e führen; 2. mit s. bringen, in s. schließen; (in s.) bergen; führen zu (dat.); II. *v/r.* ~se 3. ~se (con) in tiefer Freundschaft verbunden sein (mit dat.); s. (mit *j-m*) sehr befreunden.

entrar I. *v/i.* 1. eintreten, hineingehen; ⚓ einlaufen; ✕, 🚗 einfahren; ✕ einrücken, einmarschieren; eindringen (in ac. en); eingehen (Geld, Postsendung); eintreten (in ac. en), beitreten (dat. en); Zutritt haben (zu dat. en); aufgenommen werden (in ac. en); IT s. einwählen, s. einloggen (in ac. en); ¡entre(n)! herein!; ~ en (Am. a) la sala in den Raum (ein)treten, den Raum betreten; ~ como socio als Teilhaber eintreten, Teilhaber werden; ~ en los sesenta años ins sechzigste Lebensjahr treten; entra en calor ihm wird warm (a. *fig.*); er gerät in Hitze; ~ en celos brünstig werden (Tier); ✕ ~ en campaña ins Feld rücken; ~ en consideración in

Betracht kommen; ~ en detalles auf Einzelheiten eingehen; fig. ~ en sí mismo, ~ dentro de sí in s. gehen; ~ en posesión de a/c. in den Besitz e-r Sache kommen; ~ en relaciones (con) Beziehungen aufnehmen (mit dat., zu dat.); ~ en (el) servicio in Dienst treten, den Dienst antreten; ~ por la ventana durch das Fenster einsteigen; **2.** ~ (en) (hinein)gehören (in ac.); (hinein)passen (in ac.), (hin-)eingehen (in ac.); → a. **3**; no entra nada más es geht nichts mehr (hinein; ~ en el número zu der Zahl gehören; in die Zahl der Mitglieder usw. aufgenommen werden; no me entra (en la cabeza) das will mir nicht in den Kopf; das begreife ich nicht; en un kilo entran ocho naranjas auf ein Kilo kommen 8 Orangen, 8 Orangen wiegen ein Kilo; en este vestido entra mucho paño für dieses Kleid braucht man viel Stoff; tres sustancias entran en esta mezcla diese Mischung besteht aus drei Stoffen; este tipo no me entra ich kann diesen Kerl nicht ausstehen; estos zapatos entran fácilmente (od. me entran muy bien) diese Schuhe passen mir sehr gut, ich komme in diese Schuhe gut hinein; **3.** ~ en a/c. et. mit e-r Sache zu tun haben; no ~ ni salir en a/c. mit et. (dat.) überhaupt nichts zu tun haben (od. zu schaffen) haben; **4.** beginnen, anfangen; ♪ einsetzen; al ~ el día bei Tagesanbruch; al ~ el otoño bei Beginn des Herbstes; el año que entra das kommende Jahr; im kommenden Jahr; das gerade beginnende Jahr; **5.** befallen (ac. a) (Fieber); anwandeln (ac. a) (Lust); me entra (el) sueño ich werde schläfrig; me entra un mareo mir wird schlecht; **6.** Stk. angreifen; **II.** vt/i. **7.** (hacer) ~ (~ v/t. heute mehr F) hineinbringen, -stecken; -führen, -fahren; einreichen (in ac. en); hineintreiben (in ac. en); Typ. Zeile einziehen; **III.** v/t. **8.** K Burg, Stadt angreifen bzw. erobern; ⚓ verfolgtes Schiff (allmählich) einholen; **9.** Waren einführen; **10.** fig. j-m beikommen; a Pedro no hay por dónde ~le Peter hat k-e Stelle, an der man ihn packen könnte; **IV.** v/r. ~se **11.** K u. F eindringen (in ac. en); erscheinen.

entre prp. zwischen (dat., ac.); unter (dat.); bei (dat.); por ~ durch (ac.) (hindurch); ~ Madrid y Berlín zwischen Madrid u. Berlin; ~ las seis y las siete zwischen sechs u. sieben (Uhr); ~ día tagsüber, den Tag über; ~ semana die Woche über; ~ ellos unter ihnen; untereá.; contar ~ sus amigos zu s-n Freunden zählen; ser costumbre ~ pescadores unter Fischern üblich sein, Fischerbrauch sein; ~ tú y yo **a)** zwischen uns beiden; unter uns beiden; **b)** wir beide; ~ usted y yo lo haremos wir beide werden es tun; ~ la inundación y la sequía perdimos la cosecha Überschwemmung u. Dürre (mitea.) führten zum Verlust der Ernte; 200 ~ hombres y mujeres 200, teils Männer, teils Frauen; la llevaban ~ tres sie trugen sie zu dritt; sesenta y tres ~ siete son nueve (63 : 7 = 9) 63 (geteilt) durch 7 ist 9; ~ dulce y agrio süßsauer; ~ rojo y azul rötlichblau, violett; ~ sí y no

unschlüssig; el peor (de) ~ (od. el peor de) todos der Schlechteste von (od. unter) allen; el oso salió de ~ las malezas der Bär brach aus dem Gestrüpp hervor; ~ tanto que no se lo diga solange sie es Ihnen nicht sagt; ~ tanto unterdessen; ~ nosotros unter uns.

entrea|bierto adj. halboffen; ~**brir** v/t. ein wenig (od. halb) öffnen, halb aufmachen.

entre|acto m **1.** Zwischenakt m; Zwischenaktmusik f; **2.** kl. Zigarre f; ~**barrera(s)** Stk. f(/pl.) Gang m zwischen der Schranke u. den ersten Sitzen; ~**cano** adj. graumelliert; ~**cavar** ✗ vt/i. überackern; ~**cejo** m **1.** Raum m zwischen den Augenbrauen; **2.** Stirnrunzeln f/pl.; ~**cerrar** [1k] v/t. Am. Tür, Fenster anlehnen; ~**cinta** △ f Querbalken m, Pfette f; ~**claro** adj. halbhell, dämmerig; ~**coger** [2c] v/t. packen, ergreifen; fig. in die Enge treiben; ~**comar** Gram. v/t. zwischen Kommas setzen; ~**comillar** v/t. zwischen Anführungsstriche setzen; ~**coro** △ m Zwischenchor m, n.

entrecor|tado adj. stoßweise (Atem); stockend (Stimme, Worte); erstickt (Stimme, Seufzer); ~**tar I.** v/t. einschneiden; unterbrechen; **II.** v/r. ~**se** stockend sprechen; ~**teza** silv. f Ring-, Kern-fäule f.

entre|cot Kchk. m Entrecôte n; ~**cruzado** adj. über Kreuz (verlaufend); kreuzweise; ~**cruzamiento** m Kreuzung f (a. Biol., Anat.); Überschneidung f; ~**cruzar** [1f] **I.** v/t. kreuzen (a. Biol.); über Kreuz gehen lassen (bzw. flechten); **II.** v/r. ~**se** kreuzweise üb.-liegen; ~**cubierta(s)** ⚓ f(/pl.) Zwischendeck n; ~**chocar** [1g] v/i. u. ~**se** v/r. anea.-stoßen; aufea.-prallen; anstoßen (Gläser).

entredicho m Verbot n; (bsd. Kirchen-)Bann m; Interdikt n; estar en ~ et. in Zweifel ziehen, s-m endgültiges Urteil noch vorbehalten.

entre|doble adj. c mittelfein (Gewebe); ~**dós** m **1.** (Spitzen-)Einsatz m; **2.** Konsoltisch m bzw. Wandschränkchen n zwischen zwei Fenstern; **3.** Typ. Korpus f (10-Punkt-Schrift); ~**filete** Typ. m **1.** Zeitungsnotiz f; **2.** typographisch hervorgehobenes Zitat n im Text; ~**fino** adj. mittelfein.

entrega f **1.** Abgabe f, Übergabe f, Überreichung f, Aushändigung f; Lieferung f (a. Teillieferung e-s Werkes); Sp. (del balón) Ballabgabe f; Zuspiel n; ~ de libros Buchausgabe f; Buchannahme f; novela f por ~s Fortsetzungsroman m; hacer ~ de a/c. et. aushändigen; et. abgeben; et. feierlich überreichen; a. **2.** ♰ (An-)Lieferung f, Zustellung f; (Ein-, Aus-)Zahlung f; ~ inmediata sofortige Lieferung f; sofort lieferbar; ⚜ Col. Eilzustellung f; ~ a domicilio Lieferung f (od. Zustellung f) ins Haus; ~ franco (a) domicilio Lieferung frei Haus; ~ cif (fob) cif-(fob-)Lieferung f; ~ en (od. desde el) fábrica Lieferung f ab Werk; nota f (od. talón m) de ~ Lieferschein m;

plazo m de ~ Lieferfrist f; hacer ~ de a/c. et. (ab)liefern; et. zustellen; **3.** a. ✗ Übergabe f; allg. a. Nachgeben n; fig. Hingabe f e-r Frau; ~**ble** adj. c lieferbar; abzugeben(d); ~**do** part.: ~ por überreicht durch (ac.); ~**miento** m → entrega; ~**r** [1h] **I.** v/t. **1.** ein-, aus-händigen, über-, ab-geben; überreichen; ✝ (ab-, aus-)liefern; a. ⚔ ausliefern; ✗ Waffen strecken; ✝ ~ a domicilio ins Haus liefern; zustellen; F ~la ins Gras beißen F, sterben; (para) ~ a abzugeben bei (dat.); zu Händen von (dat.); **2.** a. fig. hingeben, opfern; **3.** ✗ Festung usw. übergeben; **II.** v/r. ~**se 4.** s. ergeben (j-m a); s. stellen (Verbrecher); s. hingeben (Frau: dat. a); ~**se** a e-m Laster frönen, verfallen, s. ergeben; ~**se** a los estudios s. ganz dem Studium widmen; ~**se** en manos de alg. s. in j-s Hand geben; j-m völlig vertrauen.

entreguerra f Zwischenkriegszeit f.

entreguis|mo Pol. m Span. (übermäßige) Nachgiebigkeit f; ~**ta** Pol. adj.-su. c weich, nachgiebig; m Politiker m der weichen Linie.

entre|junto adj. halb offen; ~**largo** adj. halblang, ziemlich lang; ~**lazado** adj. verschränkt; verwebt; poet. u. fig. verwoben; ~**lazar** [1f] **I.** v/t. verflechten; inea.-verschlingen; Typ. Durchschuß verschränken; **II.** v/r. ~**se** a. fig. s. verflechten; fig. inea.-greifen.

entre|linear v/t. zwischen die Zeilen e-s Textes schreiben; ~**liño** ✗ m Gang m zwischen Ölbaum- bzw. Rebenreihen; ~**lucir** [3f] v/i. durchschimmern.

entre|medias adv. dazwischen; inzwischen; ~**medio** m Am. Zwischen-zeit f, -raum m; ~**més** m **1.** Lit., Thea. Zwischenspiel n; Einakter m; urspr. Posse f; **2.** Kchk. mst. ~**eses** m/pl. Vorspeise(n) f(/pl.); Zwischengericht n; ~**mesera** f, Horsd'œuvres-Schale f; ~**mesil** adj. c Zwischenspiel...

entreme|ter I. v/t. ein-schieben, -stecken; **II.** v/r. ~**se** s. einmischen (in ac. en); ~**tido** adj.-su. zudringlich; vorwitzig, naseweis; m Naseweis m, Schnüffler m; ~**timiento** m Aufdringlichkeit f; Vorwitz m; Einmischung f.

entremezclar v/t. (unter-, ver-)mischen; ~**ado** adj. a. fig. gemischt.

entremorir [3k; part. entremuerto] v/i. u. ~**se** v/r. verlöschen, zu Ende gehen (Kerze u. ä.).

entrena|do Sp. usw.: (no) ~ (un-)trainiert, (un)geübt; ~**dor** m **1.** Sp. Trainer m; ~ de fútbol Fußballtrainer m; **2.** ~ de vuelo Flugtrainer m (Gerät); **3.** Am. Schulflugzeug n; ~**miento** m Training n; (Ein-)Übung f; Ausbildung f; Drill m; Sp. ~ fraccionado Intervalltraining n; ~**r I.** v/t. trainieren, (ein)üben; schulen; **II.** v/r. ~**se** trainieren; s. üben (in dat.).

entreno m Sp. Training n. [en).↑

entre|oír [3q] v/t. undeutlich hören; munkeln hören; ~**panes** ✗ m/pl. Brachfelder n/pl. zwischen bestellten Äckern; ~**paño** m **1.** △ **a)** Paneel n, Wandverkleidung f; **b)** Türfüllung f; **c)** Säulenweite f; **2.** Fach n in Möbeln; ~**parecerse** [2d] v/r.

entrepaso — envidioso

durch-scheinen, -schimmern; ~paso *Equ. m* Mittelgang *m.*
entre|pierna(s) *f(/pl.)* **1.** Innenseite *f* der Oberschenkel; **2.** (Hosen-)Zwickel *m*; F *Chi.* Badehose *f*; ~**piso** *m* ✗ Zwischensohle *f*; △ → ~**planta** △ *f* Zwischenstock *m*; ~**puente** ⚓ *m* Zwischendeck *n.*
entre|rrenglonar *vt/i.* zwischen die Zeilen *e-s Textes* schreiben; ~**sacar** [1g] *v/t.* aus-, heraus-suchen (aus *dat.* de); *Haar* ausdünnen; ✗ aus-putzen, -ästen; *Wald* lichten.
entresiglos: en *la época de* ~ zur Zeit der Jahrhundertwende.
entre|sijo *m* **1.** *Anat.* Netz *n*, Gekröse *n*; **2.** ~s *m/pl.* (Korb-)Geflecht *n*; *fig. tener muchos* ~s s-e Haken haben (*Sache*); schwer zu durchschauen sein (*Person*); ~**suelo** *m* Zwischenstock *m*; Hochparterre *n*; *Thea.* 1. Rang *m*; ~**sueño** *m* Halbschlaf *m*; ~**surco** ✗ *m* Acker-, Furchen-beet *n.*
entretalla|(dura) *f* Flachrelief *n*; ~**r** *v/t.* **1.** als Flachrelief (aus)arbeiten; **2.** in *Holz, Stein, Metall* schneiden; **3.** *Leinwand* auszacken; **4.** aufhalten, behindern.
entretanto *adv.* inzwischen, unterdessen.
entre|techo *m Arg., Chi.* Dachboden *m*; ~**tejer** *v/t.* ein-, ver-weben; verflechten; *a. fig.* einflechten; ~**tela** *f* Zwischenfutter *n*; Steifleinen *n*; *fig.* ~s *f/pl.* Innerste(s) *n* des Herzens.
entrete|ner [21] **I.** *v/t.* **1.** aufhalten; **2.** ablenken, zerstreuen; unterhalten; *j-m* Spaß machen; **3.** *Hunger* beschwichtigen; **4.** *Maschine* warten; **5.** *Frau* aushalten; **6.** hinhalten, vertrösten; *et.* hinauszögern; **II.** *v/r.* ~se **7.** s. die Zeit vertreiben (mit *dat.* en + *inf. od.* con *od. ger.*); s. ablenken lassen; s. aufhalten lassen; aufgehalten werden; ~**nida** *f* (ausgehaltene) Geliebte *f*; ~**nido I.** *adj.* **1.** unterhaltsam, kurzweilig; **2.** aufgeräumt, vergnügt; **3.** zeitraubend, langwierig; **II.** *m* **4.** † Volontär *m*; ~**nimiento** *m* **1.** Unterhaltung *f*, Zeitvertreib *m*; **2.** Verzögerung *f*, Hinhalten *n*; **3.** *a. Kfz.* Instandhaltung *f*; *Kfz.*, ⊕ Wartung *f*; *sin* ~ wartungsfrei.
entretiempo *m* Übergangszeit *f* (*Frühjahr, Herbst*); Vor- *bzw.* Nachsaison *f*; *abrigo m de* ~ Übergangsmantel *m.*
entre|ventana △ *f* Raum *m* zwischen zwei Fenstern; ~**ver** [2v] *v/t.* undeutlich sehen; *fig.* ahnen; *Absichten* durchschauen; *hacer* ~ *dejar* ~ durchblicken lassen; ~**verado** *adj.* durchwachsen (*Fleisch, Speck*); *fig. Cu.* mittelmäßig; *Am. Reg.* verrückt, wirr; ~**verar** *v/t.* unter-, ver-mengen; *durchea.*-werfen; ~**vero** *m Arg., Chi.* Unordnung *f*, Verwirrung *f*; *Arg.* Vermengung *f*; ~**vía** 🚇 *f* Gleisabstand *m.*
entrevista *f* Zs.-kunft *f*, Begegnung *f*; Besprechung *f*; Interview *n*; *hacer una* ~ *a alg.* j-n interviewen; ~**dor** *adj.-su.* Interviewer *m*; ~**r I.** *v/t.* interviewen; ausfragen; **II.** *v/r.* ~se (con) s. treffen, zs.-kommen (mit *dat.*); s. (mit *j-m*) besprechen.
entripado I. *adj.* Bauch...; Leib...;

II. *m* verbissener Grimm *m*, Groll *m.*
entriste|cer [2d] **I.** *v/t.* betrüben, traurig machen; **II.** *v/r.* ~se traurig werden; ~**cimiento** *m* Traurigkeit *f.*
entrome|ter(se) *v/t.* (*v/r.*) → entremeter(se); ~**tido** *adj.-su.* → entremetido.
entromparse F *v/r.* s. betrinken, s. ansäuseln F.
entron|car [1g] **I.** *v/i.* **1.** verwandt sein (mit *dat.* con); s. verschwägern (mit *dat.* con); **2.** *Vkw. Cu., Méj., P. Ri.* Anschluß haben; **II.** *v/t.* **3.** ~ *a alg.* con j-s Verwandtschaft mit (*dat.*) (*od.* j-s Abstammung von *dat.*) nachweisen; ~**ización** *f* Thronerhebung *f*; Thronbesteigung *f*; ~**izar** [1f] *v/t.* auf den Thron erheben; *fig.* in den Himmel heben; ~**que** *m* **1.** Verwandtschaft *f*; **2.** *Am.* Verbindung *f*, Anschluß *m* (*Vkw.*); *Méj.* (Straßen-)Kreuzung *f.*
entropía *Phys. f* Entropie *f.*
entrucha|do *m* Intrige *f*, Verschwörung *f*; ~**r** F *v/t.* beschwindeln, hereinlegen.
entubar ⊕ *v/t.* verrohren.
entuerto *m* **1.** Unrecht *n*; Schimpf *m*; **2.** ✗ ~s *m/pl.* Nachwehen *f/pl.*
entullecer [2d] **I.** *v/t. fig.* lähmen, lahmlegen; **II.** *v/r.* ~se gelähmt werden.
entume|cer [2d] **I.** *v/t. Glied* lähmen; **II.** *v/r.* ~se starr werden, erstarren; einschlafen (*Glied*); anschwellen (*Gewässer*); ~**cido** *adj. Glied:* erstarrt, steif; taub; angeschwollen (*Fluß*); ~**cimiento** *m* Erstarren *n*; Taubheit *f e-s Gliedes.*
enturbia|miento *m* Trüben *n*; Trübung *f*; ~**r** [1b] *v/t. a. fig.* trüben.
entusi|asmar I. *vt/i.* begeistern; entzücken; **II.** *v/r.* ~se s. begeistern, schwärmen (für *ac.* con, por); ~**asmo** *m* Begeisterung *f*, Enthusiasmus *m*; ~**asta** *adj.-su. c*, ~**ástico** *adj.* begeistert, enthusiastisch; schwärmerisch; *m* Enthusiast *m*; begeisterter Anhänger *m* (*gen. de*).
enumera|ción *f* Aufzählung *f*; ~**r** *v/t.* auf-zählen, -führen.
enuncia|ción *f* Äußerung *f*; kurze Mitteilung *f*; ~**do** *m* **1.** (Kurz-)Darlegung *f*, Exposition *f e-s Problems*; *Li.* Aussage *f*; **2.** Wortlaut *m*, Text *m*; ~**r** [1b] *v/t.* kurz äußern, darlegen; aussprechen; *Gram.* aussagen; ~**tivo** *adj.* aussagend; *Gram. oración f a* Aussagesatz *m.*
enuñar F *v/t. j-m* die Gurgel zudrücken.
envainar *v/t.* **1.** in die Scheide stecken; einstecken; ✗ ¡envainen! Seitengewehr an Ort!; **2.** F *Col.* in Probleme (*od.* in Schwierigkeiten) verwickeln.
envalentonar I. *v/t.* ermutigen; **II.** *v/r.* ~se s. als Held aufspielen; großtun; ~se *con alg.* mit j-m anbinden, s. mit j-m anlegen.
envane|cer [2d] **I.** *v/t.* stolz machen; **II.** *v/r.* ~se stolz sein (auf *ac.* con, de); s. (auf *e-e Sache ac.*) et. einbilden; ~**cido** *adj.* stolz; eitel; überheblich; ~**cimiento** *m* Eitelkeit *f*; Stolz *m.*

envara|do *adj.* steif, (er)starr(t); *fig.* hochnäsig; ~**miento** *m* Starre *f*; ~**rse** *v/r.* steif (*od.* starr) werden.
enva|sador *m* Abfülltrichter *m*; ~**sadora** *f* Abfüll-gerät *n*, -maschine *f*; ~**sar I.** *v/t. bsd.* Flüssigkeit ab-, ein-füllen; in Behälter ab-, ver-packen; **II.** *vt/i.* übermäßig trinken; ~**se** *m* **1.** Ab-, Ein-füllen *n*; Verpackung *f*; ~ *automático* automatische Abfüllung *f*; ~ *de origen* Original-abfüllung *f*, -verpackung *f*; **2.** Behälter *m*, Gefäß *n*; (Ver-)Packung *f*; ~s *m/pl. de vuelta* Leergut *n.*
enve|dijarse *v/r.* s. verheddern; verfilzen (*Haare, Wolle*); *fig.* in Streit geraten; ~**jecer** [2d] **I.** *v/t.* alt machen; **II.** *v/i. u.* ~se *v/r.* altern; alt werden; *fig.* zur Gewohnheit werden (j-m *en alg.*); ~**jecido** *adj.* gealtert; *fig.* veraltet; althergebracht; ~ *en* ergraut (*od.* geübt) in (*dat.*); ~**jecimiento** *m* Altwerden *n*; Ver-, Über-alterung *f*; *a.* ⊕ Alterung *f.*
envenena|do *adj. a. fig.* vergiftet; ~**dor** *m* Giftmischer *m*; ~**miento** *m* Vergiftung *f*; ~ *por setas* Pilzvergiftung *f*; ~**r** *v/t. a. fig.* vergiften.
enver|ar ✗ *v/i.* s. färben, rot werden (*bsd. Trauben*); ~**decer** [2d] *v/i.* grünen, grün werden; ~**gadura** *f* Flügel-, *a.* ⚓ *u. fig.* Spann-weite *f*; ⚓ Segelbreite *f*; *fig.* Bedeutung *f*, Wichtigkeit *f*, Umfang *m*; *de gran* ~, *de mucha* ~ sehr bedeutend; ~**gar** [1h] ⚓ *v/t. Segel* anschlagen; *p.ext.* einschalken; ~**gues** ⚓ *m/pl.* Seising *n* (*Tau*); ~**jado** *m* Gitter (-werk) *n.*
envés *m* Rückseite *f*; *fig.* Schatten-, Kehr-seite *f.*
envia|do *m* Abgesandte(r) *m*, Sendbote *m*; *Dipl.* ~ *extraordinario* außerordentliche(r) Gesandte(r) *m*; *Zeitung:* ~ *especial* Sonder-berichterstatter *m*, -korrespondent *m*; ~**r** [1c] *v/t.* (ab-, ver-)senden, schicken; *j-n* entsenden, schicken; ~ *a/c. a alg.* j-m et. zu-senden, -schicken, -stellen; F ~ *a alg. a paseo* (*a pasear*) j-n zum Teufel schicken; ~ *por* (F *a por*) *a/c.* et. holen lassen.
enviciar [1b] **I.** *v/t.* moralisch verderben; **II.** *v/i.* ✗ ins Kraut (*bzw.* ins Laub) schießen; **III.** *v/r.* ~se sittlich verkommen; ~se *en* (*od.* con) *e-m Laster usw.* verfallen, frönen.
envida|da *Kart. f* Bieten *n*, Reizen *n*; ~**r** *v/t. Kart.* bieten, reizen; *Kart. u. fig.* ~ *en* (*de. de*) *falso* bluffen.
envi|dia *f* Neid *m*, Mißgunst *f*; ~ *profesional* Brot-, Konkurrenz-neid *m*; *tener* ~ *a alg.* (de, por) j-n (um *ac.*) beneiden; *dar* ~ benei-denswert sein; *dar* ~ *a alg. de a/c.* Lust bekommen auf et. (*ac.*), et. gern haben wollen; ~**diable** *adj. c* beneidenswert; zu beneiden(d); ~**diar** [1b] *v/t.*: ~ *a/c. a alg.* (*ac.*) neidisch sein; ~ *a/c. a alg.*, ~ *a alg. por a/c.* j-n um et. (*ac.*) beneiden; j-m et. mißgönnen; *fig.* no tener nada *que* ~ *a* nicht nachstehen (*dat.*), nicht schlechter sein als (*nom.*); *a. iron.* no se lo envidio ich gönne es ihm; ~**dioso I.** *adj.* mißgünstig;

neidisch (auf *ac.* de); **II.** *m* Neider *m.*
envigado(s) ⚠ *m*(/*pl.*) Gebälk *n.*
envile|cer [2d] **I.** *v*/*t.* herabwürdigen, erniedrigen; **II.** *v*/*r.* ~se s. erniedrigen; **~cimiento** *m* Erniedrigung *f*; Verkommenheit *f.*
envinar *v*/*t.* Wasser mit Wein vermischen.
envío *m* **1.** Sendung *f*; Ab-, Ver-, Über-sendung *f*, Versand *m*; ~ de: Absender: (*auf Sendungen*); ~ contra rembolso (*por correo aéreo*) Nachnahme- (Luftpost-)sendung *f*; aviso *m* de ~ Versandanzeige *f*; nota *f* de ~ Versand-schein *m*, -erklärung *f*; hacer un ~ de et. (ver-)senden, (ver)schicken; **2.** *poet.* Zueignung *f.*
envión F *m* Stoß *m*; Ruck *m.*
envite *m* **1.** Bieten *n*, *Kart. a.* Reizen *n*; *fig.* (An-)Gebot *n*, Anerbieten *n*; **2.** Stoß *m*; Sprung *m*; *adv.* al primer ~ gleich zu Beginn, von Anfang an.
enviudar *v*/*i.* Witwe (*bzw.* Witwer) werden.
envolatar *v*/*t. Col.* zur Eile antreiben, (ab)hetzen.
envol|tijo *m Reg. u. Ec.*, **~torio** *m* Bündel *n*; Packen *m*; ✝ Verpackung *f*; **~tura** *f* **1.** Hülle *f* (*a. fig.*), Packung *f*; Verpackung *f*; ~ hermética luftdichte Hülle *f*; Frischhaltepackung *f*; **2.** ⊕ Hülle *f*, Umhüllung *f*; Mantel *m*; ~ tubular Rohr-mantel *m*, -hülle *f*; **3.** ✝ Wickel *m*, Packung *f*; ~ de lodo (*od.* de fango) Fangopackung *f*; ~ torácica Brustwickel *m*; **4.** ~(s) *f*(/*pl.*) Windeln *f*(/*pl.*); **~vedero** *m* Wickeltisch *m*; **~vedor** *m* **1.** Packer *m v.* Waren; **2.** Wickeltuch *n*; **3.** Wickeltisch *m*; **~vente I.** *adj.-su. f* ✝ (curva *f*) ~ Hüllkurve *f*; **II.** *f HF* ~ moduladora Modulationskurve *f*; **III.** *m* ⊕ Mantel *m*, Verkleidung *f*; **~ver** [2h] **I.** *v*/*t.* **1.** (ein)wickeln, einpacken, einhüllen in *ac.* con, en); *a. fig.* verhüllen; *fig.* verbrämen; **2.** *a.* ⊕ umwickeln; ⊕ ummanteln; **3.** Rand, Stoff einschlagen; *p. ext.* umhäkeln *usw.*; **4.** ✖ umfassen, umzingeln; **5.** *a. fig.* verwickeln, verwirren; *fig.* hineinziehen (in *ac.* en); bedeuten, (mit) beinhalten; **II.** *v*/*r.* ~se **6.** s. einlassen (in *ac.* en); **7.** in wilder Ehe leben.
envuel|ta *f* Umhüllung *f*, Hülle *f*; ⊕ Be-, Um-wicklung *f*; Verkleidung *f*; Mantel *m*, Gehäuse *n*; ~to **I.** *part. v.* envolver; **II.** *m F* → envoltorio; *Kchk. Méj.* gefüllte Maisrolle *f.*
enyesa|do *m* (Ein-, Ver-)Gipsen *n*; ✝ Gipsverband *m*; **~r** *v*/*t.* (ein)gipsen (*a.* ✝); übergipsen.
enzarzar [1f] **I.** *v*/*t.* **1.** Mauer mit e-r Dornenschicht versehen; **2.** *fig.* in Schwierigkeiten verwickeln; **II.** *v*/*r.* ~se **3.** s. verfeinden (mit *dat.* con); anea.-geraten; s. in Ungelegenheiten bringen; **4.** ~se in una conversación (*od.* discusión) vom Hundertsten ins Tausendste kommen.
enzi|ma ✝ *f* Enzym *n*; **~mático** *adj.* Enzym..., enzymatisch.
enzootia *vet. f* Viehseuche *f.*
enzurizar [1f] *v*/*t.* (gg.-einander) aufhetzen.

eñe *f* Ñ *n* (*Name des Buchstabens*).
eoceno *Geol. m* Eozän *n.*
eólico *od.* **eolio I.** *adj.* äolisch; arpa *f* eolia Äolsharfe *f*; energía *f* ~a Windenergie *f*; **II.** *m* Äolier *m.*
eón *m* Äon *m*,
¡epa! *int. Méj., Ven.* he!, hallo!; *Chi.* auf!, los!
Epazote ♀ *m Guat., Méj., Salv.* Pazote *m.* [tung *f.*)
épica *f* Epik *f*, erzählende Dich-⟩
epi|cardio *Anat. m* Epikard *n*; **~carpio** *f m* Epikarp *n*; **~ceno** *Gram. adj.* für beide Geschlechter geltend (*Artikel; z. B.* la codorniz die Wachtel *für Männchen u. Weibchen*); **~centro** *m* Epizentrum *n*; **~ciclo** ☿, *Astr. m* Epizykel *m*; **~cicloide** ☿ *f* Epizykloide *f.*
épico *Lit. adj.-su.* episch, erzählend; (poesía *f*) ~a *f* Epik *f*; poema *m* ~ Epos *n*; (poeta *m*) ~ *m* Epiker *m*, epischer Dichter *m.*
epi|cureísmo *Phil. u. fig. m* Epikureismus *m*; **~cúreo** *Phil. u. fig. adj.-su.* epikur(e)isch; *m* Epikureer *m.*
epi|demia *f* Epidemie *f*, Seuche *f*; **~démico** ✝ *adj.* epidemisch, Seuchen...; **~demiología** ✝ *f* Epidemiologie *f*; **~dérmico** ✝ *adj.* epidermal, Oberhaut...; **~dermis** *Anat.*, ✝ *f* Epidermis *f*, (Ober-)Haut *f*; **~diáscopo**, **~diascopio** *m* Epidiaskop *n*; **~dídimo** *Anat. m* Nebenhoden *m.*
epifanía *Rel. f* Dreikönigsfest *n*, Ephiphanie *f.*
epífi|sis *Anat. f* Epiphyse *f*; **~tas** ♀ *f*/*pl.* Epiphyten *m*/*pl.*
epi|gastrio *Anat. m* Epigastrium *n*, Magengrube *f*; **~glotis** *Anat. f* Kehldeckel *m*, Epiglotis *f.*
epí|gono *m* Epigone *m*; *fig.* (schwacher) Nachahmer *m*; **~grafe** *m* **1.** Epigraph *m*; Aufschrift, Inschrift *f*; **2.** Überschrift *f*; **3.** Motto *n.*
epi|grafía *f* Inschriftenkunde *f*, Epigraphik *f*; **~gráfico** *adj.* epigraphisch; **~grafista** *c* Epigrafiker *m*; **~grama** *m* Epigramm *n*; **~gramático** *adj.* epigrammatisch; *fig.* kurz; treffend, geistreich, witzig; **~gramatista** *c* Epigrammatiker *m.*
epi|lepsia ✝ *f* Epilepsie *f*, Fallsucht *f*; **~léptico** *adj.-su.* epileptisch; *m* Epileptiker *m.*
epilo|gación (*f* → epílogo; **~gal** *adj. c* zs.-gefaßt, kurz; **~gar** [1h] *v*/*t.* (in e-m Nachwort) zs.-fassen.
epílogo *m* Epilog *m*, Nachwort *n.*
epiplón *Anat. m* (großes) Netz *n.*
episcopa|do *m* Bischofsamt *n*; Episkopat *m*; **~l I.** *adj. c* **1.** bischöflich, Bischofs...; sede *c* Bischofssitz *m*; **2.** Episkopal...; **II.** *m* **3.** Episkopale *n* (*Ritenbuch*); **4.** Episkopale *m* (*Engl., Angloam.*); **~lismo** *m* Episkopalismus *m.*
episcopio *m* Episkop *n.*
epi|sódico *adj.* episodisch, vorübergehend, nebensächlich; **~sodio** *m* Episode *f* (*a.* ♪ *u. fig.*); *Thea. u. fig.* Nebenhandlung *f*; *Rhet.* Abschweifung *f*; *Lit., Thea., Film:* Teil *m* e-r Reihe.
epispermo ♀ *m* Samenhüllen *f*/*pl.*
epistaxis ✝ *f* Nasenbluten *n.*
epistemología *Phil. f* Epistemologie *f*, Erkenntnistheorie *f.*

epístola *f ecl.* Epistel *f*; *bibl., Lit.* Brief *m.*
epistola|r *adj. c* Brief..., brieflich; **~rio** *m* **1.** Briefsammlung *f*; **2.** *ecl.* Epistolarium *n*; **3.** Briefsteller *m.*
epita|fio *m* Grabschrift *f*; Epitaph *m*; **~lamio** *m* Hochzeitsgedicht *n.*
epiteli|al *Anat. adj. c* Epithel...; **~o** *Anat. m* Epithel *n*; ~ cilíndrico (*plano*) Zylinder- (Platten-)epithel *n.*
epitético *Li. adj.* epithetisch.
epí|teto *m* Epitheton *n*, Beiwort *n*; **~tome** *f Rhet., Lit.* Epitome *f*; Auszug *m*, Abriß *m.*
epizo|ario *Biol. m* Epizoon *n*, Schmarotzer(tier *n*) *m*; **~otia** *vet. f* Tierseuche *f.*
época *f* **1.** Zeitabschnitt *m*, Epoche *f*, Zeitpunkt *m*; Zeit(alter *n*) *f*; ~ moderna Neuzeit *f*; Moderne *f*; ~s de lluvias Regenzeit *f*; en aquella ~ damals; trajes *m*/*pl.* de ~ zeitgenössische (*od.* historische) Trachten *f*/*pl.*; **2.** F de ~ großartig; que hace ~ aufsehenerregend; epochemachend, epochal.
epónimo *adj.-su.* eponym; *m* Eponym(us) *m*, Namengeber *m.*
epo|peya *f*, **~s** *m* Epos *n.*
épsilon *f* Epsilon *n* (*griechischer Buchstabe*).
epsomita *Min. f* Bittersalz *n.*
epulón *m* starker Esser *m.*
equi|ángulo *adj.* gleichwinklig; **~dad** *f* **1.** Recht *n* u. Billigkeit *f*; Gerechtigkeit *f*; **2.** Gleichmut *m*, Mäßigung *f*; **~distante** *adj. c* gleich weit (vonea.) entfernt; **~distar** *v*/*i.* gleich weit entfernt sein (von *dat.* de *od.* vonea.).
équidos *Zo. m*/*pl.* Equiden *m*/*pl.*
equilátero ☿ *adj.* gleichseitig.
equili|brado I. *adj.* ausgeglichen; *Phys.*, ⊕ ausgewuchtet; **II.** *m* Auswuchten *m*; **~brar** *v*/*t. a. fig.* ausgleichen, ins Gleichgewicht bringen; *Kfz.* auswuchten; ☿ ✖ trimmen; **~bratorio** *adj.* ausgleichend, Ausgleichs...; **~brio** *m* **1.** *a. fig.* Gleichgewicht *n*; Ausgleich *m*; *a. fig.* ~ de fuerzas Gleichgewicht *n* der Kräfte; *Pol.* ~ del (*od.* por el) terror Gleichgewicht *n* des Schreckens; **2.** Ausgeglichenheit *f*; Ausgewogenheit *f*; **3.** ~s *m*/*pl.* Ausgleichsversuche *m*/*pl.*; *desp.* Seiltänzerkunststücke *n*/*pl.* (*fig.*); hacer ~s als Vermittler (*od.* vermittelnd) eingreifen; die Gegensätze auszugleichen versuchen; **~brista** *c* Äquilibrist *m*, Seiltänzer *m* (*a. fig.*).
equimolecular *Phys. adj. c* äquimolekular.
equimosis ✝ *f* (*pl. inv.*) Ekchymose *f.*
equino I. *adj.* Pferde...; **II.** *m Zo.* **a)** Seeigel *m*; **b)** Pferd *n.*
equinoc|cial *adj. c* Äquinoktial...; tropisch; línea *f* ~ Äquator *m*; tormentas *f*/*pl.* ~es Äquinoktialstürme *m*/*pl.*; **~cio** *m* Tagundnachtgleiche *f*, Äquinoktium *n.*
equino|coco ✝ *m* Echinokokkus *m*; **~dermo** *Zo. adj.-su. m* Stachelhäuter *m.*
equipa|je *m* (Reise-)Gepäck *n*; ~ libre, ~ franco Freigepäck *n*; ~ de mano Handgepäck *n*; talón *m* de ~ Gepäckschein *m*; **~miento** *m* equipo [2]; **~r** *v*/*t.* **1.** ausrüsten, ausstatten, versehen (mit *dat.* de, con); ✖ *a.* be-

equiparable — esbozar

stücken; *Schiff* ausrüsten *bzw.* bemannen; 2. verproviantieren.
equipara|ble *adj. c* vergleichbar, gleichstellbar; **~ción** *f*: ~ de los derechos rechtliche Gleichstellung *f*; **~miento** *m* Gleichstellung *f*; **~r** *v/t.* gleich-stellen, -setzen; vergleichen (mit *dat. a, con*).
equipo *m* 1. Ausrüstung *f*, Ausstattung *f*; ⊕ Gerät *n*, Anlage *f*; Einheit *f*; ~ de aire comprimido Preßluftgerät *n*; ~ de alta fidelidad Hi-Fi-Anlage *f*, Stereoanlage *f*; ~ de buceo Taucherausrüstung *f*; ~ de novia Brautausstattung *f*, Aussteuer *f*; ~ de video Videogerät *n*; 2. *Sp.*, ♣, ⚒, ⊕, ⚔ *u. fig.* Mannschaft *f*; *Sp. u. fig.* Team *n*; (Schiffs-)Besatzung *f*; Arbeitsgruppe *f*; Schicht *f*; ~ de fútbol Fußballmannschaft *f*; ~ nacional Nationalmannschaft *f*; ~ de noche Nachtschicht *f*; *carrera f por* **~s** Mannschaftsrennen *n*; *trabajo m en* ~ Teamarbeit *f*; F *Col.* ser del otro ~ ein warmer Bruder sein F.
equis *f* 1. X *n* (*Name des Buchstabens*) (*a.* ⚔); *Phys.* rayos *m/pl.* ~ Röntgenstrahlen *m/pl.*; 2. *fig.* F en ~ días in x Tagen, irgendwann; gasto m de ~ ptas. Ausgabe *f* von -zig Peseten; el Sr. X Herr X; 3. *Zo. Ven., Col.* Giftviper *f*.
equiseto ⚘ *m* Schachtelhalm *m*, Zinnkraut *n*.
equita|ción *f* Reiten *n*; Reitkunst *f*; Reitsport *m*; escuela f de ~ Reitschule *f*; **~dor** F *adj.-su.* (schulgerechter) Reiter *m*.
equitati|vamente *adv.* billigerweise; **~vo** *adj.* 1. recht u. billig; gerecht; 2. rechtlich denkend.
equiva|lencia *f* Gleichwertigkeit *f*, Äquivalenz *f*; **~lente** I. *adj. c* gleichwertig (*dat. od.* mit *dat.* a), entsprechend; äquivalent; II. *m* Äquivalent *n*; Entsprechung *f*; Gg.- wert *m*, Ersatz *m*; **~ler** [2q] *v/i.*: ~ (a) gleichwertig sein (*dat. od.* mit *dat.*), gleichkommen (*dat.*); ⚒ äquivalent sein; *fig.* bedeuten (*ac.*); lo que equivale a decir que no was auf ein Nein hinausläuft.
equivoca|ción *f* Irrtum *m*, Verwechslung *f*; Mißverständnis *n*; por ~ → **~damente** *adv.* irrtümlich, versehentlich, aus Versehen; **~do** *part.*: estar ~ s. irren, im Irrtum sein; **~r** [1g] I. *v/t.* verwechseln; verfehlen; mißdeuten; II. *v/r.* ~se s. irren (in *dat.* de, en); ~se de et. verwechseln; ~se de autobús in den falschen Bus einsteigen; ~se en el camino den falschen Weg einschlagen, s. verirren; ~se en el cálculo s. verrechnen; ~se al escribir s. verschreiben. [*Li.*).)
equivocidad *f* Zweideutigkeit *f* (*a.*
equívoco I. *adj.* doppelsinnig; *fig.* zweideutig, verdächtig; *fig.* schlüpfrig; II. *m* Doppelsinn *m*; *fig.* Zweideutigkeit *f*; Wortspiel *n*.
era[1] *f* Zeitalter *n* (*a. Geol.*); Ära *f*; Zeitrechnung *f*; ~ atómica Atomzeitalter *n*; ~ cristiana, ~ vulgar christliches Zeitalter *n*.
era[2] *f* 1. Tenne *f*; 2. 𐂃 Beet *n*; 3. △ Mörtelmischplatz *m*.
erario *m* Staatskasse *f*, Fiskus *m*; *hist.* Ärar *n*.
ere *f* R *n* (*Name des Buchstabens*).

erebo *Myth.*, *lit. m* Erebos *m*.
erección *f* 1. Errichtung *f*; Gründung *f*; 2. *Physiol.* Erektion *f*.
eréctil *adj. c* erektionsfähig, erektil; aufrichtbar.
erecto *adj.* steif; aufrecht; senkrecht, steil (emporragend); **~r** *adj.-su.* aufrichtend; errichtend; *m* Errichter *m*.
ere|mita *m* Einsiedler *m*, Eremit *m*; **~mítico** *adj.* einsiedlerisch, Eremiten...; **~mitorio** *m* Einsiedelei *f*.
ergio *Phys. m* Erg *n*.
ergo *lt. u.* F *cj.* daher, also, ergo (*lt.*).
ergo|nomía *f* Ergonomie *f*; **~nómico** *adj.* ergonomisch.
ergoti|na ⚘ *f* Ergotin *n*; **~smo** *m* 1. 𐂃 Kornstaupe *f*; ✚ Ergotismus *m*; 2. Rechthaberei *f*; **~sta** *adj.-su. c* rechthaberisch; *m* Rechthaber *m*; **~zante** *adj. c* rechthaberisch; **~zar** [1f] *v/i.* alles besser wissen wollen.
erguir [3n, *yergo od.* irgo] I. *v/t.* auf-, er-richten; emporrichten; (er)heben; II. *v/r.* ~se s. aufrichten; s. erheben; *fig.* s. aufblähen; **~ido** aufrecht; *fig.* aufgeblasen.
eria|l *adj.-su. c* öde, wüst; *m* Ödland *n*, Brache *f*; **~zo** *adj.-su.* → erial. [*f*, Erika *f*.)
erica *od.* **érica** ⚘ *f* Heide(kraut *n*)∫
erigir [3c] I. *v/t.* errichten; gründen; *fig.* ~ (en) erheben zu (*dat.*), umwandeln in (*ac.*); II. *v/r.* ~se en árbitro s. zum Schiedsrichter aufwerfen; ~se en centro s. in den Vordergrund drängen.
erin|ge *f*, **~gio** ⚘ ⚘ Distelndolde *f*.
erinia *Myth. f* Erinnye *f*. [sipel *n.*)
erisipela ✚ *f* (Wund-)Rose *f*, Ery-∫
eritrocito *Biol. m* Erythrozyt *m*, rotes Blutkörperchen *n*.
eriza|do *adj.* borstig, stachelig; gesträubt (*Haar, Stacheln*); *fig.* ~ de starrend von (*dat.*), gespickt mit (*dat.*); ~ de dificultades sehr schwierig, heikel; **~r** [1f] I. *v/t.* 1. sträuben, aufrichten; F ~ la pelambrera die Haare zu Berge stehen lassen; 2. *fig.* spicken (mit *dat.* de); II. *v/r.* ~se 3. se le eriza el pelo (*od.* su pelo se eriza) de horror sein Haar sträubt s. vor Entsetzen.
eri|zo *m* 1. *Zo.* Igel *m*; *fig.* F Kratzbürste *f* F (*Person*); ~ marino, ~ de mar Seeigel *m*; 2. ⚒ Mauerbewehrung *f*; 3. ⚘ a) Stachelhülle *f* der Kastanien *usw.*; b) Igelkraut *n*; **~zón** ⚘ *m* Stechginster *m*.
ermita *f* Einsiedelei *f*, Eremitage *f*; Wallfahrtskapelle *f*; **~ño** *m* 1. Einsiedler *m*, Eremit *m*; 2. *Zo.* Einsiedlerkrebs *m*.
Ernesto *npr. m* Ernst *m*.
erogar [1h] *v/t.* Geld *od.* Gut aus-, ver-teilen; P *Méj.* Ausgaben verursachen.
erógeno *adj.* erogen.
Eros *Myth.*, *lit. m* Eros *m*.
erosi|ón *f* 1. Hautabschürfung *f*; 2. *Geol.*, ⊕ Erosion *f*; **~onar** *v/t.* auswaschen, erodieren; **~vo** *Geol. adj.* Erosions...
erostratismo *m* Herostratentum *n*.
eróti|ca *adj.-su. f* (poesía *f*) ~ Liebesdichtung *f*; **~co** *adj.* erotisch; Liebes...
ero|tismo *m* Erotik *f*; ~ de grupo Gruppensex *m*; **~tización** *f* Eroti-

sierung *f*; **~tizar** [1f] *v/t.* erotisieren; **~tomanía** *f* Erotomanie *f*; **~tómano** *adj.-su.* Erotomane *m*.
erra|bundo *adj.* umher-irrend, -schweifend; **~da** *f* Fehlstoß *m* b. *Billard*; *fig.* Fehl-schuß *m*, -wurf *m*; **~damente** *adv.* irrtümlich, fälschlich.
erradica|ción *f* Ausreißen *n*; Ausrottung *f*; **~r** [1g] *v/t.* entwurzeln, ausreißen; ausrotten.
erra|dizo *adj.* umherschweifend; unstet; **~do** *adj.* irrig, verfehlt, unrichtig; tiro *m* ~ Fehlschuß *m*; *andas* ~ du bist im Irrtum.
erraj 𐂃 *m* zermahlene Olivenkerne zum Heizen.
erra|nte *adj. c* umherirrend, schweifend; unstet; **~r** [1l] I. *v/i.* 1. umher-schweifen, -irren; irren; 2. (s.) irren; danebengehen (*Schlag usw.*); II. *v/t.* 3. ~ el blanco das Ziel verfehlen; *a. fig.* vorbeischießen; *fig.* danebenhauen F; ~ (*a.* ~se en) el camino den Weg verfehlen; *fig.* auf dem Holzweg sein F; **~ta** *f* Schreib-, Druck-fehler *m*; fe f de ~s Druckfehlerverzeichnis *n*.
errático *adj.* wandernd (*a. Schmerz*); *Geol.* roca *f* ~a erratischer Block *m*, Findling *m*.
erre *f Name des Buchstabens* rr; *fig. adv.* ~ que ~ hartnäckig; immer wieder.
erróneo *adj.* irrig, Fehl...; doctrina *f* ~a Irrlehre *f*; juicio *m* ~ Fehlurteil *n*, irrige Ansicht *f*.
error *m* 1. Irrtum *m*, irrige Meinung *f*; Fehler *m* (*a. EDV*), Versehen *n*; ~ de cálculo Rechen- *bzw.* Schätzungsfehler *m*; *Typ.* ~ de caja (de pluma) Satz- (Schreib-)fehler *m*; ⚔ ~ judicial Justizirrtum *m*; ✚ ~ de diagnóstico Fehldiagnose *f*; ✚ ~ de técnica (*Typ.* ~ tipográfico) Kunst- (Druck-) fehler *m*; fuente *f* de ~s Fehlerquelle *f*; estar en un ~ im Irrtum sein; inducir a ~ irreführen, täuschen, trügen; por ~ irrtümlich, versehentlich; 2. Verfehlung *f*; Verirrung *f* (*fig.*).
ertza|ina *m* Polizist *m* der autonomen Region Baskenland; **~(i)ntza** *f* der autonomen Region Baskenland.
erubescente *adj. c* errötend; schamrot.
eruc|tar *v/i.* aufstoßen, rülpsen F; **~to** *m*, *oft* ~s *m/pl.* Aufstoßen *n*, Rülpsen *n* F.
erudi|ción *f* Gelehrsamkeit *f*; **~to** I. *adj.* gebildet; gelehrt; bewandert, beschlagen (in *dat.* en); II. *m* Gelehrte(r) *m*; ~ a la violeta Halb-, Pseudo-gebildete(r) *m*.
erup|ción *f* 1. *Geol. u. fig.* Ausbruch *m*, Eruption *f*; 2. ✚ a) (Haut-) Ausschlag *m*; Exanthem *n*; b) Durchbrechen *n* der Zähne; **~cionar** *v/i.* ausbrechen (*Vulkan*); **~tivo** *adj.* 1. *Geol.* eruptiv; rocas *f/pl.* ~as Eruptivgestein *n*; 2. ✚ mit Ausschlag verbunden.
esa *pron. dem. f* → ese[2].
esaborío P *adj.* fade, langweilig.
esbel|tez *f* Schlankheit *f*; schlanker Wuchs *m*; **~to** *adj.* schlank (wüchsig).
esbirro *m* Büttel *m*, Sbirre *m* (*it.*); Scherge *m*; (Polizei-)Spitzel *m*.
esbo|zar [1f] *v/t. a. fig.* skizzieren; umreißen, andeuten; ~ una sonrisa

esbozo — escáner

leicht lächeln; ~zo m Skizze f, Entwurf m.
escabe|chado adj. 1. Kchk. mariniert; 2. F geschminkt, bemalt F; ~char v/t. 1. Fisch, Fleisch marinieren; beizen; 2. F umbringen, abmurksen F; 3. im Examen durchfallen lassen; 4. graue Haare färben; ~che m Kchk. Marinade f, Beize f; marinierter Fisch m; en ~ mariniert; ~china F f Katastrophe f; Verwüstung f; Sch. Prüfung mit e-r Menge f von Durchgefallenen, Schlachtfest n F.
escabel m Schemel m; fig. Beziehung f, Sprungbett n (fig.).
escabiosa ♀ f Skabiose f.
escabro m vet. Schafräude f; ♀ Baumkrebs m; ~sidad f (Gelände-)Unebenheit f, Holprigkeit f; Schwierigkeit f; fig. Schlüpfrigkeit f; ~so adj. 1. uneben, holprig; felsig; 2. schwierig; heikel (Angelegenheit); 3. anstößig, schlüpfrig.
escabullir v/i. u. ~se v/r. [3h] entwischen, -gleiten; la anguila se me escabulló der Aal entschlüpfte m-n Händen; ~se (por) entre la muchedumbre (ungesehen) in der Menge verschwinden.
escacharrar I. v/t. Geschirr zerbrechen; fig. Angelegenheit verpfuschen; II. v/r. ~se s. zerschlagen, mißlingen.
escachifollar F v/t. zum Narren halten.
escafan|dra f Taucheranzug m; Tauchgerät n; ~ autónoma Unterwasseratemgerät n; ~drista c Sporttaucher m; ~dro m → escafandra.
escafoides Anat. adj.-su. m (pl. inv.) (hueso m) ~ Kahnbein n.
escajo m Brachland n.
escala f 1. Leiter f; ~ de asalto Sturmleiter f (z. B. der Feuerwehr); ~ de cuerda Strickleiter f ⚓ ~ de gato, ~ de viento Jakobsleiter f, Fallreep n; 2. Skala f; Reihe f; Einteilung f; Gradmesser m (a. Karten-)Maßstab m; fig. Pol. Ebene f; ~ de altura Höhenskala f bzw. -einstellung f; ~ de colores Farben-reihe f, -skala f, -tafel f; ~ graduada Stufenleiter f; Gradeinteilung f; Einstellskala f; ~ móvil de salarios gleitende Lohnskala f; ~ óptica optische Skala f; ⚥ Sehprobentafel f; Phon. ~ de sonidos Laut-reihe f, -tafel f; fig. ~ de valores Wert-skala f bzw. -tafel f; fig. en gran ~ in großem Umfang od. Maßstab, im großen, Groß...; a ~ de 1 : 400.000 im Maßstab von 1 : 400000; a ~ mundial weltweit; 3. bsd. ⚥ Rangliste f; ~ de reserva Stammrolle f der Reserve; 4. ⚓, ✈ Zwischenlandung f; (puerto m de) ~ Anlauf- bzw. Anflug-hafen m; hacer ~ (en) ⚓ anlaufen (ac.); ✈ zwischenlanden (in dat.); fig. rasten; sin ~ ohne Zwischenlandung f; ✈ vuelo m sin ~ Nonstopflug m; 5. ♪ (musical) Tonleiter f; ~ de mayor C-Dur-Tonleiter f; hacer ~s Tonleitern (bzw. Läufe) üben.
escala|da f 1. Ersteigen n; Erklettern n; ⚥ Erstürmen n; 2. Pol. Eskalation f; ~dor adj.-su. m 1. Bergsteiger m; Kletterer m; 2. Fassadenkletterer m, Einsteigedieb m; ~fón m Rang-, Beförderungs-liste f; Besoldungsgruppe f; ~miento m → escalada.

escálamo ⚓ m Auslegerstrebe f (Rudern).
escalar v/t. 1. (mit Leitern) ersteigen; erklettern, besteigen; ⚥ erstürmen; die Macht an s. reißen (wollen); fig. ~ posiciones die soziale Stufenleiter hinaufsteigen; 2. einbrechen in (ac.), einsteigen in (ac.).
Escalda m Schelde f.
escalda|do adj. fig. gewitzigt, durchtrieben; abgebrüht, schamlos; ~dura f, ~miento m Abbrühen n; Glühen n; ⚥ a) Verbrühung f; b) Wolf m; ~r v/t. 1. a. Kchk. abbrühen; heiß machen; ⚥ a) verbrühen; b) wundreiben; fig. verletzen, verwunden; 2. glühend machen.
escaldo Lit. m Skalde m.
escaleno I. adj. ⚥ ungleichseitig (Dreieck); II. m Anat. Skalenus m (Muskel).
escale|ra f 1. Treppe f; a. Treppenhaus n; ~ automática, ~ mecánica Rolltreppe f; → a. 2; ~ de caracol (exterior) Wendel- (Außen-)treppe f; ~ de honor, ~ monumental → escalinata; ~ de desván (de servicio) Boden- (Hinter-)treppe f; ~s arriba y abajo treppauf, treppab; subir (por) la ~ (über) die Treppe hinaufgehen; 2. (Wagen-, Schiffs- usw.) Leiter f; ~ (de mano) Leiter f; ~ de bomberos (de cuerda) Feuerwehr- (Strick-)leiter f; ~ mecánica mechanische Leiter f z. B. Feuerwehr; ~ telescópica Ausziehleiter f; ~ de tijera, ~ doble (plegable, plegadiza) Bock-, Steh-(Klapp-)leiter f; 3. Klettergerüst n; ~rilla f Trittleiter f; ✈ Gangway f; en ~ treppen-, staffel-förmig; ~rón m Baumleiter f (Stamm mit Aststummeln); ~ta f Hebezeug n, Achsheber m.
escalfa|do adj. 1. poschiert (Ei); 2. blasig (Wand); ~dor m Wärmeplatte f; Wasserwärmer m; ~r I. v/t. Eier poschieren; II. v/r. ~se blasig werden (Brot, Anstrich).
escalinata f Frei-, Vor-treppe f.
escalio m Brach-, Neu-land n.
escalo m Klettern n.
escalo|friado adj. fiebernd, fröstelnd; ~friante adj. c fig. schaurig, schauderregend; ~frío m ⚥ Schüttelfrost m; fig. Schauder m, Schaudern m; tengo ~s ich habe Schüttelfrost; fig. es überläuft mich (heiß u.) kalt.
escalón m 1. a. fig. u. ⊕ Stufe f; (Leiter-)Sprosse f; stufenförmiger Absatz m; en ~ones stufenweise; de dos ~ones zweistufig; sin ~ones stufenlos; cortar el pelo en ~ones Treppen ins Haar schneiden; 2. ⚥ Staffel f, Trupp m; a ~ones staffelweise; in Wellen; ~ de combate Gefechtsstaffel f, Haupttrupp m; 3. Vkw. ~ lateral Randstreifen m (Straße).
escalona f → escaloña.
escalona|do adj. abgestuft, gestaffelt; △ frontón m (od. frontis [-picio] m) ~ Treppengiebel m; ⊕ engranaje m ~ Stufengetriebe n; ~miento m (Ab-)Stufung f; Staffelung f; ~r v/t. 1. a. fig. abstufen; stufen; 2. gestaffelt (od. in Abständen) aufstellen.
escalo|nia ♀ adj.-su. f (cebolla f) ~ → ~ña ♀ f Schalotte f.

escalo|pe m, a. ~pa f Kchk. Schnitzel n.
escal|par v/t. skalpieren; ~pelo m ⚥ Skalpell n; Zim. Stecheisen n.
escama f 1. Schuppe f (a. ⚥); 2. (Panzer-)Schuppe f; 3. ⊕ ~s de laminación Walzsinter m; 4. fig. Argwohn m, Mißtrauen n; Groll m; F tener ~s, tener más ~s que un besugo verschlagen (od. mißtrauisch) sein; ~do I. m 1. Schuppung f; 2. Schuppen-werk n, -geflecht n; 3. Fi. Steinbutt m; II. adj. 4. fig. gewitzt, gerissen; ~r I. v/t. 1. schuppen; 2. mit Schuppen besetzen bzw. besticken; 3. argwöhnisch (od. stutzig) machen; II. v/r. ~se 4. mißtrauisch (od. stutzig) werden.
escamo|char v/t. verschwenden; ~cho m Speisereste m/pl.
escamón F adj. → escamado 4.
escamondar v/t. Bäume ausästen.
escamonea ♀ f Purgierwinde f, Skammonie f; pharm. Purgierharz n; ~rse F v/r. → escamarse.
escamoso adj. schuppig, geschuppt.
escamo|teable ✈ adj. c einziehbar (Fahrgestell); ~teador adj.-su. geschickter Dieb m; Taschenspieler m; ~tear v/t. verschwinden lassen, wegzaubern; (weg)stibitzen; fig. Schwierigkeit mit leichter Hand beseitigen (od. wegzaubern); II. v/r. ~se s. verkrümeln; ~teo m Taschenspielertrick m; Gaukelei f.
escam|pada f Aufklaren n des Wetters; ~par I. v/t. räumen; II. v/i. Col. s. (b. Regen) unterstellen; III. v/impers. escampa es hört auf zu regnen, es klart auf; ~pavía ⚓ f Erkundungsschiff n; Zollkutter m.
escancia|dor m Mundschenk m; ~r [1b] I. v/t. aus-, ein-schenken, kredenzen; II. v/i. Wein trinken.
escanda ♀ f Spelt m, Spelz m.
escanda|lera F f Lärm m, Radau m; ~lizado adj. entrüstet; ~lizador adj. → escandaloso; ~lizar [1f] I. v/t. Anstoß (od. Ärgernis) erregen bei (dat.); empören; II. v/r. ~se Anstoß nehmen (an dat. de, a. con, por); s. empören (über ac. de).
escándalo m Ärgernis n (bsd. bibl.); Tumult m, Aufruhr m, Lärm m; Skandal m; armar un ~ Skandal (bzw. e-n Tumult) verursachen; dar ~ Ärgernis (od. Anstoß) erregen; hacer un ~ en Skandal (bzw. e-e Szene) machen; Krach schlagen; es un ~ es ist ein Skandal; piedra f de(l) ~ Stein m des Anstoßes.
escandalo|sa ⚓ f Gaffeltoppsegel n; ~samente adv. F zur Steigerung e-s Adjektivs: äußerst, toll F, schrecklich, infam F; ~so adj. 1. anstößig, empörend; unanständig; skandalös; unerhört; proceso m ~ Skandalprozeß m; 2. lärmend.
escanda|llar v/t. 1. ⚓ loten; 2. ⚓ Stichproben entnehmen (dat.); ~llo m 1. ⚓ Lot n; echar el ~ loten; 2. ⚓ Stichprobe f; Probe(entnahme) f; Preis-, Kosten-taxierung f.
Escandinav|ia f Skandinavien n; ⚥vo adj.-su. skandinavisch; m Skandinavier m.
escandir v/t. Verse skandieren.
escanea|dor m: EDV ~ de virus Virenscanner m; ~r v/t. EDV (ein)scannen.
escáner m EDV Scanner m.

escantillón ⊕ *m* Vergleichsmaß *n*, Endmaß *n*; Schablone *f*.
escaña ⚥ *f* → *escanda*.
esca|ño *m* (Sitz-)Bank *f* mit Lehne; *Pol.* Abgeordnetenbank *f*; *fig.* Sitz *m* im Parlament; *Am.* (Promenaden-)Bank *f*; **~ñuelo** *m* Fußbank *f*.
esca|pada *f* 1. Entwischen *n*, Flucht *f*, Ausreißen *n*; *Radrennen*: Ausbrechen *n aus dem Feld*; *fig.* Ausflucht *f*, Hintertür *f*; *en una ~* eiligst, im Nu; 2. *fig.* Abstecher *m*; Eskapade *f*; **~padita** F *f* 1. kurze Pause *f* (*b. der Arbeit*); Verschnaufpause *f f*; 2. kurze Reise *f* (*od.* Fahrt *f*); **~par I.** *v/t.* 1. *Pferd* abhetzen, entkommen lassen usw. befreien; **II.** *v/i. u.* **~se** *v/r.* 3. entwischen, -weichen, -rinnen, davonkommen, entkommen; durchbrennen F; entfahren (*Wort*); ausrutschen (*Zunge, Hand*); entgehen (*Gelegenheit*); *~ de od. a*) la muerte dem Tod entrinnen; dejar *~ a/c. s. et.* entgehen lassen; dejó *~* (*od. se le escapó*) un suspiro ihm entfuhr ein Seufzer; *se le escapó un grito se* schrie unwillkürlich auf; *se me escapó la verdad* die Wahrheit rutschte mir heraus; **III.** *v/r.* **~se** 4. ⊕ entweichen (*Dampf, Gase*) (aus *dat.* de); nicht einrasten (*Hebel, Klinke*); 5. lecken, (aus)rinnen.
escapara|te *m* 1. Auslage *f*; Schaufenster *f*; 2. *Am. Reg.* Glasschrank *m*; *Am.* Kleiderschrank *f*; **~tismo** *m* Schaufenster-gestaltung *f*, -dekoration *f*, **~tista** *c* Schaufensterdekorateur *m*.
esca|patoria *f* 1. Vorwand *m*, Ausflucht *f*; Ausweg *m*; 2. Entrinnen *n*, Ausreißen *n*; Eskapade *f*; *fig.* F Seitensprung *m*; **~pe** *m* 1. eilige Flucht *f*; Entrinnen *n*, Entweichen *n*; *adv. a ~* eilig(st), schleunigst; *no hay* (*od. no tiene*) *~* es gibt kein Entrinnen; 2. ⊕ Undichtigkeit *f* (*Leitung*); Entweichen *n*, Austritt *m*, Abziehen *n* (*Gas*); Abdampf *m* (*Dampfmaschine*); Kfz. Auspuff *m*; *~ de*(*l*) *aire* Luftabzug *m*, Entlüftung *f*; Kfz. tubo *m* (*Arg.* caño *m*) de *~* Auspuffrohr *n*; 3. Hemmung *f* (*Uhr*); **~pista** *c* Entfesselungskünstler *m*.
escapo *m* ⚥ Blütenschaft *m*; △ Säulenschaft *m*.
escápula *Anat. f* Schulterblatt *n*.
escapula|r I. *adj. c* Schulter...; **II.** *v/t.* ⚓ umschiffen; **~rio** *kath. m* Skapulier *m*.
escaque *m* 1. (Schach-)Feld *n*; **~s** *m/pl.* Schach(spiel) *n*; 2. ⊘ Feld *n*, Raute *f*; **~ado** *adj.* schachbrettartig; gewürfelt (*Muster*); **~ar** *v/t.* schachbrettförmig anlegen.
escara ⚥ *f* (Wund-)Schorf *m*.
escaraba|jear I. *v/i.* 1. krabbeln; 2. kribbeln; 3. kritzeln; **II.** *v/t.* 4. wurmen; besorgt (*od.* kribbelig F) machen; zwicken (*Gewissen*); **~jeo** *m* Krabbeln *n*; *fig.* Gram *m*, Kummer *m*; **~jo** *m* 1. *Ent.* Skarabäus *m* (*a. Ku.*), *fig.* F Kfz. (VW-)Käfer *m*; *fig.* Knirps *m*; *fig.* F Vogelscheuche *f*; *~ de la patata* Kartoffelkäfer *m*; F *burl. ~ en leche* schwarze Dame *f* in weißem Kleid; *~ sanjuanero* Maikäfer *m*; 2. *tex.* Webfehler *m*; ⊕ Gießfehler *m*; 3. *~s m/pl.* Gekritzel *n*; **~juelo** *Ent. m* Reb(en)käfer *m*.

escaramu|cear ⚔ *v/i.* plänkeln, scharmützeln.
escaramujo *m* 1. ⚥ Hagebutte(nstrauch *m*) *f*, Heckenrose *f*; 2. *Zo.* Entenmuschel *f*.
escaramuza ⚔ *u. fig. f* Geplänkel *n*, Scharmützel *n*; **~r** [1f] *v/i.*→*escaramucear*.
escarapela *f* 1. Kokarde *f*; 2. Rauferei *f*; 3. *Kart.* falsche Dreierkombination *f im Tresillo*.
escar|badientes *m* (*pl. inv.*) *bsd. Am.* Zahnstocher *m*; **~bador** *m* Kratzeisen *n*; **~badura** *f* Scharren *n*, Kratzen *n*; Stochern *n*; **~bar I.** *v/t.* 1. in *der Erde* scharren, den *Boden* aufwühlen; *Feuer* schüren; 2. *fig.* auskundschaften; **II.** *v/i.* 3. *fig.* herumstochern (in *dat.* en), schnüffeln; **III.** *v/r.* **~se** 4. s. *die Zähne, die Ohren* säubern; **~bo** *m* →*escarbadura*.
escarce|la *f* Gürteltasche *f*; Jagdtasche *f*; **~o** *m* 1. Wellenspiel *n*; 2. *Equ.* Kreiswendung *f*; Tänzeln *n*; *hacer ~* tänzeln; 3. *~ amoroso* Anbändeln *n*; kurzes Liebesabenteuer *n*; 4. **~s** *m/pl.* Umschweife *m/pl.*
escarcha *f* 1. (Rauh-)Reif *m*; *hay ~* es hat gereift; 2. kristallisierter Zucker *m in Likören*; **~da** ⚥ *f Art* Zaserblume *f*; **~do I.** *adj.* bereift; *Kchk.* kandiert; *anís m ~ Art* Anislikör *m*; yemas *f/pl.* **~as** mit Zucker geschlagenes Eigelb *n*; **II.** *m Art* Gold- *od.* Silberstickerei *f*; **~r I.** *v/impers.* 1. reifen (*aber mst. formarse escarcha*); **II.** *v/t.* 2. bereifen; 3. *Kchk.* kandieren; 4. ⊕ *Ton* schlämmen; mit Talkum (*bzw.* Glasstaub) bestreuen (*Schnee-, Flitter-effekt*).
escarcho *Fi. m* Rotbart *m*.
escar|da ✂ *f* 1. Jäten *n*; Jätzeit *f*; 2. *kl.* Jäthacke *f*; **~dadera** *f* Jäthaue *f*; **~dador** *m* Jäter *m*; **~dar** *v/t.* ✂ jäten; *fig.* auslesen, säubern; **~dilla** *f* Jäthacke *f*; **~dillar** *v/t.* → *escardar*; **~dillo** *m* 1. ✂ Jäthacke *f*; 2. Widerschein *m*, Lichtreflex *m*; Sonnenkringel *m*.
escaria|dor *m* Reibahle *f*; **~r** ⊕ [1c] *v/t.* (mit der Reibahle) aufreiben; *Bohrloch* ausweiten.
escarifica|ción ✒ *f* 1. Verschorfung *f*; 2. Skarifikation *f*; **~dor** *m* ✒ Messeregge *f*; ✒ Schröpfschnepper *m*; **~dora** *f* ⊕ Straßenaufreißmaschine *f*; ✒ Zwiebrachpflug *m*; **~r** [1g] *v/t.* 1. ✒ a) Einschnitte in *die Haut* machen; b) *Wunde* vom Schorf säubern; 2. ✒ rigolen; 3. ⊕ *Straße* aufreißen.
escarla|ta I. *f* 1. Scharlach(farbe *bzw.* -tuch *n*) *m*; 2. ✒→ *escarlatina*; **II.** *adj. inv.* 3. (de color) *~* scharlachfarben; **~tina** ✒ *f* 1. Scharlachtuch *n*; 2. ✒ Scharlach *m*.
escar|menar *v/t.* 1. *Wolle* auskämmen; ✒ *Erz* sieben; 2. *fig. j-n* kurz halten; *j-m* den Kopf zurechtsetzen; **~mentado** *adj.* gewitzigt, klug (*od.* vorsichtig) geworden; abgeschreckt (von *dat.* de); *han quedado ~s* sie haben daraus gelernt; **~mentar** [1k] **I.** *v/t.* hart strafen *zur Abschreckung*; **II.** *v/i.* gewitzigt werden (durch *ac.* con); aus Erfahrung lernen, Lehrgeld zahlen; *~ en cabeza ajena* durch fremden

Schaden klug werden; **~miento** *m* 1. (harte, abschreckende) Strafe *f*; (schlimme) Erfahrung *f*, Lehre *f*; *hacer un ~* ein Exempel statuieren (an *j-m* de *alg.*); 2. Gewitztheit *f*.
escar|necer [2d] *v/t.* verhöhnen, verspotten; **~necimiento**, **~nio** *m* Hohn *m*, Spott *m*; Verhöhnung *f*; *hacer ~ de alg.* j-n verhöhnen; *en ~, por ~* aus Hohn, zum Spott.
escaro I. *adj.* krummbeinig; **II.** *m Fi.* Papageienfisch *m*; **~la** ⚥ *f* Endivie(nsalat *m*) *f*; **~lado** *adj.* kraus; gefältelt; *cuello m ~* Halskrause *f*; **~lar** *v/t.* kräuseln, fälteln.
escarótico *m* ✒ *adj.* leicht ätzend.
escar|pa *f* Abhang *m*, Steilhang *m*; *a.* ⚔ Böschung *f*; **~pado** *adj.* abschüssig; steil, schroff, jäh (*Abhang*); **~padura** *f* → *escarpa*; **~par** *v/t.* 1. abböschen; 2. abraspeln; **~pe** *m* 1. abschüssiger Hang *m*; 2. ⚓ Laschung *f*; **~pelo** *m* Raspel *f* (*Zim. u. Bildhauer*); **~pia** ⊕ *f* Hakennagel *m*; **~piador** *m* Rohrhaken *m*; **~pidor** *m* weiter Kamm *m*; **~pín** *m* 1. leichter Schuh *m*, Tanzschuh *m*; Bettschuh *m*; 2. Füßling *m*, Überstrumpf *m*.
escar|za *vet. f* Hufzwang *m*; **~zano** △ *adj.*: arco *m ~* Flach-, Stichbogen *m*; **~zar** [1f] *v/t.* Bienenstöcke zeideln; **~zo** *m* 1. Zeideln *n*; 2. verschmutzte Wabe *f*; 3. Feuerschwamm *m*, Zunder *m*.
esca|samente *adv.* spärlich, knapp; kaum; **~sear I.** *v/t.* knapp bemessen; knausern mit (*dat.*) F; *~ las visitas* die Besuche seltener werden lassen; **II.** *v/i.* spärlich vorhanden sein; knapp sein (*od.* werden); selten (*od.* spärlicher) werden; *escasean los víveres* es mangelt an Lebensmitteln; **~sero** F *adj.* knauserig, knickerig F; **~sez** *f* (*pl.* **~eces**) 1. Knappheit *f*, Mangel *m*; Verknappung *f*; *~ de dinero* Geld-mangel *m*; -verknappung *f*; ✝ *~ de dólares* Dollarlücke *f*; *~ de viviendas* Wohnungsnot *f*; *adv. con ~* dürftig, kärglich; Knauserei *f*, Geiz *m*; **~so** *adj.* 1. knapp; spärlich; selten; ✝ gering (*Nachfrage*); *tres días ~s* kaum (*od.* nicht ganz) drei Tage; *estar ~ a.* nicht (aus)reichen; *~ de luces* unwissend, beschränkt; *andar ~ de dinero* knapp bei Kasse sein; 2. geizig, knauserig.
escati|mar *v/t.* 1. schmälern, kürzen; sparen mit (*dat.*); *~ a/c. a alg.* j-m et. vorenthalten; *no ~ esfuerzos* k-e Anstrengung scheuen; 2. *fig. Worte, Sinn* verdrehen; **~moso** *adj.* hinterhältig.
escato|logía *Theol. f* Eschatologie *f*; **~lógico** *adj.* 1. *Theol.* eschatologisch; 2. ✱ auf die Exkremente bezüglich.
escayo|la *f* Feingips *m*; Stuckgips *m*; ✱ Gips(verband) *m*; **~lar** *v/t.* (ver)gipsen; stukkatieren; ✱ (ein-)gipsen; **~lero** *m* Gipsarbeiter *m*, Stukkateur *m*.
escena *f* 1. *Thea. u. fig.* Bühne *f*; *dirección f de ~* Spielleitung *f*, Regie *f*; *director m de ~* Spielleiter *m*, Regisseur *m*; *puesta f en ~* Inszenierung *f*; *aparecer en* (*la*) *~* auf der Bühne erscheinen, auftreten; *fig.* in Erscheinung treten; *desaparecer de* (*la*) *~* abtreten; *fig.* sterben; *a. fig.*

entrar en ~ auftreten; *llamar a* ~ herausrufen; *poner en* ~ auf die Bühne bringen; inszenieren; *fig.* in Szene setzen; durchführen, verwirklichen; 2. Bühnenbild *n*; *a. fig.* Auftritt *m*, Szene *f*; *fig.* Schauspiel *n*; ~ *callejera* Straßen-szene *f*, -bild *n*; ~ *final* Schlußauftritt *m*; Aktschluß *m*; *fig.* hacer una ~ e-e Szene machen; 3. Bühnen-, Schauspiel-kunst *f*; 4. Schauplatz *m*; ~**rio** *m* 1. Bühne *f*; Bühnenraum *m*; ~ *al aire libre* Freilichtbühne *f*; ~ *giratorio* (*radiofónico*) Dreh- (Rundfunk-)bühne *f*; 2. (Bühnen-)Dekoration *f*, *a. fig.* Szenerie *f*; *fig.* Schauplatz *m*; 3. Rahmen *m*, Umgebung *f*; 4. Bühnenanweisung *f*, Szenar(ium) *n*; ~**rista** *c Film:* Szenenregisseur *m*; Drehbuchbearbeiter *m*.
escénico *adj.* szenisch, Bühnen...; *arte m* ~ Bühnenkunst *f*; *efecto m* ~ Bühnenwirksamkeit *f*; *palco m* ~ Bühnenraum *m*; vordere Parkettloge *f*.
esce|nificación *f* Inszenierung *f*; ~**nificar** [1g] *v/t.* inszenieren; ~**nografía** *f* Bühnenmalerei *f*; *Mal.* perspektivische Zeichnung *f*; ~**nográfico** *adj.* bühnenbildmäßig; *Mal.* perspektivisch; ~**nógrafo** *m* Bühnen-maler *m*; -bildner *m*; ~**notecnia** *f* Bühnentechnik *f*.
escepticismo *m* Skepsis *f*; *Phil.* Skeptizismus *m*.
escéptico *adj.-su.* skeptisch, zweifelnd; *m* Skeptiker *m*.
Escila *Myth. f* Skylla *f*; *fig.* entre ~ *y Caribdis* zwischen Skylla u. Charybdis.
escinco *Zo. m* 1. Skink *m*; 2. Sandeidechse *f*.
escindi|ble *adj. c* spaltbar; ~**r** *v/t. a. Phys. u.* ⚛ (auf)spalten.
escisión *f* Spaltung *f*; *Biol.* Teilung *f*.
esclare|cedor *adj.-su.* erhellend; aufklärend; *m* Erläuterer *m*; ~**cer** [2d] I. *v/t.* 1. erleuchten; *fig.* aufklären; erklären; 2. Glanz verleihen (*dat.*); II. *v/impers.* 3. *esclarece es* wird hell, es tagt; ~**cido** *adj.* vornehm, edel; berühmt; erlaucht; ~**cimiento** *m* Aufklärung *f*; Erhellung *f*; Klarheit *f*; † Glanz *m*, Ruhm *m*.
escla|va *f* 1. Sklavin *f*; 2. glatter Armreif *m*; ~**vatura** *hist. f Am.* Sklaven *m/pl. e-s Landgutes*; ~**vina** *f* Pelerine *f*; Pilgermantel *m*; Schulterkragen *m*; ~**vista** *adj.-su. c* Anhänger *m* der Sklaverei; ~**vitud** *f* 1. *a. fig.* Sklaverei *f*; *fig.* Unterjochung *f*; *reducir a* ~ zu(m) Sklaven machen; 2. *kath.* Bruderschaft *f* (*Ordensgemeinschaft*); ~**vizar** [1f] *v/t.* versklaven; *fig.* unterjochen; *tener* ~*ado a alg.* j-n tyrannisieren; ~**vo** I. *adj.-su.* sklavisch; Sklaven...; *m* Sklave *m* (*a. fig.*); ~ *del tabaco* dem Nikotin verfallen; ~ *remero* Ruderklave *m*; II. ~ *m*, ~*a f kath.* Mitglied *n* e-r Ordensgemeinschaft.
escle|roma ⚕ *m* Sklerom *n*; ~**rosado** ⚕ *adj.* sklerotisch, verkalkt; ~**rosarse** ⚕ *v/r.* sklerotisch werden, verkalken; ~**rósico** *adj.* → *esclerosado*; ~**rosis** ⚕ *f* Sklerose *f*; ~ *múltiple* multiple Sklerose *f*; ~**roso** *adj.* → *esclerosado*; ~**rótica** *Anat. f* Sklera *f*, Lederhaut *f* des Auges.

esclusa *f* Schleuse *f*; *Hydr. a.* Wehr *n*; ⚒ ~ *antigás* Gasschleuse *f*; *cámara f de* ~ Schleusenkammer *f*.
esco|ba *f* 1. Besen *m*; *palo m de* ~ Besenstiel *m*; *pasar la* ~ aus-kehren, -fegen; *fig. es para la* ~ das lassen wir liegen *od.* der Rest ist für die Armen; 2. Schrubber *m*, Scheuerbesen *m*; 3. ♀ Besenginster *m*; *Am. versch. Pfl.*; ~**bada** *f*: *dar una* ~ (*a et.*) flüchtig auskehren; ~**bajo** *m* alter Besen *m*; Kamm *m e-r Traube*; ~**bar** I. *m* Besenginsterfeld *n*; II. *v/t.* kehren; ~**bazo** *m fig.*: *echar a* ~*s* (hinaus-)feuern F; ~**bén** ⚓ *m* (Anker-)Klüse *f*; ~**bera** ♀ *f* Besenginster *m*; ~**bero** *m* 1. Besen-binder *m*; -händler *m*; 2. Besenschrank *m*; ~**beta** *f kl.* Bürste *f*.
escobi|lla *f* 1. Bürste *f*; Scheuerbürste *f*; Kleiderbürste *f*; Pfeifenreiniger *m*; *Kfz.* Wisch(er)blatt *n* (Scheibenwischer); *Kchk.*, ♪ ~ *de metal* Stahlbesen *m*; 2. ⚡ Stromabnehmer *m*; ⊕ Rauhkratze *f*; 3. ♀ a) Besenginster *m*; b) *Art* Salzbeere *f*; c) Weberkarde *f*; ~ *de ámbar* Bisamblume *f*; ~**llar** I. *vt/i.* fegen; bürsten; II. *v/i. Bol., Chi., Pe., Rpl.* in rascher Folge aufstampfen (*b. best. Volkstänzen*); ~**llón** *m* 1. Flaschenbürste *f*; ⊕, ⚒ Rohrwischer *m*; ♪ (Flötenusw.) Wischer *m*; 2. Schrubber *m*.
esco|bina *f* Feilspähne *m/pl.*; Bohrmehl *n*; ~**bón** *m* grober Besen *m*; Kaminbesen *m*; Handfeger *m*.
escoce|dura *f* Brennen *n*, Stechen *n*; ~**r** [2b *u.* 2h] I. *v/t.* brennen, jucken, stechen; *fig.* ärgern; II. *v/r.* ~**se** *s.* wundreiben; *s.* röten; *fig. s.* ärgern.
escocés I. *adj.* schottisch; *tela f* ~*esa* Schotten(stoff) *m*; II. *m* Schotte *m*.
escocia *f* 1. △ Hohlkehle *f*; 2. ♀ Schottland *n*; ~**miento** *m* → *escocedura*.
escoda ⊕ *f* Spitzhammer *m*; Krönel(eisen) *n*; ~**dero** *Jgdw. m* Fegebaum *m*; ~**r** *v/t.* 1. △ *Steine* krönen; 2. *Jgdw. Geweih* fegen.
escofina *f* (Holz-)Raspel *f*.
esco|gencia *f Col.* Auswahl *f*; ~**ger** [2c] *vt/i.* wählen, auswählen (*a. EDV*), aussuchen (*aus.*, unter *dat.* de, [de] entre); *a.* ⊕, ☞ aussortieren, verlesen; ~**gida** *f Cu.* (bsd. Tabak-)Verlesung *f*; ~**gidamente** *adv.* ausgesucht; treffend; ~**gido** I. *adj.* (aus)erlesen, auserwählt; vornehm; erwählt; ✝ *mercancías f/pl.* ~*as* Waren *f/pl.*; erster Wahl; *Lit.* obras *f/pl.* ~*as* ausgewählte Werke *n/pl.*; F *estas naranjas están ya muy* ~*as* die besten Orangen sind schon verkauft (*od.* weg F); II. *m* Auslese *f*; ~**gimiento** *m* Auslese *f*, (Aus-)Wahl *f*.
escola|nía *kath. f* Chor-, Sängerknaben *m/pl.*; ~**no** *hist. u. Reg. m* Chor-, Sänger-knabe *m*; ~**pio** *kath. adj.-su.* Piaristen...; *m* Piarist *m*.
escola|r I. *adj. c* Schul...; *en edad* ~ schulpflichtig; *población f* ~ schulpflichtige Kinder *n/pl.*; II. *m* Schüler *m*; *de* ~ als Schüler...; ~**ridad** *f* Schul-bildung *f*, -unterricht *m*; -zeit *f*; Studienzeit *f*; ~ *obligatoria* Schulpflicht *f*.
esco|lástica *f* Scholastik *f*; ~**lasticismo** *m* Scholastik *f*; Scholastizismus *m*; *desp.* übertriebene Spitzfindigkeit *f*; ~**lástico** *adj.-su.* scholastisch; *m* Scholastiker *m*; *desp.* Wortklügler *m*, Tüftler *m*.
escoli|ar [1b] *v/t.* mit Glossen versehen; ~**o** *m* Scholie *f*, Glosse *f* zu e-m Text.
escoliosis ⚕ *f* (*pl. inv.*) Skoliose *f*.
escolopendra *f* 1. 🐛 *Ent.* Skolopender *m*; 2. ♀ Hirschzunge *f*.
escolta I. *f* 1. Bedeckung *f*, Eskorte *f*, (Schutz-)Geleit *n*, Begleit-mannschaft *f*; -kommando *n*; Leibwache *f*; (*buque m*) ~ Geleitschiff *n*; 2. *fig.* Gefolge *n*; Geleit *n*, Begleitung *f*; ~ *a alg.* j-n begleiten; II. *m* 3. Begleitperson *f*; ~**r** *v/t.* 1. geleiten, eskortieren; bewachen; begleiten; 2. *fig.* den Hof machen (*dat.*).
esco|llar *v/i. Arg.* scheitern (⚓ *u. fig.*); ~**llera** *f* Steinschutzwall *m*; Damm(aufschüttung *f*) *m*; *Meer:* Wellenbrecher *m*; ~**llo** *m* Riff *n*, *a. fig.* Klippe *f*; *fig. evitar los* ~*s* die Klippe umschiffen.
escom|bra *f* (Weg-, Aus-)Räumen *n*; ~**brar** *v/t.* 1. ab-, aus-räumen; *Schutt* wegräumen; *fig.* säubern; 2. *Rosinen* klauben; ~**brera** *f* Schuttabladeplatz *m*, -halde *f*; 🛉 Schlackenhalde *f*; ~**bro**[1] *m* 1. *mst.* ~*s m/pl.* (Bau-)Schutt *m*; Trümmer *pl.* (*a. fig.*); *a.* ⚒ Abraum *m*; *reducir a* ~*s* zerschlagen, in Trümmer schlagen; 2. *zu kl.* (*od.* mißratene) Rosinen *f/pl.*
escombro[2] *Fi. m* Makrele *f*.
escon|dedero *m* → *escondrijo*; ~**der** I. *v/t.* verstecken, verbergen (vor *dat.* de); verdecken; verheimlichen; II. *v/r.* ~*se s.* verstecken; ~**didas** II. *f/pl. Am. Reg.* Versteckspiel *n*; II. *adv. a* ~ versteckt, heimlich; im geheimen; *a* ~ *de j-s* Wissen; ~**didizo** *adj.* scheu, zurückgezogen; ~**dido** I. *adj.* verborgen; geheim; II. *m C. Ri., Salv.* Versteckspiel *n*; ~**dimiento** *m* Verbergen *n*; Verstecken *n*; ~**dite** *m* 1. (*juego m del*) ~ Versteckspiel *n*; *jugar al* ~ Versteck(en) spielen; 2. → ~**drijo** *m* Versteck *n*, Schlupfwinkel *m*.
escoñar P I. *v/t.* verpatzen, verhunzen F, vermurksen F; II. *v/r.* ~*se* zum Teufel sein F; in den Eimer F (*od.* in die Hose P) gehen.
escope|ta *f* 1. Flinte *f*; ~ *de aire comprimido* Luftgewehr *n*; ~ *de cañones paralelos* Doppelflinte *f*, Zwilling *m*; ~ *de cañones recortados* abgesägte Schrotflinte *f*; ~ *de cañones superpuestos* Doppelbockflinte *f*; ~ *de caza* Jagdflinte *f*; F *aquí te quiero* (ver), jetzt wird's schwierig, jetzt wird's ernst; 2. ~ *negra* Berufsjäger *m*; ~**tazo** *m* Schußweite *f*; *fig.* F (unangenehme) Nachricht *f*, Bombe *f* (die platzt) F; ~**tear** I. *vt/i.* wiederholt schießen (auf *ac.*); II. *v/r.* ~*se s.* mit Komplimenten überschütten *bzw. s.* gg.-seitig beleidigen; ~**teo** *m* Schießerei *f*; *fig.* vgl. *escopetearse*; ~**tería** *f* 1. Gewehrfeuer *n*; 2. Schützen *m/pl.*; ~**tero** *m* 1. Büchsenmacher *m*; 2. Schütze *m*; ~**tilla** *f* Luftgewehr *n*.
esco|pl(e)ar *v/t.* ausmeißeln; stemmen; ~**plo** *m* (Holz-)Meißel *m*; Stemm-, Stech-eisen *n*.
escora ⚓ *f* 1. Krängung *f*, Schlagseite *f*; 2. größte Schiffsbreite *f*; 3. Schore *f*; ~**r** ⚓ I. *v/t.* 1. *Schiffsseiten* abstützen; II. *v/i. a.* ~*se*

escorbuto — escudriñar

krängen; Schlagseite haben; 3. den tiefsten Stand erreichen (Ebbe).
escorbuto ⚓ *m* Skorbut *m*.
escor|char *v/t.* Haut abschürfen; **~chón** *m* Kratzer *m*, (Haut-)Abschürfung *f*.
escordio ♃ *m* Knoblauchgamander *m*.
escoria *f* 1. Schlacke *f*; Hammerschlag *m*, Zunder *m*; 2. *fig.* Ramsch *m*, Schund *m*; Abschaum *m*; **~l** *m* (Schlacken-)Halde *f*; **~r** [1b] *v/t.* abschürfen, wundreiben.
escor|pena, ~pera, ~pina Fi. *f* kl. roter Drachenkopf *m*.
escorpión *m Ent., Astr.* (♏), *hist.* ⚔ Skorpion *m*; *Fi.* Petermännchen *m*.
escórpora *Fi. f* kl. roter Drachenkopf *m*.
escorsana *Fi. f* violetter Stechrochen *m*.
escor|zar [1f] *Mal. v/t.* (perspektivisch) verkürzen; **~zo** *m Mal.* perspektivische Verkürzung *f*; schiefe Stellung *f*; *fig.* Überblick *m*, Abriß *m*; **~zonera** ♃ *f* Schwarzwurzel *f*.
esco|ta ⚓ *f* Schot *f*, Segelleine *f*; **~tado I.** *adj.* 1. ausgeschnitten, dekolletiert; 2. ♃ an der Spitze ausgezackt; **II.** *m* ~**tadura** *f* 1. Ausschnitt *m am Kleid*; 2. *a.* ⊕ Aussparung *f*; Ausschnitt *m*; *Thea.* gr. Versenkung *f*; 3. *Anat.* Furche *f*, Kerbe *f*; **~tar I.** *v/t.* Kleid ausschneiden; ⊕ aussparen; **II.** *vt/i.* s-n Anteil *an e-r gemeinsamen Ausgabe* zahlen; **III.** *v/r.* **~se** s. das Dekolleté (*bzw.* den Kragen) öffnen; **~te** *m* 1. (Hals-, Ärmel-)Ausschnitt *m*; Dekolleté *n*; Hemdenpasse *f*; *~ en pico* V-Ausschnitt *m*; 2. ⊕ Aussparung *f*; Ausklinkung *f* (*Blech*); 3. Anteil *m b. gemeinsamen Ausgaben*; *adv. a ~* anteilmäßig, durch Umlage; **~tilla** *f* (Schiffs-)Luke *f*; **~tillón** *m* Falltür *f*; *Thea.* Versenkung *f*; *fig. F aparecer (desaparecer) por (el) ~* überraschend auftauchen (spurlos verschwinden).
ecozor *m* Brennen *n*, Jucken *n*; *fig.* Schmerz *m*, Gram *m*.
escri|ba *bibl. m* Schriftgelehrte(r) *m*; **~banía** *f* 1. Kanzlei *f*; † *u. Reg.* Notariat *n*; 2. Schreibzeug *n*, Schreibtischgarnitur *f*; **~bano** *m* 1. † Notar *m*; † *u. Reg.* Urkundsbeamte(r) *m*; 2. (Amts-)Schreiber *m*; 3. *Ent. ~ del agua* Wasser-, Taumel-käfer *m*; **~bido** F: *~ y leído mst. iron.* halbgebildet; **~bidor** F *m* schlechter Schriftsteller *m*, Schreiberling *m* F; **~biente** *m* Schreiber *m*; **~bir** [*part. escrito*] **I.** *vt/i.* schreiben; niederschreiben; verfassen; *arte m de ~* Schreibkunst *f*; *~ música a*) Musik schreiben, komponieren; b) Noten schreiben; *~ a máquina* mit (*od.* auf) der (*od.* in die) Maschine schreiben; *ser perezoso para ~* schreibfaul sein; *no saber ~ su nombre* (*od.* la o con un canuto) sehr unwissend sein; **II.** *v/i. abs.* schriftstellern; **III.** *v/r. ~se* mit-ea. im Briefwechsel stehen; *¿cómo se escribe esto?* wie wird das geschrieben?
escriño *m* 1. Korb *m für Getreide u. ä.*; Futter-, Freßkorb *m für Zugtiere*; 2. Kasten *m*, Kassette *f* (*bsd. für Schmuck*).

escri|ta *Fi. f* Engelfisch *m*; **~tillas** *f/pl.* Hammelhoden *m/pl.*
escri|to I. *adj.* 1. geschrieben; beschrieben; *adv. por ~* schriftlich; *lo ~* das Geschriebene; *lo ~ vale was geschrieben ist, gilt*; *~ a mano* handschriftlich; *fig.* estaba *~* es war Schicksal; *fig. sobre esto no hay nada ~* darüber kann man streiten; *fig. tiene la cobardía ~a en la frente de* Feigheit steht ihm an der Stirn geschrieben; *fig. ~ en el agua* in den Wind geredet; **II.** *m* 2. Schrift (-stück *n*) *f*; Schreiben *n*; ✎ Schrift(satz *m*) *f*; Antrag *m*; 3. Schrift *f*, (literarisches) Werk *n*; **~tor** *m* 1. Schriftsteller *m*, Verfasser *m*; 2. Schreiber *m*; **~torio** 1. Büro *n*; Geschäftszimmer *n*; objetos *m/pl.* (*od.* artículos *m/pl.*) de ~ Büroartikel *m/pl.*; 2. Schreib-tisch *m*; -pult *n*; **~torzuelo** *desp. m* Schreiberling *m* F.
escritura *f* 1. Schrift *f*, Schriftart *f*; (Hand-)Schrift *f*; *~ de adorno* Zierschrift *f*; *~ de Braille*, (en relieve) de los ciegos Blindenschrift *f*; *~ española* (leicht verschnörkelte) Zierschrift *f*; *~ inglesa* Kurrentschrift *f*; *~ de palo seco* Blockschrift *f* (*Plakate usw.*); *~ recta*, *~ vertical* Steilschrift *f*; *vgl. a. letra* 2. Schreiben *n*; Schreibkunst *f*; *clase f de ~* Schreibunterricht *m*; 3. Schriftstück *n*; Urkunde *f*; *~ pública* öffentliche Urkunde *f*; 4. Schrift *f*, Buch *n*, Werk *n*; *Sagrada ♀ Heilige* Schrift *f*; **~ción** ✎ *f* Beurkundung *f*; **~r** ✎ *v/t.* 1. ausfertigen; 2. beurkunden; **~rio I.** *adj.* 1. amtlich ausgefertigt, Amts...; notariell; 2. *Rel.* Bibel..., Schrift...; **II.** *m* 3. Bibelkenner *m*, Schriftforscher *m*.
escrófula ♀ *f* Skrofel *f*.
escrofu|laria ♃ *f* Knotenbraunwurz *f*; **~lismo** *m*, **~losis** *f* ♀ Skrofulose *f*, Skrofeln *f/pl.*; **~loso** ♀ *adj.* skrofulös.
escroto *m* Hodensack *m*, Skrotum *n*.
es|crupulizar [1f] *v/i.* Skrupel haben (bei, in *inf.* en); Bedenken tragen (, zu + *inf.* en); **~crúpulo** *m* 1. Skrupel *m* (*a. pharm.*), Bedenken *n*(/*pl.*), Besorgnis *f*; falta *f* de ~ Skrupel-, Gewissen-losigkeit *f*; *~*(s) de conciencia (Gewissens-)Skrupel *m/pl.*; sin *~s* skrupel-, gewissen-los; sin *el menor ~* ganz unbedenklich; *no tener ~s en*, *no hacer ~ de* k-e Bedenken tragen, zu + *inf.*, k-e Skrupel haben, zu + *inf.*; 2. Ekel *m*, Widerwille *m*; *me da ~* + *inf.* ich ekle mich (ein wenig) davor, zu + *inf.*; 3. *Astr.* (Kreis-, Bogen-) Minute *f*; 4. Steinchen *n im Schuh*.
escrupulo|samente *adv.* peinlich genau (*od.* gewissenhaft); **~sidad** *f* Genauigkeit *f*; Skrupel *m/pl.*; **~so** *adj.* 1. gewissenhaft, peinlich genau; ängstlich; 2. bedenklich, Bedenken erregend.
escru|tador *adj.-su.* forschend; *m* Stimm(en)zähler *m b.* Wahl; **~tar** *v/t.* 1. *Stimmen* zählen; 2. untersuchen; **~tinio** *m* 1. Wahlgang *m*; Stimmenzählung *f*; *p. ext.* Wahl *f*; 2. Untersuchung *f*.
escua|dra *f* 1. Winkelmaß *n*; Zeichendreieck *n*; *a* (*od.* de) *~* rechtwinklig; *~ de acero*, *~ de hierro* Winkeleisen *n*; *~ de albañil* Richt-

scheit *n*; *Zim. ~ falsa*, *~ plegable* Stellwinkel *m*, Schmiege *f*; 2. ⚔ Gruppe *f*, Trupp *m*; Korporalschaft *f*; 3. ⚓ a) (Kriegs-)Flotte *f*; b) Geschwader *n* (⚔); 4. *Astr.* Winkelmaß *n* (*Sternbild*); **~drar** ⊕ *v/t.* abvieren; rechtwinklig zuschneiden (*bzw.* behauen); **~dreo** *m* Flächenvermessung *f*; Fläche(n-ausmaß *n*) *f*; **~drilla** *f* 1. ⚓ (Halb-)Flotille *f*; ✈ Staffel *f*; 2. Trupp *m*; *~ de construcción* Bautrupp *m*.
escuadro *Fi. m* Engelfisch *m*.
escuadrón *m* ⚔ Schwadron *f*; ✈ Geschwader *n*; *~ de caza* Jagdgeschwader *n*.
escu|alidez *f* 1. Schwäche *f*; 2. Verwahrlosung *f*; Schmutz *m*; **~álido** **I.** *adj.* 1. abgemagert, schwach; 2. verwahrlost, schmutzig; **II.** *m/pl.* **~s** 3. *Zo.* Haifische *m/pl.*; **~alo** *Zo. m* Hai(fisch) *m*.
escucha I. m 1. Horcher *m*; ⚔ Späher *m*; **II. *c*** 2. ⚔ Horchposten *m*; *Tel.*, HF Abhörposten *m*; **III.** *f* 3. (Ab-)Hören *n*, (radar) Radargerät *n*; *servicio m de ~* Abhördienst *m*; estar a la (*od.* en) *~* hören, horchen, auf der Lauer stehen; **~r I.** *v/t.* (an)hören, zuhören (*dat.*); belauschen; *~ la radio* Radio, (den) Rundfunk hören; 2. erhören (*ac.*), Gehör schenken (*dat.*); auf *j-n od. et.* hören; **II.** *v/i.* 3. (zu)hören; *Tel.* (*a. v/t.*) mit-, ab-hören; *¡escucha!* hör mal!; auf! ; **III.** *v/r. ~se* 4. s. gern reden hören.
escuchimizado F *adj.* ganz heruntergekommen F.
escu|chita(s) *f*(/*pl.*) Tuscheln *n*, Getuschel *n*; **~chón** *m* unerwünschter Zuhörer *m*.
escu|dar I. *v/t.* (mit dem Schild) schützen; *fig.* decken, schützen; tarnen; **II.** *v/r. ~se in* Deckung gehen; *fig. s.* wappnen (mit *dat.* con, de); *fig. ~se en* (*od.* con) s. verschanzen hinter (*dat.*), *et.* vorschützen; **~deraje** *hist. m* (Schild-)Knappendienst *m*; **~dería** *f Motorsport*: Rennstall *m*; **~dero** *m* 1. *hist.* (Schild-)Knappe *m*; *hist.* Mann *m* von schlichtem Adel; 2. *Jgdw.* Jungkeiler *m*; 3. treuer Begleiter *m*; **~derón** *desp. m* Prahlhans *m*.
escudete *m* 1. Nahtverstärkung *f bzw.* Keil *m* (*Wäsche*); 2. ⊕ Schlüssel(loch)blech *n*; 3. ♃ Seerose *f*; 4. *✓* Pfropfauge *n*.
escudilla *f* (Suppen-)Napf *m*; ⊕ Saugnapf *m b. Patentwandhaken usw.*; **~r I.** *v/t. Suppe* ausschöpfen; **II.** *v/i.* nach Willkür schalten u. walten.
escudo *m* 1. Schild *m* (⚔ *a. hist.*, ⊕ *u. fig.*); *fig.* Schutz *m*; *~ protector* Schutzschild *m*; 2. ⊕ Schloßblech *n*; 3. *~ (de armas)* Wappen (-schild *m*, *n*) *n*; 4. *✝ ~ de la marca* Markenschild *n*; 5. Meteorstein *m*; 6. ⚓ Rückenlehne *f im Bootsheck*; 7. Münzen in Portugal, Chi.; *hist. in Span. etwa:* Taler *m*.
escudriña|dor *adj.-su.* forschend; *m* Erforscher *m*; Prüfende(r) *m*; **~miento** *m* Ausforschung *f*, Durchsuchung *f*; Ergründung *f*; **~r** *v/t.* (durch)forschen; (durch)suchen; auskundschaften (*v/t.*); nachforschen (*abs. od.* nach *dat.*).

escue|la *f* 1. Schule *f*; Schulgebäude *n*; Schulwesen *n*; Schulunterricht *m*; ~ *de agricultura* Landwirtschaftsschule *f*; ~ *de arquitectura* (*de artes y oficios, de arte dramático*) Baufach- (Gewerbe-, Schauspiel-)schule *f*; ~ *de aviación,* ~ *de pilotos* (*de conductores, de chóferes*) Flieger-(Fahr-)schule *f*; ~ *de Bellas Artes* Kunstakademie *f*; *Span.* ~ *de EGB* Grund- und Hauptschule *f*; ~ *elemental* (*especial*) Grund- (Sonder-)schule *f*; ~ *de formación profesional* berufsbildende Schule *f*; Fortbildungsschule *f*; ~ *de ingenieros* Ingenieurschule *f*, (Poly-)Technikum *n*; ~ *maternal* (*2—4 Jahre*), ~ *de párvulos* (*4—6 Jahre*) Kindergarten *m*; ~ *mixta* koedukative Schule *f*; ~ *de música* Musikschule *f*; ~ *naval* (*superior*) Marine- (Hoch-)schule *f*; ~ *de niños* (*de periodismo*) Knaben- (Journalisten-)schule *f*; ~ *normal etwa:* Pädagogische Hochschule *f*; ~ *primaria* Volksschule *f*; ~ *profesional* (*rural*) Berufs- (Land-)schule *f*; 2. *Ku., Phil.* Schule *f*; *formar ~ e-e* Schule bilden, Schule machen; *un caballero de la vieja ~* ein Kavalier der alten Schule; 3. Schulung *f*, Ausbildung *f*; Übung *f*; **~lante** *m Am. Reg.* Schulkind *n*; **~lero** *m* P *Am. Reg.* Schulmeister *m*; *Arg., Ven.* Schulkind *n*.
escuerzo *m Zo.* Kröte *f* (*a. fig.*); *fig.* unansehnliches Geschöpf *n*.
escue|tamente *adv.* in dürren Worten; **~to** *adj.* schlicht, einfach; schmucklos; kahl; dürr, knapp, trocken (*Stil*).
escuincle *m Méj.* Kind *n*.
escul|pir *vt/i.* Stein usw. aushauen; schnitzen; ~ *a cincel* mit dem Meißel (*bzw.* Stichel) (heraus)arbeiten.
escultismo *m* Pfadfinderbewegung *f*.
escul|tor *m* Bildhauer *m*; Bildschnitzer *m*; ~ *en cera* Wachsbildner *m*; **~tórico** *adj.* → escultural; **~tura** *f* 1. Bildhauerkunst *f*; 2. Skulptur *f*, Plastik *f*; **~tural** *adj. c* Bildhauer...; plastisch; *de belleza* ~ bildschön; *fig.* frialdad *f* ~ Marmorkälte *f*.
escupi|dera *f* Spucknapf *m*; *Reg.* Nachtgeschirr *n*; **~dero** *m fig.* mißliche (*od.* entwürdigende) Lage *f*; **~do I.** *adj.* F: *es ~ el padre* er ist dem Vater wie aus dem Gesicht geschnitten; **II.** *m* → escupo; **~dor I.** *adj.* oft (aus)spuckend; **II.** *m Am. Reg.* Spuckschale *f*; **~dura** *f* 1. Speichel *m*, Auswurf *m*; 2. Fieberausschlag *m am Mund;* **~r I.** *v/i.* 1. speien, (aus)spucken; *fig. ~ al cielo* gg. den Wind spucken, s. ins eigene Fleisch schneiden; **II.** *v/t.* 2. ausspucken; *a. fig.* anspucken; *fig. Flammen, Lava usw.* speien; auswerfen, schleudern, sprühen; ~ (*la*) *bilis* Gift u. Galle speien; ~ (*en* [🝆*a*] *la cara*) *a a. fig. j-m* ins Gesicht spucken; *j-n* verhöhnen; *j-m et.* an den Kopf werfen (*fig.*); 3. ausschwitzen, absondern; 4. F (*a. v/i.*) auspacken (mit *dat.*) F, ausplaudern; **~tajo** *m*, **~tina** *f*, **~tinajo** *m* → escupo.
escupo *m* (ausgeworfener) Speichel *m*, Auswurf *m*.
escurialense *adj. c* aus El Escorial.

escurre|platos *m* (*pl. inv.*) Abtropf-brett *n bzw.* -ständer *m*; **~vasos** *m* (*pl. inv.*) Trockengestell *n für Gläser:* **~verduras** *m* (*pl. inv.*) Abtropfsieb *n für Gemüse.*
escurri|banda F *f* 1. Durchfall *m*; Ausfluß *m*; 2. Tracht *f* Prügel; Hiebe *m/pl.*; 3. Flucht *f*; **~dera** *f*, **~dero** *m* → escurreplatos; **~dizo** *adj.* schlüpfrig, glatt; *fig.* aalglatt; *Kfz.* windschlüpf(r)ig; **~do** *adj.* 1. schmal(hüftig); 2. *Cu., Méj., P. Ri.* verlegen; 3. ⚘ stiellos (*Blatt*); **~dor** Abtropfsieb *n*, Durchschlag *m*; → escurreplatos; *Phot.* Trockenständer *m*; **~dora** *f*. ~ *centrífuga* Wäscheschleuder *f*; **~duras**, **~mbres** F *f/pl.* letzte Tropfen *m/pl.*, Rest *m*; Bodensatz *m*; **~miento** *m* Ab-laufen *n*, -tropfen *n*; **~r I.** *v/t.* 1. ganz auslaufen (*bzw.* abtropfen) lassen; bis zur Neige leeren; *Schwamm* ausdrücken; *Wäsche usw.* auswringen; F ~ *el bulto* (*od. el hombro*) *s.* drücken, kneifen F; **II.** *v/i. u.* **~se** *v/r.* 2. ab-, aus-laufen; ab-, aus-tropfen; rinnen; **III.** *v/r.* **~se** 3. *a. fig.* F ausrutschen; 🚲 abrutschen; entkommen, entwischen; entschlüpfen; *se me ha ~ido una falta* mir ist ein Fehler unterlaufen; 4. mehr sagen (*bzw.* geben) als man sollte (*od.* wollte), s. verschnappen F.
esdrújulo *Li. adj.-su.* mit betonter drittletzter Silbe; *m* Proparoxytonon *n*.
ese¹ *f* S *n* (*Name des Buchstabens*); **~s** *f/pl.* Zickzack *m*; *hacer ~s* im Zickzack (*od.* in Schlangenlinien) fahren; torkeln (*Betrunkene usw.*).
ese², **esa**, **eso**, **esos**, **esas** [*substant.:* **ése**, **ésa**, **ésos**, **ésas**; *gemäß Beschluß der Real Academia (1959) kann der Akzent wegfallen, wenn k-e Verwechslung möglich ist*] *pron. dem.* dieser, diese, dies(es); dieser da (*beim Angeredeten befindlich od. auf ihn bezogen*): a) *ese libro que tienes a tu lado* das Buch da (neben dir); F *dame esa mano* gib mir d-e Hand; b) *nachgestellt* (*häufig desp.*) *el hombre ese* dieser Kerl da; c) *alleinstehend u. elliptisch:* *¡a ése!* auf ihn!; haltet ihn!; *en ésa* dort, an dortigen Platz; *in Ihrer Stadt (Korrespondenz); en esa universidad* auf Ihrer Universität; *¡ni por ésas! unter gar k-n Umständen;* d) *eso: ¡eso es!* jawohl!, ganz richtig!, das stimmt!; *a. Parl. Zuruf:* (sehr) richtig!; *eso sí* das allerdings; *sí, pero ... das stimmt schon, aber ...;* *a eso de* (*las tres*) etwa (*od.* ungefähr) um (drei Uhr); (y) *eso que ... und dabei ..., obwohl ...;* *¿y eso?, ¿cómo es eso?* wieso?; *a eso* hierauf; hierzu; *con eso* damit; hiermit; dabei; *con eso de wegen* (*gen.*); *aun con eso* trotzdem; *con eso de ser él su tío* weil er sein Onkel ist; *en eso hierin;* inzwischen, da; *por eso deshalb, deswegen; no por eso* nichtsdestoweniger; *para eso* dafür; *¿qué es eso?* was soll das?, *¿qué geht hier vor?, was ist* (denn) *das?; ¿y eso, qué?* na, und?; *¡no soy de esos* (*esas*) ich bin nicht so einer (so eine); *vgl. aquel, este.*
esecilla *f* Haken *m*; Öse *f* (*Verschluß*).

esen|cia *f* 1. *Phil.* Essenz *f*, Wesen (-heit *f*) *n*; *das* Sein; *ser de* ~ *zum Wesen gehören; wesentlich sein; adv. en ~*, *por* ~ → esencialmente; 2. *pharm.,* 🝆 Essenz *f*; (ätherisches) Öl *n*; 3. *Kfz.* Benzin *n*; **~cial** *adj. c* 1. *a. fig.* wesentlich; *en lo* ~ im wesentlichen; *no* ~ unwesentlich; nicht unbedingt notwendig; *lo* ~ *es que ...* (die) Hauptsache ist, daß ...; 2. 🝆 ätherisch; **~cialmente** *adv.* im wesentlichen; dem Wesen nach; **~cier** *m* 1. Riechfläschchen *n*; 2. Rauchverzehrer *m*.
esfenoides *Anat. adj.-su. m inv.* (*hueso m*) ~ Keilbein *n*.
esfera *f* 1. Kugel *f*, Sphäre *f*; ~ *celeste* Himmelskugel *f*; ~ *solar* Sonnenball *m*; ~ *terrestre* Erdball *m*; Globus *m*; *en forma de* ~ kugelförmig; 2. Zifferblatt *n* (*Uhr*); Skalenscheibe *f*; ~ *luminosa* (*od.* fosforescente) Leuchtzifferblatt *n*; 3. *Psych. u. fig.* Bereich *m*, Sphäre *f*; ~ *de acción*, ~ *de actividad(es)* Lebens-, Wirkungs-, Tätigkeits-bereich *m*; *Pol.* ~ *de influencia* Einflußsphäre *f*; ~ *íntima* Intimsphäre *f*; *las* ~s *de la sociedad* die Gesellschaftsschichten *f/pl.*; **~l** ☆ *adj. c* → esférico.
esfericidad *f* Kugel-form *f*, -gestalt *f*.
esférico I. *adj.* kugelförmig, rund; Kugel...; sphärisch; **II.** *m* F *Sp.* Leder *n* (= Fußball).
esfero *m Col.*, *Ec.* Kugelschreiber *m*.
esferoi|dal ⚭ *adj. c* kugelähnlich; **~de** ⚭ *m* Sphäroid *n*.
esferómetro *m* Sphärometer *n*.
esfigmógrafo 🕮 *m* Sphygmograph *m*.
esfinge *f* 1. Sphinx *f* (*Myth. dt. u. span. a. m*); *fig.* geheimnisvolle (*od.* undurchdringliche) Person *f*; 2. *Ent.* Nachtfalter *m*.
esfínter *Anat. m* Schließmuskel *m*, Sphinkter *m*.
esforza|damente *adv.* kräftig; mutig; **~do** *lit. adj.* mutig, wacker; **~r** [1 *u.* 1m] *v/t.* 1. kräftigen; verstärken; 2. anstrengen; beanspruchen; 3. ermutigen; **II.** *v/r.* **~se** 4. *s.* anstrengen; *s.* zuviel zumuten; **~se** *en* (*od. por*) *s.* bemühen, zu + *inf.*, danach streben, zu + *inf.*
esfuerzo *m* 1. Anstrengung *f*; Bemühung *f*, Mühe *f*; *adv. sin* ~ *mühelos; hacer un* ~ *s.* anstrengen; *s. zs.-reißen; hacer ~s* (*para*) *s.* bemühen, *s.* anstrengen (um zu + *inf.*); *hacer el último* ~ auch das Letzte (*od.* das Unmögliche) versuchen; 2. ~ (*económico*) (finanzielles) Opfer *n* (*bringen hacer*); *hacer un* ~ (*económico*) *para* + *inf.* tief in die Tasche greifen (müssen; um *zu* + *inf.*; 3. ⚙ Kraft *f*; Aufwand *m*; Beanspruchung *f*; *Statik:* Spannung *f*; ~ *del material* Material-, Werkstoff-beanspruchung *f*; ~ *tensor* Spannkraft *f*; 4. Mut *m*, Kraft *f*.
esfu|mar I. *v/t. Mal., Graphik, Phot.* verwischen, verlaufen lassen; abtönen; **II.** *v/r.* **~se** verschwimmen; verlaufen; in der Ferne entschwinden; *fig. s.* auflösen (*z. B. Wolken*); F verschwinden, verduften F; **~ado** verwischt, verschwommen; unscharf; **~minar** *v/t. Mal., Graphik*

esfumino — espalda

→ *esfumar*; ~mino *Mal. m* Wischer *m*.
esgrafia|do *Mal. m* Sgraffito *n*; ~r [1b] *Mal. v/t.* sgraffieren.
esgri|ma *f* Fechtkunst *f*; Fechten *n*; Fechtart *f*; (*ejercicio m de*) ~ Fechtübung *f*, *stud.* Pauken *n*; *maestro m de* ~ Fecht-lehrer *m*, -meister *m*; ~midor *m* (geübter) Fechter *m*; ~mir I. *v/t.* 1. Degen *usw.* schwingen; *a. fig.* mit *et.* (*dat.*) herumfuchteln; 2. *fig. et.* ausspielen, ins Treffen führen; *Gründe* anführen; II. *v/i.* 3. fechten.
esguazar [1f] *v/t.* durchwaten.
esguín *m* Junglachs *m*.
esguince *m* 1. ausweichende Bewegung *f*; abweisende *bzw.* verächtliche Gebärde *f*; 2. ✱ Verstauchung *f*; Verrenkung *f*.
esla|bón *m* 1. Kettenring *m*; *a. fig.* (Ketten-)Glied *n*; ⚓︎ (*Ring-*)Glied *n*; *fig.* Bindeglied *n*; 2. Feuerstahl *m*; Wetzstahl *m*; 3. *Zo.* schwarzer Skorpion *m*; ~bonar I. *v/t. a. fig.* verketten, verknüpfen; ⚒ schäkeln; II. *v/r.* ~se *a. fig.* s. anea.-fügen, im Zs.-hang stehen.
esla|vismo *m* Slawismus *m*; ~vista *Li. c* Slawist *m*; ~vística *f* Slawistik *f*; ~vístico *adj.* slawistisch; ~vo *adj.-su.* slawisch; *m* Slawe *m*; slawische Sprache *f*; ~vófilo *adj.-su.* slawophil; *m* Slawophile(r) *m*.
eslinga *f* Haken-, Lasten-schlinge *f*.
eslizón *Zo. m* Art Erdschleiche *f*.
eslogan *m* Slogan *m*.
eslora ⚓︎ *f* Schiffs-, Kiel-länge *f*.
eslo|vaco *adj.-su.* slowakisch; *m* Slowake *m*; *das* Slowakische; ~vaquia *f* Slowakei *f*; ~venia *f* Slowenien *n*; ~veno *adj.-su.* slowenisch; *m* Slowene *m*; *das* Slowenische.
Esmalcalda *hist.: Liga f de* ~ Schmalkaldischer Bund *m*.
esmal|tado I. *part.-adj.* emailliert, Email...; *fig.* ~ *de* (*od. con*) *flores* blumengeschmückt; **II.** *m* Emaillierung *f*; ~tador *m* Emailleur *m*; ~tar *v/t.* 1. emaillieren; lasieren; ~ *de blanco* weiß emaillieren; 2. *fig.* (aus)schmücken (mit *dat. con, de*); ~te *m* 1. Email *n*, Emaille *f*, ~ *de laca od. laca f de* ~ Emaillack *m*; ~ (*de uñas*) Nagellack *m*; 2. Emailarbeit *f*; 3. Emaillezchirr *m*; 4. *Anat.* (Zahn-) Schmelz *m*; 5. *Mal.* → esmaltín; 6. ⊘ ~s *m/pl.* Wappenfarben *f/pl.*; 7. *fig.* Glanz *m*; Schmuck *m*; ~tín *m* Kobaltblau *n*; ~tina, ~tita *Min. f* Smaltin *m*.
esmerado *adj.* 1. sorgfältig (*gearbeitet*), tadellos; 2. gewissenhaft, sorgfältig; 3. gepflegt.
esmeral|da I. *f* Smaragd *m*; ~ *oriental* Korund *m*; **II.** *adj. inv.* smaragdgrün; ~dero *m bsd. Col.* Smaragdsucher *m*; -händler *m*; ~dino *adj.* smaragdfarben.
esmerar I. *v/t.* polieren; putzen; **II.** *v/r.* ~se Hervorragendes leisten; s. die größte Mühe geben; ~se en (hacer) *a/c.* *et.* mit größter Sorgfalt verrichten.
esmerejón *Vo. m* **a**) Neuntöter *m*; **b**) Merlin *m* (*Falke*).
esmeri|l *m* Schmirgel *m*; ~lado **I.** *adj.* geschliffen; *vidrio m* ~ Mattglas *n*; *Phot. cristal m* ~ (*para enfocar*) Mattscheibe *f*; **II.** *m* Schmir-

geln *n*; Schleifen *n*, Schliff *m*; ~lar **I.** *v/t.* (ab)schmirgeln; (ab-, ein-) schleifen; **II.** *v/r.* ~se s. abschleifen; s. einlaufen (*Maschine*).
esmero *m* Sorgfalt *f*, Gewissenhaftigkeit *f*; Gründlichkeit *f*; *adv. con* ~ sorgfältig, gewissenhaft; tadellos.
Esmirna *f* Smyrna *n*, *heute* Izmir *n*.
esmirriado F *adj.* verkümmert, mick(e)rig F.
esmoquin *m* Smoking *m*.
esnifar F *v/t/i.* (Kokain *usw.*) schnupfen, sniffen F.
esno|b *m* Snob *m*; ~bismo *m* Snobismus *m*; ~bista *adj. c* snobistisch.
esnórquel *m* (U-Boot-)Schnorchel *m*.
eso *pron. dem. n/sg.* (*nur substant.*) das, dies(es); → *ese²* d.
esófago *Anat. m* Speiseröhre *f*.
Esopo *npr. m* Äsop *m*.
esos *pron. dem. m/pl.* → *ese²*.
eso|térico *adj.* esoterisch, geheim; ~terismo *m* Esoterik *f*.
esotro *pron. dem.* jener (andere) (= *ese otro*).
espabila|deras *f/pl.* Licht(putz-) schere *f*; ~do *adj.* munter, aufgeweckt, clever *f*; ~r **I.** *v/t.* 1. Licht schneuzen; 2. aufmuntern, in Schwung bringen; P (hinaus)feuern F; 3. F stibitzen, klauen F; **II.** *v/i. u.* ~se *v/r.* 4. munter werden; 5. F s. durchschlagen, s. zu helfen wissen; 6. s. beeilen, schnell machen.
espaci|ado *adj. Typ.* gesperrt (gedruckt); mit Durchschuß, durchschossen (*Zeilen*); ~ador *m* Leertaste *f* (*Schreibmaschine*); Sperrvorrichtung *f*; ~al *adj. c* 1. räumlich; *visión* ~ räumliches Sehen *n*; 2. (Welt-) Raum...; *vehículo m* ~ Raumfahrzeug *n*; ~ar [1b] **I.** *v/t.* räumlich (*od.* zeitlich) ausea.-ziehen; *fig. et.* seltener tun; *et.* seltener werden lassen, *et.* auf längere Zeiträume verteilen; **II.** *vt/i. Typ. Wörter, Druck* sperren, spationieren; *Zeilen* durchschießen; **III.** *v/r.* ~se *fig.* s. weitläufig ergehen; s. verbreiten (über *ac. en*); ~o **I.** *m* 1. Raum *m*; Zwischenraum *m*; Weg *m* (*bsd. Astr.*); ~ (*de tiempo*) Zeitraum *m*; ~ *cósmico*), ~ *interplanetario*, ~ *sideral* Weltraum *m*; ~ *libre* freier Raum *m*; ⊕ Spielraum *m*; ⚔ Bodenfreiheit *f*; ⚔ freies Schußfeld *n*; ~ *muerto* toter Raum *m*; *fort.* toter Winkel *m*; *Phys.* ~-*tiempo* Raum-Zeit-; ~ *virtual* virtueller Raum *m*, Cyberspace *m*; ~ *vital Biol., Soz.* Lebensraum *m*; ⊕ freier Raum *m*; *por* ~ *de muchos años* während vieler Jahre; *ordenación f del* ~ Raumordnung *f*; ~ *necesario*, ~ *requerido* Platz-, Raum-bedarf *m*; 2. Fläche *f*; ~ *al aire libre* Freigelände *n b. Ausstellungen*; ~s *m/pl.* verdes Grünflächen *f/pl.*; 3. ♪ Raum *m* zwischen den Notenlinien; 4. *Typ.* Spatium *n*; Spatie *f* (*Metallstück*); *EDV* ~ (*en blanco*) Leerzeichen *n*; *con* ~s *compensados* mit automatischem Randausgleich (*Schreibmaschine*); *poner* ~s sperren, spationieren; 5. *TV* Sendezeit *f*; -reihe *f*; Sendung *f*; **II.** *adv.* 6. *Reg.* → osamente *adv.* langsam, gemächlich; ~osidad *f* Geräumigkeit *f*; ~oso *adj.* 1. geräumig, weit; langsam; 3. ~-*temporal* räumlich und zeitlich.

espachurrar F **I.** *v/t.* zerquetschen, plattdrücken; *fig.* den Mund stopfen (*dat.*); **II.** *v/r.* ~se schiefgehen F, in den Eimer gehen F.
espada I. *f* 1. Degen *m*; Schwert *n*; ~ *blanca* Degen *m*, Schwert *n*, blanke Waffe *f*; ~ *de esgrima*, ~ *negra* Schläger *m*, Rapier *n*; *fig.* ~ *de la justicia* (ganze) Schärfe *f* des Gesetzes; *asentar la* ~ *Fechtk.* den Degen ablegen; *fig.* die Sache aufgeben; in den Ruhestand treten; *hist. ceñir la* ~ *a alg.* j-n mit dem Schwerte gürten (*Ritterschlag*); *fig. estar (poner a alg.) entre la* ~ *y la pared* zwischen Hammer u. Amboß geraten sein (j-n in die Enge treiben); *Fechtk. tender la* ~ ausfallen; 2. *p. ext. u. fig.* Klinge *f*; guter Fechter *m*; *a. fig. ser buena* ~ e-e gute Klinge führen; *Stk. media* ~ zweiter Stierkämpfer *m*; → *a.* 6. 3. *Kart. etwa*: Pik *n*; ~s *f/pl.* Pik *n* (*als Farbe*) (*as m de*) ~ Pik-As *n*; 4. *Fi.* (*pez m*) ~ Schwertfisch *m*; 5. ☐ Dietrich *m*, Nachschlüssel *m*; **II.** *m* 6. (*primer*) Matador *m*; *fig.* Könner *m*, Meister *m s-s Fachs*; ~chín *m* tüchtiger Fechter *m*; *fig.* Haudegen *m*, Raufbold *m*.
espada|ña *f* 1. ♣ **a**) Rohr-, Teichkolben *m*; **b**) Wasserschwertlilie *f*; 2. △ Glockenwand *f*; ~r *v/t.* → *espadillar*.
espa|darte *Fi. m* Schwertfisch *m*; ~dazo *m* Degenstoß *m*; Schwerthieb *m*; ~dero *m* Schwertfeger *m*, Waffenschmied *m*; ~dilla *f* 1. *dim.: Abzeichen der Ritter des Santiago-Ordens*; 2. *tex.* Schwinge *f*; Schwingmesser *n*; 3. ⚓︎ Wriggriemen *m*; Notruder *m*; 4. *Kart.* Pik-As *n*; 5. ♣ Siegwurz *f*; ~dillar *tex. v/t.* Flachs, *Hanf* schwingen; ~dín *m* 1. Zierdegen *m*; 2. ⚘ ~ (*de aguja*) Weichenzunge *f*; 3. *Fi.* Sprotte *f*; ~dista *c* 1. Degenfechter *m*; 2. ☐ Einbrecher *m*; ~dón *m* 1. *augm. desp.* plumper Degen *m*, Plempe *f* F; 2. *fig.* F hohes Tier *n* F; *desp.* Haudegen *m*; Raufbold *m*; 3. ⚘ Eunuch *m*.
espagueti *m koll.* Spaghetti *pl.*
espahí ⚔ *m* Spahi *m*.
espalar *vt/i.* (Schnee) schaufeln.
espal|da *f* 1. (*a.* ~s *f/pl.*) Rücken *m*; Schulter *f*; Schulter *f* (*a.* ⊕); *Sp.* (*estilo m*) ~ Rückenschwimmen *n*; *adv. a* ~s (*vueltas*) hinter dem Rücken, heimlich; *a* ~ *de a. fig.* hinter j-s Rücken; hinter (*dat.*); *a la(s)* ~(s) auf dem (*bzw.* den) Rücken; *im* Rücken; auf der Rückseite; *de* ~s a mit dem Rücken nach (*od.* zu *dat.*); *de* ~ *al muro a. fig.* mit dem Rücken an der Wand; in die Enge getrieben; *adv. a. fig. por la* ~ von hinten, hinterrücks; *dar* (*od. volver*) *las* ~s (*al enemigo*) die Flucht ergreifen, fliehen; *fig. dar* (*od. volver*) *la* ~ *a alg.* j-m die kalte Schulter zeigen; *dar* (*od. caer*) (*fig. caerse*) *de* ~ *a.* auf den Rücken fallen (*a. fig.*); *echarse a/c. sobre las* ~s e-e Sache übernehmen; für *et.* (*ac.*) die Verantwortung übernehmen; *fig. guardarse las* ~s s. (den Rücken) decken (*dat.*); *fig. tener bien guardadas* (*od.*

cubiertas od. seguras) las ~s e-e gute Rückendeckung (od. gute Beziehungen) haben; *fig.* F medirle a alg. las ~s j-n verprügeln, j-m Maß nehmen (*fig.* F); F donde la ~ pierde su honesto nombre der Allerwerteste F; *fig.* tener anchas (od. buenas) ~s e-n breiten Rücken (bzw. ein dickes Fell) haben; tener muchos años sobre las ~s eine Menge Jahre auf dem Buckel haben F; volver la ~ a la realidad s. der Wirklichkeit verschließen; 2. Kchk. Schulter *f*; Vorderkeule *f*; 3. Schulter(stück *n*) *f* bzw. Rücken(teil) *m* an Kleid, Anzug; 4. → espaldar 1; ~dar *m* 1. Rückenlehne *f b. Stuhl usw.*; 2. Zo. Rückenpanzer *m* der Schildkröte usw.; 3. ⚓ Spant *m*; 4. → espaldera; 5. → espaldón; ~**darazo** *m* Schlag *m* mit der flachen Klinge (bzw. Hand) auf den Rücken; hist. Ritterschlag *m*; dar el ~ a j-n zum Ritter schlagen; *fig.* j-n (in die Gruppe) aufnehmen; j-n als gleichberechtigt anerkennen; ~ **dear** ⚓ *v/t.* gg. das Heck des Schiffs branden; ~**dera** *f* 1. ⚔ Spalier (-wand *f*) *n*; árbol *m* de ~ Spalierbaum *m*; 2. Sprossenwand *f*; ~**dilla** *f* Anat. Schulterblatt *n*; *vet. u.* Kchk. (Vorder-)Bug *m*; ~**dista** Sp. c Rückenschwimmer *m*; ~**dón** I. *m* ✕ Schulter-, Schutz-wehr *f*; II. *adj.* Col. → ~**dudo** *adj.* breitschultrig.

espalto Mal. *m* Bister *m*, *n*.

espan|table *adj. c*→espantoso; ~**tada** *f* Scheuwerden *n*, Ausbrechen *n* von Tieren; *fig.* le dio una ~ er schreckte (davor) zurück; ~**tadizo** *adj.* schreckhaft, furchtsam; scheu (Pferd); ~**tador** *adj.* erschreckend; Col., Rpl. scheu (Pferd); ~**tagustos** *m* (pl. inv.) Spaßverderber *m*; ~**tajo** *m* 1. a. *fig.* Vogelscheuche *f*; 2. Schreckgespenst *n*; Popanz *m*; ~**talobos** ♀ *m* (pl. inv.) Blasenstrauch *m*; ~**tamoscas** *m* (pl. inv.) Fliegenwedel *m*; Fliegennetz *n* für Pferde; ~**tapájaros** *m* (pl. inv.) a. *fig.* Vogelscheuche *f*; ~**tar** I. *v/t.* 1. erschrecken, entsetzen; 2. Pferd scheu machen; vertreiben, verscheuchen; ~ la caza *f/cn.* das Wild vergrämen; *fig.* s-n Zweck (durch Übereilung u. ä.) verfehlen; die Pferde scheu machen (*fig.*); 3. in Erstaunen setzen; II. *v/r.* ~**se** 4. erschrecken (über ac. de; vor dat. por, ante); scheuen (Pferd); ~**to m** 1. Schreck(en) *m*, Entsetzen *n*; Schauder *m*, Grauen *n*; *fig.* F de ~ entsetzlich, schauderhaft; causar ~ (a) (j-m) e-n Schrecken einjagen, (j-m) Grauen einflößen; Pe. dar un ~ scheuen (Pferd); 2. Erstaunen *n*; *fig.* F estar curado de ~ s. über nichts (mehr) wundern, abgebrüht sein F; 3. ⚔ Angstschock *m*; 4. Am. Reg. Gespenst *n*; ~**toso** *adj.* 1. entsetzlich, grauenhaft; *a. fig.* ungeheuer; 2. erstaunlich; wunderbar.

España *f* Spanien *n*; hist. Nueva ~ Neuspanien *n* (Mexiko in der Kolonialzeit); la ~ de pandereta (y castañuelas) das folkloristische (, verzerrte) Spanien(bild) für Touristen.

españo|l I. *adj.* spanisch; a la ~a nach spanischer Art; → a. Juan; II. *m* Spanier *m*; Li. das Spanische; ~**la** *f* Spanierin *f*; ~**lada**

f mst. desp. verzerrtes Spanienbild *n* in lit. u. künstlerischer Darstellung; dar la ~ s. spanisch gebärden; ~**lado** *adj.* wie ein Spanier wirkend (Ausländer); ~**lar** *v/t.* → españolizar; ~**lería** *f* Spaniertum *n*; ~**leta** *f* 1. ♪ Spagnolette *f* (altspan. Tanz); 2. Tür-, Fenster-riegel *m*, -wirbel *m*; ~**lidad** *f* urspanisches Wesen *n*, spanischer Charakter *m* (oft im Ggs. zum Regionalismus); ~**lismo** *m* Spaniertum *n*; span. Wesen *n*; span. Spracheigentümlichkeit *f*; Spanienliebe *f*; ~**lista** *c* Span. Anhänger *m* der Einheit Spaniens (gg. Regionalismus usw.); ~**lizar** [1f] I. *v/t.* hispanisieren, dem span. Wesen (bzw. der span. Sprache) anpassen; II. *v/r.* ~**se** hispanisiert werden; zum Spanier werden.

espara|drapo *m* (Heft-)Pflaster *n*; Leukoplast *n*; ~**ván** *m vet.* Spat *m*; Vo. Sperber *m*; ~**vel** *m* rundes Wurfnetz *n der Fischer*; ▲ Mörtelbrett *n*.

esparceta ♀ *f* Süßklee *m*.

esparci|damente *adv.* stellenweise, hier u. da; ~**do** *adj. fig.* aufgeräumt, vergnügt; ~**miento** *m* Ver-, Ausstreuen *n* ⊕, ⊕ Streuung *f*; *fig.* Zerstreuung *f*, Vergnügen *n*; Freizeitbeschäftigung *f*; ~**r** [3b] I. *v/t.* 1. (ver-, aus-)streuen; verteilen; auflockern; *fig.* ~ el ánimo s. zerstreuen; polvo *m* para ~ Streupulver *n*; 2. Nachricht verbreiten; II. *v/r.* ~**se** 3. s. ausbreiten; streuen (*v/i.*); s. verbreiten; 4. s. zerstreuen (a. *fig.*); s. vergnügen.

esparraga|do *m* Spargelgericht *n*; ~**l** *m* Spargel-feld *n*, -beet *n*; ~**r** [1h] ⚔ *vt/i.* Spargel stechen (bzw. anbauen) (auf dat. en od. ac.).

espárrago *m* 1. Spargel *m*; ~ común Gemüsespargel *m*; Kchk. ~s largos Stangenspargel *m*; ~ triguero wilder Spargel *m*; F mandar a freír ~s zum Teufel schicken; F ¡vete a freír ~s! scher dich zum Kuckuck!, hau ab! F; 2. Zeltstange *f*; *fig.* F Bohnen-, Hopfen-stange *f* F; 3. ✕ Fahrt *f*; Leiter *f* (Pfahl mit Querleisten); 4. ⊕ Stift *m*, Bolzen *m*; Stiftschraube *f*.

esparrague|ra *f* Spargel *m*; Spargelbeet *n*; Kchk. Spargelschüssel *f*; ~**ro** *adj.-su.* Spargel...; *m* Spargelzüchter *m*; -verkäufer *m*.

esparranca|do *adj.* breitbeinig; *a.* ⊕ spreizbeinig; *p. ext.* ausea.-liegend; ~**rse** [1g] *v/r.* die Beine spreizen.

Esparta *f* Sparta *n*.

espartal *m* → espartizal.

esparta|no *adj.-su.* spartanisch; *m* Spartaner *m*; ~**quista** Pol. *adj.-su. c* Spartakus...; **espar|tar** *v/t.* mit Esparto umflechten; ~**tero** *m* Esparto-arbeiter *m*; -händler *m*; ~**tilla** *f* Equ.*f* Art Striegel *m*; ~**tizal** *m* Espartofeld *n*; ~**to** ♀ *m* Espartogras *n*; ~**toso** *adj.* strähnig (Haar).

espasmo ⚔ *m* Krampf *m*, Spasmus *m*; ~**módico** *adj.* krampfartig, spasm(od)isch; ~**molítico** *adj.-su. m* krampflösend(es Mittel *n*, Spasmolytikum *n*).

espatarrarse F *v/r.* → despatarrarse.

espático Min. *adj.* spathaltig; Spat...

espato Min. *m* Spat *m*; ~ calizo

(flúor) Kalk- (Fluß-)spat *m*; ~ de Islandia Doppelspat *m*.

espátula *f* ⊕ Spachtel *f*, *m*; Lanzette *f der Former*; ✶, pharm. Spatel *m*; Kchk. Wender *m*; *fig.* F estar como una ~ sehr dürr sein.

especia *f* Gewürz *n*; ~s *f/pl.* Gewürzwaren *f/pl.*; de ~ Gewürz...

especia|l *adj. c* besonder, speziell; eigentümlich; Fach..., Spezial...; Sonder...; tren *m* ~ Sonderzug *m*; *adv.* en ~, *prov.*, Chi. ~ → especialmente; ~**lidad** *f* Besonderheit *f*, Eigentümlichkeit *f*; Fach(gebiet) *n*; Spezialität *f*; † Geschäftszweig *m*; es (de) su ~ das ist (od. schlägt) in sein Fach; ~**lísimamente** *sup. adv.* ganz besonders; ~**lista** *adj.-su. c* Fachmann *m*, Spezialist *m*; (médico *m*) ~ Facharzt *m*; *fig.* ~ en discusiones *j.*, der ständig diskutiert; leidenschaftlicher Diskutierer *m*; asesoramiento *m* por ~s fachmännische Beratung *f*; ~**lización** *f* Spezialisierung *f*; ~**lizado** *adj.* spezialisiert; Fach...; ~**lizar** [1f] I. *v/t.* auf ein Fach (bzw. e-n Zweck) begrenzen; II. *v/r.* ~**se** *s.* spezialisieren (auf dat. bzw. ac., in dat. en); ~**lmente** *adv.* insbesondere, besonders, vor allem.

especie *f* 1. *a.* Biol. Art *f*, Spezies *f*; † Warengattung *f*; Sorte *f*; una ~ de e-e Art von (dat.); animales *m/pl.* de todas las ~s Tiere *n/pl.* aller Arten, allerart Tiere; la ~ humana das Menschengeschlecht; bajo ~ de in Gestalt von (dat.); Biol. propio de la ~ arteigen; † en ~ in Naturalien; gal. bar; 2. Angelegenheit *f*, Sache *f*; Gegenstand *m*, Stoff *m*; 3. Vorwand *m*, Schein *m*; 4. ♪ (Einzel-, Orchester-)Stimme *f* e-r Komposition; 5. Fechtk. Finte *f*; 6. Gerücht *n*; Zeitungsente *f*; 7. ~ *especia*; ~**ría** *f* Gewürzhandlung *f*; ~**ro** *m* 1. Gewürzkrämer *m*; 2. Gewürz-schränkchen *n*, -behälter *m*.

especifica|ción *f* 1. (Einzel-)Angabe *f*, (-)Anführung *f*, (-)Aufführung *f*; ⚖ Verw., pharm. Spezifizierung *f*; ~**ones** *f/pl.* Einzelheiten *f/pl.*; 2. Verzeichnis *n*, Liste *f*; 3. ⚖ Umbildung *f*; Spezifikation *f*; ~**damente** *adv.* im einzelnen; genau; ~**do** *adj.* (einzeln) aufgeführt; genau bestimmt; ⚖ spezifiziert (strafbare Handlung); ~**r** [1g] *v/t.* (im) einzeln(en) an-, auf-führen; genau bestimmen, spezifizieren, erläutern; ~**tivo** *adj.* bezeichnend; eigentümlich; Gram. unterscheidend (Adjektiv).

específico I. *adj.* spezifisch (*a.* Phys., ✶, Zoll); unterscheidend; II. *adj.-su.* *m* (medicamento *m*) ~ Spezifikum *n*; III. *m* pharm. Fertigpräparat *n*.

espécimen *m* (pl. especímenes) 1. Exemplar *n*; 2. Muster *n*, Probe *f*; Typ. (Beleg-)Exemplar *n*.

especioso *adj.* 1. (äußerlich) bestechend, Schein...; 2. schön, vortrefflich.

espec|tacular *adj. c* aufsehenerregend, spektakulär; ~**táculo** *m* Schauspiel *n* (a. *fig.*); Darbietung *f*, Vorstellung *f*; Schau *f*; *fig.* Anblick *m*; sala *f* de ~s Raum *m* für Theateraufführungen; ~s *m/pl.* públicos öffentliche Vergnügungsstätten *f/pl.*; dar (el, un) ~ Aufsehen

espectador — espina

erregen; (unliebsam) auffallen; ~tador *adj.-su.* Zuschauer *m*; ser ~ del juego beim (*od.* dem) Spiel zusehen.

espectativa *f* Anwartschaft *f*.

espec|tral *adj. c* **1.** gespenstisch, geisterhaft; Geister..., Gespenster...; **2.** *Phys.* Spektral...; *análisis m* ~ Spektralanalyse *f*; ~**tro** *m* **1.** Gespenst *n* (*a. fig.*), Geist *m*; **2.** *Phys.* Spektrum *n*; del ~ Spektral...; ~ *cromático*, ~ *luminoso* Farbenspektrum *n*; ~ *solar* Sonnenspektrum *n*; ~**trograma** *m* Spektrogramm *n*; ~**trometría** *f* Spektrometrie *f*; ~**trómetro** *m* Spektrometer *n*; ~**troscopia** *f* Spektroskopie *f*; ~**troscopio** *m* Spektroskop *n*.

especula|ción *f* Spekulation *f* (*a. Phil.*, ✝ *u. fig.*); Berechnung *f*, Mutmaßung *f*; ~**dor** *adj.-su. m* Spekulant *m* (✝, *Phil. u. fig.*); ✝ ~ *de bolsa* Börsenspekulant *m*; ~**r** I. *v/t.* **1.** ☞ spiegeln, (mit dem Spiegel) untersuchen; II. *v/i.* **2.** nach-sinnen, -grübeln (über *ac.* en, sobre); **3.** ✝ spekulieren (in, mit *dat.* en); handeln (mit *dat.* en); ~ al (*od.* sobre el) alza auf Hausse spekulieren; **4.** ~ con a/c. mit et. (*dat.*) (*od.* auf et. *ac.*) rechnen, et. in die Waagschale werfen; III. *adj. c* **5.** spiegelnd; Spiegel...; ~**tiva** *f* Denkfähigkeit *f*; ~**tivo** *adj.* **1.** spekulativ, theoretisch; **2.** ✝ spekulativ, Spekulations...

espéculo ☞ *m* Spiegel *m*, Spekulum *n*.

espe|jado *adj.* spiegel-glatt; -blank; spiegelnd; ~**jear** *v/i.* glitzern, gleißen; ~**jero** *m* Spiegel-macher *m*; -händler *m*; ~**jismo** *m* Luftspiegelung *f*, Fata Morgana *f* (*a. fig.*); *fig.* Sinnentrug *m*; Blendwerk *n*; ~**jito** *m* Taschenspiegel *m*; *dim. v.* → ~**jo** *m* **1.** Spiegel *m* (*a. fig.*); ~ *cóncavo* (*convexo*) Konkav-, Hohl- (Konvex-) spiegel *m*; ~ *de cuerpo entero* Toilettenspiegel *m*; ~ *deformante* Zerr-, Vexier-spiegel *m*; *Kfz.* ~ *exterior* Außenspiegel *m*; ~ *parabólico* (*de radar*) (Radar-)Parabolspiegel *m*; ~ *plano* Planspiegel *m*; ♣ ~ *de popa* Spiegel *m*; dejar a/c. limpio como un ~ et. spiegelblank putzen (*od.* machen); *mirar*(se) al ~ in den Spiegel schauen; s. im Spiegel betrachten; *fig.* mirarse en alg. como en un ~ j-n anbeten; j-n als Vorbild verehren; ☞ *Jgdw.* Spiegel *m*; ~**s** *m/pl.* Haarwirbel *m auf der Brust der Pferde*; ~**juelo** *m* **1.** *Min.* Strahlgips *m*; Marienglas *n*; **2.** Maserung *f* im Holz; **3.** *Kchk.* Glaskürbis *m*; **4.** ⚙ Giebelluke *f*; **5.** *Ant.*, *Méj.* ~**s** *m/pl.* Brille(ngläser *n/pl.*) *f*; **6.** *Jgdw.* Lockvogel *m der Vogelfänger.*

espele|ología *f* Speläologie *f*; ~**ológico** *adj.* speläologisch; ~**ólogo** *m* Höhlenforscher *m*, Speläologe *m*.

espelta ☞ *f* Spelz *m*, Dinkel *m*.

espeluzar [1f] *v/t.* Haare zerzausen bzw. zu Berge stehen lassen.

espeluzna|nte *adj. c fig.* haarsträubend, grauenhaft; ~**r(se)** *v/t.* (*v/r.*) (s.) sträuben (*Haare*); *fig.* (s.) entsetzen.

espera *f* **1.** Warten *n*; Erwartung *f*; en la ~ inzwischen; en ~ de sus noticias in Erwartung Ihrer Nachrichten (*Briefstil*); una tensa ~ gespannte Erwartung *f*; entretener la ~ s. die Wartezeit verkürzen; estar en ~ de warten auf (*ac.*); estar a la ~ de et. abwarten; **2.** Geduld *f*, Ruhe *f*; **3.** Aufschub *m*; Frist *f*; **4.** *Jgdw.* Ansitz *m*, Anstand *m*.

esperan|tista *c* Esperantist *m*; Kenner *m bzw.* Anhänger *m* des Esperanto; ~**to** *Li. m* Esperanto *n*.

esperanza *f* Hoffnung *f*; Erwartung *f*; ~ *de vida* Lebenserwartung *f*; *contra toda* ~ wider alles Erwarten, ganz unerwartet; en estado de buena ~ guter Hoffnung, schwanger; F *Arg.* ¡qué ~! kommt nicht in Frage!; in im Traum!; joven *m* de (grandes) ~s ein (sehr) hoffnungsvoller junger Mann; *alimentarse* (*od. vivir*) de ~s s. eitlen Hoffnungen hingeben; *cumplir la* ~ der Erwartung entsprechen, günstig ausfallen; *dar* ~(s) a alg. j-m Hoffnung(en) machen; *poner* (*od. fundar*) ~s en alg. auf j-n Hoffnungen setzen; ~**do** *adj.* voller Hoffnung; zuversichtlich; ~**dor** *adj.* verheißungsvoll, vielversprechend; ~**r** [1f] *v/t.* Hoffnung machen (*dat.*).

esperar *vt/i.* (er)warten, (er)hoffen; auf et. (*ac.*) hoffen (*bzw.* warten); abwarten; annehmen, voraussetzen; ~ en Dios auf (*od.* zu) Gott hoffen; así lo esperamos das hoffen (*bzw.* erwarten) wir; (nos) lo esperábamos das haben wir erwartet, darauf waren wir gefaßt; estar esperando in anderen Umständen (*od. lit.* guter Hoffnung) sein; hacer ~ **a)** warten lassen; **b)** hoffen lassen; hacerse ~ auf s. warten lassen; F ~ *sentado* vergeblich warten; ya puedes ~ sentado da kannst du lange warten; *contra lo* ~**ado** unverhofft, wider Erwarten, según se espera wie man hofft (*bzw.* annimmt); hoffentlich; voraussichtlich; es de ~ que + fut. es steht zu erwarten (*od.* es ist anzunehmen), daß ..., voraussichtlich ...; ~ *contra toda esperanza* trotz allem die Hoffnung nicht aufgeben; *espero que* venga hoffentlich kommt er; espero que vendrá pronto ich nehme an, daß er bald kommt, voraussichtlich kommt er bald; esperamos hasta (*od.* a) que venga wir warten (solange) bis er kommt (irgendwann einmal wird er schon kommen); esperamos hasta que vino wir warteten, bis er kam (bestimmte Ankunftszeit); *Spr.* quien espera, desespera Hoffen u. Harren macht manchen zum Narren.

esperma *m*, *f* **1.** *Biol.* Samen *m*, Sperma *n*; *pharm.* ~ (*de ballena*) Walrat *m*; **2.** *Col.* Kerze *f*; ~**tocito** *m* Spermatozyt *m*; ~**to(zo)ides**, ~**tozoos** *m/pl.* Spermatozoen *n/pl.*

esperón ♣ *m* (Ramm-)Sporn *m*; *hist.* Schiffsschnabel *m*.

esperpento F *m* **1.** Vogelscheuche *f* (*fig.* F); komischer Kauz *m*; **2.** Blödsinn *m* F, Quatsch *m* F.

espesado *Kchk. m Bol.* Art Eintopf *m mit Kartoffeln, Mehl, Paprika, Fleisch.*

espe|sar I. *v/t.* **1.** *Flüssigkeit* ein-, ver-dicken; *Gewebe* dichter machen; engmaschiger stricken; **2.** verdichten, verstärken; zs.-pressen; II. *v/i. u.* ~**se** *v/r.* **3.** dicker (*bzw.* dichter) werden; III. *m* **4.** dichteste Stelle *f* e-s Waldes; ~**so** *adj.* **1.** dick(flüssig), zähflüssig; fettig; **2.** dicht, dick; schlecht (*Luft*); **3.** dicht (-gedrängt); engmaschig; **4.** massig, dick; **5.** F schmutzig; ~**sor** *m* Dicke *f*, Stärke *f*; ☀ Mächtigkeit *f* e-s Flözes; de poco ~ dünn; ~**sura** *f* **1.** Dicke *f*; **2.** Dichte *f*, Dichtigkeit *f*; **3.** Dickicht *n*; **4.** dichtes Haar *n*; **5.** Schmutz *m*.

espe|taperro *adv.*: *a* ~ Hals über Kopf, eiligst; ~**tar** I. *v/t.* **1.** aufspießen, auf den Bratspieß stecken; durchbohren; **2.** *fig.* F an den Kopf werfen (*fig.*); le espetó un sermoncito er hielt ihm e-e Standpauke; II. *v/r.* ~**se** **3.** s. in die Brust werfen; *fig.* F ~**ado** feierlich, steif u. stolz (einhergehend); ~**tera** *f* (Küchenbrett *n zum Aufhängen der*) Töpfe *m/pl.*, Pfannen *f/pl.*; **2.** F Mordsbusen *m* F; **3.** F iron. Klemperenladen *m* (*Ordensspange*); ~**tón** *m* **1.** (Brat-)Spieß *m*; Schürhaken *m*; Stoßdegen *m*; **2.** lange Anstecknadel *f*; **3.** *Fi.* Pfeilhecht *m*.

espía I. *c* Spion(in *f*) *m*; Spitzel *m*; **II.** *f* ♣ Verholen *n*; Verholleine *f*.

espiantar F *Arg.* **I.** *v/t.* klauen *f*, stibitzen F; **II.** *v/i.* abhauen F, verduften F.

espiar [1c] **I.** *v/t.* **1.** ausspionieren, bespitzeln; auskundschaften; **II.** *v/i.* **2.** spionieren; **3.** ♣ verholen, warpen.

espi|bia *f*, ~**bio** *m*, ~**bión** *m* → *estibia*.

espicanar|di *f*, ~**do** *m* ♀ Spieke *f*; *pharm.* Nardenwurzel *f*.

espi|char F **I.** *v/t.* stechen, pieken F; *Chi.* Geld herausrücken; *Col.* (zer-)drücken; **II.** *v/i.* ~(la) sterben, abkratzen P; **III.** *v/r.* ~se *Arg.* auslaufen (*Flüssigkeit*); *Col.*, *Guat.* Angst bekommen; ~**che** *m* **1.** spitzes Instrument *n*; Spieß *m*; ♣ Spiekerpinne *f*; **2.** Pfropfen *m*; **3.** P Tod *m*; **4.** *Am.* Rede *f*; ~**chón** *m* Stich(wunde *f*) *m*.

espid *m* Speed *n* (*Droge*).

espiedo *Kchk. m Arg.* (Brat-)Spieß *m*.

espiga *f* **1.** ♀ **a)** Ähre *f*; **b)** Pfropfreis *n*; **2.** ⊕ Zapfen *m*, Stift *m*; Bolzen *m*; Dorn *m*; (Schlag-)Dorn *m*; ♣ Glockenschwengel *m*; **4.** ♣ Topp *m*; **5.** *Astr.* ♀ Spica *f*; ~**dilla** ♀ *f* Mauergerste *f*; ~**do** *adj. fig.* hoch aufgeschossen (*junger Mensch*); **2.** ährenförmig; ~**dor(a** *f*) *m* Ährenleser(in *f*) *m*; ~**r** [1h] **I.** *v/t. Zim.* verzapfen; **II.** *vt/i.* ☞ Ähren lesen; *fig.* sammeln, zs.-suchen, zs.-tragen (*Daten usw.*); **III.** *v/i.* Ähren ansetzen; **IV.** *v/r.* ~se ☞ ins Kraut (*bzw.* in Samen) schießen; *fig.* schnell wachsen, in die Höhe schießen.

espi|gón *m* **1.** (Nadel-, Messer-usw.) Spitze *f*; Zacke *f*; Dorn *m*; **2.** ♣ Granne *f der Ähren*; (Mais-) Kolben *m*; Knoblauchzehe *f*; **3.** (kahler, spitzer) Bergkegel *m*; **4.** ♣ (Leit-)Damm *m*; *Mar.* Mole *f*; ~**gueo** *m* Ährenlese *f*; ~**guilla** ♀ *f* **a)** Ährenbüschel *n*; **b)** Rispengras *n*; **c)** Pappelkätzchen *n*.

espín *Zo. adj.-su. m* (puerco *m*) ~ Stachelschwein *n*.

espina *f* **1.** Dorn *m*, Stachel *m*; (Holz-)Splitter *m*; ♀ (uva *f*) ~ Stachelbeere *f*; **2.** *Anat.* Stachel *m*; Dorn *m*; Gräte *f*; ~ (*dorsal*) Rückgrat *n* (*a. fig.*); ~ (*de pescado*) Fisch-

gräte *f*; *tex.* Fischgrätenmuster *n*; 3. *fig.* nagender Kummer *m*; (*mala*) ~ Verdacht *m*, Argwohn *m*; *me da buena* ~ *die Sache* sieht ganz gut aus; ... *me da mala* ~ ich traue *dem Menschen* (*der Sache*) nicht, *der Mann* (*die Sache*) ist mir verdächtig; *fig. sacarse la* (*od. una*) ~ s-n Verlust wieder wettmachen, s. revanchieren F (*bsd. b. Spiel*); *tener una* ~ *en el corazón* gr. Kummer haben.
espinaca ♀ *f* (*Kchk. mst.* ~*s f/pl.*) Spinat *m*.
espinal *Anat. adj. c* Rückgrat..., spinal; *médula f* ~ Rückenmark *n*.
espinapez *Zim. m* Fischgrätenparkett *n*.
espina|**r** I. *m* Dorngebüsch *n*; *fig.* Schwierigkeit *f*, haarige Angelegenheit F *f*; II. *v/t.* (mit Dornen) stechen; ✗ mit Dornenranken schützen; *fig.* gg. *j-n* sticheln, *j-m* Nadelstiche versetzen; ~**zo** *m* 1. Rückgrat *n*; *fig.* F *doblar el* ~ kein Rückgrat haben, zu Kreuze kriechen; 2. △ Schlußstein *m e-s Gewölbes*, *e-s Bogens*.
espinela *f* 1. *Metrik*: Dezime *f* (*nach dem Dichter Vicente Espinel*); 2. *Min.* Spinell *m*.
espíneo *adj.* Dorn(en)...
espineta ♪ *f* Spinett *n*.
espingarda *f* 1. *hist.* Feldschlange *f*; 2. lange Araberflinte *f*; *fig.* lange, dürre Person *f*.
espini|**lla** *f* 1. *dim. zu espina*; 2. Schienbein(kamm *m*) *n*; 3. Mitesser *m*; ~**llera** *f Sp.*, ⊕ Schienbeinschutz *m*; *hist.* Beinschiene *f* (*Rüstung*).
espino ♀ *m*: ~ (*blanco*, ~ *albar*) Weißdorn *m*; ~ *cerval*, ~ *hediondo* Kreuzbeere *f*; ~ *negro* Schwarz-, Schlehdorn *m*.
espinosismo *Phil. m* Spinozismus *m* (*nach Spinoza, span. a. Espinosa*).
espinoso I. *adj.* dornig, stach(e)lig, Dorn(en)..., Stachel...; voller Gräten; *fig.* dornenreich; heikel, schwierig; II. *m Fi.* Stichling *m*.
espiocha *f* Pickel *m*.
espionaje *m* Spionage *f*; ~ *económico* (*industrial*) Wirtschafts- (Werk-) spionage *f*; *red f de* ~ Spionage-ring *m*, -netz *n*.
espira[1] *f* 1. Spirale *f*; *Biol.* Schnekkenwindung *f*; → *espiral*; 2. ⊕ (Schrauben-, Spiral-, Spulen-)Windung *f*; ~*s en zigzag* Zickzackwindungen *f/pl.*; 3. △ Schaftgesims *n*.
Espira[2] *f* Speyer *n*. [dünstung *f*.]
espiración *f* Ausatmung *f*; Aus-]
espiral I. *adj. c* spiralförmig; Spiral...; II. *f* Spirale *f*, Spiral-, Schnekken-linie *f*; Spiralfeder *f e-r* Uhr; *adv.* (*u. adj.*) *en* ~ spiralförmig; ~ *de precios y salarios* Lohn-Preis-Spirale *f*.
espira|**nte** *Phon. f* Spirans *f*, Spirant *m*; ~**r** I. *v/i.* (aus)atmen; *poet.* sanft wehen (*Wind*); II. *v/t.* aus-atmen, -hauchen, -strömen; ✻ beleben; ~*torio adj.* exspiratorisch.
espirea ♀ *f* Spierstrauch *m*.
espirilo ⚕ *m* Spirille *f*.
espiri|**tado** F *adj.* abgemagert, ausgemergelt; ~**tismo** *m* Spiritismus *m*; ~**tista** *adj.-su. c* spiritistisch; *m* Spiritist *m*; *sesión f* ~ (spiritistische) Séance *f*; ~**toso** *adj.* lebhaft,

feurig; geistsprühend.
espíritu *m* 1. Geist *m*; Seele *f*; Gabe *f*, Veranlagung *f*; Wesen *n*; ~ *de profecía* Sehergabe *f*; 2. Geist *m*, Verstand *m*; Witz *m*, Scharfsinn *m*; Energie *f*, Tatkraft *f*; *hombre m de* ~ Mann *m* von Geist; tatkräftiger (*bzw.* mutiger) Mann *m*; *pobre de* ~ arm an Geist; ängstlich; *bibl.* arm im Geiste; *sin* ~ geistlos; 3. Geist *m*, Empfinden *n*, Gefühl *n*; Sinn *m*; ~ *de contradicción* Widerspruchsgeist *m*; ~ *de cuerpo* Korpsgeist *m*; ~ *de la época* Zeitgeist *m*; ~ *de sacrificio* Opferbereitschaft *f*; 4. *pharm.*, ⚗ Geist *m*, Extrakt *m*; Spiritus *m*; ~ *de vino* Weingeist *m*; (konzentrierte) Salzsäure *f*; ⊕ *de* Lötwasser *n*; ~ *de vino* Weingeist *m*; 5. *Rel., Folk.* Geist *m*; *los* ~*s* (*del aire etc.*) die Geister (der Luft *usw.*); ~ (*mal*[*ign*]*o*) Teufel *m*, böser Geist *m*; *el* ♀ *Santo* der Heilige Geist *m*; *el mundo de los* ~*s* die Geisterwelt; 6. *Gram.* Hauch *m*; 7. ~ *de la golosina* (zaundürre) Naschkatze *f*.
espiritua|**l** I. *adj. c* 1. geistig, spirituell; 2. geistlich, religiös; 3. geistvoll, geistreich; vergeistigt; II. *m* 4. ♪ Spiritual *n*; ~**lidad** *f* Geistigkeit *f*; *Rel.* geistliches Leben *n*; *als Überschrift*: Geistliche Veranstaltungen *f/pl.*; ~**lismo** *Phil. m* Spiritualismus *m*; ~**lista** *Phil. adj.-su. c* spiritualistisch; *m* Spiritualist *m*; ~**lizar** [1f] I. *v/t.* 1. vergeistigen; Geist einhauchen (*dat.*), beseelen; 2. *Güter zu* kirchlichem Besitz machen; II. *v/r.* ~*se* 3. F mager werden; ~**lmente** *adv.* 1. geistlich; 2. geistig.
espirituoso *adj.*: *bebidas f/pl.* ~*as* Spirituosen *f/pl.*
espi|**rómetro** ⚕ *m* Spirometer *n*; ~**roqueta** *f*, ~**roqueto** *m* ⚕ Spirochäte *f*.
espita *f* 1. Faß-, Zapf-hahn *m*; ⊕ kl. Hahn *m*; P ¡*cierra la* ~! halt die Schnauze!; *poner la* ~ → *espitar*; 2. *fig.* F Trinker *m*, Säufer *m* F; ~**r** *v/t.* Faß anzapfen.
esplacnología ⚕ *f* Splanchnologie *f*.
esplen|**dente** *adj. c* strahlend, leuchtend; ~**der** ✻, *poet. v/i.* glänzen, leuchten.
esplendidez *m* 1. Glanz *m*, Pracht *f*, Herrlichkeit *f*; 2. Freigebigkeit *f*.
espléndido *adj.* 1. prächtig, herrlich, prunkvoll; *fig.* strahlend, glänzend; 2. freigebig.
esplendo|**r** *m* Glanz *m* (*bsd. fig.*); Pracht *f*, Herrlichkeit *f*; ~**roso** *adj. bsd. fig.* strahlend, glänzend, leuchtend; glanzvoll, prächtig.
es|**plénico** *Anat.* I. *adj.* Milz...; II. *m* → ~**plenio** *Anat. m* Splenius *m* (Halsmuskel); ~**plenitis** ⚕ *f* Milzentzündung *f*.
espliego ♀ *m* Lavendel *m*, Speik *m*.
esplín *m* Lebensüberdruß *m*; Schrulligkeit *f*; Grille *f*, Spleen *m*.
espo|**lada** *f*, ~**lazo** *m Equ.* Spornstich *m*; *fig.* Ansporn *m*; ~**lear** *v/t. Equ.* die Sporen geben (*dat.*), *a. fig.* anspornen, (an)treiben; beflügeln; ~**leo** *m* Anspornen *f*; ~**leta** *f* 1. *Zo.* Brustbein *n der Vögel*; 2. ⚔ Zünder *m*; ~ *de percusión* (*graduada od. de tiempo od. de relojería*) Aufschlag-(Zeit-)zünder *m*; ~**lín** *m* 1. *Equ.* Anschlagsporn *m*; 2. *tex.* geblümter Seidenbrokat *m*; ~**lio** *kath. m* Spo-

lien *n/pl.*; ~**lique** *m* 1. Fußlakai *m e-s Reiters*; 2. *Spiel*: Fersenschlag *m b.* Bockspringen; ~**lón** *m* 1. *Zo.* Hahnensporn *m*; 2. ⚓ Rammsporn *m*; Schiffsschnabel *m*; 3. Kai *m*; Dammweg *m*; (Ufer-)Promenade *f*; 4. △ Strebepfeiler *m*; Widerlager *n e-r Brücke*; 5. ⊕ Sporn *m*; 6. Gebirgsausläufer *m*; ~**lonada** *f* Reiterangriff *m*; ~**lonazo** *m* 1. Spornstoß *m des Kampfhahns*; 2. Rammstoß *m*.
espolvo|**reador** *m* Bestäuber *m*, Bestäubungsgerät *n*; ~**rear**, ⊕ (ein-)pudern; bestäuben; bestreuen (mit *dat.* de, con); ~ *a/c. sobre et.* bestreuen mit et. (*dat.*); ~**reo** *m* (Be-)Stäuben *n*; ~**rizar** [1f] *v/t.* → espolvorear.
espon|**daico** *adj. Metrik*: spondeisch; ~**deo** *m* Spondeus *m* (*Versfuß*).
espondilosis ⚕ *f* Spondylose *f*.
espon|**giarios** *Zo. m/pl.* Schwämme *m/pl.*; ~**ja** *f* 1. Schwamm *m* (*Zo.*, ♀); schwammige Substanz *f*; ~ *de caucho*, ~ *de goma* Gummischwamm *m*; *goma f* ~ Schwammgummi *m*; *fig. beber como una* ~ ein starker Trinker sein; *fig. pasar la* ~ *sobre a/c. et.* vergeben u. vergessen, *et.* begraben (sein lassen); *fig. tirar la* ~ aufgeben, das Handtuch werfen; 2. *fig.* Schmarotzer *m*; 3. *tex.* Frottee *n*, *m*; ~**jado** I. *adj.* schwammig; aufgeplustert; II. *m Kchk.* Plundergebäck *n*; Schaumzuckerbackwerk *n*; ~**jadura** *f* ⊕ Schwamm *m im Guß*; ~**jar** *v/t.* 1. aufblähen; auflockern; anschwellen lassen; II. *v/r.* ~*se* 2. aufquellen; aufgehen (*Teig*); *fig.* F *s.* aufplustern; 3. F vor Gesundheit strotzen; ~**jera** *f* Schwammbehälter *m*; ~**josidad** *f* Schwammigkeit *f*; ~**joso** *adj.* schwammig, ⚗ *a.* spongiös; porös (*Stein*).
esponsa|**lles** *m/pl.* Verlobung *f*, ⚖ Verlöbnis *n*; Verlobungsfeier *f*; ~**licio** *adj.* Verlobungs...
esponsorizar [1f] *v/t.* sponsern.
espon|**táneamente** *adv.* aus freien Stücken; von selbst, spontan; ~**tanearse** *v/r.* aus *s.* herausgehen, *s.* eröffnen; ⚖ ein freiwilliges Geständnis ablegen; ~**taneidad** *f* 1. Freiwilligkeit *f*, Handeln *n* aus eigenem Antrieb; 2. Ursprünglichkeit *f des Gedankens usw.*; ~**táneo** I. *adj.* 1. freiwillig, aus eigenem Antrieb (kommend); aus plötzlichem Antrieb handelnd, spontan; unwillkürlich (*Bewegung*); 2. natürlich, ursprünglich; 3. *a. Biol., Physiol.* spontan, Spontan..., selbst...; von selbst entstanden; wildwachsend (*Pfl.*); II. *m* 4. *Stk.* Zuschauer *m*, der *unbefugterweise* in die Arena springt, *um gg. den Stier zu kämpfen*.
espora ♀ *f* Spore *f*.
esporádico *adj.* sporadisch, vereinzelt (auftretend).
espo|**rangio** *m* Sporenschlauch *m*; ~**rozo(ari)os** *Biol. m/pl.* Sporentierchen *n/pl.*
espor|**tear** *v/t.* in Körben befördern; ~**tilla** *f* kl. Korb *m*; ~**tillero** *m* Korbträger *m*; ~**tón** *m* gr. Korb *m*.
espo|**sa** *f* 1. Gattin *f*, Gemahlin *f*; 2. ~*s f/pl.* Handschellen *f/pl.*; ~**sado** *adj.-su.* jungvermählt; ~**sar** *v/t. j-m* Handschellen anlegen; ~**so** *m*

espot — estación

Gatte *m*, Gemahl *m*; ~s *m/pl*. Ehepaar *n*, -leute *pl*.
espot *TV m*: ~ (*publicitario*) Werbespot *m*.
espray *m* Spray *n*, *m*.
espuela *f* 1. *Equ.* Sporn *m*; *fig.* Antrieb *m*; Anreiz *m*; mozo m de ~(s) Fußlakai m e-s Reiters; *fig.* calzar la(s) ~(s) a alg. j-n zum Ritter schlagen; calzar ~ Ritter sein; calzar(se) la ~ zum Ritter geschlagen werden; dar ~s, dar de ~(s), hincar ~s Pferd anspornen, die Sporen geben (*dat.*); *fig. sentir la* ~ den Stachel spüren, unter dem Stachel (*Antreiberei, Verweis*) leiden; 2. *Zo. Can.*, *Am.* Hahnensporn *m*; *Arg.*, *Chi.* Brustbein *n* der Vögel; 3. ♀ ~ de caballero Gartenrittersporn *m*.
espuel(e)ar *v/t. Am.* anspornen.
espuerta *f* (Henkel-)Korb *m*; Tragkorb *m* für Saumtiere; *fig.* a ~s haufenweise, im Überfluß.
espul|gar [1h] *v/t.* (ab)flöhen, (ent-)lausen; *fig.* genau prüfen; ~**go** *m* Abflöhen *n*, Entlausen *n*; *fig.* Durchsuchen *n*.
espu|ma *f* 1. Schaum *m*; Gischt *m* der Wellen; ~ de afeitar Rasierschaum *m*; ~ fijadora Schaumfestiger *m*; *fig.* crecer como la ~ a) schnell wachsen; b) schnell blühen u. gedeihen, bald sein Glück machen; 2. ♀ ~ de nitro Mauersalpeter *m*; *Min.* ~ de mar Meerschaum *m*; 3. Schaum(stoff) *m*; ~**madera** *f* Schaumlöffel *m* (*a.* ⊕); ~**maje** *m* reiche Schaumbildung *f*; viel Schaum *m*; ~**majear** *v/i.* schäumen (*a. fig.*); ~**majo** *m* → espumarajo; ~**majoso** *desp. adj.* → espumoso; ~**mante** *adj. c* schäumend; Schaum...; schaumbildend; ~**mar** I. *v/t.* abschäumen, den Schaum abschöpfen von (*dat.*); II. *v/i.* schäumen; aufschäumen; *fig.* rasch wachsen; schnell vorankommen, gedeihen; ~**marajo** *m* Schaum *m*; Geifer *m*, Speichel *m*; *fig.* echar ~s vor Wut schäumen; ~**milla** *f* 1. *tex.* feiner Krepp *m*; 2. *Kchk. prov., Ec., Hond.* Meringe *f*; ~**moso** *adj.* schaumig; schäumend; Schaum...; vino *m* ~ Schaumwein *m*, Sekt *m*.
espundia ♂ *f am.* Uta-Geschwür *n*, Espundia *f*.
espurio *adj.* 1. unehelich; hijo *m* ~ Bastard *m*; 2. *fig.* falsch, unecht; gefälscht.
espu|tar *vt/i.* (aus)spucken; aushusten; Auswurf haben; ~**to** *m* Speichel *m*; ♂ Auswurf *m*, Sputum *n*.
esqueje ♂ *m* Steckling *m*.
esquela *f* kurzes Schreiben *n*; Kartenbrief *m* mit Vordruck; gedruckte Anzeige *f*; ~ fúnebre, ~ mortuoria Todesanzeige *f*; ~ de invitación gedruckte Einladung(skarte) *f*.
esque|lético *adj.* Skelett...; *fig.* zum Skelett abgemagert, spindeldürr; ~**leto** *m* 1. *Anat.*, ⊕ Skelett *n*, ⊕ Gerüst *n*; (Schiffs-)Gerippe *n*; *fig.* (wandelndes) Skelett *n*; *fig.* F menear (*od. mover*) el ~ tanzen, herumhopsen F, das Tanzbein schwingen F; 2. *Am. Reg.* Vordruck *m* zum Ausfüllen.
esque|ma *m* Schema *n*, Plan *m*; Bild *n*; Übersicht(stafel) *f*; ♂ ~ de conexiones Schaltschema *n*; en ~ schematisch; ~**mático** *adj.* schematisch;

~**matismo** *m* Schematismus *m*;
~**matizar** [1f] *v/t.* schematisieren.
esquenanto ♀ *m* Kamelgras *n*.
esquí *m* Schi *m*, Ski *m* (*pl.* ~ís Schier); Schi-sport *m*, -laufen *n*, -fahren *n*; ~ acuático, ~ náutico Wasserschi(laufen *n*) *m*; ~ de fondo (Ski-)Langlauf *m* (*Sport*); Langlaufski *m* (*Gerät*); salto *m* en (*od.* de) ~(s) Schi-sprung *m*, -springen *n*.
esquia|dor(a *f*) *m* Schiläufer(in *f*) *m*; ~ de fondo Langläufer(in *f*) *m*; ~**r** [1c] *v/i.* Schi laufen, Schi fahren.
esquicio *Mal. m* Skizze *f*, Entwurf *m*.
esquife *m* ♣ Beiboot *n*; *Sp.* Skiff *n*, Renn-Einer *m*.
esqui|la *f* 1. Kuh-, Vieh-glocke *f*; Glocke *f* in Klöstern u. Schulen; 2. Schafschur *f*; 3. *Zo.* Garnele *f*; *Ent.* Wasserkäfer *m*; 4. ♀ Meerzwiebel *f*; ~**lador** *m* (Schaf-)Scherer *m*; Hundetrimmer *m*; *fig.* F ponerse como el chico del ~ futtern, gewaltig einhauen F; ~**lar** *v/t.* Schafe scheren; Hunde trimmen; ~**leo** *m* Scheren *n*, Schur *f*; Schurzeit *f*; Schurstall *m*.
esquilimoso F *adj.* zimperlich.
esquil|mar *v/t.* ♂ *u. fig.* (ab)ernten; Boden auslaugen (*Pfl.*); *fig.* aussaugen, arm machen; *fig.* F dejar ~ado a alg. j-n bis aufs Hemd ausziehen F; ~**mo** *m* Ertrag *m*, Ernte *f*.
esquimal *adj.-su. c* Eskimo *m*.
esqui|na *f* Ecke *f* (*außen*); Straßen-, Haus-ecke *f*; Kante *f*; de ~, en ~ Eck...; a la vuelta de la ~ (gleich) um die Ecke; hacer ~ = hacer Ecke (*od.* e-n scharfen Winkel) bilden; hacer ~ a la calle X an der Ecke zur X-Straße liegen; *fig.* darse contra (*od.* por) la(s) ~(s) mit dem Kopf durch die Wand wollen; *fig.* estar de (*od.* en) ~ entzweit sein; *Sp.* jugar a las cuatro ~s „Bäumchen wechsle dich" spielen; ~**nado** *adj.* eckig, kantig; *fig.* unzugänglich, schroff, borstig; übelgelaunt, verstimmt, barsch; *fig.* estar ~ über (*ac.*) Kreuz sein, entzweit sein; ~**nar** I. *v/t.* 1. *Zim.* im Eck verlegen; winklig anlegen; 2. in e-e Ecke legen; *fig.* entzweien; verärgern; II. *v/i.* 3. e-e Ecke bilden; III. *v/r.* ~se 4. ~se con alg. s. mit j-m überwerfen; ~**nazo** *m* 1. F scharfe Ecke *f*; *fig.* dar (el) ~ a) um die Ecke verschwinden; b) j-n versetzen; c) (en Verfolger) abhängen; 2. *Chi.* a) Ständchen *n*; b) Tumult *m*; ~**nero** *adj.* Eck... (*bsd.* Möbel); ~**nudo** F *adj.* eckig, kantig.
esquirla *f* (Knochen-, Glas- *usw.*) Splitter *m*.
esquiro|l *m* Streikbrecher *m*; ~**laje** *m* Streikbrechen *n*.
esquisto *Min. m* Schiefer *m*; ~**so** *adj.* schieferartig, blättrig; Schiefer...; macizo *m* ~ Schiefergebirge *n*.
esquite *Kchk. m* *Am. Cent., Méj.* Puffmais *m*, Popcorn *n*.
esqui|va *Sp. f* ausweichende Bewegung *f*; ~**var** I. *v/t.* ausweichen (*dat.*); umgehen, (ver)meiden; II. *v/r.* ~se s. (vor et. *dat.*) drücken; ~**vez** *f* Sprödigkeit *f*, Schroffheit *f*; *adv. con* ~ abweisend; spröde; ~**vo** *adj.* spröde, abweisend; schroff.
esquizo|frenia ♂ *f* Schizophrenie *f*;

~**frénico** *adj.-su.* schizophren; *m* Schizophrene(r) *m*; ~**miceto** *Biol. m* Spaltpilz *m*.
esta *pron. dem. f* → este².
estabili|dad *f* 1. Haltbarkeit *f*, Festigkeit *f*; 2. Stand-festigkeit *f*, -sicherheit *f*; Gleichgewicht(slage *f*) *n*; ✈, ⚓, ✈, ⊕ *u. fig.* Stabilität *f*; ⚓ ~ lateral Seitenstabilität *f*; de gran ~ von großer Laufruhe (*Motor*); mit guter Straßenlage (*Fahrzeug*); 3. Beständigkeit *f*, Festigkeit *f*, ✈, *HF a.* Konstanz *f*; ~**zación** *f* Stabilisierung *f*; ~**zador** *m* ⊕, ✈, ⚓ Stabilisator *m*; *HF* Konstanthalter *m*; ~**cis** *m/pl*. Leitwerk *n*; *Raketen:* ~es *m/pl*. de aletas Flossenleitwerk *n*; ~**zante** ⏧ *m* Stabilisator *m*; ~**zar** [1f] I. *v/t. a. Währung* stabilisieren, festigen; festmachen; ausgleichen, ⚓, ✈ trimmen; II. *v/r.* ~se gleichbleiben; s. normalisieren (*Lage usw.*).
estable *adj. c* beständig (*a. Wetter*), fest; stabil; standfest; Dauer...; ~ a la luz lichtbeständig, huésped *m* ~ Dauergast *m*.
estable|cer [2d] I. *v/t.* 1. (be)gründen, errichten; *Kommission usw.* einsetzen; Posten aufstellen; Geschäft eröffnen; Lager aufschlagen; Mode einführen, aufbringen; *a. Tel.* Verbindung herstellen, verbinden (mit *dat. con*); Geschäftsverbindungen herstellen, aufbauen; ~ su bufete en B s. in B als Anwalt niederlassen; 2. feststellen; festlegen; verordnen, Gesetze usw. aufstellen; ~ que + *subj.* bestimmen, daß + *ind.*; II. *v/r.* ~se 3. s. niederlassen; s. ansiedeln; ein Geschäft *usw.* eröffnen; s. selbständig machen; ~se como s. niederlassen als (*nom.*); ~**cimiento** *m* 1. Aufstellung *f*, Festsetzung *f*; Errichtung *f*, Gründung *f*; 2. Niederlassung *f*; Geschäft *n*, Laden *m*; Unternehmen *n*; Anstalt *f*; ~ asistencial Fürsorge-anstalt *f*, -einrichtung *f*.
establemente *adv.* fest; beständig; dauernd, bleibend.
esta|blero *m* Stallknecht *m*; ~**blo** *m* (*bsd.* Rinder-)Stall *m*; *Cu.* Remise *f*; ~**bular** ♂ *v/t.* im Stall aufziehen.
estaca *f* 1. Pfahl *m*, Pflock *m*; Zaunpfahl *m*; Stock *m*, Knüppel *m*; Latte *f*; Querholz *n*; Zeltpflock *m*, Hering *m*; *fig.* ⚓ clavar (*od.* plantar) ~s stampfen (*Schiff*); estar a la ~ in e-r erbärmlichen Lage sein; F plantar la ~ e-n Kaktus hinsetzen (*fig.* F); 2. *Zim.* Balkennagel *m*; 3. F Spieß *m b.* Hirschen; ~**da** *f* 1. Pfahlwerk *n*; Stangen-, Latten-zaun *m*; Gatter *n*; *fort.* Verhau *m*; 2. Kampf-, Turnier-platz *m*; *fig.* dejar a alg. j-n im Stich lassen; *a. fig.* quedarse en la ~ auf dem Platze bleiben; den kürzeren ziehen; ~**do** *m* Pfahlwerk *n*; abgestecktes Gebiet *n*; ~**r** [1g] I. *v/t.* Tier anpflocken, ♂ tüdern; Gelände *u. ä.* abstecken; einzäunen; *Am.* Häute spannen; II. *v/r.* ~se *fig.* steif werden (*vor Kälte u. ä.*); ~**zo** *m* Schlag *m* mit e-m Knüppel; *fig.* gr. Verdruß *m*; *fig.* F Grippeanfall *m*.
estación *f* 1. Zeitpunkt *m*, Zeit *f*; ~ (del año) Jahreszeit *f*; Saison *f*; ~ avanzada vorgerückte (*od.* späte)

Jahreszeit f; ~ de las lluvias Regenzeit f; Am. (abrigo m usw.) de media ~ Übergangs(-mantel usw.); ir con la ~ s. nach der Jahreszeit richten (Kleidung usw.); **2.** Vkw., bsd. 🚆 Bahnhof m; ~ (de ferrocarriles) Bahnstation f, Bahnhof m; ~ central (de autobuses, de autocares) Haupt-(Omnibus-)bahnhof m; ~ de destino (de origen) Bestimmungs- (Abgangs-)bahnhof m; ~ de maniobras (de mercancías) Rangier-, Verschiebe- (Güter-)bahnhof m; ~ terminal Vkw. Endstation f; Tel. Endstelle f; ~ de tra(n)sbordo Umschlagstelle f; **3.** (Beobachtungs-)Stelle f, Station f; Anstalt f; Anlage f; ~ agronómica landwirtschaftliche Versuchsstation f; ~ de bombeo (cósmica od. espacial od. orbital) Pump- ([Welt-]Raum-)station f; ~ de inspección técnica de vehículos (Abk. I.T.V.) technische Fahrzeugüberprüfungsstelle f (in Dtl. TÜV); ~ meteorológica Wetterwarte f; Autobahn: ~ de peaje Zahl-, Maut-stelle f; Col., Méj. ~ de policía Polizeirevier n; ~ radiotelefónica (📡 terrestre) Funksprech- (Boden-)stelle f; Rf. ~ receptora (transmisora) Empfangs- (Sende-)stelle f; ~ de servicio (Groß-)Tankstelle f; **4.** Kur-, Ferien-ort m; ~ climática Luftkurort m; ~ de invierno Wintersportplatz m; Winterkurort m; ~ veraniega Sommerfrische f; **5.** Stätte f; Fundstätte f; Biol. Standort m, Aufenthalt(sort) m; bsd. Am. hacer ~ Halt (bzw. Rast) machen; **6.** Rel. Station f; Stationsgebete n/pl.; andar las ~ones Rel. von Altar zu Altar (od. den Kreuzweg) gehen; F die Kneipen (der Reihe nach) abklappern F; F a. s-e üblichen Gänge erledigen; **7.** Astr. scheinbarer Stillstand m der Planeten.

estaciona|l adj. c jahreszeitlich bedingt; der Jahreszeit entsprechend; saisonbedingt, Saison...; **~lidad** ✞ f Saisonabhängigkeit f; **~miento** m **1.** Stehenbleiben n; a. 🚗 Rast f, Halt m; 🚗 Stationierung f; Stau m (Wasser); **2.** Kfz. Parken n; bsd. Am. Parkplatz m; ~ prohibido Parkverbot n; ~ vigilado bewachter Parkplatz m; **~r I.** v/t. **1.** aufstellen; abstellen; Kfz. parken; **2.** die Böcke zu den Schafen lassen; **II.** v/r. ~se **3.** stehenbleiben; **4.** Kfz. parken; **~rio** adj. **1.** ortsfest, ortsgebunden; ⚕ stationär (Behandlung); **2.** bsd. ⚕ stationär, gleichbleibend; ✞ stagnierend.

esta|cha ⚓ f Verhol-; Harpunenleine f; **~da** f Am. Reg. Aufenthalt m; **~dero** m Col. Ausflugsrestaurant n; euph. Stundenhotel n; **~día** f ⚓ Liegetage m/pl.; Liegegebühren f/pl.; Am. Reg. Aufenthalt m.

estadidad f P.R. „Statehood" (Eingliederung als Bundesstaat in die USA).

estadio m **1.** Sp. Stadion n; ~ de fútbol Fußball-platz m, -stadion n; ~ olímpico Olympiastadion n; **2.** ⚕ u. fig. Stadium n.

esta|dista m **1.** Staatsmann f; **2.** Statistiker m; **~dística** f Statistik f; **~dístico** adj.-su. statistisch; m Statistiker m.

estadizo adj. stehend (Gewässer); verbraucht (Luft); Kchk. la carne está ~a das Fleisch hat e-n Stich.

estado[1] m **1.** Lage f, Stand m, Zustand m, Stadium n, Situation f; 📈 a. Status m; en buen (mal) ~ in gutem (schlechtem) Zustand; ~ actual (heutiger) Stand m; augenblicklicher Zustand m; Phys. ~ de agregación, ~ físico Aggregatzustand m; ⚕ u. fig. ~ de alarma, ~ de alerta Alarmzustand m; ~ de ánimo (Gemüts-)Verfassung f, Stimmung f; ~ civil Personenstand m; ~ de cosas (Sach-)Lage f; en tal ~ de cosas bei dieser Lage (der Dinge), unter diesen Umständen; Pol. ~ de emergencia Notstand m; Pol. ~ de excepción Ausnahmezustand m; ~ físico, ~ de salud Gesundheitszustand m, körperliches Befinden n; Phys. ~ gaseoso (líquido, sólido) gasförmiger (flüssiger, fester) Aggregatzustand m; ⚖ ~ general Allgemein-zustand m, -befinden n; ⚔ → 3; en ~ de guerra im Kriegszustand (a. → ~ de sitio); fig. auf Kriegsfuß; estar en ~ (interesante) in anderen Umständen sein; ~ intermediario Zwischenzustand m; Zwischenstadium n; 📈 ~ de necesidad Notstand m; en ~ de paz im Frieden(szustand); ~ sanitario Krankenstand m, Erkrankungsziffer f; ~ de sitio Belagerungszustand m; verschärfter Not-, Ausnahme-zustand m; ~ de soltero Junggesellenstand m, lediger Stand m; bsd. 📈 causar ~ endgültig sein, endgültige Verhältnisse schaffen (Urteil, Beschluß); estar en ~ de + inf. imstande (od. fähig) sein zu + inf. od. dat.; tomar (od. mudar de) ~ **a)** in den Stand der Ehe treten; **b)** in den Orden eintreten; **c)** † in den (Offiziers... usw.) -stand treten; **2.** Soz., Pol. Stand m, Rang m; hist. ♀ m/pl. Generales Generalstände m/pl.; hist. ♀ llano, ♀ común, ♀ general, Tercer ♀ einfacher Stand m, dritter Stand m; Bürgerstand m; el cuarto ~ der vierte Stand, die Arbeiter; fig. die Presse; de los ~s ständisch; **3.** 🎖 ♀ Mayor Stab m (a. fig.); ♀ Mayor General Generalstab m; ~ Mayor de la Marina Admiralstab m; **4.** Aufstellung f, Tabelle f, Übersicht f; **5.** Flächenmaß: 49 Quadratfuß; Mannslänge f (rd. 7 Fuß).

Estado[2] m Staat m; ~ administrador, ~ mandatario Treuhand-, Mandatarstaat m; ~ del bienestar, ~ providencia Wohlfahrtsstaat m; ~ constitucional Verfassungsstaat m; → ~ de derecho Rechtsstaat m; ~ federal Bundesstaat m; ~ limítrofe (multinacional) Nachbar- (Vielvölker-)staat m; ~ (no) miembro (Nicht-)Mitgliedsstaat m; ~ policíaco (satélite) Polizei- (Satelliten-)staat m; ~ signatario (sucesor) Unterzeichner- (Nachfolge-)staat m; ~ tapón (unitario) Puffer- (Einheits-)staat m; ♀s Unidos de América Vereinigte Staaten m/pl. von Amerika; de(l) ~ staatlich, Staats...; Jefe m de(l) ~ Staatsoberhaupt n.

estadounidense adj.-su. c US-amerikanisch.

estafa f Betrug m; Gaunerei f, Schwindel(ei f) m; ~ (de consumición) Zechprellerei f; **~dor** m Betrüger m; Schwindler m, Gauner m; **~r** vt/i. betrügen, (be)schwindeln, begaunern, prellen; Geld veruntreuen; et. ergaunern; ~ a/c. a alg. j-m et. abgaunern.

estafermo F m Tropf m, Einfaltspinsel m; Schießbudenfigur f F.

estafe|ta f **1.** 📮 Span. (Neben-)Postamt n; 🎖 Feldpost f; **2.** Dipl. Kurier m; Kurierpost f; **3.** 🎖 Meldegänger m; **~tero** 📮 m Postmeister m.

estafilococo 🦠 m Staphylokokkus m.

estafisagria ♀ f Wolfskraut n.

esta|lactita Min. f Stalaktit m; **~lagmita** Min. f Stalagmit m.

esta|llante m Knallkörper m; **~llar** v/i. **1.** bersten, zerspringen, (zer-)platzen; explodieren; in die Luft fliegen; hacer ~ (ab- bzw. in die Luft) sprengen; fig. ~ de alegría vor Freude außer s. sein; fig. ~ de envidia (de risa) platzen vor Neid (Lachen); F está que estalla gleich geht er in die Luft F; **2.** ausbrechen (Krieg, Feuer); losbrechen (Gewitter); **3.** knallen, krachen; **~llido** m Knall m, Krach(en n) m; Zerspringen n, Explosion f; fig. Ausbruch m; fig. F está para dar un ~ die Lage ist zum Bersten gespannt, bald gibt's e-n großen Knall F.

estam|brado m Art Kammgarn n; **~bre** m **1.** tex. Kamm-, Woll-garn n; Kammgarnstoff m; (Woll-)Garnfaden m; **2.** ♀ Staubgefäß n.

estamen|tal adj. c ständisch, Stände...; **~to** m Stand m, (Gesellschafts-)Schicht f; hist. Stand m b. den Cortes v. Aragonien; gesetzgebende Körperschaft f des „Estatuto Real".

estameña tex. f Etamin n.

cstaminífero ♀ adj. Staubfäden tragend.

estampa f **1.** Bild n; (Farben-)Druck m; Stich m; gedrucktes Heiligenbild n; gabinete m de ~s Kupferstichkabinett n; libro m de ~s Bilderbuch n; dar a la ~ in Druck geben; F ¡maldita sea su ~! der Teufel soll ihn holen! F; **2.** ⊕ Stanze f, Presse f; Gesenk n (Schmiede); **3.** Abdruck m, (Fuß- usw.) Spur f; **4.** fig. Aussehen n, Gepräge n; de buena ~ stattlich (Mann); rassig (Pferd); **5.** fig. Gestalt f, Figur f, (Muster-)Beispiel n; **~ción** f ⊕ Stanzung f, Prägung f; tex. Zeugdruck m; **~do I.** adj. gestanzt, gepreßt; tex. bedruckt; Typ. ~ en oro mit Goldprägung, in Golddruck; **II.** m ~ estampación; **~dor** m Präger m, Drucker m; **~r I.** v/t. **1.** aufprägen, stempeln; ⊕ stanzen, prägen, pressen; tex. Stoff drucken; ~ su firma (en un documento) s-e Unterschrift (unter ein Dokument) setzen; Typ. ~ relieves prägen; **2.** Spuren abdrücken; fig. einprägen, eingraben (ins Gedächtnis); **3.** F verpassen F, versetzen; ~ una bofetada a alg. j-m e-e knallen F; ~ un beso a alg. j-m e-n Kuß aufdrücken F; **4.** F werfen, knallen (an, auf ac. contra, en); **II.** v/r. ~se **5.** auf-, prallen, zu-stoßen.

estampía adv: de ~ (ur)plötzlich; salir de ~ lossausen; los-, ab-brausen (Auto).

estampido m Knall m, Krachen n, Donnerschlag m; dar un ~ a) knallen; fig. F: **b)** Aufsehen machen, wie e-e Bombe einschlagen; **c)** platzen, scheitern.

estampilla f (Gummi-)Stempel m; Faksimilestempel m; p. ext. Stem-

estampillar — este

pelunterschrift *f*; *Am*. Briefmarke *f*; ~**r** *v/t*. Wertpapiere *u. ä*. abstempeln.
estampita ☐ *f* Blüte *f* F (= *falscher Geldschein*).
estanca|ción *f bsd*. ✠ Stauung *f*, Stockung *f*; → *a*. **estancamiento**; ~**do** *adj*. 1. stockend, stagnierend; *quedar* ~ gestaut werden (*Wasser*); *fig*. steckenbleiben, ins Stocken geraten; 2. Regie..., Monopol...; *mercancías f/pl.* ~**as** Regiewaren *f/pl*.; ~**miento** *m* 1. Hemmung *f*, Stockung *f*, Stagnation *f*, Stillstand *m*; ⊕ Abdichtung *f*; 2. Monopolisierung *f*; ~**r** [1g] **I**. *v/t*. 1. Wasser usw. stauen; *fig*. hemmen, zum Stocken bringen; ⊕ abdichten (gg. *ac. a*, *contra*); 2. Waren monopolisieren; **II**. *v/r*. ~**se** 3. s. stauen; stocken.
estan|cia *f* 1. Aufenthalt *m*; Aufenthaltsort *m*; 2. Pflege-zeit *f bzw*. -geld *n im Krankenhaus u. ä*.; *bsd*. *Verw*. Verweildauer *f*; 3. gr. Wohnraum *m*; *Méj*. Zimmer *m*; 4. *Rpl*. Viehgroßfarm *f*; 5. *Lit*. (Strophe *f* e-r) Stanze *f*; ~**ciero** *m Rpl*. Viehfarmer *m*, -züchter *m*, Estanziero *m*; ~**co I**. *adj*. 1. ✠ wasserdicht, fugendicht; ⊕ dicht; ~ *a la inmersión* tauchdicht; **II**. *m* 2. ✠ *wasserdichtes* Schott *n*; 3. ✝ **a**) Monopol *n*, Alleinverkauf *m*; **b**) Regieladen *m*; *Span*. Tabak- u. Briefmarkenladen *m*, *öst*. Trafik *f*.
estándar *bsd. Li. m* Standard *m*.
estandar(d)iza|ción *f* Standardisierung *f*, Normung *f*; ~**r** [1f] *v/t*. standardisieren, normen.
estandarte *m* Standarte *f*.
estanífero *Min*., ♁ *adj*. zinnhaltig.
estan|que *m* Teich *m*, Weiher *m*; Wasserbecken *n*; ~ *clarificador*, ~ *de decantación* Klärbecken *n*; ~**queizar** [1f] *v/t*. abdichten, ~**quero** *m Span*. Tabakhändler *m*, *öst*. Trafikant *m*; ~**quillero** *m* (*gelegl. desp*.) Tabakhändler *m*; *vgl. a*. → ~**quillo** *m Méj*. Kramladen *m*; *Ec*. Kneipe *f*.
estante I. *adj. c* fest, bleibend, ortsfest; **II**. *m* Regal *n*, Ständer *m*; Bücher-brett *n*; -ständer *m*; ~**ría** *f* 1. Gestell *n*; Regal *n*; Büchergestell *n*; ~ *de colgar* Hängeregal *n*; 2. Regale *n/pl*., Ladeneinrichtung *f*.
estantigua *f* Geister-erscheinung *f*, -zug *m*, Spuk *m*; *fig*. Vogelscheuche *f* (*fig*.), Scheusal *n*.
estantío *adj*. stehend (*Gewässer*); stockend; *fig*. träge, apathisch.
esta|ñado *I. part*. verzinnt; ~ *al fuego* feuerverzinnt; **II**. *m* Verzinnung *f*; ~**ñador I**. *adj*. Zinn...; **II**. *m* Verzinner *m*; ~**ñar** ⊕ *v/t*. verzinnen; mit Zinn löten; ~**ñero** *m* Zinngießer *m*; Verkäufer *m* von Zinnarbeiten; ~**ño** *m* Zinn *n*; *hoja f de* ~ *bzw*. ~ *en hojas* Stanniol *n*; *papel m de* ~ Stanniolpapier *n*.
estaquero *Jgdw*. ~ einjähriger Damhirsch *m*, Spießer *m*.
estaquilla *f kl*. Pflock *m*; Holznagel *m*; ~**r** *v/t*. anpflöcken.
estar I. *v/i*. 1. sein, s. befinden (*örtlich*); dasein; *ya estoy* ich bin schon da; ich bin bereit; *fig*. → 3; *¿el Sr. X está?* ist Herr X zu Hause (*od*. da)?; *Spr*. *ni están todos los que son, ni son todos los que están* nicht alle Narren tragen Kappen; 2. Bildung des Zustandspassivs, Bezeichnung e-s (*jeweiligen*) *Zustands bzw*. e-r vorübergehenden *Eigenschaft*: sein; s. fühlen; *¡ahí está!* da haben wir's!, daran liegt es!; *¡ya está!* schon erledigt!, (wieder) in Ordnung!; fertig!; *¿como estás?* wie geht es dir?; *está bien* **a**) es geht ihm gut; **b**) gut so!, in Ordnung!; lassen wir's dabei; ~ *bien (con alg.)* s. (mit j-m) gut verstehen, auf gutem Fuß (mit j-m) stehen; *está mal* **a**) er ist übel dran, es geht ihm schlecht; **b**) schlecht!, geht nicht!; *no está mal* nicht übel; *bien está que* + *subj*. es ist gut, daß + *ind*.; ~ *cambiado* ganz verändert sein, wie ausgewechselt sein; ~ *contento* zufrieden sein; ~ *sentado* sitzen; ~ *situado (Am. oft ubicado)* liegen, gelegen sein (*Ort*, *Gebäude*); 3. verstehen, begreifen; *ya estoy* ich verstehe schon; *¿estamos?* verstanden?; einverstanden?; 4. stehen, sitzen, passen (*Kleidung*); *el traje te está ancho* der Anzug ist dir zu weit; 5. *mit ger*. zur Bezeichnung der Dauer: *estoy escribiendo* ich schreibe gerade, ich bin beim Schreiben; 6. *mit prp. u. cj*. **a**) *mit a*: *el vino está a diez pesetas el litro* der Liter Wein kostet zehn Peseten; *¿a cuántos estamos?* den wievielten haben wir heute?; *estamos a seis de enero* wir haben den 6. Januar, heute ist der 6. Januar; ~ *a* (*od*. *bajo*) *la orden de alg*. unter j-s Befehl stehen; j-m gehorchen (müssen); ~ *a todo* für alles einstehen, die volle Verantwortung übernehmen; *he* ~*ado a ver al Sr. López* ich habe Herrn López aufgesucht (*od*. besucht); **b**) *mit con*: ~ *con a/c*. mit et. (*dat*.) beschäftigt sein; ~ *con alg. a*) bei j-m sein; mit j-m zs.-sein; j-n (*od*. s. mit j-m) treffen; **b**) bei j-m wohnen; *c*) *fig. aud t* j-s Seite stehen; mit j-m e-r Meinung sein; *enseguida estoy contigo* ich bin gleich wieder da; ich stehe gleich zu d-r Verfügung; ~ *con fiebre* Fieber haben; ~ *con* (*od*. *de*) *prisa* es eilig haben; ~ *con la puerta abierta* die Tür offen haben; **c**) *mit de*: ~ *de cajero (en Madrid)* als Kassierer (in Madrid) tätig sein; ~ *de caza* auf der Jagd sein; ~ *de compras* Einkäufe machen; ~ *de charla* plaudern, ein Schwätzchen halten; ~ *de dominó* als Domino gehen; ~ *de luto* Trauer haben (*bzw*. tragen); ~ *de más* überflüssig sein; ~ *de cinco meses im fünften Monat sein* (*Schwangere*); *está de nervioso que ... er ist so nervös, daß* ...; ~ *de partida* vor der Abreise stehen, reisefertig sein; ~ *de pie* stehen; ~ *de prisa* Eile haben; *está de usted* es ist Ihre Sache, es liegt an Ihnen; ~ *de vacaciones* in Ferien sein, Ferien haben; **d**) *mit en*: ~ *en a/c*. et. verstehen, et. begreifen; et. einsehen; et. schon wissen; **b**) von et. (*dat*.) überzeugt sein; *c*) *an et. (ac*.) herangehen, an et. (*dat*.) arbeiten; et. (*dat*.) bestehen in et. (*dat*.), beruhen auf et. (*dat*.); ~ *en todo* für alles sorgen, s. um alles kümmern; alles verstehen; *mit para*: ~ *para* + *inf*. im Begriff sein, zu + *inf*.; gleich + *inf. od*. + *futur*; ~ *para a/c*. aufgelegt sein zu (*dat*.); ~ *para alquilar* zu vermieten sein (= *für e-e Vermietung bestimmt*); → *a*. f); ~ *para ello* in (der rechten) Stimmung sein; *está para llegar* er muß gleich kommen; ~ *para morir* s. sterbenskrank fühlen; im Sterben liegen; **f**) *mit por*: ~ *por alg*. für j-n sein, zu j-m halten, auf j-s Seite stehen; ~ *por a/c*. für et. (*ac*.) sein; ~ *por a/c*. (*ac*.) eintreten; ~ *por alquilar zu* vermieten sein, noch nicht vermietet sein; ~ *por hacer* noch zu tun (*od*. zu erledigen) sein, noch nicht getan sein; noch geschehen müssen; ~ *por suceder* (unmittelbar) bevorstehen; *estoy por escribir* ich möchte (beinahe) schreiben, ich habe Lust zu schreiben; **g**) *mit que*: ~ *que ...* (*bsd. P üblich*) in e-m Zustand sein, daß ...; *estoy que me ahogo* ich ersticke gleich; ich bin fürchterlich aufgeregt, ich kriege k-e Luft mehr F (*a. fig*.), gleich trifft mich der Schlag F; **h**) *mit sin*: ~ *sin a/c*. et. nicht haben; ~ *sin hacer* noch nicht getan sein; ~ *sin miedo* furchtlos sein, k-e Angst kennen; **i**) *mit sobre*: ~ *sobre alg*. hinter j-m her sein; unablässig in j-n dringen; ~ *sobre sí* s. in der Hand haben, s. beherrschen; wachsam sein; **II**. *v/r*. ~**se** 7. sein; s. aufhalten, bleiben; s. verhalten; *¡estáte quieto!* sei ruhig!, sei still!; ~**se** *de palique* ein Schwätzchen halten; ~**se** *de más* untätig dastehen; *fig*. ~ *donde se estaba* nicht weitergekommen sein; **III**. *m* 8. Aufenthalt *m*; Da-, Dabei-, Darin-sein *n*; Sich-Befinden *n*.
estarcir [3b] *v/t*. mit der Schablone malen (*Buchstaben usw*.).
estaribel ☐ *m* Knast *m* F, Gefängnis *n*.
estata|l *adj. c* staatlich, Staats...; ~**lización** *f* Verstaatlichung *f*; ~**lizar** [1f] *v/t*. verstaatlichen.
estáti|ca *f* Statik *f*; ~**co I**. *adj*. ruhend, statisch; *fig*. starr, sprachlos; **II**. *m* Statiker *m*.
estati|smo *m* 1. Unbeweglichkeit *f*; 2. *Pol*. Etatismus *m*; ~**zación** *f bsd. Am*. Verstaatlichung *f*; ~**zar** [1f] *v/t. bsd. Am*. verstaatlichen.
estatu|a *f* Statue *f*, Standbild *n*, Bildsäule *f*; *fig. merecer una* ~ s. große Verdienste erworben haben; *fig*. *quedarse hecho una* ~ *zur Bildsäule* (*od*. zur Salzsäule) erstarren; ~**aria** *f* Bildhauerkunst *f*; ~**ario** *adj*. Statuen..., Bild(hauer)...; statuenhaft; *palidez f* ~**a** Marmorblässe *f*; ~**illa** *f* Statuette *f*.
estatuir [3g] *v/t*. verordnen, bestimmen. [Statur *f*.)
estatura *f* Gestalt *f*, Wuchs *m*,)
estatu|tario *adj*. satzungs-, statuten-gemäß, satzungsmäßig, Satzungs...; ~**to** ♅ *m* 1. Status *m* e-r Person; *mst*. ~**s** *m/pl*. Satzung *f*, Statut(en) *n*(*/pl*.); ~ *de personal* Personalstatut *n in internationalen Organisationen*; 2. *hist. Span*. ♀ *Real* Verfassung *f* von 1834/36.
estay ✠ *m* Stag *n*.
este[1] *m* Osten *m*; ♁ Ost *m* (*a*. Ostwind); *al* ~ *de* östlich von (*dat*.).
este[2], *esta*, *esto*, *estos*, *estas* [*alleinstehend od*. *stark betont*: *éste*, *ésta(s)*, *éstos*; *nach den Normen der Real Academia kann der Akzent wegfallen*, *wenn keine Verwechslung*

möglich ist] *pron. dem.* dieser, diese, dies(es), diese; este *usw.* bezeichnet lokal das beim Sprechenden Befindliche, temporal weist es auf die Gg.-wart; esta casa dieses Haus; mein (*bzw.* unser) Haus; **nachgestellt** (*desp.*): la casa esta etwa: das Haus hier; en esta universidad an der hiesigen (*bzw.* an unserer) Universität; Briefstil, *bsd.* ✝ en ésta am hiesigen Platz, hier; esta tarde heute nachmittag; (en) este año in diesem Jahr, heuer; esto es das heißt, das ist, nämlich; con esto damit; dabei; deswegen; en esto dabei; währenddessen, auf einmal; por esto deshalb, dadurch; F ¡ésta sí que es buena! das ist wirklich gelungen!, das ist einfach toll! F; (y) a todo esto *od.* a todas estas und dabei; F v. e-m Anwesenden: y éste no dice nada u. der da sagt gar nichts F.

este|árico ⚕ *adj.* Stearin...; **~arina** *f* Stearin *n*; F *Reg.* Stearinkerze *f*; **~atita** *f* Steatit *m*, Speckstein *m*.

Esteban *npr. m* Stefan *m*, Stephan *m*.

este|la *f* 1. ⚓ Kielwasser *n*; Sog *m*; *p. ext.* Spur *f*; ✈ Kondensstreifen *m*; *fig.* Folge *f*; ~ luminosa Leuchtspur *f*; 2. Stele *f*, Grabsäule *f*; Grabplatte *f*; 3. → estelaria; **~lar** *adj. c* Stern(en)...; **~laria** ♀ *f* Frauenmantel *m*; **~lífero** *poet. adj.* gestirnt.

estemple ⚒ *m* (Gruben-)Stempel *m*.

esténcil *m bsd. Am.* (Wachs-)Matrize *f*.

esteno|cardia ⚕ *f* Stenokardie *f*; **~grafía** *f u. Abl.* → taquigrafía u. Abl.; **~sis** ⚕ *f* Stenose *f*; **~tipia** *f* Maschinenkurzschrift *f*; **~tipo** *m* Stenomaschine *f*. [stimme *f*.]

estentóreo *adj.*: voz *f* ~a Stentor-
este|pa *f* 1. Steppe *f*; 2. ♀ weiße Zistrose *f*; **~pario** *adj.* Steppen...; **~pilla** ♀ *f* rosa Zistrose *f*.

estequiometría ⚗ *f* Stöchiometrie *f*.

éster ⚗ *m* Ester *m*.

estera *f* (Esparto-, Schilf- *usw.*) Matte *f*; Fußabstreifer *m* (a. *fig.*); ~ de coco Kokosmatte *f*; **~do** *m* Bodenbelag *m aus Schilf, Esparto usw.*; **~r I.** *v/t.* mit Matten aus- *od.* be-legen; **II.** *v/i.* F s. (schon sehr früh) winterlich ausstaffieren F.

esterco|ladura *f*, **~lamiento** *m* ⚒ Düngen *n*; Misten *n der Tiere*; **~lar I.** *v/t.* düngen; **II.** *v/i.* misten (Tiere); **~lero** *m* Mistgrube *f*; Dunghaufen *m*.

estéreo *m* Ster *m* (Holzmaß).

estereo|fonía *Phono f* Stereophonie *f*; **~fónico** *adj.* stereophon(isch); Stereo...; *disco m* ~ Stereoplatte *f*; **~gráfico** *adj.* stereographisch; **~metría** ⚖ *f* Stereometrie *f*; **~métrico** *adj.* stereometrisch; **~scópico** *adj.* stereoskopisch; **~scopio** *m* Stereoskop *n*; **~tipado** *Typ. u. fig. adj.* stereotyp; **~tipador** *Typ. m* Stereotypeur *m*; **~tipar** *v/t.* stereotypieren; **~tipia** *Typ. f* Stereotypie *f*; **~tipo** *m* Stereotypplatte *f*.

estéril *adj. c* unfruchtbar (a. *fig.*); taub (Gestein, Frucht); ⚕ steril (a. *fig.*); *fig.* unergiebig.

esterili|dad *f* Unfruchtbarkeit *f* (a. *fig.*); Zeugungsunfähigkeit *f*; Sterilität *f*; **~zación** *f* Unfruchtbarmachen *n*; ⚕ Sterilisierung *f*; Entkeimung *f*; **~zador** *m* Sterilisator *m*; **~zar** [1f] *v/t.* unfruchtbar machen; sterilisieren; keimfrei machen.

esterilla *f* 1. kl. Matte *f*; Fußabstreifer *m*; *Arg.* Strohgeflecht *n* für Stuhlsitze; ~ de playa Strandmatte *f*; 2. Art Stramin *m*.

esternón *Anat. m* Brustbein *n*.

estero[1] *m* breite Flußmündung *f*; Überschwemmungsland *n e-r* Flußmündung; *Rpl.* Sumpfniederung *f*; *Chi.* Bach *m*; *Col., Ven.* stehendes Gewässer *n*; *Ec.* trockenes Flußbett *n*.

estero[2] *m* (Zeit *f* zum) Auslegen *n* mit Matten (Wintervorbereitung).

esterto|r *m* Röcheln *n*; ⚛ *a.* Rasseln *n*, Rasselgeräusch *n*; **~es** *m/pl.* crepitantes Knisterrasseln *n*; *fig.* estar dando los últimos **~es** in den letzten Zügen liegen; **~roso** *adj.* röchelnd.

estesudeste *m* Ostsüdost *m*.

esteta *m* Ästhet *m*; *desp. p. ext. u. fig.* Immoralist *m*; *euph.* Homosexuelle(r) *m*.

estéti|ca *f* 1. Ästhetik *f*; 2. Kosmetik *f*; **~co I.** *adj.* 1. ästhetisch; schöngeistig; *sentimiento m* ~ *od.* sensibilidad *f* ~a Schönheits- (*bzw.* Kunst-)sinn *m*; *placer m* ~ Kunstgenuß *m*, ästhetischer Genuß *m*; 2. kunstwissenschaftlich; **II.** *m* 3. Ästhetiker *m*.

esteticista *c* Kosmetiker(in *f*) *m*.

estetoscopio ⚕ *m* Stethoskop *n*, Hörrohr *n*.

esteva ⚒ *f* Pflugsterz *m*; **~do** *adj.* O-beinig.

estiaje *m* (Zeit *f* des) Niedrigwasser(s) *n der Seen, Flüsse*, Dürre (-periode) *f*.

estiba *f* ⚓ (Ver-)Stauen *n*; Trimm(en *n*) *m*; **~dor** *m* ⚓ Stauer *m*; ⊕ (carro *m*) **~dora** *f* → Stapler *m*; ~ por horquilla Gabelstapler *m*; **~r** *v/t.* 1. *bsd.* ⚓ (ver-)stauen, stapeln; Ballast, Ladung trimmen; 2. Wolle einsacken.

estibia *vet. f* Genickverrenkung *f*.

esti|bina *Min. f* Antimonglanz *m*; **~bio** ⚗ *m* Antimon *n*.

estiércol *m* Dung *m*, Mist *m*; *pharm.* ~ del diablo Stinkasant *m*.

Esti|gia *Myth. f* Styx *f*; **²gio** *adj.* stygisch; *poet.* Höllen..., Unterwelt(s)...

estigma *m* 1. Narbe *f*; Brandmal *n*; ⚕, ♀, *Ent. u. fig.* Stigma *n*; 2. *Theol.* ~s *m/pl.* Wundmale *n/pl.* (Christi); **~tizado** *part.-su.* Stigmatisierte(r) *m*; **~tizar** [1f] *v/t. Theol.* stigmatisieren; *bsd. fig.* brandmarken, *fig.* geißeln.

estilar I. *v/t.* Schriftstück abfassen, formulieren; **II.** *vt/i. prov. u. Am. Reg.* tropfen; destillieren; **III.** *v/r.* ~se üblich *od.* gebräuchlich *od.* Mode sein; ahora se estila así jetzt ist das üblich.

estilete *m* 1. Stilett *n*; 2. ⊕ Stichel *m*; Instrumentennadel *f*; Pinne *f* am Kompaß; Zeiger *m* der Sonnenuhr; 3. *hist.* Griffel *m* zum Schreiben auf Wachstäfelchen; 4. ⚕ Knopfsonde *f*.

esti|lismo *m* übertriebene Eleganz *f* des Stils; **~lista** *c* 1. (ausgezeichneter) Stilist *m*; gewandter Redner *m*; 2. Hairstyler *m* (= *Damenfriseur*); **~lística** *f* Stilistik *f*; **~lístico** *adj.* stilistisch; Stil...

estilita *hist. Rel. adj.-su. m* Säulenheilige(r) *m*.

estilizar [1f] *v/t.* stilisieren; **~ado** stilisiert (*Zeichnung*).

estilo *m* 1. Stil *m*, Schreibart *f*; *Ku.*, ⚗, ♪ Stil *m*, Manier *f*; *allg.* Art *f*, Weise *f*; (Ge-)Brauch *m*, Mode *f*; ~ Arte nuevo Jugendstil *m*; ~ epistolar Briefstil *m*; ~ mixto Mischstil *m*; al ~ de im Stil (*gen. od.* von *dat.*); nach Art von (*dat.*); por el ~ dergleichen; ähnlich; y otras cosas por el ~ u. dergleichen mehr; F y así por el ~ u. so weiter; por ese ~ ungefähr; 2. *Gram.* ~ (in)directo (in-)direkte Rede *f*; 3. *Sp.*: ~ libre Freistil *m*; ~ (de natación) Schwimm-stil *m*, -art *f*, -lage *f*; ~ a la marinera Seitenlage *f*, -schwimmen *n*; 4. *Kalender*: ~ antiguo (nuevo) alte (neue) Zeitrechnung *f*; 5. (Schreib-)Griffel *m*; → estilete 2; ~ de acero Stahlgriffel *m*; Stichel *m*; 6. ♀ Griffel *m*.

estilóbato ⚖ *m* Stylobat *m*, Säulensockel *m*.

estilográfi|ca *adj.-su. f* (pluma *f*) ~ Füllfeder(halter *m*) *f*, Füller *m* F; **~co** *m Am. Reg.* Drehbleistift *m*.

estilógrafo *m Col., Nic.* Füllhalter *m*.

estiloide|o *adj.*, **~s** ⚕ *adj. inv.* griffelförmig.

estima *f* 1. Schätzung *f*; Wertschätzung *f*; Achtung *f*, Ansehen *n*; tener en gran (*od.* mucha) ~ hochachten; 2. ⚓ Gissung *f*, Standortschätzung *f*; **~ble** *adj. c* (ein)schätzbar, taxierbar; achtens-, schätzenswert; **~ción** *f* (Ab-)Schätzung *f*, Bewertung *f*; (Wert-)Schätzung *f*, Achtung *f*, Ansehen *n*; hacer la ~ de *a/c.* → estimar 1; gran ~ Hochschätzung *f*; propia ~ *od.* ~ propia Selbst-einschätzung *f*, -achtung *f*; **~do** *adj.* geehrt, geschätzt; ~ amigo verehrter (*od.* lieber) Freund; valor *m* ~ Schätzwert *m*; **~dor** *adj.* (ab-)schätzend; **~r I.** *v/t.* 1. (ab)schätzen, taxieren; ~ en ... auf ... (*ac.*) schätzen (*od.* veranschlagen); 2. (hoch)achten, schätzen, würdigen; ~ en poco geringschätzen; se lo estimo mucho ich rechne es Ihnen hoch an; 3. meinen, glauben; ~ conveniente (+ *inf.*) es für angebracht halten (, zu + *inf.*); como mejor lo estime ganz nach Ihrem Belieben (*od.* Gutdünken); **II.** *v/r.* ~se 4. s. gg.-seitig schätzen (*od.* achten); 5. auf s. halten, Selbstachtung haben; **~tiva** *f* 1. Urteilsvermögen *n*; 2. Naturtrieb *m*, Instinkt *m der Tiere*; **~tivo** *adj.* Schätz...; **~torio** *adj.* Schätz(ungs...

estimula|ción ⚕ *f* Reizung *f*, Stimulierung *f*; **~dor** *adj.-su.* reizend, anregend; ⚕ *m* Stimulator *m*; **~nte I.** *adj. c* anregend, stimulierend; **II.** *m* ⚕ Stimulans *n*, Anregungsmittel *n*; *fig.* Anreiz *m*; ⚛ *m/pl.* Genußmittel *n/pl.*; **~r** *v/t.* ⚛ *u.* ~ anregen, reizen, stimulieren; *fig.* ~ (a) anregen, anspornen, antreiben, ermutigen (zu + *dat. od.* + *inf.*); **~tivo** ⚛ *adj.* → estimulante.

estímulo *m* ⚛ *u. fig.* Reiz *m*, Anregung *f*; *fig.* Ansporn *m*, Antrieb *m*, Anreiz *m*; Triebfeder *f*.

estinco *Zo. m* Sandeidechse *f*.

estío *lit. m* Sommer *m*.

estipendio *ecl. m* Stipendium *n*.
estíptico I. *adj.-su. m* **1.** ✱ blutstillend(es) *bzw.* stopfend(es Mittel *n*, Stypticum *n*); zs.-ziehend; **II.** *adj.* **2.** ✱ verstopft; **3.** *fig.* geizig, schäbig.
estípula ⚥ *f* Nebenblatt *n*.
estipula|ción *f* Klausel *f*, Vertragsbestimmung *f*; (mündliche) Vereinbarung *f*; **~nte** *adj. c* vereinbarend; *las partes ~s* die vertragschließenden Parteien; **~r** *v/t.* vereinbaren, festlegen, (vertraglich) bestimmen, abmachen; *lo ~ado* die Bestimmungen *f/pl.*
estira|ble *adj. c* dehnbar; **~damente** *adv.* **1.** knapp, kärglich; **2.** mit Gewalt; **~do I.** *adj.* **1.** ⊕ gezogen; **2.** groß, hoch aufgeschossen; **3.** feingekleidet, geschniegelt F; **4.** stolz, hochnäsig; **5.** knauserig, filzig F; **II.** *m* **6.** ⊕ Ziehen *n*; **~j(e)ar** F *v/t.* dehnen, strecken, ziehen; **~jón** F *m* → estirón; **~miento** *m* **1.** (Aus-)Ziehen *n*, (-)Strecken *n*; *a.* ✱ Dehnung *f bzw.* Streckung *f*; **2.** *Am. Reg.* Dünkel *m*; **~r I.** *v/t.* **1.** (aus)ziehen, dehnen, spannen, strecken; *Arme* recken (u. strecken); *Wäsche* ziehen *bzw.* leicht überbügeln; *fig.* in die Länge ziehen; *fig. ~ el dinero* knausern; *fig.* F *~ la pata* sterben, abkratzen F; *fig. ~ las piernas* s. die Beine vertreten; **2.** ⊕ strecken; *Draht, Rohre* ziehen; **II.** *v/r.* **~se 3.** s. dehnen; *a. fig.* s. strecken; s. recken (u. strecken), s. rekeln; **4.** *fig.* s. in die Brust werfen; **~zar** [1f] F *v/t.* → *estirar 1*.
Esti|ria *f* Steiermark *f*; **~rio** *adj.-su.* steirisch; *m* Steirer *m*, Steiermärker *m*.
estirón F *m* Ruck *m*; *fig.* F *dar un ~* aufschießen, schnell wachsen; *dar un ~ de orejas* an den Ohren ziehen (j-n *a alg.*).
estirpe *f* Stamm *m*, Geschlecht *n*; Ab-, Her-kunft *f*; *de (elevada) ~* vornehmer Abkunft, adlig.
estival *adj. c* Sommer...
esto *pron. dem. n* → este².
estocada *f* Degen-stoß *m*, -stich *m*; *dar (od. tirar) una ~* zustechen; e-n Degenstoß versetzen (*dat. a*).
Estocolmo *m* Stockholm *n*.
estofa *desp. f* Art *f*, Sorte *f*; *gente f de baja ~* Gesindel *n*, gemeines Volk *n*.
estofa|do I. *adj.* **1.** *tex.* staffiert; *fig.* herausgeputzt; **2.** *Kchk.* gedünstet, geschmort; *carne f ~a* → **II.** *m* **3.** *Kchk.* Schmor-braten *m*; -gericht *n*; **~r** *vt/i.* **1.** *Kchk.* schmoren, dünsten; **2.** *tex.* staffieren.
estoi|cismo *m* **1.** *Phil.* Stoa *f*; **2.** *Phil. u. fig.* Stoizismus *m*, stoische Haltung *f*; **~co** *adj.-su. Phil. u. fig.* stoisch; *fig.* gelassen; *m* Stoiker *m*.
estola *f* Stola *f* (*a. hist. u. kath.*).
estólido *adj.* dumm, einfältig.
estolón ⚥ *m* Ausläufer *m*, Ablegerranke *f*.
estoma *Biol. m* Stoma *n*; **~cal I.** *adj. c* Magen..., ✱ stomachal; **II.** *adj. c-su. m* magenstärkend(es Mittel *n*, Magenbitter *m*); **~gante** F *adj. c* lästig, unausstehlich; **~gar** [1h] F *v/t.* ärgern, auf die Nerven (*od.* auf den Geist) gehen (*dat.*) F.
estómago *m* Magen *m*; *dolor m de ~*

Magenschmerz(en) *m(/pl.)*; F *sello m del ~ kl.* (aber herzhafte) Vorspeise *f*, Appetithappen *m*; P *echarse a/c. al ~ et.* verdrücken F; *me ladra el ~ der* Magen knurrt mir *od.* mein Magen knurrt (vor Hunger); *fig.* revolver (*od.* levantar) *el ~ a alg.* j-m den Magen umdrehen; *fig.* (ser hombre) *de ~* ausdauernd (sein), geduldig (sein); *fig.* tener buen (*od.* mucho) *~* e-n guten Magen haben (*fig.*), ein dickes Fell haben; *tener revuelto el ~* s. den Magen verdorben haben; *fig.* F *tener a alg.* sentado en (la boca d)el *~* j-n nicht riechen (*od.* nicht verknusen) können F.
esto|mático ✱ *adj.* Magen...; **~matitis** ✱ *f* Stomatitis *f*; **~matología** ✱ *f* Stomatologie *f*; **~matomicosis** ✱ *f* Soor *m*.
estoni|a *f* Estin *f*; ⚥ Estland *n*; **~o** *adj.-su.* estnisch; *m* Este *m*; *Li.* das Estnische.
esto|pa *f* Werg *n*; Putzwolle *f*; ⊕ *~s f/pl.* Packung *f*, Dichtung *f*; *~ de coco* Kokosbast *m*; **~pada** *f* Quantum *n* Werg; ⊕ Wergpackung *f*, Liderung *f*; **~par** ⊕ *v/t. mit e-r Packung* lidern, abdichten; **~perol** *m Am.* Zier-, Polster-nagel *m*; **~pilla** *f* Leinengaze *f*; *gewöhnlicher* Baumwollstoff *m*; **~pón** *m* grobes Werg *n*; Sackleinen *n*; **~por** ⚓ *m* (Ketten-)Stopper *m*.
estoque *m* **1.** Stoßdegen *m*, Rapier *n*; **2.** ⚥ rote Schwertlilie *f*; **~ador** *Stk. m* Matador *m*; **~ar** *vt/i.* mit dem Degen treffen, töten; **~o** *m* Degenstich *m*, Zustechen *n* mit dem Degen.
estor *m* Store *m*.
estoraque *m* ⚥ Storaxbaum *m*; Storax *n* (*Harz*).
estor|bar I. *v/t.* stören, behindern; *den Durchgang usw.* hemmen *bzw.* verlegen; *fig. ~le a uno lo negro a)* nicht lesen können, *b)* nicht gern lesen; **II.** *v/i.* stören, hinderlich sein, im Wege stehen; ¿*estorbo?* störe ich?; darf ich eintreten?; **~bo** *m* Störung *f*; Hindernis *n*, Hemmung *f*, Behinderung *f*; *fig.* lästiger Mensch *m*; Störenfried *m*; **~boso** *adj.* störend, hemmend.
estornino *m* **1.** *Vo.* Star *m*; **2.** *Fi.* Blasenmakrele *f*.
estornu|dar *v/i.* niesen; *fig. cada uno estornuda como Dios le ayuda etwa*: jeder macht's so gut er (eben) kann; **~do** *m* Niesen *n*; **~tatorio** *adj.* zum Niesen reizend; Nies...; *a. m* Niespulver *n*.
estos *pron. dem. m/pl.* → este².
estotro † *u. Reg. pron. dem.* dieser andere (= este otro).
estrábico ✱ *adj.-su.* schielend; *m* Schieler *m*.
estra|bismo ✱ *m* Schielen *n*; **~botomía** ✱ *f* Schieloperation *f*.
estracilla *f kl.* Fetzen *m*; (papel *m de*) *~* dünneres Packpapier *n*.
estradivario ♪ *m* Stradivari *f* (*Geige*).
estrado *m* **1.** Estrade *f*, Podium *n*; **2.** Auflagebrett *n der* Bäcker.
estrafalario *adj.-su.* nachlässig, salopp (in der Kleidung); ausgefallen, extravagant; verschroben, skurril.

estra|gado *adj.* verwüstet; *fig.* zerrüttet; *fig.* verdorben, schlecht (Geschmack); **~gador** *adj.* verderblich, verderbend; **~gamiento** *m* → *estrago*; **~gar** [1h] *v/t.* verheeren, verwüsten; verderben; **~go** *m* (*mst. ~s m/pl.*) *a. fig.* Verheerung *f*, Verwüstung *f*, Zerstörung *f*; schwerer Schaden *m*; *hacer* (*od.* causar) *~s* Verwüstungen (*od.* Unheil) anrichten.
estragón ⚥ *m* Estragon *m*.
estram|bote *Lit. m an ein Sonett* angehängte Verse *m/pl.*; **~bótico** F *adj.-su.* verschroben, extravagant, wunderlich, sonderbar.
estramonio ⚥ *m* Stechapfel *m*.
estrangu|lación *f* **1.** Erwürgen *n*, Erdrosselung *f*; **2.** *a.* ✱, ⊕ Abschnürung *f*; *Kfz.* (Ab-)Drosselung *f*; **~lado** *adj.* ⊕ (ab)gedrosselt; ✱ eingeklemmt (Bruch); **~lador** *adj.-su. m* **1.** Würger *m*; **2.** ⊕ Drossel *f*; **~lamiento** *m Hydr.* (Ab-)Drosselung *f*; *Vkw.* Verengung *f*, Engpaß *m*; ✞ (wirtschaftlicher) Engpaß *m*; **~lar** *v/t.* **1.** erwürgen, erdrosseln; die Luft abschnüren (*dat.*), würgen (*ac.*); **2.** ⊕ Glied abschnüren; *Ader* abklemmen; **3.** ⊕ (ab)drosseln; *Schlauch* abquetschen; **~ria** ✱ *f* Harnzwang *m*.
estrapalucio F *m* Klirren *n*; Krach *m*, Radau *m*.
estraper|lear F *v/i.* schwarzhandeln, schieben F; **~lista** F *adj.-su. c* Schieber...; *m* Schwarzhändler *m*, Schieber *m*; **~lo** *m Span.* Schwarzhandel *m*; Schwarzer Markt *m*; F *de ~* hintenherum, schwarz.
estrapontín 🗲, *Kfz. m* Not-, Klappsitz *m*.
estrás *m* Straß *m*.
Estrasburgo *m* Straßburg *n*.
estra|tagema *f* Kriegslist *f* (*a. fig.*); Streich *m*; **~tega** *m* Stratege *m* (*a. fig.*); **~tegia** *f* Strategie *f* (*a. fig.*); **~tégicamente** *adv.* strategisch; **~tégico** *adj.* strategisch; *m* Stratege *m*.
estra|tificación *Geol. f* Schichtung *f*; Ablagerung *f*; **~tificar** [1g] *Geol.* **I.** *v/t.* schichten; **II.** *v/r.* **~se** Schichten bilden; **~tigrafía** *Geol.*, *Met. f* Stratigraphie *f*; **~to** *m Geol.*, *Soz.*, 🏛 Schicht *f*; *Met.* Schichtwolke *f*, Stratus *m*; **~tocúmulo** *Met. m* Stratokumulus *m*; **~tosfera** *f* Stratosphäre *f*; **~tosférico** *adj.* Stratosphären...
estrave ⚓ *m* Vordersteven *m*.
estraza *f* Stoffabfall *m*, Lumpen *m(/pl.)*; *tex.* Flockseide *f*; *papel m de ~* (grobes) Packpapier *n*.
estre|chamente *adv.* **1.** eng (*a. fig.*); knapp, kärglich; **2.** genau; **~chamiento** *m* Verengung *f* (a. Straße); Einengung *f*; Verschmälerung *f*; **~char I.** *v/t.* **1.** verengen, enger machen; abnehmen *bzw.* eng(er) verbinden; Beziehungen *usw.* enger gestalten; **2.** fest umfassen, umklammern; *Hand* drücken; **~** *a alg.* entre (*od.* contra) *los brazos* in die Arme schließen, umarmen; *fig.* *~ a alg.* in-n dringen; j-n in die Enge treiben; **II.** *v/r.* **~se 3.** s. zs.-ziehen; enger werden (*a. fig.*); zs.-rücken; *fig.* enge Freundschaft (mitea.) schließen; **~se a s.** (an-)

schmiegen an (ac.); **4.** *fig.* s. einschränken; ~se en los gastos s-e Ausgaben einschränken; ~**chez** *f* (*pl.* ~eces) **1.** Enge *f*; ⚔ Verengerung *f*; *fig.* enge Freundschaft *f*; *fig.* ~ de miras Engstirnigkeit *f*; **2.** Knappheit *f*; Zeit- *bzw.* Raum-mangel *m*; Beengtheit *f*; ~ (económica) Geldmangel *m*; Not *f*, Armut *f*; vivir en (od. con) gran ~ sehr karg leben; pasar ~eces Not leiden; in Geldnöten sein; ~**cho I.** *adj.* **1.** schmal, eng; knapp, beschränkt; ~ de medios fast mittellos; ~ (de miras) kleinlich, engstirnig, borniert; hacérselas pasar ~as a alg. j-n in Schwierigkeiten bringen (*bsd. finanziell*); íbamos ~s wir waren sehr beengt, wir hatten kaum Platz; **2.** *fig.* eng (*Freundschaft*); vertraut (*Freund*); nah (*Verwandter*); **3.** geizig, knauserig; **4.** streng; *desp.* F tugendhaft, brav (*Mädchen, aus der Sicht der Männer*); **II.** *m* **5.** Geogr. Meerenge *f*, ⚓ Straße *f*; el ♀ (de Gibraltar) die Straße von Gibraltar; el ♀ de Magallanes die Magalhäesstraße; **6.** *fig.* Bedrängnis *f*, Not *f*, Klemme *f* F; ~**chón** ⚓ *m* Schlagen *n*, Killen *n* des Segels; ~**chura** *f* **1.** Enge *f*; Engpaß *m*; **2.** *fig.* enge Freundschaft *f*; **3.** Notlage *f*; Dürftigkeit *f*.

estrega|dera *f* Borsten-, Wurzelbürste *f*; Fußabstreifer *m*; ~**dero** *m* **1.** Wäscheplatz *m*; **2.** Reib-, Schuppfahl *m*; *Jgdw.* Malbaum *m*; ~**dura** *f*, ~**miento** *m* Bürsten, Scheuern *n*; ~**r** [1h *u*. 1k] **I.** *v/t.* (ab)reiben; bürsten, scheuern; **II.** *v/r.* ~se s. reiben; s. kratzen.

estrella *f* **1.** Stern *m*; ~ fija (errante) Fix- (Wandel-)stern *m*; ~ fugaz Sternschnuppe *f*; ~ matutina (vespertina) Morgen- (Abend-)stern *m*; ~ polar, ~ del Norte Polar-, Nordstern *m*; ~ de rabo Komet *m*; levantarse con las ~s sehr früh aufstehen; *fig.* querer contar las ~s et. Unmögliches wollen; *fig.* ver las ~s Sterne sehen (*vor Schmerz*); **2.** Stern *m*, sternförmige Verzierung, Suppensternchen usw.; *Rel., Pol.* ~ de David Davidstern *m*; las ♀ y Bandas das Sternenbanner (*USA*); ~ de ocho puntas acht-strahliger (*od.* -zackiger) Stern *m* (*z. B. an Uniformen*); △ bóveda *f* en ~ Sterngewölbe *n* **3.** *fig.* Stern *m*; buena ~ Glücksstern *m*; nació con mala ~ er ist unter e-m Unglücksstern geboren; tener buena (mala) ~ Glück (Pech) haben; *Spr.* unos nacen con ~ y otros (nacen) estrellados die einen haben Glück, die andern immer Pech; **4.** *fig.* Größe *f*, Stern *m* am Bühnenhimmel usw.; ~ de la pantalla, ~ de cine Filmstar *m*; **5.** Zo. ~ de mar Seestern *m*; **6.** ⚡, ⊕ Stern *m*; **7.** ⚓ Windrose *f*; **8.** Equ. **a)** Blesse *f*, weißer Fleck; **b)** Sporenrädchen *n*; ~**dera** Kchk. *f* Eierheber *m*; ~**dero** Kchk. *m* Eierpfanne *f*; ~**do** *adj.* **1.** gestirnt, Sternen...; sternklar; **2.** sternförmig; Kchk. huevos *m/pl.* ~s Spiegeleier *n/pl.*; **3.** caballo *m* ~ Blesse *f*; ~**mar** *f* Zo. Seestern *m*; ⚘ Sternwegerich *m*; ~**r I.** *v/t.* **1.** Kchk. Ei in die Pfanne schlagen; **2.** zerschlagen, zertrümmern, zerschmettern (an dat. contra, en); **II.** *v/r.* ~se **3.** s. mit Sternen bedecken; **4.** *a.* ⚓ zerschellen (an

dat. contra, en); in Stücke gehen; Vkw. ~se contra ... gg. ... (ac.) fahren; **5.** auf stärksten Widerstand stoßen; scheitern; ~**to** *m* Star-position *f*, -ruhm *m*; Starkult *m*; lanzar a alg. al ~ j-m zum Starruhm verhelfen, j-n zum Star machen.

estrelle|ría *f* Sterndeuterei *f*; ~**ro** *adj.* den Kopf zu hoch tragend (*Pferd*). **estrellón** *m augm.*: *bsd.* Feuerwerksstern *m*; Stern *m* überm Hochaltar usw.; *Arg., Chi., Hond.* Stoß *m*, Ruck *m*; Zs.-stoß *m*.

estreme|cedor *adj.* erschütternd; ~**cer** [2d] **I.** *v/t. a. fig.* erschüttern, erbeben lassen; erschauern lassen; hacer ~ schaudern machen; **II.** *v/r.* ~se zittern, beben; erzittern; zs.-fahren; schaudern (vor *dat.* de); ~**cimiento** *m* **1.** Zittern *n*; Erschütterung *f*; Schauder *m*, Schauer *m*; ~ de alegría Freuden-schauer *m*, -rausch *m*; **2.** ⚔ Schwirren *n*, Fremitus *m*.

estre|na *f* **1.** Angebinde *n*, Aufmerksamkeit *f*; **2.** → estreno; ~**nar I.** *v/t.* **1.** zum erstenmal gebraucht, einweihen F; Gebäude einweihen, s-r Bestimmung übergeben; Wagen zum erstenmal fahren; als erster (Mieter usw.) in ein Haus einziehen; sin ~ neu, ungebraucht; **2.** Thea., Film: zum erstenmal aufführen; **II.** *v/r.* ~se **3.** ein Amt (*od.* e-e Arbeit) antreten; die erste Einnahme (des Tages) haben (Händler); **4.** Thea., Film usw. zum erstenmal auftreten, debütieren; ~se (con) s. einführen (mit dat.), an die Öffentlichkeit treten (mit dat.); Premierenbesucher *m*; ~**no** *m* **1.** erster Versuch *m*; erste Benutzung *f*, Einweihung *f*; *fig.* Anfang *m*; **2.** Thea., Film: Erstaufführung *f*, Premiere *f*; Debüt *n*, erstes Auftreten *n*; riguroso ~ *od.* ~ absoluto Uraufführung *f*.

estreñi|do *adj.* ⚕ verstopft; *fig.* geizig; ~**miento** ⚕ *m* (Stuhl-)Verstopfung *f*; causar ~ → ~**r** [3h u. 3l] *vt/i.* (ver)stopfen, verstopfend wirken.

estrepada ⚓ *f* Ruck *m* am Tau; (plötzliche) Beschleunigung *f* e-s Schiffes; halar a ~s tüchtig v. holen.

es|trépito *m* Getöse *n*, Lärm *m*, Krach *m*, Gepolter *n*; *fig.* Aufsehen *n*; ~**trepitoso** *adj.* lärmend, geräuschvoll; rauschend, tosend. **estrepto|coco** ⚕ *m* Streptokokke *m*, Streptococcus *m*; ~**micina** *pharm. f* Streptomycin *n*.

estrés *m* Streß *m*.

estresa|do *adj.* gestreßt; ~**nte** *adj. c* Streß..., stressig F; ~**r** *v/t.* (körperlich, seelisch) überbeanspruchen, stressen.

estría *f* Rinne *f*, Rille *f*; Streifen *m*, Strieme *f*; ~s *f/pl.* Kannelierung *f* e-r Säule; Züge *m/pl.* e-r Feuerwaffe; ⚔ Streifen *m/pl.*; Opt. streifenförmige Schlieren *f/pl.*

estria|do I. *adj.* **1.** gerillt; kanneliert (Säule); gezogen (Lauf e-r Feuerwaffe); **2.** *Anat.* quergestreift (Muskel); gestreift, striär; **II.** *m* **3.** △ Kannelierung *f* (Säule); ~**r** [1c] *v/t. bsd.* ⚔ riefeln; Säule kannelieren; △, Zim. kehlen; ⚔ Lauf ziehen.

estri|bación *f* Ausläufer *m*, Vorberg *m*; ~**badero** *m* Stütze *f*, Auf-, Unter-lage *f*; ~**bar I.** *v/i.* ~ en ruhen auf (dat.), *a. fig.* s. stützen auf (ac.); *fig.* beruhen auf (dat.); bestehen in (dat.); **II.** *v/t. a.* ⊕ abstützen, abfangen; **III.** *v/r.* ~se s. stemmen; s. (auf)stützen; ~**billo** *m* Kehrreim *m*, Refrain *m*; *fig.* Lieblingswort *n*, stereotype Redensart *f*; F ¡y dale con el ~! immer die alte Leier! F; ~**bo** *m* **1.** Steigbügel *m* (*a. Anat.*); *fig.* estar con un pie en el ~ **a)** reisefertig (*od.* schon beim Weggehen) sein; **b)** dem Tode nahe sein; *fig.* estar (*od.* andar) sobre los ~s in acht nehmen; mantenerse firme en los ~s Equ. fest in den Bügeln stehen; *fig.* fest im Sattel sitzen (*f.*); *fig.* perder los ~s *a)* die (Selbst-)Beherrschung verlieren, **b)** Unsinn reden, faseln; hacer perder los ~s a alg. j-m auf die Nerven gehen, j-n auf die Palme bringen F; **2.** Trittbrett *n* am Wagen, an e-r Maschine; Fußraste *f* am Motorrad; **3.** △ Stütze *f*, Stützmauer *f*, Strebepfeiler *m*; Widerlager *n*; Landstoß *m* e-r Brücke; ⊕, ⚙ Bügel *m*; **4.** Geogr. Ausläufer *m*, Vorberg *m*.

estribor ⚓ *m* Steuerbord *n*; ¡todo a ~! hart Steuerbord!

estricnina *pharm. f* Strychnin *n*.

estricote F *adv.*: al ~ im Kreis herum, ringsherum.

estric|tamente *adv.* streng; unbedingt; ~**tez** *f Arg., Chi., Pe.* Genauigkeit *f*; Strenge *f*; ~**to** *adj.* streng, strikt; genau.

estri|dencia *f* Schrillheit *f*; *fig.* Extrem *n*; ~**dente** *adj. c* gellend, schrill, durchdringend; ~**dor** *m* Schrillen *n*, Gellen *n*; Pfeifen *n*; ~**dular** *v/i.* schrill zirpen (Zikaden).

estrige *Vo. f* Eule *f*.

estro *m poet.* glühender Funke *m*; dichterischer Schwung *m*.

estrofa *f* Strophe *f*.

estrofantina *pharm. f* Strophantin *n*.

estrógeno *Physiol. m* Östrogen *n*.

estroncio ⚗ *m* Strontium *n*.

estropa|jero *m* Behälter *m* für estropajo; ~**jo** *m* ⚘ Scheuerkürbis *m*; p. ext. Espartowisch *m* zum Abwaschen; *fig.* wertloser Plunder *m*; *fig.* ponerle a alg. como un ~ j-n herunterputzen, j-n abkanzeln; ~**josamente** F *adv.* lallend, stammelnd (sprechen); ~**joso** *adj.* **1.** zerlumpt, abgerissen; **2.** zäh, faserig (Fleisch u. ä.).

estro|pear I. *v/t.* beschädigen; verletzen, verstümmeln; *a. fig.* zerschlagen, kaputt machen F; verpfuschen F, verderben; Plan vereiteln; **II.** *v/r.* ~se entzwei (*od.* kaputt F) gehen; verderben; ~**picio** F *m* **1.** (Scherben-)Geklirr *n*; Radau *m*, Lärm *m*; Schaden *m*; ha hecho un ~ en la cocina in der Küche hat's gescheppert F; **2.** *fig.* Geschrei *n*, Lärm *m* um nichts, Trara *n* F.

estructura *f* Struktur *f*, Gefüge *n*, Gliederung *f*; Aufbau *m*, Bau *m*; Bauwerk *n*; ~ cristalina Kristallstruktur *f*; ~s *f/pl.* metálicas Stahl-(hoch)bauten *m/pl.*; ~**ción** *f* Strukturierung *f*; Gestaltung *f*; ~**l** ∪ *adj. c* strukturell; Struktur...; cam-

estructuralismo — eufemístico

bio m ~ Strukturwandel m; ~lismo Phil., Li. m Strukturalismus m; ~lista adj.-su. c strukturalistisch; m Strukturalist m; ~r v/t. strukturieren, gestalten.

estruendo m Donnern n, Getöse n, Krachen n; Getümmel n; fig. Prunk m, Pomp m; ~so adj. donnernd; lärmend; fig. prunkvoll, pompös.

estru|jadora f Obst-, Saft-presse f; ~jadura f, ~jamiento m Quetschen n, Auspressen n; Zerknüllen n; ~jar I. v/t. aus-, zer-drücken; (zer)quetschen; zerknittern, zer-, zs.-knüllen; fig. aussaugen, auspressen; II. v/r. ~se s. fürchterlich drängen (Menge); ~se el cerebro s. den Kopf zerbrechen; ~jón m Zerdrücken n; Auspressen n; ⚔ Tresterkelterung f.

estru|ma ⚔ f Struma f, Kropf m; ~mectomía f Kropfoperation f.

estua|ción ⚓ f Flut f; ~rio Geogr. m breite Flußmündung f.

estu|cado △ m Stuckieren n; Stukkatur f; ~cador m Stukkateur m; ~car [1g] v/t. △ stuckieren; verputzen; ~co m Stuck m; Gipsmarmor m; trabajo m de ~ Stukkatur f.

estu|char v/t. in Tüten abfüllen, abpacken; ~che m 1. Futteral n, Etui n; Kästchen n; ~ de aseo Toilettentasche f, Kulturbeutel m; ~de cirujano chirurgisches Besteck n; ~ de magia Zauberkasten m für Kinder; ~ de violín Geigen-kasten m; -futteral n; 2. fig. F Genie n, Tausendkünstler m; ~chería koll. f Etuis n/pl.

estudi|ado adj. einstudiert, gemacht, erkünstelt; ~ante c Student(in f) m; F Schüler m; los ~s die Studentenschaft; ~ de medicina Medizinstudent m; ~antado koll. m Studenten(schaft f) m/pl.; ~antil adj. c studentisch, Studenten...; ~antina f Studenten(musik)kapelle f; Studentengruppe f in alter Tracht, bei Volksfesten; ~antón desp. m ewiger Student m; ~ar [1b] I. vt/i. 1. studieren; lernen; ~ en la universidad an (od. auf) der Universität studieren; ~ para abogado Recht(swissenschaft) studieren; ~ es una cosa, y saber otra Theorie u. Praxis sind verschiedene Dinge, Lernen u. Wissen ist zweierlei; II. v/t. 2. einstudieren, auswendig lernen; durcharbeiten; einüben; Aufgabe lernen; 3. untersuchen, (über-)prüfen; durcharbeiten; 4. Thea. ~ a/c. a alg. mit j-m e-e Rolle usw. einstudieren.

estudio m 1. mst. ~s pl. Studium n; ~s universitarios Universitäts-, Hochschul-studium n; ~(s) general(es) Studium n generale; hist. Universität f; años m/pl. de ~s Studien-zeit f, -jahre n/pl.; para fines de ~(s) zu Studienzwecken; dar ~s a alg. j-n studieren lassen, j-m das Studium bezahlen; tener ~s studiert haben, Akademiker sein; sehr gebildet sein; 2. Studium n, Prüfung f, Untersuchung f; ~ de mercados Marktforschung f; hallarse en ~ (zur Zeit) geprüft (od. überprüft) werden; 3. Fleiß m; adv. con ~ a) mit Hingabe, fleißig; b) absichtlich; 4. Untersuchung f, Studie f; Bericht m; ~ de cam-

po Feldstudie f; ~ del impacto ambiental Umweltverträglichkeitsprüfung f; 5. Mal. Studie f, Entwurf m, Skizze f; 6. ♪ Etüde f; 7. Studierzimmer n; (Maler-, Photo-)Atelier n, a. Rf., Film, TV Studio n; bsd. Am. (Einzimmer-)Appartement m; 8. Arg. Anwaltskanzlei f; ~sidad f Lerneifer m, Fleiß m; ~so adj. lernbegierig, fleißig, eifrig.

estu|fa f 1. Ofen m; Col., Méj. (Koch-)Herd m; ~ de carbón (de baño) Kohlen- (Bade-)ofen m; ~ de azulejos Kachelofen m; ~ eléctrica Elektroofen m, elektrischer Heizofen m; Col., Méj. ~ de gas Gasherd m; 2. ⚔ Treib-, Gewächs-haus n; criar en ~ 🌱 im Treibhaus (auf)ziehen; fig. verzärteln, verweichlichen; 3. ⚔, ⊕ Trockenofen m, Trockner m; ~ de cultivos Brutschrank m; ~ de desinfección Sterilisator m; 4. Schwitz-stube f, -bad n; ~fador Kchk. m Schmortopf m; ~fero m → estufista; ~filla f 1. Fußwärmer m; kl. Kohlenbecken n; 2. Muff m; ~fista m Ofensetzer m.

estul|ticia lit. f Dummheit f; ~to lit. adj. töricht, dumm.

estupefac|ción f Sprachlosigkeit f, gr. Erstaunen n; Bestürzung f; ~iente adj. c -su. m Rauschgift n, Betäubungsmittel n; tráfico m de ~s Rauschgifthandel m; ~tivo adj. berauschend, betäubend; ~to adj. starr vor Staunen, sprachlos; wie betäubt, bestürzt (über ac. ante, por).

estupendo adj. erstaunlich; fabelhaft, großartig, Klasse F, toll F.

estupi|dez f (pl. ~eces) Stumpfsinn m, Blödsinn m; Dummheit f, Beschränktheit f; ~dización f Verdummung f, Verblödung f.

estúpido I. adj. stumpfsinnig, dumm; unsinnig, stupid; ¡qué individuo más ~! so ein hirnverbrannter Kerl! F; II. m Dummkopf m.

estupor m ⚔ Benommenheit f, Stupor m; fig. maßloses Staunen n (bzw. Entsetzen n); Betäubung f.

estu|prar v/t. schänden; ~pro m Schändung f; Verführung f; ⚖ Span. Schändung f (Notzuchtverbrechen an minderjährigen Frauen).

estu|que △ m Stuck m; ~quería f Stukkatur f; ~quista c Stukkateur m; Stuckarbeiter m.

esturión Fi. m Stör m.

ésula ⚔ f Art Wolfsmilch f.

esvástica f Hakenkreuz n.

eta f Eta n, griech. Buchstabe.

etalaje ⊕ m Rast f, Gestell n b. Hochöfen.

etano ⚔ m Äthan n, Ethan n.

etapa f 1. Abschnitt m, (Reise-, Weg-)Etappe f, (Teil-)Strecke f; fig. Stufe f, Phase f, Etappe f; adv. por ~s schritt-, stufen-weise; de varias ~s mehrstufig; Sp. ganar una ~ Etappensieger sein; 2. ⚔ (Marsch-)Quartier n; Rast-, Lagerplatz m; (Verpflegungs-)Ration f, Marschverpflegung f.

etarra m Mitglied n der baskischen Untergrundbewegung ETA.

éter m Äther m (⚔ u. fig.), ~a. Ether m; ~ dietílico Narkoseäther m.

etéreo ⚔ u. fig. adj. ätherisch, Äther..., ⚔ a. etherisch; fig. Himmel(s)...

eteri|ficar [1g] ⚔ v/t. veräthern, ver-

ethern; ~zación ⚔ f Äthernarkose f; ~zar [1f] v/t. ⚔ (e-e) Äthernarkose geben (dat.); ⚔ mit Äther versetzen.

eter|namente adv. ewig; ~nal lit. adj. c ewig; ~nidad f a. fig. Ewigkeit f; desde la ~ von Ewigkeit(en) her; seit unvordenklichen Zeiten; ~nizar [1f] I. v/t. verewigen; fig. endlos hinziehen (od. verschleppen); II. v/r. ~se e-e Ewigkeit dauern; a. e-e Ewigkeit brauchen (od. s. irgendwo aufhalten); ~no adj. ewig (a. fig.); unsterblich; unendlich; Theol. el (Padre) ♀ der Ewige Vater, Gott m; fig. F la ~a canción die alte Leier F.

éti|ca f 1. Ethik f; 2. Ethos n; ~ profesional Berufsethos n; ~co¹ adj.-su. ethisch, sittlich, Sitten...; m Ethiker m; ~co² adj. → hético.

eti|leno ⚔ m Äthylen n, Eth(yl)en n; ~lo ⚔ m Äthyl n, Ethyl n.

etílico ⚔ adj. Äthyl..., Ethyl...

étimo Li. m Etymon n.

eti|mología Li. f Etymologie f; ~ popular Volksetymologie f; ~mológico adj. etymologisch; ~mologista c, ~mólogo m Etymologe m.

etio|logía f Phil., ⚔ Ätiologie f; ⚔ p. ext. Krankheitsursache f; ~lógico adj. ätiologisch.

etíope adj.-su. c äthiopisch; m Äthiopier m. [(äthiopisch.]

Eti|opía f Äthiopien n; ⚯ópico adj.]

etique|ta f 1. Etikette f, Hofsitte f; Förmlichkeit f; ~ palaciega, ~ de palacio Hofetikette f; traje m de ~ Gesellschaftsanzug m; de rigurosa ~ im Abendanzug; fig. estar de ~ (nur noch) förmlich mitea. verkehren; visita f de ~ Höflichkeitsbesuch m; 2. Etikett n; Preisschild n; Klebeadresse f; ~ autoadhesiva Aufkleber m; ~ (colgante) Anhänger m; poner ~s (a) etikettieren (ac.), Preisschilder anbringen (an ac.); Waren auszeichnen; ~tado m Etikettieren n usw. → etiqueta 2; ~tadora f Etikettier-, Auszeichnungs-maschine f; ~tar v/t. ~ (poner) etiqueta(s) 2; ~tero adj. sehr förmlich. [bein n.]

etmoides Anat. m (pl. inv.) Sieb-]

etnia f Sprach- u. Kulturgemeinschaft f, Ethnie f; Volkstum n.

étnico adj. 1. ethnisch, Volks...; Gram. nombre m ~ Ethnikum n, Volksname m; 2. bibl. heidnisch.

etno|cidio m Völkermord m; ~grafía f Ethnographie f; ~gráfico adj. ethnographisch; museo m ~ Museum n für Völkerkunde.

et|nógrafo m Ethnograph m; ~nología f Ethnologie f, Völkerkunde f; ~nológico adj. ethnologisch, völkerkundlich; ~nólogo m Ethnologe m.

etología ⚯ f Ethologie f.

etrusco adj.-su. etruskisch; m Etrusker m; Li. das Etruskische.

etusa f Gartenschierling m.

eucalipto ⚘ m Eukalyptus m; pharm. aceite m (od. esencia f) de ~ Eukalyptusöl n.

euca|ristía Rel. f Eucharistie f, Abendmahl n; ~rístico adj. eucharistisch.

euclidiano adj. euklidisch.

eudiómetro ⚔ m Eudiometer n.

eufe|mismo Li. m Euphemismus m; ~místico adj. euphemistisch.

eu|fonía f Wohlklang m, Euphonie f; **~fónico** adj. wohllautend, euphonisch.
euforbio ♀ m afrikanische Euphorbie f.
eu|foria ✱ u. fig. f Euphorie f; **~fórico** adj. ✱ u. fig. euphorisch; fig. beschwingt.
euge|nesia ✱ f Eugenik f; **~nésico** adj. eugen(et)isch.
Eugenio npr. m Eugen m.
eunuco m Eunuch m.
Euráfrica f Eurafrika n.
Eura|sia f Eurasien n; **♀siático** adj.-su. eurasiatisch; m Eurasier m.
¡eureka! int. heureka!
eu|ritmia ⚕ f Eurhythmie f; Ebenmaß n; ✱ regelmäßiger Puls m; **~rítmico** adj. ebenmäßig, im Ebenmaß.
euro m 1. ✝ Euro m; 2. poet. Ostwind m.
Euro|cámara f Europaparlament n; **♀centrismo** m Eurozentrismus m; **♀comunismo** m Eurokommunismus m; **♀comunista** adj.-su. c. eurokommunistisch; m Eurokommunist m; **♀comisario** m EU-Kommissar m.
eurócrata m Eurokrat m.
Euro|cuerpo m Eurocorps m; **♀cheque** m Eurocheque m; **♀diputado** m Europaabgeordnete(r) m; **~dólar** m Eurodollar m; **♀escéptico** m Euroskeptiker m; **~landia** f Euroland n.
Europa f Europa n; (la) ~ Central Mitteleuropa n.
euro|peísmo Pol. m Europa-bewegung f, -gedanke m; **~peísta I.** adj. c: idea f ~ Europagedanke m; **II.** c Anhänger m des Europagedankens; **~peización** f Europäisierung f; **~peizar** [1f] **I.** v/t. europäisieren; **II.** v/r. **~se** europäische Sitten annehmen; die geistigen, wirtschaftlichen u. technischen Vorstellungen u. Normen Europas übernehmen; **~peo** adj.-su. europäisch; m Europäer m.
euro|pol f Europol f; **~túnel** m Euro-, Kanal-tunnel m; **~zona** f Eurozone f.
eus|calduna adj.-su. c baskisch; m Baskischsprechende(r) m; **♀kadi** m Baskenland n; **~kera, ~quera** adj. c-su. m baskisch(e Sprache f).
Eustaquio Anat.: trompa f de ~ Ohrtrompete f, Eustachische Röhre f.
eutanasia ✱ f Euthanasie f; ~ (activa, pasiva) (aktive, passive) Sterbehilfe f.
eutrapelia ⚕ f 1. Mäßigung f im Vergnügen; harmloser Spaß m; 2. Schlagfertigkeit f.
Eva npr. Eva f; fig. F las hijas de ~ die Evastöchter f/pl., die Frauen f/pl.; en traje de ~ im Eva(s)kostüm, nackt.
evacua|ción f 1. a. Verw., ⚖, ✕ Räumung f; Verw., ✕ Evakuierung f; 2. ⊕ Beseitigung f; Abführung f, Ablaß m; 3. ✱ Entleerung f; Ausräumung f; (intestinal, ~ de vientre) Darmentleerung f, Stuhlgang m; **~nte** ✱ adj.-su. m → evacuativo; **~r** [1d] v/t. 1. a. Verw., ✕ räumen; Verw., ✕ evakuieren; verlagern; 2. ⊕ ablassen, Kessel a. abblasen; abführen; 3. a. ✱ (ent)leeren, ausräumen; ~ el vientre den Darm entleeren, Stuhlgang haben; 4. Verw., ⚖ Sache, Formalität erledigen; Besprechung abhalten; **~tivo** ✱ adj.-su. m Abführmittel n; **~torio I.** adj. → evacuativo; **II.** m Bedürfnisanstalt f.
evadir I. v/t. vermeiden, umgehen; ausweichen (dat.), entgehen (dat.); s. e-r Schwierigkeit entziehen; s. um et. (ac.) drücken F; **II.** v/r. **~se** fliehen, entweichen; entkommen; fig. F s. drücken F; (aus dem Gefängnis) ausbrechen; fig. se evadió er wich aus.
evalua|ción f 1. Ab-, Ein-schätzung f, Bewertung f; 2. Auswertung f; **~r** [1e] v/t. 1. bewerten; veranschlagen, schätzen (auf ac. en); 2. auswerten.
evan|geliario m Evangeliar(ium) n; **~gélico** adj. evangelisch (a. Kirche); **~gelio** m 1. a. fig. Evangelium n; el ~ según San Juan das Johannesevangelium; fig. F lo que dice es el ~ a) er sagt die reine Wahrheit; b) s-e Worte werden unbesehen geglaubt; fig. hacer ~ de a/c. et. zum Dogma erheben; 2. Folk. ~s m/pl. Evangelienbüchlein n als Amulett für Kinder; **~gelista** m 1. Evangelist m; 2. Evangeliensänger m; 3. Méj. Schreiber m für Analphabeten; **~gelización** f Verkündigung f des Evangeliums; **~gelizar** [1f] vt/i. (j-m) das Evangelium predigen; (j-n) zum Christentum bekehren.
evapo|rable adj. c verdunstbar; **~ración** f Verdunstung f, Verdampfung f; Verflüchtigung f; ~ del agua Wasserentziehung f durch Verdampfen; **~rador** ⊕ m Verdampfer m; **~rar I.** v/t. verdunsten lassen; eindampfen; **II.** v/r. **~se** verdampfen, verdunsten; a. fig. s. verflüchtigen, fig. verduften F; **~rizar** [1f] u. Abl. → evaporar u. Abl.
evasi|ón f 1. Entweichen n, Flucht f; Ausbruch m; ~ de capitales (fiscal) Kapital- (Steuer-)flucht f; fig. ~ de la realidad Flucht f aus der Wirklichkeit; 2. Ablenkung f, Zerstreuung f; literatura f de ~ (od. evasiva) (reine) Unterhaltungsliteratur f; 3. → ~va f ausweichende Antwort f; Ausrede f, Ausflucht f; **~sivo** adj. ausweichend; ablenkend; adv. **~amente** ausweichend (antworten); → a. evasión 2.
evasor adj.-su. fliehend; m Ausbrecher m; ~ fiscal, ~ tributario Steuerhinterzieher m, -flüchtling m.
evento m bsd. Am. Ereignis n, Begebenheit f, Fall m; a todo ~ auf jeden Fall; für alle Fälle.
eventua|l I. adj. c etwaig, möglich, eventuell; ⚖ Eventual...; ⚖ bedingt (Vorsatz); en caso ~ gegebenenfalls; personal m ~ Aushilfspersonal n; emolumentos m/pl. ~es → **II.** m Sonder-, Neben-bezüge m/pl. von Beamten; **~lidad** f Möglichkeit f, Eventualität f; **~lmente** adv. unter Umständen, eventuell, gegebenenfalls.
evicción ⚖ f Entwehrung f; saneamiento m por ~ Rechtsmängelhaftung f.
eviden|cia f Offenkundigkeit f, Augenscheinlichkeit f, a. Phil. Evidenz f; poner en ~ a) einleuchtend darlegen, klar beweisen; b) j-n bloßstellen, j-n blamieren; fig. quedar en ~ unangenehm auffallen; s. lächerlich machen; fig. rendirse ante la ~ s. den Tatsachen beugen; **~ciar** [1b] v/t. offenlegen, zeigen, deutlich machen; **~te** adj. c offensichtlich, offenkundig, unleugbar, klar, evident; es ~ que ... es leuchtet ein, daß ..., es stimmt, daß ..., es liegt auf der Hand, daß ...; **~temente** adv. offensichtlich, offenbar.
evita|ble adj. c vermeidbar; **~ción** f Vermeidung f; Verhütung f, Abwendung f; en ~ de mayores males um Schlimmeres zu verhüten; **~r I.** v/t. verhüten, abwenden; vorbeugen (dat.); (ver)meiden; ausweichen (dat.), aus dem Weg gehen (dat.); j-m et. ersparen; para ~ errores zur Vermeidung von Irrtümern; **II.** v/r. **~se** vermeiden lassen; s. selbst et. ersparen.
eviterno Theol. adj. ewig (doch mit e-m Anfang in der Zeit).
evo Theol., poet. m Ewigkeit f.
evoca|ción f (Geister-)Beschwörung f, Erinnerung f (an ac. de), Zurückdenken n (an ac. de); **~dor** adj. Erinnerungen heraufbeschwörend; ~ de erinnernd an (ac.); **~r** [1g] v/t. Tote anrufen; Geister beschwören; Erinnerungen wachrufen, wecken; Vergangenheit heraufbeschwören.
evolu|ción f 1. Entwicklung f; Verlauf m (a. ✱); fig. Wandel m; Biol., Pol. Evolution f; grado m de ~ Entwicklungsstufe f; 2. ✕ Aufmarsch m; ~ones f/pl. ⚓, ✕ Schwenkungen f/pl., Manöver n/pl.; p. ext. (Tanz) Bewegungen f/pl., Figuren f/pl., ⚓ hacer ~ones schwenken, manövrieren; **~cionar** v/i. 1. s. (weiter-, fort-)entwickeln; s. (allmählich) ändern; 2. ✕ aufmarschieren, a. ⚓, ✈ Schwenkungen ausführen, schwenken; ⚓, ✈ manövrieren; **~cionismo** m Phil. Evolutionismus m; Biol. Evolutionstheorie f; **~cionista** adj.-su. c Evolutions...; m Evolutionist m; **~tivo** adj. Entwicklungs...
evónimo ♀ m Pfaffenhütchen n.
ex pref. vor su. ehemalig, gewesen, z. B. ~ ministro ehemaliger (od. gewesener) Minister m, Exminister m.
ex abrupto I. adv. plötzlich, unvermutet; **II.** m unbedachte Äußerung f; barsche Antwort f; contestó con un ~ er gab e-e scharfe Antwort.
exacción ⚖ f 1. Erhebung f v. Steuern, Beitreibung f; ~ ilegal Gebührenübererhebung f; 2. Abgabe f, Steuer f.
exacerba|ción f Reizung f; Verschlimmerung f; **~r I.** v/t. reizen; (v)erbittern; verschlimmern; **II.** v/r. **~se** s. verschlimmern; fig. in heftigen Zorn geraten.
exac|tamente adv. (a. int. ¡~!) genau; richtig; **~titud** f Genauigkeit f; Pünktlichkeit f; Richtigkeit f; **~to** adj. genau, exakt, richtig, zuverlässig, pünktlich, sorgfältig; ¡~! richtig!, (das) stimmt!; ~ al milímetro millimetergenau; no es ~ (que + subj.) es stimmt nicht (, daß + ind.).

exactor *m* Steuereinnehmer *m*.
exagera|ción *f* Übertreibung *f*; **~do** *adj.* übertrieben; überhöht (*Preis*); *no seas tan ~* übertreibe nicht so sehr; **~dor** *adj.-su.* Aufschneider *m*; **~r** *vt/i.* übertreiben; aufbauschen; überschätzen; zu hoch (ver)anschlagen.
exalta|ción *f* 1. Erhebung *f*, Erhöhung *f*; Verherrlichung *f*, Lobpreisung *f*; *~ al trono* Thronerhebung *f*; *kath. ~ de la (Santa) Cruz* Kreuzeserhöhung *f* (*Fest 14. September*); 2. *Psych.* Steigerung *f*; 3. Begeisterung *f*; 4. *a.* ⚕ Erregung *f*; Exaltiertheit *f*; **~do** *adj.-su.* 1. *fig.* überspannt, exaltiert, überschwenglich; *cabeza f ~a* Wirr- *bzw.* Feuer-kopf *m*, Schwärmer *m*, Schwarmgeist *m*; 2. *Pol.* radikal; **~r I.** *v/t.* 1. erheben, erhöhen; verherrlichen, preisen; 2. (auf)reizen; begeistern; *Psych.* steigern; **II.** *v/r.* **~se** 3. s. steigern; in Begeisterung geraten (für *ac. por*); schwärmen (für *ac. por*); *fig.* in Hitze geraten.
examen *m* (*pl. exámenes*) 1. Prüfung *f*, Examen *n* (ablegen *hacer*, *sufrir, pasar*; *Méj.* bestehen *pasar*); *~ de admisión*, *~ de ingreso* Aufnahme-, Zulassungs-prüfung *f*; *~ anual* Jahresprüfung *f*; *~ de conducir*, *~ de conductor* Fahrprüfung *f*; *~ de Estado allg.* staatliche Prüfung *f*; *Am.* Staatsexamen *n* (*Span.* → *licenciatura*); *Span.* Abitur *n*; *~ final (intermedio)* Abschluß- (Zwischen-)prüfung *f*; *~ oral*, *~ verbal (~ [por] escrito)* mündliche (schriftliche) Prüfung *f*; *Span. ~ de selectividad* (*verbürg.*) Aufnahmeprüfung *f* für die Universität; 2. (Nach-, Über-)Prüfung *f*, *a.* ⚕ Untersuchung *f*; Einsicht *f* (in *ac. de*); *~ de conciencia* Gewissensprüfung *f*; *Rel.* Gewissenserforschung *f*; *Rel. libre ~* freie Forschung *f*; Gewissensfreiheit *f*; *~ radiológico*, *~ por rayos X* Röntgenuntersuchung *f*.
exami|nador *adj.-su.* untersuchend, prüfend; Untersuchungs...; Prüfungs...; *m* Prüfer *m*; Prüfende(r) *m*; Examinator *m*; **~nando** *m* Prüfling *m*, Kandidat *m*; **~nar I.** *v/t.* prüfen, examinieren; (nach-, über-)prüfen, *a.* ⚕ untersuchen; kontrollieren, aufmerksam betrachten, mustern; besichtigen; Einsicht nehmen in (*ac.*), *Akten u. ä.* einsehen; *Gewissen* erforschen; ⚕ *~ por radioscopia*, *~ por rayos X* durchleuchten; **II.** *v/r.* **~se** e-e Prüfung ablegen (*od.* machen), geprüft werden (in *dat. de*); *~se de ingreso* die Aufnahmeprüfung ablegen.
exangüe *adj. c* 1. blutleer, ausgeblutet; *fig.* matt, kraftlos; 2. leblos, tot.
exánime *adj. c* leblos, entseelt; *fig.* kraftlos; mutlos, niedergeschlagen.
exante|ma ⚕ *m* Exanthem *n*, Hautausschlag *m*; **~mático** *adj.*: *tifus m ~* Flecktyphus *m*.
exarca *hist., ecl. m* Exarch *m*.
exaspera|ción *f* Erbitterung *f*; **~do** *adj.* erbittert; äußerst gereizt; verschärft; **~r I.** *v/t.* sehr reizen; aufbringen, in Wut (*bzw.* zur Verzweiflung) bringen; (v)erbittern; **II.** *v/r.* **~se** in Wut geraten (*f.*) sehr verschärfen (*Feindschaft*); s. sehr verschlimmern (*Krankheit*).

excarcelar *v/t.* aus der Haft (*od.* aus dem Gefängnis) entlassen.
ex cát(h)edra *adv. kath. u. fig.* ex cathedra; *fig.* F autoritär, schulmeisterlich.
excava|ción *f* 1. Ausgrabung *f* (*a. Archäologie*); Ausbaggerung *f*, Ausschachtung *f*; ✗ Auflockern *n*; *~ por gradas* Strossenbau *m* (*Tunnel*); 2. Vertiefung *f*, Höhlung *f*; *Geol. ~ones f/pl.* Hohlräume *m/pl.*, Höhlenbildungen *f/pl.*; **~dora** ⊕ *f* Bagger *m*; *~ (con cadena) de cangilones* Eimer(ketten)bagger *m*; *~ de cuchara (de orugas)* Löffel- (Raupen-)bagger *m*; ✗ *~-zapadora* Schrämmaschine *f*; **~r** *v/t.* ausgraben; aufgraben, -wühlen; *Boden* auflockern; *Pfl.* häufeln; △, ⊕ aus-heben, -schachten; ausbaggern; ✗ schürfen; (ab)teufen.
exce|dencia *Verw. f* 1. Wartestand *m*; längere Beurlaubung *f od.* Freistellung *f* von e-r Planstelle; 2. Wartegeld *n*; **~dentario** *adj.* überschüssig, Überschuß...; **~dente I.** *adj. c* 1. überzählig; *Verw.* zur Wiederverwendung; (*Beamter*) im Wartestand; 2. ✚, ⊕ überschüssig; ⊕ als Reserve (vorhanden); **II.** *m* 3. Übergewicht *n*, -länge *f*; Überschuß *m*, Mehr(betrag *m*) *n*; *~ de cereales* Getreideüberschuß *m*; ⊕, *~ de potencia* Leistungsreserve *f*; **~der I.** *vt/i.* übersteigen, überschreiten (um *ac.* en); übertreffen (an *dat.* en), überragen; *~ de* hinausgehen über (*ac.*); übersteigen (*ac.*); hinausreichen über (*ac.*); *esto excede a sus fuerzas* das geht über s-e Kraft (hinaus); *~ a toda ponderación* über jedes Lob (*bzw.* über jede Kritik) erhaben sein; **II.** *v/r.* **~se** s. viel herausnehmen; zu weit gehen; *~se con alg.* (en atenciones) j-n mit Gunstbeweisen überschütten; *~se en sus facultades* s-e Befugnisse überschreiten; s-n Fähigkeiten zuviel zutrauen; *~se a sí mismo* s. selbst übertreffen.
excelen|cia *f* 1. oft *~s f/pl.* Vortrefflichkeit *f*, Vorzüglichkeit *f*; *por ~* im wahrsten Sinne des Wortes, schlechtweg; 2. (*Su, Vuestra*) ♀ (S-e, Euer) Exzellenz *f*; **~te** *adj. c* vortrefflich, ausgezeichnet; großartig, hervorragend; **~tísimo** *m Titel*: ♀ *Sr. Don ...* Seine(r) Exzellenz Herr(n) ...; ♀ *Señor, Abk.* Excmo. Sr. Exzellenz.
excel|samente *adv.* voller Erhabenheit *f*; **~so** *adj.* 1. hochragend; 2. erhaben, groß; auserlesen, ausgezeichnet.
excéntrica *f* 1. ⊕ Exzenter *m*; 2. Exzentrik *f*.
excentricidad *f* ⚛, ⊕ *u. fig.* Exzentrizität *f*; ⊕ Außermittigkeit *f*; Unrundsein *n*, Schlag *m*; *fig.* Überspanntheit *f*, Spinnerei *f* F.
excéntrico I. *adj.* ⚛, ⊕ *u. fig.* exzentrisch; ⊕ außermittig; unrund; **II.** *m* Exzentriker *m*.
excep|ción *f* 1. Ausnahme *f*; ✚ (Zoll-)Befreiung *f*, Franchise *f*; *~ de*, *~ hecha de* ausgenommen (*ac.*), mit Ausnahme von (*dat.*); *adv. por ~* ausnahmsweise; *sin ~* ausnahmslos, ohne Ausnahme; *hacer ~ de a/c.* et. ausnehmen; *hacer una ~* e-e Ausnahme machen; *la ~ de la regla*

die Ausnahme von der Regel; *no hay regla sin ~* k-e Regel ohne Ausnahme, Ausnahmen bestätigen die Regel; *trato m de ~* Vorzugsbehandlung *f*; 2. ⚖ Einrede *f*; *~ dilatoria (perentoria)* dilatorische (peremptorische) Einrede *f*; **~cional** *adj. c* außerordentlich, Ausnahme..., Sonder...; *a título ~* ausnahmsweise; (en) caso m *~* (im) Ausnahmefall *m*; **~cionalmente** *adv.* ausnahmsweise; äußerst, ganz besonders; **~tivo** *adj.* Ausnahme...; **~tuar** [1e] **I.** *v/t.* ausnehmen, ausschließen; entbinden (von *dat.* de); *~ando lo dicho* Besagtes ausgenommen; **II.** *v/r.* **~se** s. ausschließen; nicht mitmachen wollen.
exce|sivamente *adv.* im Übermaß; **~sivo** *adj.* übermäßig; maßlos; überhöht (*Preis*); **~so** *m* 1. Übermaß *n*; Zuviel *n*; ✚ Überschuß *m*, Überhang *m*; *~ de celo* Übereifer *m*; ✚ *~ de demanda* Nachfrageüberhang *m*; *~ de equipaje* (✚ *de ofertas*) Über-gepäck *n* (-angebot *n*); *~ de peso* Mehr- (*bzw.* Über-)gewicht *n*; *~ de trabajo* Übermaß *n* an Arbeit; *Vkw. ~ de velocidad* Geschwindigkeitsüberschreitung *f*; *no (od.* en, por) *~* übermäßig, übertrieben; *evitar ~s* maßhalten; *fig. pecar por ~* des Guten zuviel tun; *más vale pecar por ~ que por defecto* lieber zu viel als zu wenig (haben, bringen, tun usw.); 2. oft *~s m/pl.* Ausschweifungen *f/pl.*; Ausschweifungen *f/pl.*
excipiente *pharm. m* Vehikel *n*.
excisión ⚕ *f* Exzision *f*.
excita|bilidad *f* Reizbarkeit *f*; **~ble** *adj. c* reizbar; **~ción** *f* Reiz *m*, Anregung *f*; *a.* ⚡, HF Erregung *f*; *fig.* Aufhetzung *f*; **~do** *adj.-su.* erregend; *m* Erreger *m*; **~nte I.** *adj. c* anregend; erregend; **II.** *m* ⚕ Anregungsmittel *n*; **~r I.** *vt/i.* anregen; ⚡ erregen; HF aussteuern; *fig.* erregen; aufregen, reizen; *Leidenschaften* schüren; an-, auf-stacheln (zu *dat. a*); aufhetzen; **II.** *v/r.* **~se** s. aufregen, in Zorn (*od.* Erregung) geraten; **~tivo** *adj.* anregend, erregend; aufreizend, verführerisch.
exclama|ción *f* 1. Ausruf *m*; *~ de júbilo* Jubelschrei *m*; 2. *Gram.* Ausrufezeichen *n*; **~r** *vt/i.* (aus)rufen, schreien; **~tivo**, **~torio** *adj.* kraftvoll tönend (*Stimme*); *tono m ~* Rufton *m*, Tonfall *m* des Ausrufs.
exclaustra|do *m* aus dem Kloster entlassene(r) Geistliche(r) *m*; **~r** *v/t.* aus dem Kloster entlassen.
exclave ⚖ *m* Exklave *f*; *~ aduanero* Zollausschluß(gebiet *n*) *m*.
exclu|ir [3g] **I.** *v/t.* ausschließen (von, aus *dat.* de); ausschalten, ausscheiden; verwerfen; **II.** *v/r.* **~se** s. ausschließen; **~sión** *f* Ausschluß *m*; Ausschaltung *f*, Ausstoßung *f*; *con ~ de* unter Ausschluß von (*dat.*); *mit Ausnahme von (dat.)*; **~siva** *f* 1. Allein(vertretungs)recht *n*; *~ (de venta, ~ para la venta de un producto*) Alleinverkauf(srecht *n*) *m*; *~ cinematográfica* Verfilmungs-

rechte n/pl.; **2.** ecl. Exklusive f; **~sivamente** adv. ausschließlich, allein; **~sive** adv. ausschließlich; mit Ausschluß von (dat.); nicht inbegriffen; **~sivismo** m **1.** Ausschließlichkeit f; Einseitigkeit f; **2.** Exklusivität f; Cliquengeist m; **~sivista I.** adj. c Exklusivitäts..., Kasten...; exklusiv (Restaurant usw.); espíritu m ~ Kasten- bzw. Cliquen-geist m; **II.** c Anhänger m der Exklusivität; **~sivo** adj. ausschließlich, Exklusiv..., Allein...; foto f ~a Exklusivphoto n; representante m ~ Alleinvertreter m.
excombatiente m (ehemaliger) Kriegsteilnehmer m.
excomu|lgado I. m Exkommunizierte(r) m; **II.** adj. fig. abgrundschlecht, teuflisch; **~lgar** [1h] v/t. exkommunizieren; fig. ächten; **~nión** f Exkommunikation f; Bannbrief m.
excoria|ción ⚕ f Scheuerwunde f; Hautabschürfung f; **~r** [1b] **I.** v/t. auf-, wund-scheuern; **II.** v/r. **~se** s. die Haut aufscheuern, wund werden.
excre|cencia f Auswuchs m, Wucherung f; **~ción** Physiol. f Ausscheidung f; **~mentar** v/i. den Darm (bzw. Darm u. Blase) entleeren; **~menticio** adj. Kot..., Exkrement...; **~mento** m Kot m; a. **~s** m/pl. Ausscheidung(en) f(/pl.), Exkrement(e) n(/pl.); Jgdw. Losung f; **~tar** Physiol. vt/i. **I.** = excrementar; aus-scheiden, -sondern; **~tor(io)** Anat. adj. Ausscheidungs...
exculpa|ble adj. c entschuldbar; zu rechtfertigen(d); **~r** v/t. von Schuld befreien; rechtfertigen.
excursi|ón f Ausflug m; ⚙ Exkursion f; ~ (a pie) Wanderung f; ~ (en coche) Autotour f; ir de ~ e-n Ausflug (bzw. ⚙ e-e Exkursion) machen; **~onear** F v/i. Ausflüge machen; wandern; **~onista** m Wander-sport m; -wesen n; Ausflugsbetrieb m; **~onista** m Ausflügler m; Wanderer m; Fahrtenbzw. ⚙ Exkursions-teilnehmer m.
excusa f Entschuldigung(sgrund m) f; Rechtfertigung f; Ausrede f; dar (od. presentar) sus ~s (a alg.) s. (bei j-m) entschuldigen; le presento mis ~s entschuldigen Sie bitte; **~ble** adj. c entschuldbar; **~damente** adv. überflüssiger-, unnötiger-weise; **~do I.** adj. **1.** überflüssig, unnötig; **2.** steuerfrei; **3.** geheim, verborgen; puerta f ~a Geheimtür f; **II.** m **4.** veraltend Toilette f; **5.** hist. Königszehnt m (Abgabe); od. **~dor** m Stellvertreter m, Ersatzmann m; Pfarrverweser m; **~r I.** v/t. **1.** entschuldigen (bei dat. con); **2.** vermeiden; ~ a alg. a/c. j-m et. ersparen (od. erlassen); no ~ gastos k-e Kosten scheuen; ~ + inf. nicht (erst) zu + inf. brauchen; excuso decirte ... ich brauche dir nicht erst zu sagen ...; le llamas por teléfono y excusas ir ruf ihn doch an, dann brauchst du nicht hinzugehen; **3.** verweigern, ablehnen; **4.** hist. von Abgaben befreien; **II.** v/r. **~se 5.** s. entschuldigen (dafür, daß + ind. de, por + inf.); **~se de asistir a la sesión** s. für sein Fernbleiben entschuldigen; Verw., ☨ **~se de** Amt ablehnen.

excusión ☨ f: beneficio m de ~ Einrede f der Vorausklage.
execra|ble adj. c abscheulich, verdammenswert; **~ción** f **1.** Rel. Exsekration f; **2.** Verfluchung f, Verwünschung f; Fluch m; Abscheu m; **~ndo** adj. → execrable; **~r** v/t. **1.** Rel. exsekrieren; **2.** verdammen, verfluchen; verabscheuen; **~torio** adj. Fluch...
exedra △ f Exedra f.
exégesis f Exegese f, (Bibel-)Auslegung f.
exe|geta m Exeget m; p. ext. Ausleger m, Deuter m; **~gético** adj. exegetisch; deutend.
exen|ción f Befreiung f v. Verpflichtungen; Freistellung f vom Wehrdienst; ~ de derechos de aduana (~ de impuestos) Zoll- (Steuer-)freiheit f; **~tar(se)** v/t. (v/r.) → eximir(se); **~to** adj. **1.** ~ de frei (od. befreit) von (dat.); in Zssgn. ...frei; ~ de cargas lastenfrei; estar ~ de la jurisdicción local der örtlichen Gerichtsbarkeit entzogen sein; ~ de toda responsabilidad aller Verantwortung enthoben; **2.** △ freistehend (Säule, Gebäude).
exequátur m **1.** Dipl. Exequatur n; **2.** ☨ Vollstreckbarkeitserklärung f b. Zwangsvollstreckung.
exequias f/pl. Begräbnisfeierlichkeiten f/pl., Exequien pl.
exfolia|ción f Min., ⊕ Abblättern n (Gestein, Putz); ⚕ Exfoliation f; **~dor** adj.-su. m Col., Chi., Méj. Abreißkalender m; **~nte** m Peelingmittel n; **~r** [1b] **I.** v/t. abblättern; **II.** v/r. **~se** abschilfern; abblättern.
exhala|ción f **1.** Ausdünstung f, Ausströmung f; Duft f; **2.** Sternschnuppe f; Blitz m; fig. lit. en una ~ im Nu; **~r** v/t. ausdünsten, ausströmen; Seufzer, Klagen ausstoßen; ~ el último suspiro sterben; **II.** v/r. **~se** fig. laufen, enteilen; (schnell) verschwinden; **~se por** heftiges Verlangen haben nach (dat.).
exhaus|tivo adj. a.fig. erschöpfend; vollständig; **~to** adj. a. fig. erschöpft; matt, kraftlos; **~tor** ⊕ m Exhaustor m.
exheredar v/t. enterben.
exhibi|ción f **1.** Vorlegen n, Vorlage f; Beibringung f v. Beweisen; **2.** Ausstellung f, Schau f; Vorführung f; ~ de cuadros Gemäldeausstellung f; ~ individual Einzelauftritt m; Solo m (z.B. Eiskunstlaufen); **~ones** f/pl. artísticas Artistik f (Varieté, Zirkus); **3.** ⚕ Exhibition f; **~cionismo** m ⚕ Exhibitionismus m; fig. (krankhafte) Sucht f, (um jeden Preis) aufzufallen; **~cionista** ⚕ c Exhibitionist m; **~dor** m mode Dressman m; **~r** v/t. **1.** Dokumente, ☨ Beweise usw. vor-zeigen, -legen, -weisen; **2.** Waren ausstellen; vorführen; zur Schau stellen (a. fig. desp.).
exhor|tación f Ermahnung f, Aufforderung f, Zureden n; ~ a la penitencia Mahnung f zur Buße, Bußpredigt f; **~tar** v/t. (er)mahnen, auffordern, auffordern (zu + inf. od. + dat. a + inf. od. + su.); **~tativo, ~tatorio** adj. Ermahnungs..., Mahn...; Gram. oración f

~a Aufforderungssatz m; **~to** ☨ m (bsd. Rechtshilfe-)Ersuchen n an ein gleichgeordnetes Gericht.
exhuma|ción f Exhumierung f, Ausgrabung f; **~r** v/t. Leiche exhumieren; fig. (s.) an Vergessenes wieder erinnern.
exi|gencia f **1.** Forderung f, Anspruch m; ~ (exagerada) Zumutung f; tener muchas ~s sehr anspruchsvoll sein, viele Ansprüche stellen; **2.** Erfordernis n, Bedarf m; Anforderungen f/pl.; **~gente** adj. c anspruchsvoll; unbescheiden; ser ~ (große) Ansprüche stellen; no seamos ~s verlangen wir nicht zu viel; **~gible** ☨, ☨ adj. c einklagbar, eintreibbar; fällig; **~gir** [3c] v/t. **1.** fordern, verlangen; Steuern eintreiben; ~ a/c. de (od. a) alg. bei j-m auf et. (ac.) dringen, j-n an et. (ac.) mahnen; et. von j-m fordern; **2.** erfordern.
exi|güidad f Geringfügigkeit f; Winzigkeit f; **~guo** adj. (zu) klein, winzig; geringfügig; kärglich.
exi|l(i)ado adj.-su. landesverwiesen; m Landesverwiesene(r) m; **~l(i)ar I.** v/t. des Landes verweisen; **II.** v/r. **~se** ins Exil gehen; **~lio** m Exil n; en ~ im Exil.
exi|mente ☨ adj. c straf- od. schuldausschließend; circunstancias f/pl. **~s** Schuldausschließungsgründe m/pl.; **~mir I.** v/t.: ~ a alg. de j-n e-r Verantwortung, e-r Verpflichtung entheben; j-n v. e-r Pflicht befreien; **II.** v/r. **~se de s. e-r Sache** entziehen, s. von et. (dat.) freimachen.
existen|cia f **1.** Dasein n, Leben n, Existenz f; Bestehen n, Vorhandensein n; **2.** ✝ s f/pl. Bestände m/pl.; **~s en almacén** Lagerbestände m/pl.; (Waren-)Vorrat m; en ~ vorrätig; ~ de piezas de recambio Ersatzteilhaltung f; en tanto queden ~s solange der Vorrat reicht; vender (od. agotar) las ~s das Lager räumen; **~cial** adj. c existentiell; Existential...; **~cialismo** Phil., Lit. m Existentialismus m; **~cialista** adj.-su. c existentialistisch; m Existentialist m; **~te I.** adj. c bestehend, vorhanden, existent; **II.** m Phil. Daseiende(r) m.
existir v/i. existieren, dasein, bestehen; leben; vorhanden sein; no existe das (bzw. den usw.) gibt es nicht.
exitazo F m Riesen-, Bomben-erfolg m F.
éxito m Ausgang m; Erfolg m; ♪ (Erfolgs-)Schlager m; adv. con (buen) ~ erfolgreich, mit Erfolg; sin ~ erfolglos; ~ de taquilla, ~ taquillero Kassen-erfolg m, -schlager m; ~ de venta Verkaufsschlager m, Renner m F; Schallplatte: Hit m; tener mal ~ k-n Erfolg haben, scheitern; ein Mißerfolg sein; tener un gran ~ de risa Lachstürme hervorrufen.
exitoso adj. bsd. Am. erfolgreich.
ex libris m Exlibris n, Buchzeichen n.
éxodo m bibl. u. fig. Exodus m; fig. Auszug m; ~ rural Landflucht f.
exoesqueleto Biol. m Hautskelett n.
exoftalmía ⚕ f Exophthalmus m.
exógeno ⚙ adj. exogen.
exonera|ción f Entlastung f, Be-

exonerar — explosión 290

freiung f; Enthebung f, Absetzung f; ~r v/t. ~ de befreien, entlasten von (dat.).
exorbitan|cia f Übermaß n; **~te** adj. c übertrieben, unmäßig; überhöht, unerschwinglich (Preis).
exor|cismo m Geisterbeschwörung f, Exorzismus m; **~cista** c Geisterbeschwörer m; kath. Exorzist m; **~cizar** [1f] v/t. Geister, Teufel beschwören, austreiben.
exor|dio lit. m Einleitung f, Exordium n; **~nar** lit. v/t. bsd. Reden ausschmücken.
exósmosis ♎ f Exosmose f.
exotér|ico adj. exoterisch; allgemein verständlich; **~mico** ♎ adj. exotherm, Wärme freigebend.
exótico adj. exotisch; fremd(artig).
exotismo m Exotik f; Vorliebe f für Exotik; Fremdartigkeit f; Exotismus m.
expan|sibilidad f (Aus-)Dehnbarkeit f; **~sible** adj. c (aus)dehnbar, ⊞ expansibel; **~sión** f 1. Pol., ✈, Phys., ⊕ Ausdehnung f, Expansion f; Wirtschaftsexpansion f; Pol. hist. ~ hacia el Este Drang m nach Osten; 2. vertrauliche Mitteilung f; Gefühlserguß m, Überschwang m; Mitteilsamkeit f; 3. Entspannung f, Ablenkung f; **~sionarse** v/r. 1. sein Herz ausschütten; 2. auspannen; **~sionismo** m Expansionsdrang m (bsd. Pol., ✈); **~sivo** adj. 1. (s.) ausdehnend, expansiv; Ausdehnungs...; fuerza f ~a Ausdehnungs-, Spannkraft f; 2. fig. mitteilsam, offen; herzlich; überschwenglich.
expatria|ción f Landesverweisung f; Auswanderung f; **~r** [1b] I. v/t. des Landes verweisen; II. v/r. **~se** außer Landes gehen.
expec|tación f Erwartung f; ♂, Vers. ~ de vida Lebenserwartung f; lleno de ~ erwartungsvoll; **~tante** adj. c a. ♂ abwartend; ♒ zu erwarten(d), anstehend; **~tativa** f sichere Erwartung f; Anwartschaft f (auf ac. de); estar a la ~ s. abwartend verhalten; estar en la ~ de Anwärter sein auf (ac.); tener buenas ~s gute Aussichten haben.
expecto|ración f Auswurf m; Aushusten n; **~rante** ♂ m schleimlösendes Mittel n; **~rar** ♂ vt/i. (aus)husten, auswerfen.
expedi|ción f 1. Beförderung f; Versand m, Versendung f, Spedition f; Sendung f; ~ por carretera (por tierra) Versand m per Achse (auf dem Landwege); ~ por ferrocarril Versand m mit der Eisenbahn; casa f de ~ a) Speditionsfirma f; b) Versand-haus n, -firma f; pronto (od. listo) para la ~ versandbereit; 2. Ausfertigung f e-r Urkunde; 3. Expedition f; ~ (militar) Feld-, Kriegs-zug m; ~ (científica) (wissenschaftliche) Expedition f, Forschungsreise f; 4. ecl. Schreiben n der römischen Kurie; 5. Geschicklichkeit f, Fixigkeit f F; **~cionario** adj.-su. Expeditionsteilnehmer m; cuerpo m ~ Expeditionskorps n; **~dor** adj.-su. 1. Versender m, Absender m; 2. Aussteller m v. Dokumenten.
expedien|tar ♒ v/t.: ~ a alg. gg. j-n ein Verfahren eröffnen;

~te m 1. Verwaltungssache f; Rechtssache f; Akt(e) m (f); Akten(vorgang m) f/pl.; Protokoll n; ~ personal Personalakten f/pl.; gastos m/pl. de ~ Bearbeitungsgebühr f; formar (od. instruir) ~ a alg. gg. j-n e-e amtliche Untersuchung einleiten; instruir (un) ~ a. alles Nötige veranlassen; s. alle Unterlagen verschaffen; dar ~ a et. rasch erledigen; 2. Eingabe f, Gesuch n; Antrag m (auf ac. de); formar ~ e-n Antrag stellen; 3. Hilfsmittel n, Behelf m, Ausweg m; Vorwand m, Ausflucht f; fig. cubrir el ~ nur das Nötigste tun, den Schein wahren, s. kein Bein ausreißen F; 4. Geschicklichkeit f; **~teo** desp. m Akten-, Papier-kram m; Papierkrieg m.
expedi|r [3l] v/t. 1. ab-, ver-senden; ver-frachten, -laden; verschiffen; (ab-, ver-)schicken; Verw. abfertigen; 2. Angelegenheit erledigen; ♒ ausstellen, ausfertigen; ♂ Rezept ausschreiben; **~tar** v/t. Am. rasch erledigen; **~tivo** adj. schnell, ohne Umstände; geschäftig, fix F; findig; procedimiento m ~ Schnellverfahren n; **~to** adj. 1. schnell (zupackend) b. der Arbeit; rasch entschlossen; 2. frei (Weg u. ä.).
expeler v/t. 1. vertreiben, verjagen; 2. ausspritzen; ausstoßen, auswerfen (a. ♂ Blut, Schleim); ~ los excrementos den Darm entleeren.
expen|dedor m Verkäufer m; ♒ ~ (de moneda falsa) Verbreiter m von Falschgeld; **~dedora** adj. f: máquina f ~ (Waren-)Automat m; **~deduría** f Verkauf(sstelle f) m, Ausgabe(stelle) f; ~ de tabacos Tabakgeschäft n, öst. Trafik f; **~der** I. v/t. ausgeben; verkaufen, vertreiben; ♒ vt/i. (Falschgeld) in Verkehr bringen; **~dición** f Abgabe f, Ausgabe f, Verkauf m; ♒ Inverkehrbringen n von Falschgeld; **~dio** m Am. Verkauf m von Tabak, Süßwaren; **~sas** f/pl. (Gerichts-)Kosten pl.; a ~ de auf Kosten (gen. od. von dat.).
experiencia f 1. Erfahrung f; ~ profesional Berufserfahrung f; de ~ erfahren; (saber) por ~ aus Erfahrung (wissen); 2. Versuch m.
experimen|tación f Experimentieren n; (empirische) Forschung f; **~tado** adj. 1. erfahren (in dat. en); 2. erprobt, bewährt; es cosa ~a que ... es ist e-e alte Erfahrung, daß ...; **~tador** m Experimentator m; fig. Erste(r) m, Bahnbrecher m; **~tal** adj. c experimentell; Experimental...; Versuchs...; física f ~ Experimentalphysik f; **~talmente** adv. 1. experimentell, durch Versuche; 2. durch Erfahrung f; **~tar** I. v/t. 1. erproben, (aus)probieren; 2. erfahren, erleben; erleiden; los precios experimentan un alza (una baja) die Preise steigen (fallen); 3. empfinden, fühlen; ~ mejoría s. besser fühlen; II. v/i. 4. experimentieren; **~to** m Experiment n, Versuch m; ~ en un animal Tierversuch m; hacer ~s experimentieren.
experto adj.-su. erfahren, sachkundig; m Fachmann m (pl. Fachleute); Sachverständige(r) m, Experte m; ~ en ... ...-Sachverständige(r) m, -Fachmann m.

expia|ción f Ab-, Ver-büßen n; Sühne f (für ac. de); **~r** [1c] v/t. sühnen; Strafe ab-, ver-büßen; büßen für (ac.); **~torio** adj. Sühn(e)...
expi|ración f Ablauf m e-r Frist; Erlöschen n, Schluß m; Tod m; **~rante** adj. c ablaufend; erlöschend; **~rar** v/i. sterben; verklingen (Ton); ablaufen, erlöschen (Frist).
explana|ción f 1. Einebnung f, Nivellierung f, Planierung f; 2. Erläuterung f, Erklärung f; **~da** f 1. (eingeebnetes) Gelände n; (freier) Platz m, Vorplatz m, Esplanade f; ~ universitaria Campus m; 2. fort. a) Glacis n; b) Mauerplattform f; ✕ Geschützbettung f; **~dora** ⊕ f Flachbagger m; **~r** v/t. 1. einebnen, nivellieren; 2. erläutern, erklären.
explaya|do ♘ adj. mit ausgebreiteten Schwingen (Doppeladler); **~r** I. v/t. 1. aus-dehnen, -breiten; Blick schweifen lassen bzw. weiten; 2. darlegen; II. v/r. **~se** 3. s. ausdehnen, s. ausbreiten; 4. s. verbreiten (beim Reden); s. aussprechen.
expletivo Li. adj. expletiv, Füll...; partícula f ~a Füllwort n.
explica|ble adj. c erklärlich; **~ción** f Erklärung f, Aufschluß m; Erläuterung f; Ausea.-setzung f; **~ciones** f/pl. Genugtuung f (von j-m fordern pedir a alg.); sin dar ~ones ohne Begründung, ohne Angabe von Gründen; **~deras** F f/pl.: tener buenas ~ ein gutes Mundwerk haben F; **~r** [1g] I. v/t. 1. erklären, erläutern; deuten; darlegen; Lehrstoff unterrichten, vortragen; Vorlesungen halten, lesen; II. v/r. **~se** 2. s. et. erklären können, et. begreifen; no me lo explico das ist mir unbegreiflich; 3. s. äußern, s-e Meinung kundtun (über ac. sobre); explícate mejor drücke dich deutlicher (bzw. verständlicher) aus; **~tivo** adj. erläuternd; nota f ~a erklärende Anmerkung f; Fußnote f.
explícitamente adv. ausdrücklich; explizite ⊞.
explicitar v/t. verdeutlichen.
explícito adj. ausdrücklich; explizit.
explora|ción f 1. Erforschung f; Forschung f; ✕ Erkundung f; Aufklärung f; ~ del cosmos, ~ del espacio, ~ espacial (Welt-)Raumforschung f; viaje m de ~ Erkundungsfahrt f; Entdeckungs-, Forschungsreise f; ✕ ~ aérea Luftaufklärung f; ✕ ~ (foto)gráfica Bildaufklärung f; 2. ♂ Schürfung f; Prospektion f; 3. HF, Elektronik: Abtastung f; 4. ♂ Untersuchung f; **~dor** m 1. Forscher m; 2. ✕ Späher m; 3. Sp. Pfadfinder m; 4. IT Browser m; **~r** v/t. erforschen, a. ♂ untersuchen; ausforschen; ✕ erkunden, auskundschaften, aufklären; **~torio** I. adj. Forschungs...; fig. Sondierungs...; ♂ examen m ~ orientierende (Erst-)Untersuchung f; II. m ♂ Untersuchungsgerät n; Sonde f.
explo|sión f Explosion f (a. fig.), Bersten n; Sprengung f; fig. ~ de cólera Wutausbruch m; fig. ~ demográfica Bevölkerungsexplosion f; ~ nuclear Kernexplosion f; ~ tardía, ~ retardada Kfz. Spätzündung f; ✕

Spät-zünder *m*, -zerspringer *m*; hacer ~ zünden (*a. Kfz.*); explodieren; ~**sionar I.** *v/i.* explodieren; **II.** *v/t.* sprengen; zur Explosion bringen; ~**siva** *Li. adj.-su. f (consonante f)* ~*a* Verschlußlaut *m*; ~**sivo I.** *adj.* explosiv; Spreng..., Explosiv...; *fuerza f* ~*a* Sprengkraft *f*; **II.** *m* Spreng-mittel *n*, -körper *m*; ~**sor** ⚔ *m* Zünder *m*.
explota|ble *adj. c* nutzbar; urbar, anbaufähig; betriebsfähig; ⚔ abbaufähig; ~**ción** *f* Ausnutzung *f*, *a. fig.* Ausbeutung *f*; Abbau *m*, Nutzung *f*; Betrieb *m*; en ~ in Betrieb; ~ *agrícola* a) landwirtschaftliche Nutzung *f*; b) landwirtschaftlicher Betrieb *m*; ~ *abusiva* Raubbau *m*; ⚔ ~ *subterránea (a cielo abierto)* Untertage- (Tage-)bau *m*; ~**dor** *adj.-su. m* Nutzer *m*; *a. fig.* Ausbeuter *m*; ~**r I.** *v/t.* 1. (aus)nutzen, ausbeuten; betreiben, bewirtschaften; *Bergwerk* betreiben; **2.** *fig.* ausnützen; ausbeuten, aussaugen; **II.** *v/i.* 3. explodieren (*a. fig.* vor *Wut*); *fig.* ~ *de alegría* vor Freude an die Decke springen (*fig.* F), vor Freude außer s. sein.
expoliar [1b] *v/t.* berauben, ausplündern. [nential...⟩
exponencial ⚔, HF *adj. c* Expo-⟩
expone|nte *adj. c-su. m* 1. ⚔ *u. fig.* Exponent *m*; *fig.* Maßstab *m*, Gradmesser *m*; 2. ⚔ Antragsteller *m*; ~**r** [2r] **I.** *v/t.* 1. darlegen, vortragen; erklären; 2. *Kind* aussetzen; *dem Licht, e-r Gefahr usw.* aussetzen; gefährden, in Gefahr bringen; aufs Spiel setzen; *Phot.* ~ (*a la luz*) belichten; ~(*se*) *a la intemperie* (s.) Wind u. Wetter aussetzen; **II.** *vt/i.* 3. ausstellen; *kath. a. abs.* ~ (*el Santísimo Sacramento*) das Allerheiligste aussetzen.
exporta|ble *adj. c* exportfähig, ausführbar; ~**ción** *f* Ausfuhr(handel *m*) *f*, Export *m*; ~**ones** *f/pl.* Export *m*, ausgeführte Güter *n/pl.*; ~**dor** *adj.-su.* Ausfuhr...; *m* Exporteur *m*, Ausfuhr-händler *m bzw.* -firma *f*; ~**r** *vt/i.* ausführen, exportieren (*a. EDV*).
expo|sición *f* 1. Ausstellung *f*; ~ *agrícola* (♀ *Universal*) Landwirtschafts- (Welt-)ausstellung *f*; ~ *ambulante* Wander-ausstellung *f*, -schau *f*; ~ *artística*, ~ *de Bellas Artes* (*industrial*) Kunst- (Gewerbebzw. Industrie-)ausstellung *f*; ~ *canina* (*de jardinería y horticultura*) Hunde- (Gartenbau-)ausstellung *f*; ~ -*venta* Verkaufsausstellung *f*; 2. Darstellung *f*, -legung *f*; Exposé *n*; Bericht *m*; *Thea.*, ♪ Exposition *f*; ⚔ Eingabe *f*; 3. Lage *f im Verhältnis zu den Himmelsrichtungen*; 4. Einsatz *m*, Gefährdung *f*; Bloßstellung *f*; *ponerse en grave* ~ s. großer Gefahr aussetzen; 5. ~ (*de un niño*) Kindesaussetzung *f*; 6. *Phot.* Belichtung(szeit) *f*; (*sacar una*) foto con ~ (e-e) Zeitaufnahme (machen); *tabla f de* ~*ones* Belichtungstabelle *f*; 7. *kath.* Aussetzung *f des Allerheiligsten*; ~**símetro** *f Phot. m* Belichtungsmesser *m*; ~**sitivo** *adj.* darlegend, erläuternd.
expósito *adj.-su. m* (*niño m*) ~ Findelkind *n*; *casa f de* ~*s* Findelhaus *n*.
expositor *adj.-su.* 1. Erklärer *m*, Ausleger *m*; 2. Aussteller *m*.

exprés I. *adj. c-su. m* → *expreso*; (*café m*) ~ Espresso *m*; *Span. carta f* ~ Eilbrief *m*; **II.** *m Méj.* Transportfirma *f*.
expre|sado *adj.* genannt, erwähnt; ~**samente** *adv.* ausdrücklich, *lt.* expressis verbis; eigens; absichtlich; ~**sar I.** *v/t.* äußern, aussprechen; ausdrücken, zum Ausdruck bringen; **II.** *v/r.* ~*se s.* äußern; ~*se bien s. gut (bzw.* verständlich) ausdrücken; *Briefstil: según abajo se expresa* wie (weiter) unten angeführt; ~**sión** *f* 1. *a.* ♪, *Mal.* Ausdruck *m*; Äußerung *f*; ~ *de la cara* Gesichtsausdruck *m*; *sin* ~ ausdruckslos; 2. Ausdruck *m*, Redensart *f*, Redewendung *f*; 3. ⚔ Ausdruck *m*, (Glied in e-r) Formel *f*; ~ *radical* Wurzelausdruck *m*; 4. Auspressen *n*, Ausdrücken *n*; ~**sionismo** *Ku. m* Expressionismus *m*; ~**sionista** *Ku. adj.-su. c* expressionistisch; *m* Expressionist *m*; ~**sivamente** *adv.* ausdrucksvoll; ~**sivo** *adj.* ausdrucksvoll; herzlich; ~**so I.** *adj.* ausdrücklich; **II.** *adj.-su. m* (*tren m*) ~ Schnellzug *m*, Expreß *m*; **III.** *m* ⚕ Eilbote *m*; Eilbrief *m*; *por* ~ durch Eilboten; als Eilgut; **IV.** *adv.* ⚔ absichtlich.
exprimi|dor *m*, ~**dora** *f* Frucht-, Saft-, Zitronen-presse *f*, Entsafter *m*; ~**r** *v/t.* aus-drücken, -pressen; *fig.* aus-beuten, -nutzen; aussaugen.
ex profeso *adv.* mit Bedacht, eigens; absichtlich.
expropia|ción *f* Enteignung *f*, *Soz.* Expropriation *f*; ⚔ *forzosa* Zwangsenteignung *f*; ~**dor** *adj.-su.* Enteignungs..., enteignend; *m* Enteigner *m*; *Soz.* Expropriateur *m*; ~**r** [1b] *v/t.* enteignen; *Soz.* expropriieren.
expuesto I. *part. v. exponer*; **II.** *adj.* gefährdet; ausgesetzt, preisgegeben; ⊕ ~ *a perturbaciones* störanfällig; *Phot.* (*no*) ~ (un)belichtet; *estar* ~ *al público* aufliegen (*Listen u. ä.*); *es* ~ + *inf.* es ist gefährlich (*od.* riskant), zu + *inf.*
expugna|ble ⚔ *hist. u. lit. adj. c* einnehmbar; ~**ción** *f* Erstürmung *f*; ~**r** ⚔ *hist. v/t.* Festung usw. erobern, erstürmen.
expul|sado *m* Vertriebene(r) *m*; ~**sar** *v/t.* 1. vertreiben; ausstoßen (aus *dat. de*); ⚔ ausweisen, abschieben; entfernen (aus *dat. de*); *Studenten* relegieren; hinauswerfen F; 2. ⊕ aus-stoßen, -werfen; 3. ⚔ abstoßen; ~**sión** *f* 1. Vertreibung *f*; Ausschluß *m*; ⚔ Ausweisung *f*; *Hochschule:* Relegation *f*; ~ *de la sala* Verweisung *f* aus dem Saal; 2. ⊕ Auswerfen *n*, Ausstoß(en *n*) *m*; 3. ⚕ Abstoßung *f*, Abgang *m*; ~**so** *part. irr. v. expeler u. expulsar*; ~**sor** ⊕ *m* Aus-stoßer *m*, -werfer *m*.
expur|gador *m* Zensor *m*; ~**gar** [1h] *v/t. fig.* reinigen; *Buch* zensieren, aus *e-m Buch* anstößige Stellen streichen, ausmerzen; *edición f* ~*ada* zensierte (*od.* von der Zensur gereinigte) Ausgabe *f*; ~**gatorio** *adj.-su. m* reinigend; *m kath.* Index *m* (librorum prohibitorum); ~**go** *fig. m* Säuberung *f*, Reinigung *f*.
exquisi|tez *f* Vorzüglichkeit *f*, Köstlichkeit *f*; Leckerbissen *m*; ~**to**

adj. vortrefflich, erlesen, köstlich, ausgezeichnet.
extasiar [1b] **I.** *v/t.* verzücken, entrücken; hinreißen; **II.** *v/r.* ~*se* in Verzückung geraten, schwärmen.
éxtasis *m* 1. Verzückung *f*, Ekstase *f*; ⚕ Stauung *f*; 2. Ecstasy *f* (*Droge*).
extático I. *adj.* ekstatisch, verzückt, entrückt; schwärmerisch; **II.** *m* Verzückte(r) *m*, Ekstatiker *m*.
extatismo *m* Ekstase(n) *f*(*/pl.*).
extempo|ral *adj. c*, ~**ráneo** *adj.* unzeitgemäß; unpassend, unangebracht.
exten|der [2g] **I.** *v/t.* 1. ausbreiten (auf *dat. sobre*), breiten (über *ac. sobre*); recken, (aus)strecken, (aus)dehnen; 2. *fig.* erweitern, ausdehnen (auf *ac. a*); ~ *la vista* in die Ferne weit hinaus sehen; 3. *Farbe* verstreichen; *Butter usw.* streichen; 4. *Urkunde* ausfertigen; *Paß, Scheck usw.* ausstellen; **II.** *v/r.* ~*se* 5. s. ausbreiten, s. erstrecken, s. ausdehnen (bis zu *dat. od.* bis an *ac. hasta*); *sus atribuciones no se extienden a eso* dafür ist er nicht (mehr) zuständig, das fällt nicht (mehr) in s-n Zuständigkeitsbereich; 6. s. ausbreiten, s. vermehren; 7. ~*se (sobre)* s. (über *et. ac.*) verbreiten; ~*se en s.* in *Diskussionen* verlieren; ~**didamente** *adv.* weit ausholend, umständlich; ~**dido** *adj.* 1. weit, ausgedehnt, weitverzweigt (*Verbindungen usw.*); 2. ausführlich, umständlich; 3. *Verw.*, † *a nombre de ...* ausgestellt auf den Namen ..., auf den Namen ... lautend.
exten|samente *adv.* weitläufig, ausführlich; ~**sible** *adj. c* dehn-, streck-bar; ausdehnbar; ausziehbar; *mesa f* ~ Ausziehtisch *m*; ~**sión** *f* 1. Dehnung *f*, *a.* ⚕ Streckung *f*; Ausdehnung *f*; ⚕ *vendaje m de* ~ Streckverband *m*; 2. Ausdehnung *f*, Umfang *m*; Fläche *f*; (räumliche) Verbreitung *f*; Dauer *f*, Länge *f*; *por* ~ in weiterem Sinne; *de gran* ~, *de mucha* ~ sehr ausgedehnt, sehr umfangreich; weitverzweigt; *en toda la* ~ *de la palabra* in des Wortes weitester Bedeutung; 3. *Tel.* Nebenstelle *f*; 4. ~ *agrícola* landwirtschaftlicher Beratungsdienst *m*; ~**sivo** *adj.* extensiv; ausdehnbar; ♂ *cultivo m* ~ Extensivkultur *f*; *fig.* hacer ~ *a* ausdehnen auf (*ac.*); *Grüße, Dank* auch richten (*bzw.* weitergeben) an (*ac.*); ~**so** *adj.* weit, ausgedehnt; eingehend, ausführlich; *adv. por* ~ ausführlich, genau; umständlich; ~**sor I.** *adj.-su.* Streck...; *Anat.* (*músculo m*) ~ *m* Streckmuskel *m*, Strecker *m*; **II.** *m Sp.* Expander *m*; ⊕ Spreizhebel *m*.
extenua|ción *f* Erschöpfung *f*, Entkräftung *f*; ~**r** [1e] **I.** *v/t.* entkräften, erschöpfen; **II.** *v/r.* ~*se s.* erschöpfen; *s.* aufreiben; ~**ado** *adj.* ausgemergelt, erschöpft; ~**tivo** *adj.* erschöpfend.
exterio|r I. *adj. c* äußerlich; äußere(r); Außen...; *aspecto m* ~, *lo* ~ → ~ *m*; *comercio m* ~ Außenhandel *m*; † *deuda f* ~ Auslands-schuld *f*, -verschuldung *f*; *servicio m* ~ Außendienst *m*; Auslandsdienst *m*; **II.** *m* Äußere(s) *m*, äußerer Anblick *m*; Aussehen *n*; ♀ Ausland *n*; *Film:* ~*es m/pl.* Außenaufnahmen *f/pl.*;

exterioridad — extremar

al ~ äußerlich; außerhalb; nach außen; **~ridad** f (reine) Äußerlichkeit f; Formalität f; ~es f/pl. äußeres Gepränge n; **~rizar** [1f] v/t. äußern, zum Ausdruck bringen; sichtbar machen; **~rmente** adv. äußerlich; nach außen.
extermi|nación f → exterminio; **~nador** adj.-su. ausrottend, vernichtend; Rel. u. fig. ángel m ~ Würgengel m; **~nar** v/t. vernichten, ausrotten, vertilgen; **~nio** m Vernichtung f, Ausrottung f.
exter|nado m Externat n; **~nalización** f ✝ Outsourcing n; **~nalizar** [1f] v/t. ✝ Produktion auslagern; **~namente** adv. äußerlich; nach außen; **~no I.** adj. äußerlich, äußere(r), Außen...; **II.** adj.-su. (alumno m) ~ Externe(r) m, Außenschüler m.
extin|ción f Löschung f (a. ✝), Löschen n; ✝ Tilgung f; Erlöschen n, Aussterben n e-r Rasse usw.; Versiegen n; Ausrottung f; ⚖ a. Untergang m e-r Sache; **~guidor** m Am. Feuerlöscher m; **~guir** [3d] **I.** v/t. (aus)löschen, Flamme, Glut a. ersticken; Schulden tilgen; Rasse ausrotten; fig. dämpfen, (ab)schwächen; **II.** v/r. ~se a. ⚖ u. fig. erlöschen; verklingen (Ton); abnehmen, zu Ende gehen; abklingen; ✝ ~ido erloschen (Firma); **~to I.** part. irr. v. extinguir; **II.** adj. erloschen (Vulkan); **III.** m lit. (u. Arg., Chi. a. adj.) Tote(r) m, Verschiedene(r) m; **~tor** adj.-su. Lösch...; m ~ (de incendios) Feuerlöscher m, -löschgerät n; ~ manual Handfeuerlöscher m; ~ seco (de espuma) Trocken- (Schaum-)löscher m.
extirpa|ble adj. c ausrottbar, auszurotten(d); **~ción** f Ausrottung f; ✽ Exstirpation f; **~dor** adj.-su. m ✽ (Tiefen-)Grubber m; **~r** v/t. ausrotten (a. fig.); ✽ exstirpieren, ausräumen; fig. Mißbrauch abstellen.
extor|sión f Erpressung f; fig. Störung f, Beeinträchtigung f; **~sionador I.** adj. Erpresser...; carta f ~a Erpresserbrief m; **II.** m Erpresser...; **~sionar** v/t. 1.: ~ a/c. a alg. j-m et. abpressen, j-n um et. (ac.) erpressen; 2. stören; beeinträchtigen; **~sionista** c Erpresser m.
extra I. prp. **1.** außer (dat. de); **II.** adj. inv. **2.** außergewöhnlich; Sonder..., Extra...; es cosa ~ das ist et. (ganz) Besonderes; F horas f/pl. ~ Überstunden f/pl.; F trabajo m ~ Nebenjob m F; **III.** adv. **3.** außerdem, zusätzlich; extra...; **IV.** m **4.** Sondervergütung f; (Lohn-)Zulage f; Sonderleistung f; ⚔ Sonderverpflegung f; ✝, bsd. Am. Sonderspesen pl.; Kfz. Zusatzeinrichtung f, Extra n F; **5.** Film: Statist m; **6.** F Aushilfskellner m.
extracción f **1.** Herausziehen n; ✽ Ziehen n e-s Zahns, Extraktion f; ✽ ~ del contenido gástrico Magenaushebung f; ~ de sangre Blutentnahme f; **2.** 🜍 Ausziehen n, Extraktion f; Gewinnung f; a. ⊕ Entzug m, Entziehung f; **3.** ✝ Förderung f, Gewinnung f; ~ por fusión Ausschmelzverfahren n; **4.** ⚒ ~ de la raíz Wurzelziehen n; **5.** Ziehung f (Lotterie).
extracorrientes ⚡ f/pl. Extraströme m/pl.

extrac|tar v/t. exzerpieren, aus e-m Buch Auszüge machen; Buch zs.-fassen; **~tivo** adj. Extraktiv...; Förder...; **~to** m **1.** (Text-, Rechnungs-, Konto-)Auszug m; ~ bancario Bank-, Konto-auszug m; en ~ im Auszug, auszugsweise; zs.-gefaßt; hacer el ~ de una cuenta e-n Kontoauszug machen; **2.** 🜍 pharm. Extrakt m; ~ de carne Fleischextrakt m; ~ de café Kaffee-Extrakt m; **~tor** m ⊕ Auszieher m an Waffen; Abzieher m; Absauger m; ✈ Schleuder f; ✈ Extrakteur m; ~ de humo(s) Rauchabzug m.
extradi|ción ⚖ f Auslieferung f von Verbrechern; tratado m de ~ Auslieferungsvertrag m; **~tar** ⚖ v/t. ausliefern.
extradós m △ Bogen-, Gewölberücken m; ✈ Oberflügel m, Oberseite f e-s Flügels.
extraer [2p] v/t. **1.** herausziehen; Lotterielose, Zahn ziehen; Flüssigkeit abziehen; Fremdkörper entfernen; pharm., 🜍 auszíehen, extrahieren; gewinnen; ~ por sifón ab-, aus-hebern; **2.** Buch usw. exzerpieren; **3.** 🜍 Wurzel ziehen; **4.** ⚒ fördern.
extra|escolar adj. c außerschulisch; **~europeo** adj. außereuropäisch; **~fino** adj. extra-, super-fein; **~hogareño** adj. außerhäuslich; **~judicial** adj. c außergerichtlich; **~legal** adj. c außergesetzlich.
extralimita|ción f Überschreitung f von Befugnissen (bzw. des Erlaubten); **~rse** v/r. s-e Befugnisse (bzw. die Grenzen des Erlaubten) überschreiten; s. zu weit herausnehmen; zu weit gehen; über die Stränge schlagen.
extra|matrimonial adj. c außerehelich; **~muros** adv. außerhalb der Stadt; in der Vorstadt.
extran|jería f Ausländer-tum n; -status m; Fremdenpolizei f; **~jerismo** m **1.** Fremdwort n; **2.** Vorliebe f für alles Fremde; **~jerizar** [1f] **I.** v/t. ausländische Sitten usw. einführen in (dat.), überfremden; **II.** v/r. ~se s. ausländische Sitten aneignen; im Ausland heimisch werden; **~jero I.** adj. **1.** fremd, ausländisch; Auslands...; sección f ~a Auslandsabteilung f e-r Bank usw.; Fremdenpolizei f; Ausländeramt n; política f ~a Außenpolitik f; **II.** m **2.** Fremde(r) m, Ausländer m; Am. a. Argentinier m, Chilene m usw., dessen Muttersprache nicht Spanisch ist; derecho m de ~s Fremdenrecht n; **3.** Ausland n; representación en el ~ Auslandsvertretung f; ayuda f al ~ Auslandshilfe f; **~jía** f → extranjería; de ~ fremd, ausländisch; sonderbar, unerwartet, seltsam; **~jis** F: de ~ → de extranjía (adv. heimlich, verstohlen).
extranumerario adj. außerordentlich (Mitglied e-r Körperschaft).
extra|ñamente adv. sonderbar, seltsam, merkwürdig; **~ñamiento** m **1.** Entfremdung f; Befremden n, Verwunderung f; **2.** Verbannung f (aus dem Staatsgebiet); **~ñar I.** v/t. **1.** ⚖ verbannen; **2.** erstaunt sein über (ac.); (no) lo extraño ich wundere mich (nicht) darüber; **3.**

wundern, befremden; seltsam vorkommen (dat.); me extraña que + subj. ich bin erstaunt, daß + ind.; **4.** nicht gewöhnt sein an (ac.); extraño esta cama ich bin nicht an dieses Bett gewöhnt; **5.** ~ a alg. de alg. j-n j-m entfremden; **6.** Andal., Am. vermissen; **II.** v/r. ~se **7.** ~se de s. über et. (ac.) wundern, erstaunt sein über (ac.); **~ñeza** f **1.** Erstaunen n, Verwunderung f; Befremden n; **2.** Seltsamkeit f; **3.** Entfremdung f; **~ño I.** adj. **1.** fremd; fremdartig, sonderbar, seltsam; ser ~ a a/c. mit et. (dat.) nichts zu tun haben; no es ~ que + subj. es ist (gar) kein Wunder, daß + ind.; **II.** m **2.** Fremde(r) m; **3.** hacer un ~ zs.-schrecken (Pferd).
extraoficial adj. c außeramtlich; offiziös.
extraordina|riamente adv. außerordentlich; **~rio I.** adj. **1.** außerordentlich; außergewöhnlich, ungewöhnlich; seltsam, merkwürdig; Sonder..., Extra...; presupuesto m ~ außerordentlicher Haushalt m, Sonderbudget n; **II.** m **2.** Extrablatt n, Sondernummer f; **3.** Extragericht n, zusätzliche Speise f; **4.** Eilbote(n-brief) m; **5.** Am. Reg. Trinkgeld n.
extra|parlamentario adj. außerparlamentarisch; **~polar** ⚖ v/t. extrapolieren; **~rradio** m **1.** Außenbezirk m; **2.** Taxifahrt f außerhalb des Stadtgebietes; **~rrápido** ⊕, ✝ adj. extra-, über-schnell.
extrate|rrestre adj. c außerirdisch; los ~s m/pl. Wesen n/pl. von anderen Planeten, die Außerirdischen m/pl.; **~rritorial** Dipl. adj. c exterritorial; **~rritorialidad** f Exterritorialität f.
extrauterino ✽ adj.: gravidez f ~a Bauchhöhlenschwangerschaft f.
extravagan|cia f Überspanntheit f, Extravaganz f; verrückte Laune f; **~te I.** adj. c überspannt, extravagant, verstiegen; wunderlich; **II.** m närrischer Kauz m, Spinner m F.
extra|vasarse ✽ v/r. ins Zellgewebe austreten; **~venarse** ✽ v/r. aus den Blutgefäßen austreten.
extraversión f → extroversión.
extra|viado adj. **1.** verirrt; fig. vom rechten Weg abgekommen; fig. andar ~ auf dem Holzweg sein F; **2.** verloren (Gg.-stand); **3.** abgelegen; **~viar** [1c] **I.** v/t. **1.** irreführen, vom Wege abbringen; **2.** Gg.-stand verlegen, verkramen F; **3.** Blick ins Unbestimmte schweifen lassen; **II.** v/r. ~se **4.** s. verirren; fig. auf Abwege geraten; **5.** abhanden kommen; se me ha ~ado la carta ich habe den Brief verlegt, der Brief ist mir abhanden gekommen; **~vío** m **1.** Irregehen n; fig. Abkommen n vom rechten Weg; Ausschweifungen f/pl.; **2.** Abhandenkommen n; **3.** fig. F Unbequemlichkeit f, Störung f.
extrema|damente adv. überaus; übertrieben; **~do** adj. übermäßig; übertrieben, extrem.
Extremadura f Estremadura f.
extrema|mente adv. äußerst; übermäßig; **~r I.** v/t. übertreiben; auf die Spitze treiben; ~ las atenciones s. (fast) überschlagen vor Liebenswürdigkeit, übertrieben zuvorkommend

sein; ~ *las medidas* es (in s-n Maßnahmen) übertreiben; ~ *las precauciones* die Vorsichtsmaßnahmen verschärfen; ~ *sus súplicas* eindringlich (*od.* inständig) flehen (*od.* bitten); **II.** *v/i.* ~ *tanto que ...* es so weit treiben, daß ...; **III.** *v/r.* ~se (en) s. aufs äußerste anstrengen (bei *dat. od.* zu + *inf.*).
extremaunción *kath. f* letzte Ölung *f*.
extremeño *adj.-su.* aus der Estremadura.
extre|midad *f* **1.** Äußerste(s) *n*; Spitze *f*, Ende *n*; **2.** *Anat.* ~es *f/pl.* (*inferiores, superiores*) (untere, obere) Extremitäten *f/pl.*, Gliedmaßen *f/pl.*; ~**mis** *fig.* F: (*está*) *in* ~ (er liegt) in den letzten Zügen; (bei ihm ist) Matthäi am letzten; ~**mismo** *Pol. m* Extremismus *m*; ~**mista** *Pol. adj.-su. c* extremistisch, radikal; *m* Extremist *m*; ~**mo I.** *adj.* **1.** äußerst, extrem, hoch(gradig); höchst; letzt; *Pol. la* ~*a derecha* die äußerste Rechte, die Rechtsextremen *m/pl.*; **2.** entgg.-gesetzt, gg.-sätzlich; **II.** *m* **3.** Ende *n*; Extrem *n*; *a tal* ~ soweit, so weit; *con* ~, *en* ~, *por* ~ aufs äußerste, im höchsten Grade; außerordentlich; *de* ~ *a* ~ von e-m Ende zum anderen; von Anfang bis zu Ende; *generoso al* (*od. hasta el*) ~ *de* + *inf.* so großzügig, daß + *ind.*; *llegar al último* ~ bis zum Äußersten kommen; *pasar de un* ~ *a otro* von e-m Extrem ins andere fallen; plötzlich umschlagen (*Wetter*); *los* ~s *se tocan* die Extreme berühren s.; **4.** (Verhandlungs-)Punkt *m*; **5.** ~s *m/pl.* Umstände *m/pl.*; *hacer* ~s äußerste Freude (*bzw.* Schmerz *usw.*) zeigen; *s. schrecklich anstellen* F; **6.** *Sp.* Außenstürmer *m*; **7.** ~s *m/pl.* ⚔ Außenglieder *n/pl. e-r Formel*; **8.** ⚔ Winterweide *f der Wanderherden*; ~**moso** *adj.* übereifrig; überspannt; überzärtlich.
extrínseco *adj.* äußer(lich); nicht wesentlich; ✝ *valor m* ~ Nennwert *m*.
extrover|sión *Psych. f* Extraversion *f*; ~**tido** *adj.-su.* extra-, extrovertiert.
exuberan|cia *f* Überfülle *f*, Üppigkeit *f*; *fig.* überschäumende Lebenskraft *f*; ~ *verbal* Wortschwall *m*; ~**te** *adj. c* üppig, wuchernd; strotzend (vor *dat. de*).
exuda|ció n *f* Ausschwitzen *n*; ~**do** ⚔ *m* Exsudat *n*; ~**r** *vt/i.* (aus)schwitzen; ~**tivo** ⚔ *adj.* exsudativ.
exulcerarse ⚔ *v/r.* schwären.
exulta|ción *f* Frohlocken *n*, Jubel *m*; ~**r** *v/i.* frohlocken.
exvoto *m* Votiv-bild *n*, -tafel *f*, Weihgeschenk *n*.
eyacula|ción *Physiol. f* Ejakulation *f*, Samenerguß *m*; ~**r** *Physiol. v/t.* ausspritzen, ejakulieren.
eyec|ción ⊕ *f* Auswerfen *n*; ~**tiva** *Phon. f* Knacklaut *m*; ~**tor** *m* Auswerfer *m b. Waffen*; ⊕ Strahlpumpe *f*; ~ *de agua* Wasserwerfer *m*; ~-*aspirador* Strahlsauger *m*.
eyrá *Zo. m Am.* Eyra *f, e-e Wildkatze*.
ezpatadanza *f bask. Schwertertanz*.

F

F, f (= efe) f F, f n.
fa ♪ m F n; ~ sostenido Fis n; ~ mayor F-Dur; ~ menor f-Moll.
fabada Kchk. f asturischer Saubohneneintopf m.
fabla f konventionelle Nachahmung f der alten span. Sprache in neuerer Dichtung.
fábrica f 1. Fabrik f, Werk n; en ~, ex ~ ab Werk; ~ de azúcar Zuckerfabrik f; ~ de cal Kalkbrennerei f; ~ de cerveza Brauerei f; ~ de harina Kunstmühle f; ~ de jabón, ~ de jabones Seifen-fabrik f, -siederei f; ~ matriz Stammwerk n; ~ proveedora Lieferwerk n; ~ de tejidos Weberei f; marca f de ~ Fabrik-marke f, -stempel m; 2. Bau(werk n) m; Mauerwerk n; de ~ gemauert; obra f de ~ gemauertes Bauwerk n; 3. Kircheneinkünfte pl. bzw. -rücklage f; Baufonds m e-r Kirche.
fabri|cación f Fabrikation f, Herstellung f; ~ en gran escala Massenherstellung f, -fertigung f; ~ en (gran) serie (Groß-)Serienfertigung f; **~cador** adj.-su. fig. fabrizierend; m F (de embustes, de enredos) Lügenbeutel m; Ränkeschmied m; **~cante** m Fabrikant m, Hersteller m; **~car** [1g] v/t. 1. herstellen, (an)fertigen, fabrizieren; Bier brauen; 2. fig. Lügen usw. in die Welt setzen, erfinden; **~l** adj. c Fabrik(s)..., fabrikmäßig; Industrie...; centro m ~ Industriezentrum n.
fábula f 1. Fabel f; Tierfabel f; 2. Sage f; ♀ Mythologie f; 3. die Fabel e-s Dramas; 4. Erzählung f; a. fig. Märchen n; Lüge f.
fabu|lario m Fabelsammlung f; Sagenbuch n; **~lista** c Fabeldichter m; **~loso** adj. a. fig. fabelhaft, märchenhaft; unwahrscheinlich; animal m ~ Fabeltier n; país m ~ Märchen-, Wunder-land n.
faca f krummes Messer n; Art Fahrtenmesser n.
fac|ción f 1. Rotte f, Bande f; Zs.-rottung f; 2. Partei(gruppe) f; 3. ✗ estar de ~ Dienst tun; Wache stehen; 4. **~ones** f/pl. Gesichtszüge m/pl.; **~cionario** adj.-su. Partei...; m Parteigänger m; **~cioso** adj.-su. aufrührerisch; m Aufrührer m, Rebell m; Parteigänger m.
face|ta f Facette f, Schliffläche f; fig. Aspekt m, Seite f; fig. tener muchas ~s viele Seiten haben; (sehr) schillern (fig.); Ent. ojos m/pl. con ~s Facetten-, Netz-augen n/pl.; **~tada** f fader Witz m; alberner Streich m; **~t(e)ar** v/t. facettieren, schleifen.
faci|al adj. c Anat. Gesichts...; (nervio

m) ~ m Facialis(nerv) m; ángulo m ~ Huxleyscher Gesichtswinkel m; **~es** Anat. f. (pl. inv.) Gesicht n.
fácil adj. c 1. leicht (zu machen); mühelos, bequem; es ~ (que venga) wahrscheinlich, möglicherweise (kommt er); es ~ hacerlo es ist leicht (,das) zu machen; no es ~ es ist nicht leicht; wohl kaum, schwerlich; ~ de aprender leicht zu erlernen; ~ de manejar, de ~ manejo leicht zu handhaben; handlich; wendig (Wagen); ~ de vender gängig, gutgehend (Ware); 2. gefügig; (leicht) zugänglich; ~ en creer leichtgläubig; 3. leichtfertig; mujer f ~ leichtes Mädchen n.
faci|lidad f 1. Leichtigkeit f, Mühelosigkeit f; con (gran) ~ (sehr) leicht; (ganz) mühelos, mit Leichtigkeit; hablar con ~ geläufig sprechen; 2. Fähigkeit f, Begabung f, Talent n (zu dat., für ac. para); tiene ~ para los idiomas er ist sehr sprachbegabt; ~ de palabra Redegewandtheit f; 3. mst. **~es** f/pl. Erleichterung(en) f(/pl.), Entgegenkommen n; ✝ **~es** f/pl. de pago Zahlungserleichterungen f/pl.; dar (toda clase de) **~es** (in jeder Hinsicht) entgg.-kommen; **~lillo** iron. adj. nicht eben leicht; **~lísimo** sup. adj. ganz leicht, kinderleicht; **~litación** f Gewährung f, Bereitstellung f von Kapital usw.; Beschaffung f; **~litar** v/t. 1. erleichtern; ermöglichen, fördern; 2. be-, verschaffen, besorgen, zur Verfügung stellen.
fácilmente adv. leicht; mühelos.
facilón adj. allzu leicht; bequem.
facineroso adj.-su. ruchlos; m Verbrecher m, Bösewicht m.
facist I. m 1. ecl. Chorpult n; 2. Cu., P. Ri. Witzbold m; II. adj. c 3. Ant., Méj., Ven. eingebildet, anmaßend.
facocero Zo. m Warzenschwein n.
facón m Rpl. Art feststehendes Messer n der Gauchos.
facóquero Zo. m Warzenschwein n.
facsímil(e) m Faksimile n.
facti|ble adj. c möglich, aus-, durchführbar; **~cio** adj. künstlich; Schein...; unnatürlich, ge-, er-künstelt. [wirklich.]
fáctico adj. faktisch, tatsächlich,)
factitivo Li. adj. faktitiv.
facto|r m 1. ✝ Agent m, Bevollmächtigte(r) m; 2. ✈ Gepäckmeister m; 3. ✗ Beschaffungsbeauftragte(r) m; Fourageoffizier m; 4. a. Biol., ⚕ Faktor m; Moment n, Umstand m; ~ hereditario Erbfaktor m; ~ Rh Rhesusfaktor m; ✝ ~ sede Standortfaktor m; **~raje** m Amt n u. Geschäft n e-s factor; **~ría** f 1. Han-

delsniederlassung f, Faktorei f; 2. Werk n, Fabrik f; 3. → factoraje; **~rial** ⚕ f Fakultät f.
factótum m Faktotum n, Mädchen für alles F; rechte Hand f (fig.).
factual adj. c faktisch.
factura f 1. ✝ Faktur(a) f, (Waren-)Rechnung f; ~ consular Konsulatsfaktura f; ~ de envío, ~ de expedición Versandrechnung f; ~ proforma Proforma-Rechnung f; precio m de ~ Rechnungspreis m; fig. pasar la ~ j-m die Rechnung präsentieren; 2. bsd. Mal. Ausführung f; 3. Arg. Art Milchbrötchen n; **~ción** f ✝ Berechnung f, Fakturierung f; i.weit.S. Umsatz m; 🎒 (Gepäck-)Aufgabe f; **~r** v/t. ✝ fakturieren, e-e Rechnung ausstellen über (ac.); i.weit.S. umsetzen, e-n Umsatz von ... haben; 🎒 Gepäck aufgeben.
fácula Astr. f Sonnenfackel f.
faculta|d f 1. Fähigkeit f; Befähigung f; Kraft f; **~es** f/pl. Geistesgaben f/pl.; Begabung f, Können n; ~ auditiva Hörfähigkeit f; (no) estar en plena posesión de sus **~es** (nicht) im vollen Besitz s-r geistigen Kräfte sein; 2. Berechtigung f, Befugnis f; está en su ~ + inf. er ist (dazu) berechtigt, zu + inf., er kann + inf.; tener ~ para (od. de) + inf. befugt sein zu + dat. od. + inf.; 3. Univ. Fakultät f; ~ de Filosofía y Letras Philosophische Fakultät f; **~r** v/t. ~ a alg. para j-n ermächtigen (od. befähigen od. befugen) zu + dat. od. + inf.; **~tivamente** adv. 1. fachgerecht; wissenschaftlich richtig; 2. nach Belieben; **~tivo** I. adj. 1. fakultativ, beliebig, freiwillig; wahlfrei (Unterricht); 2. ärztlich, medizinisch; 3. Fakultäts..., Fach...; 4. Ermächtigungs...; II. m 5. Arzt m, Mediziner m.
facun|dia f Redegewandtheit f; Redseligkeit f; **~do** adj. redegewandt; beredt; redselig.
facha I. f 1. F Aussehen n; Aufzug m F; tener buena ~ gut aussehen; tener mala ~ übel (od. verdächtig) aussehen; estar hecho una ~ schlecht (od. lächerlich) aussehen; 2. ⚓ ponerse en ~ beidrehen; fig. F s. in Positur stellen; II. m 3. desp. Faschist m; **~da** f Vorder-, Außenseite f, a. fig. Fassade f; ~ principal Straßenseite f, -front f e-s Gebäudes; la casa hace ~ a la plaza das Haus liegt dem Marktplatz gg.-über; F tener buena ~ gut (od. stattlich) aussehen; **~do** F adj.: estar (od. ser) bien (mal) ~ gut (schlecht) aussehen; e-e gute (schlechte) Figur haben (Frau).

fachear ⚓ *v/i.* beidrehen.
fachen|da F *f* Eitelkeit *f*; Prahlerei *f*, Angabe *f* F; ~**dear** F *v/i.* prahlen, protzen, angeben F; ~**dista** *c*, ~**dón**, ~**doso** *adj.-su.* prahlerisch; *m* Aufschneider *m*, Angeber *m* F.
fachoso F *adj.* häßlich; lächerlich (aussehend); *Chi., Méj.* → *fachendoso; Pe.* anmutig.
fachudo *adj.* → *fachoso*; lächerlich gekleidet.
fading *Rf. m* Schwund *m*, Fading *n*.
fadista P *m Arg.* Zuhälter *m*, Lude *m* F.
fado ♪ *m* Fado *m* (*portugiesisches Volkslied*).
fae|na *f* 1. (*bsd.* körperliche) Arbeit *f*; *fig.* harte Arbeit *f*, Plackerei *f*; ~(s *f/pl.* domésticas) Hausarbeit *f*; ~s *f/pl.* agrícolas Feldarbeit *f*; *mujer f de* ~s Putzfrau *f*; 2. *Stk.* Muletaarbeit *f* (*Phase des Stk.*); 3. *hacer una* ~ *a alg.* j-m e-n üblen Streich spielen, j-m übel mitspielen; 4. ⚔ *Cu., Guat., Méj.* Zusatzarbeit *f*, Sonderschicht *f*; *Arg.* Schlachten *n* von Großvieh; *Chi.* ~s Bauarbeiten *f/pl.*; ~**nar I.** *v/t. Rpl. Vieh* schlachten; **II.** *v/i. Span.* auf Fischfang gehen; ~**nero** *m Andal., Am. Reg.* Ernte-, Land-arbeiter *m*.
faenza *f* Fayence *f*.
faetón *m offener vierrädriger* Pferdewagen *m*.
fagocitos ⚕ *m/pl.* Phagozyten *m/pl.*
fago|t(e) ♪ *m* 1. Fagott *n*; 2. → ~**tista** *c* Fagottist *m*.
fai|sán *Vo. m* Fasan *m*; ~**sana** *Vo. f* Fasanenhenne *f*; ~**saner(í)a** *f* Fasanerie *f*.
faitón *m Arg.* → *faetón.*
faja *f* 1. Binde *f*; Band *n*; Schärpe *f*; Leibbinde *f*; Gurt *m*; Hüftgürtel *m*; Zigarrenbinde *f*; ~-**braga** Miederhöschen *n*; ~s *f/pl.* (*para las piernas*) Wickelgamaschen *f/pl.*; 2. Streifen *m*; Abschnitt *m*; Streif *m*; *Vkw.* ~ *de aparcamiento* Park-streifen *m*, -spur *f*; ~ *luminosa* Lichtstreif *m*; ~ *de tierra* Landstrich *m*; ~ *de terreno* Geländestreifen *m*, -abschnitt *m*; ⚜ (*bajo*) ~ (unter) Kreuzband *n*; 3. △ Fries *m*; Leiste *f*; Band(gesims) *m*; 4. ⚜ Balken *m*.
fajado 🗡 *m* Stempel *m*, Grubenholz *n*.
fajar I. *v/t.* mit Binden umwickeln; *Säugling* wickeln; F *Hieb* versetzen, verpassen F; F *P. Ri.* anpumpen; **II.** *v/i.* ~ *con alg.* j-n anfallen, j-n angreifen; **III.** *v/r.* ~*se Am. s.* herumschlagen, s. balgen.
fajero *m* (gestricktes) Wickelzeug *n* *für Säuglinge.*
fajilla ⚜ *f Am.* Kreuzband *n*.
fajín *m* (Amts-, Generals-, Diplomaten-)Schärpe *f*.
fajina *f* 1. Reisigbündel *n*; Garbenhaufen *m auf der Tenne*; 2. *a. fort.* Faschine *f*; ✕ *Hornruf*: blasen lassen!; † Zapfenstreich *m*; ~**da** *fort. f* Faschinen(werk *n*) *f/pl.*
fajo *m* 1. Bündel *n* (*Papier usw.*); ~s *m/pl.* Windeln *f/pl.*; 2. *Am. Reg.* Schluck *m* Schnaps.
fajol 🌾 *m* Buchweizen *m*.
fajón △ *m* Fenster-, Tür-gesims *n*.
fakir *m* Fakir *m*.
falacia *f* Trug *m*; Betrug *m*.

falan|ge *f* 1. ✕ *hist. u. fig.* Phalanx *f*; *lit.* Heer(schar *f*) *n*; 2. *hist. Span.* ℞ (*Española Tradicionalista y de las JONS*) Falange *f* (*span. Staatspartei*); 3. *Anat.* Finger-, Zehen-glied *n*, Phalanx *f*; ~**geta** *Anat. f* drittes Fingerglied *n*; ~**gina** *Anat. f* zweites Finger- *bzw.* Zehen-glied *n*; ~**gio** *Ent. m* Schneider *m*; ~**gista I.** *adj. c hist.* falangistisch; **II.** *m hist.* Falangist *m*; *hist. u. fig.* Kämpfer in e-r Phalanx.
falaris *Vo. f* (*pl. inv.*) Bläßhuhn *n*.
falaz *adj. c* (*pl.* ~**aces**) (be)trügerisch; ~**mente** *adv.* täuschend; betrügerisch; gleisnerisch.
falca *f* 1. ⚓ Setzbord *n*; 2. Keil *m*; ~**do** *adj.* sichelförmig; *hist.* ✕ *carro m* ~ Sichelwagen *m*; ~**r** [1g] *v/t.* verkeilen.
falci|forme *adj. c* sichelförmig; ~**nelo** *Vo. m* Sichelreiher *m*.
fal|cón *hist.* ✕ *m* Falkaune *f*; ~**conete** *hist.* ✕ *m* Falkonett *n*; ~**cónidas** *Vo. f/pl.* Falkenvögel *m/pl.*
falda *f* 1. Frauenrock *m*; (Rock-)Schoß *m*, ~*-pantalón* Hosenrock *m*; 2. Berghang *m*; Fuß *m* e-s Berges; 3. (*bsd.* breite) Hutkrempe *f*; 4. *Kchk.* Bauch(fleisch *n*) *m*; 5. ⊕ Stulp *m*, Manschette *f*; *Typ.* Seitensteg *m*; 6. F ~s *f/pl.* Frauen *f/pl.*; *cuestión f de* ~s Weibergeschichten *f/pl.*; *ser muy aficionado a las* ~s sein (in großer) Schürzenjäger sein; ~**menta**, ~**mento** *m desp.* F langer (und unschöner) Rock *m*.
falde|llín *m* kurzes Röckchen *n*; (kurzer) Unterrock *m*; *Ven.* Taufumhang *m*; ~**o** *m Arg., Chi.* Berglehne *f*, -flanke *f*; ~**ro I.** *adj. niño m* ~ Schürzenkind *n*; *perro m* ~ Schoßhündchen *n*; **II.** *m* F Charmeur *m*, Frauenheld *m*; ~**ta** *Thea. f* Kulissenvorhang *m*.
faldillas *f/pl.* Schößchen *n/pl. an Kleidern.*
faldón *m* 1. *augm. v. falda*; Rock-, Kleider-, Frack-schoß *m*; unterer Teil *m* e-s *Behangs*, Saum *m*; *fig. agarrarse a* los ~ones *de alg. s. an* j-s *Rockzipfel hängen, s. unter* j-s *Schutz stellen*; 2. *Equ.* ~ (*lateral*) Seitenblatt *n am Sattel*; 3. △ a) Abdachung *f*; b) Kaminrahmen *m*.
faldriquera *f* → *faltriquera.*
falduldario *m* Schleppkleid *n*.
falena *Ent. f* Nachtfalter *m*.
falencia *f* Täuschung *f*, Irrtum *m*; *Arg., Chi., Hond.* Konkurs *m*.
falerno *m* Falerner *m* (*Wein*).
fali|bilidad *f* Fehlbarkeit *f*; ~**ble** *adj. c* fehlbar.
fálico *adj.* phallisch, Phallus...
fa|lismo *m* Phalluskult *m*; ~**lo** *m* Phallus *m*.
Falopio *Anat.: trompas f/pl. de* ~ [Eileiter *m/pl.*]
falsa|mente *adv.* falsch; fälschlich(erweise); ~**rio** *adj.-su.* fälschend; *m* Fälscher *m*; Lügner *m*; Verleumder *m*; ~**rregla** *f* (verstellbarer) Winkel *m* zum *Zeichnen*; → *falsilla.*
false|ador *adj.-su.* (Ver-)Fälscher *m*; ~**amiento** *m* (Ver-)Fälschung *f*; Verdrehung *f*; ~**ar I.** *v/t.* 1. *Wahrheit, Tatsachen usw.* verfälschen, verdrehen, entstellen; 2. †, ✕ *Rüstung* durchbohren; 3. ~ *las guardas* a) e-n Nachschlüssel an-

fertigen; b) ✕ die Wachen bestechen; 4. △ nicht lotrecht bauen; **II.** *v/i.* 5. △ vom Lot abweichen (*Wand*); s. senken, nachgeben (*Boden*); 6. ♪ verstimmt sein; ~**dad** *f* Falschheit *f*; Unwahrheit *f*; ⚖ Fälschung *f* (= *gefälschte Sache*); ~ *material* Falschbeurkundung *f*; ~*o* △ *m* Abweichung *f* von der Senkrechten; schiefer Schnitt *m* e-s Balkens *usw*.
false|ta ♪ *f* Überleitung *f* b. Gitarrenbegleitung von Volksweisen; ~**te** *m* 1. ♪ Falsett *n*; Fistelstimme *f*; *cantar en* (*od. de*) ~ Falsett singen; 2. Verbindungs-, Tapeten-tür *f*; 3. (Faß-)Spund *m*.
falsía *f* Falschheit *f*; Heimtücke *f*.
falsifica|ción *f* 1. Fälschung *f*; ~ *de documentos* Urkundenfälschung *f*; 2. Verfälschung *f*; ~**dor** *adj.-su. m* Fälscher *m*; ~ *de moneda* Falschmünzer *m*; ~**r** [1g] *v/t.* fälschen.
falsilla *f* Linienblatt *n*, Faulenzer *m* (*fig.* F).
falso I. *adj.* 1. falsch, verkehrt; unrichtig, unwahr; ¡~! das ist nicht wahr!; das stimmt nicht!; *totalmente* ~ grundfalsch; grundverkehrt; *en* ~ falsch; ins Leere (*Schlag*) ~ *a.* 4; *noticia f* ~*a* Falschmeldung *f*; *dar un paso en* ~ e-n Fehltritt tun; ~ *testimonio* a) *Rel.* falsches Zeugnis (ablegen *levantar*); b) ⚖ falsche Zeugenaussage *f*; *jurar en* ~ falsch schwören; 2. falsch, unecht; Fehl..., Schein..., Doppel...; *argumento m* ~ Scheinbeweis *f*; *llave f* ~*a* Nachschlüssel *m*, Dietrich *m*; *Equ.* ~*a rienda f* Beizügel *m*; *Zim.* ~ *pilote m* Hilfs-, Stützpfeiler *m*; △ ~ *techo m* Zwischendecke *f*; *edificar sobre* ~ nicht auf festen Grund bauen; 3. falsch, trügerisch (*Hoffnung*); 4. falsch, unaufrichtig, geheuchelt; treulos; heimtückisch; *adv. en* ~ nur zum Schein; 5. zweideutig (*Lage*); 6. ungeschickt; 7. *Ar., Nav., Chi.* feige, ängstlich; **II.** *m* 8. falscher Saum *m*; Stoßband *n*.
falta *f* 1. Mangel *m* (*an dat. de*), Fehlen *n*; Nichtvorhandensein *n* Fernbleiben *n*; Fehlgewicht *n* b. *Münzen*; ~ *de aprecio* Nichtachtung *f*; ~ *de confianza* Mißtrauen *n*; ~ *de costumbre* mangelnde Gewöhnung *f*; Ungewohntheit *f*; ⚜ ~ *de franqueo* ungenügende Frankierung *f*; ~ *de fuerzas* Kräftemangel *m*, Kraftlosigkeit *f*; ~ *de medios*, ~ *de recursos* (*de tacto*) Mittel- (Takt-)losigkeit *f*; ~ *de tiempo* Zeit-mangel *m*, -not *f*; ~ *de trabajo* Arbeitsmangel *m*; Erwerbslosigkeit *f*; *a* (*od. por*) ~ *de*, *debido a la* ~ *de* (*gen.*), aus Mangel an (*dat.*); *sin* ~ ganz sicher; bestimmt; unbedingt; ✟ *por* ~ *de pago* mangels Zahlung (*Protest*); ⚖ *por* ~ *de pruebas* mangels Beweisen; *echar en* ~ vermissen; *hacer* ~ fehlen, nötig sein; *hace* ~ *mucho dinero* es wird viel Geld nötig; *man braucht viel Geld*; *hace mucha* ~ es fehlt sehr (daran); er (*usw.*) wird dringend benötigt; *hace* ~ *que* er muß gehen; *me hace* ~ *dinero* ich brauche Geld; *no hace* ~ das ist nicht nötig; F *buena* ~ *me hace* das kann ich gut brauchen; F *ni* ~ *que me hace* das hab' ich auch gar nicht nötig; *Spr. a* ~ *de pan, buenas son*

faltar — fantasear

tortas in der Not frißt der Teufel Fliegen; 2. Irrtum *m*; Verfehlung *f*, *a.* ⚖ Übertretung *f*; Verstoß *m*, Sünde *f*; Schuld *f*; ~ *de ortografía* (Recht-)Schreibfehler *m*; ~ *leve* leichter Fehler *m*, Schnitzer *m*; ~ *grave* schwerer Fehler *m*; *libre (od. exento) de* ~*s* fehlerfrei; ⚖ *juicio m de* ~*s* Bagatellsache *f*; *caer en* ~ e-n Fehltritt begehen; in e-n Fehler verfallen; *coger en* ~ *a alg.* j-n bei e-m Fehler ertappen; *poner* ~*s a et.* auszusetzen haben an *(dat.)*; 3. *Sp.* Fehler *m*, Minuspunkt *m*; Foul *n*, Regelwidrigkeit *f*; *hacer* ~ s. regelwidrig verhalten, foulen; 4. ⊕ Versagen *n*; Mangel *m*, Defekt *m*.
faltar *v/i.* 1. fehlen; nicht (mehr) vorhanden sein; knapp sein; *le faltaba pan de repente* kein *(bzw.* zu wenig) Brot; *le faltaron fuerzas* s-e Kräfte versagten; *¡no faltaba (od. faltaría) más!* a) das fehlte gerade noch!, das wäre ja noch schöner!; b) aber selbstverständlich; *por mí no ha de* ~ an mir soll's nicht fehlen *(od.* nicht liegen); *por si faltaba algo* als wäre das noch nicht genug; noch obendrein, noch dazu; ~*le a alg. tiempo para* + *inf.* nichts Eiligeres zu tun haben, als zu + *inf.*; *poco faltaba para que se cayera* beinahe wäre er gefallen; es fehlte nicht viel u. er wäre gefallen; 2. nötig sein; *falta por saber (si)* erst müßte man wissen (, ob); *faltan dos días para la sesión* bis zur Sitzung sind *(od.* dauert es) noch zwei Tage; *falta aprendiz* Lehrling gesucht; 3. nicht erscheinen; abwesend sein *(von dat. de)*; ~ *a bei et. (dat.)* fehlen, fernbleiben *(dat.)*; ~ *a la cita* die Verabredung nicht einhalten; 4. ~ *a alg.* j-n beleidigen; es j-m gg.-über an Achtung fehlen lassen; *s-e Frau* betrügen; 5. ~ *a* verstoßen gg. *(ac.)*; *sein Wort, Versprechen* nicht halten; *Pflicht* verletzen; ~ *a la verdad* lügen; 6. versagen *(Schußwaffe)*; *das Ziel verfehlen (Schuß)*; 7. fehlen, e-n Fehler machen; ~ *gravemente* s. schwer vergehen.
faltista *m Méj.* Abwesende(r) *m*, Fehlende(r) *m*.
falto *adj.* mangelhaft, unzureichend; ~ *de bar (gen.)*, ohne *(ac.)*, in Ermangelung *(gen. od.* von *dat.)*; ~ *de juicio,* ~ *de razón* unvernünftig; verrückt; ~ *de medios* mittellos.
faltón F *adj.* unzuverlässig; wortbrüchig; *Cu.* frech.
faltriquera *f* (Rock-)Tasche *f*; Gürteltasche *f unterm Kleid*.
falúa ⚓ *f* Hafenbarkasse *f*.
falucho *m* 1. ⚓ Feluke *f*; 2. *Arg.* Zweispitz *m (Hut)*.
falla *f* 1. (Material-, Web-)Fehler *m*; ⊕ Störung *f*; Versager *m*; Ladehemmung *f (Waffe)*; 2. *Geol.* Bruch *m*, Verwerfung *f*; 3. *Am.* Fehlschlag *m*, Versagen *n*; Nichteinhalten *n*; 4. *Val.* Falla *f (Figurengruppen, die am Sankt-Josefs-Abend abgebrannt werden)*; ⚖*s f/pl.* Volksfest *n* an diesem Tag.
fallanca *f* Regenleiste *f an Tür od. Fenster*.
fallar I. *v/t.* 1. ⚖ durch Urteil entscheiden; 2. *Kart.* abtrumpfen, mit Trumpf stechen; II. *v/i.* 3. ⚖

entscheiden, das Urteil fällen; 4. reißen; (ab)brechen; nachgeben *(Stützmauer)*; *a.* ⊕ versagen, nicht funktionieren; danebengehen, vorbeitreffen *(Schuß)*; *no falla das (usw.)* ist (ganz) sicher, das ist (bestens) erprobt; *no falla nunca* das versagt nie; *sin* ~ unfehlbar, zuverlässig; 5. scheitern, mißlingen, fehlschlagen.
falleba *f* Tür-, Fenster-riegel *m*; Drehriegel *m*.
fallecer [2d] *v/i.* 1. sterben, verscheiden; *falleció en el acto* er war sofort *(od.* auf der Stelle) tot; 2. aufhören, enden; ~*cido m* Verstorbene(r) *m*; ~*cimiento m* Tod *m*, Hinscheiden *n*.
fallero *adj.-su.* 1. *Val.* zu den *fallas* gehörig; 2. *Chi.* unzuverlässig.
fallido *adj.* 1. fehlgeschlagen, gescheitert; 2. uneintreibbar *(Schuld)*; 3. in Konkurs geraten, zahlungsunfähig, bankrott; ~*r* [3h] *v/i. Ven.* Bankrott machen.
fallo I. *m* 1. ⚖ Urteil *n*, Entscheidung *f*; ~ *arbitral* Schiedsspruch *m*; 2. Fehler *m*, Irrtum *m*; Auslassung *f*; Lücke *f*; Ausfall *m*; ⊕ Versagen *n*; ✕ ~ *por atascamiento* Ladehemmung *f*; ✈ ~ *cardíaco* Herzversagen *n*; *EDV general* Computerabsturz *m*; *bsd. Vkw.* ~ *humano* menschliches Versagen *n*; *tener un* ~ mißlingen, fehlschlagen; versagen; *no tener* ~ ganz sicher sein, nicht schiefgehen können; II. *adj.-su. m* 3. Fehlkarte *f*; *estar* ~ *(od. tener* ~) *a oros* k-e Karokarte haben.
fama *f* 1. Ruf *m*; Ruhm *m*, Berühmtheit *f*; *de* ~ bekannt, berühmt; *de* ~ *universal, de* ~ *mundial* weltbekannt, berühmt; von Weltruf; *de mala* ~ anrüchig, berüchtigt; *dar* ~ *a alg.* j-n bekannt *(od.* berühmt) machen; *Spr. unos tienen (od. llevan) la* ~ *y otros cardan la lana* der eine tut die Arbeit, der andere hat den Ruhm; 2. Gerücht *n*, Fama *f*; *es* ~ *que ...* man sagt, daß ...; 3. *Col.* Fleischerei *f*, Metzgerei *f*.
famélico *adj.* ausgehungert, hungerleidend.
familia *f* 1. *a. Zo.*, ⚘ Familie *f*; (nächste) Verwandtschaft *f*; *fig.* Herkunft *f*; Geschlecht *n*, Sippe *f*; *en* ~ im häuslichen Kreis(e), in der Familie; *fig.* im engsten Kreise; im Vertrauen, unter uns; *Li.* ~ *de palabras* Wort-familie *f*, -sippe *f*; ~ *humana* Menschheit *f*; ~ *numerosa* kinderreiche Familie *f*; *padre m de* ~ Familien-vater *m*, -oberhaupt *n*; *ser de buena* ~ aus gutem Hause sein; 2. Kinder *n/pl.*, Nachkommen(schaft *f*) *m/pl.*; *estar esperando* ~ Familienzuwachs erwarten; 3. Dienerschaft *f*; Gesinde *n*; 4. *Chi.* Bienenschwarm *m*; 5. *Pol. Span.* Gruppe *f (od.* Tendenz *f)* innerhalb e-r Partei; ~*r* I. *adj. c* 1. Familien...; *vida f* ~ Familienleben *n*; *dioses m/pl.* ~*es* Hausgötter *m/pl.*; 2. familiär, ungezwungen; schlicht; vertraulich; *estilo m* ~ umgangssprachlicher Stil *m*; *tono m* ~ vertraulicher Ton *m*; *trato m* ~ vertraulicher Umgang *m*; 3. vertraut, bekannt; geläufig; *encontrar una cara* ~ e-m bekannten Ge-

sicht *(od.* e-m Bekannten) begegnen; *el trabajo le es* ~ er kennt die Arbeit gut, er ist mit der Arbeit vertraut; II. *m* 4. Familienangehörige(r) *m*; guter Freund *m der Familie*; 5. Gehilfe *m*, Diener *m (Kloster)*; Hauskaplan *m (Bischof)*; ~*es m/pl.* Dienerschaft *f u.* Gefolge *n* e-s Bischofs *usw.*; 6. *hist.* Spitzel *m*, Gehilfe *m der Inquisition*.
familiaridad *f* Vertraulichkeit *f*; Vertrautheit *f*; ~**arizar** [1f] I. *v/t.* ~ *a alg. con* j-n an *et. (ac.)* gewöhnen; j-n mit *et. (dat.)* vertraut machen; II. *v/r.* ~*se con* vertraut werden mit *(dat.)*; s. vertraut machen mit *(dat.)*; s. einarbeiten in *(ac.)*; s. in *et. (ac.)* hineinfinden; ~**armente** *adv.* vertraulich, ungezwungen; ~*ón m* große Familie *f*.
famosamente *adv.* vortrefflich; ~*so adj.* 1. berühmt; F ausgezeichnet, großartig; 2. berüchtigt; 3. F toll F, gewaltig; ~ *disparate m* gewaltiger Unsinn *m*, Stuß *m* F.
fámula F *f* Hausmädchen *n*; Magd *f*; ~**lo** *m* Diener *m*, Gehilfe *m (bsd. im Kloster)*.
fan *c* Fan *(nur) m*.
fanal *m* 1. Schiffs-, Hafen-laterne *f*; Leuchtfeuer *n*; 2. Lampenglocke *f*; Glas-glocke *f*, -sturz *m*; 3. *fig.* Fanal *n*.
fanático *adj.-su.* fanatisch, unduldsam; schwärmerisch; *m* Fanatiker *m*; (Glaubens-)Eiferer *m*; Schwärmer *m*.
fanatismo *m* Fanatismus *m*; ~**zar** [1f] *v/t.* fanatisieren, auf-, ver-hetzen.
fandango *m* ♪ Fandango *m (span. Tanz)*; *fig.* Durchea. *n*, Wirbel *m* F; ~**guero** *adj.-su.* Fandangotänzer *m*; *fig.* Freund *m* von Tanz u. Unterhaltung, Bruder *m* Lustig.
fané *adj.* 1. verblüht; 2. geschmacklos.
faneca *Fi. f* 1. Ährenfisch *m*; 2. Merlan *m*.
fanega I. *f* 1. Getreidemaß: *Cast.* 55,5 l, *Ar.* 22,4 l; 2. ~ *de tierra* → *fanegada*; II. ~*s m (pl. inv.)* 3. Dummkopf *m*; ~*da f* Feldmaß: *Cast.* 64,596 Ar; *a* ~*s* in Hülle u. Fülle.
fanerógamas ⚘ *f/pl.* Samen-, Blüten-pflanzen *f/pl.*
fanfarrear ↯ *v/i.* → *fanfarronear*; ~*rria f* 1. Aufschneiderei *f*, Angeberei *f* F; 2. Blaskapelle *f*; ~**rrón** *adj.-su.* prahlerisch, angeberisch F; *m* Aufschneider *m*, Prahler *m*, Angeber *m* F, Maulheld *m*, Protz *m* F; ~**rronada** *f* → *fanfarronería*; ~**rronear** *v/i.* aufschneiden, prahlen, großtun, den Mund vollnehmen; ~**rronería** *f* Aufschneiderei *f*, Prahlerei *f*, Angabe *f* F, Dicktun *n* F, Großtuerei *f*.
fangal, ~gar *m* Schlammloch *n*, Morast *m*; ~**go** *m* Schlamm *m*; ✣ ~ *medicinal* Fango *m*; *baños m/pl. de* ~ Schlamm-, Moor-bäder *n/pl.*; *fig. arrastrar por el* ~ in den Schmutz *(od.* durch den Dreck F) ziehen; *fig. llenar a alg. de* ~ j-n mit Schmutz bewerfen; ~**goso** *adj.* schlammig, morastig.
fantasear I. *v/i.* phantasieren *(a. ♪)*; der Einbildungskraft freien Lauf lassen; prunken (mit *dat. con)*; phantasieren, faseln (von *dat.*

de); **II.** *v/t.* Glück usw. erträumen; **~sía** *f* 1. Phantasie *f*, Einbildungskraft *f*; Modeschmuck *m*; ✝ de ~ Mode...; *articulos m/pl. de ~* Galanterie-, Mode-waren *f/pl.*; *géneros m/pl. de ~* Modestoffe *m/pl.*, modische Stoffe *m/pl.*; 2. Traumbild *n*; Träumerei *f*, Phantasie *f*; Grille *f*; 3. ♪ Fantasie *f*; 4. F Einbildung *f*, Dünkel *m*; **~sioso** F **I.** *adj.* 1. eingebildet; grillenhaft; 2. phantasievoll; **II.** *m* 3. Phantast *m*.

fantas|ma *m* Erscheinung *f*, Phantom *n*; *a. fig.* Gespenst *n*; *fig.* Vogelscheuche *f*; *fig.* F Angeber *m* F; **~magoría** *f* Phantasmagorie *f*; Blendwerk *n*, Gaukelei *f*, Trug *m*; **~magórico** *adj.* phantasmagorisch, gaukelhaft; **~mal** *adj.* c gespenstisch, Gespenster...; **~món** F *adj.-su.* eingebildet; *m* Prahlhans *m*, Phantast *m*.

fantástico *adj.* 1. phantastisch; gespenstisch, Gespenster..., Geister-...; 2. schwärmerisch, phantastisch; 3. *fig.* F toll F, unglaublich, phantastisch F.

fanto|chada *f* dummer Streich *m*; Unsinn *m*; **~che** *m* Marionette *f*; *a. fig.* Hampelmann *m*, Hanswurst *m*.

fañar *v/t.* Ohren des Viehs einkerben.
faquín *m* Träger *m*, Dienstmann *m*.
faquir *m* Fakir *m*.
fara|d(io) *Phys. m* Farad *n*; **~dización** *f* Faradisation *f*.
faralá *m* (*pl.* **~aes**) Falbel *f*; Faltenbesatz *m*; *fig.* F Firlefanz *m*, Flitterkram *m*.
farallón *m* 1. Klippe *f*; 2. ⚒ oberer Teil *m* e-s Flözes.
faramalla *f Méj.* bloßer Schein *m*.
farándula *f* 1. Komödiantentum *n*; *Thea. hist.* wandernde Schauspielertruppe *f*; *el mundo de la ~* das Showbusiness; 2. Beschwatzen *n*, Betrug *m*.
farandule|ar F *v/i.* angeben F, wichtig tun; **~ro** *m hist.* wandernder Komödiant *m*; *fig.* Bauernfänger *m*, Gauner *m*.
fara|ón *m* 1. *hist.* Pharao *m*; 2. *Kart.* Pharao *n*; **~nico** *adj.* pharaonisch, Pharaonen...
faraute *m* 1. *hist.* Dolmetsch *m*; 2. *hist. Thea.* Sprecher *m des Prologs*; 3. *fig.* F Wichtigtuer *m*.
far|da *f* Bündel *n*; P Wäsche *f*; **~daje** *m* → *fardería*; **~dar** F *v/i.* Span. angeben F; **~del** *m* Beutel *m*, Schnappsack *m*; Bündel *n*; *fig.* F Vogelscheuche *f*, Gestell *n* F (*Person*); **~dería** *f* Bündel *n/pl.*; Gepäck (-stücke *n/pl.*) *n*; ❀ Stückgut *n*; **~do** *m* Ballen *m*; Packen *m*, Last *f*; ✝ *a ~s, por ~s* ballenweise; *en ~s* in Ballen; (*mercancías f/pl. en*) *~s* Stückgut *n*; P *descargar el* (*od. su*) *~* entbinden, ihr Päckchen loswerden P; **~dón** F *adj.* schnieke F, piekfein F.
farero *m* Leuchtturmwärter *m*.
farfalá *m* → *faralá.*
farfan|te, ~tón *adj.-su. m* Aufschneider *m*, Angeber *m* F.
fárfara *f* 1. ♣ Huflattich *m*; 2. Eihäutchen *n*; *fig. en ~* halbfertig; unfertig.
farfolla *f* Hülse *f der Maiskolben*; *fig.* F (leeres) Protzen *n*, reine Angabe *f* F.

farfu|lla I. *f* Stammeln *n*; Stottern *n*; *Am. Reg.* Aufschneiderei *f*; **II.** *adj.-su. c* → *farfullero*; **~llar** *vt/i.* stammeln; stottern; *fig.* F hudeln, (ver)pfuschen F; **~llero** *adj.-su.* Stammler *m*; Stotterer *m*; *fig.* F Pfuscher *m* F; *Am. Reg.* Aufschneider *m*.
fargallón *adj.-su.* nachlässig, schlampig; *m* Pfuscher *m*.
farináceo I. *adj.* mehlig; Mehl...; **II.** **~s** *m/pl.* ✝ Mehlprodukte *n/pl.*; *Kchk.* Mehlspeisen *f/pl.*
faringe *Anat. f* Rachen *m*; Schlund *m*, Pharynx *m* (🜨).
farínge|a *Phon. f* Rachenlaut *m*; **~o** *adj.* Rachen...
faringitis ☤ *f* (*pl. inv.*) Rachenentzündung *f*, Pharyngitis *f*.
fariña *f Am. Mer.* Maniokmehl *n*.
fari|saico *adj.* pharisäisch (*a. fig.*); heuchlerisch; **~seísmo** *m* pharisäische Lehre *f*, *fig.* Pharisäertum *n*; Heuchelei *f*; **~seo** *m* Pharisäer *m* (*a. fig.*); Heuchler *m*.
farlopa F *f* Kokain *n*; Koks *m* F.
farma|céutico I. *adj.* 1. pharmazeutisch; *productos m/pl.* **~s** Arzneimittel *n/pl.*; **II.** *m* 2. Pharmazeut *m*; 3. Apotheker *m*; **~cia** *f* 1. Pharmazie *f*; 2. Apotheke *f*; *~ de guardia* dienstbereite Apotheke *f*.
fármaco ☤ *m* Arzneimittel *n*.
farma|codependencia *f* Medikamentenabhängigkeit *f*; **~cología** *f* Pharmakologie *f*; **~cológico** *adj.* pharmakologisch; **~cólogo** *m* Pharmakologe *m*; **~copea** *f* Arzneibuch *n*.
faro *m* 1. ⚓ Leuchtturm *m*; *~ flotante* Feuerschiff *n*; 2. ⚓ Leuchtfeuer *n*; ⚓, *bsd. Kfz.* Scheinwerfer *m*; *~ antiniebla* (*frontal*) Nebel-(Kopf-)scheinwerfer *m*; *~ (de enfoque) móvil* Such(scheinwerfer)er *m*; *~ halógeno* Halogenscheinwerfer *m*; 4. *Sp.* Kerze *f*; 5. *fig.* Licht *n*, Leuchte *f*; Führer *m*; Fanal *n*; *~l m* 1. Laterne *f*; Straßenlaterne *f*; *p. ext.* Laternenpfahl *m*; *~ de gas* Gaslaterne *f*; ⚓ *~ de popa* (*de situación*) Heck-(Positions-)laterne *f*; *~ de papel* → *farolillo* 1; *fig.* ¡ *adelante con los ~es!* vorwärts!; 2. *Stk.* „Lampion" *m*, „Fächer" *m* (*Capafigur*); 3. *Kart.* Bluff *m*; *hacer un ~* bluffen; 4. Angabe *f* F, Protzen *n*; *echar ~es* angeben F; *tirarse un ~* s. blamieren; 5. Angabe *m* F; **~la** *f* Straßenlaterne *f*; Lichtmast *m*; *Kfz. Col.* Scheinwerfer *m*; **~lazo** *m* 1. Schlag *m* (*bzw.* Zeichen *n*) mit e-r Laterne; 2. *Am. Cent., Méj.* kräftiger Schluck *m* Schnaps; **~lear** F *v/i.* wichtig tun, angeben F, protzen; **~leo** F *m* Angabe *f* F, Protzerei *f*; **~lería** *f* 1. ⚓ Lampenspind *m*; 2. F Wichtigtuerei *f*, Angabe *f* F; **~lero** *m* Laternenanzünder *m*; *fig.* F Angeber *m* F; **~lillo** F *m* 1. *~ (a la veneciana)* Lampion *m*; *fig. ser el ~ rojo* das Schlußlicht sein; 2. ♣ Glockenblume *f*; **~lón** F *m* Angeber *m* F, Wichtigtuer *m*.
farpa *f* Spitze *f* e-s Saums, e-s Fahnentuchs; **~do** *adj.* ausgezackt.
farra *f* 1. *Fi.* Schnabelläsche *f*; 2. *Am.* → *juerga*; *ir de ~* → *farrear*.
fárrago *m* Plunder *m*, Kram *m*; Wust *m*, Durcheinander *n*, Wirrwarr *m*.
farra|goso *adj.* wirr; überladen;

~guista *c* Wirrkopf *m*.
fa|rrear *v/i.* ausgiebig feiern; blaumachen F; **~rrista** *m* → *juerguista*.
farruco F **I.** *adj.* draufgängerisch; *ponerse ~* (*con*) s. (*j-m gg.-über*) auf die Hinterbeine stellen (*fig.*); (*j-m*) die Zähne zeigen; **II.** *adj.-su. m* Spitzname: gerade ausgewanderter Galicier *m* od. Asturier *m*; *desp.* Provinzler *m*.
far|sa *f Thea.* Posse *f*, Schwank *m*; *fig.* Farce *f*, Komödie *f* (*fig.*); **~sante** *c hist. Thea.* Komödiant *m*; *fig.* Heuchler *m*, Schwindler *m*; **~sista** *c* Possenschreiber *m*.
fas F *adv.*: *por ~ o por nefas* mit Recht *od.* mit Unrecht, auf jeden Fall, auf Biegen *od.* Brechen.
fas|ces *hist. f/pl.* Liktorenbündel *n*; **~cia** *Anat. f* Faszie *f*; **~cículo** *m Typ.* Faszikel *m*; Heft *n*, Lieferung *f*; ♣ Büschel *m*; *Anat.* Bündel *n*, Strang *m*.
fascina|ción *f* Bezauberung *f*, Zauber *m*, Faszination *f*; Verblendung *f*; **~dor** *adj.* faszinierend, bezaubernd; **~r** *vt/i.* bezaubern, bannen, in Bann halten, fesseln, faszinieren; (ver)blenden.
fascis|mo *Pol. m* Faschismus *m*; **~ta** *adj.-su. c* faschistisch; *m* Faschist *m*; **~toide** *adj. c* faschistoid.
fase *f* (Entwicklungs-) Durchgangs-)Stufe *f*; *a.* ⚡ Phase *f*; Abschnitt *m*, Stadium *n*; *~ previa* Vorstufe *f*; ⊕ *~ de operación*, *~ de trabajo* Arbeitstakt *m*; Arbeitsgang *m*; *de tres ~s* dreistufig (*Rakete*); ⚡ dreiphasig; *Astr. ~s f/pl. de la luna* Mondphasen *f/pl.*
fasti|diar [1b] **I.** *v/t.* anöden, langweilen; auf die Nerven gehen (*dat.*); reizen, ärgern, belästigen, lästig sein (*dat.*); F ¡ *la hemos ~ado!* da haben wir den Salat F (*od.* die Bescherung)!; **II.** *v/r.* **~se** s. ärgern (über *ac. con*, de); s. langweilen; s. (zähneknirschend) fügen *od.* damit abfinden F ¡ **~se**! *od.* ¡ *fastídiate! od.* ¡ *para que te fastidies!* ätsch!; scher' dich zum Teufel!; **~dio** *m* Ekel *m*, Widerwille *m*; Verdruß *m*, Ärger *m*, Unannehmlichkeit *f*; ¡ *qué ~!* a) wie unangenehm!; so ein Ärger! b) was für ein langweiliger Kerl!, der (Kerl) geht mir auf die Nerven!; **~dioso** *adj.* ekelhaft, widerwärtig, lästig, langweilig; ärgerlich.
fas|to I. *adj. lit.* glücklich, Glücks...; **II.** *m* Pracht *f*; **~s** *m/pl.* Chronik *f*, Annalen *f/pl.*; *hist.* Fasten *m/pl.*; **~tuoso** *adj.* prunkvoll, prachtliebend, protzig.
fata|l *adj. c* 1. verhängnisvoll, unselig; todbringend, tödlich; *golpe m* *~* Todesstoß *m*; *mujer f* *~* Vamp *m*; 2. schicksalhaft, unabwendbar; entscheidend; 3. F unmöglich (*fig.*), schauerlich F; *estar* *~ a.* alles verkehrt machen; **~lidad** *f* 1. Schicksal *n*, Fatum *n*; 2. Verhängnis *n*, Mißgeschick *n*, Fatalität *f*; **~lismo** *m* Fatalismus *m*, (blinder) Schicksalsglaube *m*; **~lista** *adj.-su. c* fatalistisch; *m* Fatalist *m*; **~lmente** *adv.* 1. unvermeidlich, zwangsläufig; 2. unseligerweise; F sehr schlecht.
fatídico *adj.* unheil-kündend *bzw.* -bringend, unselig, unheilvoll;

fatiga — feligresía

lit. weissagend; *número m* ~ Unglückszahl *f*.
fati|ga *f* **1.** Ermüdung *f*, Erschöpfung *f*, Müdigkeit *f*; Atemnot *f*; ✱ ~ *primaveral* Frühjahrsmüdigkeit *f*; *dar* ~ *a ermüden (ac.)*; F ärgern *(ac.)*; **2.** ⊕ Ermüdung *f*; *sin* ~ ermüdungsfrei; → *a.* 3; 3. *(mst.* ~*s f/pl.)* Mühen *f/pl.*, Mühsal *f*; Strapaze(n) *f(/pl.)*; *sin* ~ mühelos; ~**gadamente** *adv.* mühsam, mühselig; ~**gado** *adj.* müde; abgespannt; ~**gador** *adj.*, ~**gante** *adj. c* ermüdend; lästig; ~**gar** [1h] **I.** *v/t.* **1.** *a.* ⊕ ermüden; anstrengen, strapazieren; **2.** belästigen, plagen; lästig werden *(dat.)*; **II.** *v/r.* ~ *se* **3.** müde werden; ermüden; außer Atem kommen; **4.** s. abmühen; ~**goso** *adj.* **1.** mühsam, beschwerlich; ermüdend, lästig; **2.** kurzatmig.
fatu|idad *f* Eitelkeit *f*, Aufgeblasenheit *f*; Albernheit *f*; ~**o I.** *adj.* eitel, eingebildet; aufgeblasen; geckenhaft, albern; *fuego m* ~ Irrlicht *n*; **II.** *m* Geck *m*, Laffe *m*; Dummkopf *m*.
fauces *Anat. f/pl.* Schlund *m.* [*m.*]
fau|na *f* Fauna *f*, Tierwelt *f*; ~**nesco** *adj.* Fauns...
fáunico *adj.* Tier(welt)...
fauno *m* **1.** *Myth.* Faun *m*; **2.** *Am.* Tier *n*.
fausto I. *adj.* glückbringend; Glücks...; **II.** *m* Pracht *f*, Prunk *m*, Pomp *m*.
fautor *m* Anstifter *m*, Drahtzieher *m*; *inc.* Täter *m*.
fauvismo *Mal. m* Fauvismus *m*.
favila *poet. f* Asche *f*.
favo|r *m* **1.** Gunst *f*, Gefallen *m*, Gefälligkeit *f*; *a* ~ *de a)* mit Hilfe *(gen.)*, durch *(ac.)*; **b)** zugunsten *(gen.)*, für *(ac.)*; *a.* ✝ *a mit (su)* zu meinen (Ihren) Gunsten; *en* ~ *de zugunsten (gen.)*; *por* ~ **a)** aus Gefälligkeit; **b)** bitte!; *¡*~*!* Hilfe!; *estar a* ~ *de alg.* für j-n sein, auf j-s Seite stehen; *hacer un* ~ *en* Gefallen tun; *páseme el libro, haga el* ~ geben Sie mir bitte das Buch; *a* ~ *de la oscuridad* im Schutz(e) der Dunkelheit; *navegar a* ~ *de la corriente (del viento)* mit der Strömung (mit dem Winde) segeln; *se lo pido por* ~ ich bitte Sie höflichst darum; *tener a su* ~ *et.* für s. verbuchen können; mit *j-m* rechnen können; **2.** Gunst *f*, Begünstigung *f*; Bevorzugung *f*; ~**es** *m/pl.* Gunstbeweise *m/pl.*; **3.** *Kart.* Trumpffarbe *f*; ~**rable** *adj. c*: ~ *(a, para)* günstig, vorteilhaft (für *ac.*); *a)* geneigt, gewogen *(dat.)*; wohlwollend; ~**rablemente** *adv.* günstig; ~**recedor** *adj.-su.* vorteilhaft; begünstigend; *m* Gönner *m*, Beschützer *m*; ~**recer** [2d] *v/t.* **1.** begünstigen, fördern; Vorschub leisten *(dat.)*; helfen *(dat.)*; **2.** vorteilhaft kleiden *(ac.)*; gut stehen *(dat.)*; schmeicheln *(dat.) (Bild)*; **3.** ✝ beehren *(mit Aufträgen)*; ~**recido** *adj.-su.* begünstigt; *número m* ~ Glückszahl *f*; Treffer *m (Lotterie)*; *el* ~ *de la suerte* das Glückskind; ~**rita** *f* Favoritin *f*, Mätresse *f*; ~**ritismo** *m* Günstlingswirtschaft *f*; ~**rito I.** *adj.* Lieblings...; *plato m* ~ Leibspeise *f*; **II.** *m* Günstling *m*, Favorit *m (a. Sp.)*; Liebling *m des Publikums*.
fax *m Tel.* Fax *n*; *mandar un* ~ *(a alg.)*

(j-m) faxen; *mandar a/c. por* ~ *et.* faxen.
faxear *v/t. Tel.* faxen.
fax-módem *m EDV* Faxmodem *n*, *m*.
faya *tex. f* ripsartiges Seidengewebe *n*, Faille *f*.
fayenza *f* Fayence *f*.
faz *f (pl.* faces) **1.** *lit.* Antlitz *n*, Gesicht *n*; *kath. la Santa (od. Sacra)* ⸹ das Heilige Antlitz, das Schweißtuch der Veronika; *en (od. a la)* ~ *de angesichts (gen.)*; vor *(dat.)*; **2.** Vorderseite *f*; rechte Seite *f e-s Gewebes*; Bildseite *f e-r Münze*; Oberfläche *f*; **3.** *fig.* Seite *f*; Aspekt *m*, Gesichtspunkt *m*.
fe *f* **1.** Glaube *m* (an *ac.* en), Vertrauen *n* (in *ac.*, zu *dat.* en); ~ *pública a)* Ehrlichkeit *f*, Redlichkeit *f*; guter Glaube *m*; ⚖ Treu u. Glauben; **b)** Leichtgläubigkeit *f*; *mala* ~ Unredlichkeit *f*; böser Wille *m*; ⚖ böser Glaube *m*; *de buena* ~ aufrichtig, ehrlich; guten Glaubens; *a.* ⚖ gutgläubig; *de mala* ~ unaufrichtig, unehrlich; böswillig; ⚖ bösgläubig; *dar* ~ *a* Glauben schenken *(dat.)*, für wahr halten *(ac.)*; *tener* ~ *en* Vertrauen haben in *(ac.) od.* zu *(dat.)*, vertrauen *(dat.)*; **2.** *Rel.* Glaube *m*; **3.** Wort *n*, Versprechen *n*; *a* ~, *de* ~ wahrhaftig, wirklich; *lit. a* ~ *mía* mein Wort darauf, ganz bestimmt; **4.** Zeugnis *n*, Urkunde *f*, Schein *m*; ~ *de bautismo* Taufschein *m*; *Typ.* ~ *de erratas* Druckfehlerverzeichnis *n*; ~ *de nacimiento* Geburtsschein *m*; ~ *de vida* Lebensnachweis *m*; *Verw.* en ~ *de lo cual* zu Urkund dessen; *dar* ~ *de a/c. et.* beglaubigen, et. beurkunden; et. bezeugen; *hacer* ~ beweiskräftig sein; *bsd. Pol.* gelten, maßgebend sein; **5.** ~ *conyugal* eheliche Treue *f*.
fea|ldad *f a. fig.* Häßlichkeit *f*; *fig.* Gemeinheit *f*; Ungezogenheit *f (Kind)*; ~**mente** *adv. a. fig.* häßlich; *fig.* ungezogen.
fe|beo *Myth. adj.* Phöbus..., Sonnen...; ~**ble** *adj. c* von minderem Gewicht *(od.* Gehalt) *(Münze, Legierung)*; ⸹**bo** *m Myth.* Phöbus *m*, Apollo *m*; *poet.* die Sonne.
febre|rillo *m*: ~ *el loco* der wegen s-s wechselnden Wetters unberechenbare Februar; ~**ro** *m* Februar *m*, *öst.* Feber *m*.
febricitante ✱ *adj.-su. c* fieberkrank.
febrífugo *adj.-su. m* fiebersenkend(es Mittel *n*).
febril *adj. c* fiebrig; fieberartig; Fieber...; *a. fig.* fieberhaft; *fig.* hektisch; *estar* ~ Fieber haben; ~**mente** *adv. fig.* fieberhaft, hastig.
fecal *adj. c* Kot...; *materias f/pl.* ~*es* Fäkalien *pl.*
fécula *f* Stärke *f*, Stärkemehl *n*.
feculento *adj.* stärkehaltig; hefig.
fecun|dación *f* Befruchtung *f*; ✱ ~ *artificial* künstliche Befruchtung *f*; ~ *in vitro*, *Abk.* FIV Befruchtung *f* in vitro, In-vitro-Fertilisation *f*; ~**damente** *adv.* fruchtbar; ~**dante** *adj. c* befruchtend; ~**dar** *v/t.* befruchten; fruchtbar machen; ~**didad** *f* Fruchtbarkeit *f*; reiche Vermehrung *f*; *fig.* Ergiebigkeit *f*; Fülle *f*; ~**dizar** [1f] *v/t. bsd. Boden* frucht-

bar *(od.* ertragreich) machen; ~**do** *adj.* fruchtbar *(a. fig. u. Boden)*; fortpflanzungsfähig; *fig.* ertragreich, ergiebig; üppig; reich (an *dat.* en).
fecha *f* Datum *n*; Tag *m*, Termin *m*; ✝ *u. Verw.* (a) dos meses ~ zwei Monate dato *(Wechsel)*; *a* ~ *fija* zum bestimmten Datum; am festgesetzten Termin; *a partir de esta* ~ von diesem Tage an; seit damals; *con (la)* ~ *de hoy, con esta* ~ unter dem heutigen Datum, heute; *en* ~ *breve* bald(igst); *de larga* ~ seit langem; längst; *hasta la* ~ bis heute, bis jetzt; ✝ bis dato; ~ *ut supra* Datum wie oben; *a estas* ~*s* jetzt; bis jetzt; inzwischen; ~ *de caducidad* Verfallsdatum *n*; *bei Lebensmitteln:* haltbar bis ...; ~ *de entrada* Eingang(stag) *m*; ~ *de expiración* Verfallsdatum *n*; ~ *límite*, ~ *tope* äußerster *(od.* letzter) Termin *m*; ~ *de pago* Zahlungstermin *m*; *pasada esta* ~ nach Ablauf dieser Frist; *poner* ~ *adelantada (atrasada)* vordatieren (zurückdatieren); *poner la* ~ (en) das Datum setzen (auf *ac.*); *datieren (ac.)*; ~**dor** *m* Datumsstempel *m*; Poststempel *m*; ~**r** *v/t.* datieren; *su carta* ~*ada el 3 de mayo* Ihr Brief vom 3. Mai.
fechoría *f* Untat *f*, Missetat *f*.
fedatario *m* Urkundsbeamte(r) *m*; Notar *m*.
federa|ción *f* **1.** Föderation *f*, Staatenbund *m*; **2.** Bund *m*, Verband *m*, Zs.-schluß *m*; ~ *central* Dach-, Spitzen-verband *m*; ~ *mundial* Weltbund *m*; ~**l I.** *adj. c* föderativ, Bundes...; *Schweiz:* eidgenössisch; *Estado m* ~ Bundesstaat *m*; *República f* ~ Bundesrepublik *f*; **II.** *adj.-su. c* → *federalista*; ~**lismo** *m* Föderalismus *m*; ~**lista** *adj.-su. c* föderalistisch; *m* Föderalist *m*; ~**r(se)** *v/t. (v/r.)* (s.) verbünden; (s.) verbinden; (e-n Bund[esstaat] bilden); ~**tivo** *adj.* föderativ, Bundes...; *sistema m* ~ bundesstaatliches System *n*.
Federico *npr. m* Friedrich *m*.
féferes *m/pl. Ant.*, *Am. Cent.*, *Col.*, *Méj.* Krimskrams *m*, Plunder *m*.
fehaciente *adj. c* glaubhaft, glaubwürdig; beweiskräftig.
felación *f* Fellatio *f*, Mundverkehr *m*.
feldespato *Min. m* Feldspat *m*.
feldmariscal *m* Feldmarschall *m*.
feliciano P *m Span.: echar un* ~ bumsen P, vögeln P.
feli|cidad *f* Glück *n*; Glückseligkeit *f*; ~**es** *f/pl.* Glücksgüter *n/pl.*; *adv. con* ~ glücklich (= *ohne Zwischenfall*); *¡*~*es!* herzlichen Glückwunsch!; *desear muchas* ~*es* viel Glück wünschen; ~**citación** *f* Glückwunsch *m*, Gratulation *f*; ~ *de Año Nuevo* Neujahrs(glück)wunsch *m*; ~**citar I.** *v/t. j-n* beglückwünschen, j-m gratulieren (zu *dat.* por); *¡te felicito!* meinen Glückwunsch!, ich gratuliere (dir)!; **II.** *v/r.* ~*se* s. freuen, s. glücklich schätzen (daß + *ind.* de que + *subj.*); F *poder* ~*se* s. gratulieren können; ~**císimo** *sup. adj.* überglücklich. [*milie*).*f*
félidos *Zo. m/pl.* Katzen *f/pl. (Fa-*
feli|grés *m* Pfarrkind *m*; ~*eses m/pl.* Gemeinde *f*; ~**gresía** *f* Kirchspiel *n*, Sprengel *m*; Gemeinde *f*.

felino *Zo.* I. *adj.* Katzen...; katzenhaft, -artig; II. ⁓s *m/pl.* Katzen *f/pl.*
Felipe *npr. m* Philipp *m.*
feliz *adj. c* glücklich; glückselig; erfolgreich; *memoria f* ⁓ gutes *(od.* treues) Gedächtnis *n*; ¡⁓ *viaje!* glückliche Reise!; *los felices años* 20 die goldenen zwanziger Jahre; ¡⁓ *Año Nuevo!* ein glückliches Neues Jahr!, Prosit Neujahr!; *hacer* ⁓ *a alg.* j-n beglücken, j-n glücklich machen; *no me hace* ⁓ *pensar que* ... ich bin nicht gerade beglückt darüber, daß ...; ⁓**mente** *adv.* glücklich(erweise).
fe|lón *adj.-su.* treulos, treubrüchig; *hist. gg.* den Lehnseid verstoßend; ⁓**lonía** *f* Treubruch *m*; Verrat *m*; Gemeinheit *f*; *hist.* Felonie *f*, Bruch *m* der Lehnstreue; ⁓**lony** *m P. Ri.* schweres Verbrechen *n.*
fel|pa *f* 1. Felbel *m*; Plüsch *m*; 2. *fig.* (Tracht *f*) Prügel *pl.*, Keile *pl.*; 3. Rüffel *m*, Anschnauzer *m f*; ⁓**par** *v/t.* mit Felbel (*bzw.* Plüsch) überziehen; *tex.* beflocken; ⁓**peada** *f Arg.* → *felpa 3*; ⁓**pear** *v/t. Arg.* anschnauzen *F*; *Am. Reg.* verprügeln; ⁓**pilla** *tex. f* Chenille *f*, Raupengarn *n*; ⁓**po** *m* Kokosmatte *f*; ⁓**poso** *adj.* felbel-, plüsch-artig; ⁓**pudo** I. *adj.* 1. samt-, plüsch-artig; II. *m* 2. Kokosmatte *f*; (Fuß-)Matte *f*; 3. *P Span.* Urwald *m F* (= Schamhaare der Frau).
femeni|l *adj. c* weiblich; weibisch; ⁓**no** I. *adj.* weiblich; Frauen...; *a. Gram.* feminin; *el eterno* ⁓ das Ewigweibliche; II. *m Gram.* Femininum *n*, Wort *n* weiblichen Geschlechts.
fementido *lit. adj.* falsch; treulos; unecht.
fémina F *f* Frau *f.*
femi|n(e)idad *f* Weiblichkeit *f*; ⁓**nismo** *m* Feminismus *m*; Frauenemanzipation *f*; ⁓**nista** *adj.-su. c* feministisch; *su.* Feminist(in *f*) *m.*
femoral *adj. c* Oberschenkel...
fémur *Anat. m* Oberschenkelknochen *m*, Femur *m*; *fractura f del cuello del* ⁓ (Ober-)Schenkelhalsbruch *m.*
fenacetina *f* Phenazetin *f*, Phenacetin *n.*
fene|cer [2d] I. *v/t.* abschließen; II. *v/i.* aufhören, enden; sterben; *el* ⁓**cido** der Verschiedene; ⁓**cimiento** *m* Beendigung *f*; Abschluß *m*; Sterben *n.*
feneco *Zo. m* Fen(n)ek *m*, *bsd.* Wüstenfuchs *m.*
fenicio *adj.-su.* phönizisch; *m* Phönizier *m.*
fénico *adj.* Karbol...; *ácido m* ⁓ Karbolsäure *f.*
fenilo *m* Phenyl *n.*
fénix *m Myth.* Phönix *m*; *fig.* einzigartige Erscheinung *f*; *el* ⁓ *de los ingenios* Beiname Lope de Vegas.
fenogreco *m* Bockshorn *n.*
fenol *m* Phenol *n.*
feno|menal *adj. c Phil.* Phänomen...; *fig.* F wunderbar, phänomenal F, großartig; ⁓**menalismo** *Phil. m* Phänomenalismus *m*; ⁓**menalista** *adj.-su. c* phänomenalistisch; *m* Phänomenalist *m*; ⁓**ménico** *Phil. adj.* Phänomen...; Erscheinungs...; *imagen f* ⁓**a** Erscheinungsbild *n.*
fenómeno I. *m* 1. *a.* Phänomen *n*; Erscheinung *f*, Vorgang *m*; Naturerscheinung *f*; ⁓ *atmosférico* Wettererscheinung *f*; Meteor *m*; 2. *fig.* Abnormität *f*, Monstrum *n*; 3. *fig.* Phänomen *n*, Genie *n*; II. *adj. inv.* 4. F toll F, großartig, enorm F.
fenome|nología *Phil. f* Phänomenologie *f*; ⁓**nológico** *adj.* phänomenologisch; ⁓**nólogo** *m* Phänomenologe *m.*
fenotipo *Biol. m* Phänotypus *m*, Erscheinungsbild *n.*
feo I. *adj.* häßlich; schändlich; unangenehm; *dejar* ⁓ *a alg.* j-n bloßstellen; j-n in e-e peinliche Lage bringen; j-n Lügen strafen; *la cosa se pone* ⁓**a** die Sache sieht schlecht aus, die Sache fängt an zu stinken F; *quedar* ⁓ schlecht wegkommen; in ungünstigem Licht erscheinen; F *ser más* ⁓ *que Picio* (*od.* que el pecado), *ser* ⁓ *como un susto* häßlich wie die Nacht sein; II. *m* Häßliche(r) *m*; *fig.* Kränkung *f*, Gehässigkeit *f*; *hacer un* ⁓ *a alg.* j-n kränken, j-m e-e Kränkung antun.
fe|ón F *adj.*, ⁓**ote** F *adj. c*, ⁓**otón** F *adj.* mordshäßlich F.
fera|cidad *f* Fruchtbarkeit *f*; ⁓**z** *adj. c* (*pl.* ⁓**aces**) fruchtbar (*Boden*).
féretro *lit. m* Sarg *m*; Bahre *f.*
feria *f* 1. Jahrmarkt *m*; Kirchweih *f*, Volksfest *n*; ⁓ *de ganado* Viehmarkt *m*; *puesto m de* ⁓ Jahrmarktsbude *f*; ⁓**s** *f/pl. mayores* Messe *f*; Jahrmarkt *m*; 2. Messe *f*; ⁓ *del libro* (*de muestras*) Buch- (Muster-)messe *f*; ⁓ *industrial (monográfica)* Industrie-(Fach-)messe *f*; 3. *Méj.* Kleingeld *n*; *C. Ri.* Trinkgeld *n*; ⁓**do** *adj.*: *día m* ⁓ Feier-, Ruhe-tag *m*; *día m medio* ⁓ halber Feiertag *m*; ⁓**l** I. *adj. c* Jahrmarkts..., Messe...; II. *m* Kirmes-, Rummel-platz *m*; Jahrmarkt *m* (*Platz*); ⁓**nte** *m* 1. Jahrmarkts-, Messe-besucher *m*; 2. (Messe-)Aussteller *m*; Schausteller *m*; ⁓**r** [1b] I. *v/t. od. dem* (Jahr-)Markt kaufen (*od.* verkaufen); II. *v/i.* feiern, Arbeitsruhe halten.
ferino *adj.* tierisch; ⁓ *tos f* ⁓**a** Keuchhusten *m.*
fermata *f* Fermate *f*; Orgelpunkt *m.*
fermenta|ble *adj. c* gärbar, gär-(ungs)fähig; ⁓**ción** *f* Gärung *f*, Fermentation *f*; Vergärung *f*; *de alta* (*baja*) ⁓ ober- (unter-)gärig (*Bier*); ⁓**r** I. *v/t.* vergären, gären lassen; fermentieren; II. *v/i.* gären (*a. fig.*); fermentieren, säuern; aufgehen (*Teig*); *no* ⁓**ado** unvergoren.
fermento *m* Gärstoff *m*; Hefe *f*; Ferment *n.*
fernambuco *m* (*a. palo m de* ⁓) Brasilholz *n.*
fernan|dino *hist.* I. *adj.* auf Ferdinand VII. bezüglich; II. *m* Anhänger *m* Ferdinands VII.; ⁓**do** *npr. m* Ferdinand *m.*
ferocidad *f* Wildheit *f*; Grausamkeit *f.*
feróstico F *adj.* 1. grimmig, reizbar, störrisch; 2. urhäßlich.
feroz *adj. c* (*pl.* ⁓**oces**) wild, grausam; *fig.* F gewaltig, fürchterlich F; ⁓**mente** *adv.* wild; grausam.
ferrar [1k] *v/t.* mit Eisen beschlagen; *Reg. Pferd* beschlagen.
férreo *adj.* eisern (*a. fig.*); Eisen...; *fig.* hart, stur F; *vía f* ⁓**a** Eisenbahn *f.*

ferrete|ar *v/t.* mit Eisen beschlagen; mit e-m Eisen bearbeiten; ⁓**ría** *f* Eisenwaren(handlung *f*) *f/pl.*; ⁓**ro** Eisen(waren)händler *m.*
férrico *adj.* Eisen(III)..., Ferri...
ferrífero *adj.* eisenhaltig; *metales m/pl.* no ⁓**s** Nichteisen-, NE-Metalle *n/pl.*
ferrito *f* Ferrit *n.*
ferro *m* Anker *m*; ⁓**bús** *m* Schienenbus *m*; ⁓**carril** *m* Eisenbahn *f*; ⁓ *aéreo,* ⁓ *colgante,* ⁓ *suspendido* Hänge-, Schwebe-bahn *f*; ⁓ *aéreo por cable* Seilschwebebahn *f*; ⁓ *elevado* Hochbahn *f*; ⁓ *metropolitano* Stadtbahn *f*; *in Span. bsd.* U-Bahn *f* (= *metro m*); ⁓ *subterráneo* Untergrundbahn *f*, U-Bahn *f*; *Abk. Arg. subte m*; ⁓ *suburbano,* ⁓ *de arrabal* Vorortbahn *f*; ⁓ *urbano* Stadtbahn *f*; ⁓ *de vía* (*Chi., Rpl. de trocha*) *ancha* (*estrecha, normal*) Breit- (Schmal-, Normal-)spurbahn *f*; *red f de* ⁓**es** Eisenbahnnetz *n*; *Red f Nacional de los Españoles, Abk.* RENFE *f* Spanische Staatsbahn *f*; *enviar* (*od. expedir*) *por* ⁓ mit der Eisenbahn (*bsd.* per Bahn) senden; *ir en* ⁓ mit der Eisenbahn fahren; ⁓**carrilero** *adj.-su. Am.* Eisenbahn...; *m* Eisenbahner *m.*
ferro|cromo *m* Ferro-, Eisenchrom *m*; ⁓**magnético** *Phys. adj.* eisen-, ferro-magnetisch; ⁓**manganeso** *Min. m* Eisen-, Ferro-mangan *n*; ⁓**metales** *m/pl.* Eisenlegierungen *f/pl.* mit Edelmetallen; ⁓**so** *adj.* stark eisenhaltig; *sal f* ⁓**a** Ferrosalz *n*; ⁓**tipia** *Phot. f* Ferrotypie *f.*
ferroviario I. *adj.* Eisenbahn...; *compañía f* ⁓**a** Eisenbahngesellschaft *f*; *huelga f* ⁓**a** Eisenbahnstreik *m*; *red f* ⁓**a** Eisenbahnnetz *n*; *tráfico m* ⁓ Eisenbahnverkehr *m*; II. *m* Eisenbahner *m*; Eisenbahnarbeiter *m.*
ferruginoso *adj.* eisenhaltig (*Mineralwasser, Arznei*); *medicamento m* ⁓ Eisenpräparat *n.*
ferry(-boat) *m* Fährschiff *n*, Auto-, Eisenbahn-fähre *f.*
fértil *adj. c a. fig.* fruchtbar; ergiebig, ertragreich; *fig.* schöpferisch; ⁓ *en recursos* erfinderisch; sehr gewandt, gerissen.
fertili|dad *f u. fig.* Fruchtbarkeit *f*; Ergiebigkeit *f*; ⁓**zación** *f* Fruchtbarmachung *f*; ⁓ *in vitro* In-vitro-Fertilisation *f*; ⁓**zante** I. *adj.* düngend; II. *m* Düngemittel *n*; ⁓**s** *m/pl. minerales* Mineraldünger *m*; ⁓**zar** [1f] *v/t.* fruchtbar machen; düngen.
férula *f* 1. Stock *m*, Rute *f*, Fuchtel *f*; *fig. estar bajo la* ⁓ *de alg.* unter j-s Fuchtel stehen; 2. Schiene *f*; 3. Harz-, Stecken-kraut *n.*
ferventísimo *sup. adj.* glühend; feurig(st).
férvido *adj.* inbrünstig; feurig; heiß.
fer|viente *adj. c* eifrig; inbrünstig; ⁓**vor** *m* Hingabe *f*, Inbrunst *f*; Glut *f*; (Feuer-)Eifer *m*; *adv. con* ⁓ inbrünstig; hingebungsvoll, eifrig; ⁓**vorín** *m* Stoßgebet *n*; ⁓**vorar**, ⁓**vorizar** [1f] I. *v/t.* aneifern; II. *v/r.* ⁓**se** *s.* ereifern; ⁓**voroso** *adj.* eifrig; inbrünstig, leidenschaftlich.

festejador — fiel

feste|jador *adj.-su. m* Gastgeber *m*; Verehrer *m*, Galan *m*; **~jar I.** *v/t.* **1.** (festlich) bewirten; **2.** *e-r Frau* den Hof machen; **3.** festlich begehen, feiern; **4.** *Méj.* verprügeln; **II.** *v/r.* **~se 5.** s. e-n lustigen Tag machen; s. amüsieren; **~jo** *m* **1.** Fest *n*, Lustbarkeit *f*; **~s** *m/pl.* öffentliche Lustbarkeiten *f/pl.*; **2.** festliche Bewirtung *f*, gastliche Aufnahme *f*; **3.** Umwerben *n*; **~ro** *adj.-su* → *fiestero.*
festín *m* Festschmaus *m*, Gelage *n*; Bankett *n.*
festinar *v/t. Am.* beschleunigen, überhasten.
festi|val *m* Festspiele *n/pl.*; Festival *n*; Sport-, Musik-fest *n*; **~** *aeronáutico* Flugtag *m*; **~** *de la canción* Schlagerfestival *n*; **~** *cinematográfico* Filmfestspiele *n/pl.*; **~** *folklórico* Volks-, Trachten-fest *n*; **~** *gimnástico* Turnfest *n*; **~vidad** *f* **1.** Festlichkeit *f*, Festtag *m*; (Kirchen-)Fest *n*; **2.** Witz *m*, Fröhlichkeit *f*; **~vo** *adj.* **1.** festlich, Fest...; *día m* **~** Fest-, Feier-tag *m*; **2.** witzig, humoristisch, komisch; *Thea. comedia f* **~a** Lustspiel *n*.
festón *m* Girlande *f*; △, *Handarbeit:* Feston *n*.
festo|nado *adj.* gekerbt; **~n(e)ar** *v/t.* bekränzen; △, *Handarbeit:* festonieren; *fig.* säumen, s. am Rande (*gen.*) entlangziehen.
fetal ✻ *adj. c* fötal, fetal, Fötus...
fetén P *adj.* (*u. su. f*) echt; wahr; *de* **~** tatsächlich; *la* **~** die Wahrheit.
fetici|da I. *m* Abtreibungsmittel *n*; **II.** *c* Töter *m* der Leibesfrucht; **~dio** *m* Abtötung *f* der Leibesfrucht.
feti|che *m* Fetisch *m*; **~chismo** *m* Fetischdienst *m*, *a.* ✻ Fetischismus *m*; *fig.* blinde Verehrung *f*; **~chista** *adj.-su. c* Fetisch...; *m a.* ✻ Fetischist *m*.
fetidez *f* Gestank *m*, Stinken *n*; **~** *de la boca* übler Mundgeruch *m*.
fétido *adj.* stinkend, übelriechend, ✻ fötid, [frucht *f*.)
feto *m* Fötus *m*, Fetus *m*, Leibes-)
feú|co, ~cho F *adj.* (recht) häßlich.
feuda|l *adj. c* feudal, Lehns...; *caballero m* **~** Lehnsritter *m*; Vasall *m*; *señor m* **~** Lehnsherr *m*; **~lismo** *m* Lehnswesen *n*, Feudalsystem *n*; Feudalismus *m*; **~tario** *adj.-su.* Feudal..., Lehn(s)..., lehnspflichtig; *m* Lehnsmann *m*.
feudo *m* **1.** Lehen *n*; Lehnsgut *n*; *dar en* **~** *a alg.* j-m zu Lehen geben; j-n belehnen (mit et. *dat. a/c.*); **2.** Lehnspflicht *f*.
fez *m* (*pl.* feces) Fez *m*, Fes *m* (*Kopfbedeckung*).
fia|bilidad *f* Zuverlässigkeit *f*; ⊕ Betriebssicherheit *f*; **~ble** *adj. c* zuverlässig.
fiaca F *f Arg.* Faulheit *f*.
fia|do I. *part.* geborgt; *adv.* (*al*) **~** auf Borg, auf Pump F; **II.** *adj.* zuversichtlich; **~dor** *m* **1.** Bürge *m*; Gewährsmann *m*, *Pol.* Wahlbürge *f* bei *Kandidatenlisten*; ✝ **~** (de letra) Wechselbürge *m*; *dar* **~** e-n Bürgen stellen; *salir* **~** *por alg.* für j-n bürgen, für j-n Bürgschaft leisten; **2.** Riegel *m*; Sicherheitskettchen *n* am Armband; Heftel

n an Kragen od. Umhang; ⊕ Sperrklinke *f*; Raste *f*; **3.** Seilzug *m* am Zelt; Lederschlaufe *f* am Säbel; ⚔ Portepee *n*; Schieber *m* am Riemenzeug; Faustriemen *m* am Sattelzeug; *Chi., Ec.* Sturmriemen *m* am Helm, Hut; **4.** *fig.* F (Kinder-)Popo *m* F; **~dora** *f* Bürgin *f*.
fiambre I. *adj. c* **1.** kalt (*Speisen*); *fig.* abgestanden; alt, überholt (*Nachricht*); *discurso m* **~** nicht mehr aktuelle Rede *f*, kalter Kaffee *m* F; **II.** *m* **2.** kalte Küche *f*; Aufschnitt *m*; **~s** *m/pl.* kalte Speisen *f/pl.*; **3.** *Méj.* gemischter, pikanter Salat *m*; **4.** P Leiche *f*; **~ra** *f* **1.** Blechbüchse *f u.ä.* für kalte Speisen; Picknickdose *f*; Tragvorrichtung *f* (mit Warmhaltung) für Speisen; **2.** Kalt-mamsell *f*, -speiserin *f*; **~ría** *f Arg.* Wurstladen *m*; *Ur.* Feinkostgeschäft *n*.
fianza I. *f a*) Bürgschaft *f*; **b**) Kaution *f*, Sicherheitsleistung *f*; **~** *bancaria* Bankbürgschaft *f*; **~** *hipotecaria* hypothekarische Sicherheit *f*; *bajo* **~** gegen Kaution; *dar* **~** e-e Kaution stellen (*od.* hinterlegen); **II.** *c* Bürge *m*.
fiar [1c] **I.** *v/t.* **1.** bürgen für (*ac.*); s. verbürgen für (*ac.*); **2.** **~** *a/c. a alg.* j-m et. anvertrauen; **3.** auf Kredit (*od.* auf Borg) geben; *Chi.* auf Kredit haben wollen; **II.** *v/i.* **4.** **~** en auf (*ac.*) vertrauen; Vertrauen haben zu (*dat.*); **~** *en Dios* auf Gott vertrauen; *es* (*persona*) *de* **~** man kann ihm trauen, er ist verläßlich; **5.** *abs.* Kredit geben (*Kaufmann*); **III.** *v/r.* **~se 6.** **~se** *de* s. verlassen auf (*ac.*), vertrauen (*dat.*); *no se fíe de las apariencias* der Schein trügt.
fiasco *m* Mißerfolg *m*, Fiasko *n*.
fibra *f* **1.** Faser *f* (*a. Anat.*), Fiber *f*; Fasergewebe *n*; **~** *sintética*, **~** *artificial*, **~** *química* Kunst-, Chemie-faser *f*, synthetische Faser *f*; **~** *textil* Textilfaser *f*; **~** *de vidrio* Glasfaser *f*; **~** *vegetal* Pflanzenfaser *f*; **~** *vulcanizada*, **~** *roja* Vulkanfiber *f*; **2.** ✻ Wurzelfaser *f*; Faserwurzel *f*; **3.** *fig.* Kraft *f*.
fibri|lación ✻ *f* Flimmern *n*; **~lla** ♀, *Anat.* Fibrille *f*; **~na** ♀, *Physiol. f* Fibrin *n*, Faserstoff *m*.
fibro|cartílago *Anat. m* Faserknorpel *m*; **~célula** *Biol. f* Faserzelle *f*; **~ma** ✻ *m* Fibrom *n*, Fasergeschwulst *f*; **~so** *adj.* faserig; faserartig; Faser...; ✻ fibrös.
fíbula *f* Fibel *f*, Spange *f*.
ficción *f* **1.** Verstellung *f*, Vorspiegelung *f*; **2.** Erdichtung *f*, Fiktion *f*; **~** *poética* dichterische Erfindung *f*.
fice *Fi. m Art* Merlan *m*.
ficticio *adj.* erdichtet, erdacht, fiktiv; fingiert, Schein...
ficto *part. irr. zu fingir*.
ficha *f* **1.** Spielmarke *f*, Jeton *m*; Stein *m* (*Domino usw.*); Zahl-, Rechen-marke *f*; Bon *m*; Münze *f* für Automaten, Tel.; **2.** Karteikarte *f*, Zettel *m*; **~** *antropométrica* Erkennungsbogen *m* (*Polizei*); **~** *de catálogo* Katalogkarte *f*; **~-guía** Leitkarte *f e-r* Kartei; **~** *perforada* Lochkarte *f*; *sacar* **~s** Karteikarten (*bzw.* Belegzettel) ausschreiben; **3.** *Arg., Col., Méj.* Gauner *m*, Galgenstrick *m*; F *desp.* *ser una mala* **~** ein ausgemachter Gauner sein;

4. *Chi.* Pfahl *m* zur Grenzmarkierung; **5.** ⚡ Stecker *m*; **~je** *Sp. m* Verpflichtung *f* e-s Spielers für (*od.* Einkauf *m* e-s Spielers durch) e-n Klub; **~r I.** *v/t.* karteimäßig erfassen; registrieren, aufnehmen; *p. ext.* j-n überwachen, j-n beschatten; *estar* **~***ado* in der Kartei stehen; *fig.* F *le tengo* **~***ado* ich habe ihn auf dem Kieker F, ich habe ihn mir vorgemerkt; **II.** *v/i. Sp.* **~** (*por*) s. (für *e-n Klub*) verpflichten, (mit *e-m Klub*) e-n Vertrag schließen (*bsd.* Fußballspieler).
fichero *m* Kartei *f*, Kartothek *f*; Zettelkasten *m*; *EDV* Datei *f*; **~** *de delincuentes* Verbrecherkartei *f*.
fidedigno *adj.* glaubwürdig.
fideicomi|sario ⚖ **I.** *adj.* fideikommissarisch; **II.** *m* Fideikommisserbe *m*; **~so** ⚖ *m* Fideikommiß *n*, unveräußerliches Erbgut *n*; **~tido** *Pol. adj.*: *territorio m* **~** Treuhandgebiet *n*.
fideísmo *Theol. m* Fideismus *m*.
fide|lidad *f* Treue *f*; Ehrlichkeit *f*, Zuverlässigkeit *f*; Genauigkeit *f*; *juramento m de* **~** Treueid *m*; *Repro., Phono* **~** (*de reproducción*) (original-)getreue Wiedergabe *f*, Phono Klangtreue *f*; *alta* **~** HiFi *f* (*Angl.*) *guardar* **~** *a alg.* j-m treu bleiben, j-m die Treue halten; **~lísimo** *sup. adj.* (aller)getreueste *r*; *hist.* Titel der port. Könige.
fidelista *Pol. adj.-su. c* castristisch; *m* Castrist *m*, Anhänger *m* Fidel Castros.
fidelización *f* Kundenbindung *f*.
fideo *m* **1.** (*bsd.* Faden-)Nudel *f*; **~s** *m/pl. para sopa* Suppennudeln *f/pl.*; **2.** *fig.* F Hopfenstange *f* F, sehr magere Person *f*.
Fidji *m* **~** Fiji.
fiduciario ⚖ *adj.* fiduziarisch, treuhänderisch, Treuhand...; *circulación f* **~a** (Bank-)Notenumlauf *m*; *sociedad f* **~a** Treuhandgesellschaft *f*.
fiebre *f* ✻ *u. fig.* Fieber *n*; *vet.* **~** *aftosa* Maul- u. Klauenseuche *f*; **~** *amarilla* Gelbfieber *f*; **~** *del heno* Heu-schnupfen *m*, -fieber *n*; **~** *intermitente* Wechselfieber *n*; **~** *de Malta*, **~** *del Mediterráneo* Malta-, Mittelmeer-fieber *n*; **~** *nerviosa* (*tropical*) Nerven- (Tropen-)fieber *n*; *fig. le ha dado la* **~** *por* er hat das ...fieber bekommen, er hat (auf einmal) e-e Leidenschaft für (*ac.*); *tener* **~** Fieber haben, fiebern.
fie|l I. *adj. c* **1.** treu; ehrlich, zuverlässig; **~** *a su deber* pflichtgetreu; *memoria f* **~** treues (*od.* zuverlässiges) Gedächtnis *n*; **~** *a* (con, para [con]) *sus amigos* treu zu s-n Freunden, s-n Freunden treu; **2.** wahrheitsgemäß; getreu; sinngetreu (*Übersetzung*); **~** *al original* originalgetreu; *copia f* **~** genaue Abschrift *f* (*bzw.* Nachbildung *f*); **3.** gläubig; **~** *en su creencia* fest in s-m Glauben; **II.** *m* **4.** Zünglein *n* an der Waage; Zeiger *m* an Meßinstrumenten; Scherenbolzen *m*; *estar en* (el) **~** im Gleichgewicht sein; *fig. inclinar el* **~** (*de la balanza*) den Ausschlag geben; **5.** **~** *contraste* Eichmeister *m*; **~** *de muelle* Hafenwaagemeister *m*; **~** *de romana* Waage-

fielato — filántropo

meister *m im Schlachthof*; **6.** *Rel.* Gläubige(r) *m*; ⁓**lato** *m* Stadtzoll-, Akzisen-amt *n*; *Reg.* Mauthäuschen *n*; ⁓**lmente** *adv.* treu; genau.

fieltro *m* Filz *m*; Filzunterlage *f*; *(sombrero m de)* ⁓ Filzhut *m*.

fie|ra *f* Raubtier *n*; *a. fig.* Bestie *f*; *casa f de* ⁓s Raubtierhaus *n*; Zoo *m*; *exposición f de* ⁓s Menagerie *f*; *fig.* F *ser una* ⁓ *en (od. para)* unermüdlich sein bei *(dat.)*, nicht klein zu kriegen sein bei *(dat.)*; *estar hecho una* ⁓ fuchsteufelswild sein; ♀**rabrás** *m* Riese *m* aus den Ritterromanen; *fig.* ♀ Range *f*, ungezogenes Kind *n*; ⁓**ramente** *adv.* grausam; unmenschlich; ⁓**recilla**, ⁓**recita** *f dim.*; *fig.* kleines wildes Biest *n*; ⁓**reza** *f* Wildheit *f*; *fig.* Grausamkeit *f*; äußerste Sprödigkeit *f*; Scheußlichkeit *f*; ⁓**ro I.** *adj.* wild; *fig.* ungestüm; grausam; schrecklich, furchtbar, ungeheuer; P *Reg.* häßlich; **II.** *m (mst.* ⁓s *m/pl.)* Drohung *f*, Einschüchterungsversuch *m*; Prahlerei *f*.

fierro *m Am. Reg.* Brandeisen *n*; F *Méj.* Kleingeld *n*; ⁓s *m/pl. Ec.* Werkzeug *n*.

fies|ta *f* **1.** Fest *n*; Feier *f*; *(día m de)* ⁓ Feiertag *m*, Festtag *m*; ⁓ *benéfica* Wohltätigkeitsfest *n*; ⁓ *civil* nichtkirchlicher Feiertag *m*; ⁓ *doble kath.* Duplex *n*, Feiertag *m* mit zwei Vespern; *allg.* hoher Feiertag *m*; F Fest *n* mit zwei aufea.-folgenden Feiertagen; ⁓ *fija*, ⁓ *inmoble (movible)* unbewegliches (bewegliches) Fest *n*; *kath.* ⁓ *de guardar*, ⁓ *de precepto* gebotener Feiertag *m*; ⁓ *mayor* Kirchweih(fest *n*) *f*; Patronatsfest *n*; ⁓ *nacional* Staatsfeiertag *m*; *Span. a.* Stierkampf *m*; ⁓ *popular* Volksfest *n*; *adv. de* ⁓ festlich; *fig.* F *se acabó la* ⁓ Schluß damit!; es ist nichts mehr da!; *aguar la* ⁓ den Spaß verderben; *se aguó la* ⁓ die ganze Freude ging *(bzw.* war) dahin; *dejar la* ⁓ *en paz et.* (Negatives) vergessen, et. nicht mehr zur Sprache bringen; *estar de* ⁓ *(et.)* feiern, lustig sein; *estar de (od. en)* ⁓s ein Volksfest *(bzw.* Kirchweih) feiern; *fig. no estar para* ⁓s nicht zum Scherzen aufgelegt sein, übler Laune sein; *hacer* ⁓ feiern; blaumachen F; schulfrei haben; F *¡tengamos la* ⁓ *en paz!* bitte, keinen Streit!; Ruhe, bitte!, immer mit der Ruhe! F; seid friedlich! F; **2.** Liebkosung *f*, Schmeicheln *n*; *hacer* ⁓s *a alg.* j-m schöntun, j-m um den Bart gehen; *Hund, Katze* streicheln, kraulen; *el perro hace* ⁓s *a su amo* der Hund springt um sein Herrchen herum *(od.* will s. bei s-m Herrchen einschmeicheln); ⁓**tecita** *f dim.*; *fig.* F Ausea.-setzung *f*, Tanz *m* F, Krach *m*; ⁓**tero** *adj.-su.* vergnügungssüchtig; *m* Freund *m* von Festen u. Vergnügungen.

fifí *m Am. Reg.* Playboy *m*.

fígaro *m* **1.** Barbier *m*, Figaro *m*; **2.** kurzes Wams *n*.

figle ♪ *m* Ophikleide *f*, tiefes Klapphorn *n*.

fi|gón *m* Garküche *f*, Speisewirtschaft *f*; typisches Restaurant *n*; ⁓**gonero** *m* Garkoch *m*.

figulino *adj.* tönern; *arcilla f* ⁓**a** Töpferton *m*.

figura *f* **1.** Figur *f (a. Thea.*, ♟, *Tanz)*; Gestalt *f*; Aussehen *n*; ⁓ *de cerámica* Keramik *f*; ⁓ *de yeso* Gipsfigur *f*; *fig.* ⁓ *decorativa* stumme Rolle *f*; Statist *m*; *hacer* ⁓ e-e Rolle spielen; s. aufspielen, wichtigtun; *fig. hacer buena (mala)* ⁓ e-e gute (schlechte) Figur machen; **2.** Bild *n*, Abbildung *f*; Sinnbild *n*; Symbol *n*; *Kart.* Figur *f*, Bild *n*; *en* ⁓ in bildlicher Darstellung; bildhaft, symbolisch; **3.** ♪ Figur *f*; **4.** Persönlichkeit *f*; Gesicht *n*; *hacer* ⁓s Grimassen schneiden; s. lächerlich gebärden; **6.** *Astr.* ⁓ *celeste* Bild *n* des Sternhimmels; Sternstand *m*; **7.** *Rhet.* ⁓ *de construcción* grammatische *(od.* syntaktische) Figur *f*; ⁓ *retórica* Redefigur *f*, rhetorische Figur *f*; **8.** ⚖ ⁓ *de delito*, ⁓ *delictiva* Tatbestand *m*; ⁓**ble** *adj. c* vorstellbar; ⁓**ción** *f* **1.** Bildung *f*, Gestaltung *f*; **2.** Vorstellung *f*, Meinung *f*; ⁓**damente** *adv.* in übertragenem Sinn; ⁓**do** *adj.* figürlich, bildlich; sinnbildlich; ♪ *canto m* ⁓ Mensuralmusik *f*; *lenguaje m* ⁓ Bildersprache *f*; *sentido m* ⁓ übertragene Bedeutung *f*; ⁓**nte** *c* Statist *m*, Figurant *m (Thea. u. fig.)*; ⁓**r I.** *v/t.* **1.** darstellen; **2.** vorgeben, vortäuschen; mimen; *figuraron no conocerle* sie taten, als kennten sie ihn nicht; **II.** *v/i.* **3.** e-e Rolle spielen; ⁓ *de (od.* como) auftreten als *(nom.), et.* sein; **4.** ⁓ *en* auf *e-r Liste,* in *e-r Schrift, e-m Buch usw.* stehen *(od.* erscheinen *od.* aufgeführt sein); ⁓ *en el partido* in der Partei sein, zur Partei gehören; **5.** s. bei *et.* hervortun *(od.* auszeichnen); **III.** *v/r.* ⁓**se 6.** ⁓**se** *a/c.* s. *et.* vorstellen; *et.* glauben, s. *et.* einbilden; *me figuro que ...* ich glaube *(od.* vermute), daß ...; *se me figura que ...* es scheint mir, daß ...; *¿qué te has* ⁓**ado**? wo denkst du hin?; *¡ya me lo figuraba yo!* das habe ich mir gleich gedacht; *¡figúrate!* stell dir (nur) vor!; ⁓**tivo** *adj.* figürlich, (sinn)bildlich; gegenständlich *(Kunst)*.

figu|rería *f* Grimasse *f*; Faxen *f/pl.*; Ziererei *f*; ⁓**rero** *m* **1.** Figurenmacher *m*; -verkäufer *m*; **2.** Faxenmacher *m*; ⁓**rilla** *f* Statuette *f*; *fig.* Knirps *m*, kleine, unansehnliche Person *f*; ⁓**rín** *m* **1.** *Thea.* Figurine *f*, Kostümbild *n*; **2.** Modeschnitt *m*; Mode(n)zeichnung *f*; **3.** *fig.* Modepuppe *f*, Modenarr *m*; ⁓**rinista** *c Thea. c* Kostümbildner *m*; ⁓**rón** *m* **1.** Aufschneider *m*, Angeber *m* F; **2.** ⚓ ⁓ *de proa* Gal(l)ionsfigur *f*.

fija *f* **1.** ⚙ Fugenkelle *f*; ✕ gr. Tür-, Fenster-angel *f*; **2.** *Rpl.* (dreizackige) Harpune *f*; **3.** F *Col. adv. a la* ⁓ auf Nummer Sicher *(gehen)*.

fijacarteles *m (pl. inv.)* Plakatkleber *m*.

fija|ción *f* **1.** ⊕ Befestigung *f*; Feststellung *f*; *Ski:* Bindung *f*; **2.** Festsetzung *f*, Festlegung *f*; Bestimmung *f*; ⁓ *del precio* Preisfestsetzung *f*; **3.** *Phot., Mikroskopie:* Fixierung *f*; **4.** 🜍 Verdichtung *f*; Bindung *f*; Bodensatz *m*; ⁓**do** *Phot. m* Fixieren *n*; ⁓**dor I.** *adj.* **1.** (be)festigend; **II.** *m* **2.** (Haar-)Festiger *m*; *Phot.* Fixiermittel *n*; *Mal.* Fixativ *n*; *Mal.* Fixier-rohr *n*, -spritze *f*; **3.** ⊕ Feststeller *m*; **4.** 🜊 Fenster-, Tür-einsetzer *m*; Verfuger *m*; ⁓**mente** *adv.* fest; sicher, bestimmt; aufmerksam; *la miraba* ⁓ er sah sie starr an.

fija|nte ✕ *adj. c: fuego m* ⁓ im Ziel liegendes Feuer *n*; ⁓**pelo** *m* Haarfestiger *m*; Frisiercreme *f*; ⁓**r I.** *v/t.* **1.** *a.* ⊕ befestigen, festmachen, fixieren; *Einstellung e-s Geräts* arretieren; anheften; einspannen; *Plakate* (an)kleben; **2.** 🜊 verfugen; vergießen; *Zim.* Fenster, Türen einsetzen; **3.** *Blick, Aufmerksamkeit* richten (auf *ac. en*); **4.** *Mal., Phot., Friseur:* fixieren; **5.** *Termin, Preis, Bedingung usw.* festlegen, festsetzen; ⁓ *la hora* die Stunde bestimmen; ⁓ *un plazo* e-e Frist setzen; ⁓ *la residencia* festen Wohnsitz nehmen, s. niederlassen (in *dat. en*); ⁓ *el sentido de un refrán* den Sinn e-s Sprichworts bestimmen; **II.** *v/r.* ⁓**se 6.** s. festsetzen *(Schmerz)*; **7.** achtgeben; ⁓**se en** *alg.* (en *a/c.*) j-n *(et.)* bemerken; auf j-n *(et.)* achten; *¡fíjate!* nein, sowas!, es ist kaum zu glauben!; stell dir (nur) vor!; *fíjate en lo que digo* hör gut zu; gib acht auf m-e Worte; *¡fíjate bien!* a) paß gut auf!, sei recht aufmerksam! b) F schreib's dir hinter die Ohren!; *no me he fijado en sus palabras* ich habe nicht recht hingehört; **8.** *se ha fijado que ...* es ist vereinbart worden, daß ...; ⁓**tivo** *m* Fixativ *n*.

fijeza *f* Sicherheit *f*; Festigkeit *f*, Beharrlichkeit *f*; *adv. con* ⁓ fest; beharrlich; starr *(anblicken)*.

Fiji *m* Fidji-Inseln *f/pl.*

fijo *adj.* **1.** fest; gewiß, sicher; *cantidad f* ⁓**a** Fixum *n*; *precio m* ⁓ Festpreis *m*; *puesto m* ⁓, *colocación f* ⁓**a** feste Stelle *f*; *a punto* ⁓ zuverlässig, sicher; *adv.* ⁓ *(Arg., Col., Chi. a la* ⁓**a***)* sicher, bestimmt, gewiß; **2.** unbeweglich, starr *(a.* ⊕); ⊕ ortsfest, stationär; *eje m* ⁓ starre Achse *f*; *idea f* ⁓**a** fixe Idee *f*.

fila *f* **1.** Reihe *f*; ✕ Glied *n*; *de dos (de tres)* ⁓s zwei- (drei-)reihig; *fig. de segunda* ⁓ zweitrangig; *en* ⁓ der Reihe nach, ordnungsgemäß; ✕ in Reih u. Glied; *Vkw. en doble* ⁓ in zweiter Reihe *(parken)*; ✕ *por* ⁓s gliedweise; *en primera* ⁓ in die erste *(bzw.* in den ersten) Reihe; *fig. in (bzw.* in den) Vordergrund; *fig. cerrar (od. estrechar) las* ⁓s die Reihen dichter schließen; *marchar en* ⁓ *india* im Gänsemarsch gehen; ✕ in Einerreihe marschieren; **2.** ✕ *entrar en* ⁓s einberufen werden, Soldat werden; *llamar a* ⁓s einberufen; **3.** F *tener* ⁓ *a alg.* j-n nicht leiden können, e-n Pik auf j-n haben F; **4.** ♪ *Bew.:* Durchflußmenge im Graben: 46 — 86 *l/sec.*; **5.** P Gesicht *n*, Visage *f* P.

filadelfas ♣ *f/pl.* Pfeifenstrauchgewächse *n/pl.*

filamento *m* Faser *f*, Faden *m*; Draht *m*; ♣ Staubfaden *m*; ⚡ Glüh- *bzw.* Heiz-faden *m*; ⁓**so** *adj.* faserig, gefasert.

filandria *f* Fadenwurm *m* der Vögel.

filan|tropía *f* Menschen-liebe *f*, -freundlichkeit *f*, Philanthropie *f*; ⁓**trópico** *adj.* menschenfreundlich, philanthropisch.

filántropo *m* Menschenfreund *m*, Philanthrop *m*.

filar I. v/i. ⟷ (weg)fieren; **II.** v/t. P j-n beobachten, j-n beschatten.
filaria ⚥ f Fadenwurm m.
filar|monía f Philharmonie f; ~mónica **I.** adj.-su. f (orquesta f) ~ Philharmonie f, Philharmonisches Orchester n; **II.** f Vasc., Chi. Ziehharmonika f; ~mónico **I.** adj. philharmonisch; sociedad f ~a Musikverein m; **II.** m Philharmoniker m.
filástica ⟷ f Kabelgarn n.
fila|telia f Philatelie f, Briefmarkenkunde f; ~télico **I.** adj. philatelistisch, Briefmarken...; **II.** m → ~telista c Philatelist m, Briefmarkensammler m.
file|te m 1. △ Leiste f; Typ. Zier- bzw. Stanz-linie f; Filet n (pl. Fileten); ~ cortante Schneid-, Stanz-linie f; ~ de perforar Perforierlinie f; ~ sacalíneas Setzlinie f; 2. Kchf. Scheibe f Fleisch; (Fisch-)Filet n; ~ empanado panierter Schnitzel n; ~ ruso Frikadelle f, deutsches Beefsteak n; 3. Handarbeit: Filet n; 4. bsd. ⊠ Streif m; 5. ⊕ Gewinde(gang m) n; ~ múltiple mehrgängiges Gewinde n; 6. ⟷ Geitau n für lt. Segel; 7. Anat. Faden m; 8. Equ. Trense f; 9. (kalter) Luftzug m; ~teado m 1. Leisten-, Linienverzierung f; con ~ dorado mit Goldstreifen (Zierlackierung); 2. ⊕ Gewindeschneiden n: Gewindegänge m/pl.; ~tear **I.** v/t. mit Fileten verzieren; einsäumen; mit Streifen (od. Leisten) absetzen; **II.** v/i. ⊕ gewindeschneiden.
filfa F f Flunkerei f, Betrug m; Plunder m; de ~ wertlos, nutzlos.
filia|ción f 1. Abstammung f, Herkunft f; fig. ~ de ideas Verwandtschaft f der Ideen (od. der Gedankenwelt); 2. Personalien pl.; Personenbeschreibung f; tomar la ~ die Personalien aufnehmen; 3. Mitgliedschaft f b. e-r Partei; Parteizugehörigkeit f; 4. ⚔ Eintragung f in die Stammrolle; ~l **I.** adj. c kindlich, Kindes...; amor m ~ Kindesliebe f; **II.** f ✝ Tochterfirma f; ecl. Tochtergemeinde f; ~lmente adv. mit kindlicher Liebe; ~r [1b] v/t. ~ a alg. j-s Personalien aufnehmen.
filibuste|rismo hist. m Unabhängigkeits-bewegung f bzw. -parteien f/pl. in den span. Kolonien Amerikas; ~ro hist. m 1. Freibeuter m, Flibustier m; 2. Anhänger m der Unabhängigkeit der span. Kolonien in Amerika. [f) m.)
filicida adj.-su. c Kindesmörder(in)
filícula ♀ f gemeiner Tüpfelfarn m.
filiforme adj. c fadenförmig.
filigrana f 1. Filigran(arbeit f) n; fig. F no te metas en ~s verkünstle dich nicht!; red nicht so viel drum herum; mach dir k-e Ungelegenheiten!; 2. Wasserzeichen n im Papier; 3. etwas Zartes, Feines; Stk. hacer ~s kunstvolle Figuren vorführen; 4. ♀ Cu. Art Kandelbeere f.
fililí F m Schönheit f, Vollkommenheit f.
filípica f Philippika f, Brandrede f.
filipi|na f Cu. Drillichjacke f; ⚥ nas f/pl. Philippinen pl.; ~no adj.-su. philippinisch; m Filipino m; fig. punto m ~ Kerl m, der zu allem fähig ist.
filis poet. f Anmut f, Liebreiz m; Geschicklichkeit f.

filiste|ísmo m Spießbürgertum n; ~o adj.-su. Philister m (a. fig.); fig. Banause m, Spießbürger m; fig. Riese m, ungeschlachter Kerl m.
fil|m(e) m Film m; → a. película; ~mación f Verfilmung f; Filmen n; ~madora f Filmkamera f; ~mar **I.** v/t. (ver)filmen; **II.** v/i. filmen.
fílmico adj. Film...
fil|mín m; ~mina f Bildstreifen m.
filmo|logía f Filmwissenschaft f; ~teca f Filmarchiv n.
filo m 1. Schneide f, Schärfe f; al (od. por) ~ genau; Col. adv. de ~ direkt, entschlossen; sin ~ stumpf; al ~ de medianoche genau um Mitternacht; ~ de la mano Handkante f (bsd. Karate usw.); fig. arma f (od. espada f) de dos ~s zweischneidiges Schwert n; fig. darse un ~ a la lengua scharf werden; j-m Übles nachsagen; sacar ~ a a/c. et. schärfen; fig. estar en ~ de la navaja auf des Messers Schneide stehen; 2. Halbierungslinie f; fig. äußerster Rand m; 3. ⟷ ~ del viento Windrichtung f; 4. Col., Méj., Am. Cent. Hunger m.
filo|genia, ~génesis f Phylogenese f, Phylogenie f; ~genético adj. phylogenetisch, stammesgeschichtlich.
fi|lología f Philologie f; ~ clásica Klassische Philologie f, Altphilologie f; ~ moderna Neuphilologie f; ~ germánica Germanistik f; ~lológico adj. philologisch; ~lólogo m Philologe m.
filomático adj. Cu. stoßweise.
filome|la, ~na poet. f Nachtigall f.
filón m ⚒ Erzader f; Flöz n; fig. Goldgrube f, Masche f P.
filo|sa ♀ f Art Zistrose f; ~seda tex. f Halbseide f; ~so adj. Arg., C. Ri., Hond. scharf, geschliffen; spitz.
filoso|fador adj.-su. philosophierend; ~fal adj.: piedra f ~ Stein m der Weisen (a. fig.); ~far v/i. philosophieren, nachsinnen, grübeln (über ac. sobre); ~fastro desp. m Pseudophilosoph m; ~fía f 1. Philosophie f; ~ moral Moralphilosophie f, Ethik f; ~ natural Naturphilosophie f; Facultad f de ♀ y Letras Philosophische Fakultät f; 2. fig. Gelassenheit f, Ruhe f; llevar (od. tomar) con ~ a/c. et. gefaßt hinnehmen, et. gelassen ertragen; 3. Univ. Philosophikum n; 4. Philosophische Fakultät f; ~sófico adj. philosophisch; ~sofismo m Schein-, Pseudo-philosophie f.
filósofo m Philosoph m, Denker m; Weise(r) m; fig. F Lebenskünstler m.
filoxera f Ent. Reblaus f; fig. P Rausch m, Besäufnis f F.
fil|tración f Filtrieren n; Ein-, Versickern n; fig. F Unterschlagung f; ~ de ruidos Schall-dämmung f, -dämpfung f; ~trador m Filtriergerät n; ~trar **I.** v/t. 1. filtrieren, filtern; 2. durchsickern lassen; fig. heimlich passieren lassen; **II.** v/i. u. ~se v/r. 3. versickern (in dat. en), einsickern (in ac. en); sickern (durch ac. por); fig. durchsickern (Nachrichten); s. einschleichen (Fehler); 4. verschwinden, zerrinnen (Geld usw.); ~tro m 1. Filter m, n (a. EDV); Kfz. ~ de aceite Ölfilter m; Kfz. ~ de(l) aire Luftfilter n; Phot. ~ amarillo Gelbfilter m; Opt. ~ cromático, ~ de color Farbfilter m; Kfz. ~ de gasolina Benzinfilter n; HF, Phono ~ de sonidos Tonfilter n; cigarrillo m de ~ Filterzigarette f; papel m (de) ~ Filter-, Filtrier-papier n; 2. Folk. ~ (mágico) Liebes-, Zauber-trank m.
filustre F m Feinheit f; Eleganz f; Benimm m F.
fimbria f Saum m an langen Gewändern.
fimosis ⚥ f Phimose f.
fin m 1. Ziel n, Absicht f, Zweck m; a ese ~ dazu, deshalb, zu diesem Zweck; a (od. con el) ~ de + inf. um zu + inf.; a (od. con el) ~ de que + subj. damit + ind.; ¿con qué ~? wozu?, zu welchem Zweck?; para ~es benéficos zu Wohltätigkeitszwecken; para ~es pacíficos für friedliche Zwecke; sin ~es lucrativos gemeinnützig; 2. Ende n, Beendigung f; (Ab-)Schluß m; Ausgang m; Tod m; a. fig. ~ de fiesta Abschiedsvorstellung f; Ausklang m; (a, para) ~ de semana (am, bis zum) Wochenende n; ~ de siglo Fin n de siècle; a ~es de junio Ende Juni; a ~es de mes Ende des Monats, am Monatsende; al ~ od. ~ endlich, schließlich; al ~ y al cabo od. al ~ y a la postre letzten Endes, schließlich u. endlich; en ~ endlich, schließlich; kurz u. gut, kurzum; sin ~ endlos (a. ⊕); unendlich; unzählig; fig. al ~ de la jornada schließlich; zu guter Letzt; zu allerletzt, ganz am Schluß; al ~ del mundo bis ans Ende der Welt; am Ende der Welt, ganz weit (weg); dar ~ a et. abschließen, et. vollenden; dar ~ de et. verzehren, et. durchbringen; dar ~ zu Ende gehen; llevar a buen ~ glücklich abschließen, zu gutem Ende führen; poner ~ a beend(ig)en (ac.); Einhalt tun (dat.); Schluß machen mit (dat.).
fina|do m Span. lit., Arg., Col. F Verstorbene(r) m, Verschiedene(r) m; ~l **I.** adj. c 1. schließlich, End..., Schluß...; discurso m ~ Schlußrede f; abschließende Rede f; letra f ~ Endbuchstabe m; Vkw. estación f (bzw. parada) ~ End-station f (-haltestelle f); 2. final (a. Gram.), zweckbestimmt; Phil. causa f ~ Final-, Zweck-ursache f; oración f ~ Finalsatz m; **II.** m 3. Ende n, Schluß m, Ausgang m, Schlußteil m, Endstück n; ♪ Finale n; al ~ am Ende; zu guter Letzt; **III.** f 4. Sp. Finale n, Endspiel n, Schlußrunde f; ~lidad f Zweck m, Absicht f; ⚑ Finalität f; ~lista **I.** adj.-su. c Sp. Teilnehmer m am Finale, Endkampf-, Schlußrunden-teilnehmer m; **II.** m Phil. Anhänger m der teleologischen Richtung; ~lizar [1f] v/t. beenden, abschließen, ~lmente adv. schließlich, endlich; kurz u. gut.
finamente adv. 1. fein; elegant; 2. F schlau.
finan|ciación f, ~ciamiento m Finanzierung f; ~ con fondos propios Eigenfinanzierung f; ~ciar [1b] v/t. finanzieren; ~ciero **I.** adj. finanziell, Finanz...; sociedad f ~a Finanz(ierungs)gesellschaft f; **II.** m Finanzmann m, Finanzier m; ~cista m Am. → financiero II; ~zas f/pl. Finanzen f/pl.

finar I. v/i. **1.** sterben, verscheiden; **2.** ablaufen (*Frist*); **II.** v/r. ~se **3.** ~se por et. sehnsüchtig wünschen.
finca f Grundstück n; Bauernhof m, Am. Plantage f; ~ rústica Landgut n; ~ urbana Grundstück n in der Stadt; ~ de recreo Wochenendhaus m mit gr. Garten; ~r [1g] **I.** v/i. Am. Reg. ~ en beruhen auf (dat.); **II.** v/i. u. ~se v/r. Grundstücke erwerben.
finés adj.-su. finnisch; m Urfinne m; Finne m; das Finnische.
fineza f **1.** Feinheit f; Zartgefühl n; **2.** Liebenswürdigkeit f; Zärtlichkeit f; **3.** Aufmerksamkeit f, kl. Geschenk n.
fingi|do adj. erheuchelt, vorgespiegelt; fingiert, Schein...; ~dor adj.-su. Heuchler m, Simulant m; ~miento m Vorspiegelung f; Verstellung f, Heuchelei f; ~r [3c] **I.** v/t. vortäuschen, vorgeben; (er-)heucheln, fingieren; *finge dormir* er tut, als ob er schliefe; **II.** v/r. ~se amigo vorgeben, ein Freund zu sein; ~se enfermo s. krank stellen, simulieren.
fini|busterre m F Höhe f (*fig.*); ☐ Galgen m; ~quitar v/t. ✝ Rechnung saldieren, liquidieren; *fig.* abschließen; ~quito ✝ m Rechnungsabschluß m; Ausgleich m e-s Saldos; Quittung f; dar ~ a una deuda e-e Schuld endgültig begleichen.
finir v/i. Chi., Col., Ven. enden.
finisecular adj. c aus der (od. zur) Zeit der Jahrhundertwende.
finísimo sup. adj. hochfein; allerfeinste(r).
fini|to adj. begrenzt; Phil. endlich; ~tud f Endlichkeit f.
finlan|dés adj.-su. finn(länd)isch; m Finne m, Finnländer m; das Finnische; ²dia f Finnland n.
fino adj. **1.** fein, dünn; zart; zierlich, feingebaut; **2.** fein, auserlesen, von ausgezeichneter Qualität; oro m ~ Feingold n; gusto m ~ hervorragender Geschmack m; **3.** fein, scharf, gut (*Sinne*); oído m ~ feines Gehör n; paladar m ~ feiner Gaumen m; **4.** feinfühlig, fein(sinnig), taktvoll, liebenswürdig; höflich, aufmerksam; **5.** klug; schlau, listig; geschickt, anstellig; ~ ingenio m scharfer Verstand m.
finolis F adj. inv.: ser ~ den feinen Mann spielen; estar ~ pikobello angezogen sein F.
fino-ugrio Li. adj. finnisch-ugrisch.
finquero m Pflanzer m im ehm. Spanisch-Guinea.
finta f a. *fig.* Finte f.
finura f Feinheit f; Liebenswürdigkeit f, Höflichkeit f; ~ de espíritu Feinfühligkeit f, Feinsinnigkeit f.
finústico F adj. übertrieben höflich.
fiñe m Am. Reg. kleines Kind n.
fioca f Am Arg Zuhälter m, Lude m F.
fiord(o) m Fjord m.
fique m Am. Agavenfaser f; Col. a. Agave f.
firma f **1.** Unterschrift f; Unterzeichnung f; ~ en blanco Blankounterschrift f; IT ~ electrónica elektronische Unterschrift f; media ~ Unterschrift f ohne Vornamen; P s-e Notdurft verrichten; poner su ~ (en) (et.) unterzeichnen, unterschreiben; **2.** unterzeichnete (bzw. zu unterzeichnende) Schriftstücke n/pl.; an Universität usw. Testat n; **3.** ✝ Firma f; **4.** *fig.* Schriftsteller m; **5.** Vollmacht f, ✝ Prokura f; dar la ~ a alg. j-m Vollmacht (bzw. ✝ Prokura) erteilen.
firmamento m Firmament n; *poet.* Sternenzelt n.
firma|nte m Unterzeichner m; el abajo ~ der Unterzeichnete; ~r v/t. unterzeichnen, unterschreiben.
firme I. adj. c fest, beständig, standhaft, feststehend; sicher; stabil; ✝ en ~ verbindlich, fest; carácter m ~ fester (od. unnachgiebiger bzw. zuverlässiger) Charakter m; ✝ compra f en ~ fester Kauf m; mano f ~ feste (od. sichere) Hand f; tierra f ~ Festland n; adv. a pie ~ unerschütterlich, standhaft, unbeirrt; ✗ ¡~s! stillgestanden!; Augen geradeaus!; estar ~ en lo ~ s-r Sache sicher sein; estar (od. mantenerse) ~ en su decisión bei s-m Entschluß bleiben; ser ~ en sus convicciones feste Überzeugungen haben; ponerse ~ fester (od. stärker) werden; erstarken; **II.** adv. (de) ~ stark, kräftig, tüchtig, gehörig, gründlich; firmemente ~ entschlossen (od. mit Festigkeit) sprechen; llueve (de) ~ es regnet tüchtig; *fig.* pisar ~ entschlossen auftreten; trabajar de ~ tüchtig arbeiten, gehörig zupacken; **III.** m △ Straßendecke f; → a. pavimento; Packlage f, Bettung f, fester Baugrund m; ~ asfáltico Asphaltdecke f; ~za f Festigkeit f; Beständigkeit f, Beharrlichkeit f; Sicherheit f; Entschlossenheit f.
firmón desp. F m Unterschriftsleister m, Strohmann m; abogado m ~ Rechtsanwalt m, der s-n Namen (dazu) hergibt; Rechtsverdreher m.
firuletes m/pl. Arg., Pe. Putz m, Schmuck m; Geschnörkel n, Firlefanz m.
fisca||I. adj. c **1.** fiskalisch, Fiskus..., Finanz..., Steuer...; defraudación f ~ Steuerhinterziehung f; Derecho m ~ Steuerrecht n; derechos m/pl. ~es Finanzzölle m/pl.; régimen m ~ Steuerwesen n; Steuerordnung f; **2.** ⚖ Staatsanwalts...; ministerio m ~ Staatsanwaltschaft f; **II.** m **3.** ⚖ Staatsanwalt m; ~ general Generalstaatsanwalt m; ~ primer ~ erster Staatsanwalt m; Dtl. a. Oberstaatsanwalt m; ~ togado Vertreter m der Anklage vor Militärgerichten; **4.** Finanzbeamte(r) m, Beamte(r) m der Finanzkontrolle; ~lía f ⚖ Staatsanwaltschaft f; ~lización f Überwachung f, Überprüfung f, Kontrolle f; ~lizar [1f] **I.** v/i. **1.** staatsanwaltliche Befugnisse ausüben; **II.** v/t. **2.** kontrollieren, überwachen; kritisieren, tadeln; **3.** (zugunsten der Staatskasse) beschlagnahmen.
fisco m Fiskus m, Staatskasse f; Steuerbehörde f; Ven. Kupfermünze f (¹/₄ Centavo); defraudar al ~ den Fiskus betrügen, Steuern hinterziehen.
fis|ga f **1.** Art Harpune f, Fischspeer m; **2.** Guat., Méj. Banderilla f; **3.** *fig.* F Spott m, Hänseln m, mißliches Grinsen n; ~gar [1h] **I.** v/i. **1.** mit dem Fischspeer fischen; **II.** v/t. **2.** F herumschnüffeln in (dat.); j-n belauern; **3.** j-n verulken; ~gón F **I.** adj. **1.** herumschnüffelnd; **II.** m **2.** Schnüffler m, Spürhund m; **3.** Spötter m; ~gonear F v/t/i. **1.** (immer) herumschnüffeln (in dat.); **2.** verulken; ~goneo F m **1.** Schnüffelei f; **2.** (heimlicher) Spott m.
fisi|bilidad Phys. f Spaltbarkeit f; ~ble Phys. adj. c spaltbar.
física f Physik f; ~ nuclear Kernphysik f; ~camente adv. **1.** körperlich, physisch; **2.** physikalisch; ~co I. adj. **1.** körperlich, physisch; *Educación* f ⚽ Sport(unterricht) m; *fuerza* f ~a Körperkraft f; *esfuerzo* m ~ körperliche Anstrengung f; *el mundo* ~ die Welt der Materie; **2.** physikalisch; **II.** m **3.** Physiker m; ~ nuclear Kern-, Atomphysiker m; **4.** Aussehen n, Äußere(s) n; tener un ~ agradable angenehm (od. nett) aussehen.
fisicoquími|ca f Physikochemie f, physikalische Chemie f; ~co **I.** adj. physikochemisch.
fisi|ocracia ☐ f Physiokratismus m; ~oculturismo m Bodybuilding n; ~ografía f Physiographie f; ~ográfico adj. physiographisch; ~ología f Physiologie f; ~ológico adj. physiologisch; ~ólogo m Physiologe m.
fisión f **1.** Phys.: ~ (nuclear) Kernspaltung f; **2.** Biol. Teilung f; ~onable adj. c Am. → fisible.
fisio|nomía f → fisonomía, ~terapeuta c Physiotherapeut m; ~terapia f ✳ Physiotherapie f.
fisípedos Zo. m/pl. Zweihufer m/pl.
fisirrostros Vo. m/pl. Spaltschnäbler m/pl.
fiso|nomía f Physiognomie f; Gesichtsausdruck m; *fig.* Gepräge n; ~nómico adj. physiognomisch; (ciencia f) ~a f Physiognomik f; ~nomista c: ser buen ~ s. gut an Gesichter erinnern können.
fisónomo m Physiognom(iker) m.
fístula f **1.** ✳ Fistel f; **2.** *lit.* Rinne f, Röhre f; **3.** Schalmei f, Rohr(-pfeife f) n.
fistu|lar adj. c fistelartig, Fistel...; ~loso ✳ adj. fistelartig; fistelnd, Fistel...
fisura f **1.** Spalt m, Riß m, Schrunde f; *Min.* Sprung m, Riß m im Gestein; *fig.* sin ~s nahtlos; **2.** ✳ ~ (anal) Afterschrunde f; ~ (ósea) Spaltbruch m e-s Knochens.
fitó|fago Zo. adj. pflanzenfressend; ~geno ☐ adj. phytogen; **fito|grafía** f Pflanzenbeschreibung f; ~logía f Phytologie f, Pflanzenkunde f; ~patología f Phytopathologie f; ~sanitario adj. Pflanzenschutz...; producto m ~ Pflanzenschutzmittel n; ~terapia f Pflanzenheilkunde f; ~tomía f Phytotomie f, Pflanzenzergliederung f; ~zo(ari)os Biol. m/pl. Phytozoen n/pl., Pflanzentiere n/pl.
fixing n ✝ Fixing n.
flabe|liforme adj. c fächerförmig; ~lo m Fliegenwedel m.
Flaca P: la ~ der Tod.
flac|amente adv. schwach; ~(c)idez f Schlaffheit f, Erschlaffung f; Schwäche f.
flác(c)ido adj. schlaff, erschlafft; welk (*Haut*).
fla|co I. adj. mager, dürr, hager;

flacuchento — flocular

schlaff; *a. fig.* schwach, dürftig; *argumento m* ~ schwaches Argument *n*; ~ *en matemáticas* schwach in Mathematik; *ser* ~ *de estómago (de memoria)* e-n schwachen Magen (ein schwaches Gedächtnis) haben; *(un)* ~ *servicio me has prestado du hast mir e-n Bärendienst erwiesen; fig. las (vacas)* ~as die mageren Zeiten; **II.** *m* Schwäche *f*, schwache Seite *f*; *conocerle a uno el* ~ j-s schwache Seite kennen; *mostrar su* ~ s. e-e Blöße geben; ~**cuchento** *Am. adj.*, ~**cucho** F *adj.* (*oft desp.*) schlapp, schlaff; klapperdürr F; ~**cura** Magerheit *f*; Erschlaffung *f*, Mattigkeit *f*; Schwäche *f*.

flage|lación *f* Geißelung *f* (*a. Rel. u. Ku.*); *Psych.* Flagellation *f*; ~**lado** *Biol. adj.-su.* geißeltragend; Geißel...; ~**s** *m/pl.* Geißeltierchen *n/pl.*; ~**lador** *adj.-su. m* Auspeitscher *m*; ~**lante** *Rel. hist. m* Flagellant *m*, Geißler *m*; ~**lar** *v/t.* auspeitschen, *a. fig.* geißeln; ~**lo** *m* 1. Geißel *f* (*a. fig.*); 2. *Biol.* ~**s** *m/pl.* Geißeln *f/pl.*

flagra|nte *adj.* c 1. ⚖ *delito m* ~ soeben begangenes Delikt *n*; *coger* (*od. sorprender) en* ~ auf frischer Tat (*od.* in flagranti) ertappen (*od.* überraschen); 2. *poet.* glühend, flammend, glänzend; 3. neu, gg.-wärtig, frisch; ~**r** *poet. v/i.* glühen, flammen, funkeln.

fla|mante *adj.* c funkelnagelneu; neu; glänzend; ~**meante** *Ku. adj.* c: *gótico* ~ Spätgotik *f*, Flamboyantstil *m*; ~**mear I.** *v/i.* flammen, Flammen sprühen; ⚓ im Winde flattern; **II.** *v/t.* abflammen, *Kchk.* flambieren.

flamen *hist. Rel. m* Flamen *m*.

flamen|ca F *f* hübsches Mädchen *n* mit andalusisch-zigeunerischen Zügen; ~**co I.** *adj.* 1. flämisch, flandrisch; *Mal. escuela f* ~**a** flandrische Schule *f*; 2. zigeunerhaft; *p. ext.* andalusisch; ♪ *cante m* ~ → 8; 3. *fig.* F frech, dreist; P *mujer f* ~**a** (fesches und) resolutes Frauenzimmer *n* F; *Span. ponerse* ~ unangenehm (*z. B. frech od. aufdringlich*) werden; 4. volkstümlich elegant; *vg* (*od. viste) muy* ~ er kleidet s. sehr auffällig *nach volkstümlicher Manier*; 5. *Méj., P. Ri.* hager; **II.** *m* 6. Flame *m*; 7. Andalusier *m* von zigeunerischer Wesensart; j., der andalusischzigeunerische Art nachahmt; 8. ♪ *andal. Volksweise u. Tanz zigeunerhaften Charakters*, Flamenco *m*; 9. *Vo.* Flamingo *m*; ~**cología** *f* Flamencokunde *f*, -wissenschaft *f*; ~**cólogo** *m* Flamencokundler *m*; ~**quería** *f* zigeunerisch-andalusische Art *f*; Art *f*, s. wie ein *flamenco od. chulo* zu geben.

flamenquilla *f* 1. kl. (Servier-) Platte *f*; 2. ❀ Ringelblume *f*.

flamenquismo *m* Vorliebe *f* für das volkstümlich Andalusische; → *flamenquería*.

flamígero *adj.* flammensprühend; △ *estilo m gótico* ~ (französische) Spätgotik *f*.

flámula *bsd.* ⚓ *f* Wimpel *m*.

flan *m* 1. *Kchk.* (*bsd.* Karamel-) Pudding *m*; 2. Münzplatte *f* zum Prägen.

flanco *m* 1. ⚔ Flanke *f*; *ataque m de* ~ Flankenangriff *m*; *adv. de* ~ seitlich; ⚔ *atacar por el* ~ e-n Flankenangriff machen; 2. Seite *f*, Flanke *f*, Weiche *f*; *Equ.* ~**s** *m/pl.* Weichen *f/pl.*; 3. △ Seitenflügel *m*; 4. ⊘ Schildflanke *f*.

Flandes *m* Flandern *n*.

flane|ra *f*, ~**ro** *m* Puddingform *f*.

flanque|ar *v/t.* 1. ⚔ flankieren, seitlich decken; 2. ⚔ seitlich bestreichen (*Geschütz*); die Flanke ... (*gen.*) beherrschen; mit dem Geschütz erreichen; 3. flankieren, neben ... (*dat.*) gehen (*bzw.* stehen); ~**o** ⚔ *m* Flanken-deckung *f bzw.* -angriff *m*.

flaque|ar *v/i.* 1. nachgeben, wanken; ~ *por los cimientos* in den Fundamenten nachgeben; 2. nachlassen, schwach (*od.* schwächer) werden, schwach sein, versagen; *su memoria flaquea* sein Gedächtnis läßt nach; 3. nachgeben, weichen; verzagen, kleinmütig werden; ~**za** *f* 1. Magerkeit *f*; 2. Schwäche *f* (*bsd. fig.*); *fig.* Fehler *m*.

flash *m Phot.* Blitzlicht(gerät) *n*; *fig.* Blitznachricht *f*; *Phot.* ~ *electrónico* Elektronenblitz(gerät) *n*) *m*.

fla|to *m* Blähung *f*; *Am. Cent., Col., Méj., Ven.* Schwermut *f*; ~**toso** *adj.* an Blähungen leidend; ~**tulencia** ❀ *f* Blähsucht *f*, Flatulenz *f*; ~**tulento** *adj.* 1. blähend; 2. → *flatoso*.

flau|ta I. *f* 1. Flöte *f*; ~ *dulce*, ~ *de pico* Blockflöte *f*; ~ *de Pan* Panflöte *f*; ~ *travesera* Querflöte *f*; *la* ♀ *Mágica* (*od. Encantada*) die Zauberflöte (*Oper*); *fig. F hoy te da por pitos y mañana por* ~s *Span. du weißt nicht, was du willst; y sonó la* ~ (*por casualidad*) *Sinn:* es hat halt geklappt; Glück muß der Mensch haben; *er* (*usw.*) brauchte nichts dazu zu tun; 2. ☐ Prostituierte *f*, Nutte *f* F; **II.** *c* 3. Flötist(in *f*) *m*; ~**tado I.** *adj.* flötenähnlich; **II.** *m* Flötenregister *n der Orgel*; ~**tero** *m* Flötenmacher *f*; ~**tillo** *m* Hirtenflöte *f*, Rohrpfeife *f*; ~**tín** *m* 1. Pikkoloflöte *f*; 2. Pikkolospieler *m*; ~**tista** *c* Flötist(in *f*) *m*.

flavo *lit. adj.* (honig-, gold-)gelb.

flébil *poet. adj.* c traurig, bejammernswert.

flebitis ❀ *f* (*pl. inv.*) Venenentzündung *f*, Phlebitis *f*.

fleco *m* 1. Franse *f*; Quaste *f*, Troddel *f*; 2. Stirnlocke *f*; 3. ausgefranster Rand *m*.

flecha. *f* 1. Pfeil *m*; ~ (indicadora) (Hinweis-)Pfeil *m* (*a. Typ.*); *Kfz.* Winker *m*, Fahrtrichtungsanzeiger *m*; *con la rapidez de una* ~ pfeilschnell; *hist. Span.* el yugo y las ~s Joch *n* u. Pfeile *m/pl.* (*Falangeemblem*); 2. △ *a*) Turmspitze *f*; *b*) Bogenhöhe *f*, Stich *m*; 3. ⚔ Bogen-, Sehnen-höhe *f*; Ordinate *f im Koordinatensystem*; 4. ⊕ Durchbiegung *f v. Balken usw.*; Durchhang *m v. Drähten usw.*; 5. ⊕ flache Spannfeder *f*; ⚔ Lafettenholm *m*; 6. *Astr.* ♀ → Saeta; 7. *fig.* Qual *f*, Pein *f*, Schmerz *m*; 8. *tex.* Fliege *f* (*Verstärkungsnaht*); **II.** *m* 9. *hist. Span.* Mitglied *n* der falangistischen Jugendorganisation; ~**do** F *adj.*: *está* ~ er hat s. verliebt, den hat's erwischt F; ~**dor** *m* Pfeil-, Bogen-schütze *m*; ~**r**

I. *v/t.* 1. *bsd. Am.* mit Pfeilen beschießen (*od.* töten); 2. F *j-s* Herz entflammen; **II.** *v/t.* 3. (den Bogen) spannen; ~**ste** ⚓ *m* Webeleine *f*, als *Sprossen zum Aufentern benützt*; ~**zo** *m* Pfeilschuß *m*; *fig.* F *fue un* ~ es war Liebe auf den ersten Blick.

fleche|ría *f* Pfeile *m/pl.*; Pfeilhagel *m*; ~**ro** *m* Pfeilschütze *m*.

flechilla ♪ *f Arg.* kräftiges Weidefutter *n*. [band *n*.]

fleje *m* Bandeisen *n*; Eisen-, Stahl-∫

fle|ma *f* 1. (Rachen-)Schleim *m*; 2. Phlegma *n*, Trägheit *f*; *tener* (*od. gastar*) ~ sehr phlegmatisch (*od.* ein Phlegmatikus F) sein; 3. 🜍 *a*) Schlempe *f*; *b*) Rohalkohol *m*; ~**mático I.** *adj.* phlegmatisch, träge, schwerfällig, pomadig F; kaltblütig; **II.** *m* Phlegmatiker *m*; ~**món** ❀ *m* Phlegmone *f*; *p. ext.* Zahngeschwür *n*, dicke Backe *f*; ~**moso** *adj.* schleimig; ~**mudo** *adj.* phlegmatisch.

fleo ♣ *m* Lieschgras *n*.

flequillo *m* Stirnlöckchen *n*; Pony (-fransen *f/pl.*) *m*; Simpel(s)fransen *f/pl.*

fleta|dor ⚓, ⚔ *m* Befrachter *m*; Charterer *m*; ~**mento** ⚓ *m* Befrachtung *f*; Charter *f*; *contrato m de* ~ Chartervertrag *m*; *póliza f de* ~ Charte(r)partie *f*; ~**nte** *m* ⚓ Verfrachter *m*; *Arg., Chi., Ec.* Vermieter *m v. Lasttieren od. Schiffen*; ~**r I.** *v/t.* 1. chartern; befrachten; *Arg., Chi., Ec., Méj. Wagen, Lasttiere* vermieten; *avión* ~ ~**odo** Charterflugzeug *n*; 2. *fig. Chi., Pe.* Schlag versetzen; *Beschimpfungen* ins Gesicht schleudern; **II.** *v/r.* ~**se** 3. *Arg.* s. einschmuggeln; *Chi., Méj.* auf u. davon gehen.

flete *m* 1. ⚓, ⚔ Charterung *f*; Fracht *f*; Frachtgebühr *f*; ~ *aéreo* (*marítimo*) Luft- (See-)fracht *f*; ~ *de retorno* Rückfracht *f*; *fig. andar en* ~ untätig sein, kein festes Ziel haben; 2. *Am.* Fracht(gut *n*) *f*; 3. *Rpl.* schnelles, ausdauerndes Pferd *n*; 4. *Cu., Pe.* galante Begleitung *f*.

flexi|bilidad *f a. fig.* Biegsamkeit *f*, Geschmeidigkeit *f*; *fig.* Anpassungsfähigkeit *f*; ~**bilización** *f* Verbesserung *f*; Vereinfachung *f*; *euph.* ~ *de plantillas* Personalabbau *m*; ~**bilizar** [1f] *v/t.* flexibel machen (*od.* gestalten); vereinfachen; ~**ble I.** *adj.* c biegsam, geschmeidig, flexibel (*a. fig.*); *fig.* anpassungsfähig; *sombrero m* ~ weicher Hut *m*; **II.** *m* ∮ (Leitungs-)Draht *m*, Schnur *f*; ~**ón** *f* Biegung *f* (*a.* ❀), Beugung *f*; *Li.*, ✡ *a.* Flexion *f*; *Sp.* ~ *de rodillas* Kniebeuge *f*; ~ *de cintura* (tiefe) Rumpfbeuge *f*; ~**onal** *Li.*, ✡ *adj.* c Flexions...

flexo *m* Schlauchlampe *f*.

flexor *Anat. adj.-su. m* (músculo *m*) ~ Flexor *m*, Beugemuskel *m*.

flexuoso *adj.* wellig, gewunden.

flipa|do F *adj.* high F; ausgeflippt F; ~**r** *vt/i.* ausflippen (lassen) F.

flir|t *m* → *flirteo*; ~**tear** *v/i.*: ~ (con *alg.*) (mit j-m) flirten, kokettieren, tändeln; ~**teo** *m* Flirt *m*, Liebelei *f*; Flirten *n*, Kokettieren *n*.

flocadura *f* Fransenbesatz *m*.

flocula|ción 🝕 *f* (Aus-)Flockung *f*; ~**r** 🝕 *vt/i.* ausflocken.

flóculo ⚛ *m* Flocke *f*.
flo|jamente *adv*. **1.** schwach; **2.** nachlässig; **~jear** *v/i*. schwächer werden; nachlassen; *a. fig.* wanken, wackeln; ⊕ *s.* lockern (*Schraube usw.*); **~jedad** *f* Schwäche *f*, Kraftlosigkeit *f*; Schlappheit *f*; *fig.* Faulheit *f*, Nachlässigkeit *f*; **~jel** *m* (Tuch-)Flocken *f/pl.*; Flaum(federn *f/pl.*) *m der Vögel;* **~jera** F *f* Faulheit *f*; Schlappheit *f*; **~jito** *adj. dim. v. flojo;* ⚓ flau (*Wind*); **~jo** *adj.* **1.** kraftlos, schwach; nachlässig, träge, faul; schlaff (*a. Feder*); locker (*a. Schraube*); lappig (*Gewebe, Papier*); unscharf (*Opt.*); weich, nachgiebig (*Fundament, Gelände*); abbröckelnd (*Gestein*); flau (*Wind, Geschäftsgang, Markt*); *seda f ~a* ungezwirnte Rohseide *f*; *ser ~ de piernas* schlecht auf den Beinen sein, ein schlechter Fußgänger sein; **2.** dünn (*Getränk*), leicht (*Wein*); **3.** schlampig gemacht, schlecht (*Arbeit*); schwach (*Buch, Theaterstück*); minderwertig; **4.** *Am.* feige.

flor I. *f* **1.** Blume *f*; Blüte *f*; *a. fig.* Blüte(zeit) *f*; ~ *de amor* **a)** Fuchsschwanz *m*; **b)** Gänseblümchen *n*; **c)** Hahnenkamm *m*; ~ *del ángel* Osterglocke *f*; ~ *campestre* Feldblume *f*; *Am.* ~ *del Inca,* ~ *de los incas* Inkablume *f*; ~ *de lis* Jakobslilie *f*; 🞕 Wappenlilie *f*; ~ *de maravilla* Tigerlume *f*; *fig.* F Wetterfahne *f* (*fig.*); *Ven.* ~ *de mayo* Cattleya *f*; → *a.* **11**; *Am. trop.* ~ *de muerto* Samt-, Toten-, Studenten-blume *f*; ~ *de la pasión* Passionsblume *f*; ~ *natural* echte Blume *f*; *fig.* Preis *m* bei den „juegos florales"; ~ *del viento* Küchenschelle *f*; *árboles m/pl. en* ~ Baumblüte *f*; *en* ~ blühend, in (der) Blüte; *fig. en la* ~ *de la vida* in der Blüte s-r Jahre, in s-n besten Jahren; *fig. caer en* ~ (zu) früh sterben; *estar en* ~ blühen, in Blüte stehen; *fig.* blühen, gedeihen; florieren; *echar ~es* Blüten treiben, knospen; *fig.* → **2**; *fig. pasársela en ~es* auf Rosen gebettet sein; k-e Sorgen kennen; *fig.* F *como (unas) mil ~es* glänzend; F *como una* ~ wunderschön; **2.** Floskel *f*, Redeschmuck *m*; Kompliment *n*, Schmeichelei *f*; *echar ~es* Komplimente machen; **3.** *das Beste, die Auslese; die Elite; la ~ y nata de la sociedad* die Creme der Gesellschaft, die Hautevolee; ~ *de harina* Blütenmehl *n*; *pan m de* ~ feinstes Weißbrot *n*; **4.** ⚛ *Min.* Blüte *f*, Glanz *m*; ~ *de cinc* Zink-blüte *f*, -oxid *m*; **5.** Schimmel *m*, Kahmhaut *f b. Wein*; **6.** Narben *m*, Haarseite *f des Leders*; **7.** Oberfläche *f*; *a* ~ *de* dicht über (*dat.*), auf gleicher Höhe mit (*dat.*); *a* ~ *de agua* hart an der Oberfläche des Wassers; ⚓ *an der Wasserlinie; a* ~ *de piel* oberflächlich, äußerlich; *a* ~ *de tierra* zu ebener Erde; hart an der Erdoberfläche; *Zim. (ajustado) a* ~ bündig (eingelassen); **8.** Hauch *m*, Reif *m auf Obst*; metallische Bläue *f*, Irisieren *n des abgeschreckten Eisens*; **9.** Jungfräulichkeit *f*; **10.** *Kart.* Dreiblatt *n*; drei Karten der gleichen Farbe; **11.** *kath.* **~(es)** *f(/pl.)* F *de mayo* Maiandacht *f*; **12.** *Kchk.* **~es** *f/pl. de sartén* Ölkringel *m/pl.*; **13.** *dar en la* ~ *de* die (schlechte) Gewohnheit annehmen, zu + *inf.*; **II.** *adj. inv.* **14.** *Arg.* fruchtbar (*Feld*); F ausgezeichnet.

flora *f* Flora *f* (*a. Physiol.*); *Myth.* ♀ Flora *f*; *Physiol.* ~ *intestinal* Darmflora *f*; **~ción** *f* Blühen *n*; Blüte(zeit) *f*; *segunda* ~ Nachblüte *f*; **~l** *adj. c* Blumen..., Blüten...; *Lit. juegos m/pl. ~es* Dichterwettbewerb *m*; **~r** ⚓ *v/i.* blühen, Blüten ansetzen.

flore|ado *adj.* geblümt (*Stoff*); **~ar I.** *v/t.* **1.** mit Blumen schmücken; *fig.* *e-r Frau* Komplimente machen; **2.** *das Blütenmehl* aussieben; *fig.* das Beste (*od.* den Rahm) abschöpfen von (*dat.*); **II.** *v/i.* **3.** zittern, vibrieren (*Degenspitze*); **4.** ♪ (auf der Gitarre) tremolieren; **5.** F *Am.* öfter blühen; ~ *en* reich sein an (*dat.*); **II.** *v/r.* **~se** Blumen *m.* aussittern; **~cido** *adj.* schimmelig, verschimmelt; **~ciente** *adj. c* blühend; *fig. a.* aufstrebend; **~cilla** *f* Blümchen *n*; **~cimiento** *m a. fig.* Blühen *n*; *fig.* Wachsen *n*, Gedeihen *n*.

Floren|cia *f* Florenz *n*; **~tino I.** *adj.* florentinisch; *fig. discusión f* ~*a* Scheindiskussion *f*; **II.** *m* Florentiner *m*.

flore|o *m* **1.** (überflüssiger) Wortschwall *m*, Floskeln *f/pl.*; eingestreute Zitate *n/pl.*; Komplimente *n/pl.*, Schmeichelei *f*; F *andar en ~s a*) Süßholz raspeln; **b**) Ausflüchte machen; **2.** ♪ Tremolo *n*, Tremolieren *n* (*auf der Gitarre*); *Art* Pirouette *f b. Volkstanz*; **3.** Vibrieren *n der Degenspitze*; **~ra** *f* → *florista;* **~ría** *f bsd. Am. Reg.* Blumen-geschäft *n*, -kiosk *m*; **~ro I.** *adj.-su.* **1.** Komplimentenmacher *m*; Schwätzer *m*; **II.** *m* **2.** Blumen-vase *f*, -stock *m*; -ständer *m*; *Mal.* Blumenstück *n*; **3.** → *florista;* **~scencia** *f* Blühen *n*; Blütezeit *f*; ⚛ *Min.* Auswittern *n*; **~sta** *f* **1.** *Forst m*, Hain *m*; **2.** → *florilegio;* **~ta** *f* Florettschritt *m* (*Tanz*).

flore|tazo *m* Florettstoß *m*; F *Méj.* Anpumpen *n* F; **~te I.** *m* Florett *n*, Stoßdegen *m*; **II.** *adj.: azúcar m* ~ feiner Puderzucker *m*; *papel m* ~ feinstes Papier *m*, Florpost *f*; **~tear I.** *v/t.* mit Blumen verzieren; **II.** *v/i.* mit den Florett fechten; **~tista** *c* (Florett-)Fechter *m*.

floricul|tor *adj.-su.* Blumenzüchter *m*; **~tura** *f* Blumenzucht *f*.

flori|damente *adv.* anmutig, elegant; **~dano** *adj.* aus Florida (*USA*); **~dez** *f* Blumen-, Blüten-fülle *f*; *fig.* Blumigkeit *f od.* Schwülstigkeit *f des Stils;* **~do** *adj.* **1.** blühend; blumig, blumengeschmückt; **2.** erlesen, kostbar; **3.** (*Stil*) rhetorisch geschmückt; geziert, blumig, schwülstig, verschnörkelt; Schnörkel..., Schwulst...; *Ku. góthico m* ~ Schnörkelgotik *f*; **4.** ⚛ wohlhabend, reich.

florífero *adj.* blumen-, blüten-tragend. [thologie *f.*]

florilegio *Lit. m* Blütenlese *f*, *An-*⌐

florín *m* Gulden *m*.

floripondio ⚛ *m Am. trop.* Riesenstechapfel *m*; *desp.* große, häßliche Blume *f*.

floris|ta *c* **1.** Blumenhändler(in *f*) *m*; Florist(in *f*) *m*, Blumenbinder(in *f*) *m*; Blumenmacher(in *f*) *m*; **~tería** *f* Blumen-geschäft *n*, -kiosk *m*.

florón *m* **1.** △ Rosette *f*; 🞕 Blumenwerk *n*; *Handarbeit:* Blumenmilieu *n*; **2.** *fig.* große Tat *f*.

flósculo ⚛ *m* Einzelblüte *f e-r Komposite*.

flota *f* **1.** Flotte *f*; ~ *aérea* (*de guerra*) Luft- (Kriegs-)flotte *f*; ~ *mercante* (*pesquera*) Handels- (Fischerei-)flotte *f*; ~ *petrolera* Tankerflotte *f*; **2.** F *Am.* Prahlerei *f*; *echar ~s* prahlen; **3.** *Chi.* Menge *f*; **4.** *Col.* Überlandbus *m*; **~bilidad** *f* Schwimmfähigkeit *f*; **~ble** *adj.* schwimmfähig; flößbar (*Gewässer*); **~ción** *f* **1.** Schwimmen *n*; Flößen *f*; ⚓ *línea f de* ~ Wasserlinie *f*; **2.** Floaten *n von Währungen;* **3.** ⊕ Flotation *f von Erzen;* **~dor** *adj.-su.* schwimmend; *m* ⊕, ⚓, 🞕 Schwimmer *m*; ⚓ *a.* Kork *m*; (Kork-)Schwimmer *m des Fischnetzes;* **~dura** *f*, **~miento** *m* Flößen *n*; *Kfz.* Flattern *n* (*Räder*); **~nte I.** *adj. c* **1.** schwimmend; treibend, Treib...; ⚓ flott; *Phys. cuerpo m* ~ schwimmender Körper *m*, Schwimmkörper *m*; ⚓ *carga f* ~ schwimmende Ladung *f*; *madera f* ~ Treibholz *n*, treibendes Holz *n*; *Verw. población f* ~ fluktuierende Bevölkerung *f*; **2.** flatternd; **II.** *m* **3.** F *Col.* Prahler *m*, Schwadroneur *m*; **~r I.** *v/i.* **1.** (obenauf) schwimmen, treiben; *hacer* ~ → **3**; **2.** *in der Luft* schweben, wehen, flattern; **II.** *v/t.* **3.** Holz flößen; **4.** 🞕 *Erze* (auf-)schwemmen; **5.** ⚓ Schiff flottmachen.

flo|te: *a* ~ flott; *fig. mantenerse a* ~ *s.* über Wasser halten; *poner* (*od. sacar*) *a* ~ *a.* ⚓ abbringen, *a. fig.* flottmachen, *fig. j-n* wieder auf die Beine bringen; *salir a* ~ ⚓ freikommen; *fig.* aus e-r schwierigen Lage herauskommen; **~tilla** *f* ⚓ Flottille *f*; 🞕 Geschwader *n*; ⚓ *en remolque* Schleppzug *m*.

flox ⚛ *m* Phlox *m*.

fluctu|ación *f* Schwankung *f*, Fluktuation *f*; Wallen *n des Wassers;* *fig.* Schwanken *n*; ♀ *~ones f/pl. del cambio* (*de los precios*) Wechselkurs- (Preis-)schwankungen *f/pl.*; **~ante** *adj. c* fluktuierend; *fig.* schwankend; unschlüssig; **~ar** [1c] *v/i.* **1.** auf den Wogen schwanken; **2.** *fig.* schwanken (*zwischen dat. entre*); **3.** dem (*od.* raschem) Wechsel unterliegen; fluktuieren; **4.** *fig.* wanken, in Gefahr schweben (*Sache*), **~oso** *adj.* → *fluctuate*.

fluen|cia *f* **1.** Fließen *n*; **2.** Ausfluß(stelle *f*) *m*; **~te** *adj. c* fließend.

flui|dez *f* **1.** *Phys.* Flüssigkeit *f*, Fließen *n* (*a. Vkw.*), Fluidität *f*; *Typ.* ~ *de la tinta* Fließgüte *f der Farbe;* *fig.* Flüssigkeit *f des Stils;* **~dificar** [1g] *Phys.,* ⊕ **I.** *v/t.* verflüssigen; **II.** *v/r.* **~se** flüssig werden; **~do I.** *adj.* flüssig (*a. fig. Stil*), fließend; *muy* ~ dünnflüssig; **II.** *m* Flüssigkeit *f*; *Phys.* Fluidum *n*; ⚛ *pharm.* Fluid *n*; ~ (*eléctrico*) elektrischer Strom *m*; **~r** [3g] *v/i.* fließen, rinnen; ausfließen.

flujo *m* **1.** Fluß *m* (*a.* ⊕), Fließen *n*; ~ *de información* Informationsfluß *m*; ~ *magnético* magnetischer Fluß *m*; ⚓ Strömung *f*, ~ (*y reflujo m*) (Ebbe *f* u.) Flut *f*; **3.** 🞕 Ausfluß *m*; ~ *blanco* Weißfluß *m*; **4.** *fig.* Schwall *m*; Strom *m*; ~ *de palabras* Wortschwall *m*; ~ *de sangre* Blutung *f*.

flúor ⚓ *m* Fluor *n*.
fluorado *adj.* mit Fluor versetzt, fluorhaltig.
fluorescen|cia *f* Fluoreszenz *f*; ~te *adj.* c fluoreszierend; *lámpara f* ~ Leucht(stoff)röhre *f*.
fluo|rhídrico ⚓ *adj.*: *ácido m* ~ Flußsäure *f*; ~**rina**, ~**rita** *Min. f* Flußspat *m*; ~**ruro** ⚓ *m* Fluorid *n*.
fluvi|al *adj.* c Fluß...; *inspección f* ~ Wasser-, Strom-polizei *f*; *navegación f* ~ Fluß-, Binnen-schiffahrt *f*; ~**átil** *adj.* c *Biol.* in fließendem Wasser lebend; *Geol.* fluviatil; ~**ómetro** *m* Pegel *m*, Wasserstandsmesser *m*.
flux *m* 1. *Kart.* Sequenz *f*, Serie *f*; 2. *Ven.* (Herren-)Anzug *m* mit Weste; 3. *fig. Am. (bsd. Arg.)* quedarse a ~, hacer ~ s. ruinieren, Bankrott machen.
fluxión ⚓ *f* Blutandrang *m*; Stauung *f*.
fluyente *adj.* c fließend.
¡fo! *int.* pfui!
fobia ⚓ *f* Phobie *f*, krankhafte Angst *f*; *a. fig.* heftige Abneigung *f* (gg. *ac. contra*).
foca *f* 1. *Zo.* Robbe *f*; Seehund *m*; *Pelzwerk:* Seal *m*, *n*; 2. F dicke Frau *f*, Pummel *m* F.
focal *adj.* c *Phys., Opt.,* ⚓, ⚓ fokal; Brenn(punkt)...; ~; ⚓ Herd...; *Opt. distancia f* ~ Brennweite *f*.
foceifiza *Ku. f* maurisches Glassplittermosaik *n*.
foco *m* 1. *Phys.,* ⚓ Brennpunkt *m*, Fokus *m*; *p. ext.* Licht-, Wärme-quelle *f*; *fig.* Brennpunkt *m*, Mittelpunkt *m*; *Ant., Rpl.* Glühbirne *f*; *Kfz.* ~ *direccional* Suchscheinwerfer *m*; ~ *de luz* Lichtkegel *m*; Lichtquelle *f*; *Kfz.* ~**s** *m/pl.* Scheinwerfer *m/pl.*; 2. ⚓ *u. fig.* Herd *m*; *fig.* Ausgangspunkt *m*, Brutstätte *f*; ~ *infeccioso* Infektionsherd *m*; ~ *de propaganda* Propagandazentrum *n*; *Pol.* ~ *de tensión* Spannungsherd *m*.
focha *Vo. f* → *foja.*
fofadal *m Arg.* Morast *m*.
fofo *adj.* schwammig, weich, schwabbelig F, aufgedunsen.
foga|rada *f* Lohe *f*; ~**ril** *m* Feuerzeichen *n*; Signalfeuer *n*; ~**ta** *f* 1. hellflackerndes Feuer *n*, Lohe *f*; Lagerfeuer *n*; 2. ⚓, ⚓ Sprengmine *f*; ⚓ Land-, Flatter-, Teller-mine *f*.
fogón *m* 1. (offenes) Herdfeuer *n*; (Küchen-)Herd *m*; Feuerstelle *f*; Feuerung *f* (*Dampfkessel*); 2. ⚓ Zündloch *n* (*Geschütz*); Zündkanal *m* (*Munition*); 3. *Arg.* Runde *f* am Lagerfeuer *f*; *Arg., Chi., C. Ri.* → *fogata 1.*
fogo|nadura *f* ⚓ Mastloch *n*; △ Balkenloch *n*; *Am.* eingelassener Teil *m e-s Balkens*; ~**nazo** *m* Aufblitzen *n*; Pulverblitz *m*; Mündungsfeuer *n*; Stichflamme *f*; ~**nero** *m* Heizer *m*; ~**sidad** *f* Heftigkeit *f*, Ungestüm *n*, Feuer *n*; ~**so** *adj.* feurig; hitzig, ungestüm; *espíritu m* ~ Feuergeist *m*.
fogue|ar *v/t.* 1. ⚓ an das (Aufblitzen des) Feuer(s) gewöhnen; *fig.* an die Strapazen e-s Berufes *usw.* gewöhnen; 2. *Waffe* durch Abschießen reinigen; 3. *Stk.* dem Stier die *banderillas de fuego* einstechen; 4. *Wild* beschießen; ~**o** ⚓ *m* Gewöhnung *f* ans Feuer.

foie-gras *m* Gänseleberpastete *f*.
foja *f* 1. *Vo.* Bläßhuhn *n*; 2. † Folio *n*, Blatt *n e-s Aktenstücks.*
folclor(e) *m* → *folklore.*
fólder *m Am. Reg.* Aktendeckel *m*.
folgo *m* Fußsack *m*.
folia ⚓ *f* kanarische Volksweise *f*; leichte Musik *f* älteren Stils im Volkston; ~**s** *f/pl. port.* Volkstanz.
foli|áceo *adj.* blattartig; blätterig; ~**ación** *f* 1. ⚓ Blattansatz *m*; Blätterstand *m*; 2. *Typ.* Paginieren *n*; ~**ado** ⚓, *Min. adj.* blätterig; ~**ar** I. [1b] *v/t. Typ.* paginieren; II. *adj.* c ⚓ Blatt...; ~**atura** *f* → *foliación.*
folicular *adj.* c *Anat.* Follikel...; ⚓ schlauchartig.
folículo *m Anat.* Follikel *m*; ⚓ Samen-hülle *f*, -kapsel *f*.
folio *m* 1. *Typ.* Großformat *n*, Folio *n*; ~ *francés* Großoktav(format) *n*; ~ *español* Quart(format) *n*; ~ *imperial*, ~ *atlántico*, ~ *mayor* Großfolio *n*; *en* ~ in folio, im Folioformat; *fig. de a* ~ riesengroß, gewaltig; 2. (Buch- *usw.*)Blatt *n*, Folio *n*; ~**lo** (*a. folíolo*) ⚓ *m* Fieder *f e-s zs.-gesetzten Blattes.*
folk|lore *m* Volkskunde *f*; Folklore *f*, Brauchtum *n*; ~**lórico** *adj.* volkskundlich; folkloristisch; ~**lorista** *c* Volkskundler *m*, Folklorist *m*.
follada *f* 1. Blätterteigpastete *f*; 2. P Vögelei *f* P, Bumserei *f* P.
folla|je *m* Laub(werk) *n*; Laubgewinde *n*; *fig.* überflüssiges Beiwerk *n*; leeres Geschwätz *n*; ~**r¹** *v/t.* blattförmig zs.-legen *od.* -falten; ~**r²** [1m] I. *v/t. mar.* den Blasebalg anfachen; P vögeln P; II. *v/r.* ~**se** P (heimlich) einen streichen lassen F.
folle V *m Span.* Bumserei *f* P.
folle|tín *m* Feuilleton *n*; *fig.* F Hintertreppenroman *m*; seichter Film *m*; ~**tinesco** *adj.* Feuilleton...; *fig.* Sensations..., spektakulär; ~**tinista** *c* Feuilletonist *m*; ~**tista** *c* Broschüren-, Pamphlet-schreiber *m*; ~**to** *m* Broschüre *f*; ⚓ *a.* (Falt-)Prospekt *m*; Flugblatt *m*; ~**tón** *m* → *folletín.*
follisca F *f Col., Ven.* Streit *m*, Schlägerei *f*.
follón I. *adj.* 1. faul, arbeitsscheu; 2. feige; 3. frech, dummdreist; II. *m* 4. Taugenichts *m*; 5. geräuschloser Feuerwerkskörper *m*; P leiser Furz *m* P; 6. P Krach *m*, Wirbel *m*; *Durchea. m*; *armar un* ~ Krach schlagen, Krakeel machen F.
fomen|tador *adj.-su.* fördernd; *m* Förderer *m*, Begünstiger *m*; ~**tar** *v/t.* 1. fördern, begünstigen; schüren; *Unruhen usw.* schüren; 2. *Eier* erwärmen, brüten (*Henne*); ⚓ feuchtwarme Umschläge machen (*dat. od.* auf *ac.*); 3. *Cu., P. Ri. Geschäft* aufbauen; ~**to** *m* 1. Förderung *f*; Belebung *f*; Pflege *f*; Unterstützung *f*; ~ *de (los) estudios* Studienförderung *f*; *Am. Ministerio m de* ♀ Entwicklungs-, Aufbau-ministerium *n*; 2. *fig.* Nahrung *f*; Schüren *n*; 3. Erwärmung *f*, Weitergabe *f* belebender Wärme; 4. ⚓ ~**s** *m/pl.* feuchtwarme Umschläge *m/pl.*
fon *m* Phon *n*.
fonación *f* Stimm-, Laut-bildung *f*, Phonation *f*.
fonda *f* Gast-haus *n*, -hof *m*; Bahnhofsgaststätte *f*; *Arg.* Spelunke *f*, Kneipe *f*; *Guat.* Branntweinausschank *m*; *Chi.* Trinkhalle *f*.
fon|dable ⚓ *adj.* c zum Ankern geeignet; ~**dado** *adj.* mit verstärktem Boden (*Faß*); ~**deadero** *m* Ankerplatz *m*; ~**deador** ⚓ *adj.-su. m* (*buque m*) ~ *de minas* Minenleger *m*; ~**deaminas** ⚓: *submarino m* ~ Minenunterseeboot *n*; ~**dear** I. *v/t.* 1. ⚓ (aus)loten; *Schiff* auf Konterbande durchsuchen; 2. ⚓ *Bojen* auslegen; 3. *fig.* gründlich durchsuchen *bzw.* untersuchen; e-r Frage auf den Grund gehen; II. *v/i.* 4. ⚓ ankern; III. *v/r.* ~**se** 5. *Am. Reg.* reich werden; ~**deo** ⚓ *m* Ankern *n*; Durchsuchung *f* auf Konterbande; Zollkontrolle *f* auf dem Schiff; ~**dero** *m Am.* oft *desp.* Gastwirt *m*; ~**dillón** *m* 1. Faßneige *f*; 2. alter Alicantewein *m*; ~**dillos** *m/pl.* Hosenboden *m*, Gesäß(teil) *n* e-r Hose; ~**dista** c 1. Gastwirt *m*; Besitzer *m e-s Gasthofs*; F *u. desp.* Hotelier *m*; 2. *Ski:* Langläufer(in *f*) *m*.
fondo *m* 1. Grund *m*, Boden *m*; (*Faß-, Koffer-, Kessel- usw.*)Boden *m*; (Meeres-)Grund *m*; (Tal-, Fluß-)Sohle *f*; ⚓ Schiffsboden *m*; *mst.* ~**s** *m/pl.* Unterwasserschiff *n*; *hielo m de* ~ Grundeis *n*; *sin* ~ bodenlos; unergründlich; grundlos; ⚓ *dar* ~ ankern; ⚓ *u. fig. irse a* ~ untergehen, (ver)sinken; ⚓ *tocar (el)* ~ Grundberührung haben, Grund berühren; 2. Tiefe *f* (*a. e-s Gebäudes, e-r Kolonne*); *de poco* ~ seicht, flach (*Gewässer*); *de a tres en* ~ in Dreierreihen (*Kolonne usw.*); *bajo* ~ Untiefe *f*; *fig.* → 3; 3. Wesen(sart *f*) *n*; (Grund-)Veranlagung *f*; Gehalt *m*, Kern *m*; *fig. de* ~ a) Haupt...; b) gebildet (*fig.*); c) ⚓ materiell; *en el* ~ im Grunde (genommen), eigentlich; *adv. a* ~ a) gründlich, eingehend; von Grund auf; b) energisch; ~ *de bondad* Veranlagung *f* zur Güte, guter Kern *m*; *fig. bajos* ~**s** *m/pl.* Unterwelt *f*, Asoziale(n) *m/pl.*, Pöbel *m*; *de bajos* ~**s** *Ausdruck* der niederen Volkssprache; *hombre m de buen* ~ im Grunde kein schlechter Mensch; gutmütiger Mensch *m*; gebildeter Mensch *m*; *emplearse a* ~ alle Hebel in Bewegung setzen; es gründlich machen, sein Bestes geben; *ir al* ~ *de a/c.* e-r Sache auf den Grund gehen; zum Hauptpunkt e-r Sache kommen; 4. Grund *m e-s Anstrichs, e-s Gewebes*; *color m (od. capa f) de* ~ Maluntergrund *m*, Grundfarbe *f*; Grundierung *f*; ~ *musical* Musikuntermalung *f*; ~ *de tul* Tüllspitzengrund *m*; 5. *a. Thea., Mal.* Hintergrund *m*; 6. ⚓ Fonds *m*; ~**s** *m/pl.* Kapital *n*, Vermögen *n*; ~ *de acciones* Aktienfonds *m*; ~ *de ayuda (de compensación)* Hilfs- (Ausgleichs-)fonds *m*; ~ *de desarrollo (de inversión mobiliaria)* Entwicklungs- (Investment-)fonds *m*; ♀ *Monetario Internacional* Internationaler Währungsfonds *m*; ~**s** *m/pl. públicos* Staats-gelder *n/pl.*, -papiere *n/pl.*; ~**s** *de reserva* Rücklagen *f/pl.*; *a* ~ *perdido*

à fonds perdu, verloren; *estar en ~s über Geld verfügen, bei Kasse sein* F; *estar mal de ~s schlecht bei Kasse sein* F, *kein Geld haben;* 7. Grundlage *f*, -stock *m*; *Bibliothek, Verlag:* Bestand *m*, Fonds *m*; *libros m/pl. de* ~ Verlagsbücher *n/pl.*; 8. *Sp. carrera f de* ~ **a)** Langstrecken-lauf *m*; -schwimmen *n*; Langlauf *m (Schi);* **b)** Steherrennen *n; carrera f de medio* ~ Mittelstreckenlauf *m*; 9. *Am. Reg.* Unter-rock *m*, -kleid *n*; *medio* ~ Halb(unter)rock *m*; 10. *Am. Reg.* Mischkessel *m (Zuckerfabrik).*
fondón I. *m* 1. Grund *m für Brokatstickerei;* 2. Faßneige *f*; **II.** *adj.* 3. mit dickem Gesäß.
fonducho *desp. m* miese Gastwirtschaft *f (od.* Kneipe *f)* F.
fone|ma *Li. m* Phonem *n;* ~**mática** *Li. f* Phonologie *f.*
fonéti|ca *Li. f* Phonetik *f*; ~ *sintáctica* Satzphonetik *f*; ~**co** *adj.* Laut..., phonetisch; *escritura f* ~**a** Lautschrift *f.*
fonetis|mo *m* (Buchstaben-)Lautschrift *f*; ~**ta** *c* Phonetiker *m.*
fónico *adj.* phonisch, Schall..., Laut...
fon(i)o *m Phys.* Phon *n*; *Chi. fono* Hörer *m (Tel.).*
fono|absorbente *adj. c* schallschluckend, -dämmend; ~**amplificador** *m* Schallverstärker *m;* ~**captor** *m* Tonabnehmer *m;* ~**grafía** *f* Schallaufnahme *f.*
fonógrafo *m* 1. Grammophon *n;* 2. *hist.* Phonograph *m.*
fono|grama *m* 1. Laut- *bzw.* Schallaufzeichnung *f*; 2. Lautzeichen *n;* ~**logía** *Li. f* Phonologie *f*; ~**lógico** *Li. adj.* phonologisch; ~**metría** *f* Phonometrie *f*, Schallmessung *f.*
fonómetro *m* Phonometer *n*, Schallmeßgerät *n.*
fonotecnia *f* Schalltechnik *f.*
fon|tana *lit. f* Quell *m (lit.)*; Springbrunnen *m;* ~**tanal I.** *adj. c* Quell...; **II.** *m* quellenreiche Stelle *f;* → **tanar** *m* Quelle *f;* ~**tanela** *Anat. f* Fontanelle *f;* ~**tanería** *f* Installation *f* von Rohren u. Brunnen; ~**tanero I.** *adj.* Brunnen..., *f* Quell(en)...; **II.** *m* Installateur *m*; Klempner *m;* ~**tezuela** *f* Brünnlein *n.*
footing *m* Jogging *n*; *hacer* ~ joggen.
foque *m* 1. ⚓ Klüver *m;* ~ *volante* Flieger *m (Segel);* 2. F Vatermörder *m* F (Kragen).
forajido *adj.-su. m* Straßenräuber *m*, Bandit *m.*
foral I. *adj. c* 🏛 auf die *fueros* bezüglich, gesetzlich; gerichtlich; **II.** *m Gal.* Gut *n* in Erbpacht; ~**idad** 🏛 *f Span.* Zugehörigkeit *f* zu e-m Partikularrechtssystem *(z. B.* Navarra); ~**mente** *adv.* nach den *fueros*, nach örtlich geltendem Recht.
foráneo *adj.* fremd.
forastero *adj.-su.* fremd; auswärtig; *m* Fremde(r) *m*; Auswärtige(r) *m.*
force|j(e)ar *v/i.* 1. s. verzweifelt anstrengen, alle Kräfte einsetzen; ⚓ *gg.* Wind u. Wetter ankämpfen; 2. (mitea.) ringen, rangeln; 3. s. heftig sträuben; s. kräftig wehren; ~**j(e)o** *m* 1. Ringen *n*; Gerangel *n*; 2. starke Kraftanstrengung *f*; Widerstand *m;* ~**jón** *m* heftige Anstrengung *f*, Ruck *m;* ~**judo** *adj.* kräftig.

fórceps ⚕ *m* Geburtszange *f.*
fore|nse I. *adj. c* gerichtlich, Gerichts...; *lenguaje m* ~ Rechtssprache *f*, juristische Fachsprache *f*; **II.** *adj.-su. m (médico m)* ~ Gerichts-arzt *m*, -mediziner *m;* ~**ro** *adj.* auf e-n *fuero* bezüglich; nach geltendem *fuero.*
foresta|ción *f* Aufforstung *f;* ~**l** *adj. c* Forst..., Wald...; *economía f* ~ Forstwirtschaft *f;* ~**r** *v/t. Am.* aufforsten.
forillo *Thea. m* Zwischenvorhang *m* im Mittelausgang der hinteren Dekoration.
forja *f* 1. Schmiede *f;* 2. Erz-, Eisenhütte *f*; 3. Schmieden *n;* ~ *en caliente (en frío)* Warm- (Kalt-) schmieden *n*; 4. 🏛 Mörtel *m;* ~**ble** *adj. c* schmiedbar; ~**do I.** *part.-adj.* 1. geschmiedet, Schmiede...; ~ *a mano* handgeschmiedet; **II.** *m* 2. Schmieden *n*; 3. 🏛 Fach-, Bindwerk *n*; Füllung *f des Fachs b.* Fachwerk; ~ *(de piso)* Decke *f;* ~**dor** *m a. fig.* Schmied *m; fig.* Anstifter *m*, Urheber *m;* ~ *de su suerte* s-s Glückes Schmied *m;* ~**dura** *f* Schmieden *n*; Schmiedearbeit *f;* ~**r I.** *v/t.* 1. schmieden; ~ *en caliente;* 2. *fig.* Pläne, Ränke schmieden; ausdenken, ersinnen, *desp.* ausbrüten; ~ *embustes* lügen; aufschneiden; 3. 🏛 **a)** mauern; *Zwischendecke* einziehen; **b)** grobtünchen; **II.** *v/r.* ~**se** 4. ~**se** *ilusiones* s. Illusionen machen *(od.* hingeben).
forma *f* 1. Form *f*, Gestalt *f*, Äußere(s) *n;* ~**s** *f/pl.* Formen *f/pl.*; Figur *f*; *de bella* ~ formschön; *de bellas* ~**s** von guter Figur; *dar* ~ *a a/c. et.* ordnen, et. in Ordnung bringen; et. aus-, durch-führen; et. gestalten, et. Form *f* geben *Zssgn.* ...förmig; 2. Form *f; (Art f* u.) Weise *f;* ~ *de gobierno* Regierungsform *f*; *en (buena)* ~ in geziemender Form; *en (su) debida* ~ ordnungsgemäß, vorschriftsmäßig, nach Gebühr; *de* ~ *que ... so daß ...;* 🏛 *de* ~ prozessual, Verfahrens...; Form...; *en toda* ~ in aller Form; *de cualquier* ~ auf jeden Fall; *de todas* ~**s**, *de una* ~ *o de otra* jedenfalls; *guardar (od. cubrir) la(s)* ~**(s)** die Form(en) wahren; *no hay* ~ *de + inf.* es ist unmöglich, zu *+ inf.*; *no hay* ~ *de conseguirlo* man kann es unmöglich erreichen; *es pura (od. mera)* ~ es ist e-e reine Formsache; 🏛 *se anula por vicio de* ~ *Urteil usw.* wird wegen e-s Formfehlers aufgehoben; 3. (Guß- *usw.*)Form *f; Typ.* ~ *de imprimir* Druckform *f*; 4. (Buch-)Format *m;* 5. *kath.* Sakramentsformel *f; la Sagrada* ♀ die heilige Hostie; 6. *a. Sp. estar en* ~ in Form sein, fit sein; *mantenerse en* ~ s. fit halten, s. trimmen.
forma|ble *adj. c* formbar; bildsam; ⊕ verformbar; ~**ción** *f* 1. Gestaltung *f*, Bildung *f*; Gebilde *n;* ~ *de agua de condensación* Kondenswasserbildung *f*; *Opt.* ~ *de imágenes* Bilderzeugung *f;* ~ *de una sociedad* Gründung *f* e-r Gesellschaft; 👥 ~ *de un tren* Zs.-stellung *f (bzw.* Rangieren *n)* e-s Zuges; 2. *Geol. u. Geobotanik:* Formation *f;* ~ *calcárea (sedimentaria)* Kalk- (Sediment-)formation *f*; 3. ⚔ Formation *f*, Aufstellung *f*,

Gliederung *f*; *en* ~ in Reih u. Glied; *en* ~**ones** in Verbänden; 4. Form *f;* ~ *octaédrica* oktaedrische Form *f (Kristalle);* 5. (Aus-)Bildung *f; hist. Span.* ~ *cívico-social* Gemeinschaftskunde *f;* ~ *de los jóvenes* Heranbildung *f* des Nachwuchses; ~ *en la misma empresa* innerbetriebliche Ausbildung *f;* ~**do** *adj.* 1. ausgebildet; 2. erwachsen, reif.
forma|l *adj. c* 1. formal; 2. förmlich, formell; ernst-haft, -lich; ⚔ dienstlicher Befehl *m;* *orden f* ~ ⚔ feste Bestellung *f*; 3. *a.* ✝ solide, seriös; zuverlässig; artig *(Kind);* ~**lidad** *f* 1. Förmlichkeit *f*; Formalität *f*, Formvorschrift *f*; *por mayor* ~ der Ordnung halber; ~**es** *f/pl. aduaneras* Zollformalitäten *f/pl.*; 2. Zuverlässigkeit *f*, Redlichkeit *f*, Ernsthaftigkeit *f*; Genauigkeit *f*, Pünktlichkeit *f;* ✝ Ehrlichkeit *f*; (geschäftliche) Anständigkeit *f; persona f de poca* ~ unzuverlässige Person *f;* ~**lina** 🦠 *f* Formalin *n;* ~**lismo** *m* Formalismus *m*; Formalskrämerei *f;* ~**lista** *adj.-su. c* formalistisch; umständlich; *m* Formalist *m*; Formenmensch *m*; Umstandskrämer *m* F; ~**lizar** [1f] **I.** *v/t.* die vorgeschriebene Form geben *(dat.);* *Vertrag* ordnungsgemäß ausfertigen; offiziell gestalten; ~ *un expediente* e-n Vorgang ordnungsgemäß erledigen; ~ *las relaciones* den Beziehungen e-e gesetzliche Form geben; ~ *una oposición* Einspruch erheben; **II.** *v/r.* ~**se** ernst werden; formell werden; Anstoß nehmen *(an dat. por),* beleidigt sein; ~**lmente** *adv.* 1. formell, förmlich; 2. ernstlich, im Ernst; 3. pünktlich; seriös; ~**lote** F *adj.* sehr ordentlich, sehr genau.
forma|r I. *v/t.* 1. formen, bilden; gestalten; ~ *parte de gehören zu (dat.),* e-n Teil bilden von *(dat.);* ~ *un proyecto* e-n Plan entwerfen; *Pol. recibir el encargo de* ~ *gobierno* mit der Regierungsbildung beauftragt werden; 2. ausbilden, erziehen; 3. 🏛 ~ *causa a alg. gg.* j-n gerichtlich vorgehen, j-n verklagen; ~ *un expediente gg.* j-n einleiten; ~ *queja* Beschwerde einlegen; 4. 🚂 *Zug* zs.-stellen; rangieren; 5. ⚔ formieren, aufstellen; **II.** *v/i. u.* ~**se** *v/r.* 6. ⚔ antreten; Aufstellung nehmen; *j*~**(se)**! antreten!; 7. ~ *en la cola* anstehen, Schlange stehen; **III.** *v/r.* ~**se** 8. s. bilden, entstehen; zs.-treten; 9. ausgebildet werden; 10. ~**se** *idea de* s. e-n Begriff machen von *(dat.);* e-e Vorstellung haben von *(dat.);* ~**tear** *v/t. EDV* formatieren; ~**teo** *m EDV* Formatierung *f;* ~**tivo** *adj.* bildend, Bildungs...; Gestaltungs...; ~**to** *m* Format *n (a. EDV); de gran* ~ großformatig.
fórmico 🧪 *adj.: ácido m* ~ Ameisensäure *f.*
formidable *adj. c* furchtbar, schrecklich; F großartig, toll F, riesig F.
formol 🦠 *m* Formol *n*, Formal *n.*
formón ⊕ *m* Stemm-, Stech-eisen *n; Zim.* (Stech-)Beitel *m.*
fórmula *f* 1. *a.* 🧪, 🦠 Formel *f; pharm.* Rezept(formel) *n; Rennsport:* (Renn-)Formel *f;* ~ 1 Formel I; ~ *final* Schlußformel *f in Briefen;*

formulación — fotografía 308

por ~ der Form halber, um den Schein zu wahren; *es pura* ~ es ist e-e reine Formalität; **2.** *fig.* Formel *f*, Lösung *f*; **II.** *m* **3.** *Rennsport:* un ~ 1 ein Formel-I-Wagen *m*.
formu|lación *f* Formulierung *f*; **~lar** *v/t.* aufsetzen, abfassen, formulieren; äußern, vorbringen; *Medikament* verschreiben; ~ *reclamaciones* Beschwerden vorbringen; **~lario** *m* Formel- bzw. Formblatt-, Mustersammlung *f*; Formelanhang *m zu e-m Buch;* Rezept-, Arznei-buch *n;* ~ *(impreso)* Formular *n*, Vordruck *m;* *(re)llenar un* ~ ein Formular ausfüllen; **~lismo** *m* Formalismus *m;* **~lista** *c* Formenmensch *m;* Umstandskrämer *m* F.
fornica|ción *f* Hurerei *f*, Unzucht *f;* **~dor** *adj.-su.* hurerisch, unzüchtig; *m* Hurer *m;* **~r** [1g] *v/i.* huren, Unzucht treiben.
forni|do *adj.* stark; stämmig, kräftig; **~tura** *f* Typ. Satz *m* Lettern; ⚔ ~s *f/pl.* Leder- bzw. Koppel-zeug *n.*
foro *m* **1.** *hist. u. fig.* Forum *n; fig.* Gericht(ssaal *m*) *n*; Anwaltschaft *f*; ♀ *Romano* Forum *n* Romanum; ~ de *lectores* Leserforum *n;* **2.** *Thea.* Hintergrund *m;* F *desaparecer por el* ~ (ungesehen) verschwinden, verduften F; **3.** ⚖ *Art* Erbpacht (-vertrag *m*) *f;* Pachtzins *m.*
forofo F *m* Fan *m* F, Freak *m* F.
forra|do I. *adj.* **1.** gefüttert (mit *dat.* de); ~ *de piel* pelzgefüttert; **2.** *a.* ⊕ ausgeschlagen, verkleidet; be-, um-sponnen, umhüllt; **3.** *fig.* F ~ *(de dinero)* reich, betucht; **II.** *m* **4.** ⚓ Schalung *f;* **~je** *m* **1.** ♣ *Span.* Grünfutter *n; Am. bsd.* Trockenfutter *n;* ⚔ Furage *f für die Pferde;* ~ *mixto* Mischfutter *n;* echar ~ *al ganado* dem Vieh Futter geben; **2.** Futtermahd *f;* ⚔ Furagieren *n;* **3.** *fig.* F Wust *m;* **~jear** *v/i.* Futter mähen; ⚔ furagieren; **~jero** *adj.* Futter...; *plantas f/pl.* ~as Futterpflanzen *f/pl.;* **~r I.** *v/t.* **1.** füttern (mit *dat.* con, de) *(Kleid usw.);* aus-, be-schlagen; überziehen; *Buch* einschlagen; **2.** umwickeln, umflechten; **II.** *v/r.* **~se 3.** F ~se *(de dinero)* Geld wie Heu verdienen; **4.** F *Guat., Méj.* tüchtig essen (*vorm Aufbruch*).
forro *m* **1.** Futter *n (Kleidung)*; Überzug *m*, Bezug *m*; Hülle *f*; (Buch-)Umschlag *m;* ~ *de borreguillo* Lammfutter *n*; F *ni por el* ~ überhaupt nicht, nicht im mindesten; **2.** ⊕ (Aus-)Fütterung *f*, Futter *n*, Verkleidung *f;* Beschlag *m;* Belag *m; Kfz.* ~ *de(l) freno* Bremsbelag *m;* **3.** Verschalung *f;* ⚓ Beplankung *f;* Außenhaut *f des Schiffes; falso* ~ Innenbeplankung *f*; **4.** F *Arg.* Pariser *m* F (= *Präservativ*).
forta|cho *adj.* *Arg., Chi.,* **~chón** F *adj.* kräftig, handfest; **~lecedor** *adj.* stärkend, kräftigend; **~lecer** [2d] **I.** *v/t.* **1.** stärken, kräftigen; ermutigen; **2.** befestigen; **II.** *v/r.* **~se 3.** erstarken; **~lecimiento** *m* **1.** Kräftigung *f,* Stärkung *f;* Abhärtung *f;* **2.** Erstarkung *f;* **~leza** *f* **1.** Seelenstärke *f,* Stärke *f*, Kraft *f*; Mut *m;* **2.** ⚔ Festung *f;* ✈ ~ *volante* Fliegende Festung *f (amer.*

Bomber des 2. Weltkriegs); **3.** *Chi.* Gestank *m;* **4.** *Chi. Art* Klickerspiel *n.*
forte ♪ **I.** *adv.* forte; **II.** *m* Forte *n.*
¡forte! ⚔ *int.* halt!, stopp! *b. Arbeiten.*
fortifica|ción *f* **1.** Befestigung *f;* Festung(swerk *n*) *f;* **2.** Festungsbau *m;* **~nte** *adj. c* kräftigend; *m* Stärkungsmittel *n;* **~r** [1g] **I.** *v/t.* **1.** stärken, kräftigen; bestärken; verstärken; **2.** ⚔ befestigen; *Stellung* ausbauen; ~ *con estacas* einpfählen; **II.** *v/r.* **~se 3.** ⚔ s. verschanzen; **4.** s. abhärten.
fortín *m* Schanze *f,* Bunker *m.*
fortísimo *sup. adj.* äußerst stark.
fortuito *adj.* zufällig.
fortu|na *f.* **1.** Schicksal *n,* Geschick *n;* *(buena)* ~ Glück *n,* gütiges Geschick *n; mala* ~ Unglück *n*, Pech *n* F; *bienes m/pl. de* ~ Glücksgüter *n/pl.; adv. con (buena)* ~ glücklich; *adv. por* ~ glücklicherweise; *hacer* ~ sein Glück machen; *probar (la)* ~ sein Glück versuchen; *no tener* ~ nicht ankommen, k-n Erfolg haben; **2.** Vermögen *n;* **3.** Zufall *m;* **4.** *de* ~ Not...; ⚓ *palo m (timón m) de* ~ Notmast *m* (-ruder *n*); **5.** ⚓ Sturm *m; correr* ~ in e-n Sturm *(od.* in Seenot) geraten; **6.** *Myth.* ♀ *Fortuna f, die* Glücksgöttin; **~nón** F *m* Riesenglück *n* F, Mordsschwein *f;* großes Vermögen *n,* Menge *f* Geld.
forúnculo *m* Furunkel *m.*
forza|damente *adv.* **1.** mit Gewalt; **2.** gezwungen; **~do I.** *adj.* gezwungen; erzwungen; zwangsläufig, zwangsweise; *Zwangs...; a marchas* ~as im Eilmarsch, im Gewaltmarsch; *Phys.,* ⊕ *movimiento m* ~ zwangsläufige Bewegung *f; trabajos m/pl.* ~s Zwangsarbeit *f;* **II.** *m* Sträfling *m; hist.* Galeerensträfling *m;* **~dor** *m* Notzüchtiger *m;* ⚓ ~ *de bloqueo* Blockadebrecher *m;* **~l** *m* Kammrücken *m;* **~miento** *m* **1.** Zwang *m;* (gewaltsamer) Durchbruch *m;* **2.** Vergewaltigung *f;* **~r** [1f *u.* 1m] **I.** *v/t.* **1.** ~ *a alg. a + inf. od. a que + subj.* j-n zwingen zu + *dat. od. + inf.;* **2.** *Tür, Schloß usw.* aufbrechen; (gewaltsam) eindringen in *(ac.),* einbrechen in *(ac.);* ⚔ ~ *el paso* durchbrechen; **3.** forcieren, erzwingen; steigern, vorantreiben; ~ *la marcha* den Marsch beschleunigen; **4.** überlasten, überanstrengen; ~ *la máquina* das Äußerste aus der Maschine herausholen; ~ *la voz de* Stimme überanstrengen; **5.** übertreiben, entstellen; **6.** notzüchtigen, vergewaltigen; **7.** ⚔ *Festung* erobern, einnehmen; *Blockade* (durch)brechen; **II.** *v/r.* **~se 8.** s. zwingen, s. Zwang antun.
forzo|samente *adv.* unbedingt, zwangsläufig; **~so** *adj.* notwendig, unvermeidlich, unumgänglich; zwingend; notgedrungen, zwangsläufig; Zwangs..., Not...; *es* ~ *que vengas* du mußt (unbedingt) kommen; *es not* necesario, daß du kommst; *visita f* ~a nicht zu umgehender Besuch *m; situación f* ~a Zwangslage *f.*
forzudo *adj.* sehr stark, gewaltig.
fosa *f* **1.** Grube *f*, Schacht *m;* ~ *séptica* Versitzgrube *f; Geol.* ~ *marina* ozea-

nischer Graben *m; Kfz.* → *foso* 2; **2.** Grab *n;* ~ *común,* ~ *comunitaria* Massengrab *n;* ~*-nicho* Nischengrab *n;* Grabnische *f;* **3.** *Anat.* Grube *f;* ~ *craneal* Schädelgrube *f;* ~s *f/pl. nasales* Nasenhöhlen *f/pl.;* **~r** *v/t.* mit e-m Graben umgeben.
fos|ca *f* Nebel *m;* **~co** *adj.* finster, dunkel; mürrisch.
fos|fatado *adj.* phosphathaltig; **~fatar** *v/t.* mit Phosphaten anreichern; *Eisen, Seide* phosphatieren; **~fático** *adj.* Phosphat...; **~fatina** *f:* P *hacerse* ~ (vollkommen) verbrennen, verkohlen; F *estar hecho* ~ total fertig sein F *(Person);* **~fato** ♠ *m* Phosphat *n;* ~ *de cal* Calciumphosphat *n.*
fosfo|recer [2d] *v/i.* phosphoreszieren; **~rera** *f* Streichholzschachtel *f; Col., Ec.* Feuerzeug *n;* **~rero** *m* Streichholzverkäufer *m;* **~rescencia** *f* Phosphoreszenz *f;* **~rescente** *adj. c* phosphoreszierend; **~rescer** *v/i.* → *fosforecer.*
fos|fórico *adj.* Phosphor...; **~forita** *Min. f* Phosphorit *m.*
fósforo *m* **1.** Phosphor *m; Col.* Zündhütchen *n e-r Feuerwaffe;* **2.** *bsd. Am.* Zünd-, Streich-holz *n;* **3.** *Astr.* Morgenstern *m.*
fos|foroso *adj.* phosphorig; **~furo** ♠ *m* Phosphid *n;* **~genita** *Min. f* Bleihornerz *n;* **~geno** ♠ *m* Phosgen *n.*
fósil I. *adj. c* versteinert, fossil; **II.** *m* Versteinerung *f,* Fossil *n; fig.* rückständiger Mensch *m,* Steinzeitmensch *m* F; Fossil *n.*
fosiliza|ción *f* Versteinerung *f;* **~rse** [1f] *v/r.* versteinern, fossilieren; *fig.* erstarren.
foso *m* **1.** Graben *m;* (Festungs-)Graben *m;* ~ *antitanque* Panzergraben *m;* ~ *de defensa* Verteidigungsgraben *m;* **2.** *a.* ⊕ Grube *f; Kfz.* ~ *(de engrase)* Abschmiergrube *f;* **3.** *Sp.* Sprunggrube *f;* **4.** *Thea.* Versenkung *f;* ~ *de la orquesta* Orchestergraben *m.*
foto F *f* Photo *n*, Foto *n;* → *fotografía,* **~calco** *m* Lichtpause *f;* **~célula** *f* Photozelle *f;* **~composición** *f* Photo-, Licht-satz *m; máquina f de* ~ Photosetzmaschine *f;* **~copia** *f* Photokopie *f,* Ablichtung *f;* **~copiadora** *f* Photokopiergerät *n;* **~copiar** [1b] *vt/i.* photokopieren; **~cromía** *Typ. f* Photochromie *f,* Lichtfarbdruck *m;* **~degradable** *adj. c* photochemisch abbaubar; **~eléctrico** *adj.* photoelektrisch; **~fobia** ♣ *f* Lichtscheu *f,* Photophobie *f.*
fo|tófono *m* Lichttongerät *n;* **~togénico** *adj.* **1.** vom Licht erzeugt *(chemische Veränderungen);* **2.** *Phot.* bildwirksam, photogen; **~tógeno** *adj.* lichterzeugend.
foto|grabado *m Typ.* Photo-, Heliogravüre *f;* Chemigraphie *f; Tonfilm:* ~ *(del sonido)* Lichttonband *n; taller m de* ~ chemigraphische Anstalt *f,* Klischieranstalt *f;* **~grafía** *f* **1.** Lichtbild *n,* Aufnahme *f,* Foto(grafie *f*) *n,* Photo(graphie *f*) *n;* Photographie *f,* Lichtbildnerei *f;* *tomar (od. sacar)* ~s Aufnahmen machen, photographieren; ~ *aérea* Luft-aufnahme *f*, -bild *n;* ~s *f/pl. de aficionados* Liebhaber-, Amateur-aufnahmen *f/pl.;* ~ *en blanco y negro* Schwarz-Weiß-Photographie *f; Span.* ~ *de carné (od. carnet*

Paß-bild *n*, -foto *n*; ~ *en color* Farbphotographie *f*; Farbaufnahme *f*; ~ *infrarroja* Infrarotphotographie *f*; *Sp.* ~ *de llegada* Zielfoto *n*; ~ *de medio cuerpo* Brustbild *n*; ~ *en perfil* Profilaufnahme *f*; ~*-robot* Phantombild *n*; ~ *submarina* Unterwasser-aufnahme *f*, -photographie *f*; **2.** Photoatelier *n*; **~grafiar** [1c] *vt/i.* photographieren; *fig.* genauestens beschreiben; **~gráfico** *adj.* photographisch, Photo...; *máquina f* ~*a, aparato m* ~ Photoapparat *m*.
fotógrafo *m* Photograph *m*, Fotograf *m*; ~ *de prensa* Pressephotograph *m*.
foto|grama *m* **1.** Photogramm *n*; **2.** Einzelaufnahme *f e-s bewegten Films*; **~grametría** *f* Photogrammetrie *f*, Bildauswertung *f*; **~litografía** Typ. *f* Lichtsteindruck *m*, Photolithographie *f*; **~mecánico** *adj.* photomechanisch; **~metría** *f* Photometrie *f*.
fotómetro *m* Belichtungsmesser *m*.
fotón *Phys. m* Photon *n*, Lichtquant *m*.
foto|novela *f* Photo-, Bild-roman *m*; **~protector** *m* Sonnenschutzmittel *n*; **~química** *f* Photochemie *f*; **~sensible** *adj. c* lichtempfindlich; **~sfera** *Astr. f* Photosphäre *f*; **~síntesis** *Biol. f* Photosynthese *f*; **~teca** *f* (Licht-)Bildarchiv *n*; **~terapia** ⚕ *f* Lichtbehandlung *f*; **~tipia** *f* Lichtdruck *m*, Phototypie *f*; **~tipografía** *f* Lichtdruck(verfahren *n*) *m*; **~tropismo** ⚘ *m* Phototropismus *m*.
fotuto *m Cu., Ven.* Muschelhorn *n*; *Am. Mér.* gr. Panflöte *f*.
foxterrier *m* Foxterrier *m*.
foxtrot ♪ *m* Foxtrott *m*.
foyer *m* Foyer *n* (*Thea.*).
frac *m* Frack *m*.
fraca|sado *m* gescheiterte Existenz *f*; **~sar** *v/i.* scheitern (*a. Schiff*); mißlingen, fehlschlagen; *Thea.* durchfallen; **~so** *m* Scheitern *n*; Fehlschlag *m*; Mißerfolg *m*, Fiasko *n*; *Thea.* Durchfall *m*; *a.* ⚔ Schlappe *f*.
frac|ción *f* **1.** Brechen *n*; *Rel.* ~ *del pan* Brotbrechen *n*; **2.** Bruchstück *n*; Bruchteil *m*; **3.** *Arith.* Bruch *m*; ~ *decimal* Dezimalbruch *m*; **4.** 🏭 Fraktion *f*; **5.** *Pol.* Flügel *m e-r Partei*; **~cionamiento** *m* Zerlegung *f*; *a.* ⚔ Gliederung *f*; 🏭 Fraktionieren *n*; **~cionar I.** *v/t.* (in Teile) zerlegen; teilen; zerstückeln; 🏭 fraktionieren; **II.** *v/r.* ~*se Pol.* s. in Gruppen aufspalten; **~cionario** *adj. Arith.* gebrochen (*Zahl*), Bruch...; *número m* ~ Bruchzahl *f*; *moneda f* ~*a* Scheidemünze *f*.
fractura *f* **1.** (Auf-)Brechen *n*; 🗝 *robo m con* ~ Einbruchdiebstahl *m*; **2.** ⚕ (Knochen-)Bruch *m*, Fraktur *f*; ~ *complicada* komplizierter Bruch *m*; **3.** *Min.*, ⊕ Bruch *m*; *Min.* ~ *concoidea* Schalenbruch *m*; **~do** *adj.* gebrochen; aufgebrochen; **~r** *v/t.* **1.** (zer)brechen; **~se** *una pierna* s. ein Bein brechen; **2.** *Tür, Schrank* auf-, er-brechen; *Tresor a.* knacken F.
fraga *f* Himbeerstrauch *m*; *Reg.* Abfallholz *n*.
fragan|cia *f* Wohlgeruch *m*, Duft *m*; **~te** *adj. c* **1.** wohlriechend; **2.** 🗝 → *flagrante* **1**.
fragaria ⚘ *f* Erdbeerpflanze *f*.
fragata *f* ⚓ Fregatte *f*; *Vo.* Fregattvogel *m*.
frágil *adj. c* **1.** zerbrechlich (*a. Aufschrift*); brüchig; spröde; *fig.* zart; vergänglich; *fig.* schwach; **2.** P *Méj.* arm.
fragilidad *f* Zerbrechlichkeit *f*; Brüchigkeit *f*; *fig.* Zartheit *f*; Vergänglichkeit *f*; *fig.* Schwäche *f*.
fragmen|tación *f* Abbröckeln *n*; Zer-, Ver-fall *m*; *fig.* Zersplitterung *f*; **~tar I.** *v/t.* zerstücke(l)n, teilen; **II.** *v/r.* ~*se* abbröckeln; s. (zer)teilen; **~tario** *adj.* fragmentarisch, in Bruchstücken; Trümmer...; **~to** *m* Bruchstück *n*, Fragment *n*; Splitter *m*; **~toso** F *adj. Am.* → *fragmentario*.
frago|r *m* Prasseln *n*, Klirren *n*; Krachen *n*, Gepolter *n*; Brausen *n*; *en el* ~ *del combate* im Lärm des Kampfes; *fig.* im Eifer des Gefechts; **~roso** *adj.* prasselnd, klirrend, brausend; **~sidad** *f* Unwegsamkeit *f*; Wildnis *f*, unwegsames Gelände *n*; *a. adj.* **1.** unwegsam, rauh; **2.** → *fragoroso*.
fragua *f* Schmiede *f*; Esse *f*; *fig.* ~ *de mentiras* Lügenfabrik *f*; **~do** ⊕ *m* Abbinden *n*; **~dor** *m* Anstifter *m*; Ränkeschmied *m*; **~r** [1i] **I.** *v/t.* schmieden (*a. fig.*); *fig.* aushecken, ausbrüten (*Freundschaft* festigen); **II.** *v/i.* ⊕ abbinden (*Mörtel, Zement*); härten (*Kunststoff*).
frai|lada *f* Pfaffenstück *n*; **~le** *m* **1.** Mönch *m*; ~ *mendicante* Bettelmönch *m*; **2.** Talarfalte *f*; **3.** Wandeinschnitt *m am Kamin*; **4.** *Fi.* Engelrochen *m*; **~lecillo** *m* **1.** *Vo.* a) Kiebitz *m*; b) Dompfaff *m*; **2.** Stützfüße *m/pl. am Seidenspinnrad*; **~lecito** *m* **1.** *Vo. Cu., P. Ri. Art* Brachvogel *m*; **2.** *Zo. Pe.* Goldhaaräffchen *n*; **3.** ⚘ *Cu. e-e* Wolfsmilchsorte; **~lería** F *f* Mönche *m/pl.*; *sillón m* ~ Armsessel *m mit Ledersitz*; **~lesco** F *adj.* → *frailero*; **~lillos** ⚘ *m/pl.* Mönchskappe *f*; **~lote** *desp. augm. m* Mönch *m*; **~luco** F *desp. m* Pfaffe *m* (*desp.* F); **~luno** *desp. adj.* pfäffisch (*desp.* F).
frambue|sa *f* Himbeere *f*; **~so** ⚘ *m* Himbeerstrauch *m*.
francachela F *f* Gelage *n*, Schlemmerei *f*; *estar de* ~ feiern, e-n draufmachen F, ein Gelage veranstalten.
francalete *m* Riemen *m* mit Schnalle.
francamente *adv.* offen gesagt; frei heraus, ganz offen.
fran|cés I. *adj.* französisch; *Ma. el Camino* ~ *der Pilgerweg nach Santiago de Compostela*; *a la* ~*esa* nach französischer Art; F *despedirse a la* ~*esa* s. auf französisch empfehlen; **II.** *m* Franzose *m*; *das Französische*; **~cesada** *f* **1.** *hist.* die frz. Invasion *unter Napoleon*; **2.** *mst. desp. et.* typisch Französisches; **~cesilla** ⚘ *f* **1.** a) scharfer Hahnenfuß *m*; b) *Art* Damaszenerpflaume *f*; **2.** Knüppel *m* (*Brötchen*).
francfort *m* **1.** → *frankfurt*; **2.** ♀ (*del Meno*) Frankfurt *m* (am Main).
Francia *f* Frankreich *f*.
francis|cano I. *adj. kath.* franziskanisch; *p. ext.* franziskanerbraun; **II.** *m kath.* Franziskaner *m*; ♀*co* **I.** *m npr.* Franz *m*; *ecl.* Franziskus *m*; **II.** *adj.-su.* ♀ → *franciscano*.
francma|són *m* Freimaurer *m*; **~sonería** *f* Freimaurerei *f*.
franco I. *adj.* **1.** frei; Frei...; ~ *de todo gasto* kostenfrei; es entstehen k-e Unkosten; ✝ ~ (*a*) *domicilio* frei Haus; *puerto m* ~ Freihafen *m*; *zona f* ~*a* (Zoll-)Freizone *f*; ~ *de porte* porto-, fracht-frei; **2.** freimütig, offen(herzig); aufrichtig; *ser* ~ *a* (*od.* [*para*] *con, para*) offen sein zu (*dat.*); **3.** klar, eindeutig, entschieden; **4.** freigebig; großzügig; **5.** *hist.* fränkisch; *lengua f* ~*a* Lingua *f* franca; **6.** *in Zssgn.* französisch; *convenio m* ~*-español* französisch-spanisches Abkommen *n*; **7.** *piso m* ~ konspirative Wohnung *f*; **II.** *m* **8.** *hist.* Franke *m*; *hist.* Europäer *m im orientalischen Mittelmeerraum*; **9.** *Münzen:* Franken *m* (*Schweiz*); Franc *m* (*Belgien, Frankreich*); **~bordo** ⚓ *m* Freibord *m*; **~cuartel** 🛡 *m* Freiviertel *n*.
franco|filo *adj.-su.* frankophil, franzosenfreundlich; **~fobo** *adj.-su.* franzosenfeindlich.
francolín *Vo. m* Haselhuhn *n*.
Franconia *f* Franken *n*.
francote F *adj.* sehr freimütig.
francotirador *m* Franktireur *m*, Freischärler *m*; Heckenschütze *m*.
franchu|te *m*, **~ta** *f desp.* Franzose *m*, Franzmann *m* F; Französin *f*.
franela *f* **1.** *tex.* Flanell *m*; ~ *de algodón* Biber *m*. **2.** *Cu., P. Ri., Col., Ven.* Unterhemd *m*.
franelear F *v/t. Arg.* Frau befummeln F, betatschen F.
frangir [3c] ⚙ *v/t.* (zer)brechen.
frango|llar F *v/t.* verpfuschen, verkorksen F; **~llo** *m* **1.** gekochter Weizenschrot *m*; Viehfutter *n* aus Gemüse u. Schrot; *Chi.* Mais-, Weizen-schrot *m*; **2.** *Kchk. Arg., Cu., P. Ri.* Maisschroteintopf *m*; *Cu., P. Ri.* Süßspeise *f* aus zerriebenen Bananen; **3.** F Schlangenfraß *m* F; **4.** *fig.* F Machwerk *n*, Pfuscherei *f*, Murks *m* F; **~llón** F *adj.-su.* Pfuscher *m* F, Hudler *m*.
fran|ja *f* **1.** Franse *f*; **2.** Streifen *m*; *Geogr.* ~ *costera* Küstenstreifen *m*; **~j(e)ar** *v/t.* mit Fransen besetzen.
frankfurt *Kchk. m Span.* Brühwurst *f*; **~tería** *f Span.* Würstchenbude *f*.
fran|queable *adj. c* passierbar; **~queadora** *f*: ~ *automática* Frankiermaschine *f*; **~queamiento** *m* → *franqueo*; **~quear I.** *v/t.* **1.** ✉ *Briefe* frankieren, freimachen; *sin* ~ unfrankiert; "*a* ~ *en su destino*" „Porto zahlt Empfänger"; **2.** befreien (von *dat. de*); *Sklaven* freilassen; **3.** freimachen, freigeben *bzw.* erzwingen; ~ *la entrada* den Eintritt freigeben; den Eintritt erzwingen; eindringen; ~ *el paso* den Durchgang (*Übergang*) erzwingen; **4.** *Hindernis* nehmen; über-schreiten, -queren, -springen; ~ *un río* über e-n Fluß setzen; **5.** ~ *se* s. willfährig zeigen; **6.** sein Herz ausschütten (*dat. con*); **~queo** *m* **1.** ✉ Freimachen *n*; (Brief- *usw.*)Porto *n*; **2.** Freilassung *f e-s Sklaven*; **~queza** *f* **1.** Offenheit *f*, Freimütigkeit *f*; *con toda* ~ in aller Offenheit, unumwunden;

franquía — fresca

hablando con ~ offen gesagt, offen gestanden; **2.** Freiheit *f v. Abgaben, Leistungen;* **3.** Großmut *f;* Großzügigkeit *f;* **~quía** *f: adv. en ~* ⚓ seeklar; *fig.* frei; ⚓ *ponerse en ~* seeklar gemacht werden; **~quicia** *f Kfz. Versicherung:* Selbstbeteiligung *f; ~ (aduanera)* Zollfreiheit *f; ~ postal* Portofreiheit *f; en ~* zollfrei *(Sendung); ~ de equipaje* Freigepäck *n.*
franquis|mo *m* Franco-Zeit *f;* Frankismus *m;* **~ta** *adj.-su. c* Franco..., frankistisch; *m* Francoanhänger *m.*
fraque *m* Frack *m.*
frasca *f* dürres Laub *n,* Reisig *n; Méj.* Lärm *m,* Tohuwabohu *n.*
frasco *m* **1.** kl. Flasche *f,* Flakon *m; ~ cuentagotas* Tropfflasche *f; ~-petaca* Taschenflasche *f,* Flachmann *m* F; **2.** Pulver-flasche *f,* -horn *n.*
frase *f* **1.** Satz *m;* Ausspruch *m;* (geflügeltes) Wort *n;* Ausdruck *m,* Wendung *f; ~ hecha* Redewendung *f,* stehende Wendung *f;* Schlagwort *n; ~ proverbial* sprichwörtliche Redensart *f; ~ sacramental* (Eides-, Sakraments-)Formel *f;* **2.** *mst.* **~s** *f/pl.* Phrasen *f/pl.,* leeres Gerede *n;* **3.** ♪ *~ (musical)* Phrase *f;* **~ar** *v/i.* Sätze bilden; *desp.* Phrasen machen; ♪ phrasieren; **~ología** *f* **1.** Phraseologie *f (a. Buch);* Ausdrucksweise *f;* **2.** *desp.* Phrasendrescherei *f,* Geschwätz *n;* **~ológico** *adj.* phraseologisch.
frasqueta *Typ. f* Papierrahmen *m der Handpresse.*
fratás △ *m* Reibebrett *n zum Verputzen.*
frater|nal *adj. c* brüderlich; Bruder...; geschwisterlich; *amor m ~* Bruderliebe *f;* **~nidad** *f* Brüderlichkeit *f;* Bruderliebe *f;* **~nizar** [1f] *v/i. s.* verbrüdern; *nur Pol.* fraternisieren; enge Freundschaft (mitea.) schließen; **~no** *adj.* brüderlich; Bruder..., Geschwister...
fratría *Biol. koll. f* alle Abkömmlinge *m/pl.* vom gleichen Elternpaar.
fratrici|da I. *adj. c* brudermörderisch; *guerra f ~* Bruderkrieg *m;* **II.** *m* Bruder- (Schwester-)mörder *m;* **~dio** *m* Bruder- (Schwester-)mord *m.*
frau|de *m* Täuschung *f,* Betrug *m;* Unterschleif *m;* Zollbetrug *m;* Steuerhinterziehung *f; ~ alimenticio* Lebensmittelfälschung *f; ~ electoral* Wahlfälschung *f;* **~dulencia** *f* Betrug *m,* Täuschung *f;* **~dulento** *adj.* betrügerisch, in betrügerischer Absicht; Schwindel...
fraxinela ♀ *f* Diptam *m,* Spechtwurzel *f.*
fray *m* (Kloster-)Bruder *m, nur vor dem Vornamen gebräuchlich; ~ Martín* Bruder Martin.
frazada *f Chi., Pe., Rpl.* wollene Bettdecke *f.* [ser *n.*]
freático *adj.: agua f ~a* Grundwas-f
frecuen|cia *f* Häufigkeit *f,* (häufige) Wiederholung *f; a. Phys., Li., f* Frequenz *f; con (mucha) ~ (sehr) oft; ⚡, HF alta (baja)* Hoch- (Nieder-)frequenz *f; ~ acústica* Tonfrequenz *f; ~ modulada, Abk.* FM Modulationsfrequenz *f; Rf.* Ultrakurzwelle *f, Abk.* UKW; ⚡ *~ del pulso* Pulsfrequenz *f;* 🚋 *~ de los trenes* Zugfolge

f; ⚡ *~ respiratoria* Atemfrequenz *f; HF ~ ultraalta, ~ ultraelevada, ~ VHF* Ultrahochfrequenz *f,* UHF-Frequenz *f;* **~címetro** ⚡ *m* Frequenzmesser *m;* **~table** *adj. c* frequentierbar; *no es ~ da darf man nicht hingehen;* mit dem darf man nicht verkehren; **~tación** *f* Verkehr *m;* Umgang *m;* häufiger Besuch *m;* Zulauf *m;* **~tado** *adj.* belebt *(Straße usw.);* (gut) besucht; **~tador** *adj.-su.* häufiger Besucher *m;* Stammgast *m;* **~tar** *v/t.* häufig besuchen; *Schule* besuchen; *Weg* (üblicherweise) gehen; verkehren mit *(dat.) bzw.* in *(dat.); ~ el teatro* häufig ins Theater gehen; *~ los sacramentos (Méj. ~ abs.)* (regelmäßig) zur Kommunion gehen; **~tativo** *Gram. adj.-su. m* Frequentativ(um *n) m;* **~te** *adj. c* häufig; rasch; schnell *(Puls, Schwingungen);* **~temente** *adv.* oft, häufig; **~tísimo** *sup. adj.* sehr häufig; oft wiederholt.
frega|dera *f,* **~dero** *m* Spül-stein *m,* -becken *n;* **~do I.** *m* Scheuern *n;* Abwaschen *n; fig.* F *meterse en un ~ s.* in e-e üble Sache einlassen; **II.** *adj. Arg., Chi.* ärgerlich; *Col.* schwierig; lästig; F *Col. estamos ~s wir sind aufgeschmissen f;* **~dor** *m* Scheuerlappen *m; →* fregadero; **~dora** *f: ~ automática* Geschirrspülmaschine *f;* **~jo** *m* Scheuerlappen *m;* **~miento** *m →* fricción; **~r** [1h *u.* 1k] **I.** *vt/i.* scheuern; abwaschen; spülen; kräftig reiben; *agua f de ~* Abwasch-, Spül-wasser *n;* **II.** *v/t.* F *Am.* ärgern, belästigen.
frego|na *f* **1.** Scheuerfrau *f;* Putzfrau *f; fig.* P ordinäres Weib *n;* **2.** *Art* Mop *m* zum Boden-Aufwischen, Wischmop *m;* **~tear** F *v/t.* wiederholt abreiben; nachlässig abwaschen.
frei|dora *Kchk. f* Fritüre-Gerät *n,* Fritiertopf *m;* **~dura** *f* Braten *n* in der *Pfanne;* **~duría** *f* Fischbraterei *f;* (typisches) Fischrestaurant *n; ~ (callejera)* Garküche *f.*
freír [3m; *part. frito*] **I.** *v/t.* **1.** *in der Pfanne* braten, backen; **2.** *fig.* P erschießen, abknallen P; **3.** F ärgern, auf die Nerven gehen *(dat.);* F *~ a alg. a preguntas* j-n ausquetschen F, j-n mit Fragen bombardieren F; **II.** *v/r.* **~se 4.** *fig.* braten, umkommen *vor* **fréjol** *m →* fríjol. *[Hitze.f* **frémito** *m poet.* Gebrüll *n,* Brüllen *n;* ⚡ Fremitus *m,* Schwirren *n.*
frena|do I. *Am.,* **~do** *m bsd. Span.* Bremsen *n;* Bremsvorrichtung *f; (camino m del) ~* Bremsweg *m;* **~je** *m* Bremsen *n; ~ en V* Schneepflug *m* Kfz. Schifahren; **~r I.** *vt/i. a. fig.* bremsen; *fig.* zurückhalten, hemmen; *~ en seco* scharf (ab)bremsen; **II.** *v/r. ~se s.* zurückhalten, s. zügeln; **~zo** *m* scharfes Bremsen *n.*
fre|nesí *m* Tobsucht *f; fig.* Raserei *f;* **~nético** *adj.* tobsüchtig; *fig.* rasend, tobend, frenetisch; **~netismo** *m* Rasen *n,* irre Begeisterung *f.*
frénico *Anat. adj.* Zwerchfell...; *nervio m ~* Phrenikus(nerv) *m.*
frenillo *m* **1.** *Anat.* Bändchen *n;* Zungenbändchen *n; p. ext.* Maulkorbriemen *m; fig.* F *no tener ~ en la lengua* kein Blatt vor den Mund nehmen; **2.** ⚓ Jochleine *f.*
freno *m* **1.** *Equ.* Zaum *m,* Kandare *f;*

fig. Zaum *m,* Zügel *m; ~ acodado, ~ gascón* leichte Kandare *f,* Fohlenkandare *f; fig. correr sin ~* ein zügelloses Leben führen; *echar (un) ~ a la lengua* die Zunge im Zaum halten; *perder el ~* den Halt verlieren; *morder (od. tascar) el ~* s-n Zorn *(od.* s-n Ärger) verbeißen; *poner ~ a a/c.* e-r Sache Einhalt gebieten; *soltar el ~ a su imaginación* s-r Einbildungskraft die Zügel schießen lassen; **2.** Bremse *f;* Bremsvorrichtung *f; ~ aerodinámico* Bremsklappe *f; ~ de alarma* Notbremse *f; Kfz. ~ asistido* Servobremse *f; ~ por cable* Seilzugbremse *f; ~ de contrapedal (de disco)* Rücktritt-(Scheiben-)bremse *f; ~ hidráulico* hydraulische Bremse *f; ~ de mano (de pie, de pedal)* Hand- (Fuß-)bremse *f; ~ sobre el mecanismo (sobre la rueda)* Getriebe- (Rad-)bremse *f; ~* neumático Luftdruckbremse *f; ~ de tambor (de od. sobre las cuatro ruedas)* Trommel- (Vierrad-)bremse *f;* **3.** *f Arg.* Hunger *m.*
fre|nología *f* Phrenologie *f,* Schädellehre *f;* **~nológico** *adj.* phrenologisch; **~nólogo** *m* Phrenologe *m.*
frente I. *f* **1.** Stirn *f;* Antlitz *n; fig.* Kopf *m; ~ a ~ (ea.)* gg.-über, von Angesicht zu Angesicht, Auge in Auge; *con la ~ levantada (od. alta)* erhobenen Hauptes, stolz; mit dreister Stirn; **II.** *m* **2.** (△ *a. f)* Vorderseite *f,* Stirnseite *f,* Fassade *f,* Front *f;* Spitze *f;* Vorderteil *n;* Vorderseite *f* e-r *Münze f;* 🚇 *~ de un túnel* Tunneleingang *m;* ⛏ *~ de ataque, ~ de explotación* Abbaufront *f; ~ a* **a)** gg.-über *(dat.);* **b)** gegen *(ac.); al ~* **a)** an der *(bzw.* die) Spitze; **b)** oben *(über dem Text, als Überschrift);* **c)** vor sich; **d)** ⚓ zu übertragen; ⚓ *del ~* Übertrag; *de ~* von *(bzw.* nach) vorn; ⛏ *¡de ~! frei weg!; fig. acometer (a/c.) de ~ (et.)* mutig angehen; *den Stier bei den Hörnern packen; hacer ~ a* Widerstand leisten *(dat.),* widerstehen *(dat.),* die Stirn bieten *(dat.),* trotzen *(dat.);* e-r *Pflicht* nachkommen; *ponerse al ~ (de) s.* an die Spitze *(gen. od.* von *dat.)* setzen; die Leitung *(gen. od.* von *dat.)* übernehmen; *seguir de ~* geradeaus (weiter-)gehen *bzw.* (-)fahren; **3.** *Met.* ⛈, *Pol.* Front *f; Met. ~ frío* Kalt(luft)front *f; hist. Span.* ♀ *de Juventudes* falangistische Jugendorganisation; *Pol. hist.* ♀ *Popular* Volksfront *f;* **III.** *adv.* **4.** *Pe.* geradeaus; **~populista** *Pol. adj. c* Volksfront...
freo ⚓ *m* Meerenge *f.*
fresa I. *f* **1.** ♀ Erdbeere *f;* **2.** ⊕ Fräser *m,* Fräse *f;* Bohrer *m (Zahnarzt); ~ combinada* Fräs-, Messer-kopf *m;* **II.** *adj. inv.* erdbeerfarben, fraise; **~da** *Kchk. f* Erdbeernachtisch *m;* **~do** ⊕ *m* Fräsen *f;* gefräste Arbeit *f;* **~dor** *m* Fräser *m;* **~dora** ⊕ *f* Fräsmaschine *f;* **~dura** *f,* **~je** *m* ⊕ Fräsen *n;* **~l** *m* Erdbeerpflanzung *f;* **~r** ⊕ *vt/i.* (aus)fräsen.
fres|ca *f* (Morgen-, Abend-)Kühle *f;* frische Luft *f; salir (por la mañana) con la ~* ganz früh aufbrechen; *fig. soltarle a alg. cuatro ~s* j-m gewaltig aufs Dach steigen F, j-m gehörig die Meinung sagen; *→ a.*

fresco 5; **⁓cachón** F *adj.* frisch u. gesund, kräftig; stürmisch (*Wind*); **⁓cal I.** *adj. c* wenig gesalzen (*Fischkonserven*); **II.** *m* **⁓es** (*pl. inv.*) F Frechling *m*, Frechdachs *m*; **⁓camente** *adv.* **1.** frech; **2.** kürzlich; neuerdings; **⁓co I.** *adj.* **1.** frisch, kühl; *hace* ⁓ es ist kühl; *viento m* ⁓ frischer Wind *m*, kräftige Brise *f*; **2.** frisch, neu; *huevo m* (*pescado m*) ⁓ Frisch-ei *n* (-fisch *m*); *noticias f/pl.* **⁓as** neue Nachrichten *f/pl.*; **3.** frisch, gesund, munter; **4.** leicht (*Stoff*); **5.** kühl, gelassen; leichtfertig; dreist; frech, unverschämt; *fig. dejar* ⁓ *a alg.* j-n (gewaltig) hereinlegen; j-n an der Nase herumführen; *fig.* F *¡estamos* ⁓*s!* da haben wir die Bescherung (*od.* den Salat F)!, das hat uns gerade noch gefehlt!; *quedarse tan* ⁓ (*con*) s. nicht (im mindesten) aus der Ruhe bringen lassen (durch *ac. od.* bei *dat.*); **II.** *m* **6.** Frische *f*, Kühle *f*; *tomar el* ⁓ frische Luft schnappen; *dormir al* ⁓ im Freien schlafen; **7.** *Mal.* Fresko *n*; *pintar al* ⁓ *a fresco* malen, Fresken malen; **8.** *tex.* Fresko *m*; **9.** F Frechdachs *m*; **10.** *Andal., Am.* Erfrischung *f*; **⁓cor** *m* Kühle *f*; *Mal.* rosige Fleischfarbe *f*; **⁓cote** F *adj.* blühend, frisch u. rund; **⁓cura** *f* **1.** Kühle *f*, Frische *f*; **2.** Frechheit *f*, Unverschämtheit *f*; Schnoddrigkeit *f* F. [♀ *f* Walderdbeere *f*] **fre⁞sera** ♀ *f* Erdbeerpflanze *f*; **⁓silla**] **fres⁞nal** *adj. c* Eschen...; **⁓neda** *f* Eschenwald *m*; **⁓nillo** ♀ *m* Eschenwurz *f*; **⁓no** ♀ *m* Esche *f*; **⁓ón** ♀ *m* gr. Gartenerdbeere *f*.
fres⁞quedal *m* grüne Stelle *f* im ausgedörrten Land; **⁓quera** *f* Fliegenschrank *m*; Kühlschrank *m*; Speisekammer *f*; P Knast *m* F (= *Gefängnis*); **⁓quería** *f Am.* Erfrischungshalle *f*; Eisdiele *f*; **⁓quero** *m* Frischfischhändler *m*; **⁓quilla** ♀ *f Art* Pfirsich *m*; **⁓quillo** *m* Kühle *f*.
fresquista *c* Freskomaler *m*.
fresquito *adj.* (angenehm) kühl; mäßig (*Wind*).
freudi⁞ano *adj.-su.* Freud...; *m* Freudianer *m*, Anhänger *m* Freuds; **⁓smo** *m* Freudsche Theorie *f bzw.* Methode *f*.
freza *f* **1. a)** Laichen *n der Fische*; Laichzeit *f*; **b)** Laich *m*; Fischbrut *f*; **2.** Freßzeit *f der Seidenraupe*; **3.** *Jgdw.* **a)** Wühlloch *n*; **b)** Hirschlosung *f*; **⁓da** [1] ⅏ *v/i.* **1.** laichen; **2.** fressen (*Seidenraupe*); **3.** *Jgdw.* den Boden aufwühlen (*Tier*); **4.** misten (*Tier*).
fria⁞bilidad *f* Bröckeligkeit *f*, Brüchigkeit *f*; **⁓ble** *adj. c* bröck(e)lig, mürbe, brüchig, krümelig.
frialdad *f* Kälte *f*; Gefühlskälte *f*; Gleichgültigkeit *f*; ⚥ Impotenz *f des Mannes*; Frigidität *f der Frau*.
fríamente *adv. fig.* kalt, kühl, ohne Wärme, eiskalt.
Friburgo *m* Freiburg *n*.
frica *f Chi.* Tracht *f* Prügel; **⁓ción** *f* Reiben *n*; *fast nur Phon.* Reibung *f*; Reibegeräusch *n*.
fricandó *Kchk. m* Frikandeau *n*.
fricar [1g] ⅏ *v/t.* reiben.
fricasé *Kchk. m* Frikassee *n*.
fricativo *Phon. adj.-su.* frikativ; *m* Reibelaut *m*, Frikativ *m*.

fric⁞ción *f* Ab-, Ein-reibung *f*; *a.* ⊕ *u. fig.* Reibung *f*; *calor m de* ⁓ Reibungswärme *f*; *sin* ⁓ reibungslos; *dar una* ⁓ *a* abreiben (*bzw.* einreiben) (*ac.*) (mit *dat.* con); **⁓cionar** *v/t.* ab-, ein-reiben; frottieren; **⁓tómetro** ⊕ *m* Reibungsmesser *m*.
frie⁞ga *f* **1.** Ab-, Ein-reiben *n*; *dar* ⁓*s de* (*od.* con) mit (*dat.*) einreiben (j-n *a alg.*); **2.** F *Am. Reg.* Ärger *m*, Plackerei *f*; *Méj.* Abreibung *f* (*fig.* F), Verweis *m*; *Cu., Chi.* Tracht *f* Prügel; **⁓gaplatos** *m* (*pl. inv.*) Tellerwäscher *m*; Geschirrspülmaschine *f*; **⁓ra** *f* Frostbeule *f*.
frigi⁞dez *f* Kälte *f*; ⚥ Frigidität *f*; **⁓dísimo** *sup. adj.* eiskalt.
frígido *adj. poet.* kalt, eisig; ⚥ frigid.
frigio *adj.* phrygisch (*a.* ♪); *gorro m* ⁓ Jakobinermütze *f*.
frigo⁞rífico I. *adj.* **1.** Kälte erzeugend, Kühl...; ❄ Kälte...; *barco m* ⁓, *buque m* ⁓ Kühlschiff *n*; *instalación f* (*red f*) ⁓*a* Kühl-anlage *f* (-kette *f*); 🚃 *vagón m* ⁓ Kühlwagen *m*; **II.** *m* **2.** Kühlschrank *m*; *Pe.* Kühlhaus *n*; ⁓ *de compresor* Kompressorkühlschrank *m*; **3.** *Am.* Gefrierfleischfabrik *f*; **⁓rista** *adj.: técnico m* ⁓ Kältetechniker *m*.
fríjol *m* (*a. frijol*) gemeine Gartenbohne *f*; Stangenbohne *f*; *fig.* F *Méj. no ganar para los* ⁓*es* nicht (einmal) das Notwendigste zum Leben verdienen.
frijo⁞lar *m* Bohnenfeld *n*; **⁓lillo** ♀ *m Am. versch. Bäume.*
frío I. *adj.* **1.** kalt (*a. fig.*); *fig.* frostig; gleichgültig; kaltherzig, kaltschnäuzig F; seelenlos, kalt; *fig. están* ⁓*s* ihre Beziehungen haben s. abgekühlt; *estar* ⁓ *con respecto a a/c.* e-r Sache kühl gg.-überstehen; *más* ⁓ *que el hielo* eiskalt, in kaltem Zustand; *fig.* mit kühlem Kopf; *Typ. estampar relieves en* ⁓ kaltprägen; *eso le deja* ⁓ das ist ihm gleichgültig (das läßt ihn kalt; *se quedó* ⁓ **a)** es ließ ihn völlig gleichgültig (*od.* kalt); **b)** es verschlug ihm den Atem, er erstarrte; **2.** frigid, impotent; **II.** *m* **3.** Kälte *f*; *hace* ⁓ *es* ist kalt; *no les da ni* ⁓ *ni calor* das ist ihnen ganz gleichgültig; *tengo* ⁓ ich friere, mir ist kalt; **4.** Erkältung *f*; *coger* ⁓ s. erkälten; **5.** ⁓*s m/pl. Am. mit* Kältegefühl beginnendes Wechselfieber *n*.
friole⁞nto *adj. Am.* → *friolero*; **⁓ra** F *f* Kleinigkeit *f*, Lappalie *f* (*a. iron.*); **⁓ro** F *adj.* verfroren, sehr kälteempfindlich.
frisa *f* **1.** *tex.* Fries *m*; *Chi.* haarige Oberfläche *f von Plüsch usw.*; *León:* Wollumhang *m der Gebirgler*; ⚓ Dichtung *f*; **3.** ⚔ Palisadenhindernis *n*; **⁓do** *tex. m* aufgerauhtes Seidenzeug *n*; **⁓dor** *tex. m* Rauher *m* (*Person*); **⁓dura** *tex. f* Rauhen *n*, Ratinieren *n*; **⁓r I.** *v/t.* **1.** *tex.* Tuch (auf)rauhen, ratinieren; **2.** ⚓ abdichten. **II.** *v/i.* **1.** (mitea.) verkehren; **4.** herankommen (an *ac.* con, en); ⁓ *en los 60 años* nahe an den Sechzigern sein.
frisca *f Chi.* Prügel *pl.*
Frisia *f* Friesland *n*; ⚔ *caballo m de* ⁓ spanischer Reiter *m*; ⚥*o adj.-su.* → *frisón*.

friso △ *m* **1.** Fries *m*; **2.** Paneel *n*, Täfelung *f*; ⁓ *pintado* gemalter Sockel *m*.
frísol *m* → *fríjol*.
frisón I. *adj.* **1.** friesisch, friesländisch; *caballo m* ⁓ Ostfriese *m* (*Pferd*); **2.** † ungeschlacht, barbarisch; **II.** *m* **3.** Friese *m*, Friesländer *m*; *das* Friesische.
frisuelo *m Art* Pfannengericht *n*; ♀ → *fríjol*.
fri⁞ta ⊕ *f* Fritte *f*, Schmelze *f*; **⁓tada** *f* in der Pfanne Gebackene(s) *n*; **⁓tanga** F *f desp.* Gebackene(s) *n*, Fraß *m* F; *Pe.* Fleisch *n* mit Innereien; *Col.* Garküche *f*; **⁓tar** *v/t.* ⊕ fritten; P *Col., Salv.* braten, in der Pfanne backen; **⁓tería** *f Col.* **1.** Fritürepfanne *f*; **2.** Garküche *f*; **⁓tillas** *f/pl. prov. Art* Pfannengericht *n*; **⁓to I.** *part.* gebacken, gebraten; *fig.* F *estar* ⁓ die Nase (*od.* die Schnauze F) voll haben (von *dat.* de); F *estamos* ⁓*s* wir sind aufgeschmissen F; *me tiene* (*od. me trae*) ⁓ ich kann den Kerl nicht ausstehen; er fällt mir auf die Nerven (*od.* auf den Wecker F); *me tiene* ⁓ *con sus tonterías* s-e Dummheiten gehen mir auf die Nerven (*od.* auf den Geist F); **II.** *m* → **⁓tura** *f* Gebackene(s) *n*, Fritüre *f*.
frívolamente *adv.* leichtfertig.
frivo⁞lear *v/i.* tändeln, in den Tag hinein leben; **⁓lidad** *f* Leichtfertigkeit *f*, Frivolität *f*; Nichtigkeit *f*, Gehaltlosigkeit *f*.
frívolo *adj.* leichtfertig, frivol; nichtig, gehaltlos.
fron⁞da *f* **1.** Blatt *n*; Laub(werk) *n*; Wedel *m der Farne*; **2.** ⚔ Schleuder *f* (*Verband*); Kinnschleuder *f*; **3.** *Pol. hist. u. fig.* Fronde *f*; **⁓dosidad** *f* dichte Belaubung *f*, Blätterreichtum *m*; Laubwerk *n*; **⁓doso** *adj.* dicht belaubt; buschig; dicht (*Wald*).
fron⁞tal I. *adj. c* **1.** Stirn... (*a.* ⊕, *Anat.*); *a.* ✚ frontal, Frontal...; ⊕ auf der Stirnseite; *Vkw. choque m* ⁓ Frontalzs.-stoß *m*; **II.** *adj.-su. m* **2.** *Anat.* (hueso *m*) ⁓ Stirnbein *n*; **III.** *m* **3.** Stirnband *n*; **4.** *kath.* Frontale *n*, Vorderblatt *n des Altars* (*Parament*); **5.** ♪ Kapodaster *m*, Gitarrenbund *m*; **6.** *Zim.* Binder *m*; **7.** *Equ. Col., Ec., Méj.* → **⁓talera** *f* **1.** *Equ.* Stirnriemen *m*; **2.** *kath.* Altarbehang *m*; Paramenttruhe *f*; **⁓tera** *f* (Landes-)Grenze *f*; *de* ⁓ *Grenz...*; ⁓ *aduanera* Zollgrenze *f*; **⁓terizo** *adj.* angrenzend (an *ac.* de); *Grenz...*; *ciudad f* (*región f*) ⁓*a* Grenz-stadt *f* (-gebiet *n*); *incidente m* (*trabajador m*) ⁓ Grenz-zwischenfall *m* (-gänger *m*); *Lit. romance m* ⁓ Grenzromanze *f* (*spielt im maurischspan. Grenzgebiet zur Zeit der Reconquista*); **⁓tero I.** *adj.* gg.-überliegend (*dat.* de); **II.** *m hist.* Grenzkommandant *m*; **⁓til** *m* Jochkissen *n der Zugochsen*; **⁓tino** *adj.* mit e-m Stirnmal (*Tier*); **⁓tis** △ *m* → **⁓tispicio** *m* **1.** △ Vorder-, Giebel-seite *f*; Giebelwand *f*; **2.** *Typ.* Frontispiz *n*; **3.** F Gesicht *n*; **⁓tón** *m* **1.** △ Giebel(wand *f*) *m*; Aufsatz *m*, Abschluß *m*; **2.** Platz *m bzw.* Wand *f für das bask. Pelotaspiel*, **⁓tudo** *adj.* mit breiter Stirn.
fro⁞tación *f* → *frotadura*; **⁓tador**

frotadura — fuero 312

adj.-su. reibend, Reib...; *m Phys.* Reiber *m*, Reibkissen *n*; ~**tadura** *f*, ~**tamiento** *m* Reiben *n*; ✱ Einreibung *f*; ~**tar I.** *vt/i.* reiben; ab-, einreiben; frottieren; **II.** *v/r.* ~**se las manos** s. die Hände reiben (*a. fig.*); ~**te** *m* **1.** Reiben *n*; Ab-, Ein-reiben *n*; Frottieren *n*; ⊕ (Ab-)Reibung *f*; **2.** ✱ → ~**tis** ✱ *m* Abstrich *m*; Ausstrich *m*.
fruc|tífero *adj.* frucht-bringend, -tragend; Frucht...; *fig.* frucht-, nutz-bringend; ertragreich; ~**tificación** *f* ✱ Fruchtbildung *f*; *fig.* Ertrag *m*, Fruchttragen *n*; ~**tificar** [1g] *v/i.* Frucht tragen (*a. fig.*); *fig.* einträglich sein; *hacer* ~ *Vermögen* zinsbringend anlegen; ~**tosa** *f* Fruktose *f*, Fructose *f*, Fruchtzucker *m*; ~**tuario** *adj.* **1.** in Naturalien; **2.** → *usufructuario*; ~**tuoso** *adj.* fruchtbringend; *fig.* einträglich; nützlich, fruchtbar.
fru|frú *onom. m* Knistern *n* (*z. B. Seide*); ~**fruante** *adj. c* knisternd.
fruga|l *adj. c* **1.** genügsam, mäßig; **2.** einfach; spärlich, frugal; ~**lidad** *f* Mäßigkeit *f*, Bescheidenheit *f*, Genügsamkeit *f*.
frui|ción *f* Genuß *m*, Wonne *f*; Vergnügen *n*; ~**r** [3g]; *fast nur inf. gebräuchlich*] *v/i.* genießen; *Myst.* ~ *de Dios* Gott anschauen; ~**tivo** *adj.* genußbringend.
frun|ce, ~**cido** *m* Falte(n) *f*(/*pl.*); Rüsche(n) *f*(/*pl.*); Runzel *f*; ~**cimiento** *m* **1.** Falten *n*, Kräuseln *n* *e-s Stoffes*; (Stirn-)Runzeln *n*; **2.** *fig.* Verstellung *f*, Betrug *m*; ~**cir** [3b] *v/t.* Stoff fälteln, kräuseln, *Lippen* aufwerfen; *Mund* verziehen; *Stirn, Brauen* runzeln; zer-knittern, -knüllen; *ceño m* ~**ido** düstere Miene *f*; ~ *el entrecejo* finster blicken.
frusle|ría *f* Lappalie *f*; Firlefanz *m*; ~**ro** *adj.* belanglos; wertlos.
frus|tración *f* Vereitelung *f*; Enttäuschung *f*; *Psych.* Frustration *f*; ~**trado** *adj.* gescheitert; ge-, enttäuscht; frustriert; ~**tráneo** ✱ ⌑ *adj.* vergeblich, fruchtlos; ✱ frustran; ~**trar I.** *v/t. Erwartung, Hoffnung* täuschen, zunichte machen, nicht erfüllen; vereiteln, zum Scheitern bringen; *Psych.* frustrieren; **II.** *v/r.* ~**se** scheitern, fehlschlagen, mißlingen; ~**tre** F *m* Frust *m* F.
fru|ta *f* Frucht *f*; *koll.* Obst *n*; *fig.* F Frucht *f*, Folge *f*; *Arg. oft* Aprikose *f*; *Ant.* ~ *bomba* Papaya *f*; *fig.* ~ *del cercado ajeno* Kirschen *f*/*pl.* aus Nachbars Garten; ~ *de hueso* (*de pepita*) Stein- (Kern-)obst *n*; ~ *nueva* junges Obst *n*; ~ *de mesa*, ~ *de postre* Tafelobst *n*; *fig.* ~ *prohibida* verbotene Frucht *f*; *Kchk.* ~ *de sartén* Pfannengericht *n*; Pfannkuchen *m*; Auflauf *m*; ~ *seca* (*tardía, temprana*) Dörr- (Spät-, Früh-)obst *n*; ~(*s*) *del tiempo* **a)** frisches Obst *n* (*der Jahreszeit entsprechend*); **b)** *fig.* das Übliche der (entsprechenden) Jahreszeit (*z. B. Grippe*); ~**taje** *Mal. m* Fruchtstück *n*; ~**tal** *adj.-su.* Obst...; *m* Obstbaum *m*; ~**tería** *f* Obst-handel *m*, -handlung *f*; ~**tero I.** *adj.-su. m* **1.** (*buque m*) ~ Obstdampfer *m*; (*cuchillo m*) ~ Obstmesser *n*; **II.** *m* **2.** Obsthändler *m*; **3.**

Obstschale *f*; **4.** *Mal.* Fruchtstück *n*.
frútice ♀ *m* Strauch *m*; Staude *f*.
fruticola *adj. c* Obst(bau)...
fruti|cultor *m* Obst(an)bauer *m*; ~**cultura** *f* Obstbau *m*; ~**lla** *f* **1.** Rosenkranzperle *f*; **2.** ♀ *Rpl., Chi., Pe., Bol., Ec.* Chileerdbeere *f*; ~**llar** *m Am. Reg.* Erdbeerpflanzung *f*.
fruto *m* **1.** Frucht *f*; *fig.* Ertrag *m*, Ausbeute *f*; Nutzen *m*, Gewinn *m*; Frucht *f*, Folge *f*; ⚖ ~*s m/pl. civiles* Rechtsfrüchte *f*/*pl.*; *dar* (*od. llevar*) ~ Früchte (*od.* Frucht) tragen; *sacar* ~ *e-n* Vorteil haben; (e-n) Gewinn erzielen; *fig. sin* ~ ergebnislos, zwecklos; **2.** *fig.* Leibesfrucht *f*; ~ *de bendición* in rechtmäßiger Ehe gezeugtes Kind *n*.
fu *onom. m* Fauchen *n der Katze*; ¡~! pfui!, pff!, pah! (*Verachtung*); F *hacer* ~ **a)** Reißaus nehmen; **b)** fauchen, aber nicht kratzen; *ni* ~ *ni fa* **a)** weder Fisch noch Fleisch; **b)** mittelmäßig, so so, la la F.
Fúcares *m*/*pl.* (*das Geschlecht der*) Fugger *m*/*pl.*
fucila|r *v/i.* wetterleuchten; *fig.* glitzern; ~**zo** *m* Wetterleuchten *n*.
fuco *m* Lederalge *f*, Tang *m*.
fucsi|a I. *f* ♀ Fuchsie *f*; **II.** *m* Violettrosa *n*; **III.** *adj. inv.* violettrosa; ~**na** ♘ *f* Fuchsin *n*.
fudre *m gr.* Weinfaß *n*.
fuego *m* **1.** Feuer *n* (*a. fig.*); ⚔ → **2**; Brand *m*; ¡~! Feuer!; *adv. a* ~ mit Hilfe des Feuers, feuer...; *a* ~ *lento* bei mäßigem Feuer; *grabado m al* ~ Einbrennen *n* (*Klischieranstalt*); Heißprägen *n* (*Bucheinband*); *grito m de* ~ Feuer-alarm *m*, -alarm *m*; *el sagrado* (*od. sacro*) ~ das heilige Feuer; die heilige Flamme; *a sangre y* ~ *od. a* ~ *y hierro* mit Feuer u. Schwert; *Geogr.* Tierra *f* del ♀ Feuerland *n*; *a. fig.* atizar *el* ~ das Feuer schüren; echar ~, vomitar ~ Feuer speien (*Vulkan, Geschütz*); arrojar (*od.* echar) ~ por las narices Feuer schnauben; echó ~ por los ojos s-e Augen blitzten (*od.* sprühten) vor Zorn; echar leña al ~ *od.* apagar el ~ con aceite Öl ins Feuer gießen; hacer ~ Feuer machen; *huir del* ~ *y caer en las brasas* vom Regen in die Traufe kommen; *matar a alg. a* ~ *lento* j-m das Dasein zur Hölle machen; *fig. jugar con* (*el*) ~ mit dem Feuer spielen; *meter* (*od. poner*) *la*(*s*) *mano*(*s*) *en el* ~ *por alg.* für j-n die Hand ins Feuer legen; *pegar* (*od. prender*) ~ *a et.* in Brand setzen; *tocar a* ~ Feueralarm geben; die Feuerglocke läuten; *Spr. donde* ~ *se hace, humo sale* wo Rauch ist, ist auch Feuer; **2.** ⚔ (Geschütz-)Feuer *n*; *fort.* (Feuer-)Flanke *f*; ¡~! Feuer!; ~ *acelerado* Schnellfeuer *n*; ~ *de artillería* (*de barrera*) Artillerie- (Sperr-)feuer *n*; ~ *flanqueante* ~ *enfilado* Flankenfeuer *n*; ~ *graneado*, ~ *nutrido*, ~ *de tambor* Trommelfeuer *n*; ~ *nutrido a.* Schnellfeuer *n*; ~ *intermitente*, ~ *de hostigamiento* Störfeuer *n*; ~ *rasante* Flachbahnfeuer *n*, rasantes Feuer *n*; *dar* ~, *hacer* ~ Feuer geben; *romper el* ~ das Feuer eröffnen; *a. fig. estar entre dos* ~*s* zwischen zwei Feuer(linien) geraten, von zwei (*bzw.* von beiden) Seiten angegriffen werden; **3.** künstliches Feuer *n*; Leuchtfeuer *n*; Feuerzei-

chen *n*; ~*s m*/*pl. artificiales*, ~*s de artificio* Feuerwerk *n*; **4.** *Met.* ~ *fatuo* Irrlicht *n*; ~ *de San Telmo* Elmsfeuer *n*; **5.** *fig.* Hitze *f*, Leidenschaft *f*, Feuer *n*; *en el* ~ *de la disputa* im Eifer des Gefechts; **6.** ✱ Hitzpocken *f*/*pl.*; ~ *pérsico* Gürtelrose *f*; **7.** Herd *m*; *fig.* Familie *f*; *el pueblo tiene 100* ~*s* die Ortschaft zählt 100 Familien.
fueguino *adj.-su.* feuerländisch; *m* Feuerländer *m*.
fuel(**-oil**) *m* Heizöl *n*.
fuelle *m* **1.** (Blase-)Balg *m*; Balg *m* *e-r Kamera*; Duselsackbalg *m*; 🚗 Faltenbalg *m*, Verbindungsstück *n* von *D-Zug-Wagen*; faltbares Wagenverdeck *n*; ~*s m*/*pl.* Gebläse *n* *e-r Schmiede*; ♪ Orgelbälge *m*/*pl.*; *dar al* ~ den Balg treten (*bzw.* ziehen); **2.** Kleiderfalte *f*; **3.** *fig.* F Zuträger *m*, Ohrenbläser *m*.
fuente *f* **1.** Quelle *f* (*a. fig.*), Brunnen *m*; Springbrunnen *m*, Fontäne *f*; ~ *luminosa* Leuchtquelle *f*; Leuchtbrunnen *m*; ~ *de agua potable* Trinkwasser-brunnen *m*; -trog *m*; ~ *de información* Informationsquelle *f*; ~ *medicinal* Mineral-quelle *f*, -brunnen *m*; ~ *rejuvenecedora* Jungbrunnen *m*; △ ~ *monumental* Springbrunnen *m*; *fig. de buena* ~ aus guter Quelle; *fig. beber en buena*(*s*) ~(*s*) aus guter Quelle schöpfen; **2.** Schüssel *f*, Platte *f*; ~ *para asados* Stielkasserolle *f*; ~ *para ensaladas* Salatschüssel *f*; ~ *para fiambre* Aufschnittplatte *f*; ~ *de gratinar* Auflaufform *f*; **3.** *EDV* Schriftart *f*, Font *m*; **4.** *Am. Reg.* ~ *de soda* Trinkhalle *f*; Café *n*; ~**cilla**, ~**zuela** *f f dim. zu fuente.*
fuer *cj.*: *a* ~ *de als* (*nom.*); *o* ~ *de amigo tuyo* als dein Freund, da ich dein Freund bin.
fuera I. *adv.* außen; draußen; auswärts; heraus, hervor; hinaus; ⚓ seewärts; *auf See*; *de* ~ von außen; *nicht aus dem Ort* (*bzw. Land*); aus dem Ausland; *por* ~ außen; außerhalb, äußerlich; *con la lengua* ~ mit (heraus)hängender Zunge; ¡~! (*de*) *bordo* außenbords; ¡~! hinaus!; *Thea.* absetzen!, buh!; ¡~ *el sombrero!* Hut ab!, herunter mit dem Hut! F; *echar* ~ hinauswerfen; **II.** *prp.* ~ *de* außer (*dat.*), ausgenommen (*ac.*); außerhalb (*gen.*); ~ *del caso* nicht dazugehörig; unangebracht; *a. Sp.* ~ *de concurso* außer Konkurrenz; ~ *de toda esperanza* ganz hoffnungslos; wider alle Hoffnungen; ~ *de eso* außerdem; ~ *de lugar* fehl am Platz; unangebracht; ~ *de propósito* verfehlt, nicht angebracht; ~ *de juicio* unsinnig, verrückt; ~ *de serie* außer Serie, außer der Reihe (*herstellen*); ~ *de servicio* außer Betrieb; ~ *de sí* außer sich, fassungslos; wild, blindlings; ~ *de tiempo* zur Unzeit, unzeitgemäß; *a*(*l*) *turno* ~ *de la Reihe* (*vorlassen*); *Sp.* balón *m* ~ *de banda* Ausball *m*; *Sp.* ~ *de juego* im Aus; *fig. ir* ~ *de camino* irren; **III.** *cj.* ~ *de que* ... abgesehen davon, daß ...; **IV.** *m Sp.* ~ *de juego* Aus *n*.
fueraborda (*a. fuera borda*) *adj.-su. m* (*motor m*) ~ Außenbordmotor *m*.
fuero *m* **1.** Vorrecht *n*, Sonderrecht *n*; ♀ *Fuero m*, Sammlung *f* von Sonderrechten; *hist.* ♀ *Juzgo Sammlung f der*

westgotischen Gesetze; Span. hist. (*Franco-Regime*): ♀ del Trabajo Gesetz *n* zur Ordnung der Arbeit; hist. (*Franco-Regime*): ♀ de los Españoles etwa: Grundgesetz *n* der Spanier; **2.** Rechtsprechung *f*; Gerichtsstand *m*; Gerichtsbarkeit *f*; ~ *eclesiástico* kirchliche Gerichtsbarkeit *f*; de ~ von Rechts wegen; ~ *de la conciencia* Gewissen *n*; *fig.* en su ~ interno im Herzen; im Innern; *volver por los* ~s *de fuer et.* (*ac.*) eintreten (*od.* einstehen); **3.** *mst.* ~s *m*/*pl.* Überhebung *f*, Anmaßung *f*.

fuerte I. *adj. c* **1.** stark, kräftig; mächtig; widerstandsfähig; *hacerse* ~ ⚔ *s.* verschanzen; *fig.* nicht nachgeben, hartnäckig bestehen (auf *dat.* en); **2.** fest(sitzend); stabil; fest(gezogen) (*Knoten*); **3.** *fig.* schwer, hart; *fig. golpe m* ~ schwerer Schlag *m*, großes Unglück *n*; **4.** tüchtig, bewandert; *está* ~ *en física* Physik ist s-e Stärke, in Physik ist er gut; *estar* ~ *de a*/*c.* viel von et. (*dat.*) haben; **5.** *Phon.* stark (*Vokal*); *Gram. formas f*/*pl.* ~s stammbetonte Formen *f*/*pl.* des Verbs; **6.** hart (*Währung*); hist. Silber... im Ggs. zum Kupfergeld; **7.** schwer (*Wein*); stark (*Geruch*); stark (wirkend) (*Medikament*); **8.** 'groß (*Kapital, Vermögen*); **9.** grob, häßlich (*Wort*); **10.** triftig (*Grund*); **II.** *adv.* **11.** laut, kräftig; *gritar* ~ laut schreien; **12.** kräftig, gehörig; *desayunar* ~ kräftig frühstücken; *sacudir* ~ gut schütteln; durchrütteln; **13.** *a. fig.* hoch spielen; e-n großen Einsatz wagen; **III.** *m* **14.** ⚔ Werk *n*, Fort *n*; ~ *avanzado* Außenwerk *n*; **15.** *fig.* Höhepunkt *m*; **16.** *fig.* starke Seite *f*, Stärke *f*; **17.** Starke(r) *m*; *el derecho del más* ~ das Recht des Stärkeren, das Faustrecht; ~**mente** *adv.* **1.** stark, kräftig; **2.** nachdrücklich.

fuerza I. *f* **1.** Stärke *f*, Kraft *f*; Gewalt *f*, Macht *f*; de ~ gewichtig; *a la* ~, *por* ~ mit Gewalt, gewaltsam; notwendigerweise, notgedrungen; zwangsläufig; *a* ~ *de* + *inf. od.* + *su.* durch (viel) (*ac.*), mit viel (*dat.*), durch ein Übermaß von (*dat.*); *a* ~ *de entrenamiento* durch hartes Training, durch lange Übung; *a* ~ *de voluntad* durch die Kraft des Willens; *por la* ~ mit Gewalt; *a viva* ~, *con toda la* ~ mit aller Kraft; ⊕ *a toda* ~ mit voller Kraft; *con todas sus* ~s mit dem Aufgebot all(er) s-r Kräfte; F de *por* ~, *Méj.* de ~ → *a la* ~; ~ *animal*, ~ *de sangre* tierische (Zug-)Kraft *f*; *Kfz.* ~ *de arranque* Anzugskraft *f*; ✈ ~ *ascensional* Auftriebskraft *f*; ~ *aspiradora* Saugkraft *f*; ~ *atractiva* Anziehungskraft *f* (*a. fig.*); ~ *de la costumbre* Macht *f* der Gewohnheit; ~ *de expresión* Ur-(Ausdrucks-)kraft *f*; (*caso de* ~) *mayor* (Fall *m*) höhere(r) Gewalt *f*; ~s *f*/*pl. naturales* Naturkräfte *f*/*pl.*; Elementarkräfte *f*/*pl.*; ~ *de persuasión* (*Phys. de tracción*) Überzeugungs-(Zug-)kraft *f*; ~ *útil* Nutzkraft *f*; ~ *de voluntad* Willens-kraft *f*, -stärke *f*; (re)*cobrar* (*las*) ~s (wieder) zu Kräften kommen; *por lo que esté en mis* ~s soweit es in m-n Kräften steht; *hacer*

~ *s.* anstrengen; *hacer* ~ *a alg.* j-n zwingen; j-m Gewalt antun; *es* ~ + *inf.* man muß + *inf.*, es ist notwendig, zu + *inf.*; *donde* ~ *viene, el derecho se pierde* Macht geht vor Recht; *sacar* ~s *de flaqueza* aus der Not e-e Tugend machen; s. aufraffen, s. ermannen; **2.** ⚔ *u. Polizei:* ~s *f*/*pl.* (*armadas*) Streitkräfte *f*/*pl.*; ~ *activa*, ~ *efectiva* Iststärke *f*; ~s *aéreas* (*navales*) Luft- (See-)streitkräfte *f*/*pl.*; ~s *de choque* Stoß-kräfte *f*/*pl.*, -truppen *f*/*pl.*; ~ *pública* öffentliche Sicherheitsorgane *n*/*pl.*; F → **4**; ~s *de refresco* Verstärkung *f*; ~s *unidas* Gesamtmacht *f*; *fig.* ~s *vivas hist.* kampffähige Bevölkerung *f*; *fig.* (in) Handel *m* u. Industrie *f* (tätige Bevölkerung *f*); *die Honoratioren pl.*; **3.** F ⚡ Kraftstrom *m*; **II.** *m* **4.** F ~ *pública* Polizist *m*.

fue|**tazo** *m Am.* Peitschenhieb *m*; ~**te** *m Am.* Peitsche *f*; Reitgerte *f*; ~**tear** *v*/*t. Ant., Méj., Rpl.* (aus)peitschen.

fufar *v*/*i.* fauchen (*Katze*).

fufú *Kchk. m Am. Reg.* Bananen-, Yamswurzel- *od.* Kürbis-brei *m*.

fuga *f* **1.** Flucht *f*; *fig.* ~ *de cerebros* Brain-Drain *m*, Abwanderung *f* wissenschaftlicher Führungskräfte; 🚗 ~ *del conductor* Fahrerflucht *f*; 🎭 ~ *epiléptica* epileptische Absence *f*; *fig.* ~ *hacia adelante* Flucht *f* nach vorn; *darse a la* ~ flüchten, fliehen; s. aus dem Staub machen F; *poner en* ~ *a alg.* in die Flucht schlagen; **2.** ⊕ undichte Stelle *f*, Leck *n*; *tener* ~ undicht sein, leck sein; ~ *de gas* Gasentweichung *f*; **3.** ♪ Fuge *f*; ~**cidad** *f* 🎭 *u. fig.* Flüchtigkeit *f*; *fig.* Vergänglichkeit *f*; ~**da** *f* Bö *f*, Windstoß *m*; ~**do** *m* Abwanderung *f* nach Ausbrecher *m*; ~**rse** [1h] *v*/*r.* fliehen, flüchten; entfliehen, ausbrechen (aus *dat.* de); ~ *con* durchbrennen mit (*dat.*); ~**z** *adj. c* (*pl.* ~*aces*) 🎭 *u. fig.* flüchtig; *fig.* vergänglich; ~**zmente** *adv.* flüchtig; rasch enteilend.

fugitivo I. *adj.* fliehend; *a. fig.* flüchtig; *fig.* vergänglich; **II.** *m* Flüchtling *m*; Flüchtige(r) *m*, Ausbrecher *m*.

fugui|**llas** F *c* (*pl. inv.*) Heißsporn *m*; Wirrkopf *m*; Schwärmer *m*; ~**sta** *c* Ausbrecher *m*.

fuina *Zo. f* Steinmarder *m*.

ful P **I.** *adj. inv.* (*nur attr.*) verkorkst F, mißraten; □ → *falso*; **II.** *m* Hasch *n* F, Shit *m*, *n* F, Pot *n* F, Kif *m* F.

fula|**na** F *f* Nutte *f* F, Hure *f*; ~**nito** *m* → ~**no** *desp. m* Kerl *m* F, Typ *m* F; *Don* ♂ *de Tal* Herr Soundso; ♂ *y* ♀ *Zutano, Mengano y Perengano* X u. Y, Hinz und Kunz.

fular *tex. m* Foulard *m*.

fulastre P *adj. c* → *fulero* **1.**

fulcro ⊕ *m* Unterstützungspunkt *m* e-s Hebels.

fulero F *adj.* **1.** pfuscherhaft, stümperhaft, schlecht; **2.** → *fullero*.

ful|**gente** *adj. c od.* **fúlgido** *lit. adj.* glänzend, leuchtend, schimmernd, funkelnd; ~**gir** [3c] *lit. v*/*i.* strahlen, schimmern; blitzen, funkeln; ~**gor** *m* Schimmer *m*, Glanz *m*; Blitzen *n*, Strahlen *n*; ~**guración** *f* Blitzen *n*, Aufleuchten *n*; 🎭 **a)** Blitzschlag *m*; **b)** Fulguration *f* (*Behandlung*); ~**gurante** *adj. c* **1.** → *fulgente*; **2.** 🎭 stechend (*Schmerz*); ~**gurar** *v*/*i.* (auf)blitzen, aufleuchten; ~**gúreo**

adj. → *fulgente*; ~**gurita** *f Min. u. Sprengstoff*: Fulgurit *m*, *Min.* Blitzröhre *f*; ~**guroso** *adj.* strahlend, funkelnd, blitzend.

fúlica *Vo. f* Wasserhuhn *n*; ~ *negra* Bläßhuhn *n*.

fuligino|**sidad** *f* Rußigkeit *f*; Rußschwärze *f*; ~**so** *adj.* rußig, ruß-artig, -farbig; *lit.* tiefschwarz.

fuligo *m* **1.** Ruß *m*; **2.** 🎭 Zungenbelag *m*.

fulmi|**cotón** *m* Schießbaumwolle *f*; ~**nación** *f* Blitzen *n*; Blitzschlag *m*; Aufblitzen *n*; Detonation *f*; *fig.* Schleudern *n* des Bannstrahls, Verdammung *f*; ~**nador** *adj.-su.* blitzend; *lit.* Blitze schleudernd; *fig.* verdammend; ~**nante I.** *adj. c* **1.** blitzartig; plötzlich (auftretend), von schnellem Verlauf (*Krankheit*); *apoplejía f* ~ Schlag *m*; **2.** zündend; 🔫 *Knall*...; *gas m* ~ Knallgas *n*; **3.** *fig.* Blitz..., Donner..., Verdammungs...; *mirada f* ~ flammender (*mst.* = *drohender*) Blick *m*; *respuesta f* ~ Antwort *f*, auf die es keine Erwiderung gibt; **II.** *m* **4.** Sprengsatz *m*; Zündhütchen *n*; ~s *m*/*pl. de papel* Zündblättchen *n*/*pl.* für Spielzeugwaffen; ~**nar I.** *v*/*t.* durch Blitzschlag töten; *Blitze* schleudern; *fig.* niederschmettern; *den Bannstrahl* schleudern, *Strafe* verhängen; **II.** *v*/*i. fig.* wettern, toben; ~**nato** 🔫 *m* Fulminat *n*.

fulmi|**neo** *adj.* blitzartig, Blitz...; ~**nico** 🔫 *adj.*: *ácido m* ~ Knallsäure *f*.

fulle|**ría** *f* **1.** Mogeln *n*, Mogelei *f* b. Spiel; *fig.* Gaunerei *f*; *hacer* ~s mogeln, betrügen; **2.** *Col.* Angabe *f* F; ~**ro** *adj.-su.* **1.** Mogler *m*; Gauner *m*; **2.** *Arg.* Pfuscher *m*; **3.** *Col.* Aufschneider *m*; **4.** *Col.* drollig, ausgelassen (*Kind*).

fullona F *f* Streit *m*, Gezänk *n*.

fuma|**ble** *adj.* rauchbar; ~**da** *f* Zug *m beim Rauchen*; *Arg.* Possen *m*, Streich *m*; ~**dero** *m* Rauchzimmer *n*; ~ *de opio* Opiumhöhle *f*; ~**dor** *adj.-su.* rauchend; *m* Raucher *m*; ~ *pasivo* Passivraucher *m*; *yo no soy* ~ ich bin Nichtraucher; 🚂 *departamento m de* (*no*) ~*es* (Nicht-)Raucherabteil *n*; ~**nte** *adj. c* rauchend; 🔬 *ácido m nítrico* ~ rauchende Salpetersäure *f*; ~**r I.** *v*/*t.* **1.** rauchen; *papel m de* ~ Zigarettenpapier *n*; **II.** *v*/*t.* **2.** *Arg.* zum Narren halten, betrügen; **III.** *v*/*r.* ~*se* F **3.** ~*se a*/*c. irgendwo* fehlen, zu et. (*dat.*) nicht hingehen, s. schwänzen; ~*se la clase* den Unterricht schwänzen; **4.** ~*se a*/*c. et.* restlos ausgeben, et. auf den Kopf hauen F; et. verjuxen F; ~**rada** *f* **1.** Rauchwolke *f*; **2.** Pfeifevoll *f* Tabak.

fumaria ♀ *f* Feldraute *f*.

fumarola *Geol. f* Fumarole *f*, vulkanische Gasausströmung *f*.

fumeta F *c* Span. Hascher *m* F, Kiffer *m* F.

fumífero *lit. adj.* rauchend.

fumiga|**ción** *f* Ausräuchern *n*; ~**dor** *adj.-su. m* Desinfektor *m*; 🌬, ⚔ Nebelerzeuger *m*; ~**r** [1h] *v*/*t.* ausräuchern, einnebeln, vergasen; ~**torio** *adj.-su.* Räucher...; *m* Räucherpfanne *f* (*a.* für duftende Kräuter *u.ä.*).

fumígeno *adj.* rauchentwickelnd,

fumista — fusil

Rauch..., bsd. ⚔ Nebel...
fumis|ta m 1. Ofensetzer m; 2. Spaßvogel m; **~tería** f Ofenhandlung f; Werkstatt f e-s Ofensetzers.
fumívoro I. adj. rauchverzehrend; rauchabführend; **II.** m Rauchverzehrer m.
fumoso adj. rauchig; qualmend.
fu|nambulesco adj. seiltänzerisch; fig. verstiegen, extravagant; **~námbulo** m Seiltänzer m.
función f 1. Funktion f; Amt n, Tätigkeit f; en ~, en ~ones amtierend; cesar en las ~ones die Tätigkeit einstellen; sein Amt niederlegen; entrar en ~ones (s)ein Amt antreten; estar en ~ in Tätigkeit sein; in Betrieb sein; 2. ✱ Funktion f, Tätigkeit f der Organe; hacer las ~ones de die Funktionen von (dat.) übernehmen; 3. Feier f; Thea. Vorstellung f; ~ divina Gottesdienst m; ~ infantil Kindervorstellung f; ~ de sobremesa Nachmittagsvorstellung f; ~ de tarde (de noche) Abend-(Nacht-)vorstellung f; hoy no hay ~ heute k-e Vorstellung; fig. F habrá ~ es wird Krach (od. Zoff F) geben; 4. ⚹, ⊕ Funktion f, ⊕ Aufgabe f; 5. K Kriegshandlung f.
funciona|l adj. c funktionell, funktional; Betriebs..., Tätigkeits...; Leistungs...; wirtschaftlich, rationell; △ arquitectura f ~ funktionale Architektur f, Zweckbau m; ⚭ ecuación f ~ Funktionsgleichung f; muebles m/pl. ~es Anbaumöbel n/pl.; **~lismo** m Funktionalismus m; **~miento** m 1. Gang m, Lauf m e-r Maschine; Arbeitsweise f e-s Mechanismus f; Funktionieren n, Tätigkeit f; ⊕ ~ (completamente) automático (voll)automatische Arbeitsweise f, Automatik f; entrar en ~ anlaufen, s. einschalten (Maschine); poner en ~ in Betrieb setzen (bzw. nehmen); 2. Amtsverrichtung f; **~r** v/i. 1. gehen, funktionieren; arbeiten, in Betrieb sein; en condiciones de ~ betriebsfähig; no funciona außer Betrieb; 2. sein Amt ausüben; **~riado** m Beamtenschaft f; **~rio** m 1. Beamte(r) m; ~ público Staatsbeamte(r) m; 2. Pol. Funktionär m; **~rismo** m Bürokratie f, Amtsschimmel m; **~rización** f Verbeamtung f; **~rizar** [1f] v/t. verbeamten.
funche m Am. dicke Maissuppe f.
funda f Überzug m, Bezug m; Hülle f, Futteral n; (Zahn-)Krone f; ~ de almohada Kissenbezug m; ~ de automóvil Abdeck-plane f, -haube f; ~ axilar (Pistolen-)Halfter m; ♣ ~ de lona Persenning f; ~ protectora Schonbezug m, Schoner m; poner la ~ a z. B. Kissen überziehen.
funda|ción f 1. Gründung f; 2. Stiftung f; 3. ⊕ Fundament n, Unterbau m; **~cional** adj. c Gründungs...; Stiftungs...; **~damente** adv. begründeterweise; sicher; **~do** adj. (wohl)begründet; **~dor** adj.-su. 1. Gründer m; 2. Stifter m; **~mental** adj. c grundlegend, wesentlich, fundamental, Grund...; ley f ~ (Staats-)Grundgesetz n; ⚭ línea f ~ Grundlinie f; a. fig. piedra f ~ Grundstein m; **~mentalismo** m Pol. Fundamentalismus m; **~mentalista** m Pol. Fundamentalist m; **~mentalmente** adv. grundsätzlich; im wesentlichen; von Grund

aus; **~mentar** v/t. a. fig. stützen, e-e sichere Grundlage geben (dat.), untermauern; fig. begründen; **~mento** m 1. Grundlage f, Fundament n; △ mst. ~s m/pl. Fundament n, Grundmauern f/pl.; 2. Grund m, Begründung f; fig. Verläßlichkeit f, Ernst m; con ~ begründet(erweise); auf reiflicher Überlegung beruhend; sin ~ unbegründet; grundlos; carecer de ~ a) unbegründet sein; b) unzuverlässig sein; **~r I.** v/t. 1. gründen, errichten; 2. stiften; 3. Behauptung usw. (be)gründen, stützen (auf ac. en); **II.** v/r. ~se en △ ruhen auf (dat.); fig. beruhen auf (dat.), fußen auf (dat.), s. stützen auf (dat.), s. gründen auf (ac.); entspringen (dat.).
fun|dente I. adj. c 1. schmelzend; **II.** m 2. ⊕ Fluß-, Schmelz-mittel n, Zuschlag m; 3. ✱ Mittel n zum Einschmelzen von Geschwülsten; **~dería** f Schmelzhütte f, Gießerei f; **~dible** adj. c schmelzbar, gießbar; **~dición** f 1. Gießerei f; ~ de acero (fino) (Edel-)Stahlgießerei f; 2. Gießen n; Schmelzung f; 3. Guß m; ~ (de hierro) Eisenguß m, Gußeisen n; ~ artística Kunst-, Zier-guß m; ~ en bruto Rohguß m; ~ blanca Weißeisen n; ~ dulce Weichguß m; ~ dura Hartguß m; ~ en frío Kaltguß m; ~ maciza Kern-, Voll-guß m; ~ en molde Schalenguß m; Typ. ~ de tipos Schriftguß m; pieza f de ~ Gußstück n; 4. Typ. Sortiment n Schriften; **~dido** adj. geschmolzen; ~ en una (sola) pieza in e-m Stück gegossen; **~didor** m Gießer m; Schmelzer m; ~ de bronce Erz-, Gelb-gießer m; ~ de tipos de imprenta Schriftgießer m; **~didora** Typ. f: ~ de tipos Letterngießmaschine f; **~dillo** m Am. Hosenboden m; **~dir I.** vt/i. 1. schmelzen; einschmelzen; 2. gießen; en frío kalt gießen; cazo m de ~ Gießkelle f; 3. fig. vereinigen; (mitea.) verschmelzen; **II.** v/r. ~se 4. schmelzen; ⚹ durchbrennen, durchschmelzen; 5. fig. s. zs.-schließen, ✝ a. fusionieren; 6. Am. s. ruinieren.
fundo ⚮ m Grundstück n.
fúnebre adj. c Leichen..., Grab..., Grabes..., Trauer...; traurig, düster; canto m ~ Grab-, Trauer-gesang m; cara f ~ Trauermiene f; coche m ~ Leichenwagen m; comitiva f ~, cortejo m ~ Leichenzug m, Trauergeleit n; marcha f ~ Trauermarsch m; oración f ~ Grabrede f; pompas f/pl. ~s ~ funeraria.
funera|l I. adj. c Begräbnis...; **II.** m Begräbnis(zeremoniell) n; ~es m/pl. Trauergottesdienst m; Totenfeier f; ~ estatal Staatsbegräbnis n; **~la** adv.: ⚔ a la ~ mit gesenkten Waffen; in Trauerparade; fig. F ojo m a la ~ blaues (od. blutunterlaufenes) Auge n; **~ria** f Beerdigungsinstitut n; (caja f) ~ Sterbekasse f; **~rio** adj. Grab..., Begräbnis...; columna f ~a Totensäule f.
funéreo poet. adj. → fúnebre.
funes|tar ⚮ v/t. beflecken; entweihen; **~to** adj. unheilvoll, verhängnisvoll; unglückselig; todbringend.
fungible ⚖ adj. c vertretbar (Sachen).

fungi|cida m Mittel n gg. Pilzbefall, Fungizid n; **~forme** adj. c pilzförmig.
fungir [3c] v/i. Am. Cent., Méj. ein Amt ausüben; als Stellvertreter tätig sein; F s. einmischen.
fungo ✱ m Fungus m, flache Geschwulst f; **~sidad** ✱ f schwammiger Auswuchs m; **~so** bsd. ✱ adj. schwammig, ⚭ fungös.
funicular adj. c-su. m (ferrocarril m) ~ (Draht-)Seilbahn f, Schwebebahn f, Zahnradbahn f; ~ terrestre Bodenseilbahn f.
fuñique F adj. c linkisch, täppisch; zimperlich, pingelig F.
furaré Vo. m Chi. Art Drossel f.
furcia F f Hure f, Nutte f F.
furente lit. adj. c wütend, rasend, tobend.
furfuráceo ⚮ adj. kleienartig; ✱ Schuppen...
fur|gón m 1. 🚃 geschlossener Güterwagen m; ~ (de correos) Postwagen m; ~ (de equipajes) Gepäckwagen m; 2. Kfz. gr. Lieferwagen m, Kastenwagen m; **~goneta** Kfz. f Lieferwagen m.
furi|a f 1. Wut f, Raserei f, Toben n; Myth. u. fig. Furie f; acceso m (od. arrebato m) de ~ Tobsuchts-, Wut-anfall m; a (od. con) toda ~ mit aller Kraft; in größter Eile; (wie) wild; estar hecho una ~ toben, rasen, wüten; 2. Méj. wirrer Haarschopf m; **~bundo** adj. wütend, rasend; **~oso** adj. rasend, tobend, wütend; tobsüchtig.
furo ⊕ m Einfüllöffnung f der Form für Zuckerhüte; Méj. Spitze f des Zuckerhuts.
furor m 1. Raserei f, Wüten n; 2. ✱ Toben n; ~ del juego Spiel-wut f, -leidenschaft f; ~ popular Volkszorn m; ~ uterino Mannstollheit f; 2. Begeisterung f; hacer (od. causar) ~ Furore machen; 3. fig. F rasende Schnelligkeit f.
furriel m 1. ⚔ (cabo m) ~ Quartiermacher m; Furier m; 2. hist. kgl. Oberstallmeister m.
furris F adj. inv. (a. furrio) prov. u. Am. Reg. erbärmlich, elend, schlecht; verpfuscht.
furruco m Ven. Hirtentrommel f.
furti|vismo m Wilderei f, **~vo** adj. heimlich, verstohlen; (cazador m) ~ m Wilderer m.
fu|rúnculo m Furunkel m; **~runculosis** ✱ f Furunkulose f.
fusa ♪ f Zweiunddreißigstelnote f.
fusado ⚮ adj. mit Spindeln.
fusco adj. schwärzlich, dunkel.
fuselaje ✈ m Rumpf m.
fusi|bilidad f Schmelzbarkeit f; **~ble I.** adj. c schmelzbar; **II.** m ⚹ Sicherung f; ~ de plomo Bleisicherung f; ~ principal Hauptsicherung f; ~ automático Sicherungsautomat m; **~forme** adj. c spindelförmig.
fusil m Gewehr n; Sp. ~ acuático, ~ lanzaarpones, ~ submarino Unterwassergewehr n; ~ ametrallador leichtes Maschinengewehr n, Abk. l.M.G.; ~ de asalto (automático) Sturm-(Selbstlade-)gewehr n; ~ de avancarga, ~ de baqueta Vorderlader m; ~ de chispa (de percusión) Steinschloß (Zündnadel-)gewehr n; ~ de repetición (de retrocarga) Mehr- (Hinter-

lader *m*; **~lamiento** *m* Erschießung *f*; ~ *en masa* Massenerschießung *f*; **~lar** *v/t*. 1. standrechtlich erschießen, füsilieren; 2. *fig*. F plagiieren, abschreiben, abkupfern F; *Buch a.* zs.-stoppeln F; **~lazo** *m* Gewehrschuß *m*; **~lería** *f* 1. Gewehrfeuer *n*; Infanteriefeuer *n*; 2. Gewehre *n/pl.*; 3. Schützen *m/pl.*; **~lero** *m* Schütze *m*; Füsilier *m*, Musketier *m*.

fusi|ón *f* 1. Schmelzen *n*; Schmelze *f*; *Phys*. ~ *nuclear* Kern-fusion *f*, -verschmelzung *f*; *punto m de* ~ Schmelzpunkt *m*; ~ *reductora* Frischen *n v. Stahl*; 2. *fig*. Verschmelzung *f*; Zs.-schluß *m*; ✝, *Pol*. Fusion *f*; **~onar I.** *v/t*. verschmelzen, zs.-schließen; **II.** *v/r*. ~*se s.* zs.-schließen, ✝ *a.* fusionieren.

fuso 🛇 *m* Raute *f*.

fus|ta *f* 1. (Kutscher-)Peitsche *f*; Reitgerte *f*; 2. Reisig *n*; **~tado** 🛇 *adj*. geschäftet; **~tal**, **~tán** *m tex.* Barchent *m*; *Am*. Unterrock *m*; **~tazo** *m* Peitschenhieb *m*.

fus|te *m* 1. Schaft *m*; Säulenschaft *m*; 2. Stange *f* (*Holz*); Deichselstange *f*; 3. Gerte *f*, Rute *f*; 4. *Equ.* Sattelbaum *m*; *poet*. Sattel *m*; 5. *fig*. Kern *m*, Gehalt *m*; *de* ~ wichtig, bedeutend; gewichtig; *de poco* ~ unbedeutend; **~tero** *m prov.* Drechsler *m*; Zimmermann *m*; **~tete** ♀ *m* Färberbaum *m*; **~tigación** *f* Auspeitschung *f*; **~tigador** *adj.-su.* Auspeitscher *m*; **~tigar** [1h] *v/t*. (aus)peitschen; *fig*. geißeln.

fútbol *m* (*a. futbol*) Fußball *m*; Fußball(spiel *n*) *m*; ~ *americano* (American) Football *m*; ~ *sala*, ~ *salón* Hallenfußball *m*.

futbo|lero *adj*. *Am*. Fußball...; **~lín** *m* Tischfußball *m*; **~lista** *c* Fußballspieler *m*, Fußballer *m* F; **~lístico** *adj*. Fußball...

fute|sa, **~za** *f* Lappalie *f*, Bagatelle *f*; Firlefanz *m*.

fútil *adj. c* nichtig; geringfügig; belanglos, nichtssagend.

futilidad *f* Geringfügigkeit *f*; Nichtigkeit *f*.

futre *m* *Arg.*, *Chi.* Modenarr *m*, Geck *m*, Stutzer *m*.

futu|ra *f* 1. Anwartschaft *f*; 2. *Typ*. Futura *f* (*Schrift*); 3. F Braut *f*, Zukünftige *f* F; **~rable** F *adj. c* eventuell (zu)künftig (eintretend); *los ministros* ~ *son* ... als Minister kommen evtl. in Frage ...; **~rible** F *adj.-su. c* → *futurable*; **~rario** *adj*. Anwartschafts...; **~rismo** *Ku*. *m* Futurismus *m*; **~rista** *adj.-su. c* futuristisch; *m* Futurist *m*; **~ro I.** *adj*. 1. künftig; *en lo* ~ in Zukunft; *Theol*. *la vida* ~*a* das künftige Leben, das Leben im Jenseits; **II.** *m* 2. Zukunft *f*; *en el* ~ in Zukunft, künftig; *en un próximo* ~ in naher Zukunft, bald; *leer* (*od. adivinar*) *el* ~ wahrsagen; 3. *Gram*. ~ (*imperfecto*) Futur(um) *n*, Zukunft *f*; ~ *perfecto* Futurum *n* exactum, vollendete Zukunft *f*; ~ *condicional* bedingte Zukunft *f* (*z.B. K si le vieres wenn du ihn siehst*; 🙵 *noch gebräuchlich*; *modern: si le ves*); 4. F Bräutigam *m*, Zukünftige(r) *m*, F; **~rología** *f* Futurologie *f*; **~rólogo** *m* Futurologe *m*.

G

G, g (= ge) f G, g n.
gabacho F *desp.* **I.** *adj.* französisch; **II.** *m* Franzmann *m*; mit Gallizismen durchsetztes Spanisch *n*.
gabán *m bsd. Am.* Mantel *m*; Überzieher *m*; ~ *de pieles* Pelz-überrock *m*; -mantel *m*.
gabar|dé □ *m* Franzose *m*; **~dina** *f tex.* Gabardine *m,f*; *mst.* imprägnierter Popelinemantel *m*.
gabarra ⚓ *f* Schute *f*; Last-, Fracht-kahn *m*; Leichter *m*; ~ *tanque* Tankleichter *m*.
gabarro *m* **1.** *Min.* Steinknoten *m*; **2.** *tex.* Webernest *n* (*Webfehler*); **3.** *vet.* Hufgeschwür *n*; Pips *m der Hühner*; **4.** *fig.* (lästige) Verpflichtung *f*; Fehler *m in e-r Rechnung*.
gabata *Jgdw.* f Rehkitz *n*; Wildkalb *n*.
gabazo *m* → bagazo.
gabela *f* **1.** *hist.* Abgabe *f*, (Salz-)Steuer *f*; *fig.* Last *f*, Belastung *f*; **2.** *Am. Reg.* Vorteil *m*, Gewinn *m*.
gabina f *Andal.* Angströhre *f* F (*Zylinder*).
gabinete *m* **1.** Arbeits-, Studierzimmer *n*; Nebenraum *m*; ⚕ Behandlungsraum *m*; ~ *de lectura* Lesesaal *m*; Leihbibliothek *f*; ~ (*de señora*) Ankleidezimmer *n*; kl. (eleganter) Damensalon *m*; *poeta m de* ~ Schreibtischpoet *m*; **2.** Kabinett *n*; Sammlung *f*; ~ *de estampas* Kupferstichkabinett *f*; ~ *de figuras de cera* Wachsfigurenkabinett *n*; ~ *de física* physikalischer Versuchsraum *m*; physikalisches Sammlung *f*; **3.** *Pol.* Kabinett *n*; Regierung *f*; Ministerium *n*; ~ *de oposición* Schattenkabinett *n*; *a. fig.* plantear la cuestión de ~ die Kabinetts- (*od.* Vertrauens-)frage stellen; **4.** *Col.* Erker *m*.
gablete △ *m* Giebel(abschluß) *m*.
Ga|bón *m* Gabun *n*; **~bonés** *adj.-su.* gabunisch; *m* Gabuner *m*.
gabrieles *fig.* F *m/pl.* Kichererbsen *f/pl. im cocido*.
gace|l *Zo.* *m* Gazellenbock *m*; **~la** *Zo.* *f* Gazelle *f*.
gace|ta *f* **1.** Amtsblatt *n*; Staatsanzeiger *m*; (Fach-)Zeitung *f*; **2.** ⊕ Brennkasten *m für Kachen usw.*; **3.** F → gacetista 2; **~tero** *m* Zeitungsverkäufer *m bzw.* -schreiber *m*; *fig.* Neuigkeitskrämer *m*; **~tilla** *f* Vermischte(s) *n*; Kurznachricht(enteil *m*) *f* (*Zeitung*); ~ *teatral* Theaterteil *m e-r Zeitung*; **~tillero** *m* Redakteur *m e-r gacetilla*; **~tista** F *c* **1.** eifriger Zeitungsleser *m*; **2.** Neuigkeitskrämer *m*.
gacha *f* **1.** Brei *m*; breiartige Masse *f*; ~s *f/pl.* (Mehl-, Milch-)Brei *m*; *Andal.* → zalamerías; **2.** *Col., Ven.*

irdener Napf *m*.
gachapanda *adv.*: *a la* ~ *Am.* heimlich, still u. leise.
gaché *m* **1.** Zigeunername für Andalusier *m*; **2.** *Andal. u.* P Liebhaber *m*; **3.** → gachó.
gacheta f **1.** *dim. zu* gacha; **2.** Kleister *m*; **3.** Zuhaltung *f im Schloß*.
ga|chí P *f* Puppe *f* F, Zahn *m* P (= *Mädchen*); **~chó** P *m* Mann *m*, Kerl *m* F.
gacho *adj.* **1.** (zur Erde) hängend, gebeugt; Schlapp...; nach unten gebogen (*Hörner*); *orejas f/pl.* ~*as* Schlappohren *n/pl.* (*Hund*); *con la cabeza* ~*a* mit gesenktem Kopf; (*andar*) *a* ~*as* auf allen vieren (kriechen); **2.** *Méj.* häßlich.
ga|chón *adj.* **1.** niedlich, hübsch; **2.** *Andal.* verwöhnt (*Kind*); **~chonada** F, **~chonería** F *f* Anmut *f*, Liebreiz *m*.
gachuela f **1.** Brei *m*; **2.** Kitt *m*.
gachumbo *m Am.* holzartige Schale *f z.B. der Kokosnuß*.
gachupín *desp. m Am. Cent., Méj.* → cachupín.
gaditano *adj.-su.* aus Cádiz.
gado *Fi. m* Dorsch *m*.
gaélico *adj.-su.* gälisch.
gafa *f* **1.** ~*s f/pl.* Brille *f*; ~*s auditivas* (*protectoras*) Hör- (Schutz-)brille *f*; ~*s de inmersión* (*de sol*) Tauch(er)-(Sonnen-)brille *f*; ~*s de pinza* Kneifer *m*, Zwicker *m*; **2.** Klammer *f*, Krampe *f*; Armbrustspanner *m*; ⚓ Hakenstropp *m*, Schenkelhaken *m*; **~r** *v/t.* verklammern.
ga|fe F *m* Unglücksbringer *m*; F *no seas* ~ mach kein' Quatsch! F; **~fo** ⚕ *adj.* krallenfingrig (*Leprakranker*).
gagá *adj.-su. c* kindisch, vertrottelt.
ga|go *adj. Am. Reg.* stotternd; **~guear** *Am. Reg. v/i.* stottern; näseln.
gai|ta I. *f* **1.** Schalmei *f*; ~ (*gallega*) Dudelsack *m*; ~ (*zamorana*) Dreh-, Bauern-leier *f*; *fig.* alegre como una ~ munter, lustig; F *templar* ~*s* Friedensstifter sein; (ständig) Rücksichten nehmen müssen; **2.** *fig.* F Hals *m*; Kopf *m*; **3.** F Unannehmlichkeit *f*, Vergnügen *n* (*iron.*); **4.** P *Arg.* galicische Magd *f*; **II.** *m* **5.** F *desp. Arg.* Spanier *m*; **~tero I.** *m* **1.** Dudelsackpfeifer *m*; **II.** *adj.* **2.** F aufgekratzt, vergnügt; **3.** grellbunt, knallig F (*Kleidung usw.*).
gajes *m/pl.* (Neben-)Einnahme(n) *f*(*/pl.*); *iron.* ~ *del oficio* Freuden *f/pl.* des Berufs.
gajo *m* **1.** (abgebrochener) Ast *m*, Zweig *m*; Büschel *n* (*Kirschen, Trauben usw.*); Bündel *n* (*Bananen*); Schnitz *m* (*Orange usw.*); **2.** ♀

Lappen *m*; **3.** ⚒ Zinke *f*, Zacken *m e-s Rechens usw.*; **4.** *Geogr.* Ausläufer *m e-s Gebirges*; **5.** *Am. Cent., Col.* Locke *f*; **6.** *Am. Reg.* Kinn *n*; **7.** F *Col.* ser del ~ de arriba zur höheren Gesellschaftsklasse zählen; **~so** *adj.* viel-ästig, -geteilt.
gal *Phys. m* Gal *n* (cm/s^2).
gala *f* **1.** Festkleidung *f*; Prunk *m*, Staat *m*; *fig.* Zierde *f*; *fig.* Anmut *f*; ~*s f/pl.* Fest-kleidung *f*, -schmuck *m*; *de* ~ Fest..., Gala..., Parade...; *Thea.* función *f de* ~ Fest-, Galavorstellung *f*; ✠ *uniforme m de* ~ (*de media* ~) Parade-, Gala-uniform *f* (*etwa*: Ausgehuniform *f*); *fig.* cantar la ~ (*de*) rühmen (*ac.*); *hacer* ~ *de* (*od.* tener *a* ~) *a/c. et.* zur Schau tragen, mit et. (*dat.*) prahlen; llevarse la ~ am meisten glänzen, den Vogel abschießen; *a. fig.* haberse puesto todas sus ~*s* in vollem Schmuck prangen; *fig.* ser la ~ de der (die, das) Beste (*od.* der Stolz) sein von (*dat.*); *fig.* vestir sus primeras ~*s de mujer* sein Debüt (in der Gesellschaft) machen; **2.** *Ant., Méj.* Trinkgeld *n*; **3.** ~ *de Francia* → balsamina.
galáctico *Astr. adj.* Milchstraßen...
galac|tómetro *m* Milchmesser *m*; **~tosa** ♀ *f* Galaktose *f*.
galaico *adj.* galicisch; **~portugués** *adj.* galicisch-portugiesisch.
galalita ♀ *f* Galalith *n*.
galán *m* **1.** Galan *m* F, Verehrer *m*; stattlicher junger Mann *m*; *fig.* F conozco al ~ ich kenne den sauberen Vogel; **2.** *Thea.* ~ (*joven*) (jugendlicher) Liebhaber *m*; **3.** ~ de noche Kleiderständer *m*.
gala|namente *adv.* elegant; prächtig anzuschauen; **~ncete** *Thea. m* jugendlicher Liebhaber *m*; **~no** *adj.* **1.** schön gekleidet; geschmückt, geputzt; *fig.* elegant; **2.** *Cu.* gefleckt (*Vieh*).
galan|te *adj. c* galant; fein, höflich; aufmerksam, zuvorkommend; kokett; *mujer f* ~ Kokotte *f*; **~tear** *v/t.* umwerben, den Hof machen (*dat.*); schmeicheln (*dat.*); *fig.* s. sehr bemühen um (*ac.*); **~temente** *adv.* galant; **~teo** *m* Hofmachen *n*, Liebeswerben *n*; **~tería** *f* **1.** Höflichkeit *f*; Aufmerksamkeit *f*; **2.** Uneigennützigkeit *f*, Freigebigkeit *f*; **3.** Schick *m*, guter Geschmack *m* (*Sachen*).
galantina *Kchk. f* Galantine *f*, kaltes gefülltes Kalb- *od.* Geflügelfleisch in Sülze.
galanura *f* Anmut *f*; Eleganz *f*; ~ *de estilo* glänzender Stil *m*.
galápago *m* **1.** *Zo.* Süßwasserschildkröte *f*; **2.** Scharstock *m am Pflug*;

3. ⊕ Flachkloben *m*; Dachziegelform *f*; (Blei- *usw.*)Barren *m* zum Löten; **4.** ⚓ Klampe *f*; **5.** *Equ.* Wulstsattel *m*; *Col.* Fahrradsattel *m*; **6.** *Chir.* Schleuderverband *m*; **7.** *vet.* Frosch *m* (*Hufkrankheit*); **8.** *hist.* ✗ Sturmdach *n*; **9.** *fig.* hinterhältiger Mensch *m*.
galapaguera *f* Schildkröten-sumpf *m*, -weiher *m*.
galar|dón *lit. m* Belohnung *f*, Preis *m* (für *ac.* de, *por*); ∼**donar** *v/t.* Verdienste belohnen, vergelten; auszeichnen, ehren (mit *dat.* con).
gálatas *bibl. m*/*pl.*: la epístola de San Pablo a los ∼ der Galaterbrief.
galato 🦌 *m* Gallat *n*.
galaxia *Astr. f* Galaxis *f*; Milchstraße *f*; *fig.* guerra *f* de las ∼s Krieg *m* der Sterne.
galba|na F *f* Faulheit *f*, Trägheit *f*; ∼**nado** *adj.* gelblichgrau; ∼**nero**, ∼**noso** F *adj.* träge, arbeitsscheu.
galdosiano *adj.* auf *den span.* Schriftsteller Pérez Galdós bezüglich.
gale|aza ⚓ *f* Galeasse *f*; ∼**ga** ♀ *f* Geißraute *f*; ∼**na** *f Min.* Bleiglanz *m*, Galenit *m*; *Rf.* detector *m* de ∼ Kristalldetektor *m*; ∼**no** I. *m lit.*, *iron.* Doktor *m* F, Arzt *m*; II. *adj.* ⚓ viento *m* ∼ leichte Brise *f*.
gale|ón ⚓ *hist. m* Galeone *f*; ∼**ota** ⚓ *f* Kuff *n*, Galeote *f*; ∼**ote** *m* Galeerensträfling *m*.
galera *f* **1.** ⚓ *hist.* Galeere *f*; ∼s *f*/*pl.* Galeerenstrafe *f*; condenado *m* a ∼ → galeote; **2.** (überdachter) Lastod. Reise-wagen *m*; **3.** Frauengefängnis *n*; **4.** *Typ. gr.* Setzschiff *n*; **5.** *sid.* Frischofenbatterie *f*; **6.** *Zim.* lange Rauhbank *f*; **7.** Ⓐ Trennungsstrich *m* zwischen Dividend u. Divisor; **8.** *Hond.*, *Méj.* Schuppen *m*; **9.** F *Arg.*, *Chi.* Zylinder(hut) *m*; **10.** Krankensaal *m*; **11.** *Zo.* Heuschreckenkrebs *m*; ∼**da** *Typ. f* Fahnen-, Bürsten-abzug *m*; ∼s *f*/*pl.* Korrektur(fahnen *f*/*pl.*) *f*.
gale|ría *f* **1.** (bedeckter) Gang *m*; Galerie *f*; Trinkhalle *f in Kurorten*; **2.** *Thea.* Galerie *f*; *a.* Galeriepublikum *n*; *fig. Pol.* hablar cara a la ∼ zum Fenster hinaus sprechen, für die Galerie sprechen; **3.** ∼ (de pinturas) Gemälde-, Bilder-galerie *f*; **4.** Omnibusverdeck *m*; **5.** ✗, ⊕, ✗ Stollen *m*; ∼ transversal Querschlag *m*; ∼ (principal) de transporte (Haupt-)Förderstrecke *f*; ∼**rín** *Typ. m* Setzschiff *n*; ∼**rista** *c* Galerist *m*.
galerita *Vo. f* Haubenlerche *f*.
galer|na *f*, ∼**no** *m* steifer Nordwestwind *m* an *der span. Nordküste*.
galerón *m Am. Mer.* Ballade *f*; Romanze *f*; *Ven.* Tanzweise.
Ga|les *m*: (País *m* de) ∼ Wales *n*; Ωlés *adj.-su.* walisisch; *m* Waliser *m*; *das* Walisische.
galga *f* **1.** Windhündin *f*; **2.** Stein *m*, Felsbrocken *m* b. Steinschlag; Mühlstein *m*, Läufer *m*; **3.** kreuzförmiges Sandalenband *n*; **4.** Bremsknüppel *m*, Hemmschuh *m*; **5.** 🎗 Halskrätze *f*; **6.** Trage *f*, Bahre *f*; **7.** ⊕ Lehre *f*, Kaliber *n*; ∼ de alambre Drahtlehre *f*.
gal|go I. *adj. Col. u. prov.* naschhaft; II. *adj.-su. m* (perro *m*) ∼ Windhund *m*; *fig.* echarle a alg. los ∼s j-n bedrängen; *fig.* F ¡échale un

∼! das (den *usw.*) siehst du nicht mehr!, den erwischst du niemals!; das kannst du abschreiben! (*z. B.* verliehenes Geld); F ¡váyase a espulgar un ∼! scheren Sie sich zum Kuckuck (*od.* zum Teufel)!; ∼**guear** *v/i. Méj.*, *Am. Cent.* Hunger haben; ∼**guita** *f* Windspiel *n*.
gálgulo *Vo. m* Blauelster *f*.
Galia(s) *hist. f*(/*pl.*) Gallien *n*.
gálibo *m* **1.** ⚓ Mall *n*; **2.** 🚂 Durchfahrts-, Lichtraum-profil *n*; ∼ de carga Ladehöheprofil *n*; *Kfz.* luces *f*/*pl.* de ∼ Begrenzungsleuchten *f*/*pl.*; **3.** *fig.* (Aus-)Maß *n*; **4.** Eleganz *f*.
galica|nismo *Rel. m* Gallikanismus *m*; ∼**no** *adj.* gallikanisch.
Galicia *f* Galicien *n* (*span. Region*); Galizien *n* (*Osteuropa*).
galicis|mo *m* Gallizismus *m*, französische Spracheigentümlichkeit *f*; ∼**ta** *adj.-su. c* gallizistisch; *m* Freund *m* von Gallizismen.
gálico I. *adj.* **1.** gallisch (*Sachen, sonst galo*); **2.** 🦌 ácido *m* ∼ Gallussäure *f*; II. *adj.-su. m* **3.** *hist.* (morbo *m*) ∼ Lustseuche (*hist.*), Syphilis *f*.
galicursi F *adj.-su. c* → galicista.
galile|a *f* Kirchenvorhof *m*; ∼**o** *adj.-su.* galiläisch; *m* Galiläer *m*; ♀ Christus.
galillo *Anat. m* Zäpfchen *n*; F Schlund *m*, Kehle *f*; (el trago) me ha dado en el ∼ ich habe mich (daran) verschluckt. [welsch *n*.]
galimatías *m* Unsinn *m*, Kauder-]
galináceas → gallináceas.
galindo P *adj.-su.* geschlechtskrank.
galipar|la *f* mit Gallizismen gespickte Sprache *f*; ∼**lista** *c* wer galiparla spricht.
galipo|t *pharm. m* Gallipoltharz *n*; ∼**te** ⚓ *m* Teer *m* zum Kalfatern.
galo I. *adj.* gallisch; *fig.* französisch; II. *m* gallische Sprache *f*; Gallier *m*; *fig.* Franzose *m*.
galo|cha *f* Überschuh *m*; Holzschuh *m*; ∼**cho** *adj. Reg.* liederlich, ausschweifend.
ga|lófilo *adj.-su.* franzosenfreundlich; *m* Franzosenfreund *m*; ∼**lofobia** *f* Franzosenhaß *m*; ∼**lófobo** *adj.-su.* franzosenfeindlich; *m* Franzosenfeind *m*.
galón *m* **1.** Gallone *f* (*Engl.* 4,55 *l*, *USA* 3,79 *l*); **2.** Borte *f*, Paspel *m*, *f*; *a.* ✗ Tresse *f*, Litze *f*; Hosen-, Ärmel-streifen *m*.
galonea|dura *f* Tressenbesatz *m*; ∼**r** *v/t.* mit Tressen besetzen.
galonera *f Pe.* (Benzin-)Kanister *m*.
galonista ✗ F *m* Rangkadett *m*.
galo|p ♂ *m* Galopp *m*; Kehraus *m*; ∼**pa** ♩ *f* → galop; ∼**pada** *f* Galopp (-reiten *n*); *m*; (längerer) Ritt *m* im Galopp; ∼**pante** 🎗 *adj. c*: tisis *f* ∼ galoppierende Schwindsucht *f*; ∼**par** *v/i.* galoppieren; ∼**pe** *Equ. m* Galopp *m*; ∼ corto kurzer Galopp *m*; a (od. al) ∼ im Galopp; ∼ a tendido in gestrecktem Galopp; *fig.* in aller Eile, schleunigst; lanzar al ∼ Pferd in Galopp setzen.
galopea|do F I. *adj.* gehudelt, verpfuscht F; Pfusch...; II. *m* Tracht *f* Prügel; ∼**r** *v/i.* galoppieren; *fig.* schnell machen, hudeln.
galopín *m* Gassenjunge *m*; Schlingel *m*; Gauner *m*; Küchenjunge *m*; ⚓ Schiffsjunge *m*.

galorromano *adj.* galloromanisch.
galpón *m Am. Mer.* Schuppen *m*; *Col.* Ziegelei *f*.
galúa *Fi. f* Springmeeräsche *f*.
galucha *f C. Ri., Cu., P. Ri., Ven.* Galopp *m*.
galup *f* Meinungsbefragung *f*.
galupe *Fi. m* Goldmeeräsche *f*.
galupear *v/i.* e-e Meinungsbefragung durchführen.
galvánico *Phys. adj.* galvanisch.
galvani|smo *Phys.*, ⚡ *m* Galvanismus *m*; ∼**zación** *f* ⚡ Galvanisation *f*; ⊕ Galvanisierung *f*; Verzinkung *f*; ∼**zado** I. *adj.* verzinkt; II. *m* Verzinkung *f*; ∼**zador** *m* Galvaniseur *m*; ∼**zar** [1f] *v/t.* **1.** *Phys.*, ⚡ galvanisieren; ⊕ verzinken; **2.** *fig.* beleben, elektrisieren.
galva|no *Typ. m* Galvano *n*; ∼**nocaustia** 🎗 *f* Galvanokaustik *f*; ∼**nómetro** *Phys. m* Galvanometer *n*; ∼**noplastia** ⊕, *Typ. f* Galvanoplastik *f*; ∼**noscopio** ⚡ *m* Galvanoskop *n*; ∼**notécnica** ⊕ *f* Galvanotechnik *f*; ∼**noterapia** 🎗 *f* Galvanotherapie *f*; ∼**notipia** *Typ. f* Galvano-plastik *f*, -typie *f*; ∼**notipo** *Typ. m* → galvano.
galuda P *f* Fünfpesetenstück *n*; ∼**da** F *f* **1.** *Reg. u. Chi.* Frechheit *f*; Prahlerei *f*, Angabe *f* F; **2.** *Chi.* Gesindel *n*.
galla|dura *f* Hahnentritt *m* im Ei; ∼**r** *v/t.* → gallear I.
gallarda ♩ *f* **1.** Gaillarde *f*; **2.** *Typ.* Petit *f* (8-Punkt-Schrift).
gallardear *v/i.* **1.** Mut beweisen; **2.** prahlen (mit *dat.* de).
gallarde|te ⚓ *m* (Signal-)Wimpel *m*; Stander *m*; ∼**tón** ⚓ *m* Kommandostander *m*.
gallar|día *f* **1.** Stattlichkeit *f*; Würde *f*; Stolz *m*; **2.** Mannhaftigkeit *f*; Mut *m*; **3.** Anmut *f*; ∼**do** *adj.* **1.** stattlich; würdevoll; **2.** mannhaft; kühn, schneidig; **3.** schmuck; *fig.* großartig, schön.
galla|reta *Vo. f* Wasserhuhn *n*; ∼**rón** *Vo. m* Strandläufer *m*.
gallear I. *v/t.* treten (*Hahn*); II. *v/i.* schreien, (los)brüllen; s. aufspielen; angeben F.
galle|gada *f* galicischer Brauch *m*; ♩ galicischer Volkstanz *m*; ∼**go** I. *adj.* **1.** galicisch; *pote m* ∼ Eintopf *m* mit weißen Bohnen *od.* Kohl, Paprikawürsten *usw.*; II. *m* **2.** Galicier *m*; *das* Galicische; **3.** F Dienstmann *m*; **4.** *desp. Rpl.* Spanier *m*; **5.** F Knauser *m*, Knicker *m* F; **6.** Nordwestwind *m*; ∼**guismo** *m* galicische Spracheigentümlichkeit *f*.
galleo *m* **1.** Oberflächenrauheit *f* best. Metalle; **2.** *Stk.* Ausweichbewegung *f* (*e-e Capa-Figur*).
gallera *f* Hahnenkampfplatz *m*; Kampfhahnstallung *f*.
gallerbo *Fi. m* Pfauenschleimfisch *m*.
galle|ría *f Cu.* Kampfhahnzucht *f*; **2.** → gallera; ∼**ro** *m Am.* **1.** Kampfhahnzüchter *m*; **2.** Hahnenkampfarena *f*; **3.** Liebhaber *m* von Hahnenkämpfen.
galle|ta *f* **1.** Keks *m*, Schiffszwieback *m*; Kleingebäck *n*; *Chi.* Schwarzbrot *n*; ∼s *pl.* pequeñas Hundekuchen *m*; **2.** ⊕ Flachspule *f*; Kontaktplatte *f*; **3.** *IT* Cookie *m*; **4.** Würfelkohle *f*; **5.** F Schlag *m*, Ohrfeige *f*; **6.** *Arg.* Matege-

galletear — ganapán 318

fäß n; **7.** fig. F Chi. Anpfiff m F; **8.** Ven. Verkehrsstau m; **9.** Rpl. F colgar la ~ a e-n Angestellten feuern F; P dar ~ e-n Korb geben (j-m a alg.); **~tear** F v/t. Rpl. Angestellten feuern F; **~tería** f Keksgeschäft n; **~tero I.** m **1.** Keksherstelller m, -bäcker m; Keksverkäufer m; **2.** Keksdose f; Gebäckteller m; **II.** adj.-su. **3.** F Chi. Schmeichler m.

galli|na I. f **1.** Huhn n, Henne f; ~ de Guinea Perlhuhn n; ~ de agua Wasserhuhn n; ~ sorda Waldschnepfe f; cría f de ~s Hühnerzucht f; paso m de ~ Gänsemarsch m; a. fig. pecho m (Kchk. mst. pechuga f) de ~ Hühnerbrust f; acostarse con las ~s mit den Hühnern zu Bett gehen; P cantar la ~ klein beigeben, den Schwanz einziehen P; estar como ~ en corral ajeno s. höchst unbehaglich (od. fehl am Platze) fühlen; fig. matar la ~ de los huevos de oro das Huhn, das goldene Eier legt, schlachten; P cuando meen las ~s nie im Leben F, überhaupt nicht; **2.** Fi. ~ de mar Knurrhahn m; **3.** ~ ciega Blindekuh f (Spiel); **II.** m **4.** F Feigling m, Memme f; **~nacear** v/i. Col. flirten; (den) Mädchen nachsteigen; **~náceas** Zo. f/pl. Hühnervögel m/pl.; **~naza** f **1.** Hühnermist m; **2.** → **~nazo** m Vo. Rabengeier m; fig. Col. Don Juan m, Schürzenjäger m; **~nería** f **1.** Hühnervolk n; **2.** Hühner-markt m, -verkauf m; **3.** Feigheit f; **~nero** m **1.** Hühnerhof, -stall m; Hühnerhändler m; **2.** F Thea. Olymp m F; **3.** fig. F desp. Frauenversammlung f, Hühnerstall m F; Ort m, wo es lautstark zugeht; **~neta** f Wasserhuhn n; Schnepfe f; Arg., Chi., Ven. Perlhuhn m; Fi. Blaumaul n; ~ nórdica Rot- od. Goldbarsch m; **~pato** Zo. m Rippenmolch m.

gallístico adj. Hahnen(kampf)...; Kampfhahn...; circo m ~ Hahnenkampfarena f.

gallito m **1.** fig. iron. Hahn m im Korb; Held m des Tages; Musterknabe m; Angeber m F; ponerse ~ widerborstig werden; **2.** Ec. Rohrpfeifchen n; **3.** Fi. ~ del rey Meerjunker m; **4.** C. Ri. Libelle f; Vo. Am. Felshahn m; **5.** Méj. reiches Roherz n.

gallo m **1.** Hahn m; ~ de abedul Birkhahn m; Col., Pe., Ven. ~ de peñasco, ~ de roca rotes Felshuhn n; ~ silvestre Auerhahn m; ~ de pelea Kampfhahn m; misa f de ~ Christmette f; Mitternachtsmesse f; pelea f de ~s Hahnenkampf m; entre ~s y media noche zu nachtschlafender Zeit; F alzar (od. levantar) el ~ s. aufspielen, angeben F; fig. andar de ~ die Nacht durchmachen; ein Nachtschwärmer sein; fig. bajarle a alg. el ~ j-m den Kamm stutzen; engreído como ~ de cortijo stolz wie ein Hahn (od. wie Graf Koks F); F Col. mamar ~ die Leute auf den Arm nehmen F; Méj., P. Ri., Ven. matarle a alg. el ~ j-m den Wind aus den Segeln nehmen; en menos que canta un ~ im Nu; otro ~ me (te, etc.) cantar(í)a si ... es wäre ganz anders gekommen, wenn ...; P Am. pelar ~ abhauen F; abkratzen P (= sterben); Ant., Méj. (aquí) hay ~ tapado hier stimmt et. nicht, da

steckt et. dahinter; **2.** fig. Rechthaber m, Angeber m; **3.** F Chi. Mann m, Kerl m F; **4.** Fi. Rotzunge f; **5.** ♪ falscher Ton m; Kickser m F (a. Bläser); dar (od. soltar) un ~ (mit der Stimme) umkippen; kicksen F; **6.** △ **a)** Wetterhahn m; **b)** Zugbalken m; **7.** Boxen: (peso m) ~ Federgewicht n; **8.** Ant., Col. Federpfeil m; **9.** Chi., Pe. Schlauchwagen m der Feuerwehr; **10.** Méj. gebrauchte Sachen f/pl. (bsd. Kleider); **11.** F Auswurf m, Sputum n.

gallocresta ♀ f Hahnenkamm m; gr. Scharlei m.

gallo|fa f Suppen-kraut n, -gemüse n; fig. F Geschwätz n, Klatsch m; andar a la ~ → **f(e)ar** v/i. herumlungern, -streunen; betteln.

gallup m → galup.

gama[1] Zo. f Damtier n.

gama[2] f ♪ Tonleiter f; a. fig. Bereich m; Skala f; Palette f, Reihe f; Phys. ~ audible Hörbereich m; ~ (de colores) Farbenskala f; fig. Farbenspiel n.

gama[3] f → gamma.

gamada adj. f: cruz f ~ Hakenkreuz n.

gamba Zo. f gr. Garnele f.

gamba|do adj. Ant. krummbeinig; **~ina** f m Null f F, Niete f F, Flasche f; **~lúa** F m Reg. langer Kerl m, Schlaks m F.

gámbaro Zo. m Granatkrebs m.

gambe|rrada F f Halbstarkenstreich m; Gaunerei f; **~rrismo** m Halbstarken-unwesen n, -tum n; **~rro** m Halbstarke(r) m; ~ de (la) carretera Verkehrsrowdy m.

gambe|ta f **1.** Equ. Kurbette f; Tanz: Kreuzsprung m; **2.** Am. Ausweichbewegung f; fig. Rpl. Ausrede f; **~tear** v/i. Equ. kurbettieren; Tanz: Kreuzsprünge machen; **~to** † m (langer) Umhang m.

Gambia f Gambia n; **♀no** adj.-su. gambisch; m Gambier m.

gam|bito m Schach: Gambit n; fig. Faulpelz m, Herumtreiber m; **~boa** ♀ f Art Quitte f; **~bota** ⚓ f Heckpfeiler m. [sucher m.)

gambusino m Bergmann; Gold-f

gamella f **1.** gr. Trog m, Kübel m; Bütte f; **2.** ♂ **a)** Jochbogen m; **b)** Furchenrücken m; **3.** tex. → camelote; **4.** ⚔ Kochgeschirr n.

gameto Biol. m Gamet m.

gamezno Zo. m Damhirschkalb n.

gamín m Col. sozial marginiertes Kind n, Gassenjunge m.

gamma f Gamma n (griech. Buchstabe); Phys. rayos m/pl. ~ Gammastrahlen m/pl.; **~globulina** Physiol. f Gammaglobulin n.

gamo Zo. m Damhirsch m; oft Gemsbock m; correr como un ~ windschnell sein.

ga|món ♀ m Affodill m, Asphodill m; **~monal** m **1.** mit Affodill bestandene Wiese f; **2.** Am. → cacique; Guat., Salv. Verschwender m; **~monalismo** m → caciquismo.

gamuza f **1.** Gemse f; **2.** (color m de) ~ Gemsfarbe f; (piel f de) ~ Gemsfell n; Wild-, Wasch-, Sämisch-leder n; a. Auto-, Fensterleder n usw.; **3.** tex. Art Flanell m; **~do** adj. gemsfarben; wildlederartig.

gana f Wunsch m; Lust f, Begehren n; Appetit m; F ¡las ~s! denkste! F, hat sich was! F, Fehlanzeige f F;

de buena ~ gerne, willig; de mala ~, sin ~s ungern, widerwillig; ya se me están abriendo las ~s ich bekomme schon Lust darauf; ich kriege schon Appetit F; F (oft scharf) (no) me da la real (od. realísima) ~ ich habe eben (od. einfach) (k-e) Lust dazu; me dan (od. me entran) ~s de ich kriege (auf einmal) Lust zu + inf. (od. auf + ac.); F me entraban unas ~s locas de llorar mir war fürchterlich zum Heulen zumute F; estoy sin ~s ich habe k-e Lust (bzw. k-n Appetit); las ~s no faltan Lust hätte ich (bzw. hätten wir usw.) schon, aber ...; hace lo que le da la ~ er tut, was ihm paßt; quedarse con las ~s leer ausgehen, durch die Röhre gucken F; tener ~s de + inf. Lust haben, zu + inf.; tener ~s (de ir al servicio) auf die Toilette müssen; F tenerle ~s a alg. j-n auf dem Kieker haben F; tengo ~s de fiesta ich möchte mir ein paar lustige Stunden (bzw. Tage) machen; a. iron. ich möchte den ganzen Krempel hinschmeißen F; Spr. donde hay ~, hay maña wo ein Wille ist, da ist auch ein Weg.

gana|dería f Viehzucht f; Viehhandel m; Stierzucht f; Stierzüchterei f; **~dero I.** adj. Vieh...; **II.** m Viehzüchter m; (Vieh-)Farmer m; **~do** m **1.** Vieh n; Am. Rindvieh n; Volk n (Bienen); ~ bovino Rindvieh n; ~ bravo Kampfstiere m/pl.; ~ caballar, ~ equino Pferde n/pl.; ~ cabrío Ziegen f/pl.; ~ de cerda, porcino, F ~ moruno Schweine n/pl.; ~ de cría Zuchtvieh n; ~ lanar, ~ ovejuno, ~ ovino Wollvieh n, Schafe n/pl.; ~ de matadero, a. ~ de carne Schlachtvieh n; ~ mayor Großvieh n; ~ menor Kleinvieh n; ~ para el mercado (Markt-)Auftrieb m; bsd. Am. ~ en pie Lebendgewicht n; **2.** fig. P el ~ alle Anwesenden, das ganze Volk F, die ganze Herde P; P cómo está el ~? wie sind denn die Puppen? F (Volksfest, Ball).

ganador I. adj. gewinnend, siegreich; número m ~ Gewinnzahl f (Lotterie); **II.** m Gewinner m.

ganan|cia f **1.** Gewinn m; Ertrag m; Verdienst m; ~ accesoria Nebengewinn m; ~ bruta Roh-, Brutto-gewinn m; ~ líquida, ~ neta Rein-, Netto-gewinn m; margen m de ~ Gewinnspanne f; parte f de la ~ Gewinnanteil m; fig. andar de ~ Glück (od. e-e Glückssträhne) haben; fig. no le arriendo la ~ ich möchte nicht in s-r Haut stecken; dar ~s, arrojar ~s Gewinn abwerfen; dejar (od. traer) mucha ~ viel einbringen (Geschäft); hacer (od. sacar) ~s fabulosas tolle Summen verdienen (od. gewinnen); tener ~ gewinnen (bei dat. de); Gewinn ziehen (aus dat. de); **2.** ⊕, HF Gewinn m, Verstärkungsgrad m; **3.** Guat., Méj. Zugabe f; **~cial I.** adj. c Gewinn ...; **II.** adj. c-su. m ⚖ (bienes m/pl.) ~es m/pl. in der Ehe erworbene Güter n/pl.; sociedad f de ~es Errungenschaftsgemeinschaft f; **~cioso I.** adj. gewinnbringend, einträglich; erfolgreich; **II.** m Gewinner m (Geschäft, Spiel).

gana|pán m **1.** desp. Gelegenheitsarbeiter m; fig. Grobian m; **2.** Broter-

werb *m*; ~**panería** F *desp. f* (reiner) Broterwerb *m*.
ganapierde *m* Schlagdame *f u. ä.* (Spiel, b. dem gewinnt, wer zuerst alle Steine verliert).
ganar I. *v/t.* **1.** gewinnen; verdienen; ~ *2.000 pesetas con un trabajo* (en el juego) 2000 Peseten mit e-r Arbeit verdienen (im *od.* beim Spiel gewinnen); *a. fig.* ~ *la batalla* die Schlacht gewinnen; ✝ *u. fig. no hay nada que* ~ *con* (*od.* en) *esto* dabei ist nichts zu verdienen; dabei kommt nichts heraus; ~ *el partido de fútbol* (por tres a cero) das Fußballspiel gewinnen (mit drei zu null) (gegen *ac. a*); *le he ganado un duro* ich habe ihm 5 Peseten abgewonnen; **2.** gewinnen, erlangen, erreichen; ~ *a alg. para* (*od. a*) *a/c.* j-n für et. (*ac.*) gewinnen; ~ *a alg. en* j-n übertreffen in (*dat.*); j-m den Rang ablaufen bei (*dat.*); *a trabajador no le gana nadie* niemand ist arbeitsamer als er; ~ *le la boca a alg.* j-n überreden; ~ *la costa* (la frontera) die Küste (die Grenze) erreichen; ~ *la delantera* die Oberhand gewinnen; ~ *le a alg. el lado flaco* j-n bei s-r schwachen Seite packen; ~ *le a alg. por la* (*Rpl.* de) *mano* j-m übersein; j-n einwickeln; ~ *tierra* Land gewinnen, s. der Küste nähern; **3.** ☐ stehlen; **II.** *v/i.* **4.** verdienen, gewinnen; ~ *al ajedrez* beim Schach gewinnen; ~ *en categoría* an Bedeutung (*od.* Rang) gewinnen; ~ *para* (*sólo*) *vivir* gerade das Notwendigste verdienen, sein Leben fristen; ~ *en su empleo* (de posición) in s-r Stellung vorwärtskommen (s-e Stellung ausbauen *od.* sichern); *llevar las de* ~ alle Trümpfe in der Hand haben; e-e Glückssträhne haben; ~ *con el tiempo* mit der Zeit (*od.* allmählich) gewinnen; *Spr. lo ganado por lo gastado* wie gewonnen, so zerronnen; **III.** *v/r.* ~*se* **5.** ~*se el pan* (la vida, F el garbanzo, *Am.* F el puchero) s-n Lebensunterhalt (*od.* die [*od.* s-e] Brötchen F) verdienen; ~*se la voluntad de alg.* j-s Wohlwollen erwerben; j-n für s. gewinnen; P ~*se una od. ganársela* Prügel beziehen F, Keile kriegen F, e-e fangen F; **6.** *Am. Reg. ¿dónde se ha ganado?* wo mag er nur stecken?, wo ist er abgeblieben?
ganchada F *f Arg.:* hacer una ~ *a alg.* j-m e-n Gefallen erweisen.
ganche|ro *m* **1.** *prov.* Flößer *m*; **2.** *Arg.* Helfer *m*, Hilfe *f* (*Person*); **3.** *Chi.* Gelegenheitsarbeiter *m*; **4.** *Ec.* Damenreitpferd *n*; ~**te: 1.** *Ven. al* ~ verstohlen; von oben herab; **2.** *Am. Reg. ir de* ~ Arm in Arm gehen; **3.** *de medio* ~ **a**) halbfertig; **b**) *Cu., Ven.* die Arme in die Seiten gestemmt.
ganchillo *m* **1.** Häkchen *n*; (*labor f de*) ~ Häkelarbeit *f*; ~ (*para croché*) Häkelnadel *f*; hacer ~ häkeln; **2.** *Andal., Am. Reg.* Haarnadel *f*.
gan|cho *m* **1.** Haken *m* (*a. Boxen*); ~ *de pared* Mauer-, Wand-haken *m* (einschlagen *echar*); **2.** ⊕ Haken *m*; Schließ-, Greif-haken *m* (*a. an Nähmaschinen*); ~ *de apoyo* Auflagehaken *m*; ~ *de seguridad* Sicherheitshaken *m*; ⚓ ~ *de escape* Schlipphaken *m*; ✕ ~ *de carabina* Karabinerhaken *m*; **3.** Strich *m*, Kratzer *m* mit der Feder; **4.** Aststumpf *m*; **5.** *Am. Cent., Méj., Pe.*

Haarnadel *f*; *Col., Méj.* Kleiderbügel *m*; **6.** *Arg.* Hilfe *f*; *hacer* ~ helfen, unterstützen; **7.** *Ec.* Damensattel *m*; **8.** *fig. tener* ~ gut aussehen, (sehr) attraktiv sein (*bsd. Frauen*); j-n einwickeln können F; *echar a alg. el* ~ j-n sehr anziehen, j-n umgarnen; **9.** *fig.* F Lockvogel *m*, Anreißer *m* F; lästiger Bittsteller *m*; ~**choso** *adj.* hakenförmig; mit Haken versehen; ~**chudo** *adj.* gebogen; Haken...; *nariz f* ~*a* Hakennase *f*; ~**chuelo** *m* Häkchen *n*.
gandaya F *f* Faulenzerei *f* F, Gammelei *f* F; Lotterleben *n*; *ir por la* ~, *correr la* ~ (herum)gammeln F, dem lieben Herrgott den Tag stehlen.
gandido *adj. Am.* ausgehungert; gefräßig.
gandinga *f* **1.** ⚒ (Erz-)Schlich *m*; **2.** *Kchk. P. Ri.* Art Lungenhaché *n*; *Cu.* ein Schweinelebergericht; **3.** *Cu.* Gleichgültigkeit *f*.
gandío *m Am. Reg.* Vielfraß *m*.
gandu|l *adj.-su.* faul; *m* Faulenzer *m*, Tagedieb *m*; ~**la** F *f* Liegestuhl *m*; ~**lear** *v/i.* faulenzen, bummeln; ~**leo** *m* Faulenzerei *f* F, Bummelei *f*; ~**mbas** F *adj.-su.* (*inv.*) → *gandul*.
ganforro *adj.-su.* Gauner *m*, Ganove *m*.
gang *m* Bande *f*, Gang *f*.
ganga *f* **1.** ⚒ taubes Gestein *n*; Ganggestein *n*; **2.** *Vo.* Haselhuhn *n*; **3.** *fig.* F Glücksfall *m*, Gelegenheitskauf *m*, (Preis-)Knüller *m* F; *andar a* (la) *caza de* ~*s* guten Geschäften nachjagen, leicht verdienen (*bsd.* ein Geschäft ohne Einsatz machen) wollen; **4.** *Méj.* Spott *m*; **5.** F *Col.* (Nasen-)Popel *m* F; *sacar las* ~ popeln F.
gan|glio ⚕ *m* **1.** *Anat.* **a**) Ganglion *n*, Nervenknoten *m*; **b**) Lymphknoten *m*; **2.** → ~**glión** ⚕ *m* Überbein *n*; ~**glionar** *adj.* c Ganglien...
gango|sidad *f* Näseln *n*; ~**so I.** *adj.-su.* näselnd; **II.** *adv.* hablar ~ näseln.
gángster *m* Gangster *m*.
gangsteri|l *adj.* c Gangster...; ~**smo** *m* Gangster-tum *n*, -unwesen *n*.
gangue|ar *v/i.* näseln; ~**o** *m* Näseln *n*; ~**ro** F *adj.-su.* Glückspilz *m*.
ganguil ☐ *m* Fingerring *m*.
gánguil ⚓ *m* Baggerprahm *m*.
ganoso *adj.* begierig (nach *dat.* de); *estar* ~ *de tener éxito* den Erfolg herbeiwünschen.
gan|sada F *f* Albernheit *f*, Dummheit *f*, Eselei *f* F; ~**sarón** **1.** Junggans *f*; **2.** *fig.* F lange (*od.* dürre) Latte *f* (*Person*); ~**sear** *v/i.* Dummheiten sagen (*od.* machen); ~**sería** F *f* → *gansada*.
ganso *m* **1.** Gans *f* (wenn Geschlecht *bsd.* betont: gansa *f*); ~ (*macho*) Gänserich *m*, Ganter *m*; ~*s silvestres, Am. a.* ~*s bravos* Wildgänse *f/pl.*; ~ *gris, a. de marzo* Graugans *f*; *Kchk.* ~ *ahumado* Spickgans *f*, geräucherte Gans *f*; ~ *cebado* Mastgans *f*; *menudillos m/pl. de* ~ Gänseklein *n*; **2.** *fig.* Dummkopf *m*, Tölpel *m*; Flegel *m*, Grobian *m*; → *a. boca f*; F *hacer el* ~ s. albern

(*od.* blöde) aufführen; F *ser muy* ~ (*bzw.* ~*a*) ein Dummkopf (*od.* F ein blödes Stück) sein; sehr ungehobelt sein.
gánster *m* → *gángster*.
gansterismo *m* → *gangsterismo*.
Gante *m* Gent *n*.
ganzúa *f* **1.** Dietrich *m*, Nachschlüssel *m*; **2.** *fig.* F Einbrecher *m*; F wer es versteht, j-n geschickt auszuholen; **3.** ☐ Henker *m*.
gañán *m* (Bauern-)Knecht *m*; *fig.* ungeschlachter Bursche *m*, Flaps *m* F.
gañi|do *m* Jaulen *n*, Heulen *n*; Krächzen *n*; ~**les** *m/pl.* Kehle *f* e-s Tiers; Kiemen *f/pl.* des Thunfischs; ~**r** [3h] *v/i.* jaulen, heulen; krächzen (*a. Personen*); F schnaufen F (*Personen*).
ga|ñón F *m, mst.* ~**ñote** F *m* Gurgel *f*, Schlund *m*; F *de* ~ umsonst, auf anderer Leute Kosten.
gapardo *Fi. f* Makrelenhecht *m*.
garaba|tear I. *v/i.* mit Haken arbeiten; *fig.* F Ausflüchte machen; **II.** *vt/i.* kritzeln; ~**to** *m* **1.** Haken *m*; (Fleischer-, Feuer-)Haken *m*; **2.** *fig.* Anziehungskraft *f*, Liebreiz *m* e-r Frau; **3.** *Chi.* Schimpfwort *n*; **4.** ~*s m/pl.* Gekritzel *n*; **5.** ~*s m/pl.* heftiges Gebärdenspiel *n*, Gefuchtel *n*; ~**toso** *adj.* kritzlig (*Schrift*).
garabito *m* **1.** Stand *m*, Bude *f* auf dem Markt; **2.** *Arg.* Landstreicher *m*, Stromer *m*.
gara|je *m* Garage *f*; Autowerkstatt *f*; ~ *subterráneo* Tiefgarage *f*; ~**jista** *m* Tankstelleninhaber *m*; *a.* Automechaniker *m*; Garagenbesitzer *m*; -angestellte(r) *m*.
garambaina F *f* **1.** Flitterkram *m*, Nippes *pl*; **2.** ~*s f/pl.* Gekritzel *n*; **3.** ~*s f/pl.* Grimassen *f/pl.*; Getue *n*.
gara|món, ~mond *Typ. m* Garamond *f* (*Schriftart*).
garan|dar ☐ *v/i.* herumlungern, streunen; ~**dumba** *f* **1.** *Am. Mer.* Floß *n*; **2.** *fig.* F *Arg.* großes, dickes Weibsbild *n* F.
garan|te *m* Bürge *m*, Garant *m*; Gewährsmann *m*; *salir* ~ Bürgschaft leisten (für *ac.* de); ~**tía** *f* **1.** Bürgschaft *f*, Sicherheit *f*, Garantie *f*; Kaution *f*; *dar en* (*od.* como) ~ als Sicherheit geben; (de una) ~ (e-e) Garantie geben; (e-e) Bürgschaft stellen (*od.* leisten); *estar con* (*od.* bajo) ~ unter Garantie stehen; ✝ *sin* ~ (*ni responsabilidad*) ohne Gewähr; **2.** *Pol.* Garantie *f*; ~ *mutua* gegenseitiges Garantieversprechen *n*; ~*s constitucionales* verfassungsmäßige Garantien *f/pl.* (aufheben; außer Kraft setzen *suspender*); [*def. wie abolir*] ~**tir** → *garantizar*; **2.** bewahren, schützen (vor *dat.* de, contra); ~**tizar** [1f] *v/t.* ~ *a/c. et.* gewährleisten, garantieren; für et. (*ac.*) bürgen (*od.* gutstehen für die Verantwortung übernehmen); ~ *la máquina por dos años* zwei Jahre Garantie auf die Maschine geben.
garañón *m* **1.** Eselshengst *m*; *p. ext.* F *u. Am. Cent., Méj.* (Deck-, Zucht-)Hengst *m*; **2.** P (Huren-)Bock *m* P; ~**pacho** *m* → *carapacho*.
garapi|ña *f* (Eis-)Gerinnsel *n*; Halbgefrorene(s) *n* (Erfrischungs-

garapiñar — gas

getränk); *Cu., Méj., Chi., P. Ri.* Eisgetränk *n* aus Ananasschalen; ˷**ñar** *Kchk. v/t.* 1. (halb) gefrieren lassen; 2. kandieren; glasieren; *almendras f/pl.* ˷*adas* gebrannte Mandeln *f/pl.*; ˷**ñera** *f* Eiskübel *m* für die garapiña.

gara|pito *Ent. m* Wasserwanze *f*; ˷**pullo** *m* Federpfeil *m*.

garatusa F *f* Schmeichelei *f*, Schöntuerei *f*.

garban|ceo F *m* Lebensunterhalt *m*; ˷**cero** *fig.* F *adj.* Alltags...; ˷**zal** *m* Kichererbsenfeld *n*; ˷**zom** 1. Kichererbse *f*; *fig. ese ˷ no se ha cocido en su olla* das ist nicht auf s-m Mist gewachsen F; *contar los ˷s* sehr knauserig sein; *am falschen Ende sparen*; *ser el ˷ negro das schwarze Schaf der Familie* sein; *tropezar en un ˷* an jeder Kleinigkeit Anstoß nehmen; *un ˷ más no revienta una olla auf et. mehr oder weniger kommt es nicht (mehr) an*; *wenn's alle tun, darf ich's auch*; 2. F ˷*s m/pl.* Lebensunterhalt *m*; *ganarse los ˷s* (s.) s-e Brötchen verdienen F; 3. F *Méj.* Magd *f*.

garbe|ar I. *v/i.* 1. selbstbewußt auftreten (*auf Grund guten Aussehens od. Anmut*); 2. P stehlen; **II.** *v/i. u.* ˷**se** *v/r.* 3. F (herum)bummeln; *s.* durchschlagen; ˷**o** F *m* Spaziergang *m*; *darse un ˷, irse de ˷ e-n* Bummel machen.

garbi|llar *v/t.* Getreide, Erz sieben; ˷**llo** *m* 1. Sieb *n*; 2. ✕ Kleinerz *n*.

garbo *m* 1. Anmut *f*; Eleganz *f*; 2. Großzügigkeit *f*.

garbón *Vo. m* Rebhahn *m*.

garboso *adj.* 1. anmutig; stattlich, elegant; 2. großzügig.

garbullo F *m* Radau *m*; Klamauk *m* F; Wirrwarr *m*.

garceta *f* 1. *Vo.* Edelreiher *m*; 2. Schläfenlocke *f*.

garçonnière *f* Junggesellenwohnung *f*.

garchar P *vt/i.* bumsen P, ficken P.

gardenia ♀ *f* Gardenie *f*.

garden-party *m* Gartenfest *n*.

gar|do □ *m* Bursche *m*, Kerl *m*; ˷**duña** *f Zo.* Haus-, Stein-marder *m*; *fig.* F geschickte Diebin *f*; ˷**duño** F *m* (Brieftaschen-)Marder *m*.

garete: *ir*(*se*) *al* ˷ ⚓ (*vom Winde*) treiben; *fig.* vom Weg abkommen; *s.* treiben lassen; schiefgehen.

gar|fa *f → garra*; ˷**fear** *v/t.* Haken einschlagen; ˷**fiña** □ *f* Diebstahl *m*; ˷**fiñar** □ *v/t.* stehlen; ˷**fio** *m* Haken *m* (einschlagen *echar*); Krampe *f*; Steigeisen *n*; ⚓ ˷ *de abordaje* Enterhaken *m*.

garga|jear *v/i.* (aus)spucken; ˷**jiento** *→ gargajoso*; ˷**jo** *m* Schleim *m*, Auswurf *m*; ˷**joso I.** *adj.* verschleimt; **II.** *m* F Spucker *m* F.

gargan|ta *f* 1. Kehle *f*; Gurgel *f*; Brust(ansatz *m*) *f*; *fig.* Stimme *f*; *mal m de ˷* Halsweh *n*; *fig. ˷ de oro* goldene Kehle *f*, hervorragende Stimme *f*; *me duele la ˷* ich habe Halsschmerzen; *tener un nudo en la ˷* nicht sprechen können vor Schreck, Rührung usw.; *ein Kloß im Hals haben* F; 2. Fußrist *f*; 3. *fig.* Engpaß *m*; Schlucht *f*; 4. ⊕ Kehlnut *f*; Seilnut *f*; ˷**tada** *f:* ˷ *de esputo* starker Auswurf *m*; ˷ *de*

sangre quellender Blutstrahl *m*; ˷**tear I.** *v/i.* 1. trillern; Koloratur singen; 2. □ ein Geständnis ablegen, singen F; **II.** *v/t.* 3. ⚓ stroppen; ˷**teo** *m* Triller *m/pl.*; Trillern *n*; Koloratur *f*; ˷**tilla** *f* Halsband *n*.

gárgara *f* (*mst. pl.* ˷*s*) Gurgeln *n*; *hacer ˷s* gurgeln; *fig.* F *mandar a hacer ˷s* zum Teufel schicken F.

gargari|smo *m* Gurgeln *n*; Halsspülung *f*; Gurgelwasser *n*; ˷**zar** [1f] *v/i.* gurgeln (*mit dat. con*).

gárgo|l I. *adj. c:* huevo *m* ˷ (*od.* gargol) Windei *n*; **II.** *m* Nut *f*, Kerbe *f*; ˷**la** *f* 1. Wasserspeier *m* (*an Brunnen, Dächern usw.*); 2. ♀ Leinsame *m*.

gar|guero P, ˷**güero** P *m* Kehle *f*; Rachen *m*; Gurgel *f*.

garibaldino *hist. adj.-su.* Anhänger *m* Garibaldis.

garifo *adj.* 1. → *jarifo*; 2. *Arg.* lebhaft; 3. *C. Ri., Ec., Pe.* hungrig, verhungert F.

gari|ta *f* 1. 🏠 Bahnwärterhaus *n*; Schaffnerwanne *f*; ˷ (*del guardafrenos*) Bremserhaus *n*; Handbremsstand *m*; ˷ *de señales* Stellwerk *n*; 2. ✕ Schilderhaus *n*, Torwache *f*; 3. Pförtnerloge *f*; Kontrollhäuschen *n*; 4. F Abort *m*, Häuschen *n* F; ˷**tero** *m* 1. Inhaber *m* e-r Spielhölle; Spielhöllenbesucher *m*; 2. □ Hehler *m*; ˷**to** *m* 1. Spielhölle *f*; 2. Spielgewinn *m*.

garla F *f* Schwatz *m*, Schwätzchen *n*; ˷**dor** F *adj.-su.* geschwätzig; *m* Schwätzer *m*; ˷**r** F *v/i.* plaudern, schwatzen.

garlito *m* (Fisch-)Reuse *f*; *fig.* Falle *f*; *fig. caer en el ˷* in die Falle gehen; *coger a alg. en el ˷* j-n bei et. (*dat.*) erwischen (*od.* ertappen).

garlo|pa *Zim. f* Langhobel *m*, Rauhbank *f*; ˷**pín** *Zim. m* Kurzhobel *m*.

garloso *adj. Col.* hungrig; gefräßig.

garnacha *f* 1. Talar *m*; Talar-, Amtsroben-träger *m*; 2. *Hond. a la ˷* mit Gewalt; 3. Art süße rote Gewürztraube *f*; Wein *m* aus dieser Traube.

garneo *Fi. m* Meerleier *f*, Pfeifenfisch *m*.

Garona *m* Garonne *f*.

garnica *f Bol.* scharfer Pfeffer *m*.

garra *f* 1. *Zo.* Klaue *f*; ˷*s f/pl.* Fänge *m/pl.*; *fig.* F Pratzen *f/pl.* F, Pfoten *f/pl.* F; ˷*s de astracán* Persianerklaue *f* (*Pelz*); *caer en las ˷s de alg.* in j-s Fänge geraten; *fig. echarle a uno la ˷* j-n beim Schlafittchen packen F; F *gente f de la ˷* Raubgesindel *n*; □ (*ha costado*) *cinco y la ˷* „die fünf Finger hat's gekostet" P (*von gestohlenem Gut*); *fig.* F *tener garra* Pfiff (*od.* Pep) haben F; 2. ⊕ Klammer *f*; Klaue *f*, Kralle *f*; Spannbacke *f*; 3. *Arg., Chi., Col., C. Ri., Méj.* hart *u.* schrumpelig gewordenes Stück *n* Leder; *Am.* (*a.* ˷*s*) Fetzen *m/pl.*, Lumpen *m/pl.*; 4. P *Am. Reg.* venir de ˷ raufen, streiten.

garra|fa *f* Karaffe *f*; Korbflasche *f*; whisky *m* de ˷ schlechter, billiger Whisky *m*; ˷**fal** *adj. c* 1. *guinda f ˷* gr. Herzkirsche *f*; 2. *fig.* F gewaltig, ungeheuer; *error m* ˷ Riesenirrtum *m*; ˷**fiñar** F *v/t.* greifen, grapschen F; ˷**fón** *m* Korbflasche *f*; Glasballon *m*.

garran|cha F *f* Degen *m*, Plempe *f*

F; ˷**cho** *m* (Ast-)Splitter *m*.

garrapa|ta *f Ent.* Zecke *f*; *fig.* F Schindmähre *f*; ˷**tear** *vt/i.* kritzeln; *desp.* (hin)schmieren; ˷**teo** *m* Gekritzel *n*; *desp.* Geschreibsel *n*; ˷**to** *m* Gekritzel *n*; ˷*s m/pl.* Krickelkra(c)kel *n*; ˷**tón** F *m* Unsinn *m*, Quatsch *m* F; Aussprache- (*bzw.* Ausdrucks-)schnitzer *m*; ˷**toso** *adj.* kritzlig (*Schrift*).

garrapi|ñar F → *garrafiñar*; ˷**ñera** *f* → *garapiñera*.

garra|r ⚓ *v/i.* vor schleppendem Anker treiben; ˷**spera** *f → carraspera*.

garrear *v/i.* 1. *Arg.* auf Kosten anderer leben; 2. ⚓ → *garrar*.

garrido *adj.* schick, fesch; schneidig.

garriga *f* Strauchheide *f*.

garro|cha *f* Pike *f* bsd. der Stierkämpfer; *salto m de la ˷* Sprung *m* über den Stier; ˷**chador** *m* Pikador *m*; ˷**ch(e)ar** *v/t. → agarrochar*; ˷**chazo** *m* mit der Pike versetzter Stich *m*; ˷**chón** *m* Stachelpike *f* der Stierkämpfer zu Pferde.

garrofa *f Val. → algarroba*.

garro|ta *f → garrote*; ˷**tazo** *m* Schlag *m* mit e-m Knüppel; *¡˷ y tentetieso!* immer feste drauf! F; *da helfen nur Prügel!* F; ˷**te** *m* 1. Knüppel *m*, Prügel *m*; 2. Olivensetzreis *n*; 3. Knebel *m*; Würgschraube *f*; 4. 🎋 Knebelpresse *f*; 5. *Méj.* Bremsscheit *n*; 6. → *pandeo*; ˷**tero I.** *adj. Cu., Chi.* knickerig; **II.** *m Méj.* Bremser *m*; ˷**tillo** ♂ *m* Halsbräune *f*.

garru|cha *f* 1. Blockrolle *f*; Flasche *f* des Flaschenzugs; *a.* Flaschenzug *m*; 2. ⚓ Taukloben *m*; ˷**cho** ⚓ *m* Eisenbzw. Holz-ring *m*.

garrudo *adj. Méj.* stark, kräftig.

garru|lería *f* Geschwätz *n*, Geschnatter *n*; ˷**lidad** *f* Geschwätzigkeit *f*.

gárrulo *adj.* zwitschernd; *fig. poet.* geschwätzig; murmelnd (*Bach*); flüsternd (*Wind, Laub*).

garsina □ *f* Diebstahl *m*; ˷**r** □ *v/t.* stehlen.

ga|rúa ⚓ *u. Am., bsd. Pe. f* Sprühregen *m*; ˷**ruar** [1e] *v/impers. Am.* nieseln.

garufa F *f Arg.* Vergnügen *n*, Bummel *m*.

garuga *f Chi., Arg.* Sprühregen *m*.

garu|lla *f* 1. entkernte Traube *f*; 2. *fig.* F Pöbelhaufen *m*; ˷**llada** F *f* Menschenauflauf *m*; ˷**llón** F *m* Menschenauflauf *m*; Krawall *m*.

gar|za *f* 1. *Vo.* Reiher *m*; ˷ *real* (*od. común*) Fischreiher *m*; 2. *Chi. fig.* langhalsige Person *f*; ˷**zo** *adj.* bläulich; blaugrau; hellblau; ˷**zón** *m Chi.* Kellner *m*; ˷**zota** *f* 1. *Vo.* Buschreiher *m*; 2. Reiherbusch *m* am Hut.

gas *m* 1. Gas *n* (*allg.*; ✕ → 3); Mineralwasser: *con* (*sin*) ˷ mit (ohne) Kohlensäure; ˷ *de alto horno* Gicht-, Hochofen-gas *n*; ˷ *de alumbrado, Am. a. ˷ iluminante* Leuchtgas *n*; ˷ (*de efecto*) *invernadero* Treibhausgas *n*; ˷ *de escape*, ˷ *perdido* Abdampfgas *n*; *Kfz.* ˷ *auspuff-*, Ab-gas *n*; ˷ *fulminante*, ˷ *detonante*, ˷ *oxhídrico* Knallgas *n*; ˷ *natural* Erd-, Natur-gas *n*; ˷ *noble*, ˷ *raro* Edelgas *n*; ˷ *pobre* Gas *n* von geringem Heizwert; ˷ *propelente*

(*público*) Treib- (Stadt-)gas *n*; ∼es de reacción Rückstoßgase *n/pl.* (*Rakete usw.*); ∼es residuales Abgase *n/pl.*; *fábricc f de* ∼ Gas-werk *n*, -anstalt *f*; 2. Benzin *n*, Gas *n*; *Kfz. dar* (*más*) ∼ Gas geben, beschleunigen; *cortar* (*od. quitar*) *el* ∼ Gas wegnehmen; *pisar el* ∼ (*a fondo*), *dar* (*pleno*) ∼ (Voll-)Gas geben, auf die Tube drücken F; *adv. a todo* ∼ mit Vollgas; *fig.* mit aller Kraft; 3. ⚔ ∼ (*de combate*) Kampfstoff *m*; ∼ *cruz amarilla*, ∼ (*de*) *mostaza* Gelbkreuz(gas) *n*, Senfgas *n*; ∼ *sofocante*, ∼ *asfixiante*, ∼ *tóxico* Giftgas *n*, Stickgas *n*.
gasa *f* 1. Gaze *f*; Mull *m*; ∼ *metálica*, ∼ *de alambre* Drahtgaze *f*; ⚕ ∼ *esterilizada* keimfreier Verbandmull *m*; 2. Flor *m*; Trauerflor *m*.
gas|cón *adj.-su.* gaskognisch; *m* Gaskogner *m*; *das* Gaskognische; ∼**conada** F *f* Aufschneiderei *f*.
gase|ado *adj.* gaskrank; vergast; ∼**amiento** *m* Vergasung *f* (*Tötung*); ∼**ar** *v/t.* vergasen; ∼**iforme** *adj. c* gasförmig; ∼**osa** *f* Brause(limonade) *f*; ∼**oso** *adj.* gashaltig; gasförmig.
gas|fiter *m*, ∼**fitero** *m Chi., Pe.* Klempner *m*, Spengler *m*.
gasifica|ción *f Phys.* Vergasung *f*; Gaserzeugung *f*; Gasversorgung *f*; ∼**r** [1g] *Phys. v/t.* vergasen; mit Kohlensäure versetzen.
gasista *m* Gasinstallateur *m*. [*f.*]
gasoducto *m* Fern-, Erd-gasleitung *f*
gasógeno I. *adj.* gasbildend; II. *m* Gasgenerator(anlage *f*) *m*; *Kfz.* (*coche m a*) ∼ Holz(ver)gaser *m*.
gas-oil *od.* **gasoil** *od.* **gasóleo** *m* Diesel-, Gas-öl *n*.
gaso|lina *f* (Auto-)Benzin *n*; ∼ *de marca* (*normal*) Marken- (Normal-)benzin *m*; ∼ *con plomo* verbleites Benzin *n*; ∼ *sin plomo* bleifreies Benzin *n*; ∼ *súper* Super (-benzin) *n*; *Kfz. puesto m* (*od. estación f de*) ∼ Tankstelle *f*; *echar* (*od. reponer la*) ∼ tanken; ∼**linera** *f* 1. Motorboot *n*; 2. Tankstelle *f*; ∼**linero** *m* Tankwart *m*; ∼**metría** 🎯 *f* Gasanalyse *f*.
gasómetro *m* Gasometer *m*; Gasbehälter *m*; Gasuhr *f*.
gasta|dero *m* Ursache *f* von Ausgaben; *fig.* ∼ *de paciencia* Geduldsprobe *f*, Nervensäge *f* F; ∼**do** *adj.* abgenutzt, verbraucht; abgetragen; *fig.* abgedroschen (*Witz usw.*); ∼**dor** I. *adj.* 1. verschwenderisch; II. *m* 2. Verschwender *m*; 3. ⚔ Schanz-(arbeit)er *m*; Pionier *m*; Melder *m*, Funker *m*; 4. zu(r) Zwangsarbeit Verurteilte(r) *m*; ∼**dura** *f* Verschleiß *m*; ∼**miento** *m* Verbrauch *m*; Abnutzung *f*; ∼**r** I. *v/t.* 1. verbrauchen; verausgaben, ausgeben; aufwenden (für *ac. en*); ∼ *fuerzas*, ∼ *energías* Kräfte aufwenden (*od.* einsetzen); ∼ *una hora en un trabajo* für e-e Arbeit e-e Stunde brauchen; 2. vergeuden, verschwenden; verschleißen; abnützen; ∼ *palabras* s-e Worte verschwenden, umsonst reden; ∼ *el tiempo* (*die*) Zeit verschwenden (*od.* vertun); *traje m a medio* ∼ abgetragener Anzug *m*; 3. (gewohnheitsmäßig) tragen, haben *od.* besitzen; ∼ *anteojos* (*barba*) Brille (Bart) tragen; ∼ *tabaco negro* dunklen Tabak rauchen; 4. *fig.* ∼ *una broma* e-n Scherz machen; ∼ *bromas* (gern) e-n Spaß machen; *no* ∼ *bromas* k-n Spaß verstehen; ∼ *ceremonias* viele Umstände machen; ∼ *mal humor* (stets) übler Laune (*od.* ein Griesgram) sein; F *¡gasta unos humos!* der ist vielleicht schlechter Laune F, der hat (ja) e-e süße Laune! F; F ∼ *mucha salud* kerngesund sein; *ya sé cómo* (se) *las gasta* ich weiß genau, was das für ein Kerl ist; *¡así las gasto yo!* so bin ich nun mal; II. *v/r.* ∼*se* 5. *s.* abnützen; verschleißen (*v/i.*); verwittern (*Steine usw.*); 6. Geld ausgeben; *s. a.* 4.
gasterópodos *Zo. m/pl.* Bauchfüßer *m/pl.*
gasto *m* 1. Ausgabe *f*; Aufwand *m*; Verbrauch *m*; ∼ *de la casa* Haushalts-, Wirtschafts-geld *n*; ∼ *de tiempo* (*de trabajo*) Zeit- (Arbeits-) aufwand *m*; *fig. hacer el* ∼ *de la conversación* die Kosten (*od.* die Last) der Unterhaltung tragen; *fig.* F *es lo que hace el* ∼ das ist der springende Punkt; darauf kommt es an; *fig. pagar el* ∼ die Zeche zahlen; 2. Schüttungsmenge *f* (*Quelle*); 3. ⚓ ∼*s m/pl.* Auslagen *f/pl.*, Kosten *pl.*; Spesen *pl.*; Unkosten *pl.*; *a* ∼*s comunes* auf gemeinsame Kosten; *libre de* ∼*s* spesenfrei; *sin* ∼*s* kostenlos, -frei; ohne Kosten; ohne Protest (*Wechsel*); ∼*s de correo* Portokosten *pl.*; ∼*s de descarga* Abladegebühr *f*; ⚓ Löschgebühr *f*; ∼*s de explotación* Betriebskosten *pl.*; ⚓ ∼*s de ferrocarril* (*Abk.* ∼*s de f.c.*) Fracht- *od.* Bahn-kosten *pl.*; ∼*s generales* Gemeinkosten *pl.*; allgemeine Unkosten *pl.*; ∼*s por hora de máquina* (*por hora de servicio*) Maschinen- (Betriebs-)stundenkosten *pl.*; ∼*s de mantenimiento* Unterhaltungskosten *pl.*; ∼*s mayores* (*menores*) größere (kleinere) Auslagen *pl.*; ∼*s de personal* Personalkosten *pl.*; ∼*s públicos* Ausgaben *f/pl.* der öffentlichen Hand; ∼*s de propaganda* Werbungs-, Werbekosten *pl.*; ∼*s de representación* Aufwandsentschädigung *f*; ∼*s de sepelio* Bestattungskosten *pl.*; *contribución f a los* ∼*s* Unkostenbeitrag *m*; *cubrir* ∼*s* auf s-e Kosten kommen; *meterse en* ∼*s s.* in Unkosten stürzen; ∼**so** *adj.* verschwenderisch; aufwendig.
gastr|algia ⚕ *f* Magenschmerz *m*; ∼**ectomía** ⚕ *f* Magenresektion *f*.
gástrico ⚕ *adj.* Magen...; *acidez f* ∼*a* Magensäure *f*; *jugo m* ∼ Magensaft *m*.
gastritis ⚕ *f* Magenschleimhautentzündung *f*, Gastritis *f*.
gastro|diafanoscopia ⚕ *f* Magendurchleuchtung *f*; ∼**enteritis** ⚕ *f* Magen-Darm-Entzündung *f*; ∼**intestinal** ⚕ *adj. c* Magen-Darm...; **gastrólogo** *m* Gastrologe *m*.
gastro|nomía *f* Gastronomie *f*, Kochkunst *f*; ∼**nómico** *adj.* gastronomisch; Feinschmecker...
gastrónomo *m* 1. Gastronom *m*; 2. Feinschmecker *m*.
gastro|sofía *f* Gastrosophie *f*; ∼**tomía** ⚕ *f* Magenschnitt *m*.
gata *f* 1. *Zo.* Katze *f* (*weibl. Tier*); *fig.* F Madrilenin *f*; F *a.* durchtriebenes Frauenzimmer *n*; F ∼ *parida* hagere (*od.* sehr schmächtige) Person *f*; *hacer la* ∼ (*muerta od.* ensogada) s. harmlos (*od.* bescheiden) stellen; *adv. a* ∼*s* **a**) auf allen vieren; **b**) *Rpl.* kaum, nur mit großer Mühe; 2. F großgefleckter Katzenhai *m*; 3. 🌿 Hauhechel *f*; 4. *fig.* kl. Wolke *f am Berg*; 5. *Chi.* Hebezeug *n*; 6. *Méj. fig.* Dienstmädchen *n*.
gata|da *f* 1. *fig.* F Betrug *m*, Gaunerei *f*; Falle *f*; 2. *Jgdw. dar* ∼*s* Haken schlagen (*Hase*); ∼**llón** F *adj.-su.* Schlauberger *m*, Gauner *m*; ∼**tumba** F *f* Schöntuerei *f*, Getue *n* F; ∼**zo** *m* 1. gr. Kater *m*; 2. übler Streich *m*, Gaunerei *f*; *dar un* ∼ *alg.* j-m et. abschwindeln.
gate|ado I. *adj.* katzenfarbig; getigert (*Marmor*); II. *m Am.* ein stark gemasertes Holz *n*; ∼**ar** I. *vt/i.* 1. kratzen; 2. F mausen F; II. *v/i.* 3. klimmen, klettern; auf allen vieren kriechen; krabbeln (*Kinder*); 4. *Méj.* hinter den Dienstmädchen her sein F; ∼**ra** I. *f* 1. Katzenloch *n* (*Einlaß*); 2. ⚓ (*bsd.* Anker-)Klüse *f*; 3. *Bol.* Marktweib *n*; II. *m* 4. *fig.* F Taugenichts *m*, Windhund *m*; ∼**ría** *f* 1. Katzen(versammlung *f*) *f/pl.*; *fig.* F Halbstarkenansammlung *f*; 2. *fig.* F Katzenfreundlichkeit *f*, Duckmäuserei *f*; ∼**ro** I. *adj.* Katzen...; II. *m* Katzenhändler *m*; Katzenfreund *m*; ∼**sco** F *adj.* Katzen...
gati|llar *v/i.* abdrücken, schießen; ∼**llazo** *m* Einschnappen *n* des Drückers (*Gewehr*); *fig.* F *dar* ∼ versagen (*Gewehr*); *fig.* sein Ziel nicht erreichen; ∼**llo** *m* 1. Abzug *m* (*Gewehr*); *apretar el* ∼ abdrücken; 2. Zahnzange *f*; 3. *Mech.* Klinke *f*; ∼ (*de trinquete*) Sperrhaken *m*; 4. *Zim.* Klammer *f*; 5. *fig.* F Spitzbube *m*; 6. Widerrist *m der Tiere*.
gato *m* 1. *Zo.* Katze *f*; Kater *m*; ∼ *de algalia* Zibetkatze *f*; ∼ *de Angora* Angorakatze *f*; ∼ *cerval* Zerval *m*, gr. Wildkatze *f*; *Fi.* ∼ *marino* großgefleckter Katzenhai *m*; ∼ (*siamés*) Perser- (Siam-)katze *f*; ∼ *montés*, ∼ *silvestre* Wildkatze *f*; *fig.* ∼ *viejo* alter Fuchs *m* (*fig.*); 2. *fig.* F *asistieron cuatro* ∼*s* nur ein paar Mann waren gekommen F; *como* ∼ *mojado* wie e-e nasse Katze; *correr* (*ir, pasar*) *como* ∼ *por ascuas* wie ein Verrückter (davon)laufen; F *dar* ∼ *por liebre* j-n übers Ohr hauen F, j-n übertölpeln; F *no había ni un* ∼ kein Mensch (*od.* kein Schwein F) war da; (*aquí*) *hay* ∼ *encerrado* da stimmt (doch) was nicht, da steckt et. dahinter; *fig. jugar al* ∼ *y al ratón* Katz(e) u. Maus spielen; *lavarse a lo* ∼ Katzenwäsche machen; *llevar el* ∼ *al agua* **a**) e-r Gefahr mutig ins Auge sehen; **b**) den Vogel abschießen; *llevarse como perro*(*s*) *y* ∼(*s*) wie Hund u. Katze leben (*od.* s. vertragen); *fig.* F (*eso es*) *para el* ∼ das ist für die Katz' F; *escaldado del agua fría huye* (ein) gebranntes Kind scheut das Feuer; *hasta los* ∼*s quieren zapatos* (*od. tienen tos*) erst kriechen, dann gehen, dann fahren; selbst der Kleinste möchte hoch hinaus; 3. *fig.* Geldbeutel *m*, Ersparnisse *f/pl.*; 4. ⊕ (Hand-)Hebezeug *n*, *Kfz.* Wagenheber *m*; Schreiner-, Schraub-zwinge *f*; *bsd. Am.* ∼ *a chicharra* Ratschenwinde *f*; ∼ *de tracción* Zugwinde *f*; 5. *fig.* F Madrider *m*; *a.* gerissener Dieb *m*;

gatuno — generalísimo 322

verschmitzte Person f; **6.** *Arg., Bol. Art zapateado* (*Volkstanz*); **7.** *Méj.* **a)** Diener m; **b)** Trinkgeld n.

gatu|no *adj.* Katzen...; **~ña** ⚥ f Hauhechel f; **~perio** m Mischmasch m; *fig.* F Intrige f, Klüngel m, Kuhhandel m F.

gaucha f *Arg.* Mannweib n; **~da** f **1.** *Rpl.* typisches Verhalten m e-s Gauchos; *Rpl., Chi., Pe.* gerissener Streich m; Prahlerei f; **2.** *Arg.* Freundschafts-, Liebes-dienst m; **3.** *Arg.* Stegreifvers(e) m(/pl.); Gerede n, Klatsch m; **~je** m *Rpl., Chi.* Gauchotrupp m; a. Gesindel n.

gau|chear v/i. *Arg.* s. wie ein Gaucho verhalten; *fig.* s. in riskante Liebeshändel einlassen; **~chesco** *adj.* Gaucho...; **~chismo**[1] m Gaucholiteratur f.

gauchis|mo[2] *Pol.* m Span. Gauchismus m, Linksextremismus m; **~ta** *Pol.* c Gauchist m, Linksextremist m.

gau|chita f *Arg.* ♪ Gauchoweise f; F hübsche Frau f; **~cho I.** m **1.** Gaucho m; **2.** *Rpl. fig.* ser buen ~ ein zuverlässiger Freund sein; **3.** *Arg., Chi.* guter Reiter m; **4.** *Ec.* breitkrempiger Hut m; **5.** *Vo. Chi.* Art Königswürger m; **II.** *adj.* (a. substant. gebraucht) **6.** (a lo) ~ gauchohaft; **7.** *Arg., Chi.* tapfer, verwegen; gerissen; geschickt; **8.** *Arg.* standhaft; **9.** *Arg.* rauh, grob.

gaudeamus F m Vergnügen n, Fest n; andar de ~ feiern.

gausio m (a. gauss) *Phys.* Gauß n.

gavan|za ⚥ f Wildrose f (*Blüte*); **~zo** m Heckenrosenstrauch m.

gaveta f *bsd. Am.* Schublade f *in Schreibschränken u.ä.*; Schubfach n; Schatulle f.

gavia f **1.** ⚓ Marssegel n; Mastkorb m *der Galeeren*); **2.** ♂ Abzugsgraben m; **3.** *hist.* Holzkäfig m *für Geisteskranke*; **4.** □ Helm m; **~ero** ⚓ m Marsgast m.

gavilán m **1.** *Vo.* Sperber m; **2.** ⚥ Distelblüte f; **3.** **~anes** m/pl. Spitzen f/pl. e-r Schreibfeder; ~ Schnörkel m; **4.** Degenkreuz n; **5.** *Andal., Am. Cent., Méj.* eingewachsener Nagel m.

gavilla f **1.** ✶ Garbe f; **2.** *bsd. Am.* (Räuber-, Diebes-)Bande f, Gesindel n; **~da** □ f Diebesbeute f, Sore f □; **~dor** □ m Gangsterboß m; **~dora** ♀ f Mähbinder m; **~r** → *agavillar.*

gavillero ♂ m Getreideschober m; Garbenreihe f.

gaviota f Möwe f; ~ reidora Lachmöwe f.

gavota ♪ f Gavotte f.

gay Span. *adj.-su.* homosexuell; m Homosexuelle(r) m, Homo m F.

gaya f **1.** farbiger Streifen m; **2.** □ Dirne f; **~do I.** *adj.* buntgestreift; **II.** *adj.-su.* m *Cu.* weißgesprenkelte(r) Hellbraune(r) m (*Pferd*); **~no** *Fi.* m Streifenlippfisch m.

gayo *adj.* **1.** fröhlich; bunt(farbig); **2.** ~a ciencia f (*od. doctrina* f) Minnesang m; Poesie f; **~la** F f Kittchen n F.

gayón □ m Zuhälter m, Louis m (P *Reg.*), Lude m F.

gay saber m → *gaya ciencia.*

gayuba ⚥ f Bärentraube f.

gayumbos □ m/pl. Unterhose f.

gaza f **1.** ⚓ Stropp m; **2.** □ Kohldampf m F; **~fatón** m → *garrapa-*

tón; **~pa** F f Schwindel m, Lüge f; **~patón** F m → *garrapatón*; **~pera** f **1.** Kaninchenbau m; *fig.* F Schlupfwinkel m v. *Gesindel*; **2.** → **~pina** F f **1.** Versammlung f von Gesindel; Diebskonvent m; **2.** Schlägerei f; **~po** m **1.** junges Kaninchen n; *fig.* F echar un ~ e-n Schnitzer machen; **2.** (Zeitungs-)Ente f; **3.** Schlau-kopf m, -meier m.

gazmiar [1c] **I.** v/i. naschen; **II.** v/r. ~se F s. beklagen.

gazmo|ñada f, mst. **~ñería** f Scheinheiligkeit f; Heuchelei f; **~ñero**, **~ño I.** *adj.* prüde; heuchlerisch, scheinheilig; **II.** m Heuchler m; Frömmler m.

gaz|nápiro *adj.-su.* Gimpel m, Einfaltspinsel m; **~nate** m Kehle f, Schlund m; P mojar (*od. refrescarse*) el ~ s. die Kehle anfeuchten (*od.* ölen *od.* schmieren) F.

gazofia f → *bazofia.*

gazpacho m südspan. Kaltschale f (*Gurken, Zwiebeln, Öl usw.*).

gazuza F f Bärenhunger m F.

ge f G n (*Name des Buchstabens*).

Gea f **1.** *Myth.* Gaia f, Gäa f, Mutter f Erde; **2.** ♀ physische Geographie f e-s Landes *od.* e-r Region.

gecónidos *Zo.* m/pl. Haftzeher m/pl., Geckos m/pl.

gehena *bibl.* f Gehenna f, Hölle f.

géiser m Geiser m, Geysir m.

geisha f Geisha f.

gel ⚗, *pharm.* m Gel n; ~ de baño Badegel f.

gelati|na f Gelatine f; Gallert m; Sülze f; ⚗, ⊕ ~ animal Tierleim m; *Kchk.* ~ seca Trockengelatine f; **~nización** f Gelatinierung f; Gelieren n; **~nizarse** [1f] v/r. gelieren; **~nobromuro** ⚗, *Phot.* m Bromsilbergelatine f; **~noso** *adj.* gallertartig.

gélido *poet. adj.* eisig kalt.

gema f **1.** Gemme f; Edelstein m; **2.** ⚥ Knospe f; **3.** *Min.* (sal f) ~ Steinsalz n; **~ción** *Biol.* f Knospung f.

gemebundo *lit. adj.* tief aufseufzend; schmerzlich klagend.

geme|ado *adj.* Doppel..., Zwillings...; eje m ~ Doppelachse f; **~lar** *Biol. adj. c*: parto m ~ Zwillingsgeburt f; **~lo I.** *adj.* **1.** Doppel..., Zwillings...; *Kfz.* ruedas f/pl. ~as Zwillingsreifen m/pl.; **II.** *adj.-su.* **2.** (hermanos m/pl.) ~s m/pl. **a)** Zwillingsbrüder m/pl.; **b)** Zwillinge m/pl.; Zwillingsgeschwister pl.; hermanas f/pl. ~as Zwillingsschwestern f/pl.; **3.** *Anat.* (músculo m) ~ m Zwillingsmuskel m; **III.** ~s m/pl. **4.** Manschettenknöpfe m/pl.; **5.** ~s (binóculos de campaña) Feldstecher m; ~s (de teatro) Opernglas m; **6.** *Astr.* → *Géminis.*

gemido m Ächzen n, Wimmern n, Stöhnen n, Klagen n; *fig.* Heulen n, Brausen n; **~r** *adj.* ächzend, stöhnend; wimmernd, klagend. *fig.* heulend, brausend.

gemi|nación f **1.** Verdoppelung f; **2.** *Biol.* Teilung f; **~nada** *Li.* f Doppelkonsonant m; **~nado** *adj.* **1.** ⚥ gepaart; a. △ Doppel..., Zwillings...; **2.** *Biol.* geteilt; **~nifloro**, **~nífloro** *adj.* paarig blühend.

Géminis *Astr.* m Zwillinge pl.

gemi|quear v/i., **~queo** m *Andal.,*

Chi. → *gimotear, gimoteo.*

gemir [31] v/i. ächzen, seufzen, stöhnen, klagen; wimmern, winseln; *fig.* sausen, brausen (*Wind*); knarren (*Holz usw.*).

gen *Biol.* m Gen n.

genciana ⚥ f Enzian m.

gene m → *gen*; **~alogía** f **1.** Genealogie f; Geschlechter-, Familienkunde f; **2.** Abstammung f; **3.** Stammtafel f; **~alógico** *adj.* genealogisch; árbol m ~ Stammbaum m; **~alogista** c Genealoge m.

genera|ble *adj. c* erzeugbar; **~ción** f **1.** *Biol.* Zeugung f; ~ alternante Generationswechsel m; ~ espontánea Urzeugung f; **2.** *Phys.*, ⚗, ⚡ Erzeugung f, Entwicklung f; ~ de energía Energieerzeugung f; **3.** Generation f; Geschlechterfolge f; *Lit. la* ~ *del 98* die 98er Generation; **4.** Menschenalter n; **~cional** *adj. c* Generations..., Generationen...; ~ **dor I.** *adj.* erzeugend, bewirkend (et. ac. de a/c.); Zeugungs...; *Biol. u. fig.* fuerza f ~a Zeugungskraft f; bewirkende Kraft f; **II.** m ⊕, ⚡, *Atom.* Generator m; Dynamo m; HF ~ de arco Lichtbogengenerator m; TV ~ de barrido Zeilengenerator m; ~ (eléctrico) mst. Lichtmaschine f; ~ de vapor Dampf-erzeuger m, -kessel m.

genera|l I. *adj. c* **1.** allgemein, umfassend; generell; gewöhnlich; *adv.* en (*od.* por lo) ~ im allgemeinen, überhaupt; hablar de un modo (más bien) ~ (mehr) in allgemeinen Zügen sprechen; de uso ~ allgemein gebräuchlich; de (*od. para el*) uso ~ zum Allgemeingebrauch; de validez ~ allgemeingültig; allgemeinverbindlich; **2.** General..., Haupt..., Ober..., Allgemein...; a. ⚥ depósito m ~ Haupt-lager n *od.* -niederlage f; dirección f ~ de correos im span. Innenministerium; norma f ~ Allgemeinregel f; Norm f; *Kfz.* repaso m (reglaje m, revisión f) ~ Generalüberholung f; **II.** m **3.** ⚔ General m; ~ de artillería General m der Artillerie; ~ de brigada Generalmajor m; Brigadegeneral m, ~ de un cuerpo de ejército kommandierender General m; ~ de división Generalleutnant m; Divisionsgeneral m; ~ en jefe Oberbefehlshaber m; Heerführer m; *fig.* el ♀ invierno General Winter m; **4.** Ordensgeneral m; **5.** □ Strohsack m; **III.** f/pl. **6.** ⚖ las ~es de la ley allgemeine Fragen zur Person (b. der Vernehmung); **~la** f **1.** Frau e-s Generals; **2.** ⚔ Generalmarsch m; tocar a ~ den Generalmarsch blasen; **~lato** m **1.** ⚔ Generals-rang m, -würde f; Generalität f; **2.** Generalswürde f (*Ordensgemeinschaft*); **~licio** F *adj.* Generals...; **~lidad** f **1.** Allgemeinheit f; la ~ (de los hombres) die meisten (Menschen); **2.** Allgemeingültigkeit f; Allgemeine(s) n; ~es f/pl. Allgemeine(s) n in Schriftsätzen; allgemeine Redensarten f/pl.; vage Ausdrucksweise f; **3.** ⚖ Generalklausel f; **4.** *Pol.* la ♀ de Cataluña (Regierung f) autonome(n) Region f Katalonien.

generalísimo ⚔ m Generalissimus m; Oberbefehlshaber m; Span. el ♀ (= Franco).

generaliza|ble *adj. c* verallgemeinerungsfähig; **~ción** *f* **1.** Verallgemeinerung *f*; **2.** allgemeine Verbreitung *f*; **~dor** *adj.* verallgemeinernd; **~r** [1f] **I.** *v/t.* **1.** verallgemeinern; *generalizando puede decirse* ganz allgemein darf man sagen; **2.** verbreiten; **II.** *v/r.* **~se 3.** allgemein werden; (zum) Allgemeingut werden.
generalmente *adv.* im allgemeinen, allgemein; meistens.
genera|r ↷, *Phys., fig. v/t.* (er)zeugen; → *a.* engendrar; **~tivismo** *Li. m* generative Grammatik *f*; **~tivo** *adj. Biol.* Zeugungs...; *Li.* generativ; **~triz** *adj.-su. f* **1.** Ax (*línea f*) ~ Mantellinie *f*; **2.** ∉ Stromerzeuger *m*.
genérico I. *adj.* **1.** Gattungs...; allgemein; *nombre m* ~ Gattungsname *m*; **2.** *Gram.* Genus...; **II.** *m* **3.** *Film:* Vorspann *m*; **~s de fin** Nach-, Abspann *m*.
género *m* **1.** Gattung *f*; Geschlecht *n*; ~ *humano* Menschengeschlecht *n*; ~ *s m/pl.* y *especies f/pl.* Gattungen *f/pl.* u. Arten *f/pl.*; **2.** *Li.* Genus *n*; ~ *ambiguo* Doppelgeschlecht *n* (el, la mar); ~ *común* gemeinsame Form *f* für Femininum u. Maskulinum (el, la testigo); **3.** *Lit.* Gattung *f*; ~ *chico* (*mst.*lustiges) kurzes Volksstück *n*; *a.* Posse *f*; ~ *dramático* dramatische Gattung *f*, Drama *n*; ~ *frívolo die* leichte Muse, Kleinkunst *f*; ~ *lírico* → zarzuela²; **4.** Ware *f*; Stoff *m*, Gewebe *n*; ~ *s de primera calidad* Qualitätsware *f*; Qualitätsstoffe *m/pl.*; (*fábrica f de*) ~ *s de punto* Strickwaren(herstellung) *f*/*pl.*; ~ *s de moda* Modewaren *f*/*pl.*; ~ *a un lado y dinero a otro* hier die Ware, das das Geld; **5.** Art *f*; Sorte *f*; Art *f* (u. Weise *f*); ~ *de vida* Lebens-art *f*, -weise *f*; *de mal* ~ unangebracht, unpassend; *sin ningún* ~ *de duda* (ganz) zweifellos; **6.** *Mal. u. Skulp. de* ~ Genre...; *cuadro m de* ~ Genrebild *n*.
genero|sidad *f* **1.** Großmut *f*, Edelmut *m*, Seelengröße *f*; **2.** Großzügigkeit *f*, Freigebigkeit *f*; **~so** *adj.* **1.** großmütig, edelmütig; ~ *en sus acciones* großmütig handelnd; **2.** großzügig, freigebig (j-m gg.-über *con, para, para con alg.*); **3.** feurig, edel (*a. Pferd*) fruchtbar (*Erde*); *vino m* ~ Dessertwein *m*.
genésico *Physiol. adj.* Geschlechts-...; Zeugungs...; genetisch.
génesis I. *f* Entstehung *f*, Werden *n*; Entwicklung(sgeschichte) *f*; Werdegang *m*; 🕮, ♀ *a.* Genese *f*; **II.** *m bibl.* ⊙ Genesis *f*, Schöpfungsgeschichte *f*.
genéti|ca *f* Genetik *f*, Erblehre *f*; **~co** *Biol. u. fig. adj.* genetisch; mit Bezug auf Herkunft *bzw.* Entstehung; *adv.* **~amente** *a.* der Entstehung nach.
geneti(ci)sta *c* Genetiker *m*.
genia|l *adj. c* **1.** genial; hochbegabt; **2.** geistvoll, witzig, angenehm; **3.** eigentümlich; **~lidad** *f* **1.** Genialität *f*, geniales Wesen *n*; **2.** Eigentümlichkeit *f*; *tener* ~ *es* s-e Eigenheiten *f*/*pl.* (*od.* leicht *desp.* F s-e Schrullen *f*/*pl.*) haben; **~zo** *m* aufbrausendes Temperament *n*; *a.* überragender, genialer Kopf *m* (*Person*).

genio *m* **1.** Geistes-, Gemüts-art *f*; Genie *n*, (geniale) Veranlagung *f*; *de mal (buen)* ~ jähzornig *od.* immer mürrisch (gutmütig); F *no puede con el* ~ er ist nicht aufzuhalten; die Pferde gehen mit ihm durch F; F *llevarle a uno el* ~ j-m nachgeben, j-m nicht widersprechen; *ser corto de* ~ geistig minderbemittelt sein F; k-n Schwung haben; *tener* ~ Schwung haben; genial sein; *tener mucho* ~ trotzig *od.* jähzornig sein; *tener el* ~ *vivo* ein lebhaftes (*od.* aufbrausendes) Temperament haben; *tener el* ~ *de la literatura* (*de los negocios*) literarisch hochbegabt (der geborene Geschäftsmann) sein; *Spr.* ~ *y figura hasta la sepultura* niemand kann über s-n Schatten springen; **2.** Genie *n*, gr. Geist *m*; *ser un* ~ ein Genie (*od.* ein genialer Kopf *m*) sein; **3.** (innerstes) Wesen *n*, Geist *m z. B.* e-r Sprache; **4.** *Rel. u. Folk.* Genius *m*, Geist *m*; ~ *tutelar* Schutzgeist *m*.
geni|tal *adj. c* Zeugungs..., Geschlechts...; *órganos m*/*pl.* **~es** Geschlechtsorgane *n*/*pl.*; Genitalien *n*/*pl.*; **~tivo¹** *adj.* zeugungsfähig.
geni|tivo² *Gram. m* Genitiv *m*; **~tor** *m* Erzeuger *m*; Schöpfer *m*; **~tourinario** 🐦 *adj.* Geschlechts-u. Harnorgane betreffend.
genízaro *adj.* → jenízaro.
genoci|da *adj.-su. c* völkermordend; *m* Völkermörder *m*; **~dio** *m* Völkermord *m*.
genoma *m* Genom *n*.
geno|terapia *f* Gentherapie *f*; **~típico** *Biol. adj.* genotypisch; **~tipo** *Biol. m* Genotyp(us) *m*.
Génova *f* Genua *n*.
genovés *adj.-su.* aus Genua; *m* Genuese(r) *m*.
gente I. *f* **1.** (selten ~ *s*/*pl.*) Leute *pl.*; Volk *n*; ~ *de alpargata* Bauern *m*/*pl.*; ~ *de armas* Kriegsvolk *n*, Soldaten *m*/*pl.*; ~ *baja*, ~ *de escalera abajo* niederes Volk *n*; Pöbel *m*; ~ *buena*, ~ *de bien* rechtschaffene Leute *pl.*; ~ *bien*, ~ *copetuda*, F ~ *gorda de medio* diezmil *pl.*, die großen Tiere *n*/*pl.* F; ~ *de a caballo* Berittene(n) *m*/*pl.*; ~ *de color* Farbige(n) *m*/*pl.*; ~ *decente*, *Chi.* ~ *de chape* bessere Leute *pl.*; ~ *de mar* Seeleute *pl.*; *la* ~ *menuda* die Kinder *n*/*pl.*; *a.* das einfache Volk; *¡* ~ *de paz!* gut Freund!; F ~ *de pelo*, ~ *de pelusa* betuchte Leute *pl.* F; ~ *de medio pelo der* kleine Mittelstand; ~ *perdida*, F ~ *non sancta* liederliches Volk *n*; Stromer *m*/*pl.*; ~ *de poco más o menos* Durchschnittsmenschen *m*/*pl.*; ~ *de trato* Geschäftsleute *pl.*; *fig. conocer a su* ~ s-e Pappenheimer kennen; *al decir de la* ~ wie man so hört; *fig.* F *hacer* ~ (die) Leute anlocken; Aufsehen erregen; *pasar de* ~ *en* ~ *a.* von Generation zu Generation weitergegeben werden; **2.** *Col., Chi., Méj., P. Ri.* bessere (*od.* feine) Leute *pl.*; *ser* ~ zur Gesellschaft gehören; *a.* gesellschaftsfähig sein; **3.** F Angehörige(n) *m*/*pl.*; **4.** Personal *n*; ⚓ Besatzung *f*; **II.** ~ *s f*/*pl.* **5.** Heiden *m*/*pl.*; *el Apóstol de las* ~ *s* der Apo-

generalizable — geotérmico

stel Paulus; **6.** □ Ohren *n*/*pl.*
gente|cilla, **~zuela** *f dim.*; *mst. desp.* Gesindel *n*.
genti|l I. *adj. c* **1.** hübsch, anmutig; artig, liebenswürdig; *iron.* ~ *disparate m* blühender Unsinn *m*; **2.** heidnisch; **II.** *m* **3.** Heide *m*; **~leza** *f* Anmut *f*, Liebenswürdigkeit *f*, Anstand *m*; **~lhombre** *m* (*pl. gentileshombres*) Edelmann *m*, Adlige(r) *m*.
gen|tilicio *adj.-su. m* (*nombre m*) ~ Volks- *bzw.* Orts-zugehörigkeitsname *m*; **~tílico** *adj.* heidnisch; **~tilidad** *f*, **~tilismo** *m* Heidentum *n*; *die* Heiden *m*/*pl.*
gentío *m* Menschenmenge *f*; Gedränge *n*.
gen|tleman *m* Gentleman *m*; *Equ.* ~ *rider m* Herrenreiter *m*; *Pol.* gentlemen's agreement *m* Gentlemen's Agreement *n*; **~try** *f* niederer engl. Adel *m*; engl. Großbürgertum *n*.
gentu|alla, **~za** *f* Gesindel *n*, Pack *n*.
genu|flexión *f* Knie-beuge *f*, -fall *m*; **~ino** *adj.* echt, unverfälscht; naturgemäß; angeboren.
geobotáni|ca *f* Pflanzengeographie *f*, Geobotanik *f*; **~co** *adj.* pflanzengeographisch.
geocéntri|ca *f* Geozentrik *f*; **~co** *adj.-su.* geozentrisch.
geo|desia *f* Geodäsie *f*, Vermessungskunde *f*; **~désico** *adj.* geodätisch; **~desta** *c* Geodät *m*, Vermessungsbeamte(r) *m*.
geofísi|ca *f* Geophysik *f*; **~co** *adj.-su.* geophysikalisch; *m* Geophysiker *m*.
geo|gnosia *f* Gebirgs-, Erdschichten-kunde *f*; **~gnosta** *c* → *geólogo*; **~grafía** *f* **1.** Geographie *f*, Erdkunde *f*; ~ *económica* Wirtschaftsgeographie *f*; ~ *física* physische Geographie *f*; ~ *humana* Anthropo-, Human-geographie *f*; ~ *lingüística* Sprachgeographie *f*; *en toda la española* überall in Spanien; **2.** erdkundliches Werk *n*; Geographiebuch *n*; **~gráfico** *adj.* geographisch.
geógrafo *m* Geograph *m*.
geo|logía *f* Geologie *f*; **~lógico** *adj.* geologisch.
geólogo *m* Geologe *m*.
geomag|nético erdmagnetisch; **~netismo** *m* Erdmagnetismus *m*.
geómetra *m* **1.** Geometriebeflissene(r) *m*; **2.** *Ent.* gr. Frostspanner *m*.
geo|metría *f* Geometrie *f*; ~ *analítica* analytische Geometrie *f*; ~ *descriptiva* darstellende Geometrie *f*; ~ *del espacio* (*plana*) Geometrie *f* des Raumes (der Ebene); **~métrico** *adj.* geometrisch; Ax *lugar m* ~ geometrischer Ort *m*.
geomorfología *f* Geomorphologie *f*.
geopolíti|ca *f* Geopolitik *f*; **~co** *adj.-su.* geopolitisch; *m* Geopolitiker *f*.
georama *m* Georama *n*, großformatige Darstellung *f* der Erdoberfläche.
Georgia *f* Georgien *n* (*UdSSR*); Georgia *n* (*am. Bundesstaat*); **2no** *adj.-su.* georgisch; *m* Georgier *m*; *das* Georgische.
georgina ♀ *f* Georgine *f*, Seerosendahlie *f*.
geo|terapia 𝄞 *f* Geotherapie *f*, klimatische Heilbehandlung *f*; **~térmico** *adj.*: *energía f* **~a** Erdwärme *f*.

geranio — giro

geranio ⚥ m Geranie f.
Gerardo npr. m Gerhard m.
gérbera ⚥ f Gerbera f.
gerbo Zo. m → jerbo.
geren|cia f Geschäftsführung f; Verwaltung f; ∼te m 1. Geschäftsführer m; Disponent m; Verwalter m; ✝ ∼ de ventas Verkaufsleiter m; director m ∼ geschäftsführender Direktor m; 2. ⚓ Korrespondenzreeder m.
geri|atra ✻ c Facharzt m der Geriatrie; ∼atría f Geriatrie f, Altersheilkunde f; ∼átrico I. adj. geriatrisch; II. m Geriatrikum n.
gerifalte m 1. Vo. Jagdfalke m; 2. fig. Genie n; F Bonze m F; Boss m F; □ Dieb m.
germana □ f Hure f.
germanesco adj. Gauner...
Germania f hist. Germanien n; fig. Deutschland n.
germanía f 1. ältere span. Gaunersprache f; 2. hist. Val. Zunftbruderschaft f; 3. wilde Ehe f.
germánico adj.-su. germanisch; fig. deutsch; m Li. das Germanische.
germanio ✻ m Germanium n.
germa|nismo m Germanismus m; ∼nista c Germanist m; ∼nística f Germanistik f; ∼nización f Germanisierung f; Eindeutschung f; ∼nizante mst. desp. adj.-su. c germanisierend; ∼nizar [1f] v/t. germanisieren; ∼no adj.-su. germanisch; deutsch; m Germane m; Deutsche(r) m; ∼nofederal adj. c bundesdeutsch; ∼nofilia f Deutschfreundlichkeit f; ∼nófilo adj.-su. deutschfreundlich; m Deutschenfreund m; ∼nofobia f Deutschfeindlichkeit f; ∼nófobo adj.-su. deutschfeindlich; m Deutschenfeind m; ∼nooccidental adj. c westdeutsch; ∼nooriental adj. c ostdeutsch.
ger|men Biol., ✻ u. fig. m Keim m; Ursprung m; ∼ morboso, ∼ patógeno Krankheitskeim m; ∼micida adj. c - su. m keimtötend(es Mittel n); ∼minación f Keimen n; fig. Entstehen n; Werden n; ∼minal adj. c Keim...; ∼minar v/i. keimen; sprießen; a. fig. s. entwickeln; werden.
geroculltor m Span. Altenpfleger m; ∼tura f Altenpflege f.
geron|tología ✻ f Gerontologie f; ∼tólogo ✻ m Gerontologe m, Altersforscher m.
gerundense adj.-su. c aus Gerona.
gerundia|da F f schwülstige Ausdrucksweise f e-s Predigers; ∼no F adj. schwülstig, pathetisch (Stil).
gerundio m 1. Li. Gerundium n; 2. F schwülstiger Prediger m; aufdringlicher Besserwisser m.
gesta f Heldentat(en) f(/pl.); cantar m de ∼ Heldenepos m.
gesta|ción f Schwangerschaft f; Trächtigkeit f (der Tiere); fig. Entstehung f, Werden n; en ∼ trächtig; fig. im Werden; ∼nte I. adj. f schwanger; trächtig (Tier); II. f Schwangere f.
gestatorio adj.: silla f ∼a Tragsessel m.
geste|ar v/i. → gesticular; ∼ro adj.- su. Fratzenschneider m.
gesticu|lación f Mienenspiel n; Gesichterschneiden n; Gebärdenspiel n; Gestikulieren n; ∼lar v/i. Gebärden machen, gestikulieren; ∼lero F desp. adj. viel gestikulierend.
gesti|ón f (Geschäfts-)Führung f; Betreibung f e-r Sache; ✝ ∼ de negocios (ajenos) Geschäftsführung f ohne Auftrag; hacer las ∼ones necesarias die nötigen Schritte unternehmen (, um zu + inf. para + inf.); ∼onar v/t. betreiben; (amtlich) vermitteln, besorgen; s. um et. (ac.) bemühen, bsd. s. Urkunden ausstellen lassen; ∼se un empleo s. durch Beziehungen e-e Stelle verschaffen; F ∼ a/c. para alg. für j-n et. bearbeiten (bzw. in die Wege leiten).
gesto m 1. Miene f, Gesichtsausdruck m; Gebärde f, Geste f; lenguaje m por ∼s Gebärdensprache f; hacer ∼s a. Grimassen schneiden; afirmar con el ∼ schweigend bejahen; 2. fig. Geste f; tener un buen ∼ con alg. j-m gg.-über großzügig handeln.
gesto|r I. adj. Vermittler...; agencia f ∼a ∼ gestoría; II. m Geschäftsführer m; geschäftsführender Teilhaber m; ∼ría f Span. Agentur f zur raschen Erledigung behördlicher Formalitäten usw.
gestudo F adj.-su. schmollend; sauertöpfisch.
Getsemaní bibl. m Gethsemane n.
géyser m Geiser m, Geysir m.
ghetto m Getto n (a. fig.).
giba f Höcker m, Buckel m; fig. Unannehmlichkeit f; ∼do adj. bucklig, höckerig; ∼r I. v/t. krümmen, bucklig machen; fig. F ärgern, plagen; II. v/r. ∼se F s. ärgern.
gibelino hist. adj.-su. Ghibelline m.
gibón Zo. m Gibbon m (Affe).
gibo|sidad f Buckel m, Gibbus m; ∼so adj. buck(e)lig.
Gibraltar m: (Peñón m de) ∼ (Felsen m von) Gibraltar n.
gigabyte m Gigabyte n.
gigan|ta f 1. Riesin f; 2. ⚥ Sonnenblume f; ∼te I. adj. c riesig; II. m Riese m, Gigant m (a. fig.); ∼s m/pl. y cabezudos m/pl. Riesen m/pl. u. Masken f/pl. mit großen Köpfen b. span. Volksfesten; un ∼ con pies de barro ein Koloß auf tönernen Füßen; F ∼ en tierra de enanos Knirps m, abgebrochener Riese m F; fig. a paso de ∼ mit Riesenschritten; Sp. pasos m/pl. de ∼ Rundlauf(gerät n) m; ∼tesco adj. gigantisch, gewaltig (a. fig.); ∼tez f Riesengestalt f; riesige Größe f; ∼tilla f groteske Figur f, Art Schwellkopf m; fig. F fettes Weibsbild n F; ∼tismo ✻ m Riesenwuchs m; ∼tomanía f Gigantomanie f; ∼tón m 1. Riesenfigur f b. Prozessionen; 2. ⚥ Am. Sonnenblume f.
gigo|lo m Gigolo m; ∼te Kchk. m Hackfleischgericht n; geschmorte Hammelkeule f; fig. F hacer ∼ zerstückeln, zu Kleinholz machen F.
Gil npr. ∼ Ägidius F.
gi|l, ∼lí F adj. c (pl. ∼ís) dämlich F, bescheuert F; ∼lipollas P m (pl. inv.) Flasche f F, Blödhammel m F; ∼lipollear P v/i. s. dämlich (od. idiotisch) anstellen F.
gimna|sia f Turnen n; Gymnastik f; ∼ con (sin) aparatos Geräteturnen n (Freiübungen f/pl.); ∼ maternal Schwangerschaftsgymnastik f; ∼ de la mente geistige Gymnastik f, Gedächtnisgymnastik f; ∼ pública Schauturnen n; ∼ sueca schwedische Gymnastik f; ∼ terapéutica Heilgymnastik f; sala f de ∼ Turnhalle f; hacer ∼ (ejercicios de) ∼ turnen, Turnübungen machen; ∼sio m 1. Turnplatz m; Turnhalle f; 2. hist. Gymnasium n; ∼sta c Turner m; ∼s m/pl. Turnerschaft f.
gimnásti|ca f bsd. Am. Gymnastik f; ∼co adj. Turn...; aparatos m/pl. ∼s Turngeräte n/pl.; paso m ∼ Laufschritt m.
gímnico lit. adj. Turn..., Athletik...
gimno|spermas ⚥ f/pl. Gymnospermen pl.; ∼to Fi. m Zitteraal m.
gimote|ar F v/i. winseln; wimmern; greinen; ∼o F m Gewimmer n; Greinen n.
gin m Gin m; ∼ tonic Gin Tonic m.
gincgo m → gingko.
gindama □ f → jindama.
gine|bra f 1. ein Kartenspiel; 2. fig. F Wirrwarr m, Tohuwabohu n F; 3. Gin m; 4. ♀ Convención f de ♀ Genfer Konvention f; ∼brino adj.- su. Genfer.
gineceo m 1. hist. Frauengemach n; 2. ⚥ Stempel m.
gine|cología ✻ f Gynäkologie f; ∼cológico adj. gynäkologisch; ∼cólogo m Gynäkologe m, Frauenarzt m.
gingivitis ✻ f Zahnfleischentzündung f, Gingivitis f.
gingko ⚥ m Ginkgo m.
gin|sén, ∼seng ⚥ m Ginseng m.
gira f Rundreise f, (gemeinsamer) Ausflug m; Thea. Tournee f; salir de ∼ auf Tournee gehen; ∼da f Pirouette f; ∼discos m (pl. inv.) Plattenspieler m.
girado ✝ m Bezogene(r) m, Trassat m; ∼r ✝ m Aussteller m, Trassant m (Wechsel).
giral|da f Wetterfahne f in Menschen- od. Tiergestalt; la ♀ Turm der Kathedrale v. Sevilla; ∼dilla f kl. Wetterfahne f; ast. Volkstanz m.
girándula f 1. Feuerrad n (Feuerwerk); 2. mehrarmiger Leuchter m.
girar I. v/i. 1. s. drehen, kreisen, umlaufen; rotieren; ∼ en círculo (od. en torno) s. im Kreise (herum)drehen; ∼ hacia la izquierda s. nach links drehen; nach links ein- (od. ab-)biegen; ∼ alrededor de s. drehen um (ac.), kreisen um (ac.); la conversación gira sobre (od. en torno a) die Unterhaltung dreht s. um (ac.); ⊕ ∼ loco, ∼ en vacío leer laufen; ∼ redondo rund laufen; 2. ✝ ∼ contra (od. a cargo de) alg. auf j-n ziehen (Wechsel); la casa gira en ésta desde ... das Geschäft besteht am Platze seit ...; II. v/t. 3. drehen, in Umlauf bringen; ✝ Geld überweisen; Wechsel ziehen od. ausstellen; ∼ una letra (de cambio) sobre Barcelona e-n Wechsel auf B. ziehen.
girasol m 1. ⚥ Sonnenblume f; 2. Min. (gelblicher) Opal m.
girato|ria f drehbares Bücherregal n; ∼rio adj. kreisend, rotierend; Kreis..., Dreh...; estante m ∼ Drehregal n, -ständer m.
girl f Revue-tänzerin f, -girl n.
giro[1] m 1. Kreis-lauf m, -bewegung f; Drehung f; Wendung f (a. ⚔); Vkw. ∼ obligatorio Kreisverkehr m;

efectuar un ~ alternativo e-e wechselweise Drehung ausführen (bzw. bewirken); **2.** ✝ Ziehung *f e-s Wechsels*; gezogener Wechsel *m*, Tratte *f*; *aviso m de* ~ Trattenavis *n*; → *a. letra de cambio*; **3.** Überweisung *f*; ~ *bancario* Banküberweisung *f*; ~ *postal* Postanweisung *f*; *mandar un* ~ Geld überweisen; **4.** Umsatz *m*, Absatz *m*; ~ *anual* Jahresumsatz *m*; *empresa f de mucho* ~ Unternehmen *n* mit hohem Umsatz; **5.** *fig.* Wendung *f*; *Pol.* ~ *a la derecha* Ruck *m* nach rechts, Rechtsruck *m*; *tomar otro* ~ e-e andere Wendung nehmen (*Angelegenheit usw.*); *tomar mal* ~ (*un* ~ *favorable*) s. zum schlechten wenden (e-e günstige Wendung nehmen); **6.** Redewendung *f*; **7.** Schmiß *m* (*im Gesicht.*); **8.** *fig.* Drohung *f*; Prahlerei *f*.
giro[2] *adj. Andal., Murc., Am.* gelblich *bzw.* schwarzweiß getüpfelt (*Hahn*).
giro|bús *Vkw. m* Gyrobus *m*; **~clinómetro** 🗝 *m* Wendezeiger *m*; **~compás** *m* Kreiselkompaß *m*.
giroflé ⚥ *m* Gewürznelkenbaum *m*.
girola ⚘ *f* Chorumgang *m*.
girómetro *Phys. m* Gyrometer *n*.
Giron|da, **~de** *m* Gironde *f*; **⦵dinos** *hist.: los* ~ die Girondisten *m/pl.*
giro|piloto 🗝 *m* Selbststeuergerät *n*; **~plano** 🗝 *m* Tragschrauber *m*; **~scópico** *adj.* gyroskopisch, Kreisel...; **~scopio** *m bsd. Phys.* → *giróscopo.*
girós|copo *bsd.* ⊕ *m* Kreisel *m*; ⚓ ~ *de buque* Schiffskreisel *m*; **~tato** *Phys. m* Gyrostat *m*.
gis *m* **1.** Malerkreide *f*; **2.** *Col.* Griffel *m*; **~te** *m* Bierschaum *m*.
gita|na *f* Zigeunerin *f a. als Kosename*; *fig.* durchtriebenes Frauenzimmer *n*; Schlampe *f*; **~nada** *f* Zigeunerstreich *m*; → *gitanería*; **~near** *v/i.* schmeicheln; gerissen vorgehen; **~nería** *f* Zigeunerhorde *f*, -bande *f*; Zigeunerleben *n*; Schelmenstreich *m*; *fig.* (listige) Schmeichelei *f*; **~nesco** *adj.* zigeunerisch; zigeunerhaft; schlau; verschmitzt; **~nismo** *m* Zigeuner-art *f*; -tum *n*; *Li.* Zigeunerwort *n*; **~no I.** *adj.* zigeunerisch, zigeunerhaft; *fig.* schlau, verschmitzt; verführerisch (*Augen*; *oft pej.*); **II.** *m* Zigeuner *m* (*a. fig.*); *fig.* schlauer *od.* pfiffiger Mensch *m*; F *a.* drolliger Bursche *m*; **~nología** *f* Zigeunerkunde *f*.
glabro *lit. adj.* kahl.
glacia|l *adj. c a. fig.* eisig, eiskalt; Eis...; *período m* (*od.* época *f*) ~ Eiszeit *f*; **~r** *m* Gletscher *m*.
glacis *fort. m* Glacis *n*.
gladiador *m hist.* Gladiator *m*; *fig.* Raufbold *m*.
gla|diolo, **~díolo** ⚥ *m* Gladiole *f*, Siegwurz *f*.
glan|de *Anat. m* Eichel *f*; **~dífero**, **~dígero** *adj.* Eichel tragend.
glándula *Anat. f* Drüse *f*; ~ *s endocrinas*, ~ *s de secreción interna* endokrine Drüsen *f/pl.*, Drüsen innerer Sekretion; ~ *s exocrinas* Drüsen *f/pl.* äußerer Sekretion; ~ *lagrimal* (*mamaria*) Tränen- (Brust-)drüse *f*; ~ *s mucosas* (*salivales*) Schleim- (Speichel-)drüsen *f/pl.*; ~ *sebácea*

(*sudorípara*) Talg- (Schweiß-)drüse *f*.
glandu|lar *Anat. adj. c* Drüsen...; **~loso** *adj.* drüsen-artig, -förmig; Drüsen...
glano *Fi. m* Wels *m*, Waller *m*.
gla|sé *m tex.* Glanztaft *m*; *Am.* Lackleder *n*; **~sear** *v/t. Kchk.* glasieren; *Papier* satinieren.
glasto ⚥ *m* Färberwaid *m*.
glauberita ⛏ *f* = *sal f de Glauber* Glaubersalz *n*.
glauco I. *adj. lit.* meergrün; ⚥ hellgrün; **II.** *m Zo.* (blaue) Raspelmuschel *f*.
glaucoma 🩺 *m* Glaukom *n*, grüner Star *m*.
gleba *f* **1.** (Erd-)Scholle *f* (*a. fig.*); *hist. siervos m/pl. de la* ~ Leibeigene(n) *m/pl.*; **2.** *Col.* ärmere Arbeiterklasse *f*.
glicemia *f* → *glucemia*.
glicerina ⚗ *f* Glyzerin *n*, Glycerin *n*.
glici|na *f* **1.** ⚗ Glycin *n*; **2.** ⚥ → **~nia** *f* Glyzin(i)e *f*.
glicol ⚗ *m* Glykoi *n*.
glicosuria 🩺 *f* Zuckerharnen *n*.
glifo △ *m* Glyphe *f*. [kunst *f*.⌐
glíptica *f* Glyptik *f*, Steinschneide-⌐
gliptoteca *Ku. f* Glyptothek *f*.
globa|l *adj. c* global; Pauschal...; Gesamt...; **~lización** *f* ✝ Globalisierung *f*; **~lizar** [1f] *bsd.* ✝ *v/t.* im Ganzen nehmen; insgesamt ausmachen (*od.* betragen); **~ado** als Globalkontingent; **~lmente** *adv.* in Bausch u. Bogen (berechnet); insgesamt genommen (*bzw.* betrachtet).
globetrotter *m* Globetrotter *m*, Weltenbummler *m*.
globito *m Zo.* Zwergsepia *f*; *fig. Comics usw.*: Sprechblase *f*.
globo *m* **1.** Kugel *f*, Ball *m*; (Lampen-)Glocke *f*; Luftballon *m*; *Comics usw.*: Sprechblase *f*; *Kfz.* ~ *de aire* Airbag *m*, Luftsack *m*; ~ *de luz* Lichtgelleuchte *f*; **2.** ~ *celeste* Himmelskugel *f*; ~ *terráqueo*, ~ *terrestre* Erd-ball *m*, -kugel *f*; Globus *m*; **3.** *Anat.* ~ (*del ojo*) Augapfel *m*; **4.** 🗝 ~ *aerostático* Ballon *m*, Luftballon *m*; ✂ ~ *de barrera* (*cautivo*) Sperr- (Fessel-)ballon *m*; ~ *sonda* Meß-, Registrierballon *m*; *fig.* lanzar un ~ *de ensayo* e-n Versuchsballon steigen lassen; **5.** *en* ~ im ganzen; in Bausch u. Bogen; **~so** *adj.* kugelig; kugelförmig.
globular *adj. c* kugelförmig.
globulina *Physiol. f* Globulin *n*.
glóbulo *m* Kügelchen *n*; Pille *f*; 🩺 ~ *s sanguíneos* Blutkörperchen *n/pl.*; ~ *s blancos* (*rojos*) weiße (rote) Blutkörperchen *n/pl.*
glogló *onom. m* Gluckgluck *n*; Plätschern *n*; Kollern *n* (*Pfau, Truthahn*).
glomérulo *m* Knäuel *n*; *Anat.* Gefäßknäuel *n*.
gloria I. *f* **1.** Ruhm *m*, Ehre *f*; *sin* ~ ruhmlos; *hacer* ~ *de a/c.* mit et. (*dat.*) prahlen; *ser la* ~ *de su país* der Ruhm (*od.* Stolz) s-s Landes sein; **2.** *Rel. u. fig.* Herrlichkeit *f*; Glanz *m*; Seligkeit *f*; *fig.* F *pedazo m de* ~ *etwa*: Prachtstück *n*, Goldkind *n* F (*Personen*); *mi padre que Dios tenga en la* ~ (*od.* que en ~ esté) mein Vater, Gott hab' ihn selig (*od.* mein verstorbener [*od. Reg.* mein seliger] Vater);

fig. estar en sus ~ *s* im siebenten Himmel sein, überglücklich (*od.* in s-m Element) sein; *saber a* ~ köstlich schmecken; *tocar a* ~ Ostern einläuten; *p. ext.* jubeln, e-n Sieg (*od.* Erfolg) feiern; **3.** *Mal.* Glorie *f*, Heiligenschein *m*; **4.** *tex.* Gloriaseide *f*; **5.** *Kchk.* süße Blätterteigpastete *f*; **6.** *Thea.* „Vorhang" *m* (*Aufziehen des V. für den Beifall*); **II.** *m* **7.** *Rel.* Gloria *n* (*Teil der Messe*).
gloriado *m Am.* Art Punsch *m*.
gloria *m patri Rel.* Gloria *n*.
gloriarse [1c] *v/r. s.* rühmen (*gen. de*); stolz sein, s. et. einbilden (*auf ac. de*).
glorieta *f* **1.** kl. Platz *m* mit Anlagen (*oft an Straßenkreuzungen*); **2.** Gartenlaube *f*, -häuschen *n*.
glorifica|ción *f* Verherrlichung *f*; *Rel.* Verklärung *f*; Glorifizierung *f* (*oft desp.*); **~r** [1g] **I.** *v/t.* verherrlichen; rühmen, preisen; **II.** *v/r.* **~se** → *gloriarse.*
Gloriosa *f* **1.** *kath.* die Jungfrau Maria; **2.** *hist. la* ~ die span. Revolution *v.* 1868.
glorioso *adj.* **1.** ruhm-, glor-reich; ehrenvoll, rühmlich; **2.** *Rel.* glorreich, verklärt; *cuerpo* ~ *Theol.* verklärter Leib *m*; *fig.* F Heilige(r) *m* (*v. j-m, der asketisch lebt*); *de* ~ *a memoria* seligen Angedenkens.
glosa *f* **1.** Vermerk *m*, Erläuterung *f*; Glosse *f*; ~ (*marginal*) Randbemerkung *f*; **2.** Glosse *f* (*urspr. span. Gedichtform*); **3.** ♪ freie Variation *f*; **~dor** *Lit. m* Glossator *m*; Kommentator *m*, Ausleger *m*; **~r** *v/t/i.* glossieren, kommentieren, auslegen; *fig.* (be)krittteln; **~rio** *m* Glossar *n*.
glose *m* Glossieren *n*; Eintragung *f* von Vermerken *in Urkunden usw.*
glosilla *Typ. f* Kolonel *f* (7-Punkt-Schrift). [seuche *f*.⌐
glosopeda *vet. f* Maul- u. Klauen-⌐
glótico *Anat. adj.* Stimmritzen...
glotis *Anat. f* Glottis *f*.
glo|tón I. *adj.* gefräßig; **II.** *m* Vielfraß *m* (*a. Zo.*); **~tonear** *v/i.* gierig essen; schlingen, fressen F; **~tonería** *f* Gefräßigkeit *f*, Gier *f*; Fresserei *f* F.
gloxínea ⚥ *f* Gloxinie *f*.
glu|cemia 🩺 *f* Blutzucker(-gehalt *m*, -spiegel *m*) *m*, Glykämie *f*; **~cogénico** *Physiol. adj.* Glykogen...; **~cógeno** *Physiol. m* Glykogen *n*; **~cómetro** ⚗ *m* Glykometer *m*.
gluco|sa *f* Traubenzucker *m*; **~suria** 🩺 *f* Glykosurie *f*, Zuckerharnen *n*.
glu-glu *m* → *gloglό.*
glu|támico *adj.: ácido m* ~ Glutaminsäure *f*; **~tamina** ⚗ *f* Glutamin *n*.
gluten *m* Klebstoff *m*; *Biol.* ⚗ Gluten *n*, Kleber *m*.
glúteo *Anat. adj.* Gesäß..., gluteal.
glutinoso *adj.* klebrig; leim-artig, -haltig.
gneis *Min. m* Gneis *m*.
gnéisico *adj.* Gneis...
gnómico *adj.-su.* gnomisch, Gnomiker *m*, Spruchdichter *m*.
gno|mo *m* Gnom *m*, Kobold *m*; **~mon** *m* Gnomon *m*; Sonnenuhr (-zeiger *m*) *f*.
gno|sis *f* Gnosis *f*; **~sología** *f* Gnosologie *f*, Erkenntnistheorie *f*.

gnosticismo *m* Gnostizismus *m*.
gnóstico *adj.-su.* gnostisch; *m* Gnostiker *m*.
gnu *Zo. m* (*pl.* ~ues) Gnu *n*.
gobelino *m* Gobelin *m*.
goberna|bilidad *f* Regierbarkeit *f*; ~**ble** *adj. c* lenk-, leit-bar; regierbar; ~**ción** *f* Regieren *n*; Statthalterschaft *f*; *früher Span.* (*Ministerio de la*) ♀ Innenministerium *n*; ~**dor** *m* Gouverneur *m* (*a. b. Banken*); Statthalter *m*; Staats-, Regierungs-kommissar *m b. Institutionen;* ~ *civil* (*militar*) Zivil-(Militär-)gouverneur *m*; ~**dora** *f* Statthalterin *f*; Frau *f* e-s Gouverneurs; ~**lle** ♀ *m* Steuer *m*.
gober|nanta *f* 1. *bsd. Rpl.* Gouvernante *f* (*Span. desp.*); 2. Beschließerin *f in Hotels;* ~**nante I.** *m* Herrscher *m*; *mst. pl. los* ~s die Regierenden *m/pl.*; **II.** *f* F Bordellwirtin *f*, Puffmutter *f*; ~**nar** [1k] **I.** *v/t.* 1. regieren; lenken; *Schiff* steuern; *Prozession usw.* anführen; *Haus(halt)* führen; vorstehen (*dat.*); beherrschen; 2. *Rpl. Kinder* strafen; **II.** *v/i.* 3. regieren; *fig.* llegar a ~ ans Ruder kommen; *Spr.* ~ es poblar (*od.* prever) Regieren heißt besiedeln (*od.* voraussehen); 4. *fig.* das (große) Wort führen; 5. ♆ dem Steuer gehorchen; manövrierfähig sein (*Schiff*); **III.** *v/r.* ~se 6. s. in der Gewalt haben.
gobierna *f* Wetterfahne *f*.
gobierno *m* 1. Regierung *f*; Regierungsform *f*; Regierungsgebäude *n*; ~ de coalición Koalitionsregierung *f*; F ~ de faldas Weiberherrschaft *f*; ~ fantasma Schattenkabinett *n*; ~ fantoche, ~ títere Marionettenregierung *f*; ~ miembro Mitgliedsregierung *f*; ~ militar Militärregierung *f*; *programa m* (*Am. mst.* plataforma *f*) del ~ Regierungsprogramm *m*; reorganización *f* del ~ Regierungsumbildung *f*; mentir más que el ~ lügen wie gedruckt; 2. Gouvernement *n*; Amt *n* e-s Gouverneurs *m*; ~ civil Zivilverwaltung *f*, Präfektur *f*; 3. Verwaltung *f*, Haushaltung *f*; ~ doméstico, ~ de la casa Haushaltsführung *f*; 4. ♆ Manövrierfähigkeit *f*; Steuerung *f*; de buen ~ manövrierfähig; ✄ ~ auxiliar Zusatzsteuerung *f* (*z. B. Raumfahrt*); 5. *fig.* Richtschnur *f*, Norm *f*; para su ~ zu Ihrer Orientierung; *fig.* F mirar contra el ~ schielen.
gobio *Fi. m* Gründling *m*.
goce *m* 1. Genuß *m*, Vergnügen *n*; Lust *f*; entregarse al ~ de schwelgen in (*dat.*); 2. ⚖ Genuß *m*, Nutznießung *f*.
gocho F *m* Schwein *n*.
godizo □ *adj.* reich.
godo I. *adj.* 1. gotisch; 2. □ vornehm; **II.** *m* 3. Gote *m*; *das* Gotische; 4. *desp. Pol.* Konservative(r) *m*; 5. *Am. hist. desp.* Spanier *m*.
goecia *f* schwarze Magie *f*.
gofo *Mal. adj.* zwergenhaft.
gol *Sp. m* Tor *n* (schießen marcar); ~ de empate Ausgleichstor *n*.
gola *f* 1. Kehle *f*; Schlund *m*; 2. ♆ enge Hafeneinfahrt *f od.* Flußmündung *f*; Seegatt *n*; 3. △ Karnies *n*; 4. ✗ Brustschild *n* (*Dienstabzeichen*); 5. *fort.* Zugang *m* zu e-r Bastion; 6. *hist.* Halskrause *f*; Halsstück *n* e-r Rüstung.

goldre *m* Köcher *m*.
gole □ *m* Stimme *f*.
gole|ada *Sp. f* Tor(schuß *m*) *n*; große Anzahl von Toren, Torsegen *m* F; ~**ador** F *m* Tor-schütze *m*, -jäger *m*; ~**ar** F *Sp. v/i.* ein Tor (*od.* Tore) schießen.
goleta ♆ *f* Schoner *m*.
golf *Sp. m* Golf *n*.
golfa *f* P Hure *f* F; *Span. Reg. Kino:* Mitternachtsvorstellung *f*.
golfán ♀ *m* Seerose *f*.
gol|fanta F *f* Schlampe *f* F; ~**fante** F *adj. c-su. m* Gauner *m*; ~**fear** *v/i.* vagabundieren; ~**fería** *f* Straßenjugend *f*; Streuner u. Ganoven *m/pl.*; Gaunerei *f*; ~**filla** *f* kesse Göre *f* F; ~**fillo** *m* (Vorstadt-)Bengel *m*; *kl.* Gauner *m*; ~**fista** *c* Golfspieler *m*; ~**fo**[1] *m* Straßenjunge *m*; Ganove *m*, Strolch *m*.
golfo[2] *m* Golf *m*, Meerbusen *m*; corriente *f* del ♀ Golfstrom *m*.
golfo[3] *m* Golf *n* (*Kartenspiel*).
Gólgota *bibl.:* el ~ Golgatha *n*.
Goliat *m* 1. *bibl. npr.* der Riese Goliath; 2. ♀ *Ent.* Goliathkäfer *m*.
golilla I. *f* 1. Halskrause *f*; *fig.* F Amtsperson *f*; 2. *Can., Am.* Halsfedern *f/pl.* des Hahns; 3. *Rpl.* Halstuch *n* der Gauchos; 4. *Cu.* (Geld-)Schuld *f*; **II.** *m* 5. *Am. Reg.* Zivilist *m*.
golista *Sp. m* Torschütze *m*.
golondrera □ *f* Trupp *m* Soldaten.
golondri|na *f* 1. *Vo.* Schwalbe *f*; ~ de mar Seeschwalbe *f*; *Spr.* una ~ no hace verano e-e Schwalbe macht noch k-n Sommer; 2. *Cat., bsd. Barcelona* Motorschiff *n* für Hafenrundfahrten *usw.*; 3. F *Arg.* Saisonarbeiter *m*; ~**no** *m* 1. junge Schwalbe *f*; 2. *fig.* Landstreicher *m*, Stromer *m*, Deserteur *m*; 3. F (Achsel-)Drüsengeschwulst *f*.
golo|sear *lit. v/i.* → golosinear; ~**sina** *f* 1. Naschsucht *f*, Nascherei *f*; 2. Naschwerk *n*; Leckerbissen *m*; Delikatesse *f*; ~**sin(e)ar** *v/i.* naschen, naschhaft sein; ~**so I.** *adj.* 1. naschhaft; gefräßig; *fig.* ~ de mit Appetit auf (*ac.*); gierig nach (*dat.*); 2. verlockend; **II.** *m* 3. Leckermaul *n*; Feinschmecker *m*.
gol|pada *f*, ~**pazo** *m* heftiger Schlag *m*; *fig.* Menge *f*; ~**pe** *m* 1. Schlag *m* (*a. fig.*), Stoß *m*; Aufschlag *m* Stich *m*; Hieb *m*; *Sp.* Treffer *m*; Handlung *f*, Streich *m*; □ Ding *n* □; *adv.* → 5; ♪ ~ de arco Bogenstrich *m*, -führung *f*; *Boxen:* ~ bajo Tiefschlag *m* (*a. fig.*); ~ de calor Hitzschlag *m*; ~ duro schwerer (Schicksals-)Schlag *m*; ~ de Estado Staatsstreich *m*; ~ en falso, ~ en vago Schlag *m* ins Leere, Fehlschlag *m*; ~ de fortuna Glücksfall *m*; Zufall *m*; *Sp.* ~ franco Freistoß *m*; ~ de gracia Gnadenstoß *m*; ~ de maestro Meisterstück *n*; *a.* ✗ ~ de mano Handstreich *m*; Überfall *m*; ~ militar Militärputsch *m*; ~ de mar Sturzsee *f*, Brecher *m*; ~ de pedal Tritt *m* aufs Pedal; ~ de risa Auflachen *n*, laute Lache *f* F; ~ de sol Sonnenstich *m*; ~ de teléfono Anruf *m*; ~ de tos Hustenanfall *m*; ~ de viento Windstoß *m*; al primer ~ de vista auf den ersten Blick; andar a ~s (*s.*) dauernd schlagen; dar ~s schukkern (*Auto usw.*); dar (de) ~s a alg. j-n

verprügeln; □ dar un ~ ein Ding drehen □; *a.* 2; F dar un buen ~ a la comida ganz schön zulangen F; *fig.* dar el último ~ a letzte Hand anlegen an (*ac.*); dar ~ en bola Erfolg haben, gut wegkommen; F no dar ~ nichts tun; faulenzen; *fig.* dar un ~ de timón das Steuer herumreißen; darse ~s en el pecho s. an die Brust schlagen (*Reue usw.*); ha errado el ~ der Schlag ging daneben; 2. Wirkung *f*, Eindruck *m*; Witz *m*, Reiz *m*; genialer Einfall *m*; ~ de efecto, ~ de teatro Knalleffekt *m*; Theatercoup *m*; dar (el) ~ Aufsehen erregen; (wie e-e Bombe) einschlagen; 3. ⊕ Schnappriegel *m*; *Méj.* Schlegel *m*, Klöpfel *m*; 4. (Taschen-)Klappe *f*; Besatz *m* an Kleidung; *Col.* Revers *m*; 5. *adv.* ~s **a)** mit Schlägen; **b)** mit Unterbrechungen; stoßweise; a ~ seguro sicher, ganz bestimmt; de un ~ auf einmal, zugleich; ohne Unterbrechung, in e-m; de ~ y porrazo ganz plötzlich, unversehens; kurzerhand, unüberlegt.
golpea|dero *m* Schlagen *n*, Klopfen *n* (*Geräusch*); Auftreffstelle *f* e-s Wasserfalls; ~**do** □ *m* Tür *f*; ~**dor** *m Am. Mer.* Türklopfer *m*; ~**dura** *f* Schlag(en *n*) *m*; Klopfen *n*; ~**r I.** *vt/i.* schlagen; (ab)klopfen; ~ el suelo (con los pies) auf den Boden stampfen; F ~ a alg. j-n bestürmen, (j-n) bekneien *f*, j-n löchern F (*um et. zu erreichen*); **II.** *v/i.* ⊕ schlagen (*Achse im Lager*); nageln (*Motor*); **III.** *v/r.* ~se la cabeza mit dem Kopf anstoßen; s. an den Kopf schlagen; ~se los hombros s. (gg.-seitig) auf die Schulter klopfen.
golpe|o *m* Schlagen *n*, Klopfen *n* (*a. Geräusch*); *Kfz.* Nageln *n* (*Motor*); ~**te** *m* Anschlag *m*, Hebel *m* (*zum Offenhalten v. Tür- od. Fensterflügeln*); ~**tear** *vt/i.* wiederholt schlagen, stoßen *usw.*; hämmern; ~**teo** *m* wiederholtes Schlagen *n*, Hämmern *n*.
golpis|mo *Pol. m* Putschistentum *n*; ~**ta** *Pol. adj.-su. c* Putsch...; *m* Putschist *m*; Anhänger *m* des (od. e-s) Putsches.
golpiza *f* Prügel *pl.* Putsches.*f*
gollería *f a. fig.* Leckerbissen *m*; *fig.* F ~s *f/pl.* zuviel des Guten.
golle|tazo *m* 1. Abschlagen *n* e-s Flaschenhalses; 2. *Stk.* Halsstich *m*; 3. abrupte Beendigung *f* e-r Sache; ~**te** *m* 1. Kehle *f*; *fig.* F estar hasta el ~ die Nase voll haben F; 2. *Zim.* Zapfen *m*; 3. Flaschenhals *m*; 4. *kath.* Halskragen *m* der Laienbrüder e-s Klosters; 5. P *Arg.* Schwanz *m* P (= *Penis*).
golliz(n)o *m* Verengerung *f*; Enge *f* (*a. Geogr.*).
goma I. *f* 1. Gummi *m*, *n*; Kautschuk *m*; *fig.* F Präservativ *n*; *Span.* ~-2 Plastiksprengstoff *m*; ~ acacia, ~ arábiga Gummiarabikum *n*; ~ (de borrar) Radiergummi *m*; ~ elástica Kautschuk *m*; ~ espuma, ~ esponjosa Schaumgummi *m*; ~ guta Gummigutt *n*; ~ laca Schellack *m*; ~ líquida Gummilösung *f*, Klebstoff *m*; ~ de mascar (maciza, plástica) Kau-(Voll-, Knet-)gummi *m*; cinta *f* (*od.* tira *f*) de ~ Gummiband *n*; Gummizug *m*; 2. *Am. Cent. fig.* estar de ~ e-n Kater haben; 3. *fig.* F Stutzertum *n*; 4. ♀ Gummifluß *m* der Bäume; **II.** *m*

u. f 5. ⚕ Gumma n, Gummigeschwulst f.
gomecillo F m → lazarillo.
gomero m 1. Am. Kautschukzapfer m; Gummihändler m; 2. ♀ Gummi-, Kautschuk-baum m.
gomia f 1. Untier n b. Fronleichnamsprozessionen u. fig.; 2. fig. F Vielfraß m F; fig. Parasit m, Aussauger m.
gomista c Gummiwarenhändler m.
gomo|rresina pharm. f Gummiharz n; ~so I. adj. 1. gummi-haltig bzw. -artig; 2. ⚕ gummös; II. m 3. F Geck m, Stutzer m; F ser un ~ ein aufdringlicher Kerl sein.
gona|da Biol. f Keimdrüse f; ~dótropo ⚕ adj. gonadotrop.
góndola f Gondel f.
gondolero m Gondoliere m.
gonfalón m → confalón.
gong(o) m Gong(schlag) m.
gongo|rino Lit. adj.-su. schwülstig (Stil); m Gongorist m; ~rismo Lit. m Gongorismus m; ~rizar [1f] v/i. nach der Art Góngoras (od. im Schwulststil) schreiben.
goniometría f Goniometrie f, Winkelmessung f.
goniómetro m Opt. Winkelmesser m; ⚓ Peilkompaß m; ✕ Richtkreis m.
gono|coco ⚕ m Gonokokkus m, Trippererreger m; ~rrea ⚕ f Tripper m, Gonorrhoe f; ~rreico adj. Tripper..., gonorrhoisch.
gorda f 1. Méj. dicker Maisfladen m; 2. → gordo 5; ~l adj. c sehr dick (Sachen); ~na f tierisches Fett n; Rindstalg m.
gordezuelo adj. dicklich, drall.
gordiano adj.: cortar el nudo ~ den gordischen Knoten durchhauen.
gordi|nflo, ~(n)flón f adj. dick, rund, pummelig; pausbäckig.
gordo I. adj. 1. dick, beleibt; fett; fleischig; ~ de talle breithüftig; 2. dick, groß, grob (Gewebe); 3. F reich, mächtig; F los peces ~s die hohen (od. großen) Tiere n/pl. F; fig. tenerlas buenas y ~as in den fetten Jahren sein; 4. fig. grob; F caerle ~ a alg. j-m auf den Wecker fallen F; j-m unsympathisch sein; fig. hacer la vista ~a ein Auge zudrücken (fig.); F pasa (od. sucede) algo ~ da ist e-e tolle Sache (od. Geschichte) im Gange F; II. adj.-su. f 5. (perra f) ~a Münze v. 10 Céntimos; fig. F ¡ésta sí que es ~a! das ist wirklich ein starkes Stück; F se va a armar la ~a das wird e-n Mords-krach (od. -skandal) geben F; III. m 6. el ~ das große Los (Lotterie); 7. Fett n, Speck m.
gordolobo ♀ m 1. Königskerze f; 2. Wollkraut n.
gor|dote F adj. dicklich, desp. feist; ~dura f 1. Fett n; 2. Fettleibigkeit f, Korpulenz f; 3. Rpl. Sahne f.
gorgojo m 1. Ent. Kornwurm m; 2. fig. F Knirps m, Zwerg m F, Winzling m F.
Gorgonas Myth. f/pl. Gorgonen f/pl. [Käse).⟩
gorgonzola m Gorgonzola m (it.⟩
gorgo|rita f Bläschen n; F Triller m; ~ritear F v/i. trillen, trällern; ~rito m mst. ~s m/pl. Triller m;

Trillern n (Stimme); F Koloratur f; F hacer ~s trällern; a. gurgeln; ~rotada f (schneller) Schluck m; ~tear v/i. Blasen werfen, brodeln, gurgeln (Wasser, Schlamm); ~teo m; Gurgeln n (Geräusch), Brodeln n.
gorgotero m Hausierer m. [zer m.⟩
gorguera f Halskrause f; Halspan-⟩
gorigori F m Grab-lied n, -gesang m; F pronto le cantarán el ~ der macht's auch nicht mehr lange F.
gorila m Zo. Gorilla m (a. fig. = Leibwächter); P Col. Journalist m, der j-n ständig begleitet, Schatten m (fig.).
gorja f Kehle f; ~l m Priesterkragen m.
gorje|ar I. v/i. trillern (Stimme); zwitschern; tirilieren (Lerche); II. v/r. ~se lallen (Kleinkind), brabbeln F; ~o m Triller m; Trällern n; Zwitschern n; Lallen n, Brabbeln n F (Kleinkind).
gorra I. f (Schild-)Mütze f; Kappe f; ~ (de plato) Tellermütze f; ✕ Dienstmütze f; hablarse de ~ s. (wortlos) durch Ziehen der Mütze grüßen; fig. de ~ umsonst, gratis; fig. andar de ~ od. P pegar la ~ herumschmarotzen F, nassauern F; II. m Schmarotzer m, Nassauer m F; ~zo F m: dar el ~ a alg. bei j-m schnorren (od. nassauern) F.
gorre|ar v/i. schmarotzen, nassauern F; ~ro m 1. Mützenmacher m; 2. fig. F Schmarotzer m, Nassauer m F; ~tada f Mützenziehen n (zum Gruß).
gorrín m → gorrino.
gorri|nada f fig. Schweinerei f; ~nera f Schweinestall m; ~nería f fig. Schweinerei f; Zote f; ~no m Spanferkel n; fig. Schwein n.
gorri|ón m Sperling m, Spatz m; F comer como un ~ essen wie ein Spatz; ~onera fig. F f Schlupfwinkel m v. Gesindel; ~sta adj.-su. c → gorrero 2.
gorro m runde Kappe f; Zipfel-Beutel-mütze f; Kindermütze f; ✕ Schiffchen n M, Feldmütze f; ~ de bufón Narrenkappe f; ~ de dormir Schlaf-, Zipfel-mütze f; fig. Arg., Bol., Ven. apretarse el ~ ausreißen, die Beine in die Hand nehmen; llenársele a alg. el ~ die Geduld verlieren; poner ~ a alg. a) j-n hereinlegen; b) j-m Hörner aufsetzen.
gorrón I. m 1. runder Kieselstein m; ⊕ (Achsen-, Lager-)Zapfen m; Zim. Dolle f; ⚓ Spillspake f; 2. fig. (Speck-)Griebe f; II. adj.-su. 3. F → gorrero 2.
gorro|na f Dirne f; ~near F v/i. schmarotzen, schnorren F, nassauern F; ~nería f Schmarotzen n, Nassauern n F; ⚖ Zechprellerei f.
gota f 1. Tropfen m; ~s f/pl. (Arznei-)Tropfen m/pl.; a ~s, ~ a ~ tropfenweise (a. fig.); una ~ de ein bißchen; ni ~ nichts, kein bißchen; ~s de miel a. Honigdrops pl.; café m con ~s Kaffee m mit Anis (od. Rum); a. fig. hasta la última ~ bis zur Neige; fig. la ~ que desborda el vaso der Tropfen, der das Faß zum Überlaufen bringt; parecerse como dos ~s de agua a. ähnlich sehen wie ein Ei dem andern; fig. no le quedó ~ de sangre en las venas er erstarrte vor

Entsetzen; fig. sudar la ~ gorda Blut (u. Wasser) schwitzen; no ver (ni) ~ nichts sehen; Spr. ~ a ~ se llena la bota steter Tropfen höhlt den Stein; 2. ⚕ Gicht f; ~ caduca, ~ coral Epilepsie f; ~ serena Amaurose f; 3. △ Tropfenornament n.
gote|ado adj. bespritzt; gesprenkelt; ~ar I. v/i. tröpfeln (a. fig.); tropfen (von ... dat. herunter de); II. v/impers. tröpfeln (Regen); ~o m Tröpfeln n; Tropfen n; ~ra f 1. Traufe f, Dachrinne f; 2. undichte Stelle f im Dach; durch diese dringendes Regenwasser n; dadurch entstandene Flecken m/pl.; 3. ⚕ Wasserfäule f der Bäume; 4. fig. F ~s f/pl. Gebrechen n/pl.; fig. es una ~ es ist schon ein Kreuz; das hört überhaupt nicht auf; ~ro m Am. Tropfenzähler m; ~rón m 1. dicker Tropfen m; 2. △ Wassernase f.
góti|ca Typ. f Fraktur f; gotische Schrift f; ~co I. adj. 1. gotisch; Fraktur...; Ku. estilo m ~ Gotik f; 2. † adlig, vornehm; fig. F niño m ♂ eingebildeter, törichter junger Mann m; II. m 3. das Gotische f; 4. Ku. Gotik f.
Gotinga f Göttingen n.
gotoso ⚕ adj.-su. gichtisch; m Gichtkranke(r) m.
goyesco adj. auf (den Maler) Goya bezüglich.
gozar [1f] vt/i. besitzen, genießen; s. erfreuen (gen. de); Frau vernaschen F; F ~la es genießen F; ~ de buena reputación e-n guten Ruf haben (od. genießen) F; + ger. od. ~ con + su. s. freuen an (dat.), froh sein über (ac.); II. v/r. lit. ~ se en + su. od. + inf. s-e Freude haben an (dat.), schwelgen in (dat.).
gozne m Scharnier n, Gelenk n; Angel f (Tür).
gozo m 1. Freude f, Vergnügen n, Wonne f; Jubel m; F el (od. mi usw.) ~ en un pozo mit unserer (m-r usw.) Hoffnung ist es aus; es ist alles Essig F; 2. fig. Aufflackern n des Feuers; 3. kath. ~s m/pl. Lobgesang m (zu Ehren der Jungfrau María od. der Heiligen); ~so adj. freudig, froh; fröhlich, vergnügt.
gozque m Col. Kläffer m (Hund).
graba|ble adj. c beschreibbar (CD-Rom); ~ción f 1. Phono Tonaufnahme f; ~ en disco Schallplattenaufnahme f; ~ con equipo de Hi-Fi (od. de alta fidelidad) Hi-Fi-Aufnahme f; 2. Typ. → grabado 2; ~do m 1. Ku. Gravierkunst f; Stich m, Gravüre f; ~ en acero Stahlstich m; ~ al agua fuerte, ~ al humo Radierung f; ~ en cobre Kupferstich m; ~ en madera Holzschnitt m; ~ en piedra Steindruck m; ~ en (talla) dulce Kupferdruck m; 2. Typ. ~ al ácido Ätzung f; ~ de línea(s) Strichätzung f; → a. impresión 3; 3. Illustration f, Bild n, Abbildung f; 4. Phono ~ electromecánico Nadeltonaufnahme f; ~dor m 1. Graveur m; ~ en cobre Kupferstecher m; 2. Typ. Klischeer m, Ätz-gerät m; 3. Phono Aufnahmegerät n; ~ de discos Plattenschneider m; ~(-reproductor) Kassettenrecorder m; ~dora f 1. Typ., Repro. Ätzmaschine f; 2. Am. Kassettenrecorder m; 3. ~ de CD CD-Brenner m; ~dura Ku. f Gra-

grabar — granadilla

vieren *n*; ~**r** *vt*/*i*. **1.** gravieren; (ein-)schneiden; (ein)ritzen; **2.** *Ku.* stechen, schneiden; ~ *al agua fuerte* ätzen, radieren; ~ *en madera* in Holz schneiden; **3.** *Typ.* ~ *al ácido* ätzen; **4.** *Phono* aufnehmen; *CD* brennen; ~ *en discos* (*en cinta*) auf Platten (auf Tonband) aufnehmen; **5.** (*a. v/r.* ~**se**) *fig.* ~ *a/c. en su mente* s. et. gut einprägen (*od.* merken); *esto se graba* (*en la memoria*) das prägt sich ein.
grace|jada *f Am. Cent.*, *Méj.* Hanswurstiade *f*, alberne Witzelei *f*; ~**jar** *v/i.* mit Witz sprechen; witzeln; s. gewandt ausdrücken; ~**jo** *m* Witz *m im Ausdruck*; Schlagfertigkeit *f*; Mutterwitz *m*.
gracia *f* **1.** Anmut *f*, Grazie *f*; Witz *m*, Scherzwort *n*; *adv. con* ~ anmutig, reizend; schalkhaft; spaßig, drollig; *lleno de* ~ voller Anmut; ~ *de niño* drolliges Tun *n* e-s Kindes; *dar en la* ~ *de* + *inf.* in die Gewohnheit verfallen, zu + *inf.*; *decir* ~**s** geistreiche Einfälle vorbringen; witzeln; F *decirle a uno dos* ~**s** j-m gehörig die Meinung sagen; *hacer una* ~ ein Männchen machen (*Hund*); *Kind: etwa:* zeigen, was es kann; F *¡maldita la* ~*!* das hat gerade noch gefehlt! F; *¡qué poca* ~*!* so was Dummes!, zu albern!; *por* ~ zum Scherz; F *¡qué* ~*!* welche Zumutung!, wo denken Sie hin!; (das ist ja) reizend! F; *¡tiene* ~*!* reizend!; *mst. iron.* die Sache ist gut!, äußerst witzig!, nett, was?; *no tiene* ~ da fehlt das gewisse Etwas; das ist nichts Besonderes; F *reírle a alg. la* ~ j-m ironisch Beifall spenden; F *es una triste* ~ scheußlich F, (es ist) zum Heulen F; **2.** Gnade *f*; Begnadigung *f*; Verzeihung *f*, umsonst; *derecho m de* ~ Begnadigungsrecht *n*; F *a la* ~ *de Dios* auf gut Glück; *por la* ~ *de Dios* von Gottes Gnaden; *¡por la* ~ *de Dios!* um Gottes Willen!; *hacerle a alg.* ~ *de a/c.* j-m et. erlassen (*od.* ersparen); j-n verschonen mit et. (*dat.*); (*Ministerio m de*) ♀ *y Justicia* (*Span.*) *früher:* Justizministerium *n*; *solicitud f de* ~ Gnadengesuch *n*; *¡gdw. tiro m de* ~ Fangschuß *m*; **3.** Gunst *f*; Gewogenheit *f*; *caer en* ~ *j-m* gefallen, Anklang finden (bei j-m *a alg.*); *estar en* ~ *cerca de alg.* bei j-m in Gunst stehen; j-s Schützling sein; *hacer* ~ *a alg.* j-m gefallen; j-n amüsieren; *iron.* j-m mißfallen; **4.** *Myth.* Grazie *f*, Huldin *f*; **5.** ~**s** *f/pl.* Dank(sagung *f*) *m*; *¡*~*s!* danke!; *¡muchas* (*un millón de*) ~*s!* vielen (tausend) Dank!; *¡*~*s igualmente!* danke, gleichfalls!; *mensaje m de* ~**s** Dankadresse *f*; *prp.* ~**s** *a* dank (*dat. od. gen.*); *cj.* ~**s** *a que* weil; *prp.* ~**s** *en* ~ *de* (*od. a*) in Anbetracht (*gen.*), unter Berücksichtigung (*gen.*); *¡*~**s** *a Dios!* Gott sei Dank!; *dar las* ~**s** danken; *le doy mis* ~**s** *más expresivas* ich spreche Ihnen meinen verbindlichsten Dank aus; *¡y* ~*s!* **a)** es hätte schlimmer kommen können; wir sind gerade noch davongekommen, **b)** und damit hat sich's; und damit Schluß.
graciable *adj.* c **1.** gnädig, huldreich; **2.** leicht zu bewilligen(d).
grácil *adj.* c zierlich, grazil.
gracilidad *f* Zierlichkeit *f*, Grazilität *f*.
graciola ♀ *f* Gnaden-, Gicht-kraut *n*.
gracio|sa *Thea. f* Soubrette *f*; Naive *f*; ~**samente** *adv.* **1.** graziös; **2.** gnädig; **3.** unentgeltlich; ~**sidad** *f* Liebreiz *m*, Anmut *f*, Grazie *f*; ~**so I.** *adj.* **1.** anmutig, graziös; witzig, drollig; **2.** huldvoll, gnädig; **II.** *m* **3.** Spaßmacher *m*, Witzbold *m*; *Thea.* lustige Person *f*; *a. fig. hacer el* ~ den Hanswurst spielen.
grada[1] *f* **1.** (Treppen-)Stufe *f*; Altarstufe *f*; *Thea.* Reihenfolge *f*; *Stk.* Sitzreihe *f*; *Stadion:* Stufensitz *m*; ~**s** *f/pl. del trono* Stufen *f/pl.* des Throns; *fig.* Macht *f* (des Herrschers); **2.** ⚓ Helling *f*, Stapel *m*; ~ *del Estado* Marinewerft *f*; ~ *de construcción de botes* Bootswerft *f*; **3.** ~**s** *f/pl.* Freitreppe *f*; *Chi.*, *Pe.* Vor-halle *f*, -hof *m*.
grada[2] ✍ *f* Egge *f*.
grada|ble *adj.* c abstufbar; ~**ción** *f* **1.** Stufenreihe *f* (*fig.*); Abstufung *f*; Reihenfolge *f*; **2.** *Gram.*, ♪ Steigerung *f*; **3.** *Rhet.*, *Phot.* Gradation *f*; **4.** ⊕ Staffelung *f*; ~**do** *adj.* abgestuft; gestaffelt. [Eggen *n*.]
gra|d(e)ar ✍ *v/t.* eggen; ~**deo** *m*]
gra|dería *f* Stufenreihe *f*; (Frei-)Treppe *f*; ~**diente** *m* **1.** ⚡, *Met.* Gradient *m*; **2.** *Arg.*, *Chi.*, *Ec.* Abhang *m*, Gefälle *n*; ~**dilla** *f* **1.** tragbare Treppe *f*; **2.** Reagenzglasständer *m*.
grado[1] *m* **1.** Grad *m* (*a.* ⚡), Stufe *f*; *Gram.* Steigerungsgrad *m*; ✝ ~ *de aprovechamiento*, ~ *de utilización* Auslastungsgrad *m*; *de* ~ *en* ~, *por* ~*s* von Stufe zu Stufe, stufenweise; nacheinander; *en alto* (*en sumo*) ~ in hohem (in höchstem) Maße; **2.** (Einteilungs-)Grad *m*; Gehalt *m*; ~ *de alcohol* Alkoholgehalt *m*; *Thermometer: 35* ~**s** *centígrados* 35° Celsius; *diez* ~**s** *bajo* (*sobre*) *cero* 10° unter (über) Null (anzeigen *marcar*); ~ *de ebullición* Siedegrad *m*; *Geogr.* ~ *de latitud* (*de longitud*) Breiten- (Längen-)grad *m*; ~(*s*) *por mil* Promillegehalt *m*; **3.** Rangstufe *f* (Schul-)Klasse *f*, Einstufung *f*, Stufe *f*; akademischer Grad *m*; ~ *de doctor* Doktortitel *m*; F *sacar un* ~ *graduarse*; **4.** ♀♂ Verwandtschaftsgrad *m*; *parentesco m de primer* ~ Verwandtschaft *f* ersten Grades; **b)** → *instancia* 2.
grado[2] *m*: *adv. de* (*buen*) ~ gutwillig, gern; *de mal* ~ ungern, widerwillig; *de* ~ *o por fuerza* wohl od. übel; *K. u. Reg.* (*a*) *mal de mi* (*tu usw.*) ~ ungern, wider meinen (deinen *usw.*) Willen.
gradua|ble *adj.* c abstufbar, (ein-)ver-stellbar; ~**ción** *f* **1.** Graduierung *f*; Abstufung *f*; **2.** Alkoholgehalt *m* (*Wein usw.*); **3.** ⊕ Einstellung *f*; **4.** Rang-stufe *f*, -ordnung *f*; ⚔ Dienstgrad *m*; ~**do I.** *adj.* graduiert, abgestuft; Grad..., Meß-...; **II.** *m* Graduierte(r) *m*; ⚔ Dienstgrad *m*; ~ *en ciencias empresariales* graduierter Betriebswirt *m*; *Span.* ~ *escolar etwa:* Hauptschulabgänger *m*; ~**l I.** *adj.* c allmählich, graduell; **II.** *m kath.* Graduale *n*; ~**ndo** *m* Kandidat *m für e-n akademischen Grad*; ~**r** [1e] **I.** *v/t.* **1.** abstufen; abmessen; ein-, ver-stellen; eichen; abschätzen; 🜓 titrieren; **2.** j-m e-n akademischen Grad verleihen; ⚔

de capitán j-*n* zum Hauptmann ernennen; **II.** *v/r.* ~**se 3.** e-n akademischen Grad erwerben; ~**se** *de licenciado* das Staatsexamen machen.
grafía *f* Graphie *f*, Schreibweise *f*.
gráfi|ca *f* Schema *n*, graphische Darstellung *f*; Diagramm *n*; Kurve *f* (*Statistik*); ~ *de la fiebre* Fieberkurve *f*; ~**co I.** *adj.* **1.** graphisch; Schrift...; Schreib...; illustriert; *artes f/pl.* ~**as** graphisches Gewerbe *n*; *talleres m/pl.* ~**s** graphischer Betrieb *m*, Druckerei *f*; **2.** *fig.* anschaulich, plastisch; **II.** *m* **3.** Bild *n*; graphische Darstellung *f*; *EDV* Graphik *f*; **4.** Graphiker *m*.
grafioles *Kchk. m/pl.* Art Honigspritzgebäck *n in S-Form*.
grafis|mo *m* Schreibung *f*; Werbegraphik *f*; ~**ta** *c*: ~ *publicitario* Werbegraphiker *m*.
grafitero *m* Sprayer *m*.
grafiti *m/pl.* Graffiti *n/pl.*, Wandkritzeleien *f/pl.*
gra|fítico *adj.* graphitartig; Graphit...; ~**fito** *m* Graphit *m*.
gra|fología *f* Graphologie *f*; ~**fológico** *adj.* graphologisch; ~**fólogo** *m* Graphologe *m*.
grafómetro *m* Winkelmeßgerät *n*.
gragea *f* Dragée *n*.
gra|ja *Vo. f* Krähenweibchen *n*; ~**jear** *v/i.* krächzen (*Rabenvogel*); ~**jo** *m* **1.** *Vo.* Saatkrähe *f*, Dohle *f*; *fig. más feo que un* ~ grundhäßlich, häßlich wie die Nacht; **2.** *fig.* Schwätzer *m*; **3.** *Am. Reg.* Schweiß-, Achsel-geruch *m*.
grama ♀ *f* Wuchergras *n*; ~**l** *m* Feld *n* voller Unkraut (*bsd. Quecken*); *Am.* Rasen *m*; ~**lote** ♀ *m Col.*, *Ec.*, *Pe.* → *camalote*.
gra|mática *f* Grammatik *f*; ~ *generativa* Transformationsgrammatik *f*; ~ *normativa*, ~ *preceptiva* normative Grammatik *f*; *fig.* ~ *parda* Mutterwitz *m*; ~**matical** *adj.* c grammati(kali)sch; ~**maticalizar** [1f] *v/t.* grammatikalisieren; ~**mático** *adj.-su.* grammati(kali)sch; *m* Grammatiker *m*; ~**matiquería** F *desp. f* grammatische Haarspalterei *f*.
gramilla *f* **1.** ✍ Schlagholz *n zum Flachs- od. Hanfbrechen*; **2.** ♀ *Am.* Futtergras *n*; *Arg.* Rasen *m*.
gramíne|as ♀ *f/pl.* Gräser *n/pl.*; ~**o** *adj.* Gras...
gramo *m* Gramm *n*.
gramófono *m* Grammophon *n*.
gran *Kurzform von grande vor su.*
grana *f* **1.** ♀ Same *m*; → *granazón* 1; **2.** *Ent.* Koschenille *f* (*Schildlaus*); **3.** Scharlachfarbe *f*; **4.** □ → *granuja*.
Granada *f* Granada *n* (*span. Stadt*); Grenada *n* (*Insel[staat]* in der Karibik).
grana|da *f* **1.** ♀ Granatapfel *m*; **2.** ⚔ Granate *f*; ~ *antitanque* Panzergranate *f*; ~ *de carga hueca* Hohlladungsgeschoß *n*; ~ *fumígena* Rauchgranate *f*; ~ *de mano* (*con mango*) (Stiel-)Handgranate *f*; ~ *de metralla* Schrapnell *n*; ~ *trazadora* Leuchtspurgranate *f*; ~**dera** *f* Grenadiermarsch *m*; ~**dero** *m* ⚔ Grenadier *m*; *fig.* großer Mensch *m*, Mann *m* (*bzw.* Frau *f*) mit Gardemaß F.
granadi|lla ♀ *f* Passionsblume *f*;

deren Blüte *f u.* Frucht *f; Am.* Passiflore *f;* ~llo ♀ *m* Grenadill(holz *n*) *m.*
granadi|na *f* **1.** *tex. u. Getränk* Grenadine *f;* **2.** *♪ andal. Tanz;* ~**no** **I.** *adj.-su.* aus Granada; **II.** *adj. ♪* nach Art des *Komponisten* Enrique Granados; **III.** *m* ♀ Granatblüte *f.*
granado I. *adj.* **1.** körnig; **2.** *fig.* reif, erfahren; F hochaufgeschossen; **3.** *fig.* erlesen, vornehm; *lo más* ~ *(de la sociedad)* die Creme der Gesellschaft; **II.** *m* **4.** ♀ Granat(apfel)baum *m.*
granalla *f* Metallschrot *m; en* ~ granuliert *(Erz).*
granangular *Phot. adj. c-su. m (objetivo m)* ~ Weitwinkelobjektiv *n.*
granar I. *v/i.* Körner ansetzen; P reich werden; *fig.* F *esto va que grana* das geht (ja) wie geschmiert F, das flutscht nur so F; **II.** *v/t.* Pulver körnen.
granate I. *m* Granat(stein) *m;* Granatfarbe *f;* **II.** *adj. inv.* granatrot.
granazón *f* **1.** Körner-, Samenbildung *f;* **2.** *fig.* Reifen *n,* Reife *f.*
grande I. *adj. c (vor su. sg. gran);* **1.** groß; *de talla* hochgewachsen; *casa* ~ geräumiges Haus; → *a.* **3.**; *los guantes me están* ~s die Handschuhe sind mir zu groß; **2.** erwachsen; *Méj.* (schon) älter; *Méj. papá m (mamá f)* ~ Groß-vater *m* (-mutter *f);* **3.** groß, bedeutend, wichtig, Groß...; *es* ~ *por sus dotes pedagógicas* er ist pädagogisch hochbegabt; *gran capitalista m* Großkapitalist *m; gran casa* großes *(od.* vornehmes) Haus; ✝ *a.* bedeutende Firma *f; gran empresa f* Großunternehmen *n; gran potencia f* Großmacht *f; no conseguir gran cosa* nicht viel erreichen; *es zu nichts Bedeutendem bringen; no es gran cosa* das ist nichts Besonderes; **4.** *fig.* groß, stark; gut; F großartig, *gran bebedor m* großer *(od.* starker) Trinker *m; desp.* Säufer *m; gran pícaro m* Erzschelm *m;* **5.** *Titel:* Gran Mogol *m* Großmogul *m; gran duque m* Großherzog *m; Rußland:* Großfürst *m;* **6.** großzügig; vornehm; luxuriös; *vivir a lo* ~ in großem Stil *(od.* auf großem Fuß) leben; *adv. en* ~ im großen u. ganzen; *a.* auf großem Fuß; *hacer a/c. en* ~ et. in großem Stil betreiben; *pasarlo en* ~ s. großartig amüsieren; *¡es* ~*! das ist gelungen!; iron.* das ist ein starkes Stück!; **II.** *m* **7.** *un* ~ ein Erwachsener, ein Großer F; ~s y *pequeños,* ~s y *chicos* Groß u. Klein; Hoch u. Niedrig; **8.** ♀ *(de España) (span.)* Grande *m;* **III.** *f* **9.** F *Arg. la* ~ das große Los.
grande|cito F *adj.* ziemlich groß; schon größer F *(Kinder);* ~**mente** *adv.* recht, sehr; außerordentlich, äußerst; *v/o lit. adj.* hochbegabt; ~**za** *f* **1.** Größe *f (fig.);* Erhabenheit *f;* Wichtigkeit *f; delirio m de* ~s Größenwahn *m;* **2.** Grandenwürde *f;* **3.** Grandezza *f.*
grandilocuen|cia *f* geschwollene *(od.* hochtrabende) Ausdrucksweise *f;* ~**te** *adj. c od.* **grandílocuo** *adj.* geschwollen, hochtrabend.
grandillón F *adj.-su. m* hoch aufgeschossen(er junger Mann *m*),

lang(er Lulatsch *m* F).
grandio|sidad *f* Großartigkeit *f;* Pracht *f,* Prunk *m;* Erhabenheit *f;* ~**so** *adj.* großartig, herrlich, prächtig, grandios.
grandí|simo F *adj.* sehr groß, riesig; ~**sono** *poet. adj.* hochtönend.
gran|dor *m* Größe *f;* ~**dote** F *adj.* riesengroß, enorm; ~**dullón** F → *grandillón.*
granea|do *adj.* gekörnt; gesprenkelt; genarbt *(Leder);* → *a. fuego* **2.**; ~**r** *v/t.* **1.** (aus)säen; **2.** *Pulver* körnen; *Platten* granieren *(Kupferstich usw.).*
granel *adv.-adj.: a* ~ **1.** ✝ unverpackt, lose; offen; vom Faß ⚓, ⬜ *carga f a* ~ Schütt-gut *n,* -ladung *f;* **2.** *fig.* in Bausch u. Bogen; *f.* im Überfluß; *hubo palos a* ~ hageldicht fielen die Hiebe.
granero *m* Kornspeicher *m;* Dachraum *m; a. fig.* Kornkammer *f.*
granifugo *adj.: cañón m* ~ Hagelkanone *f.*
grani|lla *f* **1.** *tex.* Füllhaar *n;* **2.** Traubenkern *m;* ~**llo** *m* **1.** Körnchen *n;* **2.** Pickel *m;* Darre *f der Kanarienvögel;* ~**lloso** *adj.* pick(e)lig.
gra|nitado *adj.* granitartig; ~**nítico** *adj.* Granit...; granitartig; ~**nito** *m* **1.** *a. fig.* Granit *m;* **2.** *fig.* → *grano* **5.**
granívoro *adj.* körnerfressend.
grani|zada *f* **1.** Hagelschauer *m;* **2.** *fig.* Hagel *m,* Menge *f;* **3.** *(Eis-)* Sorbet(t) *m, n (Getränk);* ~**zado** *m* Art Eiskaffee *m (ohne Sahne);* ~**zal** *m Col.* Hagelschauer *f;* ~**zar** [1f] *v/impers. (fig. a. v/i.)* hageln; ~**zo** *m a. fig.* Hagel *m; cae* ~ es hagelt.
granja *f* **1.** Gutshof *m;* Bauernhof *m;* Farm *f;* ~ *avícola* Geflügelfarm *f;* ~ *de pollos* Hühnerfarm *f;* ~ *escolar* Landschulheim *n;* ~ *experimental* Versuchsgut *n;* **2.** Milch-bar *f,* -stube *f.*
granje|ar I. *v/i.* **1.** ⚓ Fahrt machen; **2.** mit et. *(dat.)* handeln; **II.** *v/r.* ~**se 3.** ~**se** *la voluntad de alguno j-s* Wohlwollen gewinnen, j-n für s. einnehmen; ~**o** *m* Ertrag *m;* Gewinn *m;* ~**ría** *f* **1.** Ertrag *m* aus landwirtschaftlichem Betrieb; ✍ Bewirtschaftung *f;* **2.** *fig.* Gewinn *m;* ~**ro** *m* Landwirt *m,* Farmer *m.*
grano *m* **1.** Korn *n,* Samenkorn *n;* Körnerfutter *n;* (Kaffee- *usw.)* Bohne *f;* (Frucht-)Kern *m;* Beere *f;* Seidensame *m;* Raupenei *n;* ~(s) *m(/pl.)* Sämereien *f/pl.;* Getreide *n;* ✝ *tratante m en* ~s Getreide- *(bzw.* Samen-)händler *m; fig.* daraufsetzen; ~ *separar|el ~ de la paja* die Spreu vom Weizen sondern; **2.** *p. ext.* Korn *n,* Feingefüge *n;* Narben *m des Leders;* Kinofilm *m:* de la trama Rasterkorn *n; de* ~ *fino (grueso od. basto)* feinkörnig, *Leder* feingenarbt (grobkörnig, *Leder grob)* Narben *m;* **3.** *pharm.* Gran *n; Edelsteingewicht:* ¼ Karat; **4.** Pickel *m,* Mitesser *m; Arg.* ~ *malo* Karbunkel *m;* **5.** *fig. un* ~ *ein bißchen; no ser* ~ *de anís* nicht so einfach sein; *wichtig sein; aportar su* ~ *(od. granito) de arena (od. de anís)* sein Scherflein beisteuern; *ir al* ~ auf den wesentlichen Punkt lossteuern; *es wissen wollen F; ¡(vamos) al* ~*! (kommen wir) zur Sache!; con su* ~ *de sal lt.*

cum grano salis, mit entsprechender Einschränkung.
granoso *adj.* körnig; rauh *(Oberfläche).*
gran|ote ⬜ *m* Gerste *f;* ~**sia** ⬜ *f* Müdigkeit *f.*
granu|ja I. *f* Traubenkamm *m;* **II.** *m fig.* F Gauner *m,* Lump *m;* Halunke *m,* Schuft *m;* Straßenjunge *m;* ~**jada** *f* Lumperei *f,* Gemeinheit *f;* ~**jado** *adj.* **1.** pickelig; **2.** körnig, gekörnt; ~**jería** *f* **1.** Gesindel *n;* **2.** → *granujada;* ~**jiento** *adj.* pick(e)lig, körnig *(Oberfläche);* ~**jilla** F *m* Spitzbube *m;* ~**jo** F *m* Pickel *m;* ~**joso** → *granujiento.*
granula|ción *f* Granulierung *f;* Körnung *f;* ✝ Granulation(sgewebe *n*) *f;* ~**do** *adj.* körnig, gekörnt, narbig *(Leder);* ~**r I.** *adj. c* körnig; **II.** *v/t.* körnen.
gránulo *m* Körnchen *n.*
granulo|ma ✝ *m* Granulom *n;* ~**so** *adj.* körnig; granulös, gekörnt.
gran|za *f* **1.** ♀ Färberkrapp *m;* **2.** ~s *f/pl.* Metallschlacke *f;* **3.** → ~**zón** *m* **1.** Spreu *f;* **2.** *sid.* Schlich *m.*
grañón *m* Körner- *bzw.* Weizengrieß *m.*
grao *m Cat.* Landungsplatz *m.*
grapa *f* **1.** Klammer *f;* Krampe *f;* Heftklammer *f;* **2.** *Rpl.* Grappa *f,* Tresterschnaps *m;* ~**dora** *f (a. maquinilla f)* ~ Heftmaschine *f (Büro);* ~**r** *v/t.* heften.
grapefruit *f* Grapefruit *f.*
grapo *Pol. m Span.* Mitglied *n* der linksextremen Untergrundorganisation GRAPO.
gras *m Pe.* Rasen *m.*
grasa *f* **1.** Fett *n;* ~s *f/pl. alimenticias* Speisefette *n/pl.;* ~s *animales (vegetales)* tierische Fette *n/pl.* (Pflanzenfette *n/pl.); echar* ~ Fett ansetzen; *tener muchas* ~s fett sein; **2.** (Wagen-)Schmiere *f;* Schmutz *m;* **3.** ~s *f/pl.* Schlacke *f.*
grase|ra *f* Fettgefäß *n;* Untersetzpfanne *f;* ~**ro** ✗ *m* Schlackenhalde *f (Hochofen);* ~**za** *f* Fettigkeit *f.*
gra|siento *adj.* fettig; schmierig; ~**so** *adj.* fett; fettig; schmierig; *ácido m* ~ Fettsäure *f;* ✝ *embolia f* ~*a* Fettembolie *f;* ~**sones** *Kchk. m/pl.* fette (süße) Mehl- *od.* Grießsuppe *f;* ~**soso** *adj.* fettig.
gratén *Kchk.: al* ~ gratiniert, überbacken.
gratifica|ción *f* Gratifikation *f;* Sondervergütung *f;* Zuwendung *f;* Belohnung *f;* ~ *anual* Jahresprämie *f;* ~**r** [1g] *v/t.* **1.** belohnen (j-n mit *alg. con);* vergüten; e-e Sondervergütung gewähren *(dat.);* **2.** erfreuen.
gratinar *Kchk. v/t.* gratinieren, überbacken.
gra|tis *adv.* unentgeltlich, umsonst, gratis; ~ *y libre de porte* gratis u. franko; ~**titud** *f* Dankbarkeit *f;* Erkenntlichkeit *f; falta f de la* ~ Undank *m;* ~**to** *adj.* **1.** angenehm; ~ *al paladar* (wohl) mundend; ~ *al oído (od. de escuchar)* angenehm anzuhören; ~ *de recordar* woran man s. gerne erinnert; *Briefstil:* me es ~ *(comunicarle)* ich freue mich (, Ihnen mitzuteilen); **2.** erwünscht, willkommen; *Pol. persona f (no)* ~*a* Persona *f (non)* grata.

gratuidad — groggy

gratui|dad f Unentgeltlichkeit f; ~ de los libros de texto Lernmittelfreiheit f; **~to** adj. 1. unentgeltlich, kostenfrei, -los; umsonst; schulgeldfrei (*Unterricht*); 2. grundlos, willkürlich; unbegründet; billig (*Ausrede*); acción f ~a Willkürhandlung f.
gratula|ción f Glückwunsch m; **~r** v/t. beglückwünschen (zu dat. por); **~torio** adj. Glückwunsch...
grauvaca Min. f Grauwacke f.
grava f Kies m; Schotter m; Kiesel m/pl.
grava|ción f Belastung f (*Finanzwesen*); **~men** m Last f, Belastung f (a. ⚕); Auflage f; libre (od. exento) de gravámenes lasten-, abgabenbzw. hypotheken-frei; **~r** I. v/t. belasten (a. ⚕); bedrücken, beschweren; ~ con impuestos besteuern; II. v/r. ~se Am. Cent. schlimmer werden; **~tivo** adj. belastend; lästig.
grave adj. c 1. schwer; wichtig; ernst; gefährlich, bedenklich; erheblich; feierlich (*Stil*); estar ~ schwerkrank sein; hombre ~ ernster (a. zuverlässiger) Mensch m; lesión f ~ schwere Verletzung f; ser algo ~ et. Wichtiges (od. Ernstes) sein; 2. Phys. los (cuerpos) ~s die (schweren) Körper; 3. tief (*Ton*); Phono sonidos m/pl. ~s Tieftöne m/pl.; 4. Li. acento m ~ Gravis m; palabra f ~ auf der vorletzten Silbe betontes Wort n, Paroxytonon n; **~ar** v/i. lasten, drücken; **~dad** f 1. Schwere f, Ernst m; Wichtigkeit f, Bedeutung f; Würde f; hablar con afectada ~ mit gespieltem Ernst sprechen; enfermo de ~ schwerkrank; 2. Phys. ~ terrestre Schwerkraft f der Erde; centro m de ~ Schwerpunkt m; **~doso** adj. mit gespieltem Ernst (od. mit Amtsmiene) auftretend; **~mente** adv. schwer, ernst; ~ herido schwer verletzt.
gravera f Kiesgrube f.
gra|videz f Schwangerschaft f; **~vídico** ⚕ adj. Schwangerschafts...
grávido adj. ⚕ schwanger; fig. poet. trächtig.
gravilla f Fein-, Perl-kies m; Vkw. ~ (suelta) Rollsplitt m.
gra|vimetría f Gravimetrie f; Gewichts-, Meß-analyse f; **~vímetro** Phys. m Schwerkraftmesser m, Gravimeter m.
gravita|ción f Massenanziehung f, Schwerkraft f, Gravitation f; ~ terrestre Erdanziehung f; Erdbeschleunigung f; **~r** v/i. 1. Phys. dem Schwerpunkt zustreben; ~ alrededor de um ... (ac.) (herum)kreisen; 2. fig. ruhen, lasten (auf dat. sobre).
gravoso adj. 1. lästig; drückend; kostspielig; 2. kieshaltig.
graz|nar v/i. krächzen (*Rabe*, *Krähe*); schnattern (*Gans*, *Ente*); quaken (*Ente*); **~nido** m Krächzen n, Gekrächz(e) n (a. fig. desp.); Schnattern n, Quaken n.
greca f 1. mäanderartiges Ornament n; 2. Am. Kaffeemaschine f.
Gre|cia f Griechenland n; **²cismo** m Gräzismus m; **²cizar** [1f] v/t. gräzisieren, griechische Form geben (dat.).
greco adj.-su. 1. bsd. in Zssgn. griechisch; Gräko...; 2. → griego; **~la-**

~tino adj. griechisch-lateinisch; **~rromano** adj. griechisch-römisch.
gre|da f Kreide f, feiner weißer Ton m; **~dal** m Kreidegrube f; **~doso** adj. kreidig.
gregal[1] m Reg. Nordost(wind) m.
grega|l[2] adj. c Herden...; ganado m ~ Herdenvieh n; **~rio** adj. gewöhnlich; Durchschnitts...; Massen...; espíritu m ~ → **~rismo** m Herdengeist m, -trieb m.
grego|riánica adj. f: investigación f ~ Gregorianik f; **~riano** adj. gregorianisch.
greguería f geistreicher Ausspruch m; Lit. Art Aperçu m.
gregüescos hist. m/pl. Art Pluderhosen f/pl.
grelo(s) m(/pl.) Gal., León: Steckrübenblätter n/pl.
gremi|al I. adj. c 1. Innungs..., Zunft...; genossenschaftlich; II. m 2. Mitglied n e-s gremio; 3. kath. Gremiale n; **~alista** m Rpl. Gewerkschaft(l)er m; **~o** m 1. Genossenschaft f, Innung f; Körperschaft f; Verband m, Kammer f; Lehrkörper m e-r Universität; hist. u. fig. Zunft f; 2. Rpl. Gewerkschaft f; 3. ecl. Schoß m der Kirche.
greno ☐ m Neger m.
gre|ña f zerzaustes Haar n; wirrer Haarschopf m; F andar a la ~ (s.) raufen, s. (herum)balgen; **~ñudo** adj. zerzaust, mit wirrem Haar; zottig.
gres m (Töpfer-)Ton m; Steingut n; Min. Sandstein m.
gresca f Lärm m, Tumult m; Schlägerei f; armar ~ Krach schlagen.
grey f Herde f (Kleinvieh u. fig.); fig. Gemeinde f der Gläubigen; fig. Gruppe f (*Personen*); mst. desp. Klub m. [Gral.)
Grial Myth. m: el Santo ~ der heilige ƒ
grie|ga f Griechin f; **~go** adj.-su. griechisch; m Grieche m; das Griechische; F hablar en ~ unverständlich reden; ~ clásico, ~ antiguo Altgriechisch(e) n; ~ moderno Neugriechisch(e) n.
grie|ta f 1. Spalte f; Riß m; Schrunde f, Sprung m (*Gefäß* usw.); ~ de ventisquero Gletscherspalte f; 2. sid. Lunker m; **~tado** adj. rissig, schrundig; zerklüftet; **~t(e)arse** v/r. rissig werden, Risse bekommen; **~toso** adj. voller Risse.
grifa f Marihuana n; p. ext. Rauschgift n.
grife|ría f Hahnarmaturen(handlung f) f/pl.; **~ro** m Pe. Tankwart m.
grifo[1] Myth., ∅ m Greif m.
gri|fo[2] I. adj. 1. kraus, wirr (*Haar*); Méj. berauscht (v. Alkohol, Rauschgift); 2. Col. angeberisch; II. m 3. (Wasser- usw.)Hahn m (aufdrehen abrir); ~ de compresión (~ maestro) Zisch- (Haupt-)hahn m; agua f del ~ Leitungswasser n; 4. Pe. a) Chichakneipe f; b) Tankstelle f; **~fón** m gr. (Wasser-)Hahn m; Zo. Pinscher m (*Hund*).
grifota F c Haschischraucher m, Kiffer m F.
gri|lla f 1. Ent. Grille(nweibchen n) f; fig. F ¡ésa es (y no canta)! das kannst du e-m andern erzählen!; 2. Cu. minderwertiger Kautabak m; **~llarse** v/r. auswachsen (*Pfl.*);

~llera f Grillen-loch n; -käfig m; F Lärm m, Stimmengewirr n; **~llete** m Fußeisen n; ⚓ Schäkel m; **~llo** m 1. Ent. Grille f (a. fig.); ~ doméstico Heimchen n; ~ cebollero, ~ real, ~ topo → grillotalpa; fig. olla f de ~s heilloser Wirrwarr (und Spektakel); fig. andar a ~s die Zeit vertrödeln; fig. coger ~s Grillen fangen; 2. ⚘ Keim m, Sproß m; 3. ~s m/pl. Fußfesseln f/pl.; **~llotalpa** Ent. m Maulwurfsgrille f.
grill-room m Grillroom m.
gri|ma f 1. Schauder m; Grausen n; dar ~ schauderhaft sein; auf die Nerven gehen; 2. Col. en ~ → ínmgrimo; **~moso** adj. grausig, schaurig.
grímpola bsd. ⚓ f Wimpel m.
gringo m 1. desp. Ausländer m, bsd. Engländer m; Am. bsd. Yankee m; 2. F Kauderwelsch m.
griñón m 1. (Nonnen-)Schleier m; 2. ⚘ Mandelpfirsich m.
gri|pa ⚕ f Col. Grippe f; **~pal** ⚕ adj. c Grippe...; grippal; **~pe** ⚕ f Grippe f; **~poso** ⚕ adj. grippekrank.
gri|s I. adj. c 1. grau; ~ azulado blaugrau; 2. fig. grau, trüb; gedämpft, verhangen; II. m 3. Grau n (*Farbe*). 4. Zo. Feh n; piel f de ~ Feh n, Grauwerk n; 5. fig. F kalter Wind m, Kälte f; F corre un ~ que pela es geht ein schneidender Wind; 6. früher: F desp. Span. los ~es die (Angehörigen der kasernierten) Polizei m; **~sáceo** adj. gräulich, ins Graue gehend; **~seta** f 1. tex. Grisaille f (*Seidenstoff*); 2. ✧ ~ gotera f; 3. Grisette f.
grisly Zo. m → grizzli.
gri|són I. adj. 1. graubündnerisch; II. m 2. Graubündner m; 3. Zo. Grison m; **²sones** m/pl. Graubünden n.
grisú m Grubengas n; explosión f de ~ schlagende Wetter n/pl.; **~metro** ✧ m Grubengasanzeiger m.
gri|ta f Geschrei n, Gekreisch n; F dar ~ a alg. a) hinter j-m her johlen F; b) → gritar s); **~tadera** f Col., Méj. Geschrei n, Gezeter n, F Theater n; **~tar** I. v/i. schreien; rufen; kreischen; II. v/t. j-n an-rufen, -schreien; et. zurufen; 3. j-n auszischen, mit Buh-Rufen niederschreien; **~tería** f, **~terío** m Geschrei n, Gekreisch n; **~to** m 1. Schrei m; Ruf m; de alerta Alarm-, Warn-ruf m; ~(s) de ¡fuego! Feuerlärm m, Brandalarm m; ~ de guerra Kriegsgeschrei n, Schlachtruf m; ~ de la libertad Freiheitsruf m; ~ de socorro Hilferuf m; adv. a ~ pelado, a voz en ~ mit lautem (od. großem) Geschrei; alzar (od. levantar) el ~ losschreien; andar a ~s s. dauernd anschreien; dar ~s schreien; estar en un ~ ununterbrochen schreien (od. jammern); poner el ~ en el cielo herumlamentieren F, s. (künstlich) aufregen F; 2. fig. el último ~ der letzte Schrei (*Mode*); bsd. Rpl. estar en ~ (sehr) bekannt sein; **~tón** F adj.-su. Schreihals m.
grizzli Zo. m Grisly(bär) m.
gro|e(n)landés adj.- su. grönländisch; m Grönländer m; **²enlandia** f Grönland n.
groera ⚓ f Kabelgatt n; Speigatt n.
grofa ☐ f Dirne f.
grog m Grog m; **~gy** Sp. u. fig. adj. groggy, benommen.

grose|lla ⚥ *f* Johannisbeere *f*; ~ *espinosa* Stachelbeere *f*; **~llero** ⚥ *m*: ~ (*rojo*) Johannisbeerstrauch *m*.
gro|sería *f* Grobheit *f*; Plumpheit *f*; Flegelei *f*; Zote *f*; **~sero I.** *adj.* grob, flegelhaft; unflätig; ungebildet, plump; grob, kunstlos (*Arbeit*); **II.** *m* Grobian *m*, Flegel *m*; **~sísimo** *adj. sup. zu grueso* I.; **~so** *adj.* körnig (*Tabak*); **~sor** *m* Dicke *f*, Stärke *f*.
grosso modo *adv.* grosso modo, im großen u. ganzen.
grosura *f* Fett *n*; *Kchk.* Pfoten *f/pl.* u. Gekröse *n*; *kath.* Fleisch *n* (*im Gg.-satz zu Fastenessen*).
grotes|ca *Typ.* *f* Groteskschrift *f*; **~co** *adj.* **1.** grotesk; seltsam, überspannt; fratzenhaft; *danza f* ~*a* Grotesktanz *m*; **2.** grob, geschmacklos.
grúa *f* ⊕ Kran *m*; ⚓ Winsch *f*; *Kfz.* Abschlepp-, Kran-wagen *m*; ~ *de carga* (*para obras*) Lade-(Bau-)kran *m*; ~ *estibadora* (*flotante*) Stapel- (Schwimm-)kran *m*; ~ *oscilante giratoria* Drehwippkran *m*; ~ *corredera* Laufkran *m*.
grue|sa *f* Gros *m* (*12 Dutzend*); ✝ → *préstamo*; **~samente** *adv.* in Bausch u. Bogen; grob; **~so I.** *adj.* **1.** dick (*a. Seil usw.*); beleibt; grob (*a. See*); ♪ tief (*Saite*); ~ *de vientre* fettleibig; ⚕ *intestino m* ~ Dickdarm *m*; *fig. de entendimiento* ~ schwer von Begriff; **II.** *m* **2.** *a.* ⊕ Stärke *f*, Dicke *f* (*Dinge u. Geom.*); *de 2 mm de* ~ 2 mm stark (*od.* dick); *en* ~ im großen; ✝ *en gros*; ⚕ Gros *n*, Hauptmacht *f*; **4.** Grundstrich *m* (*Schrift*); *Typ.* Schriftkegel *m*.
gruir [3g] *v/i.* schreien (*Kranich*).
gruista ⊕ *m* Kranführer *m*.
grujidor *m* Krösel *m* der Glaser.
grulla *f Zo.* (*Astr.* ♋) Kranich *m*; *fig.* F häßliches Weib *n* F; F *Méj.* gerissene Person *f*; **~da** *f* → *gurullada u. perogrullada.*
grullo I. *adj.* **1.** *Méj.* aschgrau (*Pferd*); **II.** *m* **2.** *Am. Reg.* Silberpeso *m*; *Bol.* Geld *n*; **3.** *Arg.* kräftiger Hengst *m*; **4.** □ Häscher *m*.
grumete ⚓ *m* Schiffsjunge *m*; ~ *de cámara* Kajütenjunge *m*.
grumo *m* **1.** Klümpchen *n*, Flocke *f in Flüssigkeiten*; Krume *f*; *hacerse* ~*s* verklumpen; gerinnen; *sin* ~*s* faserfrei (*Papier*); **2.** Herz *n* (*Kohl, Salat*); Auge *n* (*Pfl.*); **~so** *adj.* klumpig, verklumpt; flockig.
gru|ñido *m* Grunzen *n* (*Schwein*); Brummen *n* (*Bär*); Knurren *n* (*Hund*) (*alles a. fig.* F); *fig.* F Murren *n*, Schimpfen *n*; **~ñir** [3h] *v/i.* grunzen, brummen, knurren (*a. fig.* F, *vgl. gruñido*); *fig.* murren, knarren, quietschen (*Tür*); ~ *a alg.* j-n anknurren; **~ñón** *adj.-su.* brummig, mürrisch; *m* Brummbär *m*, Griesgram *m*.
gru|pa *f* Kruppe *f des Pferdes*; *a la* ~ auf dem Rücken des Pferdes (= *reitend*); *volver* ~*s* (*od. la* ~) *Equ.* e-e Kehrtwendung machen; *p. ext.* kehrtmachen, umkehren; **~pada** *f* Wolkenbruch *m*; heftige Bö *f*; **~pera** *Equ.* *f* Schwanzriemen *m*; Sattelkissen *n*. [*m*.]
grup(p)et(t)o ♪ *m* Doppelvorschlag⌡

grupo *m* **1.** Gruppe *f* (*a.* ♠, *Soz.*); Zirkel *m* (*fig.*); ✝ *a.* Konsortium *n*; *adv. en* ~, *por* ~*s* gruppenweise; ♠ ~ *ácido* Säuregruppe *f*; ~ *de coristas* Tanztruppe *f*; *IT* ~ *de debate*, ~ *de noticias* Newsgruppe *f*; ~ *étnico* Volksgruppe *f*; *Pol.* ~ *parlamentario* Fraktion *f*; *Pol.*, ✝ ~*s de presión* Interessengruppen *f/pl.*; ⚕ ~ *sanguíneo* Blutgruppe *f*; ~ *de turistas* Reisegruppe *f*; **2.** ⚔ Gruppe *f*; Abteilung *f*; Verband *m*; ~ *de ejércitos* Heeresgruppe *f*; **3.** ♪, ⊕ Aggregat *n*; ⊕ (Maschinen-)Gruppe *f*, Einheit *f*; Satz *m*; ~ *compresor* Kompressoranlage *f*; ~ *convertidor* (*electrógeno*) Umformer-(Strom-)aggregat *n*; ⚡ ~ *motopropulsor* Triebwerk *n*; **4.** *Li.* ~ *fonético* Sprechtakt *m*.
grupúsculo *Pol. m* Splittergruppe *f*.
gruta *f* Grotte *f*, Höhle *f*.
grutesco I. *adj.* → *grotesco*; **II.** *Ku. los* ~*s m/pl.* die Grotesken *f/pl.*, *z. B. der Renaissance-Ornamentik.*
gruyère *m* Greyerzer Käse *m*; *p. ext.* Schweizer Käse *m*.
¡gua!, ¡guah! *int.* (*Bewunderung, Furcht; a. Ironie*) oh!, ah!; ach!; pfui!
gua|ba, ~bá¹ ⚥ *f Am. Cent., And., Col., P. Ri., Ven.* → *guama*; **~bá²** *f Ant.* Art Tarantel *f*; **~bina** *f Ant., Col., Méj., Ven.* schuppenloser Flußfisch, viele Arten.
guaca *f Am.* steinerner Grabhügel *m* früher Indianerkulturen; präkolumbischer Grabfund *m*; *Am. Reg.* vergrabener Schatz *m*; *fig.* Spar-büchse *f*; *fig.* F *Ven.* häßliche alte Jungfer *f*; **~l** ⚥ *m Am. Cent.* Kürbisbaum *m*.
guaca|mayo *Vo. m Am.* Grünflügelara *m*; **~mol(e)** *m Am. Cent., Cu., Méj.* Avocadosalat *m*.
guací|ma *f Ant.*, **~mo** *m Am. Reg.* ⚥ westindischer Maulbeerbaum *m*.
guaco *m* **1.** ⚥ *Am. versch. Pfl.*; **2.** *Vo. Col., Ec. Ar.* Fasan *m*; **3.** *Am. Mer.* aus e-r *guaca* stammender Keramikgg.-stand *m*.
guacha *f* **1.** Gouachemalerei *f*; **2.** P *Arg.* Schwanz *m* P (= *Penis*); **~pear** *vt/i.* im Wasser plätschern; *fig.* F hudeln; klappern, scheppern.
guácharo *adj.* kränklich; *Ec.* → *guacho I.*
gua|che *m Col., Ven.* Flegel *m*, Rüpel *m*; **~chimán** *m Ven.* Wächter *m*; **~cho I.** *adj.-su. Am. Mer.* verwaist; hilflos; *m* Waise *f*; **II.** *m* Vogeljunge(s) *n*.
guadal *m Rpl.* ausgetrockneter Sumpf(boden) *m*.
guada|mací *m* → *guadamecí*; **~maciler ía** *f* Goldlederarbeitung *f*; **~mecí, ~mecil** *m* weiches gepunztes Leder *n*.
guada|ña *f* Sense *f*; **~ñadora** ✗ *f* Mähmaschine *f*; **~ñar** *vt/i.* (ab-)mähen; **~ñero** *m* Mäher *m*, Schnitter *m*; **~ño** *m Méj., Cu. kl.* Boot *n*.
guadapero ⚥ *m* Holzbirne *f*.
guadarnés *m* **1.** Geschirrkammer *f*; **2.** Schirrmeister *m*.
guadijeño *m* Art feststehendes Messer *n*.
guagua¹ *f* **1.** Lappalie *f*; F *adv. de* ~ umsonst; **2.** F *Can., Ant.* (Auto-)Bus *m*.

guagua² *f Chi.* Säugling *m*.
guaja F *c* Gauner *m*.
guajalote *Méj.* **I.** *m* Truthahn *m*; **II.** *adj. c-su. m* Dummkopf *m*.
guájara(s) *f*(*/pl.*) unwegsames Gelände *n* im Gebirge.
guaje *m* ⚥ *Méj.* Flaschenkürbis *m*; *fig.* Dummkopf *m*.
guajiro I. *adj. Am.* bäurisch; **II.** *m Cu.* weißer Siedler *m*; *p. ext.* Bauer *m*.
guajolote → *guajalote*.
¡gualá! *int.* bei Gott!, das walte Gott!
gual|da ⚥ *f* Färberwau *f*; **~do** *adj.* goldgelb; *la bandera roja y* ~*a* die span. Flagge; **~drapa** *f* Schabracke *f*; *fig.* F Fetzen *m*, Lumpen *m*; **~drapear** ⚓ *v/i.* killen (*Segel*).
gua|ma *f Col., Ven.* Frucht *f* des → **~mo** ⚥ *m* Schattenbaum *m für Kaffeepflanzungen*.
guanába|na ⚥ *f* Ochsenherzapfel *m*, Annone *f*; *Ven. estar en la* ~ e-e Glückssträhne haben; **~no** ⚥ *m* Art Annone *f*.
guana|co *m Zo.* Guanako *n*, Wildform des Lamas; *fig. Am.* Dummkopf *m*; **~jo** *m Ant.* Truthahn *m*; *Ant., Méj.* Dummkopf *m*.
guan|che *adj.-su. c* Guanche *m*, Ureinwohner der kanarischen Inseln; *m* Guanche *m*, *deren Sprache*; **~chismo** *m* Substratelement *n* des Guanche im Spanischen.
guane|ra *f* Guano-fundstätte *f*, -lager *n*; **~ro** *m* Guano-schiff *n*; -fahrer *m*.
guango *Méj. adj.* lose, locker; F *me viene* ~ das ist mir egal.
guano *m* **1.** Guano *m*; Kunstguano *m*; *fig.* F *Cu., P. Ri.* Geld *n*; **2.** *Cu.* Palme *f* als Gattungsname.
guan|tada *f*, **~tazo** *m* Ohrfeige *f*; Schlag *m* mit der flachen Hand; **~te** *m* Handschuh *m*; **~s** *m/pl. de ante*, **~s** *de gamuza* Wildlederhandschuhe *m/pl.*; **~s** *de boxeo* (*de piel*) Box- (Leder-)handschuhe *m/pl.*; **~s** *forrados de piel* Pelzhandschuhe *m/pl.*; *a.* ⊕ **~s** *protectores* Schutzhandschuhe *m/pl.*; F *de* ~ *blanco* äußerst korrekt, sehr etepetete F; *fig. poner a alg. como un* ~ j-n kleinkriegen; *fig. arrojar el* ~ *a alg.* j-m den Fehdehandschuh hinwerfen; *fig. recoger el* ~ die Herausforderung annehmen; F *echar el* ~ *a alg.* j-n festnehmen; j-n ertappen; *et. mit Beschlag belegen*; F *echar un* ~ e-e Sammlung machen; *fig. quedarse más suave que un* ~ lammfromm werden F; *tratar a alg. con* ~ *de seda* j-n wie ein rohes Ei behandeln F; **~tear** F *v/t.* ohrfeigen; **~telete** *m gr.* Stulphandschuh *m*; *hist.* Panzerhandschuh *m*; **~tera** *Kfz. f* Handschuh-fach *n*, -kasten *m*; **~tería** *f* Handschuh-macherei *f*; -geschäft *n*; **~tero** *m* Handschuhmacher *m*; **~tón** *m Am.* → *guantada*.
gua|pamente F *adv.* sehr gut; **~pear** F *v/i.* keck auftreten; den vornehmen Herrn (*bzw.* die vornehme Dame) spielen; **~pería** *f* Großtuerei *f*; **~perío** *m* Schickeria *f*; **~petón** F *adj.-su.* sehr hübsch; schneidig; fesch; **~peza** F *f* **1.** Schneid *m*; Angabe *f* F; Geckenhaftigkeit *f* (*Kleidung*); **2.** (*robuste*) Schönheit *f*; **~po I.** *adj.* **1.** hübsch; schick; fesch; **2.** angeberisch, großtuerisch; **3.** *Reg. u. Am.* tapfer;

guapoí — guarida

II. *m* **4.** Raufbold *m*; Messerheld *m*; Angeber *m*; Gigolo *m*; *echarla de ~* angeben F, prahlen; **5.** F *oft als schmeichelnde Anrede; etwa*: Kleiner *m*, Liebling *m*, Junge *m*.
guapoí ⚤ *m Arg.* → higuerón.
gua|pote *adj.* gutmütig; recht hübsch; **~pura** F *f* Schönheit *f*; Keßheit *f*.
guaquero *m Am.* Schatz-gräber *m*, -sucher *m*.
guará *Zo. m Rpl.* Pampaswolf *m*.
guaraches *m/pl. Méj.* (rustikale) Sandalen *f/pl.*
guaraná ⚤ *f* Paullinie *f*; Getränk *n aus den Samen*.
guara|ní *(pl. ~í[e]s)* **I.** *adj.-su.* **1.** Guaraní *m (Indianerstamm);* **II.** *m* **2.** Guaraní *n* (Sprache); **3.** *Par.* Guaraní *m (Währungseinheit);* **~nismo** *m* Guaraniwort *n*.
guarapo *m* Zuckerrohr-saft *m*; -schnaps *m*.
guarda I. *c* **1.** Wächter(in *f*) *m*; Aufseher(in *f*) *m*; **II.** *f* **2.** Wache *f*, Aufsicht *f*; *~ Schutz m; → a. falsear* 3; **3.** Degengefäß *n*; Säbelkorb *m*; **~s** *f/pl.* **a)** Außenstäbe *m/pl. e-s Fächers;* **b)** Zuhaltungen *f/pl. e-s Schlosses;* **c)** Schlüsselprofil *n*; **4.** *Typ.* Vorsatz(papier *n*) *m*; **5.** ⚤ *~ de la persona (de los bienes) del hijo* Personen- (Vermögens-)sorge *f*; *derecho m de ~* Sorgerecht *n*; **III.** *m* **6.** Wachmann *m*, Hüter *m*, Wächter *m*; Bahnwärter *m*; *Reg.* Zugschaffner *m*; *Arg.* Straßenbahnschaffner *m*; *~ forestal* Waldhüter *m*, Forstwart *m*; *~ de caza* Jagdaufseher *m*; *~ jurado* (amtlich bestellter) Feldhüter *m*; Weinbergschütze *m*; *~ de vista* Aufpasser *m*, Bewacher *m*.
¡guarda! *int.* Vorsicht!, aufgepaßt!
guarda|agujas *m →* guardagujas; **~almacén** *m →* guardalmacén; **~barreras** *c (pl. inv.)* Schrankenwärter *m*; **~barros** *m (pl. inv.)* Schutzblech *n (Fahrrad);* *Kfz.* Kotflügel *m*; **~bicicletas** *m (pl. inv.)* Fahrradständer *m*; **~bosque**(s) *m etwa*: Waldhüter *m*; Jagdschutzbeamte(r) *m*; **~brazo** *m* Armschiene *f e-r Rüstung;* **~brisa(s)** *m* Sturmlaterne *f*; *Kfz.* Windschutzscheibe *f*; **~cabo** ⚤ *m* Kausche *f*; **~cabras** *c (pl. inv.)* Ziegenhirt *m*; **~cadena** ⊕ *m* Kettenschutz *m (a. am Fahrrad);* **~calor** *m (pl. inv.)* **1.** Kaminschacht *m*; ⚤ Maschinenschacht *m*; **2.** Kaffeewärmer *m*; Eierwärmer *m*; **~cantón** *m* Prellstein *m*; **~coches** *c (pl. inv.)* Parkwächter *m*; **~costas** *m (pl. inv.)* Strandwächter *m*; Küstenwache *f*; ⚤ Küstenwachschiff *n*; **~cuerpo** ⚤ *m* Schutz-gitter *n*, -geländer *n*.
guardador I. *adj.* **1.** bewachend; Vorschriften beobachtend; **2.** vorsichtig; **3.** knauserig; **II.** *m* **4.** Beschützer *m*; Wächter *m*; **5.** Halter *m e-s Gebots usw*.
guarda|esclusa *m* Schleusenwärter *m*; **~espaldas** *m (pl. inv.)* Leibwächter *m*; **~faldas** *m (pl. inv.)* Fahrradnetz *n*; **~fango** *m Am. →* guardabarros; **~frenos** *m (pl. inv.) m* Bremser *m*; **~fuego** *m* Ofen-, Feuerschutz-blech *n*; ⚤ Feuerschirm *m*; **~gujas** ⚤ *m (pl.*

inv.) Weichensteller *m*; **~joyas** *m (pl. inv.)* Schmuckkassette *f*; **~lado** *m* Brückengeländer *n*; **~lápiz** *m* Bleistifthalter *m*; **~lmacén** *m* Lagerverwalter *m*; ⚔ Kammerunteroffizier *m*.
guardalobo ⚤ *m* Wolfskerze *f*.
guarda|lodos *m (pl. inv.) Am. →* guardabarros; **~llamas** ⊕ *m (pl. inv.)* Zündsicherung *f*; **~mano** *m* Stichblatt *n*; Säbelkorb *m*; Degengefäß *n*; **~materiales** *m (pl. inv.)* Material-, Magazin-verwalter *m*; **~meta** *Sp. m* Torwart *m*; **~monte(s)** *m* **1.** Abzugbügel *m am Gewehr;* **2.** Wetterumhang *m Arg.* Lederschutz *m für die Beine des Reiters;* **3.** → guardabosque; **~muebles** *m (pl. inv.)* Möbellager *n*, Möbelspedition *f*; **~pesca** *m* Fischereischutzboot *n*; **~polvo** *m* Staubmantel *m*; (Möbel-)Überzug *m*; Staubdeckel *m e-r Uhr*; **~puerta** *f* Türvorhang *m*, Portiere *f*; **~puntas** *m (pl. inv.)* Bleistifthülse *f*.
guardar I. *v/t.* **1.** bewachen; beaufsichtigen, hüten; (be)schützen, bewahren; *~ a alg. de a/c.* j-n vor et. *(dat.)* bewahren *(od.* schützen); *~ entre algodones bsd. fig.* in Watte packen; *als* Muttersöhnchen aufziehen; *~ cama* das Bett hüten; *~ las espaldas de alg.* j-s Leibwächter sein; *~ de vista a alg.* j-n nicht aus den Augen lassen; **2.** beobachten; (ein-)halten; (be)wahren; *Wort* halten; *~ las distancias* Abstand *(od.* Distanz) wahren *(fig.);* zurückhaltend sein; *~ miramientos a* Rücksicht nehmen auf *(ac.);* *~ silencio* schweigen; **3.** zurück-, bei-behalten; (auf)sparen; verwahren; *Auto* ein-, unter-stellen; *EDV* (ab)speichern (unter *dat. bajo); bsd. Am.* aufräumen; *~ en el armario* im Schrank aufbewahren; in den Schrank legen; *~ el céntimo* ein Pfennigfuchser sein; *~ bajo (od. con) llave* unter Verschluß halten; *~ en la memoria* (im Gedächtnis) behalten; *~lo para saborearlo* das Beste kommt zuletzt; **II.** *v/r.* **~se 4.** s. hüten, s. in acht nehmen *(vor dat. de);* **~se de hacer** *a/c.* s. hüten, et. zu tun; *~se contra* s. verwahren gegen *(ac.); ¡guárdeselo para sí!* behalten Sie es für sich!; bewahren Sie Schweigen darüber; *guardársela (a alg.)* die passende Gelegenheit *zur Vergeltung* abwarten; mit j-m noch ein Hühnchen zu rupfen haben.
guardarraíl *m Vkw.* Leitplanke *f*.
guardarro|pa I. *m.* **1.** Kleiderkammer *f*; Kleiderschrank *m*; *Thea.* Garderobe *f*, Kleiderablage *f*; **2.** Garderobier *m*, Kleiderwart *m*; **3.** Garderobe *f*, Vorrat *m* an Kleidungsstücken; **4.** ⚤ Eberraute *f*; **II.** *f* **5.** Garderobenfrau *f*; **~pía** *f Thea.* Kleider(-) u. Requisiten (-kammer *f*) *pl.*
guarda|rruedas *m (pl.inv.)* **1.** Prellstein *m*; **2.** Rad-verkleidung *f*, -kasten *m*; **~silla** *f* Wandleiste *f zum Schutz gg. Stuhllehnen;* **~temperaturas** ⊕ *m (pl. inv.)* Temperaturwächter *m*; **~trén** ⚤ *m Arg.* Zugführer *m*; **~valla** *m (pl. inv.)* Torwart *m*; **~vía** ⚤ *m* Bahn-, Strecken-wärter *m*.
guardería *f* **1.** Wächteramt *n*;

2. Heim *n*, Anstalt *f*; *~ canino* Hundeheim *n*; *~ infantil* Kinder-tagesstätte *f*, -hort *m*, -krippe *f*.
guardesa *f* Wächterin *f*, Wärterin *f*; Wärtersfrau *f* *(im modernen Span. häufiger als guarda).*
guardia I. *f* **1.** Wache *f*; Schutz *m*; ⚔ → **2.**; *ehem., während der span. Republik: ~ de asalto etwa*: Bereitschaftspolizei *f*; *~ civil Span. etwa*: Landpolizei *f*; *hist. ~ de corps* Leibwache *f*; *~ de honor* Ehrenwache *f*; *~ municipal, früher: ~ urbana* Gemeinde-, Stadt-polizei *f*; *~ nacional* Nationalgarde *f*; *~ de orden público, o. a. de seguridad* Schutz-, Ordnungs-polizei *f*; *~ del príncipe* Prinzengarde *f (a. Karneval);* *la ♀ Roja* die Rote Garde *(China);* *~ de la sala* Saal-schutz *m*, -ordner *m/pl.*; *~ suiza* päpstliche Schweizergarde *f*; *de ~* dienst-bereit, -tuend; *¡en ~!* Obacht!, Vorsicht!; *bajar la ~* Boxen: die Deckung fallenlassen; *fig.* unvorsichtig sein, s. e-e Blöße geben; *~ a* (un féretro) Wache halten an (e-m Sarg); *estar de ~* (Nacht-)Dienst haben *(z. B. Apotheke); fig. estar en ~* auf der Hut sein *(vor dat. contra);* *poner en ~* j-n warnen; *ponerse en ~* Vorsichtsmaßnahmen treffen (gg. *ac.* contra); **2.** ⚔ Wache *f*, Posten *m*; Schildwache *f*; Schutz *m*; *~ del flanco* Seitendeckung *f*; ⚓ *~ media* Mittelwache *f*; *jefe m de ~* Wachoffizier *m*; *estar de ~, hacer ~* auf Wache stehen, Wache schieben *M*; ⚓ *Wache gehen; ¡formar ~!* Wache heraus!; *montar la ~* auf Wache ziehen; **3.** Obhut *f*, Bewachung *f*, Gewahrsam *f*; Schutz *m*, Schirm *m*; **4.** *~ de Tívoli* Zirkuskapelle *f*; **5.** *Fechtk.* Auslage *f*; *ponerse en ~* auslegen; **6.** Wachlokal *n*; **II.** *m* **7.** ⚔ Posten *m*, Wache *f*; Gardesoldat *m*; *~ marina →* guardiamarina; **8.** Polizist *m*, Schutzmann *m*; *~ civil Span.* Gendarm *m*; → *a.* 9; *~ municipal, früher: ~ urbano* Schutzmann *m*; *~ de tráfico* Verkehrspolizist *m*; **9.** F *Fi. ~ civil* Hammerhai *m*; **~marina** ⚓ *m* Seekadett *m*, Fähnrich *m* zur See.
guardián I. *m* **1.** Wächter *m*; Aufseher *m*; (Be-)Hüter *m*; *~ de(l) jardín zoológico* Zoowärter *m*; *Thea. ~ de accesorios* Requisiteur *m*; ⚤ *~ (de franciscanos)* Franziskanerobere(r) *m*, Guardian *m*; **3.** ⚓ Lieger *m*, Trosse *f*; **II.** *adj.* **4.** *perro m ~* Wachhund *m*.
guardi|lla *f* **1.** Dach-stube *f*, -kammer *f*; **2.** Dach-luke *f*, -fenster *n*; **~llón** *m* Hängeboden *m*; (elende) Dachkammer *f*.
guardín ⚓ *m* Ruderkette *f*.
guardoso *adj.* **1.** sparsam, geizig; **2.** nachtragend, rachsüchtig.
guarecer [2d] **I.** *v/t.* ver-, aufbewahren; schützen, bewahren (vor *dat.* de); *j-m* Obdach gewähren; j-m Beistand leisten; j-n pflegen; **II.** *v/r.* **~se** Schutz suchen, flüchten (vor *dat.* de); *~se de la lluvia* s. unterstellen.
guargüero P *m Am.* Kehle *f*, Schlund *m*.
guari|cha, **~che** *f Col., Ec., Ven.* Schlampe *f* F, Dirne *f*.
guarida *f* Höhle *f*, Bau *m e-s Tieres;* Wildlager *n*; *fig.* Versteck *n*, Schlupfwinkel *m*; F Lieblingsplatz

m; Stammlokal *n*; ~ *de bandoleros* Räuberhöhle *f*.
guarisapo *m Chi.* Kaulquappe *f*; *fig.* F schäbiger Knilch *m* F.
guarismo *m* Ziffer *f*, Zahl(zeichen *n*) *f*; *a. fig.* no tener ~ in Zahlen nicht auszudrücken sein.
guarne|cer [2d] *v/t.* **1.** besetzen, auslegen (mit *dat.* de); *Kleid* besetzen, staffieren; *Hut, Kchk.* garnieren; auslegen bzw. einfassen mit Metallfäden, Gold usw.; schmükken, (ver)zieren; **2.** ⊕ bekleiden; beschlagen; (aus)füttern; auslegen; *Wand* verputzen bzw. tünchen bzw. verblenden (*Maurer*); **3.** versehen, versorgen (mit *dat.* de, con); *Festung, Schiff* ausrüsten; **~cido** △ *m* Mauerverblendung *f*; Tünche *f*, Verputz *m*.
guarnés *Equ. m* → *guadarnés*.
guarni|ción *f* **1.** Besatz *m*; Versatz *m*; Verzierung *f*, Zierat *m*; Garnitur *f*; (Ein-)Fassung *f v. Diamanten usw.*; *Kchk.* Garnierung *f*; *a.* Beilagen *f/pl.*; **2.** ⊕ Beschlag *m*; Zubehör *n*; (Ab-)Dichtung *f*; Futter *n*; **~ones** *f/pl.* Beschläge *m/pl.*; Armaturen *f/pl.*; ~ *de caucho* Gummidichtung *f*; *a. Kfz.* ~ *de freno (de fricción)* Brems- (Kupplungs-)belag *m*; **3.** ⚔ Garnison *f*, Besatzung *f*; *(ciudad con)* ~ Garnison(sstadt) *f*, (Truppen-)Standort *m*; estar de ~ in Garnison liegen; poner ~ → *guarnicionar* **2**; **4.** *Equ.* Geschirr *n*; **~ones** Zaumzeug *n*; **5.** → *guardamano*; **~cionar** ⚔ *v/t.* **1.** in Garnison legen; **2.** mit Garnison belegen; **~cionería** *f* Sattlerei *f*, Geschirrmacherei *f*; **~cionero** *m* Sattler *m*; Geschirrmacher *m*.
guaro *m* **1.** *Vo. Art* Sittich *m*; *Ven.* Papagei *m*; **2.** *Am. Cent.* Zuckerrohrschnaps *m*.
guarrada F *f* ~ *guarrería*.
guarre|ar F *v/t.* verdrecken F, verbe-sudeln; *fig.* hin-pfuschen F, -schludern; **~ría** F *f* Schmutz *m*; Dreck *m*; Saustall *m* F; *fig.* Schweinerei *f* F; **~ro** *m* Schweinehirt *m*.
guarro I. *adj.* F schweinisch; drekkig; II. *m* Schwein *n*; *fig.* Schmutz-, Mist-fink *m*.
¡guarte! *int.* → *¡guarda!*
guarumo ♀ *m Ant., Am. Cent., Méj. gr. Baum, viele Arten.*
gua|sa F *f* Scherz *m*; de ~ im Scherz; tener mucha ~ ein Witzbold sein; **~sada** *f Am.* Ungeschliffenheit *f*; Flegelei *f*; **~sca** *f Am. Mer., Ant.* Peitsche *f*; **~searse** F *v/r. s.* (gg.-seitig) verulken; ~ de algo sich über (*ac.*), *j-n* aufziehen; **~sería** *f Arg., Chi.* → *guasada*.
gua|so I. *m* **1.** *Chi.* Bauer *m*; (chilenischer) Gaucho *m*, „Guaso" *m*; II. *adj.* **2.** auf den „Guaso" bezüglich; **3.** *Arg., Cu., Chi., Ec.* bäurisch, grob, tölpelhaft; **~són** F *adj.-su.* spaßig, scherzhaft; spottend; ~ Spaßvogel *m*, Spötter *m*.
guasquear *v/t. Am. Mer.* mit der Riemenpeitsche schlagen.
guata *f* **1.** Watte *f*; Wattierung *f*; **2.** *tex.* Flor *m*; **3.** *Cu.* Lüge *f*, Schwindel *m*; **4.** *Chi.* Bauch *m*.
guata|ca *f Cu. Art* Jäthacke *f*; F großes Ohr *n*; **~co** *adj. Cu. fig.* ungehobelt.

guatea|do *adj.* **1.** mit Watte (aus-)gepolstert; **2.** *fig.* mäßig, gemäßigt; **~r** *v/t.* wattieren; mit Watte (aus-)polstern.
Guate|mala *f (a. m)* Guatemala *n*; F salir de ~ y entrar en Guatepeor vom Regen in die Traufe kommen; **²malteco** *adj.-su.* aus Guatemala; guatemaltekisch; *m* Guatemalteke *m*.
guateque *m* F (Tanz-)Party *f*; *Ant., Méj.* (lärmendes) Familienfest *n*; **~ar** F *v/i.* feiern, e-n drauf machen F.
guatu|sa *Zo. f Am. Cent., Ec. Art* Paka *n*; **~so** *adj. Am. Cent.* blond.
guau *onom.* wau (*Bellen*).
guay *poet. int.* ¡~! wehe!; tener muchos ~es viel Weh erleiden; F *iron.* viele Wehwehchen haben F; **~a** *f* Klage *f*, Wehklage *f*.
guaya|ba *f* **1.** ♀ Guajava-, Guavenbirne *f*; Guajavagelee *n*; **2.** *fig. Am. Reg.* Lüge *f*; Schwindel *m*; **3.** F *Am.* → *guayabo* **2**; **~bear** F *v/i.* **1.** *Am.* gern zu jungen Mädchen gehen; **2.** *Rpl.* lügen; **~beo** F *m Am.* junge Mädchen *n/pl.*; **~bera** *f Am.* Buschhemd *n*; **~bero** *adj.-su.* *Am.* verlogen; schwindlerisch; **~bo** *m* **1.** ♀ Guajava-, Guaven-baum *m*; **2.** *fig.* F junges Mädchen *n*, hübsche Krabbe *f*; **3.** *Col.* grober Kerl *m*; **4.** F *Col.* Katzenjammer *m*, Kater *m* F.
guaya|ca *f* **1.** *Arg., Bol., Chi.* Beutel *m*; **2.** *fig.* Amulett *n*; **~cán** ♀ *m* → *guayaco*; *Col. versch.* Hartholzbäume; *Rpl. versch.* Caesalpinien; **~co** *m* **1.** ♀ Guajakbaum *m*; **2.** Guajakholz *n*, *pharm.* lignum in guajaci; resina *f* de ~ Guajakharz *n*; **~col** *pharm. m* Gu(a)jakol *n*.
Guaya|na *f* Guayana *n*; ~ *Francesa* Französisch-Guayana *n*; **²nés** *adj.-su.* aus Guayana.
guayo *m Cu.* **1.** Reibeisen *n*; *p. ext.* ♪ Kürbisrassel *f*; *fig.* Katzenmusik *f*; **2.** Rausch *m*.
guayuco *m Am. Mer.* Lendenschurz *m der Indios.*
guazubirá *Zo. m Rpl.* Guazuhirsch *m*.
guber|namental I. *adj. c* **1.** Regierungs...; en círculos ~es in Regierungskreisen; **2.** der Regierung nahestehend, regierungsfreundlich; II. **3.** Regierungsanhänger *m/pl.*; **~nativamente** *adv.* regierungseitig; von Regierungsseite; **~nativo** *adj.* Regierungs...; Verwaltungs...; funcionario *m* ~ Regierungsbeamte(r) *m*; policía *f* ~a etwa: Ordnungspolizei *f*; **~nista** *adj.-su. c Am.* regierungsfreundlich; *m* Regierungsanhänger *m*. [eisen *n*.]
gubia ⊕ *f* Hohl-meißel *m*, -stech-⌡
gudari *m* baskischer Soldat *m*.
güecho *m Am. Cent.* Kropf *m*.
guedeja *f* (Haar-)Strähne *f*; (Löwen-)Mähne *f*.
güegüecho I. *adj. Am. Cent., Col.* dumm, schwachsinnig; II. *m Am. Cent., Méj.* Kropf *m*.
güelde ♀ *m Am. Mer.* Zwergholunder *m*.
güeldo *m* Fischköder *m*.
güelfo *hist. adj.-su.* welfisch; *m* Welfe *m*.
guepardo *Zo. m* Gepard *m*.
güero *adj. Méj.* blond.
guerra *f* **1.** Krieg *m* (*a. fig.*); *fig.* Kampf *m*, Streit *m*, Fehde *f*; de ~

kriegsmäßig, Kriegs...; ~ *aérea* (*atómica*) Luft- (Atom-)krieg *m*; ~ *de agresión*, ~ *ofensiva* (*defensiva*) Angriffs- (Verteidigungs-)krieg *m*; ~ *caliente* (*fría*) heißer (kalter) Krieg *m*; ~ *civil* (*económica*) Bürger- (Wirtschafts-)krieg *m*; ~ *de emancipación*, ~ *de independencia*, ~ *de liberación* Unabhängigkeits-, Befreiungs-krieg *m*; ~ *estabilizada*, ~ *de posiciones*, ~ *de trincheras* Stellungskrieg *m*; ~ *de exterminio* (*de fronteras*) Vernichtungs- (Grenz-)krieg *m*; ⚔ *del Golfo* Golfkrieg *m*; ~ *marítima*, ~ *naval* Seekrieg *m*; ~ *de movimientos* (*de nervios*) Bewegungs- (Nerven-)krieg *m*; ⚔ *mundial* Weltkrieg *m*; weltweiter Krieg *m*; *primera* ⚔ *mundial*, *Gran* ⚔, ⚔ *europea* 1. Weltkrieg *m*; ~ *preventiva* (*relámpago*) Präventiv- (Blitz-)krieg *m*; ~ *(p)sicológica* psychologische Kriegsführung *f*; ~ *submarina* U-Boot-Krieg *m*; ~ *de sucesión* Erbfolgekrieg *m*; ~ *terrestre* Landkrieg *m*; *atrocidades f/pl. de la* ~ Kriegsgreuel *m/pl.*; *cansancio m de la* ~ Kriegsmüdigkeit *f*; *daños m/pl. de* ~ Kriegsschäden *m/pl.*; *derecho m de* ~ *lt.* jus n in bello, Kriegs(völker)recht *n*; *empréstito m de* ~ Kriegsanleihe *f*; *Escuela f de* ⚔ Kriegsschule *f* (*früher*); Offiziersschule *f* (*heute*); *incitación f a la* ~ Kriegshetze *f*; *Ministerio m de* ⚔ Kriegsministerium *n*; *mutilado m de* ~ Kriegsversehrte(r) *m*; *fig. nombre m de* ~ Deckname *m*; *oficio m de la* ~ Kriegshandwerk *n*; *responsabilidad f de la* ~ Kriegsschuld *f*; *teatro m de la* ~ Kriegsschauplatz *m*; *víctima f de la* ~ Kriegsopfer *n*; *viuda f de* ~ Kriegerwitwe *f*; *armar en* ~ für den Krieg ausrüsten; *bsd. Schiff* als Hilfskreuzer ausstatten (*od.* umrüsten); *estar en pie de* ~ *con*, *hacer la* ~ *a alg.* Krieg führen mit (*dat.*); *fig.* mit *j-m* auf Kriegsfuß stehen; ⚔ *armar* ~ *Krach machen* F; *tener (la)* ~ *declarada a alg.* j-s erklärter Feind (*od.* Todfeind) sein; **2.** Ärger *m*, Mühe *f*; *dar* ~ *a alg.* j-m Ärger (*od.* Mühe) machen; j-m zu schaffen machen; **3.** ~ *de bolas od.* ~ *de palos Art* Billard *n*.
guerre|ador *adj.-su.* kriegerisch; *m* Krieger *m*; **~ar** *v/i.* Krieg führen; *fig.* streiten; **~ra** ⚔ *f* Waffenrock *m*; Feldbluse *f*; **~ro** I. *adj.* **1.** kriegerisch; Kriegs...; *espíritu* ~ Kampfgeist *m*; **2.** *fig.* lästig; aufdringlich; mutwillig; II. *m* **3.** Krieger *m*.
guerri|lla *f* **1.** Partisanengruppe *f*; Guerilla *f*; **2.** (*guerra f de*) ~(*s*) Kleinkrieg *m*; Guerillakrieg *m*; Partisanenkampf *m*; **~llear** *v/i.* Kleinkrieg führen; als Partisan (*od.* Guerillero) kämpfen; **~llerismo** *m* Guerillabewegung *f*; **~llero** *m* Freischärler *m*; Guerillakämpfer *m*, Guerillero *m*.
guía I. *c* **1.** Führer *m*, Fremdenführer *m* (*Person*); Lehrmeister *m*; *Sp.* Schrittmacher *m*; ~ *intérprete* sprachkundiger Reise-, Fremdenführer *m*; II. *m* **2.** ⚔ Flügelmann *m*; Vordermann *m*; **3.** Leitpferd *n*, Leittier *n*; III. *f* **4.** Richt-schnur *f*, -linie *f*; Leitfaden *m* (*Buch*); Reiseführer *m* (*Buch*); Leitkarte *f* (*Kartei*); Fahr-

guiadera — gules 334

plan m; ~ de bolsillo Taschenfahrplan m; ~ de camping(s) Campingführer m; ~ comercial **a**) Adreßbuch n; **b**) Rf. Werbefunk m; ~ de ferrocarriles Kursbuch n; ~ telefónica Telefonbuch n; ⚓ ~ de tránsito Zollbegleitschein m; 5. Lenkstange f (Fahrrad); 6. ⊕ Lenkung f; Führung f; Leitschiene f; Gleitbahn f (a. Geschütz); Wkzm. ~ del carro Schlittenführung f; ~ de ondas HF Wellenleiter m; Radar: Hohlleiter m; ~-película Filmführung f; 7. ⚓ Wurfleine f; 8. Anweisung f; Plan m; ~ de engrase Schmierplan m; 9. ♪ ~ principal führende Stimme f (Melodie); 10. ~s f/pl. Schnurrbartspitzen f/pl.
guia|dera ⊕ f Führungsstück n; Leitschiene f; Führungsnut f; **~do** adj. ⚓ mit Zollbegleitschein versehen; fig. ~ por el (od. del) deseo von dem Wunsche geleitet (od. beseelt); **~dor** adj.-su. führend; m Führer m; **~ondas** HF m (pl. inv.) wellenführende Leitung f; **~papel** m Papieranlage f (Schreibmaschine).
guia|r [1c] I. v/t. a. fig. führen, leiten; Pferde, Wagen lenken; Pfl. ziehen; II. v/i. führen, voran-gehen, -fahren usw.; III. v/r. ~se s. leiten lassen (von dat. por); s. richten (nach dat. por); **~tipos** m (pl. inv.) Typenführung f (Schreibmaschine); **~virutas** ⊕ m (pl. inv.) Spanführung f.
Guido npr. m Veit m.
gui|ja f 1. Kiesel(stein) m; 🗡 u. Am. Quarz m; 2. ♀ Platterbse f; **~jarral** m kieselreiche Stelle f; Flußbett n mit viel Kieselsteinen; **~jarreño** adj. kiesig, Kiesel...; **~jarro** m Kiesel(stein) m; Geol. ~s m/pl. Geröll n; **~jarroso** adj. kieselreich; **~jeño** adj. 1. kies(el)artig; schotterartig; 2. fig. hart; grausam; **~jo** m 1. Kies m; Schotter m; 2. ⊕ Dorn m, Zapfen m; **~jón** 🔸 m ~ neguijón; **~joso** adj. Kiesel...; kieselreich; (stein)hart.
güila F f Méj. 1. Fahrrad n, Drahtesel m F; 2. Nutte f F.
guildivia f Am. Rumdestillerie f.
güi|lo adj.-su. Méj. lahm; kränklich; **~lón** F adj. Am. feig.
guilla f reiche Ernte f; fig. de ~ in Hülle u. Fülle; **~do** F adj.-su. bescheuert, bekloppt F; fig. ~ por verknallt in (ac.) F; **~dura** F f Verrücktheit f.
guillame Zim. m Falzhobel m.
guillarse F v/r. 1. verrückt werden, durchdrehen F; 2. a. guillárselas abhauen F, verduften F.
Guillermo npr. m Wilhelm m.
güillín m → huillín.   [f.⟩
guillomo ⚘ m Fels-birne f, -mispel
gilloque ⊕ m Guilloche f.
guillotina f 1. Guillotine f, Fallbeil n; 2. Papierschneidemaschine f; Tafelschere f; ⊕ de ~ senkrecht auf- u. abwärts zu schieben (Schiebefenster); **~r** v/t. 1. guillotinieren; 2. Papier, Furniere u. ä. beschneiden.
guim|balete m Pumpen-hebel m, -schwengel m; **~barda** Zim. f Nuthobel m.
güincha f Chi. Band n; Haarband n; (Metall-)Band n.
güinche (a. guinche) ⚓ u. Am. m Kran m, Winsch f.

guincho m 1. Stachel m, Spitze f e-s Stocks; 2. Vo. Cu. Fischsperber m.
guinda¹ ⚘ f Sauerkirsche f.
guinda² ⚓ f Flaggen-, Mast-höhe f.
guinda|da f Sauerkirschgetränk n; **~do** m Chi. Art Maraschino m.
guinda|l m 1. → guindo; 2. → **~lera** f Sauerkirschpflanzung f; **~leza** ⚓ f Trosse f; **~maina** ⚓ f Flaggengruß m; **~r** v/t. 1. aufwinden; hissen, ⚓ heißen; 2. fig. F angeln F, ergattern F; 3. P (auf)hängen.
guindaste m ⚓ Schiffs(lade)winde f; ☒ Ballonwinde f.
guin|dilla f 1. ⚘ span. Pfefferkirsche f; Art Sauerkirsche f; span. roter (scharfer) Pfeffer m; 2. fig. F Polizist m, Polyp m F; **~dillo** m de Indias ⚘ Pfeffer(kirschen)baum m; **~do** m ⚘ Sauerkirschbaum m; fig. f caerse del ~ wieder den Faden finden (nach Geistesabwesenheit).
guindola ⚓ f 1. Rettungsboje f; 2. Logscheit n.
guine|a f 1. Guinee f (Engl. 1 Pfund 5 pence); 2. ♀ Guinea n; ♀-Bissau Guinea-Bissau n; ♀ Ecuatorial Äquatorial-Guinea n; **~ano** adj. auf Guinea bezüglich; aus Guinea; ~ adj.-su. 1. aus Guinea; Guinea...; m Guineer m; II. m 2. ♀ Guineabanane f (Staude u. Frucht); P. Ri., Ven. Banane f; 3. ♪ Negertanz.   [(Schürzenstoff).⟩
guinga tex. f Gingham m, Gingan m⟩
guin|ja ♀ f (a. guinjol m) Brustbeere f; **~jo(lero)** ♀ m Brustbeerbaum m.
guiña|da f 1. (Zu-)Blinzeln n; (Zu-)Zwinkern n; Wink m mit den Augen; 2. ⚓ Gieren n; dar ~s gieren; 3. ⚓ Schrauben n; **~po** m a. fig. Lumpen m, Fetzen m; estar hecho un ~ sehr heruntergekommen sein; ponerle a uno como un ~ j-n fürchterlich heruntermachen; **~poso** adj. zerlumpt; fig. heruntergekommen; **~r** I. v/t. 1. blinzeln; ~ los ojos mit den Augen zwinkern; ~ a alg. j-m zublinzeln; 2. ⚓ gieren; 3. ⚓ **~la**(s) → diñarla; II. v/r. ~se 4. f Reißaus nehmen, verduften F.
guiño m Blinzeln n, Zwinkern n; Grimasse f; hacer ~s **a**) mit den Augen zwinkern; **b**) zublinzeln (a alg. j-m).
guiño|l m 1. Puppenspielfigur f; (teatro m) ~ Kasperletheater n; 2. fig. Kasperle n, Hanswurst m; **~lesco** adj. Kasperle... (a. fig.).
guión m 1. Führer m, Wegweiser m; 2. Jgdw. Leithund m; 3. Bindestrich m; Trennungsstrich m; Gedankenstrich m; 4. ecl. Tragkreuz n; Kirchen-, Prozessions-fahne f; hist. Königsbanner n; ✕ Standarte f; ⚓ Stander m; 5. ✕ Korn n zum Zielen; 6. ⚓ ~ del remo Riemenholm m; 7. Rf., TV Manuskript n, Skript n; Rf. ~ radiofónico Hörspiel n; Film: ~ (técnico) Drehbuch n, Skript n; 8. Vo. ~ de codornices Wachtelkönig m.
guionista c Drehbuchautor m; Skriptwriter m.
guipar P v/t. sehen, (be)merken, spannen P.
guipuzcoano adj.-su. aus Guipuzcoa; m Guipuzcoaner m; das Guipuzcoanische (bask. Dialekt).
güira f Am., bsd. Ant. Kürbisbaum m; Baumkürbis m.

guiri m 1. desp. (in den Karlistenkriegen) Liberale(r) m; 2. ☐, P Polyp m F, Bulle m F; 3. P Span. Ausländer m; **~gay** F m 1. Kauderwelsch n; 2. Geschrei n, lärmendes Durcheinander n.
guirizapa P f Ven. Krawall m.
guirlache m Art Turron m.
guirnalda f 1. Girlande f; Kranz m; 2. ♀ roter Amarant m; 3. ⚓ Stoßtau n; Fender m.
güiro m 1. ♀ Ant. Flaschenkürbis m, Kürbisliane f; 2. Cu. fig. heimliches Verhältnis n, Techtelmechtel n F; fig. F coger (el) ~ et. Heimliches entdecken; 3. P Kopf m, Birne f F.
guisa f: a ~ de nach Art (gen.), nach Art von (dat.); als, wie; de tal ~ derart, dergestalt; a ~ de prólogo als Vorwort, anstatt e-s Vorworts.
gui|sado m Schmorfleisch n mit Soße u. Kartoffeln; Gericht n mit Soße; ~ picante a la húngara Gulasch n; **~sador, ~sandero** adj.-su. kochend; m Koch m; **~sandera** f Köchin f.
guisan|tal m Erbsenacker m; **~te** m ⚘ Erbse(nstaude) f; Gartenerbse f; ~ ⚘ de América Giftbohne f; ~ de olor Gartenwicke f; Kchk. ~s m/pl. (verdes) grüne Erbsen f/pl.; ~s secos gelbe (od. getrocknete) Erbsen f/pl.; ~s secos molidos en conserva Erbswurst f.
guisar I. v/t./i. kochen; schmoren; anrichten; fig. ellos se lo guisan, y ellos se lo comen wer s. die Suppe eingebrockt hat, soll sie auch auslöffeln; II. v/t. fig. et. herrichten, zurechtmachen.
güisclacuachi Zo. m Méj. Stachelschwein n.
guiso m Gericht n; Geschmorte(s) n; warm zubereitete Speise f mit Soße; F → **~te** F m (Schlangen-)Fraß m F.
güisque P m Méj. Schnaps m; **~lite** m Méj. Art Artischocke f.
güisqui m Span. Whisky m.
guita f 1. Bindfaden m, Schnur f; 2. F Geld n, Moneten f/pl.
guita|rra f 1. ♪ Gitarre f; ~ baja (solista) Baß- (Solo-)gitarre f; fig. sonar como ~ en un entierro völlig unpassend (od. fehl am Platz) sein; 2. ⊕ Gipsschlegel m; 3. ⚓ desp. altes Schiff n, Seelenverkäufer m; 4. Pe. Säugling m; 5. Ven. Feiertagsstaat m; **~rrazo** m Schlag m mit e-r Gitarre; **~rrear** v/i. mst. desp. auf der Gitarre klimpern; **~rreo** desp. m Gitarrengeklimper n; **~rrería** f Gitarren-macherei f, -geschäft n; **~rrero** m 1. Gitarrenmacher m; 2. → guitarrista l; **~rresco** F adj. Gitarren...; **~rrillo** m kl. viersaitige Gitarre f; **~rrista** I. c (Berufs-)Gitarrenspieler m, Gitarrist m; II. m ☐ MP-Schütze m; **~rro** m → guitarrillo; **~rrón** m 1. Baßgitarre f; 2. fig. F gerissener Kerl m, Gauner m.
güito m F steifer Hut m, Melone f F; P Kopf m, Birne f F, Deetz m F.
guizacillo ♀ m Am. trop. Art Tropengras n.
guizque m Hakenstange f.
gula f Völlerei f; Schlemmerei f; Gefräßigkeit f.
gulden m Gulden m (Münze).
gules ⌘ m/pl. Rot n; campo m de ~ rotes Feld n.

gulusme|ar v/i. naschen; ~**ro** adj. naschhaft.
gullería f → gollería.
gúmena ⚓ f Ankertau n.
gumía f leicht gekrümmter maurischer Dolch m.
gumífero adj. Gummi...
gumo F m Span. Disko(theken)fan m, Diskofreak m F.
gura ☐ f Justizbehörde f.
gurbia F f Col. Kohldampf m F.
gurbio ♪ adj. gekrümmt, gebogen (Blechinstrument).
gurbión m Kordonettseide f; Stoff m aus gedrehter Seide.
gurí m Arg. Knabe m (Indianer od. Mestizen).
guripa m 1. F Schlingel m; Straßenjunge m; 2. M Soldat m, Landser m F.
gurisa f Arg. Mädchen n (vgl. gurí).
guro ☐ m Polyp m F, Bulle m F.
gurriato[1] m 1. junger Spatz m; 2. fig. P Küken n, Kleine(r) m.
gurriato[2] adj.-su. → escurialense.
gurrina P f Span. Schwanz m P (= Penis).
gurru|fero F m Schindmähre f; ~**mina** f 1. F Unterwürfigkeit f, Schlappschwänzigkeit f F des Ehemannes; 2. Ec., Guat., Méj. Ärger m, Verdruß m; 3. Col. Schwermut f, Traurigkeit f; 4. Am. Cent., Méj. Lappalie f; 5. Bol. Spießer m/pl.; Gecken m/pl.; ~**mino** F I. adj. 1. elend, erbärmlich; mick(e)rig F; II. m 2. Pantoffelheld m; 3. Am. Schwächling m, Feigling m.
gurru|pear v/i. Ant., Méj. als Croupier tätig sein; ~**pié** m → gurupié.
guru Rel. m Guru m (Hinduismus).
gurullada f F Haufen m Pöbel; ☐ Häscher m/pl.
guru|llo m → burujo; ~**pa** f → grupa; ~**pera** f → grupera.
guru|pí m Arg. Strohmann m b. Auktionen; ~**pié** m Am. Cent., Méj. Croupier m.
gusa P f Kohldampf m F.
gusa|near v/i. kribbeln; wimmeln; brodeln; ~**nera** f 1. Wurm-, Raupen-nest n; 2. fig. F Brutstätte f; ~**niento** adj. wurmstichig; ~**nillo** m 1. Würmchen n; fig. F Gewissenswurm m; „Hungerwurm" m; ya me está picando el ~ ich habe (e-n gehörigen) Appetit; matar el ~ e-n Schnaps zum (od. vor dem) Frühstück trinken; 2. Wäschebesatz m u. ä. Stickereien; ~**no** m 1. Wurm m (F a. fig.); Made f (Angelköder); P Raupe f; ~ (de tierra) Regenwurm m; ~ blanco Engerling m; ~ de harina Mehlwurm m; ~ de luz Leuchtkäfer m, Johanniskäfer m; ~ de seda Seidenraupe f; 2. fig. ~ de la conciencia Gewissenswurm m, quälende Reue f; matar el ~ → gusanillo 1; 3. desp. castrofeindlicher Exilkubaner m; ~**noso** adj. wurmig, madig; ~**rapiento** adj. 1. voller Maden; 2. fig. F schmutzig, unflätig; ~**rapo** desp. m Eingußtierchen n.
gus|go adj. Méj. gierig; ~**la** f → guzla.
gusta|ción f Kosten n, Schmecken n; ~**dura** f Kosten n; Auskosten n; ~**r** I. v/t. kosten, schmecken; abschmecken; genießen, auskosten; II. vt/i. gefallen, behagen; Anklang finden; ~ de hacer a/c. et. gern tun; gusta de bromas er versteht es-n Spaß; er scherzt gern; les gusta leer (od. la lectura) sie lesen gern; ¡así me gusta! das gefällt mir!, das ist ganz mein Fall!; iron. das hab' ich gern!; me gustaría + inf. ich möchte (od. würde) gerne + inf.; ¡cuando guste! wann Sie wollen!; como gustes (ganz) wie du willst; le gustan todas er ist ein großer Schürzenjäger; ¿usted gusta? od. ¿si gusta? darf ich Ihnen (et.) anbieten?, wollen Sie mitessen? (mst. rhetorisch gemeint); si usted gusta a) wenn es Ihnen recht ist; b) bitte, recht gern; ~**tivo** adj. Geschmacks...; nervios m/pl. ~**s** Geschmacksnerven m/pl.
Gustavo npr. m Gustav m.
gus|tazo m Riesenfreude f; bsd. F Schadenfreude f; diebische Freude f F; Mordsspaß m F; ~**tillo** m Beigeschmack m; Nachgeschmack m; ~**to** m 1. Geschmack m; chocolate m al ~ francés Schokolade f nach frz. Art; 2. fig. Geschmack m; Gefallen m, Vorliebe f; Vergnügen n; Behagen n; cuestión f de ~(s) Geschmackssache f; Frage f des Geschmacks; a ~ **a)** nach Beliehen; **b)** behaglich; **c)** gerne; a su ~ de usted ganz nach Ihrem Belieben; a(l) ~ del consumidor für jedermanns Geschmack; nach Belieben; de buen ~ geschmackvoll; de mal ~ geschmacklos; kitschig; taktlos; mucho ~ od. tanto ~ sehr erfreut, freut mich (beim Vorstellen); con mucho (sumo) ~ sehr (von Herzen) gern; adv. por ~ **a)** nach Herzenslust; **b)** grundlos; por mi (tu etc.) ~ (nur) aus (od. zum) Spaß; cogerle a alg. ~ a a/c. an et. (dat.) Geschmack finden; dar ~ gefallen, Spaß machen (dat.); da ~ hacerlo ~ oírlo man hört es gern, es ist Musik für die Ohren; darse el ~ s. et. (Besonderes) leisten; darse el ~ de + inf. es s. leisten, zu + inf.; F éste no es plato de mi ~ das ist absolut nicht mein Fall; hablar al ~ de alg. j-m nach dem Munde reden; in j-s Kerbe hauen F; hacer su ~ sich's bequem (od. einfach) machen; nach Belieben handeln; ¿me hará el ~ de tomar una copita conmigo? darf ich Sie zu e-m Gläschen einladen?; F hay ~**s** que merecen palos Geschmäcker gibt's!; F; sobre ~**s** no hay nada escrito od. para cada ~ se pintó un color über Geschmack (od. über Geschmäcker F) läßt s. nicht streiten; tener el ~ de + inf. das Vergnügen haben, zu + inf.; tener ~ en + inf. et. gerne tun; tener ~ por a/c. Sinn für et. (ac.) haben; tener ~ para + inf. od. + su. für et. (ac.) Geschmack haben; tomar (od. sacar) ~ a a/c. Geschmack finden an et. (dat.); bei et. (dat.) auf den Geschmack kommen; en la variedad está el ~ in der Abwechslung liegt der Reiz.
gusto|samente adv. gern, mit Vergnügen; ~**so** adj. 1. schmackhaft; 2. behaglich; 3. gern, bereitwillig; ~**s** le escribimos ... gern teilen wir Ihnen mit ...
guta|gamba f 1. ♀ Gummiguttbaum m; 2. pharm. Gutti n; ~**percha** f Guttapercha f.
gutíferas f/pl. Guttibaumgewächse n/pl.
gutural I. adj. c kehlig, Kehl...; guttural; Phon. sonido m ~ → II. f Kehllaut m.
Guya|na f Gu(a)yana n; ⚥**nés** adj.-su. aus Gu(a)yana.
guzla ♪ f Gusla f.
gymkhana Sp. m Gymkhana n.

H

H, h (= *hache*) f H, h n; *Abk.* h (= *hora*[s]) h [*Stunde*]); ✕ u. *fig.* la hora H die Stunde X; → a. *hache.*

ha¹ (→ *haber*) er (sie, es) hat; *lit.* treinta años ~ dreißig Jahre ist es her, vor dreißig Jahren.

¡ha!² *int.* ah!, ach!

¡ha, ha! *int.* haha!; aha! so ist's recht!; schau, schau!

haba f **1.** ♀ Bohne f; (Kakao-, Kaffee-)Bohne f; ~ (*común*) Puff-, Saubohne f; ~ de San Ignacio, ~ de los Jesuitas Ignatiusstrauch m; *pharm.* Ignatiusbohne f; ~ de las Indias Gartenwicke f; ~ tonca (*Am. Mer. a.* ~ *tunca*) Tonka-, Tonga-bohne f; *fig.* F (eso) son ~s contadas das ist ein ganz klarer Fall; darauf kannst du Gift nehmen F; *en todas partes cuecen ~s* es wird überall mit Wasser gekocht; **2.** *Min.* Steinknoten m; **3.** *Folk.* Bohne f bzw. Glücksfigur f, *bsd.* im Dreikönigskuchen; **4.** ✱ Quaddel f; *vet.* Gaumengeschwulst f der Pferde.

Haba|na: La ~ Havanna n; **~nera** ♪ f Habanera f (*Tanz*); Seemannslied n; **~nero** *adj.-su.* aus Havanna; **~no I.** *adj.-su.* aus Havanna; *p. ext.* aus Kuba; **II.** *adj.* hellbraun; **III.** *m* Havanna(zigarre) f.

habar ✱ m Bohnenfeld n.

hábeas corpus ⚖ m Habeas-Corpus-Akte f.

haber [2k] **I.** *Hilfszeitwort* **1.** haben, sein (*zur Bildung der zs.-gesetzten Zeiten aller span. Verben*; *z. B.* he caído ich bin gefallen); F ¡~lo sabido! hätte ich das (nur früher) gewußt!; **2.** ~ de + *inf.* müssen, sollen (*innere u. äußere Notwendigkeit*); (ganz sicher) werden (*Ausdruck großer Wahrscheinlichkeit*); habrá de hacerse es wird (wohl) geschehen müssen; **II.** *v/impers.* **3.** hay es gibt, es ist (*bzw.* sind) vorhanden, es ist; *ya no hay pan* es ist kein Brot mehr da (*od.* vorhanden); ¿qué hay? **a)** was gibt es?, was ist los?; **b)** wie geht's?; ¿qué hay de aquello? wie steht es mit der (bewußten) Sache?; *no hay quien se atreva* k-r wagt es; *hay quien(es) no lo cree(n)* manche glauben es nicht; *no hay (nada) que hacer* da kann man nichts machen, da ist nichts zu machen; *algo habrá* (irgend)etwas muß dran sein; es wird schon s-n Grund haben; *¡habrá canalla!* gibt es e-n schlimmeren Schurken (als ihn)?; *no hay tal (cosa)* das gibt's nicht!, das stimmt nicht!, keineswegs!; *¡gracias! — ¡no hay de qué!* danke! — k-e Ursache!; bitte!, gern geschehen!; *es guapa, si las hay* sie ist ganz unvergleichlich hübsch; *esto es de lo que no hay* **a)** sowas gibt's (so schnell) nicht wieder, so etwas findet man selten; **b)** Sachen gibt's, die gibt's gar nicht F, man sollte es nicht für möglich halten; *no hay por qué* es ist kein Grund vorhanden; *no hay como* es geht nichts über (*ac.*), es gibt nichts Besseres als (*ac. od.* zu + *inf.*); **4.** *lo habido y por* ~ Gehabte(s) u. Zukünftige(s) n; alles; *todos los políticos habidos y por* ~ alle gewesenen u. kommenden Politiker; → *a.* 7, 8; **5.** hay que + *inf.* man muß + *inf.*; *no hay que* + *inf.* **a)** man braucht nicht zu + *inf.*; es ist nicht nötig, zu + *inf.*; **b)** man darf nicht + *inf.*; *no hay más que* + *inf.* man braucht nur zu + *inf.*, man muß nur + *inf.*; *no hay que decir que* ... es ist selbstverständlich, daß ...; **6.** *ha* (*lit.*, *statt* hace) → ha¹; **III.** *v/t.* **7.** † haben, bekommen; *lit. ¡mal haya!* er (*bzw.* sie) sei verflucht!; *los hijos habidos en el primer matrimonio* die Kinder aus erster Ehe; **8.** *bsd.* ⚖ j-n fangen, j-s habhaft werden (*mst. im Passiv*); *los delincuentes no fueron habidos* man konnte der Täter nicht habhaft werden; **IV.** *v/r.* ~se **9.** *habérselas con alg.* es mit j-m zu tun haben (*bzw.* bekommen); s. mit j-m anlegen, mit j-m Streit anfangen; **V.** *m* **10.** ✝ Haben n (*Buchhaltung*); Guthaben n (*Konto*); *debe y* ~ Soll u. Haben n; *el* ~ *a nuestro favor* unser Guthaben; *pasar al* ~, *poner en el* ~ gutschreiben; **11.** *mst.* ~es *m/pl.* Vermögen n; Habe f, Hab u. Gut n; **12.** ~es *m/pl.* Bezüge *pl.*, Gehalt n.

habichuela ♀ f Span. weiße (*Col.* grüne) Bohne f.

habido → haber, bsd. 4, 7, 8.

habiente *adj.-su. c*: derecho ~ Berechtigte(r) m.

hábil *adj. c* fähig, geschickt; tauglich, geeignet (*für ac. para*); ⚖ berechtigt (zu *dat. para*); *días m/pl.* ~es Werk-, Arbeits-tage *m/pl.*; ~ *para testar* testierfähig; *época f* ~ Jagdzeit f.

habili|dad f **1.** Geschick n, Geschicklichkeit f; Tüchtigkeit f, Gewandtheit f; Kunstfertigkeit f; **2.** Kunstgriff m, Trick m, Kniff m; **~doso** *adj.* geschickt; begabt, befähigt.

habilita|ción f **1.** *a.* ⚖ Befähigung f, Berechtigung f; Ermächtigung f; **2.** ✕ Zahlmeisteramt n; Zahlmeisterei f; **3.** *Univ.* Habilitation f; **~do I.** *part.* berechtigt, befugt (zu + *inf. od.* + *dat. para*); **II.** *m* Bevollmächtigte(r) m; Kassenleiter m; *Univ.* Quästor m; ✕ Zahlmeister m; **~r I.** *v/t.* **1.** befähigen; ermächtigen (zu + *inf. od.* + *dat. para*); bevollmächtigen; ⚖ *Verw.* ~ *días para actuaciones judiciales* Tage als rechtsgültig für gerichtliche Handlungen erklären; ⚖ ~ *a un menor para contraer matrimonio* e-m Minderjährigen die (amtliche) Erlaubnis zur Eheschließung erteilen; **2.** ausrüsten, versorgen (mit *dat. de*); einrichten, herrichten; vorbereiten (für *ac. para*); ⚓ Schiff klarieren; **3.** fundieren, mit Kapital versehen; **II.** *v/r.* ~se **4.** s. ausrüsten (mit *dat. de*); **5.** s. qualifizieren (*fig.*) (für *ac. para*).

hábilmente *adv.* geschickt.

habiloso *adj. Chi.* **1.** → taimado; **2.** → habiloso.

habi|tabilidad f Bewohnbarkeit f; *Kfz.* Innenraum m (*Ausmaße*); **~table** *adj. c* bewohnbar; **~tación** f **1.** Wohnung f; Wohnraum m, Zimmer n; ~ *doble* (*individual*) Doppel- (Einzel-)zimmer n; (derecho *m* de) ~ Wohnrecht n; **2.** *Biol.* → habitat; **~táculo** *m* 🚗 Raum m, Kabine f; *Kfz.* Innenraum m, Fahrgastzelle f; **~tante** *m* Bewohner m; Einwohner m; **~tar I.** *v/t.* bewohnen; **II.** *v/i.* wohnen; leben; **~tat** *Biol. m* natürlicher Lebensraum m.

hábito *m* **1.** Gewohnheit f; *crear* ~ süchtig machen; **2.** *Rel.* Ordenskleid n; ~ (*de penitente*) Büßer-, Bußgewand n; *caballero m de(l)* ~ *de* ... Ritter m des Ordens von ... (*od.* des ...ordens); *fig. ahorcar* (*od.* colgar) los ~s die Kutte ablegen; *p. ext.* s-n Beruf an den Nagel hängen; *tomar el* ~ *ecl.* eingekleidet werden; *fig.* ins Kloster gehen; *Spr. el* ~ *no hace al monje* die Kutte macht noch k-n Mönch, der Schein trügt; *el* ~ *hace al monje* Kleider machen Leute.

habitua|ción f Gewöhnung f; **~do** *m* **1.** (Rauschgift-)Süchtige(r) m; **2.** (Stamm-)Kunde m; **~al I.** *adj. c* gewöhnlich, üblich; gebräuchlich; gewohnt, Gewohnheits...; **II.** *adj.-su. m* (cliente m) ~ Stammgast m; **~almente** *adv.* gewohnheitsmäßig; **~ar** [1e] **I.** *v/t.* gewöhnen (an *ac. a*); **II.** *v/r.* ~se *a s. an et.* (*ac.*) gewöhnen, s. daran gewöhnen, zu + *inf.*

habla f **1.** Sprache f; Sprechweise f; *Li.* **a)** Sprachgebrauch m; **b)** Mundart f; *de* ~ *española* spanisch sprechend, spanischsprachig; *a. fig. perder el* ~ die Sprache verlieren; **2.** Sprechen n; Gespräch n; *Tel. ¡al* ~! (selbst) am Apparat; *estar al* ~ *con alg.* mit j-m im Gespräch sein, mit j-m verhandeln; *ponerse al* ~ *con alg.* mit j-m Rücksprache nehmen, s. mit j-m in Verbindung setzen; ~d(er)a *f Am.* Gerede *n*; ~do *adj.*: bien ~ beredt; anständig im Ausdruck; höflich; mal ~ grob im Ausdruck; unflätige Reden führend; ~dor *adj.-su.* geschwätzig; *Méj.* prahlerisch; *m* Schwätzer *m*; Klatsch-base *f*, -maul *n*; ~duría *f* Geschwätz *m*; ~s *f/pl.* Klatsch *m*, Gerede *n*, Tratsch *m*; ~nchín F *adj.-su.* → hablador.

hablar I. *vt/i.* **1.** sprechen, reden; ~ (el) alemán Deutsch sprechen (können); ~ en alemán deutsch sprechen; ~ a/c. et. besprechen; F ~ (en) *cristiano* verständlich reden; F ¡no *hables en chino!* rede kein unverständliches Zeug!; **II.** *v/i.* **2.** sprechen *(abs.)*, reden; mitea. sprechen; ~ *a (od.* con) *alg.* mit j-m sprechen, j-n sprechen; no ~ a *alg.* mit j-m nicht (mehr) sprechen; ~ *a alg.* de mit j-m von *(dat. od.* über *ac.)* sprechen; bei j-m ein gutes Wort einlegen für *(ac.)*; ~ *de (od. sobre od.* acerca de) über *(ac.) od.* von *(dat.)* sprechen; ~ *por* ~ ins Blaue hineinreden; ~ *claro* deutlich sprechen; *fig.* deutlich werden; ~ *consigo mismo*, ~ *entre (od.* para) *sí* Selbstgespräche führen, mit s. selbst reden; ~ *entre dientes* et. in s-n Bart brummen F, brummeln; ~ *como un libro* wie ein Buch reden; ~ *mal* **a)** nicht korrekt sprechen, s. falsch ausdrücken; **b)** grobe Ausdrücke gebrauchen; **c)** schlecht sprechen (von *j-m od.* über *j-n de)*; ~ *sin parar* wie ein Wasserfall reden; ¡eso es ~ en plata! das sind goldene Worte!, das hört man gern!; ~ *poco y bien* kurz u. bündig sprechen; ~ *por señas* s. durch Zeichen verständigen; *sin más* ~ ohne weiteres, kurzerhand; F ~ *de trapos* von der *(od.* über) Mode sprechen; *dar que* ~ Aufsehen erregen; Anlaß zu(m) Gerede geben; *hacer* ~ *a alg.* j-n zum Reden *(od.* zum Sprechen) bringen; *no me hagas* ~ laß dir nicht alles zweimal sagen; *fig. hace* ~ *al violoncelo* das Cello singt unter s-n Händen; *toda la prensa habla de este escándalo* die ganze Presse schreibt über diesen Skandal; *hablando se entiende la gente* man muß nur *(od.* immer) mit den Leuten reden; *Spr. quien mucho habla, mucho yerra* besser ein Wort zu wenig als ein Wort zu viel; **3.** ~ *de* behandeln *(ac.) (Thema)*, handeln von *(dat.)*; **4.** *estar hablando* sprechend ähnlich sein *(Bild)*; **5.** *lit.* ~ *de* künden von *(dat.)*; **III.** *v/r.* ~se **6.** s. sprechen; s. besprechen; *no* ~se s. nicht (mehr) mitea. sprechen, s. nicht (mehr) mitea. verkracht sein F; ¡no se hable más de *ello!* sprechen wir nicht mehr davon!, genug davon.

habli|lla *f* Gerede *n*, Gerücht *n*, Klatsch *m*; (leeres) Geschwätz *n*; ~sta *c* gewandter Redner *m*; Rede-, Stil-künstler *m*.

habón ⚕ *m* Quaddel *f*.

Habsburgo *hist.*: *los* ~ *m/pl.* die Habsburger *m/pl. (in Span.* la Casa de Austria).

hace|dero *adj.* ausführbar, möglich; ~dor *m* **1.** Täter *m*; Urheber *m*, Schöpfer *m*; *(Supremo)* ♀ Schöpfer *m*, Gott *m*; **2.** *Arg.* Haziendaverwalter *m*; ~dora *f Pe.* Chichaverkäuferin *f*.

hacen|dado *adj.-su.* begütert (Grundbesitz); *m* Großgrundbesitzer *m*; Gutsbesitzer *m*; *Rpl.* Besitzer *m* e-r Vieh(groß)farm; ~dar [1k] **I.** *v/t.* Grundstücke übertragen an *(ac.)*; **II.** *v/r.* ~se s. ankaufen, Grundbesitz erwerben; ~dera *f* Gemeinde-, Nachbarschafts-arbeit *f*; ~dero **I.** *adj.* → *hacendoso*; **II.** *m Am.* Farmer *m*; ~dista *m* Finanzfachmann *m*, Staatswirtschaftler *m*; ~dístico *adj.* Staatswirtschafts..., Staatsfinanz...; Haushalts...; ~doso *adj.* arbeitsam, tüchtig; haushälterisch.

hacer [2s] **I.** *v/t.* **1.** (→ *a.* hecho) machen, tun; (er)schaffen; herstellen, anfertigen; (zu)bereiten; erledigen; vollbringen; *Frage* stellen; *Essen* kochen, zubereiten, machen; *Kaffee, Tee* machen; *Brot, Kuchen* backen; *Bett* machen; *Rechnung* ausstellen, schreiben *bzw.* aufstellen; *Koffer* packen; *Prüfung* ablegen, *Examen* machen; *Militärdienst* ableisten; *Gefallen* tun, *Gefälligkeit, Dienst* erweisen; *Besuch* abstatten, machen; *Gebärden* machen; *Gesichter, Grimassen* schneiden; *Geruch* verursachen, hinterlassen; *Unheil* bringen, verursachen; *Wunder* wirken, tun, verrichten; ♃ ~ *agua* **a)** lecken, leck sein; **b)** → **5**; F *hacer (alg.) una* e-n tollen Streich vollführen; s. sehr daneben benehmen F; ~la buena et. Schönes anrichten; ¡buena la he hecho! da bin ich schön hereingefallen!, da habe ich was Schönes angerichtet!; ~ *buena acogida a alg.* j-n gut *(od.* freundlich) aufnehmen; *haces bien* du handelst richtig; es ist recht so; du hast recht; ~ *bien* + *ger. od.* + *en* + *inf.* gut daran tun, zu + *inf.*; *haces mal en decírselo* es ist nicht gut, wenn du es ihm sagst; ~ *blanco*, ~ *diana* e-n Volltreffer erzielen; treffen; ~ *burla de alg.* j-n verspotten; *hace como que duerme* er stellt s. schlafend, er tut, als ob er schliefe; ~ *cuesta* abschüssig sein; ~ *daño a alg.* j-m Schaden zufügen, j-m schaden; ~ *dinero* Geld verdienen *(od.* machen); ~ *efecto* wirken, Wirkung haben *(ac. a, sobre)*; ~ *explosión* explodieren; ~ *que hacemos* so tun, als ob (man et. arbeite); ~ *humo* rauchen, qualmen; ~ *a un lado* beiseite schaffen; ~lo *mal y excusarse peor* s-n Fehler noch schlimmer machen, die Sache noch verschlimmern; no ~ *más que* + *inf.* (immer) nur + *inf.*; ¡no *haces más que molestarme!* mußt du mich denn dauernd belästigen!, du gehst mir allmählich auf die Nerven!; ~ *memoria* s. besinnen; s. erinnern; ~ *su negocio* ein gutes Geschäft (dabei) machen; F *lo que otro no puede* ~ *por uno* s. die Hände waschen *(fig.)*, zur Tante Meier gehen F; *fig.* F ~ *tiempo* s. *b. Warten* die Zeit vertreiben; (die rechte Zeit) abwarten; ♃ ~ *vela* die Segel setzen; *dar que* ~ *(a alg.)* (j-m) zu schaffen machen; *dejar* ~ tun *(od.* gewähren) lassen (j-n *a alg.)*; ¡qué *le vamos a* ~! was will man da machen!, da ist nichts zu machen!, das läßt s. nicht ändern!; *tener que* (mucho) (viel) zu tun haben; **2.** lassen, veranlassen; ~ *que* + *subj.* veranlassen, daß, bewirken, daß + *ind.*; *esto hace que* + *subj.* so kommt es, daß + *ind.*; ~ *actuar (la) alarma* (den) Alarm auslösen; ~ *andar* in Gang bringen *(z. B. Uhr)*; ¡hágale *entrar!* führen Sie ihn herein!, lassen Sie ihn (bitte) eintreten!; ~ *llegar a/c. a alg.* j-m et. zukommen lassen; ~ *reír (a alg.)* (j-n) zum Lachen bringen; ~ *saber a/c. a alg.* j-m et. wissen lassen, j-n von et. *(dat.)* verständigen; **3.** *Thea., Film: Rolle* spielen; ~ *el (papel de) malo* die Rolle des Bösewichts spielen; **4.** verwandeln in *(ac.)*; ~ *pedazos*, ~ *añicos* in Stücke *(od.* kurz u. klein) schlagen; **5.** ~ *a alg. con (od.* de) j-n ausstatten mit *(dat.)*, j-n versehen mit *(dat.)*; ♃ ~ *agua* Wasser tanken; ~ *carbón* Kohle übernehmen, kohlen; **6.** ~ *a alg. a* j-n gewöhnen an *(ac.)*; **7.** halten für; ~ *inteligente* für intelligent halten; **8.** glauben; *le hacía en Roma* ich glaubte, er sei in Rom; **9.** sein; werden; *hará buen médico* er wird (einmal) ein guter Arzt sein; ~ *las delicias de alg.* j-s ganze Freude sein; **10.** *Anzahl, Summe* ausmachen; *7 + 3 = 10, siete y tres hacen diez* sieben u. drei ist zehn; **11.** *Menge* fassen, enthalten; **II.** *v/i.* **12.** handeln; arbeiten, schaffen; **13.** betreffen, ausmachen; *por lo que hace a ...* was ... *(ac.)* angeht, was ... *(ac.)* betrifft; *(no)* ~ *al caso* (nicht) zur Sache gehören, et. (nichts) damit zu tun haben; *esto no le hace* darauf kommt es nicht an; das ändert nichts daran; **14.** passen (zu *dat.* con), harmonieren (mit *dat.* con); ~ *feo* häßlich aussehen; nicht passen *(ac. con, con)*; **15.** machen, spielen *(ac. de)*; (tätig) sein, fungieren (als *nom. de)*; ~ *de árbitro* als Schiedsrichter fungieren; **16.** ~ *por*, ~ *para* s. bemühen um *(ac.)*; s. anstrengen, zu + *inf.*; versuchen, zu + *inf.*; ~ *por la vida* s. et. (für das leibliche Wohl) leisten; F essen *bzw.* trinken; **17.** ~ *del cuerpo*, ~ *del vientre* Stuhlgang haben; **III.** *v/impers.* **18.** *hace bien (mal)* das tut (das *od.* es tut weh); **19.** sein *(Witterung)*; *hace aire* es ist windig; *hace buen tiempo (od.* bueno) es ist gutes Wetter, es ist schön; *hace calor (frío)* es ist heiß (kalt); *hace sol* die Sonne scheint; **20.** her sein *(Zeit)*; *hace un año* vor e-m Jahr; *hace un año que es aquí* seit e-m Jahr ist er hier; *ayer hizo tres meses* gestern waren es drei Monate; *hace poco* vor kurzem, unlängst; → *a. ha*[1]; **IV.** *v/r.* ~se **21.** tun, machen, veranlassen, lassen; *se hace lo que puede* man tut, was man kann; ¡esto *no se hace!* **a)** das *(od.* so et.) tut man nicht!; **b)** daraus wird nichts; ¡qué *se ha de ~!* da kann man nichts machen!; ~se *odioso* s. verhaßt machen; Gehorsam verschaffen; s-n Willen durchsetzen; ~se *odioso* s. verhaßt machen; ~se *servir* s. (gern) bedienen lassen; ~se *un vestido* s. ein Kleid machen (lassen); **22.** werden; entstehen; zu et. *(dat.)* werden; s. verwandeln in *(ac.)*; *se ha hecho solo* er ist aus eigener Kraft et. geworden, er ist ein Selfmademan; ~se *viejo* alt werden; **23.** werden; *así se hace que* + *subj.*; so kommt es, daß + *ind.*; *se está haciendo tarde* es wird (allmählich) spät; **24.** s. bewegen; ~se *a (od.* hacia) *un lado* zur Seite treten; ♃ ~se *a la mar* in See

stechen; 25. *fig. et.* spielen; ~*se el interesante* s. interessant machen, auffallen wollen; 26. *hacérsele a alg. que ... j-m* vorkommen, als ob ..., der Meinung sein, daß ...; *se me hace que está lloviendo* ich glaube, es regnet; 27. ~*se a (od. con)* s. gewöhnen an (*ac.*), s. einstellen auf (*ac.*), s. anpassen an (*ac.*); 28. ~*se con* s. *et.* verschaffen, s. *et.* aneignen; ~*se con el poder* (mit Gewalt) die Macht ergreifen.
hacia *prp. der Richtung* 1. *Ort*: nach, gegen, zu ... (*dat.*) hin; ~ *abajo* abwärts, nach unten; ~ *adelante* vorwärts, nach vorn; ~ (*a*)*dentro* nach innen; landeinwärts; ~ (*a*)*fuera* nach außen; ~ *allá* dorthin; ~ *acá*, ~ *aquí* hierher; ~ *arriba* aufwärts, hinauf; ~ *atrás* rückwärts, nach hinten; ~ *la casa* zum Hause hin, auf das Haus zu; 2. *Zeit*: gegen; ~ *el año (de) 1900* gg. 1900, um das Jahr 1900; ~ *la tarde* gg. nachmittag, gg. abend; ~ *las ocho* gg. (*od.* etwa um) acht Uhr; 3. *fig.* zu (*dat.*); *amor* ~ *alg.* Liebe zu j-m.
hacienda *f* 1. Landgut *n*, Farm *f*, Besitzung *f*; *Am.* Hazienda *f*; 2. Vermögen *n*; Besitz *m*; 3. ♀ (*pública*) Finanzwesen *n*; Staatshaushalt *m*; Finanzverwaltung *f*; *Delegación f de* ♀ Finanzamt *n*; *Ministerio m de* ♀ Finanzministerium *n*; 4. *Arg.* Vieh *n*.
hacina *f* ✧ Hocke *f*, Puppe *f*, Feime *f*; (Heu- *usw.*)Haufen *m*; *p. ext.* Haufen *m*; ~**miento** *m* Anhäufen *n*; Haufenbildung *f*; ~**r** *v/t.* ✧ Garben aufschichten; *p. ext.* zs.-tragen, sammeln; zs.-pferchen.
hackear *vt/i. IT* hacken.
hacker *m IT* Hacker *m*.
hacha[1] *f gr.* Wachskerze *f*; ~ (*de viento*) (Wind-)Fackel *f*.
hacha[2] *f* ♕ Axt *f*; Beil *n*; *a. fig.* (*des*)*enterrar el* ~ *de (la) guerra* das Kriegsbeil be- (aus-)graben; 2. Horn *n des Stiers*; *fig.* F *ser un* ~ ein Genie (*od.* ein As F) sein; 3. *Fi.* ~ *de plata* Silberbeil *n*; ~**zo** *m* 1. Axt-, Beil-hieb *m*; *Am. p. ext.* tiefe Wunde *f*; 2. Hornstoß *m e-s Stiers*.
hache *f* H *n*, Name des Buchstabens; *fig.* F *por* ~ *o por* *be* aus dem e-n od. andern Grund; F *llámele usted* ~ *das* kommt auf dasselbe heraus, das ist gehupft wie gesprungen F.
hache|**ar** I. *v/t.* mit der Axt bearbeiten; (ab)hacken; II. *v/i.* mit der Axt hacken; ~**ro**[1] *m bsd. Rpl.* Holzfäller *m*; ⚔ Schanzarbeiter *m*; Pionier *m*; ~**ro**[2] *m* Fackelständer *m*; *gr.* Standleuchter *m*.
hachís[1] *od.* **hachis** *m* Haschisch *n*.
¡**hachís**!² *int.* hatschi! *b.* Niesen.
ha|**chón** *m* (Teer-, Pech-)Fackel *f*; *hist.* Flammenmal *n*, *bsd.* Freudenfeuer *n*; ~**chote** ♃ Windlicht *n*.
hachuela *f* Handbeil *n*.
hada *f* Fee *f*; *el* ~ *bienhechora* die gute Fee; *cuento m de* ~*s* Märchen *n*; ~**do** *part.-adj.* vom Schicksal verhängt; *mal* ~ unglückselig; ~**r** *v/i.* das Schicksal künden.
hado *m* Schicksal *n*, Los *n*.
hagio|**grafía** *f* Hagiographie *f*; ~**ógrafo** *m* Hagiograph *m*.
haiga F *m Span.* 1. Straßenkreuzer *m*

F; 2. Emporkömmling *m*, Neureiche(r) *m*.
Hai|**tí** *f* Haiti *n*; ♀**tiano** *adj.-su.* aus Haiti, haiti(ani)sch; *m* Haiti(an)er *m*.
¡**hala**! *int.* heda!, auf!, los!
hala|**gador** *adj.* schmeichelnd, schmeichlerisch; verheißungsvoll, vielversprechend; ~**gar** [1h] *v/t. j-m* schmeicheln, *j-m* schöntun; *j-n* freuen; *me halaga que + subj.* es freut mich, daß + *ind.*; ~**go** *m* 1. Schmeichelei *f*; Schmeicheln *n*; 2. Lust *f*, Vergnügen *n*; Genuß *m*; ~**güeño** *adj.* schmeichelhaft; verlockend, vielversprechend.
halalí *Jgdw. m* Halali *n*.
halar *v/t.* ♧ Tau (ver-, auf-, an-)holen; *Andal., Am. Mer. allg.* ziehen; zu s. herziehen.
hal|**cón** *Vo. m* Falke *m* (*a. fig. Pol.*); ~ *palumbario* Habicht *m*; ~**conear** *v/i.* auf Männerjagd gehen, s. herausfordernd benehmen (*Frau*); ~**conera** *Jgdw. f* Falkengehege *n*; ~**conería** *f* Falken-beize *f*; -jagd *f*; ~**conero** *m* Falkner *m*.
hal|**da** *f* Sackleinen *n*; (Rock-)Schoß *m*; ~**dada** *f ein* Schoßvoll *m*; ~**dear** *v/i.* mit fliegenden Rockschößen eilen; ~**deta** *f* kurzer Rockschoß *m*; Frackschoß *m*.
¡**hale**! *int.* → hala.
haleche *Fi. m* Sardelle *f*.
halibut *Fi. m* Heilbutt *m*.
halieto *Vo. m* Seeadler *m*.
hálito *lit. m* Hauch *m*; Atem *m*, Odem *m* (*lit.*); *fig. poet.* ~ *de vida* Lebenshauch *m*.
halo *m* 1. Hof *m* um Sonne, Mond; *a. Opt., Phot.* Lichthof *m*; 2. *fig.* Aureole *f*, Nimbus *m*.
ha|**lógeno** 🜨 *adj.-su.* halogen, salzbildend; *m* Halogen *n*; *proyector* ~ Halogenstrahler *m*; ~**loideo** 🜨 *adj.-su.*: *sal f* ~*a*, ~ *m* Haloid *n*.
halón *Astr. m* Hof *m bzw.* Korona *f der Gestirne*.
halte|**ra** *f*, ~**rio** *m Sp.* Hantel *f*; ~**rofilia** *f* Gewichtheben *n*; ~**rofilista** *m* Gewichtheber *m*.
hall *m* (Hotel-)Halle *f*.
halla|**do** *part.-adj.*: *bien (mal)* ~ (un)zufrieden; ~**dor** *adj.-su.* Finder *m*; ♧ Berger *m*; ~**r** I. *v/t.* 1. finden; ausfindig machen; vorfinden, (an)treffen; ~ *buena acogida gut (od.* freundlich) empfangen werden; Billigung (*od.* Anklang) finden; 🞰 honoriert werden (*Wechsel*); ~ *su cuenta (en a/c.)* *(*bei e-r Sache*)* auf s-e Rechnung kommen; 2. (er)finden, ausdenken; 3. ~ *que* finden, daß; meinen, daß; II. *v/r.* ~*se* 4. s. befinden, sein (*oft gebraucht wie* estar); s. einfinden; ~*se presente* zugegen (*od.* anwesend) sein; 5. s. befinden, sein, s. fühlen; *no* ~*se* s. unbehaglich fühlen; 6. ~*se con a/c. et.* haben; ~*se con una dificultad* auf e-e Schwierigkeit stoßen; ~**zgo** *m* 1. Auffinden *n*, Entdeckung *f*; Fund *m* (*a. fig.*); 🞱 Fundgg.-stand *m*; (*premio m de*) ~ Finderlohn *m*; 2. 🞛 Befund *m*.
hallu|**lla** *f*, ~**llo** *m* Aschenbrot *n*.
hamaca *f* Hängematte *f*; Liegestuhl *m*; *Am. Reg.* Schaukel *f*; *Rpl.* Schaukelstuhl *m*; ~ *columpio* Hollywoodschaukel *f*; ~**r** [1g] *v/t. Am.* → hamaquear.

hamadría|(**da**), ~**de** *Myth. f* Dryade *f*, Waldnymphe *f*.
hámago *m* Bienenpech *n*; *fig.* Ekel *m*, Überdruß *m*.
hamamelis ♀ *f* Hamamelis *f*.
hamaque|**ar** I. *v/t.* 1. *Am.* schaukeln; wiegen; 2. *Am. Reg.* ~(*lo*) *a alg. j-n* immer wieder vertrösten; II. *v/r.* ~*se* 3. in der Hängematte schaukeln; *fig. Arg. tener que* ~*se* s. mächtig anstrengen müssen; ~**ro** *m* 1. Hängemattenverfertiger *m*; *Am.* (Hängematten-)Träger *m b.* Transporten; 2. *Am.* Hacken *m* für Hängematten.
ham|**bre** *f* 1. Hunger *m*; Hungersnot *f*; F ~ *de lobo*, ~ *de tres semanas* Mordshunger *m* F; *matar el* ~ (*od. s-n*) Hunger stillen; *matar de* ~ verhungern lassen (*a. fig.*); *morir* (*od. perecer*) *de* ~ verhungern; *fig. morirse de* ~, *andar muerto de* ~ vor Hunger umkommen (*fig.*), ganz ausgehungert sein; *pasar* ~ Hunger leiden; *fig. ser más listo que el* ~ sehr eckig (*od.* sehr gewitzt) sein; *ser un muerto de* ~ ein Hungerleider sein; ⚔ *sitiar (od. rendir) por (el)* ~ aushungern; *tengo* ~ ich habe Hunger, ich bin hungrig; F *tengo un* ~ *que no veo* ich habe e-n Mordshunger F; *Spr. a buen(a)* ~ *no hay pan duro* Hunger ist der beste Koch; 2. *fig.* heftiges Verlangen *n*, Streben *n*, Gier *f* (*nach dat.* de); ~**brear** *vt/i.* hungern (lassen); *v/i. p. ext.* bettelarm sein; ~**briento** *adj.-su.* hungrig; *fig.* begierig (*nach dat.* de); ~**brón** F *adj.-su.* sehr hungrig, ausgehungert F; gierig, unersättlich; *m* Nimmersatt *m*; ~**bruna** *f Am.* Hungersnot *f*; *hay mucha* ~ *es herrscht (e-e)* schwere Hungersnot.
Hambur|**go** *m* Hamburg *n*; ♀**gués** *adj.-su.* hamburgisch; *m* Hamburger *m*; ♀**guesa** *f* 1. Hamburgerin *f*; 2. *Kchk.* Hamburger *m*.
hamletiano *Lit. adj.* Hamlet...; auf Hamlet bezüglich.
ham|**pa** *f* Gaunertum *n*; (*gente f del*) ~ Gesindel *n*; Gauner *m/pl.*, Ganoven *m/pl.*, Unterwelt *f*; *jerga f del* ~ Gaunersprache *f*; ~**pesco** *adj.* Gesindel..., Gauner...; Ganoven...; ~**pón** *m* Strolch *m*, Ganove *m*, Gauner *m*.
hámster *Zo. m* Hamster *m*.
hamudíes *m/pl.* Hammudiden *m/pl.* (*span.-arab. Herrscherhaus, 11. Jh.*).
handball *Sp. m* Handball *m*.
handicap *m Sp. u. fig.* Handicap *n*.
hangar *m* (Flugzeug-)Halle *f*, Hangar *m*.
Han|**sa** *hist. f* Hanse *f*; ♀**seático** I. *adj.* hanseatisch; Hanse...; *ciudad f* ~*a* Hansestadt *f*; II. *m* Hanseat *m*.
haplología *Li. f* Haplologie *f*.
hara|**gán** I. *adj.* Faulenzer...; *vida f* ~*ana* Lotterleben *n*; II. *m* Faulenzer *m*, Tagedieb *m*; Stromer *m*; ~**ganear** *v/i.* faulenzen, ein Lotterleben führen; ~**ganería** *f* Faulheit *f*; Müßiggang *m*.
harakiri *m* → haraquiri.
hara|**mbel** *m* Fetzen *m*, Lumpen *m*; ~**piento** *adj.* zerlumpt, abgerissen; ~**po** *m* 1. Fetzen *m*, Lumpen *m*; 2. Nachlauf *m*, letzter Abguß *m* (*Branntwein*); ~**poso** *adj.* → harapiento.
haraquiri *m* Harakiri *n*.

harca f Marr. 1. Feldzug m; 2. Trupp m marrokanischer Aufständischer.
hardware EDV m Hardware f.
ha|rem, ~rén m Harem m.
hari|ja f Staubmehl n b. Mahlen od. Sieben; ~na f 1. Mehl n; Pulver n; ~ animal, ~ cárnica Tiermehl n; ~ blanca (morena) Weiß- (Schwarz-)mehl n; ~ de flor, ~ extrafina Blüten-, Auszugs-mehl n; ~ de pescado Fischmehl n; ⊕ ~ fósil Kieselgur m; fábrica f de ~ Kunstmühle f; fig. estar metido en ~ bis über die Ohren in der Arbeit stecken; F hacerse ~ zer-brechen, -splittern; fig. eso es ~ de otro costal das ist et. ganz anderes; 2. F Puder m; ~nado m dünner Mehlbrei m; ~nero I. adj. 1. Mehl...; Mahl...; industria f ~a mehlverarbeitende Industrie f; molino m ~ Getreidemühle f; II. m 2. Mehlhändler m; 3. Mehlkasten m; ~noso adj. mehlig.
harma ♀ f Harmelkraut n.
harmonía f u. Abl.→ armonía u. Abl.
harne|ar v/i. Col., Chi. (aus)sieben; ~ro m weitmaschiges Sieb n.
harpa f ~ arpa; ~do adj. → arpado.
harpía f Vo., Myth. u. fig. Harpyie f.
harpillera f 1. Auflegebrett n für Laubsägearbeiten; 2. Sackleinwand f.
¡harre! → ¡arre!
harta|r I. v/t. 1. sättigen; fig. übersättigen; überhäufen (mit dat. de); me harta + inf. ich habe es satt, zu + inf.; ~ de palos verprügeln; me harta con sus bobadas ich habe s-e Dummheiten satt; 2. befriedigen; II. v/r. ~se 3. s. sattessen; b. überessen (an dat. con, de); fig. ~se de et. satt haben, von et. (dat.) genug haben; no ~se de mirar s. nicht sattsehen können an (dat.); hasta ~se bis zum Überdruß; ~se de + inf. nach Herzenslust + inf.; ~zgo m Übersättigung f; darse un ~ (de) s. den Magen überladen (mit dat.); ~zón m Übersättigung f, Übermaß n; tiene ~ de estudiar er hat das Studieren (bzw. Lernen) satt.
har|to I. adj. 1. satt (a. fig.); übersatt; fig. überdrüssig; ~ de vivir lebensmüde, -überdrüssig; estoy ~ (de) ich habe es satt (, zu + inf.), ich habe genug davon; 2. pl., vorangestellt: ~as ganas tengo de + inf. ich habe große Lust, zu + inf.; 3. Col. viel; II. adv. 4. genug, übergenug, allzu; sehr; ~ sé que ... ich weiß wohl (od. zur Genüge), daß ...; ~tón I. adj. Am. Cent. gefräßig; II. m Col. gr. Kochbanane f; ~tura f 1. Übersättigung f; 2. Überfluß m; Übermaß n; adv. con ~ (über)reichlich.
hasta I. prp. u. cj. bis; ~ aquí bis hierher; bis jetzt; desde aquí ~ allí von hier bis dort; ~ ahora bisher, bis jetzt; ¿~ cuándo? wie lange?; bis wann?; ~ tanto so weit; bis; ~ que bis (daß); ~ qué punto inwieweit; wie weit; ¡~ luego!, ¡~ después! bis nachher!, auf Wiedersehen!; ¡~ la vista! auf Wiedersehen! b. Abschied auf längere Zeit; bsd. Am. ~ hoy erst heute; no levantarse ~ las diez nicht vor (od. erst um) 10 Uhr aufstehen; los torturaron ~ matarlos sie folterten sie zu Tode; II. adv. sogar, selbst; ~ Juan lo escribe sogar (od. selbst) Juan schreibt es; le

insultó y ~ llegó a pegarle er beleidigte ihn, schlug ihn sogar.
hastial m 1. △ Giebel m; Giebelwand f; 2. ⚒ Seitenstoß m e-s Schachts; 3. fig. grob(schlächtig)er Mann m.
has|tiar [1c] I. v/t. langweilen; anwidern, anekeln; II. v/r. ~se de e-r Sache überdrüssig werden, et. satt haben; ~tío m Widerwille m, Ekel m; Überdruß m.
hatajo m kl. Herde f; Trupp m Saumtiere; fig. F Menge f, Haufen m.
hate|ría f Verpflegung f u. Ausrüstung f für Hirten, Tagelöhner u. Bergleute; ~ro m Cu. Viehzüchter m.
hatillo m dim. zu hato².
hato¹ m 1. (kleinere) Herde f; Cu., Ven. (Vieh-)Farm f; 2. Weideplatz m; 3. → hatería; 4. fig. Haufen m; Menge f; 5. Bande f, Haufen m.
hato² m (Kleider-)Bündel n; Wäsche f u. Ausstattung f für den täglichen Bedarf; fig. andar con el ~ a cuestas oft die Wohnung wechseln; ständig unterwegs sein; liar el ~ sein Bündel schnüren.
hay es gibt; es ist (bzw. sind) vorhanden; ~ haber 3 u. 5.
haya¹ ♀ f Buche f; Buchenholz n.
Haya²: La ~ Den Haag n; el Tribunal de La ~ der (Haager) Schiedshof.
hayaca f Ven. Art gefüllte Maispastete f.
ha|yal, ~yedo, ~yucal m Buchenwäldchen n; ~yuco m Buchecker f.
haz¹ f (pl. haces) Antlitz n, Gesicht n; fig. Vorderseite f, Oberfläche f; lit. sobre la ~ de la tierra auf dem (weiten) Erdenrund (lit.).
haz² m (pl. haces) 1. Garbe f, Büschel n, Bündel n; ~ de leña Reisigbündel n; ~ de mieses mieses Getreidegarbe n; 2. ⊕, ⚡ Bündel n, Strahl m; Garbe f (a. ⚔ Geschoß); HF ~ catódico Kathodenstrahl m; HF ~ direccional, ⚒ ~ (de) guía Leitstrahl m; ~ de electrones Elektronen-bündel n, -strahl m; ~ de láser Laserstrahl m; ~ de luz Lichtkegel m; Licht-bündel n, -garbe f; 3. Anat. ~ nervioso Nervenbahn f, -strang m; ~ piramidal Pyramidenbahn f; 4. hist. haces m/pl. Liktorenbündel n.
haza|ña f Großtat f, Ruhmestat f; a. iron. Heldentat f; ~ñoso adj. heldenhaft, heldenmütig.
hazmerreír F m komische Figur f; es el ~ de la gente ist das Gespött der Leute.
he I. adv.: ~ aquí hier ist; sieh da; hétele aquí de ist da er; II. 1. Person sg. v. haber.
hebdomadario I. adj.-su. lit. wöchentlich; m Wochenschrift f; II. m ecl. Hebdomadar(ius) m.
hebén adj. c groß u. weiß (Traubenart); fig. belanglos, gehaltlos.
hebi|jón m Dorn m e-r Schnalle; ~lla f Schnalle f; Schließe f; ~ (de zapato) Schuh-schnalle f, -spange f; sujetar con ~s zuschnallen.
hebra f 1. a. fig. Faden m; fig. F pegar la ~ ein Gespräch anknüpfen bzw. lang ausdehnen, Chi., Méj. una ~ in e-m (Atem-)Zug; Kchk. estar en punto de ~ anfangen, Fäden zu ziehen (Sirup); 2. Faser f (a. tex.); Fiber f; ~ de carne Fleisch-

faser f; tabaco m de ~ Fasertabak m, Art Feinschnitt m; 3. poet. ~s f/pl. Haare m n/pl.
he|braico adj. hebräisch; ~braísmo m Hebraismus m, hebräischer Sprachgebrauch m; ~braísta c Hebraist c; ~braizante adj.-su. c zum Judentum neigend; ~braizar [1c u. 1f] v/i. Hebraismen verwenden; ~breo I. adj. 1. hebräisch; II. m 2. Hebräer m; fig. F Schacherer m; Wucherer m; 3. das Hebräische (Sprache).
Hébridas f/pl. Hebriden pl.
he|broso adj., ~brudo bsd. Am. adj. faserig, Faser...
hecatombe f a. fig. Hekatombe f; fig. Gemetzel n.
hectárea f Hektar n.
héctico ♂ adj. → hético.
hectiquez ♂ f zehrendes Fieber n; Schwindsucht f.
hec|tografiar [1c] vt/i. vervielfältigen, hektographieren; ~tógrafo m Hektograph m; ~tograma m Hektogramm n; ~tolitro m Hektoliter n, m; ~tómetro m Hektometer n, m; ~tovatio ⚡ m Hektowatt n.
hecha adv.: de esta ~ von nun an, seitdem.
hechi|cera f Zauberin f, Hexe f; ~cería f Zauberei f; ~cero adj.-su. Zauber...; fig. bezaubernd; m Zauberer m, Hexenmeister m; Ethn. Medizinmann m; ~zar [1f] I. v/t. a. fig. verzaubern, ver-, be-hexen; j-n bezirzen F; II. v/i. zaubern, hexen; ~zo I. adj. 1. künstlich, falsch; blind (Fenster, Tür); 2. Am. Reg. im Lande hergestellt; II. m 3. Zauber m (a. fig.), Bann m; 4. Zauberspruch m; Zaubertrank m.
hecho I. part. irr. v. hacer u. adj. 1. gemacht, getan; vollendet, fertig; reif; geworden (zu et.); ¡~! einverstanden!, ja(wohl)!; erledigt!, in Ordnung! ¡bien ~! recht so!; in Ordnung! F; tres años bien ~s drei volle Jahre (u. noch mehr); cuerpo m bien ~ wohlgestalteter (od. gut proportionierter) Körper m; cosa f ~a vollendete Tatsache f; lo ~ ~ abgemacht! a cosa ~a a) mit sicherem Erfolg; b) absichtlich; ~ y derecho vollendet; desp. ausgemacht; hombre m ~ y derecho aufrechter Mann m; ganzer Mann m; ¡mal ~! schlecht!; schlecht gemacht!; → a. 4.; traje m ~ Konfektionsanzug m, Anzug m von der Stange F; a lo ~, pecho od. lo ~, ~ está geschehen ist geschehen, man kann Geschehenes nicht ungeschehen machen; hallárselo (od. encontrárselo) todo ~ keinerlei Schwierigkeiten haben; s. ins gemachte Bett legen (fig.); 2. II. estar ~ ... adlos wie ... (nom.); od. (bzw. die) vollendete (reinste F) ... sein; zu ... (dat.) werden; está ~ una fiera (un tigre) er rast vor Wut; 3. ~ a gewöhnt an (ac.); II. m 4. Tat f, Handlung f; Geschehnis n, Ereignis n; bibl. ²s m/pl. de los Apóstoles Apostelgeschichte f; ~ de armas Waffentat f; mal ~ Untat f; Missetat f; ⚖ agravio m de ~ tätliche Beleidigung f; ⚖ vías f/pl. de ~ Tätlichkeit(en) f(/pl.); por vías de ~ tätlich; 5. Tat-

hechura — heptágono

sache *f*; ~~s *m/pl.* Sachverhalt *m* (*Zivilrecht*); Tatbestand *m* (*Strafrecht*); *adv.* (*a. adj.*): de ~ tatsächlich; im Grunde (genommen), eigentlich; faktisch, in Wirklichkeit; ~~ de facto; de ~ y de derecho von Rechts wegen; el ~ es que ... die Sache ist die, daß ..., Tatsache ist, daß ...; jedenfalls ...; el ~ de que ... die Tatsache (*od.* der Umstand), daß ...; es un ~ es ist (e-e) Tatsache; daran ist nichts zu ändern; *colocar a alg.* ante el ~ *consumado* j-n vor die vollendete Tatsache stellen.
hechura *f* **1.** Anfertigung *f*; Verfertigung *f*; **2.** Machart *f*, Fasson *f*; Äußere(s) *n*, Aussehen *n*; a ~ de nach Art von (*dat.*), ganz ähnlich wie (*nom.*); *dar* ~ *a* formen (*ac.*), gestalten (*ac.*); **3.** Macherlohn *m*; Schneiderlohn *m*; **4.** *fig.* Geschöpf *n*; Günstling *m, bsd. desp.* Kreatur *f*; *somos* ~ *de Dios* Gott hat uns geschaffen; **5.** Standbild *n*; Plastik *f*; **6.** *Chi.* Einladung *f* zum Trinken.
he|der [2g] *v/i.* stinken (nach *dat. a*), übel riechen; *fig.* unerträglich sein; **~diondez** *f* **1.** Unrat *m*; **2.** Gestank *m*; **~diondo I.** *adj.* **1.** stinkend; ekelhaft; **II.** *m* **2.** ♀ Stinkbaum *m*; **3.** *Zo. Arg.* Stinktier *n*; P *Col.* ¡~! widerlicher Kerl! F, so ein Stinktier! F.
hedonis|mo *Phil. m* Hedonismus *m*; **~ta** *adj.-su. c* hedonistisch; *m* Hedonist *m*.
hedor *m* Gestank *m*; Aas-, Verwesungs-geruch *m.*
hegelia|nismo *m* Hegelsche Philosophie *f*; **~no** *adj.-su.* hegelianisch; Hegel...; *m* Hegelianer *m.*
hegemonía *f* Hegemonie *f*, Vorherrschaft *f.*
hé|gira, ~jira *f* Hedschra *f* (*Islam*).
helada *f* Frost *m*; ~ (*blanca*) Reif *m.*
Hélade *f* Hellas *m, f.*
hela|dera *f* **1.** *Reg.* Sektkübel *m*; *Am., bsd. Rpl.* Kühlschrank *m*; **2.** P Knast *m* F (= *Gefängnis*); **~dería** *f* **1.** Eisdiele *f*; **2.** (Speise-)Eisherstellung *f*; **~dero** *m* Eisverkäufer *m*; Eisdielenbesitzer *m*; **~dizo** *adj.* leicht gefrierend; **~do I.** *adj.* gefroren, vereist; eiskalt, eisig (*a. fig.*); eisgekühlt; *fig.* starr, erstarrt; *se quedó* ~, le *dejó* ~ es verschlug ihm die Sprache, er erstarrte; **II.** *m* (Speise-)Eis *n*; *copa f de* ~(*s*) Eisbecher *m*; **~dor** *adj.* vereisend; eisig; **~dora** *f* Eismaschine *f*; Gefrierfach *n*; **~dura** *f* ♂ Erfrierung *f*; ✎ Frostschaden *m*; **~miento** *m* Frieren *n*; Gefrieren *n*; Erfrieren *n*; **~r** [1k] **I.** *v/t.* einfrieren, gefrieren lassen; vereisen; *Wein* frappieren; *p. ext.* durchkälten; *fig.* erstarren lassen (*von dat. de*); *el aspecto le heló la sangre* der Anblick ließ sein Blut gerinnen; **II.** *v/impers.* hiela es friert, es herrscht Frost; **III.** *v/r.* **~se** gefrieren; zufrieren (*Gewässer*); *a. fig.* erstarren.
hele|chal *m* mit Farn(kraut) bestandenes Gelände *n*; **~cho** ♀ *m* Farn *m*; Farnkraut *n*; ~ *arborescente* Baumfarn *m.*
helénico *adj.* hellenisch; griechisch.
helenio ♀ *m* Alant *m.*
hele|nismo *m* Hellenismus *m*; *Li.* Gräzismus *m*; **~nista** *c* Hellenist *m*; Gräzist *m*; **~nística** *f* Gräzistik *f*; **~nístico** *adj.* hellenistisch; gräzistisch; **~nizar** [1f] **I.** *v/t.* hellenisieren; **II.** *v/r.* **~se** hellenisiert werden; griechisches Vorbild nachahmen; **~no** *adj.-su.* hellenisch; griechisch; *m* Hellene *m*; Grieche *m.*
hele|ra *f* **1.** Darre *f der Vögel*; **2.** *Arg.* Kühlschrank *m*; **~ro** *Geol. m* Gletscher *m*; *embudo m de* ~ Gletschermühle *f.*
helga|do *adj.* zahnlückig; **~dura** *f* Zahnlücke *f.*
helian|tina ? *f* Helianthin *n*; **~to** ♀ *m* Sonnenblume *f*, Helianthus *m.*
hélice *f* Schraubenlinie *f*; (Schiffs-)Schraube *f*; ✈ Propeller *m*; ~ *sustentadora* Tragschraube *f.*
helicicultura *f* Schneckenzucht *f.*
heli|coidal *adj. c* schraubenförmig; ⊕ *engranaje m* ~ Schneckengetriebe *n*; **~coide** ♉ *m* Schrauben-, Schnecken-linie *f*; **~cón** ♪ *m* Helikon *n*; **~cóptero** ✈ *m* Hubschrauber *m*, Helikopter *m.*
helio ? *m* Helium *n*; **~céntrico** *Astr. adj.* heliozentrisch; **~física** *f* Solarphysik *f.*
heliógabalo *m* Fresser *m.*
helio|grabado *m* Lichtdruck(verfahren *n*) *m*, Heliogravüre *f*; **~grafía** *f* *Astr.* Sonnenbeschreibung *f*; ✵ Blinkspruchsystem *n*; *Typ.* ~ *heliograbado*; **~ógrafo** *m* *Astr.* Heliograph *m*; ✵ Blinkgerät *n*; **~ograma** ✵ *m* Blinkspruch *m*; **~olatría** *Rel. f* Sonnenanbetung *f*; **~ómetro** *Astr. m* Heliometer *n*; **~ón** *Phys. m* Heliumkern *m*; **~os** *Myth. m* Sonnengott *m*, Helios *m*; **~oscopio** *Astr. m* Helioskop *n*; **~óstato** *Astr. m* Heliostat *m*; **~otecnia** *f* Solartechnik *f*; **~oterapia** ♉ *m* → *heliotropo*; **~otropismo** *m* Heliotropismus *m*; **~otropo** *m* Heliotrop ♀, Farbstoff *m*; Geodäsie *n*, *Min. m.*
helipuerto *m* Hubschrauberlandeplatz *m*, Heliport *m.*
Hel|vecia *hist. f* Helvetien *n* (*heute Schweiz*); **♀vecio** *adj.*, **♀vético** *adj.-su.* helvetisch; schweizerisch; *m* Helvetier *m*; Schweizer *m.*
hemático ♉ *adj.* Blut...; *cuadro m* ~ Blutbild *n.*
hema|tíe *Physiol. m* rotes Blutkörperchen *m*; **~tites** *Min. f* (*pl. inv.*) Hämatit *m*, Blutstein *m*; ~ (*roja*) Braun- (Rot-)eisenstein *m*; **~toblasto** *Physiol. m* Blutplättchen *m*; **~tógeno** *adj.-su.* hämatogen; **~tología** *f* Hämatologie *f*; **~toma** ♉ *m* Hämatom *m*, Blutserguß *m*; **~turia** ♉ *f* Hämaturie *f*, Blutharnen *n.*
hem|bra I. *f* **1.** *Zo.* Weibchen *n*; *el águila f* ~ das Adlerweibchen; **2.** Weib *n*, Frau *f*; **3.** ♣ *flores f/pl.* ~*s* weibliche Blüten *f/pl.*; **4.** (Heftel-)Schlinge *f*; Öse *f*; ⊕ (Bolzen-)Mutter *f*; Loch *n*, Buchse *f*; ~ *cuadrada* Vierkantloch *n*; **II.** *adj. c* **5.** dünn, schütter; **~braje** *m Am.* alle weiblichen Tiere *n/pl. e-r Herde*; F Weibervolk *n*; **~brear** *v/i.* **1.** (fast) nur Weibchen zur Welt bringen; **2.** brünstig sein (*Männchen*); **~brilla** *f* (Heftel-)Schlinge *f*; ⊕ Ösenschraube *f*; Schrauben-, Bolzen-mutter *f*; ✂ Buchse *f.*

heme|rálope, *a.* **~ralope** ♉ *adj.-su. c* nachtblind.
hemeroteca *f* Zeitungsarchiv *n.*
hemi|ciclo *m* Halbkreis *m*; Halbrund *n*; halbkreisförmiger Saal *m*; *fig. Span.* (Halbrund *n*, Mitte *f* des) Parlament(ssaales) *n*; **~cránea** ♉ *f* Hemikranie *f*, Migräne *f*; **~edro I.** *adj.* halbflächig (*Kristall*); **II.** *m* ♉ Hemieder *n*; **~plejía** ♉ *f* Hemiplegie *f*, halbseitige Lähmung *f*; **~pléjico** ♉ *adj.-su.* halbseitig gelähmt; **~sférico** *adj.* halbkugelförmig; Hemisphären...; **~sferio** *m* Hemisphäre *f* (*a. Pol.*), Halbkugel *f*; *Geogr.* Erdhalbkugel *f*; ~ (*ant*)*ártico* nördliche (südliche) Erdhalbkugel *f*; **~stiquio** *Metrik m* Halbvers *m.*
hemo|cito *Physiol. m* Blutkörperchen *n*, Hämozyt *m*; **~diálisis** ♉ *f* Blutwäsche *f*, Dialyse *f*; **~filia** ♉ *f* Bluterkrankheit *f*, Hämophilie *f*; **~fílico** ♉ *adj.-su.* Bluter; **~globina** *Physiol. f* Hämoglobin *n*; **~lisis** ♉ *f* Hämolyse *f*; **~patía** ♉ *f* Blutkrankheit *f*; **~ptisis** ♉ *f* Blutspucken *n*; **~rragia** ♉ *f* Hämorrhagie *f*, Blutung *f*; ~ *cerebral* Hirnblutung *f*; **~rrágico** *adj.* hämorrhagisch; **~rroides** ♉ *f/pl.* Hämorrhoiden *f/pl.*; **~stasia, ~stasis** ♉ *f* Blutstillung *f*, Hämostase *f*; **~stático** ♉ *adj.-su. m* blutstillend(es Mittel *n*); *pinza f* ~a Gefäßklemme *f.*
hena|l *m* Heuboden *m*; **~r** *m* Heuwiese *f.*
henchi|do *adj.* bauschig; *a. fig.* geschwollen; aufgeblasen; *fig.* strotzend (*von dat. de*); **~dura** *f* Schwellung *f*; **~r** [3m; *pret.* hinchó, hincheron; *ger.* hinchendo] **I.** *v/t.* **1.** (an-, auf-)füllen, ausstopfen; vollstopfen; *Kissen* füllen; ~ *de lana a.* mit Wolle polstern; **2.** anschwellen lassen; aufblasen; **II.** *v/r.* **~se** **3.** anschwellen; *s. mit Essen* vollstopfen.
hende|dura *f* → *hendidura*; **~r** [2g] **I.** *v/t.* spalten; aufschlitzen; (zer-)teilen; aufreißen; *lit. die Wogen* zerteilen; ~ *el aire* durch die Luft fliegen; ~ *la muchedumbre* s. e-n Weg durch die Menge bahnen; **II.** *v/r.* **~se** (auf)reißen; bersten.
hendi|ble *adj. c* spaltbar; **~do** *adj.* gespalten; ♀ geteilt (*Blatt*); **~dura** *f* **1.** Riß *m*, Sprung *m*; Spalt *m*, Spalte *f*, Schlitz *m*; Einschnitt *m*; **2.** ⊕ Falz *m*; Fuge *f*, Kerbe *f*; **3.** *Anat.* Spalt *m*, Spalte *f*; **~ja** *f* *Am.* Spalt *m*, Ritze *f*; **~miento** *m* Spalten *n*; Auf-schlitzen *n*; -reißen *n*; Riß *m*; **~r** *v/t.* → *hender.*
henequén ♀ *m am.* Agave *f.*
he|nificación ✎ *f* Heuen *n*, Heuwerbung *f*; **~nificar** [1g] *v/t.* Heu machen, heuen; **~nil** *m* Heuboden *m*; **~no** *m* Heu *n*; *hacer* ~ Heu machen, heuen.
heñir [3h u. 3l] *v/t.* Teig kneten.
hepáti|ca ♀ *f* Leberblume *f*; **~co** ♉ *adj.* Leber...; leberkrank; *cólico m* ~ Gallenkolik *f.*
hepatitis ♉ *f* (*pl. inv.*) Leberentzündung *f*, Hepatitis *f.*
hepta|cord(i)o ♪ *m* Heptachord *m*, *n*; **~edro** ♉ *adj.-su.* heptaedrisch, siebenflächig; *m* Heptaeder *n*.
hep|tagonal *adj. c* siebeneckig; **~tágono** *m* Siebeneck *n*.

hepta|sílabo *adj.-su.* siebensilbig; *m* Siebensilb(n)er *m*; ~**teuco** *bibl. m* Heptateuch *m*.
héptodo *HF m* Heptode *f*.
heráldi|ca *f* Wappenkunde *f*, Heraldik *f*; ~**co** *adj.-su.* heraldisch; *m* Heraldiker *m*.
heraldo *m* Herold *m*.
her|báceo ♀ *adj.* krautartig; ~**bada** ♀ *f* Seifenwurz *f*; ~**baj(e)ar** I. *v/t.* auf die Weide treiben; II. *v/i.* weiden, grasen; ~**baje** *m* 1. Futtergras *n*, Weide *f*; Weidegeld *n*; 2. *tex. bsd.* ⚓ wasserdichtes Wollzeug *n*; ~**bario** *m* Herbarium *n*; ~**bazal** *m* Wiese *f*, Weide *f*; ~**becer** [2d] *v/i.* (hervor)sprießen (*Gras, Kräuter*); ~**bicida** *adj. c-su. m* Pflanzen-, Unkraut-vertilgungsmittel *n*, Herbizid *n*; ~**bívoro** *Biol. adj.-su.* pflanzenfressend; *m* Pflanzenfresser *m*; ~**bolario** I. *m* 1. Kräuterladen *m*; 2. Kräuterladen *m*; II. *adj.-su.* 3. F Narr *m*, Spinner *m* F; ~**borista** *c* Kräutersammler *m*; *caja f de* ~ Botanisiertrommel *f*; ~**boristería** *f* Kräuterladen *m*; ~**borizar** [1f] *vt/i.* Kräuter suchen; botanisieren; ~**boso** *adj.* grasreich, grasig.
herci|ano *HF adj.* → hertziano; ~**niano** *Geol. adj.* herzynisch.
hercúleo *adj. a. fig.* herkulisch, Riesen...
Hércules *m* Herkules *m* (*a.* ♀ *fig.*).
here|dabilidad *f* Vererbbarkeit *f*; *Biol.* Erblichkeit *f*; ~**dable** *adj. c* vererbbar; erblich; ~**dad** *f* Grundstück *n*; Stamm-, Erb-gut *n*; Landgut *n*; ~**dado** I. *adj.* 1. vererbt; ererbt; 2. begütert; II. *m* 3. Begüterte(r) *m*; ~**dar** *v/t. a. Biol.*: ~ *a/c. et.* erben (von *dat.* de); ~ *a alg.* a) j-n beerben; b) j-n als Erben einsetzen; ~**dera** *f* Erbin *f*; ~**dero** I. *adj.* erbberechtigt; → hereditario; II. *m* Erbe *m*; ~ forzoso Zwangs-, Not-erbe *m*; Pflichtteilsberechtigte(r) *m*; ~ *universal* Allein-, Universal-erbe *m*; *príncipe m* ~ Erb-, Kron-prinz *m*; *instituir (por)* ~ *a alg.* j-n als Erben einsetzen; ~**dípeta** *c* Erbschleicher *m*; ~**ditario** *adj.* erblich, Erb...; ererbt (*a. fig. Brauch*); *derecho m* ~ Erbanspruch *m*; *Biol. factor m* ~ Erbfaktor *m*; *Biol. masa f* ~**a** Erbmasse *f*.
here|je *c* Ketzer *m* (*a. fig.*), Irrgläubige(r) *m*; *fig.* unverschämter Mensch *m*; *fig. cara f de* ~ Gaunervisage *f*; unverschämter Kerl *m*; ~**jía** *f* Häresie *f*, Irrlehre *f*, *a. fig.* Ketzerei *f*; *fig.* Unsinn *m*, Dummheit *f*; *acusar de* ~(*s*) der Ketzerei anklagen; *fig.* verketzern; ~**jote** *m augm.* zu *hereje*.
herencia *f* Erbfolge *f*; Erbschaft *f*, Nachlaß *m*; *Biol.* Erbanlage *f*; *a. fig.* Erbe *n*; *dejar en* ~ hinterlassen, vererben; *adquirir por* ~ (er)erben.
heresiarca *c Rel. u. fig.* Häresiarch *m*; Haupt *m* e-r Sekte.
herético *adj.* häretisch, sektiererisch, *a. fig.* ketzerisch.
heri|da *f* Verletzung *f*, Verwundung *f*; Wunde *f* (*a. fig.*); Beleidigung *f*, Kränkung *f*; ~ *de bala* Schuß-verletzung *f*, -wunde *f*; ~ *contusa (incisa)* Quetsch- (Schnitt-)wunde *f*; ~ *punzante* Stich(verletzung *f*) *m*; *fig. renovar la* ~ alte Wunden (wieder) aufreißen; ~ *respirar por la* ~ (ungewollt) s-e Gefühle (*od.* s-e geheimen Gedanken) (*durch e-e Äußerung*) verraten; *fig. tocar a alg. en la* ~ j-s wunden Punkt berühren; ~**do** I. *adj.* 1. verletzt (*a. fig.*), *bsd.* ⚔ verwundet; getroffen; *como* ~ *por un rayo* wie vom Blitz getroffen; *mal* ~, *gravemente* ~ schwer verletzt (*od.* verwundet); ~ *de muerte* tödlich getroffen; tödlich verwundet; *fig. sentirse* ~ verletzt sein; II. *m* 2. Verletzte(r) *m*, *bsd.* ⚔ Verwundete(r) *m*; ~ *de guerra* Kriegsverletzte(r) *m*, -versehrte(r) *m*; 3. *Chi.* (Abfluß-)Graben *m*; ~**r** [3i] *v/t.* 1. *a. fig.* verwunden, verletzen; treffen; *fig.* kränken, beleidigen; e-e tiefe Wirkung haben auf (*ac.*); ~ *de bala* anschießen; 2. ♪ *Saiten* anschlagen; in *die Saiten* greifen; 3. bescheinen, scheinen auf (*ac.*) (*Sonne*); treffen (*ac. od.* auf *ac.*) (*Strahl*); ~ *los oídos* das Ohr treffen; ins Ohr schrillen (j-m *a alg.*); ~ *la vista* blenden; grell in die Augen stechen; *fig.* das Auge beleidigen; ~ *el suelo con el pie* auf den Boden stampfen; 4. *Stk.* ~ *al miedo* furchtlos sein.
herma *f* Herme(säule) *f*.
hermafrodi|ta I. *adj. c* zweigeschlechtig, Zwitter...; ♀ *flores f/pl.* ~**s** Zwitterblüten *f/pl.*; II. *m* Hermaphrodit *m*, Zwitter *m*; ~**tismo** *Biol. m* Hermaphroditismus *m*, Zweigeschlechtigkeit *f*; ~**to** *m* → *hermafrodita*.
herma|na *f* 1. Schwester *f*; Ordensschwester *f*; ~ *de la Caridad* Vinzentinerin *f*; ~ *de leche* Milchschwester *f*; ~ *media* ~ Halbschwester *f*; ~ *política* Schwägerin *f*; *vgl. hermano*; 2. □ *Hemd n*; ~**s** *f/pl Chi.* dazugehörige (*Paar*) ♀ Zwillings... (*Pflanzenorgane*); ~**namiento** *m* Verbrüderung *f*; ~ *de ciudades* Städtepartnerschaft *f*; ~**nar** I. *v/t.* 1. vereinen; zs.-schließen; zs.-stellen; II. *v/r.* ~**se** 2. s. verbrüdern; 3. zuea. passen; s. mitea. vereinbaren lassen; ~**nastra** *f* Stiefschwester *f*; ~**nastro** *m* Stiefbruder *m*; ~**nazgo** *m* Bruderschaft *f*; Verbrüderung *f*; ~**ndad** *f* 1. *a. fig. u. Rel.* Bruderschaft *f*; Verbrüderung *f*, innige Freundschaft *f*; Brüderlichkeit *f*; ~ *oficial de ciudades* Städtepartnerschaft *f*; ~ *de sangre* Blutsbrüderschaft *f*; 2. *Span.* Art Genossenschaft *f* (*bsd.* ✒); ♀ *de Labradores* Bauerngenossenschaft *f*; 3. *hist. Span. Santa* ♀ Wegepolizei *f*, Gendarmerie *f*; ~**no** I. *m* Bruder *m*; Ordensbruder *m*; ~**s a**) Bruderpaar *m*; **b**) Geschwister *pl.*; ~ *de leche* Milchbruder *m*; *medio* ~ Halbbruder *m*; *Rel.* ~**s** *Musulmanes* Moslembrüder *m/pl.*; ~ *político* Schwager *m*; ~ *uterino*, ~ *de madre* Halbbruder *m* mütterlicherseits; ✝ *López* ♀**s** Gebrüder López; II. *adj.* Bruder...; Schwester...; *pueblo m* ~ Brudervolk *n*; ~**nuco** *desp. m* Laienbruder *m*.
hermenéuti|ca ⛿ *f* Hermeneutik *f*; ~**co** *adj.* hermeneutisch.
her|meticidad *f* Dichtigkeit *f*; *fig.* → *hermetismo*; ~**mético** *adj.* hermetisch (*a. fig.*), luftdicht; undurchlässig; *fig.* verschlossen; *fig.* unverständlich; ~**metismo** *m* Unnahbarkeit *f*, Verschlossenheit *f*, Unverständlichkeit *f*.
hermo|samente *adv.* schön, vortrefflich, großartig; ~**seamiento** *m* Verschönerung *f*; ~**sear** *v/t.* verschönern, schön(er) machen; ausschmücken; ~**sísimo** *sup. adj.* bildwunder-schön; ~**so** *adj.* 1. schön, stattlich (*Mann*); ¡~ *día!* ein schöner Tag!; *de* ~ *de la Chine*, *de* schöne Frau; 2. *fig.* vortrefflich, großartig; ~**sura** *f* Schönheit *f* (*a. fig. Frau*); *fig.* Pracht *f*; ~ *de manzana* prachtvoller Apfel *m*.
herni|a ⚕ *f* Bruch *m*, Hernie *f*; ~ *discal* (*od. intervertebral*) Bandscheibenvorfall *m*; ~ *inguinal* (*umbilical*) Leisten- (Nabel-)bruch *m*; ~**ado** *adj.-su.* bruchleidend; ~**ario** ⚕ *adj.* Bruch...; *tumor m* ~ Bruchgeschwulst *f*; ~**arse** *[1b] v/r.* s. e-n Bruch zuziehen; *fig. P no* ~ s. kein Bein ausreißen F; ~**oso** ⚕ *adj.-su.* → *herniado*; ~**sta** *c* Facharzt *m* für Bruch-operationen *od.* -leiden.
Hero|des *bibl. m* Herodes *m*; *fig. ir de* ~ *a Pilatos* **a**) vom Pontius zu Pilatus laufen; **b**) vom Regen in die Traufe kommen; ♀**diano** *adj.* Herodes...
héroe *m* Held *m* (*a. Thea.*); *Myth.* Heros *m*.
hero|icamente *adv.* heldenhaft, heroisch; ~**icidad** *f* Heldenmut *m*; Heldentat *f*; ~**ico** *adj.* 1. heldenmütig, heroisch; *acción f* ~**a** Heldentat *f*; *acto m* ~ *a.* aufopferndes Handeln *n*; *poema m* ~ Heldengedicht *n*; *tiempos m/pl.* ~**s** Heldenzeitalter *n*; 2. *a. pharm.* stark wirkend; aufputschend; ~**ína** *f* 1. Heldin *f*; *Thea.* Heroine *f*; 2. *pharm.* Heroin *n*; ~**inómano** *m* Heroinsüchtige(r) *m*, -abhängige(r) *m*; ~**ísmo** *m* Heroismus *m*; Heldentum *n*.
her|pe(s) ⚕ *m, f(/pl.)* (Bläschen-)Ausschlag *m*, Herpes *m*, *f*; ~**pético** ⚕ *adj.* Herpes...
herra|da *f* Bottich *m*, Bütte *f*; ~**dero** *m* Brandmarken *n* des Viehs; *p. ext.* Ort *m* (u. Zeit *f*) der Brandmarkung; *Stk.* Stierkampf *m* mit regelwidrigem Verlauf; ~**dor** *m* Hufschmied *m*; ~**dura** *f* 1. Hufeisen *n*; Hufbeschlag *m*; *en forma de* ~ hufeisenförmig; *camino m de* ~ Saumpfad *m*; 2. *Zo.* Hufeisennase *f* (*Fledermaus*); ~**je(s)** *m(/pl.)* Beschlag *m*, Beschläge *m/pl.*; ~**mental** I. *adj. c* 1. Werkzeug...; II. *m* 2. Werkzeug-tasche *f*, -kasten *m*; ~ *para el montaje* Montagekasten *m*; 3. Werkzeug *n*; ~**mienta** *f* 1. Werkzeug *n*; Gerät *n*; ~**s** *f/pl.* Arbeitsgerät *n*, Handwerkszeug *n*; ~**s** *de minero* Bergmannsgeräte *n/pl.*, Gezähe *n*; *máquina* ~ *mecánica* Werkzeugmaschine *f*; 2. *fig.* Gehörn *n* der *Tiere*; 3. F Gebiß *n*; 4. F Klappmesser *n*; ~**r** [1k] *v/t.* 1. *Pferde usw.*, ⊕ *mit Eisen* beschlagen; *Tiere* mit dem Brandzeichen versehen; 2. *hist.* brandmarken.
herrera *Fi. f* Marmorbrassen *m*.
herrería *f* Schmiede *f*; Hammer-

herreriano — hierbajo

werk *n*; *fig.* Getöse *n*, Tumult *m*.
herreriano *Ku. adj.* Herrera... *(nach Juan de Herrera, 16. Jh.)*.
herre|rillo *Vo. m* **a**) Kohlmeise *f*; **b**) Blaumeise *f*; ~**ro** *m* Schmied *m*; ~ **de grueso** Grobschmied *m*; *Spr.* **en casa de** ~, **cuchillo de palo der Schuster trägt (oft) die schlechtesten Schuhe**; ~**rón** *desp. m* schlechter Schmied *m*; ~**ruelo** *m Vo.* Tannenmeise *f*; ~**te** *m* Nestelstift *m* an Schnürsenkeln u. ä.
herrial *adj. c*: **uva** *f* ~ großbeerige dunkelrote Traubenart.
herrum|bre *f* **1**. (Eisen-)Rost *m*; Eisengeschmack *m*; **2**. ♀ Rost *m*; ~**broso** *adj.* rostig.
hertz|(io) *HF m* Hertz *n*; ~**iano** *HF adj.* Hertz...; **ondas** *f/pl.* ~**as** Hertzsche Wellen *f/pl.*
hervi|dero *m* Sieden *n*, Brodeln *n*; Sprudel *m* (*Quell*); *fig.* Gewühl *n*, Gewimmel *n*; ~**do I.** *part.-adj.* (auf)gekocht; **II.** *m Am. Kchk.* → puchero; ~**dor** *m* Kocher *m*; ⊕ Siederohr *n*; ~ **eléctrico sumergible** Tauchsieder *m*; ~**r** [3i] **I.** *v/i.* **1**. aufkochen, wallen; gären (*Most*); **hirviendo** kochend (heiß); **2**. *fig.* sprudeln; wild bewegt sein (*Meer*); toben (*Leidenschaft*); **le hierve la sangre** sein Blut gerät in (heftige) Wallung; ~ **en deseos s.** in glühenden Wünschen verzehren; **3**. wimmeln (von *dat.* **de, en**); **II.** *v/t.* **4**. (auf)kochen (lassen); auskochen.
hervo|r *m* Sieden *n*, Kochen *n*; *p. ext.* Wallen *n* (*a. fig.*), Brausen *n*; *fig.* Hitze *f*, Feuer *n*, Ungestüm *n*; **dar un** ~ **al agua** das Wasser aufkochen (*od.* aufwallen) lassen; ~**roso** *adj.* kochend; *p. ext.* sprudelnd; *fig.* feurig, ungestüm.
hesitar *lit. v/i.* schwanken, zögern.
Hes|peria *hist. f* Hesperien *n*, *lit.* Spanien *n od.* Italien *n*; ♀**périco** *adj.* → hesperio; ♀**péride I.** *adj. c* **1**. *Myth.* Hesperiden...; **II.** ♀**s** *f/pl.* **2**. *Myth.* Hesperiden *f/pl.*; **3**. *Astr.* Siebengestirn *n*; ♀**peridio** ♀ *m e-e* Zitrusfrucht; ♀**perio** *adj.-su.* Bewohner *m* Hesperiens.
héspero I. *adj.-su.* → hesperio; **II.** ♀ *m poet.* Abendstern *m*; *Myth.* Hesperos *m*.
hetera *f* Hetäre *f*.
hete|rocíclico ♀, ⚛ *adj.* heterozyklisch; ~**róclito** *adj. Gram.* regelwidrig; *fig.* auffallend, seltsam; ~**rodino** *Rf. m* Heterodyn *n*, ~**rodoxia** *Rel. u. fig. f* Heterodoxie *f*, Andersgläubigkeit *f*; ~**rodoxo** *adj.-su.* andersgläubig, heterodox; ~**rogeneidad** 🄄 *f* Verschiedenartigkeit *f*, Heterogenität *f*; ~**rogéneo** 🄄 *adj.* anders-, verschieden-artig, heterogen; ~**romancia**, ~**romancía** *f* Wahrsagung *f* aus dem Flug der Vögel; ~**romorfo** 🄄 *adj.* heteromorph; ~**rónomo** *Phil.*, *Zo. adj.* heteronom; ~**roplastia** ✱ *f* Heteroplastik *f*; ~**roscios** *lit. m/pl.* Bewohner *m/pl.* der gemäßigten Zonen; ~**rosexual** *adj. c* heterosexuell.
hético *adj.-su.* ✱ hektisch, schwindsüchtig; *fig.* abgezehrt.
hevea ♀ *f* Kautschuk-, Gummibaum *m*.
hexa... 🄄 *in Zssgn.* hexa..., sechs...

hexa|cordo ♪ *m* Hexachord *m*, *n*; ~**édrico** ⚛ *adj.* hexaedrisch, sechsflächig; ~**edro** ⚛ *m* Hexaeder *n*; ~**gonal** *adj. c* sechseckig; ⊕ Sechskant...
hexá|gono ⚛ *m* Sechseck *n*; ~**metro** *adj.-su. m* Hexameter *m* (*Metrik*); ~**podo** *Ent. adj.-su.* sechsfüßig.
hez *f* Hefe *f* (*a. fig.*), Bodensatz *m*; *fig.* Abschaum *m*; ✱ **heces** *f/pl.* (fecales) Fäkalien *pl.*, Faeces *pl.*; *fig.* hasta las heces bis zur Neige.
hialino *adj.* glasartig, hyalin (*bsd.* ✱, Geol.).
hiato *m Li.*, ✱ Hiatus *m*; *a. fig.* Spalt *m*.
hiberna|ción *f Biol.* Winterschlaf *m*, Überwintern *n*; ✱ Heil-, Dauerschlaf *m*; Unterkühlung(stherapie) *f*; ~**l** *adj. c* Winter...; ~**r** *v/i.* Winterschlaf halten.
hi|bernés, ~**bérnico** *lit. adj.-su.* → irlandés.
hibisco ♀ *m* Hibiskus *m*.
hibri|dación *Biol.*, ✱ *f* Kreuzung *f*, Bastardierung *f*; ~**dar** *Biol.*, ✱ *v/t.* hybridisieren; ~**dez** *f*, ~**dismo** *m* Hybridismus *m*.
híbrido *Biol. u. fig.* **I.** *adj.* hybrid, Bastard...; ✱ **maíz** *m* ~ Hybridenmais *m*; *Li.* **palabra** *f* ~**a** Worthybride *f*, Mischbildung *f*; **II.** *m* Hybride *f*, Bastard *m*.
hicaco ♀ *m* → icaco.
hicotea *Zo. f Ant.*, *Méj. e-e Land- u.* Süßwasserschildkröte.
hidal|gamente *adv.* ritterlich; ~**go I.** *adj.* adelig (*a. fig.*); *fig.* edel, vornehm; großzügig; **II.** *m* Edelmann *m*, Adlige(r) *m*; ~ **rústico** Landjunker *m*; *fig. iron.* ~ **pobre** heruntergekommene(r) (*od.* verarmte[r]) Adlige(r) *m*; ~**guez**, ~**guía** *f* (niedriger) Adel *m*; *fig.* Edelmut *m*; ~ **de ejecutoria** Briefadel *m*; ~ **de sangre** Geburtsadel *m*.
Hidra *f* **1**. *Myth.*, *Astr. u. fig.* Hydra *f*; **2**. ♀ *Zo.* **a**) giftige Pazifikschlange *f*; **b**) Hydra *f*, Süßwasserpolyp *m*.
hidrartrosis ✱ *f* Gelenkwassersucht *f*.
hidra|tación ⚛ *f* Hydra(ta)tion *f*, Hydratbildung *f*; ~**tante** *adj. c* feuchtigkeitsspendend; ~**tar** ⚛ *v/t.* mit Wasser verbinden, hydratisieren; ~**to** ⚛ *m* Hydrat *n*.
hidráuli|ca *f* Hydraulik *f*; ~**co I.** *adj.* hydraulisch; Wasser...; Wasserbau...; **obras** *f/pl.* ~**as** (agrícolas) (landwirtschaftlicher) Wasserbau *m*; **rueda** *f* ~**a** Wasserrad *n*; **II.** *m* Wasserbauingenieur *m*; Hydrauliker *m*.
hidro|ala *m* Tragflügelboot *n*; ~**avión** *m* Wasserflugzeug *n*; ~**biología** *f* Hydrobiologie *f*; ~**carburo** ⚛ *m* Kohlenwasserstoff *m*; ~**cefalia** ✱ *f* Wasserkopf *m*, Hydrozephalus *m*; ~**céfalo** *adj.-su.* wasserköpfig; ~**cele** ✱ *f* Wasserbruch *m*, Hydrozele *f*; ~**cultivo** ✱ *m* Hydrokultur *f*; ~**dinámica** *Phys. f* Hydrodynamik *f*, Strömungslehre *f*; ~**eléctrico** *adj.:* **central** *f* ~**a** Wasserkraftwerk *n*; ~**energía** *f* Wasserkraft *f*; ~**estable** *adj. c* nicht wasserlöslich.
hidr|ofilia *Biol.*, ✱ *f* Hydrophilie *f*; ~**ófilo** *adj.* hydrophil; *Biol.* wasserliebend; ⚛ wasseranziehend; ✱ **algodón** *m* ~ Verbandwatte *f*; ~**ofo-**

bia *f* Wasserscheu *f*; ✱ Tollwut *f*; ~**ófobo** *adj.-su.* wasserscheu; ✱ tollwütig; ~**ófugo** *adj. Biol.* wassermeidend; wasserabweisend (*tex.*).
hidrogena|ción ⚛ *f* Hydrierung *f*; Verflüssigung *f*; ~**do** *adj.* wasserstoffhaltig; ~**r** ⚛ *v/t.* hydrieren.
hidrógeno ⚛ *m* Wasserstoff *m*.
hidr|ografía *f* Gewässerkunde *f*; Gewässer *n/pl.*; ~**ográfico** *adj.* hydrographisch, Gewässer...; **mapa** *m* ~ Seekarte *f*; ~**ógrafo** *m* Hydrograph *m*; ~**ojardinera** ♀ *f* Pflanzkasten *m* für Hydrokultur; ~**ólisis** ⚛ *f* Hydrolyse *f*; ~**ólogo** *m* Hydrologe *m*; ~**ometría** *Phys. f* Hydrometrie *f*; ~**ómetro** *m* Hydrometer *n*; ~**omiel** *m* Honigwasser *n*; ~**ónimo** *m* Gewässername *m*; ~**opesía** ✱ *f* Wassersucht *f*; ~**ópico I.** *adj.* ✱ wassersüchtig; *fig.* sehr durstig; unersättlich (*Durst*); **II.** ✱ *m* Wassersüchtige(r) *m*; ~**oplaneador** *m* Wassersegelflugzeug *n*; ~**oplano** ⚓ *m* **1**. Gleitboot *n*; **2**. Wasserflugzeug *n*; ~**oquinona** *f*, *Phot. f* Hydrochinon *n*; ~**osoluble** *adj. c* wasserlöslich; ~**ostática** *f* Hydrostatik *f*; ~**ostático** *adj.* hydrostatisch; ~**otecnia** *f* Wasserbautechnik *f*; ~**oterapia** ✱ *f* Wasserheilkunde *f*; ~**oterápico** *adj.* hydrotherapeutisch; **tratamiento** *m* ~ Wasserkur *f*; ~**ovelero** *m* Wassersegelflugzeug *n*; ~**óxido** ⚛ *m* Hydroxid *n*.
hiedra ♀ *f* Efeu *m*.
hiel *f* **1**. Galle *f* (*a. fig.*); *fig.* Bitterkeit *f*; Erbitterung *f*; *fig.* **echar** (*od.* sudar) la ~ hart arbeiten, s. sehr plagen; **estar hecho de** ~ galle(n)-bitter sein; *fig.* sehr gallig sein; **no tener** ~ *od.* **ser una paloma sin** ~ ein friedliches Gemüt haben; **2**. ♀ **de (la) tierra** Tausendgüldenkraut *n*.
hie|lera *f* Behälter *m* für Eiswürfel; ~**lo** *m* Eis *n*; Frost *m*; *fig.* Kälte *f*; ~(s) **flotante(s)** Treibeis *n*; ~ (resbaladizo) Glatteis *n*; ~ **seco** Trockeneis *n*; *fig.* **estar hecho un** ~ eiskalt sein; (völlig) gefühllos sein; *fig.* **romper el** ~ das Eis brechen.
hiemal 🄄 *adj. c* → invernal; *Astr.* **solsticio** *m* ~ (*a.* ~ *m*) Wintersonnenwende *f*.
hiena *Zo. u. fig. f* Hyäne *f*.
hierático *adj.* hieratisch (*Schrift*); *fig.* ernst, feierlich; zeremoniös.
hierba *f* **1**. Gras *n*; Kraut *n*; *fig.* F Grass *n* F, Marihuana *n*; ~**s** *f/pl.* Kräuter *n/pl.*; (Futter-)Gras *n*; ~ **ballestera** Nieswurz *f*; ~ **buena** → hierbabuena; ~ **caballar**, ~ **cana** Vogel-Kreuzkraut *n*; ~ **centella** Butterblume *f*; ~ **de las coyunturas** Art Meerträubchen *n*; ~ **giganta** **a**) Bärenklau *m*; **b**) Art Seifenkraut *n*; ~ **luisa** Zitronenkraut *n*; ~ **medicinal** Heilkraut *n*; ~ **sagrada** Eisenkraut *n*, Verbene *f*; ~ **de San Juan** **a**) Johanniskraut *n*; **b**) Mutterkraut *n*; ~ **de las siete sangrías** Steinsame *m*; ~ **de Santa María** **a**) Rainfarn *m*; **b**) Salbei *f*; ~ **tora** Sommerwurz *f*; **mala** ~ Unkraut *n*; **en** ~ noch grün, jung (*Saat*); F ... **y otras** ~**s** usw. (*b. Aufzählungen*); *fig.* **sentir** (*od. ver*) **crecer la** ~ das Gras wachsen hören; *Spr.* **mala** ~ **nunca muere** Unkraut verdirbt nicht; **2**. ~**s** *f/pl.* Kräuter- bzw. Gift-trank *m*; ~**buena** ♀ *f* Minze *f*; ~**jo** *desp. m*

Kraut *n*; Unkraut *n*; ⁓l *m* Grasfeld *n*; ⁓tero *m* Chi., Méj. Kräutermann *m*, Heilkundige(r) *m*.
hiero ⚥ *m* → yero.
hiero|cracia *f* Hierokratie *f*; ⁓glífico *adj.-su.* → jeroglífico.
hierosolimitano *adj.* → jerosolimitano.
hie|rra *f* Am. Brennen *n*, Brandmarken *n des Viehs*; ⁓rro *m* 1. Eisen *n*; *p. ext.* eisernes Werkzeug *n*; Brandeisen *n*; *fig.* Waffe *f*; ⁓s *m/pl.* de armado Moniereisen *n*; ⁓ tocho Roheisen *n*; ⁓ colado, ⁓ fundido (forjado) Guß- (Schmiede-)eisen *n*; ⁓ magnético (perfilado) Magnet- (Profil-)eisen *n*; ⁓ en T T-Eisen *n*; *a* ⁓ *y fuego* mit Feuer u. Schwert; F *quítale* ⁓ halb so wild F, nun mach's mal halblang F; 2. *fig.* ⁓s *m/pl.* Fesseln *f/pl.*, Ketten *f/pl.*
hifa *Biol. f* Pilzfaden *m*, Hyphe *f*.
higa *f* † Amulett *n gg. den bösen Blick*; Gebärde der Verachtung; P *me importa una* ⁓, *se me da una* ⁓ → higo 2; ⁓**dilla** *f*, ⁓**dillo** *m* 1. Leber *f*, *bsd. der Vögel*; 2. Cu. Leberkrankheit *f des Geflügels*.
hígado *m* Leber *f*; *fig.* Mut *m*; *fig.* echar los ⁓s s. abrackern; Méj., Am. Cent. ser un ⁓ lästig (*od.* aufdringlich) sein; tener malos ⁓s böswillig sein; tener (*od.* F ser de) muchos ⁓s sehr mutig sein, Mumm haben F.
higi|ene *f* Hygiene *f*; Gesundheitspflege *f*; Gesundheitslehre *f*; ⁓ corporal Körperpflege *f*; ⁓ sexual Sexualhygiene *f*; ⁓**énico** *adj.* hygienisch; gesund; *papel m* ⁓ Toilettenpapier *n*; ⁓**enista** *c* Hygieniker *m*.
higo *m* 1. Feige *f*; ⁓ *boñigar* Art breite Feige *f*; ⁓ *chumbo*, ⁓ *de tuna* Kaktus-, Nopal-feige *f*; ⁓ *melar* Honigfeige *f*; ⁓ *paso* getrocknete Feige *f*; *adv. de* ⁓s *a brevas* nur selten; *fig.* hecho un ⁓ ganz zerdrückt; total kaputt F, 2. *fig.* nichts; F (*a mí*) me importa un ⁓ *od.* no se me da un ⁓ das ist mir schnuppe F; 3. P Muschi *f* F (= *Vagina*).
higrómetro *m* Hygrometer *n*, Feuchtigkeitsmesser *m*.
higros|cópico *adj.* hygroskopisch; ⁓**copio** *m* 1. Hygroskop *n*; 2. Wetterhäuschen *n*.
higue|ra *f* Feigenbaum *m*; ⁓ *chumba*, ⁓ *de Indias*, ⁓ *de pala*, ⁓ *de tuna* Feigenkaktus *m*, Nopal *m*; ⁓ *del infierno* Rizinus *m*; *fig.* F estar en la ⁓ geistig abwesend (*od.* weggetreten F) sein, dösen; ⁓**reta**, ⁓**rilla** ⚥ *f* Rizinus *m*; ⁓**rón** Am. *trop.*, ⁓**rote** Méj. ⚥ *m* Riesengummibaum *m*.
hija *f* Tochter *f*; ⁓ *política* Schwiegertochter *f*; ⁓**stra** *f* Stieftochter *f*; ⁓**stro** *m* Stiefsohn *m*.
hijo *m* Sohn *m* (*a. fig.*); *p. ext. u. fig.* Kind *n*; sin ⁓s kinderlos (*Ehepaar*); ⁓ *de (Madrid)* geboren in (Madrid); ✝ *Serrano* ⁓s Serrano & Söhne; ⁓ *adoptivo* a) Adoptivsohn *m*; b) → ⁓ *predilecto* Ehrenbürger *m*; ⁓ *espiritual* Beichtkind *n*; *bibl.* el ⁓ *del Hombre* der Menschensohn; ⁓ *de (su) madre* a) (ganz) der Sohn s-r Mutter, (ganz) wie die Mutter; b) P Hurensohn *m* P; ⁓ *de mamá* Muttersöhnchen *n*; ⁓ *de papá* (verwöhnter) junger Mann aus reichem Hause; ⁓ *político* a) Schwiegersohn *m*; b) Stiefsohn *m*; P ⁓ *de (la gran) puta*, ⁓ *de tal, euph.*: Span. ⁓ *de la Gran Bretaña*, Ven. ⁓ *de la Gran Colombia* Hurensohn *m*, Saukerl *m* P; F *cada* (*od. cualquier*) ⁓ *de vecino* jeder (beliebige); ⁓**dalgo** *m* (*pl.* hijosdalgo) Edelmann *m*; ⁓**putada** V *f* Sauerei *f* P, Hundsgemeinheit *f* P.

hijue|la *f* 1. *dim. v.* hija; 2. Erbteilungsschein *m*; Erbteil *n*; 3. Stichkanal *m*; Bewässerungsrinne *f*; Nebenweg *m*; 4. Neben-, Zweigstelle *f*; ✉ Landzustellung *f*; 5. Einsatz *m* zum Weitermachen an Kleidungsstücken; 6. *kath.* Palla *f*; 7. *Chi.* durch Teilung e-s größeren Besitzes geschaffenes Gut *n*; ⁓**lo** *m* 1. *dim. zu* hijo; 2. ⚥ Trieb *m*, Schößling *m*.
hila[1] *f* 1. Reihe *f*; *a la* ⁓ e-r hinter dem andern; 2. dünner Darm *m*.
hila[2] *f* Spinnen *n*; ⁓s *f/pl.* Scharpie *f* (*zupfen* hacer); ⁓**cha** *f*, ⁓**cho** *m* Faser *f*, Fussel *f*; ⁓**chiento** Am., ⁓**choso** *adj.* faserig, fusselig.
hila|da *f* Reihe *f*; Lage *f*, Schicht *f*; ⁓ *de ladrillos* Backsteinlage *f*, Ziegelreihe *f*; ⁓**dillo** *tex. m* Florettseide *f*; ⁓**dizo** *adj.* (ver)spinnbar; ⁓**do** *tex. m* 1. Spinnen *n*; ⁓ *a máquina*, ⁓ *mecánico* Maschinenspinnerei *f*; 2. Gespinst *n*; Faden *m*, Garn *n*; ⁓s *m/pl.* Spinnstoffwaren *f/pl.*; ⁓ *de algodón* Baumwollgarn *n*; ⁓**dor** *m* Spinner *m*; ⁓**dora** *f* 1. Spinnerin *f*; 2. Spinnmaschine *f*; ⁓**ndera** *f* Spinnerin *f*; ⁓**ndería** *f* 1. Spinnerei *f*; 2. Spinnmaschine *f*; Zwirnerei *f*; ⁓**ndero** *m* Spinner *m*; ⁓**r** *vt/i.* spinnen; verspinnen; *fig.* Gespräch anknüpfen; Ränke spinnen; *fig.* ⁓ *delgado* (*od.* muy fino) es sehr genau nehmen, sehr pedantisch (*od.* vorsichtig) sein.
hila|rante *adj.* erheiternd; gas *m* ⁓ Lachgas *n*; ⁓**ridad** *f* Heiterkeit *f*.
hila|tura *tex. f* Verspinnen *n*; Spinnverfahren *n*; Gewebe *n*; ⁓ *a mano* Handspinnen *n*; ⁓**za** *f* Gespinst *n*; grobe Faser *f*; ⁓ *de vidrio* Glas-faser *f*, -gespinst *n*; *fig.* F descubrir la ⁓ sein wahres Gesicht zeigen.
hile|ra *f* 1. Reihe *f*; ✖ Glied *n*; ⁓ *de casas* Häuserreihe *f*; *de tres* ⁓s dreireihig; ✖ *doble* Doppelreihe *f*; 2. *Zo.* Spinndrüse *f*; 3. ⊕ a) Spinndüse *f*; b) (Draht-)Zieheisen *f*; Drahtziehbank *f*; 4. △ Firstbalken *m*; ⁓**ro** ⚓ *m* Stromstrich *m*; Nebenströmung *f*.
hilio *Anat. m* Hilus *m*.
hilo *m* 1. *a. fig.* Faden *m*; Garn *n*; Schnur *f*; ⁓ (*retorcido*) Zwirn *m*; ⁓ *de bordar* Stickgarn *m*; *fig.* ⁓ *conductor* der rote Faden; ⁓ *de Egipto* Makogarn *n*; ⁓ *de goma* Gummiband *m*; ⁓ *de punto (de seda)* Strick- (Seiden-)garn *n*; ⁓ *de telaraña* Spinngewebsfaden *m*; ⁓ *de uredre* (de urdimbre) Schuß- (Kett-)faden *m*; ⁓ *de yute* (de zurcir) Jute- (Stopf-)garn *m*; *fig.* ⁓ *de la vida* (alltäglicher) Lebensablauf *m*; Lebensfaden *m*; *a* ⁓ ununterbrochen, parallel, *adv.* ⁓ *a* ⁓ langsam, aber stetig (fließend); *fig.* coger el ⁓ de a/c. et. erfassen; *fig.* colgar (*od.* pender *od.* estar pendiente) de un ⁓ an e-m (seidenen) Faden hängen; cortar al ⁓ *Gewebe*: faden- gerade (*Holz*: in Faserrichtung) schneiden; *fig.* cortar el ⁓ *de la conversación* die Unterhaltung unterbrechen; *fig.* se le cortó el ⁓ *od.* perdió el ⁓ (*del discurso*) er hat den Faden verloren; F pegar el ⁓ ein Gespräch anknüpfen; *fig.* tomar el ⁓ den Faden wiederaufnehmen; 2. *tex.* Hanfzeug *n*; (weißes) Leinen(zeug) *n*; (ropa *f* de) ⁓ Leinenwäsche *f*; 3. ⊕ feiner Draht *m*; ⚡ ⁓ (*conductor*) Leitungsdraht *m*; IT ⁓ *físico* Standleitung *f*; ⁓ *de platino* Platinfaden *m*; ⁓ *de zapatero* Pechdraht *m*; 4. (feiner) Strahl *m*; ⁓ *de agua* dünner Wasserstrahl *m*.

hilo|morfismo *Phil. m* Hylemorphismus *m*; ⁓**zoismo** *Phil. m* Hylozoismus *m*.
hil|ván *m* Heftnaht *f*; *Chi.* Heftfaden *m*; ⁓**vanar** *v/t.* heften; *fig.* skizzieren, entwerfen; *fig.* F überstürzen.
Himalaya *m* Himalaya *m*.
hime|n *m* 1. *Anat.* Jungfernhäutchen *n*, Hymen *n*; 2. *Myth.* ♀ → ⁓**neo** *lit. m* Hymen(äus) *m*; *fig.* Hochzeit *f*.
himenópteros *Ent. m/pl.* Hautflügler *m/pl.*, Hymenopteren *pl.*
him|nario *m* Hymnensammlung *f*; *ecl.* Hymnar(ium) *n*; ⁓**no** *m* Hymne *f*; *Rel.* Hymnus *m*; ⁓ *nacional* Nationalhymne *f*. [*Panther*).}
himplar *v/i.* brüllen (*Jaguar,*}
hin(nn...) *onom.* (*Wiehern*).
hin|capié *m* Aufstemmen *n* des Fußes; *fig.* hacer ⁓ en beharren auf (*dat.*), s. versteifen auf (*ac.*); Nachdruck legen auf (*ac.*); ⁓**car** [1g] I. *vt/i.* Nagel, Pfahl einschlagen; Fuß aufstemmen; *fig.* ⁓ *el diente* a) zugreifen, einhauen F b. Essen; b) (*a a/c. an et. ac.*) herangehen, c) (en) Schmu machen (mit *dat.*); d) (en alg. j-n) angreifen, verleumden; *fig.* F ⁓ *el pico* sterben, ins Gras beißen F; II. *v/r.* ⁓se eindringen; ⁓se de rodillas niederknien; ⁓**cón** *m* Anlegepfahl *m* in Gewässern.
hincha F I. *f*: tener ⁓ *a alg.* j-n nicht riechen können F; II. *c* (Jazz-, Fußball- *usw.*)Fan *m*; ⁓**da** koll. *f* die Fans *m/pl.*; ⁓**do** *part.-adj.* geschwollen; bauschig; *a. fig.* aufgeblasen, stolz; schwülstig (*Stil*); hochgehend (*See*); ⁓**dor** *m* Blasebalg *m für* Luftmatratzen *usw.*; ⁓**huevos** *m* (*pl. inv.*) *Arg., Chi.* lästiger Kerl *m* F; ⁓**miento** *m* 1. ⊕ Aufschwellung *f*, Quellen *n* (*Holz u. ä.*); 2. → hinchazón; ⁓**r** I. *v/t.* 1. auf-blasen, -pumpen; (auf)blähen, auftreiben, anschwellen lassen; 2. *fig.* aufbauschen, übertreiben; ⁓ *el perro* maßlos übertreiben; 3. P aufpumpen P (= *schwängern*); 4. F *Arg.* ärgern; II. *v/r.* ⁓se 5. anschwellen; ⁓se (*por la humedad*) quellen; 6. s. vollstopfen, viel essen; 7. viel Geld verdienen, reich werden; 8. s. *fig.* aufblasen, dick(e) tun F; ⁓**zón** *f* (An-)Schwellen *n*; Quellen *n*; Schwellung *f*, Beule *f*; *fig.* Aufgeblasenheit *f*; Schwulst *m*, Schwülstigkeit *f des Stils*.
hin|dú *adj.-su.* c (*pl.* ⁓ues) Hindu *m*; *p. ext.* Inder *m*; ⁓**duismo** *m* Hinduismus *m*.
hiniesta ⚥ *f* Ginster *m*. [ismus *m*.)
hino|jal *m* Fenchelpflanzung *f*; ⁓**jo**[1] ⚥ *m* Fenchel *m*; ⁓ *marino* Seefenchel *m*.

hinojo — historial

hinojo² *m*: de ~s kniend; *hincarse* (*od. postrarse*) de ~s niederknien.
hioides *Anat. m* (*pl. inv.*) Zungenbein *n*.
hipar *v/i.* den Schluckauf haben; japsen (*Hund*); *fig.* s. abarbeiten; *fig.* F ~ *por* versessen sein auf (*ac.*) F.
hiper F *m* Verbrauchermarkt *m*, großer Supermarkt *m*.
hiperactivo *adj.* hyperaktiv.
hipér|baton *Rhet. m* Hyperbaton *n*; ~**bola** A *f* Hyperbel *f*; ~**bole** *Rhet. f* Hyperbel *f*, Übertreibung *f*.
hiper|bólicamente *adv.* übertreibend; ~**bólico** *adj.* hyperbolisch; hyperbelartig; ~**bolizar** [1f] *Rhet. v/i.* Hyperbeln verwenden; ~**boloide** A *m* Hyperboloid *n*.
hiperbóreo *Myth., lit. adj.-su.* hyperboreisch, Nord...; *m* Hyperboreer *m*.
hiper|clorhidria ℱ *f* Superazidität *f*, Hyperchlorhydrie *f*; ~**crítica** *f* allzu scharfe Kritik *f*; ~**crítico** *adj.-su.* über-, hyper-kritisch; ~**enlace** *m* IT Hyperlink *m*; ~**estesia** ℱ *f* Hyperästhesie *f*; ~**función** *f* Überfunktion *f*; ~**mercado** *m* Verbrauchermarkt *m*, großer Supermarkt *m*; ~**metría** *f* Metrik *f*; Hypermetrie *f*; ~**métrope** *adj.-su.* übersichtig; ~**metropía** ℱ *f* Übersichtigkeit *f*; ~**saturación** *f* Übersättigung *f*; ~**sensibilidad** *f* Überempfindlichkeit *f*; ~**sensible** *adj. c* überempfindlich; ~**susceptibilidad** *f* Überempfindlichkeit *f*; ~**susceptible** *adj. c* überempfindlich; ~**tensión** ℱ *m* (Blut-)Hochdruck *m*; ~**texto** *m* IT Hypertext *m*; ~**tiroidismo** ℱ *m* Hyperthyreose *f*; ~**trofia** *Biol. u. fig. f* Hypertrophie *f*; ~**trofiado**, ~**trófico** *adj.* hypertroph(iert), zu stark entwickelt; ~**vínculo** *m* IT Hyperlink *m*.
hípi|ca *f* Reitsport *m*; ~**co** *adj.* Pferde...; *deporte m* ~ Pferde-, Reit-sport *m*.
hipido *m* Aufschluchzen *n*; ♪ *Andal.* → *jipío.*
hipismo *m* Pferde-, Reit-sport *m*.
hip|nosis ℱ *f* Hypnose *f*; ~**nótico** I. *adj.* hypnotisch; II. *m* Schlafmittel *n*; ~**notismo** *m* Hypnose *f*; Hypnoselehre *f*; ~**notizador** *adj.-su.* Hypnotiseur *m*; ~**notizar** [1f] *v/t.* hypnotisieren (*a. fig.*), in Hypnose versetzen.
hipo *m* Schluckauf *m*; Aufschlucken *n*; *fig.* heftiges Verlangen *n* (nach *dat.* de); *fig.* Wut *f*, Pik *m* F (auf *ac.* con); *fig.* F *que quitó el* ~ toll F, großartig; *eso le quitó el* ~ das verschlug ihm die Sprache.
hipoacusia ℱ *f* Schwerhörigkeit *f*.
hipocampo *Zo. m* Seepferdchen *m*.
hipocentro *Geol. m* Hypozentrum *n*.
hipo|condría *f* ℱ Hypochondrie *f*, Melancholie *f*, Schwermut *f*; ~**condríaco** *adj.-su.* hypochondrisch; schwermütig; *m* Hypochonder *m*; ~**cóndrio** *adj.* 1. *Anat.* am seitlichen Oberbauch; 2. → *hipocondríaco*; ~**condrio** *Anat. m* Hypochondrium *n*.
hipocorístico *Li. m* Kosename *m*; Verkleinerungsform *f*.
hipocrás *m* Gewürzwein *m*.
hipocrático *adj.* hippokratisch.

hi|pocresía *f* Heuchelei *f*; Scheinheiligkeit *f*; Verstellung *f*; ~**pócrita** *adj.-su. c* falsch; heuchlerisch, scheinheilig; *m* Heuchler *m*.
hipodérmico ℱ *adj.* subkutan.
hipódromo *m* Rennbahn *f*; Hippodrom *m*.
hipófisis *Anat. f* (*pl. inv.*) Hypophyse *f*, Hirnanhangsdrüse *f*.
hipo|función *f* Unterfunktion *f*; ~**gastrio** *Anat. m* Unterbauch *m*, Hypogastrium *n*; ~**geo** *m* 1. *Arch.* Hypogäum *n*; 2. unterirdische Kapelle *f*; unterirdischer Bau *m*.
hipogloso *Fi. m* Heilbutt *m*.
hipogrifo *poet. m* Hippogryph *m*.
hipólogo *m* Pferdekenner *m*.
hipopótamo *m Zo.* Fluß-, Nil-pferd *n*; *fig.* F Rhinozeros *n* F (*Schimpfwort*).
hiposo *adj.-su.* schluckend; aufschluchzend; j., der den Schluckauf hat.
hi|póstasis *Phil., Theol.*, ℱ *f* Hypostase *f*; ~**postático** *adj. Phil., Theol.*, ℱ hypostatisch; *Phil.* hypostasierend.
hipoteca *f a. fig.* Hypothek *f*; ~**ble** *adj. c* (mit e-r Hypothek) belastbar; ~**r** [1g] *v/t.* mit e-r Hypothek belasten (*a. fig.*); *fig.* in Frage stellen, gefährden; ~**rio** *adj.* hypothekarisch, Hypotheken..., Hypothekar...; ✝, ⚖ *acreedor m* ~ Hypothekengläubiger *m*; *operaciones f/pl.* ~*as* Hypothekenverkehr *m*.
hipo|tensión ℱ *f* Hypotonie *f*, niedriger Blutdruck *m*; ~**tenusa** A *f* Hypotenuse *f*; ~**termia** *f* Untertemperatur *f*; Unterkühlung *f*.
hi|pótesis *f* Hypothese *f*, Annahme *f*; Unterstellung *f*; ~**potético** *adj.* hypothetisch; *Gram. período m* ~ Bedingungssatz *m*.
hipo|tiroidismo ℱ *m* Hypothyreose *f*; ~**tónico** ℱ *adj.-su.* hypotonisch (*a.* Lösung); *m* Hypotoniker *m*; ~**trofia** *Biol. f* Hypotrophie *f*, Unterentwicklung *f*.
hippie *m* Hippie *m*.
hip|sograma *m* Höhendiagramm *n*; ~**sometría** *f* Höhenmessung *f*; ~**sómetro** *m* Höhenmesser *m*.
hiriente *adj. c* verletzend (*bsd. fig.*); beleidigend.
hirsuto *adj.* struppig, borstig; ⚘ stachel(haar)ig; *fig.* rauh, widerborstig.
hirudí|neos, ~**nidos** *Zo. m/pl.* Blutegel *m/pl.*
hirvien|do *ger. v. hervir*; ~**te** *adj. c* kochend.
hiso|pada *kath. f* Besprengung *f* mit Weihwasser; ~**par** *v/t.* → *hisopear*; ~**pazo** *m* 1. F → *hisopada*; 2. Schlag *m* (bzw. Schwenken *n*) mit dem Weihwedel; ~**pear** *vt/i.* mit Weihwasser (be)sprengen; ~**pillo** *m* 1. ⚘ wilder Ysop *m*; 2. Tränkläppchen *in für Kranke*; ~**po** *m* 1. ⚘ Ysop *m*; 2. *kath.* Weihwedel *m*; 3. F *Arg., Col., Chi., Méj.* (gr.) Pinsel *m*; Wattestäbchen *n*.
hispalense *lit. adj.-su. c* sevillanisch; *m* Sevillaner *m*.
hispánico *adj.* (hi)spanisch.
hispa|nidad *f* Hispanität *f*, Spaniertum *n*; spanisches Wesen *n*; ~**nismo** *m* 1. spanische Spracheigentümlichkeit *f*; 2. Liebe *f* zu Spanien (*od.* zur

hispanischen Kultur); ~**nista** *c* Hispanist *m*; ~**nística** *f* Hispanistik *f*; ~**nizar** [1f] *v/t.* hispanisieren, spanisch machen; ~**no** *adj.-su.* 1. *lit.* spanisch; *m* Spanier *m*; 2. *in Zssgn.* ~(-)... ~*spanisch-...*; ~*alemán* spanisch-deutsch (*wenn die Selbständigkeit jedes Wortteils betont wird, mit Bindestrich, sonst ohne Bindestrich*); 3. *m* in den USA lebender Hispano-Amerikaner *m*; ♀**noamérica** *f* Spanisch-Amerika *n*; ~**noamericanismo** *m* 1. spanisch-amerikanische Spracheigentümlichkeit *f*; 2. Verbundenheit *f* zwischen den spanisch-amerikanischen Ländern unterea. u. mit Spanien; ~**noamericano** *adj.-su.* spanisch-amerikanisch; *m* Hispano-Amerikaner *m*; ~**nófilo** *adj.-su.* spanienfreundlich; *m* Spanienfreund *m*; ~**nófobo** *adj.* spanienfeindlich; ~**nófono** *adj.-su.*, ~**nohablante**, ~**noparlante** *adj.-su. c* spanisch sprechend, spanischsprachig; *m* Spanischsprechende(r) *m*.
híspido *adj.* borstig; stachelig.
histerectomía *Chir. f* Hysterektomie *f*, operative Entfernung *f* der Gebärmutter.
his|teria *f* Hysterie *f*; ~**térico** *adj.-su.* hysterisch; *m* Hysteriker *m*; ~**terismo** *m* Hysterie *f*.
his|tología ℱ *f* Histologie *f*; ~**tológico** *adj.* histologisch; ~**tólogo** *m* Histologe *m*; ~**toquímica** *f* Histochemie *f*.
historia *f* 1. Geschichte *f* (*a. fig.*); Erzählung *f*; *fig.* ~*s f/pl.* Klatsch *m*; Ausreden *f/pl.*, Vorwände *m/pl.*; Aufregung *f*, Wirbel *m* F; ~(s) *de alcoba* Bettgeschichte(n) *f*(*/pl.*); ~ *del arte*, ~ *de las artes* Kunstgeschichte *f*; ~ *antigua* alte Geschichte *f*; ~ *clínica* Krankengeschichte *f*; ~ *cultural*, ~ *de la civilización* Kulturgeschichte *f*; ~ *de la Edad Media* (*de la Edad Moderna*) Geschichte *f* des Mittelalters (der Neuzeit); ~ *de la Edad Contemporánea* Neuere (bzw. Neueste) Geschichte *f*; ~ *de la Iglesia* (*de la literatura*) Kirchen- (Literatur-)geschichte *f*; ~ *natural* Naturgeschichte *f*; Naturkunde *f*; ~ *sacra*, ~ *sagrada* Heilsgeschichte *f*; biblische Geschichte *f*; ~ *universal* Weltgeschichte *f*; *fig. de* ~ verrufen, mit e-r (bewegten) Vergangenheit; F ¡*déjate de* ~*s!* mach doch k-e Geschichten!; laß die dummen Ausreden!; *iron.* ¡*así se escribe la* ~*!* so geht man um mit der Wahrheit!; und das soll wahr sein!; *hacer* ~ a) Geschichte machen; b) berichten (*ac. od.* über *ac. de*); *fig.* la ~ *de siempre* immer die alte Geschichte, immer das gleiche Lied; *pasar a la* ~ in die Geschichte eingehen (*a. fig.*); *haber pasado a la* ~ e-e alte Geschichte sein; längst überholt sein; 2. Geschichtswerk *n*; 3. *Mal.* Geschichtsbild *n*; *pintor m de* ~ Historienmaler *m*.
historia|do *adj. Typ.* verziert (*Iniziale*); *fig.* überladen, kitschig; *Mal.* gut angeordnet (*Figuren im thematischen Zs.-hang*); ~**dor** *m* Historiker *m*; ~ *de la literatura* Literarhistoriker *m*; ~**l** I. *adj. c* geschichtlich, historisch; II. *m* geschichtlicher Rückblick *m*; *Verw.* Personalakte *f*; Lebenslauf *m*; ~ (*de una*

casa de comercio) Firmengeschichte *f*; ~ *delictivo* Vorstrafen *f/pl.*; ⚕ ~ *médico* Krankengeschichte *f*; ~ *profesional* beruflicher Werdegang *m*; ~**r** [1b] **I.** *v/t.* **1.** e-e genaue Schilderung geben von (*dat.*); e-n geschichtlichen Überblick geben über (*ac.*); **2.** *Am.* durch *ea.*-bringen, verwirren; **II.** *v/i.* **3.** *abs.* Geschichten erzählen *bzw.* schreiben.
his|toricidad *f* Geschichtlichkeit *f*; **~toricismo** 🜨 *m* Histor(iz)ismus *m*; **~tórico** *adj.* geschichtlich, historisch; Geschichts...; *tiempos m/pl.* ~s historische Zeiträume *m/pl.*; *Gram. tiempo m* ~ historische Zeit *f*, Tempus *n* historicum; **~torieta** *f* kurze Geschichte *f*; Kurzgeschichte *f*; *a.* Comic strip *m*; **~toriografía** *f* Historiographie *f*; **~toriógrafo** *m* Geschichtsschreiber *m*.
histri|ón *m lit.* Mime *m*, Schauspieler *m*; † Gaukler *m*; *fig.* Hanswurst *m*, Spaßvogel *m*; **~onismo** *m* Komödiantentum *n*; Komödianten *m/pl.* [*Hirschgeweih.*]
hita *Jgdw. f* Ende *n*, Sprosse *f am*
hitita *hist. adj.-su.* c hethitisch; *m* Hethiter *m*.
hito I. *adj.* **1.** angrenzend (*Straße, Haus*); **2.** 🢭 fest; *adv. a* ~ fest, unverrückbar; **II.** *m* **3.** Grenz-, Markstein *m*; Ziel(punkt *m*) *n*; *fig.* marcar un ~ e-n Markstein bilden; *mirar de* ~ *en* ~ *j-n* scharf ansehen; **4.** Wurfspiel *n*.
hoacín *Vo. m Am.* Schopf-, Zigeunerhuhn *n*.
hobachón F *adj.* dick u. träge.
hobby *m* Hobby *n*.
hobo 🢭 *m* → *jobo* 1.
hoci|car [1g] **I.** *vt/i.* **1.** → *hozar*; **II.** *v/t.* **2.** F abküssen, abschmatzen F; **III.** *v/i.* **3.** auf die Nase fallen; mit dem Kopf anrennen; **4.** F auf ein (unüberwindliches) Hindernis stoßen; (es) auflaufen; **5.** F herumschnüffeln; **6.** ⚓ mit dem Bug tief im Wasser liegen; **~co** *m* **1.** Schnauze *f*; Rüssel *m* (*Schwein*); F stark aufgeworfene Lippen *f/pl.*; *fig.* F Gesicht *n*, Visage *f* (*desp.*); P ~s *m/pl.* Maul *n* P, Schnauze *f* P; F *caer* (*od. dar*) *de* ~s *en el suelo auf die Nase fallen; estar de* (*od.* con) ~ maulen, schmollen; *quitar* (*od.* romperle) *a alg.* los ~s j-m den Schädel einschlagen P (*Drohung*); *poner* ~ *od.* torcer el ~ den Mund verziehen, die Nase rümpfen; **2.** *Anat.* ~ *de tenca* Muttermund *m*; **~cón** *adj.* **1.** schmollend; **2.** → **~cudo** *adj.* mit großer Schnauze; mit aufgeworfenen Lippen.
hocino *m* **1.** Gärtner-, Reb-messer *n*; **2.** Talschlucht *f*; Engstelle *f e-s Flusses*; Flußdurchbruch *m*.
hocique|ar I. *vt/i.* → *hozar*; **II.** *v/t.* mit der Schnauze anstoßen; beschnüffeln; **~ra** *f Cu., Pe.* Maulkorb *m*.
hockey *Sp. m:* ~ (*sobre hierba*) (Rasen-)Hockey *n*; ~ *sobre hielo* Eishockey *n*; ~ *sobre patines* (*de ruedas*) Roll(schuh)hockey *n*.
hogaño *lit. adv.* in diesem Jahr, heuer; jetzt.
hoga|r *m* **1.** Herd *m*, Feuerstelle *f*; *fig. a.* (*familiar*) Heim *n*; Leben *n* im Kreis der Familie; ~ *de pensionista* Seniorentagesstätte *f*; ~ *sindical etwa*: Gewerkschaftshaus *m*; *persona f sin* ~

Obdachlose(r) *m*; *fig.* volver al ~ heimkehren; **2.** ⊕ Feuerung *f*; Feuerraum *m*; **~reño** *adj.* häuslich; Haus...; Herd...; **~za** *f* Laib *m* Brot; Kleienbrot *n*.
hoguera *f* **1.** Scheiterhaufen *m*; **2.** Freuden-, Lager-feuer *n*; ~ *de San Juan* Johannisfeuer *n*.
hoja *f* **1.** ♀ Blatt *n*; Blumenblatt *n*; Nadel *f* (*Tanne usw.*); ~s *f/pl.* Laub *n*, Belaubung *f*; ~ *de parra* Rebblatt *n*; *fig.* Feigenblatt *n*; *de cuatro* ~s vierblättrig; → *a.* 4 *u.* 9; *de* ~ *perenne* immergrün; *árboles m/pl. de* ~ *caduca* Laubhölzer *n/pl.*; *fig.* poner *a alg. como* ~ *de perejil* j-n fertigmachen F; kein gutes Haar an j-m lassen; *temblar como las* ~s *en el árbol* wie Espenlaub zittern; **2.** Blatt *n*; Bogen *m* (*Papier*); Formular *n*; *EDV* ~ *de cálculo* Tabellenkalkulation *f*; ~ *de instrucción* Merkblatt *n*; ~ *de pedido* Bestellschein *m*; ~ *de ruta* 🢭 Laufzettel *m*; 📋 Begleitschein *m*; ⨯ Aufzeichnung *f der Marschroute*; *Verw.* ~ *de servicios* Personalakte *f*; ~s *f/pl.* sueltas lose Blätter *n/pl.*; ~ *volante* Flugblatt *n*; *fig.* desdoblar *la* ~ das unterbrochene Gespräch (*bzw.* das Thema) wiederaufnehmen; *doblar* (*od. volver*) *la* ~ **a)** das Blatt (um)wenden; **b)** *fig.* s-e Meinung ändern; sein Versprechen nicht halten; e-n Rückzieher machen; **c)** das Thema wechseln; *fig. la cosa no tiene vuelta de* ~ das ist nun mal so (*od.* sicher); das steht eindeutig fest; **3.** (dünne) Metallplatte *f*, Folie *f*; ~ *de aluminio* Alu(minium)folie *f*; ~ *de lata* → *hojalata*; *batir* ~ *Gold u. ä.* schlagen (*Blattgoldherstellung*); (Fenster-, Tür-, Altar-)Flügel *m*; *de tres* ~s dreiteilig (*Wandschirm usw.*); *Zim.* ~ *de madera* Furnier(holz) *n*; **5.** (Messer- usw.)Klinge *f* (*Scher-*, *Säge-*)Blatt *n*; ~ *de afeitar* Rasierklinge *f*; *Schneiderm.* **6.** ~ *de tocino* Speckseite *f*; **7.** Blatt *n*, Teil *m b. Schneidern;* **8.** ✐ Brachfeld *n*; **9.** *vino m de dos* (*tres*) ~s ein- (zwei-)jähriger Wein *m*.
hojala|ta *f* Weißblech *n*; Blech *n*; **~tería** *f* Klempnerei *f*, Spenglerei *f*; **~tero** *m* Klempner *m*, Spengler *m*.
hojal|de *m*, **~dra** *f Reg.* → *hojaldre*; **~drado** *adj.* blätterteigartig; blätterig; **~drar** *v/t.* zu Blätterteig verarbeiten; **~dre** *m, f* Blätterteig(gebäck *n*) *m*.
hojaranzo ♀ *m* → *ojaranzo*.
hojarasca *f* dürres Laub *n*; *fig.* Geschwätz *n*, Gewäsch *n* F.
hojear I. *v/t.* **1.** durchblättern; **II.** *v/i.* **2.** s. bewegen, rauschen (*Laub*); **3.** *Col., Guat.* Blätter treiben.
ho|joso, **~judo** *adj.* belaubt; blattreich.
hojuela *f* **1.** Blättchen *n*; **2.** ♀ Teilblättchen *n*; Kelchblatt *n*; **3.** *Kchk.* Art dünner Fladen *m*; *Cu., Guat.* → *hojaldre*; *fig.* F *es miel sobre* ~s das ist ja großartig, das ist des Guten beinahe zu viel; **4.** ⊕ Blättchen *n im Metall*; **5.** (Öl-)Trester *m*.
¡hola! *int.* **1.** F servus! (*Reg.* F), grüß Gott!, guten Tag!; **2.** hallo!, holla!; nanu!, sowas!
holanda *f* **1.** ♀ Holland *n*; **2.** *tex.* feines Wäscheleinen *n*.
holan|dés I. *adj.* holländisch; *a la*

~esa nach holländischer Art; *Buchb.* encuadernación *f a la* ~esa Halbfranzband *m*; **II.** *m* Holländer *m*; *das* Holländische; Blatt *n* Schreibpapier (*Format ca.* 22 × 28 *cm*); **~deta**, **~dilla** *tex. f* Futter-leinwand *f*, -leinen *n*.
holding ✝ *m* Holding(gesellschaft) *f*.
holga|chón F *adj.* arbeitsscheu, faul; **~damente** *adv.* bequem; **~do** *adj.* **1.** (zu) weit, bequem (*Kleidung*); geräumig; **2.** behaglich, sorgenfrei; müßig; **~nza** *f* Müßiggang *m*; Muße *f*; **2.** Vergnügen *n*; **~r** [1h *u.* 1m] **I.** *v/i.* **1.** müßig sein; feiern, blaumachen F; **2.** stillstehen, nicht in Betrieb sein; **3.** überflüssig (*od.* unnötig) sein, s. erübrigen; *huelgan los comentarios* Kommentar überflüssig; *huelga decir* es erübrigt s., zu sagen; **II.** *v/r.* **~se 4.** s. amüsieren; s. freuen (über *ac. de, por*); **~zán** *adj.-su.* träge, faul; *m* Müßiggänger *m*, Faulenzer *m*, Tagedieb *m*; **~zanear** *v/i.* faulenzen, herumlungern; **~zanería** *f* Müßiggang *m*, Faulenzerei *f*, Nichtstun *n*.
hol|gón *adj.-su.* vergnügungssüchtig; **~gorio** F *m* lärmendes Vergnügen *n*, Rummel *m* F, Budenzauber *m* F; *pasar la noche de* ~ die Nacht durchfeiern.
holgura *f* **1.** Weite *f*; freie Bewegung *f*; ⊕ Spiel *n*; toter Gang *m*; **2.** Behaglichkeit *f*; *adv. con* ~ bequem, leicht; *vivir con* ~ behaglich leben, ein gutes Auskommen haben.
holocausto *m Rel.* Brandopfer *n*; *a. fig.* Sühnopfer *n*; Holocaust *m*; *en* ~ *als* (*od.* zum) Sühnopfer (für *ac. de bzw. por*).
holoceno *Geol. m* Holozän *n*, Alluvium *n*.
hológrafo *adj.-su.* → *ológrafo*.
holómetro *m* Höhenwinkelmeßgerät *n*.
holostérico *adj.*: *barómetro m* ~ Aneroidbarometer *n*.
holoturia *Zo. f* Holothurie *f*, Seewalze *f*, -gurke *f*.
holla|dero *adj.* viel betreten, viel begangen (*Weg*); **~dura** *f* Betreten *n*; Niedertreten *n*; **~r** [1m] *v/t.* betreten; zer-, nieder-treten; *fig.* mit Füßen treten; demütigen; schänden (*fig.*).
hollejo *m* (Trauben-, Bohnen-) Schale *f*.
hollín *m* **1.** Ruß *m*; *cubrirse de* ~ verrußen; **2.** *fig.* F → *jolgorio*.
hombra|cho *desp. m*, **~chón** F *augm. m gr.* kräftiger Mann *m*, Schrank *m* (*fig.* F); **~da** *f* (mutige) Mannestat *f*, Tat *f* e-s ganzen Kerls.
hombre *m* **1.** Mensch *m*; Mann *m*; P (Ehe-)Mann *m*; *¡*~*!* Mensch!, Menschenskind!; mein Lieber!; um Himmels willen!; na sowas!; nanu!; ⚕ *¡al agua!* *od.* *¡*~ *a la mar!* Mann über Bord!; *~ a* ~ von Mann zu Mann; unter vier Augen; ~ *de acción* Tatmensch *m*, Mann der der Tat; *~-anuncio* Sandwichmann *m*; ~ *bueno* guter Mensch *m*; ⚖ Vermittler *m*, Schiedsmann *m*; *hist.* Gemeinde(r) *m*; *buen* ~ guter Kerl *m* F; armer Schlucker *m*; *bien* → ~ *de pro*; *el* ~ *de la calle* der Mann von der Straße, der Normal-

hombrear — hopa 346

verbraucher F; el ~ para (el caso) der rechte Mann (am rechten Platz); fig. ~ clave Schlüsselfigur f; ~ de Estado Staatsmann m; hist. Standesherr m; Höfling m; gran(de) ~ großer (od. bedeutender) Mann m; ~ hecho erwachsener Mann m; erfahrener Mann m; ~ de letras Literat m; ~ de mundo Weltmann m; ~ de negocios Geschäftsmann m; → a. nieve 1; ~ de paja Strohmann m; ~ de palabra Mann m, der zu s-m Wort steht; ~ para poco ängstlicher (od. schwungloser) Mensch m; ~ de pro(vecho) rechtschaffener (od. redlicher) Mann m; pobre ~ armer Kerl m; ~ público Politiker m; ~-rana Froschmann m;✕ Kampfschwimmer m; ~-serpiente Schlangenmensch m; adv. como un solo ~ wie ein Mann, geschlossen, einstimmig; hacerse (od. llegar a ser) ~ ins Mannesalter treten, ein Mann werden; fig. ser ~ al agua (ein) verloren(er Mann) sein; fig. ser el ~ del día der Held des Tages sein; ser mucho ~ (ein Mann) von echtem Schrot u. Korn sein; ser muy ~, ser todo un ~ ein ganzer Mann sein; ser poco ~ wenig mannhaft sein; mañana serán ~s aus Kindern werden Leute; Spr. de ~ a ~ no va nada Sinn mst.: im Grunde genommen kommt es nur auf das Glück (od. auf die Umstände) an; el ~ propone y Dios dispone der Mensch denkt, Gott lenkt; 2. Kart. Lomber n; ~ar¹ v/i. den Mann spielen (wollen); fig. (a. v/r. ~se) es andern gleichtun wollen; ~ar² I. v/i. die Schultern anstemmen; II. v/t. Col., Méj. (unter)stützen, fördern; ~cillo m 1. dim. Männchen n; 2. ♀ Hopfen m; ~ra f 1. Achselstück n (Uniform, Rüstung); 2. Schulterpolster n; 3. Träger m (Büstenhalter usw.); ~tón m augm. zu hombre; ~zuelo m dim. zu hombre; Männchen n.
hombría f Männlichkeit f; ~ de bien Redlichkeit f, Rechtschaffenheit f.
hombro m Schulter f; ✕ ¡al ~ ar(mas)! das Gewehr — über!; adv. fig. ~ a ~ Schulter an Schulter, gemeinsam; arrimar el ~ die Schulter anstemmen; fig. s. anstrengen; s. tüchtig ins Zeug legen; echar al ~ auf die Schulter nehmen; fig. echarse a/c. al ~ et. übernehmen, auf s. nehmen; encogerse de ~s, a. alzar (od. levantar) los ~s die Achseln zucken; llevar a ~s auf der Schulter tragen; mirar a alg. por encima del ~ (od. sobre el ~) j-n über die Achsel ansehen; j-n geringschätzig behandeln; sacar a ~s a alg. j-n auf den Schultern tragen.
hom|brón m augm. grobschlächtiger Kerl m, Klotz m F; ~**bruno** desp. adj. männlich (Frau); mujer f ~a Mannweib n.
homebanking m IT Homebanking n.
homenaje m 1. Huldigung f, Ehrung f; Ehrerbietung f; ~ (dedicado) a Festschrift für (ac.); en ~ de zu Ehren (gen.); rendir ~ a alg. j-m huldigen; a. fig. j-m e-e Huldigung darbringen; j-m Achtung zollen; 2. hist. Lehnseid m; torre f del ~ Bergfried m, Hauptturm m; ~ar v/t. Jubilare feiern, ehren.
home|ópata c Homöopath m; ~**opa-**

tía f Homöopathie f; ~**opático** adj. homöopathisch (a. fig.).
Home Page f IT Homepage f.
homérico adj. homerisch; risa f ~a homerisches Gelächter n.
homici|da I. adj. c Totschlag(s)..., Mord...; mörderisch; arma f ~ Mordwaffe f; II. c Totschläger m; ~**dio** m Totschlag m, Tötung(sdelikt n) f; ~ involuntario, ~ culposo fahrlässige Tötung f.
homilía f ecl. Homilie f; fig. F Moralpredigt f.
homi|nal Biol. adj. c auf den Menschen bezüglich, Menschen...; ~**nicaco** F desp. m Männchen n, (erbärmlicher) Wicht m.
homocigoto Biol. adj.-su. reinerbig.
homófono Li. adj. homophon.
homo|geneidad ⋈ f Homogenität f, Gleichartigkeit f; ~**geneizar** [1f u. 1c] v/t. homogenisieren; ~**géneo** adj. homogen, gleichartig.
homógrafo Li. adj.-su. m Homograph n.
homologa|ción f 1. ⚖ Bestätigung f; Ratifizierung f; Vollziehung f; 2. Sp. Anerkennung f e-s Rekords; (Typ-)Prüfung f, Freigabe f e-s Rennwagens usw.; ~**r** [1h] v/t. anerkennen, amtlich bestätigen; genehmigen, freigeben.
ho|mología f bsd. Phil., Biol. Homologie f; ~**mólogo** I. m Amtskollege m; II. adj. homolog, übereinstimmend.
homónimo I. adj. 1. Li. homonym, gleichlautend; II. m 2. Li. Homonym n; 3. Namensvetter m.
homo|pétalo ⚘ adj. mit gleichen Kronenblättern; ~**plasia** ⚘ f Homo(io)plastik f.
homópteros Ent. m/pl. Gleichflügler m/pl., Homoptera pl.
homosexual adj.-su. c homosexuell; m Homosexuelle(r) m; ~**lidad** f Homosexualität f.
homúnculo m Homunkulus m; desp. Männlein n, Wicht m.
hon|da f Schleuder f; lanzar (od. tirar) con ~ Stein schleudern; ~**dada** f → hondazo; ~**damente** adv. tief; fig. a. ergreifend; ~**dazo** m Wurf m (od. Schuß m bzw. Treffer m) mit der Schleuder; ~**dear** vt/i. loten, auslosen; Schiff entladen, leichtern; □ (Gelegenheit) auskundschaften, (aus)baldowern (□); ~**dero** m Schleuderer m; ~**dillos** m/pl. Hosenwickel m, Schritt m; ~**do** I. adj. 1. tief; fig. tief(gehend); heftig; lo más ~ die tiefste Stelle, die Tiefe; 2. Cu. angeschwollen (Fluß); II. m 3. Tiefe f; ~**dón** m 1. Boden m e-s Behälters; 2. Nadelöhr n; 3. Equ. Fußrasten f bzw. Schuh m des Steigbügels; 4. ~**donada** f Niederung f, Mulde f; Schlucht f, Hohlweg m; ~**dura** f Tiefe f; fig. F meterse en ~s s. an Dinge wagen, denen man nicht gewachsen ist; den Neunmalklugen spielen.
Hondu|ras f Honduras n; **r(eñ)ismo** m Spracheigentümlichkeit f von Honduras; **reño** adj.-su. aus Honduras, honduranisch; m Honduraner m.
hones|tidad f Anständigkeit f, Ehrlichkeit f; Rechtschaffenheit f; Sittsamkeit f, Keuschheit f; ~**to** adj.

ehrlich, anständig; rechtschaffen, zuverlässig; ehrbar; sittsam, keusch; razones f/pl. ~as ehrenwerte Gründe m/pl.
Hong-Kong m Hongkong n.
hongo m 1. Pilz m (a. fig.); Schwamm m; Zo. ~ marino Seeanemone f; ~ de la madera Holzschwamm m; ~ venenoso Giftpilz m; fig. darse como ~s wie Pilze aus dem Boden schießen; fig. F más solo que un ~ mutterseelenallein; 2. F Melone f F, steifer Hut m.
hono|r m 1. Ehre f; Ehrgefühl n; Ehrung f; Ehrenamt n; Ehrentitel m; ~es m/pl. Ehrenerweisungen f/pl., Ehrenbezeigungen f/pl.; en ~ de zu Ehren (gen.); en ~ a la verdad (um) der Wahrheit die Ehre zu geben; por el ~ um der Ehre willen, ehrenhalber; ✕ guardia f de ~ Ehrenwache f; ~ militar Soldatenehre f; punto m (od. cuestión f) de ~ Ehrensache f; tribunal m de ~ Ehrengericht n; Sp. vuelta f de ~ Ehrenrunde f; hacer ~ a Ehre antun (dat.); hacer el ~ de + inf. die Ehre erweisen, zu + inf.; hacer los ~es de la casa die Gäste begrüßen, die Honneurs machen F; rendir ~es militares a alg. j-m die militärischen Ehren erweisen; tener a mucho ~ s. e-e Ehre daraus machen, s-e Ehre darein setzen; tengo el ~ de... ich habe die Ehre, zu...; tributarle a alg. los últimos ~es j-m die letzte Ehre erweisen; ~**rabilidad** f Ehrenhaftigkeit f; ~**rable** adj. c ehrenwert, ehrenhaft; ~**rablemente** adv. auf ehrenhafte Weise; würdig; ~**rario** I. adj. Ehren..., Honorar...; ciudadano m (miembro m) ~ Ehrenbürger m (-mitglied n); profesor m ~ Honorarprofessor m; II. m Ehrensold m; ~s m/pl. Honorar n; ~s notariales Notariatsgebühren f/pl.; ~**rem: ad** ~ ehrenhalber; ~**rífico** adj. ehrenvoll; bsd. Am. Ehren...; mención f ~a ehrenvolle Erwähnung f; Auszeichnung f; a título ~ ehrenamtlich; ~**ris causa** ehrenhalber, honoris causa, Abk. h.c.
hon|ra f 1. Ehrgefühl n; Ehre f; ¡a mucha ~! allerdings (u. ich bin stolz darauf)!; e-e große Ehre für mich!; 2. Ansehen n, guter Ruf m; Ehrbarkeit f; Zurückhaltung f; Sittsamkeit f; 3. ~s f/pl. (fúnebres) Trauerfeier f; kath. Seelenmesse f, Totenamt n; ~**radamente** adv. redlich, anständig; ~**radez** f Rechtschaffenheit f, Anständigkeit f, Ehrlichkeit f; Ehrbarkeit f; falta f de ~ Unredlichkeit f; ~**rado** adj. anständig, ehrlich, redlich, rechtschaffen; ehrbar; † redlich, reell; ~**rar** I. v/t. 1. ehren, auszeichnen; 2. ehren; verehren, in Ehren halten; ~ a Dios Gott die Ehre geben; 3. † Wechsel usw. honorieren, einlösen; II. v/r. ~**se** 4. ~se de (od. con) a/c. s. et. zur Ehre anrechnen, et. als e-e Ehre ansehen; ~**rilla** f (F negra ~ falsches Ehrgefühl n; por la negra ~ aus falschem Ehrgefühl; des Scheines wegen; ~**roso** adj. ehrenvoll; würdig.
hontana|l, ~r m Quellgrund m; fig. lit. Quelle f, Quell m (lit.).
hopa¹ f Armsünderhemd n; † langer Kittel m.

¡**hopa**!² *int. Col., Guat., Ur.* → ¡*hola*!
hopalanda *f* Talar *m der Studenten*; *fig.* Deckmantel *m.*
hopo¹ *m* buschiger Schweif *m*; Fuchsschwanz *m.*
¡**hopo**!² *int.* weg (hier)!, fort!
hora I. *f* 1. Stunde *f*; Zeit *f*; Uhr(zeit) *f*; Zeitpunkt *m*; ~ *americana* amerikanische Zeit *f*; ~ *civil* Normalzeit *f*; "~s *convenidas*" „Sprechstunde nach Vereinbarung"; ~ *del día* Tageszeit *f*; ~s *enteras* stundenlang; ~ *de (la) Europa Central* mitteleuropäische Zeit *f*, *Abk.* MEZ *f*; ✝ ~s *f/pl.* extraordinarias, F ~s extra Überstunden *f/pl.*; ~ *local* Ortszeit *f*; ~s *de negocio*, ~s *de oficina* Geschäftsstunden *f/pl.*, ~s *de ocio* Mußestunden *f/pl.*, Freizeit *f*; ~s *punta, Am.* ~s *pico* Stoßzeit(en) *f(/pl.)*; Hauptverkehrszeit *f*; ~ *suprema* Todes-, Sterbestunde *f*; ~s *valle Tel.* Nebenzeit *f*; Schwachlastzeit *f* (*b. Strom*); *fig.* la ~ *de la verdad* die Stunde der Wahrheit; *a la* ~ pünktlich; *a altas* ~s *de la noche* spät in der Nacht; *adv. a buena* ~ recht-, frühzeitig; *fig. a buenas* ~s (*mangas verdes*) zu spät; die Gelegenheit ist vorbei; *adv.* **en buena** ~ **a)** rechtzeitig, zur rechten Zeit; **b)** meinetwegen; von mir aus; *de* ~ *en* ~ stündlich; *a 120 kms.* ~ mit 120 Stundenkilometern; *por* ~s für Stunden, stundenweise; nach Zeit; *cada dos* ~s zweistündlich; alle zwei Stunden; *cada media* ~ halbstündlich; *a estas* ~s jetzt, zur Zeit; ¡*en mala* ~! zum Teufel!; *a todas* ~s zu jeder Zeit, immer; *a última* ~ in letzter Stunde; im letzten Augenblick; schließlich; endlich; *a última* ~ *de la tarde* am Spätnachmittag; ¿*qué* ~ *es*?, *Am.* ¿*qué* ~s *son*? wie spät ist es?, wieviel Uhr ist es?; *dar* ~ e-e Zeit bestimmen; e-n Termin geben; *dar la* ~ (die Stunden) schlagen (*Uhr*); *fig.* pünktlich, zuverlässig (*bzw.* vollkommen) sein; *fig.* F *esto da la* ~ (*y quita los cuartos*) das ist sehr gut, das ist prima *f*; *pedir* (*od. tomar*) ~ s. e-n Termin (an)geben lassen (*b. Arzt usw.*); *Uhr poner* ~ stellen; ¡*que la* ~ *sea corta*! alles Gute! (*zu e-r Frau vor der Entbindung*); *ya es* ~ es ist (an der) Zeit, es ist höchste Zeit; *ya es* ~ (de) *que lo hagas* du mußt es jetzt tun, es ist (höchste) Zeit; *tener* ~ e-n Termin haben, bestellt sein (*b. Arzt usw.*); *fig. tiene sus* ~s *contadas* s-e Tage sind gezählt; 2. *kath.* Stundengebet *n*, Hore *f*; (*libro m de*) ~s Gebetbuch *n* mit Marienmesse *u.* andern Andachtsübungen; **3.** *Myth.* ₰s *f/pl.* Horen *f/pl.*; **II.** *adv.* 4. † *u. Col.* jetzt.
hora|ciano *adj.* horazisch; ℘cio *npr. m* Horatius *m*; Horaz (*Dichter*).
hora|dar *v/t.* durchbohren; durchlöchern; lochen; ~**do** *m* 1. Loch *n*; 2. Höhle *f*.
horario I. *adj.* 1. stündlich, Stunden...; *cuadro m* ~ Aushangfahrplan *m*; **II.** *m* 2. ~ *de comidas* Essenszeiten *f/pl.*; ~ *escolar* Stundenplan *m*; ~ *flexible* gleitende Arbeitszeit *f*; 🚂 ~ (*de trenes*) Fahrplan *m*; ~ (*del servicio aéreo*) Flugplan *m*; ~ *de trabajo* (*de verano*) Arbeits- (Sommer-)zeit *f*; *con* ~ *permanente* rund um die Uhr; **3.** Stundenzeiger *m*; **4.** † Uhr *f*.
hor|ca *f* 1. Galgen *m*; *fig.* ¡*carne de* ~! du Galgenvogel! *bzw.* ihr Galgenvögel!; **2.** ♂ *u. hist.* (*b. Strafvollzug*) Gabel *f*; 🌾 ~ *pajera* Strohgabel *f*; **3.** Schnur *f* mit Zwiebeln *usw.*; ~**cado** *adj.* gegabelt; ~**cadura** *f* Gabelung *f*; Verästelung *f*, Abzweigung *f*; ~**cajad(ill)as** *adv.*: *a* ~ rittlings; ~**cajo** *m* 1. Gabeljoch *n* für *Arbeitstiere*; 2. Vereinigungspunkt *m* von Flüssen *od.* Bergen; ~**co** *m* → *horca* 3; ~**cón** *m* 🌾 Gabel *f*; *Am. Reg.* Stütze *f* für das Dachgebälk.
horcha|ta *f* Erfrischungsgetränk *n*; *mst.* ~ (*de chufa*) Erdmandelmilch *f*; *fig. tener sangre de* ~ Fischblut (in den Adern) haben; ~**tería** *f* Trinkhalle *f*.
horda *f* Horde *f*, Bande *f*, Schar *f*.
ho|rero *m Am. Reg.* Stundenzeiger *m*; ~**rita** *f dim.* Stündchen *n*.
horizon|tal I. *adj. c* 1. horizontal, waag(e)recht; ⚖ *plano m* ~ Horizontalebene *f*; **II.** *f* 2. Horizontale *f*, Waag(e)rechte *f*; *fig.* F *tomar la* ~ s. in die Horizontale begeben F; 3. *fig.* P Gunstgewerblerin F, Dame *f* vom horizontalen Gewerbe F; ~**talidad** *f* waagerechte Lage *f*; Horizontalität *f*; ~**te** *m* Horizont *m* (*a. fig.*), Gesichtskreis *m*; *Astr.* ⚓, ⚔ ~ *artificial* künstlicher Horizont *m*; ⚔ Horizont(kreisel) *m*; *fig.* ~(s) *m(/pl.)* *estrecho(s)*, ~(s) *limitado(s)* enger Horizont *m*; *fig. de* ~s *estrechos* engstirnig.
horma *f* 1. Form *f*; Hutform *f*; (Schuh-)Leisten *m*; Schuhspanner *m*; *poner en* (*la*) ~ auf (*od.* über) den Leisten schlagen (*od.* spannen); *fig.* F *encontrar la* ~ *de su zapato* **a)** genau das finden, was man sucht; **b)** s-n Meister finden; **2.** → *hormaza*, ~**do** *m* Formen *n*, Formgebung *f*; ~**za** *f* Wand *f* aus Trockenmauerwerk.
hormiga *f* Ameise *f*; ~ *blanca* Termite *f*; ~ *gigante* (*tejedora*) Riesen-(Weber-)ameise *f*; ~ *león* Ameisenlöwe *m*; *ser una* ~ sehr emsig sein.
hormi|gón *m* Beton *m*; ~ *acabado* (*armado*) Fertig- (Stahl-)beton *m*; ~ *pretensado* (*hidráulico*) Spann-(Unterwasser-)beton *m*; ~ *ligero*, *Am.* ~ *liviano* Leichtbeton *m*; ~ *no revestido* Sichtbeton *m*; ~**gonado** ⊕, △ *m* Betonierung *f*; ~**gonar** *v/t.* betonieren; ~**gonera** *f* Betonmischmaschine *f*; ~ *y mezcladora* Beton- u. Mörtelmischer *m*; ~**gos** *m/pl.* **1.** Art Mandelhonigspeise *f*; **2.** Graupengrütze *f*.
hormi|guear *v/i.* kribbeln; jucken; *fig.* wimmeln; ~**gueo** *m* Kribbeln *m*; 🕷 Ameisenlaufen *n*; Jucken *n*; *fig.* Gewimmel *n*; ~**guero I.** *adj.* Ameisen...; *oso m* ~ Ameisenbär *m*; **II.** *m* Ameisenhaufen *m*; *p. ext.* Unkrauthaufen *m u. ä.* (*auf dem Feld abgebrannt, zur Düngung*); *fig.* Menschengewimmel *n*; ~**guillo** *m* 1. Hautjucken *n*; *fig.* F *tener* ~ nervös (*od.* kribbelig) sein; **2.** Hufgrind *m der Pferde*; **3.** *fig.* Kette *f von Arbeitern*.
hormo|na *f* Hormon *n*; ~ *del crecimiento* Wachstumshormon *n*; ~ *folicular* (*tiroidea*) Follikel- (Schilddrüsen-)hormon *n*; ~**nal** *adj. c* hormonal; ~**noterapia** 🩺 *f* Hormontherapie *f*.

hornablenda *Min. f* Hornblende *f*.
horna|cina ⌂ *f* Mauernische *f für Statuen usw.*; ~**cho** *m* Grube *f*; ~**chuela** *f* Hütte *f*.
hor|nada *f* Backofenvoll *m*, Schub *m*; Brennzeit *f*, Brand *m* (*Keramik*); *fig.* Jahrgang *m*; *de la nueva* ~ frischgebacken (*a. fig.*); ~**naza** *f* 1. Schmiedeesse *f*; *kl.* Werkstattofen *m*; **2.** gelbe Töpferglasur *f*; ~**nazo** *Kchk. m* Eierschnecke *f*; ~**near I.** *v/i.* Bäcker sein, backen; im Rohr braten; ~**nero** *m* 1. Bäcker *m*; Einschieber *m in der Bäckerei*; 2. *Vo.* ~ (*rojo*) Töpfervogel *m*; ~**nilla** *f* Herd-, Ofen-loch *n*; Nistloch *n im Taubenschlag*; ~**nillo** *m* 1. (Koch-)Herd *m*; Kocher *m*; Kochplatte *f*; ~ *eléctrico* elektrische Kochplatte *f*; ~ *de gas* (*de petróleo*) Gas- (Petroleum-)kocher *m*; 2. *kl.* Ofen *m*; ⚒ **a)** Sprengladung *f*; **b)** Sprengkammer *f* e-r *Mine*.
horno *m* 1. *allg.* (Back-, Brat-)Ofen *m*; Herd *m*, Feuerstelle *f*; Bratröhre *f*; ~ *de aire caliente* Heißluftherd *m*; ~ (*de*) *microondas* Mikrowellenherd *m*; ~ *de panadero* Backofen *m*; *Kchk.* ~ *al* ~ im Ofen, in der Röhre, *frz.* au four; *Kchk. a* ~ *moderado* bei mäßiger Hitze; *fig.* F ¡*qué* ~! so e-e Bruthitze!, ein Brutofen!; ¡*no está el* ~ *para bollos* (*od. para tortas*)! jetzt ist nicht der richtige Augenblick (zum Scherzen)!; jetzt ist da nichts zu machen!; **2.** ⊕ Ofen *m*; ~ *de afino* Frischherd *m*; *alto* ~ Hochofen *m*; ~ *de cuba*, ~ *de cubilote* Schachtofen *m*; ~ *de fundición* **a)** Gieß(erei)ofen *m*; **b)** ~ *de fusión* Schmelzofen *m*; ~ *de ladrillos* (*de mufla*) Ziegel- (Muffel-)ofen *m*; ~ *de reverbero* Flammofen *m*; ~ *de vacío* (*de vidrio*) Vakuum- (Glasschmelz-)ofen *m*.
horóscopo *m* Horoskop *n* (*stellen sacar*).
hor|queta *f* 1. 🌾 Gabelstütze *f* für Obstbäume; (Ast-)Gabelung *f*; *p. ext.* spitzwinkliger Einschnitt *m*; 2. *Arg.* Fluß-, Bach-winkel *m*; ~**quilla** *f* 1. gabelförmige Stütze *f*; ⊕ Gabel *f*; ⚓ Dolle *f*; *Tel.* ~ *de conmutación* Gabelumschalter *m*; **2.** 🌾 Gabel *f*, Forke *f*; **3.** Haarnadel *f*.
horrendo *adj.* → *horroroso*.
hórreo *m Gal., Ast.* Kornboden *m*; Scheuer *f*.
horrero *m* Wächter *m* e-r Kornscheuer.
horri|bilísimo *sup. adj.* ganz entsetzlich; ~**ble** *adj. c* schrecklich, grauenvoll, furchtbar; ~**dez** *f* Entsetzlichkeit *f*, Scheußlichkeit *f*.
hórrido *lit. adj.* → *horroroso*.
horrífico *adj.* → *horroroso*.
horripila|ción *f* Haarsträuben *n*; 🩺 Kälteschauer *m b. Fieber*; *fig.* Schaudern *n*, Entsetzen *n*; ~**nte** *adj. c* haarsträubend; schauerlich, entsetzlich; ~**r I.** *v/t.* die Haare sträuben (*dat.*); *fig.* mit Entsetzen erfüllen; **II.** *v/r.* ~**se** schaudern.
horrísono *lit. adj.* schaurig hallend.
horro *adj.* 1. freigelassen (*Sklave*); (be)frei(t) (*von dat. de*); *fig.* ~ *de instrucción* ungebildet, ohne Bildung; **2.** unfruchtbar (*Stute usw.*); **3.** *Tabak* minderer Qualität.
horro|r *m* Schrecken *m*; Schauder

horrorizar — hueso

m, Grauen *n*; Entsetzen *n*; Abscheu *m*; Scheußlichkeit *f*; ~es *m/pl.* Schandtaten *f/pl.*; Greuel *m/pl.*; *fig.* gräßliche Worte *n/pl.*, Schauergeschichten *f/pl.*; F *un* ~ (de) furchtbar viel; F *adv. un* ~ *od.* ~es großartig; sehr; schrecklich; ¡qué ~! (wie) gräßlich!, (wie) schrecklich!, entsetzlich!; *me da* ~ *pensar en mir* graust beim Gedanken an (*ac.*); *decir* ~es *de alg.* Schauermärchen über j-n erzählen; F *divertirse* ~es *s.* köstlich amüsieren; *tener* ~ *a* verabscheuen (*ac.*); ~**rizar** [1f] I. *v/t.* mit Entsetzen erfüllen; schaudern machen; II. *v/r.* ~se *s.* entsetzen (über *ac. de*); ~**rosamente** *adv.* schauerlich, entsetzlich; *fig.* F furchtbar, wahnsinnig F, sehr; ~**roso** *adj.* erschreckend; entsetzlich, grauenerregend; abscheulich.

hor|taliza *f* Gemüse *n*; Grünzeug *n*; ~s *f/pl. secas* Trockengemüse *n*; ~**telano I.** *adj.* 1. Gartenland...; **II.** *m* 2. Gemüsegärtner *m*; 3. *Vo.* Gartenammer *f*; 4. ♀ *amor m de* ~ Klette(nkraut *n*) *f*; ~**tense** *adj.c* Garten...; ~**tensia** ♀ *f* Hortensie *f*; ~**tera I.** *f* hölzerner (Suppen-)Napf *m*; **II.** *m desp.* Ladenschwengel *m* (*desp.*); Portokassenjüngling *m* (*desp.*); F *allg.* Schnösel *m* F (*desp.*); ~**tícola** *adj. c* Garten(bau)...; *productos m/pl.* ~s Gartenbauerzeugnisse *n/pl.*; ~**ticultor** *m* (Obst-, Gemüse-)Gärtner *m*; Handelsgärtner *m*; ~**ticultura** *f* 1. Gartenbau *m*; 2. (Handels-)Gärtnerei *f*; ~**tofrutícola** *adj. c* Obst..., Garten...

hosanna *ecl.* I. *m* Hosianna *n* (*Palmsonntagshymnus*); *fig. cantar el* ~ Hosiana singen, frohlocken; **II.** *int.* ¡~! hosianna! (*Bitt- u. Freudenruf*).

hosco *adj.* 1. schwärzlich; 2. *fig.* finster, mürrisch; abweisend; ~**so** *adj.* 1. struppig, rauh; 2. ins Rötliche spielend.

hospe|daje *m* Beherbergung *f*; Herberge *f*; Wohnung *f* mit Verpflegung; Kostgeld *n*; ~**dar I.** *v/t.* beherbergen; unterbringen; bewirten; **II.** *v/r.* ~se Unterkunft finden; absteigen (*in e-m Hotel usw.*); logieren; ~**dería** *f* Herberge *f*; Gastzimmer *n in Klöstern*; ~**dero** *m* Wirt *m*.

hospi|ciano *m* (*Col., Méj.* hospiciante) Armenhäusler *m*; Waisenkind *n*; ~**cio** *m* Armenhaus *n*; Waisenhaus *n*; Hospiz *n*.

hospita|l *m* Krankenhaus *n*, Hospital *n*; ~ *militar* Lazarett *n*; ~ *municipal* städtisches Krankenhaus *n*; Gemeindekrankenhaus *n*; ~ (p)siquiátrico Nervenheilanstalt *f*; ~ *de sangre* Feldlazarett *n*; *fig.* F *esta casa parece* (*od. es*) *un* ~ *das ist hier ja das reinste* Krankenhaus; ~**lario** *adj.* 1. gastlich, gastfreundlich, gastfrei; 2. *kath. hist. hermano m* ~ Hospitaliter *m*; ~**licio** *adj.* gastfreundlich; ~**lidad** *f* Gastfreundschaft *f*; *derecho m de* ~ Gastrecht *n*; ~**lización** *f* Einweisung *f* in ein Krankenhaus; ~**lizar** [1f] *v/t.* in ein Krankenhaus einweisen (*bzw.* aufnehmen).

hosquedad *f* finsteres (*od.* mürrisches) Wesen *n*.

hos|tal *m* Gasthaus *n*; Hotel *n*; feines Eßlokal *n*; ~**telería** *f* Gaststätten- und Beherbergungsgewerbe *n*; ~**telero I.** *adj.* Gaststätten...; **II.** *m* Gastwirt *m*; ~**tería** *f* Gasthaus *n*.

hosti|a *f* 1. *kath.* Hostie *f*; *Kchk.* Oblate *f*; 2. P Ohrfeige *f*, Hieb *m*; V ¡~s! Scheiße! P, Mensch! F (*Ärger od. Enttäuschung*); ~**ario** *kath. m* Hostienbehälter *m für nichtkonsekrierte Hostien*; ~**ero** *m* 1. Hostien-, Oblaten-bäcker *m*; 2. → *hostiario*.

hostiga|miento *m* Züchtigung *f*; Quälerei *f*; ⚔ Feuerüberfall *m*; ~**r** [1h] *v/t.* 1. mit der Peitsche antreiben; *p. ext.* züchtigen; *fig.* anfeinden; (mit Worten) angreifen; reizen, quälen; ⚔ *Feind* mit Störfeuer belegen; 2. *Col., Chi., Méj., Ven.* → *empalagar.*

hosti|l *adj. c* feindlich; feindselig; ~**lidad** *f* Feindschaft *f*; Feindseligkeit *f*; ~ *romper* (*suspender*) *las* ~es die Feindseligkeiten eröffnen (einstellen); ~**lizar** [1f] *v/t.* befeinden; Schaden zufügen (*dat.*).

hote|l *m* 1. Hotel *n*; 2. Villa *f*; ~**lero I.** *adj.* Hotel..., Beherbergungs...; **II.** *m* Hotelier, Hotelbesitzer *m*; ~**lito** *m* Einfamilienhaus *n*; Villa *f*.

hotentote *adj.-su. c* hottentottisch; *fig.* F gemein *u.* dumm; *m* Hottentotte *m.*

hotline *f Tel.* Hotline *f*.

hover-craft *m* Luftkissenboot *n*.

hoy *adv.* heute; jetzt; ~ (en) *día* heutzutage; ~ *mismo* heute noch; *de* ~ heutig; *de* ~ *en adelante* von heute an; *por* ~ für heute; ~ *por* ~ vorläufig, im Augenblick, einstweilen; *Briefformel: sin más por* ~ für heute; F ~ *por mí, mañana por ti* e-e Hand wäscht die andere.

hoya *f* 1. Grube *f*; 2. von Bergen eingeschlossene Ebene *f*; *Col., Chi., Pe.* Flußbecken *n*; 3. ♂ (Treib-)Beet *n*; 4. Grab *n*; ~**da** *f* Niederung *f*; Bodensenke *f*; ~**nca** F *f* Massengrab *n auf dem Friedhof.*

hoyitos *m/pl. Cu., Chi.* (*a. los tres* ~) *Art* Grübchenspiel *n*.

hoyo *m* 1. Grube *f*; Loch *n*; Vertiefung *f*; 2. Grab *n*, Gruft *f*; □ *mandar a* ~ umlegen P, abservieren P; 3. Blatternarbe *f*.

hoyue|la *Anat. f* Kehlgrube *f*; ~**lo** *m* 1. (Wangen-, Kinn-)Grübchen *n*; 2. Grübchenspiel *n* mit Münzen *od.* Kugeln.

hoz[1] *f* (*pl.* hoces) Sichel *f*; *en forma de* ~ sichelförmig; *fig.* F *de* ~ *y de coz* rücksichtslos; *Pol.* ☭ *y Martillo* Hammer *u.* Sichel.

hoz[2] *f* (*pl.* hoces) Engpaß *m*, Talenge *f*; Klamm *f*.

hoza|da *f* Hieb *m* mit der Sichel; Sichelschwaden *m*; ~**r** [1f] I. *v/t.* mit dem Rüssel aufwühlen; II. *v/i.* in der Erde wühlen.

hua... *so beginnende Wörter siehe a. unter gua...*

huaca|l *m Méj.* (Obst-, Gemüse-)Steige *f*; ~**lón** *adj. Méj.* dick; ~**tay** *m Am. Art* Minze *f* (*Gewürz*).

huaco *m Am. Reg.* → *guaco.*

huaico *m Arg., Pe.* Gesteinsrutsch *m*.

huaraches *m/pl. Méj.* (rustikale) Sandalen *f/pl.*

huaso *m Chi.* (typisch chilenischer) Bauer *m*.

huastecas *od.* **huaxtecas** *m/pl.* Huaxteken *m/pl.*

huayco *m Pe.* Erdrutsch *m*.

hucha *f* Sparbüchse *f*; *fig.* Ersparnisse *f/pl.*, Notpfennig *m*.

hueco I. *adj.* 1. hohl, leer (*a. fig.*); *acero m* ~ Hohlstahl *m*; 2. locker; weit (*Kleidung*); 3. hohl; hallend (*Stimme*); 4. *fig.* eitel; *ponerse* ~ *s.* geschmeichelt fühlen, *s.* aufblasen F; 5. schwülstig (*Stil*); **II.** *m* 6. Hohlraum *m*, Höhlung *f*, Vertiefung *f*, Lücke *f* (*a. fig.*); *Vkw.* Parklücke *f*; △ (Treppen-)Schacht *m*; ⊕, *Typ.* Aussparung *f*; Fahrschacht *m* (*Förderkorb, Aufzug*); (Fenster-)Nische *f*; ~ *de la mano* hohle Hand *f*; ~ *del túnel* Tunnelröhre *f*; *fig. hacer* (*un*) ~ *Platz machen*; *fig. llenar un* ~ *e-e* Lücke schließen; *Chi. ocupar mucho* ~ viel Platz einnehmen; ~**grabado** *Typ. m* Tiefdruck *m*.

huecú *m Chi.* grasbewachsenes Moor *n in den* Kordilleren.

huel|ga *f* 1. Streik *m*, Ausstand *m*; ~ *de advertencia* (*de brazos caídos*) Warn-(Sitz-)streik *m*; ~ *de celo* (*general*) Bummel- (General-)streik *m*; ~ *por cuestión de salarios* Lohnstreik *m*; ~ *del hambre* Hungerstreik *m*; *día m de* ~ Streiktag *m*; *fig.* blauer Montag *m* F; ✝ fieberfreier Tag *m*; *declararse en* ~ in den Streik treten, streiken; 2. † Erholung *f*; ~**go** ✎ *m* 1. Atem *m*; 2. Lücke *f*; Weite *f*, Spiel(raum *m*) *n*; ~**guista** *c* Streikende(r) *m*; ~**guístico** *adj.* Streik...

hue|lla *f* 1. Spur *f* (*a.fig.*); Fährte *f*; Fußstapfe(n *m*) *f*; *registrar las* ~s *dactilares* (*od. digitales*) die Fingerabdrücke (am Tatort) aufnehmen; *fig. seguir las* ~s *de alg. in j-s* Fußstapfen treten; 2. (Treppen-, Tritt-)Stufe *f*; 3. Abdruck *m*; Delle *f*, Einkerbung *f*; ~**llo** *m* 1. Wegspur *f*; 2. Sohlenplatte *f des Hufs.*

huemul *Zo. m bsd. Chi.* Gabelhirsch *m*.

huerco *m Méj.* Kind *n*, Junge *m*.

huérfano *adj.-su.* verwaist; *m*, ~*a f* Waise *f*; ~ *de padre* (*de madre*) vaterlose (mutterlose) Waise *f*, Halbwaise *f*; ~ *de padre y madre*, ~ *total* Vollwaise *f*; *quedar* ~ verwaisen; *fig.* F ~ *de enchufes* ohne Beziehungen.

huero *adj.* 1. *Am.* faul (*bsd. Ei*); 2. *huevo m* ~ Windei *n*; 3. *fig.* leer (*a. Worte*), eitel.

huer|ta ⚜ *f* Obst- *u.* Gemüseland *n*; *bsd. Val., Murc.* bewässertes Obst- *u.* Gemüseland *n*; ~**tano** *adj.-su.* Gemüsebauer *m*; Besitzer *m* e-r *huerta*; ~**tero I.** *adj. Chi.* → *hortense*; **II.** *m Arg., Pe., Sal.* → *huertano*; ~**to** *m* Obst- *bzw.* Gemüse-garten *m*.

hue|sa *f* Grab *n*, Gruft *f*; ~**sear** *v/i. Am. Cent.* betteln; ~**secillo** *m* Knöchelchen *n*; ~**sera** *f Chi., León* → *osario*; ~**sillo** *m Am. Mer.* Dörrpfirsich *m*; ~**so** *m* 1. Knochen *m*; Gebeine *n/pl.*; ~ *frontal* (*nasal*) Stirn-(Nasen-)bein *n*; ~ *maxilar* Kieferknochen *m*; *fig.* F *la ia* ~ *de lengua; calado* (*od. mojado*) *hasta los* ~s naß bis auf die Haut, patschnaß F; F *dar con sus* ~s *en el santo suelo* (*en la cárcel*) lang hinschlagen (im Gefängnis landen F); *fig. no dejar a alg.* (*un*) ~ *sano* kein gutes Haar an j-m lassen; *estar en los* ~s klapperdürr (*od.* nur noch

Haut u. Knochen) sein; *pinchar en ~ Stk.* auf den Knochen stechen; F Pech haben; s. die Zähne (daran) ausbeißen; *romperle a alg. los ~s* j-m die Knochen zs.-schlagen (*od.* kaputtschlagen) F; P *¡suelta la sin ~!* pack' schon aus! F; *(ya) tiene los ~s duros (para eso)* er ist (schon) zu alt (dafür); die alten Knochen machen nicht mehr mit; *fig. tener los ~s molidos* wie gerädert sein; 2. Kern *m* (Steinobst, Einschluß in weicherer Masse); *fig.* schwere Arbeit *f*, Schwierigkeit *f*, harte Nuß *f*; *darle a alg. un ~ que roer* j-m e-e harte Nuß zu knacken geben; *Sch.* ese *profesor es un ~* dieser Lehrer (*bzw.* Professor) prüft sehr scharf; 3. minderwertiger Kram *m*; **~soso** *adj.* knöchern; knochig; Knochen...

huéspe|d *m* 1. Gast *m*; Kostgänger *m*; *casa f de ~es* (Familien-)Pension *f*; 2. ⚕, *Biol.* Wirt *m*; ~ *intermediario* Zwischenwirt *m*; **~da** *f* ⚕ Hauswirtin *f*; *fig. echar la cuenta sin la ~ od. no contar con la ~* die Rechnung ohne den Wirt machen.

hueste *f lit.* Heerschar *f*; *fig. koll.* Anhänger *m/pl.*, Mitläufer *m/pl.*

huesudo *adj.* (stark)knochig.

hue|va *f* Fischeier *n/pl.*, Rogen *m*; **~s** *f/pl. de esturión* (echter) Kaviar *m*, Störrogen *m*; **~vecillo** *m dim.* kl. Ei *n*, *bsd.* Insektenei *n*; **~vera** *f* 1. Eierbecher *m*; 2. Eierfrau *f*; **~vería** *f* Eierhandlung *f*; **~vero** *m* 1. Eierhändler *m*; 2. Eier-behälter *m*, -becher *m*; 3. Eierstock *m der Vögel*; **~vo** *m* 1. Ei *n*; *adv.* F *a ~ billig*; ~ *de cría bzw.* ~ *para incubar* Brutei *n*; *Am.* ~s *chimbos*, ~s *quimbos* Süßspeise *aus Eigelb*; ~ *duro* hart(gekocht)es Ei *n*; ~ *en cáscara*, ~ *pasado por agua*, *Col.* ~ *tibio* weich(gekocht)es Ei *n*; ~ *estrellado*, ~ *frito* Spiegelei *n*; ~ *de gallina* Hühnerei *n*; ~ *al plato* Setzei *n*; ~s *revueltos*, *Col.* ~s *pericos* Rühreier *n/pl.*; ~s *al vaso* Eier *n/pl.* im Glas; ~s *ir (como) pisando* wie auf Eiern gehen; *fig.* F *límpiate, que estás de ~* du träumst wohl?, nicht dran zu denken! F; *parecerse como un ~ a otro* s. ähneln wie ein Ei dem andern; 2. Stopfei *n*; 3. Sohlen-holz *n*, *-former m der Schuster*; 4. F Klein(st)wagen *m*; Kabinenroller *m*; 5. V ~s *m/pl.* Hoden *m/pl.*, Eier *n/pl.* V; *costar un ~* sündhaft teuer sein; *tener ~s* Mut haben; **~vón** *adj. Méj.* passiv, langweilig; *Col.* dumm.

hugonote *adj.-su.* c hugenottisch; *m* Hugenotte *m*.

hui|da *f* Flucht *f*; *Equ.* Ausbrechen *n*; *fig.* Ausflucht *f*; *Vkw.* ~ *del conductor (en caso de accidente)* Fahrerflucht *f*; *poner en ~* in die Flucht schlagen; **~dizo** *adj.* flüchtig (*a. fig.*); scheu; fliehend; **~do** *part.-adj.* entflohen; *fig. andar ~* menschenscheu (geworden) sein; **~dor** *adj.* flüchtig, fliehend; **~lón** [otter *m*.] feige.

huillín *Zo. m* chilenischer Fisch-

huir [3g] I. *v/i.* 1. fliehen, flüchten; ~ *de meiden (ac.)*, aus dem Weg gehen (*dat.*); 2. *lit.* dahinfliehen, enteilen (*Zeit usw.*); II. *v/t.* 3. fliehen, (ver)meiden.

hulado *m Méj.*, *Am. Cent.* Wachstuch *n*.

hule *m* 1. Wachstuch *n*; Ölleinwand *f*; *habrá ~ Stk.* der Operationstisch wird wohl benutzt werden (müssen); *fig.* F es ist dicke Luft F; es wird Prügel setzen F; 2. *Am.*, *bsd. Méj.* Kautschuk *m*; **~ro** *m Am.* Kautschukarbeiter *m*.

hu|lla *f* Steinkohle *f*; ~ *blanca* weiße Kohle *f* (= *Elektrizität*); ~ *coquizable* Kokskohle *f*; **~llero** *adj.* Steinkohlen...

humada *f* Rauchzeichen *n*.

huma|nal ↘ *lit. adj.* c → *humano*; **~namente** *adv.* menschlich; *hacer lo ~ posible* das Menschenmögliche tun; **~nar** I. *v/t.* → *humanizar*; II. *v/r.* ~se menschlich werden; *Theol.* Mensch werden; **~nidad** *f* 1. Menschheit *f*; *fig.* F Menschenmenge *f*; 2. Menschlichkeit *f*; *tratar con ~* menschlich behandeln; 3. ~es *f/pl.* alte Sprachen *f/pl.*, (klassische) Literatur *f* (*als Studiengebiet*); humanistische Bildung *f*; 4. F Wohlbeleibtheit *f*; **~nismo** *m* Humanismus *m*; **~nista** *c* Humanist *m*; **~nístico** *adj.* humanistisch; **~nitario** *adj.* menschenfreundlich, humanitär; **~nitarismo** *m* Menschenfreundlichkeit *f*; humanitäre Bestrebungen *f/pl.*; **~nización** *f* Humanisierung *f*; Vermenschlichung *f*; **~nizar** [1f] I. *v/t.* humanisieren, gesittet machen, zivilisieren; II. *v/r.* ~se Kultur annehmen; *fig.* freundlicher werden; s. besänftigen lassen; **~no** I. *adj.* 1. menschlich, Menschen...; *género m ~* Menschengeschlecht *n*; *el ser ~* **a)** das Menschsein, **b)** der Mensch; 2. human, menschlich; 3. Menschen *m/pl.* 3. Menschen *m/pl.*

huma|razo *m* → *humazo*; **~reda** *f* Rauchwolke *f*; **~zo** *m* 1. (dichter) Qualm *m*; 2. Ausräuchern *n v.* Ungeziefer.

humear I. *v/i.* 1. rauchen, qualmen; blaken (*Lampe*); dampfen; *fig.* schwelen, noch bestehen (*Feindschaft usw.*); 2. prahlen; II. *v/t.* 3. *Am.* ausräuchern.

humecta|ción *f* Be-, An-feuchten *n*; Benetzen *n*; *tex.* ~ *por vapor* Dämpfung *f*; **~nte** I. *adj.* c anfeuchtend; II. ~s *m/pl.* Netzmittel *n/pl.*; **~r** *lit.*, ⊕ *v/t.* be-, an-feuchten, (be)netzen.

hume|dad *f* Feuchtigkeit *f*; ~ *del aire*, ~ *atmosférica* Luftfeuchtigkeit *f*; **~decer** [2d] *v/t.* be-, an-feuchten, netzen.

húmedo *adj.* feucht; dunstig; *Typ. impresión f ~ en ~* Naß-in-Naß-Druck *m*.

hume|ra F *f* Rausch *m*; **~ral** I. *adj.* c *Anat.* Oberarm(knochen)...; II. *kath.* Humerale *n*; **~ro** *m* Rauchfang *m*.

húmero *Anat. m* Oberarmknochen *m*, Humerus *m*.

humificador *m* Luftbefeuchter *m*.

humil|dad *f* 1. Demut *f*; Bescheidenheit *f*; ~ *de garabato* falsche Demut *f*; 2. ~ *(de nacimiento)* niedrige Herkunft *f*; **~de** *adj.* c 1. demütig, unterwürfig; bescheiden; 2. unbedeutend, gering, niedrig.

humilla|ción *f* Demütigung *f*, Erniedrigung *f*; Unterwerfung *f*; **~dero** *kath. m* Wegekreuz *n*; Bilderstock *m an Ortseingängen*; **~dor** *adj.*, **~nte** *adj.* c erniedrigend, demütigend; kränkend; **~r** I. *v/t.* 1. demütigen, erniedrigen; kränken; beschämen; 2. beugen, dukken; II. *v/r.* ~se 3. s. beugen; s. erniedrigen; *Stk.* den Kopf senken (*Kampfstier*).

humillo *m* 1. *Art* Rotlauf *m der Ferkel*; 2. *fig. mst.* ~s *m/pl.* Dünkel *m*.

humita *f Arg.*, *Bol.*, *Chi.*, *Pe.* Maisgericht *n*.

humo *m* 1. Rauch *m*; Dunst *m*; *columna f de ~* Rauchsäule *f*; *adj. inv.* (*de*) *color ~* rauchfarben; *fig. adv. a ~ de pajas* leichtfertig; *echar ~* rauchen, qualmen; dampfen; *fig.* → *gastar* ~s *wütend sein; fig. hacerse ~* s. in nichts auflösen; F s. verkrümeln F, verduften F; *fig. se fue todo en ~* alles ist vorbei; alles hat s. in (eitel) Dunst aufgelöst; *fig. subírsele a alg. el ~ a las narices* wütend werden, die Wut kriegen; F *tomar la del ~* Reißaus nehmen; 2. ~s *m/pl.* Eitelkeit *f*, Dünkel *m*; *bajarle los ~s a alg.* j-n demütigen, j-n ducken; *darse ~s de s.* aufspielen als (*nom.*).

humo|r *m* 1. ⚕ (Körper-)Flüssigkeit *f*, Saft *m*; Humor *m* (*lt.*); ~ *ácueo*, ~ *acuoso* Kammerwasser *n des Auges*; ~ *vítreo* Glaskörper *m*; 2. (Gemüts-)Stimmung *f*, Laune *f*; F ~ *de mil diablos*, ~ *de perros* miese Laune *f* F, Stinklaune *f* F; *estar de buen (de mal) ~* guter (schlechter) Laune sein; *estar de ~ para* aufgelegt sein für (*ac.*); *seguirle a alg. el ~* auf j-s Laune eingehen; 3. Humor *m*; ~ *macabro*, ~ *negro* schwarzer Humor *m*; **~racho** F *m* Stinklaune *f* F; **~rada** *f* witziger Einfall *m*; *adj.-adj.*: *bien (mal)* ~ *rado adj.*: gut (schlecht) gelaunt; **~ral** ⚕ *adj.* c Humoral...; **~rismo** *m* 1. Humor *m*; 2. ⚕ Humoralpathologie *f*; **~rista** *c* Humorist *m*; Spaßmacher *m*; **~rístico** *adj.* humoristisch; *artículo m ~* Scherzartikel *m*; *dibujo m ~* humoristische Zeichnung *f*, Karikatur *f*; *periódico m ~* Witzblatt *n*.

humoso *adj.* rauchig; rauchend.

humus *m* Humus *m*.

hundi|ble *adj.* c versenkbar; **~do** *adj.* eingesunken; versenkt; eingefallen (*a. Schultern*); tiefliegend (*Augen*); **~miento** *m* 1. Versenken *n*; (Ver-)Sinken *n*; 2. Einsenkung *f*, Einsinken *n*; Absacken *n v. Dammes*; Einsturz *m*; ~ *de tierra* Erdrutsch *m*; **~r** I. *v/t.* 1. versenken; zerstören, vernichten; *fig.* vernichten, erledigen F; 2. ein-treiben, -rammen, (ein)senken; *le hundió el puñal en el pecho* er stieß ihm den Dolch tief in die Brust; II. *v/r.* ~se 3. (ver)sinken; einsinken; 4. zs.-brechen, einstürzen, zs.-fallen; absacken; *fig.* untergehen, s. auflösen; F plötzlich verschwinden; *fig. se hunde el mundo* die Welt geht unter.

húngaro I. *adj.* 1. ungarisch; II. *m* 1. Ungar *m*; 2. Ungarische *n*; II. *m/pl.* Zigeuner *m/pl.*; 3. *Vo.* Reisvogel *m*.

Hungría *f* Ungarn *n*.

huno *adj.-su.* hunnisch; *m* Hunne *m*.

hupe *m* Baum-, Holz-schwamm *m*.
hura|cán *m* Orkan *m*; **~canado** *adj*. orkanartig; **~canarse** *v/r*. zum Orkan werden (*Sturm*).
hura|ñía *f* mürrisches (*od*. ungeselliges) Wesen *n*; Menschenscheu *f*; **~ño** *adj*. mürrisch, ungesellig; menschenscheu.
hur|gador *m* Schüreisen *n*; **~gandilla** *f* Hond. Schnüffler *m*; **~gar** [1h] *v/t*. (*a. v/i*. **~** *en*) stochern in (*dat*.), schüren (*ac*.); wühlen in (*dat*.); *fig*. aufwühlen; reizen, aufstacheln; **~se las narices** in der Nase bohren; **~gón** *m* Schür-haken *m*, -eisen *n*; *fig*. F Degen *m*; **~gonada** *f* Schüren *n*; *burl*. Degenstich *m*; **~gonazo** *m* Schlag *m* mit dem Schüreisen; **~gonear** *vt/i*. (das Feuer) schüren; *fig*. mit dem Degen stechen; **~guete** *m* Arg., Chi. Schnüffler *m*; **~guetear** *v/t*. Arg., Chi. herumschnüffeln in (*dat*.).
hurí *f* (*pl*. **~íes**) Huri *f* (*Islam*).
hu|rón *m* Zo. Frettchen *n*; *fig*. Schnüffler *m*; **~rona** *f* weibliches Frettchen *n*; **~ronear** *v/i*. Jgdw. mit dem Frettchen jagen, frettieren; *fig*. herumschnüffeln; **~ronera** *f* Frettchenbau *m*; *fig*. Schlupfwinkel *m*.

hurra *int*. ¡**~**! hurra!; *m* **~** Hurraruf *m*.
hur|tadillas *adv*.: *a* **~** heimlich, verstohlen; **~tador** *adj.-su*. Stehler *m*, Dieb *m*; **~tar I.** *v/t*. **1.** stehlen; **2.** *Ufer* annagen, wegschwemmen (*Fluß*); **3.** verstecken, verheimlichen; **4.** **~** *el cuerpo* durch e-e rasche Wendung e-m Stoß usw. ausweichen; *fig*. e-r Gefahr ausweichen; *fig*. **~** *el hombro* s. (*bsd. vor e-r Arbeit*) drücken; **II.** *v/i*. **5.** betrügen; stehlen; **III.** *v/r*. **~se 6.** s. drücken, kneifen F; **~se** *a* s. entziehen (*dat*.), ausweichen (*dat*.); **~to** *m* Diebstahl *m*; Diebesgut *n*; *adv*. *a* **~** heimlich, verstohlen.
húsar *m* Husar *m*.
huserón Jgdw. *m* Spießer *m* (*Hirsch*).
husillo *m* **1.** ⊕ Spindel *f*; Preßschraube *f*; Kfz. **~** *de dirección* Lenkspindel *f*; **2.** Abzugsrinne *f*.

husita *adj.-su. c* hussitisch; *m* Hussit *m*.
hus|ma *f* Jgdw. Witterung *f*; *fig*. *andar a la* **~** *de a/c*. e-r Sache (heimlich) nachgehen; **~mar** *v/t*. → husmear; **~meador** *adj.-su*. nachspürend; *m* Spürnase *f*; Schnüffler *m*; **~mear I.** *v/t*. wittern (*a. fig*.); *fig*. herumschnüffeln in (*dat*.); **II.** *v/i*. anfangen, übel zu riechen, muffeln F; **~meo** *m* Wittern *n*; *a. fig*. Schnüffeln *n*; *fig*. Schnüffelei *f*; **~mo** *m* muffiger Geruch *m* v. verderbendem Fleisch; F *estar al* **~** auf der Lauer liegen.
huso *m* **1.** ⊕, *tex., Biol*. Spindel *f*; *fig*. *ser más derecho que un* **~** kerzengerade sein; schlank u. rank wie e-e Tanne sein; *Astr*. **~** *horario* Zeitzone *f*; *Anat*. **~** *muscular* Muskelspindel *f*; **2.** ⌺ schmale Raute *f*.
huta *f* Jagdhütte *f*.
hutía *Zo*. *f* Ant. Waldratte *f*.
¡**huy**! *int*. hui!; pfui!; au!
huyente *adj. c* fliehend.
¡**huyuyuy**! *int*. **1.** toll! F; **2.** na, na! (*Zweifel*).

I

I, i f I, i n; i griega, a. i larga Ypsilon n; fig. poner los puntos sobre las íes **a)** das Tüpfelchen auf das i setzen; **b)** ein Pedant sein.
Iah|veh, ~vé Rel. m Jahwe m (Gottesname).
iba|hay ♀ m Rpl. Myrtengewächs, gelbe Frucht; **~ró** ♀ m Rpl. Art Seifenbaum m.
ibérico adj. iberisch; fig. a. typisch spanisch; Península f ~a Pyrenäenhalbinsel f.
ibe|rio adj. → ibérico; **~rismo** m bsd. Li. Iberismus m; iberisches Substrat n; **~ro** (a. íbero) adj.-su. iberisch; m Iberer m; **♀roamérica** f Iberoamerika n; **~roamericano** (wird die Selbständigkeit der Einzelbegriffe betont, ibero-americano) adj.-su. iberoamerikanisch; m Iberoamerikaner m.
íbice Zo. m Steinbock m.
ibídem adv. ebenda, ibidem.
Ibiza f Ibiza n.
ibis Vo. f (pl. inv.) Ibis m.
ibón m Ar. Gebirgssee m.
icaco ♀ m Am. Strauch mit reineclaudenähnlich schmeckenden Früchten.
icáreo od. **icario** Myth. u. fig. **I.** adj. Ikarus...; juegos m/pl. ~s Akrobatik f am Hochtrapez; **II.** m Hochakrobat m.
Ícaro Myth. m Ikarus m.
ice|berg m Eisberg m; fig. la punta del ~ die Spitze des Eisbergs; **~field** m Eisfeld n (Treibeis).
icneumón m 1. Zo. Ichneumon n; 2. Ent. Schlupfwespe f. [riß m.⎫
icnografía △ f Bauplan m; Grund-⎭
ico|no m 1. Rel. Ikone f; 2. EDV Icon n; **~noclasta** a. fig. adj.-su. c ikonoklastisch; m Bilderstürmer m, Ikonoklast m; **~nógeno** Phot. m Entwickler(substanz f) m; **~nografía** ⌶ f Ikonographie f: **a)** Bilderbeschreibung f; Bilderkunde f; **b)** Sammlung f von Bildnissen berühmter Persönlichkeiten; **~nográfico** adj. ikonographisch; **~nólatra** Rel. adj.-su. c Bilderverehrer m; **~nolatría** f Ikonolatrie f, Bilderverehrung f; **~nología** ⌶ f Ikonologie f; **~nómetro** Phot. m Ikonometer n, Rahmensucher m; **~nostasio** Rel. m Ikonostas(e f) m, Bilderwand f.
ictericia ⚕ f Gelbsucht f, Ikterus m; **~do** adj. → ictérico.
ictérico ⚕ adj.-su. gelbsüchtig, Gelbsucht..., ikterisch; m Gelbsucht-, Ikterus-kranke(r) m.
icti|o... ⌶ in Zssgn. Fisch..., Ichthyo...; **~ocola** f Fischleim m; **~ófago** ⌶ adj.-su. fisch-essend bzw. -fressend; m Ichthyophage m,

Fischesser m; **~ol** pharm. m Ichthyol n; **~ología** f Ichthyologie f, Fischkunde f; **~ólogo** m Ichthyologe m; **~osaur(i)o** Zo. m Ichthyosaurier m; **~osis** ⚕ f Fischschuppenkrankheit f, Ichthyose f; **~smo** ⚕ m Fischvergiftung f.
ictus m Metrik u. ⚕ Iktus m; ⚕ ~ apoplético Schlaganfall m.
ichíntal ♀ m Am. Cent. Wurzel f der chayotera; fig. F echar ~ Altersspeck ansetzen F.
ich|o, ~u (a. ichú) ♀ m And. Punagras n, Ichu n.
ida f 1. Gehen n; Gang m; Hinweg m bzw. Hinfahrt f; ~s y venidas f/pl. Hin- u. Herlaufen n; ~ y vuelta Hin- u. Herweg n; Hin- u. Rückreise f; billete m de ~ y vuelta Rückfahrkarte f; 2. Jgdw. Spur f, Fährte f; 3. Fechtk. u. fig. Ausfall m, Angriff m; fig. plötzliche Anwandlung f; tener unas ~s terribles furchtbare (Wut-)Ausbrüche haben.
idea f 1. Idee f; Gedanke m; Vorstellung f, Bild n; Begriff m; ~ directriz Leitgedanke m; ~ fija Zwangsvorstellung f; ~ (fundamental) Grundgedanke m; ~-fuerza Machtgedanke m; Gedanke m von gr. Kraft; ~ general allgemeiner Überblick m; Grundwissen n; dar (una) ~ de e-n Begriff geben von (dat.), et. veranschaulichen; formarse (una) ~ de c. s. von e-r Sache e-n Begriff machen, s. ein Urteil bilden über e-e Sache; no tengo ~ ich habe k-e Ahnung, ich weiß es nicht; no tienes ~ (od. no puedes hacerte una) ~ de lo malo que es du kannst dir nicht vorstellen, wie schlecht er ist; no tengo ni la más remota (od. pálida) ~ de ich habe k-e blasse Ahnung (od. k-n blassen Dunst F) von (dat.); 2. Anschauung f; Ansicht f, Meinung f; eso te hará cambiar de ~s das wird d-e Meinung ändern; tener sus ~s s. s-e Gedanken machen, s-e Meinung haben (über ac. acerca de); 3. falsche Ansicht f, Einbildung f; ¡son ~s tuyas! das bildest du dir nur ein!; 4. Idee f, Gedanke m, Einfall m; ¡qué ~! od. ¡vaya una ~! ist das (vielleicht) ein Einfall!, so e-e Schnapsidee! F; le dio la ~ de + inf. er kam (plötzlich) auf die Idee, zu + inf.; 5. Absicht f, Plan m; tener (od. llevar) (la) ~ de + inf. beabsichtigen, zu + inf.; adv. de mala ~ böswillig; 6. Plan m, Entwurf m; 7. Phil. Idee f; 8. schöpferische Gedankenkraft f, Geist m; ser hombre de ~ ein eigenständiger Geist sein; 9. F Winzigkeit f, Idee f f; una ~ de sal ein ganz klein wenig Salz

~ción f 1. Herausbildung f der Gedanken; 2. Ausdenken n, Erfinden n.
idea|l I. adj. c 1. ideal, vollkommen, vorbildlich; caso m ~ Idealfall m; F lo ~ das Beste; das Passendste; 2. ideell, (nur) gedacht; **II.** m 3. Ideal n; Vorbild n; **~lidad** f Idealität f; **~lismo** Phil. u. fig. m Idealismus m; **~lista** adj.-su. c idealistisch; fig. a. weltfremd; m Idealist m; **~lización** f Idealisierung f; **~lizador** adj. idealisierend; **~lizar** [1f] v/t. idealisieren (a. fig.); fig. verklären; **~lmente** adv. 1. ideal, vollkommen; 2. ideell, in der Idee; **~r** v/t. ersinnen, (s.) ausdenken; planen, entwerfen; **~rio** m 1. Gedankengut n; Gedankenwelt f; 2. → ideología.
ideático adj. Am. → maniático.
ídem adv. desgleichen, ebenso, idem.
idéntico adj. 1. identisch, völlig gleich, übereinstimmend; gleichlautend; 2. ganz ähnlich (dat. a).
identi|dad f 1. Identität f, völlige Gleichheit f, Übereinstimmung f; ⚖ prueba f de ~ Identitätsnachweis m; 2. Verw. Personalien pl.; carné m de ~, Verw. Span. documento m (nacional) de ~, Am. cédula f de ~ Personalausweis m, Kennkarte f; probar su ~ s. ausweisen, s. legitimieren; **~ficable** adj. c identifizierbar; erkennbar; **~ficación** f 1. Identifizierung f; ⚔ Am. ficha f de ~ Erkennungsmarke f; 2. a. Psych. Identifikation f; **~ficar** [1g] **I.** v/t. 1. identifizieren (als ac. como); j-s Personalien feststellen; un cadáver sin ~ e-e nicht identifizierte Leiche; 2. einander gleichsetzen; **II.** v/r. ~se 3. mitea. verschmelzen, inea. übergehen; s. gleichsetzen (mit dat. con); **4.** ~se con ganz aufgehen in (dat.), eins werden mit (dat.); s. identifizieren mit (dat.); ~se con las ideas de su predecesor die Gedanken s-s Vorgängers übernehmen; 5. s. ausweisen.
ide|ografía f Bilder-, Begriffsschrift f; **~ográfico** adj. ideographisch; escritura f ~a Bilderschrift f; **~ograma** m Ideogramm n, Begriffszeichen n; **~ología** f 1. Ideologie f, Ideen-, Begriffs-lehre f; 2. Ideologie f, politische Anschauung f; **~ológico** adj. ideologisch; desp. rein theoretisch; weltfremd, schwärmerisch; **~ologización** f Ideologisierung f; **~ologizar** [1f] v/t. ideologisieren; **~ólogo** m Ideologe m; p. ext. Schwärmer m.
idílico adj. idyllisch; fig. friedlich, einfach.
idilio m 1. Lit., Ku. Idylle f; Schäferdichtung f; Schäferszene f; 2. fig. Idyll n; romantische Liebe f.

idio|ma *m* Sprache *f*; Idiom *n*; ~ *auxiliar universal* Welthilfssprache *f*; ~s *m/pl.* extranjeros Fremdsprachen *f/pl.*; *escuela f de* ~s Sprach(en)schule *f*, Sprachinstitut *n*; **~mático** *adj.* idiomatisch, Sprach...
idiosin|crasia *f* 1. Eigenart *f*, Charakter *m*, Wesen *n*; 2. *Biol.*, ⚥ u. *fig.* Idiosynkrasie *f*; **~crásico** *adj.* 1. ⚥ idiosynkratisch, überempfindlich; 2. eigentümlich, Charakter..., Temperaments...
idi|ota *adj.-su. c a.* ⚥ idiotisch; blödsinnig; *m a.* ⚥ Idiot *m*; **~otez** *f a.* ⚥ Idiotie *f*; *fig.* Blödsinn *m*, Dummheit *f*; **~ótico** *adj.* reich an Eigenheiten (*Sprache*); **~otipo** *Biol. m* Idiotypus *m*, Erbanlage *f*; **~otismo** *m* 1. Dummheit *f*, Stumpfsinn *m*; ⚥ Idiotie *f*; 2. *Li.* Spracheigentümlichkeit *f*, Idiotismus *m*; **~otizar** [1f] *v/t.* idiotisch (*od.* blödsinnig) machen.
ido I. *part. v. ir*; II. *adj.* 1. F (*estar*) ~ (*de la cabeza od. del bombín*) verrückt, verdreht, beknackt F; 2. *Am.* (be-)trunken.
idólatra *adj.-su. c* abgöttisch; Götzen...; *m* Götzendiener *m*; *fig.* Verehrer *m*; abgöttisch Liebende(r) *m*.
ido|latrar *v/t. a. fig.* abgöttisch verehren; *a. fig.* vergöttern; **~latría** *f* Götzendienst *m*; *a. fig.* Vergötterung *f*; abgöttische Liebe *f*; **~látrico** *adj. a. fig.* abgöttisch; *culto m* ~ Götzenkult *m*; **~latrismo** *m* Götzen-verehrung *f*, -dienst *m*; **~lizar** [1f] *v/t.* zum Idol machen (*od.* erheben). [*m*, Idol *n*.⟩
ídolo *m Rel. u. fig.* Götze *m*, Abgott⟨
idoneidad *f* Tauglichkeit *f*; Eignung *f*, Fähigkeit *f*.
idóneo *adj.* tauglich, geeignet (für *ac. para*); fähig.
idus *m/pl.* Iden *pl.*; *los* ~ *de marzo* die Iden des März.
igarapé(s) *m(/pl.)* Seiten-arm *m*, -kanal *m e-s Flusses im Amazonasbecken*.
igelita 🕭 *f* Igelit *n*.
igle|sia *f* 1. Kirche *f*; ~ *conventual* Klosterkirche *f*; 2. Kirche *f*, christliche Gemeinde *f*; *la* ♀ (*católica*) die katholische Kirche *f*; *Theol.* ~ *militante* (*purgante*) streitende (leidende) Kirche *f*; *Estado(s) m(/pl.)* de *la* ~ Kirchenstaat *m*; *hombre m de* ~ Kirchenmann *m*, Geistliche(r) *m*; *Príncipe m de la* ♀ Kirchenfürst *m*; *fig. no comulgamos en la misma* ~ wir passen nicht zueinander; 3. Geistlichkeit *f*; **~siero** *desp. m Am.* Betbruder *m*.
iglú *m* Iglu *m*; F Altglascontainer *m*.
ignaciano *adj.* 1. auf Ignatius von Loyola bezüglich; 2. den Jesuitenorden betreffend.
ignaro *adj.* unwissend, ungebildet.
ígneo *adj.* 1. feurig, Feuer...; *roca* ~*a* Eruptivgestein *n*; 2. feuerfarben.
ig|nición *f* 1. Glühen *n*; Verbrennen *n*; *Kfz.* Zündung *f*; *en* ~ glühend; **~nícola** *adj.-su. c* Feueranbeter *m*; **~nífero** *poet. adj.* feuersprühend; **~nífugo** *H. adj.* feuer-beständig, -fest; II. *m* Flammschutzmittel *n*; **~nipotente** *poet. adj. c* über (das) Feuer gebietend; **~nito** *adj.* feurig; glühend; **~nívomo** *lit. adj.* feuerspeiend.
ignomi|nia *f* Schmach *f*, Schande *f*; Schimpf *m*, Entehrung *f*; **~nioso** *adj.* schmachvoll, schändlich; schimpflich.
ignora|ncia *f* Unwissenheit *f*, Unkenntnis *f*; Ignoranz *f*; *no pecar de* ~ wohl wissen, was man tut; *Spr.* ~ *no quita pecado* Unkenntnis schützt vor Strafe nicht; **~nte** *adj.-su. c* unwissend; *m* Unwissende(r) *m*; Dummkopf *m*, Ignorant *m*; **~ntismo** *m* System *n* der Volksverdummung; **~ntista** *c* Verteidiger *m* der Ignoranz, Volksverdummer *m* F; **~ntón** *adj.-su.* Riesendummkopf *m*; **~r** *v/t.* 1. nicht wissen, nicht kennen; *no* ~ sehr wohl wissen; *ignoro su paradero* sein Aufenthaltsort ist mir unbekannt; 2. ignorieren.
ignoto *lit. adj.* unbekannt.
igual I. *adj. c* 1. gleich; einerlei, eins; gleichförmig; *sus fuerzas no eran* ~ *es a su intento* s-e Kräfte waren s-m Vorhaben nicht gewachsen; *fig.* F *me quedo* ~ ich versteh' (immer) nur Bahnhof F; 2. eben; gleichmäßig; *terreno m* ~ ebenes Gelände *n*; 3. ℞ gleichwertig; *Geom.* kongruent; $5 + 6 = 11$, *cinco más seis* (~ *a*) *once* fünf plus sechs (sind) gleich elf; 4. (s.) gleichbleibend; auf gleicher Stufe stehend, gleichrangig; 5. gleich(gültig); *es* ~, *da* ~ das ist gleich; *me da* ~ (*que venga hoy o mañana*) es ist mir gleich (, ob er heute oder morgen kommt); *¿te daría* ~ *escribírselo un poco más tarde?* würde es dir et. ausmachen, es ihm ein wenig später zu schreiben?; 6. *adv.* F womöglich, ebenso gut (könnte); *al* ~, *por* ~, F ~ ebenso; gleicherweise; desgleichen; *al* ~ *de* ebenso wie (*nom.*); *en* ~ *de* statt (*gen.*); ~ *que* (*od. como*) yo genau wie ich; II. *c* 7. der, die, das Gleiche; III. *m* 8. Ebenbürtige(r) *m*; Gleichberechtigte(r) *m*; *su* ~ seinesgleichen; ihres- *bzw.* Ihresgleichen; *tratarle a alg. de* ~ *a* ~ *j-n* als gleichstehend behandeln; *sin* ~ unvergleichlich, unerreicht; *ser sin* ~, *no tener* ~ unvergleichlich sein, nicht seinesgleichen haben; 9. ℞ Gleichheitszeichen *n* (=); 10. ~*es m/pl.* Lose *n/pl. der span. Blindenlotterie.*
igua|la *f* 1. Vereinbarung *f*; vereinbarte Zahlung *f*; 2. Meßstock *m der Maurer*; **~lación** *f* Gleichsetzung *f*, Anpassung *f*; Ausgleich *m*; **~lado** *adj.* mit schon ausgeglichenem Gefieder (*Jungvögel*); **~lador** *adj.* gleichmachend; *Soz.* gleichmacherisch; **~ladora** ⊕ *f* Egalisiermaschine *f*; **~lamiento** *m* 1. Ausgleichung *f*; Ausgleichung *f*; 2. ⊕ Planierung *f*; Egalisierung *f*; **~lar** I. *v/t.* 1. gleichmachen, ausgleichen; *Haare* ausgleichen; *Haare* stutzen; 2. gleichstellen, für gleichwertig halten; 3. *Gelände* ebnen, planieren, nivellieren; II. *v/i. u.* ~*se v/r.* 4. e-e Vereinbarung treffen; 5. gleichen, gleichkommen (*dat. a, con*); **~ldad** *f* 1. Gleichheit *f*; Gleichmäßigkeit *f*; Übereinstimmung *f*; ~ *de ánimo* Gleichmut *m*, Ruhe *f*; ~ *de derechos* Gleichberechtigung *f*; ~ *de oportunidades* Chancengleichheit *f*; *en* ~ *de condiciones* unter gleichen Bedingungen; *adv. en pie de* ~ gleichberechtigt; 2. Ebenheit *f e-s Geländes*; 3. *Geom.* Kongruenz *f*; ♀ *signo m de la* ~ Gleichheitszeichen *n*; **~litario** *Pol. adj.-su.* egalitär; *m* Verfechter *m* des Prinzips der Gleichheit (vor dem Gesetz); **~litarismo** *Pol. m* Lehre *f* von der Gleichheit aller Menschen, Egalitarismus *m*; *desp.* Gleichmacherei *f*; **~lmente** *adv.* ebenfalls, gleichfalls, auch; *¡*(*gracias*) ~*!* danke, gleichfalls!
igu|ana *f* 1. *Zo.* Leguan *m*; 2. ♪ *Méj.* Art Gitarre *f der Landbevölkerung*; **~ánidos** *Zo. m/pl.* Leguanähnliche(n) *pl.*, **~anodonte** *Zo. m* Iguanodon *n*.
igüedo *Zo. m* (Ziegen-)Bock *m*.
ija|da *f Anat.* Weiche *f*; *p. ext.* Seitenstechen *n*; *fig.* F *la cosa tiene su* ~ die Sache hat (auch) e-e schwache Seite; **~dear** *v/i.* keuchen; **~r** *Anat. m* → *ijada*.
¡jujú! *int.* juchhe(i)!
ikastola *f Span.* baskische Schule *f mit Baskisch als Unterrichtssprache*.
ikurriña *f* baskische Flagge *f* (*od.* Fahne *f*).
ilación *f Rhet.* (Gedanken-)Verbindung *f*; *Phil.* (Schluß-)Folgerung *f*.
ilang-ilang *m* ♀ Ylang-Ylang *m*.
ilativo I. *adj.* folgernd; *Gram. conjunción f* ~*a* die Folge angebendes Bindewort *n*; II. *m Li.* Illativ *m*.
ilega|l *adj. c* ungesetzlich, gesetzwidrig, illegal; **~lidad** *f* Gesetzwidrigkeit *f*, Illegalität *f*; **~lizar** [1f] *v/t.* für illegal erklären; **~lmente** *adv.* wider Recht u. Gesetz, illegal.
ilegible *adj. c* unleserlich.
ile|gitimar *v/t.* für unehelich erklären; die Legitimität nehmen (*dat.*); **~gitimidad** *f* Unrechtmäßigkeit *f*; Unehelichkeit *f* (*Kind*); **~gítimo** *adj.* ungesetzlich, illegitim; unehelich, außerehelich; unecht, verfälscht (*Produkte*).
íleo *m* ♕ Ileus *m*, Darmverschluß *m*.
ileocecal *Anat. adj. c*: *región f* ~ Blinddarmgegend *f*.
íleon *Anat. m* 1. Krummdarm *m*, Ileum *n*; 2. → *ilion*.
ilergetes *m/pl.* Ilergeten *m/pl.* (*altspan. Völkerschaft*).
ile|so *adj.* unverletzt; **~trado** *adj.* ungelehrt, ungebildet; analphabetisch.
ilía|co *od.* **iliaco** *adj. Anat.* iliakal; *hueso m* ~ Hüftbein *n*; II. *adj.-su.* aus Ilium (*od.* Troja); *m* Trojaner *m*; ♀*da Lit. f* Ilias *f*.
iliberal *adj. c* engherzig, illiberal.
ilicíneas ♀ *f/pl.* Stechpalmgewächse *n/pl.*
ilícito *adj.* unerlaubt, nicht statthaft, (gesetzlich) verboten.
ilicitud *f* Unerlaubtheit *f*; Unerlaubte(s) *n*.
ilimita|ble *adj. c* nicht beschränkbar; **~do** *adj.* unbeschränkt, unbegrenzt; unumschränkt; schrankenlos.
ilion *Anat. m* Darmbein *n*.
ilíquido *adj.* unerledigt, unbezahlt (*Rechnung*).
ilírico *adj.-su.* illyrisch; *m* Illyr(i)er *m*.
iliterato *adj.* ungebildet, unwissend.
ilocalizable *adj. c* unauffindbar.
ilógico *adj.* unlogisch.
ilogismo *m* Mangel *m* an Logik; Unlogische(s) *n*, Unlogik *f*.

ilota c hist. u. fig. Helot m; fig. Entrechtete(r) m, Paria m; desp. Sklavenseele f.
ilote m Am. Cent. grüner Maiskolben m.
ilotismo m hist. u. fig. Helotentum n.
ilumi|nación f 1. Beleuchtung f (a. ⊕); festliche Beleuchtung f; Opt. Ausleuchtung f; ⚓, ✈ Befeuerung f; 2. fig. Aufklärung f, Rel. u. fig. Erleuchtung f; 3. Ausmalung f von Handschriften u. Büchern; **~nado I.** part.-adj. 1. festlich beleuchtet, illuminiert; angestrahlt (Gebäude); 2. Rel. u. fig. erleuchtet; fig. aufgeklärt; **II.** m 3. Rel. Erleuchtete(r) m; Schwärmer m; hist. Illuminat m; **~nador I.** adj. 1. erleuchtend usw.; **II.** m 2. Erleuchter m; 3. Ausmaler m, Kolorist m; **~nancia** Phys. f Lichteinfall m (je sec./m² der beleuchteten Fläche); **~nar** v/t. 1. be-, er-, bsd. Opt. aus-leuchten; 2. festlich beleuchten, illuminieren; Denkmal usw. anstrahlen; 3. ausmalen, kolorieren bzw. farbig unterlegen; 4. Rel. u. fig. erleuchten; **~naria** f (mst. **~s** pl.) Festbeleuchtung f; **~nativo** adj. erleuchtend; **~nismo** m Illuminatentum n, Bewegung f u. Lehre f der Illuminaten.
ilu|samente adv. trügerischerweise; **~sión** f 1. (Sinnes-)Täuschung f, Illusion f; Selbstbetrug m; hacerse (od. forjarse) **~ones** s. Illusionen machen; **~ óptica** optische Täuschung f; 2. große Erwartung f; (Vor-)Freude f; F me hizo tanta **~** ich freute mich so darauf (bzw. darüber); 3. (Täuschung f durch ein) Zauberkunststück n; **~sionar I.** v/t. 1. **~** a alg. con a/c. j-m Hoffnungen machen auf (ac.); 2. me ilusiona (este viaje) ich freue mich sehr auf (diese Reise); **II.** v/r. **~se** 3. s. Illusionen machen; 4. **~se** con a/c. s. et. sehr wünschen; s. sehr auf (bzw. über) et. (ac.) freuen, **~sionismo** m 1. Phil. Illusionismus m; 2. Zauberkunst f; Zaubern m, **~sionista I.** adj. c 1. Phil. illusionistisch, illusionär; **II.** c 2. Phil. Illusionist m; 3. Zauberkünstler m; **~so I.** adj. getäuscht, betrogen; enttäuscht; **II.** m Schwärmer m, Träumer m; pobre **~** arme(r) Irre(r) (fig. F); **~sorio** adj. trügerisch; illusorisch.
ilus|tración f 1. Bildung f; a. hist. Aufklärung f; 2. Auszeichnung f; Berühmtheit f; 3. Illustration f; Abbildung f, Bebilderung f; Erläuterung f, Veranschaulichung f; 4. illustriertes Werk n; illustrierte Zeitschrift f; **~trado** adj. 1. gebildet; 2. bebildert, illustriert; revista f **~a** Illustrierte f; **~trador I.** adj. illustrierend; **II.** m Illustrator m; **~trar I.** v/t. 1. aufklären, bilden, belehren; der Gesittung zuführen; Kultur bringen (dat.); 2. a. Rel. erleuchten; 3. berühmt machen; 4. erläutern, veranschaulichen, illustrieren; 5. illustrieren, bebildern; **II.** v/r. **~se** 6. s. auszeichnen, berühmt werden; 7. s. bilden, zu Kenntnissen kommen; **~trativo** adj. 1. erklärend; anschaulich; bildend; 2. erbaulich, erleuchtend; **~tre** adj. c berühmt; erlaucht; **~trísimo** sup. v. ilustre adj.; ♀ Titelan-rede an Bischöfe, Konsuln usw.; Abk. Ilmo.

imagen f 1. Bild n, Bildnis n; **~** invertida Kehrbild n; **~** especular Spiegelbild n; EDV **~** fija Standbild n; fig. **~** pública (od. de marca) Image n; Kino: imágenes f/pl. por segundo Bildwechsel m; Phot. **~** visada Sucherbild n; cambiar de **~** s. (ver)ändern; Opt. dar una **~** ein Bild erzeugen; 2. Bild n, Ebenbild n; 3. Heiligen-bild n, -statue f.
imagina|ble adj. c denkbar, vorstellbar, erdenklich; **~ción** f Einbildungskraft f, Phantasie f; Vorstellung f, Einbildung f; lleno de **~** phantasievoll; no pasar por la **~** nicht in den Sinn kommen; **~r I.** v/t. 1. ausdenken, ersinnen, erdichten; erfinden; 2. verfallen auf (ac.), kommen auf (ac.), vermuten, s. vorstellen; ¡ni **~lo** (siquiera)! kein Gedanke daran; **II.** v/r. **~se** 3. s. vorstellen, s. denken, s. einbilden; ¡imagínese (usted)! stellen Sie s. nur vor!, denken Sie bloß (einmal)!; **~ria** ✕ **I.** f Ersatz-, Bereitschaftswache f; **II.** m Wache f (Person) in der Kaserne; **~rio** adj. erdacht, eingebildet, a. ♣ imaginär; mundo m **~** Traumwelt f; paisaje m **~** Phantasielandschaft f; **~tiva** f 1. Einbildungs-, Vorstellungs-kraft f; 2. gesunder Menschenverstand m; **~tivo** adj. einfallsreich, erfinderisch, phantasievoll.
imagine|ría f 1. Bildstickerei f; 2. Ku. (Rel.) Bildschnitzerei f; religiöse Bildhauerkunst f; Malerei f von Heiligenbildern; **~ro** m Bildschnitzer m; Bildhauer m; Maler m von Heiligenbildern. [Imago f.]
imago Biol., Psych., Theol. m
imán¹ m a. fig. Magnet m; ⚡, ⊕ **~** de barra Stabmagnet m; **~** elevador (permanente) Hub- (Dauer-)magnet m; **~** inductor Feldmagnet m; **~** separador Magnetscheider m.
imán² m Imam m (Islam).
iman(t)a|ble adj. c magnetisierbar; **~ción** f Magnetisierung f; **~do** adj. magnetisch, magnetisiert; **~r** v/t. magnetisieren, magnetisch machen.
imbati|ble adj. c unschlagbar, unbesiegbar; **~do** adj. unbesiegt, ungeschlagen.
imbebible adj. c nicht trinkbar.
im|bécil adj.-su. c schwachsinnig, blödsinnig; fig. F blöd F; m Geistesschwache(r) m; F Dummkopf m; **~becilidad** f Schwachsinn m; a. fig. Blödsinn m.
imberbe adj. c bartlos; fig. sehr jung (Mann), desp. grün.
imbibición f Vollsaugen m (z. B. e-s Schwamms). [eingebriffen.]
imbíbito P adj. Guat., Méj. (mit)
imbornal m 1. ⚓ Speigatt n; 2. F Col., Méj., P. Ri., Ven. irse por los **~** es faseln, spinnen F.
imborrable adj. c unverwischbar, unauslöschlich, unvergeßlich.
imbrica|ción f schuppenförmige Anordnung f, Überlappung f; △ dachziegelartiges Übereinandergreifen n; Dachziegelverband m; **~do** adj., **~nte** adj. c schuppenförmig (bzw. dachziegelartig) angeordnet.
imbui|do part.: **~** en (od. de) durch-

drungen von (dat.); geprägt von (dat.); eingenommen von (dat.); **~r** [3g] v/t. einflößen; einpragen, bringen; **~** a alg. en (od. de) ideologías ajenas j-m fremde Ideologien einprägen.
imbun|char v/t. Chi. 1. verhexen; 2. be-, er-schwindeln; **~che** m Chi. Hexerei f, böser Zauber m; fig. verwickelte Angelegenheit f.
imida ♣ f Imid n. [Magd f.]
imilla f Bol., Pe. indianische
imita|ble adj. c nachahmbar; nachahmenswert; **~ción** f Nachahmung f, Imitation f; a **~** de nach (dem Beispiel von (dat.); **~** de cuero od. cuero m de **~** Kunstleder n, Lederimitation f; Theol. **~** de Jesucristo Nachfolge f Christi; **~do** adj. nachgeahmt, nachgemacht; nachgebildet; unecht, imitiert; **~dor I.** adj. nachahmend; ser muy **~** alles nachmachen wollen; desp. alles nachäffen; **II.** m Nachahmer m, Epigone m (lit.); Imitator m; **~r** v/t. nachahmen (ac. = nachmachen; dat. = j-s Beispiel folgen, j-m nachfolgen); nachmachen, nachbilden, nachdichten; a. ⊕ imitieren, kopieren, **~tivo** adj. nachahmend; Nachahmungs...
impacien|cia f Ungeduld f; adv. con **~** ungeduldig; fig. a. gereizt; erwartungsvoll, neugierig; **~tar I.** v/t. ungeduldig machen; **II.** v/r. **~se** ungeduldig werden, die Geduld verlieren; **~te** adj. c ungeduldig.
impac|tar v/i. einschlagen (Geschoß); fig. wirken; **~to** m ✕ Einschlag m, Aufschlag m; Einschuß m; Einschlagloch n; Treffer m (a. fig.); fig. Wirkung f (auf ac. sobre); **~** completo Volltreffer m; **~** de meteoros Beschuß m (od. Einschlag m) von Meteoren (Raumfahrt).
impa|gable adj. c unbezahlbar, a. fig. nicht zu bezahlen(d); **~go I.** m ♦ Nichtbezahlung f; **II.** adj. c Arg., Chi. wem man noch nicht gezahlt hat.
impalpa|bilidad f Unfühlbarkeit f; **~ble** adj. c unfühlbar; nicht greifbar, kaum spürbar; a. staubartig (Substanz).
impar adj. c ungleich, ungerade (Zahl); Biol. unpaarig (Organe).
imparable adj. c unaufhaltbar.
imparcia|l adj. c unparteiisch, objektiv, gerecht; **~lidad** f Unparteilichkeit f; con entera **~** ganz unparteiisch, völlig objektiv.
impari|dad f Ungleichheit f; Ungeradheit f; **~dígito** Zo. adj.-su. m Unpaar-hufer m; **~sílabo** Gram. adj. ungleichsilbig.
imparti|ble adj. c unteilbar; **~ción** ✕ f: **~** de una orden Befehlserteilung f; **~cipable** c → incomunicable; **~r** v/t. 1. Verw. gewähren, bewilligen; 2. Verw., ⚖ anfordern; 3. Segen, Unterricht erteilen.
impasi|bilidad f Unempfindlichkeit f; Gleichmut m, Unerschütterlichkeit f; **~ble** adj. c unempfindlich, gefühlos; gleichmütig, gelassen, unerschütterlich.
impasse m Sackgasse f (fig.).
im|pavidez f Unerschrockenheit f; **~pávido** adj. unerschrocken, furchtlos; Am. Mer. dreist, frech.
impeca|bilidad f Fehlerlosigkeit f,

impecable — importación

Vollkommenheit *f*; ~ble *adj. c* tadellos, fehler-los, -frei, einwandfrei; vollkommen (*Stil*).
impedancia ⚡ *f* Scheinwiderstand *m*, Impedanz *f*; *de alta* ~ hochohmig.
impedi|do *adj.-su.* gelähmt, körperbehindert; *m* Körperbehinderte(r) *m*; ~**dor** *adj.-su.* hindernd, hemmend, störend; ~**menta** ⚖ *f* Troß *m*; ~**mentar** *v/t.* behindern; (ver)hindern; ~**mento** *m* Hindernis *n*; Hemmung *f*; ⚖ (Rechts-)Hindernis *n*; ⚖ ~ *dirimente* (*impediente*) trennendes (aufschiebendes) Ehehindernis *n*; *vendrá si no hay* ~ er wird kommen, wenn nichts dazwischenkommt; ~**r** [3l] *v/t.* (ver)hindern; hemmen, erschweren, stören; unmöglich machen; ~ *que* + *subj.* (daran) hindern, zu + *inf.*; ~ *el paso* den Weg versperren; den Verkehr behindern; ~**tivo** *adj.* hinderlich; hemmend, störend; (Ver-)Hinderungs...
impele|nte *adj. c* antreibend, bewegend; anstoßend; *bomba f* ~ Druckpumpe *f*; ~**r** *v/t.* ⊕ *u. fig.* (an)treiben, bewegen; stoßen, schieben; ~ *a escribir* zum Schreiben drängen; zu schreiben veranlassen; ~*ido por* (*od. de*) getrieben von (*dat.*), gezwungen durch (*ac.*).
impenetra|bilidad *f* Undurchdringlichkeit *f*; *Phys.*, ⊕ Undurchlässigkeit *f*; *fig.* Unerforschlichkeit *f*; ~**ble** *adj. c* undurchdringlich (*a. fig.*); *Phys.*, ⊕ undurchlässig, dicht; schußfest (*Panzer*); *fig.* unerforschlich, undurchschaubar.
impeniten|cia *f* Unbußfertigkeit *f*, Verstocktheit *f*; ~**te** *adj. c* unbußfertig, verstockt.
impensa(s) ⚖ *f*/*pl.*) Aufwand *m* zur Aufrechterhaltung *e-s Besitzes*; ~*s suntuarias* (*od. de lujo*) Luxusaufwendungen *f*/*pl.*
impensa|ble *adj. c* undenkbar, unvorstellbar; ~**do** *adj.* unerwartet, unvermutet, plötzlich, unverhofft.
impepinable F *adj. c*: *eso es* ~ *das ist bombensicher* F, daran ist nicht zu rütteln.
impera|dor *adj.* herrschend; ~**nte** *adj. c* herrschend; *Astrol. a.* dominierend; ~**r** *v/i.* 1. herrschen, Kaiser (*bzw.* Caesar) sein; 2. *fig.* herrschen; *a.* vorherrschen; ~**tivo I.** *adj.* gebieterisch, zwingend; bindend, verpflichtend; **II.** *m Gram.*, *Phil.* Imperativ *m*; *fig.* Gebot *n*; (Sach-)Zwang *m*; ~**tor** *hist. m* Imperator *m*; ~**toria** ♀ *f*: ~ *romana* Kaiserwurz *f*; ~**torio** *adj.* imperatorisch, kaiserlich.
impercepti|bilidad *f* fehlende Wahrnehmbarkeit *f*; Unfühlbarkeit *f*; ~**ble** *adj. c* unmerklich, nicht (*bzw.* kaum) wahrnehmbar.
imper|dible I. *adj. c* unverlierbar; **II.** *m* Sicherheitsnadel *f*; ~**donable** *adj. c* unverzeihlich.
imperecedero *adj.* unvergänglich, ewig; *gloria f* ~*a* unvergänglicher Ruhm *m*; *Theol.* ewige Herrlichkeit *f*.
imperfec|ción *f* Unvollkommenheit *f*; ~**tamente** *adv.* unvollkommen, unzureichend; ⊕ ~ *circular* unrund; ~**tibilidad** *f* mangelnde Ver-

vollkommnungsfähigkeit *f*; ~**tible** *adj. c.* nicht vervollkommnungsfähig; ~**to I.** *adj.* unvollendet; unvollkommen, mangelhaft; **II.** *m Gram.* Imperfekt *n*.
imperfora|ble *adj. c* nicht durchbohrbar, ⚔ imperforabel; ~**do** *adj.* verwachsen, nicht offen (*Körperöffnung*).
imperia|l I. *adj. c* 1. kaiserlich, Kaiser...; das Imperium betreffend, imperial; **II.** *f* 2. *Autobus*: Oberdeck *n*; früher: mit Sitzen versehenes Wagenverdeck *n*; Kutschenhimmel *m*; Betthimmel *m*; 3. ♀ Kaiserkrone *f*; **III.** *m* 4. *hist.* los ~es die Kaiserlichen *m*/*pl.*; ~**lismo** *m* Imperialismus *m*; ~**lista** *adj.-su. c* imperialistisch; *m* Imperialist *m*. [fähigkeit *f*.\
impericia *f* Unerfahrenheit *f*; Un-∫
imperio *m* 1. Kaiserreich *n*; Imperium *n*; Reich *n*; *el* ♀ *británico* das (britische) Empire; *el Sacro* ♀ *Romano* das Heilige Römische Reich (deutscher Nation); *Ku. estilo m* ~ Empirestil *m*; 2. Kaisertum *n*; 3. Herrschaft *f*; *fig. bajo el* ~ *de una mujer* unter der Fuchtel e-r Frau; 4. *fig.* Stolz *m*; 5. ⚖ *bsd. Am.* Kasino *n* für Offiziere *u.* Unteroffiziere; ~**so** *adj.* 1. gebieterisch; 2. dringend.
impermea|bilidad *f* Undurchlässigkeit *f*; ~**bilización** *f* Imprägnierung *f*; ~**bilizante** *adj. c-su. m* Imprägnierungsmittel *n*; ~**bilizar** [1f] *v/t.* imprägnieren, wasserdicht machen; ~**ble I.** *adj. c* undurchdringlich; undurchlässig, dicht; ~ *al agua* wasserdicht; ~ *al aceite* (*a la luz*) öl-(licht-)undurchlässig; **II.** *m* Regenmantel *m*; Ölhaut *f*.
impermutable *adj. c* nicht vertauschbar; ⚖ nicht permutabel.
impersona|l *adj. c a. Gram.* unpersönlich; ~**lidad** *f* Unpersönlichkeit *f*; Mangel *m* an Persönlichkeit; ~**lizar** [1f] *Gram. v/t.* als unpersönliches Verb verwenden (*z. B.* hace frío). [furchtlos.\
impertérrito *adj.* unerschrocken,∫
impertinen|cia *f* Ungehörigkeit *f*, Frechheit *f*, Vorwitz *m*, Impertinenz *f*; ~**te I.** *adj. c* 1. unangebracht, nicht dazugehörig; 2. unpassend, ungehörig, dreist, unverschämt, impertinent, frech; **II.** *m* 3. Naseweis *m*; Flegel *m*; 4. ~**s** *m*/*pl.* Lorgnette *f*.
imperturba|bilidad *f* Unerschütterlichkeit *f*; ~**ble** *adj. c* unerschütterlich.
impétigo ⚔ *m* Eiterflechte *f*, Impetigo *f*.
impetra|ción *f* Erlangung *f* durch Bitten; ~**dor** *adj.-su.*, ~**nte** *adj.-su. c* Bittende(r) *m*, Ersuchende(r) *m*; ~**r** *v/t.* 1. erbitten, erflehen, flehen um (*ac.*); 2. erlangen, erwirken.
ímpetu *m* Heftigkeit *f*; Wucht *f*, Schwung *m*; Ungestüm *n*.
impetuo|sidad *f* Ungestüm *n*, Heftigkeit *f*; ~**so** *adj.* heftig, ungestüm; wuchtig.
im|piedad *f* Gottlosigkeit *f*; Ruchlosigkeit *f*; Herzlosigkeit *f*; ~**pío** *adj.* gottlos; ruchlos; herzlos, unbarmherzig, grausam.
implacable *adj. c* unerbittlich, unversöhnlich, unnachgiebig, unbarmherzig, eisern.

implanta|ción *f* 1. ⚔ Implantation *f*; 2. Einführung *f*; ~**r** *v/t.* 1. ⚔ implantieren; 2. *Neues* einführen; *Fabrik usw.* errichten.
implementos ⊕ *m*/*pl. bsd. Am.* Gerät *n*, Ausstattung *f*, Zubehör *n*; Werkzeug *n*; *Méj.* ~ *de labranza* Ackergerät *n*.
implica|ción *f* 1. Einbeziehung *f*, Verwicklung *f* (*in et.*); 2. *Phil.* Implikation *f*; *p. ext.* Widerspruch *m*; 3. ⚖ Teilnahme *f* an *e-m Delikt*; ~**ncia** ⚖ *f Am.* 1. Unvereinbarkeit *f*; 2. Befangenheit *f*; ~**nte** *adj. c* enthaltend; ⚐ implizierend; ~**r** [1g] **I.** *v/t.* 1. *j-n* verwickeln (*in ac. en*), *j-n* hineinziehen (*in ac. en*); 2. mit einschließen, bedeuten, ⚐ implizieren; voraussetzen; 3. mit s. bringen, führen zu (*dat.*); **II.** *v/i.* 4. widersprüchlich sein; ein Hindernis darstellen; **III.** *v/r.* ~*se* 5. ~*se* en s. *in et.* (*ac.*) hineinziehen lassen; ~*se con alg.* s. mit *j-m* einlassen; ~**torio** *adj.* mit s. bringend; widersprüchlich, unvereinbar.
implícito *adj.* mit einbegriffen, unausgesprochen, stillschweigend; *bsd. Phil.* implizit.
implora|ción *f* flehentliche Bitte *f*; ~**nte** *adj. c* flehend; *con voz* ~ *suplicó flehentlich bat er*; ~**r** *v/t.* anflehen; flehen um (*ac.*).
implosi|ón *Phys.*, *Phon. f* Implosion *f*; ~**vo** *Phon. adj.* implosiv.
implume *adj. c* federlos, ungefiedert. [unfein.\
impolítico *adj.* unklug; unhöflich,∫
impoluto *lit. adj.* unbefleckt, makellos, rein.
impondera|bilidad *f Phys. u. fig.* Unwägbarkeit *f*; ~**ble I.** *adj. c* 1. unwägbar; 2. unvergleichlich; **II.** *m* 3. ~**s** *m*/*pl.* Unwägbarkeiten *f*/*pl.*, Imponderabilien *pl.*
impo|nedor I. *adj.* ↷ → *imponente*; **II.** *m* wer Abgaben auferlegt; *Typ.* Seiteneinrichter *m*; ~**nencia** *f Chi.* imponierende Größe *f*; ~**nente I.** *adj. c* gewaltig, eindrucksvoll, Ehrfurcht gebietend, imposant; F großartig, toll F; **II.** *m* ⚕ Absender *m*; Einleger *m* (*Bank*); ~**ner** [2r] **I.** *v/t.* 1. *Hände* auflegen; *Steuern, Abgaben* erheben; *Auftrag, Amt* geben; *Arbeit, Last, Meinung* aufdrängen, aufzwingen; *Namen* beilegen; *Schweigen* gebieten; *Ehrfurcht* einflößen; *Furcht* einjagen; ~ *su autoridad s-e Autorität durchsetzen*; 2. *Geld* einlegen, einzahlen; 3. *j-n* (*in Amt, Pflichten usw.*) einweisen; 4. *Typ.* (die Seiten) einrichten; *Form* (endgültig schließen u.) einheben; **II.** *v/i.* 5. Eindruck machen, imponieren F; **III.** *v/r.* ~*se* 6. s. aufdrängen; s. aufzwingen; unvermeidlich sein; s. durchsetzen, die Oberhand gewinnen; 7. ~*se de* (*od. en*) *ac.* Einsicht nehmen in *et.* (*ac.*), s. vertraut machen mit *et.* (*dat.*); ~**nible** *adj. c* belastbar, besteuerbar.
impopula|r *adj. c* unbeliebt; nicht volkstümlich, unpopulär; ~**ridad** *f* Unbeliebtheit *f*.
importa|ble *adj. c* einführbar; ~**ción** *f* 1. Einfuhr *f*, Import *m*; Einfuhrgeschäft *n*; ~*ones f*/*pl. invisibles* unsichtbare Einfuhr *f*; ~ *sin*

pago o compensación unentgeltliche Einfuhr *f*; *volumen m de ~ones* Einfuhrvolumen *n*; **2.** ⚕ Einschleppung *f e-r Krankheit*; *~dor* **I.** *adj.* einführend, Einfuhr..., Import...; **II.** *m* Importeur *m*, Einfuhrhändler *m*.

impor|tancia *f* Wichtigkeit *f*, Bedeutung *f*; *de ~ → importante*; *sin ~* unwichtig, unerheblich, belanglos; *carecer de ~* belanglos sein; *dar mucha ~ a* großen Wert legen auf (*ac.*); viel Aufhebens machen von (*dat.*); *darse ~* s. wichtig machen; *~tante adj. c* wichtig, bedeutend; mächtig, groß, einflußreich; schwer (*Verletzung*); *lo ~ es que ...* wichtig ist, daß ..., es kommt darauf an, daß ...; *hacerse el (bzw. la) ~* wichtig tun; *~tar* **I.** *v/i. u. v/impers.* **1.** wichtig sein (j-m *od.* für j-n *a alg.*); *importa que lo hagas* es ist wichtig (*od.* es kommt darauf an), daß du es tust; *no importa* das macht nichts, das hat nichts zu (be)sagen; es kommt nicht darauf an; ¿*qué importa?* was liegt (schon) daran?; ¿*a mí qué (me importa)?* was geht's (denn) mich an?; *no importa quién* irgend jemand, irgendwer; **II.** *v/t.* **2.** bedeuten; mit s. bringen; **3.** betragen, s. belaufen auf (*ac.*); **4.** *Waren, Moden, Sitten* einführen, *Waren, EDV Daten* importieren; *Krankheiten* einschleppen; *~te m* Betrag *m*, Summe *f*; *~ de la factura* Rechnungsbetrag *m*; *~ total* Gesamtsumme *f*, -betrag *m*.

importu|nación *f* Belästigung *f*; *~nar v/t.* belästigen, behelligen; *~nidad f* **1.** Zudringlichkeit *f*; Aufdringlichkeit *f*; **2.** Belästigung *f*; *~no adj.* lästig, unbequem, ungelegen; aufdringlich.

imposi|bilidad *f* Unmöglichkeit *f*; unüberwindliche Schwierigkeit *f*; *estar en la ~ de + inf.* nicht in der Lage sein, zu + *inf.*; *~bilitado adj.* (*bsd. körperlich*) behindert; gelähmt (an *dat. de*); *~bilitar* **I.** *v/t.* **1.** unmöglich machen, verhindern, vereiteln; **2.** unbrauchbar machen; unfähig machen; *bsd. Am.* zum Invaliden machen; **II.** *v/r. ~se* **3.** *Am.* gelähmt werden, invalide werden; *~ble* **I.** *adj. c* **1.** unmöglich (*a. fig.*); *fig.* unerträglich, unausstehlich; *hacer lo ~* alles aufbieten, alles in Bewegung setzen; *fig. hacer la vida ~ a alg.* j-m das Leben sauer machen; **2.** *Col., Chi., P. Ri. estar ~* **a)** schwer krank sein; invalide sein; **b)** schmutzig, verkommen sein; abstoßend sein; **II.** *m* **3.** Unmöglichkeit *f*; *pedir ~s* Unmögliches verlangen.

imposi|ción *f* **1.** Auflegen *n der Hände*; Beilegung *f e-s Namens*; **2.** ✝ Einlage *f*; *~ones f/pl. de ahorro* Spareinlagen *f/pl.*; *~ones a plazo (a la vista)* Termin- (Sicht-)einlagen *f/pl.*; **3.** Belastung *f*, Besteuerung *f*; Auflage *f*; *~ doble* Doppelbesteuerung *f*; **4.** *Typ.* **a)** Steg *m*, Leiste *f*; **b)** (endgültiges Justieren *n*, Schließen *n*) Einheben *n der Form*; *~tor m* **1.** *Typ.* Seitenrichter *m*; **2.** *Bankw.* Einleger *m*; Sparer *m*.

imposta △ *f* **1.** Kämpfer *m*; **2.** Fries *m*, horizontales Band *n*.

impostergable *adj. c* nicht zurückstellbar; nicht übergehbar (*b. e-r Beförderung*).

impos|tor *adj.-su.* betrügerisch; *m* Betrüger *m*; Heuchler *m*; Verleumder *m*; *~tura f* Betrug *m*; Lüge *f*; Heuchelei *f*; Verleumdung *f*.

impotable *adj. c* nicht trinkbar.

impoten|cia *f* **1.** Unvermögen *n*, Machtlosigkeit *f*, Ohnmacht *f*; *reducir a la ~* entmachten, bezwingen; **2.** ⚕ Impotenz *f*, Zeugungsunfähigkeit *f*; *~te adj. c* **1.** machtlos (gg. *ac. od.* gg.-über *dat. contra*); kraftlos; unfähig (zu + *inf. para + inf.*); **2.** ⚕ impotent.

impractica|bilidad *f* **1.** Undurchführbarkeit *f*; **2.** Unwegsamkeit *f*; *~ble adj. c* **1.** nicht ausführbar, undurchführbar; **2.** unwegsam; ungangbar; nicht befahrbar.

impreca|ción *f* Verwünschung *f*; *~r* [1g] *v/t.* verwünschen, verfluchen; *~torio adj.* Verwünschungs..., Fluch...

impreci|sión *f* Ungenauigkeit *f*; *~so adj.* ungenau, unbestimmt.

impregna|ble *adj. c* imprägnierbar; *~ción f*, ⊕ Imprägnierung *f*; (Durch-)Tränkung *f*; *fig.* Durchdringung *f*; *~ por inmersión* Tauchimprägnierung *f*; *~do adj.* imprägniert; *~nte ⚗ m* Imprägnierungs-, Schutz-mittel *n*; *~r* **I.** *v/t.* imprägnieren; (durch)tränken mit *dat. de, en*); *~ de aceite* (ein)ölen; **II.** *v/r. ~se* s. vollsaugen (mit *dat. de, con*).

impremedita|ción *f* Unüberlegtheit *f*; *~do adj.* unüberlegt, unbedacht; absichtslos.

imprenta *f* **1.** Buchdruck *m*; (Buch-)Druckerei *f*; Druck *m*; *p. ext.* Gedruckte(s) *n*; *~ genética* genetischer Fingerabdruck *m*; *error m de ~* Druckfehler *m*; *listo para la ~* druckfertig; *dar a la ~* in Druck geben.

imprescindible *adj. c* unumgänglich; unerläßlich, unentbehrlich.

imprescripti|bilidad ⚖ *f* Unverjährbarkeit *f*; *~ble adj.* unverjährbar.

impresentable *adj. c* nicht vorzeigbar; *estás (od. vas) ~ con este abrigo* in diesem Mantel kannst du dich nicht zeigen.

impresi|ón *f* **1.** Abdruck *m*; Aufdrücken *n*; Eindruck *m*; Eindellung *f*; *~ al sello* Aufdrücken des Siegels; Stempelabdruck *m*; *~ dactilar (od. digital)* Fingerabdruck *m*; **2.** *fig.* Eindruck *m*; *~ sensorial* Sinneseindruck *m*; *causar ~* Eindruck machen (auf *ac. a*); *dejar (od. hacer, producir) buena ~* e-n guten Eindruck machen; *tener la ~ (de) que...* den Eindruck haben, daß ...; **3.** *Typ.* Druck *m* (*Drucken, Druckergebnis, Gedrucktes*); Eindruck *m*; *~ artística* Kunstdruck *m*; *~ en (cuatro) colores* (Vier-)Farbendruck *m*; *~ de obras (de remiendos)* Werk-(Akzidenz-)druck *m*; **4.** *Phono* Aufnahme *f*; Bespielen *n* (*Tonband*); *~ de un disco, de una cinta magnetofónica* Tonaufnahme *f*; *~onabilidad f* (leichte) Beeindruckbarkeit *f*, Empfänglichkeit *f*, Sensibilität *f*; *~onable adj. c* für Eindrücke (leicht) empfänglich; leicht zu beeindrucken(d), sensibel; *~onante* F *adj. c* eindrucksvoll; aufregend; großartig; *~onar v/t.*

1. *Film* belichten; *Schallplatte, Tonband* bespielen; **2.** beeindrucken, Eindruck machen auf (*ac.*).

impresionis|mo *Ku. m* Impressionismus *m*; *~ta adj.-su. c* impressionistisch; *m* Impressionist *m*.

impreso **I.** *part.* gedruckt; bedruckt; eingedruckt; **II.** *m* Druck *m* (*Druckerzeugnis, Druckwerk*); Drucksache *f*; Vordruck *m*, Formular *n*; *EDV* Ausdruck *m*; ⌘ *~s m/pl.* Drucksache *f*; *~r* **I.** *adj.*: *mecanismo m ~* Druckwerk *n* (*e-r Druckmaschine*); *máquina f ~a de billetes* Fahrkarten-, Fahrscheindrucker *m*; **II.** *m* Drucker *m*; *~ (de) offset* Offsetdrucker *m*; *~ra f* **1.** *EDV* Drucker *m*; *~ de color* Farbdrucker *m*; *~ de inyección de tinta*, *~ de chorro de tinta* Tintenstrahldrucker *m*; *~ láser* Laserdrucker *m*; **2.** *Rpl.* Druckmaschine *f*.

imprestable *adj. c* nicht ausleihbar.

imprevi|sible *adj.* nicht voraussehbar; *~sión f* Mangel *m* an Voraussicht; Unvorsichtigkeit *f*; *~sor adj.* nicht vorausschauend; unvorsichtig; *~sto* **I.** *adj.* unvorhergesehen, unvermutet; **II.** *~s m/pl.* Unwägbarkeiten *f/pl.*; unvorhergesehene Auslagen *f/pl.*

impri|mación *Mal. f* Grundierung *f*; *~madera Mal. f* Grundierspachtel *m*, *f*; *~mador Mal. m* Grundierer *m*; *~mar Mal. v/t.* grundieren; *~mátur bsd. ecl. m* Imprimatur *n*; *~mible adj. c* druckbar, *~mir* (*part. impreso*) *v/t.* **1.** aufdrücken; eindrücken; *fig.* einprägen; *~ en la memoria* ins Gedächtnis prägen; **2.** drucken; *EDV a.* ausdrucken; *a. fig.* herausbringen; verlegen; abdrucken, eindrucken; *máquina f de ~* Druckmaschine *f*; **3.** *Bewegung* übertragen (auf *ac. a*), mitteilen (*dat. a*).

improba|bilidad *f* Unwahrscheinlichkeit *f*; *~ble adj. c* unwahrscheinlich; *~ción f → desaprobación*; *~r* [1m] *v/t.* nicht billigen, verwerfen.

improbidad *f* Unredlichkeit *f*.

ímprobo *adj.* **1.** unredlich; **2.** mühselig, hart (*Arbeit*).

improceden|cia ⚖ *f* Unzulässigkeit *f*; *~te adj. c* unangebracht, unzweckmäßig; *bsd.* ⚖ unzulässig; unbegründet.

improductivo *adj. a. fig.* unergiebig; unfruchtbar; unwirtschaftlich; unproduktiv; tot (*Kapital*).

impromptu ♪ *m* Impromptu *n*.

impronta *f* Abdruck *m*; Abguß *m*; *fig.* Gepräge *n*, Eigenart *f*.

impronunciable *adj. c* nicht aussprechbar, unaussprechbar.

improperio *m* Schmähung *f*; *kath. ~s m/pl.* Improperien *pl.*

impro|piedad *f* **1.** Unrichtigkeit *f* in Wortwahl u. Stil; **2.** *Phil.* Uneigentlichkeit *f*; **3.** Unschickliche(s) *n*; Unpassende(s) *n*; **4.** Unzweckmäßigkeit *f*; Untauglichkeit *f*; *~pio adj.* **1.** unrichtig, nicht passend (*Wortwahl*); falsch angewandt (*Ausdruck*); ungeeignet (für *ac. para*); unzweckmäßig; **2.** unschicklich; **3.** ⚗ unecht (*Bruch*); **4.** 🖳 uneigentlich.

improrrogable *adj. c.* was nicht verlängert (*bzw.* vertagt) werden kann; unaufschiebbar.

improvi|sación *f* **1.** Improvisation

f; behelfsmäßige Lösung *f*; **2.** Improvisation *f*, aus dem Stegreif Dargebotene(s) *n*; **3.** schnelle Karriere *f*, Glück *n*; ~**sado** *adj.* improvisiert; behelfsmäßig; ~**sador** *adj.-su.* improvisierend; *m* Improvisator *m*; ~**samente** *adv.* → *de improviso* ~**sar** *v/t.* improvisieren; aus dem Stegreif darbieten; ~**so** *adj.* unvorhergesehen; *adv. de (od. al)* ~ unversehens, überraschend, plötzlich; ~**sto** *adj.* → *improviso*; *a la* ~*a* → *de improviso*.
impruden|cia *f* Unvernunft *f*; Unbesonnenheit *f*; Unvorsichtigkeit *f*; ⚖ Fahrlässigkeit *f*; ~ *temeraria* grobe Fahrlässigkeit *f*; *lesión f por* ~ fahrlässige Körperverletzung *f*; *es (una)* ~ *increíble* es ist (ein) bodenloser Leichtsinn; ~**te** *adj.-su. c* unklug, unvernünftig; unüberlegt; unvorsichtig; ⚖ fahrlässig.
impúber(o) I. *adj. c (adj.)* (noch) nicht mannbar, unreif; ⚖ unmündig; **II.** *m* Unreife(r) *m*, Unmündige(r) *m*.
im|pudencia *f* Schamlosigkeit *f*; ~**pudente** *adj. c* schamlos; unverschämt; ~**pudi(ci)cia** *f* Unzucht *f*; unzüchtiges Verhalten *n*; unzüchtige Rede *f*; ~**púdico I.** *adj.* unzüchtig, unsittlich; schamlos; **II.** *m* unsittlicher Mensch *m*; ~**pudor** *m* Schamlosigkeit *f*; (schamlose) Frechheit *f*, Zynismus *m*.
impuesto I. *part. zu imponer*; ~ *de* auf dem laufenden über *(ac.)*; **II.** *m* Steuer *f*; Abgabe *f*; Gebühr *f*; ~*s m/pl.* Steuern *f/pl.*; Steuerlast *f*; Steuerwesen *n*; ~ *sobre las bebidas* Getränkesteuer *f*; ~ *sobre los beneficios* Gewinnabgabe *f*; ~ *sobre el café (el té, etc.)* Kaffee- (Tee- *usw.*)-steuer *f*; ~ *sobre el capital* Vermögenssteuer *f*; ~ *eclesiástico* Kirchensteuer *f*; ~ *ecológico* Ökosteuer *f*; ~ *de lujo*, ~ *suntuario* Luxussteuer *f*; ~ *sobre la renta (sobre los salarios)* Einkommen- (Lohn-)steuer *f*; *Pol.* ~ *revolucionario* Revolutionssteuer *f*; ~ *de sociedades* Körperschaftssteuer *f*; ~ *del timbre* Stempelgebühr *f*; ~ *sobre el suelo urbano no edificado* Baulandsteuer *f*; *Span.* ~ *(general) sobre el tráfico de empresas* Umsatzsteuer *f*; *Span.* ~ *de utilidades* Einkommen- *od.* Lohnsteuer *f*; ~ *sobre las utilidades del capital* Kapitalertragssteuer *f*; ~ *sobre el valor añadido (Am. agregado)* Mehrwertsteuer *f*; ~ *sobre los vehículos de motor (od. sobre los automóviles)* Kraftfahrzeugsteuer *f*; *categoría f de* ~*s* Steuerklasse *f*; *exento (od. libre) de* ~*s* steuerfrei.
impugna|ble *adj. c a.* ⚖ anfechtbar; ~**ción** *f a.* ⚖ Anfechtung *f*; Bestreitung *f*; Einwand *m*; ~**dor I.** *adj.* bestreitend; **II.** *m* Gegner *m*, Bestreiter *m*; ~**r** *v/t. a.* ⚖ anfechten; bestreiten; bekämpfen.
impul|sar *v/t.* (an)treiben; bewegen, in Bewegung setzen; ~**sión** *f* Antrieb *m*; (An-)Stoß *m*; ~**sividad** *f* Impulsivität *f*; ~**sivo I.** *adj.* **1.** anstoßend; treibend; Treib...; **2.** impulsiv; lebhaft; triebhaft; **II.** *m* **3.** impulsiver Mensch *m*; ~**so** *m* **1.** *Phys.*, ⊕ Stoß *m*, Bewegung *f*; Schubkraft *f*; **2.** ≰ *u. fig.* Impuls *m*; ≰ Stromstoß *m*; *fig.* Antrieb *m*, Anregung *f*, Anreiz *m*; Schwung *m*; Trieb *m*, Hang *m*; ~ *de la corriente de carga* Ladestromstoß *m*; *dar* ~ *a* beleben; *dar nuevos* ~*s a* Auftrieb geben *(dat.)*; wieder in Schwung bringen *(ac.)*; *ceder al* ~ *de su corazón* der Regung s-s Herzens folgen; *tomar* ~ Schwung *(od.* [e-n] Anlauf) nehmen; ~**sor I.** *adj.* antreibend; *mecanismo m* ~ Triebwerk *n*; **II.** *m* ⊕ *u. fig.* Förderer *m*; ⊕ Rutsche *f*; ~ *de vibración* Schüttelrinne *f*.
impu|ne *adj. c* straflos, straffrei; ~**nidad** *f* Straflosigkeit *f*.
impu|reza *f* Unreinheit *f*; *a.* 🝊 Verunreinigung *f*; ~*s f/pl.* Verschmutzung *f*; ~**rificación** *f a.* ⊕ Verunreinigung *f*; ~**rificar** [1g] *v/t.* unrein machen; verunreinigen, verschmutzen; ~**ro** *adj. a. fig.* unrein; verschmutzt; nicht gediegen *(Metall)*.
imputa|bilidad *f* Anrechnungsfähigkeit *f*; ~**ble** *adj. c* **1.** ⚥, ⚖ anrechnungsfähig; ... *es* ~ *al deudor* der Schuldner hat ... *(ac.)* zu vertreten; **2.** zuzuschreiben(d) *(dat. a)*; ~**ción** *f* **1.** Anrechnung *f*; **2.** Bezichtigung *f*, Beschuldigung *f*; ~**dor I.** *adj.* **1.** anrechnend; **2.** bezichtigend; **II.** *m* **3.** Bezichtiger *m*; ~**r** *v/t.* **1.** *Schuld* zuschreiben, aufbürden; ~ *a* alg. *a)* j-m die Schuld an et. *(dat.)* geben; *b)* j-n e-r Sache bezichtigen; **2.** ♄ verbuchen; *a.* ⚖ anrechnen.
imputrescible *adj. c* unverweslich; fäulnissicher.
ina|barcable *adj. c* nicht umfaßbar; nicht begreifbar; unermeßlich; ~**bordable** *adj. c a. fig.* unzugänglich; *fig.* unnahbar.
inacaba|ble *adj. c* unendlich, endlos; ~**do** *adj.* unvollendet.
inaccesi|bilidad *f a. fig.* Unzugänglichkeit *f*; ~**ble** *adj. c* unerreichbar; *a. fig.* unzugänglich; *fig.* unnahbar.
inacción *f* Nichtstun *n*, Untätigkeit *f*; Stillstand *m (Maschine)*.
ina|centuado *adj.* unbetont; *Gram. a. adv.* unakzent; ~**ceptable** *adj. c* unannehmbar; ~**costumbrado** *adj.* nicht gewohnt, ungewohnt.
inac|tivado *adj.* passiviert; ~**tividad** *f* Untätigkeit *f*; ◪ Inaktivität *f*; 🝊, *pharm.* Unwirksamkeit *f*; ~**tivo** *adj.* untätig; 🝊 inaktiv; *pharm.* unwirksam; ~**tual** *adj. c* nicht aktuell.
inadapta|bilidad *f* mangelnde Anpassungsfähigkeit *f*; ~**ble** *adj. c* **1.** nicht anwendbar (auf *ac. a*); **2.** nicht anpassungsfähig; schwer erziehbar; ~**ción** *f* **1.** Mangel *m* an Anpassungsfähigkeit *f*; **2.** Nichtpassen *n*; ~**do** *adj.-su.* nicht angepaßt; kontaktarm; nicht (z. B. *in die soziale Ordnung*) eingefügt; *niños m/pl. física y psíquicamente* ~*s* körperlich u. geistig behinderte Kinder *n/pl.*
inadecuado *adj.* unangemessen; ungeeignet, unsachgemäß.
inadmisible *adj. c* unzulässig.
inadoptable *adj. c* unannehmbar.
inadver|tencia *f* Unachtsamkeit *f*; *por* ~ aus Versehen; ~**tido** *adj.* **1.** unachtsam; *me coges* ~ ich war nicht darauf gefaßt *(od.* vorbereitet); **2.** unbemerkt; *pasar* ~ übersehen *(od.* nicht bemerkt) werden; *pasó el tiempo* ~ man merkte gar nicht, wie die Zeit verging.
ina|gotable *adj. c* unerschöpflich; ~**guantable** *adj. c* unerträglich; ~**jenable** *adj. c* unveräußerlich.
inalámbrico *adj.* ≰ drahtlos; *Tel.* schnurlos.
in albis F *adv.*: *dejar* ~ *a* alg. *a)* j-m nichts sagen *(od.* mitteilen); *b)* j-n leer ausgehen lassen; *estar* ~ k-n blassen Schimmer haben F; *quedarse* ~ *a)* nicht im Bilde sein (über *ac. de*), nichts erfahren (von *dat. de*); nichts begreifen (von *dat. de*); *b)* leer ausgehen, in die Röhre gucken F.
inalcanzable *adj. c* unerreichbar.
inaliena|bilidad *f* Unveräußerlichkeit *f*; ~**ble** *adj. c* unveräußerlich.
inaltera|ble *adj. c* unveränderlich; (immer) gleichbleibend; unerschütterlich; ~ *al aire* luftbeständig; ~**do** *adj.* unverändert, beständig.
inamistoso *adj.* unfreundlich.
inamovi|ble *adj. c* unabsetzbar *(Beamter)*; unkündbar; ~**lidad** *f* Unabsetzbarkeit *f*; Unkündbarkeit *f*.
inanalizable *adj. c* nicht analysierbar; unzerlegbar.
ina|ne *adj. c* leer, gehaltlos, wesenlos; ~**nición** ≰ *f* Erschöpfung *f*, Entkräftung *f*; Verhungern *n*; ~**nidad** *f* Nichtigkeit *f*; Wesenlosigkeit *f*; ~**nimado** *adj.* **1.** *a. fig.* leblos, tot; **2.** ohnmächtig. [bar.⟩
inapagable *adj. c* nicht (aus)lösch-⟩
inape|able *adj. c* hartnäckig, halsstarrig; ~**lable** *adj. c* ⚖ *u. fig.* unwiderruflich; *fig.* endgültig; *la sentencia es* ~ gegen das Urteil kann keine Berufung eingelegt werden.
inapercibido *adj.* unbemerkt.
inapeten|cia ≰ *f* Appetitlosigkeit *f*; ~**te** *adj. c* appetitlos.
inaplazable *adj. c* unaufschiebbar; äußerst dringlich.
inaplica|bilidad *f* Unanwendbarkeit *f*; ~**ble** *adj. c* unanwendbar; ~**ción** *f* Trägheit *f*, Faulheit *f*; ~**do** *adj.* träge, faul.
inapreciable *adj. c* **1.** *a. fig.* unschätzbar; **2.** nicht wahrnehmbar; unbedeutend.
inaptitud *f* Unfähigkeit *f*; Ungeeignetheit *f*.
inarmónico *adj.* un-, dis-harmonisch.
inarrugable *tex. adj. c* knitterfrei.
inarticula|ble *adj. c* unaussprechbar *(Laut)*; ~**do** *adj.* unartikuliert.
in artículo mortis ⚖ auf dem Sterbebett.
inasequible *adj. c* unerreichbar; unerschwinglich, zu teuer.
inasi|ble *adj. c* nicht greifbar; ~**milable** ◪ *adj. c* nicht assimilierbar; ~**stencia** *f* Mangel *m* an Pflege; ~**stente** *adj. c* abwesend.
inastillable *adj. c* splitterfrei *(Glas)*.
inataca|bilidad *f* Unangreifbarkeit *f*; ~**ble** *adj. c* unangreifbar; 🝊, ⊕ ~ *por los ácidos* säurefest.
inau|dible *adj. c* unhörbar; ~**dito** *adj.* unerhört; noch nicht *(od.* noch nie) dagewesen; ~**guración** *f* Einweihung *f*; Eröffnung *f*; *discurso m de* ~ Festrede *f*; Antrittsrede *f*; ~**gural** *adj. c* Einweihungs...; Eröffnungs...; Antritts...; *sesión f* ~ Eröffnungssitzung *f*; ~**gurar** *v/t.* einweihen; eröffnen; *fig.* beginnen.
inaveri|able ⊕ *adj. c* pannenfrei;

~guable *adj. c* unlösbar; unerforschlich.
inca I. *m* 1. Inka *m*; *p. ext.* Bewohner *m* des Inkareiches; 2. *peruanische Goldmünze (20 soles)*; **II.** *adj. c* ~ → ~ico *adj.* Inka...; *dinastía f* ~a Inkadynastie *f.*
incalculable *adj. c* unberechenbar; unermeßlich; unschätzbar.
incalificable *adj. c* unqualifizierbar, niederträchtig.
incambiable *adj. c* nicht (aus-) [tauschbar.]
incanato *m Pe.* Inkazeit *f.*
incandescen|cia *f* Weißglut *f*; Glühen *n; a. fig.* Glut *f*; ⚡ *lámpara f* de ~ Glühlampe *f*; ~te *adj. c* (weiß)glühend, Glüh...
incansable *adj. c* unermüdlich.
incapa|cidad *f* 1. Mangel *m* an Fassungsvermögen (*Behälter, Raum*); 2. Unfähigkeit *f*; Untauglichkeit *f*; Beschränktheit *f*; Arbeitsunfähigkeit *f*; ⚖ ~ (*de contratar*) Geschäftsunfähigkeit *f*; ~ *parcial para el trabajo* Beeinträchtigung *f* der Arbeitsfähigkeit, Erwerbsbeschränkung *f*; ~citación ⚖ *f* Entmündigung *f*; ~citado *adj.* 1. *Soz.* nicht (voll) eingliederungsfähig; geistig beschränkt; körperlich behindert; arbeitsunfähig; 2. ⚖ für unfähig erklärt (*z. B. ein Amt zu bekleiden*); entmündigt; ~citar *v/t.* 1. unfähig machen; 2. ⚖ für unfähig erklären, entmündigen; ~z *adj. c (pl.* ~aces) 1. unfähig (*a.* ⚖), unbrauchbar; ~ *para un cargo* unfähig, ein Amt zu bekleiden; ⚖ ~ *de contratar* geschäftsunfähig; ⚖ ~ *de heredar (de testar)* erb(testier-)unfähig; *ser* ~ *de hacer a/c.* unfähig (*bzw.* nicht in der Lage) sein, et. zu tun; 2. einfältig, beschränkt, dumm; 3. *Guat., Méj.* unerträglich, unleidlich.
incasable *adj. c* 1. ⚖ nicht revisionsfähig; 2. *esta muchacha es* ~ dieses Mädchen wird k-n Mann finden (*od.* wird [wohl] nicht heiraten).
incásico *adj. bsd. Am.* → *incaico.*
incau|tación ⚖ *f* Sicherstellung *f*, Beschlagnahme *f*; ~tarse ⚖ *v/r.*: ~ *de a/c.* et. sicherstellen; et. beschlagnahmen; ~to *adj. c* unbedacht; unvorsichtig; naiv, leichtgläubig.
incendi|ar [1b] *v/t.* anzünden; in Brand stecken; ~ario **I.** *adj.* 1. Brand...; ⚔ *bomba f* ~a Brandbombe *f*; 2. *fig.* aufrührerisch, aufwiegelnd, Hetz..., Brand...; *discurso m* ~ Hetz- (u. Brand)rede *f*; **II.** *m* 3. Brandstifter *m*; 4. Unruhestifter *m*, Hetzer *m*; ~o *m* Brand *m*; Feuersbrunst *f*; Feuer *n*; ~ *forestal* Waldbrand *m*; ⚖ ~ *provocado* (*od. intencionado*) Brandstiftung *f*; *avisador m de* ~s Feuermelder *m*; *aparato m detector y de alarma de* ~s Feuermeldegerät *n*; *seguro m contra* ~s Feuerversicherung *f.*
incensa|ción *f* Räuchern *n* mit Weihrauch *u. ä.; fig.* Beweihräucherung *f*; ~r [1k] *v/t.* (ein)räuchern; *fig.* beweihräuchern; ~rio *m* Weihrauchkessel *m; fig.* F *romperle a alg. el* ~ *en las narices* j-m Weihrauch streuen, j-m in den Hintern kriechen P.
incensurable *adj. c* tadelfrei.
incenti|var *v/t.* fördern; e-n Anreiz schaffen für (*ac.*); ~vo *m* Anreiz *m*,

Ansporn *m*; Lockmittel *n*; *pharm.* Reizmittel *n*; *fig. no tener* ~ k-n Anreiz bieten.
incertidumbre *f* Ungewißheit *f*, Zweifel *m.*
incesa|ble, ~nte *adj. c* unablässig.
inces|to *m* Blutschande *f*, Inzest *m*; ~tuoso **I.** *adj.* blutschänderisch, inzestuös, Inzest...; **II.** *m* Blutschänder *m.*
inci|dencia *f* 1. ⚖, *Phys.* Einfall *m*, Auftreffen *n*; *ángulo m de* ~ Einfallswinkel *m*; 2. Auswirkung *f*, Folge *f*; 3. → *incidente* 3; *adv. por* ~ beiläufig; zufällig; ~dental *adj. c* beiläufig; nebensächlich; ~dente **I.** *adj. c* 1. ⚖, *Phys., Opt.* einfallend; auftreffend (*z. B. Strahl*); 2. *fig.* Zwischen...; Neben...; **II.** *m* 3. Nebenumstand *m*; Zwischenfall *m*; ~ *fronterizo* Grenzzwischenfall *m*; ~ *parlamentario* Zwischenfall *m* im Parlament; 4. ⚖ Zwischenstreit *m*; ~dentemente *adv.* beiläufig; ~dir *v/i.* 1. s. auswirken (auf *ac.* en); ~ *en una falta* in e-n Fehler verfallen; 2. 🗡 einschneiden; schneiden.
incienso *m* 1. Weihrauch *m; fig.* Lobhudelei *f*; *dar a alg.* j-n beweihräuchern; 2. ♀ *Am. versch.* aromatische *Pflanzen.*
incierto *adj.* ungewiß; unsicher.
incinera|ble *adj. c* zur Verbrennung bestimmt; ~ción *f* Einäscherung *f*; Feuerbestattung *f* (*a.* ~ *de cadáveres*); Verbrennung *f*; ~dora *f*: ~ *de basuras* Müllverbrennungsanlage *f*; ~r *v/t.* zu Asche verbrennen; einäschern.
incipiente *adj. c* beginnend, angehend.
incircun|ciso *Rel. adj.* unbeschnitten; ~scri(p)to *adj.* nicht umschrieben; unbegrenzt.
inci|sión *f* 1. (Ein-)Schnitt *m*, 🩺 *a.* Inzision *f*; 2. ⚔, *Metrik:* Zäsur *f*; ~sivo *adj.* 1. schneidend, Schneide...; *a. m* (*diente m*) ~ Schneidezahn *m*; 2. *fig.* schneidend, bissig; scharf (*Kritik*); ~so **I.** *adj.* 1. *herida f* ~a Schnittwunde *f*; **II.** *m* 2. Abschnitt *m* e-r *Schrift*, e-s *Gesetzes*; *Typ.* Absatz *m*; 3. *Gram.* a) Einschub *m* im *Satz*; b) Komma *n*; ~sura *f Anat. f* Einschnitt *m*, Inzisur *f.*
incita|ción *f* Antrieb *m*; Anstiftung *f*, Aufstachelung *f* (zu *dat. a*); ~dor **I.** *adj.* aufreizend; **II.** *m* Anstifter *m*; ~nte *adj. c* antreibend; aufstachelnd; ~r *v/t.* antreiben; an-, aufstacheln, aufreizen, aufhetzen (zu *dat. a, para*); ~ *a la rebelión* zum Aufruhr anstiften; ~tivo **I.** *adj.* anreizend; **II.** *m* Anreiz *m.*
incivi|l *adj. c* unhöflich; ungebildet; ~lidad *f* Unhöflichkeit *f*; Ungesittetheit *f*, Grobheit *f.*
inclasificable *adj. c* nicht klassifizierbar.
inclaustración *f* Eintritt *m* ins Kloster (*od.* in e-n Klosterorden).
inclemen|cia *f* 1. Ungnade *f* der Götter; 2. *mst.* ~s *f/pl.* Rauheit *f* des *Klimas*; Unbilden *pl.* der *Witterung*; ~te *adj. c* 1. ungnädig; unbarmherzig; 2. rauh (*Wetter, Klima*).
incli|nable *adj. c* neigbar; nach oben *od./u.* unten schwenkbar (*Gerät*); ~nación *f* 1. Neigung *f*, Ge-

fälle *n*; 2. Verneigung *f*, Verbeugung *f*; 3. ⚓ Schlagseite *f*; 4. *Astr. usw.* Neigungswinkel *m*; 5. *Phys.* Ausschlag *m* e-r *Nadel*, e-r *Waage*; *Geogr.* Inklination *f* der Magnetnadel; *brújula f de* ~ Magnetkompaß *m*; 6. *fig.* Neigung *f* (zu *dat. por, hacia*); Veranlagung *f*; Tendenz *f*; *tener* ~ *a* + *inf.* dazu neigen, zu + *inf.*; ~nado *adj.* geneigt (*a. fig.*); gebückt; *estar* ~ *a* geneigt sein zu (*dat. od. inf.*); ~nador *adj.* neigend; ~nante *part.* (*s.*) neigend; ~nar **I.** *v/t.* neigen; beugen; (auf- u. ab-)schwenken; *fig.* geneigt machen, veranlassen (zu + *inf. a* + *inf.*); *fig.* (um)stimmen (zu *dat. od. inf. a*); **II.** *v/r.* ~se s. (ver)beugen; *fig.* neigen (zu *dat. od. inf. a*); ~natorio ⚓ *m* Magnetkompaß *m*; ~nómetro *Geodäsie u.* ⚓ *m* Neigungsmesser *m.*
ínclito *adj.* berühmt.
inclu|ir [3g] *v/t.* einschließen; beilegen, beifügen; ~ *en una carta* e-m Brief beilegen; 📬 *porte m incluido* einschließlich Porto; ~sa *f Span.* Findelhaus *n*; ~sero *adj.-su. Span.* (*niño m*) ~ im Findelhaus aufgezogenes Kind *n*; Findelkind *n*; ~sión *f* Einschluß *m* (*a.* ⊕); *Geol.* Einlagerung *f*; *fig.* Einbeziehung *f*; ~sivamente, ~sive *adv.* einschließlich; ~so **I.** *adj.* eingeschlossen; beigeschlossen, beiliegend; **II.** *adv.* sogar.
incoa|ción ⚖ *f* Eröffnung *f*, Einleitung *f* e-s *Verfahrens*; Einleitungsbeschluß *m*; ~gulable *adj. c* ungerinnbar; ~r *v/t.* nur ⚖ anfangen, beginnen; *Prozeß* anstrengen; *Verfahren* einleiten; ~tivo *Li. adj.* inchoativo. [(*Schuld*).]
incobrable *adj. c* nicht eintreibbar
incoercible *adj. c* unbezwingbar, nicht unterdrückbar; unstillbar (*Blutung, Erbrechen*).
incógni|ta ⚓ *u. fig. f* Unbekannte *f*; ~to **I.** *adj.* unbekannt; *adv. de* ~ inkognito; **II.** *m* Inkognito *n*; *guardar el* ~ *das* (*od.* sein) Inkognito wahren.
incognoscible *Phil. adj. c* unerkennbar.
incoheren|cia *f* Zs.-hanglosigkeit *f*; ~te *adj. c* unzs.-hängend; lose,]
incoloro *adj.* farblos. [locker.]
incólume *adj. c* unversehrt, heil; *salir* ~ heil davonkommen; *salir* ~ *de a/c.* et. heil überstehen.
incom|binable *adj. c* nicht kombinierbar; ~bustible *adj. c* un(ver)brennbar; feuersicher.
incomible *adj. c* nicht eßbar, ungenießbar.
incomo|dador *adj.-su.* beschwerlich; (be)lästig(end); ~dar **I.** *v/t.* belästigen (*ac.*), lästig sein (*dat.*); stören; unangenehm berühren, ärgern; **II.** *v/r.* ~se s. ärgern (über *ac. por*); ~didad *f* Unbequemlichkeit *f*; Beschwerlichkeit *f*; Unannehmlichkeit *f*; Verdruß *m*; ~do *m* → *incomodidad.*
incómodo *adj.* unbequem; unbehaglich; beschwerlich; *Am. Cent.* lästig, verdrießlich.
incompa|rable *adj. c* unvergleichlich; ~recencia ⚖ *f* Nichterscheinen *n*; ~rtible *adj. c* nicht (mit andern) teilbar; ~sible *adj. c*, ~sivo

incompatibilidad — incumbir

incompatibilidad *adj.* herzlos; ~**tibilidad** *f* Unverträglichkeit *f*; *a.* ⚖ Unvereinbarkeit *f*; Unzulässigkeit *f*; ~**tible** *adj. c* unverträglich; unvereinbar (mit *dat. con*).
incompeten|cia *f* Unzuständigkeit *f* (*a.* ⚖); Unfähigkeit *f*; ~**te** *adj. c* unzuständig, inkompetent; unmaßgeblich; unfähig.
incomple|jo *adj.* → *incomplexo*; ~**to** *adj.* unvollständig; unvollkommen; unfertig, lückenhaft; ~**xo** *adj.* einfach, unkompliziert; 🔲 nicht komplex.
incomprehensible *Phil., Psych. adj. c* → *incomprensible.*
incompren|dido *adj.* unverstanden (*a. fig.*); ~**sibilidad** *f* Unverständlichkeit *f*; Unfaßbarkeit *f*; ~**sible** *adj. c* unverständlich, unbegreiflich; unfaßbar; ~**sión** *f* Verständnislosigkeit *f*; ~**sivo** *adj.* verständnislos.
incompresi|bilidad *Phys. f* Nichtpreßbarkeit *f*; ~**ble** *adj. c* nicht (zs.-)preßbar.
incomunica|ble *adj. c* nicht übertragbar; ~**ción** *f* 1. Unterbrechung *f e-r* Verbindung; 2. ⚖ Einzelhaft *f*; Isolierung *f*; ~**do** *adj.* 1. ohne Verbindung; *estamos* ~*s a. abs.* wir sind von der Außenwelt abgeschnitten; 2. ⚖ isoliert (in Einzelhaft; *poner* ~ in Einzelhaft legen, isolieren; ~**r** [1g] **I.** *v/t.* 1. die Verbindung zu (*dat. od.* mit *dat.*) unterbrechen (*od.* abschneiden); 2. ⚖ Einzelhaft verhängen über (*ac.*); **II.** *v/r.* ~**se** 3. s. *absondern.*
incon|cebible *adj. c* unfaßbar; unbegreiflich; ~**ciliable** *adj. c* 1. unversöhnlich; 2. unvereinbar; ~**cluso** *adj.* unvollendet; ~**cuso** *adj.* unbestreitbar; unbestritten.
incondiciona|l I. *adj. c* bedingungslos; unbedingt; **II.** *m* bedingungsloser Anhänger *m* (*od.* Freund *m*); ~**lismo** *m Am.* unbedingte Ergebenheit *f*; Unterwürfigkeit *f*; ~**lmente** *adv.* bedingungslos; auf Gnade oder Ungnade.
incone|xión *f* Beziehungslosigkeit *f*; ~**xo** *adj.* unzusammenhängend.
inconfe|sable *adj. c* schändlich; unaussprechlich; ~**so** *adj. Rel.* ohne Beichte; ⚖ nicht geständig.
inconformi|dad *f* mangelndes Einverständnis *n*, Ablehnung *f*; ~**sta** *adj.-su. c* nicht konformistisch; *m* Nonkonformist *m.*
incon|fortable *adj. c* unbequem; ohne Komfort; ~**fundible** *adj. c* unverwechselbar.
incongru|encia *f* Unstimmigkeit *f*; Mißverhältnis *n*; Zs.-hangslosigkeit *f*; ~**ente** *adj. c* zs.-hangslos; unpassend, ungehörig; ~**o** *adj.* → *incongruente.*
inconmensurable *adj. c* ⚖ inkommensurabel; *fig.* unermeßlich.
incon|movible *adj. c* unerschütterlich; *fig.* fest; ~**mutable** *adj. c* unveränderlich; unvertauschbar.
inconquistable *adj. c* uneinnehmbar; *fig.* unerbittlich.
inconscien|cia *f* 1. fehlendes Bewußtsein *n*; Ahnungslosigkeit *f*; 2. Bewußtlosigkeit *f*; 3. Leichtfertigkeit *f*; ~**te** *adj. c* 1. unbewußt; unwillkürlich; *lo* ~ das Unbewußte; 2. bewußtlos; 3. leichtfertig, unbedacht.
inconsecuen|cia *f* Folgewidrigkeit *f*; Inkonsequenz *f*, Unbeständigkeit *f*; Widerspruch *m*; ~**te** *adj. c* inkonsequent, nicht folgerichtig; wankelmütig, unbeständig.
inconsidera|ción *f* 1. Gedankenlosigkeit *f*, Unbesonnenheit *f*; 2. Rücksichtslosigkeit *f*; ~**do** *adj.* 1. unbedacht, gedankenlos, unbesonnen; 2. rücksichtslos.
inconsisten|cia *f* Unbeständigkeit *f* (*a. fig.*); *fig.* Haltlosigkeit *f*; ~**te** *adj. c a. fig.* unbeständig, veränderlich; *fig.* haltlos, nicht haltbar.
inconsolable *adj. c* untröstlich.
inconstan|cia *f* Unbeständigkeit *f* (*a.* ⊕), Wankelmut *m*; ~**te** *adj. c* unbeständig; *a. fig.* schwankend; wankelmütig. [sungswidrig.)
inconstitucional *adj. c* verfas-)
inconsútil *adj. c* nahtlos.
incon|table *adj. c* 1. unzählbar; 2. nicht erzählbar; ~**tenible** *adj. c* uneindämmbar; unbezähmbar (*Wunsch usw.*); ✠ unaufhaltsam (*Offensive* ...); ⚔ ~**testable** *adj. c* unzweifelhaft, unbestreitbar; ~**testado** *adj.* unbestritten (*Recht*).
incontinen|cia *f* 1. Hemmungslosigkeit *f*; mangelnde Enthaltsamkeit *f*; Unkeuschheit *f*; 2. ⚕ Harnfluß *m*; ~ (*nocturna*) Bettnässen *n*; ~**te I.** *adj. c* 1. hemmungslos; unkeusch; 2. an Harnfluß leidend; **II.** *adv.* 3. → ~**ti** *adv.* unverzüglich.
incontrastable *adj. c* unüberwindlich; unumstößlich.
incontro|lable *adj. c* unkontrollierbar; nicht beherrschbar (*Verkehr, chem. Prozeß*); ~**lado** *adj.* unkontrolliert; s. selbst überlassen; hemmungslos; ~**vertible** *adj. c* unbestreitbar; nicht anfechtbar.
inconve|nible *adj. c* unpassend, nicht angebracht; ~**niencia** *f* 1. Unschicklichkeit *f*, Ungehörigkeit *f*; 2. Unannehmlichkeit *f*; ~**niente I.** *adj. c a. fig.* unpassend, unangebracht; *fig.* ungehörig; **II.** *m* Nachteil *m*; Hindernis *n*, Schwierigkeit *f*, Haken *m* F; *no tener* ~ *en* + *inf.* nichts dagegen haben, zu + *inf.*, gerne bereit sein, zu + *inf.*
inconvertible *adj. c* nicht konvertierbar (*Währung*).
incordi|ar F [1b] *v/t.* belästigen, ärgern; beschimpfen; ~**o** F *m* ⚕ → *bubón*; *fig.* Ärger *m*; lästige Person *f*, Nervensäge *f* F.
incor|poración *f* Einverleibung *f*; Eingliederung *f*; Aufnahme *f* in *e-e* Gemeinschaft *f*; ⊕ Einbau *m*; ⚔ *bsd. Am.* Einberufung *f*; ~**porado** *adj.* ⚖ eingebaut (*z. B. Antenne*); integriert; ~**poral** *adj. c* → *incorpóreo*; ~**porar I.** *v/t.* 1. einverleiben; einfügen; ⊕ *a.* einbauen; *in e-e* Gruppe aufnehmen; einstellen; *Kchk. z. B.* Eischnee unterziehen; 2. *(od. en)* hochheben (*ac.*); 2. Oberkörper aufrichten; **II.** *v/r.* ~**se** 3. s. aufrichten; 4. s. anschließen (*dat. od.* an *ac. a*); 5. ~**se** *a sein Amt* antreten; ✠ ~**s-n** Dienst antreten, s. melden bei (*dat.*); ~**se** *a* (*las*) *filas* den Wehrdienst antreten (*od. en*) ins Erwerbsleben eintreten; ~**poreidad** *f* Unkörperlichkeit *f*; ~**póreo** *adj.* unkörperlich.
incorrec|ción *f* Unrichtigkeit *f*, Fehlerhaftigkeit *f*; Verstoß *m*; Unhöflichkeit *f*; ~**to** *adj.* unrichtig, fehlerhaft; nicht korrekt; unhöflich.
incorregi|bilidad *f* Unverbesserlichkeit *f*; ~**ble** *adj. c* unverbesserlich; verstockt. [fest.)
incorrosible ⊕ *adj. c* korrosions-)
incorrup|tibilidad *f* Unverderblichkeit *f*; Unbestechlichkeit *f*; ~**tible** *adj. c* unverweslich; unverderblich; unzerstörbar; unbestechlich; ~**to** *adj.* unverwest; *fig.* unverdorben; *fig.* jungfräulich.
Incoterms ✝ *pl.* Incoterms *pl.*
increado *bsd. Theol. adj.* ungeschaffen.
increción ⚕ *f* Inkret *n.*
in|credibilidad *f* Unglaublichkeit *f*; ~**credulidad** *f* Ungläubigkeit *f*; ~**crédulo** *adj.* ungläubig; ~**creíble** *adj. c* unglaublich.
incremen|tar *v/t.* wachsen lassen; vergrößern; verstärken; ~**to** *m* Zuwachs *m*; Anwachsen *n*, Zunahme *f*, Vergrößerung *f*; *Li.*, ⚕ Inkrement *n*; ~ *de temperatura* Temperaturanstieg *m.*
increpa|ción *f* scharfer Verweis *m*; ~**r** *v/t.* scharf zurechtweisen, rügen.
incrimina|ción *f* Beschuldigung *f*; ~**r** *v/t.* beschuldigen, bezichtigen (j-n *e-r* Sache *a alg. de a/c.*); *fig.* angreifen, inkriminieren.
incruento *adj.* unblutig (*a. Theol.*).
incrusta|ción *f* 1. Verkrustung *f*; 2. Belag *m*; Kesselstein(bildung *f*) *m*; 3. Einlegen *n* (*z. B. v. Metall in Kunststoff*); eingelegte Arbeit *f*; ~**r I.** *v/t.* 1. einlegen, inkrustieren; einbetten; ver-, be-kleiden, überziehen (mit *dat. con*); **II.** *v/r.* ~**se** 2. s. ansetzen; 3. verkrusten; 4. ~**se** *en la memoria* s. tief ins Gedächtnis einprägen; 5. *fig.* s. einnisten, s. festsetzen.
incuba|ción *f* 1. Brüten *n*, Aus-, Be-brüten *n*; Brutzeit *f*; ✎ ~ *artificial* künstliches Brüten *n*; 2. ⚕ (*período de* ~) Inkubationszeit *f*; ~**dora** *f* Inkubator *m*: Brut-apparat *m*, -schrank *m*; für *Neugeborene*: Brutkasten *m*; ~**r I.** *v/t. a. fig.* ausbrüten; **II.** *v/i.* brüten.
íncubo *m* Inkubus *m*, Buhlteufel *m des Ma.*
incuestionable *adj. c* unbestreitbar; fraglos.
inculca|ción *f* Einprägung *f*; ~**r** [1g] **I.** *v/t.* einprägen, beibringen; einschärfen; **II.** *v/r.* ~**se** en s. versteifen auf (*ac.*).
inculpa|bilidad *f* Schuldlosigkeit *f*; ⚖ *veredicto m de* ~ Freispruch *m der Geschworenen*; ~**ción** *f* Beschuldigung *f*; Anschuldigung *f*; ~**do I.** *adj.* beschuldigt; **II.** *m* Beschuldigte(r) *m*, Angeschuldigte(r) *m*; ~**r** *v/t.*: ~ *a alg. de a/c.* j-n e-r Sache beschuldigen (*od.* bezichtigen), j-m et. zur Last legen.
incul|tivable *adj. c* nicht kulturfähig; ✎ nicht anbaufähig; ~**to** *adj.* ungepflegt; ungebildet; unkultiviert; ✎ unbebaut; ~**tura** *f* Unkultur *f*; Unbildung *f.*
incum|bencia *f* Obliegenheit *f*; Zuständigkeit *f*; *no es (asunto) de su* ~ das ist nicht s-e Sache; das fällt nicht in sein Ressort; ~**bir** *v/i.*:

~ a alg. j-m obliegen; no te incumbe a ti + inf. es ist nicht deine Sache (od. nicht deines Amtes), zu + inf.
incumpli|dor adj. unzuverlässig; ~**miento** m Nichterfüllung f; ~**r** v/t. Gesetz, Vertrag, Versprechen nicht erfüllen.
incunable adj. c-su. m Inkunabel f, Wiegendruck m.
incurable adj. c unheilbar (a. fig.); fig. eres ~ dir ist nicht zu helfen.
incuria f Sorglosigkeit f, Nachlässigkeit f, Unachtsamkeit f.
incur|rir v/i. verfallen (in ac. en); ~ en (una) falta e-n Fehler begehen; s. et. zuschulden kommen lassen; ⚖ ~ en responsabilidad haftbar (od. verantwortlich) gemacht werden; ⚖ ~ en una multa e-e Geldstrafe verwirken; ~**sión** ✗ f Einfall m; ≩ Einflug m.
indaga|ción f Nachforschung f; ~**ones** f/pl. Ermittlungen f/pl.; ~**r** [1h] v/t. erforschen, forschen nach (dat.); auskundschaften; bsd. ⚖ ermitteln; ~**toria** ⚖ f (uneidliche) Aussage f des Beschuldigten; ~**torio** ⚖ adj. Untersuchungs..., Ermittlungs...
indayé Vo. m Rpl. Art Sperber m.
indebido adj. ungebührlich, ungehörig; ungerechtfertigt.
indecen|cia f Unanständigkeit f; Ungebührlichkeit f; Gemeinheit f; ~**te** adj. c unanständig; ungebührlich; gemein; F unmöglich.
indecible adj. c unsagbar, unaussprechlich.
indeci|sión f Unentschlossenheit f; ~**so** adj. 1. unentschieden; unbestimmt; dejar ~ dahingestellt sein lassen; 2. unschlüssig.
indeclinable adj. c 1. unabweisbar, unumgänglich; 2. Gram. undeklinierbar, indeklinabel.
indecoroso adj. unanständig, unpassend, ungehörig.
indefectible adj. c unausbleiblich, unfehlbar; ~**mente** adv. unfehlbar, ganz sicher.
indefen|dible, ~sible adj. c unhaltbar; ~**sión** f Wehrlosigkeit f (a. fig.); ~**so** adj. wehrlos; schutzlos.
indefini|ble adj. c. unbestimmbar, undefinierbar; unerklärlich; ~**damente** adv. auf unbestimmte Zeit; unbestimmt; ~**do** adj. unbestimmt; unbegrenzt; Gram. (pretérito m) ~ m historisches Perfekt n.
indeforma|bilidad f Nichtverformbarkeit f; ~**ble** bsd. ⊕ adj. c nicht verformbar; unverwüstlich.
indehiscente ♀ adj. c: fruto m ~ Schließfrucht f.
indeleble adj. c unauslöschlich; unzerstörbar; tinta f ~ Urkundenbzw. Wäsche-tinte f.
indeli|berado adj. unüberlegt; ~**cadeza** f Taktlosigkeit f; ~**cado** adj. unfein; taktlos.
indem|ne adj. c. schadlos, heil; salir ~ heil davonkommen; ~**nidad** ⚖ f. Pol. f Indemnität f; ~**nizable** adj. c entschädigungsfähig; ~**nización** f Entschädigung f, Schadenersatz m; Abfindung f; ~ de guerra Kriegsentschädigung f; ~**nizar** [1f] v/t.: ~ a alg. j-n entschädigen; j-n abfinden; ~ a alg. (de) a/c. j-n für

et. (ac.) entschädigen, j-m et. ersetzen.
indepen|dencia f Unabhängigkeit f; Freiheit f; Selbständigkeit f; ~**diente** I. adj. c unabhängig; frei; selbständig; II. adv. → ~**dientemente** adv. unabhängig (von dat. de); ohne Rücksicht (auf ac. de); ~**dista** Am. I. adj. c: movimiento m ~ Unabhängigkeits-, Freiheits-bewegung f; II. c Kämpfer m für die Unabhängigkeit; Freiheitskämpfer m; ~**dizar** [1f] I. v/t. unabhängig (od. selbständig) machen; befreien (von dat. de); II. v/r. ~se s. befreien; die Unabhängigkeit (od. die Freiheit) erringen.
indes|cifrable adj. c nicht zu entziffern(d); unleserlich; ~**criptible** adj. c a. fig. unbeschreiblich.
inde|seable adj. c unerwünscht; ~**signable** adj. c nicht (bzw. schwer) zu bezeichnen(d).
indes|gastable adj. c verschleißfest; ~**mallable** tex. adj. c maschenfest; ~**mentible** adj. c unleugbar, unbestreitbar; ~**montable** adj. c nicht abmontierbar; ~**tructible** adj. c unzerstörbar.
indetermi|nable adj. c unbestimmbar; ~**nación** f 1. Unbestimmtheit f; 2. Unschlüssigkeit f; ~**nado** adj. 1. a. ⊕ unbestimmt; Phil. undeterminiert; 2. unschlüssig; ~**nismo** Phil. m Indeterminismus m.
índex m → índice.
India f Indien n; hist.: las ~**s** Spanisch-Amerika n der Kolonialzeit; las ~**s** Occidentales Westindien n; hist.: Consejo m de ~**s** Indienrat m.
india|da f Am. Menge f Indianer; Indianer(volk n) m/pl.; ~**na** tex. f Chintz m; ~**nismo** m 1. indische Spracheigentümlichkeit f; Indienkunde f, Indologie f; 2. Indianereigenart f; -tum n; indianische Bewegung f in Kultur u. Politik; ~**nista** I. c 1. Indologe m; 2. Indianerforscher m; II. adj. c 3. indienkundlich; 4. indianerkundlich; Indianer...; ~**no** m in Amerika reich gewordener u. in s-e Heimat zurückgekehrter Spanier m.
indica|ción f 1. Anzeige f; Angabe f (a. b. Meßgeräten); Anweisung f; 2. Hinweis m, Fingerzeig m; Vermerk m; 3. ✱ Indikation f; 4. Chi. Vorschlag m; Rat m; ~**do** part.-adj. angezeigt; geeignet; zweckmäßig; ✱ indiziert; ~**dor** I. adj. 1. anzeigend, Anzeige...; II. m 2. Anzeiger m (a. Telegraph); Zeiger m, Zeigegerät n; Kfz. ~ de (cambio de) dirección Fahrtrichtungsanzeiger m; Kfz. ~ de combustible Benzinuhr f; (poste m) ~ de camino Wegweiser m; Tel. ~ nacional Landeskennzahl f; 3. Maßstab m. a. ⊕, ⚲, ✝ Indikator m; 4. Verzeichnis n; ~ de comercio Handels-, Branchen-adreßbuch n; ~**r** [1g] v/t. 1. anzeigen; angeben; namhaft machen; 2. schließen lassen auf (ac.); 3. ✱ indizieren; ~**tivo I.** adj. 1. bezeichnend; ~ de hinweisend auf (ac.); II. m 2. Li. Indikativ m; 3. Kenn-buchstabe m bzw. -zeichen n e-r Station; Span. a. Tel. Vorwahlnummer f; 4. Rf. Pausenzeichen n; TV Erkennungszeichen n.
indicción ecl. f Ankündigung f; Vorschrift f; bula f de ~ Einberu-

fungsbulle f (Konzil).
índice m 1. Anzeichen n; Merkmal n; 2. Stellmarke f an e-m Gerät; Stab m der Sonnenuhr; (Uhr-)Zeiger m; 3. Inhaltsverzeichnis n; Register n; Tabelle f; Katalog m in Bibliotheken; a. Katalogsaal m; ~ alfabético alphabetisches Register n; ~ digital, ~ estriado Daumenregister n; ~ de materias Inhaltsverzeichnis n; ✝ ~ de mercancías Warenverzeichnis n; 4. (dedo m) ~ Zeigefinger m; 5. kath. ♀ Index m; a. fig. meter (od. poner) en el ♀ j-n od. et. auf den Index setzen; 6. ⚘, Statistik, ✝ Index m; (Index-)Zahl f; ⚘, ⊕ a. Kennziffer f; ⚘ (Wurzel-)Exponent m; ⚘ ~ de acidez Säurezahl f; ~ bursátil Aktienindex m; ~ del coste de la vida Lebenshaltungsindex m; ~ de octano(s) Oktanzahl f (Benzin); Met. ~ pulviométrico Regenindex m; ✝ ~ de precios Preisindex m.
indici|ado ⚖ adj.-su. verdächtig; ~**ar** [1b] v/t. anzeigen, hinweisen auf (ac.), schließen lassen auf (ac.); ~**ario** ⚖ adj.: prueba f ~**a** Indizienbeweis m; ~**o** m Anzeichen n (von dat., für dat. de), Indiz n (für dat. de); ⚖ ~**s** m/pl. Indizien n/pl.
índico adj. indisch.
indiferen|cia f Gleichgültigkeit f; a. ⊕ Indifferenz f; ~**te** adj. c gleichgültig (gg.-über dat. a, con); teilnahmslos; a. ⊕ indifferent; ~**tismo** bsd. Rel. m Gleichgültigkeit f, Indifferentismus m.
indígena I. adj. c eingeboren; einheimisch; **II.** c Eingeborene(r) m; Einheimische(r) m. [keit f.
indigencia f Armut f; Bedürftig-
indigenismo m Am. "Indigenismo" m, lit. u. kulturell-soziale Bewegung, die Thematik u. Probleme der Welt der Eingeborenen, bsd. der Indianer, entnimmt u. z. T. die Indianer über die Weißen stellt.
indigente adj.-su. c arm, bedürftig; m Arme(r) m.
indiges|tarse v/r. a. fig. schwer im Magen liegen; se le indigestó la carne das Fleisch ist ihm nicht (od. s-m Magen) nicht bekommen; ~**tión** f Verdauungsstörung f; fig. Übersättigung f; ~**to** a. fig. unverdaulich; fig. wirr, konfus.
indig|nación f Entrüstung f, Empörung f; ~**nar I.** v/t. empören, aufbringen; **II.** v/r. ~se s. entrüsten; ~**nidad** f Unwürdigkeit f; Schändlichkeit f, Niederträchtigkeit f; ~**no** adj. unwürdig; unehrenhaft; schändlich, niederträchtig.
índigo m → añil.
indi|o I. adj. 1. indisch; 2. indianisch; 3. blau; **II.** m 4. Inder m; 5. Indio m; 6. Indianer m; Indianersprache f; fig. F hacer el ~ **a)** s. dumm stellen; **b)** s. albern benehmen, herumalbern, blödeln F; 6. ♁ Indium n; ~**ófilo** adj.-su. indianerfreundlich; m Indianerfreund m.
indirec|ta f Anspielung f; Wink m; Seitenhieb m; la ~ del Padre Cobos ein Wink mit dem Zaunpfahl; echar ~**s** Anspielungen machen; hablar por ~**s** durch die Blume sprechen; mit dem Zaunpfahl winken; ~**to** adj. indirekt (a. Li.), mittelbar.

indisciplina *f* Disziplinlosigkeit *f*; Ungehorsam *m*; ~do *adj.* undiszipliniert; ungehorsam; ~rse *v/r.* s. wider die Disziplin (*od.* wider Zucht u. Ordnung) auflehnen; ungehorsam sein.
indiscre|ción *f* 1. Indiskretion *f*, Taktlosigkeit *f*; Aufdringlichkeit *f*; 2. Unklugheit *f*; ~to *adj.-su.* 1. indiskret, taktlos; unbescheiden; 2. unklug, unvorsichtig.
indiscriminado *adj.* undifferenziert.
indiscu|lpable *adj. c* unentschuldbar; ~tible *adj. c* unbestreitbar; unbestritten, unzweifelhaft; ~tiblemente *adv.* unbestreitbar, fraglos.
indisolu|bilidad *f* Unauflösbarkeit *f*; ~ble *adj. c* un(auf)löslich; *fig.* unzertrennlich; *fig.* unauflösbar.
indispensable *adj. c* unerläßlich, unumgänglich; unentbehrlich.
indis|poner [2r] I. *v/t.* 1. unfähig machen; *j-s* Wohlbefinden beeinträchtigen; 2. verstimmen, verärgern; verfeinden, entzweien (*mit dat.* con); II. *v/r.* ~se 3. krank (*od.* unpäßlich) werden; 4. ~se con alg. s. mit j-m entzweien; ~ponible *adj. c* unverfügbar; unabkömmlich; ~posición *f* 1. Unwohlsein *n*; 2. Unfähigkeit *f*; ~puesto *adj.* 1. unwohl, unpäßlich; 2. nicht aufgelegt (zu *dat. para*), verstimmt; 3. entzweit, verfeindet (mit *dat.* con).
indisputable *adj. c* unbestreitbar.
indistin|tamente *adv.* 1. ohne Unterschied; 2. undeutlich; ~to *adj.* 1. undeutlich; 2. nicht verschieden.
individua P *f* Weibsstück *n* F; ~ción *Psych., Phil. f* Individuation *f*; → *individualización*; ~al I. *adj. c* 1. individuell; persönlich; einzeln; Einzel...; ⚖ *derechos m/pl.* ~es Rechte *n/pl.* der Person, menschliche Grundrechte *n/pl.*; 2. *Col., Chi., Ven.* → *idéntico*; II. *m Sp.* Einzel(-spiel) *n*; ~alidad *f* 1. Individualität *f*, Eigenart *f*; Persönlichkeit *f*; 2. individuelle Behandlung *f*; ~alismo *m* Individualismus *m*; ~alista *adj.-su. c* individualistisch; *m* Individualist *m*; *p. ext.* Egoist *m*; ~alización *f* Individualisierung *f*; ~alizar [1f] *v/t.* 1. individualisieren, die Eigentümlichkeit(en) *e-r Person, e-r Sache* hervorheben; 2. einzeln behandeln (*bzw.* aufzählen); ~almente *adv.* individuell; einzeln; ~ar [1e] *v/t.* spezifizieren; → *individualizar*; ~o I. *adj.* 1. unteilbar; 2. individuell; II. *m* 3. Individuum *n*, Einzelwesen *n*; Person *f*; Mitglied *n*; *desp.* Individuum *n* (*desp.*), Kerl *m* (*desp.*); *fig.* F *cuidar bien de su* ~ gut für s. selbst sorgen.
indivi|sibilidad *f* Unteilbarkeit *f*; ~sible *adj. c* unteilbar; ~sión *f* Ungeteiltheit *f*; ⚖ Gemeinschaft *f*; ~so I. *adj.* ungeteilt; *a.* ⚖ gemeinschaftlich; II. *m* ⚖ Gemeinschaft *f*; *pro* ~ zur gesamten Hand.
indo *adj.-su.* indisch; *m* Inder *m*.
indócil *adj. c* unfolgsam; ungelehrig.
indocilidad *f* Unfügsamkeit *f*, Starrsinn *m*, Unbeugsamkeit *f*; Ungelehrigkeit *f*.
indocto *adj.* ungelehrt.
indoctrina|miento *Pol. m* Indoktrination *f*; politische Schulung *f*; ~r *Pol. v/t.* indoktrinieren.
indocumentado *adj.* 1. estar ~ k-e Ausweispapiere haben; 2. *fig.* kaum bekannt, obskur (*Person*); F unwissend.
Indochi|na *f* Indochina *n*; ♀**no** *adj.-su.* aus Hinterindien; indochinesisch.
indoeuropeo *Li. adj.-su.* indogermanisch; *los* ~s *m/pl.* die Indogermanen *m/pl.*
índole *f* Wesen *n*, Veranlagung *f*; Art *f*, Beschaffenheit *f*; Natur *f*; *de esta* (*od. de tal*) ~ derartig.
indolen|cia *f* Trägheit *f*; Indolenz *f*; Unempfindlichkeit *f*; ~te *adj. c* gleichgültig, teilnahmslos, *a.* 🎭 indolent, apathisch.
indoloro *adj.* schmerzlos.
indo|mable *adj. c* un(be)zähmbar, unbezwingbar; unbeugsam; ~mado *adj.* ungebändigt, wild; ~mesticable *adj. c* unzähmbar.
indómito *adj.* ungebärdig, widerspenstig; unbeugsam.
Indo|nesia *f* Indonesien *n*; ♀**nésico** *adj.*, ♀**nesio** *adj.-su.* indonesisch; *m* Indonesier *m*; *Li. das* Indonesische.
Indos|tán *m* Hindustan *n*; ♀**tanés I.** *adj.* hindustanisch; indisch (*im Ggs. zu „pakistanisch"*); II. *m* Inder *m* (*im Ggs. zum „Pakistaner"*); ♀**taní** *Li. m* Hindustani *n*; Indisch *n*; *der* Hindustan; ♀**tano** *adj.-su.* → *indostanés*.
indubitable *adj. c* unzweifelhaft.
induc|ción *f* 1. Anstiftung *f*, Verleitung *f*; 2. Folgerung *f*, *Phil.* Induktion *f*; 3. ⚡ Induktion *f*; ~ido ⚡ *m* Anker *m*; ~ir [3o] *v/t.* 1. anstiften, verleiten (zu *dat. a, en*), dazu bringen (zu + *inf. a* + *inf.*); ~ en error irreführen; 2. *Am.* provozieren; 3. folgern (*con. de*); 4. ⚡ induzieren; 5. 🎭 *Geburt* einleiten; ~tancia ⚡ *f* Induktanz *f*; ~tividad ⚡ *f* Induktivität *f*; ~tivo *Phil.*, ⚡ *adj.* induktiv; ~tor I. *adj.* ⚡ induzierend; 🎭 anstiftend; II. *m* ⚡ Induktor *m*, Induktionsapparat *m*.
indudable *adj. c* zweifellos, unzweifelhaft.
indulgen|cia *f* 1. Nachsicht *f*, Milde *f*; Schonung *f*; 2. *ecl.* Ablaß *m*; ~ciar [1b] *ecl. v/t. Gebet usw.* mit e-m Ablaß verbinden; ~te *adj. c* nachsichtig, milde.
indul|tar [1a] *v/t.* begnadigen; ~ a alg. de j-m et. erlassen; j-n von et. (*dat.*) befreien; II. *v/r.* ~se *Bol.* → *entremeterse*; ~to *m* Begnadigung *f*; Straferlaß *m*; *ecl.* Indult *m*; derecho *m de* ~ Begnadigungsrecht *n*.
indumen|taria *f* 1. Kleidung *f*; Tracht *f*; 2. Trachtenkunde *f*; ~tario *adj.* Kleidungs...; ~to *m* Kleidung *f*.
induración 🎭 *f* Induration *f*, Verhärtung *f*.
industria *f* 1. Industrie *f*; Gewerbe *n*; ~ *aeronáutica* (*de armamentos*) Luftfahrt- (Rüstungs-)industrie *f*; ~ *del automóvil*, ~ *automovilística* Auto(mobil)-, Kraftfahrzeug-industrie *f*; ~ *base od. básica* (*clave*) Grundstoff-(Schlüssel-)industrie *f*; ~ *del carbón* y *del acero* Montanindustrie *f*; ~ *de la construcción* Bauindustrie *f*; ~ *doméstica* (*eléctrica*) Heim- (Elektro-)industrie *f*; ~ *hotelera* Beherbergungsgewerbe *n*, Hotellerie *f*; ~ *láctea* milchverarbeitende Industrie *f*; ~ *del libro* Buchgewerbe *n*; ~ *ligera* (*pesada*) Leicht- (Schwer-)industrie *f*; ~ *metalúrgica* Metallindustrie *f*; ~ *mercantil* (*pequeña*) Handels-(Klein-)gewerbe *n*; ~ *del mueble* (*de perfeccionamiento*) Möbel- (Veredelungs-)industrie *f*; ~ *del ocio* Freizeitindustrie *f*; ~ *petrolífera* Mineralölindustrie *f*; ~ *relojera* Uhrenindustrie *f*; ~ *subsidiaria* Zulieferindustrie *f*; ~(*s*) *subsidiaria*(*s*) *de la construcción* Baunebengewerbe *n*; ~ *textil* Textilindustrie *f*; ~ *de transformación* verarbeitende Industrie; ~ *del transporte* Transportgewerbe *n*; ~ *del vestido*, ~ *de la confección* Bekleidungs-industrie *f*, -gewerbe *n*; ~ *del vidrio* Glasindustrie *f*; *Verw. ejercer una* ~ ein Gewerbe ausüben; 2. Betrieb *m*; Unternehmen *n*; 3. Fleiß *m*; Geschicklichkeit *f*.
industria|l I. *adj. c* industriell; Industrie...; Gewerbe...; Werk(s)...; *arte m* ~ Kunstgewerbe *n*; *escuela f* ~ Gewerbeschule *f*; *explotación f* ~ Gewerbebetrieb *m*; *ramo m* ~ Industriezweig *m*; Gewerbezweig *m*; *trabajo m* ~ (industrielle) Verarbeitung *f*; Industriearbeit *f*; *vía f* (*od. ferrocarril f*) ~ Werksbahn *f*; II. *m* Gewerbetreibende(r) *m*; Industrielle(r) *m*; ~lismo *m* (absolute) Vorherrschaft *f* der Industrie *im wirtschaftlichen u. politischen System*, Industrialismus *m*; ~lista *in Am. Reg., bsd. Rpl.* Industrielle(r) *m*; ~lización *f* Industrialisierung *f*; ~lizado *adj.* Industrie..., industrialisiert; ~lizador *adj.* Industrialisierungs...; ~lizar [1f] *v/t.* industrialisieren; industriell herstellen.
industri|arse [1b] *v/r.* s. zu helfen wissen; ~oso *adj.* fleißig, emsig; geschickt.
inecuación ⚖ *f* Ungleichung *f*.
inédito *adj.* (noch) unveröffentlicht; *fig.* neu, noch nicht bekannt.
ineduca|ción *f* Mangel *m an* Erziehung (*od.* Bildung); Ungezogenheit *f*; ~do *adj.* unerzogen; ungezogen. [unsagbar.]
inefable *adj. c* unaussprechlich,
inefica|cia *f* Unwirksamkeit *f*; ~z *adj. c* (*pl.* ~aces) unwirksam, wirkungslos.
inejecutable *adj. c* undurchführbar.
inelegan|cia *f* mangelnde Eleganz *f*; ~te *adj. c* unelegant; taktlos.
inelegible *adj. c* nicht wählbar.
inelu|ctable *adj. c* unvermeidlich, unabwendbar; ~dible *adj. c* unumgänglich.
inembargable *adj. c* beschlagnahmefrei; k-m Embargo unterworfen.
inenarrable *adj. c* nicht erzählbar; unsagbar, unaussprechlich.
inencogible *adj. c* nicht einlaufend (*Gewebe*).
inep|cia *f bsd. Am.* Albernheit *f*; *Guat., Hond.* → ~titud *f* Unfähigkeit *f*, Ungeschicklichkeit *f*; Dummheit *f*; ~to *adj.* untüchtig, unfähig; ungeeignet; albern.
inequívoco *adj.* eindeutig.
iner|cia *f Phys.* Beharrungsvermögen *n*; *allg. u. Phys.* Trägheit *f*; ~cial *Phys. adj. c* Trägheits...; ~me *adj. c* waffenlos; *Biol.* dorn- *bzw.*

stachel-los; *fig.* wehrlos; ~**te** *adj. c* leblos, tot; regungslos; *a. Phys.* träge.

inervación *f Physiol., Anat.* Innervation *f.*

Inés *npr. f* Ines *f,* Agnes *f.*

ines|crutable *adj. c* unerforschlich; ~**cudriñable** *bsd. lit., Theol. adj. c* unerforschlich.

inesperado *adj.* unerwartet, unverhofft.

inesta|bilidad *f* Schwankung *f;* Unbeständigkeit *f; a. Phys.,* ⊕ Instabilität *f,* Labilität *f;* ~**ble** *adj. c* unbeständig (*a.* ⚕); *Phys.,* ⊕ instabil, labil; *fig.* unsicher.

inestético *adj.* unästhetisch.

inestimable *adj. c* unschätzbar.

inevitable *adj. c* unvermeidlich, unausbleiblich.

inexac|titud *f* Ungenauigkeit *f;* Unrichtigkeit *f;* ~**to** *adj.* ungenau; unrichtig, falsch; unscharf.

inexcusable *adj. c* **1.** unentschuldbar, unverzeihlich; **2.** unabweisbar; unumgänglich.

inexhaus|tible *adj. c* unerschöpflich; ~**to** *adj.* unerschöpft.

inexigi|bilidad *f* Uneintreibbarkeit *f;* Unverlangbarkeit *f;* ~**ble** *adj. c* uneintreibbar (*Schuld*); unverlangbar.

inexisten|cia *f* Nichtvorhandensein *n;* Fehlen *n;* Nichtbestehen *n;* ~**te** *adj. c* nicht bestehend, nicht vorhanden; *fig.* unbedeutend.

inexora|bilidad *f* Unerbittlichkeit *f;* ~**ble** *adj. c* unerbittlich; ser ~ *a. s.* nicht erweichen lassen.

inexpe|riencia *f* Unerfahrenheit *f;* ~**rimentado** *adj. bsd. Am.* **1.** noch nicht erprobt; **2.** → ~**rto** *adj.* unerfahren, neu.

inexpiable *adj. c* unsühnbar.

inexplicable *adj. c* unerklärlich, unbegreiflich; ~**mente** *adv.* unbegreiflich(erweise).

inexplora|ble *adj. c* unerforschlich; ~**do** *adj. c* unerforscht.

inexplota|ble *adj. c* nicht verwertbar; ⚒ nicht abbaufähig; ~**do** *adj.* nicht in Betrieb (befindlich).

inexpre|sable *adj. c* unaussprechlich, unbeschreiblich, unsagbar; ~**sividad** *f* Ausdruckslosigkeit *f;* ~**sivo** *adj.* ausdruckslos, nichtssagend.

inexpugnable *adj. c* ⚒ uneinnehmbar; *fig.* unüberwindlich.

inexten|sible *adj. c* nicht ausdehnungsfähig; nicht dehnbar; ~**so** *adj.* ausdehnungslos.

inextinguible *adj. c* nicht (aus-) löschbar; unauslöschlich; unstillbar (*Durst*). [(*a. fig.*).}

inextirpable *adj. c* unausrottbar}

in extremis *adv.* kurz vor dem Tod; auf dem Sterbebett.

inextricable *adj. c* nicht entwirrbar; verworren; undurchdringlich.

infali|bilidad *f a. ecl.* Unfehlbarkeit *f;* absolut sichere Wirkung *f;* ~**ble** *adj. c* untrüglich; *a. ecl.* unfehlbar; *a.* ⊕ nie versagend; bombensicher F.

infalsificable *adj. c* unverfälschbar.

infa|mación *f* Entehrung *f;* Verleumdung *f;* ~**mador I.** *adj.* verleumdend; **II.** *m* Verleumder *m;* ~**mante** *adj. c* schimpflich; entehrend; *pena f* ~ entehrende Strafe *f;* ~**mar** *v/t.* entehren, schänden; verleumden; ~**me** *adj.-su. c* ehrlos, schmählich, schändlich, niederträchtig, gemein; ¡~! Schuft!; ~**mia** *f* Ehrlosigkeit *f;* Schande *f,* Schmach *f;* Verruchtheit *f;* Gemeinheit *f,* Niederträchtigkeit *f.*

infan|cia *f* Kindheit *f; fig.* Anfang *m,* Beginn *m; koll.* Kinder *n/pl.; enfermedades f/pl. de la ~ Kinderkrankheiten f/pl.;* ~**ta** *f* **1.** Infantin *f* (*span. Prinzessin bzw. Frau e-s Infanten*); **2.** *poet., lit.* kleines Mädchen *n;* ~**tado** *m* Gebiet *n* e-s Infanten; ~**te** *m* **1.** Infant *m* (*Titel span. u. port. Prinzen*); **2.** *lit.* kl. Knabe *m;* ~ (de coro) Chor-, Sänger-knabe *m;* **3.** ⚔ Infanterist *m;* ~ de marina Marineinfanterist *m;* ~**tería** ⚔ *f* Infanterie *f;* ~ blindada Panzergrenadiere *m/pl.;* ~ de marina Marineinfanterie *f;* ~**ticida** *adj.-su. c* Kindesmörder(in *f*) *m;* ~**ticidio** *m* Kindestötung *f.*

infantil *adj. c* **1.** kindlich; *a.* ⚕ Kinder...; Jugend...; *a.* ⚔ kindisch; *amor m ~* Kindesliebe *f;* **2.** kindisch; ~**lismo** ⚕ *m* Infantilismus *m.*

infanzón *hist. m* Art erbeingesessener Landedelmann *m,* „Infanzón" *m.*

infarto ⚕ *m* Infarkt *m;* ~ *cardíaco,* ~ *del miocardio* Herzinfarkt *m.*

infatigable *adj. c* unermüdlich.

infatua|ción *f* Selbstgefälligkeit *f;* ~**rse** [1e] *v/r. s. et.* einbilden (*auf ac. con*). [voll.}

infausto *adj.* unglücklich; unheil-}

infebril *adj. c* fieberlos.

infec|ción ⚕ *f* Infektion *f,* Ansteckung *f;* ~**cionar** *v/t. →* **inficionar**; ~**cioso** *adj.* ansteckend, infektiös; *foco m ~* Infektionsherd *m;* ~**tado** *adj. c* infiziert; verseucht; ~**tar** ⚕ *v/t.* anstecken, infizieren; verseuchen; ~**to** *adj.* verseucht (*a. fig.*); schmutzig (*a. fig.*); stinkend.

infecun|didad *f* Unfruchtbarkeit *f;* Unergiebigkeit *f;* ~**do** *adj. a. fig.* unfruchtbar.

infeli|cidad *f* Unglück *n;* Unglückseligkeit *f;* ~**z I.** *adj. c* (*pl. ~ices*) unglücklich, arm, bedauernswert; **II.** *c* F armer Tropf *m;* gutmütiger Trottel *m* (*desp.*); ~**zmente** *adv.* unglücklicherweise.

inferencia *f* (Schluß-)Folgerung *f.*

inferio|r I. *adj. c* **1.** untere(r, -s); niedriger, geringer (*als nom. a*); minderwertig; untergeordnet (*j-m a alg.*); ~ *alg.* unterlegen (*j-m a alg.*); **2.** Unter..., Nieder...; *labio m* Unterlippe *f;* **II.** *m* **3.** Untergeordnete(r) *m;* Untergebene(r) *m;* ~**ridad** *f* Unterlegenheit *f;* Minderwertigkeit *f;* ~ *numérica* zahlenmäßige Unterlegenheit *f;* ~**rmente** *adv.* in geringerem Maße.

inferir [3i] **I.** *v/t.* **1.** folgern, schließen (*aus dat. de, por*); **2.** Beleidigung, Verletzung *usw.* zufügen; **II.** *v/r. ~se* **3.** ~se de erhellen aus (*dat.*), hervorgehen aus (*dat.*).

infernáculo *m* Art Hüpfspiel *n,* „Himmel u. Hölle".

infer|nal *adj. c a. fig.* höllisch, Höllen...; ⚔ *piedra f ~* Höllenstein *m; ruido m ~* Höllenlärm *m;* ~**nar** [1k] *v/t. Rel.* in die Hölle bringen; *fig.* reizen; wütend machen; ~**nillo** *m →* **infiernillo**.

ínfero ♃ *adj.* unterständig.

in|fértil *adj. c* unfruchtbar; ~**fertilidad** *f* Unfruchtbarkeit *f.*

infes|tación *f* ⚕, ⚒ *u. fig.* Verseuchung *f; fig.* Heimsuchung *f;* ~**tar** *v/t.* ⚕, ⚒ *u. fig.* anstecken, verseuchen, befallen; *fig.* heimsuchen, verheeren; *fig.* überschwemmen (*Räuberbanden*); ~**ado de piojos** verlaust; ~**to** *poet. adj.* schädlich.

infeuda|ción *hist. f* Belehnung *f;* ~**r** *v/t.* belehnen.

inficionar *v/t.* ⚕ *u. fig.* anstecken, infizieren; verseuchen; verderben.

infi|delidad *f* **1.** Untreue *f* (*a.* ⚖); ⚖ Veruntreuung *f;* ~ *en la custodia de presos* Entweichenlassen *n* von Gefangenen; **2.** Ungenauigkeit *f* z. B. e-r Beschreibung; **3.** *Rel.* Unglaube *m; koll.* die Ungläubigen *m/pl.;* ~**el I.** *adj. c* **1.** untreu; treulos; **2.** *fig.* nicht getreu, ungenau; **3.** *Rel.* ungläubig; **II.** *m* **4.** *Rel.* Ungläubige(r) *m.*

infier|nillo *m* Spirituskocher *m;* ~**no** *m* **1.** *a. fig.* Hölle *f; Rel. a.* Vorhölle *f; Myth. mst.* ~**s** *m/pl.* Unterwelt *f;* ¡~**s**! zum Teufel!; *pena f de ~* Höllenstrafe *f; fig. mandar a alg. al ~* j-n zum Teufel schicken; *fig.* F *vivir en el quinto ~* in e-r weit abgelegenen Gegend wohnen, j.w.d. wohnen F; **2.** *Cu.* ein Kartenspiel.

infigurable *adj. c* nicht vorstellbar.

infijo *Gram. m* Infix *m.*

infiltra|ción *f* **1.** Einsickern *n; Pol.,* ⚔ Einschleusung *f; Pol.* Unterwanderung *f;* **2.** ⚕ **a**) Infiltration *f;* **b**) Infiltrat *n;* ~**r** **I.** *v/t. a. fig. Pol.,* ⚔ infiltrieren; einflößen; *a. fig.* einsickern lassen; **II.** *v/r.* ~**se** einsickern, eindringen (*in ac. en*); *fig. Pol.* ~**se en** *et.* unterwandern.

ínfimo *adj.* unterste(r, -s), niedrigste(r, -s); *fig.* minderwertigste(r, -s); äußerst niedrig.

infini|dad *f* Unendlichkeit *f; fig.* Unmenge *f,* unendliche Zahl *f;* ~ *de veces* unendlich oft; ~**tamente** *adv.* unendlich; ~**tesimal** *adj. c* unendlich klein; Ⓐ Infinitesimal...; *cálculo m* ~ Infinitesimalrechnung *f;* ~**tivo** *Gram.* **I.** *adj.* Infinitiv...; **II.** *m* Infinitiv *m;* ~**to I.** *adj.* unendlich (*a. Opt., Phot.*); endlos; grenzenlos; zahllos; ~ die Unendliche; das Unendliche; *por tiempo ~* endlos lang; ewig; **II.** *m das Unendliche;* Ⓐ Zeichen *n* der Unendlichkeit (∞); **III.** *adv.* äußerst, sehr, unendlich; ~**tud** *f* Unendlichkeit *f.*

infirmar *v/t. →* **invalidar 2**.

infla|ble *adj. c* aufblasbar, zum Aufblasen, Luft...; ~**ción** *f* **1.** *a.* ⚕ Aufblähung *f;* Aufblasen *n* e-s Ballons; **2.** *fig.* Aufgeblasenheit *f,* Dünkel *m;* **3.** ✝ Inflation *f,* Geldentwertung *f;* ~**cionario** *adj. →* **inflacionista**; ~**cionismo** *m* Inflationspolitik *f;* ~**cionista I.** *adj. c* inflationär, inflatorisch, inflationistisch; **II.** *c* Anhänger *m* e-r inflationistischen Wirtschaftspolitik; ~**do I.** *adj.* aufgebläht (*a. fig.*); *Méj.* aufgeblasen, eingebildet; **II.** *m Kfz.* Aufpumpen *m;* ~**dor** *m* Aufblase-, Füll-gerät *n* für Ballons; Luftpumpe *f.*

inflama|bilidad *f* Entzündbarkeit *f;* ~**ble** *adj. c* entzündbar, feuer-

inflamación — ingreso 362

gefährlich; *fig.* leicht entflammt; **~ción** *f* Entzündung *f*; ~ espontánea Selbstentzündung *f*; ⚔ ~ de las amígdalas Mandelentzündung *f*; **~r I.** *v/t.* entzünden (*a.* ⚔); entflammen (*a. fig.*); **II.** *v/r.* ~se s. entzünden (*a.* ⚔); *fig.* ~se de (*od.* en) ira in Zorn entbrennen; **~torio** ⚔ *adj.* entzündlich.

inflar I. *v/t.* aufblasen, aufpumpen; *a. fig.* aufblähen; *fig.* übertreiben; *fig.* hochmütig machen; **II.** *v/r.* ~se *a. fig.* s. aufblähen; s. aufspielen F.

inflexi|bilidad *f* Unbiegsamkeit *f*; *fig.* Unbeugsamkeit *f*; **~ble** *adj.* c unbiegsam, steif, starr; *fig.* unbeugsam, unnachgiebig; **~ón** *f* **1.** Biegung *f*; Beugung *f*; Tonfall *m*, Modulation *f* der Stimme; *Li.* Flexion *f*, Beugung *f*; ~ (*verbal*) Umlaut *m*; **2.** *Phys.* Ablenkung *f*, Brechung *f*.

infligir [3c] *v/t.* Strafe *usw.* auferlegen; *Niederlage* bereiten, beibringen; *Kosten* verursachen.

inflorescencia ♀ *f* Blütenstand *m*; Blüte *f*.

influen|cia *f* **1.** Einfluß *m*; ~s *f/pl.* atmosféricas Witterungseinflüsse *m/pl.*; tener ~ Einfluß haben (auf *ac.* sobre); (gute) Beziehungen haben (zu j-m con *alg.*); einflußreich sein; **2.** *Phys.* Influenz *f*; **~ciar** *v/t.* [1b] *bsd. Am.* → influir; **~te** *adj.* c beeinflussend.

influenza ⚔ *f* Influenza *f*.

influ|ir [3g] **I.** *v/t.* beeinflussen; **II.** *v/i.* ~ en (*od.* sobre) beeinflussen (*ac.*), Einfluß haben auf (*ac.*), einwirken auf (*ac.*); **~jo** *m* Einfluß *m*, Einwirkung *f*; Ansehen *n*; **~yente** *adj.* c einflußreich.

infolio *m* Folioband *m*; Foliant *m*.

informa|ción *f* **1.** Information *f*, Auskunft *f*; Nachricht *f*; Meldung *f*; Ankündigungsschild: ~ones Auskunft; ~ gráfica Bildbericht *m*; *Tel.* ~ horaria Zeitansage *f*; oficina *f* de ~ones Auskunft(sbüro *n*); cubrir la ~ die Berichterstattung übernehmen; **2.** Untersuchung *f*; ⚖ abrir una ~ ein Untersuchungsverfahren (mit dem Zeugenverhör) einleiten; **~dor** *adj.-su.* Informant *m*; Berichterstatter *m*; Reporter *m*.

informa|l *adj.* c **1.** unzuverlässig; **2.** unförmlich, ungezwungen; formlos; zwanglos; Umgangs...; **~lidad** *f* **1.** Unzuverlässigkeit *f*; unreelles Verhalten *n*; **2.** Ungezwungenheit *f*.

infor|mante *adj.-su.* c Informant *m*; Gewährsmann *m*; **~mar I.** *v/t.* **1.** informieren, unterrichten (über *ac.* de, sobre); **2.** *Phil.* Form (*od.* Gestalt) geben (*dat.*); **II.** *v/i.* **3.** *abs.* Bericht erstatten; ⚖ plädieren; e-e Untersuchung einleiten (gg. *ac.* contra); **III.** *v/r.* ~se **4.** s. informieren; s. erkundigen (nach *dat.* de); Erkundigungen einziehen (über *ac.* sobre); **~mática** *f* Informatik *f*; *p. ext.* Elektronische Datenverarbeitung *f*, EDV *f*; **~mático** *m* Informatiker *m*; **~mativo I.** *adj.* informativ, unterrichtend; Berichts...; libro *m* ~ Ratgeber *m* (Buch); **II.** *m* Nachrichten(sendung *f*)*f/pl.*; **~matizado** *adj.* computergestützt; **~me¹** *m* **1.** Auskunft *f*; Erkundigung *f*; Bericht *m*; Gutachten *n*; ~ pericial Sachverständigengutachten

n; ~ sobre la situación Lagebericht *m* (*a.* ⚔, ✝); dar ~s Auskunft geben (über *ac.* sobre, acerca de); pedir ~s um Auskunft bitten (j-n *a alg.*); tomar ~s Erkundigungen einziehen; **2.** ⚖ (oral) Plädoyer *n*; **3.** ~s *m/pl.* Referenzen *f/pl.* (*b.* Stellenangeboten).

infor|me² *adj.* c formlos, unförmig, ungestalt; **~midad** *f* Unförmigkeit *f*.

infortu|nadamente *adv.* unglücklicherweise; **~nado** *adj.* unglücklich; **~nio** *m* Unglück *n*; Schicksalsschlag *m*.

infrac|ción ⚖ *f* strafbare Handlung *f*, Straftat *f*; Verstoß *m* (gg. *ac.* de, *a*); ~ *a* las normas de la circulación Verkehrsübertretung *f*; **~tor** *adj.-su.* Rechtsbrecher *m*.

infraestructura *f* ⊕ Unterbau *m*; ⚔, ✝ Infrastruktur *f*.

in fraganti *adv.* auf frischer Tat, in flagranti.

infrahumano *adj.* untermenschlich; nicht mehr erträglich (*od.* zumutbar), menschenunwürdig.

infran|gible *adj.* c unzerbrechlich; **~queable** *adj.* c unpassierbar, unüberschreitbar; *fig.* unüberwindlich.

infraoctava *kath. f* Infraoktav *f*.

infrarrojo *adj.* Infrarot..., infrarot; rayos *m/pl.* ~s Infrarotstrahlen *m/pl.*

infrascri(p)to I. *adj.* daruntergeschrieben; **II.** *m* Unterzeichnete(r) *m*.

infra|sonido *Phys.* *m* Infraschall *m*; **~utilización** *f* ungenügende Auslastung *f*; **~utilizar** [1f] *v/t.* ungenügend auslasten; **~valorar** *v/t.* unterbewerten; **~vivienda** *f* menschenunwürdige Unterkunft *f*.

infrecuente *adj.* c selten.

infringir [3c] ⚖ *v/t.* verstoßen gg. (*ac.*), übertreten (*ac.*), zuwiderhandeln (*dat.*).

infruc|tífero *adj.* unfruchtbar (*a. fig.*); *fig.* nutzlos; **~tuosidad** *f* Nutzlosigkeit *f*; **~tuoso** *adj.* unnütz, nutzlos.

infrutescencia ♀ *f* Infruteszenz *f*.

ínfula *f* *kath.* (*mst.* ~s *f/pl.*) *u. hist.* Inful *f*; *fig.* tener muchas ~s s. sehr viel einbilden; tener ~s de músico s. einbilden, ein guter Musiker zu sein.

infumable *adj.* c · nicht rauchbar (Tabak). [gründet.]

infundado *adj.* grundlos; unbe-

infundia *f Am.* → enjundia.

infundíbulo *Anat. m* Trichter *m*.

infun|dio *m* Ente *f* (*fig.*), Lüge *f*, (ausgestreutes) Gerücht *n*; **~dioso** *adj.* lügnerisch; lügenhaft; **~dir** *v/t.* Vertrauen, Schrecken *usw.* einflößen.

infu|sible *adj.* c unschmelzbar; **~sión** *f* **1.** Aufgießen *n* des Wassers *b.* der Taufe; **2.** Aufguß *m*; (Kräuter-)Tee *m*; **~so** *adj.* *Theol.* eingegossen, eingegeben; *fig.* angeboren, naturgegeben (Kenntnis, Eigenschaft); **~sorio** *Biol. m* Aufgußtierchen *n*; ~s *m/pl.* Infusorien *n/pl.*

ingá ♀ *m Am. trop.* Zuckerhülsenbaum *m*.

ingenia|r [1b] **I.** *v/t.* ersinnen, ausdenken; **II.** *v/r.* ~se (hin)durchfinden; auf Mittel sinnen; ~se (*od.* ingeniárselas) para (+ *inf.*) *a.* es schaffen zu (+ *inf.*); **~tura** F *f* Erfindungs-

gabe *f*, Geschick *n*, List *f*.

ingenie|ría *f* Ingenieurtechnik *f*; Ingenieurwissenschaft *f*; ~ genética Gentechnologie *f*; licenciado *m* en ~ Diplomingenieur *m*; **~ro** *m* Ingenieur *m*; ⚔ ~s *m/pl.* (militares) Pioniertruppe *f*; ~ aeronáutico Luftfahrtingenieur *m*; ~ agrónomo (*Span.*), *Am. a.* ~ agrícola Diplomlandwirt *m*; *Span.* ~ de caminos, canales y puertos Straßenbau-, Tiefbauingenieur *m*; ~ civil (Zivil-)Ingenieur *m*; *Span.* ~ industrial Wirtschaftsingenieur *m*; ~ (en) jefe Chefingenieur *m*, Oberingenieur *m*; ~ mecánico Maschinenbauingenieur *m*; ~ de minas *etwa*: Berg-assessor *m* bzw. -ingenieur *m*; *Span.* ~ de montes *etwa*: Forstwirt *m*; *Span.* ~ naval Schiffsbauingenieur *m*; ~ químico *etwa*: Chemotechniker *m*; ~ de sonido Toningenieur *m*; *Span.* ~ de telecomunicación Fernmeldeingenieur *m*.

ingenio *m* **1.** Geist *m*, Witz *m*; Erfindungsgabe *f*; afilar (*od.* aguzar) el ~ s-n Geist anstrengen; **2.** Genie *n*, großer Geist *m*; geistreicher Mensch *m*; **3.** Kunstgriff *m*; **4.** ⊕ Anlage *f*, Apparatur *f*, Vorrichtung *f*; *Typ.* Beschneidemaschine *f*; ⚔ Geschoß *n*, Sprengkörper *m*; ✝ Kriegsmaschine *f*; **5.** *Am. a.* ⚔ Zuckerrohrpflanzung *f*; **b)** Zuckerfabrik *f*; **~sidad** *f* Scharfsinn *m*; Erfindungsgeist *m*; Genialität *f*; *iron.* Verstiegenheit *f*; **~so** *adj.* **1.** erfinderisch, findig F; geistreich, witzig; **2.** sinnreich, durchdacht.

ingénito *adj.* angeboren; von Natur aus vorhanden. [waltig.]

ingente *adj.* c ungeheuer groß, ge-

ingenu|a *Thea. f* Naive *f*; **~idad** *f* Treuherzigkeit *f*; Naivität *f*; **~o** *adj.* arglos; einfältig, naiv.

inge|rencia *f* Einmischung *f* (in *ac.* en); **~rir** [3i] **I.** *v/t.* (hinunter-) schlucken; zu s. nehmen; ⚔ einnehmen, schlucken; **II.** *v/r.* ~se → injerirse; **~stión** *f* (Hinunter-) Schlucken *n*; Einnahme *f*.

Inglaterra *f* England *n*.

ingle *Anat. f* Leiste *f*, Leistenbeuge *f*.

in|glés I. *adj.* englisch; damas *f/pl.* ~esas Englische Fräulein *n/pl.*; **II.** *m* Engländer *m*; *Li.* das Englische; **~glesa** *f* Engländerin *f*; **~glesismo** *m* → anglicismo.

inglete ⊕, *Zim. m* Gehrung *f*.

ingobernable *adj.* c nicht zu regieren(d); unlenkbar.

ingra|titud *f* Undankbarkeit *f*; **~to** *adj.* undankbar (Mensch, Aufgabe, Ackerboden); unangenehm; *Spr.* de ~s está *el* mundo lleno Undank ist der Welt Lohn.

in|gravidez *Phys. u. fig. f* Schwerelosigkeit *f*; **~grávido** *adj.* schwerelos; gewichtlos, leicht.

ingrediente *m* Bestandteil *m* (*a. pharm.*); Zutat *f*; ~s *m/pl.* Ingredienzen *f/pl.* (*a. Kchk.*).

ingre|sar I. *v/i.* eintreten (in *ac.* en); ⚔ eingeliefert werden; ✝ en caja eingehen (Geld); ⚔ als Wehrpflichtiger erfaßt werden; ~ cadáver en la clínica bei Einlieferung in die Klinik bereits tot sein; **II.** *v/t.* Geld einzahlen; ⚔ einweisen, einliefern in e-e Klinik; **~so** *m* **1.** Eintritt *m*; ⚔ Einlieferung *f*; Aufnahme *f*; (examen

m de) ~ Aufnahmeprüfung *f*; 2. ✝ Eingang *m*; Einnahme *f*; ~s *m/pl.* Einkommen *n*, Einkünfte *pl.*; ~s *fiscales* Steuer-einnahmen *f/pl.*; ~s *mensuales* Monatseinkommen *n*.
íngrimo *adj. Am.* (ganz) allein, einsam, verlassen.
inguinal ⚕ *adj. c* Leisten...; *hernia f* ~ Leistenbruch *m*.
ingurgitar *v/t.* (hinunter)schlucken, verschlingen.
inhábil *adj. c* unfähig, ungeschickt; ⚖ *día m* ~ Feiertag *m*.
inhabili|dad *f* Unfähigkeit *f*, Ungeschicklichkeit *f*, Untauglichkeit *f*; ~**tación** ⚖ *f* Erklärung *f* der Unfähigkeit *für Ämter, als Zeugen usw.*; ~ *absoluta* Aberkennung *f* der bürgerlichen Ehrenrechte; ~ *profesional* Berufsverbot *n*; ~**tar** ⚖ **I.** *v/t.* für unfähig erklären; **II.** *v/r.* ~*se para el empleo* s-e Amtsbefugnisse verlieren.
inhabita|ble *adj. c* unbewohnbar; ~**do** *adj.* unbewohnt.
inhala|ción ⚕ *f* Inhalation *f*, Einatmung *f*; ~**dor** *m* Inhaliergerät *n*, Inhalationsapparat *m*; ~**r** *v/t.* inhalieren, einatmen.
inheren|cia *f* Verbundenheit (mit *dat. a*); 🜨, ⊕ Inhärenz *f*; ~**te** *adj. c*: ~ (*a*) verbunden, verknüpft (mit *dat.*); innewohnend (*dat.*), 🜨, ⊕ inhärent (*dat.*).
inhibi|ción *f Biol., Psych.* Hemmung *f*; ⚖ Untersagung *f*, Ablehnung *f e-s Richters*; ~**do** *adj.* gehemmt, voller Hemmungen; ~**dor** ⚕, *Biol. m* Hemmer *m*; ~ *del apetito* Appetitzügler *m*; ~**r I.** *v/t.* untersagen; *Biol., Psych.* hemmen; **II.** *v/r.* ~*se de s. aus et.* (*dat.*) heraushalten; s. enthalten (*gen.*); ~**toria** ⚖ *f* Geltendmachung *f* der Unzuständigkeit des Gerichts; ~**torio** *adj.* hemmend; ⚖ Verbots...
inhospita|lario *adj.* ungastlich; unwirtlich; ~**lidad** *f* Ungastlichkeit *f*.
inhóspito *adj.* → inhospitalario.
inhuma|ción *f* Beerdigung *f*; ~**nidad** *f* Unmenschlichkeit *f*; ~**no** *adj.* unmenschlich; ~**r** *v/t.* beerdigen.
inia *Zo. f* Amazonasdelphin *m*.
inicia|ción *f* 1. Einweihung *f*, Einführung *f* (in *ac. a, en*); *Ethn., Rel.* Initiation *f*; 2. Beginn *m*, Inangriffnahme *f*; *Phys.* ~ *de las vibraciones* Schwingungserregung *f*; ~**do** *adj.-su.* eingeweiht; *m* Eingeweihte(r) *m*; ~**dor I.** *adj.* 1. einführend; bahnbrechend; **II.** *m* 2. Förderer *m*, Bahnbrecher *m*, Initiator *m*; Einweihende(r) *m*; 3. *Ballistik:* ~*es m/pl.* Zündstoffe *m/pl.*; ~**l I.** *adj. c* anfänglich, Anfangs...; *velocidad f* ~ Anfangsgeschwindigkeit *f*; **II.** *f* ~ Anfangsbuchstabe *m*, Initiale *f*; ~**lizar** [1f] *v/t. EDV* booten; ~**r** [1b] **I.** *v/t.* 1. beginnen, anfangen; einleiten, anbahnen; 2. einführen (in *ac. en*), vertraut machen (mit *dat. en*); einweihen; **II.** *v/r.* ~*se* 3. ~*se en s. mit et.* (*dat.*) vertraut machen; 4. beginnen; s-n Anfang nehmen; ~**tiva** *f* Anregung *f*, Anstoß *m*; Unternehmungsgeist *m*; Initiative *f*; *Pol.* ~ *popular* Volksbegehren *n*; *a* ~ *de* auf Anregung von (*dat.*); *tener mucha* ~ unternehmungslustig sein; viel Initiative haben; *tomar la* ~ (*de a/c.*) den Anstoß geben (zu et. *dat.*), die Initiative ergreifen (zu et. *dat.*).
inicio *m* Anfang *m*, Beginn *m*.
inicuo *adj.* ungerecht; ruchlos.
in illo témpore *adv. fig.* in alten Zeiten, zu Olims Zeiten F.
inimaginable *adj. c* unvorstellbar; unglaublich.
inimitable *adj. c* unnachahmlich.
inimpugnable *adj. c* unanfechtbar.
inimputa|bilidad *f* Nichtanrechnungsfähigkeit *f*; ~**ble** *adj. c* nicht anrechnungsfähig.
ininflamable *adj. c* nicht entzündbar.
ininte|ligible *adj. c* unverständlich; unleserlich; ~**rrumpido** *adj.* ununterbrochen.
iniquidad *f* Ungerechtigkeit *f*; Unbilligkeit *f*; Gemeinheit *f*.
inje|rencia *f* → ingerencia; ~**rir** [3i] **I.** *v/t.* 1. *Sonde usw.* einführen; ~ *cemento en las grietas* die Spalten mit Zement ausfüllen; 2. *fig.* mit einbegreifen; **II.** *v/r.* ~*se* 3. s. einmischen (in *ac. en*).
injer|tar *v/t.* 1. ⚘ *Reis* einpfropfen; *Baum* pfropfen; 2. ⚕ *Gewebe* überpflanzen; 3. ⊕ Rohr ein-, an-setzen; ~**tera** ⚘ *f* Baumschule *f*; ~**to** *m* 1. ⚘ a) Pfropfreis *n*; b) Pfropfen *n*; Okulieren *n*; 2. ⚕ a) Transplantation *f*; b) Transplantat *n*; 3. ⊕ Abzweigrohr *n*.
injuria *f* Beleidigung *f* (a. ⚖); Beschimpfung *f*; ⚖ ~ *de obra* (*de palabra*) Real- (Verbal-)injurie *f*; ~**ador** *adj.-su.* Beleidiger *m*; beleidigend; ~**ar** [1b] *v/t.* beleidigen; beschimpfen; ~**oso** *adj.* beleidigend; ausfallend, ausfällig.
injus|ticia *f* Ungerechtigkeit *f*; Unrecht *n*; ~**tificable** *adj. c* nicht zu rechtfertigen(d); ~**tificado** *adj.* ungerechtfertigt; ~**to** *adj.* ungerecht; widerrechtlich; unberechtigt; ungerechtfertigt (a. ⚖).
inmaculado *adj.* unbefleckt; makellos; *kath. la* ⚕a *Concepción* die Unbefleckte Empfängnis; *Ku. la* ⚕a die Immaculata.
inmaduro *adj.* unreif (a. *fig.*).
inmanejable *adj.* unhandlich; *fig.* unlenksam, störrisch.
inmanen|cia *Phil. f* Immanenz *f*; ~**te** *adj. c Phil.* immanent; innewohnend.
inmar|cesible, ~**chitable** *adj. c* unverwelklich; ewig.
inmateria|l *adj. c* geistig; *Phil.*, ⚖ immateriell; ~**lidad** *f* Unkörperlichkeit *f*; ~**lismo** *Phil. m* Immaterialismus *m*; ~**lizar** [1f] *v/t.* entmaterialisieren; vom Stofflichen befreien.
inmaturo *adj. bsd. fig.* unreif.
inmedia|ción *f* 1. (unmittelbare) Nähe *f*; ~**ones** *f/pl.* nächste Umgebung *f*; 2. ⚖ unmittelbare Rechtsnachfolge *f im Erbrecht*; ~**ta** F *f* unmittelbare Folge *f*; ~**tamente** *adv.* unmittelbar; sofort; unverzüglich; ~**tez** *f*, ~**tividad** *f* Unmittelbarkeit *f*; ~**to** *adj.* 1. direkt, unmittelbar; unverzüglich; baldig *Arg., Bol. adv. de* ~ auf der Stelle; 2. nächst(gelegen); angrenzend (an *ac. a*); ~ *a* ... neben ... (*dat.*) gelegen.

inme|dicable *adj. c* unheilbar; ~**jorable** *adj. c* einwandfrei; unübertrefflich, vorzüglich.
inmemo|rable, ~**rial** *adj. c* uralt; weit zurückliegend; *desde tiempos* ~(*e*)*s* seit Menschengedenken, seit unvordenklichen Zeiten.
inmen|sidad *f* Unermeßlichkeit *f*; unermeßliche Weite *f*; *fig.* ungeheure Menge *f*; ~**so** *adj.* unermeßlich; überaus groß; ~**surable** *adj. c* unmeßbar; kaum meßbar.
inmerecido *adj.* unverdient.
inmer|gir [3c] *v/t.* eintauchen; ⊕ tauchen; ~**sión** *f a. Astr., Phys.*, ⚓, ⊕ Immersion *f*; Eintauchen *n*; ⚓ Eintauchtiefe *f*; ~**so** *adj.* versunken (*bsd. fig.*).
inmigra|ción *f* Einwanderung *f*; ~**nte** *c* Einwanderer *m*; ~**r** *v/i.* einwandern (in *ac.*, nach *dat. a*); ~**torio** *adj.* Einwanderungs...; *corriente f* ~*a* Einwandererstrom *m*.
inminen|cia *f* nahes Bevorstehen *n*; drohende Nähe *f*; ~ *del peligro* unmittelbar bevorstehende Gefahr *f*; ~**te** *adj. c* nahe bevorstehend, drohend; *ser* ~ nahe bevorstehen, drohen.
inmis|cible *adj. c* unmischbar; ~**cuir** [inmiscúo, inmiscúes ... od. 3g] *v/t.* mischen; ~*se fig.* s. einmischen (in *ac. en*).
inmisericorde *adj. c* erbarmungslos, unerbittlich.
inmisión *ecol. f* Immission *f*.
inmobiliario *adj.* Immobiliar..., Grundstücks..., Immobiliar..., Boden...
inmode|ración *f* Unmäßigkeit *f*; ~**rado** *adj.* unmäßig, maßlos; übermäßig; ~**stia** *f* Unbescheidenheit *f*; ~**sto** *adj.* unbescheiden.
inmódico *adj.* unmäßig; übermäßig.
inmola|ción *f* Opferung *f*; Aufopferung *f*; ~**r I.** *v/t. Rel. u. fig.* opfern; **II.** *v/r.* ~*se a. fig.* s. (auf-) opfern *für ac. por*).
inmora|l *adj. c* unsittlich; unmoralisch; anstößig; (*hombre m*) ~ *m* ausschweifender Mensch *m*; Wüstling *m*; ~**lidad** *f* Sittenlosigkeit *f*; Immoralität *f*; ~**lismo** *Phil. m* Immoralismus *m*.
inmorta|l I. *adj. c* unsterblich; unvergänglich; **II.** *m* Unsterbliche(r) *m*; **III.** *f* ⚘ Immortelle *f*; ~**lidad** *f* Unsterblichkeit *f*; ~**lizar** [1f] *v/t.* unsterblich machen; verewigen.
inmotivado *adj.* grundlos, unmotiviert; unberechtigt.
inmovible *adj. c* bewegungsunfähig; unbeweglich, fest.
inmovili|dad *f* Unbeweglichkeit *f*; Bewegungs-, Regungs-losigkeit *f*; ~**smo** *m* Fortschrittsfeindlichkeit *f*; Starrheit *f des Denkens*, ~**zación** *f* 1. Fest-legung *f*, -stellung *f*, Fixieren *n*; Stillegung *f*; 2. ✝ feste Anlage *f* (*Kapital*); ~**ones** *f/pl.* Anlagevermögen *n*, -kapital *n*; 3. ⚔ Ruhigstellung *f*; 4. ⚖ Immobilisierung *f*; Einschränkung *f* des Rechts auf Veräußerung; ~**zador** *m: Kfz.* ~ *antirrobo* elektronische Wegfahrsperre *f*; ~**zar** [1f] *v/t.* 1. unbeweglich machen; *a. Fahrzeug* stillegen; ⊕ fest-stellen, -legen, fixieren; *fig.* lähmen; 2. ✝ *Kapital* (fest) anlegen; 3. ⚔ stillegen, ruhigstellen; 4. ⚖ *bewegliche Güter* im-

inmueble — insigne 364

mobilisieren.
inmueble ⚖ **I.** *adj. c* unbeweglich (*Gut*); **II.** *m* Grundstück *n*; Gebäude *n*; ⁓s *m/pl.* Grundstücke *n/pl.*, Immobilien *pl.*
inmun|dicia *f a. fig.* Schmutz *m*, Unrat *m*; ⁓do *adj. a. fig.* unrein, schmutzig.
inmu|ne *adj.* c 1. ✱, *Pol.* immun (✱ gg. *ac. a, contra*); *fig.* unantastbar, 2. befreit *von Abgaben, Leistungen*; ⁓nidad *f* 1. ✱, *Pol., Parl.*, ⚖ Immunität *f* (*Pol., Parl.* aufheben *levantar*); *allg.* Unverletzbarkeit *f*; Unantastbarkeit *f*; 2. Befreiung *f von Abgaben usw.*; ⁓ fiscal Steuerfreiheit *f*; **⁓nización** *f* ✱ Immunisierung *f*; **⁓nizar** [1f] *v/t.* ✱ *a. fig.* immunisieren, immun machen (gg. *ac. contra*); *allg.* unempfänglich machen (für *ac. contra*); **⁓nodeficiencia** *f* ✱ Immunschwäche *f*; **⁓nología** *f* Immunologie *f*.
inmuta|bilidad *f* Unveränderlichkeit *f*; **⁓ble** *adj. c* unveränderlich, unwandelbar; stets gleich(bleibend); unerschütterlich; **⁓ción** *f* 1. Veränderung *f*, Wandlung *f*; 2. Bestürzung *f*; **⁓r I.** *v/t.* 1. verändern, umwandeln; 2. aufregen; **II.** *v/r.* **⁓se 3.** verstört werden; *mst.* sin ⁓se ohne s. erschüttern zu lassen, gelassen (bleibend).
inna|tismo *Phil. m* Nativismus *m*; **⁓to** *adj.* angeboren; Erb...; **⁓tural** *adj. c* unnatürlich.
innavegable *adj.c* nicht schiffbar.
inne|cesario *adj. c* unnötig; **⁓gable** *adj. c* unleugbar; unbestreitbar; **⁓gociable** ✝ *adj. c* nicht handels- *bzw.* bank- *od.* börsen-fähig.
innoble *adj. c* gemein, niedrig.
innocuo *adj.* → *inocuo.*
innominado *adj.* namenlos; unbenannt; *Anat.* hueso *m* ⁓ → *ilíaco.*
innova|ción *f* Neuerung *f*; Neuheit *f* (*a.* ⊕); **⁓dor** *adj.-su.* neuerungsfreudig; *m* Neuerer *m*; Bahnbrecher *m*; **⁓r** *v/t., oft abs.* Neuerungen (*od.* Neuheiten) einführen (*od.* durchführen) (in *bzw.* bei *dat.*).
innumerable *adj. c* unzählig, zahllos; unzählbar.
inobedien|cia *f* Ungehorsam *m*; Nichtbefolgung *f*; **⁓te** *adj. c* ungehorsam (gg. *ac. a*); nicht Folge leistend (*dat. a*).
inobservancia *f* Nichtbeachtung *f*; Nichtbefolgung *f.*
inocen|cia *f* Unschuld *f*; Harmlosigkeit *f*; **⁓tada** *f* 1. naives Wort *n* (*bzw.* Verhalten *n*); 2. *Folk.* Scherz *m* am 28. Dezember, nach Art der Aprilscherze; dar ⁓s Scherze dieser Art machen (vgl. „in den April schicken"); **⁓te I.** *adj. c* 1. unschuldig; schuldlos; ⁓ de nicht schuldig (*gen.*); 2. harmlos, unschuldig; einfältig, naiv; **II.** *m* 3. Unschuldige(r) *m*; *Rel.* día de los ⁓s Fest *n* der Unschuldigen Kinder (28. *Dezember*); **⁓tón** F *adj.-su.* dämlich F, einfältig; *m* Einfaltspinsel *m*, Naivling *m* F.
inocu|idad *f* Unschädlichkeit *f*; Harmlosigkeit *f*; **⁓lable** ✱ *adj. c* (über)impfbar; **⁓lación** *f* ✱ (Über-) Impfung *f*; *fig.* ⁓ *a alg.* **⁓lar** *v/t.* ✱ inokulieren; *fig.* ⁓ *a alg.* *a/c.* j-m et. einimpfen, j-n mit et. (*dat.*) anstecken.

inocultable *adj. c* nicht zu verbergen(d).
inocuo *adj.* unschädlich; harmlos.
inodo|ridad *f* Geruchlosigkeit *f*; **⁓ro I.** *adj.* geruchlos; **II.** *adj.-su. m* (*aparato m*) ⁓ Geruchbeseitiger *m* (*im WC*); ⁓ *m* WC *n.*
inofensivo *adj.* harmlos (*a. fig.*), unschädlich (*a.* 🔥).
inoficioso *adj.* 1. ⚖ unter Umgehung der gesetzlichen Erbfolge errichtet (*Testament*); 2. *Am.* (*außer And. u. Ven.*) nutzlos, unwirksam; 3. *Col.* faul.
inolvidable *adj. c* unvergeßlich.
inopera|ble ✱ *adj. c* inoperabel; **⁓ncia** *f* Wirkungslosigkeit *f*; Versagen *n*; **⁓nte** *adj. c* wirkungslos; ⚖ ungeeignet (*Beweismittel*).
inopia *f* Mittellosigkeit *f*, Not *f*; estar en la ⁓ *fig.* zerstreut (*bzw.* ahnungslos) sein; *Col.* im Elend leben.
inopina|ble *adj. c* vertretbar (als Auffassung); **⁓do** *adj.* unerwartet, unvermutet; unvorhergesehen.
inoportu|nidad *f* Unzweckmäßigkeit *f*; ungelegene Zeit *f*; **⁓no** *adj.* ungelegen (*pred.* zer kommen); unpassend, unangebracht.
inorgánico *adj.* 1. *a.* 🔥 anorganisch; 2. unorganisch.
inoxidable *adj. c* rostfrei, nichtrostend.
in púribus F: (estar) wie Gott sie (*bzw.* ihn *usw.*) geschaffen hat, splitternackt.
inquebrantable *adj. c* unzerbrechlich; *fig.* unverbrüchlich, eisern.
inquie|tador *adj.-su.* beunruhigend; **⁓tante** *adj. c* beunruhigend; besorgniserregend; bedrohlich; **⁓tar I.** *v/t.* 1. beunruhigen, (aus der Ruhe) aufstören; besorgt machen; 2. ⚖ im Besitz stören; **II.** *v/r.* **⁓se 3.** s. sorgen; s. Gedanken machen (wegen *gen. con, de, por*); s. Sorgen machen (um *ac. por*); ¡no ⁓se! ruhig bleiben!; **⁓to** *adj.* 1. unruhig; ruhelos; ängstlich, besorgt; 2. P *Guat., Hond.* → *aficionado, propenso*; **⁓tud** *f* Unruhe *f*; Beunruhigung *f*, Besorgnis *f*; *bsd. Am.* starkes Interesse *n.*
inquili|naje *m Chi.*, **⁓nato** *m* Mietzins *m*; (*impuesto m de*) ⁓ Haussteuer *f*; **⁓no** *m* 1. Mieter *m*; 2. *Chi.* Pachtbauer *m*, der gg. Arbeitsleistung Haus u. Grund zur Eigennutzung erhält; 3. *Biol.* Inquilin *m*, Einmieter *m*; 4. *Am. oft* → *habitante.*
inquina *f* Abneigung *f*; Groll *m*; tener ⁓ *a alg.* j-n nicht ausstehen können, e-n Pik auf j-n haben F.
inqui|rente *m*, **⁓ridor I.** *adj.* forschend; untersuchend; **II.** *m* Nachforscher *m*; Untersucher *m*; **⁓rir** [3i] *v/t.* untersuchen, herausbekommen, erfahren; **⁓sición** *f* 1. Nachforschung *f*, Untersuchung *f*; 2. *hist.* ♀ Inquisition *f*; Kerker *m* der Inquisition; **⁓sidor I.** *adj.* forschend, prüfend; **II.** *m* *hist.* Inquisitor *m*; Gran ♀ Großinquisitor *m*; **⁓sitivo** *adj.* forschend; **⁓sitorial** *adj. c*, **⁓sitorio** *adj. a. fig.* Inquisitions..., inquisitorisch.
INRI *m* I.N.R.I. *n* (*Kreuzesinschrift*); *fig.* para más inri um den Schaden (*od.* das Unglück) vollzumachen; *fig.*

ponerle *a alg.* el inri j-n verhöhnen (*od.* schmähen).
insaciable *adj. c a. fig.* unersättlich.
insacular *v/t. Lose, Stimmzettel* (in e-e Urne) sammeln.
insalivar *v/t.* einspeicheln.
insa|lubre *adj. c* ungesund; gesundheitsschädlich; **⁓lvable** *adj. c* unüberwindlich (*Hindernis*); **⁓nable** *adj. c* unheilbar; **⁓nia** *f* Wahnsinn *m*; **⁓no** *adj.* wahnsinnig; ungesund.
insa|tisfacción *f* Unzufriedenheit *f*; **⁓tisfactorio** *adj.* unbefriedigend, unzulänglich; **⁓tisfecho** *adj.* nicht zufrieden, unzufrieden; **⁓turable** *adj. c* unersättlich.
inscri|bir [3a; *part.* inscri(p)to] **I.** *v/t.* 1. einschreiben, eintragen (in *ac. en*); anmelden (zu *dat.* para); ✝ *a.* buchen; 2. ⚖ ein(be)schreiben; *inscripto* einbeschreiben; **II.** *v/r.* **⁓se 3.** s. eintragen; s. anmelden; **⁓pción** *f* 1. Inschrift *f*; ⁓ funeraria Grab(in)schrift *f*; 2. Einschreiben *n*, Eintragung *f*; Anmeldung *f*; 3. ⚖ Einbeschreibung *f*; **⁓ptor** *m*: ⁓ por chispas Funkenschreiber *m.*
insecable *adj. c* nicht trocknend; unaustrocknbar.
insec|ticida *adj. c-su. m* insektentötend(es Mittel *n*, Insektizid *n*); polvos *m/pl.* ⁓s Insektenpulver *n*; **⁓tívoro** *Biol. adj.-su. m* Insektenfresser *m*; **⁓to** *m* Insekt *n*; **⁓tología** *f* Insektenkunde *f.*
insegu|ridad *f* Unsicherheit *f*; Schwanken *n*, Zweifel *m*; **⁓ro** *adj.* unsicher; unbeständig, schwankend.
insemina|ción *Biol. f*: ⁓ (*artificial*) (künstliche) Befruchtung *f*; *vet.* Besamung *f*; **⁓r** *v/t.* (künstlich) befruchten; *vet.* besamen.
insensa|tez *f* Tollheit *f*; Verrücktheit *f*; **⁓to** *adj.-su.* toll, verrückt, unsinnig.
insensi|bilidad *f* Unempfindlichkeit *f*; *a. fig.* Gefühllosigkeit *f*; ✱ ⁓ total vollständige Empfindungslosigkeit *f*; ⊕ ⁓ a los choques Stoßunempfindlichkeit *f*; **⁓bilizador** ✱ *m* Betäubungsmittel *n*; **⁓bilizar** [1f] *v/t.* unempfindlich machen; ✱ *a.* betäuben; **⁓ble** *adj. c* 1. empfindungslos; ✱ gefühllos (gg. *ac. a*); ⊕ ⁓ a los golpes schlagunempfindlich; ⁓ a la luz lichtecht; 2. kaum wahrnehmbar (*od.* merklich); unmerklich; **⁓blemente** *adv.* unmerklich; (nur) allmählich.
inseparable *adj. c* untrennbar; unzertrennlich.
insepulto *adj.* unbestattet.
inser|ción *f* Einschaltung *f*; Einrücken *n*; Annoncieren *n*, Inserieren *n*; Inserat *n*; *Anat.* Ansatz *m*; **⁓tar I.** *v/t.* einschalten; einfügen (*a. EDV*); *a. Getriebe* einrücken; *Anzeige* aufgeben, (*in die Zeitung*) einrücken (lassen); **II.** *v/r.* **⁓se** *Biol.* einwachsen; *Anat.* ansetzen; **⁓to** *adj.* eingerückt; ein-, an-gewachsen.
inservible *adj. c* unbrauchbar.
insidi|a *f* Hinterlist *f*; ⁓s *f/pl.* Ränkespiel *n*) *pl.*; **⁓ar** [1b] *v/t.* j-m nachstellen; **⁓oso** *adj.* hinter-listig, -hältig, ränkevoll.
insig|ne *adj. c* berühmt; vorzüglich,

insignifican|cia f Geringfügigkeit f; Unbedeutendheit f; ~te adj. c geringfügig; unbedeutend; nichtssagend.

insince|ridad f Unaufrichtigkeit f; ~ro adj. unaufrichtig, treulos, falsch.

insinua|ción f 1. Andeutung f, Anspielung f; Unterstellung f; 2. Einschmeichelung f; Rhet. Captatio f benevolentiae; ~nte adj. c einschmeichelnd, einnehmend, verführerisch; ~r [1e] I. v/t. andeuten, nahelegen; unterstellen, insinuieren; II. v/r. ~se a. fig. s. einschleichen; ~tivo adj. einschmeichelnd, verführerisch; andeutend.

in|sipidez f a. fig. Schalheit f, Geschmacklosigkeit f; ~sípido adj. a. fig. schal, fade, geschmacklos.

insipiente adj. c unwissend; dumm.

insis|tencia f Drängen n; Nachdruck m; Bestehen n (auf dat. en); ~tente adj. c beharrlich; nachdrücklich, eindringlich; ~tir v/i. abs. darauf bestehen (od. beharren); eindringlich fragen; nach-haken, -fassen; ~ en auf et. (ac.) dringen; beharren (od. bestehen) auf (dat.); fig. et. betonen; beharrlich bleiben bei (dat.); F ya que usted insiste wenn Sie durchaus wollen (, nehme ich's); ¡no insistas tanto! hör auf mit der Quengelei! F (zu e-m Kind).

insobornable adj. c unbestechlich.

insocia|bilidad f Ungeselligkeit f; ~ble, ~l adj. c ungesellig.

insola|ción f Sonnenein-wirkung f; -strahlung f; ✵ Sonnenstich m; ~r I. v/t. dem Sonnenlicht aussetzen; besonnen; II. v/r. ~se ✵ e-n Sonnenstich erleiden.

insoldable adj. c nicht lötbar; nicht schweißbar.

insolen|cia f Unverschämtheit f; Anmaßung f; ~tar I. v/t. unverschämt machen; II. v/r. ~se unverschämt werden (j-m gg.-über con alg.); ~te adj. c unverschämt, frech, patzig F. [wöhnlich.)

insólito adj. ungewohnt, unge-

insoluble adj. c 1. unlösbar; 2. 🜍 unlöslich; ~ en alcohol nicht alkoholöslich.

insoluto adj. unbezahlt (Schuld).

insolven|cia f Zahlungsunfähigkeit f, Insolvenz f; ~te adj. c zahlungsunfähig, insolvent.

insom|ne adj. c schlaflos; ~nio m Schlaflosigkeit f.

insondable adj. c nicht auslotbar; fig. unergründlich.

insono|rización Phys., ⊕ f Schalldämmung f, -isolierung f; ~rizar [1f] Phys., ⊕ v/t. schalldicht (bzw. schalltot) machen; ~do schalldicht; ~ro ton-, klang-los; schalldicht; Phon. → sordo.

insoportable adj. c unerträglich.

insospecha|ble adj. c kaum zu vermuten(d), überraschend; ~do adj. unvermutet, unerwartet.

insostenible adj. c a. fig. unhaltbar.

inspec|ción f 1. Besichtigung f; Beaufsichtigung f; bsd. ⊕ (Über-)Prüfung f; Wartung f, Kontrolle f; Inspektion f; ✕ Musterung f; Verw. ~ aduanera Zollbeschau f; vet. ~ de la carne Fleischbeschau f; ⊕ ~ funcional Funktionsprüfung f; 🜚 ~ ocular Inaugenscheinnahme f; Lokaltermin m; ~ radiográfica Durchleuchtung f v. Material; (estación f de) ~ técnica de vehículos, Abk. I.T.V. technische Fahrzeugüberprüfung f, etwa: TÜV; 2. Aufsicht f (Amt u. Gebäude od. Raum); Am. oft Kommissariat n; ~cionar v/t. besichtigen; inspizieren; beaufsichtigen; untersuchen; ✕ mustern; bsd. ⊕ überprüfen; überwachen; ~tor m Aufseher m; Inspektor m; ~ de ferrocarriles (de policía) Eisenbahn- (Polizei-)inspektor m; 🐾 ~ minero Steiger m; ~ de matadero Fleischbeschauer m; ~toría f Chi. → comisaría de policía.

inspira|ción f 1. Einatmung f, Inspiration f; Atemzug m; 2. Theol. u. fig. Inspiration f, Eingebung f; ~dor I. adj. 1. inspirierend; begeisternd; 2. Anat. músculo m ~ Atemmuskel m; II. m 3. Anreger m, Inspirator m; ~nte adj. c inspirierend; ~r I. v/t. 1. einatmen; 2. fig. einflößen, eingeben; Gefühl a. (er-)wecken; begeistern, anregen, inspirieren; II. v/r. ~se 3. ~se en s. Anregung holen bei (dat.); s. leiten (bzw. begeistern) lassen von (dat.); ~tivo adj. Anat. Einatmungs...; fig. inspirierend, anregend.

instala|ción f 1. a. ⊕ Einrichtung f; Aufstellung f; Einbau m; EDV Installation f; 2. Einführung f, Einweisung f in ein Amt; Installation f e-s Geistlichen; 3. ⊕ Anlage f, Installation f; Vorrichtung f, Gerät n; Einrichtung f; Ausstattung f; ~dor m Monteur m; Verleger m v. Kabeln usw.; ~r I. v/t. 1. einrichten; 2. in ein Amt einführen, einweisen; 3. ⊕ einrichten; aufstellen; einbauen, installieren (a. EDV); al ~ el dispositivo beim Einbau des Geräts; II. v/r. ~se 4. s. einrichten; s. niederlassen.

instancia f 1. Gesuch n; Eingabe f; Ersuchen n; a ~ de auf Ersuchen (gen.); 🜚 a ~ de parte auf Antrag; hacer (od. elevar, presentar) una ~ ein Gesuch einreichen; 2. dringende Bitte; a ~s de auf inständiges Bitten (gen.); 3. 🜚 Instanz f; resolver en última ~ in letzter Instanz entscheiden; fig. F en última ~ wenn alle Stricke reißen (fig. F).

instan|tánea Phot. f Momentaufnahme f; Schnappschuß m; ~táneo adj. augenblicklich; plötzlich, sofortig; plötzlich eintretend; causar la muerte ~a den Tod auf der Stelle herbeiführen; ~te m Augenblick m; a cada ~ immer wieder, dauernd; al ~ sofort; en un ~ im Nu; por ~s unaufhörlich; schnell.

instar I. v/t. 1. dringend bitten, drängen (, zu + inf. a [od. para] que + subj.); 2. † Lösung kritisieren, angreifen; **II.** v/i. 3. dringend (od. eilig) sein, eilen; v/impers. insta que escribas do mußt sofort schreiben; 4. ~ para a/c. dringend um et. (ac.) ersuchen; ~ por + inf. darauf dringen, zu + inf.

instaura|ción f Begründung f, Errichtung f; Wiederherstellung f; ~dor adj.-su. Begründer m; ~r v/t. errichten, begründen; wiederherstellen, erneuern; Gesetz u. Recht einführen; Ordnung stiften; ~tivo adj. Begründungs...; Einsetzungs...; Erneuerungs...

instiga|ción f Anstiftung f (zu dat. a); ~dor adj.-su. aufhetzend; m Anstifter m; ~r [1h] v/t.: ~ (a) anstiften (zu dat.), aufhetzen (zu dat.); antreiben (zu dat.).

instila|ción f Einträufeln n; ~dor m Tropfenzähler m; ~r v/t. (ein-)träufeln.

instin|tivo adj. instinktiv; unwillkürlich; ~to m Instinkt m, (Natur-)Trieb m; ~ de conservación Selbsterhaltungstrieb m; ~ gregario Herdentrieb m; ~ del ritmo angeborenes Gefühl für (den) Rhythmus; ~ sexual Sexual-, Geschlechts-trieb m; adv. por ~ aus Instinkt; instinktiv; unwillkürlich.

institu|ción f 1. Ein-, Er-richtung f; Stiftung f, Gründung f; Einsetzung f; 🜚 Einsetzung f in ein Amt; 🜚 ~ de heredero Erbeinsetzung f; Rel. ~ de un sacramento Einsetzung f e-s Sakraments; 2. Anstalt f; Institution f, Einrichtung f; ~ones f/pl. (staatliche) Institutionen f/pl.; 3. ~ones f/pl. Hand-, Elementar-buch n; 4. las 2ones → Instituta; 5. in der älteren Sprache oft = instituto; ~cional a. bsd. 🜚 institutionell; ~idor adj.-su. Stifter m, (Be-)Gründer m; ~ir [3g] v/t. 1. stiften, gründen; s. ein-richten; 2. einsetzen; ernennen; ~ a alg. (por) heredero j-n zum (od. als) Erben einsetzen; 🜚 ta f (oft ~s f/pl.) die römischen Rechtsinstitutionen od. Institutionen f/pl. Justinians; ~to m Institut n; Anstalt f; ecl. öfter Gesellschaft f, Kongregation f; ~(s) m(/pl.) armado(s) bewaffnete Macht f als Verfassungsinstrument; Span. ~ de bachillerato Gymnasium n; ~ bancario Bankinstitut n; ~ de belleza Schönheits-, Kosmetik-salon m; ~ de enseñanza media höhere Schule f; ~ de investigación (científica) (wissenschaftliches) Forschungsinstitut n; Span. ~ laboral Berufsfachschule f; ~ religioso Ordensgesellschaft f; unter Ordensleitung stehende Schule f; ~tor I. adj.-su. → instituidor; II. m Col. Volksschullehrer m; ~triz f Erzieherin f, Gouvernante f; ~yente adj. c → instituidor.

instru|cción f 1. Schulung f, Unterricht m, Unterweisung f; ✕ ~ (militar) Ausbildung f; ~ cívica Bürger-, Gemeinschafts-kunde f; 🜚 ~ jurídica Rechtsbelehrung f; ~ primaria Grundunterweisung f; Grundschulunterricht m; Volksschulwesen n; 2. (wissenschaftliche) Bildung f; Wissen n, Kenntnisse f/pl.; sin ~ ungebildet; 3. oft ~ones f/pl. Anweisung f, Vorschrift f; Verhaltensmaßregel f; Verw., Dipl. Weisung f, Instruktion f; ~ones f/pl. de servicio (od. para el manejo) Bedienungsanleitung f; ~ones para el uso Gebrauchsanweisung f; dar ~ones (An-)Weisungen geben (od. erteilen); 4. 🜚 Untersuchung f; ~ previa (gerichtliche) Voruntersuchung f; ~ctivo adj. belehrend, lehrreich, instruktiv;

instructor — intento

~ctor I. adj. unterweisend; ⚖ Untersuchungs...; II. m Lehrer m, Instrukteur m; ⚔ Ausbilder m; ✈ ~ de vuelo (od. de pilotaje) (Militär-)Fluglehrer m; ~ido adj. gebildet; ~ir [3g] I. v/t. anweisen, instruieren; unterweisen, unterrichten; belehren (a. ⚖); a. ⚔ schulen, ausbilden; II. vt/i. ⚖ abs. tätig werden (Richter); ~ el sumario, ~ (las) diligencias Ermittlungen anstellen (od. in die Wege leiten); III. v/r. ~se s. bilden; ~se de s. über et. (ac.) informieren.

instrumen|tación ♪ f Instrumentierung f; ~tal I. adj. c 1. ♪ Instrumental...; 2. ⚖ dokumentarisch, Urkunds...; II. m 3. Instrumente n/pl., Arbeitsgerät n; ✠ Instrumentarium n; Besteck n; 4. ♪ Orchesterbesetzung f; 5. Li. Instrumentalis m; ~talizar [1f] v/t. instrumentalisieren; ~tar v/t. ♪ instrumentieren, ~tista ♪ c Instrumentalist m; ~to m 1. Instrument n, Werkzeug n, Gerät n; ✠ ~s m/pl. de a bordo Bordinstrumente n/pl.; 2. ♪ Musikinstrument n; ~ de arco (de cuerda) Streich-(Saiten-)instrument n; ~ de percusión (de viento) Schlag-(Blas-)instrument n; 3. ⚖ Urkunde f, Dokument n; ~ público öffentliche Urkunde f; ~ de prueba Beweisstück n.

insubordina|ción f Widersetzlichkeit f, Unbotmäßigkeit f; a. ⚔ Gehorsamsverweigerung f; ~do adj.-su. widersetzlich, unbotmäßig; aufständisch; ~r I. v/t. zur Widersetzlichkeit führen; II. v/r. ~se den Gehorsam verweigern.

insubsanable adj. c nicht wiedergutzumachen(d); fig. nicht heilbar.

insubstancia|l adj. c substanzlos, gehaltlos; unbedeutend; ~lidad f Substanz-, Gehalt-losigkeit f; Leere f, Bedeutungslosigkeit f.

insuficien|cia f Unzulänglichkeit f; Mangel m; bsd. ✠ Insuffizienz f; ~te adj. c unzulänglich; nicht ausreichend, ungenügend.

insufla|ción ✠ f Insufflation f; ~r ✠ v/t. einblasen.

insufrible adj. c unerträglich; unausstehlich.

ínsula † f Insel f; fig. lit. kl. Reich n (in Anspielung auf Sancho Panzas Insel Barataria im „Quijote").

insula|r adj. c Insel...; ~ridad f Insellage f.

insuli|na pharm. f Insulin n; ~noterapia ✠ f Insulinbehandlung f.

insul|sez f a. fig. Fadheit f, Geschmacklosigkeit f; ~so adj. a. fig. fade, geschmacklos; abgeschmackt.

insul|tada f Am. (Serie f von) Beleidigungen f/pl.; ~tador adj.-su. Beleidiger m; ~tante adj. c beleidigend; ~tar v/t. beleidigen; ~to m Beleidigung f, Beschimpfung f.

insumable adj. c nicht zs.-zählbar; nicht zs.-faßbar.

insumergible ⚓ adj. c unsinkbar.

insumi|sión f Widerspenstigkeit f; ~so adj.-su. widerspenstig; ungehorsam.

insumos ✽ m/pl. Input n, m.

insuperable adj. c unüberwindlich; fig. unübertrefflich.

insur|gencia f Aufstand m; ~gente adj.-su. c aufständisch; m Aufständische(r) m; ~rección f Aufstand m, Erhebung f, Empörung f, Insurrektion f; ~reccional adj. c Aufstands...; ~reccionar I. v/t. zum Aufstand treiben; II. v/r. ~se s. erheben (gg., wider ac. contra); ~recto adj.-su. aufständisch; m Aufständische(r) m; Revolutionär m.

insustituible adj. c unersetzlich.

inta|cto adj. unberührt; unversehrt; ~chable adj. c tadellos, einwandfrei.

intangi|bilidad f a. fig. Unberührbarkeit f; fig. Unantastbarkeit f; ~ble adj. c unberührbar; unantastbar.

integérrimo sup. zu íntegro adj. ganz makellos (Charakter).

integra|ble adj. c Å u. fig. integrierbar; ~ción f Å, Pol. Integrierung f, a. ✞, Soz. Integration f; ~cionista I. c Pol. Gegner m der Rassentrennung; II. adj. c Integrations...; ~l I. adj. c vollständig; Å Integral...; Å cálculo m ~ Integralrechnung f; pan m ~ Art Vollkornbrot n; II. adj.-su. m (signo m) ~ Integralzeichen n; III. f Å Integral n; ~ principal Grundintegral n.

íntegramente adv. vollständig, ganz.

inte|grando Å m Integrand m; ~grante I. adj. c integrierend; wesentlich; parte f ~ (integrierender) Bestandteil m; wesentlicher Teil m (des Ganzen); II. c Mitglied n, Angehörige(r) m e-r Kollektivität; ~grar v/t. 1. ausmachen, bilden; que integran ... a. aus denen ... besteht; 2. Å, Pol., Soz. integrieren; fig. einfügen (in ac. en), zs.-fassen (in ac. en); 3. (zurück)erstatten; ~gridad f 1. Vollständigkeit f; a. fig. Unversehrtheit f; 2. Unbescholtenheit f; Rechtschaffenheit f, Redlichkeit f, Integrität f; ~grismo m span. politische u. kirchliche Bewegung, konservativ-traditionalistisch.

íntegro adj. 1. vollständig, ganz; unversehrt; 2. rechtschaffen, redlich, integer; unbescholten.

intelec|tivo adj. Verstandes...; ~to m Intellekt m; ~tual I. adj. c intellektuell, geistig; Verstandes..., Geistes...; facultad f ~ geistige Kraft f (bzw. Fähigkeit f); trabajador m ~ Geistesarbeiter m; II. m Intellektuelle(r) m; Verstandesmensch m; ~tualidad f 1. Geistigkeit f, Verstandesmäßigkeit f, Begrifflichkeit f der Anschauung; 2. koll. Intellektuelle(n) m/pl., Intelligenz f; ~tualismo Phil., Psych. m Intellektualismus m; ~tualista adj.-su. c intellektualistisch; m Intellektualist m; ~tualizar [1f] v/t. intellektualisieren; a. durch- (bzw. ver-)geistigen.

inteli|gencia f 1. Intelligenz f; Klugheit f, Verstand m; cociente m de ~ Intelligenzquotient m; 2. Verstehen n, Begreifen n; Einsicht f, Verständnis n; a mayor ~ diré ... zum besseren Verständnis möchte ich sagen ...; 3. Auffassung f, Annahme f, Meinung f; 4. Sinn m, Bedeutung f; llegar a la ~ de a/c. die Bedeutung (od. den Sinn) e-r Sache erfassen; 5. Phil., Theol. Geist m, geistiges Wesen n; 6. Einvernehmen n; Verständigung f; llegar a una ~ s. einigen, zu e-r Verständigung gelangen; tener ~s con el enemigo mit dem Feind in Verbindung stehen; 7. servicio m de ~ Nachrichtendienst m; ~gente adj. c 1. denkend, mit Verstand (od. Intelligenz) begabt, intelligent; 2. einsichtig, verständnisvoll, intelligent, klug, gescheit; bewandert (in dat. en); ~gibilidad f 1. Verständlichkeit f; 2. Phil. intelligible Artung f; ~gible adj. c 1. verständlich; vernehmlich; 2. Phil. intelligibel.

intempe|rante adj. c zügellos, maßlos; ~rie f Unbilden pl. der Witterung; adv. a la ~ im Freien, unter freiem Himmel; bei Wind u. Wetter; ~rismo m Verwitterung f.

intempesti|vamente adv. zur Unzeit; ~vo adj. unzeitgemäß; zu unpassender Zeit.

intemporal adj. c zeitlos, ewig.

inten|ción f 1. Absicht f; Vorsatz m, Vorhaben n, Plan m, Zweck m; Phil. Intention f; ~ones f/pl. para el futuro Zukunftspläne m/pl.; segunda ~ Hintergedanke m; Hinterhältigkeit f; adv. con ~ absichtlich; con (la) ~ de + inf. in der Absicht, zu + inf., damit + ind., um zu + inf.; adv. con primera ~ offen; adv. con segunda ~ hinterhältig; adv. de primera ~ vorläufig, fürs erste; curar de primera ~ e-m Verletzten erste Hilfe leisten; adv. sin ~ unabsichtlich, unwillkürlich; tener (la) ~ de + inf. beabsichtigen, zu + inf., tener malas ~ones böse Absichten haben; böswillig sein; 2. kath. decir una misa a la ~ de alg. für j-n e-e Messe lesen; 3. fig. Verschlagenheit f, Tücke f; de ~ bösartig (Pferd); ~cionado adj. vorsätzlich (a. ⚖), absichtlich; bien ~ guten Willens; wohlwollend; ehrlich, aufrichtig; mal ~ böswillig; ~cional adj. c absichtlich; Phil. intentional.

intenden|cia f Verwaltung f; ⚔ Intendantur f; Beschaffungsamt n; ~te m Verwalter m; ⚔ Verwaltungs-offizier m bzw. -beamte(r) m; Arg. Bürgermeister m; Span. ~ mercantil Betriebsberater m.

inten|sidad f Intensität f, Stärke f; Nachdruck m; ⊕ Kraft f; Phon. Druckstärke f; ⚡ de campo Feldstärke f; ~ (de la corriente) Stromstärke f; (corriente f de) ~ baja Schwachstrom m; ~ del sonido, sonora Lautstärke f; ~sificación f Verstärkung f (a. Phot.); Intensivierung f; Ausbau m (Handel); ~sificador I. adj. verstärkend; II. m Verstärker m (a. Phot.); ~ del sabor Geschmacksverstärker m; ~sificar [1g] v/t. verstärken, steigern, intensivieren; ~sivo adj. 1. Intensiv...; ♪ cultivo m ~ intensive Bewirtschaftung f; curso m ~ Intensivkurs m; horario m ~ od. jornada f ~ a durchgehende Arbeitszeit f; 2. verstärkend; ~so adj. nachdrücklich; stark, tief; intensiv; heftig.

inten|tar v/t. 1. ~ (+ inf.) beabsichtigen, vorhaben, versuchen (zu + inf.); Phil. intendieren; 2. ⚖ Prozeß anstrengen; ~to m Absicht f, Vorhaben n; Vorsatz m; Versuch m; adv. de ~ absichtlich; ~ de asesinato (de

evasión) Mord- (Flucht-)versuch m; ~tona f (Putsch-)Versuch m (mst. gescheiterter).
ínter I. adv.: en el ~ → en el ínterin; II. prp. F ~ nos unter uns, unter vier Augen.
inter|acción f Wechselwirkung f; Interaktion f; ~activo adj. interaktiv; ~alemán adj. deutsch-deutsch; ~aliado adj.-su. interalliiert; die Verbündeten betreffend; verbündet; ~americano adj. interamerikanisch; ~andino adj. interandin; comercio m ~ Handel m zwischen den Andenländern; ~articular adj. c in (od. zwischen) den Gelenken liegend; ~astral adj. c interastral; ~atómico adj. interatomar, zwischen (den) Atomen.
inter|cadente adj. c ungleichmäßig; unregelmäßig (Puls); ~calar I. adj. c eingeschoben; Schalt...; día m ~ Schalttag m; II. v/t. ein-schalten, -schieben; EDV einfügen; ⊕ Getriebe einrücken; ⚡, ⊕ vor-, zwischen-schalten; ~cambiable adj. c austauschbar; ~cambiador ⊕ m: ~ térmico Wärmeaustauscher m; ~cambio m Austausch m; ~ comercial Handel(saustausch) m; ~ cultural (de opiniones, ~ de pareceres) Kultur- (Meinungs-) austausch m.
inter|ceder v/i. einschreiten; s. verwenden (für ac. por); ~celular Biol. adj. c interzellulär; ~cepción f Abfangen n; Unterbrechung f; ✕ cohete m de ~ Abfangrakete f; ~ceptación f Phys. Unterbrechung n, Hemmen n, Auffangen n e-r Bewegung; Abfangen n z. B. e-s Briefs; Sperrung f, Unterbrechung f e-r Verbindung; ~ceptar v/t. unterbrechen, abstoppen, sperren; Bewegung auffangen; Briefe, ✕ Flugzeug, Rakete abfangen; Ferngespräch abhören; ~ceptor I. adj.-su. m 1. ✕ (avión m, caza m) ~ Abfangjäger m; II. m 2. ⊕ ~ de retroceso de la llama Rückschlagsicherung f; 3. ⚡ Am. → interruptor; ~cesión f Vermittlung f, Fürsprache f; Einspruch m; Interzession f (a. ✝); ~cesor m, Fürsprecher m; Bürge m; ~cesoriamente adv. vermittelnd; als Bürge.
inter|colu(m)nio △ m Säulenweite f; ~comunal adj. c zwischengemeindlich; ~comunicación f wechselseitige Verbindung f; Tel. ~ (en dúplex) → ~comunicador Tel. m Gg.-sprechanlage f; ~conexión f (Zwischen-)Verbindung f; ⚡ Verbundschaltung f; ~confesional Rel. adj. c inter-, über-konfessionell; ~continental adj. c interkontinental; ~costal Anat. adj. c interkostal..., Zwischenrippen...; ~cultural adj. c: relaciones f/pl. ~es Beziehungen f/pl. zwischen den Kulturen; ~currente ⚕ adj. c hinzukommend, interkurrierend.
inter|dental I. adj. c ⚕, Phon. interdental; II. f, m Phon. Interdental m, Zwischenzahnlaut m; ~dependencia f gg.-seitige Abhängigkeit f, Verflechtung f; ~dependiente adj. c vonea. abhängig (Politik, Preise); ~dicción f 1. Untersagung f; Verbot n; 2. ⚖ ~ civil Strafmündigung f;
~dicto m 1. Verbot n; kath. Interdikt n; 2. ⚖ Entmündigte(r) m; ~digital Zo. adj. c zwischen den Fingern (bzw. den Zehen); membrana f ~ Schwimmhaut f.
inter|-empresa adj.-su. inv.: relaciones f/pl. (de) ~ innerbetriebliche Beziehungen f/pl.; ~empresarial adj. c innerbetrieblich.
interés m 1. Interesse n (für ac. por); Beteiligung f (a. ✝), (An-) Teilnahme f; adv. con ~ interessiert, aufmerksam; sin ~ adj. unwichtig, uninteressant; a. adv. teilnahmslos, uninteressiert; ⚖ ~ en una causa Befangenheit f; despertar ~ Interesse erwecken, Aufmerksamkeit erregen; sentir (od. tener) ~ por Gefallen finden an (dat.); tener ~ por s. interessieren für (ac.); daran interessiert sein, zu + inf.; tener ~ en a) an et. (dat.) interessiert sein, s. für et. (dat.) interessieren; b) ✝ an e-m Geschäft beteiligt sein; tengo (mucho) ~ en que + subj. a. es liegt mir (viel) daran, daß + ind.; 2. Interesse n, Nutzen m; Bedeutung f, Wichtigkeit f; Wert m; Vorteil m, Gewinn m; Vers. ~ asegurado Versicherungswert m; ~eses creados Interessenverknüpfung f, -verflechtung f; ~ general allgemeines Interesse n; Interesse n der Allgemeinheit, Gemeinnutz m; ~ vital Lebensinteresse n; en ~ público in den öffentlichen Interesse; libro de gran ~ sehr bedeutendes Buch n; está en su ~ es liegt in Ihrem Interesse; es de (od. tiene) ~ para usted es ist wichtig für Sie; es de vital ~ es ist lebenswichtig; 3. ~ (personal, particular) Eigennutz m; obrar por ~ eigennützig handeln; 4. Reiz m; el ~ de esta música está en la instrumentación der Reiz dieser Musik in der Instrumentierung; 5. Neigung f, Liebe f; 6. ✝ Zins(en) m(/pl.); ~eses m/pl. Zinsen m/pl.; a ~ adj. verzinslich; adv. auf Zins; sin ~ zins-los, -frei; unverzinslich; ~eses m/pl. acreedores (deudores) Haben-, Passiv- (Soll-, Aktiv-)zinsen m/pl., ~ básico Leitzins m; ~eses crecidos hohe Zinsen m/pl.; ~ compuesto Zinseszins m; ~ efectivo Effektivverzinsung f; ~ fijo fester Zins m; ~ legal a) gesetzlicher Zins m; b) ~eses moratorios (od. de demora) Verzugszinsen m/pl.; ~ simple einfacher Zins m; cómputo m (od. cálculo m) de ~eses Zinsrechnung f; cupón m de ~eses Zinsschein m; tabla f de ~eses Zinstabelle f; tipo m de ~ Zins-fuß m, -satz m; abonar un ~ del 6% 6% Zinsen vergüten; dar (tomar) dinero a ~ Geld auf Zinsen ausleihen (aufnehmen); dar (od. producir, arrojar, devengar) ~ Zinsen tragen (od. abwerfen); elevar (reducir) el tipo de ~ den Zinssatz erhöhen (senken).
intere|sable adj. c gewinnsüchtig; ~sado I. adj. 1. interessiert; beteiligt; ⚖ parte f ~a Beteiligte(r) m; Betroffene(r) m; Vertragschließende(r) m; empleado m ~ Angestellte(r) m, Teilhaber m; ⚕ órgano m ~ betroffenes Organ m; estar ~ en a/c. a) an et. (dat.) interessiert sein; b) an et. (dat.) beteiligt sein; ✝ ~ en comprar kauflustig; 2. selbst-,
eigen-süchtig; gewinnsüchtig; II. m 3. Interessent m; Beteiligte(r) m; Betroffene(r) m; ✝ Teilhaber m; auf Formularen: firmado por el ~ eigenhändige Unterschrift f, eigenhändig unterzeichnet; 4. Amateur m, Liebhaber m; ~sante adj. c interessant; wichtig, bedeutsam; F hacerse el ~ s. wichtig machen; ~sar I. v/t. 1. interessieren, Anteil nehmen lassen; Teilnahme erwecken bei (dat.); ~le a alg. a favor de (od. gal. a) a/c. ~ j-n für et. (ac.) interessieren; j-n für et. (ac.) (zu) gewinnen (suchen); 2. angehen, betreffen; esta lesión interesa los riñones diese Verletzung zieht die Nieren in Mitleidenschaft; 3. interessieren; reizen, packen, mitreißen; a. v/i. spannend (od. interessant) sein; 4. Geld anlegen (in dat. en); ~ a alg. en j-n an e-m Geschäft beteiligen; II. v/impers. 5. interesa que + subj. es ist wichtig, daß + ind.; III. v/r. ~se 6. ~se por a/c. s. für et. (ac.) interessieren; für et. (ac.) Teilnahme (be)zeigen; ~se por a/c., auf (ac.) reflektieren; ~se por a/c., alg. a. s. nach et., j-m erkundigen.
inter|esencia f persönliche Anwesenheit f; ~estelar Astr. adj. c interstellar; ~face EDV f, m Schnittstelle f, Interface n; ~fase ⚕, ⊕ f Zwischenphase f; ~faz EDV f, m (pl. ~aces) → interface; ~fecto ⚖ adj.-su. getötet.
interfe|rencia f Phys., Li. Interferenz f; HF a. Schwebung f; fig. Einmischung f; Überschneidung f Rechten, Patenten usw.; ~rir [3i] I. v/i. Phys. interferieren; fig. s. einmischen; II. v/t. überlagern, überschneiden; Rf, TV Sender stören; Telefon anzapfen, überwachen; III. v/r. ~se s. überlagern.
inter|foliar [1b] v/t. Buch (mit Papier) durchschießen; ~fono m Sprechanlage f; ~ de portería Türsprechanlage f.
inter|gubernamental adj. c zwischen den Regierungen, Regierungs...; ~humano adj. c. zwischenmenschlich, unter den Menschen.
ínterin I. m Zwischenzeit f; Interim n; en el ~ → II. adv. inzwischen.
interi|nar v/t. Amt vorübergehend innehaben; ~nato m Arg., Chi., Hond., ~nidad f Interimslösung f; Interim n; vorübergehende Vertretung f e-s Amtes; ~no I. adj. einstweilig, interimistisch; stellvertretend; Zwischen...; II. m (Amts-, Stell-)Vertreter m.
interio|r I. adj. c 1. innere(r, -s); Innen...; Binnen...; comercio m ~ Binnenhandel m; ropa f ~ Unterwäsche f; vida f ~ Innenleben n; II. m 2. das Innere, △, Phot. en ~es in Innenräumen; fotografía f en ~ Innenaufnahme f; Film: fotografías f/pl. de ~es Innenaufnahmen f/pl.; 3. Inland m; Ministerio m del ♀ Innenministerium n; 4. Sp. ~ izquierda Halblinke(r) m; ~ridad f Innerlichkeit f; ~es f/pl.) private (od. interne) Angelegenheiten f/pl.; Intimsphäre f; ~rismo m Innenausstattung f, -architektur f; ~rista c Innenarchitekt m; ~rizar [1f] v/t. verinnerlichen; ~rmente adv. innen; innerlich.

interjec|ción *Li. f* Interjektion *f*, Empfindungswort *n*; ~**tivo** *adj.* als Interjektion, Interjektions...

inter|línea *f Typ.* Durchschuß *m*; interlinear Gedruckte(s) *n* (*od.* Geschriebene[s] *n*); ~**lineación** *Typ. f* Durchschießen *n*); Durchschuß *m*; ~**lineador** *m* Zeilenschalthebel *m* (*Schreibmaschine*); ~**lineal** *adj. c* zwischen den Zeilen; *traducción f* ~ Interlinearübersetzung *f*; ~**linear** *v/t.* Eintragungen zwischen den Zeilen *e-s Textes* machen; *Typ.* durchschießen.

interlocuto|r *m* Gesprächs-, Verhandlungs-partner *m*; *Tel.* Gg. sprechteilnehmer *m*; ~**rio** *adj.* ~*su.*: *sentencia f* ~*a od.* ~ *m* Zwischenurteil *n*.

intérlope *adj. c* Schmuggel... (*Schiff, Handel in Kolonien*).

interlu|dio ♪ *u. fig. m* kurzes Zwischenspiel *n*; ~**nio** *m* Neumond *m*.

interme|diar *v/i.* → *mediar*; ~**diario I.** *adj.* Zwischen...; Mittel...; *comercio m* ~ Zwischenhandel *m*; **II.** *m* Zwischenhändler *m*; Vermittler *m*; ~**dio I.** *adj.* dazwischenliegend; Zwischen..., ⊞ intermediär; **II.** *m* Zwischenzeit *f*; *Thea.*, Zwischenspiel *n* (*a. fig.*), Einlage *f*; *por* ~ *de* durch Vermittlung (*gen.*), über (*ac.*); ~**zzo** *Thea.*, ♪ *u. fig. m* Zwischenspiel *n*, Intermezzo *n*.

interminable *adj. c a. fig.* endlos.

intermi|nisterial *adj. c* interministeriell; ~**sión** *f* Unterbrechung *f*, Aussetzen *n*; ~**so** *adj.* unterbrochen; ~**tencia** *f* kurze Unterbrechung *f*; ⚕ zeitweiliges Aussetzen *n*; Fieberpause *f*; ~**tente I.** *adj. c a.* ⚕ aussetzend, intermittierend; *fiebre f* ~ Wechselfieber *n*; *luz f* ~ Blinklicht *n*; **II.** *m Kfz.* Blinker *m*; **III.** *f oft Am.* → *fiebre f* ~.

internación *f* → *internamiento*.

internaciona|l I. *adj. c* international, zwischenstaatlich; **II.** *f* ♀ *Pol.* Internationale *f* (*Organisation u. Hymne*); **III.** *c Sp.* Internationale(r) *m*; ~**lidad** *f* Internationalität *f*, Überstaatlichkeit *f*; ~**lismo** *m* Internationalismus *m*; ~**lista I.** *adj. c* internationalistisch; **II.** *c Pol.* Internationalist *m*; ⚖ Völkerrechtler *m*; ~**lización** *f* Internationalisierung *f*; ~**lizar** [1f] *v/t.* internationalisieren.

inter|nado I. *adj.* 1. interniert (⚔, *Pol.*); in festem Hause untergebracht (*Geisteskranker*); **II.** *m* 2. Internat *n*; Internatsschüler *m/pl.*; 3. ⚔, *Pol.* Internierte(r) *m*; ~ *civil* Zivilinternierte(r) *m*; ~**namiento** *m* Einweisung *f* in *e-e Klinik usw.*; Verbringung *f* ins Internat (*bzw.* ins Innere *e-s Landes*); ⚔, *Pol.* Internierung *f*; ~**nar I.** *v/t.* in ein Internat geben; ins Innere *e-s Landes* verbringen; (in *e-e Klinik usw.*) einweisen; ⚔, *Pol.* internieren; **II.** *v/r.* ~*se in ein Gebiet, ein Geheimnis* eindringen; s. *in e-n Wissenstoff* vertiefen; ~**nauta** *m* Internet-Surfer *m*; ♀**net** *f* Internet *n*; ~**nista** ⚕ *c* Internist *m*; ~**no I.** *adj.* innere(r, -s); innerlich; intern; *enfermedades f/pl.* ~*as innere Krankheiten f/pl.*; **II.** *m* Internatsschüler *m*, Interne(r) *m*; Assistenzarzt *m*; Lehrling

m (*od.* Angestellte[r] *m*), *der b. Arbeitgeber wohnt*; Häftling *m*, Gefängnisinsasse *m*.

inter|nunciatura *Dipl. f* Internuntiatur *f*; ~**nuncio** *Dipl. m* Internuntius *m*; ~**oceánico** *adj.* interozeanisch, Weltmeere verbindend; ~**parlamentario** *adj.* interparlamentarisch.

interpela|ción *f* Aufforderung *f*; ⚖ Vorhalt *m* (*Prozeßrecht*); Mahnung *f* (*Schuldrecht*); *Parl. gr.* Anfrage *f*, Interpellation *f*; ~**do** *m* zur Stellungnahme Aufgeforderte(r) *m*; Interviewte(r) *m*; ~**nte** *adj.-su. c* Fragesteller *m*; Interpellant *m*; ~**r I.** *v/t.* ⚖ *e-m Zeugen* e-n Vorhalt machen; bei *j-m* anfragen; ✍ bei *j-m* um Beistand ansuchen; **II.** *v/i.* interpellieren.

inter|penetración *f* gg.-seitige Durchdringung *f*; ~**personal** *adj. c* zwischenmenschlich; ~**planetario** *adj.* interplanetarisch, Weltraum...

Interpol *f* Interpol *f* (*Internationale Kriminalpolizeiliche Organisation*).

interpola|ción Ⱥ, *Li. f* Interpolation *f*; ~**r** *v/t.* Ⱥ, *Li.* interpolieren; *p. ext.* ein-schalten, -fügen.

interpo|ner [2r] *v/t.* einschieben; dazwischen-stellen, -setzen, -legen; *fig.* geltend machen, einsetzen; ⚖ *Antrag* stellen; *Rechtsmittel* einlegen; ~ (*recurso de*) *apelación* Berufung einlegen; *fig.* ~*se en el camino de alg.* s. *j-m* in den Weg stellen; ~**sición** *f* Einschiebung *f*; Zwischenstellung *f*.

interpre|nder ⚔ *v/t.* überrumpeln; ~**sa** ⚔ *f* Überrumpelung *f*.

interpreta|ble *adj. c* auslegbar, deutbar; ♪, *Thea.* spielbar; ~**ción** *f* 1. Interpretation *f* (*a.* ♪), Auslegung *f* (*a.* ⚖), Deutung *f*; *Film, Thea.* Darstellung *f*, *a.* ♪ Spiel *n*; ~ *extensiva* (*restrictiva*) weite (enge) Auslegung *f*; 2. Dolmetschen *n*; Verdolmetschung *f*; ~ *consecutiva* Konsekutivdolmetschen *n*; ~ *simultánea* Simultandolmetschen *n*; ~**dor** *adj.-su.* Ausleger *m*, Deuter *m*; ~**r** *v/t.* 1. auslegen, deuten, *a.* ♪ interpretieren; *Thea., Film*: darstellen, *a.* ♪ spielen; ~ *mal* falsch verstehen; *fig.* mißverstehen; übelnehmen; 2. (ver)dolmetschen; ~**riado** *m* Dolmetscher-beruf *m*; ~*wesen n*, ~**tivo** *adj.* Interpretations...; Deutungs...

intérprete *c* 1. Ausleger *m*, Deuter *m*, *a.* ♪ Interpret *m*; *Thea., Film* Darsteller *m*; *fig.* Sprecher *m*, Dolmetsch *m*; ~ *de la canción moderna* Schlagersänger *m*; 2. Dolmetscher *m*; ~ *de conferencias* Konferenzdolmetscher *m*.

interpuesto *adj.* eingeschoben; dazwischenliegend.

interregno *m* Interregnum *n*, Zwischenherrschaft *f*.

interroga|ción *f* Frage *f*; (*signo m de*) ~ Fragezeichen *n*; ~ *inicial* (*final*) Fragezeichen *n* am Anfang (am Ende) *des Satzes*; ~**dor** *adj.-su.* fragend, prüfend; ⚖ verhörend; ~**nte I.** *adj. c* fragend; **II.** *m* Fragezeichen *n*; (offene) Frage *f*; *a.* Unsicherheitsfaktor *m*; ~**r** [1h] *v/t.* aus-, be-fragen; ⚖ *Zeugen* vernehmen; *Beschuldigte* verhören; ~**tivo** *adj.* fragend; *Li. oración f* ~*a* Fragesatz *m*;

pronombre m ~ Fragepronomen *n*; ~**torio** ⚖ *m* Vernehmung *f*, Einvernahme *f* (*Zeugen*); Verhör *n* (*Beschuldigte*); Protokoll *n* des Verhörs; ~ *contradictorio*, ~ *cruzado* Kreuzverhör *n*.

interru|mpido *adj.* unterbrochen; ~**mpir** *v/t.* unterbrechen; abbrechen; ✍ ausschalten; ~**pción** *f* Unterbrechung *f*; Störung *f*; ✍ Ab-, Aus-schaltung *f*; *sin* ~ ununterbrochen; ~**ptor** *m* Unterbrecher *m* (*a.* ✍); ✍ Schalter *m*, Ein-Ausschalter *m*; ~ *de botón* Druck(knopf)schalter *m*; ~ *de aceite* (*de grupos*) Öl- (Serien-)schalter *m*; ~ *automático* (*basculante*) Selbst- (Kipp-)schalter *m*; ~ *giratorio* Drehschalter *m*; ~ *a distancia* (*de tiro*) Fern-(Zug-)schalter *m*.

intersec|arse [1g] Ⱥ *v/r.* s. schneiden; ~**ción** Ⱥ *f* Schnitt *m*; Schnittpunkt *m bzw.* -linie *f*.

intersideral *Astr. adj. c* zwischen den Sternen; Weltraum...

intersticial *Biol. adj. c* interstitiell; ~**o** *m* Zwischenraum *m*, Spalt *m*.

intertrigo ⚕ *m* Intertrigo *f*.

inter|tropical *Geogr. adj. c* zwischen den Wendekreisen (gelegen); ~**urbano** *adj. Tel.* Fern...; *bus m* ~ Überlandbus *m*; ~ *conferencia f* ⚕ (Inlands-)Ferngespräch *n*; ~**valo** *m* Zwischenzeit *f*; Zwischenraum *m*, Abstand *m*; ♪ *u. fig.* Intervall *n*; *a* ~*s* in Abständen; von Zeit zu Zeit; *en el* ~ *de* während (*gen.*), während *e-s* Zeitraums von (*dat.*).

interven|ción *f* 1. Eingreifen *n*, Dazwischentreten *n*; Vermittlung *f*; ⚖, *Pol.* Intervention *f* (*a. b. Wechseln*); ✝, ⚔ Eingriff *m*; ⚕, *Verw.* Bewirtschaftung *f v. Waren*; Beschlagnahme *f v. Gütern*; *Tel.* Abhören *n*, Überwachung *f*; 2. Aufsichtsbüro *n*; ~**cionismo** *Pol. m* Interventionismus *m*; ~**cionista** *adj.-su. c* interventionistisch; *m* Interventionist *m*; ~**ir** [3s] **I.** *v/t.* 1. eingreifen, intervenieren (*a. b. Wechseln*); vermitteln (in, bei *dat.* en); s. verwenden (*f. ac. por*); *desp.* s. einmischen (in *ac.* en); ~ (*en la conversación*) mitreden; 2. eintreten, s. ereignen; dazwischenkommen; **II.** *v/t.* 3. *Rechnung* prüfen; *Verwaltung* überprüfen, kontrollieren; *Waren* bewirtschaften; *Güter* beschlagnahmen (*Zoll*); *Konto* sperren; 4. ⚕ operieren, e-n Eingriff vornehmen an (*dat.*); 5. *Telefon* anzapfen, abhören, überwachen; *Brief* abfangen; ~**tor I.** *adj.* 1. intervenierend; eingreifend; **II.** *m* 2. Kontrolleur *m* (*a.* ⚖), Prüfer *m*; Inspektor *m*; ⚕ Aufsichtsperson *f*; 3. Intervenient *m* (*b. Wechseln u.* ⚖); ~ *en caso de necesidad* Notadressat *m*.

inter|view, -viú *f* Interview *n*.

intervocálico *Li. adj.* intervokalisch.

intesta|do ⚖ *adj.* ohne ein Testament zu hinterlassen; ~**to** ⚖ → *abintestato*.

intesti|nal *adj. c* Darm..., Eingeweide...; ~**no I.** *adj.* innere(r, -s); *fig.* intern; *guerra f* ~*a* Bruderkrieg *m*; **II.** *m* Darm *m*; ~ *ciego* (*delgado*) Blind- (Dünn-)darm *m*; ~ *grueso* Dickdarm *m*; ~ *recto* Mastdarm *m*,

Rektum *n*; ~s *m/pl.* Eingeweide *n*, Gedärm *n*.

intima F *f*, **~ción** *f* Ankündigung *f*; Mahnung *f*, Aufforderung *f*; ⚖ Vorladung *f*. [zuinnerst.)
íntimamente *adv.* innigst, eng;)
intima|r I. *v/t.* ankündigen; auffordern, mahnen (zu + *inf. a que* + *subj.*); ~ *a/c.* (*a alg.*) et. (von j-m) fordern; **II.** *v/i.* (enge) Freundschaft schließen (mit *dat.* con); **III.** *v/r.* **~se** s. anfreunden; *durch poröse Stellen* eindringen; durchtränken; **~torio** ⚖ *adj.* Mahn...; Aufforderungs...
intimi|dación *f* Einschüchterung *f*; **~dad** *f* Intimität *f*; enge Freundschaft *f*; Vertraulichkeit *f*; Gemütlichkeit *f*, Zwanglosigkeit *f*; *en la ~ im engsten (Freundes-, Familien-) Kreis*; *en la ~ de su corazón* im tiefsten Herzen; **~dar** *v/t.* einschüchtern; **~sta** *Lit. adj. c etwa:* Gefühls- u. Bekenntnis...
íntimo *adj.* innerste(r, -s); intim; innig, eng; vertraut, gemütlich; *somos ~s* wir sind die besten Freunde; *lo más ~* das Innerste.
intitular *v/t.* betiteln.
intocable *adj. c* unberührbar; *fig. los ~s* die Unberührbaren (*Parias*).
intolera|ble *adj. c* unerträglich; unausstehlich; **~ncia** *f* Unduldsamkeit *f*, Intoleranz *f*; **~nte** *adj. c* unduldsam, intolerant.
intonso *adj.* ungeschoren; *Buchb.* unbeschnitten; *fig.* einfältig, dumm.
intoxica|ción *f* Vergiftung *f*; *~ por carne (por humo)* Fleisch- (Rauch-)vergiftung *f*; **~r** [1g] *v/t.* vergiften.
intraatómico *Phys. adj.* intraatomar.
intradós △ *m* Leibung *f*.
intra|ducible *adj. c* unübersetzbar; **~gable** *adj. c a. fig.* ungenießbar.
intra|muros *adv.* innerhalb der Mauern e-r Stadt; *fig.* hier, bei uns; **~muscular** ⚕ *adj. c* intramuskulär.
intranqui|lidad *f* Unruhe *f*; **~lizar** [1f] *v/t.* beunruhigen; **~lo** *adj. c* unruhig, ängstlich.
intrans|cendente *adj. c* unwichtig; **~ferible** *adj. c* nicht übertragbar.
intransi|gencia *f* Unnachgiebigkeit *f*; Unversöhnlichkeit *f*; **~gente** *adj.-su. c* unnachgiebig, hart; unversöhnlich; unduldsam; **~table** *adj. c* unwegsam; nicht befahrbar; **~tivo** *Gram. adj.* intransitiv.
intrans|misible *adj. c* unübertragbar; **~parente** *adj. c* undurchsichtig (*a. fig.*); *fig.* glatt.
intranuclear *Phys. adj. c* intranuklear.
intratable *adj. c* unzugänglich, abweisend; ungenießbar (*fig.*).
intra|uterino ⚕ *adj. c* intrauterin; **~venoso** ⚕ *adj.* intravenös.
in|trepidez *f* Unerschrockenheit *f*, Verwegenheit *f*; **~trépido** *adj. c* unerschrocken, beherzt, verwegen.
intriga *f* 1. Intrige *f*; ~s *f/pl.* Ränke *pl.*, Machenschaften *f/pl.* 2. Verwicklung *f*; **~nte I.** *adj. c* 1. ränkevoll; 2. spannend; **II.** *c* 3. Ränkeschmied *m*, Intrigant *m*; **~r** [1h] **I.** *v/i.* intrigieren, Ränke schmieden; **II.** *v/t.* beunruhigen; neugierig machen; *estoy ~ado por (saber)*

lo que ... ich möchte wirklich wissen, was ...
intrinca|ción *f* Verwirrung *f*; **~do** *adj.* dicht, unwegsam (*Wald*); *fig.* verworren, verwickelt; **~r** [1g] *v/t. a. fig.* verwirren.
intrín|gulis F *m* (*pl. inv.*) geheime Absicht *f*; des Pudels Kern *m*; Haken *m*, Schwierigkeit *f*; **~seco** *adj.* innerlich; eigentlich; wesentlich; *valor m ~* innerer Wert *m*; Eigenwert *m*.
introdu|cción *f* 1. Einführung *f* (in *ac. a*); Einleitung *f*, Vorwort *n*; ♪ Vorspiel *n*; 2. *a.* ⊕ Einführung *f*; Einschlagen *n*, Hineinschieben *n*; Zufuhr *f*; *EDV ~ de datos* Dateneingabe *f*; 3. Anfang *m*; Eröffnung *f*; 4. ⚖ (Klage-)Erhebung *f*; **~cido** F *adj.* bestens eingeführt, hier zu Hause; **~cir** [30] **I.** *v/t.* 1. *a.* Mode, Waren *usw.* einführen; hineinführen; *~ a alg.* en la casa de X j-n bei X einführen; 2. ⊕ zuführen; hinein-stecken, -schieben; einführen; einschlagen; *EDV Daten* eingeben; *~ un clavo en la pared* e-n Nagel in die Wand schlagen (*od.* treiben); 3. hervorrufen, verursachen; *Zwietracht* säen; **II.** *v/r.* **~se** 4. eindringen; *fig.* s. aufdrängen; **~ctivo** *adj.*, **~ctor I.** *adj.* einführend; einleitend; **II.** *m* Einführer *m*; *Dipl. Span. ~ de embajadores* Chef *m* des Protokolls.
introito *m kath.* Introitus *m*; *fig.* Anfang *m*; Vorspiel *n*.
intro|misión *f* Einmischung *f*; Einführung *f*; **~spección** *Psych. f* Innenschau *f*, Selbstbeobachtung *f*; **~spectivo** *adj.* introspektiv; **~versión** *Psych. f* Introversion *f*; **~vertido** *adj.-su.* introvertiert; *m* Introvertierte(r) *m*.
intru|ismo *m* ständige Einmischung *f*, Einmischungspolitik *f*; **~sión** *f* (unberechtigtes) Eindringen *n*; unbefugter Eingriff *m*; **~sismo** *m* Kurpfuscherei *f*; **~so** *m* Eindringling *m*; Störenfried *m*; ungebetener Gast *m*.
intubación ⚕ *f* Intubation *f*.
intui|ción *f* Intuition *f*; Einfühlungsvermögen *n*; *Theol.* Anschauung *f*; **~r** [3g] *v/t. fig.* intuitiv erkennen (*od.* erfassen); **~tivo** *adj.* intuitiv; anschaulich; *enseñanza f ~a* Anschauungsunterricht *m*.
intumescen|cia *f* Schwellung *f*; **~te** *adj. c* anschwellend.
ínula ♣ *f* Alant *m*.
inunda|ción *f a. fig.* Überschwemmung *f*, Überflutung *f*; Hochwasser *n*; ⚒ Absaufen *n* e-r Grube; **~dizo** *adj. Am.* häufig überschwemmt; **~r** [1a] *v/t. a. fig.* überschwemmen, überfluten (mit *dat.* de).
inurbano *adj.* unhöflich; ungeschliffen.
inusitado *adj.* ungebräuchlich, ungewöhnlich.
inusual *adj. c* ungewöhnlich, außergewöhnlich.
inútil I. *adj. c* unnütz; unbrauchbar, *a.* ⚖ untauglich; wertlos, unnütz; zwecklos; **II.** *m* Taugenichts *m*.
inutili|dad *f* Nutz-, Zweck-losigkeit *f*; Unbrauchbarkeit *f*; Untauglichkeit *f*; **~zar** [1f] *v/t.* unbrauchbar machen; wertlos machen; *Wertzeichen* entwerten; *fig.* e-e

Niederlage bereiten (*dat.*), vernichten(d schlagen).
inútilmente *adv.* nutzlos; umsonst, vergeblich.
invadir *v/t.* überfallen; einfallen in (*ac.*); *p. ext.* überfluten (*Wasser u. fig.*); befallen (*Krankheit, Schädlinge, Traurigkeit*); heimsuchen (*Plage, Seuche*).
invagina|ción ⚕, *Biol. f* Invagination *f*, Einstülpung *f*; **~r** ⚕ *v/t.* einstülpen.
invali|dación *f* Ungültigmachen *n*; **~dar** *v/t.* 1. arbeitsunfähig machen; 2. ⚖ ungültig machen; für ungültig erklären; *Geschäft, Vertrag* rückgängig machen; **~dez** *f* 1. Invalidität *f*, Arbeitsunfähigkeit *f*; *~ permanente* Dauerinvalidität *f*; 2. ⚖ Ungültigkeit *f*.
inválido I. *adj.* 1. invalide; arbeitsunfähig; dienstuntauglich; 2. *Verw.*, ⚖ ungültig; **II.** *m* 3. Invalide *m*; *~ de guerra* Kriegsversehrte(r) *m*.
invaluable *adj. c* von unermeßlichem Wert.
invaria|bilidad *f* Unveränderlichkeit *f*; **~ble** *adj. c* unveränderlich; **~nte** ᴬ *m* Invariante *f*.
inva|sión *f* Invasion *f*; Einfall *m*; *a. fig.* Eindringen *n*; **~sor** *adj.-su.* eindringend; *m* Eindringling *m*, Invasor *m*; Angreifer *m*.
invectiva *f* Schmäh-schrift *f*, -rede *f*; Beleidigung *f*, Schmähung *f*.
invencible *adj. c* unbesiegbar; *fig.* unüberwindlich.
inven|ción *f* Erfindung *f* (*a. fig.*); *privilegio m de ~* Musterschutz *m*; F *no es de su propia ~* das hat er nicht selbst erfunden, er ist nicht auf s-m Mist gewachsen F; **~dible** *adj. c* unverkäuflich; **~tar I.** *v/t.* erfinden (*a. fig.*); s. a. ausdenken, erdichten; **II.** *v/r.* **~se** P erfinden, erdichten; **~tariar** [1b] *v/t.* den Bestand aufnehmen von (*dat.*); *a. v/i.* Inventur machen; **~tario** *m* Bestandsaufnahme *f*, Inventur *f*; Inventar *n*; Nachlaßverzeichnis *n*; *hacer ~* Inventur machen; **~tiva** *f* Erfindungsgabe *f*, Einfallsreichtum *m*; **~tivo** *adj.* erfinderisch; **~to** *m* Erfindung *f*, Entdeckung *f*; **~tor I.** *adj.* Erfinder...; *genio m ~* Erfindergeist *m*; **II.** *m* Erfinder *m*.
iver|na I *f Pe. ~ invernada* 2; **~nación** *barb. f ~ hibernación*; **~náculo** *m* Treibhaus *n*, Gewächshaus *n*; **~nada** *f* 1. Winter(s)zeit *f*; ⚓ Überwintern *n* der Schiffe; 2. *Am.* Winterweide *f*; 3. *Am.* Winterquartier *n*; **~nal** *adj. c* winterlich; Winter...; *estación f ~* **a**) Winter(s)zeit *f*; **b**) Winterkurort *m*; *sueño m ~* Winterschlaf *m*; **~nante** *adj. c* überwinternd; *m* Wintergast *m*; **~nar** [1k] *v/i.* überwintern; *lit. v/impers. invierna* es ist Winterszeit; **~nizo** *adj.* winterlich, Winter...
invero|símil *adj. c* unwahrscheinlich; **~similitud** *f* Unwahrscheinlichkeit *f*.
inver|samente *adv. a.* ᴬ umgekehrt; **~sión** *f* 1. Umkehrung *f*, Umstellung *f*; *Opt. ~ de imagen* Bildumkehr *f*; ⊕ *~ de marcha* Gangumkehrung *f*; Umsteuerung *f*;

inversionista — ir

2. ♪, ♫, ♪, *Gram.* Inversion *f*; 3. (Geld-)Anlage *f*, Investition *f*; *fondo m de ~ones* Investmentfonds *m*; 4. (Zeit-)Aufwand *m*; **~sionista** † *c* Investor *m*, Anleger *m*; **~sivo** *adj.* Umkehr...; Umstellungs...; **~so** *adj.* umgekehrt; entgg.-gesetzt; *adv. a la ~a* umgekehrt; im Gegensatz (zu *dat. de*); ⚥ *en razón ~a* im umgekehrten Verhältnis; *función f circular ~a* Umkehrfunktion *f*; *valor m ~* Kehrwert *m*; **~sor** *m* 1. ⚡ Umschalter *m*; Stromwender *m*; *~ de fase* Phasenschieber *m*; ⊕*~ de marcha* Wendegetriebe *n*; 2. Investor *m*, Anleger *m*.

invertebrado *Zo. adj.-su.* wirbellos; **~s** *m/pl.* E-, In-vertebraten *m/pl.*

inverti|do I. *adj.* umgekehrt; ♫ *azúcar m ~* Invertzucker *m*; **II.** *adj.-su.* homosexuell; *m* Homosexuelle(r) *m*; **~r** [3i] *v/t.* 1. umkehren; umdrehen, umwenden; 2. Geld, *Kapital* anlegen, investieren; *a. Zeit* aufwenden (für *dat. en*).

investidura *f* Belehnung *f*; *ecl., Pol.* Investitur *f*; *~ del gobierno* Regierungsbildung *f*.

investiga|ción *f* Forschung *f*; Untersuchung *f*; ⚕ Ermittlung *f*; *~ genética* Genforschung *f*; ⚒ *~ minera* Schürfarbeiten *f/pl.*; ✞, ⊕ *~ operativa* Operations-Research *f*, Verfahrensforschung *f*; **~dor I.** *adj.* forschend; Forschungs...; **II.** *m* Forscher *m*; *~ atómico* Atomforscher *m*; *~ privado* Privatdetektiv *m*; **~r** [1h] *I. v/t.* (er)forschen; untersuchen, prüfen; *et.* (od. in e-r Sache *dat.*) recherchieren (*Journalist*); ⚕ in e-r Sache (*dat.*) ermitteln; **II.** *v/i.* forschen, Forschung(en) treiben.

investir [3l] *v/t.* belehnen (mit *dat. de*); *~ a alg. de una dignidad* j-m e-e Würde verleihen.

invetera|do *adj.* eingewurzelt; eingefleischt; **~rse** *v/r.* zur festen Gewohnheit werden.

invia|bilidad *f* Undurchführbarkeit *f*; **~ble** *adj. c* undurchführbar.

invicto *adj.* unbesiegt.

inviden|cia *f* (a. geistige) Blindheit *f*; **~te** *adj. c* (a. geistig) blind.

invierno *m* 1. Winter *m*; *cereales m/pl. de ~* Wintergetreide *n*; *deportes m/pl. de ~* Wintersport *m*; *fruta f de ~* Winter-, Lager-obst *n*; 2. *Am. Cent., Col., Ec., Ven.* Regenzeit *f*; *Ven.* Regenguß *m*.

inviola|bilidad *f* Unverletzlichkeit *f*; **~ble** *adj. c* unverletzlich; unverletzbar; **~do** *adj.* unversehrt; *secreto m ~* wohlbewahrtes Geheimnis *n*.

invisi|bilidad *f* Unsichtbarkeit *f*; **~ble** *adj. c* unsichtbar.

invita|ción *f* Einladung *f* (*a. Schreiben*); Aufforderung *f*; *fig.* Veranlassung *f*; **~do** *adj.-su.* Eingeladene(r) *m*, Gast *m*; **~dor** *adj.-su.*, **~nte** *adj.-su. c* forschend; *m* Gastgeber *m*; **~r** *v/t.* einladen (zu *dat. od. inf. a*); auffordern (,zu + *inf. a* + *inf.*); *fig.* veranlassen, ermuntern; **~torio** *ecl. m* Antiphon *f der Frühmesse*.

invoca|ción *f* Anrufung *f der Heiligen, der Musen usw.*; **~r** [1g] *v/t.* 1. anrufen; 2. vorbringen, geltend machen; *s.* berufen auf (*ac.*); **~torio** *adj.* Anrufungs...

involu|ción ⚥, *Biol., Phil. f* Involution *f*; **~crado** ⚘ *adj.* mit e-r Hülle versehen; **~crar** *v/t. ~ en ac.en*); *Rhet.* in die Rede einflechten; **~cro** ⚘ *m* Hülle *f*.

involuntario *adj.* unfreiwillig; unabsichtlich.

invulnera|bilidad *f* Unverwundbarkeit *f*; **~ble** *adj. c* unverwundbar.

inyec|ción ⚕, ⊕ *f* Injektion *f*, Einspritzung *f*, ⚕ Spritze *f*; *Kfz. ~ de gasolina* Benzineinspritzung *f*; *poner una ~* e-e Injektion (od. e-e Spritze) geben; **~table** ⚕ *adj. c-su. m* injizierbar; *m* Ampulle *f*; Injektionsmittel *n*; **~tado** *adj.* entzündet (*Augen, Gesicht*); **~tar I.** *v/t.* ⚕ einspritzen, injizieren; △ Zement, *Kfz.* Kraftstoff einspritzen. **II.** *v/r. F ~se fixen* F (*Rauschgift*); **~tor** *v/r. a. Kfz.* Einspritzdüse *f*; Injektor *m*.

iñiguista *adj.-su. c* → jesuita.

iodo *m* → yodo.

ion (a. ión) *Phys. m* Ion *n*; *migración f de ~es* Ionenwanderung *f*.

ionio ♫ *m* Ionium *n*.

ioniza|ción *f* Ionisation *f*; **~dor** *m* Ionisator *m*; **~nte** *adj. c* ionisierend; **~r** [1f] *v/t.* ionisieren.

ionosfera *f* Ionosphäre *f*.

iota *f* Iota *n*, Jota *n*; **~cismo** *Gram. m* Jotazismus *m*.

ipecacuana ⚘ *f* Brechwurz *f*.

iperita ⚕ *f* Senfgas *n* (*Kampfstoff*).

ípsilon *m* Ypsilon *n*.

ir [3t] **I.** *v/i.* gehen; kommen; *s. an e-n Ort* begeben; fahren, reisen; 1. *inf. ~ y venir* kommen u. gehen, hin- u. hergehen; *¿quieres ~?* willst du (hin)gehen?; willst du (mit)kommen?; 2. *mit ger.*: **a**) *inchoativ: va amaneciendo* es wird Tag; *ya lo iré aprendiendo* ich werde es schon allmählich lernen; **b**) *durativ: ~ corriendo* laufen; *~ volando* fliegen, in die Luft fliegen (*Sprengung*); 3. *mit prp.*: **a**) *mit a*: **a**) hingehen, um *et.* zu tun; *~ a buscar* (*od. a recoger*) *a alg.* j-n abholen; *~ a ver a alg.* j-n besuchen; **b**) *Ausdruck v. Wille, Absicht; periphrastisches Futur: ~ a hacer a/c.* et. gleich tun (werden); et. tun wollen; die Absicht haben, et. zu tun; *s.* anschicken (*od.* im Begriff sein), et. zu tun; *te lo voy a decir od. voy a decírtelo* ich will dir's sagen; *¡no se lo vayas a decir!* sage es ihm (nur) nicht!; *le iba a pedir un favor* ich hätte Sie gern um e-n Gefallen gebeten; *vamos a ver* (wir wollen) mal sehen; *zu va(n), vamos, vaya, voy vgl. 5*; **c**) *modal: ~ a caballo* reiten; *~ a pie* zu Fuß gehen; **d**) *Richtung, Ziel(strebigkeit): ~ al dentista* zum Zahnarzt gehen; *~ a la escuela* in die Schule gehen; *~ a comer* essen gehen; *~ a España* (a *Madrid*) nach Spanien (nach Madrid) fahren (*od.* reisen); *fig. ~ a una* einig sein; das gleiche Ziel verfolgen; *¡a eso voy!* darauf will ich hinaus!; *pero sí* (auch) *m-e Meinung!; fig. así no iremos a ninguna parte* so kommen wir überhaupt nicht weiter; **b**) *mit con*: *~ con* j-m (mit)gehen; *fig.* es mit j-m halten; *~ con tiento* (*od. con ojo*) auf der Hut sein; **c**) *mit contra*: *~ contra el enemigo* wider den Feind ziehen; **d**) *mit de*: *~ de acá para allá* herumgehen, -laufen; *~ de compras* Einkäufe machen; *~ de viaje* verreisen; → *a. 5c*; **e**) *mit en*: *~ en bicicleta* radfahren; *~ en avión* fliegen, mit dem Flugzeug reisen; *~ en barco* (en coche, en tren) mit dem Schiff (dem Wagen, dem Zug) fahren; → *a. 5d*; **f**) *mit hacia*: *~ hacia una aldea* auf ein Dorf zugehen; **g**) *mit para*: *va para cinco años es* wird wohl fünf Jahre her sein; *iba para los 15 años er war* (schon) bald 15 Jahre alt; *~ para hombre* heranreifen, -wachsen; (ein) Mann werden; **h**) *mit por*: *~ por* (F *Span. a por*) *a/c.* et. holen (gehen); *voy por su amigo* ich hole Ihren Freund; *¡eso va por mi cuenta!* das geht auf meine Rechnung!; F *eso va por usted* das geht auf Sie; *¿dónde habíamos quedado?* — *vamos por la lección 15* wo waren wir stehengeblieben? — wir stehen bei der 15. Lektion; **i**) *mit tras*: *~ tras alg.* j-m nachgehen; j-n nicht aus den Augen verlieren; *a. fig.* j-m nachlaufen; *~ tras a/c.* auf e-e Sache hinarbeiten; **4.** sein, s. befinden (*a. gesundheitlich; vgl. estar*); *~ sentado* sitzen; *~ equipado con* ausgerüstet sein mit (*dat.*); *~ cansado* müde sein; *va bien (de salud)* es geht ihm gut; *fig. vamos* (*bzw. me, te, etc. va*) *bien* wir sind auf dem richtigen Weg; → *a. 5;* **5.** *besondere Wendungen*: **a**) *va(n), voy: ¡(ya) voy!* ich komme (gleich), ich bin gleich da!; *¡ahí va!* Vorsicht!; *fig.* jetzt kommt's (*die Pointe usw.*); *un tipo que no va ni viene* ein ganz unschlüssiger Mensch; er weiß nie, was er will; *¿cuánto va?* wieviel gilt die Wette? — *van* (*apostadas*) *cien pesetas a que ...* ich wette hundert Peseten, daß ...; *¡qué va!* was!; ach wo!; (das) stimmt nicht!; Unsinn!; *¿quién va?* (halt!); wer da?; *p. ext.* wer ist draußen (an der Tür)?; **b**) *vamos, vaya: ¡vamos! a*) los!, vorwärts!; gehen wir!; **b**) aber ich bitte Sie!; na, hören Sie mal!; *¡vamos despacio!* immer (hübsch) mit der Ruhe!; immer schön langsam; *¡vaya!* los!, auf!; *oft. iron.* recht so!; na so was!; *¡vaya jaleo!* ein schönes Durcheinander!; ein toller Wirbel!; *¡vaya y pase! pero ...* das mag noch angehen, aber ...; *¡vaya una pregunta!* was für e-e Frage!, weiß Gott, das ist e-e Frage!; (*esto*) *¡vaya si es una sorpresa!* ob das e-e Überraschung ist!; *¡lo que va de ayer a hoy!* wie s. die Zeiten ändern!; *lo que va del padre al hijo* wie ungleich (doch) Vater u. Sohn sind; **d**) *mit en: mucho va en ese detalle* von diesem Umstand hängt viel ab; *va en broma* es ist ein Scherz; *nada le va en esto* das geht Sie nichts an; *te va la vida en eso* dabei setzt du dein Leben aufs Spiel; **e**) *está no va ni ganz u.* gar nicht mehr dabei; er ist eingenickt; **6.** ziehen (*Vögel, Wolken*); führen (*Weg*); verlaufen, s. erstrecken (*Grenze, Gebirge usw.*); **7.** passen, recht sein (j-m *a alg.*); stehen, passen (*Kleidung, Frisur usw.*); *~ alg. a.* (gut) zu j-m passen; (gut) für j-n sein; *el traje te*

va bien der Anzug steht (*od.* paßt) dir gut; *fig. una música que ni me va ni me viene* ... die mich völlig kalt läßt; **II.** *v/r.* ~se **8.** (weg)gehen; abreisen; davonfahren; *¡vámonos! los!*, geh'n wir!; F *es la de vámonos* es ist Zeit zum Aufbruch, wir müssen gehen; *¡vete al diablo (a paseo, a freír espárragos)!* scher dich zum Teufel!; ~se *abajo* abstürzen; hinunterstürzen; zunichte werden; ~se *por ahí* e-n Bummel machen; ~se *por esos mundos (de Dios)* auf u. davon gehen; **9.** verschwinden; weniger werden; sterben, im Sterben liegen; **10.** entgleiten (*dat.* de); ausrutschen; ~se *de la memoria* dem Gedächtnis entfallen; *írsele a alg. los pies* ausgleiten; stürzen; *se le fue un suspiro* ihm entfuhr ein Seufzer; **11.** auslaufen (*Flüssigkeit*); ausströmen (*Gas*); verdunsten, verfliegen; **12.** lecken, nicht dicht sein (*Gefäß*); **13.** F zerreißen, s. abnützen; zerbrechen; **14.** P in die Hose machen; e-n fahren lassen P; **15.** *Kart.* ~se *de un palo* e-e Farbe abwerfen; **III.** *m* **16.** *el* ~ *y venir* das Kommen u. Gehen.
ira *f* Zorn *m*, Wut *f*; ~ *sorda* dumpfer Zorn *m*.
iraca ⚥ *f Am.* Irakapalme *f*.
iracun|dia *f* Jähzorn *m*; Zorn(es)ausbruch *m*; **~do** *adj.* jähzornig; sehr zornig, äußerst gereizt.
Irak *m* Irak *m*.
Irán *m* Iran *m*.
ira|nés *adj.-su. bsd. Am.*, **~ní** *adj.-su. c* (*pl.* ~*íes*) iranisch; *m* Iraner *m*; **~ni(an)o** *adj.-su.* altiranisch; *m* Altiraner *m*; *Li. el* ~ das (Alt-)Iranische.
Ira|q *m* Irak *m*; **²qués** *adj.-su. bsd. Am.*, **²quí** *adj.-su. c* (*pl.* ~*íes*) irakisch; *m* Iraker *m*.
irascible *adj. c* jähzornig; *Theol.* zornmütig.
iribú *Rpl. m am.* Geier *m*.
iridáceas ⚥ *f/pl.* Schwertliliengewächse *n/pl.*
íride ⚥ *f* Stinkschwertel *f*, Sumpflilie *f*.
iridiagnosis ⚕ *f* Augendiagnose *f*.
iridio *m* Iridium *n*.
irire *m Bol. ein Kürbis (Trinkgefäß für chicha).*
iri|s *m (pl. inv.)* **1.** ⚥ Iris *f*; **2.** *Anat.* Iris *f*, Regenbogenhaut *f*; **3.** (*arco m*) ~ Regenbogen *m*; **4.** *Phot.* diafragma *m* ~ Irisblende *f*; **~sación** *f* Irisieren *n*; (buntes) Schillern *n*, Farbenspiel *n*; **~sado** *adj.* schillernd, irisierend; **~sar I.** *v/i.* schillern; **II.** *v/t.* schillern lassen; **~tis** ⚕ *f* Regenbogenhautentzündung *f*, Iritis *f*.
Irlan|da *f* Irland *n*; **²dés** *adj.-su.* irisch; *m* Ire *m*; *Li. das* Irische.
ironía *f* Ironie *f*; ~ *de la suerte* Ironie *f* des Schicksals.
irónico *adj.* ironisch; spöttisch.
ironi|sta *c* Ironiker *m*, ironischer Mensch *m*, Spötter *m*; **~zar** [1f] **I.** *v/i.* ironisch werden; hämisch bemerken; **II.** *v/t.* ironisieren, ins Lächerliche ziehen. [kese *m.*]
iroqués *adj.-su.* irokesisch; *m* Iroʃ
irraciona|l I. *adj. c* irrational (🅰), vernunftwidrig; *p. ext.* unvernünftig; **II.** *m* nicht mit Vernunft begabtes Wesen *n*, Tier *n*; **~lidad** *f* Vernunftwidrigkeit *f*; ⚏, 🅰 Irra-

tionalität *f*; **~lismo** *Phil. m* Irrationalismus *m*; **~lista** *adj.-su. c* Anhänger *m* des Irrationalismus.
irradia|ción *f* Ausstrahlung *f*; Strahlung *f*; Bestrahlung *f*; ⚕ ~ *postoperatoria* Nachbestrahlung *f*; **~dor** *m*: ~ *acústico (térmico)* Schall- (Wärme-)strahler *m*; **~r** [1b] **I.** *v/t. a. fig.* ausstrahlen; bestrahlen; **II.** *v/i.* strahlen.
irrazonable *adj. c* unvernünftig.
irrea|l I. *adj. c a. Phil., Li.* irreal; nicht wirklich, unwirklich; **II.** *m Li.* Irrealis *m*; **~lidad** *f* Irrealität *f*; Nichtwirklichkeit *f*; **~lizable** *adj. c* undurchführbar, nicht zu verwirklichen(d).
irre|batible *adj. c* unwiderleglich; **~conciliable** *adj. c* unversöhnlich; **~cuperable** *adj. c* unwiederbringlich; *envase m* ~ Wegwerfpackung *f*; **~cusable** *adj. c* unabweislich.
irreden|tismo *Pol. m* Irredentismus *m*; **~tista** *adj.-su. c Pol. hist. u. fig.* irredentistisch; *m* Irredentist *m*; **~to** *Pol. adj.* unbefreit (*Gebiet, das aus geschichtlichen od. ethnischen Gründen beansprucht wird*).
irre|dimible *Theol. adj. c* unerlösbar; **~ducible** *adj. c* ⚏ nicht reduzierbar; 🅰 unkürzbar (*Bruch*); *Chir.* irreponibel; **~ductible** *adj. c* nicht zu unterwerfen(d) (*Feind*); nicht mit ea. vereinbar; unbeugsam, hart; **~(e)mplazable** *adj. c* unersetzlich.
irreflexi|ón *f* Unüberlegtheit *f*, Unbesonnenheit *f*; **~vo** *adj.* unüberlegt, unbesonnen.
irre|formable ⚖, *Verw. adj. c* unabänderlich; **~frenable** *adj. c* nicht zu zügeln(d); zügellos, unaufhaltsam; **~futable** *adj. c* unwiderlegbar, unleugbar; unumstößlich.
irregula|r *adj. c* **1.** unregelmäßig (*a. Gram.*); ungleichmäßig; irregulär; ungeregelt; **2.** uneben; **~ridad** *f* Unregelmäßigkeit *f*; Ungleichmäßigkeit *f*; Regelwidrigkeit *f*; *p. ext.* Verfehlung *f*; ⚖ Ordnungswidrigkeit *f*.
irrelevante *adj. c* irrelevant, unbedeutend.
irreligi|ón *f* Unglaube *m*; **~osidad** *f* unreligiöses Verhalten *n*; nichtreligiöse Einstellung *f*; **~oso** *adj.-su.* irreligiös; ungläubig; *m* Religionslose(r) *m*; *p. ext.* Freidenker *m*.
irre|mediable *adj. c* unheilbar; *fig.* nicht wieder gutzumachen(d); unabänderlich; **~misible** *adj. c* **1.** unverzeihlich; **2.** unerläßlich, unumgänglich; **~nunciable** *adj. c* unabdingbar; **~parable** *adj. c* nicht wieder gutzumachen(d); unersetzlich; **~petible** *adj. c* nie wiederkehrend, einmalig; **~prensible** *adj. c* untadelig; **~presentable** *adj. c vorstellbar*; *Thea.* nicht aufführbar; **~primible** *adj. c* ununterdrückbar; **~prochable** *adj. c* tadellos, einwandfrei; **~sistible** *adj. c* unwiderstehlich; **~soluble** *adj. c* unauflöslich; unlösbar; **~solución** *f* Unentschlossenheit *f*; **~soluto** *adj.* **1.** unentschlossen; **2.** ungelöst.
irres|petuoso *adj.* unehrbietig, respektlos; **~pirable** *adj. c* nicht zu atmen(d).
irresponsa|bilidad *f* **1.** Unverantwortlichkeit *f*; **2.** Unzurechnungs-

fähigkeit *f*; **~ble** *adj. c* **1.** nicht verantwortlich, nicht haftbar (für *ac.* de); unzurechnungsfähig; **2.** leichtfertig, unbedacht, verantwortungslos.
irrestañable *adj. c* unstillbar (*Blutung*); *fig.* unaufhaltsam.
irresuelto *adj.* → *irresoluto*.
irreveren|cia *f* Unehrerbietigkeit *f*; **~te** *adj. c* unehrerbietig.
irre|versible *adj. c* ⚏, ⚕, 🅰, *Phys., Biol.* irreversibel, nicht umkehrbar; **~vocabilidad** *f* Unwiderruflichkeit *f*; **~vocable** *adj. c* unwiderruflich.
irriga|ción *f* ✔ Bewässerung *f*; ⊕, ⚕ Spülung *f*; ⚕ Durchblutung *f*; ⚕ Wässerung *f*; ⚕ ~ *intestinal* Darmeinlauf *m*; **~dor** *m* ⚕ Irrigator *m*; ⚕ Spülvorrichtung *f*; Spritze *f*; **~r** [1h] *v/t.* ⚕ (aus-)spülen; ✔ *Am.* bewässern.
irri|sible *adj. c* → *risible*; **~sión** *f* Hohnlachen *n*; Spott *m*; *fig. es la* ~ *de toda la ciudad* er ist das Gespött der ganzen Stadt; **~sorio** *adj.* lächerlich, lachhaft; *precio m* ~ Spottpreis *m*.
irrita|bilidad *f a. Physiol.* Reizbarkeit *f*; **~ble** *adj. c a. Physiol.* reizbar; **~ción** *f* Reizung *f* (*a. Biol.*, ⚕); Gereiztheit *f*; Zorn *m*, Wut *f*; **~nte I.** *adj. c* reizend, Reiz...; erregend; sehr ärgerlich; **II.** *m* Reizmittel *n*; **~r¹ I.** *v/t.* reizen (*a. Biol.*, ⚕); erregen; sehr ärgern; in Harnisch bringen; erbittern; *estar* ~*ado* gereizt (*bzw.* böse) sein; **II.** *v/r.* ~*se* in Zorn geraten (über *ac.* con); böse werden (auf *ac.* contra); sehr unruhig werden (*See*).
irritar² ⚖ *v/t.* → *invalidar 2*.
írrito ⚖ *adj.* nichtig, ungültig.
irroga|ción *f* Schadenszufügung *f*; **~r** [1h] *v/t. Schaden* verursachen.
irrompible *adj. c* unzerbrechlich.
irru|mpir *v/i.* einbrechen, einfallen; ~ *en el cuarto* ins Zimmer gestürzt kommen; **~pción** *f* feindlicher Einfall *m*; Einbruch *m*; Hineinstürzen *n* in e-n Raum; ⚒ ~ *de aguas* Wassereinbruch *m*; *hist.* ~ *de los moros* Maureneinfall *m*; *hacer* ~ eindringen (in *ac.* en).
Isabe|l *npr. f* Isabella *f*, Elisabeth *f*; *hist.* ~ *la Católica* Isabella von Spanien; **²lino** **I.** *adj.* **1.** auf Isabella **I.** *od.* **II.** (*bzw.* Elisabeth **I.** *od.* **II.** v. *England*) bezüglich; *estilo* ~ span. Empirestil *m*; **2.** isabellfarben; **II.** *m* **3.** Anhänger *m* Isabellas **II.** in den Karlistenkriegen.
isagoge *Rhet. f* Isagoge *f*, Einführung *f*.
isba *f* Isba *f*.
isidoriano *adj.* auf St. Isidor von Sevilla bezüglich.
Isidro *npr. m*: *San* ~ (*Labrador*) *Schutzpatron v. Madrid; Fiesta de San* ~ *Madrider Volksfest, 15. Mai*; *fig.* ⚥ *Teilnehmer m an diesem Fest*; *p. ext.* Bauer *m*, Provinzler *m*.
isla *f a. fig.* Insel *f*.
Islam *m* Islam *m*.
islámico *adj.* Islam..., islamisch.
islami|smo *m* Islam(ismus) *m*; **~ta** *adj.-su. c* islamisch; *m* Islamit *m*, Mohammedaner *m*; **~zar** [1f] *v/t.* islamisieren, zum Islam bekehren.
is|landés *adj.-su.* isländisch; *m* Islän-

Islandia — izquierdoso

der *m*; *Li. das* Isländische; ℒ**landia** *f* Island *n*; ~**lándico** *adj.* isländisch.

is|lario *m* Insel-karte *f*; -beschreibung *f*; ~**leño** *adj.-su.* Insel...; *m* Inselbewohner *m*; ~**lote** *m* (Felsen-)Eiland *n*.

ismaelita *m* Ismaelit *m*.

isobara *Met. f* = *línea f isobárica* Isobare *f*.

isocromático *adj.* isochrom(atisch).

isócrono *Phys. adj.* isochron.

isogamia *Biol. f* Isogamie *f*.

isógono ♃ *adj.* gleichwinklig.

isómero ♃ *adj.* isomer.

isomorfo *Phys.*, ♃ *adj.* isomorph.

isósceles ♃ *adj. inv.* gleichschenklig.

iso|térmico *adj.* isotherm; *vagón m* ~ Kühlwagen *m*; ~**termo** *Phys. adj.* isotherm; *Met. (línea f)* ~*a f* Isotherme *f*.

isó|topo *Phys. m* Isotop *n*; ~**tropo** *Phys. adj.* isotrop.

ísquion *Anat. m* Sitzbein *n*, Ischium *n*.

Israel| *m* Israel *n*; ℒ**lí** *adj.-su. c* (*pl.* ~*íes*) israelisch; *m* Israeli *m*; ℒ**lita** *adj.-su. c* israelitisch; *m* Israelit *m*; ℒ**lítico** *adj.* israelitisch, jüdisch.

istmo *m* **1.** Landenge *f*, Isthmus *m*; **2.** *Anat.* Enge *f*; ~ *de la aorta* Aortenenge *f*.

Italia *f* Italien *n*; ℒ**nismo** *m* italienische Spracheigentümlichkeit *f*; (übertriebene) Italienliebe *f*; ℒ**nizar** [1f] *v/t.* italianisieren; ℒ**no** *adj.-su.* italienisch; *m* Italiener *m*; *Li. das* Italienische.

itálico I. *adj.* **1.** italisch; **2.** *Typ.* Kursiv...; *a. f* (*letra f*) ~*a* Kursive *f*; **II.** *m* **3.** Italiker *m*.

ítalo *poet. adj.* italienisch.

ítem *adv.* ebenso, desgleichen, item.

itera|ción *f* Wiederholung *f*; ~**r** *v/t.* wiederholen; ~**tivo I.** *adj.* wiederholend; wiederholt, nochmalig; *Li.* iterativ; **II.** *m Li.* Iterativ *m*.

itinera|nte *adj. c* Wander...; *embajador m* ~ fliegender Botschafter *m*; *exposición f* ~ Wanderausstellung *f*; ~**rio** *m* **I.** *adj.* **1.** Reise...; **II.** *m* **2.** Reiseplan *m*; Marschroute *f*; (Weg-)Strecke *f*; (Flug- *usw.*)Weg *m*; *Vkw.* ~ *de descongestión* (*de desvío*) Entlastungs- (Umleitungs-)strecke *f*; ~ *didáctico* (*od. pedagógico*) (Natur-)Lehrpfad *m*; **3.** Reisebeschreibung *f*; Reiseführer *m* (*Buch*).

ixtle ♀ *m Méj.* Agave *f*; *p. ext.* Pflanzenfaser *f*.

izar [1f] **I.** *v/t.* Segel heißen, setzen; *Flagge* hissen; ⚓ *¡iza bandera!* heißt Flagge!; **II.** *v/r.* ~*se* → *amancebarse*; ~*se a pulso s.* hochstemmen, e-n Klimmzug machen.

izote ♀ *m Am. Cent., Méj.* yukkaähnliche Palme *f*.

izquier|da *f* **1.** linke Hand *f*, Linke *f*; *a* (*od. por*) *la* ~ links; *Sp. el extremo* ~ der Linksaußen; **2.** *fig. Pol.* ~(s) *f*(*/pl.*) *die* Linke; *la nueva* ℒ die Neue Linke; ~**dear** *v/i.* vom geraden Weg abweichen (*fig.*), nicht richtig handeln; ~**dista** *Pol. adj.-su. c* linksgerichtet, linke(r, -s); *m* Linksparteiler *m*, Linke(r) *m*; ~**do** *adj.* linke(r, -s); linkshändig; *Equ.* x-beinig; *fig.* krumm; ~**doso** F *adj.-su.* nach links tendierend, rötlich angehaucht F.

J

J, j (= *jota*) f J, j n.
jaba f **1.** *Am.* Binsenkorb m; Lattenkiste f; *Cu.* Bettelsack m; *fig.* Buckel m; **2.** *Ven.* hohler Kürbis m; *fig.* Armut f, Elend n.
jabalcón △ m Strebe f.
jaba|lí *Zo.* m (*pl.* ~íes) Wildschwein n; Keiler m; *Am. a.* Nabel- *bzw.* Bisamschwein n; ~**lina**¹ *Zo.* f Wildsau f, Bache f; ~**lina**² f *Jgdw.* Saufeder f; *Sp.* Wurfspeer m; *lanzamiento* m *de* ~ Speerwerfen n.
jabardillo m summender Insektenschwarm m; lärmender Vogelschwarm m; *fig.* Menge f, Schwarm m von Leuten.
jabato m *Zo.* Frischling m; *fig.* F kühner Draufgänger m, toller Kerl m F.
jabear F v/t. *Guat.* klauen F.
jábega f **1.** *gr.* Zug-, Schlepp-netz n; **2.** (Fischer-)Boot n.
jabe|guero m Schleppnetzfischer m; ~**que**¹ ⚓ m Schebeke f; ~**que**² F m Schmarre f, Schmiß m.
jabí ♀ m (*pl.* ~íes) *Art* kl. Wildapfel m; *Am. Art* Kopaivabaum m.
jabi|lla f, ~**llo** m ♀ *Am.* Knallschotenbaum m u. s-e Fruchtkapsel.
jabirú *Vo.* m *Am.* Riesenstorch m.
jabón m **1.** Seife f; ~ *de afeitar* Rasierseife f; ~ *blando* (*graso*) Schmier-(Fett-)seife f; ~ *de olor* parfümierte Seife f; ~ *en polvo* Seifenpulver m; ~ *de sastre* Schneiderkreide f; ~ *de tocador* Toiletten-, Fein-seife f; *dar* ~ *a* ein-, ab-seifen (*ac.*); *fig.* j-m um den Bart gehen, j-n einseifen F; *fig.* dar un ~ a alg. → *jabonadura*; **2.** *Méj., P. Ri., Rpl.* Schrecken m, Angst f; F *Arg.* hacer ~ ängstlich sein.
jabona|da f *Chi.* → *jabonado*; *fig.* F *Méj.* Abreibung f (*fig.* F); ~**do** m Einseifen n; Wäsche f zum Einseifen; ~**dura** f Einseifen n; Seifenschaum m; ~**s** f/pl. Seifen-, Spülwasser n; *fig.* darle a alg. una ~ j-n (scharf) zurechtweisen, j-m eine Abreibung verpassen F; ~**r** v/t. ein-, abseifen; *Bart, Wäsche* einseifen; *fig.* F j-n zs.-stauchen F.
jabo|ncillo m **1.** Stück m parfümierte Seife; *Chi.* flüssige (*od.* pulverisierte) Seife f; *fig.* F dar ~ a → dar jabón a; **2.** Schneiderkreide f; **3.** ♀ Seifenbaum m u. s-e Frucht; Seifenbeere f; ~**nera** f **1.** Seifen-schale f, -behälter m; **2.** ♀ **a)** Seifenkraut n; **b)** Seifenwurzel f; ~**nería** f Seifensiederei f; Seifenladen m; ~**nero I.** *adj.* c schmutzigweiß (*Stier*); **II.** m **2.** Seifen-sieder m; -händler m; **3.** ♀ Seifenbaum m; ~**neta** f, ~**nete** m → *jaboncillo* **1**; ~**noso** *adj.* seifig, Seifen...
jaburú m → *jabirú*.
jaca f **1.** kl. Reitpferd n, Klepper m F; **2.** F *Span.* Klassefrau f F.
jaca|l m *Guat., Méj., Ven.* Hütte f, Schuppen m; ~**lón** m *Méj.* Schuppen m; Bude f; Kiosk m.
jácara f gesungene Romanze f; *span. Tanz*; *fig.* F Geschichtchen n, Schnurre f; Lüge f, Ente f F.
jacarandá ♀ m *versch. Pfl.*, *am wichtigsten*: *Am. trop.* Jacarandabaum m; Palisander(holz n) m.
jacarandoso F *adj.* lustig. ♀
jacaré *Zo.* m *Am. Mer.* Art Alligator m.
jacare|ar I. v/i. Romanzen singen; *fig.* F lärmend durch die Straßen ziehen; randalieren; **II.** v/t. *fig.* F belästigen; ~**ro** F *adj.-su.* aufgeräumt, lustig; m Bruder m Lustig, fideles Haus n F.
jácaro *adj.-su.* prahlerisch; m Prahler m, Großmaul n F.
jácena △ f Binder(balken) m.
jacilla f Spur f, die ein Gegenstand auf dem Boden hinterläßt, Eindruck m.
jacinto m **1.** *Min.* Hyazinth m; **2.** ♀ Hyazinthe f.
jaco m Klepper m F, Schindmähre f F.
jaco|beo *adj.* auf den Apostel Jakobus bezüglich; *año* m ~ Jubiläumsjahr des Santiago de Compostela; *ruta* f ~**a** Jakobsweg m, Pilgerweg nach Santiago de Compostela; ~**bino** *hist. u. fig.* m Jakobinertum n; ~**bino** *Pol. adj.-su. hist. u. fig.* jakobinisch, Jakobiner...; m Jakobiner m; *fig.* Fortschrittler m; radikaler Demokrat m; ~**bita** *Rel. u. hist. adj.-su.* c Jakobit m.
jacote m → *Am.* → *jocote*.
jacta|ncia f Prahlerei f, Großsprecherei f; ~**ncioso** *adj.-su.* prahlerisch, großsprecherisch; ruhmredig; m Großmaul n F; ~**rse** v/r.: ~ (*de*) prahlen (mit *dat.*).
jacú m **1.** *Bol.* Beikost f (*Brot, Yuccafladen od. Bananen*); **2.** *Vo. Arg.* → *yacú*.
jaculatori|a f Stoßgebet n; ~**o** *adj.* kurz u. inbrünstig; *oración* f ~**a** Stoßgebet n.
jacuzzi Wz. m Whirlpool m.
jachalí ♀ m (*pl.* ~íes) *Am. Mer. Art* Flaschenbaum m.
ja|che, ~**chi** m *Bol.* Kleie f.
jachudo *adj. Ec.* stark, muskulös.
jade *Min.* m Jade m.
jade|ar v/i. keuchen; ~**o** m Keuchen n; ~**oso** *adj.* keuchend, schnaufend.
jaecero m Schirrmacher m, Sattler m.

jaén ✶ *adj.* f: *uva* f ~ Traubenart.
jae|z m (*pl.* ~eces) Pferdegeschirr n; *fig.* Art f; Eigenart f; *del mismo* ~ vom gleichen Schlag; ~**zar** [1f] v/t. → *enjaezar*.
jagua ♀ f *Am. Mer.* Genipabaum m.
jagua|r m, ~**reté** *Rpl.* m Jaguar m; ~**rundi** *Zo.* m *Am.* Jaguarundi m, Marderkatze f.
jaguarzo ♀ m *Art* Zistrose f.
ja|guay, ~**güey** m *Am.* **1.** Süßwasserloch n am Strand; *p. ext.* künstliches Wasserloch n; Zisterne f; **2.** ♀ *Cu. versch. Ficusarten*; ~**güilla** f **1.** ♀ *Ant. Art* Genipabaum m; **2.** *Zo. Hond., Nic.* Wildschwein n.
jaha|rrar v/t. Wand kalken, weißen; mit Gips verputzen; ~**rro** m Weißen n; Gipsverputz m.
jahuel m *Arg., Bol., Chi.* → *jagüey*.
jai P f Biene f F, Ische f P (= *junges Mädchen*); ~**alai** *bask.* m Pelotaspiel n.
jai|ba f *Am.* Krebs m (*versch. Arten*); *fig.* F *Ant., Méj.* ser una ~ sehr gerissen sein; ~**bero** m *Chi. Art* Krebsreuse f.
Jaime *npr.* m Jakob m.
jaique m Haik m, Überwurf m der Araber u. Berber.
¡ja, ja, ja! *int.* ha, ha, ha! (*Gelächter*).
jal(e) m *Méj.* **1.** Art Bimsstein m; **2.** goldhaltiger Schwemmsand m.
jala f *Col.* Rausch m; ~**do** *adj.* **1.** *Am.* betrunken; **2.** *Am. Cent., Col.* krank u. bleich ausschauend; **3.** *Méj.* (*nur negativ*): no ser tan ~ para ... so sehr entgegenkommend doch wieder nicht sein, daß ...
jala|pa f ♀ Jalape(nwinde) f; *pharm.* Jalapenwurzel f; ~**pina** *pharm.* f Jalapenharz n.
jalar I. v/t. **1.** F ziehen, zu s. heranziehen; *Am.* (her)ziehen; zerren; **2.** P essen; **II.** v/i. **3.** F *Am. Cent., Méj.* flirten, kokettieren (*mit dat. con*); ~**le al aguardiente** den Schnaps lieben, ein Trinker sein; **4.** F *Span., Bol., P. Ri., Ven.* aufbrechen, losziehen F; s. auf u. davon machen; *p. ext.* s. ans Werk machen, loslegen F; **III.** v/r. ~**se 5.** *Am.* s. beschwipsen; **6.** *Méj.*: no ~ con alg. s. mit j-m schlecht vertragen.
jalbe|gar [1h] v/t. tünchen, weißen; ~**gue** m Kalktünche f; *fig.* Schminke f.
jalca f *Pe.* Erhebung f, Spitze f im Gebirge.
jal|(da)do *adj.*, ~**de** *adj.* c hochgelb.
jalea *Kchk., pharm.* f Gelee n; ~ *de membrillo* Quittengelee n; *pharm.* ~ *real* Gelee n royale; (*Anm.:* Gelee, Sülze → *gelatina*).

jale|ar v/t. Hetzhunde, Tänzer u. Flamencosänger anfeuern; aufmuntern; *Chi.* belästigen; verspotten; ~o m 1. Hetzen n der Hunde; Anfeuern n der Tänzer u. Sänger; 2. *andal. Volkstanz*; 3. fig. F Rummel m, Trubel m; Krach m, Lärm m, Radau m F; Durcheinander n, Wirrwarr m; hay ~ es geht hoch her; armar ~ Krach machen; armarse alg. un ~ s. gewaltig irren F, danebenhauen F. [Sülze f.)
jaletina *Kchk.* f (Obst-)Gelee n;)
jalifa m *Marr.* „Kalif" m, oberster Vertreter der Marokkaner im ehm. span. Protektorat; im Marokkospan. Stellvertreter m; ~to m Würde f u. Herrschaftsbereich m des jalifa.
jalisco I. adj. *Méj.* betrunken; **II.** m Jaliscohut m (gr. Strohhut).
jalocote ♀ m mexikanische Königspinie f.
ja|lón¹ m Vermessungsstange f; Fluchtstab m; fig. Markstein m; ~lón² F m 1. *Am.* Zug m, Ruck m; *Méj.* kräftiger Schluck m (Schnaps u. ä.); de un ~ auf einmal, an einem Stück; 2. *Bol., Chi., Méj.* längeres Stück n Weges, Strecke f; 3. *Am. Cent.* Verehrer m; ~lona adj. f *Am. Cent.* → coqueta, casquivana; ~lonar v/t. 1. Weg, Gemarkung usw. abstecken; 2. fig. säumen (fig.); su vida está ~ada de éxitos auf s-m Weg steht überall der Erfolg.
jalli|pear □ v/t. gierig hinunterschlingen; ~pén □m Essen n; ~pí □ m Hunger m; Durst m.
jamai|ca f 1. ♀ *Méj. Art* Hibiskus m; Hibiskustrank m; 2. *C. Ri.* Tabaskopfeffer m; 3. *Méj.* Wohltätigkeitsfest n; 4. ♀ Jamaika n; ~cano, ~quino Ant. adj.-su. aus Jamaika; m Jamaikaner m.
jamán m *Méj.* weißes Zeug n.
jama|ncia f F Essen n, Futter n f; ~r(se) F v/t. (v/r.) fressen (fig. F), verdrücken F.
jamás adv. nie(mals); je(mals); ¿has visto ~ algo parecido? hast du je so etwas gesehen (od. erlebt)?; nunca ~ nie u. nimmer; por siempre ~ auf ewig; F (en) ~ de los jamases nie u. nimmer, unter gar keinen Umständen.
jamba f Fenster- bzw. Tür-pfosten m; ~je △ m Tür-, Fenster-, Kamin-rahmen m.
jamba|rse v/r. *Méj.* s. vollstopfen, schlingen; ~zón P m *Méj.* Essen n; Übersättigung f.
jámbico usw. → yámbico.
jamelgo m Schindmähre f F, elender Klepper m F. [Schlachthöfen.)
jamerdana f Abfallgrube f in)
jamiche m *Col.* Schotter m.
jamón m Schinken m; ~ arrollado Rollschinken m; ~ dulce, ~ York, *Am.* ~ cocido (serrano, *Am.* crudo) gekochter (roher) Schinken m; fig. F ¡y un ~ (con chorreras)! daraus wird nichts!, (das) kommt nicht in Frage!, denkste! F; F *Span.* estar ~ prima (od. dufte od. super) sein F (Sachen, Frau).
jamona F adj.-su. f rundliche Frau f mittleren Alters; Ant. alte Jungfer f.
jamoncillo m *Méj.* Karamelmasse f.
jampón F adj. *Guat.* → orondo; *Guat., Hond.* → obsequioso.

jamuga(s) f(/pl.) Damensattel m.
jamurar v/t. ♃ Wasser ausschöpfen; *Col.* Wäsche auswringen.
jan m *Cu.* (Zaun-)Pfahl m.
janano adj. *Guat., Salv.* hasenschartig.
jándalo F **I.** adj. andalusisch; **II.** m im kantabrischen Gebiet: wer andalusische Sitten u. Sprachgewohnheiten angenommen hat.
janear *Cu.* **I.** v/t. mit Pfählen einzäunen; fig. über ein Tier hinwegspringen; **II.** v/r. ~se (plötzlich) stehenbleiben. [Janeiro.)
janeirino adj. *Am.* aus Rio de)
jangada f 1. F dummer Einfall m; übler Streich m; 2. ♃ Rettungsfloß n; *Am.* Floß m.
janiche adj. c *Am. Cent.* → janano.
jansenis|mo Rel. m Jansenismus m; ~ta adj.-su. c jansenistisch; m Jansenist m.
Ja|pón m Japan n; ♀ponés adj.-su. f/pl. japanisch; m Japaner m; das Japanische.
japuta f ein eßbarer Mittelmeerfisch (Lichia glauca).
jaque m 1. Schach n b. Schachspiel; dar ~ Schach bieten; (dar) ~ mate (a alg. j-n) schachmatt (setzen); ¡~ al rey! Schach (dem König)!; fig. tener en ~ in Schach halten; 2. fig. Maulheld m F, Prahlhans m.
jaqué m *Méj.* Cut(away) m.
jaquear v/t. a. fig. Schach bieten (dat.).
jaque|ca f (oft ~s f/pl.) Kopfschmerzen m/pl., Migräne f; fig. F dar ~ a alg. j-n belästigen, j-n fertigmachen f; ~coso adj. an Migräne leidend; fig. lästig.
jaque|l ⌘ m Feld n; ~lado ⌘ adj. schachbrettartig.
jaquetón m 1. F Prahlhans m, Maulheld m F; 2. Zo. Weißhai m.
jáquima f 1. Halfter f, n, m; 2. *Am. Cent.* Rausch m.
jaqui|mazo m Schlag m mit der Halfter; fig. übler Streich m; schwerer Ärger m; ~mero m Halftermacher m; ~món m *Cu.* Halfterstrick m; *Chi.* → jáquima 1.
jara f ♀ Zistrose f; *Am. versch.* Pfl.; 2. *Guat., Méj.* Pfeil m; 3. *Bol.* Rast f, Marschpause f.
jarabe m 1. Sirup m (a. pharm.); fig. F ~ de pico Geschwätz n; leere Versprechen n/pl.; fig. F dar ~ a alg. j-m Honig ums Maul schmieren F; 2. Jarabe m, mexikanischer Tanz; ~ar **I.** v/t. (laufend) Sirup verschreiben (dat.); **II.** v/r. ~se Sirup einnehmen.
jaraca|tal m *Guat.* Menge f, Haufen m; ~te ♀ m *Guat.* ein gelbblühender Baum, der s. sehr rasch vermehrt.
jara|gua ♀ f Rubiazee (Phyllanthus stillans); ~l m mit Zistrosen bestandenes Gelände n; p. ext. Gestrüpp n; fig. Wirrwarr m, Dickicht n; ~mago ♀ m Art Doppelsame m; ~mugo m kl. Fisch m, Köderfisch m.
jara|na f 1. lärmende Fröhlichkeit f, Rummel m; p. ext. Krach m, Radau m; Streit m, Zank m; fig. Lug u. Trug m; hay ~ es geht hoch her; andar de ~ → jaranear 1; 2. *Bol., Pe.* volkstümliches Tanzvergnügen n, Schwof m F; *Col., Ec.*,

P. Ri. Tanzvergnügen n im engeren Kreise; 3. *Am. Mer., Ant.* Scherz m, Ulk m, Streich m; *Col.* Lüge f, Schwindel m; 4. *Am. Cent.* Schuld f; 5. *Méj. Art* kl. Gitarre f; ~near F I. v/i. 1. lärmen, e-n Rummel veranstalten; poltern, Krach machen; 2. *Bol., Pe., P. Ri.* e-n Schwof machen F, schwofen F; 3. *Cu., Chi.* scherzen, Spaß machen; 4. *Guat.* Schulden machen; **II.** v/t. 5. *Am. Cent., Col.* betrügen; 6. *Col.* belästigen; ~nero **I.** adj.-su. 1. immer lustig, stets fidel, stets zum Vergnügen aufgelegt; 2. rauflustig, streitsüchtig; 3. *Am. Cent.* Schwindler m, Gauner m; **II.** m 4. *Méj.* Jaranaspieler m; ~nita f *Méj.* → jarana 5; ~no m weißer (od. grauer) Filzhut m.
jarca f 1. maurische Truppe f; 2. ♀ *Bol. Art* Akazie f.
jarcia f 1. ♃ Seil n, Tau n; oft ~s f/pl. Takelwerk n; Fischgerät n (Netze usw. der Fischer); 2. fig. Haufen m; 3. *Cu., Méj.* → cordel.
~r v/t. → enjarciar.
jar|dín m 1. (Zier-)Garten m; ~ botánico botanischer Garten m; ~ delantero Vorgarten m; ~ de infancia, *Arg.* ~ de infantes Kindergarten m; 2. *Am. Reg.* bepflanzte Schale f; 3. Flecken m auf Smaragden; 4. ♃ Schiffsabort m; ~dincillo m dim. Gärtchen n; ~ (a la entrada de la casa) Vorgarten m; ~dinear v/i. im Garten arbeiten, gärtnern; ~dinera f 1. Gärtnerin f; ~-educadora Kindergärtnerin f; 2. Blumenkasten m; Blumengestell n; 3. bespannter Korbwagen m; offener Straßenbahnanhänger m; ~dinería f Gärtnerei f; Gartenarbeit f; **dinero** m Gärtner m; ~ paisajista Landschaftsgärtner m.
jare|ar I. v/i. 1. *Bol.* e-e Rast einlegen auf dem Weg; **II.** v/r. ~se *Méj.* 2. fliehen; 3. schaukeln; 4. umkommen vor Hunger; ~ta f 1. Saum m zum Durchziehen e-s Gummis usw.; Biese f; fig. F dar ~ viel reden, drauflosschwatzen; 2. ♃ Verstärkungstau n; 3. *Ven.* Belästigung f; Widerwärtigkeit f; ~te m *Ven.* Paddel n.
jargueta *Fi.* f Streifenbrassen m.
jari|fe m → jerife; ~fo F adj. stattlich, prächtig; prunkvoll.
jari|lla ♀ f *Arg., Chi.* Jarillastaude f (Zaccagnia punctata); ~llo ♀ m Aronstab m.
jaripeo m Bauernsport: *Bol.* Ritt m auf e-m Stier; *Méj.* Rodeo m.
jaro¹ ~ jarillo; ~² m Dickicht n.
jarocho I. adj.-su. prov. barsch, grob; **II.** m hist. *Méj.* Bewohner m des Küstenlands bei Veracruz.
jarope F m (Arznei-)Sirup m; fig. Gesöff n; ~ar v/t/i. (Hustensäfte u. ä.) schlucken; ~o F m (häufiges) Einnehmen n von Hustensäften usw.
jarra f mst. zweihenkliger Tonkrug m (Hals u. Mündung weit); Wasserkrug m; ~ termo Thermos-, Isolierkanne f; en (a. de) ~s die Arme in die Seiten gestemmt; ponerse en ~s die Arme in die Seiten stemmen; ~zo m gr. Krug m; Schlag m mit e-m Krug.
jarre|ar v/i. mit dem Krug schöpfen; mit e-m Krug zuschlagen; ~ro

m Krugmacher *m*; Schöpfmeister *m*; ~**ta** *f* kl. Krug *m*; ~**tar** *v/t.* die Kraft (*od.* den Mut) nehmen (*dat.*); ~**te** *m* Kniekehle *f*; ~**tera** *f* Strumpfband *n*; *Orden f de la* ♀ Hosenbandorden *m*.

jarro *m* einhenkliger Krug *m*; Kanne *f*; *a* ~**s** im Überfluß; *fig.* **echarle a alg.** *un* ~ *de agua (fría)* j-m e-n Dämpfer geben, j-m e-e kalte Dusche verpassen.

jarrón *m* Blumenvase *f*; gr. Zierkrug *m*; Ornament *n* in Vasen- *od.* Urnen-form; ~ *de piedra* Steinvase *f* in e-m Park.

jartera *f Col.* Überdruß *m.*

jasar *v/t.* → *sajar.*

jaspe *Min. m* Jaspis *m*; ~**ado** *adj.* marmoriert, gesprenkelt; ~**ar** *v/t.* marmorieren; *tex.* jaspieren.

jaspia F *f Guat.* das tägliche Brot; ~**r** [1b] F *v/t. Guat.* essen.

ja|ta ♀ *f Cu. Art* Palmiche-Palme *f*; ~**tía** ♀ *f Cu.* gr. *Baum (schwammiges Holz);* ~**tico** *m Cu., Guat.* Babykörbchen *n.*

jato *m* Kalb *n.*

¡jau! *int.* zum Antreiben von Tieren, *bsd.* Stieren.

Jauja *f (Stadt u. Region in Peru)*; *fig. oft* ♀ Schlaraffenland *n.*

jaula *f* 1. Käfig *m* (*a.* ⊕); Vogelbauer *n; p. ext.* Lattenkiste *f*; ⊕ *a.* Materialbox *f*; (Fahrstuhl-)Korb *m*; ⚒ Förderkorb *m*; Box *f in Garagen*; 2. Laufstall *m für Kleinkinder*; 3. 🐂 Viehwagen *m*; 4. F *P. Ri.* Gefangenenwagen *m*, grüne Minna *f* F.

jauría *Jgdw. f* Meute *f.*

Java *f* Java *n*; ♀**nés** *adj.-su.* javan(es)isch; *m* Javaner *m.*

jayán *m* ungeschlachter Kerl *m*; Rabauke *m* F.

jáyaro *adj. Ec.* grob, ungebildet.

jazmí|n ♀ *m* Jasmin *m*; ~**neas** ♀ *f/pl.* Jasmingewächse *n/pl.*

jazz ♪ *m* Jazz *m*; *a.* → ~**-band** *m* Jazzband *f*, -kapelle *f.*

jebe *m* 1. ~ *alumbre*; 2. *Chi., Ec., Pe.* Gummi *m*, Kautschuk *m*; 3. V Arschloch *m* V.

jedi|val *adj. c* Kheditven...; ~**ve** *m* Khedive *m.*

jeep *Kfz. m* Jeep *m.*

jefa *f* Chefin *f*; ~**tura** *f (obere)* Behörde *f*; ~ *de policía* Polizei-direktion *f*, -präsidium *n*; ~ *forestal* Forstamt *n*; ~**zo** F *m* Boß *m* F; *desp. el gran* ~ der Oberfatzke F.

jefe *m* Vorsteher *m*; Chef *m*, Leiter *m*; Vorgesetzte(r) *m*; Haupt *n*; Führer *m*; ⚒ Stabsoffizier *m*; ~ *de compras* Chefeinkäufer *m*; 🚂 ~ *de estación* Bahnhofsvorstand *m*; ~ *de Estado* Staatsoberhaupt *n*; ~ *de exportación* Exportleiter *m*; ~ *de gobierno* Regierungschef *m*; *Pol.* ~ *ideológico* Chefideologe *m*; ⚔ ~ *inferior (od. subalterno)* Unterführer *m*; ~ *médico* ≈ ~ Chefarzt *m*; Oberarzt *m*; leitender Arzt *m*; ~ *de publicidad (de sección)* Werbe-(Abteilungs-)leiter *m*; ~ *de recepción* Empfangschef *m*; ~ *de ruta* Reiseleiter *m*; ~ *de taller* Werkmeister *m*; 🚂 ~ *de tren* Zugführer *m*; ~ *de ventas* Verkaufs-leiter *m*, -chef *m.*

jegüite *m Méj.* Gestrüpp *n*; Futtergras *n.*

Jehová *Rel. m* → Yavé.

¡je, je, je! *onom.* ha, ha, ha! (*Gelächter*).

jején *m* 1. *Am. e-e* Stechmücke *f*; *Cu., P. Ri. saber donde el* ~ *puso el huevo* ein Ausbund von Klugheit sein; 2. *Méj.* Menge *f.*

jeme *m* Spanne *f (Handmaß)*; *fig.* F *tener muy buen* ~ ein hübsches Gesichtchen haben (*Frau*).

jemeres *m/pl.*: ~ *rojos* rote Khmer *m/pl.*

jemiquear *v/i. Chi.* → *gimotear.*

jengibre *m* Ingwer *m*; *fig. saber a* ~ unangenehm sein.

jeniquén ♀ *m* → *henequén.*

jenízaro I. *adj.* hybrid, Misch... (*Rasse*); II. *m hist.* Janitschar *m.*

jenny *tex. f* Baumwollspinnmaschine *f.*

jeque *m* Scheich *m*; F ~ *del petróleo* Ölscheich *m* F.

jer|arca *m* Hierarch *m*; *fig.* hoher Würdenträger *m*; *desp.* Bonze *m*; ~**arquía** *f* Hierarchie *f*; Rangordnung *f*; Rang *m*, Einstufung *f*; ~**árquico** *adj.* hierarchisch; Rang...; *vía f* ~**a** Dienstweg *m*; ~**arquizar** [1f] *v/t.* nach Rang (*od.* Bedeutung) einstufen.

jerbo *Zo. m* Springmaus *f.*

jere|miada *f fig.* F Klagelied *n*; ~**s** *f/pl. Rel.* Klagelieder *n/pl.* des Jeremia; *fig.* Jammerreden *f/pl.*, Jammern *n*; ~**mías** *fig.* F *m* ewig jammernder Zeitgenosse *m* F; ~**miquear** *v/i. Am., bsd. Cu., Chi., P. Ri.* klagen, jammern; ~**miqueo** F *m Am.* Gejammere *n* F.

jerez *m* Jerez(wein) *m*, 🍷 *oft* Sherry *m.*

jer|ga¹ *f* grobes Wollzeug *n*; *a.* → *jergón¹*; *Arg., Chi.* Satteldecke *f*; ~**ga²** *f* Sondersprache *f*, Jargon *m*; Kauderwelsch *n*; ~ *del hampa* Gaunersprache *f*; ~ *profesional* Berufssprache *f*, Fachjargon *m*; ~**gal** *adj. c* Jargon...; ~**gón¹** *m* Stroh-, Bettsack *m*; *fig.* F Sack *m* (= *schlecht sitzende Kleidung*); *fig.* F Dickwanst *m*; ~**gón²** *Min. m* grüner Zirkon *m*; ~**guilla** *tex. f* leichteres Zeug *n aus Seide od./u. Wolle.*

jeribeque *m* Grimasse *f*; *hacer* ~**s** Grimassen schneiden.

jerifalte *m* → *gerifalte.*

jeri|fe *m* Scherif *m*; ~**fiano** *adj.* Scherifen...; *su majestad* ~**a** Titel des Königs von Marokko.

jerigonza *f* Kauderwelsch *n*; Gaunersprache *f*; *fig.* F lächerliches Treiben *n.*

jerin|ga *f* 💉 (Injektions-)Spritze *f*; Klistierspritze *f*; *Kchk.* Krem-, Torten-spritze *f*; Stopftrichter *m b. Wurstmachen*; *fig.* F *¡qué* ~*!* wie lästig!; wie langweilig!; ~**gar** [1h] I. *v/t.* einspritzen; j-m e-e Spritze geben; II. *v/r.* ~**se** *fig.* F *s.* langweilen; ~**gazo** *m* Einspritzung *f*, Spritze *f*; Strahl *m* aus der Spritze; ~**gón** P *adj. Am. Reg.* lästig, ärgerlich; ~**guear** *v/t. Am.* ärgern, belästigen; ~**guilla** *f* 💉 kl. Injektionsspritze *f*; ♀ wilder Jasmin *m.*

jeroglífico I. *adj.*: *escritura f* ~**a** Hieroglyphenschrift *f*; II. *m* Hieroglyphe *f*; Bilderrätsel *n.*

jerónimo I. *Rel. adj.-su.* Hieronymiten...; *m* Hieronymit *m*; II. *m npr.* ♀ Hieronymus *m.*

jerosolimitano I. *adj.* aus Jerusalem, jerusalemitisch; II. *m* Einwohner *m* Jerusalems, Jerusalemit *m.*

jerpa ✗ *f* unfruchtbare Rebe *f.*

jerrycan *m gr.* Benzinkanister *m* (*bsd.* ✗).

jersey *m* (*pl.* ~**s**) *Span.* Pullover *m*; ~ *cuello cisne* Rollkragenpullover *m*, Rolli *m* F.

Jerusalén *f* Jerusalem *n.*

jeruza F *f Guat., Hond.* Gefängnis *n*, Kittchen *n* F.

Jesu|cristo *m* Jesus Christus *m*; ♀**ita** I. *adj. c* Jesuiten...; II. *m* Jesuit *m*; ♀**ítico** *adj. oft desp.* jesuitisch; ♀**itina** *kath. f* Angehörige *f* der Kongregation der „Töchter Jesu" (*Missions- u. Schulschwestern*); ♀**itismo** *m* Jesuitentum *n*; *fig.* Hinterhältigkeit *f*, Heuchelei *f.*

Je|sús *m npr.* Jesus *m*; *¡*~*!* *int.* Herr Jesus, steh mir bei!; (Herr)jemine! F (*Überraschung, Schrecken*); Gesundheit!, Gott helf'! (*b. Niesen*); F *en un (decir)* ~ im Nu; *fig.* F *hasta verte*, ~ *mío* bis zum letzten Tropfen; ♀**susear** F *v/i.* immer wieder „*¡Jesús!*" in s-e Rede mengen.

jet *m* ✈ *Am.* Jet *m*; ~**(-set)** *f* Jet-set *m.*

je|ta F *f* 1. dicke Lippe *f*; (Schweins-)Rüssel *m*; Gebrech *n* (*Wildschwein*); P Maul *n* P, Schnauze *f* P; P Fratze *f* P, Visage *f* P; *poner* ~ ein schiefes Maul ziehen P; P *no asomes la* ~ *por aquí* laß dich hier bloß nicht blicken; 2. V *Span. Reg.* weibliches Geschlechtsorgan *n*; ~**tazo** F *m Ar., Ven.* → *mojicón 2*; ~**tero**, ~**tón** F *adj.* → *jetudo.*

jetudo *adj.* dicklippig; mit vorspringender Schnauze.

jíbaro¹ *Am.* I. *adj. bsd. Cu., Méj., P. Ri.* wild *bzw.* verwildert (*Tier*); *a. su.* vom Lande; bäurisch; ungesellig, menschenscheu; II. *m Am.* (*vgl. oben*) „Bauernspanisch" *n* (*bezeichnend s-e vielen Archaismen u. bildhaften Ausdrücke*); *Hond.* kräftiger Mann *m*; *P. Ri.* Mann *m* vom Lande, Bauer *m.*

jíbaros² *m/pl.* Jivaros *m/pl., z. T.* noch nicht zivilisierte Indianer, heute noch in *Ec., Col., Chi., Pe.*

ji|bia *f* Tintenfisch *m*, Sepia *f*; *a.* → ~**bión** *m* Kalkschulp *m des Tintenfisches.*

jícama ♀ *f Am. Cent., Méj. e-e* Knollenfrucht *f.*

jícara *f* 1. *Am. Cent., Méj.* Frucht *f* des Kürbisbaums; Trinkschale *f* daraus; 2. kl. Tasse *f, bsd. für Schokolade*; 3. Isolator *m an Telegraphenstangen*; 4. F *Méj.* Glatzkopf *m.*

jicarazo *m bsd. Méj.* 1. Schlag *m* mit e-r *jícara*; 2. e-e Tassevoll (*Maß b.* Ausschank von Agavenschnaps); 3. Giftmord *m*; *dar* ~ *j-n* vergiften.

jícaro ♀ *m Am. Cent., Méj.* Kürbis-, Kalebassen-baum *m.*

jicote *m Am. Cent., Méj. Art* Hornisse *f*; *Méj.* Wespe *f*; ~**a** *f Cu. e-e* Wasserschildkröte *f*; ~**ra** *f Am. Cent., Méj.* Hornissen-, Wespennest *n*; *Méj. fig.* Summen *n*; *armar una* ~ Krach (*od.* Krawall) machen.

ji|fa *f* Abfall *m b. Schlachten*; ~**fería** *f* Schlächterhandwerk *n*; ~**fero** I. *adj.* 1. Schlachthof...; 2. *fig.* F schmutzig, dreckig F; II. *m* 3.

jifia Schlächter *m*; **4.** Schlachtmesser *n*.
jifia *Fi. f* Schwertfisch *m*.
jiguagua *f Cu.* Fisch (*Caranx carangus*).
jigüe *Folk. m Cu.* Nix *m* (*Wasserkobold*); ~ra *f Cu.* **1.** ♀ → güira; **2.** Kalebasse *f*.
jijallo ♀ *m* Geißklee *m*.
jijona *f* ein turrón aus *Jijona* (*Span.*).
jilguero *Vo. m* Distelfink *m*, Stieglitz *m*.
jilibioso *Chi. adj.* zimperlich; weinerlich; unruhig (*Pferd*).
jilmaestre ⚔ *m* Schirrmeister *m*.
jilosúchil ♀ *m Méj.* Engelshaar *n* (*Baum, Blüte u. Frucht*).
jilote *m Am. Cent., Méj.* grüner Maiskolben *m*; ~ar *v/i. Am. Cent., Méj.* anfangen zu reifen (*Mais*).
jimelga ⚓ *f* (Mast-)Schalung *f*.
jinda(**ma**) F *f* Bammel *m* F, Schiß *m*
jineta[1] *Zo. f* Ginsterkatze *f*. [P.
jine|**ta**[2] *f* **1.** Reiten *n* mit kurzen Steigbügeln; **2.** F Reiterin *f*; **3.** ⚔ *Arg.* Tresse *f*; ~**te** *m* **1.** Reiter *m*; **2.** gutes Reitpferd *n*; **3.** *fig. f Cu.* → sablista; ~**tear** I. *v/i.* reiten; II. *v/t. Am. Cent., Méj.* Pferde usw. zureiten; III. *v/r.* ⚔ *Equ. Col.* aufsitzen.
jinglar *v/i.* schaukeln; schwanken.
jingoís|**mo** *m* Hurrapatriotismus *m*; ~**ta** *c* Hurrapatriot *m*, Chauvinist *m*.
jinjol ♀ *m* Brustbeere *f*.
jiote *m Am. Cent., Méj.* **1.** ⚕ → impétigo; **2.** ♀ e-e Terebinthe.
ji|**pa** F *f Am.*, ~**pi**[1] F *m* → jipijapa; ~**pi**[2] *m* Hippie *m*.
jipiar [1c] *v/i.* seufzen, schluchzen; schluchzend singen.
jipijapa *m* Panamahut *m*.
jipío ♪ *Folk. m Andal.* Klage *f* im cante jondo.
jiqui|**lete** *Cu.*, ~**lite** *Ant., Méj. m* Indigo *m* (*Pfl. u. Farbstoff*).
jira[1] *f* Fetzen *m*; Bahn *f* (*Tuch*).
jira[2] *f* **1.** Picknick *n*; **2.** Rundreise *f*; *Thea.* Tournee *f*; **3.** † Bankett *n*.
ji|**rafa** *Zo. f* Giraffe *f*; ~**ráfico** *adj.* Giraffen... [*werge f.*
jirapliega *pharm. f* Purgierlat-
jirel *m* Schabracke *f*.
ji|**rón** *m* **1.** Fetzen *m*; hacer ~ones zerfetzen; **2.** ∅ Ständer *m*; **3.** *Pe.* Straße *f*; ~**ronado** *adj.* **1.** zerfetzt; **2.** ∅ geständert.
jitomate ♀ *m Méj.* Art (hochrote) Tomate *f*.
jiu-jitsu *Sp. m* Jiu-Jitsu *n*.
Joaquín *npr. m* Joachim *m*.
Job *m npr.* Hiob *m, kath. bibl.* Job *m*; *fig.* ser un ♀ *od.* ser paciente como ~ (alles) mit Hiobsgeduld tragen.
job[2] *m* Job *m*.
jobo *m* **1.** ♀ *Am. Cent., Méj.* → jocote; **2.** *Méj., Guat.* Art Schnaps *m*.
jocis|**mo** *m* kath. Arbeiterjugendbewegung *f*; ~**ta** *adj.-su. c zu* "*Juventud Obrera Católica*" (*J.O.C.*) (*Katholische Arbeiterjugend*).
jockey *m* Jockey *m*.
joco *adj. Am. Cent.* sauer, scharf (*in Gärung übergehende Frucht*); *C. Ri. a.* Speisen, Getränke, Schweißgeruch).
jocó *Zo. m* → orangután.
jocoque *m Méj.* Sauermilchkrem *f*.
joco|**serio** *adj.* halb im Spaß, halb im Ernst; ~**sidad** *f* Spaß *m*; Schäkerei *f*; ~**so** *adj.* spaßig; scherzend; lustig.

joco|**súchil** ♀ *m Méj.* Tabaskopfeffer *m*; ~**te** ♀ *m Am. Cent.* am. Kirschbaum *m*.
jocoyote *m Méj.* Jüngste(r) *m*.
jocun|**didad** *f* Fröhlichkeit *f*; ~**do** *adj.* fröhlich, munter.
jo|**da** F *f Am. Reg.* Mist *m* F, lästige Sache *f*; ~**der I.** *v/i.* V bumsen V, ficken V; **II.** *v/t. fig.* P *j-n* ärgern; *j-m et.* verpatzen; *j-n* zur Sau machen P; *et.* kaputtmachen F; (*Wendungen alle* V) ¡~! verdammt noch mal! F, Scheiße! P; ¡ya no me jode más! von Ihnen lasse ich mir das nicht mehr bieten!; Sie können mich (*euph.* am Abend besuchen)! P; ¡que se jodan! zum Teufel mit der Sippschaft!; le ha jodido el puesto er hat ihn um s-e Stellung gebracht; ¡no me jodas! so was (gibt's ja gar nicht)!; estar jodido aufgeschmissen sein F; no tener ni una jodida peseta k-n lumpigen Groschen mehr in der Tasche haben; ~**dienda** V *f* Koitus *m*, Fick *m* V; *fig.* Plackerei *f*, Schinderei *f*; Scheiße *f* P.
jofaina *f* Waschschüssel *f*.
jogging *m* Jogging *n*; hacer ~ joggen.
joint-venture *f* ⚕ Joint Venture *f*.
jolgorio F *m* Rummel *m*; Jubel *m*, Trubel *m*, Heiterkeit *f* F.
¡jolín! *od.* **¡jolines!** P *int.* (*euph. für* joder) verflixt u. zugenäht! F.
jollín F *m* → jolgorio.
jondo *adj.* → cante ~.
jónico *adj.-su.* ionisch; ⚔ orden *m* ~ ionischer Stil *m*.
jonio *adj.-su.* ionisch. [nadel *f.*
jopo *m* **1.** → hopo; **2.** *Bol.* gr. Haar-
jora *f Am. Mer.* vergorener Mais *m* zur Chichabereitung.
Jor|**dán** *m* **1.** Jordan *m*; **2.** ♀ *fig.* Ort *m* (*od.* Mittel *n*) zur Reinigung u. Einkehr; ~**dania** *f* Jordanien *n*; ♀**dano** *adj.-su.* jordanisch; *m* Jordanier *m*.
jorfe *m* **1.** Trockenmauerwerk *n*; **2.** steiler Fels *m*, Wand *f*.
Jorge *npr. m* Georg *m*.
jorna|**da** *f* **1.** Tagereise *f*; **2.** Tagewerk *n*; Arbeitstag *m*; Arbeitszeit *f*; ~ intensiva, ~ (*Lotto usw.*); ~ continua (*flexible*) durchgehende (gleitende) Arbeitszeit *f*; ~ (de trabajo) de ocho horas Achtstundentag *m*; hacer ~ reducida kurzarbeiten; **3.** *Thea.* K Akt *m*; **4.** ~**s** *f/pl.* Tagung *f*; ~**dista** *c* Tagungsteilnehmer *m*; ~**lero** *m* Tagelöhner *m*.
joroba *f* Buckel *m*; *fig.* Zudringlichkeit *f*; Belästigung *f*; F ¡~! verflixt! F (*euph. für* → joder); ~**do** *adj.* buck(e)lig; *fig.* F lästig; übel dran; ~**r** F I. *v/t.* belästigen, ärgern; II. *v/r.* ~se s. ärgern; übel dran sein.
jorongo *m Méj.* Art Poncho *m*.
joropo ♪ *Folk. m Col., Ven.* Tanz *m* der llaneros.
jo|**rrar** *v/t.* (*Netz*) schleppen; red *f* de ~ ~. ~**rro** *m* Grundschleppnetz *n*.
jorungo F *m* **1.** *Ven.* → gringo; **2.** *Cu.* langweiliger (*od.* lästiger) Mensch *m*.
José *npr. m* Josef *m*, Joseph *m*.
jose|**antoniano** *Pol. adj. Span.* auf José Antonio Primo de Rivera (*Gründer der Falange*) bezüglich; ~**fino** *adj.* **1.** *hist.* bonapartistisch; **2.** *Chi.* klerikal (*Partei*).
jota[1] *f* J *n* (*Name des Buchstabens*); *fig.* Jota *n*, Winzigkeit *f*; no le falta una ~ es fehlt nicht das Geringste daran; no saber (ni) ~ keine Ahnung haben; ~[2] ♪ *Folk. f* Jota *f*, Tanz (*Ar., Nav., Val.*); ~[3] *Kchk. f* Art Gemüseeintopf *m* in Fleischbrühe; ~[4] *f Am.* → ojota. [*m.*
jote *m Arg., Chi., Pe. a. fig.* F Geier
jotero *adj.-su.* Jota..., auf die Jota bezüglich; *m* Jotatänzer *m*.
joule *Phys. m* Joule *n*.
jove|**n** *adj.-su. c* jung; *m* junger Mann *m*; Jüngling *m*; *f* junges Mädchen *n*; junge Frau *f*; los jóvenes die jungen Leute *pl.*; ~**nado** *kath. m* Noviziat *n*; ~**ncito**, ~**nzuelo** *dim. v.* joven; *desp.* Grünschnabel *m* F.
jovia|**l** *adj. c* heiter, aufgeräumt; jovial; ~**lidad** *f* Heiterkeit *f*; Jovialität *f*.
joya *f* **1.** Juwel *n* (*a. fig.*), Kleinod *n*; *fig.* Perle *f*, Kostbarkeit *f*; *iron.* (sauberes) Früchtchen *n* F; ~**s** *f/pl.* Schmuck-, Wert-sachen *f/pl.*; **2.** △ Säulenring *m*.
joyante *adj. c:* seda ~ Glanzseide *f*.
joye|**l** *m kl.* Schmuckstück *n*; ~**ra** *f* Schmuckhändlerin *f*; ~**ría** *f* Juwelierladen *m*; ~**ro** *m* **1.** Juwelier *m*; **2.** Schmuck-behälter *m*, -schatulle *f*.
joyo ♀ *m* Lolch *m*.
joyolina F *f Guat.* Kittchen *n* F.
joystick *m EDV* Joystick *m*.
Juan *m npr.* Johann(es) *m*, Hans *m*; *fig.* ~ Español der Durchschnittsspanier (*vgl.* „*deutscher Michel*"); ~ Lanas gutmütiger Trottel *m*, Pantoffelheld *m*; Schwächling *m*, Wasch-, Jammerlappen *m*; ~ Pérez der Mann auf der Straße, der Normalverbraucher F; Don ~ (Tenorio) Don Juan *m*.
Juana *f* **1.** *npr.* Johanna *f*; **2.** ♀ *fig.* → damajuana.
juanero □ *m Span.* Opferstockdieb *m*.
juane|**te** *f* **1.** *Anat.* vorstehender Backenknochen *m*; ⚕ Hallux *m* valgus; **2.** ⚓ Bram-, Topp-segel *n*; **3.** *Hond.* → cadera; ~**tero** ⚓ *m* Toppgast *m*; ~**tudo** *adj.* mit vorspringenden Backen- *bzw.* Zehen-knochen.
juanito □ *m Span.* Opferstock *m*.
juarista *hist. adj.-su. c Méj.* Anhänger *m* des Benito Juárez.
jubete *hist. m* Art Koller *n*.
jubi|**lación** *f* Versetzung *f* in den Ruhestand; Pensionierung *f*; *Univ.* Emeritierung *f*; *p. ext.* Pension *f*, Ruhegehalt *n*; Rente *f*; ~**lado I.** *adj.* **1.** im Ruhestand; außer Dienst; pensioniert; *Univ.* emeritiert; **2.** *Cu.* erfahren, gerissen; **3.** *Col.* nicht (mehr) ganz gescheit; **II.** *m* **4.** Pensionierte(r) *m*; Rentner *m*; ~**lar I.** *adj. c* **1.** Jubiläums...; *ecl.* año *m* ~ Jubeljahr *n*; **II.** *v/t.* **2.** in den Ruhestand versetzen, pensionieren; auf Rente setzen F; **III.** *v/i.* **3.** *lit.* frohlocken, jubilieren; **IV.** *v/r.* ~se **4.** in den Ruhestand versetzt werden, in Pension gehen; in (*od.* auf) Rente gehen F; s-n Abschied nehmen; **5.** *Col.* herunterkommen (*fig.*); **6.** *Cu., Méj.* Erfahrungen sammeln; **7.** *Guat., Ven.* blaumachen; ~**leo** *m* Jubiläum *n*; *ecl.* Jubeljahr *n*; *kath. a.* Jubiläumsablaß *m*; *fig.* F parece que hay ~ aquí hier geht's zu wie in e-m Taubenschlag.
júbilo *m* Jubel *m*, Freude *f*; *lit., ecl.*

Frohlocken *n*.
jubiloso *adj*. jubelnd.
jubón *m* Wams *n*.			[*zee.*]
júcaro ♀ *m Ant.* Baum, Kombreta-
juco I. *m Ec.* Rohr *n*, hohler Stengel *m der Gräser*; **II.** *adj. Hond.* → *joco.*
juda|ico *adj.* jüdisch; judäisch; ~**ísmo** *m* Judentum *n*; Judaismus *m*; ~**ización** *f* Judaisierung *f*; Annahme *f* des jüdischen Glaubens; Verjudung *f*; ~**izante** *adj.-su.* c jüdischem religiösem Brauchtum folgend; ~**izar** [1f] **I.** *v/i.* die jüdische Religion annehmen; den jüdischen Religionsbräuchen folgen; **II.** *v/t.* judaisieren, jüdisch machen.
judas *m* (*pl. inv.*) **1.** *fig.* heimtückischer Verräter *m*, gemeiner Lump *m*; *Folk.* Strohpuppe *f*, *die am Karfreitag verbrannt wird*; *beso m de* ♀ Judaskuß *m*; ♀ *Iscariote* Judas Ischariot *m*; **2.** F *Méj.* Namenstag *m*; **3.** Spion *m* (*Guckloch an Türen*).
judeo|cristiano *adj.-su.* judenchristlich; ~**español I.** *adj.* judenspanisch; **II.** *m* spanischer Jude *m*, Spaniole *m*; *Li.* el ~ das Judenspanische.
judería *f* **1.** *hist.* (*u. als Bezeichnung für Stadtviertel*) Judenviertel *n*; **2.** *hist.* Kopfsteuer *f* der Juden; **3.** *Arg.* → *judiada.*
judía *f* **1.** Jüdin *f*; **2.** ♀ *Span.* Bohne *f*; ~s *f/pl.* verdes grüne Bohnen *f/pl.*
judia|da *f* (gemeiner) Streich *m*; ~**r** *m* Bohnenacker *m*.
judi|catura *f* Richter-amt *n*, -gewalt *f*; Richterstand *m*; Gerichtsbarkeit *f*; ~**cial** *adj.* c richterlich; gerichtlich; derecho *m* ~ Gerichtsverfassungsrecht *n*; error *m* ~ Justizirrtum *m*; gastos *m/pl.* ~es Gerichtskosten *pl.*; por vía ~ auf dem Rechtswege; ~**ciario I.** *adj.-su.* † Sterndeuter(...) *m*; **II.** *adj.* → *judicial.*
judío I. *adj.* **1.** jüdisch; **II.** *m* **2.** Jude *m*; *fig.* Geizhals *m*; Wucherer *m*; *p. ext.*, *bsd. Am. Reg.* skrupelloser Mensch *m*; *fig.* F Ungetaufte(r) *m*; el ~ errante der Ewige Jude; **3.** *Fi.* Schnauzenbrassen *m*.
judión ♀ *m* e-e Stangenbohne(nart) *f*.
judo *Sp. m* Judo *n*; ~**ca**, ~**ka** *m* Judoka *m*, Judosportler *m*.
juego *m* **1.** *a. fig.* Spiel *n*; Spielen *n*; ~ de aguas Wasserspiele *n/pl.*; ~ de azar (de dados) Glücks- (Würfel-)spiel *n*; ~ de destreza (didáctico, de entretenimiento) Geschicklichkeits- (Lern-, Unterhaltungs-)spiel *n*; ~s *m/pl.* de ingenio Rätsel *n/pl.*; Geduldsspiele *n/pl.*; ~ de luces Lichterspiel *n* (*fig.*); *tex.* Schillern *n*, Changieren *n*; ~ de manos *a. fig.* Taschenspielertricks *m/pl.*; Klatschen *n* der Kinder; ~ de naipes Kartenspiel *n*; ~s olímpicos Olympische Spiele *n/pl.*; ~ de palabras Wortspiel *n*; ~ de rol Rollenspiel *n*; ~s de sociedad Gesellschaftsspiele *n/pl.*; *fig.* doble ~ Doppelspiel *n*; terreno *m* de ~ Spielplatz *m*; por ~ im Spiel, im Scherz; *a. fig.* conocerle (*od.* verle) a alg. el ~ j-s Spiel (*od.* j-n) durchschauen; *fig.* no dejar entrar en ~ a alg. j-n nicht zum Zuge kommen lassen; *fig.* echar (*od.* tomar) a ~ nicht ernst nehmen; *fig.* entrar en ~ mit im Spiel sein; auftreten, in Aktion treten; *fig.* estar en ~ auf dem Spiel stehen; hacer ~ *Kart.*, *Roulett* das Spiel eröffnen; weitermachen (*im Spiel*); → *a.* **2.**; *fig.* hacerle a alg. el ~ j-s Spiel spielen; *a. fig.* poner en ~ ins Spiel bringen; einsetzen, aufbieten; *a. fig.* ser un ~ de niños ein Kinderspiel sein; no es cosa de ~ das ist nicht zum Lachen; *Kart.* no tener ~ nicht ausspielen können; **2.** Satz *m*, Garnitur *f*; von Diamanten *a*. Set *n*, *m*; Ausstattung *f*, Einrichtung *f*; ⚓ de banderas Stell *n* Flaggen; ⊕ ~ de bolas Kugellager *n*; ~ de café Kaffeeservice *n*; ~ de mesa Tafelgeschirr *n*, (Speise-)Service *n*; hacer ~, estar a ~ passen (zu *dat.* con); zuea. passen; en ~ un Satz (*od.* e-e Garnitur) bilden; *s.* ergänzen; **3.** *bsd.* ⊕ Spiel *n*; Spielraum *m* *bzw.* toter Gang *m* (*im Getriebe usw.*); exento de ~ spielfrei (*Lenkung, Getriebe usw.*); tener ~ Spiel haben.
juer|ga *f* lärmendes Vergnügen *n*, Rummel *m*; feuchtfröhliches Vergnügen *n*, Sauferei *f* F; *fig.* Durcheinander *n*, Saustall *m* F; estar (*od.* ir[se]) de ~ *s.* amüsieren, feiern; correrse una ~ e-e Orgie veranstalten, einen draufmachen F; F tomar a ~ a/c. nicht ernst nehmen; ~**guearse** F *v/r.* → estar de juerga; ~**gueo** F *m* → juerga; ~**guista** *m* (*a. adj.*) Bummler *m*, Nachtschwärmer *m* F; Lebemann *m*.
jueves *m* (*pl. inv.*) Donnerstag *m*; *ecl.* ♀ Santo Gründonnerstag *m*; F no ser cosa del otro ~ nichts Besonderes sein, nichts Aufregendes (*od.* Welterschütterndes F) sein.
juez I. *m* (*pl.* ~**eces**) **1.** *a. fig.* Richter *m*; ~ familiar (de menores) Familien-(Jugend-)richter *m*; ⚖ ~ municipal etwa: Gemeinde-, Stadt-richter *m*; ~ de primera instancia etwa: Amtsrichter *m*; ~ de paz Friedensrichter *m*; ~ unipersonal Einzelrichter *m*. **2.** *Sp. u. fig.* Schiedsrichter *m*; ~ de línea (*od.* de cancha) Linienrichter *m*; ~ de llegada (*od.* de meta) Zielrichter *m*; *Arg.* ~ de raya Starter *m* bzw. Zielrichter *m* b. Pferderennen; ~ de salida Starter *m*; **II.** *f* (*pl.* ~**eces**) Richterin *f*.
juga|da *f* Zug *m* (*Spiel*); *fig.* (übler) Streich *m*; hacerle una mala ~ a alg. j-m übel mitspielen; *¡una ~ feliz! a. fig.* ein glücklicher Wurf!; ein geschickter Schachzug!; ~**dor** *m* Spieler *m*; Glücksspieler *m*; ~ de ajedrez (de tenis) Schach- (Tennis-)spieler *m*; ~ de manos Taschenspieler *m*; ~ de ventaja Falschspieler *m* (Glücksspiel); ~**r** [1h u. 1o] **I.** *v/t.* **1.** (aus)spielen; verspielen; *fig.* aufs Spiel setzen; *a.* **7.**; *a. fig.* ~ una carta e-e Karte ausspielen; ~ dinero um Geld spielen; *p. ext.* Geld aufs Spiel setzen, Geld riskieren; *Thea. u. fig.* ~ un papel e-e Rolle spielen; **2.** bewegen; *fig.* einsetzen, spielen lassen; ~ el Sábel schwingen; **II.** *v/i.* **3.** *a. fig.* spielen; scherzen; ~ al ajedrez (a las damas) Schach (Dame) spielen; ~ al fútbol Fußball spielen; ~ a la bolsa (an der Börse) spekulieren; ~ al alza auf Hausse spekulieren; *a. fig.* ~ con alg. (a/c.) mit j-m (et.) spielen; ~ con las cartas boca arriba die Karten auf den Tisch legen; *Sp.* ~ de defensa den Verteidiger spielen; ~ en a/c. an et. (*dat.*) beteiligt sein, e-e Rolle bei et. (*dat.*) spielen; ~ del vocabolo ein Wortspiel machen; ~ fuerte hoch spielen; **4.** gehen, funktionieren; la puerta no juega die Tür geht nicht; **5.** zuea. passen; F *euph. Span.* koitieren; **III.** *v/r.* ~**se 7.** einsetzen; wetten; *fig.* aufs Spiel setzen, riskieren; verspielen; se juega hoy es wird heute ausgespielt; heute ist Ziehung (*Lotterie*); *fig.* jugársela a alg. j-m e-n Streich spielen, j-n hereinlegen; j-n schikanieren; F me juego la cabeza que ... ich wette m-n Kopf, daß ...; *jugárselo* (todo) a una (sola) carta alles auf eine Karte setzen; ~(se) el todo por el todo alles riskieren; ~**se la vida** (*od.* F el pellejo) sein Leben riskieren, s-e Haut zu Markte tragen, Kopf u. Kragen riskieren F; ~**rreta** *f* Schelmenstreich *m*, Schabernack *m*; hacerle una ~ a alg. j-m e-n Streich spielen.
jugla|r *m* **1.** Gaukler *m*, Spaßmacher *m*; **2.** *hist.* Spielmann *m*, Troubadour *m*; ~**resco** *adj.* Gaukler-...; Spielmanns-...; poesía *f* ~a Spielmannsdichtung *f*; ~**ría** *f* **1.** Gaukelei *f*; **2.** *hist.* Spielmannsberuf *m*.
jugo *m* Saft *m* (*a. Physiol.*); Brühe *f*; *fig.* Kern *m*, Substanz *f*; ~ de carne Fleischsaft *m*; ~ digestivo (gástrico) Verdauungs- (Magen-)saft *m*; ~ de fruta(s) Frucht-, Obst-saft *m*; sin ~ *a. fig.* saftlos; *fig.* sacar ~ a a/c. et. ausnützen; sacarle el ~ a un libro e-m Buch das Wesentliche entnehmen; ~**sidad** *f* Saftigkeit *f*; ~**so** *adj.* saftig; *fig.* substanzreich; kernig; echt; kräftig (*Farbe*); ergötzlich; sehr gut (*Geschäft*).
jugue|te *m* **1.** *a. fig.* Spielzeug *n*; ~ científico Lehrspielzeug *n*; ~s *m/pl.* para niños Kinderspielzeug *n*; ser (un) ~ de las olas ein Spielball der Wellen sein; ser ~ de los caprichos de alg. Wachs in j-s Händen sein; **2.** *Thea.* Schwank *m*; ~**tear** *v/i.* spielen (*a. fig.*); tändeln; ~**teo** *m* Spielerei *f*; ~**tería** *f* Spielzeug *n*; Spielwaren *f/pl.*; Spielwaren-handel *m*, -laden *m*; ~**tón** *adj.* spielerisch; verspielt (*Kind*).
juicio *m* **1.** Urteilskraft *f*, Vernunft *f*; de (buen) ~ verständig, klug, gescheit; muela *f* del ~ Weisheitszahn *m*; estar en su cabal (*od.* entero *od.* sano) ~ bei gesunden Sinnen sein, bei vollem Verstande sein; estar fuera de ~ von Sinnen sein; *fig.* verblendet sein; perder el ~ *fig.* Verstand verlieren; volver (*od.* trastornar *od.* quitar) el ~ a alg. j-m den Kopf verdrehen; **2.** Urteil *n*; Meinung *f*; a mi ~ *od.* ~ mío m-r Meinung (*od.* Ansicht) nach; *hist. u. fig.* ~ de Dios Gottesurteil *n*; ~ de valor Werturteil *n*; lo dejo a su ~ ich überlasse es Ihrer Entscheidung; hacer (-se) un ~ ein Urteil fällen, s. ein Urteil bilden (über *ac.* sobre); **3.** ⚖ Verhandlung(stermin *m*) *f*; Prozeß *m*; en ~ vor Gericht; *Theol.* ~ final (*od. universal*) Jüngstes Gericht *n*; ~ oral Hauptverhandlung *f* (*Strafprozeß*); mündliche Verhandlung *f* (*Zivilprozeß*); ~ contencioso Streitsache *f*; (Zivil-)Prozeß *m*; pedir en ~ *od.* llevar a ~ vor Gericht fordern; ~**so** *adj.* vernünftig, verständig; klug.

julay — juvia

julay P *m* 1. Patron *m*; Wirt *m*; 2. Zuhälter *m*, Lude *m* F; 3. *Span.* Mann *m*, Kerl *m* F.

julepe *m* 1. ⚕ Arzneitrank *m*; 2. (Karten-)Glücksspiel *n*; 3. *fig.* F Tadel *m*; Strafe *f*; Prügel *pl.*; 4. *Am. Mer.* Angst *f*; *Am. Cent.*, *Méj.* Arbeit *f*, Plackerei *f* F; 5. übermäßiger Verschleiß *m*; 6. F *Span.* tener mucho ~ gerissen sein F; ~ar *v/t. Rpl.* erschrecken; *Am. Cent.*, *Méj.* anstrengen; antreiben.

julia *Fi. f* Meerjunker *m*.

julia|na I. *f* ♀ Nachtviole *f*, Julienne *f*; **II.** *adj.-su. f Kchk.*: (sopa *f*) ~ Juliennesuppe *f*; ~**no** *adj.* julianisch; ~**s** *adj.-su. f/pl. Arg.*: (Fiestas) ♀ *arg.* Unabhängigkeitstag (9. Juli 1816).

julio *m* 1. Juli *m*; 2. *Phys.* Joule *n*; 3. ♀ *npr. m* Julius *m*.

juma F *f* → jumera; ~**rse** F *v/r. bsd. Am.* s. beschwipsen.

jume *m Chi.* 1. *Fi.* Blauhai *m*; 2. ♀ Salpeterbusch *m*; Aschenlauge *f* daraus.

jumento *m a. fig.* Esel *m*.

jumera *f* F Rausch *m*, Affe *m* F; P *papar una* ~ s. besaufen F, s. vollaufen lassen F.

jun|cal I. *adj. c* 1. Binsen...; 2. *Andal.* anmutig, stattlich; **II.** *m* 3. → ~**car** *m* Binsengebüsch *n*; binsenbestandenes Gelände *n*; ~**cia** ♀ *f* Zypergras *n*; *fig.* F *vender* ~ prahlen; ~**ciera** *f* Riechtopf *m* für wohlriechende Kräuter; ~**ción** *f Chi.* → confluencia; ~**co** *m* 1. ♀ Binse *f*; ~ (*de Indias*) Spanisches Rohr *n*; ~ oloroso Zitronengras *n*; *muebles m/pl.* de ~ Rohrmöbel *n/pl.*; 2. ⚓ Dschunke *f*, ~**coso** *adj.* mit Binsen bestanden.

jungla *f* Dschungel *m*; *fig.* ~ de asfalto Asphalt-, Großstadtdschungel *m*.

junio *m* Juni *m*.

júnior *m* (*pl. juniores*) *a. Sp.* Junior *m*.

junípero ♀ *m* Wacholder *m*.

junquera ♀ *f* 1. Binse *f*; 2. → ~**l** *m* → juncar.

junquillo *m* 1. ♀ Spanisches Rohr *n*, Rotang *m*; ~ oloroso Jonquille *f*; 2. △ feines Stuckgesims *n*; *a. allg. u. Kfz.* Zierleiste *f*; Stäbchen *n*; *Kfz.* ~ de cromo Chromzierleiste *f*.

junta *f* 1. Versammlung *f*; Rat *m*; Kommission *f*; Sitzung *f*; ~ *directiva* Vorstand *m b.* Vereinen *u.* Gesellschaften; ~ *general a.* ✝ Haupt-, General-versammlung *f*; *Pol.* ~ militar Militärjunta *f*; *Pol.* ~ de portavoces Sprecherrat *m*; ✕ ~ de reclutamiento Musterungskommission *f*; ✝ ~ de socios Gesellschafterversammlung *f*; 2. ⊕ Fuge *f*; Verbindung *f*; ~ soldada Schweißfuge *f*; 3. ⊕ Dichtung *f*; ~ de goma Gummidichtung *f*; poner ~s a abdichten (*ac.*); 4. ~s *f/pl. Ant., Arg., Col.* → confluencia.

junta|mente *adv.* zusammen; gleichzeitig; ~**r I.** *v/t.* zs.-bringen; versammeln; zs.-fügen; *Hände* falten; *Geld* aufbringen; *Tür, Fenster* anlehnen; *Werkstücke* verbinden, inea.-fügen; ⊕ ~ con remaches vernieten; **II.** *v/r.* ~se s. anschließen; s. vereinen, s. zs.-tun; s. treffen; s. vereinigen (*a. geschlechtlich*); P *Hände* falten; s. zs.-tun (*Unverheiratete*).

jun|tera *Zim. f* Kanthobel *m*; ~**tillo** *adv.*: *a pie* ~ *od. a pie(s)* ~*as* mit beiden Füßen zugleich (*springen u. ä.*); *fig.* felsenfest (*glauben, überzeugt sein*); ~**to I.** *adj.* verbunden; vereint; versammelt; gefaltet (*Hände*); nahe; ~**s** zusammen; *barb. Am.* → ambos; *las dos familias viven muy* ~*as* die beiden Familien wohnen sehr nahe beieinander; *bailar* ~*s mitea.* tanzen; *anea.*-geschmiegt zusammen; **II.** *adv.* (*durch prp. usw. näher bestimmt*) in der Nähe; zugleich; zusammen; *Reg. aquí* ~ nebenan; ~ *a Barcelona bei* B.; ~ *a la puerta an* (*od. bei*) *der Tür*; neben der Tür; *se fue* ~ *a ella* er trat zu ihr hin; *en* ~ insgesamt; im (großen u.) ganzen; (*de*) *por* ~ im ganzen; alles in allem; *reía y lloraba todo* ~ er lachte u. weinte in e-m Atem.

juntura *f* Gelenk *n*; Verbindung *f*; Fügung *f*; ⊕ Scharnier *n*; Gelenkstück *n*; Fuge *f*; *Zim.* Stoß *m*; ⚓ ~ *de cabos* Spleißung *f*.

jupa *f Am. Cent.* Kürbis *m*; *fig.* F Kopf *m*, Birne *f* F; *fig.* P *Span.* darse una ~ schuften F, s. totarbeiten F; ~**ta** P *f Span.* Jackett *n*.

jupiteri(a)no *adj.* Jupiter...; jupiterhaft.

juque *m Am. Cent.* → zambomba.

jura[1] Eid *m*; Treueid *m*; ✕ ~ de la bandera (*del cargo*) Fahnen- (Amts-)eid *m*; *Pol.* ~ de la Constitución Eid *m* auf die Verfassung; ♀[2] *Geogr.*: el ~ der Jura; ~**do I.** *adj.* 1. geschworen; vereidigt; beeidigt (*a. Sachverständiger*); *fig. enemigo m* ~ geschworener Feind *m*, Todfeind *m*; *fig.* F *me la tiene* ~*a* er hat e-n Pik auf mich F, er hat es auf mich abgesehen; **II.** *m* 2. Geschworene(r) *m*; *tribunal m de* ~*s* Schwurgericht *n*; 3. ~ (*calificador*) *Span.* ♀ *de Empresa* Betriebsrat *m*; ~**dor** *m* gewohnheitsmäßiger Flucher *m*; ⚡ Schwörende(r) *m*; ~**mentado** *m* eidlich Verpflichtete(r) *m*; ~**mentar I.** *v/t.* vereidigen; **II.** *v/r.* ~se s. eidlich verpflichten; ~**mento** *m* 1. Eid *m*, Schwur *m*; *bajo* ~ unter Eid, eidlich; ~ *declarativo* (*de insolvencia*) Offenbarungseid *m*; ~ *falso* Meineid *m*; 2. Fluch *m*; *soltar* ~*s* fluchen, Verwünschungen ausstoßen; ~**r I.** *v/t.* 1. schwören; beschwören; ~ *la bandera* (*el cargo*) den Fahneneid (den Amtseid) leisten; F *jurárselas a alg.* j-m Rache schwören; **II.** *v/i.* 2. schwören; ~ *por* (*el nombre de*) *Dios* bei Gott schwören; 3. fluchen; ~ *como un carretero* fluchen wie ein Fuhrmann.

jurásico *Geol. adj.* Jura...; *formación f* ~*a* Juraformation *f*.

jurel *m* 1. *Fi.* Stöcker *m*; 2. *fig.* F Rausch *m*; *Cu.* Angst *f*.

jurero *m Chi.* falscher Zeuge *m*.

jurgo *m Col.* Menge *f*, Haufen *m*.

juridicidad *f* strenge Bindung *f* an das Recht (*bsd. Pol. u. Soz.*).

jurídico *adj.* juristisch, rechtlich, Rechts...; ⚡ *capacidad f* ~*a* Rechtsfähigkeit *f*.

juriola *Fi. f* fliegender Fisch *m*.

juris|consulto *m* Rechts-gelehrte(r) *m*, -kundige(r) *m*; ~**dicción** *f* Rechtsprechung *f*; Gerichtsbarkeit

f; Gerichtsbezirk *m*; ~ *civil* (*penal*) Zivil- (Straf-)gerichtsbarkeit *f*; *fig.* tener ~ *sobre* Macht (*od.* Gewalt) haben über (*ac.*); ~**diccional** *adj. c* Gerichts...; Rechtsprechungs...; *aguas f/pl.* ~**es** Hoheitsgewässer *n/pl.*; ~**perito** *m* Rechtskundige(r) *m*; ~**prudencia** *f* Jurisprudenz *f*; Rechtswissenschaft *f*; Rechtsnorm *f*; Rechtsprechung *f*; ~**ta** *c* Jurist *m*.

juro *m* festes Eigentumsrecht *n*; *adv.* de (*od. por*) ~ sicherlich.

jus|ta *f hist.* Lanzenstechen *n*, Turnier *n*; *fig.* Wettstreit *m*; ~ *literaria* literarischer Wettbewerb *m*; ~**tamente** *adv.* genau; gerade, eben; ~**t(e)ar** *v/i.* im Turnier kämpfen; ~**tedad** *f* Genauigkeit *f*; Knappheit *f*.

justi|cia I. *f* 1. Gerechtigkeit *f*, Recht *n*; *de* ~ von Rechts wegen; gerechterweise; *adv. en* ~ gerecht; gerechterweise, ganz objektiv; *deber m de* ~ (moralische) Pflicht *f*; *hacer* ~ *a alg.* j-m Gerechtigkeit widerfahren lassen; *fig. usted no se hace* ~ Sie sind zu bescheiden; *pedir* ~, *reclamar* ~ Gerechtigkeit (*bzw.* sein Recht) fordern; *es* (*de*) ~ es ist recht u. billig; 2. Rechtspflege *f*; Justiz *f*; Justizbehörde *f*, Gericht *n*; *administrar* ~ Recht sprechen; *tomarse la* ~ *por su mano* (*od. por su cuenta*) Selbstjustiz üben, s. selbst sein Recht verschaffen; Faustrecht üben; s. rächen; 3. *fig.* F Hinrichtung *f*; **II.** *m* 4. *hist.* ♀ Mayor Oberrichter *m* des Königreichs Aragonien; ~**ciable** *adj. c* der Gerichtsbarkeit (*od.* dem Gesetz) unterworfen; aburteilbar; ~**ciar** [1b] *v/t. Am.* → ajusticiar; ~**cialismo** *Pol. m* Justizialismus *m*, *pol. u. soziale* Doktrin unter Perón in *Arg.*; ~**ciero** *adj.* streng rechtlich; gerechtigkeitsliebend.

justifica|ble *adj. c* zu rechtfertigen(d); ~**ción** *f* 1. Rechtfertigung *f*; Beweis *m*, Nachweis *m*; 2. *Typ.* a) Zeilenlänge *f*; b) Justierung *f*; Satzspiegel *m*; ~**do** *adj.* 1. gerechtfertigt; gerecht; 2. *EDV* in Blocksatz; ~**nte I.** *adj. c* rechtfertigend; **II.** *m* Beleg *m*; Beweisstück *n*; ~**r** [1g] I. *v/t.* 1. rechtfertigen; nachweisen; dokumentarisch belegen; *el fin justifica los medios* der Zweck heiligt die Mittel; 2. *Typ.* Zeilen, Satzspiegel justieren; **II.** *v/r.* ~se 3. s. rechtfertigen; s-e Unschuld nachweisen; ~**tivo** *adj.* Rechtfertigungs...; Beweis...; *documento m* ~ Beleg *m*.

justillo † *m* Mieder *n*.

justipre|ciación *f* Abschätzung *f*; ✝ ~ *de averías* Dispache *f*, Schadensberechnung *f b. Seeschäden*; ~**ciar** [1b] *v/t.* abschätzen; ~**cio** *m* Bewertung *f*, Taxierung *f*.

justo I. *adj.* 1. gerecht u. richtig; genau; ~ *y equitativo* recht u. billig; 2. *lo* ~ das unbedingt Notwendige; 3. (*estar*) knapp, eng (anliegend); **II.** *m* 4. Gerechte(r) *m*; **III.** *adv.* 5. genau; knapp; richtig; ¡~! stimmt!; ✝ *calcular muy* ~ scharf kalkulieren.

jutía *Zo. f Cu.* Waldratte *f*.

Jutlandia *f* Jütland *n*.

juven|il *adj. c* jugendlich; Jugend...; ~**tud** *f* Jugend(zeit) *f*.

juvia ♀ *f Am. trop.* Paranußbaum *m*.

juzga|do *m* **1.** Richteramt *n*; **2.** Gerichtsbezirk *m*; (unteres) Gericht *n*; *Span.* ~ *de familia* Familiengericht *n*; ~ *municipal etwa*: Gemeinde-, Stadtgericht *n*; ~ *de primera instancia e instrucción etwa*: Amtsgericht *n*; ~ *de paz* Friedensgericht *n*; ~**r** [1h] **I.** *v/t.* **1.** richten; aburteilen; **2.** beurteilen; ~ (*como*) ansehen als (*ac.*), halten für (*ac. od. adj.*); ~ *mal* falsch beurteilen; **II.** *v/i.* **3.** urteilen; glauben, annehmen, meinen; *a* ~ ... *dem* (*bzw. der usw.*) ... nach zu urteilen; *a* ~ *por las apariencias* anscheinend, dem Anschein nach.

K

K, k (= *ka*) *f* K, k *n* (*vgl.* c, qu).
kaftén F *m Arg.* → *alcahuete* 1.
kainita ⚘ *f* Kainit *n*.
káiser *m* Kaiser *m* (*mst.* Wilhelm II.).
kaki I. *m* **1.** ⚘ Kaki *m* (*Baum u. Frucht*); **2.** Khaki *m bzw. n*; **II.** *adj. inv.* **3.** khaki, gelbbraun.
kaleidoscopio *m* → *calidoscopio*.
kali ⚘ *m* gemeines Salzkraut *n*.
Kampuchea *f* Kampuchea *n*.
kan *m* → *khan*.
kanguro *m Zo.* Känguruh *n*; F *Span.* Babysitter *m*.
kanti|ano *Phil.* **I.** *adj.* auf Kant bezüglich; kantisch; **II.** *m* Kantianer *m*; ~**smo** *m* Philosophie *f* Kants.
kaolín *m* Kaolin *n*.
kapok *m* Kapok *m*.
kappa *f* Kappa *n* (*griech. Buchstabe*).
karakul *m* Karakulschaf *n*.
karaoke *m* Karaokebar *f*.
karate *Sp. m* Karate *n*; ~**ca** *m* Karateka *m*, Karatekämpfer *m*.
karst *Geol. m* Karst *m*.
kar|t *Sp. m* Go-Kart *n*; ~**ting** *Sp. m* Go-Kart-Fahren *n*; ~**tódromo** *m* Go-Kart-Bahn *f*.
kayac *m* Kajak *n, m*.
Kazajstán *m* Kasachstan *n*.
kedive *m* → *jedive*.
kéfir *od.* **kefir** *m* Kefir *m*.
Kenia *f* Kenia *n*; ⚥**no** *adj.-su.* kenianisch; *m* Kenianer *m*.
kénosis *Theol. f* Kenosis *f*.
kenotrón ⚡ *m* Kenotron *n*.
Kenya *f* → *Kenia*.
kepí *od.* **kepis** *m Art* Schirmmütze *f*.
kerati|na *Physiol. f* Keratin *n*; ~**tis** ⚕ *f* Keratitis *f*.
kermes *Zo. m* (Kermes-)Schildlaus *f*
kerm|és, *a.* ~**es(s)e** *f* Kirchweih(fest *n*) *f*, Kirmes *f*; Wohltätigkeitsfest *n*.
kero|seno, *a.* ~**sene,** ~**sén** *m* Kerosin *n*.
kha|n *m* Khan *m*; ~**nato** *m* Khanat *n*.

khmer *adj.-su.* (*pl. inv.*) Khmer...; *m* Khmer *m* (*pl. inv.*); *das* Khmer (Sprache).
kib(b)utz *m* Kibbutz *m*.
kidnap|per *m* Kindesentführer *m*, Kidnapper *m*; ~**ping** *m* Menschen-, *bsd.* Kindes-raub *m*, Kidnapping *n*.
kief *m* Kef *m, n*.
kiese|lgur *Min. m* Kieselgur *f*; ~**rita** *Min. f* Kieserit *m*.
kif(i) F *m* Kif *m*.
kilo *m* → *kilogramo*; ~**byte** *m* Kilobyte *n*; ~**caloría** *f* Kilo(gramm)kalorie *f*; ~**ciclo** HF *m* Kilohertz *n*; ~**grámetro** *Phys. m* Meterkilogramm *n*; ~**gramo** *m*, *Abk.* kg. Kilo(gramm) *n*; ~**litro** *m* Kiloliter *n*, *m*; ~**metraje** *m* Kilometermessung *f*; Kilometer-zahl *f*, -stand *m*; Kilometerleistung *f z. B. v. Reifen*; Entfernung *f* in km; ~**metrar** *v/t.* nach km (ver)messen; kilometrieren, mit Kilometersteinen versehen; ~**métrico I.** *adj.* Kilometer...; **II.** *adj.-su.* ⚐ *Span.* (*billete m*) ~ *m* Kilometerheft *n*.
kilómetro *m*, *Abk.* km. Kilometer *m*, *n*; ~ *cuadrado*, *Abk.* km.² Quadratkilometer *m*; *a* (*una velocidad de*) *cien* ~*s por hora* (*od.* ~*s/hora*) mit (e-r Geschwindigkeit von) 100 Stundenkilometern.
kilo|pondio *Phys. m*, *Abk.* kp Kilopond *n*; ~**vatímetro** ⚡ *m*: ~ *registrador* Kilowattstundenschreiber *m*; ~**vatio** ⚡ *m*, *Abk.* kW Kilowatt *n*; ~-*hora m*, *Abk.* kWh Kilowattstunde *f*; ~**voltio** ⚡ *m*, *Abk.* kV Kilovolt *n*.
kilt *m* Kilt *m*, Schottenrock *m*.
kimono *m* Kimono *m*; *mangas f/pl.* (*de*) ~ Kimonoärmel *m/pl.*
kindergarten *m bsd. Am.* Kindergarten *m*.
kinesiterapia *f* Krankengymnastik *f*, Bewegungstherapie *f*.

kiosko *m* → *quiosco*.
kirial *kath. m* Kyriale *n*.
Kirguistán *m* Kirgisien *n*.
kirie (**eleison**) *m Rel.* Kyrieeleison *n*; *fig.* F *cantar el* ~ um Gnade bitten.
kirsch *m* Kirsch(wasser *n*) *m*.
kismet *m* Kismet *n*.
kit ⊕ *m* Bestückung *f*; Satz *m*; ~ *de construcción* Bausatz *m* zum (Selbst-) Bauen *v.* Geräten.
kiwi ⚘ *f* Kiwi *f*.
kiwi(-kiwi) *Vo. m* Kiwi *m*.
klaxon *m* Hupe *f*.
knock-out *m u. adv.*, *Abk.* K.O. *Sp. u. fig.* Knockout *m*, K.o. *m*; *adv.* knockout, k.o.; *vencer a alg. por* ~ j-n k.o. schlagen.
koala *Zo. m* Koala *m*, Beutelbär *m*.
kola ⚘ *f* Kola-baum *m*; -nuß *f*.
koljo|s *m* Kolchos *m*; ~**siano** *m* Mitglied *n* e-s Kolchos.
Komin|form *Pol. f* Kominform *n*; ~**tern** *Pol. m* Komintern *f*.
komsomol *m* Komsomol *m*.
kopek *m* Kopeke *f* (*russ. Münze*).
Kósovo *m* Kosovo *n*, *m*.
kraft *m*: (*papel m*) ~ Kraft-, Sulfitpapier *n*.
krausis|mo *Phil. m* Krausismus *m*, Lehre *f* des dt. Philosophen Krause; ~**ta** *adj.-su. c* Anhänger *m* der Lehre Krauses.
Kremli|n *m* Kreml *m*; ⚥**nólogo** *Pol. m* Kremlspezialist *m*.
kronprinz *m* der dt. Kronprinz *m*.
kulak *m* Kulak *m*.
kumis *m* Kumyß *m* (*gegorene Stutenmilch*).
kummel *m* Kümmel *m* (*Schnaps*).
kung-fu *Sp. m* Kung-Fu *n*.
Kur|distán *m* Kurdistan *n*; ⚥**do** *adj.-su.* kurdisch; *m* Kurde *m*.
Ku|wait *m*, ~**weit** *m* Kuwait *n*, Kuweit *n*.
kwas *od.* **kvas** *m* Kwaß *m*.

L

L, l (= ele) f L, l n.
la I. art. die; **II.** pron. pers. f sg. sie (ac.); F ihr (dat.) (→ laísmo); elliptische Verwendung in Redensarten: ¡me ~(s) pagarás! das wirst du mir büßen; **III.** m ♪ A n (Ton); ~ sostenido Ais n; ~ bemol As n.
lábaro Arch. m Labarum n.
labe|ríntico adj. labyrinthisch; fig. verworren; **~rinto** m a. fig. u. Anat. Labyrinth n.
labia F f Zungenfertigkeit f; tener mucha (od. buena) ~ ein gutes Mundwerk haben; **~das** ♀ f/pl. Lippenblütler m/pl.; **~l I.** adj. c Lippen...; labial; **II.** m, f Li. Labial m, Lippenlaut m; **~lizar** [1f] Li. v/t. labialisieren, runden.
labiérnago ♀ m Art Steinlinde f.
labihendido adj. mit gespaltener Lippe; hasenschartig.
lábil adj. c a. fig. schwankend, unsicher; Phys., ⊕, ⚕ labil (a. fig.), unstabil.
labio m Lippe f; Lefze f der Tiere; p. ext. Mund m; (bsd. Wund-)Rand m; Anat. ~ inferior (superior) Unter- (Ober-)lippe f; Anat. **~s** m/pl. (de la vulva) Schamlippen f/pl.; de **~s** de alg. aus j-s Munde; cerrar los **~s** schweigen; morderse los **~s** s. auf die Lippen beißen; **~dental** Li. **I.** adj. c labiodental; **II.** m, f Labiodental m, Lippenzahnlaut m; **~so** adj. Am. mit tüchtigem Mundwerk; a. → ladino 1.
labor f 1. Arbeit f; Werk n; ~ doméstica Hausarbeit f; auf Formularen, unter Beruf: sus **~es** Hausfrau; 2. Land-, Feld-arbeit f; Am. Cent., Méj. kl. Bauernhof m; tierra f de ~ Ackerland n; dar una ~ al campo das Feld (um)pflügen; 3. (weibliche) Handarbeit f; ~ de ganchillo (de punto) Häkel- (Strick-)arbeit f; profesora f de **~es** Handarbeitslehrerin f; 4. Span. **~es** f/pl. Zigarren f/pl.
labora|ble adj. c 1. día m ~ Arbeits-, Werk-tag m; 2. bestellbar (Land); **~do** adj. ⊕ no ~ roh, unbearbeitet; **~l** adj. c Arbeits...; Derecho m ~ Arbeitsrecht n; relación f ~ Arbeitsverhältnis n; relaciones f/pl. **~es** Beziehungen f/pl. zwischen den Sozialpartnern; **~lista** m Arbeitsrechtler m; **~nte** m 1. Laborant m; 2. Konspirant m, Intrigant m; **~r I.** v/t. → labrar; **II.** v/i. s. bemühen, s-e Pläne durchzusetzen; oft intrigieren; lit. Am. arbeiten; **~torio** m Labor(atorium) n; ~ fotográfico (lingüístico od. de idiomas) Photo- (Sprach-)labor n; **~torista** m Ven. Laborant m.
labore|ar I. v/t. ⚒ schürfen; abbauen; **II.** v/i. ♣ über e-e Rolle laufen (Kabel, Seil); **~o** m ⚒ Feldbestellung f; ⚒ Bergbau m; Bergwesen n; **~ro** m Bol., Pe., Chi. Vorarbeiter m.
laborio|sidad f Fleiß m, Arbeitsamkeit f; **~so** adj. 1. arbeitsam, fleißig; 2. schwierig, mühsam; langwierig.
laboris|mo Pol. m Labourbewegung f (England); **~ta** Pol. **I.** adj. c Labour...; Partido m ~ Labourpartei f; **II.** c Anhänger m der Labourpartei.
laborterapia f Arbeitstherapie f.
labra f ⊕ Bearbeitung f; **~ble** adj. c bearbeitbar; **~da** ✳ f umgepflügtes Brachland n; **~dero**, **~dío** adj. ~ labrantío; **~do I.** adj. gemustert (Stoff); ⊕ bearbeitet; geschliffen (Diamant); **II.** m Ackerland n; **~dor I.** adj. ackernd; **II.** m Landmann m Bauer m; Méj. Holzfäller m; **~dora** f Bäuerin f; **~doresco** adj., **~doril** adj. c bäuerisch; Bauern...
labradorita Min. f Labradorit m.
labran|tín m Kleinbauer m; **~tío I.** adj. angebaut; anbaufähig; **II.** m Ackerland n; **~za** f 1. ✳ Ackerbau m; Feld-bestellung f, -arbeit f; Anbaubetrieb m; 2. Landgut n, Hof m.
labrar I. v/t. 1. gestalten, formen; Steine behauen; a. ⊕ Material bearbeiten, zurichten; sin ~ unverarbeitet; unbearbeitet; 2. Acker bestellen, ackern, pflügen; Méj. Bäume fällen; 3. fig. betreiben; herbeiführen, bewirken; hinarbeiten auf (ac.); ~ la felicidad de alg. j-n glücklich machen (wollen); **II.** v/i. 4. fig. (gr.) Eindruck machen (auf ac. en), stark wirken; **III.** v/r. **~se** 5. lit. ~se un porvenir s. e-e Stellung im Leben schaffen.
labrie|ga f Bäuerin f; **~go** m Bauer m.
labrusca ♀ f wilder Wein m.
laca f Lack m; Harzlack m; Lackfirnis m; Haarspray n, m; Mal. ~ amarilla (od. verde od. de Venecia) Gelblack m; ~ mate (zapón) Matt- (Zapon-)lack m; ~ nitrocelulósica Nitro(zellulose)- lack m; ~ (para uñas) Nagellack m; **~r** [1g] v/t. → lacar; **II.** m Lackspray m; **~yo** m 1. a. fig. Lakai m; 2. † Zierschleife f der Frauen; **~yuno** desp. adj. Lakaien..., Knechts...
lacea|da f Arg. Schlag m mit dem Lasso; **~dor** m Am. Lassowerfer m; **~r** v/t. 1. mit Bändern schmücken (od. schnüren); 2. Jgdw. mit Schlingen fangen; 3. Arg. mit dem Lasso peitschen; Chi. → lazar.
lacede|món, **~monio** adj.-su. lazedämonisch, spartanisch; m Lazedämonier m, Spartaner m.
lace|ración f Schädigung f; Verletzung f, **~rado K** adj. unglücklich, elend; **~rante** adj. c fig. reißend (Schmerz); gellend (Schrei); **~rar** v/t. schädigen (a. fig.); verletzen (a. fig.); quetschen; zerreißen; **~ria** f 1. Elend n; Armut f, Dürftigkeit f; Leid n; sufrir ~ im Elend leben; 2. fig. mühsame Arbeit f, Schufterei f F.
lace|ría f Bandwerk n, Bänder n/pl. (a. △ als Ornament); **~río** m Arg. Schleifen f/pl.; Schlingen f/pl.; **~ro** m Lassowerfer m; Jgdw. Schlingenleger m; p. ext. Hundefänger m.
lacértidos Zo. m/pl. Eidechsen f/pl.
lacio adj. welk; schlaff; kraftlos.
lacón Kchk. m (geräucherter) Vorderschinken m. [(Stil).]
lacónico adj. lakonisch; gedrängt
laconi|o hist. adj.-su. lakonisch; m Lakonier m; **~smo** m lakonische Ausdrucksweise f; Kürze f des Stils; Lakonismus m.
la|cra f 1. Gebrechen n; Mangel m, Defekt m; 2. † Narbe f; 3. Arg., Pe., P. Ri. Wundschorf m; Am. Reg. (schwärende) Wunde f; **~crar** v/t. versiegeln; **~cre** m 1. Siegellack m; 2. ♀ Cu. Siegellackbaum m.
lacri|mal adj. c Tränen...; Anat. glándulas f/pl. **~es** Tränendrüsen f/pl.; **~matorio** Arch. adj.-su. m Tränenkrug m als Grabbeigabe; **~mógeno** adj. tränenerregend; ⚕ (gas m) ~ m Tränengas n; **~mosidad** f fig. Rührseligkeit f; **~moso** adj. tränend; tränenreich; zu Tränen rührend.
lacta|ción f 1. Physiol. Milcherzeugung f; 2. Stillen n, Säugen n; Ernährung f mit Milch; **~lbúmina** ⚕ f Milcheiweiß n; **~ncia** f 1. Säuge-, Still-zeit f; 2. → lactación; **~nte** adj. c-su. m Säugling m; **~r I.** v/t. stillen, säugen; mit Milch aufziehen; **II.** v/i. ⚕, Biol. laktieren, Milch absondern; gesäugt werden; s. von Milch nähren; **~rio I.** adj. → lácteo, lechoso; **II.** **~s** m/pl. Laktarien pl. (Pilze); **~sa** ⚕ f Laktase f; **~to** ⚕ m Laktat n. [mehl n.]
lacteado adj.: harina f **~a** Kinder-
lácteo adj. milchig; Milch...; Astr. Vía f **~a** Milchstraße f.
lac|tescencia ⚕, Biol. f milchige Beschaffenheit f, Lakteszenz f; **~ticíneo** adj. aus Milch, Milch...; **~táctico** ⚕ adj. Milch(säure)...; ácido m ~ Milchsäure f.
lac|tífero adj.: Anat. conductos (od. vasos) m/pl. **~s** Milchgänge m/pl.; **~todensímetro** m Milchmesser m; **~tosa** Physiol. f Laktose f, Milchzucker m.
lactumen ⚕ m Milchekzem n der Säuglinge.

lacustre *adj. c* See...; *hist.* construcciones *f/pl.* ~s Pfahlbauten *m/pl.*
lach|a *f* **1.** *Fi.* Alse *f*; **2.** *fig.* F Scham *f*; *tener poca* ~ unverschämt sein; **3.** P *Chi., Pe.* Geliebte *f*; **~o** P *m Chi., Pe.* Liebhaber *m.*
ladea *f Méj.* Jäten *n.*
lade|ado *adj.* seitlich geneigt; windschief; **~ar I.** *v/t.* zur Seite neigen; *a. Waffe* verkanten; **II.** *v/i.* ausweichen; vom geraden Weg abkommen; **III.** *v/r.* **~se** s. zur Seite neigen; *fig.* **~se con** *alg.* s. auf j-s Seite stellen; *Arg.* **~se → pervertirse;** *Chi.* **→ enamorarse; ~o** *m* Neigung *f*; Verkantung *f z. B. e-s Gewehrs*; **~ra** *f* Abhang *m*; Berglehne *f*, Flanke *f*; *Col.* Ufer *n e-s Flusses*; **~ro** *m Am.* Stangenpferd *n.*
ladi|lla *Ent. f* Filzlaus *f*; **~llo** *m Typ.* Randtitel *m*; **~no I.** *adj.* **1.** *fig.* verschmitzt; schlau, pfiffig; abgefeimt; **2.** in Sprachen bewandert; *Li.* judenspanisch; *Am.* spanisch sprechend (*Indianer, Neger*); **II.** *m* **3.** *Am. Cent., Méj.* Mestize *m*; **4.** *Li.* das Judenspanische.
lado *m a.* ⚔ *u. fig.* Seite *f*; Gegend *f*; ⚔ *a.* Kante *f*; Schenkel *m*; *al ~* nebenan; daneben; *~ a ~* Seite an Seite; *el señor de al ~* der Herr (von) nebenan; *al ~ de* neben (*dat. bzw. ac.*); *al otro ~* jenseits; umstehend (*Seite*); *al otro ~ de* jenseits (*gen.*); *a un ~* seitlich; seitwärts; *¡bromas a un ~!* Scherz beiseite!; *de ~* seitlich; von der Seite; *de cuatro ~s* vierseitig; *de este ~* diesseits; *de mi ~ a. fig.* auf m-r Seite; *de un ~ a* (*od. para*) *otro* hin u. her; *Opt., Typ.,* ⊕ *de ~s invertidos* seitenverkehrt; *en ambos ~s* beidseitig; *por el ~ paterno* väterlicherseits (*Verwandtschaft*); *por el ~ político* vom politischen Gesichtspunkt (*od.* Standpunkt) aus; *por ese ~* dahinaus, diesen Weg; *¡por este ~!* herbei!; *por este ~* diesseits; in dieser Hinsicht; *por otro ~* andererseits; *por un ~..., por otro ~* einerseits, andererseits; *por todos ~s* von allen Seiten; ringsum; überall; *el ~ de abajo* (*de arriba*) die obere (untere) Seite *f*; Tuchseite *f*; Stoffen, Narbenseite *f b.* Leder, Pelzseite *f b.* Fellen, ⊕ Gutseite *f b.* Lehren; *~ inferior* (*superior*) Unter- (Ober-)seite *f*; *~ interior* (*exterior*) Innen-(Außen-)seite *f*; *fig. ~ malo* linke Seite *f b. Tuch*, Fleischseite *f b. Leder*, Pelz, ⊕ Ausschußseite *f b. Lehren*; *fig. dar de ~ a alg.* j-m den Rücken kehren; j-n links liegen lassen; *fig. dejar* (*od. echar*) *a un ~ od.* dejar de ~ beiseite lassen; *Probleme* ausklammern; echar (*od.* irse) *por otro ~* e-n andern Weg einschlagen; *está de tu ~* er steht auf deiner Seite; *hacer ~* Platz machen; *hacerse a un ~* zur Seite treten (*od.* rücken, rutschen); *fig. ir de ~* s. täuschen; *fig. mirar de* (*medio*) *~* scheel ansehen; *fig. ponerse del ~ de alg.* für j-n Partei ergreifen, für j-n eintreten, s. auf j-s Seite schlagen.
la|dra *f* Gebell *n*; **~drador** *adj.* bellend; **~drar** *v/i.* bellen; *fig.* drohen, *aber nicht handeln*; kläffen F, *aber nicht beißen*; **~drido** *m* Bellen *n*; Gebell *n.*
ladri|llado *m* Ziegelpflaster *n*; **~llar¹** *m* Ziegelei *f*; **~llar²** *v/t.* → **~enladrillar**; **~llera** *f* Ziegelform *f*; **~llero** *m* Ziegelbrenner *m*; **~llo** *m* **1.** Ziegel(stein) *m*; *color m ~* ziegelrot; △ *~* (*recocho*) Backstein *m*; *~ espumoso de escoria* Leichtbaustein *m*; *~ hueco* (*perforado*) Hohl-(Loch-)ziegel *m*; *~ recocido* Klinker *m*; *~ visto* Zierstein *m*; *~ vítreo* (*od. de vidrio*) Glasziegel *m*; **2.** *fig.* F Schinken *m* F (*Theaterstück, Roman*); *fig.* dicke Tafel *f* (*Schokolade*).
ladrón I. *adj.* **1.** diebisch; spitzbübisch; **II.** *m* **2.** Dieb *m*; Räuber *m*; Gauner *m*; *bibl.* Schächer *m*; **3.** *p. ext.* Vorrichtung *f* zu heimlicher Wasser-, Strom- *usw.* -entnahme.
ladro|nada *f* Diebesstreich *m*; **~namente** *adv.* wie ein Dieb; verstohlen; **~near** *v/i.* als Dieb umherziehen; **~nera** *f* **1.** Diebesnest *n*; Räuberhöhle *f*; **2.** Dieberei *f*; **3.** ✍ heimliche Wasserableitung *f b.* e-r Stauanlage; **4.** *fig.* F Sparbüchse *f*; **5.** *fort.* → **matacán;** **~nería** *f* → **latrocinio;** **~nesca** F *f* diebisches Gesindel *n*; **~nesco** F *adj.* Diebs..., Räuber...
laga|r *m* Weinkelter *f*; **~rero** *m* Kelterarbeiter *m.*
lagar|ta *f* **1.** Eidechse *f* (*Weibchen*); **2.** *fig.* F Luder *n* F; **3.** *Ent.* Art Seidenspinner *m* (*Schädling*); **~tera** *f* Eidechsenhöhle *f*; **~tija** *f* Mauereidechse *f*; **~tijero** *adj.-su.*: *Vo.* (*cernícalo m*) *~ m* Turmfalke *m*; *Stk.* media (*estocada f*) *~ a f* kurzer tödlicher Degenstoß *m*; **~tijo** *m* **1.** → *lagartija*; **2.** *fig.* F *Méj.* junger Geck *m*, Stutzer *m*; **~to** *m* **1.** *Zo.* Echse *f*; *gr.* Eidechse *f*; *bsd.* Smaragdeidechse *f*; *Am. ~* (*de Indias*) → *caimán*; *~ ocelada* (*vivípara*) Perl- (Berg-, Moor-, Wald-)eidechse *f*; *fig. int.* ¡~! unberufen!, toi toi toi!; **2.** *fig.* Schlauberger *m*, Filou *m* F; **3.** *Ec.* Händler *m*, der teuer verkauft; **~tona** *f f* Luder *n* F, gerissenes Weibsstück *n* F.
lago *m* See *m*; *~ de Constanza* Bodensee *m*; *~ de los Cuatro Cantones* Vierwaldstätter See *m*; *~ Lemán* Genfer See *m*.
lagote|ría F *f* (hinterhältige) Schmeichelei *f*; **~ro** *adj.-su.* (hinterlistiger) Schmeichler *m.*
lágrima *f* **1.** Träne *f*; *fig.* **~s** *f/pl.* Ausfluß *m v. Pfl.* nach Verletzungen; *fig.* F *una ~ de aguardiente* ein Schlückchen *n* Schnaps; *~s f/pl. de alegría* Freudentränen *f/pl.*; *~s de Batavia* Glasträne *f*, Knallglas *n*; *fig. ~s de cocodrilo* Krokodilstränen *f/pl.*; *arrancar a alg.* j-m die Tränen in die Augen pressen; j-n zu Tränen rühren; *deshacerse en ~s od. estar hecho un mar de ~s* in Tränen zerfließen; *llorar* (*od.* ~s *de sangre* blutige Tränen weinen; *llorar a ~ viva* heiße Tränen vergießen; *saltársele a alg. las ~s* in Tränen ausbrechen; **2.** ♀ ~s *de David* (*od. de Job*) Tränengras *n.*
lagri|mal I. ✝ *adj. c* Tränen...; *saco m ~* Tränensack *m*; **II.** *m* Tränenwinkel *m des Auges*; ✝ Baumgeschwür *n* in angerissenen Astgabelungen; **~mear** ✝ *v/i.* tränen; **~meo** *m* Tränen *n*; Tränenfluß *m*; **~millo** *m Chi.* frisch gärender Most *m*; **~mones** *m/pl.* dicke Tränen *f/pl.*; **~moso** *adj.* tränend; verweint; weinerlich.
lagu|a *f Bol., Pe.* Brei *m* aus Kartoffelmehl; **~na** *f* **1.** Lagune *f*; (Salzwasser-)Teich *m*; *p. ext.* Sumpf *m*; **2.** *fig.* Lücke *f in Texten u. fig.*; **~nero** *adj.* Lagunen...; **~noso** *adj.* lagunenreich; sumpfig.
lai|cal *adj. c* weltlich; antiklerikal; *estado m ~* Laienstand *m*; **~cidad** *f* Weltlichkeit *f*; Freiheit *f* von kirchlicher Bindung; **~cismo** *Pol. m* Laizismus *m*; **~cización** *f* Laizisierung *f*; Verweltlichung *f* von kirchlichem Einfluß; **~cizar** [1f] *v/t.* vom geistlichen Einfluß befreien; den geistlichen Einfluß beschränken; **~co I.** *adj.* laienhaft; weltlich; *Schule a.* frei; **II.** *m* Laie *m.*
lairén I. *adj.*: *uva f ~* dickschalige u. großkernige Traubenart; **II.** *m* ♀ *Ven.* e-e eßbare Wurzel.
laís|mo *Gram. m*: dativische Verwendung *f v.* la u. las; **~ta** *adj.-su.*: bezieht s. auf den laísmo u. s-e Vertreter (*z. B. la dijo er sagte ihr*).
laja¹ *f* glatter Stein *m*; **~²** *f Cu.* dünner Agavenfaserstrick *m.*
lama¹ *f* **1.** (*bsd.* Gruben-)Schlamm *m*; **2.** Seegras *n*; *Col.* dichtes, grünes Moos *n*; **~²** *Rel. m* Lama *m*; **~ico** *adj.* lamaistisch, Lama...; **~ísmo** *m* Lamaismus *m*; **~ísta** *c* Lamaist *m*; **~sería** *f* Lamakloster *n.*
lambare|ar *v/i. Cu.* s. herumtreiben; **~ro** *Cu.* **I.** *adj.* faul; **II.** *m* Tagedieb *m*, Herumtreiber *m.*
lambdacismo *Li. m* Lambdazismus *m.*
lam|ber F *v/t. prov. u. Am.* → *lamer*; **~bido I.** *m prov.* → *lamido*; **II.** *adj. Am. Cent.* → *relamido*; *Col., Ec.* → *descarado*; **~bón** *adj.-su. Col.* Schmeichler *m*, Speichellecker *m.*
lambrequín *m* ⚔ Helm-, Wappenzier *f*; Zackenbehang *m*, Lambrequin *m.*
lamé *m*: *~ dorado* Goldlamé *m.*
lame|culos P *m* (*pl. inv.*) Speichellecker *m*, Arschkriecher *m* V; **~dal** *m* Morast *m*; **~dor I.** *adj.* leckend; **II.** *m* Sirup *m.*
lameli|branquios *Zo. m/pl.* Blattkiemer *m/pl.*; **~forme** 🜨 *adj. c* lamellenförmig.
lamen|table *adj. c* kläglich; jämmerlich; bedauerlich; **~tación** *f* Wehklage *f*; **~ones** *f/pl.* F Gejammer *n*; **~tar I.** *v/t.* beklagen; bejammern; bedauern; *lo lamento mucho es tut mir sehr leid*; **II.** *v/r.* **~se** (*de, por*) jammern (*über ac.*); s. beklagen (*über ac.*); **~to** *m* Wehklagen *n*; **~toso** *adj.* **1.** kläglich, jämmerlich; **2.** jammernd.
lame|platos F *m* (*pl. inv.*) Tellerlecker *m*; *a.* Schmarotzer *m*; **~r** *v/t.* (ab)lecken; *fig.* leicht berühren; **~se** s. (be)lecken (*Tiere*); *las olas lamen el litoral* die Wellen schlagen (sanft) ans Gestade; *fig.* F *dejar a alg. que ~* j-m großen Schaden zufügen; j-n zurichten; V *~ el culo a alg.* j-m in den Hintern P (*od. in den Arsch* V) kriechen; **~rón** *adj.* naschhaft; *fig.* schmeichlerisch; **~tón** *m* (gieriges) Lecken *n.*
lamia *f* **1.** *Folk. hist.* Lamia *f*;

lamido — lanzafuego

2. *Fi.* → *tiburón*.
lamido I. *adj. fig.* dünn u. blaß; geschniegelt; **II.** *m* Lecken *n*.
lámina *f* 1. ⊕ (dünne) Platte *f*; Folie *f*; Blech *n*; Blatt *n*; Lamelle *f*; ~ *adhesiva (transparente)* Klebe-(Klarsicht-)folie *f*; ⚡ ~ *de contacto* Kontaktfeder *f*; 2. *Typ.* Tafel *f in Büchern*; ~ *a todo color* Farbbildtafel *f*.
lamina|ble ⊕ *adj. c* auswalzbar; **~ción** *f* ⊕ Walzung *f*; *tren m de* ~ Walzstraße *f*; **~do I.** *adj.* blätterig; lamelliert; mit Platten belegt; ⊕ gewalzt; *cristal m* ~ Verbundglas *n*; **II.** *m* ⊕ Walzen *n*; **~dor** ⊕ *m* 1. Walzenwerksarbeiter *m*; 2. (*tren*) ~ Walzwerk *n*; **~dora** ⊕ *f* Walzmaschine *f*, -werk *n*; **~r**[1] *adj. c* blätterig, Folien... (*Struktur*) laminar (*Strömung*); **~r**[2] ⊕ *v/t.* (aus)walzen; mit Platten (*od.* Folien) belegen; ~ *en caliente* warmwalzen.
lami|naria ⚘ *f* Riementang *m*; **~nero** *adj.-su.* naschhaft; *m* Leckermaul *n*; **~nilla** *f* Blättchen *n*; Lamelle *f*; kl. Blattfeder *f*; **~(s)** *f (/pl.)* Flitter *m*; **~noso** *adj.* schichtig, geblättert (*Struktur*).
lamiscar [1g] F *v/t.* (eifrig) (ab-)lecken; schlecken.
lam|oso *adj.* schlammig; **~pa** *f Am. Mer.* Pickel *m*, Kreuzhacke *f*; **~pacear** *v/t.* ⚓ aufwischen, schwabbern; **~palagua** *m Zo. Am.* Boa *f*; *Myth. Chi.* Ungeheuer, *das die Flüsse leersäuft*; *fig.* F Nimmersatt *m*.
lámpara *f* 1. Lampe *f*; Leuchte *f*; *a.* HF Röhre *f*; HF ~ *amplificadora* Verstärkerröhre *f*; ~ *de aviso* Warnleuchte *f*; HF ~ *biplaca* Doppeldiode *f*; ~ *colgante* Hängelampe *f*; ~ *fluorescente* Leucht(stoff)röhre *f*; ~ *halógena* Halogenlampe *f*; ~ *de minero*, ~ *de seguridad (para soldar)* Gruben- (Löt-)lampe *f*; ~ *de pie* Stehlampe *f*; *ecl.* ~ *del Santísimo* ewiges Licht *n*; ~ *solar* künstliche Höhensonne *f*; *fig.* F *atizar la* ~ noch e-n einschenken, noch e-n auf den Docht gießen F; 2. Ölfleck *m in der Kleidung*.
lampa|rero *m* 1. Lampen-macher *m*; -verkäufer *m*; 2. Laternenanzünder *m*; **~rilla** *f* 1. Lämpchen *n*; Nachtlicht *n*; 2. ⚘ Zitterpappel *f*; F Gläschen *n* Schnaps; **~rín** *ecl. m* Lampenring *m*, -halter *m*; **~rita** *f dim.*: ~ *de control* Kontrollämpchen *n*; **~ro** *adj. Col.* abgebrannt, ohne Geld; **~rón** *m* großer Fettfleck *m in der Kleidung*; **~ones** *m/pl.* ⚕ Skrofeln *pl.*; *vet.* Rotz *m*.
lampazo *m* 1. ⚘ *m* Purpurklette *f*; F ⚘ ~*s pl.* Hitzblattern *f/pl.*; 2. *fig.* ⚓ Schiffsbesen *m*; 3. *Col.* Schlag *m*.
lam|piño *adj.* bartlos, ⚘ haarlos, kahl; **~pión** *m* Laterne *f*, gr. Leuchte *f*; Lampion *m*; **~pista** *m* (Elektro-)Installateur *m*; **~pistería** *f* Installations- *bzw.* kl. Elektrogeschäft *n*; **~po** *poet. m* Aufleuchten *n*, Blitz *m*; **~pón** F *m Col.* Hungerleider *m*; **~prea** *f* 1. *Fi.* a) Lamprete *f*; b) Neunauge *n*; 2. *Ven.* schwärende Wunde *f*; **~prear** *v/t.* 1. *Kchk.* Fleisch wie e-e Lamprete zubereiten (*erst braten, dann in feiner Gewürzbrühe kochen*); 2. *Guat.* →

azotar; **~puga** *Fi. f* Roßkopffisch *m*.
lana[1] *f* 1. Wolle *f*; Wollstoff *m*; ~ *de angora (de merino, de oveja)* Angora- (Merino-, Schaf-)wolle *f*; ~ *de borra* Ausschußwolle *f*; ~ *en bruto* Rohwolle *f*; ~ *esquilada (sucia)* Schur- (Schweiß-)wolle *f*; ~ *estambrera (od. peinada)* Kammgarnwolle *f*; *pura* ~ *virgen* reine Schurwolle *f*; *fig.* F *cardarle a alg. la* ~ j-m gewaltig den Kopf waschen F; 2. F *bsd. Méj.* Moneten *f/pl.* F, Zaster *m* F; *no tener* ~ *blank (od.* abgebrannt) sein F; ~[2] *m Guat., Hond.* Mann *m* aus dem Pöbel; Stromer *m*; **~da** ⚡ *f* Wischer *m für Feuerwaffen*; **~do** *adj.* bewollt; wollig; **~r** *adj. c.*: *ganado m* ~ Wollvieh *n*; Schafe *n/pl.*; **~ria** ⚘ *f* Seifenkraut *n*.
lance *m* 1. Werfen *n*; Auswerfen *n des Netzes*; Fang *m*; Wurf *m bzw.* Zug *m* b. *Spiel*; *fig. Stk.* Capafigur *f* (*Täuschung des Stiers*); *Arg.* Reihe *f aufea.-folgender Dinge*, Serie *f*; *Chi.* Ausweichbewegung *f*; *echar uno su* ~ sein Glück versuchen *b. Spiel u. fig.*; 2. Vorfall *m*, Vorkommnis *n*; Glück *n*, Zufall *m*; Abenteuer *n*; **de** ~ a) † zufällig; b) *adj.* Gelegenheits... (*Kauf*); *a. adv.* antiquarisch (*Buch*); aus zweiter Hand, gebraucht; *K* ~ *amoroso* Liebesabenteuer *n*; ~ *de fortuna* unerwartetes Ereignis *n*; Zufallsglück *n*; 3. ~ (*apretado*) schwierige (*od.* gefährliche) Lage *f*, kritische Situation *f (od.* Sache) ; 4. Zs.-stoß *m*, Streit *m*; ~ *de honor* Ehrenhandel *m*, Duell *n*; 5. Bolzen *n e-r Armbrust*.
lance|ado *adj.* → *lanceolado*; **~ar I.** *v/t.* 1. mit der Lanze verletzen; 2. *Stk.* den Stier mit der Capa bearbeiten; **II.** *v/i.* 3. ⚘ *Méj.* sprießen (*Maissaat*); **~olado** ⚘ *adj.* lanzettförmig, Lanzett...; **~ra** *f* Lanzenständer *m*; **~ro** *m* 1. Lanzenreiter *m*; 2. *Arg.* Abenteurer *m*; **~ta** *f* 1. Lanzette *f*; Schnepper *m*; 2. *Fi.* Lanzettfischchen *n*; 3. *Chi., Méj., Pe.* → *aguijón*; **~tada** *f*, **~tazo** *m* Schnitt *m bzw.* Einstich *m* (mit) e-r Lanzette; **~tero** ⚡ Lanzettenetui *n*.
lancina|nte *adj. c* stechend, reißend (*Schmerz*); **I.** *v/t.* stechen; zerreißen; **II.** *v/i.* ⚕ stechen, klopfen (*Schmerz, Wunde, Geschwür*).
lan|cha *f* 1. flacher Stein *m*, dünne Steinplatte *f*; 2. Boot *n*; Großboot *n*; Schaluppe *f*; Barkasse *f*; *a.* Leichter *m*; ⚓ ~ *de asalto (de desembarco)* Sturm- (Landungs-)boot *n*; ~ *de carga (a remolque)* Last- ~ Schleppkahn *m*; ~ *de motor*, ~ *motora* Motorboot *n*; ~ *rápida (de alas flotadoras)* (Tragflügel-)Schnellboot *n*; ⚓ ~ *rápida torpedera* Torpedoschnellboot *n*; 3. *Ec.* Nebel *m*; Reif *m*; **~char**[1] *m* Steinbruch *m*, *wo Platten gebrochen werden*; **~char**[2] **I.** *v/i. Ec.* s. bewölken (*Himmel*); neblig sein; *v/impers.* reifen; **II.** *v/t. Ven.* → *lincear*; **~chero** *m Col.* Bootseigner *m*; Matrose *m auf e-r lancha*.
landa *f* Heide *f*, Ödland *n*.
lan|dgrave *hist. m* Landgraf *m* (*Dtl.*); **~dó** *m* Landauer *m* (*Wagen*).
landre ⚕ *f* Geschwulst *f* (*Lymphknoten*); **~cilla** *f* Drüse *f* b. *Schlachttie-*

ren; ~ *de ternera* Kalbsbriesen *n*.
landri|lla *vet. f* Finne *f*; **~lloso** *vet. adj.* finnig.
lane|ría *f* Wollwaren(geschäft *n*) *f/pl.*; **~ro**[1] *Vo. adj.-su. m*: (*halcón m*) ~ Berberfalke *m*; **~ro**[2] *Fi. adj.* wollen, Woll...; **II.** *m* Wollwarenhändler *m*.
lángaro I. *m* 1. *Am. Cent.* → *vagabundo*; 2. *m C. Ri.* → *larguirucho*; **II.** *adj.* 3. *Méj.* → *hambriento*.
langor *m u. Abl.* → *languidez usw.*
langos|ta *f Zo.* 1. Grashüpfer *m*, Heupferd *n*; ~ (*migratoria*) (Wander-)Heuschrecke *f*; *fig.* ~ (zerstörende) Plage *f*; *nube f de* ~*s* Heuschreckenschwarm *m*; *plaga f de la* ~ Heuschreckenplage *f*; 2. Languste *f*; **~tero** *m* Langustenfischer *m*; **~tín**, **~tino** *m* Kaisergranat *m*; *Kchk.* oft Langustenschwanz *m*; **~tón** *m* Baumhüpfer *m*.
langui|decer [2d] *v/i.* schmachten; dahin-siechen, -welken; verkümmern; ~ *de amor* s. in Liebe verzehren; **~dez** *f (pl.* **~deces**) Mattigkeit *f*; Kraftlosigkeit *f*; Dahinwelken *n*; † Flaute *f*.
lánguido *adj.* 1. schlaff, matt; schmachtend; müde, mutlos; 2. flau, lässig.
lani|ficación *f* Wollverarbeitung *f*; **~lla** *f* feiner Wollstoff *m*.
lano|lina *pharm. f* Lanolin *n*; **~sidad** *f* Wolligkeit *f*; **~so** *adj.* wollig; flaumig.
lansquenete *hist. m* Landsknecht *m*.
lan|tana ⚘ *f* Wandelröschen *n*; **~terno** ⚘ *m* → *aladierna*.
lanu|do *adj.* wollig; zottig; *fig. Ec., Ven.* grob, ungeschlacht; **~ginoso** *adj. bsd. Biol.* wollartig; mit feinem Flaum besetzt; **~go** *Biol. m* Lanugo *f*.
lanza *f* 1. Lanze *f*; *fig.* Lanzenkämpfer *m*; -reiter *m*; *hist.* ~ *castellana* Lanzenritter *m* mit s-m Schildknappen u. s-m Jungen; *media* ~ kurze Lanze *f*, Art Spieß *m*; *Sp.* ~ *para pescar* Fischspeer *m*; *Turnier*: *correr* ~*s* Lanzen brechen; *fig. romper una* ~ *por alg.* für j-n e-e Lanze brechen; † *u. Am. ser una (buena)* ~ geschickt (bzw. gerissen) sein; 2. ~ (*de coche*) Deichsel *f*; 3. Mundstück *n e-r Spritze*; Strahlwerfer *m*; 4. *hist.* ~*s f/pl.* Abgabe an den König (*Geldablösung anstatt Stellung v. Soldaten*).
lanza|bombas ⚡ *m (pl. inv.)* Bombenträger *m*; Bombenabwurfvorrichtung *f*; **~cabos** *m (pl. inv.)* Seilwerfer *m* (*Gerät*); **~cohetes** *m (pl. inv.)* ⚡ Raketenapparat *m*; Raketenwerfer *m*; *buque m* ~ Raketenschiff *n*; **~da** *f* Lanzen-stoß *m*; -stich *m*; **~dera** *f* Schiffchen *n* (*Nähmaschine*, *Webstuhl*), Schütz(-en) *m* (*Webstuhl*); *fig.* unruhiger Mensch *m*; **~dero** *m* ⊕ Rutsche *f*, Schurre *f*; ~ *de sacos* Sackrutsche *f*; **~destellos** *m (pl. inv.)* Blinklicht *n an Krankenwagen etc.*; **~dor** *m* Schleuderer *m*; Werfer *m*; *Sp. Am.* ~ *de bola* Kugelstoßer *m*; ~ *de cuchillos* Messerwerfer *m im Zirkus*; *Sp.* ~ *de disco (de jabalina)* Diskus- (Speer-)werfer *m*; ~ *de martillo* Hammerwerfer *m*; *Span.* ~ *de peso* Kugelstoßer *m*; **~dora** *f* 1. Werferin *f*; Schleuderin *f*; 2. ⊕ Schleuder(gerät *n*) *f*; **~fuego** ⚡

hist. m Lunte *f für Geschütze*; **~granadas** ⚔ *m (pl. inv.)* Granatwerfer *m*; **~llamas** ⚔ *m (pl. inv.)* Flammenwerfer *m*.

lanza|miento *m* 1. Werfen *n*; Schleudern *n*; *Sp. Am.* ~ *de la bola bzw. de bolas, Span.* ~ *de peso* Kugelstoßen *n*; *Sp.* ~ *de disco (de martillo)* Diskus-(Hammer-)werfen *n*; *fig.* ✝ ~ *(al mercado)* Lancierung *f e-s Artikels*; 2. Abschuß *m*, Start *m*; ~ *por catapulta* Katapultstart *m e-s Flugzeugs*; ~ *de cohetes* Raketen-abschuß *m*, -start *m*; 3. ⚔ Abschuß *m*; Abwurf *m*; ~ *de bombas* Bombenabwurf *m*; ~ *inactivo (od. sin eficacia)* Blindwurf *m*; 4. ⚖ Zwangsräumung *f*; **~minas** ⚔ *m (pl. inv.)* Minenwerfer *m*; **~nieblas** ⚔ *m (pl. inv.)* Nebelwerfer *m*; **~r** [1f] I. *v/t.* 1. werfen (auf, in *ac. a bzw. en*); schleudern (gg., wider *ac. contra*); schnellen; *p. ext. u. fig.* erbrechen; in Umlauf setzen; lancieren; *Sp. Speer* werfen; *Sp. Kugel* stoßen; *fig. Schrei* ausstoßen; *Mode* aufbringen; ~ *miradas orgullosas* stolze Blicke werfen (auf *ac. a*); ✝ ~ *(al mercado)* auf den Markt werfen *(od.* bringen); 2. ⚔ *Bomben* abwerfen; *Jgdw. Falken, Hunde* loslassen; ⚔ *Torpedo* abfeuern; *Gase* abblasen; ⚓ *Minen* auslegen; *Raketen* abschießen, starten; ⚓ ~ *al agua* Schiff vom Stapel lassen; 3. (hin)austreiben; ⚖ enteignen; exmittieren; ~ *del puesto* aus der Stellung werfen *(od.* vertreiben), hinauswerfen; II. *v/r.* ~*se* 4. s. stürzen (auf *ac. od.* in *ac. a bzw.* en *od.* sobre); ~*se al agua* s. ins Wasser stürzen; ins Wasser springen; *fig.* ~*se a (od.* en*) especulaciones* s. in Spekulationen einlassen; ~*se a hacer a/c.* s. entschließen *(bzw.* es wagen), et. zu tun; ~*se con (el) paracaídas* mit dem Fallschirm abspringen; ~*se por la vertiente* den Hang hinunter-rennen *(bzw.* -reiten *usw.);* **~torpedos** ⚔ *m (pl. inv.)* ⚔ Torpedoträger *m*; ⚓ *tubo m* ~ Torpedoausstoßrohr *n*; **~zo** *m* → *lanzada.*

laña *f* eiserne Klammer *f*; **~r** *v/t.* mit Klammern verbinden *(bzw.* befestigen); *fig.* P klauen F, klemmen F.

lao □ *m* Wort *n*.

laociano *adj.-su.* laotisch.

Lao|s *m* Laos *n*; **siano** *adj.-su.* laotisch; *m* Laote *m*.

lapa *f* 1. Kahm *m*, Schimmel *m auf Wein usw.*; 2. ♀ Klette(nkraut *n) f*; *Am. Cent.* → *guacamayo*; 3. *Zo.* Napfschnecke *f*; *Ven.* → *paca*; *fig.* P *pegarse como una* ~ *a alg.* s. wie e-e Klette an j-n hängen F; 4. *Am. Reg.* aufdringliche Person *f*, Klette *f* F; *Chi.* Soldatenliebchen *n*; 5. *Ec.* Hut *m* mit flachem Kopf; **~char** *m* versumpftes Gelände *n*.

laparo|scopia *Chir. f* Bauchspiegelung *f*, Laparoskopie *f*; **~tomía** *Chir. f* Bauchschnitt *m*, Laparotomie *f*.

lapear ⊕ *v/t.* läppen.

lapice|ra *f Chi., Rpl.* Federhalter *m*; *Am.* ~ *fuente* Füllhalter *m*; *Rpl.* ~ *de bolilla* Kugelschreiber *m*; **~ro** *m* Bleistifthalter *m*; Bleistift *m*; *Mal.* Pastellstift *m*.

lápida *f* Steintafel *f*; ~ *conmemorativa* Gedenk-tafel *f*, -stein *m*; ~ *(sepulcral)* Grabstein *m*.

lapida|ción *f* Steinigung *f (Strafe)*; **~r** *v/t.* steinigen; *Am. Reg. Edelsteine* schleifen; **~rio** I. *adj.* Edelstein...; *fig.* lapidar; kurz (u. bündig); II. *m* Steinschleifer *m (Edelsteine).* [*artig.*]

lapídeo *adj. bsd.* 🕮 steinern; stein-)

lapi|dificar [1g] 🗣 *v/t.* versteinern; **~lli** *it. Geol. m/pl.* Lapilli *pl.*; **~slázuli** *Min. m* Lapislazuli *m*; Lasurstein *m*.

lápiz *m (pl.* **~ices**) (Blei-)Stift *m*; ~ *de alumbre* Alaunstift *m*; ~ *de cejas (de labios od.* labial, *de maquillaje)* Augenbrauen- (Lippen-, Schmink-)stift *m*; ~ *de dibujo (pastel)* Zeichen-; Reiß- (Pastell-)stift *m*; ⊕ ~ *eléctrico* Elektroschreiber *m*; ~ *litográfico* Litho-stift *m*, -kreide *f*; *EDV* ~ *óptico* Lichtgriffel *m*; ~ *de tinta*, ~ *de copia*, ~ *copiativo (de tiza)* Kopier-(Kreide-)stift *m*; ~ *vidriográfico* Glasschreiber *m*, Fettstift *m*.

lapizar I. *m* ⚒ Graphitgrube *f*; II. *v/t.* [1f] mit Bleistift zeichnen.

lapo F *m* 1. Schlag *m* mit Riemen *od.* Gerte; *p. ext.* Ohrfeige *f*; 2. Schluck *m*; *a.* Spucke *f* F; 3. *Ven.* leichtgläubiger Trottel *m*.

la|pón *adj.-su.* lappländisch; *m* Lappe *m*; *Li.* das Lappische; **~ponia** *f* Lappland *n*.

lap|so *m* 1. Zeit-raum *m* -intervall *n*; 2. → *lapsus*; 3. *hist. ecl.* Abgefallene(r) *m*; **~sus** *m* Lapsus *m*; *tener un* ~ s. versprechen; ~ *calami u.* ~ *linguae dt. ebenso*; ~ *freudiano* Freudsche Fehlleistung *f*.

laque *m Chi.* Wurfkugel *f*, Bola *f*; **~ar** *v/t.* lacken.

lar *m* 1. *Myth.* **~es** *m/pl.* Laren *m/pl.*; 2. *fig.* Herd *m*; **~es** *m/pl.* Haus u. Hof; Heim(stätte *f) n*; **~ario** *Arch. m* Altar *m für die Laren.*

lar|d(e)ar *Kchk. v/t.* spicken; *p. ext.* mit Fett übergießen; **~dero** *adj.* 1. *kath. Folk. jueves m* ~ Donnerstag *m* vor Fastnachtssonntag, fetter Donnerstag *m (Folk.);* 2. *aguja f* ~*a* Spicknadel *f*.

lar|do *m* Speck *m*; Fett *n*; **~dón** *m Typ.* F a) nicht ausdruckende Stelle *f*; b) Korrektur *f (Textzusatz)*; **~doso** *adj.* speckig, fett.

larga *f* 1. langer Billardstock *m*; 2. *dar* ~*s a e-e Sache* hinauszögen *(od.* auf die lange Bank schieben); *et.* verbummeln); 3. *Li., Metrik:* lange Silbe *f*; 4. *Kfz.* Fernlicht *n*; **~da** F *f Am.* Loslassen *n*; Nachlassen *n usw.* *(vgl. largar)*; **~mente** *adv.* lange; reichlich; umständlich; *tener con qué pasarlo* ~ sein gutes Auskommen haben; **~r** [1h] I. *v/t.* 1. losmachen; loslassen; laufen lassen; *fig.* F mit e-m *Wort, e-r Dummheit* herausplatzen; *Ohrfeige, Hieb* versetzen; *Brieftauben* aufsteigen lassen, auflassen; *Seil* ablaufen *(bzw.* nachkommen*)* lassen; ¡*larga!* laß los!, laß aus!; locker lassen!; *fig.* ~ *a alg.* j-m den Laufpaß geben; 2. ⚓ *Boot* fieren; *Segel* beisetzen; *Flagge* zeigen; II. *v/i.* 3. ⚓ umschlagen *(Wind);* III. *v/r.* ~*se* 4. ⚓ in See gehen; *fig.* s. auf u. davon machen, abhauen F; ¡*lárgate (de aquí)!* von hier nur!; F; *fig.* ~*se con viento fresco* mit vollen Segeln *(od.* schleunigst*)* Reißaus nehmen; 5. *Am. a.* → *lanzarse (a hacer algo).*

largo I. *adj.* 1. lang; weit; *fig.* ausführlich; weitläufig; langwierig; zeitraubend; reichlich; großzügig; ¡~! *(de aquí)!* fort von hier!, raus!; *a la* ~*a* auf die Dauer; *a la corta o a la* ~*a* über kurz oder lang; mit der Zeit; *a lo* ~ der Länge nach; längs *(gen. od. dat.* de), entlang *(dat.* de); *a lo* ~ *y a lo lejos* weit u. breit; *a paso* ~ mit großen Schritten; *fig.* eilends; *de* ~ *a* ~ der ganzen Länge nach; *por* ~ ausführlich; umständlich; *durante* ~*s años* während langer *(od.* vieler*)* Jahre; *de pelo* ~ langhaarig; *cayó cuan* ~ *era* er fiel der Länge nach hin; ⚓ *el cabo está* ~ das Tau ist lose *(bzw.* schlecht gespannt); *ir (od.* vestir) *de* ~ lange Kleider tragen; *esto va para* ~ das wird lange dauern, das wird e-e langwierige Sache; *pasar de* ~ weiter-; vorüber-gehen; vorbeifahren; *fig.* unbeachtet lassen; übersehen *bzw.* überspringen; *poner de* ~ *a una* junge Mädchen in die Gesellschaft einführen; *fig. ser muy* ~ sehr großzügig sein; F *ser más* ~ *que una día pan* hochaufgeschossen sein; F *ser* ~ *como pelo de huevo* sehr knickerig sein F; *fig. es* ~ *de manos* die Hand rutscht ihm leicht aus, er schlägt gleich zu; *ser* ~ *en trabajar* arbeitsam sein; *fig.* F *ser* ~ *de uñas* ein Langfinger sein; II. *adv.* 2. weit (entfernt); ~ *(y tendido)* ausführlich, lang u. breit *(sprechen);* 3. ♩ *largo*; III. *m* 4. Länge *f*; *tener dos metros de* ~ zwei Meter lang sein; *Sp. le lleva dos* ~ *s* er ist ihm um zwei Pferde-, Rad- *usw.* -längen voraus; 5. ♩ *Largo n*.

lar|gometraje *m* Spielfilm *m*; **~gor** *m* Länge *f (z. B. e-r Straße)*; **~gucho** *adj. Am.* → *larguirucho*; **~gueado** *adj.* (längs)gestreift; **~guero** *m* 1. *a.* ⊕ Holm *m*; Längsträger *m*; Waagenbalken *m*; Seitenholz *n am Bettgestell*; *Sp.* Querlatte *f*; 2. *gr.* längliches Kopfkissen *n*; **~gueza** *f* Freigebigkeit *f*; **~guirucho** F *adj.* lang u. dünn, schlacksig F; **~gura** *f* Länge *f*.

lárice ♀ *m* Lärche *f*.

la|ringe *Anat. f* Kehlkopf *m*; **~ríngea** *Li. f* Kehl(kopf)laut *m*; **~ríngeo** *adj.* Kehlkopf...; **~ringitis** ✝ *f* Kehlkopfentzündung *f*; **~ringófono** *m* Kehlkopfmikrophon *m*; **~ringólogo** ✝ *m* Laryngologe *m*; **~ringoscopia** *f* Kehlkopfspiegelung *f*; **~ringoscopio** *m* Kehlkopfspiegel *m*, Laryngoskop *n*; **~ringotomía** ✝ *f* Kehlkopfschnitt *m*.

larva *Biol. f* Larve *f*; **~do** ✝ *adj.* larviert; *J Biol. adj. c* larval, Larven...

lasaña *Kchk. f koll.* Lasagne *pl.*

lasca *f* Steinsplitter *m*; **~r** [1g] *v/t.* 1. ⚓ lockern; 2. *Méj.* verletzen.

lasci|via *f* Geilheit *f*, Wollust *f*; Unzüchtigkeit *f*; Schlüpfrigkeit *f*; **~vo** *adj.-su.* wollüstig, geil, lüstern, lasziv; *m* Lüsterne(r) *m*.

láser *Phys. m* Laser *m*; *rayo m* ~ Laserstrahl *m*.

laserpicio ♀ *m* Laserkraut *n*.

la|situd *f* Ermattung *f*; Schlaffheit *f*; **~so** *adj.* matt, kraftlos, schwach; ungezwirnt *(Garn).*

lástex *tex. m* Lastex *n*.

lástima *f* 1. Mitleid *n*; Bedauern *n*; *dar* ~ *leid tun*; *(me) da* ~ *verlo od. el aspecto (me) da* ~ der Anblick

lastimadura — lavatorio

tut (mir) weh; **2.** *mitleiderregender* Jammer *m*; *estar hecho una ~ zum Gotterbarmen aussehen*; *es una ~ es ist ein Jammer*; *es ist jammerschade*; (*es*) *~ que + subj.* (wie) *schade, daß + ind.*; *¡qué ~! wie schade!*; **3.** *mst.* **~s** *f/pl.* Jammer *m*, Klage *f*; Gejammer *n* F.

lasti|madura *f* Verletzung *f*; **~mar** **I.** *v/t.* **1.** verletzen; **2.** bedauern, bemitleiden; **II.** *v/r.* **~se 3.** s. verletzen (mit *dat.* con); **4.** wehklagen (über *ac.* de); **5.** Mitleid haben (mit *dat.* de); **~mero** *adj.* klagend; kläglich; mitleiderregend; **~moso** *adj.* bedauernswert; bejammernswert; traurig, elend.

las|tra *f* Steinplatte *f*; **~trar I.** *v/t.* **1.** mit Ballast versehen; belasten; beschweren; **2.** (be)schottern; **II.** *v/i.* **3.** ⚓ Ballast einnehmen; **~tre** *m* **1.** *a. fig.* Ballast *m*; *fig.* no tener *~ en la cabeza* unreif (im Urteil) sein; **2.** ⚒ Kleinschlag *m*; Schotter *m*.

lata *f* **1.** Blechbüchse *f*; Konservendose *f*; **2.** *fig.* F Quatsch *m* F, Blech *n* F; *desp.* Wälzer *m*, Schwarte *f* F; *dar la ~ a alg.* j-n anöden; j-m auf den Wecker fallen F, j-m auf den Geist gehen F; *es una ~ es ist e-e dumme Geschichte*; *es ist sterbens-* (P stink-)langweilig; **3.** Dachlatte *f*; **4.** *Col. quedarse en la ~* aus dem Elend nicht herauskommen.

lata|nia ⚘ *f* Art Fächerpalme *f*; **~z** *Zo. m* nordpazifischer Pelzotter *m*.

latear I. *v/t. Arg., Chi., P. Ri.* → *dar la lata*; **II.** *v/i. Arg.* schwatzen.

latente *adj. c* verborgen, *a.* 🧬 latent.

lateral I. *adj. c* **1.** seitlich; Seiten...; *parentesco m ~* Verwandtschaft *f* in der Seitenlinie; **II.** *m* **2.** *Kfz.* Seitenwand *f* (*Lkw.*); *Vkw.* seitliche (parallele) Fahrbahn *f od.* -straße *f*; **3.** *Sp. ~* derecho (izquierdo) Rechts- (Links-)außen *m*.

late|ría *f Am. Reg.* Klempnerei *f*; **~ro** *m Am. Reg.* Klempner *m*.

lateranense *adj. c* Lateran... (→ Letrán).

látex *m* Latex *m*, Milchsaft *m*.

latido *m* **1.** Klopfen *n* (*a. Schmerz*); Schlagen *n des Herzens*; Pulsieren *n*; **2.** Anschlagen *n v.* Hunden.

latifundi|o *m* Großgrundbesitz *m*; **~sta** *m* Großgrundbesitzer *m*.

latigazo *m* Peitschenhieb *m*; Peitschenknall *m*; *fig.* (Schicksals-)Schlag *m*; *fig.* F Rüffel *m*, Anschnauzer *m* F; P Schluck *m*; F *atarse un ~* s. einen hinter die Binde gießen F.

látigo *m* **1.** Peitsche *f*; (Reit-)Gerte *f*; **2.** *Zo. Ven.* Riemennatter *f*.

lati|guear *v/t.* mit der Peitsche knallen; **II.** *v/t. Am. Reg.* (aus)peitschen; **~guillo** *m* **1.** ⚘ Trieb *m z.B. der Erdbeere*; **2.** Kehrreim *m*; **3.** *fig.* F *Thea., Stk. de ~* auf Effekt berechnet; *Stk. caída f de ~* Sturz *m* e-s Pikadors auf den Rücken.

latín *m* Latein *m*; *~ tardío* (*vulgar*) Spät- (Vulgär-)latein *m*; *~ de cocina od. ~ macarrónico* Küchenlatein *m*; F *latines m/pl.* lateinische (*od.* latinisierende) Ausdrücke *m/pl.*; *fig.* F *saber* (*mucho*) *~* gerissen sein.

lati|najo F *m* Küchenlatein *n*; *~s m/pl.* lateinische Brocken *m/pl.*; **~namente** *adv.* auf lateinisch; **~near** *v/i.* → *latinizar* II; **~nidad** *f* Latinität *f*; *Baja ♀* spätlateinische Zeit *f*; Spätlatein *n*, Latein *n* der Verfallszeit; **~niparla** *desp. f* halblateinisches Kauderwelsch *n*; **~nismo** *m* Latinismus *m*; **~nista** *c* Latinist *m*; **~nización** *f* Latinisierung *f*; **~nizar** [1f] **I.** *v/t.* latinisieren; **II.** *v/i.* F viel Latein in s-e Sprache mischen.

latino I. *adj.* lateinisch (*a.* ⚓ Segel; *hist.* latinisch; *fig.* Li. romanisch; *América f ♀a* Lateinamerika *n*; **II.** *m hist.* Latiner *m*; *Li.* das Lateinische; Lateinkenner *m*, Lateiner *m* F; **♀américa** *f* Lateinamerika *n*; **~americano** *adj.-su.* lateinamerikanisch; *m* Lateinamerikaner *m*.

latir I. *v/i.* **1.** schlagen (*Herz, Puls*); klopfen (*Herz, Wundschmerz*); pochen (*Herz, Puls*); pulsieren (*Blut*); **2.** anschlagen *bzw.* bellen (*Hund*); **II.** *v/t.* **3.** *Ven.* → *dar la lata*; **4.** *Jgdw. Wild* verbellen.

latitu|d *f* **1.** Breite *f* (*a. Geogr.*); *Geogr. ~ norte* nördliche Breite *f*; **2.** Ausdehnung *f e-s Landes*; *fig.* Weite *f e-s Begriffs*, *e-r Auffassung*; **~dinal** *adj. c* Breiten...; **~dinario** *Theol. hist. adj.-su.* latitudinarisch.

lato *adj.* breit; weit; *fig. en sentido ~ im weiteren Sinne*.

la|tón *m* Messing *n*; *~ blanco* Gelbguß *m*; *~ fundido* Messingguß *m*; **~tonería** *f* ⊕ Messinggießerei *f*; † Messingwaren *f/pl.*; **~tonero** *m* Messing-gießer *m*, -warenhändler *m*; *Col.* Karossier *m*; **~toso** F *adj.-su.* lästig; langweilig; unausstehlich; **~tría** *kath. f* Anbetung *f* Gottes; **~trocinio** *m* Diebstahl *m*; Raub *m*.

latvio *adj.-su.* lettisch; *m* Lette *m*; *Li.* das Lettische.

lau|ca *f Chi.* Haarausfall *m*; *p. ext.* Kahlkopf *m*; **~car** [1g] *v/t. Chi.* (kahl)scheren; **~co** *adj. Chi.* kahl; **~cha** f *Bol., Chi., Rpl.* Maus *f*; *fig.* Stahldraht *m*; *fig.* F *Chi. aguaitar la ~* e-e günstige Gelegenheit abwarten; **II.** *m Arg.* gerissener Mensch *m*; *Bol.* *~ baquiano Chi.* schmächtiger Bursche *m*.

laúd *m* **1.** ♪ Laute *f*; **2.** ⚓ Feluke *f*; **3.** *Zo.* Lederschildkröte *f*.

laudable *adj. c* lobenswert.

láudano *pharm. m* Laudanum *n*.

lau|dar ⚖ *v/t.* durch Schiedsspruch entscheiden, schlichten; **~datoria** *Rhet. f* Laudatio *f*; **~datorio** *adj.* Lob...; **~des** *kath. f/pl.* Laudes *f/pl.*; **~do** *m* **1.** ⚖ (arbitral) Schiedsspruch *m* **2.** *Arg.* früher: Bedienungsgeld *n*.

lau|na *f Min.* Magnesiumtonerde *f*; **~ráceo** ⚘ *adj.* lorbeerartig; **♀reada** *la ~ de San Fernando span. Tapferkeitsauszeichnung*; **~reado** *adj.* lorbeerbekränzt *fig.* preisgekrönt, ausgezeichnet (*mit et.*); **~rear** *v/t.* mit Lorbeer bekränzen; *fig.* mit e-m Preis auszeichnen; **~redal** *m* Lorbeerhain *m*; **~rel** ⚘ *u. fig.* Lorbeer *m*; ⚘ Lorbeerbaum *m*; *fig.* Siegerkranz *m*; *~ rosa* Lorbeerrose *f*; *fig. dormirse sobre los ~es s.* auf s-n Lorbeeren ausruhen.

láureo *adj.* Lorbeer...

lau|réola, ~reola *f* **1.** Lorbeerkranz *m*; **2.** → *auréola*; **3.** ⚘ Lorbeerkraut *n*; **~ro**(s) *lit. fig. m*(*/pl.*) Ruhm *m*; **~roceraso** ⚘ *m* Kirschlorbeer *m*.

Lausana *f* Lausanne *n*.

lauto ⚒ *lit. adj.* reich; üppig.

lava[1] *f* Lava *f*; *~*[2] 🧬 *f* Erzwäsche *f*; **~ble** *adj. c* (ab)waschbar; *seda f ~* Waschseide *f*; **~bo** *m* **1.** Waschbecken *n*, -tisch *m*; **2.** Waschraum *m*; Toilette *f*; *encargada f del ~* Toilettenfrau *f*; **3.** *kath.* Lavabo *n*; **~caras** *fig.* F *c (pl. inv.)* Schmeichler *m*, Speichellecker *m*; **~coches** *Kfz. m (pl. inv.)* **1.** Wagenwäscher *m*; **2.** Wagenwasch-anlage *f*; -gerät *n*; **~cristales** *m (pl. inv.)* Fensterputzer *m*; **~da** *Am.* Waschen *n*, Wäsche *f*; **~dero** *m* **1.** Waschplatz *m*; Waschküche *f*; **2.** 🧬 (Erz-)Aufbereiter *m*; Aufbereitungsort *m*; ⊕ Waschanlage *f*, Wäsche *f*; Goldwaschplatz *m der Goldsucher*; **~do I.** *adj.* **1.** *Cu.* rötlichweiß (*Vieh*); **II.** *m* **2.** Waschen *n*; ⊕ Wässerung *f*, Spülung *f* (*a.* ⚛); Auswaschen *n*; Schlämmen *n*; *en seco* Trockenreinigung *f*; *fig.* *~ de cerebro* Gehirnwäsche *f*; **3.** *Mal.* einfarbige Guasch *f*; Tuschen *n*; **~dor I.** *adj. bsd.* ⊕ waschend; **II.** *m* Wäscher *m*; **~dora** Waschmaschine *f*; *~ automática* Waschautomat *m*; **~dura** *f* Wäsche *f*, Wäschewaschen *n*; **2.** ⊕ Wascherei *f*; Aufbereitung *f von Erzen*; **3.** → *lavazas*; **~frutas** *m (pl. inv.)* Obstwaschschale *f*; **~je** *m* Wollwäsche *f*; *a.* Auswaschen *n von Wunden usw.*; **~limpia** *Kfz. m* Scheibenwaschanlage *f*; **~manos** *m (pl. inv.)* **1.** Handwaschbecken *m*; *Col.* Waschschüssel *f*; **2.** Handwaschmittel *n*; **~miento** *m* Waschen *n*; → *lavativa*.

lavan|co *Vo. m* nordische Wildente *f*; **~da** ⚘ *f* Lavendel *m*.

lavande|ra *f* Wäscherin *f*; **~ría** *f* Wäscherei *f*; *~ de autoservicio* Waschsalon *m*; **~ro** *m* Wäscher *m*.

lavándula ⚘ *f* → *lavanda*.

lava|ojos *m (pl. inv.)* Augenschale *f für Augenbäder*; **~parabrisas** *Kfz. m (pl. inv.)* Scheibenwaschanlage *f*; **~piés** *m (pl. inv.)* Fußwaschbecken *n*; **~platos** *m (pl. inv.)* **1.** Tellerwäscher *m*; **2.** Geschirrspülmaschine *f*; **3.** *Chi.* → *fregadero*.

lavar *vt/i.* **1.** waschen; abwaschen; auswaschen (*a.* ⊕, 🎨, 🧬); spülen (*a.* 🧬, ⊕); *Geschirr* spülen, abwaschen; *Zähne* putzen; *a. fig.* reinigen; *fig.* Schande abwaschen; *Schandfleck* tilgen; *agua f de ~* Waschwasser *n*; *trapo m para ~se* Waschlappen *m*; *fig. ~ la cara a alg.* j-m Weihrauch streuen; *fig. ~se las manos* s-e Hände in Unschuld waschen; *~ con (od. en) sangre* mit Blut sühnen; *~ en seco* trockenreinigen; *dar a ~ in die Wäsche geben*; **2.** *ab-*, *ausschwemmen*; schlämmen; *Erze* aufbereiten; *Metalle* läutern; *Tünche* (mit e-m nassen Tuch) abreiben; *Zeichnung* in Aquarell ausmalen; *~ con tinta china* (an)tuschen.

lava|rropas *m (pl. inv.) Am., bsd. Arg.* Waschmaschine *f*; **~tiva** *f* Klistier *n*, Einlauf *m*; Klistierspritze *f*; *fig.* F Unbequemlichkeit *f*; **~torio** *m* **1.** *kath.* Handwaschung *f des Priesters in der Messe*; Fußwaschung *f am*

Gründonnerstag; 2. ⚒ Waschung *f*; Waschen *n*; 3. *Am.* → *lavabo* 1, 2; **~vajillas** *m* (*pl. inv.*) Geschirrspülautomat *m*; **~zas** *f/pl.* Spülicht *n*; ⊕ Abwasser *n*.
lavote|ar F *v/t.* flüchtig waschen; **~o** F *m* Katzenwäsche *f* F.
lax|ación *f* Lockerung *f*; Erschlaffung *f*; **~amiento** *m* Nachlassen *n*; Schlaffheit *f*; **~ante I.** *adj. c* lockernd; 🌿 abführend; **II.** *m* Abführmittel *n*; **~ar** *vt/i.* lockern; 🌿 abführen; **~ativo** 🌿 *adj.-su.* → *laxante*; **~ismo** *m* Laxismus *m* (*Moraltheologie*); **~itud** *f* Schlaffheit *f* (*a. fig.*); **~o** *adj.* schlaff; *fig.* nachsichtig; locker (*Sitten*), lax F.
laya[1] *f* Art *f*, Gattung *f*; *de la misma* **~** von gleichem Schlag; *de toda* **~** allerlei; **~**[2] *f* (Abstech-)Spaten *m*; zweizinkiger Gabelspaten *m*; **~**[3] *f* □, P → *vergüenza*; **~r** *v/t.* mit dem Spaten abstechen (*od.* umgraben).
laza|da *f* Schleife *f*, Schlinge *f*; **~dor** *m* 1. Greifer *m* (*Nähmaschine*); 2. *Cu.* Lassowerfer *m*; **~r** [1f] *v/t.* mit der Schlinge (*bzw.* dem Lasso) fangen; (fest)binden; *Méj.* → *enlazar*.
laza|reto *m* Quarantänestation *f*; **~rillo** *m* Blindenführer *m*; **~rino** *adj.* aussätzig; **~rista** *kath. m* Lazarist *m*.
lázaro *m* 1. abgerissener Bettler *m*; *estar hecho un* **~** mit Wunden bedeckt sein; 2. → *leproso*.
lazo *m* 1. (*a.* Schuh-, Hals-)Schleife *f*; Schleifenornament *n*; Schlaufe *f*; Schlinge *f*; Schleife *f*, Fliege *f* F (*Krawatte*); ⚓ **~** *de cable* Stropp *m*; **~** *hecho* fertige Schleife *f*, Betonfliege *f* F; 2. *Jgdw.* (Fang-)Schlinge *f*; *bsd. Am.* Lasso *m*, *n*; *fig.* Schlinge *f*, Falle *f*; *fig. caer en el* **~** in die Falle (*od.* auf den Leim) gehen; *cazar con* **~** mit der Schlinge fangen; *cazar con el* **~** mit dem Lasso jagen; *tender* **~s** *a. fig.* Schlingen legen; *fig.* Fallen stellen; 3. *fig.* verknüpfendes Band *n*; Verbindung *f*; Liebes-, Freundschafts-band *n*; **~s** *m/pl. de la sangre* Blutsbande *n/pl.*
le *pron.pers.* 1. ihm; ihr; Ihnen; 2. ihn; Sie (*m sg. ac.*); → *leísmo*.
leal *adj. c* treu; ehrlich; loyal; reell (*bsd. Kaufmann*); **~tad** *f* Treue *f*; Ehrlichkeit *f*; Ergebenheit *f*; Loyalität *f*; Redlichkeit *f*.
leandras F *f/pl.* Peseten *f/pl.*, Moneten *f/pl.* F.
leasing *m* Leasing *n*.
lebeche *m* Südwestwind *m* im Mittelmeer.
leberquisa *Min. f* → *pirita magnética*.
lebra|da *Kchk. f* Art Hasenpfeffer *m*; **~to**, **~tón** *m* Junghase *m*.
lebre|l *adj.-su. m*: (*perro m*) **~** Windhund *m*; **~ro** *adj.-su.* zur Hasenjagd abgerichtet (*Hund*).
lebrillo *m* Napf *m*; Waschnapf *m*.
lebrón F *m fig.* Hasenfuß *m*, Feigling *m*.
lección *f* 1. Lesen *n*; Vorlesung *f*; *bsd. ecl.* Lesung *f* (*aus dat. tomada de*); 2. (Lehr-, Unterrichts-)Stunde *f*; **~** *de alemán*, Deutschstunde *f*; *dar* **~** *a alg.* j-m Unterricht (*od.* Stunden) geben; *dar* **~** *con alg.* bei j-m Unterricht nehmen; 3. Lektion *f*, (Lehr-)Stück *n*; Vortrag

m bzw. Aufsatz *m bei Prüfungen*; *dar la* **~** *s-e* Lektion aufsagen; *tomar la* **~** *a alg.* j-n s-e Lektion hersagen lassen, j-n abhören; 4. Lehre *f*, Belehrung *f*; *la* **~** *de la Historia* die Lehre(n) der Geschichte; 5. Lehre *f*, Warnung *f*; Verweis *m*; *dar una* **~** *a alg.* j-m e-e Lektion erteilen, j-m die Leviten lesen; ¡*que le sirva* (*esto*) *de* **~**! lassen Sie sich's e-e Lehre sein!; 6. 📖 Lesart *f*.
leccio|nario *kath. m* Lektionar *n*; **~nista** *c* Privat-, Nachhilfe-lehrer *m*.
lecitina 🜍 *f* Lecithin *n*.
leco *adj. Méj.* dumm; verrückt.
lec|tivo *adj.*: *año m* **~** Vorlesungsjahr *n* an span. Univ.; **~tor** *m* 1. Leser *m*; Bibliothek: Lesegerät *n*; ⊕ **~** *de banda* Tonabtaster *m b.* Tonfilm; **~** (de) CD-ROM CD-ROM-Laufwerk *n*; 2. Lektor *m* (*ecl.*, *Hochschule*, *Verlag*); **~torado** *m* Lektorat *n*; **~toría** *ecl. f* Lektorat *n*; **~tura** *f* 1. Lesen *n*; Vorlesen *n*; Lektüre *f*; *Parl.* Lesung *f*; *dar* **~** *a et.* verlesen; *las malas* **~s** das Lesen schlechter Druckerzeugnisse; 2. Lektüre *f*, Lesestoff *m*; 3. ⊕ Ablesen *n von Instrumenten*; 4. Belesenheit *f*; *de mucha* **~** belesen; 5. † *Typ.* → *cícero*.
lecha *f* Laich(beutel) *m der Fische*; **~s** *f/pl.* (Fisch-)Milch *f*; **~da** *f bsd.* △ Kalkmilch *f*; Mörtel(brei) *m*; 🜖 Aufschwemmung *f*; Brühe *f*; *Papierherstellung:* Masse *f*, Papierbrei *m*; △ **~** *de cemento* Zementmilch *f*; **~l I.** *adj. c* saugend, Jung... (*Tier*); milchhaltig (*Pfl.*); **II.** *m* Milchsaft *m von Pfl.*; Sauger *m* (*Tier*); Sauglamm *n*; **~r**[1] *adj. c* 1. → *lechal von Tieren*; 2. milcherzeugend; milchend; *Milch...*; **~r**[2] *v/t. Am. Mer.* → *ordeñar*; *Méj.* melken; **~za** *f* → *lecha*; **~zo** *m* Sauglamm *n*.
leche *f* 1. Milch *f* (*a.* 🜍, *Kosmetik*); milchartige Flüssigkeit *f*; **~** *de almendras* Mandelmilch *f*; **~** *de cabra* (*de vaca*) Ziegen- (Kuh-)milch *f*; **~** *condensada* (*desmaquilladora*, *entera*) Kondens- (Abschmink-, Voll-) milch *f*; **~** *de manteca* Buttermilch *f*; **~** *materna* (*od. de mujer*) Muttermilch *f*; *sacar la* Milchpulver *n*; **~** *U.H.T.*, **~** *ultrapaste(u)rizada* H-Milch *f*; *fig.* F *como una* **~** zart, mürb (*z. B. Braten*); *fig. estar aún con la* **~** *en los labios* noch nicht trocken hinter den Ohren sein; *fig. haberlo mamado* (*ya*) *en* (*od.* *con*) *la* **~** es schon mit der Muttermilch eingesogen haben; *en alter Hut* (für j-n) sein F; *no se puede pedir* **~** *a las cabrillas* man kann nichts Unmögliches verlangen; 2. P Sperma *n*; ¡*la* **~** (*s*)!, ¡*qué* **~**! verdammte Scheiße! V; verfluchte Sauerei! P; *ni* **~s**! von wegen! P, denkste! F, kommt nicht in die Tüte P; V *estar de mala* **~** e-e Saulaune haben P; *tener mala* **~** ein Schweinehund sein P, schlechte Absichten haben; P Ohrfeige *f*; *pegarle a alg. una* **~** j-m eine schmieren P (*od.* herunterhauen F *od.* langen F).
leche|cillas *f/pl.* 1. Kalbsmilch *f*; Bries *n*; *Kchk.* Brieschen *pl.*; 2. Gekröse *n*; 3. **~** *de pescado* → *lechas*; **~ra** *f* 1. Milchfrau *f*; *fig. la cuenta de la* **~** Milchmädchenrechnung *f*; 2. Milchtopf *m*; Milchkanne *f*; 3. 🌿 Kreuzblume *f*; *Am.* versch. *Wolfsmilchgewächse*; 4. Fi.

dreibärtelige Seequappe *f*; **~ría** *f* Milchgeschäft *n*; Molkerei *f*; **~ro I.** *adj.* Milch...; *vaca f* **~a** Milchkuh *f*; *fig.* Melkkuh *f*; *industria f* **~a** Milchwirtschaft *f*; **II.** *m* Milchhändler *m*; Milchmann *m*; F *Col.* Flugzeug *n*, das viele Zwischenlandungen macht; **~rón** ♀ *m Arg.* Baum, *Wolfsmilchgewächs* (*Sapium aucuparium*); **~ruela**, **~trezna** ♀ *f* Sonnen-Wolfsmilch *f*.
lechi|gada *f* Wurf *m junger Hunde*; Satz *m junger Hasen usw.*; *fig.* Gesindel *n*, Gaunerbande *f*; **~guana** *f Arg.* wilde Honigwespe *f*.
le|chín *m* 1. ♀ Olivenart; 2. **~chino** *m* kl. Hautgeschwür *n* der Reittiere.
lecho *m* 1. *lit.* Bett *n*, Lager *n*; Ruhebett *n*, Lagerstatt *f*; *fig.* Flußbett *n*; See-, Meeres-grund *m*; **~** *de muerte* Sterbebett *n*; **~** *nupcial* Brautbett *n*; *Myth. u. fig.* **~** *de Procusto* (*od. de Procrustes*) Prokrustes-, Folter-bett *n*; *fig. ser un* **~** *de rosas* (*von Lebensumständen*) auf Rosen gebettet sein; 2. Lage *f*, Schicht *f* (*a. Geol.*); 🜍 Liegende(s) *n*; 3. ⊕ Bett *n*; Fundament *n* e-r Maschine; △ Lager *n*.
lechón *m* Spanferkel *n*; *p. ext.* (Läufer-)Schwein *n*.
lechos|a ♀ *f Cu.*, *Ven.* Papaya(frucht) *f*; **~o I.** *adj.* milchhaltig; milchig; **II.** *m* ♀ *Am.* Papaya *f*, Melonenbaum *m*.
lechu|cero *m Ec.* **~** noctámbulo; **~do** F *m Am. Reg.* Glückspilz *m*.
lechu|ga *f* 1. ♀ Lattich *m*; 🌿 Kopfsalat *m*; **~** *iceberg* Eissalat *m*; **~** *roja* Radicchio *m*; 2. *fig.* F *como una* **~** frisch u. munter, strotzend vor Gesundheit; F *estar fresquito como una* **~** taufrisch sein; *ser más fresco que una* **~** frech wie Oskar sein F *esa* **~** *no es de su huerto* das ist nicht auf s-m Mist gewachsen F; 3. *Ant.* Geldschein *m*; F Span. Tausend-Peseten-Schein *m*; 4. → *lechuguilla* 2; **~gado** *adj.* lattichartig; gekräuselt; **~guilla** *f* 1. wilder Lattich *m*; *Cu. e-e* Flußalge; *Méj. e-e Agave*; 2. Hals- *bzw.* Ärmel-krause *f*; **~guino** *m* 1. 🌿 Salatsetzling *m*; 2. *fig.* (*a. adj.*) Gernegroß *m*; Geck *m*, Fatzke *m* F.
lechu|za *f* 1. *Vo. u. fig.* (Schleier-)Eule *f*; 2. *Méj.*, *Ant.* Dirne *f*, Nutte *f* F; **~zo** F *m* 1. Eule *f* (*Person*) 2. Bote *m*, Vermittler *m* in nicht ganz einwandfreien Diensten.
leer [2e] *vt/i.* lesen; vorlesen; Bücher, Pläne usw. lesen; *a.* Meßskalen usw. ablesen; *EDV* einlesen; *fig.* F **~** *la cartilla a alg.* j-m die Leviten lesen; *fig.* **~** *entre líneas* zwischen den Zeilen lesen; **~** (*en*) *la mano* aus der Hand lesen.
lefa V *f* Sperma *m*.
lega *kath. f* Laienschwester *f*.
lega|ción *f* Gesandtschaft *f*; Gesandtschaftsgebäude *n*; päpstliche Legation *f*; **~do** *m* 1. päpstliche Legat *m*; *hist.* Legat *m* (*Altrom*); 2. 🜍 *u. fig.* Legat *n*, Vermächtnis *n*.
lega|jador *m Am.* Schnellhefter *m*; **~jar** *v/t. Am.* Akten bündeln; **~jo** *m* Aktenbündel *n*; Aktenstoß *m*; Faszikel *m*.
lega|l *adj. c* gesetzmäßig; gesetzlich; legal; *adquirir fuerza* **~** rechtskräftig werden; *asesinato m* **~** Justizmord *m*; *por vía* **~** auf legalem

Wege; **~lidad** f Gesetzmäßigkeit f; Rechtlichkeit f, Legalität f; *fuera de la* ~ ungesetzlich; außerhalb der Legalität; **~lista** adj.-su. c gesetzestreu; strenge Legalität wahrend (*od.* erstrebend); **~lización** f Legalisierung f; amtliche Beglaubigung f; **~lizar** [1f] v/t. legalisieren; (amtlich) beglaubigen.

légamo m Schlamm m, Schlick m; ✶ tonhaltige Erde f.

lega|moso adj. schlammig, schlickig; **~nal** m Morast m, Schlammpfütze f.

lega|ña f Augenbutter f; **~ñoso** adj. triefäugig, Trief...

lega|r [1h] v/t. 1. ⚖ vermachen; a. fig. hinterlassen, vererben; 2. abordnen; entsenden; **~tario** ⚖ m Legatar m, Vermächtnisnehmer m.

legendario I. adj. a. fig. sagenhaft; legendär; fig. berühmt; **II.** m Legendensammlung f (*Heiligenleben*).

leggings m/pl. Leggings pl.

leghorn Vo. f Leghorn n (*Hühnerrasse*).

legible adj. c leserlich; lesbar.

legi|ón f Legion f; fig. Unzahl f; große Menge f; ♀ *Extranjera* Fremdenlegion f; ♀ *de Honor* Ehrenlegion f; **~onario I.** adj. Legions...; **II.** m Legionär m.

legisla|ble adj. c zum Gesetz erhebbar; **~ción** f Gesetzgebung f; ~ *de trabajo* Arbeits-gesetzgebung f; *-recht* m; **~dor** adj.-su. gesetzgeberisch; m Gesetzgeber m; **~r** v/i. a. fig. Gesetze erlassen; **~tivo** adj. gesetzgebend; *Poder* m ♀ gesetzgebende Gewalt f, Legislative f; **~tura** f 1. Legislaturperiode f; 2. *Arg., Méj., Pe.* Parlament n.

legis|perito m → *jurisperito*; **~ta** m Rechtsgelehrte(r) m; fig. Jurist m; Rechtsanwalt m.

legítima ⚖ f Pflichtteil m.

legiti|mación f 1. Rechtmäßigkeitserklärung f; Echtheits- *bzw.* Ehelichkeits-erklärung f; Legitimierung f; 2. amtlicher Ausweis m, Legitimation f; Berechtigungsnachweis m; Beglaubigungsurkunde f; **~mador** adj. legitimierend; **~mar I.** v/t. für rechtmäßig (*bzw.* ehelich) erklären; legitimieren; ausweisen; **II.** v/r. **~se** s. ausweisen; **~mario** f adj.-su. Pflichtteil(s)...; m Pflichtteilsberechtigte(r) m; **~midad** f Legitimität f: a) Gesetzmäßigkeit f; Rechtmäßigkeit f; b) eheliche Geburt f, Ehelichkeit f; **~mismo** *Pol.* m Legitimismus m; **~mista** *Pol.* adj.-su. c legitimistisch; m Legitimist m.

legítimo adj. legitim; rechtmäßig; berechtigt; ehelich; echt; rein, unverfälscht (*Wein*).

lego I. adj. weltlich; p. ext. ungeschult; **II.** m Laie m (a. fig.); *ser* ~ *en la materia* Laie auf dem Gebiet sein, nichts davon verstehen.

legón m Hacke f.

legra ✶ f scharfer Löffel m; **~r** ✶ v/t. ab-, aus-schaben.

legua f span. Meile f (5,5727 km); p. ext. Wegstunde f; ~ *marina* (*od. marítima*) Seemeile f = 5,555 km (*Span.*); adv. *a cien* ~s *von weitem* (*sehen, bemerken*); **~je** m Am. Reiseweg m in Meilen; *Pe.* Reisekosten

schuß m der Abgeordneten.

legui ⚔ m Ledergamasche f.

leguleyo m Winkeladvokat m.

legum|bre ♀ f Hülsenfrucht f; allg. Gemüse n; **~ina** ⚛ f Legumin n; **~inosas** ♀ f/pl. Hülsenfrüchtler m/pl., Leguminosen f/pl.

leí|ble adj. c lesbar; leserlich; **~da** F f Lesen n; Am. Lektüre f; **~do I.** part., **II.** adj. belesen; iron. F ~ *y escribido* „gebüldet" F.

leí|smo *Gram.* m: Gebrauch des pron. *le* für den ac. sg. jedes männlichen Objekts (die Akademie empfiehlt lo für Personal- u. Sachobjekt, so mst. in Am.; lit. pflegt man *le* für das Personal-, *lo* für das Sachobjekt zu setzen); *vgl. loísmo*; **~ta** adj.-su. Anhänger m des leísmo.

leitmotiv ♪ u. fig. m Leitmotiv n.

leja|namente adv.: *ni* ~ nicht im entferntesten; **~nía** f Entfernung f; Ferne f, **~no** adj. entfernt (a. fig.), fern; entlegen; ~ *de* weit von (*dat.*).

lejí|a f 1. Lauge f; ~ *de jabón* Seifenlauge f; 2. *Eau n, f de Javelle*; **~o** m Färberlauge f.

le|jísimos adv. sup. (*inc. lejísimo*) sehr weit entfernt; **~jitos** F adv. ziemlich weit; **~jos I.** adv. weit (entfernt); *de(sde)* ~ von weitem, aus der Ferne; *a lo* ~ in der Ferne; *estar* ~ (*de aquí*) weit weg (von hier) sein; fig. *estar* (*muy*) ~ *de* + inf. weit davon entfernt sein, zu + inf.; fig. *está muy* ~ *de mi ánimo* es liegt mir sehr fern; *ir (demasiado)* ~ a. fig. (zu) weit gehen; *para no ir más* ~ a. fig. um nicht weiter zu gehen; fig. um ein auf der Hand liegendes Beispiel zu nennen; **II.** m Ferne f; *Mal.* Hintergrund m, Tiefe f; *tener buen* ~ von weitem gut aussehen.

le|le adj. c *Am. Cent., Chi.*, **~lo** adj.-su. albern, blöde; kindisch; faselig; *está* ~ er ist nicht ganz richtig im Kopf.

lema m 1. Sinnspruch m; Emblem n; 2. Kennwort n; Motto n; 3. ⚖ zu beweisender Lehrsatz m; **~nita** *Min.* f → jade.

lem(m)ing Zo. m Lemming m.

lemniscata ⚛ f Lemniskate f, liegende Acht f (*Kurve*).

lemosín adj.-su. limousinisch; el ~ p. ext. das Altprovenzalische; *poet. a.* das Katalanische.

lempira m Lempira m, Währungseinheit in Hond.

lempo *Col.* **I.** adj. groß, ungeschlacht; **II.** m Stück n, Brocken m.

lémur od. *lemur* m 1. Zo. Maki m; 2. ~es m/pl. Myth. Lemuren m/pl.; p. ext. Geister m/pl.

lence|ra f Händlerin f in Weiß- u. Kurzwaren; **~ría** f Leinen-, Weißwaren f/pl.; Wäschegeschäft n; Weiß- (u. Kurz-)warenhandlung f; **~ro** m Leinwand-, Wäsche-händler m.

lendakari *Pol.* m Span. Chef m der baskischen Regionalregierung.

len|drera f Nissenkamm m; **~droso** adj. nissig, verlaust.

lene lit. adj. c sanft, mild; leicht.

lengua f 1. Zunge f (*a. fig.* u. *Kchk.*); ~ *bífida* Spaltzunge f *der Schlangen*; ✶ *cargada* (*od. sucia*) belegte Zunge f; fig. ~ *de estropajo* (*od. de trapo*) Gestam

mel n; Gestotter n; Lallen n; a. stotternder Mensch m; *bsd. bibl.* ~ *de fuego* Feuerzunge f; **~s** f/pl. *de gato* Katzenzungen f/pl. (*Schokolade*); → a. 3; *Kchk.* ~ *de ternera* (*de vaca*) Kalbs- (Rinds-)zunge f; fig. *largo de* ~ dreist, frech, unverschämt; *ligero de* ~ schwatzhaft; leichtfertig *im Reden*; fig. *media* ~ kindliches Gestammel n; Stottern n; a. Stotterer m; a. fig. adv. *con la* ~ *fuera* mit hängender Zunge; fig. *malas* ~s f/pl. Gerede n *der Leute*; ~ *de víbora* a) fossiler Haifischzahn m; b) fig. F → *de serpiente* (♀ → 3), ~ *viperina*, ~ *de escorpión*, ~ *de hacha* od. *mala* ~ giftige (od. böse, spitze) Zunge f, Lästermaul n; fig. *andar* (*od. ir*) *en* ~s ins Gerede kommen; das Stadtgespräch sein; fig. *desatar la* ~ *a alg.* j-m die Zunge lösen; fig. *echar la* ~ (*de un palmo*) *por* lechzen nach (*dat.*); F *Col.* *echar* ~s Sprüche klopfen F, übertreiben; fig. *hacerse* ~s *de alg. s.* zu j-s Lobredner machen; fig. *írsele a alg. la* ~ od. *irse la* ~ od. *echar la* ~ *al aire s.* verplappern; a. fig. *morderse la* ~ *s.* auf die Zunge beißen; *perder la* ~ die Sprache verlieren, stumm werden; fig. *poner* ~s *en alg.* od. *llevar* (*od. traer*) *en* ~s *a alg.* j-n durchhecheln; ✶ *sacar la* ~ die Zunge zeigen; *sacar la* ~ *a alg.* j-m die Zunge herausstrecken (*Verhöhnung*); fig. *tener mucha* ~ sehr gesprächig sein; fig. F *tener la* ~ *gorda* od. *pesada* eine schwere Zunge haben, betrunken sein; fig. *tirar de la* ~ *a alg.* j-m die Würmer aus der Nase ziehen F, bei j-m auf den Busch klopfen; 2. *Li.* Sprache f; ~s f/pl. *antiguas* (*vivas, muertas*) alte (lebende, tote) Sprachen f/pl.; *a. Rhet.* ~ *clásica* klassische Sprache f; ~ *de cultura* (*especial*) Kultur- (Sonder-) sprache f; ~ *escrita*, ~ *literaria* (*extranjera*) Schrift- (Fremd-)sprache f; ~s *hermanas* Schwestersprachen f/pl.; ~ *madre*, ~ *primitiva* (*materna, nativa*) Ur- (Mutter-)sprache f; ~s *modernas* neue (*als Fach*: Neue[re]) Sprachen f/pl.; ~ *popular* Volkssprache f; 3. ♀ *de buey* Ochsenzunge f; ~ *cerval* Zungenfarn m; ~ *de gato* Art Färberröte f; ~ *de perro* od. ~ *canina* Venusfinger m; ~ *de serpiente* Natterzunge f; ~ *de suegra* Bogenhanf m, Sansevieria f; 4. ~ *del agua* Uferstreifen m; Wasserlinie f e-s schwimmenden Körpers; ~ *de tierra* Landzunge f; **II.** c 5. hist. u. lit. Dolmetsch m.

lengua|do *Fi.* m Seezunge f; **~je** m Sprache f; Sprachvermögen n; Ausdrucksweise f, Stil m; ~ *culto* (*hablado*) gebildete od. gehobene (gesprochene) Sprache f; ~ *escrito* (*mímico*) Schrift- (Gebärden-)sprache f; ~ *de las flores* (*de los ojos*) Blumen- (Augen-)sprache f; ~ *informático* Computersprache f; ~ *técnico* Fachsprache f; **~larga** F m Schwätzer m; **~rada** f → *lengüetada*; **~raz** adj.-su. c (*pl.* ~*aces*) böse Zunge f (*fig.*); Schwätzer m; **~z** adj. c (*pl.* ~*aces*) geschwätzig.

lengüe|ta f 1. *Anat.* Kehldeckel m; 2. ⊕ Zunge f (*a. Waage f.* ♪); Lasche f *am Schuh*; Metallblättchen n; *Zim.* Feder f; *Chi.* Papiermesser m; 3. *Am.* Schwätzer m; 4. *Méj.* Franse f (*Rockbesatz*); **~tada** f, **~tazo** m Zungen

schlag *m*; Lecken *n*; *beber a* ~s auflecken; ~**tear I.** *v*/*t*. *Am.* (auf-, ab-) lecken; **II.** *v*/*i*. *Hond.* schwatzen; ~**tería** *f* Zungenpfeifen *f*/*pl.* *e-r Orgel.*
lengüicorto F *adj.* schüchtern im Sprechen, wortkarg.
leni|dad *f* Milde *f*; ~**ficar** [1g] *v*/*t*. lindern, mildern.
Leningrado *m* Leningrad *n.*
leninis|mo *Pol.* m Leninismus *m*; ~**ta** *adj.-su. c* leninistisch; *m* Leninist *m.*
lenitivo *bsd.* ✠ *adj.-su.* lindernd; *m* Linderungsmittel *n.*
lenocinio *m* Kuppelei *n*; *casa f de* ~ Bordell *n.*
lente I. *m* Augenglas *n*; ~s *m/pl.* Brille *f*; ~s *de pinza* Kneifer *m*, Zwicker *m*; **II.** *f Opt., Phot.* Linse *f*; ~ *de aumento* Lupe *f*, Vergrößerungsglas *n*; ~ *supletoria, Phot.* ~ *de aproximación* Vorsatzlinse *f*; ~s *f/pl. de contacto* Kontaktlinsen *f/pl.*, Haftschalen *f/pl.*
lente|ja ♀ *f* Linse *f*; *a. bibl. plato m de* ~s Linsengericht *n*; ~**jar** ♂ *m* Linsenpflanzung *f*; ~**juela** *f* Flitterplättchen *n*; ~s *f/pl.* Pailletten *f/pl.*; ~s *de oro* Goldflitter *m.*
lenti|cular *adj. c* linsenförmig; *Anat.* (*hueso*) ~ *m* kleinstes Gehörknöchelchen *n*; *Opt. sistema m* ~ Linsensystem *n*; ~**go** *m* Leberfleck *m*; ~**lla** *Opt. f* kl. Linse *f*; Kontaktlinse *f.*
lentisco ♀ *m* Mastixstrauch *m.*
len|titud *f* Langsamkeit *f*; ✠ ~ *en los pagos* Säumigkeit *f* im Zahlen; ~**to**[1] *adj.* langsam; saumselig; träge (*a. Verstand*); schwerfällig; *pharm.* schleimig; gelind (*Feuer*); langsam wirkend (*Gift*); *hist. u. fig.* quemar *a fuego* ~ bei langsamem Feuer rösten; *fig.* langsam quälen, (lange) in die Zange nehmen (*fig.*); *ser* ~ *en resolverse s.* nur schwer entscheiden (können); ~**to**[2] ♪ **I.** *adv.* lento; **II.** Lento *n.*
leña *f* Brennholz *n*; *fig.* F (Tracht *f*) Prügel *pl.*/*fig. f cargar de* ~ *a alg.* j-m den Buckel vollhauen; *cortar* (*od. hacer*) ~ Holz machen (*od.* fällen); *fig.* F *dar* ~ *a alg.* j-m Saures geben F, j-m einheizen F; *fig.* echar ~ *al fuego* Öl ins Feuer gießen (*fig.*); F *a. fig. recibir* ~ Prügel kriegen F; *j*~! gib ihm Saures! F; scharf durchgreifen!; ~**dor**, ~**tero** *m* Holzfäller *m.*
¡leñe! P *int.* (*euph. für leche*) zum Teufel (auch)! F, verdammter Mist! P.
le|ñera *f* (Brenn-)Holzschuppen *m*; Holzplatz *m*; Holzstapel *m*; ~**ñero I.** *m* Holzhändler *m*; *a.* → *leñera*; **II.** *adj. Sp. jugador m* ~ Holzer *m* F; ~**ño** *m* 1. abgeästeter Stamm *m* (*Baum*); 2. (Holz-)Scheit *n*; (Holz-)Kloben *m*; *fig. dormir como un* ~ wie ein Klotz schlafen F; 3. *fig. poet.* Schiff *n*, Floß *n*; *fig.* F Dummkopf *m*; ~**ñoso** *adj.* holzig, holzartig.
Le|o *Astr. m* Löwe *m* (*Sternbild*); 2**ón** *m* 1. *Zo. u. fig.* Löwe *m*; *Am. a.* Puma *m*; ~ *marino* Seelöwe *m*; *domador m de* ~*ones* Löwenbändiger *m*; *Ent. hormiga f* ~ Ameisen-löwe *m*, -fresser *m*; *fig. parte f del* ~ Löwenanteil *m*; 2. ♀ *npr.* Leo *m.*
leo|na *f* 1. *Zo.* Löwin *f*; 2. *fig.* tapfere (*od.* beherzte) Frau *f*; P Portiersfrau *f*, Hausmeisterin *f*; ~**nado** *adj.* falb-

fahlrot; 2**nardo** *npr. m* Leonhard *m*; ~**nera** *f* 1. Löwenzwinger *m*; *fig.* **a**) Rumpelkammer *f* F; Bruchbude *f* F, Dreckloch *n* F; **b**) Spielhölle *f*; *fig.* F *Arg., Ec., P. Ri.* Gefängnis *n*, Knast *m* F; 2. *Col., Chi.* Gesindel *n*, Ganovenbande *f*; *Pe.* lärmende Versammlung *f*; ~**nero I.** *m* Löwenwärter *m*; *Bol.* ~ *matadero*; *Méj.* Spielhölle *f* mit Bordell; **II.** *adj. Chi.* → *alborotador.*
leoni|na ♂ *f* Knotenlepra *f*; ~**no** *adj.* löwenähnlich; Löwen...; ♂ *u. fig. parte f* ~**a** Löwenanteil *m*; ♂ *contrato m* ~ Knebelungsvertrag *m.*
Leonor *npr. f* Leonore *f*; *Spr.*: renunciar a la mano de doña ~ „edelmütig" verzichten.
leontina *f* kurze Uhrkette *f.*
leo|pardo *Zo. m* Leopard *m*; ~ *de las nieves* Schneeleopard *m.*
leopoldina *f Art* Tschako *m.*
leotardos *m/pl.* Strumpfhose(n) *f*(/*pl.*).
Lepe: 1. *fig.* F *saber más que* ~ (, Lepijo y su hijo) ein wandelndes Lexikon sein; 2. *Ven.* ♀ *m* leichter Schlag *m*, Nasenstüber *m*; Schluck *m* Schnaps.
lépero *adj.-su. Am. Cent.* Gauner...; schurkisch; *Méj.* pöbelhaft; Gesindel...; *Cu.* verschlagen; gerissen; *Ec.* heruntergekommen.
leperuza F *f Méj.* Straßendirne *f.*
lepi|dio ♀ *f* Mauerkresse *f*; ~**dodendron(n)** ♀ *m* Schuppenbaum *m* (*fossil*); ~**dóptero** *Ent. m* Schuppenflügler *m*; ~**dosirena** *Zo. f* Schuppenmolch *m* des Amazonas; ~**sma** *Ent. f* Silberfischchen *m.*
le|póridos 🐰 *m/pl. Zo.* Hasen *m/pl.*; ~**porino** *adj.* hasenartig; Hasen...; *Anat. labio m* ~ Hasenscharte *f.*
le|pra ♂ *f* Lepra *f*, Aussatz *m*; ~**prosería** *f* Leprastation *f*, Leprosorium *n*; ~**proso** *adj.-su.* aussätzig, leprös; *m* Aussätzige(r) *m.*
lepto|nas *f/pl.*, ~**nes** *m/pl. Phys.* Leptonen *n/pl.*, leichte Elementarteilchen *n/pl.* [m.}
lequeleque *Vo. m Bol. Art* Kiebitz}
lercha F *f* Reihe *f als Tragschnur für erlegte Vögel u. Fische.*
ler|da *f* → *lerdón*; ~**dear** *v*/*i. u.* ~*se v*/*r. Am. Reg.* träge sein; langsam machen; ~**dera** *f Am. Cent.* Trägheit *f*; Ungeschick(theit *f*) *n*; Beschränktheit *f*; ~**do** *adj.* schwerfällig, plump; langsam, träge; □ ~ *cobarde*; ~**dón** *vet. m* Kniegeschwür *m.*
lerneo *Myth. adj.*: *la hidra* ~**a** die lernäische Schlange.
les *pron. pl.* ihnen (*dat.*); *a. sic* (*m/pl. ac.*); Sie (*m/pl. ac.*); → *leísmo.*
lesbi|a(na) *f* Lesbierin *f*; ~**anismo** *m* → *amor lesbio*; ~**(an)o** *adj.-su.* aus Lesbos; *fig. amor m* ~ lesbische Liebe *f.*
lesera *f Chi., Pe.* Albernheit *f*; Dummheit *f*; *Chi.* *¡*~*!* Quatsch! F.
lesi|ón *f* Verletzung *f*; *fig.* Schädigung *f*; ♂ ~ *cardíaca* Herzfehler *m*; ~ *leichte Verletzung f* (*in Span.* ⚖ bis zu 14 Tagen Arbeitsunfähigkeit); ~ *valvular* Herzklappenfehler *m*; ⚖ ~ *de un contrato* Vertragsverletzung *f*; *fig.* Interessen schädigen; ~**vo** *adj.* verletzend; *fig.* schädigend.

lesnordeste ♆ *m* Ostnordost *m* (*a. Wind*).
leso *adj.* 1. verletzt; *crimen m de* ~*a majestad* Majestätsbeleidigung *f*; 2. *Arg., Chi.* wirr im Kopf; dumm.
Lesotho *m* Lesotho *n.*
les|sueste ♆ *m* Ostsüdost *m*; ~**te** ♆ *m* Ost *m.*
leta|l *adj. c* tödlich, letal (♂); *armas f/pl.* ~*es* chemische Waffen *f/pl.*, C-Waffen *f/pl.*; ~**lidad** ♂ *f* Letalität *f.*
letanía *f Rel.* Litanei *f*; Bittprozession *f*; *fig.* F langweilige Aufzählung *f u. ä.*, Litanei *f* (*fig.*); *kath.* ~ *lauretana* (*od. de la Virgen*) lauretanische Litanei *f.*
le|tárgico ♂ *adj.* schlafsüchtig; lethargisch (*a. fig.*); ~**targo** ♂ *m* Schlafsucht *f*; Lethargie *f* (*a. fig.*); *Biol.* ~ *invernal* Winterschlaf *f*; ~**targoso** *adj.* Lethargie verursachend; ~**teo**[1] *Myth. adj.* Lethe...; 2**teo** *Myth. m* Lethe *f*; ~**tífero** *adj.* todbringend.
le|tificar [1g] *lit. v*/*t.* erfreuen; erheitern; ~**tífico** *adj.* erfreuend; erheiternd.
le|tón *adj.-su.* lettisch; *m* Lette *m*; *Li.* das Lettische; 2**tonia** *f* Lettland *n.*
letra *f* 1. *a. fig.* Buchstabe *m*; *p. ext. Phon.* Laut *m*; *a* (*od. al pie de*) *la* ~ (*wort*)wörtlich; *con* ~ *clara* deutlich (*schreiben*); ~*s f/pl. de imprenta* Druckbuchstaben *m/pl.*; ~ *indicadora* (*od. de marcación*) Kennbuchstabe *m*; *fig. la* ~ *y el espíritu* Geist u. Buchstabe; *escribir* (*od. poner*) *en* ~*s* (in Worten) ausschreiben (*Zahlen*); F *poner cuatro* ~*s* ein paar Zeilen schreiben; P *saber* (*od. entender*) *de* ~*s* lesen können; → *a.* 6; 2. (Hand-)Schrift *f*; *Typ.* Letter *f*, Type *f*; ~ *alemana* (*española, griega, rusa*) deutsche (spanische, griechische, russische) Schrift *f*; ~ *normal, ~ corriente* Normal-, Latein-schrift *f*; ~*s f/pl. de relieve* erhabene Buchstaben *m/pl.*; Blindenschrift *f*; *Typ.* ~ *de adorno* Zierschrift *f*; ~ *espaciada* Sperrung *f*; ~ *fina* (*supernegra*) magere (fette) Schrift *f*; ~ *florida* künstlerisch verzierte Initiale *f*; ~ *gótica* Fraktur *f*; ~ *de seis* (*ocho*) *puntos* 6-(8-)Punkt-Schrift *f*; ~ *romana* Antiqua *f*; *tener buena* ~*-e* schöne Handschrift haben; 3. *fig.* Wort *n*, Worte *n/pl.*; Wappenspruch *m*, Devise *f*; Glosse *f* (*Gedicht*); ~ *por* ~ Wort für Wort; *fig.* F *tener mucha* ~ *menuda* sehr schlau sein; *es fundirle todas* las ~*s* den Ohren haben F; 4. ♪ Text *m*; Textbuch *n*; 5. ✠ Wechsel *m*; ~ *aceptada* (*aceptada por un banco*) Wechsel-(Bank-)akzept *n*; ~ *en blanco* Blankowechsel *m*; ~ *de cambio*, ~ *girada* gezogener Wechsel *m*, Tratte *f*; ~ *comercial* Handels-, Kundenwechsel *m*; ~ *de favor* (*a día fijo*) Gefälligkeits- (Tag-)wechsel *m*; ~ *cruzada* (*trayecticia*) Reit- (Distanz-)wechsel *m*; ~ *a tantos días fecha* (*a tantos días vista*) Dato-(Nachsicht-)wechsel *m*; ~ *ficticia* (*financiera*) Keller- (Finanz-)wechsel *m*; ~ *sobre el interior* Inlandswechsel *m*; ~ *nominativa* (*od. intransferible*) Rektawechsel *m*; ~ *al portador* Inhaberpapier *n*, -wechsel *m*; ~ *al propio cargo* Sola-, Eigen-wechsel *m*; ~ *a la propia orden* Eigenorderwechsel *m*; ~

letrado — libamen 388

de *Tesorería* Schatzwechsel *m*; ~ *a uno o varios usos (a la vista)* Uso-(Sicht-)wechsel *m*; **6.** ~s *f/pl.* Geisteswissenschaften *f/pl.*; humanistisches Studium *n*; *Bellas (od. Buenas)* ⚥s schöne Wissenschaften *f/pl.*; *bellas* ~s Belletristik *f*, schöngeistige Literatur *f*; *fig. las primeras* ~s die Grundkenntnisse, das Grundwissen; *estudiar* ~s, *lit.* seguir las ~s Geisteswissenschaften studieren, s. e-m geisteswissenschaftlichen Studium widmen; *fig.* F tener ~s gebildet sein; **7.** *hist. Verw.* ~s *f/pl.* patentes Ernennungsurkunde *f*; **~do I.** *adj.* gelehrt; gebildet; **II.** *m* Gelehrte(r) *m*; Rechtsgelehrte(r) *m*; ~ *defensor* Strafverteidiger *m*.

Letrán *m* Lateran *m (Rom)*; *Pol. Tratado m de ~ Lateranverträge m/pl. (1929).*

letrero *m* Aufschrift *f*; Tafel *f*, Schild *n*; Etikett *n*.

letrilla *f* Gedichtform.

letrina *f* Latrine *f*.

letrista ♪ *m* Textdichter *m*.

leu|cemia ⚕ *f* Leukämie *f*; **~cémico** *adj.-su.* Leukämie...; *m* an Leukämie Leidende(r) *m*.

leuco|cito *Biol. m* Leukozyt *m*; **~citosis** ⚕ *f* Leukozytose *f*; **~penia** ⚕ *f* Leukopenie *f*; **~rrea** ⚕ *f* Leukorrhöe *f*, weißer Fluß *m*.

leu|dar I. *v/t.* Teig säuern bzw. mit Hefe versetzen; **II.** *v/r.* **~se** aufgehen *(Teig)*; **~do** *adj.* aufgegangen *(Teig)*.

leva *f* **1.** ⚓ **a)** Lichten *n* der Anker, Ausfahrt *f*; **b)** Handspeiche *f*; **2.** ✕ Aushebung *f*; **3.** ⊕ Nocken *m*; *árbol m de* ~s Nockenwelle *f*; **4.** *Am.* → *levita*; *Am. Cent., Col.* Schwindel *m*, Betrug *m*; *Col.* echar ~s Drohungen ausstoßen; **~dizo** *adj.* ⊕ abhebbar; *puente m* ~ Zugbrücke *f*; **~dura** *f* Sauerteig *m*; Hefe *f*; *fig.* Keim *m*, Beginn *m*; ~ *de cerveza* Bierhefe *f*; ~ *en polvo* Backpulver *n*.

levanta|carriles 🛠 *m (pl. inv.)* Gleisheber *m*; **~coches** *m (pl. inv.)* Autodieb *m*; **~dor I.** *adj.* aufhebend; (er)hebend; *fig.* aufwiegelnd; **II.** *m fig.* Aufwiegler *m*; *Sp.* ~ *de pesos* Gewichtheber *m*; **~dora** *f Col.* Hausrock *m*; **~freno** ⊕ *m* Bremslüfter *m*; **~miento** *m* **1.** Heben *n*; Aufstehen *n*; *a. fig.* Erhebung *f*; *a. fig.* Erhöhung *f*; **2.** ✗ Abheben *n b. Start*; **3.** Aufhebung *f e-s Verbots usw.*; **4.** Aufstand *m*, Aufruhr *m*; ~ *popular* Volksaufstand *m*; **5.** Anlage *f e-s Protokolls*; Aufnahme *f e-s topographischen Plans*; **~r I.** *v/t.* **1.** heben; aufheben; errichten; *a. fig.* erheben; *a. fig.* aufrichten; *Kart.* abheben; *die Hand erheben (a. fig.); Liegendes od. Umgefallenes* aufrichten; *Vorhang* aufziehen; *Hutkrempe* auf-, hochschlagen; *Kleid* hochheben, anheben; *Kind* wecken; *Staub* aufwirbeln; *Wild* auftun, aufstöbern; *Tisch* abräumen; *Kapital* aufbringen, auftreiben; *Blick* heben; *Sp.* Gewichte stemmen; *Equ.* Pferd hochnehmen bzw. galoppieren lassen; ✿ *Ernte* einbringen; ~ *en alto* emporheben *(a. fig.)*; ~ *el ánimo (od. el espíritu)* Mut zusprechen; Mut fassen; ~ *el estómago* den Magen in Aufruhr bringen *(od.* heben F); ~ *protesta(s)* Protest erheben *(od.* einlegen); ✕ ~ *la puntería* den Zielpunkt höher legen; höher anschlagen; ~ *falso testimonio (una falsa acusación)* falsches Zeugnis ablegen (verleumderische Anklage erheben); **2.** ⊕ heben; anheben; abheben; *Lasten* heben; *Deckel* hochklappen; *Haus* bauen; *Gebäude, Denkmal* errichten; *Wand* (auf)mauern; *Mauer* hochziehen; *Damm* anlegen; ~ *sobre tacos Auto* aufbocken; **3.** *Bericht, Akte* anlegen; *topographische Pläne* aufnehmen; *Protokoll* führen; ~ *acta de a/c.* et. zu Protokoll nehmen; ~ *topográficamente* vermessen; **4.** verursachen, veranlassen; ~ *una ampolla* e-e Blase verursachen; ~ *muchas protestas* viele Proteste auslösen; **5.** *Truppen* ausheben; *Massen* aufwiegeln; **6.** aufheben; aufgeben; *Belagerung* beenden; *Strafe, Verbot* aufheben; *Sitzung* schließen; aufheben; *Wohnung* aufgeben; ~ *los manteles (od. la mesa)* die Tafel aufheben; **7.** □ *Arg.* klauen; **II.** *v/i.* **8.** aufklaren *(Wetter)*; **III.** *v/r.* **~se 9.** aufstehen, s. erheben *(a. fig. Aufstand)*; aufgehen *(Sonne)*; aufkommen *(Wind)*; aufklaren *(Wetter)*; abziehen *(Unwetter)*; *se levantan voces* es werden Stimmen laut; ~*se de la cama* aufstehen; *das Bett (a. das Krankenbett)* verlassen; *estar* ~*ado* das Bett verlassen haben, aufsein F; ~*se con a/c.* mit et. *(dat.)* auf u. davon gehen *(od.* durchbrennen F); *fig.* ~*se con el pie izquierdo* mit dem linken Fuß zuerst aufstehen.

levan|te¹ *m* **1.** Sonnenaufgang *m*; Osten *m*, Ostwind *m*; **2.** ⚥ *Geogr.* **a)** j-n in Anwendung bringen; *estudiar* ⚥s Jura *(od.* die Rechte) studieren; *hacer* ~ als Norm gelten; *hecha la* ~, *hecha la trampa* für jedes Gesetz findet s. e-e Hintertür; **2.** *p. ext.* Feingehalt *m*; gesetzlich vorgeschriebene Beschaffenheit *f von Waren (hinsichtlich Güte, Maß u. Gewicht);* bajo de ~ nicht vollwichtig *(Münzen);* ja *fig.* minderwertig; bajar *(subir)* de ~ den Feingehalt von Münzen herab- (herauf-)setzen; oro *m* de ~ reines Gold *n*; *fig. de buena* ~ gediegen; ehrbar; treu.

leyenda *f* **1.** Legende *f*; Sage *f*; *fig.* ~ *negra* die spanienfeindliche Darstellung der span. Kolonialgeschichte; **2.** Legende *f*, Text *m* zu Abbildungen *usw. bzw. von Inschriften*; **3.** *Arg.* Wand-schmiererei *f*, -parole *f*.

lezna *f* Ahle *f*; Schusterpfriem *m*.

lía¹ *f* Espartostrick *m*; ~² *f (mst. pl.)* → *heces, poso.*

liana ♀ *f* Liane *f*.

liar [1c] *v/t.* binden; einwickeln; Zigarette drehen; *Angelegenheit* komplizieren, verwickelt machen; *Person* in et. *(ac.)* verwickeln, mit hineinziehen; *fig.* F ~*se* s. einlassen (mit *dat.* con); *a.* ~ *amancebarse*; F *liárselas od.* ~*las* einpacken *od.* abhauen F; sterben, abkratzen P; ~*se a palos (od. a golpes, a garrotazos) con alg.* s. mit j-m prügeln.

lías *Geol. m* Lias *m, f*.

liásico *Geol.* **I.** *adj.* Lias...; **II.** *m* Lias *m*.

liaza *f* (Esparto-)Strick(e) *m(/pl.)*.

liba|ción *f* **1.** *Rel.* Trankopfer *n*, Libation *f*; **2.** Schlürfen *n*, Nippen *n*; **~men** *m Rel. hist.* Opferguß *m*;

levan|te² *m* **1.** F *Span. e-s Gehrock m; Überrock m; fig.* F cortar ~s *a alg.* j-n durch den Kakao ziehen F; ~² *m* Levit *m*; **~ción** *f Rel. u. Parapsych.* freies Schweben *n*, Levitation *f*.

levítico I. *adj.* levitisch; *fig.* geistlich, klerikal; **II.** ⚥ *m* Levitikus *m*, 3. Buch *n* Mose.

le|vógiro *Opt.,* ⚕ *adj.* linksdrehend; **~vografía** *f* linksläufige Schrift *f*.

levulosa ⚕ *f* Lävulose *f*, Fruchtzucker *m*.

lexicaliza|ción *Li. f* Lexikalisierung *f*; **~r** [1f] *Li. v/t.* lexikalisieren.

léxico I. *adj.* lexikalisch; **II.** *m* Lexikon *n*, Wörterbuch *n*; Wortschatz *m*.

lexi|cografía *f* Lexikographie *f*; **~cográfico** *adj.* lexikographisch; **~cógrafo** *m* Lexikograph *m*; **~cología** *f* Lexikologie *f*; Wortkunde *f*; **~cológico** *adj.* lexikologisch; **~cólogo** *m* Lexikologe *m*; **~cón** *m* → *léxico.*

ley *f* **1.** *a. Rel. u. fig.* Gesetz *n*; Satzung *f*; Gebot *n*; *fig.* Treue *f*; Anhänglichkeit *f*; *a ~ de caballero (od. de cristiano)* auf mein Wort, auf Ehrenwort; *a toda* ~, F *a la* ~ sorgfältig, gehörig; nach allen Regeln der Kunst; F *con todas las de la* ~ ordnungsgemäß, wie es s. gebührt; sorgfältig; mit allem, was dazu gehört; *fig.* ordentlich, gehörig, tüchtig; *Rel. la* ~ *antigua (od. de Moisés)* das alte Gesetz, das Gesetz Mosis; ~ *básica* ⚥ Rahmengesetz *n*; *Pol.* Grundgesetz *n*; *Phys.* ~ *de caída* Fallgesetz *n*; *fig.* F ~ *del encaje* willkürlicher Spruch *m* des Richters; ~ *escrita* geschriebenes Gesetz *n*; *bsd. Rel.* die Zehn Gebote; ~ *del más fuerte* Recht *n* des Stärkeren, Faustrecht *n*; ~ (*es*) *fundamental(es)* (Staats-)Grundgesetz *n*; *fig.* ~ *de la jungla* Gesetz *n* des Dschungels; ~ *moral (penal)* Sitten- (Straf-)gesetz *n*; ~ *natural* natürliches Gesetz *n*; Naturrecht *n*; ~ *de la naturaleza* Naturgesetz *n*; *Pol.* ~ *orgánica*, ~ *de bases* Staatsgrundgesetz *n*; *hist.* ~ *sálica* salisches Gesetz *n*; ~ *seca* Alkoholverbot *n*; *hist. USA* Prohibition *f*; *fig. dar la* ~ e-e Norm setzen; Vorbild sein; das Gesetz des Handelns vorschreiben; führen; *echar (toda) la* ~ *contra alg.*

libanés *adj.-su.* libanesisch; *m* Libanese *m*.
Líbano *m* Libanon *m*.
libar I. *v/t.* nippen an (*dat.*); schlürfen; **II.** *v/i.* e-e Trankspende darbringen.
libe|lista *m* Libellist *m*; Pamphletist *m*; ⌐**lo** *m* Pamphlet *n*, Schmähschrift *f*, Libell *n*.
libélula *Ent. f* Libelle *f*.
líber ♀ *m* Bast *m*.
libera|ble *adj. c* befreibar; ⌐**ción** *f* **1.** Befreiung *f*; Freilassung *f*; ⚖ ⌐ *condicional* Entlassung *f* auf Bewährung; ⌐ *de presos* Gefangenenbefreiung *f*; **2.** ✝ Entlastung *f*, Quittung *f*; Einzahlung *f* (*Aktien*); ⌐ *total* Volleinzahlung *f* (*Gesellschaftskapital*); **3.** ⚒ *Col.* Entbindung *f*; ⌐**do** *adj.* **1.** befreit; **2.** freigelassen; **3.** ✝ einbezahlt (*Gesellschaftskapital*); ⌐**dor I.** *adj.* befreiend (von *dat.* de); **II.** *adj.-su.* → *libertador*.
libera|l I. *adj.* liberal; freisinnig; (*a. Pol.*); freiheitlich; großzügig, freigebig, frei (*Künste, Berufe*); **II.** *m Pol.* Liberale(r) *m*; ⌐**lidad** *f* **1.** Freigebigkeit *f*; Großzügigkeit *f*; Weitherzigkeit *f*; **2.** ⚖ Schenkung *f*; ⌐**lismo** *m* Liberalismus *m*; ⌐**lización** *f* Liberalisierung *f*; ⌐**lizar** [1f] *v/t.* liberalisieren; ⌐**lmente** *adv.* F *Arg. a.* → *rápidamente*.
libera|r *v/t.* befreien; freistellen (von *dat.* de); ✝ *Gesellschaftskapital* einzahlen; ⌐**torio** ⚖ *adj.* befreiend; entlastend.
Liberia *f* Liberia *n*; ⚥**no** *adj.-su.* aus Liberia; liberi(ani)sch; *m* Liberi(an)er *m*.
libérrimo *adj. sup. zu libre.*
liber|tad *f* Freiheit *f*; Befreiung *f*; Freilassung *f*; *p. ext.* Handlungsfreiheit *f*; Ungezwungenheit *f*; ⌐**es** *f/pl.* Freiheiten *f/pl.*, (Vor-)Rechte *n/pl.*; *fig.* F Vertraulichkeiten *f/pl.*, Frechheiten *f/pl.*; *con toda* ⌐ ganz offen; völlig frei; unbefangen; *en* ⌐ frei; ⌐ *de acción* (*de movimiento*) Handlungs- (Bewegungs-)freiheit *f*; ⌐ *del comercio y de la industria* (Handels- u.) Gewerbefreiheit *f*; ⚖ (*puesta f en*) ⌐ *condicional* (*provisional*) bedingte (vorläufige) Entlassung *f aus der Haft*; ⌐ *de elección* Entscheidungsfreiheit *f*; *Theol.* freier Wille *m*; ⌐ *de los mares* Freiheit *f der Meere*; ⌐ *de prensa* Pressefreiheit *f*; *tomarse la* ⌐ *de* + *inf. s.* die Freiheit nehmen, zu + *inf.*; *tomarse unas* ⌐**es** *s.* (zuviel) Freiheiten erlauben; ⌐**tador I.** *adj.* befreiend; **II.** *m* Befreier *m*; *Am. hist.* el ♀ *je nach Land:* Simón Bolívar (*Col., Ven.*); O'Higgins (*Chi.*); San Martín (*Arg.*); ⌐**tar** *v/t.* befreien (von *dat.* de); bewahren (vor *dat.* de); ⌐**tario** *adj.-su.* anarchistisch; *m* Anarchist *m*; ⌐**ticida** *m* Freiheitsmörder *m*; ⌐**tinaje** *m* **1.** Zügellosigkeit *f*; Liederlichkeit *f*; **2.** Freigeisterei *f*; ⌐**tino I.** *adj.* **1.** zügellos; liederlich; ausschweifend; **2.** freigeistig; **II.** *m* ⚥ Wüstling *m*; **4.** † *u. desp.* Freigeist *m*; ⌐**to** *hist. m* Freigelassene(r) *m* (*Altrom*).
Libia *f* Libyen *n*.
líbico *adj.* libysch.

libídine *f* Wollust *f*; Lüsternheit *f*.
libi|dinosidad *f* Wollüstigkeit *f*; Geilheit *f*; ⌐**dinoso** *adj.* lüstern; wollüstig; ⌐**do** ⚕ *f* Begierde *f*, Trieb *m*; ⚥, *Psych.* Libido *f*.
libio *adj.-su.* libysch; *m* Libyer *m*.
liborio *m* Symbolname für den Kubaner; *fig. ein kubanischer Qualitätstabak*.
libra *f* **1.** Pfund *n* (*Gewicht* [460 g] *u. Währung*); F *Span.* 100 Peseten *f/pl.*; ⌐ *esterlina* Pfund *n* Sterling; *por* (*od. a*) ⌐**s** pfundweise; **2.** *Astr.* ♎ Waage *f* (*Sternbild*); **3.** Güteklasse *III des kubanischen Tabaks*.
libración *f Phys.* Schwingung *f*, Ausschwingen *n*; *Astr.* Schwankung *f der Achse e-s Gestirns*.
libraco *desp. m* Schmöker *m*.
libra|do ✝ *m* Bezogene(r) *m*, Trassat *m* (*Wechsel*); ⌐**dor** ✝ *m* Aussteller *m e-s Wechsels*, Trassant *m*; ⌐**miento** *m* **1.** ⚥ Entriegelung *f* (*Waffe*); **2.** ✝ ⌐ *libranza*; ⌐**ncista** ✝ *m* Anweisungs-, Wechsel-empfänger *m*; ⌐**nza** ✝ *f* Zahlungsanweisung *f*; Ausstellung *f* (*Wechsel*); *Am.* Postanweisung *f*; ⌐**r I.** *v/t.* **1.** befreien; retten; *Geld* anweisen; *Wechsel, Scheck* ausstellen; *Wechsel auf j-n a cargo de* alg. contra alg.); *Schlacht* liefern; ⚖ ✝ ⌐ *de gravámenes* lastenfrei (*bzw.* schuldenfrei) machen; ⚖ ⌐ *sentencia* das Urteil ausfertigen; **II.** *v/i.* **2.** *fig.* ⌐ *bien* (*mal*) *od. salir bien* (*mal*) ⌐**ado** gut (schlecht) wegkommen *b.* e-r *Sache*; **3.** entbinden, gebären; **4.** *aus der Klausur* in den Sprechraum treten (*Nonne*); **III.** *v/r.* ⌐**se 5.** *s.* befreien; ¡de buena nos hemos ⌐**ado**! das ging gerade noch gut!, da sind wir noch mit e-m blauen Auge davongekommen F; ⌐**zo** *m* Schlag *m* mit e-m Buch.
libre *adj. c* frei (von *dat.* de); *p. ext. u. fig.* ungebunden; ledig; freimütig; ungehindert; ungehemmt; dreist, frech; hemmungslos; zügellos; *entrada f* ⌐ Eintritt frei; freier Eintritt *m*; *comercio m* ⌐ Freihandel *m*; *Sp. estilo m* ⌐ Freistil *m*; ⌐ *de impuestos* abgaben-; steuerfrei; ⌐ *de ruidos* geräuschlos; ⌐ *de mantenimiento* (*de prejuicios*) wartungs- (vorurteils-)frei; ⌐ *de trabas* der Fesseln ledig; unbehindert; *es* ⌐ *de* (*o. para*) + *inf.* es steht ihm frei, zu + *inf.*
librea *f* **1.** Livree *f*; **2.** *Jgdw.* Gefieder *n*; Fell *n*, Balg *m*.
librecambi|o *m* Freihandel *m*; ⌐**smo** *m* Freihandels-lehre *f*; -bewegung *f*; ⌐**sta** *adj.-su. c* Freihandels...; *m* Anhänger *m* des Freihandels, Freihändler *m*.
libre|mente *adv.* frei; ⌐**pensador** *m* Freidenker *m*; ⌐**pensamiento** *m* Lehre *f* der Freidenker; Freidenkertum *n*; *desp.* Freigeisterei *f*.
libre|ría *f* **1.** Buchhandel *m*; Buchhandlung *f*; ⌐ *de lance* (*od. de ocasión*) Antiquariat *n*; **2.** Bibliothek *f*; Bücherei *f*; **3.** Bücherregal *n*; ⌐ *mural* Bücherwand *f*; ⌐**ril** *adj.: industria f* ⌐ Buchindustrie *f*, Verlagswesen *n*; ⌐**ro** *m* **1.** Buchhändler *m*; ⌐ *en comisión* Sortimenter *m*; ⌐ *editor* Verlagsbuchhändler *m*; Verleger *m*; **2.** *Am.* Bücherregal *n*; ⌐**sco** *adj.* Buch...; *fig.* trocken, tot; *ciencia f meramente* ⌐**a** reines Bücherwissen *n*; ⌐**ta**[1] *f* Schreibheft *n*; Konto- *bzw.* Lohnbuch *n*; ⚔ Soldbuch *n*; ⌐ (*de apuntes*) Notizbuch *n*; ⌐ *de ahorros* Sparbuch *n*; ⌐ *de cerillas* Streichholzheft(chen) *n*; ⌐**ta**[2] *f* einpfündiges Brot *n*; *p. ext.* Laib *m* Brot; ⌐**tista** *c* Librettist *m*; ⌐**to** *m* Libretto *n*, Textbuch *n*.
librillo *m* **1.** Päckchen *n* Zigarettenpapier; **2.** ⌐ *de oro* Päckchen *n* Blattgold; **3.** *Zo.* → *libro 2.*
libro *m* **1.** *a. bibl.* Buch *n*; **a)** *allg.:* ⌐ *de anillas* (*de bolsillo, de cabecera*) Ring- (Taschen-, Lieblings-)buch *n*; ⌐ *científico od. técnico* (*de cocina*) Fach- (Koch-)buch *n*; ⌐ *para colorear* (*de cuentos*) Mal- (Märchen-)buch *n*; ⌐ *de divulgación* (*científica od. técnica*) Sachbuch *n*; ⌐ *electrónico* E-Book *n*; ⌐ *de fondo* Verlagswerk *n*; ⌐ *infantil* Kinderbuch *n*; *bibl.* ⌐ *de Job* Buch *n* Hiob (*od. kath.* Job); ⌐ *de lectura*(*s*) (*juvenil*) Lese- (Jugend-)buch *n*; ⌐ *de oro* Goldenes Buch *n*; Adelskalender *m*; ⌐ *de reclamaciones*, *euph.* ⌐ *de sugerencias* Beschwerdebuch *n*; ⌐ *sonoro* Hörbuch *n*; *Rel.* ⌐**s** *sagrados* Heilige Schrift *f*; ⌐ *de surtido* (*de texto*) Sortiments- (Schul-)buch *n*; ⌐ (*encuadernado*) *en tela* Leinenband *m*; **b)** ✝ ⌐ *de acciones* (*de almacén od. de existencias*) Aktien- (Lager-)buch *n*; ⌐ *de balances* (*de caja, de compras*) Bilanz- (Kassa-, Einkaufs-)buch *n*; ⌐**s** *de contabilidad* Geschäftsbücher *n/pl.*; ⌐ *de cuentas* (*de deudas*) Rechnungs- (Schuld-)buch *n*; ⌐ *mayor* (*de pedidos*) Haupt- (Auftrags-, Bestell-)buch *n*; **c)** *dipl.:* ⌐ *azul* (*amarillo, blanco, etc.*) Blau- (Gelb-, Weiß- usw.)buch *n*; *feria f del* ⌐ Buchmesse *f*; *industria f del* ⌐ Buchgewerbe *n*; *fig. ahorcar los* ⌐**s** das Studium an den Nagel hängen; *hablar como un* ⌐ sehr gut (u. sachverständig) sprechen; wie ein Buch reden; *fig. hacer* ⌐ *nuevo* ein neues Leben beginnen; **2.** *Zo.* Blättermagen *m der Wiederkäuer*.
liceísta *c* Mitglied *n* e-s *liceo*; *Am.* Gymnasiast(in *f*) *m*.
licencia *f* **1.** Erlaubnis *f*; Genehmigung *f*, Bewilligung *f*; Lizenz *f*; *Méj.* Führerschein *m*; ⌐ *de armas* (*de caza*) Waffen- (Jagd-)schein *m*; △, ⊕ ⌐ *de construcción*, △ *a. de obra* (✝ *de importación*) Bau- (Einfuhr-)genehmigung *f*; ⊕ ⌐ *de fabricación* Fertigungslizenz *f*; ⌐ *de pesca* Angelschein *m*; ⚓ ⌐ *de piloto* Pilotenschein *m*; ⌐ *previa* Vorlizenz *f*; vorherige Genehmigung *f*; **2.** Freiheit *f*; *p. ext.* Zucht-, Zügel-losigkeit *f*; Ausschweifung *f*; *Rhet.* ⌐ *poética* dichterische Freiheit *f*; *tomar demasiada* ⌐ *s.* zuviel herausnehmen; **3.** *a.* ⚔ Urlaub *m*; ⚔ Entlassung *f*; Entlassungsschein *m*; ⌐ *absoluta* endgültige Freistellung *f* vom Wehrdienst; ⌐ *especial* (*de estudios, de maternidad*) Sonder- (Bildungs-, Mutterschafts-)urlaub *m*; ⌐ *sin sueldo* unbezahlter Urlaub *m*; *solicitud f de* ⌐ Abschiedsgesuch *n*; P *dar la* ⌐ *a alg. j-n feuern* F; *estar con* ⌐ Urlaub haben.
licencia|do *m* Akademiker *m*, der das Staatsexamen abgelegt hat (z. B. *in derecho*); *ecl.* Lizentiat *m*; ⚔, *Gefängnis:* Entlassene(r) *m*; ⚔ Verabschiedete(r) *m*; ⌐**dor** *m* Lizenzgeber

licenciando — limoncillo 390

m; ~**ndo** *m* Staatsexamenskandidat *m*; ~**r** [1b] **I.** *v/t.* **1.** e-e Genehmigung (*bzw.* e-e Lizenz) erteilen (*dat.*); **2.** den *akademischen* Grad e-s *licenciado* verleihen (*dat.*); **3.** ✗ beurlauben; entlassen; verabschieden; **II.** *v/r.* ~**se 4.** sein Staatsexamen ablegen; ~**tura** *f* **1.** Titel *m* e-s *licenciado*; **2.** (Studium *n* zur Ablegung des) Staatsexamen(s) *n*. [derlich.\
licencioso *adj.* ausschweifend, lie-∫
liceo *m* Lyzeum *n* (*Phil. hist.*; *Lehranstalt*; *lit. Gesellschaft*, *Klub*); *Am.* Gymnasium *n*; *Arg.* Mädchengymnasium *n*.
licita|ción *f bsd. Am.* Versteigerung *f*; *Am.* Ausschreibung *f*; ~**dor** *m Am.* Versteigerer *m*; ~**nte** *m* Bieter *m b.* e-*r Auktion*; ~**r** *v/t.* **1.** bieten, steigern; **2.** *Am.* versteigern; ausschreiben; ~**torio** *adj.* Versteigerungs...; Ausschreibungs...
lícito *adj.* erlaubt, zulässig, statthaft.
licitud *f* Zulässigkeit *f*, Statthaftigkeit *f*.
licopodio ♀ *m* Bärlapp *m*.
lico|r *m* Likör *m*; ⚕ Flüssigkeit *f*; *pharm. a.* Tropfen *m/pl.*; ~**rera** *f* Likör-ständer *m bzw.* -tablett *n*; Likörkaraffe *f*; *Col.* Schnapsfabrik *f*; ~**rista** *c* Likör-fabrikant *m bzw.* -verkäufer *m*; ~**roso** stark (*bzw.* mit Alkohol versetzt) u. aromatisch (*Wein*).
li|cuable *Phys. adj. c* verflüssigbar; ~**cuación** *Phys. f* Verflüssigung *f*; ~**cuadora** *f* Entsafter *m*; ~**cuante** *Phys. m* Verflüssiger *m*; ~**cuar** [1d] *v/t.* Obst auspressen, entsaften; *Phys.* verflüssigen; ~**cuefacción** *Phys. f* Verflüssigung *f*; ~**cuefacer** [2s] *v/t.* verflüssigen; ~**cuefactible** *adj. c* → *licuable.*
lichi ♀ *m* Litschi *f*.
lid *lit. f* Kampf *m*, Streit *m*; *en buena* ~ in ehrlichem Kampf.
líder *m* **1.** *Pol.*, *Soz. u. fig.* Führer *m*; *Sp.* Tabellenführer *m*; **2.** führende Firma *f*, Marktführer *m*; Spitzenprodukt *n*; *Bankw.* führendes Wertpapier *n*; *a. adj. inv.* führend.
lidera|r *v/t.* leiten, (an)führen, der Führer (*od.* der Spitzenmann) (*gen. od.* von [*dat.*]) sein; ~**to,** ~**zgo** *m* (politisches) Führertum *n*, Führung(srolle) *f*.
lidia *f* Kampf *m*; Stierkampf *m*; ~**dero** *adj. Stk.* kampfrei *bzw.* Kampf... (*Stier*); ~**dor** *m* Kämpfer *m*; Stierkämpfer *m*; ~**r** [1b] **I.** *v/i.* kämpfen, streiten; *fig. s.* herumschlagen *bzw.* s-n Ärger haben (mit *dat.* con); *Stk.* als Stierkämpfer auftreten; **II.** *v/t.* mit e-m Stier kämpfen.
lidi|o *hist. u.* ♪ *adj.-su.* lydisch; ~**ta** ⚕ *f* Lyddit *n* (*Sprengstoff*).
liebre *f* **1.** *a. Astr.* ② *u. fig.* Hase *m*; *caza f de* ~s Hasenjagd *f*; *Zo.* ~ *marina* Seehase *m*; *¿cogiste una* ~? sagt man, wenn j. aufs Gesicht fällt; *levantar la* ~ den Hasen aufscheuchen; *fig.* Staub aufwirbeln (*fig.*); *fig.* ser una ~ *corrida* ein alter Hase (*od.* alter Fuchs) sein; (*por*) *donde menos se piensa, salta la* ~ unverhofft kommt oft; **2.** *Vkw. Chi.* Schnellbus *m*.
Liechtenstein *m* Liechtenstein *n*.
lied ♪ *m* Lied *n*.
Lieja *f* Lüttich *n*.
lien|dre *f* Nisse *f*; *fig.* P *cascarle* (*od.*

machacarle) *a alg. las* ~s j-m e-e gehörige Abreibung verpassen F; ~**zo** *m* Leinwand *f*; Leinen *n*; *p. ext.* (Öl-)Gemälde *n*.
liga *f* **1.** Bund *m*; Bündnis *n*; Liga *f*; ♀ *Árabe* Arabische Liga *f*; ♀ *Internacional de los Derechos del Hombre* Internationale Liga *f* für Menschenrechte; **2.** Band *n*; Sockenhalter *m*; Strumpfband *n*; *Méj.* Gummiring *m* (*Büro*); **3.** Mischung *f*, Legierung *f*; (Kupfer-)Beimischung *f zu Münzu.* Schmuckmetall; **4.** *Sp.* Liga *f*; **5.** Vogelleim *m*; **6.** ♀ → *muérdago*; **7.** *Arg.*, *Par.* Glück(ssträhne *f*) *n b.* *Spiel*; ~**ción** *f* → *ligadura od.* liga, mezcla; ~**do I.** *adj.* ⚕ *u. fig.* estar ~ gebunden sein; **II.** *m* ♪ Ligatur *f*; *Legato n*; *Sp. m/pl. de* ~ Schrift: (Ver-)Bindung *f*; ~**dura** *f* **1.** *a. Fechtk.* Bindung *f*; Verbinden *n*; Verbindung *f*; *a.* Verschnürung *f*; *fig.* Fessel *f*, Behinderung *f*; **2.** ♪, ✽ Ligatur *f*; 🕆 Ab-, Unter-bindung *f*; ✽ *de trompas* Tubenligatur *f*; ~**men** *ecl. m* vorhandene eheliche Bindung *f* (*die e-e neue Eheschließung unmöglich macht*); ~**mento** *m* **1.** *Anat.* Band *n*; *m/pl. del útero* Mutterbänder *n/pl.*; **2.** *tex.* Bindung *f*; ~**mentoso** *Anat. adj.* mit Bändern versehen; ~**r** [1h] *v/t.* **1.** *a. fig.* Metall legieren *bzw.* beschicken; **3.** ♪ binden; verbinden; verknüpfen; **2.** binden, verschleifen; **4.** *Kart.* (*a. v/i.*) kombinieren; **5.** *fig.* verpflichten, binden; *Interessen* zs.-führen; **6.** F *Col.* → *sisar*, *hurtar*; *Cu.* (Ernte) auf dem Halm verkaufen; **II.** *vt/i.* **7.** F *Mädchen* aufreißen F; (con *alg.* mit *j-m*) anbändeln F, *sdd.* anbandeln; **III.** *v/r.* ~**se 8.** *a.* ⚕ *u. fig. s.* binden; *s.* verbinden; *ein* Bündnis schließen; ~**zón** *f* Verbindung *f*; Zs.-fügung *f*; ⚓ Auflanger *m*; *Phon.* Bindung *f*.
lige|rear *v/i. Chi.* eilen; ~**reza** *f* Leichtigkeit *f*; Leichtfüßigkeit *f*; Schnelligkeit *f*; Flüchtigkeit *f*; Leicht-fertigkeit *f*; -sinn *m*; ~**ro** *adj.* leicht (*an Gewicht*, *a. fig.*); *p. ext. u. fig.*: *Kleidung*, *Speise*, *Tee usw.*, *Wunde*, *Schlaf*, *Charakter*); *fig. bsd. Am.* flink, hurtig, schnell; *fig.* oberflächlich; leicht-fertig; -sinnig; benommen, eilig; oberflächlich; *a la* ~*a* leichtsinnig; locker (*Sitten*); *a la* ~*a* leichtsinnig; ~ *de pies* leichtfüßig, schnell; ~ *en afirmar* rasch mit e-r Behauptung bei der Hand; *iron.* ~ *de ropa* leicht geschürzt; *mano f* ~*a* leichte (*bzw.* geschickte) Hand *f*.
lig|nario 🗣 *adj.* Holz...; ~**nificación** *f* Verholzung *f*; ~**nificar(se)** [1g] *v/t.* (*v/r.*) verholzen *v/t.* (*v/i.*); ~**nina** ⚕ *f* Lignin *n*; ~**nito** *m* Braunkohle *f*; Lignit *m*.
lígnum *m* **crucis** *Rel.* Kreuzesholz *n*; *bsd. kath.* Kreuz(es)partikel *f* (*Reliquie*).
li|gón F *m Span.* Anbändler *m* F, An-macher *m* F (= *Mann*, *der weibliche Kontakte sucht*); ~**goteo** F, ~**gue** F *m* Anbändeln *n* F, Techtelmechtel *n* F, Liebesverhältnis *n*, Techtelmechtel *n* F.
liguero *m* Strumpfhalter *m*.
ligur(ino) *adj.-su. c* (*adj.-su.*) ligurisch; *m* Ligurer *m*; *Li. das* Ligurische.
ligustro ♀ *m* Liguster *m*.
lija *f Fi.* Katzenhai *m*; *p. ext.* Hai-

fischhaut *f zum Schmirgeln*; (*papel m de*) ~ Sand-, Glas-papier *n*; ~**dora** ⊕ *f* Schleifmaschine *f*; (elektr.) Schleifscheibe *f*; ~**r** *v/t.* schmirgeln, schleifen.
lijoso *adj. Cu.* eitel, aufgeblasen.
li|la I. *adj. c* lila; **II.** *f* ♀ Flieder *m*; **III.** *m fig.* Trottel *m* F; F *hacerse el* ~ *s.* dumm stellen, den Trottel spielen F; ~**lailas** F *f/pl.* Schliche *m/pl.*, Kniffe *m/pl.*; ~**liáceas** ♀ *f/pl.* Liliazeen *f/pl.*
liliputiense *adj.-su. c* Liliputaner...; *m* Liliputaner *m*.
lima¹ ♀ *f* süße Zitrone *f*, Limette *f*; ~² *f* Feile *f*; *a. fig.* Ausfeilen *n*, Vollendung *f*; ⊕ ~ *para agujeros* Lochfeile *f*; ~ *chata*, ~ *plana* (*gruesa*) Flach- (Grob-)feile *f*; ~ *redonda* (*triangular*) Rund- (Dreikant-)feile *f*; *allg.* ~ *de uñas* Nagelfeile *f*; *fig. comer como una* ~ unermüdlich essen; *fig. ser una* ~ aufreibend, verzehrend, langsam aber sicher vernichtend sein (*a. Person*); ~³ *f* Dacheckbalken *m*; ~ *tesa* (Dach-)Grat *m*; ~⁴ □ *f* → *camisa* 1.
lima|do I. *adj. a. fig.* (aus)gefeilt; **II.** *m* Feilen *n*; ~**dor** *m* Feiler *m*; ~**dora** ⊕ *f* Feilmaschine *f*; ~**dura** ⊕ *f* **1.** Feilen *n*; Feilarbeit *f*; **2.** Feilicht *n*; ~**s** *f/pl.* → ~**lla(s)** *f*(/*pl.*) Feilspäne *m/pl.*; ~**r** *v/t.* feilen; *a. fig.* ausfeilen; *fig.* vollenden; *fig.* aufreiben; ~**tón** *m* **1.** grobe Schruppfeile *f*; **2.** *Col.*, *Chi.*, *Hond.* → *lima*³; ~**za** *f* **1.** *Zo.* Nacktschnecke *f*; **2.** *Ven.* → *limatón*.
limbo *m* **1.** Rand *m*, Saum *m*; **2.** *Theol.*, ♀, ⚕ Limbus *m*; *Astr.* Hof *m es- Gestirns*; ⊕ ~ *graduado* Skalenbogen *m*, Teilkreis *m*; *fig.* F *estar en el* ~ geistesabwesend sein.
lime|ño *adj.-su. aus* Lima; ~**ro**¹ *m* Feilenhauer *m*; ~**ro**² ♀ *m* Limettenbaum *m*.
limita|ble *adj. c* begrenzbar; ~**ción** *f* Begrenzung *f*; Beschränkung *f*; Einschränkung *f*; ~ *del número de nacimientos* Geburtenbeschränkung *f*; ⊕ ~ *de tipos* Typenbegrenzung *f*; ~ *de velocidad* Geschwindigkeitsbeschränkung *f*; ~**do** *adj.* beschränkt (*a. fig.*); begrenzt; endlich; knapp; ~**dor** *m* ⊕, ⚡ Begrenzer *m*; ✗ ~ *de fuego* Schußsperre *f*; ~**r** *v/t.* begrenzen; beschränken (*auf ac. a*); einschränken; ~*se a* + *inf. s.* darauf beschränken zu + *inf.*; ~**tivo** *adj.* einschränkend.
límite *m a. fig.* Grenze *f*; ✝ Limit *n*, Plafond *m*; *fig.* Schranke *f*; ₳ (*valor m*) ~ Grenzwert *m*, Limes *m*; ✝ ~ *de crédito* Kreditgrenze *f*, Limit *n*; *Psych. situación f* ~ Grenzsituation *f*; *fig. tener sus* ~s s-e Grenzen (*Schranken*) haben.
limítrofe *adj. c* angrenzend; Grenz...; *países m/pl.* ~s Nachbarländer *m/pl.*
lim|nología *f* Seenkunde *f*, Limnologie *f*; ~**nólogo** *m* Limnologe *m*.
limo *m* **1.** Schlamm *m*; **2.** ♀ *Col.*, *Chi.* → *limero*².
limón I. *m* Zitrone *f*; *fig.* F ~**ones** *m/pl.* Titten *f/pl.* F; **II.** *adj. inv.* zitronengelb.
limo|nada *f* Zitronen-wasser *n*, -limonade *f*; ~**nar** *m* **1.** ♀ Zitronenpflanzung *f*; **2.** *Guat.* → *limonero*; ~**ncillo** ♀ *m Am. Pfl.*, *z. B. Cu.*, *C. Ri.*,

Col. Zitronengras *n; P. Ri.* Zitronenholzbaum *m;* ~nera *f* Gabeldeichsel *f;* ~nero 1. ⚘ saurer Zitronenbaum *m,* Limonenbaum *m;* 2. Zitronenverkäufer *m;* ~nita *Min. f* Brauneisenstein *m,* Limonit *m.*
limosidad *f* Schlammigkeit *f; p. ext.* Zahnbelag *m,* Zahnstein *m.*
limos|na *f* Almosen *n;* ~near *v/i.* um Almosen betteln; ~nera *f ecl.* Klingelbeutel *m;* ~nero **I.** *adj.* almosenspendend; **II.** *m* **a)** Almosengeber *m; hist.* Armenpfleger *m,* Almosenier *m;* **b)** *Arg.* Bettler *m.*
limoso *adj.* schlammig; lehmig.
limpia I. *f* Reinigung *f;* ✓ Reinigen *n des Getreides;* Worfeln *n;* **II.** *m* F → *limpiabotas;* ~barros *m (pl. inv.)* Fuß-, Sohlen-abstreifer *m aus Metall;* ~botas *m (pl. inv.)* Schuhputzer *m;* ~botellas *m (pl. inv.)* Flaschenbürste *f;* ~coches *m (pl. inv.)* Wagenputzer *m;* ~cristales *m (pl. inv.)* Fensterputzer *m;* Fensterputzmittel *n;* ~chimeneas *m (pl. inv.)* Kaminkehrer *m;* ~da *f Am.* Reinigen *n,* Putzen *n;* ~dientes *m (pl. inv.)* Zahnstocher *m;* ~do *m* Reinigen *n;* ~dor **I.** *adj.* reinigend; **II.** *m* Putzer *m;* Reiniger *m (Gerät);* Putz-, Reinigungsmittel *n; Kfz.* ~ *de bujías* Kerzenreiniger *m;* ~ *de pipas* Pfeifenreiniger *m;* ~ *de alta presión* Hochdruckreiniger *m;* ~do-ra *f* 1. Putz-, Reinigungs-maschine *f;* 2. Putzfrau *f;* ~dura *f* Reinigen *n,* Putzen *n;* ~faros *Kfz. m (pl. inv.)* Scheinwerferscheibenwischer *m;* ~manos *m (pl. inv.) Am.* Handtuch *n;* Tellertuch *n;* ~mente *adv.* sauber; *fig.* einfach; *fig.* F ohne weiteres, glattweg; ~metales *m (pl. inv.)* Metallputz-mittel *n;* -tuch *n;* ~parabrisas *m (pl. inv.)* Scheibenwischer *m (Kfz.);* ~piés *m (pl. inv.)* Fußabstreifer *m,* Abstreifgitter *n;* ~r [1b] *v/t.* 1. reinigen, säubern; ausfegen; saubermachen; 2. *fig.* reinigen, reinwaschen (von *dat.* de); *fig.* F stehlen, klauen F (j-m *a alg.*), abstauben (bei j-m); *fig.* F im Spiel abgewinnen; P *Arg.* umlegen P, killen P; *fig.* F ¡*límpiate!* kommt nicht in Frage!; kein Gedanke!; ~uñas *m (pl. inv.)* Nagelreiniger *m;* ~ventanas *m (pl. inv.)* Fensterputzer *m;* ~vías *m (pl. inv.)* Schienenräumer *m der Straßenbahn.*
limpidez *f* Klarheit *f;* Reinheit *f;* Lauterkeit *f.*
límpido *poet. adj.* klar; durchsichtig; rein; makellos.
limpieza *f* 1. Reinheit *f;* Reinlichkeit *f;* Sauberkeit *f; fig.* ~ *de corazón* Herzensreinheit *f; fig.* ~ *de las manos* Redlichkeit *f,* Rechtlichkeit *f;* Unbestechlichkeit *f;* ~ *de sangre* „Reinheit *f* des Blutes", (*hist.* Abstammung aus e-r rein christlichen Familie); 2. Putzen *n,* Reinigen *n;* Säuberung *f;* ~ *de dientes* Zähneputzen *n;* ~ *a fondo,* ~ *general* Großreinemachen *n,* Hausputz *m;* ~ *pública* Straßenreinigung *f;* ※ *operación f de* ~ Säuberungsaktion *f; hacer la* ~ putzen, saubermachen.
limpi|o I. *adj.* rein; sauber; fleckenlos; klar; *fig.* rein, lauter; sauber; rechtlich, redlich; *fig.* F regelrecht, gehörig; *en* ~ rein; im reinen; netto; ~ *de toda sospecha* frei von jedem Verdacht; *a grito* ~ mit großem Geschrei; *cara* ~a *fig.* offenes (*od.* ehrliches) Gesicht *n;* ~ *de corazón* reinen Herzens; *manos f/pl.* ~as *a. fig.* saubere Hände *f/pl.; estar* ~ sauber sein (*a. fig.* F = keine Vorstrafen haben); *poner en* ~ ins reine schreiben; *ya lo he puesto en* ~ *a.* nun bin ich damit im reinen; *quedar(se)* ~ sauber werden; *fig.* F kein Geld mehr haben, blank sein F; *fig. sacar en* ~ klären; **II.** *adv.* sauber; ehrlich; richtig; korrekt; *jugar* ~ ehrlich (*Sp.* fair) spielen; *fig.* (ein) faires Spiel treiben; ~ón F *m* 1. flüchtige Reinigung *f; dar un* ~ *a/c. et.* schnell (u. oberflächlich) saubermachen; *fig.* F *darse un* ~ noch ein bißchen warten müssen (weil man sein Ziel nicht erreicht hat); *¡a.* laß es bleiben (es hat doch keinen Zweck); 2. *Am. Mer.* Putztuch *n.*
limusina *Kfz. f Am.* Limousine *f.*
lináceo ⚘ *adj.* Flachs..., Lein...
lina|je *m* Abstammung *f;* Geschlecht *n;* Gattung *f;* Sippe *f;* ~**judo** *adj.* altadlig; aristokratisch.
lina|r ✓ *m* Flachsfeld *n;* ~ria ⚘ *f* Leinkraut *n;* ~za *f* Leinsamen *m.*
lin|ce *m* Luchs *m (a. fig.);* ~cear F *v/t.* eräugen; ~chamiento *m* Lynchjustiz *f;* ~char *v/t.* lynchen.
lin|dante *adj. c* angrenzend; ~dar *v/i.* angrenzen (an *ac.* con); ~dazo *m* Feld-, Gemarkungs-grenze *f;* ~de *f, a. m* Grenze *f;* Saum *m;* Markscheide *f;* Grenzrain *m;* ~dera *f* Grenzen *f/pl. e-s Geländes;* ~dero **I.** *adj.* Grenz...; **II.** *m* Grenzweg *m;* ~s *m/pl. a. fig.* Grenze *f,* Rand *m.*
lin|deza *f* Zierlichkeit *f;* Niedlichkeit *f,* Schönheit *f;* Nettigkeit *f; iron. fig.* F ~s *f/pl.* Grobheiten *f/pl.,* Artigkeiten *f/pl.* (iron.); ~do **I.** *adj.* hübsch; zierlich; niedlich; nett F; *bsd. Am.* schön; *adv. de lo* ~ gründlich; *iron.* gehörig, tüchtig, gewaltig, mächtig; *iron. ¡*~as *cosas me cuentan de usted!* von ihnen hört man ja schöne Dinge!; *¡qué* ~! wie hübsch!; schön ist das!; **II.** *m* F *Don* ♂ *od.* ~ *Don Diego* Fatzke m F, Geck *m;* ~dura *f* ~ lindeza.
línea *f* Linie *f (a.* ⚓, ※, *Phys., Vkw. u. fig.);* Reihe *f;* Zeile *f; Vkw. a.* Strecke *f; Tel.* Leitung *f; IT en* ~ on-line; *en* ~s *generales* im großen und ganzen; *a. fig. en toda la* ~ auf der ganzen Linie; *IT fuera de* ~ off-line; *Vkw. autobús m (od. coche m) de* ~ Überlandbus *m;* ~ *aérea* ⚓, *Tel.* Frei-, Luft-leitung *f;* ☎ Fluglinie *f; Tel.* ~ *caliente* Hotline *f;* ~ *de carga* ⚓ Ladelinie *f; Diagramm:* Belastungskurve *f;* ※ ~ *de centinelas* Posten-linie *f,* -kette *f;* ~ *cono* Nullinie *f;* ~ *de conducta* Verhaltensregel *f; IT* ~ *dedicada* Standleitung *f;* ~ *directa* Luftlinie *f (Entfernung); Tel.* direkte Leitung *f; Vkw.* directe Verbindung *f; Vkw.* ~ *de enlace,* ~ *de acarreo,* ※ ~ *intermedia* Zubringerlinie *f; Phys.* ~ *de espacio(s) y tiempo(s)* Weg-Zeit-Linie (*od.* -Kurve) *f; EDV* ~ *de estado* Statuszeile *f;* ⚓ ~ *de flotación,* ~ *de agua* Wasserlinie *f;* ⚓ ~ *generatriz* Mantellinie *f;* ⚓ ~ *de intersección (bzw. de corte)* Schnittlinie *f; Sp.* ~ *de llegadas* Ziellinie *f; Vkw.* ~ *marítima* Schiffahrtslinie *f; Sp.* ~ *de meta* Torlinie *f; Opt.,* ※ ~ *de mira* Visierlinie *f;* ※ *a.* Schußlinie *f; fig. Pol.* ~ *del partido* Parteilinie *f; fig.* ~ *de pensamiento* Denk-art *f,* -weise *f;* ~ *principal (secundaria) bsd. Vkw.* Haupt- (Neben-)linie *f od.* -strecke *f;* ※ ~ *principal de lucha* Hauptkampflinie *f (Abk.* H.K.L.); ~ *de puntos* punktierte Linie *f; Arith.* ~ *de quebrado* Bruchstrich *m;* ※ *hist.* ~ *(de) Sigfrido* Westwall *m;* ⚡ ~ *de toma* Abnehmerleitung *f (Bahn); pasar la* ~ die Linie (*od.* den Äquator) überschreiten; über die Grenze gehen; F *¡ponle cuatro* ~s schreib ihm doch ein paar Zeilen; *Tel. no tengo* ~ die Leitung ist besetzt.
lineal *adj. c* linienförmig; geradlinig; ⚡, ⌷ linear; ⚘ lang u. schmal (*Blatt*); *dibujo m* ~ Linearzeichnen *n bzw.* -zeichnung *f.*
linea|m(i)ento *m* Umriß *m;* Gesichtszug *m;* ~r[1] *v/t.* 1. linieren; 2. → esbozar.
linero *adj.* Lein(en)...; *industria f* ~*a* Leinenindustrie *f.*
lin|fa *f* 1. *Anat.,* ⚕ Lymphe *f;* 2. *poet.* Wasser *n;* ~fangioma ⚕ *m* Lymphangiom *n;* ~fangitis ⚕ *f* Lymphgefäßentzündung *f;* ~fático ⚕ *adj.* lymphatisch; ~focito *Physiol. m* Lymphozyt *m.*
lingote *m* (Metall-)Barren *m;* ~ *de acero* Rohstahlblock *m;* ~ *de oro* Goldbarren *m;* ~ra ⊕ *f* Gießform *f für Rohlinge;* Kokille *f.*
lingual I. *adj. c* Zungen...; **II.** *f, m Phon.* Lingual *m,* Zungenlaut *m.*
lingüete ⚓ *m* Pall *m,* Sperrklinke *f.*
lingüí|iforme *adj. c* zungenförmig; ~ista *c* Linguist *m,* Sprach-wissenschaftler *m,* -forscher *m;* ~ística *f* Linguistik *f,* Sprachwissenschaft *f;* ~ístico *adj.* linguistisch, sprachwissenschaftlich; Sprach...; *atlas m* ~ Sprachatlas *m.*
linier *Sp. m* Linienrichter *m.*
linimento *pharm. m* Einreibungsmittel *n,* Liniment *n.*
li|no *m* 1. ⚘ Flachs *m,* Lein *m;* 2. *tex.* Rohflachs *m;* 3. *tex.* Leinen *n,* Leinwand *f;* ~nóleo *m* Linoleum *n;* ~nón *tex. m* Linon *m.*
linoti|pia *Typ. Wz. f* Linotype *f;* ~pista *c* Maschinensetzer *m,* Linotypist *m.*
linterna *f* Laterne *f (a.* ⚓); ~ *(de bolsillo)* Taschenlampe *f; tex.* ~ *de cartones* Kartenzylinder *m;* ~ *mágica* Laterna *f* magica; ~ *sorda* Blendlaterne *f.*
linyera *m Arg.* Landstreicher *m.*
li|ña *f Arg.* Angelschnur *f;* ~ño ✓ *m* (Baum-, Strauch-)Reihe *f;* ~ñuelo *m* Seilstrang *m.*
lío *m* 1. Bündel *n;* 2. *fig.* F Durchea. *n;* Rummel *m;* Verhältnis *n,* Techtelmechtel *n* F; ~s *m/pl. de faldas* Weibergeschichten *f/pl.; fig.* F *armar (od. hacer) un* ~ ein Durchea. machen (*od.* anrichten); *hacerse un* ~ durchea.-kommen; nicht mehr ein noch aus wissen; *¡menudo* ~! ein tolles Durchea.!; *meterse en un* ~ s. auf e-e undankbare (*od.* schwierige, gefährliche *usw.*) Sache einlassen.
liofiliza|ción *f* Gefriertrocknen *n;* ~r [1f] *v/t.* gefriertrocknen.
lio|nés *adj.-su.* aus Lyon; ⚜rna *f npr.* Livorno *n (it. Stadt); fig.* F ♀ → *alboroto;* ~so F *adj.* verworren, wirr,

lipa — lo

verzwickt F; (be)trügerisch.
lipa F f Ven. Bauch m, Wanst m F.
li|pasa 🠒 f Lipase f; ~**pendi** □, P m armer Teufel m; ~**pes** m Am. = piedra f ~ Kupfersulfat n (Erz); ~**pidia** F f Am. Cent. Elend n, Armut f; Cu., Méj. a) Unverschämtheit f; b) aufdringlicher Mensch m; Chi. Magenverstimmung f.
lípido 🠒 m Lipid n.
li|poide 🠒 I. m Lipoid n; II. adj. c → ~**poideo** adj. lipoid, fettartig; ~**poma** ℬ m Lipom n; ~**pón** adj. Ven. dickbäuchig; ~**posoluble** Physiol. adj. c fettlöslich.
liquen ♀, ℬ m Flechte f.
líquida Phon. f Liquida f, Fließlaut m.
liqui|dación f 1. bsd. ✝ Abwicklung f; Auflösung f e-r Firma; Ausverkauf m; Liquidation f; p. ext. Beseitigung f, Liquidierung f; 🠒 ~ **de la herencia** Erbausea.-setzung f; ✝ ~ **de fin de temporada** Saisonschlußverkauf m, Ausverkauf m F; p. ext. ~ **de un problema** Erledigung f e-r Aufgabe; ✝ ~ **total** Totalausverkauf m; 2. Begleichung f e-r Rechnung; Abtragung f e-r Schuld; ~ **total** Gesamtabrechnung f; ~**dador** 🠒 ✝ m Liquidator m; ~**dámbar** m ♀ Amberbaum m; pharm. Amberbalsam m; ~**dar** I. v/t. 1. flüssigmachen, verflüssigen; 2. abwickeln; auflösen; ausverkaufen; liquidieren; Konkurs abwickeln; ✝ ~ **las existencias** das Lager räumen; 3. fig. erledigen; a. euph. töten, liquidieren; 4. ✝ abrechnen; Zahlung ausgleichen; Rechnung begleichen, liquidieren; II. v/i. 5. ✝ in Liquidation sein; ~**dez** f Flüssigkeit f (Aggregatzustand a. ✝); ✝ Liquidität f.
líquido I. adj. 1. flüssig; fig. ✝ flüssig, verfügbar, liquid (Geld); Rein..., Netto... (Betrag); fig. poet. el ~ elemento das nasse Element n; producto m ~ Reinertrag m; II. m 2. Flüssigkeit f; a. Kfz. ~ **de freno** Bremsflüssigkeit f; 3. ~ **imponible** zu versteuernder Betrag m.
liquilique m Ven. Bauernkittel m.
lira f 1. ♪ Leier f, Lyra f; 2. Lira f (Münze); 3. Guat. Klepper m.
líri|ca f Lyrik f; ~**co** I. adj. lyrisch; ♪ Opern...; fig. F Am. Reg. → utópico; II. m Lyriker m.
lirio ♀ m Schwertlilie f; ~ **atigrado** Tigerlilie f; ~ **de los valles** Maiglöckchen m.
lirismo m 1. Lyrik f; dichterische Sprache f; 2. Begeisterung f, Schwärmerei f; Gefühlsduselei f; Utopie f.
lirón m Zo. u. fig. Siebenschläfer m; dormir como un ~ schlafen wie ein Murmeltier.
lirondo → mondo.
lis f poet. Lilie f; flor f de ~ (bourbonische) Wappenlilie f.
lisa Fi. f Steinbeißer m; ~ (negra) dicklippige Meeräsche f; ~ **dorada** Goldmeeräsche f.
lisamente adv.: lisa y llanamente glatt, ohne Umschweife, schlicht und einfach.
Lisboa f Lissabon n.
lisbo|eta, ~**nense** adj.-su. c, ~**nés** adj.-su. aus Lissabon; m Lissaboner m.

lisia|do adj.-su. gebrechlich; verkrüppelt; m Krüppel m; ~**r** [1b] v/t. verletzen; zum Krüppel machen.
lisis ⚕, ℬ f Lysis f; Auflösung f; Lösung f.
liso I. adj. glatt, eben; einfarbig, uni (bsd. Kleidung); fig. schlicht, einfach; klar, deutlich; fig. P flachbusig (Frau); F es ~ y llano es ist ganz einfach; es liegt (klar) auf der Hand; II. m Geol. größere ebene Felsfläche f.
liso|formo 🠒 m Lysoform n; ~**l** 🠒 m Lysol n.
lison|ja f Schmeichelei f; ~**jeador** I. adj. → lisonjero; II. m Schmeichler m; ~**jear** v/t. j-m schmeicheln; p. ext. ~ **al oído** dem Ohr schmeicheln, ins Ohr gehen F; ~**jero** adj. (ein)schmeichelnd; schmeichelhaft.
lis|ta f 1. Streifen m; 2. Verzeichnis n, Liste f; ~ **de boda** Hochzeitsliste f; ~ **civil** Zivilliste f in Monarchien; ~ **de correos** postlagernd; ✝ ~ **de cotizaciones** Kurszettel m; ~ **de distribución** Mailing-Liste f; ⚔ ~ **de espera** Warteliste f; por orden de ~ nach der Liste; ~ **de platos** Speisekarte f; ~ **de precios** (de presencia) Preis- (Anwesenheits-)liste f; ~ **de sorteo** Gewinnliste f (Lotterie); pasar ~ aufrufen (Anwesenheitsfeststellung, bsd. Schule u. ⚔); ~**tado** adj. gestreift; ~**tar** v/t. → alistar; ~**teado** adj. → listado; ~**tear** v/t. mit Streifen versehen; ~**tel** △ m schmale Leiste f; ~**tero** m 1. Vorarbeiter m, der die Anwesenheitsliste führt; 2. Zeigestock m; 3. Türleiste f.
listeza f Lebhaftigkeit f; Gewandtheit f; Scharfsinn m; Schläue f.
listín m 1. kl. Liste f; Span. Adreßbuch n; a. Tel. Teilnehmerverzeichnis n, Telefonbuch n; ✝ ~ **de bolsa** Kurszettel m; 2. S. Dgo. Zeitung f.
listo adj. 1. (ser) klug, aufgeweckt; gewandt, geschickt, anstellig; gerieben, gerissen; aalglatt; pasarse de ~ zu schlau sein wollen; 2. (estar) fertig, bereit; ⚓, ⚔ klar; fig. F fertig, erledigt; (ya) está ~ (para salir) er ist fertig (zum Ausgehen); fig. F está ~ er ist erledigt, es ist aus mit ihm; ⚓ ¡~ **el ancla!** klar Anker!; ~ **para despegar** startklar; ~ **para su empleo** gebrauchsfertig; ~ **para freír** (para servir) brat-(tafel-)fertig; Typ. ~ **para la imprenta** druck-fertig, -reif.
lis|tón m I. m tex. fingerbreites Seidenband n; △, Zim. Leiste f; Latte f (a. beim Hochsprung); EDV ~ **de símbolos** Symbolleiste f; II. adj. Stk. mit weißem Streifen auf dem Rücken (Stier); ~**tonado** Am. m Lattenrost m.
lisura f Glätte f; fig. Arglosigkeit f; Naivität f; Am. Frechheit f.
litargirio Min. m Bleiglätte f.
litera f Sänfte f; Stockbett n; ⚓ Koje f; 🚂 Liegewagen(platz) m.
litera|l adj. c wörtlich; buchstäblich; ~**lidad** f Buchstäblichkeit f; ~**lmente** adv. buchstäblich; wortgetreu.
litera|rio adj. literarisch; ~**to** m Literat m; ~**tura** f Schrifttum n, Schriftstellerei f; Literatur f; ~ **(de) baja** (estofa), ~ **barata** (od. **de pacotilla**) Schundliteratur f; ~ **universal** Weltliteratur f.
literero m Sänften-vermieter m; -träger m; -benutzer m.

litiasis ℬ f Steinleiden n, Lithiase f.
lítico ⚒ adj. Stein...
liti|gación f Streiten n vor Gericht; ~**gante** 🠒 I. adj. c streitend; II. m Prozeßpartei f; ~**gar** [1h] v/i. streiten; prozessieren; e-n Prozeß führen (mit dat., gg. ac. con, contra; wegen gen. por bzw. über ac. sobre); fig. streiten, hadern; ~**gio** m a. 🠒 Streit m (anfangen entablar); Prozeß m; en ~ strittig; en caso de ~ im Streitfall; ~ **fronterizo** (od. **de frontera**) Grenzstreit m; ~**gioso** adj. 1. strittig; 2. streitsüchtig.
liti|na 🠒 f Lithiumoxid n; ~**o** 🠒 m Lithium n.
litis 🠒 f (pl. inv.) → pleito, litigio; ~**consorcio** 🠒 m Streitgenossenschaft f; ~**consorte** 🠒 c Streitgenosse m; ~**denuncia** 🠒 f Streitverkündung f; ~**expensas** 🠒 f/pl. Prozeßkosten pl.; ~**pendencia** 🠒 f Rechtshängigkeit f.
li|tocola f Steinkitt m; ~**tografía** f Steindruck m, Lithographie f; ~**tografiar** [1c] v/t. auf Stein drucken, lithographieren; ~**tográfico** adj. lithographisch; ~**tógrafo** m Lithograph m; ~**tología** f Gesteinskunde f.
litoral I. adj. c Küsten...; II. m Küsten-gebiet n; -streifen m; Biol. Strandzone f.
litosfera Geol. f Lithosphäre f.
lítote Rhet. f Litotes f.
litre m Chi. ♀ Art Terebinthe f (Litraea venenosa); ℬ Litrekrankheit f (Ekzem).
litri F adj. c eingebildet, affektiert, kitschig.
litro[1] m Liter n, m; ~[2] m Chi. grobes Wollzeug n.
Litua|nia f Litauen n; ℓ**no** adj.-su. litauisch; m Litauer m; Li. das Litauische.
li|turgia f Liturgie f; ~**túrgico** adj. liturgisch.
liudo adj. Chi. → flojo, laxo.
livia|ndad f Leichtfertigkeit f; Lüsternheit f; ~**no** I. adj. 1. Am. leicht (Gewicht, Speisen, Kleidung); 2. leichtfertig, -sinnig; lüstern, geil; II. m 3. Leitesel m.
lividez f Blässe f; ~ **cadavérica** Leichenblässe f.
lívido adj. 1. dunkelviolett, schwarzblau; ~ **de frío** blaugefroren; 2. fahl, bleich; ~ **como un cadáver** leichenblaß; ~ **de espanto** schreckensbleich.
living m Wohnzimmer n.
lixiviar [1b] v/t. 🠒 ab-, aus-laugen; Geol. auswaschen.
li|za f Kampf-, Turnier-platz m; a. fig. entrar en ~ in die Schranken treten; ~**zarra** Fi. f dünnlippige Meeräsche f; ~**zo** tex. m (Schaft-)Litze f.
lo I. art. das; ~ **bueno** das Gute; ~ **dicho** das Gesagte; ~ **uno** das Eine; F ~ **del examen** die Sache mit dem Examen; ~ **que es eso** was dies angeht; F ~ **que es él, quiere** ... er (seinerseits) will ...; cito por ~ expresiva (od. expresivo) ... wegen ihrer (bzw. seiner) Ausdruckskraft zitiere ich ...; II. pron. es; ihn (männliches Sach- und Personenobjekt im sg.; → loísmo); ¿es usted alemán? — sí, ~ **soy** sind Sie Deutscher? — ja, ich bin es.

loa *f lit.* Lob *n*; *Thea.* kurzes Festspiel *n*; **~ble** *adj. c* löblich; rühmlich; **~r** *v/t.* loben, rühmen.
loba *f* 1. Wölfin *f*; 2. P Nutte *f* F; 3. ✒ Furchenrain *m*; **~do I.** *adj.* ✟, *Anat.* → *lobulado*; **II.** *m vet.* Eitergeschwulst *f*; **~nillo** ✿ *m* Talggeschwulst *f*, Grützbeutel *m*; **~to** *m* junger Wolf *m*; *Arg., Par.* Fischotter *m*; **~tón** □ *m* Schafdieb *m*.
lobe|ar *v/i. fig.* wie ein Wolf auf Beute lauern; **~lia** ✟ *f* Lobelie *f*; **~ra** *f* Wolfsversteck *n*; -schlucht *f*; **~ro I.** *adj.* wölfisch; Wolfs...; **II.** *m* Wolfsjäger *m*; **~zno** *m* junger Wolf *m*.
lo|bina *Fi. f* Wolfsbarsch *m*; **~bo¹** *m* 1. *Zo.* Wolf *m*; *p. ext.* Wolfshund *m*; *Fi.* Meergrundel *f*; *Fi.* Art Grauhai *m*; *Am. Cent., Méj.* → coyote; zorro; ~ alemán deutscher Schäferhund *m*; ~ canguro (*od. marsupial*) Beutelwolf *m*; ~ cerval Luchs *m*; ~ marino Seehund *m*; ~ de mar *Chi.* Seehund *m*; Seelöwe *m*; *fig.* alter Seebär *m*; *Am. Mer.* ~ de río Biberratte *f*; *Méj.* ~ rojo de Méjico mexikanischer Mähnenwolf *m*; **~s** *m/pl.* de la misma camada Wölfe *m/pl.* eines Wurfs; *fig.* Leute *pl.* (*mst. desp.* Gesindel *n*) vom gleichen Schlag; *fig.* boca *f* de ~ ⚓ Mastloch *n*; □ Falschspielertrick *m*; *fig.* F (stock)finster; *fig.* meterse en la boca del ~ s. in die Höhle des Löwen begeben; un ~ con piel de cordero (*od. de oveja*) ein Wolf im Schafspelz; 2. *Astr.* ♀ Wolf *m*; 3. □ Dieb *m*; 4. *tex.* Reißwolf *m*; 5. F Rausch *m*; desollar (*od. dormir*) el ~ s-n Rausch ausschlafen; **~bo²** ✟, *Anat. m* → *lóbulo*.
lóbrego *adj.* düster, finster; *fig.* traurig, elend.
lobregue|cer [2d] **I.** *v/t.* verfinstern; **II.** *v/i.* finster werden; **~z** *f* Dunkelheit *f*, Finsternis *f*.
lobula|do *adj.*, **~r** *adj. c bsd.* ✟, *Anat.* lappig; gelappt; ✿ lobulär.
lóbulo □ *m* Lappen *m*; △ ~ de un arco vorspringender Bogenteil *m*; ✟ de tres ~s dreilappig (*Blatt*); *Anat.* ~ (de la oreja) Ohrläppchen *n*; HF ~ principal de (la) radiación Strahlungskeule *f* (*Radar*); *Anat.* ~ pulmonar (*temporal*) Lungen- (Schläfen-)lappen *m*.
lobuno *adj.* wölfisch; Wolfs...; *Arg.* wolfsfarben (*Pferd*).
loca *fig.* F *f* 1. *Arg.* schlechte Laune *f*, Anfall *m* von Wut; 2. *Arg.* Flittchen *n* F, Schlampe *f* F; 3. *Col.* warmer Bruder *m* F.
loca|ción *f* Verpachtung *f*; Vermietung *f*; **~dor** *m Am. Reg.* Vermieter *m*; Verpächter *m*.
loca|l I. *adj. c* örtlich; Orts...; **II.** *m* Lokal *n*; Raum *m*; **~lidad** *f* Örtlichkeit *f*; Lokal(ität *f*) *n*; *Thea.* Eintrittskarte *f*; **~lismo** *m* Gebundenheit *f* an die engere Heimat; *desp.* Lokalpatriotismus *m*; *Li.* Kirchturmpolitik *f*; *Li.* lokale Redewendung *f*; **~lizable** *adj. c* auffindbar; **~lización** *f* Lokalisierung *f*; Ortung *f*; Suche(n *n*) *f*; Eingrenzung *f*; Feststellung *f*; Auffinden *n* (a. *z. B. v.* Vermißten); **~lizador** 🗡 *m* Landekurssender *m* [1f] *v/t.* lokalisieren; örtlich bestimmen; ✖, 🗡, HF orten; suchen; finden; feststellen; F *no logró* ~te er erkannte dich nicht, er wußte nicht, wo er dich hintun sollte F; ⚕ ~ un tumor den Sitz e-r Geschwulst feststellen; 2. lokalisieren, räumlich einschränken, örtlich begrenzen.
locamente *adv.* verrückt, toll; *fig.* über alle Maßen.
loca|taria *f* Mieterin *f*; **~tario** *m* Mieter *m*; **~tivo** *Li. m* Lokativ *m*.
loce|ría *f bsd. Am.* → alfarería, ollería; **~ro** *m bsd. Am.* → ollero.
loción *f* ✿ Waschung *f*; Spülung *f*; *pharm.* Flüssigkeit *f*; *Kosmetik:* ~ bronceadora Sonnenöl *n*; ~ capilar (*facial*) Haar- (Gesichts-)wasser *n*, Lotion *f*; ~ para después del afeitado After-shave (-Lotion *f*) *n*.
lock-out *m* Aussperrung *f v.* Arbeitern.
loco¹ *m Chi.* eßbare Molluske.
loco² I. *adj.* 1. närrisch; irrsinnig; *a. fig.* F wahnsinnig, toll; verrückt; hirnverbrannt F; F *adv. a lo* ~ toll; überstürzt, Hals über Kopf; ~ de atar (*od. de remate*) völlig (*od.* total F) verrückt; F ser (*od. estar*) medio ~ e-n kl. Sparren haben F; andar ~ por una chica in ein Mädchen vernarrt sein; estar ~ con, de, por begeistert sein von (*dat.*), über (*ac.*) *bzw.* für (*ac.*); estar ~ de alegría vor Freude außer s. sein; *suerte f* **~a** unwahrscheinliches (*od.* tolles F) Glück *n*; volver a alg. ~ *a. fig.* j-n verrückt machen, *fig.* j-n zur Verzweiflung bringen; F *¡me vuelvo* ~*!* ich werd' verrückt! F; *fig.* F *es para volverse* ~ es ist zum Verrücktwerden; 2. ✟ wuchernd; *fig.* zu üppig, zu geil; ⊕ lose (*Riemenscheibe*); ⊕ polea *f* **~a** Los-, Leerlauf-scheibe *f*; **II.** *m* 3. Narr *m*, Irre(r) *m*, Wahnsinnige(r) *m*, Verrückte(r) *m*; *fig.* casa *f* de ~s Tollhaus *n*; cada ~ con su tema jedem Narren gefällt s-e Kappe, jedem Tierchen sein Pläsierchen F.
loco|moción *f* Fortbewegung *f*; Lokomotion *f* (*bsd.* ✿); medio *m* de ~ Beförderungsmittel *n*; **~motor** *adj.* Fortbewegungs-; Fortbewegungs...; lokomotorisch ✿; **~motora** *f* Lokomotive *f* (*a. fig.*); ~ de vapor (*Diesel, eléctrica*) Dampf- (Diesel-, Elektro-)lok(omotive) *f*; **~motriz** *bsd.* □ *adj. f: Phys.* fuerza *f* ~ fortbewegende Kraft *f*; **~móvil I.** *adj. c* (*a.* locomovible) fortbewegungsfähig; **II.** *f* Lokomobile *f*; **~tractora** 🛲 *f* Rangierlok *f*.
locro *Kchk. m Am. Mer.* Eintopf (Maismehl, Fleisch, Kürbis, Pfefferschoten).
locu|acidad *f* Geschwätzigkeit *f*; **~az** *adj.* (*pl.* ~aces) geschwätzig; redselig; **~ción** *f* Redensart *f*, Redewendung *f*; Redeweise *f*; *Gram.* ~ adverbial adverbialer Ausdruck *m*; **~elo** *dim. adj.-su.* leicht närrisch; **~mba** *Pe.* **I.** *adj. c* □ → *loco*; **II.** *m* ein Traubenschnaps aus Locumba; **~ra** *f* 1. Wahn *m*; ~ amorosa (*racista*) Liebes- (Rassen-)wahn *m*; 2. *a. fig.* Verrücktheit *f*, Wahnsinn *m*; Irrsinn *m*; verrückter Einfall *m*; F *hacer* ~s verrücktes Zeug treiben; (herum)albern; schäkern.
locuto|r *Rf, TV m* Ansager *m*, Sprecher *m*; **~ra** *f* Ansagerin *f*; **~rio** *m* Sprechzimmer *n* in Klöstern u. Gefängnissen; *Tel.* Sprechzelle *f*; ~ (*público*) Sprechstelle *f*.

locha *Fi. f* Grundel *m* (viele Arten).
lo|che *m Col.*, **~cho¹** *m Ven.* → *soche*; **~cho²** *adj. Col.* → *bermejo*.
lo|dachar, **~dazal** *m* schlammige Stelle *f*; Morast *m*; **~do** *m* Schlamm *m*; Morast *m*; *a. fig.* Schmutz *m*, Dreck *m* F; ~ (*medicinal*) Heilschlamm *m*, Fango *m*; ~ residual, ~ de depuración Klärschlamm *m*.
lodoñero ✟ *m Am.* Persimone(nbaum *m*) *f*.
lodoso *adj.* schlammig.
loess *Geol. m* Löß *m*.
lofobranquios *Zo. m/pl.* Büschelkiemer *m/pl.* [*n/pl.*]
loganiáceas ✟ *f/pl.* Logangewächse]
loga|ritmación *f* Logarithmierung *f*; **~rítmico** *adj.* logarithmisch; *papel m* ~ Logarithmenpapier *n*; **~ritmo** *m* Logarithmus *m*; *tabla f* de ~s Logarithmentafel *f*; tomar el ~ logarithmieren.
lo|ggia △ *it. f* Loggia *f*; **~gia** *f* Loge *f*, Freimaurerloge *f*.
lógica *f* Logik *f*; *fig.* Denkweise *f*; Gedankengang *m*; carecer de ~ der Logik entbehren.
logicismo *Phil.*, ⚶ *m* Logizismus *m*.
lógico I. *adj.* logisch (*a. fig.*); *fig.* natürlich, selbstverständlich; **II.** *m* Logiker *m*.
lo|gismo *r'hil. m* Logismus *m*; **~gística** *Phil.*, ✖ *f* Logistik *f*; **~gístico I.** *adj.* logistisch; **II.** *m* Logistiker *m*.
logo|grifo *m* Buchstabenrätsel *n*; *fig.* unverständliche Rede *f*; **~maquia** *f* Wortstreit *m*; Wortklauberei *f*, Haarspalterei *f*; **~patía** ✿ *f* Sprachstörung *f*; **~pedia** ✿ *f* Spracherziehung *f*, Logopädie *f*; **~pedista** *c* Logopäde *m*; **~s** *Phil.*, ♀ *Theol. m* Logos *m*; **~tipo** *m* Signet *n*; *Typ. a.* Logotype *f*; EDV Logo *n*.
lo|grar I. *v/t.* erreichen, erlangen; *logro + inf.* es gelingt mir, zu + *inf.*; ~ que + *subj.* bewirken, daß, (es) durchsetzen, daß; **II.** *v/r.* **~se** gelingen, geraten; **~grería** *f* Wucher(geschäft *n*) *m*; **~grero** *m* Wucherer *m*; Schieber *m* F; übler Spekulant *m*; *Am. a.* Schmarotzer *m*; **~gro** *m* 1. Gewinn *m*, Nutzen *m*, Vorteil *m*; 2. Gelingen *n*, Erfolg *m*; 3. Wucher(zins) *m*; prestar a ~ K auf Zins leihen; *desp.* zu Wucherzinsen leihen.
loi|ca *f Chi.* Art Star *m* (*Sturnella militaris*); *fig.* F Lüge *f*, Schwindel *m*.
Loira *m* Loire *f*.
loís|mo *Gram. m* Verwendung v. *lo* für *den ac. sg. des männl. Personalpronomens* (*vgl. leísmo*); **~ta** *c* Anhänger *m* des *loísmo*.
loja *f Cu.* Erfrischungsgetränk *n*, Art Chicha *f*.
loliáceas ✟ *f/pl.* Lolchartige(n) *f/pl.*
loló I. *adj.* □ → *rojo*; **II.** *m* F *Arg.* hacer ~ das Kind in den Schlaf singen.
loma *f* Hügel *m*; Hügelkette *f*; Bergrücken *m*; **~da** *f Rpl.* Bodenerhebung *f*; Bergrücken *m*; **~je** *m Chi.* Hügellandschaft *f*.
lombar|da *f* 1. *hist.* Lombarde *f* (*Geschütz*); 2. ✟ (*col.*) ~ Rotkohl *m*; ⚘**día** *f* Lombardei *f*; **~do I.** *adj.* 1. lombardisch; **II.** *m* 2. Lombarde *m*; 3. *Stk.* dunkelbrauner Stier *m* mit hellbrau-

lombricida — lucrarse

nem Rumpfoberteil.
lombri|cida m Wurmmittel n; **~guera** f 1. ♀ Eberraute f; 2. Wurmloch n; **~z** f (pl. **~ices**) Wurm m; ~ (de tierra) Regenwurm m; ~ (intestinal) Spulwurm m.
lome|ar v/i. Equ. den Rücken bewegen; **~ra** f 1. Equ. Kreuzgurt m; 2. Buchb. Lederrücken m; 3. △ Dachfirst m; **~río** m Méj. Hügelkette f.
lomi|enhiesto adj. 1. mit hohem Rücken (z. B. Maultier); 2. fig. F hochmütig, anmaßend; **~llería** f Am. Mer. Laden m für Riemenzeug; **~llo** m 1. Sattelrücken m; ~s m/pl. Packsattelgestell n; 2. Kreuzstich m; 3. Kchk. → solomillo.
lo|mo m 1. Lende f (a. Kchk.); p. ext. Rücken m der Tiere; ~s m/pl. → costillas; Kchk. Am. ~ chico (grande) Filet m (Lende f); a ~ de mula auf Maultierrücken; fig. F agachar el ~ s. abrackern; fig. klein beigeben, s. demütigen; → fig. F bsd. Am. pasar la mano por (od. sobar) el ~ j-m um den Bart gehen; schmeicheln; enarcar el ~ e-n Buckel machen (Katze); 2. fig. Buch- bzw. Messer-rücken m; Rücken m e-r Klinge; ✓ Furchenrücken m; fig. F jugar de ~ s. besten Wohlseins erfreuen; **~mudo** adj. mit mächtigem Rücken.
lona f Segeltuch n; (Zelt-)Plane f; Leinwand f; Méj., Rpl. Sackleinen n; ~ de bomberos Sprungtuch n; Boxen: besar la ~ od. ir a la ~ auf die Matte gehen.
lonco m Chi. 1. Kopf m; fig. Häuptling m; 2. Labmagen m der Wiederkäuer; **~tear** v/t. Arg., Chi. an den Haaren zerren.
lon|cha f 1. Streifen m; Schnitte f; 2. glatter Stein m; **~che** m Am. Imbiß m, Vesper n, f sdd. (mst. belegte Brote); **~chera** f Am. → fiambrera 1; Pe. Frühstückstasche f der Schulkinder; **~chería** f Am. Speisehalle f, Imbißstube f; **~cho** m Col. → pedazo, trozo.
lon|dinense adj.-su. c aus London; m Londoner m; **~dres** m London n.
loneta f 1. ⚓ leichtes Segeltuch n; 2. Chi. dünnes Leintuch n.
lon|ga ♪ f Longa f (Mensuralnotation); **~ganimidad** f Langmut f; **~gánimo** adj. langmütig; hochherzig, großmütig.
longa|niza f Schlackwurst f; Spr. allí tampoco atan los perros con ~(s) die führen auch kein Schlaraffenleben; es wird überall mit Wasser gekocht; **~res** □ m (pl. inv.) Feigling m. [adj. langlebig.]
longe|vidad f Langlebigkeit f; **~vo**]
longitu|d f Länge f (a. Geogr.); Phys. ~ de onda Wellenlänge f; **~dinal** adj. c Längen...; Längs...; Phys. a. Longitudinal...; en sentido ~ in Längsrichtung.
lon|go¹ adj.: ⚓ a ~ de costa längs der Küste; **~go²** m Ec. junger Indianer m; **~gobardo** adj.-su. langobardisch; m Langobarde m; **~gorón** Zo. m Cu. Bohrmuschel f; **~güeirón** Zo. m Span. Messerscheide f (Molluske); **~güera** f schmaler Streifen m Land; **~güería** f → dilación; **~güetas** ♂ f/pl. Verbandstreifen m/pl.; **~güi** (s) F m: hacerse el ~ s. dumm stellen; s. drücken; s. aus der Affäre ziehen.
lon|ja¹ f 1. Schnitte f, Scheibe f (Wurst,

Schinken, Speck); Streifen m; 2. Arg. v. Haar- u. Fleischteilen gesäubertes Fell n; Schmitze f der Peitsche; **~ja²** † f Warenbörse f (Institution u. Gebäude); **~jear** Arg. v/t. Fell in Streifen schneiden; p. ext. F → azotar.
lontananza f Fernsicht f; Ferne f; en ~ fern, in der Ferne.
looping ₭ m Looping m.
loor m ecl., lit. Lob n; ecl. **~es** m/pl. Loblieder n/pl., lt. Laudes f/pl.
López m P: ésos son otros ~ das ist et. ganz anderes.
loque|ar v/i. 1. s. wie ein Narr aufführen; Quatsch machen F; 2. fig. schäkern; Mutwillen treiben; herumtollen; **~o** m Getöse n, Lärm m, Herumtollen n; **~ra** f 1. Irrenzelle f; 2. Irrenaufseherin f; 3. Am. a. → locura; **~ría** f Am. → manicomio; **~ro** m Irrenwärter m; **~sco** F adj. → alocado bzw. bromista.
loquincho adj. Arg. → medio loco.
loquios ⚕ m/pl. Lochien pl.
lora f 1. Vo. Papageienweibchen n; Am. Papagei m; 2. Ven. schwärende Wunde f.
Loran ⚓, ₭ m Loran-System n, -Navigation f, engl. Long Range Navigation; **~táceas** ♀ f/pl. Mistelgewächse n/pl.
lorcha ⚓ chinesischer Schnellsegler m.
lord m (pl. lores) Lord m.
lordosis ⚕ f Lordose f.
Lore|na f Lothringen f; **~nés** adj.-su. lothringisch; m Lothringer m.
loriga hist. f Schuppenpanzer m; Panzerhemd m; Panzer m für Reittiere.
loro m Papagei m; fig. F häßliche Frau f, Besen m F; estar al ~ wachsam sein, auf der Lauer sein; auf dem laufenden sein.
los m/pl. I. art. die; II. pron. ac. sie.
lo|sa f Steinplatte f; Fliese f; p. ext. aus Steinplatten gebaute Falle f; ~ funeraria Grab-stein m; -platte f; **~sange** m bsd. ⊘ Raute f, Rhombus m; **~sar** v/t. → enlosar; **~seta** f kl. Fliese f; fig. F cogerle a alg. en la ~ j-m e-r Falle stellen, j-n hereinlegen.
lota Fi. f Aalquappe f, (Aal-)Rutte f.
Lotario npr. m Lothar m.
lote m 1. Anteil m, Los n; Quantum n; Gewinn m (Lotterie); Am. Baugrundstück n; ~ de terreno Parzelle f; 2. ♀ Posten m, Partie f; 3. F Arg. Trottel m F; **~ar** v/t. in Lose aufteilen; Grundstück parzellieren; **~o** m Parzellierung f; **~ría** f Lotterie f; ~ (de cartones) Lotto n; Administración f de ⚔s Staatliche Lotterieverwaltung f; lista f de la ~ Gewinnliste f; caerle a alg. la ~ in der Lotterie gewinnen; fig. Glück (od. Schwein F) haben; le ha caído la ~ fig. a. jetzt hat es ihn erwischt, jetzt ist er dran; jugar a la ~ auslosen; in der Lotterie spielen; **~ro** m Lotterieeinnehmer m; Losverkäufer m.
lotiza|ción f Am. Reg. Parzellierung f; **~r** [1f] v/t. Am. Reg. parzellieren.
lo|to ♀ m 1. Lotus m; flor f de ~ Lotusblume f; ~ comestible Lotusbaum m; **~tófagos** Myth. m/pl. Lotophagen m/pl.
Lova|ina f Löwen f; **~niense** adj.-su. c aus Löwen.
loxodromia ⚓, ₭ f Loxodrome f.
loyar □ v/t. nehmen, greifen, packen.
loza f Steingut n; Tonware f; Am. Reg. Geschirr n; ~ fina Feinsteingut n; ~ sanitaria sanitäres Geschirr n; de ~ irden; Am. Reg. lavar la ~ abspülen;

loza|near v/i. wuchern (Pfl.); fig. vor Kraft strotzen; munter sein; **~nía** f Wuchern n; a. fig. Vollsaftigkeit f; Üppigkeit f; **~no** adj. üppig, kraftstrotzend; fig. a. munter; keck.
lúa Equ. f Espartohandschuh m zum Striegeln.
lubina Fi. f Wolfsbarsch m.
lubricación f u. Abl. → lubrificación.
lubri|cativo adj. (ein)schmierend, Schmier...; **~cidad** f Schlüpfrigkeit f.
lúbrico adj. bsd. fig. schlüpfrig.
lubri(fi)ca|ción ⊕ f Einölen n; Schmierung f; Abschmieren n; ~ por circulación de aceite Ölumlaufschmierung f; **~dor** I. adj. schmierend, Schmier...; II. m Schmiervorrichtung f, -büchse f, -nippel m; **~nte** I. adj. c Schmier...; II. m Schmiermittel n; **~r** [1g] v/t. einölen; (ab)schmieren; einfetten.
lubrigante Zo. m Hummer m.
lu|cano Ent. m Hornkäfer m; **~cense** adj.-su. c aus Lugo.
lucer|a f Dachfenster n; Boden-, Giebel-luke f; **~na** f 1. Dachluke f; 2. ♀ Luzern n; **~nario** m 1. △ Oberlichtausbau m; 2. Arch. Lichtschacht m in Katakomben.
lucérnula ♀ f Schwarzkümmel m.
lucero m 1. (Abend- bzw. Morgen-)Stern m; fig. Stern m, Blesse f (Pferden; poet. los ~s die Augen n/pl.; ~ del alba Morgenstern m; fig. quitarle al ~ del alba frei von der Leber weg reden; 2. Zo. Sattelmuschel f.
luci|dez f Klarheit f; Deutlichkeit f; Helle f; **~do** adj. glanzvoll, prächtig; glänzend; großartig; freigebig; iron. quedarse ~ s. schön blamieren.
lúcido adj. licht, klar; fig. intervalo (od. momento) m ~ lichter Augenblick m.
luci|dor adj. leuchtend; **~ente** adj. c leuchtend, strahlend (a. Farben); **~érnaga** f Glüh-, Johannis-würmchen n, Leuchtkäfer m.
Lucife|r m Luzifer m; fig. a. Morgenstern m; **~rino** adj. luziferisch; teuflich.
lu|cífero m Morgenstern m; **~cífugo** poet. adj. lichtscheu; **~cimiento** m Glanz m, Pracht f, Prunk m; Freigebigkeit f; Großartigkeit f; fig. quedar con ~ gut abschneiden (fig.).
luci|o¹ m Hecht m; **~o²** I. adj. glänzend; glatt; II. m Strandlache f, Lagune f; **~ón** Zo. m Blindschleiche f; **~operca** Fi. f Zander m.
lucir [3f] I. v/i. leuchten; scheinen; gleißen; a. fig. glänzen; fig. gut (od. kostbar) aussehen; fig. nutzen, et. einbringen; fig. ~ en sus estudios ein glänzender (od. hervorragender) Student sein; Isabel luce entre sus amigas I. glänzt (= ist die Schönste bzw. die Gescheiteste usw.) unter ihren Freundinnen; el trabajo le luce s-e Arbeit lohnt s.; fig. F te va a ~ el pelo das kann ins Auge gehen F; II. v/t. fig. leuchten lassen; zur Schau stellen, prangen mit (dat.); Kleider (bsd. neue od. festliche) tragen; a. △ → enlucir; III. ~se v/r. s. hervortun; glänzend abschneiden; iron. s. schön blamieren; ¡nos hemos ~ido! so eine Blamage (für uns)!
lu|crarse v/r. Nutzen ziehen (aus dat.

de); **~crativo** *adj.* einträglich; ✝ gewinnbringend; Erwerbs...; lukrativ, rentabel; **~cro** *m* Gewinn *m*; Erwerb *m*; Nutzen *m*; ⚖ *sin ánimo de ~* ohne Gewinnstreben, gemeinnützig.
luctuo|sa ⚖ *hist. f* Mortuarium *n*; **~so** *lit. adj.* traurig; Trauer...
lucubra|ción *lit. f* geistige Nachtarbeit *f*; **~r** *lit. v/t.* mühsam (in schlaflosen Nächten) ausarbeiten.
lúcu|ma ♀ *f And.* ein pflaumengroßer Breiapfel; **~mo** ♀ *m And.* Art Breiapfelbaum *m* (*Lucuma obovata*); *a.* → *lúcuma*.
lucha *f* Ringkampf *m*; *p. ext.* Kampf *m*; *fig.* Bekämpfung *f* (*gen. od.* von *dat. contra*); ⚔ **~ aérea** Luftkampf *m*; ⚔ **~ antituberculosa** Kampf *m* gegen die Tuberkulose; **~ a brazo partido** Handgemenge *n*, Ringkampf *m*, Balgerei *f* F; **~ callejera** Straßenkampf *m*; **~ contra el cáncer** (*contra el ruido*) Krebs- (Lärm-)bekämpfung *f*; *Sp.* **~ de la cuerda** Tauziehen *n*; *Sp.* **~ libre** Freistilringen *n*; **listo para la ~**, **pronto para** (*od.* **a**) **la ~** kampfbereit; *Sp.* **~ de pie** Standkampf *m*; **~ por la vida**, **~ por la existencia** Lebenskampf *m*; Kampf *m* ums Dasein.
lucha|dero ⚓ *m* Kante *f*, Saum *m*; **~dor** *m Sp.* Ringer *m*; ⚔ *u. fig.* Kämpfer *m*; *a.* ⚔ **~ individual** Einzelkämpfer *m*; **~r** *v/i. Sp. u. fig.* ringen; *a. fig.* kämpfen; streiten; **~ encarnizadamente** erbittert ringen (gg. *ac. contra*; um *ac. por*).
lucharniego *adj.* für die Nachtjagd abgerichtet (*Hund*).
lu|che *Chi. m* **1.** eßbare Alge; **2.** Art Hupfkastenspiel *n*; **~chicán** *Kchk. m Chi.* ein Algengericht (→ *luche*); **~chón I.** *m* Draufgänger *m*; **II.** *adj. Méj.* geldgierig.
ludibrio *m* Hohn *m*, Spott *m*; **hacer ~ de a/c. et.** verspotten.
lúdico *adj.* Spiel...
ludión *Phys. hist. m* kartesianisches Teufelchen *n*.
ludoteca *f* Spielothek *f*, Ludothek *f*.
lueguito F *adv. Am.*: **hasta ~** → (*hasta*) *luego*.
lúe(s) ⚕ *f* Lues *f*.
luego I. *adv.* **1.** nachher; dann, darauf; später; (*muy*) **~** gleich, sofort; auf der Stelle; schnell; *Méj.* **¡~ ~!** sofort!; **díselo** (*muy*) **~** sage es ihm sogleich; **hasta ~** bis nachher; auf (baldiges) Wiedersehen!; **desde ~** selbstverständlich; **2.** *Col.* → *algunas veces*; *Chi.* → *cerca*; **3.** *Méj.* **~ ~** geradeaus. **II.** *cj.* **4.** **se lo diré** (*tan*) **~ que venga** ich sage es ihm, sobald er kommt; **~ de + inf.** nachdem + *ind.*; **5.** demnach, also, folglich; **6.** *Arg.* **tan ~** *además bzw. tanto más*.
luengo ✝ *adj.* lang.
luético ⚕ *adj.-su.* luetisch, syphilitisch; *m* Luetiker *m*.
lufa ♀ *f* Luffa *f*, Schwammkürbis *m*.
lugano *Vo. m* Zeisig *m*.
lugar *m* **1.** Ort *m*, Platz *m*, Stelle *f*; Stätte *f*; Örtlichkeit *f*; *p. ext.* Ortschaft *f*; Dorf *n*, Flecken *m*; ⚖ **~ de autos** Tatort *m*; **~ de cita** Treffpunkt *m*; **~ común** Gemeinplatz *m*; F Abort *m*; ✝ **~ de cumplimiento** (de destino, de entrega) Erfüllungs- (Bestimmungs-, Liefer-)ort *m*; ✝ **~ de libranza** Ausstellungsort *m* b. Wechsel; **~ de reunión** Versammlungs- *bzw.* Tagungs-ort *m*; **los Santos ~es** die Heiligen Stätten *f/pl.* (*Palästina*); **de este ~** hiesig; **en ~ de** anstatt (*gen.*), an Stelle von (*dat.*); **en primer ~** an erster Stelle, erstens; **en segundo ~** zweitens; **en todo ~** überall, immer; *fig.* **dejar a alg. en mal ~** ein schlechtes Licht auf j-n werfen; *fig.* **estar en su ~** angebracht sein, fehl am Platz sein; *fig.* **póngase en mi ~** versetzen Sie s. bitte in meine Lage; *fig.* **poner a alg. en su ~** j-n in s-e Schranken (ver)weisen; **poner las cosas en su ~** et. (*od.* es, das) richtigstellen; **tener ~** stattfinden; **2.** *fig.* Stelle *f*, Rang *m*, Amt *n*, Würde *f*; **ocupar un alto ~** e-e hohe Stelle einnehmen; **e-n hohen Rang einnehmen**; **3.** *fig.* Anlaß *m*; **dar ~ a** Anlaß geben zu (*dat.*); **esto dará ~ a que le castiguen** man wird ihn dafür bestrafen; **no hay ~** (de + *inf.*) es liegt kein Anlaß vor (, zu + *inf.*); **sin ~ a dudas** (ganz) zweifellos, ohne (jeden) Zweifel.
lugar|eño I. *adj.* dörflich; Dorf...; Provinz...; kleinstädtisch; Kleinstadt...; **II.** *m* Dorfbewohner *m*, Dörfler *m*; Kleinstädter *m* Provinzler *m*; **~tenencia** *f* Stellvertretung *f*; Stellvertreterschaft *f*; **~teniente** *m* Stellvertreter *m*.
lugdunense *adj.-su. c* aus Lyon; Lyoner *m*.
luge *f* Rodelschlitten *m*; **~ar** *v/i.* rodeln.
lugre ⚓ *m* Lugger *m*.
lúgubre *adj. c* traurig, Trauer...; düster; unheimlich; schwermütig, melancholisch; finster, unheilvoll.
lugués *adj.-su.* aus Lugo.
lui|ción *f* (Erbzins-)Ablösung *f*; **~r¹** [3g] *v/t.* (e-n Erbzins) ablösen; **~r²** [3g] *v/t.* **1.** ⚓ reiben; **2.** *Chi.* → *arrugar bzw.* (*Keramik*) *bruñir*.
lui|s *m* **1.** *hist.* Louisdor *m* (*Münze*); **2.** ♀ *npr.* Ludwig *m*; **~sa** ♀: (*hierba f*) **~ f** Melissenkraut *n*.
lujación ⚕ *f* Verrenkung *f*.
lujo *m* Luxus *m*; Pracht *f*; *gr.* Aufwand *m* (an *dat. de*); **de ~** Pracht..., Luxus...; **⊕ ejecución f de ~** Luxusausführung *f*; **no me puedo permitir el ~** (de + *inf.*) ich kann es mir nicht leisten (, zu + *inf.*); **~so** *adj.* **1.** prächtig; kostspielig, aufwendig; luxuriös; **2.** prachtliebend.
lujuria *f* Unzucht *f*; Geilheit *f*; Lüsternheit *f*; Üppigkeit *f*; Fleischeslust *f*; **~ante** *adj. c* üppig wuchernd (*Vegetation*); **~ar** [1b] *v/i. s.* paaren (*Tiere*); *bibl.* der Fleischeslust frönen; **~oso** ⚖ *adj.* unzüchtig; geil; wollüstig; **II.** *m* Lüstling *m*.
luli|ano *adj. Phil.* lullianisch; **~smo** *m* Lullismus *m*, Lehre *f* des Raimundus Lullus; **~sta I.** *adj. c* lullistisch; **II.** *c* Lullist *m*, Anhänger *m* der Philosophie des Raimundus Lullus.
lu|lo I. *adj.* **1.** *Chi.* lang u. dünn; fade; dumm; **II.** *m* **2.** *Chi.* Rolle *f* (*Hülle, Verpackung*); *fig.* Stirnlocke *f*; **3.** ♀ *Col.* → *naranjilla*; **~lú** *m* Schoßhündchen *n*; **~llir** [3h] *Am. v/t.* → *rozar*.
luma ♀ *f Chi.* Myrtenbaum, bis 20 m hoch; **~quela** *Geol. f* Lumachelle *f*.
lumba|go ⚕ *m* Hexenschuß *m*;

Lumbago *f*; **~r** *adj. c* Lenden..., Lumbal...; **región *f* ~** Lendengegend *f*.
lum|bra(ra)da *f* Lohe *f*, Flackerfeuer *n*; **~bre** *f* **1.** (Holz-, Kohlen-)Glut *f*; Feuer *n*; Flamme *f*; Feuerzeug *n* (*Stein, Stahl u. Zunder*); **a(l amor de) la ~** am Kamin; am Herdfeuer; *fig.* **a ~ mansa** nach u. nach; *fig.* **a ~ de pajas** kurz, flüchtig (wie ein Strohfeuer); *fig.* **F ni por ~** keineswegs; **encender** (*apagar*) **la ~** (das) Feuer an- (aus-)machen; **echar ~(s)** Funken sprühen (*Luntenfeuerzeug u. fig.*); Raucher: **dar ~** Feuer geben; **pedir ~** um Feuer bitten; **2.** Licht *n*; *p. ext.* Öffnung *f* für den Lichteinfall (*Fenster, Oberlicht, Luke, Tür usw.*); *Ven.* Schwelle *f*; **3.** *fig.* Glanz *m*, Schimmer *m*; Licht *n* (*fig.*); **~ de agua** Wasserspiegel *m*; **es la ~ de sus ojos** er liebt sie sehr, sie ist das Licht s-r Augen; **esto le va a tocar en la ~ de los ojos** das wird ihn sehr schmerzlich treffen.
lumbrera *f* **1.** leuchtender Körper *m*; *fig.* Leuchte *f* (*fig.*); **2.** ⚓ Dachfenster *n*; Dachluke *f*; Oberlicht *n*; Ochsenauge *n* b. Kuppeln; **~ del campanario** Schalloch *n*; **3.** ⚓ Oberlicht *n*; Bullauge *n*; **4.** ⊕ Zugloch *n* (*Ofen*); Fenster *n* in e-m *Werkstück*; Schlitz *m*; **5.** *Méj. Stk.* Loge *f* (→ *palco*).
lum|en *Phys. m* Lumen *n* (*Lichtmaß*); **~i(a)** P *f Reg.* Nutte *f* F, Hure *f* P.
lumina|r *m* Leuchte *f* (*fig.*); **~ria** *f* **1.** Altarlicht *n*; **2.** *oft ~s f/pl.* Festbeleuchtung *f*, Illumination *f*; **3.** ☐ Fenster *n*.
lumínico *Phys. adj.* Licht...
lumi|niscencia *f* Lumineszenz *f*; **~niscente** *adj. c* lumineszierend; **~nosidad** *f* Leuchten *n*; Leuchtkraft *f*; Leuchtstärke *f*; *Opt.* **~ de la imagen** Bildhelligkeit *f*; **~noso** *adj.* leuchtend; *Phot.* lichtstark; Leucht...; *a. fig.* lichtvoll; glänzend; Licht...; *Phys.* **potencia** (*od.* **intensidad**) *f* **~a** Lichtstärke *f*; **~notecnia** ⊕ *f* Beleuchtungstechnik *f*; **~notécnico I.** *adj.* beleuchtungs-, lichttechnisch; **II.** *m* Beleuchtungsfachmann *m*; **~notipia** *Typ. f* Lichtdruck *m*.
lumpen *m desp.* Pöbel *m*, Mob *m*; *a. koll.* Außenseiter *m/pl.*, Randgruppen *f/pl.* (*Punks usw.*).
luna *f* **1.** Mond *m*; *p. ext.* Mondphase *f*; Mondwechsel *m*; **media ~** Halbmond *m*; *Kchk. Am.* Hörnchen *n*; *fig.* Osmanisches Reich *n bzw.* Islam *m*; *Media* ☾ *Roja* Roter Halbmond *m* (*entspricht in Islamländern dem Roten Kreuz*); **~ llena** (*nueva*) Voll- (Neu-)mond *m*; *fig.* **~ de miel** Flitterwochen *f/pl.*; *fig.* **cara *f* de ~ llena** Vollmondgesicht *n*; (*a la*) **luz *f* de la ~** (im) Mondschein *m*; **noche *f* de ~** Mondnacht *f*; *fig.* **dejar a la ~ de Valencia** in s-n Erwartungen enttäuschen, leer ausgehen lassen; *fig.* **estar de buena** (*mala*) **~** guter (schlechter) Laune sein; *fig.* **estar** (*od.* **vivir**) **en la ~** in den Wolken schweben; nicht bei der Sache sein; mit den Gedanken abschweifen; *fig.* **ladrar a la ~** gaffen; Mond anbellen; *fig.* **mirar la ~** gaffen; *fig.* **pedir la ~** Unmögliches verlangen; *fig.* **quedarse a la ~ de Valencia** (*Chi., Pe. a la ~ de Paita*) in s-n Erwartungen enttäuscht werden, mit leeren Hän-

lunación — luz

den abziehen; 2. *fig.* Mondsucht *f*; verschrobener Einfall *m*; *tener* ∼s mondsüchtig sein; *tener sus* ∼s wunderliche Einfälle haben; 3. dicke Glasplatte *f*, -scheibe *f*; Spiegelglas *n*; Schrankspiegel *m*; Spiegeltür *f am Schrank*; *Pe*. Schaufenster *n*; *Kfz*. ∼ *trasera* (*térmica*) ([be]heizbare) Heckscheibe *f*.

luna|ción *f* Umlauf(s)zeit *f* des Mondes, Mondperiode *f*; **∼do** *adj.* halbmondförmig; **∼r¹** *m* Muttermal *n*; Tupfen *m* (*Kleidung*); Schönheitsfehler *m*; Schönheitspflaster *n*; *fig.* Schandfleck *m*; **∼r²** *adj. c Mond...*, ⌬ *a.* lunar(isch); *cuerno m* ∼ Spitze *f* der Mondsichel; **∼reado** *adj.* getupft (*Kleid*); **∼ria** ♀ *f* Mondraute *f*; **∼rio** *adj.* auf die Mondphasen bezüglich.

lunático I. *adj.* mondsüchtig; *fig.* grillenhaft, verschroben; † irrsinnig; **II.** *m* Mondsüchtige(r) *m*; *fig.* verschrobener Kauz *m*.

lune|cilla *f dim. v. luna*; Halbmond *m* (*Schmuck*); ∼l ⌬ *m* vier vereinigte Halbmonde *m/pl.*; **∼s** *m* (*pl. inv.*) Montag *m*; *no trabajar el* ∼ *od. hacer* ∼ blauen Montag machen; ∼ *de carnaval* Rosenmontag *m*; † *u. Reg.* ∼ *de los zapateros* blauer Montag *m*; **∼ta** *f* 1. Halbmond *m* (*Schmuck, Zierfigur*); 2. △, ⊕, *fort.* Lünette *f*; 3. △ Firstziegel *m*; 4. *Thea.*: † *u. Am.* Sperrsitzreihen *f/pl.*; 5. *Kfz.* ∼ *trasera* ∼ *luna* (3) *trasera*; **∼to** △ *m* Lichtloch *n*, Lünette *f*.

lunfa P *m Arg.* Dieb *m*; Gauner *m*.

lunfar|dismo *Li. m* Ausdruck *m* der arg. Gaunersprache *bzw.* Volkssprache; **∼do** *Arg.* **I.** *adj.* 1.: *expresión f* ∼*a* → *lunfardismo*; **II.** *m* 2. Gauner *m*, Ganove *m*; 3. *Li.* Lunfardo *n*, arg. Gaunersprache *f*; *heute*: arg. Volkssprache *f*.

lungo *m Col.* Tagelöhner *m*, Handlanger *m*.

lunícola *c* Mondbewohner *m*.

lúnula *f* 1. Möndchen *n* an der Nagelwurzel; 2. *kath.*, ⚕ Lunula *f*.

lupa *f* Lupe *f*.

lupanar *m* Bordell *n*, Freudenhaus *n*.

lupi|a¹ ⚚ *f* Grützbeutel *m*; **∼a²** *sid. f* Luppe *f*; **∼no I.** *adj.* wölfisch; Wolfs...; ♀ *uva f* ∼*a* Eisenhut *m*; **II.** ♀ *m* Lupine *f*.

lupuli|na *pharm. f* Hopfenmehl *n*, Lupulin *n*; **∼no** ♀ *m* gelber Klee *m*.

lúpulo ♀ *m* Hopfen *m*.

lupus ⚚ *m* Lupus *m*, Hauttuberkulose *f*.

luquete *m* 1. Zitronen- *od.* Orangenscheibe *f* (*die man in den Wein gibt*); 2. Schwefelfaden *m*; 3. △ Kalotte *f*; 4. *Chi.* (kreisförmige) Glatze *f*.

lura *Zo. f* Pfeilkalmar *m* (*Tintenfischart*).

lus|(itan)ismo *Li. m* Lusitanismus *m*, portugiesische Spracheigentümlichkeit *f*; **∼s(itan)o I.** *adj.* 1. *hist.* lusitanisch; 2. portugiesisch; **II.** *m* 3. *hist.* Lusitanier *m*; 4. Portugiese *m*; **∼soamericano** *adj.-su.* portugiesischamerikanisch.

lus|trabotas *m* (*pl. inv.*) *Am. Reg.* Schuhputzer *m*; **∼trada** *f Am. Reg.* Schuhputzen *n*; **∼trado** *m* Polieren *n* (*Möbel*); *tex.* Lüstrieren *n*; **∼trador** *m Arg., Par., Ec., Pe.* Schuhputzer *m*; **∼trar** *v/t.* 1. (blank) putzen; glätten; *Möbel usw.* polieren; *Schuhe* wichsen; *tex.* lüstrieren; 2. *Rel. hist.* entsühnen; **∼tre** *m* Glanz *m* (*a. fig.*); Politur *f*; *fig.* Ansehen *n*; *dar* ∼ Glanz verleihen; **∼treador** *m bsd. Chi.* Schuhputzer *m*; **∼trina** *f tex.* Lüster *m*; *Chi.* Schuhcreme *f*; **∼tro** *m* Jahrfünft *n*; *Rel. hist.* Lustrum *m*; **∼troso** *adj.* glänzend.

lútea *Vo. f* Pirol *m*.

lutecio ⚛ *m* Lutetium *n*.

lúteo¹ *adj.* schlammig.

lúteo² *Physiol. adj.*: *cuerpo m* ∼ Gelbkörper *m*.

lute|ranismo *m* Luthertum *n*; **∼rano** *adj.-su.* luther(an)isch; *m* Lutheraner *m*; ⚛*ro npr. m* Luther *m*.

luto *m* Trauer *f*; Trauerflor *m*; Trauerrand *m* (*Anzeige, Zeitung usw.*); ∼ *nacional* Staatstrauer *f*; *casa f con* ∼*s* Haus *n* im Trauerschmuck; *medio* ∼ Halbtrauer *f*; ∼ *riguroso tiefe* (*od. strenge*) Trauer *f*; (*traje m de*) ∼ Trauerkleidung *f*; *aliviar el* ∼ Halbtrauer anlegen; *estar de* ∼ *por alg.* um j-n trauern; *llevar* (*od. ir od. guardar*) ∼ Trauer tragen (*für ac. od. wegen gen. por*).

lutocar *m Chi.* Handmüllwagen *m für Straßenreinigung*.

lutria *Zo. f* ∼ *nutria*.

lux *Phys. m* Lux *n*.

luxa|ción ⚕ *f* Verrenkung *f*; **∼r** *v/t.* ver-, aus-renken.

Luxemburg|o *m* Luxemburg *n*; **∼gués** *adj.-su.* luxemburgisch; *m* Luxemburger *m*.

luz *f* (*pl. luces*) 1. Licht *n*; *p. ext.* Leuchte *f*; Beleuchtung *f*; Lampe *f*; *fig.* Glanz *m*; Schein *m*, Schimmer *m*; *fig.* Licht *n*; Leuchte *f*, Vorbild *n*; Erkenntnis *f*; *luces f/pl. fig.* Bildung *f*; Verstand *m*, Befähigung *f*, Talent *n*; *a. Vkw.* ∼ *de advertencia* (*od. de aviso*) Warn-licht *n*, -leuchte *f*; *a. Vkw.* ∼ *amarilla*, *Vkw. a.* ∼ *ámbar* Gelblicht *n* (*Vkw.*), gelbes Licht *n*; *Phot.* ∼ *anterior* (*od. de frente*) Ausleuchtung *f* vorn; *Kfz.* ∼ *antiniebla* Nebelscheinwerfer *m*; *Kfz.* ∼ *de aparcamiento* Parkleuchte *f*; *Kfz.* ∼ *para marcha atrás* Rückfahrscheinwerfer *m*; *Kfz.* ∼ *de carretera*, ∼ *larga*, *Am. a.* ∼ *alta* Fernlicht *n*; ⚓ ∼ *de cola* Schlußlicht *n*; *Phys.* ∼ *compuesta* ∼-*gesetztes Licht *n*; *Kfz.* ∼ *de cruce*, ∼ *corta*, *Am. a.* ∼ *baja* Abblendlicht *n*; ∼ *de destello(s)* ⚓, ☠ Blinkfeuer *n* (*Leuchtturm usw.*); ⚓, ☠ Blinklicht *n* (*zur Nachrichtenübermittlung*); ∼ *del día* Tageslicht *n*; ∼ *difusa* Flutlicht *n*; ∼ *de las estrellas* Sternen-licht *n*, -schein *m*, -schimmer *m*; *Kfz.* ∼ *de fren(ad)o* Brems-licht *n*, -leuchte *f*; ⚓, ☠ ∼ *giratoria* Drehfeuer *n*; *Folk. Rpl.* ∼ *mala* → *fuego fatuo*; *Phys. u. fig.* (*Theol.*) ∼ *natural* natürliches Licht *n*; *Astr.* ∼ *del Norte* (*del Sur*) Nord- (Süd-)licht *n*; *fig.* ∼ *de mis ojos* mein Augenlicht; *Opt.* ∼ *parásita* Streulicht *n*; ∼ *de pared* Wandleuchte *f*; *Kfz.* ∼ *de población* Standlicht *n*; *Astr.* ∼ *polar* Polarlicht *n*; ∼ *de posición* ☠ Positionslicht *n*; *Kfz.* Begrenzungsleuchte *f*; *Vkw.* ∼ *posterior od.* ∼ *trasera* Rücklicht *n*; Schlußlampe *f*; ∼ *del puerto* Hafenfeuer *n*; *Opt.* ∼ *refleja* (*od. de reflexión*) reflektiertes Licht *n*, Auflicht *n*; *a. Vkw.* ∼ *roja* rotes Licht *n*, *Vkw.* Rotlicht *n*; ⚓ ∼ *de situación* Positions-laterne *f*, -leuchte *f*; ∼ *de techo* Deckenbeleuchtung *f*; *a. Vkw. u. fig.* ∼ *verde* grünes Licht *n*; ∼ Lichtbad *n*; *Phot.* débil (pasado) de ∼ unter- (über-)belichtet; *Phot.* exposición *f a plena* ∼ Freilichtaufnahme *f*; *fig.* *hombre m de pocas luces* geistig beschränkter Mensch *m*; *primera* ∼ direktes Licht *n* (*vom Tageslichteinfall*); *fig.* siglo *m* de las luces (Zeitalter *n* der) Aufklärung *f*; *a media* ∼ im Zwielicht; *a plena* ∼ in voller Beleuchtung; *a plena* ∼ *del día* am hellichten Tage; *a prueba de* ∼ licht-undurchlässig, -dicht; *a.* lichtecht; *fig. a la* ∼ *de la Razón* im Licht(e) des Verstandes, vernünftig (*od.* logisch) betrachtet; *a todas luces* allem Anschein nach; in jeder Hinsicht; überhaupt; allenthalben; *entre dos luces* in der (*Abend-* bzw. *Morgen-*)Dämmerung, im Zwielicht; *fig. F* beschwipst; *amortiguar la* ∼, *Kfz. dar la* ∼ *de cruce* (das Licht) abblenden; *dar* ∼ Licht geben; erhellen (*a. fig.*); *a.* → *dar la* ∼; *dar buena* (*mala*) ∼ viel (wenig) Licht einfallen lassen (*Fenster, Vorhang usw.*); *dar la* ∼ das Licht anmachen (*od.* ⚡ einschalten); *fig. dar* ∼ *verde a* grünes Licht geben für (*ac.*); *fig. dar a* ∼ *un libro* ein Buch veröffentlichen; *fig. dar a* ∼ (*a*) *un niño* e-n Jungen gebären; *encender* (*apagar*) *la* ∼ das Licht an- (aus-)machen; *hacer* ∼ *en* (*od. sobre*) *a/c.* Licht in e-e Sache bringen, et. aufklären; *sacar a* ∼ *an den Tag* (*od.* ans Licht) bringen; *Buch od. ä.* herausgeben; *salir a* ∼ *ans Licht kommen, aufkommen, bekanntwerden*; herauskommen, erscheinen; *ver la* ∼ *ans Tageslicht treten, erscheinen*; *fig. ver la* ∼ *del día* das Licht der Welt erblicken; *fig. F* ¡*por la* ∼ *que me alumbra ...*! bei Gott ...!, bei meinem Leben ...!; *bibl.* ¡*haya* ∼! *od.* ¡*hágase la* ∼! *es werde Licht*!; 2. F Strom *m*; *cortar la* ∼ den Strom abstellen; 3. △, ⊕ Öffnung *f*; Luke *f*; lichte Weite *f*; Spannweite *f*; *edificio m de muchas luces* Gebäude *n* mit vielen Fenstern (*bzw.* mit vielen Luken, mit vielen Scharten); *Kfz.* ∼ *libre* Bodenfreiheit *f*; ⊕ ∼ *de malla* Maschenweite *f* e-r Kette; ∼ *en un tubo* lichte Rohrweite *f*; 4. □, *Am.* P Geld *n*, Zaster F, Kies *m* F, Knete *f* F.

Ll

Ll, ll (= elle) f das span. Doppel-L.
llaca Zo. f Arg., Chi. Art Beutelratte f (Didelphys elegans).
lla|ga f 1. offene (bzw. schwärende) Wunde f; fig. renovar la ~ alte Wunden wieder aufreißen; 2. △ Ziegel-, Quader-fuge f; **~gar** [1h] v/t. verwunden, verletzen; zum Schwären bringen; **~guear** △ v/t. verfugen. [leichter Schmerz m.\
llalla f Chi. leichte Verletzung f;)
llama[1] f Flamme f; fig. Feuer n; Leidenschaft f; ~ libre offene Flamme f; ⚔ **~s** f/pl. (a la boca de un cañón) Mündungsfeuer n; Rel. las **~s** eternas (del Infierno) das ewige (Höllen-)Feuer.
llama[2] Zo. f Lama n.
llama|da f 1. Ruf m; Rufen n; ~ de socorro Hilferuf m (a. fig.); 2. Zuruf m; rufende Gebärde f; Herbeiwinken n; 3. Klopfen n an der Tür; 4. Tel. ~ (telefónica) Anruf m; Am. ~ de (od. a) larga distancia Ferngespräch m; 5. Aufruf m, Appell m; Abruf m; Dipl. Abberufung f; Thea. Herausrufen n, Vor-die-Rampe-Rufen n; 6. Verweisungszeichen n in e-m Buch usw.; ~ de atención Hinweis m; **~do** I. adj. 1. gerufen; berufen; estar ~ a + inf. zu et. (dat.) berufen sein; die Aufgabe (od. die Pflicht) haben, zu + inf.; 2. sogenannt; II. m 3. Am. → llamamiento; 4. Tel. Am. → llamada f Am.; **~dor** m 1. Rufer m (a. Tel.); 2. a) Türklopfer m; b) Klingel(knopf m) f; **~miento** m 1. Aufruf m; Vorladung f; Appell m; Parl. ~ al orden Ordnungsruf m; ~ a la paz Friedensappell m; 2. Ruf m, Berufung f; 3. ⚔ Aufgebot n; Appell m; Einberufung f; ~ a filas Einberufung f (zum Wehrdienst).
llamar I. v/t. 1. rufen, nennen; heißen, 🏛 be-, er-nennen; le llaman Juan er heißt Johannes (vgl. ~se); ~ por nombre bei (od. mit) Namen nennen; 2. anrufen; herbeirufen; (er)wecken, wachrufen; Tiere (an-, herbei-)locken; Tel. anrufen; Arzt, Hilfe, Taxi rufen, (herbei-)holen; wecken (im Hotel); Versammlung einberufen; in ein Amt, an e-e Universität berufen; Diplomaten abberufen; ~ en ayuda zu Hilfe rufen; a. fig. ¿quién le ha ~ado a usted? wer hat Sie gerufen?; fig. niemand hat Sie nach Ihrer Meinung gefragt; ~ a juicio vor Gericht laden; II. v/i. 3. anklopfen bzw. läuten, klingeln an der Tür; llaman man (od. es) klopft; ¿llaman? ist dort jemand?; ¿quién llama? wer ist da?; III. v/r. 4. ~se heißen, ⚓ umschlagen (Wind); fig. F así será, o no me llamo (folgt Name) ich will Hans (od. Meyer u. ä.) heißen, wenn es anders kommt!; ¡esto se llama hablar! das ist ein Wort!; lo que se llama pega das nennt man Pech.
lla|marada f plötzliches Aufflackern n; Flackerfeuer n; Lohe f; ⚔ Mündungsfeuer n; fig. Röte f (Scham, Zorn); fig. F ~ (de estopa) Strohfeuer n, flüchtige Begeisterung f; **~mativo** I. adj. auffällig; grell (Farbe); dursterregend (Speise); II. m scharfe Speise f; a. Reiz-, Lock-mittel n; **~meante** adj. c flammend; **~mear** v/i. flammen; lodern; flackern.
llamingo Zo. m Ec. Lama n.
llamón adj. Méj. feige.
llampo m Chi. 🜚 Erzbrocken m; erzhaltiger Staub m.
llampuga Fi. f Roßkopffisch m.
llana f 1. △ Kelle f; 2. Blattseite f (Papier); 3. → **~da** f Flachland n; **~mente** adv. schlicht.
llanca f Chi. blaugrünes Kupfererz n.
lla|nero m Bewohner m des Tieflandes; a. Llanero m (bsd. auf Col. u. Ven. bez.); **~neza** f Einfachheit f; Schlichtheit f; Aufrichtigkeit f; **~nito** m spanischsprechender Einwohner m von Gibraltar; engl.-span. Mischsprache f in Gibraltar; **~no** I. adj. 1. eben; flach; p. ext. glatt (Masche b. Stricken); fig. schlicht, einfach; deutlich, klar; glatt, einfach, nicht schwierig; adv. a la (F pata la) ~a schlicht; ohne Umstände; es ~ das ist ein klarer Fall, es ist e-e ausgemachte Sache; Li. palabra f ~a Paroxytonon n; II. m 2. Ebene f, Flachland n; Llano m im tropischen und subtropischen Amerika); 3. **~s** m/pl. Stellen f/pl. von gleicher Maschenzahl b. Stricken; **~note** adj. c umgänglich.
llan|ta f 1. ⊕ Flacheisen f; 2. Kfz. Felge f; Radkranz m; Col., Méj. Autoreifen m; ~ de aleación ligera Leichtmetallfelge f; 3. Pe. Sonnendach n über e-m Verkaufsstand; **~tén** ♀ m Wegerich m; **~tera** F f Geschluchze n; Gegreine n; **~tería** f Am., **~terío** m Am. Weinen n; Klagen n mehrerer; **~tina** F f → llorera); **~to** m 1. Weinen n, Klage f; **~s** m/pl. Wehklagen n; 2. Klage f; ~ (fúnebre) Totenklage f; 3. ♪ Cu. schwermütige Volksweise f, Plan m (lit.).\
llanura f Ebene f, Flach-, Tief-land)
llapango adj. Ec. barfüßig.
lla|r m Ast., Sant. Herd m mit offenem Feuer; **~res** f/pl. Kesselhaken m(/pl.) über dem Herdfeuer; **~reta** ♀ f Chi. Strauch, Doldengewächs (Lareta acaulis).
llave f 1. Schlüssel m (a. fig., Sp. u. ⊕; fig. vgl. clave); ~ anti-robo Patentenschlüssel m (z. B. an e-m Fahrrad); Sp. ~ de brazo Armschlüssel m b. Ringen; Kfz. ~ de contacto (od. del encendido) Zündschlüssel m; ~ falsa Nachschlüssel m; ~ maestra Hauptschlüssel m, Passepartout m F; p. ext. ~ de la mano (Hand-)Spanne f; △ ~ en mano od. a ~ mano schlüsselfertig (Neubau); ecl. **~s** f/pl. de San Pedro Schlüssel(gewalt f) m/pl. Petri; ~ de la puerta (de la casa) Hausschlüssel f; poder m de ~ Schlüsselgewalt f; bsd. fig. debajo de (od. bajo od. tras) siete **~s** unter sieben Siegeln; echar la ~ abschließen (et. ac. a, a. fig.); fig. letzte Hand anlegen; ☐ Erfolg haben; guardar (de)bajo (de) ~ unter Verschluß halten, einschließen; 2. ⊕ Schlüssel m; Schraubenschlüssel m; ~ corrediza Autozange f; ~ inglesa Engländer m bzw. Franzose m; ~ tubular od. ~ de vaso Steckschlüssel m; ~ para tuercas Schraubenschlüssel m; 3. ⊕ Hahn m; Verteiler m; a. Stöpsel m; Taste f; ⚡ a. Schalter m; Col. Reg. Wasserhahn m; ~ de cierre Absperrhahn m; 🏛 a. Hahnsteyfen m; ~ del gas Gashahn m; ~ de paso Hahn m; Durchlaß- bzw. Ablaß-hahn m; ~ de tres pasos Dreiwegehahn m; 4. △ Schlußstein m e-s Gewölbes; 5. ♪ a) de templar Stimmschlüssel m (z. B. b. Klavier); b) Klappe f b. Holzinstrumenten u. Saxophon bzw. Ventil n b. Blechinstrumenten; 6. 🦷 Zahnschlüssel f der Zahnärzte; 7. Typ. eckige (bzw. geschweifte) Klammer f.
lla|vera f Beschließerin f; **~vero** m 1. Schlüssel-brett n; -schrank m; -ring m; -etui n, -täschchen m; Schließer m; Schließer m in Gefängnissen usw.; **~vín** m kl. Schlüssel m (z. B. für Sicherheitsschloß)
llegada f Ankunft f; Eintreffen n; Sp. Ziel(linie f) n; la ~ a Bilbao die Ankunft in Bilbao; a la ~ bei der Ankunft.
llegar [1h] I. v/i. 1. ankommen; eintreffen; anlangen; gelangen; (heran)nahen; einlaufen (Zug, Schiff, Post); an- bzw. ein-rücken (Truppen); kommen (Zeit, Gelegenheit); eintreffen, geschehen; ¡llegamos! (wir sind) angekommen!; a. fig. wir haben's geschafft; fig. ¿adónde quiere ~? worauf wollen Sie (damit) hinaus?; ~á un día es wird e-e Zeit kommen; está llegando s-e Ankunft steht bevor; er ist im Anmarsch; fig. es ist im Kommen; ~ con retraso Verspätung haben (Zug usw.); está por ~ de un día a otro er wird in den nächsten Tagen eintreffen,

lleísmo — lluvioso 398

er muß jeden Tag kommen F; *le llegó la hora s-e* Stunde hat geschlagen, s-e Uhr ist abgelaufen; *fig.* ~ *lejos* es weit bringen; *cuando llega (bzw. llegue) la ocasión* wenn s. die Gelegenheit bietet; ~*ado el caso* wenn es dazu kommt, wenn es soweit ist; *ha ~ado el tiempo (od. el momento, la hora)* die Zeit ist gekommen, es ist an der Zeit; es ist Zeit F; **2. a)** ~ *a* heranreichen an *(ac.)*; s. belaufen auf *(ac.)*; ~ *a (od. hasta)* reichen bis (zu *dat.*, an *ac.*); ~ *a algo* zu et. *(dat.)* kommen; *fig.* es zu et. bringen; ~ *a un acuerdo* zu e-r Vereinbarung gelangen *(od.* kommen), s. einigen; ~ *al alma* zu Herzen gehen; (tief) erschüttern; *llegó a su conocimiento* er brachte (es) in Erfahrung; es kam ihm zu Ohren; er hörte davon; ~ *a la cumbre* den Gipfel erreichen *(a. fig.)*; ~ *a decir que ...* endlich *(bzw.* sogar) sagen, daß ...; ~ *a gastar 3.000 ptas.* nicht weniger als 3000 Peseten ausgeben; ~ *a + inf.* dahin gelangen, zu + *inf.*; (es) erreichen *(od.* schaffen), zu + *inf.*; endlich *(od.* schließlich) + *inf.*; ~ *a ministro* es (bis) zum Minister bringen; *las naranjas ~án a medio kilo* die Apfelsinen wiegen vielleicht ein halbes Kilo; ~ *a saber* in Erfahrung bringen; durch Zufall erfahren; ~ *a ser* (allmählich *bzw.* endlich *od.* schließlich) werden; *fig. no ~á a tanto* es wird nicht soweit kommen; es wird nicht ganz so schlimm werden; *no es necesario ~ a tanto* so weit braucht man nicht zu gehen; es wird braucht es nicht zu kommen; *(no) ~ a viejo* (nicht) alt werden; *fig.* ~ *a lo (más) vivo j-n* sehr treffen *(fig.)*; den wunde(ste)n Punkt berühren; **b)** *¡hasta ahí podíamos ~!* das wäre ja noch schöner!; *los víveres ~án hasta mañana* die Lebensmittel reichen bis morgen; **II.** *v/t.* **3.** † *u. Reg.* heranbringen, -holen, -schaffen; heranrücken; **III.** ~*se v/r.* **4.** aufea. zukommen; s. nähern; gelangen bis (zu *dat. a)*; ~*se a alg.* s. j-m anschließen; zu j-m stoßen; *a.* s. an j-n heranmachen; ~*se a los alrededores del pueblo* e-n Ausflug in die (nähere) Umgebung des Dorfes machen.

lleís|mo *Li. m* Aussprache von *ll* als palatales *l*; ~**ta** *c j.*, der *ll* als palatales *l* spricht.

llena *f* Anschwellen *n*, Über-die-Ufer-Treten *n e-s Gewässers*; ~**do I.** *part. u. adj.* gefüllt; abgefüllt; **II.** *m* Füllen *n*, Füllung *f*; Abfüllen *n*; ~**dora** *f* (Ab-)Füllmaschine *f*; ~**mente** *adv.* reichlich; vollauf; ~**r I.** *v/t.* **1.** füllen (mit *dat.* con, de, *fig.* de); (voll)stopfen; *Pfeife* stopfen; *Lücke, Zeit, Formular* ausfüllen; *a medio* ~ halbvoll; **2.** *Aufgabe* erfüllen; e-m *Mangel* abhelfen; *Erwartung, Wunsch, Sehnsucht* befriedigen; **3.** überhäufen (mit *dat.* de); **4.** *Tiere* decken; F schwängern; **II.** *v/i.* **5.** voll werden *(Mond)*; **III.** ~*se v/r.* **6.** s. füllen; *p. ext.* s. überfressen; s. überladen; *fig.* die Geduld verlieren, es satt haben F; F ~*se el buche (od. el vientre)* s. den Bauch vollschlagen; **7.** *Am.* s. schmutzig machen; ~**zo** F *m Thea.* volles Haus *n*; voller Saal *m (Kino, Vortrag)*; volle Ränge *m/pl.* *(Stadion, Zirkus)*.

lle|ne *m* → llenado; ~**no I.** *adj.* **1.** voll; gefüllt; (voll)besetzt *(Bahn, Saal usw.)*; ⊕⚓ *a.* völlig; *cara f ~a* volles *(od.* fülliges) Gesicht *n*; *de* ~ völlig; *fig.* zutiefst *(treffen)*; ~ *de ...* voll(er) ...; ~ *de agradecimiento* dankerfüllt; ~ *de envidia* neidvoll; ~ *de errores* voller Irrtümer; ~ *a rebosar* zum Bersten *(od.* zum Platzen) voll; ~ *de sí* von s. selbst überzeugt; eingebildet; *dar de* ~ voll treffen; ins Gesicht wehen *(Wind)*; ins Gesicht scheinen *(Sonne, Licht)*; **II.** *m* **2.** *gr.* Fülle *f*; Überfülle *f*; **3.** *Thea.* volles Haus *n*; *hubo un* ~ das Theater *u. ä.* war ausverkauft; **4.** Vollmond *m*; **5.** ♪ Tutti *n*; **6.** ⚓ ~s *m/pl.* Rundung *f* des Schiffsbodens; ~**nura** *f* Fülle *f*.

lleva|(da) *f* (Davon-)Tragen *n*; ~**dero** *adj.* tragbar, erträglich; ~**dor** *adj.* tragend; ~**r I.** *v/t.* **1.** tragen; (bei s.) tragen, haben; *Kleidung* tragen, anhaben; *Kosten* tragen, bestreiten, übernehmen; *fig.* (er-)tragen, dulden; ~ *corbata (gafas)* e-n Schlips (e-e Brille) tragen; ~ *a cuestas (od. sobre las espaldas)* auf der Schulter *(od.* auf dem Rücken) tragen; ✗ ~ *frutos* (Frucht) tragen; *fig. hay que ~lo* (con *paciencia od.* con *resignación)* man muß es (geduldig) tragen; ~ *y traer* hin u. her tragen; *fig.* klatschen, ein Zuträger sein; **2.** mit *part.* haben; ~ *una cosa bien estudiada (od. bien sabida)* et. gut gelernt haben; **3.** mit *Zeitangabe* (u. *ger. od. adj.*) sein *(vgl.* estar); *ya llevo cinco años en España* ich bin schon fünf Jahre *(od.* seit fünf Jahren) in Spanien; ~ *tres semanas enfermo* seit drei Wochen krank sein; **4.** (mit s.) führen; *p. ext. u. fig. Leben(sweise), Geschäft, Bücher, Buchhaltung, Korrespondenz usw.* führen; *Gut usw.* verwalten; ~ *la casa* den Haushalt führen; ~ *consigo* bei s. haben; mit s. führen; mit s. bringen; ✿ ~ *la cuenta* (die) Rechnung führen; ~ *de la mano* an der Hand führen; *fig.* ~ *por las narices* an der Nase herumführen; ~ *las de perder* den kürzeren ziehen; nichts zu erhoffen haben; *el tren lleva retraso* der Zug hat Verspätung; **5.** *a. v/i.* mitnehmen; davontragen; fortschaffen; (hin)führen; (hin)bringen *Arith.* (im Sinn) behalten; *Karten, Dominostein usw.* ziehen *bzw.* kaufen; *fig. j-m et.* voraushaben; *j-m* voraus sein um *(ac.)*; ~ *adelante* vorwärts führen; weiterführen; *a. fig.* vorantreiben; *fig. te lleva un año (la cabeza)* er ist ein Jahr älter ([um] e-n Kopf größer) als du; ~ *a cabo* durchführen; ausführen; verwirklichen; *este camino lleva a la ciudad* dieser Weg führt in die Stadt; F *¿cuánto nos lleva usted por ...?* wieviel berechnen Sie uns für *(ac.)*?; *la bala le llevó un dedo* die Kugel riß ihm e-n Finger ab; ~ *detenido j-n* abführen *(Verhafteten)*; *fig. dejarse* ~ s. hinreißen lassen (von *dat.* de, por); *fig. a.* s. gehenlassen; ~ *por delante* mitreißen; ~ *a efecto* zur Ausführung bringen; *fig.* ~ *lo demasiado lejos* es zu weit treiben; ~ *a la práctica* in die Tat umsetzen; ~ *a la puerta* zur Tür bringen; hinausgeleiten; ~ *tras sí* mit s. schleppen; *a. fig.* nach s. ziehen; **II.** *v/r.* ~*se* **6.** (mit)nehmen; (für s.)

nehmen; mitbekommen (auf den Weg); mitreißen; wegreißen; *Preis* gewinnen; nehmen *(b. Kauf)*; ~*se bien con alg.* mit j-m gut auskommen; s. mit j-m gut vertragen; ~*se a cabo (od. a efecto)* zustandekommen; *fig.* ~*se todo por delante* alles mitreißen; Leben in die Bude bringen F; *¡que se lo lleve el demonio!* der Teufel soll's *(bzw.* soll ihn) holen!; ~*se una desilusión* e-e Enttäuschung erleben; *Spr. lo que el viento se llevó* (das ist) alles in den Wind geredet, verlorene Liebesmüh(e); vom Winde verweht.

llora|dor I. *adj.* weinend; **II.** *m* Weinende(r) *m*; ~**r I.** *v/i.* weinen; klagen; *fig.* ~ *con un ojo* Krokodilstränen weinen; *hacer* ~ zum Weinen bringen, zu Tränen rühren; *Spr. quien no llora no mama* man muß s. schon melden (, wenn man et. erreichen will); **II.** *v/t.* beklagen; beweinen; trauern um *(ac.)*.

llo|rera F *f* (hysterisches) Weinen *n*, Weinkrampf *m*; Geheule *n* F, Geflenne *n* F; *le entró una* ~ sie heulte wie ein Schloßhund F; ~**retas** *Col. adj.-su. inv.*, ~**rica** *c*, ~**ricón** *f.-su.* weinerlich, Heul...; ~**riquear** *v/i.* wimmern; winseln; flennen; greinen F; ~**riqueo** *m* Weinen *n*; Geheule *n*, Geflenne *n* F; ~**ro** *m* Klage *f*; Weinen *n*; Tränen *f/pl.*; Geheule *n* F; ~**rón I.** *adj.* **1.** weinerlich; ♀ *sauce m* ~ Trauerweide *f*; **II.** *m* **2.** weinerlicher Mensch *m*, Heulsuse *f* F; **3.** ♀ Trauerweide *f*; **4.** *herabhängender* Helmbusch *m*; ~**rona** *f* **1.** ~ *plañidera*; **2.** ♀ *Am. versch.* trauerweidenähnliche Bäume *u.* Sträucher; ~**roso** *adj.* weinend; weinerlich; verweint *(Augen)*.

llove|dero *m Arg.* Dauerregen *m*; ~**dizo** *adj.* Regen...; *agua f* ~ Regenwasser *n*; ~**r [2h] I.** *v/impers.* regnen; *llueve a cántaros (od. a cubos, a chorros, a mares, a torrentes)* es regnet in Strömen, es gießt (wie mit Kübeln F); *fig. escuchar (od. oír) como quien oye* ~ kein Gehör schenken, gar nicht hinhören; *fig.* ~ *sobre mojado* Schlag auf Schlag kommen *(Mühen, Unglück)*; das Maß des Unglücks voll machen; *fig. nunca llueve a gusto de todos* man kann es nicht allen recht machen; **II.** *v/i. fig. llovían sobre su mujer las atenciones s-r* Frau wurde e-e Aufmerksamkeit nach der andern erwiesen; **III.** *v/r.* ~*se: el techo se llueve* es regnet durch (die Decke).

llovi|do I. *part. fig.* ~ *cielo* 1; **II.** *m* blinder Passagier *m*; ~**zna** *f* Sprühregen *m*; ~**znar** *v/impers.* nieseln.

llullo *m Chi.* Unkraut *n*.

lluvi|a *f* Regen *m*; *fig.* Unmenge *f*; *Chi.* → ducha; *fig.* Hagel *m v.* Schlägen *usw.*; ~*s f/pl.* Regenfälle *m/pl.*; ~ *ácida* saurer Regen *m*; *fig.* ~ *de balas* Kugel-hagel *m*, -regen *m*; *fig.* ~ *de estrellas* Sternschnuppen(fall *m*) *f/pl.*; *Thea., TV* Starparade *f*; *fig.* ~ *de oro* Goldregen *m*, *gr.* Reichtum *m*; ♀ Goldregen *m*; *fig.* ~ *de pedradas* Steinhagel *m*; ~ *de proyectiles* Geschoßhagel *m*; *de escasas* ~*s* regenarm; *ráfaga f de* ~ Regenwand *f*; ~**ar** [1b] *v/i. Pe.* regnen; ~**oso** *adj.* regnerisch; Regen...

M

M, m (= eme) f M, m n; euph. für → mierda; → a. eme.
mabita Ven. **I.** f Folk. böser Blick m; **II.** c Unglücksbringer m; Pechvogel m.
mabra Fi. f Marmorbrassen m.
ma|ca f Druckfleck m am Obst; p. ext. (leichter) Fehler m, Makel m; fig. Kniff m; ~cá m Rpl. Art Tauchente f; ~cabeos m/pl. Makkabäer m/pl.; ~cabro adj. makaber, schaurig; Ku. danza f ~a Totentanz m.
maca|ca f Zo. Makakenweibchen n; fig. F Chi. Rausch m, Affe m F; ~co¹ m 1. Zo. **a)** Makak m; **b)** Meerkatze f; **c)** Am. versch. Affen; **2.** desp. Arg., Par. farbiger Brasilianer m; ~co² **I.** adj. Cu., Chi. häßlich; **II.** m Hond. Silberpeso m; **~damizar** [1f] v/t. makadamisieren; ~dán m Makadam m; ~do adj. angestoßen, druckfleckig (Obst).
maca|gua Zo. f Ven. ~ (terciopelo) e-e echte Korallenotter (Corallus hortelanus); **~guá** Vo. m Rpl. Brasilfalke m; **~güita** ♀ f 1. Méj. ein Gummibaum m, Ficusart; **2.** Ven. Dornenpalme f u. deren Frucht.
maca|na f Am. **1.** Keule f bzw. Schlagstock m; **2.** grobes Baumwollzeug n der Indios; **3.** Bol., Chi., Rpl. Unfug m; Scherz m; Kniff m; Arg. unangenehme Sache f; ~nazo m Am. **1.** Keulenschlag m; p. ext. Hieb m mit e-r Waffe; **2.** augm. riesige Keule f; **3.** fig. F langweilige Rede f, Sermon m F; **4.** fig. F Chi., Rpl. Quatsch m F; **~neador** adj.-su. Arg., Chi. Aufschneider m, Lügner m; Spaßmacher m; Pfuscher m; ~near vt/i. **1.** hist. Am. mit der Keule (bzw. dem Holzschwert) kämpfen; **2.** ✔ Arg. Reg. mit dem Grabstock (be)arbeiten; **3.** fig. F Am. Reg. **a)** hart arbeiten; **b)** Geschäft gut führen; **4.** fig. F Arg., Chi. **a)** aufschneiden; lügen; **b)** Unsinn reden (od. machen); **c)** j-m auf den Wecker fallen F; ~neo F m Arg. Chi.; ~nero m Arg., Chi. → macaneador; ~no m Chi. dunkler Farbstoff m zum Wollfärben; ~nudo F adj. **1.** Arg., Cu., P. Ri. prima, toll F; **2.** Arg., Chi. unsinnig.
maca|o m **1.** Zo. Art Einsiedlerkrebs m; **2.** ♀ Macao n; **~ón** Ent. m Schwalbenschwanz m; **~quear I.** v/t. Am. Cent. klauen F; **II.** v/i. Arg. Grimassen schneiden wie ein Affe; **~reno** fig. F adj.-su. → guapo, majo, baladrón; **~reo** ⊕ m ♀ Springflut f an Flußmündungen od. Engen; **~rra** P m Span. Zuhälter m, Lude m F.
macarró|n m **1.** Kchk. **a)** Makrone f; **b)** ~ones m/pl. Makkaroni pl.; **2.** ⊕ Isolierschlauch m; **3.** P Zuhälter m, Lude m F; ~nico lit. adj. makkaronisch; latín m ~ Küchenlatein n.
ma|carse [1g] v/r. Druckstellen bekommen, faulen (Obst); ~caurel f Ven. Buschmeister m (Schlange).
mace|ar I. v/t. klopfen; hämmern; **II.** v/i. fig. lästig fallen; **~donia** f **1.** ~ de fruta Obst-, Frucht-salat m; ~ de verdura Mischgemüse m; **2.** ♀ Mazedonien n, Makedonien n; ~dónico, ~donio adj.-su. mazedonisch; m Mazedonier m; ~o m Klopfen n, Hämmern n.
macera|ción f ⊕, ⚕ Einweichen n, Weichmachung f, Mazeration f; fig. Kasteiung f; ~r v/t. pharm., ⚕, ⊕ ein-, auf-weichen; auslaugen; einmaischen; mazerieren; fig. kasteien.
mace|ta¹ f **1.** Blumentopf m; Blumenschale f; **2.** ♀ Dolde f; Chi. Blumenstrauß m; **3.** P Méj. Kopf m, Schädel m F; ~ta² ⊕ f bsd. ⚒ Fäustel m; Holzhammer m; ~ta³ adj. c Arg. langsam, schwerfällig; ~tero m Blumen-tisch m; -ständer m; Am. Reg. Blumentopf m.
mac|farlán, **~ferlán** m Pelerinenmantel m.
maci|cez f Festigkeit f, Dicke f; Dichtigkeit f; Massivität f; **~lento** adj. blaß; verhärmt; übernächtig; **~s** f Muskat-rinde f, -blüte f; **~zar** [1f] v/t. **1.** ausfüllen; ausstopfen; **2.** zuschütten; **~zo I.** adj. **1.** massig, voll; dicht, fest; massiv; llanta f ~a Vollreifen m; **2.** fig. gewichtig; **II.** m **3.** △ **a)** festes Mauerwerk n; **b)** Häuser-, Gebäude-block m; **4.** Geogr., Geol. Massiv m; ~ montañoso Gebirgs-stock m, -massiv n; **5.** Gruppe f von Bäumen (od. Sträuchern od. Zierpfl.); ~ de flores Blumenbeet n; **6.** ⚒ ~ de seguridad Stützpfeiler m; **7.** ⊕ Klotz m, Quader m; Füllstück m.
ma|cla ⌗ f Raute f mit rautenförmiger Vertiefung im Zentrum; **~colla** ♀ f Ähren-, Stengel-, Blumen-büschel m; **~collar** v/i. Büschel treiben.
macro f EDV Makro n; **~...** ⍰, ⊕ pref. Makro..., Groß...; **~bio** ⚘ adj. langlebig; **~biótica** ⚕ f Makrobiotik f; **~biótico** adj.: dieta f ~a makrobiotische Kost f.
macro|cefalia ⚕ f Großköpfigkeit f; **~céfalo** adj.-su. großköpfig; m Makrozephale m; **~cosmo** m Makrokosmos m; **~economía** f Makroökonomie f; **~económico** adj. makroökonomisch; gesamtwirtschaftlich; **~física** f Makrophysik f; **~instrucción** f EDV Makro n; **~molécula**

Phys. f Makro-, Faden-molekül n; **~scópico** adj. makroskopisch.
macu|co, **~cón** adj. **1.** Arg., Bol., Col. hochaufgeschossen; **2.** Arg., Chi., Pe. großartig, prima F; **3.** Chi. schlau; **4.** Ec. alt, unnütz.
ma|cuenco adj. Cu. mager; schwächlich; ~cuito adj.-su. Pe. schwarz (Neger).
mácula f **1.** ⍰ u. lit. Fleck(en) m; ⚘ ~ lútea gelber Fleck m der Netzhaut; Astr. ~s f/pl. solares Sonnenflecken m/pl.; **2.** fig. Makel m, Fehler m; **3.** fig. F Betrug m.
macula|r lit. v/t. → manchar; **~tura** Typ. f Makulatur f.
macu|tada f, **~tazo** m M Latrinenparole f M; **~to** F m Ranzen m, Tornister m; Col., Ven. Bettelsack m.
mach Phys. m Mach n; número m ~ (od. de ♀) Machzahl f.
macha f **1.** Aufschneiderei f; Scherz m; **2.** Chi., Pe. e-e eßbare Muschel (Mesodesma donacia).
machaca f **1.** Stößel m, Stampfe f (a. ⊕); **2.** fig. lästige Person f; **~dera** f Stößel m; Stampfer m; Kchk. (Kartoffel-)Quetsche f; **~dora** f ⊕ Stampfwerk n; Steinbrechmaschine f; ⚒ Erzmühle f; ~nte m **1.** ⚔ F Ordonnanz f e-s Feldwebels; **2.** F Span. Duro m (= 5 Peseten); **~r** [1g] **I.** v/t. (zer)quetschen, zermalmen; (zer)brechen, zerstoßen; Erz, Gestein brechen, mahlen; Flachs brechen; Gerste schroten; Hanf schwingen; Papier einstampfen; Kchk. Fleisch klopfen; fig. F einpauken; ständig wiederholen (od. wiederkäuen F); **II.** v/i. lästig fallen; aufdringlich sein.
macha|cón adj.-su. aufdringlich; m lästiger Mensch m; **~conería** f unablässiges Wiederholen n; Aufdringlichkeit f; **~da** f **1.** Bock(s)herde f; **2.** fig. F Albernheit f, Unsinn m; **~do** m (Holzfäller-)Axt f; **~martillo:** clavado a ~ fest an- (bzw. zs.-)genagelt; repetir a ~ unablässig wiederholen; **~quear** v/t. Am. → machacar; **~queo** m **1.** Zerstampfen n, Zerstoßen n; **2.** fig. **a)** Paukerei f; **b)** Belästigung f; **c)** Quatsch m F.
mache|tazo m Hieb m mit e-r machete; ~te m **1.** Buschmesser m, Machete f; Jgdw. Weidmesser n; ⚔ Seitengewehr n; **2.** Sch. Arg. Spickzettel m; **~tear I.** v/t. niedersäbeln; ⚓ Pfähle einschlagen; **II.** v/i. ⚓ stampfen; Col., Méj. pfuschen, hudeln; Sch. büffeln; **~tero** m **1.** Holzhauer m; Zuckerrohrschneider m; **2.** Ant. bsd. hist. Revolutionär m; Gue-

machihembrado — maestre

rillakämpfer *m*; **3.** *Méj.* Tagelöhner *m*; *oft* → *patán*; *Sch.* Büffler *m*.
machihembra|do *Zim. m* Verzapfung *f*; **~r** *v*/*t. Zim.* spunden; nuten u. falzen.
Machín ⚔ *m* **1.** *Myth.* Cupido *m*; **2.** ♀ Kerl *m*; Grobian *m*; **3.** ♀ *Col., Ven.* Kapuzineräffchen *n*.
machina ⚓ *f* Ankerspill *n*; Kran *m*.
machis|mo *m* Männlichkeitskult *m*, „machismo" *m*, (männlicher) Chauvinismus *m*; **~ta I.** *adj. c* Männlichkeitskult treibend; **II.** *m* Anhänger *m* e-s übertriebenen Männlichkeitskultes, Chauvinist *m*, Chauvi *m* F.
macho[1] **I.** *m* **1.** männliches Tier *n*, Männchen *n*; *p. ext.* männliche Pflanze *f*; *Cu.* Mastschwein *n*; **~** *cabrío* Ziegenbock *m*; **~** *de parada* Leitbock *m* e-r *Herde*; *rana f* **~** Froschmännchen *n*; **2.** *fig. Zo.* Rübe *f*, Fleischteil *m* des Schwanzes; **3.** ⊕ eindringender *(bzw.* vorragender) Teil *m* e-s *Werkstücks od. Werkzeugs*; *z. B.* Haken *m*; Schraube *f*; Zapfen *m*; Dorn *m*; Gewindebohrer *m*; Kern *m* e-r *(Gieβ-)Form*; ⚓ Mast *m* (*im Ggs. zur Stenge*); **~** *de roscar od.* **~** *de (a)terrajar* Gewindeschneider *m*; ⚓ **~** *del timón* Ruderhaken *m*, Fingerling *m*; **4.** △ Strebemauer *f*; Stützpfeiler *m*; **~** *machón*; **5.** *fig.* Tölpel *m*; **6.** *Am.* → *modorra*; **7.** *C. Ri.* blonder Ausländer *m*; **II.** *adj. inv.* **8.** dumm; **9.** stark; kräftig; **10.** *bsd. Am.* männlich; mannhaft; *p. ext.* rauh; grob; *mujer f* **~** Mannweib *n*.
macho[2] *m*: **~** *(de forja)* Schmiedehammer *m*, **~** *(de yunque)* Amboß-)
macho[3] *m* Maulesel *m*. [block *m*.ʃ
machón I. *m* △ Widerlager *n*; **II.** *adj. Am.* → *marimacho*; P *Arg.* (ewig) besoffen F.
macho|rra *f* unfruchtbares Tier *n*, *Jgdw.* Gelt *f*; **~rro** *adj.* unfruchtbar, nicht tragend, *Jgdw.* gelt; **~ta**[1] *f Andal., Méj.* Mannweib *n*; **~ta**[2] *f*, **~te**[1] *m* Schlägel *m*; **2.** *adj. c* **1.** F sehr männlich; **II.** *m* **2.** *Am. Cent., Ec., Méj.* **a)** Modell *n*, Entwurf *m*; **b)** Liste *f* für *Eintragungen*; **3.** echter Mann *m*, ganzer Kerl *m*.
machuca|dura *f*, **~miento** *m* Zerquetschen *n*, Zerstoßen *n*; **~nte** F *m Col.* Person *f*, Subjekt *n* (*desp.*); **~r** [1g] *v*/*t*. zerstampfen, zerquetschen.
machucho *adj.* **1.** gesetzt; verständig; **2.** alt; altväterisch.
Madagascar *m* Madagaskar *n*.
mada|ma *f* **1.** Madame *f*; P Puffmutter *f* F; **2.** F *Rpl.* Hebamme *f*; **3.** ♀ *Cu.* → *balsamina*; **~polán** *tex. m* Madapolam *m*.
madeja *f* Strähne *f*, Strang *m*; *p. ext.* Knäuel *n*; Haarbüschel *m*; *fig.* (nach)lässiger Mensch *m*; fauler Kerl *m* F; Schlappschwanz *m* F; **~** *sin cuenta fig.* **a)** verworrene Angelegenheit *f*; **b)** Wirrkopf *m*; *fig. la* **~** *se enreda la Sache wird immer verwickelter; hacer* **~** Fäden ziehen (*z. B. Wein*).
madera[1] *f* **1.** Holz *n* (*als Material*); (Stück *n*) Holz *n*; **~** *blanda (dura)* Weich- (Hart-)holz *n*; **~** *de construcción* Bauholz *n*; **~s** *f/pl. de cuenta* Schiffsbauhölzer *n/pl.*; **~** *chapada* Furnierholz *n*; **~s** *f/pl.*

finas (*od. nobles*) Edelhölzer *n/pl.*; **~** *de fresno* (*de pino*) Eschen- (Fichten-)holz *n*; **~** *de labrar*, **~** *útil* Nutzholz *n*; **~** *rolliza* (*od. en rollo*) Rundholz *n*; **~** *serradiza*, **~** *de sierra* (*terciada*) Schnitt- (Sperr-)holz *n*; *Folk.* ¡hay que tocar **~**! man muß auf Holz klopfen!, toi, toi, toi!; **2.** *fig.* Fensterladen *m*; **3.** Horn(substanz *f*) *n der Hufe* (*b. Pferden usw.*); **4.** *fig.* Zeug *n*, Begabung *f*; Veranlagung *f*; *ser de* (*od.* tener) *buena* (*mala*) **~** e-n guten (schlechten) Charakter haben; gute (schlechte) Veranlagung(en) haben; *fig. ser de la misma* **~** aus dem gleichen Holz geschnitzt sein; *tener* **~** *de abogado* das Zeug zum Anwalt haben; **5.** P *Span.* Polente *f* F.
madera[2] *m* Madeira(wein) *m*.
madera|ble *adj. c* Nutzholz liefernd (*Baum, Wald*); **~da** *f* Flößholz *n*; **~je** △, *Zim. m* **1.** **~** *maderamen*; Zimmerwerk *n*; Sparrenwerk *n*; Gerippe *n*; **2.** Holzbauweise *f*; **~men** *m* Fachwerk *n*; Gebälk *n*; **~r** *v*/*t. Baum, Wald* zur Holzgewinnung nutzen.
made|rería *f* Holz-lager *n*, -handlung *f*; **~rero I.** *adj.* **1.**: *industria f* **~a** Holzindustrie *f*; **II.** *m* **2.** Holzhändler *m*; **3.** Holzflößer *m*; **~ro** *m* **1.** Stück Holz *n*, Langholz *n*; Balken *m*; **2.** *fig.* Klotz *m* F; Tölpel *m*; Dummkopf *m*; **3.** *poet.* **a)** Schiff *n*; **b)** Stamm *m*, Holz *n*; *Rel.* el Santo ♀ der (heilige) Kreuzesstamm.
mador *m* leichte Hautfeuchtigkeit *f*.
madrás *tex. m* Madras *m*.
madra|stra *f* **1.** Stiefmutter *f*; **2.** *fig.* Schädliche(s) *n*; **3.** □ Knast *m* F; **~za** *f* (allzu) zärtliche Mutter *f*.
madre *f* **1.** *a. fig. u. Rel.* Mutter *f* (*in Col. u. Méj. z. T. V, dafür: mamá*); *int.* ¡**~** *mía, qué dolor!* au, tut das weh!; **~** *alquilada* Leihmutter *f*; *fig. bsd. Am. Cent.* **~** (*l*) *cacao* Schattenbaum *m*; **~** *política* Schwiegermutter *f*; *Rel.* ♀ *de Dios* Gottesmutter *f*; *Reverenda* ♀ Ehrwürdige Mutter (*Anrede*); *fig.* F *como su* **~** (*od. lo*) *echó al mundo* im Adamskostüm F, splitternackt F; *fig. ciento y la* **~** *en Haufen Leute*; V *Span. la* **~** *que le parió* so ein Schweinehund P; **2.** Muttertier *m*; *fig.* ¡ahí está la **~** *del cordero!* hier liegt der Hase im Pfeffer!; **3.** Gebärmutter *f*; **4.** Ursprung *m*; *Pol.* **~** *patria* Mutterland *n*; ♀ *lejía* (*od. agua*) *f* **~** Mutterlauge *f*; *fig. irse de* **~** umschlagen (*Wein*); **5.** Fluß-, Bach-bett *n*; Hauptabzugsgraben *m*; *salirse de* **~** über die Ufer treten (*Gewässer*); *fig.* über die Stränge schlagen; *sacar de* **~** *a alg.* j-n heftig reizen; **6.** △, ⊕ Hauptträger *m*; Stütze *f*; ⚓ **~** *del timón* Ruderspindel *f*; △ *viga f* **~** Hauptbalken *m*, Träger *m*; **7.** Bodensatz *m*, Hefe *f* (*Wein, Essig*); Kaffeesatz *m*; **8.** *Cu.* Kohlenmeiler *m*; **~arse** *v*/*r.* Fäden ziehen (*gärende Substanz*); **~cilla** *f* Eierstock *m der Vögel*; **~cita** *dim. f* Mütterchen *n*; **~clavo** ♀ *f* Mutternelke *f* (*Gewürznelke*); **~perla** *f* Perlmutt(er *f*) *n*.
madrépora *Zo. f* Sternkoralle *f*.
madre|ro *adj.* verhätschelt, verwöhnt; *niño m* **~** Muttersöhnchen *n*; **~selva** ♀ *f* Geißblatt *n*; **~vieja** *f And.* trockenes Flußbett *n*.

madri|gado *adj.* **1.** in zweiter Ehe verheiratet (*Frau*); **2.** Stier, Bock, der schon weibliche Tiere belegt hat; **3.** *fig.* erfahren, bewandert; **~gal** ♪, *Lit. m* Madrigal *n*; **~galesco** *adj.* madrigalartig; Madrigal...; **~guera** *f* **1.** (Kaninchen-)Bau *m*; **2.** *fig.* Schlupfwinkel *m*; Spelunke *f*; **~** *de bandidos* Räuberhöhle *f*; **~leñismo** *m* Madrider Wesensart *f*; **~leño** *adj.-su.* aus Madrid; *m* Madrider *m*; **~na** *f* **1. a)** Taufpatin *f* (*a. b. e-m Schiff usw.*); **b)** Trauzeugin *f*; **c)** Anstandsdame *f*; **2.** Beschützerin *f*; **~** *de guerra* „Briefpatin" *f* (*die Patenschaft b. e-m Soldaten übernimmt*); **3.** Leitstute *f*; Leittier *n* e-r *recua*; **4.** Koppelriemen *m*; **5.** Holzpfeiler *m*, Stütze *f*; **~nazgo** *m* (weibliche) Patenschaft *f*; **~no** *m Arg., Col.* Leittier *n* e-s *Maultierzugs*.
madro|na *f* **1.** verhätschelnde Mutter *f*; **2.** *fig.* Hauptabzugsgraben *m*; **~ñal** *m* Erdbeerbaumpflanzung *f*; **~ñera** *f* **1.** → *madroñal*; **2.** ♀ **~** *ñero* ♀ *m*, **~ño** *m* **1.** ♀ Erdbeerbaum *m*; **2.** *fig.* Troddel *f*; Noppe *f*.
madru|gada *f* **1.** früher Morgen *m*; *a la* **~** bei Tagesanbruch; *a las tres de la* **~** um drei Uhr nachts; *de* **~** sehr früh am Morgen; **2.** Frühaufstehen *n*; **~gador** *adj.-su.* Frühaufsteher *m*; **~gar** [1h] *v*/*i*. früh aufstehen; *fig.* F früher aufstehen; *fig.* F *s-m Gegner zuvorkommen*; **~gón** F **I.** *adj.* früh aufstehend; **II.** *m* sehr frühes Aufstehen *n*.
madura|ble *adj. c* aus-, nach-reifbar; *fig.* ⊕ aushärtbar (*Leichtmetall*); **~ción** *f* (Aus-)Reifen *n* (*a. fig*); Reifung *f* (*a.* ⊕, ♀); **~dero** ✗ *m* Reifeboden *m*; *adj.* ausgereift (*a. fig.*); reiflich überlegt; **~mente** *adv.* reiflich; **~nte** *adj. c* reifend; **~r** *v*/*t.* reif machen, zur Reife bringen; *fig.* reiflich überlegen; **II.** *v*/*i.* reifen, reif werden (*a. fig.*); *fig.* älter werden; vernünftig werden.
madu|rativo I. *adj.* die Reifung bewirkend (*bzw.* beschleunigend); **II.** *m* Reifungsmittel *n*; *fig.* Nachhilfe *f* (*um j-n zu et. zu veranlassen*); **~rez** *f* Reife *f* (*a. fig.*); **~ro** *adj.* **1.** reif (*a.* ♀); ausgereift (*a. fig.*); **2.** *fig.* reif; reiflich; bedächtig; klug, gescheit; **3.** *fig.* reif, ausgewachsen; alt; *edad f* **~a** reife(re)s Alter *n*.
maes|e † *m* Meister *m*; **~tra** *f* **1.** Meisterin *f*; **2.** Lehrerin *f*; *a. fig.* Lehrmeisterin *f*; *Ven.* **~** *normalista* Grundschullehrerin *f*; **~** *de preescolar*, **~** *de párvulos* Kindergärtnerin *f*; **3.** △ Richtscheit *n der Maurer*; (*línea f*) **~** Richtlinie *f*; **4.** ⚓ Großsegel *n*; **5.** *Ent.* Bienenkönigin *f*; **6.** □ Dietrich *m*; **~tranza** *f* **1.** † Reiterclub *m des Adels* (*bsd.* 18. *Jh.*); **2.** ✗ **a)** Werkstatt *f*; *bsd.* Artilleriewerkstatt *f*; **b)** Feldzeugmeisterei *f*; **c)** Werft *f*; **d)** Personal *n* e-r *solchen Werkstatt*; **3.** *Chi., Méj.* Schlosserwerkstatt *f*; **~trazgo** *hist. m* **1.** Amt *n* (u. Würde *f*) e-s *Ordensmeisters*; **2.** Ordensgebiet *n b. Ritterorden*; **~tre** *m* **1.** Ordensmeister *m in Ritterorden*; *Gran* ♀ *de Calatrava* (*de la Orden Teutónica*) Großmeister *m des Calatravaordens* (Deutschmeister *m*); **2.** ⚓ *hist.* Art

Erster Offizier *m auf Handelsschiffen*; 3. ⚔ *hist*. ~ *de campo* Oberfeldmeister *m*.
maes|tresala *m* 1. Saalkellner *m*; 2. Hofamt: ~ *de Palacio* Truchseß *m*; **~tría** *f* 1. Meisterschaft *f*; *a. fig*. *gr*. Geschicklichkeit *f*, *gr*. Können *n*, Bravour *f*; 2. Meister-würde *f*; -titel *m*; *pieza f de* ~ Meisterstück *n e-s Handwerksgesellen*; 3. *Am. Reg*. Titel *m (od*. Grad *m)* e-s Magister; **~tril** *m* Weiselzelle *f*; **~trillo** *desp. m* Schulmeister *m*; **~tro** I. *adj*. 1. meisterhaft, meisterlich, Meister...; Haupt...; abgerichtet ([*Jagd-*]*Hund*); *obra f* ~*a* Meisterwerk *n*, -stück *n*; II. *m* 2. Meister *m*; Lehrmeister *m*; ~ *de armas (od. de esgrima)* Fecht-meister *m*, -lehrer *m*; ~ *de ceremonias* Zeremonienmeister *m*; *kath*. ~ *de novicios* Novizenmeister *m*; ~ *de postas* Postmeister *m*; *hist*. ⚥ *de Postas* (span.) Reichspostmeister *m*; 3. Lehrer *m*; Magister *m (a. alter Titel)*; *hist*. ~ *de (od. en) artes* Magister *m artium*; ~ *de escuela* Schullehrer *m*; ~ *de primera enseñanza*, *früher Span*. ~ *nacional* Volksschullehrer *m*; 4. ~ *(de oficio)* Handwerksmeister *m*; ~-*albañil* Maurermeister *m*; *a*. Maurerpolier *m*; ~ *de cocina* Küchenmeister *m*, Chefkoch *m*; ~ *de obras* Bauleiter *m*; ~ *industrial (in Fabriken)*, ~ *de taller (Betrieb)* Werkmeister *m*; *diploma m de* ~ Meisterbrief *m*; 5. ♪ Meister *m*; Maestro *m*; ~ *de capilla* Domkapellmeister *m*, Regens *m* (Chori); ~ *concertador* Korrepetitor *m*, (Hilfs-)Kapellmeister *m*; 6. ⚓ Großmast *m*; 7. † *u. Reg*. „Meister" *(Reg., Anrede)*.
mafi|a *f* Mafia *f (a. fig.)*; **~oso** *m* Mafioso *m*.
magalla *f Am. Cent*. Zigarettenstummel *m*, Kippe *f* F.
Magallanes: *Estrecho m de* ~ Magellanstraße *f*.
magan|cear *v/i. Chi*. faulenzen; **~cería** *f* Betrug *m*, Schwindel *m*; **~cés** *adj*. verräterisch; gefährlich; **~to** *adj*. niedergeschlagen, schwermütig; **~zón** *adj.-su. Col., C. Ri*. Faulenzer *m*, Nichtstuer *m*.
ma|gaña *f* 1. List *f*; Verschlagenheit *f*; 2. Fehler *m* im Guß *(e-s Geschützrohrs)*; **~garza** ♀ *f* Mutterkraut *n*; **~garzuela** ♀ *f* Hundskamille *f*.
magazine *m* Magazin *n (Zeitschrift)*.
magdalena Kchk. *f* Madeleine *f*, *kl. rundes Gebäck (Biskuit)*; *fig*. *está hecha (od. llora como) una* ♀ *se weint jämmerlich*.
magenta *adj. c* magenta.
magia *f* Zauberei *f*; Magie *f*; *fig*. Zauber *m*; Verführungskraft *f*; ~ *blanca (negra)* weiße (schwarze) Magie *f*; *Thea*. *comedia f de* ~ Zauberstück *n*. [*m*.
magiar *adj.-su. c* Madjar *m*, Ungar)
mági|ca *f* 1. Zauberkunst *f*; 2. Zauberin *f*; **~co I.** *adj*. magisch; zauberhaft; Zauber...; **II.** *m* Zauberer *m*; Magier *m*.
magín F *m* Verstand *m*, Köpfchen *n* F; Phantasie *f*.
magister F *desp. m* Magister *m*, Pedant *m*.
magisteri|al *adj. c* Lehramts-, Lehrer(schafts)...; **~o** *m* Lehramt *n*; Lehrerschaft *f*.

magistra|do *m höhere(r)* Justizbeamte(r) *m*; *bsd*. Richter *m od*. Staatsanwalt *m*; **~l** *adj. c* 1. meisterhaft, meisterlich; Meister...; *desp*. schulmeisterhaft, pedantisch; 2. *Phys*. Präzisions... *(Kontrollgerät)*; 3. *pharm*. nach ärztlicher Vorschrift bereitet; **~lía** *ecl. f* Pfründnerschaft *f (Domherr)*; **~lmente** *adv*. meisterhaft; **~tura** *f* 1. Amt *n (bzw*. Amtszeit *f) e-s Richters od*. Staatsanwalts; 2. *hist*. Magistratur *f*; 3. *Span*. ♀ *del Trabajo* Arbeitsgericht *n*; 4. *Am. Reg*. Titel *m (od*. Grad *m)* e-s Magister.
magma Geol., ✱, ⚙ *m* Magma *n*.
magn|animidad *f* Edelmut *m*; Großherzigkeit *f*; Seelengröße *f*; **~ánimo** *adj*. großmütig, hochherzig; **~ate** *m* Magnat *m*; ~ *de la prensa* Pressezar *m*.
magn|esia ✱, *f* Magnesia *f*, Bittererde *f* ✱; **~ésico** *adj*. Magnesium...; **~esio** ✱ *m* Magnesium *n*; *sulfato m de* ~ Magnesiumsulfat *n*; **~esita** *Min. f* Magnesit *m*; **~ético** *adj*. magnetisch; Magnet...
magneti|smo *m* Magnetismus *m*; ✱ *animal* animalischer Magnetismus *m*; ~ *terrestre* Erdmagnetismus *m*; **~ta** *Min. f* Magnetit *m*, Magneteisenstein *m*; **~zable** *adj. c* magnetisierbar; **~zación** *f* Magnetisierung *f (a. fig.)*; **~zador I.** *adj*. magnetisierend; **II.** *m* Magnetisiergerät *n*; Magnetiseur *m*; **~zar** [1f] *v/t*. magnetisieren *(a. fig.)*; *fig*. begeistern.
magne|to *m* Magnet *m*; *Kfz*. Zündmagnet *m*; **~tofón** *m* → *magnetófono*; **~tofónico** *adj*. Magnetophon...; *cinta f* ~*a* Tonband *n*; **~tófono** *m* Tonbandgerät *n*, Magnetophon *n*; **~toscopio** TV *m* Videorecorder *m*.
mag|níficamente *adv*. prächtig; großartig; ausgezeichnet; **~nificar** [1g] *ecl., lit. v/t*. rühmen, (lob)preisen; **~níficat** *ecl. m* Magnifikat *n*; **~nificencia** *f* 1. Pracht *f*; Herrlichkeit *f*; 2. Pomp *m*; Prunk *m*; 3. Freigebigkeit *f*; 4. Titel: Magnifizenz *f*; **~nificente** *adj. c* → *magnífico*; **~nificentísimo sup. zu* → **~nífico** *adj*. 1. prächtig; herrlich; großartig; 2. freigebig; 3. vor e-m Titel: Magnifizenz *f*; **~nitud** *f* 1. Größe *f (a. ✱ u. fig.)*; Größenordnung *f*; *fig*. Stärke *f e-s* Erdbebens; *fig*. Umfang *m*; 2. *fig*. Erhabenheit *f*; **~no** *adj*. nur *fig*. groß; erhaben; gewaltig.
magnoli|a ♀ *f* Magnolie *f*; **~áceas** ♀ *f/pl*. Magnoliengewächse *n/pl*.; **~o** ♀ *m* Magnolie *f*.
mago *m* Magier *m*; Zauberer *m*; *los Reyes* ⚥*s* die Heiligen Drei Könige.
magosto *m Reg*. 1. Feuer *n* zum Kastanienrösten; 2. geröstete Kastanien *f/pl*.
magra *f* Schinkenscheibe *f*.
magrear F *v/t. e-e Frau* befummeln F, betatschen F.
Magreb *m* Maghreb *m*; ♀*bí adj.-su. c (pl. ~íes)*, **~bino** *adj.-su*. aus dem Maghreb, maghrebinisch.
magreo F *m* Befummeln *n* F, Betatschen *n* F *e-r Frau*.
ma|grez *f* Magerkeit *f*; **~gro I.** *adj*. mager; hager; **II.** *m* mageres Fleisch *n*; *bsd*. mageres Schweine-

kotelettstück *n*; **~grura** *f* → *magrez*.
magua *f Cu., P. Ri*. Possen *m*; Reinfall *m* F.
maguer(a) † *u. Reg. cj*. → *aunque*.
ma|guey ♀ *m Méj., Ven*. am. (*od*. mexikanische) Agave *f*; **~gueyal** *m Méj*. Agavenpflanzung *f*; **~guillo** ♀ *m* Holzapfel *m*; **~güira** ♀ *f Cu. als Heiltee verwendete Pfl. (Capraria biflora)*.
magu|lladura *f*, **~llamiento** *m* 1. Quetschung *f*; 2. Quetschen *n*; Zerdrücken *n*; **~llar** *v/t*. (zer)quetschen; zerdrücken; **~llón** F *u. Am. m* Quetschung *f*.
Magun|cia *f* Mainz *n*; ⚥*tino adj.-su*. aus Mainz; *m* Mainzer *m*.
magyar *adj.-su*. → *magiar*.
maharajá *m* Maharadscha *m*.
Maho|ma *npr. m* Mohammed *m*; ⚥*metano adj.-su*. mohammedanisch; *m* Mohammedaner *m*; ⚥*metismo m* Islam *m*; ⚥*metizar* [1f] *v/t*. zum Islam bekehren, islamisieren.
ma|hón *tex. m* Nanking *m*; **~hona** *f* türkische Lastgaleere *f*; **~honesa** *f* 1. Kchk. Mayonnaise *f*; 2. ♀ *Art* Levkoje *f*.
mai|cena *f* feinstes Maismehl *n*; Maisbrei *m* daraus; **~cero I.** *adj*. Mais...; **II.** *m* Mais-bauer *m*; -händler *m*; *Col*. Einwohner *m* Antioquias *(Spitzname)*; **~cillo** *m* 1. ♀ *Am. Cent., Méj*. Hirse(art) *f (Paspalum stoloniferum)*; 2. *Chi*. Kiessand *m*.
mail-box *m* IT Mailbox *f*.
mailing *m* Mailing *n*.
maillot *bsd. Sp. m* Trikot *n*.
maimón *Zo. m* Mandrill *m*.
mai|nel ⚙ *m* Zwischenpfeiler *m b. Fenstern*; **~tén** ♀ *m Chi. Art* Kerzenbaum *m*, Maiten *m*; **~tencito** *m Chi*. Blindekuhspiel *n*; **~tines** *m/pl*. Frühmette *f*.
maître (d'hôtel) *m* Oberkellner *m*.
ma|íz *m* Mais *m*; ~ *de Guinea* Mohrenhirse *f*; *Arg*. ~ *del agua* Victoria regia *f (gr. südam. Seerose)*; **~izal** *m* Maisfeld *n*.
ma|ja¹ *f Andal., Am*. Mörserkeule *f*; **~ja²** *f* schmuckes Mädchen *n*; Schönheitskönigin *f*, Miss *f*; **~já** *m Cu*. kubanische Schlankboa *f*; *fig*. F Faulenzer *m*; *hacerse el* ~ *muerto s*. taub stellen.
maja|da *f* 1. Pferch *m*; Schafhürde *f*; 2. Mist *m*; Schafmist *m*; 3. *Rpl*. Schafherde *f*; **~dear I.** *v/i*. im Pferch übernachten; **II.** *v/t*. düngen; **~derear** *vt/i. Am*. plagen, belästigen; *j-m* zusetzen (*mit dat. con*); **~dería** *f* Albernheit *f*; dummes Geschwätz *n*; Mumpitz *m* F; **~derillo** *m* Klöppel *m* für Spitzen; **~dero I.** *adj*. 1. albern, dumm; 2. lästig; **II.** *m* 3. Stößel *m*; Klöppel *m*; 4. *fig*. F Dummkopf *m*, Trottel *m* F; *pop. od*. *m* Stampfer *m*, Stößel *m*, Mörserkeule *f*; **~granzas** F *m (pl. inv.)* Tölpel *m*; Einfaltspinsel *m*.
majagua ♀ *Ant. versch. Arten* Eibisch *m*.
maja|l *m* Fischschwarm *m*; **~no** *m* Steinhaufen *m* auf *e-m* Feld; **~r** *v/t*. zerstoßen; hämmern; *fig*. belästigen; **~reta** *adj.-su. c* beknackt F, bescheuert F, behämmert F; **~rete** *m*

majestad — malévolo

Ant., Col., Ven. Art Süßspeise *f*.
majes|tad *f* Majestät *f* (*a. fig.*); *kath.* Su Divina ♀, *Abk.* S.D.M. das Allerheiligste (*Altarsakrament*); Gott *m*; **~tuosidad** *f* Herrlichkeit *f*, Majestät *f* (*fig.*); **~tuoso** *adj.* majestätisch; würdevoll; herrlich.
ma|jeza F *f* 1. bäuerische Eleganz *f*; 2. Großtuerei *f*; 3. Geckenhaftigkeit *f*; **~jo I.** *adj.* 1. hübsch, fesch F; niedlich, süß; 2. nett, sympathisch; 3. keß F; 4. herausgeputzt; **II.** *m* 5. Geck *m*, Stutzer *m*; 6. *fig.* mutiger (*bzw.* stattlicher) Bursche.
ma|jolar ♂ *m* junge Rebpflanzung *f*; **~joleta** ♀ *f* → marjoleta; **~joleto** ♀ *m* → marjoleto; **~juela¹** *f* e-e Hagebutte (*Scheinfrucht des majuelo*); **~juela²** *f* Schuhriemen *m*; **~juelo¹** ♀ *m* eingriffliger Weißdorn *m*; **~juelo²** ♂ *m* 1. junger Weinberg *m*; 2. schon tragende Jungrebe *f*.
ma|jzén *m* (marokkanische) Regierung *f*; **~ki** *Zo. m* Maki *m*.
mal I. *adj.* 1. (*Kurzform für malo vor su. m sg.*); **II.** *adv.* 2. schlecht, schlimm, übel, unrecht; ~ que bien recht u. schlecht; mittelmäßig; *a* ~ *dar* wenigstens; *de* ~ *en peor* immer schlechter (*bzw.* schlimmer); ¡*menos* ~! zum Glück!, Gott sei Dank!; *menos* ~ *que* ... (noch) ein Glück, daß ...; *fig.* dejar ~ schlechtmachen; blamieren; *echar* (*od.* tomar, llevar) *a* ~ *et.* übelnehmen; *eso está* ~ das ist schlecht (*bzw.* nicht richtig); das ist unrecht; *estar a* ~ *con alg.* mit j-m verfeindet sein; *estar* (*od.* andar) ~ *de dinero* schlecht bei Kasse sein; *no está* (*estaría*) ~ es ist (wäre) nicht übel; *la cosa no está* ~ die Sache ist nicht übel; das hört (*bzw.* läßt) s. ganz gut an; *hacer* ~ schlecht (*bzw.* falsch *od. a.* unrecht) handeln; *fig.* ponerle ~ *a alg.* j-n schlechtmachen; *fig.* quedar ~ schlecht ausfallen; schlecht dastehen; *s.* blamieren; *quedar* ~ *con alg.* es mit j-m verderben; *salir* ~ mißlingen; mißraten; übel ausgehen; *se siente* ~ ihm (*bzw.* ihr) ist schlecht; *el enfermo va* (*od.* está) ~ den Kranken geht es schlechter; *no va* ~ (eso) es geht gut, das klappt nicht schlecht F; **III.** *m* 3. Übel *n*; Leid *n*; Schaden *m*; ~*es m/pl.* Übel *n/pl.*; Leiden *n/pl.*; Ungemach *n*; *devolver* ~ *por* ~ Böses mit Bösem vergelten; *hacer* ~ *a alg.* j-m schaden; *el* ~ *menor* das kleinere Übel; *Folk.* ~ *de ojo* böser Blick; *bibl.* líbranos del ~ erlöse uns von dem Bösen; *no hay* ~ *que por bien no venga* auch das Unglück hat (s)ein Gutes; *bien vengas* ~, *si vienes solo* ein Unglück kommt selten allein; 4. Krankheit *f*; Leiden *n*; ~ *de* (las) *altura*(s), ~ *de montaña* Höhen-, Berg-krankheit *f*; F ~ *de barriga* Bauchweh *n* F; *Raumf.* ~ *del espacio* Raumkrankheit *f*; ~ *de mar* Seekrankheit *f*; *vet.* ~ *rojo* Rotlauf *m* der Schweine; ~ *de las vacas locas* Rinderwahn(sinn) *m*.
mala *Kart. f* zweithöchste Karte *f* im Spiel.
malaba|r *adj.-su. c* Malabar...; *p. ext.* juegos *m/pl.* ~*es* (Jongleur-)Kunststücke *n/pl.*; *fig.* Gaukelei *f*; Seiltänzerkunststücke *n/pl.* (*fig. z. B.* in der Politik); **~rismo** *m* Jongleur-

kunst *f*; *fig. gr.* Geschicklichkeit *f*; *desp.* Seiltänzerei *f bzw.* Gaukelei *f*; **~rista** *c* Jongleur *m* (*a. fig.*).
mala|cia ♂ *f* Malazie *f*, Erweichung *f*; **~citano** *adj.-su. lit.* → malagueño; **~codermo** *Zo. m* Weichtier *n*; **~cología** *Zo. f* Malakologie *f*, Weichtierkunde *f*.
mala|consejado *adj.* schlecht beraten; **~costumbrado** *adj.* 1. von schlechten Gewohnheiten; 2. verwöhnt; **~crianza** *Am. f* 1. schlechte Erziehung *f*; 2. Ungezogenheit *f*; **~cuenda** *f* 1. grobes Werg *n*; 2. → harpillera.
Málaga: ♀ *m od.* vino *m de* ~ Malaga(wein) *m*; *fig.* F *salir de* ~ *y entrar* (*od.* meterse) *en Malagón* aus dem Regen in die Traufe kommen.
mala|gana F *f* → desmayo; **~gradecido** *adj.* undankbar; **~gua** *f Pe.* Qualle *f*; **~gueña** ♪ *f Volksweise aus Málaga*; **~gueño** *adj.-su.* aus Málaga; **~gueta** ♀ *f* Tabascopfeffer *m*; **~leche** F *m* gemeiner Kerl *m* F; **~mente** *adv.* schlecht.
malan|dante *adj. c* unglücklich; **~danza** *f* Unglück *n*; **~drín** *m* Bösewicht *m*.
mala|pata F *c* Pechvogel *m*; **~quita** *Min. f* Malachit *m*.
mala|r I. *adj. c* Wangen...; **II.** *m* → pómulo; **~ria** ♂ *f* Malaria *f*; **~rioterapia** ♂ *f* Malariabehandlung *f*.
Mala|sia *f* Malaysia *n*; ♀**sio** *adj.-su.* malaysisch; *m* Malaysier *m*.
mala|sombra F *c* häßliche Person *f*; **~úva** F *adj.-su. c* gemeiner Kerl *m* F; gemeines Weibsbild *n* F.
malaven|ido *adj.* unverträglich; **~tura** *f* Unglück *n*; **~turado** *adj.* unglücklich; **~turanza** *f* Unglück *n*, Unheil *n*.
Malawi *m* Malawi *n*; ♀**ano** *adj.-su.* malawisch; *m* Malawier *m*.
mala|xar ♂ *v/t.* kneten, malaxieren; **~yo** *adj.-su.* malaiisch; *m* Malaie *m*.
Malaysia *f* → Malasia.
malbara|tador *adj.-su.* Verschwender *m*; **~t(amient)o** *m* Verschwendung *f*; **~tar** *v/t.* verschleudern; verschwenden.
mal|carado *adj.* übel aussehend; **~casado** *adj.* 1. schlecht verheiratet; 2. s-n ehelichen Pflichten nicht nachkommend; **~casar** *v/t.* schlecht verheiraten.
mal|cocinado *m* 1. Kaldaunen *pl.*; 2. Kaldaunenladen *m*; **~comer** *v/i.* schlecht essen; **~comido** *adj.* hungrig, schlecht genährt; **~considerado** *adj.* → desconsiderado; **~contentadizo** *adj.* → descontentadizo; **~contento** *adj.* unzufrieden.
mal|criadez *f Am.* Ungezogenheit *f*, Ungehörigkeit *f*; **~criado** *adj.* ungezogen; unhöflich; **~criar** [1c] *v/t.* schlecht erziehen.
mal|dad *f* 1. Bosheit *f*; 2. Schlechtigkeit *f*; **~decidor** *adj.-su.* lästernd; Übles nachsagend; **~decir** [3p; *part.* maldecido; *not., condicional u. imperativo nach* 3a] **I.** *v/i.* lästern; fluchen (über *ac. de*); ~ *de* boshaft reden über (*ac.*); *j-n* schlechtmachen; **II.** *v/t.* verfluchen; **~diciente I.** *adj. c* lästerlich; verleumderisch; **II.** *m* Verleumder *m*, Lästermaul *n* F; **~dición** *f* Fluch *m*; *echar una* ~ *contra alg.* j-n

verfluchen; *int.* ¡~! verdammt!; **~digo, ~dije** *usw.* → maldecir; **~dispuesto** *adj.* 1. schlechtgelaunt; 2. → indispuesto; **~dita** F *f* 1. Zunge *f*; *bsd. fig.* F *soltar la* ~ ein loses Mundwerk haben; 2. *Cu.* Pickel *m*; Geschwür *n*; **~dito I.** *adj.* verflucht, verdammt; verflixt F; ~ *de Dios* von Gott verflucht; F gottverdammt F; F ¡~ *sea!* zum Teufel mit ihm!; ~ *el caso que le hacen* kein Mensch beachtet ihn; *no sabe* ~ *a la cosa* er weiß rein gar nichts; ~ *para lo que sirve* er taugt zu gar nichts; ~ *a la falta que hace* Sie haben uns gerade noch gefehlt!; ¡~ *a la gracia!* e-e schöne Bescherung!; **II.** *m* Verfluchte(r) *m*; *fig.* F schlechter Kerl; F *el* ~ der Teufel.
Maldivas *f/pl.* Malediven *pl.*
malea|bilidad *f* Schmiedbarkeit *f*; Geschmeidigkeit *f*; **~ble** *adj. c* ⊕ hämmerbar, schmiedbar; ⊕ knetbar; geschmeidig; *fig.* anpassungsfähig, formbar; *hierro m* ~ Schmiedeeisen *n*; **~do** *adj. bsd. Am.* → viciado, perverso; **~dor** *adj.-su.* → **~nte** *f adj.-su. c* boshaft; hämisch; *m* Bösewicht *m*; Vagabund *m*; *los* ~*s od. la gente* ~ das Gesindel, die Bagage; **~r** *v/t.* verderben; schaden (*dat.*).
male|cón *m* 1. Damm *m*; Deich *m*; Wasserschutzmauer *f*; 2. Kai *m*, Mole *f*; 3. Pier *m*, ♣ *f*; **~dicencia** *f* üble Nachrede *f*, Verleumdung *f*; **~ficencia** *lit. f* boshafte Gesinnung *f*; **~ficente** *adj. c* → maléfico; **~ficiar** [1b] *v/t.* 1. verderben; schaden (*dat.*); 2. verwünschen, verhexen; **~ficio** *m* 1. Schaden *m*; Unheil *n*; 2. Verhexung *f*; Hexerei *f*.
maléfico I. *adj.* schädlich; unheilvoll; verderblich; **II.** *m* → hechicero.
malejo F *adj.* kränklich, nicht auf der Höhe F.
malentendido *m* Mißverständnis *n*.
ma|leolar *Anat. adj. c* Knöchel...; **~léolo** *Anat. m* Knöchel *m*.
malestar *m* 1. Unwohlsein *n*; Übelsein *n*; 2. Unbehagen *n*.
male|ta *f* 1. (Hand-)Koffer *m*; HF ~ *amplificadora* (~ *portafolios*) Verstärker- (Akten-)koffer *m*; *hacer la* ~ den Koffer packen; *fig.* F *sein Bündel schnüren*; *fig.* echarse la ~ al hombro (aus s-r Heimat) auswandern; 2. *Kfz.* Kofferraum *m*; 3. *Am.* Kleiderbündel *n*; *Arg.* → alforja; 4. *fig.* F Tölpel *m*; Pfuscher *m*; *Stk.* schlechter (*bsd.* feiger) Stierkämpfer *m*; *Pe.* hoffnungsloser Fall *m*; *Am. Cent., Méj.* → bellaco, ruin; *Méj.* → perezoso; *Pe.* → malo, travieso; 5. F *Am. Reg.* Buckel *m*; **~tero** *m* 1. Koffer-macher *m*; -händler *m*; 2. Gepäckträger *m*; *Kfz. Span.* Kofferraum *m*; 3. *Chi.* Taschendieb *m*; **~tilla** *m* angehender Torero *m*, der mit Schwierigkeiten zu kämpfen hat; **~tín** *m* kl. Handkoffer *m*; (Stadt-)Köfferchen *m*; Reisetasche *f*; Picknickkoffer *m*; Satteltasche *f* (*a. Fahrrad*); Werkzeug- *bsd.* Instrumenten-tasche *f*; *Am.* ~ *ejecutivo* Aktenkoffer *m*; **~tón** ~ *gr.* Koffer *m*; *Ec.* Reisebettsack *m*.
ma|levo *adj. Arg., Bol.* → malévolo; **~levolencia** *f* Böswilligkeit *f*, Übelwollen *n*; **~levolente** *adj.-su. c*, **~lévolo** *adj.-su.* böswillig; *m* Übelwol-

lende(r) *m*.
maleza *f* 1. (dichtes) Unkraut *n*; *p. ext.* Gestrüpp *n*; 2. F *Chi.* → pus; ⌐l *m Rpl.* Gestrüpp *n*; Dickicht *n*.
malforma|ción ✠ *f* Miß-, Fehlbildung *f*; ⌐do *adj.* fehlgebildet.
malgache *adj.-su. c* madagassisch; *m* Madagasse *m*.
mal|gastador *adj.-su.* Verschwender *m*; ⌐**gastar** *v/t.* verschwenden; ⌐**genioso** *adj. Am.* jähzornig; ⌐**hablado** *adj.* unverschämt, mit e-m frechen Mundwerk; derbe Ausdrücke benützend; ⌐**hadado** *adj.* unglücklich; ⌐**haya** *int.* → *mal haya* (*haber* 7); F *Rpl. oft* → ¡ojalá!; ⌐**hecho I.** *adj.* ungestalt, mißgestaltet; **II.** *m* Übeltat *f*; ⌐**hechor** *adj.-su.* Übeltäter *m*; *bibl.* Schächer *m*; ⌐**herir** [3i] *v/t.* schwer verwunden; ⌐**hojo** *m* Abfall *m* (*Laub*); ⌐**huele** F *adj.-su. c* stinkend; *m* Stinker *m* F.
malhumo|r *m* → mal humor; ⌐**rado** *adj.* schlechtgelaunt; ⌐**rar** *v/t.* in üble Laune versetzen.
Malí *m* Mali *n*.
malici|a *f* 1. Bosheit *f*; Bösartigkeit *f*; Arglist *f*; Tücke *f*; *lo dijo sin* ⌐ er sagte es ohne Hintergedanken; 2. Verschmitztheit *f*; Geriebenheit *f* F; Scharfsinn *m*; *tener mucha* ⌐ *es faustdick hinter den Ohren haben*; 3. F *oft pl.* Argwohn *m*, Verdacht *m*; ⌐**able** *adj. c* 1. verderblich; 2. vermutbar; ⌐**ar** [1b] **I.** *v/t.* 1. *bsd. Méj.* argwöhnen; 2. verderben; **II.** ⌐**se** *v/r.* 3. Schlechtes denken; Argwohn hegen; 4. *a. fig.* verderben; ⌐**oso** *adj.* 1. boshaft; tückisch; hämisch; schadenfroh; 2. verschmitzt; 3. argwöhnisch.
málico 🌿 *adj.* Apfel...
maliense *adj.-su. c* malisch; *m* Malier *m*.
malig|nar **I.** *v/t.* verderben, anstecken; *fig.* verschlechtern; **II.** *v/r.* ⌐**se** verderben (*v/i.*); *s.* verschlimmern, bösartig werden (*Krankheit*); ⌐**nidad** *f a.* ✠ Bösartigkeit *f*; ⌐**nizarse** [1f] ✠ *v/r.* bösartig werden; ⌐**no** *adj.-su.* böse; *a.* ✠ bösartig.
mal|intencionado *adj.* 1. übelwollend; 2. heimtückisch; ⌐**interpretar** *v/t.* falsch interpretieren, mißverstehen.
malísimo *adj. sup. v. malo* ganz schlecht, hundsmiserabel F.
mal|maridada *adj.-su. f* untreue Ehefrau *f*; ⌐**metedor** *m* Unruhestifter *m*; ⌐**meter** *v/t.* 1. vergeuden; schlecht anwenden; 2. entzweien; 3. auf den schlechten Weg bringen, verleiten; ⌐**mirado** *adj.* unbeliebt; rücksichtslos; unhöflich.
malo I. *adj.* (→ *mal*) 1. schlecht; schlimm; übel, arg, böse; *fig. a.* unangenehm; *mal humor m* schlechte Laune *f*; Verdrossenheit *f*; ⌐*a memoria f* schlechtes Gedächtnis *n*; Vergeßlichkeit *f*; *de* ⌐*a manera* schlimm; übel; gemein; *por* ⌐*as, a. bsd. Am. por la* ⌐*a od.* a mal *mit Gewalt*; *por* ⌐*as o por buenas* im Guten *od.* im Bösen; gutwillig *od.* mit Gewalt; *andar* (*od. estar*) *a* ⌐*as con alg.* mit j-m auf gespanntem Fuß stehen; *asunto m* ⌐ *de comprender* schwer begreifliche Sache *f*; F *ni una* ⌐*a palabra nos dijo* kein Sterbenswörtchen hat er uns gesagt; *echar a* ⌐*a parte* verübeln; übel auslegen; *estar de* ⌐*as* Pech haben (*bsd. im Spiel*); *venir de* ⌐*as* böse Absichten haben; ungelegen kommen; 2. (*estar*) in schlechtem Zustand; krank; *ponerse* ⌐ erkranken; 3. *sittlich* schlecht, verdorben; boshaft; unartig (*Kind*); 4. schlecht; unbrauchbar; wertlos; unbegabt; 5. schädlich; nachteilig; gefährlich; ⌐ *para la salud* gesundheitsschädlich; 6. schlau, gerissen F; **II.** *su.* 7. *lo* ⌐ das Schlimme; das Übel; *el* ⌐ *der Böse(wicht) m*; F *bsd.* der Böse, der Teufel.
maloca *f Amazonasgebiet* Indianerhütte *f*.
malo|grado *adj.* 1. frühverstorben (*bsd. Künstler usw.*); 2. unglücklich, mißlungen; ⌐**gramiento** *m* Mißerfolg *m*; ⌐**grar** **I.** *v/t.* 1. versäumen; verfehlen; verpfuschen; **II.** *v/r.* ⌐**se** 2. mißlingen; scheitern, fehlschlagen; *Pe.* kaputtgehen; 3. zu früh sterben; ⌐**gro** *m* Fehlschlag *m*; Scheitern *n*, Mißlingen *n*.
malo|ja *f Am.*, ⌐**jo** *m Ven.* Futtermais *m*.
maloliente *adj. c* übelriechend, stinkend.
ma|lón *m Am. Mer., bsd. Rpl., Chi.* Indianereinfall *m*; ⌐**loquear** *v/i. Am.* → *hacer correrías*.
malpara|do *adj.* übel zugerichtet; *salir* ⌐ schlecht davonkommen; ⌐**r** *v/t.* übel zurichten.
malpar|ida *f* Frau *f*, die e-e Fehlgeburt gehabt hat; ⌐**ir** *v/i.* e-e Fehlgeburt haben; ⌐**to** *m* Fehlgeburt *f*.
malpensado *adj.-su.* 1. argwöhnisch; 2. übelwollend; *ser* ⌐ immer gleich das Schlechteste annehmen (*od.* denken); immer an Zweideutigkeiten denken.
malpigiáceas *f/pl.* Malpigiazeen *f/pl.*
malqueda *m* unzuverlässiger (*od.* nachlässiger) Mensch *m*.
mal|querencia *f* 1. Übelwollen *n*; 2. Abneigung *f*; ⌐**querer** [2u] *v/t.* j-m übelwollen; ⌐**quistar** **I.** *v/t.* verfeinden; **II.** *v/r.* ⌐**se** *s.* verfeinden (mit *dat. con*); ⌐**quisto** *adj.* verfeindet (mit *dat. con*); verhaßt.
mal|sano *adj.* 1. ungesund; schädlich; 2. krankhaft; ⌐**sonante** *adj. c* anstößig (*Wort*); ⌐**sufrido** *adj.* ungebärdig, ungeduldig.
Malta[1] *f* Malta *n*; ✠ *fiebre f de* ⌐ Maltafieber *n*.
mal|ta[2] *f* 1. Malz *n*; ⌐ *triturada* Malzschrot *m*; 2. Malzkaffee *m*; 3. *bsd. Am.* Malzbier *n*; ⌐**taje** *m* 1. Mälzen *n*; Mälzerei *f*; ⌐**te** *m* 1. Malz *n*; 2. → *maltaje* 1; ⌐**tear** *v/t.* mälzen; ⌐**tés** *adj.-su.* aus Malta; *m* Malteser *m*; ⌐**tosa** 🜇 *f* Maltose *f*.
maltrabaja *m* Faulpelz *m*.
maltra|tamiento *m* Mißhandlung *f*; ⌐**tar** *v/t.* mißhandeln; *Tiere* quälen; *p. ext.* beschädigen; ruinieren; *fig. a.* anbrüllen; ⌐ *de obra* tätlich mißhandeln; ⌐**to** *m* Mißhandlung *f*.
maltrecho *adj.* übel zugerichtet.
maltusianismo *Pol. m* Malthusianismus *m*.
malucho F *adj.* unpäßlich; kränklich.
mal|va **I.** *f* 🌿 Malve *f*; *fig. estar criando* ⌐*s* tot sein; *fig. ser* (*como*) *una* ⌐ herzensgut sein; sehr sanftmütig sein; **II.** *adj. inv.* malvenfarben; ⌐**váceas** 🌿 *f/pl.* Malvengewächse *n/pl.*
malva|do *adj.-su.* böse; verrucht; *m* Bösewicht *m*; ⌐**r** *v/t.* verfälschen.
malva|rrosa 🌿 *f* Gartenmalve *f*; ⌐**sía** *f* 1. Malvasiertraube *f*; 2. Malvasier(wein) *m*; ⌐**visco** 🌿 *m* Eibisch *m*.
mal|vender *v/t.* verschleudern; ⌐**versación** *f*: ⌐ (*de fondos*) Veruntreuung *f*; ⌐**versador** *adj.-su.* Betrüger *m*; ⌐**versar** *v/t.* veruntreuen; ⌐**vezar** [1f] *v/t.* verwöhnen, verziehen.
Malvinas *f/pl.* Falklandinseln *f/pl.*
malvís *Vo. m* Singdrossel *f*.
malvivir *v/i.* erbärmlich leben, dahinvegetieren.
malvón 🌿 *m Méj., Rpl.* → *geranio*.
malla *f* 1. *tex.*, ⊕ Masche *f*; ⌐*s f/pl. Sp.* Netz *n* (*Tornetz*); *Sp. int.* ¡⌐*s!* Tor!; ⌐ (*de alambre*) Drahtnetz *n*, -geflecht *n*; IT ♀ *Mundial* (World Wide) Web *n*; *tex. tejido m de* ⌐ Netz-, Trikot-gewebe *n*; *de* ⌐(*s*) *fina*(*s*) feinmaschig; *de grandes* ⌐*s* weitmaschig; 2. Trikot *n der* Turner, Tänzer *usw.*; *p. ext. Am.* Badetrikot *n*; ⌐**r** *v/i.* → *enmallarse*.
mallo *m* 1. ⊕ Fäustel *m*, Schlägel *m*; 2. *Sp.* → cricket.
Mallor|ca *f* Mallorca *n*; ⌐**quín** *adj.-su.* mallorkinisch; *m* Mallorkiner *m*; *Li. das* Mallorkinische (*katalanischer Dialekt*).
mama *f* 1. weibliche Brust *f*; 2. *Zo.* Brustdrüse *f*; Euter *m*.
mamá *f* Mama *f*, Mutti *f*; *Col., Méj.* Mutter *f* (*allg.*).
mama|da *f* 1. a) Saugen *n* an der Mutterbrust; b) *jeweils* angesaugte Milchmenge *f*; 2. *fig.* F *Am.* müheloser Gewinn *m*; 3. F *Arg.* Rausch *m*; ⌐**dera** *f* 1. Milchpumpe *f*; 2. *Am.* Sauger *m*, Schnuller *m*; *Arg., Chi.* Babyflasche *f*; ⌐**íta** *dim. f* Mutti *f*, Mammi *f*; ⌐**ntón** *adj.* saugend (*Tierjunges*); ⌐**r I.** *v/t. an der* Mutterbrust saugen; *p. ext.* F gierig schlucken (*bzw.* schlingen); *fig.* F einheimsen; *dar de* ⌐ *Kind* stillen, säugen; ⌐*la s.* einseifen lassen F; **II.** *v/r.* ⌐**se** *s.* besaufen F, *s.* vollaufen lassen F; *a alg.* j-n unterkriegen; *bsd. Am.* ⌐**se** *el dedo* leicht betrogen werden; ⌐**gallista** P *m Col.* Schwätzer *m*; ⌐**río** *adj.* Brust...; *glándulas f/pl.* ⌐*as* Milchdrüsen *f/pl.*
mamarra|chada F *f* 1. Schmiererei *f*, Sudelei *f*; 2. Pfuscherei *f*; 3. gr. Dummheit *f*; ⌐**chista** F *c* Stümper *m*, Pfuscher *m*; ⌐**cho** F *m* 1. Sudelei *f*, Schmiererei *f*; 2. Schmarren *m*; Quatsch *m* F; 3. Flasche *f* F (*Person*).
mambo ♫ *m Cu.* Mambo *m* (*Tanz*).
mambrú ⚔ *m* Schornstein *m der* Kombüse.
mameluco *m* 1. Mameluck *m*; 2. *fig.* Tölpel *m*; 3. *Am.* brasilianischer Mestize *m*; 4. *Am. Reg.* Art Overall *m*.
mamerto F *m Span.* blöder Kerl *m* F, Blödmann *m* F.
ma|míferos *m/pl.* Säugetiere *n/pl.*; ⌐**mila** *f* Brustwarze *f*; ⌐**milar** *adj. c* Brust(warzen)...; ⌐**món** **I.** *adj.* 1. saugend; **II.** *m* 2. Säugling *m*; Tier-

junge(s) n; **3.** Wassertrieb m an Bäumen; **4.** fig. F Knilch m F; **5.** Am. F Säufer m; **6.** ♀ Am. Art Flaschenbaum m u. s-e Frucht; Rpl. → papayo u. papaya; **7.** Kchk. Méj. Art Schaumbiskuit n, m; ⁓**mona** bsd. Kchk. f Col. Kalb n.

mamotreto m **1.** F Wälzer m, Schinken m F; **2.** ungefüges Möbel n; Gerümpel n.

mampa|ra f Wandschirm m; spanische Wand f; ⁓**ro** ⚙ m Schott n.

mamporro F m Puff m F, Knuff m F; liarse a ⁓s s. prügeln (mit dat. con), verdreschen F (j-n con).

mam|postería f **1.** festes Mauerwerk n; **2.** Ausmauerung f z. B. v. Brunnen; ⁓**postero** m Mörtelmaurer m; ⁓**puesto** m, ⚠ Füllstein(e) m(/pl.); **2.** p. ext. Brustwehr f; Am. Auflage f für Feuerwaffen.

mamu|jar[1] vt/i. (oft absetzend) saugen, nuckeln (Kind, Tier); ⁓**llar** vt/i. schmatzend essen; fig. F mummeln F.

mamut m Zo. Mammut n; fig. empresa f ⁓ Mammutunternehmen n.

mana f Am. Cent., Col. Quelle f.

maná ♀ m a. bibl. Manna n.

manaca ♀ f Cu., Hond. versch. Palmenarten.

mana|da[1] f Herde f (Vieh); Rudel n (Wild); ⁓**da**[2] f Handvoll f Ähren u. ä.; ⁓**dero** m Viehtreiber m, Hirt m.

manager m Manager m (a. Sp.).

mana|ntial I. adj. c Quell...; II. m Quelle f (a. fig.); ⁓ acídulo Sauerbrunnen m; ⁓ de agua medicinal Heilquelle f; ⁓ (termal) Thermalquelle f; ⁓**r** vt/i. quellen; fließen (Blut); ausströmen (lassen); fig. herrühren.

manatí Zo. m (pl. ⁓íes) Seekuh f, Lamantin m.

manaza f große Hand f, Pranke f F; ⁓**s** m (pl. inv.): ser un ⁓ zwei linke Hände haben, ein Tölpel sein.

manca|miento m Verkrüppelung f; ⁓**r** [1g] I. v/t. Glied verstümmeln; II. v/i. ⚙ s. legen (Wind); ⁓**rrón** m **1.** Am. Klepper m, Mähre f; fig. F Reg. Invalide m; **2.** Chi., Pe. Wehr n zur Wasserableitung.

mance|ba[1] f Konkubine f; ⁓**bía** f **1.** Bordell n; **2.** Halbwelt f; ⁓**bo** lit. m Jüngling m; p. ext. Junggeselle m; (Handlungs-)Gehilfe m.

mancera f Pflugsterz m.

mancilla f Fleck m, Makel m; ⁓**r** v/t. beflecken.

mancipación ⚖ f öffentliche Übergabe f, Veräußerung f.

manco I. adj. **1.** einarmig; einhändig; an der Hand verkrüppelt; fig. no ser ⁓ nicht ungeschickt sein, et. können; **2.** fig. mangelhaft, unvollständig; II. m **3.** Einarmige(r) m; Lit. el ⚖ de Lepanto = Cervantes.

manco|mún: de ⁓ gemeinschaftlich; ⁓**munar** I. v/t. Interessen u. ä. vereinigen; ⚖ a. gemeinschaftlich verpflichten; II. v/r. ⁓se s. zs.-tun; ⁓**munidad** f Gemeinschaft f; bsd. Zweckverband f; ♀ Británica das (Britische) Commonwealth; ⁓ comarcal Gemeindeverband m.

man|corna f, mst. ⁓s f/pl. Col. Manschettenknöpfe m/pl.; ⁓**cornar** [1m] v/t. **1.** Jungstier bei den Hörnern packen u. zu Boden drücken; **2.** Rinder an den Hörnern zs.-binden; **3.** fig. F zs.-tun; koppeln, paaren; ⁓**cuerda** hist. f Seilfolter f; ⁓**cuerna** f **1.** an den Hörnern zs.-gebundenes Vieh n; **2.** p. ext. paarweise Zs.-gebundene(s) n; **3.** Koppelstrick m; **4.** Méj. ⁓s f/pl. Manschettenknöpfe m/pl.

mancha[1] f **1.** Fleck m (a. fig.); Schmutzfleck m; ⁓ de aceite Ölfleck m; fig. sin ⁓ tadel-, makel-los; fig. la noticia se extendió (od. se difundió) como (una) ⁓ de aceite die Nachricht verbreitete s. wie ein Lauffeuer; **2.** tex. Tupfen m; Punkt m; **3.** Muttermal n; ⁓ (solar) Sonnenfleck m; Am. tener la ⁓ de plátano ein typischer Portoricaner sein; **4.** fig. Schandfleck m; Mal. Farbskizze f; **5.** Arg. Art Wurfspiel n; **6.** vet. Rpl. Milzbrandkarbunkel m; **7.** Salv., Ven. Insekten- bzw. Heuschreckenschwarm m; Fischbank f.

Mancha[2]: la ⁓ die Mancha; canal m de la ⁓ Ärmelkanal m.

mancha|dizo adj. leicht abfärbend; ⁓**do** adj. **1.** fleckig; ⁓ de sangre blutbefleckt; **2.** gefleckt; scheckig.

manchar vt/i. beflecken (a. fig.); beschmutzen; abfärben (auf ac.); Mal. schattieren.

manchego adj.-su. aus der Mancha (queso m) ⁓ m Manchakäse m (Schafskäse).

manchón m **1.** gr. Fleck m; **2.** ✿ dicht bewachsene Stelle f; **3.** Chi. Muff m.

man|chú adj.-su. c (pl. ⁓úes) mandschurisch; m Mandschu m; Li. das Mandschu; ⁓**churia** f Mandschurei f; ⁓**churiano** adj.-su. → manchú.

manda ⚖ f Vermächtnis n, Legat n; ⁓**dera** f Botenfrau f; ⁓**dero** m Botengänger m; ⁓**do** I. part. befohlen; gesteuert; II. m Auftrag m; Befehl m; hacer un ⁓ e-e Besorgung erledigen; ⁓**más** F m Obermacher m F, Obermotz m F; ⁓**miento** m Gebot n; Befehl m; Rel. los ⁓s de (la ley) de Dios die zehn Gebote; fig. F los cinco ⁓s die Finger m/pl.

mandanga f **1.** F Trägheit f; **2.** F Tun u. Treiben n; Getue n F; **3.** P Span. Hasch n F, Kif m F, Shit m, n F.

manda|nte m Auftraggeber m; Vollmachtgeber m, Mandant m; ⁓**r** I. v/t. **1.** anordnen, befehlen; a. ✍ befehligen, führen; p. ext. Pferd, Wagen fest in der Hand haben; así lo manda la ley das ist gesetzlich geboten; fig. ⁓ a paseo j-m e-e Abfuhr erteilen; hacer ⁓, Am. oft ⁓ machen lassen; **2.** ⚖ als Legat vermachen; **3.** senden, (zu-) schicken; entsenden; ⁓ un aviso a warnen (ac.); Bescheid geben (dat.); **4.** ⊕ steuern; ⁓ a distancia fernsteuern; **5.** Am. werfen, schleudern; **6.** Chi. Rennen u. ä. starten; II. v/i. **7.** befehlen, gebieten; ¿mande? wie bitte?; was steht zu Diensten?; ¡(y) a ⁓! (stets) zu Ihren Diensten!; ⁓ agua Wasser holen lassen; III. v/r. ⁓se **8.** s. aus eigener Kraft bewegen (bzw. s. selbst helfen können) (bsd. Kranker); ⁓se por la escalera die Treppe benutzen; **9.** Arg. ⁓se mudar weggehen, abziehen F; **10.** Cu., Chi. s. davonmachen; **11.** F Méj. (auf)essen.

manda|rín m Mandarin m (a. fig.); fig. Obermacher m F, Bonze m F; ⁓**rina** f Mandarine f; ⁓**rinismo** m Willkürherrschaft f; ⁓**rino** ♀ m Mandarinenbaum m.

manda|tario m Beauftragte(r) m; Bevollmächtigte(r) m; Sachwalter m; ⁓**to** m **1.** Befehl m; Auftrag m; Vorschrift f; ⁓ postal Postauftrag m; ⚖ ⁓ de detención Haftbefehl m; **2.** Pol. Mandat n; ⁓ legislativo Wahlmandat n; **3.** Geldanweisung f; **4.** kath. (Gebet n b. der) Fußwaschung f am Gründonnerstag.

man|díbula f Kinnlade f; p. ext. ⊕ Backen m; ⁓ inferior Unterkiefer m; fig. F reír(se) a ⁓ batiente s. kugeln vor Lachen; ⁓**díbular** adj. c Kinnbacken...; Kiefer...

mandi|l m **1.** (Arbeits-)Schürze f, Schurz m; ⁓ (de los masones) Freimaurerschurz m; **2.** Equ. Am. Flanellappen m zum Abreiben der Pferde; Rpl. Satteldecke f; ⁓**lón** m Angsthase m.

mandinga I. m **1.** ⁓s m/pl. Negervolk in Nordguinea; **2.** Am. Reg. Neger m bzw. Mulatte m; Am. der Teufel; II. adj. inv. **3.** Arg. Teufels...; gerissen, verschlagen.

mandioca f Am. **1.** ♀ Maniokpflanze f; **2.** Maniokmehl n, Tapioka f.

mando m **1.** Herrschaft f, Macht f; ejercer el ⁓ die Herrschaft ausüben; **2.** a. ✍ Befehlsgewalt f, Kommando n; ✍ Alto ⚖ od. ⚖ Supremo Oberkommando n; ejercer el ⁓ das Kommando führen (a. fig.); estar al ⁓ de alg. j-m unterstehen, ✍ unter dem Befehl j-s stehen; **3.** ⊕ Steuerung f; Schaltung f; Antrieb m; p. ext. Bedienungs-, Schalthebel m; Kfz. ⁓ del cambio de velocidad Getriebeschaltung f; TV ⁓ -control Fernbedienung f, a distancia Fern-bedienung f, -steuerung f; cuadro m de ⁓ Kfz. Armaturenbrett m; ⚡ Schalttafel f; eje m de ⁓ Antriebswelle f; **4.** Führungskraft f, Manager m; ⁓s intermedios mittleres Management n; ⁓s superiores Top-Management n.

mandoble m **1.** fig. scharfer Verweis m; **2.** mit beiden Händen geführter Hieb m; **3.** hist. Zweihänder m (Schwert).

mandolina 🎵 f Mandoline f.

mandón adj. herrschsüchtig, herrisch.

mandrágora ♀ f Alraun(e f) m.

mandria F m Schwachkopf m; Memme f, Waschlappen m F.

mandril[1] Zo. m Mandrill m (Affe).

mandril[2] ⊕ m **1.** (Bohr-, Spann-) Futter m; **2.** (Richt-, Drück-)Dorn m; Chir. Mandrin m; ⁓**lar** v/t. ausbohren.

manduca F f → manducatoria; ⁓**ción** F f Essen n; ⁓**r** [1g] F v/t. essen, futtern F; ⁓**toria** F f Essen n, Futter n F.

manea f → maniota; ⁓**dor** m Am. **1.** → maniota; **2.** Arg. → látigo; ⁓**r** I. v/t. die Vorderfüße fesseln (dat.); II. v/r. ⁓se Méj. strauchein; fig. s. verheddern.

manecilla f **1.** Zeiger m (Uhr, Skala); p. ext. Kompaßnadel f; ⁓ luminosa Leuchtzeiger m; **2.** kl. Hebel (bzw. Griff) m; **3.** Verschlußspange f an e-m Buch; **4.** ♀ Reb-

ranke *f*; **5.** *Typ.* Hinweiszeichen *n* (weisende Hand).
maneja *f bsd. Pe.* Griff *m*, Hebel *m*.
mane|jable *adj.* **c** handlich; geschmeidig; wendig; *poco* ~ unhandlich; **~jadera** *Kfz. f Méj.* Steuerrad *n*; **~jado** *part.* **1.** *Mal.* bien (*mal*) ~ gut (schlecht) gemalt; **2.** ⊕ ~ *a mano* handbedient; **~jador** *m Méj.* Kraftfahrer *m*; **~jar I.** *v/t.* **1.** handhaben; *Instrument, Waffe, Feder, Pinsel* führen; *Mechanismus* betätigen; ¡~ *con cuidado!* Vorsicht! (*auf Kisten u. ä.*); ~ *el fusil* ⚔ *a.* Gewehrgriffe machen; **2.** *Maschinen* bedienen; *Pferd* zureiten *bzw.* (geschickt) reiten; *p. ext. u. fig.* umgehen (*bzw.* umzugehen wissen) mit (*dat.*); *Geschäfte usw.* führen, leiten; *Am. Auto* fahren; **II.** *v/r.* **~se 3.** **s.** (wieder) selbst regen u. bewegen (*nach Krankheiten*); **4.** **~se** *od. F manejárselas* zurechtkommen, s. zu helfen wissen; **~jo** *m* **1.** Handhabung *f*; Betätigung *f*; Behandlung *f*; Bedienung *f*; Lenken *n e-s Pferdes, Am. a. e-s Fahrzeugs; Equ.* Schulreiten *n*; **3.** Verwaltung *f*, Leitung *f e-s Geschäfts*; Management *n*; **4.** *fig.* Machenschaft *f*, Intrige *f; mst.* **~s** *m/pl.* Ränke *pl.*
manera *f* **1.** (Art u.) Weise *f; bsd. Mal.* Manier *f*; ~ *de ver* Betrachtungsweise *f; a* ~ *de* als; wie; *a la* ~ *de* nach Art (*gen.*), in Nachahmung (*gen.*); *de* ~ *que* so daß; *de ninguna* ~ keineswegs, durchaus nicht; *de otra* ~ andernfalls; sonst; *de tal* ~ derart; so; *de una* ~ *o de otra* so *od.* so; no hay ~ *de* + *inf.* es ist nicht möglich, zu + *inf.*; *hacer de* ~ *que* es so einrichten, daß; *en gran* ~ in hohem Maß; wesentlich; außerordentlich; *sobre* ~ über die Maßen; überaus; *de todas* **~s** jedenfalls, immerhin; **2.** Benehmen *n*, Anstand *m*; **~s** *f/pl.* Manieren *f/pl.*
manes *Myth. m/pl.* Manen *pl.*
manezuela *f dim.* Händchen *n; fig.* **a)** Bücherschloß *n*; **b)** Griff *m*.
manflor(it)a *adj.* **c** → *hermafrodita*; *fig.* → *afeminado.* [*u. Frucht*).}
manga¹ ♀ *f Art* Mango *m* (*Baum*)
manga² *f* **1.** Ärmel *m*; ~ *corta* (*larga, tres cuartos*) kurzer (langer, dreiviertellanger) Ärmel *m*; ~ *de farol,* ~ *de abombada* (*a. de globo*) Puffärmel *m*; *en* ~**s** *de camisa* in Hemdsärmeln; *sin* ~ ärmellos; *alle fig.*: *andar* ~ *por hombro* drunter u. drüber gehen; *hacer* ~**s** *y capirotes* die Dinge übers Knie brechen; *ser de* (*od.* tener) ~ *ancha* (allzu) weitherzig (*od.* nachsichtig) sein; *traer a/c. en la* ~ et. aus dem Ärmel schütteln; **2.** Schlauch *m*; ~ *de bombero* (*de riego*) Feuerwehr- (Wasser-, Spreng-, Garten-)schlauch *m*; **3.** Schlauch- *od.* Sack-ähnliche(s) *n*; ~ *de agua* Platzregen *m*, Wolkenbruch *m*; ~ *de agua,* ⚓ ~ *marina* Wasserhose *f*; ~ (*del eje*) Achszapfen *m* für das Rad *am Wagen*; ~ *de pesca* Kescher *m*; *a.* Reuse *f*; ~ (*indicadora*) *de*(*l*) *viento* Windsack *m*; ~ *de viento* Windhose *f*; **4.** *Sp.* Durchgang *m*; *Tennis*: Set *m*; **5.** ⚓ (größte) Schiffsbreite *f*; **6.** *Rpl., Ven.* Herde *f* (*Vieh*), Menge *f* (*Menschen*); *Cu., Chi., Rpl.* Viehschleuse *f* (*Zaunreihen, die zum Korral usw. führen*); **7.**

Méj. wasserdichter Poncho *m*.
man|ganato ⚗ *m* Manganat *n*; **~ganesa** *Min. f* Manganerz *n*; **~ganeso** ⚗ *m* Mangan *n*; **~gánico** *adj.* manganhaltig; Mangan...
manga|nte P *m* **1.** Bettler *m*; **2.** *fig.* Gauner *m*; Dieb *m*; schräger Fürst *m* F; **~r** [1h] P *vt/i.* klauen F.
mang|lar *m* Mangrovensumpf *m*; **~le** ♀ *m* Mangrove *f*.
mango¹ *m* Griff *m*; Stiel *m*; (Messer-)Heft *n*; ~ *aislante* Isoliergriff *m*; ~ *de martillo* (*de pala*) Hammer- (Schaufel-)stiel *m*.
mango² ♀ *m* Mango *m* (*Baum u. Frucht*).
mangón *Zo. m* Bohrmuschel *f*.
mango|nada F *f* Armstoß *m*; **~near** *v/i.* **s.** einmischen, mitmischen F; **~neo** F *m* Einmischung *f*.
mangosta *Zo. f* Ichneumon *m*, Manguste *f*, Mungo *m*.
mangote *m* Ärmelschoner *m*.
mangue □ *pron.* → *yo.*
manguear *v/i. Am.* Vieh (*bzw.* Wild) zs.-treiben; *fig.* F geschickt locken.
mangue|ra *f* **1.** (Wasser-)Schlauch *m*; **2.** *Chi.* Schlauchwagen *m der* Feuerwehr; **3.** *Rpl.* gr. Korral *m*; **~ro** *m* **1.** Spritzenmeister *m*; **2.** Ärmelbrett *n am Bügelbrett*; **3.** ♀ *Méj.* Mangobaum *m*.
mangueta *f* **1.** *Kfz.* Achsschenkel *m*; **2.** Klosettrohr *n*; **3.** Spritzblase *f*.
manguito *m* **1. a)** Muff *m*; **b)** Pulswärmer *m*; **c)** Schlupfhandschuh *m*; **d)** Vorstecärmel *m*; Ärmelschoner *m*; ~ *incandescente* Glühstrumpf *m* (*Gaslampe*); **2.** ⊕ Muffe *f*; Manschette *f*; Hülse *f*; ~ *acodado* Rohrkrümmer *m*.
maní *m* (*pl.* ~*ises*) ♀ *bsd. Am. Mer.* Erdnuß *f; fig.* F *Cu., P. Ri.* Geld *n*.
manía *f* **1.** ✱ Wahn *m; a. fig.* Manie *f*, Sucht *f*; ~ *de grandezas* (*persecutoria*) Größen- (Verfolgungs-)wahn *m*; *dar en la* ~ *de* auf den (verrückten) Gedanken kommen, zu + *inf.*; *tener* ~ *por a/c. in et.* (*ac.*) vernarrt sein; ~ *f. Groll m*, Feindschaft *f*; *tener* ~ *a alg.* j-n nicht leiden können, e-n Pik auf j-n haben F.
maniabierto *adj.-su.* freigebig.
maníaco ✱ *adj.* manisch; *locura f* ~-*depresiva* manisch-depressives Irresein *n*.
mani|albo *adj* weißfüßig (*Pferd*); **~atar** *v/t.* j-m die Hände binden; *Tiere an den Vorderfüßen* fesseln.
mani|ático I. *adj.* manisch; verrückt (*a. fig.*), wahnsinnig; *fig.* sonderbar; **II.** *m* Verrückte(r) *m* (*a. fig.*); *fig.* Sonderling *m*, Kauz *m* F; **~comio** *m* Irrenanstalt *f*.
mani|corto *adj.-su.* knauserig; **~cura** *f* Maniküre *f* (*Person u. Tätigkeit*); **~curar** *vt/i.* maniküren; **~curista** *c Am.* Maniküre *f* (*Person*).
manida *Jgdw. f* Lager *n*.
manido *adj.* abgehangen *bzw.* mit leichtem Hautgout (*Fleisch*); überreif (*Obst*); *fig.* abgestanden, abgegriffen, abgedroschen.
manierismo *Ku. m* Manierismus *m*.
manifesta|ción *f* **1.** Offenbarung *f*; Bezeigung *f*; *fig.* Äußerung *f*; **2.** Erklärung *f*; Bekundung *f*; **3.** Demonstration *f*; Veranstaltung *f*; Demonstration *f*; **~nte** *c* Demonstrant *m*; Teilnehmer *m* an e-r Kundgebung;

~r [1k] **I.** *v/t.* **1.** zu erkennen geben, offenbaren; an den Tag legen, zeigen; äußern; *kath.* (das Allerheiligste) zur Anbetung aussetzen; **2.** (öffentlich) erklären; bekunden; **II.** *v/i. u. v/r.* **~se 3.** demonstrieren; e-e Kundgebung veranstalten; **III.** *v/r.* **~se 4.** auftreten, erscheinen; **5. s.** äußern; *a. s.* bezeichnen als (+ *adj.*), s. zu erkennen geben als.
manifiesto I. *adj.* offenkundig; augenfällig, deutlich; *poner de* ~ beweisen, zeigen; offenbaren; **II.** *m* Manifest *n* (*a.* ⚓); *Pol. el* ~ *Comunista* das Kommunistische Manifest.
mani|gero ✓ *m* Vorarbeiter *m*; **~gua** *f Cu.* Gestrüpp *n; fig.* Unordnung *f*; *Col., Ven.* Urwald *m*; **~ja** *f* **1.** Handstück *n*, Griff *m*; Türgriff *m*, Klinke *f*; **2.** Heft *n bzw.* Zwinge *f*; **3.** → *maniota.*
manila ⊕: *papel m* ~ elektrotechnisches Papier *n*.
manilargo *adj.* **1.** langhändig; **2.** *fig.* **a)** freigebig; **b)** wer ein Langfinger ist F.
manilla *f* **1.** Armreif *m*; *p. ext.* **~s** *f/pl.* Handschellen *f/pl.*; **2.** ⊕ Griff *m*; Hebel *m*, Kurbel *f*; Lenker *m* (*Motorrad*); **~r** *m* Lenkstange *f* (*Fahrrad*).
manio|bra *f* **1.** Handhabung *f*; ⊕ Betätigung *f*; Bedienung *f*; ~ *por relés* Relaissteuerung *f*; *manivela f de* ~ Schaltkurbel *f* (*z. B. b. Straßenbahnen*); **2.** ⊕, ⚓, ⚔ *u. fig.* Manöver *n*; ⚔ *a.* Operation *f*; *fig.* Kniff *m*, Trick *m; fig.* **~s** Ränke *pl.*; Machenschaften *f/pl.; a. Vkw.* ~ *de desviación* Ausweichmanöver *n*; *hacer* **~s** manövrieren; ⚔ *a.* exerzieren; 🛇 rangieren; *fig.* Ränke schmieden; **2.** ⊕ steuern; bedienen; **~brable** *adj.* **c** manövrierfähig, wendig; **~brar** *v/i.* (*a. v/t.*) **1.** ⚔, ⊕ *u. fig.* manövrieren; 🛇 rangieren; **~brero** ⚔ *adj.* gut eingeübt (*Truppe*).
maniota *f* Fußfessel *f* für Pferde.
manipula|ción *f* **1.** Manipulation *f* (*a. pharm. u. fig.*); ~ *genética* Genmanipulation *f*; **2.** Handhabung *f*; Behandlung *f*; Verfahren *n*; **3.** ⊕ *a.* Bedienung *f*; Verarbeitung *f*; Bearbeitung *f*; **4.** *fig.* Machenschaft *f*; **~dor** *m* **1.** *pharm.* Gehilfe *m*; **2.** ⊕ Betätigungsgriff *m*; 🗲 (Morse-)Taster *m*; **~dos** *m/pl.*: ~ *de alambre* Drahtwaren *f/pl.*; **~lar** *v/t. a.* handhaben; betätigen; herumhantieren an (*dat.*); *a. fig.* manipulieren; *fig.* F *Geschäfte* betreiben; *HF* tasten; **~leo** F *m* Handhaben *n*; Betreiben *n von* Geschäften. [*m.*}
manípulo *hist. u. kath. m* Manipel}
maniqueo *Rel. adj.-su.* manichäisch; *m* Manichäer *m*.
maniquí (*pl.* ~*íes*) **I.** *m* Modellpuppe *f*; Schneiderpuppe *f*; **II.** *f* Mannequin *n*.
manir I. *v/t. Fleisch* abhängen lassen; **II.** *v/r.* **~se** anfangen zu riechen (*Fleisch, Fisch*).
manirroto *adj.-su.* verschwenderisch; *m* Verschwender *m*.
manisero *m Am. Mer.* Erdnuß-farmer *m*; -verkäufer *m*.

manismo m Manismus m, Totenkult m.
manita f dim. Händchen n; Kchk. ~s f/pl. Füßchen n/pl. v. Lamm, Schwein; hacer ~s Händchen halten; fig. ~s f/pl. de plata (od. de oro) sehr geschickte Hände f/pl.
manito[1] m Mannaextrakt m (Abführmittel für Kinder).
manito[2] F m Méj. Brüderchen n, Freund m.
manivacío F adj. mit leeren Händen.
manivela f (Hand-)Kurbel f; Kfz. ~ de arranque Anlaßkurbel f; dar a la ~ kurbeln, die Kurbel drehen.
manja|r lit. od. iron. ~ m Speise f; ~rete m Cu., Ven. Art Maispudding m.
manjúa f Cu. Art Sardine f.
mano f 1. Hand f; p. ext. Handvoll f; Handschrift f; fig. Handfertigkeit f; Geschicklichkeit f; hilfreiche Hand f, Hilfe f, Beistand m; ~ de azotes Tracht f Prügel; fig. ~s f/pl. blancas Frauenhände f/pl.; ☆ ~s f/pl. muertas die Tote Hand; ~ de obra Arbeitskräfte f/pl.; ~ de obra especializada Facharbeiter m/pl.; F ~ de santo Wundermittel n; de ~ Hand...; ~ a a) → de ~ a, b) → a solas; Stk. corrida f ~ a ~ Kampf m, in dem nur zwei Toreros auftreten; ¡~s a la obra! Hand ans Werk!, an die Arbeit!; F nur kräftig eingehauen! b. Essen; ~ sobre ~ mit den Händen im Schoß, untätig; a (la) ~ zur Hand; zuhanden; a ~ airada gewaltsam; a ~ armada mit Waffengewalt; a ~ derecha rechts; a ~s llenas mit vollen Händen; bajo (la) ~ unterderhand, heimlich; con larga ~ freigebig; con las ~s vacías mit leeren Händen; ergebnislos, erfolglos; de ~ a ~ von Hand zu Hand; de ~ en ~ von Hand zu Hand; fig. von Generation zu Generation, durch Überlieferung; de ~s a boca plötzlich, unvermutet; de ~ maestra von Meisterhand; de primera ~ aus erster Hand (haben, kaufen usw.); de (od. en) propia ~ eigenhändig; en propia ~ persönlich zu übergeben (Brief); de segunda ~ aus zweiter Hand; gebraucht, alt; antiquarisch (Bücher); por su (propia) ~ mit eigener Hand; abrir la ~ a) Equ. die Zügel lockern; b) fig. freigebig (bzw. bestechlich) sein; andar en ~s de todos gewöhnlich (od. üblich) sein; allgemein bekannt sein; apretar la ~ j-m die Hand drücken; fig. den Druck verstärken; unter Druck setzen; auf et. dringen; atar las ~s a alg. a. fig. j-m die Hände binden; fig. j-n (durch Geschenke usw.) verpflichten; fig. bajar la ~ im Preis nachgeben; caer (od. dar) en ~s de alg. in j-s Hände fallen; fig. caerse de las ~s unmöglich (bzw. langweilig) sein (Buch); dar (od. alargar) la ~ die Hand geben; fig. j-m helfen; fig. darse la ~ im Zs.-hang stehen (mitea. a/c. con otra); fig. darse las ~ s. versöhnen; dar de ~ Arbeit aufgeben, liegenlassen; j-n fallenlassen (bzw. aufgeben); dar la última ~ (a la obra) letzte Hand anlegen (an ac.); dejado de la ~ de Dios von Gott verlassen (a. fig.); fig. dejar de la ~ verlassen, aufgeben; echar ~ a greifen nach (dat. òd. zu dat.); packen (ac.); ¡eche usted una ~! packen Sie mit an!; helfen Sie mit!; echar una ~ a alg. j-m helfen; echar ~ de s. e-r Sache bedienen; zu et. (dat.) greifen; escrito a ~ handschriftlich; fig. estar en la ~ auf der Hand liegen; estar en buenas ~s in guten Händen sein; hacer algo a ~ et. von Hand machen; hecho a ~ handgearbeitet; fig. se le fue la ~ die Hand rutschte ihm aus, er schlug zu; fig. me lavo las ~s (en inocencia) ich wasche m-e Hände in Unschuld; llegar (od. venir) a las ~s handgemein werden; meter ~ a a/c. a) et. in Angriff nehmen; b) → meter la ~ en a/c. ein gutes Geschäft machen bei e-r Sache; meter ~ a una mujer s-e Frau betatschen F; fig. mudar de ~s den Besitzer wechseln; pedir la ~ (de la hija) um die Hand (der Tochter) bitten; poner ~s a la obra Hand ans Werk legen; poner la última ~ a a/c. letzte Hand an et. (ac.) legen; fig. poner a en/c. et. in Angriff nehmen; retorcerse las ~s die Hände ringen; fig. salir con una ~ atrás y otra delante nichts erreichen; fig. sentar la ~ a. a) handgreiflich werden gg. j-n; j-n schlagen; b) j-n scharf maßregeln; ser la ~ derecha de alg. j-s rechte Hand sein (fig.); ser largo (od. suelto) de ~s schnell bei der Hand sein mit Ohrfeigen (od. Schlägen); tener buena (mala) ~ a) e-e gute (schlechte) Handschrift haben; b) e-e glückliche (unglückliche) Hand haben; fig. F tener (mucha) ~ izquierda (sehr) geschickt zurechtzukommen wissen; (sehr) gerissen sein F; a. fig. tener las ~s limpias (sucias) reine od. saubere (schmutzige) Hände haben; fig. tener las ~ largas ein lockeres Handgelenk haben, gern schlagen; tener a ~ a) zur Hand haben; b) fig. zügeln, zähmen, bändigen; kurzhalten F; fig. tener a alg. en su ~ auf j-n fest rechnen können; tener ~ con alg. auf j-n Einfluß haben; tener ~ en a/c. s-e Hand im Spiel haben; mit dabei sein; ♪ tocar a cuatro ~s vierhändig spielen; traer entre ~s (z. B. Geschäft) vorhaben; untar la(s) ~(s) a alg. j-n bestechen, j-n schmieren F; ¡venga esa ~! gut, schlag (od. schlagen Sie) ein!; fig. venir a alg. a la(s) ~(s) j-m (unverdient) in den Schoß fallen; si a ~ viene gegebenenfalls, vielleicht; vivir de (od. por) sus ~s von s-r Hände Arbeit leben; Spr. una ~ lava la otra e-e Hand wäscht die andere; 2. Zo. Vorder-fuß m, -pfote f, -lauf m; p. ext. Rüssel m des Elefanten; Equ. ~ delantera Vorhand f; 3. Stößel m; ~ de mortero Mörserkeule f; 4. Uhrzeiger m; 5. Vorhand f im Spiel; erster Zug m b. Schach; Kart. a. Partie f (spielen echar); 6. Handvoll f bzw. Schicht f; bsd. ~ (de pintura) Anstrich m; dar una ~ de cal mit Kalk tünchen, kalken; 7. ~ de papel Buch n (= 100 Bogen) Papier; 8. Vkw. Arg. Fahrtrichtung f; una ~ Einbahnstraße f; 9. Am. → lance, aventura; 10. Am. Anzahl f v. (gleichartigen) Dingen: Am. Cent. (gleichartigen) Dingen: Am. Cent., Méj. fünf, Chi. vier, Ec. sechs; 11. Ant., Am. Cent. → gajo de plátanos.
manojo m 1. Handvoll f, Bündel n, Bund n; (Schlüssel-)Bund n; fig. ~ de nervios Nervenbündel n; 2. Am. Reg. → palanca.
manoletina Stk. f e-e Finte („Muleta" hinter dem Rücken des Matadors).
ma|nométrico ⊕ adj. manometrisch; ~nómetro m Manometer n.
manopla f 1. Fausthandschuh m, Fäustling m; Waschhandschuh m; 2. hist. Panzerhandschuh m e-r Rüstung; kurze Peitsche f der Postillione; 3. Chi. Schlagring m.
manose|ado adj. abgegriffen; zerlesen (Buch); fig. F verbraucht (Frau); ~ar v/t. greifen, betasten; befummeln F; ~o m Betasten n, Abgreifen n.
mano|tada f 1. Handvoll f; 2. → ~tazo m harter Schlag m mit der Hand; ~tear v/i. mit den Händen fuchteln; II. v/t. Am. Reg. klauen F; ~teo m Gestikulieren n, Herumfuchteln n.
manquedad f Einarmigkeit f; Einhändigkeit f; fig. Mangel m, Fehler m.
mansalva adv.: a ~ a) ohne eigene Gefahr; b) aus dem Hinterhalt.
mansarda f Mansarde f.
mansedumbre f Sanftmut f, Milde f. [sitz m.]
mansión lit. f Aufenthalt m; Wohn-
man|so I. adj. sanft; mild; zahm (Tier); still, ruhig (Gewässer); II. m Leithammel m; ~surrón desp. adj. allzu sanft.
man|ta f 1. Decke f; p. ext. Überwurf m; fig. F Tracht f Prügel; Am. oft Umhang m, Art Poncho m; ~ eléctrica Heizdecke f; ~ de lana (de viaje) Woll- (Reise-)decke f; fig. a ~ in Hülle u. Fülle; a. sehr, feste F; fig. liarse la ~ a la cabeza ohne Angst (od. Hemmungen) handeln; F ser un ~ e-e Null sein; fig. tirar de la ~ (et. Anstößiges) aufdecken; 2. Fi. Teufelsrochen m; ~teado m Am. Cent., Méj. Sonnendach n; Zelt n; ~tear v/t. prellen, wippen, auf e-r Decke emporschnellen.
mante|ca f 1. tierisches od. pflanzliches Fett n; ~ de cerdo Schweineschmalz n; ~ de palma Palmbutter f; ~ en rama Flomen m pl, ⚓ pharm., Rpl. Butter f; ~ de cacao Kakaobutter f; 3. F Zaster m F, Moneten pl. F; ~cada f Butterkuchen m; ~cado m Vanille-Sahne-Eis m; Art Schmalzgebäck n; ~cón F m Weichling m; ~coso adj. fett(haltig); butterartig.
mante|l m 1. Tischtuch n; 2. Altardecke f, -tuch n; ~lería f Tischzeug n, Tafellinnen n, Tischwäsche f; ~leta f Schultertuch n, Umhang m; ~lete m 1. Chorumhang m der Prälaten; 2. fort. Blende f.
mante|nción f Am. → manutención; ~nedor m Redner m der Jury m lit. Wettbewerb m; ~ner [21] I. v/t. 1. halten; er-, unter-halten; ernähren, beköstigen; ~ un ejército ein Heer (bzw. e-e Armee) unterhalten; 2. halten; festhalten; stützen; behalten; aufrechterhalten; instandhalten; Unterhaltung, Feuer in Gang halten; ✝ Preis halten; Recht behaupten; an s-r Meinung festhalten; Ordnung aufrechterhalten; Gewicht, Druck aushalten; ~ correspondencia con alg. im Briefwechsel mit j-m stehen; ~ a distancia fernhalten; II. v/r. ~se 3. s-n Lebensunterhalt bestreiten (mit dat. de), leben (von dat. de); 4. s. halten; s. behaupten; ~se

firme standhalten; festbleiben; beharren (auf *dat.* en); **~nida** P *f* ausgehaltene Geliebte *f*; **~nido** P *m Méj.* Zuhälter *m*; **~nimiento** *m* 1. Erhaltung *f*; Aufrechterhaltung *f*; 2. Unterhalt *m*; 3. ⊕ Wartung *f*; Instandhaltung *f*.

manteo *m* Mantel *m der Geistlichen.*

mante|quera *f* Butter-faß *n*; -form *f*; Butterdose *f*; **~quería** *f* Molkerei *f*; **~quilla** *f* (Tafel-)Butter *f*; *pan m con* **~** Butterbrot *n*; **~quillera** *f* Butterdose *f*; **~quilludo** *adj. Col.* gebuttert, Butter...

manti|lla *f* 1. Mantille *f*; 2. Einschlagtuch *n für Säuglinge*; **~s** *f/pl. a.* Windeln *f/pl.*; *fig.* estar en **~s** noch in den Kinderschuhen stecken; 3. *Typ.* Drucktuch *n*; 4. *Equ.* Satteldecke *f*; **~llo** ♂ *m* Gartenerde *f*, Humus *m*; **~llón** *m Méj.* Schabracke *f*; *fig.* F Schmarotzer *m*.

mantisa ♀ *f* Mantisse *f*.

man|to *m* weiter Mantel *m*; Umhang *m*; *p. ext.* Kaminmantel *m*; *fig.* Vorwand *m*; **~tón** *m* Umschlagetuch *n*; Schultertuch *n*; **~** *de Manila* gr. (bestickter Seiden-)Schal *m mit langen Fransen*.

mantuve → mantener.

manu|al I. *adj.* c Hand...; handlich; *trabajo m* **~** Handarbeit *f*; **II.** *m* Handbuch *n*; Lehrbuch *n*; **~alidades** *f/pl. bsd. Am.* (weibliche) Handarbeiten *f/pl.*; **~brio** *m* 1. ⊕ a) Kurbel *f*; b) Handgriff *m*; 2. (*piano m* de) **~** Drehorgel *f*.

manucodiata *Vo. f* Paradiesvogel *m*.

manudo *adj. Am.* mit großen Händen.

Manuel *npr. m* Emanuel *m*, Immanuel *m*.

manue|la *f* offene Kutsche *f* (Zweisitzer); **~lino**: *estilo m* **~** *Architekturstil der Zeit Emanuels I. v. Portugal* (1469—1521).

manufactu|ra *f* Manufaktur *f* (Fabrikation, Produkt u. Fabrik); **~rados** *m/pl.* Erzeugnisse *n/pl.*; Waren *f/pl.*; **~rar** *v/t.* fertigen, fabrizieren; **~ras** *f/pl.* Fertigwaren *f/pl.*; **~rero** *adj.* Manufaktur...; gewerbetreibend.

manu|misión *f* Freilassung *f* v. Sklaven; **~mitir** *v/t.* Sklaven freilassen; **~scrito I.** *adj.* handschriftlich; **II.** *m* Handschrift *f*; Manuskript *n*; **~tención** *f* Unterhalt *m*; Verpflegung *f*.

manyar P *adj. vt/i.* 1. essen; 2. sehen; 3. erraten.

manza|na *f* 1. Apfel *m*; **~** *reineta* Renette *f*; *fig.* **~** *de la discordia* Zankapfel *m*; *sano como una* **~** kerngesund; 2. Häuserblock *m*; 3. *Am.* **~** (*de Adán*) Adamsapfel *m*; **~nal**, **~nar** Apfelbaumpflanzung *f*; **~nera** ♀ *f* → *maguillo*; **~nero I.** *adj. Zo.* äpfelfressend; **II.** *m Ec.* → manzano; **~nil** *adj. c* apfelähnlich (*Frucht*); **~nilla** *f* 1. ♀ Kamille *f*; **~** *hedionda* ♀ *fétida* Hundskamille *f*; 2. Manzanillawein *m* (*herber andal. Weißwein*); **~no** *m* Apfelbaum *m*.

maña *f* 1. Geschicklichkeit *f*; *fig.* Schlauheit *f*; List *f*; *malas* **~s** üble Tricks *m/pl.*; *darse* **~** *s.* geschickt anstellen; *tener* **~** *para a/c.* geschickt sein in et. (*dat.*).

maña|na I. *f* Morgen *m*; Vormittag *m*; *esta* **~** heute morgen; *muy de* **~** sehr früh; *por la* **~** morgens; **II.** *adv.* morgen; *pasado* **~** übermorgen; *por la* **~** morgen früh; **~** será otro día morgen ist auch noch ein Tag; *fig.* el **~** die Zukunft; **~near** *v/i.* gewohnheitsmäßig früh aufstehen; **~nero I.** *adj.* frühaufstehend; Morgen...; **II.** *m* Frühaufsteher *m*; **~nica**, **~nita**[1] *f* früher Morgen *m*; **~nita**[2] *f* Bettjäckchen *n*.

mañero *adj.* 1. listig; 2. → *bien manejable*; 3. *Am.* störrisch (*Tier*); 4. *Arg.* → mañoso; *fig.* → tramposo.

maño F *m* 1. Aragonier *m*; 2. *fig.* F *Ar.*, *Chi.* Liebling *m* (Kosename); 3. F *¡*~*!* → caramba.

mañoso *adj.* geschickt.

maoista *Pol. adj.-su. c* maoistisch; *m* Maoist *m*.

maorí *m* (*pl.* **~í**[es]) Maori *m*.

mapa I. *m* Landkarte *f*; **~** *cuadriculado* Gitter(netz)karte *f*; **~** *mural* Wandkarte *f*; *fig.* el **~** *político* die politische Landschaft; P *poner del* **~** *a alg.* j-n umlegen F, j-n abservieren F; *fig.* F *no estar en el* **~** unbekannt sein; **II.** *f* Spitze *f*, Ende *n*; **~mundi** *m* (*pl. inv.*) Weltkarte *f*; *fig.* F Hintern *m* F.

mapanare *Zo. f Col., Ven.* Buschmeister *m*.

mapu|che *adj.-su. c* araukanisch; *m* Araukaner *m*; *Li.* das Mapuche, das Araukanische; **~chín** *m Col.* Homosexuelle(r) *m*.

maque *m* (Japan-)Lack *m*; **~ar** *v/t.* lackieren.

maque|ta *f* 1. *bsd.* △, *a.* ⊕ (verkleinertes) Modell *n*; **~** *en madera* Holzmodell *n*; 2. *Typ.* Layout *n*; **~tar** *v/t.* das Layout erstellen für; **~tista** *Typ. c* Layouter *m*.

maqueto *desp. m* Nicht-Baske *m* (*aus der Sicht der Basken*).

maquia|vélico *adj.-su.* machiavellistisch; *m* Machiavellist *m*; **~velismo** *m* Machiavellismus *m*.

maquila *f* 1. Schüttung *f* auf der Mühle; 2. Mahlmetze *f* (Kornmaß); 3. Mahlgeld *n*.

maquilla|dor *m* Maskenbildner *m*; Theaterfriseur *m*; **~dora** *f* Kosmetikerin *f*; **~je** *m* Make-up *n*; *Thea.* Schminken *n*; **~r** *v/t.* das Make-up machen (*dat.*); **~se** sein Make-up machen.

máquina I. *f* 1. *a. fig.* Maschine *f*; *a* **~** maschinell; mit der Maschine; *Typ.* composición *f a* **~** Maschinensatz *m*; *trabajo m a* **~** Maschinenarbeit *f*; ⊕ *a media* **~** mit halber Kraft; *a toda* **~** ⊕ *u. fig.* mit voller Kraft, *fig.* mit Vollgas; ⊕ *mit Volldampf*; ⊕ *coser a* a) Nähmaschine *f*; b) *Typ.* Heftmaschine *f*; **~** *de enseñar* Lehrmaschine *f*; **~** *de escribir* (*portátil*) (Reise-)Schreibmaschine *f*; **~** *herramienta* Werkzeugmaschine *f*; **~** *de imprimir* (*de lavar*) Druck- (Waschmaschine *f*; **~** (*recreativa*) Spielautomat *m*; **~** *universal* Mehrzweck-, Universalmaschine *f*; **~** *de vapor* Dampfmaschine *f*; 2. ⊕ Lokomotive *f*, Lok *f*; 3. **~** (*fotográfica*) Kamera *f*, Fotoapparat *m*; 4. *Reg.* Fahrrad *n*; Auto *n*; Flugzeug *n usw.*; 5. *fig.* a) Maschinerie *f*; **~** *electoral* Wahlmaschinerie *f*; b) Organismus *m*; c) gr. Bauwerk *n*; Bau *m* (*a. fig.*); *la* **~** *del mundo* das All, der Weltenbau; 6. *Thea.* Theatermaschine *f*; *fig.* Deus *m* ex machina; **II.** *m* F As *n*; *Sp. a.* Crack *m*.

maqui|nación *f* Intrige *f*; **~ones** *f/pl.* Ränke *pl.*, Machenschaften *f/pl.*; **~nado** *m* Bearbeitung *f* von Teilen; **~nador** *m* Ränkeschmied *m*; **~nal** *adj. c* 1. ⊕ maschinell; Maschinen...; 2. unwillkürlich, mechanisch; **~nar** **I.** *v/t.* ersinnen, aushecken; **II.** *v/i.* intrigieren, Ränke spinnen.

maqui|naria I. *f* 1. Maschinen *f/pl.*; Maschinenpark *m*; 2. Maschinerie *f*; 3. Maschinenbau(wesen *n*) *m*; **~nilla** *f* 1. kl. Maschine *f*; Maschinchen *n*; **~** *para cortar el pelo* Haarschneidemaschine *f*; **~** *para liar cigarrillos* Zigarettenwickler *m*; 2. **~** (*de afeitar*) Rasierapparat *m*; **~** *eléctrica* Elektrorasierer *m*; **~nismo** *m* Maschinenzeitalter *n*; **~nista** *m* 1. Mechaniker *m*; 2. Maschinenführer *m*; -meister *m*; 3. ⊕ Lok(omotiv)führer *m*; 4. *Thea.* Maschinist *m*; **~nitis** *f dim.* Maschinchen *n*.

maquis *m* 1. ♀ Macchia *f*, Buschwald *m*; 2. Widerstandsgruppe *f*, Untergrundkämpfer *m*(*/pl.*).

mar I. *m*, ⊕ *u.* F *f* Meer *n*, See *f*; **~** *interior* (*marginal*) Binnen- (Rand-)meer *n*; **~** *Muerto* (Negro, Rojo) Totes (Schwarzes, Rotes) Meer *n*; **~** *del Norte* Nordsee *f*; *por tierra y por* **~** zu Lande u. zur See (od. zu Wasser); **~** *adentro* seewärts; *en alta* **~** auf hoher See, auf offenem Meer; **~** *de fondo* Dünung *f*; *fig.* tiefe innere Unruhe *f*; *echar agua en la* (*od. el*) **~** Eulen nach Athen tragen; *hacerse a la* **~** in See stechen; **II.** *f fig.* F e-e Unmenge, jede Menge F; *a* **~** *es in* Strömen, reichlich(st); F *la* **~** *de cosas* ein Haufen von Dingen; F *divertirse la* **~** *s.* mächtig amüsieren F; *ser la* **~** *de tonto* riesig dumm sein.

¡mar! ⚔ Ausführungskommando: *¡media vuelta*, **~***!* Abteilung — „kehrt!"

mará *Zo. m Arg., Chi.* Mara *m*, Pampashase *m*.

marabú *Vo. m* (*pl.* **~ues**) Marabu *m*.

maraca *f* 1. ♪ Kürbisrassel *f*; Rumbakugel *f*; 2. *Chi., Pe.* ein Würfelspiel *n*; 3. *Chi.* Straßendirne *f*.

mara|cuyá ♀ *m* Passionsfrucht *f*, Maracuja *f*; **~gota** *Fi. f* gefleckter Lippfisch *m*.

maraña *f* Gestrüpp *n*; Dickicht *n*; *fig.* Verwicklung *f*; Wirrwarr *m*; **~ñero** *m* Ränkeschmied *m*, Unruhestifter *m*.

marañón ♀ *m Am. trop.* Kaschubaum *m*.

marasmo *m* Marasmus *m*; *fig.* Erlahmen *n*, Verfall *m*.

mara|t(h)ón *m*, *Am. a. f Sp.* Marathonlauf *m*; *Pol. a. adj. inv.* sesión *f* **~**; Marathonsitzung *f*; **~toniano** *adj.* Marathon...

maravedí *m alte Münze*; *fig.* Heller *m*.

maravi|lla *f* 1. Wunder *n* (*nicht Rel.*); Wunderwerk *n*; *de* (*od.*) **~** wunderbar; *a las mil* **~s** wunderbar; herrlich; wie am Schnürchen; *las siete* **~s** *del mundo* die sieben Weltwunder; *una* **~** *de hombre* ein großartiger Mensch *m*; *fig. la octava* **~** das achte Weltwunder; 2. Erstau-

maravillar — marina

nen *n*; 3. ♀ **a)** Jalapawinde *f*; **b)** Efeuwinde *f*; **c)** Ringelblume *f*; **~llar I.** *v/t.* in Bewunderung versetzen; wundern; **II. ~se** *v/r. s.* wundern (über *ac.* de); **~lloso** *adj.* wunderbar.

marbete *m* Etikett *n*.

marca *f* **1.** Merkzeichen *n*; Marke *f* (*a.* ✞); Warenzeichen *n*; Wasserzeichen *n im Papier*; Brandzeichen *n zur Kennzeichnung des Viehs*; de ~ ✞ Marken...; *fig.* F groß, Erz...; F de ~ *mayor* gan bsd. groß, Riesen... F; ~ *cero* Nullmarke *f* (*z. B. am Pegel*); ✞ ~ **de fábrica** Fabrikmarke *f*; ✞ ~ *registrada* eingetragene Schutzmarke *f*; **2.** *Sp.* Rekord *m*; *batir* (*igualar*) *una* ~ e-n Rekord brechen (einstellen); **3.** (Grenz-)Mark *f*.

marca|ción *f* **1.** ⚓ Peilung *f*; **2.** ✞, ⊕ Markierung *f*; **~do I.** *adj.* **1.** deutlich (hörbar *od.* sichtbar); **II.** *m* **2.** *Typ.* Anlage *f*; **3.** Einlegen *n der Haare*; **~dor** *m* **1.** Markierer *m*; Abstempler *m*; **2.** Eichmeister *m*; **3.** ⊕ Markierschlägel *m*; Anleger *m*; *IT* Lesezeichen *n*; *Kfz.* ~ **de gasolina** Benzinuhr *f*; **3.** *Sp.* Totalisator *m*, Ergebnistafel *f*; ~ (*del gol*) Torschütze *m*; **4.** (breiter) Filzstift *m*; **~je** *Sp. m* Deckung *f b.* Fußball; **~pasos** ⚔ *m* (*pl. inv.*) Herzschrittmacher *m*; **~r** [1g] *v/t.* **1.** kennzeichnen; bezeichnen; markieren (*a. EDV*); *p. ext.* Haare einlegen; *Tel.* Nummer wählen; Takt schlagen; **2.** eichen; **3.** ⊕ markieren; *Typ.* Bogen anlegen; **4.** *Sp.* Ergebnis anzeigen; **5.** Fußball: Tor schießen; Spiel decken; **6.** *que marca la ley* gesetzlich (vorgeschrieben); **7.** Karten zinken.

marce|ar *v/i.* → marzo; **~ño** *adj.* März...

marces|cente ♀ *adj. c* marzeszierend; **~cible** *lit. adj. c* verwelklich (*fig.*).

marcia|l *adj. c* martialisch, kriegerisch; *ley f* ~ Standrecht *n*; **~lidad** *f* martialisches Wesen *n*; **~no** *Astr.* **I.** *adj.* Mars...; **II.** *m* Marsbewohner *m*.

marco *m* **1.** *a.* ⊕ Rahmen *m*; Bilderrahmen *m*; Einfassung *f*; Gestell *n*; Türstock *m*; Fensterrahmen *m*; **2.** ~ (*alemán*) (Deutsche) Mark *f*; ~ *oro* Goldmark *f*; **3.** Mark *f* (*Gold- u. Silbergewicht: 230 g*); **4.** Eichmaß *n für Maße u. Gewichte*.

marcha *f* **1.** *a.* ⚔, ♪ Marsch *m*; ⚔ Abmarsch *m*; *p. ext.* Abreise *f*; *fig.* Gang *m*; Verlauf *m*; *Sp.* ~ **atlética** (*od. de competición*) (Wett-)Gehen *n*; *fig. la larga* ~ der lange Marsch; ♪ ~ *militar* Militärmarsch *m*; *fig.* ~ **de los negocios** Geschäftsgang *m*; ~ *nocturna* (*de la paz*) Nacht-(Friedens-)marsch *m*; ♪ ♀ *Real* alte span. *Nationalhymne; a* ~s *forzadas* in Eil- *od.* Gewalt-)märschen; *fig.* im Eiltempo; *fig. sobre la* ~ in aller Eile; nebenbei, während alles (ab-)läuft; *poner en* ~ ⚔ in Marsch setzen; *fig.* in Gang (*od.* ins Werk) setzen; *ponerse en* ~ **2.** ⊕ Lauf *m*, Gang *m* (*a. Kfz.*); Betrieb *m*; Fahren *n*; Funktionieren *n*; *a. Kfz.* ~ *adelante* Vorwärtsgang *m*; ~ *atrás Kfz.* Rückwärtsgang *m*; *fig.* F Coitus *m* interruptus, Aussteigen *n* P; ~ *en vacío* Leerlauf *m*; *a toda* ~ mit Vollgas; *dar* ~ *atrás* rückwärts fahren; *fig.* e-n Rückzieher machen; *poner en* ~ in Betrieb (*od.* in Gang) setzen; **3.** Fahrt *f*, (Fahr-)Geschwindigkeit *f v. Fahrzeugen*; **4.** F Schwung *m*, Pep *m* F; *tener* ~ Schwung (*od.* Pep F) haben (*Person, Schallplatte*); *irle la* ~ *a alg.* → *tener* ~; **5.** F *Méj. dar* ~ *a alg.* j-n (sexuell) aufreizen.

marchador *adj. Am.* **1.** schnell (u. unermüdlich) zu Fuß; **2.** (*caballo*) ~ *m* Paßgänger *m*.

marchamo *m* **1.** Zollplombe *f*; *poner* ~ (*a*) verplomben (*ac.*); **2.** *Rpl.* Schlacht(hof)gebühr *f*.

marchan|te *am. Am. Reg.* Kundschaft *f*; **~te** *m* **1.** Händler *m*, Handelsmann *m*; **2.** F *Andal., Am.* Kunde *m*; **~tería** *f Am. Reg.* Kundschaft *f*.

mar|char I. *v/i.* **1.** marschieren; gehen; *fig.* gehen (*Geschäft usw.*); vorwärtsgehen; fortschreiten; ⚔ *¡marchen!* vorwärts marsch!; *fig. la cosa marcha* (*bien*) die Sache geht gut voran; **2.** → **~se**; ⚓ *marchó sin dejar señas* unbekannt verzogen; **3.** ⊕ gehen, laufen; fahren; funktionieren; *el reloj no marcha* die Uhr geht (*od.* funktioniert) nicht; **II.** *v/r.* **~se 4.** (fort-, weg-)gehen; abreisen; **~chista** *c* Geher *m*.

marchi|tamiento *m* Welken *n*; **~tar I.** *v/t.* welk machen; **II.** *v/r.* **~se** (ver)welken, welk werden; *fig.* kraftlos werden, erschlaffen; **~to** *adj.* welk.

mare|a *f* **1.** Ebbe u. Flut *f*, Gezeiten *pl.*; ~ *alta* Flut *f*; ~ *baja* Ebbe *f*; ~ *negra* Ölpest *f*; ~ *viva* Springflut *f*; **2.** ⚓ Seewind *m*; **~ado** *adj.* seekrank; benommen, schwindlig; **~aje** ⚓ *m* **1.** Seefahrt *f*; Schiffahrtskunde *f*; **2.** Schiffskurs *m*, Strich *m*; **~al** *adj. c* Gezeiten...; **~ar I.** *v/t.* **1.** ⚓ ein Schiff führen; **2.** krank machen; *p. ext.* schwindlig machen; *fig.* F *j-m* auf die Nerven gehen; *j-n* verwirren, durchea.-bringen; **II.** *v/r.* **~se 3.** see-, luft-krank werden; schwindlig werden; *me mareo a.* mir wird schlecht (*od.* übel); **4.** *s.* e-n (halben) Rausch antrinken; **5.** *durch den Seetransport leiden* (*Waren*); *Am. a., z. B. b.* *einigen Weinen*, besser werden; **~jada** *f* **1.** hoher Seegang *m*; **2.** *fig.* Brausen *n*, Tumult *m* e-r Menge; **~jadilla** *f* leichter Seegang *m*; **~mágnum** *m* Mischmasch *m*; wirre Menge *f*; **~moto** *m* Seebeben *n*.

mare|o *m* Seekrankheit *f*; Schwindel *m*; Übelkeit *f*; **~ógrafo** *m* Pegel-, Flut-messer *m* (*Meer*); **~omotriz** ⚡ *adj. f*: *central* ~ Gezeitenkraftwerk *n*; **~ro** ⚓ *adj.* See...; **~ta** *f* **1.** leichter Seegang *m*; **2.** *fig.* Brausen *n*, Stimmengewirr *n*; **3.** Aufregung *f*; **~tazo** *m* Sturzsee *f*; **~te** *m*: *hacer* ~ *a* Haken schlagen (*Hase*).

marfi|l *m* Elfenbein *n*; ~ *vegetal a*) Steinnuß(baum *m*) *f*; de color de ~ elfenbeinfarbig; **~lado**, **~leño** *lit. adj.* aus Elfenbein; **~lino** *adj.* hell, weiß.

marga¹ *f* Sackleinen *n*.

marga² *f* Mergel *m*; **~l** *m* Mergelerde *f*; Mergelgrube *f*; **~r** [1h] ♂ *v/t.* mit Mergel düngen.

margarina *f* Margarine *f*.

margarita *f* **1.** ♀ **a)** Margerite *f*; Gänseblümchen *n*; **b)** *Ec.* → *jacinto*; **2.** *Zo.* Perlmuschel *f*; **3.** *fig.* Perle *f*; *echar* ~s *a puercos* Perlen vor die Säue werfen **4.** ~ (*impresora*) Typenrad *n* (*Schreibmaschine*); **5.** ♀ *npr.* Margarete *f*, Grete *f*.

margay *Zo. m Am.* Margay *m*, Tigerkatze *f*.

mar|gen I. *m* (*a. f*) **1.** Rand *m*; *a.* ⊕ Raum *m*, *a. fig.* Spielraum *m*, Bereich *m*; *fig.* Handhabe *f*, Anlaß *m*; ~ *de maniobra* Spielraum *m* (*fig.*); *al* ~ *am Rande*; (dr)außen; *dentro del* (~ *del*) *programa* im Rahmen des Programms; *fig. dar* ~ *para a/c.* Anlaß zu et. (*dat.*) geben; **2.** Ufer *n*; Rain *m*; **II.** *m* **3.** ✞ Spanne *f*, Marge *f*; ~ *de beneficios* (*de precios*) Gewinn-(Preis-)spanne *f*; **~ginación** *Soz., Psych. f* Marginierung *f*; Ausgrenzung *f*; *p. ext.* Diskriminierung *f*; ~ *social a.* soziales Abseits *n*; **~ginado** *adj.* mit Rand (*Papierbogen*); ♀ gerandet (*z. B. Stiel*); *fig. los* ~s *sociales* die Randgruppen *f/pl.* der Gesellschaft; **~ginador** *m* Randsteller *m* (*Schreibmaschine*); **~ginal** *adj. c* **1.** Rand...; *nota f* ~ Randbemerkung *f*; **2.** *fig.* nebensächlich, unbedeutend, Neben...; **~ginar** *Soz., Psych. v/t.* marginieren; ausgrenzen; *a.* übergehen (*z. B. bei Beförderung*); ausschließen, an den Rand drängen; *p. ext.* diskriminieren; ~ *de von et.* (*dat.*) fernhalten.

margoso *adj.* mergelhaltig.

margra|ve *m* Markgraf *m*; **~viato** *m* Markgrafschaft *f*.

marguay *Zo. m Am.* Margay *m*, Tigerkatze *f*.

marguera *f* Mergelgrube *f*.

maría *f* **1.** *fig.* ~s *f/pl. Span.* runde Kekse *m/pl.*; *Astr. las tres* ♀s die Gürtelsterne *m/pl.* des Orion; F *Univ. Span.* (*zur Francozeit*) die drei Fächer: Sport *m*, Religion *f* u. Politik *f*; *baño m de* ~ (*warmes*) Wasserbad *n*; **2.** ♀ *npr.* María *f*.

mariachi *m Méj.* Musikgruppe *f* (*mst. 5 Trompeten, 5 Geigen, 5 Gitarren u. Baßgitarre*).

maria|nismo *kath. m* Marienverehrung *f*; **~no** *Rel. adj.* marianisch, Marien...

mari|ca I. *f Vo.* Elster *f*; **II.** *m* F weibischer Kerl *m*; Homosexuelle(r) *m*, warmer Bruder *m* F; ♀**castaña** F: *en tiempos de* ~ *Anno Tobak* F; **~cón** *m* Homo *m* F, warmer Bruder *m* F; *¡*~*!* Saukerl! P; **~conada** P *f* Hundsgemeinheit *f* F; **~conera** F *f* Herrentasche *f*, Handkoffertasche *f*.

mari|dar I. *v/i.* heiraten; ehelich leben; **II.** *v/t. fig.* eng verbinden; **~do** *m* Ehemann *m*; **~guana** *f*, **~huana** *f* Marihuana *n*; **~macho** F *m* **1.** Mannweib *n*; **2.** Lesbierin *f*, Lesbe *f* F; *kesser Vater m* F; **~mandón** *adj.* herrschsüchtig.

marim|ba *f* afrikanische Trommel *f*; ♪ *Am.* Marimba *f* (*Art Xylophon*); *fig. Arg.* Tracht *f* Prügel; **~bero** *Am.* Marimbaspieler *m*.

marimorena F *f* Streit *m*, Krach *m*; *armar la* ~ Krawall machen F.

mari|na *f* **1.** Marine *f*; ~ *de guerra* (*mercante*) Kriegs- (Handels-)marine *f*; **2.** Küstengebiet *n*; **3.** See-

leute *pl.;* **4.** *Mal.* Seestück *n;* ~**nar** *v/t.* **1.** *Kchk.* marinieren; **2.** *Schiff* bemannen; ~**nera** *f* **1.** Matrosenbluse *f;* **2.** ♪ *Chi., Ec., Pe.* ein *Volkstanz;* ~**nería** *f* Seeleute *pl.;* Matrosen *m/pl.;* ~**nero I.** *adj.* **1.** seetüchtig; seefest; seemännisch; *Marine-...;* **2.** *Kchk.* a la ~a mariniert; mit pikanter Soße (*Muscheln usw.*); **II.** *m* **3.** Seemann *m;* Matrose *m; fig.* ~ de *agua dulce* Landratte *f;* ~ *ordinario* (de *primera*) Leicht- (Voll-)matrose *m.*
marinismo *Lit. m* Marinismus *m.*
marino I. *adj.* See...; Schiffer..., Matrosen..., Seemanns...; **II.** *m* Matrose *m;* Seemann *m.*
marione|ta *f* Marionette *f (a. fig.);* ~**tista** *c* Marionetten-, Puppen-spieler *m.*
maripo|sa *f* **1.** *Ent.* Schmetterling *m;* ~ *blanca* (od. de la col) Kohlweißling *m;* ~ de la muerte Totenkopf *m;* ~ *nocturna* Nachtfalter *m;* **2.** Nachtlicht *n* (*Öllämpchen*); **3.** ⊕ **a)** Flügelschraube *f;* **b)** Schieber *m,* Klappe *f;* **4.** *Sp.* estilo *m* ~ Schmetterlingsstil *m* (*Schwimmen*); **5.** *euph.* für *maricón;* **6.** *Cu. Art* Buntfink *m;* ~**sear** *v/i.* (herum)flattern; *fig.* flatterhaft sein; ~ con *alg.* mit j-m flirten; ~**són** F **I.** *adj.* flatterhaft; **II.** *m iron.* Liebhaber *m;* Don Juan *m.*
mari|quita I. *f* **1. a)** Marienkäfer *m;* **b)** *Am.* Kletterpapagei *m;* **2.** *Am.* ♪ *ein Volkstanz;* **II.** *m* **3.** F → *marica* II; ~**sabidilla** F *f* Blaustrumpf *m.*
marisca|l *m* Marschall *m;* ~ *de campo* (General-)Feldmarschall *m;* ~**lato** *m,* ~**lía** *f* Marschallwürde *f.*
maris|car [1g] *v/i.* Muscheln suchen; F, *a. v/t.* klauen F; ~**co** *m* (mst. ~**s** *pl.*) Meeresfrucht *f;* ~**ma** *f* Marsch *f,* sumpfiges Küstengebiet *n;* ~**quería** *f* Meeresfrüchtehandlung *f;* ~**quero** *m* Meeresfrüchteverkäufer *m.*
marital *adj. c* **1.** Gatten..., Ehemanns...; **2.** ehelich; Ehe...
marita|ta *f* 🕱 *Bol., Chi., Méj.* Erzsieb *n; Am. Mer.* ~**s** *f/pl.* → ~**tes** *m/pl. Am. Cent., Méj.* Kram *m.*
marítimo *adj.* Meer..., See...; *ciudad* *f* ~a Seestadt *f;* por *vía* ~a auf dem Seewege.
maritornes F *f (pl. inv.)* Küchendragoner *m* F, häßliches Dienstmädchen *n.*
marjal *m* sumpfiges Tiefland *n,* Moor *n.*
marjole|ta *f* Frucht des ~**to** ♀ *m* eingriffliger Weißdorn *m.*
marmellas P *f/pl.* Titten *f/pl.* F, Brüste *f/pl.*
marmi|ta *f* Koch-kessel *m,* -topf *m;* 🞨 *Am.* ~ de *campaña* → gamella 4; ~**tón** *m* Küchenjunge *m.*
mármol *m* Marmor *m;* ~ de *Carrara* karrarischer Marmor *m;* ~ *estatuario* Bildhauermarmor *m;* schwarzer span. Marmor *m;* ~ de *Santiago* weißgeäderter, fleischroter Marmor *m;* ~ de *Toledo* grauer span. Glanzmarmor *m;* **2.** Marmorbild(werk) *n;* -skulptur *f;* **3. a)** Gg.-stand *m* aus Marmor; **b)** Marmorgarnitur *f;* **4.** ⊕ *u. Haushalt:* Arbeits-platte *f,* -tisch *m (mst. aus Metall od. Kunststoff);* **5.** *fig.* ser de ~ kalt (u. gefühllos) sein.

mar|**molejo** *m kl.* Säule *f;* ~**molería** *f* **1.** Marmorarbeit *f;* **2. a)** Bildhauerei *f;* **b)** Bildhauerwerkstatt *f;* ~**móreo** *adj.* marmorn; *a. fig.* Marmor...
marmota *f* **1.** *Zo. u. fig.* Murmeltier *n;* **2.** *fig.* F (einfaches) Dienstmädchen *n,* Dienstbolzen *m* F.
maro|ma *f* **1.** Seil *n;* Trosse *f;* dicker (Hanf-)Strick *m;* **2.** *Am.* Seiltänzerarbeit *f; a. fig. Pol.* Seiltänzerkunststück *n;* ~**mear** *v/i. Am.* Seiltänzerkunststücke vorführen (*a. fig.*); ~**mero** *m,* ~**mista** *c Am.* Seiltänzer *m (a. fig.); fig.* F *a.* (Gesinnungs-)Lump *m;* Opportunist *m.*
marqués *m* Marquis *m;* Markgraf *m.*
marque|sa *f* Marquise *f;* ~**sado** *m* **1.** Markgrafschaft *f;* **2.** Titel *m* e-s Marquis; ~**sina** *f* **1.** Glas-, Regendach *n;* **2.** Markise *f,* Sonnendach *n;* ~**sote** *m Am. Cent., Méj.* feiner Mais- (od. Reis-)kuchen *m.*
marqueta *f* Klumpen *m* Rohwachs; *Chi.* Bündel *n* Rohtabak.
marquetería *f* Intarsie *f;* Holzmosaik *m;* eingelegte (Holz-)Arbeit *f;* Laubsägearbeit(en) *f(/pl.).*
marquilla *Typ. f:* papel *m* (de) ~ ein *span. Bogenformat* (43,5 × 63 *cm*).
marra[1] *f* Schlägel *m;* Stößel *m.*
marra[2] *f* Lücke *f.*
marrajo I. *adj.* **1.** schlau, gerissen; tückisch; **II.** *m* **2.** Heimtücker *m;* **3.** *Fi.* Marache *f (Haiart).*
marramao *onom. m* Miauen *n;* Maunzen *n.*
marra|na *f* **1.** Mutterschwein *n,* Sau *f;* **2.** ✍ Achse *f* des *Schöpfrads,* **3.** *fig.* P Schlampe *f* F, Sau *f;* ~**nada** *f,* ~**nería** F *f (a. fig.);* Gemeinheit *f;* ~**no I.** *adj.* **1.** schweinisch; schmutzig; **II.** *m* **2.** *bsd. Col., Ven.* Schwein *n (a. fig.* P *u. Kchk.);* **3.** *in der Inquisitionszeit* (heimlich noch s-m alten Glauben anhängender) jüdischer (Zwangs-)Konvertit *m.*
marraqueta *f* **1.** Art *gr.* Semmel *f;* **2.** *Chi.* Kleienbrot *n.*
marrar *v/t. c.* verfehlen; fehlgehen (v/i.); ~ el *tiro* danebenschießen.
marras F: de ~ der (*bzw.* die, das) bewußte; el *día* de ~ der bewußte Tag; der Tag X.
marrasquino *m* Maraschino(likör) *m.*
marrazo *m Art* Doppelaxt *f; Méj.* Bajonett *n.*
ma|**rro** *m* **1.** Wurfspiel *n;* **2.** Fehler *m,* Schnitzer *m* F; ~**rrón**[1] *m* Wurfstein *m b.* Wurfspiel.
marrón[2] **I.** *adj. c* braun; **II.** *m Ven.* Kaffee *m* mit etwas Milch; □ *Span.* Strafe *f,* Verurteilung *f.*
marro|quí (*pl.* ~*íes*) **I.** *adj.* **1.** marokkanisch; **II.** *m* **2.** Marokkaner *m;* **3.** Saffian(leder *n) m;* ~**quinería** *f* feine Lederwaren *f/pl.;* Lederwarenindustrie *f.*
Marruecos *m* Marokko *n.*
marrulle|ría *f* Schlauheit *f,* Verschmitztheit *f;* Gerissenheit *f;* ~**ro I.** *adj.* schlau, gerissen; **II.** *m* Schlauberger *m.*
Marse|lla *f* Marseille *n;* ♀**llés** *adj.-su.* aus Marseille; *m* Marseiller *m;* ♀**llesa** *f* Marseillaise *f (frz. Nationalhymne).*
marsop(l)a *Fi. f* Tümmler *m.*
marsupial *Zo.* **I.** *adj.c* Beutel...; **II.**

~**es** *m/pl.* Beuteltiere *n/pl.*
marta *Zo. f* Marder *m;* (~) *cebellina f* Zobel *m.*
Marte *Astr. u. Myth. m* Mars *m; poet.* los *hijos de* ~ die Marssöhne = *die Krieger.*
martelé: esmalte *m* ~ Hammerschlaglack *m.*
martes *m (pl. inv.)* Dienstag *m;* ~ de *Carnaval* Karnevals-, Fastnachts-, Faschings-dienstag *m.*
marti|llar *v/t.* hämmern; *fig.* quälen; ~**lleo** *m* **1.** Hämmern *n;* Gehämmer *n;* **2.** ⊕ Klopfen *n (Verbrennungsmotor);* ~**llero** *m Am. Mer., bsd. Rpl.* Versteigerer *m;* ~**llo** *m* **1.** Hammer *m (a. Sp.);* ~ *de adoquinar* Pflaster(er)hammer *m;* ~ *apisonador* Stampfer *m,* Ramme *f;* ~ *mecánico* (*neumático*) Maschinen- (Preßluft-)hammer *m;* ~ *pilón* (Ramm-)Bär *m;* ~ de *remachar* Niethammer *m;* **2.** *Fi.* pez *m* ~ Hammerfisch *m.*
Martín *m* **1.** *npr.* Martin *m; Folk.* día *m* de San ~ Martinstag *m;* **2.** *Vo.* ♀ *pescador* (*pl.* ♀ *pescadores*) Eisvogel *m;* ♀ de *río* ~ *martinete*[1].
martinete[1] *Vo. m* Nachtreiher *m.*
martinete[2] ⊕ *m* Pochhammer *m;* ~ *a vapor* Dampfhammer *m.*
martingala *f* **1.** *Kart.* Kombination *f* im *monte;* **2.** *fig.* F Trick *m,* Dreh *m* F.
Martinica *f* Martinique *n.*
mártir *c* Märtyrer(in *f) m; fig.* Duldner(in *f) m.*
marti|rial *adj. c* Märtyrer...; ~**rio** *m* Märtyrertod *m;* Martyrium *n (a. fig.);* ~**rizar** [1f] *v/t.* martern *(a. fig.), fig.* quälen; ~**rologio** *m* Märtyrerverzeichnis *n.*
maruca *Fi. f* Leng *m.*
marxis|mo *m* Marxismus *m;* ~**-leninismo** *m* Marxismus-Leninismus *m;* ~**ta** *adj.-su. c* marxistisch; *m* Marxist *m.*
marzo *m* März *m; Span.* ~ *marcea* der März macht, was er will (*häufiger Wetterwechsel*).
mas[1] *m Cat.* Bauernhof *m,* Gehöft *n.*
mas[2] *lit. cj.* aber, jedoch; sondern.
más I. *adv.* (*komparativisch od.* superlativisch, vgl. 5); **1.** mehr; *sinngemäß:* weiter(hin), ferner, noch; zudem, überdies; besser; lieber; am meisten; am liebsten; am stärksten; **a)** ~ *acá* (weiter) hierher; *diesseits (gen. od. von dat. de);* ~ *allá* (weiter) dorthin; jenseits (*gen. od. von dat.* de); ~ *bien eher,* vielmehr; ~ o *menos* etwa, ungefähr; *cada vez* ~ *od.* ~ *y* ~ immer mehr; immer stärker *usw.; como el que* ~ wie jeder andere (auch); *nadie* ~ sonst niemand; *ni* ~ *ni menos* genauso, freilich, genau F; *Am. no* ~ → *no;* ya no *tenemos* ~ *esperanza* wir haben k-e Hoffnung mehr; *ya no nos veremos* ~ wir werden uns nicht wiedersehen; **b)** *mit adv. u. prp.:* ~ *aún* außerdem, darüber hinaus, zusätzlich; *a (od.* todo) *lo* ~ bestenfalls, (aller)höchstens *a* ~ *y mejor* reichlich, tüchtig, gehörig, anständig F; *cuando* ~ höchstens; *cuanto* ~ ..., *tanto* je mehr ..., desto mehr; *cuanto* ~ *rápido,* tanto ~ *económico* je schneller, desto wirtschaftlicher; *de* ~ noch dazu, mehr; zuviel; überflüssig; überzählig;

masa — matar 410

estar de ~ überflüssig sein; (apreciar) en ~ höher (schätzen); por ~ que + subj. wie sehr auch, obwohl, auch wenn + *ind.*; *sin ~* ohne weiteres; ✝ *sin ~ por hoy* ohne mehr für heute (*am Briefschluß*); *sin ~ ni ~ mir* nichts, dir nichts; *tanto ~ cuanto que* um so mehr als; **c)** *beim Verb*: *él te quiere ~* er liebt dich mehr; *er liebt dich am meisten* (→ *5*); *¿qué quiere usted ~?* was wollen Sie noch?; **2.** ⚥ plus, *z. B. 5 + 12 = 17 cinco ~ doce igual a diecisiete* fünf plus zwölf gleich siebzehn; ✝ *~ el embalaje* Verpackung extra, plus Verpackung; **II.** *b. der Steigerung:* **3.** *comp.* **a)** *Bildung:* ~ + *adj.,* ~ + *adv.*, *z. B. ~ barato* billiger; ~ *grande* größer; ~ *lejos* weiter (entfernt); **b)** *Vergleich b. Zahlbegriffen u. Zahlen:* ~ *de mehr als; über; no ~ que* nicht mehr als, nur; ~ *de cuatro* mehr als vier; *fig.* viele; ~ *de una hora* länger als e-e Stunde; **c)** *Wortvergleich:* ¡(y) ahora ~ *que nunca!* nun erst recht!; *gastar ~ de lo necesario* mehr als nötig ausgeben; *este coche es ~ rápido que el tuyo* dieser Wagen ist schneller als deiner; *nadie lo sabe ~ que tú* niemand weiß es außer dir; **d)** *Satzvergleich mit Bezug auf ein su., adj., adv.* ~ *de 8;* **4.** *sup. el (la, lo) ~ grande* der (die, das) größte; *lo ~ pronto posible* so bald wie möglich; *a ~ tardar* spätestens; (*ni*) *en lo ~ mínimo* nicht im geringsten; *una obra de las ~ valiosas editadas en los últimos tiempos* e-e sehr wertvolle neuere Veröffentlichung; *¡qué cosa ~ absurda!* so et. Unsinniges!; F *los ~ (de los) días* die meisten Tage; (*lo*) ~ am meisten; **5.** *Anm.: Da Komparativ u. Superlativ formal weitgehend nicht zu unterscheiden sind* (*la ciudad ~ importante* die wichtigere, *aber a.* die wichtigste Stadt) *entscheidet der Sinnzusammenhang;* **III.** *m* **6.** ⚥ Plus(zeichen) *n*; **7.** Mehr *n*, Plus *n*; Mehrertrag *m*, Überschuß *m*; *tener sus ~ y sus menos* s-e Vorteile u. s-e Nachteile haben.
masa[1] *f* **1.** Masse *f* (*alle Bedeutungen*); *Soz. la ~* die (breite) Masse; *Met. ~s f/pl. de aire* Luftmassen *f/pl.*, ⊕, △, ⚡ ~ *aislante* Isoliermasse *f*; *Phys. ~ atómica* (*molecular*) Atom- (Molekül-)masse *f*; ⚡ ~ *encefálica* Hirnmasse *f*; 🦴 *~ de la quiebra* Konkursmasse *f*; *en ~* Massen...; *el pueblo en ~* das Volk in s-r Masse, das ganze Volk; ✝ *venta f en ~* Massenverkauf *m*; **2.** Teig *m*; Tunke *f* (*panificable*) Brotteig *m*; *fig. coger con las manos en la ~* auf frischer Tat ertappen (j-n *a alg.*); **3.** △ Mörtel *m*; **4.** ♪ *coral* Chor(vereinigung *f*) *m*.
masa[2] *f Ar.* → *masada.*
masa|crar *v/t.* massakrieren, niedermetzeln; **~cre** *f* Massaker *n*.
masada *f* Meierhof *m*, Meierei *f*.
masai *m* Massai *m*.
masa|je *m* Massage *f*; *dar ~* massieren; *darse un ~* s. massieren lassen; ~ *facial* (*subacuático*) Gesichts- (Unterwasser-)massage *f*; **~jear** *v/t.* massieren; *a. desp. Am.* befummeln F; **~jista** *c* Masseur *m*, Masseurin *f*.
masato *m Am. Mer.* gegorenes Getränk *n* (*bsd. v. Mais*).

masca|da *f* **1.** *Chi.* Bissen *m*, Happen *m*; **2.** *Méj.* Seidentuch *n der Rancheros*; **3.** *Rpl.* Portion *f* Kautabak; **~dura** *f* Kauen *n*; **~r** [1g] *v/t.* **1.** kauen; *fig.* vorkauen (*fig.*); **2.** → *mascullar.*
máscara I. *f* **1.** Maske *f* (*a. Ethn., Typ., Thea.,* ⚡, ⊕ *u. fig.*); Larve *f*; *p. ext.* Tarnung *f*; *fig.* Deckmantel *m*, Vorwand *m*; *~s f/pl. a.* Maskerade *f*; (*traje de*) *~* Maske *f*, Verkleidung *f*; *~ de gas, ~ antigás* Gasmaske *f*; *quitarse la ~* die Maske ablegen (*fig.* fallen lassen); *fig. quitarle a alg. la ~* j-m die Maske vom Gesicht reißen; **2.** ⚡ Gesichtsverband *m*; **II.** *c* **3.** Maske *f*, Maskierte(r) *m*, Maskierte *f*.
masca|rada *f* Maskerade *f*; Maskentreiben *n*; Mummenschanz *m*; **~rilla** *f* **1.** Halb-, Augen-maske *f*; *Kosmetik*: Packung *f*, Gesichtsmaske *f*; **2.** *Ku.* Totenmaske *f*; Lebendmaske *f*; **3.** ⊕, ⚡, *Repro.* Maske *f*; ⚡ *a.* Mundschutz *m*; *~ de oxígeno* Sauerstoffmaske *f*; **~rón** *m* **1.** *augm.* gr. Maske *f*; **2.** △ Maske *f*; ⚓ *~* (*de proa*) Galionsfigur *f*; **3.** *fig.* Fratze *f*; häßlicher Mensch *m*.
mascota *f* Maskottchen *n*, Talisman *m*; *Kfz. a.* Kühlerfigur *f*.
mascujar F *v/t.* schlecht kauen; *fig.* → *mascullar.*
masculi|nidad *f* Männlichkeit *f*; **~nización** *f* Vermännlichung *f*; **~no I.** *adj.* männlich, *a. Gram.* maskulin; **II.** *m Gram.* Maskulinum *n*.
mascullar *vt/i.* murmeln.
masera *f* (Abdecktuch *n* für den) Backtrog *m*.
masía *f Cat., Arg.* → *mas*[1].
masifi|cación *f* Vermassung *f*; **~car(se)** [1g] *v/t.* (*v/r.*) vermassen *v/t.* (*v/i.*).
masilla *f* (*bsd.* Glaser-)Kitt *m*; **~r** *v/t.* spachteln, (ver)kitten.
masitas *f/pl. And., Rpl.* Teegebäck *n*.
masivo *adj.* massiv, in Massen auftretend, Massen...
maslo *m* Schwanzstummel *m*, Rübe *f der Vierfüßer*; Stengel *m b. Pfl.*
masoca P *m* Masochist *m*.
ma|són *m* Freimaurer *m*; **~sonería** *f* Freimaurerei *f*; **~sónico** *adj.* Freimaurer...
masoqui|smo *m* Masochismus *m*; **~ta** *adj.-su. c* masochistisch; *m* Masochist *m*. [lung *f*.\]
masoterapia ⚡ *f* Massagebehand-\]
mastelero ⚓ *m* Toppmast *m*; Stenge *f*.
máster *m Univ.* Master *m*.
mástic *m* **1.** Mastix *m*; **2.** (Spachtel-)Kitt *m*.
mastica|ción *f* Kauen *n*; **~dor** **1.** *Anat.* Kaumuskel *m*; **2.** ⊕ Mastikator *m*; **~r** [1g] *v/t.* kauen.
mástil *m* **1.** Pfahl *m*, Mast *m*; *p. ext.* Fahnen-, Funk-, Schiffs-, Zelt-, Fernseh-mast *m*; ⚓ *~grúa, ~ de carga* Ladebaum *m*; **2.** ⚡ (dicker) Stiel *m*; Stamm *m*; **3.** Griffbrett *n b.* Geigen *usw.*; **4.** Schaft *m er* Vogelfeder; **5.** Schurz *m der* Indianer.
mastín *adj.-su. m* gr. Hirtenhund *m*.
mástique *m* → *mástic.*
mas|titis ⚡ *f* Mastitis *f*; **~todonte** *m Zo.* Mastodon *m*; *fig.* F bulliger Kerl *m* F, Koloß *m* F; **~todóntico** *adj.* riesig, enorm, gigantisch; **~toi-**

des *Anat. adj.-su.:* (*apófisis*) *~ f* Warzenfortsatz *m des Schläfenbeins.*
mastote ⚡ *m C. Ri.* Milchbaum *m*.
mastuerzo *m* **1.** ⚡ (Brunnen-)Kresse *f*; Gartenkresse *f*; **2.** *fig.* Dummkopf *m*.
masturba|ción ⚡ *f* Masturbation *f*; **~rse** *v/r.* masturbieren.
mata[1] *f* **1.** Strauch *m*, Busch *m*; Stock *m*, Staude *f*; *Am. a.* Baum *m*; *~s f/pl.* Buschwerk *n*; *fig. ~ de pelo* Haarbüschel *n*; **2.** *Am.* Blumentopf *m*.
mata[2] *f* **1.** *Arg., Ec.* → *matadura;* **2.** *Kart.* → *matarrata.*
mata|buey ⚡ *m* Hexenkraut *n*; Hasenöhrchen *n*; **~caballo** *m Ent. Chi.* gr. Schabe *f*; *a ~* in aller Eile; **~cán** *m* **1.** *fort.* Pechnase *f*; **2.** ⚡ Brechnuß *f*; **3.** Hundegift *n*; **4.** △ gr. Füllstein *m*; **5.** *Jgdw.* erfahrener Hase *m*, der es versteht, den Hunden ein Schnippchen zu schlagen; **~candelas** *m* (*pl. inv.*) Löschhütchen *n für Kerzen*; **~candil** ⚡ *m Art* Rauke *f*; *~es m/pl.* nickender Milchstern *m*; **~chín** *m* Raufbold *m*; **~dero** *m* Schlacht-haus *n*, -hof *m*; *fig.* Schinderei *f*; F *Am.* Junggesellenwohnung *f*; **~dolor** *m Méj.* schmerzstillendes Mittel *n*; **~dor I.** *adj.* tödlich; **II.** *m* Totschläger *m*, Mörder *m*; *Kart.* Trumpfkarte *f b. Lomber; Stk.* Matador *m*; **~dura** *Equ. f* Druckstelle *f*; **~fuego** *m* Feuerlöscher *m*.
mátalas callando F *m* Leisetreter *m*, Duckmäuser *m*.
mata|lobos ⚡ *m* (*pl. inv.*) gelber Eisenhut *m*; **~lón** *m* Schindmähre *f*, Klepper *m*; **~mata** *Zo. f Am. Mer.* Fransenschildkröte *f*; **~moros** F *m* (*pl. inv.*) Prahlhans *m*; **~moscas** *m* (*pl. inv.*) Fliegen-klatsche *f*; -fänger *m*.
mata|ncero *m Am. Reg.* Fleischer *m*, Metzger *m*; **~nza** *f* **1.** Töten *n*; Schlachten *n* (*a. fig.*); Gemetzel *n*; *~ de zánganos* Drohnenschlacht *f der* Bienen; *hacer una ~* alles niedermetzeln; **2.** Schlachten *n*; Schlachtung *f*; **~pieles** *m* (*pl. inv.*) Nagelhautentferner *m*; **~piojos** *m* (*pl. inv.*) Läusemittel *n*; *Ent.* Libelle *f*; **~polvo** *m bsd. Am.* Sprühregen *m*.
matar I. *v/t.* **1.** töten; ums Leben bringen, umbringen; *Vieh* schlachten; *Wild* erlegen *bzw.* schießen; *~ a palos* totprügeln; *~ a puñaladas* erdolchen, erstechen; *~ a tiros* erschießen; *~ de un tiro* mit e-m Schuß töten; **2.** *e-m Pferd od.* Arbeitstier Druckstellen zufügen, wundscheuern (*ac.*); **3.** *fig.* zugrunderichten, vernichten; zerstören, auflösen; j-m sehr zusetzen; j-n fertigmachen F; *Kart.* **a)** stechen; **b)** zinken; *Durst, Feuer,* △ Kalk löschen; *Ecken, Kanten* abrunden *bzw.* abschrägen; *Mal. Farben* dämpfen; *Metalle* matt machen; *Hunger* stillen; *Kälte, Schlaf usw.* überwinden; *Zeit* totschlagen; *Briefmarke* abstempeln, entwerten; *fig. a mata caballo* in aller Hast; übereilt; *estar a ~ con alg.* j-m spinnefeind sein; *fig. ~las callando* ein Schleicher (*od.* ein Heimtücker) sein; *un calor que me es furchtbare Hitze; ¡que me maten si lo hago!* das tue ich unter k-n Umständen; *¡que me maten (si no lo*

matarife — mayordomo

hace)! ich wette mit m-m Kopf dafür (, daß er's tut); **II.** *v/r.* ~se **4.** *s.* umbringen; ums Leben kommen; *se mató en un accidente* er kam bei e-m Unfall um(s Leben); **5.** *fig.* ~se *por s.* umbringen für (*ac.*); alles tun, um zu + *inf.*; *se mata a leer* er liest *s.* zu Tode (*fig.*); ~se (*trabajando*) *s.* abschuften F, *s.* abrackern.

mata|rife *m* Schlächter *m*; ~**rrata** *Kart. f Art* Truquespiel *n*; ~**rratas** *m* (*pl. inv.*) Rattengift *n*; *fig.* F starker Schnaps *m*; ~**sanos** F *m* (*pl. inv.*) *iron.* Arzt *m*, Quacksalber *m* F; ~**sellar** *vt/i.* (Gänsefüßmarken) abstempeln; ~**sellos** *m* (*pl. inv.*) Briefstempel *m*; ~ *especial* Sonderstempel *m*; ~**siete** F *m* Raufbold *m*; Prahlhans *m* F; ~**suegras** *m* (*pl. inv.*) Luftpfeifer *m*, Scherzartikel (*Papierspirale, die durch Anblasen hinausschnellt.*).

matate *m Am. Cent.* Netz(tasche *f*) *n*.
matavivos F *m* → **matasanos**.
mate¹ *adj.* c glanzlos, matt; mattiert.
mate² *m* Matt *n* (*Schachspiel*); *dar jaque y* ~ schachmatt setzen.
mate³ *m* **1.** ♀ Matestrauch *m*; **2.** *Am.* (*Tee*); **3.** *Am. Mer.* Kürbisschale *f*; Mategefäß *n*; *fig.* F Kopf *m*, Schädel *m* F.
matemáti|cas *f/pl.* Mathematik *f*; ~ *puras* reine Mathematik *f*; ~**co I.** *adj.* mathematisch; **II.** *m* Mathematiker *m*.
Mateo *npr. m* Matthäus *m*.
matera *f Col.* Blumenstock *m*.
materia *f* **1.** Materie *f*, Stoff *m*; **2.** Stoff *m*, Substanz *f*; Werkstoff *m*; Material *m*; *a.* ✝ Gut *n*; Mittel *n*; ~ *fulminante* Zünd-stoff *m*, -mittel *m*; ~ *plástica* Kunststoff *m*; ~ *prima*, *primera* ~ Rohstoff *m*; **3.** ⚕ Eiter *m*; **4.** *fig.* Stoff *m*; Thema *m*; (Fach-, Sach-)Gebiet *n*; *en* ~ *de* auf dem Gebiet (*gen.*); ~ *para reflexión* Denkanstoß *m*; *entrar en* ~ zur Sache kommen; ~**l I.** *adj.* c **1.** materiell (*a. Phil.*); *der* Matcrie verhaftet; *veraltend fig.* F *es ist* unwichtig; **2.** stofflich; sachlich; Sach...; *daño m* ~ Sachschaden *m*; *sentido m* ~ eigentlicher (*od.* konkreter) Sinn *m* F; **II.** *m* **3.** Material *n*; (Bau-, Werk-)Stoff *m*; Gut *n*; Betriebsmaterial *n*; Gerät *n*; ~ *bélico* Kriegsmaterial *n*; ~*es de construcción* Bau-stoffe *m/pl.*, -material *n*; 🚗 ~ *móvil* (*od. rodante*) rollendes Material *n*.
materia|lidad *f* Stofflichkeit *f*; ~**lismo** *m* Materialismus *m*; ~**lista I.** *adj.-su.* c materialistisch; *m* Materialist *m*; **II.** *m Méj.* LKW-Fahrer *m*, der Baumaterial transportiert; ~**lización** *f* Materialisierung *f*; Verwirklichung *f*; ~**lizar** [1f] *v/t.* materialisieren; in Materie verwandeln; verwirklichen; ~**lmente** *adv.*: *ser* ~ *imposible* ganz u. gar unmöglich sein.
mater|nal *adj.* c mütterlich, Mutter...; *amor m* ~ Mutterliebe *f*; ~**nidad** *f* **1.** Mutterschaft *f*; protección *f a la* ~ Mutterschutz *m*; **2.** (*casa f de*) ~ Entbindungsanstalt *f*; Wöchnerinnenheim *n*; ~**no** *adj.* **1.** mütterlich; Mutter...; *seno m* ~ Mutterbrust *f*; **2.** mütterlicherseits; ~**nología** *f* Mutterschaftskunde *f*;

consultorio m de ~ Mütterberatung(sstelle) *f*.
matero *adj.-su. Rpl.* Matetrinker *m*.
Matías *npr. m* Matthias *m*.
matidez *f* **1.** *Opt.* Undurchsichtigkeit *f*; Glanzlosigkeit *f*; **2.** ♪ Dämpfung *f*.
mati|nal *adj.* c morgendlich; Morgen...; ~**né(e)** *m* (*f*) *Thea.* Nachmittagsvorstellung *f*; *Kino:* Matinee *f*.
mati|z *m* (*pl.* ~*ices*) Färbung *f*; Schattierung *f*; Farbton *m*; *fig.* Nuance *f*; ~**zado** *adj.* nuanciert, mit feinen Unterschieden; ~**zar** [1f] *v/t.* schattieren; abtönen; *fig.* nuancieren.
matojo F *m* **1.** *ein* Gänsefußgewächs; *desp.* Gestrüpp *n*; **2.** *Cu. Art* Batate *f*.
ma|tón *m* Raufbold *m*; Schläger *m* F; ~ *de feria* Schlägertyp *m* F; Rausschmeißer *m*; ~**tonismo** *m* brutale Händelsucht *f*, Rowdytum *n*.
mato|rral *m* Gestrüpp *n*, Dickicht *n*; ~**so** *adj.* mit Gebüsch bestanden.
matra|ca *f* Knarre *f*; Klapper *f* (*kath. a. Glockenersatz*); *fig.* Stichelei *f*; F ~*s f/pl.* Mathe(matik) *f*; *dar* ~ sticheln, ärgern; ~**calada** *f* wimmelnde (*bzw.* tosende) Menge *f*; ~**quear** F *v/i.* rasseln, klappern; *fig.* belästigen, ärgern, quälen.
matraz *m* (*pl.* ~*aces*) (Glas-)Kolben *m*; Phiole *f*; 🧪 ~ *aforado* Meßkolben *m*.
matrero *adj.* **1.** schlau, gerissen; **2.** mißtrauisch; **3.** *Arg.* vor dem Gesetz *in die Wälder* flüchtend; Räuber...
matri|arcado *m* Matriarchat *n*; ~**arcal** *adj.* c matriarchalisch; ~**caria** ♀ *f* Mutterkraut *n*; ~**cida** c Muttermörder(in *f*) *m*; ~**cidio** *m* Muttermord *m*.
ma|trícula *f* **1.** Matrikel *f*; Register *n*; **2.** *Verw.* Steuerrolle *f*; Krankenliste *f* (*in Krankenhäusern*); ⚓ Seerolle *f*; ✠ Stammrolle *f*; *Kfz.* polizeiliches Kennzeichen *n*; **3.** *Sch.* Einschreibung *f*; Immatrikulation *f*; *p. ext.* Studentenzahl *f*; ~ *de honor summa cum laude* (*beste Examensnote*); ~**triculación** *Kfz. f* Anmeldung *f*, Zulassung *f*; ~**tricular I.** *v/t.* in ein *bzw.* das Register (*bzw.* die Stammrolle) einschreiben (*bzw.* immatrikulieren) (*lassen*); *Kfz.* zugelassen werden.
matrimo|nial *adj.* c ehelich, Ehe...; ~**nio** *m* **1.** Heirat *f*; Ehe *f*; ~ *en blanco* nicht vollzogene Ehe *f*; ~ *de conciencia* Gewissensehe *f*; *por conveniencia od. por interés* (*mixto*) Vernunft-(Misch-)ehe *f*; *contraer* ~ die Ehe schließen; **2.** Ehepaar *n*; *contraer* ~ Ehebett *n*; *als Möbel a.*: Doppelbett *n*; **3.** *fig.* F Doppelbettcouch *f*.
matritense *lit. adj.* c aus Madrid.
matri|z I. *adj. f* **1.**: *casa f* ~ Stamm-, Mutter-haus *n*; **II.** *f* **2.** *Anat.* **a)** Gebärmutter *f*; **b)** (Nagel-)Bett *n*; **3.** *Typ.* Matrize *f*; **4.** ⊕ Gesenk *n*; ~**zar** [1f] ⊕ *v/t.* (im Gesenk) schlagen, pressen.
matrona *f* Matrone *f*; Hebamme *f*.
maturran|ga *f* **1.** *mst.* ~*s f/pl.* Tricks *m/pl.*, Schwindel *m*; **2.** ☐ Hure *f*; ~**go** *adj.* **1.** *Arg.* schlecht reitend; **2.** *Am.* schwerfällig; **3.** *Pe.* schlecht (*Pferd*).
matute *m* **1.** Schmuggel *m*; F *a.*

Schwindel *m*, Schiebung *f*; *adv. de* ~ heimlich; *hacer* ~ schmuggeln; **2.** Schmuggelware *f*; **3.** Spielhölle *f*.
matutino *adj.* Morgen...; Vormittags...; früh.
mau|lla I. *f* **1.** Trödel *m*, Schund *m*; ~*s f/pl. a.* ✝ Ladenhüter *m/pl.*; **2.** Schlich *m*, Kniff *m*; **3.** *fig.* F fauler Kunde *m* F; **II.** *m* **4.** *hist.* zum Islam bekehrter Christ *m*; ~**lar** F → *paular*; ~**lear** *v/i. Chi.* mogeln; ~**lero** *m* Trödler *m*; ~**lón** *augm.* F *m* gerissener Kerl *m* F.
mau|llar [*stammbetonte Formen -ú-*] *v/i.* miauen; ~**llido** (*a. maúllo*) *m* Miauen *n*; *der* Katzen.
mauri|cia ♀ *f* Mauritiuspalme *f*; ♂**cio** *m Geogr.* Mauritius *n*; *npr.* Moritz *m*; ♂**tania** *f* Mauretanien *n*; ~**tano** *adj.-su.* mauretanisch; *m* Mauretan(i)er *m*.
máuser *m* Mausergewehr *n*.
mausoleo *m* Mausoleum *n*.
maxi *m* Maxisingle *f*.
maxilar *Anat.* **I.** *adj.* c Kiefer...; **II.** *m* Kinnbacken *m*; ~ *inferior* Unterkiefer *m*.
máxi|ma *f* **1.** Grundsatz *m*; Maxime *f*; **2.** Höchsttemperatur *f*; ~**me** *adv.* hauptsächlich; vor allem, besonders; ~ *si* umso mehr wenn; ~**mo I.** *adj.* sehr groß; größte(r, -s); maximal; Maximal..., Höchst...; ⊕ *rendimiento m* ~ Höchstleistung *f*; **II.** *m bsd.* ⚕, ⊕ Maximum *n*; Höchst- *bzw.* Scheitel-wert *m*; *como* ~ höchstens; ~**mum** *m* Maximum *n*; *das* Äußerste, das Höchste.
maya¹ *f* **1.** ♀ Maßliebchen *n*; **2.** *Folk.* Maikönigin *f*.
maya² *adj.-su.* c Maya...; *m* Maya *m*; *Li.* Maya *n*.
mayal *m* **1.** Göpelwelle *f in Mühlen*; **2.** Dreschflegel *m*.
mayar *v/i.* miauen.
mayear *v/impers.* Maiwetter sein, maien (*lit.*).
mayestático *adj.* majestätisch.
mayo *m* **1.** Mai *m*; **2.** *Folk.* **a)** Maibaum *m*; **b)** Maistrauß *m*; **c)** ♪ Maiständchen *n*.
ma|yólica *f* Majolika *f*, Fayence *f*; ~**yonesa** *Kchk. f* Mayonnaise *f*.
mayor I. *adj.* c **1.** *comp.* größer; bedeutender; gewichtiger; älter; *dos años* ~ zwei Jahre älter; ~ *que a.* ⋏ größer als; **2.** *sup.* bedeutendste(r, -s); *el* ~ der größte; der älteste; *la* ~ *parte* das meiste; die meisten; **3.** *Haupt...*; Hoch...; Erz...; erwachsen (*Person*); *cocinero m* ~ Oberkoch *m*; *iglesia f* ~ Hauptkirche *f*; ♪ *tono* (*od. modo*) *m* ~ Dur-Tonart *f*; ~ *de edad* großjährig; ✝ *al por* ~ im großen; *fig. alzarse* (*od. subirse*) *a* ~*es* überheblich werden; ausfällig werden; *fig. pasar a* ~*es* schlimmer werden, *s.* verschlimmern; **II.** *m* **4.** Vorsteher *m*; Chef *m*; ✠ Major *m*; **5.** *lit.* ~*es m/pl.* Vorfahren *m/pl.*; **III.** *f* **6.** *Phil.* Obersatz *m*.
mayoral *m* Oberhirt *m*; Oberknecht *m*; ✠ Vorarbeiter *m*.
mayoraz|ga *f* Majoratserbin *f*; ~**go** *m* **1.** Majorat *n*; **2.** Majoratsherr *m*.
mayordo|ma *f* Verwalterin *f*; Wirtschafterin *f*; ~**mía** *f* Gutsverwaltung *f*; ~**mo** *m* Haushofmeister *m*; Verwalter *m*; Gutsverwalter

mayoreo — medida

m; ♣ Obersteward *m*; ~ mayor Hofmarschall *m.*
mayo|reo *m Méj.* Großhandel *m*; **~ría** *f* 1. Mehrheit *f*; Majorität *f*; *la* ~ *de die meisten* (von *dat.*); *EU* ~ *cualificada* qualifizierte Mehrheit *f*; ~ *de votos* Stimmenmehrheit *f*; *en la* ~ *de los casos* meistens; 2. ~ (*de edad*) → **~ridad** *f* Volljährigkeit *f.*
mayorista *m* Großhändler *m.*
mayoritario *adj.* Mehrheits...; majoritär.
mayormente *adv.* hauptsächlich; besonders; eigentlich, zumal.
mayúscu|la *Typ. f* Großbuchstabe *m*; **~lo** *adj.* riesig, enorm.
maza *f* 1. Keule *f*; *Sp.* ~ *de polo* Poloschläger *m*; 2. Zeremonienstab *m*; 3. Klotz *m* (*a. fig.*); Block *m*; 4. ⊕ Stößel *m.*
mazaco|te *m* 1. Kalkmörtel *m*, Beton *m*; 2. *fig.* a) trockene u. zähe Speise *f*; b) Klotz *m* (*fig.*); c) *Am.* Mischmasch *m*; **~tudo** *adj. Am.* plump.
maza|da *f* Keulenschlag *m*; **~morra** *f* 1. ♣ Zwiebackbrei *m*; *Am.* dicke Maissuppe *f*; 2. Zwiebackbrocken *m*(/*pl.*); *fig.* Brocken *m*(/*pl.*); **~morreo,** 1. *Ven.* Maisbreiverkäufer *m*, 2. *F Pe. Spitzname der Einwohner Limas.*
mazapán *m* Marzipan *m.*
mazar [1f] *vt/i. Milch* buttern.
mazmorra *f* unterirdischer Kerker *m*, Verlies *n.*
mazo *m* 1. *a.* ⊕ a) Schlägel *m*; Stampfer *m*, Klopfer *m*; *Kchk.* ~ *para carne* Fleischklopfer *m*; b) ~ (*de madera*) Holzhammer *m*; *Typ.* Klopfholz *n*; c) Rammklotz *m*; *Spr. a Dios rogando, y con el* ~ *dando* hilf dir selbst, so hilft dir Gott; 2. Bündel *m*; (Blumen-)Strauß *m*; 3. *fig.* Klotz *m* (*Person*).
mazo|nado ⌀ *adj.* gemauert; **~nería** △ *f* 1. Mauerwerk *n*; 2. Relief *n.*
mazor|ca *f* 1. Maiskolben *m*; Kakaoschote *f*; 2. *hist. Arg. la* 2 *die Sociedad Popular Restauradora unter Rosas*; 3. *hist. Chi.* Diktatur *f u. deren Untaten* *f*/*pl.*; **~quero** *hist. m* Anhörige(r) *m* der *mazorca.*
mazorral *adj. c* plump; grob, mürrisch.
mazurca ♪ *f* Mazurka *f.*
mazut *m* Heizöl *n.*
me *pron.* mir; mich.
mea|da *f* Pissen *n* P; Piß *m* P; Urin-flecken *m*/*pl.*; -lache *f*; echar una ~ pinkeln gehen F; **~dero** P *m* Pissoir *m*; **~dos** P *m*/*pl.* Urin *m*, Pisse *f* P.
meandro *m Geogr.* Krümmung *f* (*Weg, Fluß*); *a. Ku.* Mäander *m.*
me|aperros ⚥ *m* (*pl. inv.*) Bocksmelde *f*; **~ar** P I. *v*/*i.* pinkeln F, pissen P; II. *v*/*r.* **~se** in die Hose pinkeln F; *fig.* s. totlachen F.
meato *Anat. m* Gang *m*; ~ *acústico,* ~ *auditivo* Gehörgang *m*; ~ *nasal* Nasengang *m*; ~ *urinario* Harnröhrenmündung *f.*
Meca[1] *f: La* ~ Mekka *n.*
meca[2] F *f* Tippse *f* F.
¡mecachis! F *int.* Himmeldonnerwetter! F, verflixt F; na sowas! F.
mecánica *f* Mechanik *f*; Maschinenbautechnik *f*; *Phys.* ~ *cuántica*

Quantenmechanik *f*; ⊕ ~ *de precisión* Feinmechanik *f.*
mecanicismo *Phil. m* mechanistische Welt-erklärung *f bzw.* -anschauung *f.*
mecánico I. *adj.* mechanisch; maschinell; II. *m* Mechaniker *m*; ~ *de automóviles* Autoschlosser *m*; ~ *dental* Zahntechniker *m.*
mecani|smo *m* Mechanismus *m*; Vorrichtung *f*; Gerät *n*; *Typ.* ~ *impresor* Druckwerk *n*; **~zación** *f* Mechanisierung *f*; *✓* ~ *agrícola* Mechanisierung *f* der Landwirtschaft; **~zar** [1f] *v*/*t.* mechanisieren; mechanisch bearbeiten.
mecano *m* (Metall-)Baukasten *m.*
meca|nógrafa *f* Stenotypistin *f*; **~nografía** *f* Maschineschreiben *n*; **~nografiar** [1c] *vt*/*i.* mit der Maschine schreiben; **~nógrafo** *m* Stenotypist *m.*
mecate *m Méj.* Schnur *f* aus Pflanzenfasern.
mece|dor *m* Schaukel *f*; *Am. Reg. a.* → **~dora** *f* Schaukelstuhl *m*; **~dura** *f* Schaukeln *n.*
mece|nas *m* Mäzen *m*; **~nazgo** *m* Mäzenatentum *n.*
mecer [2b] I. *v*/*t.* wiegen; schaukeln; II. *v*/*r.* **~se** (s.) schaukeln.
meconio *m* 1. Mohn(kopf)saft *m*; 2. ⚕ Kindspech *n.*
mecual *m Méj.* Agavenwurzel *f.*
meci|da F *f*, **~miento** *m* Wiegen *n*; Schaukeln *n.*
mecha *f* 1. Docht *m*; 2. Lunte *f*; Zündschnur *f*; *adv. a toda* ~ eiligst; *fig. aguantar* (*la*) ~ es geduldig auf s. nehmen, e-n breiten Rücken haben (*fig.*); 3. *Kchk.* Speck *m* zum Spicken; 4. Haarsträhne *f*; 5. *Bol., Ec., Ven.* Hohn *m*, Spott *m*; 6. F *Méj.* Angst *f*, Bammel *m* F; **~do** *Kchk. m* a) Spicken *n*; b) Spickbraten *m*; **~dor** *m* Spicknadel *f für Braten*; **~r** *v*/*t.* spicken; **~zo** ⚔ *m* Puffen *m*.
me|chera f 1. (*aguja f*) ~ Spicknadel *f*; 2. *tex.* Vorspinnmaschine *f*, Flyer *m*; 3. F Ladendiebin *f*; **~chero** *m* 1. Brenner *m* (*Gas usw.*); ~ (*de*) Bunsen Bunsenbrenner *m*; 2. Lampentülle *f*; 3. Feuerzeug *n*; 4. F Ladendieb *m*; **~chón** *m* Haarbüscheln *n*; **~choso** *adj.* 1. voller Büschel; 2. *Col.* zerlumpt; **~chudo** *adj.-su. Col.* langhaarig; *m* Langhaarige(r) *m.*
meda|lla *f* Medaille *f*; ~ *militar* Orden *m*; ~ *del valor* Tapferkeitsmedaille *f*; **~llero** *m Sp.* Medaillenspiegel *m*; **~llista** *c* 1. *Sp.* Medaillengewinner *m*; 2. Stempelschneider *m*; **~llón** *m a. Kchk.* Medaillon *n*; Kapsel *f.*
medanal *m Chi., Méj., Ur.* sumpfiges Gelände *n.*
médano *m* 1. Düne *f*; *Am.* Wanderdüne *f*; 2. Sandbank *f.*
medanoso *adj.* voller Dünen.
médaño *m* → *médano.*
media *f* 1. Strumpf *m*; *Am. Reg. a.* Herrensocke *f*; ~ *corta* (*od. de deportes*) Kniestrumpf *m*; ~ *de seda* (*de nylon, de rejilla*) Seiden- (Nylon-, Netz-)strumpf *m*; 2. Durchschnitt *m*, Mittel *n*; ~ *anual* Jahresmittel *n*; ~ *aritmética* (*ponderada*) (gewogenes) arithmetisches Mittel *n*; 3. *Sp.* Durchschnittsgeschwindigkeit *f*; *Fußball:* Mittelfeld *n*; 4. e-e halbe Stunde *f.*

media|caña △, *Zim. f* Hohlkehle *f*; **~ción** *f* 1. Vermittlung *f*; *por* ~ *de* durch Vermittlung (*gen.*), über (*ac.*); 2. Schlichtung *f*; **~do** *adj.* halb(voll); *a* **~s** *de junio* Mitte Juni; **~dor** I. *adj.* vermittelnd; II. *m* Vermittler *m*; Mittelsmann *m*; **~gua** *f Chi., Rpl.* Pultdach(haus) *n*; **~luna** *f* → *media luna*; **~l** *Li. adj. c* im Wortinnern (*Konsonant*); **~na** 1. ⚭ Seitenhalbierende *f*; 2. *Fleischer*: Kotelett- bzw. Roastbeefstück *n*; 3. *Vkw.* Mittelstreifen *m*; 4. Deichselriemen *m*; **~nería** △ *f* Trennmauer *f*; *bsd.* Brandmauer *f*; **~nero** I. *adj.* 1. dazwischenliegend, Zwischen...; II. *m* 2. Vermittler *m*; 3. Eigentümer *m* der Hälfte *e-s Doppelhauses*; *Am.* Halbpächter *m*; **~nía** *f* Mittelmaß *n*; Mittelmäßigkeit *f*; **~no** *adj.* von mittlerer Größe; *fig.* mittelmäßig; **~noche** *f* Mitternacht *f.*
mediante I. *adj. c: Dios* ~ so Gott will; II. *prp.* mittels (*gen.*); III. *f* ♪ Mediante *f.*
mediar [1b] *v*/*i.* 1. in der Mitte liegen; 2. s. ins Mittel legen, vermitteln; 3. halb verflossen sein (*Zeit*); vergehen, liegen (*Zeit*); inzwischen geschehen; dazwischenkommen.
mediático *adj.* medienwirksam.
mediatiza|ción *f* Mediatisierung *f*; **~r** [1f] *v*/*t. Pol.* mediatisieren; *fig.* entscheidend beeinflussen.
media|to *adj.* mittelbar; angrenzend (an *ac. a*); **~triz** ⚭ *f* Mittelsenkrechte *f.*
medica|ción ⚕ *f* Arzneiverordnung *f*, Medikation *f*; **~mentar** ⚕ *v*/*t.* mit Medikamenten versorgen; **~mento** *m* Medikament *n*, Arznei *f*; **~mentoso** *adj.* heilkräftig; medikamentös; **~r** [1g] *v*/*t.* → *medicinar*; **~stro** *m* Quacksalber *m.*
medici|na *f* Medizin *f*; Arznei *f*; ~ *deportiva* (*oficial*) Sport- (Schul-)medizin *f*; ~ *legal,* ~ *forense, Am. a.* ~ *legista* (*general*) Gerichts- (Allgemein-)medizin *f*; ~ *interna* innere Medizin *f*; ~ *natur*(*al*)*ista* Naturheilkunde *f*; **~nal** *adj. c* Medizin...; Heil...; **~nar** *v*/*t.* e-m Kranken Medizin geben (*od.* verabreichen).
medición *f* (Ab-, Ver-)Messung *f*; ~ *errónea* Fehlmessung *f.*
médico I. *adj.* ärztlich; Heil...; *examen* ~ *a. legal* gerichtsärztliche Untersuchung *f*; II. *m* Arzt *m*; ~ *de accidentes* (*de cabecera*) Unfall-(Haus-)arzt *m*; **~director** Kurarzt *m*; ~ *forense, Am. a.* ~ *legista* Gerichtsmediziner *m*, -arzt *m*; ~ *interno* residente Arzt *m* in der Facharztbildung; ~*jefe* Chefarzt *m*; ~ *de medicina general* praktischer Arzt *m*, Arzt *m* für Allgemeinmedizin; ~ *militar* (*rural*) Militär- (Land-)arzt *m*; *(inspektor m)* ~ *escolar* Schularzt *m*; ~ *de urgencia* Notarzt *m.*
medi|da *f* 1. Maß *n*; ~ *de longitud* Längenmaß *n*; *a* ~ *de gemäß* (*dat.*); *a* ~ *que* je nachdem; in dem Maße wie; *Phys.* ~ *absoluta* absolutes Maßsystem *n*; *fig. con* ~ gemessen, maßvoll; *tomar la* ~ Maß nehmen; 2. Maßregel *f*, Maßnahme *f*; *tomar* ~*s* Maßnahmen ergreifen (*od.* treffen); **~dor** *m* Meßgerät *n*; Messer *m*; *Kfz.* ~ *de gasolina* Benzinuhr *f.*

mediero *m* 1. Strumpf-macher *m*; -verkäufer *m*; 2. ✓, ⚖ *Reg.* Halb-, Teil-pächter *m*.
medie|val *adj. c* mittelalterlich; **~validad** *f* Mittelalterlichkeit *f*; **~valismo** 🞖 *m* Mediävistik *f*; **~valista** *m* Mediävist *m*; **~vo** *m* Mittelalter *n*.
medio I. *adj.* 1. halb; Mittel...; durchschnittlich; mittelmäßig; *a ~as* zur Hälfte; halb u. halb; *fig.* nur halb, oberflächlich; *a las dos y ~a* um halb drei (Uhr); *dos horas y ~a* zweieinhalb Stunden; *litro y ~* anderthalb Liter; *Mal. u. fig.* **~s tintas** *f/pl.* Halbtöne *m/pl.*; *ir a ~as* halbpart machen; **II.** *adv.* 2. halb; **~** *dormido* im Halbschlaf; *a ~ cocer* halbgar; *a ~ hacer* halbfertig; *de ~ a ~* vollständig, von A bis Z; *en ~ de* inmitten (*gen.*); mitten unter (*dat. bzw. ac.*); mitten in *od.* auf (*dat. bzw. ac.*); zwischen (*dat. bzw. ac.*); *fig.* en ~ de todo trotz alledem; *ponerse de por ~* s. ins Mittel legen; *Am. día por ~* e-n Tag um den andern; **III.** *m* 3. Mitte *f*; *Stk. salir a los ~s (den Stier)* in der Mitte der Arena angreifen; 4. (Hilfs-)Mittel *n*; **~s** *m/pl.* (Geld-)Mittel *n/pl.*; Vermögensverhältnisse *n/pl.*; *falta f de ~s* Mittellosigkeit *f*; **~s** *m/pl.* de comunicación Verkehrsmittel *n/pl.*; **~s** *de comunicación (de masas)*, **~s** *informativos* Massenmedien *n/pl.*; **~s** *m/pl.* impresos Printmedien *n/pl.*; **~s** *m/pl.* de pago (de producción) Zahlungs- (Produktions-)mittel *n/pl.*; **~** *de transporte* Beförderungs-, Transport-, Verkehrsmittel *n*; **~s** *m/pl.* de vida Lebensunterhalt *m*; 5. ⚖ *Phys., Opt.* Medium *n*; *Biol., Soz.* Umwelt *f*, Milieu *n*; ~ *ambiente*, ~ *circundante* Umwelt *f*; 6. (Durch-)Schnitt *m*, Mittel *n* (*a.* ✓); 7. Fußball: Mittelfeldspieler *m*.
medio|cre *adj. c* mittelmäßig; **~cridad** *f* Mittelmäßigkeit *f*.
medio|día *m* 1. Mittag *m*; *a ~* mittags; um zwölf Uhr; *hacer ~* Mittagsrast halten; 2. Süden *m*; *de(l) ~* Süd-...; **~evo** *m* → *medievo*; **~fondista** *c* Mittelstreckenläufer *m*; **~fondo** *m Col., Méj.* Unterrock *m*; **~paño** *m* Halbtuch *n*; **~pelo** *adj.-su.* Mulatte *m*.
medir [3l] **I.** *v/t.* (ab-, aus-, ver-)messen; *fig.* bemessen; abwägen, (mit Vorsicht) wählen; **II.** *v/r.* **~se** *fig.* s. mäßigen; vorsichtig sein (mit *dat. en*).
medita|bundo *adj.* nachdenklich; **~ción** *f* Nachsinnen *n*; Betrachtung *f*; Meditation *f*; **~dor** *adj.* betrachtend; meditierend; **~r** *vt/i.* nachdenken über (*ac., v/t. od. sobre*); überlegen; meditieren; **~tivo** *adj.* besinnlich.
mediterráneo *adj.-su.* mittelländisch; Mittelmeer...; *Am.* ohne Zugang zum Meer; *(mar)* ♀ *m* Mittelmeer *n*; *fig.* descubrir el ♀ längst Bekanntes entdecken (*od.* erfinden).
médium *m (pl. ~[s])* Medium *n (Spiritismus).*
medo *adj.-su.* medisch; *m* Meder *m*.
me|dra *f* Wachsen *n*, Gedeihen *n*; **~drar** *v/i.* wachsen; gedeihen; s. herausmachen F (*Kranker, Kind*); *fig.* vorwärtskommen; **~dro** *m* 1. → *medra*; 2. **~s** *m/pl.* Fortschritte *m/pl.*

medroso *lit.* 1. furchtsam; *fig.* zag; 2. fürchterlich, furchterregend.
médula *od.* **medula** *f* Mark *n*; *fig.* Kern *m*; *Anat.* ~ *espinal (ósea)* Rücken- (Knochen-)mark *n*; ~ *oblongada* verlängertes Mark *n*.
medular *adj. c* Rückenmark(s)...
Medusa *f* 1. *Myth.* Meduse *f*; *cabeza f de ~* Medusenhaupt *n*; 2. *Zo.* ♀ Meduse *f*; Schirmqualle *f*.
mefistofélico *adj.* mephistophelisch, teuflisch.
mefítico *adj.* mephitisch; Pest...; Gift...; *aire m ~* Stickluft *f*.
mega|byte *m* Megabyte *n*; **~ciclo** *HF m* Megahertz *n*.
megafonía ♪ *f* Verstärkeranlage *f*.
megáfono *m* Sprachrohr *n*, Megaphon *n*, Flüstertüte *f* F.
mega|lítico *adj.* Megalith...; **~lito** *prehist. m* Megalith *m*; **~lomanía** *f* Größenwahn *m*; **~lómano** *adj.-su.* größenwahnsinnig; *m* Größenwahnsinnige(r) *m*; **~terio** *m* Megatherium *n*; **~tón** *Atom. m* Megatonne *f*; **~vatio** ⚡ *m* Megawatt *n*.
mehala *f Marr.* reguläres Armeekorps *n*, Mehalla *f*.
meiosis *f* 1. *Biol.* Meiose *f*; 2. *Rhet.* Meiosis *f*.
mejica|nismo *m a. Li.* Mexikanismus *m*; **~no** *adj.-su.* mexikanisch; *m* Mexikaner *m*.
Méjico *m* Mexiko *n*.
meji|lla *f* Wange *f*; Backe *f*; **~llón** *Zo. m* Miesmuschel *f*.
mejor I. *adj.* 1. *comp.* ~ *que* besser als; *es ~ hacerlo (od. que lo haga)* besser tun Sie's; *fig. pasar a ~ vida* in ein besseres Leben hinübergehen (*fig.*); 2. *sup.* el ~ de todos der Beste von allen; 3. *lo ~* das Beste; das Bessere; *lo ~ es que le escribas* am besten schreibst du ihm; *lo ~ es el enemigo de lo bueno* das Bessere ist des Guten Feind; **II.** *adv.* 4. *a cual ~* um die Wette; *~ en ~*, *cada vez ~* immer besser; *¡~ que ~!* um so besser!; großartig!; (*tanto*) ~ um so besser; *lo ~ posible* am besten; *a lo ~* womöglich, unter Umständen; vielleicht; ~ *dicho, por ~ decir* besser gesagt; *estar ~* s. besser fühlen (*Kranker*); *como ~ pudo* so gut er vermochte.
mejora *f* 1. ↑ Verbesserung *f*; 2. ⊕ Vergütung *f* (Stahl); ✓ Melioration *f*; 3. Aufbesserung *f*; höheres Gebot *n* (*b. Versteigerung*); **~ble** *adj. c* (ver)besserungsfähig; **~miento** *m* Verbesserung *f*; Verbessern *n*.
mejorana ♀ *f* Majoran *m*.
mejo|rar **I.** *v/t.* bessern, verbessern; **II.** *v/i.* s. bessern; ✓ *¡que mejore pronto! od. ¡que se mejore!* gute Besserung!; F *adv. mejorando* allmählich et. besser; **~ría** *f* 1. ✚ Besserung *f*; *experimenta una ~* es geht ihm besser; 2. ⚒ a) Überlegenheit *f*; **b)** → *mejora*, *mejoría*.
mejunje *m. desp.* Gebräu *n*, Gesöff *n* F; 2. *fig.* F → *chanchullo.*
mela|da *f* Honigschnitte *f (Brot)*; **~do I.** *adj.* honigfarben; **II.** *m* eingedickter Zuckerrohrsaft *m*; Art Honigküchlein *n*.
melampo *Thea. m* Lampe *f* des Inspizienten.
melan|colía *f* Schwermut *f*, Melancholie *f*; **~cólico** *adj.* schwer-

mütig, melancholisch; **~colizar** [1f] *v/t.* schwermütig machen; *fig.* e-e düstere Färbung geben (*dat.*) (*fig.*).
Mela|nesia *f* Melanesien *n*; ♀ **nesio** *adj.-su.* melanesisch; *m* Melanesier *m*; ♀ **nita** *Min. f* Melanit *m*; ♀ **nuria** ⚘ *f* Melanurie *f*.
melaza *f* Melasse *f*; ~ *de remolachas* Zuckerrübensirup *m*.
melena[1] ✱ *f* Schwarzruhr *f*.
mele|na[2] **I.** *f* Mähne *f*; Haarschopf *m*; ~ *aleonada* Löwenmähne *f*; **II.** **~s** *m (pl. inv.)* F Langhaarige(r) *m*; **~nudo I.** *adj.* langhaarig; **II.** *m* Gammler *m*.
me|llera ♀ *f* Ochsenzunge *f*; **~lero** *m* 1. Honigverkäufer *m*; 2. Honigtopf *m*; 3. Honigschlecker *m*; **~lífero** *fig. f* 1. Honig enthaltend; 2. Honig erzeugend (*Biene*); **~lificación** *f* Honigbereitung *f*; **~lifluidad** *fig. f* Süßigkeit *f*, Lieblichkeit *f*; **~lifluo** *adj.* honigsüß (*a. fig.*); *fig.* süßlich.
melin|dre *m* Honigpfannkuchen *m*; Marzipanbaiser *m*; Ziererei *f*, Zimperlichkeit *f*; *andar con ~s* → **~drear** *v/i.* s. zieren; **~droso** *adj.* zimperlich; geziert.
meli|sa ♀ *f* Melisse *f*; **~sma** ♪ *m* Melisma *n*; **~to** *pharm. m* Honigsirup *m*.
melo|cotón *m* Pfirsich *m*; ~ *en almíbar* Pfirsichkompott *n*; **~tonar** *m* Pfirsichpflanzung *f*; **~tonero** *m* Pfirsichbaum *m*.
melodía *f* Melodie *f*; Weise *f*.
melódico *adj.* melodisch; Melodie...
melo|dioso *adj.* melodiös; wohlklingend; **~drama** *m a. fig.* Melodram(a) *n*; **~dramático** *adj. fig.* melodramatisch.
melojo ♀ *m Art* Früheiche *f*.
melolonta *Ent. m* Maikäfer *m*.
melómano *m gr.* Musikliebhaber *m*.
me|lón *m* 1. ♀ (Zucker-)Melone *f*; *fig.* F **a)** Kopf *m*, Birne *f* F; **b)** Dumm-, Schafs-kopf *m*; 2. *Zo.* Bilch *m*; **~lonada** *f.* Dummheit *f*; Tölpelei *f*; **~lonar** *m* Melonenpflanzung *f*; **~lonero** *m* Melonenverkäufer *m*.
melo|pea *f* 1. F Rausch *m*, Affe *m* F; 2. → **~peya** *f* Melopöie *f*.
me|llosidad *f* Honigsüße *f*; Lieblichkeit *f*, Süße *f*; **~lloso** *adj.* honigsüß; lieblich; schmalzig F; **~lluza** *f* klebriger Zuckerhonigsaft *m*.
melva *Fi. f* unechter Bonito *m*.
mella *f* Scharte *f*; Zahnlücke *f*; *fig.* Schaden *m*; *fig. hacer ~ a (od. en) alg.* auf j-n Eindruck machen; ~ *do* zahnlückig; schartig; **~r** *v/t.* schartig machen; *fig.* Ansehen usw. mindern.
mellizo *adj.-su.* Zwillings...; *m* Zwilling *m*.
membrana *f* Membran *f* (*a.* HF); Häutchen *n*.
membrecía *bsd. Pol. f Méj.* Mitgliedschaft *f*.
membrete *m* 1. Briefkopf *m*; *papel m de ~* Kopfbogen *m*; 2. Aufzeichnung *f*; Notiz *f*.
membri|llero ♀ *m* Quittenbaum *m*; **~llo** *m* 1. ♀ *f* Quitte *f*; **b)** Quitte *f*; *carne f de ~* Quittenbrot *m*, -käse *m*; 2. ⬜ Denunziant *m*.
membrudo *adj.* stark, stämmig.
memeches *Guat.* ~ rittlings.
memela *f Méj.* dicker Maisfladen *m*.
memento *m* 1. *Rel.* Memento *n*; 2.

Merkbuch n; 3. Bildungsbuch n.
me|mez f Dummheit f; ~**mo** adj. dumm; albern.
memo|rable adj. c denkwürdig; ~**rándum** m Memorandum n; ~**rar** lit. v/t. s. erinnern an (ac.); ~**ria** f 1. Gedächtnis n; Erinnerungsvermögen n; falta f de ~ Gedächtnislücke f; schlechtes Gedächtnis n; flaco de ~ vergeßlich; de ~ aus dem Gedächtnis; auswendig; im Kopf (rechnen); me falta la ~ mein Gedächtnis setzt aus, da versagt mein Gedächtnis; hacer ~ nachdenken; s. erinnern (an ac. de); s. besinnen (auf ac. de); se le ha ido de la ~ es ist s-m Gedächtnis entfallen; perder la ~ a) das Gedächtnis verlieren; b) vergessen (et. ac. de); traer a la ~ in Erinnerung bringen; 2. Erinnerung f; Andenken n; ~s f/pl. Memoiren pl.; 3. Denkschrift f; (Jahres-)Bericht m; Sitzungsbericht m; ~ de patente Patentschrift f; ~ escolar Jahresbulletin n e-r Schule; 4. Verzeichnis n; 5. EDV Speicher m, ~ central, ~ principal Hauptspeicher m; ~ RAM, ~ de trabajo Arbeitsspeicher m; ~ intermedia Zwischenspeicher m; ~ virtual virtueller Speicher m; ~**rial** m 1. Bittschrift f; Eingabe f; 2. Gedächtnisstütze f, Promemoria n; 3. a) Gedenkbuch n; b) Berichts-, Mitteilungs-blatt n; ~**rión** F m sehr gutes Gedächtnis n; ~**rioso** adj. ein gutes Gedächtnis habend; ~**rismo** m Memoriersystem n im Unterricht; ~**rista** adj. c, ~**rístico** adj.: método m ~ Memoriermethode f; ~**rizar** [1f] v/t. memorieren; EDV speichern.
mena[1] ⚔ f Erz n.
mena[2] Fi. f Art Laxierfisch m.
ménade f Mänade f (a. fig.).
menaje m Hausrat m, Haushaltswaren f/pl.; Haushalt m.
menci|ón f Erwähnung f; ~ honorífica ehrenvolle Erwähnung f; hacer ~ de → ~**onar** v/t. erwähnen; arriba ~**ado** weiter oben erwähnt; no dejar de ~ nicht unerwähnt lassen.
menda P ich, m-e Wenigkeit (verbunden mit der 3. Person sg. des Verbs).
menda|cidad f Lügenhaftigkeit f; ~**z** adj. (pl. ~**aces**) verlogen.
mendelismo Biol. m Mendelsche Vererbungslehre f.
mendi|cante adj.-su. c Bettel...; m lit. Bettler m; Rel. Bettelmönch m; ~**s** m/pl. Bettelorden m/pl.; ~**cidad** f Bettelei f; Bettelunwesen n; ~**ga** f Bettlerin f; ~**gar** [1h] vt/i. betteln; erbetteln; ~**go** m Bettler m.
mendrugo m Stück n Brot.
mene|ar I. v/t. schwenken; schütteln; Kopf schütteln; mit dem Schwanz wedeln; Kchk. rühren; fig. zurechtkommen mit (dat.); ~ la cabeza afirmativamente zustimmend nicken; F ~ el esqueleto tanzen; fig. peor es meneallo besser, nicht daran rühren; **II.** v/r. ~**se** wackeln (a. Zahn); fig. s. rühren; s. beeilen; ~**o** m 1. Schwenken n; Schütteln n; Rühren n; 2. fig. Bewegung f, Betrieb m; 3. fig. F dar un ~ a alg. j-m den Kopf waschen (fig. F); j-n verprügeln.
meneste|r m 1. Notwendigkeit f;

ser ~ nötig sein; 2. ~**es** m/pl. Obliegenheiten f/pl.; 3. ~**es** m/pl. Geräte n/pl.; Handwerkszeug n; ~**roso** adj.-su. bedürftig; notleidend; m Bedürftige(r) m.
menestra Kchk. f Gemüseeintopf m; fig. Essen n; ~**s** f/pl. Trockengemüse n.
menestra|l m Handwerker m; ~**l(er)ía** f ~ artesanado.
mengano → fulano.
mengua f 1. Abnehmen n, Verminderung f; Einbuße f; sin ~ ohne Schmälerung; 2. Schaden m; Mangel m; en ~ de zum Schaden von (dat.); 3. Not f; Armut f, Elend n; 4. fig. Nichtachtung f; Schande f; ~**do I.** adj. 1. dürftig; erbärmlich; 2. knauserig; **II.** m 3. abgenommene Masche f b. Stricken; ~**nte I.** adj. c abnehmend (a. Mond); **II.** f Fallen n des Wassers; Abnehmen n des Mondes; ⚓ Ebbe f; fig. Rückgang m, Abnahme f, Verfall m; ~**r** [1i] **I.** v/i. abnehmen; zurückgehen; fig. in Verfall geraten; **II.** v/t. schmälern; abnehmen b. Stricken.
mengue F m Teufel m.
menhir m Menhir m.
menina hist. f Edelfräulein n b. Hofe.
me|ninge Anat. f Hirnhaut f; ~**níngeo** adj. Hirnhaut...; ~**ningitis** ☤ f Hirnhautentzündung f, Meningitis f.
menisco m Anat. Meniskus m; Opt. Punktalglas m.
Meno m Main m.
menopausia ☤ f Menopause f, Wechsel(jahre n/pl.) m.
menor I. adj. c 1. comp. geringer, kleiner; minder; jünger; hermano m ~ jüngerer Bruder m; ~ que kleiner als (a. ♀); jünger als; 2. sup. kleinste(r, -s); geringste(r, -s); no hacer el ~ estorbo nicht im mindesten stören; 3. Minder...; klein, nieder; ~ de edad minderjährig; ✝ al por ~ im Detail; comercio m al por ~ Einzelhandel m; ♪ séptima f ~ kl. Septime f; ♪ tono m ~ Molltonart f; **II.** m 4. comp. Jüngere(r) m; Minderjährige(r) m; ~**es** m/pl. de veinte años Jugendliche pl. unter zwanzig Jahren; 5. sup. el ~ der Kleinste; der Geringste; der Jüngste; 6. kath. ~**es** m/pl. Minoriten m/pl. (Franziskaner).
Menorca f Menorca n.
meno|ría f 1. Minderjährigkeit f; 2. geringerer Rang m; ~**rista** m Chi., Méj. Einzelhändler m.
menorquín adj.-su. von Menorca; m Li. das Menorkinische (katal. Dialekt).
menos I. adv. 1. comp. **a)** weniger; minder; el ~ bueno der weniger Gute; cj. a ~ que + subj. falls nicht + ind.; es sei denn (, daß) + subj.; de ~ zuwenig; cj. por ~ que + subj. so wenig auch + ind.; tan ~ (que) umso weniger (, als); echar de ~ vermissen; ir a ~ weniger werden; zurückgehen, abnehmen; no poder ~ de + inf., no poder (por) ~ que + inf. nicht umhin können, zu + inf., unbedingt + inf. müssen; F es listo ... pero ~ er ist klug, wenn auch nicht ganz so klug; ya será ~ so schlimm wird es wohl nicht sein;

tener a ~ geringschätzen; tener (od. apreciar) en ~ weniger schätzen; venir a ~ verarmen; fig. herunterkommen (fig.); **b)** zum Vergleich: ~ que bzw. de (b. Zahlen) weniger als; son ~ de las siete es ist noch nicht sieben Uhr; F en ~ que se dice im Nu; ~ mal que ein Glück noch, daß; zum Glück; 2. sup. am wenigsten; el ~ caro der Preiswerteste; lo ~ **a)** das mindeste, das wenigste; am wenigsten; **b)** wenigstens; mindestens; lo ~ posible möglichst wenig; al (od. por lo) ~ wenigstens; cuando ~ mindestens; ¡~ a usted! Ihnen am allerwenigsten!; cuando ~ se lo imaginaba als er gar nicht daran dachte, unvermutet; eso es lo de ~ das ist das allerwenigste; darauf kommt es nicht an; 3. außer (dat.); bsd. ✝ abzüglich; ♀ minus, weniger; cualquier cosa ~ esto nur das nicht; **II.** m 4. ♀ Minus(zeichen) n.
menosca|bar v/t. 1. vermindern; 2. (be)schädigen; ~**bo** m Verminderung f; Beeinträchtigung f, Nachteil m; Schaden m, Verlust m; Wertverminderung f; sin ~ de ohne Schmälerung (gen.).
menospreci|able adj. c verachtenswert; ~**ador** m Verächter m; ~**ar** [1b] v/t. unterschätzen; geringschätzen; verachten; ~**ativo** adj. verächtlich; ~**o** m Geringschätzung f; Verachtung f.
mensáfono m Pager m.
mensaje m a. Pol. Botschaft f; Nachricht f; IT Mail m; EDV ~ de error Fehlermeldung f; Rf. ~ personal Reiseruf m; ~ (de) radio Funkspruch m; ~ de socorro Notmeldung f, SOS m; Tel. ~**s** telefónicos Auftragsdienst m; Rf. ~ de urgencia Durchsage f der Polizei usw.; a. Reiseruf m; ~**ría** f 1. ✝ Botendienst m; Landpost f; 2. servicio m de ~**s** Paketfahrt f; ~**ro** adj.-su. Bote m.
menso adj. Méj. dumm, blöde.
menstru|ación Physiol. f Menstruation f; ~**al** adj. c menstrual...; ~**ar** [1e] Physiol. v/i. menstruieren, die Regel haben.
mensua|l adj. c monatlich, Monats...; ~**lidad** f 1. Monatsgeld n; Monats-lohn m, -gehalt n; 2. Monatsrate f; Monatszins m.
ménsula f △ Kragstein m; △, ⊕ Konsole f.
mensura|bilidad f Meßbarkeit f; ~**ble** adj. c meßbar; no ~ unmeßbar; ~**ción** f Messung f; ~**r** v/t. → medir.
menta f ♀ Minze f; Pfefferminze f; Pfefferminzlikör m.
mentado lit. adj. berühmt.
mentagra ☤ f Kinnflechte f.
men|tal adj. c 1. innerlich, in Gedanken; cálculo m ~ Kopfrechnen n; oración f ~ stilles Gebet n; 2. bsd. ☤ geistig, Geistes...; enfermedades f/pl. ~**es** Geisteskrankheiten f/pl.; higiene f ~ Pflege f der geistigen Gesundheit f (bzw. der Geisteskräfte); someter a alg. a un examen (de estado) ~ j-n auf s-n Geisteszustand untersuchen; ~**talidad** f Denkweise f; Mentalität f; ~**talizar** [1f] v/t. geistig (od. seelisch) mst. einseitig beeinflussen, voreingenommen machen; ~**talmente** adv. innerlich; im Geist; im Kopf; ~**tar**

[1k] v/t. erwähnen; ~te f Geist m; Sinn m; Verstand m; tener en la ~ im Kopf haben; no caber en la ~ a alg. et. nicht fassen können; ~tecatería, ~tecatez f Torheit f, Unsinn m, Narretei f; ~tecato adj.-su. blöde, dumm; töricht; m Schwachkopf m.
menti|dero F m Klatsch-ecke f bzw. -lokal n; Klatschkolumne f (Zeitung); ~r [3i] v/i. lügen; fig. heucheln; miente más que habla er lügt wie gedruckt; ¡miento! Irrtum!, ich muß mich berichtigen; no me dejes ~ strafe mich nicht Lügen; ~ra f Lüge f; fig. Wahn m, Schein m; ~ oficiosa Notlüge f; ~ piadosa fromme Lüge f; parece ~, pero es ist kaum glaublich, aber; ¡parece~! unglaublich!; de ~ → ~rijillas : de ~ zum Scherz; ~roso adj.-su. lügenhaft, verlogen; trügerisch; m Lügner m.
mentís m Dementi n; dar un (rotundo) ~ dementieren, richtigstellen; dar un ~ a alg. j-n Lügen strafen.
mento|l ↑ m Menthol n; ~lado adj. Menthol...
mentón m Kinn n.
mentor m Mentor m.
menú f Speisekarte f; Menü n (a. EDV); ~ del día Tagesmenü n.
menu|damente adv. umständlich; genau; ~dear I. v/t. 1. oft wiederholen; 2. en détail verkaufen; II. v/i. 3. oft vorkommen; 4. rasch aufea.-folgen, s. jagen; nur so hageln F (z. B. Schläge); 5. umständlich schildern; ~dencia f 1. Kleinigkeit f; Kchk. Am. Geschlinge n; ~s f/pl. Kleinkram m; Kchk. Kutteln f/pl.; 2. Kleinlichkeit f; Pedanterie f; ~deo m 1. öftere Wiederholung f; 2. Méj. Einzelhandel m; ~dero m Kuttelhändler m; ~dillo m 1. vet. Köte f; 2. Kchk. ~s m/pl. Innereien f/pl. (Geflügel, Wild); ~s de ganso Gänseklein n; ~do I. adj. 1. klein, winzig; geringfügig, unbedeutend; fein (Regen); F iron. riesig, toll F; ganado m ~ Kleinvieh n; F ~ susto me has dado has mich ganz schön erschreckt F; F ¡~ lío! so ein Verhau! F; 2. kleinlich; pedantisch; schäbig; 3. a ~ oft; por ~ haar-klein; -genau; ↑ → al por menor; II. m 4. bsd. Am. Kleingeld n; 5. (Kohlen-)Grus m; 6. Kchk. ~s m/pl. Blut n u. Innereien f/pl. (Schlachtvieh); Klein n (Innereien, Füße u. Flügel b. Geflügel); 7. F Am. männliches Glied n; Pimmel m F.
meñique I. adj. c F winzig; II. m kl. Finger m.
meódromo P burl. m Pinkelbude f F.
meo|llo m 1. (Knochen-)Mark m; Hirn n; ~ de saúco Holundermark n; 2. fig. Kern m, Gehalt m; F Verstand m, Grips m F; ~lludo adj. viel Mark enthaltend.
meón I. adj. häufig urinierend; II. m P Pinkler m F; Bettnässer m.
mequetrefe F m Hansdampf m; zudringlicher Naseweis m; Laffe m.
meramente adv. nur, bloß.
merca|chifle m Hausierer m; desp. Krämper m; fig. Krämerseele f; ~dear v/i. handeln; ~der m Händler m; Lit. de ~ de Venecia der Kaufmann von Venedig; ~deo m F Marktforschung f; Vermarktung f; ~dería f bsd. Am. (Handels-)Ware f; □ Diebesgut n; ~dito m Arg. Metzgerei f, Fleischerei f; ~do m Markt m; Marktplatz m; Absatzgebiet n; ~ (cubierto) Markthalle f; ~ de capitales (de créditos) Kapital-(Kredit-)markt m; ♀ Común Gemeinsamer Markt m; ~ extraoficial (Börsen-)Kulisse f; ~ de ganado Viehmarkt m; ~ gris grauer Markt m; ~ interior, ~ nacional (internacional) Inlands-, Binnen- (Welt-)markt m; ~ negro Schwarz-markt m, -handel m; ~ de renta fija (del trabajo) Renten-(Arbeits-)markt m; análisis m (informe m) del ~ Markt-analyse f (-bericht m); economía f de ~ Marktwirtschaft f; abrir (od. conquistar) nuevos ~s neue Märkte erschließen; ~dotecnia f Marketing n.
mer|cancía f Ware f; ~s f/pl. Güter n/pl.; ~s f/pl. de gran bulto, Am. ~s voluminosas Sperrgut n; ~cante adj. c Handels...; ~cantil adj. c kaufmännisch; Handels...; profesor m ~ etwa: graduierter Betriebswirt m; ~cantilismo m Merkantilismus m; ~cantilizar [1f] v/t. kommerzialisieren; ~car [1g] v/t. erhandeln, (ab)kaufen; F stehlen.
merce|d f 1. K Lohn m; 2. Gnade f, Güte f; p. ext. Willkür f; Ec., Col. su ~ du bzw. Sie (vertrauliche Anrede); vuestra ♀ Euer Gnaden (Anrede); ~ a dank (dat.); a ~ auf Gnade u. Ungnade; estar a ~ de preisgegeben sein (dat.); 3. Gunstbezeigung f, Gunst f, Gefälligkeit f; 4. kath. (Orden f de la) ♀ Orden m der Mercedarier; ~dario kath. adj.-su. Mercedarier m; ~nario I. adj. c 1. Söldner...; lit. Lohn...; II. m 2. Söldner; 3. K u. lit. Lohnarbeiter m; 4. kath. → mercedario.
mercería f Kurzwaren(geschäft n) f/pl.
mercerizar [1f] tex. v/t. merzerisieren.
mer|cero m Kurzwarenhändler m; ~cología f Warenkunde f.
mer|cromina Wz. pharm. f Mercurochrom n (Desinfektionslösung für Wunden); ~curial I. adj. c Quecksilber...; quecksilberhaltig; Phys. mm (milímetros) ~ Millimeter pl. Quecksilbersäule; II. m ♀ Speckmelde f; ~curialismo ♀ m Quecksilbervergiftung f; ~cúrico ↑ adj. Quecksilber...; ²curio¹ Myth., Astr. m Merkur m; ~curio² ↑ m Quecksilber n; sulfuro m de ~ Quecksilbersulfid n; ~curocromo ↑ m Mercurochrom n, Quecksilber-Brom-Verbindung f.
merchandising m Merchandising n.
merchante † m Handelsmann m.
merdoso P adj. schmutzig, dreckig F.
mere|cedor adj. verdienstlich; würdig; ~ de crédito kreditwürdig; hacerse (bzw. ser) ~ a a/c. et. verdienen (fig.); ~cer [2d] I. v/t. 1. verdienen (fig.); bekommen, eintragen; würdig sein (gen.); ~ mucho hohen Lobes würdig sein, gr. Verdienste haben; no las merece k-e Ursache (Antwort auf Dank); 2. lohnen; no merece la pena es lohnt s. nicht; II. v/i. 3. s. verdient machen (um ac. de); [para con) alg. j-n zu Dank verpflichten; ~cidamente adv. verdientermaßen; ~cido I. adj. verdient; bien ~ lo tiene es geschieht ihm recht; II. m verdiente Strafe f; llevaron su ~ es geschah ihnen recht; ~cimiento m Verdienst n (fig.); verdienstliche Tat f.
meren|dar [1k] I. vt/i. vespern (sdd.), die Nachmittagsmahlzeit einnehmen; II. v/r. ~se: fig. F ~se a/c. s. et. aneignen; et. über-springen, -gehen; ~dero Ausflugslokal n; ~dola F, ~dona F f reichliche Futterei f F.
merengue m Art Baiser n, Meringe f; fig. F los ~s der Fußballklub Real Madrid m.
merequetengue m Méj. Durchea. n, Saustall m F; Krach m.
meretriz lit. f (pl. ~ices) Dirne f, Freudenmädchen n.
merey ♀ m Col., P. Ri., Ven. → marañón. [säger m.]
mer|gánsar, ~go Vo. m Gänse-)
me|ridiana f Diwan m; ~ridiano I. adj. Mittags...; II. m Astr., Geogr. Meridian m; Mittagskreis m; ~rídiem: (b. Uhrzeitangaben) Am. ante ~, Abk. a.m. vormittags; post ~, Abk. p.m. nachmittags; ~ridional I. adj. c mittäglich; südlich; II. m Südländer m.
merienda f Vesper(brot) n (sdd.), Nachmittagsmahlzeit f; Picknick n; ~-cena tolles Büffet n; fig. F ~ de negros tolles Durchea. n F; bolsa f de ~ Lunchpaket n; ir de ~ (campestre) picknicken.
merino I. adj. 1. Merino...; lana f ~a Merinowolle f; II. m 2. Merinoschaf n; 3. tex. Merino(tuch n) m.
meritísimo lit. sup. adj. hochverdient.
mérito m Verdienst n; Wert m; de ~ verdienstvoll; großartig; hacer ~s s. dienstwillig erweisen, um ein Ziel zu erreichen; s. die Sporen verdienen.
meritorio I. adj. verdienstvoll; II. m Volontär m; Praktikant m; auf Probe Angestellte(r) m.
merlo m 1. Vo. Seeamsel f; 2. Fi. brauner Lippfisch m.
merlu|za f Fi. Seehecht m; fig. P coger una ~ s. besaufen F, s. vollaufen lassen F; ~zo F desp. Knilch m (F desp.), Blöd-mann F m, -hammel m F.
merma f 1. Verkürzung f; Verringerung f, Schmälerung f; Abzug m; 2. Abnahme f, Schwund m; Verlust m; ~ de peso Gewichtsverlust m; 3. ♀ a. Fehlbetrag m; Kursverlust m; ~r I. v/i., v/t. ~se abnehmen, schwinden; II. v/t. (ver)kürzen; schmälern; herabsetzen (a. fig., bsd. Verdienste).
mermelada f Marmelade f; fig. F Am. brava ~ Riesendummheit f.
mero¹ Fi. m brauner Zackenbarsch m.
mero² II. adj. 1. rein, bloß; por el ~ hecho de que ode einfach (od. nur) weil; 2. F Am. Cent., Méj. eigentlich; II. adv. 3. F Méj. → pronto.
merode|ador m Plünderer m, Marodeur m; ~ar v/i. plündern, marodieren; p. ext. s. herumtreiben, herumlungern; ~o m Plündern n, Marodieren n.
merolico m Méj. Ausrufer m, Straßenhändler m.
merovingio hist. adj.-su. merowingisch; m Merowinger m.
mes m 1. Monat m; de seis ~es halbjährig; a principios del ~ Anfang des

mesa — métrico

Monats; 2. Monatsgeld *n*; 3. F Monatsblutung *f*, Regel *f*; F *estar con el* ~ s-e Tage haben.
mesa *f* 1. Tisch *m*; Tafel *f*; *de* ~ Tisch...; Tafel... (*Wein, Obst*); ~ *auxiliar* Beistelltisch *m*; ~ (*de*) *centro* Couchtisch *m*; ~ *de despacho* (Büro-)Schreibtisch *m*; ~ *extensible* (*plegable*) Auszieh- (Klapp-)tisch *m*; ⚓ ~ *de guarnición* Back *f*; ~ *de juego* (⚜ *de operaciones*) Spiel- (Operations-)tisch *m*; *fig. Pol.* ~ *de negociaciones* Verhandlungstisch *m*; ~ *parlante* Tischrücken *n* (*Spiritismus*); ~ *redonda a. fig.* runder Tisch *m*; Tafelrunde *f*; *fig.* Konferenz *f* am runden Tisch; *alzar la* ~ die Tafel aufheben; *levantarse de la* ~ vom Tisch aufstehen; *poner* (*quitar*) *la* ~ den Tisch (ab)decken; *fig. a* ~ *puesta* ohne Arbeit, mühelos; gerade im richtigen Augenblick; *sentarse a la* ~ s. zu Tisch setzen; 2. Kost *f*, Verpflegung *f*; Essen *n*; 3. △ Treppenabsatz *m*; 4. *Pol.* ♀ Vorstand(stisch) *m*; Präsidium *n*; *Verw., bsd.* ⚔ *a.* Ressort *n*; 5. *Geogr. bsd. Am.* Hochebene *f*, Tafelland *n*.
mesada *f* Monatsgeld *n*; monatliche Zuwendung *f*.
mesana ⚓ *f* 1. (*palo m de*) ~ Besan (-mast) *m*; 2. Besansegel *n*.
mesar *v/t.*: ~(*se*) *el pelo de rabia* (s.) vor Wut die Haare raufen.
mescalina 🜾 *f* Meskalin *n*.
mescolanza *f* Mischmasch *m*.
mesegue|ría *f* Flurschutz *m*; ~**ro I.** *adj.* Flur...; Saat...; **II.** *m* Feldhüter *m*.
mesenterio *Anat. m* Mesenterium *n*, Gekröse *n*.
mese|ra *f Col., Méj.* Kellnerin *f*; ~**ro** *m Col., Méj.* Kellner *m*.
mese|ta *f* 1. stufenförmiger Absatz *m*; △ ~ (*de escalera*) Treppenabsatz *m*; *Stk.* ~ *de toril* Zuschauerplatz *m* über dem Stierzwinger; 2. *Geogr.* Hochebene *f*, Tafelland *n*; ~**teño** *m* Tafellandbewohner *m*.
me|siánico *adj. Rel. u. fig.* messianisch; ~**sianismo** *m Rel.* Lehre *f* vom Messias; Messiaserwartung *f*; *bsd. fig.* Messianismus *m*; 2**sías** *m Rel. u. fig.* Messias *m*.
mesilla *f* Podestplatte *f*; ~ *accesoria* Beistelltisch *m*; ~ *de centro* Couchtisch *m*.
mesita *f dim.* Tischchen *n*; ~ *auxiliar* (*de noche*) Beistell- (Nacht-)tisch *m*; ~ *de ruedas* Tee-, Servier-wagen *m*.
meso|... 🜾 *pref.* Meso..., Mittel...; 2**américa** *Ethn. f* Mesoamerika *n*.
meso|carpio ♀ *m* mittlere Fruchthaut *f*, Mesokarp(ium) *n*; ~**cracia** *Pol. f* Herrschaft *f* der Mittelmäßigen; ~**dermo** *Anat. m* Mesoderm *n*.
me|són *m* Gaststätte *f*; † Herberge *f*; ~**sonero** *m* Gastwirt *m*.
Mesopo|tamia *Ethn. f* Mesopotamien *n*; 2**támico** *adj.* mesopotamisch.
mes|ta *hist. f* kastilische Schafzüchtervereinigung *f*; ~**teño** *adj.* herrenlos (*Tier*).
Mester *Lit. m*: ~ *de clerecía* Klerikerdichtung *f*; ~ *de juglaría* Spielmanns-dichtung *f*, -kunst *f*.
mesti|zaje *m* 1. Rassenkreuzung *f*; 2. *koll.* Mestizen *m/pl.*; ~**zar** [1f] *v/t. Rassen* kreuzen; ~**zo I.** *adj.* mischrassig, Bastard...; **II.** *m* Mischling *m*; Bastard *m*; Mestize *m*.
mestura *f Ar., Am.* Weizenroggenmischung *f*.
mesura *f* 1. Gemessenheit *f*; 2. Maß *n*; Mäßigung *f*; 3. Wohlerzogenheit *f*; ~**do** *adj.* 1. gemessen, ernst; 2. gemäßigt; 3. wohlerzogen; ~**r** *v/t.* 1. mäßigen; 2. *Ec.* → *medir.*
meta[1] **I.** *f* Ziel *n* (*a. fig.*); Tor *n* (*Fußball*); **II.** *m* Torwart *m*.
meta[2]**...** 🜾 *pref.* Meta...
meta|bolismo *Physiol. m* Stoffwechsel *m*; ~**carpiano** *Anat. adj.* Mittelhand...; ~**carpo** *Anat. m* Mittelhand *f*; ~**centro** ⚓ *m* Metazentrum *n*; ~**dona** *pharm. f* Methadon *n*; ~**física** *Phil. f* Metaphysik *f*; ~**físico** *adj.* metaphysisch; ~**fonía** *Li. f* Umlaut *m*.
me|táfora *Rhet. f* Metapher *f*; ~**tafórico** *adj.* metaphorisch; übertragen (*od.* bildlich) gebraucht.
metal *m* 1. Metall *n*; Erz *n*; ♪ Blech *n*; ⊕ ~ *base* (*blanco, duro*) Grund- (Weiß-, Hart-)metall *n*; ~ *ligero* (*pesado*) Leicht- (Schwer-)metall *n*; ~ *no férreo* Nichteisenmetall *n*, NE-Metall *n*; ~ *precioso*, ~ *noble* Edelmetall *n*; *fig. el vil* ~ der schnöde Mammon; 2. ~ *de voz* Klangfarbe *f*.
metalengua *Li. f* Metasprache *f*.
metalero *adj. Bol., Chi.* Metall..., metallhaltig.
me|tálico I. *adj.* metallen, Metall...; **II.** *m* Hartgeld *n*; *en* ~ *in bar*; ~**talífero** *adj.* metallhaltig.
meta|lizado *Kfz. adj.* metallic (*Lack*); ~**lizar** [1f] *v/t.* metallisieren; ~**lografía** *f* Metallkunde *f*; ~**loide** *m* Metalloid *n*, Halbmetall *n*; ~**lurgia** *f* Hüttenkunde *f*; ~**lúrgico I.** *adj.* Metall...; Hütten...; *industria f* ~*a* Metallindustrie *f*; **II.** *m* Metallurge *m*, Hüttenfachmann *m*; Metallarbeiter *m*; ~**lúrgista** *m* → *metalúrgico.*
metamorfo|sear *v/t.* umgestalten, verwandeln; ~**sis** *f* Umwandlung *f*; Metamorphose *f* (*a. fig.*); *fig.* Wandel *m*.
meta|nero *m* Erdgastanker *m* (*Schiff*); ~**no** 🜾 *m* Methan *n*.
meta|plasmo *Li. m* Redefigur *f*; ~**psíquica** 🜾 *f* Parapsychologie *f*; ~**psíquico** *adj.* parapsychologisch.
metástasis ⚛ *f* Metastase *f*.
metatarso *Anat. m* Mittelfuß *m*.
metate *Ethn. m Méj.* Stein *m* zum Mahlen v. Mais.
metátesis [1f] *f* Metathese *f*.
metazoos *m/pl.* Metazoen *n/pl.*
mete|dor *m* Schmutztuch *n* unter der Windel; ~**dura** *f* Hineinstecken *n*; F ~ *de pata* Blamage *f*, Fauxpas *m*.
metem|psícosis, ~psicosis *Rel. f* Seelenwanderung *f*.
mete|órico 🜾 *adj.* meteorisch; ~**orismo** ⚛ *m* Blähung *f*; Meteorismus *m*; ~**orito** *m* Meteorit *m*; ~**oro** (*a. metéoro*) *m* Meteor *m*; ~**orología** *f* Meteorologie *f*, Wetterkunde *f*; ~**orológico** *adj.* Wetter...; *parte m* ~ Wetterbericht *m*; ~**orologista** *m*, ~**orólogo** *m* Meteorologe *m*.
metepatas F *m* (*pl. inv.*) Stoffel *m* F, Elefant *m* im Porzellanladen F.
meter I. *v/t.* stecken; (hin)einstecken; (hinein-)setzen, (-)stellen, (-)legen; (hinein)bringen; (ein-) schieben; hineintun; *p. ext. u. fig.* Furcht einjagen; *Gesuch* einreichen; *Lärm* verursachen (*od.* machen); *viele Sonderbedeutungen in Verbindungen mit Substantiven od. präpositionalen Wendungen*; ⚓ *Segel* beschlagen; *a todo* ~ mit ganzer Kraft; in aller Eile; ~ *en el bolsillo* (*en la maleta*) in die Tasche stecken (in den Koffer packen); *fig.* ~ *en la cabeza* eintrichtern; *¿quién le mete en eso? was geht Sie das an?*; **II.** *v/r.* ~*se.* begeben (*an ac. en*); *p. ext.* werden; s. versuchen als (*nom. a*), sein wollen (*nom. a*); s. (hin)eindrängen; s. einmischen; s. einlassen (*auf ac. en*); s. stürzen (*in od.* auf *ac. en*); ~*se a fraile* (*monja*) Mönch (Nonne) werden, ins Kloster gehen; F ~ *se a finolis* den feinen Mann spielen; ~*se a hacer a/c.* s. anschicken, et. zu tun; ~*se con alg.* mit j-m Streit beginnen; ~*se (alg.) donde no le llaman,* ~ (*alg.*) *en lo que no le toca* (*od. importa*) s. in Dinge einmischen, die e-n nichts angehen; F ~*se en líos* s. in Ungelegenheiten bringen; *fig. no* ~*se en nada* mit nichts zu tun haben wollen; ~*se en vidas ajenas* s. um anderer Leute Dinge kümmern; ~*se por medio* s. dazwischenwerfen; eingreifen.
meticu|losidad *f* Ängstlichkeit *f*; Kleinlichkeit *f*, Pedanterie *f*; ~**loso** *adj.* ängstlich; kleinlich, pedantisch, peinlich genau.
meti|da F *f*: *Col.* ~ *de pata* Blamage *f*, Fauxpas *m*; ~**do I.** *adj.* 1. gedrängt; voll; *Typ.* kompreß (*Satz*); ~ *en años* hoch in Jahren; ~ *en carnes* beleibt; ~ *en sí* in s. gekehrt, still; *fig.* ~ *para dentro* verschlossen, introvertiert; *la llave está* ~*a* der Schlüssel steckt; *fig. estar muy* ~ *con alg.* sehr intim sein mit j-m; *¿dónde estará* ~? wo mag er stecken?; *estar muy* ~ *en a/c.* sehr drinstecken in e-r Sache F; 2. *Col.* neugierig; aufdringlich; **II.** *m* 3. Stoß *m*; F Abfuhr *f*; 4. Windeleinlage *f*; *Typ.* Texteinlage *f*; 5. *Arg., Chi., Hond.* → *entremetido.*
me|tileno 🜾 *m* Methylen *n*; ~**tílico** 🜾 *adj.* Methyl...; ~**tilo** 🜾 *m* Methyl *m*.
metimiento *m* Hinein-legen *n*; -stecken *n*.
metódico *adj.* methodisch.
metodi|smo *Rel. m* Methodismus *m*; ~**sta** *adj.-su. c* methodistisch; *m* Methodist *m*; ~**zar** [1f] *v/t.* planmäßig betreiben.
método *m* 1. Methode *f*; Verfahrensweise *f*; 2. Lehrbuch *n*; ~ *de violín* (*de guitarra*) Geigen- (Gitarren-)schule *f*.
metodo|logía 🜾 *f* Methodik *f*; ~**lógico** *adj.* methodisch.
metomentodo *m* → *entremetido.*
meto|nimia *Rhet. f* Metonymie *f*; ~**nímico** *adj.* metonymisch; ~**nomasia** *Li. f* Metonomasie *f*.
metopa *od.* **métopa** △ *f* Metope *f*.
metraje ⚛ *m* laufende Meterzahl *f*; Meterlänge *f* e-s Films.
metra|lla ⚔ *f* Schrapnell *n*; Splitter *m*(*/pl.*); ~**llazo** ⚔ *m* Schrapnellfeuer *n*; *p. ext.* Splitterwirkung *f*; ~**lleta** ⚔ *f* Maschinenpistole *f*.
métri|ca *f* Metrik *f*; ~**co** *adj.* metrisch; *sistema m* ~ metrisches

System.
metrificación f → *versificación*.
metritis ♂ f Gebärmutterentzündung f.
metro¹ m **1.** Meter n, m (a. ~ *lineal*); Metermaß n; ~ *cuadrado* (*cúbico*) Quadrat- (Kubik-)meter n; ~ *plegable* Zollstock m, (zs.-klappbarer) Meterstab m; *por* ~s meterweise; **2.** Versmaß n.
metro² m U-Bahn f; S-Bahn f; ~ *aéreo* Hochbahn f.
metrónomo ♪ m Metronom n.
me|trópoli f **1.** Hauptstadt f; Metropole f; **2.** Mutterland n; **3.** erzbischöflicher Sitz m; ~**tropolitano** I. *adj.* **1.** hauptstädtisch; **2.** erzbischöflich; **II.** m **3.** *Rel.* Metropolit m; **4.** → *metro*².
mexcal m *Méj.* **1.** ♀ Mexcalagave f; **2.** Mexcalschnaps m.
mexicano *etc. bsd. Am.* (*Aussprache des x: ach-ch, dialektal ich-ch*) → *mejicano etc.*
México m *bsd. Am.* Mexiko n (*Aussprache* → *mexicano*).
mezcal m *Méj.* → *mexcal*.
mezcla f Mischung f; △ Mörtel m; *tejido m de* ~ Halbwollgewebe n; *sin* ~ unvermischt; ~**ble** *adj. c* mischbar; ~**dor** ⊕ m Mischer m; ~**dora** ⊕, △ f Mischmaschine f; ~ *de hormigón* Betonmischmaschine f; ~**miento** m Mischen n; ~**r** I. *v/t.* (ver)mischen; beimischen; *Wein* verschneiden; △ *Beton* mischen; *fig. j-n* hineinziehen (in *ac.* en); **II.** *v/r.* ~*se:* ~*se en a/c. s. in et. (ac.)* cinmischen.
mezcolanza F f Mischmasch m.
mezqui|ndad f **1.** Dürftigkeit f; Kargheit f; **2.** Knauserei f; Schäbigkeit f; ~**no** *adj.* **1.** karg, dürftig; **2.** winzig, bedeutungslos; **3.** armselig, elend; **4.** geizig, knauserig; schäbig, kleinlich.
mezquita f Moschee f.
mezquite ♀ m *Méj.* **1.** Mezquitebaum m; **2.** (*hierba* f) ~ Mezquitegras n.
mezzo-soprano ♪ f Mezzosopran m.
mi ♪ m die Note e, das e; ~ *bemol* es n.
mi, mis *pron. poss.* mein, meine.
mí *pron.* (*nach prp.*) mir, mich; *¡a* ~! Hilfe!; *F y a* ~ *qué* das ist mir egal.
miaja f Krume f, Krüm(el)chen n; F *una miaj(it)a* ein (ganz) klein wenig.
miasma ♂ m giftige Ausdünstung f, Miasma n.
¡miau! *onom.* miau.
mica f **1.** *Min.* Glimmer m; ~ *amarilla* Katzengold n; **2.** F *Col., Méj.* Nachttopf m, Pißpott m F.
micado m Mikado m (*Japan*).
micción f Harnen n.
micifuz F m (*pl.* ~*uces*) Katze f, Mieze f F.
mico m *langschwänziger* Affe m; *fig.* F *dar* ~ *a alg.* j-n sitzenlassen; *se quedó hecho un* ~ er war der Dumme; er stand da wie ein begossener Pudel; *Am. Reg. huele a* ~ es stinkt F, hier mieft es F.
micra f Mikron n, My n.
micrero *Vkw. m Chi.* Busfahrer m.
micro I. m F Mikro(phon) n; **II.** f *Chi.* Bus m; ~**biano** ♂ *adj.* Mikroben...; ~**bio** m Mikrobe f; ~**biología** f Mikrobiologie f; ~**bús** *Kfz.* m Kleinbus m; ~**cefálico** ♂ *adj.* mikrozephal, mikrokephal; ~**circuito** *EDV* m Mikroschaltkreis m; ~**computador(a** f) m Mikrocomputer m; ~**cosmo** *Phil.* m Mikrokosmos m; ~**economía** f Mikroökonomie f; ~**económico** *adj.* mikroökonomisch; ~**electrónica** f Mikroelektronik f; ~**espía** m Abhörmikrophon n, Wanze f F; ~**fibra** f Mikrofaser f; ~**ficha** f Mikrofiche m, n; ~**film** (**e**) m Mikrofilm m; ~**física** f Mikrophysik f.
micrófono m Mikrophon n; ~ *laríngeo* Kehlkopfmikrophon n; ~ *direccional* Richtmikrophon n.
micro|fotografía f Mikrophotographie f; ~**fundio** m landwirtschaftlicher Kleinbesitz m, kl. Betrieb m; ~**lector** m Lesegerät n für Mikrofilm; ~**métrico** *adj.* Mikrometer...; ⊕ *tornillo m* ~ Mikrometerschraube f.
micrómetro m Mikrometer n, Mikrometerschraube f.
micromotor m Kleinstmotor m.
Microne|sia f Mikronesien n; ~**sio** *adj.-su.* mikronesisch; m Mikronesier m.
micro|onda f Mikrowelle f; ~**ordenador** m Mikrocomputer m; ~**organismo** m Mikrobe f, Mikroorganismus m; ~**procesador** *EDV* m Mikroprozessor m; ~**scopia** f Mikroskopie f; ~**scópico** *adj.* mikroskopisch; ~**scopio** m Mikroskop n; ~ *electrónico* Elektronenmikroskop n; ~**segundo** m Mikrosekunde f; ~**surco** *Phono* m Mikrorille f; *p. ext.* Langspielplatte f; ~**taxi** m Minicar m.
micrótomo ♂ m Mikrotom m, n.
micuré *Zo.* m *Am. Mer.* Beutelratte f.
mi|cha F f → *micho*; ~**chelín** P m Faltenbauch m; ~**chirones** *Kchk. mpl. Murc. mst.* rohe Saubohnen f/pl.; ~**cho** F m Katze f, Mieze f F.
mido *usw.* → *medir*.
mie|ditis F f Angst f, Manschetten f/pl. F; ~**do** m Furcht f (vor *dat.* a); ~ *cerval* panischer Schrecken; *de* ~ vor Angst; *fig.* **a**) *adj.* furchtbar, toll F; **b**) *desp.* lästig; *por* ~ *de aus* Furcht vor (*dat.*); *por* ~ *de que* + *subj.* aus Furcht davor, daß ~ *verlo* man fürchtet s., es zu sehen; *le entra* ~ Furcht befällt ihn; *tener* ~ *a alg.* s. vor j-m fürchten; j-n fürchten; ~**doso** *adj.* furchtsam, ängstlich.
miel f Honig m; ~ *extraída* Schleuderhonig m; *de color* ~ honigfarben; *fig. hacerse de* ~ zu freundlich sein; *fig.* F *es* ~ *sobre hojuelas* das ist ja großartig F; das ist noch besser; das ist des Guten beinahe zu viel.
mielga¹ ♀ f Luzerne f.
mielga² f Worfel f.
mielga³ *Fi.* f Dornhai m.
mielitis ♂ f Myelitis f.
miembro m **1.** Glied n (a. ⚥); *Anat.* ~ (*viril*) männliches Glied n, Penis m; **2.** Mitglied n; *Estado m* ~ Mitgliedstaat m.
miente f: *ni por* ~s kommt nicht in Frage; *parar* ~s *en a/c.* achtgeben auf et. (*ac.*); *traer a las* ~s *an et.* (*ac.*) erinnern; *venir a las* ~s j-m einfallen.
mientras I. *prp.* während (*gen.*); **II.** *cj.* während (*zeitl.*); ~ *que* während, wohingegen (*Gg.-satz*); **III.** *adv.:* ~ (*tanto*) unterdessen, inzwischen; ~ *más* ..., *más je mehr* ..., desto mehr.
miera f **1.** Rohharz n; **2.** Wacholderöl n; **3.** Fichtenterpentin n.
miércoles m (*pl. inv.*) **1.** Mittwoch m; ~ *de ceniza* Aschermittwoch m; ~ *Santo* Mittwoch m vor Ostern; **2.** *¡*~*!* (*euph. für mierda*) Scheibenhonig! F.
mier|da I. f **1.** V Scheiße f V (a. *fig.*); *¡a mí me importa una* ~*!* das ist mir scheißegal V; *mandarle a alg. a la* ~ j-n zum Teufel schicken; **2.** P *Span.* Hasch n F, Pot n F, Shit m, n F; **II.** m **3.** V Scheißkerl m V; ~**doso** V *adj.* beschissen V, Scheiß... V.
mies f reifes Korn n, reifes Getreide n *auf dem Halm; a. fig.* Ernte f; *las* ~*es* die Saat f, die Felder n/pl.
miga f Brotkrume f; *fig.* Gehalt m; ~s f/pl. geröstete Brotwürfel m/pl.; *fig. ni una* ~ gar nichts; *fig. de mucha* ~ bedeutend; *fig. tener* ~ gehaltvoll sein; *eso tiene* ~ da ist et. daran, das hat es in s.; *fig. hacer buenas* (*malas*) ~s *con alg.* mit j-m gut (schlecht) auskommen; *fig. estar hecho* ~s hundemüde sein; *hacerse* ~s (zer)brechen, kaputtgehen; *ja f* Brotkrümel m; ~s f/pl. Brotreste m/pl.; *a. fig.* Brosamen pl.; *fig.* Abfall m; ~**jón** m Brocken m Brot; *fig. Kern* m, Gehalt m; Mark m; ~**r** [1h] *v/t.* zerkrümeln; Brot einbrocken in (*ac.*).
migración f (Völker-)Wanderung f; Vogelzug m; *Phys.* ~ *de iones* Ionenwanderung f.
migraña ♂ f Migräne f.
migratorio *adj.* Wander...; *Zo. ave* f ~*a* Zugvogel m.
Miguel *npr.* m Michael m; *día m de San* ~ Michaelis n.
mi|ja f *Col., Méj.* (mein) Liebling (*zu Frauen*); ~**jo**¹ m *Col., Méj.* (mein) Liebling (*zu Männern*).
mijo² ♀ m Hirse f.
mil I. *adj. c* tausend; *der tausendste;* ~ *millones* (eine) Milliarde; ~ *veces* tausendmal; *el* ~ *doscientos* der zwölfhundertste; F *llegar a las* ~ *y quinientas* mit e-r Mordsverspätung ankommen F; **II.** m Tausend n; *a* ~*es* zu Tausenden; ~*es y* ~*es* Tausende n/pl. u. aber Tausende.
mila|grería f (abergläubische) Wundergeschichte f; ~**grero** *adj.* zum Wunderglauben neigend; F wundertätig; ~**gro** m Wunder n; *fig. hacer* ~s wahre Wunder tun; zaubern; *de* ~ wie durch ein Wunder (davonkommen); *fig. vivir de* ~ **a**) kein festes Einkommen haben; **b**) *burl.* gefährlich leben; ~**groso** *adj.* wunderbar (*a. fig.*); wundertätig; *fig.* erstaunlich; *kath. imagen f* ~*a* Gnadenbild n.
milamores ♀ f (*pl. inv.*) Tausendliebchen n.
Mil|án m Mailand n; ♀ *anés adj.-su.* mailändisch, Mailänder; m Mailänder m.
milano *Vo.* m Milan m; ~ *rojo od. real* Gabelweihe f. [tau m.]
mil|deu, ~diú ♀ m falscher Mehl-
mile|nario I. *adj.* tausendjährig; **II.** m Jahrtausendfeier f; ~**narismo** m Chiliasmus m; ~**nio** m Jahrtausend n.
milenrama ♀ f Schafgarbe f.
milési|ma f: *una* ~ (*de segundo*)

milésimo — miosota

e-e tausendstel Sekunde; ~**mo I.** adj. tausendste(r); **II.** m Tausendstel n; Tausendste(r) m.
mili...[1] pref. Milli...
mili[2] F f Span. Wehrdienst m, Militär n, Barras m F.
miliar[1] ⚔ adj. c Miliar...; Friesel...
milia|r[2] adj. c, ~**rio** adj. Meilen...; piedra f ~(a) Meilenstein m (a. fig.).
milibar(o) Met. m Millibar n.
milicia f 1. a) Bürgerwehr f, Miliz f; b) Volksheer n; 2. Wehrdienst m, Militär n; Span. ~s f/pl. universitarias besonderer Wehrdienst für Studenten; ~**no I.** adj. Miliz...; **II.** m Milizangehörige(r) m.
milico desp. m Rpl., Bol., Chi. Soldat m.
mi|ligramo m Milligramm n; ~**límetro** m Millimeter n, m.
mili|tante I. adj. c kämpfend; kämpferisch, militant; **II.** m Vorkämpfer m; bsd. Pol. Aktivist m; ~**tar**[1] **I.** adj. c militärisch; Militär...; Kriegs...; **II.** m Soldat m; ~**tar**[2] v/i. s. einsetzen (für ac. por); sprechen (für ac. en pro, de, en favor de); ~**tarismo** m Militarismus m; ~**tarista** adj.-su. c militaristisch; m Militarist m; ~**troncho** desp. m Span. Offizier m.
milonga Rpl. f 1. Milonga f (Volkstanz); 2. Volksfest n mit Tanz; 3. fig. → enredo.
milord m (pl. milores) englischer Lord m.
mil|pa f Am. Cent., Méj. Maispflanzung f; -feld n; ~**pero** m Am. Cent., Méj. Maisbauer m.
milpiés Ent. m (pl. inv.) Kellerassel f.
milla f Meile f; ~ marina (Am. náutica) Seemeile f (1852 m); ~**je** m bsd. Am. Entfernung f in Meilen.
mi|llar m Tausend n; ~**llardo** m Milliarde f; ~**llón** f Million f; ~**llonada** F f wahnsinnig viel Geld n F; ~**llonario** m Millionär m; ~**llonésimo I.** adj. million(s)tel; **II.** m Million(s)tel n.
mima|do adj. verhätschelt; verwöhnt; ~**r** v/t. verwöhnen; verhätscheln.
mim|bral m → mimbreral; ~**bre** ♀ Korbweide f; Weidengeflecht n; muebles m/pl. de ~ Korbmöbel n/pl.; ~**brear** v/i. s. geschmeidig hin u. her bewegen; ~**brera** ♀ f 1. Korbweide f; 2. → ~**breral** m Weidengebüsch n; ~**broso** adj. 1. aus Weiden; 2. voller Weiden.
mime m Am. Art Stechmücke f.
mime|ografiar [1c] v/t. Am. vervielfältigen; ~**ógrafo** m Am. Vervielfältigungsapparat m.
mímesis Rhet. f Mimesis f.
mi|mético adj. Nachahmungs...; Tarnungs...; ~**metismo** m Mimikry f, Tarnung f; ~**metizar** [1f] v/t. tarnen.
mími|ca f 1. Gebärdenspiel n; Mimik f; 2. Pantomime f; ~**co** adj.-su. mimisch; m Mimiker m.
mimo m 1. Thea. hist. a) Mimus m; b) Mime m; 2. fig. mst. ~s m/pl. Liebkosung f; Verhätschelung f; hacer a alg. schöntun mit j-m; ~**sa** ♀ f a. fig. Mimose f; ~**sear** v/t. Rpl. → mimar; ~**so** adj. 1. zärtlich; 2. mimosenhaft; zimperlich.
mina f 1. Bergwerk n; Stollen m; Mine f; fig. Fundgrube f; 2. ⚔ Mine f; ~ antipersona Antipersonenmine f; ~ flotante Treibmine f; ~ terrestre Landmine f; ~**dor** m 1. ⚔ Stollenbauer m; 2. ⚔ a) Mineur m, Pionier m; b) ⚓ Minenleger m; ~**r** v/t. 1. ⚔ Stollen anlegen in (dat.); 2. ⚔ unterminieren; verminen; fig. untergraben.
minarete △ m Minarett n.
minera Folk. f Andal. Bergmannslied n; ~**l I.** adj. c Mineral...; Erz...; aceite m ~ Mineralöl m; agua f ~ Mineralwasser n; ⚔ ~ en bruto Roherz n; ~es m/pl. lapídeos Steinmineralien n/pl.; ~**lización** f Geol. Mineralisation f; ⚔ Erzfrühung f; ~**lizar** [1f] **I.** v/t. mineralisieren; **II.** v/r. ~**se** Mineralstoffe aufnehmen (Wasser); ~**logía** f Mineralogie f, Gesteinskunde f; ~**lógico** adj. mineralogisch; ~**logista** m Mineraloge m.
mine|ría ⚔ f Bergbau m; ~**ro I.** adj. bergmännisch; Bergbau...; **II.** m Bergmann m, Knappe m, Kumpel m F.
miner|va Typ. f Tiegel(druck)presse f) m; ~**vista** Typ. m Tiegeldrucker m.
mini... in Zssgn. Mini..., Klein...
miniatu|ra f Miniaturbild n; fig. Miniaturausführung f; en ~ im Kleinen; ~**rista** c Miniaturenmaler(in f) m; ~**rización** ⊕ f Reduzierung f auf das Kleinstformat.
minibar m Minibar f.
minicomputador m bsd. Span., ~**a** f bsd. Am. Mikrocomputer m.
minidisco m: ~ (compacto) Minidisc f Wz., MD f.
minifalda f Minirock m.
minifundi|o ⚘ m Zwerg-betrieb m, -besitz m; ~**sta** m Klein(st)bauer m.
mínima f halbe Note f.
minimizar [1f] v/t. bagatellisieren, herunterspielen.
míni|mo I. adj. 1. kleinste(r, -s); sehr geringfügig; winzig; Mindest..., Minimal...; salario m ~ Mindestlohn m; como ~ mindestens; ni en lo más ~ nicht im geringsten, durchaus nicht; ⚖ asunto m (od. proceso m) de ~**a** cuantía Bagatellsache f; **II.** m 2. bsd. ⊕ Minimum n; Mindestzahl f; 3. kath. Paulaner(mönch) m; ~**mum** m Minimum n.
minio m Mennige f.
miniordenador m Mikrocomputer m.
ministe|rial I. adj. c ministeriell; Ministerial...; p. ext. ~**e** Regierungspartei stützend; regierungs-treu, -freundlich; **II.** m Anhänger m der Regierungspartei(en); ~**rialismo** m regierungstreue Gesinnung f; ~**rio** m 1. Ministerium n (a. Gebäude); Ministeramt n; p. ext. Kabinett n; ☿ de Agricultura (de Economía) Landwirtschafts- (Wirtschafts-) ministerium n; ☿ de Asuntos (Am. de Relaciones) Exteriores Außenministerium n; ☿ de Educación y Ciencia (Am. de Instrucción Pública) Unterrichtsministerium n; ☿ de Hacienda (de Justicia, del Trabajo) Finanz- (Justiz-, Arbeits-)ministerium n; ☿ del Interior Innenministerium n; ☿ de Obras Públicas Ministerium n für öffentliche Arbeiten; 2. lit. Amt n (a. ecl.); Aufgabe f; fig. Handwerk n.
minis|tra f Pol. Ministerin f; ~**trable** Pol. **I.** adj. c für ein Ministeramt geeignet, ministrabel; **II.** m Ministerkandidat m; ~**trante** m Verwalter m; Gehilfe m; ~**trar** vt/i. (ein Amt) verwalten.
ministro m 1. Minister m; dipl. ~ (plenipotenciario) Gesandte(r) m; primer ~ Premierminister m; ~ sin cartera Minister m ohne Geschäftsbereich; 2. lit. Beamte(r) m; Richter m; 3. kath. Spender m der Sakramente; Pfarrer m; 4. Amts-, Gerichts-diener m; Kirchendiener m; Ministrant m; 5. lit. Helfer m, Diener m.
minivestido m Minikleid n.
minoico Arch. adj. minoisch.
mino|ración f Verminderung f; ~**rar** v/t. vermindern; ~**ría** f 1. Minderheit f, bsd. Pol. Minorität f; problema m de las ~**s** (étnicas) Minderheitenfrage f; quedar en ~ überstimmt werden; 2. ~ de edad → ~**ridad** f Minderjährigkeit f; ~**rista I.** adj. c 1. ✝ comercio m ~ Einzelhandel m; **II.** m 2. ✝ Einzelhändler m; 3. Geistlicher m, der die niederen Weihen empfangen hat; ~**ritario** adj. minoritär, Minderheits...
minuci|a f Kleinigkeit f; Spitzfindigkeit f; ~**osidad** f peinliche Genauigkeit f; Kleinlichkeit f; ~**oso** adj. eingehend, ausführlich; peinlich genau.
minué ♪ m Menuett n.
minuendo Arith. m Minuend m.
minúscu|la f Kleinbuchstabe m; ~**lo** adj. winzig.
minus|valía f bsd. Span. Wertverlust m; (körperliche u./od. geistige) Behinderung f; ~**válido** adj.-su. (körperlich u./od. geistig) behindert; m Behinderte(r) m; ~**valoración** f Unterbewertung f; ~**valorar** v/t. unterbewerten.
minu|ta f 1. Entwurf m, Konzept n; Notiz f; 2. ✝ Schlußzettel m (Börse); 3. Speisekarte f; 4. Liste f; 5. Honorar(ab)-, Gebühren-rechnung f (Anwalt usw.); 6. Chi. Trödelladen m; ~**tar** v/t. Vertrag entwerfen; das Konzept e-r Rede anfertigen; ~**tero** m Minutenzeiger m (Uhr); ~**tisa** ♀ f Bartnelke f; ~**to** m Minute f; al ~ a) schnell, sofort; b) auf die Minute (pünktlich); está a dos ~**s** de aquí es liegt ganz in der Nähe.
miñón adj. Am. zierlich.
mío, mía pron. mein, meine; **I.** adj. este libro es ~ dieses Buch gehört mir; es muy amigo ~ er ist ein guter Freund von mir; es un amigo ~ es ist e-r m-r Freunde, er ist ein Freund von mir; **II.** su. el ~ meiner, der mein(ig)e; der Mein(ig)e; los ~**s** a. meine Angehörigen; lo ~ das Meine; F ésta es la ~**a** das ist (ganz) mein Fall; das ist die Gelegenheit für mich F.
miocardi|o Anat. m Herzmuskel n, Myokard n; ~**tis** ♀ f Myokarditis f.
mioceno Geol. m Miozän n.
mioma ♀ m Myom n.
mio|pe ♀ adj.-su. c kurzsichtig; ~**pía** ♀ f Kurzsichtigkeit f.
miosis ♀ f Pupillenverengung f, Miosis f.
miosota ♀ f, ~**tis** f Vergißmeinnicht n.

mira f 1. Visier n; Visierlatte f der Feldmesser; Korn n am Gewehr; ~ telescópica Zielfernrohr n; 2. fig. estar (od. quedar) a la ~ aufpassen; poner a sein Augenmerk richten auf (ac.); 3. Ziel n, Zweck m; ~s f/pl. a. Absichten f/pl.; con ~s a im Hinblick auf (ac.); tener ~s elevadas et. von hoher Warte sehen.
mirabel ♀ m 1. Sommerzypresse f; → girasol.
mira|da f Blick m; de una ~ auf e-n Blick; alzar la ~ aufblicken; echar una ~ e-n Blick werfen (auf ac. a, sobre); pasear la ~ s-e Blicke schweifen lassen; **~dero** m Aussichtspunkt m; fig. Gesprächsthema n (Person od. Sache, die in aller Munde ist); **~do** adj. klug, überlegt; umsichtig; zurückhaltend; bien ~ **a**) gern gesehen, gut aufgenommen; **b**) richtig betrachtet, genaugenommen; **~dor** m Erker m; verglaster Balkon m; Ausguck m; Aussichtspunkt m.
miraguano m 1. ♀ Kapokpalme f; 2. tex. Kapok m.
mira|melindos ♀ m/pl. Balsamine f; **~miento** m Anschauen n, Überlegen n; Umsicht f; Rücksicht(nahme) f; Schonung f; después de muchos ~s nach langer Überlegung; sin ~s rücksichtslos; **~nda** P: estar de ~ zuschauen, wie andere arbeiten; faulenzen.
mirar I. v/t. 1. ansehen, anblicken; hinschauen auf (ac.); ¡miren la casa! schauen Sie (s.) das Haus an!; fig. ~ bien (mal) a alg. j-n gern haben (nicht leiden können); P ¡mira éste! das hat hingehauen, wie? F; fig. F mírame y no me toques ein Kräutlein Rührmichnichtan; ~ con la boca abierta mit offenem Munde anstarren, anstaunen, angaffen; ~ de arriba abajo a. fig. von oben bis unten anschauen; kritisch mustern; 2. beobachten, betrachten; überprüfen; 3. bedenken, überlegen; berücksichtigen; ¡mire lo que hace! bedenken Sie, was Sie tun!; sin ~ nada rücksichtslos; no ~ el precio nicht auf den Preis sehen; 4. ansehen (als ac. como); zu schätzen wissen, achten; II. v/i. 5. sehen; schauen, hinsehen; ~ a gehen auf (ac.) (hinaus) (Balkon usw.); ¡mira! da schau an!; ¡mire usted!; sehen Sie mal (Hinweis od. Eröffnungsfloskel e-s Gesprächs); ~ al espejo (el reloj) in den Spiegel (auf die Uhr) sehen; ~ hacia atrás zurückblicken, s. umschauen; 6. zusehen; aufpassen; überlegen; s. umsehen; abzielen (auf ac. a); sorgen (für ac. por); s. kümmern (um ac. por); ¡mira cómo (bzw. a quién) hablas! achte auf d-e Worte!; ¡mire a quién se lo cuenta! wem sagen Sie das?; ¡mira quién habla! u. das sagt ausgerechnet er!; por lo que mira a usted was Sie angeht; ~ por sí auf s-n Vorteil bedacht sein; s. in acht nehmen; III. v/r. **~se** 7. s. ansehen; fig. s. in acht nehmen; **~se** unos a otros ea. verwundert ansehen; fig. **~se** en alg. j-n sehr lieben; si bien se mira im Grunde, eigentlich.
mirasol ♀ m → girasol.
mi|ríada f Myriade f (a. fig.); fig.

Unzahl f; **~riápodos** Zo. m/pl. Tausendfüßler m/pl.
mirífico poet. adj. wunderbar.
mirilla f Guckloch n an der Tür, Spion m F; ⊕ Guckloch n; Skalenfenster n.
miriñaque m Reifrock m, Krinoline f; fig. F Schnickschnack m, Nippes pl.   [dos.]
miriópodos Zo. m/pl. → miriápo-J
mirliflor c eingebildete Person f.
mirlo Vo. m Amsel f; fig. un ~ blanco ein weißer Rabe.
mirobálano ♀ m Myrobalane f.
mirón I. adj. 1. gaffend; neugierig; II. m 2. Gaffer m; 3. Zaungast m, Kart. Kiebitz m; b. Geschlechtsverkehr: Voyeur m, Spanner m F; **~ones** m/pl. Sehleute pl. F b. Messen.
mirra f Myrrhe f (Baum u. Duftharz); **~do** adj. mit Myrrhe versetzt.
mir|táceas ♀ f/pl. Myrtengewächse n/pl.; **~to** ♀ m Myrte f.
misa kath. f Messe f; ~ del alba (od. F de los cazadores) Frühmesse f; ~ cantada Singmesse f; ~ de cuerpo presente Totenmesse f mit feierlicher Aufbahrung; ~ de campaña Feldgottesdienst m; ~ de difuntos (od. de réquiem) Seelen-messe f, -amt n; ~ del gallo Christmette f; ~ mayor, ~ pontifical, ~ solemne Hochamt n; ~ negra schwarze Messe f; F de ~ y olla einfältig, unbedarft (Geistlicher); ayudar a ~ Ministrant sein, ministrieren; cantar ~ sein erstes Meßopfer feiern (Primiziant); celebrar (la) ~, decir ~ die Messe lesen; fig. no saber de la ~ la media gar nichts wissen; **~cantano** kath. m Primiziant m.
misal m Meßbuch n.
mis|antropía f Menschenhaß m; **~antrópico** adj. menschenfeindlich; **~ántropo** m Menschenfeind m, Misanthrop m.
miscelánela lit. f Vermischte(s) n; Miszellen f/pl.; **~o** adj. vermischt.
miscible adj. c mischbar.
mise|rable I. adj. c 1. elend; verächtlich; 2. knauserig, schäbig; II. m 3. elender Kerl m; niederträchtiger Lump m, Schurke m; **~rere** m Rel. (♂ a. cólico m ~) Miserere m, ♂ Koterbrechen m; **~ria** f 1. Elend n, Not f; 2. Erbärmlichkeit f; 3. Knauserei f; Schäbigkeit f; 4. Ungeziefer(plage f) n; 5. fig. (erbärmliche) Kleinigkeit f; cobrar una ~ e-n Schundlohn erhalten; vender por una ~ um ein Butterbrot verkaufen.
misericordi|a f 1. Barmherzigkeit f; 2. Mitleid n, Erbarmen n; **~oso** adj.-su. barmherzig.
mísero adj. elend; unglücklich; geizig; lit. ¡ay ~ de mí! ich Unglücklicher!
misero F m 1. Kirchenläufer m F; 2. Meßpriester m.   [lichst.]
misérrimo sup. zu mísero erbärm-J
misil m Fernlenkwaffe f; Rakete f; ~ de alcance intermedio (de largo alcance) Mittel- (Lang-)streckenrakete f; ~ antiaéreo (antimisil) Luft-(Raketen-)abwehrrakete f; ~ de crucero Marschflugkörper m, Cruise Missile n.
misi|ón f 1. ecl. Mission f; Bußpre-

digt f; Missionshaus n; 2. fig. Mission f (a. dipl.); Sendung f; Aufgabe f, Auftrag m; ⚔ Einsatz m (Kommandos usw.); **~onal** ecl. adj. c Missions...; **~onar** ecl. v/t. missionieren; **~onero** I. adj. Missions...; II. m Missionar m.
Misisipí m Mississippi m.
misi|va f Sendschreiben n; fig. Brief m; **~vo** adj. Send...; Sendungs...
mis|mamente adv. gerade, genau; ~ allí eben dort; **~midad** Phil. f Selbstheit f; **~mísimo** sup. zu **~mo** adj. 1. selbst; eigen; gleich; nämlich; el ~ derselbe; lo ~ dasselbe; lo ~ que ebenso wie; por lo ~ eben deswegen; da lo ~ od. lo ~ da das ist einerlei, es ist egal F; todo es (od. viene a ser) lo ~ alles läuft auf dasselbe hinaus; 2. adverbiell: genau; gerade, eben; noch; ella ~a habló sie sprach selbst; así ~ (genau) so; le hirió en la ~a cara er traf ihn genau ins Gesicht; desde España ~ (od. misma) te lo mandará er wird es aus Spanien selbst schicken; le pude hablar en la ~a oficina ich konnte ihn noch im Büro sprechen.
mi|sógamo adj.-su. Ehefeind m; **~sogínia** f Weiberscheu f; **~sógino** adj.-su. Frauenfeind m; **~soneísmo** m Haß m gg. Neuerungen; **~soneísta** adj.-su. c neuerungsfeindlich; m Feind m aller Neuerungen.
mista|gogo m Mystagog(e) m; **~gógico** adj. mystagogisch.
mistar v/i. → musitar; F sin chistar ni ~ ohne e-n Mucks(er) F.
mistela f 1. mit Alkohol versetzter Most m; 2. Art Grog m (mit Zimtzusatz).
misterio m Rel. u. fig. Mysterium n; fig. Geheimnis n; adv. con (mucho) ~ geheimnisvoll; **~so** adj. geheimnisvoll.   [rin f.]
mística f 1. Mystik f; 2. Mystike-J
misticismo m 1. Mystik f; mystische Bewegung f; 2. mystische Versenkung f; 3. mystische Einung f.
místico[1] I. adj. mystisch; fig. schwärmerisch; exaltiert; II. m Mystiker m.
místico[2] ⚓ m Küstenboot n (mit Dreiecksegel).
mistifica|ción f Täuschung f, Mystifizierung f; **~dor** m Schwindler m; **~r** [1g] v/t. irreführen, täuschen.
mistral m Mistral m (Wind).
Misurí m Missouri m.
mita f 1. Am. Mer. hist. Arbeitsdienstverpflichtung f der Indianer unter den Inkas; unter den Kolonisatoren Frondienst m (aufgehoben 1720); 2. Bol. Kokaernte f; 3. Chi. F → turno.
mitad f Hälfte f; Mitte f; F cara ~ bessere Hälfte f, Ehehälfte f; ~ y ~ zu gleichen Teilen, halbpart; a ~ de camino auf halbem Wege; adv. ~ bueno, ~ malo halb gut, halb schlecht.
mítico adj. mythisch; Mythos...
mitiga|ción f Milderung f; Abschwächung f; Linderung f; **~r** [1h] v/t. mildern; lindern; beschwichtigen.
mi|tin, ~tín m (pol.) Versammlung f.
mito[1] m Arg. Algarrobenharz n.
mi|to[2] m Mythos m; Mythe f; **~to-**

mitología — moho

logía *f* Mythologie *f*; **~tológico** *adj.* mythologisch; **~tologista, ~tólogo** *m* Mythologe *m*.
mitón *m* Pulswärmer *m*.
mitosis *Biol. f* Mitose *f*.
mitote *m Méj.* 1. aztekischer Tanz; 2. Hausball *m*; 3. *fig.* a) Ziererei *f*; b) Zank *m*, Streit *m*; Krawall *m*.
mitra *f* Mitra *f* (*a.* ⚜); *fig.* Bischofswürde *f*; **~do** *ecl. adj.* berechtigt, die Mitra zu tragen; **~l** ⚜ *adj. c* mitral; *válvula* ~ *f* Mitralklappe *f*.
miura: ser *más* bravo *que un* ~ heimtückisch (*bzw.* sehr mutig) sein.
mixo|matosis *vet. f* Myxomatose *f*; **~micetos** *Biol. m/pl.* Myxomyzeten *m/pl.*
mix|to I. *adj.* 1. gemischt; *Li.* idioma *m* ~ Mischsprache *f*; II. *m* 2. F Zündholz *n*; 3. 🐎 gemischter Zug *m*; 4. ✗ ~ *fumígeno* (*incendiario*) Rauch- (Zünd-)satz *m*; **~tura** *f* Mixtur *f*; Mischung *f*.
mízcalo ♀ *m* echter Reizker *m*.
mnemo|tecnia, ~técnica *f* Mnemotechnik *f*; **~técnico** *adj.* mnemotechnisch.
moabita *bibl. adj.-su. c* moabitisch; *m* Moabiter *m*.
moaré *tex. m* Moiré *m*, *n*.
mo|biliario I. *adj.* Mobiliar...; II. *m* Mobiliar *n*; Möbel *n/pl.*; → **~blaje** *m* Hausrat *m*.
moca I. *m* Mokka *m* (*Kaffee*); II. *f* F *Col.* (Nasen-)Popel *m* F.
moca|da P *f* Schneuzen *n*, Rotzen *n* P; *echar una* ~ (s. aus)rotzen P; **~r** P [1g] *v/t.* schneuzen; **~se** (s. aus)rotzen P. [(*Schuh*).)
mocasín *m* Mokassin *m*; Slipper *m*|
mo|cedad *lit. f* oft *~es f/pl.* Jugendzeit *f*; **~cetón** *m* kräftiger (*od.* strammer) Bursche *m*; **~cil** *adj. c* jugendlich, Jugend...
moción *f* 1. Bewegung *f*; innere Regung *f*; 2. *Pol.* Antrag *m* (einbringen presentar); ~ *de censura* (*de confianza*) Mißtrauens- (Vertrauens-)antrag *m*.
moco *m* 1. Nasenschleim *m*, Rotz *m* P; *fig.* F *se le cae el* ~ *or ist* (noch) ein richtiger Grünschnabel *m*; F *llorar a* ~ *tendido* Rotz u. Wasser heulen F; P *quitarle los* ~*s a alg.* j-m die Fresse polieren P; 2. Fleischlappen *m* am Schnabel des Truthahns; *fig.* F *no es* ~ *de pavo* das ist nicht zu verachten, das ist nicht von Pappe F; **~so** I. *adj.* rotzig; II. *m* Grünschnabel *m*, Rotznase *f* F; Lausebengel *m*, Gör *n*; ~*a f a.* Göre *f* F; **~suena** F *adv.: a* ~ aufs Geratewohl, nach dem bloßen Klang.
mochales P *adj.-su. inv. Span.* bescheuert F, beknackt F; *m* Spinner *m* F.
mocheta *f* 1. Axt-, Messer-rücken *m*; 2. *Zim.* Anschlag *m b. Tür od. Fenster.*
mochi|la *f* Rucksack *m*; Schulranzen *m*; *Col. a.* Trag-tasche *f*, -netz *n*; **~lero** *m* Rucksacktourist *m*.
mocho I. *adj.* 1. stumpf; ohne Hörner (*Tier*); gestutzt (*Bäume*, *Gehörn*); mit gebrochenen Masten (*Schiff*); *fig.* F kahlgeschoren; 2. F *Méj.* reaktionär; II. *m* 3. stumpfes Ende *n*; *z. B.* Gewehrkolben *m*.
mochuelo *m* Steinkauz *m*; *fig.* harte (*od.* schwierige) Arbeit *f*; *Typ.* Leiche *f im Satz*; ¡*cada* ~ *a su olivo!* jeder

an seinen Platz!; *fig.* F *cargar con el* ~ es ausbaden müssen.
moda *f* Mode *f*; ~ *femenina* (*masculina*) Damen- (Herren-)mode *f*; *última* ~ neueste Mode *f*, letzter Schrei *m*; *de* ~ modern; *a la* ~ *de* nach der Mode von (*dat.*); *estar fuera* (*od. pasado*) *de* ~ außer Mode sein, unmodern sein.
moda|l I. *adj. c Gram., Phil.* modal; II. **~es** *m/pl.* Manieren *f/pl.*; Benehmen *n*; **~lidad** *f* Modalität *f*; Eigenart *f*; ⊕ ~ *de trabajo* Arbeitsweise *f e-s Geräts*.
mode|lado I. *adj.* modelliert; II. *m* Modellierung *f*; **~lador** I. *adj.* modellierend; II. *m* → *modelista*; **~laje** *m bsd. Am.* Beruf *m e-s* Photomodells (*od.* Mannequins); **~lar** *v/t.* formen; modeln; modellieren; **~lista** *m* Modelleur *m*; Modellschreiner *m*; **~lo** I. *m* 1. Bauart *f*, Modell *n*; *Kfz.* ~ *estrella* Spitzenmodell *n*; 2. Muster *n*, Modell *n*; Vorbild *n*; ✝, *Pol.* ~ *de desarrollo* Entwicklungsmodell *n*; *tomar por* ~ s. zum Vorbild nehmen; II. *f* 3. (Photo- *od.* Maler-)Modell *n*; Mannequin *n*.
módem *IT m* Modem *n*, *m*.
modera|ción *f* Mäßigung *f*; *todo con* ~ alles mit Maßen; **~do** *adj.* gemäßigt (*a. Pol.*) mäßig, ruhig; **~dor** I. *adj.* 1. mäßigend; II. *m* 2. Mäßiger *m*; ⊕ Regler *m v.* Geschwindigkeiten *u. ä.*; *bsd.* 🛈 Moderator *m*; 3. *Rf., TV* Moderator *m*, Diskussionsleiter *m*; *TV a.* Showmaster *m*; **~r** *v/t.* mäßigen; herabsetzen; verlangsamen; **~tivo** *adj.* mäßigend; **~to** ♪ *adv.-su. m* moderato; *m* Moderato *m*.
modernidad *f* Modernität *f*.
modernis|mo *m Ku., Lit., Rel.* Modernismus *m*; **~ta** *adj.-su. c* modernistisch; *m* Modernist *m*.
moder|nización *f* Modernisierung *f*; Erneuerung *f*; **~nizar** [1f] *v/t.* modernisieren; erneuern; **~no** *adj.* neuzeitlich; modern; modisch; *a la* ~*a* nach neuestem Geschmack, nach der letzten Mode.
modes|tia *f* Bescheidenheit *f*; Sittsamkeit *f*; *falsa* ~ falsche Bescheidenheit *f*; ~ *aparte* ich will mich ja nicht rühmen (, aber ... *pero* ...); **~to** *adj.* bescheiden. [*u. ä.*]
modicidad *f* Mäßigkeit *f der Preise*|
módico *adj.* mäßig, gering; niedrig, billig (*Preis*).
modifica|ble *adj. c* abänderungsfähig; modifizierbar; **~ción** *f* (Ab-)Änderung *f*; **~dor** *adj.* abändernd; **~car** [1g] *v/t.* ändern; umändern; ab-, ver-ändern; ᗱ, *bsd. Phil.* modifizieren; **~tivo, ~torio** *adj.* abändernd; *Anderungs*...; Modifikations...
modismo *Li. m* Redewendung *f*.
modis|ta I. *f* Modistin *f*; Damenschneiderin *f*; II. *m* → *modisto*; **~tería** *f* Modesalon *m*; **~tilla** *f* Nähmädchen *f*; **~to** *m* Damenschneider *m*; Modeschöpfer *m*.
modo *m* 1. Art *f*, Weise *f*, Modus *m* (*bsd. Phil.*); Möglichkeit *f*, Form *f*; Mittel *n*, Weg *m*; ~ *de empleo* Gebrauchsanweisung *f*; ~ *de ser* Wesen *n*; ~ *de vivir* Lebens-art *f*, -weise *f*; *a* ~ *de in der Art von* (*dat.*); *wie* (*nom.*); *a mi* ~ *de ver* nach m-r Auffassung, m-s Erachtens; *de cual-*

quier ~ irgendwie; *de ese* ~ dadurch; *de este* ~ derart; so; *de* ~ *que so daß*; *also*; F *de* ~ *y manera que* folglich; *de ningún* ~ keineswegs, durchaus nicht; *de otro* ~ anders; andernfalls, sonst; *de tal* ~ derart, dergestalt; *de tal* ~ *que so daß*; *de todos* ~*s* immerhin; *auf alle Fälle, jedenfalls*; *en cierto* ~ gewissermaßen, sozusagen; ¡*qué* ~ *de llorar!* was für ein Geflenne!; 2. Verfahren *n*, Methode *f*; 3. *Li.* Aussageweise *f*, Modus *m*; ~ *adverbial* adverbieller Ausdruck *m*; (~) *subjuntivo m* Konjunktiv *m*; 4. ♪ Tonart *f*; ~ *mayor* (*menor*) Dur- (Moll-)Tonart *f*; 5. ~*s m/pl. a.* Art *f*, Manieren *f/pl.*; Benehmen *n*.
modo|rra *f* 1. bleierne Müdigkeit *f*; Benommenheit *f*; Schläfrigkeit *f*, *bsd.* nach dem Essen; 2. Kater *m* F, Katzenjammer *m*; 3. *vet.* Drehkrankheit *f der Schafe*; **~rrar** I. *v/t.* e-n schweren Kopf machen (*dat.*); II. *v/r.* **~se** pelzig (*bzw.* faulig) werden (*Obst*); **~rro** *adj.* 1. schlaftrunken; 2. pelzig *bzw.* faulig (*Obst*); 3. *fig.* dumm, einfältig.
modo|sidad *f* gesittetes Benehmen *n*; **~so** *adj.* gesittet, artig.
modrego F *m* Tölpel *m*.
modula|ción ♪, *Phys. f* Modulation *f*; *HF* ~ *de frecuencia* Frequenzmodulation *f*; **~dor** *HF* I. *adj.* modulierend; II. *m* Modulator *m*; **~dora** *HF f* Modulationsröhre *f*; **~r** ♪, *Phys. v/t.* modulieren.
módulo *m* 1. ⚛, △, ⊕ Modul *m*; 2. Model *m*; Maß *n*; Norm *f*; 3. ~ *lunar* Mondfähre *f*; 4. (Möbel-)Element *n*; ~ *tapizado* Polsterelement *n* (*Sitzgruppe*).
mofa *f* Spott *m*; Verhöhnung *f*; *hacer* ~ *de* verspotten (*ac.*); **~dor** *adj.* spöttisch; **~rse** *v/r. s.* lustig machen (über *ac. de*).
mofeta *f* 1. 🦨 Grubengas *n*; ~*s f/pl.* schlagende Wetter *n/pl.*; 2. *Zo.* Stinktier *n*.
mofle|te *m* Pausbacke *f*; **~tudo** *adj.* pausbackig.
mogataz *m* (*pl.* ~*aces*) Eingeborenensoldat *m in den* (*ehm.*) *span. Besitzungen Afrikas.*
mogate *m* Glasur *f* (*Keramik*); *fig.* F *de medio* ~ nachlässig.
mogol I. *adj.* † → *mongol*; II. *m* Mogul *m*; *Gran* ♀ Großmogul *m*.
mogollón *m* Schmarotzer *m*; *adv. de* ~ umsonst; gratis.
mogón *adj.* einhörnig; mit abgebrochenem Gehörn (*Rind*).
mogote *m* 1. isolierter Hügel *m*; Kuppe *f*; 2. ✒ (Holz-, Heu-)Stapel *m*; Garbenbündel *n*, Puppe *f*; 3. *Jgdw.* Geweihknospe *f*.
Mogreb *m* Maghreb *m*; ♀**bino** *adj.* maghrebinisch.
mohair *tex. m* Mohair *m*.
moharra *f* Lanzenspitze *f*; Fahnenspitze *f*.
mohicano *m* Mohikaner *m*.
mohín *m* Gebärde *f*; Grimasse *f*; *hacer* ~*ines a.* schmollen.
mohí|na *f* Verdruß *m*; Groll *m*; **~no** *adj.* verdrossen, mißmutig, unwillig.
moho *m* Hausschwamm *m*; Moder *m*; Schimmel *m*; Grünspan *m*; Rost

m; *mancha f de* ~ Stockfleck *m*; *olor m a* ~ Modergeruch *m*; *criar* ~ modern; schimmeln; kahmig werden (*Wein*); Grünspan ansetzen; rosten; *cubierto de* ~ schimmelig; voller Grünspan; rostig; *fig*. F *no dejar criar* ~ schnell aufbrauchen, nicht verschimmeln lassen F; *oler a* ~ modrig riechen, müffeln; ~**searse** *v/r. Am.* (ver)schimmeln; ~**so** *adj.* modrig; schimmelig; kahmig (*Wein*); voller Grünspan; rostig.
moiré *m* Moiré *m, n* (*tex. u. fig., Typ. usw.*).
Moisés *m* 1. *npr.* Moses *m*; 2. ♀ Tragkörbchen *n für Kleinkinder*.
mojadedo *adv.*: *a* ~ → *a quemarropa*.
moja|do I. *adj.* naß; feucht; befeuchtet; eingeweicht; **II.** *m* → *mojadura*; ~**dor I.** *adj.* anfeuchtend; *Typ. rodillo m* ~ Feuchtwalze *f* (*Offset*); **II.** *m* (Finger-, Marken-)Anfeuchter *m*; ~**dura** *f* Befeuchtung *f*. [*m*.)
mojama *f* getrockneter Thunfisch)
moja|r I. *v/t.* (an-, be-)feuchten; naßmachen; einweichen; ein-tauchen; -tunken; F *¡por dónde pasa, moja!* den Durst löscht es (, *wenn das Getränk auch sonst nicht viel taugt*); **II.** *v/i. fig.* F teilhaben (*an dat.* en); mitmachen (bei *dat.* en); **III.** *v/r.* ~**se** naß werden; ~**rra** *Fi. f* Zweibindenbrassen *m*; ~**sellos** *m* (*pl. inv.*) (Briefmarken-)Anfeuchter *m*.
moje *m* Soße *f*; Feuchtwerden *n* (*bsd. Physiol.*); ~**ji** F *m* → *mojicón* 2; ~**jicón** *m* 1. *Kchk. Art* Marzipankeks *m*; *Art* Krapfen *m zur Schokolade*; 2. *fig.* F (Faust-)Schlag *m ins Gesicht*.
mojiganga *f* Mummenschanz *m*; *Thea.* Possenspiel *n*; *fig.* affektierter Mensch *m*.
mojiga|tería *f* Heuchelei *f*; Frömmelei *f*; Scheinheiligkeit *f*; ~**to** *adj.-su.* scheinheilig; bigott; ~ Frömmler *m*; Scheinheilige(r) *m*.
mojinete △ *m* Dachfirst *m*; *Arg., Chi.* Giebelwand *f*.
mojo *Kchk. m* 1. *Andal., Am.* Soße *f*; 2. *Bol. Art* Karbonade *f*.
mo|jón *m* 1. Grenz-, Markstein *m*; Wegweiser *m*; ~ *kilométrico* Kilometerstein *m*; 2. P Haufen *m* (*a. Kot*); ~**jonar** *v/t.* Grenzsteine setzen; ~**jonera** *f* Grenz-steine *m/pl. bzw.* -linie *f zwischen Feldern*; ~**joso** *adj. Col., Méj.* verrostet.
mol *Phys.*, ⚛ *m* Mol *n*.
molar[1] *adj. c* Mahl...; Mühl...; *a. m* (*diente m*) ~ Backenzahn *m*.
molar[2] P *v/i.* gefallen.
moldar *v/t.* formen, gestalten.
Mol|dau *m*, ~**dava** *m* Moldau *f* (*Fluß*).
molde *m* 1. Form *f* (*a. Typ.*); ⊕ Modell *n*; Negativform *f*; Abklatsch *m*; Matrize *f*; Muster *n*; (Gieß-)Mulde *f*; *fig.* F *de* ~ *wie gerufen*; ⊕ ~ *de cera* Wachsform *f*; Wachsabdruck *m*; ~ *de fundición* Gieß-, Guß-form *f*; 2. *Kchk.* (Back-)Form *f*; ~**able** *adj. c* formbar; ~**ado** ⊕ *m* Formerei *f*; ~**ador** ⊕ *m* Former *m*; ~**-secador** Lockenbürste *f*; Stab-Curler *m*; ~**adora** ⊕ *f* Formmaschine *f*; ~**ar** *v/t.* formen; abformen; abgießen; modellieren; ~**ría** ⊕ *f*: ~ *de acero* Stahlgießerei *f*.

Moldova *f* Moldawien *n*.
moldura *f* 1. △ Gesims *n*; Sims *n*; Profilleiste *f*; *Zim.* Kehlleiste *f*; 2. *Ec.* Bilderrahmen *m*; ~**dora** *f Zim.* Kehlmaschine *f*; ~**r** ⊕ *v/t. Holz, Stein* kehlen.
mole[1] *adj. c Kchk.*: *huevos m/pl.* ~**s** Eiersüßspeise *f*.
mole[2] *f* 1. (gewaltige) Masse *f* (*a. fig.*); 2. *Phys.* Masse *f*.
mole[3] *Kchk. m Am. Cent., Méj.* Pfefferfleisch *n*.
mo|lécula *f* Molekül *n*; ~**lecular** *Phys. adj. c* Molekular...
mole|dera *f* Mühl-, Mahl-stein *m*; *fig.* F Belästigung *f*; ~**dero** *adj.* Mahl...; ~**dor I.** *adj. fig.* lästig, zermürbend; **II.** *m* Mühlwalze *f*; ~**dura** *f* Zermahlen *n*; Mahlgast *m*; ~**ña** *f* → *pedernal*; ~**r** [2h] *v/t.* 1. mahlen; zerreiben; 2. *fig.* zermürben; strapazieren; belästigen; F ~ (*a palos*) (ordentlich) vertrimmen F, verprügeln.
moles|tar I. *v/t.* 1. belästigen, lästig fallen (*dat.*); stören; 2. quälen, plagen; drücken (*Schuh*); 3. beunruhigen; ärgern; **II.** *v/r.* ~**se** 4. *s.* mühen; ~**se en** + *inf. s.* bemühen, zu + *inf.*; *¡no se moleste usted (por esto)!* machen Sie bitte k-e Umstände (deswegen)!; 5. verletzt sein; eingeschnappt sein F; ~**tia** *f* 1. Belästigung *f*; ~ *por olores* Geruchsbelästigung *f*; 2. Mühe *f*, Unbequemlichkeit *f*; *tomarse la* ~ *de s. die Mühe machen, zu* + *inf.*; 3. Beschwerde *f*, Plage *f*; *sin* ~**s** beschwerdefrei; 4. Störung *f*; Beunruhigung *f*; 5. Unannehmlichkeit *f*, Ärger *m*; ~**to** *adj.* 1. lästig; unbequem, lästig fallend; 2. belästigend, aufdringlich; 3. verdrießlich, ärgerlich; ~**tón** F *m* Nervensäge *f* F; ~**toso** *adj.* F *Am.* → *molesto*.
moletón *tex. m* Molton *n*.
molib|deno ⚛ *m* Molybdän *n*; ~**domancia** *f* Bleigießen *n, um die Zukunft abzulesen*.
molicie *f* Weichheit *f*; Verweichlichung *f*.
moli|do *adj.* gemahlen; *fig.* F *estoy* ~ ich bin wie gerädert; ~**enda** *f* 1. Mahlen *n*; Vermahlung *f*; 2. Mahlquantum *n*; 3. → *molino*; 4. *fig.* F Plackerei *f*; ~**ente** *part.* mahlend.
molificar [1g] *v/t. bsd.* ⚕ erweichen; geschmeidig machen.
moli|miento *m* Mahlen *n*; *fig. Strapaze f*; ~**nar** *m* Mühl(en)feld *n*; ~**nería** *f* Müllerei *f*; Mühlenindustrie *f*; ~**nero** *m* Müller *m*; *oficial m* ~ Müllergesell(e) *m*; ~**nete** *m* 1. Windrad *n*; 2. Ventilator *m*; 3. Windrädchen *n* (*Spielzeug*); 4. Drehkreuz *n*; 5. ⚓ Ankerwinde *f*; 6. Schwingen *n im Kreise*; *z. B.* Kreis-, Zirkel-hieb *m mit dem Säbel*; *hacer* ~ (*Waffe, Spazierstock u. ä.*) kreisförmig schwingen; 7. *Tanz, Stk.* Pirouette *f*; ~**nillo** *m* 1. kl. Mühle *f*; Handmühle *f*; 2. Quirl *m*; Schneeschläger *m*.
molinis|mo ⚕ *m* Molinismus *m* (*Gnadenlehre des Luis Molina*); ~**ta** *adj.-su. c* Anhänger *m* Molinas.
molino *m* Mühle *f*; *a.* ⊕ ~ *de aceite* (*de agua*) Öl- (Wasser-)mühle *f*; ~ *arrocero* (*harinero*) Reis-

(Getreide-)mühle *f*; ~ *de aserrar* (*de viento*) Säge- (Wind-)mühle *f*; ~ *de cilindros* Walzen-mühle *f*, -stuhl *m*; *ala f* (*od. aspa f*) *de* ~ (Wind-)Mühlenflügel *m*; *mozo m de* ~ Müllerbursche *m*; *fig. llevar el agua a su* ~ das Wasser auf s-e Mühle leiten; *fig. luchar contra* ~**s** *de viento* gg. Windmühlen kämpfen.
Moloc *m* 1. (*a. Moloch*) *bibl. u. fig.* Moloch *m*; 2. ♀ *Zo.* Moloch *m*.
molón P *adj.* dufte F, super F; schick, schnieke F (*Kleidung*).
molturar *v/t.* vermahlen.
molusco *Zo. m* Weichtier *n*, Molluske *f*.
molla *f* mageres (Stück *n* am) Fleisch *n*; ~**r** *adj. c* 1. weich (*Obst*); mürbe (*Fleisch*); *almendra f* ~ Knack-, Krach-mandel *f*; 2. *fig.* ergiebig, einträglich.
mollareta *Fi. f* dreibärtelige Seequappe *f*.
molle ♀ *m Am.* Peruanischer Pfefferbaum *m*.
molle|ar *v/i.* weich werden, nachgeben (*Sache*); ~**do** *m* 1. fleischiger Teil *m an Wade, Arm, Schenkel, Muskelfleisch n*; 2. Brotkrume *f*; ~**ja**[1] *f* Fleischdrüse *f*; Bries(chen) *n*; ~**ja**[2] *f* Kaumagen *m der Vögel*; ~**jón**[1] F *m* gutmütiger, träger Mensch *m*; ~**jón**[2] *m* Schleifstein *m*.
molle|ra *f* Schädeldach *n*; *fig.* F Verstand *m*, Grips *m* F; *fig. cerrado de* ~ stur; ~**ro** F *m* → *molledo* 1; ~**ta** *f* 1. mürbes Weizenbrot *n*; Milchfladen *m*; 2. *Reg. Art* Graubrot *n*; ~**te** *m* kl. Weißbrot *n*.
momen|táneo *adj.* augenblicklich; für den Augenblick; momentan; ~**to** *m* 1. Augenblick *m*, Moment *m*; Zeitpunkt *m*, Moment *m*; *al* ~ sofort; *por el* ~, *en este* ~ *im Augenblick*, *zur Zeit*; *en los* ~**s** *actuales* heutzutage; *agravarse por* ~**s** zusehends ernster werden; *llega de un* ~ *a otro* er muß jeden Augenblick kommen; 2. *Phys. u. fig.* Moment *n*; *fig.* Belang *m*; *Phys.* ~ *de frenado* (*de inercia, de rotación*) Brems- (Trägheits-, Dreh-)moment *n*.
momería *f* Mummenschanz *m*, Mummerei *f*.
momi|a *f* Mumie *f*; *fig.* F *ser una* ~ spindeldürr sein; ~**ficación** ⚕ *u. fig. f* Mumifizierung *f*; ~**ficar** [1g] *v/t.* mumifizieren; ~**o I.** *adj. mager* (*Fleisch*); **II.** *m* F Zugabe *f*; wohlfeiler Kauf *m*; *de* ~ *umsonst*; ~**za** *desp. f Méj.* Aktien *f/pl.*
Momo *npr. m*: *früher*: *el dios* ~ Prinz Karneval; ♀ *m Folk.* Fratze *f*, lustige Grimasse *f*; Mummerei *f*.
mona[1] *f* Äffin *f*; *fig.* F Rausch *m*, Affe *m* F; F *coger* (*od. pillar*) *una* ~ *s.* e-n Rausch antrinken; *Spr. aunque la* ~ *se vista de seda*, ~ *se queda* kleider allein tun es nicht; ein Aff bleibt ein Aff, er mag König werden od. Pfaff.
mona[2] *f Kchk. Art* Eierschnecke *f*; ~ *de pascua Art* Osterfladen *f*.
monaca|l *adj. c* mönchisch; *Mönchs...*; *Kloster...*; ~**to** *m* Mönchstum *n*.
Mónaco *m* Monaco *n*.
monada *f* 1. Äfferei *f*; Affenstreich

mónada — monserga

m; **2.** F Kinderei *f*; Drolligkeit *f*; **3.** F *et.* Reizendes; *p. ext. ein* hübsches Mädchen; ¡qué ~! wie niedlich!
mónada *Phil., Biol. f* Monade *f*.
monadelfo ⚥ *adj.* einbruderig.
monadismo ⌐ *m* leibnizisches Denken *n*.
mona|go F, **~guillo** *kath. m* Ministrant *m*, Meßdiener *m*, Meßknabe *m*.
mo|narca *m* Monarch *m*; **~narquía** *f* Monarchie *f*; **~nárquico I.** *adj.* monarchisch; monarchistisch; **II.** *m* Monarchist *m*; **~narquismo** *m* monarchistische Gesinnung *f*; Monarchismus *m*.
mo|nasterio *m* Kloster *n*; **~nástico** *adj.* Kloster...; Mönchs...; Nonnen...
monda *f* Schälen *n*, Putzen *n*; Schließen *n v.* Federn; Beschneiden *n der* Bäume; Zeit *f* des Baumschnitts; Reinigung *f*, Krautung *f v.* Kanälen *usw.*; P ¡esto es la ~! das ist das Letzte!; das ist das Höchste!; **~dientes** *m (pl. inv.)* Zahnstocher *m*; **~dor** *m* Schäler *m*; ~ de patatas Kartoffelschäler *m*; **~dora** *f* 1. Schälerin *f*; Schleißerin *f*; 2. Schälmaschine *f*; **~dura** *f* 1. Säubern *n*; Ausputzen *n*; Aushülsen *n*; Schälen *n*; 2. Schale *f*; ~s *f/pl.* Abfälle *m/pl.*; Obst-, Kartoffel- *usw.* Schalen *f/pl.*; Erbsen- *usw.* Hülsen *f/pl.*; Spreu *f v.* Getreide *usw.*; **~r I.** *v/t.* 1. *a.* Reis, Obst schälen; *Erbsen, Bohnen usw.* ent-, aus-hülsen; *Federn* schleißen; *Bäume usw.* (be)schneiden, entasten *(Holzfäller)*; F *Haar* stutzen; 2. (aus)putzen; säubern, reinigen; *Zähne* reinigen *(mit dem Zahnstocher)*; **II.** *v/r.* **~se** 3. *fig.* F s. köstlich amüsieren; **~se** *(de risa)* s. schütteln vor Lachen.
mondo *adj.* 1. sauber, rein; unvermischt; *fig.* F ~ y lirondo lauter, ungeschminkt; 2. ohne Unreinlichkeiten *bzw.* haarlos *(Gesicht)*.
mondon|ga F *desp. f* schmutzige Küchenmagd *f*; **~go** *m* Gedärm *n*; Eingeweide *n*, Gekröse *n*, *Jgdw.* Gescheide *n*; Kuttel(n) *f(/pl.)*; hacer el ~ Kutteln zu Wurstfülle verarbeiten; **~guería** *f* Kaldaunenmetzgerei *f*.
moneda *f* 1. Münze *f*; Geldstück *n*; ~ de oro Goldmünze *f*; *fig.* pagar con *(od.* en) la misma ~ mit der gleichen Münze heimzahlen; 2. Geld *n*; Währung *f*; *fig.* Geld *n*, Vermögen *n*; ✝ ~ blanda, ~ débil *(fuerte, dura)* weiche (harte) Währung *f*; ~ corriente *a. fig.* gängige Münze *f*; ~ extranjera ausländische Zahlungsmittel *n/pl.*, Devisen *f/pl.*; ~ falsa Falschgeld *n*; ~ fraccionaria Scheidemünze *f*; Währung *f*; ~ nacional, *Abk. m.n. od. m/n* Landeswährung *f*; cambio de ~ Geldwechsel *m*; Casa *f* de la ♀ Münz(stätt)e *f*; operación *f* de ~ extranjera Sortengeschäft *n*; papel *m* ~ Papiergeld *n*; *fig.* eso es ~ corriente das ist gängige Münze, das ist nichts Neues *(od.* nichts Besonderes).
monedero *m* 1. Geldbeutel *m*; 2. Münzer *m*; *a. fig.* ~ falso Falschmünzer *m*.
monegasco *adj.-su.* monegassisch; *m* Monegasse *m*.

mone|ría *f* 1. kindlicher Streich *m*; drolliges Benehmen *n* e-s Kindes; 2. Kinderei *f*; Spielerei *f*; 3. Albernheit *f*, Affenkomödie *f* F; **~sco** *adj.* Affen...; äffisch.
monesia ⚥ *f* Goldblatt *n*.
mone|tario I. *adj.* Geld...; Währungs...; Münz...; *sistema m* ~ Währungssystem *n*; Geldwesen *n*; **II.** *m* Münzsammlung *f*; Münzkabinett *f*; **~tización** *f* 1. Monetisierung *f*, Umwandlung *f* in Geld; 2. Münzprägung *f*; Papiergeldausgabe *f*; **~tizar** [1f] *v/t.* 1. (zu Geld) prägen; *Noten, Anweisungen* zum öffentlichen Zahlungsmittel erklären; 2. *fig.* F zu Geld machen, versilbern F.
mongol *adj.-su. c* mongolisch, Mongolen...; *m* Mongole *m*; *Li.* das Mongolische.
mongolfiera *f* Heißluftballon *m*.
mon|gólico *adj.* mongolisch; 🞲 mongoloid; **~golia** *f* Mongolei *f*; **~golismo** *Li.*, 🞲 *m* Mongolismus *m*; **~goloide** *adj. c* mongolid.
monicaco *m* 1. *desp.* → monigote; 2. *Col.* Heuchler *m*.
monición 🞲 *f* Mahnung *f*.
monigote F *m* 1. Männchen *n*; Witzfigur *f*; *a. fig.* Hampelmann *m*; *fig.* Kleckserei *f*, Pfuscherei *f (Bild, Statue)*; 2. F *Bol., Chi., Pe.* Seminarist *m (Priesterseminar)*.
mo|nín, **~nino** F *adj.* niedlich, hübsch.
monises F *m/pl.* Geld *n*, Moneten *f/pl.* F.
monis|mo *Phil. m* Monismus *m*; **~ta** *adj.-su. c* monistisch; *m* Monist *m*.
moni|tor *m* 1. Mahner *m*, Warner *m*, Ratgeber *m*; 2. *Sp.* Vorturner *m*; Riegenführer *m*; Turn-, Fechtlehrer *m*; 3. ⚓ Küstenpanzerschiff *n*, Monitor *m*; 4. *bsd.* HF, TV Monitor *m*; 5. *Zo.* Wüstenwaran *m*; 6. *Am.* Hilfslehrer *m*; **~toria** *ecl. f* → monitorio; **~torio I.** *adj.* 1. erinnernd, mahnend; Mahn...; *bsd.* 🞲, *ecl. carta f* ~a Mahnschreiben *n*; **II.** *m ecl.* 2. Mahnung *f*; schwerer Verweis *m*; 3. Mahnschreiben *n* des Papstes, der Bischöfe; 4. Androhung *f* der Exkommunikation.
monitos *m/pl. Col., Méj.* Zeichentrickfilm *m*; Comics *pl.*
mon|ja *f* 1. Nonne *f*, Klosterfrau *f*; 2. *fig.* ~s *f/pl.* Papierasche *f*; *Méj.* ein Mischgetränk *(Anis, Absinth)* mit Wasser *u.* Honig; ~ je *m* Mönch *m*; **~jía** *f* Mönchspfründe *f*; **~jil I.** *adj. c* Nonnen...; **II.** *m* Nonnentracht *f*; **~jío** *m* 1. Klosterfrauenstand *m*; Nonnenwesen *n*; 2. Eintritt *m* ins Kloster *als Nonne*; Nonnengelübde *n*; 3. Nonnenkloster *n*; **~jita** *f Vo. Rpl.* Nonnensittich *m*.
mono¹ *m* 1. *Zo.* Affe *m (a. fig. desp.)*; Nachäffer *m*; Zieraffe *m*; *Zo.* ~s *m/pl.* antropoides Menschenaffen *m/pl.*; ~ aullador *(od. bramador)* Brüllaffe *m*; ~ capuchino Kapuzineraffe *m*; ~ sabio Zirkus: dressierter Affe *m*; *Stk.* Stierplatzgehilfe *m*; estar de ~s schmollen *(bsd. v. e-m Liebespaar)*; ser el último ~ die allerkleinste Rolle spielen *(Person)*; *fig.* tener ~s en la cara auffällig *(od.* lächerlich) aussehen; 2. Männchen *n (Kritzelzeichnung)*; F Zeichnung *f*,

Illustration *f*; 3. Arbeitsanzug *m*, Overall *m*; ~ de vuelo Fliegerkombination *f*; 4. F Entzugserscheinungen *f/pl. (Rauschgift)*.
mono² *adj.* 1. hübsch; niedlich; nett; 2. drollig, possierlich.
mono³ *adj.-su. Col.* blond.
mono⁴... *pref.* Ein...; Allein...; Einzel...; Mono...
mono|ácido 🞲 *adj.* einsäurig; **~básico** 🞲 *adj.* einbasig; **~carril** *Vkw. m* Einschienenbahn *f*; **~celular** *Biol. adj. c* einzellig; **~cíclico** *adj.* monozyklisch; **~cilíndrico** *Kfz. adj.* einzylindrig; **~citos** 🞲 *m/pl.* Monozyten *m/pl.*; **~cordio** ♪, *Phys. m* Monochord *n*; **~cotiledón(eo)** ⚥ *adj.* einkeimblättrig; **~cromo** *bsd. Typ. adj.* einfarbig; **~cular** 🞲 *adj. c* einäugig.
monóculo *m* Monokel *n*.
mono|cultivo ⚥ *m* Monokultur *f*; **~fásico** ⚡ *adj.* einphasig.
mo|nogamia *f* Einehe *f*, Monogamie *f*; **~nógamo** *adj.* monogam.
mono|grafía *f* Monographie *f*, wissenschaftliche Einzeldarstellung *f*; **~gráfico** *adj.* monographisch; **~grama** *m* Monogramm *n*; **~lingüe** *adj. c* einsprachig; **~lingüismo** *m* Einsprachigkeit *f*; **~lítico** *adj.* aus e-m Stein(block); monolithisch *(a. fig., bsd. Pol.)*; **~litismo** *bsd. Pol. m* straffe Organisation *f*, absoluter Zs.-halt *m*; **~lito** *m* Monolith *m*.
monólogo *m* Monolog *m*.
mono|manía 🞲 *f* Monomanie *f*; fixe Idee *f*; **~maníaco**, **~maniático** 🞲 *adj.-su.* monoman(isch); *m* Monomane *m*; **~metalismo** ✻ *m* Monometallismus *m (Währungssystem)*; **~motor I.** *adj.* einmotorig; **II.** *m* einmotoriges Flugzeug *n*.
mono|parental *adj. c: familia f* ~ Einelternfamilie *f*; **~patín** *Sp. m* Skateboard *n*; **~plano** 🛧 *m* Eindecker *m*; **~plaza I.** *adj. c* ⚥ einsitzig; **II.** *m* Einsitzer *m*; **~polar** *adj. c* einpolig; **~polio** *m* Monopol *n*; ~ de Estado Staatsmonopol *n*; situación *f* de ~ Monopolstellung *f*; **~polista** *adj.-su. c* Monopol...; *m* Monopolist *m*; Monopolinhaber *m (od. bsd. fig.* -herr *m)*; **~polizar** [1f] *v/t.* monopolisieren; *fig.* für s. in Anspruch nehmen; **~psonio** ✝ *m* Monopson *n*, Nachfragemonopol *n*.
monóptero I. *adj.* ⌐ einflügelig; **II.** *m* 🏛 Monopteros *m (Säulentempel, Barockklaube)*.
mono|rrimo *adj.* einreimig *(Strophe)*; **~sacárido** 🞲 *m* Monosacharid *n*; **~sépalo** ⚥ *adj.* einblättrig *(Blütenkelch)*; **~silabismo** *m* Einsilbigkeit *f*; **~sílabo** *adj.-su.* einsilbig; *m* einsilbiges Wort *n*; **~teísmo** *m* Monotheismus *m*; **~teísta** *adj.-su. c* monotheistisch; *m* Monotheist *m*; **~tipia** *Typ. f* Monotypsatz *m*; **~tipo** *Typ. m* Monotype(-Setzmaschine) *f*.
mo|notonía *f* Monotonie *f*, Eintönigkeit *f*; **~nótono** *adj.* eintönig, monoton; **~novalente** 🞲 *adj. c* einwertig; **~volumen** *m Kfz.* Großraumlimousine *f*.
monroísmo *Pol. m* Monroedoktrin *f*.
monseñor *m* Monsignore *m (Titel)*.
monserga F *f* Kauderwelsch *n*;

(dummes) Gewäsch n F; ~s f/pl. Geschwätz n, Quatsch m F; (dumme) Ausreden f/pl.
monstruo m 1. Ungeheuer n; Monstrum n; 2. Unmensch m; Untier n; Scheusal n; Mißgeburt f; 3. „ℚ de la Naturaleza" Beiname Lope de Vegas; ~**sidad** f Ungeheuerlichkeit f; Widernatürlichkeit f; Scheußlichkeit f; Mißgestalt f; ~**so** adj. 1. ungeheuer(lich); 2. widernatürlich; scheußlich; 3. mißgestaltet; 4. riesenhaft.
monta f 1. Equ. Aufsitzen n; ⚔ Befehl m zum Aufsitzen (Signal); Reiten n; Reitkunst f; 2. ✗, vet. Beschälung f, Decken n; 3. Summe f, (End-)Betrag m; fig. Wert m; Wichtigkeit f, Belang m; de poca ~ unbedeutend.
monta|barcos ⚓ m (pl. inv.) Schiffshebewerk n; ~**cargas** m (pl. inv.) (Lasten-)Aufzug m.
monta|da f Méj. berittene Polizei f; ~**do** adj. 1. beritten; ~ en bicicleta auf dem Fahrrad (sitzend); 2. ⊕ montiert; eingebaut; ~ oculto (od. a escondidas) verdeckt eingebaut; ~**dor** m 1. Equ. (Be-)Reiter m; Stufe f zum Erleichtern des Aufsitzens; 2. ⊕ Monteur m; (Maschinen-)Schlosser m; ~ electricista Elektromonteur m; ~ de tubos Rohrleger m; 3. ⚓ Montiervorrichtung f; 4. Film, TV Cutter m, Schnittmeister m; ~ de escena Bühnenmeister m; ~**dura** f 1. (Pferde-)Geschirr n; 2. Fassung f e-s Edelsteins; ~**je** m 1. ⊕ Montage f; Zs.-bau m; Einbau m; Aufstellung f; (Rohr-)Verlegung f; ~ en cadena Fließbandmontage f; 2. (Bearbeitungs-)Vorrichtung f; 3. Film, TV Montage f; Schnitt m; Typ. Col. Umbruch m; Phot. ~ fotográfico Photomontage f; 4. ⚔ Lafette f.
montane|ra f (Zeit f der) Eichelmast f; ~**ro** m Waldhüter m.
montanismo Rel. m Montanismus m.
montano adj. Berg...
montante I. m 1. (Schlacht-)Schwert n, Zweihänder m; 2. Pfosten m; Ständer m, Stütze f; ⊕ Maschinenständer m; 3. Zwischenpfeiler m in Fensteröffnung; Türfenster n; **II.** f 4. ⚓ (steigende) Flut f.
monta|ña f 1. Gebirge n; Berg m; ~ rusa Achterbahn f, Berg- und Talbahn f; 2. Span. la ℚ die Provinz Santander; ~**ñero** Sp. m Bergsteiger m; ~**ñés I.** adj. Gebirgs...; **II.** adj.-su. aus Santander (Provinz); **III.** m Gebirgsbewohner m; ~**ñismo** m Berg-steigen m, -sport m; ~**ñoso** adj. bergig; gebirgig.
montaplatos m (pl. inv.) Speisenaufzug m.
montar I. v/t. 1. Pferd reiten; besteigen; ✗, vet. beschälen, decken; ⚔ la guardia Posten stehen (od. beziehen); 2. ⊕ montieren; aufstellen; bauen; zs.-setzen; Edelsteine fassen; Film montieren bzw. schneiden; Waffe spannen; ⊕ en serie in Serie (bzw. auf dem Fließband) montieren (od. zs.-bauen); ~ en tela z. B. Landkarten auf Leinen aufziehen; **II.** v/i. 3. steigen; de ~ Reit...; ~ a caballo aufsitzen; reiten; ~ en bicicleta radfahren; 4. ~ a be-

tragen (ac.), ausmachen (ac.) (Summe); fig. tanto monta es läuft auf dasselbe hinaus.
montaraz (pl. ~aces) adj. c a. fig. wild, ungezähmt.
montasacos m (pl. inv.) Sackelevator m.
monte m 1. Berg m; fig. schwer zu überwindendes Hindernis n; por ~s y valles über Berg u. Tal; bibl. ~ de los olivos Ölberg m; ℚ de Piedad Leihhaus n, Versatzamt n; Anat. ~ de Venus Venusberg m, Schamhügel m; 2. Wald m; ungerodetes Gelände n; fig. F ungepflegter dichter Haarschopf m; ~ alto Hochwald m; ~ bajo Buschwald m; Unterholz n; escuela f de ~s Forstakademie f; 3. Am. freies Gelände n; unbebautes Land n im Vorfeld v. Siedlungen; 4. Kart. Montespiel n; Bank f im Spiel.
montea f 1. Jgdw. Hochjagd f; 2. △ a) Aufriß m in natürlicher Größe; b) Steinschnitt m b. Gewölbekonstruktionen; c) Bogenhöhe f; ~**r** v/t. 1. jagen; 2. △ a) den Aufriß machen; b) wölben.
montepío m 1. Span. berufsgenossenschaftliche Kasse f; Witwen-, Waisen-kasse f; 2. Am. Leih-, Versatz-amt n.
monte|ra f 1. (Tuch-)Mütze f; bsd. Stierkämpfermütze f; 2. Glasdach n über Hof, Galerie; 3. 🜛 Helm m e-s Destillierkolbens; ~**ría** f 1. Hochjagd f, bsd. Drückjagd f; Jagdwesen n; 2. Bol., Ec. Flachbood n für Wildwasserfahrten; 3. Guat., Méj. Holzfällerbetrieb m im Urwald; ~**rilla** † F m Dorfschulze m; ~**ro** m Jäger m; ~ mayor Oberjägermeister m (Hofamt).
montés adj. wild, Wild... (Tier).
montículo m Hügel m.
montilla m Montillawein m (Art Sherry).
montón m Haufen m (a. fig.); p. ext. Menge f; un ~ de arena ein Sandhaufen; ein Haufen Sand; un ~ de cosas e. Unmenge von Dingen; a (od. de, en) ~ unterschiedslos, in Bausch u. Bogen; a ~ones haufenweise; fig. F salirse del ~ et. Besonderes sein; ser del ~ nichts Besonderes sein; ein Dutzendmensch sein.
montone|ra f Am. Truppe f von (berittenen) Aufständischen; Partisanen m/pl.; p. ext. Banditen m/pl.; ~**ro** m 1. Schläger m (der nur dann Streit od. Kampf anfängt, wenn er v. e-r Masse Gleichgesinnter umgeben ist); 2. Am. Mer. Freischärler m, Partisan m; Arg. peronistischer (Stadt-)Guerillero m.
montu|no adj. Berg...; Am. wild; ungeschlacht; Cu., Chi., Ven. Bauern...; ~**oso** adj. bergig; Gebirgs...
montura f 1. Reittier n; Reitzeug n; 2. ⚔ Ausrüstung f, Montur f; 3. Opt. Fassung f, Gestell n v. Brillen; sin ~ randlos (Brille); 4. ⊕ Halterung f.
monumen|tal adj. c monumental; großartig, gewaltig; ~**to** m Denkmal n; Baudenkmal n; ecl. Heiliges Grab n (Karwoche); fig. bemerkenswerte Schöpfung f (od. Leistung f); ~**s** m/pl. Sehenswürdigkeiten f/pl. e-r Stadt; ~ funerario Grabmal n; decla-

rar ~ nacional unter Denkmalschutz stellen; F fig. ~ nacional bildhübsches Mädchen n.
monzó|n ⚓ m Monsun m; ~**nico** adj.: lluvia f ~a Monsunregen m.
moña[1] f Zierschleife f; Stk. Zopfschleife der Stierkämpfer; Schleife f am Kennzeichen der Stierzüchterei.
moña[2] F f Rausch m, Affe m F; ~**rse** F v/i. s. besaufen F, s. vollaufen lassen F.
mo|ño m 1. Haarknoten m; Nackenzopf m; p. ext. Federbusch m; Zierschleife f; ~s m/pl. desp. Flitterkram m (vom Aufputz der Frauen); F Span. estar hasta el ~ die Schnauze voll haben F (von dat. de); fig. F ponerse ~s s. aufspielen; F quitar ~s j-n von s-m hohen Roß herunterholen (fig. F); fig. tirarse de los ~s s. in die Haare kriegen (Frauen); 2. Haube f einiger Vögel; ~**ñón**, ~**ñudo** adj. mit Haube (Vo¬gel].
mopa f Mop m.
moque|ar v/i. laufen (Nase); ~**o** m Nasentropfen n; ~**ro** m Schnupftuch n.
moqueta f tex. Mokett m; (Teppich-)Läufer m; Bettvorleger m; Span. Teppichboden m, Auslegeware f.
mo|quete m Faustschlag m ins Gesicht (od. auf die Nase); ~**quillo** vet. m Pips m der Hühner; Staupe f der Hunde; ~**quita** f Nasentropfen m/pl.; F Col. (Nasen-)Popel m F; ~**quitear** P v/i. heulen F, flennen F.
mora[1] f Maurin f.
mora[2] ♀ f a) Maulbeere f; b) Brombeere f.
mora[3] ⚖ f Verzug m.
morada lit. f Wohnung f; Aufenthalt m; fig. la eterna ~ das Jenseits; la última ~ die letzte Ruhestätte.
morado adj. dunkelviolett; fig. F las he pasado ~as es ist mir übel ergangen.
morador m Bewohner m.
moral[1] ♀ m Maulbeerbaum m.
moral[2] **I.** adj. c moralisch; sittlich; Moral...; **II.** f Moral f; Sittenlehre f; fig. Mut m, Zuversicht f.
moraleda f Maulbeerbaum-pflanzung f, -bestand m.
mora|leja f Moral f e-r Fabel; ~**lidad** f Sittlichkeit f; Moral f; ~**lina** f Moralin n F, aufdringliche (od. scheinheilige) Moral f; ~**lismo** m Moralismus m; ~**lista** m Sittenlehrer m; Moralphilosoph m; ~**lización** f sittliche Festigung f; ~**lizador I.** adj. erbaulich; moralisierend (a. desp.); **II.** m Sittenprediger m (oft iron.); ~**lizar** [1f] **I.** v/t. sittlich heben; **II.** v/i. moralisieren; den Sittenprediger spielen.
morapio F m (Rot-)Wein m.
morar v/i. wohnen; s. aufhalten; verweilen (mst. lit.).
moratón m blauer Fleck m.
moratori|a f Stundung f, Moratorium n; Stillhalteabkommen n; 2. Frist f; Aufschub m; Verzug m; ~**o** adj. Verzugs...; † intereses m/pl. ~s Verzugszinsen m/pl.
Mora|via f Mähren n; ℚ**vo** adj.-su. mährisch; m Mähre m.
morbi|dez f Zartheit f (Fleisch, Farben e-s Gemäldes); ~**didad** ⚕ f → morbididad.

mórbido — mortificante

mórbido *adj.* 1. krankhaft; kränklich; 2. zart, weich (*Fleisch, Farben e-s Gemäldes*).

mor|bífico *adj.*: *gérmenes m/pl.* ~s Krankheitskeime *m/pl.*; **~bilidad** *f* Morbidität *f*; Krankenstand *m*; **~boso** *adj.* krankhaft.

morci|lla *f* 1. *span.* Blutwurst *f*; *fig.* F ¡que te den ~! hau ab! F; das kannst du e-m andern weismachen! F; 2. *fig.* F *Thea.* Extempore *n*; **~llero** *Thea. desp. adj.-su.* (gern) extemporierend (*Schauspieler*); **~llo** *adj.* schwarz mit rötlichem Schimmer (*Pferd*); **~llón** *m* grobe Blutwurst *f*.

mordacidad *f* Bissigkeit *f*; beißende Schärfe *f* (*a. fig.*).

mordaga F *f* Rausch *m*, Affe *m* F.

morda|z *adj.* (*pl.* ~aces) ätzend (*z. B. Säure*); bissig (*z. B. Kritik*); **~za** *f* 1. Knebel *m*; *poner* ~ *a* knebeln; 2. ⊕ Backe *f*; Spannfutter *n* e-r *Bohrmaschine*; **~ de freno** Bremsbacke *f*; **~s** *f/pl. a.* Greifer *m/pl. an Fördermaschinen*.

mor|dedor I. *adj.* bissig (*a. fig.*); II. *m* Spötter *m*; **~dedura** *f* Beißen *n*; Biß *m*; Bißwunde *f*; **~dente** ♪ *m* Nachschlag *m b. Triller*; ~ *inferior* Mordent *m*; *superior* Pralltriller *m*; **~der** [2h] I. *vt/i.* 1. beißen; *fig.* ~ *el polvo* (*od. la tierra*) ins Gras beißen, sterben; F *está que muerde* er tobt F, er ist fuchsteufelswild; 2. ätzen; verbrennen, zerfressen; II. *v/r.* ~se 3. s. beißen; ~se *las uñas* (*an den*) Nägel(n) kauen; *no* ~se *la lengua* kein Blatt vor den Mund nehmen.

mordi|cación *f* Prickeln *n*; Beißen *n*; Ätzen *n*; **~cante** *adj. c* beißend, scharf; *fig.* bissig, ätzend (*z. B. Spott*); **~car** [1g] *v/t.* prickeln; brennen, stechen; **~da** *f* 1. *Am.* Biß *m*; 2. *bsd. Col., Méj.* Bestechung(sgeld *n*) *f*; **~do** *adj. fig.* geschmälert; **~ente** I. *adj. c* 1. beißend (*a. fig.*); II. *m* 2. Ätzmittel *n*; Beize *f*; *Färberei*: Fixiermittel *n*; 3. *fig.* Zug *m*, Schwung *m*.

mordis|car [1h] *v/t.* knabbern; **~co** *m* 1. Biß *m*; Bißwunde *f*; 2. Bissen *m*, Happen *m*; **~quear** *v/t.* beißen, knabbern.

morena[1] *Fi. f* Muräne *f*.

morena[2] *f* 1. *Geol.* Moräne *f*; 2. ✶ Garbenhaufen *m*.

more|na[3] *f* 1. dunkelhaariges u. dunkeläugiges Mädchen *n*, Brünette *f*; 2. Schwarzbrot *n*; **~nita** F *f* schwarzbraunes Mägdelein *n* (*Folk.*); **~no** *adj.* 1. dunkelbraun; 2. dunkel-äugig, -haarig, -häutig.

morera ♀ *f* (weißer) Maulbeerbaum *m*; **~l** *m* Maulbeer(baum)pflanzung *f*.

morería *f* 1. Maurenviertel *n*; 2. Maurenland *n*; 3. *mst. desp.* Maurenvolk *n*.

more|te *m Ec., Méj.*, **~tón** F *m* blauer Fleck *m*.

morfa ⚕ *f* Zitronenpilz *m*.

morfar *vt/i. Arg.* essen, futtern F.

morfema *Li. m* Morphem *n*.

Morfeo *Myth. m* Morpheus *m*; *fig.* *estar en brazos de* ~ in Morpheus' Armen ruhen.

morfi|na ⚕, *pharm. f* Morphin *n*, Morphium *n*; **~nismo** ✶ *m* Morphinismus *m*; Morphinvergiftung *f*;

~nomanía ✶ *f* Morphiumsucht *f*; **~nómano** *adj.-su.* morphiumsüchtig; *m* Morphinist *m*.

morfo|logía ⋓ *f* Morphologie *f*, Formenlehre *f*; **~lógico** *adj.* morphologisch.

morganático ⁂ *adj.* morganatisch, zur linken Hand (*Ehe*).

moribundo *adj.-su.* sterbend, ✶ moribund; *m* Sterbende(r) *m*.

moriche ♀ *m* Mauritiuspalme *f*.

morigera|ción *f* Mäßigung *f*; **~do** *adj.* wohlerzogen; sittsam; **~r** *v/t.* *Affekte* mäßigen.

morir [3k; *part.* muerto] I. *v/i.* sterben; umkommen; *fig.* aufhören; verlöschen; ausgehen, erlöschen (*Feuer, Licht*); enden (*Weg, Zug usw.*); ~ *de sterben an* (*dat.*); *fig.* sterben vor (*dat.*); ¡*muera(n)!* Tod! (*dat.*); nieder mit ihm (*bzw.* ihr, ihnen)!; *el embate de las olas moría en la playa* der Wellenschlag verlief s. allmählich am Strande; ~ *de* (*a. a*) *mano airada* e-s gewaltsamen Todes sterben; ~ *de sed a. fig.* verschmachten; ~ *para el mundo der* Welt absterben; *fig.* F ~ *vestido* k-s natürlichen Todes sterben; II. *v/t.* P töten; ~ *a tiros* erschießen; III. *v/r.* ~se sterben (*a. fig.* vor *dat.* de); absterben; einschlafen (*Glied*); *fig.* umkommen (*fig.*); *es para* ~se *de risa* es ist zum Totlachen; ~se *por* (*ein*) *starkes Verlangen haben nach* (*dat.*); s. in Sehnsucht verzehren nach *j-m*.

moris|co *adj.-su.* maurisch; *m* getaufter Maure *m*, Moriske *m*; *Méj.* Mischling *m* von Mulatte und Europäerin und umgekehrt; **~ma** *f* 1. Maurenversammlung *f*; Maurensekte *f*; 2. Mauren *m/pl.*

morisqueta *f* Streich *m*, den man *j-m* spielt.

morito *Vo. m* Sichelreiher *m*.

morlaco *Stk. m* riesiger Stier *m*.

mor|món Rel. *m* Mormone *m*; **~mónico** *adj.* mormonisch, Mormonen...; **~monismo** *m* Mormonentum *n*.

moro I. *adj.* maurisch; *fig.* F unverfälscht (*Wein*); II. *m* Maure *m*; F *el* ~ *Muza* irgendwer (*nur nicht ich*); *¡hay* ~s *en la costa!* es ist Gefahr im Verzug; es liegt was in der Luft F; Vorsicht, man hört uns zu.

morocho I. *adj. Am. Mer., bsd. Arg.* dunkel(häutig); II. *m Ven.* Zwilling *m*.

morondanga F *f* Krimskrams *m*; Mischmasch m F; Saustall *m* F.

morondo *adj.* kahl.

moronga *f Am. Cent., Méj.* Wurst *f*.

moro|sidad *f* Saumseligkeit *f*, Langsamkeit *f*; **~so** *adj.* langsam, saumselig; säumig (*Zahler*).

morrada *f* Zs.-prall *m* mit den Köpfen; Ohrfeige *f*, Maulschelle *f*.

morraguete *Fi. m* dünnlippige Meeresalge *f*.

morra|l *m* 1. Futtersack *m*; 2. Jagdtasche *f*; Brotbeutel *m*; Rucksack *m*; 3. *fig.* F Flegel *m*, Lümmel *m*; **~lero** *Jgdw. m* Jagdgehilfe *m*.

morralla *f* 1. Gesindel *n*, Pack *n*; 2. Plunder *m*; 3. *Méj.* Kleingeld *n*.

morrearse P *v/r.* s. abknutschen F.

mor(r)ena *Geol. f* Moräne *f*.

morrillo *m* 1. Fleischwulst *m* an *Nacken u. Hals b. Rindvieh*; *fig.* feister Nacken *m*, Stiernacken *m* (*desp.*); 2. Rollstein *m*.

morri|ña *f* 1. Viehseuche *f*; Räude *f der Schafe*; 2. Heimweh *n*, Sehnsucht *f*; Nostalgie *f*; **~ñoso** *adj.* 1. krank (*Vieh*); räudig (*Schaf*); 2. kränklich.

morrión *m* 1. *hist.* Sturmhaube *f*; 2. ✕ *Art* Tschako *m*.

morro *m* 1. *Tier u. desp. Mensch*: Schnauze *f*, Maul *n*; wulstige Lippe *f*; *Kchk. ensalada f de ~ de buey* Ochsenmaulsalat *m* F por el ~ einfach (*od.* nur) so, aus Spaß (*od.* Vergnügen); *fig.* F *andar al* ~ s. herumprügeln; *beber a ~ (ohne Gefäß*) von der Quelle (*od.* direkt aus der Flasche) trinken; *estar de ~*(s), F *hacer* ~s schmollen, e-e Schnute machen F; P *hincharle a alg. los* ~s *j-m die* Fresse polieren P; *torcer el* ~ ein saures Gesicht machen; 2. *fig.* Rundes, Vorspringendes, *z. B.* Schnauze *f* (*fig.*); Knauf *m*; Felskuppe *f*; runder Kieselstein *m*; ⚓ Molenkopf *m*; Schleusenhaupt *n*; ✈ Flugzeugbug *m*; Raketennase *f*.

morrocotudo F *adj.* klasse F, super F, irre F; *Col.* betucht; *pasar un susto* ~ wahnsinnig erschrecken, e-n gewaltigen Schreck(en) kriegen F.

morrocoy(o) *m Zo. Col. Art* Schildkröte *f* (*Testudo lobulata*); *Am. Mer.* e-e Landschildkröte (*Geochelone denticulata*); *Cu. fig.* unförmige Person *f*.

morrón I. *adj.* ⚓ im Schau (*Flagge*); ♀ *pimiento m* ~ Tomatenpaprika *m*; II. *m* F Schlag *m*, Hieb *m*.

morron|go I. *m* 1. F Katze *f*, Mieze *f* F; 2. *Méj.* Diener *m*; Knecht *m*; *fig.* Zigarre *f aus unfermentiertem Tabak*; II. *adj.* 3. F stur F; verschlossen, zugeknöpft F; wortkarg; **~guear** *v/i. Bol.* trinken; *Chi.* schlafen; **~guero** *adj. Cu.* knick(e)rig; mürrisch.

morruda *Fi. f* Spitzbrassen *m*.

morrudo *adj.* dicklippig.

morsa *Zo. f* Walroß *n*.

mortadela *Kchk. f* Mortadella *f*.

mortaja[1] *f* 1. Leichentuch *n*; Totenhemd *n*; 2. *Am. Reg.* Zigarettenpapier *n*.

mortaja[2] *f* 1. *Zim.* Falz *m*, Federnut *f*; Zapfenloch *n*; 2. ⊕ Fuge *f*, Schlitz *m*.

morta|l I. *adj. c* sterblich; tödlich; Tod...; *fig.* todsicher, untrüglich, gewiß; *enemigo m* ~ Todfeind *m*; II. *m* Sterbliche(r) *m*; **~lidad** *f* Sterblichkeit *f, a.* ⚓ Mortalität *f*; **~lmente** *adv.* tödlich; *odiar* ~ *auf den Tod hassen*; **~ndad** *f* Massensterben *n*.

mortecino *adj.* 1. verendet (*Tier, Vieh*); *carne f* ~*a Fleisch n e-s verendeten Tiers*; 2. *fig.* halbtot; kraftlos; erlöschend (*Feuer*); blaß (*Farbe*); fahl, trüb (*Licht*).

morte|ra *f Art* Schüssel *f*; **~rete** *m* Böller *m*; *disparo m de* ~ Böllerschuß *m*; **~ro** *m* 1. Mörser *m* (*a.* ✕); Granat-, Minen-werfer *m*; 2. △ Mörtel *m*; ~ *de cal y arena* Kalkmörtel *m*.

mortífero *adj.* todbringend, tödlich.

mortifica|ción *f* 1. Abtötung *f*; Kasteiung *f*; 2. Demütigung *f*; Kränkung *f*; **~dor** *adj.*, **~nte** *adj. c*

1. zum Absterben bringend; **2.** kränkend; ~r [1g] I. v/t. **1.** zum Absterben bringen; **2.** abtöten; kasteien; **3.** demütigen; kränken; **4.** quälen, plagen, ärgern; II. v/r. ~se **5.** absterben (🞸 u. Rel.); s. kasteien; s. kränken; *Méj.* s. schämen.
mortual *m Méj.* Erbschaft *f*.
mortuorio *adj.* Leichen..., Sterbe..., Toten...; *caja f* ~a Sarg *m*; *casa f* ~a Trauerhaus *n*.
morueco *m* Schafbock *m*, Widder *m*.
moruno *adj.* maurisch.
morusa F *f* Moneten *f/pl.* F, Marie *f* F.
Mosa *m* Maas *f*.
mosaico[1] *adj.* Moses...; mosaisch.
mosaico[2] I. *adj.* Mosaik...; II. *m* Mosaik(arbeit *f*) *n*; Fliesenbelag *m*.
mosaísmo *Rel. m* Lehre *f* des Moses; Judentum *n*.
mosca *f* **1.** Fliege *f*; ~ *de la carne* Schmeißfliege *f*; ~ *de España* → *cantárida*; *fig.* F ~s *f/pl. blancas* Schneeflocken *f/pl.*; *fig.* ~ *muerta* Schleicher *m*, Duckmäuser *m*; F *cazar* ~s s. mit unnützen Dingen beschäftigen; F *estar* ~ auf dem Quivive sein; eingeschnappt sein F; F *estar con (od. tener) la* ~ *detrás de la oreja* auf der Hut (*od.* mißtrauisch) sein; F *por si las* ~s für alle Fälle; *fig.* no matar una ~ k-r Fliege et. zuleide tun können; *fig. matar* ~s *a cañonazos* mit Kanonen auf Spatzen schießen; *¿qué* ~ *le habrá picado?* was mag nur in ihn gefahren sein?; *estar papando* ~s Maulaffen feilhalten; se *hubiera podido oír volar una* ~ man hätte e-e Stecknadel fallen hören können; **2.** *fig.* F Geld *n*, Moneten *f/pl.* F, Knete *f* F; *aflojar (od. soltar) la* ~ mit dem Zaster herausrücken F.
moscada: *nuez f* ~ Muskatnuß *f*.
moscar|da *f* Schmeißfliege *f*; ~**dear** v/i. **1.** *Reg.* die Eier ablegen (Bienenkönigin); **2.** *fig.* F überall herumschwirren, herumschnüffeln (*fig.* F); ~**dón** *m gr.* Schmeißfliege *f*. [*m*.}
moscareta *Vo. f* Fliegenschnäpper
moscatel I. *m* Muskateller(wein) *m*; II. *adj. uva f* ~ Muskatellertraube *f*.
moscón *m* → *moscardón*.
moscorra P *f* Rausch *m*, Affe *m* F.
mosco|vita I. *adj.* c **1.** → *moscovítico*; II. *m* **2.** Moskowiter *m*; Moskauer *m*; **3.** *Min.* Chromglimmer *m*; ~**vítico** *adj.* moskowitisch, Moskauer.
Moscú *m* Moskau *n*.
Mosela *m* Mosel *f*.
mosén *m Ar., Cat.* Pfarrer *m*.
mosque|ado *adj.* getüpfelt; ~**ador** *m* Fliegenwedel *m*; *fig.* Wedel *m*, Schweif *m* (Pferd, Rind); ~**ar I.** vt/i. die Fliegen verscheuchen; *fig.* verstimmt reagieren; *fig.* F j-n vertrimmen F; II. v/r. ~**se** *fig.* einschnappen; brüsk abwehrend reagieren; ~**ro** *m* Fliegenwedel *m*; Fliegenfalle *f*.
mosqueta 🞸 *f* Muskatrose *f*.
mosque|tazo *m* Musketenschuß *m*; ~**te** *m* Muskete *f*; ~**tero** *m* Musketier *m*; F *Am.* Zaungast *m*, Kiebitz *m*; ~**tón** *m* **1.** Karabiner *m*; *fig. descolgar el* ~ *contra ag.* j-n in den Krieg ziehen; **2.** Karabinerhaken *m*.

mosqui|ta F *f*: ~ *muerta* Duckmäuser *m*; ~**tero** *m* Moskitonetz *n*; ~**to** *m* **1.** Stechmücke *f*, Schnake *f* (Reg.); *bsd.* 🞸 Moskito *m*; **2.** *fig.* F Moped *n*.
mosta|cera *f*, ~**cero** *m* Senf-topf *m*, -gefäß *n*; ~**cilla** *Jgdw. f* Vogelschrot *m*.
mosta|cho *m* **1.** F Schnurrbart *m*; *fig.* F Schmarre *f im Gesicht*; **2.** Bugspriettverzäuung *f*; ~**chón** *Kchk. m* Mandelplätzchen *n*, Makrone *f*; ~**choso** F *adj.* schnurrbärtig.
mostaza *f* **1.** 🞸 Senf(baum) *m*; Senfkorn *n*; **2.** Senf *m*; *p. ext.* Senfsoße *f*; **3.** *Jgdw.* → *mostacilla*; ~**l** 🞸 *m* Senfpflanzung *f*.
mostazo *m* dicker Weinmost *m*.
moste → *oste*.
mostear v/i. mosten.
moste|la ⚲ *f* Bündel *n*; Garbe *f*; ~**lera** *f* Schuppen *m für mostelas*.
mos|tillo *m* **1.** junger Most *m*; **2.** *Kchk.* Würzmost *m* (mit Anis abgeschmeckt); Most-Essig-Tunke *f*; ~**to** *m* **1.** (Wein-, *p. ext.* Apfelusw.) Most *m*; F Wein *m*; ~ *agustín* Art Weinmostsuppe *f*; **2.** Maische *f* (Bierbrauerei).
mostra|do *adj.* an et. gewöhnt; ~**dor** *m* **1.** Ladentisch *m*; **2.** Schanktisch *m*, Büffet *n*, Theke *f*; **3.** ⚙ Schalter *m*; ~ *de facturación* Abfertigungsschalter *m*; ~**r** [1m] I. v/t. zeigen, weisen; aufzeigen; II. v/r. ~**se** s. zeigen; sein.
mostrenco *adj.* herrenlos; *fig.* schwerfällig; ⚖ *bienes m/pl.* ~s herrenloses Gut *n*.
mota[1] *f* Knötchen *n*; Fäserchen *n*; *p. ext.* Flecken *m im Spiegel*; Fremdkörper *m im Auge*; *tex.* Noppen *m im Tuch*; *fig.* ni (una) ~ kein bißchen.
mota[2] *f Col.* Verkehrspolizistin *f*, Politesse *f*.
motacila *Vo. f* Bachstelze *f*.
mote[1] *m* **1.** Wahlspruch *m*, Motto *n*; Devise *f*; **2.** Spitzname *m*; *poner* ~s (*bzw.* ~) *a alg.* j-m (e-n) Spitznamen geben; **3.** *Chi.* Irrtum *m*.
mote[2] *m* **1.** *And.* gekochter Mais *m*; **2.** *Chi.* Weizenbrei *m*.
motear v/t. tüpfeln.
mote|jar v/t. e-n Spitz- (*bzw.* Spott-)namen geben (dat.); *desp.* bezeichnen (als de); ~**jo** *m* Spitz-, Spottname *m*; (verächtliche) Bezeichnung *f*.
motel *m* Motel *n*; *Col. euph. a.* Stundenhotel *n*.
motete[1] *m* ♪ Motette *f*.
motete[2] *m Am. Mer.* Tragkorb *m*.
motilar v/t. Haare scheren, stutzen.
motilidad *Physiol. f* Motilität *f*.
motilón I. *adj.* **1.** kahl-geschoren, -köpfig; **II.** *m* **2.** *fig.* Laienbruder *m im Kloster*; **3.** Motilone *m* (Indiovolk *in Col. u. Venz.*).
motín *m* Meuterei *f*.
moti|vación *f* **1.** Begründung *f*, Motivierung *f*; **2.** Herbeiführung *f*, Verursachung *f*; *Psych.* Motivation *f*; ~**var** v/t. **1.** motivieren, begründen; **2.** verursachen, herbeiführen; veranlassen; ~**vo** *m* **1.** *allg., Psych., Ku.,* ♪ Motiv *n*; ♪, *Ku. a.* Thema *n*; ~ *principal* Leitgedanke *m*; **2.** *allg. u. Psych.* Motiv *n*; Grund *m*, Beweggrund *m*; Antrieb *m*; Anlaß *m*; ~ *alegría* Grund *m* zur Freude; ~ *prin-*

mortificar — movedizo

cipal Hauptgrund *m*; *con* ~ *de* anläßlich (gen.); wegen (gen.); *con mayor* ~ *cuando* ... umso mehr als ...; *por* ~ *de um* ... (gen.) willen; F (*bsd. Am.*) *inc. por cuyo* ~ → *por* ~ *de lo cual* aus diesem (*od. relativisch*: aus welchem) Grunde; *por este* ~ deshalb; *sin* ~ unbegründet, grundlos; *carecer de* ~ k-e Ursache haben; unbegründet (*bzw.* unberechtigt) sein; *dar* ~ Anlaß geben (zu *dat. od. inf. a*); *ser* ~ *de* (*od. para*) die Veranlassung sein zu (*dat. od. inf.*); *tener* ~ *para* ... Ursache haben, zu ... (*dat. od. inf.*); *tener sus* ~s (*para*) s-e Gründe haben (zu + *inf.*).
moto F *f* Motorrad *n*; *a.* Motorroller *m*; ~ *ligera* Leichtmotorrad *n*.
moto|barco ⚓ *m* Motorschiff *n*; ~**bomba** *f* Motorpumpe *f*; ~**carro** *m* Motorradlieferwagen *m*; ~**cicleta** *f* Motor-, Kraft-rad *n*, *bsd.* ⚔ Krad *n*; ~**ciclismo** *m* Motorradsport *m*; ~**ciclista** *c* Motorradfahrer *m*; ~**cultivo** ⚲ *m* maschinelle Bodenbestellung *f*; ~**lancha** *f* Motorboot *n*; ⚔ Schnellboot *n*.
motón ⚓ *m* Block(rolle *f*) *m*; (Flasche *f am*) Flaschenzug *m*.
moto|náutica ⚓ *f* Motorbootsport *m*; ~**nave** ⚓ *f* (gr.) Motorschiff *n*; ~**neta** *f* kl. Motorrad *m*; → *motocarro*; ~**nivelador** *m* Planierraupe *f*; ~**pesquero** *m* Motorfischerboot *n*; ~**propulsión** *f* Motorantrieb *m*.
motor I. *adj.* **1.** bewegend, Bewegungs...; *Anat., Psych.* motorisch; *Kfz. bloque m* ~ Motorblock *m*; **II.** *m* **2.** Beweger *m*; *el primer* ~ der erste Beweger, Gott *m*; **3.** ⊕, *Kfz. u. fig.* Motor *m*; ~ *atómico (auxiliar)* Atom- (Hilfs-)motor *m*; *IT* ~ *de búsqueda* Suchmaschine *f*; ~ *de carrera corta* Kurzhubmotor *m*; ~ *de cilindros antagónicos* Boxermotor *m*; ~ *de combustión interna (de explosión)* Verbrennungs- (Otto-)motor *m*; ~ *de cuatro (dos) tiempos* Vier- (Zwei-)taktmotor *m*; ~ *de (gal. a) gasolina* Benzinmotor *m*; ✈ ~ *de turbopropulsión* Turbo-(prop)maschine *f*; ~ *Diesel (eléctrico)* Diesel- (Elektro-)motor *m*; ~ *en línea (fuera bordo)* Reihen-(Außenbord-)motor *m*; ~ *térmico* Wärmekraftmaschine *f*; ~ *trasero (Wagen),* ~ *popero (Boot)* Heckmotor *m*; *(de 8 cilindros) en V* (Achtzylinder-)V-Motor *m*; *vehículo m de* ~ Kraft-, Motor-fahrzeug *n*; *Kfz. agotársele a alg. el* ~ den Motor abwürgen.
motora *f* Motorboot *n*.
motori|smo *m* **1.** Motorsport *m*; ~ *aéreo* Motorflugsport *m*; **2.** Motorenkunde *f*; ~**sta** *c* Kraftfahrer *m*; *Span. a.* Motorradfahrer *m*; ~**zación** *f* Motorisierung *f*; ~**zado** *adj.* motorisiert; ~**zar** [1f] v/t. motorisieren.
moto|segadora ⚲ *f* Motormäher *m*; ~**sierra** *f* Motorsäge *f*; ~**silla** *f* Motorroller *m*; ~**velero** ⚓ *m* Motorsegler *m*.
motri|cidad *Physiol. f* Motrizität *f*; ~**z** *adj. f (pl.* ~*ices)* antreibend, Trieb...; *Phys.* kinetisch; *fuerza f* ~ Triebkraft *f*.
move|dizo *adj.* **1.** (leicht) beweglich; bewegbar, verstellbar, versetzbar; **2.** unsicher, veränderlich;

movedor — mueble

3. *fig.* unbeständig; wankelmütig; **~dor** *adj.* bewegend; **~r** [2h] **I.** *v/t.* bewegen *bzw.* antreiben (*a. fig.*); *Schach:* ziehen; *fig.* anregen; *Zwietracht* schüren; ~ *la cola* mit dem Schwanz wedeln; *fig.* ~ *a compasión* Mitleid erwecken; ~ *a lágrimas* zu Tränen rühren; **II.** *v/r.* ~se s. bewegen; *a. fig.* s. regen, s. rühren; F *¡anda, muévete!* los, los!; nun mach schon!
movi|ble *adj.* c beweglich; verschiebbar; *fig.* wankelmütig; **~do** *adj.* **1.** bewegt (*a. fig.*); *Phot.* verwackelt; **2.** *Am. Cent., Chi.* schwach, schwächlich; **~ente** *adj.* c bewegend.
móvil I. *adj.* c **1.** beweglich; fahrbar; verschiebbar; *fig.* beweglich *bzw.* unbeständig; ~ *sobre orugas* raupengängig (*Fahrzeug*); **II.** *m* **2.** *Tel.* Handy *n*, Mobiltelefon *n*; **3.** *Phys.* in Bewegung befindlicher Körper *m*; Mobile *n*; **4.** Triebfeder *f*, Bewegung *f*; Ursache *f*; **5.** F Klebe-, Stempelmarke *f*.
movili|dad *f* Beweglichkeit *f*; *Kfz. Pe.* Mitfahrgelegenheit *f*; **~zación** *f* ⚥ *u. fig.* Mobilisierung *f*; Einsatz *m v. Menschen u. Mitteln*; Flüssigmachung *f v. Geldern*; *Kfz. Col.* Mitfahrgelegenheit *f*; ⚥ ~ (*general*) (allgemeine) Mobilmachung *f*; **~zar** [1f] *v/t.* ⚥ *u. fig.* mobil machen, mobilisieren; *Menschen, Mittel* einsetzen *bzw.* aufbringen *od.* aufbieten; *Kapital* flüssigmachen.
movimiento *m* **1.** *Phys., Physiol.*, ⊕ Bewegung *f*; ~ *acelerado* beschleunigte Bewegung *f*; ~ *hacia adelante* Vorwärtsbewegung *f*; (*aparato m de*) ~ *perpetuo* Perpetuum *n* mobile; ~ *rectilíneo* geradlinige Bewegung *f*; ~ *de rotación*, ~ *rotatorio* Dreh-, Kreis-bewegung *f*; ~ *de vaivén* Hin-u. Herbewegung *f*; △ *hacer* ~ leicht aus dem Lot gekommen sein; s. setzen (*Wand usw.*); *poner(se) en* ~ (s.) in Bewegung setzen; (s.) in Gang setzen (*Mechanismus*); **2.** ⊕ Bewegung *f*, Antrieb *m*; Getriebe *n*, Räder- *bzw.* Uhr-werk *n*; ~ *por pedal* Fußantrieb *m*; **3.** Bewegung *f*, Umwälzung *f*, Veränderung *f*; *Geol.* ~ *orogénico* Gebirgsbewegung *f*; ~ *de tierras* Erdbewegung *f*; **4.** *Statistik*: Bewegung *f*, Veränderung *f*; ~ *demográfico* Bevölkerungsbewegung *f*; **5.** Wechsel *m*; Ablösung *f*; *dipl.* ~ *diplomático* Diplomatenwechsel *m*; **6.** Bewegung *f*; Verkehr *m*; Betrieb *m*, Treiben *n*, Getümmel *n*; F Umsatz *m*; Umschlag *m*; ~ *anual* Jahres-umsatz *m*; -umschlag *m*; ~ *de cheques* (*de pagos*) Scheck- (Zahlungs-)verkehr *m*; ~ *de mercancías* Warenumsatz *m*; ~ *de los precios* Preisbewegung *f*; *tienda f de mucho* ~ vielbesuchtes Geschäft *n*; **7.** *Pol., Soz.* Bewegung *f*; Unruhe *f*; Erhebung *f*; ~ *antibélico*, ~ *pro paz* Friedensbewegung *f*; ~ *clandestino* (*huelguista*) Untergrund- (Streik-)bewegung *f*; ~ *nacional* nationale Bewegung *f*; *hist. Span.* ♀ *Nacional* Franco-Erhebung *f*; ~ *obrero* (*sindical*) Arbeiter- (Gewerkschafts-)bewegung *f*; **8.** ⚥ Bewegung *f*; Stellungswechsel *m*; *Fechtk. a.* Ausfall *m*; **9.** *Brettspiele:* Gangart *f*; Zug *m*; **10.** ♪ **a)** Tempo *n*; **b)** Satz *m*; **11.** *Psych.*

Regung *f*; Anwandlung *f*; Stimmung *f*; ~ *de celos* Anwandlung *f* von Eifersucht; ~ *de piedad* barmherzige Regung *f*; **12.** *Ku., Lit.* Bewegung *f*, Leben *n*; Lebendigkeit *f* des Ausdrucks.
moya *f* **1.** *Col.* unglasiertes Tongefäß *n zum Salzsieden*; **2.** ♀ *Cu.* gelbe Margerite *f*; **3.** *Chi.* (Herr) Soundso *m*.
moyuelo *m* feinste Kleie *f*.
moza *f* **1.** Mädchen *n*; *p. ext.* F Magd *f*; F *buena* ~ strammes Mädchen *n*; *real* ~ schmuckes Mädchen *n*; **2.** *fig.* F **a)** Wäscheprügel *m*; **b)** Pfannenhalter *m*; **c)** *Kart.* letzter Stich *m*; **~lbete** *m* junger Bursche *m*; **~llón** *m* → *mozarrón*.
Mozambique *m* Mozambique *n*.
moz|árabe I. *adj.* c mozarabisch; **II.** *m hist.* Mozaraber *m* (*unter maurischer Herrschaft lebender Spanier*); **~arabía** *f* Mozaraberschaft *f*; Mozaraber *m/pl.*
mozarrón P *m* kräftiger Bursche *m*.
mozartiano *adj.* Mozart...
mo|zo I. *adj.* **1.** jung; **2.** unverheiratet, ledig; **II.** *m* **3.** junger Mensch *m*; Bursche *m*; *buen* ~ stattlicher junger Mann *m*; **4.** Diener *m*; *Bursche m*; *bsd. Rpl.* Kellner *m*; ~ *de cuerda* (*od. de cordel*) Dienstmann *m*; ~ (*de estación*) Gepäckträger *m*; **5.** Junggeselle *m*; **6.** ⚥ *erfaßter* Wehrpflichtige(r) *m*; **~zón** *adj.-su. Pe.* Witzbold *m*; **~zuelo** *m dim.* Bürschlein *n*.
mu[1] *onom.* muh!; *m* Muhen *n*; *hacer* ~ (~) muhen; F *no decir ni* ~ k-n Muckser tun F, nicht piep sagen F.
mu[2] *Kdspr.* f Bett *n bzw.* Schlaf *m*; *ir a la* ~ in die Heia gehen (*Kdspr.*).
muaré *tex. m* Moiré *m*.
muca|ma *f Arg., Chi.* Dienstmädchen *n*; ~ *afuera* Tagesmädchen *n*; **~mo** *m Arg.* Diener *m*; *Chi.* Zimmerkellner *m*.
muceta *f* Robe *f* der Professoren, Rechtsanwälte *usw.*; *kath.* Mozzetta *f* der Prälaten.
mucila|ginoso *adj.* schleimartig, schleimig; **~go** (*od. mucílago*) *m* (Zellstoff-, Pflanzen-)Schleim *m*.
muco|lítico ✱ *adj.* schleimlösend; **~sa** *f* Schleimhaut *f*; **~sanguinolento** ✱ *adj.* blutig-schleimig, **~sidad** *f* Schleim *m*; **~so** *adj.* schleimig, schleimartig, Schleim...
múcura *f Ven.* Frischhaltekrug *m*.
mucha|cha *f* **1.** Mädchen *n*; **2.** (Haus-, Dienst-)Mädchen *n*; ~ *para todo* Mädchen *n* für alles; **~chada** *f* **1.** Kinderei *f*; Jugendstreich *m*; **2.** Kinderschar *f*; **3.** *Arg.* Gruppe *f* junger Leute; **~chaje** *n Am.* → *muchachada 2, 3*; **~chería** *f* Kinderei *f*; **~chez** *f* Knaben- *bzw.* Mädchen-alter *n*; (frühe) Jugend *f*; **~cho** *m* **1.** Junge *m*, Knabe *m*; **2.** Bursche *m*; F junger Mann *m*; *gran* ~ netter, sympathischer junger Mann *m*; **3.** (Haus-)Bursche *m*; Diener *m*.
muchedum|bre *f* Menge *f*; Volksmenge *f*; *fig.* Volk *n*; **~broso** *adj.* massenhaft, in großen Mengen.
mucho I. *adj.* viel; zahlreich; zuviel; ~*s pl.* viele, manche; ~*as más dificultades* weit mehr Schwierigkeiten; ~ *tiempo lange* (Zeit); *~as veces* oft (-mals); *es* ~ *para su edad* das ist (zu)viel für sein Alter; **II.** *adv.* sehr,

viel (*vgl. muy*); oft; lange; ~ *antes* (*después*) weit eher (viel später); (*ni*) *con* ~ bei weitem (nicht); *ni* ~ *menos* durchaus nicht, keineswegs; *por* ~ *que* + *subj.* wie (*od.* so) sehr auch + *ind.*; *qué* ~ *que* + *subj.* was (*od.* kein) Wunder, daß + *ind.*; *beber* ~ viel trinken; *esperar* ~ lange warten; *lit.* ~ *ha que*... es ist lange her, seit ...; *no ha* ~ unlängst; ~ *será que no llegue* er kommt bestimmt; *no es* ~ *que* + *subj.* kein Wunder, daß + *ind.*; *no tardará* ~ *en hacerlo* er wird es bald tun; *tener en* ~ hochschätzen.
muda *f* **1.** Wechsel *m*; Wechseln *n*; **2.** frische Wäsche *f*; Garnitur *f* (*Wäsche, Bettwäsche*); **3.** *Kfz.* Ölmenge *f zum Wechseln*; **4.** Stimmbruch *m*; *estar de* ~ im Stimmbruch sein; **5.** *Zo.* **a)** Mauser *f der Vögel*; **b)** Haarwechsel *m der Pelztiere*; **c)** Häuten *n der Schlangen*; **~ble** *adj.* c veränderlich; **~da** *f Am.* Wechseln *n*; *Arg., Cu., Méj.* Umzug *m*; *C. Ri., Ec., Hond.* Wäschewechsel *m*; **~nza** *f* **1.** Veränderung *f*, Wandel *m*; *a.* ♣ Wechsel *m*; **2.** Ortswechsel *m*; Wohnungswechsel *m*; Umzug *m*; *camión m de* ~*s* Möbelwagen *m*; *empresa f de* ~*s* Umzugsunternehmen *n*; *estar de* ~ umziehen; **3.** Unbeständigkeit *f*; Wankelmut *m*; *hacer* ~*s* unbeständig sein; **4.** ♪ Tanzfigur *f*; **~r I.** *v/t.* **1.** ändern; wechseln; **2.** e-n (Orts-)Wechsel vornehmen mit (*dat.*); ~ *el aparato a otro piso* das Gerät in ein anderes Stockwerk (ver)bringen; **II.** *v/i.* **3.** *Zo.* **a)** s. mausern (*Vögel*) (= ~ *la pluma*); **b)** das Haar (*od.* den Pelz) wechseln, haaren (*z. B. Hunde*); **c)** s. häuten (*Schlangen*); **4.** ~ *de ideas* s-e Ansichten ändern; *fig.* ~ *de aire* die Tapeten wechseln (*fig.*); ~ *de voz* mutieren; **III.** *v/r.* ~*se* **5.** s. umziehen (*Kleidung*); *fig. a.* Stuhl entleeren; ~*se* (*de casa*) umziehen; ~*se de ropa* die Wäsche wechseln, s. umziehen.
muday *m Chi.* Korn-, Mais-schnaps *m*.
mudéjar I. *adj.* c Mudejar...; *Ku. estilo* ~ Mudejarstil *m* (*12.—16. Jh.*); **II.** *m* Mudejar *m* (*unter christlicher Herrschaft lebender Maure*).
mu|denco *adj. C. Ri., Hond.* stotternd; **~dez** *f* Stummheit *f*; Verstummen *n*; (hartnäckiges) Schweigen *n*; **~do I.** *adj.* stumm; *fig.* stumm; äußerst wortkarg; *Gram. consonante f* ~*a* Muta *f*; *Gram. letra f* ~*a* stummer Buchstabe *m*; *Thea. escena f* ~*a* stumme Szene *f*; **II.** *m* Stumme(r) *m*.
mue|blaje *m* Einrichtung *f*, Möbel *n/pl.*; **~blar** *v/t.* → *amueblar*; **~ble I.** ⚥ *adj.* c: *bienes m/pl.* ~*s* Mobilien *pl.*, bewegliche Habe *f*; **II.** *m* Möbel *n*; Hausrat *m*; Einrichtungsstück *n*; *p. ext.* kastenförmiges Gerät *n*; ~*-bar* Hausbar *f*; ~*s m/pl. para cocina* (*por elementos od. funcionales od. modulares*) Küchen- (Anbau-)möbel *n/pl.*; ~*s de época* antike Möbel *n/pl.*; ~*s de estilo* Stilmöbel *n/pl.*; ~*s frigorífico* Kühltruhe *f*; ~ *de jardín* (*metálicos*) Garten- (Stahl-)möbel *n/pl.*; ~ *radio-fonocaptor* Musiktruhe *f*; ~*s tapizados* Polstermöbel *n/pl.*;

fig. F sacar ~s in der Nase bohren; *fig.* F ser un ~ de la casa zum Inventar gehören F *(Person)*; ~blé *m* Stundenhotel *n*; Absteigequartier *n*; ~blería *f* Möbelwerkstatt *f*; Möbelverkauf *m*; ~blista *m* Möbel-hersteller *m*; -händler *m*.

mueca *f* Grimasse *f*; *hacer* ~s Gesichter schneiden.

muecín *m* Muezzin *m* (*Islam*).

muela *f* 1. Mühlstein *m*; *p. ext.* Mühlwasser *n* (*zum Antrieb des Mühlrads ausreichende Wassermenge*); 2. Backenzahn *m*; *p. ext.* Zahn *m*; ~ cordal (*od. del juicio*) Weisheitszahn *m*; *echar las* ~s Backenzähne bekommen; *fig.* wütend sein; 3. ~ (*abrasiva*) Schleifstein *m*; *a.* ⊕ Schleifscheibe *f*; 4. steile Höhe *f* mit abgeflachter Spitze; *p. ext.* künstlich aufgeschütteter Hügel *m*; 5. ♀ (*oft pl.*) Platterbse *f*.

mue|llaje ⚓ *m* Kaigebühren *f/pl.*; ~lle¹ *m* 1. Hafendamm *m*; Mole *f*; Kai *m*, Pier *m*, ⚓ *f*; ~ *flotante* Landungsbrücke *f*; 2. 🚂 Laderampe *f*.

muelle² *I. adj. c* 1. weich; zart, mollig; 2. *fig.* behaglich; 3. *fig.* weichlich; wollüstig; **II.** *m* 4. Sprungfeder *f*; Blattfeder *f*; ~ *de reloj* Uhrfeder *f*.

muérdago ♀ *m* Mistel *f*.

muerga *Zo. f* Schwertmuschel *f*.

muermo *m vet.* Rotz *m der Pferde*; *fig.* F Langeweile *f*; Nervensäge *f* F; ~so *adj.* rotzig (*Pferd*).

muerte *f* Tod *m*; Sterben *n*; Tötung *f*; *fig.* Vernichtung *f*; ~ *aparente* Scheintod *m*; 🕆 *u. fig.* ~ *civil* bürgerlicher Tod *m*; ~ *por hemorragia* Verbluten *n*; ~ *heroica* Heldentod *m*; *fig. hist.* ~ *negra* Schwarzer Tod *m*, Pest *f*; ~ *violenta* gewaltsamer Tod *m*; *a* ~ tödlich, bis zum äußersten (*od.* letzten); → *a vida o* ~ auf Leben u. Tod; *de* ~ tödlich; *de mala* ~ elend, erbärmlich; *aborrecer de* ~ auf den Tod verabscheuen; *dar* ~ *a alg.* j-n töten; *estar a dos dedos de la* ~ in unmittelbarer Todesgefahr sein; *hallarse entre la vida y la* ~ zwischen Leben u. Tod schweben, in äußerster Gefahr sein; *ir a la* ~ in den Tod gehen; *fig.* ins Unglück rennen; *morir de* ~ *natural* e-s natürlichen Todes sterben; *fig. ser una* ~ nicht zum Aushalten sein; sterbenslangweilig sein; *tomarse la* ~ *por su mano* Hand an s. legen.

muerto **I.** *part.-adj.* 1. tot (*sein estar*); gestorben; getötet (werden *ser*); *fig.* F hundemüde F; △ gelöscht (*Kalk*); matt (*Kugel*); 🕆 *capital m* ~ totes Kapital *n*; *de* ~ *de hambre* halbverhungert, ausgehungert; *fig. Col.* geizig, knauserig; *fig.* ~ *por alg.* (un)sterblich verliebt in j-n; *más* ~ *que vivo* mehr tot als lebendig; *medio* ~ halbtot (*a. fig.*); *caerse* ~ tot umfallen; *Am. fig.* F *a.* mit dem Zaster herausrücken F; **II.** *m* 2. Tote(r) *m*; Verstorbene(r) *m*; *fig.* F *un* ~ *de hambre* ein Hungerleider *m*; *fig. callar como un* ~ schweigen (*od.* verschwiegen sein) wie ein Grab; *fig.* F *cargarle a alg. el* ~ j-m den Schwarzen Peter zuspielen (*fig.*); *fig. contarle a alg. con los* ~s j-n ganz (u. gar) abgeschrieben haben F; *fig. hacerse*

el ~ den toten Mann spielen; nicht auffallen (wollen); 3. *Zim.* Uferbalken *m b. Brückenbau.*

muesca *f* 1. Kerbe *f*; Scharte *f*; 2. ⚔ Kimme *f an der Waffe*; 3. ⊕, *Zim.* Nut *f*, Falz *m*, Kerbe *f*; Schlitz *m*; Raste *f*; 4. 🖋 Einschnitt *m am Ohr als Besitzzeichen* (*Vieh*).

muestra *f* 1. Muster *n*; Modell *n*; Vorlage *f*; Vorlegeblatt *n*; Warenprobe *f*; 🕆 ~ *sin valor* Muster *n* ohne Wert; *como* ~ zur Ansicht; (*cálculo m por*) ~ computerizada Hochrechnung *f*; 2. Zeichen *n*, Anzeichen *n*; Beweis *m*; *fig.* F *para* ~ *basta un botón* der kleinste Hinweis genügt; 3. *Jgdw.* Vorstehen *n* (*Hund*); *ponerse de* ~ vorstehen; 4. ⚔ → *revista* 1; ~*rio* 🕆 *m* Musterbuch *n*; Musterkollektion *f*; Katalog *m*.

muestreo *m* Stichprobenentnahme *f*; *a.* Umfrage *f*.

mufla *sid. f* Muffel *f*.

muflón *Zo. m* Mufflon *m*.

muftí *m* Mufti *m* (*Islam*).

mu|gido *m* Gebrüll *n*, Brüllen *n* (*Rinder*); *fig.* Rauschen *n*, Brausen *n*, Tosen *n* (*Wasser, Wind*); ~**gidor** *adj.*, ~**giente** *part.* brüllend.

múgil *Fi. m* Meeresche *f*.

mugir [3c] *v/i.* brüllen (*Rind u. fig.*); *fig.* brausen, rauschen; tosen; heulen.

mu|gre *f*, *Am. Mer. a. m* Fettfleck *m*; (schmieriger) Schmutz *m*; *tex.* Wollschmutz *m*; ~**griento** *adj.* schmierig, schmutzig; schmuddelig F.

mugrón 🖋 *m* Absenker *m*, Rebsteckling *m*; Ableger *m*.

mugroso *adj.* → *mugriento*.

muguete *m* 1. ♀ Maiglöckchen *n*; 2. 🕆 Soor *m*.

mui P *f Span.* Zunge *f*; *darle a la* ~ quasseln F, quatschen F; *irse de la* ~ auspacken F, ext. ausplaudern.

mujer *f* Frau *f*; weibliches Wesen *n*, Weib *n*; Ehefrau *f*; *mi* ~ meine Frau; ~ *de faenas*, ~ *de (la) limpieza* Zugeh-, Putz-frau *f*; ~ *de mundo* Dame *f* von Welt; ~ *pública* (*od. de la vida*) (Straßen-)Dirne *f*; ~ *de vida (alegre)* Lebedame *f*; *tomar* ~ e-e Frau nehmen, heiraten; *ser* (*muy*) ~ *de su casa* e-e gute Hausfrau sein; *fig. ya es* (*od. está hecha*) *una* ~ sie ist schon zur Frau herangereift.

mujer|cilla *f* liederliches Weib *n*; ~**cita** *f* Weibchen *n*; Mädchen *n*.

muje|rear *v/i. Col., P. Ri. s.* mit den Frauen amüsieren; ~**rengo** *Arg.*, ~**rero** *Am.*, ~**riego** *adj.* Frauen...; *hombre m* ~ Frauen-, Weiber-held *m*; *a* ~*as od. a la* ~*a* im Damensitz (*reiten*); ~**ril** *adj.* weiblich, Frauen...; weibisch; *trabajos m/pl.* ~*es* Frauenarbeit *f*; ~**río** *m* Frauen *f/pl.*, Weibsleute *pl.* F; ~**rón** *m Col.*, ~**rona** *f* Mannweib *n*; ~**rzuela** *dim. f mst. desp.* Luder *n* F, Flittchen *n* F.

mujik *m* Muschik *m*.

mujol *Fi. m* großköpfige Meeräsche *f*, Mugel *m*.

mula¹ *f* 1. Maul-tier *n*, -eselin *f*; ~ *de paso* Reitmaultier *n*; 2. *Fi.* große Seenadel *f*; 3. *Méj.* Plunder *m*.

mula² *f* Pantoffel *m des Papstes*.

mulada *f* Maultierherde *f*; *fig.* Roheit *f*.

muladar *m* Abfall-, Mist-haufen *m*; Schindanger *m*; *fig.* Brutstätte *f* des Laster *u. ä.*

muladí *m* (*pl.* ~*íes*) *hist.* abtrünniger Christ *m im maurisch beherrschten Spanien.*

mular *adj. c* Maultier...; *ganado m* ~ Maultiere u. Maulesel *pl.*

mulatero *m* 1. Maultiervermieter *m*; 2. → *mulero*.

mulatizar [1f] *v/i. Am.* die Farbe e-s Mulatten haben.

mulato **I.** *adj.* 1. Mulatten...; 2. dunkelbraun; **II.** *m* 3. Mulatte *m*; 4. *Min. Am. Art* dunkles Silbererz *n*.

mulé 🗆: *dar* ~ *a j-n* töten, j-n umlegen P.

mule|ra *f Col.* ponchoartiger Überwurf *m*, *bsd. der Maultiertreiber*; ~**ro** *m* Maultiertreiber *m*.

muleta *f* 1. *a. fig.* Krücke *f*; 2. *Stk.* Muleta *f* (*Stab mit rotem Tuch*) *des Stierkämpfers*; 3. ⊕ Kniestütze *f*.

muletero *m* Maultiervermieter *m*; Maultiertreiber *m*.

muletilla *f* 1. *Stk.* Muleta *f*; *fig.* Lieblings-redensart *f*, -wendung *f*; 2. ⊕ Knebel *m*; Querstift *m*.

mu|leto *m* junger Maulesel *m*; ~**lillas** *Stk. f/pl.* Maultiergespann *n*; ~**lo** *m* Maulesel *m*, Mulo *m*; ~ (*castellano*) Maultier *n*.

mul|sión ♀ *f* Melken *n*; ~**so** *adj.* (mit Honig *od.* Zucker) gesüßt.

multa *f* Geld-strafe *f*, -buße *f*; ~*r v/t.* mit e-r Geldstrafe belegen (von 1000 Peseten *et* [*od. con*] *1.000 ptas.*).

multi|caule ♀ *adj. c* vielstengelig; ~**celular** *adj. c* mehrzellig; ~**color** *adj. c* vielfarbig; bunt; *Typ.* Mehrfarben...; ~**copiar** [1b] *v/t.* vervielfältigen; ~**copista** *f* Vervielfältigungsgerät *n*; ~**cultural** *adj. c* multikulturell; ~**floro** ♀ *adj.* vielblumig, mit vielen Blüten; ~**forme** *adj. c* vielgestaltig; ~**lateral**, *adj. c* multilateral; ~**media** *m EDV* Multimedia *n*; ~**millonario** *m* Multimillionär *m*; ~**nacional** **I.** *adj. c* multinational; **II.** *f* Multi *m* F, multinationaler Konzern *m*.

multípara *adj.-su. f* Mehrfachgebärende *f*.

múlti|ple **I.** *adj. c* vielfach; mehrfach; vielfältig; *una cuestión* ~ e-e mehrschichtige Frage; *Vkw. choque m* (*od. colisión f*) ~ Massenkarambolage *f*; **II.** *m* Vielfache(s) *n*; Mehrfache(s) *m*; ~**plex** 🕆 **I.** *adj. inv.* Multiplex...; **II.** *m* ~ *de frecuencia* Multiplextechnik *f*.

multipli|cación *f* 1. Vervielfältigung *f*, Vervielfachung *f*; Multiplikation *f* (*bsd.* 🕆); 2. Vermehrung *f*, Fortpflanzung *f*; 3. ⊕ Übersetzung *f*; ~**cador** *m* 1. 🕆, ⊕ Multiplikator *m*; 2. *Kfz.* Übersetzungsgetriebe *n*; *HF* Vervielfacher *m*; ~**cando** 🕆 *m* Multiplikand *m*; ~**car** [1g] *v/t.* 1. vervielfältigen, vervielfachen; 2. 🕆 multiplizieren (mit *por*); 3. *Biol. u. fig.* vermehren; **II.** *v/r.* ~*se* 4. s. vermehren; ~**cativo** *adj.* vervielfachend; ~**cidad** *f* Vielfalt *f*; Mannigfaltigkeit *f*; ~**co** *m* (natürliche) Vermehrung *f*.

múltiplo 🕆 *adj.-su.* vielfach; *m* Vielfache(s) *n*.

multi|polar 🕆 *adj. c* mehrpolig;

multipropiedad — música

~propiedad f Time-sharing n; ~tarea f EDV Multitasking n; ~tud f 1. Menge f; 2. Volksmasse f; ~tudinario adj. Massen...; ~uso adj. inv. Mehrzweck...; ~vibrador HF m Multivibrator m, Vielfachschwinger m; ~vitamínico adj. Multivitamin...

mulli|da f Streu f für Vieh; ~do I. adj. aufgelockert; II. m Polstermaterial n (z. B. Wolle, Seegras usw.); ~r [3h] v/t. 1. auflockern; aufschütteln; 2. ✗ Boden (auf)lokkern; Weinberg usw. häufeln; fig. gut vorbereiten; fig. F mullírselas a alg. j-n ordentlich hernehmen (fig.).

mun|danal lit. adj. c weltlich; Welt...; ~danería f Weltlichkeit f; ~dano adj. weltlich, Welt...; ~dial I. adj. c Welt...; comercio m ~ Welthandel m; II. m Sp. Weltmeisterschaft f.

mundillo m 1. Klöppelkissen n; 2. Trocken-brett n, -ständer m für Wäsche; 3. ♀ Schlingbaum m, Schneeball m; 4. Gesellschaft f, Welt f, Kreise m/pl.

mundo m 1. a. fig. Welt f; el ♀ Antiguo die Alte Welt; das Altertum; die Antike; el ~ entero die ganze Welt; el ♀ Libre die Freie Welt; el Nuevo ♀ die Neue Welt, Amerika n; Theol. el otro ~ die andere Welt, das Jenseits; el Tercer ♀ die dritte Welt; todo el ~ die ganze Welt; → a. 3; fig. F este ~ y el otro Gott u. die Welt (fig.); Überfluß m, gr. Reichtum m; concepto m del ~ Weltanschauung f; F este pícaro ~ diese schlechte Welt; fig. así va (od. anda) el ~ das ist (nun mal so F) der Lauf der Welt; desde que el ~ es ~ seit die Welt besteht; en el ~ auf der Welt; bsd. Rel. in dieser Welt; andar por esos ~s de Dios die Welt bereisen; (dar la) vuelta al ~ (e-e) Weltreise (machen); echar al ~ in die Welt setzen; erschaffen (Gott); fig. F mandar al otro ~ ins Jenseits befördern F; fig. salir del ~ aus der Welt gehen, sterben; seguirle a alg. hasta el cabo del ~ j-m bis ans Ende der Welt folgen; F no ser cosa (od. nada) del otro ~ nichts Besonderes sein; bibl. u. fig. no ser de este ~ nicht von dieser Welt sein; venir al ~ auf die Welt kommen; fig. (tal) como vino al ~ wie ihn (od. sie) Gott geschaffen hat (= nackt); ver ~ s. die Welt ansehen (→ a. 3.); fig. F vivir en el otro ~ geistesabwesend sein; 2. Weltkugel f, Globus m; 3. Menschheit f; Gesellschaft f, Welt f; Menge f von Menschen; ~ galante Halbwelt f; todo el ~, alle, alle, jeder; entrar en el ~ in die Gesellschaft eintreten; den gesellschaftlichen Verkehr aufnehmen; fig. F ponerse alg. el ~ por montera sehr selbstherrlich sein; so tun, als ob e-m die Welt gehöre; lo sabe medio ~ fast alle wissen es; ha visto mucho ~ er ist ein weitgereister Mann; ver ~ Besuche machen (u. empfangen); 4. Welt-, Menschen-kenntnis f; Welt-, Lebens-erfahrung f; Lebensart f; Schliff m F; tener (mucho) ~ die Welt (gut) kennen; (gr.) Lebenserfahrung besitzen; 5. F ~ baúl ~.

mundología F f Weltkenntnis f; Lebenserfahrung f; Lebensart f.

munici|ón f 1. Munition f; 2. ✗ ~ones f/pl. de boca Lebensmittel- u. Futter-vorräte m/pl.; ✗ de ~ vom Staat gestellt; ~onar v/t. mit Munition versorgen; verproviantieren; p. ext. ausrüsten; beliefern (mit dat. de, con); ~onero m (Heeres-)Lieferant m; ✗ a. → ~onista ✗ m Muni(tions)-schütze m, -kanonier m.

municipa|l adj. c städtisch, Stadt...; Gemeinde...; piscina f ~ Stadtbad n; término m ~ Gemeindebezirk m; ~lidad f 1. Gemeindeverwaltung f; städtische Verwaltung f; 2. Rathaus n.

municipaliza|ción Verw. f Übernahme f durch die Gemeinde; ~r [1f] Verw. v/t. kommunalisieren; in Gemeindeverwaltung nehmen.

municipio m 1. ~ (urbano) (Stadt-) Gemeinde f; ~ (rústico) (Land-) Gemeinde f; 2. Gemeindebezirk m; 3. Gemeinderat m; 4. Rathaus n.

Munich f München f.

mu|nificencia f Großzügigkeit f; Prachtentfaltung f; ~nificente adj. c, ~nífico adj. großzügig; ~nificentísimo sup. adj. sehr großzügig.

muniqués adj.-su. münchnerisch, Münchner; m Münchner m.

muñe|ca f 1. Handgelenk n; Handwurzel f; 2. (Kinder-)Puppe f; Schneiderpuppe f; fig. Püppchen n (= junge Frau); 3. Polierbausch m der Tischler; Leinenbausch m (um Kranken den Mund zu erfrischen usw.); ~co m 1. (Glieder-)Puppe f; Span. ~ de nieve Schneemann m; 2. fig. Fatzke m F; Waschlappen m F (Person).

muñeira ♪ f Muñeira f, galicischer Volkstanz.

muñe|quear v/i. aus dem Handgelenk heraus arbeiten (z. B. beim Fechten); ~quera f Armband n für Uhr; Armriemen m; ~quilla ⊕ a f Zapfen m.

muñi|dor m 1. Bote m e-r Bruderschaft; ~ electoral Wahlschlepper m; 2. Reg. Intrigant m; ~r [3h] v/t. 1. einberufen; 2. anordnen; zustande bringen, managen F.

mu|ñón m 1. Stumpf m, Stummel m; ✗ ~ de amputación Amputationsstumpf m; 2. ⊕ Zapfen m; Stumpf m; ~ del cigüeñal Kurbelwellenzapfen m.

muquir [3e] □ v/t. essen, futtern F.

murajes ♀ m/pl. Gauchheil m.

mura|l I. adj. c Mauer..., Wand...; II. m Wandbild n; Wandplakat n; ~lista m Wandmaler m; ~lla f Stadt- od. Wehr-mauer f; p. ext. Am. dicke Mauer f (od. Wand f); ~llón m dicke Mauer f; ~r v/t. ummauern; ver-, zu-mauern.

murciélago Zo. m Fledermaus f.

murena Fi. f Muräne f.

mur|ga f 1. Straßen-, Bettel-musikanten m/pl.; 2. fig. F Plage f; Schinderei f; dar (la) ~ a belästigen; plagen; ~guista m Straßenmusikant m; fig. F schlechter Musiker m; lästiger Kerl m F.

múrice m 1. Zo. Purpurschnecke f; 2. poet. Purpurfarbe f.

murmu|llo m 1. Gemurmel n; 2. Rauschen n; Säuseln n; ~ración f üble Nachrede f, Gerede n, Klatscherei f; ~rador m Verleumder m, Lästerzunge f; ~rar v/i. 1. murmeln; 2. (a. v/t.) murren (wider ac.); 3. rauschen; säuseln; wispern; 4. (a. v/t.) verleumden, reden, lästern, klatschen F; ~rio m 1. Murmeln n; Rauschen n; Plätschern n; Säuseln n; 2. Murren n; Klagen n; 3. → murmuración.

muro m Mauer f; Wand f; ~ de contención Schutz-mauer f, -wall m; ~ frontal Stirnwand f; el ♀ de las Lamentaciones die Klagemauer; ~ de paramento Blendwand f; ~ del sonido Schallmauer f.

murri|a ♀ f 1. Trübsinn m, Niedergeschlagenheit f; ~o F adj. niedergeschlagen, trübsinnig, down F.

mur|ta ♀ f 1. Myrte f; 2. □ Olive f; ~tal m Myrtenpflanzung f; ~tilla f 1. ♀ chilenischer Myrtenstrauch m; 2. Myrtenbeere f; Chi. Myrtenwein m.

mus m ein Kartenspiel.

musa Myth. u. fig. f Muse f; templo m de las ~s a. fig. Musentempel m; fig. F le ha soplado la ~ er ist inspiriert.

musáceas ♀ f/pl. Musazeen f/pl., Pisanggewächse n/pl.

musaraña f 1. Zo. (Wald-)Spitzmaus f; p. ext. kl. Viehzeug n; 2. fig. F Männchen n (Karikatur); 3. fig. F ~s f/pl. Schleier m vor den Augen, Augenflimmern n; mirar a las ~s mit offenen Augen träumen, dösen F; pensar en las ~s geistesabwesend sein, nicht dasein F.

muscula|r adj. c Muskel...; ✗ contracción f ~ Muskel-zs.-ziehung f, -kontraktion f; -zuckung f; fibra f ~ Muskelfaser f; ~tura f Muskulatur f, Muskelgefüge n.

músculo m Muskel m; Muskelfleisch n; ~ cervical Nackenmuskel m; Zervikalmuskel m; ~ contráctil m; ~ estriado (liso) gestreifter (glatter) Muskel m.

musculoso adj. muskulös; p. ext. kräftig.

muselina tex. f Musselin m.

museo m Museum n; Kunstsammlung f; fig. F ser a/c. (od. alg.) pieza de ~ ein Museumsstück sein; ~logía f Museumskunde f.

muserola Equ. f Nasenriemen m(/pl.).

museta ♪ f 1. Sackpfeife f, Musette f; 2. Musette f (Tanz bzw. Zwischensatz der Gavotte); 3. Musettegruppe f (kleinste Bläsergruppe im Tanzorchester); 4. Schwebetonstimmung f des Akkordeons im Tanzorchester, Musette f.

musgaño Zo. m Spitzmaus f.

musgo m ♀ Moos n; Pe. Torf m.

música ♪ f 1. Musik f; ~ de baile, ~ bailable Tanzmusik f; ~ celestial Sphärenmusik f; iron. leere Versprechungen f/pl., kalter Kaffee m F; ~ enlatada Konservenmusik F f; ~ de fondo untermalende Musik f, Hintergrundmusik f; ~ funcional Musikberieselung f; ~ instrumental (popular, vocal) Instrumental- (Volks-, Vokal-)musik f; ~ ligera leichte Musik f, Unterhaltungsmusik f; ~ llana Gregorianik f; ~ pop Popmusik f; ~ sagrada, ~ sacra Kirchenmusik f; al compás de la ~ im (bzw. zum) Takt der Musik; fig. bailar al compás de la ~ de alg. nach j-s Pfeife tanzen; fig. dar ~ a un sordo tauben Ohren predigen; *fig.* F ¡vete con la ∼ a otra parte! bring das anderswo an!; versuche dein Glück (damit) anderswo!; **2.** Noten *f/pl.*; **3.** Musik(kapelle) *f*.

musica|l I. *adj. c* musikalisch; Musik...; *tener talento* ∼ musikalisch sein; **II.** *m Thea.* Musical *n*; ∼**lidad** *f* Musikalität *f*; musikalischer Charakter *m*; ∼**nte** *adj. c* musizierend; ∼**r** ♪ [1g] *v/t.* vertonen.

music-hall *m* Varieté(theater) *n*.

músico I. *adj.* musikalisch; Musik...; *instrumento m* ∼ Musikinstrument *n*; **II.** *m* Musiker *m*; ∼ *ambulante* Straßenmusikant *m*; ∼ *de instrumento de cuerda (de viento)* Streicher *m* (Bläser *m*).

musi|cógrafo *m* Musikschriftsteller *m*; ∼**cología** *f* Musikwissenschaft *f*; ∼**cólogo** *m* Musikkundige(r) *m*; Musikwissenschaftler *m*; ∼**comanía** *f* Musikschwärmerei *f*; ∼**cómano** *m* Musik-schwärmer *m*, -narr *m* F; ∼**quero** *m* Notenregal *n*; Notenschrank *m*; ∼**quilla** F *f* Dudelei *f* F, Gedudel F.

musitar *v/i.* murmeln; raunen; zischeln; brummeln F.

musivo *adj.* musiv, Musiv...; eingelegt, Mosaik...; *zum Bronzieren: plata f* ∼**a** Musivsilber *n*.

mus|lime *m* Moslem *m*; ∼**límico** *adj.* moslemi(ni)sch, Moslem...

muslo *m* Oberschenkel *m*; Keule *f der Tiere*.

musmón *Zo. m* Mufflon *m*.

musola *Fi. f* Glatthai *m*.

mustang(o) *m Am.* Mustang *m*.

mustela *Zo.* **1.** *Fi.* Meerquappe *f*; **2.** 🐾 Wiesel *n*.

mustio *adj.* **1.** mißmutig; traurig, bedrückt; **2.** welk; **3.** *Méj.* falsch, heuchlerisch.

musulmán *adj.-su.* muselmanisch, mohammedanisch; *m* Muselman *m*, Mohammedaner *m*.

muta|bilidad *f* Veränderlichkeit *f*; ∼**ble** *adj. c* veränderlich; wandelbar; 🐾 mutabel; ∼**ción** *f* **1.** Wechsel *m*, Umschlag(en *n*) *m*; **2.** *Thea.* Szenenwechsel *m*; **3.** *Met.* Witterungswechsel *m*; **4.** *Biol.* Mutation *f*; **5.** *Li.* ∼ *consonántica* Lautverschiebung *f*; ∼**cionismo** *Biol. m* Mutationstheorie *f*.

mute *m Col.* gekochter Mais *m*; *coser* ∼ schnurren *(Katze)*.

mutila|ción *f* Verstümmelung *f*; ∼**do** *m* Krüppel *m*; ∼ *de guerra* Kriegsversehrte(r) *m*; ∼**r** *v/t.* verstümmeln; *fig.* schwer beschädigen.

mutis *Thea. m* Abgang *m*; *in der Regieanweisung:* „geht ab"; ¡∼! Ruhe!; *hacer* ∼ abgehen; *fig.* verschwinden; abtreten (von der Bühne), sterben.

mutismo *m* Stummheit *f*; Schweigsamkeit *f*; (hartnäckiges) Schweigen *n*.

mutua|lidad *f* **1.** Gg.-seitigkeit *f*; **2.** gg.-seitige Hilfe *f*; *p. ext.* Verein *m* auf Gg.-seitigkeit; „Bruderhilfe" *f (soziale Hilfskasse)*; ∼ *de crédito* Darlehensverband *m* auf Gg.-seitigkeit; ∼ *obrera* Arbeiterhilfe *f*; ∼**lismo** *m* **1.** gg.-seitige Hilfsbereitschaft *f*; **2.** *Biol., Phil.* Mutualismus *m*; **3.** Vereins- bzw. Unterstützungs-wesen *n* auf Gg.-seitigkeit; ∼**lista I.** *adj. c* Gg.-seitigkeits...; **II.** *m* Anhänger *m* des Mutualismus; Mitglied *n* e-r mutualidad.

mutuo *adj.* gg.-seitig; *seguro m* ∼ Versicherung *f* auf Gg.-seitigkeit.

muy[1] *adv.* (*vor adj. u. adv.*) sehr; ungemein, höchlich; zuviel; ∼ *grande* sehr groß; ∼ *temprano* sehr früh; zu früh; *Briefanrede, veraltend:* ♀ *señor mío:* Sehr geehrter Herr!; *es* ∼ *de él* das ist so ganz er, das ist echt er; F ∼ *mucho* zu viel.

muy[2] P *f* ∼ mui.   [Feile *f*.⎫

muzo *adj.-su. f:* *(lima f)* ∼**a** sehr feine ⎭

my *f* My *n* (*griechischer Buchstabe*).

N

N, n (= *ene*) *f* N, n *n*.
naba ♀ *f* Kohlrübe *f*.
nabab *m* Nabob *m* (*a. fig.*).
nabí *m* Prophet *m* (*Islam*).
nabi|na ✓ *f* Rübsamen *m*; **~za** ♀ *f* zartes Rübenblatt *n*; Rübchen *n*.
nabo *m* 1. ♀ weiße Rübe *f*, Kohlraps *m*; *Arg.* Raps *m*; **~ gallego** *Art* Rapskohl *m*; 2. *fig.* Rübe *f* z. B. der *Pferde*; *fig.* P Penis *m*, Rübe *f* P; 3. △ Spindel *f* e-r *Wendeltreppe*.
naborí *m* (*pl.* **~íes**) *Am.* indianischer Hausknecht *m* (*Kolonialzeit*); **~a** *hist. Am.* **I.** *f zu Beginn der Conquista eingeführte* Zuteilung *f* von Indianern *zum Hausdienst*; **II.** *c* → *naborí*.
nácar *m* 1. Perlmutt(er *f*) *n*; 2. *Zo.* Steckmuschel *f*.
na|carado *adj.* perlmutter-farben, -artig; **~cáreo** *adj.* aus Perlmutter; **~carino** *adj.* Perlmutt(er)...
nacedero *adj.* 1. *Reg.* → que nace; 2. *Am. Cent., Ec. cerca f ~a* Hekkenzaun *m*. [*fuß.*]
nacela △ *f* Hohlkehle *f am Säulen-*
nace|ncia *f* 1. *Reg.* → nacimiento; 2. Auswuchs *m*, Geschwulst *f*; 3. *Cu.* Jungtiere *n*/*pl.* e-r *Herde* (*bis zu 1 Jahr*); **~r** [2d] **I.** *v*/*i.* geboren werden; *p. ext.* ausschlüpfen (*Küken usw.*); sprießen (*Vegetation, Haare*); aufgehen (*Gestirn*); anbrechen (*Tag*); entspringen (*Quell, Fluß u. fig.*); *fig.* entstehen, beginnen; hervorgehen (aus *dat.* de); s-n Ursprung haben (*in dat.* de, en); *fig.* yo nací primero ich habe hier die älteren Rechte; *fig.* F haber **~ido de cabeza** (de pie[s]) ein Pechvogel (ein Glückskind) sein; *fig.* F ¡pero (si) usted no ha **~ido ayer**! Sie sind doch nicht von gestern!; so (erz-) naiv können Sie doch gar nicht sein; *fig.* F haber **~ido tarde a)** zu spät dran (*od.* aufgestanden) sein (*fig.* F); **b)** kein Kirchenlicht sein *f*; haber **~ido para geboren** (*od.* glänzend begabt) sein für *et.* (*ac.*); **II.** *v*/*r.* **~se** ausschlagen, keimen (*Samen, Kartoffeln*); *fig.* ausfransen (*Naht*).
naci|do I. *part.-adj.* 1. (an)geboren; gebürtig; entstanden; bien (mal) ~ guter (schlechter) Herkunft; mal ~ ungezogen; **II.** *m* 2. Geborene(r) *m*; Mensch *m*; 3. **~s** *m*/*pl. Arg., Par.* Quelle *f*; **~ente** *part.-adj. c* geboren werdend; *p. ext.* aufsprießend (*Vegetation*); aufgehend (*Gestirn*); anbrechend (*Tag*); ♒ naszierend; *fig.* entstehend, werdend; *fig.* jung (*Ruhm*); **~miento** *m* 1. Geburt *f*; de ~ von Geburt an; ciego de ~ blindgeboren; 2. Herkunft *f*; de humilde ~ aus bescheidenen Verhältnissen; 3. *lit.* Quell *m*, Born *m* (*lit.*); 4. *fig.* Wurzel *f*, Ansatz *m*, Anfang *m*; 5. *Rel. bsd. Am. mst.* ♀ (Weihnachts-)Krippe *f*.
nación *f* Nation *f*; Volk *n*; *Pol.* familia *f* (*od.* comunidad *f*) de **~ones** Völkergemeinschaft *f*; Organización *f* de las ♀ones Unidas, *Abk.* ONU *f* Organisation *f* der Vereinten Nationen, *Abk.* UNO *f*; *hist.* Sociedad *f* de **~ones**, *Abk.* S.D.N. *f* Völkerbund *m*.
naciona|l I. *adj. c* national; innerstaatlich; inländisch, einheimisch; National...: Volks...; Landes..., Staats...; Biblioteca *f* ~ National-, Staats-bibliothek *f*; moneda *f* ~ Landeswährung *f*; **II.** *f* (*ellipt. für carretera f*) ~ Nationalstraße *f*, *in Dtl. etwa*: Bundesstraße *f*; **~lidad** *f* 1. Nationalität *f*; Volkszugehörigkeit *f*; 2. Staatsangehörigkeit *f*; **~lismo** *m* Nationalismus *m*; **~lista** *adj.-su. c* nationalistisch; *m* Nationalist *m*; **~lización** *f* 1. Verstaatlichung *f*; 2. Einbürgerung *f*; **~lizar** [1f] **I.** *v*/*t.* 1. verstaatlichen; 2. e-r *Sache* nationalen Charakter geben (*dat.*); ♀ *a.* (durch Entrichtung v. *Zöllen usw.*) inländisch machen); einbürgern, naturalisieren; **II.** *v*/*r.* **~se 4. ~se** (español) die (spanische) Staatsangehörigkeit erwerben.
nacionalsindicalis|mo *Pol. hist. m Span.* Nationalsyndikalismus *m*, Falangismus *m*; **~ta** *adj.-su. c* nationalsyndikalistisch, falangistisch; *m* Nationalsyndikalist *m*.
nacionalsocialis|mo *hist. m* Nationalsozialismus *m*; **~ta** *adj.-su. c* nationalsozialistisch, nazistisch; *m* Nationalsozialist *m*, Nazi *m*.
naco *m* 1. *Bol., Rpl. Art* Kautabak *m*; 2. *Col.* Kartoffelbrei *m*.
nada I. *f* Nichts *n*; *Phil.* el ser y la ~ das Sein u. das Nichts; **II.** *pron. u. adv.* nichts; durchaus nicht, keineswegs; *in negativem Zs.-hang*: etwas, z. B. ¿has visto ~ igual? hast du je etwas Derartiges gesehen?; no he visto ~ ich habe nichts gesehen; *desp.* un hombre de ~ irgendwer, jeder; o todo, o ~ (entweder) alles od. nichts; ~ de eso keineswegs; kommt nicht in Frage; ~ en absoluto, F ~ de ~ überhaupt nichts, gar nichts; ~ más nichts mehr, weiter nichts; ~ menos nichts weniger, sogar; ¡ahí es ~! (da) schau an!, Donnerwetter!, ein dolles Ding!; antes de ~ vor allem, als erstes; como si ~ als ob (es) nichts wäre, wie nichts; ¡de ~! bitte sehr!, keine Ursache! (*Antwort auf* ¡gracias!); en menos que ~ *od.* en un ~ im Handumdrehen, im Nu; más (*od.* antes) que ~ vor allem, ganz besonders; para ~ umsonst, für nichts u. wieder nichts, vergeblich; por ~ del mundo um nichts in der Welt, um k-n Preis; ¡pues ~! ja!, also gut!, kurz u. gut!; na dann!; *adv.* por ~ umsonst; *a.* sehr billig; wegen nichts, wegen jeder Kleinigkeit; *fig.* F no te digo ~ du kannst es dir nicht vorstellen, das ist noch gar nichts; en ~ estuvo que riñésemos um ein Haar hätten wir uns gestritten; ~ hace que + *ind.* gerade eben + *ind.*; *fig.* F como quien no hace ~ ganz harmlos; ~ más llegar gleich nach der Ankunft; quejarse por (por un) ~ wegen nichts (*od.* wegen jeder Kleinigkeit) jammern; no ser ~ unwichtig sein; nichts zu bedeuten haben; no ha sido ~ war (weiter) nicht schlimm, es ist nichts passiert; no servir para ~ nichts taugen; tener en ~ für nichts (er)achten.
nada|dera *f* Schwimmblase *f*; Schwimmgürtel *m*; **~dero** *m* Schwimmplatz *m*, zum Schwimmen geeignete Stelle *f*; **~dor** *adj.-su.* schwimmend; *m* Nichtschwimmer *m*; **~r** *v*/*i.* schwimmen; *fig.* ~ en la abundancia (en dinero) im Überfluß (im Geld) schwimmen; *fig.* ~ en sangre im Blut waten; *fig.* ~ entre dos aguas es mit niemandem verderben wollen, lavieren; *Spr.* ~ y ~, y a la orilla ahogar dicht am Ziel scheitern.
nadería F *f* Nichtigkeit *f*, Läpperei *f*.
nadie *pron.* niemand; *in negativem Zs.-hang*: jemand; *fig.* un don ♀ e-e Null, e-e Niete F; F no ser ~ völlig unbedeutend sein (*Person*).
nadir *Astr. m* Nadir *m*.
nado I. *adv.*: a ~ schwimmend; atravesar un río a ~ e-n Fluß durchschwimmen; **II.** *m Sp. Am.* Schwimmen *n*; ~ del delfín Schmetterlingsstil *m*; ~ de dorso (de pecho) Rücken-(Brust-)schwimmen *n*.
nafta *f* ♎ Naphtha *n*; *Kfz. Rpl.* Benzin *n*; **~leno** *m*, **~lina** *f* ♎ Naphthalin *n*.
naftero *m Rpl.* Tankwart *m*.
nagual I. *c Méj.* Zauberer *m*; Hexe *f*; **II.** *m Méj.* Klotz *m* (*fig.*); Schurke *m*; *Guat., Hond.* ständiges Begleittier *n* e-s Menschen, Maskottchen *n*; **III.** *f* F *Méj.* Lüge *f*.
naguas *f*/*pl.* → enaguas.
nahua *c* Nahua-Indianer *m*; *Ethn.* los **~s** die Nahua-Völker (*besser: náhuatl*) *Ethn. u.* Li. **I.** *adj. c* Nahua...; **II.** *c* → nahua; **III.** *m* Li. Nahuatl *n* (*Sprache der Nahua-Völker, Verkehrssprache des Azte-*

kenreichs); ~tlismo *Li. m* aus dem Nahuatl übernommener Ausdruck *m (z. B. jícara, tomate)*; ~tlista *Li. c* Nahuatlforscher *m.*
nailon *m* Nylon *n.*
naipe *m* (Spiel-)Karte *f*; Kartenblatt *n*; *fig. castillo m de* ~s Kartenhaus *n*; Luftschloß *n.*
naja *f Zo.* Brillenschlange *f*; P *darse de* ~ → ~rse F *v/r.* abhauen F, verduften F.
nal|ga *f* Hinterbacke *f (a. Equ.)*; ~s *f/pl.* Gesäß *n*; *fig.* P *cara f de* ~s Arsch(backen)gesicht *n* P; ~gar *adj. c* Hinterbacken...; ~gatorio F *m* Hintern *m* F, Po(dex) *m* F; ~gón *Am.*, ~gudo *adj.* mit dickem Hintern; ~guear *v/i.* (heftig) mit dem Gesäß wackeln *(b. Gehen).*
Namibia *f* Namibia *n.*
nana[1] *onom. f* 1. Großmutter *f*, Oma *f* F; F (d)*el año de la* ~ (von) Anno Tobak F; 2. Wiegenlied *n*; 3. *Am. Cent., Méj.* Amme *f.*
nana[2] *Kdspr. f Chi., Rpl.* Wehweh *n.*
¡nanay! F *int.* denkste! F, kommt nicht in die Tüte! F, nichts da!
nanismo *m* Zwergwuchs *m.*
nanita F *f* Großmütterchen *n.*
náñara *Kdspr. f Cu.* Wehweh *n.*
napa *f* 1. Nappa(leder) *n*; 2. *tex.* Flor *m*, Vlies *n.*
napalm *m* Napalm *n.*
napias F *f/pl.* Nase *f*, Gurke *f (fig.* F), Zinken *m* F.
napoleó|n *m* 1. † Napoleonstaler *m*; 2. *fig.* F ~ones *m/pl.* lange Unterhosen *f/pl.*; ~nico *adj.* napoleonisch, Napoleons...
Nápoles *m* Neapel *n.*
napolitano *adj.-su.* neapolitanisch; *m* Neapolitaner *m.*
naran|ja I. *f* Apfelsine *f*, Orange *f*; ~ *confitada* Orangeat *n*; ~ *navel, Col.* ~ *ombligona* Navelorange *f*; ~ *sanguina* Blutorange *f*; *fig.* F *media* ~ bessere Hälfte *f* (= *Ehefrau*); *fig.* P ¡~s! *col.* ¡~s chinas (od. de la China*)!* nichts!, von wegen!; II. *m* Orange *n* (*Farbe*); III. *adj. inv.*: (de color) ~ orange(farben); ~jada *f* Orangeade *f*; Orangengetränk *n*; ~jado *adj.* orange(nfarbig); ~jal *m* 1. Apfelsinenpflanzung *f*, Orangenhain *m*; *Chi., Guat.* → *naranjo*; ~jera *f* → *trabuco naranjero*; ~jero I. *adj.* Apfelsinen...; *puerto m* ~ Hafen *m* für die Apfelsinenverschiffung; *zona f* ~*a* Apfelsinenanbaugebiet *n*; II. *m* Orangen-züchter *m*, -pflanzer *m*; -händler *m*; ~jilla *f* 1. *Am.* Tomatenbaum *m*; 2. *Ec., Méj.* Baumfrucht *f*, *Frucht des naranjillo*; ~jillada *f Ec.* Naranjillagetränk *n*; ~jillo, ~jito *m* 1. *Am.* versch. Wildpfl., mit äußerer Ähnlichkeit mit Orangen; 2. *Ec. naranjillo, Méj. naranjito* Tomatenbaum *m* (*die Frucht hat e-e leicht narkotisch wirkende Säure*); ~jo *m* Orangenbaum *m*; *invernáculo m de* ~s Orangerie *f.*
narci|sismo *Psych. m* Narzißmus *m*; ~so *m* 1. *Myth. u. Psych.* Narziß *m*; *fig.* Geck *m*; 2. *f* Narzisse *f.*
nar|coanálisis *m* Narkoanalyse *f*; ~cosis *f* Narkose *f*; ~cótico *adj.-su.* narkotisch, betäubend; *m* Narkotikum *n*, Betäubungsmittel *n*; ~cotismo *m* Narkotismus *m*; ~cotización *f* Narkotisierung *f*, Betäubung

f; ~cotizar [1f] *v/t.* narkotisieren, betäuben, einschläfern; *Sp.* dopen; *fig.* (stark) berauschen; ~cotraficante *c* Rauschgift-, Drogenhändler *m*; ~cotráfico *m* Rauschgift-, Drogen-handel *m.*
nardo *m* Narde *f.*
narguile *m* Nargileh *f*, *n* (*Wasserpfeife*).
nari|gada *f Arg., Chi., Ec.* Prisc *f* Schnupftabak; ~gón I. *adj.* groß-, dick-nasig; II. *m* große (*od.* dicke) Nase *f*; *fig.* Loch *n* in der Nasenscheidewand *für den Führungsring b. Tieren*; Nasen-, Führungs-ring *m*; ~gudo *adj.* mit großer Nase; ~guera *f* Nasenring *m der Indianer*; ~na *f* Nasenloch *m*; ~z *f a. fig.* Nase *f*; ~ices *f/pl.* a) Nase *f*; b) Nüstern *f/pl.*; *a. fig. buena* ~ *gute Nase f*, Spürnase *f*, guter Riecher *m* F; ~ *chata* Stumpfnäschen *n*; ~ *respingona* Stups-, Himmelfahrts-nase *f f*; F *¡narices!* a) verflixt (u. zugenäht)! F, von wegen! (da)!, kat s. was! F, von wegen! kommt nicht in die Tüte! F; *¡... ni narices!* ... gar nichts!; *en las propias* (*od. mismísimas*) ~ices *de alg.* vor j-s Nase F, vor j-s Augen; F *asomar la* ~ices aufkreuzen F; *caerse* (*od. dar*) *de narices auf die Nase fallen*; *fig. F algo me da en la* ~ ich hab's in der Nase F, ich habe so e-n Riecher F; F *estar hasta las* ~ices *de a/c.* von *et.* (*dat.*) die Schnauze voll haben F; *hablar por* (*od.* con) *las* ~ices durch die Nase sprechen; *hinchar las* ~ices die Nüstern blähen; *fig. pronto se le hinchan las* ~ices er geht leicht in die Luft, er ist schnell auf der Palme; *meter las* ~ices *en todo s-e Nase* (*desp.* s-n Rüssel F) *in alles stecken*; F *¡le voy a romper las* ~ices*!* ich schlag' ihm den Schädel ein! P; *fig.* F *subírsele a alg. el humo* (*od. la mostaza*) *a las* ~ices wütend werden, e-n Zorn kriegen F; *tener una* ~ *de primera* e-e ausgezeichnete Nase haben, *a. fig.* e-n guten Riecher haben F; *fig. tener a alg. agarrado* (*od. cogido*) *por las* ~ices j-n fest an der Kandare haben; *fig. tener a alg. montado en las* ~ices a) von j-m die Nase voll haben F; b) s. von j-m auf der Nase herumtanzen lassen; *tener largas* ~ices immer mit der Nase vorneweg sein; e-n guten Riecher haben F; *tener* ~ices *de perro perdiguero* e-e feine Spürnase haben; *fig. no ver más allá de sus* ~ices e-n sehr engen Horizont haben; schwer kapieren; ~zotas F I. *f/pl.* Mordsnase *f*; II. *c inv.* Person *f* mit e-r Riesennase *f*; *fig.* Dummrian *m* F; Tolpatsch *m.*
narra|ción *f* Erzählung *f*; ~dor *adj.-su.* Erzähler *m*; ~r *v/t. a. Lit.* erzählen; ~tiva *f* 1. Erzählung *f*; 2. Erzählkunst *f*; *tener mucha* ~ gut erzählen können; ~tivo, ~torio *adj.* erzählend; Erzähl...
narria *f* Lastenschleife *f*; Anhänger *m* für schwere Lasten; *fig.* dicke, unförmige Frau *f.*
nártex *m* Narthex *m.*
narval *m* Narwal *m.*
nasa *f* 1. (Fisch-)Reuse *f*; Fischkorb *m der Angler*; Vorratskorb *m* für Lebensmittel; 2. *Zo.* Schlammschnecke *f.*
nasa|l I. *adj. c* , *Phon.* nasal,

Nasen...; II. *m Anat.* Nasenbein *n*; III. *f Li.* Nasal *m*, Nasenlaut *m*; ~lidad *Li. f* Nasalität *f*; ~lización *Li. f* Nasalierung *f*; ~lizar [1f] *Li. v/t.* nasalieren.
násico *Zo. m* Nasenaffe *m.*
naso F *m gr.* Nase *f*, Mordsriecher *m* F; ~faringe *Anat. f* Nasen-Rachen-Raum *m*; ~faríngeo *adj.* Nasen-Rachen-...
nata *f* 1. Sahne *f*, Rahm *m*; ~ *agria* saure Sahne *f*; ~ (*batida*) Schlagsahne *f*; ~s *f/pl.* ~ *natillas*; 2. *fig.* das Beste, das Erlesenste; *la* (*flor y*) ~ *die Spitzen f/pl. der Gesellschaft.*
natación *f* Schwimmen *n*; ~ *sincronizada* Synchronschwimmen *n.*
nata|l *adj. c* Geburts...; *ciudad f* ~ Geburts-, Heimat-stadt *f*; ~licio *adj.-su. m* Geburtstag *m*; ~lidad *f* Geburtenziffer *f.*
na|tátil *adj. c* schwimmfähig, ~tatorio *adj.* Schwimm...; *Zo.* membrana *f* ~*a* Schwimmhaut *f.*
natillas *Kchk. f/pl.* Cremespeise *f.*
natío *adj.* gediegen (*Metall*).
nati|vidad *f* 1. Weihnacht(en *n*) *f*, Christfest *n*; 2. *Astrol.* Nativität *f*; ~vismo *m* 1. *Phil.* Nativismus *m*; 2. *Am.* → *indigenismo*; ~vista *Phil. adj. c* nativistisch; ~vo I. *adj.* 1. gebürtig (aus *dat.* de); Heimat..., Geburts...; *hablante m* ~ Muttersprachler *m*, Native speaker *m*; *idioma m* ~ Muttersprache *f*; 2. angeboren, natürlich, Geburts...; 3. , *Min.* gediegen (*Metall*); II. *m* 4. Eingeborene(r) *m*; Einheimische(r) *m.*
nato *adj.* 1. *fig.* geboren (*fig.*); gebürtig; 2. *Pol.* von Amts wegen, kraft Amtes (*Mitglied*); *Univ.* geboren (*Mitglied*).
natrolita *Min. f* Natrolith *m.*
natura|l I. *adj. c* 1. natürlich, naturgegeben; natürlich vorkommend; 2. *fig.* natürlich, schlicht; natürlich, selbstverständlich; 3. ~ de geboren in (*dat.*); (gebürtig) aus (*dat.*); *p. ext.* wohnhaft in (*dat.*); 4. natürlich (*lit.*, = *unehelich, Kind*); II. *m* 5. Naturtrieb *m*; Naturell *n*; 6. Einwohner *m*; Landsmann *m*; Eingeborene(r) *m*; 7. *al* ~ (in) natürlich(em Zustand); *Kchk.* im eigenen Saft (*Tomaten, Früchte*); *adv., bsd. Mal. del* ~ nach der Natur; ~leza *f* 1. Natur *f*; Art *f*, Beschaffenheit *f*; Wesen *n*; Charakter *m*, Temperament *n*; *por* ~ → *naturalmente*; *Mal.* ~ *muerta* Stilleben *n*; *amante m de la* ~ Naturfreund *m*; *Spr. la costumbre es otra* (*od.* segunda) ~ der Mensch ist ein Gewohnheitstier *f*; *euph. pagar tributo a la* ~ der Natur den schuldigen Tribut zahlen, sterben; 2. Bürger-, Heimatrecht *n*; *carta f de* ~ Einbürgerungsurkunde *f*; *fig. dar carta de* ~ *a alg.* j-m Heimatrecht gewähren; ~lidad *f* 1. Natürlichkeit *f*; Naturgegebenheit *f*; 2. Schlichtheit *f*; Ungezwungenheit *f*; 3. mit der Geburt gegebenes Heimatrecht *n*; ~lismo *m* 1. *Phil., Lit.* Naturalismus *f*; 2. *bsd. Am.* Naturgebenheit *f*, Natürlichkeit *f*; ~lista I. *adj. c* 1. *Phil., Lit.* naturalistisch; 2. auf die Natur gegründet; II. *c* 3. Naturalist *m*; Naturforscher *m*; ~lización *f* Einbürgerung *f*, Naturalisierung *f*; *p.*

naturalizar — negociador

ext. Einführung *f*; Heimischmachung *f*; ~lizar [1f] **I.** *v/t.* naturalisieren, einbürgern; *p. ext.* einführen; heimisch machen; **II.** *v/r.* ~se eingebürgert werden; ~lmente *adv.* natürlich; von Natur aus.

natu|rismo *m* **1.** Naturreligion *f*; **2.** Naturbewegung *f*, Naturismus *m*; **3.** Nackt-, Freikörper-kultur *f*, FKK *f*; **4.** Naturheilkunde *f*; ~rista *adj.-su. c* **1.** *Rel.* Natur...; **2.** ✞ Natur(heil)...; **3.** Natur-bewegungs..., -freunde...; **4.** Nacktkulturanhänger *m*, Nudist *m*; ~rópata *c* Naturheilkundige(r) *m*; ~ropatía *f* Naturheilkunde *f*.

naufra|gar [1f] *v/i. a. fig.* Schiffbruch erleiden, scheitern; ~gio *m a. fig.* Schiffbruch *m*, Scheitern *n*.

náufrago I. *adj.-su.* schiffbrüchig; *m* Schiffbrüchige(r) *m*; **II.** *m Fi.* Hai *m*.

nausea|bundo *adj.* Übelkeit (*od.* Ekel) erregend; ~r *v/i.* an Übelkeit leiden, ein Würgen im Halse haben.

náuseas *f/pl.* Übelkeit *f*; Würgen *n*; *fig.* eso me da ~ das ekelt mich an; siento (*od.* tengo) ~ mir ist übel.

náuti|ca *f* Nautik *f*; Wassersport *m*; ~co *adj.* nautisch, Seefahrts...; *Sp.* deporte *m* ~ Segelsport *m*; ⚓ rosa *f* ~a Windrose *f*.

nautilo *Zo. m* Nautilus *m*.

nava *Geogr. f (oft* ~s *f/pl.) Reg.* Ebene *f* zwischen den Bergen, Senke *f*.

nava|ja *f* **1.** Taschenmesser *n*; *fig.* F scharfe Zunge *f*, Lästerzunge *f*; ~ de afeitar Rasiermesser *n*; ~ albaceteña (*automática*) Klapp- (Schnapp-) messer *n*; corte *m* de(*l*) pelo *a* ~ Messerschnitt *m*; **2.** *Zo., Kchk.* Schwertmuschel *f*; **3.** Hauer *m* des Keilers; ~jada *f*, ~jazo *m* Messerstich *m*; ~jero *m* **1.** Rasierbesteck *n*; Rasiertuch *n* zum Reinigen des Messers; **2.** Messerschmied *m*; Messerstecher *m*.

naval *adj. c* See...; Schiffs...; Marine...; combate *m* ~ Seegefecht *n*.

navanco *Vo. m* Wildente *f*.

Nava|rra *f* Navarra *n*; ?rro *adj.-su.* aus Navarra; *m* Navarrese *m*.

nave *f* **1.** ⚓, ✈ Schiff *n* ~ espacial Raumschiff *n*; ~ de guerra Kriegsschiff *n*; *fig.* la ~ de San Pedro das Petruschiff, die Kirche; **2.** △ (Kirchen-)Schiff *n*; (Gebäude-)Flügel *m*; Halle *f* (*Fabrik, Ausstellung*); de varias ~s mehrschiffig; ~ lateral Seitenschiff *n*; ~ de taller Werk(s)halle *f*; ~cilla *f* **1.** Schifflein *n*, Nachen *m*; **2.** ♊ kl. Gefäß *n*, Schale *f*; **3.** *ecl.* Weihrauchschiffchen *n*.

navega|ble *adj. c* schiffbar; aguas *f/pl.* ~s Fahrwasser *n*; rutas *f/pl.* ~s Schiffahrtsstraßen *f/pl.*; ~ción *f* **1.** ⚓, ✈ Schiffahrt *f*; Schiffahrtskunde *f*; ~ (por aguas) interior(es) Binnenschiffahrt *f*; ~ aérea Luftfahrt *f*; ~ de altura Hochseeschiffahrt *f*; ~ espacial, ~ interplanetaria (Welt-)Raumfahrt *f*; ~ fluvial (*marítima*) Fluß-(See-)schiffahrt *f*; ~ mercantil Handelsschiffahrt *f*; ~ de vapor (a vela) Dampf- (Segel-)schiffahrt *f*; **2.** ⚓, ✈ Navigation *f*; ~dor **I.** *adj.* ⚓ seefahrend; **2.** navigierend; **II.** *m* **3.** ✈ (*piloto*) ~ Navigator *m*; **4.** IT Browser *m*; **5.** → ~gante *f*; ~nte *c* seefahrend; **II.** *m* Seefahrer *m*; ~ por Internet Internet-Surfer *m*; ~r [1h]

v/i. **1.** zur See fahren, ⚓ fahren, segeln (nach *dat. a, para*); ✈ fliegen; ~ (*por Internet od. por la red*) (im Internet) surfen; ~ en tabla surfen; acostumbrado a ~ seefest; capacidad *f* para ~ Seetüchtigkeit *f*; **2.** ⚓, ✈ navigieren.

naveta *f* **1.** Schublade *f*; **2.** → navecilla 3.

navi|cert ✝, ⚓ *m* Navicert *n* (*Geleitschein*); ~cular *adj. c* kahn-, nachenförmig.

Navi|dad *f* Weihnacht(en *n*) *f*; *mst. pl.* ~es Weihnachtszeit *f*; árbol *m* de ~ Weihnachtsbaum *m*; ¡feliz ~! fröhliche Weihnachten!; *fig.* F contar muchas ~es (viele Jahre) alt sein; ?deño *adj.* weihnachtlich, Weihnachts...

na|viero I. *adj.* Schiffahrts...; compañía *f* ~a Schiffahrtsgesellschaft *f*; **II.** *m* Reeder *m*; Schiffsausrüster *m*; ~vío *m* Schiff *n*; ~ de alto bordo Hochseeschiff *n*; *hist.* ~ de línea Linienschiff *n* (✖).

náyade *Myth. f* Najade *f*.

nazareno *bibl. u. fig.* **I.** *adj.* aus Nazareth; **II.** *m* Nazarener *m*; *fig. Span. a.* Büßer *m* in Hemd *u.* Kapuze *b.* den Karwochenumzügen; *fig.* F está hecho un ~ er ist böse zugerichtet (*od.* zs.-geschlagen).

nazi *Pol. adj.-su. c* nazistisch; *m* Nazi *m*; ~smo *m* Nazismus *m*.

nebladura *f* **1.** ✗ Nebelschäden *m/pl.*; **2.** *vet.* Drehkrankheit *f* der Schafe.

neblí *Jgdw. m (pl.* ~íes) Edel-, Beizfalke *m*.

nebli|na *f* Dunst *m*, ⚓ Mist *m*; Bodennebel *m*; ⊕,~ de aceite Ölnebel *m*; ~noso *adj.* diesig, dunstig.

neburiza|ción ✖ *f* Sprühen *n*; Sprühmittel *n*; ~dor ✖ *adj.*: frasco *m* ~ Sprühflasche *f*, Spray *n*, *m*.

nebulo|sa *Astr.* ✝ Nebelfleck *m*, kosmischer Nebel *m*; ~sidad *f* ✝ Nebelbildung *f*; leichte Bewölkung *f*; *fig.* Nebel *m*, Schatten *m*; *fig.* Nebelhaftigkeit *f*, Verschwommenheit *f*; ~so *adj.* dunstig, diesig; *fig.* nebelhaft, verschwommen.

nece|ar F *v/i.* albern reden (*od.* handeln); ~dad *f* Albernheit *f*, Dummheit *f*; Unsinn *m*.

nece|sario *adj.* notwendig, nötig; erforderlich (für *ac., zu dat. para*); es ~ hacerlo es muß getan werden; ~ser *m* Necessaire *n*; ~sidad *f* **1.** Notwendigkeit *f*; adv. por ~ zwangsweise, notgedrungen; es de ~ imperiosa es ist unbedingt notwendig; no hay ~ de + *inf.* es ist nicht nötig, zu + *inf.*; **2.** *bsd.* ✝, *oft.* ~es *f/pl.* Bedarf *m* (an *dat.* de); Bedürfnis *n*; → *a.* 3; artículos *m/pl.* de primera ~ Güter *n/pl.* des täglichen Bedarfs; ~es *f/pl.* de energía Energiebedarf *m*; **3.** Not *f*; *p. ext.* Hunger *m*; en caso de ~ im Notfall; *Spr.* la ~ carece de ley Not kennt kein Gebot; hacer de la ~ virtud aus der Not e-e Tugend machen; **4.** *euph.* (*Physiol.*): hacer sus ~es sein Bedürfnis verrichten; ~sitado *adj.-su.* (hilfs)bedürftig; notleidend; estar de a/c. et. brauchen; et. benötigen; ~sitar **I.** *v/t.* **1.** (a. *v/i.* ~ de) benötigen, nötig haben, brauchen, bedürfen (*gen.*); **2.** zwingen; **3.** müssen; necesito hablarle ich muß Sie

sprechen; **II.** *v/r.* ~se **4.** nötig sein; *impers.* se necesita corresponsal Korrespondent gesucht.

necio *adj.-su.* dumm, albern, töricht; *m* Dummkopf *m*, Narr *m*.

nécora *Zo., Kchk. f* Schwimmkrabbe *f*.

necrófago *Zo. adj.* aasfressend, Aas...

necro|filia ✝ *f* Nekrophilie *f*; ~latría *Ethn. f* Totenkult *m*; ~logía *f* Nachruf *m*; ~lógico *adj.* Nachruf..., Todes...; ~mancia, ~mancía *f* Nekromantie *f*.

necrópolis *f* Nekropole *f*; *lit.* Friedhof *m*.

necroscopia ✝ *f* Nekroskopie *f*, Autopsie *f*.

ne|crósico ✝ *adj.* → necrótico; ~crosis ✝ *f* Nekrose *f*; ~crótico ✝ *adj.* nekrotisch.

néctar *m Myth. u. fig.* Nektar *m*; (dickflüssiger) Obstsaft *m*.

nectáreo *adj.* Nektar...

nectarina ♀ *f* Nektarine *f*.

neerlandés *adj.-su.* niederländisch; *m* Niederländer *m*; *Li.* das Niederländische.

nefa|ndo *adj.* schändlich; ~rio *adj.* ruchlos; ~sto *adj.* unheil-voll, -bringend; ~to P *adj. Ven.* bekloppt F.

nefelibata *c* Träumer *m*.

nefelio ✝ *m* Hornhautfleck *m* im Auge.

nefrita *Min. f* Nephrit *m*.

ne|frítico ✝ *adj.* Nieren...; ~fritis ✝ *f* (*pl. inv.*) Nephritis *f*, Nierenentzündung *f*; ~frología ✝ *f* Nephrologie *f*; ~frosis ✝ *f* (*pl. inv.*) Nephrose *f*.

nega|ción *f* **1.** Verneinung *f*; *Gram.* Verneinungswort *n*, Negation *f*; **2.** Weigerung *f*; Verweigerung *f*, Ablehnung *f*; ~do *adj.-su.* unfähig; unbrauchbar; *m* Unbegabte(r) *m*; ~dor **I.** *adj.* verneinend; **II.** *m* Verneiner *m*; Verweigerer *m*; ~r [1h *u.* 1k] **I.** *v/t.* **1.** verneinen; (ab)leugnen; verleugnen; **2.** abschlagen, versagen; verweigern; **II.** *v/r.* ~se **3.** s. weigern (, zu + *inf. a + inf.*); **4.** s. verleugnen (lassen); ~se a sí mismo s. selbst verleugnen; ~tiva *f* Verneinung *f*; Weigerung *f*; abschlägige Antwort *f*; Absage *f*; ~tivo **I.** *adj.* verneinend; abschlägig, negativ; **II.** *m Typ., Repro.* Klischee *n*, *a. Phot.* Negativ *n*; Stereotypplatte *f*; ~trón *Phys. m* Negatron *n*.

negligen|cia *f* Nachlässigkeit *f*; *a.* ⚖ Fahrlässigkeit *f*; ~te **I.** *adj. c* nachlässig; unachtsam (*od.* fahrlässig) handelnd; **II.** *m* fahrlässig Handelnde(r) *m*.

negoci|abilidad *bsd.* ✝ *f* Begebbarkeit *f* e-s Wechsels; ~ bancaria Bankfähigkeit *f*; ~able *adj. c* **1.** umsetzbar, verkäuflich; **2.** übertragbar (*Wertpapier*); begebbar (*Wechsel*); ~ en bancos bankfähig; ~ en Bolsa börsengängig; ~ación *f* **1.** *a. dipl.* Verhandlung *f*. **2.** Umsatz *m* (*Bank, Börse*); Begebung *f* e-s Wechsels; ~ bursátil Börsen-handel *m*, -umsatz *m*; ~ de valores Effektenhandel *m*; ~ado *m* **1.** *Verw.* Referat *n*, Amt *n*, Geschäftsstelle *f*; **2.** ✝ *u. Reg.* → negocio 1; **3.** *Arg., Chi., Ec., Pe.* Schwarzgeschäft *n*; Kuhhandel *m*, Klüngel *m*; **4.** *Chi.* Geschäft *n*, Laden *m*; ~ador *adj.-su.* verhan-

negociante — nexo

delnd, unterhandelnd; *m* Unterhändler *m*; ~ante *m* Geschäftsmann *m*; Großhändler *m*; ~ar [1b] I. *vt/i*. 1. handeln, Handel treiben; *Wechsel* begeben; ~ *con artículos de marca (en granos)* mit Markenartikeln (mit Getreide) handeln; 2. verhandeln; ~ *(de) a/c. et.* aushandeln, über *et. (ac.)* verhandeln; II. *v/r*. ~se 3. gehandelt werden; ~o *m* 1. *a. fig.* Geschäft *n*; *hombre m de* ~s Geschäftsmann *m*; *¡mal* ~! ein schlechtes Geschäft; e-e üble Sache!; *hacer un* ~ ein Geschäft machen; *¡los* ~s *son los* ~s! Geschäft ist Geschäft!; 2. *bsd. Méj.* Laden *m*, Geschäft *n*; ~oso *adj.* geschäftig; geschäftstüchtig.

negra *f* 1. Negerin *f*, Schwarze *f*; 2. *fig.* Unglück *n*, Pech *n*; *le persigue la* ~ er hat e-e Pechsträhne; *adv. con la* ~ ohne Geld; → *a. negro* 1/3. ♪ Viertelnote *f*; 4. *Am.* Liebling *m (zu Frauen)*; ~da *f Am.* 1. Negervolk *n*; *hist.* Negersklavenschar *f*; 2. Wort *n (od.* Tat *f)* e-s Negers.

negre|ar *v/i.* ins Schwarze spielen; ~cer [2d] *v/i.* schwarz werden; ~ro I. *adj.* 1. Neger...; Negersklaven...; II. *m* 1. (Neger-)Sklavenhändler *m*; *fig.* (Menschen-)Schinder *m*, Sklaventreiber *m (fig.)*; 3. Sklavenschiff *n*.

negri|lla *f* 1. *Typ.* (halb)fette Schrift *f*; 2. ♂ Schwarzschimmel *m der Oliven u. Zitrusfrüchte*; 3. *Fi.* Art Muräne *f*; ~llo *m* 1. ♀ Schwarzpappel *f*; 2. ⚒ *Am. Reg.* Schwarzsilbererz *n*; ~smo *Lit., Ku. m* Negerkunst *f*; ~ta *Typ. f → negrilla* 1; ~to *Ethn. m* Negrito *m*.

negro I. *adj.* 1. *a. fig.* schwarz; *lo* ~ das Schwarze; ~*a suerte* Unglück *n*, Pech *n*; F *pasarlas* ~*as* vom Unglück verfolgt werden, Pech haben; F *poner* ~ *a alg.* j-n in Wut bringen; F *verse* ~ *para hacer a/c.* größte Schwierigkeiten haben, *et.* zu tun; II. *m* 2. Neger *m*, Schwarze(r) *m*; *fig.* Sklave *m*; Handlanger *m*; *fig.* ~ *(literario)* Ghostwriter *m*; *fig.* F *no somos* ~s das lassen wir uns nicht bieten; *fig.* F *trabajar como un* ~ mächtig schuften F, s. gewaltig ins Zeug legen F; 3. schwarze Farbe *f*, Schwarz *n*; ~ *animal* Knochenkohle *f*; ~ *de humo* (Lampen-)Ruß *m*; ~ *de huesos* Bein-, Knochen-schwarz *n*; ~ *de uña das* Schwarze unter den Fingernägeln, Trauerrand *m* F; *Typ. impresión f (en) blanco y* ~ Schwarz-Weiß-Druck *m*; ~ide *adj. c* negroid; ~r *m → negrura*.

negru|ra *f* Schwärze *f*; ~zco *adj.* schwärzlich.

neguilla ♀ *f* a) Kornrade *f*; b) Frauenhaar *n*.

Negus *m* Negus *m*.

nejayote *m Méj.* Maiswasser *n*.

nematodos *Zo. m/pl.* Fadenwürmer *m/pl.*, Nematoden *pl.*

Némesis *Myth. f* Nemesis *f*; *fig.* ♀ Rache *f.* [Wald...]

nemoroso *poet. adj.* bewaldet;⌐

nemotecnia *f etc. → mnemotecnia.*

ne|na *f kl.* Mädchen *n*; *Kosename*: Kind *n*, Mädchen *n*; ~ne *m*, ~né *Col. m* Kind *n*, kl. Junge *m*.

nenúfar ♀ *m* Seerose *f*.

neo|... *pref.* Neo..., Neu...; ~clasicismo *m* Klassizismus *m*; ~clásico *adj.* klassizistisch; ~colonialismo *m* Neokolonialismus *m*; ~fascista *Pol. adj. c* neofaschistisch.

neófito *m* Neophyt *m*, Neubekehrte(r) *m*; *fig.* Neuling *m*.

neo|gongorismo *Lit. m* Neugongorismus *m (ab 1927)*; ~gramático *m* Junggrammatiker *m*; ~granadino *hist. adj.-su.* aus Neu-Granada (*Kolumbien unter span. Herrschaft*); ~griego *adj.* neugriechisch; ~latino *adj.* neulateinisch; romanisch (*a. Li. Sprache*); ~lítico *adj.-su.* jungsteinzeitlich; *m* Jungsteinzeit *f*, Neolithikum *n*; ~logismo *Li. m* Neologismus *m*, Neuwort(bildung *f*) *n*; ~logista *m* Sprachneuerer *m*; ~menia *f. Astr.* Neumond *m*; 2. *Arch.* Neumondfest *n*.

neón *m* 🜨 Neon *n*; *lámpara f* ~ Neonröhre *f*.

neo|nato *m* Neugeborene(s) *n*; ~plasma ♣ *m* Neoplasma *n*; ~platónico *Phil. adj.-su.* neuplatonisch; *m* Neuplatoniker *m*; ~rrealismo *m* Neorealismus *m (Filmkunst)*; ~sacerdote *m* Neupriester *m*; ~scolástica *Phil. f* Neuscholastik *f*; ~yorquino *adj.-su.* aus New York; *m* Newyorker *m*; ~zelandés *adj.-su.* neuseeländisch; *m* Neuseeländer *m*; ~zoico *Geol. adj.-su.* dem Neozoikum angehörend; *m* Neozoikum *n*, Erdneuzeit *f*.

Nepa|l *m* Nepal *n*; ~lés *adj.-su.* aus Nepal, nepalesisch; *m* Nepalese *m*.

nepotismo *Pol. m* Vetternwirtschaft *f*, Nepotismus *m*.

nep|túneo *lit. adj.* neptunisch, Meeres...; ~tuniano, ~túnico *Geol. adj.* neptunisch; ♀tuno *Myth., Astr. u. fig.* Neptun *m*; *fig. poet.* Meer *n*.

nereida *Myth. f* Nereide *f*.

nervadura *f* 1. ♀ Blattgerippe *n*; 2. ⊕, △ Rippen *f/pl.*

nervio *m* 1. *Biol. u. fig.* Nerv *m*; ~ *neumogástrico*, ~ *vago* Vagus *m*; ~ *óptico* Sehnerv *m*; *fig. alterar (od.* F *atacar od.* F *crispar) a alg. los* ~s *od.* F *poner a alg. los* ~s *de punta* j-m auf die Nerven gehen F, j-m auf den Nerven herumtrampeln F; *ser un huso (od. un manojo) de* ~s ein Nervenbündel sein; *fig.* F *tener* ~s nervös sein; Lampenfieber haben; *fig. tener* ~s *de acero* eiserne Nerven haben; 2. *p. ext.* Sehne *f*; *fig.* Kraft *f*; *quitar el* ~ Saft u. Kraft nehmen; 3. ♀, ⚓, ⊕, △ Rippe *f*; ~sidad *f* Nervosität *f*; Unruhe *f*; ~sismo *m* Nervosität *f*; ~so *adj.* 1. *Anat.* Nerven...; *sistema m* ~ Nervensystem *n*; 2. nervös, unruhig; nerven-krank, -leidend; nervig, leicht erregbar (*Temperament*); *ponerse* ~ nervös (*od.* unruhig) werden; 3. nervig; *fig.* kraftvoll; ♀ gerippt (*Blatt*).

ner|vosidad *f* Nervosität *f*, Reizbarkeit *f*; ~voso *adj.* sehnig (*Fleisch*); ~vudo *adj.* nervig, sehnig; kraftvoll.

nesciente *lit. adj. c* unwissend.

nesga *f* Zwickel *m in Kleidung*; ~r [1h] *v/t.* Tuch schräg *zum Fadenlauf* schneiden; Zwickel einsetzen in (*dat.*).

nestoriano *Rel. adj.-su.* nestorianisch; *m* Nestorianer *m*.

ne|tamente *adv.* klar; eindeutig; ~to I. *adj.* sauber, rein; ✞ Netto..., Rein...; *beneficio m* ~ Reingewinn *m*; *precio m* ~ Nettopreis *m*; II. *m* △ Säulenfuß *m*.

neumas ♪ *m/pl.* Neumen *f/pl.*

neumáti|ca ⊕ *f* Pneumatik *f*, Luftsteuertechnik *f*; ~co I. *adj.* 1. pneumatisch, Luft...; Preßluft...; *bandaje m* ~ Luftbereifung *f*; *bomba f* ~*a* Luftpumpe *f*; 2. *Theol.* pneumatisch; II. *m* 3. *Kfz.* (Luft-)Reifen *m*, Pneu *m* F; ~s *m/pl.* Bereifung *f*; ~ *sin cámara* schlauchloser Reifen *m*; ~s *claveteados* Spikes(reifen) *m/pl.*; ~ *radial (de repuesto)* Gürtel-(Ersatz-)reifen *m*.

neumo|coco ♣ *m* Pneumokokkus *m*; ~nía ♣ *f* Lungenentzündung *f*, Pneumonie *f*; ~tórax ♣ *m* Pneumothorax *m*, Pneu *m* F.

neu|ralgia ♣ *f* Neuralgie *f*; ~rálgico ♣ *adj.* neuralgisch; ~rastenia ♣ *f* Neurasthenie *f*; ~rasténico *adj.* neurasthenisch; ~ritis ♣ *f (pl. inv.)* Neuritis *f*, Nervenentzündung *f*; ~rocirugía *f* Neurochirurgie *f*; ~rocirujano *m* Neurochirurg *m*; ~rología ♣ *f* Neurologie *f*; ~rológico ♣ *adj.* neurologisch; ~rólogo *m* Neurologe *m*; ~roma ♣ *f* Neurom *m*; ~rona *Anat. f* Neuron *n*; ~ropatía ♣ *f* Nervenleiden *n*; ~roquímica *f* Neurochemie *f*; ~rosis ♣ *f (pl. inv.)* Neurose *f*; ~rótico ♣ *adj.-su.* neurotisch; *m* Neurotiker *m*, Nervenkranke(r) *m*; ~rovegetativo ♣ *adj.* neurovegetativ.

neutra|l I. *adj. c* neutral, unparteiisch; II. *m Pol.* Neutrale(r) *m*; ~lidad *f a. fig.* Neutralität *f*; ~lismo *Pol. m* Neutralismus *m*; Neutralitätspolitik *f*; Parteilosigkeit *f*; ~lista *Pol. adj.-su. c* neutralistisch; *m* Neutralist *m*; ~lización *Pol. u. fig. f* Neutralisierung *f*, *bsd.* ♣ Neutralisation *f*; ~lizante I. *adj. c* neutralisierend; II *m* ♣ Neutralisierungsmittel *n*; ~lizar [1f] *v/t.* ♣, *fig. u. fig.* neutralisieren; *fig.* ausschalten; *fig., pharm., Phys.,* ♣ unwirksam machen, aufheben.

neu|tro I. *adj.* 1. *a.* ♣ *(nicht Pol.)* neutral, ♣ säurefrei; *Gram.* sächlich; II. *m* 2. *Gram.* Neutrum *n*; 3. *Kfz. Am. Reg.* Leerlauf *m*, ~trón *Phys. m* Neutron *n*; ~trónico *Phys. adj.* neutronisch.

neva|da *f* Schneefall *m*; ~dilla ♀ *f* weißes Blutkraut *n*; ~do I. *adj.* be-, ver-schneit; schneeweiß; II. *m Col.* schneebedeckter Berggipfel *m*; ~r [1k] *v/i.* schneien; *v/impers. nieva* es schneit; ~sca *f* Schnee-gestöber *n*, -sturm *m*; ~tilla *Vo. f* Bachstelze *f*; ~zo *m* starker Schneefall *m*, ~zón *f Arg., Chi., Ec. → nevada.*

neve|ra *f* 1. Eiskeller *m (a. fig.)*; 2. Eisschrank *m*; ~ *(eléctrica)* Kühlschrank *m*; ~ *portátil* Kühlbox *f*; 3. F *Col.* Kittchen *n* F; ~ría *f Méj.* Eisdiele *f*; *m* 1. *Geol.* Gletscher *m*; 2. Eis(block)verkäufer *m*.

nevisca *f* feiner Schneefall *m*; ~r [1g] *v/impers.* leicht schneien.

nevoso *adj.* Schnee...; schneebedeckt.

Newton *Phys. m* Newton *n*, Großdyn *n*.

nexo *m* Verknüpfung *f*, Zs.-hang *m*; ~ *causal* Kausal-zs.-hang *m*, -nexus *m*.

ni — nivelar

ni *cj.* auch nicht; oder (auch nur), oder gar; ~ ... ~ ... weder ... noch ...; ~ *aun* od. ~ *siquiera* nicht einmal; ~ *que* + *subj.* wenn auch, selbst wenn; ~ *yo tampoco* ich auch nicht.
nica *f Méj.* Nachttopf *m.*
Nicara|gua *f* Nicaragua *n,* Nicaragua *n;* ℒ**güense** *adj.-su. c,* ℒ**güeño** *adj.-su.* aus Nicaragua, nicaraguanisch; *m* Nicaraguaner *m.*
Nicolás *npr. m* Nikolaus *m.*
nicoti|na ⚕ *f* Nikotin *n;* ~**(ni)smo** 🦠 *m* Nikotin-sucht *f;* -vergiftung *f.*
nic|tálope 🦠 *adj.-su. c* tagblind; ~**talopía** 🦠 *f* Tagblindheit *f.*
níctea *Vo. f* Schnee-Eule *f.*
nictitante *Zo. adj.:* membrana *f* ~ Nickhaut *f der Vögel.*
nicho *m* Nische *f;* △ ~ *de antepecho* Brüstungslinie *f;* ~ *ecológico* ökologische Nische *f;* ~ *de mercado* Marktnische *f.*
ni|dada *f* Gelege *n;* Brut *f;* ~**dal** *m* 1. Legenest *n; fig.* Lieblings(schlupf)winkel *m;* 2. Nestei *n;* ~**dificar** [1g] *v/i.* nisten; ~**do** *m* 1. Nest *n;* ~ *excavado* Bruthöhle *f; Kchk.* ~ *m/pl.* de golondrina indische Vogelnester *n/pl.;* ~ *de pájaro(s)* (*de ratones*) Vogel- (Mäuse-) nest *n; hacer* ~ nisten; *fig.* F *caerse de un* ~ noch sehr grün, unerfahren u. leichtgläubig sein; 2. *fig.* Nest *n;* Schlupfwinkel *m;* ~ *de amor* Liebesnest *n;* ~ *de ametralladora(s)* MG-Nest *n;* ~ *de discordia* Herd *m* der Zwietracht; ~ *de ladrones* Räuberhöhle *f; fig.* ~ *de polvo* Staubfänger *m; mesa f de* ~ Satztisch *m* (*e-r aus e-m Satz v. unterea.-geschobenen Tischen*).
niebla *f* 1. Nebel *m;* ~ *alta* Hochnebel *m;* ~ *finísima* Nebelschleier *m* (*a. b. e-m Zerstäuber*); ~ *helada* Eisnebel *m,* Frostrauch *m;* ~ *meona* Nieselregen *m; hace (*od. *hay)* ~ es ist neblig; ~ *seca* Höhenrauch *m;* 2. Trübung *f im Auge;* ✽ Schwarzrost *m des Getreides;* 3. *fig.* Verwirrung *f.*
niego *m* Nestling *m* (*Raubvögel*).
nie|l *m* Niello *n;* ~**lado** *m* Niello-Arbeit *f.*
nie|ta *f* Enkelin *f;* ~**to** *m* Enkel *m;* ~**s** *m/pl.* Enkelkinder *n/pl.*
nieve *f* 1. Schnee *m;* ~**s** *f/pl.* Schnee *m;* Schneefall *m;* ~ *amontonada* Schneewehe *f;* ~ *granulada* (*húmeda, penitente, polvorosa*) Graupel- (Papp-, Büßer-, Pulver-)schnee *m; límite m de las* ~**s** Schneegrenze *f; el abominable hombre de las* ~ *der* Yeti; *monigote m (*od. *figura f* od. *muñeco m) de* ~ Schneemann *m;* puente *m* de ~ Schneebrücke *f; cubrirse de* ~ verschneien; *cae* ~ es schneit, es fällt Schnee; 2. *fig.* P Kokain *n,* Schnee *m* F, Koks *m* F; *tomar* ~ koksen F; 3. *Méj.* (Speise-)Eis *n,* Eiscreme *f.*
Níger *m* Niger *n* (*Staat*), *m* (*Fluß*).
Nige|ria *f* Nigeria *n;* ℒ**riano** *adj.-su.* nigerianisch; *m* Nigerianer *m;* ℒ**rino** *adj.-su.* nigerisch; *m* Nigerer *m.*
nigérrimo *lit. adj.* tiefschwarz.
nigroman|cia, ~**cía** *f* Nekromantie *f;* ~**te** *m* Nekromant *m.*
nigua *f* Sandfloh *m; fig.* F *Chi., Pe., P. Ri. pegarse como* ~ nicht wieder loszuwerden sein; s. *anwanzen* F.

nihilis|mo *m* Nihilismus *m;* ~**ta** *adj.-su. c* nihilistisch; *m* Nihilist *m.*
Nilo *m* Nil *m.*
nilón *m* Nylon *n;* medias *f/pl.* de ~ Nylonstrümpfe *m/pl.*
ni|lota *adj. c,* ~**lótico** *adj.* Geogr. Nil...
nim|bado *adj.* verklärt; ~**bar** *v/t.* mit e-r Aureole umgeben; ~**bo** *m* 1. Heiligenschein *m,* Nimbus *m* (*a. fig.*); 2. *Met.* Nimbostratus *m;* 3. *Astr.* Hof *m* um Sonne od. Mond.
nimi|edad *f* 1. Umständlichkeit *f;* F Ängstlichkeit *f;* 2. Kleinigkeit *f;* ~**o** *adj.* 1. übertrieben; umständlich; kleinlich; F ängstlich; 2. unwichtig, unbedeutend.
nin|fa *f* 1. Nymphe *f;* 2. *Ent.* Puppe *f;* 3. *fig.* Mädchen *n,* Puppe *f* F; ~**fea** ♀ *f* weiße Teichrose *f;* weißer Lotus *m;* ~**fo** F *m* (eitler) Geck *m;* ~**fómana** *adj.-su. f* mannstoll, nymphoman; *f* Nymphomanin *f;* ~**fomanía** *f* Nymphomanie *f.*
ninguno (vor *su. m sg.* ningún) *adj.-pron. indef.* kein; niemand; *adv.* en ~**a** *parte* nirgends; *no tener* ~**a** *amiga* k-e Freundin haben; *no ha venido* ~ od. ~ *ha venido* niemand ist gekommen; *de* ~ *manera* keineswegs; ~**a** *vez* kein einziges Mal, nie.
Nínive *f* Ninive *n.*
ninot *m* Strohpuppe *f b.* den „Fallas" *in Valencia.*
niña *f* Kind *n,* Mädchen *n; Andal., Am.* (gnädiges) Fräulein *n; Am. la* ~ *María* Fräulein Maria; F ~ *bien* höhere Tochter *f f;* la ~ *bonita* die Zahl 15 (bsd. in der Lotterie); ~ *del ojo Anat.* Pupille *f; fig.* Augapfel *m* (*fig.*); ~**da** *f* Kinderei *f;* Kinderstreich *m;* ~**to I.** *m* dummer, eingebildeter Jüngling *m;* **II.** *adj.* dumm (*Junge*).
niñe|ar *v/i.* Kindereien treiben; ~**ra** *f* Kinder-mädchen *n;* -frau *f;* ~**ría** *f* Kinderei *f;* ~**ro** *adj.* kinderlieb; *fig.* zu Kindereien aufgelegt; ~**z** *f* Kindheit *f;* niñeces *f/pl.* Kinderstreiche *m/pl.*
niño I. *adj.* 1. klein; kindlich; **II.** *m* 2. Kind *n; Am.* „gnädiger Herr", „junger Herr"; de ~ als Kind, in m-r (d-r *usw.*) Kindheit; desde ~ von Kind auf; *fig.* ~ *de la bola* Glückskind *n; ecl.* ~ *de coro* Chor-, Sänger-knabe *m;* ~ *de pañales,* ~ *de pecho* Säugling *m;* ~*-probeta* Retortenbaby *n;* F *¡anda,* ~*!* od. *¡vamos,* ~*!* nun hör mal!, aber geh!; *¡no seas* ~*!* sei kein Kind(skopf)!, sei nicht kindisch!; *fig.* F *alegrarse como* (un) ~ *con zapatos nuevos* s. wie ein Schneekönig freuen; *Spr. los* ~**s** *y los locos dicen las verdades* Kinder u. Narren sagen die Wahrheit; 3. *Kchk. Arg.* ~**s** *m/pl.* envueltos Fleischrouladen *f/pl.*
niñón *adj.* kindisch.
niopo 1. ♀ *Col., Ven.* Niopo *m;* 2. *Ven. Art* Schnupftabak *m.*
nipa ♀ *f Fil.* Nipa-Palme *f.*
Nipón I. *m* Nippon *n;* **II.** ℒ *adj.-su.* japanisch; *m* Japaner *m.*
nipos P *m/pl. Span.* Moneten *pl.* F, Zaster *m* F, Knete *f* F.
níquel *m Min.* Nickel *n; Méj. kl.* Münze *f.*
nique|lado I. *m* Vernickeln *n;* Vernicklung *f;* **II.** *adj.* vernickelt; ~**lador** *m* Vernicklungsgerät *n;* ~**lar** *v/t.* vernickeln; ~**lífero** *adj.* nickelhaltig; ~**lina** *Min. f* Kupfernickel *n,* Nickelin *n;* ~**lita** *Min. f* Arsennickel *n.*
niqui *m* Polohemd *n.*
nirvana *Rel. m* Nirwana *n.*
nís|calo ♀ *m* echter Reizker *m;* ~**pero** ♀ *m* 1. Mispel *f;* 2. → ~**pola** *f* Mispel *f* (*Frucht*).
nistamal (richtiger: nixtamal) *m Méj.* in Kalkwasser halbgargekochter Mais *m für die Tortilla.*
nitidez *f* 1. Reinheit *f;* 2. *Phot., Opt., Repro., Typ., TV* Schärfe *f; Phot., Typ.* ~ *de los bordes* (en profundidad) Rand- (Tiefen-)schärfe *f.*
nítido *adj.* 1. glänzend; rein; 2. *Opt. usw.* scharf, rein; *fig.* einwandfrei, klar.
nitra|ción ⚕ *f* Nitrierung *f;* ~**l** *m* Salpeter-lager *n,* -vorkommen *n;* ~**r** ⚕ *v/t.* nitrieren; ~**tar** ✽ *v/t.* mit Nitraten düngen; ~**to** ⚕ *m* Nitrat *m;* ~ *de amonio* (de calcio) Ammonium- (Calcium-)nitrat *n.*
nítrico ⚕ *adj.* salpetersauer; *ácido m* ~ Salpetersäure *f; ácido m* ~ *y sulfúrico* Nitriersäure *f.*
nitro *m* Salpeter *m;* ~**barniz** *m* Nitrolack *m;* ~**benceno** ⚕ *m* Nitrobenzol *n;* ~**celulosa** *f* Nitrozellulose *f;* ~**colorantes** *m/pl.* Nitrofarbstoffe *m/pl.;* ~**genado** *adj.* stickstoffhaltig.
nitrógeno ⚕ *m* Stickstoff *m,* Nitrogen(ium) *n.*
nitro|glicerina ⚕ *f* Nitroglyzerin *n;* ~**laca** *f* Nitrolack *m;* ~**so** *adj.* stickstoffhaltig; salpetrig (*Säure*).
nitru|ración ⊕ *f* Nitrierung *f v. Stahl;* ~**rado** *m:* por ~ durch Nitrierung; ~**rar** *v/t. Stahl* nitrieren; ~**ro** ⚕ *m* Nitrid *n.*
nivación *Geol. f* Erosion *f* durch Schnee.
nivel *m* 1. ~ (*de agua*) Wasserwaage *f;* ~ *de albañil,* ~ *de burbuja* Maurer-, Setz-waage *f; a* ~ waagerecht, in der Waage, im Wasser; 2. waagerechte Fläche *f;* gleiche Höhe *f;* 3. Niveau *n;* Höhe *f,* Pegel *m;* Spiegel *m; Geol.* ~ *freático* Grundwasserspiegel *m; Phys.* ~ *de audibilidad* Hörschwelle *f; HF* ~ *de emisión* Sendepegel *m; Geogr.* ~ *del mar* Meeresspiegel *m; Geogr.* ~ *normal cero* Normal-Null *n;* ~ *de ozono* Ozonwerte *m/pl.; Phys.* ~ *de ruido,* ~ *sonoro* Lärm-, Geräusch-pegel *m;* HF ~ *del ruido de fondo* Störpegel *m; Geogr.* ~ *del terreno* Gelände-, Terrain-höhe *f; al* ~ *de* auf gleicher Höhe wie (*nom.*); 4. Stand *m,* Niveau *n;* Ebene *f* (*fig.*); ~ *estilístico* (lingüístico) Stil- (Sprach-)ebene *f;* ~ *de precio* Preisniveau *n;* ~ *de vida* Lebensstandard *m; de alto* ~ auf hoher Ebene (*fig.*); ~**lación** *f* 1. Ausrichtung *f* in der Waagerechten, Nivellierung *f;* 2. Nivellierung *f* (*a. fig.*); Planierung *f;* 3. *a. fig.* Ausgleich *m;* ~**lador I.** *adj.* 1. nivellierend, ausgleichend; *fig.* gleichmacherisch; **II.** *m* 2. *Geogr.* Nivellierinstrument *n,* -gerät *n;* 3. Planierer *m* (*Arbeiter*); ~**ladora** ⊕ *f* Planierraupe *f;* ~**lar** *v/t.* 1. waagerecht machen; *a. fig.* ausgleichen, ebnen; 2. *Geogr.,* △, *Gelände u. fig.* nivellieren; △ planieren; *fig.* gleichmachen.

níveo *poet. adj.* schneeweiß, Schnee-..., wie Schnee.
Niza *f* Nizza *n.*
no *adv.* **1.** nein; ~, señor nein (, mein Herr); *el sí y el* ~ das Ja u. das Nein; *por sí o por* ~ auf alle Fälle, unbedingt; *¡que* ~*!* nein!; **2.** nicht; ~ *estuve allí* ich war nicht dort; ~ *he visto a nadie* ich habe niemanden gesehen; *cj.* ~ *bien* kaum, sobald, als; ~ *bien amanezca, vaya* gehen Sie hin, sobald es hell wird; ~ *del todo* nicht ganz; ~ *ya* **a)** nicht nur; **b)** ~ *... ya* → *ya* ~ nicht mehr; *Am.* ~ *más* ~; *Am.* deje ~ *más* lassen Sie (es) nur, bemühen Sie s. nicht; ~ *más que* nur (noch); ~ *por cierto* gewiß nicht; ~ *por eso* nichtsdestoweniger; ~ *porque lo diga usted, pero* ... nicht, weil Sie es sagen, aber ...; ~ ... *sino* nur; erst; ~ ..., *sino que* nicht ..., sondern (vielmehr); *¡a que* ~*!* etwa nicht?; wetten, daß nicht!; *bsd. Am. ¿cómo* ~*?* aber gewiß, ja doch; natürlich!; *un* ~ *sé qué* ein gewisses Etwas.
Nobel *npr.* (*betont wird üblicherweise das o*): *premio m* ~ Nobelpreis *m* (für Literatur od. *literatura*); (*titular m del*) *premio m* ~ Nobelpreisträger *m*; → *a.* *premio* **1.**
no|biliario I. *adj.* ad(e)lig; Adels...; **II.** *m* Adelsbuch *n*; ~**bilísimo** *sup.* *zu* → ~**ble I.** *adj. c* **1.** ad(e)lig; vornehm; **2.** edel(mütig); 🎠 *gas m* ~ Edelgas *n*; **II.** *m* **3.** Adlige(r) *m*; **4.** *Jgdw.* Greifvogel *m*; ~**bleza** *f* **1.** Adel *m*; Adelsstand *m*; ~ *de sangre* Erbadel *m*; *Spr.* ~ *obliga* Adel verpflichtet; **2.** *fig.* Adel *m*, Edelmut *m*; Vornehmheit *f.*
noción *f* Begriff *m*; Idee *f*; ~*ones f/pl.* generales allgemeine Vorstellung *f*; Grundkenntnisse *f/pl.*
noci|vidad *f* Schädlichkeit *f*; ~**vo** *adj.* schädlich; *animal m* ~ Schädling *m.*
noc|tambular *v/i.* nachtwandeln; ~**tambulismo** ♂ *m* Nachtwandeln *n*; ~**támbulo** *adj.-su.* nachtwandelnd; *m* Nachtwandler *m*; F Nachtschwärmer *m.*
noctiluca *Zo. f* **1.** Leuchtinfusorie *f* (*Meeresleuchten*); **2.** → *luciérnaga.*
noctívago *poet. adj.* nachtwandelnd; in der Nacht umherstreifend.
noctúidos *Ent. m/pl.* Eulenfalter *m/pl.*
noctur|nidad *f bsd.* ⚖ Nächtlichkeit *f* (*als erschwerender Umstand*); ~**no I.** *adj.* nächtlich (*a. fig.*); Nacht...; **II.** *m kath.* Nokturn *f*; ♪ Notturno *n*, Nachtmusik *f*; *Mal.* Nachtstück *n.*
noche *f a. fig.* Nacht *f*; Abend *m*; Dunkelheit *f*; *fig.* ~ *blanca* (*od. toledana, vizcaína*) schlaflose Nacht *f*; *hist.* ~ *de San Bartolomé* Bartholomäusnacht *f*, Pariser Bluthochzeit (1572); ~ *de bodas* Hochzeitsnacht *f*; ~ *vieja* Silvester-abend *m*, -nacht *f*; *¡buenas* ~*s!* guten Abend!; gute Nacht!; ~ *enteras* nächtelang; (*a*) *media* ~ (um) Mitternacht *f*; (*muy*) *de* ~ (spät) nachts; *fig. de la* ~ *a la mañana* über Nacht, von heut auf morgen; *por la* ~ abends; nachts; *hacer* ~ *en* übernachten in (*dat.*); *se hace de* ~, *lit. cierra la* ~ es wird Abend, die Nacht sinkt herein; *fig.*

hacerse ~ verschwinden; *fig. hacer* ~ *de a/c. et.* verschwinden lassen, et. stehlen; *pasar(se) la* ~ *en blanco* kein Auge zumachen, die Nacht schlaflos verbringen; 2**buena** *f* **1.** Weihnacht(sabend *m*) *f*; **2.** ♀ ♀ Weihnachtsstern *m*; ~**bueno** *m* **1.** Weihnachtskuchen *m mit Mandeln, Nüssen usw.*; **2.** Weihnachtskloben *m*, *der traditionsgemäß verbrannt wird*; ~**cita** *dim. f* **1.** F unwirtliche Nacht *f*; **2.** *Am.* Abenddämmerung *f*; ~**rniego** *adj.* → *noctámbulo*; ~**ro** *m* **1.** *Col.*, *Chi.* Nachtwächter *m*; *Guat.* Nachtarbeiter *m*; **2.** *Col.* Nachttisch *m*; ~**vieja** *f* → *noche vieja.*
nochote *m Méj.* Getränk *n aus vergorenem Kaktusfeigensaft.*
nodo *Astr., Phys.*, ♂ *m* Knoten *m.*
no-do *m* (= *Noticiarios y Documentales*) *Span.* Wochenschau *f.*
nodriza *f* **1.** Amme *f*; **2.** ⊕ Hilfskessel *m*; Hilfstank *m*; *avión m* ~ Tankflugzeug *n*; *buque m* ~ Mutterschiff *n.*
nódulo *bsd.* ♂ *m* Knötchen *n.*
Noé *npr. m* Noah *m.*
no|gada *Kchk. f* Nußtunke *f*; ~**gal** *m*, ~**guera** *f* ♀ Nußbaum *m*; *adj. inv.* de *color nogal* nußfarben.
nolición *Phil. f* Nichtwollen *n.*
noli me tangere I. *m* **1.** ♀ Mimose *f*; **2.** ♂ bösartiges Geschwür *n*; **II.** *m. mst. iron. etwa*: das ist (wohl) tabu.
nómada *adj.-su. c* Nomaden...; *m* Nomade *m.*
nomadismo *m* Nomadenleben *n.*
nomás *adv. Am.* nur.
nombra|día *f* Ruf *m*; *de gran* ~ berühmt; ~**do** *adj.* namhaft, berühmt; ~**miento** *m* **1.** Ernennung *f*; Bestallung *f*; **2.** Ernennungsurkunde *f*; ~**r** *v/t.* **1.** (be)nennen; **2.** nennen, erwähnen; **3.** ernennen; bestellen: *le nombraron alcalde* er wurde zum Bürgermeister ernannt.
nombre *m* **1.** Name *m*; Vorname *m*, Rufname *m*; ~ *de pila* Tauf-, Vorname *m*; *a* ~ *de X* auf den Namen X (*reservieren*); *por* ~ López namens López; *por mal* ~ López mit (dem) Spitznamen „Petzer"; *de* ~ dem Namen nach (*kennen*); *dar su* s-*n* Namen nennen; *en* ~ *de alg.* in j-s Namen, namens (*gen.*); *fig. llamar las cosas por su* ~ die Dinge (*das Kind* F) beim Namen nennen; *fig. no tener* ~ unerhört sein; **2.** Ruf *m*; Ruhm *m*; Namen *m* (*fig.*); **3.** *Li.* Nomen *n*; Name *m*; Bezeichnung *f*; (~) *adjetivo* Adjektiv *n*; ~ *colectivo* Kollektivbezeichnung *f*, Sammelname *m*; ~ *común* (*propio*) Gattungs- (Eigen-)name *m*; (~) *su(b)stantivo* Substantiv *n.*
nomen|clador, ~**clátor** *m* Namenverzeichnis *n*; Katalog *m*; ~ *callejero* Straßenverzeichnis *n*; ~**clatura** *f* Nomenklatur *f.*
nomeolvides ♀ *m* (*pl. inv.*) Vergißmeinnicht *n.*
nómina *f* **1.** Liste *f*, Verzeichnis *n*; Namenverzeichnis *n*; Gehaltsliste *f*; **2.** Gehalt *n*, Auszahlung *f.*
nomina|ción *Pol. f* Nominierung *f*; ~**dor** *adj.-su.* ernennungsberechtigt; ~**l** *adj. c* namentlich, Nominal..., Nenn...; Nominal...; ♥ *valor m* ~ Nennwert *m*; ~**lismo** *Phil. m* Nominalismus *m*; ~**lista** *Phil. adj.-su. c*

nominalistisch; *m* Nominalist *m*; ~**r** *Pol. v/t.* nominieren; ~**tivo I.** *adj.* namentlich; Namen(s)...; ✝ *acción f* ~*a* Namensaktie *f*; **II.** *m Li.* Nominativ *m*, Werfall *m.*
nomparell *Typ. m* Nonpareille *f* (*6-Punkt-Schrift*).
non *m* **1.** ungerade Zahl *f*; *estar de* ~ allein übrigbleiben; überzählig sein; **2.** F *decir que* ~*es* nein sagen; ablehnen.
nona *ecl. f* Non(e) *f.*
nonada *f* Nichtigkeit *f*, Lappalie *f*; *rein gar nichts* F.
nona|genario *adj.-su.* neunzigjährig; *m* Neunzig(jährig)e(r) *m*; ~**gésimo** *num.* neunzigste(r, -s).
nonato I. *adj. a. fig.* nicht geboren; (noch) nicht vorhanden; **II.** *m Arg.* Fell *n* ungeborener Kälber.
noningentésimo *num.* neunhundertste(r, -s).
nonio ⊕ *m* Nonius *m.*
nono *num.* neunte(r, -s); *Pío* ~ Pius der Neunte.
non plus ultra *fig. m* Nonplusultra *n.*
non sancta: *fig.* (*gente f*) ~ *f* sittenloses Volk *n.*
nopal ♀ *m* Nopal *m*, Feigenkaktus *m.*
noque *m* Lohgrube *f der Gerber*; *Bol., Rpl.* rindslederner Wasser- (*bzw.* Vorrats-)sack *m.*
noquear *v/t. Boxen*: knockout (*od.* k.o.) schlagen, ausknocken.
noray ⚓ *m* Poller *m.*
nordeste *m* Nordost(wind) *m.*
nórdico *adj.* nordisch (*a. Sp. u. Li.*); *muebles m/pl.* ~*s* Teak(holz)möbel *n/pl.*
nordista *hist. adj.-su. c* Nordstaatler *m* (*USA*).
noria *f* 🏇 Schöpfrad *n*, Göpelwerk *n*; *fig.* Tretmühle *f*; ~ *gigante* Riesenrad *n auf dem Volksfest.*
noriega Fi. *f* Glattrochen *m.*
norma *f* **1.** Winkelmaß *n*; **2.** *a.* ⊕ *u. fig.* Norm *f*; ~ *general* Allgemeinregel *f*, Norm *f*; ~*s f/pl.* industriales Industrienormen *f/pl.*; *TV* ~ *de las líneas* Zeilennorm *f*; *según* ~ normgerecht; **3.** Richtschnur *f*, Regel *f*; ~*s f/pl.* de circulación (*od. de tráfico*) Verkehrsregeln *f/pl.*; ~*s f/pl.* de seguridad Sicherheitsvorschriften *f/pl.*; ~**l I.** *adj. c* **1.** regelrecht; normal; **II.** *adj.-su.* **2.** (*escuela*) ~ *f* Lehrerseminar *n*, *heute Dtl.* Pädagogische Hochschule *f*; **3.** ⊿ *f* Normale *f*; ~ *f od. plano m* ~ Flächennormale *f*; ~ *f od. recta f* ~ Senkrechte *f*; ~**lidad** *f* Regelmäßigkeit *f*; Normalität *f*; Normalzustand *m*; *volver a a* ~*s* normalisieren (*Lage*); ~**lista** *adj.-su. c* Lehrerseminars...; *m* Schüler *m* e-s Lehrerseminars...; ~**lización** *f* Normalisierung *f*; Normung *f*; ~**lizar** [1f] *v/t.* **1.** normalisieren; *bsd.* ⊕ normen, vereinheitlichen; ~*ado* genormt, Norm...; **2.** ⊕ *Stahl* normalglühen; *Werkzeug* anlassen.
normando *Geogr. u. hist. adj.-su.* Normanne *m*; Normanne *m.*
norma|tiva *f* Regelungen *f/pl.*, Bestimmungen *f/pl.*; ~**tivo** *adj.* normativ, Regel...; *Li. gramática f* ~*a* normative Grammatik *f.*
norno|rdeste *m* Nordnordost(en) *m*; ~**roeste** *m* Nordnordwest(en) *m.*
nor|tada *f* (anhaltender) Nordwind

norte — nube

m; ~te m Norden m; Nord(wind) m; fig. Orientierung f, Bezugspunkt m; a. Ziel n; al ~ de nördlich von (dat.).
norteamericano adj.-su. nord-, bsd. US-amerikanisch; m Nord-, bsd. US-Amerikaner m.
norte|ar ⚓ v/i. s. nach dem Nordpunkt richten; nach Norden abweichen (Kompaßnadel); **~ño** adj.-su. aus dem Norden; nordländisch; m Nordländer m.
norti|no adj.-su. Chi. aus Nordchile; **~ño** adj. Pe. aus Nordperu.
Norue|ga f Norwegen n; **~go** adj.-su. norwegisch; m Norweger m; Li. das Norwegische.
nos pron. uns; im nom., als Pluralis majestatis: ~, ... Wir, ...; **~otras**, **~otros** pron. wir; nach prp. uns.
noso|comio ⚕ m Krankenanstalt f; **~fobia** ⚕ f pathologische Furcht f vor Erkrankung; **~genia** ⚕ f Nosogenie f; **~logía** ⚕ f Nosologie f, Krankheitslehre f; **~mántica** f Besprechen v. Krankheiten.
nos|talgia f Heimweh n; Sehnsucht f (nach dat. de); **~tálgico I.** adj. Heimweh...; heimwehkrank; sehnsuchtsvoll, sehnsüchtig; **II.** m Heimweh- bzw. Sehnsucht-kranke(r) m.
nostras ⚕ adj.: cólera m ~ Cholera f nostras, Brechdurchfall m.
nota I. f 1. Aufzeichnung f; Anmerkung f, Vermerk m, (a. Zeitungs-) Notiz f; a. dipl. Note f; ~ a. Schein m, Nota f; ✝ ~ de cambio Kurszettel m; ✝ ~ de expedición, Am. ~ de remesa Versandzettel m; ✝ ~ de entrega Lieferschein m; Typ. u. fig. ~ marginal Randbemerkung f; ✝ ~ de pedido Bestellschein m; Typ. ~ (al pie de la página) Fußnote f; Lit. las ~s al "Quijote" die Anmerkungen zum „Quijote"; ~ del traductor Anmerkung f des Übersetzers (in Büchern usw.); ✝ ~ de tránsito Transitvermerk m; dipl. ~ verbal Verbalnote f; tomar (buena) ~ de a/c. et. zur Kenntnis nehmen; et. vormerken; para que tome ~ zur Kenntnis(nahme); tomar copiosamente ~ s. reichlich Notizen machen; **2.** ♪ u. fig. Note f; ♪ u. fig. Ton m; fig. Merkmal n, Zeichen n; ~ (particular) Besonderheit f; besondere Note f; ~ dominante ♪ Dominante f; fig. wesentliches Merkmal n; HF ~ de modulación Modulationston m; fig. dar la ~ **a)** den Ton angeben; **b)** s. (vor der Öffentlichkeit) blamieren; fig. forzar la ~ übertreiben, zu dick auftragen f; dar la ~ de alegría e-n frohen Ton hineinbringen; **3.** Note f, Zensur f; fig. Tadel m; sacar malas ~s schlechte Noten bekommen; **4.** Rechnung f; ~ de gastos Spesenrechnung f; **5.** Bedeutung f, Wichtigkeit f; Ruf m, Ruhm m; de ~ **a)** wichtig; **b)** bekannt, berühmt, bedeutend; de mala ~ berüchtigt; digno de ~ bemerkenswert; **II.** m 6. F Span. Typ m F, Kerl m F (bsd. auffälliger); quedarse ~ verdutzt sein.
nota|bilidad f 1. Ansehen n; Berühmtheit f; 2. wichtige Persönlichkeit f, Berühmtheit f, Koryphäe f; **~ble I.** adj. c 1. ausgezeichnet; bemerkenswert; **2.** beträchtlich, ansehnlich (z. B. Betrag); **II.** m 3. mst. ~s m/pl. Honoratioren m/pl., Prominenz f; **4.** Sch. etwa: vorzüglich (Note); **~ción** f Bezeichnung(sweise) f; Zeichen n, Symbol m (z. B. ♪); Notierung f, Notation f; ~ fonética phonetische Symbolschrift f; ~ (musical) Notenschrift f; ♫ ~ química (chemische) Formel f; **~r** v/t. 1. bezeichnen; auf-, ver-zeichnen, notieren; an-, ver-merken; **2.** bemerken, gewahren; feststellen; hacer ~ a/c. a alg. j-n auf et. (ac.) hinweisen; **3.** tadeln; ~le a alg. su conducta j-s Verhalten tadeln; **~ría** f Notariat(sbüro) n; **~riado I.** adj. 1. notariell beglaubigt; **II.** m 2. Amt n e-s Notars; Notariat n; **3.** Notariatskollegium n; **~rial** adj. c notariell; **~rio** m Notar m.
notebook m EDV Notebook n.
notici|a f Nachricht f; Notiz f; ~ bomba Knüller m f, Sensationsnachricht f; ~ breve Kurznachricht f; ~s f/pl. deportivas Sportnachrichten f/pl.; ~ necrológica Nachruf m; últimas ~s od. ~s de última hora neueste (od. letzte) Nachrichten f/pl.; ⚓ sin ~s (auf See) verschollen; dar ~s sobre Nachricht geben über (ac.); tener ~ de von et. (dat.) Kenntnis haben; von j-m Nachricht haben; F X siempre es ~ über X gibt es immer et. Interessantes zu berichten; no tengo ~s suyas ich habe keine Nachricht von ihm; **~ar** [1b] v/t. zur Kenntnis geben; **~ario** m Rf., TV Nachrichten f/pl.; Kino: Wochenschau f; **~ero I.** adj. 1. Nachrichten...; **II.** m 2. Zeitungsberichterstatter m; **3.** Nachrichten (-blatt n) f/pl., bsd. als Eigenname; Am. öfter: Tagesschau f; **~ón** F m gr. Neuigkeit f; Knüller m F; **~oso I.** adj. unterrichtet; **II.** m ~ erudito.
notifica|ción f amtliche Benachrichtigung f; Zustellung f; dipl. Notifizierung f; **~r** [1g] v/t. amtlich: zustellen; dipl. notifizieren.
noto¹ lit. m Südwind m.
noto² lit. adj. Bastard...
notocordio Biol. m Notochordium n.
notori|edad f Berühmtheit f; Offenkundigkeit f, bsd. ⚖ Notorietät f; **~o** adj. öffentlich bekannt, offenkundig, ⚖ u. fig. notorisch.
nóumeno Phil. m Noumenon n.
nova Astr. f Nova f; **~ción** f Neuerung f; ⚖ Schuldumwandlung f; **~dor** adj. auf Neuerungen bedacht; neuerungssüchtig.
no-va-más m → va.
nova|r bsd. ⚖ v/t. erneuern; Schuld umwandeln; **~tada** f Streich m, der e-m Neuling gespielt wird; **~to** m Neuling m.
nove|centista adj. c (im Stil) des 19. Jh.; **~cientos** num. neunhundert; neunhundertste(r, -s).
nove|dad f Neuigkeit f; Neuheit f, neue Sache f; Neuerung f; ~es f/pl. Modewaren f/pl.; adv. sin ~ **a)** nichts Neues, alles beim alten; **b)** wohlbehalten; todos seguimos sin ~ wir sind alle (noch) wohlauf; **c)** ✗ ¡sin ~! keine besonderen Vorkommnisse!; ✗ dar la ~ Meldung machen; **~doso** adj. Am. neuerungs- bzw. neuerungs-süchtig; **~l** adj.-su. c neu(gebacken); angehend; unerfahren; m Neuling m, Anfänger m.
nove|la f 1. Roman m; ~ de anticipación od. de ciencia-ficción (de aventuras) Zukunfts- od. Science-fiction-(Abenteuer-)roman m; ~ barata Schund-, Dreigroschen-roman m; ~ corta Novelle f; ~ policíaca Kriminalroman m, Krimi m F; ~ rosa kitschiger Gesellschafts- od. Liebes-roman m; ~ de tesis Tendenz-, Thesenroman m; **2.** Erdichtung f; **~lar I.** v/t. in Romanform bringen (od. erzählen); biografía f ~ada biographischer Roman m; **II.** v/i. Romane schreiben; Geschichten erzählen; **~lería** f 1. Neuigkeitssucht f; **2.** (Roman-) Lesewut f; **~lero** adj. 1. neuigkeitssüchtig; fig. unbeständig, wetterwendisch; **2.** (roman)lesewütig; **~lesco** adj. romanhaft; Roman...; phantastisch, romantisch; **~lista** c Romanschriftsteller m, Romancier m; Novellist m; **~lística** f Novellistik f; Kunst f des Romans; **~lístico** adj. novellistisch; den Roman betreffend; **~lón** m Schauer- bzw. Schundroman m.
nove|na ecl. f Novene f, neuntägige Andacht; Gebetbuch n für Novenen; **~nario** m 1. Zeitraum m von neun Tagen; a. un ~ de neun; **2.** ecl. **a)** Novene f mit Predigt; **b)** neuntägige Trauer f; **c)** Neuntageamt n; **~no** num. neunte(r, -s); m Neuntel n; **~nta** num. neunzig; neunzigste(r, -s); **~ntón** adj.-su. neunzigjährig.
novi|a f Braut f; Freundin f; F echarse ~ s. e-e Freundin zulegen F; **~azgo** m Brautstand m; Brautzeit f.
novici|ado m Noviziat n; fig. Lehrzeit f; **~o** m ecl. Novize m; fig. Neuling m.
noviembre m November m.
noviero adj. Am. Cent. → enamoradizo.
novilunio Astr. m Neumond m.
novi|lla Zo. f Färse f, Jungkuh f; **~llada** f 1. Jungtierherde f; **2.** Kampf m mit Jungstieren; **~llero** m 1. Hirte m b. Jungvieh (Rinder); **2.** Stk. Kämpfer m bei novilladas; **3.** fig. Schulschwänzer m; **~llo** m 1. Jungstier m; ~s m/pl. Jungstierkampf m; fig. hacer ~ die Schule schwänzen; **2.** fig. F Hahnrei m, gehörnter Ehemann m F.
novio m Bräutigam m; Freund m, Verehrer m; los ~s das Brautpaar; das junge Paar.
novísimo I. adj. ganz neu; **II.** m/pl. Rel. die (vier) letzten Dinge n/pl.
novocaína pharm. f Novocain n.
noyó m Bittermandellikör m.
nuba|(rra)da f Platzregen m; fig. Menge f; **~rrado** tex. adj. mit wolkenähnlichem Dessin (Stoff); **~rrón** m gr., dunkle Wolke f; Gewitter-, Sturm-wolke f.
nube f Wolke f; p. ext. Fleck m in der Hornhaut des Auges; fig. F Unmenge f; ~ de polvo Staubwolke f; ~ tormentosa Gewitterwolke f; ~ de verano **a)** leichte Sommerwolke f; **b)** fig. Kleinigkeit f, Bagatelle f; **c)** fig. Strohfeuer n; fig. F andar por (od. estar en) las ~s **a)** weltfremd sein; **b)** geistesabwesend (od. geistig weggetreten F) sein; **c)** k-e Ahnung haben; andar (od. estar) por las ~s unerschwinglich (od. ge-

salzen F) sein (*Preise*); *levantar hasta* (*od. poner por*) *las ~s in den Himmel erheben*, über alle Maßen (*od.* über den grünen Klee F) loben; *levantarse a las ~s vor Ärger usw.* in die Luft gehen F.

Nu|bia *f* Nubien *n*; **~biense** *adj.-su. c* nubisch; *m* Nubier *m*.

núbil *adj. c* heiratsfähig, † mannbar.

nubilidad *f* Frau: Heiratsfähigkeit *f*; Geschlechtsfähigkeit *f*.

nu|blado I. *adj.* bewölkt, wolkig; *a. fig.* trübe; **II.** *m* Gewölk *n*; *fig.* drohende Gefahr *f*; **~blar I.** *v/t.* be-, um-wölken; *fig.* umnebeln, trüben; **II.** *v/r.* **~se** s. bewölken; *fig. s.* umwölken; *s.* trüben; **~blo I.** *adj.* → nubloso; **II.** *m* ✗ Rost *m des Getreides*; **~bloso** *adj.* wolkig; *a. fig.* düster; **~bosidad** *Met. f* Bewölkung *f*; **~boso** *adj.* bewölkt.

nuca *f* Nacken *m*; Genick *n*; *rigidez f de la ~* Genickstarre *f*.

nucle|ar *adj. c a. Phys., Biol.* Kern...; *Phys.* nuklear; *Phys.* escisión *f* (*od.* fisión *f od.* desintegración *f*) *~* Kernspaltung *f*; **~ario** *Biol. adj.* nukleär, Kern...; **~arización** *f* Einführung *f* der (*bzw.* Umstellung *f* auf) Kernenergie; **~ido** *Atom. m* Nuklid *n*; **~ina** ✗ *f* Nuklein *n*, Nuclein *n*; **~ínico** ✗ *adj.*: *ácido m ~* Nuklein-, Nucleinsäure *f*.

núcleo *m* **1.** *Biol., Phys.,* ⊕ Kern *m*; *~ atómico* (*Biol. celular*) Atom-(Zell-)kern *m*; ⊕ *~ de muelle* Federkern *m*; *~ terrestre* Erdkern *m*; **2.** ✿ Samenkern *m*; Fruchtkern *m*; **3.** *fig.* (innerer) Kern *m*, Herz *n*; Mitte *f*, Zentrum *n*; Stamm *m*, Kern *m*; *~ de obreros* Arbeiterstamm *m*; *~ de población* Siedlung *f*.

nucléolo *Biol. m* Kernkörperchen *n des Zellkerns*, Nukleolus *m*.

nucleó|n *Phys. m* Nukleon *n*; **~nica** *Phys. f* Kerntechnik *f*, Nukleonik *f*.

nudillo *m* **1.** *dim.* Knötchen *n*; **2.** Finger-, Zehen-knöchel *m*; *~s m/pl. de acero* Schlagring *m*; **3.** △ (Holz-)Dübel *m*.

nudis|mo *m* Nudismus *m*, Freikörperkultur *f*; **~ta** *c* Nudist *m*, FKK-Anhänger *m*.

nudo *m* **1.** Knoten *m* (*a. tex.*); Schlinge *f*, Schleife *f*; *tex.* Noppe *f*; *de ~ geknüpft*; ⚓ *~ de boza* Stopperknoten *m*; *~ de la corbata* Krawattenknoten *m*; *~ corredizo* gleitender Knoten *m*, Laufschlinge *f*; *~ de cruz*, *~ a escuadra* Kreuzknoten *m*; *~ marinero* Schiffer-, Seemanns-knoten *m*; F ✇ *~ de tripas* Darmverschluß *m*; *fig. cortar el ~ gordiano* den gordischen Knoten durchhauen; *fig. hacérsele a alg. un ~ en la garganta* e-n Knoten (*od.* e-n Kloß) im Halse haben; **2.** ✿ Knorren *m*, Ast *m im Holz*; ✿ Knoten *m im Rohr*; *Anat.* ✿ Knoten *m*, Nodus *m*; *exento de ~s* astfrei (*Holz*); **3.** Knotenpunkt *m*; *Geol.* Gebirgsknoten *m*; *Vkw. ~* neugeborenen Verkehrsknotenpunkt *m*; **4.** ⚓ Knoten *m* (= *Seemeilen pro Stunde*); *navegar a* (*razón de*) 23 *~s por hora* 23 Knoten Fahrt machen; **5.** *fig.* Knoten *m*, Schwierigkeit *f*; *lit.* Schürzung *f des Knotens*, Intrige *f*; **6.** *fig. los ~s* (*de amistad*) die Bande (der Freundschaft); **~so** *adj.* knotig (*a.* ✿); knorrig (*Holz*).

nuégado *m* N(o)ugat *m*, *n*.

nuera *f* Schwiegertochter *f*.

nuestro *pron.* unser; *lo ~* das Unsere; *por ~a parte* unsererseits.

nueva *f* Neuigkeit *f*; Nachricht *f*; *Rel.* Buena 2 Frohe Botschaft *f*, Frohbotschaft *f*; *fig. coger a alg. de ~s* j-n überraschen; **~mente** *adv.* von neuem, nochmals; vor kurzem, kürzlich.

nueve *num.* **1.** neun; *a las ~* um neun Uhr; **2.** el *~* die Neun, der Neuner (*Reg.*); *Kart.* el *~ de copas etwa:* die Herz-Neun.

nuevo *adj.* neu; frisch; modern; *fig.* unerfahren; ⊕ *~ ajuste m* Nachjustierung *f*; *Año m* 2 Neujahr *n*; *Geogr.* 2a Guinea *f* Neuguinea *n*; *una ~a máquina* e-e neue Maschine (*Neuanschaffung*); *una máquina ~a* e-e neue (*od.* moderne) Maschine (*Neukonstruktion*); *Geogr.* 2a York *f* New York *n*; 2a Zeland(i)a *f* Neuseeland *n*; *de ~* von neuem, nochmals, wiederum; *fig.* F *ponerle a alg. la cara ~a* j-m e-e gehörige Tracht Prügel (*od.* etliche Ohrfeigen) verabreichen; *quedar como ~* wie neu werden (*z.B.* Kleid *nach der Reinigung*); *sentirse como ~* s. wie neugeboren fühlen.

nuez *f* (*pl. ~eces*) **1.** (*bsd.* Wal-)Nuß *f*; *~ de coco* Kokosnuß *f*; *~ del Marañón*, *~ del Brasil* Paranuß *f*; *~ vómica* Brechnuß *f*; *carne f de la ~* Nußkern *m*; *pierna f de ~* halber Nußkern *m*; **2.** *fig. Anat. ~* (*de la garganta*) Adamsapfel *m*; **3.** Nuß(stück *n*) *f* (*Schlachtfleisch*); **4.** ⊕ (Spann-)Nuß *f* (*z.B. am Schloß*); *tex.* (Ketten-)Nuß *f*, Wirtel *m*; ✗ *~ de cerrojo* Verschlußriegel *m an Waffen*; **5.** ♪ Frosch *m am Bogen von Streichinstrumenten*.

nueza ♣ *f* Zaunrübe *f*.

nu|lidad *f* **1.** Nichtigkeit *f*, Ungültigkeit *f*; *declaración f de ~* Ungültigkeitserklärung *f*, Annullierung *f*; **2.** Wertlosigkeit *f*; Unfähigkeit *f*; **3.** *fig.* Null *f*, Versager *m*, Niete F *f*; **~lo** *adj. a.* ⚖ nichtig; ungültig; gleich null.

numantino I. *adj. hist.* numantinisch; *fig.* verzweifelt (*Entschluß f*, Widerstand *m*); wild entschlossen (*Haltung*); **II.** *m hist.* Numantiner *m*.

numen *m* **1.** (Walten *n* der) Gottheit *f*; **2.** *fig.* Weihe *f*; Inspiration *f*; Charisma *n*.

numera|ble *adj. c* zählbar; **~ción** *f* **1.** Zählen *n*; (Auf-)Zählung *f*; **2.** Numerierung *f*, Bezifferung *f*; **3.** Bezifferung *f*, Zahlenschreibung *f*; **~dor** *m* **1.** *Arith.* Zähler *m e-s Bruches*; **2.** *Typ.* Numerierapparat *m*; Numerierwerk *f*; **~l I.** *adj. c* Zahl...; **II.** *m Gram.* (*adjetivo m*) *~* Zahlwort *n*, Numerale *n*; **~r** *v/t.* numerieren, beziffern; zählen; ✗ *¡~se!* abzählen!; **~rio I.** *adj.* zahlenmäßig; Zahl...; Zähl...; *Verw.* ordentlich (*Mitglied*); **II.** *m* Bargeld *n*; **~tivo** *adj.* Zähl...

numérico *adj.* numerisch, zahlenmäßig, der Zahl nach; Zahlen...; *cálculo m ~* Zahlenrechnen *n*; *cantidad f ~a* Zahlengröße *f*; *factor m ~*, *relación f ~a* Zahlen(en)faktor *m*; *relación f ~a* Zahlenverhältnis *n*; *superioridad f ~a* zahlenmäßige Überlegenheit *f*, Überzahl *f*; *valor m ~* Zahlenwert *m*.

número *m* **1.** ⚡ Zahl *f*; *~ abstracto* reine (*od.* unbenannte) Zahl *f*; *Gram. ~s m/pl.* cardinales (*ordinales*) Grund-, Kardinal-(Ordnungs-)zahlen *f/pl.*; *~ de cinco cifras* fünfstellige Zahl *f*; *~ concreto* (*od.* denominado) benannte Zahl *f*; *~ cuadrado* (*cúbico*) Quadrat- (Kubik-)zahl *f*; *~ elevado a diez* Zehnerpotenz *f*; *~ fraccionario*, *~ quebrado* Bruchzahl *f*, gebrochene Zahl *f*; *~ (im)par* (un)gerade Zahl *f*; *~ mixto* gemischte Zahl *f*; *~ primo* Primzahl *f*; *fig.* el *~ uno* (*de la clase*) der Primus, der Klassenerste; *teoría f de los ~s* Zahlentheorie *f*; *Anm.* die Ordnungszahlen ab „*zehnter*" werden im Spanischen meist durch Grundzahlen ersetzt, also: *Alfonso X* (= *diez*) Alfons der Zehnte; *el turista once millones der elfmillion(s)te Tourist; hacer ~s et.* durchrechnen; **2.** Nummer *f*, № *a.* Numero *f*; *Ziffer f*; *Verw. de ~* ordentlich (*Mitglied*), in e-r Planstelle ausgewiesen (*bzw.* beschäftigt), etatmäßig; *Tel. ~ del abonado* Teilnehmer-, Rufnummer *f*; *~ arábigo* (*romano*) arabische (römische) Ziffer *f*; ♃ *~ atómico* Atomnummer *f*, Ordnungszahl *f*; *~ de (la) casa* Hausnummer *f*; *~ clave* Schlüsselzahl *f*; Codenummer *f*; *Kfz. ~ del chasis* Fahrgestellnummer *f*; ⊕ *~ de fábrica* Fabriknummer *f*; *~ de la habitación* Zimmernummer *f* (*in Hotel usw.*); *Kfz. ~ de la matrícula* Kennzeichen- (F Auto-)nummer *f*; *~ de orden* laufende Nummer *f*; *Sp. ~ de salida* Startnummer *f*; *~ secreto* Geheimzahl *f*; *~ de teléfono* Ruf-, Telephon-nummer *f*; **3.** Zahl *f*, Anzahl *f*; Menge *f*; *Kfz. usw. ~ de carreras* Hubzahl *f*; *~ de páginas* Seitenzahl *f*, Anzahl *f* der Seiten; *total* Gesamtzahl *f*; *en ~ de* in e-r Anzahl von (*dat.*); *gran ~ de* e-e große Anzahl von (*dat.*); *contar en el ~ de ... zu ...* (*dat.*) zählen; *sin ~* unzählige; **4.** *Li.* Numerus *m*; **5.** *Zeitung usw.: ~* Nummer *f*; *~ extraordinario* Sondernummer *f*; **6.** Zirkus *usw.*: Nummer *f*; *~ de fuerza* Kraftakt *m*; *fig.* F *montar un ~* e-e Schau abziehen F; **7.** ✗ einfacher Soldat *m*.

numero|logía *f* symbolische (*od.* mystische) Zahlenlehre *f bsd. der Ma.*; **~sidad** *f* große Menge *f*; **~so** *adj.* zahlreich; kinderreich (*Familie*).

numinoso *Rel. u. fig. adj.* numinos; *lo ~* das Numinose.

numismáti|ca *f* Münzkunde *f*, Numismatik *f*; **~co** *m* Münzensammler *m*, Numismatiker *m*.

nunca *adv.* nie, niemals; *in negativen Wendungen:* jemals; *~ jamás* nie u. nimmer; *nimmermehr*; (*ahora*) *más que ~* (jetzt) mehr denn je; *~ más nie mehr*.

nunci|atura *dipl. f* Nuntiatur *f*; **~o** *m* Nuntius *m*; *fig.* Vorbote *m*; *fig.* F *burl. ¡dígaselo al ~!* sagen Sie das wem Sie wollen (, meinetwegen dem Kaiser von China)!

nuncupa|tivo ⚖ *adj.* offen (*Testament*); **~torio** *adj.*: *carta f ~a* **1.** Widmungsschreiben *n*; **2.** Einsetzungsschreiben *n in Amt od. Erbe*.

nuño ♣ *m Chi.* versch. Irisgewächse.

nuñuma *f Pe.* Art Wildente *f*.

nupcial — nylon

nupcia|l *adj. c* Hochzeits...; Braut...; *lecho m* ~ Brautbett *n*; ~**s** *f/pl.* Hochzeit *f*; *casado en segundas* ~ *con* in zweiter Ehe verheiratet mit (*dat.*).
Nurember|g *f* Nürnberg *n*; **gués** *adj.-su.* Nürnberger *m*.
nutria *Zo. f* Fischotter *m*; ~ *de mar* Seeotter *m*.

nutri|cio I. *adj. lit.* → *nutritivo*; **II.** *m* Pflegevater *m, bibl.* Nährvater *m*; ~**ción** *f* Ernährung *f*; ⚕ ~ *artificial* künstliche Ernährung *f*; ~**do** *adj.* **1.** *bien* ~ wohlgenährt; **2.** *fig.* zahlreich; vielköpfig (*Delegation*); umfassend; stark (*Applaus*); ~ *de reich an* (*dat.*); ~**m(i)ento** *m* Nahrung(s-mittel *n*) *f*; ~**r I.** *v/t.* (er)nähren; *fig.* stärken, kräftigen; **II.** *v/r.* ~*se* s. (er)nähren (von *dat. de*); ~**tivo** *adj.* nahrhaft; Nahrungs..., Nähr...; *cerveza f* ~*a* Nährbier *n*; ⚕ *solución f* ~*a* Nährlösung *f*; *valor m* ~ Nährwert *m*.

nylon *tex. m* → *nilón*.

Ñ

Ñ, ñ (= eñe) *f das spanische* ñ.
ña *f Ast., Am.* → *ñora.*
ñacaniná *Zo. f (im Chaco)* Giftschlange, *Art:* Spilotes.
ñacar [1g] *v/i. Arg.* hart zuschlagen.
ñacle ☐ *m* Nase *f.*
ñacundá *Vo. m Rpl.* Nachtvogel *(Podager ñacunda).*
ñacurutú *Vo. m Rpl.* Nachteule *(Bubo cassirostris).*
ñame ⚥ *m* 1. *Am. trop.* Jamswurzel *f;* 2. ~ *de Canarias, Cu.* ~ isleño eßbare Kolokasie *f (Colocasia antiquorum).*
ñandú *Zo. (pl.* ~úes) *m* Nandu *m,* am. Strauß *m.*
ñandutí *tex. f Par.* feine Spitze *f.*
ñan|gada *f Am. Cent.* Biß *m; fig.* unvernünftige und schädliche Handlung *f;* ~**gado** *adj. Cu.* krumm *bzw.* schwächlich *(Glied);* ~**go** *adj.* 1. *Arg., Chi., P. Ri.* → ñangado; 2. *Arg., Chi.* plump; ungeschickt; 3. *Chi.* kurzbeinig; 4. *Méj.* schwächlich; schwach auf den Beinen; 5. *P. Ri.* **a)** dumm; **b)** empfindlich.
ñangué *m* F *Am.* lo mismo es ñangá que ~ das ist gehüpft wie gesprungen F; *fig.* F *Pe.* en tiempos de ⚥ Anno Tobak F.
ña|ña *f* 1. *Am. Cent.* menschlicher Kot *m;* 2. *Arg., Chi.* (ältere) Schwester *f;* 3. F *Chi., P. Ri.* Amme *f;* Kindermädchen *n;* ~**ñería** F *f Ec.* Vertrauen *n;* enge Freundschaft *f.*
ñaño I. *adj.* 1. *Col.* verwöhnt, verhätschelt; 2. *Pe.* eng befreundet; **II.** *m,* ~**a** *f* 3. *Am. Mer.* (*mst. im dim.* ñañito, ~a) Herzensbruder *m;* liebes Schwesterlein *n; p. ext.* Freund(in *f*) *m;* Kumpel *m* F; **III.** *m* 4. *Arg., Chi.* (älterer) Bruder *m;* 5. *Chi.* → ñoño; 6. *Pe.* → niño, nene.
ñapa *f Am.* Zu-, Drein-gabe *f.*

ñapan|ga *f Col.* → criada; ~**go** *adj.-su. Col.* → mulato.
ñapindá ⚥ *m Rpl. Art* Akazie *f (Acacia bonaerensis).*
ñaque *m* Gerümpel *n;* Plunder *m.*
ñata(s) *f(/pl.) Am. Reg.* Nase *f.*
ñato I. *adj.* 1. *Am.* (außer *Méj.*) stumpfnasig; 2. *Arg.* häßlich; *fig.* nicht viel wert; treulos, gemein; 3. *Col.* näselnd; **II.** *m,* ~**a** *f* 4. *Am.* (außer *Méj.*) Kosewort: ¡~a mía! mein liebes Kleines.
ñaure *m Ven.* 1. ⚥ ein knorriges Rankengewächs; 2. Knüppel *m.*
ñecla *Chi.* **I.** *f* kl. (Papier-)Drachen *m;* **II.** *adj. c* schwächlich; ¡~! *int.* F nichts, Pustekuchen! F.
ñénguere *Vo. m Ven. Art* Rohrdommel *f.* [*m.*]
ñengueré ⚥ *m Cu.* eßbarer Wildkohl⟩
ñeque I. *adj. c* 1. *Am.* F stark; tüchtig, geschickt; 2. *Arg.* halbgeschlossen (*Auge*); **II.** *m* 3. *Am.* F wie F Stärke *f,* Mumm *m* F; es hombre de e ~ ist ein richtiger Mann; 4. *Am. Cent., Méj.* Stoß *m;* Ohrfeige *f;* ~**ar I.** *v/t. Méj.* schlagen; **II.** *v/i. Ec.* kraftvoll handeln.
ñifle F *Chi.* **I.** ¡~! *int.* nein; nichts; kommt gar nicht in Frage!; **II.** *f* → ñufla.
ñi|ña *f,* ~**ño** *m Ec.* volkstüml. Respektanrede der Dienstboten an ihre Herrschaften (*vgl. in Span.* señorito).
ñiquiñaque F *m* Schnickschnack *m;* Würstchen *n* F (*Person*).
ñire ⚥ *m Chi.* araukanische Buche *f.*
ñisca *f* 1. *Pe., Chi.* Stückchen *n,* Bröckchen *n;* una ~ de a. ein bißchen; 2. *Am. Cent., Col.* → excremento.
ño F *m Am.* → ñor.
ñoca *f Col.* Spalte *f* in Fußboden *od.* Fliesen. [bäck *n.*⟩
ñoclo *Kchk. m Art* süßes Buttergeᴊ

ñoco I. *adj. P. Ri., Ven.* wem e-e Hand *od.* ein Finger fehlt (*vgl.* manco); **II.** *m Chi.* Faustschlag *m* (entsprechend der Geraden *b.* Boxen).
ñongarse [1h] *v/r. Col. s.* ducken; *s.* verrenken; auf der Kante stehen bleiben (*Würfel b. Fallen*).
ñongo F *adj.* 1. *Col.* nicht so geformt, wie es sein sollte; *Würfel:* mit abgerundeten Kanten; 2. *Cu.* → (demasiado) ñoño; 3. *Chi.* **a)** (zu) bescheiden; **b)** blöde, dumm; **c)** faul; 4. *Ven.* **a)** in schlechtem Zustand; **b)** beschädigt *bzw.* verletzt; **c)** gemein; **d)** verhängnisvoll.
ño|ñería, ~**ñez** *f* 1. Geschwätz *n;* Gefasel *n;* Albernheit *f;* 2. F Schüchternheit *f;* ~**ño I.** *adj.* 1. fade; kindisch, albern; 2. sehr bescheiden, demütig; zimperlich; **II.** *m* 3. Tölpel *m.*
ñoquear *v/i. Arg.* lügen.
ñor *m,* ~**a** *f Am.* F wie ño, ña volkstümliche *Abk.* der Anrede señor, señora (*die Form mit r drückt mehr Respekt aus*).
ñorbo ⚥ *m Am. Cent., Am. Mer.* (*versch. Arten*) Passionsblume *f.*
ñorda P *f Span.* Kacke *f* P.
ñu *Zo. m* Gnu *n.*
ñudillo, ñudo, ñudoso → nudillo, nudo, nudoso; *adv. Arg.* al ñudo vergeblich.
ñufla *f Chi.* wertloses Zeug *n;* Person: fulano es un ~ X taugt nichts; X ist e-e Null.
ñuño P *f Ec., Pe.* Amme *f;* Kindermädchen *n.*
ñusear *v/t. Arg.* stören, belästigen.
ñusta *f* Prinzessin *f* (*bei den Inkas*).
ñutir *vt/i. Col.* (an)brummen; knurren; auszanken.
ñuto *adj. Ec., Pe.* zermahlen; zermalmt; zu Staub geworden.

O

O, o f O, o n.
o (zwischen Ziffern ó; vor mit o od. ho beginnenden Wörtern u) cj. **1.** oder; sí ~ no ja oder nein; **2.** ~ ... ~ od. stärker ~ bien ... ~ bien entweder ... oder; ~ bien oder auch; oder vielleicht; ~ sea das heißt; mit anderen Worten; nämlich.
¡o! int. → ¡oh!
oasis m (pl. inv.) a. fig. Oase f.
obceca|ción f Verblendung f; ~do adj. verblendet; geistig blind; ~r [1g] **I.** v/t. (ver)blenden; **II.** v/r. ~se verblendet sein (bzw. werden).
obducción f Leichenöffnung f, Obduktion f.
obduración f Verstocktheit f; Starrsinn m.
obede|cedor adj. gehorsam; ~cer [2d] v/t./i. **1.** gehorchen (dat.); Regeln beachten, befolgen; fig. s. fügen, nachgeben; weichen (dat.); Phys. los cuerpos obedecen a la gravedad die Körper unterliegen (dem Gesetz) der Schwerkraft; hacerse ~ s. Gehorsam verschaffen; **2.** fig. ~ a a/c. e-r Sache zuzuschreiben sein, zurückzuführen sein auf et. (ac.); eso obedece a que ... das kommt davon, daß ...; ~cimiento m Gehorchen n.
obedien|cia f Gehorsam m; p. ext. Folgsamkeit f; Fügsamkeit f; Lenksamkeit f; dar la ~ a alg. j-m gehorsam sein; s. j-m unterwerfen; reducir a la ~ zum Gehorsam bringen; ~cial adj. c Gehorsams...; ~te adj. c gehorsam; folgsam; gefügig.
obelisco m Obelisk m.
oben|cadura ♪ f Wanten f/pl.; ~que ♪ m Want f; Pardun(e f) n.
obertura ♪ f Ouvertüre f.
obe|sidad f Fettleibigkeit f; ~so adj.-su. fettleibig.
óbice m Hindernis n (bsd. fig.); esto no es ~ para que + subj. das hindert nicht, daß.
obis|pado m Bischofswürde f; Bistum n; ~pal adj. c Bischofs...; ~palía f **1.** Bischofssitz m; Bischofspalais n; **2.** Bistum m; ~pillo m **1.** gr. Blutwurst f; **2.** Bürzel m der Vögel; ~po m Bischof m; ~ auxiliar Weihbischof m; ~ in partibus infidelium (od. de título) Titularbischof m; fig. F trabajar para el ~ umsonst (od. ohne Entgelt) arbeiten.
óbito lit. m Tod m, Hingang m.
obituario m **1.** ecl. Totenregister n; **2.** Todesanzeigen(ecke f) f/pl. in der Zeitung.
obje|ción f Einwand m; a. ⚖ Einspruch m; ~ de conciencia Wehrdienstverweigerung f aus Gewissensgründen; hacer ~ones contra Ein-

wände erheben gg. (ac.); ~tante **I.** adj. c entgg.-haltend; **II.** m e-n Einwurf (od. Einwürfe) Vorbringende(r) m; ~tar vt/i. einwenden, entgg.-halten; no tenemos nada que ~ wir haben nichts dagegen; ~tivación f Objektivierung f; ~tivamente adv. objektiv; (rein) sachlich; ~tivar v/t. objektivieren; vom Subjekt(iven) lösen; ~tividad f Objektivität f, Sachlichkeit f; ~tivismo m **1.** Phil. Objektivismus m; **2.** → objetividad; ~tivo **I.** adj. **1.** objektiv; sachlich, unvoreingenommen; **II.** m **2.** Ziel n (bsd. ✗); Zweck m; ✗ ~ fijo (~ en movimiento) feststehendes (bewegliches) Ziel n; ✗ u. allg. tener como ~ als (allg. zum) Ziel haben; **3.** Opt., Phot. Objektiv n; ~ granangular (od. de gran angular) Weitwinkelobjektiv n.
obje|to m **1.** Objekt n; Gegenstand m (a. fig.); Ding n; ~s m/pl. de arte Kunstgegenstände m/pl.; ~ (de un) contrato Vertragsgegenstand m; ~ de estudio Studienobjekt n, Aufgabe f; ~ perdido ~ hallado Fundgegenstand m; sin ~ gegenstandslos; Phil. objektfrei; **2.** Zweck m, Absicht f; Ziel n; ~ principal Hauptzweck m; con ~ de + inf. um zu + inf.; con el ~ de in der Absicht, zu; sin ~ zwecklos; nutzlos; tener por ~ + inf. bezwecken zu + inf.; ~tor **I.** adj. entgg.-stehend; Einwände machend; **II.** m Einspruch erhebende(r) m; ~ de conciencia Wehrdienstverweigerer m aus Gewissensgründen.
obla|ción Rel. f Darbringung f; Opferung f; ~da f **1.** Rel. Totenspende f an die Kirche (Gebäck); **2.** Fi. Oblada f; ~ta¹ kath. f **1.** Bereitung f der Opfergaben (Teil der Messe); **2.** Kelch m u. Hostie f vor der Konsekration; **3.** Oblation f; ~ta² f, ~to m kath. Oblate f, m (Ordensangehörige[r]).
oblea f **1.** kath., pharm., Kchk. Oblate f; **2.** Siegelmarke f.
oblicu|amente adv. schief, schräg; ~ángulo adj. schiefwinklig; ~idad f Schrägheit f; Schiefe f; Kfz. Einschlag m der Räder, der Lenkung; ~o adj. **1.** schräg; **2.** Gram. abhängig; indirekt (Rede); caso m ~ obliquer Fall m, lt. Casus m obliquus.
obligación f **1.** Verpflichtung f; Pflicht f, Obliegenheit f; ~ natural moralische Pflicht f; sin ~ unverbindlich; nos incumbe la ~ de + inf. wir haben die Pflicht, zu + inf., es obliegt uns, zu + inf.; **2.** ✝, ⚖ Obligation f; ⚖ Schuldverhältnis n; Schuldverschreibung f; Schuldschein m; Schuld(igkeit) f; Verbindlichkeit f, Verpflichtung f;

Obligo n; derecho m de ~ones Schuldrecht n; ⚖ ~ de aportar Bringschuld f; ~ comunal Kommunalobligation f; ~ convertible (del Estado) Wandel- (Staats-)schuldverschreibung f; ~ solidaria Gesamtschuld f; emitir ~ones Obligationen ausgeben; **3.** Verbindlichkeit f, Dank(espflicht f) m.
obliga|cionista ✝, ⚖ m Inhaber m von Obligationen; ~do **I.** adj. **1.** notwendig; Pflicht..., Zwangs...; es ~ + inf. es ist nötig, zu + inf., man muß + inf.; **2.** (an)gehalten, verpflichtet (zu dat. od. inf. a); verse ~ a s. gezwungen (od. genötigt) sehen zu (dat. od. inf.); le estamos (od. quedamos) muy ~s wir sind Ihnen zu gr. Dank verpflichtet, wir sind Ihnen sehr verbunden; **3.** ♪ obligat; **II.** m **4.** Gemeinde-, Stadt-lieferant m; ~r [1h] **I.** v/t. **1.** verpflichten (zu dat. od. inf. a); zwingen, nötigen (zu a); treiben (zu a); **2.** (zur Dankbarkeit) verpflichten (durch ac. con); **3.** Chi., Rpl. zum Trinken einladen; **II.** v/r. ~se **4.** ~se a + inf. s. verpflichten, zu + inf.; ~se con (od. por) contrato s. vertraglich binden.
obligatori|edad ⚖ f Verbindlichkeit f; ~ jurídica Rechtsverbindlichkeit f; ~o adj. verbindlich, verpflichtend, bindend; Pflicht...; Zwangs...; Sch. asignatura f ~a Pflichtfach n; Tanzsaal usw.: consumición f ~a Getränkezwang m; Verw. declaración f ~a (An-) Meldepflicht f; inspección f (od. vigilancia f) ~a Aufsichtspflicht f; Zwangsüberwachung f, -aufsicht f; servicio m ~ Dienstpflicht f; es ~ das muß sein; es ~ + inf. es ist Vorschrift, zu + inf., man muß + inf.
oblitera|ción ⚕ f Verstopfung f, Verschließung f; ~r ⚕ v/t. verschließen, obliterieren.
oblongo adj. länglich.
obnubilación ⚕ f Benommenheit f; Bewußtseinstrübung f. [m.)
obo|e ♪ m Oboe f; ~ista c Oboist)
óbolo m Obolus m, Scherflein n.
obra f **1.** Werk n (a. Lit.); Werkstück n; Tat f; Leistung f; ~ de arte plástico Skulptur f, Plastik f; ~ de arte Kunstwerk n; buena ~ gutes Werk n; ~ cartográfica Kartenwerk n; Lit. ~s f/pl. completas gesammelte Werke n/pl.; ~ de consulta Nachschlagewerk n; ~ de joyería Juwelierarbeit f; Thea. ~ de lleno Zugstück n, (Kassen-)Schlager m; ~ maestra (mal hecha) Meister- (Mach-)werk n; ~ de mano handgefertigtes Werkstück n, Handarbeit f; fig. ~ de romanos (od.

del Escorial) gewaltiges (Bau-)Werk *n*; ungeheure Leistung *f*; *poner por (Am. Mer.* en) ~, *Am. Mer. meter en* ~ verwirklichen, ausführen; **2. Arbeit** *f*, **Tätigkeit** *f*, **Werk** *n*; ⚥ *a.* Tätlichkeit *f*; *mano f de* ~ Arbeitskräfte *f/pl.*; ~ *social* Sozial-, Hilfs-werk *n*; *de* ~ tatkräftig; *a.* ⚥ tätlich; *¡manos a la* ~*!* Hand ans Werk!, ran an die Arbeit! F, ran an den Speck! *(burl.)*; F *a.* nur kräftig eingehauen! F *(Aufforderung, beim Essen gut zuzulangen)*; *tal* ~, *tal pago* wie die Arbeit, so der Lohn; **3.** Wirkung *f*, Kraft *f*; *por* ~ *de* vermöge *(gen.)*, kraft *(gen.)*; oft iron. *por* ~ *y gracia de* dank *(dat.)*; **4.** Bau *m*; Bauarbeit *f*; Bauvorhaben *n*; *Chi.* Ausstattungs- und Installationsarbeiten *f/pl.* nach Fertigstellung des Rohbaus; ~*s f/pl.* Bauten *m/pl.*; Bauarbeiten *f/pl.* (*a. Hinweisschild*); ⚓ ~ *alta* a) → ~ *muerta*; b) Aufbauten *m/pl.*; ⚔ ~ *avanzada* Vorwerk *n*; △ ~ *bruta*, *Col.* ~ *negra*, *Chi.* ~ *gruesa* Rohbau *m*; ~*s f/pl. de caminos, canales y puertos* Tiefbau *m*, Straßen- und Wasserbau *m*; ⚔ ~*s f/pl. exteriores* Außenwerke *n/pl.*; ~*s f/pl.* hidráulicas Wasserbau(ten)*m(/pl.)*; ~*s f/pl. de ingeniería* Ingenieurbau *m*; ⚓ ~ *muerta (viva)* Über-(Unter-)wasserschiff *n*; ~*s f/pl.* públicas öffentliche (Bau-)Arbeiten *f/pl.*; Tiefbau *m*; *Arg.* ~*s f/pl. de salubridad* Entwässerung *f* u. Installation *f in Siedlungen*; *Am. Mer.* ~ *de teja* Dachdecken *n*; *Ankündigung: estamos de* ~*s* wir bauen um; *hacer* ~*s* um-, ausbauen; **5.** *fig.* F *Cu.* List *f*, Kniff *m*, Täuschung(smanöver *n*) *f*.

obra|da ♂ *f* Tagewerk *n (Feldmaß, reg. versch.)*; **~dor I.** *adj.* arbeitend; **II.** *m* Arbeitsraum *m*; Werkstatt *f*; **~je** *m* **1.** Verarbeitung *f*; Anfertigung *f*; **2.** Werkstatt *f*, Fertigung *f*; **3.** *hist. Am.* Arbeits-, Fron-dienst *m der Indianer*; **4.** *Bol.* Holzfällerei *f*; **5.** *Méj.* Schweinemetzgerei *f*; **~jero** *m → capataz*; **~r I.** *v/t.* **1.** bearbeiten; **2.** tun, verrichten; ~ *buen efecto* gute Wirkung haben; **3.** bauen; **II.** *v/i.* **4.** wirken, handeln; *modo m de* ~ Handlungsweise *f*; ~ *bien (mal) con alg.* gut (schlecht) gg. j-n handeln; ~ *sobre* einwirken auf *(ac.)*; *no le ha* ~*ado die Medizin usw.* hat bei ihm nicht gewirkt; **5.** *Verw.* † s. *befinden*, *vorliegen*; *obra en nuestro poder su atenta de fecha ...* wir haben Ihr Schreiben vom ... erhalten; **6.** F s-e Notdurft verrichten, austreten. **[***m.***]**
obregón *kath. m* span. Hospitaliter
obrep|ción ⚥ *f* Erschleichung *f*; **~ticio** *adj.* erschlichen.
obre|ra *f* Arbeiterin *f*; **~rada** F *f Rpl.* Arbeiter *m/pl.*; **~ría** *f* **1. a)** Kirchbaugeld *n für Instandsetzung u. Pflege der Baulichkeiten*; **b)** Kirchenbauamt *n*; **2.** Stellung *f* als Arbeiter; **~rismo** *Pol., Soz. m* **1.** Arbeiterbewegung *f*; **2.** Arbeiterherrschaft *f*; **~rista I.** *adj. c* Arbeiterbewegungs...; Arbeiter...; *p. ext.* linke(r, -s) *(innerhalb der PSOE)*; **II.** *m* Anhänger *m* der Arbeiterbewegung; **~ro I.** *adj.* Arbeits...; Arbeiter...; *Soz.*, *Pol.* clase *f* ~ Arbeiterklasse *f*; **II.** *m* Arbeiter *m*; ~ *adiestrado* ausgebildeter *(bzw.* angelernter) Arbeiter *m*; ~ *agrícola (auxiliar)* Land-(Hilfs-)arbeiter *m*; ~ *c(u)alificado* gelernter Facharbeiter *m*; → ~ *especializado* Facharbeiter *m*; ~ *extranjero (industrial)* Gast- (Fabrik-)arbeiter *m*.

obsce|nidad *f* Obszönität *f*; Unzüchtigkeit *f*; Zote *f*; **~no** *adj.* obszön; schamlos; unzüchtig.
obscu... → *oscu...*
obsecración *lit. f* (beschwörende) Bitte *f*.
obsecuente *lit. adj. c* willfährig, gehorsam.
obseder *v/t.* ständig quälen, verfolgen *(Gedanke usw.)*.
obsequi|ador *adj.*, **~ante** *adj. c* **1.** aufmerksam, gefällig; **2.** bewirtend; beschenkend; **~ar** [1b] *v/t.* **1.** gastlich aufnehmen; bewirten; ehren, feiern (mit *dat.* con); *dipl. el embajador fue* ~*do con un almuerzo* zu Ehren des Botschafters wurde ein Frühstück gegeben; **2.** beschenken (mit *dat.* con); **3.** s. *j-m gefällig erweisen*; **4.** *Am.* schenken; **~o** *m* **1.** Gefälligkeit *f*, Liebenswürdigkeit *f*; Entgg.-kommen *n*; *en* ~ *de alg.* j-m zu Ehren; **2.** Geschenk *n*, Angebinde *n*; **~osidad** *f* **1.** Gastlichkeit *f*; Freigebigkeit *f*; **2.** Gefälligkeit *f*; Zuvorkommenheit *f*; **~oso** *adj.* **1.** gefällig, zuvorkommend; dienstbereit; **2.** freigebig.
obser|vable *adj. c* zu beobachten(d); wahrnehmbar, feststellbar; **~vación** *f* **1.** Beobachtung *f (a.* ⚛︎*)*; Wahrnehmung *f*; Überwachung *f*; *don m de* ~ Beobachtungsgabe *f*; *estar (poner) en* ~ unter Beobachtung stehen (stellen); **2.** Be(ob)achtung *f*, Befolgung *f*; ✝, ⊕ ~ *de los plazos* Terminverfolgung *f*; **3.** Bemerkung *f*, Anmerkung *f*; **~vador I.** *adj.* beobachtend; überwachend; **II.** *m a.* ⚔, *Pol.* Beobachter *m*; **~vancia** *f* **1.** Befolgung *f*, Einhaltung *f*; *poner en* ~ *a.* zu strenger Einhaltung *e-r Vorschrift usw.* verpflichten; **2.** *kath. u. fig.* Observanz *f*; Ordensregel *f*; **~vante I.** *adj. c* **1.** beobachtend; **2.** *kath.* streng *(Orden)*; **II.** *m kath.* Observant *m*; **~var** *vt/i.* **1.** beobachten; bemerken, wahrnehmen; überwachen; *hacer* ~ *que ...* darauf hinweisen, daß ..., darauf aufmerksam machen, daß ...; **2.** *Gesetz, Regel, Vorschrift* befolgen, s. halten an *(ac.)*, *a. Frist* einhalten; **~vatorio** *m* **1.** Warte *f*, Observatorium *n*; 🜚 ~ *aerológico* Luftwetterwarte *f*; ~ *astronómico* Observatorium *n*, Sternwarte *f*; ⚓ ~ *marítimo (meteorológico)* See- (Wetter-)warte *f*; **2.** ⚔ Beobachtungs-stand *m*, -stelle *f*.
obse|sión *f* **1.** *Theol. u. fig.* Besessenheit *f*; ⚥ *u. fig.* Zwangsvorstellung *f*, fixe Idee *f*; *causar* ~ ständig quälen, verfolgen *(Gedanke usw.)*; **~sionante** *adj. c* unablässig bohrend, ständig quälend *(Gedanke, Vorstellung)*; **~sionar** *v/t.* unablässig beschäftigen *bzw.* ständig plagen, keine Ruhe lassen *(dat.)* *(Gedanke, Sorge)*; **~sivo** *adj.* **1.** *Theol.* die Besessenheit betreffend; **2.** ⚥ Zwangs...; **3.** *fig.* → *obsesionante*; **~so** *adj.-su.* besessen; *m* Besessene(r) *m*.
obsidiana *Min. f* Obsidian *m*.
obsole|scente *adj. c* veraltend; **~to** *adj.* veraltet, obsolet.
obs|taculizar [1f] *v/t.* verhindern, im Wege stehen *(dat.)*; **~táculo** *m* Hindernis *n*; *poner* ~ behindern, ein Hindernis in den Weg legen; **~tante: no** ~ **I.** *adv.* dessenungeachtet, trotzdem; **II.** *prp.* trotz *(gen., F dat.)*, ungeachtet *(gen.)*; **~tar** *v/i. fig.* entgg.-stehen, hinderlich sein.
obs|tetricia ⚥ *f* Geburtshilfe *f*; **~tétrico** ⚥ *adj.* Entbindungs...
obstina|ción *f* Eigensinn *m*, Halsstarrigkeit *f*; Hartnäckigkeit *f*; Trotz *m*; **~do** *adj.* hartnäckig; eigensinnig; **~rse** *v/r.* s. versteifen (auf *et. ac.* en *a/c.*); ~ *en* + *inf.* hartnäckig darauf bestehen *(od.* beharren), zu + *inf.*
obs|trucción *f a.* ⚥ *u. Vkw.* Verstopfung *f*; Hemmnis *n*; *Pol.* Obstruktion *f*, Verschleppung(staktik) *f*; *Pol. hacer* ~ Obstruktion(spolitik) betreiben; **~trucción-ar** *Pol. v/i. Am.* Obstruktion betreiben; **~truccionismo** *Pol. m* Verschleppungs-taktik *f*, -politik *f*; **~truccionista** *Pol.* **I.** *adj. c* Verschleppungs..., Obstruktions...; **II.** *m* Verschleppungstaktiker *m*; **~tructivo** *adj. bsd. Pol.* obstruktiv; **~tructor** *adj.-su.* verstopfend; obstruierend; **~truir** [3g] **I.** *v/t.* verstopfen; versperren; *a. fig.* blockieren; **II.** *v/r.* ~*se* s. verstopfen.
obtemperar ⚥ *v/t.* → *obedecer*.
obte|nción *f* Erlangung *f*; Beschaffung *f*; *a.* 🜚, ⚗︎ Gewinnung *f*; ~ *del alquitrán* Teererzeugung *f*; ~ *de velocidades muy elevadas* Erzielung *f* sehr hoher Geschwindigkeiten; **~ner** [21] *v/t.* **1.** erlangen; erreichen; erzielen; bekommen; ⚗︎ gewinnen; *difícil de* ~ schwer erreichbar; **2.** erwirken, ~ *que* + *subj.* erreichen, daß ...; durchsetzen, daß ...; **~nible** *adj. c* erzielbar, erreichbar; zu gewinnen(d).
obtura|ción *f bsd.* ⊕ Verschließung *f*; Verstopfung *f*; Dichtung *f*, Liderung *f*; ⚔ Liderung *f*; Verriegelung *f (Geschoß bzw. Waffe)*; ⚕ Füllung *f* von Zähnen; **~dor I.** *adj.* (ab)schließend; (ver-)stopfend; **II.** *m bsd. Phot. u. Film:* Verschluß *m*; ♪ Kern *m* an Orgelpfeifen; *Anat. (músculo)* ~ Schließmuskel *m*, Obturator *m*; ⚥ ~ Verschlußplatte *f*; ⊕, *bsd. Phot.* ~ *compound* Compurverschluß *m*; ~ *de instantánea (de pose)* Moment-(Zeit-)verschluß *m*; ~ *a presión* Druckventil *n am* Fahrradschlauch; ~-sector Sektorenblende *f (Kino)*; **~r** *v/t.* **1.** *a.* ⊕ verstopfen; (ab)dichten; *a.* Zahn füllen; ⊕ ab-, ver-schließen; lidern; *Fuge* dichten *bzw.* ausgießen.
obtu|sángulo △ *adj.* stumpfwinklig; **~so** *adj.* △ stumpf; *fig.* schwer von Begriff.
obús *m* **1.** Haubitze *f*; **2.** (Mörser-)Granate *f*.
obusera † ⚓ *adj.: (lancha)* ~ *f* Art Kanonenboot *m*.
obvenci|ón *f, mst.* ~*ones f/pl.* Nebenverdienst *m*; **~onal I.** *adj. c* Nebenverdienst...; **II.** ~*es m/pl. Sch.* Hörgelder *n/pl.*

obviar — ochavar

obvi|ar [1b, a. 1c] v/t. abwenden; beseitigen; entgg.-treten (dat.); vorbeugen (dat.); ~o adj. einleuchtend; augenfällig, klar; es ~ das liegt auf der Hand.

oc Li.: lengua f de ~ das Altprovenzalische, die langue d'oc.

oca¹ f 1. Gans f; fig. paso m de la ~ Stechschritt m; 2. Oca-Spiel n (Würfelspiel); fig. F ¡esto es la ~! das ist ein tolles Ding! F.

oca² ♀ f And. kartoffelähnliche Knollenfrüchte der Hochanden.

ocal¹ adj. c 1. saftig u. schmackhaft (einige Sorten Obst); voll u. duftend (einige Rosensorten); 2. capullo m ~ Doppelkokon m der Seidenraupen; seda f ~ Wattseide f.

ocal² F ♀ m Ec., Méj. → eucalipto.

ocari|na ♪ f Okarina f; ~nista c Okarinaspieler m.

ocasión f 1. Gelegenheit f; Umstand m; Anlaß m; con ~ de anläßlich (gen.); de ~ Gelegenheits...; en ~ones gelegentlich; ab u. zu; en la primera ~ bei nächster Gelegenheit; fig. F coger (od. asir) la ~ por los cabellos (od. por la melena od. por los pelos) die Gelegenheit beim Schopf packen; dar ~ Veranlassung geben (zu dat. od. inf. a); F a la ~ la pintan calva man muß die Gelegenheit beim Schopfe fassen; si se presenta la ~ bei passender Gelegenheit, wenn es s. gerade (so) trifft; tener ~ de Gelegenheit haben zu (dat. od. inf.); para Anlaß nehmen zu (dat. od. inf.); 2. ✝ Gelegenheitskauf m; coche m de ~ Gebrauchtwagen m; de ~ aus zweiter Hand; gebraucht; antiquarisch; 3. Risiko n, Gefahr f; 4. Theol. Gelegenheit f (zur Sünde), Versuchung f.

ocasiona|damente adv. aus gutem Grunde; absichtlich; ~dor I. adj. verursachend; II. m Veranlasser m, Verursacher m; ~l adj. c 1. gelegentlich; 2. veranlassend; causa f ~ (eigentlicher) Anlaß m; ✱ enfermedad f ~ Grundleiden n; ~lismo Phil. m Okkasionalismus m; ~lista Phil. adj.-su. c okkasionalistisch; m Okkasionalist m; ~lmente adv. gelegentlich; zufällig; ~r v/t. 1. veranlassen; herbeiführen; verursachen; Schäden anrichten; 2. an-, er-regen; hervorrufen.

ocaso m Astr. u. fig. Untergang m; lit. hacia el ~ gg. Sonnenuntergang, gg. Abend, gg. Westen; Myth. u. fig. el ~ de los dioses die Götterdämmerung f.

occiden|tal I. adj. c abendländisch; a. Pol. westlich, West...; II. m Abendländer m; los ~es Pol. a. = las potencias ~es die Westmächte f/pl.; ~talismo m abendländischer Charakter m; ~ westliche Politik f; ~talista Pol. adj.-su. c prowestlich; m Anhänger m des Westens; ~talizar [1f] Pol. v/t. verwestlichen; ~te m a. Pol. Westen m; ♀ Abendland n, Okzident m.

occi|pital I. adj. c Hinterhaupt(s)...; II. m Anat. Hinterhaupt(s)bein n; ~pucio m Hinterhaupt n.

occi|sión f gewaltsamer Tod m, Ermordung f; ~so adj.-su. ermordet, gewaltsam getötet.

Occi|tania hist. u. Li. f Okzitanien n; ♀tánico adj.; ♀tano adj.-su. okzita-

nisch; m Okzitanier m; Li. das Okzitanische; das Neuprovenzalische.

Oceanía f Ozeanien n (und Australien n).

oceáni|co adj. ozeanisch; ~das Myth. f/pl. Okeaniden f/pl., Ozeaniden f/pl.

océano m 1. Geogr. Ozean m, Weltmeer n; ~ Antártico, ~ Glacial del Sur Südliches Eismeer n; ~ Ártico, ~ Glacial del Norte Nördliches Eismeer n; ~ Boreal Nordmeer n; ~ Indico Indischer Ozean m; 2. fig. Unmenge f; fig. Meer n (fig.); un ~ de gente e-e gewaltige Flut von Menschen.

ocea|nografía f Meereskunde f, Ozeanographie f; ~nográfico adj. meereskundlich; ~nógrafo m Meereskundler m, Ozeanograph m.

oce|lado Biol. adj. mit Ozellarflecken; ~lo m 1. Punktauge n der Insekten; 2. Ozellarfleck m.

ocelote m Ozelot m (Raubkatze u. Pelz).

ocena ✱ f Stinknase f, Ozaena f.

oci|arse [1b] v/r. müßig sein, feiern; ~o m Muße f; Müßiggang m, Nichtstun n; ~s m/pl. Freizeitbeschäftigung f, Unterhaltung f; → los ratos de ~ die Freizeit; ~osear v/i. faulenzen; ~osidad f Müßiggang m; ~oso adj. müßig; unnütz; estar ~ untätig sein; faulenzen, feiern F.

oclo|cracia Pol. f Ochlokratie f, Pöbelherrschaft f; ~crático adj. ochlokratisch.

oclu|ir [3g] ✱ v/t. verstopfen; verschließen; ~sión f ✱ Verstopfung f; ✱ Phon. Verschluß m; ~ intestinal Darmverschluß m; ~sivo ✱, Phon. adj. Okklusiv..., Verschluß...; Phon. (consonante f) ~a f Verschlußlaut m, Okklusiv m.

oco|tal m Méj. Fichtenwald m; ~te ♀ m Méj. Okotefichte f; p. ext. Kienspan m; ~zoal Zo. m Méj. Okoteschlange f (Art Klapperschlange); ~zol Méj., ~zote Am. Cent. m → liquidámbar.

ocre I. adj. c ockerfarben; II. m Ocker m.

ocroso adj. ockerhaltig.

octa|édrico ✱ adj. oktaederförmig; ~edro ✱ m Oktaeder n, Achtflächner m; ~naje ⊕ m Oktanzahl f; ~no ✱ m Oktan n; índice m de ~ Oktanzahl f; ~nte ⚓, ⚹ m Oktant m; ~va f ecl., ♪, Lit. Oktave f; ♪ quinta ~ od. ~ de 2 pies eingestrichene Oktave f; Lit. ~ real Stanze f; ~var ♪ v/i. Oktaven greifen (bzw. blasen); ~vario m 1. Zeitraum m von acht Tagen; 2. ecl. Oktav(e) f (Feier).

octaviano hist. adj. oktavianisch; augustäisch.

octa|villa f 1. Typ. Achtelblatt n, Zettel m; Handzettel m; ~ (de propaganda) Flugblatt n; 2. Lit. Octavilla f (achtzeilige Strophe aus achtsilbigen Versen); ~vo I. num. 1. achte(r, -s); II. m 2. Achtel n; Sp. ~ de final Achtelfinale n; 3. Typ. Oktav(format n; ~ mayor (menor) Groß- (Klein-)oktav m.

octeto m ♪, Phys. Oktett m; EDV Byte n.

octingentésimo lit. num. achthundertste(r, -s).

octo|genario adj.-su. achtzigjährig; m Achtzig(jährig)e(r) m; ~gésimo

num. achtzigste(r, -s); ~gonal adj. c achteckig.

oc|tógono m Achteck n, Oktogon n; ~tosílabo adj. (su. m) achtsilbig(er Vers m); ~tóstilo △ adj. achtsäulig.

octubre m Oktober m.

óctuple adj. c acht-fach, -fältig.

octuplicar [1g] v/t. verachtfachen.

óctuplo adj.-su. → óctuple.

ocu|lar I. adj. c Augen...; II. m Opt. Okular n; ~lista c Augenarzt m.

ocul|tación f 1. Verbergung f; Astr. Bedeckung f; p. ext. Unkenntlichmachung f; 2. Verheimlichung f; p. ext. (Steuer-)Hinterziehung f; ~tador Phot. m Abdeckung f, Maske f; ~tar I. v/t. 1. verbergen; verdecken, abdecken; EDV ausblenden; 2. verhehlen, verheimlichen; Steuern hinterziehen; II. v/r. ~se 3. verschwinden; s. verborgen halten; ~tis F adv. de ~ heimlich; ~tismo m Okkultismus m; ~tista adj.-su. c okkultistisch; m Okkultist m; ~to adj. geheim; verborgen; de ~ = de incógnito; en ~ insgeheim; vivir ~ im verborgenen (bzw. als Unbekannter) leben.

ocumo ♀ m Ven. Karibenkohl m.

ocu|pación f 1. Besetzung f (a. ⚔); Besitznahme f; ⚔ Besatzung f; tropas f/pl. de ~ Besatzungstruppen f/pl.; 2. Beschäftigung f; Auslastung f; ~ accesoria Nebenbeschäftigung f; sin ~ unbeschäftigt; arbeitslos; dar ~ a alg. j-n beschäftigen; j-m Arbeit geben; → a. empleo; ~pacional adj. c Am.: enfermedad f ~ Berufskrankheit f; ~pada adj. f Reg. schwanger; ~pador m Inbesitznehmende(r) m; ~pante I. adj. c 1. besetzend; II. m 2. Insasse m, Fahrgast m; 3. Okkupant m; ~par I. v/t. 1. a. ⚔ besetzen; Raum einnehmen, anfüllen; Amt bekleiden; Haus bewohnen; Zeit in Anspruch nehmen; Platz, Zimmer, Raum belegen; Sachen beschlagnahmen, abnehmen; a/c. de alg. j-m et. wegnehmen; ¡ocupado! besetzt!; ¡no le ocupes con tus bromas! störe ihn nicht mit deinen Späßen!; 2. beschäftigen (a. fig.); Arbeit geben (dat.); II. v/r. ~se 3. s. beschäftigen, s. befassen (mit dat. en, de).

ocu|rrencia f 1. Vorfall m, Vorkommnis m; 2. Einfall m; lustiger Einfall m, Witz m; ¡qué ~! od. ¡vaya una ~! ist das ein Einfall!; tener ~s witzige (bzw. sonderbare) Einfälle haben; ~rrencioso F adj. Reg., Am. witzig; ~rrente adj. c 1. vorfallend; 2. einfalls-, ideen-reich; ~rrido Ec., Pe. adj. witzig; ~rrir I. v/i. u. v/impers. vorkommen, vorfallen; geschehen; eintreten; widerfahren; ocurre que ... es kommt vor, daß ...; ¿qué ocurre? was gibt's?, was ist los? F; ¿qué le ocurre? was haben Sie denn?; was fehlt Ihnen?; II. v/r. ~se einfallen; no se me ocurre la palabra das Wort fällt mir nicht ein, ich komme nicht auf das Wort; ocurrírsele a alg. que (od. + inf.) auf den Einfall (od. auf die Idee od. den Gedanken) kommen daß (od. zu + inf.).

ochar I. v/i. Arg. bellen; II. v/t. Chi. a) belauern; b) aufhetzen.

ocha|va f Achtel n; ~var v/t. 1. e-e

achteckige Form geben (dat.); 2. Am. Ecken, Kanten abflachen; ~vo m 1. alte Kupfermünze im Wert v. 2 Maravedís; fig. F Geld n; 2. Fi. Eberfisch m.
ochen|ta num. achtzig; ~tavo adj.-su. achtzigstel; ~tón F adj.-su. achtzigjährig.
ocho num. acht; dentro de ~ días binnen e-r Woche, in acht Tagen; fig. F dar (od. echar) a alg. con los ~s y los nueves j-m ordentlich die Wahrheit sagen, j-m gehörig Bescheid stoßen F; F más serio que un ~ todernst; ~centista c Mensch (bsd. Künstler) m des 19. Jh.; ~cientos num. achthundert; el ~ der achthundertste; das 19. Jh.
oda f Ode f.
odalisca f Odaliske f.
odeón m Odeon n, Odeum n.
odi|ar [1b] v/t. hassen; ~ado de verhaßt bei (dat.); ~o m Haß m (gg. ac. a); ~ africano tief(sitzend)er Haß m; ~-amor Haßliebe f; ~ de clases Klassenhaß m; ~ entre las naciones Völkerhaß m; cobrar ~ a (allmählich) hassen (ac.); ~osidad f 1. Gehässigkeit f; 2. Verhaßtsein n; 3. Chi., Pe. Belästigung f; Ärger m; ~oso adj. 1. gehässig, gemein F; 2. verhaßt; 3. widerlich, unleidlich, Chi., Méj. lästig, ärgerlich; drückend.
Odisea f Lit. Odyssee f; fig. ♀ Irrfahrt f.
odómetro m Schrittzähler m.
odon|talgia ✱ f Zahnschmerz m; ~titis f Zahnfäule f; ~tología ✱ f Zahn(heil)kunde f; ~tólogo m Zahnarzt m.
odorante I. adj. c (wohl)riechend; duftend; II. m Riechmittel n.
odre m (Wein-)Schlauch m; fig. Trunkenbold m, Säufer m; ~ro m Schlauchmacher m.
oes|noroeste ⚓ m Westnordwest m; ~sudoeste ⚓ m Westsüdwest m; ~te m Westen m; el ♀ lejano der Wilde Westen; hacia ~ westwärts; viento m (del) ~ Westwind m; al ~ de westlich von (dat.).
ofen|dedor adj.-su. → ofensor; ~der I. v/t. beleidigen, kränken; mißhandeln; ~ el oído (el olfato) das Ohr (die Nase) beleidigen; ~ la vista den Augen weh tun; II. v/i. widrig (od. zuwider) sein (Geruch, Speise usw.); III. v/r. ~se s. beleidigt fühlen (von dat., durch ac. de, por); et. übel aufnehmen; ~dido adj.-su. beleidigt; m Beleidigte(r) m; hacerse el ~ den Gekränkten spielen; ~sa f Beleidigung f, Kränkung f; ~siva f ※ u. fig. Offensive f, Angriff m; a. fig. tomar la ~ die Offensive ergreifen; zum Angriff übergehen; ~sivo adj. 1. angriffslustig; fig. beleidigend; Angriffs..., Offensiv...; arma f ~a Angriffswaffe f; ~sor adj.-su. beleidigend; m Beleidiger m.
ofer|ente m Anbieter m, Offerent m; IT ~ en línea Online-Anbieter m; ~ta f 1. Angebot n, Vorschlag m; 2. ✝ Angebot n, Offerte f; ~ y demanda Angebot n u. Nachfrage f; Börse: Geld u. Brief; ~ especial, ~ extraordinaria Sonderangebot n; en firme Festangebot n; ✝ pública de adquisición Übernahmeangebot n; ~ (en subasta) Gebot n; hacer (od. someter) una ~ ein Angebot machen; ~tar ✝ v/t. anbieten.
ofertorio kath. m Offertorium n, Darbringung f.
off-line adj. c. IT off-line.
offset Typ. m Offset(druck m) m, n; máquina f ~ Offset(druck)maschine f.
offside Sp. m Abseits n; a. Abseitstor n.
oficia|l I. adj. c 1. amtlich; dienstlich; offiziell, Amts..., Offizial...; fig. förmlich, steif; Verw., ✞ acto m ~ offizielle Feier f; papel m ~ Amtspapier n; ✞ proceso m ~ Offizialverfahren n; vía f ~ Amts-, Dienst-weg m; II. m 2. Offizier m; altos ~es m/pl. höhere Offiziere m; ~ del día, ~ del servicio Offizier m vom Dienst; ~ de Estado Mayor Generalstabsoffizier m; ⚓ ~ de la guardia diensthabender Offizier m; ~ subalterno (superior) Subaltern- (Stabs-)offizier m; 3. (Handwerks-)Geselle m; Gehilfe m; ~ de albañil Maurerpolier m; primer ~ Altgeselle m; Obergehilfe m; 4. ✝, → empleado, funcionario; ~la f Arbeiterin f; Sekretärin f; (Amts-)Gehilfin f; ~ de farmacia Apothekenhelferin f; ~lidad f 1. Offizierskorps n; 2. amtliche Eigenschaft f; lista adj. c bsd. Am. regierungstreu, im Sinne der Regierung; ~lizar [1f] v/t. amtlichen Charakter verleihen (dat.); amtlich bestätigen; ~lmente adv. amtlich; offiziell; ~nte kath. I. adj. c zelebrierend; II. m Zelebrant m; ~r [1b] I. v/i. Dienst tun, amtieren, fungieren (als nom. de); kath. die Messe zelebrieren (od. halten); prot. Gottesdienst (ab)halten; II. v/t. offiziell mitteilen; offiziell verständigen.
ofici|na f Büro n; Amts-, Geschäftszimmer n; Kanzlei f; p. ext. u. fig. Werkstatt f (a. fig.); ~ central Hauptbüro n; ♀ Internacional de Trabajo Internationales Arbeitsamt n; ~ de objetos perdidos Fundbüro n; ~ de patentes Patentamt n; ~ técnica (od. de ingeniería) Ingenieur-, Konstruktions-büro n; ~nal adj. c offizinell, Arznei..., Offizinal..., Heil...; salvia f ~ arzneilich verwendete Salbei f; ~nesco med. desp. adj. bürokratisch, Amts...; ~nista c Büroangestellte(r) m; Büroangestellte f.
oficio m 1. Handwerk n; Gewerbe n (betreiben ejercer); Beschäftigung f; ~ de la guerra (od. de las armas) Kriegshandwerk n; fig. sin ~ ni beneficio ohne Beruf; fig. tomar por ~ a/c. et. gewohnheitsmäßig (od. häufig) betreiben; 2. Beruf m; Amt m; (Amts-)Pflicht f; p. ext. Dienst m; de ~ von Amts wegen, amtlich, Offizial...; ✞ abogado m de ~ Armenanwalt m; ✞ defensor m de ~ Offizialverteidiger m; a. dipl. ofrecer sus buenos ~s s-e guten Dienste anbieten; 3. amtliche Mitteilung f; Dienstschreiben n; 4. Col. Hausarbeit f; 5. ecl. Gottesdienst m; ~s m/pl. gottesdienstliche Verrichtungen f/pl.; bsd. Begehung f der Karwoche; ~ divino Breviergebet n; hist. el Santo ~ die Inquisition; ~samente adv. 1. geschäftig; 2. offiziös; ~sidad f Dienstfertigkeit f; Beflissenheit f; Emsigkeit f; ~so adj. 1. dienstfertig, geschäftig, emsig; 2. halbamtlich;
offiziös; fig. mentira f ~a Notlüge f.
ofidios Zo. m/pl. Schlangen f/pl.
ofimática f Bürokommunikation f, EDV f im Büro.
ofita Min. f Ophi(oli)th m.
ofre|cer [2d] I. v/t. 1. anbieten (a. ✝); bieten; darbieten; überreichen; Rel. u. fig. darbringen, opfern; Anblick bieten; Bankett, Essen geben; ~ dificultades (peligros) schwierig, (gefährlich) sein; fig. F vamos a ~ jetzt wollen wir (in der Kneipe) ein Glas trinken; II. v/r. ~se 2. in den Sinn kommen, einfallen; 3. vorkommen; unvermutet eintreten; se le ofrece ... er hat Aussicht auf ... (ac.); es bietet s. ihm die Gelegenheit usw. (zu dat. od. inf. de); 4. s. an(er)bieten (od. s. melden) zu (inf. od. dat.); ¿qué se le ofrece? Sie wünschen?; womit kann ich dienen?; ~cimiento m 1. Anerbieten n; Angebot n; 2. a. Rel. Darbringung f; Gelübde n.
ofrenda f Opfergabe f; Spende f; ~r v/t. opfern; spenden.
oftalmía ✱ f Augenentzündung f.
oftálmico ✱ adj. Augen...; augenheilkundlich.
oftal|mología ✱ f Augenheilkunde f; ~mológico ✱ adj. Augen...; ~mólogo m Augenarzt m, Ophthalmologe m; ~moscopio ✱ m Augenspiegel m.
ofusca|ción f, ~miento m 1. Opt. Blendung f; Verdunkelung f (z. B. durch Wolkenbildung); Trübung f der Sehfähigkeit; 2. fig. Verblendung f, Trübung f der Vernunft; ~r [1g] v/t. 1. verdunkeln; blenden; 2. fig. (ver)blenden; den Verstand trüben (dat.).
ogiva f → ojiva.
ogro m Myth. böser Riese m, Menschenfresser m; fig. Scheusal n; brutaler Kerl m.
¡oh! int. ach!, oh!
ohm|(io) ⚡ m Ohm n; ~iómetro ⚡ m Ohmmeter n.
oí|ble adj. c hörbar; ~das adv.: de ~ (od. por) ~s vom Hörensagen.
oídio ✱ m echter Mehltau m.
oído I. part.: nunca ~ nie gehört; unerhört; II. m Gehör n; Gehörsinn m; (inneres) Ohr n; a. ※ ¡~! Achtung!; ~ externo äußeres Ohr n; medio ~ Mittelohr n; ~ interno Innenohr n; al ~ ins Ohr; fig. im Vertrauen (sagen); de bsd. J nach dem Gehör; ¡~ al parche! Vorsicht!, Achtung!; abrir bien los ~s die Ohren auftun, genau hinhören; aplicar el ~ aufmerksam zuhören; cerrar los ~s sein Ohr verschließen; fig. cerrarle a alg. los ~s j-m die Ohren verschließen (= j-n so umgarnen, daß er sein gesundes Urteil verliert); dar ~s (od. prestar ~[s]) a zuhören (dat.); Gehör schenken (dat.); decir al ~ de alg. leise sagen, zuflüstern; fig. entrarle a alg. por un ~ y salirle por el otro j-m zum einen Ohr hinein- und zum anderen hinausgehen; fig. hacer ~s sordos s. taub stellen; llegar a ~s zu Ohren kommen; ♪ pegarse al ~ ins Ohr gehen; regalar el ~, deleitar el ~ s-m Ohr schmeicheln; fig. j-m schmeicheln; ser un regalo para los ~s ein Ohrenschmaus sein; ser todo ~s ganz Ohr sein; me suenan

oidor — ojo

los ~s es klingt mir in den Ohren; *bsd.* ♪ *tener (buen)* ~ ein gutes Gehör haben; *tener el* ~ *fino* ein feines (*od.* scharfes) Gehör haben.
oido|r *hist.* ⚔ *m* Oberrichter *m*, Auditor *m*; **~ría** *hist. f* Amt *n od.* Würde *f* e-s oidor.
oigo → *oír.*
oíl *Li.*: *lengua f de* ~ langue *f* d'oïl (*alte Sprache Nordfrankreichs*).
oír [3q] *vt/i.* hören; zuhören (*dat.*); anhören; *fig.* verstehen; *bsd. Rel. a.* erhören; ⚔ (an)hören; *¡oye!* (na) hör mal!; nein, so was!; *¿oyes?* hörst du?, verstehst du mich?, hörst du auch zu?; sei gefälligst aufmerksam!; verstanden!; *¡oiga!* hören Sie (mal)!; hallo!; *Tel. Span.: ¡diga! — ¡oiga!* hallo! *od.* sprechen Sie bitte! (*Angerufener*); — hallo! (*Anrufender*); ~ *bien* ein gutes Gehör haben; *fig.* ser *bien oído* Beifall finden (*für s-e Darlegungen*); *hemos oído decir* wir haben sagen hören; *ahora lo oigo* das höre ich zum ersten Mal, das ist mir neu; *hacerse* ~ s. Gehör verschaffen; s. vernehmen lassen; P *¡nos van a* ~! jetzt müssen sie uns anhören!; *fig. F nos oirán* (*od. han de* ~) *los sordos* dem (*od.* denen usw.) sage ich gehörig Bescheid (*od.* werde ich mächtig den Marsch blasen F); *parece que no ha oído bien* er hat s. wohl verhört; er hat es sicher falsch verstanden; ⚔ *oídas las partes* nach Anhörung der Parteien; ~ *lo que alg. quiere (decir)* heraushören (*od.* verstehen), was jemand (sagen) will; *no se oye más voz que la suya* man hört nur ihn; *fig.* er führt das große Wort.
ojal *m* 1. Knopfloch *n*; 2. Öhr *n* e-r Axt *usw.*; ✂ Nadelöhr *n*; ⊕ Langloch *n*, Schlitz *m*; Öse *f*; Kausche *f*.
ojalá I. *¡~! int.* wollte Gott!; hoffentlich!; wenn nur ...; *¡~ tuvieras razón!* ach, hättest du doch recht!; ~ *venga pronto* hoffentlich kommt er bald; **II.** *cj. Arg., Col.* ~ + *subj.* auch wenn, obwohl + *ind.*
ojala|do *adj.* mit dunklen Augenringen (*Rind*); **~dor** *m* 1. Knopflochnäher *m*; 2. Knopflochschere *f*; **~dora** *f* 1. Knopflochnäherin *f*; 2. Knopflochmaschine *f*; **~dura** *f* Knopflöcher *n/pl.*; **~r** *vt.* Knopflöcher machen in (*ac.*).
ojaranzo ♀ *m* 1. Weiß-, Hage-buche *f*; 2. Oleander *m.*
ojeada *f* (flüchtiger) Blick *m*; *echar una* ~ *a* (*od. sobre*) e-n Blick werfen auf (*ac.*).
oje|ador *Jgdw. m* Treiber *m*; **~ar¹** *vt.* Wild aufstöbern, treiben; *fig.* aufschrecken, scheuchen.
ojear² *vt/i.* 1. genau hinsehen, beäugen; 2. → *aojar.*
ojén *m* ein Anislikör.
ojeo *m Jgdw.* Stöberjagd *f*, Treiben *n*; *echar un* ~ ein Treiben veranstalten; *fig. F irse a* ~ *auf* (der) Jagd nach et. sein (*fig.*).
oje|ras *f/pl.* Ringe *m/pl.* um die Augen; **~riza** *f*: *tener* ~ *a alg.* j-n nicht ausstehen können, j-n auf dem Kieker haben F; **~roso, ~rudo** *adj.* mit (gr.) Ringen um die Augen.
ojete *m* Schnürloch *n*; ⊕, ✄ *Tel.; fig.* P *Span.* Arschloch *n* V; **~ar** *vt.* mit Schnürlöchern versehen; **~ra** *f* Schnür-leiste *f*, -rand *m* e-s Korsetts.

ojia|legre F *adj. c* mit fröhlichen Augen; **~brotado** *adj. Col.* mit Glotzaugen.
oji|gallo *m Pe.* „Drachenblut" *n* (*Wein mit Schnaps*); **~llos** *m/pl.* Äuglein *n/pl.*; ~ *cerdunos* Schweinsäuglein *n/pl.*; **~m(i)el** *pharm. m* Sauerhonig *m.*
oji|moreno F *adj.* braunäugig; **~negro** F *adj.* schwarzäugig; **~to** *m* 1. dim. Äuglein *n*; 2. *fig.* F *Arg.*: *de* ~ um s-r (ihrer *usw.*) schönen Augen willen, umsonst; *novio m de* ~ Freund *m*, Verehrer *m*; **~tuerto** *adj.* schielend.
ojiva *f* 1. △, *Ku.* Spitzbogen *m*; ⊕ Oberteil *n* e-r *Stahlflasche*; 2. ~ (*nuclear*) (Atom-)Sprengkopf *m* (*Rakete*); **~l** *adj. c* spitzbogig; *Ku.* gotisch; *estilo m* ~ Gotik *f*.
oji|zaino F *adj.* finsterblickend; **~zarco** F *adj.* blauäugig.
ojo *m* 1. *a. fig.* Auge *n*; *fig.* Sehkraft *f*; augenähnliches Gebilde *n*; *fig.* Vorsicht *f*; ~s *m/pl. a.* Augenpaar *n*; *usw.*; *fig. ¡*~*!* Vorsicht!, aufgepaßt!; *a* ~ nach (dem) Augenmaß; *fig.* aufs Geratewohl; *a cierra* ~s blindlings; *a* ~s *vistas* augenscheinlich, zusehends; *al* ~ vor Augen, ganz in der Nähe; *con mis* (*sus usw.*) *propios* ~s, con estos ~s mit eigenen Augen; en (*od.* delante de) *los* ~s *de alg.* vor j-s Augen; *fig. hasta los* ~s bis über die Ohren (*in et.*, *in Schulden usw. stecken*); übergenug (*von et. haben*); *bibl.* ~ *por* ~, *diente por diente* Auge um Auge, Zahn um Zahn; *por sus* ~s *bellidos* um s-r schönen Augen willen, umsonst; *sobre los* ~s überaus, über die Maßen (*schätzen u. ä.*); *¡mucho* ~ *con ese individuo!* sei(d) auf der Hut vor diesem Subjekt!; ~ *de águila a. fig.* Adlerauge *n*; *nur fig.* Falkenauge *n*; ~s *m/pl. blandos* (*od. tiernos*) schwache bzw. tränende Augen *n/pl.*; Triefaugen *n/pl.*; ~ *de cristal* Glasauge *n*; *fig.* ~ *del culo,* P ~ *moreno* A-Loch *n* (*euph.* F), Arschloch *n* V; *HF* ~ *electrónico* Elektronenauge *n*; *fig.* ~ *de gallo* a) ~ *de pollo*; b) *adj.* mattgelben (*Wein*); ~ *de gato a. fig.* Katzenauge *n* (*Halbedelstein u. Rückstrahler*); ~ *legañoso*, ~ *pitarroso*, F ~ *de breque* Triefauge *n*; *a. fig.* ~ *de lince* Luchsauge *n*; *Rf.* ~ *mágico* magisches Auge *n*; ~s *m/pl. oblicuos* schrägsehende Augen *n/pl.*, Schlitzaugen *n/pl.*; F ~ *de pavo real* Pfauenauge *n* (*a. Schmetterling*); *Biol.* ~ *pineal* Stirn-, Scheitel-auge *n*; *fig.* ~ *de pollo* Hühnerauge *n*; *HF* ~ *de radar* Radarauge *n*; ~s *m/pl. saltones*, *Col.* ~s *brotados* Glotz-, Frosch-augen *n/pl.*; *Biol.* ~ *sencillo* einfaches Auge *n niederer Lebewesen*; Nebenauge *n*; *alzar* (*od. levantar*) *los* ~s *al cielo* die Augen zum Himmel erheben; Gott von Herzen bitten; *avivar los* ~s die Augen aufhalten (*fig.*), wachsam sein; *bajar los* ~s die Augen senken; *fig.* s. schämen; (*fig.*) gehorchen; *clavar los* ~s en die Blicke heften auf (*ac.*); *fig. comer con los* ~s mit den Augen essen (*fig.*); *fig.* F *costar* (*od. valer*) *un* ~ *de la cara* ein Heidengeld kosten; *fig. F dormir con los* ~s *abiertos* selbst im Schlaf die Augen offen halten, äußerst wach-

sam sein; *fig. echar el* ~ *a alg., a a/c.* ein Auge auf j-n, auf et. werfen; *fig.* F *entrar a alg. por el* ~ *derecho* bei j-m gut angeschrieben sein; *fig. estar* (*od. andar*) *con cien* ~s äußerst wachsam (*bzw.* mißtrauisch *od.* argwöhnisch) sein; *fig. estar a/c. tan en los* ~s oft gesehen werden; *hablar con los* ~s mit den Augen sprechen, ein Zeichen mit den Augen geben; *fig. hacer* ~ nach e-r Seite ausschlagen, nicht richtig getrimmt sein (*Waage*); *fig.* F *hacer del* ~ **a**) zublinzeln; **b**) (durch Zufall) einer Meinung sein; *fig.* F *írsele a alg. los* ~s *tras* et. heftig verlangen nach (*ac.*); mit den Blicken verschlingen (*ac.*); *levantar los* ~s die Augen erheben; *fig. F llevar(se) los* ~s die Aufmerksamkeit auf s. ziehen; *fig. meter a/c. por los* ~s *et.* aufdrängen; *fig. mirar con buenos* (*malos*) ~s *a alg.* (*a a/c.*) j-n (et.) gern haben (j-n [et.] nicht ausstehen können); *fig. mirar con otros* ~s mit anderen Augen ansehen, anders beurteilen; *fig.* F *Col. mirar con* ~s *de sobrino* e-e Unschuldsmiene aufsetzen; *pasar los* ~s *por* mit den Augen überfliegen (*ac.*); flüchtig lesen (*ac.*); ⚓ *pasar por* ~ mit dem Bug überrennen, rammen; *poner los* ~s en s-e Augen (*a. fig.* sein Begehren) richten auf (*ac.*); *fig.* j-n im Auge haben (*für e-e Aufgabe*); j-n gern haben; *poner los* ~s en *blanco* die Augen verdrehen; *fig.* (*poniendo*) *un* ~ *a una cosa, y otro a otra* sehr viel (*od. mst.* zuviel) auf einmal im Auge haben (*fig.*); *fig. quebrar los* ~s *a alg.* j-m in die Augen stechen (*Sonne*); j-n in s-n tiefsten Gefühlen verletzen; j-n sehr verärgern; *fig.* F *quebrarse lo* ~s s. die Augen ruinieren, s-e Augen übermäßig anstrengen *b.* Lektüre *usw.*; *fig.* F *no saber uno dónde tiene los* ~s keine Augen im Kopf haben F, sehr dumm (*od.* ungeschickt) sein; *fig.* F *sacar los a alg.* j-m sehr zusetzen (*mit Bitten, finanziell usw.*); F *sacarse los* ~s s. die Augen auskratzen (*fig.*); *fig. salírle a. a los* ~s *a/c.* j-m et. ansehen (können); *fig. ser alg. el* ~ *derecho de otro* höchstes Vertrauen bei j-m genießen; j-s rechte Hand sein; *taparse los* ~s *a. fig.* die Hände vors Gesicht schlagen; *tener entre* ~s (*od. sobre* ~) → *traer entre* ~s; *tener los* ~s (*od. tener* ~) *en* (*od. a*) *a/c.* et. beobachten; auf et. (*ac.*) achten; *tener* ~ *clínico* ein guter Diagnostiker sein; *fig.* F *tener mucho* ~ wachsam (*od.* helle F) sein; *torcer los* ~s die Augen verdrehen; *fig. traer entre* ~s (argwöhnisch) im Auge behalten; *más ven cuatro* ~s *que dos* vier Augen sehen mehr als zwei; *fig.* F ~s *que te vieron ir* die Gelegenheit kommt nicht wieder, dich (*bzw.* das Geld *usw.*) sehe ich nicht wieder; *volver los* ~s *a* (*od. hacia*) die Augen richten auf (*ac. od. gg. ac.*); *Spr.* ~s *que no ven, corazón que no siente* (*od. que no llora*) aus den Augen, aus dem Sinn; *Spr.* el ~ *del amo engorda el caballo* das Auge des Herrn macht die Kühe fett; 2. *fig.* wie ein Augapfel Gehütete(s) *n*; sehr Wertvolle(s) *n*; sehr Liebe(s) *n*; *mis* ~ mein Lieb, mein Schatz; 3. *fig.* Auge *n*, Öffnung *f*, Loch *n*; Loch *n*, gr.

Pore *f in Brot, Käse usw.*; Stielloch *n*, Haus *n b. Axt, Hammer*; Fingerloch *n e-r Schere*; *a.* ⊕ Öhr *n*; ⚓ Gatt *n*; Fenster *n e-r Waage*; Masche *f e-s Netzes*; ~ de la aguja Nadelöhr *n*; ~ (de la cerradura) Schlüsselloch *n*; *Met.* ~ de la tempestad Sturmauge *n*; *fig.* F meterse por el ~ de una aguja sehr aufdringlich sein, überall mitmischen wollen F; **4.** ♀ ~ de buey Wassersternchen *n*; △, ⚓ → **5**; ~s *m/pl.* de Cristo Muskathyazinthe *f*; ~ de lobo *Art* Lotwurz *f*; ~ de perdiz Sommeradonis *m*; **5.** △ lichte Öffnung *f*; (Brücken-)Bogen *m*, Durchlaß *m*; (✲ Propeller-, ⚓ Schrauben-)Bohrung *f*; Auge *n in Kuppeln*; ~ de buey △ Ochsenauge *n*; ⚓ Bullauge *n*; ~ de patio unüberdachter Raum *m (Binnenhof)*; Lichtschacht *m (Hof)*; Pluviale *n e-s Atriums*; **6.** *Typ.* (Punze *f* im) Schriftbild *n e-r Letter*; Hinweis *n am Rande*; **7.** ~ (de agua) Quell *m*; **8.** dar un ~ a la ropa die Wäsche einseifen.
¡ojó! *int. Ec.* bah!, ganz wurscht! F *(verächtlich)*.
ojón *adj. Am.* mit großen Augen.
ojoso *adj.* voller Löcher *(Käse usw.)*.
ojota *f Am. Mer.* **1.** Indianerschuh *m*, *Art* Sandale *f*; **2.** Lamaleder *n*.
ojuelo *m dim.* Äuglein *n*; ~s *m/pl. prov.* Brille *f*.
O.K. F okay, O.K. F, o.k. F.
okapí *Zo. m* Okapi *n*.
ola *f* Woge *f*, Welle *f*; *Met.* ~ de calor (de frío) Hitze- (Kälte-)welle *f*; ⚔, ⚓ ~ de desembarco Landungswelle *f*; ⚓ ~ levantada por la proa Bugwelle *f*; *fig.* ~ de nostalgia del pasado Nostalgiewelle *f*; ~ sísmica Flutwelle *f b. Erdbeben; fig.* la nueva ~ die neue Welle *(Film, Mode); Vkw. Col.* ~ verde grüne Welle *f*; ~**je** *m* → oleaje.
¡ole! *od.* **¡olé!** *int.* bravo!, gut gemacht!, recht so!
oleáceas ♀ *f/pl.* Oleazeen *f/pl.*, Ölbaumgewächse *n/pl.*
oleada *f* Sturzsee *f*; *fig.* Menge *f* Menschen; *fig.* Welle *f (fig., a.* ✲); wogende Menge *f*.
oleagino|sas ♀ *f/pl.* Ölfrüchte *f/pl.*; **~so** ✒ *adj.* ölhaltig; Öl...
oleaje *m* Seegang *m*; Wellen-gang *m*, -schlag *m*; Brandung *f*.
ole|ar *kath. v/t. j-m* die Krankenölung geben; **~ato** ✒ *m* Oleat *n*; **~ico** ✒ *adj.:* ácido *m* ~ Ölsäure *f*; **~ícola** ✒ *adj.* ölfrucht- bzw. olivenanbauend; **~icultura** ✒ *f* Ölbau *m*; **~ífero** ✒ *adj.* ölhaltig, Öl...; **~ina** ✒ *f* Olein *n*.
óleo *m* Öl *n*; al ~ in Öl *(gemalt);* Öl...; cuadro *m* al ~ Ölbild *n; kath.* santo ~ Salböl *n; los santos ~s* die Krankenölung, die letzte Ölung.
oleo|ducto *m* Ölleitung *f*, Pipeline *f*; **~grafía** *Typ. f* Öldruck *m*; **~hidráulica** ⊕ *f* Ölhydraulik *f*; **~so** *adj.* ölhaltig, ölig.
ole|r [2i] **I.** *v/t.* wittern, riechen; **II.** *v/i.* riechen (nach *dat.* a); *Col.* ~ a feo, ~ a maluco stinken, übel riechen; **~tear** F *v/t. Pe.* ausschnüffeln *(fig.).*
olfa|tear *vt/i.* (be)riechen; *a. fig.* wittern; *fig.* beschnuppern F; herumschnüffeln; **~teo** *m* Riechen *n*, Wittern *n*; **~tivo** *Anat. adj.* Geruchs...; nervio *m* ~ Geruchsnerv *m*; **~to** *m* Geruchssinn *m*; *fig.* Spürsinn *m*,

Riecher *m* F; **~torio** *adj.* Geruchs..., Riech...
oliente *adj. c* riechend; *a. fig.* mal ~ übelriechend.
oliera *ecl. f* Salbölgefäß *n*.
oli|garca *m Pol.* Oligarch *m; fig.* Bonze *m* F, Boß *m* F; **~garquía** *Pol. u. fig. f* Oligarchie *f*; **~gárquico** *Pol. adj.* oligarchisch; **~goceno** *Geol. m* Oligozän *n*; **~gopolio** ✝ *m* Oligopol *n*.
olimpíada *f* Olympiade *f*.
olímpico *adj.* olympisch *(a. fig.); fig.* erhaben; hochmütig; über alles erhaben.
Olimpo *m* (♀ *a. Thea.*) Olymp *m*.
olis|car [1g] **I.** *v/t.* beschnüffeln, beschnuppern; **II.** *v/i.* anfangen zu stinken *(z. B. Fleisch);* **~co** *adj. Arg., Chi.* schon leicht stinkend; **~quear** *v/t.* **1.** wittern; **2.** → oliscar.
oli|va *f* **1.** Olive *f (Baum u. Frucht); adj. inv. (verde)* ~ olivgrün; **2.** K Ölzweig *m*, Frieden *m*; **3.** *Vo.* → lechuza; **~váceo** *adj.* olivenfarben; **~var** ✒ *m* Ölbaumpflanzung *f*; **~varda** *f* **1.** *Vo. Art* Edelfalke *m*; **2.** ✲ *Art* Alant *m*; **~varero** *adj.* Oliven...; región *f* ~ Olivenanbaugebiet *n*; **~varse** *v/r.* blasig werden *(Brot b. Backen);* **~veta** ⊕ *f* Schlauchtülle *f*; **~vícola** ✒ *adj. c* olivenanbauend; **~vicultor** ✒ *m* Olivenanbauer *m*; **~vicultura** ✒ *f* Olivenanbau *m*; **~villo** ♀ *m Art* Steinlinde *f*; **~vo** *m* Öl-, Oliven-baum *m*; Olivenholz *n*; *bibl.* Monte *m* de los ♀s Ölberg *m; fig.* F ¡~ y aceituno, todo es uno! das ist ein u. dasselbe, das ist Jacke wie Hose F.
ol|ma *f* große, dichtbelaubte Ulme *f*; **~meda** *f*, **~medo** *m* Ulmenwald *m*; **~mo** *m* Ulme *f*.
ológrafo I. *adj.* eigenhändig geschrieben *(z. B. Testament);* **II.** *m* → autógrafo.
olomina *Fi. f C. Ri.* Guppy *m*.
olo|r *m* Geruch *m; ecl.* morir en ~ de santidad im Rufe der Heiligkeit sterben; **~rizar** [1f] *v/t.* durchduften; **~roso** *adj.* wohlriechend.
olote *m Am. Cent., Méj.* Maisspindel *f (entkörnter Kolben).*
olvi|dadizo *adj.* vergeßlich; **~dado** *adj.* vergessen; ~ de su deber pflichtvergessen; **~dar I.** *v/t.* vergessen; verlernen; **II.** *v/r.* ~se (de) *(et.)* vergessen; *p. ext.* vergessen u. vergeben; *¡que no se te olvide el paraguas!* vergiß den Regenschirm nicht!; se me ha ~ado das habe ich ganz vergessen; *¡que no se te olvide esto!* merken Sie s. das!; **~do** *m* **1.** Vergessen *n*; Vergessenheit *f; p. ext.* Vergessen *n* de sí mismo Selbstlosigkeit *f*; caer en *(el)* ~ in Vergessenheit geraten; dar *(echar)* al ~ *(od. en)* vergessen; entrar *(od. entregar al)* ~ für immer vergessen (sein lassen); poner en ~ vergessen, vergessen lassen; **2.** Vergeßlichkeit *f*; Undankbarkeit *f*; **3.** *fig.* Erkalten *n* der Neigung *(od.* der Freundschaft).
olla *f* **1.** (Koch-)Topf *m; Kchk.* Gemüseeintopf *m;* ~ eléctrica Elektrokochtopf *m; fig.* F ~ de grillos Tohuwabohu *n*; gr. Wirrwarr *m*; ~ pitadora Flöten-, Pfeif-kessel *m; Kchk.* ~ podrida Gemüseeintopf mit Schinken, Geflügel, Wurst u. Speck; ~ de *(od.* a) presión Dampfdruck-, Schnell-

kochtopf *m; fig. Col.* estar en la ~ in der Patsche sitzen; *fig.* F ¡no hay ~ sin tocino! da fehlt noch das Tüpfelchen auf dem i; *fig.* F tener la cabeza como una ~ de grillos ganz wirr im Kopf sein.
olla|o ⚓ *m* Gatje *n*, Tauloch *n am Segel;* **~r I.** *adj. c Min.:* piedra *f* ~ Topfstein *m;* **II.** *m* Nüster *f der Pferde.*
olle|ra *Vo. f* Specht *m*; **~ría** *f* Töpferei *f*; Topfmarkt *m*; *koll.* Töpfe *m/pl.*; **~ro** *m* Töpfer *m*; Topfhändler *m*; **~ta** *f* **1.** *Col.* a) → chocolatera 1; **b)** Wasserloch *n im Flußbett;* **2.** *Kchk. Ven.* Maiseintopf *m*.
ollita *f* **1.** *dim. kl.* Topf *m*; **2.** F *Col., Ven.:* ~ de mono kopfgroße Frucht des Jacapucayobaums.
olluco ♀ *m Pe.* Ulluco *m*, kartoffelähnliche Frucht.
Omán *m* Oman *n*.
ombli|go *m a. fig.* Nabel *m*; *fig.* cortarle el ~ a alg. *s.* j-n geneigt machen; **~gona** *adj.-su. f Col.: (naranja)* ~ Navelorange *f*; **~guera** ♀ *f* Nabelkraut *m*; **~guero** *m* Nabelbinde *f*.
ombú ♀ *m Am.* Ombu *m (Pampabaum).*
ombudsman *m* Bürgerbeauftragter *m*.
omega *f* Omega *n (a. fig.).*
omento *Anat. m* Netz *n*.
omeya *hist.* **I.** *adj. c* Omaijaden...; **II.** los ~s die Omaijaden *(arabische Dynastie in Spanien).*
ominoso *adj.* unheilverkündend.
omi|sión *f a.* ⚖ Unterlassung *f*; Übergehung *f*; Auslassung *f*; *Typ.* Leiche *f*; **~so I.** *part. irr.:* hacer caso ~ de a/c. et. nicht beachten, et. übergehen; **II.** *adj.* nachlässig, saumselig; **~tir** *v/t.* unterlassen, übergehen, auslassen; ~ + *inf.* (es) unterlassen, zu + *inf.*; no ~ esfuerzos k-e Anstrengungen scheuen; nichts unversucht lassen.
ommiada *adj.-su. c* → omeya.
ómnibus *m* Omnibus *m*; 🚃 tren *m* ~ Personenzug *m*.
omnicolor *adj. c* in allen Farben.
omnímodo *adj.* unumschränkt, absolut.
omni|potencia *f* Allmacht *f*; **~potente** *adj. c* allmächtig, allgewaltig; **~presencia** *f* Allgegenwart *f*; **~presente** *adj. c* allgegenwärtig; **~sapiente** *adj. c* allwissend; **~sciencia** *f* Allwissenheit *f*; **~sciente** *adj. c*, **~scio** *adj.* allwissend *(a. fig.).*
ómnium ✝, *Vers., Sp. m* Omnium *n*.
omnívoro *Zo. u. fig. adj.-su. m* Allesfresser *m*.
omóplato *Anat. m* Schulterblatt *n*.
onagra ♀ *f* Nachtkerze *f*.
onagro *Zo. m* Wildesel *m*, Onager *m*.
onanismo *m* Onanie *f*.
once I. *num.* elf; *fig.* F estar a las ~ schief sitzen *(Kleidungsstück); fig.* F tomar las ~ e-n (Morgen- bzw. [Nach-]Mittags-)Imbiß nehmen; *fig.* F tener la cabeza a las ~ ganz durcheinander sein; e-n mächtigen Brummschädel haben F; **II.** *m a. Sp.* Elf *f*; **III.** ~*s f/pl. Col.* (Nachmittags-)Vesper *n (Reg.),* Imbiß *m*; tomar ~s e-n Imbiß zu s. nehmen, vespern *(Reg.).*

oncear — optativo

oncear *v/t.* **1.** nach Unzen abwiegen; **2.** *Ven.* → tomar las once.
onceavo *num.* → onzavo.
oncejo *Vo. m* Mauersegler *m.*
onceno *num.* elfte(r, -s).
on|cología ⚕ *f* Onkologie *f*; **~cólogo** ⚕ *m* Onkologe *m.*
on|da *f* **1.** Woge *f,* Welle *f; poet.* Wasser *n*; **2.** (Haar-)Welle *f*; **3.** *Phys.,* HF Welle *f*; ~ corta (larga, media, ultracorta) Kurz- (Lang-, Mittel-, Ultrakurz-)welle *f*; ~ explosiva (luminosa, sonora) Explosions- (Licht-, Schall-)welle *f*; ~ superpuesta Überlagerungswelle *f*; *Vkw.* ~ verde grüne Welle *f*; *fig.* ~ captar ~ et. mitbekommen, kapieren F; *fig.* F estar en la ~ „in" sein F; mit der Mode gehen; **~deante** *adj.* c flatternd *(Fahne)*; **~dear I.** *v/i.* wogen; flattern, wehen *(Fahne, Haar);* wellig sein; ~ado wellenförmig; gewellt; ♀ gebuchtet *(Blatt);* **II.** *v/r.* ~se s. schaukeln; **~deo** *m* Wogen *n;* Flattern *n*; **~dímetro** *Phys. m* Wellenmesser *m*; **~dina** *Myth. f* Nixe *f,* Undine *f*; **~doso** *adj.* wellig.
ondula|ción *f* **1.** Wellenbewegung *f; p. ext.* Windung *f e-s Weges usw.;* ∉ Welligkeit *f*; **2.** Ondulieren *n (Haar);* **~do** *adj.* wellig, onduliert *(Haar);* chapa *f* ~a Wellblech *n*; **~r I.** *v/t.* Haar in Wellen legen, ondulieren, *fig.* F; ¡que te ondulen! geh *(od.* scher dich) zum Teufel! F; **II.** *v/i.* wogen; flattern; *lit.* s. winden *(Schlange, Weg);* **~torio** *adj. bsd. Phys.* wellenförmig, Wellen...
oneroso *adj.* **1.** beschwerlich, lästig; **2.** kostspielig; ⚖ entgeltlich; mit Auflage; gegen Gebühr, gebührenpflichtig.
onfacino *adj.:* aceite *m* ~ Öl *n* aus unreifen Oliven.
ónice *Min. m* Onyx *m.*
onírico *adj.* traumhaft; Traum...
oniromancia *f* Traumdeutung *f.*
ónix *Min. m* Onyx *m.*
on line *adj. c IT* on-line.
ono|masiología *Li. f* Onomasiologie *f*; **~masiológico** *Li. adj.* onomasiologisch; **~mástica** *Li. f* Namenskunde *f,* Onomastik *f*; **~mástico I.** *adj.* Namens...; índice *m* ~ Namensverzeichnis *n*; **II.** *m* Namenstag *m*; **~matopeya** *Li. f* Schallwort *n*; Lautmalerei *f,* Onomatopöie *f*; **~matopéyico** *adj.* lautmalend, onomatopoetisch.
onto|genia *Biol. f* Ontogenese *f*; **~genético,** **~génico** *adj.* ontogenetisch; **~logía** *Phil. f* Ontologie *f*; **~lógico** *adj.* ontologisch.
ontólogo *m* Ontologe *m.*
onubense *adj.-su. c* aus Huelva.
onza[1] *f* Unze *f (Gewicht, alte Münze).*
onza[2] *Zo. f Am. Reg.* Jaguar *m.*
onzavo *num.* elfte(r, -s); *m* Elftel *n.*
oo|lito *Geol. m* Oolith *m*; **~plasma** *Biol. m* Plasma *n* der Eizelle.
opa[1] *adj.-su. c Arg., Bol., Pe.* dumm; zerfahren, zerstreut.
¡opa![2] *Col. int.* → ¡hola!
opa|cidad *f* Undurchsichtigkeit *f*; **~co** *adj.* **1.** undurchsichtig; Deck... *(Farbe);* lichtdicht; **2.** *a. fig.* dunkel; düster; belegt *(Stimme).*
opa|lescencia *f* Opaleszenz *f,* Schillern *n*; **~lescente** *adj. c* opalisierend; **~lino** *adj.* opalartig;

Opal...; vidrio *m* ~ Opal-; Milchglas *n.*
ópalo *Min. m* Opal *m.*
op|ción *f* Wahl *f*; Anrecht *n*; ⚖, ✝, *Pol.* Option *f*; ~ cero Nullösung *f (Raketen);* ~ a compra Kaufoption *f*; ✝ en ~ als Extra, gg. Aufpreis; **~cional** *adj. c* Wahl..., wahlweise, fakultativ.
open ⚽ *m* offener Rückflug *m.*
ópera *f* Oper *f (Werk u. Gebäude);* ~ bufa *(od.* cómica) komische Oper *f.*
opera|ble *adj. c* **1.** durchführbar; **2.** ⚕ operabel, operierbar; **~ción** *f* **1.** *a.* ⚖, ✱ Operation *f*; Aktion *f*; ⚕ las cuatro ~ones *(fundamentales de aritmética)* die vier Grundrechnungsarten *f/pl.*; ~ policíaca Polizeiaktion *f*; ✱ mesa *f* de ~ones Operationstisch *m*; plan *m* de ~ones Operationsplan *m*; **2.** Tätigkeit *f*; Geschäft *n*, Aktion *f*, Operation *f*; ~ones *f/pl. bsd.* (Geschäfts-, Bank-, Börsen-)Verkehr *m*, (-)Tätigkeit *f*; ~ de bolsa Börsenoperation *f*, einzelnes Börsengeschäft *n*; **3.** Vorgang *m*; Verfahren *n*; ⊕ ~ (de trabajo) Arbeitsgang *m*; **~cional** ✕ *adj. c* operativ, Operations...; **~do I.** *adj.* **1.** ⊕ betätigt, bedient; ~ a mano handbedient; **2.** ⚕ operiert; **II.** *m* **3.** ⚕ Operierte(r) *m*; **~dor** *m* **1.** ⚕ Operateur *m*; **2.** *IT, Tel.* Provider *m*; **3.** *Film:* Kameramann *m*; *Kino:* Vorführer *m*; **4.** HF: ~ radar Radarbeobachter *m*; ~ (de radio) Funker *m*; **5.** ⊕ Facharbeiter *m*; **6.** ~ turístico Reiseveranstalter *m*; **~dora** *f* **1.** Telefonistin *f*; ~ (de un terminal de datos) Datentypistin *f*; **2.** *IT, Tel.* Provider *m*; **~nte** *adj. c* wirkend; wirksam; tätig; ✝ capital *m* ~ Aktivkapital *n*; **~r I.** *v/i. a.* ⚖ operieren; ✝ spekulieren/*bsd.* ✱ wirken, Wirkung haben; **II.** *v/t.* ⚕ operieren; **III.** *v/r.* ~se vorgehen, geschehen; ⚕ ~se de apendicitis am Blinddarm operiert werden; **~ria** *f* Arbeiterin *f*; **~rio** *m* **1.** Arbeiter *m*; **2.** *lit.* Handwerker *m*; **~tivo I.** *a. c* wirksam, tätig; **II.** *m Am. Mer.* (Polizei-)Einsatz *m*, (-)Aktion *f*; **~torio** *adj.* operativ, Operations...
opérculo *Biol. m* Deckel *m*; Kiemen- *bzw.* Kapsel-deckel *m.*
ope|reta ♪ *f* Operette *f*; **~rista** *c* Opernsänger(in *f*) *m*; **~rístico** *adj.* Opern...
operoso *adj.* mühsam, schwierig; beschwerlich.
opiado *pharm. m* Opiat *n.*
opila|ción ⚕ *f* Verstopfung *f*; **~tivo** ⚕ *adj.* verstopfend.
opimo *adj.* **1.** *lit.* reich; köstlich; ergiebig, groß; **2.** *inc.* dick, fett.
opi|nable *adj. c* denkbar, diskutierbar; **~nante I.** *adj. c* meinend; **II.** *m* s-e Meinung Äußernde(r) *m*; Diskutierende(r) *m*; Abstimmende(r) *m*; **~nar** *v/i.* meinen; glauben; vermuten; *dies.* ~tivo **I.** *a. c* meinend; yo opino que ... ich bin der Meinung *(od.* der Ansicht), daß ...; ~ en contra e-e entgegengesetzte Meinung haben; **~nión** *f* Meinung *f*; en mi ~ meiner Meinung nach; la ~ pública die öffentliche Meinung *f*; *fig.* casarse con su ~ von s-r Meinung nicht abzubringen sein; *dar* su ~ s-e Meinung sagen *(od.* äußern); *formarse (od.* hacerse) una ~ sobre

a/c. s. e-e Meinung über et. *(ac.)* bilden; hacer mudar de ~ a alg. j-n umstimmen; ser de la ~ de alg. j-s Meinung sein; ser de la ~ que ... der Meinung sein, daß ...; tener mala ~ de alg. e-e schlechte Meinung von j-m haben.
opi|o *pharm. u. fig. m* Opium *n*; *fig.* F dar el ~ gefallen; Eindruck machen; j-n becircen F; **~ómano** *m* Opiumsüchtige(r) *m.*
opíparo *adj.* üppig *(bsd. Mahlzeiten).*
opita *adj.-su. c Col.* aus dem Departement Huila.
oploteca *f* Waffenmuseum *n*; Zeughaus *n.*
oponer [2r] **I.** *v/t.* entgg.-setzen; -stellen; einwenden (gg. *ac. a, contra);* Schwierigkeiten, Hindernisse in den Weg legen; Widerstand leisten; **II.** *v/r.* ~se s. widersetzen; dagegen sein; ~se a *a/c.* s. e-r Sache widersetzen, gg. et. *(ac.)* sein; Einspruch erheben gg. et. *(ac.);* ~se a que + *subj.* dafür eintreten, daß nicht + *ind.;* no se opone a la idea er ist dem Gedanken nicht abgeneigt.
oporto *m* Portwein *m.*
oportu|namente *adv.* rechtzeitig; zu gelegener Zeit; **~nidad** *f* (passende) Gelegenheit *f*; Chance *f*; Zweckmäßigkeit *f*; Rechtzeitigkeit *f*; *Sp.* ~ de gol Torchance *f*; **~nismo** *m* Opportunismus *m*; **~nista** *adj.-su. c* opportunistisch; *m* Opportunist *m*; **~no** *adj.* gelegen; rechtzeitig; zweckmäßig, dienlich; angebracht; günstig; juzgar ~ (+ *inf.*) (es) für angebracht halten (, zu + *inf.*); ser ~ am Platz sein.
oposi|ción *f* **1.** *a. Astr., Li., Pol,. Parl.* Opposition *f*; **2.** Gegensatz *m*; Widerspruch *m*; estar en ~ in Widerspruch stehen zu *(dat.)*; **3.** Widerstand *m*; **4.** Gegenüberstellung *f*; **5.** ~ones *f/pl. Span.* Auswahlprüfung *f* für Staatsstellen; hacer ~ones a *(una)* cátedra s. um ein Lehramt *(bzw.* he-en Lehrstuhl) bewerben; **~cionista** *Parl. c* Mitglied *n* der Opposition; **~tar** *v/i.* an den staatlichen Auswahlprüfungen teilnehmen; **~tor** *m* **1.** Bewerber *m,* Kandidat *m b.* den oposiciones; **2.** Opponent *m.*
opossum *od.* **opósum** *Zo. m* Opossum *n.* [therapie *f.*]
opoterapia ⚕ *f* Opo-, Organo-
opre|sión *f* **1.** Unterdrückung *f*, Zwang *m*; **2.** Angst *f*; Beklommenheit *f*; ~ de corazón Herzbeklemmung *f*; **~sivo** *adj.* bedrückend; drückend; beklemmend; **~sor** *m* Unterdrücker *m.*
opri|mido *adj.* bedrückt; beklommen; unterdrückt; **~mir** *v/t.* drücken; bedrücken; unter-drücken, -jochen; *a.* zs.-drücken.
oprobi|ar [1b] *v/t.* schmähen; **~o** *m* Schande *f*; Schimpf *m*; **~oso** *adj.* schmachvoll; schändlich; schimpflich.
opta|ción *Rhet. f* Optatio *f*; **~r** *v/t/i.* **1.** wählen, s. entscheiden (für *ac. por);* ⚖, ✝, *Pol.* optieren; ~ entre dos *candidatos* e-e Wahl treffen zwischen zwei Bewerbern; **2.** *poder* ~ a Anspruch haben auf *(ac.);* **~tivo I.** *adj.* wahlfrei; Wunsch...; **II.** *Li. m* Optativ *m.*

ópti|ca f Optik f; ~ *oculista* Augenoptik f; **~co I.** *adj.* optisch; Augen...; **II.** m Optiker m.
optimar ⊕ v/t. Höchstleistung anstreben bei (*dat.*).
optimis|mo m Optimismus m; **~ta** *adj.-su.* c optimistisch; m Optimist m.
óptimo I. *adj. lit.* beste(r, -s); optimal; vortrefflich; **II.** m Optimum n.
optómetro ✱ m Optometer n.
opuesto *adj.* entgg.-gesetzt; gg.-überliegend; gg.-über befindlich (*dat. a*); in Opposition; ⚥ Gegen...
opugnar v/t. bekämpfen; Festung bestürmen.
opulen|cia f gr. Reichtum m; Überfluß m; Üppigkeit f; *vida* f *en* **~to** Wohlleben n; **~to** *adj.* sehr reich; überreich; üppig; luxuriös; *la sociedad* **~a** die Überflußgesellschaft.
opus m *bsd.* ♪ Opus n; ⚥ *Dei bsd. Span.* Opus n Dei (*kath. Laienorganisation*).
opúsculo m kl. Werk n; Broschüre f.
opuse *usw.* → *oponer.*
oque|dad f Höhlung f, Loch n; *fig.* Hohlheit f; **~dal** m Hochwald m; **~ruela** f Schlinge(nbildung) f b. verdrehtem Faden.
ora ..., **ora** ... *cj.* bald ..., bald ...
ora|ción f **1.** Gebet n; *kath.* (*toque m de*) **~ones** Angelusläuten n; *dominical* Vaterunser n; *fig.* F eso no es parte de la **~** das gehört nicht hierher; das ist fehl am Platz!; **2.** Rede f; *Li. a.* Satz m; *Li.* **~** *principal* (*subordinada*) Haupt-(Neben-)satz m; *partes f/pl. de la* **~** Redeteile m/pl.; **~cional I.** *adj.* c Li. Satz...; Rede...; **II.** m *ecl.* Gebetbuch n.
oráculo m Orakel n; *~ del plomo* Bleigießen n.
ora|dor m Redner m; **~l I.** *adj.* c mündlich; **II.** m mündliche Prüfung f.
orangután Zo. m Orang-Utan m.
ora|nte Ku. *adj.-su.* (*estatua* f) **~** m Orant m; **~r** v/i. beten (für *ac. por*).
orate m Verrückte(r) m, Spinner m F.
orato|ria f Redekunst f; **~** *sagrada* Kanzelberedsamkeit f; **~riano** *kath.* m Oratorianer m; **~rio I.** *adj.* **1.** rednerisch; oratorisch; Rede...; **II.** m **2.** Bethaus m; (Haus-)Kapelle f; **3.** ♪ Oratorium n.
or|be m **1.** Kreis m, Zirkel m; kosmische Sphäre f der ma. Weltschau; **2.** **~** (*terráqueo*) Welt f; *el* **~** *católico* die katholische Welt; **~bicular I.** *adj.* c *bsd.* ✱ kreis-, ring-förmig; orbikular; **II.** m *Anat.* Ringmuskel m.
órbita f **1.** *Astr., Phys.* Kreisbahn f; (Planeten-, Geschoß-)Bahn f; **~** *electrónica* Elektronenbahn f; *poner* (*od. colocar*) *en* **~** *Raumf.* auf e-e Umlaufbahn bringen; *fig.* F berauschen, high machen F, auf den Trip schicken F (*Alkohol, Drogen*); **2.** *Anat.* Augenhöhle f.
orbital *adj.* c **1.** *Phys.* Kreisbahn...; *Raumf.* movimiento m **~** Umlaufbewegung f; **2.** ✱ orbital, Augenhöhlen...
orca Zo. f Schwertwal m, Butskopf m, Mörderwal m.
Orcadas f/pl. Orkneyinseln f/pl.
orco *Myth. u. fig.* m Orkus m,

Unterwelt f.
órdago m *Kart.* Einsatz m b. *Musspiel*; *fig.* F de **~** großartig, prima F, enorm F, gewaltig F.
ordalías *Ma.* f/pl. Gottesurteil n.
orden I. m **1.** Ordnung f; Regel f; **~** *del* **~** *público* (Ordnungs-)Polizei...; *estar* (*poner*) *en* **~** in Ordnung sein (bringen); *salir del* **~** von der Ordnung (*od.* Regel) abweichen; *turbar el* **~** *público* die öffentliche Ordnung stören; **2.** Ordnung f (*a. Biol.,* ⚥, ✱); Kategorie f, Rang m; Gruppe f, Klasse f, Komplex m; (Berufs-)Stand m; *de primer* **~** ersten Ranges, erstklassig; *a. Parl.* **~** *del día* Tagesordnung f; **~** *de ideas* Gedankenkomplex m; *pasar al* **~** *del día* zur Tagesordnung übergehen; **3.** Ordnung f, Anordnung f; Aufstellung f; Reihenfolge f; ✱ *a.* Form f; *por* **~** *alfabético* (in) alphabetisch(er Ordnung), nach dem Alphabet; ✱ **~** *de combate* Gefechtsform f; **~** *de marcha* Marschfolge f, Fahrordnung f; **4.** △ Baustil m; Säulenordnung f; **~** *dórico* dorische Ordnung f; **5.** *Theol.* **a)** (Engel-)Ordnung f; **b)** **~** (*sacerdotal*) Priesterweihe f; **II.** f **6.** *ecl. u. hist.* Orden m; **~** *de caballería* Ritterorden m; **~** *monástica* Mönchsorden m; **~** *de Predicadores*, **~** *de Santo Domingo* Predigerorden, Dominikaner-orden m; **~** (*de los caballeros*) *de San Juan* Johanniterorden m; **7.** Befehl m (*a. EDV*); Weisung f, Auftrag m (✝ → 8); Anordnung f; Verordnung f; *fig.* Gebot n; ✞ **~** *de busca* (*od.* búsqueda) *y captura* Steckbrief m; Haftbefehl m; ✱ **~** *del día* Tagesbefehl m; **~** *de disparar* Schießbefehl m; ✱ **~** *de marcha* Marschbefehl m; **~** (*judicial*) *de registro* (richterlicher) Durchsuchungsbefehl m; ✱ *¡a la* **~**! jawohl!; zu Befehl!; melde mich zur Stelle!; (*siempre*) *a sus órdenes!* (stets) zu Ihren Diensten!; *por* (*od. de*) **~** *de* auf Befehl (*od.* Anordnung) von (*dat.*); im Auftrag von (*dat.*); ✱ *consignar las órdenes de* Postenanweisung ausgeben; **8.** ✝ Auftrag m, Bestellung f; Order f; Anweisung f; *de pago* Zahlungsanweisung f; *papeles m/pl. a la* **~** Orderpapiere n/pl.; *según la* **~** (*recibida*) auftragsgemäß; *hasta nueva* **~** bis auf weiteres; *a. Verw. por* **~** im Auftrag, per Prokura (✝); *dar* (*od. pasar*) *una* **~** e-n Auftrag erteilen; *despachar* (*od.* ejecutar) *una* **~** e-n Auftrag abwickeln, e-e Bestellung erledigen; **9.** Orden m, Auszeichnung f; ♀ *del Mérito Militar span.* Kriegsverdienstorden m; ♀ *Militar de la Cruz de San Fernando* höchste *span.* Tapferkeitsauszeichnung; **10.** *ecl.* **~** *de acólito* Weihe f zum Akolyten; *órdenes* f/pl. *mayores* (*menores*) höhere (niedere) Weihen f/pl.; *las sagradas órdenes* die (sieben) Weihen zum Geistlichen.
orde|nación f **1.** (An-)Ordnung f; Regelung f (*a. Pol.,* ✝); *Verw.* **~** *del territorio* Raumordnung f; **2.** *ecl.* Priesterweihe f; Ordination f; **3.** *Verw.* Amt n; *bsd.* Buchhaltung f, Zahlstelle f; **~nada** ⚥ f Ordinate f; **~nador I.** *adj.* **1.** ordnend; **II.** m Ordner m; **3.** Vorsteher m e-r ordenación, *etwa:* (Ober-)Amtmann m; **4.** ⊕ Elektronenrechner m, Computer m; **~**

central Zentralrechner m; **~** (*personal*) *de mano od. de palma* Handheld m, Palmtop m; **~** *personal* Personal(-)Computer m; **~** *portátil* Laptop m, Notebook n; *Kfz.* **~** *de viaje* Bordcomputer m; **~namiento** m Ordnung f; Anordnung f; **~nancista** *adj.* c streng auf Einhaltung der Vorschrift(en) achtend; **~nando** m *ecl.* m zu ordinierende(r) Geistliche(r) m; **~nanza I.** f **1.** Anordnung f; Verordnung f; ✱, *Verw.* Dienstanweisung f; **~s** f/pl. Vorschrift(en) f(/pl.); *de* **~** vorschriftsmäßig; **II.** m **2.** ✱ **a)** Ordonnanz f; **b)** (Offiziers-)Bursche m, Putzer m; **3.** Amts- *bzw.* Büro-bote m; **~nar I.** v/t. **1.** ordnen; sichten; einrichten; *vida* f **~ada** geordnete Lebensführung f; *ordentliches* (*od.* solides) Leben n; **~** *por materias* nach Sachgebieten ordnen; **2.** anordnen, verfügen; befehlen; bestimmen, vorschreiben; ✱, *Verw.* ordenamos y mandamos hiermit wird angeordnet; **3.** ordnen, lenken, ausrichten; **~** *los esfuerzos encaminándolos a* die Anstrengungen ausrichten auf (*ac.*); **4.** *ecl.* ordinieren; zum Priester weihen; **II.** v/r. **~se** 5. *ecl.* ordiniert werden.
orde|ñadero ✄ m Melkeimer m; Abmelkstall m; **~ñador** *adj.-su.* Melker m; **~ñadora** f **1.** Melkerin f; **2.** **~ñar** v/t. melken; *p. ext.* Oliven mit der ganzen Hand pflücken; **~ñavacas** ✄ m (*pl. inv.*) Melker m, Schweizer m; **~ño** m Melken n; *p. ext. a* **~** (*Oliven*) mit der ganzen Hand abstreifend (*pflücken*).
órdiga P *int. ¡la* **~**! nein, sowas! *bzw.* einfach toll! F.
ordinal ⚥, *Gram. adj.* c Ordnungs-...; *número* m **~** Ordnungszahl f.
ordina|riamente *adv.* üblicherweise; **~riez** f Ungeschliffenheit f; Grobheit f; Unflätigkeit f; **~rio I.** *adj.* **1.** ✱ ordentlich; *asamblea* f **~a** ordentliche Versammlung f; **2.** gewöhnlich, üblich; alltäglich *adv.* **de** **~** gewöhnlich, üblicherweise; **3.** gewöhnlich, gemein, ordinär; **II.** m **4.** *nur ecl.* Ordinarius m; **~tivo** *adj.* die Ordnung betreffend.
orear I. v/t. (aus)lüften; **II.** v/r. **~se** frische Luft schöpfen.
orégano ✿ m **1.** Dost m, Oregano m, wilder Majoran m; *Spr. no todo el monte es* **~** es treten überall Schwierigkeiten auf; **2.** *Am.* Majoran m.
oreja f **1.** (äußeres) Ohr n; *p. ext.* Gehör n; F Ohrmuschel f; *aguzar* (*od. alargar*) *las* **~s**, *Méj. parar la* **~** die Ohren spitzen (*Tiere u. fig.*); *fig.* F *bajar las* **~s** klein beigeben; *Stk.* conceder (*el honor de*) *la* **~** den Torero durch Verleihung e-s Ohrs des erlegten Stiers ehren; *fig. descubrir* (*od.* enseñar) *la* **~** s. von s-r wahren Seite zeigen; *fig.* F *mojar a alg. la* **~** Händel mit j-m suchen; j-n beleidigen (*od.* anrempeln F); *fig. ponerle a alg. las* **~s** *coloradas* j-m das Blut ins Gesicht treiben; *rascarse las* **~s** s. hinter den Ohren kratzen; *fig.* F *tenerle a alg. de la* **~** j-n fest an der Kandare haben; *fig.* F *ver las* **~s** *del lobo* in großer Gefahr schweben, in Teufels Küche sein F; *fig.* F *haber visto las* **~s** *del lobo* noch einmal mit einem blauen Auge davongekommen sein (*fig.* F); **2.** oh-

renförmiges Gebilde n; Seitenteil n; Ohr n, Henkel m, Klappe f; Ohrenklappe f e-r Mütze; Umschlagklappe f e-s Buches; Backe f e-s Sessels; 3. Lasche f, Zunge f e-s Schuhs; Seitenteil n des Oberleders b. Schuh; 4. Kchk. ~ de abad, ~ de monje Art hauchdünner Pfannkuchen m; 5. ♀~ de abad Venusnabel m, Nabelkraut n; ~ de fraile Haselwurz f; ~ de oso Aurikel f; ~ de ratón Mausohr ; 6. Zo. ~ marina Art Seeohr n (Muschel).

ore|jano adj. 1. Am. Vieh: ohne Besitzzeichen; herrenlos; fig. verwildert; fig. mißtrauisch; menschenscheu; 2. Ven. → ~jeado F adj. auf der Hut, gewarnt; ~jear v/i. 1. die Ohren bewegen (bzw. spitzen); fig. unwillig arbeiten, murren; 2. Am. Cent., Méj. horchen, (heimlich) lauschen; 3. fig. Méj., P. Ri. mißtrauisch sein; ~jera f 1. Ohrenklappe f b. Mützen usw.; Ohrenschützer m; Ohrschutz m b. Helmen; Ohrpflock m der Indianer; 2. (seitliche) Klappe f, Seitenteil n; ✱ Pflugschürze f; ~jón I. Am. adj. 1. → orejudo; fig. roh, grob (Person); II. m 2. fig. Hahnrei m; 3. Kchk. getrockneter Aprikosen-, Melonen- usw. Schnitz m; compota f de ~ones (Dörr-)Obstkompott n; 4. Ruck m den Ohren; darle a alg. un ~ j-n am Ohr reißen; 5. hist. Inkaadlige(r) m; 6. F Col. Bewohner m der bogotanischen Hochebene; ~judo I. adj. langohrig; II. m Zo. großohrige Fledermaus f; ~juela f Henkel m; Tab m b. Karteikarten.

oreo m 1. sanftes Lüftchen n; 2. Lüftung f, Auslüften n.

orfan|ato m Waisenhaus n; ~dad f Verwaisung f (a. fig.); Waisenstand m.

orfebre m Goldschmied m; ~ría f 1. Goldschmiede-, Juwelier-arbeit f; 2. Goldschmiedekunst f.

Orfeo npr. m Orpheus m.

orfe|ón ♪ m Gesangverein m; Chor m; ~onista ♪ m Mitglied n e-s Gesangvereins (od. Chores).

órfico Myth., Rel. u. fig. adj. orphisch.

organdí tex. m (pl. ~í[e]s) Organdy m.

organelo Biol. m Organelle f.

organero m Orgelbauer m.

or|gánico adj. a. fig. organisch; Organ...; ~ganigrama m Organisationsschema n; Stellenplan m.

organi|llero m Drehorgelspieler m, Leierkastenmann m; ~llo m Drehorgel f, Leierkasten m.

organis|mo m Biol., ✱, ⚕, Pol. u. fig. Organismus m; fig. a. Verband m, Körperschaft f; Verw. ~ consumidor Bedarfsträger m; Pol. ♀ Internacional de Energía Atómica, Abk. OIEA f Internationale Atomenergie-Organisation f, Abk. IAEO f; ~ de seguro Versicherungsträger m; ~ta ♪ c Orgelspieler(in f) m; Organist(in f) m.

organiza|ción f 1. Organisation f; Einrichtung f; Verw., ✱ f. Verband m, Verein m; Pol. ♀ de Cooperación y Desarrollo Económico, Abk. OCDE f Organisation f für wirtschaftliche Zusammenarbeit und Entwicklung, Abk. OECD f; ♀ de Estados Americanos, Abk. OEA Organisation f Amerikanischer Staaten, Abk. OAS f; ♀ Internacional del Trabajo, Abk. OIT Internationale Arbeitsorganisation f; ~ no gubernamental, Abk. ONG f Nichtregierungsorganisation f; ~ profesional Berufsverband m; ~ superpuesta, ~ central Dach-verband m, -organisation f; 2. Organisation f; Aufbau m, Gliederung f; Einrichtung f, Anlage f; Verfassung f; ~ del trabajo Arbeits-organisation f, -planung f; 3. Organisation f, Veranstaltung f; ~dor I. adj. organisierend, Organisations...; II. m Organisator m; Veranstalter m; ~r [1f] I. v/t. 1. organisieren; aufbauen; gliedern; ordnen, gestalten; einrichten, planen; 2. organisieren, veranstalten; II. v/r. ~se 3. s. organisch zs.-fügen; s. gliedern; s. (zu e-m Verband) zs.-schließen; 4. in Ordnung kommen; zu e-r festen Regel werden; 5. F passieren; se organizó un escándalo tremendo es kam zu e-m mordsmäßigen Krawall F.

órgano m 1. Biol. u. fig. Organ n (a. Mitteilungsblatt e-s Verbandes usw.); ⚖, Pol. ~ colegiado Kollegialorgan n; ⊕ ~ de mando Steuerorgan n; Biol. ~s m/pl. sexuales Geschlechtsorgane n/pl.; 2. ♪ Orgel f; ~ de luces Lichtorgel f; ~ de manubrio → organillo.

organo|genia Biol. f Organogenese f; Organentstehung f; ~logía f 1. Biol. Organlehre f; 2. ♪ Orgel(bau)kunde f; ~terapia ✱ f Organtherapie f.

or|gasmo Physiol. m Orgasmus m; ~gástico adj. orgastisch.

or|gía, ~gia f Orgie f; Ausschweifung f, Zügellosigkeit f; fig. a. Schwelgen n (in dat. de); ~giaco, ~giástico adj. Orgien...; schwelgerisch; wüst, zügellos.

orgullo m Stolz m; Hochmut m; ~so adj. (estar) stolz (auf ac. de); (estar, ser) hochmütig.

orien|table ⊕ adj. c verstellbar, einstellbar (Richtung); horizontal schwenkbar; ~tación f 1. a. fig. Orientierung f; (Aus-)Richtung f; Geol. Richtung f, Strich m e-r Schicht; Lage f e-s Gebäudes nach den Himmelsrichtungen; fig. politische Ausrichtung f; ⚓ ~ del aparejo Segelstellung f; 2. Orientierung f, Ortsbestimmung f; Peilung f, Ortung f; 3. fig. Orientierung f, Beratung f; Übersicht f; Übersichtlichkeit f; a título de ~ zur Orientierung; ~tador adj. orientierend; fig. richtungweisend; ~tal I. adj. c orientalisch; östlich; Ost...; Iglesia f ~ Ostkirche f; II. m Orientale m, lit. Morgenländer m; III. f Lit. an orientalischen Themen inspiriertes Gedicht; ~talismo m 1. orientalisches Wesen n; 2. Hang m zum Orientalischen; 3. U Orientalistik f; ~talista adj.-su. c orientalistisch; m Orientalist m; ~tar I. v/t. 1. a. fig. orientieren; lagemäßig (od. fig. ideologisch) ausrichten; orten; 2. ein-, verstellen; (ein-)richten; a. ⚔ Rohr e-s Geschützes schwenken; ⚓ trimmen; 3. fig. einweisen; unterrichten, informieren; beraten; II. v/r. ~se 4. a. fig. s. orientieren; s. zurechtfinden; s. informieren; s. einarbeiten; 5. peilen; ~te m 1. Osten m, Morgen m (lit.); 2. Osten m; Orient m, Morgenland n (lit.); 3. Pol. Extremo (od. Lejano) ♀ Fernost m, Ferner Osten m; ♀ Medio, Próximo ♀ Nahost m, Naher Osten m, Vorderer Orient m.

orificar [1g] v/t. ✱ Zahn mit Gold füllen.

orificio m Öffnung f (a. Anat.), Loch n; ⊕, ~ de acceso Mannloch n; ⚓ ~ de carga Ladeluke f; ~ de entrada Einschuß(öffnung f) m b. e-r Schußverletzung; ~ de salida Austritt m; Ausschuß(öffnung f) m; Anat. ~ uterino Muttermund m.

oriflama f hist. Lilienbanner n; p. ext. Banner n.

origen m 1. Ursprung m; Entstehung f; Herkunft f; Abstammung f; fig. Quelle f (fig.); 2. ⚖ u. fig. Ausgangs-, Nullpunkt m; 3. fig. Ursache f, Veranlassung f.

origina|l I. adj. c 1. ursprünglich; Ursprungs...; Ur...; Original...; urschriftlich; Theol. pecado m ~ Erbsünde f; 2. sonderbar, originell; II. m 3. a. Typ. u. fig. Original m; Urtext m, Urfassung f; Urbild n; 4. Kauz m, Original n F; ~lidad f Ursprünglichkeit f; Originalität f; Eigentümlichkeit f; fig. Sonderbarkeit f; ~r I. v/t. verursachen, hervorrufen, veranlassen; II. ~se v/r. entstehen, erwachsen, entspringen, verursacht werden; ~rio adj. 1. (her)stammend, gebürtig (aus dat. de); 2. ursprünglich; angeboren; wesensmäßig (mitgegeben); 3. verursachend; ser ~ de algo et. verursachen, der Grund sein von et. (dat.).

orilla[1] f 1. Rand m; Saum m; a la ~ nahebei; tex. → orillo; 2. Ufer n, Gestade n, Strand m; (situado) a ~s del Ebro am Ebro (gelegen); ~ del mar Meeresufer n; fig. la otra ~ das Jenseits; 3. Arg., Méj. ~s f/pl. Umgebung f; Stadtrand m.

orilla[2] f 1. ♣ kühler Wind m; 2. Ec. Wetter n.

ori|llar v/t. 1. rändern; säumen; verbrämen; 2. fig. Geschäft erledigen; Gefahr beseitigen; Schwierigkeit überwinden; 3. Arg. Thema streifen; 4. Méj. j-n in die Enge treiben; 5. Kfz. Col. an den Straßenrand stellen; ~llero adj. 1. Am. am Rande (bzw. am Ufer) befindlich; 2. Am. Reg. Vorstadt...; ~llo m Webkante f; buntgewebter Saum m.

orín[1] m Rost m; tomarse de ~ rostig werden, rosten.

orín[2] m → orina.

ori|na f Urin m, Harn m; análisis m de ~ Harnanalyse f; ~nal m Nachttopf m; Uringlas n; ~nar v/t/i. Harn lassen, urinieren, harnen; ~nes m/pl. → orina.

orinque ⚓ m Bojenreep n.

oriol m Reg. → oropéndola.

Orión Myth., Astr. m Orion m.

oriundo adj. stammend, gebürtig (aus dat. de).

orla f Saum m, Borte f; Randverzierung f; Typ. ~ negra Trauerrand m; ~dura f Umrandung f; Besatz m e-r Uniform usw.

Orlando npr. m Roland m.

orlar v/t. (ein)fassen, säumen; *Typ.* mit e-m Schmuck- *bzw.* Trauerrand versehen.
orlo¹ ♪ *Folk. m* Alphorn *n.*
orlo² △ *m* → plinto.
orlón *Wz. tex. m* Orlon *n (Kunstfaser).*
ornamen|tación *f* Verzieren *n*; Verzierung *f*, Schmuck *m*; **~tal** *adj. c* ornamental; Schmuck...; *arte m ~* Ornamentik *f*; **~tar** *v/t.* verzieren; zieren, schmücken; **~to** *m* Verzierung *f*; Schmuck *m*; Ornament *n*; **~s** *m/pl.* Schmuckelemente *n/pl.*; *fig. lit.* (zierende) Eigenschaften *f/pl.*; *ecl.* **~s** *(sacerdotales)* **a)** Ornat *m*; Priestergewänder *n/pl.*; **b)** Paramente *pl.*
orna|r *v/t.* (ver)zieren; schmücken (mit *dat.* de); **~to** *m* Verzierung *f*, Schmuck *m*; Zierat *m.*
orni|tófilo *m* Vogelzüchter *m*; **~tología** *f* Vogelkunde *f*; **~tólogo** *m* Ornithologe *m*; **~tomancia** *f* Weissagung *f* aus dem Vogelflug; **~torrinco** *Zo. m* Schnabeltier *n.*
oro *m* **1.** *a. fig.* Gold *n*; *~ amonedado* Münzgold *n*; *~ arrastrado* Schwemmgold *n der Flüsse*; *~ en barras* Barrengold *n*; *~ batido* Schlag-, Blatt-gold *n*; *~ chapado* Golddublee *n*, Doublé *n*; ✗ *~ dental* Zahngold *n*; *~ de ley* Feingold *n*; *Mal. ~ molido (musivo)* Muschel-(Musiv-)gold *n*; *~ en polvo* Goldstaub *m*; *fig. corazón m de ~* goldenes Herz *m*; *fig. fiebre f de ~* Goldfieber *n*; *a. fig. mina f de ~* Goldgrube *f*; ✗ *quijo m de ~* Goldstufe *f*; *fig.* F *como un ~* blitzsauber; *guardar como ~ en paño* wie s-n Augapfel hüten; *prometerle a alg. montañas de ~ (od. el ~ y el moro)* j-m goldene Berge *(od.* das Blaue vom Himmel) versprechen; *su palabra es de ~* er ist ein Mann von Wort; *el tiempo es ~* Zeit ist Geld; *ser bueno como el ~ od. ser ~ molido* unbedingt verläßlich sein; *ser otro tanto ~ od. valer tanto como ~* Gold wert sein; *Spr. no es ~ todo lo que reluce es* ist nicht alles Gold, was glänzt; **2.** *Kart.* **~s** *m/pl.* etwa: Schellen *f/pl.*, Karo *n.*
oroban|ca *f*, **~que** *m* ♀ Sommerwurz *f*, Hanfwürger *m*, Orobanche *f.*
orobias *m* feiner Weihrauch *m* in Körnern.
oro|génesis *Geol. f* Gebirgsbildung *f*, Orogenese *f*; **~genia** *f* Lehre *f* von der Entstehung der Gebirge; **~génico** *adj.* orogen; **~grafía** *f* Orographie *f.*
orondo *adj.* bauchig *(Gefäß)*; *fig.* F stolz, zufrieden; stolz, aufgeblasen.
oronja ♀ *f: falsa ~* Fliegenpilz *m*; *~ verdadera* Butterpilz *m.*
oro|pel *m* Flittergold *n*; *fig.* Tand *m*; Flitter *m*; **~péndola** *Vo. f* Pirol *m*; **~pimente** *Min. m* Arsenblende *f.*
oroya *f Bol., Pe.* Hängekorb *m* zur Flußüberquerung.
orozuz ♀ *m* Süßholz *n.*
orques|ta *f* **1.** ♪ Orchester *n*; Kapelle *f*; *~ de cámara* Kammerorchester *n*; *~ sinfónica* Symphonieorchester *n*; **2.** *Thea.* Orchesterraum *m*; **~tación** ♪ *f* Orchestrierung *f*; **~tal** *adj. c* Orchester...; **~tar** *v/t.* ♪ orchestrieren, instrumentieren; *fig.* anzetteln, inszenieren; **~tina** ♪ *f* Kapelle *f*, Ensemble *n.*
or|quidáceas ♀ *f/pl.* Orchideen *f/pl.*; **~quídea** ♀ *f* Orchidee *f*; **~quitis** ✱ *f* Hodenentzündung *f*, Orchitis *f.*
ortega *Vo. f* Birkhuhn *n*; *~ f macho* Birkhahn *m.*
orteguiano *Phil.* **I.** *adj.* Ortega...; **II.** *m* Anhänger *m* des span. Philosophen Ortega.
ortiga *f* **1.** ♀ Nessel *f*; Brennessel *f*; *~ blanca (muerta)* weiße (rote) Taubnessel *f*; **2.** *Zo. ~ de mar* Seeanemone *f*; **~l** *m* mit Nesseln bestandener Platz *m.*
orto *Astr. m* Aufgang *m*; Sonnenaufgang *m.*
orto|cromático *Phot. adj.* orthochromatisch, farbenempfindlich (außer Rot); **~doncia** ✱ *f* Kieferorthopädie *f*; Gebißregulierung *f*; *aparato m de ~* Zahnklammer *f*; **~doncista** ✱ *c* Kieferorthopädie *m*; **~doxia** *Theol. f* Orthodoxie *f*; Rechtgläubigkeit *f*; **~doxo** *Theol. u. fig.* **I.** *adj.* orthodox; rechtgläubig; strenggläubig; **II.** *m* Orthodoxe(r) *m*; **~dromia** ⚓, ✈ *f* Orthodrome *f*, Großkreis(linie *f*) *m*; **~fónico** *Rf. adj.* klangrein; **~gonal** ⚲ *adj. c* rechtwinklig; **~grafía** *f* Rechtschreibung *f*, Orthographie *f*; **~grafiar** [1c] *v/t.* orthographisch richtig schreiben; **~gráfico** *adj.* orthographisch; Rechtschreibungs...; **~logía** *f* Kunst *f*, grammatisch u. phonetisch richtig zu sprechen; **~pedia** ✱ *f* Orthopädie *f*; **~pédico** ✱ **I.** *adj.* orthopädisch; **II.** *m* → **~pedista** ✱ *c* Orthopäde *m.*
ortópteros *Ent. m/pl.* Geradflügler *m/pl.*
ortos|copia *Opt. f* Orthoskopie *f*; **~tático** ✱, △ *adj.* orthostatisch.
oruga *f Zo.*, ⊕ Raupe *f*; *Kfz.* Raupenkette *f.*
orujo *m* Trester *pl.*, Treber *pl. v.* Trauben *u.* Oliven; *torta f de ~* Öl-, Trester-kuchen *m (Viehfutter)*; *(aguardiente m de) ~* Trester(-schnaps) *m.*
orva|llar *Reg. v/i.* → lloviznar; **~lle** ♀ *m* → gallocresta; **~llo** *m Reg.* → llovizna.
orza¹ *f* Einmachtopf *m (Steintopf).*
orza² ⚓ *f* **1.** Anluven *n*; *a (od. de)* ~ gg. den Wind, luv; **2.** (Kiel-)Schwert *n der Segelschiffe.*
orzaga ♀ *f* Salzmelde *f.*
orzar [1f] ⚓ *v/i.* (an)luven.
orzue|la *f Méj.* gespaltene Haarspitzen *f/pl.*; **~lo** ✱ *m* Gerstenkorn *n.*
os *pron. pers.* euch.
osa *f* Bärin *f*; *Astr.* ♀ *mayor (menor)* großer (kleiner) Bär *m*, (Himmels-)Wagen *m*; P *Span.* ¡*(anda) la ~!* Mensch, so'n Ding! F.
osa|día *f* Kühnheit *f*; Wagemut *m*; Verwegenheit *f*, Dreistigkeit *f*; **~do** *adj.* kühn, verwegen.
osamenta *f* **1.** Skelett *n*; **2.** Gebeine *n/pl.*, Knochen *m/pl.*
osar *v/i. ~ (+ inf.)* (es) wagen, s. erdreisten (zu *+ inf.*).
osario *m* **1.** Beinhaus *n*; Schädelstätte *f*; **2.** Begräbnis(platz *m*) *n.*
Oscar *m* Oscar *m (Filmauszeichnung).*
osci|lación *f* **1.** *Phys. u. fig.* Schwingung *f*; **2.** *a. fig.* ✝ Schwankung *f*; **~lador** HF *m* Oszillator *m*; **~ladora** HF *f* Oszillatorröhre *f*; **~lante** *adj. c* schwingend; **~lar** *v/i. Phys., Biol.* oszillieren, schwingen; *a. fig.* pendeln; zucken; *a. fig.* schwanken; ✝ *los precios oscilan entre 20 y 50 ptas.* die Preise schwanken zwischen 20 u. 50 Peseten; **~latorio** *adj. c* schwingend; **~lógrafo** *Phys. m* Oszillograph *m*; **~lograma** *m* Oszillogramm *n*; **~loscopio** *m* Oszilloskop *n.*
ósculo *lit., Ku. m: ~ de paz* Friedenskuß *m.*
oscu|rana F *f Am. Reg.* Dunkelheit *f*; **~rantismo** *m* Obskurantismus *m*; (systematische Massen-)Verdummung *f*; **~rantista** **I.** *adj. c* verdummend, Verdummungs...; **II.** *m* (Volks-)Verdummer *m*; **~recer** [2d] **I.** *v/t. a. fig.* verdunkeln; *fig.* verschleiern; **II.** *v/i.* dunkel werden; **III.** *v/r. ~se a. fig.* s. verfinstern; s. umwölken; *fig.* verblassen *(z. B. Ruhm)*; **IV.** *m: al ~* in der Abenddämmerung; **~recimiento** *m a. fig.* ✗ Verdunkelung *f*; Verfinsterung *f*; **~ridad** *f* **1.** Dunkelheit *f*, Finsternis *f*; **2.** *fig.* Unklarheit *f*; Dunkel *n*; Verborgenheit *f*; Niedrigkeit *f der Abstammung*; **~ro** *adj. a. fig.* dunkel; *fig.* unbekannt; *a ~as* im Dunkeln, im Finstern; *fig.* ahnungslos; *verde ~* dunkelgrün.
oseína *f* → oseína.
óseo *adj.* knochig, Knochen...
osezno *m* Bärenjunge(s) *n.*
osifica|ción *f* Verknöcherung *f*; **~rse** [1g] *v/r.* verknöchern.
osmanlí *adj.-su. c (pl. ~íes)* osmanisch; *m* Osmane *m.*
osmático *Biol. adj.* Geruch(sinn)s...
osmio ♁ *m* Osmium *n.*
ósmosis *u.* **os|mosis** ♁ *f* Osmose *f*; **~moterapia** ✱ *f* Osmotherapie *f*; **~mótico** ♁ *adj.* osmotisch.
oso *m* Bär *m*; *fig.* menschenscheue Person *f*; täppischer Kerl *m* F; *Zo. ~ blanco (hormiguero, lavador)* Eis-(Ameisen-, Wasch-)bär *m*; *~ marino* Bärenrobbe *f*, Seebär *m*; *~ pardo* Braunbär *m*; *fig.* F *hacer el ~* s. dumm *(od.* täppisch) anstellen; s. zum Gespött der Leute machen.
¡oste! *int.* fort von hier!, ksch, ksch!, husch, husch!; *fig.* F *sin decir ~ ni moste* ohne ein Wort zu sagen, ohne e-n Muckser F.
os|(t)eína *f* Ossein *n*; **~teítis** ✱ *f* Ostitis *f.*
osten|sible *adj. c* offensichtlich; deutlich; **~sivo** *adj.* auffallend; ostentativ; **~tación** *f* Schaustellung *f*; Prahlerei *f*; *sin ~* unauffällig; *hacer ~ de s.* brüsten mit *(dat.)*; **~tar** *v/t.* Titel, Amt (inne)haben; zur Schau stellen; vor-, auf-weisen; *p. ext.* prahlen mit *(dat.)*; **~toso** *adj.* auffallend, prunkhaft, protzend F.
osteo|... *in Zssgn.* Knochen...; **~logía** ✱ *f* Osteologie *f*; **~malacia** ✱ *f* Knochenerweichung *f.*
ostiario *kath. m* Ostiarius *m (Weihegrad).*
os|tión *m Méj.* Auster *f*; **~tra** *f* Auster *f*; *fig.* F *aburrirse como una ~* s. fürchterlich langweilen *(od.* mopsen F).
ostracismo *hist. u. fig. m* Ostrazismus *m*, „Scherbengericht" *n.*

ostral — ozoquerita

os|tral *m* Austernbank *f*; **~trería** *f* Austernhandlung *f*; **~trero I.** *adj.* 1. Austern...; **II.** *m* 2. Austern-fischer *m*; -verkäufer *m*; 3. Austernbank *f*; **~trícola** *adj. c* die Austernzucht betreffend; absuchen; **~tricultura** *f* Austernzucht *f*.
ostrogodo *adj.-su.* ostgotisch; *m* Ostgote *m*; *Li. das* Ostgotische.
osudo *adj.* knochig.
osuno *adj.* Bären...; bärenhaft.
Otañez *m hist. u. lit.* F Leibwächter *m* e-r Dame (F a. Don ~).
otari|a *Zo. f* Ohrenrobbe *f*; **~o** F *adj. Arg.* dumm, täppisch.
otate *m Méj.* Bambus *m* (*versch. Arten*); *p. ext.* Gerte *f*.
ote|ar *v/t.* (von e-r Höhe aus) beobachten; absuchen; spähen nach (*dat.*); *fig.* überwachen; **~ro** *m* Anhöhe *f*, Hügel *m*.
oti|atría *m* Ohrenheilkunde *f*; **~tis** *f (pl. inv.)* Ohrenentzündung *f*; ~ *media* Mittelohrentzündung *f*.
otólogo *m* Ohrenarzt *m*.
otomano *m lit. adj.-su.* ottomanisch; *m* Ottomane *m*.
otomí *Méj. adj.-su. c* Otomí...; *m* Otomí(indianer) *m*; *Li. das* Otomí.
Otón *npr.* = Otto *m*.
oto|ñada *f* Herbstzeit *f*; Herbsternte *f*; **~ñal** *adj. c* herbstlich, Herbst...; alt (*Person*); **~ñar** *v/i.* 1. den Herbst verbringen; 2. im Herbst keimen (*od.* sprießen); **~ño** *m a. fig.* Herbst *m*; *fig.* ~ *caliente* heißer Herbst *m*; *fin m de* ~ Spätherbst *m*.
otorga|miento *m bsd. Verw.* 1. Bewilligung *f*, Gewährung *f*; Erteilung *f*; 2. Ausfertigung *f*; **~nte I.** *adj. c* ausfertigend; bewilligend; **II.** *m* (Vollmacht-)Geber *m*; Aussteller *m e-s Schriftstücks*; **~r** [1h] *v/t.* 1. ausfertigen; 2. erteilen; bewilligen; gewähren; *Testament* errichten; *Gesetz usw.* erlassen.
otorrea *f* Ohrenfluß *m*.
otorrinolarin|gología *f* Hals-, Nasen-, Ohrenheilkunde *f*; **~gólogo** *m* Hals-Nasen-Ohrenarzt *m*.
otoscopio *m* Ohrenspiegel *m*.
otro *adj. pron.* ein anderer; ein zweiter; noch einer, ein neuer *f*; ¡*otra!* noch einmal!, weiter so!; na, so was!; ~s andere, weitere, sonstige; ~*a cosa et.* anderes; *mst. desp.* ¡(bzw. ~*a) que tal!* wieder so eine(r)! F; ~ *tanto* das gleiche; noch einmal so-

viel; *el* ~ *día* neulich; *al* ~ *día* am nächsten Tag; *uno(s) a* ~(*s*) einander, gg.-seitig; *de un lado a* ~ hin und her; *en* ~*a parte* anderswo; ¡*hasta* ~*a!* auf ein andermal!, auf bald!; *por* ~*a parte* andererseits; ¡*y a* ~*a cosa (mariposa)!* und jetzt (endlich) Schluß damit!; *iron.* ¡*esa es* ~*a!* das wird ja immer toller F (*od.* immer besser)!; *ser (muy)* ~ (ganz) anders (*od.* verschieden) sein; *fig. ser* ~ Cervantes ein zweiter Cervantes sein.
otro|ra † *adv.* früher, ehemals; **~sí** *I. adv.* ferner; **II.** *m* ergänzender Antrag *m*.
ova *f* Fadenalge *f*.
ovaci|ón *f* Ovation *f*; Beifall(ssturm) *m*; **~onar** *v/t. j-m* e-e Ovation bringen, *j-m* stürmischen Beifall spenden.
ova|l(ado) *adj.* eiförmig; oval; **~lar** *v/t.* oval machen.
óvalo *m* Oval *n*.
ovari|o *m* Fruchtknoten *m*; *Anat.* Eierstock *m*; **~otomía** *f* Entfernung *f* der Eierstöcke.
ove|ja *f* Schaf *n*; *fig. la* ~ *negra das* schwarze Schaf (*fig.*); **~jero I.** *adj. m*) Hirten-, Schäfer-hund *m*; **II.** *m* Schafe hütend; *perro m* ~ (*Rpl.* ~ *m*) Hirten-, Schäfer-hund *m*; **II.** *m* Schäfer *m*; **~juno** *adj.* Schafs...
ove|ra *f* Eierstock *m b.* Vögeln; **~rear** *v/t. Arg., Bol., Par. m* Feuer (goldbraun) rösten; **~ro I.** *adj.* 1. eifarben; falb; *ojo m* ~ Auge *n* mit stark hervortretendem Weiß *des Augapfels*; *fig.* F Glasauge *n*; 2. *Am.* weiß u. gelb gesprenkelt (*Rind*); *p. ext., bsd. Arg.* bunt; *fig.* F wetterwendisch (*Person*); **II.** *m* 3. Falbe(r) *m* (*Pferd*).
overol *m* Overall *m*; *Col. a. allg.* Arbeitsanzug *m*.
óvidos *Zo. m/pl.* Schafe *n/pl.* u. Ziegen *f/pl.*
oviducto *Biol. m* Legröhre *f des Geflügels*; *Anat.* Eileiter *m*.
ovi|llar I. *v/t.* auf ein Knäuel wickeln; **II.** *v/r.* ~*se s. zs.-rollen* (*Katze usw.*); **~llo** *m* Knäuel *n*; *hacerse un* ~ s. zsknäueln; *fig.* **a**) s. krümmen; **b**) s. verhaspeln (*z. B. b. Reden*).
ovino I. *adj.* Schaf...; **II.** *m Kchk.* Hammelfleisch *n*.
ovíparo *Zo. adj.* Eier legend.
ovni *m* (= *objeto volante no identificado*) Ufo *n*.
ovoide(o) I. *adj.* eiförmig; **II.** *m*

Ovoid *n*.
óvolo *m* Ei *n* (*Dekor*).
ovula|ción *Biol. f* Ovulation *f*, Ei-, Follikel-sprung *m*; **~r** *Biol. v/i.* e-n Eisprung haben.
óvulo *Biol. m* Eizelle *f*; Samenanlage *f der Knospe*.
oxalato *m* Oxalat *n*.
oxálida *f Art* Sauerklee *m*.
oxear *v/t.* Geflügel scheuchen.
oxhídrico *adj.* Sauerstoff-Wasserstoff...
oxida|ble *adj. c* oxydierbar, oxidierbar; rostend; **~ción** *f* Oxydation *f*, Oxidation *f*; Rostansatz *m*; ~ *anódica* (*od. electrolítica*) Eloxierung *f*; **~do** *adj.* 1. oxydiert, oxidiert; sauerstoffhaltig; 2. rostig; **~nte** *m* Oxydations-, Oxidations-mittel *n*; **~r I.** *v/t.* oxydieren, oxidieren; **II.** *v/r.* ~*se* oxydieren, oxidieren; rosten.
óxido *m* Oxyd *n*, Oxid *n*; ~ *de nitrógeno* Stick(stoff)-oxyd *n*, -oxid *n*.
oxigena|ción *f* Sättigung *f* mit Sauerstoff; Sauerstoffaufnahme *f*; **~do** *adj.* sauerstoffhaltig; wasserstoff([su]peroxid)blond, gebleicht (*Haar*); *agua f* ~*a* Wasserstoff(su)peroxyd *n*, -oxid *n*; **~r** *v/t.* mit Sauerstoff verbinden.
oxígeno *m* Sauerstoff *m*; *máscara f (para la inhalación) de* ~ Sauerstoffmaske *f*.
oxi|genoterapia *f* Sauerstofftherapie *f*; *aparato m de* ~ Sauerstoff-Wiederbelebungsgerät *n*; **~hemoglobina** *Physiol. f* Oxyhämoglobin *n*.
oximetría *f* Säuremessung *f*.
oxi|moron *Rhet. m* Oxymoron *n*; **~tono** *Gram.* **I.** *adj.* endbetont; (*sílaba f*) ~*a f* endbetonte Silbe *f*; **II.** *m* Oxytonon *n*.
¡oxte! *int.* → ¡*oste!*
oyamel *m* am. Fichte *f* (*Pinus religiosa*).
oye, oyendo *etc.* → *oír.*
oyente *c* Hörer(in *f*) *m*; *Univ.* Gasthörer(in *f*) *m*; *Rf.* ~ *m clandestino* Schwarzhörer *m*.
ozocerita *Min. f* → *ozoquerita.*
ozo|nar, ~nificar [1g], **~nizar** [1f] *v/t.* ozon(is)ieren: *Wasser* keimfrei machen; **~no** *m* Ozon *m*, *n*.
ozoquerita *Min. f* Erdwachs *n*.

P

P, p (= *pe*) *f* P, p *n*.
pabellón *m* **1.** Rundzelt *n*; **2.** Altar-, Bett-, Thron-himmel *m*; **3.** Pavillon *m*, Gartenhaus *n*; ~ *de caza* Jagd-schlößchen *n*; -hütte *f*; **4.** Pavillon *m*; (Messe- *usw.*)Halle *f*; ~ *de la fuente* Brunnenpavillon *m*; ~ *de hidroterapia* Kur-halle *f*, -haus *n*; **5.** ⚔ ~ *de armas* (*od. de fusiles*) Gewehrpyramide *f*; ¡~ones — armen! setzt die Gewehre zusammen!; **6.** ⚓ Flagge *f*; *navegar bajo* ~ *español* unter spanischer Flagge fahren; **7.** Anat. ~ (*de la oreja od.* ~ *acústico*) Ohrmuschel *f*.
pábilo *od.* **pabilo** *m* Docht *m*; (Licht-)Schnuppe *f*; *cortar el* ~ ein Licht putzen (*od.* schneuzen).
Pablo *npr. m* Paul *m*; Paulus *m*.
pábulo *m* **1.** ⚔ Nahrung *f*; **2.** *fig.* Anlaß *m*; Gesprächsstoff *m*; *dar* ~ *a las malas lenguas* den bösen Zungen zu reden geben.
paca¹ *bsd.* ✝ *f* Ballen *m*, Bündel *n*.
paca² *Zo.* ~ Paka *n*.
paca³ *f Chi.* Verkehrspolizistin *f*.
pacana ⚑ *f Am.* Pecan-, Pekan-nußbaum *m*; Pecan-, Pekan-nuß *f*.
pacaso *Zo. m Pe.* grüner Leguan *m*.
pacato *adj.* friedfertig, still; allzu bescheiden; furchtsam; wertlos, unbedeutend. [*Baum u. Frucht.*]
pacay ⚑ *m Am. Mer.* Pakay *m*,
pace|dero *adj.* Weide...; ~dura *f* Weiden *n*, Hüten *n*; ~r [2d] **I.** *v/i.* weiden, grasen, *Jgdw.* äsen; **II.** *v/t.* abgrasen.
pacien|cia *f* Geduld *f*; Langmut *f*; *fig.* ~ *angelical* (*od.* ~ *de* Engelsgeduld *f*; ¡~ *y barajar!* Abwarten und Tee trinken! F; ~te **I.** *adj. c* geduldig; **II.** *m* Patient *m*, Kranke(r) *m*; *Phil.* Erleidende(r) *m*; ~zudo *adj.* äußerst geduldig.
pacifica|ción *f* Befriedung *f*; ~dor **I.** *adj.* Frieden erstrebend (*od.* stiftend); *bsd. ecl.* irenisch; **II.** *m* Friedensstifter *m*; ~r [1g] **I.** *v/t.* befrieden; Frieden stiften unter *bzw.* bei (*dat.*); beruhigen, besänftigen; **II.** *v/r.* ~se ruhig werden; s. beruhigen.
pacífico I. *adj.* friedfertig; friedliebend; ruhig, sanft (*Wesen*); **II.** *adj.-su. m* (*océano*) ⚑ Pazifik *m*, Pazifischer Ozean *m*.
pacifis|mo *m* Pazifismus *m*; ~ta *adj.-su. c* pazifistisch; Friedens...; *m* Pazifist *m*.
Paco¹ *npr. m* F Koseform für *Francisco*; ⚑ *hist.* maurischer Freischärler *m*; F *Chi.* Polizist *m*; *fig. viene el tío* ~ *con la rebaja* jetzt wird es uns nicht mehr so gut gehen.
paco² **I.** *adj.* **1.** *Arg., Chi.* rötlich;

(rot)braun; **II.** *m* **2.** *Am.* Rotsilbererz *n*; **3.** *Zo. Am. Mer.* → *alpaca*¹.
pacoti|lla *f* **1.** Ramschware *f*, Schund *m*; *ser de* ~ minderwertig sein; **2.** ⚓ Freigepäck *n*; ~llero *m* **1.** Ramschverkäufer *m*; **2.** *Chi.* Hausierer *m*.
pac|tar I. *v/t.* vereinbaren, ausbedingen; *lo* ~ado das Ausbedungene; die Abmachungen *f/pl.*; **II.** *v/i.* paktieren (mit *dat.* con); ~to *m* Vertrag *m*; Pakt *m*; ⚑ Andino Andenpakt *m*; *a. fig. hacer un* ~ *con e-n* Pakt schließen mit (*dat.*).
pacú *m Rpl.*: eßbarer Flußfisch (*Pacu nigricans*).
pacuno *adj. Chi.* gewöhnlich, plebejisch; unzivilisiert.
pachamanca *f Am. Mer.* in e-r Erdgrube zwischen heißen Steinen gegartes Gericht *n*, (Fest-)Essen *n aus Kartoffeln, Fleisch, Gemüse, Kräutern usw.*
pachocha *f Am.* Trägheit *f*.
pachol *m Méj.* **1.** wirrer Haarschopf *m*; **2.** Pachol-Indianer *m*.
pacholi *m* **1.** *Méj.* braun gerösteter Maisfladen *m*; **2.** → *pachulí*.
pachón¹ *m Jgdw.* Dachshund *m*; *fig.* F Tolpatsch *m*.
pachón² *m Am.* Regenumhang *m aus Palmblättern der Indianer.*
pacho|rra *f* Trägheit *f*; Dickfelligkeit *f*; ~rrudo *adj.* träge, phlegmatisch; dickfellig; ~tada *f Am.* Dummheit *f*.
pachuco *m Méj.* armer, sozial marginierter Junge *m*.
pachucho *adj.* welk; matschig (*Obst*); *fig.* F erschöpft, total erledigt F (*od.* hin F).
pachulí *m* ⚑ Patschuli *n* (*Pfl. u.* Parfüm); *Col.* billiges Parfüm *n*.
paddock *m* Paddock *m* (*Gehege*).
pade|cer [2d] **I.** *v/t.* erleiden, erdulden; leiden an (*dat.*); *fig.* behaftet sein mit (*dat.*); *fig.* zum Opfer fallen (*dat.*); **II.** *v/i.* leiden; ~ *del estómago* magenkrank sein; ~**cimiento** *m* Leiden *n*.
padilla *f* kl. Bratpfanne *f*; kl. Backröhre *f zum Brotbacken*.
padra|stro *m* **1.** Stiefvater *m*; *fig.* Rabenvater *m*; **2.** Niednagel *m*; **3.** *fig.* Hindernis *n*; ~zo F *m* herzensguter Vater *m*.
padre *m* **1.** Vater *m* (*Col., Méj.* dafür *mst. papá*); *ecl.* Pater *m*; *los* ~s *die* Eltern, *m/pl.*; ~ *adoptivo* Adoptivvater *m*; *hist.* ~ *m/pl. conscriptos* römische Senatoren *m/pl.*, *patres m/pl.* conscripti; *ecl.* ~ *dominico* Dominikanerpater *m*; *ecl.* ~ *espiritual* Beichtvater *m*; Seelsorger *m*; ~ *de familia* Familienvater *m*; *a.* Familienoberhaupt *n*; *fig.* ~ *político* Schwiegervater *m*;

Santo ⚑ Heiliger Vater *m*, Papst *m*; *los Santos* ~s (*de la Iglesia*) die Kirchenväter; *los Srs. López* ~ *e hijo* die Herren López senior und junior; *Theol. Dios* ⚑ Gott *m* Vater; *fig.* F *escándalo m* ~ Riesenskandal *m*; *fig.* F *susto m* ~ Mordsschrecken *m* F; *fig.* F *de* ~ (*y muy señor mío*) gehörig, gewaltig F, nicht von schlechten Eltern F; *bibl. dormir con sus* ~s zu s-n Vätern versammelt sein; **2.** ✶ Zucht-hengst *m bzw.* -eber *m*, -bock *m usw.*; **3.** P (aktive[r]) Homosexuelle(r) *m*; ~ar *v/i.* **1.** s-m Vater nachschlagen; **2.** ✶ (als Samentier) für die Zucht dienen; ~**nuestro** (*a. Padre Nuestro*) *m* Vaterunser *n*.
padri|llo *m Rpl.* Zuchthengst *m*; ~**nazgo** *m* Patenschaft *f*; *fig.* Schutz *m*, Protektion *f*; ~**no** *m* **1.** Taufpate *m*; **2.** ~ (*de boda*) Trauzeuge *m*; Brautführer *m*; **3.** Sekundant *m b.* Duell; **4.** *fig.* Gönner *m*; Beschützer *m*; *tener buenos* ~s gute Beziehungen haben.
pa|drón *m* **1.** Einwohnerverzeichnis *n*; Urliste *f*; Stammrolle *f*; **2.** Formular *n*, Liste *f*; **3.** Modell *n*, Muster *n*, Vorbild *n*; *fig. iron.* Schandfleck *m*; *lit.* ~ *de ignominia* Schandmal *n*; **4.** F → *padrazo*; **5.** *Am.*, außer *Rpl.*: *Col.* Zuchtstier *m*; ~**drote** *m* **1.** F → *padrazo*; **2.** ✶ → *padre* 2.
pae|lla *Kchk. f* Paella *f*, Reisgericht mit Gemüse, Meeresfrüchten *u.* Fleisch; ~**llera** *f* Paella-Pfanne *f*.
¡paf! *onom.* klatsch!, plumps!
paflón ⚑ *m* Tafel-, Felder-decke *f*.
paga *f* **1.** Zahlung *f*; **2.** Löhnung *f*, Lohn *m*; ⚓ Heuer *f*; ⚔ Sold *m*; *día m de* ~ Sold-, Zahl-tag *m*; **3.** *fig.* Belohnung *f*; Vergeltung *f*; ~ *de Judas* Judaslohn *m*; ~**ble** *adj. c* (be)zahlbar; ~**dero** *adj.* zahlbar; fällig; ~**do** *adj.* **1.** bezahlt; verzollt; franko; *no* ~ unbeglichen; **2.** *fig.* ~ *de sí mismo* selbstgefällig, eingebildet; ~**dor** *m* Zahler *m*; mit Auszahlungen beauftragte(r) Beamte(r) *m* (*od.* Angestellte[r] *m*) *des Staats*; ~**duría** *f* Zahlstelle *f*; ~**mento** *m* Zahlung *f*.
paga|na *f* Heidin *f*; ~**nismo** *m* Heidentum *n*; ~**nizar** [1f] **I.** *v/t.* heidnisch machen; **II.** *v/i.* Heide sein; Heide werden; ~**no** *adj.* heidnisch; **II.** *m* Heide *m*; *fig.* F *burl. ser el* ~ (*od. el paganini*) die Rechnung zahlen müssen, der Zahlende sein.
paga|r [1h] **I.** *vt/i.* **1.** zahlen; bezahlen; auszahlen; ~ *al contado* (*a plazos*) bar (in Raten) zahlen; ~ *por adelantado* (*od. por anticipado*) vorauszahlen; *fig. tocan a* ~ jetzt heißt es zahlen (*od.* blechen F);

pagaré — palabrota

2. *fig.* ent-, ver-gelten, belohnen; vergelten, heimzahlen; büßen; ¡*me la(s) pagará!* das werden Sie mir büßen!; F *quien la hace la paga* wer Schaden anrichtet, muß dafür aufkommen; **II.** *v/r.* ~se **3.** ~se con (*od. de*) *s.* abspeisen lassen mit (*dat.*); ~se de Wert legen auf (*ac.*); eingenommen sein für (*ac.*); *fig.* F ~se de a/c. mit et. (*dat.*) protzen (*od.* angeben F); ~ré *m* Schuldschein *m*; *Span. a.* Solawechsel *m*.
pagaya *f* (Kanu-)Paddel *n*.
pagel *Fi. m* Rotbrassen *m*, Pagel *m*.
página *f* Seite *f*; *IT* ~ *personal* (persönliche) Homepage *f*; *IT* ~ *principal* Homepage *f*; *IT* ~ *Web* Web-Seite *f*; *Tel.* ~*s f/pl. amarillas* Gelbe Seiten *f/pl.*; *fig.* ~*s de gloria* ruhmreiche Taten *f/pl.*; *llevar a la* ~ *siguiente* (*z. B. Summe*) auf die nächste Seite übertragen; *pasa a la* ~ 21 Fortsetzung auf Seite 21; *fig. saltar a las primeras* ~*s* Schlagzeilen machen.
pagina|ción *Typ. f* Paginierung *f*; Seitenbezifferung *f*; ~**r** *v/t.* paginieren.
pago¹ I. *m* **1.** Zahlung *f*; Bezahlung *f*; Auszahlung *f*; Begleichung *f* e-r *Rechnung*; *fig.* Vergeltung *f*; ~ *de amortización e intereses* Schuldendienst *m*; ~*s m/pl.* (Zahlungs-)Rückstände *m/pl.*; ~ *anticipado* (*parcial*) Voraus- (Teil-)zahlung *f*; ~ *de compensación* (*al contado,* ~ *en efectivo*) Ausgleichs- (Bar-)zahlung *f*; ~ *contra entrega de documentos* Kasse *f* gg. Dokumente; ~ *a plazos* Ratenzahlung *f*; *fig. mal* ~ Undank *m*; *Verw. de* ~ zollpflichtig; *en* ~ *de* zum Lohn für (*ac.*); *hacer un* ~ *suplementario* nachzahlen; **II.** *adj.* **2.** F bezahlt; *a. fig. ya está* ~ mit dem bin ich quitt; **3.** *Am.* bezahlt; frei; Gratis...
pago² *m* **1.** (*bsd.* Wein-)Gut *n*; **2.** *Reg. u. Arg.* Heimat *f*; Heimatort *m*.
pagoda *f* **1.** ⚛ Pagode *f*; **2.** Pagode *m*, *f* (*Götterbild*).
pagote F *m* Zahler *m*.
pagua ⚚ *f Méj.* Avocadobaum *m*; Avocado(frucht) *f*; ~**cha** *f Chi.* ⚚ gr. runder Kürbis *m*; Melone *f*; *fig.* Kopf *m*.
"**páguese a**" ✝ zahlen Sie an (*ac.*).
paguro *Zo. m* **1.** Einsiedlerkrebs *m*; **2.** Spinnenkrebs *m*, Meerspinne *f*.
pahua *f Chi.* **1.** ⚚ → *pagua*; **2.** F 🐟 → *hernia*.
paiche *Fi. m Pe.* → *arapaima*.
pai|la *f* Metallbecken *n* (*Wasserbecken od. Pfanne*); *Col.* Bratpfanne *f*; ~**lita** *f Col.* weißer Rum *m*; ~**lón** *m* **1.** *augm.* großer Kessel *m*; **2.** *Geogr. Bol., Ec., Hond.* Mulde *f*; **3.** *Ven.* Wirbel *m*, Strudel *m*.
pai|rar ⚓ *v/i.* beiliegen; ~**ro** ⚓ *m* Beiliegen *n*; *estar al* ~ beiliegen; *ponerse al* ~ beidrehen.
país *m* **1.** Land *n*; Heimat *f*; *del* ~ einheimisch; *los* ₂*es Bajos* die Niederlande *pl.*; ~*es m/pl. comunitarios* (*od. miembros de la UE*) EU-Länder *n/pl.*; ~ *de origen de procedencia* Ursprungs- (Herkunfts-)land *n*; ~*es m/pl. en* (*vías de*) *desarrollo* Entwicklungsländer *n/pl.*; **2.** Landschaftsbild *n*; *p. ext.* Fächerbild *n* (*Darstellung auf der Fächeroberseite*).
paisa|je *m a. Mal.* Landschaft *f*; ~ *natural* (*transformado por el hombre*)

Natur- (Kultur-)landschaft *f*; ~**jismo** *m* Landschaftsmalerei *f*; ~**jista** *c* Landschaftsmaler *m*; ~**jístico** *adj.* Landschafts...; ~**naje** *m* Herkunft *f* aus der gleichen Gegend (*Stadt usw.*); ~**no** *m* **1.** Zivilist *m*; *ir de* ~ Zivil tragen; **2.** Landsmann *m*; **3.** Bauer *m*.
paja *f* Stroh *n*; Strohhalm *m*; *a. fig.* Spreu *f*; ~ *cortada* Häcksel *m*, *fig.* ~ *de puna* Punagras *n*; *fig. por un quítame allá esas* ~*s* wegen (*od.* um) nichts; *no dormirse en las* ~*s* k-e Gelegenheit versäumen; *echarlo a* ~*s* mit 2 Strohhalmen auslosen; *fig.* P *hacerse una* ~ wichsen P (= *onanieren*); *fig.* P *hacerse una* ~ *mental s.* unnötig Kopfzerbrechen machen; *s.* anstellen F; F ¡~*s*! Unsinn!, Quatsch *m* F; *bibl. la* ~ *en el ojo ajeno der Splitter im Auge des Nächsten*; ~**da** *f* Futterhäcksel *m* mit Kleie; ~**l** *m Arg.* mit Punagras bestandene Fläche *f*; ~**r** *m* Schober *m*; Scheune *f*; *fig. buscar una aguja en un* ~ *e-e Nadel im Heuschober suchen*.
pájara *f* **1.** → *pájaro*; **2.** (Kinder-)Drachen *m*; Papiervogel *m* (*Faltarbeit*); **3.** *fig. desp.* geriebenes Weibsbild *n* F.
pajare|ar *v/i.* den Vogelfang betreiben; *fig.* herumlungern; ~**ra** *f* Vogelhaus *n*; -bauer *n*, *m*; -hecke *f*; ~**ría** *f* **1.** Vogelhecke *f*; Vogelzucht *f*; Vogelhandlung *f*. **2.** Menge *f* von Vögeln; ~**ro I.** *adj.* F lustig (*Person*); bunt (*Stoff*); *Am. Reg.* leicht scheuend (*Pferd*); **II.** *m* Vogelfänger *m*; -händler *m*; -züchter *m*.
pajarete *m* Art feiner Jerez *m*.
pajari|lla *f* **1.** (*bsd.* Schweine-)Milz *f*; **2.** ⚚ gemeine Akelei *f*; ~**llo** *m dim.* Vögelchen *n*; ~**ta** *f* **1.** *Zo.* Vogelmuschel *f*; *Vo.* ~ *de las nieves* Bachstelze *f*; **2.** ausgeschnittener Papiervogel *m*; Papierdrache *m*; **3.** Schleife *f*, Fliege *f* (*Krawatte*); ~**to** *m* **1.** *dim.* Vögelchen *n*; *fig. me lo ha dicho un* ~ das hat mir ein Vögelchen gezwitschert; *fig.* F *quedarse* (*muerto*) *como un* ~ ganz ruhig sterben, friedlich einschlummern; **2.** F Zipfel *m* F (= *Penis der Kinder*).
pájaro 1. *m* Vogel *m*; *fig.* Schlaukopf *m*; ~ *arañero* Mauer-läufer *m*, -specht *m*; ~ *bobo*, ~ *niño* (Riesen-) Pinguin *m*; ~ *burlón* Spottdrossel *f*; ~ *carpintero* Specht *m*; *fig.* F ~ *de cuenta* gefährlicher Mensch *m*, schlimmer Gauner *m*, schräger Vogel *m* F; *fig.* ~ *gordo* hohes Tier *n* (*fig.* F.); *Am. Mer.* ~ *hormiguero* Ameisenvogel *m*; ~ *mosca* Kolibri *m*; *fig.* ~ *raro* seltsamer Vogel *m* (*od.* Kauz *m*); *matar dos* ~*s de un tiro* (*od. de una pedrada*) zwei Fliegen mit einer Klappe schlagen; *fig. ha volado el* ~ der Vogel ist ausgeflogen (*fig.*); **2.** P Schwanz *m* P (= *Penis*).
paja|rota(da) F *f* Schwindel *m*, Lüge *f*, *Extr. p f Span.* Miststück *n* F, Luder *n* F; ~**rraco** *m* gr. häßlicher Vogel *m*; *fig.* durchtriebener Bursche *m*.
pajaza *f* Streu *f*, Schüttstroh *n*.
paje *m* **1.** Edelknabe *m*; Page *m*; **2.** ⚓ Decks-, Schiffs-junge *m*; **3.** Toilettentisch *m* mit Spiegel.
paj|ear I. *v/i.* **1.** Stroh fressen (*Pferde*); **2.** *s.* betragen, *s.* benehmen; **II.** *v/r.* ~**se 3.** P *Arg. s.* e-n abwischen P;

~**jero** P *m* Wichser *m* P; ~**jí** *Zo. m Chi.* Puma *m*; ~**jilla** *f* **1.** Strohhalm *m*; **2.** Maisstrohzigarette *f*; ~**jillera** *f* Straßendirne *f*; ~**jizo** *adj.* aus Stroh; strohfarben; strohblond; (*techo*) *m* ~ Strohdach *n*.
pajolero *adj.* lästig, verdrießlich.
pa|jón *m* **1.** Stoppelhalm *m*; **2.** *Ant.* Art Pfriemgras *n*; ~**jonal** *m* **1.** Stoppelfeld *n*; **2.** *Am.* Savannen- bzw. Puna-gras *n*; **3.** *Arg., Chi., Ven.* mit Pfeilgras bestandenes Gelände *n*; ~**joso** *adj.* strohig, strohreich; Stroh...; strohähnlich; ~**jote** ⚚ *m* Strohmatte *f zum Abdecken der Pfl.*; ~**juela** *f* **1.** Strohhälmchen *n*; *fig.* 1.000 *dólares no son una* ~ 1000 Dollar sind kein Pappenstiel; **2.** Schwefelfaden *m*; **3.** *Am. Reg.* Zahnstocher *m*; *Bol., Méj.* Zündholz *n*.
pajuil ⚚ *m Pe.* Perubalsambaum *m*.
Pakis|tán *m* Pakistan *n*; ⚚**taní** *adj.-su. c* (*pl.* ~*íes*) pakistanisch; *m* Pakistaner *m*.
pala *f* **1.** Schaufel *f*; Spaten *m*; ~ *para arena* Sandschaufel *f*; ~ *plegable* Klappspaten *m*; *a punta* ~ haufenweise, massenhaft; **2.** Ballschläger *m*; **3.** Ruderblatt *n*; ⊕ Schraubenflügel *m*; Kelle *f*; (⚙ Schrauben-, ✈ Propeller-)Blatt *n*; △ ~ *de moldeo* Streichkelle *f*; **4.** *Schuhe:* Vorderblatt *n*; Oberleder *n*; **5.** *fig.* F Fixigkeit *f*; Kniff *m*, Trick *m*; **6.** *a.* ✂ Achselklappe *f*, Schulterstück *n*.
palabra *f* Wort *n*; *fig.* Rede-gabe *f*, -vermögen *n*; *p. ext.* Wort *n*, Zusage *f*, Versprechen *n*; ¡~*s*! schöne (*od.* leere) Worte!; faule Ausreden!; *EDV* ~ *clave* Paßwort *n*; *bsd. Am. Reg.* ~*s cruzadas* Kreuzworträtsel *n*; *la* ⚛ *Divina* das Wort Gottes, das Evangelium; *dos* (*F a. un par de*) ~*s* einige (*od.* ein paar) Worte; ~ *de honor* Ehrenwort *n*; ~ *de matrimonio* Eheversprechen *n*; ~*s mayores* ⚛ Schmähworte *n/pl.*; Schimpfreden *f/pl.*; **b**) *et.* Wesentliches; Taten statt Worte; *la última* ~ das letzte Wort *n*; *a. der* letzte Schrei *der Mode usw.*; ¡*una* ~! auf ein Wort!; *bajo* ~ (*de honor*) auf Ehrenwort; *de* ~ mündlich (*z. B. Abmachung*); *en pocas* ~*s* in kurzen (*od.* mit wenigen) Worten; *Pol. libertad f de* ~ Redefreiheit *f*; *fig. beberle a alg. las* ~*s an j-s Lippen hängen* (*fig.*); *coger a alg. la* ~ j-n beim Wort nehmen; *dejar a alg. con la* ~ *en la boca* auf j-n nicht eingehen, j-n (unbeachtet) stehen lassen; *no entender* (*ni*) ~ kein Wort verstehen; *medir sus* ~*s s-e* Worte genau abwägen, *s.* vorsichtig ausdrücken; ¡*son* ~*s al aire! od.* ¡~*s hueras!* alles leere Worte!, alles hohles Geschwätz!; *ser hombre de pocas* ~*s* wenig Worte machen, wortkarg sein; kurz angebunden sein; *usted tiene la* ~ Sie haben das Wort; Sie müssen selbst entscheiden; *no tener* ~ sein Wort nicht halten, wortbrüchig sein; *tomar la* ~ das Wort ergreifen.
pala|brear *v/t. Col., Chi., Ec. j-m* die Ehe versprechen; ~**breja** *f* schwieriges Wort *n*; ~**brería** *f*, ~**brerío** *Am. m* Wortschwall *m*; leeres Gerede *n*; Geschwätz *n*; ~**brero** *adj.* schwatzhaft, geschwätzig; ~**brita** F *f* gewichtiges Wörtchen *n*; Wort *n* mit Hintergedanken; ~**brota** *f* derbes

Wort n; Schimpfwort n; decir ~s fluchen; **~brudo** adj. Am. geschwätzig.

pala|cete m Jagdschloß n; kl. Palais n; **~cial** adj. c Palast...; **~ciego I.** adj. höfisch; Hof...; **II.** m Höfling m; **~cio** m Palast m, Schloß n; Hof m, Residenz f; Palais n; ⚥ de Justicia Justizpalast m; Méj. ~ municipal Rathaus n; ⚥ Real Königspalast m, königliches Schloß n; Am. ⚥ Nacional **a)** Präsidentenpalais n; **b)** Parlamentsgebäude n.

palada f **1.** Schaufel-voll f; -wurf m; **2.** Ruderschlag m; **3.** Umdrehung f e-s Propellers usw.

pala|dar m **1.** Anat. Gaumen m; fig. pegársele a alg. la lengua al ~ kein Wort herausbringen können; **2.** fig. Gaumen m; Geschmack m; hablarle al ~ de alg. j-m nach dem Munde reden; tener buen ~ gutes Bukett haben (Wein); e-n guten Geschmack haben; ein Kenner sein (in dat. en); **~dear I.** v/t. schmecken; kosten; fig. genießen, auskosten; fig. schmackhaft machen; **II.** v/i. saugen wollen (Neugeborenes); **~deo** m Schmecken n; **~dial** Anat. adj. c Gaumen...

pala|dín, ~dino[1] m Kämpe m; Vorkämpfer m.

paladino[2] adj. offenkundig; öffentlich; fig. en lenguaje ~ deutlich (od. klar) gesprochen.

paladio ⚗ m Palladium n.

paladión m a. fig. Palladium n; Schutzbild n.

palado ⌀ adj. gepfählt.

palafito prehist. m Pfahlbau(siedlung f) m.

pala|frén m Zelter m (Pferd); **~frenero** m Reitknecht m.

palan|ca f **1.** Brechstange f; Hebel m; ⊕ ~ acodada (articulada) Knie- (Gelenk-, Schwenk-)hebel m; Kfz. ~ del cambio Schalt-knüppel m, -hebel m; ~ de mando ⊕ Steuerhebel m; 🔫 Steuerknüppel m; ~ de maniobra (de parada) Bedienungs- (Abstell-)hebel m; ~ reguladora Einstellhebel m; ~ portacecla Tastenhebel m an Schreibmaschinen; **2.** Hebebaum m; Tragstange f; ~ de remolque Schleppdeichsel f; **3.** Sprungturm m; **4.** fig. Einfluß m, Beziehung f; **~cada** f Hebelruck m; **~cón I.** adj. Arg., Bol. riesengroß bzw. sehr hochbeinig (Tier, Mensch); **II.** m Ec. schmale Hacke f.

palanga|na I. f **1.** Waschschüssel f; **2.** Am. Mer. Schüssel f; Becken n; **II.** m **3.** fig. F Chi., Pe., Ec. mst. ~s F. Schwätzer m, Angeber m F; **~nada** F f Am. Reg. Geschwätz n, Aufschneiderei f; **~near** v/i. Am. Mer. schwatzen, angeben F; **~nero** m Waschständer m.

palangre m Legangel f; **~ro** m Legangelfischer m.

palán palán ♀ m Art Tabakstaude f.

palanque|ar v/t. Am. mit Brechstangen heben; Boot staken; fig. antreiben; helfen (dat.); **~ra** f Pfahl-, Palisaden-wand f; **~ro** m **1.** Blasbalgtreter m in Schmieden; **2.** 🚂 Chi. Bremser m; **~ta** f Brech-eisen n, -stange f.

palan|quín m **1.** Tragsessel m, Palankin m; **2.** ⚓ Geitau n; **3.** F Lastträger m (Gelegenheitsarbeiter); **~quita** ⊕ f kl. Hebel m.

palastro m Schwarzblech n.

palata|bilidad f angenehmer Geschmack m; **~l I.** adj. c Gaumen...; Phon. palatal; **II.** f Phon. Gaumenlaut m, Palatal m; **~lización** Phon. f Palatalisierung f; **~lizar** [1f] Phon. v/t. palatalisieren.

palatina f Boa f, Pelzkragen m.

Palati|nado m Pfalz f; ⚥no[1] adj. **1.** Palast..., Hof...; **2.** Pfalz...; pfälzisch.

palatino[2] adj. Gaumen...

palay m Méj. ungeschälter Reis m.

palazo m Schaufelschlag m.

palazón m Pfahlwerk n.

palca f Bol. Straßenkreuzung f; Fluß- bzw. Ast-gabelung f.

palco m Thea. Loge f; ~ de platea Parterreloge f; ~ presidencial (regio) Präsidenten- (Königs-)loge f.

paleadora ⊕ f Ladeschaufler m.

palenque m **1.** Einzäunung f, Schranken f/pl.; **2.** Turnier-, Festplatz m; **3.** Rpl. Pfosten m zum Anbinden v. Pferden usw.; **4.** C. Ri. Indianerdorf n; **5.** Chi. Ort m mit viel Lärm u. Trubel; Radaubude f F.

paleo|cristiano adj. frühchristlich; **~ografía** 📖 f Paläographie f; **~ógrafo** m Paläograph m; **~olítico** adj.-su. altsteinzeitlich; m Altsteinzeit f, Paläolithikum n; **~ólogo** m Paläologe m; **~ontología** f Paläontologie f; **~ontólogo** m Paläontologe m.

palero m ⚓ Kohlentrimmer m; P Méj. Lügner; Mitglied n e-r Claque.

Palesti|na f Palästina n; ⚥no adj.-su. aus Palästina, Palästina...; Pol. pro palästinensisch, Palästinenser m Palästinenser m.

palestra f Palästra f; a. fig. Kampfplatz m.

pale|ta I. f **1.** Mal. Palette f; **2.** kl. Schaufel f; Handschaufel f; **3. a)** Schüreisen n; **b)** Küchen-, Fleisch-spatel m; Bratenwender m; **c)** Einfüll- (bzw. Probier-)schaufel f; **d)** 🔺 (Maurer-)Kelle f; ⊕ ~ de fundidor (Gießer-)Krücke f; **4.** ⊕ Schaufel f (Wasserrad, Turbine, Luft-, Schiffsschraube, Rührwerk usw.); ~ agitadora Rühr-flügel m, -schaufel f; **5.** Jgdw. Schaufel f (Geweih); **6.** Anat. oberer Schneidezahn m; **7.** Kchk. bsd. Am. Schulter f; **8.** Am. Cent., Ant. Eis n am Stiel; **II.** m **9.** Maurer m; **~tada** f Kellevoll f; **~tazo** Stk. m seitlicher Stoß m des Stiers; **~tear** ⚓ v/i. schlecht rudern; **~teo** ⚓ m schlechtes Rudern n, „Klatschen" n; **~tero** m Jgdw. Spießer m; □ Diebeshelfer m; **~tilla** f Anat. Schulterblatt n; **2.** Kerzenleuchter m; **~to** m **1.** Zo. Damhirsch m; Schaufler m; **2.** fig. Tölpel m; Flegel m.

pal(e)tó m Überrock m, Paletot m.

paletón (Schlüssel-)Bart m.

pali Li. m Pali n.

palia kath. f Palla f, Kelchabdeckung f; **~r** [1b] v/t. **1.** bemänteln, vertuschen; **2.** Schmerzen, Kummer lindern; Mängel beheben; **~tivo I.** adj. **1.** lindernd; **2.** bemäntelnd; **II.** m **3.** Linderungsmittel n; **4.** Notbehelf m.

pali|decer [2d] v/i. **1.** erbleichen, erblassen; **2.** fig. verbleichen; sehr an Wert (od. Kraft) verlieren (angesichts gen. ante); **~dez** f Blässe f.

pálido adj. bleich, blaß; amarillo ~ blaßgelb.

paliducho F adj. blaß, käsig F.

palier Kfz. m Achsschenkel m.

pali|llero m **1.** Federhalter m; **2.** Zahnstocher-behälter m bzw. -verkäufer m; **~llo** m **1.** Stöckchen n; p. ext. Tabakrippe f; fig. F ~s m/pl. **a)** Andal. Kastagnetten f/pl.; **b)** Stk. → banderillas; **2.** (Spitzen-)Klöppel m; **3.** (Trommel-)Schlegel m; **4.** Zahnstocher m; ~s m/pl. (Eß-)Stäbchen n/pl.

palimpsesto 📖 m Palimpsest m.

palinge|nesia f a. Biol. Palingenese f; Wiedergeburt f; **~nésico** Rel. adj. Wiedergeburts...; **~nético** bsd. Biol. adj. palingenetisch.

palinodia f: F cantar la ~ Widerruf leisten, e-n Rückzieher machen F; s-n Irrtum bekennen.

palio m **1.** Baldachin m; **2.** ecl. Pallium n, Bischofsmantel m.

palique F m Plauderei f, Schwätzchen n; estar de ~ → **~ar** F v/i. plaudern.

palisandro m Palisanderholz n.

palista m Paddler m, Ruderer m.

palitroque m Zeltstab m.

paliza I. f Tracht f Prügel; fig. Abfuhr f (, die man s. b. e-m Gespräch od. Streit holt); fig. gr. Mühe f; schwere Arbeit f; **II.** m F aufdringlicher, lästiger Kerl m F, Nervensäge m F; **~da** f Pfahlwerk n; Pfahl-, Bretter-zaun m; Palisade f.

palma f **1.** ♀ u. lit. Palme f; ♀ Méj. versch. Liliengewächse; ~ de cera Wachspalme f; aceite m de ~ Palmöl n; vino m de ~ Palmwein m; **2.** Palmblatt n; Palm(en)zweig m; **3.** Siegespalme f; llevarse la ~ den Sieg erringen; **4.** Hand-fläche f, -teller m; fig. ~s f/pl. Händeklatschen n; fig. Beifall m; ¡~s! bravo!; gut so!; hoch!; batir ~s in die Hände klatschen, Beifall spenden; **~cristi** ♀ f Christpalme f, Rizinus m; **~da** f Schlag m mit der Handfläche; ~s f/pl. de aplauso Beifallklatschen m; dar ~s in die Hände klatschen (um z.B. den Kellner zu rufen); j-m (auf die Schulter en el hombro) klopfen; **~dita** f Klaps m; **~do** adj. **1.** → palmeado; **2.** fig. F estar ~ völlig abgebrannt sein F.

palmar[1] **I.** adj. c **1.** Anat. **a)** zur Handfläche gehörend, Hand..., Palmar...; **b)** Handspannen..., Spannen...; **2.** fig. ~ palmario; **3.** Palm(en)..., aus Palmblatt gefertigt; **II.** m **4.** Anat. Palmaris m; **5.** Palmenwald m; fig. F más viejo que un ~ uralt.

palmar[2] F v/i. (P ~la) abkratzen P, sterben.

palma|rio adj. handgreiflich, offensichtlich, offenkundig; **~toria** f Handleuchte f, Kerzenhalter m.

palme|ado adj. **1.** palmenförmig; **2.** ♀ fingerförmig ausea.-strebend (Wurzel); **3.** Zo. durch e-e Haut verbunden, Schwimmhaut... (Zehen); **~ar I.** v/i. **1.** mit der Hand (od. nach Spannen) messen; **2.** klatschen; v/t. **a.** ~ la espalda a alg., Arg. ~ a alg. j-m auf die Schulter klopfen; **4.** □ auspeitschen; **~o** m Messen n nach Handspannen.

palmer ⊕ *m* Mikrometerschraube *f*.
palme|ra ♀ *f* Dattelpalme *f*; *p. ext.* Palme *f*; **~ral** *m* Dattelpalmenpflanzung *f*; **~ro** *m* 1. † *ecl.* Palmzweigträger *m* (*Jerusalempilger*); 2. ♀ *Ec., Méj., Rpl.* → *palmera*; **~sano** *adj.-su.* aus Palma de Mallorca.
palmeta *f* (Zucht-)Rute *f*; Klatsche *f*, Pritsche *f*; *p. ext.* → *palmetazo*; *fig.* ganar la ~ früher in die Schule kommen *als andere Kinder*; eher da sein; *a. fig.* den anderen voraus sein; **~zo** *m* Schlag *m* mit der Klatsche; *fig.* scharfe Zurechtweisung *f*, Rüffel *m* F.
palmi|chal, ~char *m Am.* Wald *m* (*od.* Pflanzung *f*) von *palmiches*; **~che** *m* 1. ♀ *Am. Mer., Ant.* Königspalme *f*; deren Frucht *f*; *Am. Cent. e-e* Ölpalme *f*; 2. *Cu.* leichter Stoff *m* für Sommeranzüge; **~lla**[1] ♀ *f Méj.* Sammelname für versch. kl. Palmen, Liliengewächse u. andere, palmenähnliche Pfl.
palmilla[2] *f* Brandsohle *f*; Einlagesohle *f*.
palmi|pedas *Zo. f/pl.* Schwimmvögel *m/pl.*; **~pedo** *Zo. adj.* Schwimm...
palmista *c Ant., Méj.* Handleser(in *f*) *m*.
palmi|ta *f* 1. *dim.* Händchen *n*; *fig. llevar* (*od.* traer) en ~s auf den Händen tragen; 2. **a)** Palmenmark *n*; **b)** ♀ *Col.* Art Drachenbaum *m*; **~tieso** *Equ. adj.* hart- und geradhufig; **~to** *m* 1. Zwergpalme *f*; *Am.* **a)** Palmenherz *n*, Palmkohl *m*; **b)** *bsd. Am. Cent.* Kohlpalme *f*; 2. *fig. F* (hübsches) Frätzchen *n* F (*Gesicht*); buen ~ hübsches Gesichtchen *n*; nettes Mädchen *n*; *exhibir el* ~ s-e Schönheit zur Schau stellen.
palmo *m* Spanne *f* (*rd. 21 cm*); *a. fig.* Handbreit *f*; *fig. adv.* ~ a ~ schrittweise, langsam; Spanne für Spanne, Stück um Stück; *fig. a* ~s **a)** (er-)sichtlich, zusehends; **b)** sehr genau (*kennen*); F con un ~ de orejas mit langen Ohren; hacerle a alg. un ~ de narices j-m e-e lange Nase machen; quedarse con un ~ (*od.* F a dos ~s) de narices das Nachsehen haben, leer ausgehen; ahí le tenéis con un ~ de lengua da steht er mit langer Zunge (*bzw.* in großer Sehnsucht u. strengt s. mächtig an); tener medido a ~ jede Handbreit e-s Geländes *usw.* kennen.
palmote|ar I. *v/i.* Beifall klatschen; II. *v/t.* auf die Schulter klopfen (*dat.*); *a.* Tier tätscheln; **~o** *m* 1. (Beifall-)Klatschen *n*; 2. Schulterklopfen *n*; Tätscheln *n*; 3. Schlagen *n* mit der Klatsche.
palo *m* 1. Stock *m*; Pfahl *m*; Stab *m*, Stecken *m*; *Stk.* → *banderilla*; *p. ext.* Stockschlag *m*; *fig.* ~s *m/pl.* Tracht *f* Prügel; ~ de apoyo Stütze *f*, Abstützung *f*; ~ del aro Treibstock *m b.* Reifenspiel der Kinder; *Am.* ~ ensebado Klettermast *m b.* Volksfesten; *Sp.* ~ de hierro Treiber *m*, Eisenschläger *m b.* Golf; *Sp.* ~ de juego (*de hockey*) Hockeyschläger *m*; ⚔ *Am.* ~ de mando Steuerknüppel *m*; ~ de la tienda Zeltstange *f*; *fig. Am. Reg. a* ~entero betrunken; *fig.* F andar a ~s s. herum-

prügeln; wie Hund u. Katze sein; dar ~s de ciego **a)** blind(lings) um s. schlagen; **b)** herum-tasten, -tappen; dar (de) ~s a alg. j-n verprügeln; *fig.* F ¡es un ~! das ist e-e Mordssache! F; → *a.* 2; 2. Holz *n als Material*; → *a.* 3; entrindeter Stamm *m*; de ~ aus Holz, hölzern; pierna *f* (F pata *f*) de ~ Holzbein *n*; *fig.* F *Am. Cent., Ec., Ven.* el trabajo se quedó a medio ~ die Arbeit wurde nicht zur Hälfte fertig; *fig. Am. Mer.* ser un ~ wichtig sein; 3. Bäume u. Hölzer: *pharm.* ~ de águila **a)** Adlerholz *n* (*Sumachgewächs*); **b)** oft → ~ de áloe Aloeholz *n* (*Räucherholz*); *pharm.* ~ amarillo Fustikholz *n*; ~ dulce Süßholz *n*; ~ de hierro *versch.* sehr harte Hölzer; ~ de jabón Seifenholz *n* (*Bast des Seifenbaums*); ~ de Judas Judasbaum *m*; ~ de leche **a)** *Col.* ein Wolfsmilchgewächs; *Méj.* ein Giftstrauch; **b)** → ~ de vaca; *Méj.* ~ lechón ein Wolfsmilchgewächs; ~ de rosa ~ de vaca Milchbaum *m*; *Spr.* de tal ~ tal astilla der Apfel fällt nicht weit vom Stamm; 4. Stiel *m e-s Geräts*; ~ de escoba Besenstiel *m*; 5. ♻ Mast *m*; velero de tres ~s Dreimaster *m*; ~ mayor Großmast *m*; a ~ seco mit gerefften Segeln; *fig.* **a)** schlicht, ohne Umstände; **b)** mit hungrigem Magen; correr a ~ seco vor Topp u. Takel treiben; 6. Ober-*bzw.* Unterlänge *f der Buchstaben*; ~ grueso Grundstrich *m*; *fig.* ~s *m/pl.* erste Schreibübungen *f/pl.*; *p. ext.* Grundkenntnisse *f/pl.*; 7. *Kart.* Farbe *f*; ~ favorito (*od.* de favor) Trumpffarbe *f*, -karte *f*; *fig.* estar del mismo ~ **a)** das gleiche Ziel haben; **b)** unter e-r Decke stecken; 8. ⊘ Balken *m*; 9. Galgen *m*; Hinrichtungspfahl *m*; Schandpfahl *m*; *p. ext.* Todesstrafe *f am Pfahl*; Hängen *n*; Pfählen *n*; poner a alg. en un ~ j-n an den Galgen (*bzw.* an den Schandpfahl) bringen; 10. *Am. Mer.* ~ a pique mit Stacheldraht bewehrte Umzäunung *f*; 11. P *Ant., Méj.* Koitus *m*, Nummer *f* P; 12. *Ven.* Drink *m*, Gläschen *n*; 13. *Ven.* un ~ de Ausdruck der Größe, Bedeutung; un ~ de hombre ein Mordskerl *m*.
paloma *f* 1. *Vo.* Taube *f* (*a. fig. Pol.*); *fig.* Täubchen *n* (*Kosewort*); *fig.* P Straßendirne *f*; ~ doméstica (*od.* mansa) Haustaube *f*; ~ mensajera (moñuda) Brief- (Perücken-)taube *f*; ~ silvestre (*od.* brav[í]a) Wildtaube *f*; Virgen *f de la* ~ Stadtpatronin von Madrid; soltar ~s (Brief-)Tauben auflassen; *fig.* ser una ~ sin hiel ein harmloser Mensch sein; 2. ⚓ ~s *f/pl.* Kabbelsee *f*; 3. *Sp.* Überschlag *m am Bock od.* Sprungtisch; 4. *Méj.* mariposa 1; 5. F *Ven.* Schluck *m* Schnaps; 6. ⬜ Bettlaken *n*; **~dura** ⚓ *f* Saumnaht *f am Segel*.
palo|mar *m* Tauben-haus *n*, -schlag *m*; *fig.* F alborotar el ~ die Menge (*bzw.* den Verein F) in Aufruhr bringen; **~mariego** *adj.* im Taubenschlag aufgezogen; **~mear** *v/i.* 1. auf Taubenjagd gehen; 2. Tauben züchten; **~mera** *f* → *palomar*; **~mero** *m* Tauben-züchter *m*; -liebhaber *m*; -händler *m*; **~meta** *Fi. f*: ~ blanca → ~metón *Fi. m* Gabelmakrele *f*; **~mi-**

lla *f* 1. *Ent.* (Korn-)Motte *f*; *p. ext.* jeder kl. Schmetterling *m*; 2. ♀ Täubling *m* (*Pilz*); ~ (romana) (dichtblütiger) Erdrauch *m*; 3. *Equ.* **a)** Schimmel *m*; **b)** Sattelhöhle *f* (*vorderes Kreuz*); Sattelknopf *m b.* Packsätteln; 4. *Zim.* Konsölchen *n*; ⊕ Zapfenlager *n für Achsen*; 5. ⚓ ~s *f/pl.* Kabbelung *f*; 6. *Am. Cent.* Gesindel *n*; **~mina** *f* 1. Taubenmist *m*; 2. ♀ Erdrauch *m*; **~mino** *m* junge Taube *f*; *fig.* F Kotfleck *m* in der Unterwäsche; P ser un ~ atontado ein Einfaltspinsel F (*od.* ein Schafskopf F) sein; **~mitas** *f/pl.* Popcorn *n*, Puffmais *m*; **~mo** *Vo. m* **a)** Tauber *m*, Täuberich *m*; **b)** Ringeltaube *f*.
palón ⚓ *m* rechteckiges Banner *n* mit vier Spitzen.
palosanto ♀ *m* Kakifrucht *f*.
palo|tada *f* Schlag *m* mit dem Stock; *fig.* F no dar ~ k-n Schlag tun (*fig.* F); alles falsch machen, stets danebenhauen F; **~te** *m* kurzer Stock *m*; *fig.* ~s *m/pl.* erste Schreibübungen *f/pl.*; Gekritzel *n*.
palpebra ⚓ *f* Lid *n*.
palpebral *Anat. adj. c* Augenlid...
palpita|ción *f* ⚕ Schlag *m*, Palpitation *f*; Zuckung *f*; **~ones** *f/pl.* Herzklopfen *n*; **~nte** *adj. c fig.*: cuestión *f* ~ brennende Frage *f*; **~r** *v/i.* klopfen, schlagen (*Herz*); zucken; *fig.* s. heftig regen (*Neid, Zorn*); zappeln.
pálpito F *m* Vorgefühl *n*, Riecher *m* F; me da el ~ de que ... ich habe so e-e Ahnung, daß ..., mir schwant, daß ...
palpo *Zo. m* Taster *m*, Fühler *m*.
palqui ♀ *Chi.* Palqui *m*.
pal|ta ♀ *f Am. Mer.* → *aguacate* (*Baum u. Frucht*); F *Pe.* ¡qué ~! so ein Mist F; **~to** ♀ *m Am. Mer.* → *aguacate* (*Baum*).
palu|cha F *f Cu., Chi.* Geschwätz *n*, Angabe *f* F; **~chear** *v/i. Cu.* großtuerisch daherschwatzen.
pa|lúdico I. *adj.* Sumpf...; II. *m* Sumpffieberkranke(r) *m*; **~ludismo** *m* Sumpffieber *n*, Malaria *f*.
paludo *adj.* 1. *Col.* → *pasmado*; 2. *Col., Méj.* grobfaserig (*Pfl., Früchte*).
palurdo *adj.-su.* tölpelhaft; unwissend; grob; *m* Tölpel *m*.
palustre[1] *m* Maurerkelle *f*.
palustre[2] *adj. c* Sumpf...
palla *f* 1. *Pe.* **a)** † Herrin *f* (*Inka-Adlige*); **b)** *Folk.* Volks- (*bsd.* Weihnachts-)sänger(gruppe *f*) *m/pl.*; 2. ♀ *Bol.* Kukuritopalme *f*; 3. *Am.* ~ paya; **~r** ♀ *m Chi., Pe.* Art Bohne *f* (*Phaseolus pallar*).
pallete ⚓ *f* Matte *f*.
pallón ⚒ *m* Goldprobe *f*.
pamba *Ec.* I. *adj. c* flach; II. *f* flaches Gewässer *n*; Lagune *f*.
pamela *f* Art Florentiner Hut *m*.

pamema F f **1.** Läpperei f, Bagatelle f; Unsinn m, Quatsch m F; **2.** Ziererei f, Zimperlichkeit f; ¡déjate de ~s! hab dich nicht so! F; laß doch die Flausen!
pampa I. f Am. Mer. baumlose Fläche f; bsd. Rpl. Pampa f, Grasebene f; a la ~ Arg. unter freiem Himmel; Am. weit draußen (od. auf dem Lande) (sein); fig. F tener todo a la ~ s-e Blöße zeigen; **II.** m Arg., Chi. Pampaindianer m; ~**nilla** f Schamschurz m der Indianer.
pámpano m **1.** (grüne) (Wein-)Ranke f; Weinlaub n; echar ~s (sich) ranken; **2.** Fi. Deckenfisch m.
pam|peano I. adj. aus der Pampa; Pampa...; **II.** m Pampabewohner m; ~**pear** Am. Mer. v/i. die Pampa durchstreifen; ~**pero I.** adj. **1.** aus der Pampa; Pampa...; **II.** m **2.** Pampa-wind m, -sturm m; **3.** Pampabewohner m; **4.** Pampa-kenner m, -führer m; ~**pino** Chi. **I.** adj. Pampa...; **II.** m Pampabewohner m (bsd. der pampa salitrera, der chil. Salpeterwüste).
pampirolada f Art Knoblauchbrühe f mit Brot u. Wasser; fig. F Dummheit f; Läpperei f.
pamplemusa f → pomelo.
pampli|na f **1.** ♀ Vogelmiere f; **2.** fig. F Unsinn m; ~s f/pl. Flausen f/pl., Quark m (fig.), Quatsch m F; ¡no me vengas con ~s! das ist doch alles Unsinn!; ~**nada** f, ~**nería** f f Dummheit f, Quatsch m F; ~**nero**, ~**noso** F adj. **1.** zu dummem Geschwätz neigend; **2.** zimperlich; lästig.
pampón m Pe. unbebautes Grundstück n.
pam|porcino ♀ m Alpenveilchen n; ~**posado** F adj. faul, träge; ~**pringada** f Brotschnitte f mit Fett, Fettbrot n; fig. Unsinn m.
pampsiquismo Phil. m Panpsychismus m.
pan m **1.** a. fig. Brot n; ~ bazo (blanco) Schwarz-, Schrot- (Weiß-)brot n; ~ de centeno Roggenbrot n; ~ dormido Bischofsbrot n (Gebäck); ~ de especias Lebkuchen m; ~ de flor (od. de lujo) feinstes Weißbrot n; ~ de Graham (de higos, de munición) Graham- (Feigen-, Kommiß-)brot n; ~ inglés (od. de lata) Kastenbrot n; ~ integral Vollkornbrot n; ~ de jengibre Ingwerbrot n, Leb-, Gewürz-kuchen m; ~ de mezcla (od. de morcajo) Mischbrot n; ~ de miel Honigkuchen m; ~ moreno Schwarzbrot n; ~ pintado Zuckerbrot n, verziertes Würzbrot n; ~ rallado Paniermehl n, sdd. Semmelbrösel n/pl.; ~ seco trockenes Brot n (ohne Belag); ~ tostado Röst-, Toast-brot n; ~ trenzado Zopf m, Stollen m (Gebäck); ~ de Viena, Am. ~ francés Semmel f, Brötchen n; ~ abierto belegtes Brot n; Rel. ~ eucarístico (od. supersubstancial) Eucharistie f; Rel. ~ de la proposición Schaubrot n; el ~ nuestro de cada día dánosle hoy unser tägliches Brot gib uns heute; partir el ~ das Brot brechen; a ~ y agua bei Wasser u. Brot (Strafe); fig. F no cocérsele a alg. el ~ es nicht erwarten können, vor Ungeduld vergehen; comer el ~ de alg. j-s Brot essen, in j-s

Diensten stehen; con su ~ se lo coma das soll er selbst ausbaden; fig. F hacer un ~ como unas hostias die Sache vermurksen F; Murks machen F; llamar al ~, y al vino, vino die Dinge beim (rechten) Namen nennen; fig. F repartir a/c. como ~ bendito äußerst knauserig mit et. (dat.) sein; ser más bueno que el ~ herzensgut sein; fig. ser el ~ de cada día das tägliche Brot sein (fig.) (immer wieder vorkommen); esto es ~ comido das ist kinderleicht; ser ~ y miel hervorragend bzw. kinderleicht sein; fig. no tener para ~ sehr darben müssen; fig. venderse (od. salir) como el ~ (od. como ~ caliente) weggehn wie warme Semmeln (Ware); **2.** p. ext. Getreide n; Mehl n; ♂ tierra f de ~ llevar Getreide-boden m, -feld n; **3.** ♀ árbol m del ~ Brotbaum m; **4.** fig. (von brotähnlicher Form): ~ de azúcar Zuckerhut m; ~ de jabón gr. Stück n Seife; ~ de oro Goldplättchen n; ♀ ~ y quesillo Hirtentäschel(kraut) n; prov. ~ de vidrio Fensterscheibe f.
pana[1] tex. f Art Plüsch m; Cord (-samt) m.
pana[2] f Chi. Leber f der Tiere; fig. F Kaltblütigkeit f.
pana[3] f Cat., Chi. (Auto-)Panne f.
panacea f Allheilmittel n, Panazee f.
panaco F m Arg. Vulva f.
panade|ar v/i. Brot backen; ~**ría** f Bäckerei f; Bäckerladen m; ~**ro** m Bäcker m; ♪ Folk. ~s m/pl. Art zapateado.
panadizo ♂ m Panaritium f.
panado Kchk. adj. mit Röstbrot angemacht (Brühe).
panal m **1.** Wabe f; **2.** bsd. Andal. Schaumzucker m.
Pana|má m Panama n; ♀**meño** adj.-su. panamaisch; m Panamaer m; Panamahut m.
panamerica|nismo Pol. m Panamerikanismus m; panamerikanische Bewegung f; ~**nista** c Anhänger m des panamerikanischen Gedankens; ~**no** adj. panamerikanisch; Vkw. (Carretera f) ♀a f Panamerican Highway m (1936 begonnene Straßenverbindung, vom Süden der USA bis Chile).
pancarta f Plakat n, Schild n; Transparent n; Spruchband n.
pancista c (bequemer) Opportunist m. [n.]
pancracio Sp. hist. m Pankration f
páncreas Anat. m Bauchspeicheldrüse f, Pankreas n.
pancre|ático ♂ adj. Pankreas...; ~**atitis** ♂ f Bauchspeicheldrüsenentzündung f.
pancromático Phot. adj. panchromatisch.
pancutra Kchk. f Chi. Art Spätzlesuppe f.
panchitos m/pl. Span. Reg. gesalzene Erdnüsse f/pl.
pancho m **1.** Fi. junger Seekarpfen m; **2.** F → panza; fig. F quedarse tan ~ s. nicht aus der Ruhe bringen lassen.
panda[1] Zo. m Panda m.
panda[2] f **1.** Galerie f e-s Kreuzgangs; **2.** F → pandilla.
pandán m: hacer ~ ein Gg.-stück (od. Pendant) bilden.
pandear v/i. u. ~**se** v/r. s. biegen, durchhängen (Balken, Wand).

pan|dectas ½ f/pl. Pandekten pl.; ~**demia** ♂ f Pandemie f; ~**démico** ♂ adj. pandemisch; ~**demonio**, ~**demónium** m Pandämonium n.
pandeo m Durchhang m, Durchhängen n.
pande|rada f Tamburinrasseln n; fig. F Albernheit f, Unsinn m; ~**razo** m Schlag m (od. Rasseln n) mit dem Tamburin; ~**reta** f Tamburin n, Schellentrommel f; ~**retear** v/i. das Tamburin schlagen; ~**retero** m Tamburin-schläger m; -macher m; ~**ro** m Tamburin n; fig. F en buenas manos está el ~ die Sache liegt in guten Händen.
pandi|lla F f Bande f, Clique f; ~**llaje** m Cliquenwesen n; Klüngel m; ~**llero** m, ~**llista** c Anhänger m (bzw. Mitglied n) e-r Clique.
pando adj. **1.** krumm, gebogen; **2.** fast eben (Gelände zw. Bergen); **3.** fig. gelassen; träge (dahinfließend); seicht (Gewässer).
panecillo m Brötchen n, Semmel f (Reg.); kl. Weißbrot n.
pane|gírico I. adj. lobrednerisch; Lob(es)...; **II.** m Lobrede f; Panegyrikus m; ~**girista** m Panegyriker m; Lobredner m; ~**girizar** [1f] v/t. j-n mit e-r Lobrede feiern.
panel m △ (Tür-, Wand-)Füllung f; Feld n e-r Wand; EDV ~ de control Systemsteuerung f; ☀ solar Sonnenkollektor m; Tel. ~ vacío Blind-, Leerfeld n.
panela f **1.** Art Zwieback m; **2.** 🞛 Pappelblatt n; **3.** Col., C. Ri., Méj. Rohzucker m (z. T. Volksnahrung).
panenteísmo Rel. m Panentheismus m.
pane|ra f **1.** Getreidespeicher m; **2.** Mehlkammer f; **3.** gr. Brotkorb m; **4.** (Fisch-)Reuse f; ~**ro** m **1.** Brottrage f; **2.** runde Matte f.
pan|eslavismo m Panslavismus m; ~**europeo** adj. paneuropäisch.
pánfilo adj. **1.** allzu gutmütig; trottelhaft, dumm; **2.** schwerfällig; träge.
panfle|tista c Pamphletist m; ~**to** m Pamphlet n.
panga f Am. Cent. Boot n.
pangermanismo m Pangermanismus n. [tier n.]
pangolí Zo. m (pl. ~íes) Schuppen-}
pánico I. adj. panisch; **II.** m Panik f; panische Angst f; le entró un ~ er geriet in Panik; producir ~ entre la gente die Menschen in Panik versetzen.
pa|nícula ♀ f Rispe f; ~**niculado** adj. rispenförmig; ~**nículo** Anat. m: ~ (adiposo) Unterhautfettgewebe n.
pani|ego adj. ⚒ Brot...; Acker...; fig. F ser ~ viel Brot essen; ~**ficable** adj. c zur Brotherstellung geeignet, verbackbar; ~**ficación** f Brotherstellung f; ⚒ a. Truppenbäckerei f; ~**ficadora** f Brotfabrik f; Bäckerei f; ~**ficar** [1g] v/t. **1.** zu Brot verbacken; **2.** ⚒ Weideland in Getreideacker umwandeln.
panislamis|mo m Panislamismus m; ~**ta** adj. c panislamisch.
panizo ♀ m Hirse f; Reg. ~ (de Indias) Mais m.
panocha ♀ f (Mais-)Kolben m.
panocho adj.-su. aus Murcia; m

panoja — papel

panoja Murcianer m; Li. der Dialekt der Huerta von Murcia.
panoja f 1. Maiskolben m; 2. ♀ a) → panícula; b) Traube f, Büschel n.
panoli P adj.-su. c dumm, einfältig; m Einfaltspinsel m F.
pan|oplia f 1. volle Waffenausrüstung f, bsd. fig. Ganzrüstung f; 2. Waffensammlung f; ~óptico m Panoptikum n; ~orama m Panorama n; Rund-blick m, -sicht f; Rund-gemälde n bzw. -aufnahme f; fig. F es un ~ das ist e-e dumme Geschichte; F ¡vaya un ~! das sind ja schöne Aussichten! F; ~orámica f Aussicht f, Rundblick m; fig. Überblick m, -sicht f; ~orámico adj. Panorama...; anteojo m ~ Panoramafernrohr n.
panoso adj. mehlig, mehlartig.
panpsiquismo m → pampsiquismo.
panqueque m Am. Pfannkuchen m; ~ría f Am. Verkaufsstand m für Pfannkuchen.
pantagruélico adj. Schlemmer..., überreichlich.
panta|leta f Am. Damenunterhose f; ~lón m Hose f; ~ de montar Reithose f; ~ (con od. de) peto (~ tubo) Latz-(Röhren-)hose f; ~ vaquero, ~ tejano Jeans pl., Blue jeans pl.; fig. llevar los ~ones die Hosen anhaben (fig.); ~lonera f Hosenschneiderin f; ~lonero m Hosenspanner m.
pantalla f 1. Lampen-, Licht-schirm m; 2. Ofen-, Kamin-schirm m; 3. Abschirmung f; fig. Deckmantel m, Tarnung f; hacer la ~ mit den Händen abschirmen; 4. Kino: Bildwand f, (Film-)Leinwand f; fig. de la ~ Film...; ~ panorámica Breitwand f; llevar a la ~ verfilmen; 5. Bildschirm m; Radar: (Leucht-)Schirm m; (Radar-)Schirm m; ~ grande Großbildschirm m; pequeña ~ Fernsehen n; ~ plana Flachbildschirm m; ✶ ~ radioscópica Röntgenschirm m; ~ táctil Touchscreen m; ~ televisiva Großleinwand f.
panta|nal m Sumpfgelände n; ~no m 1. Sumpf m; Morast m; 2. Talsperre f; Stausee m; ~noso adj. sumpfig; Sumpf...; Moor...
panteís|mo m Pantheismus m; ~ta adj.-su c pantheistisch; m Pantheist m.
pantelismo Phil. m Pantelismus m.
panteón m Pantheon n; Ruhmeshalle f; ~ (de familia) Familiengruft f.
pantera Zo. f Panther m.
pantimedia(s) f(/pl.) Méj. Strumpfhose(n) f(/pl.).
pan|tógrafo m 1. Storchschnabel m, Pantograph m; 2. ✂ (Gitter-)Schere f; Schere(nstromabnehmer m) f b. E-Lok; ~tómetra f, ~tómetro m Pantometer m; ~tomima f Pantomime f; ~tomímico adj. pantomimisch; ~tomimo m Pantomime m.
pantorri|lla f 1. Wade f; enseñar las ~s die Beine zeigen, kokettieren (Frau); 2. Ec., Pe. Frechheit f; ~lludo adj. mit drallen Waden.
pantuf|la f, ~lo m Pantoffel m, Hausschuh m.
panty m Strumpfhose f.
panucho m Méj. Maispastete f mit Bohnen- u. Hackfleischfüllung.
pan|za f Bauch m, Wanst m; ~ arriba auf dem Rücken (liegend); fig. F ~ de burra grauer Himmel m (bsd. b. Schneewetter); F echar ~ Bauch ansetzen; ~zada F f: darse una ~ s. den Bauch vollschlagen F; ~zón m Wanst m; a. adj. → ~zudo adj. dickbäuchig.
pañal m Windel f; a. ✶ Wickel m; ~ braga Windelhöschen n; ~ desechable Papier-, Wegwerf-windel f; fig. estar (aún) en ~es noch in den Kinderschuhen stecken.
pañe|ría f Tuchhandel m; Tuchhandlung f; ~ro m Tuchhändler m; ~te m 1. tex. Flaus m, Fries m; 2. a) → paño (2) higiénico; b) ~s m/pl. Lendenschurz m; Lendentuch n Christi am Kreuz.
paño m 1. a. ⚓ Tuch n; Stoff m; ~ de lana Wolltuch n; ~ militar Uniformtuch n; ~ tirolés Loden m; fig. Thea. al ~ hinter den Kulissen beobachtend (od. soufflierend); de ~ tuchen, Tuch...; acudir al ~ Stk. die Muleta annehmen (Stier); fig. auf den Leim gehen; fig. F conocer el ~ den Rummel kennen F; fig. F cortar ancho del ~ ajeno aus fremder Leute Leder Riemen schneiden; fig. Thea. dar (un) ~ einhelfen (aus der Kulisse heraus Stichworte geben usw.); fig. haber ~ que cortar zur Genüge vorhanden sein; ⚓ ir con poco ~ mit wenig Tuch segeln; 2. Tuch n; ~s m/pl. p. ext. Stoffbehänge m/pl.; Behang m; fig. Kleidung f; Mal. faltenreiche Gewandung f; ecl. ~ del altar Altartuch n; ~ de cáliz Kelchtuch n, Velum n; ~ de cocina (de manos) Küchen- (Hand-)tuch n; ~/filtro od. ~ de filtraje Filtriertuch n; ~ higiénico Damenbinde f; ecl. ~ de hombros Humerale n; fig. ~ de lágrimas hilfreiche Seele f; fig. en ~es menores in der Unterhose; im Hemd; im Negligé; ~ mortuorio Bahrtuch n; ecl. ~ de púlpito Kanzelbehang m; ~ de vajilla Geschirrtuch n; ~ de los vasos Gläsertuch n; 3. ✶ Tuch n, Umschlag m; Kompresse f; fig. solución de ~s calientes Behelfslösung f, fauler Kompromiß m; aplicar ~s calientes heiße Umschläge machen; fig. unzulängliche Maßnahmen ergreifen; allzu gr. Rücksichten nehmen; 4. Bahn f bzw. Breite f e-s Tuchs; p. ext. Breite f; 5. ✕ Am. Fläche f e-s Ackers; 6. △ Füllung f, Spiegel m; 7. fig. Beschlag m, Trübung f an Gläsern usw.; 8. Muttermal n, Leberfleck m.
pañol ⚓ m Spind n, Kammer f; ~ de coys Hängemattenkasten m; ~ de carbón Kohlenbunker m.
paño|lería f Taschentuchladen m; ~lero m Taschentuchhändler m; ~leta f Halstuch n; Dreieckstuch n bzw. Busentuch n der Damen; ~lón m Umhang m, Schal m.
pañuelo m Taschentuch n; Halstuch n; ~ (de cabeza) Kopftuch n; ~ triangular a. ✶ Dreieckstuch n; fig. F el mundo es un ~ die Welt ist (doch) klein (od. ein Dorf) (b. Zs.-treffen an unerwartetem Ort).
papa[1] m Papst m; ser más papista que el ~ päpstlicher als der Papst sein.
papa[2] f Andal., Am. Kartoffel f; Am. Cent. ~ del aire wilde Yamswurzel f; ~ de caña, ~ real Erdbirne f; ~ dulce Süßkartoffel f; ~s a la francesa, ~s fritas Pommes pl. frites.

papa[3] f 1. F → paparrucha; F no entender ni ~ kein Wort (od. immer nur Bahnhof F) verstehen; 2. ~s f/pl. a) Brei m, Mus n; b) F, bsd. Kdspr. Essen n, Papp m (Kdspr.).
papa[4] m Méj. Priester m im alten Mexiko.
papá m Papa m, Vati m; Méj., Col. oft Vater m (allg.); F ~s m/pl. Eltern pl.
papable kath. adj. c zum Papst wählbar, papabile.
papacla f Méj. gr. Bananenblatt n zum Einwickeln.
papachar v/t. Méj. 1. sanft kneten; 2. tätscheln.
papa|da f Wamme f; ~dilla f Doppelkinn n.
papado m Papsttum n.
papafigo Vo. m → papahígo 1.
papa|ya f Papageienweibchen n; ~yo m 1. Vo. Papagei m; fig. F (a. adj.) Schwätzer m; 2. Fi. Papageienfisch m; 3. ♀ a) Buntwurz f; b) Art Fuchsschwanz m; 4. ⚡ Arg. Urinflasche f.
papahígo m 1. Vo. Feigendrossel f; 2. ⚓ Großsegel n (außer Besan).
papaíto dim. m Vati m, Papa m.
papal[1] m Am. Kartoffelfeld n.
papal[2] adj. c päpstlich.
papalina[1] f Ohrenmütze f; Schutenhut m; Haube f.
papalina[2] F f kräftiger Schwips m, Affe m F.
papalino hist. m päpstlicher Soldat m.
papalón m Méj. Frechling m.
papalo|ta f Méj. Schmetterling m; ~te m 1. Ant., Méj. (Papier-)Drache m; 2. C. Ri., Cu. Schmetterling m.
papa|moscas m (pl. inv.) Vo. Fliegenschnäpper m; fig. F → ~natas F m (pl. inv.) Trottel m F.
papandujo F I. adj. 1. überreif, weich; 2. schlapp, schlaff; II. m 3. Bagatelle f.
papar v/i. (breiige Speisen) essen; essen ohne zu kauen; Kdspr. u. F essen; fig. F ~ moscas (od. viento) Maulaffen feilhalten, gaffen; fig. no ~ nada nichts beachten, über alles leichtfertig hinweggehen.
paparda Fi. f Makrelenhecht m.
paparrucha(da) F f 1. Falschmeldung f, (Zeitungs-)Ente f; 2. leeres Gerede n, Gewäsch n F; ¡~! Quatsch! F; 3. wertloser Kram m, Plunder m.
papave|ráceas ♀ f/pl. Mohngewächse n/pl.; ~rina ⚗ f Papaverin n.
papavientos F m (pl. inv.) Dummkopf m, Blödmann m F.
papa|ya f Papajafrucht f; P Cu., Ven. Muschi f (= Vagina); Am. → ~yo ♀ m Papaja f, Melonenbaum m.
papear v/i. lallen, stammeln, stottern.
papel m 1. Papier n; de ~ papieren, aus Papier, Papier...; ⊕ ~ abrasivo Schleif-, Schmirgel-papier n; ~ de aluminio, ~ de plata Alu(minium)folie f; ~ de barba unbeschnittenes Büttenpapier n; ~ biblia Dünndruck-, Bibel-papier n; ~ brillante, ~ cuché, bsd. Typ. ~ satinado Glanzpapier n; ~ para calcar (para correo aéreo) Pauspapier n; ~ carbón (colorado) Kohle- (Bunt-)papier n; ~ de cartas Briefpapier n; ~ cebolla Pauspapier n; Typ. a. Florpost f; ~ (de)

cocina Küchen-papier *n*, -tücher *n/pl.*; ~ *de copia*, ~ *para copias, a.* ~ *cebolla* Durchschlagpapier *n*; ~ *crepé* Kreppapier *n*; ~ *de embalar, bsd. Am.* ~ *de empaque* Pack-, Einwickel-papier *n*; ~ *engrasado (fino)* Öl- (Fein-) papier *n*; ~ *de escribir (de filtro, de fumar)* Schreib- (Filter-, Zigaretten-)papier *n*; ~ *de estraza* grobes Packpapier *n*; ~ *heliográfico (higiénico)* Lichtpaus- (Toiletten-)papier *n*; ~ *hilo (ministro)* Leinen-, Bütten- (Kanzlei-)papier *n*; ⚛, ⚗ ~ *indicador (reactivo)* Indikator- (Reagenz-)papier *n; Typ.* ~ *Kraft* Kraftpapier *n*; Tauenbogen *m*; ~ *para multicopista (normal semifino)* Saug- (Normal-)post *f*; ~ *de música* Notenpapier *n*; ~ *parafinado*, ~ *encerado* Wachspapier *n*; ~ *prensa* Zeitungspapier *n*; ~ *reciclado* Recyclingpapier *n*; ~ *de regalo* Geschenkpapier *n*; ~ *registrador* Registrerpapier *n*, Schreibstreifen *m*; ~ *de seda* Seidenpapier *n*; ⚖ ~ *sellado* Stempelpapier *n; Phot.* ~ *sensible* Kopierpapier *n*; ~ *tela* Papierstoff *m*; *p. ext.* Papierwäsche *f*; ~ *de tina (od. de mano)* (handgeschöpftes) Büttenpapier *n*; ⚛, ~ *de tornasol* Lackmuspapier *n*; ~ *transparente* Transparentpapier *n*; Durchschlagpapier *n*; ⊕ ~ *de vidrio* Glaspapier *n; fig. el* ~ *todo lo aguanta* Papier ist geduldig; *fig. convertir en* ~ *mojado* zu Makulatur machen; *fig.* F *yo no fumo más que* ~ ich rauche nur Zigaretten; *fig.* F *todo esto no es más que* ~ *mojado* das ist alles nur ein Fetzen Papier; damit ist gar nichts anzufangen; 2. Papier *n*, Zettel *m*; 3. ~ *(pintado od.* ~ *de pared)* Tapete *f*; *hoja f de* ~ Tapetenbahn *f*; 4. Papier *n*, Schriftstück *n*, Dokument *n*; ~*es m/pl.* Papiere *n/pl., a.* Ausweispapiere *n/pl.*; ✝ ~*es m/pl. de negocios* Geschäftspapiere *n/pl.*; 5. ✝ Wertpapier *n*; ~ *moneda* Papiergeld *n*; 6. *Thea. u. fig.* Rolle *f*; *primer* ~ *od.* ~ *de protagonista* erste Rolle *f*, Hauptrolle *f; fig. hacer* ~ e-e Rolle spielen (wollen); *fig. hacer buen* ~ s. gut aufführen, s. bewähren; *fig. jugar (od. desempeñar) un* ~ e-e Rolle spielen *(fig.); Thea. representar (od. hacer) un* ~ e-e Rolle spielen *(od.* darstellen); *Thea. sacar de*~*es* die Rollen ausschreiben; *fig.* F *tener* ~ *od. un* ~*es* j-m schöntun, j-m um den Bart gehen; 7. F *Blatt n*, *Zeitung f*; *unter Journalisten a.* Beitrag *m*, Artikel *m*.
pape|lada *f Am. Cent., Ec., Pe.* Farce *f*, Humbug *m*; ~**lear** *v/i.* 1. Papiere durchsehen *(od.* durchstöbern); 2. *fig.* e-e Rolle spielen wollen; *fig.* F *Arg.* Theater spielen; s. nicht durchschauen lassen; ~**leo** *m* 1. Durchstöbern *n* von Papieren; 2. F Papier-kram *m bzw.* -krieg *m*; ~**lera** *f* 1. Papier-, Akten-schrank *m*; 2. Papierkorb *m (a. EDV);* 3. Papierfabrik *f*; 4. *Col.* Kollegmappe *f*; ~**lería** *f* Papierwaren *f/pl.*; Schreibwarengeschäft *n*; ~**lero I.** *adj.* Papier-...; **II.** *m* Papier- *bzw.* Schreibwaren-händler *m; Méj.* Zeitungsverkäufer *m*; ~**leta** *f* Zettel *m*; Schein *m; Sch.* (ausgeloster Zettel *m* mit dem) Prüfungsthema *n; Verw.* ~ *de empeño* Pfandschein *m; Pol.* ~ *de votación* Stimmzettel *m; fig. tocarle a alg. una* ~ *difícil* vor e-r schwierigen Aufgabe stehen;

~**letizar** [1f] *v/t.* verzetteln *(für den Zettelkasten)*; ~**lillo** *m* 1. *dim.* Stückchen *n* Papier; Papierröllchen *n*; 2. Zigarette *f zum Selbstdrehen; fig.* F → *papillote*; 3. *pharm.* Briefchen *n* mit Arznei; ~**lista** *m* 1. Papier-fabrikant *m bzw.* -händler *m*; 2. → *empapelador*; **I.** F *Arg.* Angeber *m* F; ~**lón I.** *adj.* 1. großsprecherisch; **II.** *m* 2. dünner Karton *m aus mehreren Lagen Papier*; 3. *fig.* F Geschreibsel *n*, wertloser Wisch *m* F; 4. *Thea.* langweilige *(bzw.* undankbare) Rolle *f; fig.* F *hacer un* ~ s. blamieren; 5. *Ven.* Rohzucker(hut) *m*; ~**lorio** *desp. m* Haufen *m* wertloser Papiere; ~**lote** *m* **a)** *desp.* Fetzen *m* Papier, Wisch *m* F; **b)** Altpapier *n*; ~**lucho** *desp. m* Wisch *m* F; Fetzen *m* (Papier).
papera ⚕ *f* Kropf *m*; ~*s f/pl.* Mumps *m*, Ziegenpeter *m*.
papero *m* 1. Breitopf *m*; 2. Brei *m für Kleinkinder*; 3. *Am.* Kartoffel-bauer *m*; -händler *m*.
papi|la *Anat. f* Papille *f*; ~**lar** *adj. c* Papillen...
papilionáceas ⚘ *f/pl.* Schmetterlingsblütler *m/pl.*
papilo|ma ⚕ *m* Papillom *n*; ~**so** *adj.* mit Papillen bedeckt.
papilla *f* 1. *Kchk.* Brei *m; fig.* F *hacer* ~ *a alg.* j-n kaputtmachen F, j-n zur Schnecke machen F; 2. *fig.* heuchlerische List *f*.
papillote *m* Haar-, Locken-wickel *m*.
papiro *m* Papyrus *m (Pfl., Schreibstoff u. Schriftrolle); fig.* P *Lappen m* P, Geldschein *m*.
pápiro F *m* Geldschein *m*.
papis|mo *Rel. m* 1. *desp.* Papismus *m*; 2. Papstkirche *f*, römischer Katholizismus *m*; ~**ta I.** *adj. c desp.* papistisch; F = *papal;* (→ *a. papa*¹); **II.** *m desp.* Papist *m*; F eifriger Anhänger *m des Papsttums.*
papito *m* 1. *Kdspr.* Papi *m*; 2. *Col.* kl. Liebling *m (= Junge).*
papo *m* 1. ⚘ Haarkrone *f der Korbblütler;* 2. *Zo.* Kropf *m der Vögel*; Wamme *f der Rinder;* Speisemagen *m der Bienen;* 3. ⚓ geringe Schwellung *f* des Segels *b. mangelndem Wind;* 4. V *bsd. Cu.* Fotze *f* V; ~**rrear** *v/i.* dummes Zeug reden; ~**rreta** *Pe. f* Herunterleiern *n*; *de* ~ auswendig *a. fig.*
papú(a) *adj.-su. c* Papua...; *m* Papua *m*.
Papua(sia)-Nueva Guinea *f* Papua-Neuguinea *n*.
papudo *adj.* dickköpfig *(Vogel).*
pápula ⚕ *f* Papel *f*.
paquear *hist. v/i.* aus dem Hinterhalt schießen.
paque|bot(e) ⚓ *m* Post-schiff *n*, -dampfer *m*; ~**te I.** *m* 1. Pack *m; (a.* ✝ *u. Aktien)* Paket *n*; Bündel *n*; Päckchen *n*, Schachtel *f (a.* Zigaretten); ~ *de curación* Verbandspäckchen *n*; ✝ *pequeño* ~ Päckchen *n*; ✝ *postal* Postpaket *n*; 2. *Typ.* Satzstück *n*; 3. ⚓ → *paquebote;* 4. *fig.* F **a)** lästiger Kram *m*; **b)** Rüffel *m*; F *Span. cargar con el* ~ es ausbaden müssen F; *meter un* ~ *a alg.* j-m e-e Zigarre verpassen F; 5. F *Beifahrer m b. Motorrad;* 6. ✳ *u. Arg.* Modenarr *m*; **II.** *adj. c* ✳ *u. Arg.* elegant, piekfein F; aufgetakelt F; ~**tera** *Kfz. f* kl. Lieferwagen *m* mit Kasten; ~**tería** *f* Paketgut *n*, Stück-

gut *n*; ~**tero I.** *adj.* 1. Paket...; **II.** *m* 2. Paketmacher *m*; 3. Verteiler *m der Zeitungspakete an Boten u. Verkäufer;* 4. *fig.* F **a)** ⚓ Schmuggler *m*; **b)** *Chi.* Trickbetrüger *m*; ~**tito** *m a.* ✳ Päckchen *n*.
paquider|mia ⚕ *f* Pachydermie *f*; ~**mo** *Zo. m* Dickhäuter *m*.
paquistaní *adj.-su. c (pl.* ~*íes)* pakistanisch; *m* Pakistaner *m*, Pakistani *m*.
par I. *adj. c* 1. gerade *(Zahl);* 2. gleich; *a la* ~ gleichzeitig; ✝ (al) pari; *a la* ~ *que* zugleich; *a* ~ *de neben (dat.), bei (dat.);* wie, gleichsam; *(abierto) de* ~ *en* ~ sperrangelweit (offen); *sin* ~ unvergleichlich, einzigartig; *joven a la* ~ *que muy sensato* sehr jung u. zugleich sehr vernünftig; **II.** *m* 3. Paar *n*, zwei Stück *n/pl.*; *un* ~ *de* einige; *a* ~*es* paarweise; *un* ~ *de huevos* zwei Eier; *un* ~ *de pantalones* e-e Hose; ⊕ ~ *de ruedas* Rad-, Räder-paar *n*, -satz *m*; *un* ~ *de tijeras* e-e Schere; *un* ~ *de zapatos* ein Paar Schuhe; 4. *Phys.*, ⊕ Paar *n*; ~ *(de fuerzas)* Kräftepaar *n*; ~ *(de giro)* Drehmoment *n*; 5. Pair *m (Adelstitel).*
para *prp.* der Richtung u. *fig.* des Vergleichs: 1. örtlich: nach *(dat.);* ~ *allá* dorthin; *salir* ~ *Madrid* nach Madrid abreisen; 2. zeitlich: bis *(dat.);* *todo estará listo* ~ *agosto* alles wird bis *(od.* zum *od.* bis zum) August fertig sein; *aplazarlo* ~ *mañana* es auf morgen verschieben; *tener trabajo* ~ *seis meses* für ein halbes Jahr Arbeit haben; ~ *siempre* für immer; 3. *modal:* zu *(dat.),* gg.-über *(dat.),* gg. *(ac.);* *estuvo muy amable* (~) *con nosotros* er war sehr freundlich zu uns *(od.* gg. uns); 4. *Zweck, Bestimmung, Verwendung* **a)** ~ *ella* für sie; ~ *sí mismo* für s. selbst; ~ *eso* dazu, deshalb; zu diesem Zweck, in dieser Absicht; *¿* ~ *qué? wozu?*, zu welchem Zweck?; *in welcher Absicht?;* *bueno* ~ *la tos* gut gg. *(od.* für) den Husten; *calzado m* ~ *niños* Kinderschuhe *m/pl.;* *capaz (od. útil)* ~ *el trabajo* arbeitsfähig; *vaso m* ~ *agua* Wasserglas *n (vgl. vaso m de agua* Glas *n* Wasser); *no hay* ~ *qué subrayar que* ... es ist nötig, zu unterstreichen, daß ...; **b)** *Bereitschaft:* *estar* ~ *hacer a/c.* im Begriff stehen *(od.* sein), et. a. zu tun; *está* ~ *llover* es wird gleich regnen; *no estoy* ~ *bromas* ich bin nicht zu Scherzen aufgelegt; *estoy* ~ *usted* ich stehe Ihnen (gern) zu Diensten *(vgl. estoy por usted* ich bin lieb für Sie); **c)** *mit inf.:* ~ *acabar de una vez* um endgültig Schluß zu machen; *kurz u. gut;* ~ *hacerlo se me puso el* ~ *tu tun;* **d)** *(finale cj.)* ~ *que* + *subj.* damit; ~ *que todo salga bien* damit alles gut ausgeht; 5. *Verhältnis, Vergleich (a. Gg.-satz):* ~ *mí (lo veo así)* was mich angeht (, sehe ich es so), nach m-r Meinung *(verhält es s.* so); *está muy bien conservado* ~ *sus años* für sein Alter *(od. in* Anbetracht s-s Alters) ist er sehr rüstig; *no le pagan* ~ *el trabajo que hace* s-e Arbeit wird nicht entsprechend bezahlt; *vgl. por.*

parabalas *m (pl. inv.)* Kugelfang *m*.

parábasis — parar

parábasis *Thea. f* Parabase *f*.
parabién *m* Glückwunsch *m*; *dar el ~* beglückwünschen (j-n *a alg.*).
pa|rábola *f bibl.* Gleichnis *n*; *Å u. fig.* Parabel *f*; **~rabólica** *f* Satellitenantenne *f*, Satellitenschüssel *f* F; **~rabólico** *adj.* gleichnishaft, Parabel...; *a. Å* parabolisch, Parabol...; **~raboloide** *Å m* Paraboloid *n*.
para|brisas *m (pl. inv.)* Windschutz-, Front-scheibe *f*; *~ laminado* Verbundglas(front)scheibe *f*; **~caídas** *☒ m (pl. inv.)* Fallschirm *m*; **~caidismo** *m* Fallschirmspringen *n*; **~caidista** *c* Fallschirmspringer *m*; ☒ Fallschirmjäger *m*; **~científico** *adj.* halbwissenschaftlich; **~choques** *m (pl. inv.)* ⚓ Prellbock *m*; *Kfz.* Stoßstange *f*.
parada *f* 1. Stillstand *m*; Stillstehen *n*, Stehen *n*; ♪ Generalpause *f*; 2. *a.* ⊕ Anhalten *n*; ⊕ Stillsetzung *f*, Außerbetriebsetzung *f*, Ausschaltung *f*; *mecanismo m de ~* Abstellvorrichtung *f*, Absteller *m*; *a. Vkw. señal f de ~* Haltezeichen *n*; 3. *bsd.* ⚓ Aufenthalt *m an e-r Station*; Halt(epunkt) *m*; Straßenbahn: *~ discrecional* Bedarfshaltestelle *f*; *~* Bedarfshalt *m*; *~ obligatoria* Zwangshaltestelle *f*; ⚓ planmäßiger Halt *m*; *~ de taxis* Taxistand *m*; 4. ☒ a) Parade(aufstellung) *f*; Wachparade *f*; Paradeplatz *m*; *paso m de ~* Paradeschritt *m*; b) Rast *f*, Halt *m*; 5. *Fechtk.* Parade *f*; *Sp. hacer ~s den Ball halten (od.* auffangen) *(Torwart)*; 6. Wehr *n in fließendem Gewässer (z. B. für e-e Mühle)*; 7. ⚒ Einstell-, Sammelplatz *m bzw.* Zuchtstallung *f*, Gestüt *n für Großvieh*; 8. Einsatz *m b. Spiel*; 9. † Ausspann *m*, Wechselstation *f der Überlandpost*; *p.ext.* Wechselpferde *n/pl.*; 10. *Am. Cent., Méj.* volle Patronenladung *f e-s Gewehrs usw.*; 11. F *Arg.* Angabe *f* F; 12. *Méj., P. Ri.* Aufmarsch *m*, Kundgebung *f*; 13. *Méj. vlw. fig.* großes Wagnis *n*; 14. *Jgdw.* Vorstehen *n (Jagdhund)*.
paradentosis *☒ f* Parodontose *f*.
paradero *m* 1. Verbleib *m (z. B. v. Sendungen)*; *fig.* Ende *n*; 2. Bleibe *f*, Aufenthaltsort *m*; *de ~ desconocido* unbekannten Aufenthalts; *sin ~ fijo* ohne feste Bleibe; 3. *Cu., Chi., P. Ri.* Busstation *f*; ⚓ Haltepunkt *m*; *Ven.* Gasthaus *n*.
paradig|ma *m* Paradigma *n (a. Li.)*, Musterbeispiel *n*; *Li.* Deklinations- *bzw.* Konjugations-schema *n*; **~mático** *adj.* paradigmatisch.
paradisíaco *adj.* paradiesisch.
parado I. *adj.* 1. stillstehend (*a. Maschine*); untätig; *fig.* F schlapp; *mal ~ übel zugerichtet*; *estarse ~ s.* nicht rühren; *quedarse ~ stehenbleiben*; *fig. se quedó ~ er war baff (od.* platt F); ihm blieb die Spucke weg F; 2. arbeitslos; 3. *Am.* aufrecht; gerade aufgerichtet; P steif *(Penis)*; *cp.* Ri. kalt, blasiert; *Chi., P. Ri.* stolz, hochfahrend; II. *~s m/pl.* 5. Arbeitslose(n) *m/pl.*
para|doja *f* Paradoxon *n*, Widersinnigkeit *f*; **~dójico** *adj.* widersinnig, paradox; **~dojismo** *Rhet. m* Paradoxie *f*.
parador *m bsd. Span.: ~ (de turismo)*

staatliches Touristenhotel *n* (und -restaurant *n*).
paradoxal *adj. c → paradójico.*
paraestatal *adj. c* halbstaatlich (*Unternehmen, Gesellschaft*).
parafango *m* Schutzblech *n am Fahrrad.*
parafernales *☒ ☒*: (bienes) *~ m/pl.* Sondergut *n* der Ehefrau.
parafina *☒, f* Paraffin *n*; **~je** *m* Paraffinierung *f*; **~r** *v/t.* paraffinieren.
pa|rafrasear *v/t.* umschreiben; **~ráfrasis** *f (pl. inv.)* Umschreibung *f*, Paraphrase *f*; **~rafrástico** *adj.* umschreibend, paraphrastisch (*a. Gram.*).
para|goge *Li. f* Paragoge *f*, Buchstabenanfügung *f*; **~gógico** *Li. adj.* paragogisch.
parágrafo *☒ m → párrafo.*
paraguas *m (pl. inv.)* Regenschirm *m*; *~ (plegable)* de bolsillo Taschenschirm *m*; ⚡ *Am. Reg. ~ de tierra* (Schirm-)Pilz *m*.
Paraguay *m* Paraguay *n*; **⚔o** *adj.-su.* paraguayisch; *m* Paraguayer *m*.
para|guazo *m* Schlag *m* mit e-m Schirm; **~güera** *f Am.* Schirmständer *m*; **~güería** *f* Schirmgeschäft *n*; **~güero** *m* 1. Schirm-macher *m*; -händler *m*; 2. Schirmständer *m*.
parahúso ⊕ *m* Stahlbohrer *m*.
paraíso *m* 1. *a. fig.* Paradies *n*; *~ fiscal* Steuerparadies *n*; *el ~ terrenal* das Paradies (*od.* der Himmel) auf Erden; *ave f del ~* Paradiesvogel *m*; 2. F *Thea.* Galerie *f*, Olymp *m* F.
paraje *m* Ort *m*, Platz *m*; Gegend *f*; *fig. encontrarse en mal ~* in schlechtem Zustand sein *(Sache)*.
paral ⚓ *m* Ablaufbahn *f*.
para|láctico *Astr. adj.* parallaktisch; Parallaxen...; **~laje** *m* Parallaxe *f*.
parale|la *f* 1. *Å* Parallele *f*; 2. *Sp.* (*a. barras f/pl.*) *~s f/pl.* Barren *m*; **~lepípedo** *Å m* Parallelflach *n*, Parallelepiped(on) *n*; **~lidad** *Å*, ⊕ *f* Parallelität *f*, Gleichlauf *m*; **~lismo** *m* ☒ Parallelismus *m*; *Å u. fig.* Parallelität *f*; **~lo** I. *adj.* 1. *Å u. fig.* parallel, gleichlaufend; *fig.* entsprechend, vergleichbar; II. *m* 2. *Astr., Geogr.* Breitenkreis *m*; Breitengrad *m*; 3. Vergleich *m*, Parallele *f*; Entsprechung *f*; *Gg.*-überstellung *f*; **~lográmico** *adj.* Parallelogramm...; **~logramo** *Å, Phys. m* Parallelogramm *n*; *Phys. ~ de fuerzas* Kräfteparallelogramm *n*.
para|lipómenos 〔〕 *m/pl. (a. bibl.* ☒) (Bücher *n/pl.* der) Chronik *f*; **~lipse** *f*; *mst.* **~lipsis** *Rhet. f (pl. inv.)* Paralipse *f*.
pa|rálisis *f (pl. inv.)* ☒ *u. fig.* Lähmung *f*; *a. fig.* Lahmlegung *f*; *~ respiratoria (transversal)* Atem-(Querschnitt[s]-)lähmung *f*; **~ralítico** *☒ adj.-su.* gelähmt; paralytisch; *m* Gelähmte(r) *m*; Paralytiker *m*; Gichtbrüchige(r) *m (bibl.)*.
paraliza|ción *f ☒ u. fig.* Lähmung *f*; Erlahmen *n*; ⚡ Lahmlegung *f*, Stockung *f*; *~ de capital* Kapitalstillegung *f*; **~r** [1f] I. *v/t.* ☒ *u. fig.* lähmen; *fig.* hemmen; zum Stocken bringen; II. *v/r. ~se* erlahmen, steckenbleiben, stocken.
paralogi|smo *Phil. m* Fehl-, Wahnschluß *m*; Widervernünftigkeit *f*,

Paralogie *f*; **~zar** [1f] I. *v/t.* mit Fehlschlüssen überreden wollen; II. *v/r. ~se* Fehlschlüsse vorbringen; *fig. Am. s.* verhaspeln.
paramag|nético *Phys. adj.* paramagnetisch; **~netismo** *Phys. m* Paramagnetismus *m*.
paramento *m* 1. Putz *m*, Zierat *m*; Belag *m*; 2. Schabracke *f*; 3. △ Mauerseite *f*; Vorderseite *f e-s behauenen Steins*; 4. *ecl. ~s m/pl.* Paramente *pl.*
paramera *Geogr. f* Öde *f*, Ödland *n*.
parametritis *☒ f (pl. inv.)* Parametritis *f*.
parámetro *m Å* Parameter *m*; *fig.* Rahmen *m*, (begrenzter) Bereich *m*.
paramilitar *adj. c* militärähnlich; paramilitärisch.
páramo *Geogr. m* Ödland *n*; *bsd.* kahle Hochfläche *f*; *Am.* (kaltes) Gebirgsland *n (Anden)*.
paran|gón *m* Vergleich *m*; **~gonable** *adj. c* vergleichbar (mit *dat. con*); **~gonar** *v/t.* vergleichen; *Typ.* justieren.
paraninfo *m* Aula *f e-r Universität*.
paranoi|a *☒ f* Paranoia *f*; **~co** *adj.-su.* paranoisch; *m* Paranoiker *m*.
parapa|ra *☒ f Ven.* 1. Seifenbaumfrucht *f*; *p. ext.* (café *m* en) *~* Kaffeebeeren *f/pl.*; 2. → **~ro** *☒ m Ven.* Seifenbaum *m*.
parapente *Sp. m* Gleitschirm *m*; Gleitschirmfliegen *n*.
parape|tarse *v/r.* ☒ *u. fig. s.* verschanzen; *fig. s.* schützen; **~to** *m* ☒ Brustwehr *f*; *p. ext.* Brüstung *f*.
para|plasia *☒ f* Paraplasie *f*; **~plejía** *☒ f* doppelseitige Lähmung *f*, Paraplegie *f*; **~pléjico** *☒ adj.-su.* doppelseitig gelähmt; **~psicología** *f* Parapsychologie *f*.
parar I. *v/t.* 1. anhalten; stoppen; *Gerät, Maschine* abstellen, abschalten; ⊕ *a.* festhalten, arretieren; *Arbeit* einstellen; *Fabrik* stillegen; *Sp. Ball* halten, stoppen; *Schlag, Degenstoß usw.* abfangen, parieren; *Jgdw. Wild* stellen *(Hund)*; *fig.* F *¡pare el carro!* nicht so stürmisch!; immer mit der Ruhe!; *~ en seco Pferd* parieren; *Kfz.* scharf (ab-)bremsen; 2. *Aufmerksamkeit* lenken (auf *ac. en*); in e-n Zustand versetzen, zurichten *f*; *Kart. usw. Einsatz* riskieren; *Geld usw.* setzen; *~ la atención en s-e Aufmerksamkeit* richten auf *(ac.)*; P *Col. no ~ bolas a* nicht achten auf *(ac.)*, nicht beachten *(ac.)*; *~ mientes en a/c.* achten auf et. *(ac.)*; 3. *Am.* auf die Beine stellen, hinstellen; II. *v/i.* 4. aufhören (zu + *inf. de* + *inf.*); halten *(Wagen, Zug)*; absteigen, wohnen; *fig.* hinauslaufen, abzielen (auf *ac. a*); *¿adónde irá a ~ todo esto?* wohin soll das alles noch führen?; *fig. ¿adónde quieres ir a ~?* worauf willst du eigentlich hinaus?; *ir a ~ a (od. en)* irgendwo hin(ein)geraten, irgendwohin kommen; *irgendwo landen* F; *el paquete vino a ~ a sus manos* das Paket gelangte schließlich in s-e Hände; *la calle va a ~ a la plaza* die Straße führt zum (*od.* endet am) Platz; *el coche paró en seco* der Wagen hielt mit e-m Ruck *(bzw.* bremste scharf); *¿cómo va a ~ todo eso?* wie soll das (noch) enden?; *fig.* F *déjale correr, que él ~á lass(t)* ihn, er wird s. die

Hörner schon abstoßen; *no para nunca er hört u. hört nicht auf*; *pero no paran aquí las posibilidades* aber hiermit sind die Möglichkeiten (noch) nicht erschöpft; *sin* ~ unaufhörlich; *no para de hablar* er redet pausenlos; ~ *(en) bien* gut auslaufen (*od.* enden); *todo ha ido a* ~ *a sus manos* alles ist schließlich an ihn (*od.* in s-n Besitz) gekommen; **5.** vorstehen (*Jagdhund*); **III.** *v*/*r*. ~**se 6.** stehenbleiben (*a. Uhr*); anhalten, haltmachen; innehalten; stocken; stillstehen; abschalten (*v*/*i*.); ~*se en discusiones* s-e Zeit mit Diskussionen vertun; **7.** *Am.* aufstehen, s. erheben; P steif werden (*Penis*).
pararrayos *m* (*pl. inv.*) *a. fig.* Blitzableiter *m*.
Parasceve *ecl.* *f* Karfreitag *m*, „Rüsttag" *m*.
para|**sitario** *adj.* parasitenhaft, parasitär; Parasiten...; ~**siticida** *adj. c-su. m* Insektenvertilgungsmittel *n*; ~**sítico** *adj. a. fig.* Parasiten..., Schmarotzer...; ~**sitismo** *m a. fig.* Parasiten- *od.* Schmarotzer-leben *n*.
parásito *m a. fig.* Parasit *m*, Schmarotzer *m*; Ungeziefer *n*; ~*s m*/*pl. Rf.* Störungen *f*/*pl.*; ~*s intempestivos* Gewitterstörungen *f*/*pl.*; ⚡ ~*s m*/*pl.* vegetales Pflanzenschmarotzer *m*/*pl.*
parasi|**tología** *f* Parasitenkunde *f*; ~**tólogo** *m* Parasitenforscher *m*.
parasol *m* Sonnenschirm *m*; *Kfz.*, *Phot.* Sonnenblende *f*.
parata ⚔ *f Arg.* Terrassenbeet *n*.
para|**táctico** *Li. adj.* parataktisch; ~**taxis** *Li. f (pl. inv.)* Parataxe *f*.
para|**tífico** ⚕ **I.** *adj.* Paratyphus...; **II.** *m* Paratyphuskrank(er) *m*; ~**tifoidea** *f*, ~**tifus** *m* ⚕ Paratyphus *m*.
paratiroides ⚕ **I.** *adj. inv.* Nebenschilddrüsen...; **II.** *f* (*glándula f*) ~ Nebenschilddrüse *f*.
para|**ván** *m* **1.** *Arg.* spanische Wand *f*; **2.** ⚓ ~ *protector* Bugschutzgerät *n*; ~**vientos** *m* (*pl. inv.*) Windschutzscheibe *f* in Booten usw.
Parca *Myth. u. poet. f* Parze *f*; *fig.* Tod *m*.
parcela *f* Parzelle *f*; Stück *n* Land; ~**ción** *f* Parzellierung *f*; ~**r** *v*/*t.* parzellieren; ~**rio** *adj.* Parzellen...; ⚡ *concentración f* ~*a* Flurbereinigung *f*.
parcia|**l** *adj. c* **1.** teilweise, Teil...; *Astr.* partiell (*Finsternis*); † *pago m* ~ Teilzahlung *f*; **2.** parteiisch; ~**lidad** *f* **1.** Parteilichkeit *f*; **2.** Gruppenbildung *f*, Zs.-rottung *f*; **3.** *Ethn.* Gruppe *f*, Stamm *m* innerhalb v. primitiven Völkern.
par|**cidad** *f* → *parquedad*; ~**císimo** *sup. adj.* äußerst karg; sehr sparsam; ~**co** *adj.* sparsam; mäßig; karg; ~ *en palabras* wortkarg.
parcómetro *Kkw. m* Parkuhr *f*.
parcha ⚘ *f* Passionsblume *f* (*versch. Arten*).
par|**char** *v*/*t. Arg., Chi., Méj* e-n Flicken aufsetzen auf (*ac.*), flicken; ~**chazo** *m* ⚓ Killen *n der Segel*; ~**che** *m* **1.** ⚕ Pflaster *n*; ~ *de ojo* Augenklappe *f*; **2.** Flicken *m*, Fleck *m für Reifen*; *poner* ~*s en* (*od. a*) *Reifen* flicken; *fig. et.* notdürftig (*od.* provisorisch) regeln (*od.* arrangieren); **3.** ♪ ~ (*de piel*) Trommelfell *n*; *fig.* Trommel *f*; **4.** *fig.* F *pegar un* ~ *a alg.* j-m e-n Possen spielen; j-n prellen; ~**chear** *v*/*t.* flicken, notdürftig reparieren; ⚡ (mit Pflaster) verbinden.
parchís *m urspr.* indisches Würfelspiel *n*; *heute Art* „Mensch, ärgere Dich nicht".
pardal I. *adj. c* **1.** → *pardillo*; **II.** *m* **2.** *Zo.* Pardelkatze *f*; Leopard *m*, Pardel *m*; **3.** *Vo. Val.* Spatz *m*.
pardear *v*/*i.* e-n braunen Schimmer haben; braun sein.
parde|**la** *Vo. f* Sturmvogel *m*; ~**te** *Fi. m* großköpfige Meeräsche *f*.
¡**pardiez**! *int.* Potztausend!, Donnerwetter!
par|**dillo I.** *adj.* bäurisch, tölpelhaft; **II.** *m Vo.* Rotkehlchen *n*; *fig.* F Tölpel *m*, Gimpel *m*; ~**do I.** *adj.* **1.** braun; grau- *od.* stumpf-braun; trüb (*Himmel*); klanglos (*Stimme*); *Pol. hist. camisas f*/*pl.* ~*as* Braunhemden *n*/*pl.*; *de ojos* ~*s* braunäugig; **II.** *m* **2.** Braun *n*; ~ *diáfano* Lasurbraun *n*; **3.** *Am.* Mulatte *m*; ~**dusco** *adj.* bräunlich.
pare|**ado** *adj.* gepaart; *Lit.* (*versos*) ~*s m*/*pl.* paarweise gereimte Verse *m*/*pl.*; ~**ar** *v*/*t.* **1.** paaren, zs.-tun; vergleichen; paarweise aufstellen; **2.** *Stk.* den Stier mit Banderillas reizen.
parecer[1] *m* **1.** Meinung *f*, Ansicht *f*; *de otro* ~ anderer Meinung, andersdenkend; *ser* ~ s-e Ansicht äußern; *ser cuestión de* ~*es* Ansichtssache sein; *ser del mismo* ~ *der gleichen Meinung sein*; *soy del* ~ *que ... ich meine, daß* ...; **2.** Aussehen *n*; Anschein *m*; *al* ~ anscheinend; *por el bien* ~ anstandshalber; *tener* (*od. ser de*) *buen* ~ gut aussehen.
parecer[2] [2d] **I.** *v*/*i.* **1.** (zu sein) scheinen; aussehen (wie); dünken, ~ *otro* ein anderer zu sein scheinen, anders aussehen; *parece que va a llover* es gibt sicher bald Regen; *a lo que parece* wie es scheint, anscheinend, dem Anschein nach; *como le parezca* wie Sie wollen; ¿*le parece que vayamos a la playa?* wie wäre es, wenn wir an den Strand gingen?; *me parece bien* es gefällt mir; ich finde es richtig (*od.* in Ordnung); *me parece que* ... mir scheint, daß ...; ich meine, daß ...; *no me parece mal* es gefällt mir (gar) nicht übel; ¿*no os parece que se lo preguntemos*? sollen wir ihn nicht (lieber) danach fragen?; ¿*qué te parece*? was meinst du dazu?; *was hältst du davon*? ¿*qué te parece esta corbata*? wie gefällt dir m-e Krawatte?; *si te parece* wenn du meinst, wenn es dir recht ist; **2.** ✱ erscheinen, s. zeigen; s. sehen lassen; zum Vorschein kommen; *fig.* F *¡ya pareció aquello*! so habe ich es (immer) kommen sehen!; *da haben wir die Bescherung*! ähneln; *esto se le parece das sieht ihm ähnlich*; ~*se a j-m* ähneln.
parecido I. *adj.* ähnlich; *bien* ~ hübsch, nett aussehend; *mal* ~ häßlich, unschön; *o algo* ~, *o cosa* ~*a od.* dergleichen; **II.** *m* Ähnlichkeit *f*.
pared *f* **1.** Wand *f*; Mauer *f*; *Anat.* ~ *abdominal* Bauch-wand *f*, -decke *f*; ~ *divisor*(*i*)*a* Scheide-, Zwischenwand *f*; ~ *exterior* (*intermedia, lateral*) Außen- (Zwischen-, Seiten-) wand *f*; ~ *maestra* tragende Wand *f*; *de doble* ~ doppelwandig; *fig.* F *verstärkend*: *hasta la* ~ *de enfrente* im höchsten Grade, mit Haut u. Haaren *F*; *fig.* *entre cuatro* ~*es* in s-n vier Wänden; *fig. a. estar entre cuatro* ~*es* in der Falle sitzen, nicht mehr ein noch aus wissen; *como si hablara a la* ~ vor tauben Ohren predigen, in den Wind reden; *las* ~*es oyen* die Wände haben Ohren; *poner a j-n* ~ in die Ecke stellen (*Kinderstrafe u. fig.*); *ponerse más blanco que la* ~ kalkweiß im Gesicht werden; *fig. quedarse pegado a la* ~ s. schämen; verlegen werden; *fig. subirse por las* ~*es die Wände hochgehen*; *vivir* ~ *por medio Wand an Wand*, *Tür an Tür* wohnen; F *sordo como una* ~ stocktaub; **2.** Fußball: Doppelpaß *m*.
pare|**daño** *adj.* Wand an Wand, benachbart; ~**dón** *m* dicke Mauer *f*, dicke Wand *f*; Mauerrest *m*; F *mandar al* ~ an die Wand stellen (*erschießen*); *fig.* in die Enge treiben; *¡al* ~!; erschießen!, an die Wand stellen!
pare|**ja** *f* Paar *n*; *p. ext.* Brautpaar *n*; Tanzpaar *n*; Tanzpartner *m*; *fig.* Seitenstück *n*, Entsprechung *f*; *Span.* F Zweierstreife *f der Landpolizei*; ⚡ ~ *de cables* Kabelpaar *n*; *de hecho* ehe-ähnliche Lebensgemeinschaft *f*; *a las* ~*s* gleich; *fig.* F *cada oveja con su* ~ gleich u. gleich gesellt sich gern; *fig. correr* ~*s od. andar de* ~ *Hand in Hand gehen* (*fig.*) (mit *dat. con*); *hacer una buena* ~ ein schönes Paar sein; *tener* ~*s Kart.* gleiche Karten haben; *Würfel* e-n Pasch machen; ~**jero I.** *adj.* **1.** *Am. Mer., Ant. fig.* dreist, vorlaut; **2.** *Rpl., Méj.* schnell (*Pferd*); **3.** *Ven.* parvenühaft; **II.** *m* **4.** *Am. Mer., Ant.* anmaßender Frechling *m*; **5.** *Rpl., Méj.* Rennpferd *n*; ~**jo** *adj.* ähnlich; gleich; gleichmäßig; *por* (*un*) ~ gleich; F *sin* ~ ohnegleichen.
parel ⚓ *m* Ruder *n*, Riemen *m* (*paarweise gebraucht*).
paremiología *f* Sprichwortkunde *f*.
par|**énesis** 🕊 *f* Ermahnung *f*; Nutzanwendung *f*, Moral *f*; Paränese *f*; ~**enético** *adj.* paränetisch.
par|**énquima** *Anat., Biol. m* Parenchym *n*; ~**enquimatoso** *adj.* parenchymatös, Parenchym...
paren|**tela** *f* (*desp.* F *a.* die liebe) Verwandtschaft *f*; Verwandte(n) *pl.*; ~**tesco** *m* Verwandtschaft *f*; verwandtschaftliches Verhältnis *n*; *contraer* ~ in verwandtschaftliche Beziehungen treten.
par|**éntesis** *m* (*pl. inv.*) *Typ.* (runde) Klammer *f*, Parenthese *f*; Unterbrechung *f*; ~ *cuadrado* eckige Klammer *f*; *entre* ~ in Klammern; *fig. nebenbei bemerkt*; *abrir* (*cerrar*) *el* ~ die Klammer auf(machen) (zu [-machen]); *poner entre* ~ einklammern, in Klammern setzen; ~**entético** *lit. adj.* parenthetisch.
pareo *m* Paaren *n*; Zusammenfügen *n*.
pargo *Fi. m* gemeiner Sackbrassen *m*.
parhelia *f*, ~**o** *m Met.* Nebensonne *f*.

paria *m a. fig.* Paria *m.*
pari|ción *f* Gebären *n*; **~da I.** *adj. f* **1.** entbunden; **II. 2.** *f* Wöchnerin *f*; **3.** P Dummheit *f*, Eselei *f* F.
paridad *f* Gleichheit *f*; *a.* ✝ Parität *f.*
paridera I. *adj. f* fruchtbar (*Weib, Tierweibchen*); **II.** *f* Stelle *f*, wo das Vieh Junge wirft.
parien|ta F *f* Ehefrau *f*; **~te I.** *adj. c* verwandt; **II.** *c* Verwandte(r) *m*, Verwandte *f*; **~s** *m/pl.* Angehörige(n) *pl.*
parie|tal I. *adj. c* Wand...; *Anat.* parietal; **II.** *m Anat.* Scheitelbein *n*; **~taria** ⚥ *f* Mauerkraut *n.*
parificar [1g] *lit. v/t.* durch ein Beispiel beweisen (*od.* belegen).
parihuela(s) *f*(/*pl.*) Trage *f*; Tragbahre *f.*
pari|ma, **~na** *Vo. f Rpl.* Art Reiher *m* (*Phoenicoterus andinus*).
paripé F: *hacer el* ~ prahlen, angeben F.
parir *vt/i.* gebären; werfen (*Tiere*); *fig.* hervorbringen; *estar para* ~ in die Wochen kommen; *fig.* F (*éramos cinco od. ciento od. pocos*) *y parió mi abuela etwa:* auf daß das Haus voll werde, das hat uns gerade noch gefehlt (*unerwarteter Besuch, Mißliches*); *fig.* F *ponerle a alg. a* ~ j-n in die Enge treiben, j-n in die Zange nehmen F.
Pa|rís *m* Paris *n*; **~risién** F, *oft desp. adj.-su.*, **~risiense** *adj.-su. c* aus París; *m* Pariser *m.*
parisílabo *Li. adj.* gleichsilbig.
parisino → *parisiense.*
paritario *adj.* paritätisch.
parkerizar [1f] *sid. v/t.* parkern.
parking *m* Parken *n*; Parkplatz *m.*
parla F *f* Geschwätzigkeit *f*; Wortschwall *m*; **~dor** *adj.* geschwätzig.
parlamen|tar *v/i.* ver-, unter-handeln; parlamentieren; **~tario I.** *adj.* **1.** parlamentarisch; **2.** ⚔ Parlamentärs...; **II.** *m* **3.** Parlamentarier *m*; Parlamentsmitglied *n*; **4.** ⚔ Parlamentär *m*, Unterhändler *m*; **~tarismo** *m* Parlamentarismus *m*, parlamentarisches System *n*; **~to** *m* **1.** Parlament *n* (*a. Gebäude*); *politische* Volksvertretung *f*; ♀ *Europeo* Europäisches Parlament *n*, Europaparlament *n*; **2.** Ansprache *f*, kurze Rede *f*; *Thea.* Langtext *m*, Tirade *f*; **3.** ⚔ Unterhandeln *n e-s Parlamentärs*; *bandera f de* ~ Parlamentärflagge *f.*
par|lanchín *m* Schwätzer *m*; **~lanchina** □ *f* Zunge *f*; *soltar la* ~ auspacken F; **~lante I.** *adj. c* sprechend; *desp.* geschwätzig; **II.** *m Am.* Lautsprecher *m*; **~lar** *v/i.* plappern, schwatzen; **~latorio** *m* Sprechzimmer *n in Klöstern; desp.* Quasselbude *f* F; **~lería** *f* Geschwätz *n*; Klatscherei *f*; **~lero** *adj.* schwatzend; geschwätzig; *fig.* plätschernd (*Bach usw.*); beredt, ausdrucksvoll (*Augen*); *pájaro m* ~ Vogel *m*, der sprechen kann; **~lotear** *v/i.* plappern, schwatzen; **~loteo** *m* Plappern *n.*
parmesano *adj.-su.* aus Parma; (*queso m*) ~ *m* Parmesan(käse) *m.*
parna|sia ⚥ *f* Parnassie *f*; **~siano I.** *adj.* parnassisch; *Lit.* Parnassien..., Parnaß...; **II.** *m Lit.* Parnassier *m*; **~so** *m Geogr.* (⚲) *u. fig.* Parnaß *m.*
parné P *m* Zaster *m*, Kies *m*, Kohlen *f/pl.*, Knete *f* (*alle* F).

paro¹ *Vo. m* Meise *f*; ~ *carbonero* Kohlmeise *f.*
paro² *m* **1.** Stehenbleiben *n*; Stillstand *m*; ✱ ~ *cardíaco* Herzstillstand *m*; **2.** ⊕ Abstellen *n*; (*dispositivo m de*) ~ *automático* automatische Abstell(vorricht)ung *f*; **3.** Arbeits-, Betriebs-einstellung *f*; *p. ext.* Aussperrung *f*; ~ (*forzoso*) Arbeitslosigkeit *f*; ~ *juvenil* Jugendarbeitslosigkeit *f*; ~ (*laboral*) Streik *m*; ~ *parcial* Kurzarbeit *f*; **4.** Arbeitslosengeld *n.*
pa|rodia *f* Parodie *f*; **~rodiar** [1b] *v/t.* parodieren; **~ródico** *adj.* parodistisch; **~rodista** *c* Parodist *m.*
parola F **I.** *f* Wortschwall *m*; Gequatsche *n* F; **II.** *m Chi.* → *fanfarrón.*
pároli *m* Paroli *n im Spiel* (bieten *hacer*).
parón *m* plötzliches Anhalten *n*; *fig.* unvermittelter Stopp *m.*
pa|ronimia *Li. f* Paronymie *f*; **~ronímico** *Li. adj.* paronymisch, ähnlich lautend; **~rónimo** *Li. m* Paronymon *n*; **~ronomasia** *Rhet. f* Paronomasie *f.*
pa|rótida ✱ *f* Ohrspeicheldrüse *f*; **~rotiditis** ✱ *f* Parotitis *f*; ~ *epidémica* Mumps *m*, Ziegenpeter *m.*
paro|xismo ✱ *u. fig. m* Paroxysmus *m*, heftiger Anfall *m*; **~xítono** *Li. adj.-su.* paroxyton; *m* Paroxytonon *n.*
parpade|ante *adj. c* flimmernd; **~ar** *v/i.* blinzeln; **~o** *m* Lidschlag *m*; Blinzeln *n.*
párpado *m* Augenlid *n*, Lid *n*; ~ *inferior* (*superior*) Unter- (Ober-)lid *n.*
parpar *v/i.* schnattern (*Ente*).
parque *m* Park *m*; *b.* Fahrzeugen *n*. Bestand *m*; ⚔ ~ *de artillería* Artilleriepark *m*, Artillerie-Instandsetzungswerkstatt *f*; ~ *de atracciones* Vergnügungspark *m*, Rummelplatz *m*; ✈ ~ *de aviación* Flug(zeug)park *m*; ~ *de bomberos* Feuerwehrpark *m*; ~ *infantil* Kinderspielpark *m*; ~ *infantil de tráfico* Verkehrskindergarten *m*; ~ *inglés* englischer Park *m*, Naturpark *m*; ⊕ ~ *de máquinas* Maschinenpark *m*; ~ *móvil* Kraftfahrzeugpark *m*; Fahrbereitschaft *f*; Fuhrpark *m*; ~ *nacional* Naturschutzpark *m*; ~ *zoológico* Tierpark *m*, Zoo *m.*
parqué *m* Parkett *n*; ~ *pequeño* Kleinparkett *n.*
parquea|dero *m Col., Ec.* Parkplatz *m*; **~r** *vt/i. Col., Ec.* parken.
parquedad *f* **1.** Sparsamkeit *f*, Genügsamkeit *f*; ~ *en palabras* Wortkargheit *f*; **2.** Zurückhaltung *f*; Nüchternheit *f.*
parqueo *m Cu.* Parkplatz *m.*
parque|t *m* → *parqué*; **~tero** *m* Parkettleger *m*; **~tería** *f* Parkettlegerei *f.*
parquímetro *Vkw. m* Parkuhr *f.*
parra *f* Weinranke *f*; Weinlaube *f*; *fig.* F *subirse a la* ~ **a)** *s.* wichtig machen, *s. et.* anmaßen; **b)** hochgehen F, *auf die Palme gehen* F.
parra|fada F *f* Schwätzchen *f*; *echar una* ~ → *párrafo* 2; **~fear** F *v/i.* lang daherschwätzen; **~feo** F *m* langes, inhaltloses Gerede *n*, Geseich(e) *n* F.
párrafo *m* **1.** Paragraph *m* (*Zeichen*: §); **2.** Abschnitt *m*; *Typ., EDV* Absatz *m*; *fig.* ~ *aparte* um von *et.*

anderem zu reden; *b. Diktat*: ¡punto y ~ aparte! (Punkt u.) Absatz!; *fig.* F *echar un* ~ *ein Schwätzchen halten*; *tenemos que echar un* ~ (*od. un parrafito*) *aparte a.* wir haben noch ein Hühnchen mitea. zu rupfen F.
parragón *m* Silberbarren *m* (*Eichmuster der Münzprüfer*).
parral *m* Weinlaube *f.*
parran|da F *f*: *andar* (*od. irse*) *de* ~ bummeln gehen; **~dear** F *v/i.* auf den Bummel gehen; **~deo** *m* Bummel(n *n*) *m*; **~dero** *adj.* Bummler...; **~dista** F *m* Vergnügungssüchtige(r) *m*, Bummler *m.*
parrici|da *adj.-su. c* Vatermörder *m*; *p. ext.* Gatten- *bzw.* Verwandten-mörder *m*; **~dio** *m* Vater-, *p. ext.* Gatten-, Verwandten-, Kindermord *m.*
parrilla¹ *f* schmaler Krug *m.*
parrilla² *f* **1.** (Feuer-)Rost *m*; Grill *m*; ⊕ ~ *de enrejado* Gitterrost *m*; ~ *vibratoria* Schüttelrost *m*; *Kchk. a la* ~ auf dem Rost; gegrillt; *asar a la* ~ grillen; **2.** Grillrestaurant *n*; -room *m e-s Hotels*; **3.** *Kfz. Méj., Pe.* Dach(gepäck)träger *m*; **~da** *f Kchk.* Grillgericht *n*; Grillparty *f.*
parro *Vo. m* Wildente *f.*
párroco *m* Pfarrer *m*; Pfarrherr *m.*
parrocha *f kl.* Sardine *f*; **~s** *f/pl. a.* in Salztunke eingelegte Sardinen *f/pl.*
parroqui|a *f* **1.** Pfarre *f*, Pfarrei *f*; Kirchspiel *n*; Pfarrangehörige(n) *m/pl.*; **2.** Pfarrkirche *f*; **3.** ✝ Kundschaft *f*; **~al** *adj. c* Pfarr...; **~ano I.** *adj. ecl.* zur Pfarrei gehörig; **II.** *m*, **~ana** *f ecl.* Pfarrkind *n*; ✝ (Stamm-) Kunde *m*, (-)Kundin *f.*
parsec *Astr. m*, *Abk.* pc Parsek *n* (3,257 Lichtjahre).
parsi *Rel., Li.* **I.** *adj. c* parsisch; **II.** *m* Parsi *m*, Parse *m*; *Li.* Parsi *n.*
parsimoni|a *f* **1.** Sparsamkeit *f*; Knauserei *f*; **2.** Umsicht *f*, Bedachtsamkeit *f*; **~oso** *adj.* sparsam (*bsd. fig.*); knauserig.
parsismo *m* parsische Religion *f*; Parsismus *m.*
parte I. *f* **1.** Teil *m, n*; Stück *n*; Teilstück *n*; Stelle *f*; Bestandteil *m*; Anteil *m*; ~ *delantera* vorderer Teil *m*; Vorderteil *m*; ~ *integral* integrierender Teil *m*; ~ *integrante* Bestandteil *m*; *bsd. fig.* ~ *del león* Löwenanteil *m*; *Geogr.* ~ *del mundo* Erdteil *m*; ~ *por* ~ Stück für Stück; gründlich, ohne *et.* auszulassen; ~ *en peso* Gewichtsteil *m*; *fig.* ~ *superior* des Menschen höherer Teil *m* (*Seele, Geist*); ~ *trasera* hinterer (*od.* rückwärtiger) Teil *m*; Hinterteil *n*; ~ *en volumen* Raum-, Volumen-teil *m*; *las tres cuartas* ~*s* Dreiviertel *n*, drei Viertel *n/pl.*; *la mayor* ~ (*de*) die meisten; *de varias* ~*s* mehrteilig; *en* ~ zum Teil, teilweise, teils; *en* ~ *... en* ~ *... teils ..., teils ...*; *en gran* ~ zum gr. Teil, großenteils; beträchtlich; *por la mayor* ~ zum größeren Teil; in der Mehrzahl; *fig. dar su* ~ *al fuego* Ballast abwerfen (*fig.*); *hacer las* ~*s* (aus-, ver-)teilen; *fig. entrar* (*od. ir*) *a* ~ beteiligt sein (*an e-m Geschäft u. ä.*); *fig. llamarse a la* ~ s-n Vorteil wahrnehmen (wollen); *llevarse la mejor* ~ das Beste für *s.* nehmen; *fig.*

partenogénesis — partir

am besten abschneiden; *tener ~ en beteiligt sein an (dat.); tomar ~ en teilnehmen an (dat.)*; **2.** Seite *f*; Gegend *f*; *fig.* Partner *m*; ⚖ Partei *f*; *Pol. las Altas ⚖s Contratantes* die Hohen Vertragschließenden Parteien *f/pl.*; ~ *contraria* Gegenpartei *f*; ~ *contratante* Vertragspartner *m*; *a alguna ~ irgendwohin; a esta ~ hierher; p. ext. de entonces a esta ~* seit damals; von damals bis zum heutigen Tag; *a otra ~ anderswohin; ¿a qué ~?* wohin?; *de ~ a ~* von e-r Seite zur andern; durch und durch; *de ~ de alg.* von seiten j-s, seitens j-s; im Namen (*od.* im Auftrag) j-s; von j-m; *Tel. ¿de ~ de quién?* etwa: wer spricht dort?, wer möchte ihn (*bzw.* sie) sprechen? *¡mil recuerdos a su padre! — gracias, de su ~* viele Grüße an Ihren Vater! — danke, ich werde sie ausrichten; *de cualquier ~* irgendwoher; *de esta ~* hier; hierher; von hier; *de la otra ~ de la orilla* vom jenseitigen Ufer; *de otra ~* anderswoher; *¿de qué ~?* woher?; woher des Wegs?; *de una ~ a otra* hin u. her; *de una y otra ~* beiderseits; *en ninguna ~ od. en ~ alguna* nirgendwo, nirgends; *en otra ~* anderswo, anderwärts; *por la ~ de ... was ... (ac.)* anbetrifft; *por mi (tu, etc.) ~* meiner- (deiner- *usw.*)seits; *por otra ~* andererseits; *por una ~ ..., por otra ...* einerseits ..., andererseits ...; *en (od. por) todas ~s* überall; *en todas las ~s del mundo* überall in der Welt; *por ~s* eins nach dem andern; der Reihe nach; *por ~s iguales* zu gleichen Teilen; (*este camino) no conduce a ninguna ~* dieser Weg führt zu keinem Ziel; *a. fig. das führt zu nichts*; *fig. echar a mala ~ od. tomar en mala ~* übelnehmen; falsch auffassen, mißdeuten; *echar por otra ~* e-e andere Richtung einschlagen, e-n andern Weg nehmen; *¿de qué ~ eres?* woher stammst du?; *estar de ~ de alg.* auf j-s Seite stehen; für j-n eintreten; *ser Anhänger* sein; *hacer de su ~* sein möglichstes tun; *de ~ a ~ se mandaron regalos* man schickte s. gg.-seitig Geschenke; ⚖ *mostrarse ~* persönlich erscheinen; *ponerse de ~ de alg.* s. auf j-s Seite stellen; *fig. no ser (od. no tener) ~ (od. F arte ni ~) en un asunto* nichts mit e-r Sache zu tun haben; *iron. ¡a buena ~ vamos!* das kann ja schön (*od.* heiter F) werden!; **3.** ♪ Stimme *f*, Part *m*; *Thea.* Rolle *f*, Part *m*; *p. ext.* Darsteller *m bzw.* Sänger *m*; *las medias ~s* die Mittelstimmen *f/pl.*; *~ de piano* Pianopart *m*, Klavierstimme *f*; *las primeras ~s* die ersten Rollen (darsteller *m/pl.*) *f/pl.* e-r Theatertruppe; *~ de por medio kl.* Rolle *f*; *fig. hacer las ~s de alg.* j-n vertreten; **4.** *in besonderen Wendungen:* Ursache *f*, Veranlassung *f*; *ser ~ a que (od. para que) +* *subj.* bewirken, daß *+ ind.*; dazu beitragen, daß *+ ind.*; **5.** *~s f/pl. euph.* Geschlechtsteile *n/pl.*, Scham *f* (= *~s pudendas, ~s vergonzosas*); **II.** *m* **6.** Bericht *m*; Nachricht *f*; Anzeige *f*, Meldung *f*; Depesche *f*; ✠ *facultativo* (*od. médico*) ärztliches Kommuniqué *n* (*od.* Bulletin *n*); *Chi. ~ de luto* Traueranzeige *f*; *Met. ~ meteorológico* Wetterbericht *m*; *dar ~ de a/c. a alg.* j-m et. *(ac.)* melden (*od.* berichten); **7.** ⚔

Meldung *f*; *~ oficial (de guerra)* amtlicher Heeresbericht *m*; *dar ~* melden, Bericht erstatten; *dar el ~* Meldung machen *b. Inspektionen usw.*
partenogénesis ⚕ *f* **1.** *Myth.* Parthenogenesis *f*, Jungfrauengeburt *f*; *Biol.* Parthenogenese *f*, Jungfernzeugung *f*.
partera *f* Hebamme *f*.
parterre *m* Blumenbeet *n*.
parti|ble *adj. c* (auf)teilbar; **~ción** *f* Teilung *f*; *~ de herencia* Erbteilung *f*.
partici|pación *f* **1.** Teilnahme *f* (*an dat. en*); Beteiligung *f*; Anteil *m*; ✠ *en los beneficios* Gewinnbeteiligung *f*, -anteil *m*; *~ (en una sociedad)* Geschäftsanteil *m*; Beteiligung *f*; **2.** Mitteilung *f*; Anzeige *f*; *~ de enlace* Vermählungsanzeige *f*; **~pante I.** *adj. c* teilnehmend; **II.** *m* Teilnehmer *m*; *~ en el curso* Lehrgangsteilnehmer *m*; **~par I.** *v/t.* mitteilen; **II.** *v/i.* beteiligt sein (*an dat. en, de*); s. beteiligen; teilnehmen; teilhaben; Anteil haben (*an dat. de*); *lit. ~ de la belleza de* Schönheit teilhaftig werden; ✠ *~ de los beneficios* am Gewinn beteiligt sein; *~ en un curso* an e-m Lehrgang teilnehmen.
partícipe I. *adj. c* beteiligt (*an dat. de*); teilhaftig (*gen. de*); **II.** *c* Beteiligte(r) *m*.
partici|pial *Li. adj. c* Partizipial...; **~pio** *Gram. m* Partizip *n*, Mittelwort *n*; *~ activo od. ~ de presente* Partizip *n* Präsens; *~ pasivo od. ~ de pretérito* Partizip *n* Perfekt.
partícula *f* **1.** Teilchen *n*, Partikel *f*; *Phys. ~s f/pl. alfa* (elementales) Alpha- (Elementar-)teilchen *n/pl.*; *~ cósmica* kosmisches Teilchen *n*; *~ extraña* Fremdkörperchen *n*; *~s f/pl. flotantes* (*od.* suspendidas) Schwebstoffe *m/pl.*; *~ de masa* (*de polvo*) Masse- (Staub-)teilchen *n*; **2.** *Li.* Partikel *f*; *~ de interrogación* Fragepartikel *f*; **3.** *kath. kl.* Hostie *f*.
particula|r I. *adj. c* **1.** besonders; eigentümlich; merkwürdig, seltsam; *caso m ~* Sonderfall *m*; *en ~* im besonderen, insbesondere; *Personalbeschreibung: sin señas ~es* ohne besondere Kennzeichen; **2.** persönlich; Privat...; *audiencia f ~* Privataudienz *f*; **II.** *m* **3.** Privatmann *m*, Privatperson *f*; **4.** Angelegenheit *f*, Thema *n*, Frage *f*; *sobre el ~* zu diesem Punkt; hierzu; *¡pregúntale por el ~!* frage ihn danach!; **~ridad** *f* Besonderheit *f*; Eigenheit *f*; Eigentümlichkeit *f*; Merkwürdigkeit *f*; *las ~es del caso* die Gegebenheiten *f/pl.*; **~rismo** *m* **1.** Partikularismus *m*; **2.** Vertretung *f* rein persönlicher Interessen; Individualismus *m*; **~rista** *adj.-su. c* partikularistisch; individualistisch; auf rein private Interessen beschränkt; engstirnig; *Pol. a.* kleinstaatlich; **~rizar** [1f] **I.** *v/t.* in allen Einzelheiten erzählen (*od.* aufzählen); **II.** *v/r. ~se* s. auszeichnen; *fig.* eigene Wege gehen.
partida *f* **1.** Abreise *f*; Aufbruch *m*; Abmarsch *m*; Abfahrt *f*; *fig.* letzte Reise, *der* Tod; ✠ *a la ~* bei Abgang; *fig. punto m de ~* Ausgangspunkt *m*; **2.** Ausflug *m*, Partie

f; *~ de campo* Ausflug *m* aufs Land, Landpartie *f*; *~ de caza* Jagdausflug *m*, -partie *f*; *fig. ser de la ~* mit von der Partie sein; **3.** *standesamtliche od. kirchliche* Urkunde *f* zur Person; *~ de bautismo* (*od. de nacimiento*) Tauf- (Geburts-)schein *m*; *~ de defunción* (*de matrimonio*) Sterbe- (Heirats-)urkunde *f*; **4.** ✝ Partie *f*, Posten *m* (Rechnung, Buchhaltung, Ware); *~ acreedora* (*od. de abono*) Haben-posten *m*, -position *f*; *~ arancelaria* Zollposition *f*; *~ del balance* Bilanzposten *m*; *~ colectiva* Sammelposten *m*; *~ deudora* (*od. del debe*) Sollposten *m*; *~ contabilidad f por ~ simple* (*doble*) einfache (doppelte) Buchführung *f*; *venta f en ~s* Partieverkauf *m*; **5.** Partie *f*, Spiel *n* (Karten *usw.*; nicht die modernen Rasenspiele; → *partido 3*); *fig.* Verhalten *n* j-m *gg.-über*; *¡qué ~!* großartig (, wie er s. verhält)!; *Schach: ~ aplazada* Hängepartie *f*; *echar* (*od. jugar*) *una ~ de dominó* e-e Partie Domino spielen; *fig. jugarle a alg. una mala ~* j-m übel mitspielen; **6.** Gruppe *f* von Spielern; Trupp *m* (Bewaffnete, Stierkämpfer, Arbeiter *usw.*); *~ de bandidos* Räuberbande *f*; **7.** *hist. Las Siete ⚖s* Gesetzbuch *n* Alfons' des Weisen (*13. Jh.*); **8.** (Haar-)Scheitel *m*; **9.** *Kart. Ant., Méj.* Tutespiel(-tisch *m*, -gruppe *f*) *n*; *fig. Méj., Rpl. confesar la ~* offen sprechen, die Karten auf den Tisch legen.
parti|dario I. *adj.* **1.** parteiisch; **II.** *m* **2.** Parteigänger *m*; Anhänger *m*; Befürworter *m*; *yo soy ~ de que se haga* ich bin dafür, daß es gemacht wird; **3.** *Cu., Ec., Pe.* Teilpächter *m*; **~dista** *Pol. adj. c* Partei...; **~do** *m* **1.** *a. Pol.* Partei *f*; *formar ~* e-e Partei bilden; e-e Gruppe (*od.* Clique) bilden, s. zs.-tun; *tomar (un) ~* e-n Entschluß fassen; *tomar ~* Partei ergreifen; e-r Partei anschließen; ⚔ s. anwerben lassen; *hay que tomar otro ~* man muß s. für e-n anderen Weg (*od.* für andere Mittel) entscheiden; **2.** *Verw.* Bezirk *m*; *~ judicial* Amtsbezirk *m*; **3.** *Sp.* Spiel *n*, Partie *f*; *p. ext.* Mannschaft *f* (Spieler); *~ de fútbol* Fußballspiel *n*; *Sp. ~ de ida (de vuelta)* Hin-(Rück-)spiel *n*; *fig. buen ~* gute Partie *f* (Heirat); *sacar ~* Nutzen ziehen (*aus dat. de*); **4.** ⚖ *Cu., Ec., Pe.* Teilpacht *f*.
parti|dor *m* Teiler *m*; *~ de leña* Holzhauer *m*; **~ja** *f* **1.** Teilchen *n*; **2.** Teilung *f*; Teil *m*; *p. ext.* Pflicht(erb)teil *n*; ✝ (Waren-)Partie *f*; **~quino** ♪ *m* Sänger *m* e-r kl. Nebenrolle.
partir I. *v/t.* **1.** teilen, *a.* Ⓐ dividieren; *~ por medio* (*od. por la mitad*) halbieren; **2.** *a.* Holz hacken, spalten; ausea.-reißen; *Brot* brechen (*a. bibl.*), schneiden; *Nüsse* knacken; *p. ext.* aufschlagen; zerbrechen, zerschmettern; *fig. ~ el alma* tief ins Herz schneiden; *se me parte el alma* es zerreißt mir das Herz; *~ con los dientes* durch-, zer-beißen; *~se la cabeza al caer* s. beim Hinfallen den Kopf aufschlagen; **II.** *v/i.* **3.** abreisen, aufbrechen (*nach dat. para*); *fig. ~ de un supuesto* von e-r Voraussetzung ausgehen; *a ~ de hoy* von

partisano — pasar

heute an; *a ~ de ese momento* seit damals.
partisano *m* Partisan *m, bsd. des 2. Weltkriegs*.
parti|tivo *adj.* teilbar; Teilungs...; *Gram.* partitiv, Teilungs...; **~tura** ♪ *f* Partitur *f*; ~ *de piano* Klavierauszug *m*.
par|to *m* Geburt *f*; Niederkunft *f*; Wurf *m* (*Tiere*); ~ *sin dolor* schmerzfreie Geburt *f*; ~ *gemelar* (*triple, prematuro*) Zwillings- (Drillings-, Früh-)geburt *f*; *estar de* ~ niederkommen; *ha sido un* ~ *difícil* es war e-e schwere Geburt (*a. fig.* F); *fig.* ¡*el* ~ *de los montes!* e-e schwere Geburt! (*fig.* F), die Berge kreißen; **~turienta** *f* Gebärende *f*, Kreißende *f*; **~turitorio** ♂ *m* Kreißsaal *m*.
párulis ♂ *m* Zahnphlegmone *f*, dicke Backe *f* F.
parullar *v/t. Arg.* leicht anbrennen.
parva *f* **1.** ♂ *zum Dreschen ausgebreitetes Getreide n; Am. a.* Drusch *m*; **2.** Fastenfrühstück *n*; ♂ Erntefrühstück *n der Landarbeiter*; **3.** *fig.* Menge *f*, Haufen *m*; **4.** F *Am.* **a)** Tenne *f*; **b)** *fig. gr.* Kinderschar *f*; **5.** *Jgdw.* Gelege *n*, Wurf *m*; **~da** *f* **1.** Dreschgetreide *n*; **2.** *fig.* (Un-)Menge *f*; **3.** *Am.* Vogelschwarm *m*; *p. ext.* Hausgeflügel *n*.
par|vedad *f* **1.** Wenigkeit *f*, Winzigkeit *f*; **2.** Fastenfrühstück *n*; **~vo** *adj.* klein, winzig; gering.
parvulari|a *f bsd. Am.* Kindergärtnerin *f*; **~o** *m* Kindergarten *m*; Vorschule *f*.
párvulo **I.** *adj.* klein; gering; *fig.* schlicht; unschuldig; einfältig; **II.** *m kl.* Kind *n*; *bibl. u. lit.* Kindlein *n*; *fig. los* **~s** die Kleinen; die Einfältigen; die Unschuldigen.
pasa[1] *adj.-su. f* (*uva f*) ~ Rosine *f*; ~ *de Corinto* Korinthe *f*; *fig.* F *como una* ~ verrunzelt; zerknittert.
pasa[2] ⚓ *f* Fahrrinne *f zwischen Untiefen*; **~banda** *Rf. m* Bandfilter *n*; **~ble** F *adj. c* annehmbar, passabel F; **~bocas** *m/pl. Col. kl.*, pikante Vorspeisen *f/pl.*
pasa|calle ♪ *m* **1.** Passacaglia *f*; **2.** volkstümlicher Marsch *m*; *p. ext.* Umzug *m* mit Musik *b. Volksfesten*; **~cintas** *m* (*pl. inv.*) Durchziehnadel *f für Gummizug u. ä.*; *Am. Phono* Kassettenabspielgerät *n*.
pasa|da *f* **1.** Vorübergehen *n*; Übergang *m*, Durchquerung *f*; Durchgang *m* (⊕ *a. der e-s Werkstücks durch die Maschine*); *de* ~ beiläufig; *fig. dar* ~ zulassen, gestatten; **2.** Darüberhingehen *n* (*Verrichtung*); Wischen *n*; *a.* Rasur *f*; *fig. mala* ~ übler Streich *m*, Schabernack *m*; **3.** lange Naht *f*, Heftnaht *f*; **4.** *fast nur ecl.* knappes Auskommen *n*; **~dera** *f* **1.** Trittstein *m im Bach*; Steg *m*; Badesteg *m am Strand*; **2.** ⚓ Seil *n*, Reep *n*; **3.** *Chi.* Ortswechsel *m*; Parteiwechsel *m*; *Jgdw. Méj.* Wildwechsel *m*; **~dero** *adj.* erträglich, passabel F; vorübergehend; *ser* ~ angehen (*v/i.*); **~día** *ecl. f* → *pasada* **4**; **~dillo** *m* durchgehende Stickerei *f*; **~dizo** *m* enger Durchlaß *m*; schmaler Gang *m*, Passage *f*; Lauf-brücke *f*, -galerie *f*; Steg *m*; (Fluß-)Übergang *m*; ~ *secreto* Geheimgang *m*.

pasado **I.** *adj.* **1.** vergangen; ehemalig; *el lunes* ~ vergangenen Montag; ~ *mañana* übermorgen; ~ *de moda* überholt, veraltet, passé F; *aus der Mode gekommen*; **2.** überreif; übergar; verdorben (*Lebensmittel*); *Phot.* ~ *de luz* überbelichtet; **II.** *m* **3.** *a. Gram.* Vergangenheit *f*; *como en el* ~ wie früher, wie in vergangenen Zeiten; F *¡lo* ~*,* ~*!* laß(t) das Vergangene vergangen sein!, was vorbei ist, ist vorbei!, Schwamm drüber! F; *son cosas del* ~ das sind längst vergangene Dinge.
pasador *m* **1.** Riegel *m*; Schieber *m*; **2.** ⊕ Splint *m*, Stift *m*; ~ (*de*) *guía* Führungsstift *m*; **3.** Ordensspange *f*; ~ (*de pelo*) Haarspange *f*; ~ (*de cuello*) loser Kragenknopf *m*; ~ (*de corbata*) Krawattenring *m*; ~ *de correa* Riemenschlaufe *f am Gürtel*; **~es** *m/pl.* Durchsteckknöpfe *m/pl.* (Kragen-, Manschettenknöpfe *u. ä.*); *Pe.* Schnürsenkel *m/pl.*; **4.** *Kchk.* Passiergerät *n*; Sieb *n*; **5.** Schmuggler *m*.
pasa|je *m* **1.** Durchgang *m*; Durchmarsch *m*; ⚓ Durchfahrt *f*, Straße *f*; ~ *del río* Flußübergang *m*; **2.** Überfahrt *f*, ⚓, ✈ Fahrpreis *m*, Passage *f*; *Am. a.* 🚌 Fahrpreis *m*; ⚓ *p. ext.* Passagiere *m/pl.*; ~ *de avión* Flugschein *m*; ~ *marítimo* Schiffskarte *f*, -passage *f*; **3.** ♠ Passage *f*, Durchgang *m*; **4.** Stelle *f e-s Buches*, Passus *m*, Passage *f*; **5.** ♪ Übergang *m*; Passage *f*; **~jero** **I.** *adj.* vorübergehend; vergänglich; flüchtig; **II.** *m* Reisende(r) *m*; 🚌, *Kfz.* Fahrgast *m*; *Kfz.* Mitfahrer *m*; *bsd.* ⚓ Passagier *m*; ✈ Fluggast *m*; ~ *sin billete* Schwarzfahrer *m*; ⚓, ✈ *blinder* Passagier *m*; ~ *en tránsito* Transitreisende(r) *m*.
pasama|nería *f* Posamentier-arbeit *f*; -handwerk *n*; Besatzwirkerei *f*; Posamentengeschäft *n*; **~nero** *m* Posamentierer *m*; **~no**[1] *m* Borte *f*, Tresse *f*.
pasamano[2] *m* Geländer *n*; Handlauf *m*, -leite *f*; Treppengeländer *n*; ⚓ offene Reling *f*; Laufbord *m*.
pasamontaña(s) *m* Klappmütze *f* (*Skimütze, Autokappe u. ä.*); Kopfschützer *m*.
pasamuro △, ⊕ *m* Mauerdurchbruch *m für Kabel usw.*; Wanddurchführung *f*.
pasan|te *m in freien Berufen*: Praktikant *m*; Assistent *m*; *Sch.* Repetitor *m*; *Anwaltspraxis etwa*: Referendar *m bzw.* Assessor *m*; *Méj.* Student *m*, der sein Studium ohne Doktorarbeit abschließt; **~tía** *f* Praktikantenzeit *f*; Probezeit *f*; Beruf *m e-s pasante*.
pasapalos *m/pl. Ven. kl.* pikante Vorspeisen *f/pl.*
pasapasa *m* Taschenspielerei *f*.
pasaperro *Buchb. m* mit e-m Riemen gehefteter Pergamentband *m*.
pasaporte *m* (Reise-)Paß *m*; ~ *colectivo* (*diplomático*) Sammel- (Diplomaten-)paß *m*; ✕ ~ *militar* Wehrpaß *m*; ~ *oficial* (*od. de servicio*) Dienstpaß *m*; *titular m de un* ~ Paßinhaber *m*; *Span.* j-n den Laufpaß geben; *Span.* j-n erschießen, j-n abknallen F (*bsd.* 1936—39); **~ar** F *v/t.* umlegen F,

abknallen F.
pasapuré(s) *Kchk. m* Püreepresse *f*.
pasar[1] **I.** *v/t.* durch-, über-queren; durch-, über-schreiten; durch-strömen, -fließen; ~ *el río* über den Fluß gehen (*od.* setzen); *Sp.* ~ *la línea de meta* über die Ziellinie gehen; **2.** vorbei-gehen, -fahren an (*dat.*); überholen; *fig.* übertreffen (*an dat., in dat. en*); **3.** gleiten lassen (über *ac. por, sobre*); ~ *el cepillo por* (*aus-, ab-*)bürsten (*ac.*); ~ *la mano por* mit der Hand fahren über (*ac.*); ~ *la navaja por el suavizador* das Messer am Streichriemen abziehen; ~ *los ojos por* e-n flüchtigen Blick werfen auf (*ac.*); ~ *el peine* kämmen, *a.* ein paar Striche mit dem Kamm machen (durch das Haar *por el cabello*); ~ *la plancha sobre et.* aufbügeln; *et.* (rasch) überbügeln; **4.** übergeben, abgeben; schicken; überbringen; (über)reichen; bringen; befördern (*a. fig.* F *im Amt*); *Geschäft, Summe* übertragen; *Nachricht* zukommen lassen, geben; *Waren* absetzen; *Falschgeld* an den Mann bringen; *le pasó la gripe* er steckte ihn mit s-r Grippe an; *fig.* ~ *la mano a alg.* j-m schmeicheln; ✝ ~ *una orden, un pedido* e-n Auftrag geben, Order erteilen; *Sp.* ~ *la pelota* den Ball weitergeben; ~ *un recado a alg.* j-m et. ausrichten; *¡páseme la sal, por favor!* reichen Sie mir das Salz, bitte!; ✝ ~ *a cuenta nueva* auf neue Rechnung übertragen; F ~ *a inspector* zum Inspektor befördern; ~ *a máquina* Manuskript auf die Schreibmaschine übertragen, tippen F; ~ *en tinta* technische *Zeichnung u. ä.* mit Tusche ausziehen; **5.** durch-bohren, -stechen; -dringen; **6.** (hin-)durchschicken; sieben; *bsd. Kchk.* durchseihen; passieren; *Speisen, Getränke* (hinunter)schlucken; *Faden* einfädeln; *Waren usw.* (durch-, ein-)schmuggeln; △ ~ *arena por* (*un*) *tamiz* Sand durchsieben; ~ *la hebra por la aguja* die Nadel einfädeln; *fig.* F *no le puede* ~ er kann ihn nicht ausstehen; **7.** hindurchgehen durch (*ac.*), durchmachen; *Hunger leiden*; *Krankheit usw.* erdulden, durchmachen; *Strapazen usw.* aushalten *bzw.* überstehen; ~ *hambre y frío* hungern u. frieren; **8.** *Lehrgang mit-, durch-machen*; studieren, lernen (*als Praktikant bzw. als Schüler b. s-m Chef od. s-m Repetitor*); *Prüfung, Examen* ablegen; **9.** vorüberziehen lassen; *Zeit, Leben* verbringen; *Fehler* durchgehen lassen; *Stk. den Stier* (mit *Hilfe der muleta*) *an s.* vorbeilenken; *ya le he* **~ado** (*od. ya le tengo od. llevo* **~adas**) *muchas* (*faltas*) ich habe ihm schon vieles nachgesehen; ~ *la lista* die Liste durchlesen; ~ *lista* auf-, ab-rufen; *s.* amüsieren; *¡(a)* **~lo** *bien!* lassen Sie sich's gut-gehen!; *¿cómo lo pasa?* wie geht es Ihnen?, was treiben Sie?; *¡que usted lo pase bien!* alles Gute!; viel Vergnügen!; ~ *en blanco* (*od. en claro*) übergehen; auslassen, nicht erwähnen; ~ *por alto* auslassen, übergehen, **10.** durchgehen (*fig.*);

Sache (rasch) erledigen; *Schriftstück* durch-gehen, -lesen, -sehen; ~ *a/c. por encima et.* oberflächlich erledigen; **11.** garen; beizen; *Obst bsd. an der Luft (od. in der Sonne)* dörren; ~ *con lejía* auslaugen; ablaugen; **II.** *v/i.* **12.** durch-gehen, -kommen, passieren; durch-reisen, -fahren, -ziehen; vorüber-gehen, -kommen; vorbei-, vorüber-fließen; durch-fließen, -strömen (*a.* ⊕, ♂); (hinweg)gleiten; eintreten, nähertreten; hinüber-gehen, -fahren, -fließen; *fig.* an-, hin-gehen, erträglich sein; aufrücken, weiterkommen; *Verw.*, ⚔ befördert werden; *Sch.* versetzt werden; F *Span.* → ~ *de todo;* **a)** *¡pase!* herein!, treten Sie näher!; *fig.* F *a.* na schön, von mir aus!; *el caballo pasó veloz como un rayo* das Pferd stürmte blitzschnell vorüber; **b)** *mit part., ger. od. mit anderem Verb:* ~ *corriendo* vorüberlaufen; ~ *desapercibido* nicht bemerkt werden; ~ *volando* vorüberfliegen; *dejar* ~ *durchlassen;* vorübergehen lassen; *fig. et.* durchgehen lassen (*fig.*); *hacer* ~ durchzwängen; hineinpressen; (gewaltsam *od.* geschickt) durchdrücken (*a. fig.*); *Falschgeld, falsche Nachrichten od. Parolen* verbreiten; *Ware usw.* einschmuggeln; *fig. puede* ~ es geht an; das geht (schon *od.* gerade) noch; es ist weiter nicht schlimm; **c)** *mit prp.:* ~ *a caballo* vorbeireiten; ~ *a a/c.* zu et. übergehen; (zu) et. werden; ~ *a capitán* (zum) Hauptmann (befördert) werden; *Sch.* ~ *al curso siguiente* versetzt werden; *Pol. u. fig.* ~ *a la oposición* zur Gegenpartei übertreten; in die Opposition gehen; ~ *a otra cosa* zu et. anderm übergehen; von et. anderm reden; ~ *al otro lado* auf die andere Seite gehen (*a. fig.*), hinübergehen; ~ *a otras manos* in andere Hände übergehen (*od.* kommen); ~ *a ser* (zu) et. werden; ~ *a la votación* zur Abstimmung schreiten; ~ *de a/c.* über et. (*ac.*) hinausgehen; et. überschreiten; ~ *de los cincuenta años* über die Fünfzig(er) hinaus sein; *de hoy no pasamos que* + *subj.* noch heute werden wir + *inf.; de ahí no paso* weiter gehe ich nicht (*a. fig.*); ~ *de moda* aus der Mode kommen; unmodern werden; veralten; *no* ~ *de ser ... nichts* weiter sein als ..., nur ... sein; F *Span.* ~ *de todo* gleichgültig dahinleben, null Bock haben F; ~ *por* gehen (*od.* kommen *od.* fahren) durch (*ac.*); *fig.* gelten als; ~ *por Madrid* über Madrid reisen (*od.* fahren); *fig. a.* ~ *por a/c. et.* erdulden; *querer* ~ *por* gelten wollen als, s. (aus)geben als; *esto le pasa por la cabeza* das geht ihm durch den Kopf; *mañana* ~*á por su casa* morgen kommt er zu Ihnen (*od.* bei Ihnen vorbei); ~ *por encima de* hinwegfliegen über (*ac.*); *fig.* ~ *por todo* s. alles gefallen lassen; ~ *por tonto* für dumm gelten, als dumm angesehen werden; *usted podría* ~ *por español* man könnte Sie für e-n Spanier halten; *fig. poder* ~ *sin a/c. et.* entbehren können, ohne et. (*ac.*) auskommen können; *fig. no poder* ~ *sin alg.* ohne j-n nicht leben können, es ohne j-n nicht aushalten (können) F; ~ *sobre el hielo* über das Eis gleiten

(*z. B. Schlittenkufen*); **13.** gelten (*Geld*); leicht verkäuflich sein, guten Marktwert haben (*Ware*); *este billete no pasa* der Geldschein ist ungültig; *fig.* F *¡eso no pasa!* das geht (*od.* gilt) nicht!; **14.** *fig.* auskommen, sein Auskommen haben; *vamos pasando* wir schlagen uns durch, es geht uns so leidlich; **15.** vergehen (*Zeit, Zustand*); *p. ext.* veralten; verblühen, verwelken; verblassen, verschießen (*Farben*); *el tiempo pasa volando* die Zeit vergeht (wie) im Fluge; *pasó su cólera* sein Zorn ist verraucht, die Wut ist ihm vergangen F; **16.** passen (*im Spiel, z. B. Domino, Kart.*); **17.** s. ereignen, vorgehen, los sein F, passieren F; *¿qué pasa?* was gibt es?, was ist los? F; *¿qué ha* ~*ado?* was ist vorgefallen?, was ist passiert? F; *¿qué te pasa?* was ist mit dir?, was hast du?, was fehlt dir?; *no nos ha* ~*ado nada* uns ist nichts geschehen; **III.** *v/r.* ~*se* **18.** volkstümlich: weggehen, s. begeben (von *dat. ...* nach *dat. de ... a ...*); geschehen; *mientras (que) esto se pasaba* während dies vor s. ging; **19.** weggehen, verschwinden; hinübergehen, übertreten (*a. fig.* zu *dat.* a); ~*se al enemigo* (zum) Feind) überlaufen; *los dolores se le pasaron pronto* s-e Schmerzen verschwanden bald; *esto se me ha* ~*ado* (*de la memoria*) das habe ich vergessen, das ist m-m Gedächtnis entfallen; *ya se me ha* ~*ado* es ist schon vorüber (*Schmerz, Anwandlung usw.*); **20.** zu weit gehen (*od.* fahren *usw.*); *fig.* über das Ziel hinausschießen; zu weit gehen (*fig.*); 🛥 *nos hemos* ~*ado* (*de la estación*) wir sind zu weit gefahren; ~*se de bueno* allzu gutmütig sein; ~*se con la sal* zuviel Salz hinzufügen; **21.** altern (*organische Stoffe, Leder, Gummi*); übergar werden (*Speisen*); überreif werden (*Lebensmittel*); *se ha* ~*ado el arroz* der Reis ist zerkocht; *se ha* ~*ado la sopa* die Suppe ist ganz verkocht; **22.** überlaufen (*z. B. Milch*); leck sein, rinnen (*Gefäß*); ⚓ *las olas se pasan* die See kommt über; **23.** auskommen; s. behelfen; ~(*se*) *con poco* mit wenig auskommen; **24.** s-e (akademische) Abschlußprüfung machen.

pasar² *m* Auskommen *n; tener su buen* ~ sein gutes Auskommen haben.

pasarela *f* ⚓, ⊕, *Thea. u. Modenschau:* Laufsteg *m;* ⚓, ✈ *a.* Landungssteg *m,* Gangway *f* (*bsd.* ✈); ⊕ Lauf-bühne *f,* -brücke *f.*

pasa|tiempo *m* Zeitvertreib *m;* ~**toro** *Stk.: matar a* ~ den vorüberlaufenden Stier töten.

pasavante ⚓ *m* Geleitschein *m* (*Navicert bzw. Transitschein zur Überführung in e-n neuen Heimathafen*).

pasa|volante *m* **1.** Unbesonnenheit *f; p. ext.* Pfuscharbeit *f;* **2.** *hist.* Feldschlange *f* (*Geschütz*); ~**volea** *m* Zurückschlagen *n* über das Seil *b. Pelotaspiel.*

pascana *f Am. Mer.* **1.** Etappe *f,* Rast *f;* **2.** Gasthaus *n.*

Pas|cua *f* **1.** Ostern *n*(*/pl.*); Passah (-fest) *n;* ~ *del Espíritu Santo* Pfingsten *n;* ~ (*de Resurrección od.* ~ *florida*

od. de flores) Ostern *n;* Domingo *m de* ~ Ostersonntag *m; víspera f de* ~ Osternacht *f;* *¡felices* ~*s!* frohe Ostern!; → *a.* **2.**; *fig.* F *hacer la* ♀ *a alg.* j-n ärgern; j-n schikanieren; *fig. inmolar la* ♀ das Osterlamm schlachten; **2.** ~*s f/pl.* Zeit *f* zwischen Weihnachten u. Dreikönigsfest; *¡felices* ~*s!* fröhliche Weihnachten (und ein glückliches Neues Jahr); frohe Feiertage!; *fig.* F *¡santas* ♀*s!* Schluß jetzt!; damit basta! F; *auch ja nach Situation:* m-n Segen habt ihr! (*fig.* F); na, dann prost! (*fig.* F *iron.*); *fig.* *de* ~*s* zum Fest (*vgl.* 1) Glück wünschen; *fig.* F *estar* (*contento*) *como unas* ♀*s* s. wie ein Kind (*od.* wie ein Schneekönig) freuen; *tener cara de* ♀(*s*) übers ganze Gesicht strahlen; ♀**cual** *adj. c* österlich, Oster...; *Pass-sah...; cordero m* ~ Osterlamm *n; fig.* Christus *m.*

pase *m* **1.** Durchlaß-, Passier-schein *m;* ~ (*de libre circulación*) Frei- bzw. Dauer-karte *f;* Berechtigungsausweis *m;* Freifahrschein *m;* **2.** *Fechtk.* Finte *f; Stk.* Vorbeilenken *n des Stiers* (*Grundfigur des Kampfes*); *de muleta* Muletafigur *f; p. ext. hacer* ~*s die* Handbewegungen e-s Magnetiseurs machen; **3.** Fußball *usw.:* Paß *m;* **4.** *Kart. usw.:* Passen *n;* **5.** Mühlen: ~ *de molienda* Mahlgang *m* (*Arbeitsgang*); **6.** *fig. dar el* ~ *a alg.* j-m den Laufpaß geben.

pase|adero *m* Spazierweg *m,* Promenade *f;* ~**ador I.** *adj.* gern spazierengehend; *Equ. a.* im weitausgreifenden Schritt laufend; **II.** *m* → *paseadero;* ~**ante** *m* Spaziergänger *m; fig.* F ~ *en corte* Pflastertreter *m,* Eckensteher *m;* ~**ar I.** *v/t.* **1.** spazierenführen; **2.** *fig.* herum-reichen, -zeigen; **II.** *v/i.* **3.** spazierengehen; **III.** *v/r.* ~*se* **4.** spazierengehen, lustwandeln (*lit.*); **5.** *Am. Cent.* moralisch verderben; verschleudern, verschwenden; ~**ata** *f* langer Spaziergang *m;* ~**illo** *Stk. m* Einzug *m* der Stierkämpfer *b.* Beginn *des Stk.;* ~**ito** F *m kl.* Spaziergang *m; ¿vamos a dar un* ~? machen wir doch e-n kl. Spaziergang!, wir wollen et. wenig frische Luft schnappen!; ~**o** *m* **1.** Spaziergang *m;* Spazier-fahrt *f,* -ritt *m; dar un* ~ e-n Spaziergang machen; *dar un* ~ *por las calles* durch die Straßen schlendern; *fig. Span. dar el* ~ *a alg.* j-n verhaften u. anschließen erschießen (1936—39); *estar (od. ir) de* ~ spazierengehen; *fig.* F *mandar a* ~ wegschicken; vor die Tür setzen; abblitzen lassen; schroff abweisen; **2.** Einzug *m der* Stierkämpfer; *Am. Cent.* Maskenzug *m* über die Straße; **3.** Promenade *f;* ~ *marítimo* Strand-, Ufer-promenade *f.*

pase|ra *f* **1.** Obstdarre *f;* **2.** Rosinen-verkäuferin *f;* ~**ro¹** *m* **1.** Rosinen-verkäufer *m;* **2.** *Méj.* Pfefferschotendarre *f.*

pasero² **I.** *adj. Equ.* im Schritt gehend; **II.** *m Col.* Fährmann *m.*

pasi|bilidad *f* Leidensfähigkeit *f;* ~**ble** *adj. c* leidens-, empfindungs-fähig; *ser de pena* strafbar sein; e-e Strafe verwirkt haben.

pasicorto *adj.* kurze Schritte machend.

pasie|ga F f Amme f; ~**go** m Wanderhändler m, Hausierer m.
pasificación f Trocknen n v. Trauben zu Rosinen.
pasiflora ♀ f Passionsblume f.
pasillo m 1. Korridor m, Flur m, Gang m; ⚔ aéreo Luftkorridor m; (Ein- bzw. Aus-)Flugschneise f; 2. ♆ Laufgang m; ⊕ Laufbühne f; 3. Thea. Kurzstück n; Posse f; 4. ecl. Karwochenantiphon f.
pasión f Leiden n; Leidenschaft f; Rel. la ♀ die Passion (Christi); adv. con ~ leidenschaftlich.
pasio|nal adj. c leidenschaftlich; aus Leidenschaft; crimen m ~ im Affekt begangenes Verbrechen n; ~**naria** ♀ f Passionsblume f; ~**nario** ecl. m Passionsbuch n; ~**nero** kath. m 1. Krankenseelsorger m in Ordensspitälern; 2. → ~**nista** kath. m 1. Passionssänger m; 2. Passionist m (Mitglied des Ordens der Passionisten).
pasito I. adv. behutsam; sachte; leise; II. m dim.: dar ~s kl. Schritte machen.
pasi|vidad f Passivität f (a. ⚛ u. fig.); Untätigkeit f; ~**vo** I. adj. 1. a. ⚔, ⚛, Li., Pol. passiv; untätig; unbeteiligt; Soz. Ruhestands..., Rentner...; ✝ deuda f ~a (passive) Schuld f, Verschuldung f; Soz. población ~a od. clases f/pl. ~as Nichterwerbsbevölkerung f; Pol. resistencia f ~a passiver Widerstand m; Gram. voz f ~a Leideform f, Passiv n des Verbs; II. m 2. ✝ Passiva pl.; Soll n; ~ exigible eintreibbare Schulden f/pl.; 3. Gram. Passiv n.
pasma ☐ f Polente f F, Schmiere f ☐.
pas|mado adj.-su. starr vor Staunen; verdutzt, verdattert F; m Verdutzte(r) m; p. ext. Schlafmütze f (fig. F); ~**mar** I. v/t. 1. bsd. fig. erstarren lassen; lähmen; verblüffen; II. v/r. ~**se** 2. erstarren (a. fig.); (er)staunen; verblüfft sein; fig. wie gelähmt sein; 3. trüb werden bzw. nachdunkeln (Farben, Lacke); ~**marota** F f (übertriebenes) Staunen n; Getue n F; ~**marote** F m Trottel m F; dummer Gaffer m; hacer de ~ Maulaffen feilhalten; ~**mazón** F f 1. Am. Reg. → pasmo; 2. Méj. Scheuerwunde f der Reit- u. Lasttiere; ~**mo** m 1. Art Grippe f mit Schüttelfrost; p. ext. Starrkrampf m; Am. Nervenkrampf m; 2. fig. Erstaunen n; Hingerissensein n, Entrücktsein n; Wunder n (Ursache u. Gg.-stand des Staunens); ~**moso** adj. fig. staunenswert, erstaunlich.
paso[1] adj. getrocknet, Dörr... (Obst); ciruelas f/pl. ~as Backpflaumen f/pl.
paso[2] m 1. a. fig. Schritt m; Fußstapfen m, -spur f; Gang (art f) m; fig. Schritt m, Maßnahme f; Tel. (Gesprächs-)Einheit f; pol. auch Pol. a. Demarchen f/pl.; ¡~! Platz da!; Bahn frei!; ~ acompasado Gleichschritt m; ~ atrás Schritt m zurück, Rückschritt m; Equ. ~ corto (od. de escuela) Schulschritt m; Sp. ~ de escalera Treppenschritt m (Ski); Equ. ~ español Passage f; Sp. ~ gimnástico Laufschritt m; ~ grave (od. circular) Zirkelschritt m (Tanzschritt); ⚔ ~ ligero (od. rápido) Geschwindschritt m; mal ~ a. fig. Fehltritt m; fig. a. Verlegenheit f; ⚔ ~ de la oca, F ~ de ganso Stechschritt m; ⚔, Sp. ~ redoblado (od. de carrera) Laufschritt m; Tanz: ~ de tres Pas m de trois (frz.); ~ a ~ Schritt für Schritt; schrittweise; Zug um Zug; fig. a ~ de buey (od. de tortuga) im Schneckentempo; a cada ~ auf Schritt u. Tritt; fig. a dos (od. a cuatro) ~s ganz in der Nähe; fig. a este ~ so, auf diese Weise; a ~s medidos gemessenen Schrittes; fig. al ~ que in dem Maße wie; nach Maßgabe (gen.); de ~ en ~ Schritt für Schritt; nach u. nach; fig. por sus ~s contados nach s-r gehörigen Ordnung; alargar (od. apretar, avivar) el ~ s-n Schritt beschleunigen; ⚔ cambiar el ~ den Tritt wechseln; a. fig. dar un ~ e-n Schritt tun; no dar un ~ k-n Schritt tun; fig. nichts tun; fig. ya se ha dado un ~ adelante man ist schon e-n Schritt weitergekommen; dar un ~ en falso mit dem Fuß einknicken; e-n Fehltritt tun (a. fig.); a. fig. dar los primeros ~s die ersten Schritte tun; dar ~s inútiles s. umsonst anstrengen; ir a buen ~ tüchtig ausschreiten; bsd. fig. (no) ir al ~ de alg. (nicht) Schritt halten, (nicht) mitkommen mit j-m; ⚔ llevar el ~ Tritt halten; a. fig. marcar el ~ auf der Stelle treten; marchar (od. andar, ir) al ~ langsam gehen; (im) Schritt fahren; ⚔ marchar al ~ sin compás ohne Tritt marschieren; fig. no poder dar (un) ~ nicht vorwärts(kommen) können; salir al ~ j-m entgegengehen; fig. j-m entgegenkommen; a. j-m gegenübertreten; salir de su ~ aus dem Schritt kommen; fig. von s-r Gewohnheit abweichen; seguir los ~s a alg. j-n verfolgen; j-n überwachen; fig. seguir los ~s de alg. j-s Beispiel folgen; volver sobre sus ~s umkehren; fig. s-e Absicht aufgeben; Spr. el primer ~ es el que cuesta aller Anfang ist schwer; 2. Durchgang m; Durchfahrt f; Durchmarsch m, Durchzug m; Übergang m, Hinübergehen n; Vorbeiziehen n, Umzug m; Vorbeifahren n; Zo. Strich m (Vogelzug); ✠ Durchgang m, Passage f; derecho m de ~ Durchgangs- (bzw. Durchzugs-)recht n; ~ de coches Wagendurchfahrt f, Fahrverkehr m; Pol. ~ a la derecha Ruck m nach rechts; ~ de la frontera Grenzüberschreitung f; Sp. ~ por la pared Seilquergang m b. Bergsteigen; a (od. en) su ~ por Madrid auf s-r Durchreise durch Madrid; de ~ im Vorbeigehen; fig. nebenbei, beiläufig; en el ~ del siglo XIX al XX um die Wende vom 19. zum 20. Jahrhundert; mit Verb: arrojarse al ~ de un tren s. vor (od. unter) e-n Zug werfen (Selbstmörder); coger al ~ abfangen; estar de ~ auf der Durchreise sein; tener el ~ Vortritt (od. Vorrang) haben; 3. Durchgang m, Übergang m; (Gebirgs-)Paß m; Jgdw. (Wild-)Wechsel m; ♆ Meerenge f, Straße f; a. Fahrwasser n, -rinne f; fig. Übergang m; schwierige Lage f, Klemme f F; fig. F andar en malos ~s schlimme Wege gehen (fig.); a. fremdgehen F; sacar del mal ~ a alg. j-m aus der Klemme helfen F; 4. Durchgang m; Weg m, Bahn f zu e-m Ziel; Zutritt m zu e-m Ort; a. Zutrittserlaubnis f; abrirse ~ s. Bahn brechen, s. durchschlagen (durch ac. por entre); coger (od. tomar) los ~s die Zugänge (bzw. Straßen, Verbindungswege) besetzen (od. sperren); hacerse ~ s. (freie) Bahn (ver)schaffen; s. durchdrängen; s. durchkämpfen; 5. Übergang(sstelle f) m; ⚙ u. Autobahn: Bahn-kreuzung f, -übergang m; ~ de aduanas Zolldurchlaß m (in Häfen usw.); ~ cebra Zebrastreifen m; ~ a desnivel Fußgänger-, Méj. Eisenbahn-unterführung f; ~ elevado Überführung f; ~ fronterizo Grenzübergang m; ~ a nivel schienengleicher (bzw. Straßen-gleicher) Übergang m; ~ a nivel con (sin) barrera (un)beschrankter Bahnübergang m; ~ a bajo nivel Unterführung f; ~ sin guarda(r) unbewachter Bahnübergang m; ⚙ ~ sobre nivel Bahnüberführung f; ~ de peatones Fußgängerüberweg m; ~ subterráneo Eisenbahnunterführung f; Vkw. ~ superior Überführung f; 6. Buch, Schriftstück: Passus m, a. ♪ Stelle f, Passage f; 7. Rel. Station f der Leidensgeschichte Jesu; b. e-r Prozession (bsd. in der Karwoche) mitgeführtes Heiligenbild od. Gruppe f aus der Passion usw.; 8. Thea. Einakter m; kurzes Theaterstück n, Kurzstück n; a. (in sich abgeschlossene) Szene f; 9. ⊕ Durchlaß m; Durchfluß m; Durchsatz m; ~ de aire Luft-durchlaß m, -durchgang m; ~ de la tubería lichte Rohrweite f; 10. ⊕ Gang m, Gewindesteigung f; Steigung f e-r Luftschraube usw.; Teilung f (b. Zahnrädern, Nieten, Filmlochung usw.); Kfz. Achsabstand m; HF Stufe f; 11. tex. Fach n; 12. Reihstich m b. Nähen; 13. Am. Furt f.
paso[3] adv. langsam gemacht.
pasodoble ♪ m Pasodoble m (Musikstück u. Tanz).
pasoso adj. Am. Mer. durchlässig (bsd. Papier).
paso|ta adj.-su. c Span. Aussteiger...; m Aussteiger m, Ausgeflippte(r) m; Li. Jargon m der pasotas; ~**tismo** m Span. gleichgültiges Dahinleben n, Null-Bock-Mentalität f F, No-future-Mentalität f F.
pas|pa(dura) f Am. Mer. Hautschürfe f; aufgesprungene Stelle f an der Lippe; ~**parse** v/r. Am. Mer. aufspringen (Haut, Lippen).
paspartú m Passepartout n (Rahmen).
pas|quín m Schmähschrift f, Pasquill n; Wandzeitung f; ~**quinada** f beißendes Witzwort n.
pássim adv. passim, allenthalben.
pasta f 1. Teig m; a. ⊕ Masse f; Brei m; Paste f F; F Zaster m F, Kies m F, Knete f F; ~s f/pl. (alimenticias) Teigwaren f/pl.; ✠ ~ de cinc Zinkpaste f; ~ dentífrica (od. de dientes) Zahnpasta f; ~ de porcelana Porzellanmasse f; ~ prensada Preßstoff m; Kchk. ~ de sémola Grießbrei m; ~ al sulfito (od. al sulfato) Holzzellulose f (Papierfabrikation); fig. de buena ~ gutmütig (Mensch); Kchk. sopa f de ~s Nudelsuppe f; 2. ~ (seca) trockenes Gebäck n; ~s f/pl. de té Teegebäck n; 3. Buchb. Einband m; en ~ gebunden (mst. Pappband); media ~ Halbfranz-

band *m*; 4. *Am. Reg.* Gleichgültigkeit *f.*
pastar I. *v/t.* auf die Weide führen, weiden; **II.** *v/i.* weiden.
paste|l *m* **1.** Törtchen *n*; Kuchen *m*; Pastete *f*; *fig. Typ.* Zwiebelfische *m/pl.*; F Machenschaften *f/pl.*; Intrige *f*; ~ de ciruelas Pflaumenkuchen *m*; *fig.* F *descubrir el* ~ Lunte riechen (*fig.*); die Sache auffliegen lassen; *fig. quitar la hojaldre al* ~ nachstochern, dahinterhaken; **2.** Bunt-, Farb-, Pastell-stift *m*; *p. ext.* Pastell *n*; (*pintura f al*) ~ Pastellmalerei *f*; **3.** ♀ *hierba f* ~ (Färber-)Waid *m*; ~lería *f* Konditorei *f*; ~lero *m* Feinbäcker *m*, Konditor *m*; Patissier *m*; *fig.* F *es un* ~ *etwa:* er hat kein Rückgrat; ~lillo *m* feines Zuckergebäck *n*; ~lista *c* Pastellmaler *m*.
paste(u)ri|zación *f* Pasteurisation *f*; ~zadora *f bsd. Am.* Molkereizentrale *f*; ~zar [1f] *v/t.* pasteurisieren.
pastiche *m* Plagiat *n*; Pastiche *m*.
pasti|lla *f* **1.** *pharm.*, 🜍 Pastille *f*; Tablette *f*; **2.** Tafel *f* (*Schokolade*); ~ *de azúcar* Zuckerplätzchen *n*; ~ *de jabón* Stück *n* Seife; **3.** F *adv. a toda* ~ rasend schnell, mit e-m Affenzahn F (*fahren*); ~llero *m* Pillendöschen *n*.
pastinaca *f* **1.** ♀ Pastinake *f*; **2.** *Fi.* Stechrochen *m*.
pas|tizal 🌾 *m* Weide *f*; ~to *m* **1.** (Vieh-)Weide *f*; Futter *n*; Weide *n*; *fig.* Nahrung *f* (*fig.*); *ecl.* geistliche Nahrung *f*; *fig. a* ~ im Überfluß; F *a todo* ~ nach Herzenslust; *dar* ~ *a las malas lenguas* den bösen Zungen zu reden geben; *la casa fue* ~ *de las llamas* das Haus brannte ganz ab (*od.* wurde ein Raub der Flammen); **2.** *Am. Reg.* Gras *n*; ~tor *m* **1.** Hirt(e) *m*; Schäfer *m*; *ecl.* Seelenhirt *m*, Seelsorger *m*; Pastor *m*; *bibl. El Buen* ♀ der Gute Hirte (= *Jesus*); *cabaña f de* ~(*es*) Hirtenhütte *f*; **2.** Hirten-, Schäfer-hund *m*; ~ *alemán* Deutscher Schäferhund *m*; ~toral **I.** *adj. c* Hirten...; **II.** *f Lit.* Hirten-, Schäferdichtung *f*; *ecl.* (*carta f*) ~ Hirtenbrief *m*; ~torear *v/t.* **1.** auf die Weide führen; **2.** *ecl.* (seelsorgerisch) betreuen; **3.** *Am.* j-m auflauern; *Am. Cent.* verwöhnen; *Rpl.* → *cortejar.*
pasto|rela *f* Hirtenlied *n*; *Lit. u.* ♪ Pastorelle *f*; *Folk.* Weihnachtslied *n*; ~reo *m* Weiden *n*, Weidegang *m*; *derecho m de* ~ Weiderecht *n*, Hut *f*; ~ría *f* Hirten *m/pl.*; Schäferei *f* (*Beruf*); ~ril *adj. c* Hirten...; *Lit. novela f* ~ Hirten-, Schäfer-roman *m*; ~rón *adj.* etwas naiv u. still.
pastoso *adj.* **1.** teigig (*a. Graphologie*); breiig; *Mal.* pastos; 🎵 *u. Graphologie*: pastös; **2.** *Am.* reich an gutem Weideland; **3.** *Col.* träge.
pasudo *Am. adj.*: (*de pelo*) ~ kraushaarig.
pasura P *f* Polente *f* F, Bullen *m/pl.* F.
pata¹ *f* Ente *f* (*Weibchen*).
pata² *f* Pfote *f*, Tatze *f*; Pranke *f*; Klaue *f*; *fig.* F Hand *f*, Pfote *f*; Bein *n* (*Tisch, Stuhl u.* F *Person*); Fuß *m* (*Möbel, Maschine u.* F *Person*); Schenkel *m e-s Zirkels*; *fig.* ~*s arriba* drunter u. drüber; F *a* ~ zu Fuß; *a cuatro* ~*s* auf allen vieren; *fig. a la* ~ (*la*) *llana* schlicht, schlecht u. recht; ungezwungen, ohne Umstände; *fig.*

~*s f/pl. de gallo* Krähenfüße *m/pl. an den Augenwinkeln*; F ~ *de palo* Holzbein *n*; *dar la* ~ Pfötchen geben (*Hund*); *fig. enseñar su* (*od. la*) ~ den Pferdefuß (*od.* sein wahres Gesicht) zeigen; *fig.* P *estar* ~*s arriba a.* mausetot sein; *fig.* P *ir a la* ~ *chula* hinken; *fig.* F *meter la* ~ s. blamieren, ins Fettnäpfchen treten F; *poner* ~*s arriba* alles durchea.-bringen; *fig. salir* (*od. quedar*) ~(*s*) *patt* sein; unentschieden bleiben; gleichziehen; *tener mala* ~ Pech haben; F *ser un hombre de mala* ~ ein Pechvogel sein.
pata|ca ♀ *f Am.* → *aguaturma*; ~cón *m* **1.** † Silberunze *f* (*Münze*); **2.** F *Am.* Silberpeso *m*; **3.** *Chi.* ♀ Distel *f*; **4.** *Ec.* → *patada.*
pata|da *f* Fußstapfen *m*; Fußtritt *m*; Aufstampfen *n*; Hufschlag *m*; *fig.* F *a* ~*s* in Hülle u. Fülle; F *esto me ha costado muchas* ~*s etwa:* da habe ich mühsam hinkraxeln müssen; P *dar una* ~ *en el culo j-m* e-n Tritt in den Hintern geben P; *dar* ~*s en el suelo auf den Boden stampfen; F *echar a* ~*s j-n* hinaus-werfen, -schmeißen F; *romper a* ~*s* eintreten, zs.-treten; *fig. tratar a* ~*s j-n* grob behandeln.
Patagonia *f* Patagonien *n*.
pata|lear *v/i.* trampeln; (wütend) auf den Boden stampfen; ~leo *m* Trampeln *n*; Strampeln *n*; *fig.* F *derecho de* ~ nutzloser Protest *m* (*protestieren darfst du ja, nur hat es k-n Nutzen*); ~leta *f*: *dar* ~ *auf dem Rücken liegen u.* strampeln (*fig.* F *bezieht man das auf e-n hysterischen Anfall*).
pa|tán F *m* Bauer *m*; *fig.* F Lümmel *m*, Grobian *m*; ~tanería F *f* Grobschlächtigkeit *f*; Flegelei *f.*
patarata F *f* Albernheit *f*; Getue *n*; Larifari *n* F.
pata|ta *f* **1.** *Span.* Kartoffel *f*; F *fig.* ~ *caliente* heißes Eisen *n* F; ~*s f/pl. cocidas sin pelar* Pellkartoffeln *f/pl.*; ~*s f/pl. deshidratadas* (*doradas*) Trocken- (Brat-)kartoffeln *f/pl.*; ~*s f/pl. fritas* Pommes *f/pl.* frites; Kartoffelchips *m/pl.*; ~*s f/pl. guisadas* gedünstete Kartoffelwürfel *m/pl.*; ~*s f/pl. al horno* Kartoffeln *f/pl.* in der Röhre überbacken; ~ *de siembra* (*temprana*) Saat- (Früh-)kartoffel *f*; *puré m de* ~*s* Kartoffelpüree *n*; **2.** *fig.* F Uhr *f*, Zwiebel *f* (*fig.* F); ~tal, ~tar *m* Kartoffelfeld *n*.
patatús F *m* leichte Ohnmacht *f*; *le dio un* ~ er wurde ohnmächtig.
patay *m Pe., Rpl.* Algarroben- *bzw.* Feigen-brot *n*.
paté *Kchk. m* (Gänseleber-, Fleisch-)Pastete *f*.
patear I. *v/t. a. fig.* mit Füßen treten; P *Thea.* ausbuhen; *fig. Arg.* nicht bekommen (*dat.*), auf den Magen schlagen (*dat.*); **II.** *v/i.* trampeln; *Am.* → *cocear*; ~ *de rabia* wütend auf den Boden stampfen.
patén *tex. m* Ringel *m/pl.* (*Muster*).
patena *f ecl.* Patene *f*, Hostienteller *m*; Medaillon *n b. weibl.* Bauerntracht; *fig. limpio como una* ~ wie ein Schmuckkästchen, blitzsauber.
paten|table *adj. c* patentfähig; ~*tado* **I.** *adj.* patentiert; **II.** *m* Patentierung *f*; ~*tar v/t.* patentieren; *patentieren lassen*; ~*te* **I.** *adj. c* offen; klar; deutlich, offensichtlich,

sinnfällig; *hacer* ~ offen darlegen; bloßlegen; an den Tag bringen; **II.** *f Verw.*, ⊕ Patent *n*; Bestallungsschreiben *n*; Diplom *n*; Bescheinigung *f*; *dipl.* ~ *consular* Ernennungsschreiben *n* zum Konsul; ⚓ ~ *de corso* Kaperbrief *m*; *Span.* ~ *de introducción* Einführungspatent *n*; ⚓ ~ *de navegación* Schiffszertifikat *n*; *Verw.* ~ *de sanidad* Gesundheits-, *a.* Quarantäne-paß *m*; ⚓ ~ *sucia* (~ *limpia*) Seuchen(unbedenklichkeits)bescheinigung *f*; *oficina f de* ~*s* Patentamt *n*; *protegido por* ~(*s*) patentgeschützt; *fig. tener* ~ *de corso* s. alles erlauben können; ~*tizar* [1f] *v/t.* (offen) darlegen; bekunden; beweisen.
patera *f* flaches Boot *n*, Fischerboot *n*.
pater|familias 🜍 *hist. m* Paterfamilias *m*, Hausvater *m*; ~*nal adj. c* väterlich, Vater...; ~*nalismo Pol.*, *Soz. m* Paternalismus *m*; ~*nalista adj. c* paternalistisch; ~*nidad f* Vaterschaft *f*; *fig.* Urheberschaft *f*; ~*no adj.* väterlich, Vater...; *amor m* ~ Vaterliebe *f*; *tío m* ~ Onkel *m* väterlicherseits.
paternóster *m* **1.** Vaterunser *n*; *fig.* F *fest zs.-gezogener Knoten *m*; **2.** ⊕ Paternoster-förderer *m*, -aufzug *m*.
patero I. *adj. Chi.* → *adulador*; *Pe.* → *mentiroso*; **II.** *m Arg.* Entenhaus *n*.
Pateta F *m Folk.* Teufel *m*; *fig.* F ♀ Krumm- *od.* Hinke-bein *n*.
pa|tético *adj.* pathetisch; *lo* ~ *das* Pathos; ~*tetismo m* Pathos *n*; schwungvolle (*bzw.* übersteigerte *od.* geschwollene) Art *f*; ~*thos lit. m* Pathos *n*.
pati|abierto *adj.* mit gespreizten Beinen; breitbeinig; ~*blanco adj.* weißfüßig (*Tier*).
pa|tibulario *adj.* Galgen...; ~*tíbulo m* Galgen *m*; Schafott...; ~*tíbulo m* Galgen *m*; Schafott *m*.
pati|cojo F *adj.* lahm, hinkend; ~*difuso adj.* verblüfft, verdattert F; ~*estevado adj.* krummbeinig; ~*hendido Zo. adj.* spalthufig.
patilla *f* **1. a)** ♪ *ein Gitarrengriff*; **b)** Klappe *f* an der Rocktasche; **2.** ~*s f/pl.* Backenbart *m*; **3.** *Arg.* (*And.*) → *poyo*, *asiento* **1.**; **4.** *Bol.* Balkonbrüstung *f*; **5.** *Chi.* 🜌 Absenker *m*; **6.** *Ec.* graue Ameise *f*; **7.** ♀ *Col.* Wassermelone *f*; **II.** *m* **8.** F ~*s* (*pl. inv.*) Teufel *m*.
patilludo *adj.* mit (e-m) Backenbart.
patín *m* Schlittschuh *m*; *bsd.* ⊕ Gleitschuh *m*; Kufe *f*; ⚓ Katamaran *m* (*Segelboot*); ~ *acuático* Tretboot *n*; ~ *de ruedas* Rollschuh *m*; (Kinder-)Roller *m.*
pátina *f* Patina *f*.
pati|nada *f bsd. Am.* (Aus-)Rutschen *n*; *Kfz.* Schleudern *n*; ~*nadero m* Eisbahn *f*; Rollschuhbahn *f*; ~*nador m* Schlittschuh-, Rollschuh-läufer *m*; ⚓ Gleitschuh *m*; ~ *artístico* (*de velocidad*) Eiskunst- (Eisschnell[l]-)läufer *m*; ~*naje m* **1.** Gleiten *n*, Rutschen *n*; **2.** Schlittschuhlaufen *n*; ~ *artístico* (*sobre hielo*) Eiskunstlauf *m*; ~ *sobre ruedas* Rollschuhlauf *m*; ~ *de velocidad* (*sobre hielo*) Eisschnell-lauf *m*; *Sp. figuras f/pl. obligatorias y* ~ *libre* Pflichtlauf *m* u. Kür *f*; ~*nar*

patinazo — payé 466

v/i. **1.** Schlittschuh (*bzw.* Rollschuh) laufen; schlittern; (auf Kufen) dahingleiten; **2.** ⊕ gleiten; rutschen; *Kfz.* schleudern; durchdrehen (*Räder*); ~**nazo** *m* Rutschen *n*; Rutsch *m*; *Kfz.* Schleudern *n*; *Kfz. dar un* ~ *ins Schleudern geraten*; *fig. s.* blamieren; ~**neta** *f* (Kinder-)Roller *m*.
patio *m* (Innen-)Hof *m*; *Thea.* ~ (*de butacas*) Parterre *n*, Parkett *n*; ⚔ ~ *de armas* (*od. del cuartel*) Kasernenhof *m*; ~ *interior* Innenhof *m*; Hinterhof *m*; ~ *de luz* Lichthof *m*; *fig.* F *¡cómo anda el* ~*!* so geht das doch nicht!, dabei kann doch nichts Vernünftiges herauskommen!
pati|ta *f dim.*: *dar* ~*s* Pfötchen geben (*Hund*); *fig.* F *poner a alg. de* ~*s en la calle* j-n vor die Tür setzen; ~**tieso** *adj.* steifbeinig; *fig.* F verblüfft, sprachlos; ~**tuerto** *f adj.* krummbeinig, O-beinig; ~**zambo** *adj.* X-beinig.
pato[1] *m* **1.** Ente *f*; ~ *cuchara* (*silvestre*) Löffel- (Wild-)ente *f*; *fig.* F *estar hecho un* ~ pitschnaß sein; *fig. tener que pagar el* ~ es ausbaden müssen, die Zeche zahlen müssen; **2.** *Zo.* Taschenkrebs *m*; **3.** 🌊 Urinflasche *f*.
pato[2] *m* **1.** F *Arg.* Kiebitz *m b. e-m Spiel*; **2.** P *P. Ri.* Schwule(r) *m* F, Tunte *f* F.
patochada F *f* Albernheit *f*.
pa|togenia 🎯 *f* Pathogenese *f*, Krankheitsentstehung *f*; ~**tógeno** *adj.* pathogen, Krankheits...
pato|jada F *f Am. Cent.* (Haufen *m*) Kinder *n/pl.*; ~**jear** *v/i.* watscheln; schleppend gehen; ~**jo** I. *adj.* krummbeinig; *Am.* lahm; II. *m Am. Cent.* Schlingel *m*, Gassenjunge *m*.
pato|logía 🎯 *f* Pathologie *f*; ~**lógico** *adj.* pathologisch, krankhaft.
patólogo *m* Pathologe *m*.
patoso F *adj.* albern; *¡no te pongas* ~*!* sei nicht so albern!
pato|ta *f Rpl.* (Halbstarken-, Gauner-)Bande *f*; ~**tero** F *m Rpl.* Bandenmitglied *n*.
patra|ña F *f* grobe Lüge *f*, Schwindel *m*, Bluff *m*; ~**ñero** *m* Schwindler *m*.
patraquear F *v/i. Chi.* klauen F.
patria *f* Vaterland *n*; Heimat *f*; ~ *chica* (engere) Heimat *f*; ~ *primitiva* Ursitz *m*, Stammland *n e-s Volkes*; Madre *f* ~ Mutterland *n*.
patriarca *m bibl. u. fig.* Patriarch *m*; ~**do** *m* Patriarchat *n*; ~**l** *adj. c a. fig.* patriarchalisch.
patri|ciado *adj. m* Patriziat *n*; ~**cio** *adj.-su.* patrizisch; *m* Patrizier *m*.
patrimo|nial *adj. c* Erb..., Patrimonial...; ~ Vermögens...; Familien...; *bienes m/pl.* ~**es** Erb-, Stamm-güter *n/pl.*; *derecho m* ~ Vermögensrecht *n*; ~**nio** *m* Eigentum *n*, Vermögen *n*; *a. fig.* Erbe *n*, Erbteil *n*; Besitz *m*; ~ *artístico* Kunstschätze *m/pl. e-s Landes*; Span. ~ *forestal del Estado* Staatsforsten *m/pl.*; ~ *nacional* Staatsbesitz *m*; *Real* ~ Krongut *n*; *establecido en su* ~ erbeingesessen.
patri|o *adj.* väterländisch, Heimat...; *suelo m* ~ Heimatboden *m*; 💱 ~**a** *potestad f* elterliche Gewalt *f*; ~**ota** *c* Patriot(in *f*) *m*; ~**otería** *f* Hurrapatriotismus *m*; Chauvinis-

mus *m*; ~**otero** *adj.-su.* chauvinistisch; *m* Hurrapatriot *m*; Chauvinist *m*; ~**ótico** *adj.* patriotisch, vaterländisch gesinnt; ~**otismo** *m* Patriotismus *m*, Vaterlandsliebe *f*.
patrísti|ca *Rel. f* Patristik *f*; ~**co** *Rel. adj.* patristisch, Väter...
patroci|nado *m* Schützling *m*; Geförderte(r) *m*; ~**nador** *m* Gönner *m*; Förderer *m*; Schirmherr *m*; Sponsor *m*; ~**nar** *v/t.* begünstigen, fördern, sponsern; die Schirmherrschaft übernehmen über (*ac.*); ~**nio** *m* Schutz *m*, Beistand *m*; Schirmherrschaft *f*, Protektorat *n*; *kath.* Patrozinium *n*.
patrología *f* Patrologie *f*.
patrón *m* **1.** Beschützer *m*; Schutzheilige(r) *m*, (Schutz-)Patron *m*; **2.** Hauswirt *m*; ⚓ Schiffsführer *m*; *Am.* Arbeitgeber *m*, Chef *m*; **3.** Vorlage *f*, Schablone *f*, Muster *n*; Schnittmuster *n*; Modell *n*; ~ *de bordado* Stickmuster *n*; ~ *picado* (ausgestochene) Schablone *f* (*z.B. zum Tünchen*); *fig. cortado por el mismo* ~ aus demselben Holz geschnitzt; **4.** Lehre *f*, Maß *n*; Eichmaß *n*; Standard *m*; 💱 *doble* ~ Doppelwährung *f*; ✝ ~ *oro* Gold-währung *f*, *-standard m*; **5.** 🌱 Pfropfunterlage *f*.
patro|na *f* **1.** Beschützerin *f*, Schutzheilige *f*, -patronin *f*; **2.** Hauswirtin *f*; Zimmervermieterin *f*; **3.** Arbeitgeberin *f*, Chefin *f*; ~**nal** I. *adj. c* Schutz..., Patronats...; Arbeitgeber...; II. *f* Arbeitgeberverband *m*; ~**nato** *m* **1.** Patronat *n*; Patronatsrecht *n*; **2.** Stiftung *f*; Stiftungsausschuß *m*; **3.** Arbeitgeberschaft *f*; ~**nazgo** *m* → patronato 1, 2; ~**near** ⚓ *v/t.* ein Schiff führen; ~**nímico** *Li.* I. *adj.* patronymisch, Namens...; II. *m* Patronymikon *n*; ~**no** *m* **1.** Schützer *m*; Schutzherr *m*; *ecl.* Schutzheilige(r) *m*; **2.** Patronatsherr *m*; **3.** Herr *m*, Gebieter *m*; *Span.* Arbeitgeber *m*; Chef *m*; ~**s** *m/pl. y obreros m/pl.* Tarifpartner *m/pl.*
patru|lla *f* Streife *f*, Patrouille *f*; ⚔ Spähtrupp *m*; ~ *escolar* Schülerlotsendienst *m*; ~ *volante* (equipada con radio) Polizeistreife *f* (Funkstreife *f*); ~**llaje** *m Am.* Streife(ndienst *m*) *f*; ~**llar** *vt/i.* auf Streife gehen (*bzw.* fahren); ⚔ *a.* (zu mehreren) auf Erkundung gehen; ~ (*por*) *el terreno* das Gelände durchstreifen; ~**llera** ⚓ *f* Patrouillenboot *n*; ~**llero** I. *adj.* Streifen...; II. *m* Streifenpolizist *m*; ⚓ Patrouillenboot *m*; ~ *escolar* Schülerlotse *m*.
paular[1] F: *sin* ~ *ni maular* ohne den Mund aufzutun.
paular[2] *m* Moor(landschaft *f*) *n*.
paulatino *adj.* bedächtig, langsam, allmählich.
paulina I. *f* päpstlicher Bannbrief *m*; *fig.* Schmähbrief *m*; *fig.* F Rüffel *m* F; II. *adj.* 💱 *acción f* ~ Gläubigeranfechtung *f b. Konkurs*.
pau|perismo *m* Verarmung *f*; Massenelend *n*; ~**perización** *Soz. f* Verarmung *f* der Massen; ~**pérrimo** *sup. irr. von* pobre.
pausa *f* **1.** Pause *f*; Ruhe *f*; Langsamkeit *f*; 🎵 Pause(nzeichen *n*) *f*; **2.** *Chi.* mehrfach zündende bunte Rakete *f*; ~**do** *adj.* ruhig; langsam; gelassen; abgemessen.

pauta *f* **1.** Linierung *f*; Zeilenlineal *n*; *p. ext.* Lineal *n*; *Am. u. Reg.* → *falsilla*; **2.** *fig.* Regel *f*, Norm *f*; Vor-, Leit-bild *n*; ~**do** *adj.* lini(i)ert; *papel m* ~ *mst.* Notenpapier *n*; ~**dor** *m* Linienzieher *m*; ~**r** *v/t.* lini(i)eren.
pava *f* **1.** Truthenne *f*; *fig.* dumme Gans *f*; *fig.* F *Span. pelar la* ~ veraltend: e-m Mädchen vor dem vergitterten Fenster den Hof machen; *p. ext.* Süßholz raspeln; **2.** Schmiedeblasbalg *m*; **3.** P Kippe *f* F, Zigarettenstummel *m*; **4.** *Arg. gr.* Gefäß *n für die Matebereitung*; *Chi.* orinal; ~**da** *f* Menge *f* Truthahngeflügel; *fig.* Albernheit *f*; *Sp.* Radschlagen *n* (*Kinderspiel*); ~**na** *f* **1.** 🎵 Pavane *f* (*alter Tanz*); **2.** *Ant.* Prügel *pl.*
pave|ar I. *v/i.* **1.** *Arg.* a) s. albern benehmen; b) Süßholz raspeln; **2.** *Chi.* spotten; **3.** *Ec.* die Schule schwänzen; II. *v/t.* **4.** *Méj.* unerfahrenen *Spieler* betrügen; ~**ra** *f* Truthahnbräter *m* (*Geschirr*); ~**ría** *f Arg., Chi.* Albernheit *f*; ~**ro** I. *adj.* **1.** pfauenhaft eitel; großspurig; II. *m* **2.** Truthahnhändler *m*; **3.** *fig.* F *gr.* Schlapphut *m*; **4.** *Chi.* Spötter *m*; Spaßmacher *m*.
pavés *m* Langschild *m*; *fig. alzar sobre el* ~ auf den Schild heben; *fig.* berühmt machen.
pavesa *f* Flugasche *f*; Fünkchen *n*; *fig.* F *estar hecho una* ~ sehr schwach sein; *fig. ser una* ~ fügsam sein, kuschen F.
pavía *f* Paviapfirsich *m*.
pávido *lit. adj.* furchtsam.
pavimen|tar *v/t.* pflastern; mit Platten *usw.* belegen; *Col. a.* asphaltieren; ~**to** *m* Bodenbelag *m*; Pflasterung *f*; Estrich *m*; Steinplattenpflaster *n*; Straßenbelag *m*; ~ *de asfalto* (de losas) Asphalt- (Platten-)belag *m*; ~ *cerámico* Kachelfußboden *m*.
pavi|pollo *m* junger Puter *m*; *fig.* F Dummkopf *m*; ~**soso** P *adj.* saudumm P; ~**to** *m Ven.* Halbstarke(r) *m*; ~**tonto** F *adj.* → pavisoso.
pavo I. *m* **1.** Truthahn *m*, Puter *m*; *fig.* Dummkopf *m*; ~ *real* Pfau *m*; F *Ec. de* ~ → (*de*) *gorra*; *fig.* F *está comiendo* ~ niemand holt sie zum Tanz, sie ist ein rechtes Mauerblümchen; *fig.* F *Am. comer* ~ *in s-n Erwartungen enttäuscht werden*; *fig.* F *subírsele a alg. el* ~ *od. ponerse hecho un* ~ erröten, rot anlaufen; **2.** P *Span.* Duro *m*, 5-Peseten-Münze *f*; II. *adj.* **3.** *Am.* dumm, blöd F.
pa|vón *m* **1.** *Ent.* Pfauenauge *n*; **2.** Stahlblau *n*; Brünierung *f*; ~**vonado** *m* Brünierung *f*; ~**vonar** *v/t.* (blau) anlassen, brünieren; ~**vonazo** *m* Dunkelrot *n* (*Freskomalerei*).
pavone|ar *v/i. u.* ~**se** *v/r. s.* wie ein Pfau spreizen; einherstolzieren; ~**o** *m* Aufplustern *n*, Einherstolzieren *n*.
pavo|r *m* Schreck *m*; Aufschrecken *n*; Entsetzen *n*; ~**roso** *adj.* schrecklich, entsetzlich, grauenerregend.
paya *f Rpl., Chi.* Stegreifdichtung *f der Gauchos* (*Lied*); ~**da** *f Rpl.* Gauchogesang *m*; ~**dor** *Folk. m Rpl.* Gauchosänger *m*.
payaso *m* Clown *m*, Hanswurst *m*, Bajazzo *m*, Possenreißer *m*.
payé *Folk. m Rpl.* **1.** Teufel *m*; Zau-

berer *m*; 2. Amulett *n*; 3. Zauberei *f*.
pa|yés *m* Bauer *m* aus Katalonien; **~yo I.** *adj.* bäurisch; tölpelhaft; **II.** *m* Nichtzigeuner *m aus der Sicht der Zigeuner*; *fig.* Dummkopf *m*, Tölpel *m*.
payuelas F *f/pl.* Windpocken *f/pl.*
paz *f* Friede(n) *m*; Friedensschluß *m*; Ruhe *f*; ¡~! Ruhe!; ¡a la ~ de Dios! mit Gott! (*Abschiedsformel*); en tiempo(s) de ~ im Frieden, in Friedenszeiten; F ¡y en ~! Schluß jetzt!, u. damit basta! F ¡por la ~ od. para tener ~ um des (lieben) Friedens willen; ~ preliminar (separada) Vor- (Sonder-)frieden *m*; amante de la ~ friedliebend; gente *f* de ~ friedliche Leute *pl.*; ⚔ gut Freund!; ruptura *f* de (la) ~ Friedensbruch *m*; tratado *m* de ~ Friedensvertrag *m*; concluir (*od.* hacer) la ~ Frieden schließen; dar la ~ a alg. j-m den Begrüßungskuß (*ecl.* den Friedenskuß) geben; dejar en ~ in Ruhe lassen; ¡déjame en~! laß mich zufrieden (*od.* in Ruhe)!; ¡que en ~ descanse! er ruhe in Frieden!, Gott hab' ihn selig!; hacer las paces con alg. s. mit j-m versöhnen; meter ~ Frieden stiften (unter *dat.* entre); *fig.* quedar en ~ gleichstehen (*im Spiel*); *p. ext.* quitt sein; restablecer la ~ Frieden stiften (in *dat.* en); ¡vete en (*od.* con) la ~ de Dios! nun geh mit Gott!; *fig.* gut denn, reden wir nicht mehr davon!; venir (en son) de ~ in friedlicher Absicht kommen.
pazguato *adj.* einfältig.
pazo *m* Gal. Stammhaus *n*; Landsitz *m*.
pazote ♀ *m* mexikanisches Teekraut *n*.
pe *f* P *n* (*Name des Buchstabens*); de ~ a pa von A bis Z.
pea P *f* Rausch *m*, Affe *m* F.
peaje *m* Brücken-, Wege-geld *n*; Autobahngebühr *f*; **~ro** *m* Straßenzoll-, Maut-eintreiber *m*.
pea|l *m* 1. Fußlappen *m*; *fig.* F Taugenichts *m*; 2. *Am.* Fußfessel *f* für Vieh; **~lar** *v/t.* *Am.* Vieh fesseln.
peán *lit. m* Päan *m*, Preislied *n*.
pea|na *f* Fußgestell *n*; Sockel *m*; **~tón** *m* Fußgänger *m*; *Vkw.* paso de ~ones Fußgängerüber-weg *m*, -gang *m*; **~tonal** *adj.* c Fußgänger...; **~tonalizar** [1f] *v/t.* zur Fußgängerzone machen.
pebe|ta *f* Rpl. kl. Mädchen *n*; **~te** *m* 1. Räucherkerze *f*; *fig.* F Stinkding *n* F; 2. ♀ ~ (de Méjico) mexikanische Wunderblume *f*; 3. *Rpl.* kl. Junge *m*; **~tero** *m* Räucherpfanne *f*; *Sp.* ~ olímpico Schale *f* mit dem olympischen Feuer.
pebrada *f od.* **pebre** *m*, *f* Pfeffertunke *f*; *Reg.* → pimienta.
peca *f* Sommersprosse *f*.
peca|ble *adj.* c sündhaft; **~dero** F *m Am.* Sündenpfuhl *m* (*Bar, Spielkasino, Bordell, oft a. im Anspielung auf Orte, wo man viel Geld loswerden kann*); **~do** *m* Sünde *f*; ~ mortal (original) Tod- (Erb-)sünde *f*; *fig.* F más original que el ~ mehr als originell; F sería un ~ no hacerlo es wäre jammerschade, es nicht zu tun F; **~dor** *adj.-su.* sündig; *m* Sünder *m*; **~minoso** *adj.* sündhaft; **~nte I.** *adj.* c

sündigend, sündig; **II.** c Sünder(in *f*) *m*; **~r** [1g] *v/i.* sündigen; fehlen, s. vergehen; *fig.* ~ de a/c. et. in übertriebener Weise sein (*bzw.* tun); ~ de confiado allzu vertrauensselig sein; nunca se peca por demasiado cuidado man kann nicht vorsichtig genug sein; no ~ de hermoso nicht gerade (*od.* alles andere als) schön sein; ~ por severo übermäßig streng sein.
pecana ♀ *f* → pacana.
peca|rí, ~ri Zo. *m* Nabelschwein *n*, Pekari *n*.
pecblenda *f* → pechblenda.
peccata *pl.* minuta *fig.* F kl. Schönheitsfehler *m*; verzeihlicher Irrtum *m*.
peceño *adj.* pechschwarz (*Rappe*); nach Pech schmeckend.
pecera *f* Goldfischglas *n*.
pecina *f* Schlamm *m*, Schlick *m*; **~l** *m* Schlammloch *n*, Morast *m*.
pecio *m* Wrack(teil) *n*.
pecíolo ♀ *m* Blattstiel *m*.
pécora *f* 1. ⚔ Schaf *n*; 2. *fig.* F mala (*od. iron.* buena) ~ übler Kerl *m* F; Miststück *n* F.
pecoso *adj.* sommersprossig.
pectina *f* Pektin *n*.
pectoral I. *adj.* c Brust...; **II.** *m Anat.* Brustmuskel *m*; *kath.* Brustkreuz *n*, Pektorale *n*.
pecuario *adj.* Vieh...; industria *f* ~a Viehwirtschaft *f*.
peculado ⚖ *m* Unterschlagung *f* (von Geldern) im Amt.
peculia|r *adj.* c eigen(tümlich); charakteristisch; **~ridad** *f* Eigentümlichkeit *f*; Eigengepräge *n*; Besonderheit *f*.
pecu|lio *m* 1. Spar-pfennig *m*, -groschen *m*; 2. *lit.* Taschengeld *n*; **~nia** F *f* Geld *n*; **~niario** *adj.* Geld..., pekuniär.
pechacar [1g] P *v/t.* *Chi.* klauen F.
pechada *f Am.* Stoß *m* mit dem Oberkörper; *Arg.* Rammen *n* mit dem Bug des Pferdes; *Chi.* Anrempeln *n*; Stoß *m*.
pechar[1] *v/i.*: ~ con Last, Zahlung übernehmen.
pecha|r[2] *v/t.* 1. *Bol., Chi., Rpl.* anrempeln; 2. *Chi., Rpl.* → pechada; *fig.* **~zo** *m* 1. *Ant.* → pechada; *fig.* Frechheit *f*; 2. *Arg.* Anpumpen *n* F.
pechblenda Min. *f* Pechblende *f*.
peche[1] *m* → pechina 1.
peche[2] **I.** *adj.* c 1. *Am. Cent.* verkümmert, schwächlich; **II.** *m* 2. P *Arg.* → petición, solicitud; 3. *Chi.* e-e Kartoffel(art) *f*.
peche|ra *f* 1. Hemdbrust *f*; Vorhemd *n*; Brustlatz *m*; (Blusen-)Einsatz *m*; *fig.* F Busen *m*, Brust *f*; 2. *Equ.* Brustblatt *n*; ~ de sostén Brustier *n*; **~ro**[1] *m* Brustlatz *m*.
pechero[2] *hist. adj.-su.* tributpflichtig; *m* Vasall *m*; Hörige(r) *m*.
pechi|azul *Vo. m* Blaukehlchen *n*; **~blanco** *adj.* weißbrüstig.
pechina *f* 1. *Zo.* leere Muschel *f*; Venusmuschel *f*; 2. △ Hängezwickel *m* e-r Kuppel.
pechi|rrojo *Vo. m* Rotkehlchen *n*; **~sacado** *adj.* hochfahrend, stolz.
pecho[1] *m* 1. Brust *f*; Busen *m*; *fig.* Mut *m*; *fig.* de ~ mutig, beherzt; voz *f* de ~ Bruststimme *f*; ¡~ al agua! *od.*

¡buen ~! Mut!; Kopf hoch!; enfermo del ~ lungenkrank; *Col.* a todo ~ lauthals; apoyado de ~s en la balaustrada mit dem Oberkörper aufs Geländer gestützt; *fig.* no le cabe en el ~ er kann es nicht für s. behalten; caer de ~s nach vornüber (*od.* auf die Brust) fallen; *fig.* criar a sus ~s ganz nach s-r Weise erziehen; zu s-m besonderen Schützling machen; an s-m Busen nähren (*lit.*); dar el ~ a die Brust geben (*dat.*), stillen (*ac.*); *fig.* dar (*od.* poner) el ~ (Gefahr) mutig auf s. nehmen; tapfer Widerstand leisten, trotzen; *fig.* abrir el ~ (*od.* abrir) el ~ sein Herz ausschütten; echarse a ~s a/c. s. mit aller Kraft für et. (*ac.*) einsetzen; F echarse una copita (dos salchichas) entre ~ y espalda s. ein Gläschen hinter die Binde gießen F (zwei Würste verdrücken F); *fig.* F no quedarse con nada en el ~ aus s-m Herzen keine Mördergrube machen, (alles) auspacken F; *fig.* F ser hombre de pelo en ~ ein toller Kerl sein; ein toller Draufgänger (*od.* ein toller Hecht F) sein; tomar el ~ an der Brust trinken (*Säugling*); *fig.* tomar a ~(s) ernst nehmen; s. zu Herzen nehmen; 2. Steigung *f*, (Gelände-)Buckel *m*; ~ arriba bergauf.
pecho[2] *m* 1. *hist.* Zins *m*, Tribut *m* der Hörigen u. Vasallen; **2.** → *a. derramar* 3.
pechona P *adj. f* vollbusig.
pechu|ga *f* 1. a. *Kchk.* Brust *f* des Geflügels; *fig.* F Brust *f*; **2.** *Am. Cent., Col., Chi., Pe.* Schneid *m*, Draufgängertum *n*; Unverschämtheit *f*; **~gón I.** *adj.* F 1. vollbusig; 2. *Am.* unverschämt, frech; schamlos; *Chi.* resolut; **II.** *m* 3. Stoß *m* (*od.* Fall *m*) auf die Brust; Stoß *m* mit dem Oberkörper; *fig.* F große Anstrengung *f*.
peda|gogía *f* Pädagogik *f*; Erziehung *f*; ~ global Ganzheitserziehung *f*; ~ terapéutica Heilpädagogik *f*; **~gógico** *adj.* pädagogisch; erzieherisch; método *m* ~ Erziehungsmethode *f*; **~gogo** *m* Pädagoge *m*, Erzieher *m*.
peda|l ⊕ *m* Fußhebel *m*; Pedal *n*; **~es** *m/pl.* Pedale *n/pl.*; Tretwerk *n*; *Kfz.* ~ arrancador Kickstarter *m*; ~ de embrague (de freno) Kupplungs- (Brems-)pedal *n*; *Kfz.* hundir el ~ mit Vollgas fahren; **~lada** *f* Treten *n b. Radfahren*; **~lear** *v/i.* (in) die Pedale treten; radfahren, radeln F; **~leo** *m* Radfahren *n*, Radeln *n* F.
pe|dáneo ⚖ *adj.* Dorf...; **~danía** *f* Span. Verw. Unterbezirk *m* e-r Gemeinde.
pedan|te I. *adj.* c schulmeisterlich; pedantisch; **II.** *m* Haarspalter *m*, Schulmeister *m* (*fig.*); Pedant *m*; **~tear** *v/i.* schulmeistern, dozieren F; **~tería** *f* Schulfuchserei *f*; Pedanterie *f*; **~tesco** *adj.* → pedante; **~tismo** *m* 1. pedantisches Wesen *n*; 2. → pedantería.
pedazo *m* Stück *n*; Bruchstück *n*, abgebrochenes Stück *n*; Fetzen *m*; un ~ de carne (de pan) ein Stück Fleisch (Brot); *fig.* F ~ de alcornoque (de animal, de bruto) dummes Stück *n* F, Rindvieh *n*, Hornochse *m* P; *fig.* F ~ del alma (del corazón, de mis entrañas) Liebste(r) *m*; Liebste *f*;

pedear — pegote

Herz(enskind) n; a ~s stückweise; *fig.* F caerse a ~s *od.* estar hecho ~s wie zerschlagen (*od.* total kaputt F) sein; *fig.* comprar por un ~ de pan für e-n Apfel u. ein Ei kaufen; *fig.* ganar(se) un ~ de pan nur das Lebensnotwendigste verdienen; hacer ~s entzweischlagen; zerreißen; zerfetzen; zertrümmern; kaputtmachen F; hecho ~s entzwei; zertrümmert; kaputt F; *fig.* F ser un ~ de pan sehr gutmütig (und treu) sein.
pede|ar(se) F v/i. (v/r.) Col. → ~r(se) P v/i. (v/r.) furzen P.
pederas|ta m Päderast m; *p.ext.* Homosexuelle(r) m; ~tia f Päderastie f, Knabenliebe f; *p.ext.* Homosexualität f; Sodomie f.
pedernal m Kieselstein m; Feuerstein m; *fig.* große Härte f; *fig.* corazón m de ~ Herz n aus Stein.
pedes|tal m Fußgestell n; Sockel m; Piedestal n; ~tre adj. c zu Fuß gehend; Fuß...; *fig.* gemein, platt, vulgär; ~trismo m Wandersport m; a. Wettgehen n.
pe|diatra ♂ c Kinderarzt m; ~diatría f Kinderheilkunde f, Pädiatrie f; ~diátrico adj. Kinder...; clínica f ~a Kinderklinik f.
pediculado *Biol. adj.* gestielt.
pedicular ♂ adj. c Läuse...
pedículo *Biol.* m Stiel m; *Anat.* ~ pulmonal Lungenwurzel f.
pediculosis ♂ f Verlausung f.
pedicu|ra f 1. Fußpflege f, Pediküre f; 2. Fußpflegerin f, Pediküre f; ~rista c bsd. Am. Fußpfleger(in f) m; ~ro m Fußpfleger m.
pedida f ~ petición; Anhalten n um die Hand e-s Mädchens.
pedi|do m 1. ✝ Auftrag m, Bestellung f; ~ de prueba (*od.* por vía de ensayo) Probeauftrag m; a ~ de auf Bestellung von (*dat.*); al hacerse el ~ bei (der) Bestellung; después de hacer el ~ nach Auftragserteilung; según ~ auftragsgemäß, laut Bestellung; hacer un ~ (suplementario) (nach)bestellen; 2. Am. ~ petición; ~dor adj.-su. zudringlich bettelnd, heischend; ~gón adj.-su. → pedigüeño.
pedigrí m 1. Stammbaum m (*Tiere*); 2. Abstammungsnachweis m.
pedigüeño I. adj. bettelhaft; bettelnd; zudringlich; ser ~ immer et. haben wollen, immer quengeln (a. Kinder); **II.** m hartnäckiger Bettler m; zudringlicher Mensch m.
pediluvio m Fußbad n.
pe|dimento m Ansuchen n; ⚖ Eingabe f, Bittschrift f; ~dir [3l] v/t. verlangen; (er)bitten; ersuchen; fordern; ✝ bestellen; anfordern; ~ a/c. a alg. j-n um et. (*ac.*) bitten (*od.* ersuchen); bei j-m um et. (*ac.*) ansuchen; te lo pido ich bitte dich darum; las plantas piden agua die Pflanzen müssen Wasser haben; ~ auxilio um Hilfe bitten (*bzw.* rufen); a ~ de boca nach Herzenslust; la cosa salió a ~ de boca die Sache hat ganz nach Wunsch geklappt; ✝ i ~ (*od.* pida) catálogo gratis! Gratiskatalog anfordern!; ~ a Dios que + subj. zu Gott beten, daß; le iba a ~ un favor ich hätte Sie gern um e-n Gefallen gebeten; ~ limosna betteln (gehen); ~ más um mehr bitten; nachfordern; ~

mucho (zu)viel verlangen; F (que) no hay que ~ más ausgezeichnet, großartig, prima F.
pedo m 1. P Furz m P; despedir ~s *od.* soltar (*od.* tirar[se]) un ~ furzen P; *fig.* P Méj. echar ~s mächtig angeben F; 2. F Span. Rausch m, Affe m F; estar ~ einen sitzen (*od.* einen in der Krone) haben F; 3. ✝ Trip m F (= Drogenrausch); 4. P ~ de lobo Bovist m (*Pilz*).
pedo|logía *Geol.* f Bodenkunde f; ~lógico adj. bodenkundlich.
pedo|rra V f Luder n F, Miststück n F; ~rrear V v/i. furzen P; ~rreo m Furz m P; ~rrera V f Furzkanonade f P; ~rro V adj.-su. Furzer m P.
pedrada f Steinwurf m; *fig.* F encajar (*od.* caer) como ~ en ojo de boticario genau hinhauen F; *iron.* wie die Faust aufs Auge passen.
pedre|a f 1. Steinigung f; 2. Steinhagel m; Kampf m mit Steinwürfen; *p. ext.* Hagel(schlag) m; 3. *fig.* F Nebengewinne m/pl. (*Lotterie*); ~gal m steiniges Gelände n; Steinwüste f; ~gón m Col., Chi. → pedrusco; ~goso adj. steinig; ~jón m → pedrusco; ~ra f Steinbruch m; ~ría f Edelsteine m/pl.; ~ro m Steinbrucharbeiter m; Steinhauer m.
pe|drisco m Steinhagel m; *Met.* Hagel m; ~drisquero m Hagelschlag m; ~driza f steinige Stelle f im Gelände.
Pedro npr. m Peter m; Petrus m; *fig.* F como ~ por (*od.* en) su casa ganz ungeniert, ohne jede Hemmung.
pedrusco m Steinbrocken m; unbehauener Stein m.
pe|dunculado adj. gestielt (*Pfl.*); ~dúnculo m ♀ Blütenstiel m; *Anat.* Stiel m, Schenkel m.
peer(se) [2e] P v/i. (v/r.) furzen P.
pega¹ f 1. *Vo.* a) Elster f; b) ~ reborda (Raub-)Würger m; 2. *Fi.* Schiffshalter m.
pega² f 1. ♃ → pegado; *fig.* de ~ nicht echt, falsch, Schein..., Pseudo...; 2. Verpichen n der Fässer, Schläuche, Keramikgefäße usw.; Pechüberzug m; Töpferglasur f; saber a la ~ nach der Verpichung des Fasses usw. schmecken (*Wein*); *fig.* F e-e schlechte Kinderstube verraten, schlecht erzogen sein; 3. Possen m, Ulk m; *p. ext.* Schikane f; Schwierigkeit f, Haken m; *Sch.* schwierige Frage f; poner ~s a alg. j-n täuschen; j-n schikanieren; j-m Schwierigkeiten in den Weg legen; 4. *fig.* F Tracht f Prügel; ~ de patadas Fußtritte m/pl.; 5. ♃ Zündung f e-s Sprenglochs; 6. Am. Vogelleim m; *p. ext.* ♂ → pegapega; 7. *fig.* F Cu. Arbeit f; 8. Chi. Zeit f, in der Frauen die höchste Anziehungskraft haben; Reifepunkt m; Ansteckungszeit f b. Infektionskrankheiten; estar en la ~ in voller Blüte stehen (*fig.*); reif (*bzw.* gar) sein; 9. Am. das Angesetzte (*in der Pfanne*), der angesetzte Rest (*Reis usw.*).
pega|dero m Hond. Morast m; ~dillo m Pflästerchen n; Ec. Besatz m (Posament); ~dizo adj. 1. ansteckend (Krankheit, Laster); 2. klebrig; *fig.* aufdringlich; canción f ~a Gassenhauer m; ~do I. part. 1.: ~ a (ganz) dicht (*od.* nahe) an (*dat.*); ~ al cuerpo

hauteng (*Kleider*); a. *fig.* estar ~ a kleben an (*dat.*); *fig.* F estar ~ en algo nichts wissen, keine Ahnung haben; **II.** m 2. (Kleb-)Pflaster n; 3. (An-, Ver-)Kleben n; Verkittung f; ~dor m 1. ♃ Sprengarbeiter m; 2. Andal. → pega¹ 2; ~dura f (An-, Auf-, Ver-)Kleben n; Verklebung f; F Annähen n; ~joso adj. 1. klebrig, leimig; 2. ansteckend; 3. *fig.* lästig, aufdringlich; ~lotodo m Alleskleber m; ~mento m Klebstoff m; ~ de porcelana Porzellankitt m; ~ universal Alleskleber m; ~miento m Kleben n; Zs.-kleben n; Kitten n.
pega|nte adj. c-su. m Kleber m; Latexkleber m; (sustancia f) ~ Klebstoff m; ~pega ♀ c (*mst.* f) Am. *volkstüml.* Sammelname für Disteln, Kletten u. Dorngewächse; *fig.* f öfter aufdringliche Person f; lästiger Schmeichler m.
pegar [1h] **I.** v/t. 1. (an-, auf-)kleben; (an-, ver-, zs.-)leimen; *p. ext.* festmachen; anheften; *fig.* F annähen; ~ con cola (ver)leimen; ~ en (*od.* sobre) cartón auf Karton kleben; *fig.* ~ los ojos die Augen schließen; no ~ ojo kein Auge zutun (*od.* schließen); 2. *a. abs.* schlagen; (ver)prügeln; le pegó una bofetada er versetzte ihm e-e Ohrfeige, er langte ihm eine f; ~ fuerte fest zuschlagen, draufhauen; ~la con alg. mit j-m in Streit geraten; 3. *Feuer* legen (an *ac.* a); *Krankheit* übertragen (auf *dat.*); anstecken mit (*dat.*); *Schrei* ausstoßen; *Schuß* abgeben; ♃ *Sprengloch* zünden; *Sprung* tun, machen; ~ fuego a et. in Brand setzen; ~ la gripe a alg. j-n mit der Grippe anstecken; **II.** v/i. 4. haften, kleben (bleiben); (an-)brennen, zünden (*Feuer*); *fig.* passen (*abs. od.* zu *dat.* con); klappen F; hinhauen F; verfangen, ziehen, einschlagen; estar ~ado al trabajo von s-r Arbeit nicht aufschauen, nur s-e Arbeit kennen; *fig.* F eso no pega ni con cola das ist blühender Unsinn; esto le pega como un mandil a una vaca das paßt wie die Faust aufs Auge; por si pega mal sehen, ob es klappt; **III.** v/r. ~se 5. festkleben; a. *fig.* hängenbleiben, haften; s. ansetzen (*Speisen*); steckenbleiben, nicht antworten können; ~ a alg. s. an j-n heranmachen; s. j-m aufdrängen; s. an j-s Fersen heften; *fig.* F pegársela a alg. j-n hereinlegen, j-n auf den Leim führen, j-n betrügen; a. j-m Hörner aufsetzen; F ~se a alg. como una lapa (*od.* como una ladilla) s. wie e-e Klette an j-n hängen; s. bei j-m anwanzen P; ~se un tiro s. e-e Kugel durch den Kopf schießen; ¡que se pegue un tiro! von mir aus können Sie s. aufhängen (, *lassen* Sie mir nur meine Ruhe)!; ~se al oído ins Ohr gehen (*Melodie*); 6. s. prügeln.
pe|gaseo *lit.* adj. Pegasus..., Musen...; ♀**gásides** *lit.* f/pl. Musen f/pl.; ♀**gaso** *Myth., Astr.,* (♀ *Fi.*) u. *fig.* m Pegasus m; *fig.* Dichterroß n; montar en ~ den Pegasus reiten.
pe|gata F f Ulk m; Betrug m, Bluff m; Reinfall m; ~gatina f Aufkleber m, Plakette f; ~go F: dar el ~ → pegársela a alg.
pegote m Pechpflaster n; *fig.* auf-

dringliche Person *f*; Schmarotzer *m*; überflüssiger Zusatz *m*; Anklebsel *n* F; ~ar F *v/i.* schmarotzen, nassauern F; ~ría F *f* Nassauern *n* F.
pegual *m Arg., Chi.* Bindegurt *m für Tiere od.* Lasten.
pegue|ra *f* Pechsiederei *f*; ~ro *m* Pechsieder *m*; Pechhändler *m*.
peguja|l *m kl.* Bauernwirtschaft *f*; ~lero *m* Kleinbauer *m*, Kätner *m*.
pegu|jón, ~llón *m* Knäuel *n (Wolle, Haare).*
pegun|ta ✍ *f* Pechzeichen *n (Viehmarkierung, bsd. der Schafe);* ~tar *v/t.* Schafe markieren; ~toso *adj.* klebrig.
pehuén ♀ *m Chi.* 1. Schuppenfichte *f*, Araukarie *f*; *p. ext.* → *pino*²; 2. *p. ext.* → *piñar.*
peina *f* (Ein-)Steckkamm *m*; ~da *f* Kämmen *n*; *darse una* ~ s. mit dem Kamm durchs Haar fahren; ~do I. *adj.* 1. gekämmt; *fig.* geleckt, geschniegelt; II. *m* 2. Haartracht *f*; Frisur *f*; ~ *alto,* ~ *elevado* Hochfrisur *f*; ~ *estilo paje* Pagenkopf *m*; ~ *de señora* Damenfrisur *f*; 3. Flachshecheln *n*; *tex.* Kämmen *n*; 4. *fig.* Durch-kämmen *n*, -suchen *n*; ~ *fiscal* Steuerfahndung *f*; ~dor *m* 1. Frisiermantel *m*; Rasierumhang *m*; 2. *tex.* Kammstuhlarbeiter *m*; Kämmer *m*; 3. *Arg., Chi., Méj.* → *tocador*; ~dora *f* 1. Friseuse *f*; 2. Hechelmaschine *f*; *tex.* Kämmer *m* *(Maschine)*; ~dura *f* Kämmen *n*; ~s *f/pl.* ausgekämmtes Haar *n.*
pei|nar *v/t.* 1. kämmen; auskämmen; *fig.* Gebäude usw. durchkämmen (*Polizei*); *fig. no* ~*se para alg.* k-e Partie für j-n sein (*von der Frau in Bezug auf den Bewerber gesagt*); 2. *tex.* hecheln; schwingen; ~**nazo** *Zim. m* Querleiste *f (Tür, Fenster)*; ~**ne** *m* 1. Kamm *m*; *Col.* Staubkamm *m*; ⚔ Ladestreifen *m*; ~ *muy fino* Staubkamm *m*; *fig. a sobre* ~ oberflächlich, obenhin; *fig.* F *buen* ~ *estás* du bist ziemlich durchtrieben, du bist mir der Schlankste (*fig.* F); 2. *tex.* Kamm *m*; Rechen *m*; Scherkamm *m*; 3. ⊕ Gewinde-stahl *m*, -schneidbacken *m*; 4. Schreibmaschine: Tastenfeld *n*; 5. ♀ ~ *de brujo* (Schierlings-)Reiherschnabel *m*; ~ *de pastor* (*od. de Venus*) Venuskamm *m*; ~**neta** *f* → *peina*; *Chi.* (Taschen-)Kamm *m*; ~**nilla** *f Col.* (Taschen-)Kamm *m*; ~**nito** *m* Schuhstrecker *m.*
peje *m Reg.* Fisch *m*; *fig.* F *desp.* Kerl *m*, Gauner *m*; ~**buey** *Zo. m* → *manatí*; ~**gallo** *m* von Südchile bis Mexiko vorkommender Fisch (*Gallorhynchus antarcticus*); ~**palo** *m* geräucherter Stockfisch *m*; ~**rrey** *Fi. m* „Königsfisch" *m*, *volkstüml.* Name *versch.* Fische (*bsd.* Atherina *presbyter*); *Span. bsd.* Ährenfisch *m*; ~**sapo** *Fi. m* Seeteufel *m.*
pejiguera F *f* lästige Sache *f*, Unannehmlichkeit *f.*
Pe|kín *m* Peking *n*; ~**kinés** → *pequinés.*
pela F *f* 1. *Span.* Pesete *f*; 2. *Am.* Tracht *f* Prügel.
pela|da *f* 1. geschorener Schafpelz *m*; *fig.* F Kahlkopf *m*; Schnitzer *m*, Irrtum *m*; *Chi. la* ♀ der Tod; 2. F *Col. kl.* Mädchen *n*; ~**dera** *f* 1. Haarausfall *m* (*Krankheit*); 2. *Am. Cent.* Gerede *n*,

Klatscherei *f*; 3. *P. Ri.* kahles Gelände *n*; ~**dero** *m* 1. Brühkessel *m b.* Schweineschlachten; *fig.* F Spielhölle *f*; 2. *Chi.* Ödland *n*; ~**dilla** *f* 1. Zuckermandel *f*; 2. Kiesel *m*; ~**do I.** *adj.* 1. kahl; geschoren; geschält; gerupft; *fig. cincuenta* ~ genau (*od.* gerade) 50 (*runde Zahl*); 2. *fig.* F (*estar*) ~ blank (sein), ohne e-n Pfennig (sein); *dejarle* ~ *a alg.* j-n rupfen F, j-n bis aufs Hemd ausziehen F; 3. F *Chi.* geschoren (*desp. v. Geistlichen u. Nonnen*); 4. *P. Ri.* zynisch, unverschämt; **II.** *m* 5. Enthaaren *n*; Scheren *n*; Schälen *n*; Rupfen *n*; 6. *Arg. ein kl. fast haarloser* Hund *m*; 7. *Arg., Chi.* Rausch *m*; 8. *Méj.* Angehörige(r) *m* der unteren Volksschichten; *desp.* Rüpel *m*; 9. F *Col.* Kind *n*; ~**dora** *f* Schälgerät *n*; ~ *de patatas* Kartoffelschälmaschine *f*; ~**dura** *f* 1. Schälen *n*; ~s *f/pl.* (Obst-)Schalen *f/pl.*; 2. Haarausfall *m.*
pela|fustán F *m* Taugenichts *m*; ~**gallos** F *m (pl. inv.)* Eckensteher *m*, Gelegenheitsarbeiter *m*; ~**gatos** F *m (pl. inv.)* armer Schlucker *m*; *oft desp.* Lumpenkerl *m.*
pelagia|nismo *Rel. m* Pelagianismus *m*; ~**no** *Rel. adj.-su.* Pelagianer *m.*
pelágico *lit. u. Biol. adj.* See..., Meeres...
pela|gra ♠ *f* Pellagra *n*; ~**groso** *m* an Pellagra Erkrankte(r) *m.*
pelaje *m* Haar(wuchs *m*) *n*; Haarfarbe *f*, Fell *n*, Balg *m v. Tieren*; *fig.* F Äußere(s) *n*; *p. ext.* Wesen *n*, Wert *m*, Herkunft *f*; *de mal* ~ übel aussehend; *tener el* ~ *de la dehesa* s-e Herkunft nicht verleugnen können.
pelam|bre *m (oft f)* 1. Behaarung *f*; 2. Felle *n/pl., die geäschert werden sollen*; Gerberlohe *f*; 3. kahle Stelle *f durch* Haarausfall; **4.** F *Chi.* Verleumdung *f*; ~**brera** *f* 1. Äschergrube *f der* Gerber; 2. dichter Haarwuchs *m*; P Haar *n*; 3. Haarausfall *m*; ~**brón** *m Am. Mer.* → *descamisado.*
pelamesa F *f* Rauferei *f.*
pelanas F *m (pl. inv.)* Niete *f*, Flasche *f* F.
pelandusca F *f Reg.* Dirne *f.*
pelantrín *m* → *pegujalero*; F *desp. Méj.* Habenichts *m.*
pelapatatas *m (pl. inv.)* Kartoffelschäler *m.*
pelapinga F *f Col.* Fusel *m* F.
pelar I. *v/t.* 1. enthaaren; scheren, *bsd. fig.* rupfen; *fig.* F *hace un frío que pela* es ist hundekalt F (*od.* e-e Hundekälte F); *P eso pela la pata* das ist ein starkes Stück, das ist starker Tobak F; *Am. fig.* F ~ *los dientes* (*od. el diente, C. Ri. la mazorca*) lachen, *desp.* scheinheilig grinsen F; *Guat. no* ~ *la es* zu nichts bringen, kein Glück haben; 2. (ab)schälen; *a.* ✍ (her)ausschälen; *Rinde* abziehen; *Ei* usw. schälen; *fig.* P ~ *los ojos* die Augen weit aufreißen (*um genauer hinzusehen*); 3. *Am. Reg.* verleumden; **II.** *v/r.* ~**se** 4. Haare verlieren; haaren (*z. B. Hund*); F *a.* s. die Haare schneiden lassen; *fig.* F ~*se de fino* allzu gerissen sein (*wollen*); V *pelárseła* masturbieren, wichsen P; *fig.* F *pelárselas por a/c.* sehr hinter et.

(*dat.*) her sein, s. nach et. (*dat.*) die Finger lecken; *fig.* P ¡*que se las pele!* er soll (selber) sehen, wie er zurechtkommt!; *fig.* F *bis P bailan que se las pelan* sie tanzen wie der Lump am Stecken (*Reg.*); *canta que se las pelan* er singt unermüdlich (*bzw.* ganz prima F); 5. P *Méj.* abhauen F, weglaufen; 6. F *Am. Reg.* hereinfallen.
pelargonio ♀ *m* Pelargonie *f.*
pelaza *f* Häcksel *m*, *n.*
pelaz|(g)a F *f* Streit *m*; Rauferei *f*; ~**ón** *f Am. Reg.* Elend *n*, Armut *f.*
peldaño *m* (Treppen-)Stufe *f*; (Leiter-)Sprosse *f.*
pelea *f* Kampf *m*, Streit *m*; Handgemenge *n*; Schlägerei *f*, Keilerei *f*; ~s *f/pl. a.* Reibereien *f/pl.*; ~**dor** *adj.-su.* Kämpfer *m*; ~**r I.** *v/i.* 1. kämpfen, streiten; *a. fig.* ringen; ~ *con alg. por a/c.* mit j-m wegen e-r Sache (*bzw.* um e-r Sache willen) kämpfen; ~ *entre sí* widerea. streiten; 2. streiten, zanken; raufen; **II.** *v/r.* ~**se** 3. s. (herum)schlagen, s. balgen; *están* ~*ados* sie sind miteinander verzankt.
pelechar *v/i.* Haare (*bzw.* Federn) bekommen (*Tiere*); s. mausern; *fig. no* ~ k-n grünen Zweig kommen; *fig. ya van pelechando los enfermos* die Kranken sind schon auf dem Wege der Genesung.
pelel *m* Pale Ale *n* (*helles engl. Bier*).
pelele *m* 1. Strohpuppe *f*; 2. *fig.* Trottel *m* F, Hampelmann *m* (*fig.* F); 3. Strampelhose *f.*
pele|ón *adj.-su.* kampflustig; streitsüchtig; *fig.* billig, gewöhnlich (*Wein*), *Méj.* Zänker *m*; Raufbold *m*; ~**ona** F *f* Balgerei *f*, Keilerei *f.*
pelerina *f* Pelcrine *f.*
pelete *m b.* Glücksspielen: wer nur e-n Zusatzeinsatz riskiert; F armer Schlucker *m*; F *en* ~ nackt; ~**ría** *f* 1. Rauch-, Pelz-waren *f/pl.*; 2. Kürschnerei *f*; Pelzgeschäft *n*; 3. Pelzhandel *m*; ~**ro** *m* 1. Kürschner *m*; 2. Pelzhändler *m.*
peli|agudo *adj.* heikel, schwierig, kitzlig, haarig (*fig.* F); ~**blanco** *adj.* weißhaarig; ~**cano**¹ *adj.* grauhaarig.
pe|licano², ~**lícano** *Vo. m* Pelikan *m.*
pelicorto *adj.* kurzhaarig.
película *f* 1. Häutchen *n*, Film *m*; *a.* ⊕ (hauchdünne) Folie *f*; *Typ.* ~ *de tinta* Farbfilm *m*, hauchdünne Farbschicht *f*; 2. *Phot., Kino:* Film *m*; ~ *ancha* (*estrecha, normal*) Breit-(Schmal-, Normal-)film *m*; ~ *de animación,* ~ *de dibujos animados* Zeichentrickfilm *m*; ~ *en color(es)* Farbfilm *m*; ~ *didáctica* (*sonora*) Lehr-(Ton-)film *m*; ~ *estereofónica* Stereophon-, Stereoton-film *m*; ~ *de corto* (*de largo*) *metraje* Kurz- (Spiel-)film *m* (*abendfüllender* Film *m*); ~ *en blanco y negro* Schwarzweißfilm *m*; ~ *policíaca* (*Am. policial*) Kriminalfilm *m*, Krimi *m* F; ~ *publicitaria* Werbefilm *m*; ~ *radiográfica* Röntgenfilm *m*; ~ *en relieve* (*od. tridimensional*) 3-D-Film *m*; *Phot.* ~ *reversible* Umkehrfilm *m*; *director* ~ *de* ~ Filmregisseur *m*; *fig.* ¡*allá* ~s! das ist mir gleich, das ist mir schnurz und piepe F; *fig.* ~ *de* ~ traumhaft, sagenhaft F; *fig. ¡Kino...,* ~ filmreif; Traum... (*fig.*); F *contar su* ~ *a alg.* j-m sein Herz ausschütten.

pelicu|lar *adj. c* Film...; **~lón** F *m* Kitschfilm *m*, Schmarren *m*, (sentimentaler *usw.*) Schinken *m* (*fig.* F), Schnulze *f* F.
peliduro *adj.* mit hartem Haar; Drahthaar... (*Hund*).
peli|grar *v/i.* in Gefahr sein (*od.* schweben); *hacer* ~ aufs Spiel setzen; gefährden; **~gro** *m* Gefahr *f*; Gefährdung *f*; □ Folter *f*; ~s *m/pl.* ⚓ *a.* Untiefen *f/pl.*; ~ *de incendio* Brandgefahr *f*; ~ *de muerte* Lebensgefahr *f*, lebensgefährlich (*Aufschrift an Hochspannungsleitungen usw.*); *zona f de* ~ Gefahrenbereich *m*; *zona f de* ~ schwer (*Erkrankung, Verletzung*); *en caso de* ~ im Gefahrenfall; *sin* ~ gefahrlos, ungefährlich; *correr* (*el*) ~ *de que + subj.* Gefahr laufen, daß + *ind.*; *estar en* ~ in Gefahr sein, gefährdet sein; *estar fuera de* ~ außer Gefahr sein; *weit vom Schuß sein* (*fig.* F, *oft iron.*); *poner en* ~ gefährden, in Gefahr bringen; **~grosidad** *f* Gefährlichkeit *f*; **~groso** *adj.* gefährlich.
peli|largo *adj.* langhaarig; **~llo** *m dim.* Härchen *n*; *fig.* Kleinigkeit *f*, *bsd.* Anlaß *m* zu gg.-seitigem Verdruß; *fig.* f *hacer ~s a la mar* s. *wieder versöhnen*; *fig. pararse en ~s* s. mit (*od.* bei) Kleinigkeiten aufhalten, Haare spalten; **~negro** *adj.* schwarzhaarig; **~rrojo** *adj.* rothaarig; **~rrubio** *adj.* blond(haarig); **~tieso** *adj.* borst(enhaar)ig.
pelitre ⚓ *m* Feuerwurz *f*.
pelma F *c* → *pelmazo*; **~cería** F *f* Schwerfälligkeit *f*; Aufdringlichkeit *f*; **~zo** F *m* aufdringliche Person *f*; schwerfälliger Mensch *m*.
pelo *m* 1. Haar *n*; Kopfhaar *n*; Behaarung *f*; Flaum *m*; *Equ.* Fell *n*, Farbe *f*; *p. ext.* haarähnliches Gebilde *n*; Faser *f*; *fig.* F Kleinigkeit *f*, Lappalie *f*; ~(s) Haken *m* F, Schwierigkeit *f*; ~ *a lo garçon* (*a. a lo garzón*) Bubikopf *m*; ~ *postizo* Haarersatz *m*; falsches Haar *n*; ~ *a la romana* Pagenkopf *m*; ~ *rufo* (F *desp. de cofre, de Judas*) brandrotes Haar *n*; ~ *a* ~ zu gleichen Teilen; ~ ohne Kopfbedeckung; *al* ~ mit dem Strich; *fig.* gelegen; sehr erwünscht, wie gerufen; *Am. ¡al* ~*!* fabelhaft!, einverstanden!, prima! F; *fig.* F *con* (*todos sus*) ~ *y señales* haargenau, haarklein; *a contra* ~ gg. den Strich; *de medio* ~ nicht (ganz) echt, halbseiden (*fig.*); *Equ. en* ~ ohne Sattel; *ni un* ~ kaum etwas; kaum spürbar; *fig. por un* ~ um ein Haar; *por los* ~s beinahe; gerade noch; *fig.* F *agarrarse* (*od. asirse*) *de un* ~ nach e-m Strohhalm greifen, den kleinsten Vorwand benutzen; *fig.* F *andar al* ~ s. in die Haare (*od.* in die Wolle) geraten; *fig.* F *buscarle el* ~ (*od.* ~s) *al huevo od. buscar* ~s *en la leche* (*od. en la sopa*) immer et. zu nörgeln (*od.* zu meckern F) haben, ein Haar in der Suppe suchen; *fig.* F *¡se le va a caer el* ~*!* er wird (noch) et. erleben!; *fig.* F *ser capaz de contarle los* ~s *al diablo* es faustdick hinter den Ohren haben; *fig.* F *coger no los* ~s *gorde noch erwischt*; im letzten Augenblick erreichen; *fig. colgar de un* ~ an e-m Haar hängen; *fig. cortar un* ~ *en el aire* überschlau sein; Haarspalterei treiben; *fig.* F *dar a alg. para el* ~ j-n verprügeln; *echar buen* ~ *a. fig.* s. mausern; *fig.* F s. (wieder) machen (*z. B.* genesen); (wieder) auf e-n grünen Zweig kommen; *fig.* F *estar a medios* ~s beschwipst sein; *fig.* F *estoy hasta los* ~s *de esto* ich bin dieser Sache völlig überdrüssig, das hängt mir zum Halse heraus; *fig.* F *no falta un* ~ es fehlt rein gar nichts; ganz genau; *hacer el* ~ s. kämmen; s. frisieren; *montar un caballo a(l)* ~ ohne Sattel reiten; *peinarse* ~ *arriba* s. nach rückwärts kämmen; *los* ~s *se me ponen de punta* die Haare stehen mir zu Berge; *eso te pone los* ~s *de punta* da sträuben s. dir die Haare; *fig.* *ésos son* ~s *de la cola* das sind (doch) kleine Fische! (*fig.*); *ser de mal* (*od. iron. de buen*) ~ ein übler Bursche sein; *ser del mismo* ~ vom gleichen Schlage sein; *fig.* F *ser largo como* ~ *de huevo* sehr knickerig F (*od.* schäbig) sein; *fig.* F *tener* ~s *en el corazón* kein Herz im Leibe haben, ein Unmensch sein; den Teufel nicht fürchten (*fig.*); *fig.* F *tener* ~s *en la lengua* Haare auf den Zähnen haben; *no tener* ~s (*od. pelillos*) *en la lengua* nicht auf den Mund gefallen sein; *fig.* F *no tener un* ~ *de tonto* nicht auf den Kopf gefallen sein; *tirar de los* ~s an den Haaren ziehen (*od.* zausen); *tirarse de los* ~s. die Haare raufen; *fig. no tocarle a alg. el* ~ (*de la ropa*) j-m nicht im geringsten nahetreten; *fig.* F *tomarle el* ~ *a alg.* j-n zum besten haben, s. über *j-n* lustig machen, j-n auf den Arm nehmen F; j-n hereinlegen; *fig.* F *venirle al* ~ *a alg.* j-m höchst gelegen (*od.* wie gerufen) kommen; j-m sehr zupaß kommen; *no se le ve el* ~ man sieht ihn nicht (mehr); er läßt s. nicht mehr sehen; 2. ⊕ ~ *de sierra,* ~ *de segueta* Laubsägeblatt *n*.
pe|lón I. *adj.* 1. kahl; *fig.* arm; *Reg. a.* einfältig, dumm; 2. *Andal.* knickerig; II. *m* 3. Kahlkopf *m*; *fig.* armer Schlucker *m*; *Andal. a.* Geizkragen *m*; 4. *Col., Chi.* ~ desolladura, peladura; **²lona** F: *la* ~ der Tod.
Peloponeso *m* Peloponnes *m*.
peloso *adj.* behaart, haarig.
pelo|ta *f.* 1. Ball *m*; ~ (*vasca*) Pelota *f* (*baskisches Ballspiel*); P ~s *f/pl.* Eier *n/pl.* P (= Hoden); ~ *de tenis* Tennisball *m*; *fig.* F *pen* ~(s) splitternackt; 2. Ball *m*, Kugel *f*; Knäuel *n*; ⚓ ~ *de manteca kugelförmig gekneteter* Stück *n* Schmalz; 3. *Am. Mer.* Lederfloß *n* für Flußübergänge; II. *m* 4. Speichellecker *m*; **~tari** *Sp. m* Pelotaspieler *m*; **~tazo** *m* Schlag *m* mit dem Ball.
pelote *m* Füllhaar *n* für Polster.
pelo|tear I. *v/i.* 1. Pelota spielen; Fangball spielen; *p. ext.* (hin u. her) werfen; *fig.* zanken, streiten; II. *v/t.* 2. *Rpl.* Wasserläufe im Lederfloß überqueren; 3. *Méj.* Rechnung, Konto (über)prüfen; **~tera** F *f* Streit *m*; **~tero** I. *adj.* 1. *Zo.* escarabajo *m* ~ Pillendreher *m*; II. *m* 2. Ballverfertiger *m*; *Sp.* Balljunge *m*; *fig.* Schmeichler *m*; *fig.* † *u. Reg.* Streit *m*; *fig. traer a alg. al* ~ j-n an der Nase herumführen; **~tilla** *f fig.* F: *hacer* ~ *a alg.* j-m um den Bart gehen;

~tillero *m fig.* F Schmeichler *m*, Speichellecker *m* (*desp.*); *a. Sch.* Streber *m*; **~to** ⚓ *adj.* grannenlos (*Weizen*).
pelotón *m* ⚔ Zug *m*, Trupp *m*; Haufen *m*; *Sp.* Feld *n*, Gruppe *f*; ~ *buscaminas* Minensuchtrupp *m*; ~ *de fusilamiento,* ~ *de ejecución* Exekutionskommando *n*; *Sch.* ~ *de los torpes* Eselsbank *f*; *Sp. escaparse del* ~ aus dem Feld ausbrechen (*Radrennen*).
peltre *m* 1. Bleizinn *n* (*Zinnlegierung*); *vajilla f de* ~ Zinngeschirr *n*; 2. *Méj.* Emailgeschirr *n*.
pelu|ca *f* 1. Perücke *f*; *fig.* F Perückenträger *m*; F *Ec.* lange Haare *n/pl. b. Jugendlichen*; *fig.* F *echar una* ~ *a alg.* j-m die Leviten lesen; 2. *Chi.* Haarschneiden *n*; **~co** □ F *m* Taschenuhr *f*; **~cón** *m* gr. Perücke *f*.
peluche *m tex.* Plüsch *m*; Plüschtier *n*.
peludear *vt/i. Rpl.* 1. durch sumpfiges Gelände fahren (*od.* reiten); *fig.* Schwierigkeiten überwinden; 2. *Jgdw.* Gürteltiere jagen.
peludo I. *adj.* 1. (stark) behaart; II. *m* 2. *Reg.* (Esparto-)Matte *f*; 3. *Arg. Zo.* Gürteltier *n*; *fig.* F Rausch *m*, Schwips *m*; 4. *Span.* Langhaarige(r) *m*.
peluque|ar *v/t. Col., Ven.* die Haare schneiden (*dat.*); **~ra** *f* Friseuse *f*; **~ría** *f* Friseursalon *m*; ~ *para señoras* Damensalon *m*; **~ro** *m* Friseur *m*.
peluquín *m* kl. Perücke *f*; Haarteil *n*; Toupet *n*; *fig.* F *¡ni hablar del* ~*!* das kommt gar nicht in Frage!
pelu|sa *f* Flaum *m*; Fusseln *f/pl.* (*unter Möbeln*); □ (Woll-)Decke *f*; *fig.* F → **~silla** *f* feiner Flaum *m*; *fig.* F Eifersucht *f* (*bsd. unter Kindern*); *tener* ~ *de* eifersüchtig sein auf (*ac.*).
pelviano *od.* **pélvico** *Anat. adj.* Becken...
pelvis *Anat. f* Becken *n*; ~ *renal* Nierenbecken *n*.
pella *f* 1. Klumpen *m*; Kügelchen *n*; *fig.* F *hacer* ~ die Schule schwänzen; 2. (Blumenkohl-)Kopf *m*; 3. Schmalzklumpen *m*; **~da** *f* 1. → *pella*; 2. △ Kellevoll *f* (*Mörtel, Gips*).
pelle|ja *f* 1. Fell *n*; Tierhaut *f*; *fig.* F *salvar la* ~ → *pellejo* 1; 2. *fig.* P Dirne *f*, Nutte *f* F; **~jería** *f* 1. Herstellung *f* von Weinschläuchen; 2. Gerberei *f*; 3. Felle *n/pl. u.* Häute *f/pl.*; 4. *fig. Rpl.* ~s *f/pl.* Mühe *f*; Widerwärtigkeiten *f/pl.*; **~jero** *m* 1. Verfertiger *m* von Weinschläuchen; 2. Fellhändler *m*; Gerber *m*; **~jo** *m* 1. Fell *n* (*a. fig.* F); *fig. u. Obst:* Haut *f*; *fig.* F *no caber en el* ~ *aus der Haut platzen*, sehr dick sein; ganz außer s. sein (*vor Freude de alegría*); mächtig aufgeblasen sein (*vor Stolz de orgullo*); F *dar* (*dejar, perder,* P *soltar*) *el* ~ sterben, sein Leben lassen; *fig.* F *mudar el* ~ s. (*bzw.* sein Leben) ändern; *salvar el* ~ *s-e Haut* (*od.* sein Leben, s-n Hals) retten; 2. Weinschlauch *m*; *fig.* F Betrunkene(r) *m*; *fig.* F *estar hecho un* ~ blau wie ein Veilchen sein F; **~judo** *adj.* mit schwammiger (*bzw.* schlaffer) Haut; *a.* mit dicker Haut.
pelli|co *m* Schafpelz *m* der Hirten; grober Fellmantel *m*; **~za** *f* Pelz-

jacke f; **Winterjacke** f mit Pelzkragen.
pelliz|car [1g] v/t. kneifen, zwicken; zupfen; ~le el brazo a alg. j-n in den Arm zwicken; fig. F ~ los céntimos jeden Pfennig dreimal umdrehen; ~co m 1. Zwicken n, Kneifen n; blauer Fleck m; 2. Bissen m, Happen m; Prise f Salz usw.
pena[1] f (Schwung-)Feder f der Vögel.
pena[2] f 1. Strafe f; ⚖ bajo (od. so) ~ de bei Strafe (gen.); ~ accesoria (principal) Neben- (Haupt-)strafe f; ~ capital (od. de muerte) Todesstrafe f; ~ corporal Prügelstrafe f; ~ ligera leichte (od. milde) Strafe f; ~ privativa de libertad Freiheitsstrafe f; la última ~ die äußerste Strafe; die Todesstrafe; 2. Kummer m, Leid n; Gram m; fig. P Trauerschleier m; ¡qué ~! wie schade!, jammerschade!; da ~ verlo es tut einem (in der Seele) weh, das anzuschauen; morir de ~ s. zu Tode grämen; fig. F pasar la (od. sufrir) ~ negra in e-r verzweifelten Stimmung sein; fig. con más ~ que gloria mehr schlecht als recht; fig. sin ~ ni gloria mittelmäßig; 3. Mühe f, Mühsal f, Strapaze f; a ~s ~ apenas; a duras ~s mit knapper Not, mit Hängen u. Würgen F; (no) vale (od. merece) la ~ (+ inf.) es lohnt s. (nicht) (, zu + inf.); 4. Am., bsd. Col., Ven., Méj. Schüchternheit f; Befangenheit f, Ängstlichkeit f; 5. Pe. Folk. ~s Geister m/pl. (umgehende „arme Seelen").
penable adj. c strafbar.
penacho m Feder- od. Helm-busch m; (Rauch-)Wolke f; fig. F Hochmut m, Dünkel m; Ruhmgier f.
penado I. adj. bestraft; fig. F Chi. untrennbar (Liebende, Freunde); II. m Sträfling m; ~r m Strafbuch n der Dorfgemeinden (zur Eintragung von Wald- u. Weidefrevel).
pena|l I. adj. c Straf...; ⚖ código m ~ Strafgesetzbuch n; derecho m (proceso m) ~ Straf-recht n (-prozeß m); II. m Strafanstalt f; ~lidad f 1. Strafe f, Mühsal f; 2. ⚖ Strafbarkeit f; vom Gesetz vorgesehene Strafe f; ~es f/pl. Strafbestimmungen f/pl.; Sp. esquina f de ~ Strafecke f; ~lista m Strafrechtler m; ~lización f Belegung f mit Strafe; Sp. Bestrafung f.
penalty m Sp. Strafstoß m; área f de ~ Strafraum m (Fußball); F casarse de ~ heiraten müssen F (Mädchen).
pena|nte adj. c Pein leidend; büßend; ~r I. v/t. (be)strafen; züchtigen; II. v/i. leiden; kath. im Purgatorium (od. im Feg[e]feuer) büßen; P e-e Strafe verbüßen; And. Folk. v/impers. umgehen (Geister); III. v/r. ~se (por) s. grämen (wegen gen.); s. sehnen (nach dat.).
penates Myth. u. fig. m/pl. Penaten pl.
pen|ca f 1. fleischiges Blatt n (z. B. von Agave, Feigenkaktus, Kohl usw.); 2. fig. F bsd. Arg. Rausch m; † u. Reg. fig. F hacerse de ~s s. zieren; (bloß) so tun F, ~ar adj. [1g] v/i. pauken, büffeln F; ~co F m 1. (Schind-)Mähre f; fig. bsd. Am. Cent., Arg. Flegel m, Lümmel m; 2. Am. → penca 1; 3. P miese Nutte f P.

pendanga F f Flittchen n F.
pende|jada F Col. f Dummheit f; ~s f/pl. Quatsch m F, dummes Zeug n; ~jo m 1. Arg. Schamhaare n/pl.; 2. P Feigling m; Am. a. adj. P bis V dummes Stück n F, Blödhammel m F; F Arg. a. Junge m, Schlingel m.
penden|cia f Zank m; Streitigkeit f; Schlägerei f; ~ciar [1b] v/i. streiten; ~ciero adj.-su. streitsüchtig; m Streitsüchtige(r) m, Krakeeler m F.
pen|der v/i. (herab)hängen; abhängen (von dat. de); schweben (über dat. sobre); fig. ~ de un hilo (od. de un cabello) an e-m Haar hängen; ~diente I. adj. c 1. hängend; fig. unerledigt; (noch) nicht entschieden; schwebend, in der Schwebe (Entscheidung); ausstehend (Zahlung); anhängig (Prozeß); fig. estar ~ de los labios de alg. an j-s Lippen hängen; II. m 2. Ohrring m; 3. ⚒ Hangende(s) n; III. f 4. (Ab-)Hang m; Steigung f; 🚗 ~ de lanzamiento Ablaufberg m; a. Vkw. ~ (pronunciada) (starkes) Gefälle n; (starke) Steigung f.
péndola[1] f 1. Pendel n, Perpendikel m, n e-r Uhr; (reloj m de) ~ Penduluhr f; 2. △ Hängesäule f; Hänger m b. Brücken.
péndola[2] f Gänsekiel m z. Schreiben; poet. (Schreib-)Feder f.
pendolaje ⚓ m Deckgutprisenrecht n.
pendolis|mo m Paß-, Urkunden-fälschung f; ~ta c Schönschreiber m; Paß-, Urkunden-fälscher m.
pendolón △ m Hängesäule f.
pendón m 1. Standarte f; Banner n, Panier n; Kirchen-, Prozessions-fahne f; fig. a ~ herido mit aller Kraft; 2. ♀ Ableger m; 3. fig. hagere, hochaufgeschossene Person f, Bohnenstange f F; Schlampe f P, Flittchen n F.
pendular adj. c Pendel...; movimiento m ~ Pendeln n, Pendelbewegung f.
péndulo[1] Phys., ⊕ m Pendel n.
péndulo[2] lit. u. ⒹⒹ adj. hängend.
pene Anat. ~ m Penis m.
peneca F Chi. I. f Vorschule f; II. m Vorschüler m; p. ext. (dummer) Junge m.
Penélope npr. f Penelope f; fig. tejer la tela de ~ von Illusionen leben, eitlen Träumen nachhängen.
penene m Univ. (Abk. v. profesor no numerario) außerordentlicher Professor m.
peneque F adj. c betrunken, blau F; estar ~ Reg. a. ~ tambalearse.
penetra|bilidad f Durchdringungsfähigkeit f; ~ble adj. c 1. durchdringbar; durchbohrbar; 2. fig. ergründlich; (leicht) zu verstehen (d); ~ción f 1. a. Phys., ⊕ Durchdringung f; Eindringen n (in ac. en); ~ de la radiación Durchstrahlung f; ~ fuerza f de ~ Durchschlagskraft f e-s Geschosses; 2. fig. Scharfsinn m; ~dor I. adj. scharfsinnig; II. m ⊕ Zapfensenker m; ~nte adj. c durchdringend; tief (eindringend); penetrant; scharf (Verstand); schrill (Stimme); ~r I. v/t. durchdringen, durchschlagen, durchbohren, fig. erschüttern, tief bewegen; fig. er-

gründen, ЕntDecken; durchschauen; begreifen; fig. eso me penetra el corazón das trifft mich tief; II. v/i. (ein)dringen (in ac. en); III. v/r. ~se s. durchdringen; fig. s. gg.-seitig durchschauen; s. überzeugen (von dat. de).
peneuvista adj.-su. c auf den PNV (= Partido Nacional Vasco) bezüglich; m Mitglied n (od. Anhänger m) des PNV.
pénfigo ✱ m Schälblatter(n) f(/pl.), Pemphigus m.
penicilina pharm. f Penicillin n.
pen|ínsula f Halbinsel f; la ♀ de los Balcanes die Balkan-Halbinsel; la ♀ Ibérica, a. nur: la ♀ die Pyrenäenhalbinsel f; ~insular I. adj. c Halbinsel...; p. ext. das europäische Spanisch; II. m Halbinselbewohner m; ~insularidad f Halbinsellage f, -status m.
penique m Penny m (engl. Münze); fig. F ni un ~ k-n (roten) Heller.
peniten|cia f 1. Buße f (Rel. u. fig.); Bußfertigkeit f; p. ext. selbst auferlegte Buße f, z. B. freiwilliges Fasten n; fig. F a. bescheidene Mahlzeit f; 2. Bußsakrament n; ~ciado m 1. hist. „Büßer" (von der Inquisition Bestrafter); 2. Am. Strafgefangene(r) m; ~cial adj. c Buß...; salmos m/pl. ~es Bußpsalmen m/pl.; ~ciar [1b] vt/i. ecl. e-e Buße auferlegen (dat.); ~ciaria F Am. oft ~ciaria f 1. ecl. Pönitentiarie f; 2. Strafanstalt f; Zuchthaus n; ~ciario I. adj. 1. ecl. Pönitentiar...; ⚖ Straf...; Strafanstalts...; II. m 3. ecl. Pönitentiar m; 4. Besserungsanstalt f; ~te Rel. u. fig. adj.-su. c bußfertig, reuig; m Beichtkind n; Büßer m.
penol ⚓ m Nock n, f e-r Rah.
penoso adj. schmerzlich; leidvoll, mühsam, beschwerlich.
pensa|do part.: de ~ absichtlich; el día menos ~ e-s schönes Tages, ganz unvermutet; ser mal ~ immer das Schlechteste denken (od. annehmen); ~dor m Denker m; libre ~ Freidenker m; ~miento m 1. Gedanke m; Denken n; Gedankengang m; p. ext. Vorhaben m, Plan m; libre ~ Freidenkerei f; fig. F me bebiste los ~s das war (wirklich) Gedankenübertragung f; encontrarse (od. con) los ~s den gleichen Gedanken haben; zwei Seelen u. ein Gedanke F; ¡ni por ~! → ¡ni pensarlo!; 2. ♀ Stiefmütterchen n.
pen|sante part. denkend; ~sar[1] [1k] I. v/t. 1. (er)denken; ausdenken; fig. F ¡ni ~lo! kein Gedanke!; nicht im Traum!; 2. vorhaben, (zu tun) gedenken; pienso hacerlo ich habe vor (od. ich gedenke), es zu tun, ich will es tun; II. vt/i. 3. denken (an ac. en); ~ mal mißtrauisch sein, (immer) das Schlechteste annehmen; ~ mal de alg. e-e schlechte Meinung von j-m haben; libertad f de ~ Gedankenfreiheit f; modo m de ~ Denkweise f; Denkungsart f; piensa que lo harán er meint, sie werden es tun; adv. sin ~ (lo) gedankenlos; unvermutet; piensa mal y acertarás man kann nie schlecht genug denken; ~sar[2] [1k] v/t. dem Vieh Trockenfutter vorwerfen; ~sativo adj. nachdenklich; ~seque, ~séque F m unbedachter

pensil — perclorato

pensil Fehler *m*; *fig.* F ¡a ~ lo ahorcaron! *Sinn:* Vorsicht ist besser als Nachsicht! *bzw.* typischer Fall von „denkste"! F.
pensil I. *adj. c lit.* hängend; in der Luft schwebend; *los jardines* ~*es* die hängenden Gärten *m/pl. der Semiramis*; **II.** *m fig.* Lustgarten *m*.
Pensilvania *f* Pennsylvanien *n*.
pensión *f* **1.** Pension *f* (*Kostgeld u. Fremdenheim*); Pensionat *n*; Essen *n*, Verpflegung *f*; ~ *completa* Vollpension *f*; *media* ~ Halbpension *f im Hotel*; **2.** Pacht-, Jahr-geld *n* (*auf ein Gut zugunsten Dritter entfallende Last*); **3.** (Sozial-)Rente *f*; Pension *f*, Ruhegehalt *n*; Ehrengehalt *n*; Ehrensold *m*; Gnadengeld *n*; *a.* Stipendium *n*; ~ *de vejez* (*de viudez*) Alters- (Witwen-)rente *f*.
pensio|nado *m* **1.** Pensionär *m*, Ruheständler *m*; Rentner *m*; **2.** Stipendiat *m*; **3.** Pensionat *n/t*. **1.** ein Ehrengehalt zahlen (*dat.*); **2.** ein Stipendium geben (*od.* bewilligen) (*dat.*); ~**nario I.** *adj.* aus e-r *pensión* herrührend; **II.** *m* Zahler *m* e-r *pensión* (*vgl.* pensión 2, 3); ~**nista** *c* **1.** Internatszögling *m*; *medio* ~ halbexterner Schüler *m*; **2.** Rentner *m*; **3.** *Am. Reg.* Pensionsgast *m*.
pensum *Sch. m* Pensum *n*; *oft* Strafarbeit *f*.
pen|taedro ⚛ *m* Pentaeder *n*; ~**tágono** *m* **1.** ⚛ Fünfeck *n*; **2.** ♀ Pentagon *n* (*in Washington*); ~**tagrama** *m* **1.** ♪ Liniensystem *n*; **2.** Pentagramm *n*, Drudenfuß *m*; ~**támetro** Metrik *m* Pentameter *m*; ~**tasílabo** *adj.* fünfsilbig; ~**tateuco** *Theol. m* Pentateuch *m*, *die fünf Bücher n/pl. Mose*; ~**tatlón** *Sp. m* Fünfkampf *m*; ~**tatloniano** *Sp. m* Fünfkämpfer *m*; ~**tatónico** ♪ *adj.* pentatonisch.
Pentecostés *Rel. m* Pfingsten *n*.
penúltimo *adj.-su.* vorletzte(r, -s); *Li.* ~*a f* (*sílaba f*) vorletzte Silbe *f*.
penum|bra *f* Halbschatten *m*; Halbdunkel *n*; ~**broso** *adj.* halb im Dunkel (*od.* im Schatten) liegend. [*dat.* de).]
penuria *f* Mangel *m*, Not *f* (an)
peña¹ *f* **1.** Fels *m*; Klippe *f*; ~ *viva* gewachsener Fels *m*; *fig.* dormir *como una* ~ wie ein Klotz schlafen; *durar por* ~*s* sehr dauerhaft sein; *ser una* ~ gefühllos sein; **2.** ⊕ Pinne *f e-s Hammers*.
peña² *f* Freundeskreis *m*; Stammtisch(runde *f*) *m*; Zirkel *m*; Clique *f* F; *Am. Reg.* Nachtlokal *n mit mst. folkloristischen Darbietungen*; *fig.* F ~ *deportiva* Sportfans *m/pl.* F; ~ *quinielista* Tippgemeinschaft *f im Toto*; ~ *taurina* Stierkampfklub *m*; □ *¡*~*s* (*y buenos tiempos*)*! warnender Zuruf:* verdufte! F, jetzt nix wie weg! F.
peñaranda *f* Pfandhaus *n*.
peñarse □*v/r.* verduften F, abhauen F.
peñas|cal *m* felsiges Gelände *n*; Gefels *n*; ~**co** *m* **1.** Felsblock *m*; **2.** Felseneiland *n*; **3.** *Zo.* Purpurschnecke *f*; **4.** *Anat.* Felsenbein *n*; ~**coso** *adj.* felsig.
péñola *f* Schreibfeder *f* (*Gänsekiel*).
peñón *m* Fels *m*; Felskuppe *f*; *Span. mst.* El ♀ Gibraltar *n*.
peo P *m* Furz *m* P; *fig.* P Schwips *m*, Affe *m* F.

peón¹ *m* **1.** Hilfsarbeiter *m*; *Stk.* Stierkämpfergehilfe *m*; △ ~ *de albañil* (*od. de mano*) Handlanger *m*; *Span.* ~ *caminero* Straßenwärter *m*; **2.** *Am.* Arbeiter *m*; Knecht *m*; Peon *m*; **3.** *Schach:* Bauer *m*; *Spielzeug:* (Brumm-)Kreisel *m*.
peón² *m* Päon *m*, Päan *m* (*Versfuß*).
peona|da *Am. f* Arbeiterschaft *f e-s Guts*; Arbeiter *m/pl.*; ~**r** *Rpl. v/i.*: *andar* (*od.* estar) peonando als Peon arbeiten.
peonía ♀ *f* **1.** Pfingstrose *f*, Päonie *f*; **2.** *versch. Pfl.*, *bsd. e-e pharm.* genutzte Liane (*Abrus precatorius L.*), *in Am. Cent.*, *Ant.*, *Méj.*
peonza *f* Spielzeug: Kreisel *m*; *fig.* F *burl.* zu Fuß, per pedes F.
peo|r *adj. c-adv. comp.* schlechter; übler; schlimmer; ~ *que nunca* schlechter als (*od.* denn) je; ~ *que* ~ *od. tanto* ~ *od.* ~ *todavía* um so (*od.* desto) schlimmer; *en el* ~ *de los casos* schlimmstenfalls; ~**ría** *f* Verschlimmerung *f*.
Pepa¹ F *f Kurzform von Josef(in)a*; *int.* ¡viva la ~! es lebe das Leben!
pepa² *f Am.* (Obst-)Kern *m*.
Pepe¹ F *m Kurzform von José*; *fig.* F *como un* ~ satt und zufrieden, rund und gesund (*beide fig.* F); *hist.* (Don) ~ *Botella Spottname für José I Bonaparte*.
pepe² F *m* **1.** schlechte (unreife) Melone *f*; **2.** *Bol.*, *Ven.* Geck *m*, Laffe *m* F.
pepe|na *f* **1.** *Méj.* **a)** Nacherente *f*; **b)** Bettlerdasein *n*; **c)** Gekröse *n*; **2.** *Col.* (Küchen-)Fächer *m*, Wedel *m*; ~**nado** *Méj. m* Ziehkind *n*; *Méj. Reg. a. Schimpfname*; ~**nar** *v/t. Am. Cent.*, *Méj.* aufheben; einsammeln; ernten; ⚛ *Erz* auslesen.
pepi|nar ♂ *m* Gurken-feld *n*; -beet *n*; ~**nazo** F *m* Knall *m* (*Explosion e-s Geschosses*); Schuß *m*; ~**nillo** *m dim.*: *Kchk.* ~*s m/pl.* en vinagre Essiggürkchen *n/pl.*; ~**no** *m* Gurke *f*; *fig.* F unreife Melone *f*; *fig.* F ~*s m/pl.* blaue Bohnen *f/pl.* (*fig.*); ♀ ~ *del diablo* Springgurke *f*; *ensalada f de* ~*s* Gurkensalat *m*; ~*s m/pl.* en salmuera Salzgurken *f/pl.*; *fig.* ~ *me importa* (*od.* [no] *se me da*) *un* ~ das ist mir schnuppe (*od.* piepegal F).
pepi|ta *f* **1.** (Gurken-, Obst-)Kern *m*; *p. ext.* Goldkorn *n*, Nugget *n*; **2.** *vet.* Pips *m der Hühner*; *fig.* F *no tener* ~ *en la lengua* nicht auf den Wasserfall reden; **3.** F *Cu.* → ~**tilla** P *f* Kitzler *m*.
pepito *Kchk. m* Sandwich *n* mit Fleischstückchen; ~**ria** *f Kchk.* Geflügelfrikassee *n*; *fig.* F Mischmasch *m*; *pollo m en* ~ Hühnerfrikassee *n*; ~**so** *vet. adj.* an Pips erkrankt.
pepona *f gr.* Puppe *f aus Pappmaché*; *fig.* rotbackige, dralle Frau *f*.
pepsina *Physiol. f* Pepsin *n*.
peque F *m* Kind *n*, Kleine(r) *m*.
pequén *Chi. m* **1.** *e-e* Eule *f* (*Stryx cunicularia*); *fig.* F *hacer* ~ *a alg.* j-n übers Ohr hauen F; **2.** *Art* Pastete *f*.
peque|ña *f* Kleine *f*, kl. Mädchen *n*; ~**ñez** *f* (*pl.* ~*eces*) **1.** *a. fig.* Kleinheit *f*; **2.** Kindesalter *n*, Geringheit *f*, Kleinigkeit *f*, Lappalie *f*; Kleinlichkeit *f*; *mi* ~ meine Wenigkeit *f*; ~ *de miras* wenig Weitblick

m; kleinlicher Gesichtspunkt *m*; ~**ñín** *adj.* ganz klein, winzig; ganz jung (*Kind*); ~**ño I.** *adj.* klein; gering; ~-*burgués* kleinbürgerlich; *en* ~ im kleinen; *hay todavía un* ~ *detalle oft iron.* da ist nur noch die Kleinigkeit; **II.** *m a. fig.* Kleine(r) *m*, Junge *m*; Kind *n*; *los* ~*s* die Kleinen, die Kinder; *desde* ~ von Kind auf.
pe|quín *tex. m* Pekingseide *f*; ~**quinés** *adj.-su.* aus Peking; *m Li.* Pekingdialekt *m* (*heute chines. Nationalsprache*); *Zo.* (perro *m*) ~ *m* Pekinese *m*.
pera *f* **1.** Birne *f* (*Obst*); *fig.* F *partir* ~*s con alg.* j-m Vertraulichkeiten gestatten; *no quisiera partir* ~*s con él* mit dem ist nicht gut Kirschen essen; *pedir* ~*s al olmo* Unmögliches verlangen; *ponerle a alg. las* ~*s a cuarto* (*od. a ocho*) j-m den Kopf waschen (*fig.* F); j-n in die Zange nehmen (= *ihn zu et. zwingen*); **2.** ⊕ Birne *f* (*Südspan. a.* ♀); Gebläseball *m*; *a.* ♂ ~ *de goma* Gummiballon *m*; **3.** ♂ männliches Glied *n*; **4.** *Sp. Am.* Doppelendball *m*; Punchingball *m*; **5.** *fig.* F † *u. Reg.* **a)** Kinn-, Ziegenbart *m*; **b)** Sinekure *f*, Pfründe *f*; ~**da** *f* **1.** Birnenmus *n*; **2.** Birnenmost *m*; ~**l** ♀ *m* Birnbaum *m*; ~**leda** *f* Birnengarten *m*; ~**lejo** ♀ *m Am. trop.* Malpighiazee, Baum, Rinde, Gerbstoff (*Malpighia spicata*).
peral|tar △ *v/t.* Gewölbe, Kurven, Gleise überhöhen; ~**te** *m* Überhöhung *f*.
perborato ⚛ *m* Perborat *n*.
perca *Fi. f* Barsch *m*.
perca|l *tex. m* Perkal *m*; ~**lina** *tex. f* Perkalin *n*.
per|cán, ~**can** *m Chi.* Schimmel (-bildung *f*) *m*.
percance *m* **1.** Zwischenfall *m*; Mißgeschick *n*; *todo se me vuelve* ~*s* alles geht mir schief F; *si no hay* ~ wenn nichts dazwischenkommt; **2.** Sportein *f/pl.*; Nebenverdienst *m*; **3.** Anfall *m*.
percata|ción *f* Wahrnehmung *f*, Erkennung *f*; ~**r I.** *v/t.* → advertir, considerar; **II.** *v/r.* ~*se de a/c.* e-r Sache gewahr werden; et. erkennen.
percebe *m Zo.* Entenmuschel *f*; *fig.* F Dumm-, Schafs-kopf *m*.
percep|ción *f* **1.** Erhebung *f v.* Steuern, Abgaben *u. ä.*; (Steuer-)Einnahme *f*; Bezug *m e-s Gehalts*; **2.** Wahrnehmung *f*; *p. ext.* Begriff *m*; 🐂, *a. Biol.* Perzeption *f*; ~ *auditiva* Wahrnehmung *f* durch das Gehör; ~**cionalismo** *Phil. m* Perzeptionalismus *m*; ~**tibilidad** *f* Wahrnehmbarkeit *f*; 🐂 Perzeptibilität *f*; ~ *acústica* Hörbarkeit *f*; ~**tible** *adj. c* wahrnehmbar; vernehmlich; faßbar; *a. Biol.*, ♂ fühlbar; ~**tivo** *adj.* Wahrnehmungs...; ~**tor I.** *adj.* Empfangs...; *órgano m* ~ Empfindungs*f*; **II.** *m* Empfänger *m*; Steuererheber *m*.
perci|bir *v/t.* **1.** *Gehalt* beziehen; *Geld* einnehmen; *Steuer* erheben; **2.** *Biol.*, *Psych.*, *Phil.* wahrnehmen; auffassen; empfinden, fühlen; **3.** bemerken; hören; feststellen; *p. ext.* verstehen, begreifen; ~**bo** *m* Einnahme *f von Geldern usw.*
perclorato ⚛ *m* Perchlorat *n*.

percola|dor *m* Kaffeefiltriermaschine *f*; ⊕ Perkolator *m*; ~**r** [1m] ⊕ *v/t.* filtrieren.
percudir I. *v/t.* abnutzen; beschmutzen; *Glanz* nehmen; *Teint* verderben; **II.** *v/r.* ~**se** fleckig (*od.* schmuddelig) werden (*Wäsche*).
percu|sión *f* **1.** *Phys.*, ⊕ Schlag *m*, Stoß *m*; Schlagen *n*; cebo *m* de ~ Schlagzünder *m* b. *Munition;* **2.** ♂ Abklopfen *n*, Perkussion *f*; *martillo m* de ~ Perkussionshammer *m*; **3.** ♪ *instrumento m* de ~ Schlaginstrument *n*; ~ (*mst. engl. percussion geschrieben*) Gruppe *f* von Schlaginstrumenten, Perkussion *f*; ~**sor** *m* → *percutor*; ~**tiente** *adj. c* (stark) stoßend; ⚔ mit Aufschlagzündung (*Geschoß*); ~**tir** *v/t.* **1.** stark stoßen; klopfen, schlagen; **2.** ♂ perkutieren, abklopfen; ~**tor** ⚔ *m* Schlagbolzen *m b. Feuerwaffen.*
per|cha *f* **1.** Stange *f*; Vogel-, Hühner-stange *f*; ⚓ de *carga* Ladebaum *m*; *fig.* F *tener buena* ~ e-e gute Figur haben; **2.** Kleiderbügel *m*; Garderobenhalter *m*; *de sombreros* Hutständer *m*; **3.** *tex.* Rauhmaschine *f*; **4.** *Jgdw.* Schlinge *f für den Fang von Rebhühnern u. dergl.*; **5.** F *desp. Méj.* Clique *f*, Bande *f*; ~**char** *tex. v/t.* rauhen; ~**chera** *f Méj.* Kleiderbügel *m*; ~**chero** *m* Garderobe(ständer *m*) *f*; ~**cherón** *m* schweres Zugpferd *n*, Bräugaul *m* F; ~**chón** ♂ *m* Hauptfechser m e-r *Rebe*; ~**chonar** *Jgdw. v/i.* Schlingen legen.
perde|dero *m* **1.** Gelegenheit *f* zum Verlieren; **2.** *Jgdw.* Fluchtstelle *f e-s Hasen*; ~**dor** *m* Verlierer *m*; *ser buen* (*mal*) ~ ein guter (schlechter) Verlierer sein; ~**r** [2g] *vt/i.* **1.** *a. fig.* verlieren; versäumen; vergeuden; *Hoffnung* aufgeben; *Gelegenheit, Zug usw.* versäumen; *Zug, Anschluß* verpassen; *Typ.* (Zeilen) einbringen; (*v/i.*) an Ansehen, Geltung *usw.* verlieren; ~ *a/c. et.* verlieren; um *et.* (*ac.*) kommen; ~ *el curso* durchfallen; *das Schul-* (*bzw.* Studien-)*jahr, das Semester usw.* verlieren; *no ~ la sangre fría* die Fassung (*od.* ruhig Blut) bewahren; ~ *terreno* Boden verlieren, ins Hintertreffen geraten; ~ *de vista* aus den Augen verlieren; *echar a* ~ zugrunde richten; zunichte machen; ruinieren; *echarse a* ~ zugrunde gehen, umkommen, verderben (*Lebensmittel*); *echado a* ~ verdorben; *hacer* ~ *a/c. et.* (*ac.*) bringen; *fig. llevar las* ~ *od. salir perdiendo* den kürzeren ziehen; *el neumático pierde* der Reifen verliert Luft; ~ *en el juego* beim Spiel verlieren; ~ *en un negocio* bei e-m Geschäft zusetzen; **II.** *v/r.* ~**se 2.** *a. fig. u. Rel.* verlorengehen; ⚓ *u. fig.* untergehen; zugrunde gehen; umkommen; verderben (*a. Lebensmittel*); s. verlieren; s. ins Verderben stürzen; s. verirren; ♪ aus dem Takt kommen; den Faden verlieren *b. Gespräch usw.*; ~**se** *a un vicio* s. e-m Laster blind hingeben; ~**se de vista** (s.) aus den Augen verlieren; ~**se en detalles** s. in Einzelheiten verlieren; ~**se por** *od. wegen* (*gen.*); s. vernarren (*bzw.* sterblich verlieben) in (*ac.*); **3.** ~**se**

a/c. s. et. entgehen lassen, *et.* verpassen F.
perdi|ble *adj. c* verlierbar; ~**ción** *f* Verderben *n*; Verderbnis *f*; *p. ext.* schwerer Schaden *m*; *Rel.* Verderben *n*, (ewige) Verdammnis *f*; *fig.* ausschweifendes Leben *n*.
pérdida *f a.* ⚔ Verlust *m*; Schaden *m*; Ausfall *m*; ♞ *de altura* Verlust *m* an Höhe; *Phys.* ~ *calorífica* (*od. térmica*) Wärmeverlust *m*; ♪ ~**s** *f/pl. causados por granizo* Hagelschäden *m/pl.*; ~ *de peso* (♂ *de sangre*) Gewichts- (Blut-)verlust *m*; ⊕ ~ *en vacío* Leerlaufverlust *m*; ✝ *cuenta*(*s*) *f*(*/pl.*) *de* ~**s** *y ganancias* Gewinn- und Verlustkonto *n bzw.* -rechnung *f; fig.* F *la calle no tiene* ~ die Straße ist ganz leicht zu finden.
perdi|damente *adv.*: *estar* ~ *enamorado de alg.* sterblich verliebt sein in j-n; *lo hace* ~ sein Tun ist zwecklos; *llorar* ~ trostlos weinen; ~**dizo** F *adj.* (scheinbar) unauffindbar; *hacerse el* ~ s. verkrümeln (*fig.* F); ~**do I.** *adj.* **1.** verloren; verirrt; verdorben; *fig.* ins Leere gehend, nutzlos; liederlich; *fig. cosa f* ~**a** verlorene Liebesmühe *f*; *a.* unverbesserlicher Mensch *m*; ✝ *u. fig. a fondo* ~ verloren, à fonds perdu; *dar por* ~ verloren geben; *darse por* ~ s. geschlagen geben; *¡estamos* ~**s**! es ist aus mit uns!; *estar* ~ verloren sein, geliefert sein F; *fig.* F *estar* (*puesto*) ~ *de polvo* ganz mit Staub bedeckt sein; *fig.* F *ponerse* ~ s. sehr schmutzig machen; *ser un borracho* ~ ein unverbesserlicher Säufer sein; immer sternhagelvoll sein F; **2.** *estar* ~ *por* in j-n sterblich (*od.* bis über beide Ohren) verliebt sein in *et.* (*ac.*) vernarrt sein; **II.** *m* **3.** Taugenichts *m*; moralisch Verkommene(r) *m*; **4.** ⚔ Gefallene(r) *m*; **5.** *Typ.* Zuschuß *m*; **III.** *adv.* **6.** hoffnungslos; sinnlos (*betrunken u. ä.*); ~**doso** F: *ser el* ~ (oft) verlieren, ein Pechvogel sein im Spiel.
perdi|gar [1h] *Kchk. v/t.* (leicht) anbraten; ~**gón**¹ *m* **1.** junges Rebhuhn *n*; **2.** Schrot(korn) *n*; ~**ones** *m/pl.* Schrot *m* (*Jagdmunition*).
perdigón² F *m* **1.** Pechvogel *m*, gr. (*od.* häufiger) Verlierer *m im Spiel*; **2.** Taugenichts *m*, junger Verschwender *m*; **3.** Durchgefallene(r) *m b. e-r Prüfung*.
perdi|gonada *f* Schrot-schuß *m*, -ladung *f*; -verletzung *f*; ~**gonera** *f* Schrotbeutel *m* (*Munitionsbeutel*); ~**guero** **1.** *Jgdw.* (*perro m*) ~ Hühnerhund *m*; **2.** Wildbret-aufkäufer *m*; -händler *m*.
perdis F *m* Taugenichts *m*.
perdiz *f* (*pl.* ~**ices**) Feld-, Rebhuhn *n*; ~ *blanca*, ~ *nival* (*roja*) Schnee-(Rot-)huhn *n*.
perdón *m* Verzeihung *f*; Vergebung *f*; Begnadigung *f*; Gnade *f*; *ecl.* Ablaß *m*; *¡~!* Verzeihung!; *fig.* F ~**ones** *m/pl.* Süßigkeiten als Mitbringsel von Wallfahrten; *con* ~ mit Erlaubnis; mit Verlaub; *no merecer* ~ keine Gnade (*od.* Schonung) verdienen; *fig. hacerle a alg. pedir* ~ j-n in die Knie zwingen; *sin* ~ gnadenlos; *pedir* ~ um Verzeihung bitten.

perdona|ble *adj. c* verzeihlich; ~**dor I.** *adj.*: ~ *de a/c. et.* verzeihend; **II.** *m* Verzeihende(r) *m*; ~**r** *v/t.* **1.** begnadigen; vergeben, verzeihen; hingehen lassen (*fig.*); *Schulden usw.* erlassen; schenken; *fig.* ~ *hecho y por hacer* allzu nachsichtig sein; *comprender es* ~ (alles) verstehen heißt (alles) verzeihen; *¡perdone* (*usted*)! verzeihen Sie!; Verzeihung!; **2.** (ver)schonen; (er-)sparen; auslassen; *no* ~ *un baile k-n* Tanz auslassen; *no* ~ *gastos* k-e Kosten scheuen; *no* ~ *ocasión* k-e Gelegenheit versäumen; *le han* ~**ado** *el trabajo* (*la vida*) man hat ihn von der Arbeit freigestellt (man hat sein Leben geschont, man hat ihm das Leben geschenkt); ~**vidas** F *m* (*pl. inv.*) Maulheld *m*, Bramarbas *m*.
perdulario *adj.-su.* schlampig, verkommen; *m* unverbesserlicher Taugenichts *m*.
perdura|ble *adj. c* dauerhaft; ewig; ~**r** *v/i.* dauern, bestehenbleiben.
perece|ar *v/i.* faulenzen; ~**dero** *adj.* vergänglich; (leicht) verderblich (*Lebensmittel*); ~**r** [2d] **I.** *v/i.* vergehen; zugrunde gehen; umkommen, sterben; *fig.* im äußersten Elend leben; ~ *ahogado* ertrinken; ~ *de hambre* verhungern; *fig.* am Hungertuch nagen; ~ *en un accidente* (tödlich) verunglücken; **II.** *v/r.* ~**se** *fig.*: ~**se** *por* schwärmen für (*ac.*); ~**se** *por hacer algo et.* für sein Leben gern tun.
perecuación *Verw. f*: ~ *de cargas* Lastenausgleich *m*.
peregri|nación *f* **1.** Wallfahrt *f*, Pilgerfahrt *f*; *fig. Rel.* Erdenpilgerschaft *f*; *lugar m* de ~ Wallfahrtsort *m*; **2.** *lit.* Reise *f* ins Ausland; *fig.* Wanderung *f*; ~**nar** *v/i.* pilgern; wallfahren, wallen (*lit. u. Reg.*); *fig.* wandern; ~**no I.** *adj.* **1.** fremdartig; *fig.* seltsam; auffallend; wunderbar; *lo más* ~ *del caso es que ...* das seltsamste dabei ist, daß ...; **2.** Pilger...; Wander...; *Zo. aves f/pl.* ~**as** Zugvögel *m/pl.*; **II.** *m* **3.** Pilger *m*; *fig.* Erdenwanderer *m*; *lit. a.* Fremdling *m*; **4.** *Fi.* Riesenhai *m*.
perejil *m* ♀ Petersilie *f*; *fig.* F *mst.* ~**es** *m/pl.* Schmuck *m*, Putz *m* der Frauen.
peren|dengue *m* Tand *m*; *fig.* Klimbim *m* F; ~**gano** *m* (Herr) Soundso.
peren|ne *adj. c* ewig; ♀ immergrün, perennierend; *fig.* zeitlos; ~**nidad** *f* Beständigkeit *f*, Fortdauer *f*; ~**nizar** [1f] *v/t.* verewigen; dauerhaften Charakter verleihen (*dat.*).
perentori|edad *f* Dringlichkeit *f*; Endgültigkeit *f*; ~**o** *adj.* dringlich; unaufschiebbar; endgültig; ⚖ *decisión f* ~**a** endgültige Entscheidung *f*.
pereque *m Col.* (kl.) Belästigung *f*, Mühe *f*; *poner* ~ *a alg.* j-m mit *et.* belästigen; *euph.* j-n um e-n Gefallen bitten.
pere|za *f* Faulheit *f*, Trägheit *f*; Schwerfälligkeit *f*; *le da* ~ *empezar* er hat keine Lust anzufangen; *sacudir la* ~ s. aufraffen; ~**zoso I.** *adj.* **1.** faul, träge, schwerfällig; **II.** *m* **2.** Faulenzer *m*, Faulpelz *m* F; **3.** *Zo.* Faultier *n*; **4.** *Am. Reg.* Liegestuhl *m*.

perfec|ción f Vollendung f; Vollkommenheit f; *a la* ~ vollkommen; *¡eso es la mismísima* ~! das ist schlechthin vollkommen!; **~cionamiento** m Vervollkommnung f; Verbesserung f; Veredlung f *von Rohprodukten u. Erzeugnissen;* **~cionar** v/t. vervollkommnen; **~cionismo** m Perfektionismus m; **~cionista** *adj.-su.* c perfektionistisch; m Perfektionist m; **~tamente** adv. vollkommen; vorzüglich; ¡~! jawohl!; richtig!; in Ordnung!, prima! F; **~tibilidad** f Vervollkommnungsfähigkeit f, Perfektibilität f; **~tible** *adj.* c vervollkommnungsfähig; **~tivo** *Li. adj.* perfektiv; **~to I.** *adj.* vollkommen; vorzüglich; **II.** *m Li.* Perfekt n.
perfidia f Treulosigkeit f; Niedertracht f; Tücke f.
pérfido *adj.* treulos; verräterisch; falsch, niederträchtig.
perfil m a. ⊕ Profil n; Umriß m; Kfz. Reifen: Querschnitt m; *de* ~ im Profil; ⊕ ~ *de filete* Gewinde-profil n, -querschnitt m; ⚓ ~ *de la proa* Heckumriß m; **~lado** *adj. a. fig.* profiliert; scharf geschnitten (*Gesicht*); ⊕ *hierro m* ~ Profileisen n; **~lador** m: ~ *de cejas* Augenbrauenstift m; ~ *de ojos* Eyeliner m; **~ladora** *Wkzm.* f Profiler m; **~lar I.** v/t. umreißen; skizzieren; *a. ⊕ u. fig.* profilieren; ⊕ mit Profil versehen; **II.** v/r. **~se** *fig. s.* abzeichnen.
perfoliado ♀ *adj.* durchwachsen.
perfo|ración f 1. Bohren n; Bohrung f; Bohrloch n; ~ *de pozos* Schachtabteufen n; ~ *sin éxito* nichtfündige Bohrung f; 2. Durchbohrung f; *a.* ⚔ Durchbruch m; ✈, *Film, Typ.* Perforation f; **~rado I.** *adj.* durchbohrt; gelocht, Loch...; perforiert; **II.** *m Typ.* Perforieren n; **~rador** *m* Locher m; Lochzange f; *Typ. filete m* ~ Perforierlinie f; *barco m* ~ (*petroler*o) (Öl-)Bohrschiff n; **~radora** f Bohrmaschine f; **~rante** ✕ *adj. c* panzerbrechend (*Geschoß*); **~rar** v/t. (durch)bohren; *a.* ✕ durchstechen; durchschlagen (*Bolzen, Geschoß*); lochen; *Typ.* perforieren; ✕ Schacht abteufen.
perfu|madero *m* Räucherpfanne f; **~mador** *m* (Duft-)Zerstäuber m; **~mar** v/t. parfümieren; durchduften; **~me** *m* Parfüm n; Duft m, Wohlgeruch m; *fig.* Duft m, Hauch m; **~mería** f Parfümerieartikel m/pl.; Parfümerie f; **~mero I.** *adj.* Parfüm...; **II.** m → **~mista** m Parfümeur m; Parfümeriehändler m.
perfusión ✠ f Infusion f; Bad n; Durchströmung f, Perfusion f.
pergamino *m* Pergament n; *fig.* (*alte*) Urkunde f.
pergenio *m Am. Reg.* Lausejunge m.
perge|ñar v/t. planen; zustande bringen; ersinnen, entwerfen; **~ño** *m* 1. Aufmachung f, Aussehen n; 2. *Am. Reg.* Junge m, Schlingel m.
pérgola f Laubengang m; Pergola f.
peri|antio ♀ *m* Blütenhülle f, Perianth(ium) n; **~cardio** *Anat. m* Perikard n, Herzbeutel m; **~carditis** ✠ f Herzbeutelentzündung f; **~carpio** ♀ *m* Fruchtwand f, Perikarp n.
perici|a f Erfahrung f; Sachkenntnis f; Geschicklichkeit f; **~al** *adj. c* fachkundig, sachverständig; *dictamen m* ~ Sachverständigengutachten n.
peri|co *m kl.* Papagei m; *fig.* F Nachtgeschirr n; *Col.* Kaffee m mit etwas Milch; *Kchk. Col.* huevos m/pl. ~s Rührei n/pl.; **~cón** *m* 1. *Kart.* Trumpfkarte f b. *Quínolaspiel; fig.* F *etwa:* Hansdampf *m* in allen Gassen, Tausendsassa m; leichtlebige Frau f; 2. gr. Fächer m; 3. ♪ *Arg. Volkstanz;* 4. *Zo. Am.* ~ ligero Faultier m; **~cote** *m* 1. *Span. ein asturischer Volkstanz;* 2. *Am. Mer.* gr. Feldratte f; Maus f.
peri|feria ♀ *u. fig.* Peripherie f; Kreisumfang m; Umkreis m; Stadtrand m; **~férico I.** *adj.* peripher (*a. EDV*); am Rand liegend, Rand...; *barrios m/pl.* ~ Vororte m/pl.; **II.** *m EDV* Peripheriegerät n.
perifollo *m* ♀ Kerbel m; *fig.* F ~s m/pl. Putz m, Schmuck m.
perifrasear v/t. umschreiben; (gern) Umschreibungen gebrauchen.
perífrasis f (*pl. inv.*) Periphrase f, Umschreibung f.
perifrástico *adj. Rhet. u. Li.* periphrastisch.
perigallo *m* 1. Doppelkinn n; Halsfalte f; *fig.* F Hopfenstange f F, lange Latte f (*fig.* F); 2. ⚓ Aufholer m.
peri|geo *Astr. m* Erdnähe f, Perigäum n; **~gonio** ♀ *m* Perigon(ium) n; **~gundín** *m Arg.* Bordell n; **~helio** *Astr. m* Perihel(ium) n, Sonnennähe f.
perilla f 1. birnenförmiger Zierat m; *fig.* F (*venir*) *de* ~(s) höchst gelegen (kommen); gerade recht (kommen); 2. ~ (*de la oreja*) Ohrläppchen n; 3. Spitzbart m; 4. F ⚡ Knipsschalter m; 5. F *im Mund befindliches* Zigarrenende n; 6. F *Cu.* Kitzler m.
perillán *m* gerissener Gauner m; *zu Kindern a.:* Schlingel m.
perimetría ✠ f Gesichtsfeldmessung f.
perímetro *m* ⚭, ✱ Umfang m; *fig.* Einzugsgebiet n; ~ *torácico* Brustumfang m, Oberweite f.
perínclito *lit. adj.* hochberühmt, Helden... [neum n.}
perineo *Anat. m* Damm m, Peri-}
perinola f Kreisel *m* zum Knobeln, Barkreisel m; *fig.* F Quirl *m* (*lebhafte kl. Person, Frau*).
peri|odicidad f periodische Wiederkehr f, Periodizität f; **~ódico I.** *adj.* periodisch, (in) regelmäßig(en Abständen); rhythmisch, taktmäßig wiederkehrend; *publicaciones f/pl.* ~as Periodika n/pl.; *⚡ sistema m* ~ Periodisches System n; **II.** *m* Zeitung f; (*diario m*) ~ Tageszeitung f; ~ *mural* (*semanal*) Wand-(Wochen-)zeitung f; **~odicucho** F *m* Hetzblatt n; Käseblatt n F; **~odismo** *m* Journalismus m, Zeitungs-wesen n; -wissenschaft f; *escuela f de* ~ Journalistenschule f; **~odista** *c* Journalist m; ~ *deportivo* Sportjournalist m; **~odístico** *adj.* journalistisch; Journalisten...; Zeitungs...
período (*a. periodo*) *m* Periode f (*a.* ✱, *Li.*); Zeit(raum m) f; *fig.* ~ *de guerra* Kriegszeit f; ⊕ ~ *de ensayo* Probezeit f; ⚡ ~ *de garantía* Garantiezeit f; ✱ ~ *precoz* Frühstadium n; *Kfz.* ~ *de rodaje* Einfahrzeit f; ~ *de transición* Übergangszeit f; *estar con el* ~ die Periode haben.
periosti|o *Anat. m* Knochenhaut f, Periost n; **~tis** ✠ f Knochenhautentzündung f.
peripa|tética *fig.* F: *ser una* ~ Gunstgewerblerin sein F, auf den Strich gehen F; **~tético I.** *adj.* peripatetisch; *p. ext.* aristotelisch; *fig.* F gespreizt, lächerlich; **II.** *m* Peripatetiker m; Aristotelesanhänger m; **~to** *m* Peripatos m; Aristotelik f.
peri|pecia f (*mst.* ~s *pl.*) Schicksalswendung f; Zwischenfall m; *Thea.* (dramatische) Wendung f, Peripetie f; *fig.* Abenteuer n; ~s Wechselfälle m/pl.; **~plo** *m* Umseglung f, Umschiffung f; *fig.* Schiffsreise f.
períptero △ *adj.-su.* mit umlaufendem Säulengang; m Peripteros m.
peripuesto F *adj.* geschniegelt u. gebügelt; sehr zurechtgemacht (*Dame*), aufgedonnert F.
peri|quear F v/i. 1. *Am. Cent.* Süßholz raspeln F; flirten; 2. *Ant.* schwatzen, plaudern; **~quete** F *m* 1. Fangbecherspiel n; 2. Moment m; *en un* ~ im Handumdrehen; **~quito** *m* 1. *Vo.* Wellensittich m; 2. Rasensprenger m.
peris|cios *lit. m/pl.* Polbewohner m/pl.; **~copio** *m* Periskop n, Sehrohr n; **~ta** □ *m* Hehler m; **~taltismo** *Physiol. m* Peristaltik f; **~tilo** △ *m* Säulengang m, Peristyl(ium) n.
peri|taje *m* Gutachten n; Expertise f; **~to I.** *adj.* erfahren; sachkundig; **II.** *m* Sachverständige(r) m, Experte m, Fachmann m; ~ *industrial* Techniker m; ~ *mercantil* Absolvent *m e-r* höheren Handelsschule; ~ *químico* Chemiker m; ~ *de soldadura* Schweißfachmann m.
perito|neo *Anat. m* Bauchfell n; **~nitis** ✠ f Bauchfellentzündung f.
perju|dicar [1g] v/t. schaden (*dat.*), schädigen (*ac.*); beschädigen; **~dicial** *adj. c* schädlich; nachteilig; verderblich; ~ *para la salud* gesundheitsschädlich; **~icio** *m* Schaden m, Nachteil m, Beeinträchtigung f; ⚖ ~ *jurídico* Rechtsnachteil m; *sin* ~ *de* unbeschadet (*gen.*); vorbehaltlich (*gen.*); *a* (*od.* *con, en*) *su* ~ *zu s-m* Schaden, zu s-m Nachteil.
perju|rar I. v/i. *e-n* Meineid schwören; † *u. lit. a.* ohne Not schwören; **II.** v/r. **~se** meineidig (*fig.* wortbrüchig) werden; **~rio** *m* Meineid m; Eidbruch m; **~ro** *adj.-su.* meineidig; eidbrüchig; m Eidbrüchige(r) m.
perla f 1. Perle f; *fig.* Juwel n, Perle f, Kleinod n (*alles fig.*); ~ *compacta*, ~ *de cultivo* Zuchtperle f; *fig.* F *de* ~s ausgezeichnet; sehr gelegen, wie gerufen; 2. *Typ.* Diamant f (4-Punkt-Schrift); **~do** *adj.* perlförmig.
perle|ría *koll.* f Perlen f/pl.; **~ro** *adj.* Perl(en)...; *ostra f* ~a Perlmuschel f.
perli|no *adj.* perlfarben; *brillo m* ~ Perlen-glanz m, -schimmer m; **~ta** *Min.* f Perlit m.
perlón *Wz. tex. m* Perlon n.
permane|cer [2d] v/i. 1. (ver)bleiben, (ver)weilen; dableiben; *s.* aufhalten; *permanecerá aquí* er wird (weiterhin) hierbleiben; 2. verhar-

ren; fortdauern; ~ excitado erregt bleiben (Nerv, elektr. Relais); ~ncia f 1. Anhalten n, Fortdauer f; Dauer f; 2. Phys., ⊕ Beharrungszustand m; 3. Bleiben n, Verweilen n; Verharren n; Aufenthalt m; ~ en cama Bettlägerigkeit f, Krankenlager n; ~ en un lugar Ansässigkeit f; 4. Permanenz f; ~nte I. adj. c bleibend; dauernd; Dauer...; ⚔ stehend (Heer); (de carácter) ~ ständig; Typ. composición f ~ Stehsatz m; conserva f ~ Dauerkonserve f; servicio m ~ Dauerbetrieb m; durchgehender Dienst m; Tag- u. Nachtdienst m; Parl. sesión f ~ Dauersitzung f; II. f Dauerwelle f; ~ en frío Kaltwelle f.
permanganato 🜋 m Permanganat n.
permea|bilidad f Durchlässigkeit f; Undichtigkeit f; Porosität f; Phys. Permeabilität f; ~ble adj. c durchlässig; undicht; ~ a la luz lichtdurchlässig; ~r v/t. eindringen in (ac.).
pérmico Geol. m Perm n.
permi|sible adj. c zulässig, statthaft; ~sionario m 1. ⚔ Urlauber m; 2. Méj. bsd. Vkw. Lizenz-, Konzessions-inhaber m; ~sivo adj. gestattend; Erlaubnis..., Berechtigungs...; ~so m 1. Erlaubnis f; Genehmigung f; Bewilligung f; Zulassung f; Kfz. ~ de circulación (del vehículo) Kraftfahrzeugschein m, Zulassung f; ~ de conducir Führerschein m; ✍ ~ de despegue Starterlaubnis f; ~ de edificación Baugenehmigung f; ~ en feble (en fuerte) (Münzgewichts-)Toleranz f nach unten (nach oben); ~ de importación (de residencia) Einfuhr- (Aufenthalts-)genehmigung f; con ~ mit Verlaub, gestatten Sie; ¿hay ~? darf ich?; darf man?; 2. Urlaub m; ⚔ ~ de salida Ausgangserlaubnis f; ⚓ ~ en tierra Landurlaub m; estar con (od. de) ~ auf Urlaub sein; ~tente part.: autoridad f ~ Genehmigungsstelle f, genehmigende Behörde f; ~tido adj. erlaubt; gestattet; zugelassen; si es ~ pregunтar wenn die Frage erlaubt ist; ~tir I. v/t. erlauben, gestatten; genehmigen, zulassen; ermöglichen; ~ el café al enfermo dem Kranken den Kaffeegenuß erlauben; ~ que + subj. genehmigen (od. erlauben od. gestatten), daß + ind.; II. v/r. ~se: me permito hacerlo ich nehme mir die Freiheit (od. ich gestatte mir), es zu tun; permítaseme una palabra más (man gestatte mir) noch ein Wort; no se permite fumar Rauchen verboten.
permu|ta f Tausch m; Umtausch m; Umsetzung f; ~ (de casa) Wohnungstausch m; ~table adj. c a. ⚖ ver-, aus-tauschbar; Arith. permutabel; ~tación f Auswechslung f, Tausch m; Arith. Permutation f, Versetzen n; ~tador ⚡ m Umschalter m; ~tar v/t. auswechseln, vertauschen; umsetzen; Arith. permutieren.
perna Zo. f Schinkenmuschel f; ~da f Stoß m mit dem Bein; Stellangel f (Fischerei); ⚖ hist. derecho m de ~ Jus n primae noctis; Recht n der ersten Nacht.

perne|ar F v/i. strampeln; fig. s. die Beine ablaufen, herumrennen; ~ra f Hosenbein n; ~tas f/pl. dim. Beinchen n/pl.; adv. en ~ mit nackten Beinen, barfuß.
perni|abierto adj. mit gespreizten Beinen; ~cioso adj. verderblich; bösartig, ⚕ perniziös; ~corto adj. kurzbeinig.
perni|l m 1. Span. Reg., bsd. N, NO Schinken m bzw. Keule f; Bein n, Schlegel m (Geflügel); 2. Hosenbein n; ~largo adj. langbeinig.
pernio Zim. m Tür-, Fenster-band n; Scharnierband n; Fenster-, Tür-angel f.
perniquebrar(se) [1k] v/t. (v/r.) (s.) ein Bein (bzw. die Beine) brechen (dat.).
perno ⊕ m Bolzen m; Stift m; Zapfen m z. B. e-r Fensterangel; ~ remachado Nietbolzen m.
pernocta|ción f Übernachtung f; ~r v/i. übernachten; die Nacht verbringen.
pero¹ ♣ m 1. Birnapfel m; 2. Span. Reg., Arg. Birnbaum m.
pero² I. cj. aber; indes, (je)doch, allein; sondern (nach verneintem Satz); fig. ¿~ dónde vas a parar? worauf willst du eigentlich (noch) hinaus?; F ha estado ~ que estupendo es war einfach großartig; II. m Einwand m, Aber n; no hay ~ que valga da gibt es gar kein Aber; a. keine Widerrede!; no tiene ~(s) es ist nichts daran auszusetzen; poner siempre ~s immer et. einzuwenden haben.
Pero P npr. ~ → Pedro; Folk. ~ Botero der Teufel; las calderas de ~ Botero die Hölle.
perogru|llada F f Binsenwahrheit f; ~ʟlo npr. Folk.: sonderbarer Kauz (legendäre Gestalt); verdad f de ~ → perogrullada.
pero|l m Schmortopf m; gewölbter Kessel m; Schöpfkelle f; ~la f Col. Stielkasserolle f.
pero|né Anat. m Wadenbein n; ~neo adj. Waden...
peronis|mo Pol. m Peronismus m; ~ta Pol. adj.-su. c peronistisch; m Peronist m, Anhänger m Peróns.
perora|ción f Rede f; Rhet. Zsfassung f, Schlußwort n; ~r v/i. 1. e-e Rede halten; die zs.-fassendes Schlußwort sprechen; fig. F e-e langweilige Rede halten, salbadern F; 2. lit. inständig bitten; ~ta f langweilige Rede f.
peróxido 🜋 m Peroxid n; ~ de hidrógeno Wasserstoffperoxid n.
perpen|dicular I. adj. c lot-, senkrecht; tex. fadengerade; II. f Lot-, Senk-rechte f; ⚛ trazar (od. tirar) una ~ ein Lot fällen; ~dículo m 1. Lot n; 2. ⚛ Höhe f; ⊕ Pendel n, Perpendikel n, m.
perpetra|ción ⚖ f Begehen n, Verüben n e-s Verbrechens; ~dor m Täter m; ~r v/t. Verbrechen begehen.
perpetua ♣ f Strohblume f.
perpetu|able adj. c zu verewigen(d); fortpflanzbar; ~ación f Fortdauer f; Verlängerung f; Verewigung f; Fortpflanzung f; ~án tex. m → sempiterna; ~ar [1e] v/t. verewigen; Dauer verleihen (dat.); fortpflanzen; ~ un error e-n Irrtum auf-

rechterhalten; ~ la especie s. fortpflanzen; ~idad f Fortdauer f; fig. Ewigkeit f; a ~ lebenslänglich; ~o adj. fortdauernd, unaufhörlich; lebenslänglich (Strafe); auf Lebenszeit (Amt, Rente, Pension); fig. ewig; aparato m de movimiento ~ Perpetuum n mobile.
Perpiñán m Perpignan n.
perple|jidad f Verlegenheit f; Bestürzung f; Verblüffung f; ~jo adj. 1. verlegen, verwirrt, perplex; bestürzt; quedar ~ ante bestürzt sein (od. s. bestürzt zeigen) bei (dat.); 2. verwirrend; verblüffend.
perquisición f genaue Untersuchung f.
pe|rra f 1. Hündin f; fig. F ~ chica (gorda) Fünf- (Zehn-)céntimo-Münze f; F no tener ~ le parirá lechones der der immer (ein) unverschämtes Glück; fig. F tener ~s Geld (od. Zaster F) haben; llevar una vida (de) ~ ein Hundeleben führen; F ¡qué vida más ~! was für ein Hundeleben! F; 2. fig. F a) Koller m F, Raptus m F (der Kinder); b) Widerborstigkeit f; Stinklaune f F; ~rrada f 1. 🦮 Meute f; 2. fig. F Hundsgemeinheit f F; hacer una ~ a alg. j-m gemein mitspielen; ~rramente F adv. hundsgemein F; hundeelend F; ~rrengue F m 1. Trotzkopf m (Kind); Hitzkopf m; 2. † desp. Neger m; ~rrera f 1. Hundehütte f; Hundezwinger m; ☹ Hundeabteil n; fig. F Arrestlokal n; Rpl. Karren m des Hundefängers; 2. fig. F → perra 2 a; 3. fig. F Schinderei f; Hundeleben n F; ~rrería f 1. Hunde m/pl., Meute f; fig. F Gesindel n, Meute f (fig.); 2. fig. Niedertracht f, Gemeinheit f; Grobheit f; ~rrero m Hunde-führer m; -wärter m; -fänger m; ~rrillo m 1. (junges) Hündchen n; Schoßhündchen n; fig. F ~ de todas bodas wer bei allen Vergnügungsveranstaltungen, Familienfeiern usw. anzutreffen ist; 2. Hahn m e-r Büchse; 3. ⚙ Drahtspanner m; ~rrito m dim. Hündchen n; ~ de falda (od. faldero) Schoßhündchen n; Méj. ~ de Chihuahua → perro (2) de las praderas.
pe|rro I. m 1. Zo. Hund m; ~ de aguas, ~ de lanas Pudel m; ~ de aguas cocker Cocker-Spaniel m; ~ ártico, ~ de trineo Polar-, Schlitten-hund m; ~ de carreta Karren-, Zieh-hund m; ~ de caza Jagdhund m; ~ del cortijo Hof-, Ketten-hund m; ~ de Chihuahua Chihuahua m; ~ chino, ~ cantonés Chow-Chow m; ~ gran danés deutsche Dogge f; ~ (guía) de ciego Blindenhund m; Jgdw. ~ de jabalí Saupacker m, Hetzhund m; ~ lobo Wolfshund m; ~ Malta Malteser m; Am. ~ de monte Buschhund m; Am. ~ mudo a) ~ 2; b) → techichi; ~ de muestra Vorstehhund m; ~ pastor alemán Dt. Schäferhund m; ~ policía Polizeihund m; ~ Pomerania Spitz m; ~ de presa Bullenbeißer m, Bulldogge m, Bluthund m; F ~ salchicha Dackel m; Teckel m; Jgdw. ~ ventero Basset m; ~ de Terranova Neufundländer m; F ~ tranvía Basset m; echarle los ~s a alg. die Hunde auf j-n hetzen (od. loslassen); fig. scharf gegen j-n vorgehen; 2. Zo. Méj. ~ de agua Katzenotter m; ~ de mar ~ tiburón; Am. ~ de las

perruno — pesadez

praderas Präriehund *m*; **3.** *fig. desp.* Hund *m*; de ~s sehr schlecht; *humor m* de ~s mürrische Laune *f*, Stinklaune *f* F; *a. adj. tiempo m* (de) ~(s) Hundewetter *n*; *¡a otro ~ con ese hueso!* das können Sie einem andern erzählen!; machen Sie das einem andern weis! F; *le conocen hasta los ~s* er ist bekannt wie ein bunter Hund; F *dar ~ a alg.* j-n warten lassen; F *darse a ~s* außer s. geraten, toben, fuchsteufelswild werden; *hacer tanta falta que* (un) ~ (*od. los* ~s) *en misa* völlig überflüssig (*od.* ganz fehl am Platze) sein; das fünfte Rad am Wagen sein; *fig.* F *ser ~ viejo* ein schlauer Fuchs sein, ein alter Hase sein; *fig. tratar a alg. como a un ~* j-n wie e-n Hund behandeln; *Spr. el ~ del hortelano* (, *que ni come la berza ni la deja comer*) rügt denjenigen, der andern nur deswegen et. vorenthält, weil er es selbst nicht nutzen kann; *Spr. ~ ladrador nunca buen mordedor* Hunde, die (viel) bellen, beißen nicht; *Spr. muerto el ~, se acabó la rabia* ein toter Hund beißt nicht mehr; **4.** ⊕ Drehherz *n*; *Zim.* (Parallel-)Zwinge *f*; **5.** ~s *m/pl. calientes* Hot dogs *n/pl.*; **II.** *adj.* **6.** F mies F, übel, Hunde... F; **~rruno** *adj.* hündisch; Hunde...
persa *adj.-su. c* persisch; *m* Perser *m*.
perse|cución *f* Verfolgung *f*; **~guidor** *adj.-su.* verfolgend; *m* Verfolger *m*; **~guidora** *f* Verfolgerin *f*; *fig.* F *Pe.* Katzenjammer *m*; **~guir** [31 *u.* 3d] *v/t.* verfolgen.
persevera|ncia *f* Beharrlichkeit *f*; Ausdauer *f*; **~nte** *adj. c* beharrlich; standhaft; ausdauernd; **~r** *v/i.* ausharren (in *dat.* en) beharren (auf)
Persia *f* Persien *n*. [*dat.* en).}
persiana *f* **1.** Jalousie *f*; Rolladen *m*; ~ *enarrollable* Rolljalousie *f*; ~ *automática* Springrollo *n*; **2.** *tex.* Persienne *f* (geblümter Seidenstoff).
pérsico I. *adj.* persisch; **II.** *m* ⚘ Pfirsich *m* (*Urform, Baum u. Frucht*).
persignarse *Rel. v/r. s.* bekreuzigen, das Kreuz schlagen.
persis|tencia *f* **1.** Andauern *n*, Anhalten *n*; Fortbestand *m*; ⊕ ~ *del temple* Härtebeständigkeit *f*; **2.** Beharrlichkeit *f*, Ausdauer *f* (bei *dat.* en); **~tente** *adj. c* andauernd; bleibend; ⚘ *hojas f/pl.* ~s Dauerbelaubung *f*; **~tir** *v/i.* andauern, anhalten; *Pol. persiste la mayoría conservadora* die konservative Mehrheit bleibt (*od.* besteht auch weiterhin); ~ *en su voluntad* auf s-m Willen bestehen (*od.* beharren).
persona *f* Person *f*; Mensch *m*; en ~ persönlich; ~s *f/pl. a cargo* Unterhaltsberechtigte(n) *m/pl.*; ⚖ ~ *física* natürliche Person *f*; F *Span., Méj.* ~ *grande* Erwachsene(r) *m*; *dipl.* ~ (*non*) *grata persona* (non) grata; ~ *internacional* Völkerrechtssubjekt *n*; ⚖ ~ *moral*, ~ *jurídica* juristische Person *f*; ~ *de derecho público* Körperschaft *f* des öffentlichen Rechts; ⚖ *terceras ~s f/pl.* Dritte *m/pl.*; *querer hacer de* ~ e-e Persönlichkeit sein wollen, et. darstellen wollen F; *ser muy* ~ hervorragende Eigenschaften haben; **~ción** *f* persönliches Erscheinen *f*; Meldung *f* b. e-r Behörde; **~je** *m* (hohe) Persönlichkeit *f*; *Thea. u. Lit.* Person *f*; ~ *clave* Schlüsselfigur *f*; **~l I.** *adj. c* persönlich; personal; **II.** *m* Personal *n*; P Leute *pl.*; ~ *de contratación local* Ortskräfte *f/pl.*; ~ *especializado* Fachpersonal *n*; ~ *de obra od.* ~ *obrero* (*de plantilla*) Arbeits- (Stamm-)personal *n*; ~ *de servicio* (*bzw. de maniobra*) Bedienungspersonal *n*; 𝄞 ~ *volante*, ~ *de a bordo* fliegendes Personal *n*, Bordpersonal *n*; *jefe m* de(l) ~ Personalchef *m*.
persona|lidad *f* Persönlichkeit *f* (*alle Bedeutungen*); ⚖ ~ *jurídica* Rechtspersönlichkeit *f*; **~lismo** *m* **1.** Selbstsucht *f*, Egoismus *m*; **2.** *a. Pol.* Personenkult *m*; **3.** *Phil.* Personalismo *m*; **~lista** *adj. c* egoistisch, selbstsüchtig; *Phil.* personalistisch; **~lizado** *adj. EDV* benutzerdefiniert; **~lizar** [1f] **I.** *v/t.* personifizieren; *Gram.: unpersönliches Verb* persönlich verwenden; **II.** *v/i.* persönlich werden.
perso|nalmente *adv.* persönlich; *entregar* ~ eigenhändig abgeben, persönlich aushändigen; **~narse** *v/r.* persönlich erscheinen; vorsprechen b. *Behörden;* s. melden; **~nería** ⚖ *f Col.* Rechtspersönlichkeit *f*; **~nero** *m Col.* hohe(r) Kontrollbeamte(r) *m* e-r *Gemeinde;* **~nificación** *f* Personifizierung *f*, Verkörperung *f*; **~nificar** [1g] *v/t.* personifizieren, verkörpern.
perspecti|va *f a.* ⚘ *u. fig.* Perspektive *f; fig.* Aus-blick *m*, -sicht *f*; ~s *f/pl.* Aussichten *f/pl.* (*fig.*); Zeichnung *u. Phot.* ~ *aérea* Luftperspektive *f; Mal.* Pleinair *n*; ~ *desde abajo* Froschperspektive *f*; ~ *caballera* (*od. convencional*) Kavaliersperspektive *f*; ~ *de líneas* geometrische Perspektive *f; fig. de grandes* ~s aussichtsreich; *en* ~ in Aussicht (stehend) (*Geschäft usw.*); *sin* ~(*s*) aussichtslos; *alegrarse con la* ~ *de s.* freuen auf (*ac.*); **~vismo** *Phil. m* Perspektivismus *m*; **~vo I.** *adj.* perspektivisch; **II.** *m Mal.* perspektivischer Maler *m*.
perspi|cacia *f*, *a.* **~cacidad** *f* Scharfsinn *m*; Scharfblick *m*; **~caz** *adj. c* (*pl.* ~*aces*) scharfsinnig; hellsichtig; **~cuidad** *f* Deutlichkeit *f*; **~cuo** *adj. a. fig.* klar, deutlich.
persua|dir I. *v/t.* überreden; überzeugen; *dejarse* ~ s. bewegen lassen (*zu* + *inf. od.* + *dat. a*); ~ *a alg. a/c.* j-n von et. (*dat.*) überzeugen; ~ *a alg. a hacer a/c.* j-n dazu bewegen, et. zu tun; **II.** *v/r.* ~*se:* ~*se a a/c. s. zu et.* (*dat.*) entschließen, ~*se a hacerlo s.* dazu entschließen, es zu tun; glauben, es tun zu müssen; ~*se con* (*od. de, por*) *s. durch* (*ac. od.* von *dat.*) überzeugen (lassen); *estar* ~*ido de* von *dat.* überzeugt sein, *et.* fest glauben; **~sible** *adj. c* glaubhaft; **~sión** *f* Überredung *f*; Überzeugung *f*; *don m de* ~ → **~siva** *f* Überredungsbzw. Überzeugungs-gabe *f*; **~sivo** *adj.* überredend; überzeugend; **~sor** *adj.-su.* überzeugend; *m* Überzeugende(r) *m*.
perte|necer [2d] *v/i.* gehören (*j-m bzw. zu dat. a*); *te pertenece* + *inf.* es ist deine Aufgabe (*od.* Pflicht) zu + *inf.;* **~neciente** *adj. c* zugehörig (*dat. a*); **~nencia** *f* Zugehörigkeit *f*; Eigentum *n*; Zubehör *n*.
pértiga *f* Stange *f*; *Sp. salto m de* ~ Stabhochsprung *m*; ~ *de medición* lange Meßstange *f der Geometer;* **~go** *m* Deichsel *f*.
pertigue|ar 𝄞 *v/t.:* ~ *los árboles* die Früchte von den Bäumen schlagen; **~ro** *ecl. m* Schweizer *m in Domen.*
pertina|cia *f* Hartnäckigkeit *f*; **~z** *adj. c* (*pl.* ~*aces*) hartnäckig, zäh.
pertinen|cia *f bsd. Verw.*, ⚖ Sachgemäßheit *f*; Zulässigkeit *f*, Einschlägigkeit *f; Phonologie:* Relevanz *f; sin* ~ unerheblich, bedeutungslos; rechtsunerheblich; **~te** *adj. c* zur Sache gehörig, sachgemäß; einschlägig; passend, treffend; zulässig; rechtserheblich; *Li.* relevant; ⚖ *oficios m/pl.* ~s erforderliche Anträge *m/pl.* (*schriftlich*).
pertre|char I. *v/t.* ausrüsten; herrichten; **II.** *v/r.* ~*se con* (*od. de*) *s.* versehen mit (*dat.*); **~chos** *m/pl.* **1.** Ausrüstung *f*; ~ (*bélicos*) Kriegsgerät *n*; **2.** Geräte *n/pl.*; ✻ ~ *de siega* Ernte-geräte *n/pl.*; -maschinen *f/pl.*
pertur|bación *f a.* ✻, *Met., Phys.*, ⊕ Störung *f*; Unruhe *f; Rf.* ~*ones f/pl.* Störungen *f/pl.*; Nebengeräusch *n; HF* ~ *de* (*od. por*) *interferencia* Interferenzstörung *f*; ✻ ~ *mental* (*od. de la razón*) Sinnesverwirrung *f; Pol.* ~*ones f/pl. sociales* soziale Unruhen *f/pl.*; **~bado** *adj.-su.:* ~ *mental* geistesgestört; *m* Geistesgestörte(r) *m*; **~bador** *adj.-su.* verwirrend; störend; *m* Ruhestörer *m*; **~bar I.** *v/t.* verwirren; stören; beunruhigen; ~ *el orden público* die öffentliche Ordnung stören; **II.** *v/r.* ~*se* in Verwirrung geraten; den Verstand verlieren.
Perú *m* Peru *n; fig.* Goldgrube *f; fig.* F *valer un* ~ von unschätzbarem Wert sein.
perua|nismo *m* **1.** *Li.* peruanischer Ausdruck *m*; **2.** peruanische Wesensart *f*; Peruanertum *n*; **~nizar** [1f] *v/t.* peruanisch machen; ~*no adj.-su.* peruanisch; *m* Peruaner *m*.
peru|lero I. *adj.* † → *peruano;* **II.** *m hist. aus Peru als reicher Mann nach Spanien Heimkehrende(r) m; fig.* Neureiche(r) *m;* **~viano** → *peruano.*
perver|sidad *f* Verderbtheit *f*; **~sión** *f* Verderbnis *f*, Entartung *f*; ~ (*sexual*) Perversion *f*; **~so** *adj.* verderbt; entartet; widernatürlich; pervers; **~tidor** *m* Verführer *m*, Verderber *m*; **~timiento** *m* **1.** Verführung *f*; **2.** Verderbtheit *f*; **~tir** [3i] **I.** *v/t. Sitten, Text* verderben; verführen, pervertieren; *Wahrheit* entstellen, verdrehen; **II.** *v/r.* ~*se* sittlich verkommen; korrupt werden.
pervitina *pharm. f* Pervitin *n.*
pesa *f* **1.** Gewicht *n z. Wiegen*, Gewichtstein *m*; Uhrgewicht *n*; ~ *de contraste* Eichgewicht *n*; ~ *equilibradora* Auswuchtgewicht *n*; **2.** *Sp.* Hantel *f*; **3.** *Am. Cent., Col., Ven.* Fleischerei *f*, Metzgerei *f*; **~bebés** *m* (*pl. inv.*) Babywaage *f*; **~cartas** *m* (*pl. inv.*) Briefwaage *f*; **~da** *f* Einwaage *f*; **~dez** *f* **1.** Schwere *f* (*a. im Kopf*); ⚘ ~ *de cola* Schwanzlastigkeit *f*; **2.** Schwerfälligkeit *f*; Plumpheit *f*; Aufdringlichkeit *f*; **3.** Beschwerlich-

keit *f*; ~dilla *f* Alp-druck *m*, -traum *m*; ~do *adj.* 1. schwer (*a.* ♆ *Wasser*); Schwer...; schwül, drückend (*Wetter*); ⚓ ~ *de proa* buglastig; 2. schwerfällig, plump; 3. lästig; langweilig; aufdringlich; ~**dumbre** *f* 1. Schwerfälligkeit *f*; 2. Kummer *m*, Gram *m*; ~**je** *Sp. m* Wiegen *n*.
pésame *m* Beileid *n*; *dar el ~ a alg.* j-m sein Beileid aussprechen.
pesantez *f* Schwere *f*.
pesa|personas *adj. inv.*: *báscula f* ~ Personenwaage *f*; ~**r**¹ I. *v/t.* 1. *a. fig.* (ab)wägen; (ab)wiegen; 2. *Col., Ven. Fleisch* verkaufen; II. *v/i.* 3. wiegen; *fig.* reuen; *mal que le pese* ob er will oder nicht; *mal que me pese* so leid es mir tut; *a ~ de trotz* (*dat., gen.*); *a ~ de + inf.* obschon, obwohl, wenn auch *+ ind.*; ~**r**² *m* Leid *n*; Gram *m*, Kummer *m*, Sorge *f*; *a (gran) ~ mío* zu m-m (großen) Bedauern.
pesario ☥ *m* Pessar *n*.
pesaroso *adj.* 1. reuig; 2. betrübt, voller Gram.
pesca *f* 1. Fischfang *m*, Fischzug *m*; Fischerei *f*; *~ de (gran) altura* (Hoch-)Seefischerei *f*; *~ de arrastre* Schlepp(netz)fischerei *f*; *~ de bajura (costera)* Küstenfischerei *f* mit kl. (mit gr.) Fahrzeugen; *~ ballenera* Walfang *m*; *~ excesiva* Überfischen *n*; *~ fluvial (marítima)* Fluß(See-)fischerei *f*; *~ submarina* Unterwasserjagd *f*; *barco m de ~* Fischerboot *n*; *a. fig.* ¡*buena ~*! guten Fang!; ¡*Petri Heil*!; *derecho m de ~* Fischereirecht *n*; *paraje m de ~* Fischgründe *m/pl.*; 2. Fang *m*, gefangene Fische *m/pl.*; ~**da** *f* 1. *Fi.* a) → *merluza*; b) *Reg.* → *bacalao*; 2. □ → *ganzúa*; ~**dería** *f* Fischgeschäft *n*; Fischmarkt *m*; ~**dero** *m* Fischhändler *m*; ~**dilla** *f* *Fi.* Weißling *m*; *fig. F Span. oler la ~ et.* (*bsd. Negatives*) wittern; ~**do** *Kchk. m* Fisch *m* (*gefangen od. zubereitet*; *Am. Reg., z.B. Col. a. lebend*); *conservas f/pl. de ~* Fischkonserven *f/pl.*; *~ congelado* Gefrierfisch *m*; *~ en escabeche* (*od. a la marinera*) marinierter (*od.* eingelegter) Fisch *m*; *~ frito (rebozado)* Brat-(Back-)fisch *m*; *~ de mar (de río)* See-(Fluß-)fisch *m*; ~**dor** *m* 1. *~ de caña* Angler *m*; 2. Fischer *m*; *Chi., Rpl.* Fischhändler *m*; *~ de perlas* Perlenfischer *m*; 3. *Fi.* → *pejesapo*.
pescante *m* 1. Kutschbock *m*; 2. ⊕ Ausleger *m*; Kranausleger *m*; 3. ⚓ (Anker-, Boots-)Davit *m*; *~s m/pl. ordinarios* Schwenkdavits *m/pl*.
pescar [1g] *vt/i.* fischen; *fig.* (F *a. ~se v/r.*) fischen, angeln; *Krankheit* erwischen, ergattern, (auf-)schnappen (*alle fig.* F); *~ con caña* angeln; *fig. ~ en aguas turbias* (*od. en río revuelto*) im trüben fischen; *fig.* F *no sabes lo que te pescas* du hast ja k-e Ahnung, worum es geht; du kommst in Teufels Küche! F; *fig. ~ al vuelo* im Fluge auffangen; gleich richtig erfassen; *fig.* F *se pescó un monte* das ist was; einen geangelt F; *fig.* F *~ una merluza* b. ansäuseln F.
pes|cozón F *m* Schlag *m* ins Genick; ~**cozudo** *adj.* feist-, stier-nackig; ~**cuecete** *Chi.*: *ir de ~* s. umhalsen; ~**cuezo** *m* Genick *n*, Nacken *m*;

Hals *m*; F *(re)torcer el ~ a alg.* j-m den Hals (*od.* den Kragen) umdrehen F; *fig.* F *jugarse el ~* Kopf u. Kragen riskieren F.
pese: *~ a trotz* (*gen., dat.*); *~ a que* obwohl.
pesebre *m* ♞ Krippe *f*; *fig. bsd. Am.* Weihnachtskrippe *f*; *fig.* F Futterkrippe *f* F, Essen *n*.
pesero *m* 1. *Méj.* Streckentaxi *n*; 2. *Am. Cent., Col., Ven.* Metzger *m*, Fleischer *m*.
peseta *f* Pesete *f*; *fig.* F *cambiar la ~* (*s.*) erbrechen, s. übergeben.
pésete *m* Fluch *m*, Verwünschung *f*.
pesete|ra P *f* billige Nutte *f* F; ~**ro I.** *adj.* geizig, knickerig; **II.** *m Am.* → *sablista*.
pesia † *int.*: *¡~ (tal)*! hol's der Teufel!; ~**r [1b]** † *v/i.* fluchen.
pesillo *m* Münz-, Gold-waage *f*.
pesimis|mo *m* Pessimismus *m*; ~**ta** *adj.-su. c* pessimistisch; *m* Pessimist *m*.
pésimo *sup.* äußerst schlecht.
peso *m* 1. Gewicht *n*, Schwere *f*; Last *f*; *fig.* Bürde *f*, Last *f*; *fig.* Gewicht *n*, Bedeutung *f*; *a(l) ~ nach* Gewicht (*ge*)*kaufen*); *de ~* vollwichtig; *fig.* (ge)wichtig; bedeutend; *fig. a ~ de oro* sehr teuer; *sin ~* gewichtlos; *Phys.* schwerelos; *fig.* ohne Gewicht; ~ *agudo* Grundgewichte *n/pl. b. Treibnetzen*; ~ *atómico (molecular)* Atom- (Molekular-)gewicht *n*; ~ *bruto (neto)* Brutto- (Netto-)gewicht *n*; ~ *en canal* Schlachtgewicht *n*; *Phys. ~ centrífugo* Flieh-, Zentrifugal-gewicht *n*; ~ *cúbico (efectivo, real)* Raum- (Ist-)gewicht *n*; ⚖ ~ *al despegue* Startgewicht *n*; ~ *al envasar* (Ab-)Füllgewicht *n*; *Phys. ~ específico* spezifisches Gewicht *n*; ✝ ~ *s grandes (pequeños)* Schwer- (Leicht-)gut *n*; ✝ ~ *por pieza* Stückgewicht *n*; ~ *móvil* Lauf-, Schiebe-gewicht *n b. Waagen*; ~ *muerto* totes Gewicht *n*, Totlast *f*; ~ *propio* Eigengewicht *n*; ~ *útil* Nutz-gewicht *n*, -last *f*; ~ *en vacío; sin carga* Leergewicht *n*; ~ *en vivo* Lebendgewicht *n*; ⚖ ~ (en orden) *de vuelo* Fluggewicht *n*; *a.* ⚖ *exceso m de ~* Übergewicht *n*, ✝, *Vkw.* Mehrgewicht *n*; Überfracht *f*; *falto de ~* mindergewichtig; *fig. caer(se) de su (propio) ~* selbstverständlich sein; *fig.* ¡*dar buen ~* volles Gewicht geben; *fig.* F *no estar en su ~* nicht auf dem Damm sein; *levantar en ~ a j-n* in die Höhe heben; *fig. llevar en ~ a/c.* e-e Sache ganz übernehmen; *pagar a ~ de oro* mit Gold aufwiegen; *fig. se nos quitó un (gran) ~ de encima* uns fiel ein Stein vom Herzen; *fig. tener ~* Gewicht haben, zählen; *tomar a ~* mit der Hand abwiegen; *fig.* abwägen, prüfen; 2. Waage *f*; 3. Peso *m* (*Währungseinheit mehrerer span.-am. Länder*); ~ *oro* Goldpeso *m* *als Verrechnungseinheit*; *hist.* ~ *duro (od. fuerte) alter span.* Silbertaler *m*; 4. *Sp.* a) Gewicht *n*, Kugel *f*; *lanzamiento m de ~* Kugelstoßen *n*; *levantar ~s* Gewichte heben; b) Boxen: ~ *(de) gallo* Bantamgewicht *n*; ~ *pesado (pluma)* Schwer-(Feder-)gewicht *n*; 5. ⚕ ~ *gástrico* Magen-druck *m*, -drücken *n*.
pespita *f Guat.* kokettes Mädchen *n*.
pespun|te *m* 1. Steppen *n*; Stepp-

arbeit *f*; 2. Steppnaht *f*; ~**t(e)ar** *v/t.* 1. steppen (*nähen*); *p. ext. Gitarre* zupfen; 2. *Méj.* → *zapatear*.
pesque|ra *f* 1. Staudamm *m*; Wehr *n*; 2. *Rf.* Wellensucher *m*; 3. → ~**ría** *f* 1. Fischgrund *m*; Angelplatz *m*; *~ de perlas* Perlenbank *f*; 2. Fischerei *f*, Fischfang *m*; 3. → *pescadería*; ~**ro I.** *adj.* Fischer...; **II.** *m* Fischdampfer *m*; *Reg.* Fischhändler *m*.
pesquis F *m*: *tener mucho ~* viel Grips haben F; *no tener ~* dumm sein.
pesqui|sa I. *f* Suche *f*, Nachforschung *f*; Fahndung *f*; ⚖ Ermittlungsverfahren *n*; *hacer ~s* Nachforschungen anstellen; **II.** *m Span.* Schnüffler *m*; *Arg.* Geheimpolizist *m*; ~**sar** *v/t.* untersuchen; nachforschen nach (*dat.*); ~**sidor** *m* Nachforscher *m*; mit der Untersuchung beauftragte(r) Beamte(r) *m*; *oficial m ~* Ermittlungsbeamte(r) *m*.
pesta|ña *f* 1. Wimper *f*; *cepillo m de ~s* Wimpernbürste *f*; *fig.* F *sin mover ~* → *sin pestañear*; *fig.* F *quemarse las ~s* wild büffeln F, bis spät in die Nacht arbeiten; 2. Biese *f an Kleidern*; Franse *f*, Borte *f*; 3. ⊕ Rad-, Spur-kranz *m*; Falz *m b. Blechen*; 4. vorstehender Rand *m b. Einbänden*; 5. *tex.* Zettelende *n b. Tuch*; ~**ñada** *f Am.* Blinzeln *n*; ~**ñear** *v/i.* blinzeln; *fig.* F *sin ~* ohne mit der Wimper zu zucken; ~**ñeo** *m* Blinzeln *n*; ~**ñoso** *adj.* mit langen Wimpern; *Biol.* gewimpert.
pestazo F *m* fürchterlicher Gestank *m*.
pes|te *f* ⚕ *u. fig.* Pest *f*; ~ *bubónica* Beulenpest *f*; ⊕ ~ *del estaño* Zinnpest *f*; ⚕ ~ *neumónica (porcina)* Lungen- (Schweine-)pest *f*; *fig. echar ~s (contra)* schimpfen (auf *ac.*), wettern (gg. *ac.*); ~**tífero** *adj.* verpestend.
pestilen|cia *f* Pest(ilenz) *f*; ~**cial**, ~**te** *adj. c* scheußlich stinkend, verpestend, pestilenzialisch.
pestillo *m* 1. (Tür-, Fenster-)Riegel *m*; ~ *de golpe* Schnäpper *m*; 2. ⊕ Riegel *m*; Sperrklinke *f*; ⚔ Patronenrahmenhalter *m am Gewehr*; ⚔ Schloßriegel *m am M. G.*; Drücker *m am Visier*; ~ *de bloqueo* Sperrriegel *m*.
pestiño *Kchk. m* in Honig getauchter Pfannkuchen *m*. [Hals *m*.]
pestorejo *m* Stiernacken *m*; *fig.* F)
pestoso *Am. adj.* Pest...
petaca I. *f* 1. *Am.* Reisekorb *m*; Lederkoffer *m*; *Col. echarse con las ~s* → *petaquear*; 2. Zigarrentasche *f*; Tabaksbeutel *m*; Lederetui *n*; 3. P Bett *n*, Falle *f* F; 4. Flachmann *m* F = *Taschenflasche für Schnaps usw.*; 5. F *Am. Cent.* Buckel *m*; **II.** *adj.* 6. *Chi.* schwerfällig, unbeholfen (*bsd. von Dicken*).
pétalo ♃ *m* Blütenblatt *n*.
petanca *f* südfrz. Bocciaspiel *n*.
petanque *m Méj.* Silbererz *n*.
petaquear *v/i.* *~se v/r.* die Lust verlieren, nachlassen.
petar F *v/i.*: *si te peta* wenn du Lust hast.
petar|dear I. *v/t.* 1. mit Sprengschüssen sprengen; 2. *fig.* F betrügen, prellen; anpumpen F; **II.** *v/i.*

petardero — picadura 478

3. knattern; ~dero *m* **1.** Feuerwerker *m*; Sprengmeister *m*; **2.** *fig.* F → ~**dista** F *m* Gauner *m*; Pumpgenie *n* F; ~**do** *m* **1.** Feuerwerkskörper *m*; Sprengkörper *m*, -kapsel *f*; -schuß *m*; *fig.* F *pegar un ~ a alg.* j-n anpumpen F *(in der Absicht, nicht zurückzuzahlen)*; j-n begaunern; **2.** *fig.* F wertloser Film *m*, Schmarren *m* F.
peta|te I. *m* **1.** *Am. Reg.* **a)** Palmblattmatte *f (Schlafmatte usw.)*; **b)** Seesack *m der Matrosen*; **2. a)** F Bündel *n*; Gepäck *n*; *fig.* F *liar el ~* sein Bündel schnüren; sterben; **b)** P Pritsche *f (Gefängnis usw.)*; **3.** *Am. Reg.* Faulpelz *m*; Nulpe *f* F; **II.** *adj. c* **4.** F *Méj.* dumm, unbeholfen; feige; ~**tearse** F *v/r. Méj.* sterben, abkratzen P.
petenera *f Folk. andal.* Volkslied; *fig.* F *salir por ~s* dummes Zeug reden; Ausflüchte suchen.
peteretes † *u. Reg.* F *m/pl.* Näschereien *f/pl.*
petici|ón *f* **1.** Bitte *f*, Ansuchen *n*; Anliegen *n*; *a ~ de* auf Ersuchen *(od.* Wunsch) *(gen. od.* von *dat.)*; *~ en matrimonio* Anhalten *n um die Hand des Mädchens*, *Log.* ~ *de principio* Zirkelschluß *m*, *petitio f principii*; *hacer la ~ de mano un die Hand (e-s Mädchens)* anhalten; **2.** *Verw.* ~ Gesuch *n*; ⚖ Bittschrift *f*; *Pol.* Petition *f*; *~ de asilo* Asylantrag *m*; *hacer (formular, presentar) una ~* ein Gesuch *(bzw.* e-e Petition) einreichen; ~**onario** *(Am. a.* peticionante) *m* Bittsteller *m*; ~ *de asilo* Asylbewerber *m.*
petifoque ⚓ *m* Außenklüver *m.*
peti|gris *m* Feh *n*, Grauwerk *n*; ~**metre** *m* Geck *m*, Fatzke *m* F.
petirrojo *Vo. m* Rotkehlchen *n.*
petiseco *adj.* verfallen, runz(e)lig, welk.
petiso *Rpl., Chi.* **I.** *adj.* klein u. gedrungen *(Kind, Jungtier)*; **II.** *m* (kl.) Reitpferd *n.*
petisú *Kchk. m* Windbeutel *m* mit Cremefüllung.
petit grain *m*: *esencia f de ~* Petitgrainöl *n*, Art Pomeranzenessenz *f* zur Parfümherstellung.
petito|ria F *f* Bitte *f*, Ersuchen *n*; ~**rio I.** *adj.* Bitt...; *carta f ~a* Bittschrift *f*; *mesa f ~a* Sammeltisch *m* für e-e Kollekte; **II.** *m pharm.* Standardliste *f der Apotheken*; *fig.* F dreistes Ersuchen *n.*
pe|to *m* **1.** Brustpanzer *m*; *Zo.* Bauchpanzer *m*; **2.** *Stk.* Brustschutz *m der Pferde*; **3.** Brustputz *m*; **4.** Brustlatz *m*; Oberteil *n e-s Arbeitsanzugs*; *p. ext.* Arbeitsanzug *m (z. B. der Gärtner)*; **5.** *Fi.* Pfauenlippfisch *m*; ~**tral** *Equ. m* Brustriemen *m.*
petrel *m* Sturmvogel *m.*
pétreo *adj. a. fig.* steinern, Stein...
petrifica|ción *f* Versteinerung *f*; ~**r** [1g] **I.** *v/t.* versteinern; **II.** *v/r. ~se* versteinern, zu Stein werden.
petro|dólar *m* Petrodollar *m*; ~**glifo** *prehist. m* Felszeichnung *f*; ~**grafía** *f* Gesteinskunde *f.*
petróleo *m* Erdöl *n*; Petroleum *n*; *~ de alumbrado* Leuchtöl *n*; *~ crudo* Rohöl *n*; *pozo m de ~* Ölquelle *f*, Petroleumschacht *m.*
petro|lero I. *adj.* **1.** Erdöl..., Petro-

leum...; *flota f ~a* Tankerflotte *f*; **II.** *m* **2.** Petroleumhändler *m*; **3.** ⚓ Tanker *m*; **4.** *hist.* Revolutionär *m*, Mordbrenner *m*; ~**lífero** *adj.* erdölführend *(Schicht)*; Erdöl...; ~**químico** *adj.* petrochemisch.
petulan|cia *f* **1.** Ungestüm *n*; Dreistigkeit *f*; **2.** Anmaßung *f*; Eitelkeit *f*; ~**te** *adj. c* **1.** ungestüm; dreist; mutwillig; **2.** anmaßend; eitel.
petunia ♀ *f* Petunie *f.*
peúco *m* Babysocke *f.*
peyorativo *Li. adj.* pejorativ, abschätzig.
peyote ♀ *m Méj.* Peyotekaktus *m u. ä. Kakteenarten*; ~**ro** *m* Peyote-sammler *m*; -händler *m.*
pez[1] *m (pl.* peces) Fisch *m*; *~ de adorno (od.* de colores) Zierfisch *m*; *~ ballesta (cartilaginoso)* Drücker- (Knorpel-) fisch *m*; *~ de consumo (dorado)* Speise- (Gold-)fisch *m*; *~ espada (forraje)* Schwert- (Futter-)fisch *m*; *fig.* F *~ gordo* hohes Tier *n* F, großer *(od.* dicker) Fisch *m (fig.* F); *~ luna* Mondfisch *m*; *~ macho* Milchner *m*; *~ martillo (óseo)* Hammer- (Knochen-) fisch *m*; *~ de San Pedro* Heringskönig *m*, Petersfisch *m*; *~ piloto (sable)* Lotsen- (Degen-)fisch *m*; *~ verde* Meerpfau *m*; *~ zorro* Fuchshai *m*; *fig. como el ~ en el agua* wie der Fisch im Wasser; *fig. Sch. estar ~* nicht vorbereitet sein; F *estar ~ en algo* von et. *(dat.)* k-e Ahnung haben; von et. nichts verstehen; *fig.* F *salga ~ o salga rana* auf gut Glück, wie es der Zufall will.
pez[2] *f* Pech *m*; *~ aislante (de zapateros)* Isolier- (Schuster-)pech *n.*
pe|zón *m* **1.** Brustwarze *f*; Zitze *f*; *p. ext. ~ materno* Mutterbrust *f*; **2.** Stiel *m*; Ende *n*; Zipfel *m*; ~**zonera** *f* **1.** 🐝 Warzen-, Saughütchen *n*; Brustglas *n*; 🐄 Melkzitze *f*; *Am. Reg.* → *biberón*; **2.** Lünse *f an Radachsen.*
pezuña *f Zo.* Klaue *f der Spalthufer*; *fig.* P Hand *f*; *fig.* P *meter la ~ s.* blamieren, ins Fettnäpfchen treten F.
pia|da *f* Piepen *n*; *fig.* F *von andern übernommener Ausdruck m*, „Nachpiepen" *n* F; ~**dor I.** *adj.* piep(s)end; **II.** *m* □ Trinker *m.*
piadoso *adj.* **1.** fromm; andächtig; *ejercicios m/pl. ~s* Andachtsübungen *f/pl.*; **2.** barmherzig; mitleidig; mild(tätig); *obras f/pl. ~as* gute Werke *n/pl.*
piafar *v/i.* tänzeln, die Hufe spielen lassen *(Pferd).*
pia|l *Am. m* Lasso *m*, Schlinge *f*; Lassowurf *m*; ~**lar** *Am. v/t.* die Beine *e-s Tieres* mit der Wurfschlinge fesseln.
piamadre *Anat. f* weiche Hirnhaut *f*, Pia Mater *f.*
Piamon|te *m* Piemont *n*; 2**tés** *adj.-su.* aus Piamont; *m* Piemontese *m.*
pián 🐝 *m* Himbeerseuche *f*, Frambösie *f.*
pian(o) F *adv.* langsam; sachte.
pia|nísimo *J adv.* pianissimo; ~**nista** *c* Klavierspieler(in *f*) *m*, Pianist(in *f*) *m*; ~**nístico** *adj.* pianistisch; Klavier...; ~**no I.** *m* Klavier *n*; Piano *n*; *(gran) ~ de concierto* Konzertflügel *m*; *~ de cola* Flügel *m*; *~ de media (bzw.* de cuarto) *cola*, *a. ~ colín* Stutzflügel *m*; *~ cuadrado*

Tafelklavier *n*; *~ vertical (od.* recto) Klavier *n*; *tocar el ~* Klavier spielen; *fig.* F *Pe.* stehlen; **II.** *adv.* ♪ piano; ~**noforte** † ♪ *m* Klavier *n*, Pianoforte *n*; ~**nola** *f* mechanisches *(od.* elektrisches F) Klavier *n*, Pianola *n.*
piar [1c] *v/i.* piep(s)en; *fig.* F *~ por et.* (unbedingt) haben wollen.
piara *f* Schweineherde *f*; *p. ext. a.* (Maultier-, Rinder- *usw.*)Herde *f.*
piastra *f* Piaster *m (Münzeinheit).*
pibe F *m Rpl.* Kleine(r) *m*, Junge *m.*
pica[1] *f* **1.** Pike *f*, Spieß *m*, Lanze *f*; *fig. poder pasar por las ~s de Flandes* vollkommen sein, der strengsten Kritik standhalten; *poner una ~ en Flandes* et. sehr Schwieriges *(od.* Gefährliches) vollbringen; **2.** Spitzhacke *f*, Pickel *m*; *Sp.* Eis-pickel *m*, -beil *n*; **3.** ⊕ Spitze *f*, Dorn *m*, Stachel *m.*
pica[2] *f Am. Mer.* Anzapfen *n der* Gummibäume.
pica[3] ⚔ *f → malacia* 2.
pica|barrenas ⚒ *m (pl. inv.)* Abbaubohrer *m*; ~**cho** *m* Bergspitze *f*, Spitze *f*; ~**chón** *m* Spitzhacke *f*, Pickel *m*; ~**da** *f* **1.** (Insekten-)Stich *m*; Schnabelhieb *m*; **2.** Anbeißen *n der Fische*; **3. a)** *Am.* künstlich angelegter Pfad *m* durch den Urwald; Waldschneise *f*; **b)** *Arg.* schmale Furt *f*; **4.** *Bol.* Klopfen *n an der Tür*; **5.** *Cu.* → *sablazo*; **6.** *Chi., Pe.* Milzbrand *m des Viehs*; **7.** *Reg. (in Am. u. Span.)* → *picado m*; ~**dero** *m* **1.** Reitbahn *f*; Reitschule *f*; Tattersall *m*; **2.** *fig.* F Tummelplatz *m*; Junggesellenbude *f*; sturmfreie Bude *f* F; Absteige(quartier *n*) *f*, Nahkampfdiele *f (fig.* P). **3.** ⚓ Kiel-holz *n*, -block *m*; ~*s m/pl.* Stapel *m*; **4.** *Jgdw.* Brunftplatz *m*; **5.** *Col.* Schlacht-haus *n*, -hof *m*; ~**diente** *m Méj.* Zahnstocher *m*; ~**dillo** *m* Hackfleisch *n*; Wurstfülle *f*; *~ de carne de ternera* Kalbshaschee *n*; *fig.* F *hacer(le) ~ a alg.* j-n zu Hackfleisch machen *(fig.* F); j-n gewaltig zs.-stauchen F; ~**do I.** *adj.* **1.** angepickt, angefressen *(Obst usw.)*; e-n Stich habend *(z. B.* Wein); hohl, faul *(Zahn)*; gekränkt, pikiert F; ⚓ kabbelig *(See)*; voller Schlaglöcher *(Straße)*; *de viruelas* pockennarbig; **II.** *m* **2.** ⊕ Feilenhieb *m*; *Kfz.* Klopfen *n (Motor)*; **3.** ♪ Stakkato *n*; **4.** ⚔ *~ vertical od.* vuelo *m ~* Sturzflug *m*; **5.** *Cu.* Waldschneise *f*; **6.** *Méj.* Anzapfen *n der* Sapotillbäume zur Kaugummigewinnung; ~**dor** *m* **1.** Zureiter *m*; Kunstreiter *m*; *Stk.* Pikador *m (berittener Stierkämpfer mit Pike)*; *fig.* F *tener ~ cabeza más dura que un ~* ein Dickschädel sein; **2.** ⚒ *~ (de minas)* Häuer *m*; **3.** Hackbrett *n*, Gemüseschneider *m*; **4.** ⚓ Block *m zur* Kielauflage; **5.** *Am. Reg.* Kautschukzapfer *m*; ~**dora** *f* Fleischwolf *m*; *~ (de forraje)* Futterschneid- *bzw.* Häcksel-maschine *f*; ~**dura** *f* **1.** Stich *m*; Stechen *n*; Picken *n*; Hacken *n*, Häckseln *n von Tabak*, Viehfutter; **2.** (Insekten-)Stich *m*; Anstich *m e-s Fasses*; **3.** angestochene *(bzw.* angestoßene) Stelle *f*, Macke *f (z. B. bei Obst)*; Mottenfraß *m*; Lochfraß *m b.* Metallen; *~ de gusanos* Wurmfraß *m*; **4.** *(tabaco m de) ~* (grober) Schnittabak *m*, Grobschnitt *m*; **5.** ⊕ Feilenhieb

m; (Schaft-)Riffelung *f*; ~duría *f Chi.* Platz *m* zum Holzspalten.
pica|figo *Vo. m* Feigendrossel *f*; ~**flor** *m Vo. Am.* Kolibri *m*; *fig.* Schürzenjäger *m*, Don Juan *m.*
pica|jón *F*, ~**joso** *F adj.* reizbar; empfindlich, leicht pikiert *F*; ~**maderos** *Vo. m* (*pl. inv.*) *Art* Grünspecht *m.*
picante I. *adj.* c scharf, *a. fig.* pikant; II. *m* scharfes Gewürz *n*; *Am.* stark gewürztes (*bsd.* gepfeffertes) Gericht *n*; ~**ría** *f Pe.* Speisewirtschaft *f, die vor allem picantes anbietet; Col.* (einfaches) Straßenrestaurant *n.*
picaño *adj.* 1. zerlumpt; verwahrlost; 2. faul; frech.
pica|pedrero *m* Steinklopfer *m*; Schotterschläger *m*; ~**pica** *m* 1. ⚘ *Am.* Nesselliane *f*; 2. F Jucken *n*, Juckreiz *m*; *polvos m/pl.* de ~ Juckpulver *n*; ~**pleitos** F *m* (*pl. inv.*) Winkeladvokat *m*; ~**porte** *m* 1. (Tür-)Drücker *m*, Klinke *f*; ~ *interior* Gg.-drücker *m* b. Autotür; 2. *Reg. u. Am. Mer.* Türklopfer *m*; ~**puerco** *Vo. m* Mittelspecht *m.*
picar [1g] I. *v/t.* 1. stechen (*Nadel, Insekt usw.*); beißen (*Schlange*); *a. Schablonen, Muster* ausstechen; *Fahrkarte* lochen; *Faß* anzapfen; *Stk.* den *Stier* mit der Pike stechen; *la pimienta pica el paladar* der Pfeffer brennt am Gaumen; 2. pikken; mit dem Schnabel hacken; ~ *los ojos* die Augen aushacken; 3. *Pferd* spornen; *p. ext.* zureiten; 4. kleinhacken; *Steine* (zer)klopfen *bzw.* zuhauen; ♣ behauen; ~ *Tau* kappen; 5. klopfen; *Reg.* Kleider ausklopfen; *Mühlstein* aufrauhen, schärfen; *Sense* dengeln; ⊕ *Feilen* hauen; ♣ ~ *la hora* glasen; 6. *Pflanzen* pikieren, auspflanzen *bzw.* vertopfen; 7. ♪ stakkato spielen; 8. *Billard usw.*: dem Ball Effet geben; 9. *fig.* ärgern, reizen; *le pica la curiosidad* er brennt vor Neugier; 10. *Ant., Méj.* mit dem Buschmesser aushauen; ~ *el monte* e-e Schneise in das Unterholz schlagen; 11. *Chi., P. Ri.* Holz spalten; *fig.* F Zeitung *usw.* rasch überfliegen; 12. *Méj.* ~**le** schneller gehen (*bzw.* fahren, reiten *usw.*); II. *v/t.* 13. ✈ (*hacer*) ~ (*v/i.*) *el avión* Tiefensteuer geben, das Flugzeug drücken; III. *v/i.* 14. stechen, brennen (*Körperteil, Pfeffer, Sonne*); jucken, prickeln; *me pica la pierna* ich habe ein Prickeln im Bein; 15. (nur) wenig essen, picken (*fig.* F); anbeißen (*Fisch*); *fig.* F *¡eh, tú no me haces~!* du legst mich nicht herein, in die Falle gehe ich nicht; 16. † *u. Reg.* anklopfen (an der Tür); *fig.* ~ muy (*od.* más) *alto* hoch (*od.* höher) hinaus wollen; ~ *en descaro* (*en poeta, en valiente*) an Frechheit grenzen (beinahe ein Dichter sein; schon tapfer sein); 17. ♣ schnell(er) reiten; ♣ schnell(er) rudern; 18. niederstoßen (*Greifvögel*); ⚔ im Sturzflug niedergehen, stürzen; 19. *Chi.* schwatzen; 20. *P. Ri.* Roulett spielen; IV. *v/r.* ~**se** 21. von Motten zerfressen werden; anfangen zu faulen; e-n Stich bekommen (*Wein, Fleisch u. ä.*); schimmelig (*od.* stockig) werden (*Getreide*); 22. in die Brunst kommen (*Tiere*); 23. unruhig werden (*See*); 24. *fig.* s. ärgern, pikiert sein F; ~*se con alg.* j-n (prahlerisch) herausfordern; s. mit j-m verfeinden; ~*se de a/c.* a) s. durch et. (*ac.*) verletzt fühlen; b) s. et. zugute tun auf e-e Sache; s. aufspielen als et.; ~*se de caballero* den feinen Mann herauskehren (wollen); 25. *Méj., P. Ri.* angesäuselt sein F; 26. F fixen F, drücken F, an der Nadel hängen F (*Drogen*).

pica|rdía I. *f* 1. Gauner-stück *n*, -streich *m*; 2. Schlauheit *f*, Pfiffigkeit *f*; II. *m* 3. ~**s** (*pl. inv.*) *Span.* durchsichtiges Nachthemd *n*; ~**rel** *Fi. m* Schnauzbrassen *m*; ~**resca** *f* 1. *Lit.* Schelmenliteratur *f*; 2. Gaunertum *n*; Gaunerleben *n*; ~**resco** *adj.* spitzbübisch; Gauner...: *Lit.* Schelmen...; *novela f* ~*a* Schelmenroman *m.*
pícaro I. *adj.* 1. schurkisch; heimtückisch; 2. schlau, durchtrieben; *a. fig.* spitzbübisch; Lausbuben...; II. *m* 3. Schurke *m*, Gauner *m*, Galgenstrick *m* F; 4. Schlingel *m*, Lausbub *m* F; *Lit.* Schelm *m.*
picarón F I. *adj. fig., burl.* spitzbübisch, Gauner...; II. *m Kchk. Chi., Pe., Méj. Art* Krapfen *m.*
picatoste *m* geröstete Brotschnitte *f.*
picaza[1] *Vo. f* Elster *f.*
pica|za[2] ⚘ *f Reg.* kl. Hacke *f*; ~**zo**[1] *m* 1. Pikenstich *m*; Stichnarbe *f*; 2. → *picotazo.*
picazo[2] *m* 1. junge Elster *f*; 2. Schecke *m* (*Pferd*); *fig.* F Bol. *montar el* ~ zornig aufbrausen.
picazón *f* Jucken *n*; *fig.* F Verdruß *m*, Ärger *m.*
picea ⚘ *f* Rottanne *f*, Fichte *f.*
Picio *fig.* F: *más feo que* ~ grundhäßlich, häßlich wie die Nacht.
pic(k)les *m/pl.* Mixed Pickles *pl.*, Mixpickles *pl.*
pick|nic(k) *m* Picknick *n.*
pick-up *m* 1. *Phono* a) Tonabnehmer *m*; b) Plattenspieler *m*; 2. *Kfz. Am.* Pritschenwagen *m* (*kleiner offener LKW mit kurzer Ladefläche*).
pícnico ⚕ *adj.-su.* pyknisch; *m* Pykniker *m.*
pico[1] *m* 1. Schnabel *m* (*a. fig.* F); *fig.* Mundwerk *n* F; ~ *curvo* Hakenschnabel *m* der Raubvögel; *fig.* ~ *de oro* hervorragender Redner *m*; ⚔ *Jgdw.* ~ *de viento* den Wind; *fig.* F *abrir el* ~ den Mund aufmachen, reden; *fig.* F *cerrar el* ~ den Mund (*od.* den Schnabel F) halten; *darse el* ~ schnäbeln; *fig.* F s. abknutschen F; *irse a* (*od. de*) ~*s pardos* a) fremdgehen (*fig.* F); b) die Zeit vertun, bummeln; *fig. irse del* ~ mit der Sprache herausrücken; s. verplappern; *fig. perder*(*se*) *por el* ~ s. durch sein Reden schaden, zuviel reden; *iron. no* (*se*) *perderá por el* ~ alles Angabe! F; *tener buen* ~ ein tolles Mundwerk haben; *Chi. seguirle a alg.* ~ *en cola* j-m auf dem Fuße folgen; 2. Schnabel *m*, Schnauze *f*, Tülle *f* e-s *Gefäßes*; Ausguß *m*; 3. ⚘ ~ *de gas* (offene) Gasflamme *f*; ~ *de cigüeña* Storchschnabel *m*; ~ *de gorrión* Vogelknöterich *m*; 4. *Zo. Chi. Art* Entenmuschel *f*; 5. *Sp.* Schnabel *m* (*Bremsfigur b. Eislauf*); 6. Spitze *f*; *a. Anat.* Zacke *f*; Zipfel *m*; *fig.* Spitze *f* (*höchste Belastung u. ä.*); *fig.* F ein bißchen (darüber); ⚡ ~ *del consumo eléctrico* Spitze *f* des Stromverbrauchs, Stromspitze *f*; ♣ ~ *de loro* Ankerspitze *f*; ~ *del mantón* Zipfel *m* des Umschlagetuchs; *a las cinco y* ~ kurz nach fünf (Uhr); *tiene sesenta años y* ~ er ist Anfang der Sechziger; *quinientas pesetas y* ~ etwas über 500 Peseten, 500 Peseten und ein paar Zerquetschte F; *costar un* ~ e-e Stange Geld kosten F; 7. Berggipfel *m*, Spitze *f*, Pik *m*; *cortado a* ~ steil abfallend (*Fels usw.*); 8. ♣ Gaffel *f*; 9. Spitz-hacke *f*, -haue *f*; (Beil-)Picke *f*; Eispickel *m*; ♣ ~ *de bateo* Stopfhacke *f*; ~ *de cabra* Geißfuß *m* der *Bildhauer*; ⚒ ~ *neumático* Abbauhammer *m*; 10. ∨ *Chi.* Schwanz *m* P (= *Penis*).
pico[2] *Vo. m* Specht *m*; Rotspecht *m*; ~ *negro* Schwarzspecht *m*; ~ *verde* Gras-, Grün-specht *m*; *Ven.* ~ *de canoa*, ~ *de frasco* → *tucán*; ~ *grueso* Nußhäher *m*; ~ *de tijera* → *picotijera.*
picofeo *Vo. m Col.* → *tucán.*
pi|cón I. *adj.* 1. mit überlangen Schneidezähnen (*Pferde usw.*); II. *m* 2. Rupfer *m* (*Pferd*); 3. kl. Holzkohlen *f/pl.* für Kohlenbecken *usw.*; 4. *Reg.* Bruchreis *m*; 5. *Fi.* a) Stichling *m*; b) spitzschnauziger Rochen *m*; 6. Ulk *m*, der *j-n zu et. reizen soll*; 7. ♀ Picon *m* (*frz.* Aperitif); ~**conero** *m* Holzkohlenhändler *m.*
picor *m* Jucken *n*, Juckreiz *m*, Brennen *n*; Prickeln *n*, Kribbeln *n.*
picoso *adj.* blatternarbig.
picota *f* 1. Schandpfahl *m*, Pranger *m*; *a. fig. poner en la* ~ an den Pranger stellen, anprangern; 2. äußerste Spitze *f* (*Berg, Turm*); ~**da** *f*, ~**zo** *m* Schnabelhieb *m*; F Schuß *m* F (*Drogen*); *dar un* ~ *a picken* (*ac.*); zwicken (*ac.*).
picote *tex. m* grobes Zeug *n* aus Ziegenhaar.
picote|ar I. *vt/i.* 1. (an)picken; schnäbeln (*Vögel*); nicken (*Pferd*); *fig.* F schwatzen; 2. *Ant., Méj.* in kl. Stücke schneiden (*bzw.* hacken); II. *v/r.* ~**se** 3. *fig.* F s. zanken, keifen (*Weiber*); ~**ría** *f* Geschwätzigkeit *f*; ~**ro** F *adj.-su.* schwatzhaft; Schwätzer *m.*
picotijera *Vo. m* Scherenschnabel *m.*
picotín *m Reg.* Trockenmaß: *Ar.* 1,4 l; *Cat.* 4,4 l.
picotón F *m Am.* → *picotazo.*
picrato ⚗ *m* Pikrat *n.*
pícrico ⚗ *adj.: ácido m* ~ Pikrinsäure *f.*
pic|tografía *f* Bilderschrift *f*; ~**tograma** *m* Piktogramm *n*; ~**tórico** *adj.* malerisch; zum Malen geeignet; bildlich, Bild...; *arte m* ~ Malkunst *f.*
picu|dilla *Vo. f* Strandläufer *m*; ~**do** I. *adj.* 1. mit Schnabel; 2. spitzig; 3. geschwätzig; II. *m* 4. → *espetón.*
picha ∨ *f* Schwanz *m* P (= *Penis*).
picha|gua ⚘ *f Ven.* Kürbis(baumfrucht *f*) *m*; ~**güero** ⚘ *m Ven.* Kalebassenbaum *m.*
piche[1] *m* 1. *Vo. Am. Cent.* Schwimmvogel *m* (*Totanus flavipes*); *Zo. Arg., Bol.* → *tatú*; 2. *Col.* Molke *f*; 3. F *Cu. coger* ~ Angst kriegen F.
piche[2] ⚘ *adj. c-su. m* (*trigo m*) ~

Igelweizen m.
pichel m hoher Zinnkrug m; Henkelkrug m mit Deckel.
pichi P **I.** adj. c elegant, piekfein F, schnieke (F Reg.); ¡~! hallo, Kumpel! F; **II.** m Trägerrock m.
pichi|catería F f Am. Cent., Méj. Geiz m; ~**cato** F adj.-su. Am. geizig, filzig F; m Geizkragen m, Knauser m; ~**ciego I.** adj. F Arg. kurzsichtig; **II.** m Zo. Arg., Chi. ein knapp 15 cm großes Gürteltier n.
pichín|cha f Rpl. **1.** desp. Mädchen n; **2.** Glückskauf m; ~**chero** m Rpl. j., der gerne Gelegenheitskäufe macht.
pichi|rre F adj. c Ven. schäbig, geizig; ~**ruche** F m Chi. unbedeutende Person f, Wicht m.
pichole|ar v/i. **1.** Arg., Bol. schachern; kl. Vorteile ergattern; **2.** Chi. s. (laut) vergnügen; auf den Rummel gehen; P bumsen P (Mann); a. masturbieren, wichsen P; **3.** Guat., Hond. mit kl. Einsätzen spielen; ~**o** m bsd. Arg. kl. Schacher m; Chi. Rummel m, Trubel m.
pi|chón I. m **1.** junge(r) Taube(r m) f; fig. F Kosename für den Geliebten (Arg. a. Schmeichelwort für e-e Dame); **2.** Ant., Méj. junger Vogel m; **3.** fig. F Ant., Arg., Méj. unerfahrener Spieler m; Neuling m, Grünschnabel m F; harmloser Tropf m F; **4.** fig. F Col. Kind n; junger Bursche m; **II.** adj. **5.** Cu. ängstlich; scheu; ~**chona** F f Täubchen n (Kosename); ~**choncito** F dim. m Liebling m; ~**chonear** Am. vt/i. Tauben schießen; fig. e-n unerfahrenen Spieler ausnehmen F.
pichula P f Arg. Schwanz m P (= Penis).
pichulear v/i. Am. Cent., Arg., Méj. → picholear 1, 3.
pidón F adj. zudringlich; bettelhaft.
pie m **1.** Fuß m (a. Maß u. fig.); Pfote f; Schuhgröße f; ♂ u. ä. Fußpunkt m; Metrik: Versfuß m; fig. a. Grund m, Anlaß m; ♂ ~ (con los dedos separados) en abanico Spreizfuß m; ♂ ~ de atleta Fußpilz m; ~ de cama Bettvorleger m; Kchk. ~ de cerdo cocido Eisbein n; ~ delantero (trasero) Vorder- (Hinter-)fuß m; Typ. ~ de imprenta Impressum n; EDV ~ de página Fußzeile f; ♂ ~ plano (valgo) Platt-(Knick-)fuß m; ♂ ~ zambo Klumpfuß m; ~ adelante vorwärts; ~ ante ~ Schritt für Schritt; ~ atrás zurück, rückwärts; ~ con ~ dicht gedrängt, ganz nahe beieinander (Personen); a ~ zu Fuß; Fuß...; a ~ enjuto trockenen Fußes; fig. ohne Gefahr; ohne Anstrengung; a ~ llano zu ebener Erde (ohne Stufen zu steigen); fig. ungehindert; al ~ de mil pesetas rund tausend Peseten; a(l) ~ de (la) obra auf der Baustelle, an Ort u. Stelle (von den Materialkosten bis zum eigentlichen Baubeginn); al ~ de am Fuß (gen.); ganz in der Nähe von (dat.); am Ende, unten (b. Briefen, Büchern usw.); fig. al ~ de la letra wörtlich; con buen (mal) ~ (un)glücklich; (nicht) erfolgreich; con los ~s ungeschickt (od. ohne Verstand) gemacht (Arbeit); fig. con ~s de plomo sehr behutsam; vorsichtig; vorsichtig; fig. con un ~ en el hoyo (schon) mit einem Fuß im Grabe; de ~ stehend

(bsd. Person); de ~s a cabeza von Kopf bis Fuß; de cinco ~s fünffüßig (Vers); de ~s ligeros schnellfüßig; gente f (od. personal m) de a ~ die Leute pl., das Volk; soldado m de a ~ Fußsoldat m; fig. en buen ~ in gutem Zustand; in der gehörigen Ordnung; → a. con buen ~; en ~ de guerra auf Kriegsfuß; fig. F arrastrar los ~s altersschwach sein; fig. F buscar cinco ~s al gato immer ein Haar in der Suppe finden; immer Anlaß zum Streit suchen; a. fig. caer de ~s auf die Füße fallen; (noch einmal) heil davonkommen; fig. dar ~ para Anlaß geben zu (dat.); fig. le dan el ~ y se toma la mano man reicht ihm den kleinen Finger, und er nimmt (gleich) die ganze Hand; → a. bola 1; dar por el ~ a a/c. et. umstürzen; et. abreißen; et. völlig zerstören; fig. F no dejar a alg. sentar el ~ en el suelo j-n (so) in Atem halten, daß er kein Bein auf die Erde kriegt fig. F); echar ~ a tierra ab-, aus-steigen; ♣ an Land gehen; echarse a los ~s de alg. s. j-m zu Füßen werfen; entrar con el ~ derecho gleich zu Beginn Glück haben; es gleich richtig anfangen; fig. F estar al ~ del cañón einsatzbereit sein, Gewehr bei Fuß stehen (fig.); estar de ~ stehen; estar en ~ fortbestehen; fortdauern; estar en un ~ auf e-m Bein stehen; fig. F ganar por ~s schneller laufen, früher ankommen (als nom. a); hacer ~ Fuß fassen; a. ansässig werden; im Wasser: stehen können, Grund haben; irse por (sus) ~s (nur wegen s-r schnellen Füße) entkommen; mantener en ~ aufrechterhalten (fig.); fig. F pensar con los ~s kopflos handeln; (im Wasser usw. od. fig.) perder ~ den Boden unter den Füßen verlieren, den Faden verlieren (fig.); poner los ~s en a/c. et. betreten; ¡póngame a los ~s de su esposa! m-e Empfehlungen an die (verehrte) Frau Gemahlin!; poner en ~ aufrichten; ponerse de ~ aufstehen; fig. quedarse a ~ nicht mitfahren können (weil kein Platz mehr im Wagen ist od. weil der Zug weg ist); a. leer ausgehen; durchfallen (b. Prüfungen); fig. F ¿~s, para qué os quiero? jetzt nichts me weg! F; fig. F sacar los ~s de las alforjas (od. del plato) s-e Scheu ablegen; frech werden; eigene Wege gehen; fig. F sacar con los ~s adelante a alg.; in zu Grabe tragen; fig. F sacarle a alg. el ~ del lodo j-m aus der Patsche helfen F; fig. F salir con mal ~ mit dem linken Fuß zuerst aufstehen F; seguir en ~ (weiterhin) bestehenbleiben; fig. ser ~s y manos de alg. j-s rechte Hand sein; fig. tener ~s gute Beine haben, gut zu Fuß sein; fig. F no tener ~s ni cabeza weder Hand noch Fuß haben; fig. tener los ~s en la tierra mit beiden Beinen auf der Erde stehen; fig. F tener muchos ~s sehr beweglich sein (bsd. Stier); fig. tener un ~ en dos zapatos mehrere Eisen im Feuer haben; a. fig. tirar los ~s por alto s. aufbäumen; tomar ~ a/c. Fuß fassen; s. durchsetzen; fig. tomar ~ de a/c. et. zum Anlaß nehmen; et. als Vorwand benutzen; F vestirse por los ~s ein Mann sein; volver ~ ~ atrás zurückweichen; **2.** ♀ ~ de león **a)** Edelweiß n; **b)** Acker-Frauenmantel m; ~ de

liebre Hasenklee m; ~ de rata gelber Hahnenkamm m (Pilz); **3.** ♂ Schößling m; Strunk m; Wurzelende n; Stengel m; (junger) Stamm m; ~ de tomatera Tomatenstämmchen n; ~ de vid Rebsenker m; Rebstock m; **4.** Untersatz m; Ständer m, Gestell m; Stütze f; Typ. Fußsteg m; Zim. Stützbalken m, ✄ (Gruben-)Stempel m; fig. de ~ de banco unsinnig, verrückt; fig. ecl. ~ de altar Meßstipendium n; Stolgebühr f; Zim. ~ de caballete Bockstütze f; **5.** (Unter-)Grund m; Mal. Grundierung f; **6.** Reg. Bodensatz m; ♂ hacer ~ (die Menge Oliven od. Trauben) auf die Boden der Kelter schichten; **7.** Thea. Stichwort n; **8.** Wkz. ~ de cabra Geißfuß m; ⊕ Nagelzieher m; Brechstange f; ♣ Kenterhaken m; ~(s) m(/pl.) de rey Schublehre f.
piedad f **1.** Frömmigkeit f; **2.** Erbarmen n; Mitleid n; monte m de ~ Pfandleihe f, Leihhaus n; **3.** Kindesliebe f; p. ext. Pietät f; **4.** Ku. Pieta f od. Pietà f.
piedra f Stein m (a. ♂); p. ext. Hagel m; ~ de afilar (de amolar) Wetz-(Schleif-)stein m; △ ~ angular Eckstein m; fig. Grundlage f, Basis f; ~ arenisca (artificial, sintética) Sand-(Kunst-)stein m; ~ caliza (od. de cal) Kalkstein m; ~ para encendedores, ~ de mechero Feuerstein m; fig. ~ filosofal Stein m der Weisen; ~ machacada (Stein-)Splitt m; ~ natural (preciosa) Natur- (Edel-)stein m; Folk. ~ de rayo Donnerkeil m; ~ de sillería (de talla, ~ labrada) Quader- (Hau-)stein m; fig. ~ de toque Prüfstein m; mal m de ~ ♂ Steinleiden n; fig. F von Baulustigen u. ihren finanziellen Schwierigkeiten gesagt; † u. Reg. niño m de la ~ Findelkind n; fig. arrojar la primera ~ (sobre alg.) den ersten Stein (auf j-n) werfen; cerrar a ~ y lodo zumauern; fig. ganz dicht verschließen; fig. no dejar ~ para mover alle Hebel in Bewegung setzen; no dejar ~ sobre ~ keinen Stein auf dem andern lassen, alles völlig zerstören; poner (od. colocar) la primera ~ den Grundstein legen; P pasar a una mujer por la ~ e-e Frau vernaschen (d. h. um. legen P); P sacar la ~ e-n Orgasmus haben, s. ausschleimen V; fig. tirar ~s a su (od. sobre el propio) tejado s. ins eigene Fleisch schneiden.
piel f **1.** Anat., ♀ Haut f; ♀ a. Schale f; fig. F dar la ~ sterben; s-e Haut zu Markte tragen; **2.** Haut f, Fell n; Pelz m; Leder n; ~ en bruto Rohhaut f; ~ de cerdo Schweinsleder n; ~ de cordero Lammfell n; de ~(es) Pelz...; ~ de ropa (de Rusia) Chagrin- (Juchten-)leder n; forrado de ~(es) pelzgefüttert; F ser (de) la ~ del diablo kaum zu bändigen sein (bsd. Kinder); sehr aufsässig sein.
piélago poet. m Meer n.
pielero m Pelzhändler m.
pielitis ♂ f Nierenbeckenentzündung f, Pyelitis f.
piel roja m Rothaut f, Indianer m.
pienso[1] **I.** v/i. → pensar; **II.**: ni por ~ nicht im Traum.
pienso[2] m (trockenes) Viehfutter n.
piercing m Piercing n.
pierdo v/t. → perder.

Piérides f/pl. 1. *Myth.* Musen f/pl., Pieriden f/pl.; 2. ♀ *Ent.* Kohlweißlinge m/pl.
pierna I. f Bein n; Unterschenkel m; Keule f von Schlachtfleisch u. Geflügel; fig. Grundstrich m (Unterlänge) e-s Buchstabens; Kart. Arg. jeder der vier Barajaspieler m; ~s f/pl. fig. a. Schenkel m/pl. e-s Zirkels usw.; ~ (de nuez) Henkel m (*Viertel* e-r Walnuß); ~s f/pl. en O (en X) O- (X-)Beine n/pl.; ~ del pantalón Hosenbein n; a media ~ halblang (*Damenrock*); (posición f de) ~s abiertas Grätsche(nstellung) f b. Turnen; ~ ortopédica, ~ artificial Beinprothese f; Kchk. ~ de ternera Kalbskeule f; F dormir a ~ suelta sorglos schlafen, s. ausschnarchen F; fig. F echar ~s protzen, angeben F; ponerse sobre las ~s s. bäumen (*Pferd*); II. ~s m (pl. inv.) F desp.: (ser) un ~s e-e Null (od. e-e Niete, e-e Flasche F) (sein).
pietis|mo Rel. m Pietismus m; ~ta adj.-su. c pietistisch; m Pietist m.
pieza f 1. Stück n; Teil n; Bestandteil m; ⊕ ~ a comprobar, ~ a ensayar Prüfstück n; ⚙ ~ de convicción Beweisstück n; ⊕ ~ de examen Probe-stück n, -arbeit f; ⊕ ~ de labor, ~ a labrar Werkstück n; ⊕ ~ de recambio (de repuesto) Ersatzteil n; ~ de responsabilidad lebenswichtiges Teil n an Motoren u. Maschinen; ⊕ ~ suelta (suplementaria) Einzel- (Zusatz-)teil n; fig. F iron. buena ~ sauberer Vogel (od. Kunde) m (fig. F); de una ~ (de dos ~s) ein- (zwei-)teilig; por ~s stückweise (*verkaufen usw.*); ✝ cotizarse a la ~ nach dem Stück notiert werden; fig. F jugarle una ~ a alg. j-m e-n schlimmen Streich spielen; fig. F quedarse de una (od. hecho una) ~ erstarren, die Sprache verlieren (fig.); 2. Jgdw. Stück n Wild; Fisch m; ~s cazables jagdbare Tiere n/pl.; ~s f/pl. cobradas Strecke f; 3. Theater-, Musik-stück n; 4. bsd. Am. Zimmer n, Raum m; 5. Geldstück n, Münze f; ~ de cinco pesetas Fünfpesetenstück n; 6. Stein m, Figur f b. Brettspielen u. ä.; 7. ⚔ Geschütz n; ~ antiaérea Flugabwehrkanone f, Flak f.
piezgo m Fußteil m e-s Weinschlauchs; p. ext. (Wein-)Schlauch m.
pífano ♪ m (Trommler-)Pfeife f, Pikkolo f; Pikkolospieler m.
pifi|a f Fehlstoß m b. *Billard*; fig. F dar una ~ e-n Schnitzer (*bzw.* e-e Dummheit) machen; ~ar [1b] I. v/i. ♪ kicksen b. Flötenspiel; II. vt/i. e-n Fehlstoß tun b. *Billard*; fig. F e-n Fehler machen, e-n Bock schießen F; fig. F Am. Mer. j-n auf den Arm nehmen.
pigmen|tación f Pigmentierung f; ~tar v/t. pigmentieren; ~tario adj. Pigment...; ~to m Pigment n; Farbkörper m; Farbstoff m; Physiol. ~ biliar Gallenfarbstoff m.
pigmeo Ethn. m Pygmäe m; a. fig. Zwerg m.
pignora|ción f Verpfändung f, Beleihung f; ~r v/t. verpfänden, beleihen, ✝ lombardieren; ~ticio adj. Pfand...; ✝ crédito m ~ Lombardkredit m.
pigricia ⚞ f Faulheit f, Trägheit f.

pija P f Schwanz m P (= Penis); ~da P f Dummheit f; Unsinn m; ~s f/pl. Quatsch m F.
pijama m 1. (*Méj.* f) Pyjama m, Schlafanzug m; 2. Kchk. Eis n mit Pfirsich.
pije F m Chi. → pijo 2.
pijibay ♃ m Am. Cent. Pixabay-Palme f.
pijo m 1. P Schwanz m P, Pimmel m F (= Penis); 2. F feiner Pinkel m F, junger Mann m aus gutem Hause; 3. F Bagatelle f, unwichtiges Zeug n; ~tada P f Dummheit f; Cu. → pizca; ~tero P adj. kleinlich; knauserig; desp. Mist... F, Dreck(s)... P; iron. hágame el ~ favor vielleicht sind Sie bald so nett F.
pila f 1. Wassertrog m; (Spül-)Becken n; ~ bautismal Taufbecken n; ~ del agua bendita Weihwasserbecken n, -kessel m; ~ de fuente Brunnenbecken n; sacar de (od. tener en la) ~ a alg. j-n aus der Taufe heben; j-s Taufpate sein; fig. P más bruto que la ~ de un pozo dumm wie Bohnenstroh F; 2. Phys., ⚡ Batterie f; Element n; ✝ ~ atómica Atommeiler m ✝; ~ botón Knopfzelle f; ~ seca Trockenbatterie f bzw. -element n; ~ (de energía) solar Sonnen-, Solar-batterie f; ~ termoeléctrica Thermoelement m, -es; 3. Stapel m, Stoß m; ~ de leña Holz-stoß m, -stapel m; 4. Brückenpfeiler m, -joch n.
pilar[1] m 1. Pfeiler m; einzeln stehende Säule f; Wegweiser m, Meilenstein m; fig. Stütze f; ⚖ ~ de fundamento Grundpfeiler m; Rel. la Virgen del ♀ Unsere Liebe Frau auf dem Pfeiler (*Saragossa*), die Schutzpatronin von Spanien; 2. steinernes (Brunnen-)Becken n.
pilar[2] ⚞ v/t. Getreide schälen.
pilastra ⚖ f Wandpfeiler m. [n.}
pilca f Am. Mer. Lehmmauerwerk}
pilco m Chi. Kopföffnung f des Ponchos; Kchk. → pirco.
pilcha f Chi., Rpl. Kleidung f; ~s f/pl. Kleidung f u. Reitzeug n des Gauchos; Rpl. desp. Frauenkleider n/pl.; fig. ~ Geliebte f, Schätzchen n F.
píldora f a. fig. Pille f; ⚔ F ~s f/pl. blaue Bohnen f/pl. (fig. F); ✱ ~ abortiva Abtreibungspille f; pharm. ~ para adelgazar Schlankheitsdragee n; la ~ (anticonceptiva) die (Antibaby-)Pille; F tragar la ~ hereinfallen, auf den Leim gehen; fig. dorar la ~ die Pille versüßen.
pileta f kl. Becken n; Weih(wasser)kessel m (bsd. in Privathäusern); Rpl. Schwimmbassin n; Rpl. Spülbecken n.
pilinque adj. c Méj. 1. verkrüppelt, zerknüllt; verknautscht; 2. anspruchsvoll.
pilón m 1. Waschtrog m; Brunnentrog m; ~ de abrevadero Tränkbecken n; 2. Zuckerhut m; Méj. fig. Zugabe f b. Kauf; 3. Mörser m (*Gerät*); 4. ⚖ Pylon(e) f m.
pilongo I. adj. hager; II. m fig. F Witzbold m.
píloro Anat. m Pförtner m, Pylorus m.
pilo|saje f (starke) Behaarung f; ~so adj. behaart.
pilo|taje[1] m 1. Steuermanns- bzw. Lotsen-kunst f; Lotsenkunde f;

Piérides — pinacoteca

2. Steuern n e-s Schiffes od. Flugzeugs; 3. Lotsengeld n; 4. koll. Steuerleute pl.; Lotsen m/pl.; ~taje[2] ⚖ m Pfahlwerk n, Pfahlrost m; ~ de puente Brückenjoch n; ~t(e)ar v/t. 1. ⚖ u. fig. lotsen; 2. ✈, Kfz. lenken, steuern; ~te ⚖ m (Ramm-)Pfahl m; Pfeiler m; ~to I. m 1. ⚓ Steuermann m, Zweiter Offizier m; (See-)Lotse m; fig. Führer m, Lenker m, Lotse m; ⚓ segundo ~ Steuermannsmaat m; 2. Flugzeugführer m, Pilot m; ~ profesor Fluglehrer m; ~ de prueba(s) Testpilot m; 3. Kfz. Rennfahrer m; ✝ ~ F Fahrer m, Fahrzeuglenker m; 4. ✈ Steuergerät n; ~ automático Autopilot m; ~ giroscópico Kreiselsteuergerät n; 5. Warnlampe f; a. Kfz. ~ de alarma (de avería) Alarm-, Warn- (Störungs-)lampe f; ~ de freno (~ posterior) Brems- (Heck-)leuchte f; 6. Gasofen usw. Dauer-, Wächterflamme f; II. adj. inv. 7. Muster..., Versuchs...; experiencia f ~ Pilotversuch m; piso m ~ Musterwohnung f; planta f ~ Versuchsanlage f.
piltra P f Bett n, Falle f F.
piltrafa f F mageres, schlechtes Fleisch n; ~s f/pl. (Fleisch-)Abfall m; fig. Schwächling m; Taugenichts m.
pilucho F adj. Chi. nackt.
pi|llada f 1. Schurkenstreich m; 2. Arg. Erwischen n; Erhaschen n; Überraschen n; ~llaje m 1. Raub m, Plünderung f; 2. Kriegsbeute f; ~llar v/t. 1. rauben, plündern; 2. F erwischen, kriegen F; fangen; Arg., Méj., P. Ri. überraschen, ertappen; fig. F eso me pilla muy lejos das ist für mich sehr entlegen, das liegt nicht an m-m Weg; fig. F eso no me pilla de nuevo das trifft mich kalt; ~llastre F m Gauner m, Schurke m; ~llería f 1. Gesindel n; Gaunerbande f; 2. Schurkenstreich m; ~llete F, ~llín F m Spitzbube m, Schlingel m; ser un ~ a. es faustdick hinter den Ohren haben; ~llo F adj.-su. Gauner...; m Spitzbube m, Gauner m; Schurke m; ~lluelo m Schlingel m; Lausbub m.
pimen|tada f Pe. Paprikagericht n; ~tero m Pfefferstrauch m; 2. Pfefferdose f; ~tón m (gemahlener) Paprika m.
pimien|ta f Pfeffer m; fig. F ser como una ~ sehr clever u. schlagfertig sein; ~to m Paprika(schote f) m, Pfefferschote f; span. Pfeffer m; ~ encarnado (verde) roter (grüner) Paprika m; ~ morrón Tomatenpaprika m; fig. F nos importa un ~ das ist uns schnurz(piepe) F.
pimpampún F m Schießbude f.
pimpante F adj. c elegant (gekleidet); stattlich, stramm; forsch.
pimpinela ♃ f Bibernelle f.
pimplar F vt/i. saufen F, picheln F.
pimpollo m Schößling m; Knospe f; fig. F (oft ~ de oro) hübsches Kind n.
pimpón Sp. m Tischtennis n, Pingpong n.
pina f 1. spitz zulaufender Grenzstein m; 2. Felge f e-s Wagenrads.
pinabete ♃ m (Edel-, Weiß-)Tanne f.
pinacate m Méj. schabenähnlicher gr. Käfer; fig. F Dummkopf m.
pinacoteca f Pinakothek f.

pináculo m Giebel m; Zinne f; fig. Gipfel m.
pina|r m Kiefern-, Pinien-wald m; Nadelwald m; **~tífido** ⚘ adj. fiederteilig (Blatt).
pinaza ⚓ f Pinasse f.
pince|l m Pinsel m; **~lada** f Pinselstrich m; ⚘ **~s** f/pl. Pinseln n; fig. dar la última ~ a a/c. e-r Sache den letzten Schliff geben; **~lar** v/t. pinseln, anstreichen; malen, porträtieren; ⚘ aus-, be-, ein-pinseln; **~lazo** m Am. Pinselstrich m.
pin|chadiscos F desp. m (pl. inv.) Diskjockey m; **~char I.** vt/i. 1. stechen; ⚘ j-m ie-e Spritze geben; fig. (auf)reizen; sticheln, kränken; Jgdw. anschießen; F durch e-n Stich verletzen (od. töten), abstechen P; fig. ni cortar ni ~ weder Fisch noch Fleisch sein; ~ el teléfono die Telefonleitung anzapfen; 2. P Arg. vögeln P; **II.** v/r. **~se** 3. F Span. fixen F, s. en-Schuß geben F; **~chaúvas** F m (pl. inv.) fig. Lump m, Gauner m; **~chazo** m Stichwunde f; fig. Stich(elei f) m; Kfz. Reifenpanne f; ~ en el cuello Genickfang (-stich) m; **~che** m Küchenjunge m; Lehrling m in e-m Geschäft; **~cho** m F Stachel m; Dorn m; Stecher m der Zollbeamten; Kchk. ~ moruno Fleischspieß m, Art Schaschlik m, n.
pindárico adj. auf (den Dichter) Pindar bezüglich.
pindonga F f Herumtreiberin f.
pineal Anat. adj. c: glándula f ~ Zirbel(drüse) f.
pinga P f Schwengel m P (= Penis).
pingajo m Fetzen m; fig. F estar hecho un ~ erledigt (od. kaputt F) sein; **~so** adj. in Fetzen, zerlumpt.
pinganitos F: estar en ~ es zu et. gebracht haben.
pingar [1h] **I.** v/i. 1. tröpfeln; 2. springen, Sprünge machen; **II.** v/t. 3. → inclinar.
pingo m 1. F Fetzen m; fig. Lump m; **~s** m/pl. Fähnchen n/pl. F (Damenkleider); ir de ~ umherbummeln, die Zeit vertrödeln; 2. unartiges Kind n, Range f; □ Raufbold m; 3. Arg. (feuriges) Pferd n; Méj. Teufel m; **~tear** Equ. v/i. springen, Kapriolen machen.
ping-pong Sp. m → pimpón.
pin|güe adj. c fett(ig); fig. ergiebig; einträglich; groß (Gewinn); **~güino** Vo. m Pinguin m.
pinitos m/pl. die ersten Schritte m/pl. e-s Kindes od. e-s lange Bettlägerigen; fig. erste Versuche m/pl.; hacer ~ a. fig. die ersten Gehversuche machen. [m/pl.]
pinnípedos Zo. m/pl. Flossenfüßer
pino¹ I. adj. steil; en ~ aufrecht; **II.** m: hacer el ~ s. unter Zuhilfenahme der Hände aufrichten; Sp. e-n Handstand machen; hacer **~s** → hacer pinitos.
pino² m Baum u. Holz: ~ (común) Kiefer f; ~ (piñonero) Pinie f; ~ de los Alpes (de incienso) Zirbel- (Terpentin-)kiefer f; ~ americano nordamerikanische Pechkiefer f; Pitchpine f (Holz); ~ blanco Weißföhre f; ~ laricio (resinoso) Schwarz-, Lärchen- (Pech-)kiefer f; esencia f de hojas de ~ Fichtennadelöl m, f. P plantar un ~ e-n Kaktus pflanzen (fig. P); fig. F (como) un ~ de oro schmuck u. stattlich sein; fig. vivir en el quinto ~ sehr weit weg (od. j. w. d. F) wohnen.
pinocha f 1. Kiefern-, Pinien-nadel f; 2. Rpl. Maiskolben m.
pino|late m Am. Cent., Méj. Getränk aus pinole u. Kakao; **~le** m ib. geröstetes Maismehl n.
pinsapo ⚘ m span. Edeltanne f.
pinscher m Pinscher m (Hund).
pinta¹ I. f 1. Flecken m bzw. Tupfen m; Farbtupfen m; p. ext. Narbe f; Kart. Erkennungszeichen n; **~s** f/pl. a. Art Kartenspiel n; a **~s** mit Tupfen, getupft; 2. fig. F Aussehen m, Méj. ser pura ~ et. vorgeben, was man nicht ist; tener buena ~ gut aussehen; de mala ~ wenig vertrauenerweckend (aussehen[d]); **II.** m 3. Gauner m; oft a. nur frecher Kerl m; ¡vaya un ~! das ist vielleicht 'ne Type! F.
pinta² f Pinte f (Flüssigkeitsmaß); F tomar una ~ de vino e-n Schluck Wein trinken.
pinta|da f 1. Perlhuhn n; 2. Wandkritzelei f, -schmiererei f, bsd. mit politischen Parolen; **~dera** f Kuchenspritze f; **~dillo** Vo. m Distelfink m, Stieglitz m; **~do I.** adj. bemalt; angestrichen; bunt; fig. F como ~ wie angegossen (Kleidung); wie gerufen (kommen); fig. F el más ~ der Schlaueste, der Gerissenste; papel m ~ Tapete f; ~ al duco spritzlackiert; ~ de negro schwarzbemalt; schwarz angestrichen; fig. F (que) ni ~ ausgezeichnet, reizend, wunderschön; recién ~ frisch gestrichen; fig. F no poder verle a alg. ni ~ j-n nicht ausstehen können; **II.** m Anstreichen n; Bemalen m; **~labios** m (pl. inv.) Lippenstift m; **~monas** F m (pl. inv.) Farbenkleckser m, schlechter Maler m.
pinta|r I. v/t. malen; anstreichen; fig. schildern; ausschmücken; ~ de rojo rot anstreichen; fig. F no ~ nada nichts zu sagen (od. zu melden, zu bestellen) haben; Spr. no se tan feo el diablo como le pintan es ist alles halb so schlimm; **II.** v/i. s. färben, reifen (Früchte); fig. s-n Wert (od. s-e Bedeutung, sein Wesen) zeigen; **III.** v/r. **~se** s. schminken; fig. F **~se** uno solo para a/c. in e-r Sache sehr geschickt sein; s. für e-e Sache sehr gut eignen; F ¿qué diablo te pintas tú por aquí? was treibst du denn hier? F; **~rraj(e)ar** vt/i. (be)sudeln; (hin)klecksen; **~rrajo** F m Sudelei f, Kleckserei f.
pintipara|do F adj. äußerst ähnlich; F sehr gelegen (kommen); **~r** F v/t. vergleichen.
pinto|r m Maler m; ~ artista (rápido) Kunst- (Schnell-)maler m; ~ de brocha gorda Anstreicher m; **~resco** adj. malerisch, pittoresk; **~resquismo** m malerisches Gepräge m (od. Aussehen n); **~rrear** F v/t. sudeln, schmieren, klecksen.
pintorroja Fi. f kleingefleckter Katzenhai m.
pintu|ra f 1. Malerei f; Anstrich m; Kfz. Lack(ierung f) m; ~ a la aguada, ~ de acuarela Aquarellmalerei f; ~ al duco Spritzlackierung f; ~ sobre cristal Glasmalerei f; ~ al esmalte (al fresco) Email- (Fresko-)malerei f; ~ ingenuista primitive Malerei f; ~ al óleo (al pastel) Öl- (Pastell-)malerei f; ~ de porcelana (al temple) Porzellan- (Tempera-)malerei f; ~ rupestre Höhlenmalerei f; 2. (Mal- bzw. Anstreich-)Farbe f; ~ al aceite (a brocha) Öl- (Streich-)farbe f; ~ a la cal (preparada con cola) Kalk- (Leim-)farbe f; ~ de esmalte (de laca) Email- (Lack-)farbe f; ~ fluorescente (od. luminosa) Leuchtfarbe f; caja f de **~s** Malkasten m; tienda f de **~s** Farbengeschäft n; dar una capa (od. echar una mano) de ~ a et. einmal überstreichen; 3. Gemälde n, Bild n; fig. Beschreibung f; fig. hacer la ~ de et. beschreiben; fig. F no poder verle a alg. ni en ~ j-n nicht ausstehen können; no poder ver a uno ~ a bildschön sein; **~rería** f Arg. Farbengeschäft n; **~rero** F adj.-su. geckenhaft; eingebildet; m Stutzer m, Geck m.
pin up f Pin-up-girl n.
pinza 1. f Klammer f; Klemme f; Kluppe f; feine Zange f; ~ para la ropa Wäscheklammer f; ~ para pantalón Hosenstrecker m; **~s** f/pl. Pinzette f; 2. Abnäher m.
pinzón Vo. m Fink m.
pinzote ⚓ m (Ruder-)Zapfen m.
pi|ña f 1. Kiefern-, Pinien-zapfen m; ~ de ciprés Zypressenapfel m; 2. ~ (de América) Ananas f; 3. Méj. Lüge f; **~ñata** f (Koch-)Topf m; p. ext. Gefäß n mit Süßigkeiten, das am baile m de ~ (= Maskenball am ersten Fastensonntag) od. bei sonstigen Festlichkeiten zerschlagen wird; Am. allg. Kinderfest n; **~ñero** F adj.-su. Méj. Lügnerisch; m Lügner m; **~ñón¹** m Pinienkern m; fig. F estar a partir un ~ con alg. mit j-m sehr gut auskommen; fig. F boquita f de ~ süße Krabbe f F (Mädchen).
piñón² ⊕ m Ritzel m; kl. Zahnrad n; Kfz. ~ del arranque Anlasserritzel m; ~ libre Freilauf m z. B. am Fahrrad.
piñona|ta f geraspelte Mandeln f/pl. mit Zucker (Mandelkonserve); **~te** m Gebäck n aus Pinienkernen.
pío¹ adj. fromm; gütig, gutherzig; ⚘, ecl. obras f/pl. **~as** fromme Stiftung f. [m.}
pío² I. adj. scheckig; **II.** m Schecke
pío³ m Piepen n, Gepiepe n; fig. F no decir ni ~ nicht piep sagen F.
piocha f 1. Zitternadel f (weiblicher Kopfputz); 2. Méj. Spitzbart m.
piógeno ⚘ adj. eitererregend.
pio|jera ⚘ f Läusekraut n; **~jería** f Verlausung f; fig. Elend f; **~jillo** m Vogellaus f; **~jo** m Laus f; fig. F ~ puesto de limpio od. ~ resucitado schäbiger Emporkömmling m; **~joso I.** adj. verlaust; fig. lausig, schäbig, filzig; **II.** m Lumpenkerl m, armseliger Wicht m.
piola f 1. ⚓ Leine f, Hüsing f; 2. Am. Mer. Schnur f; F Arg. ser ~ schlau sein.
piolet Sp. m Eispickel m.
piolín m Arg. Schnur f.
pionero m (a. adj.) Pionier m (fig.).
pio|nía f Samen m des Bucarebaums; **~nono** m Am. süßes Getränk n.
piorno ⚘ m Spanischer Ginster m.
piorrea f Eiterfluß m, Pyrrhöe f.
pipa¹ f Kern m von Zitronen, Sonnenblumen usw.; fig. ⊕ Stanzabfall m, Butzen m.

pipa² *Zo. m Ven.* Pipafrosch *m.*
pipa³ *f* **1.** Weinfäßchen *n,* Pipe *f;* **2.** (Tabaks-)Pfeife *f;* boquilla *f* (cabeza *f,* tapa *f,* tubo *m*) de ~ Pfeifen-mundstück *n* (-kopf *m,* -deckel *m,* -rohr *n*); ~ de brezo Bruyère-Pfeife *f;* ~ de la paz Friedenspfeife *f;* preparar (od. llenar) la ~ die Pfeife stopfen; P tener mala ~ euph. für → (tener mala) leche (2); **3.** (Schalmeien-, Dudelsack-)Mundstück *n;* Rohr-flöte *f,* -pfeife *f; fig.* Gummikappe *f* für *Zündkabel (Kfz.);* **4.** P Pistole *f,* Kanone *f* F; **5.** *Méj.* Tank(last)wagen *m;* **6.** *fig.* Hinweis *m,* Tip *m;* **7.** F pasarlo ~ es s. gut gehen lassen; **8.** *P Anat.* Kitzler *m;* ~**r** F *v/i.* Pfeife rauchen, paffen; (gerne e-n) trinken.
pipe-line *m* Pipeline *f,* Ölleitung *f.*
piperáceas ⚥ *f/pl.* Pfeffergewächse *n/pl.*
pipe|ría *f* **1.** Fässer *n/pl.;* **2.** ⚭ Behälter *m/pl.* für den Trinkwasservorrat; ~**ta** *f* (Stech-)Heber *m,* Pipette *f.*
pipi I. *m* □ Tölpel *m; fig.* P einfacher Soldat *m;* F Laus *f;* **II.** *f* F dummes, junges Ding *n,* dumme Pute *f* F.
pipí¹ *Kdspr. m:* hacer ~ Pipi machen.
pipí² *Vo. m* → pitpit.
pipiar *v/i.* → piar.
pipio|la *f* **1.** *Méj.* Kleine *f (Kind);* **2.** mexikanische Wachsbiene *f;* ~**lo** F *m* **1.** Anfänger *m;* Neuling *m;* Grünschnabel *m;* **2.** *Méj.* Kleine(r) *m (Kind);* **3.** *hist. Chi.* Liberale(r) *m.*
pipiri|gallo ⚥ *m* Esparsette *f;* ~**pao** F *m* Gelage *n; fig. Am.* de ~ wertlos, unbedeutend; ~**taña** *f* Rohrflöte *f.*
pipispelo *Vo. m* Fledermaus *f.*
pique¹ *m* **1.** Groll *m;* Eigensinn *m;* tener un ~ con alg. e-n Groll auf j-n haben; **2.** *Arg.* Schneise *f;* **3.** ⚓ *u. fig.* echar a ~ versenken; *fig.* zugrunde richten; irse a ~ untergehen; estás a ~ de caer du bist drauf u. dran zu fallen.
pique² ⚓ *m* **1.** Piekstück *n;* **2.** Einschlag *m.*
piqué *tex. m* Pikee *m (Stoff).*
piquera *f* Spund-, Zapf-loch *n;* Gießerei: Abstich(loch *n*) *m.*
piquero F *m* Taschendieb *m.*
pique|ta *f* Spitzhaue *f;* Keilhacke *f;* Pickel *m;* ~**te** *m* **1.** (Absteck-)Pfahl *m;* Hering *m* für Zelt; **2.** ✂ Trupp *m;* ~ de ejecución Exekutionskommando *n;* **3.** Streikposten *m(/pl.);* **4.** *Méj.* (Insekten-)Stich *m.*
piqueteado *m* Tätowierung *f.*
piquis *m/pl.* Füßlinge *m/pl.*
piquituerto *Vo. m* Fichtenkreuzschnabel *m.*
pira *f* Scheiterhaufen *m; Sch.* ir(se) de ~ den Unterricht schwänzen.
pira|gua *f* **1.** Kanu *n; p. ext.* Paddelboot *n;* **2.** Einbaum *m der Indios;* ~**güero** *m,* ~**güista** *c* Kanufahrer *m,* Kanute *m;* Paddler *m.*
pi|ramidal *adj. c* pyramidenförmig; *fig.* F kolossal; ~**rámide** *f a. fig. Soz.* Pyramide *f.*
pirante F *m* unverschämter Kerl *m;* schräger Fürst *m* F.
piraña *Fi. f* Piranha *m.*
pirarse F *v/r., a. pirárselas* abhauen F, verduften F; ~ del colegio die Schule schwänzen.
pira|ta *m* Seeräuber *m,* Pirat *m;* ~ aéreo Luftpirat *m; IT* ~ informático Hacker *m; fig.* edición *f* ~ Raubdruck *m;* emisora *f* ~ Piratensender *m;* ~**tear** *vt/i.* der Piraterie nachgehen; *IT* hakken; ~**tería** *f* Seeräuberei *f,* Piraterie *f;* ~ fonográfica, ~ de discos Raubpressung *f.*
piraya *Fi. f* Piranha *m.*
pirca *f Am. Mer.* → pilca.
pirco *Kchk. m Chi.* Gericht aus Bohnen, Mais u. Kürbis.
pirenaico *adj.* pyrenäisch, Pyrenäen...
Pirineos *m/pl.* Pyrenäen *pl.*
piripi *f adj. inv.:* estar ~ leicht beschwipst (od. angeheitert) sein.
pirita *Min. f* Schwefelkies *m;* ~ magnética Magnetkies *m.*
piro P *m:* darse el ~ abhauen F, verduften F, Leine ziehen F.
piro|fórico ⚥ *adj.* pyrophor; ~**grabado** *m* Brandmalerei *f.*
piró|mano *m* Pyromane *m;* ~**metro** *Phys.,* ⚭ *m* Pyrometer *n.*
piro|pear *v/t.* e-r Frau Schmeicheleien sagen; Scherzworte bzw. Komplimente nach-, zu-rufen (dat.); ~**po** *m* **1.** Granat *m,* Karfunkel *m;* **2.** *fig.* Schmeichelei *f,* Kompliment *n;* echar ~s a → piropear; *fig.* F ser un ~ ambulante sehr schön sein (Frau).
piro|sis ♋ *f* Sodbrennen *n;* ~**tecnia** *f* Feuerwerkerei *f;* ~**técnico I.** *adj.* pyrotechnisch; **II.** *m* Feuerwerker *m;* ~**xenos** *Min. m/pl.* Pyroxene *m/pl.*
pirrarse F *v/r.* schwärmen (für *ac.* por); verrückt sein (nach *dat.*) F, stehen (auf *ac.*) F.
pírrico *adj. fig.:* victoria *f* ~**a** Pyrrhussieg *m.*
pirue|ta *f* Pirouette *f;* ~**tear** *v/i.* pirouettieren.
piru|lí *m* Lutscher *m;* ~**lo** *m Reg.* **1.** → perinola; **2.** → botijo 1; **3.** *Chi.* **a)** schmächtiges Kind *n; mst. kosend:* kl. Kerlchen *n* F; **b)** geschniegelt u. gebügelt Auftretende(r) *m.*
pis F *m:* hacer ~ Pipi machen F.
pisa *f* **1.** Treten *n; fig.* F Fußtritt *m;* Tracht *f* Prügel; **2.** ⚓ Keltervoll *f (Oliven od. Trauben);* ~**da** *f* **1.** Fußspur *f;* Fußstapfen *m;* **2.** (Fuß-)Tritt *m;* ~**dor** *m* **1.** ⚒ Keltertreter *m;* **2.** *Equ.* Stampfer *m;* ~**papeles** *(pl. inv.)* Briefbeschwerer *m;* ~**pasos** *m (pl. inv.)* Gleitschutz *m.*
pisar *v/t.* **1.** treten; betreten; *fig.* schlecht behandeln, treten; *Vorhaben, Vortrag usw.* zuschanden machen, vermasseln F; *fig.* weggeschnappen; me ha ~ado usted Sie sind mir auf den Fuß getreten; *fig.* ~ la clientela a alg. j-m die Kundschaft wegnehmen; *fig.* F ~ alguna mala hierba e-n schlechten Tag haben; ~ los talones auf die Hacken treten; j-m dicht auf den Fersen sein; *fig.* ~ el terreno de alg. j-m ins Gehege kommen; **2.** stampfen; keltern; (ein)rammen; (nieder)drücken; *fig.* kraftvoll in die Tasten (bzw. in die Saiten) greifen; **3.** das Weibchen treten (Vögel); *fig.* P, *bsd.* ⚓ vögeln P, bumsen P; **II.** *v/i.* **4.** stampfen (Pferd); *fig.* ~ fuerte selbstbewußt auftreten; **5.** über e-r andern Wohnung liegen.
pisaverde F *m* Stutzer *m;* Fatzke *m* F, Geck *m.*
pis|catorio *adj.* Fischerei...; ~**cícola** *adj. c* Fischzucht...; ~**cicultor** *m* Fischzüchter *m;* ~**cicultura** *f* Fischzucht *f;* ~**cifactoría** *f* Fischzucht (-anstalt) *f;* ~**cina** *f* Schwimmbecken *n;* Schwimmbad *n;* ~ cubierta Hallenbad *n;* ~ termal Thermalschwimmbad *n;* ♐**cis** *Astr. m* Fische *m/pl.*
pisco I. *m* **1.** *Col.* Truthahn *m;* **2.** F *Col.* Kerl *m* F, Typ *m* F; **3.** *Chi., Ec., Pe.* berühmter Branntwein, Art Grappa; *p. ext.* Piscokrug *m;* **II.** *adj.* **4.** F *Ven.* betrunken, blau F.
piscolabis F *m (pl. inv.)* Imbiß *m,* Happen *m; Am. Mer.* Aperitif *m; Méj.* Geld *n,* Moneten *pl.* F.
piso *m* **1.** Fußboden *m;* (Straßen-)Decke *f,* Belag *m;* a ras de ~ bodeneben; ~ alfombra Teppichboden *m;* ~ de cemento (de entarimado, de parquet) Beton- (Parkett-)boden *m;* **2.** Stock(werk *n*) *m,* Geschoß *n,* Etage *f;* ✗ Sohle *f;* de dos ~s zweistöckig; ~ bajo, *Am.* außer Rpl. primer ~ Erdgeschoß *n;* ~ principal, *Am.* außer Rpl. segundo ~ erster Stock *m;* (Anm.: *in Span. ist oft die Reihenfolge* ~ bajo, ~ principal, primer ~, *etc.*); **3.** Wohnung *f; Span.* ~ franco konspirative Wohnung *f;* buscar ~ e-e Wohnung suchen; **4.** *Am.* Weide-, Einstell-gebühr *f;* **5.** *Am. Reg.* Bettvorleger *m.*
pisón *m* △ Handramme *f;* Pflasterramme *f;* ⚭ Stampfer *m der Former.*
piso|tear *v/t.* (zer)treten; *fig.* mit Füßen treten; ~**tón** *m* Tritt *m* auf den Fuß; *fig.* dar el ~ e-n Knüller als erster bringen (*Reporter*).
pispajo 1. Fetzen *m (Stoff);* wertloses Zeug *n;* **2.** zurückgebliebenes Kind *n.*
pispar F **I.** *v/t.* klauen F, stibitzen F; **II.** *vt/i. Arg.* (be)lauern; *Arg., Chi.* ahnen, erraten; *Chi.* aufschnappen *(fig.).*
pista *f* **1.** Spur *f,* Fährte *f; fig.* ponerse a la ~ s. auf die Fährte setzen; seguirle la ~ a alg. j-m auf den Fersen bleiben, j-m nachspüren; **2.** Bahn *f,* Piste *f;* Fahr-, Reit-, Renn-bahn *f;* Rennstrecke *f;* ✈ Rollfeld *n;* ✈ Rollbahn *f;* ~ de aterrizaje Landebahn *f;* ~ de baile Tanzfläche *f;* ~ de la bolera (de hielo, de patines) Kegel- (Eis-, Rollschuh-)bahn *f; Sp.* ~ (de cenizas) Aschenbahn *f;* ~ para ciclistas Radfahrweg *m;* ✈ ~ de despegue (de emergencia) Start- (Notlande-)bahn *f;* ~ de esgrima Fecht-boden *m,* -bahn *f;* ~ de esquí Skipiste *f;* ~ de esquí de fondo (Langlauf-)Loipe *f;* ~ de luge (de patinar) Rodel- (Rollschuh-)bahn *f; Kfz.* ~ de pruebas Teststrecke *f; Film:* ~ sonora Tonspur *f;* ~ de tenis Tennisplatz *m.*
pistacho *m* Pistazie *f.*
pistero *m* **1.** Schnabeltasse *f* für Kranke; **2.** Fährtensucher *m.*
pistilo ⚥ *m* Stempel *m,* Pistill *n.*
pisto *m* **1.** *Kchk.* span. Gericht aus Tomaten, Paprikaschoten *usw.;* *fig.* F schlechtes Essen *n,* Schlangenfraß *m* F; *fig.* F Mischmasch *m,* Durcheinander *n;* **2.** Fleischsaft *m* F Schluck *m* Schnaps; *fig.* F darse ~ angeben F; **3.** F *Méj.* Zaster *m* F, Moneten *pl.* F; **4.** F *Méj.* Spelunke *f.*
pisto|la *f* Pistole *f;* ~ de aire comprimido (de alarma) Luft- (Schreckschuß-)pistole *f;* ~ ametralladora (de

pistolera — planchar 484

gas, de juguete) Maschinen- (Gas-, Spielzeug-)pistole *f*; ~ *para pintar* Spritzpistole *z. Lackieren*; ~ *pulverizadora* Sprühpistole *f*; ~ *de reglamento, Am.* ~ *de dotación oficial (de señales)* Dienst- (Leucht-)pistole *f*; 2. F *Arg.* Schwanz *m* P (= *Penis*); ~lera *f* Pistolen-tasche *f*; -halfter *n*; ~lero *m* Pistolenschütze *m*; *p. ext.* gedungener Mörder *m*, Killer *m*; Bandit *m*; *desp.* Revolverheld *m*; ~letazo *m* Pistolenschuß *m*.
pis|tón *m* 1. ⊕ Kolben *m*; → *a.* émbolo; 2. ✗ Zündkegel *m der Zündkapsel*; 3. ♪ Klappe *f*, Ventil *n der Trompeten usw.*; *cornetín m de* ~ Piston *m*; *fig.* F *de* ~ großartig, prima F; 4. P ~ones *m/pl.* Eier *n/pl.* P (= *Hoden*); ~tonudo F *adj.* prima, super, toll (*alle* F).
pistra|je F, ~**que** F *m* fade Brühe *f*; Gesöff *n* F.
pita[1] *f* Klicker *m*, Murmel *f*; Glaskugel *f*.
pita[2] *f* 1. ♀ Agave *f*; 2. Pita-, Sisalhanf *m*; 3. *Chi.* Schnur *f*, Bindfaden *m*.
pita, ~, ~ *int.* putt, putt, putt (*Lockruf für Hühner*).
pitada *f* Pfiff *m*; *Am.* Zug *m b. Rauchen*; *fig.* F Flegelei *f*; *Sp.* → *pitido*; *fig.* F *dar una* ~ *aus der Rolle fallen*.
Pi|tágoras: ⚹ *teorema m de* ~ Pythagoreischer Lehrsatz *m*; ℧**tagórico** *adj.-su.* pythagoreisch; *m* Pythagoreer *m*; ℧**tagorismo** *m* Pythagoreertum *n*.
pitanza *f* 1. Armenspeisung *f*; *fig.* F Alltagskost *f*; *fig.* Entgelt *n*; 2. *Am. Mer.* Kettenrauchen *n*; *Chi.* ~ *ganga* 3; *ventaja*.
pitar I. *v/i.* 1. pfeifen; *fig.* F gut laufen, klappen F; in Ordnung sein, funktionieren; *fig.* F *salir pitando* s. schnellstens davonmachen, abhauen F; *fig.* kräftig vom Leder ziehen F; 2. *Am. Mer. vt/i.* rauchen; **II.** *v/t.* 3. *Reg. u. Méj., P. Ri.* auspfeifen.
pitarroso *adj.* triefäugig.
pi|tazo *m Am.* Pfiff *m*; ~**tear** *v/i. Am.* pfeifen.
pitecántropo *prehist. m* Pithekanthropus *m*.
Pitia *npr. f* Pythia *f* (*a. fig.*).
piti|do *m* Pfiff *m*; *Sp.* ~ *final (inicial)* Schluß- (An-)pfiff *m*; ~**llera** *f* 1. Zigarettenetui *n*; 2. Arbeiterin *f* in e-r Zigarettenfabrik; ~**llo** *m* 1. F Zigarette *f*, Glimmstengel *m* F; 2. *Col., Ven.* Trink-, Stroh-halm *m*; 3. *Fi.* ~ *real* Schnepfenfisch *m*.
pítima F *f* Rausch *m*, Affe *m* F.
pito *m* (Triller-, Signal-)Pfeife *f*; (Auto-)Hupe *f*; *fig.* P Penis *m*, Pfeife *f* P; F → *pitillo* 1; *fig. Arg.* hacer ~ *catalán a alg.* j-m e-e lange Nase machen; *fig.* F *me importa un* ~ das ist mir schnuppe (*od.* wurschst F); *no tocar* ~ *en a/c.* nichts damit zu schaffen haben; *no valer un* ~ k-n Pfifferling wert sein; ~**flero** F *m* schlechter Musiker *m*, Dudler *m* F; Klatschmaul *n* F.
pitón[1] *m* Pythonschlange *f*.
pi|tón[2] *m* 1. Hornspitze *f*; *p. ext.* Horn *m* (*bsd. e-s Stiers*); 2. *Jgdw.* Geweihknospe *f*; Spieß *m* Stange *f*; 3. Tülle *f*; Strahlmundstück *n*; ⊕ Höcker *m*, Nocken *m*; (Klemm-)

Stift *m*; ~**tonazo** F *m* (Verletzung *f* durch e-n) Hornstoß *m*.
pitonisa *f* Wahrsagerin *f*.
pitorra *Vo. f* Schnepfe *f*.
pitorre|arse F *v/r.*: ~ *de alg.* j-n aufziehen, j-n auf den Arm nehmen F; ~**o** *m* Verspottung *f*; Hohn *m*.
pitorro F *m* Schnabel *m*, Tülle *f*.
pitpit *Vo. m* Dacnis cayana.
pituco F *m Rpl.* Geck *m*, Fatzke *m* F.
pitufo *m* Schlumpf *m*.
pituita ⚹ *f* Schleim *m*; ~**rio** *adj.* schleimig; (*membrana f*) ~*a f* Nasenschleimhaut *f*; *glándula f* ~*a* Hypophyse *f*.
pivote ⊕ *m* Zapfen *m*; Drehachse *f*.
píxel *m EDV* Pixel *n*.
piyama *f Am. Mer.*, *m Chi.* Schlafanzug *m*.
piza|rra *f* Schiefer *m*; Schiefertafel *f*; Wandtafel *f*; ~ *arcillosa (bituminosa)* Ton- (Öl-)Schiefer *m*; ~**rral** *m* Schieferbruch *m*; ~**rreño** *adj.* schieferartig; Schiefer...; ~**rrero** *m* Schieferdecker *m*; ~**rrín** *m* (Schiefer-)Griffel *m*; ~**rro** *adj.* schiefergrau; ~**rrón** *m* Wandtafel *f*; ~**rroso** *adj.* schieferig; schieferfarben.
pizca[1] F *f Méj.* (*bsd.* Mais-)Ernte *f*.
pizca[2] F *f Méj.*; *Kchk.* Messerspitze *f*, Prise *f*; *ni* ~ (de) k-e Spur (*von dat.*); *no valer ni* ~ k-n Pfifferling wert sein.
piz|car [1g] *v/t.* F kneifen; zwicken; leicht beißen; ~**co** F *m* Kneifen *n*.
pizpireta *f* temperamentvolle Frau *f* (*geistreich u. lebhaft*).
placa *f* Platte *f* (*a. Phot.*); Plakette *f*; (Namens-, Firmen-, Nummern-) Schild *n*; Scheibe *f*; *Kfz. Col., Ven.* polizeiliches Kennzeichen *n*; ~ *aislante* Isolier-, Dämm-platte *f*; ~ *conmemorativa* Gedenktafel *f*; *Phot.* ~ *deslustrada* Mattscheibe *f*; ✋ ~ *giratoria* Drehscheibe *f*; ✗ ~ *de identidad* Erkennungsmarke *f*; *Rf.* ~ *vibrante* Schwingmembran *f*.
placar *m Rpl.* Einbauschrank *m*.
pláceme *m* Glückwunsch *m*; Zustimmung *f*, Billigung *f*.
placenta *Anat. f* Mutterkuchen *m*, Plazenta *f*; ~**rio I.** *adj.* plazentar; **II.** *Zo. m* Plazentalier *m*.
placentero *adj.* behaglich; lustig.
placer[1] **I.** *m* Lust *f*; Vergnügen *n*, Freude *f*; Wunsch *m*, Wille *m*; *a* ~ nach Wunsch, nach Belieben; behaglich, bequem; **II.** [2x] *v/i.* gefallen; *lit.* ¡*pluguiera a Dios!* möge Gott es geben!
placer[2] *m* 1. Sandbank *f*; 2. Gold-(sand)feld *n*, Placer *m*.
placero *m* 1. Markthändler *m*; 2. Pflastertreter *m* (*fig.* F).
plácet *m* Zustimmung *f*, Gutheißung *f*; *dipl.* Agrément *n*.
placi|ble *adj. c* gefällig; ~**dez** *f* Sanftheit *f*; Anmut *f*.
plácido *adj.* sanft; ruhig; anmutig; angenehm, gefällig.
plafón *m* Deckenleuchte *f*.
plaga *f* 1. Plage *f* (*a. bibl.*); Landplage *f*; *fig.* Mühsal *f*, Strapaze *f*; ✗ ~ *de orugas* Raupenplage *f*; 2. *fig.* Überfluß *m*, Unmenge *f*; ~**do** *adj.* geplagt; verseucht; *fig.* ~ *de* wimmelnd von (*dat.*).
plagal *adj. c*: *cadencia f* ~ Plagal-, Halb-schluß *m*.
plagar [1h] **I.** *v/t.* heimsuchen, pla-

gen; verseuchen (mit *dat.* de); **II.** *v/r.* ~*se* s. anfüllen (mit *dat.* de).
plagi|ar [1b] *v/t.* 1. plagiieren, abschreiben; 2. *Méj.* zur Erpressung von Lösegeld entführen; ~**ario I.** *adj.* plagiatorisch; Plagiat...; **II.** *m* Plagiator *m*; *Méj.* Entführer *m*; ~**o** *m* 1. Plagiat *n*; 2. *Méj.* Entführung *f*.
plaguicida *m* Pflanzenschutzmittel *n*.
plan *m* 1. Plan *m* (*a.* △); Entwurf *m*; Grundriß *m*; ✗ ~ *alimenticio* Ernährungsplan *m*; Kostform *f*; ✗ ~ *de batalla* Schlachtplan *m*; ~ *cuatrienal* Vierjahresplan *m*; ~ *de emergencia*, ~ *de urgencia* Notstandsplan *m*; ✠ ~ *de empleo* Beschäftigungsprogramm *n*; ~ *de estudios* Studienplan *m*; ~ *financiero* Finanz(ierungs)plan *m*; *Pol.* ~ Marshall Marshallplan *m*; ~ *de trabajo* Arbeitsplan *m*; *en* ~ *de* + *su.* als + *nom.*; *en* ~ *experimental* versuchsweise; *sin* ~ planlos; *concebir* (*od. trazar*) *un* ~ e-n Plan entwerfen; *estar en* ~ *de* + *inf.* et. vorhaben; im Begriff sein zu + *inf.*; *estar en* ~ *de* + *su.* (gerade +) *nom.* sein; F *estoy en* ~ *de rodríguez* ich bin (jetzt gerade) Strohwitwer; *hacer el* ~ *de a/c. et. entwerfen*; *fig.* F *no es* ~ das haut nicht hin F (*von Vorschlägen u. Absichten*); *tener el* ~ *de* + *inf.* beabsichtigen zu + *inf.*; *fig. tener un* ~ e-e (Liebes-)Bekanntschaft machen wollen (*od.* gemacht haben); *trabajar en* ~ *de director* als Direktor arbeiten; *viajar en* ~ *de estudios* e-e Studienreise machen; 2. *Cu., Chi., Méj. Reg.* **a)** planierte Fläche *f*; **b)** flache Klinge *f*; *echar* ~ *a alg.* j-m mit der flachen Klinge schlagen.
plana *f* 1. (Blatt-)Seite *f*; *p. ext.* Schreibübung *f*; *Typ. a toda* ~ ganzseitig; *primera* ~ erste Seite *f*; *a* ~ *y renglón* seiten- u. zeilengenau (abschreiben); *fig.* genauestens; 2. Ebene *f*, Fläche *f*; 3. ✗ *u. fig.* ~ *mayor* Stab *m*; *fig. a.* Mitarbeiterstab *m*; 4. *fig.* enmendar la ~ *a alg.* j-n korrigieren; ~**zo** *m Am.* Hieb *m* mit der flachen Klinge.
plancton *Biol. m* Plankton *n*.
plancha *f* 1. Platte *f*; Blech *n*; ~ *de acero* (*de corcho*) Stahl- (Kork-)platte *f*; ~ *de madera contrachapeada* Sperrholzplatte *f*; ~ *a vela* Surfbrett *n*; *Kchk. a la* ~ auf dem Blech herausgebacken; *hacer la* ~ den toten Mann machen *b. Schwimmen*; *Sp. lanzarse en* ~ e-n Hechtsprung machen; 2. ⚓ Laufplanke *f*; 3. Bügeleisen *n*; ~ *automática* Bügelautomat *m*; ~ (*eléctrica*) *de viaje* (elektrisches) Reisebügeleisen *n*; ~ *de vapor* Dampfbügeleisen *n*; "*no necesita* ~" „bügelfrei"; *Rf.* Reinfall *m*, Blamage *f*; *tirarse una* ~ s. blamieren; ~**do I.** *m* 1. Bügeln *n*; Bügelwäsche *f*; *Span. alemán* Weißmangel *f*; **II.** *adj.* 2. *Am. Cent.* (allzu) geschniegelt; 3. *Arg., Chi.* ohne Geld, blank F; 4. *Méj.* resolut; clever; 5. P *Span.* flachbusig; ~**dora** *f* 1. Büglerin *f*; 2. Bügelmaschine *f*; ~ *eléctrica* Heimbügler *m*.
planchar I. *v/t.* 1. bügeln, plätten; 2. *Méj.* j-n versetzen F; 3. *Am. Reg.* j-m schmeicheln; **II.** *v/r.* ~*se* 4. P *e-e Frau* vernaschen F.

plancheta f (Karten-)Meßtisch m.
planchis|ta m Blechspengler m, Autoschlosser m; **~tería** f Autospenglerei f, Karosseriewerkstatt f.
plane|ador ⚓ m 1. Segelflugzeug n; Gleitflugzeug n; ~ de carga Lastensegler m; 2. Segelflieger m; **~amiento** m, a. planeación f Planung f; **~ar** I. v/t. 1. planen; organisieren; 2. ⊕ ~ con fresa planfräsen; II. v/i. 3. gleiten, schweben; ⚓ ausschweben, im Gleitflug niedergehen; **~o** m Gleitflug m; **~ro** ⚓ m Vermessungsschiff n.
planeta I. m Astr. Planet m, Wandelstern m; II. f kath. kurze Kasel f; **~rio** I. adj. Planeten...; II. m Planetarium n; III. adj.-su. m Kfz. (engranaje m) ~ Planetengetriebe n.
planicie f Ebene f.
planifica|ción f Planung f; ~ familiar (económica, global) Familien- (Wirtschafts-, Gesamt-)planung f; **~dor** m Planer m; ingeniero m ~ Planungsingenieur m; **~r** [1g] v/t. planen.
planilla f Am. 1. Lohnliste f; Pol. Wahlliste f; 2. Busfahrschein m.
pla|nimetría ⚓ f Planimetrie f, Flächenmessung f; **~nimétrico** adj. planimetrisch; **~nímetro** m Flächenmesser m, Planimeter n; **~nisferio** Astr. m Sternkarte f.
plankton m → plancton.
plano I. adj. 1. eben; flach; platt, plan; Opt. ~ cóncavo (convexo) plankonkav (plankonvex); adv. de ~ geradeheraus; ohne Umstände; caer de ~ der Länge nach hinfallen; dar de ~ mit der flachen Hand (bzw. mit der flachen Klinge) zuschlagen; II. m 2. Fläche f; Ebene f (a. ⚓, Phys.); ~ inclinado schiefe Ebene f; ⊕ ~ inclinado vibratorio Schüttelrutsche f; ⚓ ~ de sustentación Tragfläche f; primer ~ Mal. u. fig. Vordergrund m; Film: Großaufnahme f; fig. de segundo ~ zweitrangig; 3. Plan m, Zeichnung f; (Grund-)Riß m; ~ (de la ciudad) Stadtplan m; ~ de engrase Schmierplan m für Maschinen; ~ general Übersichtsplan m; ⊕ ~ de la pieza Teilzeichnung f; △ ~ en relieve Aufriß m.
planta f 1. Pflanze f; Setzling m; ~ medicinal (pratense, útil) Arznei-(Wiesen-, Nutz-)pflanze f; 2. (Strumpf-)Sohle f; ⚓ Fußpunkt m; ~ (del pie) Fuß-sohle f, -fläche f; 3. (Grund-)Riß m; Entwurf m, Plan m; 5. Stockwerk n, Geschoß n; △ ~ baja Erdgeschoß n; 5. ⊕ explotación Fördersohle f; 5. ⊕ Anlage f; Fabrik f, Werk n; ~ de desalación Entsalzungsanlage f; Am. ~ eléctrica Kraftwerk n; a. Notstromaggregat n; bsd. Kfz. ~ de ensamblaje Montagewerk n; ~ de incineración de basuras Müllverbrennungsanlage f; ~ industrial Industrieanlage f, Werk n; ~ siderúrgica Stahlwerk n; casa f (usw.) de nueva ~ Neubau m; 6. de ~ von den Grundmauern an; von Grund auf; planmäßig; Stamm...; ~ de obreros Belegschaft f, Arbeiter m/pl.; Am. personal m de ~ Stammpersonal n; 7. fig. tener buena ~ gut aussehen (bsd. Person); **~ción** f ⚓ de Pflanzung f; Plantage f; ~ de café Kaffeeplantage f; **~dor** m 1. Pflanzer

m; 2. ⚓ Pflanzholz n (Gerät); **~dora** ⚓ f Pflanzmaschine f; **~gináceas** ⚓ f/pl. Wegerichgewächse n/pl.
plan|tar I. v/t. 1. (be)pflanzen; aufpflanzen; aufstellen; Pfahl einschlagen; Schlag, Ohrfeige versetzen; Zelt aufstellen; ⚓ Seitengewehr aufpflanzen; F Prozeß anstrengen; Lager aufschlagen; fig. ~ en la calle auf die Straße setzen; fig. F ~ la carrera sein Studium (bzw. s-n Beruf) aufgeben; fig. F ~le a alg. j-n lange warten lassen, j-n versetzen F; j-m den Laufpaß geben F; 2. → plantear; II. v/r. **~se** 3. (plötzlich) auftauchen; s. aufpflanzen, s. aufbauen (fig. F); nicht von der Stelle wollen, störrisch sein (Tier); s. widersetzen; **~se** allí en dos horas in zwei Stunden dort sein; Sp. u. fig. **~se** delante den andern voraus sein, die andern überrunden; **~te** m Aufstand m, Meuterei f (z. B. in Gefängnissen); **~teamiento** m Aufwerfen n e-r Frage; ~ de la cuestión Fragestellung f; **~tear** v/t. entwerfen, aufstellen; Frage, Problem aufwerfen, stellen; Reformen einführen; **~tel** m 1. Baum-, Pflanz-schule f; 2. Bildungsanstalt f; 3. fig. Gruppe f, Schar f; **~tificar** [1g] v/t. anlegen; errichten; → plantear, establecer; fig. F Schläge austeilen; **~tígrados** Zo. m/pl. Sohlengänger m/pl.; **~tilla** f 1. Brandsohle f; Einlegesohle f; Strumpfsohle f; ~ ortopédica orthopädische Einlage f; 2. Bohrlehre f; Kurvenlineal n; Schablone f; EDV Dokumentvorlage f; 3. Verw. Stellenplan m; p. ext. Beschäftigte(n) m/pl., Belegschaft f; de ~ planmäßig; Plan(stellen)...; ~ de empleados Belegschaft f, Angestellte(n) m/pl.; ~ de profesores Lehrerstab m; **~tío** ⚓ m Pflanzung f; **~tón** m ⚓ Setzling m; † ständiger Wachposten m; fig. F cansado del ~ der ewigen Warterei müde F; fig. F dar un ~ a alg. j-n versetzen F; j-m e-n Korb geben.
plañi|dera f Klageweib n; **~dero** adj. weinerlich; kläglich; **~r** [3h] v/i. wehklagen, jammern.
pla|qué m Doublé n; **~queado** m Plattierung f (Metall).
plaquita EDV f Chip m.
plasma Biol., Phys. m Plasma n; ~ sanguíneo Blutplasma n; **~física** f Plasmaphysik f; **~r** v/t. bilden, gestalten; ~se en s-n Niederschlag finden in (dat.); s. äußern in (dat.).
plas|ta f Teig m, weiche Masse f; fig. gestaltloser Mischmasch m; **~te** m Gipsleimmasse f zum Spachteln; **~tecer** [2d] v/t. (ver)spachteln; **~tecido** m Verspachtelung f; **~tia** ⚓ f Plastik f.
plástica Ku. f Plastik f.
plasticidad f Plastizität f; Bildsamkeit f; Bildhaftigkeit f.
plástico I. adj. bildsam; plastisch; Plastik...; artes f/pl. **~as** bildende Künste f/pl.; II. m Kunststoff m; de ~ Plastik...; explosivo Plastiksprengstoff m.
plasti|ficante ⚓ adj. c-su. m Weichmacher m; **~ficar** ⚓ [1g] v/t. plastifizieren; **~lina** f Plastilin n.
plata f 1. Silber n; Silbergeld n; de ~

silbern; ~ alemana Neusilber n; ~ fulminante, ~ explosiva Knallsilber n; ~ de ley Münzsilber n; fig. F como una ~ blitzsauber; fig. hablar en ~ kurz u. bündig sprechen; 2. Am. Geld n; Rpl., Chi. ¡adiós, mi ~! schade!; na dann eben nicht!
plata|banda ⊕ f Stoßplatte f, Verbindungslasche f; **~forma** f a. Pol., EDV Plattform f; ⊕ Bühne f; ⚓ Drehscheibe f; ~ alzacoches, ~ de elevación hidráulica Hebebühne f für Kfz.; ~ de carga Laderampe f; Geol. ~ continental Festlandsockel m; ~ giratoria Drehbühne f; ⚓ ~ de lanzamiento Abschußrampe f; ~ suspendida Hängewagen m.
platal F m Am. → dineral.
plata|nal, **~nar** m Bananenpflanzung f; **~nero** I. adj. Cu. heftig (Wind); II. m Bananenstaude f.
plátano ⚓ m 1. Platane f; 2. Banane f (Staude u. Frucht).
platea Thea. f 1. Parterre n, Parkett n; 2. Arg. → butaca, luneta.
platea|do I. adj. silberfarben; versilbert; silbergrau (Haare); II. m Versilbern n; Versilberung f; **~r** v/t. versilbern.
platecha Fi. f Scholle f.
plate|nse adj.-su. c aus den Río-de-la-Plata-Ländern; **~ñismo** m Spracheigentümlichkeit f der Río-de-la-Plata-Länder.
plate|resco Ku. I. adj. platéresk; II. m Plateréskstil m; **~ría** f 1. Silberschmiede f; 2. Juweliergeschäft n; **~ro** m 1. Silberschmied m; 2. Juwelier m.
plática f Unterhaltung f; ecl. Ansprache f; Kurzpredigt f; Am. a. Verhandlungen f/pl.; ⚓ pedir ~ Erlaubnis f zum Einlaufen erbitten (nach Quarantäne).
platicar [1g] I. v/t. besprechen; II. v/i. bsd. Am. plaudern; s. unterhalten; sprechen (über ac. sobre).
platija Fi. f Flunder f.
plati|llero ⚓ m Beckenschläger m; **~llo** m 1. kl. Teller m; Dessertteller m; Waagschale f; ~ (de la taza) Untertasse f; **~llos** volante, Am. ~ volador fliegende Untertasse f; 2. ⚓ **~s** m/pl. Becken n/pl.
platina f ⊕ (Befestigungs-)Teller m; Objekttisch m b. Mikroskop; Typ. Form-, Satz-bett n.
plati|nado adj. mit Platin belegt; blondgefärbt; **~nar** v/t. 1. mit Platin belegen; 2. Haar platinblond färben; **~no** m Platin n; p. ext. ⚓ (Kfz.) **~s** m/pl. Unterbrecherkontakte m/pl.
platirrinos Zo. m/pl. Breitnasenaffen m/pl.
platito m kl. Teller m; Schale f.
plato m 1. Teller m; Waagschale f; Zahnkranz m (Fahrrad); Plattenteller m (Plattenspieler); ⊕ anular Ringscheibe f; ⊕ ~ de centrar Zentrierfutter n; ~ hondo, ~ sopero Suppenteller m; ⚓ ~ de sujeción (Auf-)Spannplatte f; Col. ~ tacero Untertasse f; 2. fig. F comer en un mismo ~ ein Herz u. eine Seele sein; ¿cuándo hemos comido en el mismo ~? wann haben wir mitea. die Schweine gehütet? F; parece que nunca ha roto un ~ (en su vida) der hat, scheint es, nie ein Wässerchen getrübt; pagar los ~s rotos es ausbaden

plató — plural

müssen, den Kopf dafür hinhalten müssen; *tirarse los ~s a la cabeza* e-n mächtigen Familienkrach machen; **3.** *Kchk.* Gericht *n*, Gang *m*; *fig.* F Gesprächsstoff *m*; *Span.* ~ *combinado* Gericht *n* aus verschiedenen Speisen *(auf nur einem Teller serviert)*; ~ *del día (de pescado)* Tages-(Fisch-)gericht *n*; *el* ~ *fuerte* das Hauptgericht; *fig.* das Wichtigste, der Höhepunkt; der Hauptpunkt; ~ *único* Eintopf *m*; *fig.* F *nada entre dos* ~*s* nichts von Belang, e-e Lappalie; *éste no es* ~ *de su gusto* das schmeckt ihm nicht *(fig.)*; *fig. ser* ~ *de segunda mesa* zur zweiten Garnitur gehören, nicht gebührend beachtet werden.
plató *m* Filmkulisse *f*.
platón *m Col., Guat.* Waschbecken *n*.
pla|tónico *adj.-su.* platonisch; *m* Platoniker *m*; ~**tonismo** *Phil. m* Platonismus *m*.
platudo F *adj. Am.* betucht F, reich.
plausible *adj. c* löblich; annehmbar; einleuchtend, stichhaltig, plausibel.
playa *f* Strand *m*; Ufer *n*; Strandbad *n*; Seebad *n*; *Arg.* Hof *m vor dem Rancho*; *Arg., Par., Pe.* ~ *de estacionamiento* Parkplatz *m*; ~ *naturista,* ~ *nudista* Nacktbadestrand *m*, FKK-Strand *m*.
play-boy *m* Playboy *m*.
playe|ra *f* **1.** Muschel-, Fisch-verkäuferin *f*; **2.** ♪ ~*s f/pl. andal. Volksweise*; **3.** Strandbluse *f*; ~*s f/pl.* Strandschuhe *m/pl.*; ~**ro** *m* **1.** Fisch-, Muschel-verkäufer *m*; **2.** ♣ *Pe.* ~*s m/pl.* Schauerleute *pl.*
plaza *f* **1.** Platz *m*; Markt(platz) *m*; Stelle *f*, Ort *m*; ⚔ ~ *de armas* Exerzierplatz *m*; ✝ ~ *comercial* Handelsplatz *m*; ~ *mayor* Hauptplatz *m* e-s Ortes; ~ *de toros* Stierkampfarena *f*; *hacer* ~ Platz machen; **2.** ⚔ Garnison *f*; Festung *f*; ~ *abierta* offene Stadt *f*; ~ *fuerte* fester Platz *m*; *fig.* F *ahora vamos a atacar bien la* ~ jetzt aber feste eingehauen! F *b. Essen*; **3.** (Sitz-)Platz *m (Kfz.,* ⛟ *usw.)*; *Kfz.* (coche m de) cinco ~*s m* Fünfsitzer *m*; **4.** (sacar) ~ (e-e) Anstellung (bekommen).
plazo *m* Frist *f*; Laufzeit *f*; Rate *f*; ⅔, ~ *a corto (a largo)* ~ kurz-(lang-)fristig; *a* ~*s auf Raten*; *a tres meses* ~ gg. drei Monate Ziel; *en (el)* ~ *de quince días* innerhalb von vierzehn Tagen; *en el* ~ *que marca la ley* innerhalb der gesetzlichen Frist; *en el* ~ *más breve* möglichst bald; ~ *de entrega (de pago)* Liefer-(Zahlungs-)frist *f*; ~ *de gracia* od. *de respiro* Schonfrist *f*; ~ *mensual* Monatsrate *f*; ~ *de vencimiento* Lauf-, Verfalls-zeit *f*; *crédito(s) m(/pl.) a un mes de* ~ Monatsgeld *n*; *conceder (fijar) un* ~ e-e Frist gewähren ([fest]setzen).
pla|zoleta, ~**zuela** *f kl.* Platz *m*.
pleamar *f* Hochwasser *n*, Flut(dauer) *f am Meer*.
ple|be *f* Plebs *f (hist.)*, *m (fig. desp.)*; ~**beyez** *f* Plebejertum *n*; Pöbelgesinnung *f*; ~**beyo I.** *adj.* plebejisch; *fig.* gemein, pöbelhaft; **II.** *m hist. u. fig.* Plebejer *m*; ~**biscito** *Pol. m* Volks-abstimmung *f*, -entscheid *m*.
plectro ♪ *m* Plektrum *n*, Schlagplättchen *n*.

plega|ble *adj. c* biegsam; faltbar; spreizbar; Klapp...; *bote m* ~ Faltboot *n*; ~**dera** *f* Falzbein *n*, ~**dizo** *adj.* (leicht) faltbar; zs.-legbar; *caja f* ~*a* Faltschachtel *f*; ~**do I.** *adj.* gefaltet; faltig; **II.** *m* Falzen *n*; Falte *f*; Zs.-faltung *f*; ✈ Einziehen *n des Fahrgestells*; ~**dor** *m* **1.** *Typ.* Falzer *m*; Falzbein *n*; **2.** *tex.* Weberbaum *m*; ~ *de urdimbre* Kettbaum *m*; ~**dora** *f Typ.* Falzmaschine *f*; *tex.* Bäummaschine *f*; ~**dura** *f* Falten *n*; Falte *f*; ~**miento** *Geol. m* Faltenbildung *f*; Auffaltung *f*; ~**r** [1h u 1k] **I.** *v/t.* falzen *(a. Typ. u. Klempner)*; (zs.-)falten; zs.-legen; kniffen; fälteln, in Falten legen; **II.** *v/r.* ~*se fig.* nachgeben, s. beugen, s. fügen *(dat. a)*.
plegaria *f* **1.** (Bitt-)Gebet *n*; **2.** Mittagsgeläut *n*.
pleistoceno *Geol. adj.-su.* pleistozän; *m* Pleistozän *n*.
plei|teante *c* Prozeßpartei *f*; ~**tear** *v/i.* prozessieren, e-n Prozeß führen; ~**tesía** *f* Huldigung *f*, Reverenz *f*; *rendir* ~ *a alg.* j-m Ehre erweisen; *desp.* j-n wichtig nehmen; ~**tista I.** *adj. c* prozeß-, streit-süchtig; **II.** *c* Querulant(in *f) m*; Prozeß-hansel *m* F, -liesel *f* F; ~**to** *m* (Zivil-)Prozeß *m*, Rechtsstreit *m*; Ausea.-setzung *f*; Streit *m*, Zank *m*; *estar en* ~ im Streit liegen; *poner* ~ *a alg.* gg. j-n e-n Prozeß anstrengen; *fig. poner a* ~ streitig machen; absprechen wollen; *ver el* ~ vor Gericht verhandeln *(Prozeßbeteiligte)*.
plenario I. *adj. Pol.* Plenar..., Voll...; *asamblea f* ~*a* Vollversammlung *f*; **II.** *m* ⚖ Hauptverfahren *n (Strafrecht)*; *Pol. Am. Reg.* Plenum *n*.
pleni|lunio *m* Vollmond *m*; ~**potencia** *f* Vollmacht *f*; ~**potenciario** *dipl. adj.-su.* bevollmächtigt; *m* Bevollmächtigte(r) *m*.
ple|nitud *f* Fülle *f*; Vollmaß *n*; Vollkraft *f*; ~ *vital* Lebensfülle *f*; ✡ *sensación f de* ~ Völlegefühl *n*; ~**no I.** *adj.* voll; völlig; Voll...; ⊕ ~*a carga f* Vollast *f*; *a* ~ *sol* in der prallen Sonne; *Kfz.* ~ *gas m* Vollgas *n*; *en* ~*a calle* auf offener Straße; *en* ~ *día am* hell(icht)en Tage; *en* ~ *invierno* mitten im Winter; *a* ~*a luz* bei vollem Licht; **II.** *m* Vollversammlung *f*; Plenum *n*; *salón m de* ~*s* Plenarsaal *m*; *en* ~ vollzählig, in corpore.
pleo|nasmo *Li.* m Pleonasmus *m*; ~**nástico** *adj.* pleonastisch.
plepa F *f* ganz miese Person *(od. Sache)* f F.
plesímetro ⚕ *m* Plessimeter *n*.
pletina ⊕ *f* Flacheisen *n*; Platine *f*.
plétora *f* Vollblütigkeit *f*; *fig.* Überfülle *f*; Wohlstand *m*.
pletórico *adj.* vollblütig; *fig.* strotzend *(von dat. de).*
pleu|ra *Anat. f* Brustfell *n*, Pleura *f*; ~ *parietal* Rippenfell *n*; ~**resía,** ~**ritis** ⚕ *f* Brustfellentzündung *f*, Pleuritis *f*; ~**roneumonía** *f* Rippenfell- u. Lungenentzündung *f*.
plexo *Anat. m* Plexus *m*, Geflecht *n*; ~ *solar* Solarplexus *m*, Sonnengeflecht *n*.
Pléya|das *f/pl.* → *Pléyades*; ~**de** *Lit. f* Pléiade *f*; ~**des** *Astr. f/pl.* Plejaden *f/pl.*, Siebengestirn *n*.
plie|go *m* **1.** *a. Typ.* Bogen *m (Pa-*

pier); **2.** *Buchb.* Heft *n*, Lage *f* e-s Buchs; **3.** Brief-, Post-sendung *f*; ✝ *en este* ~ beiliegend; **4.** *Ausschreibung:* Angebot *n*; ~ *de condiciones* Ausschreibungsbedingungen *f/pl.*; Lastenheft *n*; ~**gue** *m* Falte *f*; Einschlag *m*; Kniff *m*; *Geol.* Geländefalte *f*; ~ *del pantalón* Bügelfalte *f*.
plim P: ¡*a mí,* ~! das ist mir piepe *(od.* schnurzegal)! F.
plinto *m Sp.* Kasten *m*; △ Säulenplatte *f*.
plioceno *Geol. adj.-su.* pliozän; *m* Pliozän *n*.
plisado I. *adj.* plissiert; **II.** *m* Plissé *n*.
ploma|da *f* **1.** Lot *n*; Senkblei *n*; ⚓ *echar la* ~ abloten; **2.** Reiß-stift *m bzw.* -leine *f* zum Anreißen *(z. B. Zim.)*; ~**do** ⊕ *part.:* ~ *al fuego* feuerverbleit; ~**r** *v/t.* plombieren; mit e-m Bleisiegel verschließen.
plombagina *f* **1.** Graphit *m*; **2.** Graphitschmiermittel *n*.
plo|mear *v/i.* ♃*gdw.* (gut) streuen *(Schrotschuß)*; ~**mería 1.** Bleigießerei *f*; Bleidach *n*; **2.** *Am.* Klempnerei *f*, Spenglerei *f*; ~**mero** *m* **1.** Blei-arbeiter *m*; -gießer *m*; Blei(waren)händler *m*; **2.** *Am.* Klempner *m*, Spengler *m*; ~**mizo** *adj.* bleihaltig; bleifarbig; bleiern; ~**mo** *m* **1.** *Min.* Blei *n*; *monóxido m de* ~ Bleiglätte *f*; *sin* ~ bleifrei; **2.** Bleigewicht *n*; Bleilot *n*; *a* ~ lot-, senk-recht; **3.** Bleikugel *f*; **4.** (Blei-)Plombe *f*; ⚡ Sicherung *f*; **5.** *fig.* F *ser un* ~ ein langweiliger *(bzw.* lästiger) Kerl sein F.
plugo, pluguiere, *etc.* → *placer*.
pluma I. *f* **1.** Feder *f (Vogel- u.* Schreibfeder); *fig.* F ~*s f/pl. a.* Bett *n*; ~ *estilográfica, Méj.* ~*fuente* Füllfederhalter *m*; *Sp. (peso m)* ~ Federgewicht *n*; *a vuelo* ~ schnell *bzw.* flüssig *(schreiben)*; *fig.* F *echar buena* ~ s. mausern *(fig.* F); *s.* wieder aufraffen; *llevar la* ~ nach Diktat niederschreiben; *manejar la* ~ die Feder führen; **2.** *fig.* Stil *m*; Schreibtalent *n*; **3.** ⊕ Ausleger *m (z. B. b. Kran)*; **4.** F *Méj.* Flittchen *n* F; **5.** *Col. Reg., Ant.* Wasserhahn *m*; **II.** *m* P warmer Bruder *m* F, Tunte *f* F; ~**da** *f* Federstrich *m*; ~**do** *adj.* gefiedert; Feder...; ~**je** *m* Gefieder *n*; Federschmuck *m*; Federbusch *m*; ~**ria** *adj.-su. f:* (arte *f)* ~ Vogel- u. Federstickerei *f*; ~**zo** *m* **1.** F Federstrich *m*; *a. fig. de* ~ mit e-m Federstrich; **2.** Federkissen *n*; Federbett *n*.
plúm|beo *adj. lit.* bleiern; *fig.* F langweilig; ~**bico** *adj.* bleihaltig; 🜾 *ácido m* ~ Bleisäure *f*.
plu|meado *m* Schraffierung *f*; ~**mear** *v/t.* schraffieren; ~**mero** *m* **1.** Federwisch *m*, Staubwedel *m*; Federbusch *m*; *fig.* F *se le ve el* ~ man merkt die Absicht; Nachtigall, ich hör dir trapsen F; **2.** Feder-, Schreib-mäppchen *n*; *Am.* oft → *portaplumas*; ~**mier** *m* Federmäppchen *n*; ~**mífero** *m* Daunenjacke *f*; ~**milla** *f* Spezialfeder *f*, *z. B.* Tuschfeder *f*; ~ *de oro* Goldfeder *f* (*b. Füllfederhaltern)*; ~**mista** *m* **1.** Schreiber *m*; **2.** Federarbeiter *m*; Händler *m* von Federwaren; ~**món** *m* **1.** Flaum(feder *f) m*; **2.** Federkissen *n*; (colcha *f* de) ~ Federbett *n*.
plura|l *Li.* **I.** *adj. c* pluralisch; Plural...; **II.** *m* Mehrzahl *f*, Plural

m; **~lidad** *f* Mehrheit *f*; Vielfältigkeit *f*; *Pol.* elegido a (*od.* con la) ~ de votos mit Stimmenmehrheit gewählt; **~lismo** *Phil.*, *Soz.* m Pluralismus *m*; **~lista** *adj.* c pluralistisch; **~lizar** [1f] *v/t.* **1.** *Li.* in den Plural setzen; **2.** mehreren zuschreiben (*was nur einem gebührt*).
pluri|celular *Biol. adj.* c mehrzellig; **~dimensional** *adj.* c mehrdimensional; **~disciplinario** *adj.* interdisziplinär; **~empleo** *m* gleichzeitige Ausübung *f* mehrerer Berufe; **~partidismo** *Pol.* m Mehrparteiensystem *n*.
plus *m* Zuschlag *m*; (Gehalts-)Zulage *f*; ~ de carestía (de peligrosidad) Teuerungs- (Gefahren-)zulage *f*; *Span.* ~ familiar *od.* ~ por hijos Kindergeld *n*; **~cuamperfecto** *Gram. m* Plusquamperfekt *n*, Vorvergangenheit *f*; **~marca** *Sp. f bsd. Am.* → récord, marca; **~marquista** c Rekordhalter *m*, -inhaber *m*.
plus ultra noch weiter hinaus (*Wahlspruch auf den Säulen des Herkules im span. Wappen, seit Karl V.*).
plusvalía *f* Mehrwert *m*; Wertzuwachs *m*; Zugewinn *m*; Kursgewinn *m* (*Börse*).
plu|tocracia *f* Plutokratie *f*; **~tócrata** *m* Plutokrat *m*; **~tocrático** *adj.* plutokratisch.
plutonio *m* Plutonium *n*.
plu|vial *adj.* c Regen...; *ecl.* capa *f* ~ Pluviale *n*; **~viometría** *Met. f* Niederschlagsmessung *f*; de baja ~ niederschlagsarm; **~viómetro** *m* Regenmesser *m*; **~viosidad** *Met. f* Niederschlagsmenge *f*; **~vioso** *adj.* regnerisch; **~viselva** *Geogr. f* Regenwald *m*.
pobla|ción *f* **1.** Bevölkerung *f*; *Biol. a.* Population *f*; *Statistik*: ~ activa erwerbstätige Bevölkerung *f*; ~ aviar Geflügelbestand *m* e-s Gebietes *od.* e-s Landes; *penal* Gesamtheit *f* der Häftlinge; **2.** größere Ortschaft *f*; Stadt *f*; **3.** *Arg.* Haus *n*; *a.* Wohngebäude *n*; e-r ländlichen Siedlung; **~cho** F *m* elendes Nest *n*, Kaff *n* F; **~da** *f And.* Aufruhr *m*; Menschenmassen *f/pl.*; **~do I.** *adj.* **1.** dicht bewohnt; besiedelt; **2.** dicht, buschig; ~ de árboles bewaldet; **II.** m **3.** bewohnte Gegend *f*; Ortschaft *f*; **~dor**, *adj.-su. Am.*, Be-siedler *m*; Bewohner *m*; Gründer *m* e-r Siedlung; **~no** *adj.-su. Am.* → lugareño, campesino; *Méj.* aus Puebla; **~r** [1m] **I.** *v/t.* **1.** bevölkern; be-, an-siedeln; *p. ext.* anfüllen, besetzen; ⚭ *Bienenstock* bevölkern; *Teich* mit Fischen besetzen; ~ con exceso übervölkern; **2.** bepflanzen (mit *dat.* de); *Wald* aufforsten; **II.** *v/r.* **~se 3.** s. stark fortpflanzen; s. mehren; dicht(er) werden; s. bevölkern; s. füllen (mit *dat.* de); **4.** s. belauben.
pobo *m* Silberpappel *f*.
pobre I. *adj.* c **1.** arm; ärmlich; ~ de (*od.* en) arm an (*dat.*); ~ en sal salzarm; **2.** *fig.* armselig; elend, unglücklich; ¡a ~ hombre *m* armer Teufel *m*; **II.** *m* **3.** Arme(r) *m*; Bettler *m*; *fig.* Unglückliche(r) *m*; ¡~ de mí! ich Armer (*od.* Unglücklicher)!; *fig.* ~ de solemnidad ganz Arm; **~río** *m Col.* die Armen *pl.*; **~te** *adj.-su.* c ärmlich; armselig; *m* armer Schlucker *m*; armer Tropf *m*; **~tería** *f* **1.** *koll.* die Armen *pl.*; **2.** Armut *f*; **~tón I.** *adj.* sehr arm; **II.** *m* F armer Schlucker *m*; **~za** *f* Armut *f*; *a. fig.* Dürftigkeit *f* (an *dat.* de); ~ de espíritu Gemütsarmut *f*; *Spr.* ~ no es vileza Armut schändet nicht.
pobrísimo *sup. adj.* äußerst arm.
pocero *m* Brunnen-bauer *m*; -reiniger *m*; *p. ext.* Latrinenreiniger *m*.
pocilga *f a. fig.* Schweinestall *m*.
pocillo *m* **1.** in die Erde eingelassenes Kühlgefäß *n*; **2.** *Am.* (zylindrisches) Täßchen *n*; *P. Ri. a.* Tasse *f* Kaffee.
pócima *f* Arzneitrank *m*.
poción *f pharm.* Arzneitrank *m*; *p. ext.* Trank *m*, Getränk *n*.
poco I. *adj.* wenig; gering(fügig); karg, spärlich; **~a** gente *f* wenige Leute *pl.*; *fig.* ser ~a cosa unbedeutend sein; unos **~s** einige (wenige), ein paar; (y) por si fuera ~ u. zugutertzt...; u. obendrein ...; todo les parece ~ sie sind nie zufrieden, sie sind ewig unzufrieden; *Spr.* quien ~ tiene, ~ teme wer nichts hat, kann nichts verlieren; **II.** *m*: un ~ ein wenig, einiges wenige; un ~ de paciencia ein wenig (od. ein bißchen) Geduld; **III.** *adv.* wenig; a ~ gleich darauf; *fig.* F de ~ más o menos (reichlich) unbedeutend; dentro de ~ in Kürze; bald; hace ~ vor kurzem, unlängst; ~ antes kurz zuvor; a ~ allmählich, nach und nach; sachte; ~ después bald darauf; a ~ más fast, beinahe, um ein Haar; (sobre) ~ más o menos ungefähr, etwa; por ~ beinahe, fast; a ~ de llegar (*od.* de haber llegado) bald nach der Ankunft; en ~ estuvo que riñésemos um ein Haar hätten wir uns gezankt; tener en *a/c.* (*od. a alg.*) et. (*od.* j-n) geringachten, nicht viel davon (*od.* von j-m) halten; por ~ me caigo beinahe wäre ich gefallen.
po|cha F *f* **1.** *Am.* US-Amerikanerin *f* mexikanischer Abstammung (*in den alten span. Siedlungsgebieten*); **2.** *Chi.* Bluff *m*, Lüge *f*; **~che** F *m Am.* **1.** → pocho 4; **2.** das verderbte Spanisch der US-Amerikaner span. Abstammung *u. p. ext.* der Ausländer; **~chez** *f* (*pl.* ~eces) Weizenbrötchen *n*, Wecken *m* (*Reg.*); **~cho I.** *adj.* **1.** bleich; **2.** *Reg.* morsch; teigig; gedunsen; faul (*Obst*); welk (*Blumen*); **3.** *Chi.* **a)** klein u. sehr dick; **b)** überreif; schwerfällig; **II.** m **4.** *Am.*, *bsd. Méj.* US-Amerikaner *m* mexikanischer Abstammung (→ pocha 1); **~chocho** *adj. Chi.* → pocho 3a; **~cholada** F *f* Dummheit *f*, Quatsch *m* F; **~cholo** P *adj.* nett, hübsch.
pochote *m Méj.* Wollbaum *m*.
poda *f* Beschneiden *n* der Bäume; **~dera** *f* Rebmesser *n*; Baumschere *f*; **~dora** *f* ~ de setos elektrische Heckenschere *f*.
podagra *f* Podagra *n*, Zipperlein *f*.
poda|r *v/t.* Bäume beschneiden; **~zón** *f* Zeit *f* des Baumschnitts.
poden|co *m Jgdw.* span. Vorstehhund *m*; *fig.* F Trottel *m* F; **~quero** *Jgdw. m* Hundeführer *m*.
poder[1] *m* **1.** *a. Phys.*, ⊕ Können *n*, Vermögen *n*; Fähigkeit *f*, Kraft *f*; Saugfähigkeit *f*; ⚡ ~ adquisitivo (*od.* de compra) Kaufkraft *f*; ~ de ahorro Sparkraft *f*; ~ de arranque *a. Kfz.* Anzugsvermögen *n*; ~ calorífico Heizwert *m*; Wärmeleistung *f*; ~ perforante Durchschlagskraft *f* (*Geschoß*); ⚡ ~ reductor Reduktionsvermögen *n*; *a* ~ de kraft (*gen*), durch vieles (*ac.*); lo que está (*bzw.* esté) en mi ~ was in m-n Kräften steht, nach Kräften; **2.** Macht *f*; (Staats-)Gewalt *f*; *bsd. Pol.* ~ absoluto unumschränkte Gewalt *f*; ~ aéreo (*naval*) Luft- (Flotten-)stärke *f*; ~ ejecutivo Exekutive *f*, vollziehende Gewalt *f*; ~ judicial richterliche Gewalt *f*; ~ legislativo Legislative *f*, gesetzgebende Gewalt *f*; ♀ Negro Black Power *f*; ~ público öffentliche Gewalt *f*; Staatsgewalt *f*; Behörde(n) *f*(/*pl.*); acceso m al ~ Macht-, Regierungs-antritt *m*; caer en (el) ~ de alg. in j-s Gewalt geraten; retirarse del ~ s. von der Regierung zurückziehen; subir al ~ an die Macht (*od.* ans Ruder) kommen; **3.** Vollmacht *f*; Ermächtigung *f*; Befugnis *f*; (*plenos*) ~es *m/pl.* Vollmacht(en) *f*; ~ colectivo (*especial*) Gesamt- (Sonder-)vollmacht *f*; ~ de decisión Entscheidungsbefugnis *f*; matrimonio *m* por ~es Ferntrauung *f*; ✝ por ~ per procura; casarse por ~(es) s. ferntrauen lassen; dar ~(es) a alg. j-n ermächtigen; j-m Vollmacht(en) geben; ejercer un ~ e-e Vollmacht ausüben; extender los ~es die Vollmacht(en) ausstellen; revestir a alg. de ~ j-n mit e-r Vollmacht ausstatten; tener amplios ~es große Befugnisse haben; unbeschränkte Vollmacht haben.

poder[2] [2t] **I.** *vt/i.* können, vermögen; mögen; dürfen; a más no ~ aus Leibeskräften; im höchsten Grad; was das Zeug hält F; lauthals (*schreien*); hasta más no ~ mit aller Gewalt; a ~ a alg. j-n bezwingen, j-m überlegen sein; nadie le puede niemand kann gg. ihn aufkommen; niemand kann ihm beikommen; no ~ con alg. *a/c.*) mit j-m (*od.* et.) nicht fertig werden; j-n (*od. et.*) nicht ausstehen können; no ~ más nicht mehr weiter können; am Ende s-r Kraft sein; *a. fig.* ~ más mehr können; stärker sein; no ~ menos de + *inf.* nicht umhin können, zu + *inf.*; ¿se evitar s. vermeiden lassen; ¿puedo? darf ich?; gestatten Sie?; kann ich eintreten?; esto no puede ser das darf nicht sein; si no puedes hacer eso das darfst du nicht tun; **II.** *v/impers.*: ¿se puede? darf man eintreten?; *puede* ser vielleicht; das läßt s. hören; *puede (ser) que* + *subj.* vielleicht + *ind.*; möglicherweise + *ind.*

poder|dante *m* Vollmachtgeber *m*; **~habiente** *m* Bevollmächtigte(r) *m*.

pode|río *m* **1.** Macht *f*; Gewalt *f*; **2.** Besitz *m*; Reichtum *m*; **3.** *Stk.* Kraft *f* des Stiers; **~rosa** P *f* Rausch *m*, Affe m F; **~roso** *adj.-su.* mächtig; m Mächtige(r) *m*.

podó|logo *m* Facharzt *m* für Fußleiden; **~metro** *m* Schrittzähler *m*.

po|dre *f* → pus; **~dredumbre** *f* Fäulnis *f*; Verwesung *f*; **~drido** *adj.* faul, faulig, verdorben, mod(e)rig; morsch; verfault; *fig.* verdorben,

podrir — polla

verkommen; F ~ *de dinero* stinkreich F; *caer* ~ abfaulen; **~drir** *v/t.* → pudrir.
poe|ma *m* (längere) Dichtung *f*; Heldendichtung *f*; **~mario** *m* Gedichtsammlung *f*; **~mático** *adj.* Dichtungs...; **~sía** *f* Gedicht *n*; Dichtung *f*; *a. fig.* Poesie *f*; ~ *lírica* Lyrik *f*; **~ta** *m* Dichter *m*, Poet *m*; *fig.* ~ *de ocasión etwa*: Sonntagsdichter *m*; **~tastro** *desp. m* Dichterling *m*, Verse-, Reim-schmied *m* (*desp.*).
poéti|ca *f* Dichtkunst *f*; Poetik *f*; **~co** *adj.* dichterisch; *a. fig.* poetisch; *arte m* ~ Poetik *f*.
poeti|sa *f* Dichterin *f*; **~zar** [1f] *v/t.* dichterisch verklären; poetisieren.
pogrom(o) *m* Pogrom *n, m*.
póker *m* → póquer.
pola|cada F *f* Hinterhältigkeit *f*, Gemeinheit *f* (*Tun*); **~co** *adj.-su.* polnisch (*im Am. z. T. desp.*, *dafür* polonés); *m* Pole *m*; *das* Polnische *f*.
polaina *f* Gamasche *f*; *fig. Arg., Bol., Hond.* Widerwärtigkeit *f*.
pola|r *adj. c* 1. *Geogr.* polar; Polar...; Pol...; 2. ⚡ Pol...; **~ridad** *f* Polarität *f*; *invertir* (*od. cambiar*) *la* ~ umpolen; **~rización** *f Phys.* Polarisation *f, a. Soz.* Polarisierung *f*; **~rizador** *Opt. m* Polarisator *m*; **~rizar** [1f] *v/t.* polarisieren; *Opt. luz f ~ada* polarisiertes Licht *n*.
polca ♪ *f* Polka *f*.
polea ⊕ *f* Rolle *f*; Laufrad *n*; Riemenscheibe *f*; ~ *fija* (*loca*) feste (lose) Rolle *f*.
polémi|ca *f* Polemik *f*; **~co** *adj.* polemisch.
polemi|sta *c* Polemiker *m*; **~zar** [1f] *v/i.* polemisieren.
polemonio ♀ *m* Speerkraut *n*.
polen ♀ *m* Blütenstaub *m*, Pollen *m*.
polenta *f* Maisbrei *m*.
polera *f Arg.* Rollkragenpullover *m*.
poli F *f* Polente *f* F.
poliandria *f* Vielmännerei *f*, Polyandrie *f*.
polibán *m* Brausewanne *f*.
poli|cía I. *f* Polizei *f*; (*mujer f*) ~ Polizistin *f*; *Span.* ~ *armada* kasernierte Polizei *f*; ~ *militar* (*secreta*) Militär- (Geheim-)polizei *f*; ~ *de tráfico* Verkehrspolizei *f*; II. *m* Polizist *m*; *Col.* ~ *acostado* Querrücken *m aus Beton auf Straßen, um die Autos zum Langsamfahren zu zwingen*; *jugar a* ~ *y ladrones* Räuber und Gendarm spielen; **~cíaco**, **~ciaco** *adj.* Polizei...; Detektiv..., Kriminal...; **~cial** *adj. c*, *Am. a.* **~civo** *adj.* Polizei...
poli|clínica ⚡ *f* Poliklinik *f*, Ambulanz *f*; **~cromía** *f* Vielfarbigkeit *f*; *Typ.* Mehrfarbendruck *m*; **~cromo** *adj.* mehrfarbig; bunt.
polichinela *m* Possenreißer *m*; Hanswurst *m*.
polideportivo *adj.-su. m*: (*complejo m od. centro m od. conjunto m*) ~ Mehrzwecksportanlage *f*.
poli|edro A *m* Polyeder *n*; **~éster** ⚡ *m* Polyester(harz *n*) *m*; **~estirol** ⚡ *m* Polystyrol *n*; **~facético** *lit. adj.* viel-gestaltig; -seitig; **~fásico** ⚡ *adj.* mehrphasig; **~fonía** ♪ *f* Polyphonie *f*, Mehrstimmigkeit *f*; **~fónica** (*gr.*) Orchester *n*; **~fónico** (*a. polífono*) *adj.* polyphon;

mehrstimmig.
po|ligamia *f* Polygamie *f*, Vielweiberei *f*; **~lígamo** I. *adj.* ♀, *Soz.* polygam; II. *m Soz.* Polygamist *m*.
poliglo|ta (*a. políglota*) *m* Polyglotte(r) *m*, Sprachenkenner *m*; **~to** (*a. polígloto*) *adj.* polyglott, mehrsprachig.
poligo|náceas ♀ *f/pl.* Knöterichgewächse *n/pl.*; **~nal** A *adj. c* vieleckig, polygonal.
polí|gono *m* 1. A Polygon *n*, Vieleck *n*; 2. ✕ Schießplatz *m*; 3. ~ *industrial* Gewerbe-, Industrie-gebiet *n*; ~ *urbano od. residencial* (geschlossene) Wohnsiedlung *f*; Wohnblock *m*; Trabantenstadt *f*; **~grafo** *m* Universalgelehrte(r *m*), Polygraph *m*.
polilla *f* Motte *f*; *p. ext.* Holz- bzw. Bücher-wurm *m*; □ Polente *f* F, Schmiere *f* □.
po|limerización ⚡ *f* Polymerisation *f*; **~límero** ⚡ I. *adj.* polymer; II. ~s *m/pl.* Polymere *n/pl.*
poli-mili *Span.* I. *f* 1. Militärpolizei *f*; 2. = ETA politico-militar, *politischer Flügel der ETA*; II. *m* 3. Mitglied *n der ETA politico-militar*.
poli|morfo ⚡ *adj.* polymorph, vielgestaltig; **~nomio** A *m* Polynom *n*.
poliomielitis ⚡ *f* spinale Kinderlähmung *f*, Poliomyelitis *f*.
Poline|sia *f* Polynesien *n*; ♀sio *adj.-su.* polynesisch; *m* Polynesier *m*.
polipasto *m* Flaschenzug *m*.
pólipo *m* 1. *Zo.* ♀ Nesseltier *n*; b) → *pulpo*; 2. ⚡ Polyp *m*.
poli|ptoton *Rhet. m* Polyptoton *n*; **~semia** *Li. f* Polysemie *f*; **~sémico** *Li. adj.* polysem; **~sílabo** *adj.* mehrsilbig; **~síndeton** *Li. m* Polysyndeton *n*; **~sintético** *Li. adj.* polysynthetisch.
polispasto ⊕ *m* Flaschenzug *m*.
polista *Sp. m* Polospieler *m*.
politburó *Pol. m* Politbüro *n*.
poli|técnico *adj.* polytechnisch; *escuela f* ~*a* Polytechnikum *n*; **~teísmo** *m* Polytheismus *m*; **~teísta** *adj.-su. c* polytheistisch; *m* Polytheist *m*.
política *f* Politik *f*; ~ *agraria* (*arancelaria*) Agrar- (Zoll-)politik *f*; ~ *aperturista* Politik *f* der Öffnung; ~ *del gran bastón* Big-Stick-Policy *f* (*Theodore Roosevelts gg.-über Lateinamerika*); ~ *comercial* (*de entendimiento, de precios, de ventas*) Handels- (Verständigungs-, Preis-, Verkaufs-)politik *f*; ~ *crediticia* (*económica, exterior, interior, social*) Kredit- (Wirtschafts-, Außen-, Innen-, Sozial-)politik *f*; ~ *de la tierra quemada* (*de [la] buena vecindad*) Politik *f* der verbrannten Erde (der guten Nachbarschaft); *fig.* F *tener mucha* ~ sehr gerissen sein F.
politicastro *desp. m* Politikaster *m*; Stammtischpolitiker *m*.
político I. *adj.* 1. politisch; 2. Schwieger...; *hermana f* ~*a* Schwägerin *f*; II. 3. *m* Politiker *m*; 4. *fig.* ser muy ~ sehr gerissen sein (*od.* clever) sein F.
politi|cón I. *adj.* übertrieben höflich; II. *m* → politicastro; **~quear** F *v/i.* politisieren; **~queo** *m* Politisieren *n*; **~quero** *desp. m* schlechter Politiker *m*; **~zación** *f* Politisierung *f*; **~zar** [1f] *v/t.* politisieren.
poli|uria ⚡ *f* Polyurie *f*; **~vinilo** ⚡ *m*

Polyvinyl *n*; *cloruro m de* ~, *Abk.* CPV *m* Polyvinylchlorid *n*, *Abk.* PVC *n*; **~valencia** *f* ⚡, ⚡ Mehrwertigkeit *f*; Polyvalenz *f*; *fig.* Vielseitigkeit *f*; **~valente** *adj. c* mehrwertig; polyvalent; *fig.* vielseitig; Mehrzweck...; *avión m* ~ Mehrzweck(kampf)flugzeug *n*.
póliza *f Vers., Verw.* Police *f*; Steuer-, Stempel-marke *f*; ~ *de aviso* Laufzettel *m*; ~ *de fletamento* Seefrachtbrief *m*, Chartepartie *f*; ~ *de seguros* Versicherungs-schein *m*, -police *f*.
poli|zón *m* ⚓, ✈ blinder Passagier *m*; *fig.* Stromer *m*; **~zonte** F *m* Polyp *m* F, Bulle *m* F.
polo *m* 1. Pol *m*; *Geogr.* ♀ *ártico*, ♀ *Norte* Nordpol *m*; ♀ *antártico*, ♀ *Sur* Südpol *m*; ⚡ ~ *negativo* (*positivo*) negativer (positiver) Pol *m*; ~ *auxiliar* Hilfs- *od.* Wende-pol *m*; 2. *Sp.* Polospiel *n*; Polohemd *n*; 3. Eis *n* am Stil; 4. *Fi.* Meeraal *m*; 5. *Pol. Span.* ~s *m/pl. de desarrollo* Entwicklungsschwerpunkte *m/pl*.
polo|la F *f Chi., Ec.* Liebchen *n*, Geliebte *f*; **~lear** F *v/i. Chi.* 1. flirten; 2. belästigen, zudringlich sein; **~leo** *m Chi.* Flirt *m*, Liebschaft *f*; **~lo** *m Chi.* Liebste(r) *m*, Geliebte(r) *m*.
polo|nés *adj.-su. bsd. Am.* polnisch; *m* Pole *m*; **~nesa** *f* 1. Polonaise *f* (*Tanz*); 2. Damenstutzer *m* (*Pelzjacke*); ♀*nia* *f* Polen *n*.
pol|trón *adj.* faul; arbeitsscheu; **~trona** *f* Lehnstuhl *m*; **~tronería** *f* Trägheit *f*, Faulheit *f*; Arbeitsscheu *f*.
polu|ción *f* Pollution *f*, Samenerguß *m*; Verschmutzung *f*, Verunreinigung *f*; ~ *ambiental*, ~ *del medio ambiente* (*atmosférica, del aire*) Umwelt- (Luft-)verschmutzung *f*; **~cionar** *v/t.* verschmutzen, verunreinigen; **~to** *poet. adj.* befleckt.
pol|vareda *f* Staubwolke *f*; *a. fig. levantar* (*una*) ~ Staub aufwirbeln; **~vera** *f* Puderdose *f*; **~vo** *m* Staub *m*; Pulver *n* (*nicht* ⚡); F Stoff *m* F (= *Rauschgift*); ~s *m/pl.* Puder *m*, ~s *m/pl. de picapica* Juckpulver *n*; ~s *de talco* Talkum(puder *m*) *n*; *fig.* F *echar un* ~ bumsen P (*Mann*); *echar un polv(ill)o de sal* e-e Prise Salz hineintun; *fig.* F *estar hecho* ~ völlig erschossen sein F, total fertig sein F; *fig.* F *hacer* ~ *a alg.* j-n fertigmachen F; *fig.* F *hacer morder* ~ *a alg.* j-n in den Staub treten; *ponerse* ~s *pudern*; *quitar* (*od. sacudir*) *el* ~ abstauben; *fig.* F *sacudir el* ~ *a alg.* j-m die Jacke vollhauen F; *tomar un* ~ *de rapé* (e-e Prise Tabak) schnupfen.
pólvora *f* (Schieß-)Pulver *n*; *fig. no haber inventado la* ~ das Pulver nicht erfunden haben; *fig. gastar la* ~ *en salvas* (*Col.* en *gallinazos*) sein Pulver umsonst verschießen, die Sache am verkehrten Ende anpacken.
polvo|rear *v/t.* bestäuben; bepudern (*mit dat. con*); **~rería** *f Col.* Pulverfabrik *f*; **~riento** *adj.* staubig; **~rín** *m* Pulvermagazin *n*; *hist.* Pulverhorn *n*; *fig.* Pulverfaß *n*; **~rosa** *f*: *fig. poner pies en* ~ Fersengeld geben, Reißaus nehmen; **~roso** *adj.* staubig; staubbedeckt.
polla *f* junge Henne *f*; *fig.* F junges Mädchen *n*; *fig.* P Schwanz *m* P (=

Penis); ~ *de agua* Bläßhuhn *n*; ~**da** *f* Brut *f* (*Gelege u. Küken*); ~**ncón** *m* kräftiger Jungvogel *m*; *fig.* F kräftiger Bursche *m*; ~**stro** F *m* Schlaumeier *m*; ~**zón** *f* Gelege *n* e-r Henne; Küken *n/pl.*
polle|ar *v/i.* s. wie ein Halbwüchsiger (*bzw.* ein Backfisch) benehmen; ~**ra** *f* 1. Hühnerhof *m*; 2. Laufgitter *n für Kinder*; 3. Krinoline *f*; *Rpl.* (Damen-)Rock *m*; ~**ría** *f* Geflügelhandlung *f*; ~**ro** *m* 1. Geflügel-züchter *m*; -händler *m*; 2. Hühnerhof *m*; ~**rón** *m Arg.* Rock *m* e-s *Reitkleids.*
polli|no *m* (junger) Esel *m*; *fig.* F Dummkopf *m*; ~**ta** *f* junges Mädchen *n*, Backfisch *m*; ~**to** *m* Kind *n*, Küken *n* (*fig.*).
po|llo *m* 1. junges Huhn *n*; (Vogel-)Junge(s) *n*; *Kchk.* Hühnchen *n bzw.* Hähnchen *n*; *fig.* F junger Bursche *m*; *Kchk.* ~ *asado* (*empanado*) Brat- (Back-)hähnchen *n*; ~ *cebado* Poularde *f*; *fig.* F *calentura f de* ~ Simulieren *n*, Sichkrankstellen *n*; 2. V Hering *m* V (= *dickes Sputum*); ~**lluelo** *m* Küken *n*; Hühnchen *n*.
pomada *f* Pomade *f*; Salbe *f*; ~ *de ácido bórico* Borsalbe *f*.
poma|r *m*, ~**rada** *f* Apfel- *bzw.* Obstgarten *m*; ~**rrosa** ♃ *f Am.* Jambusenbaum *m*; Jambuse *f* (*Frucht*).
pomelo ♃ *m* Grapefruit *f*, Pampelmuse *f*.
Pomera|nia *f* Pommern *n*; ♫**no** *adj.-su.* pommer(i)sch; *m* Pommer *m*.
pómez *Min.* I. *f* (*piedra f*) ~ Bimsstein *m*; II. *m* ~ *siderúrgico* Hüttenbims *m*.
pomo *m* 1. ♃ *fleischige* Frucht *f*, Apfel *m*; 2. Riechfläschchen *n*; 3. Degenknauf *m*; *p. ext.* Tür-knauf *m*, -knopf *m*, ~**logía** ✗ *f* Obstkunde *f*, Pomologie *f*.
pom|pa *f* 1. Pracht *f*, Gepränge *n*; Prunk *m*; Pomp *m*; feierlicher (Auf-)Zug *m*; ~**s** *f/pl.* fúnebres Bestattungsinstitut *n*; *con gran* ~ *od. en* ~ mit gr. Gepränge; *hacer* ~ *de* prunken mit (*dat.*); 2. Rad *n* e-s *Pfaus*; 3. Wasserblase *f*; Kleiderbausch *m*; *a. fig.* ~ *de jabón* Seifenblase *f*; 4. ♃ Schiffspumpe *f*; ~**pear** *v/i.* u. ~**se** *v/r.* protzen, dicktun F (mit *dat. con*).
Pompeya *f* Pompeji *n*; ♫**no** *adj.-su.* pompejisch; *m* Pompejaner *m*.
pompis F *m* Po(po) *m* F, Podex *m* F.
pompo|sidad *f* aufwendige *bzw.* aufdringliche Pracht *f*; ~**so** *adj.* pomphaft, prächtig; prunkhaft; Prunk...; *fig.* hochtrabend, geschwollen (*Stil*).
pómulo *m* Backenknochen *m*; *de* ~**s** *salientes* mit vorspringenden Bakkenknochen.
ponche *m* Punsch *m*; *p. ext.* Bowle *f*; ~**ra** *f* Punschbowle *f*; Bowle(nschale) *f*.
poncho[1] *m Am.* Poncho *m* (*ärmelloser Überwurf*); *fig.* F *Rpl. pisar el* ~ herausfordern; *Arg., Bol. pisarse el* ~ s. blamieren.
poncho[2] *adj.* 1. schlaff, träge; 2. *Col.* untersetzt, pummelig F; 3. *Ven.* kurz (*Kleid*).
ponde|rabilidad *f a.* ⚛ Wägbarkeit *f*; ~**rable** *adj. c* wägbar; ~**ración** *f* 1. Abwägen *n*; Prüfung *f*, (Ein-)Schätzung *f*; *sobre toda* ~ über alle Maßen; 2. Gleichgewicht *n*; Ausgeglichenheit *f*; 3. Anpreisung *f*; Lobeserhebung *f*; *p. ext.* Übertreibung *f*; ~**rado** *adj.* abgewogen; überlegt; ~**rador** *adj.* abwägend; ausgleichend; *p. ext. fig.* anmaßend; ~**rar** *v/t.* 1. abwägen; prüfen, (ein-)schätzen; 2. ausgleichen; mäßigen; 3. rühmen, preisen; stark hervorheben; 4. übertreiben; ~**rativo** *adj.* 1. lobend, rühmend; Lobes...; 2. übertreibend; ~**rosidad** *f* 1. Schwere *f*, Gewicht *n*; 2. *fig.* Bedachtsamkeit *f*; Überlegtheit *f*.
pone|dero ✗ *m* Brut-, Lege-nest *n*; Brutkorb *m*; ~**dora** *adj.-su. f*: (*gallina f*) ~ Legehenne *f*.
ponen|cia *f* Berichtstattung *f*; Sachbericht *m*, Referat *n*; *Pol. a.* Arbeitsgruppe *f*; ~**tada** ⚓ *f* starker Westwind *m*; ~**te** *m* Berichterstatter *m*; Referent *m*; Sachbearbeiter *m*; ~**tino**, ~**tisco** *adj.* → *occidental.*
poner [2r; *part. puesto*] I. *v/t.* setzen; stellen; legen; *p. ext.* anbringen; anheften *usw.; in Vbdg. mit adj.* machen; *Antrag* einbringen, stellen; *Anzeige, Telegramm* aufgeben; *Aufgabe, Rätsel* (auf)geben; *Brief, Zeilen, Anschrift* schreiben; *Briefmarke usw., Kfz. Plakette* aufkleben; *Diktat, Einfall usw.* niederschreiben; *Eier* legen; *Einsatz* machen *bzw. Geld* setzen *b. Spiel; Etikett* anhängen *bzw.* aufkleben; *Gedeck,* ✗ *Pflaster* auflegen; *Gesicht* machen *od.* ziehen; *Gurt, Gürtel* umschnallen; ✗ *Injektion* geben; *Kleidungsstück, Schuhe* anziehen; *Miene* aufsetzen; *Blick* richten (auf *ac. en*); *Namen, Spitznamen* beilegen, geben; *Ordnung* schaffen; *Ring* anstecken; *Schmuck* anlegen; *Schwierigkeiten, Hindernisse* bereiten; *Sorgfalt, Fleiß* aufwenden; *Speisen* auftragen, servieren; *Stempel, Siegel* aufdrücken; *Steuern* auferlegen; *Tisch* decken; ⚔ *Truppen* einsetzen; *Posten* (auf)stellen; *Wohnung* beschaffen *bzw.* einrichten *od.* herrichten; **a)** *¡ponga usted! a*) servieren Sie bitte!; *b*) schreiben Sie!; *pongamos que* + *subj.* setzen wir den Fall, daß + *ind.*; *fig.* ~ *barreras al campo* Unmögliches verlangen (*bzw. erwarten*); *pongamos el* (*od. por*) *caso* gesetzt den Fall; ~ *el pensamiento en Dios* s-e Gedanken auf Gott richten; *pongo cien pesetas a que ... ich* wette (um) hundert Peseten, daß ...; *Equ. ~ la silla* satteln; **b)** *mit adj.*: machen; ~ *blando* erweichen, weich machen; ~ *igual a.* ♃ gleichsetzen; **c)** *mit prp. u. adv.*: ~ *al descubierto* bloß-, frei-legen; ~ *al fuego* warm stellen; ~ *a oficio* ein Handwerk lernen lassen; ~ *a secar* zum Trocknen aufhängen (*od.* ausbreiten *usw.*); *Tel.* póngame *con ... verbinden Sie mich mit* ... (*dat.*); ~ *de aprendiz a alg.* j-n in die Lehre geben; ~ *de ladrón* als Dieb hinstellen; ~ *de otra manera* anders hinstellen; ~ *de su parte* das Seinige tun; ~ *de punta* auf die Spitze stellen; ~ *delante* vorsetzen; ~ *a/c. en alg.* j-m et. anheimstellen; ~ *en acción a.* ⊕ in Tätigkeit setzen; ~ *en cero Skala, Gerät* auf Null stellen; ✗ ~ *en circuito* in den Stromkreis schalten; ~ *en claro* (deutlich) darlegen; klarstellen; ~ *en comunicación* (*od. en contacto*) in Verbindung setzen (mit *dat. con*); ✗ ~ *en cultivo* urbar machen, bebauen; ~ *en evidencia* beweisen; *Verw.* ~ *en la frontera* an die Grenze stellen; ~ *en función* in Funktion setzen; betätigen; auslösen; ⚓ ~ *en grada* auf Kiel legen; ~ *en hora* Uhr stellen; ~ *en manos de alg.* j-m in die Hände geben; j-m anheimgeben; ~ *en movimiento* in Bewegung setzen; ♪ ~ *en música* vertonen; ~ *en obra* in Angriff nehmen, beginnen; ~ *en mil pesetas* tausend Peseten bieten für (*ac.*) (*Versteigerung*); ✗ ~ *en regadío* bewässern; ~ *en uso* in Gebrauch nehmen; ~ *encima* darüberlegen; (dar)aufsetzen; *fig.* ~ *mal* (*bien*) in ein schlechtes (gutes) Licht setzen; schlechtmachen; *fig.* ~ *por delante* vor Augen halten; klarmachen; ~ *por embustero* als Schwindler hinstellen; *fig.* ~ *por encima* höher stellen; vorziehen; ~ *por medio* dazwischenlegen; in den Weg legen (*Hindernis*);
II. *v/r.* ~**se a**) s. stellen; s. anlegen; *Kleidung, Schuhe* anziehen; s. *in e-n Zustand* (*bzw. in e-e Lage od. an e-n Ort*) (ver)setzen; untergehen (*Sonne, Sterne*); ~*se la corbata* (*el delantal*) die Krawatte anlegen (die Schürze umbinden); ~*se la chaqueta* (*las gafas*) den Rock anziehen (die Brille aufsetzen); *al* ~*se el sol* bei Sonnenuntergang; **b**) *mit adj.*: (vorübergehend) werden; ~*se bueno* gesund werden; ~*se derecho* s. aufrichten; *el tiempo se va poniendo lluvioso* das Wetter wird (allmählich) regnerisch; ~*se malo* krank werden; schlecht werden (*Lebensmittel*); ~*se sucio* s. schmutzig machen; *fig.* ~*se tan alto* sehr hochfahrend tun; **c**) *mit adv.*: F *¡no te pongas así!* stell' dich nicht so an!; F ~*se bien* s. gut anziehen; F *se feinmachen*; F ~*se (por) delante* dazwischenkommen (*Störung, Hindernis*); *fig. no ponérsele a alg. nada* (*od. cosa*) *por delante* rücksichtslos sein Ziel verfolgen; s. durch nichts aufhalten lassen; **d**) *mit prp.*: ~*se a* + *inf.* beginnen (*od.* anheben *lit.*), zu + *inf.*; ~*se a mal con alg.* s. mit j-n verfeinden; ~*se a la ventana* ans Fenster treten; ~*se con el más pintado* es mit dem Klügsten aufnehmen; ~*se contra alg.* s. gg. j-n stellen; ~*se de acuerdo sobre a/c.* s. über et. (*ac.*) einigen; ~*se de barro* s. beschmutzen (*Straßenschmutz, Lehm, Schlamm*); ~*se de hollín* verrußen; ~*se de invierno* (*de verano*) s. winterlich kleiden (Sommerkleidung anziehen); ~*se de luto* Trauer(kleidung) anlegen; ~*se de mal humor* schlechte Laune bekommen; ~*se de polvo* staubig werden; ~*se de rodillas* (nieder)knien; *fig.* ~*se en la calle* s. öffentlich sehen lassen; ~*se en la cama* bettlägerig werden, erkranken; ~*se en camino* s. auf den Weg machen; abreisen; ~*se en contacto* gg. s. mit j-m in Verbindung setzen; *fig.* ~*se en lo peor* s. auf das Schlimmste gefaßt machen; ~*se en Vigo en tres horas* nach drei Stunden in Vigo sein, in drei Stunden nach Vigo fahren; **e**) *Am.*

poney — porche

Cent., *Méj.* ponérsela(s) s. betrinken; *Am. Reg.* se me pone que ... mir scheint, daß ..., ich glaube, daß ...; *C. Ri.* ponérselas en el cogote, *Méj.* ~se los pies en la cabeza die Beine in die Hand nehmen (*fig.*).
poney *m* Pony *n*.
ponga *f Pe.* irdenes Gefäß *n*.
pongo[1] → **poner**.
pongo[2] *Zo. m* Orang-Utan *m*.
pongo[3] *m* 1. *Bol.*, *Pe.* indianischer Diener *m od.* Knecht *m*; 2. *Bew. Pe.* Nebenkanal *m*; 3. *Pe.*, *Ec.* Engpaß *m in den Kordilleren*; Flußdurch-\
poni *m* Pony *n*. [bruch *m*.∫
ponible *adj. c* tragbar (*Kleidung*).
poniente I. *m* Westen *m*; Westwind *m*; **II.** *adj. c* untergehend (*Sonne*).
ponta|je, **~zgo** *m* Brücken-zoll *m*, -maut *f*.
póntico *Geogr. adj. hist.* pontisch; *lit.* Schwarzmeer...
pontifi|cado *m* Pontifikat *n*; päpstliche Würde *f*; **~cal I.** *adj. c* päpstlich; *misa f* ~ Pontifikalamt *n*; → *a.* **pontificio**; **II.** *m* Pontifikale *n*; celebrar de ~ ein Pontifikalamt zelebrieren; *fig.* F de ~ (im) Sonntagsstaat *m* F; **~car** [1g] *v/i.* Papst sein (*bzw.* werden); *p. ext.* ein Pontifikalamt halten; *fig.* F große Reden führen, dozieren (*fig.*).
pontífice *m* Erzbischof *m*; Bischof *m*; *hist. u. fig.* Pontifex *m*; Sumo ♀ Papst *m*.
pontificio *adj.* päpstlich; oberpriesterlich; (erz)bischöflich; *hist. Estado(s) m(/pl.)* ♀(s) Kirchenstaat *m*; sede *f* ~a päpstlicher Thron *m*, Stuhl Petri.
pon|tón *m* Ponton *m*; Brückenkahn *m*; *a.* Fährboot *m*; (Lande-)Steg *m*; Ponton-Brücke *f*; **~tonero** *m* Pontonführer *m*; Ponton- *bzw.* Brücken-bauer *m*; ~ militar Brückenbaupionier *m*.
ponzo|ña *f a. fig.* Gift *n* (*bsd. v. Tieren*); **~ñoso** *adj.* giftig.
pool ♀, *Pol. m* Pool *m*; ~ *Carbón-Acero* Montanunion *f*.
pop *adj. inv.* Pop...; ~-art *m* Pop-art *f*; grupo *m* (*música*) ~ Pop-gruppe *f* (-musik *f*).
popa ⚓ *f* Heck *m*; Achterschiff *n*; *fig.* F Hintern *m* F; *a* ~ achtern; *por la* ~ achteraus; *de* ~ *a proa* vom Bug zum Heck; F ganz u. gar, vollständig; *viento en* ~ Rückenwind *m*; *adv.* vor dem Wind; *fig.* glänzend, prächtig.
popal *m Méj.* Sumpf *m*, Morast *m*.
popar F *v/t.* 1. verhätscheln; 2. verächtlich behandeln.
popcorn *m Am. Reg.* Popcorn *n*, Puffmais *m*.
pope *Rel. m* Pope *m*. [*m*.∫
pope|lín *m*, **~lina** *f tex.* Popelin(e *f*)∫
po|pó *Kdspr. m Col.* Aa *n*; hacer ~ Aa machen; **~pochín** *m Am. Reg.* Hintern *m* F, Popo *m* F.
popoff P *m Méj.* Snob *m*.
poposear(se) *Kdspr. v/i.(v/r.) Col.* in die Hose machen.
popote *m Méj.* 1. Trink-, Stroh-halm *m*; 2. Besenstroh *m*.
popula|chería *f* Beliebtheit *f* beim Straßenvolk; Gunst *f* des Pöbels; **~chero** *desp. adj.* Volks..., Straßen...; Pöbel...; **~cho** *m* Pöbel *m*, Mob *m*; **~r** *adj. c* volkstümlich, populär; beliebt; Volks...; *canción f* ~ Volkslied *n*; **~ridad** *f* Volkstümlichkeit *f*, Popularität *f*; Beliebtheit *f*; **~rizar** [1f] **I.** *v/t.* volkstümlich machen; allgemein verbreiten; **II.** *v/r.* **~se** allgemein bekannt (*od.* beliebt) werden; Gemeingut werden.
populis|mo *m* Populismus *m*; **~ta** *adj.-su. c* populistisch; *m* Populist *m*.
pópulo P *burl. m* Volk *n*.
populoso *adj.* volkreich.
popurrí *m* ♪ Potpourri *n*; *p. ext.* kunterbuntes Allerlei *n*, Mischmasch *m*.
poquedad *f* 1. Wenigkeit *f*; Winzigkeit *f*; Knappheit *f*; 2. Zaghaftigkeit *f*.
póquer *Kart. m* Poker(spiel) *n*; jugar al ~ pokern.
poquito *dim. v. poco*: un ~ ein bißchen; *a* ~s wenig u. oft; ~ *a poco* ganz allmählich; hübsch sachte F; *fig.* F (de) ~ *a cosa* noch unbedeutend.
por *prp.* (*instrumental-lokativisch-final*); 1. *Passiv*: von (*dat.*), durch (*ac.*); *diputado* ~ *Granada* (gewählter) Abgeordneter *m* von Granada; *doctor m* ~ *la Sorbona* Doktor *m* der Sorbonne; ✎ *propulsión f* ~ *turbinas* Turbinenantrieb *m*; *vencido* ~ *Roma* von Rom besiegt. *Anm.*: b. *Autoren von Büchern, Artikeln steht* ~, *b. geistigem Urheber*; *zum Ausdruck der Begleitung u. in festen Redewendungen steht* de; *vgl.* de; 2. *Grund, Veranlassung*: durch (*ac.*), wegen (*gen.*); ~ *mera casualidad* rein zufällig; ~ *un descuido* aus Unachtsamkeit, aus Versehen; ~ *falta de dinero* aus Geldmangel; *no puedo leerlo* ~ *lo oscuro que está el cuarto* ich kann es nicht lesen, weil das Zimmer so dunkel ist; ~ *ser temprano* weil es (zu) früh ist; *es despedido* ~ *holgazán* er wird entlassen, weil er faul ist; 3. *Zweck, Ziel*: um zu (*inf.*), wegen (*gen.*); *hablar* ~ *hablar* reden um zu reden; *ir* ~ (F *a* ~) a/c. et. (*ac.*) holen, nach et. (*dat.*) gehen; *mandar* ~ *alg.* j-n holen lassen, nach j-m schicken; 4. *Weg, Richtung*: durch (*ac.*), über (*ac.*); ~ *montes y* (~) *valles* über Berg u. Tal; ~ *Valparaíso* über (*od. via*) Valparaíso; *deslizarse* ~ *entre las mallas* durch die Maschen schlüpfen; 5. *Ort, örtliche Erstreckung*: durch (*ac.*), in (*dat.*), in der Gegend von (*dat.*); ~ *aquí*, ~ *ahí* hier; hierherum; ~ *dentro* von innen; (*dr*)innen; ~ *fuera* von außen; (*dr*)außen; *andar* ~ *ahí* s. in der Gegend aufhalten; s. herumtreiben; *correr* ~ *el país* über den Hof laufen; im Hof herumlaufen; *dar una vuelta* ~ *el parque* im Park spazierengehen; *estar* ~ *Franconia* s. in Franken aufhalten; *rodar* ~ *el suelo* über den Boden rollen; 6. *Zeit, zeitliche Erstreckung*: für (*ac.*), auf (*ac.*); um ... (*ac.*) herum; (*prestar*) ~ *quince días* für (*od.* auf) vierzehn Tage (leihen *bzw.* entleihen); ~ *Navidad* um Weihnachten; 7. *Preis, Entgelt, Tausch*: für (*ac.*), um (*ac.*); *comprar muebles* ~ *cien mil pesetas* für 100 000 Peseten Möbel kaufen; *cambiar* a/c. ~ *otra* e-e Sache durch e-e andere ersetzen; et. gg. et. anderes (aus)tauschen; 8. *Mittel, Vermittlung*: durch (*ac.*), mittels (*gen.*); mit (*dat.*); *recibir algo* ~ (*mediación de*) *alg.* et. durch j-s Vermittlung erhalten; *hablar* ~ *señas* s. durch Zeichen verständigen; 9. *Vertretung*: für (*ac.*), anstelle *od.* (an)statt (*gen.*); *pagar* ~ *alg.* für j-n (= *an j-s Stelle*) zahlen; *comer* ~ *cuatro* für vier (= *soviel wie vier*) essen; ~ *ti* anstelle von dir, statt deiner; *vgl.* → 10. *Streben, Interesse, Neigung*: für (*ac.*), zugunsten von (*dat.*), gerichtet auf (*ac.*); um ... (*gen.*) willen; ~ *Dios y* ~ *la Patria* für Gott u. Vaterland; ~ *ti* um deinetwillen (*vgl.* 9); *nach adj. u. su.*: *apasionado* ~ *la música* begeistert für (die) Musik, musikbegeistert; *inquietud f* ~ *el resultado* Unruhe *f* wegen des Ergebnisses; (*banges*) Warten *n* auf den Ausgang; *nach Verben*: *estar* ~ *alg.* für j-n sein; auf j-s Seite stehen; *interesarse* ~ a/c. s. für et. (*ac.*) interessieren; für et. (*ac.*) Anteilnahme zeigen; *mirar* ~ *su reputación* auf s-n guten Ruf bedacht sein; *temer* ~ *su vida* um sein Leben fürchten; 11. *Art u. Weise*: ~ *escrito* schriftlich; ~ *fortuna* glücklicherweise; zum Glück, Gott sei Dank; ~ *un pelo* um ein Haar; *de* ~ *sí* aus eignem Antrieb; 12. *Eigenschaft*: als; *alzar* ~ *caudillo a alg.* j-n zum politischen (*od.* militärischen) Führer erheben; *pasar* ~ *bueno* als (*od.* für) gut gelten; *la tiene* ~ *madre* sie ist ihm Mutter; 13. *Verhältnis, Verteilung*: auf (*ac.*), pro, je; ~ *cabeza* pro Kopf, auf den Kopf; *el cinco* ~ *ciento* fünf Prozent; ~ *litro* je (*od.* pro) Liter; 14. *Entsprechung, Gemäßheit*: gemäß (*dat.*), im Hinblick auf (*ac.*), nach (*dat.*); *guiarse* ~ s. leiten lassen von (*dat.*); *regirse* ~ s. richten nach (*dat.*); 15. *Multiplikation*: mal; *tres* ~ *cinco son quince* 3 mal 5 gleich 15 (3 × 5 = 15); 16. *mit inf.*: *estar* (*od. quedar*) ~ *hacer* noch zu tun sein (*od.* verbleiben); *estar* ~ *llegar* bald kommen (müssen); 17. *adverbial u. konjunktional*: ~ *algo* aus irgendeinem (*bzw.* aus gutem) Grunde; nicht umsonst; zu e-m bestimmten Zweck; ~ *donde* weshalb, wodurch, weswegen; ~ *lo cual* weswegen; dadurch; ~ *lo demás* übrigens; ~ *lo dicho* auf Grund des Gesagten, weswegen; ~ (*lo*) *tanto* deshalb, daher; ~ *más que* + *subj.* wie sehr auch; *¿*~ *qué*? warum?, weshalb?
porcachón F *adj.-su.* schweinisch, schmutzig, schlampig; *¡qué* ~*ona!* so e-e Schlampe! F.
porcelana *f* Porzellan *n*; ~ *china* (*del Japón, de Sajonia*) China- (Japan-, Meißner)Porzellan *n*.
por|centaje *m* Prozentsatz *m*; Anteil *m*; ⊕ *a.* Quote *f*; **~cientos** *m/pl.* Prozente *n/pl.*; ~ *en volumen* Volumenprozente *n/pl.*
porci|cultor *m* Schweinezüchter *m*; **~cultura** *f* Schweinezucht *f*; **~no I.** *adj.* Schweine...; **II.** *m Kchk.* Schweinefleisch *n*.
porción *f* Teil *m*; Anzahl *f*; Menge *f*, Quantum *n*, Portion *f*; ✱ ~ *alimenticia* Futterration *f*.
Porciúncula *kath. f* Portiunkula-ablaß *m*.
porcuno *adj.* Schweine...
porche *m* Laubengang *m*; Vorhalle *f*.

pordiose|ar *v/i.* betteln; ~**o** *m*, ~**ría** *f* Bettelei *f*; ~**ro** *adj.-su.* bettelhaft; *m* Bettler *m*.

por|fía *f* **1.** Eigensinn *m*, Hartnäckigkeit *f*; **2.** Eifer *m*; Wettstreit *m*; *a* ~ um die Wette; ~**fiado** *adj.* hartnäckig; rechthaberisch; trotzig, verbissen; ~**fiador** *adj.-su.* streitsüchtig, rechthaberisch; *m* rechthaberischer Starrkopf *m*; ~**fiar** [1c] *v/i.* beharren; trotzen; sehr hartnäckig (*bzw.* zudringlich) sein; streiten; ~ *en* (*od. por*) + *inf.* darauf bestehen, zu + *inf.*

porfídico *adj.* Porphyr...

pórfi|do *m*, ~**ro** *m* Porphyr *m*.

porfirizar [1f] *v/t. z. B. pharm.* fein zerreiben.

porlán *m* → portland.

pormeno|r *m* Einzelheit *f*; ~**es** *m/pl.* Einzelheiten *f/pl.*, Details *n/pl.*; ~**rizar** [1f] *v/t.* genau beschreiben; in allen Einzelheiten aufzählen.

por|no I. *m* Pornographie *f*; **II.** *adj. inv.* Porno(...); ~**nografía** *f* Pornographie *f*; ~**nográfico** *adj.* pornographisch; ~**nógrafo** *m* Pornograph *m*, pornographischer (*od.* obszöner) Autor *m* (*bzw.* Künstler *m*).

poro *m* **1.** Pore *f*; **2.** ❦ *Pe.* Porree *m*, Lauch *m*.

poronga F *f Arg.* Schwanz *m* P (= Penis).

poro|sidad *f* Porosität *f*; Porenweite *f*; *de fina* ~ feinporig; ~**so** *adj.* porös, porig.

poro|tada *f Chi.* Bohneneintopf *m*; *p. ext.* F Essen *n*; Lebensunterhalt *m*; ~**tera** F *f Chi.* **1.** Mund *m*; **2.** Bockspringen *n* (Spiel); **3.** längerer Trommelwirbel *m*; ~**tero** *adj. Am. Mer.* Bohnen...; bohnenessend; ~**to** *m Am. Mer.* **1.** Bohne *f*; Bohnengericht *n*; *p. ext.* Speise *f*, tägliches Brot *n* (*fig.*); **2.** *fig.* F Knirps *m*.

por|que *cj.* **1.** weil, da; ~ *sí* nur so, ohne besonderen Grund, aus Spaß; **2.** *lit. u. Reg.* ~ + *subj.* damit, daß; ~**qué** *m* Warum *n*, Ursache *f*, Grund *m*.

porque|ría *f* Schweinerei *f*; *fig.* F *a.* Bagatelle *f*; minderwertige Ware *f*, Dreck *m* (*fig.* F); *por una* ~ *de 1.000 ptas.* für lumpige 1000 Peseten F; ~**riza** *f* Schweinestall *m*; ~**r(iz)o** *m* Schweinehirt *m*.

porra *f* **1.** Keule *f*; Schlagstock *m der* Polizei; ~ (*de goma*) (Gummi-)Knüppel *m*; *fig.* P Schwanz *m* P (= Penis); *fig.* F *agente m de la* ~ Polizist *m*; **2.** *fig.* F *irse a la* ~ kaputtgehen, eingehen; *mandar a la* ~ zum Teufel jagen F; *¡vete a la* ~*!* scher dich (zum Teufel, zum Kuckuck)!; **3.** *Zu.* schlaghammer *m der Schmiede*; **4.** *fig.* F *Kchk.* längliches Ölgebäck *n*; **5.** F *Letzte(r) m b. gewissen Kinderspielen*; **6.** lästiger Mensch *m*; **7.** *Arg., Bol.* Haarwuschel *m*; **8.** *Thea., Pol. Méj.* Claque *f*; ~**da** *f* Keulenschlag *m*; *fig.* F Riesendummheit *f*, *fig.* F *una* ~ *de e-e Unmenge von* (*dat.*); ~**zo** *m* Keulenschlag *m*; Schlag *m* mit e-m Knüppel; *darse un* ~ *gg. et. (ac.)* stoßen.

porrear F *v/i.* zudringlich werden.

porrero *kath. m Chi.* Meßner *m*; assistierender Priester *m*.

porreta F Porree *m*; *fig.* F *en* ~(s) splitternackt.

porrillo F: *a* ~ in Unmassen, in Hülle und Fülle.

porro I. *adj.* **1.** F grobschlächtig; träge; dumm; **II.** *m* **2.** F *Span.* Marihuanazigarette *f*, Joint *m* F; **3.** ❦ Lauch *m*; **4.** schwerfälliger Mensch *m*, Tolpatsch *m* F; **5.** *Col. ein bestimmter Volkstanz*.

porrón[1] F **I.** *adj.* schwerfällig; starrköpfig; lästig; **II.** *m* Tolpatsch *m*.

porrón[2] *m* Trinkgefäß *n* aus Glas mit langer Tülle.

porsiacaso *m Ven.* Rucksack *m*.

porta ⚓ *f* Geschützpforte *f*.

porta|algodones ⚔ *m* (*pl. inv.*) Stieltupfer *m*; ~**aviones** ⚓ *m* → portaviones; ~**bandera** *m* Fahnenschuh *m*; ~**barrenas** *Zim. m* (*pl. inv.*) Bohrkopf *m*; ~**bayoneta** ⚔ *m* Seitengewehrhalter *m*; ~**bebé** *Kfz. m* Kindersitz *m*; ~**bombas** ⚔ *m* (*pl. inv.*) Bombenträger *m*; ~**botellas** *m* (*pl. inv.*) Flaschengestell *n*; ~**brocas** ⊕ *m* (*pl. inv.*) Bohrfutter *m*; ~**busto** *Méj.* Büstenhalter *m*, BH *m* F; ~**caja** ⚔ *f* Trommel-riemen *m*, -gehenk *n*; ~**cargas** ⚔ *m* (*pl. inv.*) Palette *f*; ~**carretes** *Phot. m* (*pl. inv.*) Spulenträger *m*; ~**cartuchos** ⚔ *m* (*pl. inv.*) Patronengurt *m zum Umhängen*; ~**cas(s)et(t)es** *m* (*pl. inv.*) Kassetten-ständer *m*; ~**cierre** ⚔ *m* Bodenstück *n* (*Geschütz*); ~**cohetes** *adj.-su. inv.* raketentragend; *m* Raketenträger *m*; ~**contenedores** ⚓ *m* (*pl. inv.*) Containerschiff *n*; ~**cruz** *m* (*pl.* ~*uces*) Kreuzträger *m b. Prozessionen*; ~**cubiertos** *m* (*pl. inv.*) Besteckkasten *m*; ~**cuchillas** ⊕ *m* (*pl. inv.*) Messerhalter *m*, -kopf *m*.

porta|chuelo *m* Engpaß *m* zwischen Bergen; ~**da** *f* **1.** Portal *n*; Vorderseite *f e-s Gebäudes*; **2.** *Typ.* Titelseite *f*, -blatt *n*; Titel-, Umschlagbild *n*; ~**diapositiva** *m* Diapositivhalter *m*; ~**dilla** *Typ. f* Schmutztitel *m*; ~**do** *part.*: *bien* (*mal*) ~ von guten (schlechten) Umgangsformen; gut (schlecht) gekleidet; ~**documentos** *m* (*pl. inv.*) Kolleg- *bzw.* Dokumenten-mappe *f*; ~**dor I.** *m* Träger *m* (*a.* ⚔); *a.* Dockarbeiter *m*; ⚔, 🎫 Inhaber *m*; Überbringer *m*; ⚔ *del sida* Aidsinfizierte(r) *m*; 🎫 *título m al* ~ Inhaberpapier *n*; **II.** *adj.* Träger...; ~**dora** ⚔, *Tel. f* Träger *m*.

porta|equipaje(s) *m Kfz.* Gepäckträger *m*; Kofferraum *m*; 🚲 *usw.* Gepäcknetz *n*; ~**espada** ⚔ *m* Degenkoppel *m*; ~**estandarte** ⚔ *m* Fahnenträger *m*; ~**folio** (*f*) *m bsd. Am.* Aktentasche *f*; (*maleta f*) ~ Aktenkoffer *m*; ~**fotos** *m* (*pl. inv.*) Photorahmen *m*; ~**fusil** ⚔ *m* Gewehr-, Tragriemen *m*; ~**gérmenes** ⚔ *m* Keimträger *m*; ~**helicópteros** ⚓ *m* (*pl. inv.*) Hubschrauberträger *m*; ~**herramientas** ⊕ *m* (*pl. inv.*) → portaútil.

portal *m* **1.** Portal *n* (*a. IT*), Vorhalle *f*; Torweg *m*; *fig.* *zapatero m de* ~ Flickschuster *m*; **2.** Säulengang *m*; **3.** → belén.

porta|lámpara(s) *m* Fassung *f*, Lampensockel *m*; ~**lápiz** *m* (*pl.* ~*ices*) Bleistifthalter *m*; ~**libros** *m* (*pl. inv.*) Bücherriemen *m*; ~**ligas** *m* (*pl. inv.*) Strumpfhalter *m*.

portalón *m* **1.** gr. Tor *n*, gr. Einfahrt *f*; **2.** ⚓ Fallreeptür *f*.

porta|macetas *m* (*pl. inv.*) Übertopf *m*; ~**maletas** *Kfz. m* (*pl. inv.*) Kofferraum *m*; ~**manguera(s)** *m* Schlauchwagen *m*; ~**mantas** *m* (*pl. inv.*) Mantelriemen *m*; ~**minas** *m* (*pl. inv.*) Drehbleistift *m*; Minenhalter *m*; ~**monedas** *m, Chi., Ven. f* (*pl. inv.*) Geldbörse *f*, Portemonnaie *n* (*a. fig.*); ~**negativo** *Phot. m* Filmhalter *m*.

portante *Equ. m* Paß(gang) *m*; *fig.* F *tomar el* ~ *s.* davonmachen.

porta|objeto(s) *m* Objektträger *m b. Mikroskop*; ~**ocular** *Opt. m* Augen-, Okular-muschel *f*; ~**papeles** *m* (*pl. inv.*) Papier-halter *m*, -ständer *m*; *EDV* Zwischenablage *f*; ~**paquetes** *m* (*pl. inv.*) Gepäckträger *m* (*Fahrrad*); ~**paz** *kath. c* Paxtafel *f*, Pacem *n*; ~**piraguas** *Sp. m* (*pl. inv.*) Bootsgestell *n*; ~**pliegos** *m* (*pl. inv.*) Ordonnanz-, Akten-mappe *f*; ⚔ Meldekartentasche *f*; ~**plumas** *m* (*pl. inv.*) Federhalter *m*.

portar I. † *v/t.* → llevar; **II.** *v/r.* ~*se s.* betragen, *s.* benehmen, *s.* aufführen; *p. ext.* großzügig sein.

porta|rretratos *m* (*pl. inv.*) Photorahmen *m*; ~**rrevistas** *m* (*pl. inv.*) Zeitungsständer *m*; ~**rrollos** *m* (*pl. inv.*) Toilettenpapierhalter *m*; ~**sellos** *m* (*pl. inv.*) Stempel-träger *m*, -halter *m*; ~**tacos** *m* (*pl. inv.*) Queueständer *m b. Billard*; ~**tanques** ⚔ *m* (*pl. inv.*) Panzertransporter *m*.

portátil *adj. c* tragbar; Reise..., Hand...; ⊕ beweglich, fahrbar; transportabel; *máquina f de escribir* ~ Reiseschreibmaschine *f*.

portatipos *m* (*pl. inv.*) Typenträger *m* (*b. Schreibmaschine*).

porta|útil ⊕ *m* Meißel-, Stahl-halter *m*; ~**vasos** *m* (*pl. inv.*) Untersetzer *m* für Gläser; ~**velas** *m* (*pl. inv.*) Kerzenhalter *m*; ~**ventano** *m* Bauschreiner *m* für Fenster *u.* Türen; ~**viandas** *m* (*pl. inv.*) Einsatz *m*, Essens(träger *m*, ~**viones** ⚓ *m* (*pl. inv.*) Flugzeugträger *m*; ~**voz** *m* (*pl.* ~*oces*) *bsd.* ⚔ *u. fig.* Sprachrohr *n*; (*a. f*) *fig.* Sprecher *m*, Wortführer *m*; *Pol.* ~ *del Gobierno* Regierungssprecher *m*.

portazgo *m* Wegezoll *m*, Maut *f*.

portazo *m* Zuschlagen *n* e-r Tür; *a. fig.* *dar un* ~ die Tür heftig zuschlagen; *fig.* im Zorn weggehen.

porte *m* **1.** Fracht *f zu Lande*; Anfuhr *f*; Fuhr-, Trage-lohn *m*; ❦ Porto *n*; ~ *debido* unfrei; ~ *pagado* frei; **2.** Betragen *n*, Benehmen *n*; Haltung *f*, Verhalten *n*; ~ *militar* militärische Haltung *f*; **3.** ⚓ Ladefähigkeit *f*; ~**ador** *m* Frachtgeber *m*; Lastträger *m*; ~**ar**[1] *v/t.* fortbringen; *Fracht* ab- *bzw.* an-fahren; tragen, schleppen; **II.** *v/i. Arg.* → marcharse.

portear[2] *v/i.* Tür(en) zuschlagen.

portento *m* Wunder *n*; ~**so** *adj.* wunderbar, wundervoll; eindrucksvoll.

porteño *adj.-su.* aus **a)** Buenos Aires; **b)** Valparaiso (*Chi.*); **c)** Puerto Barrios (*Guat.*); **d)** Cortés (*Hond.*); **e)** Veracruz (*Méj.*).

porte|ra *f* Pförtnerin *f*; Hausmeisterin *f*; ~**ría** *f* **1.** Pförtner-wohnung *f bzw.* -loge *f*; **2.** *Sp.* Tor *n* (*Fußballplatz usw.*); ~**ro** *m* **1.** Pförtner *m*;

portezuela — postular 492

Hausmeister m; Span. ~ automático, ~ electrónico Gegensprechanlage f mit elektrischem Türöffner; ~ de noche Nachtportier m; 2. Sp. Torwart m; **~zuela** f (Ofen-)Tür f; Tür f an Fahrzeugen; 🚢 Abteiltür f.
pórtico m Säulengang m.
porti|lla ⚓ f Bullauge n; **~llo** m 1. Maueröffnung f; Pforte f, Pförtchen n; Nebentor n in Ortschaften; Gittertor n b. Fabriken usw.; Tür (-chen n) f in e-m Torflügel; 2. Engpaß m im Bergland; 3. ausgebrochene Ecke f b. Geschirr.
portland 🜂 m (Aussprache mst. porlán) Portlandzement m.
portón m (Hof- bzw. Park-)Tor n; Col. Haustür f; Kfz. ~ trasero Heckklappe f, -tür f.
portor m Untermann m (Zirkus).
portorriqueño adj.-su. aus Puerto Rico, puertoricanisch; m Puertoricaner m, a. Portoricaner m.
portuario adj. Hafen...; obras f/pl. ~as Hafenbauarbeiten f/pl.
Portu|gal m Portugal n; **~gués** adj.-su. portugiesisch; m Portugiese m; Li. das Portugiesische.
porvenir m Zukunft f; en lo ~ künftig; fig. un joven de ~ ein junger Mann mit Zukunft; tener el ~ asegurado e-e gesicherte Zukunft haben; fig. sin ~ aussichtslos.
pos adv.: en ~ hinten(nach); en ~ de alg. (de a/c.) hinter j-m (et. dat.) (her); ir en ~ hinterhergehen, nachgehen.
posa f Totengeläut n.
posa|da f 1. Gasthaus n, Herberge f; tomar ~ absteigen, übernachten; 2. Am. Cent., Méj. Art Hausball m in der letzten Novene vor Weihnachten; **~deras** f/pl. Gesäß n; **~dero** m Gastwirt m.
posa|r I. v/i. Modell stehen (od. sitzen), posieren; **II.** v/t. e-e Last absetzen; **III.** v/r. ~se s. setzen (Vögel, Schmetterlinge; Flüssigkeit); 🜨 landen, aufsetzen; **~vasos** m (pl. inv.) Span. Untersetzer m für Gläser.
pos|bélico adj. Nachkriegs...; **~comunión** kath. f Postcommunio f (Meßgebet); **~conciliar** adj. c nachkonziliar; **~data** f Nachschrift f.
pose f Pose f; Affektiertheit f.
pose|edor m Besitzer m, Inhaber m; **~er [2e] I.** v/t. besitzen (a. fig. sexuell e-e Frau); Sprache beherrschen; **II.** v/r. ~se s. beherrschen; **~ído I.** adj. besessen; fig. wie besessen; wütend; ~ de ganz erfüllt von (dat.); II. m a. fig. Besessene(r) m; fig. Wütende(r) m; **~sión** f Besitz m; Besitzung f; poner en ~ in den Besitz setzen; tomar ~ Besitz ergreifen; tomar ~ de un cargo ein Amt antreten; **~sional** ⚖ adj. c zum Besitz gehörig; Besitz...; **~sionar I.** v/t. in den Besitz setzen; **II.** v/r. ~se de von et. (dat.) Besitz ergreifen; **~sionero** ✠ m Viehzüchter m, der die Weiden in s-n Besitz übernommen hat; **~sivo** Li. I. adj. besitzanzeigend; pronombre m ~ Possessivpronomen n; **II.** m Possessivum n; **~so** adj.-su. besessen; m Besessene(r) m; **~sor** adj.-su. besitzend; m Besitzer m; **~sorio** ⚖ adj. Besitz...; acción f ~a Besitz(schutz)klage f.
pos|fecha f Nachdatierung f; poner ~ (a) nachdatieren (ac.); **~franquis-**
mo m Span. Nach-Franco-Zeit f; **~grado** m: de ~ Graduierten...; **~guerra** f Nachkriegszeit f.
posi|bilidad f Möglichkeit f; estar por encima de las ~es die Kräfte übersteigen; vivir por encima de sus ~es über s-e Verhältnisse leben; **~bilitar** v/t. ermöglichen; **~ble I.** adj. c möglich; en lo ~ soweit immer möglich; hacer lo humanamente ~ das Menschenmögliche tun; hacer todo lo ~ sein möglichstes tun; **II.** m das Mögliche; die Möglichkeit; ~s m/pl. Vermögen n; Mittel n/pl. u. Wege m/pl.
posici|ón f Stellung f; Lage f; Haltung f; Position f; ~ cero Nullstellung f auf Skalen usw.; ~ de disparo ⚔ Abfeuerungsstellung f; Phot. Aufnahmestellung f; fig. de ~ hochgestellt, von Rang; a. fig. en buena ~ in guter Stellung; tomar ~ ⚔ u. fig. Stellung beziehen; Sp. s. aufstellen.
positi|var Repro. v/t. positivieren; **~vismo** Phil. m Positivismus m; **~vista** adj.-su. c positivistisch; m Positivist m; **~vo I.** adj. 1. positiv; reell, wirklich; 2. handgreiflich; tatsächlich; **II.** m 3. Positiv Gram. m, Phot. n.
pósito m öffentlicher Getreidespeicher m; p. ext. Genossenschaftshilfe f; ~ de pescadores Konsumladen m von Fischereigenossenschaften.
posit(r)ón Phys. m Positron n.
posma f 1. Phlegma m; 2. Ven. fauliges Wasser n; **II.** adj.-su. c 3. (ser muy) ~ (e-e gr.) Schlafmütze (sein); 4. Chi. (nur adj.) lästig, auf die Nerven fallend f.
posmoderno adj. postmodern.
poso m Bodensatz m; fig. hasta los ~s bis zur Neige.
posología ⚕ f Dosierung f.
pospo|ner [2r] v/t. nachstellen; hintansetzen; **~sición** f Nachstellung f; Hintansetzung f; Gram. Postposition f; **~sitivo** Gram. adj. nachgestellt, postpositiv.
posro|manticismo Lit. m Spätromantik f; **~mántico** adj.-su. spätromantisch; m Spätromantiker m.
pos|ta I. f 1. hist. Post f; Poststation f; (Post-)Pferde n/pl.; Postwagen m; Entfernung f zwischen zwei Poststationen; casa f de ~ Posthalterei f; maestro m de ~s Posthalter m, -meister m; (silla f de) ~ Postkutsche f; fig. F adv. por la ~ in größter Eile; 2. Jgdw. grober Flintenschrot m; (Reh-)Posten m; 3. Schnitte f (Fleisch, Fisch usw.); 4. Kart. usw. Einsatz m; adv. a ~ absichtlich; 5. 🜂 Volute f, Spirallinie f (Ornament); **II.** m 6. (Post-)Kurier m; □ Büttel m; **~tal I.** adj. c postalisch; Post...; a. su. (tarjeta f) ~ f Postkarte f; fig. F de ~ wunderschön (bsd. Landschaft).
postcombustión f Nachverbrennung f (z. B. Düsenmotor).
poste m Pfosten m; Pfeiler m; Mast m; ~ distribuidor Zapfsäule f (Tankstelle); ~ kilométrico Kilometerstein m; ~ de línea de alta tensión ⚡ de señales) Hochspannungs- (Signal-)mast m; ~ de sacrificio Marterpfahl m der Indianer; ~ telegráfico Telegraphenmast m; fig.
dar ~ a alg. Sch. j-n in die Ecke stellen (Strafe); fig. F j-n ungebührlich lange warten lassen; fig. F oler el ~ Lunte (od. den Braten) riechen; fig. F serio como un ~ todernst.
postema f ⚕ Schwäre f; fig. lästige Person f.
póster m Poster n, m.
Poste Restante ✆ postlagernd.
posterga|ción f Hintansetzung f; bsd. Am. Verschiebung f; **~r [1h]** v/t. zurück-, hintan-setzen; übergehen (z. B. bei e-r Beförderung); bsd. Am. et. auf-, ver-schieben.
posteri|dad f Nachkommenschaft f; Nachwelt f; **~or** adj. c nachfolgende(r, -s); spätere(r, -s); hintere(r, -s); Hinter...; ~ a nach (dat.), später als (nom.); folgend (dat.); **~oridad** f spätere Zeit f; Nachwelt f; con ~ nachträglich.
postescolar adj. c nachschulisch; Fortbildungs...
posteta f Typ. gefalzter Bogen m; Buchb. Satz m Papier.
postfecha f → posfecha.
postguerra f → posguerra.
postigo m Hintertür f; Pförtchen n; Fensterladen m.
postilla f (Wund-)Schorf m.
postillón m Postillion m.
pos|tín F m Wichtigtuerei f, Angabe f F; Aufwand m, Luxus m; de ~ großspurig; elegant, piekfein F; una modista de ~ e-e teure Schneiderin; darse (mucho) ~ s. aufspielen, angeben F; **~tinero** F adj. wichtigtuerisch; geckenhaft.
postizo I. adj. künstlich; falsch; nachgemacht; lose (Kragen); **II.** m Haarteil n; falsches Haar n.
postmeridiano adj. Nachmittags...
postónico Li. adj. nachtonig.
postoperatorio ⚕ adj. postoperativ, nach der Operation.
postor m Bieter m; adjudicar (subastar) al mejor ~ dem Meistbietenden zuschlagen (meistbietend versteigern).
postquemador ✈ m Nachbrenner m (b. Düsenmotoren usw.).
postra|ción f Kniefall m; Niedergeschlagenheit f; Hinfälligkeit f; Daniederliegen n; **~do** adj. darniederliegend; erniedrigt; **~r I.** v/t. 1. niederwerfen; demütigen; **II.** v/r. ~se 2. s. zu Boden werfen; auf die Knie niederfallen; 3. die Kräfte verlieren; zs.-brechen; 4. s. demütigen.
postre m Kchk. Nachtisch m; ~ de músico Studentenfutter m; a. f a la ~ hinterdrein; zu guter Letzt; fig. llegar a los ~s zu spät kommen.
pos|tremo adj. → **~trer(o)** adj. m (adj.) letzte(r, -s); **~trimerías** f/pl. die letzten Lebensjahre n/pl.; ecl. die vier letzten Dinge n/pl.; **~trimero** lit. adj. → postrero.
post|romanticismo m → posromanticismo; **~sincronización** f Film: (Nach-)Synchronisierung f.
postula|do m Postulat n; Forderung f; **~nta** kath. f → **~nte** c Bewerber(in f) m; kath. Postulant(in f) m; **~r I.** v/t. nachsuchen um (ac.); s. bewerben um (ac.); postulieren; **II.** v/i. Geld (od. Spenden) sammeln.

póstumo *adj.* nachgeboren; nachgelassen (*Werk*); post(h)um; *gloria f ~a* Nachruhm *m*.
postura *f* 1. Stellung *f*; Haltung *f*; Lage *f*; Positur *f*; *fig.* Stellungnahme *f*; *Mal.* ~ *académica* Akt *m*; 2. Einsatz *m* (*Wette*); Gebot *n b.* Versteigerung; ~ *mejor* (*od.* mayor) Meistgebot *n*; 3. Gelege *n bzw.* Legen *n der Vögel*; 4. *Jgdw.* Ansitz *m*.
pos(t)venta ✝: *servicio m ~* Kundendienst *m*.
pota *Fi. f* Pfeilkalmar *m*.
pota|bilidad *f* Trinkbarkeit *f*; **~bilización** *f*: ~ *del agua marina* Gewinnung *f* von Trinkwasser aus Meerwasser; **~bilizador** *adj.*: *instalación f ~a de agua del mar* Trinkwasseraufbereitungsanlage *f* für Seewasser; **~bilizadora** *f* Aufbereitungsanlage *f* für Trinkwasser; **~bilizar** [1f] *v/t.* trinkbar machen; *Wasser* aufbereiten; **~ble** *adj. c* trinkbar; *agua f ~* Trinkwasser *n*; *fig.* F *precios m/pl.* ~*s* annehmbare Preise *m/pl.*
potaje *m* 1. (dicke Gemüse-)Suppe *f*; Fastensuppe *f*; *p. ext.* Gemüseeintopf *m*; minderwertiges Essen *n*; *fig.* Mischmasch *m*; 2. Trunk *m*, Gebräu *n*.
po|tasa *Min. f* Pottasche *f*; Kalidünger *m*; ~ *cáustica* Ätzkali *n*; **~tásico** ℜ *adj.* kalihaltig; Kali...; **~tasio** *Min. m* Kali(um) *n*.
pote *m* irdener Topf *m*; Blechbüchse *f*; *Kchk.* ~ *gallego* galicischer Eintopf *m mit Bohnen u. Speck*; *fig.* F *a ~ in* Hülle u. Fülle; *fig.* F *darse ~* → *darse postín*.
poteada F *f Arg.* Vögelei *f* P, Bumsen *n* P.
potenci|a *f* 1. *a. Pol.* Macht *f*; *gran ~* Großmacht *f*; ~ *mundial* Weltmacht *f*; 2. *a.* ⊕ Kraft *f*, Leistung *f*, Stärke *f*; ~ *aceleradora* Beschleunigungsvermögen *n*; HF ~ (*eficaz*), ~ *de salida* Ausgangsleistung *f*; *Kfz.* ~ *fiscal* Steuer-Leistung *f*, Steuer-PS *pl.* F; *Kfz.* ~ *de fren*(*ad*)*o* Bremsleistung *f* (*Bremsen bzw. Motor*); *Kfz.* ~ *de reserva* Kraftreserve(n) *f*(*/pl.*); ~ *suministrada* Leistungsabgabe *f*; 3. 🂠, ♘, ♗, *pharm.* Potenz *f*; *Phil.* Möglichkeit *f*; *Psych., Physiol.* Vermögen *n*, Fähigkeit *f*; *en ~* potentiell; ♂ ~ (*generadora*) Zeugungsfähigkeit *f*; *Psych.* ~*s del alma* Seelenkräfte *f/pl.*; ⩕ *elevar a la tercera ~* zur dritten (*od.* in die dritte) Potenz erheben; **~ación** ⩕ *f* Potenzieren *n*; **~ador** *m*: ~ *del sabor* Geschmacksverstärker *m*; **~al I.** *adj. c* möglich; potentiell; **II.** *m Phys. u. fig.* Potential *n*; ⚡ Spannung *f*; *Li.* Potential(is) *m*, Konditional *m*; **~alidad** *f* Leistungsfähigkeit *f*; *Phil.* Potentialität *f*; **~ar** [1b] *v/t.* stärken, verbessern, fördern, ausbauen; **~ómetro** ⚡ *m* Potentiometer *n*.
poten|tado *m* Potentat *m* (*a. fig.*); **~te** *adj. c* gewaltig, mächtig; ⊕ leistungsfähig, stark; ♂ zeugungsfähig, potent.
potesta|d *f* Gewalt *f*; Befugnis *f*; ⚖ *patria ~* elterliche Gewalt *f*; **~tivo** *adj.* freigestellt, Wahl...; *Sch. materia f ~a* Wahlfach *n*.
potingue F *desp. m* Arznei *f* (*flüssig*); Gesöff *n* F; *fig.* F *darse ~s* Kosmetika benutzen; *hacer ~s et. zs.-brauen*, et.

panschen F.
poto *m* 1. *hist. Am. Mer.* Bergwerk *n unter kgl. Verwaltung*; 2. F *Arg., Bol., Chi., Pe.* Hintern *m* F; Fuß *m* (*bzw.* unteres Ende *n*) *e-s Gg.-stands*; 3. *Chi., Ec., Pe.* Schale *f* (*Kürbisgefäß od. Tontopf*); **~co** F *adj. Bol., Chi.* rundlich.
Potosí: *berühmte Silberminenstadt in Bol.*; *fig.* Vermögen *n*; *fig. valer un ~* unbezahlbar sein.
po|tra *f Zo.* Stutenfohlen *n*; *fig.* F → *hernia, tumor*; *fig.* F *tener ~* Glück (*od.* Schwein F) haben; **~trada** *f* Fohlenherde *f*; **~tranca** *Zo. f* → *potra*; **~tranco** *m* → *potro*; **~trero** *m* Fohlenhirt *m*; *Am.* Koppel *f*; **~tril I.** *adj. c* Fohlen...; **II.** *m* Fohlenweide *f*; **~trillo** *m* junges Fohlen *n*; **~tro** *m* 1. *Zo.* Fohlen *n* (*bis* 4¹/₂ *Jahre*); 2. *Sp.* Bock *m* (*Turngerät*); ~ *de herrar* Zwangsstand *m der Hufschmiede*; 3. *hist.* Folterbank *f*; *fig.* Last *f*, Beschwerlichkeit *f*; *poner en el ~ (de tortura) a alg. j-n* quälen, j-n peinigen.
poya ⩕ *f* 1. Backgebühr *f* für das *Backen im Gemeindeofen*; 2. Abfall *m b.* Flachsbrechen; **~l** *m* → *poyo*; **~ta** *f* Abstellbord *n*; Wandschrank *m*.
poyetón F *m*: *sentarse en el ~* sitzenbleiben F, keinen Mann bekommen.
poyo *m* Steinbank *f am Hauseingang*.
po|za *f* 1. Pfütze *f*, Lache *f*; tiefe Stelle *f in e-m Fluß*; 2. Wassergrube *f zum Flachsweichen*; **~zal** *m* 1. Schöpfeimer *m*; 2. Brunnenrand *m*; **~zanco** *m* Uferlache *f* nach Überschwemmungen; **~zo** *m* 1. Brunnen *m*; *p. ext.* tiefe Grube *f*; tiefe Stelle *f* (*Col. a.* Badestelle *f*) in *e-m Fluß*; *Vkw. Arg.* Schlagloch *n*; *Met.* ~ *de aire* Fallbö *f*; ~ *de estiércol* (*líquido*) Jauchegrube *f*; ~ *negro* Abortgrube *f*; ~ *profundo* Tiefbrunnen *m*; *fig.* ~ *sin fondo* Faß *n* ohne Boden; ⚔ ~ *de tirador* Schützenloch *n*; *fig. caer en el ~ airón* für alle Zeiten vergessen werden, für immer verschwinden; *fig. ser un ~ de ciencia* hochgelehrt sein; 2. ⚒ Schacht *m*; Bohrloch *n*; *p. ext.* (*Kohlen*-)Zeche *f*; ~ *auxiliar* (*maestro, principal*) Neben- (*Haupt*-)schacht *m*; ~ *ciego* Blindschacht *m*; ~ *de petróleo* Ölquelle *f*; ~ *de extracción* (*de ventilación*) Förder- (*Wetter*-)schacht *m*; 3. ⚓ Kielboden *m*.
pozo|l *Hond.*, **~le** *Am. Cent., Méj. m* pikanter Maiseintopf *m*; *Reg.* Maisbrühe *f* in kaltem *Wasser verquirlt*.
pozuelo *m* 1. → *pocillo* 1; 2. → *pozal* 1.
práctica *f* Übung *f*, Gewandtheit *f*; Erfahrung *f*, Praxis *f*; Gebrauch *m*; ~*s f/pl.* Praktikum *n*; ~*s f/pl. de tiro* Schießübungen *f/pl.*; *poner en ~* bewerkstelligen, verwirklichen.
practica|ble *adj. c* 1. ausführbar, gangbar; 2. begehbar; befahrbar; **~nte I.** *adj. c* 1.: *católico m ~* praktizierender Katholik *m*; (*a. c*) 2. Volontär *m*; ~ (*técnico*) *m*; 3. *etwa*: Arzthelfer *m*; *a.* Heilpraktiker *m*; 4. Apothekengehilfe *m*; -helferin *f*; **~r** [1g] **I.** *v/t.* ausüben, betreiben; ausführen, praktizieren; *Sport* treiben; *Loch* bohren; *Operation* durchführen; **II.** *v/i.* praktizieren; s-n Beruf ausüben.
práctico I. *adj.* 1. praktisch; brauch-

bar; sinnvoll; 2. praktisch; ausübend; bewandert, erfahren; **II.** *m* 3. Lotse *m*; 4. Praktiker *m*.
practicón *m* Praktiker *m* (*Mann der praktischen Erfahrung*).
pra|dera *f* Wiese *f*, Anger *m*; Grasweide *f*; Prärie *f*; **~dería** *f* Wiese(n)grund *m*, -plan *m*) *f*; **~do** *m* Wiese *f*; (Stadt-)Anger *m*.
Praga *f* Prag *n*.
prag|mática *f* Norm *f*; **~mático** *adj.* pragmatisch; **~matismo** *Phil. m* Pragmatismus *m*; **~matista** *adj.-su c* pragmatistisch; *m* Pragmatist *m*.
pra|tense *adj. c* Wiesen...; **~ticultura** ✎ *f* Wiesen-bau *m*, -wirtschaft *f*.
pravo *lit. adj.* verderbt; ruchlos.
preámbulo *m* Präambel *f*; Vorrede *f*, Einleitung *f*; *sin ~s* ohne Umschweife.
preaviso *Tel. m* Voranmeldung *f*.
prebenda *ecl. u. fig. f* Pfründe *f*; **~do** *m* Pfründner *m*; **~r** *v/t. j-m* e-e Pfründe verleihen.
preboste *m* 1. *ecl.* Propst *m*; 2. ⚔ Profos *m*; *capitán m ~* Generalprofos *m*.
precario *adj.* unsicher, schwankend; mißlich, heikel; prekär.
precau|ción *f* Vorsicht *f*; *tomar ~ones* Vorsichtsmaßnahmen treffen; **~cionarse** *v/r. s.* vorsehen (*gg. ac. contra*); **~torio** *adj.* Vorsichts..., Vorbeugungs...; ⚖ *medida f ~a* Sicherungsmaßnahme *f*.
preca|ver I. *v/t.* vorbeugen (*dat.*); verhüten; **II.** *v/r. ~se s.* schützen (*gg. ac. de*); **~vido** *adj.* vorsichtig.
prece|dencia *f* 1. Vorhergehen *n*; 2. Vorrang *m*; Vortritt *m*; 3. Überlegenheit *f*, Vortrefflichkeit *f*; **~dente I.** *adj. c* vorhergehend; früher, vormalig; **II.** *m* Präzedenzfall *m* (*schaffen sentar*); *sin ~s* nie dagewesen; **~der** *vt/i.* voran-, vorher-gehen (*dat.*); *a. dipl.* den Vorrang haben vor (*dat.*); ~ *en categoría a* ranghöher sein als (*nom.*); *el ejemplo que precede das* vorausgegangene Beispiel.
precep|tista I. *adj. c* lehrmeisterlich; Unterweisungs...; **II.** *m* Lehrmeister *m*; *literarischer* Theoretiker *m*; **~tivo** *adj.* vorschriftlich; Vorschrifts...; **~to** *m* Vorschrift *f*; Gebot *n*; ⚖ *v. dispositivo* (*imperativo, potestativo*) Kann- (Muß-, Ermessens-)vorschrift *f*; *kath. de ~ goten* (*Feiertag*); **~tor** *m* Erzieher *m*; Hauslehrer *m*; als Ehrenname: Lehrer *m*, Praeceptor *m*; **~tuar** [1e] *v/t.* vorschreiben.
preces *f/pl.* (Kirchen-)Gebet *n*; *lit.* Bitte(n) *f*(*/pl.*).
preciar [1b] **I.** *v/t.* → *apreciar*, *estimar*; **II.** *v/r. ~se* (*de*) s. rühmen (*gen.*), s. brüsten (*mit dat.*).
precin|ta *f* 1. (Steuer-)Banderole *f*; 2. Lederriemen *m* (*an Kisten u. Koffern*); 3. ⚓ *u.* **~tado** *m* (zollamtliche) Verplombung *f*; **~tadora** *f* Plombiergerät *n* (*tenazas f/pl.*) ~(*s*) Plombierzange *f*; **~tar** *v/t.* (zollamtlich) versiegeln, plombieren; mit e-r Banderole versehen; **~to** *m* Banderole *f*; Verschluß *m*; (Zoll-)Plombierung *f*; (-)Plombe *f*; (Firmen-)Siegel *n*; *bajo ~ (de aduana)* unter Zollverschluß.
precio *m* ✝ Preis *m*; *fig.* Wert *m*;

preciosidad — prejudicial 494

Ansehen n; ~ de compra (de coste) Einkaufs- (Selbstkosten-)preis m; ~ al consumidor (al productor) Verbraucher- (Erzeuger-)preis m; ~ al contado Kassa-, Bar-preis m; ~ del día (del mercado) Tages- (Markt-)preis m; ~ de fábrica Fabrikpreis m; ~ ex fábrica Preis m ab Werk; ~ de favor (od. de preferencia) Vorzugspreis m; ~ fijo (final) Fest- (End-)preis m; ~ fuerte (global) Laden- (Pauschal-)preis m; ~ máximo, ~ tope Höchstpreis m; ~ al por menor Einzelhandelspreis m; ~ neto (bruto) por pieza Netto- (Brutto-)stückpreis m; ~ de orientación Richtpreis m; ~ recomendado (no obligatorio) (unverbindliche) Preisempfehlung f; ~ de (re)venta (Wieder-)Verkaufspreis m; último ~ äußerster Preis m; ~ único (od. uniforme) Einheitspreis m; ~ de usura Wucherpreis m; ~ de venta al público, p.v.p. Ladenpreis m; acuerdo m sobre ~s Preisbindung f; control m de ~s Preisüberwachung f; indicación f (bzw. fijación f) del ~ Preisangabe f; a buen ~ od. a poco ~ billig; a. fig. a cualquier (od. a todo) ~ um jeden Preis; a mitad de ~ zu halbem Preis; a(l) ~ de por mayor zum Großhandelspreis; al ~ de für (ac.), um (ac.); auf Kosten (gen.); al ~ de su salud auf Kosten s-r Gesundheit; de todos los ~s in allen Preislagen; ofrecer a ~(s) más bajo(s) unterbieten; poner a ~ (la cabeza de un traidor) e-n Preis (auf den Kopf e-s Verräters) setzen; a. fig. no tener ~ unbezahlbar sein.

precio|sidad f Kostbarkeit f; fig. f hübsches Mädchen n; ~sismo Lit. m Preziösentum n; preziöser Stil m; Preziosität f; ~sista adj. c preziös; ~so adj. 1. kostbar; wertvoll; 2. fig. prächtig; reizend, nett; ~sura F f Am. → preciosidad, bsd. fig.

precipi|cio m Abgrund m; ~table ⚐ adj. c (aus)fällbar; ~tación f 1. Hast f, Übereilung f, Überstürzung f; 2. Met., ⚐ Niederschlag m; ⚐ Ausfällung f; ~tado I. adj. 1. hastig, übereilt; 2. ⚐ ausgefällt; II. m 3. ⚐ Niederschlag m, Ausfällung f; ⚐ m Fällungsmittel n; ~tar I. v/t. 1. hinabstürzen; hinunterwerfen; fig. ins Verderben stürzen; 2. stark beschleunigen; übereilen, überstürzen; 3. ⚐ ausfällen; II. v/r. ~se 4. (s.) stürzen (in ac. en); stürzen (zu dat. a); s. beeilen (zu + inf. a + inf.); übereilt handeln; s. überstürzen (Ereignisse); 5. ⚐ s. niederschlagen.

pre|cipite lit. adj. c in Gefahr zu stürzen; ~cipitoso adj. 1. jäh, abschüssig; 2. überstürzt, unbesonnen; ~cipuo lit. adj. vorzüglich, hauptsächlich.

preci|samente adv. genau; bestimmt; gerade, ausgerechnet, genau; eigentlich; ~sar I. v/t. 1. brauchen, benötigen; 2. präzisieren; genau angeben; II. v/impers. 3.: precisa que lo hagamos wir müssen es (unbedingt) tun; III. v/r. ~se 4. nötig sein; ~sión f Genauigkeit f; Feinheit f, Präzision f; a. fig. Schärfe f; de ~ Präzisions...; instrumento m de ~ Präzisionsinstrument n; ~so adj. 1. nötig, notwendig; es ~ hacerlo es muß getan werden; es ~ que lo hagas du mußt es tun; si es ~ erforderlichenfalls; 2. genau; bestimmt; deutlich; präzis; treffend (Wort); poco ~ ungenau; unscharf; 3. pünktlich; a la hora ~a pünktlich, zur festgesetzten Zeit.

pre|citado adj. obenerwähnt; vorher genannt; ~cito Theol. I. adj. verworfen, verdammt; II. m Verdammte(r) m; ~claro lit. adj. berühmt; ~clásico adj. vorklassisch; ~cocidad f Frühreife f; Vorzeitigkeit f; ~cocinado adj.: plato m ~ Fertiggericht n; ~colombino hist. adj. vor-, prä-kolumbisch, altamerikanisch; ~concebido adj. vorbedacht; tener ideas ~as vorgefaßte Meinungen (od. Vorurteile) haben.

preconiza|ción f Lobeserhebung f; ecl. Präkonisation f; ~r [1f] v/t. lobpreisen; fig. befürworten; ecl. präkonisieren (Papst).

pre|contrato m Vorvertrag m; ~conyugal adj. c vorehelich; ~cordial ⚕ adj. c präkordial; ~coz c adj. (pl. ~oces) frühreif; a. ⚕ Früh...; ~cursor I. adj. vorangehend, bahnbrechend, Vorläufer..., Pionier...; II. m Vorläufer m, Vorbote m; fig. Wegbereiter m, Pionier m.

preda|r v/t. plündern, rauben; Zo. nachstellen (dat.), jagen (ac.); ~torio I. adj. Plünder(ungs)..., Raub...; pez m ~ Raubfisch m; II. m Zo. Raubtier n, Räuber m.

prede|cesor m Vorgänger m; ~cir [3p] v/t. voraussagen; ~finición Theol. f (Gottes) Vorbestimmung f; ~finir Theol. v/t. vorbestimmen; ~stinación f Vorherbestimmung f; Theol. Prädestination f; ~stinar v/t. vorherbestimmen; Theol. u. fig. prädestinieren; ~terminación f Biol. Prädetermination f; Theol. Prädeterminismus m; ~terminado adj. EDV Standard..., Default...

prédica F f Predigt f; fig. F → perorata.

predica|bles Phil. m/pl. Prädikabilien n/pl.; ~ción f Predigen n; Predigt f; Phil. Prädikation f; ~do Phil., Gram. m Prädikat n; ~dor m 1. Prediger m; Orden f de ⚕es Prediger-, Dominikaner-orden m; 2. Ent. Gottesanbeterin f; ~mento m 1. fig. Achtung f, Ruf m; muy en ~ in allgemeinem Ansehen; tener buen ~ e-n guten Ruf haben; beliebt sein; 2. Phil. ~s m/pl. Prädikamente n/pl.; ~nte m Prediger m (nicht kath.); ~r [1g] vt/i. 1. predigen; fig. F ausposaunen; a. abkanzeln F; fig. ~ en desierto tauben Ohren predigen; 2. Phil., Gram. prädizieren; ~tivo Gram. adj. prädikativ.

predi|cción f Vorhersage f; Ballistik: Vorhalt m; ~ces, ~ciendo, ~go → predecir; ~cho adj. vorhergesagt.

predilec|ción f Vorliebe f (für ac. por); ~to adj. Lieblings...; bevorzugt. [Gut n.)

predio ⚖ m Grundstück n; (Erb-))

predis|poner [2r] v/t. vorbereiten; empfänglich machen, prädisponieren (für ac. para); voreingenommen machen; ~posición f Anlage f; a. ⚕ Prädisposition f; ~ marinera Seefestigkeit f (Person); ~puesto adj. (estar) voreingenommen (für od. gegen); ser ~ a bsd. ⚕ neigen zu (dat.).

predomi|nación f Vorherrschaft f; ~nancia f Vorherrschen n; ~nante adj. c vorherrschend; überwiegend; ~nar vt/i. vorherrschen; überwiegen; höher sein (als nom. a); ~nio m Vorherrschaft f; Überlegenheit f (über ac. sobre).

predorsal Phon. adj. c prädorsal, mit Hilfe des vorderen Zungenrückens gebildet.

preeminen|cia f Vorzug m; Überlegenheit f; ~te adj. c hervorragend; vorzüglich.

preestablecido adj. vorher festgesetzt; Phil. prästabiliert.

preexis|tencia f Präexistenz f, Vorherdasein n; ~tente adj. c vorher bestehend; präexistent; ~tir v/i. vorher dasein; früher dasein (als nom. a).

prefabrica|ción f Vorfertigung f; ~do adj. vorgefertigt; Fertig...; casa f ~a Fertighaus n; elementos m/pl. ~s Fertigteile m/pl.; ~r [1g] v/t. vorfertigen, -fabrizieren.

prefacio m Vorrede f, Vorwort n; ecl. Präfation f.

prefec|to m Präfekt m; ~toral adj. c Präfekten..., Präfektur...; ~tura f Präfektur f.

preferen|cia f 1. Vorzug m; Vorliebe f; 2. Vorrecht n, Vorrang m; Vkw. ~ de paso Vorfahrt(srecht n) f; 3. Thea. Sperrsitz m; ~cial Verw. adj. c Vorzugs...; ~te adj. c bevorrechtet; Vorzugs...; ✝ acción f ~ Vorzugsaktie f.

preferi|ble adj. c vorzuziehen(d) (dat. a); sería ~ hacerlo man sollte es besser tun; ~do adj. Lieblings...; plato m ~ Lieblingsspeise f, Leibgericht n; ~r [3i] v/t. vorziehen, bevorzugen; lieber haben (als ac. a).

prefigura|ción f Präfiguration f, Vorausdarstellung f; Urbild n; ~r v/t. präfigurieren, vorausdeutend darstellen.

prefi|jar v/t. vorherbestimmen; im voraus festsetzen; Gram. mit e-m Präfix versehen; ~jo I. adj. anberaumt, festgesetzt; II. m Li. Präfix n, Vorsilbe f; Tel. Vorwahlnummer f.

pre|financiación f Vorfinanzierung f; ~formación f 1. Biol. Präformation f; 2. ⊕ Vor(ver)formung f.

pre|gón m öffentliches Ausrufen n; ~ (literario) etwa: Fest-, Eröffnungs-rede f; ~gonar v/t. öffentlich ausrufen; fig. ~ (a los cuatro vientos) (überall) ausposaunen (fig.); ~gonero m öffentlicher Ausrufer m; Marktschreier m; fig. F Klatschmaul m.

pregrabado adj. bespielt (Kassette).

pregun|ta f Frage f; fig. F andar (od. estar) a la cuarta ~ abgebrannt (od. blank) sein f; fig. F dejar a alg. a la cuarta ~ j-m das Fell über die Ohren ziehen (fig. F); hacer una ~ e-e Frage stellen; ~tador adj. → preguntón; ~tar vt/i. fragen (nach dat. por); ~tón adj.-su. (hartnäckig) fragend; m lästiger Frager m.

pre|historia f Vorgeschichte f; ~histórico adj. vorgeschichtlich, prähistorisch; ~incaico hist. adj. vorinkaisch; ~jubilación f Vorruhestand m; ~judicial ⚖ adj. c vorläufig; cuestión f ~ Vorfrage f;

~juicio *m* Vorurteil *n*; sin ~ de unbeschadet (*gen.*); ~juzgar [1h] *v/t.* vorschnell urteilen über (*ac.*); ⚖ präjudizieren.
prela|cía *ecl. f* Prälatenwürde *f*; ~ción *f* Vorzug *m*; Vorrang *m*, Vorrecht *n*; *Vkw. Am. Reg.* Vorfahrt *f*; ~da *kath. f* Oberin *f*, Äbtissin *f*; ~do *ecl. m* Prälat *m*; Ordensobere(r) *m*; ~ doméstico päpstlicher Hausprälat *m*; ~ticio *ecl. adj.* Prälaten...; Abts...
pre|liminar I. *adj. c* vorläufig; einleitend; Vor...; **II.** ~es *m/pl.* Vorverhandlungen *f/pl.*; Präliminarien *n/pl.*; ~ludiar [1b] **I.** *v/i.* ♪ präludieren; **II.** *v/t. fig.* einleiten; ~ludio *m* ♪ Präludium *n*; *a. fig.* Vorspiel *n*; *fig.* Einleitung *f.*
prema|rital *adj. c* vorehelich (*Beziehungen*); ~trimonial *adj. c* vorehelich; ~turo *adj.* **1.** frühreif; **2.** verfrüht; vorzeitig; Früh...
premedita|ción *f* Vorbedacht *m*; con ~ vorsätzlich; ~do *adj.* überlegt, vorbedacht; wissentlich; vorsätzlich (*Verbrechen*); ~r *v/t.* vorher überlegen; ⚖ vorsätzlich planen.
premi|ación *f Chi., Ec.* Prämierung *f*; ~ador *m* Preisträger *m*; ~ador *adj.-su.* Belohner *m*; Preisverteiler *m*; ~ar [1b] *v/t.* belohnen; mit e-m Preis auszeichnen, prämiieren.
premier *m* Premier(minister) *m.*
premio *m* **1.** Belohnung *f*; Preis *m*, Prämie *f*; ~ a Lohn *m* (*gen.*); en ~ de als Belohnung für (*ac.*); ~ de captura Fangprämie *f*; für die Festnahme ausgesetzte Belohnung *f*; ⚓ Prisengeld *n*; ~ Carlomagno (de consolación) Karls-(Trost-)preis *m*; gran ~ Großer Preis *m*; ~ de honor (*literario*) Ehren-(Literatur-)preis *m*; ~ en metálico (*nacional*) Geld-(National-, Staats-)preis *m*; ~ Nobel **a)** Nobelpreis *m*; **b)** Nobelpreisträger *m*; ~ Nobel de la Paz Friedensnobelpreis (-träger) *m*; *repartición f* de ~s Preisverteilung *f*, Prämiierung *f*; **2.** Gewinn *m*, Treffer *m* (*Lotterie*); el ~ gordo der Hauptgewinn, das große Los F; **3.** ✝ *bsd. Am.* Prämie *f* (*vgl. prima* 2); Aufgeld *n*, Agio *n.*
premioso *adj.* **1.** beengt, eng; knapp; **2.** drückend, lästig, beschwerlich; **3.** starr; streng; **4.** *fig.* gehemmt; schwerfällig; unbeholfen.
premisa *f* Prämisse *f*; *Log.* Vordersatz *m*; Vorbedingung *f.*
pre|moción *f* Vorantrag *m*; ~molar *m* Prämolarzahn *m*; ~monición *f* Vorgefühl *n*, Vorahnung *f*; ~monitorio *bsd.* ⚖ prämonitorisch, Warn(ungs)...; ~montaje ⊕ *m* Vormontage *f.*
premo(n)stratense *kath. adj. c-su. m* Prämonstratenser(mönch) *m.*
premo|riencia ⚖ *f* früherer Tod *m*; ~riente *m*: ⚖ el ~ der zuerst Sterbende; ~rir [3k] *part. premuerto*] *v/i.* ⚖ früher sterben.
premura *f* **1.** Dringlichkeit *f*; Eile *f*; con gran ~ in aller Eile; **2.** Druck *m*, Bedrängnis *f.*
prenatal *adj. c* vorgeburtlich; vor der Geburt, Schwangerschafts... Umstands... (*Kleidung*).
prenda *f* **1.** Pfand *n*; *fig.* Unterpfand *n*; *fig.* geliebte(s) Wesen *n*; *fig.* F Schatz *m*, Liebchen *n*; en ~ de zum Unterpfand (*gen.*), als Zeichen (*gen.*); ~ mobiliaria Faustpfand *n*; ~ pretoria gerichtlich festgesetzte Pfändungssumme *f*; *juego m* de ~s Pfänderspiel *n*; *fig.* no dolerle ~s *a alg.* s-n Verpflichtungen pünktlich nachkommen; *a.* alles aufbieten (, um zu + *inf. para* + *inf.*); hacer ~ ein Pfand (*od.* e-e Sicherheit) behalten; *fig.* s. auf j-s Wort (*od.* Tat) stützen; *a.* vorwurfsvoll auf die Einlösung e-s voreilig gegebenen Versprechens dringen; *jugar a* (*las*) ~s Pfänderspiele machen; sacar ~s (*bzw.* una ~) pfänden; *fig.* F soltar ~ s. voreilig verpflichten; *fig.* F no soltar ~ nicht zugeknöpft sein (*fig.*); tomar dinero sobre una ~ s. Geld auf Pfand leihen; **2.** ~ (de vestir) Kleidungsstück *n*; ~ de abrigo warmes Kleidungsstück *n*; **3.** gute Eigenschaft *f*, Vorzug *m*; ~s *f/pl.* Anlagen *f/pl.*; Eigenschaften *f/pl.*; Geistesgaben *f/pl.*; ~r **I.** *v/t.* pfänden; *fig.* für s. gewinnen; **II.** *v/r.* ~se s. verlieben (in *ac.* de); ~rio ⚖ *adj.*: derecho *m* ~ Pfandrecht *n.*
prende|dero *m* **1.** Spange *f*; Haarband *n*; **2.** Heftel *n* (*Reg.*), Häkchen *n*; ~dor *m* **1.** Brosche *f*; Rocknadel *f*; **2.** Ergreifer *m*; Verhaftende(r) *m*; ~r [*part. a.* preso] **I.** *v/t.* **1.** anpacken; ergreifen; verhaften, festnehmen; **2.** befestigen, anstecken; Pfand einstecken; *Méj.* Haare einlegen; ~se un clavel en el cabello s. e-e Nelke ins Haar stecken; **3.** Muttertier decken; **4.** er-, be-leuchten, hell machen; Licht, Feuer, Zigarette anzünden; ~ fuego a a/c. et. in Brand stecken; **5.** *Am.* → emprender, comenzar; **II.** *v/i.* **6.** Wurzel fassen; ✿ an-, ein-heilen; angehen (*Impfung*); wirken (*Substanz*); **7.** Feuer fangen; (an)brennen (*a. Holz*); **III.** *v/r.* ~se **8.** s. putzen, schmücken (*Frauen*); *P. Ri.* s. betrinken.
prende|ría Trödelladen *m*; *Col.* Pfand-, Leih-haus *n*; ~ro *m* Trödler *m.*
prendido *m* **1.** Frauenputz *m*; Kopfputz *m*; **2.** Stickmuster *n.*
prendimiento *m* Ergreifen *n*; Festnahme *f*; Verhaftung *f.*
prensa *f* **1.** ⊕ Presse *f*; **2.** *Typ.* (Drucker-)Presse *f*; ~ rápida (*rotativa*) Schnell-(Rotations-)presse *f*; en ~ im Druck; dar a la ~ in Druck geben; **3.** Presse *f*, Zeitungswesen *n*; ~ amarilla (*del corazón*) Sensations-(Regenbogen-, Boulevard-)presse *f*; ~ diaria Tagespresse *f*; *fig.* tener buena (*mala*) ~ e-e gute (*schlechte*) Presse haben.
prensa|do I. *part.* gepreßt; **II.** *m* Pressen *n*; Keltern *n*; Glätten *n*; ~ caliente Warmpressen *n*; ~dora *f* Preßmaschine *f*; ~r *v/t.* **1.** *a.* ⊕ pressen; glätten; ⊕ *a.* spanlos verformen; **2.** auspressen; keltern.
prensil *Zo. adj. c* Greif...; cola *f* ~ Greifschwanz *m.*
prensista *m* Druckereigehilfe *m.*
prenupcial *adj. c* vorehelich.
pre|ñado I. *adj.* **1.** *Zo.* trächtig; V schwanger; *fig.* voll, bauchig; ~ de agua regenschwer (*Wolke*); *fig.* ~ de emoción gefühlvoll; (herz)bewegend; **II.** *m* **2.** → preñez; **3.** → feto; ~ñar *v/t.* Tiere decken; V schwängern; *fig.* füllen, schwängern (mit *dat.* de); ~ñez *f Zo.* Trächtigkeit *f*; Tragezeit *f*; V Schwangerschaft *f*; *fig.* Gefühl *n* drohenden Unheils; Ungewißheit *f*; Schwierigkeit *f.*
preocupa|ción *f* **1.** Besorgnis *f*, Sorge *f* (um *ac. por*); Kummer *m*; Sorgfalt *f*; **2.** Voreingenommenheit *f*; **3.** Zerstreutheit *f*; ~do *adj.* **1.** stark beschäftigt (mit *dat.* con, de); **2.** besorgt (um *ac.*, wegen *gen. por, con*); **3.** (ganz) in Gedanken versunken *r*; **4.** voreingenommen; ~r **I.** *v/t.* **1.** stark beschäftigen, k-e Ruhe lassen (*dat.*); **2.** mit Besorgnis erfüllen, besorgt machen; **3.** vorher (*od.* vor e-m andern) in Besitz nehmen, präokkupieren; **4.** befangen machen; einnehmen (für *ac. por*; gg. *ac. contra*); **II.** *v/r.* ~se **5.** s. kümmern (um *ac.* de); s. sorgen (um *ac. por*); no ~se nada s. um nichts kümmern, s. keine(rlei) Sorgen machen; no se preocupe seien Sie unbesorgt; sin ~se de + *inf.* ohne s. die Mühe zu machen, zu + *inf.*; **6.** voreingenommen sein (für *ac. por*, gg. *ac.* con[tra]).
pre|operatorio ⚕ *adj.* präoperativ; ~opinante *m* Vorredner *m.*
prepara|ción *f* **1.** Vorbereitung *f*; (Zu-)Bereitung *f*; ⚔ ~ artillera Artillerievorbereitung *f*; *tiempo m* de ~ Rüstzeit *f*; en ~ in Vorbereitung; sin ~ unvorbereitet; aus dem Stegreif; **2.** ⊕, ⚗ usw. Aufbereitung *f*; Herrichtung *f*; ~ de la lana (*de minerales*) Woll-(Erz-)aufbereitung *f*; **3.** Präparierung *f*; ⚗, ⚕, *pharm.* Präparat *n*; ~ en estado puro Reindarstellung *f*; ⚕ ~ por frote Abstrich(präparat *n*) *m*; ~do **I.** *adj.* **1.** bereitet; **2.** bereit, fertig; **3.** präpariert; **II.** *m* **4.** *pharm. usw.* Präparat *n*; Mittel *n*; ~ de contraste Kontrastmittel *n.*
prepara|r I. *v/t.* **1.** vorbereiten (*a. fig.* auf *ac. para*); **2.** zubereiten, herrichten; *Getränke, Speisen* bereiten; *fig.* ~ el terreno a alg. j-m vorarbeiten; **3.** ⊕ aufbereiten (*vgl. preparación* 2); **4.** *pharm.*, ⚗, ⚕ präparieren; *Versuch* ansetzen; *Substanz* darstellen *bzw.* herstellen; **II.** *v/r.* ~se **5.** s. vorbereiten; s. einrichten, s. rüsten; ~se contra Vorkehrungen treffen gg. (*ac.*); ~se (*od.* estar ~ado) para lo peor s. auf das Schlimmste gefaßt machen; auf das Schlimmste gefaßt sein; ~tivo **I.** *adj.* → preparatorio; **II.** *m* Vorbereitung *f*, Rüstung *f*; *mst.* ~s *m/pl.*: ~s *m/pl.* de viaje Reisevorbereitungen *f/pl.*; hacer ~s para Anstalten treffen zu (*dat. od. inf.*); ~toria *f Méj.* Abitur(studium) *n*; ~toriano *m Méj.* Gymnasiast *m*; ~torio *adj.* vorbereitend; Vorbereitungs..., Vor...
prepondera|ncia *f* Übergewicht *n*, Überwiegen *n*; Vorherrschen *n*; Vormachtstellung *f*; ~nte *adj. c* vorwiegend; überwiegend; entscheidend; *Am. a.* anmaßend; tener voto ~ ausschlaggebende Stimme haben; ~r *v/i.* überwiegen; vorherrschen; den entscheidenden Einfluß haben.
preposi|ción *Gram. f* Präposition *f*, Verhältniswort *n*; ~cional *adj. c* präpositional; ~tivo *Gram.* **I.** *adj.*

prepósito — préstamo

als Präposition gebraucht; **II.** *m* Präpositiv *m*.
prepósito *m* Vorsteher *m*, Präpositus *m e-r religiösen Gemeinschaft*.
prepoten|cia *f* Vorherrschen *n*; Übermacht *f*; ~**te** *adj. c* vorherrschend; übermächtig; anmaßend.
prepucio *Anat. m* Vorhaut *f*.
prerrafaeli|smo *Ku. m* Präraffaelitentum *n*; ~**(s)ta** *m* Präraffaelit *m*.
prerrogativa *f* Vorrecht *n*; *fig.* Vorzug *m*, hohe Ehre *f*.
prerromano *adj.* vorrömisch.
prerro|manticismo *Lit. m* Vorromantik *f*; ~**mántico** *adj.-su.* vorromantisch; ~ Vorromantiker *m*.
presa *f* **1.** Wegnahme *f*; Fangen *n*; **2.** Beute *f*; Fang *m*; *animal m de* ~ Raubtier *n*; *hacer* ~ fangen, greifen; *fig. s-n Vorteil zum Schaden e-s andern wahrnehmen*; *hacer* ~ *en* befallen (*ac.*); **3.** ~**s** *f/pl.* Fang-, Reiß-zähne *m/pl. der Hunde usw.*; Fänge *m/pl. der Greifvögel*; **4.** *Sp.* Griff *m*; ~ *de brazo* Armhebel *m* (*Ringen, Judo*); ~ *de caderas* Hüftgriff *m* (*Rettungsschwimmen*); ~ *de tijeras* Beinschere *f* (*Judo*); **5.** ⚓ Prise *f*; ⚔ *derecho m de* ~*s marítimas* Prisenrecht *n*; *coger una* ~ e-e Prise aufbringen, ein Schiff kapern; **6.** (Stau-)Wehr *n*; Talsperre *f*; ~ *de compuertas (or vertedero)* Schützen- (Überfall-)wehr *n*; **7.** *Am.* Stück *n* Fleisch (*bsd. Geflügel*).
presagi|ar [1b] *v/t.* vorhersagen; voraussehen; ~**o** *m* Vorzeichen *n*; Vorbedeutung *f*; Ahnung *f*.
presbi|acusia ✱ *f* Schwerhörigkeit *f*; ~**cia** *f* Weitsichtigkeit *f*; ~ *senil* → ~**opía** *f* Altersichtigkeit *f*, Presbyopie *f*.
présbi|ta, ~te *adj.-su. c* weitsichtig.
pres|biteriano *ecl. adj.-su.* presbyterianisch; *m* Presbyterianer *m*; ~**biterio** *m* Presbyterium *n*; ~**bítero** *m* Priester *m*.
presciencia *f* Vorherwissen *n*.
prescin|dencia *f Am.* → *abstracción* 1; ~**dente** *adj. c Am.* → *independiente*; ~**dible** *adj. c* entbehrlich; ~**diendo** *ger.*: ~ *de* abgesehen von (*dat.*); ~ *de usted Sie sind* (*od.* bilden) *e-e Ausnahme*; ~**dir** *v/i.*: ~ (*de*) absehen (von *dat.*); verzichten (auf *ac.*); *no poder* ~ *de a.* angewiesen sein auf (*ac.*).
prescribir [*part.* prescrito] **I.** *v/t.* **1.** vorschreiben, anordnen; **2.** ⚔ verschreiben, verordnen; **3.** ⚔ durch Verjährung erwerben, ersitzen; **II.** *v/i.* **4.** ⚔ verjähren.
prescrip|ción *f* **1.** Vorschrift *f*; **2.** ⚔ Verschreibung *f*; Verordnung *f*; *según* (*od. por*) ~ *facultativa* nach ärztlicher Verordnung; **3.** ⚔ Verjährung *f*; ~ *adquisitiva* Ersitzung *f*; ~ *extintiva* (*rechtsvernichtende*) Verjährung *f*; ~ *de la acción penal* (*de la pena*) Verfolgungs- (Strafvollstreckungs-) verjährung *f*; *plazo m de* ~ Verjährungsfrist *f*; ~**tible** *adj. c* **1.** ⚔ verjährbar; **2.** vorschreibbar.
prescrito (*Am. oft* prescripto) *adj.* **1.** vorgeschrieben; **2.** ⚔ verjährt.
presea *lit. f* Juwel *n*, Kleinod *n*.
preselec|ción *f a.* ⊕, *Tel.* Vorwahl *f*; *fig.* Vorauswahl *f*; ~**tor** *Tel. m* Vorwähler *m*.
presenci|a *f* **1.** Gegenwart *f*; An- wesenheit *f*; Vorhandensein *n*; ~ *de ánimo* Geistesgegenwart *f*; *en* ~ *de* im Beisein von (*dat.*); angesichts (*gen.*); **2.** Aussehen *n*, Äußere(s) *n*; Figur *f*; *de buena* ~ gutaussehend; ansehnlich; ~**al** *adj. c*: *testigo m* ~ Augenzeuge *m*; ~**ar** [1b] *v/t.* beiwohnen (*dat.*), dabeisein bei (*dat.*); Augenzeuge sein von (*dat.*); erleben, mit durchleben.
presenta|ble *adj. c* annehmbar; vorstellbar; anständig; vorzeigbar; gesellschaftsfähig; *en forma* ~ (in) anständig(er Form); *ser* ~ *s.* sehen lassen können; gesellschaftsfähig sein; ~**ción** *f* **1.** Vorstellung *f*; *carta f de* ~ Einführungs-, Empfehlungsschreiben *n*; **2.** Vorlegen *n*, Vorzeigen *n*; ✟ *a su* ~ bei Vorlage *f* (*Tratte*); *contra* ~ *de gg.* Vorlage von (*dat.*); **3.** Einreichen *n e-s Gesuchs*; *Chi., Rpl.* Eingabe *f*, Gesuch *n*; **4.** Äußere(s) *n*, Aufmachung *f* (*a. e-s Buches, e-r Ware*); **5.** *Thea.* Aufführung *f*, Inszenierung *f*; *Spielfilm*: Vorspann *m*; **6.** *kath.* ♀ (*de Nuestra Señora*) Mariä Opferung *f* (*21. Nov.*); ~**dor** *m* Vorstellende(r) *m*; Vorweisende(r) *m*; *TV* Ansager *m*; Moderator *m*; Showmaster *m*.
presentar I. *v/t.* **1.** vorstellen; einführen, empfehlen; vorschlagen (*für Wahl od. Amt*); (*als Geschenk*) anbieten, überreichen; ~ *a/c. por el lado favorable et.* von s-r günstigen Seite aus darstellen; **2.** vorzeigen, vorweisen; vorstellig werden mit (*dat.*); *Beweise* beibringen, liefern; *Gesuch, Klage,* Rücktritt einreichen; ✟ ~ *al cobro* (*a la firma*) zur Zahlung (zur Unterschrift) vorlegen; ⚔ ~ *una protesta* Einspruch erheben (*od.* einlegen); **3.** aufweisen; bieten; *Wunden* haben, aufweisen; *Schwierigkeiten* machen, bieten; ✟ ~ *un balance* e-n Saldo (von *dat.* de) aufweisen; **II.** *v/r.* ~**se 4.** *s.* vorstellen; auftreten; erscheinen; ⊕ *a.* anfallen; *s.* anbieten; *se bien a. s.* gut aussehen; ✗ ~*se a filas* einrücken.
presente I. *adj. c* **1.** gegenwärtig, anwesend; jetzig; ¡~! hier! (*bei Namensaufruf*); *estar* ~ (*s*) anwesend (*od.* zugegen) sein; dabei sein; ⚔ *el* ~ *contrato* dieser Vertrag; *hacer* ~ vergegenwärtigen; vor Augen halten; zu erkennen geben; *tener* ~ (*a/c.*) (*et.*) vor Augen haben; (*et.*) beachten; (*an et. ac.*) denken; **II.** *m* **2.** Gegenwart *f*; *al* ~ jetzt; *hasta el* ~ bisher; **3.** *Gram.* Präsens *n*, Gegenwart *f*; **4.** Geschenk *n*; *hacer* ~ *de* schenken (*ac.*); **III.** *f* **5.** ✟ vorliegendes Schreiben *n*; *por la* ~ (*le comunico*) hiermit (teile ich Ihnen mit).
presenti|miento *m* Vorgefühl *n*, (Vor-)Ahnung *f*; ~**r** [3i] *v/t.* vorherempfinden; ahnen; ~ *su muerte próxima* ein Vorgefühl s-s nahen Todes haben.
presero *m* Wehr-, Schleusen-wärter *m*.
preserva|ción *f* Bewahrung *f*; Schutz *m*; ~**r** *v/t.* bewahren, schützen (vor *dat. de*; ⚕ gg. *ac. contra*); ~**tivo I.** *adj.* schützend; **II.** *m* Schutz *m*; Schutz-, Vorbeugungsmittel *n*; Präservativ *n*.
presiden|cia *f* Präsidentschaft *f*; Vorsitz *m*; Präsidentenpalais *n*; ~**cial** *adj. c* präsidial, Präsidenten...; *Pol. régimen m* ~ Präsidialdemokratie *f*; ~**cialismo** *Pol. m* Präsidialsystem *n*; ~**cialista** *Pol. adj. c* das Präsidialsystem betreffend; ~**ta** *f* **1.** Präsidentin *f*, Vorsitzende *f*; *kath.* Oberin *f*; **2.** Frau *f* des Präsidenten; ~**te** *m* Präsident *m*; Vorsitze(nde)r *m*; ~ *por edad* (*de honor*, ~ *honorario*) Alters- (Ehren-)präsident *m*; ~ *electo* gewählter Präsident *m* (*der sein Amt noch nicht ausübt*); ♀ *Federal* Bundespräsident *m*; ~ *del gobierno* Ministerpräsident *m*; ♀ *de la República* Präsident *m* der Republik; Staatspräsident *m*; *Méj.* ~ *municipal* Bürgermeister *m*.
presi|diario *m* (Zuchthaus-)Sträfling *m*, Zuchthäusler *m* F; ~**dio** *m* Zuchthaus *n*.
presidir *v/t.* **1.** den Vorsitz führen bei (*dat.*); vorstehen (*dat.*); **2.** *fig.* allem andern vorangehen bei (*dat.*); vorherrschen bei (*dat. od.* in *dat.*); *el amor lo presidía todo* über allem stand die Liebe.
presidium *Pol. m*: ♀ *del Soviet Supremo* Präsidium *n* des Obersten Sowjets.
presilla *f* Paspelschnur *f*; Schnalle *f*; Spange *f*; ~ *del cinturón* Gürtelschlaufe *f*; ⊕ ~ *de la correa* Riemenschließe *f*; ~ *del manto* Mantelschnur *f bzw.* -schließe *f*.
presi|ón *f a. fig.* Druck *m*; *a* ~ unter Druck; *de* ~ Druck...; ~ *del aire*, *Met.* ~ *atmosférica* Luftdruck *m*; *Kfz.* ~ *de los neumáticos* Reifendruck *m*; *Physiol.* ~ *sanguínea* Blutdruck *m*; *fig.* ~ *tributaria* Steuerdruck *m*; ⊕ ~ *del vapor* Dampf-druck *m*, -spannung *f*; *a prueba de* ~ druckfest; *Phys. ejercer (una)* ~ e-n Druck ausüben (*auf ac. sobre*); *fig. ejercer* (*od. hacer*) ~ *sobre alg.* auf j-n (e-n) Druck ausüben (*auf ac. sobre*); ~ *el botón* (auf) den Knopf drücken; ~**onar** *vt/i.* Druck ausüben (*auf ac. sobre*); ~ *el botón* (auf) den Knopf drücken.
preso I. *part. irr. v.* prender; **II.** *m* Gefangene(r) *m*; Verhaftete(r) *m*; ~ *preventivo* Untersuchungshäftling *m*.
presta|ción *f* Leistung *f* (*a. Kfz. Motor*); ~ *anticipada* Vor(aus)leistung *f*; ~ *de fianza* (*de juramento*, *de servicios*) Bürgschafts- (Eides-, Dienst-)leistung *f*; ~ *personal* Fron(-dienst *m*) *f*; *Span.* ~ *social sustitutoria* Zivildienst *m*; ~*ones f/pl. sociales* Sozialleistungen *f/pl.*; ~**dizo** *adj.* verleihbar; ~**do** *adj.* geliehen; *de* ~ leihweise; *dar* (*od. dejar*) ~ leihen (*auf ac. sobre*); verleihen, borgen; *pedir* (*od. tomar*) ~ (ent)leihen, (aus)borgen; ~**dor** *adj.-su.* (ver)leihend; *m* → *prestamista*.
prestame|ra *ecl. f* Pfründe *f*; *vgl.* → ~**ro** *ecl. m* Pfründner *m* (*hist.*: *Empfänger e-r Ritterpfründe für Kriegsdienst zum Nutzen der Kirche bzw. Stipendiat für geistliche Studien*).
prestamista *c* **1.** Darlehensgeber *m*; **2.** Pfandleiher *m*; Verleiher *m*.
préstamo *m* **1.** Darlehen *n*; Ausleihen *n*; ✟ (⚓) ~ *a la gruesa* Bodmerei *f*; *caja f de* ~*s* Darlehenskasse *f*; *contraer* ~*s* Darlehen aufnehmen; *dar a* ~ (auf Pfand) leihen; *recibir en* ~ als Darlehen erhalten;

prestancia — previsión

tomar a ~ entleihen, borgen; **2.** *Li.* Entlehnung *f*; Lehnwort *n*; ~s *m/pl.* lingüísticos Lehngut *n*.
prestancia *lit. f* Vortrefflichkeit *f*.
prestar I. *v/t.* **1.** (aus-, ver-)leihen; gewähren; leisten; *fig.* geben, (ver-)leihen; *Bürgschaft* stellen; *Gehör* schenken; *Hilfe* gewähren, leisten; *Glauben* schenken; ~ *atención a* Aufmerksamkeit schenken (*dat.*); achten auf (*ac.*); ~ *a interés* auf Zinsleihen; ~ *juramento* e-n Eid leisten; ~ *paciencia* Geduld aufbringen (*od.* haben); *fig.* F ~ *salud* vor Gesundheit strotzen; ~ *servicio(s)* e-n Dienst (*bzw.* Dienste) leisten; ~ *silencio* schweigen; Schweigen (be)wahren; ~ *sobre a/c.* et. beleihen; **II.** *v/i.* **2.** nachgeben, s. dehnen (*Stoff u. ä.*); **3.** nützlich sein, s. eignen; **III.** *v/r.* ~se **4.** s. hergeben (zu *dat. a*); s. bequemen (zu *dat. a*); **5.** s. eignen, geeignet sein (für *ac. a*).
prestatario *m* Darlehnsnehmer *m*; Entleiher *m*.
preste *kath. m* der das Hochamt zelebrierende Priester *m*.
pres|teza *f* Schnelligkeit *f*; ~tidigitación *f* Taschenspielerei *f*; ~tidigitador *m* Zauberer *m*, Taschenspieler *m*.
prestigi|ar [1b] *v/t.* Prestige verleihen (*dat.*); ~**o** *m* Ansehen *n*; Ruf *m*, Prestige *n*; *de ~ mundial* weltbekannt, von Weltruf; ~**oso** *adj.* gewichtig; angesehen; einflußreich; mitreißend (*Redner*).
presto I. *adj.* **1.** geschwind, schnell, rasch; **2.** bereit; *estar ~ para partir* zur Abreise bereit sein; **II.** *adv.* **3.** rasch, hurtig.
presumi|ble *adj. c* mutmaßlich; ~**do I.** *adj.* eingebildet, anmaßend; **II.** *m* Wichtigtuer *m*; ~**r I.** *v/t.* mutmaßen; annehmen, vermuten; voraussetzen; **II.** *v/i.* s. et. einbilden (auf *ac. de*); prahlen, angeben F (mit *dat. de*); eitel sein.
presun|ción *f* **1.** Vermutung *f*, Mutmaßung *f*; Annahme *f*; **2.** Dünkel *m*, Einbildung *f*; ~**tivo** *adj.* vermeintlich; mutmaßlich; ~**to** *adj.* angenommen, vermutet; vermeintlich, mutmaßlich; angeblich; ~**tuosidad** *f* Einbildung *f*, Eigendünkel *m*; ~**tuoso** *adj.* dünkelhaft, eingebildet.
presu|poner [2r] *v/t.* **1.** voraussetzen; **2.** veranschlagen; ~**posición** *f* → *presupuesto* 1; ~**puestal** *adj. c Am.* Haushalts..., Budget...; ~**puestar** *v/t.* etatisieren; im Haushalt (*od.* Budget) ansetzen; ~**puestario** *adj.* Haushalts..., Budget...; ~**puesto I.** *part. zu presuponer*; **II.** *m* **1.** Voraussetzung *f*; (Beweg-)Grund *m*; *Log.* Vordersatz *m*; **2.** Voranschlag *m*, Kostenanschlag *m*; Haushalt *m*, Budget *n*.
presura *f* Eile *f*; Bedrängnis *f*; Eifer *m*.
presurizado ✈ *adj.*: *cabina f ~a* Druckkabine *f*.
presuroso *adj.* eilig, hastig.
pretal *m* **1.** *Equ.* Vorderzeug *n*, Brustriemen *m*; **2.** *Hond.* Hosenschnalle *f*.
pretemporada *f* Vorsaison *f*.
preten|cioso *adj.* anmaßend; angeberisch; ~**der** *vt/i.* **1.** *a.* ⚖ fordern, beanspruchen; Anspruch erheben auf (*ac.*); ~ *algo de alg.* von j-m et. (*ac.*) fordern (*od.* haben wollen F); *no ~ nada* keine(rlei) Ansprüche haben; k-e Rechte geltend machen (wollen); ~ *poco* bescheidene Ansprüche stellen; **2.** erstreben, begehren; ~ + *inf.* versuchen, zu + *inf.*, wollen + *inf.*; streben *od.* trachten nach (*dat.*); (*no*) ~ *hacerlo* (nicht) vorhaben, es zu tun; **3.** s. um e-e Stellung, den Thron bewerben; um e-e Frau werben; **4.** behaupten; vorgeben; ~**diente** *c* **1.** (Amts-)Bewerber *m*; Prätendent *m*; ~ *al trono* (*od. a la corona*) Thronprätendent *m*; **2.** Freier *m*, Bewerber *m*; **3.** ⚖ e-e Forderung Erhebende(r) *m*; Bewerber *m*; Bittsteller *m*.
pretensado △ *adj.*: *hormigón m ~* Spannbeton *m*.
preten|sión *f a.* ⚖ Forderung *f*, Anspruch *m*; ~**ones** *f/pl.* (*económicas*) Gehaltsansprüche *m/pl.*; ~ *legal* Rechtsanspruch *m*; *con muchas ~ones* (sehr) anspruchsvoll; *sin ~ones* anspruchslos; *formular (od. exponer) ~ones* Forderungen stellen; Ansprüche erheben; *tener ~ones de gran orador* s. einbilden, ein gr. Redner zu sein; **2.** Bewerbung *f* (um *ac. de*); ~ *de la corona* Thronbewerbung *f*; F *andar en ~ones* auf Freiersfüßen gehen; **3.** Bestrebung *f*; Streben *n*, Wollen *n*; *con muchas ~ones a.* sehr ehrgeizig; **4.** Bitte *f*, Ansuchen *n*, Gesuch *n*; **5.** *Am.* Dünkel *m*; ~**sioso** *adj. Am.* eingebildet, dünkelhaft; ~**sor** *adj.* beanspruchend; verlangend.
pre|terición *f* **1.** Übergehung *f*; Nichtbeachtung *f*; **2.** Auslassung *f*; Übersehen *n*; **3.** *Rhet.* Präterition *f*; ~**terir** [3i; *ohne pres.*] *v/t.* übergehen; *estar ~ido* übergangen werden (*z. B. b. e-r Beförderung*); ~**térito I.** *adj.* vergangen; **II.** *m Gram.* Präteritum *n*; *fig.* Vergangenheit *f*.
preternatural *adj. c* widernatürlich, *bsd. Chir.* praeternaturalis; *a. Theol.* übernatürlich.
pretex|tar *v/t.* vorschützen, vorgeben; ~**to** *m* Vorwand *m*, Ausrede *f*; Ausflucht *f*; *so (od. con el) ~ de* unter dem Vorwand, zu + *inf.*
pretil *m* **1.** Geländer *n*; Brüstung *f*; **2.** *Ec.* Vorhalle *f*; *Méj., Ven.* → *poyo*.
pretina *f* Gurt *m*, Gürtel *m*; Hosenbund *m*; *fig.* F *meter en ~* zur Vernunft bringen.
pre|tor *hist. m* Prätor *m*; ~**torial** *adj. c* → *pretorio*; ~**toriano** *hist. u. fig. adj.-su.* Prätorianer *m*; ~**torio I.** *adj.* prätorisch; **II.** *m* prätorisches Gericht *n*; Prätorium *m*; ~**tura** *f* Prätur *f*.
preu F *m* → ~**niversitario** *m* früher (bis 1970): zur Universitätsreife führender Lehrgang *m* (*od.* führendes Schuljahr *n*); Universitätsreife(prüfung) *f*.
prevale|cer [2d] *v/i.* **1.** überwiegen (über *ac. sobre*); den Ausschlag geben; **2.** die Oberhand behalten, siegen (über *ac. sobre*); durchdringen, s. durchsetzen; s. behaupten; *hacer ~ su opinión* mit s-r Meinung durchdringen; **3.** ⚓ Wurzel schlagen, (an)wachsen; *a. fig.* gedeihen; ~**cer** [2q] *v/r.*: ~ *de a/c.* s. e-r Sache bedienen, e-e Sache benutzen; et. geltend machen; *prevalido de* gestützt auf (*ac.*).
prevarica|ción ⚖ *f* Rechtsbeugung *f*; Parteiverrat *m*; Pflichtverletzung *f*; ~**dor** *m* **1.** pflichtvergessene(r) Beamte(r) *m*; Rechtsbeuger *m*; **2.** Verderber *m*, der j-n von s-r Pflicht abbringt; ~**r** [1g] *v/i.* **1.** s-e Amtspflicht verletzen; das Recht beugen (*Richter*); Parteiverrat begehen (*Anwalt*); *p. ext.* pflichtwidrig handeln; **2.** *fig.* F Unsinn reden; ~**to** ⚖ *m* Amtsmißbrauch *m*; Rechtsbeugung *f*.
preve|nción *f* **1.** Vorkehrung *f*; ⚕, ⚖ Vorbeugung *f*; ⚕ *a.* Vorsorge *f*; Verhütung *f* (*gen. de*); *p. ext.* Mund-, Not-vorrat *m*; *a (od. de) ~* auf Vorrat, für den Notfall (*z. B. Lebensmittel*); ~ *de accidentes* Unfallverhütung *f*; ~ *contra incendios* Feuerverhütung *f*; *como medida de ~* vorsichtshalber; **2.** Warnung *f*; **3.** Voreingenommenheit *f*, Befangenheit *f*; *tener ~ contra alg.* voreingenommen sein gg.-über j-m; **4.** Polizeiwachsam *m*; Arrest(lokal *n*) *m*; **5.** ⚔ Kasernenwache *f*; *piquete m de ~* Bereitschaftswache *f*; ~**nido** *adj.* **1.** gewarnt; vorsichtig, bedachtsam; **2.** vorbereitet; *bien ~ a.* wohlgefüllt (*Vorratsgefäß, Flasche*); **3.** voreingenommen; ~**nir** [3s] *v/t.* **1.** vorbereiten, im voraus (*od.* vorbeugend) anordnen; ⚖ erste (*bzw.* vorbeugende) Maßnahmen einleiten; **2.** *Gefahren u. ä.* im voraus erkennen, voraussehen; **3.** vorgreifen (*dat.*), zuvorkommen (*dat.*); vorbeugen (*dat.*); abwenden, verhüten; *a. Gefahr, Schwierigkeiten* überwinden; *para ~ errores* um Irrtümer zu vermeiden; *Spr. más vale ~ que curar* besser Vorbeugen als Heilen; besser Vorsicht als Nachsicht; **4.** (vorher) benachrichtigen; warnen (vor *dat. de*); ~ *que + ind.* darauf aufmerksam machen, daß + *ind.*; *te prevengo que no te atrevas a hacerlo* ich warne dich (davor, es zu tun)!; **5.** beeinflussen; *prevenir en favor de* (*contra*) *alg.* für (gg.) j-n einnehmen; **II.** *v/r.* ~**se 6.** s-e Vorkehrungen treffen; auf der Hut sein (vor *dat. contra*); s. schützen (gg. *ac. de, contra*); *~se con (od. de) lo necesario* s. mit dem Nötigen versehen; *~se para un viaje* Reisevorkehrungen treffen.
preven|tivo I. *adj.* vorgreifend; vorbeugend; Schutz...; *guerra f ~a* Präventivkrieg *m*; *medida f ~a* Vorbeugungsmaßnahme *f*; **II.** *m a.* ⚖ Vorbeugungs-, Schutz-mittel *n*; (*preso m*) ~ Untersuchungshäftling *m*; ~**torio** ⚕ *m* Heilstätte *f* für vorbeugende Behandlung.
prever [2v] *v/t.* voraus-, vorher-sehen.
preveraniego *adj.* vorsommerlich.
previne → *prevenir*.
previo *adj.* vorherig, vorhergehend, Vor...; ~ *aviso* nach vorheriger Mitteilung, ⁂, *Verw.* unter Voranzeige; *a.* ⊕ *tratamiento m ~* Vorbehandlung *f*.
previ|sible *adj. c* voraussehbar; voraussichtlich; ~**sión** *f* **1.** Voraussicht *f*; ⁂ ~**ones** *f/pl.* Vorausschätzungen *f/pl.*; *contra toda ~* wider alles Erwarten; ~ *meteorológica*

previsto — pringón

Wettervorhersage *f*; **2.** Vorsicht *f*; **obrar con ~ a.** umsichtig (*od.* fürsorglich) handeln; **3.** Fürsorge *f*; **~ social** Sozialfürsorge *f*; **caja** *f* de **~ Fürsorge-,** Wohlfahrts-kasse *f*; **Span. Instituto m Nacional de ♀ gesetzliche** Krankenversicherung *f*; **~sor** *adj.* vorausschauend; vorsichtig; **hay que ser ~** man muß Vorsorge treffen.
previsto *adj.* **1.** vorausgesehen; **2.** vorgesehen. [Ruhm *m*.]
prez *lit.* **m**, *f* (*pl.* **~eces**) Ehre *f*,
priapismo ⚕ *m* Priapismus *m*.
prieto *adj.* **1.** eng, knapp; **2.** knauserig, geizig; **3.** *Méj.* dunkel, dunkelhäutig.
prima *f* **1.** (*a.* **~ hermana**) Kusine *f*, Base *f*; **~ segunda** Kusine *f* zweiten Grades; *vgl.* primo 2; **2.** *Verw.*, *Vers.*, † Prämie *f*; Agio *n*; ⚒ **~ de enganche** Handgeld *n*; **~ de estímulo** (*z. B.* ⚓ Anbau-)Förderungsprämie *f*; **~ de** (*od. a la*) **exportación** Ausfuhrprämie *f*; **~ de idiomas** Sprachenzulage *f*; **~ de**(*l*) **seguro** Versicherungsprämie *f*; **3.** *J* höchste Saite *f*, Cantino *m* einiger Saiteninstrumente; E-Saite *f* der Geige; **4.** *kath.* Prim *f* (*Frühgebet*); erste Tonsur *f* der Neugeweihten; **5.** *hist.* **a**) erster Tagesabschnitt *m* (*1. bis 3. Stunde nach Sonnenaufgang*); **b**) ⚒ erste Nachtwache *f* (*20 bis 23 h*); **6.** *Jgdw.* Falkenweibchen *n*; **7.** ☐ Hemd *n*.
prima|cía *f* Vorrang *m*; Primat *m*, *a. n*; Überlegenheit *f*; **~cial** *adj. c* Primat...; Primas...
primada F *f* Dummheit *f*; Hereinfall *m*; *fig.* pogar la ~ für s-e Dummheit (*od.* Naivität) zahlen müssen.
prima|do *ecl.* **I.** *adj.* Primats..., Primas...; **II.** *m* Primas *m*; **~r** *v/i. Am.* vorherrschen, überwiegen; **~rio** *adj.* erste(r, -s); ursprünglich; primär; Primär...; ⚕ **afección** *f* **~a** Primäraffekt *m*; **~te** *m* **1.** → prócer; **2.** *Zo.* Primat *m*; **~vera** *f* **1.** *a. fig.* Frühling *m*; **2.** ♀ Primel *f*; **3.** *tex.* geblümter Seidenstoff *m*; **~veral** *adj. c* Frühlings...
prime|r *adj.* Kurzform für primero vor su. sg. *m* (*selten f*); **de ~ orden** erstklassig; ♀ **Ministro Ministerpräsident** *m*, Premierminister *m*; **~ violín** erste Geige *f*; erster Geiger *m*; Primarius *m*, Primgeiger *m* (*Quartett usw.*); Konzertmeister *m* (*Orchester*); **~ra** *f* **1.** † **~ (de cambio)** Primawechsel *m*; **~ (hipoteca** *f*) erste Hypothek *f*; *fig. a la ~* auf Anhieb; *fig. F a las ~s de cambio* plötzlich, unerwartet; bei der ersten Gelegenheit; **2. de ~** 🚃 Fahrkarte *usw.* erster Klasse; *fig.* F erstklassig, prima *f*; **3.** *Kfz.* ¡pon la ~! leg' den ersten Gang ein!; **4.** *Kart.* Primspiel *n*; **~s** *f/pl.* Serie *f* von Stichen gleich zu Beginn des Spiels, *die zum Gewinn führt*; **~riza** *f* Erstgebärende *f*; zum erstenmal werfendes Muttertier *n*; **~rizo I.** *adj.* (als) erster, Erstlings...; **II.** *m* Neuling *m*; Anfänger *m*; **~ro I.** *num.-adj.* (*a. su.*) erste(r, -s); *a ~s de diciembre* Anfang Dezember; *de ~a calidad* erstklassig, von bester Güte (*od.* Qualität); *el capítulo ~* das erste Kapitel; *Typ.* **~a edición** *f* Erstausgabe *f*; **~as materias** *f/pl.* Rohstoffe *m/pl.*; *el ~ de mes* der erste des Monats, der Monatserste;

la **~a vez** das erste Mal; *lo ~* die Hauptsache; das Erstbeste; das Nächste; *fue la ~a en escribirle* sie hat ihm zuerst geschrieben; *el ~ que llegue lo tendrá* der erste beste wird es bekommen; *bibl. los ~s serán los postreros* die Ersten werden die Letzten sein; *ser el ~ entre* (*sus*) *pares* der Erste unter Gleichen (*od.* Primus *m* inter pares) sein; *volver a su estado ~* s-n ursprünglichen Zustand wiedererlangen; **II.** *adv.* zuerst; als erster; erstens; *~ morir que ser traidor* lieber sterben als ein Verräter sein; *inc. ~ de* → antes de.
primi|cia *f* Erstlingsfrucht *f*; Erstling *m*; *Rel.* Erstlingsopfer *n*; *ecl. hist.* Erstlingsabgabe *f*; *fig.* **~s** *f/pl.* Anfänge *m/pl.*; erste Erfolge *m/pl.* (*od.* Ergebnisse *n/pl.*); **~cial** *adj. c* Erstlings...; **~genio** *lit. adj.* → primitivo, originario.
primípara ⚕ *f* Erstgebärende *f*.
primita *Fi. f* Leierfisch *m*.
primiti|vismo *m* **1.** *Ku.* Primitivismus *m*; **2.** wenig entwickelter (*od.* primitiver) Zustand *m*; Primitivität *f*; **~vo I.** *adj.* ursprünglich; urtümlich; urwüchsig; (noch) unentwickelt; primitiv; Ur...; Grund...; *causa f ~a* Urgrund *m*; *idea f ~a* Grund-, Ausgangs-gedanke *m*; *pueblo m ~* Urvolk *n*; *texto m ~* Urtext *m*; *voz f ~a* Stamm-, Wurzel-wort *n*; *Theol. ~a falta f* Erbsünde *f*; **II.** *m Ku.* Primitive(r) *m* (*Vorrenaissancemaler bzw.* Anhänger des Primitivismus); *Ethn.* **~s** *m/pl.* Primitive(n) *m/pl.*
primo I. *adj.* **1.** *in einigen Verbindungen* = primero; *materia f ~a* Rohstoff *m*; *Arith.* **número** *m* **~** Primzahl *f*; † *u. Reg. a ~a noche* bei Anbruch der Nacht; **II.** *m* **2.** Vetter *m*; **~ hermano** *od.* **~ carnal** (~ segundo, tercero) Vetter *m* ersten (zweiten, dritten) Grades; *fig.* F ser ~ hermano de ganz ähnlich sein (*dat.*) (*od.* aussehen wie nom.; Dinge); **3.** *fig.* F Einfaltspinsel *m*, Gimpel *m*; Opfer *n* e-s Gauners; le cogió de ~ er hat ihn angeführt; hacer el ~ hereingelegt (*od.* ausgenommen) werden; **4.** ☐ Wams *n*.
primo|afección ⚕ *f* Primäraffekt *m*; **~génito** *adj.-su.* erstgeboren; *m* Erstborene(r) *m*; **~genitura** *f* Erstgeburt *f*; Erstgeburtsrecht *n*.
primor *m* Geschicklichkeit *f*; Vollkommenheit *f*; *fig.* F *lobend:* ... *que es un ~* daß es e-e (wahre) Freude ist; *ser un ~ a.* ein (wahres) Meisterstück sein.
primordial *adj. c* **1.** ursprünglich; uranfänglich; *estado m ~* Urzustand *m*; **2.** grundlegend; wesentlich; *fig.* elementar; Haupt...
primo|rear I. *v/i.* meisterhaft arbeiten (*od. ♪* spielen); **II.** *v/t. Reg.* verschöne(r)n; **~roso** *adj.* vorzüglich; hervorragend, vortrefflich; schön, entzückend.
primovacunación ⚕ *f* Erstimpfung *f*.
prímula ♀ *f* Primel *f*.
primuláceas ♀ *f/pl.* Primelgewächse *n/pl.*
princesa *f* Fürstin *f*; Prinzessin *f*.
principa|da F *f* Gewaltstreich *m*; Amts-anmaßung *f bzw.* -mißbrauch

m; **~do** *m* **1.** Fürstentum *n*; Fürstenstand *m*; Fürstentitel *m*; *el ♀* = Katalonien; *Rel.* **~s** *m/pl.* Fürstentümer *n/pl.* (*7. Engelsordnung*); **2.** *fig.* Vorrang *m*.
principa|l I. *adj. c* **1.** hauptsächlich; wesentlich; ausgezeichnet; Haupt...; Grund...; *lo ~* die Hauptsache *f*; *lo ~ del trabajo* die Hauptarbeit *f*; *acreedor m ~* Hauptgläubiger *m*; *objeto m ~* Hauptanliegen *n*; Hauptzweck *m*; *Gram. tiempos m/pl. ~es* Haupt-tempora *n/pl.*, -zeiten *f/pl.*; **II.** *adj.-su. m* **2.** früher: erster Stock *m*; *Thea.* 2. Rang *m*; **III.** *m* **3.** angelegtes (Grund-)Kapital *n* ohne Zinsen; **4.** Geschäftsinhaber *m*, Prinzipal *m* (†); *p. ext.* → jefe; **5.** ♟ → poderdante; **~lidad** *f* erster Rang *m*; Erstrangigkeit *f*, hohe Bedeutung *f*; **~lmente** *adv.* insbesondere, im wesentlichen, hauptsächlich.
príncipe *m* **I.** Fürst *m*; Prinz *m*; *Folk. u. fig. ~ azul*, *bsd. iron. ~ encantado* Märchenprinz *m*; *ecl. el ~ de los Apóstoles* der Apostelfürst (*Petrus*); ♀ **de Asturias** Prinz *m* von Asturien (*span.* Kronprinz); **~ elector** Kurfürst *m*; *fig. ~ de los poetas* Dichterfürst *m*; *~ real od. ~ de la sangre* Prinz *m* königlichen Geblüts *im Alten Frankreich*; *fig.* vivir como un (*od. a lo*) *~* leben wie ein Fürst, auf gr. Fuße leben; **II.** *adj.* → edición 1.
principesco *adj.* fürstlich (*a. fig.*), Fürsten...
principi|ante *c* Anfänger *m*; **~ar** [1b] **I.** *vt/i. a. abs.* anfangen, beginnen (*zu* + *inf. a* + *inf.*; *mit dat.* con, en, por); **II.** *v/r. ~se* beginnen (*v/i.*); **~o** *m* **1.** Anfang *m*; Ausgangspunkt *m*; *p. ext.* Prinzip *n*, Grundsatz *m*; **~s** *m/pl.* Anfänge *m/pl.*; Grundregeln *f/pl.*; *al ~* am Anfang; **a ~s de mes** zu (*od.* am) Monatsbeginn; **a ~s del siglo** zu Anfang des Jahrhunderts; *del ~ al fin* von Anfang bis zu Ende; *en* (*su*) *~* im Grunde genommen; *desde un ~* von Anfang an, von vornherein; *en* (*od.* por) *~* grundsätzlich, prinzipiell; *en el ~* zu Anbeginn; *en un ~* anfänglich; *Phys. ~ de conservación de la masa* Massenerhaltungsprinzip *n*; *Log. ~ de contradicción* Satz *m* vom Widerspruch; *dar ~* beginnen (ac. *od.* mit dat. a); *ser cuestión de ~s* e-e Grundsatz- (*od.* e-e Prinzipien-) frage sein; **2.** (Grund-)Bestandteil *m*, Element *n*; *pharm. ~ activo* Wirkstoff *m*; **3.** Urwesen *n*, Element *n*; **4.** Haupt-gericht *n*, -gang *m* e-r Mahlzeit.
prin|gar [1h] **I.** *v/t.* **1.** in Fett (*bzw.* in fette Speisen *od.* Soßen) tauchen; **2.** einfetten, mit Fett beschmieren; *a. fig.* besudeln; *fig.* **~la** F die Sache verpatzen; Pech haben; P abkratzen F, krepieren P; **~las** → 4; **3.** *fig.* blutig schlagen; **II.** *v/i.* **4.** *fig.* **~(la)** s. oben; mitschuf in Zeug liegen, schuften F; **5.** *† u. Reg.* F s-e Finger mit darin haben, mitmischen F (*bei dat. en*); **III.** *v/r. ~se* **6.** *fig.* F: *~se a/c. et.* unterschlagen, sich *et.* unter den Nagel reißen F; *~se en a/c.* (*bsd.* unerlaubten) Nutzen aus *et.* (*dat.*) ziehen, fett werden an *et.* F (*dat.*); **~gón I.** *adj.* schmierig; schmutzig; **II.** *m* Fettfleck *m*; Beschmieren *n* mit

Fett; ~goso *adj.* fettig; ~gue *m (a. f)* Fett *n (Braten, Speck); fig.* Schmiere *f;* Schmutz *m; fig.* Plackerei *f;* Schmutzarbeit *f; lleno de* ~ fettig; schmierig.

prio|r *ecl. m* Prior *m;* Gran ♀ Großprior *m (Johanniterorden);* ~ra *ecl. f* Priorin *f,* Oberin *f;* ~ral *adj. c* Prior...; *Abts...;* ~rato *m* 1. *ecl.* Priorat *n;* Konvent *m der Benediktiner;* 2. Wein *m* aus der Region gleichen Namens *(Tarragona);* ~ri: *a* ~ von vornherein, a priori; ~ridad *f* 1. Priorität *f:* **a)** zeitliches Vorgehen *n;* **b)** Vorrang *m;* Vorrecht *n;* Dringlichkeit *f; derecho m de* ~ Vorzugsrecht *n;* 2. *Vkw.* ~ *(de paso)* Vorfahrt(srecht *n) f.*

prisa *f* Eile *f; a toda* ~ in aller Eile; *con mucha* ~ sehr *(od.* ganz) eilig; *de* ~ eilig; *de* ~ *y corriendo* schleunigst, in Windeseile; Hals über Kopf; *sin* ~*s* gemächlich, in aller Ruhe; *sin* ~ *pero sin pausas* langsam, aber stetig; *corre (od. da)* ~ es ist eilig; *no corre* ~ es hat (noch) Zeit, es ist nicht eilig; *darse* ~ s. beeilen; *estar de* ~*, tener* ~ es eilig haben; *meter* ~ *a alg. (a a/c.)* j-n zur Eile drängen (et. beschleunigen); *tener* ~ *por* + *inf.* es nicht abwarten können, zu + *inf.;* sehr neugierig darauf sein, zu + *inf.; no me vengas con* ~ dräng mich nicht; *vivir de* ~ schnellebig sein.

priscilianismo *Rel. m* Priszillianertum *n (span. Sekte des 4. Jh.).*

prisi|ón *f* Verhaftung *f;* Haft *f;* Gefängnis *n (a. fig.);* ~ones *f/pl.* Fesseln *f/pl. (a. fig.); fig.* Bande *n/pl.;* ~ *por deudas (celular)* Schuld-(Zellen-)gefängnis *n;* ~ *mayor* Zuchthaus(strafe *f) n von 6 bis zu 12 Jahren;* ~ *menor* Haft *f von 6 Monaten bis zu 6 Jahren;* ~ *preventiva* Untersuchungshaft *f; recurso m contra el auto de* ~ Haftbeschwerde *f; reducir a* ~ *a alg.* j-n ins Gefängnis setzen; ~onero *m a. fig.* Gefangene(r) *m;* ~ *de guerra* Kriegsgefangene(r) *m; caer (od. quedar)* ~ in Gefangenschaft geraten; *darse* ~ s. gefangengeben; *hacer* ~ gefangennehmen.

pris|ma ⚛, *Opt. m* Prisma *n;* ~ *ocular (triangular)* Okular- (Dreikant-)prisma *n; colores m/pl. del* ~ Spektralfarben *f/pl.; fig. por el* ~ *del amor* durch die Brille des Verliebten; ~mático *Opt.* **I.** *adj.* Prismen..., prismatisch; **II.** ~s *m/pl.* Feldstecher *m;* ~s *de noche* Nachtglas *n.*

priste *Fi. m* Schwertfisch *m.*

prístino *lit. adj.* ursprünglich; uralt; längst vergangen.

pri|vacidad *f* Privatsphäre *f;* ~vación *f* Beraubung *f;* Vorenthaltung *f;* ⚖ *a.* Aberkennung *f; a.* ⚖ Entziehung *f;* ~ones *f/pl.* Entbehrung(en) *f(/pl.);* Mangel *m,* Dürftigkeit *f;* ~ *de alimento* Nahrungsentzug *m;* ~ *de libertad* Freiheitsentzug *m bzw.* -beraubung *f;* ~ *de la vista* Verlust *m* der Sehfähigkeit; *vida f de* ~ones entbehrungsreiches Leben *n;* ~vada F *f Reg.* Abort *m;* Kothaufen *m* auf der Straße; ~vado **I.** *adj.* 1. ~ *de alguito, (de alg.), ohne (ac.);* 2. privat, Privat...; vertraulich; persönlich; *en* ~ vertraulich, im engeren Kreis, privatim; 3. *Reg.* ohnmächtig, betäubt; **II.** *m* 4. Günstling *m;* Vertraute(r) *m;* ~vanza *f* Gunst *f;* vertraulicher Umgang *m; estar en* ~ *con* in vertraulichem Umgang stehen mit *(dat.);* ~var **I.** *v/t.* 1. entziehen *(dat.) (et. de);* ~ *a alg. de a/c.* j-n e-r Sache berauben; j-m et. nehmen; j-m et. aberkennen; j-n *s-s* Amtes entheben; ⚖ ~ *de toxicidad* entgiften; 2. *a. fig.* betäuben; 3. Säugling, Jungtier absetzen; **II.** *v/i.* 4. (sehr) beliebt sein; (sehr) gefallen; ~ *a alg.* + *inf.* gern + *inf.; la modestia que priva en ellos* die ihnen eigne Bescheidenheit; *la moda que priva ahora* die jetzt herrschende Mode; 5. ~ *con* in Gunst stehen bei *(dat.),* zu *j-s* Vertrauten zählen; **III.** *v/r.* ~se 6. ~*se de a/c.* auf et. (ac.) verzichten; s. et. versagen; *no* ~*se de nada s.* nichts abgehen lassen; *¡no se prive!* sprechen Sie ungeniert!; 7. betäubt werden; ohnmächtig werden; ~vatista ⚖ *m* Privatrechtler *m;* ~vativo *adj.* 1. entziehend; ⚖ *a.* ausschließlich; Li. verneinend *(Partikel, Vorsilbe);* 2. eigentümlich; ausschließlich; kennzeichnend (für *ac. de);* ~ *de vorbehalten (dat.);* ~vatización *f* Privatisierung *f;* ~vatizar [1f] ✝, *Pol. f* *Pol. v/t.* privatisieren.

privilegi|ado *adj.-su.* bevorrechtigt; *m* Bevorrechtete(r) *m,* Privilegierte(r) *m;* ~ar [1b] *v/t.* bevorrechtigen; bevorzugen, *j-m* e-e Sonderstellung einräumen; ~o *m* Vorrecht *n;* Sonderrecht *n;* Privileg *n;* Vorzug *m; hist.* Gnade(nbrief *m) f des Königs usw.;* ~s *m/pl. fiscales* Steuervergünstigungen *f/pl.*

pro *m, f: el (los)* ~(s) *y el (los) contra(s)* das Für u. Wider; *hombre m de* ~ tüchtiger *(od.* trefflicher *lit.)* Mann *m; en* ~ *de* zum Nutzen von *(dat.),* für *(ac.).*

proa *f* ⚓ Bug *m,* Vorschiff *n; de* ~ *a popa* von vorn nach achtern; *por la* ~ voraus; *fig. poner la* ~ *a a/c. (a alg.) et.* im Auge haben, ein Ziel verfolgen (es auf j-n abgesehen haben, j-m schaden wollen).

proba|bilidad *f* Wahrscheinlichkeit *f;* ~ *cálculo m de* ~ Wahrscheinlichkeitsrechnung *f;* Hochrechnung *f; Vers. usw.* ~es *f/pl. de vida* Lebenserwartung *f;* ~bilismo *Phil. m* Probabilismus *m;* ~bilista *adj.-su. c* probabilistisch; *m* Probabilist *m;* ~ble *adj. c* wahrscheinlich; voraussichtlich; mutmaßlich; glaubwürdig; probabel; *no es* ~ *a.* das wird kaum eintreten; *es* ~ *que venga* er könnte kommen, vielleicht kommt er; ~blemente *adv.* wahrscheinlich.

proba|ción *f* 1. *kath.* Probezeit *f der Novizen;* 2. ~ *prueba;* ~dero *m Ballistik:* Schießkanal *m;* ~do *adj.* erprobt; bewährt; ~dor *m* 1. ⊕ Prüfgerät *n; Kfz.* ~ *de frenos* Bremsenprüfstand *m;* 2. (An-)Probierkabine *f (Schneider usw.).* ~nza ⚖ *f* Beweis(material *n) m;* ~r [1m] **I.** *v/t.* 1. erproben, prüfen; versuchen (aus)probieren; ⊕ *usw.* testen; *fig.* auf die Probe stellen; *fig.* (an s.) erfahren; *Gewehr* einschießen; *Kleidung,* mst. ~ *auf* probieren; *Speisen* kosten; *no* ~ *bocado k-n* Bissen zu s. nehmen; 2. beweisen; erweisen, dartun; ⚖ ~ *la coartada* sein Alibi nachweisen; **II.** *v/i.* 3. versuchen (, zu + *inf. a* + *inf.);* kosten (von *dat. de);* 4. bekommen; zusagen; guttun.

probática *bibl. adj. f: piscina f* ~ Teich *m* Bethesda.

probatori|a ⚖ *f* Termin *m* für die Beweisaufnahme; Beweis *m;* ~o *adj.* Probe...; Beweis...; *fuerza f* ~*a* Beweiskraft *f.*

probeta *f* 1. 🜛 Reagenzglas *n;* ~ *graduada* Meß-becher *m bzw.* -zylinder *m;* 2. ⊕ Prüf-, Probestab *m b. Materialprüfung;* 3. *Phot.* Entwicklerschale *f.*

probidad *f* Rechtschaffenheit *f;* Redlichkeit *f.*

proble|ma *m* Aufgabe *f;* Problem *n,* Frage *f; a. fig.* Problem *n,* Schwierigkeit *f;* ~ *(de aritmética)* Rechenaufgabe *f; plantear (resolver) un* ~ ein Problem *(od.* e-e Aufgabe) stellen (lösen); *Sch. sacar a* ~ die (Rechen-)Aufgabe lösen; ~mática *f* Problematik *f;* Problemkomplex *m;* ~mático *adj.* fraglich, fragwürdig, problematisch; ~matizar *v/t.* problematisieren.

probo *adj.* rechtschaffen; redlich; unbescholten.

procacidad *f* Unverschämtheit *f;* Frechheit *f;* Dreistigkeit *f.*

procaína *pharm. f* Prokain *n.*

procaz *adj. c (pl.* ~*aces)* unverschämt; frech, unverfroren; dreist.

proce|dencia *f* Herkunft *f;* Ursprung *m;* ~dente *adj. c* 1. ~ *de ([her]stammend od.* kommend) aus *(dat.);* herrührend von *(dat.);* 2. ⚖ berechtigt *(Klage usw.); p. ext.* vernünftig, passend; *creer* ~ (+ *inf.)* (es) für angebracht halten (, zu + *inf.); no es* ~ es ist nicht ratsam; es ist unstatthaft; ~der **I.** *v/i.* 1. Verhalten *n;* Handlungsweise *f;* Benehmen *n;* **II.** *v/i.* 2. (her)kommen, stammen (aus *dat. de);* herrühren (von *dat. de);* 3. schreiten, übergehen (zu *dat. a);* ~ *a* + *inf.* dazu übergehen, zu + *inf.;* ~ *a la lectura de et.* verlesen; 4. verfahren, handeln; vorgehen; *s.* auffuhren; *manera f (od. modo m) de* ~ Handlungsweise *f;* ⚖ ~ *(judicialmente) contra alg.* gerichtlich vorgehen gg. j-n, j-n gerichtlich belangen; **III.** *v/impers.* 5. *procede* es scheint angebracht, es erscheint geboten, es gehört s.; *¡a ir con tiento* man sollte vorsichtig handeln; ~dimiento *m* 1. *a.* ⊕, 🜛 Verfahren *n;* Methode *f,* Vorgehen *n; a.* 🜛 Vorgang *m;* Handlungsweise *f; Verw.,* ✝ ~ *aduanero* Zollverfahren *n;* ⚖ ~ *de cálculo* Rechenverfahren *n;* Rechnungsgang *m;* 🜛, ⊕ ~ *de fabricación* Herstellungsverfahren *n;* 2. ⚖ Verfahren *n;* Rechtsgang *m;* ~ *criminal* Strafverfahren *n;* ~s *m/pl. judiciales* gerichtliche Maßnahmen *f/pl.*

proce|laria *Vo. f* → *petrel;* ~loso *adj.* stürmisch.

prócer **I.** *m* hochgestellte Persönlichkeit *f;* Magnat *m; fig.* Führer *m,* Vorkämpfer *m;* **II.** *adj.* → *proceroso.*

proce|rato *m hist.* Magnaten-würde

proceridad — profético

f bzw. -stand *m*; ~**ridad** *f* Höhe *f*; Üppigkeit *f*; vornehmes Wesen *n*; ~**ro(so)** (*a. prócero*) *adj.* hoch, von hohem Wuchs; hoch, erhaben; hochragend.

proce|sado *m* Angeklagte(r) *m*; ~**sador** *m*: *EDV* ~ *de textos* Textverarbeitungsprogramm *n*; ~**sal** *adj. c* Prozeß...; *costas f/pl.* ~*es* Prozeß-, Gerichts-kosten *pl.*; ~**samiento** *m* 1. gerichtliche Verfolgung *f*; 2. Verarbeitung *f*; *v. Abfall* Aufbereitung *f*; *EDV* ~ *de datos* Datenverarbeitung *f*; ~ *de imágenes* Bildverarbeitung *f*; ~**sar** *v/t.* 1. gerichtlich verfolgen (wegen *gen.* por); 2. *EDV Daten* verarbeiten; ~**sión** *f* 1. *Rel.* Prozession *f*; feierlicher Umzug *m*; *fig.* F Reihe *f*, Menge *f*, Prozession *f* (*fig.* F); *Rel.* ~ (de) rogativa(s) Bitt-gang *m*, -prozession *f*; *fig. la* ~ (*le, me, etc.*) *anda* (*od. va*) *por dentro* er zeigt (*bzw.* ich zeige *usw.*) s-e (*bzw.* m-e *usw.*) Gefühle nicht; er (*usw.*) hat e-n geheimen Kummer; er läßt s. s-n Zorn nicht anmerken; 2. *Theol.* Hervorgehen *n der göttlichen Personen ausea.*; ~**sional** *adj. c* prozessionsartig; ~**so** *m* 1. *a.* 🐾, ♠, ⊕ Prozeß *m*, Vorgang *m*; Verlauf *m*; *EDV* Verarbeitung *f*; ~ *asimilatorio* Assimilationsprozeß *m*; *Biol.* Stoffwechsel *m*; *Pol.* ~ *de paz* Friedensprozeß *m*; ✂ ~ *preparatorio* Aufbereitung *f*, Aufschließung *f*; *EDV* ~ *de textos* Textverarbeitung *f*; ~ *de trabajo* Arbeitsprozeß *m*; ⚖ Prozeß *m*, Rechtsstreit *m*; ~ *sensacional* Sensations- *bzw.* Schau-prozeß *m*; ~ *verbal* Protokoll *n*; *formar* (*od. seguir un*) ~ e-n Prozeß anhängig machen (gg. *ac. contra*).

procla|ma *f* Aufruf *m*; öffentliche Bekanntmachung *f*; Aufgebot *n von Brautleuten*; ~**mación** *f* Proklamation *f*, Ausrufung *f*; Bekanntmachung *f*, Verkündigung *f*; ~**mar I.** *v/t.* 1. ausrufen, proklamieren; verkündigen; *Wahlen* ausschreiben; *Brautleute* aufbieten; **II.** *v/r.* ~*se* 2. *Pol.* s. aufwerfen zu (*dat.*); 3. aufgeboten werden (*Brautpaar*).

proclítico *Li. adj.* proklitisch.

proclive *adj. c* (*mst. zum Bösen*) neigend (zu *dat. a*).

pro|comunista *adj. c* kommunistenfreundlich; ~**cónsul** *m* Prokonsul *m*.

procrea|ción *Biol. f* Fortpflanzung *f*; ~ *entre consanguineos* Inzucht *f*; ~**r** *v/t.* zeugen, fortpflanzen.

procura *f* → *procuraduría u.* → ~**ción** *f* 1. Beschaffung *f*; 2. † *u. Reg.* Geschäftsführung *f*, Prokura *f* 3. → *procuraduría*; ~**dor** *m* Bevollmächtigte(r) *m*; Sachwalter *m*; ⚖ Prozeßbevollmächtigte(r) *m*, Anwalt *m*; Prokurator *m*; *kath.* Verwalter *m e-s Klosters*; *Pol. Span.* ~ *en Cortes* Mitglied *n der Cortes unter dem Franco-Regime*; ~**duría** *f kath.* Verwaltung *f e-s Klosters* (*Amt u. Büro*); ⚖ Amt *n e-s procurador*; ~**r** *v/t.* 1. besorgen, verh., be-schaffen; 2. besorgen; betreiben; ~ + *inf.* versuchen, zu + *inf.*; 3. verursachen, bereiten.

prodiga|lidad *f* Verschwendung *f*; Überfluß *m*; con ~ verschwenderisch, reichlich; ~**r** [1h] **I.** *v/t.* verschwenden; vergeuden, vertun; *fig.* ~ *a/c. a alg.* j-n mit et. (*dat.*) überschütten; **II.** *v/r.* ~*se* s. allzusehr in Szene setzen.

prodigio *m* Wunder *n*; *niño m* ~ Wunderkind *n*; *realizar verdaderos* ~*s* wahre Wunder wirken; ~**sidad** *f* Erstaunlichkeit *f*, Wunderbare(s) *n*; ~**so** *adj.* wunderbar; staunenswert, außerordentlich; *fig.* großartig, gewaltig.

pródigo I. *adj.* verschwenderisch; *bibl. el hijo* ~ der verlorene Sohn; **II.** *m* Verschwender *m*.

proditorio *adj.* Verräter...

prodrómico ♠ *adj.* Prodromal...; *síntoma m* ~ → *pródromo*.

pródromo *m* ♠ Prodrom *n*, ♠ *u. fig.* Vorbote *m*, erstes Anzeichen *n*.

producción *f* 1. Bildung *f*, Erzeugung *f*, Zustandekommen *n*; ~ *de fenómenos* Phänomenbildung *f*; 2. *Verw.*, ⚖ Vorlegung *f von Urkunden u. Beweisen*; ~ *de pruebas* Beweisantritt *m*; 3. ⊕, ✈, ✏ Erzeugung *f*; Herstellung *f*, Fertigung *f*; (Produktions-)Leistung *f*; Erzeugnis *n*; *a. Film*: Produktion *f*; ~ *agraria* (*od. agrícola*) Agrarproduktion *f*; ~ *excesiva* Überproduktion *f*; ~ *hullera* Steinkohlenförderung *f*; ~ *industrial* gewerbliche Fertigung *f*; Industrieproduktion *f*; ~*ones f/pl.* literarias literarische Werke *n/pl.*; ~ *masiva* (*od. en masa*) Massenfertigung *f*; ~ *mundial* (*total*) Welt- (Gesamt-)produktion *f*; ~ *propia* Eigenproduktion *f*, Selbsterzeugung *f*; ~ *en serie* Serienherstellung *f*; ~*ones f/pl. del suelo* (*del subsuelo*) Bodenerzeugnisse *n/pl.* (Ausbeute *f* an Bodenschätzen).

produ|cente I. *adj. c* erzeugend; **II.** *m Am. Reg.* Erzeuger *m*; ~**cible** *adj. c* zu erzeugen(d), herstellbar; ~**cir** [3o] **I.** *v/t.* 1. erzeugen; herstellen; produzieren; hervorbringen; hervorrufen, bewirken; leisten; *Früchte* tragen; *Gewinn* bringen; *Nutzen* abwerfen; *Wunde, Verletzung* beibringen; verursachen; ~ *una escara* verschorfen (*Wunde*); 2. ⚖, *Verw.* Beweise beibringen; *Dokumente* vorlegen; **II.** *v/r.* ~*se* 3. vorkommen, auftreten; s. ereignen, eintreten; 4. anfallen (*v/i.*); 5. s. äußern; 6. s. aufführen, s. benehmen.

produc|tividad *f* Leistung *f*; Produktivität *f*; ~**tivo** *adj.* ergiebig, einträglich; produktiv; ⊕ *rendimiento m* ~ Produktionsleistung *f*; ~**to** *m* 1. *a.* 🐾 Produkt *n*; Erzeugnis *n*; ~ *acabado* (*od. elaborado*) Fertigprodukt *n*; ~*s m/pl. agrícolas* landwirtschaftliche Erzeugnisse *n/pl.*; ~*s m/pl. de belleza* Kosmetik(artikel *m/pl.*) *f*; ~ *bruto* Rohprodukt *n*; ~ *de máxima calidad*, ⚒ ~ *cumbre* Spitzenerzeugnis *n*; 🔎 ~ *derivado* Derivat *n*, Nebenprodukt *n*; *farmacéuticos* Arzneimittel *n/pl.*; ~ *final* Enderzeugnis *n*, Fertigprodukt *n*; ~ *natural* Naturprodukt *n*; ~*s m/pl. naturales* Naturalien *pl.*; ~*s m/pl. del vómito* Erbrochene(s) *n*; 2. Ertrag *m* (*a. Zinsen*), Erlös *m*; *fig.* Ergebnis *n*; ~ *interior bruto* (*nacional bruto*) Bruttoinlands- (Bruttosozial-)produkt *n*; ✝ ~ *neto* (*od. líquido*) Reinertrag *m*; ~ *medio* (*total*) Durchschnitts- (Gesamt-)ertrag *m*; 3. ♠ Produkt *n*, Multiplikationsergebnis *n*; ~**tor I.** *adj.* 1. erzeugend; herstellend; *clase f* ~*a* Erwerbsstand *m*; *país m* ~ Erzeugerland *n*; **II.** *m* 2. Erzeuger *m*; Hersteller *m*; *a. Film*: Produzent *m*; 3. *Span. Pol.* Arbeiter *m in der Franco-Zeit; los* ~*es* die Schaffenden, die erwerbstätige Bevölkerung *f*. 4. ⚖ Vorbringende(r) *m*; ~ *de la prueba* Beweisführer *m*; ~**tora** *f* (Film-)Produktionsfirma *f*.

produje, produzco, *etc.* → *producir*.

proemio *m* Vorrede *f*; Proömium *n*.

proeza *f* Großtat *f*, Heldentat *f*; *fig. a. iron. gr.* Leistung *f*; *Am.* oft Aufschneiderei *f*.

profa|nación *f* Entweihung *f*; Schändung *f*; ~**nador** *adj.-su.* entweihend; *m* Schänder *m*; ~**nar** *v/t.* entweihen; *fig.* verunehren, schänden; herabwürdigen; ~**no I.** *adj.* profan; weltlich; uneingeweiht; *fig.* laienhaft; **II.** *m* ~ (*en la materia*) Uneingeweihter *m*; Laie *m*; Nichtfachmann *m*.

profase *Biol. f* Prophase *f*.

profazar [1f] *v/t.* 1. heftig tadeln; 2. verwünschen, verfluchen.

profe *Sch.* (*Abk. v. profesor*) *m* Pauker *m* F.

profecía *f* Prophezeiung *f*.

proferir [3i] *v/t.* aussprechen; äußern; *Laut* hervorbringen; *Verwünschungen, Drohungen* ausstoßen.

profesa *kath. f* Klosterfrau *f*, *die ihre Ordensgelübde abgelegt hat*, Professa *f*.

profesar I. *v/t.* 1. *Beruf* ausüben; *Gewerbe* betreiben; *Kunst, Fachgebiet* lehren; *e-n Lehrstuhl* innehaben; ~ *la medicina* Mediziner (*od. Arzt*) sein; Medizin lehren; 2. *Rel. u. fig.* s. bekennen zu (*dat.*); bekunden; ~ *amistad a alg.* j-m in Freundschaft zugetan sein; **II.** *v/i.* 3. *kath.* die Ordensgelübde ablegen.

profesi|ografía, ~**ología** *f* Berufskunde *f*; ~**ón** *f* Beruf *m*; Bekenntnis *n*, Bekundung *f*; Profeß *f*; ~ *de fe religiöses od. politisches* Glaubensbekenntnis *n*; ~*ones f/pl. liberales* freie Berufe *m/pl.*; ~ *de Berufs...; hacer* ~ *de a/c.* **a)** et. berufsmäßig betreiben; **b)** s. zu et. (*dat.*) bekennen; **c)** mit et. (*dat.*) prahlen; ~**onal I.** *adj. c* beruflich; Berufs..., Fach...; *orientación f* ~ Berufsberatung *f*; **II.** *m* Fachmann *m*; *Sp.* Berufsspieler *m*, Profi *m* F; ~ (*liberal*) Angehörige(r) *m* e-s freien Berufes, Freiberufler *m* F; ~**onalismo** *Sp. u. fig. m* Profitum *n*; ~**onista** *m Méj.* Angehörige(r) *m* e-s freien Berufes; Akademiker *m*.

profeso *kath.* **I.** *adj.* wer die Ordensgelübde abgelegt hat; *casa f* ~*a* Ordensniederlassung *f b. Jesuiten*; **II.** *m* Profeß *m*.

profeso|r *m* (~**ra** *f*) Lehrer(in *f*) *m*; Dozent(in *f*) *m*; *Span.* ~ *agregado* etwa: außerordentlicher (a. o.) Professor *m*; ~ *de automovilismo od.* ~ *de conducción* (*educación física*) Fahr- (Sport-)lehrer *m*; ~ *no numerario*, *Abk.* PNN Universitätsdozent *m*; ~**rado** *m* Lehramt *n*; Lehrerschaft *f*; Lehrkörper *m*; ~**ral** *adj. c* lehrhaft; professoral; Professoren...

pro|feta *m* Prophet *m*; ~**fético** *adj.*

prophetisch; **⁓fetisa** *f* Prophetin *f*; **⁓fetismo** *m* Prophetismus *m*; Seher-, Propheten-tum *n*; **⁓fetizar** [1f] *v/t.* prophezeien, weissagen; voraussagen.
proficiente *adj. c* Fortschritte machend.
profi|láctica ⚕ *f* → *profilaxis*; **⁓láctico** ⚕ *adj.-su.* prophylaktisch, vorbeugend; *m* vorbeugendes Mittel *n*; **⁓laxia**, **⁓laxis** ⚕ *f* Prophylaxe *f*, Vorbeugung *f*.
prófugo I. *adj.* flüchtig; **II.** *m* ⚔ Überläufer *m*.
profun|didad *f* Tiefe *f*; Vertiefung *f*; **⁓dizar** [1f] *vt/i.* vertiefen; eindringen (in *ac.* en); ⚒ Schacht abteufen; *fig.* ⁓ (en) auf den Grund gehen (*dat.*), ergründen (*ac.*); **⁓do** *adj. a. fig.* tief; *reverencia f* ⁓*a* **a) gr.** Ehrfurcht *f*; **b)** tiefe Verbeugung *f*.
profu|sión *f* Verschwendung *f*; Übermaß *n*; Überfluß *m*; *fig.* con gran ⁓ de documentos mit e-m großen Aufwand von Urkunden; **⁓so** *adj.* verschwenderisch; reichlich; übermäßig.
progeni|e *f* Geschlecht *n*; Sippe *f*; **⁓tor** *m* Ahn(e) *m*, Vorfahr *m*; Vater *m*; **⁓es** *m/pl.* Eltern *pl.*; Ahnen *pl.*; **⁓tura** *f* Nachkommenschaft *f*.
prognatismo ⚕ *m* Prognathie *f*.
prognosis *f* (*bsd.* Wetter-)Vorhersage *f*.
programa *m* Programm *n* (*a. EDV*); Plan *m*; *Thea.* Spiel-, *Rf.* Sende-plan *m*; *EDV* ⁓ *antivirus*, ⁓ *cazavirus* (Anti-)Virenprogramm *n*; ⁓ *de construcción* Bauprogramm *n*; ⁓ (*de cursos y conferencias*) Vorlesungsverzeichnis *n*; ⁓ *de estudios* Lehrplan *m*; ⁓ *piloto* Pilotprogramm *n*; ⁓ *del partido* Parteiprogramm *n*; *Rf., TV,* ⁓ *recreativo (de televisión)* Unterhaltungs- (Fernseh-) programm *n; a.* ⊕ ⁓ *de trabajo* Arbeits-plan *m*; -programm *n*; parte de ⁓ Zugabe *f b.* Konzert *usw.*; **⁓ble** *adj. c* programmierbar; **⁓ción** *f* Programmierung *f*; Programmgestaltung *f*; Programme *n/pl.*; *EDV lenguaje m de* ⁓ Programmiersprache *f*; **⁓dor** *m* Programmierer *m*; **⁓r** *v/t.* programmieren; enseñanza *f* ⁓*ada* programmierter Unterricht *m*.
progre F *adj.-su. c* fortschrittlich; fortschrittswütig F, „in"; politisch progressiv; en carrera Linke(r) *m*.
progre|sar *v/i.* Fortschritte machen; fortschreiten; s. entwickeln; **⁓sión** *f* Fortschreiten *n*; Folge *f; a.* ♠, ♪, ♣ Progression *f*; *Arith.* Reihe *f*; ⁓ *de ideas* Gedankengang *f*; *Arith.* ⁓ *continua* stetig zunehmende Reihe *f*; **⁓sismo** *Pol. m* Fortschritts-lehre *f bzw.* -bewegung *f, bsd. des span.* Liberalismus; **⁓sista** *Pol. u. fig. adj.-su. c* fortschrittlerisch; fortschrittlich; *m* Fortschrittler *m*; **⁓sivo** *adj. a.* ♠ progressiv; (in Stufen) fortschreitend; **⁓so** *m* Fortschritt *m*; *hacer* ⁓*s* Fortschritte machen.
progubernamental *adj. c* regierungs-treu, -freundlich.
prohibi|ción *f* Verbot *n*; *hist. Am. la* ⁓ die Prohibition; *Vkw.* ⁓ *de adelantar (de aparcar)* Überhol-(Park-)verbot *n*; **⁓cionismo** *Pol.*
m Politik *f* mit prohibitiven Maßnahmen; *z. B.* Handels-, Einfuhrsperre *f*; **⁓cionista** *Pol. adj.-su. c* Prohibitionist *m*; **⁓do** *adj.* verboten; ¡(es[tá]) ⁓ *fumar!* Rauchen verboten!; *Kart.* jugar a los ⁓s verbotene Spiele spielen; ⁓**r** *v/t.* verbieten; ¡se prohibe el paso! Durchgang (*od.* Durchfahrt) verboten!; **⁓tivo** *adj.* Verbots...; *bsd.* ✝ prohibitiv; *fig. precios m/pl.* ⁓s unerschwingliche Preise *m/pl.*; **⁓torio** *adj.* → *prohibitivo*.
prohijar *v/t.* an Kindes Statt annehmen; *fig.* Meinungen übernehmen.
prohombre *m* Obmann *m*; angesehener Mann, Prominente(r) *m*.
pro indiviso ⚖: vor der Teilung (Erbe). [*m*.)
proí|s, ⁓z ⚓ *m* Befestigungsposten⫘
próji|ma F *f* Mensch *n* (*Reg.* F), Nutte *f* F; **⁓mo** *m* Nächste(r) *m*, Mitmensch *m*.
prolapso ⚕ *m* Vorfall *m*; ⁓ *uterino* Gebärmuttervorfall *m*.
prole *f* Nachkommenschaft *f*, Kinder *n/pl.*; Sippe *f*.
prolegómenos *lit. m/pl.* Prolegomena *n/pl.*
proletari|ado *m* Proletariat *n*; **⁓o** *adj.-su.* proletarisch; *m* Proletarier *m*.
pro|liferación *f* Vermehrung *f* durch Zellteilung *u. p. ext. allg. u. fig.*; ⚕ Wucherung *f; fig.* Wuchern *n*; *Pol.* (no) ⁓ (Nicht-)Weiterverbreitung *f v.* Atomwaffen; **⁓liferar** *v/i. s.* vermehren; **⁓lífico** *Biol. u. fig. adj.* fruchtbar.
proli|jear *v/i.* weitschweifig reden; **⁓jidad** *f* Weitschweifigkeit *f*; **⁓jo** *adj.* weitschweifig, umständlich; *fig.* schwerfällig; lästig.
prologar [1h] *v/t.* zu e-m Buch die Einführung (*bzw.* das Vorwort) schreiben.
prólogo *m* Vorrede *f*; Vorwort *n*; *Thea.* Vorspiel *n*; Prolog *m*.
prologuista *c* Verfasser *m* e-s Prologs (*bzw.* e-s Vorworts).
prolonga ⚔ *f Art.* Langtau *n*, Lafettenseil *n*; **⁓ble** *adj. c* verlängerbar; ✝ prolongierbar (*Wechsel*); **⁓ción** *f* 1. Verlängerung *f*; Dehnung *f*; Ansatz *m*; 2. Verlängerung *f*; Aufschub *m*; ✝ Stundung *f*; Prolongation *f* (*Wechsel*); **⁓do** *adj.* 1. verlängert; ✝ prolongiert (*Wechsel*); 2. ausgedehnt, lang(e dauernd); weitläufig; 3. länglich; **⁓dor** ⚡ *m* Verlängerungsschnur *f*; **⁓r** [1h] **I.** *v/t.* 1. verlängern; ausdehnen; in die Länge ziehen; aufschieben; 2. ✝ stunden; *Kredit, Wechsel* prolongieren; **II.** *v/r.* 3. ⁓se *s.* in die Länge ziehen; lange dauern.
promedi|ar [1b] **I.** *v/t.* 1. halbieren; **II.** *v/i.* 2. *s.* ins Mittel legen; 3. zur Mitte gelangen; *antes de* ⁓ *el mes* vor Monatsmitte; **⁓o** *m* Durchschnitt *m*; *Arith.* Mittelwert *m*; *en* ⁓ im Durchschnitt, durchschnittlich; ⁓ *por hora* Stundendurchschnitt *m*.
prome|sa *f* Versprechen *n*; *Rel.* Gelübde *n*; ⁓ *de matrimonio (de pago)* Heirats- (Zahlungs-)versprechen *n*; ⁓ *de recompensa* Auslobung *f*; *dar una* ⁓ *positiva* e-e feste Zusage geben; **⁓tedor** *adj.* vielver-
sprechend; **⁓ter I.** *v/t.* 1. versprechen; *Rel.* geloben; *tierra f prometida das Gelobte* (*od.* Verheißene) Land *n*; **II.** *v/i.* 2. vielversprechend sein; *este muchacho promete* von diesem Jungen ist einiges zu erwarten; ⁓ *y no dar* viel versprechen u. nichts halten; **III.** *v/r.* **⁓se 3.** *s.* Hoffnungen machen; *prometérselas* (*muy*) *felices s.* (e-n) gr. Erfolg versprechen; **4.** *s.* verloben; **⁓tida** *f* Verlobte *f*, Braut *f*; **⁓tido** *m* Verlobte(r) *m*, Bräutigam *m*.
prominen|cia *f* (Boden-)Erhebung *f*; ⚕ Auswuchs *m; (Anm.: dt. fig.* Prominenz *personas destacadas, notables*); **⁓te** *adj. c* hervorragend; hervorstehend.
promis|cuar [1d, ✝ 1e] **I.** *v/i.* kath. (an Fasttagen) Fisch u. Fleisch essen; **II.** *v/t. desp.* durchea-mengen, (ver)mischen; **⁓cuidad** *f* Promiskuität *f*; Durchea. *n*; **⁓cuo** *adj.* (durchea.-)gemischt; zweideutig.
promisión *f* Verheißung *f*; *bibl. u. fig. tierra f de* ⁓ das Gelobte Land.
promo|ción *f* 1. Jahrgang *m*, der gleichzeitig s-e Abschlußprüfung bestanden *od.* sein Amt angetreten hat; 2. Versetzung *f*; Beförderung *f*; *fig., bsd.* ✝ Förderung *f*; *p.ext.* Werbung *f; a. Pol.* Besserstellung *f*; ⁓ *de la imagen pública* Imagepflege *f*; *la* ⁓ *obrera* die (soziale) Besserstellung der Arbeiter; *(Anm.: dt.* Promotion *doctorado)*; **⁓cionar** *v/t.* fördern, besserstellen; im Sonderangebot verkaufen.
promontorio *m* Vorgebirge *n*.
promo|tor, **⁓vedor** *adj.-su.* treibende Kraft *f*; Förderer *m*; Vorkämpfer *m*; Anstifter *m*; ⁓ *m de disturbios* Unruhestifter *m*; **⁓ver** [2h] *v/t.* 1. fördern; befördern (*im Amt usw.*); 2. herbeiführen, verursachen; *Schwierigkeiten* bereiten; *se promovió un altercado* es kam zu e-m Streit.
promulga|ción ⚖ *f* Verkündung *f*; **⁓dor** *adj.-su.* verkündend; *m* Bekanntgeber *m*; **⁓r** [1h] *v/t. Gesetz* verkünden; (feierlich) bekanntgeben; *fig.* veröffentlichen, verbreiten.
pro|nación ⚕ *f* Einwärtsdrehung *f der Hand*; *v.* ⁓ **1.** allzu geneigt (zu *dat. a*); **2.** ⚕ *decúbito m* ⁓ Bauchlage *f*.
prono|mbre *Li. m* Fürwort *n*, Pronomen *n*; ⁓ *indeterminado* (*od. indefinido*) unbestimmtes Fürwort *n*, Indefinitpronomen *n*; ⁓ *personal* Personalpronomen *n*; **⁓minal** *Gram. adj. c* pronominal; *forma f* ⁓ reflexive Form *f des Verbs*.
pro|nosticar [1g] *v/t.* vorhersagen; ✝ die Prognose stellen; **⁓nóstico** *m* Vorhersage *f*; Voraussage *f*, Prophezeiung *f*; ⚕ Prognose *f; Astrol.* Horoskop *n*; *de* ⁓ *reservado* schwer, ernst (*Verletzung, Krankheit*); ⁓ *del tiempo* Wettervorhersage *f*.
pron|titud *f* Schnelligkeit *f*; Lebhaftigkeit *f*; rasche Auffassungsgabe *f*, Scharfsinn *f*; **⁓to I.** *adj.* **1.** schnell, behend, flink; lebhaft; kurz entschlossen; schnell, baldig, prompt; *al* ⁓ im ersten Augenblick; *de* ⁓ plötzlich, auf einmal; *lo más* ⁓ *posible* baldigst; *por* (*od.* por de) ⁓ einstweilen, vorläufig; **2.** willig; (*estar*) bereit, fertig (sein); ✝ ⁓ *para*

prontuario — prórroga

el *envío* versandfertig; **II.** *adv.* **3.** bald; schnell, prompt; *cj.* tan ~ como llegue sobald er eintrifft; **4.** früh (*am Tag, im Jahr usw.*); **III.** *m* **5.** F plötzliche Anwandlung *f*; Aufwallung *f* (*Zorn usw.*); plötzlicher Einfall *m* (*bzw.* Entschluß *m*); le dio un ~ es kam plötzlich über ihn.
prontuario *m* Hand-, Nachschlagebuch *n*; Notiz-, Merk-buch *n*.
prónuba *poet. f* Brautführerin *f*.
pronuncia F *f* schlechte Aussprache *f*; ~**ble** *adj. c* aussprechbar; ~**ción** *f* **1.** *Phon.* Aussprache *f*; ~ figurada Aussprachebezeichnung *f*; **2.** ⚖ Urteilsverlesung *f*; Urteilseröffnung *f*; ~**do I.** *adj.* ausgesprochen, ausgeprägt; **II.** *m hist.* Verschwörer *m* (*Putsch*); ~**miento** *m* **1.** *Pol.* (Militär-)Putsch *m*; **2.** *Pol. Am. öffentliche, feierliche* Erklärung *f*; **3.** ⚖ ~ (de sentencia) Urteilsfällung *f*; ~**r** [1b] **I.** *v/t.* **1.** aussprechen; *Rede* halten; ⚖ *Urteil* fällen, erlassen; *Trinkspruch* ausbringen; **II.** *v/r.* ~**se 2.** *s.* aussprechen (für *ac. por*); *s.* entscheiden (für *ac.*); *Am.* e-e (formelle) Erklärung abgeben; **3.** ~**se** (*en contra de*) *s.* verschwören, e-n Putsch anzetteln (gg. *ac.*); **4.** *s.* verstärken (*fig.*).
prooccidentalismo *m* prowestliche Einstellung *f* (*od.* Haltung *f*).
propaga|ción *f* **1.** *Biol., Phys.* Ausbreitung *f*; Fortpflanzung *f*; *Phys.* ~ del sonido Schallausbreitung *f*; **2.** Weitergabe *f*; Verbreitung *f*; Umsichgreifen *n*; ⚕ ~ de una enfermedad infecciosa Ver-, Durchseuchung *f*; **3.** *ecl.* Verkündigung *f* des Glaubens; ~**dor I.** *adj.* fortpflanzend; verbreitend; **II.** *m* Verbreiter *m*; ~**nda** *f* Propaganda *f*; Werbung *f*; Aufklärung *f*; ~ (*comercial*) Werbung *f*, Reklame *f*; (material *m* de) ~ Propagandamaterial *n*; hacer (la) ~ de werben für (ac.); ~**ndista** *c* Propagandist *m*; Werber *m*; ~**ndístico** *adj.* propagandistisch; Werbe...; ~**r** [1h] **I.** *v/t.* *Biol. u. fig.* fortpflanzen; verbreiten; *Krankheitskeime* verschleppen; **II.** *v/r.* ~**se** *s.* fortpflanzen; *s.* verbreiten; um *s.* greifen; *fig.* bekannt werden; ~**tivo** *adj.* fortpflanzungs- *bzw.* verbreitungs-fähig.
propalar I. *v/t.* ans Licht bringen; verbreiten, ausposaunen F; **II.** *v/r.* ~**se** ruchbar werden.
propano ⚛ *m* Propan *n*.
proparoxítono *Li. adj.-su. m* Proparoxytonon *n*.
propasar I. *v/t.* ⚖ (die gebotenen Grenzen) überschreiten; **II.** *v/r.* ~**se** zu weit gehen; ~**se** a *s.* hinreißen lassen zu (*dat.*).
propedéuti|ca *Phil. usw. f* Propädeutik *f*; ~**co** *adj.* propädeutisch; Einführungs..., Anfangs..., Vorbereitungs...
propelente *adj. c* Antriebs..., Treib...; gas *m* ~ Treibgas *n*.
propen|der *v/i.* geneigt sein, neigen (zu *dat. a*); ~**sión** *f* Neigung *f*; Hinneigung *f*; Hang *m*; ⚕ Veranlagung *f* (zu *dat. a*); ~**so** *adj.* (hin)neigend; zugetan; geneigt, bereit (zu *dat. od. inf. a*); ser ~ a neigen zu (*dat.*); *a.* ⚕ anfällig sein für (*ac.*).
propiamente *adv.* eigentlich; ~ *dicho* genau gesagt; eigentlich.

propi|ciación *Rel. f* Sühnopfer *n*; ~**ciar** [1b] *v/t.* **1.** geneigt machen; besänftigen; versöhnen; **2.** begünstigen, fördern; vorantreiben; ~**ciatorio I.** *adj.* versöhnend; Sühn(e)...; *víctima f* ~**a** Sühneopfer *n*; Opferlamm *n*; **II.** *m bibl.* goldene Deckplatte *f* der Bundeslade; *Theol.* Versöhnungsmittel *n*; ~**cio** *adj.* gnädig, huldvoll; geneigt, gewogen; günstig (*a.* Wetter).
propie|dad *f* **1.** Eigentum *n*; (Grund-, Land-)Besitz *m*; *derecho m de* ~ Eigentumsrecht *n*; *piso m de* ~ Eigentumswohnung *f*; ~ horizontal Wohnungseigentum *n*; ~ industrial gewerbliches Eigentum *n*; Patentwesen *n*; ~ intelectual geistiges Eigentum *n*; Urheberrecht *n*; ⚖ *nuda* ~ mit e-m Nießbrauch belastetes Eigentum *n*; ~ pública Gemeingut *n*; dar en ~ zu eigen geben; es ~ alle Rechte vorbehalten (*Urheberrecht*); ... es (de) ~ de ... gehört (*dat.*); **2.** *a. Phys.* Eigenschaft *f*; Beschaffenheit *f*, Qualität *f*; Eigentümlichkeit *f*; Fähigkeit *f*; **3.** Angemessenheit *f*; Richtigkeit *f*; hablando con ~ eigentlich; *a.* offen gestanden; hablar con ~ das treffende Wort anwenden; e-e Sprache richtig sprechen; *un retrato que tiene mucha* ~ e-e sehr treffende Wiedergabe (*Bildnis, Beschreibung*); ~**tario** *m* Eigentümer *m*; (Haus-, Grund-)Besitzer *m*.
propileo(s) *m(/pl.)* Vorhalle *f* e-s Tempels; Propyläen *pl.*
propina *f* Trinkgeld *n*; de ~ als Zugabe, obendrein; *y* ⚖ zu trinken geben (*dat.*); ein Trinkgeld geben (*dat.*); *fig.* F *Prügel* verpassen F; *fig.* ~**se** *a/c. s. et.* genehmigen.
propin|cuidad *lit. f* Nähe *f*; nahe Verwandtschaft *f*; ~**cuo** *lit. adj.* nahe; nahe verwandt.
propio I. *adj.* **1.** eigen; selbst; Eigen...; *alabanza f* ~**a** Eigenlob *n*; el ~ derselbe; lo ~ dasselbe (wie que); das Eigentliche, das Charakteristische; *adv.* al ~ richtig, genau; treffend; al ~ tiempo (que) zur gleichen Zeit (wie), gleichzeitig (mit *dat.*); con (su) ~**a** *mano* eigenhändig; en ~**a** *mano* persönlich (*übergeben*); en el sentido ~ de la palabra im eigentlichen Sinne des Wortes; **2.** (ser) ~ para geeignet (sein) für (*ac. od.* zu *dat.*); **II.** *m* **3.** ~**s** *m/pl.* Gemeindebesitz *m*; Allmende *f*.
propóleos ⚘ *m* Bienenharz *n*.
propone|dor *adj.-su.* vorschlagend; *m* Vorschlagende(r) *m*; ~**nte** *m* Antragsteller *m*; ~**r** [2r] **I.** *v/t.* vorschlagen; vorbringen; *Frage* aufwerfen; *Aufgabe* stellen; ⚖ Beweis anbieten, antreten; *Trinkspruch* ausbringen; ~ + *inf.* vorschlagen (*od.* anregen), zu + *inf.*; ~ *a alg. por* (*od. de*) candidato j-n als Kandidaten vorschlagen; ~ para la discusión zur Erörterung stellen; *Spr.* el hombre propone, y Dios dispone der Mensch denkt, und Gott lenkt; **II.** *v/r.* ~**se** (+ *inf.*) *s.* vornehmen (, zu + *inf.*); vorhaben, beabsichtigen (zu + *inf.*); wollen (+ *inf.*).
proporci|ón *f* **1.** *a.* ⚖ Verhältnis *n*; Proportion *f*; ⊕ ~ de transmisión Übersetzungsverhältnis *n*; *Arith.* regla *f*

de ~ Kettenrechnung *f*; *de buenas* ~**ones** gut proportioniert; ebenmäßig, ausgeglichen; wohlgebaut; *a.* ⚖ en ~ a im Verhältnis zu (*dat.*); ⚖ proportional mit (*dat.*); no estar en (*od.* no guardar) ~**ones** con nicht im rechten Verhältnis stehen zu (*dat.*); *tomar* ~**ones** *alarmantes* beunruhigende Ausmaße (*od.* Formen) annehmen; **2.** (günstige) Gelegenheit *f*; **3.** ser una buena ~ e-e gute Partie sein (*Heirat*); ~**onado** *adj.* angemessen; gleichmäßig, proportioniert; gebaut (*a. Person*); ~**onal** *adj. c* anteil(mäß)ig; verhältnismäßig; *a.* ⚖ proportional (*dat. a*); *Pol.* elección *f* ~ Verhältniswahl *f*; *Gram.* nombre *m* ~ Verhältniszahlwort *n*; ~**onalidad** *f* Proportionalität *f*; Verhältnisgleichheit *f*; *Pol. a.* Proporz *m*; ~**onar** *v/t.* **1.** anpassen (*dat. od.* an *ac. a*); nach Verhältnis einrichten (*bzw.* aufteilen *usw.*); ~ la mezcla nach Verhältnis mischen; **2.** ver-, be-schaffen, besorgen; **3.** verursachen.
pro|posición *f* **1.** Vorschlag *m*; Antrag *m*; ~ de casamiento Heiratsantrag *m*; ⚖ *absolver* ~**ones** (de un interrogatorio) Fragen (in e-m Verhör) beantworten; **2.** *Gram.* Satz *m*; *Log.* Satz *m*, Propositio *f*; ⚖ Lehrsatz *m*; *Rhet.* Darlegung *f*; ♪ Thema *n* e-r Fuge; ~ afirmativa *Log.* bejahender Satz *m*, Behauptung *f*; *Gram.* Aussagesatz *m*; ~**pósito** *m* Vorsatz *m*; Absicht *f*, Plan *m*, Vorhaben *n*; Zweck *m*; a ~ nebenbei (gesagt); übrigens; was ich noch sagen wollte, apropos; a ~ de über (*ac.*) (*sprechen*); a ~ de automóviles übrigens (*od.* zum Thema) Kraftwagen; ¿a ~ de qué? zu welchem Zweck?; con el ~ de + *inf.* in der Absicht, zu + *inf.*; de (*od. a*) ~ vorsätzlich, absichtlich; ser a ~ zweckentsprechend sein; brauchbar (*od.* geeignet) sein (für *ac. od.* zu *dat.* para); ~**puesta** *f a. Parl.* Vorschlag *m*; Antrag *m*; ~ de candidatos Aufstellung *f* von Bewerbern, Besetzungsvorschlag *m* für ein Amt; a ~ de auf Vorschlag von (*dat.*); ~**puesto** *part. irr. von* proponer.
propug|nación *f* Verfechten *n*, Eintreten *n*; ~**náculo** † ⚔ *u. fig. m* Bollwerk *n*; ~**nador** *m* Verteidiger *m*, Verfechter *m*; ~**nar** *v/t.* verfechten, verteidigen, eintreten für (*ac.*).
propul|sar *v/t. a.* ⊕, ✈ antreiben; ~**sión** *f* Antrieb *m* (Fortbewegung); *Kfz.*, ✈, ⚓ ~ por cadena (por cohetes) Ketten- (Raketen-)antrieb *m*; ~ por hélice ⚓ Schrauben-, ✈ Propeller-antrieb *m*; ~ de (por, de) reacción Düsenantrieb *m*; *Kfz.* ~ delantera (total, trasera) Vorder- (Vier-, Hinter-)radantrieb *m*; ~ nuclear Atomantrieb *m*; ~**sor** *m* **1.** Triebwerk *n*; ⚓, ✈ → hélice; ~ de cohete Raketentriebwerk *n*; **2.** *fig.* Förderer *m*.
propuse → proponer.
prorra|ta *f* Anteil *m*; a ~ anteilmäßig; ~**tear** *v/t.* anteilig aufteilen; ~**teo** *m* anteilige Aufteilung *f* (*bzw.* Verrechnung *f*), Umlage *f*.
prórroga *f* Verlängerung *f* (*zeitlich*); Stundung *f*; Vertagung *f*; ⚖ ~ de (la) jurisdicción Vereinbarung *f* der Zuständigkeit; ~ (del plazo) Frist-

prorroga|ble adj. c aufschiebbar; ~**ción** f bsd. ⚖ Prorogation f; Aufschub. m; Vertagung f; Verlängerung 'f e-s Abkommens; a. → *prórroga de jurisdicción*; ~**r** [1h] zeitlich, z.B. Frist, *Vereinbarung* verlängern; aufschieben; *Termine* verschieben, vertagen; *Zahlungen* stunden; *Wechsel* prolongieren; ⚖ prorogieren.
prorrumpir v/i. 1. hervorbrechen; 2. ausbrechen (in Gelächter *en una carcajada*); ~ *en denuestos* Schmähungen ausstoßen.
prosa f 1. Prosa f (a. fig.); fig. F *gastar mucha* ~ viel schwatzen, viel unnützes Zeug reden; 2. ecl. Hymne f; ~**ico** adj prosaisch (a. fig.); fig. alltäglich, banal; ~**ísmo** m prosaische Nüchternheit f; fig. Banalität f.
prosapia f Her-, Ab-kunft f; Stamm m.
proscenio Thea. m Proszenium n; fig. Vordergrund m.
pros|cribir [part. proscrito] v/t. a. fig. ächten; verbannen; ~**cripción** f Ächtung f; Verbannung f; ~**cripto** → *proscrito*; ~**criptor** adj.-su. ächtend; verbannend; Achtungs...; ~**crito** m Geächtete(r) m; Verbannte(r) m.
prose|cución f 1. Verfolgung f e-r *Absicht*; 2. Fortsetzung f; Beibehaltung f; ~**guible** adj. c fortsetzbar; ~**guir** [3d u. 3I] I. v/t. *Absicht* verfolgen; *Bericht, Reise* fortsetzen; II. v/i. fortfahren, weitermachen.
pro|selitismo m Bekehrungseifer m; desp. Proselytenmacherei f; ~**selitista** adj. c proselytenmacherisch; ~**sélito** m Bekehrte(r) m, Jünger m, oft desp. Proselyt m.
prosénquima Biol. m Prosenchym n.
prosi|ficar [1g] v/t. in Prosa umsetzen; ~**sta** c Prosaschriftsteller m, Prosaist m.
pro|sodia Gram. f Prosodie f; ~**sódico** adj. prosodisch.
prosopopeya f Rhet. Prosopopöie f; fig. (übertriebene) Feierlichkeit f; hohles Pathos n.
prospec|ción f ⚒ Schürfung f; Prospektieren n; fig. ✝ Markterkundung f, -sondierung f; ~**tar** v/t. schürfen, aufsuchen; *Markt* erforschen; ~**tivo** adj. Zukunfts...; ~**to** m Prospekt m; Beipackzettel m, Packungsbeilage f e-s Medikaments; ~ *de propaganda* Werbeprospekt m.
prospe|rar v/i. gedeihen; (guten) Erfolg haben; auf-, er-blühen (fig.); *Parl.* durchgehen (Antrag); *hacer* ~ *Geschäft* emporbringen; ~**ridad** f Gedeihen n; Glück n; Wohlstand m, Prosperität f; Blüte f (fig.); *periodo m de* ~ Blütezeit f (fig.).
próspero adj. gedeihlich, glücklich; blühend (fig.); ¡~ *Año Nuevo!* viel Glück im neuen Jahr!, prosit Neujahr!
próstata Anat. f Prostata f.
pros|tático ⚕ adj. Prostata...; ~**tatitis** ⚕ f Prostataentzündung f.
prosternarse v/r. → *postrarse*.
prostíbulo lit. m Bordell m.
prostitu|ción f Prostitution f; a. fig. Schändung f; ~**ir** [3g] I. v/t. prostituieren; a. fig. schänden, entehren, preisgeben; II. v/r. ~**se** gewerbsmäßige Unzucht treiben; fig. s. *wegwerfen*; ~**ta** f Prostituierte f.
protagoni|sta c 1. Held(in f) m; Vorkämpfer(in f) m; 2. Thea. Hauptdarsteller(in f) m; fig. Hauptperson f; ~**zar** [1f] v/i. die Hauptrolle spielen (a. fig.).
prótasis f Exposition f b. *Drama*; Gram. Vordersatz m.
protec|ción f Schutz m; ⚔ a. a) Panzerung f; b) Sicherung f (taktisch); fig. Gönnerschaft f, Protektion f; ~ *a las embarazadas* Schwangerenfürsorge f; EDV ~ *anticopia* Kopierschutz m; ~ *antigás* Gasschutz m; EDV ~ *antivirus* Virenschutz m; ~ *civil* Zivilverteidigung f; ~ *al consumidor* Verbraucherschutz m; ~ *contra el ruido (contra incendios)* Lärm- (Feuer-, Brand-) schutz m; ⚔ ~ *de fuego* (⚓ *de marcas*, ⚖ *de menores*) Feuer- (Marken-, Jugend-) schutz m; ~ *del medio ambiente* Umweltschutz m; ~ *propia* Selbstschutz m; ⚔ ~ *de vuelo* Flugsicherung f; con ~ *legal* gesetzlich geschützt (gg. ac. contra); fig. *retirar la* ~ *a alg.* die (schützende) Hand von j-m abziehen; ~**cionismo** Pol. m Schutzzollsystem n; ~**cionista** adj.-su. c protektionistisch; m Anhänger m des Schutzzollsystems; ~**tor** I. adj. schützend, Schutz...; *careta* ~*a* Schutzmaske f; *traje m* ~ Schutzanzug m; II. m Schützer m, Gönner m; Schirmherr m; bsd. Pol. Protektor m; EDV ~ *de pantalla* Bildschirmschoner m; ~**torado** m Schirmherrschaft f; Pol. Protektorat n.
prote|ger [2c] v/t. (be)schützen (vor dat. contra); begünstigen, protegieren; ~**gido** m Schützling m; Günstling m, Protegé m.
prote|ína ⚕ f Protein n; ~**nico** adj. Protein...
protervo lit. adj. dreist, ruchlos.
protésico m: ~ *dental* Zahntechniker m.
prótesis f (pl. inv.) 1. ⚕ Prothese f, Ersatz(glied n usw.) m; ~ *acústica* Hörgerät n; 2. Li. prothetische Bildung f, Prothese f.
protes|ta f 1. bsd. Pol. Protest m; Einspruch m; Verwahrung f; ~**tar** *mar* Seeprotest m; *formular (una)* ~ Verwahrung einlegen; 2. Beteuerung f, (feierliche) Bekundung f; ~ *de amistad* Freundschaftsversicherung f; ~*s de inocencia* Unschuldsbeteuerungen f/pl.; ~**tación** f 1. bsd. ⚖ Verwahrung f; 2. Rel. ~ *de la fe* Glaubensbekenntnis n; ~**tante** Rel. adj.-su. c protestantisch; m Protestant m; ~**tantismo** Rel. m Protestantismus m; ~**tar** I. v/t. 1. öffentlich bekennen; 2. ✝ *Wechsel* zu Protest gehen lassen; II. v/i. 3. protestieren (gg. ac. contra); s. verwahren, Verwahrung einlegen (gg. ac. contra); dipl. ~ *cerca de un Gobierno contra* bei e-r Regierung Einspruch (od. Protest) erheben gg. (ac.); 4. ~ *de* (nachdrücklich) beteuern (ac.); ~**tatario** m Teilnehmer m an e-r Protestkundgebung, Protestler m; ~**tativo** adj. Protest...; ~**to** ✝ m Protest m; ~ *(de una letra)* Wechselprotest m; *ir al* ~ zu Protest gehen; *presentar al* ~ → *protestar* 2; ~**tón** adj.-su. aufmüpfig, nörgelnd; m Meckerer m F.

protético Li. adj. prothetisch.
protoco|lar I. v/t. → *protocolizar*; II. adj. c → ~**lario** dipl. adj. protokollarisch; ~**lizar** [1f] v/t. zu Protokoll nehmen; ~**lo** m (Verhandlungs-)Bericht m, Protokoll n; dipl. Protokoll n; *jefe m de* ~ Protokollchef m.
proto|fitas ⚘ f/pl. Protophyten f/pl.; ~**historia** f Frühgeschichte f; ~**histórico** adj. frühgeschichtlich; ~**mártir** ecl. m Erzmärtyrer m.
protón Phys. m Proton n.
protóni|ca Li. f vortonige Silbe f; ~**co** Li. adj. vortonig.
proto|plasma Biol. m Protoplasma n; ~**tipo** m Urbild n, a. ⊕ Prototyp m.
protóxido ⚗ m Oxid n niederer Oxidationsstufe (*früher* Oxydul n).
proto|zo(ari)os Biol. m/pl. Protozoen m/pl.; ~**zoico** Biol. adj. Protozoen... [(*Zunge*).⟩
protráctil Zo. adj. c vorschnellbar⟨
protuberan|cia f Vorsprung m; Wulst m; Buckel m; Astr. Protuberanz f; ~**te** adj. c vorspringend.
provecho m 1. Vorteil m; Nutzen m, Profit m; ~*s m/pl.*; ¡buen ~! guten Appetit!; ¡buen ~ *(le haga)*! wohl bekomm's!; *de* ~ brauchbar; ordentlich (Mensch); *en* ~ *de* zum Nutzen (gen.); *zu j-s* Nutzen; *nada de* ~ nichts Brauchbares n; nichts Vernünftiges n; ~ *propio* Eigennutz m; 2. Fortschritt m; ~**so** adj. nützlich, vorteilhaft; einträglich.
prove|edor m Lieferant m; IT, Tel. Provider m; ~**eduría** f Proviantamt n; ~**er** [2e; part. provisto] I. v/t/i. 1. versehen (mit dat. de); ⚖ ~ *de poderes* mit e-r Vollmacht ausstatten; 2. sorgen (für ac. a); ¡Dios proveerá! es steht in Gottes Hand!; ~ *a las necesidades de alg.* j-n versorgen; 3. Amt besetzen, vergeben; *Geschäft* erledigen; 4. ⚖ vorläufig anordnen; II. v/r. ~**se** 5. s. versorgen, s. versehen (mit dat. de); s. *zulegen* (ac. de); ~**ído** (mit dat. en); ~**ído** ⚖ m (vorläufiger) richterlicher Bescheid m, Zwischenurteil n; ~**imiento** m 1. ⚖ einstweilige Verfügung f; 2. Versorgung f.
prove|niente part. herkommend; herrührend; ~**nir** [3s] v/i. herkommen, stammen, rühren (von od. aus dat. de).
Provenza f Provence f; ♃ adj.-su. c provenzalisch; m Provenzale m; Li. das Provenzalische n; ♃**lismo** m Provenzalismus m; ♃**lista** 📖 c Provenzalist m.
prover|bial adj. c sprichwörtlich; ~**bio** m Sprichwort n; bibl. el Libro de los ♃s die Sprüche Salomons; ~**bista** F c Sprichbeutel m F.
providen|cia f 1. (göttliche) Vorsehung f; p. ext. *la* ♀ die Vorsehung (= Gott); fig. *ser la* ~ *de los pobres* der Engel der Armen sein (fig.); 2. Vorsorge f; Vorkehrung f; Maßnahme f; Vorschrift f; 3. ⚖ vorläufiger Bescheid m; Entschluß m; *tomar (una)* ~ e-n Entschluß fassen; ~**cial** adj. c vorsorglich; von der Vorsehung bestimmt, providentiell; *caso m* ~ Schickung f; ~**cialismo** Rel. m Vorsehungsgläubigkeit f; ~**cialista** adj.-su. c vorsehungs-

providenciar — psicotécnico 504

gläubig; ~ciar [1b] v/t. (vorläufig) entscheiden; ~te adj. c vorsichtig; umsichtig, klug.
próvido adj. vorsorglich; günstig, gütig, gnädig.
provincia f Provinz f; kath. (Ordens-)Provinz f; ~l I. adj. c provinziell; Provinzial..., Provinz...; II. kath. m (~la f) Provinzial(in f) m; ~lismo m Provinzialismus m (bsd. Li.); ~nismo m Provinzlertum n; ~no adj.-su. Provinz...; m Provinzler m.
provine → provenir.
provisión f 1. Vorrat m; ~ones f/pl. a. Proviant m; 2. ✝ ~ (de fondos) Deckung f; por falta de ~ mangels Deckung; (Anm.: dt. Provision f comisión); 3. Maßnahme f; Verfügung f; Maßregel f; 4. Verw. Besetzung f e-s Amts.
provi|sional adj. c vorläufig, provisorisch; Gobierno m ~ provisorische Regierung f, Interimsregierung f; puente m ~ Behelfs-, Not-brücke f; ~sor m 1. kath. Kloster: Besorger m, Schaffner m; ~ (de diócesis) Vikar m (bischöflicher Vikariatsrichter); 2. Reg. → proveedor; ~sora kath. f Schaffnerin f e-s Klosters; ~sorio adj. Am. → provisional.
provisto part.: ~ de versehen mit (dat.); ausgestattet mit (dat.).
provoca|ción f 1. Herausforderung f, Provokation f; Aufreizung f, Anstiftung f; Aufwiegelung f; 2. ⚕ (künstliche) Auslösung f (bzw. Hervorrufung f); ~dor I. adj. herausfordernd; ⚕ auslösend; agente m ~ Lockspitzel m; II. m Hetzer m, Provokateur m; ~r [1g] I. v/t. 1. herausfordern; aufreizen; anstiften; provozieren; 2. veranlassen, bewirken; Wirkungen hervorrufen; ⚕ Krankheit, Fieber usw. (künstlich) hervorrufen; Geburt (künstlich) einleiten; 3. Col. me provoca + inf. ich habe Lust zu + inf.; ¿le provoca una cerveza? möchten Sie ein Bier trinken?; II. v/i. 4. F (s.) erbrechen; tengo ganas de ~ mir ist (spei)übel; ~tivo adj. herausfordernd; aufreizend; provozierend.
proxe|neta c Kuppler(in f) m; ~nético adj. Kuppel...; Kuppler...; ~netismo m Kuppelei f.
próximamente adv. 1. nächstens, bald; 2. ungefähr, annähernd, bald, etwa.
proximidad f Nähe f (zu dat. a).
próximo adj. (lokal u. temporal) 1. nahe (bei dat. a); nahe bevorstehend; fig. nahestehend (dat. a); de ~ → próximamente; ~ pasado letztverflossen b. Daten; estar ~ in Aussicht stehen; estar ~ a + inf. drauf u. dran sein, zu + inf.; 2. nächste(r, -s); pariente m ~ nächste(r) Verwandte(r) m; la ~a semana od. la semana ~a in der nächsten Woche.
proyec|ción f 1. Phys., a. ⊕ Werfen n, Schleudern n; Wurf m; ~ de la sombra (bzw. de sombras) Schattenwurf m; 2. a. ⚗, △, Kartographie, Film: Projektion f; p. ext. Lichtbild n; ~ones f/pl. a. Umrisse m/pl.; ~ horizontal Horizontalprojektion f (z. B. Geol.); p. extendida od. ~ cinematográfica Filmvorführung f; Psych. ~ sentimental Einfühlung f; aparato m (pantalla f) de ~ Projektions-apparat m (-schirm m); cabina f de ~ Vorführkabine f (Film); conferencia f con ~ones Lichtbildervortrag m; 3. fig. Einfluß m; 4. Hochrechnung f, bsd. b. Wahlen; ~tante I. adj. c projizierend; projektierend; II. f ⚗ Projektions-linie f, -gerade f; ~tar I. v/t. 1. schleudern, werfen; bsd. ⚗ u. Opt. projizieren; Film, Lichtbilder vorführen; Schatten werfen (auf ac. sobre, en); 2. projektieren, entwerfen; planen; vorsehen; II. v/r. ~se 3. ~se en (od. sobre) fallen auf (ac.) (Schatten); ~til m Geschoß n, Projektil n; ~ de cohete Raketengeschoß n; ~ fumígeno (incendiario) Nebel- (Brand-)geschoß n; ~ de guerra scharfes Geschoß n; → a. bala, granada, bomba; ~tista m 1. (Er-)Bauer m; (Entwurfs-)Konstrukteur m, Projektingenieur m; Designer m; 2. Typ. Gestalter m, Layouter m; 3. Pläne-(hist. Projekte-)macher m; ~to m Entwurf m; Projekt n; Plan m, Vorhaben n; Absicht f; en ~ geplant; ~ de contrato (de ley) Vertrags- (Gesetz-)entwurf m; ~ malogrado Fehlschlag m; ~tor m 1. (nicht Kfz.) Scheinwerfer m; ⊕ Werfer m, Spritzgerät m; ~ de agua y espuma Schaum- u. Wasserwerfer m b. Feuerwehr; ~ halógeno Halogenstrahler m; ⊕ ~ luminoso Lichtwerfer m; Projektor m; ~ (cinematográfico, ~ de cine) Film-, Kino-projektor m, Vorführgerät n.
pruden|cia f Klugheit f; ~cial adj. c klug, vernünftig; angemessen (z. B. Frist); Sicherheits...; F cálculo m ~ Überschlag m (Berechnung); Vkw. distancia f ~ Sicherheitsabstand m; ~cialmente adv. vorsichtigerweise; ~ciar [1b] I. v/i. Am. klug (od. vorsichtig) sein; gelassen bleiben; II. v/r. ~se Col., Cu., C. Ri. s. geduldern; ~te adj. c klug, vernünftig; angebracht, ratsam; creer ~ (+ inf.) (es) für ratsam halten (, zu + inf.); ~temente adv. klugerweise, wohlweislich.
prueba f 1. Beweis m; Nachweis m; ~s f/pl. a. Adelsurkunden f/pl. ⚖ ~ de confianza Vertrauensbeweis m; ⚖ documental (testifical) Urkunden- (Zeugen-)beweis m; ⚖ carga f de ~ Beweislast f; ⚖ práctica f de ~ Beweis-aufnahme f, -erhebung f; dar ~s de a/c. et. beweisen (od. unter Beweis stellen), Beweise liefern für (ac.); hacer ~ de generosidad für Edelmut zeugen; por falta de ~s aus Mangel an Beweisen; 2. a. Phys., ⚗, ⚕, ⊕ Probe f; Erprobung f, Prüfung f; Psych., ⚕, ⊕ Test m; ecl. Versuchung f; a ~ stichhaltig; de ~ sicher, zuverlässig; ~ a toda ~ (wohl)erprobt; bewährt; ~ de alcohol Alkoholtest m; ~ de aptitud (od. de idoneidad) Eignungsprüfung f; ⊕, ⚕, ⚗ Probe f; ~ de duración Dauer-probe f bzw. -erprobung f; ⊕ ~ de dureza (de golpe) Härte- (Schlag-)prüfung f (Material); ~ de la ebullición Kochprobe f (Harnuntersuchung); ~ de fuerza Kraftprobe f; ~ de la función hepática (renal) Leber- (Nieren-)funktionsprüfung f; Phys. ~s f/pl. nucleares Kernversuche m/pl.; ~s prácticas (teóricas) praktische (theoretische) Prüfung f (a. Fahrprüfung); ⊕, Sp. ~ de resistencia Leistungsprüfung f; ~ de salvamento Rettungsübung f z. B. der Feuerwehr; ma. ~ de(l) fuego, fig. mst. ~ suprema Feuerprobe f; ⚗ ~ testigo (od. de control) Kontrollversuch m; (marcha f de) ~ Probefahrt f; Soz. matrimonio m a ~ Ehe f auf Probe (-zeit); período m de ~ Probezeit f; a ~ stichhaltig; a ~ de agua (de aire, de ruidos) wasser- (luft-, schall-)dicht; a ~ de balas (a. fig. de bomba) kugel-(bomben-)sicher; a ~ de fuego feuerfest; a ~ de intemperie wetter-fest, -beständig; a ~ de ladrones diebstahlsicher; estar a ~ de geschützt sein gg. (ac.); unempfindlich sein gg. (ac.); s. nichts machen aus (dat.) f; poner a ~ auf die Probe stellen; ¡pongámoslo a ~! machen wir die Probe aufs Exempel!; someter a (una) ~ e-r Prüfung unterziehen (od. unterwerfen); 3. Anprobe f (Kleidung); ¿está ya de ~ mi traje? kann ich m-n Anzug schon anprobieren?; 4. Probe f, Muster n; Kostprobe f; ⚗, Geol. ~ de mineral Gesteinsprobe f; ✝ envío m de ~ Probesendung f; a título de ~ zur Probe; versuchsweise; como ~ als Probe; de ~ auf Probe; Probe...; ✝ a. zur Ansicht; 5. Phot. Abzug m, Kopie f; Typ. ~ (de imprenta) (Probe-)Abzug m, Korrekturbogen m; Phot.: ~ positiva Positiv n; ~ negativa Negativ n; Phot., Typ. sacar una ~ e-n Abzug machen; 6. Am. Trick m, z. B. mit Karten.
pruebista Am. c → gimnasta, volatinero.
pruri|ginoso ⚕ adj. juckend; ~go m Prurigo f, Juckflechte f; ~to m Hautjucken n; fig. Kitzel m, Gelüst n.
Prusia f Preußen n; ℞no adj.-su. preußisch; m Preuße m; ℞to ⚗ m cyansaures Salz n, Prussiat n.
prúsico ⚗ adj.: ácido m ~ Blausäure f.
¡pse! int. pah! (Verachtung, Gleichgültigkeit).
(p)sico|análisis f Psychoanalyse f; ~analista c Psychoanalytiker m; ~analítico adj. psychoanalytisch; ~delia f Bewußtseinserweiterung f; ~délico adj. psychedelisch; ~física f Psychophysik f; ~logía f Psychologie f; ~ animal Tierpsychologie f; ~ individual (profunda, social, sexual) Individual- (Tiefen-, Sozial-, Sexual-)psychologie f; ~lógico adj. psychologisch.
(p)sicólogo m Psychologe m.
(p)sico|motor adj. psychomotorisch; ~neurosis ⚕ f (pl. inv.) Psychoneurose f.
(p)sicópata ⚕ c Psychopath(in f) m.
(p)sico|patía ⚕ f Seelenkrankheit f, Psychopathie f; ~pático ⚕ adj. psychopathisch; ~sis ⚕ f (pl. inv.) Psychose f; ~ carcelaria (de guerra) Haft- (Kriegs-)psychose f; ~ de los exámenes (od. de los examinandos) Examenspsychose f, Prüfungsangst f; ~somático ⚕ adj. psychosomatisch; medicina f ~a Psychosomatik f; ~tecnia f Psychotechnik f; ~técnico adj. psychotechnisch; examen m ~ psychologische Eignungsprüfung f;

~terapeuta ⚥ c Psychotherapeut m; ~terapia ⚥ f Psychotherapie f; ~ de grupo Gruppentherapie f.
(p)si|cótico ⚥ adj. psychotisch; ~cotónico ⚥ I. adj. die Psyche kräftigend; II. m Psycho-pharmakon n, -tonikum n.
Psi|que, ~quis f npr., ♀ Psych., ⚥ Psyche f.
(p)si|quiatra ⚥ c Psychiater m, Facharzt m für Psychiatrie; ~quiatría ⚥ f Psychiatrie f; ~quiátrico adj. psychiatrisch.
(p)síquico adj. psychisch, seelisch.
psiquismo m Psyche f.   [heit f.]
(p)sitacosis ⚥ f Papageienkrank-
(p)soriasis ⚥ f Schuppenflechte f.
¡psss...! → ¡pse.
ptolemaico Astr. adj. ptolemäisch.
¡pu! int. → ¡puf!
púa f 1. a. Zo. u. fig. Stachel m; fig. geheimer Kummer m, Stich m; alambre m de ~s Stacheldraht m; 2. Zahn m, Zinke f e-s Kamms; Gabelzinke f; Spitze f, Fußwinge f e-s Kreisels; ♪ Plektron n; fig. F Schlaumeier m F; de cuatro ~s vierzinkig; fig. F saber cuántas ~s tiene un peine gerieben (od. clever) sein F; 3. ⚔ Pfropfreis n; 4. ⊕ Dorn m; Spitze f; Sp., Kfz. Spike m; neumáticos m/pl. con ~s Spikesreifen m/pl.
púber adj. c (a. púbero adj.) mannbar; geschlechtsreif.
pubertad f Pubertät f; Geschlechtsreife f.
pu|bes m → pubis; ~bescencia lit. f → pubertad; ~bescente c I. part. zu pubescer; II. adj. c ♣ behaart (Blatt); ~bescer [2d] v/i. geschlechtsreif werden; ~bis Anat. m (pl. inv.) Schambein n; pelos m/pl. del ~ Schamhaare n/pl.
publica|ción f 1. Bekanntmachung f; Veröffentlichung f; 2. Herausgabe f, Publizierung f; 3. Veröffentlichung f, Publikation f, (Verlags-)Werk n; ~dor m Veröffentlichende(r) m; ~no bibl. m Zöllner m; ~r [1g] I. v/t. 1. bekannt-machen, -geben; Brautpaar aufbieten; 2. veröffentlichen, herausgeben; II. v/r. ~se 3. erscheinen, herauskommen (Buch, Schrift); acaba de ~se soeben erschienen.
publici|dad f 1. Öffentlichkeit f (z.B. e-r Versammlung); 2. Werbung f; ~ exterior (Rf., TV indirecta od. encubierta) Außen- (Schleich-) Schwing- (Falt-)tür f; ~ de servicio Hintereingang m; ~ de torniquete Drehtür f; ~ trasera (vidriera) Hinter- (Glas-)tür f; fig. a ~s abiertas werbung f; ~ luminosa Lichtreklame f; ~ radiada Rundfunkwerbung f; departamento m de ~ Werbeabteilung f; ~sta c Publizist m; ~tar v/t. werben für; ~tario adj. Werbe..., Werbungs...; técnico m ~ Werbefachmann m.
público I. adj. öffentlich; Staats... bzw. Gemeinde... usw.; p. ext. allgemein bekannt; caja f ~a Staats-(bzw. Stadt- usw.)kasse f; en ~ öffentlich, vor aller Welt; hacer ~ bekannt-geben, -machen; hacerse ~ an die Öffentlichkeit kommen; II. m Publikum n; Leute pl.; Zuschauer m/pl.; Zuhörer m/pl.
pucha[1] f 1. Cu. bunter Strauß m

(Blumen); 2. Hond. geringe Menge f; (kl.) Stück n (z.B. Ackerland); 3. Méj. Brezelbrot n.
pucha[2] f Am. 1. F → puta; 2. P bsd. Rpl. ¡~! int. Donnerwetter!; verflixt!; pfui!
puchada f 1. Breiumschlag m; 2. Mastfutter n für Schweine.
púcher P m Pusher m F, Dealer m F.
puche|ra F Kchk. f → puchero; ~razo m Schlag m mit e-m Topf; fig. F Wahlschwindel m b. Auszählen der Stimmen; ~ro m 1. Kochtopf m; Kchk. Span. Eintopfgericht n aus Fleisch u. Gemüse; fig. F Wahlurne f; 2. fig. hacer ~s ein weinerliches Gesicht machen, e-e Schippe ziehen F; meter la cabeza en un ~ nicht einsehen wollen, daß man auf dem falschen Wege ist; Scheuklappen tragen (fig. F); 3. fig. der Lebensunterhalt, das tägliche Brot.
puches m/pl. od. f/pl. Brei m, Schleim m.
pucho m 1. Rpl. Zigarette f; Zigarrenstummel m; Rest m, Abfall m; p. ext. un puch(it)o ein bißchen; 2. Chi. Schwanz m P (= Penis).
pude → poder.
pudela|do sid. m Puddeln n, Frischen n; ~r v/t. puddeln, frischen; acero m ~ado (od. de pudelaje) Puddelstahl m.
pu|dendo adj. schamerregend; partes f/pl. ~as Schamteile m/pl.; ~dibundez f übertriebene Schamhaftigkeit f, Prüderie f; ~dibundo adj. (übertrieben) schamhaft; verschämt; prüde; ~dicia f Schamhaftigkeit f; Keuschheit f, Züchtigkeit f.
púdico adj. → pudoroso.
pudiente adj. c wohlhabend, vermögend, reich.
pu|dín m Pudding m; ~dinera f Puddingform f.
pudinga Geol. f Konglomerat n.
pudo|r m Scham f, Schamhaftigkeit f; Züchtigkeit f; ⚖ atentado m al ~ unzüchtige Handlung f; ~roso adj. schamhaft.
pudri|dero m 1. Mistgrube f; 2. Faulkammer f; ~miento m (Ver-) Faulen n; ~r I. v/t. in Fäulnis bringen; fig. abhärmen, verzehren; II. v/i. fig. im Grabe liegen, (längst) tot sein; III. v/r. ~se (ver)faulen; fig. vergehen, sterben (vor dat. an); fig. no pudrírsele a alg. las cosas en el pecho nichts verschweigen können, nicht dichthalten (fig. F); F ¡que le pudran! geschieht ihm ganz recht! F; ¡y los demás que se pudran! und die anderen können in die Röhre gucken (od. zum Teufel gehen)! F.
pudú Zo. (richtiger pudu) m Chi. Zwerg-, Gems-hirsch m der Anden.
pue|blerino adj.-su. Dorf...; m Provinzler m; ~blero Am. adj.-su. (klein)städtisch; m (Klein-)Städter m; ~blo m 1. Volk n; bibl. ~ de Dios (od. elegido) das Gottesvolk, das auserwählte Volk; 2. Ortschaft f; Verw. euph. Pe. ~ joven Elendsviertel m; bibl. ~ natal Heimatort m; de ~ en ~ von Ort zu Ort; 3. Dorf n; fig. desp. de ~ bäurisch, tölpelhaft.
puedo → poder.
puelche Chi. I. adj. c 1. Puelche...; II. m 2. Puelcheindianer m; 3. Li. Puelche n; 4. Ostwind m.

puente m († f) 1. a. ⊕, fig., Sp. u. ⚥ Brücke f; ⚓ a. Deck n; fig. Brücken-, Fenster-tag m; ~ aéreo Luftbrücke f; Span. Flugverbindung zwischen Barcelona u. Madrid; ~ de barcas (od. de pontones) Schiffs-, Ponton-brücke f; ~ colgante (flotante, levadizo) Hänge- (Schwimm-, Zug-)brücke f; ~ de fábrica Steinbrücke f (gemauert), Massivbrücke f; ~ ferroviario Eisenbahnbrücke f; ~-grúa Laufkran m; ⚓, ⊕ ~ de mando Kommandobrücke f; ⊕ Leitstand m; ~ (transversal) de señales Signalbrücke f; ~ transportador (transbordador) Förder- (Verlade-)brücke f; fig. hacer ~ an e-m Werktag zwischen zwei Feiertagen ebenfalls nicht arbeiten; □ hacer un ~ ein Auto kurzschließen; a. fig. tender un ~ e-e Brücke schlagen; ♪ Steg m der Saiteninstrumente; 3. (Brillen-)Steg m.
puenting m Bungee-Springen n.
puer|ca f Sau f, Mutterschwein n; fig. F Schlampe f F; ~co I. adj. schweinisch; schmutzig; II. m a. fig. Schwein m; ~ espín Stachelschwein n; Spr. a cada ~ le llega su San Martín jeder kommt einmal an die Reihe; das dicke Ende kommt noch.
pueri|cia f Knabenalter n; ~cultora f Säuglingsschwester f; Kindergärtnerin f; ~cultura f Säuglings-, Kinder-pflege f; ~l adj. c Kindes...; kindisch; dumm, läppisch; ~lidad f Kinderei f.
puérpera f Wöchnerin f.
puerpe|ral adj. c Kindbett...; ⚥ fiebre f ~ Kindbettfieber n; ~rio m Wochenbett n.
puerro m ♣ Lauch m, Porree m; F Haschischzigarette f, Joint m F.
puerta f Tür f; Tor n; Pforte f; fig. Zutritt m, Zugang m; ~ basculante (de la calle) Kipp- (Haus-)tür f; ~ caediza (od. de guillotina) Falltür f; ~ de comunicación Verbindungstür f; ~ corrediza (giratoria) Schiebe- (Dreh-)tür f; ✈ ~ de embarque Flugsteig m; ~ de entrada Eingangstür f; Einfahrt(stor n) f; ~ de escape Hintertür f (fig.); ~ de esclusa Schleusen-schieber m bzw. -tor n; ~ falsa Geheim-, Tapeten-tür f; ~ oscilante, ~ de vaivén (plegable) Schwing- (Falt-)tür f; ~ de servicio Hintereingang m; ~ de torniquete Drehtür f; ~ trasera (vidriera) Hinter- (Glas-)tür f; a ~s abiertas öffentlich; a ~ cerrada bei verschlossener Tür; unter Ausschluß der Öffentlichkeit; a las ~s de la muerte an der Schwelle des Todes; andar de ~ en ~ von Tür zu Tür gehen, betteln; fig. F dar a alg. con la ~ en la cara (od. F en los hocicos, en las narices, en los ojos) j-m die Tür vor der Nase zuschlagen; fig. F echar las ~s abajo stark klopfen (od. läuten); fig. enseñarle a alg. la ~ (de la calle) j-m die Tür weisen; estar a la ~ vor der Tür stehen (a. fig.), fig. (unmittelbar) bevorstehen; llamar a la ~ bei j-m anklopfen; fig. j-n um Hilfe bitten; fig. quedarse por (od. a) ~s bettelarm werden; fig. tener todas las ~s abiertas überall mit offenen Armen aufgenommen werden; überall die Möglichkeit vorfinden.
puerto m 1. Hafen m; fig. Zuflucht(s-ort m) f; ~ fluvial (marítimo, ~ de mar) Binnen- (See-)hafen m; ~

franco Freihafen *m* (*Zoll*); ✣ ~ *de matrícula* Heimathafen *m*; ~ *pesquero* (*tra[n]satlántico*) Fischerei-(Übersee-)hafen *m*; ~ *de recreo* (*de transbordo*) Jacht- (Umschlag-)hafen *m*; *a. fig. llegar a* ~ den sicheren Hafen erreichen; ✣ *tomar* ~ e-n Hafen anlaufen; 2. (Gebirgs-)Paß *m*.

Puerto| Rico *m* Puerto Rico *n*; ⚥**rriqueño** *adj.-su.* aus Puerto Rico; *m* Puertoricaner *m*.

pues *cj.* (*a. in adverbialer Funktion u. oft einleitend od. emphatisch*) denn; also, folglich; da; daher; einschränkend: zwar; *ahora* ~ nun wohl; ¡~! natürlich!; ¿~? nun?, bitte?; ¡~ bien! nun denn!; ¿~ cómo? wieso (denn)?; ~ ... *como iba a decirte* (nun) ... was ich dir (noch *od.* mal) sagen wollte; ¡~, *lo que había dicho!* na also, (genau) wie ich's gesagt hatte!; *¡~ no faltaba más!* das hat gerade noch gefehlt!; ~ *que cj.* da; daß; wenn; *¡~ que suba!* er soll (schon) einsteigen!; *¡~ qué!* na also!; ~ *sí* doch, natürlich, freilich.

puesta *f* **1.** Einsatz *m* (*Spiel*); **2.** *Grundbedeutung:* Setzen *n*, Setzung *f*; ⊕ ~ *a cero* Nullstellung *f*; Löschung *f* *b. Rechenmaschinen*; ~ *al día* Aktualisierung *f*; Auffrischen *n* *v. Kenntnissen*; ⊕ ~ *a punto* Einregulierung *f*, Justierung *f*; *Kfz.* Einstellung *f* (*z. B. der Zündung*); ⚡ ~ *a tierra* Erdung *f*; ~ *de larga Einführung f e-s jungen Mädchens* in die Gesellschaft, Debüt *n*; ✣ ~ *de la quilla* Kiellegung *f*; ⚡ ~ *en cortocuito* Kurzschließen *n*; *en función* Auslösung *f*, Betätigung *f*; ~ *en marcha* Ingangsetzung *f*; Inbetriebnahme *f*; *Kfz.* Anlassen *n*; ~ *en obra* Inangriffnahme *f*, Beginn *m*; ~ *en práctica* Ausführung *f*, Verwirklichung *f*; ~ *en servicio* Inbetriebnahme *f*; ~ *en valor* (wirtschaftliche) Erschließung *f*; ✕ *primera* ~ Erstausstattung *f* *b. der Einkleidung e-s Rekruten*; **3.** *Vögel:* Legen *n*, Ei(er)ablage *f*; Gelege *n*; **4.** *Astr.* Untergang *m*; ~ *del sol* Sonnenuntergang *m*; **5.** *Arg.* totes Rennen *n*, Unentschieden *n* (*b. Pferderennen*).

puesta|r *v/i. Méj.* e-n Verkaufsstand betreiben; **~ro** *m* **1.** *Jgdw.* Jäger *m* auf Ansitz *mit Lockvogel*; **2.** *Méj.* Händler *m* an e-m Verkaufsstand; **3.** *Rpl.* **a)** Oberhirt *m* (*für e-n größeren Teil des Viehbesitzes e-s Guts verantwortlich*); **b)** Pächter *m*, der Viehzucht *auf eignes Risiko* betreibt.

puesto I. *part. zu poner u. adj.* **1.** gelegt; gestellt *usw.*; *habitación f bien* ~*a* ordentlich eingerichtetes Zimmer *n*; *mal* ~ übel zugerichtet; **2.** angezogen; *bien* (*mal*) ~ gut (schlecht) gekleidet; *ir muy* ~ sehr elegant (gekleidet) sein; **3.** ♀ lieferbar; frei; ~ *a domicilio* frei Haus; ~ *en ésta* frei ab hier; ~ *en* (*la*) *estación* frei (Bahn-)Station; ~ *en fábrica* ab Werk; ~ *en muelle* ab Kai; ~ *sobre vagón* frei Waggon; **II.** *m* **4.** Platz *m*; Stelle *f*; ✣ ~ *de atraque* Anlegeplatz *m*, ✣ ~ *de enclavamiento* Stellwerk *n*; ~ *de honor* a. *fig.* Ehrenplatz *m*; ~ *de incendios* Hydrant *m* *für Löschwasser*; ~ *de mando* ⊕ Bedienungsplatz *m*; ⊕, ✕

Leitstand *m*; ✕ Befehlsstand *m*; ~ (*telefónico*) Sprechstelle *f*; ~ *de trabajo* Arbeitsplatz *m*; **5.** Stelle *f*, Stellung *f*, Posten *m*; Amt *n*; ~ *clave* (*de confianza*) Schlüssel- (Vertrauens-)stellung *f*; *Verw.* ~ *de plantilla* Planstelle *f*; **6.** (Verkaufs-)Stand *m*; ~ *de periódicos* Zeitungsstand *m*; ~ *volante* fliegender Stand *m*; **7.** Sitz *m*; *Jgdw.* Anstand *m*; **8.** ✕ *usw.* Posten *m*; ~ *avanzado* (*od. de avanzada*) Vorposten *m*; ~ *de guardia* Wachlokal *n*, ~ *de policía* Polizeirevier *n*, Wache *f*; ~ *de socorro, Span. a.* ~ *de primeros auxilios y evacuación* Unfallstation *f*; **III.** *cj.* **9.** ~ *que* da ja, weil (nämlich). ¡**puf**! *int.* pfui!

pufo F *m* Pump *m* F; Gaunerei *f*; *dar el* ~ Schulden machen (u. nicht zurückzahlen); Gaunereien begehen.

púgil *m* Boxer *m*, Faustkämpfer *m*.

pugi|lato *m* Faustkampf *m*, Boxen *n* (→ *boxeo*); *fig.* heftige Diskussion *f*; **~lista** *m* Boxer *m*.

pugna *f fig.* Kampf *m*, Widerstreit *m*; *estar en* ~ *con* im Widerspruch stehen zu (*dat.*); **~r** *v/i.* streiten; kämpfen; *con* widerstreben (*dat.*); ~ *por ringen um* (*ac.*); verzweifelte Anstrengungen machen, (um) zu + *inf.*

puja *f* Gewaltanstrengung *f*; höheres Gebot *n b.* Versteigerung; *fig.* F *sacar de la* ~ *a alg.* **a)** j-m überlegen sein; **b)** j-m aus der Patsche helfen F; **~dor** *m* Überbietende(r) *m b.* Versteigerung; **~me(-)**, **~nte** *adj.* c kräftig gewaltig, mächtig; **~nza** *f* Gewalt *f*, Wucht *f*; Stoßkraft *f*; Schwung *m* (*fig.*); ~ *industrial* industrielle Stärke *f*; **~r I.** *vt/i.* **1.** erzwingen (wollen); **2.** *Am. Reg.* ~ *para adentro* die Zähne zs.-beißen (*fig.*); **II.** *v/i.* **3.** gewaltsame Anstrengungen machen; ~ *con* (*od. contra*) (an)kämpfen gg. (*ac.*); ~ *por* s. angestrengt (*bzw.* krampfhaft) bemühen, zu + *inf.*; **4.** stocken; zaudern, innehalten; **5.** *fig.* F den Mund verziehen (*vor dem Weinen*); **6.** höher bieten *b.* Versteigerung.

pu|jido *Am. m* **1.** → *pujo*; **2.** Klage *f*, Jammern *n*; **~jo †** *u. Reg. m* ⚥→ *tenesmo*; *fig.* Drang *m*; heftiges Verlangen *n*; F Versuch *m*; *fig.* F *a* ~*s* (nur) schwierig u. langsam.

pul|critud *f* Sauberkeit *f*; Sorgfalt *f*; (gestochene) Schärfe *f e-s Drucks*, *e-r Photographie*; **~cro** *adj.* sauber, sorgfältig; schön; tadellos; genau.

pulchinela *m* Hanswurst *m*.

pulga *f* **1.** Floh *m*; ~ (*acuática*) Wasserfloh *m*; ~ *de mar*, ~ *de playa* Strandfloh *m*; *picada f de* ~ Flohstich *m*; **2.** *fig. no aguantar* (*od. no sufrir*) ~*s* nichts gefallen lassen; leicht aufbrausen; *echarle a uno la* ~ *detrás de la oreja* j-m e-n Floh ins Ohr setzen (*fig.*); *hacer de una* ~ *un camello* (*od. un elefante*) aus e-r Mücke e-n Elefanten machen; *tener la* ~ *tras de la oreja* sehr unruhig sein; *tener malas* ~*s* k-n Spaß verstehen; e-n miesen Charakter haben F.

pulga|da *f* Zoll *m* (*Maß*); Daumenbreite *f*; **~r** *m* Daumen *m*; **~rada** *f* **1.** Prise *f* (*Tabak usw.*); **2.** → *pulgada*; **3.** Nasenstüber *m*, Kopfnuß *f*; ⚥**rcito** *npr. m* Däumling *m* (*Märchenfigur*).

pul|gón *m* Blattlaus *f*; **~goso** *adj.*

verlaust (*Blattläuse*); voller Flöhe; **~guera** *f* **1.** Flohnest *n*; **2.** ♀ Flohkraut *n*; **3.** Armbrustsehne *f*; **4.** ~*s f/pl.* Daumenschrauben *f/pl.* (*Folter*); **~guero** *m* **1.** *Am.* → *pulguera*; **2.** *fig.* F C. *Ri., Ven.* Gefängnis *n*, Knast *m* F; **~guiento** *adj. Méj.* voller Flöhe; **~guillas** F *m* (*pl. inv.*) reizbarer Mensch *m*, Hitzkopf *m*.

puli|do I. *adj.* ⊕ poliert, blank; *fig.* nett, fein; hübsch; ⊕ ~ *al brillo* hochglanzpoliert; **II.** *m* ⊕ Polieren *n*, Schleifen *n*; *a. fig.* Glätten *n*; **~dor** ⊕ *m* Polierer *m*; Schleifer *m*; **~dora** ⊕ *f* Poliermaschine *f*; **~mentar** *v/t.* polieren, glätten; **~mento** *m* Glätte *f*; Politur *f*; Polierung *f*; **~r** *v/t.* ⊕, *Zim.* blankreiben, polieren; (ab)schleifen; *a. fig.* glätten; *Sitten* verfeinern; *Stil* (aus)feilen; *fig.* F klauen F.

pul|món *m Anat.* Lunge *f*; ⚕ ~ *de acero* eiserne Lunge *f*; **~monado** *Zo.* **I.** *adj.* Lungen... (*von Gliedertieren*); **II.** ~*s m/pl.* Lungenschnecken *f/pl.*; **~monar** ⚕ *adj. c* Lungen...; *afección f* ~ Lungenkrankheit *f*; **~monía** ⚕ *f* Lungenentzündung *f*; **~moníaco** ⚕ *adj.* Lungenentzündungs...; **~motor** *m* Lungenautomat *m* (*Rettungsgerät*).

pulover *m bsd. Am.* Pullover *m*; *Col.* ~ *cuello tortuga* Rollkragenpullover *m*, Rolli *m* F.

pul|pa *f* Fruchtfleisch *n*; (Pflanzen-)Mark *n*; Pulpe *f*; ~ *de almidón* Stärke(masse) *f*; *Anat.* ~ *dentaria* Zahnpulpa *f*, -mark *n*; ~ *de madera* Papiermasse *f*; ~ *seca de remolachas* trockene Rübenschnitzel *n/pl.*; ~ *de tomate* Tomatenmark *n*; **~padora** ⊕ *f* Holländer *m*; **~pejo** *m* **1.** ~ (*del dedo*) Fingerkuppe *f*; ~ (*de la mano*) Handballen *m*; ~ (*de la oreja*) Ohrläppchen *n*; **2.** *Equ.* weicher Teil *m des Hufs*.

pulpe|ría *f Am. Mer., P. Ri.* Kramladen *m* mit Alkoholausschank; **~ro** *m ib.* Inhaber *m* e-r *pulpería*.

púlpito *m* Kanzel *f*; *fig.* Kanzelberedsamkeit *f*; *ministerio m del* ~ Predigeramt *n*.

pulpo *m Zo.* Polyp *m*, Oktopus *m*; *fig.* Tölpel *m*; *fig.* F *poner como un* ~ *a j-n* gehörig verdreschen F; **~so** *adj.* fleischig; mit viel Mark.

pulque *m Méj.* Agaven-wein *m*, -most *m*, Pulque *m*; **~ría** *f Méj.* Schenke *f*, wo *pulque* serviert wird.

pul|sación *f* Pulsschlag *m*; Anschlag *m* (*Schreibmaschine*); *Phys.* Schwebung *f*; **~sador I.** *adj.* puls(ier)end; **II.** *m* (Druck-, Bedienungs-)Knopf *m*; ~ *del timbre* Klingelknopf *m*; **~sar I.** *v/t.* **1.** ⊕ *Knopf, Taste(r)* drücken; ♪ *Saiten* schlagen; *fig.* sondieren; **2.** → *tomar el pulso*; **II.** *v/i.* **3.** puls(ier)en; schlagen (*Herz*); *Phys.* schweben (*Schwingung*).

púlsar *Astr. m* Pulsar *m*.

pulsátil *adj. c* puls(ier)end; klopfend.

pulsatila ♀ *f* Küchenschelle *f*.

pul|sativo *adj.* → *pulsátil*; **~sera** *f* Armband *n*; *Span.* ~ *de pedida* Verlobungsarmband *n* (*Geschenk des Bräutigams an die Braut*); **~so** *m* **1.** Puls(schlag) *m*; *fig.* Kraft *f* in der Faust; Behutsamkeit *f*; ⚡ ~ *débil*

(*precipitado*) schwacher (beschleunigter) Puls *m*; *fig.* ~ *firme* ruhige Hand *f* (*z. B. b. Schießen*); *a* ~ freihändig (*a. zeichnen*); *fig. conseguir a/c. a* ~ et. durch eigne Kraft erreichen; *echar un* ~ (ein) Armdrücken (*Art Kraftspiel*) machen; *fig. quedarse sin* ~(*s*) tausend Ängste ausstehen, sprachlos sein *vor Schrecken*; *me tiembla el* ~ die Hand zittert mir; *tomar el* ~ *a alg.* ✍ j-m den Puls fühlen; *fig.* j-m auf den Zahn fühlen; 2. *Méj.* Armband *n*; *reloj m de* ~ Armbanduhr *f*.
pulular *v/i.* 1. keimen, sprießen; 2. s. rasch vermehren; wuchern; *fig.* wimmeln.
pulve|rizable *adj. c* pulverisierbar; zerstäubbar; **~rización** *f* Pulverisieren *n*; Zermahlen *n*; Zerstäuben *n*; *Typ.* Bestäubung *f*; **~rizador** I. *adj.* zerstäubend; II. *m* Zerstäuber *m*; Spritzgerät *n*; **~rizar** [1f] *v/t.* 1. pulverisieren; zerreiben; *fig.* vernichten; 2. zerstäuben; *Typ.* bestäuben; **~rulento** *adj.* staubig.
pulvígeno *adj.* stauberzeugend; staubig.
pulla *f* 1. Zote *f*; 2. → *puya* 2.
pullover *m* → *pulover*.
¡pum! *onom.* bums!; bum! [*m.*]
puma *Zo. m* Puma *m*, Silberlöwe *m*
pumpún *Kdspr. m*: *hacer* ~ Aa machen (*Kdspr.*).
puna *f And.* 1. Hochsteppe *f*, Puna *f*; 2. ✍ Höhenkrankheit *f*.
punción *f* (Ein-)Stich *m*; ✍ Punktieren *n*; Punktion *f*; *practicar una* ~ *a alg.* j-n punktieren.
pundono|r *m* 1. Ehr-gefühl *n*, -liebe *f*; 2. Ehrensache *f*; **~roso** *adj.* ehrliebend; voll Ehrgefühl.
pun|gente *adj. c* → *punzante*; **~gir** [3c] *v/t.* 1. → *punzar*; 2. *fig.* (an-)reizen.
puni|ble *adj. c* strafbar; **~ción** *f* Bestrafung *f*; **~tivo** *adj.* Straf...; *justicia f* ~*a* strafende Gerechtigkeit *f*; Strafjustiz *f*.
punk(i) *m* Punk(er) *m*.
punta *f* 1. *a.* ✍ *u. fig.* Spitze *f*; Zacken *m*; *p. ext.* Horn *n des Stiers*; *fig.* ein bißchen; *fig.* Pointe *f*; *a. ~ de cuchillo a.* e-e Messerspitze voll; ~ *del consumo eléctrico* Strom(verbrauchs-)spitze *f*; *fig.* ~ *del iceberg* Spitze *f* des Eisbergs; *fig.* ~ *de lanza* Speerspitze *f*; ~ *de la nariz* Nasenspitze *f*; *Vkw. horas f/pl.* ~ Spitzenverkehrs-, Stoßzeit *f*; *Am. a* ~ *de mittels* (*gen.*); *a. Span. a* ~ *de pistola* mit vorgehaltener Pistole; *de* ~ auf (den) Zehenspitzen; *de* ~ *a cabo* von A bis Z; *de* ~ *a* ~ durch u. durch, völlig; *de* ~ *en blanco* † in voller Bewaffnung; *fig.* F geschniegelt u. gebügelt, piekfein F; *acabar en* ~ spitz zulaufen; *fig.* F *acabarse en* ~ sterben; *fig. estar de* ~ *con alg.* mit j-m zerstritten sein; *hacer* ~ *a. fig.* die Spitze bilden; *fig.* übertreffen (*ac.*); entgg.-treten (*dat.*); *ponerse en con alg.* Streit mit j-m bekommen; *se me ponen los pelos de* ~ die Haare stehen mir zu Berge; *sacar* ~ *a a/c.* et. (*z. B. Bleistift*) anspitzen; *fig.* e-e Sache ins Lächerliche ziehen; e-r Sache e-e witzige Wendung geben; *fig.* ~ hervorragend sein; s. sehen lassen können; *tener una* ~ *de loco* leicht närrisch sein; *fig. lo tengo en la* ~ *de la lengua* es

liegt mir auf der Zunge; 2. *Geogr.* ~ (*de tierra*) Landzunge *f*; 3. ✚ Stift *m*; Nadel *f*; ~ (*de París*) Drahtstift *m*; ~ *seca* Graviernadel *f*; 4. *fig.* säuerlicher Geschmack *m* (*Wein*); 5. Zigarrenstummel *m*; 6. *Am.* Anzahl *f*; Menge *f*; Trupp *m*, Bande *f*; *bsd. Am. Cent. adv. en* ~ zs.; 7. *Arg.* Quelle *f* e-s *Flusses*; ~*s f/pl.* Quellgebiet *n*; **~da** *f* 1. (Nadel-)Stich *m*; *fig. echar una* ~ ein (andeutendes) Wort fallen lassen; 2. *Am.* **a**) Stich *m*; stechender Schmerz *m*; **b**) Seitenstechen *n*.
puntal *m* 1. Stützbalken *m*; Träger *m*; *fig.* Stütze *f*; ~ *de carga* Ladebaum *m*; 2. ⚓ ~ *de arqueo* Vermessungshöhe *f*; ~ *de bodega* Raumtiefe *f*. [Fußtritten.)
puntapié *n* Fußtritt *m*; *a* ~*s mit)*
punte|ado I. *adj.* 1. getüpfelt; punktiert; *fig.* besät (mit *dat.* de); bestreut (mit *dat.* de); 2. *fig.* F *Arg., Pe.* estar ~ leicht angesäuselt sein F; II. *m* 3. Punktierung *f*; Tüpfelung *f*; 4. ⊕ Punktung *f* b. *Schweißen*; 5. ♪ Zupfen *n der Gitarre*; Klimpern *n auf e-n Saiteninstrument*; *a.* Pizzikato *n*; **~ar** *v/t.* 1. punktieren; tüpfeln; *Mal.* pointillieren; ✝ Posten abstreichen; 2. ♪ *bsd. Gitarre* zupfen; *a. v/i.* klimpern (*v/t.* auf *dat.*); 3. ⊕ punkten; **~o** ♪ *m* Zupfen *n*.
puntel *m* Blasrohr *n der Glasbläser*.
puntera *f* Vorderkappe *f b. Schuh od.* Schuhspitze *f*; Ballenverstärkung *f am Strumpf*; *fig.* F Fußtritt *m*; **~zo** *m* Tritt *m* mit der Schuhspitze.
puntería *a.* ✖ *f* 1. Zielen *n*, Richten *n b. Geschütz*; ~ *sin apoyo* freihändiger Anschlag *m*; ✖ afinar la ~ s. einschießen; *tener buena* ~ ein guter Schütze sein; 2. Zielverfahren *n*; 3. Visier *n*; ~ *antiaérea* Flakvisier *n*.
puntero *m* 1. Stichel *m*; Körner *m*; 2. Locher *m*, Pfriem *m*; 3. Zeigestock *m*; *EDV* Mauszeiger *m*; 4. *Am. Reg.* Uhrzeiger *m*.
puntiagudo *adj.* scharf, spitz.
punti|lla *f* 1. schmale Spitze(nborte) *f*; 2. *Stk.* Genick-stoß *m*, -fang *m* Genickfänger *m*; *Stk. u. fig. dar la* ~ den Gnadenstoß geben; *fig.* F *eso le dio la* ~ das gab ihm vollends den Rest; *fig.* F *¡es la* ~*!* das ist doch die Höhe!; 3. ⊕ Spitzbohrer *m*; 4. *de* ~*s auf Zehenspitzen*; *fig. ganz leise*; *ponerse de* ~*s* auf die Zehenspitzen stellen; *fig.* F *sur bei s-r Meinung beharren* (*od.* bleiben) F; **~llero** *Stk. m* Gehilfe *m*, der dem Stier den Gnadenstoß gibt.
puntillis|mo *Mal. m* Pointillismus *m*; **~ta** *adj.-su. c* pointillistisch; Pointillist *m*.
puntillo *m* 1. Ehrenpunkt *m*; *p. ext.* Empfindlichkeit *f*; wunder Punkt *m*; 2. ♪ Punkt *m*; ~ *doble* Doppelpunkt *m* (*Verlängerungszeichen*); **~so** *adj.* überempfindlich, heikel.
puntiseco *adj.* trocken an der Spitze (*bsd. Pfl.*).
punto *m* 1. *a. Typ.* (*Maß*) *u. fig.* Punkt *m*; Stelle *f*; Zeitpunkt *m*; Verlust- *bzw.* Gewinn-punkt *m b. Prüfungen, im Sport*; Punkt *m*; Thema *n*; *fig.* kl. Pause *f*; ein bißchen, e-e Kleinigkeit *f*; *Gram. dos* ~*s* Doppelpunkt *m*; ▲ *medio* ~ Rundbogen *m*; ~ *de apoyo a.* ⊕ Auflage- *bzw.* Halte-punkt *m*;

Stützpunkt *m* (*a. fig.*); *fig. a.* Anhaltspunkt *m*; ~ *de ataque* Angriffsstelle *f*; Druckpunkt *m* (*Mechanik*); *los* ~*s cardinales* die (vier) Himmelsrichtungen *f/pl.*; ~ *céntrico* (*cero*) Mittel- (Null-)punkt *m*; *Gram.* ~ *y coma* Strichpunkt *m*, Semikolon *n*; *Phys.* ~ *de congelación* Gefrierpunkt *m*; ✖ ~ *de costado* Seitenstechen *n*; ~ *crítico* kritischer Punkt *m*; *a.* ~ *springender* Punkt *m*; ✍ ~ *de encendido* Zündpunkt *m*; ~ *fijo* Fest-, Fix-punkt *m*; *a. fig.* ~ *final* Schlußpunkt *m*; *fig.* ~ *flaco* schwache Stelle *f*, wunder Punkt *m*; ~ *de giro, a.* ~ *eje* Drehpunkt *m*; *Verw.* ~*s m/pl. por hijos* Kinderzulage *f*; ~ *de honra* Ehrensache *f*; *EDV* ~ *de imagen* Bildpunkt *m*, Pixel *n*; *bsd.* ✍ ~ *de inflexión* (*de intersección, de inversión*) Wende- (Schnitt-, Umkehr-)punkt *m*; ⊕ *u. fig.* ~ *muerto* toter Punkt *m*; *Kfz.* Leerlauf(stellung *f*) *m*; ~ *de partida* (*od. de salida*) Ausgangspunkt *m* (*a. fig.*); ~ *de referencia*, A ~ *base* Bezugspunkt *m*; ~ *de reunión* Treffpunkt *m*; *Gram.* ~*s m/pl. suspensivos* Auslassungspunkte *m/pl.*; ~ *de vista* Gesichts- *bzw.* Stand-punkt *m*; *a* ~ bereit; *a* ~ sofort, sogleich; *a* ~ *fijo* genau; *de todo* ~ völlig, ganz und gar; *desde el* ~ *de vista económico* vom Standpunkt der Wirtschaft, wirtschaftlich gesehen; ⊕ *desde el* ~ *de vista de la producción* fertigungstechnisch; *en* ~ pünktlich; *a las seis en* ~ Punkt 6 Uhr; *en* ~ *de was ...* (*ac.*) anbetrifft; *hasta cierto* ~ bis zu e-m gewissen Grade; *hasta qué* ~ inwieweit; *hasta tal* ~ *que so sehr, daß ...*; *dar* ~ *a a/c.* Schluß machen mit et. (*dat.*), et. beenden; *Kchk. dejar hasta que esté en su* ~ garen (*bzw. zu*sein); *lassen*; *estar a* (*tomar el*) ~ *Kchk.* gar sein (werden); *fig.* fertig sein; *estar a* ~ *de* + *inf.* nahe daran sein zu + *inf.*; *dabei sein zu* + *inf.*; *estar en su* ~ *Kchk.* gar sein; *fig.* genau richtig sein; reif sein (*Früchte*); *llegar a un* ~ *muerto* an e-m toten Punkt anlangen; *poner* ~ *final a a/c.* et. beenden, e-n Schlußstrich unter et. (*ac.*) ziehen; *fig. poner a/c. en su* ~ et. ordentlich (*od.* gründlich) machen; et. klären; *fig. subir de* ~ (an)wachsen; s. verschlimmern; *¡vamos por* ~*s!* gehen wir (schön) der Reihe nach!; 2. Stich *m* (*Nähen*); Masche *f* (*Strumpf, Trikot*); ~ *de cadena* (*de encima*) Ketten- (Überwendlings-)stich *m*; ~ *corrido* Laufmasche *f*; *camiseta f de* ~ Trikot *n*; *hacer* (*labor de*) ~ stricken; 3. ~ (*de mira*) Korn *n am Gewehr*; *a. fig.* Zielpunkt *m*; *fig.* Ziel *n*, Absicht *f*, Zweck *m*; 4. ⚓ Schiffsposition *f nach dem Besteck*; 5. ✚ Ehrenpunkt *m*, Ehre *f*; 6. *fig.* ⊕ Störkörner *m*, Punkt *m*; 7. Droschkenstand (-platz) *m*; 8. *Kart.* **a**) Stich *m*, Punkt *m*; **b**) Spieler *m* gg. den Bankhalter. 9. *fig.* Individuum *n* (*desp.*).
puntuación *f Gram.* Zeichensetzung *f*, Interpunktion *f*; *Sp.* Punkt-wertung *f*, -zahl *f*.
puntua|l *adj. c* pünktlich; richtig, genau; *llegar* ~(*es*) pünktlich ankommen; **~lidad** *f* Pünktlichkeit *f*; Genauigkeit *f*; *falta f de* ~ Unpünktlichkeit *f*; mangelnde Genauigkeit *f*; **~lización** *f* Berichtigung *f*, Klarstel-

lung *f*; **~lizar** [1f] *v/t.* genau einprägen; im einzelnen darlegen; vollenden; richtig-, klar-stellen.
puntuar [1e] *v/t.* **1.** *Gram.* interpunktieren; *Li. z. B. hebräische Texte* punktieren; **2.** ✎ nach Punkten bewerten.
puntura *f* **1.** Stich(wunde *f*) *m*; **2.** *Typ.* Punktur *f*, Haltestift *m.*
punza|da *f* Stich *m*; stechender Schmerz *m*, Stechen *n*; **~nte** *adj. c* stechend; Stich...; spitz (*Gegenstand*); **~r** [1f] *v/t.* stechen; zwicken.
punzó *adj. inv.* hochrot, leuchtendrot.
pun|zón *m* **1.** Pfriem *m*; Stichel *m*; Punzen *m*; **2.** ⊕ Durchschlag *m*, Körner *m*; **3.** (Stahl-, Präge- *bzw.* Stanz-)Stempel *m*; **~zonado** ⊕ *m* Lochen *m*; Drücken *n*; **~zonadora** ⊕ *f* Lochstanze *f*; **~zonar** ⊕ *v/t.* (an)körnen; lochen (*mit e-m Dorn*); stanzen.
puña|da *f* Faustschlag *m*; *fig.* F *a* **~s** haufenweise; *darse de* **~s** *mit den Fäusten aufeinander einschlagen*; **~do** *m a. fig.* Handvoll *f*; kleine Menge *f.*
puña|l *m* Dolch *m*;*fig. poner a alg. el ~ en el* (*od. al*) *pecho* j-m das Messer an die Kehle setzen; **~lada** *f* Dolchstich *m*, -stoß *m*;*fig. dar una ~ trapera a alg.* j-m in den Rücken fallen; j-m sehr übel mitspielen; **~lero** *m* Dolchmacher *m.*
puñe|ta *f* **1.** V Onanie *f*, Wichsen *n* P; *hacer la ~* masturbieren, wichsen P; **2.** *fig.* P ¡(*es la*) **~**! verdammte Schweinerei! P; das ist doch das Letzte! F; *hacer la ~ a alg.* j-n schikanieren; j-m übel mitspielen; *me importa una ~* das ist mir scheißegal V; ¡*no me hagas la ~*! laß mich in Ruhe!; ¡*vete a la ~*! scher dich zum Teufel! F; *vivir en la quinta ~* j. w. d. wohnen F; **~tazo** *m* Faust-hieb *m*, -schlag *m*; *a ~s* mit Fausthieben; **~tero** P **I.** *m* Onanist *m*; *fig.* Schweinehund *m* P; **II.** *adj.* gemein, verdammt P, Mist... P, Scheiß... V.
puño *m* **1.** Faust *f*;*fig. apretar los ~s* s. gewaltig anstrengen, s. mächtig am Riemen reißen F (, *um zu + inf. para*); *como un ~* faustgroß; faustdick (*Lüge usw.*); *fig. adv. a ~ cerrado* blindlings (*glauben*); mit der Faust (*schlagen*); *de mi* (*tu, su*) *~ y letra* eigenhändig; *fig. está con el alma en un ~* er kommt um vor Angst; *fig.* F *meterle a alg. en un ~* j-n ins Bockshorn jagen; j-n in die Enge treiben; j-n kirre machen; **2.** (Hand-)Griff *m* (*Degen, Fahrrad, Pistole*); *de bastón* Stock-griff *m bzw.* -knauf *m*; *~ giratorio de cambio* (*~ mando gas*) Schalt-(Gas-)drehgriff *m* (*Motorrad*); **3.** Manschette *f*; Ärmelaufschlag *m*; **4.** Handvoll *f*; *Reg. a.* → *puñetazo*; **5.** ⚔ *~ de acero* Panzerfaust *f*; *~ de hierro* Schlagring *m.*
pupa *f* **1.** Lippenausschlag *m*; Pustel *f*; **2.** *Kdspr.* Wehweh *n.*
pupi|la *f* **1.** ✱, *Opt.* Pupille *f*; Sehloch *n*; *contracción f* (*dilatación f*) *de la ~* Pupillen-verengung *f* (-erweiterung *f*); *fig. tener ~* gerissen sein; **2.** ✱ Mündel *n weibl. Geschlechts*; **~laje** *m* **1.** ✱ Status *m* e-s Mündels; **2.** Kosthaus *n*; Kostgeld *n*; *Kfz.* (laufende) Wartung *f*; **~lar** *adj. c* **1.** ✱ Pupillen...; *reacción f ~* Pupillenreaktion *f*; **2.** ✱ Mündel...; minderjährig; *con garantía ~* mündelsicher (*Gelder*); **~lero** *m* Kostgeber *m* (*vgl. pupilaje* 2); **~lo** *m* **1.** ✱ Mündel *n männl. Geschlechts*; **2.** Zögling *m*; Kostgänger *m.*
pupitre *m a.* ⊕ Pult *n*; ⊕ *~ de control* (*de mando, de radar*) Prüf-(Steuer-, Radar-)pult *n*; 📺 *~ electrónico* Schaltpult *n*; *Rf.*, *TV usw. ~ de mezclas* Mischpult *n.*
puposo *adj.* voller Pusteln; grindig, schorfig.
puramente *adv.* nur, bloß.
puré *m* Püree *n*, Brei *m*; *~ de guisantes* Erbs(en)brei *m*; Erbsensuppe *f*; *fig.* F Waschküche *f* F (= *dichter Nebel*); *~ de patatas* Kartoffelbrei *m.*
pureta F **I.** *adj. c* **1.** rückständig, altmodisch; reaktionär; **II.** *m* **2.** alter K(n)acker *m* F; **3.** *desp. Pol.* Reaktionär *m.*
pureza *f a. fig.* Reinheit *f.*
purga *f* Abführmittel *n*; Abführen *n*; *Pol.* Säuberung *f*; *~ción f* **1.** ✱ **a)** Abführung *f*; **b)** → *menstruación*; F *~ones f/pl.* Tripper *m*; **2.** *Pol.* Säuberung *f*; **~do** ⊕ *m* Abblasen *n von Dampf*; Ablassen *n*; **~dor** ⊕ *m* Ablaßhahn *m*; **~nte** ✱ Abführmittel *n*; ⊕ Reinigungsmittel *n*; **~r** [1h] **I.** *v/t.* **1.** ✱ abführen; reinigen; **2.** ⊕ *Dampf* abblasen; *Flüssigkeit* ablassen *bzw.* klären; *Pol.* säubern; **3.** *Schuld* abbüßen; *Strafe* verbüßen; **II.** *v/i.* **4.** ✱ Eiter, Wundsekret *usw.* abstoßen (*Wunde*); **5.** büßen; *Rel.* im Fegefeuer büßen; **III.** *v/r. ~se* **6.** abführen; *~se con a/c.* et. zum Abführen einnehmen; **~tivo** *adj.* abführend; **~torio** *Rel. u. fig. m* Feg(e)feuer *n*, Purgatorium *n.*
puridad *f* **1.** Reinheit *f*, Lauterkeit *f*; **2.** Geheimnis *n.*
purifica|ción *f a.* ⊕ *u. fig.* Reinigung *f*; Läuterung *f*; *kath. la ♀* Lichtmeß *f*; **~dor I.** *adj.* **1.** reinigend, ⊕ Klär...; **II.** *m* **2.** ⊕, 🜀 Vorlage *f zum Reinigen*; **~ de aceite** (*de aire*) Öl- (Luft-)reiniger *m*; **3.** *kath.* Kelchtuch *n*; **~nte** *m* Reinigungsmittel *n*; **~r** [1g] *v/t. a.* ⊕ *u. fig.* reinigen; läutern; klären; *a.* ✱ *~ de una sospecha* von e-m Verdacht befreien, *j-n* reinwaschen (*fig.*); **~torio** *adj.* reinigend, Reinigungs...
Purísima *kath.*: la *~* die Jungfrau Maria.
puris|mo *m* Purismus *m*; **~ta** *adj.-su. c* puristisch; *m* Purist *m*, Sprachreiniger *m.*
purita|nismo *Rel. u. fig. m* Puritanertum *n*; **~no** *adj.-su.* puritanisch; *m* Puritaner *m.*
purito *m* Zigarrillo *n*, *m.*
puro I. *adj.* **1.** rein; **2.** keusch; **3.** lauter; echt; *Min.* gediegen (*Metall*); **4.** bloß; ausschließlich, (*lo dijo*) *de ~ boba* aus bloßer (*od.* reiner *od.* lauter) Dummheit (sagte sie es); *de ~a cortesía* aus reiner (*od.* vor lauter) Höflichkeit; *se cae de ~ viejo* er ist ein hinfälliger Greis; **II.** *adj.-su. m* **5.** (*cigarro m*) *~* Zigarre *f.*
púrpura *f* **1.** Purpurschnecke *f*; **2.** Purpur *m* (*Farbe, Gewand*); *fig.* Kardinals- (*hist.* Kaiser-, Königs-) würde *f.*
pur|purado *m* Purpurträger *m*; *kath.* Kardinal *m*; **~purar** *v/t.* **1.** mit Purpur färben; **2.** mit dem Purpur bekleiden; **~púreo** *adj.* → *purpurino*; **~purina** *f* Bronzefarbe *f*; *~ oro* Goldpulver *n*; *~ de aluminio od. ~* "*plata*" Aluminiumpulver *n*; **~purino** *adj.* purpurfarben.
pu|rrela F *f* Tresterwein *m*; dünner Wein *m*; *p. ext.* Gesöff *n* F; *fig.* übles Zeug *n*; Gesindel *n*, Pack *n*; **~rria** F *f* Langeweile *f*; Abscheu *m*; **~rriela** F *f* Schund *m*, Mist *m* F.
purulen|cia *f* Eitern *n*; **~to** *adj.* eiternd.
pururú *m* **1.** *Rpl.* Puffmais *m*; **2.** *Arg. fig.* Prasseln *n*; *fig.* F schrill und hastig Redende(r) *m.*
pus *m* Eiter *m.*
puse → *poner.*
pusil|ánime *adj.-su. c* kleinmütig; verzagt; *m* Verzagte(r) *m*; **~animidad** *f* Kleinmut *m*, Verzagtheit *f*, Ängstlichkeit *f.*
pústula ✱ *f* Pustel *f*; *~ maligna* Milzbrandkarbunkel *m*; *~ vacunal* Impfpustel *f.*
pustuloso *adj.* voller Pusteln.
pusuque|ar *Arg. v/i.* nassauern F; **~ro** *m Arg.* Nassauer *m* F, Schmarotzer *m.*
puta P *f* Hure *f* P; *hacer de ~* auf den Strich gehen F; *irse de ~s* (herum)huren P; *las pasé ~s* mir ist es dreckig gegangen P; **~da** P *f* Gemeinheit *f*; **~ismo**, *a.* **~nismo** *m* **1.** Hurenleben *n*; Hurenwirtschaft *f*; **2.** Hurenvolk *n*; **3.** *~* Hurenhaus *n.*
putativo *adj.* vermeintlich; vermutlich.
putear P *v/i.* fluchen; herumhuren P.
putero P *m* Hurenbock *m* P.
putilla F *f* Flittchen *n* F, Schlampe *f* F.
puto I. *adj.* P mies F; verdammt P; **II.** *m* F (*Arg.* aktiver) Homo *m* F.
pu|trefacción *f* Fäulnis *f*; Verrottung *f*; Verwesung *f*; **~trefacto** *adj.* verfault; verwest; verrottet; **~trescente** *adj. c* faulend; verwesend; **~tridez** *f* Fäulnis *f*; Modergeruch *m.*
pútrido *adj.* verfault, morsch; faulig.
putsch *m* Putsch *m.*
puya *f* **1.** Spitze *f des Ochsenstachels*; *Stk.* Lanzenspitze *f des Pikadors*; **2.** *fig.* Stich(elei *f*) *m*, gehässige Bemerkung *f*; *echar ~s* (*a alg.*) sticheln; (j-n) durch Stichelreden kränken; **3.** *Pan. ~* machete *f*; **~da** *f Hond.* Stierkampf *m*; **~dor** *Stk. m Guat., Hond.* Pikador *m*; **~r I.** *v/t. Am.* Ochsen (an)stacheln; *Stk.* mit der Pike stechen; **II.** *v/i. Chi. a. fig.* kämpfen, s. durchschlagen; **~zo** *Stk. m* Lanzenstich *m.*
puyo *Rpl. m* kürzerer Poncho *m.*
puyón *m* **1.** *Am. Cent., Ven.* **a)** Spitze *f e-s Kreisels*; **b)** Knospe *f*; Schößling *m*; **2.** *Bol.* kl. Geldsumme *f*, Sümmchen *n* F.
pymes *f/pl.* (= *las pequeñas y medianas empresas*) die kleinen u. mittelständischen Betriebe *m/pl.*

Q

Q, q (= ku) f Q, q n.
quáker m Pe. Haferflocken f/pl.
quan|ta Phys. m/pl. (= cuantos) → cuanto 3; **~tum** Phys. m Quantum n; ~ de energía Wirkungsquantum n.
que I. pron. rel. welche(r, -s); der, die, das; **1.** el (la) ~ der- (die-, das-)jenige, welcher (welche, welches); los (las) ~ diejenigen, die; lo ~ (das,) was; el mes ~ viene der nächste Monat; im nächsten Monat; el ~ lo haya hecho wer es getan hat; lo ~ usted dice Sie haben (sicher) recht; **2.** mit prp.: a ~ wozu, woran, wonach; del ~, de la (lo) ~ wovon, davon; en el (la, lo, los, las) ~ worin, darin; por lo ~ weshalb, weswegen; darum; **II.** cj. **3.** ~ + inf.; z. B. tener ~ + inf. et. tun müssen; tener ~ decir a/c. et. zu sagen haben; **4.** daß, damit; ¡~ se alivie! gute Besserung!; ~ lo diga ~ no lo diga ob er es nun sagt oder nicht; ¡~ no se repita eso! daß (mir) das nicht wieder vorkommt!; ¡~ venga! er soll kommen!; ~ no + subj. ohne (daß), z. B.: no voy a ningún sitio ~ no tropiece con ese individuo ich mag gehen, wohin ich will, immer treffe ich den Kerl da F; elliptisch: ¡a que no (lo sabes)! wetten, daß (du es) nicht (weißt)!; **5.** einführend od. hervorhebend: es ~ nämlich; le iba a pedir un favor y es ~ ... ich hätte Sie gern um e-n Gefallen gebeten, nämlich ...; **6.** denn; (por) ~ weil; déjame en paz, ~ no tengo tiempo laß mich in Ruhe, (denn) ich habe k-e Zeit; **III.** Bei Vergleichen: **7.** als, denn († u. lit.); wie; lo mismo ~ antes dasselbe wie früher; lo mismo ~ yo od. igual ~ yo genau wie ich; él es mejor ~ ella er ist besser als sie; no había más ~ él nur er war da; no tener más ~ cien ptas. nur 100 Peseten haben (vgl. de, más, menos); **IV.** konjunktivisch: **8.** a no ser ~ + subj., no sea ~ + subj. wenn nicht od. es sei denn (, daß); antes (de) ~ + subj. bevor, ehe; como ~ weil, da; → a. como; el momento ~ los vea, los mato (so)wie ich sie sehe, töte ich sie; para ~ + subj., a fin de ~ + subj. damit + ind., um zu + inf.; sin ~ + subj. ohne daß; **9.** bei Verben der Willensbekundung u. des Affekts: me alegra ~ todos estéis aquí es freut mich, daß ihr alle hier seid; dice ~ le manden la factura er sagt, man soll(e) ihm die Rechnung schicken; **10.** in Bedingungssätzen: sería una falta ~ no lo hiciéramos es wäre ein Fehler, wenn wir es nicht täten; **V.** Hervorhebung e-s Gg.-satzes; **11.** ~ no bestimmt nicht, nein (doch); stark betontes nicht; suya es la falta, ~ no mía er hat den Fehler gemacht, nicht ich; trabajo pedimos, ~ no limosna Arbeit wollen wir, kein Almosen; ~ sí ja doch, jawohl, gewiß; no basta ~ me lo digas, sino ~ ... es genügt nicht, daß du es mir sagst, (sondern) ...; **VI.** pleonastisch: **12.** aussagend: decir ~ no nein sagen; eso sí ~ no das bestimmt nicht; **13.** rückfragend: ¿~ no lo ha explicado bien? hat er es (etwa) nicht gut erklärt?; ¿~ qué ha dicho? was er gesagt hat?; **14.** Dauer, Intensität: corre ~ corre in einem fort, ununterbrochen; corre ~ vuela er läuft (bzw. fährt usw.) rasend schnell; F estar escribe ~ escribe immerzu weiterschreiben; firme ~ firme eisern in e-m Entschluß; ganz fest; F y todos grita ~ te gritarás u. alle schreien (unaufhörlich) aus vollem Halse; **VII.** Sonderbedeutungen: **15.** yo ~ tú ich an d-r Stelle; uno ~ otro dieser u. jener, der eine oder andere.

qué: ¿~? pron. interr. (a. indirekt fragend) welche(r, -s)?; was?; int. ¡~! welch!, was für (ein)!; bei adj. u. adv. wie!; **1.** el ~ dirán das Gerede (der Leute); un ~ es un gewisses Etwas; ¡no sabes ~ a destiempo vienes! du weißt gar nicht, wie ungelegen du kommst!; no saber ~ decir k-e Worte finden; ¿~ dices? was sagst du?; was meinst du dazu?; ¿de ~ estás hablando? wovon redest du?; gracias ~ no hay de ~ danke! — bitte; gern geschehen, k-e Ursache!; ¡~ de gente! (¡~ de libros!) so e-e Menge Menschen! (e-e Masse Bücher!, wieviel Bücher!); ¡~ guapa (que) está! wie schick sie aussieht!; ¿para ~? wozu?; ¿por ~? warum?; weshalb?; F ¿~ hay de su vida? was machen Sie (noch)?, was treiben Sie (Schönes)?; ¿~ tal ...? wie ...?; ¿~ tal? wie gehts?; ¿~ tal tu hermano? wie geht es d-m Bruder?; Col. ¡~ tal, si ...! Schlimmeres wäre passiert, wenn ...; Col., Méj. ¿~ tanto? wieviel?; **2.** F, P (die genaue Bedeutung hängt von der jeweils gegebenen Situation ab): ¿a mí ~? was geht das mich an?; das ist mir wurscht! F; P ¡~ boda ni ~ narices (od. vulgärer: ni ~ niño muerto)! von wegen Hochzeit! F; ¡pues ~! na also!; ¡pues y ~! warum denn nicht!; aber überhaupt nicht!; (bueno) ¡y ~! na und!; und wenn schon!; no saber de ~ nicht wissen, worum es geht; k-n blauen Dunst davon haben F; sin ~ ni para ~ (od. ni por ~) ganz grundlos; mir nichts, dir nichts; desp. od. iron. tú ¿~ has de saber? was weißt (od. verstehst) du denn!; ach wo!; Unfug!, Quatsch! F; stimmt nicht!; kein Vergleich!; **b)** das will ich meinen!; das glaube ich gern!

quebra|chero adj. Quebracho...; **~cho** ♂ m Quebracho-baum m; -rinde f.
quebra|da f Bergschlucht f; zerklüftetes Gelände n; Klamm f, Tobel m (sdd., öst., schweiz.); Pe. a. Tal n; Am. Reg. a. Bach m; **~dero** F: ~(s) m(/pl.) de cabeza Sorge f, Kummer m; Kopfzerbrechen n; **~dizo** adj. (leicht) zerbrechlich; brüchig; ⊕ ~ en caliente warmbrüchig; **~do I.** adj. **1.** zerklüftet; holperig; gebrochen (Linie, Zahl); fig. bankrott; color m ~ gebrochene Farbe f; blasse Gesichtsfarbe f; **II.** m **2.** Arith. Bruch m; ~ aparente (común) scheinbarer (gemeiner) Bruch m; ~ (no) equivalente (un)gleichnamiger Bruch m; (im)propio (un)echter Bruch m; invertido umgekehrter Bruch m, reziproker Wert m, Kehrwert m; **3.** ✝ Konkurs-, Gemein-schuldner m; **4.** bsd. ⊕ Bruch m; Knick m; **~dor I.** adj. brechend; **II.** m Zerbrecher m; Gesetzbrecher m; **~dura** f a. ⚘ Bruch m (a. Jgdw.), Riß m; fig. dar ~s de cabeza Kopfzerbrechen machen; **~ja** f Spalte f; **~joso** adj. rissig.
quebranta|dor I. adj. (zer)brechend; **II.** m Gesetzesbrecher m; **~dora** f Steinbrech(maschin)e f, Gesteinsmühle f; **~dura** f → quebrantamiento; **~huesos** m (pl. inv.) Vo. Bart-, Lämmer-geier m; p. ext. F Fischadler m; fig. F zudringliche Person f; **~miento** m **1.** Zerbrechen n, Brechen n; **2.** fig. Bruch m (z. B. des Friedens; ~ des Gesetzes; ⚖ ~ de condena Verhinderung f des Strafvollzugs; **3.** ⚔ Kräfteverfall m; (völlige) Ermattung f; **~olas** ♂ m (pl. inv.) altes Schiff, mit Steinen gefüllt u. versenkt, als Wellenbrecher m; **~piedras** ♂ m (pl. inv.) Art graues Bruchkraut n.
quebran|tar v/t. **1.** zerbrechen, zermalmen; zerschmettern; **2.** ⊕ zerschlagen, zer-klopfen, -stükkeln; Gestein, Erz brechen, pochen; **3.** fig. Frieden, Gesetz, Vertrag usw. brechen; Willen (zer)brechen; Kraft, Geduld usw. zermürben; Organismus entkräften; **~to** m **1.** Zerbrechen n; Bruch m; **2.** fig. Zerrüttung f; Zusammenbruch m; ligero ~ Knacks m F; **3.** Erschöpfung f; Mattigkeit f; Kummer m; Niedergeschlagenheit f.
quebrantón Vo. m → quebrantahuesos.
quebra|r [1k] **I.** v/t. (zer)brechen; (zur Seite) biegen, ab-, ver-biegen;

quebrazas — querer 510

fig. Code knacken F; *fig. le han ~ado las alas* sie haben ihm allen Schwung genommen; sie haben ihn erledigt (*od.* kaputtgemacht F); **II.** *v/i.* brechen; ✝ Konkurs machen; *Spr. antes doblar que ~ der Klügere gibt nach*; **III.** *v/r.* ~se (zer)brechen; (zer-)springen (*z. B. Glas*); ~se *una pierna* s. ein Bein brechen; ~**zas** *f/pl.* Scharten *f/pl.*, Risse *m/pl. in e-r (Degen-) Klinge.*

queche(marín) ♎ *m* zweimastiges Küstenschiff *n*, Ketch *f*.

quechol *Vo. m Méj. flamingoähnlicher Vogel (Platalea mexicana).*

quechu|a I. *adj. c.* Ketschua...; *fig.* inkaisch; peruanisch; **II.** *c.* Ketschuaindianer *m*; **III.** *m Li.* Ketschua *n*; ~**ismo** *m* Ketschuismus *m*; dem Ketschua entnommenes Wort *n*; ~**ista I.** ⍰ *adj. c.* ketschuistisch; Ketschua...; **II.** *Li. c* Ketschuakenner *m*.

queda *f lit. u.* † Abendläuten *n*; *lit.* Abendstille *f*; (*toque m de*) ~ Sperrstunde *f*; ⚔ Zapfenstreich *m*; ~**da** *f* 1. unverheiratet Gebliebene *f*; 2. *Am. Reg.* Übernachtung *f*; ~**do** *adj. Am.* träge, indolent; ~**mente** *adv.* leise; mit leiser Stimme.

quedar I. *v/i.* bleiben; verbleiben; zurückbleiben; übrigbleiben; noch vorhanden sein; ~ *ist Funktionsverb u. tritt häufig für „resultar" u. „estar" ein*; ~ + *part. od. adj.* werden *bzw.* sein; *Typ. ¡queda!* bleibt stehen! *b. Korrekturen*; ~ *a deber una cantidad* e-e Summe schuldig bleiben; *fig. no ~ a deber nada* Gleiches mit Gleichem vergelten; *le ~ia muy agradecido que (od. si) + subj. impf.* ich wäre Ihnen sehr dankbar, wenn ...; *¡quede esto aquí!* möge es dabei sein Bewenden haben!; *a. fig.* ~ *atrás* zurückbleiben; ~ *bien* (*mal*) gut (schlecht) ausfallen (*Arbeit*); gut (schlecht) abschneiden (*z. B. bei e-m Wettbewerb*); e-n guten (schlechten) Eindruck hinterlassen (*bei dat. od.*); que *esto quede entre nosotros* das bleibt aber unter uns; *hacer ~ muy mal a alg.* j-n in e-m sehr ungünstigen Licht erscheinen lassen; *¡quede (od. quédese) usted con Dios!* leben Sie wohl!; ~ *con vida* am Leben bleiben; ~ *condenado a* verurteilt werden zu (*dat.*); *quedamos conformes* wir haben uns geeinigt; *quedamos de ustedes afmos. y ss. ss.* wir verbleiben hochachtungsvoll (*veralteter Briefschluß*); ~ *de alcalde* Bürgermeister werden; ~ *de* (*od.* en) *hacer a/c.* verabreden (*od.* übereinkommen), et. zu tun; ~ *a las ocho* s. für 8 Uhr verabreden; *como queda dicho* wie gesagt; *¿dónde habíamos ~ado?* wo waren wir stehengeblieben?; ~ *con alg. en a/c.* mit j-m et. verabreden; *s.* einigen (über *ac.*); *¿quedáis, pues, en volver a casa?* ihr wollt also heimkehren?; ~ *en a/c.* vereinbaren, daß ...; *¿en qué quedamos?* was wollen wir nun ausmachen?; wie wollen wir nunmehr verbleiben?; *quedo entendido que ...* es wird vereinbart, daß ...; wohlverstanden, ...; ~ *huérfano* verwaisen; *quedamos iguales* jetzt sind wir quitt; *no te queda más tiempo* du hast k-e Zeit mehr; *queda mucho* es fehlt noch viel; ~ *muerto* tot auf dem Platz bleiben; ~ *por* s. verbürgen für (*ac.*), haften für (*ac.*); ~ *por* (*od. que*) *hacer* noch zu tun sein (*od.* bleiben); *la partida quedó por ellos* die Partie ging an sie (*od.* wurde ihnen zugeschlagen) *b.* e-r *Versteigerung*; *por mí no ~á, por mí no ha(brá) de ~, por mí que no quede* an mir soll es nicht liegen; ich will alles Erforderliche tun; ~ *por resolver* noch gelöst werden müssen; ~ *sin acabar* noch nicht fertig sein, unabgeschlossen sein; *la carta queda todavía sin* (*od. por*) *contestar* der Brief ist noch nicht beantwortet; *quedan sólo ruinas de la catedral* von der Kathedrale sind nur noch Trümmer übrig; **II.** *v/r.* ~se bleiben; verweilen; zurückbleiben; *bei funktionaler Verwendung*: sein *bzw.* werden; → *a. I*; *fig.* ~se *a oscuras (od. a buenas)* s-n Besitz verlieren; sein Ziel nicht erreichen, leer ausgehen; nicht begreifen, nicht dahinterkommen; *fig. no ~se ahí parado* es nicht dabei bewenden lassen; ~se *huérfano* verwaisen; ~se (*con*) *a/c.* et. behalten; et. nehmen; *im Geschäft*: et. nehmen, et. kaufen; *fig.* F ~se *con alg.* j-n hintergehen, j-n betrügen; ~se *con el sombrero puesto* den Hut aufbehalten; ~se *en un ataque de corazón* nach e-m Herzanfall sterben; *fig.* F ~se *fresco* angeschmiert werden F, hereinfallen F; *fig.* ~se *frío* e-e große Pleite erleben *f*; kalte Füße kriegen (*fig. F*); höchst unangenehm überrascht werden *von e-r Nachricht usw.*; *quédese sentado aquí* setzen Sie s. bitte hierher *bzw.* bleiben Sie hier sitzen; *hoy nos hemos ~ado sin comer* heute haben wir nichts gegessen (*bzw.* nichts zu essen bekommen); *fig.* ~se *tieso vor Kälte, Schreck usw.*; ~se *yerto vor Schreck* erstarren; *fig.* ~se *entre Pinto y Valdemoro* zwischen zwei Stühlen sitzen.

quedo I. *adj.* ruhig; still; leise; **II.** *adv.* leise (*sprechen*).

quehacer *m* Arbeit *f*; Aufgabe *f*; ~**es** *m/pl.* Beschäftigung *f*, Obliegenheiten *f/pl.*; *los ~es de casa* die Hausarbeit.

que|ja *f* 1. Klage *f*; 2. *a.* ⚖ Beschwerde *f* (einlegen *formar*); *fig.* Unzufriedenheit *f*, Groll *m*; *Verw.* Dienstaufsichtsbeschwerde *f* (einlegen *elevar*); *no hay ~* es geht ganz gut, ich kann nicht klagen; *tener ~ de* unzufrieden sein mit (*dat.*); ~**jarse** *v/r.* jammern (über *ac.*); ~se *de a/c. a alg. s. bei j-m über et. (ac.)* beklagen (*od.* beschweren); *sin ~se* klaglos; ~**jica** *adj.-su. c*, ~**jicoso** *adj.* wehleidig; ewig unzufrieden; ~**jido** *m* Jammern *n*, Klagen *n*.

queji|gal *m* Bergeichenwald *m*; ~**go** ⚘ *m* Bergeiche *f*.

que|joso *adj.* unzufrieden (mit *dat.* de); ~**jumbroso** *adj.* 1. jämmerlich; wehleidig; zimperlich; 2. verdrießlich.

quelite ⚘ *m Méj. versch. Gänsefuß- und Fuchsschwanzgewächse*; *p. ext.* F *Kchk.* Gemüse *n*; *fig.* F *tener cara de ~* leichenblaß sein; *poner a alg. como ~* j-m e-e gewaltige Zigarre verpassen F.

quelvacho *Fi. m Art* Tiefseehai *m* (*Centrophorus granulosus*).

que|ma *f* Verbrennung *f*; Niederbrennen *n*; Abbrennen *n* (*Feuerwerk*); Brand *m*; Feuertod *m*; *fig. huir de la ~* e-r Gefahr ausweichen; *Bol. hacer ~ ins Schwarze* treffen; ~**madero I.** *adj.* zum Verbrennen bestimmt; **II.** *m* Scheiterplatz *m* (*z. B. Hinrichtungsstätte der Inquisition*); ~**mado** *m* 1. Brandlüftung *f im Wald*; F Verbrannte(s) *n*; *oler a ~* brenzlig riechen; 2. ⊕ ~ *de pinturas* Farbabbrennen *n*; 3. *Ec.* Punsch *m*; ~**mador** ⊕ *m* Brenner *m*; ~**madura** *f* Verbrennung *f*; Brandwunde *f*; ~**majoso** *adj.* brennend, sengend (*Schmerz*); ~**mar I.** *v/t.* 1. (ver)brennen; niederbrennen; versengen; *fig.* ~ *las naves die Schiffe* (hinter s.) verbrennen; *fig.* ~ *la sangre* das Blut in Wallung bringen, den Kopf heiß machen; *fig.* ~ *etapas* Zwischenstufen überspringen; 2. *fig.* ärgern; wurmen F; 3. verschleudern; *Vermögen* durchbringen; *Spion, Schauspieler* verheizen; 4. *Ant.* betrügen; *Méj., Am. Cent.* verraten, denunzieren; **II.** *v/i.* 5. brennen *a.* am Gaumen *usw.*, *Gewürz u. ä.*; brennend heiß sein; stechen (*Sonne*); **III.** *v/r.* ~se 6. verbrennen, vom Feuer verzehrt werden; erfrieren (*Ernte, Früchte*); *fig.* (in Leidenschaft) entbrennen; *fig. Méj.* e-n schlechten Eindruck hinterlassen, ins Fettnäpfchen treten; ~se *los dedos* s. die Finger verbrennen; *fig. b. Spielen*: *¡que te quemas!* (ganz) heiß! (*wenn der Suchende nahe beim Versteck ist*); ~**marropa** *adv.: a ~* aus nächster Nähe (*bsd. Schuß*); *p.v.* unvermittelt, urplötzlich; ~**mazón** *f* 1. Brennen *n*; *fig.* große (*od.* übermäßige) Hitze *f*; 2. *fig.* Anzüglichkeit *f*, Stichelei *f*; 3. *fig.* Beschämung *f*, Verdruß *m*, Groll *m*; 4. *fig.* F ~ *comezón*; ~**món** *m Méj.* Schußverletzung *f*; *Col.* (Haut-)Verbrennung *f*.

quena *f And.* indianische Flöte *f*.

quepis ⚔ *m* (*pl. inv.*) Schirmmütze *f*.

queque *m* 1. *Am.* (süßer) Kuchen *m*; Teekuchen *m*; 2. *Ant., Méj.* Keks *m* aus Brotresten; 3. *Chi., C. Ri., Am. Cent. Reg.* → *bollo* 1; ~**tear** P *v/i. Arg.* zittern.

quera|tina *Anat. f* Horngewebe *n*; ~**titis** ⚕ *f* Hornhautentzündung *f*.

quere|lla *f* 1. Klage *f* (anhängig machen *presentar*); ⚖ Strafantrag *m* (stellen *presentar*); ~ *suplementaria* Nachtragsanklage *f*; 2. Streit *m*; ~**llador** *adj.*, ~**llante** ⚖ **I.** *adj. c.* klagend; **II.** *m* Beschwerdeführer *m*; Kläger *m*; Strafantragsteller *m*; ~**llarse** *v/r. s.* beklagen; *Verw. u.* ⚖ Beschwerde führen; klagen; Strafantrag stellen; ~**lloso** *adj.-su.* Querulanten...; zänkisch; *m* Querulant *m*; Stänker *m* F.

queren|cia *f* 1. Anhänglichkeit *f*; Zuneigung *f*; 2. Heimattrieb *m*; Stalltrieb *m der Tiere*; *fig. tiene ~ por* es zieht ihn nach (*dat.*); ~**cioso** *adj. s.* nach Stall, Nest *usw.* sehnend, anhänglich (*Tier*); ~**dón** *Am.* **I.** *adj.* sehr zärtlich; **II.** *m* zärtlich Liebende(r) *m*; Liebhaber *m*.

querer[1] *m* Wollen *n*; Mögen *n*; Lieben *n*; *fig.* Liebe *f*.

querer[2] [2u] *vt/i.* 1. (gerne) wollen,

mögen; wünschen; ~ *decir* besagen wollen, bedeuten, heißen (sollen); meinen; *quiere decir* das heißt; *quiera Dios que* + *subj.* wolle Gott, daß + *ind.*; *quiere llover* es wird bald regnen; *quisiera (que) fuese suyo* er möchte es für s. haben; *quisiera hacerlo* ich würde es gern tun; *(que) quiera o no quiera* mag er nun wollen od. nicht; *a todo* ~ durchaus; mit aller Kraft; *como quien no quiere la cosa* so (ganz) nebenbei; so mir nichts, dir nichts; *cj. como quiera que* weil, da; *como usted quiera* wie Sie wollen; meinetwegen; *höfliche Aufforderung: cuando quiera(n)* **a)** gehen wir; **b)** wir können anfangen; *es un artista, no así como quiera* er ist nicht irgendein (*od.* ein x-beliebiger F) Künstler; *¿qué más quieres?* was willst du noch mehr?; *... pero que si quieres ...* aber umsonst, *...* (aber) da ist nichts zu machen; *¿qué quieres que haga?* was soll ich (denn) tun?; *¿qué quiere que le hagamos?* was soll man da machen? (*es ist alles zwecklos*); *iron. ¡que si quiere!* das hätten Sie wohl gern!; das ist nicht ganz so einfach!; *sea como quiera* wie dem auch sei; *adv. sin* ~ (*lo*) unabsichtlich; *Spr.* ~ *es poder* wo ein Wille ist, ist auch ein Weg; **2.** lieben; mögen; liebhaben; ~ *bien a alg.* j-m wohlwollen; j-n mögen; j-n liebgewinnen; ~ *mal a alg.* j-m übelwollen; j-m feindlich gesinnt sein; j-n hassen; *hacerse* ~ s. beliebt machen (bei *dat.* de).
queresa *f* → *querocha*
queri|da *f mst. desp.* Geliebte *f*; **~do I.** *adj.* lieb; geliebt; *Am. Mer.* nett, sympathisch; ~ *de (od. por) todos* überall beliebt; **II.** *m* Geliebte(r) *m*.
querindanga F *desp. f* Geliebte *f*.
quermes *m* **1.** *Ent.* Kermes *m* (*koschenilleähnlich*); **2.** *pharm.* ~ (*mineral*) Kartäuserpulver *n* (*Hustenmittel*).
querocha *f* Bienenbrut *f*; **~r** *v/i.* Eier ablegen (*Bienen*).
queroseno *m* Kerosin *n*.
quersoneso *hist. Geogr. m* Chersones *f*.
querubín *Rel. m* Cherub *m*.
que|sadilla *f* Käsegebäck *n*; *Am. Cent., Méj.* mit Käse gefüllte Maispastete *f*; **~sear** *v/i.* käsen, Käse machen; **~sera** *f* **1.** Käsemacherin *f*; Käsehändlerin *f*; **2.** Käseform *f*; **3.** Käse-glocke *f*, -teller *m*; **~** a. Käsekammer *f*; **~sería** *f* **1.** Käserei *f*; **2.** Käsegeschäft *n*; **~sero** *m* Käsemacher *m*, Käser *m*; Käsehändler *m*; **~so** *m* **1.** Käse *m*; ~ *azul* Edelpilzkäse *m*; ~ *de bola (de cerdo)* Edamer Käse *m* (*Art* Fleischkäse *m*); ~ *para extender od. para untar* Streichkäse *m*; ~ *fundido (con hierbas)* Schmelz(Kräuter-)käse *m*; ~ *manchego* Manchakäse *m* (*Schafskäse aus der Mancha*); ~ *de pasta blanda (dura)* Weich- (Hart-)käse *m*; *hacer* ~ Käse machen, käsen; **2.** *fig.* P **~s** *m/pl.* Füße *m/pl.*, (*Schweiß-*)Quanten *pl.* P; P *dársela con* ~ *a alg.* j-n *mit faulen Versprechungen od. Tricks hereinlegen*, j-n ködern; **3.** Mastknopf *m*.
quetzal *m* **1.** *Am. trop.* Quetzal-Vogel *m* (*Wappenvogel Guat.*); **2.** Quetzal *m*, guatemaltekische Währungseinheit.
queve|desco *adj.* charakteristisch für (den span. Autor) Quevedo; in der Art Quevedos; **~dos** *m/pl.* Kneifer *m*, Zwicker *m* (*Brille*).
¡quiá! *int.* F keineswegs!, i wo!
qui|cial *Zim. m* **1.** Tür- *od.* Fensterpfosten *m*; **2.** *a.* → **~cio** *m* Tür-, Fenster-angel *f*; *fig. sacar de* ~ *a alg.* j-n aus dem Häuschen bringen F, j-n verrückt machen (*fig.*); *fig. sacar de* ~ *a/c. et.* übertreiben.
quiché *adj.-su. c* Quiché...; *m* Quiché-Indianer *m* (*Guat.*); *Li.* Quiché *n*.
quichua → *quechua*.
quid F *m* wesentlicher Punkt *m*, des Pudels Kern *m*; *dar en el* ~ ins Schwarze treffen; *este es el* ~ (*de la cuestión od. de la cosa*) da liegt der Hase im Pfeffer.
quídam F *m* ein gewisser Jemand.
quiddidad *Phil. f* Quiddität *f*.
quie|bra *f* **1.** Riß *m*; Erdspalte *f*; **2.** Bankrott *m*, Konkurs *m* (*machen hacer*, *dar en*); ~ *fraudulenta* betrügerischer Bankrott *m*; **~bro** *m* **1.** Krümmung *f*, Biegung *f*; **2.** Ausbiegen *n*; ausweichende Bewegung *f*; *fig.* F *dar el* ~ *j-n* abwimmeln F; **3.** Triller *m*.
quien *pron. rel.* (nur auf Personen bezogen) wer; welche(r, -s); der, die, das; *hay* ~ manch einer; einige; *hay* ~ *dice* einige behaupten; *no ser* ~ *para hacer a/c.* nicht befugt (*od.* nicht der richtige Mann sein), et. zu tun.
¿quién? *pron. interr.* wer?; *¿* ~ *vive?* (halt,) wer da?
quienquiera *pron. indet.* (*pl.* quienesquiera) irgendwer; wer auch immer; ~ *lo hace* das kann jeder.
quietis|mo *Rel. m* Quietismus *m*; **~ta** *adj.-su. c* quietistisch; *m* Quietist *m*.
quie|to *adj.* ruhig; *¡estáte* ~*!* sei ruhig!; **~tud** *f* Ruhe *f*.
quija|da *f*, **~l** *m*, **~r** *m* Kinnbacken *m*; Kiefer *m*.
quijones *m/pl. Art* Nadelkerbel *m*.
quijongo *m* → *taramba*.
quijo|tada *f* Verstiegenheit *f*; phantastisches Unternehmen *n*; sinnloser Streich *m*, tolles Stück *n*; **~te[1]** *m* **1.** Beinschiene *f* e-r Rüstung; **2.** oberer Teil des Kreuzes b. *Pferd*; **~te[2]** *m* *fig.* Phantast *m*, idealistischer Träumer *m*; *verstiegener Narr m;* **~tear** *v/i.* s. als „Don Quijote" aufführen; phantasieren, den Verstand verlieren; **~tería** *f* Donquichotterie *f*, Phantasterei *f*; **~tesco** *adj.* auf Don Quijote bezüglich; *fig.* phantastisch; abenteuerlich; hochfliegend; bizarr; **~tismo** *m* Donquichotterie *f*: **a)** weltfremd idealistische Torheit *f*; gut gemeinte, aber sinnlose Tat *f*; **b)** übertriebene Ritterlichkeit *f*; lächerlicher Stolz *m*.
quilar P *vt/i. Span.* bumsen P, vögeln P.
quila|tar *v/t.* → *aquilatar*; **~te** *m* Karat *n*; Feingehalt *m*.
qui|lificación *Physiol. f* Chylusbildung *f*; **~lo** *m* Chylus *m*; *fig. sudar el* ~ abrackern f, s. schinden.
quilombo *m Arg.* Bordell *n*, Puff *m* F.
quilla *f* **1.** Kiel *m*; **2.** *Anat.* Brustbein *n der* Vögel.
quillango *m Bol.* Reitzeug *n*; *Rpl.* Fell-, *mst.* Guanaco-Decke *f od.* -Umhang *m der* Indianerinnen.
quillay *m Am.* (*bsd. Chi.*) **1.** *Art* Seifenbaum *m*; **2.** *Chi.* Seifenrinde *f*; **3.** Grog *m* (*bzw.* Warmbier *n*) mit Zitrone.
quillo|tra F *f* Geliebte *f*; **~trar** F **I.** *v/t.* **1.** reizen, anstacheln; verlocken; **2.** verliebt machen; verführen; **3.** überdenken; **II.** *v/r.* **~se** **4.** s. verlieben, s. verknallen F; **5.** s. herausputzen; **6.** s. beklagen; jammern; **~tro** F *m* **1.** (An-)Reiz *m*; **2.** (An-)Zeichen *n*; **3.** Verliebtheit *f*, Verschossenheit *f* F; **4.** Kompliment *n*, Schmeichelei *f*; **5.** Freund *m*, Gspusi *n* (*Reg.*); **6.** Putz *m*, Schmuck *m*.
quimba *f* **1.** *Arg.* Anmut *f*; **2.** *Col. fig. meter las* ~**s** ins Fettnäpfchen treten; **3.** *Col., Ec., Ven.* Leinenschuh *m* mit Hanfsohle; **4.** *Chi., Bol., Pe.* Hüftwiegen *n* b. *Tanz* (*Lockung od. Abweisung*), *b.* Gehen.
quimbo *Am. m* **1.** *Ant.* → *quingombó*; **2.** *Cu.* → *machete 1*; **3.** *Kchk. Arg., Chi.* (*huevos m/pl.*) ~(s) *Art* Eierkrem *f*.
quimbombó *m bsd. Cu.* → *quingombó*.
qui|mera *f* **1.** Hirngespinst *n*, Chimäre *f*; **2.** *Fi.* Seekatze *f*; **~mérico** *adj.* phantastisch, absonderlich.
quími|ca *f* Chemie *f*; ~ (*in*)*orgánica* (*an*)organische Chemie *f*; **~co I.** *adj.* chemisch; agresivos *m/pl.*; **~s** (chemische) Kampfstoffe *m/pl.*; **II.** *m* Chemiker *m*.
quimioterapia *f* Chemotherapie *f*.
quimo *Physiol. m* Chymus *m*, Speisebrei *m*.
quimono *m* → *kimono*.
quina *f* **1.** Chinarinde *f*; (*vino m de*) ~ Chinawein *m*; *fig. tragar* ~ die bittere Pille schlucken; s-n Ärger verbeißen; **2.** **a)** China-, Fieberbaum *m*; **b)** *Am.* zahlreiche Pflanzen u. Bäume, die fieberlindernde Stoffe liefern, z. B. *cascarilla f od.* ~ *blanca (Croton niveus Jacq.).*
quinario I. *adj.* **1.** fünfteilig; **2.** Fünfergruppe *f*; **3.** Quinar *m* (altrömische Münze). [bär *m.*]
quincajú *o Am. Mer.* Wickel-**quincalle|ría** *f* **1.** Blechwaren *f/pl.* (*a.* = *quincalla f*); Blechwarenhandel *m*; **2.** Klempnerei *f*; **3.** Hausierwaren(handel *m*) *f/pl.*; **~ro** *m* **1.** Klempner *m*, Spengler *m*; **2.** Hausierer *m*.
quince *num.* fünfzehn; *dentro de* ~ *días* in vierzehn Tagen; *fig. dar a alg.* ~ *y falta (od. y raya)* j-m haushoch überlegen sein; **~avo** *bsd.* *m* → *quinzavo*; **~na** *f* **1.** vierzehn Tage *m/pl.*; **2.** zweiwöchentliche Zahlung *f*; **3.** 15 Stück, *a.* (*veraltet*) Mandel *f*; **4.** Rätsel *n* von fünfzehn Fragen; **~nal** *adj. c* vierzehntägig.
quincua|genario I. *adj.* **1.** fünfzigteilig; **2.** fünfzigjährig; **II.** *m* **3.** Fünfzigjährige(r) *m*; **~gésima** *ecl. f* Quinquagesima *f*; **~gésimo** *num.* fünfzigste(r, -s)
quincha *f* **1.** *Am. Mer.* Wand *f* aus Schilf u. Lehm; *Chi., Rpl.* Umzäunung *f*; **2.** *Vo. Col.* → *colibrí*.
quincho F *m Arg.* Bordell *n*, Puff *m* F.

quingentésimo *num.* fünfhundertste(r, -s).
quingombó ♀ *m Am. Art* Eibisch *m*; *in Kch.* (Gelatine), *pharm. u. tex. verwendet.*
quinie|la *f* Totoschein *m*; ~s *f/pl.* (Fußball-)Toto *n*; **~lista** *c* Totospieler *m*, Tipper *m* F.
quinientos *num.* fünfhundert.
quini|na *pharm. f* Chinin *n*; **~no** *m* China-, Fieberrinden-baum *m.*
quinoa ♀ *f* Reismelde *f.*
quinola *f ein Kartenspiel*; *fig.* Seltsamkeit *f*, Extravaganz *f*; F *estar de* ~s buntscheckig (gekleidet) sein.
quinqué *m* Öl-, Petroleum-lampe *f*; *fig.* F *tener mucho* ~ es faustdick hinter den Ohren haben, recht durchtrieben sein.
quinque|nal *adj. c* fünfjährig; *plan m* ~ Fünfjahresplan *m*; **~nio** *m* Zeitraum *m* von fünf Jahren.
quinqui F *m* Landstreicher *m*, Penner *m* F, Strolch *m.*
quinta *f* 1. Landhaus *n*; Villa *f*; 2. ♪ Quinte *f*; 3. ✗ Wehrerfassung *f*; Jahrgang *m*; *entrar en* ~s einrücken, einberufen werden.
quinta|columnista *Pol. adj.-su. c* zur fünften Kolonne gehörig; *m* Angehörige(r) *m* der fünften Kolonne; **~dor** ✗ *m* Ausheber *m.*
quintaesenci|a *f* Quintessenz *f*; **~ar** [1b] *v/t.* die Quintessenz herausziehen aus (*dat.*); ausklügeln.
quintal *m* span. Zentner *m* (= 46 kg); ~ *métrico* Doppelzentner *m.*
quintar ✗ *vt/i.* (Wehrpflichtige) auslosen.
quintero *m* Gutspächter *m.*
quinteto ♪ *m* Quintett *n.*
quinti|lla *f* Strophe *f* von fünf Versen (*mst.* Achtsilber); **~llizos** *m/pl.* Fünflinge *m/pl.*; **~llo** *m ein Kartenspiel*; **~llón** *m* Quintillion *f.*
Quintín: *fig. se armó la de San* ~ es gab mächtigen Rabatz F, es kam zu gr. Streit.
quinto I. *num.* fünfte(r, -s); II. *m* Fünftel *n*; ✗ erfaßte(r) Wehrpflichtige(r) *m*; Rekrut *m*; *fig.* F Tölpel *m.*
quintral ♀ *m* 1. rote amerikanische Mistel *f*; 2. Rotschimmel *m der* Melonen, Bohnen *usw.*
quintuplicar [1g] *v/t.* verfünffachen.
quíntuplo I. *adj.* fünffach; II. *el* ~ das Fünffache.
quinzavo *m* Fünfzehntel *n.*
qui|ñador *m Pe., Chi.* Kreisel *m*; **~ñar** *v/t.* 1. *Pe.* Löcher ins Holz schlagen; 2. *Pe., Chi.* Kreisel durch Schläge antreiben; **~ñazo** *m Am.* 1. Schlag *m* auf den Kreisel; 2. *fig.* F heftiger Stoß *m*, Knuff *m*; Zs.-prall *m*; **~ño** *m* 1. *And.* a) Schlagspiel *n der Kinder*; b) → quiñazo; 2. *Pe.* Kerbe *f*, Loch *n im Holz*; *p. ext.* Blatternarbe *f.*

quios|co *m* Kiosk *m*; Pavillon *m*; Zeitungs-, Blumen-stand *m*; **~quero** *m* Kiosk-besitzer *m bsw.* -pächter *m.*
quipo *m* Kipu *m* (*Knotenschrift Altperus*).
quiquiriquí *onom. m* Kikeriki *n.*
quiragra ♂ *f* Handgicht *f.*
quirguiz *adj.-su.* kirgisisch; *m* Kirgise *m.*
quírico *m Ven.* Bote(njunge) *m*; *fig.* Taugenichts *m*, Dieb *m.*
quirófano ♂ *m* Operationssaal *m.*
quirógrafo ♂ *adj.* eigenhändig unterfertigt (*ohne notarische Beglaubigung*); *acreedor m* ~ (*od. quirografario*) Buchgläubige(r) *m.*
quiro|mancia, ~mancía *f* Chiromantie *f*, Handlesekunst *f*; **~mántica** *f* Handleserin *f*; **~mántico** *adj.-su.* Handlese...; *m* Chiromantiker *m*; **~práctico** *m* Chiropraktiker *m.*
quirúrgico ♂ *adj.* chirurgisch.
quis|ca *f Arg.* Borste *f*, grobes Haar *n*; *Chi.* Kakteenstachel *m*; **~cal** *m* 1. elsterähnlicher Vogel Amerikas; 2. *Chi.* Kakteenfeld *n*; **~co** ♀ *m Chi. ein Kaktus m* (*Cereus peruvianus*); *m* **~cudo** *adj. Chi.* stachlig; *fig.* borstig; grobsträhnig (Haar).
quisicosa F *f* Rätsel *n*; knifflige Sache *f*; innere Unruhe *f.*
quisque F: *cada* ~ jeder; *todo* ~ alle.
quisqui|lla *f* 1. F Kleinigkeit *f*; Lappalie *f*; 2. *Zo.* Sägegarnele *f*; **~lloso** *adj.* 1. empfindlich; zimperlich; 2. kleinlich; nörglerisch.
quiste ♂ *m* Zyste *f.*
quisto *part. irr.*: *bien* (*mal*) ~ (un-)beliebt.
quita ⚡ *f* Schuld(en)erlaß *m*; **~ción** *f* Bezahlung *f*, Besoldung *f*; ⚡ *acreedor m* ~ *de la* quita; **~esmalte** *m* Nagellackentferner *m*; **~manchas** *m* (*pl. inv.*) Fleckenentferner *m*; Fleckenwasser *n*; **~meriendas** ♀ *f* (*pl. inv.*) Art Herbstzeitlose *f*; **~miedos** F *m* (*pl. inv.*) Sicherheitsvorrichtung *f* (*z. B.* Geländer, Halteseil *usw.*); **~motas** F *c* (*pl. inv.*) Schmeichler(in *f*) *m*; **~nieves** *m* (*pl. inv.*) Schneepflug *m*; Schneeräumer *m.*
quita|penas *m* (*pl. inv.*) Sorgenbrecher *m*; Alkohol *m*; Revolver *m*; **~pesares** F *m* (*pl. inv.*) Sorgenbrecher *m*, Trost *m*; **~pinturas** *m* (*pl. inv.*) Farbentferner *m*; **~pón** *m* Kopfzierat *m der Maultiere.*
quitar I. *v/t.* 1. nehmen, wegnehmen; entfernen; *Deckel usw.* abheben; *Flecken* entfernen; *Tisch* abdecken, abräumen; *Unart* abgewöhnen; F *¡quita!* nicht doch!; pfui!; laß los!; F *¡quita allá!* hör doch auf (damit)!; Unsinn!; F *quitando ... abgesehen von ...* (*dat.*), *außer ...* (*dat.*); *fig.* F *por un quítame allá esas pajas* wegen e-r Geringfügigkeit, wegen nichts u. wieder nichts (*Streit anfangen u. ä.*); *fig.* **~le** *a/c. de la cabeza a alg.* j-n von e-r Sache abbringen; *fig.* P *te voy a* ~ *la cara* (*od. los mocos od. hocicos*) ich reiß' dir den Kopf ab; gleich kriegst du eins aufs Maul P; *eso le quita las ganas* das nimmt ihm alle Lust, da(mit) ist er bedient F; **~le** *a alg. el gusto* j-m den Geschmack verleiden; ~ *de en medio* aus dem Weg räumen; *a. fig.* beseitigen, töten; **~le** *a alg. los méritos* j-m s-e Verdienste absprechen; *no* ~ *ojo de* kein Auge wenden von (*dat.*); *una cosa no quita la otra* eines verhindert das andere nicht; *me quita usted la palabra de la boca* Sie nehmen mir das Wort aus dem Munde, ich wollte genau dasselbe sagen; ~ *la vida a alg.* j-m das Leben nehmen; *fig.* j-n sehr ärgern, j-m hart zusetzen; 2. abnehmen, beseitigen; *Fechtk.* ablenken; 3. entwenden, stehlen; 4. *Anm.*: *Wiedergabe durch dt. ab ...*: ⊕ ~ *afilando* abschleifen; ~ *a martillazos* abklopfen; ~ *con la lima* abfeilen; II. *v/r.* **~se** 5. s. befreien (*od.* losmachen) (von *dat. de*); **~se** *a alg.* (*od. a/c.*) *de encima* s. j-n (*od. et.*) vom Leibe halten, s. j-n (*od. et.*) vom Halse schaffen; *fig. se me ha* **~ado** *un peso de encima* mir ist ein Stein vom Herzen gefallen; *fig. quitárselo de la boca* es s. vom Munde absparen; *fig.* P *no saber ni siquiera* **~se** *los mocos* mehr als dämlich sein F, rotzdoof sein P; 6. *Kleidungsstücke* ausziehen; *Mantel usw.* ablegen; *Hut, Brille* abnehmen; 7. s. zurückziehen; aus dem Wege gehen; F *¡quítate de ahí!* (*od. de delante od. de en medio*)! mach, daß du wegkommst!, hau ab! F.
quita|sol *m* 1. Sonnenschirm *m*; 2. ♀ *Méj.* ein Pilz; **~solillo** ♀ *m Cu.* 1. Wassernabel *m* (2 *Arten*); 2. *ein eßbarer Pilz*; **~sueño** F *m* (schlaflose Nächte verursachender) Kummer *m.*
quita y pon: ⊕ *oft* abnehmbar; *de* ~ *zum Wechseln*; *palanca f de* ~ An- u. Abstellhebel *m.*
quite *m Fechtk.* Parade *f*; *Stk.* Ablenkung *f*; *fig. estar al* ~ bereit sein (, j-m beizuspringen); *Méj. dar el* ~ s. rächen, s. revanchieren.
quiti|na *Biol. f* Chitin *n*; **~noso** *adj.* chitinhaltig; Chitin...
quiyapí *m Rpl.* indianische Bekleidung *f aus* (Otter-)Fell.
quiz *m* Quiz *n.*
quizá(s) *adv.* vielleicht (*span.* + *subj., dt.* + *ind.*); F ~ *y sin* ~ unter allen Umständen, ganz bestimmt.
quórum (*Aussprache*: ['korun]) *m* Quorum *n*, Mindeststimmenzahl *f*; *alcanzar el* ~ beschlußfähig sein (*Versammlung*).

R

R, r (= ere) f R, r n.
raba f Fischköder m aus Fischstückchen od. Waleiern.
rabadán m Oberschäfer m.
rabadilla f Steißbein n; Sterz m, Bürzel m der Vögel.
rabalera f ordinäres Frauenzimmer n.
raba|nera f Rettichverkäuferin f; fig. F grobes (bzw. unverschämtes) Weibsstück n F; ~**nero** I. adj. fig. F sehr kurz (Kleid); grob, unverschämt; **II.** m Rettichhändler m; ~**nillo** m **1.** ♀ a) Radieschen n; b) Unkraut: Ackerrettich m; **2.** fig. Stich m des Weines; **3.** fig. a) Sprödigkeit f, Barschheit f im Umgang; b) unwiderstehlicher Drang m, Kitzel m; ~**nito** ♀ m Radieschen n; ~**niza** f Rettichsamen m.
rábano ♀ m (✓ a. ~ largo) Rettich m; ~ picante Meerrettich m; fig. F a mí me importa un ~ das ist mir schnuppe F, das ist mir wurscht F; F ¡y un ~! kommt nicht in Frage (od. in die Tüte F)!; fig. tomar el ~ por las hojas das Pferd beim Schwanz aufzäumen.
rabear v/i. mit dem Schwanz wedeln.
rabel¹ Folk. m dreisaitige Hirtengeige f; einsaitige Spielzeuggeige f (Resonanzkörper: Schweinsblase).
rabel² F m Hintern m F, Po(po) m F.
rabe|o m Wedeln n, Schwänzeln n; ~**ra** f hinterer Teil m; Griff m, Stiel m versch. Geräte; Schaftende n e-r Armbrust.
rabí Anredeform: Rabbi.
rabia f **1.** Wut f; Zorn m; dar ~ ärgern, wütend machen; tener ~ a (od. contra) alg. a) auf j-n wütend sein; b) j-n nicht ausstehen können; **2.** vet., ✷ Tollwut f; ~**r** [1b] v/i. wüten, toben; fig. F pica que rabia es brennt fürchterlich (scharf Gewürztes); adv. fig. F a ~ entsetzlich (viel), ungeheuer (fig. F); hacer ~ a alg. j-n wütend (bzw. neidisch) machen; j-m widersprechen; fig. F a ~ de impaciencia vor Ungeduld brennen; ~ por a/c. auf et. (ac.) (sehr) erpicht sein; ~ por + inf. vor Begierde brennen, zu + inf.
rabiatar v/t. Tiere am Schwanz anbinden.
rábico ✷ adj. Tollwut...
rabi|caliente V adj. c geil; ~**corto** adj. kurzschwänzig; fig. sehr kurz (Kleid).
rábida f → rápita.
rabieta I. f Wutanfall m; kindische Wut f; **II.** ~**s** c (pl. inv.) Hitzkopf m, jähzorniger Mensch m.
rabi|horcado Vo. m Fregattvogel m; ~**largo** I. adj. langschwänzig; **II.** m Vo. Blauelster f; ~**llo** m dim. **1.** ♀ a) Stiel m, Stengel m; b) Taumellolch m; **2.** Westenbzw. Hosen-schnalle f; **3.** ~ del ojo Augenwinkel m; mirar con el ~ del ojo von der Seite (od. mißtrauisch) ansehen.
ra|bínico Rel. adj. rabbinisch, Rabbiner...; ~**binismo** m Lehre f der Rabbiner; ~**bino** m Rabbiner m.
rabioso adj. **1.** ✷ tollwütig; fig. wütend; **2.** heftig (Schmerz, Verlangen); fig. F schreiend, knallig F (Farbe); scharf (Gewürz).
rabi|salsera F adj. f keß u. frech (Frau); ~**za** f Spitze f der Angelrute; ⚓ Schwieking f.
rabo m **1.** Schwanz m, Schweif m; fig. alles Schwanzähnliche; fig. ~s m/pl. de gallo Feder-, Zirrus-wolke f; fig. ~ del ojo → rabillo 3; fig. F Ant., Méj. ~ verde lebenslustige(r) Alte(r) m; Jgdw. ~ a viento mit dem Wind im Rücken (Wild); fig. F asir por el ~ falsch (od. ungeschickt) anpacken (fig.); ir(se con el) ~ entre piernas (od. entre las patas) beschämt abziehen, den Schwanz einziehen (fig. F); aún queda (od. falta) el ~ por desollar das Schwierigste kommt noch; a. das dicke Ende kommt noch F; volver de ~ ganz anders (als erwartet) kommen; **2.** ♀ ~ de zorra Fuchsschwanz m; **3.** V Schwanz m P (= Penis).
ra|bón adj. **1.** schwanzlos; kurzschwänzig; **2.** Am. sehr (od. zu) kurz (z. B. Kleid); **3.** Chi. nackt; **4.** F Méj. erbärmlich; völlig unbedeutend; ~**bona** f fig. F: hacer ~ die Schule schwänzen; P hacer ~ a alg. j-n versetzen F; ~**boso** adj. ausgefranst.
ra|botada F f Frechheit f, Grobheit f; scharfe (bzw. unverschämte) Antwort f; ~**botear** v/t. Lämmern den Schwanz stutzen (dat.); ~**boteo** m Schwanzstutzen n (Vorgang u. Zeit); ~**budo** adj. lang- bzw. dick-schwänzig.
rábula m Rechtsverdreher m, Rabulist m.
rácano adj. geizig, knauserig.
racial adj. c Rassen...
racimo m Traube f; Büschel n; fig. Schar f, Schwarm m; ~**so** adj. mit Trauben (Blüten-)Trauben.
racioci|nar v/i. vernunftgemäß denken; ~**nio** m Urteilsfähigkeit f; Überlegung f; Gedankengang m.
ración f **1.** Portion f; Ration f; Zuteilung f; ~ de carne Fleischportion f; ~ de hambre Hungerration f; fig. Hungergeld n, -lohn m; **2.** ecl. Reg. Pfründe f.
raciona|l adj. c **1.** rational; **2.** rationell, zweckmäßig; sparsam; ~**lidad** f Vernünftigkeit f; Zweckmäßigkeit f; ~**lismo** m Rationalismus m; ~**lista** adj.-su. c rationalistisch; m Rationalist m; ~**lización** f Rationalisierung f; ~**lizador** m Rationalisator m; ~**lizar** [1f] v/t. rationalisieren.
raciona|miento m **1.** Bewirtschaftung f, Rationierung f; **2.** Ausgabe f der Rationen, Zuteilung f; ~**r** v/t. **1.** rationieren; **2.** ✕ die Rationen ausgeben an (ac.).
racis|mo m Rassen-lehre f, -wahn m, Rassismus m; ~**ta** c I. adj. rassistisch; rassenpolitisch; **II.** m Rassen-fanatiker m; -politiker m, Rassist m.
racor ⊕ m Anschlußstutzen m mit Gewinde; ~ de lubri(fi)cación Schmiernippel m.
racha f Windstoß m, Bö f; fig. Reihe f, Serie f; buena (mala) ~ Glücks-(Pech-)strähne f.
rachear v/i. in Böen wehen, böig sein (Wind); ráfagas f/pl. de viento racheado böige Winde m/pl., in Böen wehender Wind m, Windböen f/pl.
rada ⚓ f Reede f.
radar od. **rádar** HF m Radar m, n; antena f (instalación f) ~ Radar-antenne f (-anlage f); sistema m de guiado por ~ Radarleitsystem n; técnico m (od. operador m) de ~ Radartechniker m.
radiación¹ Phys. f Strahlung f; calor m de ~ Strahlungswärme f; ~ acústica (od. sonora) Schallabstrahlung f, Beschallung f; ~ solar Sonnenstrahlung f; Met. Sonneneinstrahlung f, -bestrahlung f.
radiación² f Am. Streichung f, Löschung f.
radia|ctividad Phys. f Radioaktivität f; ~**ctivo** adj. radioaktiv; ~**do** **I.** adj. strahlenförmig; Strahlen...; Funk...; discurso m ~ Rundfunkrede f; **II.** ~**s** m/pl. Zo. Strahlentiere n/pl.; ~**dor** m **1.** Heizkörper m, Radiator m; Kfz. Kühler m; **2.** Phys. Strahler m; ~**l** **I.** adj. c Anat., ⊕, ⚛ radial; strahlen-, speichen-förmig; **II.** m Anat. Speichenbeuger m (Muskel); ~**nte** adj. c strahlend; Strahlungs...; fig. ~ (de alegría) (vor Freude) strahlend; ~**r**¹ [1b] **I.** v/t. Phys. aus-, abstrahlen; Rf. usw. funken; ausstrahlen, senden; **II.** v/i. strahlen, leuchten, glänzen.
radiar² [1b] v/t. Am. in e-r Liste usw. streichen.
radica|ción f **1.** Wurzeltreiben n; a. fig. Ein-, Ver-wurzelung f; **2.** ⚛ Wurzelziehung f; ~**do** adj. gelegen,

radical — rallar 514

liegend; ~ I. *adj. c* 1. gründlich, von Grund auf; Grund...; radikal; Wurzel...; *Li. sílaba f* ~ Stammsilbe *f*; **II.** *m* 2. *Pol.* Radikale(r) *m*; 3. *Li.* Wurzel *f*; Stamm *m*; Radikal *m*; 4. ⚥ Wurzelzeichen *n*; 5. *Psych.*, ⚕ Radikal *n*; **~lismo** *m* Radikalismus *m*; **~lización** *f* Radikalisierung *f*; **~lizar** [1f] *v/t.* radikalisieren; **~ndo** ⚥ *m* Radikand *m*; **~r** [1g] **I.** *v/i.* wurzeln; s-n Stammsitz haben; liegen, gelegen sein; *fig.* ~ en beruhen auf *(dat.)*; bestehen in *(dat.)*; **II.** *v/r.* ~se festen Fuß fassen, s. niederlassen.

radícula *f* 1. ♀ Wurzelkeim *m*; 2. *Anat.* Nervenwurzel *f*.

radieste|sia *Psych. f* Radiästhesie *f*, Strahlenfühligkeit *f*; **~sista** *c* (Wünschel-)Rutengänger *m*; Pendler *m (Psych.)*.

radio[1] *m* 1. ⚥ *u. fig.* Radius *m*, nur ⚥ Halbmesser *m*; *fig.* (Um-)Kreis *m*; ~ de acción (⚔ *de vuelo*) Aktions- (Flug-)radius *m*; ~ *focal* Brennstrahl *m* (*z. B. e-r Ellipse*); ✝ ~ *internacional de venta* internationaler Absatzkreis *m*; ~ *visual* Gesichtskreis *m*; 2. *Anat.*, ⊕ Speiche *f*; ~ de rueda Radspeiche *f*; 3. → *radiograma*.

radio[2] ⚕ *m* Radium *n*.

radio[3] **I.** *f (Span., Arg.), m (Am.)* Radio *n (Rundfunk u. Rundfunkgerät)*; Rundfunk *m*; Funk *m*; **~-compás** *m* Bordpeiler *m*; **~-patrulla** *f* Funkstreife *f*; **~relé** *m* Relaisstation *f*; **~-reloj** *m* Radiowecker *m*; **~-vector** *m* Leitstrahl *m*, Radiusvektor *m*; *calma f de* ~ Funkstille *f*; ⊕ *guiado por* ~ funkgesteuert; *cuota f de* ~ Funkfunkgebühr *f*; **~portátil** Kofferradio *n*; **II.** *m* Funker *m*.

radio|aficionado *m* Funkamateur *m*; **~astronomía** *f* Radioastronomie *f*; **~audición** *f* Rundfunk-hören *n*; -konzert *n*; -darbietung *f*; **~baliza** ⚓, ⚔ *f* Funkbake *f*; **~biología** *f* Radiobiologie *f*; **~cas(s)et(t)e** *f*, *m Span.* Radiorecorder *m*; **~comunicación** *Fmw. f* Radio-, Funkverbindung *f*; Funkgespräch *n*; **~conductor** *m HF* Fritter *m*; *Tel.* Empfänger *m* für drahtlose Telegraphie; **~despertador** *m* Radiowecker *m*; **~diagnóstico** ☢ *m* Röntgen-diagnose *f*; -diagnostik *f*; **~difundir** *v/t.* senden; **~difusión** *f* Rundfunkübertragung *f*; ~ *sonora* Tonfunk *m*; **~electricidad** *f* Radioelektrizität *f*; **~eléctrico** *adj.* radioelektrisch; drahtlos; **~elemento** ⚕ *m* radioaktives Element *n*; **~emisión** *f* (Rund-)Funksendung *f*; **~emisora** *f* (Rund-)Funksender *m*; ~ *clandestina* Schwarzsender *m*; **~enlace** *m (dirigido)* (Richt-)Funkverbindung *f*; **~escucha** *c* Rundfunkhörer(in *f*) *m*; **~experimentador** *m* Funk-amateur *m*; -bastler *m*; **~faro** ⚓, ⚔ *m* Funkbake *f*; Funk-, Richt-feuer *n*; **~fonía** *f* → *radiotelefonía*; **~fónico** *adj.* Sprechfunk...; Rundfunk...; *pieza f* ~a Hörspiel *n*; **~foto** *f* Funkbild *n*; **~frecuencia** *f* Radiofrequenz *f*; **~goniometría** *f* Funkpeilung *f*; **~goniómetro** *m* Funkpeilgerät *n*.

radio|grabadora *f Am.* Radiorecorder *m*; **~grafía** ☢, ⊕ *f* Röntgenaufnahme *f*; -bild *n*; **~grafiar** [1c] *v/t.* 1. ☢, ⊕ röntgen, e-e Röntgenaufnahme machen von *(dat.)*; 2. *Fmw.* funken; **~gráfico** *adj.* röntgenographisch; **~grama** *m* Funkspruch *m*.

radio|isótopo ☢ *m* Radiumisotop *n*; **~lario** *Zo. m* Strahlentierchen *n*; **~localización** *f* Funkortung *f*; Radar *n*.

radi|ología ☢ *f* Röntgenologie *f*; Strahlenforschung *f*; **~ológico** ☢ *adj.* röntgenologisch, Röntgen...; **~ólogo** ☢ *m* Röntgenologe *m*; Radiologe *m*.

radi|omensaje *m* Funkspruch *m*; Rundfunkbotschaft *f*; **~ometría** *HF f* Funkmeßtechnik *f*; **~ómetro** *Phys. m* 1. Radiometer *n*; 2. *HF a.* → *radiotelémetro*.

radio|navegación ⚓, ⚔ *f* Funknavigation *f*, -ortung *f*; **~opaco** *adj.* strahlenundurchlässig; **~operador** *m* Funker *m*; **~química** *f* Radiochemie *f*; **~rreceptor** *m* (Rund-)Funkempfänger *m*; **~scopia** ☢ *f* Durchleuchtung *f*; **~scópico** ☢ *adj.* Durchleuchtungs..., Röntgen...; **~sensible** *adj. c* strahlenempfindlich.

radioso *adj.* strahlend, leuchtend.

radio|sonda *Met. f* Radiosonde *f*; **~taxi** *m* Funktaxi *n*; **~teatro** *n* Rundfunk-theater *n*; -bühne *f*; Hörspiel *n*; **~técnica** *f* (Rund-)Funktechnik *f*; **~técnico** **I.** *adj.* radio-, funk-technisch; **II.** *m* Radio-, Rundfunk-techniker *m*.

radiote|lecomunicación *f* Funk(melde)wesen *n*; **~lefonía** *f* Sprechfunk *m*; **~léfono** *m* Funksprechgerät *n*; **~legrafía** *f* drahtlose Telegraphie *f*; Funkverkehr *m*; Funken *n*; **~legrafista** *c* Funker *m*; **~lémetro** *m* Funkmeßgerät *n*; **~levisado** *adj.* über Funk u. Fernsehen (gesendet).

radioterapia *f* Strahlenbehandlung *f*; ~ *profunda* Tiefenbestrahlung *f*.

radiotransmi|sión *f* Funkübertragung *f*; **~ones** *f/pl.* Funkwesen *n*; ~ *de imágenes* Bildfunk *m*; ~ (*por vía*) *telefónica* Drahtfunk *m*; **~sor** *m* Funksender *m*.

radioyente *c* Rundfunkhörer(in *f*) *m*; ~ *clandestino* Schwarzhörer *m*.

radón ⚕ *m* Radon *n*.

rae|dera *f* Schabeisen *n*; Schabemesser *n*; **~dura** *f* Schaben *n*; Abschabsel *n*; **~r** [2z] *v/t.* 1. (ab)schaben; *fig.* ausrotten, (aus)tilgen; 2. → *rasar* 1.

Rafael *npr. m* Raphael *m*. [(*fig.*)]

ráfaga *f* Windstoß *m*; ⚔ Feuerstoß *m*; *en* ~s stoßweise, in Stößen; abgehackt (*Sprechweise*); ~ *de ametralladora* Maschinengewehrgarbe *f*; ~ *de luz* Aufblitzen *n*, Lichtstrahl *m*.

rafia *f* ♀ Raphiapalme *f*; Raphiabast *m*; *p. ext.* Bast *m*.

rafting *m* Rafting *n*.

raglán *m* Raglan *m*; *manga f* ~ Raglanärmel *m*.

ra|gout, **~gú** *Kchk. m* Ragout *n*.

raído *adj.* abgeschabt; abgetragen (*Kleidung*); *fig.* unverschämt.

rai|gambre *f* Wurzelwerk *n*; *fig.* Verwurzelung *f*; *tener* ~ *verwurzelt sein*; **~gón** *m* starke Wurzel *f*; *Anat.* Zahnwurzel *f*.

rail *od. raíl* *m bsd. Span.* (Eisenbahn-)Schiene *f*; ~ *de corredera* Laufschiene *f b. Schiebetür*.

raíz *f (pl. raíces)* 1. ♀ *u. fig.* Wurzel *f*; *fig.* Ursprung *m*; ~ *aérea (pivotante)* Luft- (Pfahl-)wurzel *f*; *Col.* ~ *picante* Meerrettich *m*; *a* ~ *de* nahe bei *(dat.)*, dicht an *(dat.)*, dicht über *(dat.)*; *fig.* unmittelbar *(od.* kurz) nach *(dat.)*; auf Grund von *(dat.)*, zufolge *od.* gemäß *(dat.)*; *adv. de (od. a)* ~ *a. fig.* von der Wurzel her; mit der Wurzel; *fig.* ganz u. gar, von Grund aus; mit Stumpf u. Stiel; *a. fig. echar raíces* Wurzel schlagen; *a. fig. tener raíces* fest verwurzelt sein; 2. *Li.*, ⚥ Wurzel *f*; ~ *cuadrada (cúbica)* Quadrat-(Kubik-)wurzel *f*; 3. *(bienes m/pl.) raíces f/pl.* Liegenschaften *f/pl.*; *Col. finca f* ~ Grundstück *n*; 4. *Anat.* (Zahn-, Haar-)Wurzel *f*; ~ *de la uña* Nagelwurzel *f*.

raja *f* 1. Riß *m*, Spalt *m*; Sprung *m*; Spalte *f*; Schlitz *m*, Ritze *f*; V Fotze *f* V (= *Vulva*); 2. Span *m*, Splitter *m*; *fig.* F *hacerse* ~s s. allzusehr einsetzen, s. zerreißen (*fig.* F); 3. Schnitz *m (Melone usw.)*; Scheibe *f (Brot, Wurst usw.)*; *fig.* F *sacar* ~ s-n Schnitt *(od.* s-n Reibach F) machen.

rajá *m (pl.* ~s) Radscha *m*.

raja|broqueles F *m (pl. inv.)* Maulheld *m*; **~da** *f Am.* 1. F Rückzieher *m* F, Wortbruch *m*; 2. P Schlitz *m* P (= *Vulva*); **~diablos** F *m (pl. inv.) Chi.* Teufelskerl *m*; *iron.* → *rajabroqueles*; **~dizo** *adj.* splissig; zum Bersten *(od.* Zerspringen) neigend; **~do** *adj.* 1. rissig, geborsten, zersprungen; 2. *fig.* F *Am.* unzuverlässig, wortbrüchig; feige; **~dor** *m* 1. (Holz-)Spalter *m*; 2. Spaltklinge *f der Böttcher*; Reißer *m der Korbmacher*; **~dura** *f* Spaltbildung *f*; Riß *m*; Sprung *m*; **~r** **I.** *v/t.* 1. spalten; ausea.-brechen; schlitzen; (ein)ritzen; zerlegen; in Schnitze teilen; 2. *fig.* F **a)** *Reg. u. Am. j-n* durchhecheln, *j-n* zerreißen F; **b)** *Arg.* hinauswerfen; **c)** *Am. Reg. j-n* fertigmachen F; *b. e-r Prüfung* durchfallen lassen; **II.** *v/i. fig.* F 3. angeben F, prahlen; 4. schwatzen; *Reg. u. Am.* hecheln *(fig.* F); **III.** *v/r.* **~se** 5. reißen, zer(springen); platzen; aufspringen *(Haut)*; *fig.* F **~se de risa** s. totlachen F; **~se por** s. zerreißen wegen *(gen., dat.)* F, s. abrackern für *(ac.)*; 6. *fig.* F *e-n* Rückzieher machen, kneifen F; 7. *Am. Reg.* viel Geld ausgeben (bei *dat.*, für *ac. con*); 8. F *Arg., Col.* s. irren; 9. *Cu. (Bol.* ~ *la tierra)* s. auf u. davon machen.

rajata|bla *adv.: a* ~ sehr streng; unbedingt, um jeden Preis; **~blas** F *m (pl. inv.) Col.* scharfer Verweis *m*, Rüffel *m* F.

ralea *f* 1. *desp.* Sippe *f*, Gezücht *n (desp.)*; 2. Art *f*, Sorte *f*.

ralear **I.** *v/i.* dünn werden *(Tuch)*; dünn stehen *(Saaten)*; s. lichten *(Haare, Laub, Wald)*; weniger werden *(Zähne)*; **II.** *v/t.* Haar ausdünnen.

ralentí *m Phot.* Zeitlupe *f*; *Kfz. (marcha f en)* ~ Leerlauf *m*.

ralo[1] *adj.* spärlich; dünn, fadenscheinig; licht *(Laub, Wald)*; licht, schütter *(Haar)*.

ralo[2] *Vo. m* Ralle *f*.

ra|llador *m* Reibe *f*, Reibeisen *n*; ⊕ Reibstuhl *m*; **~lladora** *f: ~ de patatas* Kartoffelreibe *f (Maschine)*; **~lladura** *f* 1. Reiben *n*, Raspeln *n*; 2. Reibsel *n*; **~llar** *v/t.* reiben, ras-

peln; aufrauhen; zerreiben; *fig.* belästigen; ~llo *m* 1. Reibe *f*; Raspel *f*; *fig.* F *cara f de* ~ blatternarbiges Gesicht *n*; 2. Kühlgefäß *n*. [*f.*]
rallye *Sp. m* Rallye *f*, Sternfahrt
rama¹ *f* 1. *a.* ⚔, *Ballistik*: Ast *m*; Zweig *m*; *p. ext.* Linie *f* (*Stammbaum*); 🜨 Zugteil *m*; *fig. adv. de* ~ *en* ~ ziellos; ständig wechselnd; *fig. andarse por las* ~*s* abschweifen; *fig. asirse a las* ~*s* lahme Entschuldigungen (*bzw.* faule Ausreden) suchen; 2. *fig.* → *ramo* 3; 3. *en* ~ *b. best. Stoffen*: Roh...; *Buchb.* noch nicht gebunden; *algodón en* ~ Rohbaumwolle *f*.
rama² *f Typ., tex.* Rahmen *m*; *Typ.* ~ *de cierre* Schließrahmen *m*.
ramada *f Am.* Laubhütte *f*.
ramadán *Rel. m* Ramadan *m*.
ramaje *m* Astwerk *n*, Geäst *n*; Gezweig *n*; Reisig *n*.
rama|l *m* 1. (Seil- *usw.*) Strang *m*; *Equ. usw.* Halfter(strick *m*) *f*; 2. Abzweigung *f*; Seiten-arm *m e-s Flusses*, -kanal *m e-s Bewässerungsgrabens*; Seiten-weg *m*, 🜨 -linie *f*; Ausläufer *m e-s Gebirges*; *Vkw. a.* Stich-bahn *f bzw.* -straße *f*; 🜨 ~ *de vía* Stichgleis *n*; 3. 🜨 Ranke *f*, Gabel *f*; 4. ⊕ Abzweigstutzen *m*; Zweigleitung *f*; Abzweigung *f*; △ Treppenflügel *m*; 5. ⚔ Gang *m*, Ader *f*; ~**lazo** *m* 1. Hieb *m*, Schlag *m mit e-m Strick*; *fig.* plötzlicher Schmerz *m*, Stich *m*; Anfall *m*; (Wut-)Ausbruch *m*; 2. Striemen *m*; *p. ext.* blauer Fleck *m*; ~**zón** *f* Astholz *n*; abgehauene Äste *m/pl.*, Reisig *n*.
rambla *f* Trockenflußbett *n*; *Span. Reg.* Straße *f* zum Meer.
rame|ado *adj.* mit Ranken- u. Blumenmustern (*Stoff, Tapete usw.*); ~**al** 🜨 *adj. c* Zweig...; ~**ra** *f* Hure *f*, Dirne *f* (*a. fig.*); ~**ría** *f* 1. Hurenhaus *m*; *a. lit.* Hurerei *f*.
ramifi|cación *f a. fig.* Verzweigung *f*; ~**car(se)** [1g] *v/t.* (*v/r.*) (*s.*) verzweigen.
rami|lla *f* Zweig(lein *n*) *m*; *fig.* F kl. Hilfsmittel *n*, Strohhalm *m* (*fig.*); ~**llete** *m* 1. (Blumen-)Strauß *m*; *fig. u. lit.* Auslese *f*, *et.* Kostbares *n*; 2. 🜨 (Blüten-)Strauß *m* (*Blütenstand*); 3. Tafelaufsatz *m*; ~**lletera** *f* Blumenbinderin *f*.
ramio *m* 🜨 Chinagras *n*, Ramie *f*; 2. *tex.* (*tejido de*) ~ Grasleinen *n*.
rami|to *m* Sträußchen *n*; ~**za** *f* Gezweig *n*; Reisig *n*; aus Zweigen Geflochtene(s) *n*.
ramo *m* 1. Zweig *m*; ~ (*de flores*) Blumenstrauß *m*; *a. fig.* ~ *de olivo* Ölzweig *m*; 2. *fig.* Fach *n*, Zweig *m*, Gebiet *n*; ✝ Branche *f*; ~ *de artes gráficas* graphisches Gewerbe *n*; ~ *del automóvil* Auto(mobil)branche *f*; ~ *de (la) construcción* Baugewerbe *n*, -fach *n*; ~**jo** *m* Astabfälle *m/pl.*, Reisig *n*.
ra|món *m* 1. Reisigabfall *m b. Ausästen*; 2. ♀ *npr.* Raimund *m*; ~**monear** *v/i.* Bäume (*od.* Sträucher) verbeißen (*Wild*); ~**moneo** *m* Verbiß *m* (*Wild*); ~**moso** *adj.* (viel)ästig, astreich.
rampa *f* 1. Rampe *f*; Auf-, Zufahrt(srampe) *f*; ~ *de lanzamiento* Abschußrampe *f für Raketen*; 2. (Ab-)Hang *m*, Steigung *f*; ~**nte** ⚔

adj. c aufgerichtet (*Wappentier*).
ram|plón I. *adj. fig.* grob, ungehobelt, plump; abgerissen, schäbig; **II.** *m* Stollen *m e-s Hufeisens*; ~**plonería** *f* grobe (*od. a.* pfuscherhafte) Arbeit *f*; *fig.* Grobheit *f*, Ungeschliffenheit *f*.
rampo|jo *m* (Trauben-)Kamm *m*; ~**llo** *m* Schößling *m*, Fechser *m*.
rana *f* 1. *Zo.* Frosch *m*; ~ *de San Antonio* (~ *buey*) Laub- (Ochsen-) frosch *m*; *Fi.* ~ *pescadora*, ~ *marina* Seeteufel *m*; ~ *temporaria* (*verde común*) Gras- (Wasser-)frosch *m*; ~ *de zarzal* Unke *f*; *fig.* F *cuando la* ~ *críe pelos* an Sankt Nimmermehr, nie; *salir* (*od. ser*) ~ *s.* als Niete erweisen (*Person*); ein Reinfall sein F (*Unternehmen*); no ser ~ aufgeweckt (*od.* auf Draht F) sein; 2. ⚔, *vet.* ~*s f/pl.* → *ránula*; 3. ⊕ ~ (*de mordazas*) Froschklemme *f*; 4. Froschspiel *n* (*Wurfspiel*); 5. P warmer Bruder *m* F, Schwule(r) *m* F; 6. V Fotze *f* V (= *Vulva*).
ranci|arse [1b] *v/r.* ranzig werden; ~**dez**, ~**edad** *f* Ranzigkeit *f*; *fig.* Alter *n bzw.* Altübertroffene(s) *n*; *desp.* Altmodische(s) *n*, alter Zopf *m* (*fig.*); ~**o** *adj.* 1. ranzig; *fig.* altmodisch; 2. (ur)alt; alt u. stark (*Wein*); *de* ~ *abolengo* uralt (*Adel*).
ran|chada I. *adj. Col.* mit Laubdach (*Boot*); **II.** *f Arg.* Ziehen *n* von Rancho zu Rancho; ~**char** *Am.* **I.** *v/t.* ~ *ranchear* 3; **II.** *v/i. Arg.* von Rancho zu Rancho ziehen (*um zu feiern*); *Col.* über Nacht lagern; übernachten; ~**chear I.** *v/i.* 1. lagern; *s.* Hütten bauen; 2. Eßgemeinschaft (*od.* ⚔ e-e Korporalschaft, ⚓ e-e Backschaft) bilden; **II.** *v/t.* 3. *Am.* feindliche Niederlassungen plündern; ~**chera** *f* 1. *Kfz.* Kombi(wagen) *m*; 2. 🜨 *Am. Reg.* Volksweise; ~**chería** *f*, *Am. a.* ~**cherío** *m* 1. Hüttensiedlung *f*; *p. ext.* Lager *n*; Horde *f*; 2. Truppen- (*bzw.* Gefängnis-)küche *f*; Stelle *f* zum Abkochen; ~**chero I.** *m* 1. ⚔ Koch, Essenausgeber *m*; ⚓ Backmeister *m*; 2. Besitzer *m e-r* Ranch; *Am.* Siedler *m*; **II.** *adj.* 3. *Méj.* schüchtern, voller Hemmungen; ~**cho** *m* 1. *bsd.* ⚔ *u. Gefängnis*: Verpflegung *f*; ⚔ (Mannschafts-) Kost *f*; *p. ext.* ⚓ Korporalschaft, ⚓ Back(schaft) *f*; *fig.* F (Zs.-kunft *f* e-r) Clique *f*; ⚔ *hacer el* ~ abkochen; *fig.* F *hacer* ~ *aparte s.* absondern, *e-e* Extrawurst gebraten haben wollen F; *Am. a. s.* selbständig machen; heiraten; 2. (Feld-, Hirten-, Zigeuner-)Lager *n*; ⚓ ~*s m/pl. de la tripulación* Mannschaftsräume *m/pl.*; F *asentar el* ~ Rast (*od.* Lager) machen; *s-e* Hütte bauen, *s.* ansiedeln; 3. *bsd. Gal. u. Am. Reg.* (Lehm-, Feld-) Hütte *f*; *Am.* Bauernhof *m*, Landgut *n* (*bsd. Viehzuchtbetrieb*), Ranch *f*; *Ant.* Hütte *f*; *Ven.* Elendsquartier *n*; *Pe.* Land-haus *n*, -sitz *m*; *P. Ri.*, *Méj. Reg.* Unterstand *m*; Schuppen *m*.
randa I. *f* (Noppen-)Spitze *f*; **II.** *m fig.* F Gauner *m*; □ Taschendieb *m*; ~**r** *v/t.* stehlen.
ranero *m* Gelände *n*, wo es viele Frösche gibt.
ranga *f Col.* Schindmähre F, Klep-

rango *m* 1. Rang *m*; Rangstufe *f*, Kategorie *f*; Stand *m*; *de alto* ~ hohen Ranges; hochgestellt; 2. *Am. Reg.* Pracht *f*, Prunk *m*; Großzügigkeit *f*.
rangua ⊕ *f* Spur-, Stütz-lager *n*; Wellenlager *n*.
ranilla *f* 1. Frosch *m am Huf der Pferde*; 2. *vet.* Klauenseuche *f*.
ranita *Zo. f* Laubfrosch *m*.
ranking ✝ *m* Ranking *n*.
ránula ⚔, *vet. f* Fröschleingeschwulst *f*, Ranula *f*.
ra|nunculáceas 🜨 *f/pl.* Hahnenfußgewächse *n/pl.*; ~**núnculo** 🜨 *m* Hahnenfuß *m*; Ranunkel *f*.
ranura *f* Nut *f*, Rille *f*, Fuge *f*; Schlitz *m*; Einwurfschlitz *m e-s Automaten*; ~ *del alza* Visierkimme *f e-r Waffe*; ⊕ ~ (*de*) *guía* Führungsnut(e) *f*; ~**r** *v/t.* nuten; schlitzen.
raña *Jgdw.*, *silv. f* bewaldete Ebene *f*.
raor *Fi. m* Schermesserfisch *m*.
rap *m* Rap *m*, Rapmusik *f*.
rapabarbas F *m* (*pl. inv.*) Bartscherer *m* F.
rapa|ces *Zo. f/pl.* Raub-, Greif-vögel *m/pl.*; ~**cidad** *f* Raubgier *f*.
rapado *adj.* kahlgeschoren; *fig.* abgenutzt; schäbig.
rapa|piés F *m* (*pl. inv.*) Schwärmer *m* (*Feuerwerkskörper*); ~**polvo** F *m* Rüffel *m* F, Anschnauzer *m* F; *echar un* ~ *a alg.* j-n rüffeln F, j-n zur Minna machen F.
rapa|r F *v/t. Bart* stutzen; *Haar* ganz kurz schneiden; rasieren; *fig.* F stehlen, klauen F; ~**terrones** P *m* (*pl. inv.*) Bauernlümmel *m* (*desp.*); ~**velas** F *m* (*pl. inv.*) Kirchendiener *m*.
rapaz¹ *adj. c* (*pl.* ~*aces*) raubgierig; *ave f* ~ Raubvogel *m*.
rapa|z² *m*, ~**za** *f Reg.* Junge *m*; Bengel *m*; Mädchen *n*; Range *f*.
rape¹ *Fi. m* Seeteufel *m*.
rape² *m* schnelle Rasur *f*; *fig.* F Rüffel *m*; *al* ~ kurzge-schnitten, -schoren (*Haar*).
rapé *m* Schnupftabak *m*; *toma f de* ~ Prise *f* Schnupftabak; *tomar* (*un polvo de*) ~ schnupfen, *e-e* Prise Schnupftabak nehmen.
rape|ar *v/i.* rappen; ~**ro** *m* Rapper *m*.
rapel *od.* **rápel** *Sp. m*: *descenso m en* ~ Abseilen *n*; *hacer* ~ *s.* abseilen.
rápidamente *adv.* schnell, rasch; eilig; behend.
rapidez *f* Schnelligkeit *f*; ~ *de reflejos* Reaktionsgeschwindigkeit *f*; *con* ~ schnell, rasch.
rápido I. *adj.* 1. schnell, behend; Schnell-...; reißend (*Strömung*); ⚔ *pieza f de* ~ Schnellfeuergeschütz *n*; **II.** *m* 2. 🜨 Eil-, Schnell-zug *m*; 3. Stromschnelle *f*.
rapi|ña *f* Raub *m*; *ave f de* ~ Raubvogel *m*; ~**ñar** F *v/t.* rauben; (s.) grapschen F.
rápita *f Marr.* Kloster *n*; *hist.* islamisches Wehrkloster *n*.
rapo 🜨 *m* Rapskohl *m*, Kohlrübe *f*.
raponazo *m Col.* Diebstahl *m durch* rasches Entreißen *der Beute*.
rapónchigo 🜨 *m* Rapunzel *f*.
raponero *m Col.* Dieb *m, der die Beute rasch entreißt.*
rapo|sa *f* 1. Fuchs *m als Gattungsname*; *fig.* Schlaumeier *m*; 2. Füchsin *f*; ~**sera** *f* Fuchsbau *m*; ~**sero** *Jgdw. adj.*: *perro m* ~ Dachshund

raposo — rastrero

m; ~so *m a. fig.* Fuchs *m.*
rapso|da *m* Rhapsode *m*; *fig.* Dichter *m*; **~dia** *f* Rhapsodie *f.*
rap|tar *v/t.* entführen; rauben; **~to** *m* 1. Entführung *f*; Raub *m*; ~ de una mujer Frauenraub *m*; Entführung *f* e-r Frau; 2. *a.* ⚔ Anfall *m*, Raptus *m*; en un ~ de cólera in e-m Wutanfall; 3. *Myst.* Verzückung *f*; **~tor** *m* Entführer *m.*
raque *m* Strandraub *m*; andar al ~ → **~ar** *v/i.* Strandraub treiben.
Raquel *npr. f* Rachel *f.*
raquero *m* Strandräuber *m.*
raqueta[1] ♀ *f* Rauke *f.*
raque|ta[2] I. *f* 1. (*bsd. Tennis-*)Schläger *m*, Rakett *n*; ~ para el juego del volante Federballschläger *m*; 2. Rechen *m des Croupiers*; ~ (de nieve) Schnee-reifen *m*, -teller *m*; 3. ⊕ Gangregler *m* (*b. Uhren*); 4. Schutzgeld *m*, -gebühr *f für Erpresser*; II. *m* 5. Tennis- (*bzw.* Federball-)spieler *m*; **~tazo** *m* Schlag *m* mit dem Rakett; **~tero** *m* Rakettenmacher *m*; *fig.* Schutzgelderpresser *m*, Racketeer *m.*
ra|quialgia ⚔ *f* Schmerzen *m/pl.* am Rückgrat; **~quídeo** ⚔ *adj.* Rückgrats...; Spinal...; **~quis** *m Anat.* Rückgrat *n*, Wirbelsäule *f*; ♀ Spindel *f*; Mittelrippe *f* e-s Blattes; **~quítico** *adj.* ⚔ rachitisch; *fig.* verkümmert; **~quitis** ⚔ *f*, **~quitismo** ⚔ *m* Rachitis *f*; *fig.* Verkümmerung *f.*
rara: ~ avis ein seltener Vogel *m*, ein weißer Rabe (*fig.*).
ra|ramente *adv.* selten; **~refacción** *f* Verdünnung *f*; **~refacer** [2s] *v/t.* → rarificar; **~refacto** *part. irr. zu* rarefacer; **~reza** *f* 1. Seltenheit *f*; 2. Seltsamkeit *f*, Eigenheit *f*; Absonderlichkeit *f*; **~rificación** *Phys. f* Verdünnung *f*; **~rificar** [1g] *v/t.* verdünnen; **~rificativo** *adj.* verdünnend; **~ro I.** *adj.* 1. selten; knapp; selten vorkommend (*od.* auftretend); ♐ gases *m/pl.* **~s** Edelgase *n/pl.*; 2. außergewöhnlich, singulär; einzigartig (*Eigenschaften*); 3. seltsam, sonderbar, eigentümlich; merkwürdig; *¡qué ~!* (wie) merkwürdig!; 4. dünn (*bsd. Luft*); II. *pronominal* 5. **~s** *m/pl.* wenige, nur einige.
ra|s *m* ebene Fläche *f*, auf gleicher Höhe befindliche Fläche *f*; a ~ de dicht über (*dat.*); a ~ del suelo, a ~ de tierra dicht am Boden; (beinahe) zu ebener Erde; ~ con ~, a. ~ en in gleicher Höhe; gestrichen voll; *Zim. usw.* bündig; **~sa** *f* kahle Hochfläche *f*; Lichtung *f im Wald*; **~sadura** *f* Zerstörung *f*; **~sancia** *f* Rasanz *f* e-r Geschoßbahn *usw.*; **~sante I.** *adj. c* rasant, flach (*Flugbahn e-s Geschosses, Neigungswinkel*); II. *f Wegebau:* Neigung *f*, *Vkw.* cambio *m* de ~ (Straßen-) Kuppe *f*; **~sar** I. *v/t.* 1. abstreichen mit dem *Abstreichholz*;✗ bestreichen (*Artilleriefeuer*); *fig.* zerstören, ausradieren (*fig.*); 2. streifen, leicht berühren; II. *v/r.* **~se** 3. s. aufhellen (*Himmel*).
rasca F *f Am.* Rausch *m*, Affe *m* F.
rascacielos *m* (*pl. inv.*, ⚓ *off rascacielo*) Hochhaus *n*, Wolkenkratzer *m.*
rascacio *Fi. m* brauner Drachenkopf *m.*

rasca|da *f* Möbel-, Lack-kratzer *m*; **~dera** *f* 1. → rascador; 2. F *Equ.* Striegel *m*; **~do I.** *adj.* F *Am. Cent.* reizbar, kribbelig F; F *Am. Reg.* beduselt F, blau F; II. *m* ⊕ Schaben *n*; a prueba de ~ kratzfest; **~dor** *m* 1. *a.* ⊕ Schab-, Kratz-eisen *n*; Schaber *m*; *Typ.* Rakel(messer *n*) *f*; *Zim.* Ziehklinge *f*; 2. ♂ Entkörner *m für Mais usw.*; *allg.* (Pfeifen-)Auskratzer *m*; Küchen-schaber *m*, -schrapper *m*; **~dora** *f* Reibfläche *f für Zündhölzer*; **~dura** *f* 1. Kratzen *n*; *fig.* F Herumkratzen *n* auf e-m Saiteninstrument; 2. Kratzer *m* (*a. fig.* F).
rasca|r [1g] I. *v/t.* 1. kratzen; *a.* ⊕ aufrauhen; *p. ext.* scharren, aufwühlen; *a.* ⊕ ab-, auf-kratzen; abschaben; *fig.* F ~ el bolsillo blechen F, Geld rausrücken F; *fig.* F ~ la guitarra auf der Gitarre (herum)klimpern; *fig.* F ~ el violín auf der Geige kratzen; *fig.* F llevar (*od.* tener) qué ~ nicht so leicht darüber hinwegkommen, daran zu knabbern haben (*fig.* F); ⚓ ~ la tierra dicht bei Land segeln; II. *v/r.* **~se** 2. s. kratzen; *fig.* F no tener tiempo ni para ~se k-e freie Minute haben; ~se la faltriquera ein Knicker sein F; *Bol.* den Beutel locker machen, zahlen; *Arg.* ~se juntos s. zs.-tun, unter e-r Decke stecken; *siempre se rasca para adentro* er arbeitet immer in die eigene Tasche; 3. *fig.* F *Am. Mer.* s. beschwipsen; **~rrabias** F *c* (*pl. inv.*) *Am. Reg.* ~ cascarrabias; **~tripas** F *desp. c* (*pl. inv.*) drittklassiger Spieler *m e-s Saiteninstruments*, mieser Fiedler *m* (F *desp.*); **~zón** *f* Jucken *n*, Kitzeln *n.*
ras|cle *m* Gerät *n* zum Korallenfischen; **~cón I.** *adj.* herb, scharf von Geschmack; vino *m* ~ Krätzer *m* F; II. *m Vo.* Wasserralle *f*; **~cuñar** *v/t.* → rasguñar.
rasero *m* Abstreichholz *n*; *fig.* medir por el mismo ~ über e-n Kamm scheren.
ras|gado I. *adj.* geschlitzt; groß, weit offen (*Fenster*, *Balkon*); bis zum Fußboden reichend (*Fenster*, *Glastür*); breit (*Mund*); mandelförmig (*Auge*); *fig.* F **~ desenvuelto**; *Col.* großzügig; II. *m* ~ rasgón; **~gar** [1h] *v/t.* zerreißen; (auf-) schlitzen; *fig.* ~ las vestiduras laut wehklagen, s-e Not laut hinausschreien; **~go** *m* 1. Federzug *m*; Strich *m*; Linienführung *f*, Duktus *m*; *fig.* a grandes ~s in gr. Zügen; 2. Wesens-, Charakter-zug *m*; *Li.* Merkmal *n*; 3. ~s *m/pl.* Gesichtszüge *m/pl.*; 4. *fig.* (kühne) Tat *f*; (geistreicher) Einfall *m*; **~gón** *m* Riß *m* in Stoff *od. Kleidung.*
ras|gueado *m* → rasgueo; **~guear** I. *v/t.* die Gitarre schlagen; in die Saiten e-s *Instrumentes* greifen; II. *v/i.* e-n Federstrich machen; **~gueo** ♪ *m* Arpeggieren *n b.* Gitarrespiel; **~guñar** *v/t.* (zer)kratzen; ritzen; *Mal.* skizzieren; **~guño** *m* Kratzwunde *f*, Kratzer *m* F; *Mal.* Skizze *f*; ~ de bala Streifschuß *m.*
rasilla *f* 1. ein dünner Wollstoff *Art* Lasting *m*; 2. Fliese *f*; Hohlziegel *m.*
raso I. *adj.* 1. flach; niedrig; dicht über dem Boden fliegend (*od.* s. bewegend); glatt; wolkenlos; ge-

strichen voll (*Gefäß usw.*); ohne Rücken (*Stuhl*); campo *m* ~ freies Feld *n*, offenes Gelände *n*; soldado *m* ~ einfacher Soldat *m*; quedar ~ aufklaren; II. *m* 2. *tex.* Atlas *m*; 3. freies Feld *n*; dormir al ~ im Freien schlafen; 4. Durchsicht *f*, Schneise *f*; 5. ☐ Geistliche(r) *m.*
raspa I. *f* 1. ♀ Granne *f e-r Ähre*; *Reg.*: Spindel *f des Maises usw.*; (Trauben-)Kamm *m*; *p. ext.* Faser *f* (*die in e-r Schreibfeder hängenbleibt*); 2. (*bsd.* Mittel-)Gräte *f*; *fig.* P tender la ~ s. hinhauen F; 3. (*chapa f*) ~ Raspelblech *n*, Reibfläche *f*; 4. ☐ *a*) Straßendirne *f*; *b*) ~ raspadillo; *fig.* F ir a la ~ auf Raub ausgehen; 5. F *Am. Mer.* Anschnauzer *m* F, Zigarre *f* F; 6. *Ant.*, *Méj.* Überbleibsel *n*; 7. *Méj.* (lärmender) Unfug *m*; lärmende (u. Unfug treibende) Menge *f*; Gesindel *n*; echar ~ Unfug treiben; 8. ♪ Raspa *f*, *a. m* (*Tanz*); 9. F zaundürre Frau *f*; II. *c* 10. *Arg.* (Taschen-) Dieb(in *f*) *m.*
raspa|da F *Méj. f* boshafte Anspielung *f*, Stich *m*; **~dillo** ☐ *m* Falschspielertrick *m*; **~do I.** *m* 1. ⊕ (Ab-) Schaben *n*; Raspeln *n*, Schleifen *n* (*Holz*); 2. ♂ Aus-kratzung *f*, -schabung *f*; **~dor** *m* 1. Radiermesser *n*; 2. ⊕ Kratzer *m*, Schaber *m*; **~dura** *f* 1. Radieren *n*; radierte Stelle *f*; 2. ⊕ Abschaben *n* (*a.* ⊕); Abreiben *n*; *p. ext.* Abschabsel *n*(/*pl.*); ~ de limón abgeriebene Zitronenschale *f*; **~jo** *m* (Trauben-)Kamm *m.*
raspallón *Fi. m* Ringelbrassen *m.*
raspar I. *v/t.* 1. *a.* ⊕ abschaben; raspeln; *Flachs* ribbeln; *fig.* F stehlen, klauen F; F *Am. Mer.* anschnauzen F; F *Méj.* anpflaumen F; 2. aufrauhen; ♂ aus-kratzen, -schaben; 3. radieren; 4. streifen, leicht berühren; II. *v/i.* 5. kratzen (*a. z. B. Wein am Gaumen*); 6. *fig.* F *Ven.* abhauen F.
ras|pear *v/i.* spritzen (*Schreibfeder*); **~petón**: de ~ → de refilón; **~pilla** ♀ *f* Scharfkraut *n*; **~pón** *m*, **~ponazo** *m* Kratzwunde *f*; Streifschuß *m.*
rasque|ta ⊕ *f* Schaber *m*; *Kfz.* ~ del limpiaparabrisas Scheibenwischerblatt *n*; **~tear** ⊕ *v/t.* schaben, tuschieren, abziehen.
ras|tra *f* 1. (Schlepp-)Spur *f*; *a. fig.* Spur *f*; 2. ♣ Egge *f*; → rastro 1; 3. Lastenschleife *f*; Lastkarre *f*; geschleppte Last *f*; *fig.* Folge(last) *f* (*Ergebnis*, *Buße*); *adv.* a ~s schleppend; kriechend; *fig.* widerwillig; 4. ⚓ Dreggtau *n*; ♂ eingefädeltes Trockenobst *n*; **~tracueros** *m* (*pl. inv.*) *Arg.* Hochstapler *m*; **~treador I.** *m* Fährtensucher *m*; ⚓ Minensuch-, Minenräumboot *n*; II. *adj.-su. m* (perro *m*) ~ Spürhund *m*; **~treaminas** ⚓ *m* (*pl. inv.*) Minensuchgerät *n*; **~trear I.** *v/t.* 1. *j-m* nachspüren, e-r *Sache* nachforschen; *j-m* nachschleichen, *j-n* beschleichen; *Gelände* durchkämmen; 2. *Last, Grundnetz* schleppen; ⚓ dreggen; ♂ *Minen* räumen; II. *v/i.* 3. harken, eggen; 4. dicht über dem Boden fliegen; **~treo** *m* Fischerei *f* mit dem Grundnetz; **~trera** ⚓ *f* Unterleesegel *n*; **~trero** *adj.* schleppend; kriechend; dicht am Boden fliegend (*Vogel*); *fig.*

niedrig, gemein; verächtlich; *perro* ~ Spürhund *m*; *planta f* ~*a* Kriechpflanze *f*.
rastri|llada ✍ *f ein* Rechenvoll *m*; ~**llado** *m* → *rastrillaje*; ~**lladora** *tex.* *f* Hechelmaschine *f*; ~**llaje** *m* Harken *n*; Eggen *n*; Hecheln *n des Hanfs*; ~**llar** *v/t.* ✍ harken; eggen; *Hanf* hecheln; ⚔ *Gelände* durchkämmen; ~**llo** *m* 1. ⊕, *a. Suchgerät u. Spielbank:* Rechen *m*; ✍ → *rastro* 1; Hechel *f für Flachs*; ~ (*de forraje*) (Futter-)Raufe *f*; 2. Gittertür *f in Gefängnissen*; Fallgitter *n e-r Burganlage usw.*
rastro *m* 1. ✍ Rechen *m*; Harke *f*; ~ *para el heno* Heurechen *m*; 2. *Jgdw. u. fig.* Spur *f*; Fährte *f*; *Jgdw.* ~ *de sangre* Schweißspur *f*; *sin dejar* ~ spurlos; *seguir el* ~ *a alg.* j-m nachspüren; *sentir el* ~ wittern, spüren, die Spur aufnehmen (*Hund*); 3. *Méj.* Schlacht-haus *n*, -hof *m*; el ⚔ Trödelmarkt *m* (*bsd. in Madrid*); 4. ⚘ ✍ Ab-leger *m*, -senker *m*; ~**jar** ✍ *vt/i.* stoppeln; ~**jo** *m* Stoppeln *f/pl.*; Stoppel-feld *n*, -acker *m*.
rasura *f* 1. Radieren *n*; 2. Rasieren *n*; 3. (Ab-)Schabsel *n*; ~**ción** *f* 1. Rasieren *n*, Abscheren *n*; 2. Abschabsel *n*; ~**da** *f Méj.* Rasur *f*; ~**dor** *m* (Elektro-)Rasierer *m*; ~**r** *v/t.* 1. rasieren; 2. abschaben; radieren.
rata[1] I. *f* Ratte *f*; *fig.* F ~ *de biblioteca* Bücherwurm *m*; Fi. ~ (*de mar*) Sternseher *m*, Himmelsgucker *m*; *ser más pobre que una* ~ (*de iglesia*) arm sein wie e-e Kirchenmaus; II. *m* P Dieb *m*; III. *adj. c* P knauserig, filzig F.
rata[2] *adv.: por* ~ *parte* → *a prorrata*.
ratafía *f* Ratafia *m* (*Fruchtlikör*); ~ (*de nueces*) Nußlikör *m*.
rataplán *onom. m* Bumbum *n*, Trommelschlag *m*.
ratear[1] *v/t.* (nach Verhältnis) aufteilen, umlegen.
ratear[2] *v/t.* mausen, stibitzen.
ratear[3] *v/i.* (auf dem Bauch) kriechen.
rate|ría *f* Diebstahl *m*; Beutelschneiderei *f*; schäbige Gesinnung *f*; ~**ro** I. *adj.* niederträchtig; II. *m* (Taschen-)Dieb *m*; *¡cuidado con los* ~**s!** vor Taschendieben wird gewarnt!
raticida *adj. c-su. m* Rattengift *n*.
ratifi|cable *adj. c* ratifizierbar; ~**cación** *f* Bestätigung *f*; Genehmigung *f* (*Akt u. Urkunde*); *Pol.* Ratifizierung *f*; ~**cador** *m* Ratifizierende(r) *m*; ~**car** [1g] *v/t.* bestätigen; genehmigen; *p. ext.* vollziehen; *Pol.* ratifizieren; ~**catorio** *adj.* Bestätigungs...; Genehmigungs...; Ratifizierungs...
ratihabición ✍ *f* Bestätigung *f der* Rechtsgültigkeit *des Handelns e-s Beauftragten*.
Ratisbona *f* Regensburg *n*.
ra|tito *dim. m* Weilchen *n*; ~**to**[1] *m* Weile *f*; Augenblick *m*; *a* ~**s** *od. de* ~ *en* ~ bisweilen, dann u. wann; *a cada* ~ alle Augenblicke; *al* (*poco*) ~ kurz darauf; ~**s** *m/pl. libres* Freizeit *f*; *adv. a* ~**s** *perdidos* in der Freizeit; *¡hasta otro* ~*!* auf bald!; *hay para* ~ das kann noch (einige Zeit) dauern; *darse* (*un*) *mal* ~ *s.* Sorgen machen, bekümmert sein (*wegen dat. por*); *para pasar el* ~ zum Zeitvertreib; *he pasado un buen* (*mal*) ~ es ist mir gut (übel) ergangen; *pasar el* ~ *s.* die Zeit vertreiben; F *sabe un* ~ (*largo*) *de esto* er versteht e-e ganze Menge davon.
rato[2] ⚖ *adj.: matrimonio m* ~ gültig geschlossene (*aber nicht vollzogene*) Ehe *f*.
ra|tón *m* 1. *Zo.* Maus *f* (*a. EDV*); ~ *almizclero* (*campestre, casero*) Bisamspitz- (Feld-, Haus-)maus *f*; *fig.* F ~ *de archivo od.* ~ *de biblioteca*(*s*) Bücherwurm *m*; *el* ~ *Miguelito* die Mickymaus; 2. ♣ blinde (*od.* verborgene) Klippe *f*; ~**tona** *f weibliche* Maus *f*; ~**tonar** I. *v/t.* benagen, anknabbern; II. *v/i.* ~*se s.* an Mäusen überfressen haben (*Katze*).
rato|ncito *m* 1. Mäuschen *n*; 2. *Bol.* Blindekuhspiel *n*; ~**nera** *f* 1. Mause-, Ratten-falle *f*; *fig.* Hinterhalt *m*, Falle *f*; 2. Mauseloch *n*; *fig.* F ~ Mause...; *Vo. águila f* ~*a* Mäusebussard *m*; *fig. música f* ~*a* Katzenmusik *f*; II. *m* Rattenfänger *m* (*Hund*); ~**nesco** *adj.*, ~**nil** *adj. c* Mause..., Mäuse...
rauco *poet. adj.* rauh, heiser.
rau|dal *m a. fig.* Strom *m*; Flut(welle) *f*; *fig.* Schwall *m*; (Über-)Fülle *f*; ~*es* in Hülle u. Fülle; ~**do** *adj.* schnell, ungestüm; reißend; jäh.
ravioles *Kchk. m/pl.* Ravioli *pl.*
raya[1] *f* 1. Strich *m*, Linie *f*; Grenze (Grenzlinie) *f e-s Besitzes, e-s Bezirks u. fig.*; *Gram.* Gedankenstrich *m*; ⚔ Zug *m im Lauf e-r Feuerwaffe*; *fig. a.* (Gewinn-)Punkt *m*; *a* ~*s* in (den gebührenden) Grenzen; *a* ~*s* strichweise; Strich...; *de puntos y* ~*s* strichpunktiert (*Linie*); ~ *de quebrado* Bruchstrich *m*; ~ *doble* Doppelstrich *m*; *tres m en* ~ Mühle(spiel *n*) *f*; *fig.* F *dar quince* (*od. ciento*) *y* ~ *a alg.* j-m weit überlegen sein (in *dat. en*); *fig. echar* ~ *a alg.* es mit j-m aufnehmen, mit j-m konkurrieren; *fig. hacer* ~ hervorragend sein; Epoche machen; *fig. pasar de* (*la*) ~ zu weit gehen; *pasar la* ~ den entscheidenden Schritt tun, *s.* entscheiden; *poner* (*od. tener*) *a* ~ in die Schranken weisen; in Schach halten; 2. Streifen *m* (*Stoff, Fell*); *de* (*od. con*) ~*s* (*rojas*) (rot)gestreift; 3. Scheitel *m* (*Haar*); ~ (*del pantalón*) Bügelfalte *f*; ~ *al lado* (*o la mitad*) Seiten- (Mittel-)scheitel *m*; *hacerse* (*od. peinarse*) *la* ~ sein Haar scheiteln; 4. Brand-, Feuer-schneise *f im Wald*; 5. *Art* Jerez(wein) *m*; 6. *Rpl.* Start *m u.* Ziel *n b. Rennen*; 7. *Méj.* Furche *f b.* Pflügen; 8. *Méj.* Zahlung *f*, Entlohnung *f*.
raya[2] *Fi. f* Rochen *m*.
raya|do I. *adj.* 1. gestreift (*Tuch, Fell*); gestrichelt; schraffiert; lini(i)ert (*Papier*); ver-, zer-kratzt (*Schallplatte*); *fig. sonar como un disco* ~ immer die alte Platte auflegen (*fig.* F), *s.* ständig wiederholen; 2. gezogen (*Lauf*); II. *m* 3. Streifen *m/pl.*; Schraffierung *f*; Ritzen *n*; 4. Züge *m/pl.*, Drall *m e-s Waffenlaufs*; ~**dor** *m* 1. *Méj.* Zahlmeister *m auf Großgütern*; 2. *Sp. Chi.* Schiedsrichter *m*; 3. *Vo. Am. Her.* Schwarzmantel-Scherenschnabel *m* (*ein Seevogel*); ~**no** *adj.* (an)grenzend (an *ac. en*).
ra|yar I. *v/t.* 1. (ein)ritzen; verkratzen; *fig.* P *Ven.* stechen, verwunden; 2. lini(i)eren; schraffieren; 3. (aus-, durch-)streichen; 4. ⊕ *a.* riffeln; *Lauf* mit Zügen versehen; 5. *Am. Cent. Pferd* anspornen; *Arg., Méj. Pferd* in vollem Lauf anhalten (*od.* parieren); 6. *Méj.* entlohnen; II. *v/i.* 7. ~ *con* (an)grenzen an (*ac.*); *fig.* ~ *en* grenzen an (*ac.*); 8. nahe sein; *al* ~ *el alba* im (*od.* beim) Morgengrauen; 9. *Equ. Am. Cent.* lospreschen; 10. *Méj.* Lohn erhalten; III. *v/r.* 11. ⊕ (*s.* fest)fressen (*Lager*); 12. (e-n) Kratzer bekommen, verkratzt werden; ~**yero** *m Arg.* Start- u. Zielrichter *m b. Pferderennen*.
ray-grass ⚘ *m* Raigras *n*.
rayo *m* 1. Blitz(strahl) *m*; *fig.* (Schicksals-)Schlag *m*; ~ *de bola* Kugelblitz *m*; ~ *difuso* Flächenblitz *m*; → *a.* 2; *¡*~*s!* Donnerwetter!; *¡*~*s y centellas!* Himmeldonnerwetter!; *fig. con la rapidez del* ~ blitzschnell; *fig. caer como un* ~ *sobre sus enemigos* wie der Blitz über s-e Feinde kommen; *fig.* F *echar* ~*s* (*y centellas*) Gift u. Galle spucken F, vor Wut schäumen; P *oler a* ~*s* fürchterlich stinken F; *fig.* P *¡que mal* ~ *te parta* (*los riñones*)*!* der Teufel soll dich holen!; P *saber a* ~*s* grauenhaft schmecken F; 2. *Phys.* Strahl *m*; HF ~*s m/pl. anódicos* (*católicos*) Anoden- (Kathoden-)strahlen *m/pl.*; ~ *calor* (*de luz*) Wärme- (Licht-)strahl *m*; ~*s m/pl. difusos* Streustrahlen *m/pl.*; *Opt.* ~ *emergente* (*incidente*) aus- (ein-)fallender Strahl *m*; *a.* HF ~-*guía* Leitstrahl *m*; ~ *de luna a.* Mondschein *m*; *Opt.* ~ *reflejado* Reflexionsstrahl *m*; ~ *solar* (*od. del sol*) Sonnenstrahl *m*; HF, ✵, ⊕ ~*s X* (*od.* Röntgen) Röntgenstrahlen *m/pl.*; *despedir* (*od. emitir*) ~*s* Strahlen aussenden, strahlen; 3. (Rad-)Speiche *f*; *p. ext.* ⊕ Arm *m*, Strebe *f*; ~ *de* (*la*) *rueda* Rad-speiche *f*, -arm *m*.
ra|yón *m, a.* ~**yona** *f tex.* Reyon (*a.* Rayon) *m, n.*
rayoso *adj.* streifig, gestreift.
rayuela *f* Münzwurfspiel *n nach e-r Ziellinie auf dem Boden*; *a.* Hüpfspiel *n*.
rayuelo *Vo. m* Moorschnepfe *f*.
raza[1] *f* Rasse *f*; *p. ext.* Volk *n*; *fig.* Geschlecht *n*; *de* ~ rassig; ~ *canina* (*od. de perros*) Hunderasse *f*; ~*s f/pl. humanas* Menschen-, Völker-rassen *f/pl.*; ~ *negra* (*blanca, amarilla*) schwarze (weiße, gelbe) Rasse *f*; ~ *india* (*od. roja*), *Am.* oft *de cobre* (*od. de bronce*) indianische (*od.* rote) Rasse *f*.
raza[2] *f* 1. Riß *m*, Spalte *f*; *vet.* Hufriß *m*; 2. *tex.* dünne Stelle *f im Gewebe*; 3. *durch e-e Öffnung fallender* Lichtstrahl *m*.
razia *f* Razzia *f*.
razón *f* 1. Vernunft *f*; Verstand *m*; ~ *de Estado* Staatsräson *f*; *fuera de* ~ unsinnig; verrückt; *sin* ~ unvernünftig; *fig. les asiste la* ~ die Vernunft steht auf ihrer Seite, sie haben recht; *cargarse* (*od. llenarse*) *de* ~ alles gründlich (u. mit großer Geduld) überlegen (*od.* durchdenken); *entrar* (*od.* meter, *od. rendirse a la*) ~ zur Einsicht (*od.* Vernunft) kommen; *hacer entrar* (*od. meter,*

razonable — realmente 518

poner) en ~ a alg. j-n zur Vernunft bringen; j-m den Kopf zurechtsetzen; perder la ~ den Verstand verlieren; privar de (la) ~ der Sinne berauben; puesto en ~ vernünftig (geworden); → a. 4; 2. Grund m, Ursache f; (Beweg-)Grund m; (Beweis-)Grund m; (Zweck-)Grund m; ~ones f/pl. Rede f u. Gegenrede; Erklärungen f/pl.; Einwände m/pl.; ~ contraria Gegengrund m; ~ de más ein Grund mehr (für ac., zu dat. od. inf. para); en ~ de auf Grund von (dat.), wegen (gen.); por ~ de wegen (gen.); por es(t)a ~ deshalb, deswegen; por ~ones del espacio (de seguridad) aus Raum-(Sicherheits-)gründen; por ~ones fundadas aus guten Gründen; alcanzar de ~ones a alg. j-n durch gewichtige Argumente zum Schweigen bringen; envolver en ~ones a alg. j-n (so) verwirren, daß er nichts zu entgegnen weiß; j-n mit s-r Beweisführung zudecken F; sin exponer ~ones ohne Angabe von Gründen; ponerse a ~ones con alg. s. mit j-m ausea.- setzen; tener ~ para + inf. Grund haben, zu + inf.; venirse a ~ones beipflichten; 3. Recht n; Berechtigung f; Billigung f; ~ de ser Daseinsberechtigung f; con (mucha) ~ mit (vollem) Recht; de buena ~ mit gutem Recht; en ~ nach Recht u. Billigkeit; sin ~ unrechtmäßig(erweise); dar la ~ a alg. j-m recht geben; → a. 5; (no) llevar (od. tener) ~ (un)recht haben; 4. Verhältnis n (a. ♈); vernünftiges Verhältnis n; ♈ ~ geométrica (aritmética) geometrisches (arithmetisches) Verhältnis n; ~ por cociente Quotientenverhältnis n; a ~ de x pesetas por metro zu x Peseten je Meter; a ~ de seis por ciento zu sechs Prozent; a. ♈ en ~ directa (inversa) in direktem (umgekehrtem) Verhältnis; por ~ nach Verhältnis; puesto en ~ nach dem rechten Verhältnis, annehmbar (Preis, Vereinbarung); asegurar a ~ de cien mil marcos mit 100 000 Mark versichern; ponerse en (la) ~ zu e-r vernünftigen Vereinbarung kommen; 5. Äußerung f; Auskunft f; Nachricht f; z.B. in e-r Anzeige: ~ en la portería Auskunft beim Pförtner; zu erfragen beim Portier; dar ~ Auskunft geben; dar ~ a alg. de a/c. j-m et. berichten; dar ~ de si s-e Sache gut machen; 6. Sonderfälle: en ~ de bezüglich (gen.), betreffs (gen.), hinsichtlich (gen.); dank dem Umstande, daß ...; entre ~ y ~ zwischen jedem Wort; ⚖ ~ social im Handelsregister eingetragener Firmenname m; Firma f.

razo|nable adj. c vernünftig, angemessen, angebracht; annehmbar; mäßig (Preis); **~nado** adj. wohldurchdacht; systematisch, methodisch; wohlbegründet; **~nador** adj.-su. Argumentierende(r) m, Diskutierende(r) m; Denker m; **~namiento** m Gedankengang m; Überlegung f; Beweisführung f, Argumentation f; Erörterung f; Diskussion f; **~nar** I. v/i. vernünftig urteilen; diskutieren, argumentieren; II. v/t. begründen; mit Vernunftgründen erklären (od. ausea.- legen).

razzia f 1. hist. bewaffneter Einfall m der Mohammedaner; Raub-, Beute-zug m; 2. fig. (Polizei-)Razzia f.

re ♪ m d n; ~ bemol des n; ~ sostenido dis n.

rea f Beschuldigte f; Angeklagte f.

reabastecimiento ⚔ m Nachschub m (Versorgung).

reabsor|ber v/t. wieder aufsaugen, resorbieren; **~ción** f Resorption f.

reacci|ón f 1. Gg.-, Rück-wirkung f; a. ♃, ⚔, Pol. Reaktion f; ⚔ a. Probe f, Test m; ♃ a. Verhalten n; entrar en ~ reagieren, ansprechen; fig. s. erwärmen, warm werden (Körper); Phys., ♃ u. fig. ~ en cadena Kettenreaktion f; a. ⚔ ~ de defensa Abwehrreaktion f; Phys., ♃ ~ térmica Wärme-reaktion f, -verhalten n; ♃, ⚔ ~ testigo Kontroll-probe f, -test m; ⚔ ~ de Wassermann Wassermannsche Reaktion f; 2. Phys. Rückwirkung f; Gg.-druck m (a. Statik); Rückstoß m (a. ⊕); HF, Rf. Rückkopplung(swirkung) f; **~onabilidad** f Reaktionsfähigkeit f; **~onable** adj. c reaktionsfähig; **~onal** adj. c bsd. ⚔ reaktiv; **~onar** v/i. 1. a. ♃ reagieren (auf ac. a); ansprechen (auf ac. a); 2. zurückwirken, einwirken (auf ac. en, sobre); **~onario** Pol. adj.-su. reaktionär m Reaktionär m.

reacio m abgeneigt, abhold (dat. a); widerspenstig, störrisch (gg. ac. a).

reac|tancia ⚡ f Reaktanz f; Drosselung f; ~ inductiva Blindwiderstand m; **~tivar** v/t. reaktivieren; bsd. ♃ wiederbeleben; **~tivo** ♃ I. adj. reagierend; II. m Reagens m, Reagenz n; **~tor** m Phys. Reaktor m; ✈ Schubtriebwerk n; ✈ Düsenflugzeug n; ~ nuclear Kernreaktor m; ~ reproductor Brutreaktor m, Brüter m; ~ regenerador rápido (de neutrones) Schneller Brüter m.

readapta|ción f Wiederanpassung f; Umschulung f von Versehrten usw., Rehabilitation f; **~r** v/t. wieder anpassen; Versehrte usw. umschulen, rehabilitieren.

readmi|sión f Wiederzulassung f; **~tir** v/t. wieder zulassen.

readqui|rir [3i] v/t. wieder-, rück- erwerben; **~sición** f Wieder-, Rück- erwerb m. [fen.]

reafilar v/t. nach-schärfen, -schlei-

reagravar(se) v/t. (v/r.) (s.) (erneut) verschärfen.

reagrupa|ción f Umgruppierung f, Neu-ordnung f, -einteilung f; ~ familiar Familienz.-führung f; **~r** v/t. um-, neu-gruppieren, neu einteilen.

reagudo adj. sehr scharf (bzw. schrill); dolor m ~ äußerst heftiger Schmerz m.

reajus|tar v/t. 1. wieder angleichen; 2. ⊕ neu einstellen, nach-stellen, -justieren; **~te** m 1. Neuanpassung f; ✞ Angleichung f, Anpassung f der Preise, Löhne usw.; ~ ministerial Kabinettsumbildung f; 2. ⊕ Nachjustierung f, Nachstellung f; Neueinstellung f e-s Geräts usw.

real¹ I. adj. c wirklich; tatsächlich; a. Phil. real; Arith. reell (Zahl); ⚖ a. dinglich (Recht); Sach..., Phil., ⚖ Real...; Phil. definición f ~ Realdefinition f; ⚖ injuria f ~ tätliche Beleidigung f, Realinjurie f; ⚖ usura f ~ Sachwucher m; II. Phil. m/pl. ~es Real(i)en pl.

real² I. adj. c 1. königlich; Königs...; p. ext. prächtig; Titel: Alteza f ♀ königliche Hoheit f; cámara f ~ Audienzzimmer n im Königspalast; F una ~ moza ein Vollblutweib n F, ein Klasseweib n F; F ~ mozo m prächtiger (od. strammer) Bursche m; II. m 2. hist. los ~es die Königstreuen m/pl., die Royalisten m/pl. (Partei); 3. Real m (Münze; Span. veraltend: 25 céntimos); fig. un ~ sobre otro bis auf den letzten Pfennig (od. Heller); 4. Heer-, Feld-lager n; p. ext. Festwiese f; alzar (od. levantar) el ~ (od. los ~es) das Lager abbrechen (od. aufheben); (a)sentar el ~ (od. sus ~es) das Lager aufschlagen; fig. F s. (häuslich) niederlassen.

reala f → rehala.

realce m 1. erhabene Arbeit f; Mal. aufgesetztes Licht n; Mal. a. Drukker m; bordar de ~ erhaben sticken; fig. sehr übertrieben schildern, dick auftragen; 2. fig. Ansehen n, Glanz m; Ruhm m; dar ~ a Ansehen geben (dat.); heben (ac.), verschönern (ac.); rühmen (ac.).

reale|ngo I. adj. 1. hist. frei (= unmittelbar der Krone unterstellt) (Stadt, Gemeinde); Staats..., Domänen... (Ländereien); 2. Pe. nicht belastet (Grundstück); 3. Méj., P. Ri. herrenlos (Tier); Ven. Faulenzer...; F Bol. estar ~s (mitea.) quitt sein; II. m 4. ✞ kgl. Besitz m; de ~ der Krone zinspflichtig (Güter); **~za** f königliche Würde f; fig. Pracht f, Prunk m; Herrlichkeit f.

rea|lidad f Wirklichkeit f; Realität f; en ~ od. la ~ es que in Wirklichkeit, eigentlich; tomar ~ s. verwirklichen; **~lismo¹** m Realismus m (a. Lit.).

realismo² m Royalismus m; Königspartei m. Realist m.

realista¹ adj.-su. c realistisch; m

realista² I. adj. c königstreu, royalistisch; II. m Königstreue(r) m, Royalist m.

realiza|ble adj. c durch-, aus-führbar, realisierbar; möglich; erreichbar; ✞ a. verwertbar bzw. verkäuflich; **~ción** f 1. Verwirklichung f, Realisierung f; 2. Aus-, Durchführung f; Bewerkstelligung f; Film, TV Regie f; 3. ✞ Verwertung f; Verkauf m, Absatz m; bsd. Am. Ausverkauf m, Sonderangebot n; ser de fácil ~ leicht abzusetzen sein (Ware); **~dor** Film, TV m Regisseur m; **~r** [1f] I. v/t. 1. verwirklichen, realisieren; möglich machen; Wunsch, Hoffnung erfüllen; 2. aus-, durchführen; bewerkstelligen; Versuche u. a. anstellen; Gewinn erzielen; Reise unternehmen; ⚔ ein Ziel ansprechen, ausmachen; 3. ✞ tätigen, a. ⊕ abwickeln; verwerten; Waren absetzen, verkaufen; bsd. Am. ausverkaufen, billig abstoßen; (Geld-)Mittel flüssigmachen; ~ (en dinero) verwerten, zu Geld machen; II. v/r. ~se 4. s. verwirklichen, stattfinden; in Erfüllung gehen (Wunsch usw.); 5. abgewickelt werden (Arbeit, Geschäft).

realmente adv. wirklich, tatsächlich, in der Tat; offen gestanden, aufrichtig.

realquilar v/t. untervermieten.
real|zado adj. erhaben (Arbeit); fig. vgl. → **∼zar** [1f] v/t. 1. a. fig. erheben, erhöhen; fig. heben, verschönern; 2. Mal. Lichter aufsetzen auf (ac.).
reamunicionamiento ⚔ m Munitionsergänzung f.
reanima|ción f a. fig. Wiederbelebung f; fig. Fassen n neuen Muts; **∼r** v/t. wiederbeleben; fig. beleben, neuen Mut einflößen (dat.); ✱ esfuerzos m/pl. para ∼ a alg. Wiederbelebungsversuche m/pl. an j-m.
reanuda|ción f Wiederaufnahme f; **∼r** v/t. wiederaufnehmen; wiederanknüpfen.
reapa|recer [2d] v/i. wieder erscheinen; erneut auftreten; **∼rición** f Wiedererscheinen n; erneutes Auftreten n.
reapertura f Wiedereröffnung f; Wiederbeginn m; ⚖ Wiederaufnahme f des Verfahrens.
reapuntar ⚔ v/t. Geschütz nachrichten.
rear|mar I. v/t. 1. Waffe durchladen; 2. wiederbewaffnen; **II.** v/i. 3. aufrüsten; nachrüsten; **∼me** m 1. Durchladen n e-r Waffe; 2. Wiederbewaffnung f; (Wieder-)Aufrüstung f; Nachrüstung f.
reasegu|rar v/t. rückversichern; **∼ro** m Rückversicherung f.
rea|sumir v/t. wieder übernehmen (od. aufnehmen); ⚖ wiederaufnehmen; übernehmen (höhere Instanz); **∼sunción** f Wiederaufnahme f.
reata f 1. Koppelriemen m; 2. Koppel f; Zug m (Saumtiere); Vorspann m; adv. de ∼ koppelweise (angespannt); fig. a) blindlings gehorchend; b) gleich darauf; hinterea.; **∼r** v/t. wieder (an)binden; Saumtiere anea.-koppeln.
reato ⚖, Theol. m Anklagezustand m; Schuld f.
reavi|vación f ✱ u. fig. Wiederbelebung f; fig. Neubelebung f; Wiederaufflammen n; **∼var** [1f] v/t. wiederbeleben; neubeleben; **II.** v/r. **∼se** auflauben; fig. aufflammen.
rebaba sid., ⊕ f Grat m; Gußbzw. Preß-naht f.
reba|ja f Rabatt m; Abzug m; Preisnachlaß f; Ermäßigung f; hacer ∼ Rabatt (od. e-n Preisnachlaß) gewähren; **∼jador** Phot. m Abschwächungsbad n; **∼jar I.** v/t. 1. niedriger machen; glätten; abhobeln; a. Zahn abschleifen; 2. Mal., Phot. abschwächen; Flüssigkeit verdünnen; 3. Preis, Wert herabsetzen; verbilligen; fig. erniedrigen; mindern, schmälern; dämpfen; 4. ⚔ von e-m Dienst freistellen; **II.** v/r. **∼se** 5. fig. s. herabwürdigen; s. wegwerfen; **∼se a** + inf. s. so (weit) erniedrigen, daß + ind.; **∼je** ⚔ m bsd. Am. Freistellung f von e-m Dienst; ausgezahltes Verpflegungsgeld n; **∼jo** m Einschnitt m; Falz m; Abschrägung f; Hohlkehle f.
rebal|sa f 1. Stauwasser n; a. Lache f; p. ext. Staubecken n; 2. ✱ Flüssigkeitsstauung f im Körper; **∼sar I.** v/t. (an)stauen; **II.** v/i. u. **∼se** v/r. **∼se** m 1. Stauen n; 2. → rebalsa.
rebana|da f Scheibe f, Schnitte f;

bsd. ∼ (de pan) Brotschnitte f; Méj. geröstete Brotschnitte f; **∼r** v/t. ab-, durch-, zer-schneiden; in Scheiben schneiden.
rebaña|dera f Brunnenhaken m; **∼dura(s)** f(/pl.) (mst. angeklebte) Reste m/pl. an Tellern usw.; **∼r** v/t. zs.-raffen; Teller leeressen.
reba|ñego adj. Herden...; **∼ño** m a. fig. Herde f.
rebarbar sid., ⊕ v/t. ent-, ab-graten, Guß putzen.
rebasa|dero ⚓ m natürliche Fahrrinne f bei e-r Untiefe; **∼r** v/t. (a. v/i. ∼ de) e-e best. Grenze überschreiten, -steigen; ⚔ Hindernisse nehmen, stürmen; über die Ufer treten (Fluß); ✝ Kredit überziehen; ⚓ Klippe klaren, überwinden; Kfz. Méj. überholen; la fiebre no ∼á (de) este punto das Fieber wird nicht noch höher steigen.
reba|te m Gefecht n; Streit m, Schlägerei f; **∼tible** adj. c 1. widerlegbar; strittig; 2. Am. u. oft ⊕ (ab)klappbar; kippbar; Klapp...; **∼timiento** m 1. Zurückschlagen n; 2. Zurück-, Abweisung f; Widerlegung f; 3. Zurückklappen n; ♂ Umklappen n b. Projektionszeichnen; **∼tiña** f Rauferei f um et.; F andar a la ∼ s. um et. (ac.) raufen (od. balgen); **∼tir** v/t. 1. zurückschlagen; glatt klopfen; 2. umklappen; 3. fig. ab-, zurück-weisen; bestreiten; Gründe widerlegen; **∼to** m 1. Alarm(glocke f) m; (toque m de) ∼ Sturmläuten n; tocar a ∼ Sturm läuten; Lärm schlagen; fig. Alarm schlagen (fig.); 2. fig. (plötzliche) Aufregung f; jähe Aufwallung f; 3. ⚔ Überfall m, Überraschungsangriff m; fig. F de ∼ plötzlich; unvermutet.
rebautizar [1f] v/t. umtaufen; wiedertaufen.
rebeca f Span. (Damen-)Strick-jacke f, -weste f.
rebeco[1] Zo. m (Pyrenäen-)Gemse f.
rebeco[2] m Méj. Halbstarke(r) m.
rebel|arse v/r. s. auflehnen; s. empören (gg. ac. contra); **∼de I.** adj. c rebellisch, aufrührerisch, aufsässig, störrisch, widerspenstig; hartnäckig; schwierig; ⚖ säumig (Partei); **II.** m Rebell m, Aufständische(r) m; ⚖ säumige Partei f; **∼día** f 1. Widerspenstigkeit f, Aufsässigkeit f; Rebellion f; Unbotmäßigkeit f; por ∼ wegen Unbotmäßigkeit; 2. ⚖ Nichterscheinen n des Geladenen; en ∼ in Abwesenheit; procedimiento m (sentencia f) de ∼ Versäumnis-verfahren n (-urteil n); Strafrecht: Abwesenheitsurteil n.
rebe|lión f Aufruhr m, Aufstand m, Rebellion f; en ∼ aufständisch; **∼lón** Equ. adj. störrisch.
reben|cazo m Schlag m mit der Peitsche; vgl. → **∼que** m hist. (Zucht-)Peitsche f für Galeerensträflinge; Am. (schwere) Reitpeitsche f; ⚓ Tauende n.
rebisabuelo m Ururgroßvater m.
reblande|cer [2d] v/t. erweichen; a. 🗲 weich machen; auflockern; **II.** v/r. **∼se** weich werden; **∼cimiento** m Erweichung f (a. ✱); Auflockerung f; ✱ Einschmelzung f.
rebobina|do m Rück-, Um-spulen n; 🗲 Neuwickeln n; **∼je** m Um-

spulung f; Umwicklung f; **∼r** v/t. rück-, um-spulen; umwickeln.
rebolina adv.: a la ∼ unordentlich, schlampig.
rebo|lledo m Zerreichenwald m; **∼llo** ♣ m Zerreiche f; **∼lludo** adj. stämmig.
rebombar v/i. laut hallen; stark widerhallen.
reborde m vorspringender (bzw. verstärkter) Rand m; Wulst m; ⊕ Krempe f; Randleiste f; **∼ar** v/t. bördeln; umbördeln.
rebo|sadero m Überlauf m (Wasser); sid. Steiger m; Steigetrichter m; Überlaufrohr n; Überlauf m e-s Staubeckens; **∼sar** v/i. (a. v/r. **∼se**) überlaufen; über die Ufer treten; übervoll sein; ∼ (hirviendo) überkochen; ∼ de (od. en) a/c. (sehr) reich sein an et. (dat.); viel ... (ac.) haben; fig. ∼ de alegría übersprudeln vor Freude; fig. ∼ de salud vor Gesundheit strotzen; fig. ∼ de ternura überströmen von Zärtlichkeit; fig. rebosa en (od. le rebosa el) dinero er ist steinreich; **∼se** ⊕ m Überlauf m.
rebo|tadura f, **∼tamiento** m → rebote; **∼tar I.** v/t. 1. Ball usw. zurück-schlagen, -stoßen; Tuch aufrauhen; Nägel (kr)um(m)schlagen; fig. verärgern; 2. Col., Méj. Wasser trüben; Méj. a. ∼ embotar; **II.** v/i. 3. abprallen bzw. wieder aufprallen (Ball, Geschoß), ∼ en prallen an (ac.), (an)schlagen an (ac.); 4. fig. (a. v/r. **∼se**) kollern (gärender Wein); umschlagen (Wein u. ä.), s. in Farbe u. Qualität ändern; **III.** v/r. **∼se** 5. fig. a. s. (mächtig) aufregen F; **∼tazo** F m, **∼te** m 1. Zurückschnellen n; Rück-, Ab-prall m; Rückstoß m; de ∼ b. Zurückschnellen n; fig. als Folge 2. ⚔ Querschläger m; tiro m de ∼ Prellschuß m; **∼tica** f Nebenraum m e-s Ladens; Hinterzimmer n.
rebo|zadamente adv. versteckt, heimlich; **∼zado** adj. 1. adj. vermummt; verhüllt; undurchsichtig; a. arglistig; 2. Kchk. paniert; übergossen; ∼ con chocolate mit Schokolade übergossen; **II.** m Kchk. Méj. 3. Panieren n; Überbacken n; überbackenes (bzw. paniertes) Gericht n (Spezialität); **∼zar** [1f] **I.** v/t. 1. Gesicht vermummen; a. fig. verhüllen, verschleiern; 2. Kchk. panieren; überbacken; **II.** v/r. **∼se** 3. s. vermummen, sein Gesicht verhüllen; **∼zo** m (Mantille f zur) Verhüllung f des Gesichts; fig. Verstellung f; Bemäntelung f; **∼(s)** m(/pl.) fig. Maske f, adv. de ∼ versteckt, heimlich; adv. sin ∼(s) unverhohlen, offen.
rebu|far v/i. stark schnauben (od. schnaufen); **∼fe** m Schnauben n des Stiers; **∼fo** m Mündungswirbel m b. Feuerwaffen.
rebu|jar(se) v/t. (v/r.) → arrebujarse; **∼jina** F, **∼jiña** F f Gezänk n; Tumult m; **∼jo** m 1. mst. Verschleierung f der Frauen; de ∼ heimlich; 2. unordentliches Bündel n; Knäuel m, n.
rebulli|cio m Lärm m, Getöse n; Tumult m, Radau m F; **∼r** [3ḣ] **I.** v/i. aufwallen; (auf)sprudeln; **II.** v/t. Col. bsd. Kchk. umrühren;

rebusca — receptor

III. v/r. ~se s. rühren; unruhig werden; F sin ~se ganz still.
rebusca f **1.** Nachlese f; Ährenlese f; **2.** Nachforschung f; **3.** Ausschuß m, Abfall m; **~do** adj. gesucht, gekünstelt (Ausdruck, Stil); raffiniert; **~miento** m **1.** → rebusca; **2.** gekünstelte Art f, Mache f (Stil); **~r** [1g] vt/i. Nachlese halten; nachspüren (dat.); Ähren lesen; suchen, sammeln; ~ (en) herumsuchen in (dat.), durchsuchen (ac.).
rebuz|nar v/i. schreien, iahen (Esel); fig. ese tipo rebuzna dieser Kerl ist ein Flegel; **~no** m Eselsschrei m, Iah n.
recabar v/t. durch Bitten, Gesuche usw. erreichen, erlangen (bei od. von j-m de alg.); ansuchen um (ac.); ~ a/c. para sí et. für s. in Anspruch nehmen.
reca|dera f Botenfrau f; **~dero** m Bote(ngänger) m; Span. privater Frachtunternehmer m für den Paketdienst; **~do** m **1.** Besorgung f; Bestellung f; Nachricht f; fig. F (iron.) ¡buen ~! nette Bescherung! (fig. F); fig. F mal ~ **a)** (übler) Streich m; **b)** (arge) Unachtsamkeit f; dar (un) ~, llevar un ~ e-e Nachricht überbringen; Nachricht (od. Bescheid) geben; e-e Bestellung ausrichten; le haré el ~ ich werde es ihm ausrichten; fig. F llevar ~ s-n Rüffel F (bzw. s-e Strafe od. sein Fett F) weghaben; pasar ~ Bescheid sagen (lassen); **b.** Besuchen: (an)melden; **2.** Ausrüstung f, Ausstattung f für best. Zwecke; Am. Reitzeug n (u. Ausrüstung f); ~ de escribir Schreibzeug n; **3.** (Tages-)Vorrat m, Einhohlebedarf m für den Tag; **4.** Typ. Stehsatz m; **5.** † Geschenk n (im Begleitbrief hieß es: con un ~ mit e-m Angebinde).
reca|er [2o] v/i. fallen (auf ac. en, sobre) (Gespräch, Schuld, Verantwortung, Verdacht usw.); abs. ☩ rückfällig werden; ✗ e-n Rückfall erleiden; ~ en anheimfallen (dat.); (zurück)fallen an (ac.) (Erbschaft); (ent)fallen auf (ac.), entsprechen (dat.); ☩ ergehen gg. (ac.) (Urteil); ~ en el error erneut in den Fehler verfallen; **~ída** f a. ✗, ☩ Rückfall m.
recala|da ⚓ f Ansteuerung f des Landes usw.; **~r** I. v/t. durchtränken, durchsickern durch (ac.); → a. calar; II. v/i. ⚓ en Land usw. ansteuern, anlaufen; fig. F ~ (en [casa de]) landen F, aufkreuzen F (in dat. od. bei dat.); III. v/r. ~se durchsickern, -kommen (Flüssigkeit); durch u. durch naß werden.
recalca|da ⚓ f Krängen n; **~do** adj. gestaucht; **~r** [1g] I. v/t. **1.** zs.-pressen; vollstopfen; **2.** ⊕ stauchen; **3.** fig. stark betonen; III. v/i. **4.** ⚓ (stark) krängen; III. v/r. ~se **5.** fig. F Worte usw. immer wieder (genüßlich) wiederholen; **6.** → arrellanarse.
recalcitra|nte adj. c störrisch, widerspenstig, verstockt; **~r** v/i. zurückweichen; fig. s. widersetzen; starrköpfig sein, bocken F.
recalenta|dor ⊕ m Überhitzer m; Vorwärmer m; **~miento** m Überhitzung f; **~r** [1k] I. v/t. **1.** a. ⊕ überhitzen; a. fig. erhitzen; Essen aufwärmen; ⊕ Kesselwasser vorwärmen; **2.** fig. Tiere brünstig machen; p. ext. sinnlich reizen; **II.** v/r. ~se **3.** s. überhitzen; ⊕ a. heißlaufen; ⊕ durch Hitzeeinwirkung (in Gärung geraten u.) verderben; **5.** fig. brünstig werden; ~se (los hígados) (sehr) hitzig werden.
recalmón ⚓ m plötzliche Flaute f.
recal|que ⊕ m Stauchung f; **~zar** [1f] v/t. ✿ häufeln; △ stützen; untermauern; **~zo** m △ Untermauerung f.
recama|do m Reliefstickerei f; **~r** v/t. (erhaben be)sticken.
recámara f **1.** Kleiderkammer f; Ankleideraum m; Méj. Schlafzimmer n; fig. F tener mucha ~ es (faust)dick hinter den Ohren haben; **2.** ⚔ Ladungs-, Kartusch-raum m bzw. Patronenlager n der Waffe.
recamarera f Méj. Zimmermädchen n.
recambi|able adj. c auswechselbar; **~ar** [1b] v/t. wieder umtauschen; austauschen, auswechseln; **~o** m **1.** Umtausch m; Austausch m, Auswechseln m; Ersatz m; Nachfüllpackung f; a. ⊕ de ~ austauschbar, zum Auswechseln, Ersatz...; (pieza f de) ~ Ersatzteil n; **2.** ✝ Rückwechsel m; Delkredere n.
recancanilla f Hinken n (Verstellung der Kinder); fig. F Nachdruck m b. Sprechen.
recantón m Prell-, Eck-stein m.
¡recaña! euph. int. → recoño.
reca|pacitar v/t/i. in s-n Gedanken zs.-fassen; genau überdenken; **~pitulación** f (kurze) Wiederholung f; **~pitular** v/t. zs.-fassen, rekapitulieren.
recar|ga f **1.** Nachfüllung f; Nachladung f; ⚡ Aufladung f; Phot. ~ a la luz del día Tageslichtpackung f; **2.** zusätzliche Last f; **~gable** adj. c nachfüllbar; wieder aufladbar (Batterie); **~gado I.** adj. fig. übertrieben; geschmacklos; **II.** m ⊕ → recargue; **~gamiento** Ku., Li. m Überladen n, Übertreiben n; **~gar** [1h] I. v/t. **1.** überladen, a. fig. überlasten (mit dat. de); auf den Preis aufschlagen; Strafmaß, Steuern u. ä. heraufsetzen; fig. geschmacklos ausschmücken, überladen; dick auftragen (fig.); **2.** ⊕ Material auftragen; **3.** Gewehr nach- bzw. durch-laden; ⚡ aufladen; II. v/r. ~se **4.** s. verschlimmern (Fieber u. fig.); **~go** m **1.** Überladung f; Belastung f; Zuschlag m (Steuer, Gebühren); Nachschlag m (Preis); zusätzliche Dienstzeit f; ~ de pena Strafverschärfung f; **2.** ⚕ Fieberzunahme f; **~gue** ⊕ m Auftragung f von Material.
¡recáscaras! int. Donnerwetter!
recata f nochmaliges Kosten n (od. Probieren n).
reca|tado adj. **1.** vorsichtig; zurückhaltend; zurückgezogen; **2.** ehrbar; sittsam, züchtig; **~tar¹** I. v/t. verdecken, verbergen; verhehlen; II. v/r. ~se vorsichtig (bzw. unschlüssig) sein; s. zurückhalten; s. hüten (vor dat. de).
recatar² v/t. nochmals kosten.
recato m **1.** Vorsicht f, Zurückhaltung f; Scheu f; **2.** Ehrbarkeit f, Sittsamkeit f.
recatonear → regatear¹.
recauch(ut)a|do, ~je m Aufvulkanisieren n; Kfz. Runderneuerung f v. Reifen; **~r** v/t. runderneuern.
recau|dación f Erhebung f v. Steuern u. ä.; Einnahmebezirk m; Einnahmen f/pl. z. B. e-s Kinos; (caja f de) ~ (de contribuciones) Steuerzahlstelle f; **~dador** m (Steuer-)Einnehmer m; **~dar** vt/i. **1.** Steuern, Gebühren erheben; Geldbeträge einziehen; Geld (a. abs.) sammeln; **2.** in Sicherheit bringen; verwahren; **~datorio** adj.: oficina f ~a Einnahme- od. Hebe- bzw. Sammelstelle f; **~do** m **1.** Vorsicht f, Behutsamkeit f; Sicherheit f; a buen ~ wohlverwahrt; poner a buen ~ in Verwahr(ung) nehmen; **2.** → recaudación; **3.** Chi., Guat., Méj. Suppengrün n u. Gewürze n/pl.
recavar ✓ vt/i. erneut umgraben.
recazo m Degen-, Säbel-, Messer-rücken m.
rece|bar v/t. Straße mit Feinkies eindecken; **~bo** m feiner Steinkies m.
rece|char Jgdw. v/i. pirschen; **~cho** Jgdw. m Pirsch f.
rece|lador m Probierhengst m; **~lar I.** vt/i. **1.** argwöhnen, (be)fürchten; abs. Verdacht schöpfen; ~ las medidas de alg. j-s Maßnahmen mißtrauisch gg.-überstehen; no ~ de nada keinerlei Argwohn hegen; **2.** den Probierhengst zur Stute lassen; Stute probieren; **II.** v/r. ~se **3.** ~se de alg. (de a/c.) j-m (e-r Sache) mißtrauen; ~se (de a/c.) a. (et.) befürchten; **~lo** m Argwohn m; Mißtrauen n; Besorgnis f; tener ~ de alg. j-m nicht trauen; **~loso** adj. argwöhnisch, mißtrauisch; ängstlich, besorgt.
recen|sión f Rezension f; **~sor** m Rezensent m.
recentar [1k] v/t. erneuern.
recentísimo adj. sup. zu reciente allerneueste(r, -s).
recep|ción f **1.** Empfang m (a. gesellschaftlichen Mus. dipl.); Aufnahme f; ☩ de los testigos Zeugenvernehmung f; día m de ~ Empfangstag m; sala f de ~ Empfangszimmer n; Audienzsaal m; hacer una ~ a alg. j-m e-n Empfang bereiten; **2.** a. ✉ Empfang m, Erhalt m; ✉, ⊕ a. Abnahme f; a la ~ bei Empfang (gen. de); ~ de(l) material Materialabnahme f; **3.** Rf., HF, TV Empfang m; de ~ Empfangs...; dirigida, ~ (uni)direccional (omnidireccional) Richt- (Rund-)empfang m; corregir la ~ den Empfang entzerren; **4.** Rezeption f; Empfang(sbüro n) m im Hotel; **~cionista** c Empfangsangestellte(r m) f; Empfangsdame f; ⚔ Groundhostess f.
recep|tación ☩ f Hehlerei f; **~táculo** m **1.** Behälter m, Behältnis n; Sammelbecken n; ✿ Blütenboden m; **~tar** v/t. **1.** (ver)hehlen bzw. verbergen; **2.** ✗ → recibir, acoger; **~tividad** f a. ⚕ Empfänglichkeit f; **~tivo** adj. empfänglich; no ~ Zufluchtsort m; **~tor** m **1.** Rf. usw. Empfänger m, Empfangsgerät n; Radio n; Tel. Hörer m (Gerät); ⚡ de batería enchufable a la red) Batterie- (Netz-)empfänger m; ~ de ondas cortas Kurzwellenempfänger m; **2.** ✝ Empfänger m e-r Ware; establecimiento m ~ (Toto-)Annahmestelle f; **3.** ☩ Asservaten- (bzw. Gebühren-)beamte(r) m;

Schatzbeamte(r) m; ~toría f Schatzamt n.
recesi|ón f Konjunkturrückgang m, Rezession f; ~**vo** Biol. adj. rezessiv.
receso m Am. Ferien pl. (Behörden usw.).
rece|ta f Rezept n (Kchk., pharm., ⚕ u. fig.), Verschreibung f; F Vkw. Strafzettel m; ~**tador** m Rezeptaussteller m; ~**tar** v/t. ⚕ verschreiben, verordnen; fig. F ~ largo viele Wünsche anmelden F; ~**tario** m Arzneibuch n; fig. Kochbuch n; ~**tor**, etc. → receptor 3, etc.
reci|bí m Empfangsquittung f; "~" „(dankend) erhalten"; ~**bida** f Am. Empfang m, Aufnahme f; ~**bidor** m 1. Empfänger m; 2. Empfangs-, Vorzimmer n, Diele f (a. Möbel); ~ mural Garderobenwand f, Wandgarderobe f; 3. Sprechzimmer n in Internaten; ~**bimiento** m Empfang m; Empfangs-, Vor-zimmer n; ~**bir I.** v/t. 1. erhalten, bekommen; empfangen; aufnehmen; Schaden erleiden; ✝, ⊕ a. abnehmen; autorizado m para ~ Empfangsberechtigte(r) m; ✝ ~ida su estimada carta del ... im Besitz Ihres geehrten Schreibens vom ...; ~ al Señor das hl. Abendmahl empfangen; 2. Stk. Stier zum Todesstoß in den Degen rennen lassen; **II.** v/i. 3. empfangen; Besuch annehmen; Sprechstunde haben; fig. F hoy le tocará ~ heute geht es ihm an den Kragen F; **III.** v/r. ~se 4. den Anstellungstitel (od. die Approbation) erwerben; ~se de abogado (de licenciado, de médico) als Anwalt zugelassen werden (s-e Staatsprüfung ablegen, s-e Approbation als Arzt erhalten).
recibo m 1. Empfang m, Erhalt m; acusar ~ de ... den Empfang ... (gen.) bestätigen; ser de ~ in ordnungsmäßigem Zustand (od. in Ordnung [a. fig.]) sein; 2. Empfangsbescheinigung f, Quittung f; für Gas, Strom usw. a. (Ab-)Rechnung f; dar ~ de a/c. et. quittieren; 3. Empfang(stag) m; 4. → recibidor 2.
recicla|ble adj. c (wieder)verwertbar; ~**do** m Recycling n; ~**je** m v. Material: Wiederaufbereitung f, Recycling n; ~**r** v/t. Material wiederaufbereiten; Personen umschulen.
recidiva ⚕ f Rückfall m, Rezidiv n; ~**r** v/i. rezidivieren.
reciedumbre f Heftigkeit f, Wucht f; Kraft f; Derbheit f.
recién adv. 1. mit part. u. adj.: Neu..., frisch(...), neu(...); soeben; ~ casado neuvermählt; (m) frischgebacken(er Ehemann m) F; ~ cocido frischgebacken (Brot); el ~ nacido das Neugeborene; fig. F der Neugebackene; ✝ los ~ operados die frisch Operierten m/pl.; los ~ venidos die Neuankömmlinge m/pl.; 2. Am. Reg. vor kurzem, soeben; Rpl. a. bald, gleich.
reciente adj. c frisch; jüngst geschehen; neu; neuartig, modern; de ~ publicación soeben erschienen (Buch); ~**mente** adv. vor kurzem, kürzlich, unlängst, neulich.
recinto m umgrenzter Platz m; Bereich m, Umkreis m; Gehege n im Tiergarten; p. ext. Raum m; ~ de la feria Messegelände n.

recio I. adj. **1.** stark, kräftig; p. ext. zäh, ausdauernd; fruchtbar (Boden); **2.** hart, schwer; streng; en lo más ~ del invierno (mitten) im strengsten Winter; **3.** ungestüm; reißend (Strömung); heftig (Regen, Wind); **4.** rauh, hart (Wesen); derb, kraß; **5.** knorrig, urwüchsig; **II.** adv. **6.** (de) ~ stark; heftig; ungestüm; derb, feste F; hablar ~ laut sprechen.
recipien|dario m zur Aufnahme anstehendes Mitglied e-r Akademie usw., Neumitglied n; ~**te** m Gefäß n; Behälter m.
re|cíproca: a la ~ wechselseitig; y a la ~ u. umgekehrt; quedar a la ~ zu Gg.-diensten (gern) bereit sein; ~**ciprocidad** f Gg.-seitigkeit f; Wechselseitigkeit f, Reziprozität f; ~**cíproco** adj. gg.-, wechsel-seitig; Gg.-...; Wechsel...; reziprok; Å valor m ~ Kehrwert m.
recita|ción f Vortrag m, Rezitation f; ~**do** ♪ m Rezitativ n, Sprechgesang m; ~**dor** m Vortragskünstler m, Rezitator m; ~**l** m 1. (Solo-)Konzert n; ~ de violonc(h)elo Cello-konzert n od. -abend m; 2. Dichterlesung f, Vortragsabend m; ~**r** v/t. vortragen, rezitieren; hersagen; ~ maquinalmente herunter-rasseln, -leiern F; ~**tivo** ♪ adj. Rezitativ...
reclama|ción f **1.** a. ⚖ Einspruch m; Beschwerde f, Beanstandung f; Reklamation f; ~ (por vicios de la mercancía) Mängelrüge f; no se admiten ~**ones** (nachträgliche) Beanstandungen werden nicht berücksichtigt; formular (od. hacer, presentar) una ~ (bzw. ~ones) Beschwerde erheben; vorstellig werden; Pol. presentar ~**ones** Vorstellungen erheben; **2.** a. ⚖ Zurückforderung f; Anspruch m; ~ de daños y perjuicios Schadenersatz (-forderung) m; ~ (de deuda) Mahnschreiben n; ~**da** Jgdw. f → reclamo 1b; ~**dor I.** Beschwerde...; **II.** m → ~**nte**; ~**r¹ I.** v/t. **1.** zurückfordern; anmahnen; fordern, verlangen; reklamieren; ⚖ unter s-e (bzw. ihre) Zuständigkeit fordern (Gericht, Behörde); Aufmerksamkeit erheischen; um Hilfe ersuchen; EDV abrufen; ~**ado** por la justicia steckbrieflich gesucht; **2.** Jgdw. locken; **II.** v/i. **3.** Einspruch erheben (gg. ac. contra); s. beschweren, reklamieren; ~ contra a/c. a. et. beanstanden; **4.** poet. → resonar; **III.** v/r. ~**se 5.** s. locken (Vögel, [Jgdw.] a. andere Tiere); ⚖ ~**se** (un queja) s. beschweren.
recla|mar² ⚓ izar a ~ die Segel pressen; ~**me** ⚓ m Schiebengatt n.
reclamo m 1. Jgdw. u. fig. a) Lockvogel m; b) Lockruf m; c) Lockpfeife f; caza f con ~(s) Lockjagd f; fig. acudir al ~ in die Falle (od. auf den Leim) gehen; 2. Reklame f; 3. Am. Reklamation f, Beschwerde f.
reclina|ble adj. c neigbar; asiento m ~, ✈, 🚗 a. butaca f ~ Liegesitz m; ~**r I.** v/t. an-, zurück-lehnen; **II.** v/r. ~**se** s. anlehnen; s. aufstützen; ~**torio** m Betstuhl m.
reclu|ir [3g] v/t. ein-schließen, -sperren; ~**sión** f 1. Einschließung f; Haft

f; ~ mayor (menor) Zuchthaus(strafe f) n v. 20—30 (12—20) Jahren; ~ militar Festungshaft f; ~ perpetua lebenslängliches Zuchthaus n; 2. fig. Zurückgezogenheit f; Rel. u. fig. Einsiedlerleben n; 3. ✝, ✻ Ort m der Einsperrung; ~**so I.** adj. eingeschlossen; **II.** m Sträfling m; ecl. Rekluse m.
recluta I. f 1. ✻ Aushebung f; 2. Rpl. Zs.-treiben n des Viehs zur Markierung usw.; **II.** m 3. Rekrut m; ~**dor** m Ausheber m, Werber m; Anwerber m v. Arbeitern; ⚓ Heuerbaas m; ~**miento** m 1. ✻ a) Aushebung f, Musterung f; b) Rekrutenjahrgang m; 2. Anwerbung f v. Arbeitskräften; ~**r** v/t. 1. ✻ ausheben, mustern, rekrutieren; 2. Arbeitskräfte anwerben; Matrosen anheuern; 3. Rpl. das Vieh zs.-treiben (vgl. recluta 2).
recoba f → recova 2.
reco|brar I. v/t. **1.** a. fig. wiederbekommen, -erlangen; ~ las fuerzas wieder zu Kräften kommen; wieder zu s. kommen; ~ el juicio (wieder) zur Besinnung kommen; ~ la salud wieder gesund werden; **2.** verlorene Zeit wieder einholen; Verluste einbringen; **II.** v/r. ~**se 3.** s. schadlos halten (für ac. de); **4.** s. erholen (von dat. de); wieder zu s. kommen; ~**bro** m 1. Wiedererlangung f; 2. (Wieder-)Erholung f.
reco|cer [2b u. 2h] **I.** v/t. lange kochen; auskochen; durchbacken; ⊕ (aus)glühen; **II.** v/r. ~**se** übergar werden; fig. s. abquälen; ~**cida** ⊕ f bsd. Am. → recocido m; ~**cido I.** adj. ausgekocht; ⊕ geglüht; fig. erfahren, bewandert; **II.** m ⊕ Glühen n; ~ con afino Tempern n; ~**cina** f Nebenzimmer n e-r Küche.
reco|dadero m Lehnstuhl m; Armlehne f; ~**dar I.** v/t. **1.** e-e Biegung machen (Weg, Fluß); **2.** = **II.** v/r. ~**se 3.** s. auf den (bzw. die) Ellbogen stützen; ~**do** m Biegung f (bsd. Fluß, Straße); Krümmung f; Knie n, Winkel m; Vkw. Kehre f; Einbuchtung f, Bucht f.
recoge|dero m **1.** Sammelplatz m; z. B. ~ de bolas Einwurf m für Kegelkugeln; Kugelrinne f; **2.** Sammler m (Gerät, Schaufel u. ä.) für Abfall; ~**dor I.** → ~**dor I.** **1.** Sammel..., Auffang...; **II.** m **2.** Sammler m bzw. Fänger m; z. B. ~ (de pelotas) Balljunge m b. Tennis; **3.** Sammler (Gerät); ~ (de basura) Kehr(icht)-, Abfall-schaufel f; → a. ~**gotas** m (pl. inv.) Tropfenfänger m; ~**migas** m (pl. inv.) Tischbesen m; ~**pelotas** m (pl. inv.) Balljunge m b. Tennis; ~**pliegos** Typ. m (pl. inv.) (a. dispositivo m ~) Bogenfänger m.
recoger [2c] **I.** v/t. **1.** in Empfang nehmen; aufnehmen (j-n bei s. alg. en su casa); abholen; ir a ~ a alg. j-n abholen; **2.** a. Ball (auf-)fangen; ergreifen; (ein)sammeln; Auskünfte einholen, einziehen; Geld abheben bzw. (zs.-)sparen; ✻ Gerät aufnehmen; Material, Tote usw. einholen; Netz einholen; ✻ Truppen zs.-ziehen; Müll abfahren; 🗨 ~ las cartas die Briefkästen leeren; ~ (del suelo) (vom

recogida — recorrido

Boden) aufheben; 3. pflücken; ernten; 4. einziehen, verengen; *Atem* anhalten; *Bauch* einziehen; *Haare* hochstecken; *Hose* hochziehen; *Kleid* raffen; ⚓ *Segel* einziehen; *Vorhang* (zs.-)raffen; 5. wegräumen, -schließen; zurückziehen; aus dem Verkehr (*bzw.* aus dem Dienst) ziehen; *Plan* fallenlassen, zurückziehen; *Veröffentlichung* aus dem Verkehr ziehen *bzw.* beschlagnahmen; 6. wieder nehmen; wieder-, zurücknehmen; II. *v/r.* ~se 7. s. zurückziehen; *abends* nach Hause gehen; s. zur Ruhe begeben; *bsd. Rel.* s. (*im Gedanken an Gott*) sammeln; 8. s. *in s-n Ausgaben* einschränken.
recogi|da *f* 1. Sammeln *n*; Sammlung *f*; Einsammeln *n*; Abholen *n*; ~ de basura(s) Müllabfuhr *f*; ~ *de opiniones* Einholen *n* von Meinungen; 2. ✝ Abnahme *f* v. *Waren*; Entgegennahme *f e-r Sendung*; 3. ✽ Leerung *f*; ~do *adj.* 1. klein, schmal (*Sache*); untersetzt, gedrungen; 2. zurückgezogen; gesammelt (*fig.*); andächtig; ~**miento** *m* 1. Zurückgezogenheit *f*; 2. innere Sammlung *f*; 3. *kath.* Bußkloster *n*, Magdalenenstift *n*.
recolec|ción *f* 1. Einsammeln *n*; Sammlung *f*; 2. Bei-, Ein-treibung *f*; 3. Ernte *f*; Ernteezeit *f*; 4. Sammlung *f*, Sammelwerk *n*; 5. *Rel.* Sammlung *f*, Einkehr *f*; 6. *ecl.* Kloster *n* strenger Observanz; *fig. Rel.* Einkehrhaus *n*; ~**tar** *v/t.* ernten; ~**tor** *m* 1. Sammler *m*, Eintreiber *m*; 2. ⚘ Pflücker *m*; *Ethn.* (pueblos *m/pl.*) ~**es** Sammler *m/pl.*
recoluta P *f* *Rpl.* → recluta 2.
recomenda|ble *adj.* c empfehlenswert; ratsam; vertrauenswürdig; ~**ción** *f* 1. Empfehlung *f*; Befürwortung *f*, Fürsprache *f*; (carta *f* de) ~ Empfehlungsschreiben *n*; *por* ~ auf Empfehlung; *tener buenas* ~**ones** *a.* gute Beziehungen haben; 2. Empfehlung *f*, Rat (-schlag) *m*; ~**do** I. *adj.* empfohlen; vorschriftsgemäß; **Col.** eingeschrieben (*Brief*); II. *m* Empfohlene(r) *m*; Schützling *m*, Protegé *m*; ~**nte** *m* Empfehlende(r) *m*; ~**r** [1k] *v/t.* empfehlen; ~**torio** *adj.* Empfehlungs...
recomenzar [1f u. 1k] *v/t.* erneut anfangen, noch einmal beginnen.
recomerse *v/r.*: ~ *de envidia* vor Neid platzen.
recompensa *f* Belohnung *f*; Entschädigung *f*; *en* ~ *de* zum Lohn (*bzw.* als Ersatz) für (*ac.*); ~**ble** *adj.* c entgeltbar; ersetzbar; belohnungswürdig; ~**r** *v/t.* belohnen; vergelten, vergüten; entschädigen (für *ac.* de).
recompo|ner [2r] *v/t.* wiederherstellen; instandsetzen; reparieren; *Typ.* neu setzen; ~**sición** *f* Wiederherstellung *f*; *Typ.* Neusatz *m*.
reconcentra|ción *f* 1. äußerste Konzentration *f*; Sammlung *f* (*a. fig.*); 2. ✝ Rückverflechtung *f* (*Trust*); ~**do** *adj.* zurückhaltend; ~**miento** *m* = reconcentración; Vertiefung *f* (in *ac.* en); innere Sammlung *f*; ~**r** I. *v/t.* auf e-n Punkt zs.-drängen; konzentrieren (*fig.* auf *ac.* en); ✝ *Trust* wiederverflechten; *fig.*

~ *su ira* s-n Zorn in s-r Brust verschließen; II. *v/r.* ~se s. (innerlich) sammeln.
reconcilia|ble *adj.* c versöhnbar; ~**ción** *f* Versöhnung *f* (*mit dat.* con *od.* unter *dat.* entre); Aussöhnung *f*; ⚖ *intento m de* ~ Sühneversuch *m*; ~**r** [1b] I. *v/t. a. ecl.* versöhnen; II. *v/r.* s. versöhnen; s. aussöhnen (mit *dat.* con); *Rel.* ~se con *Dios* s-n Frieden mit Gott machen.
reconco|merse F *v/r.* s-n Zorn verbeißen; ~**mio** *m* Groll *m*.
recóndito *adj.* geheim; tiefverborgen (*Geheimnis*); en *lo más* ~ *del corazón* im tiefsten Herzen.
recondu|cción ⚖ *f* Verlängerung *f* *e-s Vertrages*; ~**cir** [3o] *v/t.* Vertrag verlängern.
recono|cedor I. *adj.* (an)erkennend; ✈ Aufklärungs...; II. *m* ✈ Aufklärer *m*; ~**cer** [2d] I. *v/t.* 1. wiedererkennen; erkennen (an *dat.* por); *reconociendo ... in der Erkenntnis ...*; unter Berücksichtigung ...; 2. *a.* ⚖, *Pol., dipl.* anerkennen; 3. anerkennen, dankbar sein für (*ac.*); 4. bekennen, zugeben; 5. *a.* ✗ *Gelände usw.* erkunden; 6. *a.* zollamtlich *usw.* überprüfen; *a.* ⚛ untersuchen; II. *v/r.* ~se 7. zu erkennen sein; *ya se reconoce que ...* jetzt sieht (*od.* merkt) man, daß ...; 8. s: bekennen (als) + *adj.*; bezeichnen als (+ *adj.*); 9. wissen, wer man ist (*fig.*); s. s-s Wertes (*bzw.* s-r Stärke, s-r Verdienste *usw.*) bewußt sein; ~**cible** *adj.* c (er)kenntlich, (er)kennbar; ~**cido** *adj.*: 1. *a.* ⚖, *Pol., dipl.* anerkannt; 2. geprüft; untersucht; 3. erkenntlich, dankbar; ~**cimiento** *m* 1. Wiedererkennen *n*; Erkennen *n*; *EDV* ~ *de la palabra*, ~ *de la voz* Spracherkennung *f*; 2. Anerkennung *f* (*a. Pol.*); ⚖ *contractual* Anerkennungsvertrag *m*; ~ *de deudas* Schuldanerkenntnis *n*; *Pol.* ~ *de facto* (de jure) Defacto-(De-jure-)Anerkennung *f*; ⚖ ~ *de la paternidad* Vaterschaftsanerkennung *f*; *a. Pol.* no ~ Nichtanerkennung *f*; 3. Erkundung *f*, ✈ Aufklärung *f*; ✈ ~ *aéreo* (fotográfico) Luft(bild)aufklärung *f*; *vuelo m de* ~ Erkundungs-, Aufklärungs-flug *m*; 4. Untersuchung *f* (*a.* ⚛), Prüfung *f*; ~ *de aduana* Zolluntersuchung *f*; *a.* ⊕ ~ *de defectos* Mängelüberprüfung *f*; *a.* Fehlererkennbarkeit *f*; Musterung *f* (*od.* Sortierung *f*) *der Kampfstiere*; ✗ ~ (de reclutas) Musterung *f*; ⚕ (*resultado m del*) ~ Befund *m*.
reconquista *f* Wiedereroberung *f*, Rückgewinnung *f*; *hist.* ♀ Reconquista *f* (*Rückeroberung der von den Mauren besetzten Gebiete Spaniens, 718—1492*); ~**r** *v/t.* zurückerobern (*a. fig.*).
reconsti|tución *f* Wiederherstellung *f*; ~**tuir** [3g] I. *v/t.* 1. wiederherstellen; ✝ kräftigen; 2. → reconstruir 4; II. *v/r.* ~se 3. s. neu bilden (*bsd. organisches Gewebe*); ~**tuyente** *m* ⚕ *u. fig.* Kräftigungsmittel *n*.
recons|trucción *f* 1. Wiederaufbau *m*; 2. Umbau *m*; 3. Wiederherstellung *f des ursprünglichen Zustands u. fig.*; 4. Nachbildung *f*; *a.* ⚖ *u. fig.* Rekonstruktion *f*; ~**tructivo** *adj.*

Wiederaufbau...; Umbau...; Rekonstruktions...; ~**tructor** *m* Wiederaufbauer *m*; Nachbilder *m*; ~**truir** [3g] *v/t.* 1. wiederaufbauen; 2. umbauen; umarbeiten; 3. wiederherstellen; 4. *a.* ⚖ *u. fig.* rekonstruieren; nachbilden.
recontar [1m] *v/t.* nachzählen; nacherzählen; wieder erzählen; *Pol.* Stimmen zählen.
recontento I. *adj.* estar ~ (de) äußerst zufrieden sein (über *ac. od.* mit *dat.* Reichen. zu + *inf.*); II. *m* große Zufriedenheit *f*. [nesen.\]
reconvalecer [2d] *v/i.* wieder gene-∫
reconve|nción *f* 1. Verweis *m*, Rüge *f*; 2. ⚖ Wider-, Gg.-klage *f*; ~**ncional** ⚖ *adj.* c: *actor m* ~ Widerkläger *m*; ~**nido** ⚖ *m* Widerbeklagte(r) *m*; ~**nir** [3s] *v/t.* 1. tadeln (wegen *gen.* de, por); 2. ⚖ Gg.-klage erheben gg. (*ac.*).
reconversión *f* Wiederumwandlung *f* (in *ac.* en); ✝ Anpassung *f*.
reco|ña P: ¡es la ~! → *nó* P *int.* ¡~! verdammt(er Mist)! P.
recopila|ción *f* Zs.-stellung *f*, Sammlung *f* (*z. B. von Gesetzestexten*); ~**dor** *m* Zs.-steller *m*, Sammler *m*, Rekopilator *m*; ~**r** *v/t.* zs.-stellen; sammeln.
récord (*oft* record) *m a. fig.* Rekord *m*; ✝ Rekordstand *m*; ~ *mundial* Weltrekord *m*; *batir el* ~ den Rekord schlagen (*od.* brechen); *establecer* (*od. marcar*) *un* ~ e-n Rekord aufstellen; *nachgestellt:* ~ Rekord...; *cosecha f* ~ Rekordernte *f*.
recorda|ble *adj.* c denkwürdig; ~**ción** *f* Erinnern *n*; Gedenken *n*; *de feliz* ~ seligen Angedenkens; ~**r** [1m] I. *v/t.* 1. ins Gedächtnis rufen; in Erinnerung bringen; erinnern, mahnen; ~ *a/c. a alg.* j-n an et. (*ac.*) erinnern; ~ *a/c. s. an et.* (*ac.*) erinnern; an et. (*ac.*) denken; *si mal no recuerdo* wenn ich mich recht erinnere; 2. *Am. Reg.* (auf)wecken; II. *v/i.* 3. (wieder) zu s. kommen; 4. (*a. v/r.* ~se) † *u. Reg.* erwachen; ~**tivo** *f. Reg.* *facultad f* ~ Erinnerungsvermögen *n*; II. *m* → ~**torio** *m* 1. Mahnung *f*, Erinnerung *f*; 2. Gedächtnishilfe *f*; *a.* Lesezeichen *n*; *dipl.* Aide-mémoire *n*; 3. Andenken *n*; 4. *kath.* Kommunionbild(chen) *n*; Totenzettel *m u. ä. Erinnerungszeichen.*
recordman *Sp. m bsd. Am.* Rekordinhaber *m*.
reco|rrer *v/t.* 1. durch-laufen, -wandern; bereisen; *a. Phys.,* ⊕ *Strecke, Weg* zurücklegen; 2. *Text* über-, durch-lesen; *Buch* rasch durchblättern; ~ (*con la vista*) (mit den Augen) überfliegen; 3. *fig.* durchsehen, überprüfen; ausbessern; *Typ.* die Satz-(*bsd. de* Umbruch-)korrektur vornehmen; ~**rrido** *m* 1. zurückgelegte *od.* zurückzulegende Strecke *f*; (Weg- *bzw.* Fahr-)Strecke *f* (zurücklegen *hacer*); ⊕ ~ *del émbolo* Kolbenhub *m*; ~ *de frenado* Bremsweg *m*; 2. Durchwanderung *f*; Fahrt *f*; 3. Ausbesserung *f*; *Typ.* Umbruch(korrektur *f*) *m*; *a.* ⚓ Überholung *f*; *dar un* ~ *al motor* den Motor überholen; 4. *fig.* F Rüffel *m* F; Prügel *pl.*; *dar un (buen)* ~ *a alg.* j-m (ordentlich) den Kopf waschen F; j-n (gehörig) verprügeln.

recor|table I. *adj. c* zum Ausschneiden; **II.** *m* Text *m* (*od.* Bild *n*) zum Ausschneiden; ~**tado I.** *adj.* 1. ausgeschnitten; ausgezackt (*Blatt*); 2. *Cu., Méj.* klein (*Gestalt*); **II.** *m* 3. Be-, Aus-, Zu-schneiden *n*; 4. ausgeschnittene Papierfigur *f*; 5. *Arg.* lange Reiterpistole *f*; ~**tadura** *f* Abfall *m*, Schnitzel *n*(/*pl.*); → *a. recortado, recorte*; ~**tar I.** *v/t.* beschneiden (*a. fig.*); abschneiden; ausschneiden (*a. EDV*); zu(recht)stutzen; auszacken; ⊕ zuschneiden; **II.** *v/r.* ~**se** s. abzeichnen (*Umrisse*); ~**te** *m* 1. Abschneiden *n*; ⊕ Zuschnitt *m*; 2. Abschnitt *m*; Ausschnitt *m*; ausgeschnittene Figur *f*, *fig.* F *Méj.* kritische Bemerkung *f*; ~**s** *m/pl.* de periódico(s) Zeitungsausschnitte *m/pl.*; 3. ~**s** *m/pl.* (de papel) Papierschnitzel *n/pl.*; ~**s** *m/pl.* ⊕ *a.* Abfall *m*; 4. rasche Ausweichbewegung *f des Stierkämpfers*.
reco|ser *v/t.* nachnähen; *Wäsche usw.* ausbessern, flicken; ~**sido** *m* Flicken *n*; Flicken *m*.
recosta|dero *m* Ruheplatz *m bzw.* Ruhesessel *m*; ~**r** [1m] **I.** *v/t.* zurücklehnen; anlehnen, aufstützen; **II.** *v/r.* ~**se** s. zurücklehnen; s. lehnen (auf, an *ac.* en).
reco|va *f* 1. Aufkauf *m von Geflügel, Eiern usw. b.* den Bauern; *p. ext.* Geflügelmarkt *m*; 2. *Am. Reg.* (Lebensmittel-)Markt *m*; 2. *Jgdw.* Meute *f* (*Jagdhunde*); ~**var** *v/t. Andal., Am. Reg.* Landesprodukte aufkaufen *bzw.* mit *ihnen* handeln.
recoveco *m* 1. Biegung *f*, Krümmung *f* (*Straße*); Windung *f* (*Fluß*); Winkel *m*, Versteck *n*; 2. *fig.* Winkelzüge *m/pl.*; (übler) Trick *m*; *fig.* P *Méj.* sehr verschnörkelte Verzierung *f* an *Kleidern, Möbeln*; Firlefanz *m* (F *desp.*).
recre|ación *f* 1. Belustigung *f*; Zerstreuung *f*, Entspannung *f*, Zeitvertreib *m*; Erquickung *f*, Erfrischung *f*; 2. Spiel-, Unterrichts-pause *f*; ~**ar I.** *v/t.* 1. ergötzen; erquicken; entspannen; 2. wieder (er)schaffen; **II.** *v/r.* ~**se** 3. s. erfrischen; s. erholen; s. unterhalten, s. entspannen (bei *dat.* con *od.* ger. *od.* en + *inf.*); ~**ativo** *adj.* unterhaltend, amüsant; entspannend; Vergnügungs...; *lectura* ~**a** Unterhaltungslektüre *f*; *velada f* ~**a** bunter Abend *m*.
recrecer [2d] **I.** *v/i.* zunehmen; größer werden; **II.** *v/r.* ~**se** Mut fassen.
recreo *m* Erholung *f*; Entspannung *f*; Vergnügen *n*; (Schul-)Pause *f*; de ~ Frei(zeit)... *bzw.* Vergnügungs...; *casa f de* ~ Wochenend-, Ferien-haus *n*; *puerto m de* ~ Jachthafen *m*; *zona f de* ~ Freizeit-gelände *n*, -gebiet *n*.
re|cría *f* (Auf-)Zucht *f*; ~**criar** [1c] *v/t.* aufziehen.
recrimina|ción *f* Anschuldigung *f*; Gg.-beschuldigung *f*, Gg.-klage *f*; ~**dor** *m* Beschuldiger *m*; ~**r** *v/t.* j-m Vorwürfe machen; Gg.-beschuldigungen erheben gg. (*ac.*); ~**torio** *adj.* mit Gg.-beschuldigungen.
recristalización *f* Umkristallisierung *f*.
¡recristo! P *int.* verflucht!, gottverdammt! P.

recru|decer [2d] **I.** *v/t.* (wieder) verschärfen, verschlimmern; **II.** *v/i. u.* ~**se** *v/r. s.* wieder verschlimmern (*z. B. Krankheit*); s. verschärfen (*z. B. Frost*); wieder aufflackern (*Fieber*); wiederaufleben (*Leidenschaft*; *Kämpfe*); ~**decimiento** *m* Verschlimmerung *f*; Verschärfung *f*; ⚔ *a.* Aufflackern *n*, Rekrudeszenz *f*; ~**descencia** *bsd.* ⚔ *f* → *recrudecimiento*; ~**descente** *adj. c s.* verschlimmernd.
rec|ta ♈ *f* Gerade *f*, gerade Linie *f*; *Sp.* ~ *final* (*od.* de llegada) Zielgerade *f*; ~**tal** ⚔ *adj. c* rektal; ~**tangular** *adj. c* rechteckig; ~**tángulo** *m* Rechteck *n*.
rectifica|ción *f* 1. Berichtigung *f*; Verbesserung *f*; 2. Begradigung *f* (*Fluß, Kurve*); HF Gleichrichtung *f*; 3. ⊕ Schleifen *n*; Schliff *m*; ~**do** ⊕ **I.** *adj.* geschliffen; **II.** *m* Schleifen *n*; Schliff *m*; ~ hueco Hohlschliff *m*; ~**dor I.** *adj.* berichtigend; begradigend *usw.*; **II.** *m* HF Gleichrichter *m*; ~**dora** ⊕ *f* Schleifmaschine *f*; ~**r** [1g] *v/t.* 1. berichtigen, verbessern; 2. begradigen; HF entzerren; 3. ⊕ (fein-)schleifen; 4. ♈ rektifizieren; ✍ gleichrichten; ~**tivo** *adj.* richtigstellend; Berichtigungs..., Verbesserungs...
rec|tilíneo *adj.* geradlinig; *fig.* rechtschaffen, aufrichtig; ~**titud** *f* 1. Geradlinigkeit *f*; 2. *fig.* Redlichkeit *f*, Rechtschaffenheit *f*; 3. Richtigkeit *f*; ~**to I.** *adj.* 1. gerade; 2. recht(schaffen), redlich; 3. recht, richtig; **II.** *adj.-su. m* 4. *Anat.* (*intestino m*) ~ Mastdarm *m*; 5. ♈ (*ángulo m*) ~ rechter Winkel *m*; 6. *Typ.* Vorderseite *f*.
recto|r *m* 1. Rektor *m*; ~ *magnífico* Magnifizenz *f*; 2. *kath.* Pfarrherr *m*; ~**rado** *m* Rektorat *n*; ~**ral** *adj. c* Rektorats...; *prov. casa(s) f(/pl.)* ~**es** Pfarrhaus *n*; ~**ría** *f* Rektorwürde *f*; *a.* Rektorat(sbüro) *n*.
rectoscopia ⚔ *f* Rektoskopie *f*.
recua *f* Reihe *f*, Zug *m von Saumtieren*; *fig.* Reihe *f*, Menge *f*; *fig.* F *con toda la* ~ mit der ganzen Familie, mit Kind u. Kegel F.
recuadro *m* Rahmen *m*, Kästchen *n*, Kasten *m* um *e-n* Text; *Typ.* Schriftfeld *n*.
recubierto *part. v. recubrir.*
recubri|miento *m bsd.* ⊕ 1. Verkleidung *f*; Überzug *m*; Über-, Ab-deckung *f*; 2. Überlappung *f*; 3. Neubeziehung *f* (*z. B. von Reifen*); ~**r** [*part.* recubierto] *v/t.* überziehen; verkleiden (mit *dat.* de); überdecken (mit *dat.* de); *Kabel usw.* umspinnen; *a.* überlappen.
recue|llo *m* 1. starke Lauge *f*; 2. zweiter Aufguß *m*; *fig.* F dünner Kaffee *m*, Lorke *f* (*Reg.* F); ~**nto** *m* (Nach-, Kontroll-)Zählung *f*; Stimmzählung *f*; ~ (*de votos*) (nach)zählen.
recuerdo I. *adj.* 1. † *u. Col.* wach; **II.** *m* 2. Erinnerung *f*; Andenken *n* (an *ac.* de); Reiseandenken *n*, Souvenir *n*; ~(*s*) *m*(/*pl.*) de amor liebe Erinnerung(en) *f*(/*pl.*); *traer al* ~ in Erinnerung bringen; 3. ~**s** *m/pl.* Grüße *m/pl.*, Empfehlungen *f/pl.*; *dar* ~**s** *a alg.* j-m Grüße ausrichten.

recuero *m* Führer *m* e-s *Maultiertrupps*, Treiber *m*. [*ción*.]
recuesta *f* → *requerimiento, intima-*
recuesto *m* Abhang *m*, Gefälle *n*.
recu|lada *f* Zurück-weichen *n*; -laufen *n*; Rückstoß *m* e-r *Waffe*; ~**lar** *v/i.* zurückprallen; *a. fig.* zurück-weichen; -schrecken (vor *dat. ante*); *Kfz.* zurückstoßen; e-n Rückstoß verursachen (*Waffe*); ~**lo** *adj.* schwanzlos (*Huhn*); ~**lones** F *adv.*: *a* ~ rückwärts, im Krebsgang.
recupera|ble *adj. c* wiedererlangbar; (wieder)verwertbar; *no* ~ unbezahlt (*Urlaub*); ~**ción** *f* 1. Wiedererlangung *f*; Zurückgewinnung *f*; ~ *de la salud* Wiedergesundung *f*; 2. ⚓ Bergung *f*; 3. *fig. a.* ♈ Erholung *f*; Wiederaufbau *m bzw.* -aufstieg *m*; ♈ Wiederanziehen *n der Preise*; 4. ⊕ Rückgewinnung *f zur Wiederverwertung*; ~**dor** ⊕ *m* Rekuperator *m*; ~**r I.** *v/t.* 1. wieder-erlangen, -gewinnen, -bekommen; *Kosten* wieder hereinholen; *Zeit* wieder einholen *bzw.* einarbeiten; *EDV* wiederherstellen; ✕ *Gelände usw.* wieder besetzen; 2. ⊕ rückführen, wiedergewinnen; **II.** *v/r.* ~**se** 3. s. erholen.
recu|rrente I. *adj. c* rückläufig; rückfällig; ⎕ rekursiv; ⚔ *fiebre f* ~ Rückfallfieber *n*; *Anat.* nervio *m* ~ Rekurrens *m*; **II.** *m* ⚖ Rekurs-nehmer *m*; ~**rrir** *v/i.* 1. ~ *a s.* wenden an (*ac.*); in Anspruch nehmen (*ac.*); greifen zu (*dat.*); *Gericht usw.* anrufen; 2. ⚖ ein Rechtsmittel einlegen (gg. *ac. contra, de*; bei *dat. a*).
recur|sivo *adj. Am.* ideen-, einfallsreich; ~**so** *m* 1. Zuflucht *f*; Hilfe *f*, Hilfsmittel *n*; *fig.* Ausweg *m*; *a.* ⚖ ~ *de urgencia* Notbehelf *m*; 2. ⚖ Regreß *m*, Rückgriff *n*; ⚖ Rechtsmittel *n*, -behelf *m*; *Verw.* Eingabe *f*; ~ *de inconstitucionalidad* Verfassungs-beschwerde *f*, -klage *f*; ⚖ *interponer un* ~ *ante* ein Rechtsmittel einlegen bei (*dat.*); 4. ~**s** *m/pl.* Hilfsquellen *f/pl.*, Ressourcen *f/pl.*; (*económicos*) **a**) (Geld-)Mittel *n/pl.*; **b**) Wirtschaftspotential *n*; ~**s** *fiscales* Steuerquellen *f/pl.*; *sin* ~**s** mittellos; 5. *Geol.* ~**s** *m/pl.* Vorkommen *n/pl.*
recusa|ble *adj. c* ablehnbar; verwerflich; ~**ción** *f* Ablehnung *f*, Zurückweisung *f*; Verwerfung *f*; Ablehnung *f wegen Befangenheit*; ~**r I.** *v/t.* ab-, zurück-weisen; verwerfen; ⚖ *Richter, Zeugen usw.* (*als befangen*) ablehnen; **II.** *v/r.* ~**se** ⚖ *s.* für befangen erklären.
recha|zar [1f] *v/t.* 1. *a. fig.* ab-, zurück-weisen; ablehnen; zurückstoßen; abprallen lassen; *Feind* abwehren *bzw.* zurückwerfen; *Hieb* abwehren, parieren; *Wasser usw.* abstoßen; *Ball* zurück-schlagen *bzw.* -werfen; *Chir.* abstoßen; *a. fig.* ser ~**ado** abprallen; abgewiesen werden; 2. von s. weisen; ablehnen; nicht annehmen, verweigern; 3. ablehnen; widersprechen (*dat.*) *bzw.* bekämpfen; *p. ext.* verwerfen; ~**zo** *m* 1. Rückprall *m*; Rückstoß *m*; Rückschlag(en *n*) *m* (*z. B.* e-r *Flamme*); de ~ durch Rückprall; Rückprall...; *fig.* **a**) indirekt; **b**) gelegentlich, 2. Ab-, Zurück-weisung *f*; Abwehr *f*; *Chir.* Abstoßung *f*.

rechifla — reductor **524**

rechifla F f Auspfeifen n; Spott m, Hohn m; dar una ~ a → ~r I. v/t. auspfeifen; verhöhnen; II. v/r. ~se de alg. j-n verhöhnen.
rechi|namiento m Knarren n; Knirschen n; Quietschen n; Schrillen n; ~**nar** v/i. **1.** knarren (Tür, Leder); knirschen (Feile, Sand, Zähne); quietschen (Türangeln, Bremsen usw.); a. fig. ~ los dientes mit den Zähnen knirschen; **2.** fig. (nur) widerstrebend handeln; ~**n(id)o** m → rechinamiento.
rechistar F v/i. (s.) mucksen; mst. sin ~ ohne Widerspruch; ohne s. zu mucksen. [melig F.]
rechoncho F adj. rundlich, pum-
rechupete F adj.: de ~ großartig, köstlich; prima F, toll F, klasse F.
red f Netz n (alle Bedeutungen); fig. a. Schlinge f; Fallstrick m; EDV a. Netzwerk n; ~ de alumbrado Licht-, Beleuchtungs-netz n; Tel. ~ (telefónica) automática (Selbst-)Wählnetz n; ~ de carreteras (Land-)Straßennetz n; red(ecilla f) para cazar mariposas Schmetterlingsnetz n; ~ de comunicaciones Verkehrs- (bzw. Post- u. Fernmelde-)netz n; ~ de coordenadas Gitter n e-r Karte; ≠ ~ de corriente, ~ eléctrica Stromnetz n; ~ de distribución (ferroviaria) Verteiler- (Schienen-)netz n; Tel. ~ fija Festnetz n; ~ frigorífica Kühlkette f; Anat. ~ de nervios Nervengeflecht n; ~ de pesca Fischernetz n; Tel. ~ de telefonía móvil Mobil(funk)netz n; Tel. ~ telefónica Fernsprechnetz n; Vkw. ~ vial Straßennetz n; servicio m alimentado por la ~ Netzbetrieb m; fig. caer en la ~ ins Garn (od. in die Falle) gehen; EDV conectar a la bzw. en ~ vernetzen; a. fig. echar la ~ das Netz auswerfen; hacer ~es Netze knüpfen.
redac|ción f **1.** Abfassung f, Ausarbeitung f; Aufsatz(übung f) m; **2.** Schriftleitung f; Redaktion f; de ~ redaktionell; ~**tar** v/t. abfassen, aufsetzen; redigieren; ~**tor** m Verfasser m; Schriftleiter m; Redakteur m; ~ gráfico Redakteur m für den Bildteil; Bildberichterstatter m; ~ jefe Chefredakteur m; Hauptschriftleiter m.
redada f a. fig. Fischzug m; ~ (de la policía) Razzia f; fig. F coger una buena ~ e-n guten Fang machen; fig. tender una ~ e-e Falle stellen.
redaño m Anat. Gekröse n; fig. F ~s m/pl. Kraft f; Mumm m F.
redargüir [3g] vt/i. widerlegen; F den Spieß umdrehen; ~ zurück-, ab-weisen.
redecilla f **1.** Haarnetz n; 🐎 ~ (para el equipaje) Gepäcknetz n; **2.** Netzmagen m der Wiederkäuer.
rededor m Umkreis m; adv. al ~, en ~ ringsherum.
reden|ción f **1.** Loskauf m, Ablösung f; fig. Ausweg m; **2.** Rel. (christlich: ☿) Erlösung f; ~**tor** m Rel. u. fig. Erlöser m; Retter m; el ☿ der Erlöser, Christus; ~**torista** Rel. adj.-su. c Redemptoristen...; m Redemptorist m.
redero m Netzknüpfer m; Vogelsteller m.
redes|contar [1m] ✝ vT. rediskontieren; ~**cubrimiento** m Wiederentdeckung f; ~**cubrir** v/t. wiederentdecken; ~**cuento** ✝ m Rediskont m.
redhibi|ción ⚖ f Wandelung f; ~**torio** ⚖ adj. redhibitorisch; vicio m ~ Gewährsmangel m.
redicho F adj. gekünstelt, affektiert b. Sprechen.
rediente m ⚔ Vorsprung m e-r Befestigung; Ku. ~s m/pl. Maßwerk n. **¡rediez!** F int. verflixt noch mal!
redil m Pferch m; Hürde f; fig. volver al ~ heimfinden; wieder auf den rechten Weg kommen.
redimi|ble adj. c ab-, ein-lösbar; tilgbar; Rel. erlösbar; ~**r** v/t. los-, zurück-kaufen; ablösen; Rel. erlösen.
redingote m Redingote f.
redistribu|ción f Um-, Neu-verteilung f; ~**ir** [3g] v/t. um-, neu-verteilen.
rédito m Kapitalertrag m; Rendite f; ~s m/pl. Einkünfte pl.; dar ~ Zinsen bringen.
reditua|ble, a. ~**l** adj. c zinsbringend; einträglich; ~**r** [1e] vt/i. Zinsen bringen.
redivivo I. adj. (wieder)auferstanden; **II.** m der Leibhaftige (= Teufel).
redo|blado adj. (ver)doppelt; fig. untersetzt; ~**blamiento** m Verdoppelung f; ~**blante** m **1.** (Landsknechts-, Marsch-)Trommel f; **2.** Trommler m; ~**blar I.** v/t. **1.** verdoppeln; **2.** Nagelspitze umbiegen; **3.** wiederholen; **II.** v/i. **4.** ♪ e-n Wirbel schlagen; **5.** zunehmen, heftiger werden; **III.** ~**se 6.** s. verdoppeln; zunehmen; ~**ble** m **1.** Verdoppelung f; **2.** ♪ (Trommel-)Wirbel m.
redolor m dumpfer Schmerz m; Nachschmerz m.
redoma f Phiole f.
redomado F adj. schlau; gerissen; ausgemacht (Gauner).
redomón adj.-su. **1.** Am. halbwild (Pferde, Kühe usw.); **2.** fig. Méj. ungeschliffen; a. Chi. unerfahren; neu im Land (Greenhorn).
redon|da f **1.** Umkreis m; p. ext. Weide f; a la ~ rundherum; weit u. breit; **2.** ♪ ganze Note f; ~**deado I.** adj. **1.** rund(lich); **2.** ab-, auf-gerundet; **II.** m **3.** ⊕ Abrundung f; Rundung f; ~**dear I.** v/t. a. ⊕ u. fig. abrunden; **II.** v/r. ~**se** fig. **F** s. (finanziell) sanieren, sein Schäfchen ins trockene bringen; ~**del** m Kreis m; stk. Arena f; ~ de cuero Luft-, Sitz-ring m (Kissen); ~**dez** f Runde f; Rundung f; ~**dilla** f **1.** Strophe (4 Achtsilbner); **2.** Typ. (letra) ~ dillo m **1.** ♪ e-e rundkörnige Weizenart; **2.** Ven. **a)** Arena f; **b)** Kchk. Roulade f; ~**do I.** adj. rund (a. Zahl); a. fig. abgerundet; fig. vollkommen; klar, eindeutig; glatt (Geschäft, Absage); reinblütig (Edelmann); Typ. letra f ~a Grundschrift f; ~ como una bola kugelrund; en ~ in die (bzw. in der) Runde, rundherum; caer ~ lang hinschlagen; F bewußtlos umfallen; se lo he dicho (en) ~ ich habe ihm's rundheraus (od. klipp u. klar) gesagt; **II.** adv. rundweg; **III.** m Rundung f; ⊕ ~(s) m(/pl.) de acero Rundstahl m.
redopelo m Gegenstrich m; fig. Kinderstreit m; a(l) ~ **a)** gg. den Strich; **b)** ganz gg. die natürliche Art; gewaltsam; verkehrt; traer al ~ a alg. j-n schikanieren.
redro F adv. rückwärts, zurück.
redrojo m ♂ Spätfrucht f; fig. Kümmerling m (kränkliches Kind).
redropelo m → redopelo.
redruejo m → redrojo; bsd. Spätling m (Traube).
reducción f **1.** hist., Log., ♉, ⚒, ♈, ⊕ Reduktion f; ~ de carbono Frischen n (Stahl); **2.** Abbau m, Minderung f; Verminderung f, Verringerung f; Kürzung f, Einschränkung f; Reduzierung f; ~ de la jornada laboral Arbeitszeitverkürzung f; ~ de personal Personalabbau m; **3.** a. ⊕, ≠ Herabsetzung f; Ermäßigung f; Nachlaß m, Rabatt m; Pol. Herabsetzung f z. B. des Wahlalters; ~ de precios Preisnachlaß m; **4.** a. Phot. Verkleinerung f; Verringerung f; Verjüngung f (Schmälerwerden); **5.** ⚛ Umrechnung f, Umwandlung f; ♎ Umwandlung f, Umsetzung f; Reduktion f; Arith. ~ de quebrados Bruchkürzung f; Einrichten n von Brüchen; ✝, ⚔ tabla f de ~ Umrechnungstabelle f; **6.** Chir. Einrichtung f e-s Bruches; **7.** Zurückführung f (auf ac. a).
redu|cible adj. c zurückführbar; zerlegbar; reduzierbar; vgl. reducir; ~**cido** adj. klein; gering; niedrig (Preis); verkleinert (en od. de) tamaño ~ verkleinert (Lichtbild, Modell usw.); cabeza f ~a Schrumpfkopf m; ~**cir** [3o] **I.** v/t. **1.** zurückführen (auf ac. a); ⚒ auf (vgl. reducción 1, 2, 3); Aufständische, Feinde, Staaten unter-, nieder-werfen; ~ al absurdo ad absurdum führen; ~ a la miseria (al silencio) ins Elend bzw. an den Bettelstab (zum Schweigen) bringen; **2.** abbauen, vermindern; verringern, kürzen; ver-, zer-kleinern; Kosten senken; Personal abbauen; ~ a ceniza(s) zu Asche verbrennen; ~ a polvo zu Staub machen (bzw. werden lassen); fig. vernichten; **3.** herabsetzen, ermäßigen, reduzieren; **4.** verkleinern; verringern bzw. schmäler werden lassen; ~ de escala in kleinerem Maßstab wiedergeben; **5.** ⚛ umrechnen (in ac. a); ≠ umwandeln (in ac. a); Gleichungen usw. kürzen; ♎ Ausdruck zerlegen; Brüche einrichten; **6.** a. ♋ umsetzen; f/), sid. reduzieren; Kchk. einkochen lassen; Erze a. läutern; ~ a dinero zu Geld machen, in Geld umsetzen; **7.** Chir. Bruch einrichten; **II.** v/r. ~**se 8.** s. einschränken in s-r Lebensführung, in s-n Ausgaben; s. beschränken (auf ac. a); **9.** s. zs.-ziehen; a. einlaufen; **10.** s. fügen; s. entschließen bzw. s. (doch noch) bereit erklären (zu inf. a).
reduc|tible adj. ⊕ → reducible; ~**to** m **1.** fort. ehm. Reduit n; noch: Kernwerk n; gut ausgebaute Schanze f; p. ext. schwer zu eroberter Platz m (bsd. im Bergland); ~ natural Naturfestung f; **2.** fig. verstecktes Plätzchen n; ~**tor I.** adj. **1.** reduzierend (alle Bedeutungen, vgl. reducir); **II.** m **2.** ♎, pharm. Reduktionsmittel n; **3.** Phot. Abschwächer m, Verzögerer

m; **4.** *Chir.* Einrenker *m* (*Apparat*); **5.** ⊕ Untersetzungsgetriebe *n*.
redunda|ncia *f* Überfluß *m*; *Li.* Redundanz *f*; Wortschwall *m*; **~nte** *adj. c* überflüssig; weitschweifig; überschwenglich, bombastisch; *Li.* redundant; **~r** *v/i.* ~ en gereichen zu (*dat.*), s. auswirken zu (*dat.*); ~ en beneficio de todos für alle vorteilhaft sein.
reduplica|ción *f* Verdoppelung *f*; *Li.* Reduplikation *f*; **~r** [1g] *v/t.* verdoppeln; *Li.* reduplizieren; **~tivo** *Li. adj.* reduplizierend.
reedición *Typ. f* Neuauflage *f*.
reedifi|cación *f* Wiederaufbau *m*; Neubau *m*; **~car** [1g] *v/t.* wieder aufbauen.
reeditar *v/t.* Buch neu herausgeben, neu auflegen.
reedu|cación *f* **1.** Umschulung *f*; *a. Pol.* Umerziehung *f*; **2.** ✽ Heilgymnastik *f*; **~car** [1g] *v/t.* **1.** umschulen; *a. Pol.* umerziehen; **2.** ✽ gelähmte Gliedmaßen usw. heilgymnastisch behandeln.
reelaboración *f* Wiederverarbeitung *f*.
reele|cción *f* Wiederwahl *f*; **~gible** *adj. c* wiederwählbar; **~gir** [3c u. 3l] *v/t.* wiederwählen.
reem|barcar [1g] *v/t.* wiederverschiffen; rückverladen; **~bolsar** *v/t.* → *rembolsar*; **~plazar** [1f] *v/t.* → *remplazar*.
reempleo *m* Wiedereinstellung *f*.
reencar|nación *Rel. f* Reinkarnation *f*; **~nar** *v/i. u.* **~se** *v/r.* e-n neuen Leib annehmen (*Seelenwanderung*).
reencauchar *v/t. Am.* Reifen runderneuern, aufvulkanisieren.
reen|contrar [1m] *v/t.* wiederfinden, -treffen; **~cuadernar** *v/t.* Buch neu einbinden; **~cuentro** *m* **1.** Zusammenstoß *m*; ⚔ bewaffnete Auseinandersetzung *f*, Treffen *n*; **2.** Wieder-finden *n*, -sehen *n*; neuerliche Zs.-kunft *f*; **~ganchar I.** *v/t.* ⚔ wieder anwerben; *Essen* nachfassen; **II.** *v/r.* **~se** ⚔ *s. freiwillig* wieder verpflichten; F s-n Arbeitsvertrag verlängern; *fig.* F → *rengancharse*; **~ganche** ⚔ *m* Wiederanwerbung *f*; **~sayar** *v/t.* erneut versuchen; *Thea.* erneut proben; neu einstudieren; **~sayo** *Thea.* m neue Probe *f*; **~viar** [1c] *v/t.* weiterbefördern; **~vidar** *v/t.* überbieten *b. Spiel*; **~vío** *m* Weiterversand *m*; **~vite** *Kart. usw. m* Überbieten *n*.
reestre|nar *v/t. Thea.* wieder-, neuaufführen; **~no** *m* Wieder-, Neuaufführung *f*.
reestructura|ción *f* Neugestaltung *f*, Umstrukturierung *f*; **~r** *v/t.* neugestalten, umstrukturieren.
reex|aminar *v/t.* nochmals prüfen, überprüfen; **~pedición** *f* Weiterbeförderung *f*; **~pedir** [3l] *v/t.* weiterbefördern; nachsenden; ☞ *¡reexpídase!* bitte nachsenden!; **~portación** *f* Wiederausfuhr *f*; **~portar** *v/t.* wieder ausführen.
refacci|ón *f* **1.** Imbiß *m*; *fig.* F Zugabe *f b. Kauf*; **2.** ✠ Refaktie *f*; **3.** *bsd. Am.* Ausbesserung *f*, Renovierung *f*, Restaurierung *f*; **4.** *Ant.*, *Méj.* Betriebskosten *pl.* für ein Gut *od.* e-e Zuckerfabrik; **5.** *Méj.* Ersatzteil *n*; Ersatzreifen *m*; **~onar** *Am. v/t.* **1.** Kredit geben (*dat.*); finanziell unterstützen; **2.** *bsd. Col.*, *Méj.* reparieren, renovieren, restaurieren; **~onario** ☆ *adj.* Aufbau... bzw. Reparatur...; crédito *m* ~ Aufbau- *bzw.* Förderungs-kredit *m*.
refajo *m* **1.** *ehm. u. b. Bauerntracht:* kurzer, hinten aufgeschürzter Rock *m*; Unterrock *m*; **2.** *Col.* Getränk *n* aus Bier u. Limonade.
refec|ción *f* **1.** Imbiß *m*; **2.** Ausbesserung *f*, Reparatur *f*; **~cionario**, ☆ *adj.* → *refaccionario*; **~torio** *m* Refektorium *n* in Klöstern usw.
refe|rencia *f* **1.** Bericht *m*; Bezug *m*; con ~ a mit Bezug auf (*ac.*); de ~ genannt, erwähnt; Berichts...; bibliográfica Literaturangabe *f*; ✝ **~s** *f/pl.* bancarias Bankverbindungen *f/pl.*; **2.** Referenz *f*, Auskunft *f*, Empfehlung *f*; saber a/c. por ~s et. (nur) von andern wissen; **~renda- rio** *m* → *refrendario*; **~réndum** *m Pol.* Referendum *n*; *dipl.* Ersuchen *n* um neue Weisung; *Gewerkschaft:* Urabstimmung *f*; **~rente** *adj.* a in bezug auf (*ac.*), bezüglich (*gen.*); über (*ac.*); **~rir** [3i] **I.** *v/t.* erzählen, berichten, referieren; erwähnen, sagen; **II.** *v/r.* **~se** a s. beziehen auf (*ac.*); por (*od.* en) lo que se refiere a ... was ... (*ac.*) betrifft, bezüglich ... (*gen.*).
refilón: de ~ *adv.* schräg; *fig.* beiläufig, flüchtig; *adj.* bala *f* de ~ abgeprallte Kugel *f*.
refina|ción *f* Verfeinerung *f*; Veredelung *f best. Produkte*; *a.* ✼ Raffination *f*; ~ del azúcar Zuckerraffination *f*; **~do I.** *adj. a. fig.* raffiniert; *fig.* hochfein; azúcar *m* ~ Kristallzucker *m*, Raffinade *f*; **II.** *m* Raffinieren *n*; **~miento** *m* Verfeinerung *f*; Feinheit *f*; F Raffinesse *f*.
refinancia|ción *f*, **~miento** *m* ✝ Refinanzierung *f*.
refi|nar *v/t.* **1.** verfeinern; läutern; *fig.* (aufs höchste) vollenden; **2.** ✼ *Produkte* läutern, *Zucker*, *Erdöl* raffinieren; **~nería** *f* ✼ Raffinerie *f*; ~ de aluminio (de azúcar) Aluminium- (Zucker-)raffinerie *f*; **~no I.** *adj.* **1.** sehr fein; hochfein; **II.** *m* **2.** ⊕ Raffination *f*; *a.* Raffinade *f*; **3.** ✝ Kakao-, Zucker- u. Schokoladenbörse *f*.
refistole|ría F *f* **1.** *Cu.*, *Méj.*, *P. Ri.* Dünkel *m*; **2.** *Ven.* Scharlatanerie *f*; Intrigantentum *n*; **~ro** *adj.-su. m* **1.** *Cu.*, *Méj.*, *P. Ri.* Fatzke *m* F; **2.** *Am. Cent.*, *Ven.* Schwätzer *m*; gerissener Kerl *m*.
refitole|ría *f* affektiertes Gerede *n*; Manieriertheit *f*; **~ro** F *adj.* affektiert.
reflec|tar *Phys. vt/i.* → *reflejar*; **~tor** *m* Reflektor *m*, Scheinwerfer *m* (*Kfz.* → *faro, luz*); HF ~ de antena Antennenreflektor *m*; ~ frontal Stirnreflektor *m der Ärzte*; ~ parabólico Parabolspiegel *m*.
refle|jar *vt/i.* zurückstrahlen; *Phys.* reflektieren; *a. fig.* (wider)spiegeln; **~se** s. widerspiegeln; **~jo I.** *adj.* überlegt, bedacht; *Li.* reflexiv; *Phys.* reflex...; *Physiol.* reflektorisch, Reflex...; *movimiento m* ~ Reflexbewegung *f*; **II.** *m* Abglanz *m*, (Wider-)Schein *m*; Spiegelung *f*; *Phys.*, *Physiol.* Reflex *m*; *Physiol.* ~ condicionado bedingter Reflex *m*; ~ de luz Lichtschein *m*; Lichtreflex *m*; ✽ ~ cutáneo (pupilar) Haut- (Pupillen-)reflex *m*.
refléx *f* Spiegelreflexkamera *f*.
reflexi|ón *f* **1.** *Phys.* Zurückstrahlung *f*; Spiegelung *f*; Reflexion *f*; ~ de la luz Lichtreflexion *f*; sin ~ones reflexions- *od.* rückstrahlungs-frei; **2.** Überlegung *f*, Nachdenken *n*; Reflexion *f*; sin ~ unbedacht, unüberlegt; hacer ~ones Erwägungen anstellen; a. j-m zureden; **~onar** *vt/i.* überlegen; nachdenken; erwägen; mit s. zu Rate gehen; ~ antes de obrar erst überlegen, dann handeln; **~vo** *adj.* **1.** nachdenklich; überlegt; gedankenvoll; **2.** *Gram.* reflexiv, rückbezüglich.
reflexología *f*: ~ podal Fußreflexzonenmassage *f*.
reflorecer [2d] ❦ *v/i.* wiederholt blühen.
reflotar ⚓ *v/t.* wieder flottmachen.
reflu|ir [3g] *v/i.* zurückfließen; **~jo** *m* Rück-fluß *m*, -strom *m*; Ebbe *f*.
refocilar I. *v/t.* ergötzen; **II.** *v/r.* **~se** (con) s. weiden (an *dat.*); s. gütlich tun (an *dat.*).
reforesta|ción *f Am.* Wiederaufforstung *f*; **~r** *v/t. Am.* wiederaufforsten.
refor|ma *f* **1.** Reform *f*; Umgestaltung *f*, Erneuerung *f*; Umarbeitung *f*; △ **~s** *f/pl.* Umbau *m*; ~ agraria Agrar-, Boden-reform *f*; ~ monetaria (tributaria) Währungs- (Steuer-)reform *f*; **2.** *Rel.* ♀ Reformation *f*; **~mable** *adj. c* **1.** verbesserungsfähig; ⊕ *a.* umformungsfähig; **2.** reformbedürftig; **~mación** *f* Umgestaltung *f*; **~mado** *adj. Rel.* reformiert; **~mador** *m Reformator m* (*bsd. Rel.*); Erneuerer *m*, Reformer *m*; *oft iron.* **~es** Weltverbesserer *m/pl.*; **~mar I.** *v/t.* umgestalten; umarbeiten; △ *a.* ab-, um-ändern; verbessern, reformieren; **II.** *v/r.* **~se** umgestaltet werden; anders werden; *fig.* s. bessern; in s. gehen; **~matorio I.** *adj.* um-, neu-gestaltend (a. reformativo); reformatorisch; **II.** *m* Besserungsanstalt *f*; **~mista I.** *adj. c* Reform..., Erneuerungs...; **II.** *m* Reformer *m*, Erneuerer *m*.
reforza|do I. *adj.* verstärkt; **II.** *m* Verstärkung(sband *n*) *f*; **~dor** *Phot. m* Verstärker *m*; **~miento** *m* Verstärkung *f*; Versteifung *f*; Verstrebung *f*; **~r** [1f u. 1m] **I.** *v/t.* **1.** *a.* ⊕ verstärken; ~ con puntales verstreben; **2.** *fig.* bestärken, ermutigen; **II.** *v/r.* **~se 3.** *fig.* Mut fassen.
refrac|ción *Phys. f* Brechung *f*, Refraktion *f*; **~tado** *Opt. m* (Strahlen-)Brechung *f*; **~tar** *Phys. v/t.* brechen; **~tario** *adj.* **1.** widerspenstig, -strebend; abweisend, spröde; *fig.* ser ~ a ... *a.* ein Gegner ... (*gen.*) sein; **b)** nicht begabt sein für ... (*ac.*); **2.** ✽ refraktär; **3.** feuerfest; tierra *f* ~ a Schamott(e)erde *f*; **~tivo** *Opt. adj.* strahlenbrechend; **~tor** *Phys. m* Refraktor *m*.
re|frán *m* Sprichwort *n*; **~franero** *m* Sprichwörtersammlung *f*.
refrangible *Opt. adj. c* brechbar.
refre|gar [1h u. 1k] **1.** (ab)reiben; *fig.* F ~ (por las narices) unter die Nase reiben F; **~gón** *m* F (Ab-)Rei-

ben n; Spur f des Reibens; ⚓ Bö f.
refrena|miento m a. fig. Zügeln n;
fig. Bändigung f, Zähmung f; ~r
I. v/t. a. fig. zügeln; fig. zähmen;
II. v/r. ~se s. im Zaume halten.
refren|da Ec. f, ~dación f → refrendo; ~dar Verw., ↕ v/t. gg.-zeichnen; abzeichnen; Paß beglaubigen bzw. visieren; ~dario m Gegenzeichner m; ~do Verw., ↕ m Gg.-zeichnung f.
refres|camiento m Erfrischung f;
~cante adj. c erfrischend; ~car [1g]
I. v/t. erfrischen; abkühlen; a. fig. auffrischen; fig. erneuern; te voy a ~ la memoria ich werde d-m Gedächtnis nachhelfen; II. v/i. abkühlen, kühl werden (Wetter); auffrischen (Wind); fig. neue Kraft gewinnen;
III. v/r. ~se s. erfrischen; a. frische Luft schöpfen; abkühlen; auffrischen (v/i.); ~co m 1. Erfrischung f; a. Abkühlung f; erfrischendes Getränk n; a. kl. Imbiß m; 2. de ~ neu (hinzutretend), Ablösungs..., Verstärkungs...; ⚔ Ersatz...; ~quería f Méj. Erfrischungshalle f.
refriega f ⚔ Treffen n, Plänkelei f; f Streit m.
refrige|ración f a. ⊕ (Ab-)Kühlung f; ~ por (corriente de) aire Luftkühlung f; agua f de ~ Kühlwasser n; ~rado ⊕ adj. gekühlt; ~ por aire luftgekühlt; ~rador m Kühlanlage f; Kühlschrank m; ⊕ Kühler m; ~ de absorción (de compresor) Absorber- (Kompressor-)kühlschrank m; ~radora f: ~ eléctrica elektrischer Kühlschrank m;
~rante I. adj. c 1. kühlend; kühl-, mueble m ~ Kühltruhe f; II. m 2. 🏥 Kühlmittel n; pharm. kühlendes Mittel n; 3. ⊕ → refrigerador; ~rar I. v/t. (ab)kühlen; erkalten lassen; II. v/r. ~se ⚔ fig. → refocilarse; ~rio m 1. Kühlung f, a. fig. Linderung f; 2. Erfrischung f, Imbiß m.
refringen|cia Opt. f Lichtbrechung(svermögen n) f; ~te adj. c brechend.
refrito F desp. m Aufguß m F (Veröffentlichung).
refuerzo m 1. a. ⊕ u. Phot. Verstärkung f; Versteifung f, Verstrebung f; 2. fig., a. ⚔ Verstärkung f, Hilfe f; bsd. ⚔ Nachschub m.
refugi|ado m Flüchtling m; ~arse [1b] v/r. s. flüchten; fliehen (nach dat. en); Schutz suchen; a. s. unterstellen; ~ al bosque im Wald Zuflucht suchen (bzw. finden); ~o m 1. Zuflucht f; fig. Schutz m, Schirm m; p. ext. Zufluchtsstätte f; Asyl n, Freistatt f; puerto m de ~ Nothafen m; 2. Schutzraum m; Unterstand m; Bunker m; ~ antiaéreo Luftschutz-raum m, -keller m, -bunker m; ~ antiatómico Atombunker m; 3. ~ (alpino ~ de montaña) Schutzhütte f; a. gr. Berggasthof m; 4. Wartehäuschen n der Straßenbahn usw.; 5. Verkehrsinsel f.
reful|gencia f Glanz m; Gleißen n; Schimmer m; ~gente adj. c glänzend, schimmernd; ~gir [3c] v/i. glänzen, schimmern; leuchten, strahlen.
refundi|ción f 1. ⊕ Umschmelzen n; Einschmelzen n; Umgießen n; 2. fig. Umarbeitung f (Aufsatz, Rede);

Neubearbeitung f (Buch); ~dor m fig. Bearbeiter m; ~r I. v/t. 1. ⊕ umschmelzen; umgießen; 2. fig. lit. Werk u. ä. umarbeiten; neubearbeiten; 3. Am. verkramen, verlegen, verlieren; II. v/r. ~se 4. Am. abhanden kommen; Am. Reg. s. verirren.
refunfu|ñador → refunfuñón; ~ñar v/i. brummen, murren; brummeln; ~ño m Brummen n, Gebrumme n; Gemurmel n; ~ñón F adj.-su. brummend; m (alter) Brummbär m F.
refuta|ble adj. c widerlegbar; ~ción f Widerlegung f; ~r v/t. widerlegen.
rega|dera f 1. Gießkanne f; Brause f; ~ automóvil Sprengwagen m; ~ mecánica del césped Rasensprenger m; fig. F estar como una ~ verrückt sein; 2. Méj. Dusche f; 3. ✔ Berieselungsgraben m; Gerinne n; ~derazo m Méj. Dusche f; ~dío I. adj. Méj. bewässerbar; bewässert; II. m Bewässerung f; (terreno m [de]) ~ Bewässerungsgelände n; ~dizo adj. bewässerbar; ~dor ✔ m Berieseler m; ~jo m Lache f, Pfütze f; Rinnsal n.
regala ⚓ f Schandeckel m; Dollbord n e-s Bootes.
regalada f kgl. Marstall m.
regala|do 1. a. fig. F geschenkt; 2. köstlich; herrlich; behaglich, bequem; verwöhnt; ~r I. v/t. 1. schenken; beschenken (mit dat. con); bewirten; 2. ergötzen; schmeicheln (dat.); II. v/r. ~se 3. schwelgen; schmausen; ~se con a/c. s. et. leisten.
regalía f 1. hist. (kgl.) Hoheitsrecht n, Regal n; p. ext. Gehaltszulage f best. Beamter; fig. F Nebeneinnahme f; 2. Arg., Chi. Muff m; fig. f a. Kleinigkeit f; 3. fig. F Ven. Pracht f; ¡qué ~ de mujer! e-e wunderschöne Frau!
regalillo † u. Reg. m Muff m.
regali|z m, ~za f 1. Süßholz n; 2. Lakritze f.
rega|lo m 1. Geschenk n; ~ publicitario Werbegeschenk n; 2. Wohlleben n; Behaglichkeit f; 3. Fest-essen n, -schmaus m; fig. Leckerbissen m; Vergnügen n; es un ~ e-e wahre Freude; es ist (einfach) herrlich; es un ~ para los ojos es ist e-e Augenweide; ~lón adj. verhätschelt, verwöhnt; ~lonear v/t. Chi. Kind verwöhnen, verhätscheln.
regan|charse ⚔ v/r. nachfassen b. der Essensausgabe; ~che m Nachschlag m.
rega|ñadientes adv.: a ~ zähneknirschend, widerwillig; ~ñado adj. 1. knurrend, mit gefletschten Zähnen; fig. F zerstritten, verzankt; 2. F nicht ganz schließend (Mund, Auge); ~ñar I. v/t. 1. knurren u. die Zähne fletschen (Hund); 2. aufspringen (Brot, Maronen); 3. F zanken; murren, nörgeln; s. zerstreiten; II. v/t. 4. F (aus)schelten; ~ñir [3h u. 3l] v/i. dauernd heulen od. winseln (Hunde usw.); ~ño m böses Gesicht n; p. ext. F Rüffel m F; ~s m/pl. Geschimpfe n; ~ñón adj.-su. mürrisch, bärbeißig; m Griesgram m.
regar [1h u. 1k] v/t. 1. (be)wässern; (be)gießen; Gelände durchfließen;

Felder berieseln; Straße sprengen; Wäsche einsprengen; 2. fig. vergießen; aus-, be-streuen, a. aussäen; bsd. Am. Flüssigkeit verschütten; 3. fig. F zum Essen trinken, begießen (f); fig. P bitter beweinen; fig. V vögeln P (Mann).
regata Sp. f Regatta f; ~ a vela (de remos) Segel- (Ruder-)regatta f.
regate m schnelle Ausweichbewegung f (z.B. Ballspiel, Stk.); Jgdw. Haken m; fig. Ausflucht f; Absprung m, Kneifen n (fig.); ~ar¹ I. v/t/i. feilschen, schachern (um ac.); verhökern; fig. ~ a/c. mit et. (dat.) geizen; ~ las palabras wortkarg sein; no ~ esfuerzo(s) k-e Anstrengung scheuen; ~ a/c. a alg. j-m et. absprechen; II. v/i. schnelle seitliche Ausweichbewegungen machen; Sp. dribbeln.
regatear² v/i. an e-r Regatta teilnehmen.
regateo m 1. Feilschen n, Schachern n (um ac. sobre); 2. Ausweichbewegungen f/pl.; 3. Sp. Dribbeln n.
regatista Sp. c Regattateilnehmer m.
regato m Rinnsal n; tiefe Stelle f in e-m Bach.
regatón¹ m (Stock-, Lanzen-)Zwinge f; Ortband n am Seitengewehr. ~cherer m}
regatón² adj.-su. Krämer m; Scha-
regazo m a. fig. Schoß m; acoger en su ~ a alg. j-n schützen, j-n bergen; tener en el ~ ein Kind auf dem Schoß haben.
regencia f Regentschaft f.
regenera|ción f Erneuerung f; Wiederherstellung f; Auffrischung f; Wiedergeburt f; bsd. Biol., Phys., 🏥 Regeneration f; ⊕ Regenerierung f; ✔ Erholung f (Akku, Batterie); HF a. Rückkopplung f; ~do m Regenerierung f; ~dor I. adj. regenerierend; II. m regenerierender Faktor m; ⊕ Regenerator m; ~es m/pl. Regeneriermittel n/pl.; ~r I. v/t/i. regenerieren (alle Bedeutungen); erneuern; auffrischen; wiederherstellen; II. v/r. ~se Biol., ✽ nachwachsen; s. erneuern (a. fig.); 🏥, ⊕ regeneriert werden (bzw. aufgefrischt) werden; fig. z. B. Rel. wiedergeboren werden; ~tivo a. 🏥 adj. regenerativ.
regen|ta f 1. Frau f Regentin f; 2. Regentin f (Studienrektorin in Klosterschulen); ~tadora f Méj. Bordellchefin f, Puffmutter f F; ~tar vt/i. 1. Amt verwalten; Ehrenamt innehaben; Rektorat innehaben (Kloster-, Ordensschule); e-r Anstalt vorstehen; Internat, Pension usw. leiten; 2. fig. F das Wort führen; herumkommandieren F; ~te I. c Regent(in f) m; Verwalter(in f) m; II. m Regens m e-s Priesterseminars; Studienrektor in e-r Kloster- od. Ordensschule; pharm. Provisor m; Typ. Faktor m; ~ de albergue (juvenil) (Jugend-)Herbergsvater m.
regici|da adj.-su. c Königsmörder m; ~dio m Königsmord m.
regi|dor I. adj. 1. regierend; leitend; II. m 2. hist. Vogt m; 3. Ratsherr m, Gemeinderat m (Person); Thea. Inspizient m; ~doría f, ~duría f Stadtverordnetenamt n.

régimen *m* (*pl.* regímenes) **1.** *Pol.* Regime *n*; Regierungs- *bzw.* Staatsform *f*; *a. fig.* Herrschaft *f*; ~ *eclesiástico* Kirchenregiment *n*; ~ *feudal* Feudalsystem *n*, Lehnswesen *n*; ~ *policíaco* Polizeiregime *n*; *p. ext. a.* Polizeistaat *m*; ~ *presidencial* Präsidial-demokratie *f*, -system *n*; **2.** System *n*; Ordnung *f*, Regelung *f*; Einrichtung *f*; Bereich *m*, *in Zssgn. a. ...wesen n*; ~ *arancelario de aduanas* Zolltarifordnung *f*; ⚖ ~ *de bienes matrimoniales* Ehegüterrecht *n*; ⚖ ~ *de cárcel abierta* offener Strafvollzug *m*; *Verw.* ~ *de (intervención de) divisas* Devisenbewirtschaftung *f*, -kontrolle *f*; ~ *escolar* Schulwesen *n*; *dipl., Pol.* ~ *lingüístico* Regelung *f* der Sprachenfrage; **3.** Stand *m*; Zustand *m*; Verhältnisse *n/pl.*; ⊕ ~ *de carga* Belastungszustand *m* e-r *Maschine*; ~ *de trabajo* **a)** Arbeitsstand *m*; **b)** Beschäftigungsgrad *m*; **c)** Arbeitszustand *m* e-r *Maschine*; **4.** Lebensweise *f*; ⚘ Diät *f*, Schonkost *f*; ~ *alimenticio*, ~ *dietético* Kostform *f*, Diät *f*; ~ *crudo* Rohkost *f*; ~ *de fruta* Obstkur *f*; *guardar* (*od. estar od. comer a*) ~ Diät (ein)halten; *poner a ~ a alg.* j-n auf Diät setzen, j-m Diät vorschreiben; **5.** ⊕ Funktionsweise *f*; Leistungsbereich *m*; Betrieb *m*, Gang *m*, Lauf *m* e-r *Maschine*; ~ (*de revoluciones*) Drehzahl *f*; **6.** *Geol.* Bewegung(s-) *f bzw.* Strömung(s-weise) *f*; **7.** *Li.* Rektion *f*; verlangte Präposition *f bzw.* verlangter Kasus *m*; *p. ext.* ⚘ Ergänzung *f*, Objekt *n*; **8.** Büschel *n* (*Bananen, Datteln*).

regi|mentar [1k] *v/t.* in ein Regiment eingliedern; **~miento** ⚔ *m* Regiment *n*.

regio *adj. a. fig.* königlich; *fig.* prächtig, herrlich; F *Am.* prima F, super F.

región *f* **1.** Gegend *f*, Landschaft *f*, Landstrich *m*; Region *f*; **2.** Gebiet *n*, Region *f*; ⚔ ~ *aérea* Luftwaffen-Wehrbereich *m*; ⚔ ~ *militar* Heeres-Wehrbereich *m* (*in Span.* 9); **3.** *Astr.*, ⚘ Gegend *f*, Region *f*; *Astr.* ~ *celeste* Himmelsgegend *f*; *Anat.* ~ *lumbar* (*renal*) Lenden- (Nieren-)gegend *f*; **~onal** *adj. c* landschaftlich, Landes..., Volks...; regional, Regional..., ⚘ *teatro m ~* Heimat-theater *n*, -spiele *n/pl.*

regionalis|mo *m Pol., Li.* Regionalismus *m*; *Lit.* Heimatkunst *f*; **~ta** **I.** *adj. c Pol.* regionalistisch; regional, Heimat...; *novela f ~* Heimatroman *m*; **II.** *c Pol.* Regionalist *m*; *Lit.* Heimatschriftsteller *m*.

regir [3l *u.* 3c] **I.** *v/t. a. Li.* regieren; leiten; regeln; **II.** *v/i.* gelten, Gültigkeit haben (*Gesetz usw.*); *en el año que rige im laufenden Jahr*; **III.** *v/r.* **~se** s. richten (nach *dat. por*).

regiro ✝ *m* **1.** Rückwechsel *m*; **2.** Wechselreiterei *f*.

regis|trado **I.** *adj.* eingetragen (*a.* ⚖ *Schutzmarke*); ☙ *Méj.* eingeschrieben; **II.** *m* Registrierung *f*; **~trador** **I.** *adj.* **1.** Registrier...; *caja f ~a* Registrierkasse *f*; **II.** *m* **2.** Registerbeamte(r) *m*; **3.** ⊕ Registriergerät *n*, Registrierer *m*; ~ (*electro*)*fonográfico* (elektrischer) Schallaufzeichner *m*; **~trar** **I.** *v/t.* **1.** auf-, ver-zeichnen; eintragen; registrieren; aufnehmen (*auf Platten, Tonband*); ☙ *Méj.* einschreiben; **2.** (*a.* polizeilich *usw.*) durchsuchen; F *Méj. que me registren* ich habe damit nichts zu tun; **II.** *v/r.* **~se** **3.** zu verzeichnen sein, da sein; **~tro** *m* **1.** Verzeichnis *n*, Register *n*; ~ *de asociaciones* (*mercantil*) Vereins- (Handels-)register *n*; ~ *de la propiedad* (*inmueble*) Grundbuch *n*; ~ *de la propiedad industrial*, ~ *de patentes* Patent-register *n*, -rolle *f*; **2.** Eintragung *f*, Registrierung *f*; **3.** (*oficina f de*) ~ Registratur *f*; ~ *civil* Standesamt *n*; **4.** Aufnahme *f*, Protokoll *n v. Vorgängen*; **5.** *Rf.*, *TV*, *Phono* Aufzeichnung *f*, Aufnahme *f*; *p. ext. a.* Aufnahmegerät *n*; ~ *en cinta magnética* Magnetbandaufzeichnung *f*; **6.** Lesezeichen *n*; **7.** ♪, *Typ.* Register *n*; *fig.* F *salir por todos los ~s* andere Saiten aufziehen (*fig.*); ♪ *u. fig.* F *tocar* (*od.* echar) *todos los ~s* alle Register ziehen, *nur fig.* alle Hebel in Bewegung setzen; **8.** ⊕ **a)** Gangregler *m* (*Uhr*); **b)** Klappe *f*, Schieber *m*; **c)** Einstiegöffnung *f* (*Kanalisation*); **9.** *a.* ⚖ ~ *domiciliario* Durchsuchung *f*; ~ *domiciliario* Haussuchung *f*; **10.** *Arg., Bol.* Großhandlung *f in Textilien*; **11.** ☐ Spezialität *f* e-s Berufsverbrechers.

regla *f* **1.** Regel *f*; Norm *f*, Richtschnur *f*; Grundsatz *m*, Prinzip *n*; Ordnung *f*; ⚖ *las cuatro ~s* die vier Grundrechnungsarten *f/pl.*; ⚖ ~ *jurídica* Rechtsnorm *f*; ⚘ ~ *de porcentaje* Prozentrechnen *n*; ~ *práctica* (*od. empírica*) Faustregel *f*; *Arith.* ~ *de tres* Dreisatz(rechnung *f*) *m*; *conforme a la* ~ ordnungsgemäß; *contrario a la(s) ~(s)* regelwidrig; *en ~* in Ordnung; regelrecht; *por ~ general* gemeinhin, im allgemeinen; *salir de (la) ~* s. regelwidrig verhalten; zu weit gehen; **2.** F ⚘ *~s f/pl.* Regel *f*, Menstruation *f*; **3.** Lineal *n*; *Typ. a.* Leiste *f*; *Typ.* ~ *de cabecera* Kopfleiste *f* (*z B.* e-r *Zeitung*); ~ *de cálculo* Rechen-schieber *m*, -stab *m*; *falsa* ~ Linienblatt *n*; ~ *de T* Reißschiene *f*.

reglaje ⊕ *m* Regelung *f*; Einstellung *f*; ⚔ ~ *del tiro* Einschießen *n*.

reglamen|tación *f* Regelung *f*; Ordnung *f*; **~tar** *v/t.* regeln; (durch Vorschriften) ordnen; **~tario** *adj.* vorschriftsmäßig, vorgeschrieben, ordnungsgemäß; **~to** *m* Vorschrift *f*; Verordnung *f*; Dienstanweisung *f*; (Haus-, Betriebs-)Ordnung *f*; *Verw.* ~ (*de régimen*) *interior* Geschäftsordnung *f*; ⚔ ~ *de obras minera* bergbehördliche Bestimmungen *f/pl.*; ~ *de tráfico* Verkehrsordnung *f*.

reglar *v/t.* **1.** lini(i)eren (*mit Lineal od. ä.*); **2.** Regeln (*od.* Vorschriften) unterwerfen; regeln, ordnen.

regle|ta *f* kl. Lineal *n*; *Typ.* Reglette *f*; ♪, *Tel.*, HF Leiste *f*, Schiene *f*; **~tear** *v/t. Typ.* durchschießen, spati(o)nieren.

reglón *m* gr. (Stahl-)Lineal *n*; ⊕ Wange *f*; △ Ziehlatte *f*.

regoci|jado *adj.* erfreut, froh, lustig; fröhlich; **~jar** **I.** *v/t.* Spaß (*od.* Freude) machen (*dat.*), erfreuen; **II.** *v/r.* **~se** s. freuen (über *ac. por*); Freude (*od.* Spaß) haben (an *dat. con*); **~jo** *m* Freude *f*; Jubel *m*; Fröhlichkeit *f*; Lustbarkeit *f*.

regodear *Chi.* **I.** *v/t.* → *escatimar*; **II.** *v/r.* **~se** sehr heikel (*bzw.* wählerisch) sein.

rego|dearse F *v/r.* s. ergötzen (an *dat. con*); s. gütlich tun (an *dat. con*); Spaß treiben; **~deo** F *m* Vergnügen *n*; Behagen *n*; (ausgelassenes) Fest *n*; *adv. con ~* mit (*oft* boshaftem) Vergnügen.

rego|deón *Col., Chi.*, **~diento** *adj. ib.* verwöhnt; heikel, wählerisch; schwer zufriedenzustellen(d).

regoldana ⚘: (*castaña f*) ~ *f* Roßkastanie *f* (*Frucht*).

regoldar [1n] P *v/i.* rülpsen F.

regoldo ⚘ *m* Roßkastanienbaum *m*.

regoldón P *adj.* rülpsend F.

regol|far **I.** *v/i.* zurückfließen; **II.** *v/r.* **~se** s. stauen; abgelenkt werden (*Wind durch ein Hindernis*); **~fo** *m* Stauung *f*; kl. Bucht *f*.

regordete F *adj.* rundlich, untersetzt, pummelig F.

regre|sar *v/i.* zurückkehren (P *bsd. Am. a. ~se v/r.*); **~sión** *f* Rückgang *m*, Regression *f*; *Li.* Rückbildung *f*; **~sivo** *adj.* rückläufig; regressiv; *Rück...*; **~so** *m* **1.** Rückkehr *f*; (*viaje m de*) ~ Rückreise *f*; *de ~ bei* (*bzw.* nach) der Rückkehr; **2.** Comeback *n*.

regüeldo P *m* Rülpser *m* F.

regue|ra *f* Bewässerungsgraben *m*; **~ro** *m* **1.** Rinne *f*; Rinnsal *n*; Spur *f von Vergossenem*; *fig. los ~s de sangre* das vergossene Blut; *fig.* propagarse *como un ~ de pólvora* s. wie ein Lauffeuer verbreiten; **2.** *Reg.* → *reguera*; **3.** *Col.* Unordnung *f*, Durchea. *n*; *dejar un ~ tras de sí* ein wüstes Durchea. hinterlassen.

régula △ *f* Tropfenplatte *f*.

regula|ble *adj. c* ein-, ver-stellbar, regulierbar; regelbar; *con altura ~* höhenverstellbar; **~ción** *f a.* ⊕ Regulierung *f*, Einstellung *f*; Regelung *f*; ✈ ~ *del cambio* Kursregulierung *f*; ~ *del tráfico* Verkehrsregelung *f*; *de ~ automática* selbstreguliert; *técnica f de ~* (*automática*) Regeltechnik *f*; **~do** *adj.* geregelt; richtig, vorschriftsmäßig; ⊕ gesteuert; **~dor I.** *adj.* **1.** regulierend; ⊕ *a.* Regel...; **II.** *m* **2.** ♪ dynamisches Zeichen *n*; **3.** ⊕, ⚡, HF *usw.* Regler *m*; ~ *de aire* Windkessel *m*; **~r I.** *v/t.* **1.** regeln, ordnen; **2.** ⊕ *usw.* einstellen; regulieren; regeln; ~ *con precisión* fein einstellen; **II.** *adj. c* **3.** regelmäßig (*a. Gram.*, ⚘); geordnet; fahrplanmäßig (*Zug*); **4.** gewöhnlich; regulär; *fig.* (mittel)mäßig; *por lo ~* gewöhnlich, üblicherweise; **5.** *kath.* Ordens...; (*clérigo m*) ~ Ordensgeistliche(r) *m*; **III.** *adv.* F **6.** → *regularmente*; (so) leidlich; (so) la la F; **~ridad** *f* **1.** Regel-, Gleich-mäßigkeit *f*; **2.** ⚖ Ordnungsmäßigkeit *f*; **3.** (genaue) Befolgung *f* e-r *Verpflichtung*, **~rización** *f* Regelung *f*, Ordnung *f*; **~rizar** [1f] *v/t.* in Ordnung bringen, regeln, ordnen; **~rmente** *adv.* regelmäßig; **2.** üblicherweise; einigermaßen, halbwegs; leidlich.

régulo **1.** Duodezfürst *m*; **2.** *Vo.* → *reyezuelo*; **3.** Basilisk *m* (*Fabeltier*).

regurgitar *v/t.* wieder ausrülpsen.

regusto *m* Nachgeschmack *m*; *fig.* Beigeschmack *m*.

rehabilita|ble *adj. c* rehabilitierungsfähig; **~ción** *f* Wiedereinsetzung *f*; Ehrenrettung *f*; *bsd.* ⚖, ⚔ Rehabili-

rehabilitado — relación

tierung f; ~ (urbanística) Stadtsanierung f; ✱ ejercicios m/pl. de ~ Nachsorgeübungen f/pl. (Gymnastik); **~do** adj.-su. rehabilitiert; m Rehabilitierte(r) m; **~r** v/t. wiedereinsetzen; a. ✱ rehabilitieren.
rehacer [2s] **I.** v/t. **1.** noch einmal machen; **2.** wieder zs.-bauen; wiederherstellen; **3.** umarbeiten; **II.** v/r. **~se 4.** a. ✝ s. erholen (von dat. de).
rehago usw. → rehacer.
rehala f ✦ **1.** Sammelherde f; **2.** Jgdw. Meute f (Hunde).
rehe|**cho I.** part. zu rehacer; **II.** adj. gedrungen, stämmig; **~chura** f Aufarbeitung f, Reparatur f.
rehén m Geisel f.
rehenchir [3h u. 3l] v/t. ausstopfen, auspolstern (mit dat. con).
reherir [3i] v/t. zurück-schlagen; -treiben.
reherrar [1k] v/t. Pferde usw. neu beschlagen.
rehice, rehiciste, etc. → rehacer.
rehi|**lamiento** m Schwirren n e-s Pfeils; Phon.: in Teilen Südspan. u. Rpl. übliche Aussprache f von y od. ll als 3 (frz. g in génie); **~landera** f Windrädchen n (Kinderspielzeug); **~lar** v/i. flattern, zittern; p. ext. schwirren, sausen (Pfeil); Phon. y od. ll wie 3 aussprechen (→ rehilamiento); **~lete** m **1.** Papierpfeil m mit Spitze (für Zielwurfspiele); **2.** Federball m; **3.** Stk. kl. Banderilla f; fig. Stichelei f; **~letero** Stk. m → banderillero.
rehílo m Zittern n, Flattern n.
rehogar [1h] v/t. schmoren, dünsten, dämpfen.
rehu|**ida** f **1.** Zurückscheuen n; Verschmähen n; Abschlagen n; **2.** Widerwille m, Ekel m; **~ir** [3g] v/t. verschmähen; ablehnen; zurückscheuen vor (dat.); vermeiden; aus dem Wege gehen (dat.).
re|**humedecer** [2c] v/t. gut befeuchten; **~hundir** v/t. ein-, versenken; fig. verschwenden, verschleudern; **~hurtarse** Jgdw. v/r. Haken schlagen (Wild); **~husar** v/t. Bitte abschlagen; ablehnen; verweigern.
rei|**dero** F adj. (immer wieder) zum Lachen reizend; lächelnd (Lippen); **~dor I.** adj. (gern) lachend; **II.** m Lacher m.
reimplanta|**ción** f Wiedereinführung f; **~r** v/t. wiedereinführen.
reim|**presión** Typ. f Neudruck m; Nachdruck m; ~ clandestina Raubdruck m; **~primir** (part. reimpreso) v/t. neudrucken; nachdrucken.
reina f **1.** Königin f; a. Kart., Schach: Dame f; (abeja f) ~ Bienenkönigin f; ~ madre Königinmutter f; ~ viuda Königinwitwe f; **2.** kath. ♀ de los ángeles, ♀ del cielo Himmelskönigin f; fig. ~ de (la) belleza (de la vendimia) Schönheits- (Wein-)Königin f; ¡~! mein Liebling! **3.** ♀ ~ luisa a) Melissenkraut n; b) e-e Zinnie f (Cinnia elegans); ~ margarita Gartenaster f; ~ de la noche a) Königin f der Nacht (versch. Kakteen); b) (südam.) Stechapfel m; ~ de los prados Geißbart m; **~do** m Regierung(szeit) f; fig. Herrschaft f, Macht f.

Reinaldo npr. m Reinhold m.
reina|**nte** adj. c regierend; herrschend; **~r** v/i. regieren; fig. herrschen.
reinci|**dencia** ⚖ f Rückfall m; **~dente** adj. c rückfällig; **~dir** v/i. zurückfallen (in ac. en); ⚖ rückfällig werden; ✱ e-n Rückfall erleiden.
reincorpora|**ción** f Wiedereinverleibung f; -gliederung f; **~r I.** v/t. wiederein-verleiben; -gliedern (in ac. a); **II.** v/r. **~se** wieder eintreten; wieder aufgenommen werden.
reineta ♀ f Renette f (Apfelsorte).
reinfección ✱ f Neu-, Wiederansteckung f.
reingre|**sar** v/i. wiedereintreten; wieder aufgenommen werden (in ac. en); **~so** m Wiedereintritt m; Wiederaufnahme f.
reinicializar [1f] v/t. EDV neu booten.
reino m Königreich n; a. fig. Reich n; ~ animal (mineral, vegetal) Tier- (Mineral-, Pflanzen-)reich n; ~ de los cielos Himmelreich n; el ♀ Unido (de Gran Bretaña e Irlanda del Norte) das Vereinigte Königreich (von Großbritannien und Nordirland).
reinserción f Wieder-einführung f, -eingliederung f; ~ social Resozialisierung f.
reinstalación f Wiedereinsetzung f; Wiedereinrichtung f.
reinte|**grable** adj. c ersetzbar; **~gración** f Wiedereinsetzung f; Wiedereingliederung f; Rückvergütung f; **~grar I.** v/t. wiedereinsetzen (in ac. a); **II.** v/t. ~ (de) Verlust ersetzen; rückvergüten; zurückerstatten; **III.** v/r. **~se** a wieder zurückkehren in (ac. bzw. nach dat., an ac.); **~se** en s. et. wiederbekommen; **~se** en s. wiedereingliedern in (ac.); **~gro** m **1.** Wiedereinsetzung f; **2.** Ersatz m; (Rück-)Erstattung f; **3.** Gewinn m in Höhe des Lospreises (Lotterie); **4.** Auszahlung f am Bankschalter.
reintroducción f Wiedereinführung f.
reír [3m] **I.** v/t. belachen; **II.** v/i. lachen; dar que ~ s. lächerlich machen; echarse a ~ loslachen; hacer ~ zum Lachen bringen; ~ llorando halb lachen, halb weinen; le reían los ojos cuando me dijo ... mit lachenden Augen sagte er mir ...; Spr. quien ríe último, ríe mejor wer zuletzt lacht, lacht am besten; **III.** v/r. **~se** lachen; **~se** de a/c. (de alg.) s. über et. (j-n) lustig machen; et. nicht ernst nehmen; **~se** a solas (od. por lo bajo od. para sus adentros) s. ins Fäustchen lachen; innerlich lachen; F ¡me río de los peces de colores! das kann mich nicht erschüttern, ich pfeif drauf F; **~sele** en la cara a alg. j-m ins Gesicht lachen; fig. **~se** de medio mundo auf die ganze Welt pfeifen F.
reitera|**ción** f Wiederholung f; ⚖ Rückfall m; **~damente** adv. wiederholt; **~r** v/t. wiederholen, erneuern; **~tivo** adj. wiederholend.
reivindica|**ble** adj. c zurückforderbar; **~ción** f Anspruch m, Forderung f; ⚖ Rückforderung f; Eigentumsanspruch m; **~r** [1g] v/t. ⚖ zurückfordern; bsd. Pol. beanspruchen, fordern; Pol. die Verantwortung

übernehmen für (ac.), s. bekennen zu (dat.) (Attentat); **~torio** adj. Rückforderungs...; beanspruchend; Forderungs...
reja f **1.** Gitter n; Fenstergitter n; Am. Reg. Gefängnis n; entre ~s hinter Gittern; meter entre ~s hinter Schloß u. Riegel bringen; **2.** Chi. Gitterwagen m für den Viehtransport; **3.** ⚙ Pflugschar f; fig. Umpflügen n.
rejalgar m Min. Rauschrot n; fig. F saber a ~ sehr schlecht schmecken.
rejega f Cu., Méj. Milchkuh f.
rejilla f **1.** a. ⊕ (Schutz-, Einsatz-, Beobachtungs-)Gitter n; Rechen m (Stauwehr); kath. Beichtstuhlgitter n; **2.** ⚡, HF, Rf., Kristallographie: Gitter n; **3.** (Ofen-)Rost m; p. ext. Kohlenbecken n; **4.** Strohgeflecht n; bsd. geflochtener Stuhlsitz m; **5.** 🚃 Gepäcknetz n.
re|**jo** m **1.** Stachel m; Bienenstachel m; fig. Stärke f, Kraft f; Schneid m; F tener mucho ~ zäh(lebig) sein; **2.** ♀ Wurzelkeim m; **3.** Am. Cent., Am. Mer. Peitsche f; dar ~ a auspeitschen (ac.); fig. F Ven. ~ tieso fester Charakter m (Person); **4.** Ec. Melken n; Milchkühe f/pl.; **~jón** m **1.** Stachelspieß m; bsd. Spieß m der rejoneadores; **2.** Spitze f e-s Kreisels; **~joneador** Stk. m Stierkämpfer m zu Pferde; **~jonear** Stk. vt/i. zu Pferde kämpfen; **~joneo** Stk. m Stierkampf m zu Pferde; **~judo** adj. Col. zäh, hart (bsd. Speisen).
rejuela f **1.** Gitterchen n; **2.** Fußwärmer m (kl. Kohlenbecken).
rejuvene|**cer** [2d] **I.** v/t. verjüngen; **II.** v/r. **~se** wieder jung werden; **~cimiento** m Verjüngung f.
relabrar v/t. Stein, Holz neu behauen.
relación f **1.** Beziehung f, Verhältnis n; Zs.-hang m; con ~ a od. en ~ con bezüglich (gen.), in bezug auf (ac.); im Verhältnis zu (dat.); ~ de dependencia Abhängigkeitsverhältnis n; ~ entre causa y efecto Kausalzs.-hang m; ⚖ ~ jurídica (laboral) Rechts- (Arbeits-)verhältnis n; ~ de parentesco verwandtschaftliches Verhältnis n; ✝ ~ones f/pl. de intercambio Austauschrelationen f/pl., Terms of trade (engl.); ~ recíproca Wechselbeziehung f; ⊕ ~ de reducción (de transmisión) Unter- (Über-)setzungsverhältnis n; no guardar ~ con in k-m Verhältnis stehen zu (dat.); hacer ~ a a/c. s. auf et. (ac.) beziehen; poner en ~ con in Beziehung setzen zu (dat.); **2.** mst. ~ones f/pl. Beziehungen f/pl. (a. fig.); Verbindungen f/pl.; ~ones de amistad freundschaftliche Beziehungen f/pl.; ~ones f/pl. comerciales Handels-, Geschäfts-verbindungen f/pl., -beziehungen f/pl.; ~ones diplomáticas diplomatische Beziehungen (aufnehmen entrar en); ~ones públicas Public Relations pl., Öffentlichkeitsarbeit f; ~ones sociales gesellschaftliche Beziehungen f/pl.; gesellschaftlicher Umgang m; entablar (od. establecer) ~ones Beziehungen aufnehmen; tener muchas ~ones en gr. Bekanntenkreis haben; **3.** ~ones f/pl. (amorosas) Liebesverhältnis n; **4.** Bericht m; Beschreibung f; ~ ban-

caria Bankausweis *m*; ~ **de ciego** *Folk.* Moritat *f*; *fig. iron.* rührende (*bzw.* abstruse) Geschichte *f*; **hacer una** ~ **Bericht erstatten**; **5.** Liste *f*, Aufstellung *f*, Verzeichnis *n*; **según** ~ **al pie wie unten vermerkt** (*auf Abrechnungen u. ä.*).
relaciona|do: **bien** ~ mit guten Beziehungen; **estar bien** ~ gut eingeführt sein; gute Beziehungen haben; **~r I.** *v/t.* in Verbindung bringen (mit *dat.* con); in Beziehung setzen (zu *dat.* con); **II.** *v/r.* ~**se** (zuea.) in Beziehung stehen; in Beziehungen (zuea.) treten; *abs.* viele Bekannte (*bzw.* gute Beziehungen) haben.
relacionista *c* Public-Relations-Manager *m*.
relaja|ción *f* **1.** Erschlaffung *f*; Lockerung *f*; *a. fig.* Entspannung *f*; ~ **muscular** Entspannung *f* der Muskeln; Muskelschlaffheit *f*; **manifestar** ~ **nachlassen** (in *dat.* en); **2.** ~ (*de las costumbres, etc.*) Zügellosigkeit *f*; Sittenlosigkeit *f*; **3.** *Rel.*, ⚖ Erlassung *f e-s Eides usw.*; Entlassung *f aus e-r Verpflichtung*; ~**do** *adj.* schlaff, erschlafft; *a. Physiol., Phon. u. fig.* entspannt; *fig. a.* liederlich, ausschweifend; ~**miento** *m* → **relajación**; *Phon.* Reduktion *f*; **~r I.** *v/t.* **1.** schlaff machen; lockern, entspannen; **2.** *ecl.* zum Tode Verurteilte dem weltlichen Arm übergeben (*Inquisition*); **3.** ⚖ *Strafe* mildern; *Eid* erlassen *bzw.* von e-r *Pflicht* entbinden; **II.** *v/r.* ~**se 4.** erschlaffen; locker werden; nachlassen; ⚕ *a.* erlahmen; **5.** nachgeben (*Abstützung*); (ab-)bröckeln (*Mauer*); **6.** zügellos (*od.* ausschweifend) werden.
relajo *m bsd. Am.* Durchea. *n*, Saustall *m* F.
rela|mer I. *v/t.* lecken, abschlecken; **II.** *v/r.* ~**se s.** die Lippen lecken (*fig.* nach *dat.* de); ~**se** *de fig. a. et.* in vollen Zügen genießen; ~**mido** *adj. fig.* geschniegelt; affektiert.
re|lámpago *m* **1.** Blitz *m*; ~(**s**) *m(/pl.)* Wetterleuchten *n*; *fig.* nachgestellt ~: **Blitz...**; **acción** *f* ~ Blitzaktion *f*; ⚔ **guerra** *f* ~ Blitzkrieg *m*; ⚓ **luz** *f* **de** ~ Blitzfeuer *n*; *adv.* **como un** ~ blitzschnell; **2.** □ Schlag *m*; Prügel *pl.*; ~**lampaguear** *v/i.* (auf)blitzen; wetterleuchten; ~**lampagueo** *m* (Auf-)Blitzen *n*; Wetterleuchten *n*.
relan|ce *m* erneuter Wurf *m*; Zurückwerfen *n*; Glücksfall *m*; *adv.* **de** ~ **a**) *fig.* P bar; **b**) → ~**cina** P *adv.*: **de** ~ *Arg., Ec.* zufällig(erweise).
relanza|miento ✝ *m* (Wieder-)Ankurbelung *f*; **~r** [1f] *v/t.* zurückwerfen; zurück-schleudern, -stoßen; ✝ (wieder)ankurbeln.
relapso *adj.-su.* rückfällig; *m* Rückfällige(r) *m*.
relata|dor *m* Erzählende(r) *m*; **~r** *v/t.* erzählen; berichten.
relati|vidad *f* Relativität *f*; Bedingtheit *f*; **teoría** *f* **de la** ~ Relativitätstheorie *f*; ~**vismo** *Phil. m* Relativismus *m*; ~**vista** *adj.-su. c* relativistisch; *m* Relativist *m*; ~**vizar** [1f] *v/t.* relativieren; ~**vo** *adj.* **1.** bezüglich (auf *ac. a*); bezogen (auf *ac. a*); relativ, Relativ...; *Li.* **pronombre** *m* ~ Relativpronomen *n*; **2.** relativ; einschlägig.
rela|to *m* Erzählung *f*; Bericht *m*; Schilderung *f*; ~**tor** *m* **1.** Erzähler *m*; **2.** ⚖, *Pol.* Berichterstatter *m*; Referent *m*; ~**toría** *f* Referat *n*, Amt *n* e-s **relator**.
relavado *m* Nachwäsche *f*.
relé ⚡ *m* Relais *n*.
releer [2e] *v/t.* wieder lesen.
relega|ción *f* Verbannung *f*; Landesverweisung *f*; *fig.* Übergehung *f*; Beseitigung *f*; **~r** [1h] *v/t.* ver-, aus-weisen, *a. fig.* verbannen; *fig.* übergehen *bzw.* kaltstellen (*fig.*); beseitigen; *fig.* ~ **al olvido der Vergessenheit anheimgeben**; *fig.* ~ **a un segundo plano** in den Hintergrund (ab)drängen.
releje *m* **1.** Fahrspur *f*; **2.** Belag *m* **auf Zähnen** *od. Lippen*; **3.** Schliff *m* (*Schleifspur*) e-s *Messers*; **4.** Verjüngung *f* (*Damm, Mauer, Geschützrohr*).
relente *m* feuchtkühle Nachtluft *f*; *fig.* Frechheit *f*; ~**cer** [2d] *v/i.* weich werden.
rele|vación *f* **1.** Erleichterung *f*; Entlastung *f*; Ablösung *f* von *Truppenverbänden*; Entlassung *f* aus *Pflicht od. Amt*; **2.** ⚖ Befreiung *f*, Enthebung *f*; **3.** *bsd.* ⚖ Relevanz *f*; ~**vador** ⚡ *m* **1.** → **relé**; **2.** *HF* Relaisstation *f*; ~**vancia** ⚖ *f* Relevanz *f*; ~**vante** *adj. c* hervorragend; erheblich; *a.* ⚖, *Li.* relevant; ~**var** *v/t.* **1.** (*a. Ku. u. fig.* plastisch) hervortreten lassen; *fig.* hervorheben; übertreiben; *Fehler* rügen; **2.** Mühe usw. erleichtern; ~ **a alg. con dinero** j-m mit Geld helfen; **3.** e-r Mühe usw. entheben; **von e-m Eid entbinden**; *Abgabe, Schuld, Strafe* erlassen; **4.** *Posten, Truppe* ablösen; *p. ext.* ablösen, entlassen; **II.** *v/i.* **5.** *s.* abheben, plastisch hervortreten (*Skulptur*); **III.** *v/r.* ~**se** (*od. ea.*) ablösen; ~**vista** *Sp. c* Staffelläufer *m*; ~**vo** *m* **1.** ⚔ *usw.* Ablösung *f* (*a. Person*); Vorspann *m*; *a. Sp.,* ⚔ **de** ~ Ersatz...; **2.** *Sp.* Staffel *f*; **carrera** *f* **de** ~(**s**) Staffellauf *m*.
relicario *m Rel.* Reliquien-kammer *f bzw.* -schrein *m*; F *Andal., Am.* Medaillon *n*.
relicto ⚖: **bienes** *m/pl.* ~**s** Hinterlassenschaft *f*.
relieve *m* **1.** Relief *n*; **de** ~ erhaben *Relief...*; *fig.* wichtig, bedeutend, angesehen; **alto** (**bajo, medio**) ~ Hoch- (Flach-, Mittel-)relief *n*; *Typ.* **impresión** *f* **en** ~ Hochdruck *m*; **en bajo** ~ vertieft (*a. Druck, Gravur*); *fig.* **dar a** ~ Bedeutung geben (*dat.*); **betonen** (*ac.*); **poner de** ~ hervorheben; **2.** ~**s** *m/pl.* (Essen-)Reste *m/pl.*
religi|ón *f* Religion *f*; Konfession *f*; Frömmigkeit *f*; religiöse Gemeinschaft *f*; Orden(sgemeinschaft *f*) *m*; Gg.-stand *m* der Verehrung; ~ **de(l)** **Estado** (*od. oficial*) Staatsreligion *f*; ~ **natural** Vernunftreligion *f*; Weltfrömmigkeit *f*; ~ **reformada** *f*; **a**) ~ reformierter Orden *m*; **b**) Protestantismus *m*; **sin** ~ religions-, glaubens-los; konfessionslos; **entrar en** ~ ins Kloster gehen; **hacerse una** ~ **de a/c.** et. als s-e höchste Pflicht ansehen; et. zum Gg.-stand s-r größten Verehrung machen; ~**osa** *f* Nonne *f*; ~**osidad** *f* Frömmigkeit *f*; Gewissenhaftigkeit *f*; ~**oso I.** *adj.* **1.** religiös; gottesfürchtig, fromm;

---

relacionado — remache

andächtig; **2.** Ordens...; **3.** *fig.* gewissenhaft; **II.** *m* **4.** Mönch *m*, Ordensangehörige(r) *m*.
relimpio F *adj.* blitzblank; blitzsauber, schmuck.
relin|char *v/i.* wiehern; ~**cho** *m* Wiehern *n*.
reliquia *f Rel. u. fig.* Reliquie *f*; *fig. a.* Nachwehen *f/pl.* (*fig.*).
reloj *m* **1.** Uhr *f*; ~ **de arena** (**de bolsillo, de cocina**) Sand- (Taschen-, Küchen-)uhr *f*; ~ **de control** *od.* registrador Stech-, Stempel-uhr *f*; ~ **de cuco** Quarz- (Kuckucks-)uhr *f*; ~ **digital** (*floral*) Digital- (Blumen-)uhr *f*; ~ **de hora oficial** (**de música**) Normal- (Spiel-)uhr *f*; ~ **de péndola** *od.* **de péndulo** (**de pesas, de pie**) Pendel- (Gewichts-, Stand-)uhr *f*; ~ **de pulsera**, *Méj.* **de pulso** Armbanduhr *f*; ~ **por radio** Funkuhr *f*; ~ **regulador** Regulator *m*, Normaluhr *f*; ~ **de repetición** (**de sobremesa**) Repetier- (Tisch-)uhr *f*; ~ **de sol** (**de trinquete** *od.* **de paro**) Sonnen- (Stopp-)uhr *f*; **contra** ~ **gg. die Uhr**; **carrera** *f* **contra** ~ Radsp.: Zeitfahren *n*; *fig.* Wettlauf *m* mit der Zeit; **cristal** *m* **de** ~ Uhrglas *n*; **mecanismo** *m* **de(l)** ~ Uhrwerk *n*; **muelle** *m* **de** ~ Uhrfeder *f*; **girar en el sentido** (**contrario**) **de las agujas del** ~ **s.** im (*bzw.* entgegen dem) Uhrzeigersinn drehen; *fig.* F **¡todo va como un** ~**!** alles klappt wie am Schnürchen!; **ser** (*puntual como*) **un** ~ (immer) auf die Minute pünktlich sein; **2.** *Ent.* ~ **de la muerte** Pochkäfer *m*, Totenuhr *f*; **3.** ⚘ ~**es** *m/pl.* Schierlingsreiherschnabel *m*.
reloje|ría *f* **1.** Uhrmacherhandwerk *n*; **2.** Uhrmacherei *f*, Uhrmacherwerkstatt *f*; Uhrengeschäft *n*; **3.** (**mecanismo** *m* **de**) ~ Uhrwerk *n*; Zeitzünder *m* (*Sprengladung*); ~**ro I.** *adj.* Uhren...; **II.** *m* Uhrmacher *m*.
relu|ciente *adj. c* glänzend, leuchtend; ~**cir** [3f] *v/i. a. fig.* glänzen, leuchten, strahlen; ~ **por su belleza** in Schönheit strahlen; *fig.* F **sacar a** ~ herausrücken mit (*dat.*); alte Geschichten wieder aufwärmen.
reluctancia ⚡ *f* Reluktanz *f*.
relum|brante *adj. c* glänzend, leuchtend; ~**brar** *v/i.* (hell) leuchten; stark glänzen, gleißen; ~**brón** *m* Aufleuchten *n*; **dar un** ~ aufleuchten, -blitzen; **de** ~ blendend; wertlos, kitschig; in Flitter (*gekleidet*); ~**broso** *adj.* leuchtend, glänzend.
rella|mada *f Tel.* automatische Wahlwiederholung *f*; ~**nar I.** *v/t.* (wieder) einebnen; **II.** *v/r.* ~**se** sich's bequem machen; ~**no** *m* (Berg-)Terrasse *f*; Treppenabsatz *m*.
relle|na *f Col., Méj.* Blutwurst *f*; ~**nado** ⛽ *m* Betankung *f*; ~**nar** *v/t.* füllen (*a.*); vollstopfen; polstern; auffüllen; *Graben* zuwerfen; *Formular* ausfüllen; *fig.* F zu essen geben (*dat.*), füttern; ⚕ ~ **con física** zumauern; ~**no I.** *adj.* (ganz) voll; *a. Kchk.* gefüllt; **II.** *m a. Kchk.*, ⊕ Füllung *f*; Aus-, Auf-füllung *f*; Füllstoff *m*.
rema|chado ⊕ *m* (Ver-)Nietung *f*; ~**chadora** *f* Nietmaschine *f*; ~**char** *v/t.* plattschlagen; ⊕ (ver)nieten; *fig. a.* breittreten, herumreiten auf (*ac.*) F; ~**che** ⊕ *m* Vernieten *n* e-s *Nagels*; Niete *f*, Niet *m, n*.

remada — remoquete 530

remada f Ruderschlag m.
remallar v/t. Laufmaschen aufnehmen an (dat.).
remanen|cia Phys., Physiol. f Remanenz f; ~te m Rest m.
remanga f Krabbennetz n der Fischer.
reman|sarse v/r. s. (an)stauen; ~so m Stauwasser n; ruhige Stelle f in e-m Fluß.
remar v/i. rudern; fig. F schuften.
remarcable adj. c bemerkenswert.
rema|tado adj. 1. hoffnungslos verloren (od. krank); ⚖ nach Erschöpfung aller Rechtsmittel rechtskräftig verurteilt; 2. fig. F ausgekocht F (Schuft usw.); ausgemacht, vollendet; ¡es ~! daran ist nicht zu rütteln! F; ~tador m Versteigerer m; ~tante m Höchstbietende(r) b. Versteigerungen; ~tar I. v/t. 1. abschließen; vollenden; beenden (mit dat. con); 2. a. Stk. den Gnadenstoß (Jgdw. den Fang-stoß bzw. -schuß) geben (dat.), fig. den Rest geben (dat.) F; 3. zuschlagen b. Versteigerung; Am. verbzw. er-steigern; II. v/i. 4. enden; fig. ins Tor treffen (Fußball); ~ en punta in e-r Spitze auslaufen; III. v/r. ~se 5. (völlig) zugrunde gehen; zerstört (od. vernichtet) werden; ~te m 1. Abschluß m, Ende n; a. ⊕, △ Abschluß(stück n) m; Stk. Todesstoß m; Fußball: Schuß m ins Tor; △ Giebelabschluß m; de ~ völlig, total, heillos; para~ noch obendrein; por ~ schließlich, zum Schluß; fig. F ~ de cabeza Kopfstoß m (od. Köpfen n) ins Tor (Fußball); 2. Höchstgebot n; Zuschlag m b. e-r Versteigerung; Am. Versteigerung f; Ausverkauf m.
rembol|sar v/t. zurückzahlen; einlösen; ~so m Rückzahlung f; Rückerstattung f; ☡ contra ~ gg. Nachnahme.
remecer [2b] v/t. schütteln, rütteln; Am. schwenken.
remeda|dor m Nachahmer m; ~r v/t. nach-ahmen, -machen, nachäffen.
Remedi|adores kath.: los (Folk. Siete bzw. Catorce) ~ die Vierzehn Nothelfer m/pl.; ℓar [1b] v/t. 1. abhelfen (dat.); abstellen; 2. (ver)hindern; no poder ~lo nichts daran ändern können; ℓavagos F m (pl. inv.) Eselsbrücke f F (Repetitorium); ℓo m Heilmittel n; fig. Mittel n, Abhilfe f; ⚖ Rechtsmittel n; ~ casero Hausmittel n; sin ~ rettungslos unheilbar (Kranker); hoffnungslos (Schmerz, Kummer); fig. F no hay ~ daran ist nichts zu ändern; no hay más (od. otro) ~ (que) es bleibt nichts anderes übrig (, als); ni para un ~ nicht um Geld u. gute Worte (zu haben sein); poner ~ a a/c. e-e Sache abstellen; er e-r Sache abhelfen; no tienen ni para un ~ sie sind ganz arm, es fehlt ihnen an allem; ¡qué ~ (queda)! was ist daran (schon) zu ändern!; no tiene ~ a) er ist unverbesserlich, ihm ist nicht zu helfen; b) → (la cosa) no tiene ~ da ist nichts zu machen; es muß sein; es läßt s. nicht (mehr) ändern.
remedo m Nachahmung f.
reme|llado adj. gespalten (Lippen, Augenlider); ~llar v/t. Felle abschaben (Gerber).

rememora|ción f (Rück-)Erinnerung f; ~r v/t. s. et. ins Gedächtnis rufen; e-r Sache gedenken; ~tivo adj. erinnernd; Gedenk..., Erinnerungs...
remen|dado adj. gefleckt; geflekt (z. B. Fell); ~dar [1k] v/t. flicken; aus-, ver-bessern; ~dería Typ. f: (mst. trabajo m de) ~ Akzidenzdruck m; ~dista Typ. m Akzidenzdrucker m bzw. -setzer m; ~dón m (zapatero m) ~ Flickschuster m; (sastre m) ~ Flickschneider m.
reme|ra f 1. Schwungfeder f der Vögel; 2. Arg. T-Shirt n; ~ro m Ruderer m.
remesa ✝ f Sendung f; a. bsd. Am. Rimesse f.
remesar[1] v/t. Haare od. Bart ausraufen.
remesar[2] ✝ v/t. ver-schicken, -senden; remittieren.
remesón[1] m Büschel n ausgerauter Haare.
remesón[2] m Equ. plötzliches Anhalten n; Fechtk. e-n Ausfall vortäuschende Finte f.
remeter v/t. z. B. Bettlaken weiter einstecken.
remezón Am. m heftiges Schütteln n; kurzer heftiger Erdstoß m.
remiendo m 1. Flicken m; Fleck m; echar ~ (a) e-n Flicken aufsetzen (auf ac.), fig. Flickarbeit machen, zu kitten versuchen (fig.); 2. Typ. ~s m/pl. Akzidenzen f/pl.
rémige adj.-su. f (ala f) ~ → remera 1.
remil|gado adj. geziert; zimperlich; ~garse [1h] v/r. s. zieren; ~go m Ziererei f; Getue n; ¡no andes con tantos ~s! (nun) hab' dich (mal) nicht so!
remilitarizar [1f] v/t. remilitarisieren.
reminiscencia f (Wieder-)Erinnerung f; Reminiszenz f.
remira|do adj. (sehr) bedächtig; (äußerst) umsichtig; (liebevoll und) behutsam; ~r I. v/t. sorgfältig ansehen; bedenken; II. ~se v/r. umsichtig (od. bedachtsam) vorgehen; sich vorsehen; sich liebevoll versenken (in ac. en).
remis m Arg. Mietwagen m (mit Fahrer).
remi|sible adj. c verzeihlich; ~sión f 1. Sendung f; 2. Erlaß m e-r Strafe, e-r Schuld; ecl. Vergebung f; fig. ⚖ ~ condicional Strafaussetzung f zur Bewährung; fig. sin ~ unbarmherzig; rettungslos (od. unwiederbringlich) (verloren); 3. Verweisung f in e-m Buch od. Schriftstück, ⚖ an ein anderes Gericht; Hinweis m; 4. Nachlassen n; ~sivo adj. 1. nachlassend; 2. verweisend; Typ. nota f ~a Verweis m; ~so adj. (nach)lässig; schlaff, schlapp; unentschlossen; ~sorias ⚖ f/pl. Verweisung f an ein anderes Gericht; ~sse m → remis; ~te auf Briefumschlägen usw.: Absender, Abk. Abs.; ~tente I. adj. c 1. nachlassend; 2. absendend; II. m 3. Absender m; ~tido m in Zuschrift f als Anzeige an Zeitungen; ~tir I. v/t. 1. über-, zu-senden; abschicken, ab-, ver-senden; 2. verweisen (an bzw. auf ac. a); 3. Strafe, Schuld(en) erlassen; Sünden vergeben; II. v/i. 4. nachlassen (Kraft,

Fieber, Blutung usw.); III. v/r. ~se 5. s. fügen; s. berufen (auf ac. a), s. halten (an ac. a).
remo m Ruder n, Riemen m; Rudern n; hist. Galeerenstrafe f; fig. von Tieren: Vorder- od. Hinterbein n; von Personen F: Arm m od./u. Bein n, Ständer m F; los ~s a. → remera 1; a ~ y vela mit Ruder u. Segel; fig. mit allen Kräften; embarcación f de ~ Ruderboot n; andar al ~ schuften (wie ein Sträfling) F; hacer fuerza de ~s aus Leibeskräften rudern; fig. tomar el ~ die Führung übernehmen.
remodela|ción f Umgestaltung f; (Regierungs-)Umbildung f; ~r v/t. umgestalten, um-, neu-bilden.
remoción f Entfernung f; Beseitigung f; Umrühren n; Verw. Entfernung f aus dem Amt; Absetzung f.
remo|jar v/t. einweichen; wässern; fig. F Ereignis begießen, feiern; ~jo m Einweichen n; Wässern n; poner (od. tener) a ~ → remojar.
rémol Fi. m Glattbutt m.
remola|cha 🌱 f Rübe f; bsd. ~ (azucarera) Zuckerrübe f; ~ colorada rote Be(e)te f; ~ forrajera Futterrübe f; ~chero adj. (Zucker-)Rüben...
remolca|dor ⚓ m Schlepp(dampf)er m; ~je K fz. m Abschleppen n; ~r [1g] v/t. ⚓ schleppen; Kfz. abschleppen; fig. mitschleppen (fig. F), mitschleifen (fig. F).
remo|ler [2h] vt/i. fein (zer)mahlen; fig. (v/i.) Chi., Pe. s. amüsieren, auf den Bummel gehen; fig. (v/t.) Pe. zermürben; schikanieren; ~linar v/t. (umher)wirbeln; ~linear v/t. wirbeln; quirlen; ~lino m Wasser: Strudel m, a. Wind, Staub: Wirbel m; Haarwirbel m; fig. Menschenauflauf m; Aufregung f, Wirbel m (fig. F).
remolón[1] m Hauer m e-s Keilers; Höcker m e-s Zahns (Pferd).
remo|lón[2] F I. adj. träge, arbeitsscheu; II. m Faulpelz m; Drückeberger m; hacerse el ~ → lonear F v/i. s. drücken F.
remolque m 1. bsd. ⚓ u. fig. Schleppen n; Kfz. a. Abschleppen n; Kfz. servicio m de ~ Abschleppdienst m; a ~ a. fig. im Schlepp; fig. a. ungern, widerwillig; llevar a ~ schleppen; fig. mitschleppen F; 2. ⚓ Schlepptrosse f; 3. ⚓ (Schlepp)kahn m; 4. Straßenbahn, Kfz. Anhänger m; ~ articulado Sattelschlepper m; ~ (de camping) Wohn-, Camping-anhänger m; ~-vivienda Wohnwagen m; ~ volquete Kippanhänger m.
remon|ta f 1. Lederverstärkung f am Boden der Reithose; 2. Equ. Aufpolstern n von Sätteln; Col. Besohlen n; 3. ⚔ Remontierung f; fig. Ergänzungspferde n/pl.; fig. Pferdezucht f; ~tar I. v/t. 1. Jgdw. Wild vergrämen; 2. Fluß hinauf-fahren bzw. -schwimmen; Hindernis überwinden; 3. Kleidungsstück (bsd. Hosenboden) ausbessern; Col. Schuhe (be)sohlen; 4. ⚔ Pferde remontieren; II. v/r. ~se 5. emporschwingen; 6. zurückgehen (auf ac. a); zurückgreifen (auf ac. a); 7. ~se a betragen; s. belaufen auf (ac. a); ~te m Span. Skilift m.
remoquete m Faustschlag m ins Gesicht; fig. (arge) Stichelei f; P Spitz-

name *m*; *fig.* F dar ~ a alg. j-n aufziehen.
rémora *f Fi.* Schiffshalter *m*; *fig.* Hindernis *n*, Klotz *m* am Bein *(fig.* F*)*; Zeitverlust *m.*
remor|dedor *adj.* (innerlich) quälend, beunruhigend; **~der** [2h] **I.** *v/t.* Gewissen beunruhigen, quälen; **II.** *v/r.* **~se** Reue bekunden; **~dimiento** *m mst.* **~s** *m/pl. (de conciencia)* Gewissensbisse *m/pl.*
remo|tamente *adv.* entfernt *(a. fig.);* *fig.* dunkel, vage; *parecerse* ~ *a alg.* e-e entfernte Ähnlichkeit mit j-m haben; ni ~ nicht im entferntesten; **~to** *adj.* entlegen; (weit) entfernt; *Fern...; fig. a.* unwahrscheinlich; *ni por lo más* ~ nicht im entferntesten; *no tengo ni la más* ~*a idea* ich habe nicht die leiseste Ahnung.
remover [2h] **I.** *v/t.* **1.** umrühren; quirlen; umgraben; *fig.* aufwühlen, aufrütteln; **2.** ver-, weg-rücken; *Hindernis* wegräumen; **3.** *Verw.* absetzen, s-s Amtes entheben; **II.** *v/r.* **~se 4.** heftig wallen; *a. fig.* aufgewühlt werden.
remozar [1f] *v/t.* verjüngen; modernisieren.
rempla|zante *adj. c* ersetzend; vertretend; Ersatz...; **~zar** [1f] *v/t.* ersetzen; an *j-s* Stelle treten; vertreten; **~zo** *m* Ersetzung *f;* Ersatz *m.*
rempu|jar *v/t.* (weg)stoßen; **~jo** *m* **1.** Stoß *m*, Schubs *m*; **2.** ⚓ Segelhandschuh *m*; **~jón** F *m* heftiger Stoß *m.*
remunera|ción *f* Vergütung *f*, Entgelt *n*; ~ *por rendimiento* Leistungslohn *m*; **~dor** *adj.* einträglich, lohnend; **~r** *v/t.* belohnen; vergüten; **~tivo** *adj.* → *remunerador;* **~torio** *adj.* zur Belohnung *bzw.* als Entgelt (gegeben).
remus|gar [1h] *v/i. et.* wittern, e-n Argwohn haben; **~go** *m* **1.** Ahnen *n*; Vermutung *f;* Argwohn *m;* **2.** scharfer u. kalter Wind(hauch) *m.*
rena|centista *adj. c* Renaissance...; **~cer** [2d] *v/i.* wiedergeboren werden; zu neuem Leben erwachen; **~cimiento** *m* Wiedergeburt *f*; ♀ Renaissance *f; estilo m* ♀ Renaissancestil *m.*
renacuajo *m Zo.* Kaulquappe *f; fig.* F *desp.* Knirps *m.*
renal *Anat. adj. c* Nieren...
Rena|nia *f* Rheinland *n;* ♀*no adj.* rheinisch, Rhein...; rheinländisch; *m* Rheinländer *m.*
renci|lla *f* Streiterei *f*; **~lloso** *adj.* streitsüchtig.
renco *m.* → *rengo.*
renco|r *m* Groll *m; guardar* ~ *a alg.* *(por a/c.)* j-m *et.* nachtragen, j-m grollen *(wegen gen.);* **~roso** *adj.* grollend; nachtragend.
renda ✍ *f* → *bina.*
rendaje *Equ. m* Riemenzeug *n.*
rendar ✍ *v/t.* → *binar.*
ren|dición *f* **1.** Bezwingung *f*, Überwindung *f;* **2.** Übergabe *f;* Ergebung *f*, Kapitulation *f;* **3.** Erschöpfung *f;* **4.** Hingabe *f;* ~ *de cuentas* Rechnungslegung *f*, Abrechnung *f;* **~dido** *adj.* **1.** bezwungen; **2.** hingebend; ergeben; äußerst verliebt; **3.** willfährig; **4.** erschöpft; *estoy* ~ *od.* voy ~ ich bin todmüde; ich

bin wie gerädert; ich bin fix u. fertig F.
rendija *f* Spalt *m,* Riß *m*, Ritze *f;* ~ *de la puerta* Türspalt *m.*
rendimiento *m* **1.** Ertrag *m;* Ausbeute *f;* Leistung(sfähigkeit) *f;* Leistungs-, Wirkungs-grad *m; Rf.* Leistung *f*, Reichweite *f;* ~ *(de trabajo)* (Arbeits-)Leistung *f;* ~ *(útil)* (Nutz-)Leistung *f;* ~ *del capital* (✍ *del suelo*) Kapital- (Boden-)ertrag *m*; ~ *escolar* schulische Leistungen *f/pl.*; ~ *máximo* Höchstleistung *f*; ~ *neto* Nettoleistung *f; a.* ✝ Nettoertrag *m; de escaso* ~ unwirtschaftlich; *máquina f de alto* ~ Hochleistungsmaschine *f;* **2.** Unterwürfigkeit *f*, Ergebenheit *f* (gg. über *dat.* hacia); Hingabe *f;* **3.** Erschöpfung *f.*
rendir [3l] **I.** *v/t.* **1.** bezwingen, überwinden; ⚔ *(wegen Bedeutung 3. mst. durch Zusätze, z. B. „enemigo", verdeutlicht);* ~ *una plaza* (enemiga) e-e Festung zur Übergabe zwingen; **2.** ermüden; entkräften, erschöpfen; **3.** j-m das ihm Zukommende geben *bzw.* erweisen; zurückerstatten; *a.* ⚔ *(a. Wache)* übergeben; *a.* ⊕, *Physiol.* Arbeit leisten; *Bedeutung* beimessen; *Dank* abstatten; *Geist* aufgeben; *Ehrfurcht usw.* bezeigen; *Ehre, Gefälligkeit usw.* erweisen; *Ertrag* abwerfen; *Gewinn* einbringen, abwerfen; *Speise* erbrechen; ~ *el alma (a Dios)* s-e Seele aushauchen; ⚔ ~ *el arma (la bandera)* den Degen (die Flagge) senken (⚓ die Flagge dippen) *(Ehrenbezeigung);* ⚔ ~ *las armas* die Waffen strecken, kapitulieren; ~ *cuenta(s)* ✝ Rechnung legen; *fig.* Rechenschaft ablegen; ~ *fruto* Frucht tragen *(fig.);* ~ *homenaje a* huldigen *(dat.);* Achtung zollen *(dat.);* ~ *obsequios a* bewirten *(ac.);* beschenken *(ac.);* ehren *(ac.);* **4.** ⚓ *Fahrt, p. ext. Am.* Arbeit beenden; **II.** *v/i.* **5.** s. bezahlt machen; s. rentieren; leistungsfähig sein; **6.** *Am. a.* aufgehen, (auf)quellen *(z. B.* Hefe, Reis); *Kchk. Am.* reichlich vorhanden sein; **III.** *v/r.* **~se 7.** *a.* ⚔. s. ergeben; s. unterwerfen; s. unterkriegen lassen; **8.** s. beugen *(dat. a);* **8.** ermatten; schlappmachen; **~se** *de (la) fatiga* s. überanstrengen; *von (der)* Müdigkeit übermannt werden; **~se** *de tanto trabajar* s. überarbeiten.
renega|do I. *adj.* abtrünnig; *fig.* F schroff, barsch *(Person);* **II.** *m* Renegat *m; fig.* Verräter *m; Kart.* Art Lomber *m;* **~dor** *m* Abtrünnige(r) *m;* Flucher *m;* **~r** [1h *u.* 1k] **I.** *v/t.* **1.** ableugnen; abschwören; **2.** verabscheuen; **II.** *v/i.* **3.** fluchen (*über ac. de*); F schimpfen; ~ *de* verfluchen *(v/t.);* ~ *de haber nacido* den Tag s-r Geburt verwünschen; **4.** abtrünnig werden *(dat. de),* abfallen (*von dat. de*); ~ *de a/c.* ~ *de alg.* s. von j-m lossagen.
renegrido *adj.* schwärzlich.
rengífero *m* → *reno.*
ren|glón *m* **1.** Zeile *f;* Reihe *f; fig. a.* ~ *seguido* gleich darauf; *fig. dejar entre* **~ones** ungesagt lassen; *escribir cuatro* **~ones** ein paar Zeilen schreiben; *leer entre* **~ones** zwischen

den Zeilen lesen; **2.** Posten *m,* (Einzel-)Betrag *m;* **~glonadura** *f* Lini(i)erung *f;* **~glonar** *v/t.* lini(i)eren.
ren|go *adj.* (kreuz)lahm, hinkend; *fig.* F *hacer tu de* ~ den Lahmen *(od.* Kranken) spielen, s. drücken F; **~guear** *v/i. Arg.* lahmen.
reniego *m* **1.** Verleugnung *f;* **2.** Fluch *m.*
renio ⚛ *m* Rhenium *n.*
reniten|cia *f* Widersetzlichkeit *f;* **~te** *adj. c* widersetzlich, widerspenstig.
reno *Zo. m* Ren *n,* Rentier *n.*
renom|brado *adj.* berühmt; **~bre** *m* Ruhm *m,* Renommee *n;* Berühmtheit *f;* Ruf *m; de* ~ *mundial* von Weltruf, weltberühmt.
reno|vación *f* Erneuerung *f;* Auffrischung *f;* Renovierung *f;* **~vador I.** *adj.* erneuernd; auffrischend; **II.** *m* Erneuerer *m;* ⊕ *de aire* Luftverbesserer *m;* **~val** *silv. m* Schonung *f;* **~vante** *adj. c* erneuernd; **~var** [1m] *v/t.* erneuern; *a. fig.* auffrischen; modernisieren, renovieren; ~ *la amistad* die (alte) Freundschaft erneuern.
renque|ar *v/i.* hinken; **~ra** *Am. f* Lahmen *n,* Hinken *n.*
renta *f* **1.** Rente *f (Kapitalertrag);* Zins *m;* Ertrag *m; p. ext.* Einkommen *m; de* ~ *fija* festverzinslich; *impuesto m (od. contribución f) sobre la* ~ Einkommen(s)steuer *f;* ~ *nacional* Volkseinkommen *n; vivir de sus* ~*s* von den Zinsen s-s Kapitals leben, privatisieren; *fig. Sp. vivir de* ~ *auf* Zeit spielen, nichts riskieren; **2.** (Miet-, Pacht-)Zins *m; a* ~ in Pacht.
ren|tabilidad *f* Rentabilität *f;* Wirtschaftlichkeit *f;* **~table** *adj. c* rentabel, wirtschaftlich, lohnend, einträglich; **~tar I.** *v/t.* Zins, Pacht, Gewinn eintragen, bringen; *Méj.,* *Ant.* mieten *bzw.* vermieten; **II.** *v/i.* Ertrag bringen, s. rentieren; **~tero** ✍ *m* Pächter *m;* **~tista** *c* Rentier *m,* Privatier *m;* **~tístico** *adj.* Renten...
renuen|cia *f* Ablehnung *f;* Widerwille *m;* **~te** *adj. c* widerwillig, widerspenstig. [Trieb. \
renuevo ⚘ *m* Schößling *m* (neuer))
renun|cia *f* Verzicht *m;* Entsagung *f;* ~ *al uso de la fuerza* Gewaltverzicht *m;* ~ *bajo* ~ *a unter* Verzicht (-leistung) auf *(ac.);* ⚖ ~ *a la acción* Klageverzicht *m; presentar su* ~ abdanken, zurücktreten; **~ciable** *adj. c* worauf verzichtet werden kann; **~ciar** [1b] *vt/i.* verzichten *(auf ac. a);* *Kart.* nicht bedienen, passen; *Amt* niederlegen; *Angebot* ausschlagen; **~ciatorio** ⚖ *m* derjenige, zu dessen Gunsten die Verzichtleistung erfolgt; **~cio** *m Kart.* Fehlfarbe *f*, Renonce *f;* Passen *n; fig.* *coger a alg. en (un)* ~ j-n Lügen strafen.
reñi|dero *m* Kampfplatz *m* (bsd. für *Hahnenkämpfe);* **~do** *adj.* (mitea.) verfeindet; erbittert *(Kampf, Konkurrenz);* umkämpft *(Ort, Sache);* unvereinbar; *no está* ~ *das eine* schließt das andere nicht aus; *estar* ~ *con* ~ *la viola lebensfeindlich sein;* **~r** [3h *u.* 3l] **I.** *v/t.* aus-schelten, -zanken; *Kampf* führen, austragen; **II.** *v/i.* s. zanken; s. streiten (mit j-m

reo — replana

con alg.); a. s. schlagen (*Zweikampf, Gefecht*).
reo I. *adj.* schuldig; ser ~ de schuldig sein (*gen.*); **II.** *c* Beschuldigte(r) *m*; Angeklagte(r) *m*; la ~ die Angeklagte.
reoca F *f*: es la ~ das ist höchst ungewöhnlich; das ist das Letzte!
reóforo *Phys. m* Stromleiter *m*.
reojo: mirar de ~ verstohlen ansehen; echar ~s s. flüchtig umsehen.
reómetro *Phys. m* Strom- (*bzw.* Strömungs-)messer *m*.
reordena|ción ♣, *Verw. f* Neuordnung *f*; ~r ♣, *Verw. v/t.* neu ordnen.
reorganiza|ción *f* Neuordnung *f*; Umstellung *f*; Reorganisation *f*; ♦ *a*. Sanierung *f*; ~dor *adj.-su.* Neugestalter *m*; Reorganisator *m*; ~r [1f] *v/t.* neu ordnen; neu gestalten; umgestalten; re-, um-organisieren.
reorien|tación *f* Umstellung *f*; ~tar(se) *v/t.* (*v/r.*) (s.) umstellen; (s.) neu orientieren.
reóstato ⚡ *m* Regelwiderstand *m*, Rheostat *m*.
¡repámpanos! *int.* Donnerwetter!
repanchigarse [1h] F *v/r.* s. bequem zurücklehnen; s. rekeln.
repanocha F *f*: ¡es la ~! das ist ein dolles Ding! *bzw.* das ist das Letzte!
repantigarse [1h] F *v/r.* → repanchigarse.
repa|rable *adj. c* **1.** ersetzbar; wiedergutzumachen(d); **2.** beachtenswert; ~ración *f* **1.** Ausbesserung *f*, Reparatur *f*; taller *m* de ~ones Reparaturwerkstatt *f*; **2.** *Pol.* Wiedergutmachung *f*; ~ones *f/pl.* Reparation(szahlung)en *f/pl.*; **3.** Genugtuung *f*; Ehrenerklärung *f*; ~rada *f* Scheuen *n* e-s *Pferdes*; ~rador I. *adj.* **1.** kräftigend; kräftig, aufbauend (*Nahrung*); **2.** ersetzend, Ersatz...; **3.** Entschuldigungs...; **II.** *m* **4.** Ausbesserer *m*; Auffrischer *m* (*z. B. Flüssigkeit zum Auffärben od. Lackieren*); **5.** Besserwisser *m*, Nörgler *m*; ~rar I. *v/t.* **1.** ausbessern; reparieren; *Kfz.* Schlauch flicken; **2.** kräftigen; fig. auffrischen; **3.** ersetzen; (wieder-) gutmachen; *a.* ~ una injuria s. Genugtuung für e-e Beleidigung verschaffen; **4.** *Schlag, Degenstich* parieren; e-r *Gefahr* begegnen; **II.** *v/i.* **5.** ~ en a/c. et. bemerken (*od.* gewahren); merken (*od.* sehen, achten) auf et. (*ac.*); *fig.* Anstand nehmen an et. (*dat.*); et. kritisieren; no ~ en (los) gastos nicht auf die Kosten sehen, k-e Kosten scheuen; **III.** *v/r.* ~se **6.** s. beherrschen, s. zs.-nehmen; **7.** *Am.* (oft ~ro *m* **1.** ⚞ *u.* Reg. **a)** Reparatur *f*; Abhilfe *f*; **b)** Stärkungsmittel *n*; **2.** Einwand *m*, Bedenken *n*; Einwendung *f*; no andar con ~s k-e Bedenken tragen, nicht zweifeln; sin ~ anstands-, bedenken-los; poner ~s a a/c. gg. et. Bedenken (*od.* Einwände) erheben; no tener ~ en decir nicht anstehen zu sagen; ~rón F *adj.-su.* nörgelnd; *m* Nörgler *m*, Meckerer *m* F.
repar|tible *adj. c* verteilbar; ~tición *f* Verteilung *f*; Austeilung *f*; ~tida *f bsd. Am.* → reparto; ~tidamente *adv.* verteilt; ~tidor *m a.* ⊕ Verteiler *m*; Zuteiler *m*; ⊕ Setz-

hammer *m* (*Schmiede*); ♂ → ~tidora ♂ *f* Verteiler *m*; Streuer *m*; ~timiento *m* Aus-, Ein-, Auf-teilung *f*; *hist. Am.* Zuteilung *f* von Indios *als Arbeitskräfte an Spanier*; ~tir *v/t.* aus-, ver-, auf-teilen; einteilen; ℬ austragen, *a. Ware* zustellen; Gewinn, Dividende ausschütten; *Thea.* Rollen besetzen; ⚓ Ladung verstauen; ~to *m* Verteilung *f*; Ausgabe *f*; Lieferung *f*, Zustellung *f* (*Waren*); ℬ Zustellung *f*, Austragung *f*; Ausschüttung *f* (*Gewinn, Dividende*); *a.* Umlegung *f* von Abgaben *usw.*, Umlage *f*; *Thea. usw.* Besetzung *f*; *Film a.* Casting *n*; ~ de premios Preisverteilung *f*; *Kfz.* camión *m* (*bzw.* camioneta *f*) de ~ Lieferwagen *m*.
repa|sador *m Arg.* Geschirrtuch *n*; ~sadora *f* Flickschneiderin *f*; ~sar *v/t.* **1.** nochmals durchgehen, durchsehen; wiederholen; durch-, einlesen; ♪ durchspielen; **2.** durch-, nach-sehen, überprüfen; ✠ al ~ mis libros bei Durchsicht meiner Bücher; **3.** *bsd. Wäsche* flicken; **4.** ⊕ nacharbeiten, überholen; *a.* veredeln, vergüten; ~sata F *f* Rüffel *m* F, Abreibung *f* F; ~so *m* **1.** Durchsicht *f*; Überprüfung *f*; ⊕ Überholung *f*; general Generalüberholung *f*; **2.** Durch-, Über-lesen *n*; *de (pintura) a/c. et.* überstreichen, (de nuevo ein) noch einmal streichen; *Thea.* dar un ~ a su papel s-e Rolle (noch einmal) überliegen; **3.** Wiederholung *f*; curso *m* de ~ Repetitorium *f*.
repatri|ación *f* Rückführung *f*, Repatriierung *f*; ~ar [1b] I. *v/t.* heimschaffen, repatriieren; **II.** *v/r.* ~se heimkehren.
repecho *m* Böschung *f*; kurzer Steilhang *m*.
repeinarse *v/r.* s. sorgfältig kämmen; sein Haar aufkämmen.
repelar *v/t.* **1.** an den Haaren ziehen, (zer)zausen; *fig.* F *Ausgaben* beschneiden; **2.** *Méj.* auszanken.
repe|lencia *f* Abweisung *f*, Abstoßung *f*; ~lente I. *adj. c* abweisend; ☞ ⊕ *u. fig.* abstoßend; *fig.* widerwärtig; ~ al agua wasserabstoßend; **II.** *m* Insektenschutzmittel *n*; ~ler *v/t.* zurücktreiben; abweisen; ⊕, ✠ *u. fig.* abstoßen; ~lo *m* Gg.-strich *m*; *fig.* Widerwille *m*; dar a ~ gg. den Strich; ~ de frío Schüttelfrost *m*; ~ de la uña Niednagel *m*; ~lón *m* Haarzupfer *m*; *fig.* F Fetzchen *n*; *Equ.* plötzliches Vorpreschen *n*; *fig.* F *Méj.* Verweis *m*, Rüffel *m* F; *fig.*: a ~ones, a. a ~ mit Mühe *u.* Not, mit Hängen *u.* Würgen F; *adv.* de ~ flüchtig; ~luco F, ~lús ♂, ~luzno F *m* Schauder(n *n*) *m*; Schüttelfrost *m*.
repello *m Am.* Verputz *m*.
repensar [1k] *v/t.* nochmals überlegen; durchdenken.
repen|te I. *adv.*: de ~ plötzlich; *a.* aus dem Stegreif; **II.** *m* F Aufwallung *f*; en un ~ de ira in e-m Wutanfall; ~tino *adj.* **1.** plötzlich, unerwartet; **2.** improvisiert; ~tista *c* Improvisator *m*; ~tizar [1f] *v/i.* ♪ vom Blatt spielen (*bzw.* singen); aus dem Stegreif dichten *usw.*; improvisieren.
repercu|sión *f* **1.** Rück-stoß *m*, -prall *m*; Widerhall *m*; **2.** *fig.* Rück-

wirkung *f*; Echo *n*, Widerhall *m* (*fig.* finden tener); ~tir *v/i.* **1.** zurückprallen; **2.** widerhallen; *fig.* ein Echo haben; Anklang finden; Rückwirkungen haben, s. auswirken (auf *ac. en*).
repertorio *m* **1.** Verzeichnis *n*; (Sach-)Register *n*; **2.** *Thea.* Spielplan *m*; *a.* ♪ Repertoire *n*; *fig.* F siempre el mismo ~ immer das gleiche.
repesar *v/t.* nachwiegen.
repesca F *Sch. f* Wiederholungsprüfung *f*; ~r [1g] F *v/t.* durchgefallenen Kandidaten neu zu e-r Prüfung zulassen.
repeso *m* Nachwiegen *n*; Gewichtskontrolle *f*.
repeti|ción *f* **1.** Wiederholung *f*, Repetition *f*; de ~ *a.* Repetier...; *Sch.* Nachhilfe...; **2.** Schlagwerk *n* (*Uhr*); **3.** ♣ Rückforderung *f*; ~do *adj.* wiederholt; mehrmalig; *adv.* ~as veces mehrmals, (zu) wiederholt(en Malen); ~dor I. *adj.* **1.** wiederholend; **II.** *m* **2.** *Sch.* Sitzengebliebene(r)*m*; **3.** Repetitor *m*; Nachhilfelehrer *m*; **4.** ⚓, ⚡ Kompaß- *bzw.* Kreisel-tochter *f*; *Tel.* Umsetzer *m*; *TV* Relais-Station *f*; ~dora *f.gdw.* Repetiergewehr *m*; ~r [3l] I. *vt/i.* **1.** wiederholen; repetieren (*a. Uhr*); nochmals nehmen *b. Essen usw.*; ※ (Essen) nachfassen; ✠ ~ los pedidos Nachbestellungen machen; **II.** *v/i.* **2.** aufstoßen *b. Essen*; **3.** ♣ contra *alg.* Rückgriff nehmen gg. j-n; **III.** *v/r.* ~se **4.** s. wiederholen; wiederkommen; ✠ *veraltend*: me repito de usted *affmo.* ... ich verbleibe Ihr ergebener ...; ¡que se repita! noch einmal!; ♪ da capo!
repicar [1g] I. *v/t.* **1.** kleinhacken, (ganz) zerstückeln; **2.** *Glocken* (an-) schlagen, in schneller Folge läuten; *Kastagnetten u. ä.* schlagen; **II.** *v/i.* **3.** anschlagen, (heftig) läuten (*Glocken*), klappern (*Kastagnetten usw.*); *fig.* F *Reg., bsd. Am.* cuando repican (muy) gordo (*od.* fuerte) an (hohen) Feiertagen, in Festzeiten; *Spr.* no se puede ~ y estar en la procesión man kann nicht gleichzeitig auf zwei Hochzeiten tanzen; **III.** *v/r.* ~se **4.** (de) s. rühmen (*gen.*), prahlen (mit *dat.*).
repin|tar I. *vt/i.* nach-, über-malen; *Typ.* abschmieren; **II.** *v/r.* ~se *Typ.* abschmieren; *fig.* F s. stark schminken; ~te *m Mal.* Übermalen *n*.
repipi F *adj. c* affektiert; niña *f* ~ dumm-schnippische Göre *f* F.
repique *m* Glockenläuten *n*; *fig.* F Zänkerei *f*; **1.** Läuten *n*, Bimmeln *n der Glocken*; Klappern *n der Kastagnetten*; *Chi.* Zwitschern *n*; **2.** Zs.-stoß *m* (*Streit, Gefecht*); ♣ kurzes Lavieren *n*; *Col.* Groll *m*; ~tear I. *v/t.* läuten; mit *Kastagnetten usw.* klappern; **II.** *v/r.* ~se *fig.* s. gg.-seitig beschimpfen; ~teo *m* → repiquete 1; *fig.* F Gezänk *n*.
repisa *f* △ Kragstein *m*; Konsole *f*; Fensterbank *f*, Abstellbord *n*; *Am. Reg. a.* Fensterbrett *n*.
repi|sar *v/t.* feststampfen; nochmals (*bzw.* immer wieder) treten; ~so *m* Tresterwein *m*.
replana *f peruanische* Gaunersprache *f*.

replanifica|ción *f* Um-, Neu-planung *f*; ~r [1g] *v/t.* um-, neu-planen.
replan|tación *f* Neubepflanzung *f*; Umpflanzung *f*; ~**tar** *v/t.* wieder bepflanzen; umpflanzen; ~**tear** △ *v/t.* trassieren; *fig. Frage, Problem* wieder stellen *od.* aufwerfen; ~**teo** △ *m* Trassierung *f* (*Gelände*).
repleción *bsd.* ✍ *f* Füllung *f*; *a.* Vollblütigkeit *f*; ~ *de estómago* Magenüberladung *f.*
replegar [1h *u.* 1k] **I.** *v/t.* **1.** nochmals falten; zs.-falten; ~ *hacia dentro* einstülpen; **2.** zurückbiegen; **II.** *v/r.* ~**se 3.** ⚔ *s.* (geordnet) zurückziehen, *s.* absetzen (*Truppen*).
reple|tar I. *v/t.* ausfüllen, vollstopfen; **II.** *v/r.* ~**se** *s.* vollessen; ~**to** *adj.*: *estar* ~ bis obenhin voll sein (*von dat. od.* mit *dat.* de); überfüllt sein.
réplica *f* Erwiderung *f*; Widerrede *f*; schlagfertige Antwort *f*; ✍ Gg.-rede *f*; Einrede *f*; *Ku.* Replik *f.*
repli|cador I. *adj.-su.* → *replicón*; ~**car** [1g] *vt/i.* erwidern; schlagfertig antworten; widersprechen; ~**cón** F *adj.-su.* (immer) widersprechend; *m* Widerspruchsgeist *m* F.
repliegue *m* **1.** *a. Anat.* Falte *f*; Knick *m*; **2.** ⚔ (geordneter) Rückzug *m.*
repobla|ción *f* Wiederbevölkerung *f*; *hist.* Wiederbesiedlung *f im Zuge der Reconquista*; *silv.*: ~ *de animales*, ~ *venatoria* Aussetzen *n* von Tieren; ~ *forestal* Wiederaufforstung *f*; ~**r** [1m] *v/t.* wiederbevölkern; wiederaufforsten.
repo|llar *v/i.* Köpfe ansetzen (*Kohl, Salat*); ~**llitos** *m/pl. Col.* Rosenkohl *m*; ~**llo** *m* Kohl(kopf) *m*, Kraut(kopf *m*) *n*; *bsd.* Weiß-kohl *m*, -kraut *n*; *Am.* ~ *morado* Rot-kohl *m*, -kraut ; ~**lludo** *adj.* wie ein Kohlkopf (*Pfl.*); *fig.* F gedrungen.
reponer [2r] **I.** *v/t.* **1.** wieder hinstellen; *Kleidung* weghängen; ersetzen *nach Verbrauch*; *Lagerbestände* auffüllen; *Holz usw.* nachlegen (*Feuer*); **2.** versetzen, erwidern; **II.** *v/r.* ~**se 3.** *s.* (wieder) erholen; **4.** *s.* (wieder) versehen (mit *dat.* de). [Kurszuschlag *m.*⟩
report ✝ *m* Reportgeschäft *n*;⟨
repor|taje *m* Reportage *f*; Bericht (-erstattung *f*) *m*; ~ *gráfico* Bildbericht *m*; ~**tamiento** *m* Zurückhaltung *f*; ~**tar I.** *v/t.* **1.** zurückhalten, zügeln; **2.** *Nutzen, Gewinn* bringen, eintragen; **3.** *Typ.* Lithographie überdrucken; **4.** *Am.* melden, berichten; **II.** *v/r.* ~**se 5.** *s.* mäßigen, *s.* beherrschen; ~**te** *m* **1.** *bsd. Am.* Bericht *m*; *bsd.* Klatsch *m* F; **2.** *Typ.* (lithographischer) Überdruck *m.*
repórter *m* → *reportero.*
repor|tera *f* Reporterin *f*; ~**teril** *adj. c* Reporter...; ~**terismo** *m* Reportertätigkeit *f*; ~**tero** *m* Berichterstatter *m*, Reporter *m*; ~ *gráfico* Bildreporter *m*; ~**tista** *Typ. m* Lithofachmann *m* für Überdrucke.
reposa|brazos *m Kfz.* (*pl. inv.*) Armstütze *f*; ~**cabezas** *Kfz. m* (*pl. inv.*) Kopfstütze *f* (integriert *integrado*); ~**dero** ⊕ *m* Grundstein *m e-s Gießofens*; ~**do** *adj.* ruhig, ausgeglagert (*Wein, Flüssigkeit*); ~**piés** *m* (*pl. inv.*) Fuß-stütze *f*, -auflage *f*; ~**r**

I. *v/i.* **1.** ruhen, rasten; schlafen; **2.** (im Grabe) ruhen; **3.** lagern (*Wein u. ä.*); **II.** *v/t.* **4.** F ~ *la comida* s-e Mittagsruhe halten; **III.** *v/r.* ~**se 5.** *s.* setzen (*Flüssigkeit*).
reposera *f Am.* Liegestuhl *m*, Liege *f.*
repo|sición *f* **1.** Wiedereinsetzung *f*; Rückstellung *f*; ✍ ~ *a la anterior situación* Wiedereinsetzung *f* in den vorigen Stand; **2.** Ersetzung *f*; ✝ Auffüllen *n der Lagerbestände*; Rückerstattung *f*; **3.** *Physiol. u. fig., a.* ✝ Erholung *f*; Beruhigung *f*; **4.** ✝ ~**ones** *f/pl.* Rücklagen *f/pl.*; **5.** *Thea.* Neuinszenierung *f*; Wiederaufführung *f*; ~**sitorio** *m* Aufbewahrungsort *m*; ~**so** *m* **1.** Ruhe *f*; *fig.* Gelassenheit *f*; ✍ *cura f de* ~ Liegekur *f*; ~ *en cama* Bettruhe *f*; *Phys.*, ⊕ *en* ~ in Ruhe; im Stillstand; *a.* ✍ *en posición de* ~ in Ruhestellung; **2.** Stehenlassen *n bzw.* Lagern *n e-r Flüssigkeit*; **3.** (Grabes-)Ruhe *f.*
repostar *v/t. u.* ~**se** *v/r.* (neue Vorräte) aufnehmen; nachtanken.
reposte|ría *f* **1.** Konditorei *f* (*Laden u. Beruf*); **2.** Konditor(ei)waren *f/pl.*; **3.** *Restaurant usw.*: Anrichteraum *m*, Office *n*; ⚓ Pantry *f*; Silberkammer *f in Palästen usw.*; ~**ro** *m* **1.** Konditor *m*; **2.** *ehm.* Küchenmeister *m*; **3.** *ehm.* Schabracke *f*; Balkonbehang *m.*
repozuelo ⚥ *m* Pfifferling *m.*
repren|der *v/t.* tadeln, rügen; ~**le** *a alg. a/c.* j-m *et.* vorwerfen; ~**sible** *adj. c* tadelnswert; ~**sión** *f* Tadel *m*, Rüge *f*; ~**sivo** *adj.*, ~**sor** *adj.-su.* tadelnd, rügend; *m* Tadler *m.*
represa *f* **1.** *a. fig.* Stauung *f*; Stauwasser *n*; *fig. bsd.* Affekt-stauung *f bzw.* -unterdrückung *f*; Groll *m*; **2.** *Am.* Stau-damm *m*; -werk *n*; -wehr *n.*
represa|lia *f*, *mst.* ~**s** *f/pl.* Repressalien *f/pl.*; ✝ Vergeltung(smaßnahme[n]) *f* (*f*[/*pl.*]) (ergreifen *tomar*); ~**liar** [1c] *v/t.* strafen, mit Repressalien antworten auf (*ac.*).
represar *v/t.* **1.** *Wasser* stauen; *fig.* aufhalten, hemmen; unterdrücken; **2.** ⚓ *s. e-s gekaperten Schiffes* wieder bemächtigen.
representa|ble *adj. c Thea.* aufführbar; ~**ción** *f* **1.** *a.* ﻹ, *Statistik:* Darstellung *f*; *fig.* Verkörperung *f*; *Phys.*, ⊕ *de recorrido y tiempo* Weg-Zeitbild *n*; **2.** *Thea.* Vorstellung *f*; Aufführung *f*; Darstellung *f*; **3.** Vorstellung *f*, Idee *f*, Begriff *m*; **4.** begründete Eingabe *f*, Gesuch *n*; *hacer* ~**ones** *a a.* vorstellig werden bei (*dat.*); **5.** *a.* ✝ *u. Pol.* Vertretung *f*; *Pol. u. fig.* Repräsentation *f*; ~ *comercial* (*corporativa*) Handels- (Stände-)vertretung *f*; ~ *diplomática* diplomatische Vertretung *f*; ~ *en el Extranjero* Auslandsvertretung *f*; ~ *exclusiva* (*general*) Allein- (General-)vertretung *f*; *Pol.* ~ *nacional* Volksvertretung *f*; *Pol.* ~ *proporcional* Verhältniswahlrecht *n*; *derecho m de* ~ Repräsentations-, Vertretungs-recht *n*; *fig. de* ~ von großem Ansehen; repräsentativ; *en* ~ *de* in Vertretung (*gen. od. von dat.*); *por* ~ (durch e-n Beauftragten) vertreten.
represen|tador *adj.* darstellend; vertretend; ~**tante I.** *adj. c* **1.** vertre-

tend; **2.** darstellend; **II.** *c* **3.** Vertreter *m*; ~ *general* Generalvertreter *m*; **4.** Darsteller *m*; ~**tar I.** *v/t.* **1.** vorstellen; darstellen; bedeuten; *p. ext.* schildern; *fig.* verkörpern; *fig.* zeigen, bekunden; *Thea. u. fig.* ~ *bien su papel* s-e Rolle gut spielen; ~ *gráficamente* ᛫ *usw.* graphisch darstellen; *fig.* plastisch schildern; *modo m de* ~ Darstellungsweise *f*; **2.** ~ *menos edad que su amigo* jünger aussehen als sein Freund; **3.** *Thea.* aufführen; **4.** ✍ *Pol.*, ~ *vertreten*; ~ *los intereses de su país* die Belange (*od.* Interessen) s-e Landes vertreten (*od.* wahrnehmen); **5.** *la bandera representa la nación de* die Fahne versinnbildlicht die Nation; **II.** *v/i.* **6.** † *u. Behördenstil:* ~ *sobre über et.* (*ac.*) berichten; **III.** *v/r.* ~**se 7.** *s. et.* vorstellen; **8.** *Thea.* aufgeführt werden; ~**tativo** *adj.* **1.** *a. Pol.* repräsentativ; parlamentarisch; *encuesta f* ~**a** Repräsentativbefragung *f*; *Pol.* *sistema m* ~ parlamentarische Demokratie *f*, Repräsentativsystem *n*; **2.** kennzeichnend (für *ac.* de); symbolhaft; **3.** markant; bedeutend, wichtig.
repre|sión *f* **1.** Abwehr *f*; Bekämpfung *f*; **2.** Unterdrückung *f*, Niederhaltung *f*; ~**sivo** *adj.* beschränkend; eindämmend; repressiv; Abwehr...; Unterdrückungs..., Straf...; ~**sor** *adj.-su.* unterdrückend; niederhaltend; *m* Unterdrücker *m.*
repri|menda *f* (scharfer) Verweis *m*; ~**mir I.** *v/t.* unterdrücken; bekämpfen; niederkämpfen; niederhalten; verdrängen; **II.** *v/r.* ~**se** *s.* bezwingen.
reprise *f* **1.** *Thea., Film:* Wiederaufführung *f*, Reprise *f*; **2.** *Kfz.* Beschleunigung *f.*
reproba|ble *adj. c* tadelnswert; verwerflich; ~**ción** *f* Verwerfung *f*; Mißbilligung *f*; ~**do I.** *adj.* verworfen; unzulässig; tadelnswert; *ser* ~ *im Examen* durchfallen; **II.** *m* Durchgefallene(r) *m*; ~**dor** *adj.* verwerfend; tadelnd; ~**r** [1m] *v/t.* mißbilligen; tadeln, rügen; *a. Theol.* verwerfen, verdammen; *bsd. Méj. im Examen* durchfallen lassen; ~**torio** *adj.* mißbilligend; Mißbilligungs...
réprobo *adj.-su.* verworfen; verdammt; *m* Verworfene(r) *m*, Verdammte(r) *m.*
reprocesa|do *m*, ~**miento** ⊕ *m* Wiederaufbereitung *f*; ~**r** ⊕ *v/t.* wiederaufbereiten.
repro|chable *adj. c* tadelnswert; ~**chador** *adj.* tadelnd; ~**char** *v/t.* vorhalten, tadeln; ~ *le a alg. a/c.* j-m *et.* vorwerfen; ~**che** *m* Vorwurf *m*, Tadel *m*; *sin* ~ tadellos.
repro|ducción *f* **1.** Wiedererzeugung *f*; Wiedergabe *f*; Vervielfältigung *f*; Nachbildung *f*; Nacherzählung *f*; Nachdruck *m*; *derecho m de* ~ Reproduktions-, Wiedergabe-, Nachdruck-, Vervielfältigungs-recht *n*; *Typ. película f de* ~ Reprofilm *m*; ~ *estereofónica* Stereo(ton)wiedergabe *f*; **2.** *Biol.*, ✿ Fortpflanzung *f*; ✿ (Vermehrungs-)Zucht *f*; Nachwuchs *m*; *órganos m/pl. de la* ~ Fortpflanzungsorgane *n/pl.*; ~**ducible** *adj. c* nachbildungsfähig; reproduzierbar; ~**cir** [3o] **I.** *v/t.* **1.** wiedererzeugen;

reproductivo — rescatar

wiedergeben; nachbilden; *bsd. Typ.* vervielfältigen; reproduzieren; **2.** *Biol.*, ♂ fortpflanzen; **II.** *v/r.* ~se **3. s.** wiederholen; **4. s.** fortpflanzen.
repro|ductivo *adj.* reproduktiv; wiedererzeugend; gewinnbringend; **~ductor I.** *adj.* **1.** Fortpflanzungs...; **II.** *m* **2.** ♂ männliches Zuchttier *n*; **3.** Wiedergabegerät *n*; ~ de banda Lichttongerät *n* (*Film*); ~ de CD CD-Spieler *m*; ~ de DVD DVD-Spieler *m*; ~ sonoro (*od. del sonido*) Tonanlage *f*; **~ductora** *f* **1.** ♂ weibliches Zuchttier *n*; **2.** *Typ.* Vervielfältigungsgerät *n*; **~técnica** *Typ. f* Repro(duktions-)technik *f.*
reps *tex. m* Rips *m.*
rep|tación *f* Kriechen *n*; **~tar** *v/i.* kriechen (*a. fig.*); ⚔ robben; **~til** *m* Reptil *n.*
república *f* Republik *f*; ♀ *Centroafricana* Zentralafrikanische Republik *f*; ♀ *Checa* Tschechische Republik *f*; *hist.* ♀ *Democrática Alemana* Deutsche Demokratische Republik *f*; ♀ *Dominicana* Dominikanische Republik *f*; ~ *federal* (*popular*) Bundes- (*Volks-*)republik *f*; ♀ *Federal de Alemania* Bundesrepublik *f* Deutschland; ♀ *Popular de China* Volksrepublik *f* China; *fig. la* ~ *de las letras* die Welt der Literatur.
republica|nismo *m* republikanische Gesinnung *f*; **~no** *adj.-su.* republikanisch; *m* Republikaner *m.*
repudi|ar [1b] *v/t.* verstoßen; *Erbschaft* ausschlagen; **~o** *m* Verstoßung *f*; Ablehnung *f*; Ausschlagung *f.*
repudrir I. *v/t.* zu starkem Faulen bringen; **II.** *v/r.* **~se** *fig. s.* grämen.
repuesto I. *part.* **1.** wieder hingestellt; ersetzt; **II.** *adj.* **2.** zurückgezogen, entfernt, versteckt; **III.** *m* **3.** Vorrat *m*; Ersatz *m*; Nachfüllpackung *f*; (*pieza f de*) ~ Ersatzteil *n*; *de* ~ Ersatz...; Reserve...; zum Wechseln (*Kleidung*); ~ *de víveres* Lebensmittelvorrat *m*; Vorratskammer *f*; **4.** Anrichte *f.*
repugna|ncia *f* Widerwille *m* (gg. *ac. a*); Ekel *m* (vor *dat. a*); *causar* ~ Ekel erregen; **~nte** *adj. c* abstoßend; ekelhaft, widerlich; **~r I.** *v/t.* **1.** abstoßen (*ac.*), zuwider sein (*dat.*), anekeln (*ac.*); *repugna es ist widerlich*; **2.** widerstreiten; bestreiten; ~ *a* zuwiderlaufen (*dat.*); **II.** *v/r.* **~se 3.** in Widerstreit liegen.
repu|jado ⊕ *m* getriebene Arbeit *f*; Ziselierung *f*; **~jar** *v/t.* Metall treiben, ziselieren; *Leder usw.* punzen.
repul|gado *fig. F adj.* geziert, affektiert; übergeistig; **~gar** [1h] *v/t.* umsäumen; **~go** *m* **1.** *umgelegter* Saum *m*; Doppelnaht *f*; **2.** Kuchenrand *m*; *fig.* F *~s m/pl. de empanada* Lappalien *f/pl.*; übertriebene Bedenken *n/pl.*
repuli|do *adj. fig.* geziert; F geleckt (*fig.* F); **~r** *v/t.* nachpolieren; neu polieren; *fig.* auf Hochglanz bringen; **~se s.** herausputzen.
repul|sa *f* Weigerung *f*; Abweisung *f*, Abfuhr *f*; **~sar** *v/t.* zurück-, ab-weisen; verweigern; **~sión** *f* **1.** Rückstoß *m*; *a.* ⚡ Abstoßung *f*; **~sivo** *adj.* **1.** zurück-, ab-stoßend;

2. widerlich, ekelhaft.
repullo *m* **1.** Wurfpfeil *m*; **2.** heftiges Zs.-zucken *n b. Schreck usw.*
repun|ta *f* **1.** Landspitze *f*, Kap *n*; **2.** *fig.* erstes Anzeichen *n*; **3.** F Groll *m*; Zwistigkeit *f*; **~tar I.** *v/i.* ⚓ anfangen zu steigen (*bzw.* zu sinken) (*Wasser b. Ebbe bzw. Flut*); **II.** *v/r.* **~se** umschlagen (*Wein*); *fig.* F pikiert sein F; **~te** ⚓ *m* Einsetzen *n* von Ebbe *bzw.* Flut, Stillwasser *n.*
repuse → *reponer.*
reputa|ción *f* Ruf *m*, Name *m*, Ansehen *n*; Leumund *m*; *de buena* ~ angesehen; *de* ~ *mundial* von Weltruf; **~do** *adj.* gut beleumundet; berühmt; **~r** *v/t.* **1.** schätzen, erachten (als *ac. por*); ~ (*de*) + *adj.* halten für + *adj.*; **2.** schätzen, würdigen.
reque|brador *adj.-su.* Hofmacher *m*, Kurschneider *m* F; Schmeichler *m*; **~brajo** F (*desp. zu requiebro*) Schmus *m* F; **~brar** [1k] *v/t.* Komplimente machen (*dat.*); den Hof machen (*dat.*); schmeicheln (*dat.*).
reque|mado *adj.* schwärzlich; stark verbrannt; **~mar I.** *v/t.* **1.** anbrennen lassen; versengen; *Pfl.* ausdörren; *fig.* in Wallung bringen; **2.** → *resquemar*; **II.** *v/r.* **~se 3.** anbrennen; versengen; aus-, ver-dörren; *fig.* s. innerlich grämen (*bzw.* ärgern); **~mazón** *f* → *resquemo.*
requeri|miento *m* Ersuchen *n*; Aufforderung *f*, Mahnung *f*; Antrag *m*; ✝, ⚖ *~ de pago* Zahlungsaufforderung *f*; **~r** [3i] *v/t.* **1.** auffordern, ersuchen; mahnen; ⚖ *Strafe* beantragen; ~ *de amores* s-e Liebe antragen (*dat.*); **2.** bekanntgeben; anordnen; **3.** (nach)prüfen; **4.** erfordern, notwendig machen, verlangen; ~ *mucho tiempo* zeitraubend sein.
requesón *m* Quark *m*, Topfen *m.*
reque|te... F *Steigerungsvorsilbe*: sehr; **~té** *Pol. m Span.* **1.** Karlist *m*; **2.** **~tebién** F *adv.* ausgezeichnet, hervorragend.
requiebro *m* Schmeichelei *f*, Kompliment *n.*
réquiem *m* Requiem *n*; Trauergottesdienst *m.*
requilorios F *m/pl.* Umschweife *m/pl.*, Umstände *m/pl.*; *no andarse con* ~ nicht lange fackeln.
requin|tar *v/t.* **1.** *fig.* (weit) übertegen sein (*dat.*); **2.** ♪ *Saite*(n) um e-e Quinte höher (*od.* tiefer) stimmen; **3.** *Am.* spannen; **4.** *Col., Méj.* s. durchsetzen bei (*dat.*), zum Gehorsam zwingen; **~to** *m* **1.** kl. Gitarre *f*; **2.** Diskantklarinette *f.*
requi|sa *f* **1.** ⚔ Requisition *f*; **2.** *Am.* Durchsuchung *f*; **~sar** *v/t.* **1.** beschlagnahmen; ⚔ requirieren; **2.** *Am.* durchsuchen; **~sición** *f* Forderung *f*; **~sito** *m* **1.** Erfordernis *n*; Forderung *f*, Bedingung *f*; ~ *básico* (*od.* *primordial*) Grundbedingung *f*; *~s mínimos* Mindestanforderungen *f/pl.*; **2.** Formalität (erfülle *llenar*); *fig.* F *con todos sus ~s* mit allem Drum u. Dran F; **~sitoria** *f* Ersuchen *n*; **~sitorio** ⚖ *adj.* ansuchend; (*carta f*) ~ *a f* **a**) Steckbrief *m*; **b**) Fahndungsblatt *n*; **II.** *m* Anklageredefes

Staatsanwalts.
res[1] *f* Stück *n* Vieh; *a.* Stück *n* Schalenwild; *Am.* Rind *n*; ~ *de vientre* trächtiges Tier *n* (*Vieh*).
res[2] ⚖ *f* (*pl. res*): ~ *judicata* abgeurteilte Sache *f.*
resa|ber [2n] *v/t.* sehr gut wissen; **~biado** *adj.* schlechte Angewohnheiten habend; **~biar** [1b] **I.** *v/t.* **1.** verderben (*ac.*), schlechte Gewohnheiten beibringen (*dat.*); **II.** *v/r.* **~se 2.** verdrießlich (*bzw.* zornig) werden; **3.** *~se de s. et.* (*ac.*) angewöhnen; **~bido** *adj.* neunmalklug; **~bio** *m* **1.** übler Nachgeschmack *m*; **2.** schlechte Angewohnheit *f*; **~bioso** *adj. bsd. Am.* → *resabiado.*
resaca *f* **1.** Dünung *f* am Meeresufer; *p. ext.* Brandung *f*; *Arg.* nach Hochwasser zurückbleibender Schlick *m*; **2.** ✝ (*letra f de*) ~ Rückwechsel *m*; *cuenta f de* ~ Rückrechnung *f*; **3.** F *Span.* Kater *m* F, Katzenjammer *m* F; **4.** *Am. Cent., Col., Méj.* bester Branntwein *m*; *fig. iron. Méj.* Auslese *f*; **5.** *Cu., P. Ri.* Prügel *pl.*; **~do** *m* *Am. Reg.* bester Branntwein *m.*
resalado F *adj.* sehr witzig, geistreich; allerliebst.
resal|tante *adj. c* vorspringend; *fig.* in die Augen springend; *fig. Am.* hervorragend; **~tar** *v/i.* **1.** vorspringen, vorstehen; *s.* abheben *fig.* in die Augen springen; *fig.* hacer ~ hervorheben, betonen; **2.** abspringen, zurückprallen; **~te** *m* **1.** ⊕ Ansatz *m*; Dorn *m*, Stift *m*; **2.** ~ *to m bsd.* ⊕, △ Vorsprung *m*; Absatz *m*; ⚔ Patronenanschlag *m.*
resaludar *v/t. j-s* Gruß erwidern.
resanar *v/t.* schadhafte Vergoldung, *p. ext.* Beschädigung ausbessern.
resarci|ble *adj. c* ersetzbar; **~miento** *m* Entschädigung *f*; Ersatz *m* [3b] **I.** *v/t.* entschädigen (für *ac. de*); ersetzen (j-m et. *a alg. de a/c.*); **II.** *v/r.* **~se de** *a/c. s.* für et. (*ac.*) schadlos halten; für et. (*ac.*) Ersatz finden (in *dat. con*).
resba|ladero I. *adj.* **1.** → *resbaladizo*; **II.** *m* **2.** rutschige Stelle *f*; Schlitter- *bzw.* Rodel-, Schlittenbahn *f*; **3.** *a.* ⊕ Gleitbahn *f*; Rutsche *f*; *silv.* (Weg-)Riese *f*, Rutsche *f* für geschlagene Stämme; **~ladizo** *adj.* rutschig, glitschig, schlüpfrig; **~ladura** *f* Gleitspur *f*; **~lamiento** *m* **1.** Gleiten *n*; *bsd.* ⊕ Schlupf *m*; **2.** *a. Kfz.* Rutschen *n*; Schleudern *n*; **~lar I.** *v/i.* **1.** gleiten; *bsd.* ausgleiten, -rutschen (auf *dat.* con, en, sobre); *a. Kfz.* rutschen *bzw.* schleudern; *fig.* e-n Fehltritt tun (*fig.*); ~ *por* (*od. sobre*) *el hielo* über das Eis gleiten (*od.* schlittern); **2.** *a.* ⊕ (ab)gleiten; ⊕ *bsd.* schlüpfen, Schlupf haben; **II.** *v/r.* **~se 3.** entgleiten (*dat. de, entre*); **4.** → *resbalar*; **~lón** *m* **1.** Ausgleiten *n*; *fig.* Fehltritt *m*; Entgleisung *f* (*fig.* F); **2.** ⊕ Drückerfalle *f* im Schloß; **~losa** *f Arg.* **1.** *Fi.* Art Wels *m*; **2.** ein Volkstanz; **~loso** *adj. bsd. Am.* → *resbaladizo.*
resca|tador *adj.* ⚖ ablösend, Ablösungs...; *fig.* erlösend; befreiend; **~tar** *v/t.* **1.** (*hist.: Gefangene*) auslösen, loskaufen; befreien; retten, bergen (aus *Gefahr*); *bsd. Rel.* erlö-

sen; 2. zurückkaufen; ⚖ ablösen;*fig.* wiedergewinnen; *verlorene Zeit usw.* einholen; 3. *Am. Reg.* wiederverkaufen; ~te *m* 1. Loskauf *m*; Lösegeld *n*; *fig.* Erlösung *f*, Befreiung *f*; Rettung *f*, Bergung *f*; *Rel.* Erlösung *f*, Rettung *f*; 2. Einlösung *f*; ⚖ Ablösung *f*; Rückkauf *m*; 3. *Arg.* Wurfscheibenspiel *n.*
resci|ndible *adj. c* kündbar (*Vertrag*); **~ndir** *v/t.* Vertrag, Urteil aufheben; rückgängig machen; **~sión** *f* ⚖ Aufhebung *f*; Kündigung *f e-s Vertrages*; **~sorio** ⚖ *adj.* aufhebend; *cláusula f* **~a** Aufhebungsklausel *f.*
rescol|dera *f* Sodbrennen *n*; **~do** *m* glühende Asche *f*; *fig.* F Gewissensbisse *m/pl.*, Skrupel *pl.*; Besorgnis *f*, Kummer *m*; *fig.* Funke *m* (*z. B.* [*v.*] *Hoffnung*).
rescontrar [1m] ✝ *v/t.* stornieren.
rescripto *m* Reskript *n*; Erlaß *m*, Verfügung *f.*
rescuentro ✝ *m* Storno *m.*
resecar[1] [1g] *v/t.* austrocknen.
resec|ar[2] [1g] *v/t.* ⚕ operativ entfernen; **~ción** ⚕ *f* Resektion *f.*
reseco *adj.* völlig trocken, strohtrocken *f*; ausgedörrt.
reseda ♀ *f* Reseda *f*, Resede *f.*
resellar *v/t.* nachprägen; umstempeln; wieder versiegeln.
resenti|do *adj.* 1. empfindlich (*fig.*); 2. nachtragend, voll Ressentiments; **~miento** *m* Unwille *m*; Empfindlichkeit *f* (*fig.*); Ressentiment *n*; **~rse** [3i] *v/r.* 1. (ver)spüren; ~ *de a/c.* die Nachwirkungen von et. (*dat.*) spüren; et. unangenehm zu spüren bekommen; ~ *con(tra) alg.* j-m böse sein, j-m grollen; ~ *del* (*od. en el*) *costado* Seitenstechen haben; ~ *por a/c.* in e-r Sache empfindlich sein; ~ *über et.* (*ac.*) ärgern; s. wegen et. (*gen.*) beleidigt fühlen; 2. (allmählich) nachlassen, nachgeben; zerfallen, bersten (*z. B. Mauerwerk*); 3. ~ *de un defecto* e-n Fehler haben.
reseña *f* 1. Anzeige *f* bzw. Besprechung *f*, Rezension *f e-s Buchs*; 2. Personenbeschreibung *f in Pässen usw.*; (kurze) Beschreibung *f wesentlicher Züge*, Charakteristik *f*; 3. Zs.-fassung *f*; 4. *kath. Chi.* Prozession *f am Passionssonntag*; **~dor** *m* Rezensent *m*; **~r** *v/t.* 1. Buch besprechen, rezensieren; 2. Person *usw.* beschreiben; 3. (*kurz u. zs.-fassend*) berichten.
resero *m Rpl.* Vieh-treiber *m*; -aufkäufer *m.*
reserva I. *f* 1. ✝ Reserve *f*, Rücklage *f*; Bestand *m*; ~(s) *bancaria(s)* Bank-rücklagen *f/pl.*, -reserven *f/pl.*; ~ *de divisas* Devisen-reserve *f*, -bestand *m*; ~ *legal* gesetzliche Rücklage *f*; ~s *oro* Gold-reserve *f*, -deckung *f*; ~ *pública*, ~ *manifiesta* (*tácita, oculta*) offene (stille) Rücklage *f*; 2. Reserve *f*, Ersatz *f*; *fig.* Rückhalt *m*; ~s *f/pl.* Vorrat *m*; depósito *m de* Reservebehälter *m*; *Kfz.* Reservetank *m*; en ~ in Reserve; auf Vorrat; als Ersatz; ✝ vorrätig, auf Lager; 3. ⚔, *Sp.* Reserve *f*; ~s *f/pl.* Reserve *f*, Ergänzungsmannschaften *f/pl.*; ~s *generales* Heeres-reserve *f*, -truppen *f/pl.*; ~ *territorial* Landsturm *m*; *oficial m de* ~ Reserveoffizier *m*; *pasar a la* ~ zur Reserve abgestellt werden; 4. Reservierung *f*; Buchung *f*; ⚙ ~ (*de asiento*) Platzreservierung *f*, -karte *f*; ~ *de habitación* Zimmer(vor)bestellung *f*; 5. *a.* ⚖ Vorbehalt *m*, Reserve *f*; ~ *de dominio* Eigentumsvorbehalt *m*; ~ *hereditaria* Sondererbfolge *f*; ~ *mental* stillschweigender Vorbehalt *m*; ⚖ *a.* Mentalreservation *f*; *a* (*od. con la*) ~ *de vorbehaltlich* (*gen.*); *a* ~ *de que* + *subj.* vorausgesetzt, daß + *ind.*; *bajo* (*od. con*) *la* ~ *usual* unter üblichem Vorbehalt; *con* ~(*s*) unter Vorbehalt *m*; *sin* ~*s* vorbehaltslos; 6. ⚖ Altenteil *n*, Ausgedinge *n*; 7. Reservat(ion *f*) *n*, Schutzgebiet *n*; ~ (*biológica*) Naturschutzgebiet *n*; ~ (*de indios*) Indianerreservat(ion *f*) *n*; 8. Zurückhaltung *f*, Reserve *f*; Takt *m*; *con la mayor* ~ mit größter Zurückhaltung (*bzw.* Vorsicht); *guardar la* ~ s. zurückhalten; verschwiegen (*od.* diskret) sein; (j-n) taktvoll (*od.* ehrerbietig) behandeln; 9. *kath.* (feierliche) Aufbewahrung *f des verhüllten Altarsakraments im Tabernakel*; *Reg. a.* → *reservado 6*; **II.** *m* 10. Ersatzmann *m*; Vertreter *m*; *a. Sp.* Ersatzspieler *m.*
reser|vación *f* 1. Reservierung *f*; ⚙, *Hotel:* Buchung *f*; 2. Vorbehalt *m*, Reservat(ion *f*) *n*; 3. (Indianer-) Reservat(ion *f*) *n*; **~vadamente** *adv.* im Vertrauen; **~vado I.** *part.-adj.* 1. reserviert; ⚖ vorbehalten; *quedan* ~*s todos los derechos* alle Rechte vorbehalten; 2. zurückhaltend, reserviert; verschlossen; 3. behutsam, vorsichtig; 4. vertraulich, geheim; "~*a*" „vertraulich" (*über e-m Brief*); **II.** *m* 5. *a. fig.* Reservat *n*; 6. abgetrennter Raum *m bzw.* abgesperrtes Gelände *n für Sonderzwecke*; Nebenzimmer *n in Lokalen*; ✝ *Chambre n séparée;* ⚙ Sonderabteil *n*; *silv.* Wildschonung *f*; **~var I.** *v/t.* 1. reservieren; zurückbehalten; vorausbestellen; buchen; Platz belegen; Tisch bestellen; *Zimmer usw.* vorbestellen; 2. (auf)sparen; zurücklegen; aufschieben; 3. vorbehalten; ausnehmen (*von dat. de*); 4. verheimlichen (*vor dat. de*); *et. für s.* behalten; 5. *kath.* das (*vorher ausgestellte*) Allerheiligste verhüllen (*bzw.* im Tabernakel verschließen); **II.** *v/r.* ~*se* 6. s. et. vorbehalten; 7. s. *bis auf weiteres* zurückhalten; s-e Kräfte schonen; 8. s. vorsehen (*vor dat. de*); **~vativo** ⚖ *adj.* vorbehaltlich; Reservat(s)...; *censo m* ~ **~vista** ⚔ I. *adj. c* Reserve...; **II.** *m* Reservist *m*; **~vón** F *adj.* zugeknöpft (*fig.* F); **~vorio** *m Pe.* Wasserreservoir *n.*
resfri|adera *f Cu.* Kühlbehälter *m für den Zuckerrohrsaft*; **~ado I.** *adj.: estar* ~ erkältet sein; e-n Schnupfen haben; F *Arg.* ser muy ~ nichts für s. behalten können; **II.** *m* Erkältung *f*; Schnupfen *m*; *contraer* (*od.* F *pillar od.* F *pescar*) *un* ~ s. e-n Schnupfen holen, e-n Schnupfen erwischen F; **~adura** *vet. f* Schnupfen *m*; **~ar** [1c] **III.** *v/r.* ~*se* ⚕ s. erkälten; *fig.* nachlassen (*Gefühl*).
resfrío *m Am.* Erkältung *f.*
resguar|dar I. *v/t.* 1. bewahren; verwahren; sicherstellen; 2. schützen (*vor dat. de*); **II.** *v/r.* ~*se* 3. s. schützen; s. hüten (*vor dat. de*); s. unterstellen; **~do** *m* 1. Schutz *m* (*a. fig.*); Obdach *n*; 2. Verwahrung *f*; Sicherstellung *f*; 3. Zollaufsicht *f* (*Posten*); 4. Empfangsschein *m*, Quittung *f*; Schein *m* (*Beleg*); ~ *de depósito* Depotschein *m*; ~ *de entrega* Hinterlegungsschein *m*; Lieferschein *m*, -quittung *f.*
resi|dencia *f* Wohnsitz *m*; Aufenthaltsort *m*; Sitz *m*, Residenz *f*; Amtssitz *m*; Wohnheim *n*; Hotel *n garni*; ~ *de ancianos*, ~ *de la tercera edad* Altersheim *n*; ~ *campestre* Landsitz *m*; ~ *real* (*od. lit. regia*) Herrschersitz *m*, Königspalast *m*; ~ *señorial* (*veraniega*) Herrschafts-(Sommer-)sitz *m*; ~ *universitaria* (*od. de estudiantes*) Studentenheim *n*; **~dencial I.** *adj. c* 1. Wohn...; *barrio m* ~ Wohnviertel *n*; 2. *ecl.* an die persönliche Anwesenheit gebunden (*Pfründe*); **II.** *f* 3. *Arg., Chi., Pe.* Hotel *n garni*; **~dente I.** *adj. c* 1. wohnhaft; ansässig; **II.** *m* 2. (Devisen-)Inländer *m*; 3. *Pol.*, *Verw.* Resident *m*; ~ *general* Generalresident *m*; **~dir** *v/i.* wohnen, ansässig sein; residieren; *fig.* ~ *en alg.* j-m innewohnen (*Kräfte, Fähigkeiten*); *aquí reside la dificultad* hier liegt (*od.* hierauf beruht) die Schwierigkeit.
resi|dual *adj. c* Rest...; Abfall...; *aguas f/pl.* ~*es* Abwässer *n/pl.*; **~duo** *m* Rest *m*; Rückstand *m*; Abfall *m*; Bodensatz *m*; Ablagerung *f*; ⚗ ~ *ácido* Säurerest *m*; ~*s m/pl. de combustión* Abbrand *m*, Verbrennungsrückstände *m/pl.*; ~*s radiactivos* Atommüll *m*; ~*s voluminosos* Sperrmüll *m.*
re|siega ✦ *f* Nachmahd *f*; **~siembra** ✦ *f* Nachsaat *f.*
resigna *ecl. f* Resignation *f*, Rücktritt *m vom Amt*; **~ción** *f* Verzicht *m*; Ergebung *f*, Resignation *f*; **~nte** ⚖ *m* Verzichtende(r) *m*; **~r I.** *v/t.* abtreten (*an ac. en*); *Amt usw.* niederlegen; **II.** *v/r.* ~*se* resignieren; ~*se con a/c.* s. mit (*ac.*) schicken; ~*se con a/c. s.* mit et. (*dat.*) abfinden; **~tario** ⚖ *m* der, zu dessen Gunsten Verzicht geleistet wird.
resi|na *f* Harz *n*; ~ *natural* (*sintética*) Natur-(Kunst-)harz *n*; **~nación** *f* Harzgewinnung *f*; **~nar** *v/t.* Harz abzapfen von (*dat.*); *aplic.* ⚕ *m* Resinat *n*; **II.** *adj.* Harz...; *industria f* ~*a* Harzindustrie *f*; **II.** *m* Harzzapfer *m*; **~nífero** *adj.* harzliefernd; **~nificación** *f* Verharzung *f*; **~nificarse** [1g] *v/r.* verharzen; **~noso** *adj.* harzig; *astilla f* ~*a* Kienspan *m.*
resisten|cia *f* 1. *a.* ✦, ⚖ Widerstand *m*; Widerstands-kraft *f*, -fähigkeit *f*; *a.* ⊕ Festigkeit *f* (*a. Statik*); Ausdauer *f*; Haltbarkeit *f*; Beständigkeit *f*; ~ *a los ácidos* Säurebeständigkeit *f*; ~ *al aire* Luftwiderstand *m*; ~ *al choque* Stoßfestigkeit *f*; ~ *al frío* (*al fuego*) Kälte- (Feuer-)festigkeit *f*; ⊕ *contra choques* Schlagfestigkeit *f*; *Kfz.* ~ *al picado* Klopffestigkeit *f*; ⚖ ~ *al poder del Estado* Widerstand

resistente — responder 536

m gg. die Staatsgewalt; *HF* ~ de rejilla Gitterwiderstand *m*; sin ~ widerstandslos; *encontrar* ~ auf Widerstand stoßen; *oponer (od. ofrecer, hacer)* ~ Widerstand leisten; **2.** *Pol.* Widerstand(sbewegung *f*) *m*; ~**te I.** *adj. c* widerstehend; widerstandsfähig, zäh, ausdauernd; dauerhaft; haltbar; beständig; 🕱 resistent (*Bakterien*); ~ al fuego (*a la intemperie*) feuer-(wetter-)fest; ~ al calor hitzebeständig; ~ al lavado (*a la luz*) wasch- (licht-)echt; **II.** *m Pol.* Mitglied *n* e-r Widerstandsbewegung. **resis|tero** *m* Mittagshitze *f im Sommer*; *fig.* Bruthitze *f*; der Sonnenglut ausgesetzter Platz *m*; ~**tible** *adj. c* erträglich; ~**tir I.** *vt/i.* Widerstand leisten (*dat. a od. abs.*); widerstehen (*dat.*); standhalten (*dat.*); aushalten, ertragen; *Leidenschaften u. ä.* widerstehen (*dat.*); a ⊕ ~ (*a*) la presión dem Druck standhalten; ¡no hay quien lo resista! das hält niemand aus!; wer soll so et. aushalten! F; **II.** *v/r.* ~**se** *abs.* Widerstand leisten; s. sträuben, s. weigern (zu + *inf. a* + *inf.*); ~**se** a alg. j-m widerstreben (et. a/c.; zu + *inf. hacer*); ~**se** a hacer a/c. s. (dagegen) sträuben (*od.* wehren), et. zu tun.
resistividad ⚡ *f* Widerstand *m*.
resistrón *TV m* Bildwandlerröhre *f*.
res|ma *f* Ries *n* (*Papiermaß*); ~**milla** *f* kl. Ries *n* (*Briefbogen*).
resobado *adj.* abgedroschen; abgegriffen.
resobri|na *f*, ~**no** *m* Groß-nichte *f*, -neffe *m*.
reso|l *m* **1.** Abglanz *m*, Widerschein *m*; **2.** Abstrahlung *f* der Sonnenhitze; ~**lana** *f* → resol 2; ~**lano** *adj.-su.* (*sitio m*) ~ windgeschützt(er) u. sonnig(er Platz *m*).
resolu|ble ⚗ *adj. c* (auf)lösbar; ~**ción** *f* **1.** Auflösung *f (a.* ⚗ *u. Opt.*); Lösung *f*; Lösung *f e-r Frage usw.*); Behebung *f e-s Zweifels*; (Auf-) Lösung *f e-r Gleichung*; *Opt.* de alta ~ mit hoher Auflösung, hochauflösend; **2.** Entschließung *f*, Entschluß *m*; *Pol.* Resolution *f*; ⚖ Entscheidung *f* (über *ac.* de); Beschluß *m*; en ~ schließlich; ⚖ ~ provisional Einstweilige Verfügung *f*; *Pol.* adoptar una ~ e-e Entschließung annehmen; tomar una ~ e-n Entschluß fassen; **3.** Entschlossenheit *f*; *adv.* con ~ entschlossen; ser hombre de mucha ~ ein Mann von gr. Entschlußkraft sein; ~**tivo** *adj. bsd.* 🕱 auflösend, zerteilend; ⚗ (Auf-) Lösungs...; *método m* ~ analytische Methode *f*; ~**to** *adj.* entschlossen (zu *a*); → resuelto; ~**torio** *adj.* entscheidend.
resolve|nte *m* 🕱 auflösendes (*bzw.* zerteilendes) Mittel *n*; ~**r** [2h]; *part. resuelto*] **I.** *v/t.* **1.** *a.* 🕱 auflösen; zerlegen, teilen, zerstören (*Erosion u. ä.*); *Chir.* zerteilen; *fig.* analysieren; **2.** Fragen, Rechenaufgaben lösen; *Schwierigkeiten* beheben; *Zweifel* klären, beseitigen; **3.** beschließen (zu + *inf.* ~ + *inf.*); *a. v/i.* entscheiden; **4.** (kurz) zs.-fassen (in *dat.* en); **II.** *v/r.* ~**se 5.** s. entschließen (zu *dat. od. inf. a*); s. entscheiden (für *ac.* por); 🕱 ~**se**

en última instancia in letzter Instanz entschieden werden; **6.** *a.fig.* s. auflösen; 🕱 *a.* schwinden (*Krankheits- bsd. Entzündungsprozesse*); ¿cómo se resuelve esto? wohin soll das (noch) führen?
resollar [1m] *v/i.* schnaufen; keuchen; *fig.* F von s. hören lassen, ein Lebenszeichen (von s.) geben.
resona|dor *m* Schallverstärker *m*, Resonator *m*; Klopfer *m*; ~**ncia** *f* Resonanz *f*; Nach-, Wider-hall *m*; *fig.* Anklang *m*, Echo *n*; ~**nte** *adj. c* nachhallend; *fig.* nachhaltig; bedeutend (*Ereignis*); ~**r** [1m] *v/i.* nachklingen; *a. fig.* nachhallen; widerhallen; ertönen, erklingen, erschallen.
reso|plar *v/i.* schnauben; ~**plido** *m* Schnauben *n*.
resor|ber 🕱 *v/t.* resorbieren; ~**ción** 🕱 *f* Resorption *f*.
resorte *m* **1.** *bsd.* ⊕ Spannfeder *f*; Sprungfeder *f*; *fig.* Triebfeder *f*; Spannkraft *f*; Mittel *n* zu e-m Zweck; F ~**s** *m/pl.* Mittel u. Wege *pl.*; ⊕ ~ anular (en espiral) Ring-(Spiral-)feder *f*; ~ de compresión Druckfeder *f*; ~ de cuerda (~ motor) Aufzug- (Trieb-)feder *f* (*Uhrwerk*); ~ de hoja (de lámina) gr. (kl.) Blattfeder *f*; ~ de torsión Torsionsstabfeder *f*; ⊕ armar el ~ die Feder spannen; *fig.* F tocar todos los ~**s** alle Hebel in Bewegung setzen; **2.** *Am. Reg.* Obliegenheit *f*.
respal|dar[1] *m* Rück(en)lehne *f*; ~**dar[2] I.** *v/t.* **1.** auf die Rückseite schreiben (*bsd. e-r Besuchskarte*); **2.** *a. fig. j-m* den Rücken decken; *fig. j-n* (unter)stützen; *j-n* decken; **II.** *v/r.* ~**se 3.** s. an- (*od.* zurück-)lehnen; *fig.* s. Rückendeckung verschaffen; ~**do** *m* Rück(en)lehne *f*; Rückseite *f* e-s Schriftstücks; *fig.* Rückendeckung *f*; Unterstützung *f*.
respec|tar *v/i.* [*def.*]: ~ *a* angehen, betreffen; por (*od.* en) lo que respecta a él was ihn betrifft (*od.* angeht); ~**tivamente** *adv.* jeweils; beziehungsweise; ~**tivo** *adj.* betreffend, entsprechend; verschieden, jeweilig; diesbezüglich; ~**to** *m* Hinsicht *f*, Beziehung *f*; ~ *a* (*od.* de) *con* ~ *a* bezüglich (*gen.*), hinsichtlich (*gen.*); *a* este ~ in dieser Hinsicht; al ~ de im Verhältnis zu (*dat.*); con ~ *a* eso, al ~ diesbezüglich.
respe|tabilidad *f* Achtbarkeit *f*; ~**table I.** *adj. c* achtbar; ansehnlich; *a. iron.* ~ *distancia* in (*bzw.* aus) respektvoller Entfernung; **II.** *m* F Publikum *n b. Veranstaltungen, Stk. usw.*; ~**tar I.** *v/t.* achten, respektieren; (ver)ehren; Rücksicht nehmen auf (*ac.*); (ver)schonen; hacerse ~ s. Respekt verschaffen; **II.** † *v/i.* → respectar; ~**to** *m* Achtung *f*, Respekt *m*; Ehrerbietung *f*; Ehrfurcht *f*; Rücksichtnahme *f*; ~(s) humano(s) **a)** Anstandsregeln *f/pl.*; **b)** Menschenfurcht *f* (*bsd. bibl.*); ~ de sí mismo Selbstachtung *f*; ¡mis ~**s** a su señora! empfehlen Sie mich bitte Ihrer Frau Gemahlin!; con el debido ~ bei allem Respekt, mit dem gebührenden Respekt (*in Briefen*); ⊕ de ~ achtunggebietend, *fig.* bedeutend; Respekts...; Fest..., Gala..., *bsd.* ⚓ Ersatz...,

Not...; *adv.* sin ~ respektlos; coche *m* de ~ Galakutsche *f*; falta *f* de ~ Mißachtung *f*; Respektlosigkeit *f*; coger ~ *a* alg. vor j-m Achtung (*od.* Repekt) bekommen; faltar al ~ a alg. j-m gg.-über die Achtung (*bzw.* den Anstand) verletzen; j-n beleidigen; ~**tuoso** *adj.* ehrfurchtsvoll; ehrerbietig; rücksichtsvoll; taktvoll.
réspice F *m* schroffe Antwort *f*; Rüge *f*, Rüffel *m* F.
respigón *m* **1.** Niednagel *m*; *vet.* Steingalle *f*; **2.** ♀ ~**ones** *m/pl.* Kletten *f/pl.*
respin|gado *adj.*: nariz *f* ~*a* → respingón; ~**gar** [1h] *v/i.* s. sträuben, bocken *bzw.* knurren (*Tier u. fig.*); *fig.* F *a.* abstehen, schlecht anliegen (*Rock, Kleidung*); ~**go** *m* **1.** Auffahren *n*; Aufbäumen *n*, Bocken *n*; Ruck *m*; *fig.* Gebärde *f* des Widerstrebens; **2.** *Chi., Méj.* Vorspringende(s) *n*, Abstehende(s) *n*; *bsd.* abstehender (*od.* hochgerutschter) Rock *m*; ~**gón** *adj.* bockig (*Tier*); *fig.* (nariz *f*) ~ona *f* Stupsnase *f*; ~**goso** *adj. Am.* bockig (*Tier*).
respira|ble *adj. c* atembar; ~**ción** *f* Atmen *n*, Atmung *f*; ~ artificial künstliche Atmung *f*, (künstliche) Beatmung *f*; ~ (artificial) de boca a boca Mund-zu-Mund-Beatmung *f*; ~ abdominal (branquial, cutánea) Zwerchfell- (Kiemen-, Haut-)atmung *f*; ~ profunda Durchatmen *n*, Tiefatmung *f*; 🕱 careta *f* de ~ Atemmaske *f*; contener (*od.* aguantar) la ~ den Atem anhalten; *fig.* se quedó sin (*od.* se le cortó la) ~ der Atem stockte ihm.
respi|radero *m* Luft- (*od.* Entlüftungs-)loch *n*; *Sp.* Schnorchel *m*; *fig.* Atempause *f*; *fig.* F Atmungsorgane *n/pl.*, Blasebalg *m* (*fig.* F); ~**rador I.** *adj.* ⚡ Atmungs...; *musculo m* ~ Atemmuskel *m*; **II.** *m* Atemgerät *n*; *a.* Atemschutzmaske *f*; ~**rar I.** *v/i.* atmen, einatmen; *fig.* aufatmen; *fig.* s. erholen, verschnaufen; ausruhen; no respiró *fig.* F *a.* er sprach kein Wort; *fig.* no dejar ~ a alg. j-m k-e Ruhe gönnen; j-n ständig in Atem halten; sin ~ ohne Atem zu holen; *fig.* **a)** unermüdlich; **b)** mit gespannter Aufmerksamkeit; **II.** *v/t.* einatmen; ~**ratorio** *adj.* respiratorisch (🕱); Atmungs...; Atem...; tubo *m* ~ Atemschlauch *m*; *Sp.* Schnorchel *m*; ~**ro** *m* Atmen *n*; *fig.* (Verschnauf-)Pause *f*; Aufatmen *n* (*fig.*); (Verlängerung *f* e-r Zahlungs-)Frist *f*.
resplan|decer [2d] *v/i.* (er)glänzen, strahlen; schimmern; ~**deciente** *adj. c* glänzend, strahlend (vor *dat.* de); ~**decimiento** *m* Glänzen *n*; ~**dor** *m* Glanz *m*; (heller) Schein *m*; Schimmer *m*.
respon|der I. *v/t.* **1.** antworten, erwidern; auf Anruf *od.* Klopfen antworten, s. melden; me respondió dos palabras er antwortete mir mit ein paar Worten; **II.** *v/i.* **2.** antworten; ~ *a* beantworten (*ac.*), antworten auf (*ac.*); ~ por el nombre de X auf den Namen X hören (*z. B. Hund*); **3.** ~ *a* entsprechen (*dat.*) (den Erwartungen *od.* Anforderungen) entsprechen; Hoffnungen er-

füllen; ✱ ansprechen, reagieren (auf ac.); el aparato responde bien das Gerät bewährt s.; este suelo responde dieser Boden ist ergiebig (od. fruchtbar); responde a er zeigt s. dankbar für (ac.); **4.** verantworten (et. de); haften, bürgen (für ac. de); ~ de a/c. con toda su fortuna für et. (ac.) mit s-m ganzen Vermögen haften (od. einstehen); ~ por alg. für j-n bürgen; ✝ ~ solidariamente gesamtschuldnerisch haften; **5.** ~ al este nach Osten gelegen sein (Gebäude usw.); **~dón** F **I.** adj. widerspruchslustig; rechthaberisch; schnippisch; **II.** m Widerspruchsgeist m (Person).

responsa|bilidad f Verantwortlichkeit f; Verantwortung f (für ac. de); Haftung f (für ac. de); Regreßpflicht f; ~ civil Haftpflicht f; ~ por defectos Mängelhaftung f; sociedad f de ~ limitada Gesellschaft f mit beschränkter Haftung; **~bilizar** [1f] ✝ **I.** v/t. j-m die Verantwortung übertragen (für ac. de); **II.** v/r. ~se die Haftung (od. Verantwortung) übernehmen (für ac. de); a. (als Aufgabe) übernehmen (ac. de); **~ble I.** adj. c verantwortlich; haftbar; verantwortungsbewußt; hacerse ~ de a/c. für et. (ac.) die Verantwortung übernehmen; ser ~ verantwortlich sein (für ac. de); haften (für ac. de); schuld sein (an dat. de); **II.** m Verantwortliche(r) m; Haftende(r) m.

respon|sar kath. v/i. Respons beten (od. singen); **~so** kath. m Respons f für die Verstorbenen; fig. F echar un ~ a alg. j-n abkanzeln F; **~sorio** ecl. m Responsorium n.

respuesta f Antwort f; Erwiderung f, Entgegnung f; ✆ ~ comercial Werbeantwort f; HF ~ (de frecuencia) Frequenzgang m; en ~ a in Beantwortung (gen.); ✆ ~ pagada Rückantwort bezahlt.

resquebra|(ja)dura f Ritze f, Spalt m; Rißbildung f; Reißen n; **~jadizo** adj. spröde (z. B. Holz); **~jar I.** v/i. aufspringen; Risse bekommen; **II.** v/r. ~se aufspringen, spröde werden (Haut); **~joso** adj. brüchig; rissig; **~r** [1k] v/i. (zer)springen.

resque|mar I. vt/i. prickeln; brennen (Pfeffer usw.); **II.** v/r. ~se fig. s. sehr ärgern; s. abhärmen; **~mazón** F f, **~mo** m Prickeln n; Brennen n; Jucken n; **~mor** m **1.** Kummer m; **2.** Reg. → resquemo.

resquicio m Ritze f, Spalte f; fig. f gute Gelegenheit f; Am. Reg. Spur f.

resta ⚔ f Subtrahieren n; Rest m.

restable|cer [2d] **I.** v/t. wiederherstellen; **II.** v/r. ~se s. erholen, genesen; **~cimiento** m Wiederherstellung f; Genesung f; a. fig. Gesundung f.

restallar v/i. knallen (z. B. Peitsche); klatschen (Geräusch); krachen; knistern.

restante I. adj. c übrigbleibend, restlich, Rest...; **II.** m Überrest m; Restbetrag m.

resta|ñador m blutstillender Stift m; **~ñar** vt/i. **1.** Blut stillen; **~(se)** gestillt werden, aufhören zu fließen (Blut); **2.** ✵ Wasser anstauen; fig. anhalten, unterbinden; **~ñasangre** Min. f Karneol m, Blutstein m; **~ño** m Blutstillen n; ✵ Anstauung f.

restar I. v/t. **1.** wegnehmen, entziehen; Ansehen, Ruhm, Verdienst usw. schmälern; **2.** ⚔ subtrahieren, abziehen (von dat. de); abrechnen (od. fig. ~se años als jünger gelten wollen; **3.** Pelotaspiel: (den Ball) zurückschlagen; **II.** v/i. **4.** (übrig)bleiben; ~ a pagar noch zu zahlen sein; en todo lo que resta de mes bis (zum) Monatsende; F y lo que resta u. was noch dazugehört.

restaura|ción f Wiederherstellung f, Restaurierung f (Ku.); Pol., HF Restauration f; **~dor** adj.-su. m Wiederhersteller m; bsd. Ku. Restaurator m; Kchk. Gastronom m; **~nte I.** part. zu restaurar; **II.** m Gaststätte f, Eßlokal n, Restaurant n; ~ automático Automatenrestaurant n; ~ rápido Schnellgaststätte f; ~ universitario Mensa f; **~r I.** v/t. (a. Pol. alte Ordnung usw.) wiederherstellen; kräftigen; Kunstwerke restaurieren; **II.** v/r. ~se s. erholen, wieder zu Kräften kommen; **~tivo I.** adj. wiederherstellend; **II.** m Stärkungsmittel n.

restinga ⚓ f Untiefe f, Sandbank f; **~r** ⚓ m Seegebiet n voller Untiefen.

restitu|ción f Rückgabe f, Herausgabe f; Rückerstattung f; p. ext. Vergütung f; fig. Wiederherstellung f; **~ible** adj. c ersetzbar; wieder herstellbar; **~ir** [3g] **I.** v/t. zurückgeben, -erstatten; p. ext. ersetzen, vergüten; fig. wiederherstellen; **II.** v/r. ~se lit. ~se a su casa paterna in sein Vaterhaus zurückkehren; **~torio** ⚖ adj. auf Erstattung bezüglich; Rückerstattungs...

resto m **1.** Rest m; Überrest m; el ~ a. das übrige; todo el ~ alles übrige; los ~s a. die Ruine(n f/pl.) f; ⚓ Wrack(trümmer pl.) n; los ~s mortales die sterbliche Hülle f; fig. F para los ~s für immer; **2.** Kart. festgelegter Gesamteinsatz m e-s Spielers; a ~ abierto unbegrenzter Einsatz m; fig. a ~ abierto unbeschränkt, völlig frei; fig. echar el ~ sein Letztes hergeben; alles aufbieten; **3.** Pelotaspiel: Rückschlagen n des Balls; Rückschlagspieler m; Stelle f, v. der aus der Rückschlag erfolgt.

restop m Restaurant n in Raststättenarealen.

restre|gar [1h u. 1k] **I.** v/t. kräftig reiben; a. ⊕ scheuern, abkratzen; **II.** v/r. ~se s. wetzen (Tiere); **~se los ojos** s. die Augen reiben; **~gón** m (heftiges) Reiben n; dar un ~ a kräftig (ab)reiben (ac.).

restric|ción f Ein-, Beschränkung f; Restriktion f; fig. Vorbehalt m; ⚖ ~ones f/pl. de corriente Stromeinschränkungen f/pl.; -sperre f; ✝ ~ones f/pl. de importaciones Einfuhrbeschränkungen f/pl.; ~ mental stiller Vorbehalt m, Mentalrestriktion f ⚖; sin ~ uneingeschränkt; hemmend; bsd. ✝ restriktiv; **~to** adj. beschränkt, begrenzt.

restrin|gente part. einschränkend; **~gible** adj. c einschränkbar; **~gir** [3c] v/t. ein-, beschränken; ~ a begrenzen auf (ac.).

resucita|ción bsd. Am. f Wiedererweckung f, -belebung f; ✱ Wiederbelebung f; **~do** adj. von den Toten erweckt; fig. zu neuem Leben erwacht; bibl. el ♀ der Auferstandene; **~dor I.** adj. auferweckend; fig. neu belebend; **II.** m Totenerwecker m; fig. Neubeleber m; **~r I.** v/t. vom Tode erwecken; fig. zu neuem Leben erwecken; wieder auf die Beine bringen (fig. F); **II.** v/i. Rel. u. fig. (wieder)auferstehen; fig. zu neuem Leben erwachen; genesen.

resudar v/i. leicht schwitzen.

resuel|tamente adv. entschlossen; energisch; **~to I.** part. zu resolver; **II.** adj. (estar) entschlossen (zu dat. od. inf. a); (ser) rasch (entschlossen), flink (zupackend), resolut; tatkräftig; beherzt, mutig.

resuello m **1.** lautes Atemholen n; Keuchen n; Schnaufen n; fig. F meterle a alg. el ~ en el cuerpo j-n einschüchtern, j-m e-n Dämpfer aufsetzen; **2.** ☐ Geld n.

resulta f **1.** (End-)Ergebnis n; p. ext. Folge f; de ~s de infolge (gen.); **2.** Verw. a) frei werdende Planstelle f; b) ~s f/pl. Budgetvortrag m.

resul|tado m Ergebnis n, Resultat n; Erfolg m; ~ del examen médico ärztlicher Befund m; ~ final Endergebnis n, -resultat n; dar (buen) ~ s. bewähren; dar mal ~ mißlingen, s. nicht bewähren; llevar a buen ~ glücklich beenden; ¿os ha dado ~? habt ihr Erfolg damit gehabt?; hat er (usw.) s. bewährt?; sin ~ ergebnislos; erfolglos; unnütz; **~tandos** ⚖ m/pl. Entscheidungsgründe m/pl.; Tatbestand m im Urteil; **~tante** Phys. f Resultierende f, Resultante f; **~tar** v/i. **1.** s. ergeben (sein für ac. a); entspringen; ~ barato (caro) billig (teuer) sein; ~ caro a. teuer zu stehen kommen; ~ en beneficio de alg. j-m zum Vorteil ausschlagen, für j-n von Vorteil sein; resultó muerto en un accidente er verunglückte tödlich; resultó ser ... es stellte s. heraus, daß er ... (nom.); resulta que ... es ergibt s., daß ...; es ist so, daß ...; demnach od. folglich ...; Am. fig. F es kommt vor, daß ... od. oft ...; in Anbetracht des Umstandes, daß ...; resultaron seis víctimas entre muertos y heridos es gab sechs Tote u. Verletzte (zu beklagen); **2.** gelingen, einschlagen, Erfolg haben; taugen; brauchbar sein; **3.** fig. F no ~le a alg. j-m nicht passen.

resu|men m Zs.-fassung f; Übersicht f; Resümee n; en ~ kurz (zs.-gefaßt); kurz u. gut; alles in allem; **~midero** m Am. → sumidero; **~miendo** ger. (adv.) zs.-fassend; **~mir** v/t. kurz zs.-fassen; en ~idas cuentas kurz (u. gut); alles in allem; todo se resume en alles liegt in (dat.); alles läuft hinaus auf (ac.).

resu|rgimiento m Wiederaufleben n e-r Mode usw.; **~rgir** [3c] v/i. wiedererscheinen; wieder(auf)erstehen; wieder aufleben, wiederhergestellt werden; in Erscheinung treten; **~rrección** f Rel. u. fig. Auferstehung f; ecl. ♀ Auferste-

retablero — retortero 538

hung(sfeier) *f*; *Pascua f de ♀ Ostern n(|pl.)*.
reta|blero *m* Meister *m* e-s Altarbildes; **~blo** *m* Altaraufsatz *m*, Retabel *n*; Altarbild *n*.
reta|cado ⊕ *m* Nietverstemmen *n*; *repasar el ~* nachstemmen; **~car** [1g] *v/t.* nachstoßen (*Billard*); **~co** *m* Stutzen *m* (*Gewehr*); *kurzer Billardstock m*; *fig.* F Stöpsel *m* (*Person, fig.* F).
retador I. *adj.* herausfordernd; **II.** *m* Herausforderer *m*.
retaguardia ⚔ *f* Nachhut *f*, Nachtrupp *m*; Etappe *f*; *a ~* rückwärts; *comunicación f de ~* rückwärtige Verbindung *f*; *enlace m a ~* Verbindung *f* nach rückwärts; *adv. por la ~* von hinten.
retahíla *f* lange Reihe *f*; *fig.* e-e ganze Menge *f*.
reta|jar *v/t.* rundschneiden; *ehm. Gänsekiel zurechtschneiden; Am. Reg. Tier* kastrieren; **~jina** *f* Span *m*, Schnitzel *n* (*v. Preßstoff u. ä.*); **~jo** *m* Abfall *m*.
retal *m* Abfall *m b.* Zuschneiden; *bsd.* † **~es** *m/pl.* (Stoff-)Reste *m/pl.*; *p. ext. ~ de tierra* Stück *n* Land.
retallo *m* neuer Trieb *m*.
reta|ma ♀ *f* Ginster *m*; *~ de escobas* Besenginster *m*; *~ de olor spanischer* Ginster *m*; *~ espinosa* Igelkraut *n*; **~mal, ~mar** *m* Ginsterfeld *n*; **~milla** ♀ *f Chi. versch.* Leingewächse *n/pl.*; *Méj. versch.* Sauerdorngewächse; **~mo** ♀ *m of Am.* → retama.
retar *v/t.* herausfordern; *fig.* F ausschelten; *Chi.* beschimpfen.
retarar *v/t. Gewichte usw.* nacheichen.
retar|dación *f* Verzögerung *f*; Verschub *m*; **~dador** *m Film:* Zeitlupe *f*; 🎬, ⊕ Verzögerer *m*; ⚓ Retarder *m*; **~dar I.** *v/t.* verzögern; aufschieben; *Uhr* nachstellen; **II.** *v/r.* **~se** *s.* verspäten; **~datario** *adj.* verzögernd; hemmend; **~datriz** *adj. f: fuerza f ~* hemmende Kraft *f*; **~do** *m* Verzögerung *f*, Hemmung *f*; Verlangsamung *f*; Aufschub *m*; *Kfz. ~ del encendido* Spätzündung *f*.
retazo *m* Stoffrest *m*; Tuchabfall *m*; *fig.* Fragment *n* e-s Textes usw.; *Chi.* Stück *n*, *Méj.* Stück *n* Fleisch.
retejar *v/t.* das Dach ausbessern; *fig.* F neu einkleiden.
retemblar [1m] *v/i.* erzittern, erbeben.
retén *m* 1. Rücklage *f*, Ersatz *m*; ⚔ Ersatztruppen *f/pl.*; Feldwache *f*; *Am.* Polizeikontrollposten *m auf Überlandstraßen*; 2. ⊕ Dichtungsring *m für Wellen u. Kugellager*; 3. Brandwache *f nach e-m Brand*.
rete|nción *f* 1. Zurückhaltung *f*; *fig.* Mäßigung *f*; 2. ⊕ Festhalten *n*; Hemmung *f*; *Verw.* Verhaltung *f*; ⚕ *de orina* Harnverhaltung *f*; 3. 🐎 Einbehaltung *f v.* Lohn *u.* Gehalt; Zurückbehaltung *f*, Vorenthaltung *f*; *a.* Beibehaltung *f e-s* Amtes; Aufenthaltsbeschränkung *f bzw.* Haft *f*; **~ner** [2l] **I.** *v/t.* 1. zurück-, ein(be)halten; *Lohn usw.* einbehalten; festhalten; aufbewahren; beibehalten; *Tränen* zurückhalten; *Atem* anhalten; ⚖ *a. s.* die Zuständigkeit vorbehalten; **~** *en la escuela a.* nachsitzen lassen; **~** *en la memoria im*

Gedächtnis behalten; 2. ⊕, ⚓ auf-, zurück-halten; festhalten; **II.** *v/r.* **~se** 3. *s.* zurückhalten; *s.* mäßigen.
retenida ⊕ *f* Sperrkette *f*, Sperrung *f*; Bremsbalken *m*; Rahmen-, Magazin-halter *m b.* Waffen; ⚓ Stopper *m*; **~mente** *adv.* zurückhaltend.
reteno 🎣 *m* Reten *n*.
retenti|va *f* Gedächtnis *n*, Erinnerungsvermögen *n*; **~vo I.** *adj.* zurückhaltend; behaltend; hemmend; **II.** *m* 🎣 Verhaltungsmittel *n*.
reteñir [3h *u.* 3l] *v/t.* auffärben; nachfärben (*a. Haar*).
reticen|cia *f* Verschweigung *f*; absichtliche Auslassung *f*; *Rhet.* Abbrechen *n*, Schweigen *n*; *hablar con ~s* s. in versteckten (*od.* dunklen) Anspielungen ergehen; **~te** *adj. c* dunkel anspielend.
rético *adj.* r(h)ätisch.
retícula *f kl.* Netz *n*; *Typ.* Raster *m*; *de ~* Raster...
reticula|ción *Phot., Typ. f* Rasterung *f*; **~do I.** *adj.* 1. netz-artig, -förmig; 2. *Opt., Phot., Typ.* gerastert; Raster...; *papel m ~* Rasterpapier *n*; **II.** *m* 3. öfter → *retícula, retículo*; **~r** *adj. c* Netz...; Raster...; *Anat.* retikulär; *Opt. cruz f ~* Fadenkreuz *n*; *Phot. placa f ~* Rasterplatte *f*.
retículo *m* 1. *Anat., Biol.* Netzwerk *n*, -gewebe *n*; *Zo.* Netzmagen *m der* Wiederkäuer; *Min. ~ (cristalino)* Kristallgitter *n*; 2. *Opt., a.* ⚔ *~ (de líneas cruzadas)* Fadenkreuz *n*; Fadengitter *n*; 3. *Opt., Phot., Typ.* Raster *m*.
reti|na *Anat. f* Netzhaut *f des Auges*; **~niano** *adj.* Netzhaut...
retinte[1] *m* zweite Einfärbung *f*; Auffärben *n*; Nachfärben *n*.
retin|te[2], **~tín** *m* Klingen *n*; Klirren *n*; *p. ext.* Unterton *m der Stimme*; *hablar con ~* mit e-m (geheimnisvollen) Unterton sprechen; *fig.* F sticheln.
retinto *adj.* schwarzbraun (*bsd. Pferd, Stier*).
reti|ración *Typ. f* Umschlagen *n*; Widerdruck *m*; **~rada** *f* 1. Rückzug *m* (*a. fig.*); Entzug *m*; Zurückziehung *f*; *Verw.* Entziehung *f des* Führerscheins; 2. ⚔ (geordneter) Rückzug *m*; Absetzen *n*; (*toque m de) ~ a.* Zapfenstreich *m*; *a. fig. cortar la ~ a alg.* j-m den Rückzug abschneiden; *a. fig. cubrirse la ~ s.* die Möglichkeit zum Rückzug offenhalten; *tocar la ~ a) a. fig.* zum Rückzug blasen; **b)** den Zapfenstreich blasen; **~rado I.** *adj.-su.* 1. außer Dienst, *Abk. a.* D., pensioniert; **II.** *adj.* 2. abgelegen; abseits gelegen; 3. zurückgezogen (*Leben*); **~rar I.** *v/t.* 1. zurückziehen; herausziehen; entziehen; wegnehmen; entfernen; *Typ.* umschlagen; *Auftrag, Berechtigung, Kredit, Vollmacht, Erlaubnis* entziehen; *Kapital* abziehen; ⚔ *Posten* aufheben; *Truppen* abziehen, herausnehmen; ⚔ verabschieden, in den Ruhestand versetzen; ⚓ *Sendung* abholen; *Wechsel* einlösen; *Geld, Zinsen* abheben; *Versprechen* zurücknehmen; *a. fig. ~ la mano* die Hand zurückziehen; *~ al muchacho del cole-*

gio den Jungen von der Schule (herunter)nehmen; *~ la palabra* das Wort entziehen; **II.** *v/r.* **~se** 2. *s.* zurückziehen; zurücktreten (*von dat. de*); *fig.* zu Bett gehen; 3. ⚔ zurückgehen, *s.* absetzen; räumen (*ac. de*); *p. ext. s-n* Abschied nehmen; "*¡~se!"* „weggetreten!".
retiro *m* 1. Zurückgezogenheit *f*; Einsamkeit *f*; Ruhesitz *m*; *el (Buen)♀ der* Retiro-Park (*Madrid*); 2. ⚔ Abschied *m*; Ruhestand *m*; Ruhegehalt *n*; *allg.* F Pension *f*; *en ~* außer Dienst; 3. ⚔ Abzug *m der Truppen*; 4. *ecl.* Exerzitien *n/pl.*
reto *m* Forderung *f zum Zweikampf*; Herausforderung *f*; *fig.* Drohung *f*; *Am. a.* Beschimpfung *f*; *echar ~s* drohen.
reto|bado *adj.* 1. *Am.* starrköpfig, störrisch (*a. Tier*); 2. *Am. Mer.* verschmitzt; (heim)tückisch; **~bar** *Am. v/t.* 1. Leder in Streifen schneiden; mit Lederstreifen bedecken (*bzw.* überziehen); 2. *Am. Reg.* → *adobar, curtir*.
retoca|do *m* Ausbesserung *f*; Überarbeitung *f*; Retusche *f*; **~r** [1g] **I.** *v/t.* nach-, über-arbeiten; aus-, nach-bessern; *Phot.* retuschieren; *Kfz. Motor* frisieren; **II.** *v/r.* **~se** *s.* zurechtmachen, *s.* nachschminken (*Frau*).
reto|ñar *v/i.* ♀ wieder treiben; *fig.* wieder zum Vorschein kommen, erneut auftreten; **~ño** *m* ♀ Schößling *m*; *fig.* Nachwuchs *m*, Sprößling *m* F (*Kind*).
retoque *m* 1. Retusche *f*; Überarbeitung *f*; Nachbesserung *f*; Berichtigung *f*; 2. leichter Anfall *m e-r Krankheit*.
retor *m* derbes Baumwollzeug *n*, Zwilch *m*.
rétor *m* Rhetor *m*; † *u. fig.* → *orador*.
retor|cedora *f* Zwirnmaschine *f*; **~cer** [2b *u.* 2h] **I.** *v/t. a. fig.* Worte verdrehen; winden; krümmen, verbiegen; *Schnurrbart* drehen *od.* zwirbeln; *Garn* zwirnen; (aus-) wringen; ⚔ (ver)winden; P *a.* el *pescuezo* den Hals (*od.* den Kragen) umdrehen (*fig.* F); **II.** *v/r.* **~se** *s.* krümmen, *s.* winden (*vor dat. de*); **~cido I.** *adj.* gekrümmt; verdreht; spiralig; *tex.* gezwirnt; *fig.* hinterhältig, falsch; **II.** *m tex.* Zwirnen *n*; **~cimiento** *m* Verdrehen *n*; Verwinden *n*; ⊕ Verwindung *f*.
retóri|ca *f* Rhetorik *f*; *desp.* (wortreiches) Pathos *f*/*pl.*; ~*s f/pl.* Wortgeklingel *n*; Wortklauberei *f*; **~co** *adj.* rhetorisch; rednerisch.
retor|nable *adj. c: botella f (no) ~* Mehrweg- (Einweg-)flasche *f*; **~nar I.** *v/t.* umwenden, umdrehen; zurückgeben; erwidern; **II.** *v/i.* zurückkehren; **~nelo** ♪ *m* Ritornell *n*; **~no** *m* 1. Rückkehr *f*; Rück-führung *f*, -leitung *f*; Rücksendung *f*; *de ~* Rück...; 2. Tausch *m*; Entgelt *n*; herausgegebenes Geld *n*; 3. *Span.* Einfuhrsteuer *f*.
retorro|mano, Li. a.* **~mánico *adj.-su.* rätoromanisch; *Retoromane m*; *Li.* das Rätoromanische.
retorsi|ón *f* 1. Verdrehung *f*; Krümmung *f*; 2. *fig.* Vergeltung *f*; **~vo** *adj.* verdrehend.
retor|ta 🎣 *f* Retorte *f*; **~tero** F *m*

(Herum-)Drehen *n*; *fig.* F andar (*od. ir*) al ~ ruhelos hin u. her laufen; hin u. her hetzen; *traer* al ~ *a alg.* j-n an der Nase herumführen; **~tijar** *v/t.* (stark) verdrehen; hin u. her winden; **~tijón** *m* Hinundherwinden *n*; ~ de tripas *od.* ~ones *m/pl.* Leibschneiden *n*.
retosta|do *adj.* stark geröstet; angebrannt; dunkelbraun; **~r** [1m] *v/t.* erneut (*bzw.* stark) rösten.
reto|zar [1f] *v/i.* hüpfen; spielen, tollen; Unfug treiben; **~zo** *m* Hüpfen *n*; Tollen *n*; Mutwille *m*, Unfug *m*, Allotria *pl.*; **~zón** *adj.* ausgelassen, mutwillig.
retrac|ción *f* Zurückziehen *n*; ⚕ (Gewebe-, Narben-)Schrumpfung *f*; **~table** *adj. c* widerrufbar, zurücknehmbar; **~tación** *f* Widerruf *m*; *hacer una* ~ (*pública*) (öffentlich) Widerruf leisten; **~tar I.** *v/t.* widerrufen, zurücknehmen; **II.** *v/r.* **~se** sein Wort zurücknehmen; s-e Aussage widerrufen; **~se** *de et.* widerrufen.
retráctil *adj. c Zo. u.* ⊕ *fig.* einziehbar (*Krallen*); *Kfz.* Automatik... (*Gurt*).
retracto 𝔥 *m* Rück-, Wieder-kauf *m*; *derecho m de* ~ **a**) Rücktrittsrecht *n e-s Mieters, Pächters*; **b**) Vorkaufsrecht *n*; **c**) Wieder-, Rück-kaufsrecht *n*.
retra|er [2p] **I.** *v/t.* 1. zurück-, einziehen; abbringen (*von dat.* de); 2. zurück-, wieder-bringen; 3. 𝔥 zurücknehmen; *derecho m a* ~ → (*derecho de*) *retracto*; **II.** *v/r.* **~se** 4. s. zurückziehen; s. flüchten; **~ído** *adj.* 1. zurückgezogen (*a. fig.*); zurückhaltend; 2. ⚕ geschrumpft; **~imiento** *m* Zurückgezogenheit *f*; Zurückhaltung *f*.
retranca *f* 1. Schwanzriemen *m der Pferde*; 2. *Am. Reg., Andal.* (Wagen-)Bremse *f*; *p. ext.* Sperre *f an e-r Maschine*; 3. heimliche Absicht *f*; **~r** [1g] *v/t. Am. Reg. a. fig.* bremsen.
retransmi|sión *Rf., TV, HF f* (Weiter-) Übertragung *f über Relais*; ~ *por hilo* Drahtfunk *m*; ~ *en directo* Direkt-, Live-übertragung *f*; **~tir** *v/t.* weitersenden; *HF* (weiter)übertragen.
retra|sado *adj.* zurückgeblieben (*a. fig. geistig*); im Rückstand; verspätet; **~sar I.** *v/t.* aufhalten, verzögern; auf-, hinaus-schieben; *Termin* hinausschieben; **II.** *v/i.* zurückbleiben (*bzw.* -gehen) (*fig.*); nachgehen (*Uhr*); ⚡ nacheilen (*Strom*); **III.** *v/r.* **~se** s. verzögern; 🚂 s. verspäten; **~so** *m* 1. Verzögerung *f*; Verzug *m* (bei *dat.* en); 🚂 Verspätung *f* (haben [*Zug*] traer, *llevar*); 2. *fig.* Verspätung *f* (*fig.*); Rückgang *m*; Rückstand *m*; Rückständigkeit *f*.
retra|tador *m* → retratista; **~tar** *v/t.* porträtieren; *Phot.* Personen aufnehmen; *p. ext. lit.* schildern; nachahmen, nachmachen *f*; **~tería** P *f Am.* Photoatelier *n*; **~tista** *c* Porträtmaler(in *f*) *m*; **~to** *m* Porträt *n*; Abbild *n*; Schilderung *f*; ~ *de busto* (*de cuerpo entero*) Brust-(Voll-)bild *n* (*Phot.* Ganzaufnahme); ~ *de medio cuerpo* Kniestück *n*; ~ *al óleo* Ölbildnis *n*; ~ *en perfil* Profil-bild *n bzw.* -aufnahme *f*; **~-robot**, *Am.* ~ *hablado* Phantombild

n; *fig. el vivo* ~ *de su padre* das (lebendige) Ebenbild s-s Vaters.
retreche|ría F *f* 1. Drückebergerei *f*; Durchtriebenheit *f*; 2. *Ven.* Geiz *m*; **~ro** F *adj.* 1. durchtrieben, gerissen; 2. lockend, verführerisch (*z. B. Augen*); 3. *Ven.* knauserig.
retrepa|do *part.* weit zurückgelehnt; **~rse** *v/r.* s. hintenüberlehnen.
retre|ta *f* 1. ⚔ Zapfenstreich *m*; 2. *noch Am.* Abendmusik *f* (*Militärkapellen*); **~te** *m* Klosett *n*, Abort *m*.
retribu|ción *f* Vergütung *f*; Entgelt *n*; ~ *horaria* (*por pieza*) Stunden- (Stück-)lohn *m*; **~ir** [3g] *v/t.* vergüten; belohnen; bezahlen.
retro F **I.** *adj. inv.* rückschrittlich; *moda f* ~ Nostalgiewelle *f*; **II.** *m Kfz.* Rückspiegel *m*.
retro|activo *adj.* rückwirkend; *adv. con efecto* ~ rückwirkend; **~alimentación** *f* Feedback *n*; **~carga** *f de* ~ Rücklade... (*Waffe*); **~ceder** **I.** *v/i.* zurückweichen; zurücklaufen; **II.** *v/t.* 𝔥 wieder abtreten; **~cesión** 𝔥 *f* Wiederabtretung *f*; **~cesivo** 𝔥 *adj.* Wiederabtretungs...; **~ceso** *m* 1. Rückschritt *m*; Zurückweichen *n*; *fig.* Rückschläge *m* (*a. bei e-r Krankheit*); 2. *bsd. Phys.,* ⊕ Zurücklaufen *n* (*Bewegungsumkehr*); ⊕, ⚔ Rücklauf *m*; ⊕ Rückschlag *m*; ⚔ Rückstoß *m e-r Waffe b. Schießen*; *Billard:* Zurückläufer *m* (*Billardstoß*); ~ *del carro* Wagenrücklauf *m* (*Schreibmaschine*); ~ *del gas* (*de la llama*) Gas- (Flammen-)rückschlag *m*; *sin* ~ (*del cañón*) rückstoßfrei (*Waffe*); **~cohete** *m* Rückkehrrakete *f*; **~cuento** *m* Rückwärtszählen *n*; **~gradar** *v/i. Astr.* s. scheinbar rückläufig bewegen; 🜄 zurückweichen.
re|trógrado *adj.* rückläufig; rückschrittlich; ⚕ rückschrittlich, ⚕ *amnesia* ~ *a* retrograde Amnesie *f*; **~trogresión** *f* → retroceso.
retronar [1m] *v/i.* (laut) widerhallen.
retro|propulsión ⊕ *f: técnica f de* ~ Rückstoßantriebstechnik *f*; **~proyector** *m* Tageslicht-, Overheadprojektor *m*; **~spectiva** *f* Rückschau *f*, Retrospektive *f*; Rückblende *f* (*in Film, Thea. usw.*); **~spectivo** *adj.* rück-blickend, -schauend, retrospektiv; **~traer** [2p] **I.** *v/t.* vordatieren; **II.** *v/r.* **~se** *a* s. zurückversetzen in (*ac. od.* nach *dat.*); **~vender** *v/t.* rückverkaufen; **~venta** 𝔥 *f* Rück-, Reu-kauf *m*; **~versión** ⚕ *f* Rückwärtsbeugung *f von Organen*; **~virus** ⚕ *m* (*pl. inv.*) Retrovirus *n*; **~visor** *Kfz. m* (*a. espejo m*) ~ Rückspiegel *m*; ~ *exterior* Außenspiegel *m*.
retruécano *m* Wortspiel *n*.
retruque *m* Rückstoß *m* (*Billard u. ä.*); *Kart.* Überbieten *n b.* Truquespiel.
retum|bante *adj. c* dröhnend; *fig.* hochtönend (*Rede*); **~bar** *v/i.* widerhallen; dröhnen; **~bo** *m* Widerhall *m*; Dröhnen *n*.
reu|ma. reúma ⚕ *m* Rheuma *n*; ~ *articular* Gelenkrheumatismus *m*; **~mático I.** *adj.* rheumatisch; **II.** *m* Rheumaleidende(r) *m*; **~matismo** ⚕ *m* Rheumatismus *m*; **~matología** *f* Rheumatologie *f*; **~matólogo** *m*

Rheumatologe *m*.
reuni|dora *tex. f* Wickelmaschine *f*; **~ficación** *f bsd. Pol.* Wiedervereinigung *f*; *Soz.* Zs.-führung *f*; **~ficar** [1g] *v/t.* wiedervereinigen; *Soz.* Familien zs.-führen.
reu|nión *f* 1. Vereinigung *f*; Gesellschaft *f*; 2. Versammlung *f*; Sitzung *f bzw.* Tagung *f*; *Pol. bsd. Am.* ~ *cimera* Gipfeltreffen *n*; ~ *de trabajo* Arbeitstagung *f*; *Pol.,* 𝔥 *derecho m de* ~ Versammlungsrecht *n*; 3. gesellschaftliche Zs.-kunft *f*; Gesellschaftsabend *m*; ~ *familiar* Familienfest *n*; 4. Ansammlung *f*; Versammeln *n*, Treffen *n*; ⚔ Sammeln *n*; "¡~!", "sammeln!"; **~nir I.** *v/t.* 1. sammeln; versammeln; verein(ig)en; verbinden, zs.-fügen; *Bedingungen* erfüllen (*zur Ausübung e-r Tätigkeit*); *Mittel* aufbringen; *Beweise* sammeln; 2. *tex.* (auf)wickeln; **II.** *v/r.* **~se** 3. s. versammeln; s. treffen; zs.-kommen; zs.-treten (*Ausschuß usw.*); tagen.
reutiliza|ción *f* Wiederbenutzung *f*; **~r** [1f] *v/t.* erneut benutzen.
revacuna|ción ⚕ *f* Nachimpfung *f*; **~r** *v/t.* nachimpfen.
reválida *f* 1. *Span. früher:* Abiturschlußprüfung *f*; Schlußexamen *n*; *certificado m de* ~ Abitur-, Reifezeugnis *n*; 2. → revalidación.
revalida|ción 𝔥 *f* Anerkennung *f*; Bestätigung *f*; *bsd.* Anerkennung *f e-s ausländischen Titels od. Diploms*; Nostrifikation *f*; **~r** 𝔥 *v/t.* anerkennen, bestätigen; nostrifizieren; **II.** *v/r.* **~se** anerkannt werden; die amtliche Anerkennung (*od.* Approbation) erhalten.
reva|lorización *f* Aufwertung *f*; ~ *de la moneda* Geldaufwertung *f*; **~lorizar** [1f] *v/t.* aufwerten; **~luación** *f* → revalorización.
revan|cha *f* Revanche *f* (*a. fig.*); **~chismo** *m* Revanchismus *m*; **~chista** *adj.-su. c* revanchistisch; *m* Revanchist *m*.
reve|lación *f* Enthüllung *f*; *a. Rel.* Offenbarung *f*; **~lado** *Phot. m* Entwickeln *n*; **~lador I.** *adj.* aufschlußreich; **II.** *m Phot.* Entwickler *m*; **~lar I.** *v/t.* enthüllen; ent-, auf-decken; *a. Rel.* offenbaren; *Phot.* entwickeln; **II.** *v/r.* **~se** an den Tag kommen; **~se** + *adj.* s. herausstellen als + *adj.*
revellín *fort. m* Außenschanze *f*, Vorwerk *n*.
revende|dor *m* Wiederverkäufer *m*; **~r** *v/t.* wieder verkaufen, weiterverkaufen.
reve|nido ⊕ *m* Anlassen *n von Werkzeug*; **~nir** [3s] **I.** *v/t.* ⊕ *Werkzeug* anlassen; **II.** *v/r.* **~se** eintrocknen, einschrumpfen; s-e Feuchtigkeit verlieren (*z. B. Mauerwerk*); *fig.* sauer werden (*Getränke*); *fig.* F nachgeben, klein beigeben F.
reventa *f* Wieder-, Weiter-verkauf *m*.
reven|tadero *m* 1. steiles und unwegsames Gelände *n*; *fig.* F schweres Stück *n* Arbeit, Plackerei *f* F; 2. Brandungsküste *f*; 3. Sprudel *m* (*Quelle*); **~tado** *adj. fig.* F: estar (*od.* venir, *etc.*) ~ total erschossen (*od.* kaputt) sein F; **~tador** *Pol. m* (vorsätzlicher) Störer *m v.* Versammlungen *usw.*; **~tar** [1k] **I.** *v/i.* platzen,

bersten; krepieren; explodieren; s. brechen (*Wellen am Fels*); *fig.* F krepieren (*Tiere u. fig.* P); *Kfz.* platzen (*Reifen*); *fig.* F auspacken F, ausplaudern, losschießen F; *fig.* F ~ de risa vor Lachen platzen; **II.** *v/t.* zum Platzen bringen; *Pferd u. fig.* zu Tode hetzen; *fig.* F umbringen, kaputtmachen F; sehr ärgern, rasend machen F; **III.** *v/r.* ~ se aufspringen, aufplatzen, bersten; zerplatzen; *fig.* F s. zu Tode arbeiten; kaputtgehen (*fig.* F); *fig.* P ¡que se reviente, pues! soll er doch die Platze kriegen! P; **~tón I.** *adj.* bald aufplatzend (*z. B. Knospe*); hervorquellend (*Augen*); **II.** *m* Aufplatzen *n*; F *Kfz.* Platzen *n* e-s Reifens; ⚔ ~ *prematuro* Rohrkrepierer *m*; ~ *de tubería* Rohrbruch *m* (*Gas, Wasser*); tengo un ~ ich habe e-n Platten F.

rever [2v] *v/t.* wiedersehen; durchsehen, überprüfen; *a.* ⚖ revidieren.

reverbe|ración f Rückstrahlung *f*; ↻ Kalzination *f im Flammofen*; **~rante** *adj.* c zurückstrahlend; nachhallend; **~rar** *v/i.* zurückstrahlen; **~ro** *m* Lichtspiegel *m*; Reflexlicht *n*; Straßenlaterne *f*; Scheinwerfer *m*; *Col., Ven.* Spirituskocher *m*.

reverde|cer [2d] *v/i.* wieder grünen; **~cimiento** *m* neues Ergrünen *n*.

reveren|cia *f* 1. Ehrfurcht *f*; 2. Verbeugung *f*; *hacer una ~* (*profunda*) s. (tief) verneigen; 3. *ecl.* ♀ Euer Hochwürden (*Anrede*); **~ciable** *adj.* c verehrungswürdig; **~cial** *adj.* c ehrerbietig; **~ciar** [1b] *v/t.* verehren; **~cioso** *adj.* (übertrieben) ehrerbietig, katzbuckelnisch; **~dísimo** *ecl. adj.* hochehrwürdig (*Titel*); *Su* ♀*a* S-e Hochehrwürden; **~do** *adj.* (fast nur *ecl.*) ehrwürdig; *ecl. Anrede*: ♀ *Padre* Ehrwürdiger Vater; **~te** *adj.* c ehrerbietig, respektvoll.

rever|sa *Kfz. f Méj.* Rückwärtsgang *m*; **~sibilidad** *f bsd. Phys.,* ↻ Umkehrbarkeit *f*; **~sible I.** *adj.* c 1. umdreh-, umkehr-bar; umstellbar; ⚔ reversibel; 2. Klapp..., Kipp...; *Phot.* Umkehr...; **II.** *m* 3. Wendemantel *m*; **~sión** *f* Rückfall *m*; Umkehrung *f*; *Phot.* de ~ Umkehr...; **~so** *m* 1. Rückseite *f*; *a. fig.* Kehrseite *f*; *fig. el* ~ *de la medalla* die Kehrseite der Medaille; *fig. a.* das genaue Gg.-teil des andern (*Person*); 2. *Kfz. Col.* Rückwärtsgang *m*; **~ter** [2g] *v/i.* überfließen; **~tir** [3i] ⚖ *v/i.*: ~ *a* zurückfallen an (*ac.*).

re|vés *m* (*pl. ~eses*) 1. Rück-, Kehrseite *f*; linke Seite *f* (*Stoff*); *al* ~ umgekehrt; verkehrt; *fig. el mundo al* ~ die verkehrte Welt; *salir al* ~ fehlschlagen; 2. *a.* ⚔ Rückschlag *m*; Mißgeschick *n*; *~eses m/pl. de la fortuna* Schicksalschläge *m/pl.*; 3. Schlag *m* mit dem Handrücken; *Sp.* Rückhandschlag *m* (*Tennis*); **~vesa** ⚓ *f* Rückströmung *f*; **~vesado** *adj.* 1. verwickelt, verzwickt F; 2. störrisch; ungezogen (*Kind*); **reves|tido** ⊕ *adj.* überzogen bzw. umwickelt (mit *dat. de*); **~timiento** ⚔, ⊕ *m* Ver-, Aus-kleidung *f*; Belag *m*, Überzug *m*; **~tir** [3l] I. *v/t.* 1. ⚔, ⊕ ver-, be-, aus-kleiden; überziehen; *Kabel a.* umwickeln; *Mauer* verblenden; ~ *de losas* mit Fliesen belegen; ~ *de tablas* mit

Brettern verschalen; 2. *Amtstracht u. fig.* anlegen, s. kleiden in (*ac.*); 3. annehmen; haben; bekommen; ~ *importancia* bedeutungsvoll sein; ~ *un aspecto diferente* s. anders darstellen; 4. ausstatten (mit *dat. de*) (*bsd. mit Vollmachten*); 5. Aussehen geben (*dat.*); ~ *un discurso* e-e Rede (poetisch) ausschmücken; **II.** *v/r.* **~se 6.** Amtstracht anlegen; *fig. lit.* **~se de una idea** ganz von e-r Idee durchdrungen sein; *fig.* **~se de paciencia** s. mit Geduld wappnen; **~se de valor** Mut zeigen.

revientacajas P *m* (*pl. inv.*) Geldschrankknacker *m* F, Schränker *m* □.

reviejo *adj.* ur-, stein-alt.

revi|sación *f Ant.,* **~sada** *f Am.* → *revisión;* **~sar** *v/t.* nach-, durch-sehen; nach-, über-prüfen; ⊕ überholen; *Paß a.* stempeln; revidieren; **~sión** *f* 1. Durchsicht *f*; Überprüfung *f*; Revision *f*; ⊕ Überholung *f*; *Kfz.* Inspektion *f*; ⚔ *usw.* (Fahrkarten-)Kontrolle *f*; ~ *de aduanas* Zolldurchlaß *m* in *Häfen usw.*; *Kfz.* ~ *técnica de vehículos* (technische) Fahrzeugüberprüfung *f*; 2. ⚖ (recurso *m* de) ~ (Antrag *m* auf) Wiederaufnahme *f des Verfahrens*; 3. *Pol.* Änderung *f* (*Verfassung, Vertrag*); **~sionismo** *Pol. m* Revisionismus *m*; **~sionista** *adj.-su.* c revisionistisch; *m* Revisionist *m*; **~sor** *m* Nachprüfer *m*; Revisor *m*; Kontrolleur *m*; ⚔ Schaffner *m*; ~ *de cuentas* Buchprüfer *m*; **~soría** *f* Stelle *f od.* Amt *n* e-s Revisors.

revis|ta *f* 1. ⚔ Truppenbesichtigung *f*; *pasar* ~ (*a las tropas*) die Truppe besichtigen (*ac.*); die Ehrenkompanie abschreiten; *fig. pasar* ~ *a* überprüfen (*ac.*); in e-m Überblick zs.-fassen (*ac.*); 2. *Thea.* Revue *f*; ~ *sobre hielo* Eisrevue *f*; 3. Zeitschrift *f*; ~ *técnica* (*od. especializada*) Fachzeitschrift *f*; 4. ⚖ erneute Verhandlung *f* e-s Prozesses; **~tar** ⚔ *v/t.* besichtigen; ~ *la compañía usw.* die Front abschreiten; **~teril** ♪ *adj.* c leicht, Unterhaltungs...; **~tero** *m* 1. Berichterstatter *m*, Mitarbeiter *m* an e-r Zeitschrift; 2. Zeitungsständer *m*.

revi|talizar [1f] *v/t.* neues Leben geben (*dat.*); **~vificación** *f* Wiederbelebung *f*; **~vificar** [1g] *v/t.* wiederbeleben (→ *reanimar*); **~vir I.** *v/i.* ins Leben zurückkehren; wieder aufleben (*a. Streit usw.*); **II.** *v/t.* wiederbeleben.

revo|cabilidad *f* Widerruflichkeit *f*; **~cable** *adj.* c widerruflich; **~cación** *f a.* ⚖ Widerruf *m*; Aufhebung *f*, Zurücknahme *f*; ⚕ Zurückziehung *f* e-r Bestellung *od.* Lieferung; **~car** [1g] I. *v/t.* 1. *a. ⚖* widerrufen; aufheben, zurücknehmen; absagen; abberufen; *fig. z. B. Rauch* vertreiben; 2. ↑ abbestellen, stornieren; 3. △ tünchen, kalken; bewerfen; **II.** *v/i.* 4. abziehen (*Rauch*); **~catorio** *adj.* Widerrufs..., Abberufungs...; *decreto m* ~ Aufhebungserlaß *m*; **~co** △ *m* → *revoque*.

revol|cadero ⚔ *Jgdw. m* Suhle *f*; **~car** [1g *u.* 1m] I. *v/t.* zu Fall bringen; *fig.* F besiegen; fertigmachen

F; durchfallen lassen *b. e-r Prüfung*; **II.** *v/r.* **~se** s. (herum)wälzen; s. wälzen *bzw.* s. suhlen (*Tiere*); *fig.* F herumreiten *fig.* F (auf *dat. en*); **~cón** F *m* Herumwälzen *n*; *fig.* Durchfall *m* F *b. Examen*.

revo|lear *v/i.* herumfliegen (*Vögel*); **II.** *v/t. Rpl. Lasso od. Wurfkugeln usw.* über dem Kopf schwingen; **~lotear** *v/i.* (umher)flattern; **~loteo** *m* Flattern *n*.

revol|tijo, ~tillo *m* 1. wirrer Haufe *m*; *fig.* Wirrwarr *m*; 2. Kaldaunen *f/pl.*; **~tina** *f →* *revoltillo* 1; **~toso** I. *adj.* 1. aufsässig; 2. unruhig, ungebärdig; ungezogen (*Kind*); **II.** *m* 3. Aufrührer *m*.

revolu|ción *f* 1. *Pol. u. fig.* Revolution *f*; Umwälzung *f*; ~ *cultural* Kulturrevolution *f* (*China*); *fig. una* ~ *artística* e-e Revolution der Kunst; 2. *Astr.* Umlauf *m*; Umlaufszeit *f*; ⊕ Umdrehung *f*, Tour *f*, Umlauf *m*; *número m de* ~ones Dreh-, Touren-zahl *f*; *de alto número de* ~ones → **~cionado** ⊕ *adj.*: muy ~ hochtourig, schnelldrehend; **~cionar** *v/t. Pol. u. fig.* revolutionieren; aufwiegeln; *die (bestehende) Ordnung* umstürzen; **~cionario I.** *adj. Pol. u. fig.* revolutionär; Umsturz..., Umbruch...; **II.** *m. a. fig.* Revolutionär *m*; Aufrührer *m*, Umstürzler *m*.

revól|ver *m* Revolver *m*; ~ *de barrilete* Trommelrevolver *m*; *Opt. diafragma m* ~ Revolverblende *f*.

revolver [2h; *part.* revuelto] I. *v/t.* 1. umrühren, umwälzen; verrühren; quirlen; aufwühlen; ~ *en la mente* immer wieder überlegen; 2. (herum)drehen; *Pferd* herumreißen (*auf engem Raum*); *Augen* verdrehen; 3. ein-, ver-wickeln; 4. ✈ auflockern; umgraben *bzw.* umpflügen; *Getreide* worfeln; 5. durch-wühlen, -stöbern; *Bücher usw.* durchblättern, wälzen F *zum Nachschlagen;* 6. hin u. her schütteln; *fig.* in Aufruhr bringen; *a. fig.* durchea.-bringen; *a. Gemüt* aufwühlen; verfeinden (mit *dat. con*); **II.** *v/i.* 7. wenden (*Reiter*); wieder umkehren; **III.** *v/r.* **~se 8.** *a. Astr.* s. drehen; s. rühren; s. hin u. her bewegen; umschlagen (*Wetter*); s. (ruhelos) *im Bett* hin u. her wälzen; *se me revuelve el estómago* da dreht s. mir der Magen um.

revoque △ *m* Kalkbewurf *m*; Verputz *m*; ⚕ *bajo* ~ unter Putz.

revuelco *m* (Umher-)Wälzen *n*; Suhlen *n* (*Sauen usw.*).

revuelo *m* 1. erneutes Auffliegen *n* (*Vögel*); *Am.* Spornhieb *m* e-s *Kampfhahns;* de ~ rasch, im Fluge; 2. Rückflug *m*; 3. *fig.* Durchea. *n*; Skandal *m*; Aufruhr *m*; *levantar* ~, *producir gran* ~ alles in Aufruhr bringen (*z. B. Nachricht*); Aufsehen erregen, Staub aufwirbeln.

revuel|ta *f* 1. Aufruhr *m*, Revolte *f*; *fig.* Streit *m*; Aufregung *f*; 2. Richtungsänderung *f*; *bsd.* Krümmung *f* (*Weg, Fluß*); Windung *f*; 3. *fig.* neue Wendung *f*; Meinungsänderung *f*; Umschwung *m*; **~to** **I.** *part. irr. v.* revolver; **II.** *adj.* 1. aufgewühlt; 2. unruhig; zappelig; aufgeregt; verwickelt, verworren, drunter u. drüber.

rey m (a. *Schach*) König m; F (kl.) Liebling (*zu Kindern*); los ~es das Königspaar; *hist*. los ?es *Católicos* das Katholische Königspaar (*Ferdinand von Aragonien u. Isabella von Kastilien*); *bibl.* (*Libro de los*) ?es (das Buch der) Könige; los ?es *Magos* die Heiligen Drei Könige; *hablando del* ~ *de Roma* ... wenn man vom Teufel spricht ...; *fig.* F *en tiempos del* ~ *que rabió* (*burl. por gachas*) in uralten (*od.* zu Olims [*burl.*]) Zeiten, Anno Tobak F; F *es del tiempo del* ~ *que rabió* das sind olle Kamellen F, (das hat) so 'n(en) Bart (*fig.* F); *no temer* ~ *ni roque* weder Tod noch Teufel fürchten; *fig. tirar con pólvora del* ~ mit fremden Mitteln arbeiten; *a cuerpo de* ~ wie ein Fürst (*leben*); *fig. no quitar ni poner* ~ s. nicht einmischen, neutral bleiben.
reyerta f Streit m, Zank m.
reyezuelo m 1. *Vo.* a) Zaunkönig m; b) Goldhähnchen n; 2. Stammeshäuptling m.
rezado *kath.* I. *adj*.: *misa* f ~a stille Messe f; II. m Brevier-beten n; ¡-gebet n; ~r I. *adj*. (*oft desp.*) viel betend; fromm; II. m *desp.* Betbruder m; ~ra Zo. f Gottesanbeterin f.
reza|gado m Nachzügler m; ~gar [1h] I. v/t. 1. hinter s. lassen; *fig.* überflügeln; 2. aufschieben; II. ~se v/r. 3. nachhinken; zurückbleiben; ~go m Rückstand m.
rezar [1f] I. vt/i. 1. beten (zu *dat. a*; für *ac. por*); *Messe* lesen (*stille Messe*); *fig.* F *rezamos porque todo te salga bien* wir drücken dir die Daumen (, daß alles gut geht); 2. F besagen; II. v/i. 3. lauten (*Text*); 4. *fig.* F passen (zu *dat. con*); zutreffen (auf *ac. con*); *esto no reza con nosotros* das ist nichts für uns.
rezno m 1. *Zo.* Zecke f; 2. ⚘ → *ricino*.
rezo m 1. Beten n; Gebet n; 2. *ecl.* Tagesoffizium n; *a.* → *rezado*.
rezón ⚓ m Bootsanker m, Draggen m.
rezon|gador F m Brummbär m, Murrkopf m F; ~gar [1h] v/i. murren, brummen, knurren; aufmucken; ~go m → *refunfuño*; ~gón F *adj*. brummig; bärbeißig; mißvergnügt; ~gueo F m *Am.* Gebrummel n; Geknurre f; ~guero *adj*. brummig.
rezuma|dero m lecke Stelle f; Lache f von Ausgeronnenem; ~r I. v/t. ausschwitzen (*Gefäß, Wand*); II. v/i. verdunsten (*durch Poren*); a. v/r. ~(se) durchsickern (a. *fig.*).
rho f Rho n (*griech. Buchstabe*).
ría *usw.* → *reír*.
ría f 1. Ria f (*fjordähnliche Trichtermündung f der Flüsse in Galicien*); Flußmündung f (*Bilbao*); 2. Pferderennen: Wassergraben m.
ria|chuelo m Flüßchen n; Bach m; ~da f Überschwemmung f; Hochwasser n; Flutwelle f; *fig.* Schwall m.
ribazo m Uferrand m, Abhang m.
ribe|ra f 1. Ufer n; Strand m; 2. Ufer-, Tal-landschaft f; ~reño I. *adj*. Ufer-...; Strand...; II. m Uferbewohner m; ~te m 1. Saum m; Besatz m; Paspel m, f; 2. *a. fig.* Verzierung f; Ausschmückung f; *fig.* ~s m/pl. Anstrich m, Züge m/pl.; *fig. tener* (*us.*) ~s *de artista* e-e künstlerische Ader haben; ~teado *adj. fig.* entzündet (*Auge*); ~tear v/t. (be)säumen; paspelieren; einfassen; umranden.
rica f Kleine f, Liebling m (*Kosewort*); ~cho, ~chón m *desp.* reicher Protz m; ~mente *adv.* reichlich, herrlich; bestens F; *aquí estamos sentados* (*tan*) ~ *a.* hier sitzen wir urgemütlich; *fig. y tan* ~ ... (u.) so mir nichts, dir nichts ...
ricar|dito P m Strohhut m, Kreissäge f (*fig.* F); ²do *npr.* m Richard m.
ricino ⚘, *pharm.* m Rizinus m; *aceite m de* ~ Rizinusöl n.
rico I. *adj*. 1. reich; reichlich; reichhaltig; fruchtbar (*Boden*); *un hombre* ~ ein reicher Mann m; *un* ~ *programa* ein reichhaltiges Programm n; *ser* ~ reich sein; *fig.* ~ *en* (*od. de*) reich an (*dat.*); 2. herrlich, prächtig; köstlich; schmackhaft, lecker F; *la sopa está muy* ~a (*od. riquísima*) die Suppe schmeckt köstlich; 3. niedlich, reizend; *¡qué criatura más* ~a! ist das ein reizendes Kind!; II. m 4. Reiche(r) m; *nuevo* ~ Neureiche(r) m; 5. *Kosewort*: Schatz m, Liebling m.
ricura F f *Span.* hübsches Mädchen n; *als Anrede*: Schätzchen n F.
ri|di F m: *hacer el* ~ s. lächerlich machen; ~diculez f Lächerlichkeit f; ~diculizar [1f] v/t. lächerlich machen; ~dículo I. *adj*. 1. lächerlich (*a. fig. z. B. Preis u. ä.*); *hacer el* ~ s. lächerlich benehmen; II. m 2. Lächerlichkeit f; *caer* (*od. quedar el* ~ *od. ponerse*) *en* ~ s. lächerlich machen, s. blamieren; *poner en* ~ ins Lächerliche ziehen; lächerlich machen; 3. † Ridikül n (*Beutel*).
riego m 1. Bewässerung f; Berieselung f; ~ *por acequias* (*por aspersión*) Kanal- (Sprüh-)bewässerung f; ~ *municipal* Straßenbesprengung f; 2. ✱ ~ *sanguíneo* Durchblutung f; 3. ~ *asfáltico* Asphaltierung f.
riel m (*Bahn-*)Schiene f; (*Metall-*)Barren m (*bsd. Roheisen*); ~es m/pl. Gardinenstangen f/pl.
rielar *poet.* v/i. flimmern; glitzern.
rienda f *a. fig.* Zügel m; *Equ.* ~ *de mano* Trensenzügel m; *a* ~ *suelta* mit verhängten Zügeln; *fig.* a) spornstreichs; b) zügellos; *a. fig.* *aflojar la* ~ die Zügel lockern; *fig. dar* ~ *suelta a a/c.* e-r Sache freien Lauf lassen; *fig. llevar* (*od. tener*) *las* ~s die Zügel in der Hand haben; *a. fig. soltar la(s)* ~(s) die Zügel schießen lassen; *a. fig. tirar* (*de*) *la* ~ zügeln; *fig. volver los* ~s umkehren.
riesgo m Gefahr f; Wagnis n; Unsicherheit f; ✝, *Vers. u. fig.* Risiko n; *a* ~ *de que* + *subj.* auf die Gefahr hin, daß + *ind.*; *con* ~ *de su* (*od. mi*) *vida* unter Lebensgefahr; *a propio* ~ auf eigene Gefahr; ✝ ~s *marítimos* Seegefahr f; ⚔ *grupo de* ~ Risikogruppe f; *correr* (*el*) ~ (*de*) Gefahr laufen (, zu + *inf.*); ~so *adj. Am.* riskant, gewagt.
rifa f 1. Verlosung f, Tombola f; ~ *benéfica* Wohltätigkeitstombola f; 2. ~r I. v/t. aus-, ver-losen; II. v/i. s. zanken; III. v/r. ~se ⚓ zerreißen (*Segel*); *fig.* s. um *et. od.* j-n reißen.
rifeño *Geogr.* (*Marokko*) I. *adj*. aus dem Rif; II. m Rifbewohner m.

rifirrafe F m Zank m, Streit m, Rauferei f.
ri|flazo F m (Büchsen-)Schuß m; ~fle m Büchse f (*Gewehr*); ~ *del* (*calibre*) 22 Kleinkalibergewehr n; ~ *de repetición* Repetierbüchse f.
rigidez f *a.* ⊕ Starrheit f; Starre f; *fig.* Härte f, Strenge f.
rígido *adj. a.* ⊕ starr; *fig.* hart; streng.
ri|gor m Strenge f, Härte f; *en* ~ strenggenommen; ~ *científico* Akribie f; *ser de* ~ unerläßlich sein; vorgeschrieben sein; *fig.* F *ser el* ~ *de las desdichas* vielen Schicksalsschlägen ausgesetzt sein; ~gorismo m übermäßige Strenge f, Rigorismus m; ~gorista I. *adj*. c übermäßig streng; II. m Rigorist m; ~gurosidad f Strenge f; ~guroso *adj*. streng; hart; unerbittlich; *Thea. estreno* m ~ Uraufführung f.
rija¹ ✱ f Tränenfistel f.
ri|ja² f Streit m; ~joso *adj*. 1. streit-, händel-süchtig; 2. brünstig, geil (*Tier*); *fig.* sinnlich.
rima¹ f → *rimero*.
rima² f Reim m; ~s f/pl. Verse m/pl.; *diccionario m de la* ~ Reimwörterbuch n; ~ *aguda* (*grave, pareada*) männlicher (weiblicher, gepaarter) Reim m; ~ *alterna* Wechselreim m; ~ *asonante* Assonanz f; ~ *consonante* (*od. perfecta*) (Voll-)Reim m; ~dor m Reimschmied f; ~r I. v/i. reimen; s. reimen (*auf ac. con*); II. v/t. reimen lassen (*auf ac. od. en*).
rima³ ⚘ f *Ec.* Brotbaum m.
rimbomba|ncia f Bombast m; hochtönende Art f; ~nte *adj*. c hochtönend; schallend; *fig.* prunkvoll (überladen); ~r v/i. widerhallen; schallen.
rim(m)el m Wimperntusche f.
rimero m Haufen m, Stapel m.
Rin¹ m Rhein m.
rin² *Kfz. m Col.* (Rad-)Felge f.
rin|cón m Winkel m, Ecke f; *fig.* stilles Plätzchen n; ~ *cocina* Kochnische f; ~conada f Winkel m (*von zwei Häusern od. Straßen*); ~conera f Ecktisch m; Eck-regal n, -schrank m; *Radar:* ~ *reflectante* Tripelreflektor m.
ring *Sp.* m: ~ (*de boxeo*) (Box-)Ring m.
rin|gl(er)a f Reihe f; ~glero m Schreiblinie f; ~glete m *Col.* Windrädchen n (*Spielzeug*); ~gorrango F m großer Schnörkel m b. Schreiben; *fig.* Firlefanz m; Flitterkram m.
ri|nitis ✱ f Nasenkatarrh m, Schnupfen m; ~noceronte *Zo.* m Nashorn n; ~noplastia *Chir.* f Nasenplastik f.
riña f Zank m, Streit m; ~ *de gallos* Hahnenkampf m.
ri|ñón m *Anat.* Niere f; *fig.* Herz n, Innere(s) n e-s *Landes*; ~ones m/pl. *a.* Nierengegend f, Kreuz n; ~ *flotante* Wanderniere f; *fig.* ~ (*costar*(*le a alg.*) *un* ~ (j-n) sündhaft teuer sein; *fig.* F *echar* *los* ~ones s. abrackern F, s. totarbeiten F; *fig. tener el* ~ *bien cubierto* viel Geld haben, gut betucht sein F; *fig.* F *tener* ~ones *Mut* (*od.* Schneid F) haben; ~ñonada f Nierenfett(gewebe) n; Nierengegend f; *Kchk.* gedämpfte Nieren (*pl.*); f Nierenbraten m; *fig.* F *costar una* ~ → *riñón*; ~ñonera f Gürteltasche f.

río *m* Fluß *m*, Strom *m*; ~ *abajo* (*arriba*) fluß-abwärts (-aufwärts); □ *irse al* ~ die Sore verstecken F.
rioja *m span.* Riojawein *m*.
rioplatense I. *adj. c* La Plata...; **II.** *m* Einwohner *m* des (Rio-de-)La-Plata-Gebiets.
riostra △ *f* Strebe *f*, Spreize *f*.
ripi|a *f* Zaun-, Dach-latte *f*; *a*. Schindel *f*; **~ar** [1b] **I.** *v/t*. **1.** △ (*b. Mauern*) mit Ziegelsplitt *u. ä.* auffüllen; **2.** *Cu.*, *P. Ri.* zerstückeln; **II.** *v/r.* ~*se* **3.** *Ant.* verlieren (*bsd. b. Spiel*); **~o** *m* Bauschutt *m*; Ziegelsplitt *m*; *p. ext.* Kieselstein *m*; Abfall *m*; *fig.* Flickwort *n*, Füllsel *n*; F meter (*mucho*) ~ *dumm quatschen* F; F *no perder* ~ *s.* kein Wort entgehen lassen; k-e Gelegenheit auslassen; **~oso** *adj. fig.* voller Flickwörter.
riqueza *f* Reichtum *m* (*a. fig.*): Ergiebigkeit *f des Bodens*; ~*s f/pl.* Schätze *m/pl.*; ✞ Güter *n/pl.*; ~*s f/pl. del subsuelo* Bodenschätze *m/pl.*
risa *f* Lachen *n*; Gelächter *n*; ~ *falsa* (*od.* F *de conejo*) falsches (*od.* gezwungenes *bzw.* verstelltes) Lachen *n*; ~ *forzada* gezwungenes Lachen *n*; ✽ Zwangslachen *n*; *dar* ~ *zum* Lachen sein; *llorar de* ~ Tränen lachen; F *caerse* (*od.* F *morirse od.* P *mearse*) *de* ~ *s.* tot- (*od.* krank- *od.* kaputt-)lachen F; *mover a* ~ *zum* Lachen reizen; *¡qué* ~ (*da*)! das ist (wirklich) gelungen (*fig.* F), du lachst dich kaputt F; *ser una verdadera* ~ urkomisch sein; *tomar a* ~ *scherzhaft* auffassen, nicht ernst nehmen.
risco *m* Fels *m*; Klippe *f*; Grat *m*; **~so** *adj.* felsig; klippig.
ri|sible *adj. c* lächerlich; **~sorio** *Anat. m* = *músculo m* ~ Lachmuskel *m*; **~sotada** *f*, **~soteo** *m* schallendes Gelächter *n*. [strupping.)
ríspido *adj.* rauh; barsch; *Am.*)
ristra *f* Schnur *f* (*mit Knoblauchzwiebeln usw.*); Reihe *f*.
ristre *m* *ehm.* Lanzenschuh *m*; **~l** △ *m* Knagge *f*.
risueño *adj.* **1.** lachend; lächelnd; strahlend (*Gesicht*, *Augen*); *fig.* lieblich; *poet. campo m* ~ lachende Flur *f*; **2.** heiter; froh, vergnügt; lustig; **3.** *fig.* günstig, verheißungsvoll; *un* ~ *porvenir* e-e glückliche Zukunft.
ritmar *v/t.* rhythmisch gestalten.
rítmi|ca *f* Rhythmik *f*; **~co** *adj.* rhythmisch.
ritmo *m* Rhythmus *m*; Tempo *n*; ⊕ *u. ä.* oft Takt *m*; ~ *acelerado* beschleunigtes Tempo *n*; ✞ *de incremento* Zuwachstempo *n*.
ri|to *m Rel. u. fig.* Ritus *m*; **~tual I.** *adj. c* rituell; **II.** *m* Ritual *n*; **~tualista** *m* **1.** *Rel.* Ritualist *m*; **2.** *fig.* F Pedant *m*, Formalist *m*; **~tualizar** [1f] *v/t.* ritualisieren, zum Ritual erheben.
riva|l *c* Rivale *m*; Nebenbuhler *m*; *no tener* ~ nicht seinesgleichen haben; **~lidad** *f* Rivalität *f*; Feindschaft *f*; Eifersüchtelei *f*; Wetteifer *m*; **~lizar** [1f] *v/i.* wetteifern, rivalisieren (*mit dat. con*).
ri|zado I. *adj.* lockig gekräuselt; gefältelt; **II.** *m* Kräuselung *f*; Fälteln *n*; **~zador** *m* Brennschere *f*; ~ *de pestañas* Wimpernzange *f*; **~zamantequilla** *m* (*pl. inv.*) Butterquirl *m*; **~zar** [1f] *v/t.* kräuseln; fälteln; *fig.* ~ *el rizo* ✈ mehrere Loopings hintereinea. fliegen; *fig. et.* erfolgreich zum Abschluß bringen; die (größten) Schwierigkeiten überwinden; **~zo I.** *adj.* kraus; *tex.* (*a. su. m*) terciopelo *m* ~ Noppenplüsch *m*; **II.** *m* (Haar-) Locke *f*; Falte *f*; ⚓ Reff *n*; ✈ Looping *m*; ~ *en la sien* Schläfenlocke *f*; *hacer el* ~ e-n Looping fliegen; ⚓ *tomar* ~*s* die Segel reffen.
rizocár|peas, ~picas ♀ *f/pl.* Wurzelfarne *m/pl.*
rizófora ♀ *f* Mangrove(nbaum *m*) *f*.
rizoma ♀ *m* Wurzelstock *m*, Rhizom *n*.
rizoso *adj.* kraus, lockig (*Haar*).
roano I. *adj.* hellbraun, weiß u. grau (*Pferd*); *caballo m* ~ → **II.** *m* Rotschimmel *m*.
róbalo *Fi. m* Wolfs-, Meer-barsch *m*.
robar *vt/i.* rauben; stehlen; (*v/t.*) berauben, bestehlen; *Kart.* kaufen.
Roberto *npr. m* Robert *m*.
robinetería ⊕ *f* (Kessel-, Dampf-, Wasser-)Armaturen *f/pl.*
robinia ♀ *f* Robinie *f*.
roblar *v/t.* (ver)nieten.
roble ♀ *m* Eiche *f*; **~dal, ~do** *m* Eichenwald *m*.
ro|blón ⊕ *m* stärkerer Niet *m*; Verbindungsbolzen *m*; **~blonar** *v/t.* (ver)nieten.
robo[1] *m* Raub *m*; Diebstahl *m*; Entführung *f*; ~ *con fractura* Einbruch(-diebstahl) *m*; ~ *con escala* Einsteigediebstahl *m*; ~ *con homicidio* Raubmord *m*; *Kart. usw. ir al* ~ (*Karten usw.*) kaufen; *fig.* F *ser un* ~ glatter Diebstahl sein (*fig.* F).
robo[2] *m Fi.* Schlamm *m*, Schlick *m*.
robora|nte *adj. a.* ✽ stärkend, kräftigend; **~r** *v/t.* stärken; *fig.* → *corroborar*.
robot *m* Roboter *m*; ~ *de cocina* Küchenmaschine *f*; *nachgestellt*: *retrato m* ~ Phantombild *n*.
robótica *f* Robotertechnik *f*, Robotik *f*.
roboti|zación *f* Verwendung *f* von Robotern, Robotisierung *f*; **~zar** [1f] *v/t.* zum Roboter machen.
robus|tecer [2d] **I.** *v/t.* stärken, kräftigen; **II.** *v/r.* ~*se* erstarken; **~tecimiento** *m* Kräftigung *f*, Erstarkung *f*; **~tez** *f* Kraft *f*; Stärke *f*; Rüstigkeit *f*; **~to** *adj.* stark; kräftig; rüstig, robust; haltbar.
roca *f* Fels *m* (*a. fig.*); Gestein *n*; *cristal de* ~ Bergkristall *m*.
rocadero *m ehm.* Büßermütze *f der Inquisitionsgefangenen.*
rocalla *f* Steingeröll *n*; Steinsplitter *m*; △ Muschelstil *m*.
rocambolesco *adj.* unglaublich, spektakulär.
roce *m* Streifen *n*; Reibung *f*; *fig.* Umgang *m*; *tener* ~ *con* in Berührung kommen mit (*dat.*); ~*s* Reibereien *f/pl.* (*dat.*); *fig.* ~*s* Reibereien *f/pl.*
rocia|da *f* **1.** Besprengung *f*; *p. ext.* Platzregen *m*; *fig.* Unmenge *f*, Flut *f*; Hagel *m v.* Steinen *usw.*; **2.** Tau *m*; **3.** *fig.* F Anpfiff *m* F; *echar* (*od. soltar*) *una* ~ *a* alg. j-m den Kopf waschen; **~do I.** *adj.* benetzt; betaut; **II.** *m* Besprengen *n*; Abbrausen *n*; ~ *con asfalto* Asphaltieren *n*; **~dor** *m* (Wäsche-)Sprenger *m*; Sprinkleranlage *f zum Feuerlöschen* *m* Berieselung *f*; **~r** [1c] **I.** *v/i.* tauen; nieseln; sprühen; **II.** *v/t.* besprengen; berieseln; *Pfl.* besprühen; *Wäsche* einsprengen; **III.** *v/r.* ~*se fig.* F *s.* ansäuseln F.
ro|cín *m* Gaul *m*, Mähre *f*; **♀cinante** *npr. m* Rosinante *f*, *m* (*Pferd des Don Quijote*); *fig.* ♀ Schindmähre *f*.
ro|cío *m* Tau *m*; *p. ext.* Sprühregen *m*; Spray *n*, *m*; *bsd. Chi.* ~ *invisible* (Haar-)Spray *n*, *m*; *kath. procesión f del* ♀ Flurbegehung *f mit der Bitte um Regen*; *cae* ~ es taut; **~ción** *m* Spritzwasser *n*.
rock ♪ *m* Rock *m*; ~ *and roll m* Rock'n'roll *m*, Rock and Roll *m*; *música f* ~ Rockmusik *f*; **~era** *f* **a)** Rocksängerin *f*; **b)** Rockfan *m*; **c)** Rockerbraut *f*; **~ero** *m* **a)** Rocksänger *m*, -star *m*; **b)** Rockfan *m*; **c)** Rocker *m*. [felsig.)
roco|có *Ku. m* Rokoko *n*; **~so** *adj.*)
rocha *f* Rodung *f*; *fig.* F *Bol.*, *Chi.* Aufpassen *n* F; *Bol. hacer* ~ → *hacer novillos.*
roda ⚓ *f* Vor(der)steven *m*.
rodaballo *m Fi.* Steinbutt *m*; *fig.* F Schlaumeier *m*.
roda|da *f* **1.** Rad-, Wagen-spur *f*; ⊕ Spur *f*; *Kfz.* ~ *delantera* Spur *f* der Vorderräder; **2.** *Equ. Méj.*, *Rpl.* Sturz *m*; **~do** *adj.* **1.** scheckig (*Pferd*); **2.** *Vkw.* Fahr-..., Wagen...; *tráfico m* ~ Fahr-, Wagen-verkehr *m*; *fig.* F *venir a* ~ wie ergufen kommen; **3.** angeschwemmt (*Gestein*); **4.** *fig.* glatt, geschliffen (*Stil*, *Worte usw.*); **5.** *fig.* eingespielt; eingefahren; ~ *dura f* Abrollen *n*; Rollen *n*; ~ *final* Ausrollen *n* (*Fahrzeug*).
roda|ja *f* Scheibe *f* (*a.* ⊕); runde Schnitte *f*; ⊕ Butzen *m*; (Dreh-) Rolle *f*; *Equ.* Sporenrädchen *n*; **~je** *m* **1.** ⊕ Radsatz *m*; Räderwerk *n* (*Uhr*); Rädergetriebe *n*; **2.** *Kfz.* Einfahren *n*; (*régimen m de*) ~ Einfahrzeit *f*; *en* ~ wird eingefahren; **3.** *Film:* Dreharbeiten *f/pl.*; ~ *de exteriores* Außenaufnahmen *f/pl.*
rodal *m* kleinere, *s. v.* der Umgebung abhebende Fläche *f im Gelände.*
rodamiento *m* ⊕ (Wälz-)Lager *n*; ~ *de bolas* (*de rodillos*) Kugel- (Rollen-)lager *n*.
Ródano *m* Rhone *f*.
roda|nte *adj. c* rollend; ✕ *cocina f* ~ Feldküche *f*; ⚒ *material m* ~ rollendes Material *n*; **~pié** △ *m* Fuß-kranz *m*, -leiste *f*; **~r** [1m] **I.** *v/t.* **1.** rollen; *s.* drehen, *s.* wälzen; *fig.* F *s.* herumtreiben; *fig.* F *estar rodando* (*por el*) *mundo* auf der Walze sein; *echar a* ~ **a)** losrollen (*v/i.*); **b)** rollen lassen; *fig.* *echarlo todo a* ~ alles über Bord werfen, e-e furchtbare Wut haben; das ganze Geschäft verderben; **2.** herunterfallen, -rollen; *Méj.*, *Rpl.* nach vorn stürzen (*Reiter u. Pferd*); **II.** *v/t.* **3.** rollen, wälzen; **4.** *Film* drehen; *Kfz.* einfahren; *b.* Rennen: *Wagen* fahren.
Rodas *f* Rhodos *f*.
rodear I. *v/t.* **1.** umgeben (mit *dat. de*); umringen; **2.** *Am.* das Vieh zs.-treiben *bsd.* zur Aussonderung; **II.** *v/i.* **3.** e-n Umweg machen; *fig.* Umschweife machen; **III.** *v/r.* ~*se* **4.** *s.* tummeln.
rodela *f ehm.* Rundschild *m*; *Chi.* Tragpolster *n für Kopflasten.*
rodeo *m* **1.** Umweg *m*; *fig.* Ausflucht *f*; *sin* ~*s* ohne Umschweife; *andar*

con ~s Umschweife machen; wie die Katze um den heißen Brei herumgehen; *dar ~s a a/c.* von e-r Sache viel Aufhebens machen; 2. *Am.* Zs.-treiben *n* des Viehs; *Sp. bsd. Méj.* Rodeo *m*; *dar ~* → rodear 2.
rodera *f* Radspur *f*.
Rodesia *f* Rhodesien *n*.
rodete *m* 1. Haarkranz *m*; Tragpolster *n für Kopflasten*; 2. ⊕ Läufer (-scheibe *f*) *m*; Kreiselrad *n*; Schaufelrad *n* (*Turbine, Ventilator*).
rodezno *m* Mühlrad *n*.
rodi|lla *f* 1. Knie *n*; *de ~s* kniend; *doblar* (*od.* hincar) *la ~* das Knie beugen; *fig.* j-m huldigen; s. demütigen; *hincarse de ~s* niederknien; 2. Scheuerlappen *m*; 3. † *u. Reg.* Tragpolster *n*; **~llazo** *m* Stoß *m* mit dem Knie; **~llera** *f* 1. Knieschützer *m (a. Motorrad u. Sport)*; Knieleder *n*; 2. Knieflicken *m* (*Hose*); ausgebeulte Hose *f* (*Knie*); 3. *Equ.* Knieverletzung *f b. Sturz* (*Pferd*); **~llo** *m* 1. *a.* ⊕, ⚒ Walze *f*; Rolle *f*; *fig.* Dampfwalze *f* (*fig.*); *Typ. ~ dador* Auftragwalze *f*; 2. Nudelholz *n*.
rodio ♈ *m* Rhodium *n*.
rododendro ♧ *m* Rhododendron *n*, F *m*.
Rodolfo *npr. m* Rudolf *m*.
Rodrigo *npr. m* Roderich *m*.
rodrigón *m* ⚒ Rebpfahl *m*; Hopfen-, Bohnen-stange *f*; *ehm. u. fig.* Tugendwächter *m*; Anstandsdame *f*.
Rodríguez *span. Familienname*; *fig.* F (*estar de*) ♀ Strohwitwer *m* (sein).
ro|edor I. *adj.* nagend; **II.** *m Zo.* Nagetier *n*; **~edura** *f* Nagen *n*; **~er** [2za] *v/t.* (be-, ab-)nagen; anfressen; *a. fig.* nagen an (*dat.*); **~(se)** *las uñas* an den Nägeln kauen.
roga|ción *f* Bitten *n*; *bsd. kath.* Bittgang *m*; **~ones** *f/pl.* Bettage *m/pl.* (*mst.* Triduum *n*) mit Bittprozessionen; **~do** *adj.:* ser muy *~* s. (immer) sehr bitten lassen; **~dor I.** *adj.* bittend, flehend; **II.** *m* Bittende(r) *m*; **~nte** *adj. c* bittend; flehend; **~r** [1h *u.* 1m] **I.** *v/t/i.* bitten; *se lo he ~ado* ich habe ihn darum gebeten; *hacerse* (*de*) *~* s. bitten lassen; **II.** *v/i.* beten; **~tiva** *ecl. f* Bittgebet *n*; **~s** *f/pl.* Bittprozession *f*; **~torio** *adj.* Bitt...; ⚖ *comisión f ~a internationales* Rechtshilfeersuchen *n*.
ro|jear *v/i.* rötlich schimmern; rot durchschimmern; **~jete** *m* Rot *n* (*Schminke*); **~jez** *f* Röte *f*; **~jizo** *adj.* rötlich; **~jo I.** *adj.* rot (*a. Pol.*); rotblond; **~ cereza** rotkirsch (*claro, subido*) kirsch- (hell-, hoch-)rot; ⊕ (*caliente*) *al ~* rotglühend; *fig.* F *ponerse más ~ que una amapola* (*od. un tomate*) feuer- (*od.* puter-)rot werden; **II.** *m* Rot *n*; *Pol.* Rote(r) *m*.
rol *m* 1. ⚓ Mannschaftsliste *f*; 2. *bsd. Soz.* Rolle *f* (→ papel 6).
roldana ⊕ *f* Lauf-, Seil-rolle *f*; *p. ext.* Flaschenzug *m*.
ro|llista I. *adj. c* langweilig; **II.** *m* langweiliger Schwätzer *m*; **~llizo I.** *adj.* walzenförmig; *fig.* rundlich; stramm, drall; **II.** *m Zim.* Rundholz *n*; **~llo** *m* 1. Rolle *f*; Wickel *m*; Walze *f*; *~ de moneda* (*de papel*) Geld- (Papier-)rolle *f*; *Zim. ~s m/pl.* Rund-, Stamm-holz *n*; 2. (Buch-, Pergament-)Rolle *f*; *Phot.* Rollfilm *m*; *fig.* F ermüdendes Gerede *n*, alte Platte (*fig.* F); langweiliger Schmarren *m* (*od.* Schinken *m*) F (*Buch, Film*); *soltar el ~* (*a alg.*) (j-m) e-n langweiligen Sermon halten F; die alte Platte auflegen (*fig.* F); 4. F (Aussteiger-, Drogen-, Rock-)Szene *f*; (-)Bewegung *f*; 5. *Kchk.* Rolle *f*; *~ de primavera* Frühlingsrolle *f*; **~llona** F *f* Kindermädchen *n*.

Roma *f* Rom *n*.
romadizo ⚕ *m* (Stock-)Schnupfen *m*.
romana *f* Läufer-, Schnell-waage *f*.
romance I. *adj. c* 1. romanisch; *hist. u. fig.* spanisch; **II.** *m* 2. *hist. u. fig.* spanische Sprache *f*; *hablar en buen ~* deutlich (*od.* allen verständlich) sprechen; 3. *Lit. u. fig.* F Romanze *f*; *~ de ciego* Bänkelsängerlied *n*, Moritat *f*; 4. *mst. ~s m/pl.* Geschwätz *n*, Roman *m* (*fig.*); Ausflüchte *f/pl.*; **~(re)sco** *adj.* romanhaft; **~ro** *m* 1. Romanzen-dichter *m*; -sänger *m*; 2. Romanzero *m*, Romanzensammlung *f*.

ro|mánico *Ku., Li.* **I.** *adj.* romanisch; **II.** *m* romanische Kunst *f*, Romanik *f*; romanische Sprache *f*; **~manista** ⚖, *Li. c* Romanist(in *f*) *m*; **~mano I.** *adj.* römisch; *ecl.* römisch-katholisch; *balanza f ~a* → romana; **II.** *m* Römer *m*.
ro|manticismo *m* Romantik *f*; **~mántico** *adj.*-*su.* romantisch; *m* Romantiker *m*; **~manza** ♪ *f* Romanze *f*.
rombo *m* Rhombus *m*, Raute *f*; **~edro** ♦ *m* Rhomboeder *n*; **~idal** ♦ *m* rhomboid, rautenförmig; **~ide** ♦ *m* Rhomboid *m*.
rome|ría *f* *mst.* örtliche Wallfahrt *f*; Pilgerfahrt *f*; *p. ext.* Volksfest *n* kirchlicher Lokaltradition; **~ro¹** *m* Pilger *m*.
romero² ♧ *m* Rosmarin *m*.
romí *adj. c* ♧ *azafrán m ~* Saflor *m*.
romo *adj.* stumpf; stumpfnasig.
rompe|cabezas *m* (*pl. inv.*) 1. Totschläger *m* (*Waffe*); 2. *fig.* schwieriges Rätsel *n*, Geduld(s)spiel *n*, Puzzle (-spiel) *n*; **~corazones** *m* (*pl. inv.*) Herzensbrecher *m*; **~dero** *adj.* zerbrechlich; **~dor** *adj.* brisant, Brisanz... (*Geschoß*); **~hielos** ⚓ *m* (*pl. inv.*) Eisbrecher *m*; Eissporn *m*; **~huelgas** *m* (*pl. inv.*) Streikbrecher *m*; **~nueces** *m* (*pl. inv.*) Nußknacker *m*; **~olas** *m* (*pl. inv.*) Wellenbrecher *m*.
romper [*part.* roto] **I.** *v/t.* 1. (zer-) brechen; zerreißen; durch-, ab-brechen; aufbrechen; ⚒ *a.* roden; *fig. a.* eröffnen; ⚓ *Blockade* (durch)brechen; ⚔ *Feuer, Feindseligkeiten* eröffnen; *~ el vuelo* auffliegen (*Vogel*); ⚔ *¡rompan filas!* weggetreten!; ⚔ *(la marcha a)* ⚓ abmarschieren; **b)** den Zug eröffnen; 2. abbrechen (*fig. a. dipl. Beziehungen*); unterbrechen; *Fasten, Zauber,* (Still-)*Schweigen* brechen; *Gespräch* abbrechen; **II.** *v/i.* 3. anbrechen (*Tag*); aufbrechen (*Knospe*); *al ~ el día* b. Tagesanbruch; 4. (plötzlich) anfangen (zu + *inf. a.*); loslegen F; *fig.* hombre *m de rompe y rasga* (stürmischer) Draufgänger *m*; *a correr* losrennen; *~ a llorar* in Tränen ausbrechen; *~ con alg.* (*od.* con a/c.) mit j-m (*od.* mit et.) brechen; *fig.* P *¡rompe de una vez!* heraus damit!; nun schieß (schon) los! F; **III.** *v/r. ~se* 5. zerbrechen; zerreißen; zerspringen; platzen; entzweigehen; 6. *s. ein Bein usw.* brechen; s. aufreißen; s. verletzen; *~se la cabeza* s. den Kopf aufschlagen; *fig.* s. den Kopf zerbrechen.
rom|pible *adj. c* brechbar; zerbrechlich; **~piente** *m* natürlicher Wellenbrecher *m* (*Riff, Küste u. ä.*); *p. ext.* ⚓ Brandung *f*; Brecher *m*; **~pimiento** *m* 1. (Zer-)Brechen *n*; Aufbrechen *n*; Sprung *m*, Riß *m*; *fig.* Bruch *m*; 2. *Mal.* Durchblick *m*; *Thea.* Vorhang *m*, der e-n Durchblick freigibt.
ron *m* Rum *m*.
ronca *f* Röhren *n* e-s Damhirsches; *fig.* prahlerische Drohung *f*; **~dor** *m* Schnarcher *m*; **~r** [1g] *v/i.* 1. schnarchen; röhren (*Hirsch*); *fig.* F prahlerische Drohungen ausstoßen; 2. brausen (*Sturm, Brandung*); brummen (*Baßgeige u. fig.* F); knarren (*Dielen*); schnarren, schnurren (*Räder u. ä.*).
ronce|ar *v/i.* trödeln; nur widerwillig an et. herangehen; *fig.* F schmeicheln, herumschwänzeln F (*um et. zu erreichen*); ⚓ nur langsame Fahrt machen; *Am.* → ronzar²; **~ría** *f* Trödeln *n*, Bummelei *f*; *Unlust f*; ⚓ langsame Fahrt *f*; **~ro** *adj.* bummelig; unlustig; ⚓ langsam u. schwerfällig (*Schiff*).
ron|co *adj.* heiser, rauh (*Stimme*); **~cón** ♪ *m* Schnurrpfeife *f* (*Baßton der Dudelsackpfeife*).
ron|cha *f* 1. Schwellung *f*, Beule *f*; Quaddel *f*; Striemen *m*, blauer Fleck *m*; *fig.* F Gaunerei *f* (*Gelderschwindelung*); *levantar ~s* Blasen ziehen *od.* Quaddeln bilden (*Insektenstich usw.*); *fig.* F treffen, verletzen (*scharfes Wort*), quälen, Kummer machen; 2. dünne *u.* runde Schnitte *f*; **~char¹** *v/t.* knabbern; **II.** *v/i.* knacken, krachen b. Kauen; **~char²** *v/i.* Beulen (*od.* Striemen) verursachen.
ronda *f* 1. a. ⚔ Runde *f*; Nachtrunde *f*; Streife *f*; *p. ext.* Rundgang *m*; *Pol. ~ de negociaciones* Verhandlungsrunde *f*; *hacer la ~* ⚔ die Posten abgehen; *fig.* F e-r Frau den Hof machen; 2. (Gruppe *f* von) Burschen *m/pl.*, die ein (nächtliches) Ständchen bringen, „Ronda" *f*; *p. ext.*: *a.* ♪ (Abend-, Nacht-)Ständchen *n*; Rundgesang *m*; *andar de ~* in der *Ronda* singen; *fig.* F auf Liebesabenteuer ausgehen; 3. Runde *f* (*Bewirtung mit Wein usw.* in fröhlichem Kreis) (zahlen, ausgeben *pagar*); 4. Ring-straße *f*, -boulevard *m*; **~calles** F *m* (*pl. inv.*) (Nacht-)Bummler *m*; **~dor** *m* 1. Nachtschwärmer *m*; *fig.* F Verehrer *m*, Bewerber *m*; 2. *Ec. Art* Pan(s)flöte *f*.
rondalla *f* 1. *stud., z. B. Sal.* Straßen- (*mst.* Gitarren- *u.* Mandolinen-)musik *f*; 2. Märchen *n*, Lüge *f*, Schwindel *m*.
ron|dar I. *v/i.* 1. die Runde machen; *fig.* F *~ por los cincuenta* um die Fünfzig sein; 2. nachtschwärmen, bummeln; ein (Nacht-)Ständchen bringen (*vgl.* ronda 2). **II.** *v/t.* 3. um j-n herumstreichen (*fig.*); *Mädchen* umwerben (*ac.*), den Hof machen (*dat.*); *~ la cincuentena* um die Fünf-

zig sein; 4. umkreisen; ~ la luz um das Licht fliegen (z. B. Schmetterling); ~del Lit. m Rondeau n; ~dín m Wächter m; ~dó ♪ m Rondo n; ~dón adv.: entrar de ~ überraschend, unangemeldet (bei j-m) erscheinen.
ron|quera f Heiserkeit f; ~**quido** m Schnarchen n; Schnarren n, Schrillen n (Säge); Brausen n (Sturm); Brüllen n, Toben n (Elemente).
ronrone|ar v/i. schnurren (Katze u. fig.); ~**o** m Schnurren n.
ronza ⚓ f: ir a la ~ vor dem Wind treiben.
ron|zal¹ m Halfterstrick m; ~**zal²** ⚓ m Spiere f; ~**zar¹** [1f] v/t. knabbern, knuspern; ~**zar²** v/t. hebeln.
ro|ña f 1. a. fig. Räude f; Blasenrost m (Pfl.-krankheit); 2. Schmutz(kruste f) m; Unflat m; fig. F → roñosería; 3. Kieferrinde f; ~**ñ(os)ería** f Schäbigkeit f, Knauserei f F; ~**ñoso** adj. räudig; schmutzig; unflätig; fig. F schäbig, knauserig F, knickerig F.
ropa f Kleidung f; (Leib-)Wäsche f; ~ blanca Weißzeug n, Wäsche f; ~ de cama, ~ de dormir (de color) Bett(Bunt-)wäsche f; ~ exterior Oberbekleidung f; ~s f/pl. hechas Fertigkleidung f; ~ interior, Am. a. íntima (de mesa, sucia) Unter- (Tisch-, Schmutz-)wäsche f; ~ usada gebrauchte (od. Secondhand-)Kleidung f; tienda f de ~ usada a. Secondhand-laden m, -shop m; ~ vieja gebrauchte Kleidung f; altes Zeug n; Kchk. ausgekochtes Suppenfleisch n; aus Festresten vom Vortag bereitetes Essen n; fig. a quema ~ aus unmittelbarer Nähe (bsd. Schuß); unvermittelt, urplötzlich; cambiar la ~ de cama ein Bett (od. die Betten) frisch beziehen; fig. F ¡hay ~ tendida! Vorsicht, man kann uns hören!; fig. (nadar y) guardar la ~ äußerst behutsam vorgehen; kein Risiko eingehen wollen, es mit niemandem verderben wollen; fig. tentarse (od. palparse) la ~ es s. gründlich überlegen; no tocar la ~ al cuerpo a alg. Angst haben, vor Angst schlottern.
ropa|je m Kleidung f, Robe f; Amtstracht f; ~**vejería** f Trödlerladen m; ~**vejero** m Trödler m.
rope|ría f 1. Kleiderhandel m; 2. Kleiderkammer f; ~**ro** m 1. Kleiderschrank m; 2. Kleidersammelstelle f für karitative Zwecke; 3. Kleiderhändler m.
roque m ⌧ u. Schach: Turm m; fig. F estar ~ tief schlafen; fig. F quedarse ~ fest einschlafen; ~**dal** m felsiges Gelände n; ~**ño** adj. felsig; ~**ro I.** adj. Felsen...; **II.** m → rockero.
roquete ecl. m Chorhemd n.
rorro F m Baby n, Säugling m.
ros ⚔ m Käppi n.
rosa I. f Rose f; † u. Reg. → rosal; fig. △, Diamanten u. ä.: Rosette f; Hautröte f (Flecken); agua f de ~s Rosenwasser n; ⚓ náutica (od. de los vientos) Wind-, Kompaßrose f; ~ de té Teerose f; fig. es un lecho de ~s od. dormir sobre un lecho de ~s auf Rosen gebettet sein; fig. verlo todo de color de ~ alles in rosigem Licht sehen; fig. como una ~ frisch (u. gesund) (Person); Spr. no hay ~s sin espinas k-e Rose ohne Dornen; **II.** m Rosa n; **III.** adj. inv.

rosa(farben).
rosáce|as ♀ f/pl. Rosengewächse n/pl.; ~**o** adj. rosenfarbig.
rosa|do adj. Rosen...; rosenrot; rötlich; rosig; Am. kommunistisch; Casa f ⌂a Präsidentenpalast in Buenos Aires; (vino) ~ m Rosé m; ~**l** m Rosen-strauch m; -stock m; ~**leda** f Rosengarten m, Rosarium n.
rosario m 1. ecl. Rosenkranz m; Rosenkranzgebet n; Rosenkranzbeter m/pl.; fig. un ~ de ... e-e Reihe (od. Menge) von ...; fig. acabar como el ~ de la aurora ein schlechtes Ende nehmen; 2. ⊕ Paternoster(aufzug) m; ~ de cangilones Schöpfwerk n.
rosbif Kchk. m Roastbeef n.
ros|ca f 1. ⊕ Gewinde n; ~ exterior (interior) od. ~ macho (hembra) Außen- (Innen-)gewinde n; hacer ~ gewindeschneiden; pasarse de ~ a) s. ausleiern (Gewinde); b) fig. F überschnappen F; zu weit gehen; 2. Windung f (Schlange, Spirale); Kchk. Schnecke f (Gebäck); fig. F Rückgrat n; hacer la ~ s. zs.-rollen (Hund, Schlange); fig. F hacer la ~ (de galgo) s. aufs Ohr legen F; fig. F hacer la ~ a alg. j-m um den Bart gehen F; 3. F Col. gute Beziehungen f/pl., Protektion f; ~**cado** ⊕ **I.** adj. mit Gewinde versehen; Schraub...; **II.** m Gewindeschneiden n; ~**car** [1g] ⊕ v/t. gewindeschneiden; ~**cón** m (Marzipan-)Schnecke f (Gebäck).
Rosellón m Roussillon n.
roséola ⚕ f Roseola f.
rosero m Safranpflücker m.
rose|ta f 1. Röschen n; Rosette f; Brause f an der Gießkanne; ⊕ Bund m am Werkzeug; 2. Kchk. ~**s** f/pl. Puffmais n; ~**tón** △, Jgdw. m Rosette f.
rosi|cler m 1. Morgenrot n; Wangenrot n; el ~ de los Alpes Alpenglühen n; 2. Min. Arsensilberblende f; ~**cultor** m Rosenzüchter m; ~**cultura** f Rosenzucht f; ~**llo** adj. hellrot; hellkupferrot (Pferd).
rosita dim. f Röslein n; ~**s** f/pl. → roseta 2; fig. de ~**s**, bsd. Am. de ~ umsonst; mühelos; Arg., Méj. estar de ~ nichts tun; streiken.
roso adj. abgeschabt; haarlos, kahl; adv. fig. a ~ y velloso wie Kraut u. Rüben (durchea.); rücksichtslos; völlig.
rospallón Fi. m Ringelbrassen m.
rosquilla f (Zucker-)Brezel f; fig. F no saber a ~ kein Honiglecken sein; fig. venderse como ~s wie warme Semmeln weggehen.
rosticería f Am. Reg. → rotisería.
ros|trituerto adj. mürrisch, griesgrämig; ~**tro** m Gesicht n; Antlitz n; a ~ firme frei ins Gesicht, ohne jede Verlegenheit; dar en ~ a alg. con a/c. j-m et. ins Gesicht sagen; hacer ~ al enemigo dem Feind die Stirn bieten; tener ~ s. erdreisten, die Stirn haben (, zu + inf. zu).
Rota¹ f Rota f, oberste Gerichtsbehörde f der röm.-katholischen Kirche.
rota² ♀ f Rotang m, Rohrpalme f.
rotación f Drehung f; Umdrehung f; Phys. Rotation f; ⚹ ~ de cultivos Fruchtwechsel m; Astr. ~ terrestre Erddrehung f.
rotacismo Li. m Rhotazismus m.
rota|rio m Rotarier m, Mitglied n

des „Rotary Club"; ~**tiva** Typ. f Rotations(druck)maschine f; ~**tivo I.** adj. Dreh...; Kfz. motor m ~ Rotationskolbenmotor m; motor m ~ Wankel Wankel-, Kreiskolben-motor m; **II.** m Zeitung f; ~**torio** adj. drehend, rotierend.
rotisería f Am. Reg. (feines) Grillrestaurant n.
roto I. part. zu romper u. adj. 1. zerbrochen; zerrissen; zersprungen; entzwei, kaputt F; 2. liederlich; zerlumpt; abgerissen; **II.** m 3. Riß m in der Kleidung usw.; p. ext. abgerissener Kerl m; Spr. no falta un ~ para un descosido etwa: gleich u. gleich gesellt sich gern; a. ein Armer findet immer e-n noch Ärmeren; 4. Chi. armer Teufel m; 5. Arg., Pe. desp. Chilene m (Spottname); 6. Méj. Möchtegern m, Fatzke m f, feiner Lump m, der mst. v. Hochstapelei lebt.
rotograbado Typ. m Rotationstiefdruck m.
rotoide ⚙ m Dreh-, Rotations-körper m.
rotonda f Rundbau m, Rotunde f; runder Platz m, Rondell n.
rotor ⊕ m Rotor m.
rotoso adj. Am. Reg. zerlumpt.
rótula f Anat. Kniescheibe f; ⊕ Knie-, Kugel-gelenk n; Wellenknie n.
rotu|lación f Beschriftung f; Etikettierung f; Einkopieren n von Untertiteln (Film); ~**lado** m → rotulación; rótulo; ~**lador** m Beschrifter m; Schriftschablone f; Filzschreiber m; ~ fluorescente Textmarker m; (aparato m) ~ Etikettiermaschine f; ~**lar** v/t. betiteln; beschriften; etikettieren; Film mit Untertiteln versehen; ~**lista** adj. c: pintor m ~ Schildermaler m.
rótulo m Aufschrift f; Anschlag m; (Firmen-)Schild n; (Klebe-)Etikett n; Untertitel m (Film); ~ luminoso Leuchtschild n.
rotun|damente adv. rund-weg, -heraus; glatt F (abschlagen); ~**didad** f Rundung f; Bestimmtheit f e-r Absage u. ä.; ~**do** adj. 1. volltönend (Sprache); 2. fig. ganz, völlig; entschieden, kategorisch, glatt F (Nein, Absage usw.); durchschlagend (Erfolg).
rotura f Brechen n; Bruch m; a. ⚹ Sprung m; Riß m; ⊕ a prueba de ~ bruchsicher; Physiol. ~ del folículo Follikelsprung m; tex. ~ del hilo (⊕ del muelle) Faden- (Feder-)bruch m; ⚹ ~ muscular Muskelriß m; ~**ción** f Urbarmachung f, Rodung f; ~**r** ⚹ v/t. urbarmachen, roden; umbrechen.
roya f Rost m (Pflanzenschädling).
royalty †, m f Royalty f.
royo ♀ adj.: pino m ~ Kiefer f, Föhre f.
roza f 1. ✝ Rodung f, Rod(ungs)acker m; 2. ⚒ Schram m; Schrämen m; ~**dora** ⚒ f Schrämmaschine f; ~**dura** f Anstreifen n, Schrammen n; Schramme f, Kratzer m f; ~**gante** adj. 1. † überaus prächtig (Kleidung); 2. fig. eingebildet, hochnäsig; ~**miento** m a. ⊕ u. fig. Reibung f; Anea.-reiben n, Scheuern n; (leichte) Berührung f, Streifen n; p. ext. Rascheln n; ~**r**

[1f] **I.** v/t. **1.** ✗ roden; ausjäten; abrupfen bzw. abgrasen (*Tiere*); **2.** reiben, scheuern; *Stoffe* durchscheuern, abwetzen; ankratzen, schrammen; **3.** abschaben; ⚔ schrämen; **4.** (leicht) berühren, streifen; **II.** vt/i. **5.** *fig.* streifen, grenzen (an *ac.*); ~ *la catástrofe* mit knapper Not e-r Katastrophe entgehen (*od.* e-e Katastrophe vermeiden); *esto roza el delirio* das grenzt an Wahnsinn; ~ *los setenta* so um die Siebzig sein; **III.** v/r. ~se **6.** s. reiben; s. durchscheuern; **7.** *a. fig.* stolpern (über *ac.* en); *fig.* s. gleichen, ähnlich gelagert sein; *fig.* F ~se con alg. mit j-m vertrauten Umgang haben.

roz|nar I. v/t. knabbern; knuspern; **II.** v/i. → rebuznar; **~nido** *m* **1.** Knabbern *n*; Knuspern *n*; **2.** → rebuzno.

rozno *m* Eselchen *n*.

rozo *m* **1.** Rod(ungs)acker *m*; **2.** Reisig *n*; **3.** □ Speise *f*.

ruana *f* Col. Poncho *m*.

Ruanda *m* Ruanda *n*, Rwanda *n*.

ruano adj.: (*caballo m*) ~ Graufuchs *m*.

rubéola *od.* **rubeola** ⚕ *f* Röteln *pl.*

rubeta Zo. *f* Unke *f*.

rubí *m* Rubin *m*; ⊕ (Lager-)Stein *m* (*Uhren u. ä.*); *un reloj de 14* ~*es* ... mit 14 Steinen.

rubia *f* **1.** ♀ Färberröte *f*; Krapp *m*; **2.** Blondine *f*; F ~ *de frasco* Wasserstoffblonde *f* F; **3.** *fig.* F Pesete *f* (*Münze*); **4.** *Kfz.* Lieferwagen *m*; ~**les** F *c* (*pl. inv.*) blonder junger Mann *m*; Blondine *f* F.

Rubicón *hist. u. fig.*: *pasar el* ~ den Rubikon überschreiten.

rubi|cundez *f* Röte *f*; ~**cundo** adj. rotblond; rotwangig; von blühendem Aussehen; ~**o I.** adj. **1.** blond, golbgelb; *inv.* ~ *ceniciento* (*platino*) asch- (platin-)blond; **2.** hell (*Bier, Tabak*); **II.** *m* **3.** *Fi.* gestreifter Seehahn *m*; **4.** Stk. ~*s m/pl.* Mitte *f* des Stierrückens.

rubioca Fi. *f* Nadelfisch *m*.

rublo *m* Rubel *m*.

rubo|r *m* Röte *f*; Scham(gefühl *n*) *f*; ~**rizarse** [1f] v/r. erröten; schamrot werden; ~**roso** adj. schamrot; leicht errötend.

rúbrica *f* **1.** Schnörkel *m* am Namenszug; Namenszeichen *n*; **2.** Überschrift *f*; *ecl.* Rubrik *f*; *fig.* ser *de* ~ üblich sein.

rubrica|ción *dipl. f* Paraphierung *f*; ~**r** [1g] v/t. mit dem (Namens-)Schnörkel versehen; ✝ abzeichnen; *dipl.* paraphieren.

rubro *m* Am. → rótulo, epígrafe, título.

rucio I. adj. *Tiere*: grau; weißlich; hellbraun; **II.** *m* Grauschimmel *m*; F Esel *m*, Grautier *n* F; ~ *rodado* Apfelschimmel *m*.

ruda ♀ *f* Raute *f*.

ruderales ♀ *f/pl.* Schuttpflanzen *f/pl.*

rudeza *f* **1.** Rauheit *f*; Schroffheit *f*, Härte *f*; **2.** Derbheit *f*; Plumpheit *f*, Ungeschicklichkeit *f*.

rudimen|tal adj. *c.* Elementar...; ~**tario** adj. rudimentär; unentwickelt; *Biol.* verkümmert; ~**to** *m* Rudiment *n*; Anfang *m*, Ansatz *m*; erste Anlage *f*; *fig.* ~*s m/pl.* Grundbegriffe *m/pl.*

rudo adj. **1.** roh, rüde; **2.** rauh, hart (*a. Winter*); schroff; **3.** plump, schwerfällig; **4.** ungebildet.

rueca *f* Spinnrocken *m*, Kunkel *f* (*Reg.*); ♀ ~ *de Venus* Venusrocken *m*.

rueda *f* **1.** Rad *n* (*a. Pfau u. ma. Strafe*); Sp. Radlänge *f b. Rennen*; ⊕ ~ *catalina* (*od. de Santa Catalina*) Sperrad *n* (*Uhrwerk*); ~ *delantera* (*dentada, trasera*) Vorder- (Zahn-, Hinter-)rad *n*; ~ *de la fortuna* Glücksrad *n*; ~ *libre* Freilauf *m* (*Fahrrad*); ~ *de molino* (*de paletas*) Mühl- (Schaufel-)rad *n*; ~ *de recambio*, ~ *de repuesto* Ersatz-, Reserverad *n*; *Kfz. de cuatro* ~*s motrices* mit Vierradantrieb; *fig. no andar ni con* ~*s* ganz offensichtlich nicht der Wahrheit entsprechen; *fig. comulgar con* ~*s de molino* das Unglaublichste glauben, alles schlucken F; *hacer la* ~ ein Rad schlagen (*Pfau*); *fig. todo marcha* (*od. va*) *sobre* ~*s* alles läuft wie am Schnürchen; (*móvil*) *sobre* ~*s* fahrbar; **2.** Kreis *m*, Runde *f*; *en* ~ in der Runde, im Kreis; ~ *de prensa* Pressekonferenz *f*; 🕵 ~ *de presos* Identifizierungsparade *f*; *hacer* (*la*) ~ im Kreise herumsitzen; herumstehen; *p. ext.* s. herumsprechen, die Runde machen; **3.** Scheibe *f*; *de alfarero* (Töpfer-)Drehscheibe *f*; **4.** Fi. Mondfisch *m*; **5.** F Col. *de* ~ *y pedal* bisexuell; ~**mundos** F *m* (*pl. inv.*) Weltenbummler *m*.

rue|decita *dim. f* Rädchen *n*; ~**dero** *m* Radmacher *m*, Wagner *m*; ~**do** *m* **1.** Umkreis *m*; **2.** Saum *m langer* Gewänder; **3.** Stk. Arena *f*; *echarse al* ~ in die Arena treten; *fig.* in die Schranken treten; *dar la vuelta al* ~ die Ehrenrunde in der Arena machen.

ruega Ent. *m* Arg.: ~ *a Dios* Gottesanbeterin *f*.

ruego *m* Bitte *f*; Ersuchen *n*; Fürbitte *f*; *a* ~*s de* auf Ersuchen (*gen.*).

rufi|án *m* Zuhälter *m*; Gauner *m*, Ganove *m*; ~**anería** *f* Gaunerei *f*; ~**anesco** adj. Gauner...; Zuhälter...; ~**anismo** *m* Zuhälterei *f*.

rufo adj. rothaarig; krausköpfig; *fig.* eingebildet; angeberisch.

ru|gido *m* Brüllen *n*; Krachen *n*; Brausen *n*, Toben *n*; Kollern *n der Eingeweide*; Knurren *n des Magens*; ~**gir** [3c] v/i. brüllen; krachen; brausen, toben; *fig.* rauschen werden; *fig.* F kollern (*Eingeweide*); *está que ruge* er wütet, er tobt.

rugo|sidad *f* Runzligkeit *f*; Runzel *f*; ~*es f/pl.* Unebenheiten *f/pl.*; ~**so** adj. runzlig; rauh, uneben.

ruibarbo ♀ *m* Rhabarber *m*.

ruido *m* **1.** Lärm *m*; Geräusch *n*; *HF* Rauschen *n*; ~*s m/pl. callejeros* Straßenlärm *m*; ~ *de fondo* Geräuschkulisse *f*; ~(*s*) *parásito*(*s*) Nebengeräusch *n*; ~*s* (*perturbadores*) *nocturnos* nächtliche Ruhestörung *f*; *fig.* ~ *de sables* Säbelrasseln *n*; *hacer* (*od. meter*) ~ Lärm machen; *fig.* Aufsehen erregen; *Spr. mucho* ~ *y pocas nueces* viel Lärm um nichts; **2.** *p. ext.* Streit *m*; *fig.* F *querer* ~ streitsüchtig sein; *fig. quitarse de* ~*s* s. aus allem heraushalten (, *was gefährlich werden könnte*); **3.** *fig.* Widerhall *m*, Gerücht *n*; ~**so** adj. lärmend; geräuschvoll; aufsehenerregend.

ruin I. adj. *c* **1.** schäbig, knauserig F; **2.** niederträchtig, gemein; **II.** *m* **3.** Geizkragen *m*; **4.** Lump *m*, Schuft *m*; *fig.* F letzter Schwanzwirbel *m der Katzen*.

ruina *f* **1.** Einsturz *m*; Ruine *f* (*a. fig.* F); ~*s f/pl.* Ruinen *f/pl.*, Trümmer *pl.*; *fig.* F Speisereste *m/pl.*; *amenazar* ~ einzustürzen drohen; **2.** Ruin *m*; Zs.-bruch *m*; Verderben *n*; *estar en la* ~ ruiniert sein.

ruindad *f* **1.** Schäbigkeit *f*, Knauserei *f* F; **2.** Gemeinheit *f*, Niedertracht *f*.

ruinoso adj. baufällig; schädlich, verderblich; ✝ ruinös, Verlust...; *estado m* ~ Baufälligkeit *f*.

rulemán *Kfz. m Arg.* Kugellager *n*.

ruleta *f* **1.** Roulette *n* (*Spiel*); **2.** ⊕ Rändelrad *n*.

rule|ra *f Méj.* Prostituierte *f*; ~**ro** *m Méj.* Taxichauffeur *m*.

rulo *m* **1.** Walze *f*; ~ (*agrícola*) Ackerwalze *f*; **2.** Lockenwickler *m*; ~**t**(**a**) *f Span.* Wohnwagenanhänger *m*.

Ruma|nia *f* Rumänien *n*; 2**no** adj.: *su.* rumänisch; *m* Rumäne *m*; *Li.* das Rumänische.

rumba *f* **1.** ♪ Rumba *f* (*Tanz*); **2.** Am. Cent., Ant. ausgelassenes Fest *n*; *ir de* ~ → rumbear² 2.

rumba|dor Rpl. *m* Pfadfinder *m*; ~**r¹** v/i. Am. Reg. s. (im Gelände) orientieren; And., Rpl. e-e bestimmte Richtung einschlagen.

rumbear² v/i. **1.** F Rumba tanzen; **2.** Am. Cent., Ant. auf den Bummel gehen; feiern.

rumbero *m Col., Ven.* **1.** Pfadfinder *m*; **2.** Rumbatänzer *m*.

rumbo¹ *m* Weg-, Fahrt-richtung *f*; ⚓ Windrichtung *f*, Strich *m* der Windrose, Kompaßstrich *m*; ⚓, *fig.* Kurs *m*; *fig.* Weg *m*, Richtung *f*, Ziel *n*, Kurs *m*; *fig. dar otro* ~ *a la conversación* dem Gespräch e-e (neue) Wendung geben; ⚓ *corregir el* ~ Kurs berichtigen; ⚓, ✈ *hacer* (*od. poner*) ~ *a od. ir con* ~ *a* Kurs nehmen auf (*ac.*); *perder el* ~ ⚓, ✈ *u. fig. vom* Kurs abkommen; *tomar otro* ~ *a. fig.* (*z. B. Pol.*) e-n neuen Kurs einschlagen; *fig.* e-e Wendung vornehmen.

rum|bo² *m* **1.** Pracht *f*, Prunk *m*; *de* ~ → rumboso; **2.** Am. Cent. → rumba 2; ~**bón** adj. großzügig; ~**boso** adj. prächtig, prunkvoll; freigebig; prahlerisch.

rumí *m b.* den Mauren: Christ *m*.

rumi|a *f a. fig.* Wiederkäuen *n*; ~**ante I.** adj. *c* wiederkäuend; **II.** *m* Wiederkäuer *m*; ~**ar** [1b] vt/i. wiederkäuen; *fig.* s. reiflich überlegen; über et. (*dat.*) brüten; *a.* immer wiederholen; *fig.* F s. brummeln.

rumo|r *m* **1.** Stimmengewirr *n*; Brausen *n*; Rauschen *n*; **2.** Gerücht *n*, Gemunkel *n*; *corren* ~*es de que man hört gerüchtweise, daß*; ~**rear I.** v/t. munkeln; **II.** v/r. ~**se** gerüchteweise verlauten, ruchbar werden; ~**reo** *m* Rauschen *n*; Flüstern *n* (*des Windes, des Waldes*); ~**roso** adj. **1.** geräuschvoll; lärmend; brausend; rauschend; **2.** ruchbar.

runa *f* Rune *f*.

rúnico adj. Runen...; *escritura f* ~*a* Runenschrift *f*.

run|rún m 1. Gemurmel n; 2. F → rumor 2; **~runear I.** v/i. → ronronear; **II.** v/r. **~se** F gerüchtweise verlauten.
Ruperto npr. m Ruprecht m.
rupestre adj. c Felsen...; Arch. pintura f ~ Fels-, Höhlen-malerei f.
rup|tor ⚡ m Unterbrecher m; Kfz. Zündunterbrecher m; **~tura** f 1. Bruch m; Abbruch m (a. dipl. der Beziehungen); fig. sin ~ nahtlos (fig.); 2. ⚕ Ruptur f; ⚕, ✕ Durchbruch m.
rural I. adj. c ländlich; Land...; landwirtschaftlich; **II.** ~es m/pl. Méj. berittene Landpolizei f.
ru|sa f Russin f; **~sia** f Rußland n; **~so I.** adj. russisch; **II.** m Russe m; Li. el ~ das Russische; ~ blanco Weißrusse m; **~sófilo** adj.-su. russenfreundlich; m Russenfreund m.
rusticidad f bäuerisches Wesen n; fig. (ländliche) Einfachheit f.
rústico I. adj. 1. ländlich, Land...; estilo m ~ Bauernstil m; rustikaler Stil m; 2. fig. derb, grob; ungeschliffen, ungebildet; en ~a broschiert (Buch); **II.** m 3. Landmann m.
rustiquez f bäuerisches Wesen n; fig. Derbheit f; Ungeschliffenheit f.
ruta f (Reise-)Weg m; bsd. ⚓, ✈ Route f; EDV Pfad m; Am. Reg. a. Fernstraße f; ~ marítima Seeweg m.
rutáceas ⚘ f/pl. Rautengewächse n/pl. thene m.
ruteno adj.-su. ruthenisch; m Ru-
rutila|nte adj. c glänzend, schimmernd; **~r** v/i. glänzen, schimmern.
rutina¹ ⚕ f Rutin n.
ruti|na² f Routine f; de ~ Routine...; **~nario** adj. routinemäßig, (rein) gewohnheitsmäßig; **~nero** m Gewohnheitsmensch m; Routinier m.

S

S, s (= ese) f S, s n; en forma de (una) s S-förmig; vgl. ese.
sábado m Samstag m, Sonnabend m; ♀ Santo od. ♀ de Gloria Kar-, Ostersamstag m.
sábalo Fi. m Alse f.
sábana f 1. Bettuch n, Laken n; ～ ajustable, ～ adaptable Spannbettuch n; fig. F pegársele a alg. las ～s (al cuerpo) nicht aus dem Bett (od. aus den Federn) kommen; verschlafen; 2. P Span. 1000-Peseten-Schein m, etwa: Lappen m F.
sabana f Am. Savanne f, Grassteppe f; fig. F Ven. ponerse en la ～ (plötzlich) zu gr. Vermögen kommen.
sabandija f Gewürm n; a. fig. Geschmeiß n.
sabane|ar v/i. Col., Ven. die Savanne durchstreifen (bsd. Viehhirten); ～ra f Ven., Am. Cent. e-e Schlange f (Schädlingsvertilger); ～ro Am. I. adj. Savannen...; II. m Savannenbewohner m; fig. F Am. Cent. Raufbold m.
sabanilla f kl. Leintuch n; Altartuch n.
sabañón m Frostbeule f; fig. F comer más que un ～ ein Vielfraß sein F.
sa|bático adj. Sabbat...; descanso m ～ Sabbatruhe f; semestre m ～ Forschungssemester n (Universitätsprofessor); ～batino adj. Samstag...; Sabbat...; ～batismo Rel. m Beobachtung f des Sabbats; ～batizar [1f] v/i. den Sabbat halten.
sabe|dor adj. unterrichtet (über ac. de); ～lotodo F m (pl. inv.) Besserwisser m.
saber [2n] I. vt/i. 1. wissen; kennen; können (= gelernt haben); verstehen; erfahren; ～ por la prensa aus der Presse erfahren; ～ escribir schreiben können; fig. F ～las todas od. ～las muy largas es faustdick hinter den Ohren haben F; ～ lo que es bueno a) wissen, was gut ist; b) gern (gut) essen; fig. ～ más que siete od. ～ mucho ein schlauer Fuchs sein; ～ su oficio sein Handwerk verstehen; a ～ a) bei Aufzählungen: u. zwar, nämlich; b) es bleibt abzuwarten, es fragt s. (nur); ¡a ～ cuándo llegará, vendrá! (wer weiß, wann er kommt,) er wird schon noch kommen!; está por ～ si ... es fragt s., ob ...; hacer ～ a/c. a alg. j-n et. wissen lassen, j-n von et. (dat.) benachrichtigen; sin ～lo unwissentlich; sin ～lo yo ohne mein Wissen; va a ～ quién soy yo ich werde ihm zeigen, mit wem er es zu tun hat; ¡vete (od. vaya usted) a ～! wer soll das wissen!, das ist schwer zu sagen!; no ～ de nichts wissen (bzw. nichts hören)

von (dat.); fig. F no ～ de sí nicht zu Atem kommen, vor Arbeit umkommen; fig. F no ～ por dónde (se) anda s. gar zu dumm (od. ungeschickt) anstellen; F el señor no sé cuántos Herr Soundso; lo supe ayer ich erfuhr es gestern; no que yo sepa nicht, daß ich wüßte; F ¡para que lo sepas! daß du es nur weißt!, daß du (einmal) Bescheid weißt! F; por (od. a) lo que sé meines Wissens; ¡qué sé yo! was weiß ich?, k-e Ahnung!; que yo sepa soviel ich weiß; ¿quién sabe? wer weiß?, wer soll das wissen!; ¿sabes? weißt du?; verstehst du?; fig. F merk dir das!; ¡si lo sabré yo! das weiß ich (allerdings) nur zu gut!; wem sagen Sie das!; un no sé qué irgend et.; tener un no sé qué (de) atrayente et. Anziehendes (an sich) haben; das gewisse Etwas haben; F y qué sé yo bei Aufzählungen: u. vieles andere mehr od. und so F; fig. F ya no sé dónde estoy ich bin noch ganz wirr (im Kopf); 2. F Arg., Ec., Pe. ～ + inf. pflegen zu + inf., gewöhnt sein zu + inf.; II. v/i. 3. a. fig. schmecken (nach dat. a); fig. ～ a más nach mehr (od. ganz hervorragend) schmecken; F ～ a poco zu wenig od. zu kurz erscheinen; fig. esto me sabe muy mal das ärgert (bzw. kränkt) mich sehr; a. es tut mir sehr leid; III. v/r. ～se 4.: ya se sabe que ... bekanntlich...; IV. m 5. Wissen n; Kenntnis f; Können n; según mi (tu, etc.) leal ～ y entender nach bestem Wissen u. Können; nach bestem Wissen u. Gewissen.
sabi|do adj. 1. bekannt (dat. de); offenbar; de ～ gewiß, bestimmt; dar por ～ als bekannt voraussetzen; ser cosa ～a bekannt sein; selbstverständlich sein; 2. F sehr gescheit; ～duría f Weisheit f; Wissen n; mi ～ no llega a más ich bin mit m-r Weisheit (od. mit m-m Latein) am Ende; ～endas adv.: a ～ wissentlich, absichtlich; bewußt; ～hondo F m Besserwisser m, Naseweis m; ～o I. adj. weise; gelehrt; abgerichtet (Tier); II. m Weise(r) m; Gelehrte(r) m; Reg. Heilkundige(r) m.
sa|blazo m Säbelhieb m; fig. F Anpumpen n F, Pump(versuch) m F; dar un ～ a alg. j-n anpumpen F; ～ble m Säbel m; fig. F Geschicklichkeit f im Anpumpen; ～bleada F f Am. → sableado; ～bleador, ～bleador adj.-su. c Pump...; m sablista; ～bleadura F f Am. Anpumpen n F; ～blear F v/t. anpumpen F; ～blista adj.-su. c Pump...; m Pumpgenie n F.
saboga Fi. f Mittelmeerfinte f.
sabo|r m Geschmack m (nach dat. a); fig. a. Anhauch m; a. fig. dejar mal ～

de boca e-n üblen Nachgeschmack haben; ～rear v/t. genießen, auskosten; schmackhaft machen.
sabo|taje m Sabotage f; ～teador adj.-su. Sabotage...; m Saboteur m; ～tear v/t. a. fig. sabotieren.
Saboya f Savoyen n.
sabro|so adj. schmackhaft, köstlich; a. fig. gehaltvoll; fig. pikant, deftig; fig. Col., Ven. gut, angenehm, herrlich; ～sura f Col., Ven. angenehmer Geschmack m.
sabu|cal m Holundergebüsch n; ～co ♀ m → saúco.
sabueso m Jgdw. Schweißhund m; fig. Schnüffler m, Spürhund m.
sabu|rra ♂ f Magenverschleimung f; Zungenbelag m; ～rroso ♂ adj. verschleimt (Magen); belegt (Zunge).
saca[1] f gr. Sack m; ✉ Postsack m.
saca[2] f 1. Herausnehmen n; Entnahme f; Ziehen n; 2. Ausfuhr f; 3. Abschrift f e-r Urkunde.
saca|bocados ⊕ m (pl. inv.) Locheisen n; Lochzange f; ～botas m (pl. inv.) Stiefelknecht m; ～buche m ♪ (Zug-)Posaune f; ⚓ Handpumpe f; fig. F Knirps m; ～clavos m (pl. inv.) Nagelzieher m, Kistenöffner m; ～corchos m (pl. inv.) Korkenzieher m; ～mantas F m (pl. inv.) Steuereintreiber m; ～muelas F m (pl. inv.) Zahnklempner m F; fig. Quacksalber m; hablar más que un ～ reden wie ein Wasserfall; ～muestras ⚕, Zoll m (pl. inv.) Probenehmer m; ～puntas m (pl. inv.) Bleistiftspitzer m.
sacar [1g] vt/i. Grundbedeutung: heraus-ziehen, -holen, -nehmen; entnehmen; (weg- bzw. ab-)nehmen; entreißen; Sp. anspielen, anstoßen, geben; a) zahlreiche Verbindungen, z. B. Auge ausschlagen; Eintrittskarte, Fahrkarte lösen; Erze usw. fördern, gewinnen; Fleck entfernen; Folgerung ziehen; Gewinn, Vorteil herausholen; Nutzen ziehen; Geld machen bzw. aus der Tasche ziehen; Phot. Aufnahme machen; Los ziehen; Kopf, Zunge herausstrecken; Mode, Neuheit herausbringen; Öl (aus den Oliven) auspressen; Wäsche spülen; Wasser schöpfen; Wein abziehen; Zahn ziehen; fig. F ～le el alma (od. el corazón) a alg. j-n gehörig schröpfen, j-n ausnehmen F; ～ azúcar de las remolachas Zucker aus Rüben gewinnen; Mal., Phot. ～ bien (Abgebildetes) gut treffen; ～ una copia e-e Abschrift anfertigen; Phot., Typ. e-n Abzug machen; ～ fichas Zettel ausschreiben; Exzerpte machen; ～

fuego Feuer schlagen; ~ *una máquina a.* e-e Maschine herausbringen; ~ *el niño de la escuela* das Kind von der Schule nehmen; ~*le a alg. la verdad* j-m die Wahrheit entlokken (*bzw.* entreißen), **b)** *mit ger., prp. u. adv.*: ~ *rascando* (her)auskratzen; ~ *a bailar* zum Tanz auffordern *bzw.* führen; *Mal.* ~ *a pulso* freihändig zeichnen; ~ *al sol der Sonne* aussetzen; ~ *adelante* helfen vorwärtszukommen (*dat.*); vorantreiben; voranbringen; *Geschäft a.* führen; *Kinder* großziehen *bzw.* durchbringen; *fig.* F *no se lo vas a* ~ *ni con pinzas* (*od. ni con sacacorchos*) aus dem ist nichts herauszuholen, der schweigt eisern F; F ~ *de un apuro* aus der Klemme helfen F (*dat.*); ~ *de paseo* spazieren führen; *fig.* ~ *a* s-*í* (*od. de sus casillas*) *a alg.* j-n verrückt machen, j-n aus dem Häuschen bringen; ~ *en claro* klarstellen; bereinigen; herausbekommen; *con su trabajo no saca para comer* mit s-r Arbeit kann er nicht das Essen verdienen.
saca|rífero *adj.* zuckerhaltig; **~rificar** [1g] *v/t.* verzuckern; **~rina** *f* Süßstoff *m*, Saccharin *n*; **~rosa** *f* Saccharose *f*; **~roso** *adj.* zuckerig.
sacarremaches ⊕ *m* (*pl. inv.*) Nietenzieher *m.*
sacarruedas *Kfz. m* (*pl. inv.*) Radabdrücker *m.*
sacer|docio *m a. fig.* Priester-amt *n*; -stand *m*; **~dotal** *adj. c* priesterlich; Priester...; **~dote** *m* Priester *m*; ~ *obrero* Arbeiterpriester *m*; ~ *regular* (*secular*) Ordens- (Welt-)geistliche(*r*) *m*; **~dotisa** *f* Priesterin *f.*
saci|able *adj. c* zu sättigen(d); **~ar** [1b] **I.** *v/t.* sättigen; befriedigen; ~ *su sed de venganza* s-n Rachedurst stillen; **II.** *v/r.* ~*se* satt werden; befriedigt werden; **~edad** *f* Sättigung *f*; Übersättigung *f*; *hasta la* ~ bis zum Überdruß.
saco *m* **1.** Sack *m*; ~ *de arena* (*de dormir*) Sand- (Schlaf-)sack *m*; ~ *de harina* Sack *m* Mehl; *Anat.* ~ *lagrimal* Tränensack *m*; ~ (*de mano*) Reisetasche *f*; *bsd.* ✗, ⊕ ~ *terrero* Erd-, Sand-sack *m*; ~ (*de*) *viaje* Reisesack *m*; *fig.* F *como un* ~ plump (*Person*); *fig.* F *echar en* ~ *roto* in den Wind schlagen; *fig.* F *no echar a/c. en* ~ *roto et.* beherzigen, et. wohl beachten; **2.** Plünderung *f*; *entrar a* ~ plündern; ✗ *poner a* ~ plündern (lassen); **3.** *Sp.* → *saque*; **4.** *Am.* Sakko *m, n*, Jackett *n*; **5.** P 1000 Peseten *f/pl.*
sacramen|tal I. *adj. c* **1.** sakramental; *fig.* feierlich; **2.** *p. ext. fig.* herkömmlich, üblich; **II.** *f* **3.** *Span.* Begräbnisbruderschaft *f mit eigenem Begräbnisplatz*; *p. ext.* Friedhof *m*; **~tar** *v/t. ecl.* Kranken (mit den Sterbesakramenten) versehen; *fig.* F verheimlichen; *kath. Jesús* ~*ado der* im Altarsakrament gegenwärtige Christus; *lo* ~ *n* Sakrament *n*; *kath. Santísimo* ♀ *od.* ~ *del altar* Altarsakrament *n*; *los* (*últimos*) ~*s die* Sterbesakramente *n/pl.*
sacratísimo *sup. zu sagrado* hochheilig.
sacre *Vo. m* Würgfalke *m.*
sacrifi|cadero *m* **1.** *ehm.* Opferstätte *f*; **2.** Schlachtplatz *m*; **~cado** *adj.* aufopfernd, opferwillig; **~ca-**

dor *m* Opferpriester *m*; **~car** [1g] **I.** *v/t. a. fig.* opfern; *Vieh* schlachten; **II.** *v/r.* ~*se s.* (auf)opfern (für *ac. por*); **~cio** *m* **1.** *Rel. u. fig.* Opfer *n*; **2.** Schlachtung *f*; ~ *clandestino* Schwarzschlachtung *f*; *para* ~ Schlacht...
sa|crilegio *m* Kirchen- *bzw.* Tempel-schändung *f, a. fig.* Sakrileg *n*, Entweihung *f*; *p. ext.* Frevel *m*; **~crílego I.** *adj.* gotteslästerlich; frevelhaft, Frevel...; **II.** *m* Frevler *m.*
sacris|tán *m* Küster *m*; Mesner *m*; *fig. ser un* ~ *de amén* zu allem Ja u. Amen sagen; **~tanía** *f* Küsteramt *n*; **~tía** *f* **1.** Sakristei *f*; **2.** → *sacristanía.*
sacro *adj.* heilig; religiös (*Kunst*); *Anat. a. su.* (*hueso m*) ~ Kreuzbein *n*; **~santo** *adj.* hochheilig, *a. fig.* sakrosankt.
sacudi|da *f* Erschütterung *f*; Stoß *m*, Schlag *m*; ~ *muscular* Muskelzuckung *f*; ~ *sísmica* Erdstoß *m*; *a* ~*s* ruck-, stoß-weise; **~do** *adj.* **1.** störrisch, unlenksam; **2.** keck, frech; **~dor** *m* Teppichklopfer *m*; ⊕ Klopfer *m*; Rüttler *m*; **~miento** *m* Erschütterung *f*; Rütteln *n*, Schütteln *n*; (Aus-)Klopfen *n*; ~ (*de tierra*) Erdstoß *m*; **~r I.** *v/t.* rütteln, schütteln; erschüttern; *a. fig.* abschütteln; (aus)klopfen; *Teppiche* klopfen; *Fliegen usw.* verscheuchen, verjagen; *fig.* erschüttern; ~ *el agua s.* schütteln (*Hund usw.*); ~ *el polvo* (*a*) ausklopfen, abstauben; *fig.* F verprügeln; *fig.* V ~ *petróleo* vögeln P (*Mann*); **II.** *v/r.* ~*se s.* (ab)schütteln; *fig.* F zahlen; *fig.* ~*se de a/c. od.* ~*se a alg. de encima* et. *od.* j-n von s. abschütteln.
sachar 🖉 *v/t.* jäten.
sachet *m* Kräuterkissen *n*, Sachet *n.*
sádico *adj.-su.* sadistisch; *m* Sadist *m.*
sadismo *m* Sadismus *m.*
saduceo *bibl. u. fig. adj.-su.* saduzäisch; *m* Saduzäer *m.*
sae|ta *f* **1.** (*a.* ♀ *Astr.*) Pfeil *m*; *p. ext.* Uhrzeiger *m*; Magnetnadel *f*; *Typ.* ~ *indicadora* Hinweispfeil *m*; *fig.* T *echar* ~*s* sticheln; **2.** *Folk. Andal.* gesungenes Stoßgebet b. den Prozessionen der Karwoche; **~tada** *f*, **~tazo** *m* Pfeilschuß *m*; **~tera** *f*; p. ext. Lichtscharte *f*; *Anat.* m Pfeilschütze *m*; **~tilla** *f* Uhrzeiger *m*; ♀ → *sagitaria.*
safari *m* Safari *f*; Safarianzug *m*; ~ *fotográfico* Photo-Safari *f*; **~sta** *c* Safariteilnehmer *m.*
saga *Lit. f* nordische Sage *f*, Saga *f.*
saga|cidad *f* Scharfsinn *m*; Spürsinn *m*; **~z** *adj. c* (*pl.* ~*aces*) schlau; scharfsinnig.
sagita ⚹ *f* Bogen-, Sehnen-höhe *f*; **~ria** ♀ *f* Pfeilkraut *n*; ♀*rio Astr. m* Schütze *m.*
sagra|do I. *adj.* heilig; ehrwürdig; *orador m* ~ Kanzelredner *m*; *juro por lo más* ~ ich schwöre bei allem, was mir heilig ist; **II.** *m* Weihestätte *f*; Freistätte *f*, Asyl *n*; geweihte Stätte *f*; *kath. rito* ~ Sanktuar(ium) *n*; **2.** Sakramentshäuschen *n*; Tabernakel *n, m.*
sagú *m* Sago *m.*
Sahara *m* Sahara *f.*
saha|raui *adj.-su. c* saharauisch, (aus) der Westsahara; *m* Saharaui *m*, Be-

wohner *m* der Westsahara; **~riana** *f* Buschhemd *n.*
sahu|mador *m* Räucher-pfanne *f*, -faß *n*; **~madura** *f* → *sahumerio*; **~mar** *v/t.* räuchern; parfümieren; **~merio** *m* (Aus-)Räuchern *n*; Räucher-pulver *n*, -werk *n.*
sa|ín *m* tierisches Fett *n*; Fettrand *m an Kleidungsstücken*; **~inar** [1c] *v/t.* mästen; *bsd. Gänse* stopfen.
sainete *m* **1.** *Thea.* Schwank *m*; **2.** Würze *f*; Wohlgeschmack *m*; **~ro** *m* Schwankdichter *m*; **~sco** *adj.* Schwank...; *fig.* volkstümlich; komisch.
saja|dura *f* Einschnitt *m*; Schröpfen *n*; **~r** *v/t.* einschneiden; schröpfen.
sajón I. *adj.* **1.** sächsisch; **II.** *m* **2.** Sachse *m*; **3.** *Ant., Méj.* sajones *m/pl.* Lederschutz *m* für die Beine der berittenen Hirten; **2jonia** *f* Sachsen *n*; ♀ *od. porcelana f de* ~ Meißner Porzellan *n.*
sal¹ *f* **1.** Salz *n*; *fig.* ~ (*y*) *pimienta* Witz *m*, Mutterwitz *m*, Schlagfertigkeit *f*; *Anmut f*; *mina f de* ~ Salzbergwerk *n*; ~ *alcalina* (*amarga*) Laugen- (Bitter-)salz *n*; ~ *de acederas* (*de asta de ciervo, de baño*) Klee- (Hirschhorn-, Bade-)salz *n*; ~ *de cocina*, ~ *común* Koch-, Speise-salz *n*; ~ *común bruta* Viehsalz *n*; ~ *gema* (*volátil*) Stein- (Riech-)salz *n*; ~ *yodada* Jodsalz *n*; *fig. deshacerse como la* ~ *en el agua s.* schnell in nichts auflösen; *fig.* F *~ quiere el huevo!* (*er usw.*) sucht nach Anerkennung; **2.** *Méj., Am. Cent., Ant.* Pech *n* F, Unglück *n.*
sal² → *salir.*
sala *f* Saal *m*; Raum *m*; Empfangszimmer *n*; *Col.* Wohnzimmer *n*; 🙰 Kammer *f*; ~ *de audiencia* Gerichtssaal *m*; ~ *de audiencias* Audienzsaal *m*; 🙰 ~ *de lo civil* (*de lo criminal*) Zivil- (Straf-)kammer *f bzw.* -senat *m*; ✈ ~ *de embarque* Abflughalle *f*; ~ *de espera* Wartesaal *m*; Wartezimmer *n*; ~ *de estar* Wohnzimmer *n*; ~ *de fiestas* (*de sesiones*) Vergnügungs- (Versammlungs-)lokal *n*; ~ *de profesores* Lehrerzimmer *n*; ~ *de proyecciones* Vorführungssaal *m* (*Kino*); ~ *recreativa* Spielsalon *m.*
salacidad *f* Geilheit *f.*
salacot *m* Tropenhelm *m*; Sonnenhut *m.*
sala|dar *m* **1.** Salz-lache *f*; -teich *m*; **2.** Salzsteppe *f*; **~dería** *f Rpl.* Pökelfleischindustrie *f*; **~dero** *m* **1.** Pökelhaus *n*; Pökelfaß *n*; *fig.* F *ehm.* volkstümlicher Name e-r Madrider Strafanstalt; **2.** 🖉, *Jgdw.* Salzlecke *f*; **3.** *Rpl.* Salzfleischfabrik *f*; *p. ext. a.* Großschlachthaus *n*; **~dilla** ♀ *f* blaue Melde *f*; **~dillo** *adj.-su.* (schwach) gesalzen (*Speck*); Salz... *von Salzmandeln usw.*; *Am. Cent.* unglücklich; **~do** *adj.* salzig; (ein)gesalzen; Salz...; *fig.* witzig, geistreich, schlagfertig; drollig (*Kind*); **~dura** *f* → *salazón 1.*
salaman|dra *f* **1.** *Zo.* Salamander *m*; Molch *m*; ~ *común* Feuersalamander *m*; ~ *acuática* Kammolch *m*; **2.** Dauerbrandofen *m*; **~dria** *Zo. f* → *salamanquesa.*
salamanqués *adj.-su.* aus Salamanca; *m* Salmantiner *m.*
salamanquesa *Zo. f* (Mauer-) Gecko *m*; ~ *de agua* Wassermolch *m.*

salar[1] *m Arg.* Salzlagune *f*; Salzsteppe *f*, -wüste *f*.
salar[2] *v/t.* salzen; ~ *(demasiado)* versalzen; 2. einsalzen; (ein)pökeln; 3. *fig. Am. Cent.* ins Unglück bringen, verderben; *Cu.* entehren.
salari|al *adj. c* Lohn...; **~o** Lohn *m*; ~ *a destajo (en especies)* Akkord-(Natural-)lohn *m*; ~ *base (mínimo)* Grund- (Mindest-)lohn *m*; ~ *social* Sozialhilfe *f*; *espiral f ~s/precios* Lohn-Preis-Spirale *f.*
salaz *adj. c (pl. ~aces)* geil, lüstern.
sala|zón *f* 1. Einsalzen *n*, Pökeln *n*; *agua f de* ~ Lake *f*; 2. **~ones** *f/pl.* Salzfleisch *n*; -fische *m/pl.*; 3. Pökelindustrie *f*; 4. *fig. F Am. Cent., Ant.* Unglück *n*, Pech *n* F; **~zonero** *adj.* Pökel(ungs)...
salbanda *Geol. f* Salband *n.*
salco|char *v/t.* (nur) in Salzwasser kochen; **~cho** *m Am.* → *sancocho.*
salchi|cha *f* (Brüh-, Brat-)Würstchen *n*; **~chería** *f* Wurst-fabrik *f*; -geschäft *n*; **~chero** *m* Wurst-macher *m*; -verkäufer *m*; **~chón** *m* (Hart-, Dauer-)Wurst *f.*
sal|dar ✝ *v/t.* 1. saldieren; begleichen; verrechnen; *Konto a.* ausgleichen; *fig. Differenzen, Streit* beilegen; 2. abstoßen, ausverkaufen; **~do** ✝ *m* 1. Saldo *m*; Ausgleich *m*; ~ *acreedor (pasivo)* Haben- (Passiv-)saldo *m*; ~ *activo* Aktivsaldo *m*, Guthaben *n*; ~ *anterior,* ~ *a nueva cuenta,* ~ *arrastrado* Saldovortrag *m*; ~ *de compensación* Verrechnungsspitze *f*; *Restbetrag m;* ~ *en contra,* ~ *deudor* Soll-, Debet-, Schuld-saldo *m*; ~ *a nuestro (a su) favor* Saldo *m* zu unseren (Ihren) Gunsten, Nostroguthaben *n* (Ihr Guthaben *n*); *por* ~ *de la factura* zum Ausgleich der Rechnung; 2. **~(s)** *m(/pl.)* Ausverkauf *m*; *fig.* **~s** *m/pl.* Ladenhüter *m/pl.*
saledizo △, ⊕ I. *adj.* vorragend, vorspringend; II. *m* Vorbau *m*; Stirn-, Trauf-brett *n.*
salegar I. *m* Salzlecke *f* für *Vieh*; II. [1h] *v/i.* Salz lecken (*Vieh*).
salema *Fi. f* Goldstriemen *m.*
salero *m* Salzfaß *n*; Salzlager *n*; *fig.* Mutterwitz *m*; Anmut *f*, Charme *m*; **~so** F *adj.* witzig, geistreich; anmutig; charmant.
sale|sa *kath. f* Salesianernonne *f*; **~siano** *adj.-su.* Salesianer...; *m* Salesianer *m* (*Mönch*).
salgue|ra *f*, **~ro** *m* ♀ Salweide *f.*
salida *f* 1. *a. fig.* Ausgang *m*; Ausfahrt *f*; *in Kasernen u. ä.*: Ausgang *m* (*Freizeitausgang*); *p. ext.* Ausgang *m*, Vorfeld *n e-r Ortschaft*; *fig.* Abschluß *m*; (Auf-)Lösung *f*; ~ *para coches* (Wagen-)Ausfahrt *f*; ~ *de emergencia* (*od. de urgencia*) Notausgang *m*; ~ *excusada* Hintertür *f*; ~ *de los espectáculos* nach Schluß der Vorstellung; 2. Abfahrt *f* (*a.* 🚂); Abreise *f*; Ausreise *f*; ✈ Abflug *m*; *Feuerwehr*: Einsatz *m*; ✗ Abmarsch *m*; *Sp.* Start *m*; *Fußball*: Anstoß *m*; ✝ ~ *a Bolsa* Börsengang *m*; ~ *en falso* Fehlstart *m*; *dar la* ~ *das Abfahrtszeichen* (*Sp.* das Startzeichen) geben; *fig. dar* ~ *a su sorpresa* s-r Überraschung Luft machen; 3. Aufgang *m der Gestirne*; *Thea.* Auftreten *n*, Durchbruch *m von Zähnen*; Austreten *n e-s Flusses*; 4. *a.* ⊕ Austritt *m*; Ausgang *m*, Abgang *m*; Abfluß *m*; Ablauf *m*; *Typ.* Auslage *f*, Ausleger *m*; ⊕ ~ *de aire* Luftaustritt *m*; *EDV* ~ *de datos* Datenausgabe *f*; ~ *del humo* Rauchabzug *m*; 5. *Schach*: Anzug *m*; ✗ Ausfall *m*; 6. Austritt *m*; *a.* ♀ Ausscheiden *n*; 7. ♀ Ausgang *m*; Absatz *m*; *de buena (de lenta)* ~ gut (schwer) absetzbar (*Artikel, Ware*); *dar* ~ *a a/c. et.* absetzen; *tener* ~ Absatz finden; 8. (witziger) Einfall *m*; (Verteidigungs-)Argument *n*; ~ *de tono* unangebrachte (*bzw.* schroffe) Bemerkung *f*; *fue una* ~ *de tono a.* er hat s. im Ton vergriffen; 9. Ausrede *f*, Ausflucht *f*; 10. △ Vorsprung *m*; 11. ~ *de baño* Bademantel *m*; ~ *de teatro* Theater-, Abend-mantel *m.*
sali|dizo △ *m* vorspringender Gebäudeteil *m*, Erker *m*; **~do** △ *adj.* vorspringend; *Zo. (estar)* läufig, brünstig; **~ente I.** *adj. c* 1. vorspringend (*a.* ⚓ *Winkel*); (her)vorstehend; vorquellend (*Augen*); 2. △ ausladend, auskragend; 3. *Pol.* ausscheidend; **II.** *m* 4. Vorsprung *m*; *b. Waffen u. Geräten*: Nase *f*; Ausleger *m am Kran.*
sali|na *f* Saline *f*, Salz-grube *f*, -bergwerk *n*; **~nero I.** *adj.* 1. Salinen..., Salz...; 2. gesprenkelt (*Vieh*); **II.** *m* 3. Salinenarbeiter *m*; Salz-sieder *m*; -händler *m*; **~nidad** *f* Salzgehalt *m*; **~no** *adj.* salzig; salzartig; *baños m/pl.* **~s** Solbäder *n/pl.*; *agua f* **~a** Sole *f.*
salir [3r] **I.** *v/i.* Grundbedeutung (*vgl. a. ir*): herauskommen; 1. ausgehen (*abs.*); hinausgehen; fort-, weg-gehen; aufbrechen (nach *dat. para*); abreisen, abfahren (nach *dat. para*); ⚓ auslaufen; *Sp.*, ✗ starten; ✗ *usw.* abmarschieren, abrücken; *fig.* einstehen (für j-n *por alg.*); **a)** *a. fig.* **~adelante** vorwärtskommen; **b)** *mit prp.*: ~ *a la calle* auf die Straße treten; ~ *a la plaza* in den Platz einmünden (*Straße*); ~ *a la superficie* auftauchen (*z. B.* U-Boot); *fig.* ~ *a volar* in der Öffentlichkeit bekannt werden; ~ *de la cama* aus dem Bett steigen; *fig.* ~ *con alg.* mit j-m gehen (*fig.* F); ~ *de casa (de la oficina)* das Haus (das Büro) verlassen; *fig.* ~ *de juicio* den Verstand verlieren; *¡que no salga de nosotros!* das muß ganz unter uns bleiben!; ~ *de paseo* (*od. a pasear*) spazieren-gehen, -reiten, -fahren; *fig. no* ~ *de uno a/c.* a) über et. schweigen; b) *vgl.* 5; ~ *en coche* (mit dem Wagen) wegfahren, ausfahren; ~ *tras alg.* j-m nacheilen; j-n verfolgen; **c)** *mit ger.*: ~ *corriendo* hinauslaufen, loslaufen; ~ *volando* auf-, fort-fliegen; *fig.* schleunigst hinauslaufen; 2. *a.* △ (her)vorragen, vor-springen, -treten; 3. heraustreten; *s.* bieten (*Gelegenheit usw.*); aufgehen (*Saat, Gestirn*); herauskommen, erscheinen (*Zeitung, Buch, Los*; *Blätter, Blüten*); *Thea.* **a)** auftreten (als *nom. de*); **b)** ab(gehen); gezogen werden (*Los*); *Wahl*: ausfallen; *fig.* F herausrücken (mit *dat. con*); *sale agua* es kommt Wasser raus; *le sale bigote* er bekommt e-n (Schnurr-)Bart; F *¡ya salió (aquello)!* da haben wir's; ~ *con una tontería* e-e Dummheit machen; Unsinn reden; ~ *en público s.* in der Öffentlichkeit zeigen; 4. ✗ e-n Ausfall machen; angreifen (*j-n contra*); *allg.* ~ *contra alg. s.* j-m widersetzen, j-m entgg.-treten; 5. hervorgehen (aus *dat. de*); herrühren, stammen (von *dat. de*); hervorgehen als; *s.* erweisen als (*nom.*); *Sieger usw.* bleiben, sein; ~ *ileso* unversehrt bleiben; mit heiler Haut davonkommen; 6. *Sp.* anspielen; anstoßen; *Kart.* ausspielen; *Schach*: anziehen, den Anzug haben; 7. weg-, heraus-gehen (*Flecken*); ⊕ ausfahren (*v/i.*) (*z. B. Kranarm*); *dejar* ~ herauslassen; *Flüssigkeit, Dampf* ablassen; *hacer* ~ (*z. B.* ✈: *Fahrwerk*) ausfahren; 8. frei werden (von *dat. de*); ~ *de* ♀ *Ware* abstoßen, verkaufen; *Amt* aufgeben; *et.* loswerden; ~ *de apuros* aus der Verlegenheit herauskommen; ~ *de tutor* nicht länger Vormund sein; 9. ausfallen; geraten; aufgehen (*Rechnung*); bestehen (*Prüfung*); ~ *bien* gut ablaufen; gelingen; ~ *mal* schlecht ausgehen, fehlschlagen; *a no ser salga* auf gut Glück, in den Tag hinein, ins Blaue; *fig. estar a lo que salga* auf e-e Gelegenheit *zur Arbeit* warten; ~ *apurado* gerade noch durchkommen *b. Prüfungen*; ~ *mal parado* übel (*od.* böse) ausgehen; *no le sale es gelingt* ihm nicht, er kriegt es nicht hin F; *salga lo que salga* (*od. lit. lo que saliere*) wie es auch immer ausgehen mag; unter allen Umständen; *todo ha* **~ido** *al revés* es ist alles schiefgegangen, 10. ~ *a alg.* (*a a/c.*) j-m (e-r Sache) ähneln; 11. ~ (*a*) zu stehen kommen (auf *ac.*, j-n *a alg.*), kosten (*ac.*); *salimos a 200 ptas. por cabeza* wir kommen auf 200 Peseten je Person; *a. fig. eso te va a* ~ *caro* das wird dich teuer zu stehen kommen; **II.** *v/t.* 12. F *le salieron* er ist gegangen worden F, ist erwartet worden F; **III.** *v/i. u.* ~*se v/r.* 13. überlaufen *bzw.* überkochen (*z. B. Milch*); leck werden, lecken, rinnen; undicht sein; auslaufen; **~(se)** (*de madre*) über die Ufer treten (*Fluß*); 14. herausspringen (*Schalterknopf usw.*); austreten (*bsd. aus Organisationen*); ~*se de los rieles* aus den Schienen springen, entgleisen; 15. abweichen (von *dat. de*); *s.* nicht halten (*an ac.* de); ~*se con a/c. et.* durchsetzen; *et.* durchkämpfen; ~*se con la suya* s-n Kopf (*od.* Willen *bzw.* s-n Dickkopf) durchsetzen; ~*se del compás* aus dem Takt kommen; ~*(se) del camino* vom Weg abkommen; ~*se del tema* vom Thema abschweifen; ~*se de tono s.* im Ton vergreifen, aus der Rolle fallen (*fig.*).
sali|trado *adj.* mit Salpeter versetzt; **~tral** *m* Salpetergrube *f*; **~tre** *m* Salpeter *m*; ~ *explosivo* Sprengsalpeter *m*; **~trera** *f* → *salitral*; **~trería** *f* Salpeterwerk *n*; **~trero I.** *adj.* Salpeter...; **II.** *m* Salpeterarbeiter *m*; **~troso** *adj.* salpeterhaltig.
sali|va *f* Speichel *m*; *fig. gastar* ~ völlig unnütz reden, s-e Worte sparen können; *fig. tragar* ~ s-n Ärger herunterschlucken; **~vación** *Physiol. f* Speichelfluß *m*; **~v(ad)ar** (1a) **v/i.** Speichel absondern; **~vadera** *f Am. Mer.* Spucknapf *m*; **~vajo** *m* → *salivazo*; **~val**, *a.* **~var**[1] *adj. c*

Speichel...; **~var²** v/i. Speichel bilden; spucken; **~vazo** m Spucke f; **~vera** f Am. Mer. Spucknapf m; ~(s) f(/pl.) Equ. Schaumkette f; **~voso** adj. speichelreich.

salmanti|cense lit. adj.-su. c., **~no** adj.-su. aus Salamanca, salmantinisch; m Salmantiner m.

salmear v/i. Psalmen beten (od. singen).

salme|r ♠ m Kämpfer m e-s Bogens; **~ra** adj.-su. f: (aguja f) ~ Packnadel f; **~rón** adj.-su. m: (trigo m) ~ grobkörniger Berberweizen m.

sal|mista m Psalmist m (a. fig. bibl. = David); Psalmensänger m; **~mo** m Psalm m; **~modia** f Psalmengesang m; fig. F Litanei f (fig.), Geleier n F; **~modiar** [1b] I. v/i. Psalmen singen; II. v/t. fig. F (herunter)leiern, plärren.

sal|món I. m Fi. Lachs m, Salm m; **II.** adj. inv. lachsfarben; **~monado** adj. Lachs...; trucha f **~a** Lachsforelle f; **~monela** f Salmonelle f; **~monelosis** ⚕ f Salmonellenvergiftung f; **~monera** f Lachsnetz n; **~monete** Fi. m Rotbarben m; ~ real Meerbarbenkönig m; ~ de roca Streifenbarben m; **~monicultura** f Lachszucht f; **~mónidos** Zo. m/pl. Lachse m/pl.

sal|morejo m 1. Kchk. Beize f für Sauerbraten (bsd. für Kaninchen); Andal. Art gazpacho; 2. fig. F Rüffel m F, Abreibung f; **~muera** f (Salz-)Lake f; huevo m (conservado) en ~ Solei n.

salobre I. adj. c salzig, Salz...; agua f ~ Brackwasser n; **II.** m ⚕ Meermelde f; **~ño** adj. brackig; salzhaltig.

saloma ♠ f Singsang m (Arbeitslied der Seeleute); **~r** ♠ v/i. im Rhythmus der Arbeit singen.

Salo|món npr. m bibl. u. fig. Salomo(n) m; **♁mónico** adj. salomonisch (a. Urteil); ♠ gewunden (Säule).

salón m Saal m; Salon m; Besuchszimmer n; Wohnzimmer n (a. Möbel); Fachmesse f, Salon m; ~ de actos Sitzungssaal m; Festsaal m; Aula f e-r Schule; ~ del automóvil Automobil-salon m, -ausstellung f; ~ de baile Tanz-, Ball-saal m; Tanzlokal n; ~ de belleza Kosmetiksalon m; ~ de contrataciones Börsensaal m; 🐌 ~ corrido Groß-, Gesellschafts-raum m; ~ de fiestas Festsaal m mit Bühne; Kabarett n; ~ de masajes Massagesalon m; ~ de sesiones Sitzungssaal m; ~ de té Teestube f; Café n.

saloncillo m Gesellschaftszimmer n in Theatern usw.; **~to** m kl. Wohnzimmer n.

Salónica f Saloniki n.

salpa Fi. f Goldstriemen m.

salpi|cadera f Streubüchse f; Spraydose f; Kfz. Méj. Kotflügel m; **~cadero** m Kfz. Instrumenten-, Armaturen-brett n; **~cado** adj. gesprenkelt; meliert; fig. ~ de estrellas sternenbesät; **~cadura** f 1. Bespritzen f; 2. Spritzer m; Spritzfleck m; **~car** [1g] v/t. bespritzen, beschmutzen (mit dat. con, de); besprenkeln, bestreuen, verspritzen; fig. durchsetzen; würzen (fig.) (mit dat. con, de); einstreuen (fig.); **~ado de barro** schmutzüberspritzt; fig. ~ la lectura de un libro

wahllos bald hier, bald dort in e-m Buch lesen; **~cón** Kchk. m Fleischsalat m; Tatar n; p.ext. z. B. gehacktes Rindfleisch n mit Salat; Am. kalte Vorspeise f bsd. mit Meeresfrüchten; Ec. Fruchtsaftkaltgetränk n.

salpi|mentar [1k] v/t. mit Pfeffer u. Salz anrichten; a. fig. würzen (mit dat. con); **~mienta** f Pfeffer m u. Salz n (Mischung).

salpingitis ⚕ f Eileiterentzündung f.

salpinodia ♀ f Vogelknöterich m.

salpique m → salpicadura.

salpre|sar v/t. einsalzen zum Haltbarmachen; **~so** adj. eingesalzen; Salz...; Selch...; Pökel...

salpulli|do m leichter Hautausschlag m; Flohstiche m/pl.; **~r(se)** [3h] v/t. (v/r.) Hautausschlag verursachen (dat.) (bekommen).

salsa f 1. Tunke f, Soße f; Brühe f; fig. Würze f; fig. F Reiz m, Anmut f; Mutterwitz m; Kchk. ~ alemana Art Mehlschwitze f; ~ picante pikante Soße f; ~ tártara Remouladensoße f; ~ verde Kräutersoße f; ~ (a la) vinagreta Essigsoße f; fig. ~ de San Bernardo der Hunger; fig. en (su) propia ~ im eigenen Milieu, in s-m Element; fig. P ponerle a alg. hecho una ~ j-m e-e mächtige Abreibung verpassen F, j-n zur Minna machen F; **2. a)** ♪ Salsa f; **b)** Col., Ven. Art Volkstanz m; **~mentaria** f Col., Ven. Delikatessengeschäft n.

salse|dumbre f Salzigkeit f; **~ra** f Soßenschüssel f, Sauciere f; **~reta**, **~rilla** Mal. f Farbenschale f; **~ro I.** adj. für Soßen gut geeignet; feinblütig (Thymian); **II.** m Chi. Salzhändler m.

salsifí ♀ m Wiesenbocksbart m; ♪ ~ negro Schwarzwurzel f.

salsoláceo ♀ adj. salzkrautartig.

salta m Saltaspiel n (Brettspiel); salta tú y dámela tú Kinderspiel nach Art des dt. „Es geht ein Bu(t)zemann in unserm Kreis herum".

salta|bancos m (pl. inv.) Taschenspieler m, Gaukler m; **~bardales**, **~barrancos** m (pl. inv.) Springinsfeld m; Draufgänger m.

salta|ble adj. c überspringbar, sprengbar; **~cabrilla** f Bockspringen n (Kinderspiel); **~charquillos** F c (pl. inv.) etwa: Trippler m, der affektiert auf den Zehenspitzen geht; **~dero** m Absprungstelle f; Ski: Sprungschanze f; **~dizo** adj. (leicht) abspringend; spröde; **~dor I.** adj. springend; sprengend; **II.** m Springer m; Sp. ~ de altura (de esquí, de longitud, de pértiga) Hoch- (Schi-, Weit-, Stabhoch-)springer m; **~montes** Zo. m (pl. inv.) Wanderheuschrecke f; Heuschrecke f; **~ojos** ♀ (pl. inv.) Adonisröschen n; **~pajas** m (pl. inv.) prov. → saltamontes; **~paredes** F c (pl. inv.) → saltabardales.

saltar I. v/i. 1. springen, hüpfen; abspringen, abplatzen; (zer)springen, platzen; laufen (Masche); reißen (Band usw.); abprallen (von dat. de); vorspringen (z. B. ♠ Gesims); ⊕ a. herausspringen (Sicherung); schlagen, schleudern; abbrechen (Bleistift- usw. Spitze); sprühen (Funken); fig. estar a la que salta die Gelegenheit abpassen, auf

e-e günstige Gelegenheit warten; fig. P estar al que salte k-n Mann finden können (Mädchen); hacer ~ → 4, 5; ~ al agua (a la calle) ins Wasser (auf die Straße) springen; fig. ~ a la vista (od. a los ojos) ins Auge springen (fig.); fig. ~ de una cosa a otra von e-r Sache zur andern springen; ~ en pedazos in Stücke springen; ~ en tierra auf den Boden springen; ♠ an Land springen; ~ por la ventana aus dem Fenster springen; fig. ~ sobre la propia sombra über den eigenen Schatten springen; 2. fig. auffahren; dazwischenfahren; ~ con herausplatzen mit (dat.), et. vorbringen; 3. unter Überspringung von Zwischenstufen (direkt) befördert werden (zu dat. a); 4. s-e Stellung (in dat. de) verlieren; hacer ~ aus dem Amt drängen; **II.** v/t. 5. a. fig. Fragen überspringen; Zahn, Auge ausschlagen; (hacer) ~ (in die Luft) sprengen; fig. F este problema te va a ~ los sesos die Frage wird dir (den Kopf) mächtig heiß machen; 6. Stute bespringen, beschälen; Hündin decken; 7. Kart. usw.: (hacer) ~ die Bank sprengen; **III.** v/t. u. **~se** v/r. 8. Seiten, Zeilen usw. überspringen, auslassen; **IV.** v/r. **~se** 9. los ojos se le saltaban de las órbitas die Augen wollten ihm aus den Höhlen quellen.

saltarín m Tänzer m; fig. F Luftikus m, Windhund m.

salta|rregla Zim. f Stellwinkel m; **~triz** f (pl. **~ices**) (Seil-)Tänzerin f, Akrobatin f.

saltea|do Kchk. adj. leicht angeröstet, Schwenk...; **~r** v/t. 1. überfallen (Straßenräuber m; **~r** v/t. 1. überfallen; 2. Kchk. anbraten; 3. (a. v/i.) et. unvollständig (bzw. mit Unterbrechungen) tun.

salterio m a. ♪ Psalter(ium n) m.

sal|tígrado Zo. adj. Spring...; **~timbanqui** m Gaukler m; fig. F Luftikus m, Windhund m.

salto m 1. Sprung m, Satz m; Schach: Sprung m; p. ext. heftiges Herzklopfen n; Überspringen n, Auslassen n; fig. Beförderung f außer der Reihe (unter Überspringung der Zwischenstufen); Schach u. Rätsel: ~ de caballo Rösselsprung m; Equ. ~ de carnero Bocken n (Abwerfversuch); ⚡ ~ de corriente Stromstoß m; EDV ~ de línea Zeilenumbruch m; fig. ~ de lobo Trennungsgraben m; fig. ~ de mal año glückliche Wende f; EDV ~ de página Seitenumbruch m; a ~s in Sprüngen; hüpfend; fig. sprungweise, mit Unterbrechungen; adv. a ~ de mata schleunigst; in größter Hast; al ~ Cu. in bar; en (od. de) un ~ mit einem Satz m; blitzschnell; por ~ außer der Reihe (Beförderung); dar (F pegar) un ~ e-n Sprung tun, springen, e-n Satz machen F; dar un ~ hacia atrás zurückspringen, fig. dar un ~ atrás zurückfallen, nachlassen; dar un ~ de campana s. überschlagen (vom Stier erfaßter Torero, Auto usw.); → a. 4; dar ~s de contento vor Freude in die Luft springen; ¡qué ~s le dio el corazón! sein Herz schlug ihm bis zum Halse; 2. abschüssige Stelle f, Absturz m; Schlucht f; Gefälle n b. Stauwerken; ~ (de agua) Wasserfall m; ⊕

Talsperre *f*; **3.** *Sp.* Sprung *m*; → *a.* **4, 5**; ~(s) *m(/pl.)* *a.* Springen *n*; ~ **de altura** (**de longitud**) Hoch- (Weit-)sprung *m*; ~ **en cuclillas** (*od.* **entre manos**) Hocke *f*; ~ **mortal hacia atrás** (Doppel-)Salto *m* rückwärts; *Kinderspiel*: ~ **de la muerte**, *Sp.* ~ **del potro** Bockspringen *n*; ~ **de** (*a.* **con**) **pértiga** Stabhochsprung *m*; ~ **del pez** Hechtrolle *f*; **triple** ~ Dreisprung *m*; **4.** *Schwimmen*: ~s *m/pl.* **artísticos** Kunstspringen *n*; ~ (**con entrada**) **de cabeza**, ~ **recto** Kopfsprung *m*; ~ **de campana** Überschlag *m*; ~ **de** (**la**) **carpa** Hechtsprung *m*; ~ **de palanca** (**de trampolín**) Turm- (Kunst-)springen *n*; ~ **de trucha** Handstandsprung *m*; ~ *Akrobaten*: Salto *m* aus Rückenlage über Handstand; → *a.* **5**; *Equ.* ~ **de anchura y altura** Hochweitsprung *m*; **5.** *Tanz*: ~ **y encaje** Kapriole *f* mit angezogenem rechten Fuß; ~ **de trucha** Luftsprung *m* mit geschlossenen Füßen; **6.** ~ **de cama a)** Morgenrock *m*; **b)** Bettvorleger *m*.

sal|tómetro *Sp. m* Sprungständer *m/pl.* (mit Sprunglatte); **~tón I.** *adj.* hervorstehend; herausspringend; *ojos m/pl.* ~**ones** Glotzaugen *n/pl.*; **II.** *m* **a)** Heuschrecke *f*; **b)** Speckmade *f*.

salu|bérrimo *sup. zu* **~bre** *adj. c* gesund, zuträglich; heilsam; **~bridad** *f* Heilsamkeit *f*, Zuträglichkeit *f*; *Am. a.* → higiene.

salud *f* **1.** Gesundheit *f*, Wohlsein *n*; **F** *¡*~*!* Grüß Gott!; wohl bekomm's!, prosit!; **F** *¡*~ **y pesetas!** prost!; Hals- und Beinbruch!; *¡a su* ~*! для* Ihr Wohl!, prosit!; *en plena* ~ kerngesund; *estar bien de* ~ *od. F gastar* ~ *s.* wohl befinden (*od.* fühlen); *estar con mediana* ~ *s.* nicht recht gesund fühlen; **F** *vender* ~ vor Gesundheit strotzen; **2.** *Rel.* ~ (**del alma**) (Seelen-)Heil *n*; **3.** ~**es** *f/pl. Am. Mer.* Grüße *m/pl.*

saluda|ble *adj. c* heilsam; gesund; **~dor** *m* Quacksalber *m*; Gesundbeter *m*.

salu|dar *vt/i.* **1.** (be)grüßen; s-n Gruß entbieten (*dat.*); ⚓ ~ **con la bandera** die Flagge dippen; ✕ ~ **con salvas** (**de ordenanza**) Salut schießen; **2.** gesundheiten; **~do** *m* Gruß *m*; Begrüßung *f*; *dar* ~**s** Grüße ausrichten; *déle* ~**s de mi parte** grüßen Sie ihn von mir!

salumbre *Min. f* Salzblüte *f*.

salu|tación *f* Begrüßung *f*; Gruß *m*; *kath.*: Mariengruß *m* im Rahmen e-r Predigt; ~ **angélica** Englischer Gruß *m bzw.* Avemaria *n*; **~tífero** *lit. adj.* heilsam; heilbringend; nützlich; **~tista** *Rel. c* Mitglied *n* der Heilsarmee.

salva *f* ✕ Salve *f*; ~**s** *f/pl.* **de ordenanza** Salutschüsse *m/pl.*; *tiro m de* ~**s** Salvenfeuer *n*.

salva|barros *m* (*pl. inv.*) Spritzleder *n*; Schutzblech *n* (*Fahrrad*); → *a.* **guardabarros**; **~cabina** Lkw. *f* Schutzwand *f*, verlängerte Stirnwand *f*; **~ción** *f* **1.** Rettung *f*, Bergung *f*; *a. fig. tabla f de* ~ rettende Planke *f*; **2.** *Rel.* Errettung *f*, Erlösung *f*; *Ejército m de* (**la**) ⚥ Heilsarmee *f*.

salvadera *f* **1.** Streusandbüchse *f*; **2.** ♀ *Cu.* Havillabaum *m*.

salvado *m* Kleie *f*; ~ **grueso** Schrotkleie *f*.

salvador I. *adj.* rettend; heilend; erlösend; **II.** *m* Retter *m*; Helfer *m* aus der Not; *a.* Rettungsschwimmer *m*; *Rel.* Erlöser *m*, Heiland *m*; **El** ⚥ El Salvador *n*.

salvadoreño *adj.-su.* salvadorianisch; *m* Salvadorianer *m*.

salva|guardar *v/t.* bewahren, hüten; beschützen; *Recht* sicherstellen; **~guardia** *f* Schutzwache *f*; sicheres Geleit *n*; Schutzbrief *m*; *fig.* Schutz *m*; Wahrung *f* von Rechten.

salva|jada *f* Roheit *f*; **~je I.** *adj. c* wild; *fig.* roh; scheu; *animal m* ~ Wildtier *n*; Wilde(r) *m*; *fig.* Rohling *m*; **II.** *m* Wilde(r) *m*; *fig.* Rohling *m*; **~jería** *f* Roheit *f*, Wildheit *f*; **~jina** *f* Wild *n*; Wildbret *n*; **~jino** *adj.* Wild...; **~jismo** *m* Wildheit *f*, Roheit *f*; Grausamkeit *f*.

salvamano: *a* ~ → **mansalva**.

salvamantel(**es**) *m* Untersetzer *m für* (*heiße*) *Schüsseln usw.*

salvam(i)ento *m* **1.** Rettung *f*; *bsd.* ⚓ Bergung *f*; ~ *por uno mismo* Selbstrettung *f*; ⚓, ✈ *balsa f de* ~ Rettungsfloß *n*; *equipo m de* ~ Rettungs-gerät *n*; *-mannschaft f*; ⚓ *remolcador m de* ~ Bergungs-schiff *n*, *-dampfer m*; ~ *servicio m de* ~ Rettungs- *bzw.* Bergungs-dienst *m*; ~ *de montaña* Bergwacht *f*; **2.** Zuflucht *f* (*Ort a. fig.*).

salva|pantallas *m* (*pl. inv.*) EDV Bildschirmschoner *m*; **~puntas** *m* (*pl. inv.*) (Bleistift-)Hülse *f*, Schoner *m*.

salvar I. *v/t.* **1.** *a. Rel. u. fig.* retten; *Rel. a.* erlösen; *bsd.* ⚓ bergen; ~ *a alg.* **de un peligro** j-n aus e-r Gefahr (er)retten; **2.** überschreiten; *Schwierigkeit*, *Hindernis* überwinden; *Zaun usw.* überspringen, (hinweg)setzen über (*ac.*); *Strecke*, *Entfernung* zurücklegen; ~ **el umbral** *a. fig.* die Schwelle überschreiten; **3.** vermeiden; ausnehmen, absehen von (*dat.*); **salvando** abgesehen von (*dat.*); **salvando a los presentes** mit Ausnahme der Anwesenden; **4.** EDV speichern; **5.** 🖋 (*durch Gutheißungsvermerk*) bestätigen; **II.** *v/i.* **6.** *hist.* vorkosten; **III.** *v/r.* ~**se 7.** *a. rel.* *Rel.* gerettet werden; ~**se por** (**los**) **pies** s. durch die Flucht retten; *¡sálvese quien pueda!* rette s. wer kann!

salvariego *Fi.* ~ Zwergpetermännchen *n*.

salvarruedas *m* (*pl. inv.*) Prellstein *m*.

salvarsán *pharm. m* Salvarsan *n*.

salvaslip *m* Slipeinlage *f*.

salvavidas *m* (*pl. inv.*) Rettungs-ring *m*, *-boje f*; *nachgestellt*: *cinturón m* ~ Rettungsgürtel *m*; (*chaleco m*) ~ Schwimmweste *f*.

salve I. *imp. poet. od. burl.* *¡*~*!* sei(d) gegrüßt!; **II.** *f kath.* Salve *n* (*Mariengebet*, *-lied*).

salvedad *f* Vorbehalt *m*; Ausnahme *f*; *con la* ~ *de que* ... mit dem Vorbehalt (*bzw.* für den Fall), daß ...

salvia ♀ *f* Salbei *f*, *m*.

salvilla *f* Serviertablett *m*; Gläsergestell *n*.

salvo I. *adj.* **1.** unbeschädigt; heil; *a* ~ *od. en* ~ *adj.* geltend in Sicherheit; *dejar a* ~ frei (be)lassen; ungefährdet lassen; *euph. golpear en* ~ *a sea la*

saltómetro — sancochar

parte auf den Allerwertesten schlagen *F*; *poner a* ~ in Sicherheit bringen; sichern; retten; *salir a* ~ (noch) glücklich ausgehen; **2.** ausgenommen; *dejar a* ~ ausnehmen; (*s.*) vorbehalten; **II.** *adv.*, *prp.* **3.** vorbehaltlich; außer (*dat.*); ~ *que es sei denn*, (daß); ✝ ~ **buen cobro**, ~ **buen fin** unter dem üblichen Vorbehalt; ✝ ~ **error u omisión**, *Abk.* S.E.u.O. Irrtum (*od.* Auslassung) vorbehalten; ohne Gewähr; *todos* ~ *uno* alle außer einem.

salvo|conducto *m* Passierschein *m*; Geleitbrief *m*; **~honor** *F m* Allerwerteste(r) *m F*, Hintern *m F*.

sallar *v/t.* **1.** → sachar; **2.** *Holz* auf Balken lagern (*Holzlager*).

Sam *m*: **el tío** ~ Onkel *m* Sam (*Symbolfigur der USA*).

sámaga *f* Splintholz *n*.

sámara ♀ *f* Flügelfrucht *f*.

samarilla ♀ *f* Quendel *m*.

samarita *adj.-su. c*, **~no** *bibl. adj.-su.* aus Samaria, samaritanisch; *m* Samarit(an)er *m*.

samba ♪ *f*, *a. m* Samba *f*, *m*.

sambenito *m* **1.** *hist.* Inquisition: **a)** Büßerhemd *n* der Verurteilten; **b)** Anschlag *m* mit Namen u. Strafen der Verurteilten; **2.** *fig.* Schandfleck *m*; *colgar* **el** ~ **a alg.** j-m et. in die Schuhe schieben, j-m den Schwarzen Peter zuschieben.

sambum|bia *f* **1.** *Am. Reg.* Erfrischungsgetränk *n*: *Cu.* aus Zuckerrohrsaft u. Ajipfeffer; *Méj.* aus gerösteter Gerste u. Melassenzucker; **2.** *Col.* Maisbrei *m*; *desp. a. Méj.* Mischmasch *m F bzw.* Gesöff *n F*; **~biería** *f Cu.* Sambumbia-Ausschank *m*.

Samoa *f* Samoa *n*; ⚥**no** *adj.-su.* samoanisch; *m* Samoaner *m*.

samovar *m* Samovar *m*.

samoyedo *adj.-su.* samojedisch; *m* Samojede *m*.

sampán *m* Sampan *m* (*chinesisches Hausboot*).

samuga *Equ. f* Damensattel *m*.

samurai *m hist. u. fig.* Samurai *m*.

samu|rera *koll. f Ven.* Schar *f* von Geiern; *fig. F* Aasgeier *m/pl.* (*fig. F bsd. auf Juristen bezogen*); **~ro** *Vo. m Col.*, *Ven.* ~ zopilote.

San *adj. m* Kurzform für **Santo** vor Namen (*aber*: *Santo Domingo*, *Santo Tomás*); (*perro m de*) ~ **Bernardo** Bernhardiner(hund) *m*; ~ **Quintín** → **Quintín**.

sana|ble *adj. c* heilbar; **~co** *F adj. Cu.* albern; **~lotodo** *F m* Allheilmittel *n*; **~r I.** *v/t.* heilen; **II.** *v/i.* (zu)heilen; gesund werden; **~tivo** *adj.* heilsam; **~torio** *m* Sanatorium *n*; Heilstätte *f*.

san|ción 🕱 *u. fig. f* **1.** gesetzliche Bestimmung *f*, Gesetz *n*; Statut *n*; *hist.* ~ **pragmática** pragmatische Sanktion *f*; **2.** Strafbestimmung *f*; **3.** Strafe *f*, Sanktion *f*; **4.** Bestätigung *f*, Genehmigung *f*; **~cionable** *adj. c* strafbar; **~cionar** *v/t.* sanktionieren; bestätigen, gutheißen; bestrafen; strafen, ahnden.

sanco *m Chi.* Brei *m* aus geröstetem Mehl; **~chado** *Kchk. m Am. Reg.* Art cocido mit Frischfleisch; **~chadura** *f Col.* → sancocho; **~char** *v/t.* **1.** *bsd. Fleisch* halbgar kochen; **2.** *fig. F Col.* j-m

sancochería — Santiago

lästig werden; *j-n* ärgern; **~chería** *f Col.* billiges Volksrestaurant *n*, Abspeise *f* F; **~cho** *m* **1.** *in schwachem Salzwasser* Halbgargekochte(s) *n* (*bsd. Fleisch*); **2.** *Am.* schwachgewürzter Suppenfleischeintopf *m*; **3.** *Cu.* Speisereste *m/pl.*
sanctasanctórum *m Rel. u. fig.* das Allerheiligste; *fig. a.* als höchstes Geheimnis zu Betrachtende(s) *n*.
Sancho *npr. m*: ~ *Panza* Sancho Panza (*od.* Pansa), *Name des Schildknappen Don Quijotes*; *Sinnbild e-s bauernschlauen Materialismus*; **?pancesco** *adj.* nach Art Sancho Panzas; *fig.* ohne jede idealistische Regung.
sandalia F *f* Sandale *f*.
sandalino *adj.* Sandel...
sándalo ♀ *m* Sandel-baum *m*; -holz *n*.
sandáraca *f* Sandarak(harz) *n*.
sandez *f* Einfältigkeit *f*; Dummheit *f*; Abgeschmacktheit *f*; *sandeces f/pl.* Unsinn *m*, Quatsch *m* F.
san|día ♀ *f* **1.** Wassermelone *f*; **2.** *Am. versch.* Passionsblumen u. Kürbisgewächse; **~dial**, **~diar** *m* Wassermelonenpflanzung *f*.
sandiego ♀ *m Cu.* violett blühendes Fuchsschwanzgewächs.
sandun|ga F *f* **1.** Witz *m*, Mutterwitz *m*; Anmut *f*; **2.** *Chi.* lärmende Fröhlichkeit *f*; **3.** *Guat., Méj. Reg.* Volkslied u. Tanz; **~guearse** F v/r. *Arg.* s. in den Hüften wiegen; **~guería** *f* aufreizendes Verhalten *n* von Frauen; **~guero** F *adj.* witzig, schelmisch; anmutig; aufreizend (*bsd. Frauen*).
sandwich *m* Sandwich *n*.
sane|ado *adj.* saniert, hygienisch (wieder) einwandfrei; ✝ saniert; lastenfrei (*Einkommen, Vermögen*); **~amiento** *m* ♂, ✝ *u. fig.* Sanierung *f*; *a.* Entseuchung *f bzw.* Entgasung *f*; ~ *de los barrios viejos* Altstadtsanierung *f*; **~ar** v/t. (wieder) gesund machen; *a. fig.* sanieren.
sangra|dera *f* **1.** ♂ Schnäpper *m*, Schnepper *m*; Gefäß *n* zur Blutaufnahme *b.* Aderlaß; **2.** Bew. Abzugsgraben *m*; **~do** *Typ. m* Einzug *m*, Einrücken *n*; ~ *natural* Einrücken *n der ersten Zeile*; **~dor** *m* **1.** Bader, Aderlasser *m*; *p. ext.* Schnepper *m*; **2.** *Typ.* Zeilenausrichter *m b.* Setzmaschinen; **~dura** *f* **1.** Armbeuge *f*; **2.** Aderlaß *m*; **3.** Abzapfung *f*; **4.** *sid.* → *sangría* 3; **~r I.** v/t. **1.** *a. fig.* zur Ader lassen; schröpfen; **2.** Bew. Wasser entziehen *od.* abzweigen, anzapfen; *sid.* Gießofen usw. abstechen; **3.** *Typ.* einrücken; **II.** v/i. **4.** bluten, *Jgdw.* schweißen; *sangra por la nariz od. le sangran las narices* er hat Nasenbluten; *fig.* La cosa está sangrando das ist ganz frisch (*bzw.* ganz neu); *a.* das ist (doch) ganz klar; **III.** v/r. **~se 5.** s. e-n Aderlaß machen lassen; **~za** *f* verdorbenes Blut *n*.
sangre *f* **1.** Blut *n*; *fig.* Geblüt *n*; Herkunft *f*; de ~ Blut...; von Geblüt; ✟ bespannt (*Fahrzeug*); *b.* ~ *azul* blaublütig, adlig, von Adel; *Physiol.* ~ *catamenial* Menstruationsblut *n*; 🜨 *esputo m de* ~ Blut-spucken *n*, -auswurf *m*; *falta f de* ~ Blutarmut *f*; *Am.* ~ *ligera* freundliche (*od.* sym-pathische) Person *f*, geselliger Mensch *m*; *la* ~ *moza* das junge Volk, die neue Generation *f*; *fig. Am.* ~ *pesada* unfreundlicher (*od.* lästiger) Mensch *m*; *Zo. animales m/pl. de* ~ *fría* Kaltblüter *m/pl.*; (*caballo m de*) *pura* ~ Vollblut(pferd) *n*; *la voz de la* ~ die Stimme des Blutes (*fig.*); *a* ~ *fría* kaltblütig; gelassen; *a* ~ *y fuego* mit Feuer u. Schwert (verwüsten *entrar*); *a primera* ~ sobald Blut fließt; *chorreando de* ~ bluttriefend; *fig.* F *estar chorreando* ~ *a/c.* ganz neu (*od.* frisch) sein; *fig. dar la* ~ *de sus venas por sein* Herzblut hingeben für (*ac.*); *echar* ~ *bluten*; *echar* ~ *de* (*od.* por) *la nariz* Nasenbluten haben; *fig.* F *encenderle* (*od.* quemarle) *a alg. la* ~ *j-n* wütend machen, *j-n* auf die Palme bringen F; *fig. escribir con* ~ voller Erbitterung (*od.* erfüllt von blinder Wut) schreiben; *escupir* ~ Blut spucken; *fig.* F *s-n* Adel sehr hervorkehren; *guardar su* ~ *fría s-e* Kaltblütigkeit bewahren; *a. fig. hacer* ~ verletzen, verwunden; *hacerse mala* ~ s. graue Haare wachsen lassen, s. schweren Kummer machen (wegen *gen.* por); *Typ. imprimir a* ~ abfallend (d. h. ohne Rand) drucken; *fig.* F *no llegará la* ~ *al río* es wird nicht ganz so schlimm werden; *llevarlo* (*od.* tenerlo) *en la* ~ es im Blut haben; *lo lleva en la* ~ *a.* es ist ihm angeboren; *fig.* F *sacar* ~ *j-n* quälen *bzw.* sehr erbittern; *fig. es la misma* ~ es ist sein eigen Fleisch u. Blut; *sudar* ~ Blut schwitzen; *fig.* F *tener* ~ *en el ojo* **a)** sehr pflichtbewußt sein; **b)** s. rächen wollen; *fig.* F *tener* ~ *blanca* (*od.* ~ *de horchata*) *en las venas* kein Temperament haben, Fischblut haben; *fig.* F *tener* ~ *de chinches* ein äußerst lästiges Subjekt sein; *fig. tener la* ~ *gorda* phlegmatisch (*od.* schwerblütig) sein; *tener mala* ~ e-n schlechten Charakter haben; *Chir. tomar la* ~ die Blutung zum Stehen bringen; **2.** ♀, *pharm.* ~ *de drago* Drachenblut *n*; **3.** ~ *y leche* roter Marmor *m* mit gr. weißen Flecken; **~azulado** *adj.* blaublütig (*fig.*).
sangría *f* **1.** *a. fig.* Schröpfen *n*; Aderlaß *m*; *a. fig. hacer una* ~ schröpfen, zur Ader lassen; **2.** Armbeuge *f*; **3.** Anzapfung *f*; *sid.* Abstich *m*; **4.** *Typ.* Einzug *m*, Einrücken *n*; **5.** Sangria *f*, *typisch span.* Rotweinbowle *f*.
sangri|ento *adj.* blutig; blutgierig; *hecho m* ~ Bluttat *f*; *fig. burla f* ~*a* (mehr als) derber Spaß *m*; **~gordo** *adj. Méj., Ant.* unsympathisch; **~ligero** *adj. Am. Reg.* nett, sympathisch (*Person*); **~pesado** *adj. Am.* lästig, unsympathisch; **~za** *f Reg.* → menstruación.
sangrón *adj. Méj.* lästig, aufdringlich.
sanguaraña *Pe. f ein Volkstanz*; *fig.* F ~*s f/pl.* Umschweife *pl.*
sanguijue|la *f* Blutegel *m* (ansetzen poner, aplicar); *fig.* Erpresser *m*, Geldschneider *m* F; **~lero** *m* Blutegel-händler *m*, -setzer *m*.
sanguina *Mal. f* Rotstift *m*; Rotstiftzeichnung *f*; **~ria** *f* **1.** *Min.* Blutstein *m* (*Art* Achat); **2.** ♀ Blutkraut *n* (~ *del Canadá*); ~ *mayor* Vogelknöterich *m*; **~rio** *adj.* blutgierig, blutdürstig; grausam; rachsüchtig.
sanguíneo *adj.* **1.** vollblütig; sanguinisch (*Temperament*); (hombre *m*) ~ Sanguiniker *m*; **2.** blutfarben; **3.** bluthaltig; Blut...; 🜨 *nivel m del calcio m* ~ Blutkalziumspiegel *m*.
sangui|nolento *adj.* bluthaltig; blutig; blutbefleckt; blutrot; **~noso** *adj.* blutähnlich; *fig.* ♎ → sanguinario.
sanguis *Rel. m* das Blut Christi *in der Eucharistie*.
sanguisorba ♀ *f* Bibernelle *f*.
sanícula ♀ *f*: ~ (*macho*) Bruchkraut *n*; ~ (*hembra*) Sterndolde *f*.
sanidad *f* Gesundheit *f*; Gesundheitswesen *n*; ✠ Sanitätswesen *n*; *certificado m de* ~ Gesundheitszeugnis *n*; *delegación f de* ~ Gesundheitsamt *n*; *en* ~ vollkommen gesund.
sani|e(s) ⚕ *f* Jauche *f*; **~oso** ⚕ *adj.* jauchig.
sanitario I. *adj.* **1.** gesundheitlich, Gesundheits...; sanitär; *policía f* ~*a* Gesundheitspolizei *f*; **II.** *m* **2.** ✠ Sanitäter *m*; **3.** WC *n*, Toilette *f*.
sanjua|nada *f* **1.** Johannisfeier *f*; **2.** *die* Tage *m/pl.* um Johannis (24. Juni); **~nero** *adj.* Johannis... (*von Früchten, die im letzten Junidrittel reifen*); **~nista I.** *adj.* c Johanniter...; **II.** *m* Johanniter *m*, Ritter *m* des Johanniterordens.
sanmartiniano I. *adj.* auf den General San Martín, *den arg. Freiheitshelden*, bezüglich; **II.** *m* Anhänger *m* San Martíns.
sanmigue|lada *f* die Tage *m/pl.* um Michaelis (29. Sept.); *a.* Altweibersommer *m*; **~leño** *a.* Ende September reifend, Michaelis...
sano *adj.* gesund (*a. fig.*); heilsam, zuträglich; heil, ganz, unbeschädigt; sicher, ohne Risiko (*Geschäft*); ~ *de espíritu* bei vollem Verstand(e); *fig. más* ~ *que una manzana* gesund wie ein Fisch im Wasser; ~ *y salvo* (wohlbehalten), gesund u. munter; mit heiler Haut (davonkommen *salir*); *fig. cortar por lo* ~ energische Maßnahmen ergreifen, drastisch durchgreifen; das Übel an der Wurzel packen.
San Quintín → Quintín.
sánscrito *Li. m* Sanskrit *n*.
sanseacabó (*a. y San Seacabó*) F Schluß jetzt!, basta! F, (u. damit) Punktum!
sansimo|niano *Soz. adj.-su.* saintsimonistisch; *m* Saint-Simonist *m*; **~nismo** *Soz. m* Saint-Simonismus *m*.
sansirolé F *m* Dummkopf *m*.
santa *f* Heilige *f*.
santabárbara ⚓ *f* Pulver-, Munitions-kammer *f*.
Santángel: *Castillo m de* ~ die Engelsburg *f in Rom.*
Santelmo *od.* **San Telmo:** ⚓ *fuego m de* ~ (Sankt-)Elmsfeuer *n*.
sante|ra *f* Betschwester *f*; Scheinheilige *f*; **~ría** F *f* Scheinheiligkeit *f*, Gleisnerei *f*; **~ro** *m* Heiligtumsaufseher *m*; F Betbruder *m*; Scheinheilige(r) *m*; F Diebeshelfer *m*.
Santiago *m* **1.** *npr.* Jakobus *m*, Apostel, *Schutzpatron Spaniens u. der Pilger*; *Orden m militar de* ~ Orden *m* der Sankt-Jakobsritter; **2.** *camino m de* ~ Pilgerweg *m* der Jakobspilger

santia|gueño *adj.* um Jakobi reifend, Jakobs... (*Früchte*); **~güero** *m* P. Ri. Gesundbeter *m*, Quacksalber *m*; **~guista** *m* Sankt-Jakobsritter *m*; Santiagopilger *m*.
santiamén F *m*: en un ~ im Nu.
santidad *f* Heiligkeit *f*; Su ♀ S-e Heiligkeit (*Titel*).
santifica|ble *adj. c* wer *od.* was geheiligt werden kann; **~ción** *f* 1. Heiligung *f*; Weihung *f*; 2. Heilighaltung *f*; 3. Heiligsprechung *f*, Sanktifikation *f*; **~do** *part.-adj.* geheiligt; **~dor** I. *adj.* heiligmachend; II. *m* Heiligmacher *m*; **~r** [1g] *v/t.* 1. heiligen; *fig.* F *Reg.* rechtfertigen, entschuldigen; 2. weihen; 3. Festtag, *p. ext.* Andenken heilighalten; 4. *kath.* heiligsprechen; **~tivo** *adj.* heiligend.
santi|guada *f* Bekreuzigen *n*; † *u. Reg.* ¡para (*od.* por) mi ~! so wahr mir Gott helfe!; **~guadera** *f* 1. Besprechen *n* von *Krankheiten usw.*; 2. → santiguadora; **~guador(a** *f*) *m* Besprecher(in *f*) *m*, Gesundbeter(in *f*) *m*; **~guamiento** *m* Bekreuz(ig)en *n*; **~guar** [1i] I. *v/t.* ein Kreuz schlagen über (*dat.*); segnen; *fig.* F ohrfeigen; II. *v/r.* ~se s. bekreuz(ig)en.
santimonia *f* 1. †, ⚘ Heiligkeit *f*; *desp.* Scheinheiligkeit *f*; 2. ⚘ gelbe Margerite *f*.
santísimo I. *adj. sup.* heiligster; ♀ Padre Allerheiligster Vater (*Titel des Papstes*); *fig.* P hacer la ~a Krawall machen; II. *m bsd. kath.* das Allerheiligste, das Sanktissimum.
santo I. *adj. Rel. u. fig.* heilig; selig; heiligmäßig; *p. ext.* fromm; heilsam; heilkräftig; *fig.* grundgütig; F treuherzig, einfältig; *a lo* ~ heiligmäßig, wie ein Heiliger; Año *m* ♀ Heiliges Jahr *n*; *Geogr.* ♀ Domingo Santo Domingo *n*; ♀a Faz *f* Schweißtuch *n* der Veronika; ♀a *Iglesia* ♀ (*Católica*) katholische Kirche *f*; *la Sábana* ♀a (*de Turín*) das Turiner Leichentuch (Christi); *Geogr.* ~ *Tomé y Príncipe* São Tomé e Príncipe *n*; *fig.* F *todo el* ~ *día* den lieben langen Tag; ¡~ *Dios!* mein Gott!; *fig.* F *por su* ~ *gusto* zu s-m Vergnügen, ganz wie es ihm in den Kram paßt; *mi* ~a *madre* m-e Mutter selig; ~as *y buenas* (*tardes*) Grüß Gott!; ~ *y bueno* gut so, in Ordnung; F ¡♀as *Pascuas!* ach, du lieber Himmel!; zum Donnerwetter!; *fig.* F le dio una ~a bofetada er langte ihm r-e (Ohrfeige); ¿quieres hacer el ~ favor de callarte? würdest du gefälligst den Mund halten?; II. *m* Heilige(r) *m*; *kath.* Namenspatron *m*; *p. ext.* Namenstag *m*; Heiligenbild *n*; *fig.* F Bild *n*, Illustration *f*; *los* ~s *del frío* die Eisheiligen *m/pl.*; ✕ ~ *y seña* Losung(swort *n*) *f*; ~ *titular* Schutz-heilige(r) *m*, -patron *m*; (*el día de*) *Todos los* ♀s Allerheiligen *n*; ¡por todos los ~s! um Himmels (*od.* Gottes) willen!; ¿a ~ de qué? mit welcher Begründung?; mit welchem Recht?; *fig.* F *alzarse* (*od. cargar* o *salirse*) *con el* ~ *y la limosna* (*od. la cera*) alles mitgehen heißen, mit allem auf u. davon gehen; *a.* die Rosinen aus dem Kuchen herauspicken; □ *dar el* ~ e-n Tip geben, et. ausbaldowern F; *desnudar* (*od. desvestir*) *un* ~ *para vestir otro* ein Loch aufreißen, um das andere zu stopfen; *dio con el* ~ *en tierra* es (*die Kristallschale usw.*) ist ihr aus den Händen geglitten, sie hat es hingeschmissen F; *dormirse como un* ~ fest einschlafen; *encomendarse a buen* ~ e-n guten Schutzengel haben; *fig. se le ha ido el* ~ *al cielo* er ist steckengeblieben *in s-r Rede usw.*; *fig.* F *quedarse para vestir* ~s sitzenbleiben, k-n Mann finden; *no saber a qué* ~ *encomendarse* nicht aus noch ein wissen; *no es* ~ *de mi devoción* er liegt mir nicht, ich kann ihn nicht ausstehen; *jugar con alg. al* ~ *mocarro* (*od. macarro*) j-n foppen; *puede hacer perder la paciencia a un* ~ bei ihm kann selbst ein Heiliger die Geduld verlieren, *rogarle a alg. como a un* ~ (*od. por todos los* ~s) j-n anflehen, j-n himmelhoch bitten F; *fig.* F *eres un* ~ du bist ein Engel (*od.* ein Schatz F); *a* ~ *tapado* heimlich, verstohlen; *tener* ~s *en la corte* gute Fürsprecher haben; *tener al* ~ *de espaldas* (*de cara*) immer Pech (Glück) haben.
santolina ⚘ *f* Zypressenkraut *n*.
santón *m* mohammedanischer Heilige(r) *m*; *fig.* F → santurrón; einflußreiche Person *f* innerhalb e-r Gruppe.
santonina ⚕ *f* Santonin *n*.
san|toral *m* Heiligenlegende *f* (*Sammlung*); Heiligenverzeichnis *n*; Chorbuch *n* mit den Heiligenantiphonen; **~tuario** *m* Heiligtum *n*; *kath.* Sanktuar(ium) *n*, Altarraum *m*; **~turrón** *adj.-su.* frömmelnd, bigott; *m* Frömmler *m*; Scheinheilige(r) *m*.
sa|ña *f* 1. (blinde) Wut *f*, Raserei *f*; Grausamkeit *f*; 2. (schwerer) Groll *m*; Erbitterung *f*; **~ñoso, ~ñudo** *adj.* wütend, voller Grimm.
sapán ⚘ *m Am. Mer.* Sapan *m*.
sapidez *f* → sabor.
sápido ⚘ *adj.* schmackhaft.
sapien|cia *f* → sabiduría; *bibl. Libro m de la* ♀ Buch *n* der Weisheit; **~cial** *adj. c* Weisheits...; **~te** ⚘ *adj. c* → sabio; **~tísimo** *adj. sup.* oft *iron.* hochgelehrt; allweise.
sapindáceas ⚘ *f/pl.* Seifennußgewächse *n/pl.*, Sapindazeen *f/pl.*
sapo I. *m* 1. *Zo.* Kröte *f*; Unke *f*; ~ *marino* südam. Riesenkröte *f*; *Fi.* Sternseher *m*; ~ *partero* Geburtshelferkröte *f*; *fig.* F *echar* ~s *y culebras* (*por la boca*) Gift u. Galle speien, fluchen, wettern; *fig. pisar el* ~ spät aufstehen; 2. *fig.* F **a**) häßliches Tier *n*, Gewürm *n*, Viehzeug *n* F; **b**) schwerfällige Person *f*; **c**) *Chi., Méj.* Giftzwerg *m* F; **3**. *Am.* ~s *m/pl.* (*mst. sapitos*) Mundentzündung *f*; **4**. *fig. Am. Reg.* Dingsda *n* F; *z. B.* Flecken *m in e-m Edelstein*; Geschwulst *f*; Keil *m*; ⚡ Verteilerdose *f*; **5**. *Arg.* (Huppe-)Froschspiel *n der Kinder*; II. *adj.* 6. *Chi.* schlau; *Méj.* rundlich.
sapo|naria ⚘ *f* Seifenkraut *n*; **~nificación** ⚕ *f* Verseifung *f*; Seifenbereitung *f*; **~nificar** [1g] *v/t.* verseifen.
sapote ⚘ *m* → zapote.   [*f/pl.*]
saprófitos ⚘ *m/pl.* Fäulnispflanzen]
saque *m Sp.* Anspielen *n*, Anstoß *m* (*Fußball*); Aufschlag *m* (*Tennis*); ~ *de esquina* Eck-ball *m*, -stoß *m*; ~ *libre* Frei-, Straf-stoß *m*; *fig.* F *tener buen* ~ tüchtig zulangen *bzw.* e-n guten Zug haben *b. Essen u. Trinken*; **~ador** *adj.-su.* Plünderer *m*; **~ar** *v/t.* plündern; **~o** *m* Plünderung *f*.
saque|ra *adj.-su. f*: (*aguja f*) ~ Sack-, Pack-nadel *f*; **~ría** *f* Sackfabrik *f*; Sackwaren *f/pl.*; **~río** *m* Säcke *m/pl.*; **~ro** I. *adj.* Sack...; Sackmacher...; II. *m* Sack-näher *m*, -händler *m*; **~te** *m dim.* Säckchen *n*.
saquí ⚘ *m Ec.* Art Agave *f*.
saragua|te *Am. Cent.*, **~to** *Méj. Zo. m* Wollhaaraffe *m*.
sarampi|ón ⚕ *m* Masern *pl.*; **~onoso** *adj.* masernartig.
sarao *m veraltend:* Abendgesellschaft *f*.
sarape *m Méj., Guat.* Überwurf *m* aus e-m Stück *b. Indianern*.
sarasa P *m* Schwule(r) *m* F, Tunte *f* F.
sar|casmo *m* Sarkasmus *m*; **~cástico** *adj.* sarkastisch, scharf, höhnend; **~cófago** *m* 1. Sarkophag *m*, Prunksarg *m*; 2. *Ent.* Aasfliege *f*; **~coma** ⚕ *m* Sarkom *n*.
sardana *f Folk. f* Sardana *f* (*cat. Reigentanz*).
sardanés *adj.-su. Geogr.* aus der Cerdagne.
sardanista *c* Sardana-komponist *m*; -tänzer *m*; -liebhaber *m*.
sardesco *adj.* 1. *asno m* (*caballo m*) ~ Zwergesel *m* (Bergpony *n*); 2. *fig.* F abweisend; mürrisch.
sardi|na *f* Sardine *f*; ~s *f/pl.* en aceite Ölsardinen *f/pl.*; *como* ~s *en banasta* (*od.* en conserva) wie die Heringe (in der Tonne), eng zs.-gepfercht; **~nal** *m* Sardinennetz *n*; **~nero** I. *adj.* Sardinen(fang)...; II. *m* Sardinenhändler *m*; **~neta** ✕ *f* Doppeltresse *f* der *span. Unteroffiziere auf dem Uniformärmel.*
sardo *adj.-su.* sardisch, aus Sardinien; *m* Sarde *m*, Sardinier *m*; *Li. el* ~ das Sardische.
sar|donia ⚘ *f* Gift-Hahnenfuß *m*; **~dónice** *Min. f* Sardonyx *m*; **~dónico** *adj.* sardonisch (*a.* ⚕ *Lachen*); verzerrt, krampfhaft.
sarga[1] *tex.* Serge *f*, Köper *m*.
sarga[2] ⚘ *f* Mandelweide *f*; **~dilla** ⚘ *f Art* Gänsefuß *m*; **~al** *m* mit Weiden bestandenes Gelände *n*; **~tillo** ⚘ *m* Spitzweide *f*; **~zo** ⚘ *m* Beerentang *m*.
sargen|tear *v/t./i.* ✕ als Unteroffizier führen; *fig.* F herumkommandieren; **~to** ✕ *m* Unteroffizier *m*; Sergeant *m*; ~ *mayor* Feldwebel *m*, Wachtmeister *m*; ~ *primero* Oberfeldwebel *m*, -wachtmeister *m*; ~ *segundo* Unterwachtmeister *m*; **~tona** F *f* Mannweib *n*, Dragoner *m* (*fig.* F).
sargo *Fi. m gr.* Geißbrassen *m*; ~ *picudo* Spitzbrassen *m*.
sarí *m* Sari *m*.
sarmen|tar [1k] *v/i.* das Rebholz auflesen; **~tera** *f* 1. Rebholz-, Reben-schnitt *m*; 2. Schuppen *m bzw.* Ecke *f* für das Rebholz; **~toso** *adj.* rebholzartig, Ranken...; *fig.* sehnig (Arm, Hand).
sarmiento *m* Weinrebe *f*, Rebranke *f*; Rebholz *n*.
sar|na ⚕ *f* Krätze *f*; Räude *f*; *fig.* F *ser más viejo que la* ~ steinalt sein, so alt wie Methusalem sein; **~noso** ⚕ *adj.* krätzig; räudig.

sarpullido — seco

sarpulli|do *m* (Haut-)Ausschlag *m*; **~r** [3h] *v/t.* stechen (*Floh*).
sarra|ceno I. *adj.* sarazenisch; ♂ *trigo m* ~ Buchweizen *m*; **II.** *m* Sarazene *m*; **~cina** *f* Schlägerei *f*, Tumult *m*; *armar la* ~ Krach schlagen, Radau machen, alles auf den Kopf stellen; **~cino** *adj.* → sarraceno.
Sarre *m* Saar *f* (*Fluß*); Saarland *n*.
sarro ♂ *m* Zahnstein *m*; Zungenbelag *m*; **~so** *adj.* belegt (*Zähne, Zunge*).
sarta *f* (*a.* Perlen-)Schnur *f*; Reihe *f*; *fig.* F *una* ~ *de disparates* e-e Menge Blödsinn F.
sar|tén *f*, *Am. Mer.* oft *m* Brat-, Stielpfanne *f*; Tiegel *m*; ~ *antiadherente* beschichtete Pfanne *f*; *fig.* F *caer* (*od. saltar*) *de la* ~ (*y dar*) *en la brasa* aus dem Regen in die Traufe kommen; *fig.* F *tener la* ~ *por el mango* das Heft in der Hand (*od.* in Händen) haben; **~tenada** *f* Pfannevoll *f*; **~teneja** dim. *f* 1. kl. Pfanne *f*; 2. *fig. Ec., Méj.* Risse *m/pl. im ausgedörrten Erdreich*; Fußstapfen *m/pl. im Morast*; Gelände *n* mit vielen kl. Unebenheiten; *Méj. a. kl., aber tiefer* Sumpf *m*.
sarura *Zo. f Ven.* Boa *f*, Abgottschlange *f*.
sasafrás ♀ *m* Sassafras *m*.
sas|tra *f* Schneiderin *f*; **~tre** *m* Schneider *m*; ~ (*de señoras*) Damenschneider *m*; *traje m* ~ (Schneider-)Kostüm *n*; **~trería** *f* Schneiderei *f*.
Sa|tán *m*, **~tanás** *m* Satan *m*, Teufel *m*; *fig.* F *darse a* ~ von e-r Mordswut gepackt werden F; **2tánico** *adj.* teuflisch, satanisch; **2tanizar** [1f] *v/t.* verteufeln.
satélite *m* Trabant *m*; Satellit *m* (*a. Pol. u. fig.*); ⊕~s *m/pl.* Planetenräder *n/pl.*; ~ *de* (*tele*)*comunicaciones* Nachrichtensatellit *m*; ~ *espía* (*de investigación*) Spionage- *od.* Aufklärungs-(Forschungs-)satellit *m*.
sa|tén, *Am. a.* **~tín** *m* Satin *m*; **~tinado** *adj.* satiniert; *papel m* ~ Glanzpapier *n*; **~tinar** *v/t.* Tuch, Papier glätten; satinieren.
sátira *f* Satire *f*; Spottschrift *f*.
satírico I. *adj.* satirisch; *poeta m* ~ Satirendichter; **II.** *m* Satiriker *m*.
satirión ♀ *m* Knabenkraut *n*.
satirizar [1f] *v/t.* verspotten, geißeln.
sátiro I. *adj.* Satyr...; **II.** *m Myth.* Satyr *m*; *fig.* Wüstling *m*.
satis|facción *f* Genugtuung *f*; Ehrenerklärung *f*, Satisfaktion *f*; Befriedigung *f*, Zufriedenheit *f*, Freude *f* (*über ac. de*); Abfindung *f*; Bezahlung *f*; ~ *de sí mismo* Selbstgefälligkeit *f*; *no* ~ Nichtbefriedigung *f*; *a* ~ (sehr) gut; *zur Zufriedenheit*; *a la* (*bzw. a nuestra, etc.*) *completa* (*od. entera*) ~ *zur* (*bzw.* zu unserer *usw.*) vollen Zufriedenheit; *dar* (*pública*) ~ (öffentlich) Genugtuung leisten, (öffentlich) Abbitte tun; *tenemos una verdadera* ~ *en* + *inf.* es ist uns e-e aufrichtige Freude, zu + *inf.*; *tomar* ~ *s.* Genugtuung verschaffen; Genugtuung empfinden (*über ac. de*); **~facer** [2s] **I.** *v/t.* 1. genugtun (*dat.*), Genüge leisten (*dat.*); zufriedenstellen; (be-)zahlen; abfinden; *Anfrage usw.* beantworten; *Durst, Hunger* stillen; *Wünschen, Anforderungen* entsprechen (*dat.*); *Zweifel* zerstreuen; *Beleidigung* rächen; *a. Gläubiger* befriedigen; *a fin de* ~*le* um Sie zufriedenzustellen, um Ihnen entgg.-zukommen; ~ *sus deseos* s-e Lust befriedigen; ~ *la penitencia por sus pecados* für s-e Sünden büßen; **II.** *v/i.* Genugtuung leisten; befriedigen; sättigen (*Speise*); *Rel.* Buße tun (*für ac. por*); **III.** *v/r.* **~se** *s.* begnügen, zufrieden sein (*mit dat. con*); *s.* schadlos halten (*für ac. de*); *s.* Genugtuung verschaffen (*für ac. por*); **~factorio** *adj.* befriedigend, zufriedenstellend; *poco* ~ unbefriedigend; **~fecho** *adj.* zufrieden, befriedigt; satt; *no* ~ unbefriedigt; *darse por* ~ *s.* zufriedengeben (*mit dat. con*).
sativo ♀ *adj.* angebaut; *plantas f/pl.* ~*as* Kulturpflanzen *f/pl.*
sátrapa *m hist.* Satrap *m*; *fig. lit.* Tyrann *m*; *fig.* F Schlauberger *m*.
satu|ración *f* Sättigung *f* (*a. Phys.,* ♫ *u. fig.*); ♀ ~ *del mercado* Marktsättigung *f*; **~rado** *adj.* gesättigt (*fig.*); ♫ (*no*) ~ (un)gesättigt (*Lösung*); **~rar** *v/t. bsd. fig.* sättigen.
satur|nal *f fig. lit.* Orgie *f*; ♀*es f/pl.* Saturnalien *pl. in Altrom*; **~nia** *Ent. f* Nachtpfauenauge *n*; **~nino** *adj. in bestz. Zssgn.*: Blei...; *fig.* mürrisch; finster; **~nismo** ♂ *m* Bleivergiftung *f*; ♀*no m Astr., Myth.* Saturn *m*; *fig.* ♀ Blei *n*.
sauba *Ent. f* Blattschneiderameise *f*.
sauce ♀ *m* Weide *f*; ~ *blanco* (*cabruno, llorón, mimbrero*) Silber- (Sal-, Trauer-, Korb-)weide *f*; *flor f del* ~ Weidenkätzchen *n*; **~da** *f*, **~dal** *m*, **~ra** *f* Weidengebüsch *n*.
saúco ♀ *m*: ~ (*negro*) Holunder *m*; (*infusión f de*) *flor f de* ~ Fliedertee *m*.
saudade *f* Sehnsucht *f*.
sauna *f*, *Arg. m* Sauna *f*.
sauquillo ♀ *m* gemeiner Schneeball *m*.
saurio *Zo. m* Saurier *m*.
savia *f* Pflanzensaft *m*; *fig.* Kraft *f*, Mark *n*; *sin* ~ saft- *bzw.* kraftlos.
saxífraga ♀ *f* Steinbrech *m*.
sa|xofón, ~xófono ♪ *m* Saxophon *n*; ~ *alto* (*tenor*) Alt- (Tenor-)saxophon *n*; **~xofonista** *c* Saxophonist *m*.
sa|ya *f* Kleiderrock *m*; **~yal** *m* grobes, wollenes Tuch *n*; Loden *m*; **~yo** *m* Kittel *m*; Wams *n*; Büßergewand *n*; *fig.* F *cortar a alg. un* ~ *j-n* durchecheln (*fig.* F) *in s-r Abwesenheit*; *decir para su* ~ für *s.* sagen (*od.* denken).
sayón *m* Henker(sknecht) *m*; *fig.* F Rabauke *m*.
sayuela *f* grobes Hemd *n der Mönche*.
sa|zón I. *f* Zeitpunkt *m*; Reife *f*; *fig.* Schmackhaftigkeit *f*, Würze *f*; *a la* ~ damals; *en* ~ zur rechten Zeit; (*no*) *estar en* ~ (un)reif sein; *fuera de* ~ unreif; verfrüht; **II.** *m* F *Am. Cent., Méj. tener buen* ~ gut kochen können; **~zonado** *adj.* reif; schmackhaft; würzig; witzig; **~zonamiento** *m* Heranreifen *n*; Würzen *n*; **~zonar** *v/t.* reifen lassen; *Kchk.* würzen; zubereiten.
scanner *m EDV* Scanner *m*.
scooter *m* Motorroller *m*.
scou|t *m* Pfadfinder *m*; **~tismo** *m* Pfadfinderbewegung *f*.
script-girl *f* Skriptgirl *n*.
se¹ *pron.* sich; *impers.* man, *z. B. se dice que man* sagt, daß.
se² *pron. dat. vor e-m pron. im ac.* ihm, ihr, ihnen, Ihnen; *z. B.* ~ *lo da* er gibt es ihm (ihr, ihnen, Ihnen).
sé ich weiß (→ *saber*); sei (→ *ser*).
sebá|ceo *Physiol.*, ⚕ *adj.* talgartig, Talg...; **~cico** ⚗ *adj.* Talg...; *ácido m* ~ Talg-, Sebacin-säure *f*; Fettsäure *f*.
sebo *m* Talg *m*; Unschlitt *m*; Schmiere *f*; *fig. Arg. hacer* ~ faulenzen; **~so** *adj.* talgig.
seca *f* Dürre *f*; **~dero** *m* Trockenplatz *m*; -raum *m*; ⊕ Trockenanlage *f*; (Obst-)Darre *f*; **~dillo** *m* Art Mandelkonfekt *n*; **~do I.** *part.*: ~ *al aire* luftgetrocknet; **II.** *m* Trocknung *f*; Trocknen *n*; *Typ.* Wegschlagen *n* der Farbe; **~dor** *m* ⊕ Trockner *m*; *Phot.* Trockenständer *m*; Trockenhaube *f* (*Friseur*); *Méj.* Küchentuch *n*; ~ *automático* Trockenautomat *m*; (*de mano*) Fön *m*; **~dora** *f* Trockenmaschine *f*; ~ *centrífuga* Wäscheschleuder *f*; **~firmas** *m* (*pl. inv.*) Tintenlöscher *m*; **~no** *m* 1. ♂ unbewässertes Land *n*; *cultivo m de* ~ Trockenkultur *f*, Dryfarming *n*; *fig.* F *persona f de* ~ *a*) *j.,* der das Land dem Meer vorzieht; *b*) wasserscheuer Mensch *m* (*fig.* F); 2. Geest(land *n*) *f*; 3. ⚓ *über das Wasser ragende* Sandbank *f*.
secante¹ I. *adj. c* 1. trocknend; **II.** *adj.-su. m* 2. (*papel m*) ~ Löschpapier *n*; **III.** *m* 3. Trockenstoff *m*, Sikkativ *n* (*a. Mal.*); 4. *Sp.* Deckungsmann *m*.
secante² ♈ **I.** *adj. c* schneidend; **II.** *m* Sekans *m*; **III.** *f* Sekante *f*.
secapelo(s) *m* Haartrockner *m*, Fön *m*.
secar [1g] **I.** *v/t.* 1. trocknen; *Obst* dörren; *Schweiß* abtrocknen; ~ *a la estufa* am Ofen trocknen; ~ *al horno Obst* darren; **II.** *v/r.* **~se** 2. *s.* (ab)trocknen; 3. trocknen, abbinden (*Leim usw.*); wegschlagen (*Druckfarbe*); dörren (*Obst*); 4. vertrocknen; aus- *bzw.* ein-trocknen; verdorren (*Pflanzen*); versiegen (*Quelle*); *fig.* abmagern.
secci|ón *f* 1. Einschnitt *m*; Abschnitt *m*; **~ones** *f/pl. de trayecto* Teilstrecken *f/pl.*; 2. Querschnitt *m*; Schnitt *m* (*Zeichnung*); ⚙ *a.* Stelle *f*; 3. *a.* ⚔, ✈ Abteilung *f*; ⚔ Zug *m*; ✈ ~ *de personal* (*de venta*) Personal- (Verkaufs-)abteilung *f*; **~onar** *v/t.* 1. durchschneiden; im Schnitt darstellen; 2. in Abschnitte einteilen.
secesión *f* Entfernung *f*, Trennung *f*; *Pol.* Spaltung *f*, Sezession *f*.
seco *adj.* trocken; getrocknet; gedörrt, Dörr... (*Obst, Fleisch*); herb (*Wein*), trocken (*a. Sekt*); dürr (*a. fig.* F); *fig.* ungeschminkt, bloß; rauh, klanglos (*Stimme*); kurz angebunden, einsilbig; rauh, hart (*im Umgang*); frostig (*fig.*); *a* ~*as* schlechthin; kurz; in dürren (*od.* nüchternen) Worten; *en* ~ auf dem Trockenen, *fig.* auf dem trockenen; ⚓ gestrandet; *fig.* grundlos; (ur-)plötzlich; *golpe m* ~ (schneller, harter *u.*) dumpfer Schlag *m*; *fig.* F *más* ~ *que una pasa* sehr mager, rappeldürr F; *napa f* ~*as* Reisig *n*; *tos f* ~ trockener Husten *m*; *fig.* F *dejar* ~ töten, umlegen F; *a.* verblüffen; *fig.*

F *quedar* ~ plötzlich sterben, tot umfallen; *a.* sprachlos sein; *me tiene* ~ er ödet mich an.
secoya ♀ *f* Sequoie *f*, Mammutbaum *m.*
secráfono *Tel. m* Verschlüsselungsgerät *n.*
secre F *f* Sekretärin *f.*
secre|ción *f* Sekretion *f*; Sekret *n*; Absonderung *f*; ~**tar** ✱ *v/t.* absondern.
secreta|ria *f* Sekretärin *f*; ~ *de dirección (jefe, particular)* Direktions- (Chef-, Privat-)sekretärin *f*; ~**ría** *f* 1. Sekretariat *n*; 2. Amt *n* e-s Sekretärs; ~**riado** *m (bsd.* fliegendes) Sekretariat *n (für Tagungen usw.)*; Sekretärinnenberuf *m*; ~**rio** *m* Sekretär *m*; Geschäftführer *m (a. Parl. der Fraktion)*; *Méj. a.* Minister *m*; ~ *de archivos* Registraturbeamte(r) *m*, Archivar *m*; ~ *de embajada* Botschaftssekretär *m*; ⚥ *(del Departamento) de Estado* Außenminister *m (in USA)*; ~ *de Estado je nach Land*: Minister *m*; Staatssekretär *m*; ~ *general (adjunto)* (stellvertretender) Generalsekretär *m.*
secre|tear *v/i.* tuscheln; ~**teo** F *m* Geheimniskrämerei *f*; Getuschel *n*; ~**ter** *m* Sekretär *m*, Schreibschrank *m*; ~**tero** *adj.* geheimnistuerisch; ~**tista** F *c* Geheimniskrämer *m*; ~**to I.** *adj.* 1. geheim; heimlich; Geheim...; *sociedad f* ~*a* Geheimbund *m*; *de* ~ im geheimen; in der Stille; ohne äußeres Gepränge; *en* ~ insgeheim; *mantener en* ~ geheimhalten; **II.** *m* 2. Geheimnis *n*; Heimlichkeit *f*; *Verw.*, ⚔ *usw.* Geheimsache *f*; ~ *bancario (comercial,* ~ *de negocios)* Bank- (Geschäfts-)geheimnis *n*; *ecl.* ~ *de confesión* Beichtgeheimnis *n*; ~ *de Estado (de guerra)* Staats- (Kriegs-)geheimnis *n*; ~ *postal (profesional* → *a.* 3) Brief-, Post- (Berufs-)geheimnis *n*; ~ *a voces* offenes Geheimnis *n*; *mantenimiento del* ~ Geheimhaltung *f*; *no hacer ningún* ~ *de a/c.* aus e-r Sache kein Geheimnis machen; *ocultarle un* ~ *a alg.* vor j-m ein Geheimnis haben; 3. Verschwiegenheit *f*; Geheimhaltung *f*; ~ *más estricto* strengste Geheimhaltung *f*; ~ *profesional* berufliche Schweigepflicht *f*; 4. Geheimfach *n*; Geheimverschluß *m*; F Gesäßtasche *f*; 5. ♪ Resonanzdecke *f (Klavier u. Orgel).*
secretor(io) ✱ *adj.* absondernd, Sekretions...
secta *f Rel. u. fig.* Sekte *f*; ~**rio I.** *adj.* Sekten...; **II.** *m* Sektierer *m*; ~**rismo** *m* Sektenwesen *n.*
sector *m* ⚔ *u. fig.* Sektor *m*; ⚥ Kreis- *(bzw.* Kugel-)ausschnitt *m*; *fig.* Gebiet *n*; Zweig *m*, (Sach-)Bereich *m*; *en el* ~ *de* im Bereich *(gen.)*; *el* ~ *privado* die Privatwirtschaft; *el* ~ *público* die öffentliche Hand.
secuaz *adj.-su. c (pl.* ~*aces)* Anhänger...; *m* Anhänger *m*; Mitläufer *m.*
secuela *f* Nachspiel *n*; Folge *f*; Folgerung *f*; *a.* ✱ Folgeerscheinung *f.*
secuencia *f* Sequenz *f (a. Film).*
secues|trador ⚥ *adj.-su.* Beschlagnahmende(r) *m*; Entführer *m*; ~**trar** *v/t.* beschlagnahmen; *widerrechtlich* der Freiheit berauben; *Person* entführen; ~**trario** *adj.* Beschlagnahmungs...; Entführungs...; ~**tro** ⚥ *m*

Beschlagnahme *f*; Freiheitsberaubung *f*; Menschenraub *m*; Entführung *f*; ~ *aéreo* Flugzeugentführung *f.*
secula|r *adj. c* 1. hundertjährig; *fig.* uralt; 2. *bsd. ecl.* weltlich, Welt...; ~**rización** *f* Säkularisierung *f*; Verweltlichung *f*; ~**rizado** *adj.* säkularisiert; verweltlicht; ~**rizar** [1f] *v/t.* säkularisieren; verweltlichen; *Kirchengüter* einziehen; *Priester* in den Laienstand versetzen.
secun|dar *v/t.* unterstützen, beistehen *(dat.)*; begünstigen; sekundieren; ~**dario** *adj.* 1. nachgeordnet, zweitrangig; nebensächlich; sekundär; Neben...; 2. ⚥ induktiv; ~**dinas** ✱ *f/pl.* Nachgeburt *f.*
sed *f a. fig.* Durst *m*; *fig. a.* Drang *m (nach dat. de)*; *desp.* Gier *f*, Sucht *f*; ~ *de aventuras* Abenteuerlust *f*, Tatendrang *m*; ~ *de gloria* Streben *n* nach Ruhm; *desp.* Ruhmsucht *f*; ~ *de matar* Mordlust *f*; ~ *de oro* Goldgier *f*; ~ *de placeres* Vergnügungssucht *f*; ~ *de sangre* Blutdurst *m*, -rünstigkeit *f*; *que quita la* ~ durststillend; *dar (excitar, hacer)* ~ durstig machen, Durst erregen; *morir de* ~ verdursten; *fig. morirse de* ~ vor Durst umkommen *(fig.)*; *tener* ~ Durst haben, durstig sein, dürsten *(lit.)*; *fig.* gieren *(nach dat. de)*; *tener* ~ *de venganza* rachedurstig sein.
seda *f* Seide *f*; (Schweins-)Borste *f*; *de* ~ seiden, Seiden...; *de toda* ~ *od. de* ~ *pura* reinseiden; *fig.* F *como una* ~ seidenweich; schmiegsam; federleicht; gefügig; ~ *de acetato (de azache)* Acetat- (Flock-)seide *f*; ~ *artificial (crespón, natural)* Kunst- (Krepp-, Natur-)seide *f*; ~ *brillante* Glanzstoff *m*; ~ *de coser (de bordar)* Näh- (Stick-)seide *f*; ~ *cruda (od. en rama)* Rohseide *f*; ~ *chape* Schappe *f*; ~ *viscosa* → *rayón*; *fig.* F *hacer* ~ pennen *f*; *fig.* F *hecho una* ~ gefügig wie ein Lamm; *fig.* F *ir (od. marchar) como una* ~ glatt *(od.* wie am Schnürchen) laufen F.
sedación ✱ *f* Beruhigung *f*; Schmerzlinderung *f.*
sedal *m* Angelschnur *f*; *Chir., vet.* Haarschnur *f*; *a.* Pechdraht *m der Schuhmacher.*
sedán *Kfz. m* Limousine *f.*
seda|nte ✱ **I.** *adj. c* beruhigend; lindernd; **II.** *m* Beruhigungsmittel *n*; Sedativ(um) *n*; Schmerzmittel *n*; ~**tivo** ✱ *adj.* schmerzstillend; beruhigend.
sede *f* Sitz *m*; *Sp.* Austragungsort *m*; *la Santa* ⚥ der Heilige Stuhl *m*; ~ *vacante* Sedisvakanz *f.*
seden|tarias *Zo. f/pl.* Standvögel *m/pl.*; ~**tario** *adj.* seßhaft; häuslich; alteingesessen; ✱ *vida f* ~*a* sitzende Lebensweise *f*; ~**tarización** *f* Seßhaftmachung *f*; ~**tarizar** [1f] *v/t.* seßhaft machen; ~**te** *adj. c* sitzend.
sedeño *adj.* seidig, seidenartig; Seiden...
sedera *f* Bürste *f* aus Schweinsborsten.
sede|ría *f* Seiden-fabrik *f*; -handel *m*; -waren *f/pl.*; ~**ro** *adj.* Seiden...
sediciente *adj. c* angeblich, sogenannt.
sedici|ón *f* Aufstand *m*, Aufruhr *m*; ~**oso** *adj.-su.* aufrührerisch; *m* Aufrührer *m.*

sedientes ⚥ *adj.-su. m/pl. (bienes m/pl.)* ~ Liegenschaften *f/pl.*
sediento *adj.* durstig, dürstend; *fig.* ~ *de sangre* blutdürstig; *estar* ~ dürsten *(ac.*; *fig.* nach *dat. de).*
sedimen|tación *f* Bodensatzbildung *f*; ✱, *Geol.* Ablagerung *f*; ✱ ~ *de los glóbulos rojos* Blutsenkung *f*; ~**tar** *v/t.* ablagern; absetzen, niederschlagen; ~**tario** *adj.* Ablagerungs...; Niederschlags...; *Geol. rocas f/pl.* ~*as* Sedimentgestein *n*; ~**to** *m* Bodensatz *m*; Ablagerung *f*; *bsd.* ✱ Niederschlag *m*; Sediment *n*; ~*s m/pl.* Sinkstoffe *m/pl.*
sedoso *adj.* seidenartig, seidig; seidenweich.
seduc|ción *f* Verführung *f*; Verlockung *f*, Versuchung *f*; ~**ir** [3o] *v/t.* 1. verführen; verlocken, verleiten; versuchen; 2. reizen; bezaubern; bestechen; ~**tivo** *adj.* verführerisch; bezaubernd; ~**tor I.** *adj.* verführerisch; verlockend; **II.** *m* Verführer *m.*
sefar|dí, ~**dita I.** *adj. c* sephardi-tisch; **II.** *m (pl.* ~*íes)* Sephardit *m*, Sepharde *m (Jude span. od. port. Abstammung).*
sega|ble ✓ *adj. c* schnittreif, mähbar; ~**da** *f* Mähen *n*, Mahd *f*; ~**dor** Schnitter *m*; ~**dora** *f* Mähmaschine *f*; ~-*(a)gavilladora* Selbstbinder *m*; ~*-atadora* Mähbinder *m*; ~*-trilladora* Mähdrescher *m*; ~**r** [1h *u.* 1k] *v/t.* (ab)mähen; *fig.* abschneiden; zerstören; *(con hoz)* (ab)sicheln; *fig.* ~ *en flor* im Keim ersticken; ~**zón** *f* Schnitt *m*, Mahd *f*; Erntezeit *f.*
seglar I. *adj. c* weltlich; **II.** *m* Laie *m.*
segmen|tación *f Biol.* F Furchung *f*; ~**to** *m* ⚥, ⊕ Segment *n*; Kreis- *(bzw.* Kugel-)abschnitt *m*; *Zo.* Körperglied *n der Würmer u. Gliederfüßer*; ♀ (Pflanzen-)Abschnitt *m*; ⊕ ~ *de émbolo* Kolbenring *m*; ⊕ ~ *dentado* Zahn-segment *m*, -bogen *m*; ⚔ ~ *rectilíneo AB* Strecke *f AB.*
segrega|ción *f* 1. *a.* ✱ Absonderung *f*, Ausscheidung *f*; 2. Trennung *f*; *Pol.* ~ *racial* Rassentrennung *f*; ~**cionismo** *Pol. m* Politik *f* der Rassentrennung; ~**cionista** *adj.-su. c* Rassentrennungs...; *m* Anhänger *m* der Rassentrennung; ~**r** [1h] *v/t.* 1. *a.* ✱, *Physiol.* ausscheiden, absondern; 2. trennen; ~**tivo** *adj.* absondernd.
segue|ta *f* Laubsäge *f*; Laubsägeblatt *n*; ~**tear** *v/i.* Laubsägearbeiten machen.
segui|da *f* 1. †, ✍ Folge *f*, Reihe *f*; ♪ *alter Tanz*; 2. *de* ~ ununterbrochen; *en* ~ sofort, gleich; ~**damente** *adv.* anschließend; sogleich; *prp.* ~ *de* unmittelbar nach *(dat.)*; ~**dilla** *f* Seguidilla *f (Dichtungsform)*; ♪ *Folk.*: Volkslied *u. Tanz*; *fig.* F ~*s f/pl.* Durchfall *m*, Durchmarsch *m* F; ~**do** *adj.* ununterbrochen, aufea.-folgend; hintera., nachea.; *acto* ~ auf der Stelle; *todo* ~ in e-m fort; immer geradeaus; *tres días* ~*s* drei Tage hintereinander; ~**dor** *m* Verfolger *m*; Bewerber *m*, Liebhaber *m*; *Folk. polvos m/pl.* ~*es* Liebesmittel *n*; ~**miento** Nachfolge *f*; ⊕ Nachlauf *m*; Verfolgung *f*; Gefolge *n*; *Raumf. estación f de* ~ (Boden-)Kontroll-stelle *f*, -zentrum *n.*

seguir — sellar

seguir [31 u. 3d] **I.** v/t. folgen (dat.); Rat, Anweisung usw. befolgen; (nach)folgen (dat.); j-m nachgehen; Pol. a. j-n beschatten; fortsetzen; Beruf ausüben; den Darlegungen, e-r Rede usw. folgen; Geschäft, Kunst betreiben; Laufbahn, Studium einschlagen; Politik verfolgen; e-e Religion (od. Konfession) haben, e-r pol. bzw. rel. Richtung angehören; e-r Richtung, e-r Spur folgen; s. e-r Sache widmen; e-m Weg folgen; e-n Weg verfolgen bzw. fortsetzen; ⚖ ~ una causa e-n Prozeß führen; ~ la moda s. nach der Mode richten, die Mode mitmachen; ~ los estudios dem Studiengang folgen; beim Studium mitkommen; ¡síganme ustedes! folgen Sie mir!, mir nach!; ~ el viaje weiterreisen; **II.** v/i. fortfahren; weiter-gehen, -fahren, -fliegen, -reisen, -reiten usw.; weiterhin arbeiten; ⊕ nachlaufen; an-, fort-dauern; (ver)bleiben; weiterhin wohnen (bzw. s. befinden od. sein); fig. mit- bzw. nach-kommen (A. Arbeit, Geschäft, Studium); **a)** lo que sigue das Folgende; das Nachstehende; en lo que sigue im folgenden; y lo que sigue und so weiter; punto y sigue Punkt (u. weiter) (b. Diktat); el tiempo sigue lluvioso das Wetter bleibt regnerisch; ¿cómo sigue usted? wie geht es Ihnen?; ¡que usted siga bien! (weiterhin) alles Gute!; auf Wiedersehen!; sigue así y ya verás mach nur so weiter und du wirst schon sehen; hacer ~ hinterherschicken; nachsenden; **b)** mit prp.: ~ con a/c. et. weiterhin tun; ~ en (weiter) sein, s. befinden, bleiben (örtlich); ~ en su intento bei s-r Absicht bleiben; los volúmenes siguen sin cortar die Bände sind (immer) noch nicht aufgeschnitten; **c)** mit ger.: fortfahren zu + inf.; ~ ardiendo weiterbrennen; ~ haciendo a/c. et. weiter tun, et. fortsetzen; Carmen sigue (siendo) soltera Carmen ist noch (immer) unverheiratet; los precios siguen subiendo der Preisanstieg hält (od. dauert) an; **III.** v/r. ~se aufeinanderfolgen; folgen (aus dat. de); die Folge sein (von dat. de); de esto se sigue daraus folgt.

según I. prp. nach, gemäß (dat.), laut (gen., unmittelbar folgendes artikelloses Substantiv beugungslos); ~ aviso nach Anzeige; laut Bericht; ~ sus deseos nach Ihren Wünschen, wunschgemäß; ~ él nach ihm; nach s-r Meinung; ~ eso demnach; ~ yo m-r Meinung nach; **II.** adv. u. cj. je nach(dem); so (wie); sobald, sowie; so viel, soweit; ~ (que) in dem Maße wie; ~ y como od. ~ y conforme je nachdem; genauso wie; ~ lo que dice nach dem, was er sagt od. wie er sagt; nach s-r Meinung; ~ lo que diga je nachdem, was er sagt; ~ se encuentre el enfermo (je) nach dem Befinden des Patienten; ~ se mire je nach Standpunkt, je nachdem; das kommt auf den Standpunkt an; ~ veamos je nachdem, was wir feststellen (od. erleben), warten wir's ab!; vendrá o no vendrá, ~ er kann kommen od. auch nicht, (ganz) je nachdem!

segun|da f **1.** zweites Umdrehen n des Schlüssels; fig. Hintergedanke m; hablar con ~ doppelsinnig reden; **2.** 🎵 usw. zweite Klasse f; ⛴ ~ de cambio Sekundawechsel m; **3.** ♪ Sekunde f; Fechtk. Sekund(hieb m) f; **~dar I.** v/t. (gleich) noch einmal tun, wiederholen; **II.** v/i. sekundieren; **~dero I.** adj. zweite(r) (von der Frucht mehrmals im Jahr tragender Pfl.); **II.** m Sekundenzeiger m; **~do I.** adj. num. zweite(r, -s); sin ~ ohnegleichen; **II.** m Sekunde f; **~dogénito** adj.-su. zweitgeboren; **~dogenitura** ⚖ f Zweitgeburt(srecht n) f; **~dón** m Zweitgeborene(r) m (p. ext. nachgeborene[r] Sohn m) e-s Adelshauses.

segur lit. f Beil n; Sichel f; hist. Liktorenbeil n.

segu|ridad f a. ✝ Sicherheit f; Sicherung f; Gewähr f; Sicherheit f, Überzeugung f; ~ del Estado Staatssicherheit f; a. ⊕ ~ de funcionamiento Betriebs-, Funktions-sicherheit f; ~ vial Verkehrssicherheit f; Span. Dirección f General de ℒ Oberste Polizeidirektion f; adv. con toda ~ ganz gewiß; para mayor ~ sicherheitshalber, zur Sicherheit; **~ro I.** adj. **1.** sicher (a. ✝); gewiß; fest, solide (gebaut, verankert u. ä.); ⊕ ~ contra empleo incorrecto mißgriffsicher, narrensicher F; ⊕ ~ contra rotura bruchsicher; el clavo está ~ der Nagel sitzt fest, der Nagel hält; está ~ de sí er ist s-r Sache sicher; no estamos ~s aquí hier sind wir nicht sicher; hier ist es nicht geheuer; estoy ~ de que vendrá ich bin sicher (od. davon überzeugt), daß er kommt; fig. F ser tan ~ como el evangelio unweigerlich feststehen, tod- (od. bomben-)sicher sein F; **II.** m **2.** Sicherheit f; sicherer Platz m; Geleitbrief m; bsd.: a buen ~ od. de (a. al) ~ sicher(lich); en ~ geborgen, in Sicherheit; ir sobre ~ sichergehen; kein Risiko eingehen; fig. F irse del ~ (unüberlegt) Risiken eingehen; **3.** Sicherung f an Waffen, Geräten, Maschinen u. fig.; ~ contra sobrepresión Überdrucksicherung f; **4.** Versicherung f; ~ contra accidentes Unfallversicherung f; ⚜ ~ de casco (Jgdw. ~ de cazadores) Kasko- (Jagdhaftpflicht-)versicherung f; ~ contra daños (contra el granizo, contra el robo) Schaden(s)- (Hagel-, Diebstahl-) versicherung f; ~ de enfermedad (de equipajes, de responsabilidad civil, Kfz. → weiter unten) Kranken- (Gepäck-, Haftpflicht-)versicherung f; ~ marítimo (social) See- (Sozial-)versicherung f; ~ mutuo Versicherung f auf Gegenseitigkeit; ~ obligatorio (privado, real) Pflicht- (Privat-, Sach-)versicherung f; Kfz. ~ de ocupantes Insassenversicherung f; ~ de paro (de personas) Arbeitslosen- (Personen-)versicherung f; Kfz. ~ de responsabilidad civil Haftpflichtversicherung f (für Personenschäden); Kfz. ~ (a) todo riesgo (Voll-) Kaskoversicherung f (mit Rechtsschutz- u. Insassenversicherung); ~ a terceros Haftpflichtversicherung f (für Sachu. Personenschäden); ~ de vejez e invalidez Alters- und Invalidenversicherung f; ~ de (od. sobre la) vida Lebensversicherung f; agencia f (agente

m) de ~s Versicherungs-agentur f (-agent m); contratar un ~ e-e Versicherung abschließen; **5.** Méj. Sicherheitsnadel f.

seis num. sechs; sechste(r, -s); el ~ die Sechs f; **~avado** A adj. sechseckig; **~avo** m Sechstel n; **~cientos** m num. sechshundert; el ~ der sechshundertste.

sei|se m Chorknabe m der Kathedrale von Sevilla u. einiger anderer Kirchen; **~sillo** ♪ m Sextole f.

selec|ción f Auswahl f; Auslese f; Aussortierung f (bsd. ✝); EDV ~ por defecto, ~ predeterminada Voreinstellung f; Tel. ~ (inter)urbana Orts- (bzw. Fern-)wahl f; Sp. ~ nacional National-, Länder-mannschaft f; Biol. ~ natural natürliche Auslese f; a. ⊕ ~ previa Vorwahl f; Vorwahlschaltung f b. automat. Getriebe; Vorwähleinrichtung f (Tel.); hacer una ~ e-e Auswahl vornehmen (od. treffen); **~cionado I.** adj. **1.** ausgewählt; Sp. equipo m ~ Auswahlmannschaft f; **II.** m **2.** Sp. Mitglied n e-r Auswahl- (bsd. e-r Länder- od. National-)mannschaft; Auswahl- bzw. National-spieler m b. Fußball usw.; **3.** Am. ~ nacional National-spieler m b. Fußball usw.; **~cionador** Sp. m Nationaltrainer m; **~cionar** v/t. **1.** auswählen; **2.** aussortieren; aussieben; HF trennen; Züchtung: selekti(oni)eren; ~ previamente (vor)wählen (z. B. b. automat. Getriebe); **~tividad** f **1.** Schulw. Span. (schriftliche) Aufnahmeprüfung f für die Universität; **2.** HF Selektivität f; Trennschärfe f; Scharfeinstellung f; **~tivo** adj. e-e Auswahl ermöglichend; Rf. trennscharf; (curso m) ~ Auswahl- bzw. Vorbereitungs-lehrgang m; **~to** adj. ausgewählt, erwählt; lo más ~ das Beste, das Erlesenste; die Elite; Lit. obras f/pl. ~as ausgewählte Werke n/pl.; **~tor** ⊕, HF **I.** adj. (aus)wählend; Tel. disco m ~ Wählscheibe f; **II.** m Wähler m, Schalter m; Kfz. ~ de cambio de marcha Gang-wähler m, -schalter m b. Automatik; Rf. ~ de tecla Wähltaste f.

Sele|ne f Myth. u. poet. Selene f (Mondgöttin), fig. Mond m; **ℒnio** 🜍 m Selen n; HF célula f (od. pila f) de ~ Selenzelle f; **ℒnita I.** f Min. Gips(spat) m, Selenit m; in Tafeln: Marienglas f; **II.** c Myth. Mondbewohner m; **ℒnología** f Mondforschung f, -kunde f; **ℒnológico** adj. selenologisch, mondkundlich; **ℒnólogo** m Mondforscher m.

Seltz: agua f de ~ od. ℒ m Selterswasser n; p. ext. Soda-, Tafel-wasser n.

sel|va f ausgedehnter Wald m; ~ frondosa Laubwald m; ℒ Negra Schwarzwald m; ~ virgen, Am. ~ Urwald m; **~vático** adj. waldig; fig. wild; grob, ungeschlacht; **~voso** adj. waldreich.

sella|do I. part.: papel m ~ Stempelpapier n; **II.** m (Ab-)Stempelung f; Versiegeln n (a. von Fußböden usw.); **~dor I.** adj. siegelnd; stempelnd; **II.** m Versiegelnde(r) m; Stempelnde(r) m; fig. Besiegler m, Vollender m; **~dura** f (Ver-)Siegelung f; **~r** v/t. (ver)siegeln; stempeln; Flaschen, Behälter, Möbel, Räume usw. (a. ⚖) u. △ Fußböden versiegeln; fig. a. Schicksal besiegeln;

sellera — senoide

~ *el labio* schweigen, Schweigen bewahren.
sellera *f* Briefmarkenschatulle *f*.
sello *m* 1. Siegel *n*; Handsiegel *n*, Petschaft *n*; Stempel *m*; *p. ext.* ⚶ Stempelbehörde *f*; ~ *ajustable* Drehstempel *m*; ~ *de asiento* (*de la casa, de caucho, Pe.* ~ *de jebe*) Buchungs- (Firmen-, Gummi-)stempel *m*; ~ *del Estado* Staatssiegel *n*; ~ *de contraste* (*de franqueo*) Eich- (Frankier-)stempel *m*; ~ *impreso* eingedrucktes Siegel *n*; ✆ Freimarkenstempel *m auf Postkarten*; ~ *de lacre* (Lack-)Siegel *n*, Siegelabdruck *m im Siegellack*; ~ *oficial* Amts-siegel *n*, -stempel *m*; ~ *de Salomón a. fig. u. Folk.* Siegel *n* Salomons (*Davidstern*); ♀ Weißwurz *f*; *grabador m de* ~s Stempelschneider *m*; ⚖ *ruptura f de* ~s Siegelbruch *m*; *bajo el* ~ *del secreto* (*od. de la discreción*) unter dem Siegel der Verschwiegenheit; (*cerrado*) *bajo siete* ~s unter (*od.* hinter) sieben Siegeln (verschlossen); *cerrar con un* ~ versiegeln; *echar* (*od.* poner) *el* ~ *a* (ver)siegeln (*ac.*) *bzw.* (ab)stempeln (*ac.*); *fig.* das Siegel der Vollendung aufdrücken (*dat.*); ⚖ *poner* ~s versiegeln; *fig. tener un* ~ *especial* ein besonderes Gepräge haben; 2. Beitragsmarke *f*; ~ (*fiscal*) Stempel-, Gebühren-marke *f*; ✆ ~ *de alcance* Zuschlagmarke *f für schnellere Abfertigung*; ~ (*postal,* ~ *de correo*) Briefmarke *f*; ~ *móvil* Marke *f* (*im Ggs. zu* „Stempel"); ✆ ~ *de urgente Klebezettel*: Durch Eilboten/Exprès; *álbum m* (*hoja f*) *de* ~s Briefmarken-album *n* (-bogen *m*); 3. *pharm.* Oblate *f*, (Oblaten-)Kapsel *f*.
sema *Li. m* Sem *n*.
semáforo *m* 🚦 ~ (*de ferrocarril*) Flügel-, Form-)Signal *n*; *Vkw.* ~ (*de tráfico*) (Verkehrs-)Ampel *f*; ~ *intermitente* Blinkampel *f*; *pasarse* (*od. saltarse*) *un* ~ *en rojo* bei Rot über die Kreuzung fahren.
sema|na *f* Woche *f*; ~ *inglesa* Fünftagewoche *f*; *Rel.* ♀ *Santa* Karwoche *f*; *entre* ~ wochentags, in (*od.* unter) der Woche; *fig.* F *la* ~ *que no tenga jueves* nie, an St. Nimmerlein F; ~nal I. *m* Wochenlohn *m*; II. *adj. c* wöchentlich; *revista f* ~ → ~**nario** *m* Wochenschrift *f*.
semantema *Li. m* Semantem *n*, Bedeutungselement *n*.
semánti|ca *Phil., Li. f* Semantik *f*; ~**co** *Phil., Li. adj.* semantisch; *campo m* ~ Wortfeld *n*.
sema|siología *Phil., Li. f* Semasiologie *f*; ~**siológico** *adj.* semasiologisch; ~**siólogo** *m* Semasiologe *m*.
semblan|te *m* Gesicht *n*; Miene *f*, Gesichtsausdruck *m*; Aussehen *n*; Anschein *m*; ~**tear** *v/t. Chi., Méj.* *j-m* fest ins Gesicht sehen; *p. ext.* genau beobachten; ~**za** *f* Lebensbild *n*.
sembra|dera ✎ *f* Drillmaschine *f*; ~**dío** ✎ *adj.* für e-e Bestellung geeignet, Saat-, Acker-... (*Am.* oft *de* ~); ~**do** *m* Saat-, Acker-feld *n*; ~ *de otoño* Wintersaat *f*; ~**dor** *adj.-su.* säend; *m* Sämann *m*; ~**dora** *f* 1. *Span.* Sämaschine *f*; ~**dura** *f* Säen (*n*); Aussaat *f*; ~**r** [1k] *v/t.* ✎ *a. fig.* (aus)säen; *Pe. a.* Bäume usw. pflanzen; *p. ext.*

ausstreuen; bestreuen (mit *dat. con, de*); *fig.* verbreiten; *fig.* ~ *en la arena* auf Sand bauen (*fig.*); ~ *la discordia,* ~ *cizaña* (*odio*) Zwietracht (Haß) säen.
seme|jante I. *adj. c* ähnlich (*a.* ♈); solch, so ein; *no es posible correr a* ~ *velocidad* so schnell kann man nicht laufen; ~ *cosa* so etwas; II. *c Nächste*(*r*) *m,* Mitmensch *m*; *mis* (*tus, etc.*) ~**s** meines- (deines- usw.) gleichen; ~**janza** *f* 1. Ähnlichkeit *f*; *a imagen y* ~ genau nach Vorbild; *tener* ~ *con* ähnlich sein (*dat.*); 2. Gleichnis *n*, Parabel *f*; ~**jar I.** *v/t.* ähneln (*dat.*), ähnlich sein (*dat.*); aussehen wie (*nom.*), scheinen (*nom.*); II. *v/i. u.* ~*se v/r.* ~ *uno a otro* j-m (*od.* et.) ähnlich sein (in *bzw.* an *dat.* en).
semema *Li. m* Semem *n*.
semen *Biol. m* Same(nflüssigkeit *f*) *m*; ~**contra** *pharm. m* Wurmsame(n) *m*; ~**tal I.** *adj. c* Saat...; Zucht...; II. *m* Vater-, Zucht-tier *n*; Hengst *m*; ~**tera** *f* Saat *f*; Saatzeit *f*; *fig.* Quelle *f*.
semes|tral *adj. c* halbjährlich; halbjährig; ~**tre** *m* Semester *n*, Halbjahr *n*.
semi... in Zssgn. Halb..., ⚶ Semi...; **semi|circular** *adj. c* halbkreisförmig; ~**círculo** *m* Halbkreis *m*; ~**conductor** ⚡ *m* Halbleiter *m*; ~**consonante** *Li. f* Halbkonsonant *m*; ~**corchea** ♪ *f* Sechzehntelnote *f*; ~**cultismo** *Li. m* halbgelehrte Form *f*; ~**culto** *Li. adj.* halbgelehrt; ~**diós** *m* Halbgott *m*; ~**diosa** *f* Halbgöttin *f*; ~**eje** ♈, ⊕ *m* Halbachse *f*; ~**elaborado** *adj.* halbbearbeitet (*Werkstück*); halbfertig (*Ware*); ~**esfera** ♈, *Geogr. f* Halbkugel *f*; ~**estatal** *adj. c* halbstaatlich; ~**final** *Sp. f* Vorschlußrunde *f*, Halbfinale *n*; ~**fondo** *Sp. m: carrera f de* ~ Mittelstreckenlauf *m*; ~**fusa** ♪ *f* Vierundsechzigstelnote *f*; ~**graso** *adj.* halbfett; ~**líquido** *adj.* halbflüssig.
semi|lla *f* Same *m*; Samenkorn *n*; ~**s** *f/pl. a.* Sämereien *f/pl.*; ~**llero** *m* Baumschule *f*; Pflanzschule *f*; *fig.* Brutstätte *f*; ~**nal** *adj. c* Samen...
semina|rio *m* Seminar *n*; Priesterseminar *m*; ~**rista** *m* Seminarist *m*.
seminegra *Typ. f* halbfette Letter *f* (*od.* Schrift *f*).
semi|ología *f* Semiologie *f*, Zeichenkunde *f*; ~**ológico** *adj.* semiologisch; ~**ólogo** *m* Semiologe *m*.
semi|permeable *adj.* halbdurchlässig *für Wasser u. ä.*; ~**producto** *m* Halbfabrikat *n*; ~**rremolque** *Kfz. m* Sattelanhänger *m*; ~**rrígido** *adj.* halbstarr; ~**sótano** *m* Halbsouterrain *n*.
se|mita *adj.-su. c* semitisch; *m* Semit *m*; ~**mítico** *adj.* semitisch; ~**mitismo** *m* 1. semitische Wesensart *f*; 2. *Li.* Semitismus *m*; ~**mitista** *Li. m* Semitist *m*.
semi|tono ♪ *m* Halbton *m*; ~**transparente** *adj. c* halbdurchlässig (*für Licht*); ~**vocal** *Li. f* Halbvokal *m*.
sémola *f* Grieß *m*.
semolilla *f* (Mühlen-)Dunst *m*.
semovientes ⚖: *bienes m/pl.* ~ bewegliche (= *s.* selbst fortbewegende) Güter *n/pl.* (*Tiere*).
sempervirente ♀ *adj. c* immergrün.
sempiter|na ♀ Immergrün *n*; *tex.*

grober Wollstoff *m*; ~**no** *adj.* immerwährend; ewig.
sen ♀ *m* Sennesstrauch *m*; ~ *de España* Spanische Cassia *f*; *pharm. hojas f/pl. de* ~ Sennesblätter *n/pl.*
Sena *m* Seine *f*.
sena|do *m* Senat *m*; Senatsgebäude *n*; ~**dor** *m* Senator *m*; ~**duría** *f* Senatorenwürde *f*; ~**torial** *adj. c*, ~**torio** *adj.* Senats..., Senatoren...
senci|llamente *adv.* einfach; kurz u. gut; ~**llez** *f* Einfachheit *f*; Schlichtheit *f*; *fig.* Arglosigkeit *f*, Treuherzigkeit *f*; Aufrichtigkeit *f*; ~**llo I.** *adj.* 1. einfach; schlicht; bescheiden (lebend); 2. aufrichtig; treuherzig; einfältig; II. *m* 3. *Span.* Single *f* (*Schallplatte*); 4. *Am.* Klein-, Wechsel-geld *n*.
sen|da *f* Pfad *m* (*a. fig.*); schmaler Weg *m*; Fußweg *m*; *fig.* seguir *la* ~ *trillada* auf ausgetretenen Pfaden wandeln; ~**derear I.** *v/t.* (auf dem Pfad) führen; Pfade anlegen in (*dat.*); II. *v/i.* (über e-n Pfad) gehen (*od.* schlendern); *fig.* ungewöhnliche Wege einschlagen (*fig.*); ~**derismo** *m* Wandern *n*; ~**dero** *m* Pfad *m*; schmaler Weg *m*; ~ *enarenado* Kiesweg *m im Park usw.; fig.* ~ *de la guerra* Kriegspfad *m*; *EDV* ~ *del ratón* Mauspad *n*.
send|os, ~**as** *f/pl. adj. num.* je ein; jeder (s)ein; F *inc.* mächtig, gewaltig; *dio a los tres sendos puñetazos* er versetzte jedem der drei e-n Faustschlag.
Séneca *npr. m* Seneca *m*; *fig.* hochgelehrter Mann *m*.
senec|io ♀ *m* Kreuz-, Greis-, Jakobskraut *n*; ~**tud** *f* Greisenalter *n*.
Senega|l *m* Senegal *m*; ♀**lés** *adj.-su.* senegalesisch; *m* Senegalese *m*.
senequis|mo *m* Lehre *f* des Philosophen Seneca; *p. ext.* stoische Geisteshaltung *f* u. Wesensart *f*; ~**ta** *adj.-su. c* in der Nachfolge Senecas (*bzw.* des senequismo) stehend.
senesca|l *hist. m* Seneschall *m*; Oberhofmarschall *m*, Truchseß *m*; ~**lado** *m* 1. Gebiet *n* e-s Seneschalls; 2. → ~**lía** *f* Würde *f* e-s Seneschalls.
senescen|cia *f* Vergreisung *f*; ~**te** *adj. c* alternd.
seni|l *adj. c* greisenhaft, senil; Alters...; ~**lismo** ⚕ *m* Senilität *f*.
sénior (*pl. seniores*) *adj.-su. c bsd. Sp.* Senior *m*.
seno *m* 1. Busen *m*; Ausbuchtung *f*; *bsd. Anat.* Höhle *f*, Vertiefung *f*; Meerbusen *m*; *fig.* Schoß *m*; ~ *de Abraham Rel. u. fig.* Abrahams Schoß *m, Rel.* Limbus *m*, Vorhölle *f*; *en el* ~ *de la familia* (*de la sociedad, de la tierra*) im Schoß (*od.* im Kreis) der Familie (in der Obhut der Gesellschaft, im Innern der Erde); ~ *materno* Mutterschoß *m*; Mutterbrust *f*; ~ *de la ola* (*bzw. Phys.* de la onda) Wellental *n*; ♒ *formar* ~ schlaff sein (*Tau*), *Anat.* ~ *esfenoidal* (*frontal, maxilar*) Keilbein- (Stirn-, Kiefer-)höhle *f*; ~ *mamario* Busen *m*, Brust *f*; 2. ♈, *Phys.* Sinus *m*; ~ (in)verso Sinus versus *m*; ~ (*primero*) Sinus *m*; ~ *recto* Sinus *m rectus*; ~ *segundo* = *coseno*; ~**idal** ♈, *Phys. adj. c* sinusförmig; Sinus...; *función f* ~ Sinusfunktion *f*; ♪ *tono m* ~ Sinuston *m* (*elektronische Musik*); ~**ide** ♈, *Phys. f* Sinus-kurve *f*, -linie *f*.

sensación — sentir

sensaci|ón f **1.** Sinneseindruck m; Empfindung f, Gefühl n; ~ de angustia Angstgefühl n; ~ táctil Tast-, Berührungs-empfindung f; **2.** Aufsehen n, Sensation f; causar (od. hacer, producir) ~ Aufsehen erregen; ~onal adj. c sensationell, aufsehenerregend; F prima F, toll F; ~onalismo m Sensationsgier f; ~onalista adj. c sensationslüstern; prensa f ~ Sensationspresse f; periódico m ~ Revolverblatt n F.
sensa|tez f Besonnenheit f, Verständigkeit f; ~to adj. besonnen, vernünftig.
sensibili|dad f a. ♣, Phot., Opt., ⊕ Empfindlichkeit f; Empfindungsfähigkeit f, -vermögen n; Empfindsamkeit f; Sensibilität f; Phot. Licht-, Farb-empfindlichkeit f e-s Films; de alta ~ hochempfindlich; ⊕ ~ al choque Stoßempfindlichkeit f; Phot. ~ al (a. para el) rojo Rotempfindlichkeit f; tener demasiada ~ allzu empfindlich (bzw. empfindsam) sein; ~zación f Sensibilisierung f; ~zador f. adj. sensibilisierend; **II.** m Phot. Sensibilisator m; ~zar [1f] v/t. empfindlich machen, a. fig. sensibilisieren; Phot. lichtempfindlich machen.
sensible adj. c **1.** a. ♣, ⊕, Phot. empfindlich (gg. ac. a); Phot. lichtempfindlich; empfänglich, reizbar; ~ al agua (al aire, al calor, Phot. a los colores) wasser- (luft-, hitze-, farb-)empfindlich; ⊕ ~ a la percusión klopf-, schlag-empfindlich; ♪ nota f ~ Leitton m; **2.** sinnlich (wahrnehmbar); a. fig. fühlbar, spürbar, merklich; fig. schmerzlich, bedauerlich; me es muy ~ es schmerzt mich sehr, es tut mir sehr leid; **3.** gefühlvoll, weichherzig; mitfühlend; zartbesaitet; ~mente adv. merklich, spürbar; ~ría f übertriebene (bzw. falsche) Empfindsamkeit f; Gefühlsduselei f; ~ro adj. sentimental, gefühlsduselig.
sensiti|va ♀ f Mimose f; ~var v/t. Phot. Beschichtung sensitivieren; ~vo **I.** adj. empfindlich, feinfühlig; sensitiv; ♣ feinnervig, empfindsam; ♣ sensibel (Nerv); **II.** m Parapsych. Sensitive(r) m.
sensitómetro Phot. m Empfindlichkeitsmesser m, Sensitometer n.
senso|r m ⚡, Phys. Sensor m; ~rial adj. c **1.** Sinnes-..., Empfindungs-..., sensoriell; Anat. célula f (nervio m, órgano m) ~ Sinnes-zelle f (-nerv m, -organ n); **2.** zum Sensorium gehörend; ~rio **I.** adj. → sensorial 1; **II.** m Sensorium n (Großhirnrinde).
sensua|l adj. c sinnlich; Sinnen-...; apetito m ~ → ~lidad f Sinnlichkeit f; ~lismo m **1.** Phil. Sensualismus m; **2.** (Hang m zur) Sinnlichkeit f; ~lista Phil. adj.-su. c sensualistisch; m Sensualist m.
senta|da f **1.** „Sitz" m F, „Sitzung" f F, z. B. de una ~ auf e-n Sitz F; leer la novela en dos ~s den Roman in zwei Ansätzen lesen; **2.** Equ. Col. Ruck m am Zügel; **3.** Sit-in n; Sitzblockade f; ~dero m Sitzgelegenheit f, z. B. Stein usw. vor e-m Haus; ~do part.-adj. gesetzt; sitzend; ♀ ungestielt (Blatt); altbacken (Brot); fig. ge-

setzt; ruhig, bedächtig; fig. dar por ~ als wahr annehmen, unterstellen; fig. dejar ~ feststellen; estar ~ sitzen; estar bien ~ gut sitzen; fig. F fest im Sattel sitzen bzw. e-e gute Stellung haben; tengo ~a la comida en el estómago das Essen liegt mir schwer im Magen; ~r [1k] **I.** v/t. (hin)setzen; j-n Platz nehmen lassen; festsetzen, aufstellen; aufschreiben, eintragen; Naht glattbügeln; Sand usw. (im Sack o. ä.) zs.-rütteln (, damit er s. setzt); fig. F ~ la mano a alg. j-n schlagen; p. ext. j-n herunterputzen (fig. F); ~ mano dura hart zupacken, a. fig. F; dar zwischenhauen; ~ el pie en el suelo auftreten; la humedad ha ~ado el polvo die Feuchtigkeit hat den Staub niedergeschlagen (od. gebunden); ~ un principio e-n Grundsatz aufstellen; **II.** v/i. ~ (a alg.) bekommen (dat.) (Speise, Trank); gefallen (dat.), behagen (dat.) bzw. sitzen (dat.), passen (dat.) (Kleidung); guttun (dat.); j-m anstehen; le sienta bien fig. F a. es geschieht ihm recht; **III.** v/r. ~se s. setzen (auf ac. en, sobre); s. (ab)setzen (Staub, Niederschlag); lagern (Bier, Wein); s. z. B. im Bett aufsetzen; ¡siéntese! setzen Sie s. (her)!
senten|cia f **1.** bsd. ⚖ Urteil n; Entscheidung f; ~ absolutoria (arbitral) Frei- (Schieds-)spruch m; ~ arbitraria Willkürurteil n; ~ condenatoria Verurteilung f; ~ firme rechtskräftiges Urteil n, Endurteil n; ~ de muerte Todesurteil n; ~ provisional Zwischen-bescheid m, -urteil n; dictar (od. fallar, pronunciar) la ~ das Urteil fällen (od. erlassen); quedar concluso (od. visto) para ~ entscheidungsreif sein; **2.** Sentenz f; Aus- bzw. Denkspruch m; ~ciar [1b] vt/i. ⚖ (ver)urteilen, entscheiden; fig. (be)urteilen, richten; ~ a muerte zum Tode verurteilen (wegen gen. por); ~ un pleito in e-m Rechtsstreit entscheiden; ~cioso adj. sentenzenreich; sentenziös; lehrhaft, schulmeisterlich.
sentido I. adj. **1.** empfindlich; reizbar; **2.** schmerzlich, schmerzhaft; wehmütig; **3.** tiefempfunden, innig; **4.** Am. Reg. bsd. vom Gehör, z. B. bei Hunden: von feinen (od. scharfen) Sinnen; **II.** m **5.** Sinn m; Verstand m, Urteilskraft f, Einsicht f; ~ artístico Kunst-sinn m, -verstand m; buen ~ Vernunft f, Vernünftigkeit f; ~ común gesunder Menschenverstand m; ~ de los colores (de la orientación) Farben- (Orientierungs-)sinn m; ~ del deber Pflichtgefühl n; ~ del gusto (del oído, del olfato, del tacto, de la vista) Geschmacks- (Gehör-, Geruchs-, Tast-, Gesichts-)sinn m; fig. F el sexto ~ der sechste Sinn m; fig. F costar un ~ (od. los cinco ~s) sündhaft teuer sein; perder el ~ das Bewußtsein verlieren; quedar sin ~ bewußtlos werden; fig. poner sus cinco ~s en a/c. ganz (od. mit ganzem Herzen) bei e-r Sache sein; (no) tener ~ (k-n) Sinn haben, sinnvoll (sinnlos) sein; no tener ~ del humor k-n Sinn für Humor haben; **6.** Sinn m, Bedeutung f; doble ~ Doppel-sinn m, -bedeutung f; de ~ contrario (od. opuesto) von entgg.-gesetzter Bedeutung; a. ⚭ de ~ múltiple vieldeutig; en cierto ~

in gewissem Sinne, gewissermaßen; en el ~ estricto de la palabra im strengen Sinn des Wortes; en ~ figurado in übertragener Bedeutung; en todos (los) ~s in jeder Hinsicht; abundar en el ~ de alg. ganz j-s Meinung sein; hablar sin ~ Unsinn reden; **7.** Seite f; Richtung f; ⊕ ~ de corte Schnittrichtung f; ~ longitudinal (transversal) Längs- (Quer-)richtung f; ~ opuesto Gg.-richtung f; en el ~ (contrario) de las agujas del reloj im (bzw. entgg. dem) Uhrzeigersinn; **8.** Am. Reg. **a)** Schläfe f; **b)** Ohr n.
sentimenta|l adj.-su. c gefühlvoll, empfindsam; sentimental; (hombre m) ~ Gefühlsmensch m; Sentimentale(r) m; Thea. la ~ die Sentimentale; fig. F echar la de ~ den Empfindsamen spielen; ~lismo m Sentimentalität f; Empfindsamkeit f; Rührseligkeit f.
sentimiento m **1.** Gefühl n, Empfindung f, Regung f; ~ de debilidad Schwächegefühl n; **2.** Bedauern n; Schmerz m, Verdruß m; tener el ~ de + inf. bedauern, zu + inf.; **3.** Groll m.
sentina f ♣ Kielraum m, Bilge f; fig. Kloake f (fig.); fig. ~ de vicios Sündenpfuhl m.
sentir I. m **1.** Fühlen n, Gefühl n; **2.** Meinung f; en mi humilde ~ nach meiner unmaßgeblichen Meinung; **II.** [3i] v/t. **3.** fühlen; empfinden; (ver)spüren, merken, bedauern; leiden unter (dat.); ~ alegría (miedo) Freude (Furcht) empfinden; ~ cansancio ermüden; siente las fatigas die Strapazen machen s. bei ihm bemerkbar; ~lo en la propia carne es am eigenen Leibe (ver)spüren; siento lo mismo que usted a. ich kann es Ihnen nachfühlen; fig. ~ bien una poesía ein Gedicht gut (od. richtig empfunden) vortragen; ~ mucha sed großen Durst verspüren; sentiremos siempre la muerte de nuestro amigo der Tod unseres Freundes wird uns immer in schmerzlicher Erinnerung bleiben; lo siento mucho (od. en el alma) es tut mir sehr (od. von Herzen) leid; ich bedaure es sehr; ¡cuánto lo siento! wie schrecklich!; siento que + subj. ich bedaure (od. schade), daß + ind.; siento tener que decirle leider muß ich Ihnen sagen; dar que ~ Kummer machen; teuer zu stehen kommen (fig.); le hicieron ~lo sie haben es ihn fühlen lassen; hacerse ~ fühlbar werden; s. bemerkbar machen; sin ~lo ohne es zu merken, unbewußt; **4.** vernehmen, (gerade noch) wahrnehmen können, hören; **5.** meinen, dafürhalten; dice lo que siente er sagt, was er meint, er sagt offen s-e Meinung; **III.** v/i. **6.** ~ con alg. mit j-m Mitgefühl haben; **IV.** v/r. ~se **7.** ~se (bien, mal) s. (gut, schlecht) fühlen; ~se capaz de + inf. s. in der Lage fühlen, zu + inf.; s. für befähigt halten, zu + inf.; ¿cómo te sientes? wie fühlst du dich?; wie ist dir zumute?; ~se con fuerzas de + inf. s. stark genug fühlen, zu + inf.; ~se poeta e-e dichterische Ader haben; s. zum Dichter berufen fühlen; **8.** wahrgenommen (od. vernommen) werden; fig. F no se siente una mosca es ist totenstill; **9.** leiden (an dat. de),

Nachwirkungen spüren (von *dat. de*); ⁓se *del pecho* Schmerzen in der Brust haben; **10.** Risse bekomen (*od.* haben).
senyera *f* die katalanische Regionalflagge.
seña *f* **1.** Zeichen *n*; Anzeichen *n*; Erkennungszeichen *n*; Wink *m*; Gebärde *f*; *Chi.* (Glocken-)Läuten *n*; *fig.* ⁓s *f/pl. mortales* untrügliche Anzeichen *n/pl.*; ⁓s *f/pl.* besondere Kennzeichen *n/pl.* *b. Personenbeschreibung in Pässen usw.*; ⁓s *f/pl. personales* Personenbeschreibung *f*; *kath. Reg. la Santa* ⚥ die Kreuzesfahne *bzw.* das (Prozessions-)Kreuz; *por las* ⁓s allem Anschein nach; *por más* ⁓s um das Bild zu vervollständigen; *F* (und) außerdem; *hacer* ⁓s Zeichen (*od.* Gebärden) machen; winken; **2.** *Span.* ⁓s *f/pl.* Anschrift *f*, Adresse *f* (schreiben *poner*); ⛊ *marchó sin dejar* ⁓s unbekannt verzogen.
señá P *f* → **señora**.
señal *f* **1.** Merkmal *n*; Kennzeichen *n*; Zeichen *n*; Grenz- *bzw.* Besitzzeichen *n*; Lesezeichen *n*; *Rel.* (Wunder-)Zeichen *n*; *p. ext.* Zeichen *n*, Spur *f*, Narbe *f*, Wundmal *n*; *liturgisch:* ⁓ *de la cruz mit der Hand* geschlagenes Kreuz (-zeichen); ⁓ *de enrase* Eichmarke *f* bei Gläsern usw.; *Typ.* ⁓ *de referencia* Verweisungs- (*od.* Bezugs-) zeichen *n*; ⁓ *de tronca* Besitzzeichen *n* (*Ohrverstümmelung, b. Vieh*); ⁓ *de vida* Lebenszeichen *n*; *en* ⁓ *de* zum Zeichen (*gen. od.* von *dat.*); *ni* ⁓ *ni* k-e Spur, spurlos verschwunden; *dar* ⁓ *de que ...* aufzeigen, daß ...; *fig. F explicar con pelos y* ⁓*es bis* ins kleinste ausmalen; **2.** *Vkw. usw.* Signal *n*, Zeichen *n*; ⁓ *acústica* (*od. fónica, sonora*) akustisches Signal *n*, Schallzeichen *n*; ⁓ *de alarma* Alarmzeichen *n*; Not-, Warn-signal *n*; ⚓, ✈ ⁓ *de bander(it)as* Flaggensignal *n*; ⁓ *a brazos* Winkspruch *m*; *Tel.* ⁓ *de comunicando* (*od. de ocupación*) Besetztzeichen *n*; ⁓ *horaria* Rf. Zeitzeichen *n*; ⚓ Zeitball *m*; *Vkw.* ⁓ *informativa* Hinweisschild *n*; ⁓ *luminosa* Leucht-, Licht-signal *n*; *Tel.* ⁓ *de llamada* Ruf-, Frei-zeichen *n*; ⁓ *de mando* Schaltbefehl *m* (*Elektronik*); *Tel.* ⁓ *de* (*od. para*) *marcar* Wählton *m*; ⁓*es f/pl.* Morse Morsezeichen *n/pl.*; *Vkw.* ⁓ *obligatoria*, ⁓ *preceptiva* Gebotszeichen *n*; ⁓ *de partida* ⛊ Ausfahrzeichen *n*; Abfahrtssignal *n*; *Sp.* Startzeichen *n*; ⁓ *de paso a nivel* Warnkreuz *n* vor schienengleichen Bahnübergängen; ⁓ *de pausa* Pausenzeichen *n* (*in Schulen usw.*); ⁓ *de prohibición de estacionamiento* Parkverbotszeichen *n*; ⁓ *prohibitiva* Verbotszeichen *n*; ⁓ *de proximidad* Warnkreuz *n*, Bake *f* vor Übergang; ⁓ *de salida* ⛊ Ausfahrzeichen *n*; Abfahrtzeichen *n*, ⚓ *a.* Blauer Peter *m* (*Flaggensignal*); ⁓ (*marítima*) *de socorro* (See-)Notruf *m* (*SOS*); ⚓ ⁓ *de temporal* Sturmball *m*, Sturmwarnung *f*; ⁓ *de tráfico* Verkehrszeichen *n*; ⚓ *código m de* ⁓*es* Signalbuch *n*; ⛊ *dar* (*bzw. poner*) *la* ⁓ *de salida* das Abfahrtszeichen geben; das Signal auf Abfahrt stellen; ⚓, ✈ *hacer* ⁓*es* winken, Flaggenzeichen geben; **3.** Anzahlung *f*, Handgeld *n*; *pagar una* ⁓ e-e Anzahlung leisten; **4.** Flascheneinsatz *m*.
señala *Chi.*, ⁓**da** *Arg. f* Viehmarkierung *f*.
seña||ladamente *adv.* besonders; ⁓**lado** *part.-adj.* ge-, be-zeichnet, bestimmt; ausgezeichnet; bedeutsam; *el día* ⁓ am anberaumten Tage; *fig. dejar a alg.* ⁓ j-n zeichnen (*fig.*); j-m e-n Denkzettel geben; ⁓**lador** *m* ⚓, ✈ Winker *m bzw.* Blinker *m*, Signalgast *m*; *IT* Lesezeichen *n*; *EDV* ⁓ *de párrafo* Absatzmarke *f*; ⁓**lamiento** *m* **1.** Bezeichnung *f*; Markierung *f*; **2.** Benennung *f*, Bestimmung *f*; Festsetzung *f*; *Verw.* Anberaumung *f* e-r Frist; *Verw.* Anweisung *f* e-r Besoldung; ⚖ (Verhandlungs-)Termin *m*, (Gerichts-)Verhandlung *f*; ⚖ *el* ⁓ *del pleito es para mañana* die Verhandlung (*od.* der Prozeß) ist auf morgen anberaumt; **3.** *bsd.* ⚓, ✈ Signalisierung *f*; ⁓**lar** I. *v/t.* **1.** kennzeichnen; markieren; (aus)zeichnen; *Hieb* vortäuschen; androhen; *a-e estocada e-e* Finte schlagen; **2.** weisen, zeigen (*od.* hinweisen) auf (*ac.*); anzeigen; **3.** anzeigen; melden; signalisieren; **4.** benennen, bezeichnen (als *ac. como*); festsetzen, *a.* ⚖ anberaumen; *Verw. Besoldung* anweisen; **5.** zeichnen, brandmarken, veranstalten *durch Degenstich, Hieb usw.*; ⁓*le con la espada* (*en la cara*) ihn (*bzw.* sein Gesicht) mit dem Degen zeichnen; **6.** *Kart.* (Gewinnpunkte) aufschreiben; **II.** *v/r.* ⁓se **7.** *s.* hervortun; *s.* auszeichnen (in *dat.* en; durch *ac. por*).
señali||sta *m* → **señalador**; ⁓**zación** *f bsd.* 🚂, *Vkw.* Signalisierung *f*; Signalsystem *n*; (Strecken-)Meldedienst *m*; Strecken- *bzw.* Wege-od. Fahrbahn-markierung *f*; *Vkw.* Ausschilderung *f*; *Kfz.* dispositivo *m* de ⁓ *de avería* Warnblinkanlage *f*; ⁓**zador** *adj.* Signal...; *antorcha f* ⁓*a* Signalfackel *f*; ⁓**zar** [1f] *v/t.* Straßen mit Zeichen, Markierungen *usw.* versehen; ausschildern.
señera *f* → **senyera**.
señero[1] *adj.* ⚘ einsam, abgelegen; *fig.* einzigartig, unvergleichlich.
señero[2] *hist. adj.* bannerführend *b.* den Königsproklamationen (*Territorium*).
señor **I.** *m* Herr *m* (*a. Rel.* ⚥); Besitzer *m*; *noch Reg. u.* F Schwiegervater *m*; *¡*⁓*!* (mein) Herr!; *¡*⁓*es!* m-e Herren!; m-e Herrschaften! (*noch Reg. u.* F); *el* ⁓ (*Abk.* Sr.) López, *Anrede:* ⚥ Señor López; *los* ⁓*es* (*Abk.* Sres.) López Herr u. Frau López; *a.* die Familie López; P ⁓ *Antón*, ⁓*a Felicia* Herr Anton, Frau Felizia (*korrekt steht in Span. vor Vornamen immer don* [*Abk.* D.] *bzw.* doña [*Abk.* Dª.]); *Briefanrede:* Muy ⁓ *mío* (*bsd.* ✝, *veraltend*), *Estimado* ⁓: *od. Distinguido* ⁓: Sehr geehrter Herr, ...; ✝ *Muy Sres. míos* (*bzw. nuestros*): Sehr geehrte Herren, ...; F *de* (*Span.*) *padre y muy* ⁓ *mío* gewaltig F, gehörig F; *höfliche Antwort: sí* ⁓, *no* ⁓ ja (mein Herr), nein (mein Herr); *¡sí,* ⁓*!* jawohl! (*nachdrückliche Bestätigung*); *el* ⁓ *y dueño de* der Herr u. Gebieter von (*dat.*); *ehm. u. fig. gran* ⁓ Standesherr *m*; Grandseigneur *m* (*bsd. fig.*); *hist.* Großherr *m* (*Osmanisches Reich*); *un gran* ⁓ ein vornehmer (*bzw.* ein hoher) Herr; ⚖ (*hist.*) ⁓ *de horca y cuchillo* Herr *m* über Leben u. Tod (*nicht Rel.*); Feudalherr *m* im Besitz der Hoch- (*od.* Hals-)gerichtsbarkeit; *fig.* (blutiger) Tyrann *m*; *bibl. el* ⚥ *de los Ejércitos* der Herr der Heerscharen; *bibl. el* ⁓ *de vida y muerte* der Herr über Leben u. Tod; *Nuestro* ⚥ Unser Herr (*mst.* = Christus); *kath. fig.* F *le han llevado el* ⚥ er ist (mit dem hl. Sakrament) versehen worden; *a lo (gran)* ⁓ wie ein (großer) Herr; *vornehm; fig.* F großartig, prächtig (*angezogen sein, speisen, wohnen usw.*); *a tal* (*od.* todo) ⁓, *tal* (*od.* todo) honor *od. a gran* ⁓, *gran* (*od.* todo) honor Ehre, wem Ehre gebührt; *fig. hacer el* ⁓ den (gr.) Herrn spielen; ✈ *u. fig. quedar* ⁓ *del campo* Herr des Schlachtfeldes bleiben; *quedar como un* ⁓ großartig dastehen, in bestem Licht erscheinen; *ser* ⁓ Herr sein, frei verfügen können; *ser* ⁓ *de sí mismo s.* in der Hand haben, *s.* beherrschen; *ser todo un* ⁓ ein Gentleman sein; ein hoher Herr sein; ein hohes Tier sein F; **II.** *adj.* stattlich; mächtig F, gehörig; *una* ⁓*a mujer* e-e stattliche Frau *f*; *una mujer* ⁓*a* e-e (wirkliche) Dame; *un* ⁓ *vino* ein herrlicher Wein; F *le dio un* ⁓ *disgusto* es ärgerte ihn mächtig; *le pegó una* ⁓*a bofetada* er gab ihm e-e gewaltige Ohrfeige.
señora *f* Dame *f*; Frau *f*; Herrin *f*; *vorm Vornamen:* doña; *zur Anrede vgl.* ⁓ *señor*; Gebieterin *f*; *noch Reg. u.* F Schwiegermutter *f*; *¡*⁓*s y señores!* m-e Damen u. Herren!; ⁓ (*mía*) gnädige Frau!; *Rel. Nuestra* ⚥ Unsere Liebe Frau, *die* Muttergottes; *mehr förmlich: su* ⁓ Ihre Frau (Gemahlin).
seño||reante *part.* beherrschend; ⁓**rear I.** *v/t.* **1.** (be)herrschen; unterjochen; *p. ext.* meistern; *fig.* überragen; **2.** F *j-n* (unangebrachterweise) mit „Herr" anreden; **II.** *v/r.* ⁓se **3.** ⁓ *se de a/c. s.* e-r Sache bemächtigen; et. in Besitz nehmen; *a.* e-e Sache meistern; ⁓**ría** *f* Herrschaft *f*; *hist.* Signorie *f*; Su (*bzw.* Vuestra) ⚥ Euer Gnaden!; Euer Hochwohlgeboren!; ⁓**rial** *adj. c. a. fig.* herrschaftlich; *casa f* ⁓ Stamm- *bzw.* Herren-Guts-haus *m*; ⁓**ril** *adj. c* dem Herrn gehörig, herrschaftlich; ⁓**río** *m* **1.** Herrschaft *f*, Gewalt *f*; **2.** herrschaftlicher Besitz *m*; Domäne *f*; Rittergut *n*; **3.** (vornehme) Würde *f*; **4.** *fig.* (Selbst-)Beherrschung *f*; **5.** vornehme Herrschaften *f/pl.*; *desp. das* (vornehme) Volk (*desp.*).
seño||rita *f* Fräulein *n*; junge Dame *f*; *Anrede* (*v. Dienstboten u. ä. auch zur Hausfrau*): (gnädiges) Fräulein!; ⁓**ritingo** F *desp.* verhätschelter junger Mann *m*; feiner Pinkel *m* F; ⁓**ritismo** *m* snobistisch-parasitäre Lebensweise *f* junger Reicher; ⁓**rito** *m* (*v. Dienstboten u. ä. auch als Anrede an den Hausherrn*) junger Herr *m*; *p. ext.* F Geck *m*, Stutzer *m*, Playboy *m*; *los* ⁓*s* die Herrschaften *f/pl.*; ⁓**rón** *m* (*a. adj.*) vornehmer Herr *m*, Grandseigneur

señorona *m;* **~rona** *f* vornehme Dame *f.*
señuelo *m Jgdw. u. fig.* Lockvogel *m;* Köder *m; Arg., Bol.* Leitochsen *m/pl. bzw.* Leittiere *n/pl. e-r* Herde.
seo *f Ar., Cat.* 1. Bischofssitz *m;* 2. Kathedrale *f.*
sépalo ⚥ *m* Kelchblatt *n.*
separa|bilidad *f* (Ab-)Trennbarkeit *f;* **~ble** *adj. c* (ab)trennbar; **~ción** *f* Trennung *f,* Sonderung *f;* Spaltung *f,* Teilung *f;* Absonderung *f, a.* 🞲 Abscheidung *f;* Aussortierung *f; Verw.* Austritt *m* aus dem Dienst; ~ (*del cargo*) Entlassung *f;* Amtsenthebung *f;* ⚖ *~ de bienes* Gütertrennung *f;* ~ *por centrífuga* (*por cristalización, por lavado*) Aus-schleuderung *f* (-kristallisierung *f,* -waschung *f*); *Pol.* ~ *de la Iglesia y el Estado* Trennung *f* von Kirche u. Staat; ~ *matrimonial, a. ~ de mesa y lecho* (*od. de cuerpos*) Ehetrennung *f,* Trennung *f* von Tisch u. Bett; *Pol.* ~ *de poderes* Gewaltenteilung *f;* ⚖ *vivir en ~* in Trennung (*od.* getrennt) leben; **~damente** *adv.* getrennt; einzeln; abseits; **~do** *adj.* getrennt; einzeln; ausea.-liegend; separat; *no ~* ungetrennt; ungeteilt; *por ~* besonders; *Extra...;* mit getrennter Post; **~dor I.** *adj.* trennend; **II.** *m* ⊕ Abscheider *m;* Abstreifer *m;* Trenner *m;* Milchzentrifuge *f; HF* Trennstufe *f;* Separator *m;* ~ *centrífugo* Trennschleuder(maschine) *f;* ~ *magnético* Magnetscheider *m.*
separar I. *v/t.* 1. *a. Gram.* Wort trennen; absondern, (ab)scheiden; aussortieren, klauben; ⊕ *a.* abstellen *bzw.* abklappen; ausrücken; *Begriffe* ausea.-halten; *a.* ⊕, 🞲 *~ a golpes* (*od. a mano*) ab-, los-schlagen; mit der Hand trennen *bzw.* auslesen, aussondern; *~ con criba* aussieben; *~ un punto del orden del día* e-n Punkt von der Tagesordnung absetzen; 2. (aus dem Dienst) entlassen; *~s* Amtes entheben; **II.** *v/r.* **~se** 3. *a.* ⊕, ⚓ s. trennen; *s.* lösen; 4. *s.* zurückziehen; ausscheiden (aus dem Dienst); *~se de alg. a. s.* von j-m lossagen.
separata 📖 *f* Sonderdruck *m,* Separatum *n.*
separatis|mo *m* Separatismus *m;* **~ta** *adj.-su. c* separatistisch; *m* Separatist *m.*
separativo I. *adj.* trennend; **II.** *m Li.* Separativ *m.*
sepelio *lit. m* Bestattung *f,* Begräbnis *n.*
sepia *f* Tintenfisch *m,* Sepia *f; Mal.* Sepia *f;* **~ta** *Kchk. f Span. Reg.* junger Tintenfisch *m;* **~ola** *Zo. f* Zwergsepia *f.*
sepsis 🟥 *f* Sepsis *f.*
septembri|no *adj.* September...; **~sta** *hist.* **I.** *adj. c* Septembristen...; **II.** *m* Septembrist *m,* Septemberverschwörer *m* (*geplante Ermordung Bolívars in der Nacht zum 25. Sept. 1828*).
septe|nario I. *adj.* 1. siebenfach; **II.** *m* 2. Zeit(raum *m*) *f* von sieben Tagen; 3. Septenar *m* (*Vers*); **~nio** *m* Jahrsiebent *n.*
septentri|ón *lit. m Astr.* (♀) *der* Große Wagen *m; fig.* Norden *m,* Mitternacht *f* (*fig.*); **~onal** *adj. c* nördlich, Nord...
septeto ♪ *m* Septett *n.*

septi|cemia 🟥 *f* Blutvergiftung *f,* Septikämie *f;* **~cémico** *adj.* Blutvergiftungs...; **~cidad** *f* septischer Zustand *m.*
séptico 🟥 *adj.* septisch; keimhaltig.
septi|embre *m* September *m;* **~forme** *Myth. u. Theol. adj. c* siebengestaltig; **~llo** ♪ *m* Septole *f.*
sépti|ma ♪ *f* Septime *f;* **~mo** *num.* siebente(r, -s); *m* Siebentel *n.*
septingentésimo *num.* siebenhundertste(r, -s); *m* Siebenhundertstel *n.*
septo *Anat. m* Scheidewand *f,* Septum *n.*
septua|genario *adj.-su.* siebzigjährig; *m* Siebzigjährige(r) *m;* **~gésima** *ecl. f* (Sonntag *m*) Septuagesima *f;* **~gésimo** *num.* siebzigste(r, -s).
septuplica|ción *f* Versiebenfachung *f;* **~r** [1g] *v/t.* versiebenfachen.
séptuplo I. *adj.* siebenfach; **II.** *m* *das* Siebenfache.
sepul|cral *adj. c a. fig.* Grab(es)..., Toten...; *fig. silencio m ~* Grabes-, Toten-stille *f; urna f ~* Grab-, Aschen-urne *f; fig. voz f ~* Grabesstimme *f;* **~cro** *m* Grab(stätte *f*) *n;* Gruft *f;* Grablege *f od.* Begräbnis *n; kath.* "Heiliges Grab" *n in Kirchen* (*an den letzten Tagen der Karwoche*); *fig.* ~ *blanqueado* Pharisäer *m,* Scheinheilige(r) *m; el Santo* ♀ *das* Heilige Grab; *bajar al ~ ins* Grab sinken, sterben; *fig.* F *ser m ~* verschwiegen wie ein Grab sein; *kath. visitar los ~s das* "Heilige Grab" besuchen (*vielerorts ist es üblich, dies in sieben Kirchen od. Kapellen zu tun*); ⚖ *profanación f de ~(s)* Grabschändung *f;* **~tar** *v/t.* begraben (*a. fig.*), beisetzen; *p.ext.* vergraben; *fig. a.* totschweigen; **~tura** *f* Bestattung *f,* Beisetzung *f;* Grablegung *f;* Grab *n; dar* (*cristiana*) *~ a alg.* j-n bestatten, j-m ein christliches Begräbnis geben; *fig. estar con un pie* (*aquí y otro*) *en la ~* mit e-m Fuß im Grabe stehen; *hasta la ~* bis ans Grab; **~turero** *m* Totengräber *m;* Leichenträger *m.*
seque|dad *f* Trockenheit *f;* Dürre *f; fig.* Unfreundlichkeit *f; con ~* unwirsch; **~dal, ~ral** *m* trockenes Gelände *n;* **~ro** *m* → *secadero.*
se|quía *f* Dürre *f;* Trockenperiode *f;* F *Andal., Arg.* Durst *m,* Brand *m* (*fig.* F); **~quillo** *m Art* Zuckerbrezel *f;* Zuckerzwieback *m;* **~quío** *m* unbewässertes Land *n;* Geest *f.*
séquito *m* Gefolge *n,* Begleitung *f;* Geleit *n,* Zug *m;* Ehrengeleit *n.*
sequizo *adj.* leicht (aus)trocknend; zum Verdorren neigend.
ser I. [2w] *v/i.* sein; *"ser" tritt als selbständiges Zeitwort u. als Hilfsverb auf; man beachte die Abgrenzung des Gebrauchs von "ser" u. "estar"; "ser" bezeichnet dauernde, d. h. wesentliche, innewohnende ch. charakteristische Eigenschaften, z. B. Wesen, Nationalität, religiöses Bekenntnis, Herkunft, Beruf, Material; es steht ferner bei Zeit- u. Zahlenangaben, außerdem in unpersönlichen Ausdrücken, u. es dient auch in weitaus der Mehrzahl der Fälle als Satzband* (*kopulative Verwendung; vgl. hierzu* 1 d); *demgg.-*

über bezeichnet "*estar*" *vorübergehendes Sein,* (*augenblicklichen*) *Zustand, räumliches u. körperliches Sichbefinden, Sichaufhalten, Verweilen u. dgl.* (*vgl. auch* 1 d); **1.** *zu* "*ser*" *u.* "*estar*": **a**) *z. B.* el cielo es azul *der* Himmel ist (*üblicherweise*) blau; el cielo está azul *der* Himmel ist (*im Augenblick*) blau (, *weil s. die Wolken verzogen haben*); *Anm.: üblicherweise heißt es immer:* ~ feliz, dichoso (*bzw.* desgraciado, desdichado, infeliz) (un)glücklich sein; *aber:* estar contento, satisfecho zufrieden sein; **b**) *Passiv mit* "*ser*" *u.* (*beim Zustandspassiv*) "*estar*": es admirado er wird bewundert; está admirado er ist verwundert; **c**) *Sonderfälle:* es a 15 km de aquí es liegt 15 km von hier (*entfernt*); es aquí *od.* aquí es hier ist es; demgg.-*über:* aquí está hier liegt der Fehler *bzw.* hier ist der entscheidende Punkt; era en Buenos Aires es war (*od. die* Begebenheit spielte) in Buenos Aires; demgg.-*über:* estaba en Buenos Aires es war (*od. es* befand s.) in Buenos Aires; **d**) *Anm.: kopulativ kann neben* "*ser*" *bei adj., part. u. adv.* "*estar*" *auftreten, bei su.* (*Berufsbezeichnungen*) *dagegen nur* "*estar de*"; *z. B.* ser aprendiz Lehrling sein, *aber:* estar de aprendiz en una papelería als Lehrling in e-r Schreibwarenhandlung beschäftigt sein; **2.** *weitere Beispiele zur Verwendung von* "*ser*": **a**) *fig.* F o somos o no somos wir müssen zeigen, wer wir sind; wir müssen jetzt handeln (, *denn man erwartet das von uns*); *lit.* ~ o no ~ (éste es el dilema *od.* ésta es la cuestión) sein oder nicht sein (, das ist hier die Frage); *fig.* F ~ uno quien es der (richtige *od.* zuständige) Mann dazu sein; ~ comerciante (*alemán, católico*) Kaufmann (Deutscher, Katholik) sein; *Tel.* soy García hier spricht García; *fig.* F él será burro, pero mas tú *od.* er mag ein Esel sein, aber du bist ein noch größerer (Esel); era (*od. mst.* érase) una vez *od.* érase una vez en un lugar de la mancha *... ;* éramos treinta, ellos eran más wir waren (*unser*) dreißig, sie (*od. lit.* ihrer) waren mehr; ¿eres tú? bist du's?; ¿es hermosa? — lo es (*od.* ¡que sí lo es!) ist sie schön? — sie ist es (*od.* das will ich meinen!); ¡eso es! richtig!; gut so!; stimmt!; in Ordnung!; du hast (*od.* Sie *usw.* haben) recht!; F ¡eso ~á si yo lo consiento! das kann geschehen, wenn ich damit einverstanden bin; ¡sea! sei's denn!; meinetwegen! *bzw.* von uns aus!; todo es mío (tuyo) alles ist mein (dein), alles gehört mir (dir); **b**) *mit Fragewörtern:* ¿cómo es eso? wie kommt (denn) das?; *oft:* ¡cómo no ~! Sinn *mst.*: nimm dir (bloß) nicht zuviel heraus! F, sei nur nicht zu dreist!; ¿cómo fue el caso? wie war die Sache?, was ist geschehen?; F ¡cómo ha de ~! was soll's schon!; wie Gott will!; was ist schon daran zu ändern! (*Resignation*); aber natürlich! (*Einverständnis*); 🜚 ¿cuántos son dos por tres? wieviel ist zwei mal drei?; ¿qué es? was gibt's?; ¿qué día es hoy? — hoy es domingo welcher Tag ist heute? — heute ist Sonntag; ¿qué hora es? — es la una (son las dos) wieviel Uhr ist es? — es

ist ein (zwei) Uhr; ¿quién es? — soy yo wer ist da? — ich bin es; c) *Hervorhebung*: el asesino era él er (nämlich) war der Mörder; es *él quien debe saberlo* er (allerdings) muß es wissen; es que ... nämlich; zwar; es que no se trata de eso darum geht es nämlich nicht; y es que ... die Sache ist nämlich die, daß ..., u. zwar geht es um folgendes ...; nämlich ...; d) *adverbiale u. konjunktionale Verbindungen*: a no ~ que + *subj.* ... falls nicht + *ind.*; außer wenn + *ind.*; es sei denn, (daß) + *subj. impf.*; de no ~ así andernfalls, sonst; esto es od. es decir (*Abk. e. d.*) das heißt (*Abk. d. h.*); no sea que + *subj.* damit nicht + *ind.*; sonst + *ind.*; o sea oder, mit andern Worten; das heißt, nämlich; sea(n) ..., sea(n) ... sei(en) es ..., sei(en) es ...; teils ..., teils ...; *sea como sea* (*od. lit. fuere*) wie dem auch sei, jedenfalls; *sea lo que sea* (*od. lit. fuese*) was es auch sei, auf alle Fälle; *si fuera* (*od. fuese*) *por mí* ... wenn es von mir abhinge ...; wenn es auf mich ankäme ...; meinetwegen könnte ...; 3. *mit prp.*: ~ *de* gehören (*dat.*); gehören zu (*dat.*); stammen (*od.* sein) aus (*dat.*); bestehen aus (*dat.*); *lit.* s. schicken (*od.* ziemen) für (*ac.*); F los sein mit (*dat.*) F; (aus)machen (*ac.*), betragen (*ac.*) (*Summe*); ~ *del Club* Mitglied des Klubs sein; ~ *de piedra* aus Stein sein (*od.* bestehen); es de temer que no es ist zu befürchten, daß; ¿qué ~*a de la casa*? was wird aus dem Haus (werden)?, was wird mit dem Haus (geschehen)?; es de día (de noche) ~ *a* es ist Tag (Nacht); b) es (*usw.*) findet tags (abends) statt; es de divertido (de goloso, *etc.*) *Verstärkung des Prädikatbegriffs*: er ist ein fideles Haus F (er ist ein großes Leckermaul *usw.*); F eso es muy de él das sieht ihm ganz ähnlich, das ist seine Handschrift (*fig.*); no es (cosa) de él es ist nicht ihre Sache; F esto es lo que no hay das hat nicht seinesgleichen, das gibt's nur einmal; no somos de los que exageran wir übertreiben (wirklich) nicht gern; es de pensar man muß es überlegen; es de suponer es ist anzunehmen; ¿qué es de ti? (*od. de tu vida*) was treibst du?, wie geht es dir?; *¡era de verla bailar!* man mußte sie tanzen sehen!; 4. *mit anderen Verben*: acabó siendo ... zuletzt war (*od.* wurde) er ...; llegar a ~ werden; puede (~) que + *subj.* möglicherweise + *ind.*, vielleicht + *ind.*; no puede ~ es ist unmöglich; ¿qué quieres (*od. a.* ¿qué vas a) ~? was willst du werden?; **II.** *m* 5. Sein *n*; Wesen *n*; (eigentlicher *od.* innerer) Wert *m*; *filosofía f del* ~ Seinsphilosophie *f*; ~*es m/pl.* animados (humanos) beseelte (menschliche) Wesen *n/pl.*; ~*es m/pl.* vivientes Lebewesen *n/pl.*; dar el ~ das Leben schenken, ins Dasein treten lassen.
sera *f gr.* Korb *m*; Kohlenkorb *m*; Kiepe *f*.
se|ráfico *adj.* engelhaft, seraphisch; *Rel. fig. vida f* ~*a* Leben *n* in Armut, Demut u. Keuschheit; ~**rafín** *m* Seraph *m*; Engel *m*.
ser|ba *f* Vogelbeere *f*; ~**bal**, ~**bo** ♀ *m* Vogelbeerbaum *m*.
serena *f* 1. † ♪ Nachtlied *n*; 2. → sereno[1] 1; F *a la* ~ → *al sereno*.

serenar I. *v/t.* aufheitern; beruhigen; aufhellen; *a. trübes Wasser u. ä.* abstehen lassen; **II.** *v/r.* ~*se* s. aufhellen (*Wetter*); s. beruhigen (*Meer usw.*); s. legen (*Aufregung*); s. klären (*trübe Flüssigkeit*).
serenata *f* ♪ Serenade *f*, Nachtmusik *f*; (Abend-)Ständchen *n*; *dar una* ~ *a alg.* j-m ein Ständchen bringen; *fig.* F *darle la* ~ *a alg.* j-m in den Ohren liegen, j-m auf die Nerven gehen F.
sere|nidad *f* 1. Heiterkeit *f*; Gemütsruhe *f*; Gelassenheit *f*; Fassung *f*; Ruhe *f*, Geistesgg.-wart *f*; 2. *ehm.* Su ♀ S-e Durchlaucht (*Titel*); ♀**nísimo** *ehm. adj.*: Alteza *f* ~*a od.* ~ (Señor) *m* Serenissimus *m* (*Titel der Kronprinzen in Span.*).
sereno[1] *m* 1. Nachtkühle *f*; *al* ~ (nachts) im Freien; 2. Nachtwächter *m*.
sereno[2] *adj.* heiter; wolkenlos; *fig.* heiter (*Gemüt*); gefaßt, gelassen; geistesgg.-wärtig.
seria|ble ⊕ *adj. c* serienreif; ~**l** *m* Fortsetzungsroman *m*; TV, Rf. Sendereihe *f*, Serie *f*.
seriamente *adv.* ernst(lich).
seri|cícola *adj. c* Seidenbau...; ~(**ci**)**cultor** *m* Seidenbauer *m*; ~(**ci**)**cultura** *f* Seidenzucht *f*; ~(**ci**)**geno** *Zo. adj.*: glándula *f* ~*a* Spinndrüse *f* der Seidenraupen u. Spinnen.
sérico[1] ⚛ *adj.* seiden.
sérico[2] ⚛ *adj.* Serum...
serie *f a.* Biol., ℛ, ⊕ Reihe *f*; Folge *f*; *a.* ⊕ Serie *f*; ~ *de conferencias* (Rf., TV ~ *de emisiones*) Vortrags-(Sende-)reihe *f*; *adv. de* ~ serienmäßig; *adj.* en ~, *adj.* ⊕, ⚡ Serien-...; ⊕ *de la* ~ serienmäßig (gefertigt), Serien...; en ~ continua in laufender Fertigung; *Am.* casas *f/pl.* de ~ Reihenhäuser *n/pl.*; ℛ ~ aritmética (geométrica, logarítmica) arithmetische (geometrische, logarithmische) Reihe *f*; ~ *de números* Zahlenfolge *f*; ~ in gran escala Großserie *f*.
seriedad *f* 1. Ernst *m*; Ernsthaftigkeit *f*; 2. Zuverlässigkeit *f*, Redlichkeit *f*.
seri|grafía *Typ. f* Seidendruck *m*; ~**gráfico** *adj.* Seiden(druck)...
serio *adj.* ernst; ernsthaft; en ~ im Ernst; F ¡hablemos en ~! Scherz beiseite!; tomar *a/c.* en ~ ernst nehmen; tomar *a/c.* por lo ~ *et.* allzu ernst nehmen.
ser|món *m* Predigt *f*; *fig.* Rede *f*, Sermon *m* (*desp.* F); *fig.* F Strafpredigt *f*; *bibl.* el ♀ *de la Montaña* die Bergpredigt *f*; *fig.* F; ése es el tema de mi ~ das habe ich ja schon immer gesagt; echar un ~ *a alg.* → ~**monear** F *v/t.* j-m die Leviten lesen, j-m e-e Standpauke halten F; ~**moneo** F *m* Strafpredigt *f*, Standpauke F *f*.
seroalbúmina ⚛ *f* Bluteiweiß *n*.
sero|ja *f*, ~**jo** *m* dürres Laub *n*; Reisig *n*.
se|rología ⚛ *f* Serologie *f*; ~**rológico** ⚛ *adj.* serologisch; ~**rólogo** ⚛ *m* Serologe *m*.
serón *m gr.* Korb *m*; *bsd.* Tragkorb *m* für Lasttiere.
sero|negativo *adj.* HIV-negativ; ~**positivo** *adj.*-*su.* HIV-positiv; *m* Aidsinfizierte(r) *m*.

sero|sa *Anat. f* seröse Haut *f*, Serosa *f*; ~**sidad** *f* seröse Flüssigkeit *f*; Lymphe *f*, Serum *n*; ~**so** ⚛ *adj.* serös; ~**terapia** ⚛ *f* Serumtherapie *f*.
serpear *v/i.* → serpentear.
serpen|taria ⚘ *f* 1. Drachenwurz *f*; 2. Virginische Schlangenwurz *f*; ♀**tario I.** *m Astr.* Ophiuchus *m*; **II.** *adj. Am.*: instituto *m* ♀ Schlangenfarm *f*; ~**teado** *adj.* geschlängelt; ~**teante** *adj. c* gewunden (*bsd. Weg*); ~**tear** *v/i.* s. schlängeln, s. winden (*a. Weg, Fluß*); en Spiral-, Schlangen-rohr *n*, Schlange *f*; ~ (de refrigeración) Kühlrohr *n*; *bsd.* ⚗ Kühlschlange *f*; ~**tina** *f* 1. Schlangenlinie *f*; Serpentine *f*; 2. Papier-, Luft-schlange *f*; 3. *Min.* Serpentin *m*, Schlangenstein *m*; 4. ♀ ✵ Osterluzei *f*; 5. *ehm. a.* Luntenstock *m bzw.* Luntenschloß *n*; b) Spieß *m* mit gewundener Spitze; ~**tino** *adj.* 1. Schlangen..., schlangenförmig; Serpentin...; 2. *poet.* (s.) schlängelnd; ~**tón** *m gr.* Schlange *f*.
serpiente *f* 1. Zo. (*Astr.* ♀) Schlange *f*; *Zo.* ~ acuática Ringelnatter *f*; ~*s f/pl.* de agua (Süß-)Wasserschlangen *f/pl.*; ~ *de anteojos* (de cascabel, de coral) Brillen- (Klapper-, Korallen-)schlange *f*; ~ *de mar* Seeschlange *f*; Streifen(ruder)schlange *f*; *fig.* (Zeitungs-)Ente *f*; *fig.* ✝ ~ monetaria Währungsschlange *f*; ~ venenosa Giftschlange *f*; ~ *de vidrio* Glasschleiche *f*; oft (*a.* ~ *quebradizo*) Blindschleiche *f*; 2. *fig. Rel.*, *Folk.* ♀ der Teufel, die Schlange; 3. *fig.* falsche Schlange *f*, böses Weib *n*; Verleumder *m*, Lästermaul *n* F.
serpigo ⚛ *m* (Wund-)Flechte *f*.
serpol ⚘ *m* Quendel *m*.
serpo|llar *v/i.* nachtreiben; Schößlinge treiben; ~**llo** *m* Schößling *m*; Trieb *m* aus alter Schnittstelle.
serradella ⚘ *f* Klauenschote *f* (*Futterpflanze*).
serra|dero *m* Säge-platz *m*; -werk *n*; ~**dizo** *adj.* sägbar; madera *f* ~*a* Sägeholz *n*; ~**do** *adj.* gezahnt, gezackt; ~**dor** *m* Säger *m*; ~**dura** *f* Einsägung *f*; ~*s f/pl.* Sägemehl *n*.
serrallo *m* Serail *n*.
serra|na *f* 1. Gebirglerin *f*; 2. *Lit.* altspan. Lyrikform; ~**nía** *f* Gebirgs-, Berg-land *n*, Gebirge *n*; ~**niego** *adj.* Berg..., Gebirgs...; ~**nilla** *Lit. f* aus der serrana hervorgegangene lyrische Dichtungsform des 15. *Jh.*; ~**no I.** *adj.* 1. Berg..., Gebirgs...; **II.** *m* 2. Bergbewohner *m*, Gebirgler *m*; 3. *Fi.* Schriftbarsch *m*.
se|rrar [1k] *v/t.* (zer)sägen; ~**rrátil** ✻ *adj. c* Säge...; *Anat.* sägeförmig; ~**rrato** *Anat. m* Sägemuskel *m*.
serre|ría *f* Sägewerk *n*; ~**ta** *Equ. f* Kappzaum *m*.
serrijón *Geogr. m* Kleingebirge *n*.
serrín *m* Sägemehl *n*; ~ *de corcho* Korkmehl *n*; ~ *de turba* Torfmull *m*; *fig.* F tener la cabeza llena de ~ ein Hohlkopf sein.
serrucho *m* 1. *Zim. usw.* Blattsäge *f*; ~ (de carpintero *od.* ~ tronzador) Fuchsschwanz *m*; ♂ ~ (*para podar*) Baum-, Ast-säge *f*; 2. F *Col.* Schwindelgeschäft *n*.
sertão *Geogr. m Bras.* (Trocken-) Wald- u. Buschgelände *n*, Sertão *m*.
servador *Myth., poet. m* Bewahrer *m*,

serval — servorregulación

Erhalter *m*, Retter *m*.
serval *Zo. m* Serval *m*.
serventesio *Lit. m* Sirventes *n*, „Dienstlied" *n*.
server *m EDV* Server *m*.
Servia *f* Serbien *n*.
servi|ble *adj. c* brauchbar; **~cial** *adj. c* dienst-willig, -fertig; gefällig, entgegenkommend, verbindlich; *no (od. poco)* ~ ungefällig.
servicio *m* **1.** Dienst *m (alle Bedeutungen)*; Dienstleistung *f*; *a.* ✝, ⊕ Dienst *m*, Betrieb *m bzw.* Verkehr *m*; ✵ Dienst(zeit *f*) *m*; ✝, ⊕ *usw.* Kundendienst *m*; *bsd. Verw.* Dienst(zweig) *m*, Abteilung *f*; Dienst-, Verwaltungs-stelle *f*; *de* ~ diensttuend, diensthabend; Dienst-...; *en* ~ im Dienst; *a.* in Betrieb; *fuera de* ~ außerdienstlich; *a.* ⊕ außer Betrieb; *a.* ✵ ~ *de acarreo* Nachschub(dienst) *m*, Versorgungswesen *n*; ✵ ~ *de acecho*, ~ *de alerta aérea* Luftwarndienst *m*; ⊕ ~ *de asesoramiento técnico* technischer Beratungsdienst *m; Tel.* ~ *automático* Selbstwähl-betrieb *m*, -verkehr *m; Rf. usw.* ~ *de batería* Batteriebetrieb *m*; ✝ ~ *de capital* Kapitaldienst *m; a. dipl.* ~ *de cifrado* Chiffrier-dienst *m*, -abteilung *f*; ~ *civil* Zivildienst *m*; ~ *consular* konsularischer Dienst *m*; ~ *continuo* durchgehender Dienst *m*; ⊕ Dauer-betrieb *m*, -einsatz *m*; ~ *de correos*, ~ *postal* Postdienst *m*; ~ *del Correo* Kurierdienst *m*, -abteilung *f in Ministerien usw.*; ~ *de día*, ~ *diurno* Tag(es)dienst *m*; ~ *de emergencia* Not-dienst *m bzw.* -betrieb *m; Kfz.* ~ *de engrase*, ~ *de lubri(fi)cación* Abschmierdienst *m*; ✵ ~ *en el frente (en la retaguardia)* Front- (Etappen-)dienst *m*; ~ *gubernamental* Verwaltungsstelle *f*; ~ *de identificación* Erkennungsdienst *m der Polizei usw.*; ~ *de incendios* Feuerlöschdienst *m*, Feuerwehr *f*; ~ *de informaciones* Nachrichtendienst *m; Vkw.* ~ *de lanzadera* Pendelverkehr *m*; ~ *de limpieza callejera* Straßenreinigung *f; IT* ~ *en línea*, ~ *on line* Online-Dienst *m*; ~ *lingüístico* Sprachendienst *m in Ministerien usw.*; ⊕ ~ *de mantenimiento (od. de entretenimiento bzw. de conservación)* Wartungsdienst *m*; ~ *médico de urgencia* ärztlicher Notdienst *m*; ~ *militar* Wehrdienst *m*; ~ *militar obligatorio* Wehrpflicht *f*; ~ *móvil* Bereitschaftsdienst *m (Polizei usw.)*; ~ *nocturno* Nachtdienst *m bzw.* -betrieb *m*; ~ *obligatorio* Dienstpflicht *f; in Ministerien:* ~ *del personal* Personalabteilung *f*; ~ *de prensa* Presse-dienst *m bzw.* -abteilung *f; dipl.* ⚥ *de Protocolo* Protokoll(abteilung *f*) *n*; ~ *público* öffentlicher Dienst *m; Vkw.* öffentlicher Verkehr *m*; ⚥(s) *Público(s)*, *Span. Abk.* S.P. Öffentlicher Dienst *m bzw.* öffentliche Dienstleistungen *f/pl.*; ~ *(radio)meteorológico* (Funk-)Wetterdienst *m bzw.* -bericht *m*; ~ *radiotelefónico* Funksprechdienst *m*, Sprechfunk *m*; ✝, 📞 *usw.* ~ *de reparto de mercancías* Zubringerdienst *m (Warenverkehr)*; ~ *de sanidad* Gesundheitsdienst *m*; ~ *sanitario* Sanitätswesen *n*; ~ *secreto* Geheimdienst *m*; ✵ ~ *sustitutorio* Ersatzdienst *m für Wehrdienstverweigerer*; ~ *telefónico*,

~ *de conferencias (telegráfico)* Fernsprech- (Telegraphen-)dienst *m*; ~ *de tranvías (de trenes)* Straßenbahn- (Zug-)verkehr *m*; ~ *de vigilancia fiscal* Steuerfahndung *f; Verw.*, ✵ *años m/pl. de* ~ *s* Dienstjahre *n/pl.*; *contrato m de* ~ *s* Dienst(leistungs)vertrag *m*; *reglamento m de* ~ Dienst-anweisung *f*, -vorschrift *f*; *sujeto al* ~ *militar* wehrpflichtig; *tiempo m de* ~ Dienstzeit *f; vivienda f de* ~ Dienstwohnung *f; entrar en (el)* ~ in (den) Dienst treten; *estar al* ~ *de alg.* in j-s Dienst(en) stehen; *estoy a su* ~ ich stehe zu Diensten; *estar de (od. en)* ~ im Dienst sein; Dienst tun, Dienst haben (bsd. ✵); *estar en el* ~ den Wehrdienst ableisten, dienen; ✵ *hacer* ~ Dienst tun; *hacer buen (mal)* ~ (un)brauchbar sein, gute (k-e brauchbaren) Dienste leisten; *poner en* ~ in Dienst stellen; *prestar (od. hacer)* ~ *s* Dienste leisten; **2.** Gottesdienst *m*, Kult *m; fig.* ~ *de boca* Lippendienst *m*, nur (leere) Worte *n/pl.*; ~ *divino* Gottesdienst *m*; ~ *fúnebre* Trauergottesdienst *m; lit. consagrarse al* ~ *de los altares* Priester werden (*bzw.* sein); **3.** Bedienung *f*; Aufwartung *f; a.* ⊕ Handhabung *f*; Bedienungs- *od.* Haus- *bzw.* Maschinen-personal *n; personal m de* ~ *bsd.* ⊕ Bedienungspersonal *n*; **4.** Gedeck *n*; auf einmal Aufgetragene(s) *n (z. B. Frühstück)*; Gang *m*; Geschirr *n*, Service *n*; ~ *de café (de té, de mesa)* Kaffee- (Tee-, Tisch-)geschirr *n*; Kaffee- (Tee-)service *n*; ~ *de fumador* Rauchservice *n*; ~ *a la (bzw. de) mesa* Servieren *n*, Tischbedienung *f*; *carrito m de* ~ Servier-, Tee-wagen *m*; **5.** △ (Licht-, Wasser-, Kraft-, Fernheiz-)Anschluß *m*; **6.** *Sp.* Anspielen *n; bsd.* Aufschlag *m (Tennis) bzw.* Servieren *n (Volley-Ball)*; **7. euph. a)** Nachtgeschirr *n*; **b)** ~(s) Toilette *f*, WC *n*; **8.** Klistier *n*.
servi|dero *ecl. adj.* an die persönliche Anwesenheit gebunden *(Pfründe)*; **~do** *part.-adj.* **1.** abgetragen *(Kleid)*; **2.** ¡los señores están ~s!, ¡la mesa está ~a! *od.* ¡está ~! es ist aufgetragen *(od.* angerichtet)!, zu Tisch, bitte!; *su curiosidad está* ~*a* s-e Neugier ist befriedigt; *fig.* F ¡estamos (bien) ~s! wir sind hereingefallen!, wir sind ganz schön bedient! *(fig.* F); **~dor** *m* **1.** Diener *m; p. ext.* Verehrer *m*, Kavalier *m; fig.* ~ *de usted(es)* bitte, gern geschehen; k-e Ursache; *a.* ~ *un* ~ m-e Wenigkeit, ich; **2.** Bedienende(r) *m*; **3.** *EDV* Server *m*; **4.** *bsd. Reg.* → servicio 7 a; **~dora** *f* **1.** Dienerin *f; fig. una* ~ m-e Wenigkeit, ich *(Frau, Mädchen)*; **2.** Maschinenbedienung *f (mst. angelernte Arbeiterin)*; **~dumbre** *f* **1.** Dienstbarkeit *f; a. fig.* Knechtschaft *f*; Hörigkeit *f*; ~ *de (la)* gleba Schollen-, Grund-hörigkeit *f*; ~ (*personal od. social*) Leibeigenschaft *f*; ~ *personal (od. corporal)* Frondienst *m*; **2.** Dienerschaft *f*; Gesinde *n*; **3.** 🏠 Dienstbarkeit *f*, Servitut *n*; ~ *inmobiliaria* Grunddienstbarkeit *f*; ~ *de luces* Beschränkung *f* der Höhe *e-s Gebäudes*.
servi|l I. *adj. c* knechtisch; sklavisch; unterwürfig; servil; **II.** *m Span.* „Servile(r)" *m*, Spottname der Liberalen für die Anhänger der absoluten Monarchie im 19. Jh.; **~lismo** *m* knechtische Gesinnung *f*; Unterwürfigkeit *f*; **~lón** *adj.-su. augm. desp. zu* servil.
serville|ta *f* Serviette *f*; Serviertuch *n; fig.* F doblar la ~ sterben; **~tero** *m* Servietten-ring *m bzw.* -ständer *m*. [*m*.)
servio *adj.-su.* serbisch; *m* Serbe}
serviola ⚓ *f* Davit *m*, Boots- *(bzw.* Anker-)kran *m; p. ext.* Wache *f (od.* Ausguck *m*) am Davit.
servir [31] **I.** *v/t.* dienen *(dat.)*; bedienen; servieren, auftragen *bzw.* anrichten; *Speisen, Getränke* auftragen, servieren; *Getränke* einschenken, vorsetzen; *Amt* versehen; ✝ bedienen; *a. Waren* liefern; *Aufträge* erledigen; j-m e-n Dienst leisten; *j-m* e-n Gefallen tun; *Sp. Ball (bsd. „Pelota vasca" u. Tennis)* ausspielen *bzw.* zurückschlagen; *Kart. Farbe* bekennen, bedienen; *den Ofen* anheizen *(Bäcker, Töpfer)*; ~ *de beber* Getränke auftragen, et. zum Trinken bringen; ~ *a los clientes* die Kunden bedienen; ~ *a Dios* Gott dienen *(dat.)*; Gott verehren; ¿en qué puedo ~le(s)? womit kann ich (Ihnen) dienen?; ¿le han ~ido a usted ya? werden Sie schon bedient?; ¡para ~le! zu (Ihren) Diensten!; ~ *las pasiones de alg.* j-s Leidenschaften begünstigen; ✵ ~ *una pieza* ein Geschütz bedienen; **II.** *v/i.* dienen *(bei dat. en)*; servieren; ~ *de* dienen als; ~ *para (od. a)* dienen zu *(dat.)*; taugen *(od.* brauchbar sein) für *(ac.)*; *(este aparato) ya no sirve (dieses Gerät)* taugt nichts mehr *(od.* ist unbrauchbar); ~ *(a la mesa)* (bei Tisch) servieren; *de nada sirve que protestemos* Protestieren hilft uns nicht *(od.* führt zu nichts); ¿de qué me sirve? was soll ich damit schon tun? *od.* dafür kann ich mir nichts kaufen *(fig.* F); *(yo) no sirvo para eso* dazu tauge ich nicht; dazu gebe ich mich nicht her; *fig. no* ~ *para descalzar a alg.* j-m nicht das Wasser reichen können *(fig.)*; ~ *para el caso* zweckentsprechend sein; *no me sirve para nada* damit kann ich nichts anfangen; das ist wertlos für mich; ~ *por la comida* für s-e Arbeit *als Dienstbote usw.* das Essen bekommen, s. fürs Essen verdingen; **III.** *v/r.* ~se s. bedienen *(gen. de)*; zugreifen, zulangen *(b. Tisch)*; serviert werden; ~se s. *et.* zunutze machen, *et.* ausnutzen; ¡sírvase usted *(con)* carne! nehmen Sie (doch) bitte Fleisch!; ~se hacer *a/c.* freundlicherweise *et.* tun; *sirva(n)se* + *inf.* möchten Sie freundlicherweise + *inf.*; ¡sírva[n]se *(od.* le[s] ruego se sirva[n])* leer la carta *od.* den Brief.
servita *kath. c* Servit(in *f*) *m (Angehörige[r] des Ordens der „Diener Mariens", lt. Abk.* OSM).
servo|... ⊕ *in Zssgn.* Servo...; **~accionado** ⊕ *part.* servo-betätigt, -angetrieben; **~accionamiento** *m* Servoantrieb *m*; **~dirección** *Kfz. f* Servolenkung *f*; **~freno** *m* Servobremse *f*; **~mando** ⊕ *m* Servosteuerung *f*; **~mecanismo** *m* Servo-mechanik *f* -gerät *n*; **~motor** *m* Servo-, Stell-motor *m*; **~rregulación** *f* Servoregelung *f*.

sesada f Hirn n e-s Tiers; Kchk. gebackenes Hirn n.
sésamo[1] ♣ m Sesam m; aceite m de ~ Sesamöl n.
Sésamo[2]: a. fig. ábrete ~ Sesam, öffne dich!
sesear v/i. das span. „z" u. „c" (z. B. „zorro", „cielo") als „s" aussprechen (bsd. in Andal. u. Am.).
sesen|ta num. sechzig; sechzigste(r, -s); **~tón** F adj.-su. sechzigjährig.
seseo m Aussprache f von „z" u. „c" wie „s" (vgl. sesear).
sesera f Hirnschale f der Tiere; fig. F Gehirn n, Hirn n.
ses|gado adj. schräg; schief; **~gadura** f schräger Schnitt m; **~gar** [1h] v/t. schräg schneiden; schräg abbiegen, zur Seite biegen; ⊕ auf Gehrung schneiden; **~go I.** adj. schräg; schief; al ~, en ~ schief; quer; fig. heimlich; **II.** m Schräge f; ⊕ Gehrung f, Gehre f; fig. Mittelweg m, Kompromiß m, n; Gang m, Entwicklung f bzw. Wende f; tomar buen ~ e-n guten Verlauf nehmen; s. gut anlassen.
sesi|ón f 1. Sitzung f; Tagung f; Beratung f; p. ext. Sitzungsperiode f (= período m de ~ones); ~ plenaria Plenarsitzung f; ~ secreta (od. a puerta cerrada) Geheimsitzung f, Sitzung f hinter verschlossenen Türen; ~ de trabajo Arbeitssitzung f; celebrar (una) ~ tagen; IT cerrar ~ s. abmelden; levantar (suspender) la ~ die Sitzung aufheben (unterbrechen); 2. Kino: Vorstellung f; ~ continua Dauervorstellung f; **~onar** v/i. bsd. Am. tagen; an e-r Sitzung teilnehmen.
seso[1] m Gehirn n; fig. Verstand m; ~s m/pl. Kchk. Hirn n; perder el ~ den Kopf (bzw. den Verstand) verlieren; fig. F devanarse (od. torturarse) los ~s s. den Kopf zerbrechen, s. das Hirn zermartern F; fig. F hacer perder el ~ a alg. j-m den Kopf verdrehen (fig. F); fig. F sorber los ~s a alg. j-n völlig beherrschen (anderer Mensch, a. Gedanken, Sorgen usw.).
seso[2] m Stein m od. Eisen n zum Unterkeilen des Kochtopfs (b. offenem Herdfeuer).
sesqui|... anderthalb(fach); z. B. **~centenario** m 150-Jahrfeier f.
ses|tear v/i. Mittagsruhe (od. Siesta) halten; im Schatten ruhen (Vieh auf der Weide); **~tero, ~til** m schattiger Ruheplatz m für das Vieh.
sesu|dez f → sensatez; **~do** adj. besonnen; vernünftig, gescheit.
set m Tennis: Set m.
seta[1] f Pilz m, Schwamm m; fig. F (Licht-)Schnuppe f bzw. v. e-r brennenden Kerze abtropfendes (u. dann erstarrtes) Wachs n; fig. P Schnecke f (fig. P) (= weibliche Scham); ~ común (od. de campo), F ~ Feldchampignon m; ~ del diablo Satanspilz m; fig. crecer como las ~s wie Pilze aus dem Boden (od. aus der Erde) schießen; ir a buscar ~s Pilze suchen (od. sammeln).
seta[2] f (Schweins-)Borste f.
setáceo adj. borsten-ähnlich bzw. -förmig.
setal m Stelle f, an der Pilze wachsen; Pilzgarten m.
setecientos num. siebenhundert; siebenhundertste(r, -s).
seten|ta num. siebzig; siebzigste(r, -s); **~tón** F adj.-su. Siebzig(jährig)er m.
setiembre m → septiembre.
seto m Zaun m; Einfriedigung f, Einzäunung f; ~ vivo Hecke f.
setter m Setter m (Hund).
seu|do... Pseudo...; **~dónimo** adj.-su. pseudonym; m Pseudonym n; **~dópodos** Biol. m/pl. Scheinfüßchen n/pl.; **~doprofeta** bibl. u. fig. m falscher Prophet m.
seve|ridad f Strenge f; Unnachsichtigkeit f; **~ro** adj. streng, hart; genau.
sevicia f wilde Grausamkeit f.
sevilla|na f Sevillanerin f; **~s** f/pl. ♪, Folk. Tanzweise der Provinz Sevilla; **~no** adj.-su. sevillanisch; m Sevillaner m.
sexa|genario adj.-su. sechzigjährig; m Sechzigjährige(r) m; **~gésimo** num. sechzigste(r, -s).
sexaje ✶ m Geschlechtsbestimmung f (bsd. b. Küken).
sex-appeal m Sex-Appeal m.
sexcentésimo num. sechshundertste(r, -s).
sexismo m Sexismus m.
sexo m Geschlecht n; Sexus m, Sex m; ~ en grupo Gruppensex m; ✶ determinación f del ~ Geschlechtsbestimmung f; proporción f por ~s numerisches Verhältnis n der Geschlechter (Statistik); fig. F ~ débil (feo od. fuerte) das schöne od. schwache (häßliche od. starke) Geschlecht; **~logía** f Sexual-kunde f, -wissenschaft f; **~lógico** adj. sexualkundlich.
sex|ta ♪ f Sext(e) f; **~tante** ⚓, ✶ m Sextant m; **~teto** ♪ m Sextett n; **~tina** Lit. f Sextine f; **~to I.** adj. sechste(r, -s); **II.** m Sechstel n.
séxtuplo adj. sechsfach; el ~ das Sechsfache.
sexua|do Biol. adj. mit Geschlechtsorganen versehen; geschlechtlich (Fortpflanzung); **~l** adj. c geschlechtlich, sexuell, Sexual..., Geschlechts...; Biol., Psych., ✶, ♀ apetito m ~ Geschlechtstrieb m od. m. placer m) ~ Geschlechtslust f; asesinato m por motivos ~es Sexualmord m; caracteres m/pl. ~es Geschlechtsmerkmale n/pl.; crimen m (od. delito m) ~ Sexualverbrechen n; educación f ~ Sexualerziehung f; a. ~ iniciación f ~ sexuelle Aufklärung f; moral f (od. ética f) ~ Sexualethik f; **~lidad** f Geschlechtlichkeit f, Sexualität f, Sex m F; **~lismo** m übertriebene Wertung f des Sexuellen, Sexualismus m.
sexy I. adj. inv. sexy; II. m Sex-Appeal m.
sha(h) m Schah m (Persien).
shareware m EDV Shareware f.
sherardización ⊕ f Sherardisierung f (Verzinkung).
sheriff m Sheriff m.
shií adj.-su.c (pl. shiíes) schiitisch; m Schiit m.
shock ✶ m Schock m; ~ nervioso Nervenschock m; tratamiento m por ~ Schock-behandlung f, -therapie f.
shoddy tex. m bsd. Am. Reißwolle f.
short m (seltener ~s m/pl.) Shorts pl.
shrapnel ⚔ m Schrapnell n.
shunt ⚡ m Shunt m, Nebenschlußwiderstand m.

si[1] ♪ m (pl. sis) h n (Ton); ~ bemol b n (Ton); ~ mayor (menor) H-Dur (h-Moll).
si[2] cj. 1. wenn; falls; por ~ (acaso) wenn vielleicht, falls etwa; für alle Fälle; ~ no wenn (od. falls) nicht; sonst, andernfalls; widrigenfalls; ~ no es que falls (od. wofern) nicht, es sei denn, daß ...; F un ~ es no es ein bißchen, ein (ganz klein F) wenig; ~ tengo tiempo wenn ich Zeit habe; ~ tuviese (od. tuviera) tiempo, lo haría (od. F emphatisch: lo hago) wenn ich Zeit hätte, würde ich es tun; le dije que le daría mil pesetas ~ me decía dónde estaba ella ich sagte ihm, er bekomme tausend Peseten, wenn er mir sage, wo sie sei; se lo escribo por ~ le interesa ich schreibe es Ihnen, weil Sie s. vielleicht dafür interessieren; 2. doch, ja, wirklich; ~ lo dice él er sagt es (aber) doch; ~ se lo he dicho ya mil veces ich habe es Ihnen ja (od. doch) schon tausendmal gesagt; es poeta ~ los hay er ist wirklich (ein großer) Dichter; 3. ob; ignoro ~ es rico o pobre ich weiß nicht, ob er reich od. arm ist; ¿~ le habrán visto? ob man ihn (wohl) gesehen hat?; ¿~ estaré yo tonto? bin ich denn (vielleicht) ein Narr?, mst. = ich müßte ein Narr sein (, wenn ich das täte u. ä.)!; ¡~ es guapa! u. ob sie hübsch ist!, wie hübsch sie (doch) ist!; tú sabes ~ te quiero du weißt, wie (sehr) ich dich liebe; 4. K u. F u. wenn, wenn ... auch; lit. ~ bien wenn ... auch.
sí[1] **I.** adv. ja; jawohl; (F que) ~ gewiß, natürlich; selbstverständlich; genau F; Am. F inc. ~ que → sino también; ~ señor(a) höfliche Antwort; ja mein Herr, m-e Dame; ¡~, señor! jawohl! (nachdrückliche Bestätigung); ~, es así ja, so ist es; ~ por cierto ja(wohl), (gewiß) doch; iré, ~, aunque ... gewiß (od. aber sicher F) gehe ich hin, wenn auch ...; lo hizo ~, pero ... er hat es zwar getan, aber ...; ~ que lo sabía yo ich habe es ja (bzw. zwar) (immer) gewußt; esto ~ que es bueno das ist in der Tat gut; por ~ o por no auf alle Fälle, unter allen Umständen; pues ~ na ja, na also; un día ~ y otro no jeden zweiten Tag; F un día ~ y otro también tagaus, tagein; immer; creo que ~ ich glaube, ja; decir que ~ ja sagen; **II.** m Ja n; Ja(wort) n; dar el ~ sein Jawort geben; fig. F sin faltar un ~ ni un no bis ins kleinste, sehr eingehend.
sí[2] pron. sich; a ~ an s., sich (dat.); entre ~ unter s.; untereá.; zu s. selbst; (Anm.: ~ nach con immer nur in der Form consigo mit s.); de ~ von s.; von sich; von s. aus; an s.; de por ~ an u. für s.; an s., für s. allein (genommen); para ~ für s.; ~ s.; ~ ist bestimmt, an s. gerichtet; zu (od. bei) s. selbst; por ~ für s., um seinetwillen; selbst, allein; Phil. el ente en ~ das Ding an sich; finalidad f en ~ Selbstzweck m; abastecerse a ~ mismo Selbstversorger sein; dar de ~ s. ausdehnen, s. weiten (z. B. Stoffe); estar sobre ~ selbstbewußt sein; † u. Reg. auf der Hut sein, vorsichtig sein; tener para ~ que ... dafür halten, daß ..., der Meinung sein, daß ...; fig. F Reg. tener a alg. sobre ~ für j-n zu sorgen haben, für j-n aufkommen

siamés — silenciador 564

müssen; *tener dinero sobre ~ Geld bei sich haben*.
siamés I. *adj.* siamesisch; ♂ *hermanos m/pl.* ~eses siamesische Zwillinge *m/pl.*; **II.** *m* Siamese *m*.
siba|rita I. *adj. c fig.* sybaritisch; **II.** *m* Sybarit *m*, *bsd. fig.* Schlemmer *m*; **~rítico** *adj.* → *sibarita*; **~ritismo** *m* Genußsucht *f*, Schwelgerei *f*, Schlemmerei *f*.
Siberia *f* Sibirien *n*; ♀no *adj.-su.* sibirisch; *m* Sibir(i)er *m*.
sibila *f Myth. u. fig., npr.* ♀ Sybille *f*.
sibilante Li. **I.** *adj. c* Zisch...; **II.** *f* Zischlaut *m*.
sicalíptico *adj.* F pikant; P unanständig.
sicario *m* (gedungener) Meuchelmörder *m*.
Sicilia *f* Sizilien *n*; ♀no *adj.-su.* sizilianisch; *m* Sizilianer *m*.
sico..., *etc.* → *psico*..., *etc.*
sico|fanta, **~fante** *lit. m* Verleumder *m*, Denunziant *m*, Sykophant *m*; **~moro** ♀ *m* Sykomore *f*.
sico|te *m Cu., C. Ri., P. Ri.* übler Fuß(schweiß)geruch *m*; **~tudo** *ib. adj.* mit übelriechenden Füßen.
sida ♂ *m* Aids *n*.
sidecar *m* Beiwagen *m* am Motorrad.
si|deral *adj. c*, **~déreo** Stern(en)...; **~derita**¹ ♀ *f* Art Gliedkraut *n*.
side|rita² *Min. f* Eisenspat *m*, Siderit *m*; **~rurgia** *f* Eisenhüttenkunde *f*, Siderurgie *f*; **~rúrgico** *adj.* Eisenhütten...; *industria f ~a* eisenschaffende Industrie *f*; *productos m/pl.* ~s Eisen- u. Stahlerzeugnisse *n/pl.*
sidoso *m* Aidskranke(r) *m*.
sidra *f* Apfelwein *m*; **~achampañada** (*od. espumante*) Apfelsekt *m*.
siega ✧ *f* Getreideernte *f*; Ernte (-zeit) *f*, Mahd(zeit) *f*.
siembra ✧ *f* Säen *n*; Saatzeit *f*; Saat *f*.
siempre *adv.* **1.** immer, stets; ~ *jamás* immerwährend, immerdar; *de ~ von jeher*; **a.** *adj.* langjährig (*z. B. Freund*); *de una vez para ~* ein für allemal; *lo de ~ immer* (wieder) dasselbe, immer die alte Geschichte F; *para ~ auf immer*, auf ewig; *por ~ immerdar*, ewig; *Kistenaufschrift*: ~ *de pie nicht kanten*; *cj. ~ (y cuando) que + subj.* vorausgesetzt, daß + *ind.*, sofern + *ind.*; **2.** F *inc.* **a)** noch; **b)** *Am. Reg.* sicher, bestimmt.
siempre|tieso *m* Stehaufmännchen *m*; **~viva** ♀ *f* Immortelle *f*; ~ *mayor* Immergrün *n*.
sien *f* Schläfe *f*.
sie|na *f* Siena *f* (*Farbe*), **~nita** *Min. f* Syenit *m*.
sierpe *f poet.* Schlange *f*; *fig.* böse u. grausame (*od./u.* häßliche) Person *f*; F schlangenähnlich s. Windende(s) *n*; *p. ext. fig.* Wurzelsproß *m e-s Baumes*.
sierra *f* **1.** Säge *f*; ~ *alternativa* (Säge-)Gatter *n*; ~ *de arco* (*de bastidor*) Bügel- (Spann-, Stell-)säge *f*; ~ *mecánica* (*circular*) Motor-(Kreis-)säge *f*; ~ *de carpintero* (*de contorn[e]ar, de marquetería*) Bund-, Schrot- (Laub-)säge *f*; ~ *de leñador* (*de cinta, de tracción*) Baum- (Band-, Zug-)säge *f*; ~ *a mano* (*para metales*) Hand- (Me-

tall-)säge *f*; **2.** Bergkette *f*; Gebirge *n*; **3.** ♀ Leona Sierra Leone *n*.
sierrahuesos F *desp. m* (*pl. inv.*) Metzger *m* (*übler Chirurg*).
siervo *m* **1.** Leibeigene(r) *m*; Sklave *m*; *hist.* ~ *por naturaleza* Sklave *m* von Natur aus, geborener Sklave *m*; **2.** *lit.* Diener *m*; *Rel. un ~ del Señor* ein Diener des Herrn. [*m.*}
sieso *m* Ende *n* des Rektums, After}
sies|ta *f* Mittagsruhe *f*; Siesta *f*; *dormir* (*od. echar*) *la ~* Mittagsruhe halten; **~tecita** F *f dim.: echarse su ~ s.* mittags ein bißchen aufs Ohr legen F.
siete I. *num.* sieben; sieb(en)te(r); ~ *veces* siebenmal; *son las ~ es ist* sieben Uhr; *fig.* F *más que ~* gewaltig (*essen, trinken u. ä.*); **II.** *m* Sieben *f*; *fig.* Triangel *m* (*Riß*); *Kart. el ~ de copas* etwa: Herz-Sieben *f*; *hacerse un ~ en ... s.* e-n Triangel in ... (*ac.*) reißen; **III.** *f*: *las ~ y media* ein span. Kartenspiel; **~colores** *Vo. m* (*pl. inv.*) *Arg., Chi.* Art Tangare *f*; **~cueros** *m* (*pl. inv.*) *Am.* Fersenfurunkel *m*; *p. ext.* Nagelbettentzündung *f*; **~mesino I.** *adj.* Siebenmonats...; *fig.* schwächlich, unterentwickelt; **II.** *m* Siebenmonatskind *n*.
sífilis ♂ *f* Syphilis *f*.
sifilítico ♂ *adj.-su.* syphilitisch; *m* Syphilitiker *m*.
sifón *m* (Saug-)Heber *m*; Wassersack *m*; ⊕, *Kchk.* Siphon *m*; *Col.* Faßbier *n*; ~ *inodoro* Geruchsverschluß *m*, Traps *m*.
sifué *Equ. m* Übergurt *m am Sattel*.
sigilo *m* Geheimnis *n*; Verschwiegenheit *f*; *hist.* Siegel *n*; ~ *profesional* (*ecl. sacramental*) Berufs-, Amts-(Beicht-)geheimnis *n*; **~so** *adj.* verschwiegen; geheim.
sigla *f* Sigel *n*, Abkürzung *f*.
siglo *m* Jahrhundert *n*; *p. ext.* Zeitalter *n*; *ecl.* Welt *f im Ggs. zur Kirche*; *hist. ~ de las luces* Aufklärung *f*; *el ~ XVIII* (*dieciocho*) das 18. (*achtzehnte*) Jahrhundert; ~ *de oro* goldene Zeiten *f/pl.*; *el* ♀ *de Oro* das goldene Zeitalter *der span. Literatur*; *entre los ~s od. en el paso del ~ XIX al XX* um die Jahrhundertwende *od.* an der Wende vom 19. ins 20. Jh.; *por los ~s de los ~s in alle Ewigkeit*; *ecl. retirarse del ~ s. aus der Welt zurückziehen*; *fig. ir con el ~ mit der Zeit gehen*.
sigma *f* Sigma *n* (*griech. Buchstabe*).
signa|r I. *v/t.* unterzeichnen; signieren; **II.** *v/r. ~se s.* bekreuzigen, ein Kreuz schlagen; **~tario I.** *adj.* Unterzeichner..., Signatar...; **II.** *m* Unterzeichner *m*; Signatar *m* (*bsd. Pol.*); **~tura** *f* Bezeichnung *f*; *Typ. u. Bibliothekswesen*: Signatur *f*.
significa|ción *f* Bedeutung *f*; Sinn *m*; Andeutung *f*; *fig.* Wichtigkeit *f*; ~ *de la(s) palabra(s)* Wortbedeutung *f*; **~do I.** *adj.* bedeutend, wichtig; **II.** *m* Bedeutung *f*; Sinn *m*; *Li.* Bezeichnete(s) *n* (*Vorstellung*); **~dor** *adj.* bezeichnend, anzeigend; **~nte I.** *adj. c* bedeutungsvoll; bezeichnend; **II.** *m Li.* Bezeichnende(s) *n* (*Lautbild*); **~r** [1g] **I.** *v/t.* bedeuten; bezeichnen; andeuten; **II.** *v/r. ~se s.* auszeichnen; **~tivo** *adj.* kennzeichnend (*für ac. de*) bedeutsam.

signo *m* **1.** *a. Astr., Gram., Rel.* Zeichen *n* (♈ → 2; ♪ → 3); Anzeichen *n* (*für ac. de*); Vorzeichen *n*; *p. ext.* Sinnbild *n*, Zeichen *n*; *nacido bajo el ~ de Aries* unter dem (*od.* im) Zeichen des Widders geboren; *Gram. ~ de admiración* (*de interrogación*) Ausrufe- (Frage-)zeichen *n*; ~s *m/pl.* convencionales Zeichen *n/pl.*, Symbole *n/pl. auf Zeichnungen*, Plänen *usw.*; Karten-zeichen *n/pl.*, -signatur *f auf Landkarten*; *Typ. ~ de corrección* Korrekturzeichen *n*; *Rel. ~ de la cruz* Kreuz(es)zeichen *n*; *Li. ~ fonético* phonetisches Zeichen *n*, Lautzeichen *n*; ♂ ~ *patológico* Krankheitszeichen *n*; *Gram. ~s m/pl. de puntuación* Interpunktionszeichen *n/pl.*; ♂ *sin ~ especial* ohne Befund; *poner los ~s de puntuación* interpunktieren; **2.** ♈ Zeichen *n*; Vorzeichen *n*; ~ *de adición*, ~ (*de*) *más* Additions-, Pluszeichen *n*; ~ *de aproximación* Ungefährzeichen *n*; ~ *contrario a. fig.* entgg.-gesetztes (*od. bsd. fig.* umgekehrtes) Vorzeichen *n*; ~ *de* (*la*) *diferencial* Differentialzeichen *n*; ~ *de división* (*de multiplicación*) Divisions-, Teilungs- (Multiplikations-, Mal-)zeichen *n*; ~ *de grado* (Winkelbzw. *Phys.* Wärme-)Gradzeichen *n*; ~ *de igualdad* (*de infinidad*) Gleichheits- (Unendlichkeits-)zeichen *n*; ~ *de mayor* (*menor*) que Zeichen *n* für größer (kleiner) als; ~ *negativo* (*positivo*) negatives (positives) Vorzeichen *n*, Minus- (Plus-)zeichen *n*; ~ *de radio* Radius-, Halbmesser-zeichen *n*; ~ *de sustracción*, ~ (*de*) *menos* Subtraktions-, Minus-zeichen *n*; ~ *de tanto por ciento* Prozentzeichen *n*; **3.** ♪ (Vor-)Zeichen *n*; ~ *de duración* Halte-, Ruhe-zeichen *n*; ~s *m/pl. musicales* Noten-, Musik-zeichen *n/pl.*
sigo, sigues, *etc.* → *seguir*.
sigua ♀ *m Am.* Sigua *m*, *versch.* Bäume, Hartholz.
siguiente *part.* folgend; *lo ~* folgendes; *das Folgende*; ¡*el ~*! der Nächste, bitte.
Sikkim *m* Sikkim *n*.
sílaba *f* Silbe *f*; ~ *libre* freie Silbe *f*; ~ *marcada* betonte Silbe *f im Vers*.
sila|bario *m* Abc-Buch *n*; Fibel *f*; **~bear** *vt/i.* Silbe für Silbe sprechen; **~beo** *m* Syllabieren *n*.
silábico *adj.* silbisch; Silben...
sil|ba *f* Auszischen *n*; *el público le dio una ~ er wurde ausgepfiffen* (*od.* ausgezischt); **~bar** *v/t.* pfeifen (*a. Kugeln, Star*); zischen (*a. Gänse, Schlangen*); heulen (*Sirene*); *nur v/t.*: aus-zischen, -pfeifen; ~ (*con la boca*) *en una llave auf e-m* Schlüssel pfeifen; **~bato** *m* **1.** Pfeife *f*; ~ *de señales* Signal-, *oft* Trillerpfeife *f*; ~ *de vapor* Dampfpfeife *f der Lokomotiven usw.*; *tocar el ~* pfeifen; **2.** feiner Riß *m*, *aus dem Luft usw.* entweicht; **3.** *Am.* (schrilles) Pfeifen *n bzw.* Pfiff *m e-r Lokomotive usw.*; **~bido** *m* **1.** Pfeifen *n*; Pfiff *m*; Zischen *n e-r Schlange*; **2.** ~ *de oídos* Ohrensausen *n*; **~bo** *m* **1.** ~ *silbido* 1; Pfeifen *n*, Sausen *n des Windes*; **2.** *Sp.* (*Span.* F) Schiedsrichter *m*; **~bón** *Vo. m* Pfeifente *f*; **~boso** *adj.* pfeifend; zischend.
silen|ciador ⊕ *m* Schalldämpfer *m*

(*a. an Waffen*); *Kfz.* ~ (*de escape*) Auspufftopf *m*; ~**ciar** [1b] *v*/*t*. **1.** verschweigen, geheimhalten; (stillschweigend) übergehen; **2.** ⊕ *Schall* dämmen; **3.** *p. ext.* zum Schweigen bringen (*a.* = *töten*); ~**ciario** *bsd. ecl.* **I.** *adj.* unterm Schweigegebot stehend; **II.** *m* → ~**ciero** *m* Überwacher *m* der gebotenen Stille *bsd. in Kirchen*; ~**cio** *m* Schweigen *n*; Stillschweigen *n*; Ruhe *f*, Stille *f*; Silentium *n*; ♪ Pause *f*; ¡~! Ruhe!; ♪ ~ *de blanca* (*de redonda*) halbe (ganze) Pause *f*; ♪ ~ *de corchea* (*de negra*) Achtel- (Viertel-)pause *f*; ~ *general* allgemeines Schweigen *n*; ♪ Generalpause *f*; *fig.* ~ *sepulcral* (*od. de tumba, de muerte*) Grabes-, Totenstille *f*; *adv. en* ~ stillschweigend; *entregar al* ~ (geflissentlich) vergessen; *guardar* ~ Schweigen bewahren; still sein, schweigen; *imponer* ~ Schweigen gebieten; *romper el* ~ das Schweigen brechen; ~**cioso I.** *adj.* still, lautlos; schweigsam; ⊕ geräuschlos (arbeitend); **II.** *m* ⊕, *bsd. Kfz.* Schalldämpfer *m*; *Kfz.* Auspufftopf *m*.
sileno *m* **1.** *Myth.* Silen *m*; **2.** ⚘ Klatschnelke *f*.
silepsis *Gram., Rhet. f* Syllepse *f*.
silería *f* Siloanlage *f*.
Silesia *f* Schlesien *n*; ~**no** *adj.-su.* schlesisch; *m* Schlesier *m*.
sílex *Min. m* (*pl. inv.*) Feuerstein *m*, Silex *m*, Flint *m*.
silfa *Ent. f* Aaskäfer *m*.
sílfide *Myth. f* Elfe *f* (*a. fig.*), Sylph(id)e *f*; *de* ~**s** elfenhaft, Elfen...
silfo *Myth. m* Elf *m*, Sylphe *m*; *danza f de* ~**s** Elfenreigen *m*.
silicato ⚗ *m* Silikat *n*, Silicat *n*.
sílice *f* **1.** *veraltend*: → *sílex*; **2.** ⚗ Kiesel(erde *f*) *m*.
silíceo *adj.* kieselerdehaltig; Kiesel...; *Min. roca f* ~**a** Kieselschiefer *m*; ~**licio** ⚗ *m* Silizium *n*, Silicium *n*; ~**licona** ⚗ *f* Silikon *n*, Silicon *n*; ~**licosis** ⚕ *f* Silikose *f*, Staublunge *f*.
silo ⚘ *usw. m* Silo *m*; ~ *alto* Hochsilo *m*; ~ *para forrajes* (*para hormigón*) Futter- (Zement-)silo *m*.
silogismo *Phil. m* Syllogismus *m*.
silueta *f* Silhouette *f*, Schattenriß *m*; ~**r** *vt*/*i*. *e-e* Silhouette zeichnen; *Typ.* ~**ado** freistehend (*Buchstabe*).
siluriano, ~**lúrico** *Geol. adj.-su.* silurisch; *m* Silur *n*.
siluro *Fi. m* Wels *m*, Waller *m*.
silvestre I. *adj. c Zo.*, ⚘ wild, Wild...; *plantas f*/*pl.* ~**s** Wildpflanzen *f*/*pl.*; **II.** *m: noche f de San* ♀ Silvester (-nacht *f*) *n*.
silvicul|tor *m* Forstwissenschaftler *m*; Waldbauer *m*; ~**tura** *f* Waldbau *m*, Forstwirtschaft *f*; Forstwissenschaft *f*.
silvoso *adj.* Wald..., waldreich.
silla *f* **1.** Stuhl *m*; Sitz *m*; *Sp.* ~ *del árbitro* (*od. del juez*) Schiedsrichterstuhl *m b. Tennis usw.*; ~ *de cocina* (*de jardín, de oficina*) Küchen- (Garten-, Büro-)stuhl *m*; ~ *de cubierta* Deckstuhl *m*; ~ *eléctrica* elektrischer Stuhl *m*; ~ *encajable* (~ *extensible*, ~ *de extensión*) Stapel- (Klapp-)stuhl *m*; ~ *giratoria* (*plegable*, ~ *de tijera*) Dreh- (Klapp-)stuhl *m*; ~ *de inválido* Krankenfahrstuhl *m*; ~ *de manos* Tragstuhl *m*, Sänfte *f*; *a.* → ~ *de la reina*; ~ *de mimbres* (*de ruedas*) Korb- (Roll-)stuhl *m*; ~ *de* (*od. para*) *niños* Kinderstuhl *m*; ~ *de la reina, a.* ~ *turca* Kreuzgriff *m, aus den verschränkten Händen zweier Personen gebildeter Sitz*; *fig.* F *de* ~ *a* ~ unter vier Augen; **2.** *Equ.* ~ (*de montar*) Sattel *m*; ~ *inglesa* englischer Sattel *m*; ~ *militar* Armeesattel *m*; ~ *de paseo* (*de señora*) Bock- (Damen-)sattel *m*; **3.** ⊕ Auflage *f*, Sattelplatte *f*.
sillar *m* **1.** △ Quader(stein) *m*, Werkstein *m*; ~ *frontal* Stirnquader *m, f*; *fig. aportar* ~**es** *de construcción* Bausteine beitragen; **2.** Sattelrücken *m* (*Teil des Pferderückens, auf dem der Sattel aufliegt*).
sille|ra *ecl. f* Stuhlbesorgerin *f* (*Aufsicht u. Pflege der Kirchenstühle*); ~**ría** *f* **1. a)** Gestühl *n* ⊕ Chorgestühl *n*; **b)** Stuhlmacherei *f*; **c)** Sattlerei *f*; **2.** △ **a)** Quader-, Werkstein-bau *m*; **b)** Quader(n *f*/*pl.*) *m*/*pl.*; ~**ro** *m* **1.** Stuhlmacher *m*; **2.** Sattler *m*; **3.** *Equ. Arg.* Sattelpferd *n*; ~**ta** *f* **1.** Stühlchen *n*; **2.** Stechbecken *n für Kranke*; **3.** ⊕ Bock *m für Lager*; ~**tazo** *m* Schlag *m* mit *e-m* Stuhl.
si|llico *m* Nachtstuhl *m*; ~**llín** *m kl.* Sitz *m kl.* Sattel *m*; *bsd.* Fahrrad- *od.* Motorrad-sattel *m*; Traktorsitz *m*; ~ *plegable* Falthocker *m für Camping usw.*; ~**llita** *f* Stühlchen *n*; ~ (*de ruedas*) *plegable* Klappwagen *m* (*Kinderwagen*); ~**llón** *m* **1.** Lehnstuhl *m*, (Arm-)Sessel *m*; ~**-huevo** Schalensessel *m*; ~ *de mimbre* (*od. de peluquería*) Korb- (Friseur-)sessel *m*; ~ *de operaciones* (*de ruedas*) Operations- (Roll-)stuhl *m*; ~ *de playa* Strandkorb *m*; **2.** *Span.* ~ (*académico*) Sitz *m als Mitglied der Real Academia Española*.
sima *f* Erdloch *n*; Abgrund *m*, Schlund *m*.
simbi|osis *f* Symbiose *f*, *biologische Lebensgemeinschaft f*; ~**ótico** *adj.* symbiotisch; *in Symbiose lebend*.
simbólico *adj.* symbolisch, sinnbildlich.
simboli|smo *m a. Lit.* Symbolismus *m*; Symbolik *f*; Sinnbildlichkeit *f*; ~**sta I.** *adj. c* symbolistisch; **II.** *m* Symbolist *m*; Symboliker *m*; ~**zación** *f* Versinnbildlichung *f*; ~**zar** [1f] *v*/*t.* versinnbildlichen; symbolisieren; symbolisch darstellen.
símbolo *m* **1.** Sinnbild *n*, Symbol *n*; *a.* ⚘, ⌀, ⊕ *usw.* Zeichen *n*, Symbol *n*; *Arith.* ~**s** *m*/*pl. algebraicos* allgemeine (*od.* algebraische) Zahlen *f*/*pl.*; **2.** *ecl.* Glaubensformel *f*; *el* ~ *de los Apóstoles* das Apostolische Glaubensbekenntnis.
simbología *f* Symbolkunde *f*.
si|metría *f* Symmetrie *f*; ~**métrico** *adj. a.* ⚘ symmetrisch.
simia *lit. f* Äffin *f*.
simiente *f* Samen *m*; Saatgut *n*; Saatpenei *n*; ♀ ~ *de papagayos* Saflor *m*.
simiesco *adj.* affen-artig, -ähnlich.
símil I. *adj. c* ähnlich; **II.** *m* Vergleich *m*; Gleichnis *n*.
similar *adj. c* gleichartig, ähnlich; ~**litud** *f* Ähnlichkeit *f*; ~**lor** *m* Knittergold *n*.
simio *Zo. m* Affe *m*.
simón *m* Pferdedroschke *f*, Fiaker *m* (*öst.*).
simo|nía *f Rel. u. fig.* Simonie *f*; ~**níaco**, ~**niático** *adj.* simonistisch.
sim|patía *f* (*a.* ~**s** *f*/*pl.*) Sympathie *f*; Zuneigung *f*; ⚕ Mitleidenschaft *f von Organen*; *gozar de general* ~ allgemein beliebt sein; ~**pático I.** *adj.* sympathisch; nett, freundlich; ♪ *cuerda f* ~**a** Resonanzsaite *f*; *tinta f* ~**a** Geheimtinte *f*; *me cae* ~ ich finde ihn nett; **II.** *adj.-su. m* *Anat.* (*nervio m*) ~, *gran* ~ Sympathikus *m*; **III.** *m* F ¡*adiós* ~! grüß Gott, alter Freund!; ~**paticón** F *m* Person *f*, die s. bei andern beliebt machen (*od.* anwanzen F) möchte; ~**patizante I.** *adj. c* sympathisierend; Gesinnungs...; **II.** *m* Sympathisierende(r) *m*; Gesinnungsgenosse *m*; ~**patizar** [1f] *v*/*i.* sympathisieren (mit *dat.* con); *anea.* Gefallen finden, s. befreunden.
simple I. *adj. c* **1.** *a.* ♪, ⚗ einfach; schlicht; bloß; *a.* ⚡ *Einfach...*; *a* ~ *vista* mit bloßem Auge; *de* ~ *efecto* einfachwirkend; ⚕ *cuerpo m* ~ Element *n*, Grundstoff *m*; *Gram. oración f* ~ einfacher Satz *m*; *Gram. palabra f* ~ einfaches (*nicht zs.-gesetztes*) Wort *n*, Simplex *n*; *una* ~ *pregunta* eine schlichte Frage; bloß eine Frage; **2.** einfältig, schlicht; dumm, albern; **II.** *m* **3.** *Sp.* ~ *de caballeros* Herreneinzel *n* (*Tennis*); **4.** *pharm.* Einzelingrediens *n*; ~**s** *m*/*pl. a.* Arzneipflanzen *f*/*pl.*; **5.** einfältiger Mensch *m*, Simpel *m* F; ~**za** *f* Einfalt *f*; Dummheit *f*; einfältiges Zeug *n*.
simpli|cidad *f* **1.** Einfachheit *f*; ⊕ *de funcionamiento* Einfachheit *f im Betrieb*; **2.** Schlichtheit *f*; Einfältigkeit *f*, Arglosigkeit *f*; Einfalt *f*; ~**císimo** *adj. sup.* einfachst; ~**cista** *adj. c* → *simplista*; ~**ficación** *f* Vereinfachung *f*; ⚡ Kürzen *n bzw.* Einrichten *n*; ⊕ ~ *de manejo* Bedienungserleichterung *f*; ~**ficador I.** *adj.* vereinfachend; **II.** *m a. desp.* Vereinfacher *m*; ~**ficar** [1g] *v*/*t.* vereinfachen; erleichtern; ⚡ kürzen *bzw.* einrichten.
sim|plísimo *adj. sup.* äußerst einfältig; erzdumm; ~**plista I.** *adj. c* (grob) vereinfachend; sehr einseitig; *propaganda f* ~ primitive Propaganda *f*; **II.** *m* (grober) Vereinfacher *m*; ~**plón** F *adj.-su.* Einfaltspinsel *m* F, Simpel *m* F.
simpo|sio, ~**sium** *m* Symposium *n*.
simula|ción *f* Verstellung *f*; Vortäuschung *f*; *a.* ⚡ Simulieren *n*; ⊕ Simulation *f*, Nachbildung *f*; ⊕ *a.* Nachahmungs- (*bzw.* Simulator-)training *n*; ~**cro** *m* Trugbild *n*; ⚔ *de combate* Gefechtsübung *f*, Scheingefecht *n*; ~**do** *adj.* vorgetäuscht; Schein...; ✈ *vuelo m* ~ Flugtraining *n* im Simulator; ~**dor** *m a.* ⚕ Simulant *m*; ⊕ Simulator *m* (*Gerät*); ~**r** *vt*/*i.* heucheln, vortäuschen; vorspiegeln; *a.* ⚡, ⊕ simulieren.
simul|tanear *vt*/*i.* gleichzeitig betreiben; *Kurse verschiedener Fachrichtungen od. Studiengänge gleichzeitig besuchen*; ~**taneidad** *f* Gleichzeitigkeit *f*; Simultaneität *f*;

~táneo I. *adj.* gleichzeitig; Simultan...; *interpretación f* ~a Simultandolmetschen *n*; *partidas f/pl.* ~as Simultanpartien *f/pl.* (*Schach*); *teatro m* ~ Simultanbühne *f*; **II.** *adj.-su. m Sp.*: (*marcador m*) ~ Ergebnistafel *f.*
sin *prp.* **1.** ohne (*ac.*); ~ *color* farblos; ~ *competencia* konkurrenzlos; ohnegleichen; ~ *fin* endlos; ✝ ~ *fondos* ungedeckt (*Scheck*); ~ *más* ohne weiteres; ~ *decir palabra* wortlos; *estar* ~ *hacer* noch nicht gemacht sein; noch zu tun sein; ~ *montar* ungefaßt (*Brillenglas, Edelstein*); ~ *querer* ungewollt; unwillkürlich; (ganz) absichtslos; **2.** *adv.* ~ *embargo* trotzdem, jedoch, indes(sen); *cj.* ~ *que* + *subj.* ohne daß.
sin... *pref.* Syn...
sinagoga *f* Synagoge *f.*
sinapismo *m pharm.* Senfpflaster *n*; *fig.* lästiger Mensch *m.*
sinarquía *Pol. f* Synarchie *f.*
since|rar I. *v/t.* rechtfertigen, entschuldigen; **II.** *v/r.* ~se a. s. aussprechen (mit j-m *con alg.*); s. verantworten (wegen *dat.* de); **~ridad** *f* Aufrichtigkeit *f*; Ehrlichkeit *f*; *falta f de* ~ Unaufrichtigkeit *f*; **~ro** *adj.* aufrichtig; ehrlich, rechtschaffen.
sinclinal *Geol.* **I.** *adj. c* synklinal; **II.** *m* Synklin(al)e *f.*
síncopa *Li.*, ♪ *f* Synkope *f.*
sinco|pado *adj.* **1.** ♪, *Li.*, *Metrik*: synkopiert; synkopisch, Synkopen...; **2.** 🞲 ohnmächtig, kollabiert; **~pal** 🞲 *adj. c*: *fiebre f* ~ Fieber *n* mit Ohnmachtsanfällen; **~par** *v/t.* synkopieren.
síncope 🞲 *m* Ohnmacht *f*, Kollaps *m*; *p. ext.* Herztod *m.*
sin|cotilia ⚥ *f* Einkeimblättrigkeit *f*; **~crético** ⚔, *bsd. Rel. adj.* synkretistisch; **~cretismo** *Phil.*, *Li. m* Synkretismus *m*; **~cronía** *Li. f* Synchronie *f*; **~crónico** *adj.* gleichzeitig; *bsd.* ⊕ synchron; **~cronismo** *m a. Phys.*, ⊕ Gleichzeitigkeit *f*, Synchronismus *m*; **~cronización** *f* Gleichschaltung *f*, Synchronisierung *f* (*Anm.: b. Fremdsprachentexten für Filme mst. doblaje*); **~cronizado** *adj.* gleichgeschaltet, synchronisiert; *Kfz.* plenamente ~ vollsynchronisiert (*Getriebe*); **~cronizar** [1f] *v/t.* synchronisieren, gleichschalten; (*Anm.: Filmtexte* synchronisieren *mst. doblar*); **~croscopio** *HF m* Synchroskop *n*; **~crotrón** *Phys. m* Synchrotron *n*, Teilchenbeschleuniger *m.*
sindé|resis *f Phil.* Synderesis *f*; *p. ext.* Gewissensangst *f*; **~tico** *Li. adj.* syndetisch.
sindica|ble *adj. c* fähig, ein *sindicato* zu bilden; **~ción** *f* Zs.-schluß *m* in Syndikaten (*bzw.* in Gewerkschaften); 🞲 *bsd. Am.* Beschuldigung *f*; **~do** 🞲 *m* Anwaltskonsortium *n*; Anwaltschaft *f*; **~l** *adj. c* **1.** Syndikus...; **2.** Syndikats...; **3.** Gewerkschafts...; **~lismo** *m* Syndikalismus *m*, Gewerkschaftsbewegung *f*; ~ *criminal* Verbrechersyndikate *n/pl.*; **~lista** *adj.-su. c* syndikalistisch, gewerkschaftlich; *m* Gewerkschaft(l)er *m*; **~r** [1g] **I.** *v/t.* **1.** *bsd. Am.* anschuldigen; verdächtigen; **2.** *Kapital, Wert*papiere, *Waren* (*zur Erfüllung best. Verpflichtungen*) binden, festlegen; **3.** in Syndikaten (*od.* Gewerkschaften) zs.-schließen; **II.** *v/r.* ~se **4.** s. zu e-r Gewerkschaft zs.-schließen; **~to** *m* **1.** *veraltend:* → *sindicado*; **2.** Syndikat *n*, Konsortium *n*; **3.** Berufsverband *m*; ~ (*obrero*) Gewerkschaft *f*; *Span.* ~ *amarillo*, *Méj.* ~ *blanco* arbeitgeberfreundliche Gewerkschaft *f*; ~ *único* Einheitsgewerkschaft *f*; **4.** *hist. Span.* (*Franco-Regime*) Syndikat *n* (*Arbeitnehmer u. Arbeitgeber in einem Verband*); **5.** *Am.* ~ *del crimen* Verbrechersyndikat *n.*
síndico *m* **1.** 🜛 Syndikus *m*; *bsd.* ~ (*de la quiebra*) Konkursverwalter *m*; **2.** *S. Dgo.* Bürgermeister *m.*
síndrome 🞲 *u. fig. m* Syndrom *n*; ~ *tóxico* toxisches Syndrom *n*; *Span.:* ~ *schwere, z. T. tödliche Krankheit durch den Genuß von verfälschtem, giftigem Rapsöl.*
sinécdoque *Rhet. f* Synekdoche *f.*
sinecura *f* Pfründe *f*, Sinekure *f*; Druckposten *m F.*
sinedrio *hist. m* **1.** *griech.* Synedrion *n*; **2.** *bibl.* Synedrium *n*, Hoher Rat *m.*
sine qua non: *condición f* ~ unabdingbare Voraussetzung *f*, Conditio *f* sine qua non. [se]
sinéresis *f Prosodie, Metrik:* Synäre-
sin|ergia *Physiol. u. fig. f* Synergie *f*; **~érgico** 🞲 *adj.* synerg(et)isch; synergistisch; **~ergismo** *m Physiol.*, *pharm. m* Zs.-wirken *n.*
sínesis *Gram. f* sinngemäße Wortfügung *f.*
sinestesia *Psych., Lit. f* Synästhesie *f.*
sinfín *m* Unmenge *f*; *p. ext.* (*cinta f*) ~ ⊕ Endlosband *n*, laufendes Band *n*, Fließband *n.*
sínfi|sis 🞲 *f* Symphyse *f*; ~ *del pubis* Scham(bein)fuge *f*; **~to** ⚥ *m* Schwarzwurz *f*; ~ (*menor*) Beinheil *n* (*Futterpflanze*); ~ *mayor* Schwarzwurzel *f.*
sin|fonía ♪ *f* Symphonie *f*, Sinfonie *f*; Vorspiel *n* zu *Theaterstücken*; *fig.* Farbensymphonie *f*; Harmonie *f*; **~fónica** *adj.-su. f* (*orquesta f*) ~ Symphonieorchester *n*; **~fónico** *adj.* symphonisch; Symphonie..., Sinfonie...; *concierto m* ~ Symphoniekonzert *n*; **~fonista** *c* Symphoniker *m* (*Komponist bzw. Orchestermitglied*); **~fonola** *f* Musikbox *f.*
singada *P f Cu.* Bumserei *f P.*
Singapur *m* Singapur *n.*
singenético *Biol., Geol. adj.* syngenetisch.
singla|dura ⚓ *f* Etmal *n*, Tagereise *f*; *fig.* Kurs *m*; **~r** ⚓ *v/i.* segeln, fahren (= *e-n best. Kurs halten*).
single *m* Single *f* (*Schallplatte*).
singula|r I. *adj. c* **1.** einzeln; **2.** einzig(artig); eigentümlich; außergewöhnlich; seltsam; **II.** *m* **3.** *Li.* (*número m*) ~ Einzahl *f*, Singular *m*; **~ridad** *f* **1.** Eigenart *f*, Eigentümlichkeit *f*; **2.** Einzigartigkeit *f*; Sonderbarkeit *f*; **~rizar** [1f] **I.** *v/t.* **1.** herausheben; auszeichnen; **2.** *Li. ursprüngl.* nur im Plural Gebräuchliches in den Singular setzen (*z. B. parrilla, rehén*); **II.** *v/r.* ~se **3.** s. auszeichnen; s. absondern.
sinhueso F *f* Zunge *f*; *bsd.* Mundwerk *n* F; *soltar la* ~ drauflos-quatschen F; auspacken F.
sinies|trado *adj.-su.* verunglückt; von e-m Unfall betroffen; *Vers.* geschädigt *bzw.* beschädigt, *a.* verunfallt; *el coche* ~ der Unfallwagen; *zona f* ~a Katastrophengebiet *n*; *los* ~s *die Verunglückten m/pl.*; die Opfer *n/pl. e-r Katastrophe usw.*; *Vers.* die Geschädigten *m/pl.*; **~tro I.** *adj.* **1.** *lit.* linke(r, -s); *la (mano)* ~a *die* Linke *f* (*Hand*); **2.** *fig.* unheil-voll; -bringend; verhängnisvoll; unheimlich; finster, düster (*fig.*); **II.** *m* **3.** Unglück(sfall *m*) *n*; *Vers.* Schaden(sfall) *m*; ~ *parcial* (*total*) Teil-(Total-)schaden *m.*
sinistró|giro *adj.* linksläufig (*Schrift*); ⚡ linksdrehend; **~rsum** ⊕ *usw. adj. inv.* linksläufig; der Linksdrall.
sinnúmero *m* Unzahl *f*; *un* ~ *de* gente(s) e-e Unmenge (von) Menschen.
sino[1] *m* Schicksal *n*; *era su* ~ *es war sein Schicksal.*
sino[2] **I.** *prp.* außer (*dat.*); *nadie lo sabe* ~ *él* niemand weiß es außer ihm, nur er weiß davon; **II.** *cj.* sondern; ~ *que* betont den Gg.-satz stärker als einfaches ~; *no te pido* ~ *una cosa* ich bitte dich nur um eins; *no quiero* ~ *que me dejen en paz* ich will nur m-e Ruhe, sonst nichts; *no sólo* ..., ~ *también* nicht nur ..., sondern auch.
sino...[3] *adj. in Zssgn.* chinesisch-...
si|nodal *ecl.* **I.** *adj. c* synodal; **II.** *m* Synodale *m*; **III.** *f* Synodalbeschluß *m*; **~nódico** *adj.* synodisch, synodal.
sínodo *m* Synode *f*; Konzil *n*; *el Santo* ⚥ *der Heilige Synod der Ostkirche.*
si|nología 🛒 *f* Sinologie *f*; **~nológico** *adj.* sinologisch; **~nólogo** *m* Sinologe *m.*
si|nonimia *f* Synonymie *f*; Synonymik *f*; **~nónimo I.** *adj.* sinnverwandt; gleichbedeutend (mit *dat.* de); synonym; **II.** *m* Synonym *n.*
sinople ⌀ *adj.-su. m* Grün *n.*
si|nopsis *f* (*pl. inv.*) **1.** Überschau *f*, Übersicht *f*; Zs.-fassung *f*, Auszug *m*; **2.** *Theol.* Synopsis *f*; **~nóptico I.** *adj.* **1.** zs.-gefaßt, Übersichts...; *cuadro m* ~ Übersichtstabelle *f*; **2.** *Theol.* synoptisch; **II.** *adj.-su. m* **3.** *los* (*Evangelistas*) ~s die Synoptiker *m/pl.*
sinovi|a *Physiol. f* Gelenkschmiere *f*; **~al** *adj. c* synovial; Gelenk...; *Anat.* (*membrana f*) ~ Gelenkhaut *f*; *bolsa f* ~ Schleimbeutel *f*; **~tis** 🞲 *f* Gelenkentzündung *f.*
sin|razón *f* Unrecht *n*; Unvernunft *f*; Unsinn *m*, Widersinn *m*; **~sabor** *m* Ärger *m*, Verdruß *m* Unannehmlichkeit *f.*
sinsonte *Vo. m* Spottdrossel *f.*
sinsorgo F *adj. Span. Reg.* unzuverlässig, leichtsinnig.
sin|táctico *Li. adj.* syntaktisch, Syntax...; **~tagma** *Li. n* Syntagma *n*; **~tagmático** *Li. adj.* syntagmatisch; **~taxis** *f* Syntax *f*, Satzlehre *f.*
sinteri|zación *sid. f* Sinterung *f*; **~zar** [1f] *v/t.* sintern; *acero m* ~*ado* Sinterstahl *m.*
síntesis *f* (*pl. inv.*) Synthese *f*; Aufbau *m*; Zs.-stellung *f*; *fig.* Inbegriff *m*; *Phil.* Synthese *f* (*bsd.* Hegel), Synthesis *f* (*Kant*); *en* ~ kurz (-gefaßt); insgesamt.

sintético adj. a. 🐎, ⊕, Li., pharm. synthetisch; zs.-fassend; aufbauend, zs.-setzend; künstlich; Kunst...; *resumen m ~ kurze Zs.-fassung f des Wesentlichen.*

sintetiza|ble adj. c zs.-faßbar; 🐎 usw. (künstlich) aufbaubar; synthetisierbar; **~r** [1f] v/t. zs.-fassen; zs.-stellen; fig. verkörpern, Inbegriff sein (gen.); 🐎 usw. (künstlich) aufbauen; synthetisieren.

sínteton Li. m Syntheton n.

sintoís|mo Rel. m Shintoismus m; **~ta** adj.-su. c shintoistisch; m Shintoist m.

síntoma m Anzeichen n, Symptom n; 🐛 u. fig. *~ acompañante (od. concomitante)* Begleiterscheinung f.

sinto|mático adj. a. 🐛 symptomatisch; bezeichnend; **~matología** 🐛 f Symptomatologie f.

sin|tonía f HF Abstimmung f (Zustand); Rf. *~ musical* Pausenzeichen n; **~tónico** adj. abgestimmt; **~tonismo** m → sintonía.

sintoniza|ción HF f Abstimmung f (Feineinstellung); **~dor** HF m Tuner m; Abstimmknopf m; **~r** 1f] v/t. 1. Phys. *verschiedene Systeme* in einheitliche Schwingung setzen; 2. HF, Rf. abstimmen; *Sender bzw. Programm* einstellen; (aquí) sintoniza Radio Madrid hier ist Radio Madrid.

sinuo|sidad f Windung f; Krümmung f; Gewundenheit f; Einbuchtung f; **~so** adj. 1. geschlängelt; gewunden; gekrümmt; 2. fig. gewunden; undurchsichtig; gerieben, schlau.

sinusitis 🐛 f Nebenhöhlenentzündung f; bsd. *~ (frontal)* Stirnhöhlenentzündung f.

sinusoi|dal Ⱥ adj. c sinusförmig; Sinuslinien...; **~de** Ⱥ I. adj. c sinusartig; II. f Sinus-linie f, -kurve f.

sinver|gonzada F f Unverschämtheit f; **~gonzón** F adj.-su. → sinvergüenza; **~gonzonería** F f, **~güencería** F f Unverschämtheit f, Chuzpe f F; **~güenza** I. adj. c unverschämt; II. c unverschämter Kerl m F; unverschämtes Weib(sstück) n F.

sionis|mo m Zionismus m; **~ta** adj.-su. c zionistisch; m Zionist m.

sionona pharm. f Sionon n.

sipo|tazo m 1. C. Ri. Schlag m auf den Handrücken; 2. Ven. Schlag m, Hieb m; **~te** m 1. P Méj. Beule f; 2. Salv. Gassenjunge m; Ven. Lump m, Taugenichts m.

siquiatra, síquico etc. → psiquiatra, psíquico etc.

siquiera I. cj. auch wenn; ob nun; *hazlo por mí, ~ sea la última vez tu's* für mich, u. wenn es das letzte Mal ist; II. adv. wenigstens; *ni ~ nicht einmal; (tan) ~ (nur) wenigstens; ¡dame (tan) ~ un pedazo!* gib mir (doch) wenigstens ein Stück (davon)!; Col. *¡~!* Gott sei Dank!

siquitrillado Pol. m Cu. Person f, deren Güter v. Castro-Regime eingezogen wurden.

sirena f 1. Myth. u. fig. Sirene f; fig. Verführerin f; *canto m de las ~s* Sirenengesang m; 2. ⊕ Sirene f; *~ antiaérea* Luftschutzsirene f; *tocar la ~* die Sirene pfeifen (bzw. heulen) lassen; **~zo** m F Sirenenton m; **~s** m/pl. a. Sirenengeheul n.

si|rénidos, ~renios Zo. m/pl. Seekühe f/pl.

sirga ⚓ f Schlepptau n; *a la ~ im Schlepp; camino m de ~* Treidelpfad m; **~r** [1h] v/t. ⚓ bugsieren, schleppen; treideln.

Siria f Syrien n; **~co** hist. adj.-su. syrisch; m Syrer m; Li. *das Syrische.*

sirimba F f Cu. Ohnmacht(sanfall m) f.

sirimiri m Span. Reg. Nieselregen m.

sirin|ga f 1. poet. ♪ Pan(s)flöte f; 2. ⚘ Am. Mer. Gummi-, Kautschukbaum m; **~ge** Zo. f Syrinx f der Vögel; **~guero** m Am. Mer. Kautschukzapfer m.

Sirio[1] Astr. m Sirius m.

sirio[2] adj.-su. syrisch; m Syr(i)er m.

siripita fig. F f Bol. aufdringlicher kl. Kerl m.

sirla f Span. Raubüberfall m mit e-m Messer; **~r** v/t. mit e-m Messer bedrohen (od. angreifen).

sirle m Schafmist m; Ziegenkot m.

sirlero m Messerstecher m.

siroco m Schirokko m (Südswind).

sirte lit. f Sandbank f; Sandbucht f.

siruposo adj. siruppartig.

sirvien|ta f Magd f; Dienstmädchen n; **~te I.** adj. c 1. 🛐 dienend (Grundstück); **II.** m 2. Diener m; 3. bsd. ⚔ Bedienende(r) m an Waffe od. Gerät; a. Kanonier m; **~s** m/pl. Bedienung(smannschaft) f bsd. am Geschütz.

sisa[1] f Ätz-, Zinnober-grund m für Vergoldungen.

sisa[2] f Ärmelloch n bzw. Westenausschnitt m b. Zuschnitt; p. ext. *Stück n Zeug, das der Schneider für s. behält;* fig. F Schmu(geld n) m F b. Einkaufen (v. Hausangestellten); **~dor** m Schumacher m F b. Einkaufen; kl. Betrüger m.

sisal m Sisal(hanf) m.

sisar v/t. Ärmelloch u. ä. ausschneiden b. Zuschnitt; p. ext. ein Stück Zeug für s. zurückhalten (Schneider[in]); fig. F b. Einkaufen ein. unterschlagen, Schmu machen (mit) F.

sise|ar vt/i. (aus)zischen; **~o** m Gezisch n; Auszischen n.

Sísifo Myth. npr. m Sisyphos m, Sisyphus m; bsd. fig. *trabajo m de ~* Sisyphusarbeit f; *rodar la piedra de ~* e-e Sisyphusarbeit leisten.

sisimbrio ⚘ m Rauke f.

sísmico adj. Erdbeben..., seismisch; *sacudida f ~a* Erdstoß m.

sis|mo m Erdbeben n; **~mógrafo** m Seismograph m; **~mograma** m Seismogramm n; **~mología** f Erdbebenkunde f, Seismik f.

sisón[1] Vo. m Strandläufer m.

sisón[2] F m Schmumacher m F, Mogler m.

siste|ma m System n; Verfahren n; Arbeits- bzw. Bau-weise f; *~ de alarma* Alarmanlage f; Kfz. *~ de alarma intermitente* Warnblinkanlage f; Rf. *~ de antena direccional* Richtstrahler m; Kfz. *~ antibloqueo de frenos* Antiblockiersystem m, ABS(-System) n; Kfz. *~ de asistencia al conductor* Navigationssystem n; *~ bancario* Bankwesen n; Bankensystem n; Phys. *~ cegesimal, ~ C.G.S.* ZGS-System n, Zentimeter-Gramm-Sekunde-System n; Ⱥ *~ de coordenadas* Koordinatensystem n; *~ de depósito y retorno* Mehrweg-, Pfand-system n; ⚔ *~ de dirección* Lenksystem n; 🛐 *~ excitoconductor* Reizleitungssystem n; 🐎 *~ de filtros* Filteraggregat n; Li. *~ fonético* Lautsystem n; Kfz. *~ de freno bicircuito* Zweikreis-Bremssystem n; Geogr. *~s m/pl. de grutas* Höhlensysteme n/pl.; ⊕ *~ hidráulico* Hydraulik f; Geogr. *~ hidrográfico* hydrographisches System n, Gewässer n/pl.; 🛐 *~ inmunológico* Immunsystem n; Anat. *~ linfático* Lymphgefäßsystem n, -bahn f; Tel. *~ de manos libres* Freisprechanlage f; Pol. *~ (de elecciones) mayoritario* Mehrheitswahlrecht n; ⊕ *~ de montaje por unidades (normalizadas)* Baukastensystem n; Anat. *~ muscular (óseo, respiratorio, vascular)* Muskel- (Knochen-, Atmungs-, Gefäß-)system n; Anat. *~ nervioso (central)* (Zentral-) Nervensystem n; EDV *~ operativo* Betriebssystem n; *~ óptico (de la cámara fotográfica)* (Aufnahme-) Optik f; Geogr. *~ orográfico, ~ montañoso* Gebirgssystem n, orographisches System n; *~ de pagos* Zahlungssystem n; -wesen n; 🐎 *~ periódico* periodisches System n der Elemente; Pol. (⚭) *~ de preferencia* Meistbegünstigungssystem n; ⚔, *Fahrzeuge u. ä. ~ de propulsión* Antrieb(ssystem n) m; ⚔ *~ de puntería* Richtverfahren n; *~ de retículo* Fadenkreuz-, Jgdw. Absehen-, Typ. Raster-system n; *~ de señales bzw. ~ de señalización* Signalsystem n; Astr. *~ solar (planetario)* Sonnen- (Planeten-)system n; Fußball: *~ WM* WM-Aufstellung f od. -System n; con *~* systematisch, planmäßig; *falto de ~, sin ~* planlos, unsystematisch; *carecer de ~* planlos sein; unsystematisch vorgehen; **~mático** adj. systematisch, planmäßig; Kunst...; **~matización** f Systematisierung f; Systematik f; **~matizar** [1f] v/t. in ein System bringen; planmäßig ordnen; systematisieren.

sístole Metrik, 🛐 f Systole f.

sistro ♪ hist. m Sistrum n.

sita Vo. f Kleiber m, Spechtmeise f.

sitiado m Belagerte(r) m; **~r** m Belagerer m.

sitial m Amts- bzw. Thron-sessel m; Ehrensitz m; ecl. a. Chorstuhl m.

sitiar [1b] v/t. a. fig. belagern.

sitibundo poet. adj. dürstend.

sitiero m Cu., Méj. Reg. kleinerer Farmer m.

sitio[1] m 1. Platz m; Stelle f; Lage f; Ort m; Gegend f; *~ de honor* Ehrenplatz m; en un (bzw. aud) s-m (bzw. s-n) Platz; *en cualquier ~* irgendwo; *dejar a alg. en el ~* j-n auf der Stelle töten; *ya no hay ~* es ist kein Platz mehr da; *hazle ~* mach ihm Platz!; *¿en qué ~ lo pusiste?* wohin hast du es gelegt?; fig. *poner las cosas en su ~* rit. richtigstellen; *fig. quedarse en el ~ auf dem Platz bleiben (fig.);* plötzlich umkommen (durch Unfall usw.); fallen (im Kampf); fig. euph. *tengo que ir a un ~* ich muß mal F (verschwinden); 2. Arg., Chi. Grundstück n; Col. bewohnte Gegend f; Cu., Méj. Reg. kleinere (Vieh-)Farm f; Méj. Taxistand m.

sitio[2] ⚔ u. fig. m Belagerung f; guerra f

sito — sobrecargo

de ~ Belagerungs-, Festungs-krieg m; *levantar el* ~ die Belagerung aufheben; *poner* ~ *a* belagern (*ac.*).
sito *bsd.* ⚓ *adj.* gelegen, befindlich; ~ *en la colina* auf dem Hügel gelegen.
situ *adv.*: *in* ~ an Ort u. Stelle.
situación *f* **1.** Lage *f*; ⚔ → **3**; ⚓ Position *f*; ⚓ Besteck *n*; *fijar la* ~ ⚓ die Position bestimmen; *das Besteck machen* (*bzw.* gissen); *a.* ⚔ den Kurs absetzen; **2.** Lage *f*; Stand *m*, Zustand *m*; Verhältnisse *n*/*pl.*; Situation *f*; *Verw.* ~ *activa* (aktive) Dienstzeit *f e-s Beamten*; ~ *pasiva* Ausfallzeiten *f*/*pl.*, Warte- *bzw.* Ruhe-stand *m e-s Beamten*; ⚔, ⚔ ~ *aérea* Luftlage *f*; ~ *económica* Wirtschaftslage *f*; ~ *financiera* Finanz-, Vermögens-lage *f*; ✝ ~ *del mercado* Marktlage *f*; ~ *de partida* Ausgangslage *f*; *Am. de* ~ reduziert (*Preise*); (*no*) *estar* (*od.* encontrarse) *en* ~ *de* + *inf.* (nicht) in der Lage sein, zu + *inf.*; **3.** ⚔ ~ *ones* *f*/*pl.* *del feto* Kindslagen *f*/*pl.*; ~ *de cara* (*de extremidad pélvica*) Gesichts- (Bekkenend-)lage *f*; ~ *de nalgas* (*de occipucio*) Steiß- (Hinterhaupt-)lage *f*.
situa|do I. *part.-adj.* liegend, gelegen; *Sp.* plaziert; *bien* ~ wohlhabend, gut situiert; *estar* ~ *liegen, gelegen sein*; II. *m* Rente *f* (*bsd. aus landwirtschaftlicher Produktion*); ~**r** [1e] I. *v*/*t.* legen; stellen; ⊕ anbringen, verlegen; *Geld* (für best. Auslagen) verwenden; ⚔ *Truppen* (ver-)legen (nach *dat. en*); *zeitlich u. milieumäßig* einordnen; *eso me sitúa en la posibilidad de* das versetzt mich in die Lage, zu + *inf.*, das gibt mir die Möglichkeit, zu + *inf.*; II. *v*/*r.* ~*se* e-n Platz einnehmen; stattfinden; s. abspielen (*Handlung*); *Sp.* s. plazieren; *fig. a.* auf s-n Vorteil bedacht sein; ⚓ s-e Position ausmachen; *fig.* e-e gute Stellung bekommen.
sítula *prehist. f* Situla *f* (*Grabgefäß*).
si|útico F *adj.-su. Chi.* → *cursi*; ~**utiquería** F *f Chi.* → *cursilería.*
Siva *Rel. npr. m* Schiwa *m*.
skéleton *Sp. m* Skeleton *m* (*Schlitten u. Sport*).
sketch *Thea. m* Sket(s)ch *m*.
ski-(k)joering *Sp. m* Skikjöring *n*.
slalom *od.* **slálom** *Sp. m* Slalom *m*, Torlauf *m*; ~ *especial* (*gigante*) Spezial- (Riesen-)slalom *m*.
slip *m* Slip *m*; Badehose *f*; ~(*s*) *m*(/*pl.*) kurze Unterhose(n) *f*(/*pl.*).
slogan *m* Slogan *m*, Schlagwort *n*; ~ *publicitario* Werbeslogan *m*.
smash *m Tennis*: Schmetterball *m*.
smog *m* Smog *m*.
smoking *m* Smoking *m*.
snack-bar *m* Imbißstube *f*, Snackbar *f*.
sno|b I. *adj. c* snobistisch; II. *m* Snob *m*; ~**bismo** *m* Snobismus *m*.
snórkel ⚓ *m* Schnorchel *m der U-Boote*.
so[1] (✝, *in best. Vbdgn. u. burl.*) *prp.* unter; ~ *capa od.* ~ *color, a.* ~ *pretexto bajo* unter dem Vorwand; ~ *pena bei Strafe*; *burl.* ~ *pena de romperte la crisma* ich reiße dir den Kopf ab.
so[2] (*zur Verstärkung v. Schimpfwörtern*): *¡*~ *burro!* Sie (*od.* du) Rindvieh! F.
¡so![3] hü!, halt! (*Fuhrmannsruf*).

so...[4] *pref. entspricht mst. sub...*, *selten sobre...*
soasar *v*/*t. Kchk.* anbraten; leicht braten.
soba *f* **1.** (Durch-)Kneten *n*; *fig.* F *darle una* ~ *a alg.* **a**) j-m das Fell gerben (*fig.* F); **b**) j-n abkanzeln F; **2.** P *Col.* Belästigung *f*; ~**co** *m* Achselhöhle *f*; ~**do** I. *adj. a. fig.* abgegriffen; abgedroschen (*fig.*); II. *m* (Durch-)Kneten *n*; Walken *n der Felle*; ~**dor** *m* **1.** Walke *f der Gerber*; **2.** Kneter *m*, Walker *m*; *fig.* F *bsd.* *Am.* Masseur *m*; *Am.* → *algebrista* 2; ~**jar**, *Am. a.* ~**jear** *v*/*t.* **1.** kräftig (durch)kneten; *p. ext.* abknüllen; **2.** F (plump) betatschen F; **3.** *Arg., Ec., Méj.* demütigen; ~**jeo** *m* Kneten *n*; Knautschen *n*.
sobandero *m Col.* Quacksalber *m*.
soba|quera *f* **1.** Schweißblatt *n*; Achselunterlage *f*; **2.** Pistolenhalfter *f*; ~**quina** *f* Achselschweißgeruch *m*.
sobar *v*/*t.* **1.** Teig *usw.* (durch)kneten; *a. Felle* walken; *Ec.* (ab)reiben; *p. ext.* massieren; **2.** F befummeln F, abknutschen F; *fig.* F belästigen; *p. ext.* (ver)prügeln; **3.** *Am.* Knochen einrenken; *p. ext.* besprechen, „buhlen"; **4.** *fig. Ec., Méj., Pe.* vor j-m katzbuckeln.
sobarba *f* Doppelkinn *n*; ~**da** *f* Ruck *m am* Zügel; *fig.* F Rüffel *m* F, Anschnauzer *m* F.
sobarbo *m* Schaufel *f e-s Wasserrads*.
sobarcar [1g] *v*/*t.* unter dem Arm tragen; *Kleider* unterm Arm zs.-raffen.
sobeo *m* → *sobajeo*.
sobera|namente *adv.* höchst, äußerst; überaus; F mächtig, gewaltig; ~**nía** *f* **1.** Souveränität *f*; Hoheit(srecht *n*) *f*; ~ *aduanera* (*aérea, económica, espiritual*) Zoll- (Luft-, Wirtschafts-, Religions-)hoheit *f*; ~ *exterior* (*interna od. interior*) äußere (innere *od.* staatsrechtliche) Souveränität *f*; ~ *fiscal* (*judicial, militar, monetaria*) Finanz- (Justiz-, Wehr-, Währungs-)hoheit *f*; ~ *nacional* Staatshoheit *f*, nationale Souveränität *f*; ~ *del pueblo* Volkssouveränität *f*; ~ (*en materia*) *de tarifas* Tarifhoheit *f*; *actos m*/*pl.* (*derechos m*/*pl.*) *de* ~ Hoheits-akte *m*/*pl.* (-rechte *n*/*pl.*); *dar plena* ~ (*die*) volle Souveränität geben; *hist.* immediatisieren; *toda la* ~ *emana del pueblo* alle (Staats-)Gewalt geht vom Volke aus; **2.** Ober-, Schutzherrschaft *f*, Oberhoheit *f*; *hist.* ~ *feudal* Suzeränität *f*; **3.** Überlegenheit *f*; *fig.* Stolz *m*, Hochmut *m*; ⚖ ~ *jurídica* Rechtsvorrang *m*; ~**no** I. *adj.* souverän, Hoheits...; *fig.* erhaben, herrlich; höchst; hoheitsvoll; F riesig; *fig.* erhaben, unübertrefflich (*Schönheit*); II. *m* Souverän *m*, Herrscher *m*; *fig.* König *m*.
sober|bia *f* **1.** Stolz *m*, Hochmut *m*; **2.** Empörung *f*, Zorn *m*; **3.** Herrlichkeit *f*, Pracht *f*; ~**bio** *adj.* **1.** stolz, hochmütig; hochfahrend; **2.** empört, zornig; **3.** herrlich, prächtig; *fig.* groß.
sobón I. *adj.-su.* lästig, aufdringlich; wer ständig *alles od. jeden* (be)tastet *od.* (be)fummelt F; *m* Fummler *m* F; II. *adv.* F *de un* ~ auf e-n Schlag, auf einmal.

sobor|do ⚓ *m* Frachtliste *f*; ~**nable** *adj. c* bestechlich; ~**nal** *m* Zusatzlast *f*; ~**nar** *v*/*t.* bestechen, schmieren F; ~**no** *m* **1.** Bestechung *f*; **2.** *Bol., Chi., Arg.* Zusatzlast *f*; *de* ~ zusätzlich.
sobra *f* **1.** Rest *m*; ~*s* *f*/*pl.* Überbleibsel *n*/*pl.*; *bsd.* Speisereste *m*/*pl.*; **2.** Übermaß *n*; Überfluß *m*; *de* ~ im Überfluß; übermäßig; nur (all-)zu gut; überflüssig (*a. fig.*); *¡estás de* ~ *aquí!* du bist hier ganz u. gar überflüssig!; *saber de* ~ *que ...* nur allzu gut wissen, daß ...
sobra|dillo *m* Schutz-, Wetter-dach *n* über Fenstern u. Balkonen; ~**do** I. *adj.* übermäßig; überreichlich; überreich (an *dat. de*); *estar* ~ *de recursos* über beträchtliche Mittel verfügen; II. *adv.* übermäßig; überreichlich; III. *m* Dachboden *m*; *Arg. a.* → *vasar*.
sobran|cero *adj.-su.* Gelegenheitsarbeiter *m*; *desp.* Tagedieb *m*; ~**te** I. *adj. c* übrigbleibend; überschüssig, überzählig; überflüssig; *z. B.* ⊕ ~ *al ancho* zu breit; II. *m* Überrest *m*; Restbetrag *m*; *a.* ⊕, ✝ Überschuß *m*; Übermaß *n*; Überlauf *m* (*Wasser*).
sobrar *v*/*i.* übrigbleiben; *a.* ⊕ überstehen; überflüssig sein (*a. fig.*), nicht (mehr) nötig sein; s. erübrigen; *les sobra tiempo para* todo sie haben für alles Zeit; *tiene razón que le sobra* er hat mehr als recht.
sobrasada *f* feine Paprikastreichwurst *f*.
sobre[1] *m* Briefumschlag *m*; Umschlag *m*; Aufschrift *f*; *en* ~ *aparte* unter besonderem Umschlag; ~ *de ventana* Fensterumschlag *m*.
sobre[2] *prp.* **1.** auf (*ac. bzw. dat.*) (*vgl. a, en, encima de, por*); *in best. Vbdgn.* nach (*Reihenfolge, zeitlich*); ~ *comida* nach dem Essen, nach Tisch; ~ *la mesa* auf dem (*bzw.* den) Tisch; *daño* ~ *daño* Schaden auf (*od.* über) Schaden; *escribir* ~ *papel* auf Papier schreiben; ~ *esto* hierauf, danach, dann; ~ *lo cual* worauf, dann; *tomar* ~ *sí et.* auf s. nehmen; *et.* verantworten; **2.** über, von; über (*vgl.* [*por*] *encima*); *hablar* ~ über ... (*ac.*) (*od.* von ... *dat.*) sprechen; *mano* ~ *mano* e-e Hand über der andern; *fig.* müßig; ~ *todo* vor allem; besonders; **3.** außer; *a.* an, außerdem, darüber hinaus; **4.** an, gg., ungefähr; gg. (*vgl. contra*); ⚔ *avanzar* ~ *Zaragoza* auf (*od.* gg. Saragossa vorrücken; ~ *las once* gg. elf (Uhr); ~ *poco más o menos* etwa, ungefähr; ✝ *situado* ~ *(stat a orillas del) río* am Fluß gelegen.
sobre...[3] *in Zssgn.* Über..., über...
sobre|abundancia *f* Überfülle *f*; ~**actuar** [1e] *Thea. v*/*i.* übertreiben, chargieren; ~**alimentar** *v*/*t.* überernähren; ~**ático** *m* Penthouse *n*; ~**calentar** [1k] *v*/*t.* überhitzen; ~**cama** *f* Steppdecke *f*; Deckbett *n*; *a.* Paradebett *n*, Zierdecke *f*; ~**caña** *vet. f* Überbein *n am* Vorderfuß *v. Pferden*; ~**carga** *f* Überladung *f*; Überlast(ung) *f*; Mehrbelastung *f*; ~**cargado** *adj.* über(be)lastet; höchst beansprucht; ~**cargar** [1h] *v*/*t.* überladen; überlasten; überanstrengen; ~**cargo** *m* ⚓ Ladungsoffizier *m*; Superkargo *m*; *a.* Proviant-, Zahl-mei-

ster m; ☨ (Chef-)Steward m, Purser m; ~ceja f Stirn f über den Augenbrauen; ~cejo m Stirnrunzeln n; de ~ finster (blicken); poner ~ die Stirn runzeln; ~cincha Equ. f Übergurt m. **sobrecito** dim. m kl. Umschlag m; ☨ Beutel m (z. B. für Puddingpulver usw.). **sobre|claustra** f, ~**claustro** m Wohnung f über e-r Klausur (od. e-m Kloster); ~**cogedor** adj. überraschend; ~**coger** [2c] I. v/t. überraschen; überrumpeln; II. v/r. ~se zs.-fahren, erschrecken; ~**cogimiento** m Überraschung f; Schreck m; ~**cubierta** Buchb. f Schutzumschlag m; ~**cuello** Equ. m Halsriemen m; ~**dosis** f (pl. inv.) Überdosis f; ~**edificar** [1g] △ v/t. überbauen; darüberbauen; ~**escribir** [part. sobreescrito] v/t. EDV überschreiben; ~**excitación** f Überreizung f; HF Übersteuerung f; ~**excitar** v/t. Phys., Physiol. übererregen, Physiol. überreizen; HF übersteuern; ~**exponer** [2r] Phot. v/t. überbelichten; ~**exposición** f Phot. f Überbelichtung f; ~**falda** f ehm. u. Tracht: kurzer (Frauen-)Überrock m; ~**faz** f (pl. ~aces) Oberfläche f; ~**flete** m Überfracht f; ~**hilado** m überwendlicher Stich m; ~**hilar** v/t. überwendlings nähen; ~**hueso** m Überbein n; fig. ~**humano** adj. übermenschlich; ~**impresión** f Phot. mehrfach belichtete Aufnahme f; TV Einblenden n; TV en ~ eingeblendet; ~**imprimir** [part. sobreimpreso] v/t. Typ. überdrucken; ~**industrialización** f Überindustrialisierung f; ~**industrializado** adj. überindustrialisiert. **sobre|lecho** △ m Auflagefläche f e-s Werksteins; ~**llave** I. f 1. Sicherheits-schlüssel m; -schloß n; 2. Schlüsselverwaltung f; II. m 3. Oberschlüsselmeister m in Schlössern; ~**llevar** v/t. 1. Last tragen helfen; erleichtern; 2. geduldig ertragen; ~**manera** adv. außerordentlich, überaus; über die Maßen; ~**medida** f Übermaß n, Übergröße f; ~**mesa** f Tischdecke f; de ~ nach Tisch...; discurso m de ~ Tischrede f; ~**mesana** ⚓ f Kreuzmarssegel n; ~**modo** adv. äußerst, in höchstem Maße; ~**natural** adj. c übernatürlich; ~**nombre** m Beiname m; Spitzname m. **sobrentender** [2g] I. v/t. stillschweigend mit einbegreifen; mit darunter verstehen; II. v/r. ~se s. von selbst verstehen. [niert.} **sobr(e)entrenado** adj. übertrai-} **sobre|paga** f Zulage f (Auszahlung); ~**paño** m Übertuch n; ~**parto** ☨ m Wochenbett n; ~**pasado** adj. überholt (fig.); ~**pasar** v/t. hinausgehen über (ac.); übertreffen; übersteigen; a. überschreiten; ~**pelo** Equ. m Rpl. Satteldecke f; ~**pelliz** ecl. f Chorhemd n; ~**peso** m Übergewicht n; ~**poner** [2r] I. v/t. darüberlegen; aufsetzen (auf ac. en); hinzufügen; II. v/r. ~se a s. hinwegsetzen über (ac.); die Oberhand gewinnen über; ~**precio** m Preisaufschlag m; Aufpreis m; ~**prima** Vers. f Prämienaufschlag m; ~**producción** f Überproduktion f; ~**puerta** f 1. Türsims m; p. ext. Türvorhang m; 2. △ (Ku.) Sopraporte f; ~**puesto** I. adj. aufgesetzt; aufgelegt; II. m Aufsatz m (Überlage, Abdeckung); Applikation f (Aufnäharbeit); ~**pujamiento** m Übertreffen n; Überbieten n; ~**pujanza** f übergroße Macht f; ~**pujar** v/t. übertreffen; ☨ u. fig. überbieten; j-n ausstechen; ~**quilla** ⚓ f Kielschwein n. **sobre|ro** I. adj. Reg. u. ⚒ überflüssig; überzählig; Ersatz...; II. m Stk. Ersatzstier m; ~**rrienda** f Am. Ersatzzügel m. **sobresali|enta** Thea. f Ersatzschauspielerin f; ~**ente** I. adj. c herausragend; bsd. fig. hervorragend Bewertung: sehr gut; F burl. ~ con tres eses durchgefallen b. Examen; II. m Stk., Thea. Ersatzmann m; ~**r** [3r] v/i. herausstehen, überragen; bsd. fig. hervorragen; weit vorspringen (Sims usw.); fig. ~ en conocimientos hervorragende Kenntnisse haben; a. fig. ~ entre todos alle überragen. **sobresal|tar** I. v/t. (plötzlich) erschrecken; II. v/i. (lebendig) hervortreten (bsd. Gestalten e-s Gemäldes); III. v/r. ~**se** (con, de, por) plötzlich erschrecken (bei dat., über ac.), auffahren (bei dat., wegen gen.), aufschreckt sein (wegen gen., über ac.); ~**to** m jäher Schrecken m; Bestürzung f; p. ext. Überstürzung f; de ~ ganz unerwartet, plötzlich; me dio (od. tuve) un ~ ich erschrak (od. ich fuhr erschreckt zs.). **sobresatura|ción** f a. ☨ Übersättigung f; ~**r** v/t. übersättigen. **sobre|scri(p)to** m Aufschrift f (Adresse); ~**(e)sdrújulo** Li. adj.-su. → proparoxítono. **sobrese|er** [2e] I. v/i. ⚒ u. Verw. Abstand nehmen (von dat. en); II. vt/i. ⚖️ ~ (en) Verfahren einstellen; a. aussetzen bzw. niederschlagen, vertagen; III. v/r. ~**se** eingestellt werden; s. erledigen (z. B. durch Verjährung); ~**imiento** m ⚖️ Einstellung f des Verfahrens; auto m de ~ Einstellungsbeschluß m, -urteil n. **sobrestadía** ⚓ (☨) f Überliegetag m. **sobrestante** m Aufseher m; Arbeits-inspektor m bzw. -leiter m; ⊕ etwa: Oberwerkmeister m; 📞 ~ (de) ferrocarriles Chef m e-r Bahnmeisterei (Inspektor, Amtmann). **sobrestimar** v/t. überschätzen. **sobre|sueldo** m (Lohn- bzw. Besoldungs-)Zulage f; ~**tarde** f Spätnachmittag m; ~**tasa** f Zuschlag m; Sondertaxe f; 📧 ~ de franqueo Nachgebühr f, -porto n; Zuschlag m; ~**tensión** ⚡ f Überspannung f; ~**tiesto** m Übertopf m; ~**todo** m bsd. Am. Überzieher m; Staubmantel m; ~**tonos** Phys. (Akustik) m/pl. Obertöne m/pl.; ~**venida** f Dazukommen n; unerwartete Ankunft f; unvermutetes Eintreten n (od. Geschehen n); ~**venir** [3s] v/i. dazukommen; plötzlich eintreten (od. geschehen, erfolgen); niedergehen (Unwetter); ~**vida** f Überleben n; ~**vidriera** f Drahtgitter n (Glasfensterschutz); ~**vigilancia** f Oberaufsicht f; ~**viviente** c ~ superviviente; ~**vivir** I. v/t. überleben; II. v/i. am Leben bleiben, überleben; ~**volar** [1m] v/t. überfliegen.

sobriedad f Genügsamkeit f; Mäßigkeit f; Nüchternheit f.
sobri|na f Nichte f; ~**no** m Neffe m; ~**s** m/pl. Geschwisterkinder n/pl.
sobrio adj. mäßig (in dat. en); nüchtern; schmucklos; sparsam, karg; ~ de palabras wortkarg.
socai|re ⚓ Leeseite f; al ~ de im Schutz (gen. od. von dat.); ~**ro** ⚓ adj. arbeitsscheu.
socalar v/t. Am. Cent., Col., Ven. → socolar.
socali|ña f Prellerei f; Schwindel m, Gaunerei f; List f, Trick m; ~**ñar** v/t. prellen; ablisten, abgaunern; ~**ñero** adj.-su. gaunerhaft; m Gauner m, Schwindler m.
socapa F f Vorwand m; a ~ od. de ~ heimlich, verstohlen.
socarrar v/t. ansengen; anbrennen; anrösten.
socarrén △ m Vor-, Trauf-dach n.
soca|rrina F f → chamusquina; ~**rrón** adj. schlau, verschmitzt, gerieben; hinterlistig; ~**rronería** f Schlauheit f, Geriebenheit f; Gaunerstück n; Schelmerei f.
soca|va f Unterhöhlung f; ✔ → alcorque[1]; ~**vación** f ⚒ Unterspülen n; → ~**vado** m Unterspülung f; ~**vadora** f Schrämmaschine f; ~**vamiento** m Unterhöhlung f; a. fig. Unterminierung f; ~**var** v/t. 1. unterhöhlen; a. fig. untergraben bzw. unterminieren; 2. Geogr. unterspülen, auskolken; ~**vón** m ⚒ Galerie f, horizontaler Stollen m; Vkw. tiefes Schlagloch n; Binge f, Einsturz m des Bodens (wegen unterirdischer Hohlräume); ~**vonero** ⚒ m Chi. Stollenarbeiter m.
socia f → socio; ~**bilidad** f Geselligkeit f; ~**ble** adj. c gesellig, umgänglich; poco ~ ungesellig, menschenscheu; unfreundlich.
social adj. c 1. gesellschaftlich, Gesellschafts...; sozial, Sozial...; cargas f/pl.; ~**es** Sozial-abgaben f/pl. bzw. -lasten f/pl.; ciencias f/pl. ~**es** Sozialwissenschaften f/pl.; prestaciones f/pl. ~**es** Sozialleistungen f/pl.; reforma f ~ Sozialreform f; 2. ☨ Gesellschafts...; ⚖️ escritura f ~ Gesellschaftsvertrag m (Urkunde).
social|democracia f Sozialdemokratie f; ~**demócrata** adj.-su. c sozialdemokratisch; m Sozialdemokrat m.
socialero F (oft desp.) m Sozi m F (oft desp.).
social|ismo m Sozialismus m; ~**sta** adj.-su. c sozialistisch; m Sozialist m; ~**zación** f Sozialisierung f; Vergesellschaftung f; Verstaatlichung f; ~**zar** [1f] v/t. sozialisieren; vergesellschaften; verstaatlichen.
sociedad f 1. Gesellschaft f; Verein m; ~ afiliada a. ☨ Zweiggesellschaft f; hist. ☯es f/pl. de Amigos del País im 18. Jh. gegründete „Gesellschaften f/pl. der Freunde des Landes" zur Förderung des wirtschaftlichen u. kulturellen Fortschritts; ~ de beneficencia Wohltätigkeitsverein m; ~ de consumo (de despilfarro) Konsum- (Wegwerf-)gesellschaft f; ~ sin clases klassenlose Gesellschaft f; ~ industrial (de masas) Industrie- (Massen-)gesellschaft f; ehm. Pol. ☽ de Naciones Völkerbund m; ~ opulenta (de la opulencia) Überflußgesellschaft f; ~

protectora de animales Tierschutzverein *m*; 2. ✝ ~ *anónima* (*od. por acciones*), *Abk.* S.A. Aktiengesellschaft *f*, *Abk.* AG; ~ *armadora* Reederei *f*; ~ *bancaria* (*mercantil*) Bank-(Handels-)gesellschaft *f*; ~ *colectiva* offene Handelsgesellschaft *f*, *Abk.* OHG; ~ *en comandita* (*od. comanditaria*) (*por acciones*) Kommanditgesellschaft *f* (auf Aktien), *Abk.* KG(aA); ~ *comercial* Handelsgesellschaft *f*; ~ *distribuidora* (*filial*) Vertriebs- (Tochter-)gesellschaft *f*; ~ *de financiación*, ~ *financiera* Finanzierungsgesellschaft *f*; ~ *financiera* (*od. de inversión mobiliaria*) Investmentgesellschaft *f*; ~ *de responsabilidad limitada*, *Abk.* S.(R.)L., *Am.* Ltda. Gesellschaft *f* mit beschränkter Haftung, *Abk.* GmbH.
societario *adj.* Gesellschafts..., Vereins...; *bsd.* Arbeiterverein...
socio *m* (~*a f*) 1. Genosse *m* (Genossin *f*); F (*in Span. fast immer mit desp. Beiklang*) Freund *m*, Genosse *m* (*fig.* F); *socia f häufig desp.* Person *f*, Weibsstück n (*desp.*); 2. ✝ Gesellschafter *m*, Teilhaber *m*, Sozius *m* ✝ u. F; ~ *capitalista* Geld-, Kapital-geber *m*; ~ *colectivo* Komplementär *m*; ~ *comanditario* Kommanditist *m*; ~ *pasivo* (*od. tácito*) stiller Teilhaber *m*; *admitir un* ~ *e-n Teilhaber aufnehmen;* 3. Mitglied *n e-s Vereins*, *e-r Akademie usw.*; ~ *adherente* zahlendes (*od.* förderndes) Mitglied *n*; ~ *de número* ordentliches Mitglied *n*.
socio|cultural *adj. c* soziokulturell; ~**oeconómico** *Soz. adj.* soziökonomisch; ~**ografía** *Soz. f* Soziographie *f*; ~**ograma** *Soz. m* Soziogramm *n*; ~**olingüística** *Li. f* Soziolinguistik *f*; ~**olingüístico** *Li. adj.* soziolinguistisch; ~**ología** *f* Soziologie *f*; ~**ológico** *adj.* soziologisch; ~**ologismo** *m* Soziologismus *m*; ~**ólogo** *m* Soziologe *m*; ~**opolítico** *adj.* soziopolitisch.
soco *m Am. Mer.*, *P. Ri.* (Baum-, Glied-)Stumpf *m*; *p. ext.* Verkrüppelte(r) *m*, dem Hand, Fuß, Arm *od.* Bein fehlen.
socobe *m Am. Cent.* Kürbisgefäß *n*.
socola *f Am. Cent.*, *Col.* Abholzen *n*; ~**r** *v/i. Am. Cent.*, *Col.* Unterholz abholzen.
socolor *m* Vorwand *m*; → *so color* (so¹).
soco|llada ⚓ *f* Killen *n der Segel*; plötzliches Stampfen *n des Schiffs*; ~**llón** *m Cu.* heftiger Stoß *m*.
socoro *m* Chorkrypta *f*.
soco|rredor I. *adj.* helfend; hilfreich; II. *m* Helfer *m*; ~**rrer** *v/t.* unterstützen; *j-m* helfen; *j-m* Hilfe leisten; *j-m* (hilfreich) unter die Arme greifen (*fig.*); ✗ *Festung* entsetzen; ~**rrido** *adj.* 1. hilfsbereit; 2. *fig. la ciudad es muy* ~*a* in der Stadt ist alles vorhanden; 3. *fig.* → *manoseado, trillado*; ~**rrismo** *m* Erste Hilfe *f*; Rettungswesen *n*; (*curso m de*) ~ Unterricht *m* in Erster Hilfe; *técnica f de* ~ Rettungstechnik *f*; ~**rrista** *c* Retter *m*, Helfer *m*; Rettungsschwimmer *m*; ~ *de la Cruz Roja* Rot-Kreuz-Helfer *m*, Rot-Kreuz-Schwester *f*; ~**rro** *m* Hilfe *f*; Rettung *f*; Unterstützung *f*; Beistand *m*; ✗ *Entsatz m*;

~**s** *m/pl.* Entsatz-truppen *f/pl.*; -*material n*; ¡(*al*) ~! (zu) Hilfe!; ~ *a los huelguistas* Streikunterstützung *f*; ~(*s*) *m*(*/pl.*) *de urgencia* Erste Hilfe *f*; *agua*(*s*) *f*(*/pl.*) *de* ~ *od. bautizo m de* ~ Nottaufe *f*; *bandera f* (*od. pabellón m*) *de* ~ Notflagge *f*; *caseta f de* ~ Rettungsstation *f auf e-r Ausstellung usw.*; *voces f/pl.* (*od. gritos m/pl.*) *de* ~ Hilfe-rufe *m/pl.*, -schreie *m/pl.*; *acudir en* ~ *de alg.* j-m zu Hilfe eilen; *pedir* ~ um Hilfe bitten (*bzw.* rufen).
socoyo|ta, ~**te** *m* F *Méj. die* (*bzw. der*) Jüngste, *das jüngste Kind e-r Familie*.
so|crático *Phil. adj.-su.* sokratisch; *m* Sokratiker *m*; ~**cratismo** *m* Sokratik *f*.
socucho *m Am.* kl. Zimmer *n*.
sochantre *ecl. m* Kantor *m*, Vorsänger *m*.
soche *m Zo. Col.*, *Ec.* andiner Zwerghirsch *m*; *Col.* gegerbtes Hirsch-, Schafs- *od.* Ziegen-fell *n*.
soda *f* 1. Soda *f*, *n*; Sodawasser *n*; 2. *Am.* → *sosa* 1.
sódico 🜚 *adj.* Natrium...; *sal f* ~*a* Natriumsalz *n*.
sodio 🜚 *m* Natrium *n*.
sodo|mía *f* Sodomie *f*; ~**mita** *adj.-su. c* sodomitisch; *m* Sodomit *m*; ~**mizar** [1f] *v/t.* mit *j-m* Analverkehr haben (*mst. gewaltsam*), *j-n* zum Analverkehr zwingen.
soez *adj. c* (*pl.* ~*eces*) gemein, niederträchtig; obszön; vulgär.
sofá *m* Sofa *n*; ~-*cama* Bettcouch *f*.
Sofía *npr. f* Sophie *f*.
so|fisma *m* Sophisterei *f*; Spitzfindigkeit *f*; ~**fismo** *m* → *sufismo*; ~**fista** *Phil. u. fig. c* Sophist *m*; *f* Sophistik *f*; *fig.* spitzfindiges Scheinwissen *n*; ~**fisticación** *f Phil.* Sophistikation *f*; *fig.* Raffiniertheit *f*; Ausfeilung *f*; ~**fisticado** *adj.* affektiert; *fig.* raffiniert; ausgeklügelt, ausgefeilt; hochentwickelt, kompliziert, durchkonstruiert (*Technik usw.*); ~**fisticar** [1g] I. *v/t.* verdrehen, verfälschen; II. *v/i.* klügeln, Spitzfindigkeiten vorbringen; ~**fístico** *adj.* sophistisch; spitzfindig; Schein...
sofito (*oft inc. sófito*) △ *m* Deckengetäfel *n*; Windbrett *n am Giebel*.
sofla|ma *f* 1. schwache Flamme *f*; rückstrahlende Glut *f*; *fig.* fliegende Röte *f*; 2. *fig.* F Fopperei *f*; *a.* langweilige Rede *f*; Schmus *m* F; ~**mar** I. *v/t.* 1. erröten machen; 2. mit Worten begaunern (wollen); foppen; 3. *Kchk.* Geflügel absengen; II. *v/r.* ~*se* 4. anbrennen; ~**mería** *f* Schmus *m* F; ~**mero** *adj.-su.* Schmusmacher *m* F.
sofoca|ción *f* Ersticken *n*; ~**do** *adj.* unterdrückt (*Schrei usw.*); ~**nte** *adj. c* erstickend; ~**r** [1g] I. *v/t.* den Atem (*od.* die Luft) nehmen (*dat.*); *Feuer usw.* ersticken; *p. ext.* unterdrücken; *fig. a. j-m* arg zusetzen; *j-n* verdrießen; *j-n* beschämen; II. *v/r.* ~*se* ersticken; *fig. s.* schämen; *s.* aufregen.
sofocleo *Lit. adj.* sophokleisch, Sophokles...
sofo|co *m* Erstickungsanfall *m*; *fig.* → ~**cón** F *m*, ~**quina** F *f* schwerer Verdruß *m*.
sofreír [3m] *v/t.* (*in Fett schwimmend*) anbraten; leicht rösten.

sofrena|da *f* Ruck *m am Zügel*; *fig.* F Rüffel *m* F, Anschnauzer *m* F; ~**r** *v/t.* am Zaum reißen; zügeln; *fig.* F anschnauzen F.
sofrito *Kchk. m* gebratene Tomaten *f/pl.* (*od.* Zwiebel *f/pl. usw.*) *als Würztunke*.
software *EDV m* Software *f*.
so|ga *f* Seil *n*; Strick *m*; *fig.* F geriebener Bursche *m*, Strick *m* (*fig.* F); *fig.* F *la* ~ *tras el caldero* die Unzertrennlichen *pl.*; *dar* ~ das Seil kommen lassen (*od.* allmählich nachlassen); *fig.* F *dar* ~ *a alg.* j-n (sein Lieblingsthema) erzählen lassen *bzw.* j-n ermuntern; *a.* j-n hereinlegen, j-n foppen; *fig.* echar *la* ~ *tras el caldero* die Flinte ins Korn werfen; *fig.* F *tiene la* ~ *al cuello* ihm sitzt das Messer an der Kehle; *fig.* F *traer* (*od.* llevar) *la* ~ *arrastrando* in ewiger Angst vor Bestrafung leben; ~**guería** *f* Seilerei *f*; ~**guero** *m* Seiler *m*; ~**guilla** I. *f* Espartostrick *m*; dünnes Haarzöpfchen *n*; II. *m* F Laufbursche *m*; Gepäckträger *m*.
soja 🜚 *f* Soja(bohne) *f*.
sojuzga|dor *adj.-su.* Unterjocher *m*; ~**r** [1h] *v/t.* unterjochen.
sol¹ *m* 1. Sonne *f* (*als Gestirn oft* ♀); Sonnenschein *m*; *Stk.* (Plätze *m/pl.* auf der) Sonnenseite *f*; *fig.* F Schönheit *f* (*Frau*); F *als Anrede*: Pracht- (*od.* Gold-)stück F; ~ *de alturas*, 🜚 ~ *artificial* Höhensonne *f*; ~ *boreal* Mitternachtssonne *f*; ~ *naciente* aufgehende Sonne *f*; ♀ *Naciente das* Sonnenbanner Japans; *p. ext.* Japan *n*; ~ *poniente* untergehende Sonne *f*; *fig.* Abend *m* (*fig.*), Westen *m*; ~ *y sombra Stk.* Plätze *m/pl.* zwischen Sonnen- u. Schattenseite *f*; *fig.* F *bsd. Am.* heller Branntwein mit dunklerem Rum; *Span.* halb Kognak, halb Anislikör; *hist. Imperio m del* ♀ Reich *n* der Sonne (= *Alt-Peru*); *a pleno* ~ in der prallen Sonne; *fig.* F *como un* ~ *od.* *más hermoso que el* ~ prächtig; bildhübsch; *nada nuevo bajo el* ~ nichts Neues unter der Sonne, alles schon (einmal) dagewesen; *al caer el* ~ bei Sonnenuntergang; *de* ~ *a* ~ von früh bis spät; *fig.* F *arrimarse al* ~ *que más calienta* ein Opportunist sein; *fig. no dejar a alg. a* ~ *ni a sombra* j-m wie sein Schatten folgen; *fig.* meter *a alg. donde no vea el* ~ j-n hinter schwedische Gardinen bringen; *fig.* ¡*salga el* ~ *por Antequera*! (ich tu's,) mag geschehen, was immer will!; *fig.* F *ser más claro que el* ~ sonnenklar sein; *tomar el* ~ *s.* sonnen; ⚓ den Sonnenstand aufnehmen; 2. Sol *m* (peruanische Währungseinheit).
sol² ♩ *m* die Note g *n*; ~ *bemol mayor* Ges-Dur; *la* (*cuerda de*) ~ 2-*bordón* die G-Saite *f e-r Geige*; ~ *mayor* G-Dur; ~ *sostenido* gis *n*.
sol³ 🜚 *m* Sol *n*, kolloide Lösung *f*.
solado △ *m* Estrich *m*; Fliesenboden *m*; ~ *flotante* schwimmender Estrich *m* (*Wärme-* u. Schallisolierung); ~**r** *m* Fliesen-, Platten-leger *m*.
solamente *adv.* 1. nur, bloß, lediglich; → *a. sólo*; 2. erst; *lo recibí* ~ *ayer* ich erhielt es erst gestern.
solana *f* sonniger Platz *m*; △ Sonnenzimmer *n*; Glaserker *m*; → *solano*² 2.

sola|náceas ⚥ f/pl. Nachtschattengewächse n/pl.; ⁓**no**¹ ⚥ m Nachtschatten m; ⁓ furioso Tollkirsche f.
solano² m Span. **1.** heißer Ostwind m; **2.** Sonnen-hang m, -seite f im Gebirge.
solapa f Klappe f, Umschlag m, Revers n, m an Anzug od. Kleid; p. ext. Buch-, Umschlag-klappe f; fig. Vorwand m; ⊕ a. → solapadura; ⁓**do** adj. fig. arglistig; hinterlistig; ⁓**dura** ⊕ f Überdeckung f; Überlappung f; ⁓**r** v/t. mit Klappen versehen; ⊕ überlappen; überdecken; fig. hinterm Berge halten mit (dat.).
solar¹ m **1.** Baugelände n; Bauplatz m; **2.** Stammsitz m e-r Adelsfamilie; Stammschloß n; **3.** Am. Cent., Ven. → trascorral; **4.** Cu. Mietshaus n.
solar² adj. c Sonnen...; mancha f ⁓ Sonnenfleck m.
solar³ [1m] v/t. **1.** den Fußboden e-s Zimmers belegen (mit dat. con); **2.** Schuh besohlen.
solariego adj. altadlig; Stamm...; casa f ⁓a Stammsitz m.
solario m Sonnenterrasse f; Solarium n.
sola|z m Erquickung f; Labsal n; Lust f, Ergötzung f; lit. a ⁓ mit innerer Freude; ⁓**zar** [1f] **I.** v/t. ergötzen; erquicken, laben; **II.** v/r. ⁓se s. entspannen, s. erholen.
solazo F m Sonnenglut f; p. ext. Sonnenstich m.
soldable ⊕ adj. c löt- bzw. schweißbar.
solda|da f Lohn m, Sold m; ⚔ Wehrsold m; ⁓**desca** f Soldateska f; ⁓**desco** adj. Soldaten...; ⁓**ditos** m/pl.: ⁓ de plomo Zinnsoldaten m/pl.; ⁓**do** m Soldat m; ⁓ raso (einfacher) Soldat m; ⁓ de primera etwa: Gefreite(r) m.
sol|dador ⊕ m **1.** Schweißer m; ⁓ de arco (⁓ autógeno) Elektro-(Autogen-)schweißer m; **2.** Lötkolben m; ⁓**dadura** ⊕ f **1.** Lötung f; Lötstelle f; Löten n, Löttechnik f; ⁓ amarilla Hartlötung f; ⁓ blanda (fuerte) Weich- (Hart-)löten n; **2.** Schweißung f; Schweißtechnik f; (costura f od. cordón m de) ⁓ Schweißnaht f; ⁓**dar** [1m] v/t. **1.** löten bzw. schweißen; alambre m de ⁓ Löt-, Schweiß-draht m; lámpara f (líquido m) para ⁓ Löt-lampe f (-wasser n); ⁓ sin costura nahtlos schweißen; ⁓ a (od. con) estaño (a[l] latón) weich-, zinn- (hart-)löten; **2.** verkleben, verschmelzen; a. fig. verschweißen, zs.-schweißen; fig. (wieder) in Ordnung bringen; wiedergutmachen; **II.** v/r. ⁓se **3.** verkleben; zuschmelzen; zs.-wachsen, verheilen (Knochenbruch, Wunde); ⁓**deo** ⊕ m Schweißen n; ⁓ autógeno Autogenschweißen n; ⁓ por costura (por puntos) Naht-(Punkt-)schweißung f.
soleá ♪ Folk. f (pl. soleares) Andal. schwermütige Volksweise u. -tanz.
solea|do adj. sonnig; ⁓**miento** m Sonnen n; ⁓**r** v/t. der Sonne aussetzen, sonnen (Reg.); Wäsche in der Sonne bleichen.
solecismo Gram., Rhet. m Solözismus m, grober sprachlicher Fehler m.
soledad f Einsamkeit f; Verlassenheit f; Schwermut f; ♪ → soleá.

solejar m → solana.
solem|ne adj. c feierlich; festlich, Fest...; ♊ formgebunden; F riesig; gehörig F, ausgemacht; F una ⁓ tontería e-e Riesendummheit; ⁓**nidad** f Feierlichkeit f; Förmlichkeit f; F de ⁓ ausgemacht, notorisch; F pobre m de ⁓ armer Schlucker m; ⁓**nizar** [1f] v/t. feiern; feierlich (od. festlich) begehen.
sóleo Anat. m Soleus m, Wadenmuskel m.
soler¹ [2h; def.] v/i. ⁓ + inf. pflegen zu + inf.; como suele decirse wie man zu sagen pflegt, wie man so sagt; suele hacerlo er pflegt es zu tun, üblicherweise (od. im allgemeinen) macht er es.
sole|r² ⚓ m Bodenbelag m des Kielraums; ⁓**ra** f **1.** ⚗ Unterlage f, Träger m; Balkenschuh m; **2.** ⊕, ⚗ Boden m, a. 🜚 Sohle f; Bodenstein m (Mühle); **3.** Weinhefe f; fig. Alter n, Tradition f; fig. de ⁓ alt, bewährt, großartig, prächtig; ⁓**ría** f **1.** ⚗ Boden (-belag) m; **2.** Material n für Schuhbesohlung; ⁓**ta** f Strumpfsohle f; Füßling m; fig. F dar ⁓ a alg. j-n auf die Luft setzen F; ⁓**te** m (kl.) Liebling m.
solevantar v/t. (an)heben; fig. (auf-)reizen.
solfa f Gesangsübungen f/pl.; p. ext. P Musik f; fig. F poner en ⁓ a) ins Lächerliche ziehen; b) et. kunstgerecht erledigen; fig. F tocar la (od. dar una) ⁓ a alg. j-n verprügeln.
solfatara Geol. f Solfatara f.
solfe|ar ♪ v/t. Tonleitern üben, solfeggieren (Sänger); fig. F j-n verprügeln; a. j-m den Marsch blasen (fig. F); ⁓**o** m ♪ Gesangsübungen f/pl., Solfeggio n; fig. F Tracht f Prügel.
solicita|ción f **1.** Ansuchen n; Bewerbung f; **2.** ♊ Betreibung f; **3.** Phys., ⊕ Beanspruchung f; ⁓**dor** m, Bewerber m, ⁓**nte** c Antragsteller m; ⁓ de asilo Asylbewerber m; ⁓**r** v/t. **1.** s. bemühen um (ac.), s. bewerben um (ac.); umwerben; nachsuchen um (ac.); Verw. Patent anmelden; ⁓le a alg. a/c. j-n um et. ersuchen, bei j-m et. beantragen; ⁓ a/c. de alg. von j-m et. erbitten (bzw. verlangen od. fordern); estar ⁓ado a) begehrt (od. umworben) sein; b) v. Waren: gesucht (od. gängig) sein, verlangt werden (= ser ⁓ado); **2.** Angelegenheit, Rechtshandel betreiben; **3.** Phys. u. fig. anziehen; ⊕ statisch beanspruchen.
solícito adj. emsig, eifrig; geschäftig, betriebsam; hilfsbereit; gewissenhaft; besorgt.
solicitud f **1.** Sorgfalt f, Gewissenhaftigkeit f; Eifer m, Fleiß m; Fürsorge f; **2.** Eingabe f (machen an ac. dirigir a); Gesuch n (einreichen bei dat. dirigir a); Antrag m (stellen presentar); Beantragung f; ⁓ de asilo Asylantrag m; ⁓ de oferta Anfrage f; ⁓ de patente Angebots; ⁓ de patente Patentanmeldung f; **3.** ⁓ (de empleo) Bewerbung(sschreiben n) f.
solida|r v/t. verdichten; verstärken, festigen; Behauptung erhärten; ⁓**ridad** f Solidarität f; Gemeinschaftsgeist m; ♊, ✝ Gesamthaftung f;

♊ ⁓ de obligaciones Gesamtschuldverhältnis n; ⁓**rio** adj. solidarisch; mitverantwortlich (für ac. de); gemeinsam (haftend); ✝, ♊ gesamtschuldnerisch; acreedor m ⁓ Gesamtgläubiger m; ⁓**rismo** Soz. m Solidarismus m; ⁓**rizarse** [1f] v/r. s. solidarisch erklären (mit dat. con).
solideo ecl. m Scheitelkäppchen n.
soli|dez f **1.** a. ⊕ Festigkeit f bzw. Haltbarkeit f; Festigkeit f, Derbheit f; p. ext. Gediegenheit f; ⁓ del color Farb-beständigkeit f; -echtheit f; **2.** Zuverlässigkeit f; Gründlichkeit f; ⁓**dificar** [1g] **I.** v/t. verfestigen; verdichten; festigen; **II.** v/r. ⁓se fest werden; erstarren b. Abkühlen.
sólido I. adj. **1.** dicht; fest; haltbar; solide, massiv; echt (Farbe); a. fig. gediegen; **2.** fig. zuverlässig; gründlich; solide; stichhaltig; **II.** m **3.** ⚛ Körper m; Phys. fester Körper m.
soliloqui|ar [1b] F v/i. Selbstgespräche führen; ⁓**o** m Selbstgespräch n.
solio m Thron m mit Thronhimmel.
so|lípedo Zo. adj.-su. einhufig; m Einhufer m; ⁓**lista** c ♪ Solist(in f) m; fig. F, bsd. Am. unausstehliche Person f, die e-m ständig in den Ohren liegt.
solitari|a f Bandwurm m; ⁓**o I.** adj. **1.** einsam; einsiedlerisch; **II.** m **2.** Einsiedler m; fig. Einzelgänger m; en ⁓ allein, im Alleingang; Kart. hacer ⁓s Patiencen legen; **3.** Solitär m (Edelstein).
sólito adj. gewohnt, gewöhnt, üblich; como de ⁓ wie gewöhnlich.
soli|viantar v/t. aufreizen, empören; aufhetzen; ⁓**se** s. empören; ⁓**viar** [1b] **I.** v/t. an-, auf-heben; F Arg. klauen f; **II.** v/r. ⁓se s. halb aufrichten; ⁓**vio** m Anheben n; ⁓**vión** m heftiger Ruck m, um e-e Sache frei zu machen.
solo I. adj. allein; einzig; einzeln; alleinstehend; einsam, verlassen; a ⁓as (ganz) allein; F una suerte como para él ⁓ ein Glück, wie nur er es haben kann; por sí ⁓ (bzw. ⁓a) für s. allein; wegen s-r (bzw. ihrer) allein; por sí ⁓ für s. allein (genommen), an sich; una ⁓a vez nur einmal; fig. M Kart., ♪ Solo n; fig. F Arg. → lata (fig. F).
sólo adv. nur, bloß; erst; ⁓ que ... nur, daß ...; no ⁓ ..., sino también ... nicht nur ..., sondern auch ...; tan ⁓ nur, wenigstens.
solo|millo m Filet n, Lendenstück n; ⁓**mo** m (Kalbs-)Lende f; gepökelter Schweinsrücken m.
solsticio Astr. m Sonn(en)wende f; ⁓ estival, ⁓ de verano (hiemal, ⁓ de invierno) Sommer- (Winter-)sonnenwende f.
solta|dizo adj. fig. geschickt hingeworfen (Wort, Satz), um j-n auszuhorchen; ⁓**dor** m: ⁓ del carro Wagenlöser m an der Schreibmaschine; ⁓**r** [1m] **I.** v/t. los-machen, -lassen; nachlassen, lockern; fallen lassen; fig. F von s. geben, vom Stapel lassen sen (fig. F); Worte, bsd. Verwünschungen ausstoßen; Pfeil abschießen; Bremse lockern; Gefangenen losbinden bzw. freilassen;

soltera — son

Schwierigkeit beheben; *fig.* F ~le *una fresca a alg.* j-m e-e Frechheit an den Kopf werfen; ~ *el llanto in* Tränen ausbrechen, losheulen F; *fig.* P ~ *la pasta* mit dem Zaster herausrücken F; F ~ *piropos* Komplimente drechseln; *fig. no* ~ *prenda* über et. schweigen; ~ *la risa* auf-, loslachen; **II.** *v/r.* ~se s. (los)lösen; s. befreien; s. losreißen; s. lockern, s. lösen (*Bremse*); aufgehen (*Knoten, Masche*); *fig.* aus s. herausgehen; ~se *a andar* zu gehen anfangen; ~se *en escribir* e-e gewisse Fertigkeit im Schreiben erreichen; schon recht gut schreiben können; *fig.* ~se *el pelo* (*od. la melena*) alle Skrupel fallenlassen; *soltársele a alg. de las manos* j-m aus der Hand gleiten; *la palabra se le soltó* das Wort entschlüpfte ihm.
solte|ra *f* lediges Mädchen *n*, Junggesellin *f*; *quedar* ~ ledig bleiben (*Mädchen*); ~**ría** *f* Ledigenstand *m*; *certificado m de* ~ Ledigenzeugnis *n*; ~**ro I.** *adj.* ledig, unverheiratet; **II.** *m* Junggeselle *m*; ~**rón** *m* alter Junggeselle *m*, Hagestolz *m*; ~**rona** *f* alte Jungfer *f*.
soltura *f* **1.** Gewandtheit *f*, Fertigkeit *f*, Behendigkeit *f*; *hablar con* ~ frei reden (können); **2.** Ungezwungenheit *f*; Dreistigkeit *f*.
solu|bilidad *f* Löslichkeit *f*; ~**bilizar** [1f] *v/t.* löslich machen; ~**ble** *adj. c* löslich; ⚗, *pharm.* dificilmente (fácilmente) ~ schwer(leicht-)löslich; ~ *en los ácidos* (*en agua, en alcohol*) säure- (wasser-, alkohol-)löslich; ~**ción** *f* **1.** *a.* ⚗ Lösung *f*; *a.* ⚗ Auflösung *f*; ~ *amistosa* freundschaftliche Lösung *f*, gütliche Regelung *f e-s Streitfalls*; ~ *de continuidad* Unterbrechung *f*; ~ *de emergencia* Notlösung *f*; ~ *forzosa* Zwangslösung *f*; ~ *de paños calientes* Behelfslösung *f*; fauler Kompromiß *m*; *de fácil* (*de difícil*) ~ leicht (schwer) zu lösen(d); *sin* ~ nicht zu lösen(d), unlösbar; *llegar a una* ~ zu e-r Lösung gelangen; *dejar sin* ~ ungelöst lassen; dahingestellt sein lassen; *encontrar* ~ *a una dificultad* e-e Schwierigkeit beheben; *no queda más* ~ *es* bleibt nichts anderes übrig; *es muß sein*; **2.** ⚗, ⊕, *pharm.* Lösung *f*; *Typ.* ~ *ácida* Ätzflüssigkeit *f*; ~ *acuosa* wäßrige Lösung *f*; ⚗ ~ *fisiológica de cloruro de sodio* physiologische Kochsalzlösung *f*; ~ *matriz*, ~ *original* (*normal*) Stamm- (Normal-)lösung *f*; ~ *tipo od.* ~ *standard* Standardlösung *f*; ~**cionar** *v/t.* lösen; erledigen; ~**tivo** ♂ *adj.* (auf)lösend; *oft* = *purgante*.
solven|cia *f* Zahlungsfähigkeit *f*, Solvenz *f*; ~**tar** *v/t.* **1.** *schwierige Angelegenheit* in Ordnung bringen; *heikle Frage* lösen; *Streit* schlichten; **2.** *Schuld, Rechnung* begleichen; ~**te** *adj. c* zahlungsfähig, solvent; *fig.* glaubwürdig.
solla *Fi. f* Scholle *f*.
sollamar *v/t.* (ab)sengen; flämmen.
sollas|tre *m* Küchenjunge *m*; *fig.* Schelm *m*; ~**tría** *f fig.* Schelmenstück *n*.
so|lleta *Fi. f* einflossige Scholle *f*; ~**llo** F *m* Stör *m*; *prov. a.* Hecht *m*.
sollo|zar [1f] *v/i.* schluchzen; ~**zo** *m* Schluchzen *n*; Schluchzer *m*; *prorrumpir en* ~**s** (auf)schluchzen.

soma ♂, *Psych. m* Soma *n*, Körper *m*.
soma|lí *adj.-su.* (*pl.* ~*íes*) somalisch; *m* Somalier *m*; *Li. das* Somali; ℅**lia** *f* Somalia *n*.
soma|nta F *f* kräftige Abreibung *f* (*fig.* F); Tracht *f* Prügel; ~**tar** F *Am. Cent.* **I.** *v/t.* gehörig verprügeln; **II.** *v/r.* ~se sehr schwer stürzen.
somatén *m Cat.* Bürgerwehr *f*; *fig.* F Spektakel *m* F, Krach *m* F; *fig.* (*tocar a*) ~ (die) Sturmglocke (läuten).
so|mático ♂, *Psych. adj.* somatisch; ~**matología** 🕮 *f* Somatologie *f*.
sombra *f* **1.** *a. fig.* Schatten *m*; Dunkelheit *f*; *Stk.* (Plätze *m/pl.* auf der) Schattenseite *f der Arena*; *Mal.* (*mst. pl.*) Schatten *m*, Schattierung *f*; ~ *pl.* Schatten *m*, Makel *m*; Schatten(bild *n*) *m*, Geist *m*, Gespenst *n*; *fig.* Schatten *m*, Schutz *m*; Einfluß *m*; ~s *f/pl. lit.* Finsternis *f*; Schatten(gebilde *n/pl.*) *m/pl.*; *ni* ~ *k-e* Spur; ~ *de ojos*, ~ *para párpados* Lidschatten *m*; ~ *propia*, ~ *absoluta* (proyectada) Kern- (Schlag-)schatten *m*; ~s *f/pl. chinescas* Schattenspiele *n/pl.*; *Myth. u. poet. el reino de las* ~s das Schattenreich; *a* (*od. bajo*) *la* ~ *del poder im* (*od.* unter dem) Schutz (*od. a.* Schatten) der Macht; *poner bajo el* ~ *con la mano a* (*od. en*) *los ojos* s-e Augen mit der Hand beschatten; *fig. desconfiar hasta de su* ~ s-m eignen Schatten nicht trauen, äußerst mißtrauisch (*bzw.* ängstlich) sein; *echar* (*od. hacer, arrojar bzw. proyectar*) ~ Schatten werfen; *estar a la* ~ Schatten sein (*od.* liegen *usw.*); *fig.* F einsitzen, im Kittchen sitzen F; *fig. hacer* ~ *a alg.* j-n in den Schatten stellen; *fig.* F *ponerle a la* ~ *a alg.* j-n einbuchten F, j-n einlochen F; *fig.* F *quedar (como) sin* ~ ganz mißmutig (*od.* schwermütig) werden; *fig. ser la* ~ *de alg.* j-s Schatten sein, j-m wie sein Schatten folgen; *fig. no ser* (ni) ~ *de lo que era* längst nicht (mehr) das sein, was er (*usw.*) einmal war (*Person, Sache*); *fig.* F *tener* (buena) ~ sympathisch sein, e-n guten Eindruck machen; geistreich (*od.* witzig) sein; Charme haben; Glück haben; *tener mala* ~ unsympathisch sein, e-n üblen Eindruck machen; Pech haben F; *no tener* (ni) ~ *de valor* k-e Spur von (*od.* überhaupt k-n) Mut haben; *esto no tiene* (ni) ~ *de verdad* das ist ganz u. gar unwahr; *fig. vivir en la* ~ *im* Schatten (*od.* im Dunkeln) leben (*fig.*); *a.* (in geistiger Unmündigkeit) dahinvegetieren; **2.** *Mal.* Umbra *f*; ~ *de hueso* Beinschwarz *n*; **3.** *Am. Cent., Arg. Reg., Chi.* → *falsilla*; *Chi.* → *quitasol* **1.** *Méj.* → *toldo* **1.**
som|braje *m* Sonnenschutz *m aus Zweigen u. ä.*; ~**brajo** *m* **1.** → *sombraje*; *fig.* F *se le caen los pelos del* ~ das Herz fällt ihm in die Hosen F; **2.** *fig.* F *hacer* ~**s** *j-m* in der Sonne (*od.* im Licht) stehen; ~**breado** *m* Schattierung *f*; ~ (*de cruces*) Schraffur *f*; ~**brear I.** *v/t.* **1.** beschatten, Schatten werfen auf (*ac.*); **2.** schattieren; *a.* schraffieren; **II.** *v/i.* **3.** Schatten werfen; *fig.* F *ya le sombrea el labio superior auf s-r* Oberlippe zeigt s. schon der erste Flaum.
sombre|rada *f* Hutvoll *m*; ~**razo** *m* **1.** riesiger Hut *m*; **2.** Schlag *m* mit dem Hut; **3.** F Lüften *n* des Hutes; Gruß *m* durch Ziehen des Hutes; ~**rera** *f* **1.** Hutmacherin *f*; **2.** Hutschachtel *f*; **3.** ♀ Roßpappel *f* (*Malve*); ~**rería** *f* Hutgeschäft *n*; Hutmacherwerkstatt *f*; ~**rete** *m* △ Wetterhaube *f auf* Schornsteinen; ⊕ Lagerdeckel *m*; ~**rillo** ♀ *m* **1.** Hut *m e-s* Pilzes; **2.** Venusnabel *m*; ~**rero** *m* Hutmacher *m*; ~**ro** *m* Hut *m*; ~ *de caballero* (*de señora*) Herren- (Damen-)hut *m*; *Myth.* ~ *alado* Flügelhut *m* (*z. B. des Hermes*); (~) *castoreño* Biber-, Kastorhut *m*; *Stk.* Pikadorhut *m*; ~ *de muelles* Klappzylinder(hut) *m*; ~ *de copa* Zylinder(hut) *m*; ~ *de fieltro* (*de paja, de playa*) Filz- (Stroh-, Strand-)hut *m*; ~ *flexible* weicher Hut *m*; ~ *gacho* Schlapphut *m*; ~ *hongo* Melone *f* (*fig.*); *Am.* ~ *jíbaro* Bauernhut *m* (*Palmblatthut*); ~ *de Panamá* (*de rafia*) Panama- (Bast-)hut *m*; ~ *de tres picos* Dreispitz *m*; *hist.* ~ *sueco* schwedischer Schlapphut *m* (17. *Jh.*); ~ *de teja* (*od. de canoa*) Schaufel-, Priester-hut *m*; ~ *de velillo* (Damenhut *m* mit) Halbschleier *m*.
som|bría *f* schattiger Platz *m*; ~**brilla** *f* **1.** Sonnenschirm *m*; *Col. a.* Regenschirm *m*; ~ *de jardín* Gartenschirm *m*; **2.** *Zo.* Schirmqualle *f*; ~**brío** *adj.* schattig; *fig.* düster; schwermütig; *ponerse* ~ gedrückt werden (*Stimmung*); ~**broso** *adj.* schattig; schattenspendend.
somelier *m* Kellermeister *m*; Weinkellner *m*.
somero *adj.* oberflächlich; seicht; flüchtig.
some|ter I. *v/t.* **1.** unterwerfen; **2.** unter-ziehen, -werfen; ~ *a un examen* e-r Prüfung unterwerfen (*od.* unterziehen); **3.** unterbreiten, vorlegen, anheimstellen; **II.** *v/r.* ~se **4.** s. unterwerfen; s. fügen (*dat. a*); ~**timiento** *m* Unterwerfung *f*; Unterbreitung *f*.
sommelier *m* → *somelier*.
som(m)ier *m* Sprungfedermatratze *f*.
som|námbulo *adj.-su.* → *sonámbulo*; ~**nífero** *m* Schlafmittel *n*; ~**nolencia** *f* Schläfrigkeit *f*; ♂ Schlafsucht *f*, Somnolenz *f*; ~**noliento** *adj.* → *soñoliento*.
somorgu|jar I. *v/t.* untertauchen; **II.** *v/i. u.* ~se *v/r.* tauchen; ~**jo** *m Vo.* Taucher *m*, *mst.* = ~ *mayor* Krontaucher *m*; ~ *menor* Tauchentchen *m*; *fig. a* (*lo*) ~ unter Wasser; *p. ext.* heimlich; im Untergrund; ~**jón** *Vo. m* Taucher(vogel) *m*.
sompancle ♀ *m Méj. Baum, bsd. Schattenbaum in Kaffeepflanzungen* (*Erythrina coralloides, Dc.*).
son *m* Klang *m*; Laut *m*; Gerücht *n*; Vorwand; Sinn *m*; ♪ *Folk. Am.* Tanzweise *f*; Sound *m*; *a* ~ *de piano* mit Klavierbegleitung; *al* ~ *de la guitarra* zum Klang der Gitarre; *a* (*od. por*) *este* ~ auf diese Weise, so; *¿a(l)* ~ *de qué?* mit welcher Begründung?; warum?; *en* ~ *de* auf die Art wie; als; *en* ~ *de amenaza* (*de burla*) drohend (spöttisch); *en* ~ *de guasa* im Scherz; *en* ~ *de paz* in friedlicher Absicht; *sin* ~ grundlos; ohne Sinn; *fig.* F *bailar a cualquier* ~ sehr wetterwendisch (*in*

s-n Neigungen u. Meinungen) sein. **sona|dera** f Schneuzen n der Nase; **~do** adj. aufsehenerregend; vernehmlich; schwer angeschlagen (Boxer); F hacer una que sea ~a (mst. unliebsames) Aufsehen erregen; **~dor I.** adj. klingend, tönend, hallend; **II.** m noch Reg. Schnupftuch n; **~ja** f (Trommel-, Tamburin-)Schelle f; Folk. ♪ Schellenrassel f (viele Arten); Reg. a. → sonajero; fig. ser una ~ ein heiteres Gemüt haben; **~jera** f Chi. → sonaja u. **~jero** m Rassel f (Kinderspielzeug u. ♪); Klapper f.
son|ambulismo ♂ m Nacht-, Schlaf-wandeln n, Somnambulismus m; **~ámbulo I.** adj. nachtwandelnd, somnambul, mondsüchtig F; **II.** m Nacht-, Schlaf-wandler m.
sonante I. adj. c klingend; **II.** Li. m Sonant m.
sona|r [1m] **I.** v/t. erklingen lassen; mit dem Tamburin rasseln; F Méj. verprügeln; **II.** v/i. (er)klingen; (er)tönen; schellen, läuten; ~ a klingen nach (dat.); anklingen an (ac.); anspielen (od. hindeuten) auf (ac.); F ¡así como suena! ganz wie ich sage bzw. in des Wortes wahrster Bedeutung; es un gamberro, así como suena er ist ein (richtiger) Halbstarker, darauf können Sie Gift nehmen F; ~ a hueco (a metal, fig. a rebelión) hohl (metallisch, nach Aufruhr) klingen; fig. (no) me suena das kommt mir (nicht) bekannt vor; sonaban pasos (tiros) es hallten (od. man hörte) Schritte (Schüsse); ha ~ado el timbre es hat geläutet; **III.** v/r. ~se die Nase putzen, s. schneuzen; **~ta** ♪ f Sonate f; **~tina** ♪ f Sonatine f.
son|da f ♂, ⊕ usw. Sonde f; ⚓ a. Senkblei n, Lot n; ♪ ~ de botón Knopfsonde f; Raumf. ~ lunar Mondsonde f; ⚓ ~ acústica Echolot n; ♂ ~ flexible (Magen-)Schlauch m; **~dable** adj. c sondierbar; auslotbar; **~dador** ⚓, ⚒ m: ~ acústico Schallmeßgerät n; **~daje** m Am. → sondeu; **~daleza** ⚓ f Lotleine f; **~deador** Phys., ⊕ m Sondiergerät n; Sonde f; **~d(e)ar** v/t. a. fig. sondieren; loten; ♂ sondieren, katheterisieren; ⚒ nach Erdöl (od. Erdgas) bohren; fig. ausfragen, ausholen; **~deo** m a. fig. Sondierung f; Lotung f; ⚒ (Probe-)Bohrung f; fig. a. Meinungsfrage f; cohete m de ~ (cósmico) Weltraumsonde f; ⚒ pozo m de ~ Bohrloch n; fig. hacer ~s vorfühlen.
sone|tista c Sonett(en)dichter m; **~to** m Sonett n.
son|ga Am. Reg. f Spott m; Ironie f; Ulk m; F adv. a la ~ verstohlen, im geheimen; **~go** adj. Am. Cent., Méj. verschmitzt; heimlich.
sonido m 1. Ton m; Laut m; Klang m; Schall m; ~s m/pl. agudos hohe (bzw. spitze od. schrille) Töne m/pl.; Phys. Hochtöne m/pl.; Li. ~ articulado artikulierter Laut m, Sprech-, Sprachlaut m; ♪ ~ disco Diskosound m; Phono ~ estereofónico Stereo-, Raumton m; Li. ~ final Auslaut m; ~s m/pl. graves tiefe Töne m/pl.; Phys. Tieftöne m/pl.; ~ silencioso Ultraschall m; Rf., TV ingeniero m, técnico m del ~ Ton-ingenieur m bzw. -meister m; 2. ⚓ a. Windstoß m.

soniquete m → sonsonete.
so|nometrí a f Schallstärkemessung f; **~nómetro** m Schallstärkemesser m.
sono|ridad f Klangfülle f; Wohlklang m; Phon. Stimmhaftigkeit f, (Stimm-)Ton m; **~rización** f Li. Sonorisierung f; Rf. Beschallung f; **~rizar** [1f] **I.** v/t. Li. sonorisieren; Rf. beschallen; **II.** v/r. ~se Li. stimmhaft werden; **~ro** adj. 1. klangvoll; wohlklingend; Ton...; 2. Phon. stimmhaft; 3. mit guter Akustik (Raum).
son|reír [3m] **I.** v/i. lächeln; fig. la suerte le sonríe das Glück lächelt ihm; **II.** v/r. ~se belächeln (ac.); **~riente** adj. c lächelnd; fig. strahlend, heiter; **~risa** f Lächeln n; forzar una ~ gezwungen lächeln.
sonro|jar I. v/t. erröten machen; **II.** v/r. ~se erröten; **~jo** m 1. Röte f, Erröten n; Schamröte f; sin ~ schamlos; 2. Beschämung f; Schande f; **~sado** adj. rosig, rosenrot; **~sar** v/t. röten; **~sear(se)** → sonrojar(se).
sonsaca f Entlocken n; listiges Aushorchen n; **~r** [1g] v/t. entwenden, entlocken; wegschnappen; fig. herausholen F (et. aus j-m a/c. a alg.); j-n ausfragen, j-n ausholen.
sonso adj. → zonzo.
sonsonete m taktmäßiges Getrommel n; anhaltendes, unangenehmes Geräusch m; Plärren n (eintöniges Sprechen); onom. Singsang m.
soña|ción F f: fig. ni por ~ nicht im Traum, beileibe nicht; **~dor I.** adj. träumerisch; verträumt; **II.** m Träumer m; fig. Schwärmer m; Phantast m; **~r** [1m] **I.** v/t. träumen; fig. F ~ a alg. j-n als in e-n Alpdruck empfinden; F ¡ni ~lo! kein Gedanke!; **II.** v/i. träumen; ~ despierto mit offenen Augen träumen; a. fig. ~ con (⚒ fig. en) träumen von (dat.); ~ con que träumen, daß; ~ con hacer a/c. davon träumen, et. zu unternehmen.
so|ñarrera F f dumpfer Schlaf m; a. → **~ñera** gr. Schlafbedürfnis n; Schlafsucht f; **~ñolencia** f → somnolencia; **~ñoliento** adj. 1. schläfrig; einschläfernd; 2. ♂ schlafsüchtig, somnolent.
sopa f 1. Suppe f; Kchk. ~ de ajo (de leche, de pasta, de pollo) Knoblauch- (Milch-, Nudel-, Hühner-)suppe f; ~ de albondiguillas Suppe f mit Fleischklößchen; ~ blanda, ♂ a. ~ mucilaginosa Schleimsuppe f; ~ boba Wassersuppe f; ~ borracha Weinkaltschale f; ~ espesa legierte Suppe f; dicke Suppe f; ~ de fideos Nudelsuppe f (Fadennudeln); ~ de guisantes Erbsensuppe f (grüne Erbsen); ~ madrileña Suppenwürfel m mit Ei; cubito m de ~ Suppenwürfel m; fig. F comer la ~ boba umsonst mitessen, nassauern F; fig. F encontrar a/c. hasta en la ~ überall tr. finden; 2. Stück n Brot zum Einbrocken; eingetunktes Stück n Brot; fig. F estar hecho una ~ patschnaß sein F; b) betrunken (od. vollgelaufen F) sein; 3. flacher Kieselstein m, den man über e-e Wasserfläche gleiten läßt; fig. dar ~s con honda j-n s-e Überlegenheit deutlich spüren lassen.

sopaipa f Art Honigwaffel f.
sopanda f Stützbalken m.
sopa|p(e)ar F v/t. ohrfeigen; **~pina** F f Ohrfeigensalve f; **~po** m Klaps m unters Kinn; F Ohrfeige f.
sopa(za)s F m (pl. inv.) Langweiler m, Trantüte f f.
sop(e)ar v/t. Brot einweichen, einbrocken.
sope|ra f Suppenschüssel f; **~ro** adj. Suppen...; plato m ~ Suppenteller m.
sopesar v/t. in der Hand abwiegen; fig. abwägen.
sopetear v/t. fig. mißhandeln.
sope|tear² v/t. Brot (immer wieder) in die Brühe stippen; **~teo** m Eintunken n; **~tón**¹ m in Öl getauchtes Röstbrot n.
sopetón² m plötzlicher u. heftiger Schlag m; de ~ unversehens; plötzlich.
sopié Kfz. m Radneigung f, Sturz m.
¡**sopla**! F int. Mensch, sowas! F (Erstaunen).
sopla|dero m Lüftungsloch n; **~do I.** adj. 1. geblasen; como ~ wie gehaucht (Farben); 2. fig. ~ a) aufgeblasen (fig. F); b) angeäuselt F; **II.** m 3. Blasen n; sid. Blasverfahren n; ~ del vidrio Glasblasen n; 4. ⚒ tiefer Erdspalt m; **~dor I.** adj. 1. Blas...; **II.** m 2. ~ (de vidrio) (Glas-)Bläser m; 3. ⊕ Gebläse n; ~ de chorro de arena Sandstrahlgebläse n; 4. fig. Hetzer m; F Zuträger m, Ohrenbläser m; Ec., Guat. Souffleur m; **~dura** f Blasen n; **~mocos** F m (pl. inv.) Nasenstüber m; Ohrfeige f.
soplar I. v/t. 1. aufblasen; ⊕ a. Glas blasen; anblasen; wegblasen; aufwirbeln, verwehen (Wind); Feuer anfachen n; 2. fig. inspirieren, eingeben (Muse); p. ext. Sch. vor-, einsagen; angeben, verpfeifen F, Sch. verpetzen; 3. Dame, Schach: Stein, Figur wegnehmen; fig. F wegschnappen; klauen, stibitzen F; Freundin ausspannen F; 4. fig. F verprügeln; bsd. ohrfeigen; **II.** v/i. 5. blasen; wehen (Wind), p. ext. pusten; prusten, keuchen; F ¡sopla(r)! potztausend!; was denn!; 6. fig. F schlingen (fig. F); **III.** v/r. ~se 7. hinunterschlingen b. Essen u. Trinken; ~se dos copas de vino zwei Glas Wein hinunter-stürzen (od. -kippen).
so|plete m 1. ⊕ Gebläse n; Brenner m; bsd. ~ (de soldar) Löt-gebläse n, -rohr n; Schweißbrenner m; ~ (de cortar) Schneidbrenner m; ~ oxihídrico Knallgasgebläse n; 2. Luftrohr n des Dudelsacks; **~plido** m Blasen n; a. Hauch(en n) m; HF Rauschen n; **~plillo** m 1. dim. leichter Hauch m; fig. Art Schaumgebäck n (Biskuit); tex. sehr leichter Stoff m; 2. Feuerwedel m; **~plo** m a. fig. Hauch m; Blasen n; Wehen n; fig. F Hinweis m, Wink m, Tip m F; fig. F apagar de un ~ ausblasen; dar de ~ F Kfz. in die Tüte blasen F; □ e-n Tip geben F (für e-n Einbruch usw.); **~plón** F adj.-su. Zwischenträger m; Denunziant m; Spitzel m; Sch. Petzer m; **~plonear** F v/t. denunzieren, anzeigen.
soponcio F m Ohnmachtsanfall m.
sopo|r m Schlafsucht f; starke Benommenheit f; **~rífero I.** adj. a. fig.

soporoso — subacetato

soporoso einschläfernd; *fig.* (zum Gähnen) langweilig; **II.** *m* (starkes) Schlafmittel *n*; ~**roso** *adj.* schlafsüchtig, soporös.

sopor|table *adj. c* erträglich; *pharm. a.* verträglich; ~**tal** △ *m* Säulenvorbau *m*; gedeckte Auffahrt *f*; ~**es** *m/pl.* Kolonnaden *f/pl.*; ~**tar** *v/t.* **1.** *a.* ⊕, △ stützen; tragen; **2.** ertragen; dulden; ~**te** *m* ⊕ Träger *m*; Lager *n*; Bodenplatte *f*; *a.* ⊕ Stütze *f*; Unterlage *f*; Ständer *m*; Kippständer *m an Fahr- u. Motorrad*; *EDV* Datenträger *m*, Diskette *f*; ~ **de bicicletas** Fahrradständer *m*; ⊕ ~ **del eje** Wellen-Lager *n*, -bock *m*; *Kfz.* ~ *para esquís* (Dach-)Skiträger *m*; ✡ ~ *para sombreros* Hutständer *m*.

soprano ♪ **I.** *m* Sopran *m*; **II.** *c* Sopranist(in *f*) *m*; ~ *ligera* Soubrette *f*.

sopuntar *v/t.* Punkte setzen unter (*ac.*).

Sor *ecl. f* Anrede: Schwester *f*.

sorbe|r *v/t.* (ein-, aus-)schlürfen; schlürfen *b. Essen*; trinken; einauf-saugen; aufschnupfen; *fig.* verschlingen; *fig.* begierig aufnehmen; *fig.* F ~**se** *los mocos* schnüffeln, die Nase hochziehen (*Kind*); *fig.* F ~ *los vientos por alg.* nach j-m verrückt sein F, auf j-n stehen F; ~**te** *m* Sorbet(t) *n*; Fruchteis *n*; *Pe.*, *P. Ri.*, *Ur.* Trinkhalm *m*; *fig.* F *quedar hecho un* ~ vor Kälte zittern.

sorbo *m* Schlürfen *n*; Schluck *m*; *a* ~**s** in (kleinen) Schlucken.

sordera *f* Taubheit *f*; Schwerhörigkeit *f*; ~ *de la vejez* Altersschwerhörigkeit *f*.

sordidez *f a. fig.* Schmutz *m*; *fig.* Geiz *m*.

sórdido *adj. a. fig.* schmutzig; *fig.* schäbig, geizig.

sor|dina *f* Ton-, Schall-dämpfer *m*; ♪ Dämpfer *m*, *b.* Streichinstrumenten a. Sordino *m*; *Fa la* ~ leise, sachte; heimlich; *echar la* ~ leise reden; leise machen; *fig.* poner ~ *a* mäßigen, dämpfen; ~**do I.** *adj.* **1.** taub (gg. *ac. a*); schwerhörig; *hacerse* (el) ~ s. taub stellen; F *¡el diablo sea..!* unberufen!, toi, toi, toi!; **2.** klanglos, dumpf; laut-, geräusch-los; *Phon.* stimmlos; *fig.* gefühllos; **II.** *m* **3.** Taube(r) *m*; ~**domudo** *adj.-su.* taubstumm; ~ Taubstumme(r) *m*.

sorgo ♀ *m* Sorghum *n*, Sorgho *m*.

sorimbo F *adj. Méj.* betrunken.

sorites *Log. m* (*pl. inv.*) Kettenschluß *m*, Sor(e)ites *m*.

sorna *f* (bewußtes) Phlegma *n*; *fig.* Ironie *f*; hämischer Tonfall *m*; ~**r** □ *v/i.* schlafen, pennen F.

soro|charse *v/r. Am. Mer.* bergkrank werden; ~**che** *m* **1.** *Am. Mer.* Berg-, Höhen-krankheit *f in den Anden*; **2.** *Min. Bol.*, *Chi.* Bleiglanz *m*; **3.** *Chi.* Röte *f*; Erröten *n*.

soro|ral *lit. adj. c* schwesterlich; ~**ricidio** *m* Schwesternmord *m*.

sorpre|ndente *adj. c* überraschend; erstaunlich; ~**nder** *v/t.* **1.** überraschen; überrumpeln; ertappen; **2.** in Erstaunen (ver)setzen, wundern, überraschen; *me sorprende a.* es befremdet mich; ~**sa** *f* **1.** Überraschung *f*; Überfall *m*; *coger de* ~ überraschen; überrumpeln; *llevarse una* ~ e-e Überraschung erleben; **2.**

Überraschung *f*, Erstaunen *n*; ~**sivo** *adj. bsd. Am.* überraschend.

sorra ♆ *f* Sandballast *m*.

sorte|able *adj. c* auslosbar; ~**ar** *vt/i.* **1.** (aus-, ver-)losen; das Los entscheiden lassen über (*ac.*); **2.** *Stk.* (den Stier) zu Fuß bekämpfen; **3.** *fig.* Schwierigkeiten usw. (ver-)meiden (*ac.*), ausweichen (*dat.*), aus dem Wege gehen (*dat.*); ~**o** *m* Verlosung *f*, Auslosung *f*; Ziehung *f* (*Lotterie*); ~ *de Navidad* span. Weihnachtslotterie *f*; *por* ~(*s*) durch das Los, durch Auslosung.

sortija *f* (Schmuck-)Ring *m*; (Haar-)Locke *f*.

sortilegio *m* Wahrsagerei *f*; *p. ext.* Zauberei *f*; *hacer* ~ wahrsagen.

sosa ♀ **1.** Soda *f*; Natron *n*; ~ *alcalina* Natronlauge *f*; ~ *cáustica* Ätznatron *n*; **2.** ♀ Queller *m*; ~**da** F *f* Abgeschmacktheit *f*; Albernheit *f*.

sosega|do *adj.* ruhig, gelassen; still, sanft; ~**r** [1h *u.* 1k] **I.** *v/t.* beruhigen; beschwichtigen; **II.** *v/i.* ruhen; schlafen; **III.** *v/r.* ~**se** s. beruhigen; Ruhe halten.

soser(í)a F *f* Fadheit *f*, Geschmacklosigkeit *f*.

sosiego *m* Ruhe *f*, Gelassenheit *f*; Frieden *m*, Stille *f*.

sosla|yar *v/t.* **1.** *Gg.-stand* quer- *od.* schräg-stellen *bzw.* -halten; **2.** *fig.* Schwierigkeiten beiseiteschieben; → *sortear* 3; *s.* hinwegsetzen über (*ac.*), ~**yo** *adv.*: *al* ~ schräg, schief; *de* ~ schief; windschief; schräg; *por* ~; *mirar de* ~ schief ansehen; hinschielen (nach *dat. a*).

soso *adj.* ungesalzen, *a. fig.* fade; geschmacklos; langweilig.

sosobre ♆ *m* Skysegel *n*.

sospe|cha *f* **1.** Verdacht *m*; Mißtrauen *n*; Argwohn *m*; *inspirar* ~(*s*) Verdacht erregen; **2.** Vermutung *f*; Ahnung *f*; Mutmaßung *f*; *tener* ~**s** Vermutungen hegen; ~**char I.** *v/t.* vermuten; fürchten; **II.** *v/i. de* beargwöhnen (*ac.*); mißtrauen (*dat.*); verdächtigen (*ac.*); **~char** Verdacht schöpfen gg. (*ac.*); *no* ~ *de nadie* niemanden in Verdacht haben; ~**choso I.** *adj.* **1.** verdächtig (*gen. de*); ~**charregend**; zweifelhaft; *hacerse* ~ s. verdächtig machen; **2.** mißtrauisch; argwöhnisch; **II.** *m* **3.** Verdächtige(r) *m*.

sosquín *m* Schlag *m* aus dem Hinterhalt.

sostén *m* **1.** ⊕ Träger *m*; Stützbalken *m*; *a. fig.* Stütze *f*; **2.** Büstenhalter *m*, BH *m* F; Oberteil *n des Bikinis*; ~ *sin tirantes* trägerloser BH *m* F.

soste|ner [2l] **I.** *v/t.* **1.** (unter)stützen; halten, tragen; unterhalten; *Kampf* bestehen; *Ordnung* aufrechterhalten; *Gespräch*, ☆ *Prozeß* führen; **2.** behaupten; *Meinung* verfechten, verteidigen; ~ *que* ... behaupten, daß ...; **II.** *v/r.* ~**se 3.** s. halten; s. behaupten; ~**nido** ♪ **I.** *adj.* erhöht; *do m* ~ *die Note* cis v; **II.** *m* Kreuz *n*, Erhöhungszeichen *n*; *doble* ~ Doppelkreuz *n*; ~**nimiento** *m* **1.** Stützung *f*, Unterstützung *f*; ~ *Stütz...*; **2.** Unterhalt *m*; **3.** Aufrechterhaltung *f*, Erhaltung *f*; **4.** ⊕ Unterhaltung *f*, Wartung *f*; **5.** Behauptung *f*.

sota *f* **1.** *Kart.* Bube *m*, Bauer *m*; *fig.* F

Dirne *f*; Flittchen *n* F; *fig.* F ~, *caballo y rey* immer dasselbe! (*Essen*); **2.** *Chi.* → *sobrestante*.

sotabanco △ *m* **1.** Giebelzinne *f*; Giebelwohnung *f*; Dachwohnung *f*; **2.** Balkenträger *m*.

sotana *ecl. f* Soutane *f*.

sótano *m* Keller(geschoß *n*) *m*; Kellerwohnung *f*.

sotavento ♆ *m* Leeseite *f*; *a* ~ in Lee, im Windschatten.

sotechado *m* (offener) Schuppen *m*; überdeckter Raum *m*.

soterrar [1k] *v/t.* **1.** vergraben, verscharren; verschütten; **2.** △, ⊕ unter der Erde (*od.* unterirdisch) verlegen; **3.** △ *a.* einrammen.

soto *m* Gehölz *n*, Wäldchen *n*; Gestrüpp *n*, Dickicht *n*; ~**bosque** *m* Unterholz *n*.

sotreta P *f Arg.*, *Bol.* **1.** Schindmähre *f*; **2.** Krüppel *m* (*Schimpfwort*).

so|viet *m*: *hist.* ☭ *Supremo* Oberster Sowjet *m*; ~**viético** *hist.* **I.** *adj.* sowjetisch; Sowjet...; Räte...; **II.** ~**s** *m/pl.* Sowjets *m/pl.*; ~**vietizar** [1f] *v/t.* sowjetisieren.

soya *f am.* → *soja*.

spaghetti *m/pl.* Spaghetti *pl.*; ~ *western* F *m* Italowestern *m*.

sparring partner *Sp. m* Sparringspartner *m*.

spiedo *m Arg.* Bratspieß *m*.

spot *m* Werbespot *m*.

squash *m* Squash *n*.

Sri Lanka *m* Sri Lanka *n*; **2lanqués** *adj.-su.* aus (*od.* von) Sri Lanka.

sprint *Sp. m* Sprint *m*; ~ *final* Endspurt *m*; ~**er** *Sp. m* Sprinter *m*.

staccato ♪ **I.** *adv.* staccato; **II.** *m* Stakkato *n*.

stagflación ✡ *f* Stagflation *f*.

stalinis|mo *Pol. m* Stalinismus *m*; ~**ta** *adj.-su. c* stalinistisch; *m* Stalinist *m*.

stand ✡ *m* (Messe-)Stand *m*.

standar|d *m* Standard *m*; Standard...; ⊕ *equipo m* ~ Standardausrüstung *f*.

stock ✡ *m* (*mst.* ~**s** *pl.*) Lagerbestand *m*, Vorrat *m*.

stress 🛇 *m* Streß *m*, *a.* Stress *m*.

su, sus *pron.* sein(e); ihr(e); Ihr(e).

Sua|bia *f* Schwaben *n*; **2bo** *adj.-su.* schwäbisch; *m* Schwabe *m*.

suácate *m Chi.* (Faust-)Hieb *m*, Schlag *m*.

suaheli I. *adj. c* Suaheli...; **II.** *m* Suaheli *m*; *Li.* das Suaheli (*od.* Kisuaheli).

suarda *tex. f* (Woll-)Schweiß *m*.

suarismo *Phil. m* Lehre *f* des Francisco Suárez (16. *Jh.*).

suasorio *adj.* Überzeugungs..., Überredungs...

sua|ve *adj. c* **1.** weich (u. glatt); geschmeidig; **2.** sanft; mild, lind; sacht; **3.** F *Méj. ¡qué* ~! prima! F; ~**vidad** *f* **1.** Geschmeidigkeit *f*, Weichheit *f* (u. Glätte *f*); **2.** *fig.* Sanftheit *f*; Milde *f*; ~**vizador** *m* Abzieh-, Streich-riemen *m*; ~**vizante** *m* Weichspüler *m*; ~**vizar** [1f] **I.** *v/t.* geschmeidig machen; *Stahl*, *Rasiermesser* abziehen; *Holz* glätten *bzw.* nachschleifen; *fig.* abschwächen; mildern; **II.** *v/r.* ~**se** geschmeidig werden; *s.* einlaufen (*Maschine*).

suba *f Arg.* Steigen *n der Preise od. Kurse*.

sub|acetato 🛇 *m*: ~ *de plomo* Bleiessig

m; ~**actividad** ⚖ *f* Unterfunktion *f*; ~**afluente** *m* Nebenfluß *m* e-s Nebenflusses, Flüßchen *n*; ~**agencia** *f* Unter-, Neben-stelle *f* od. -agentur *f*; ~**alimentación** *f* Unterernährung *f*; ~**alimentado** *adj*. unterernährt; ~**alterno I.** *adj*. untergeordnet; subaltern; **II.** *m* Untergebene(r) *m*; niedere(r) Beamte(r).
suba|rrendar [1k] *v/t*. weiter-, unter-verpachten; ~**rrendatario** *m* Unterpächter *m*; ~**rriendo** *m* Untervermietung *f*, Unterpacht *f*.
subasta *f* Versteigerung *f*, Auktion *f*; Ausschreibung *f*; ~ *forzosa* Zwangsversteigerung *f*; ~ *pública* öffentliche Versteigerung *f*; *sacar a pública* ~ versteigern (lassen); ausschreiben; ~**dor** *m* Versteigerer *m*, Auktionator *m*; ~**r** *v/t*. versteigern, unter den Hammer bringen.
sub|campeón *Sp. m* Vizemeister *m*; ~**clase** *f* Unterklasse *f b. wissenschaftl. Einteilungen*; ~**comisión** *f* Unterausschuß *m*; ~**consciencia** *f* Unterbewußtsein *n*; ~**consciente I.** *adj. c* unterbewußt; *lo* ~ das Unterbewußte; **II.** *m* → *subconsciencia*; ~**contratante** *m* Subunternehmer *m*; ~**cutáneo** ⚖ *adj*. subkutan.
sub|delegación *f* Subdelegation *f*; Abtretung *f* von Befugnissen; ~**delegar** [1h] *v/t. Befugnisse* abtreten; *zu Subdelegierten (od. Unterabgeordneten) ernennen*; ~**director** *m* stellvertretender Direktor *m*; ~**directorio** *m EDV* Unterverzeichnis *n*.
súbdito *m* Untergebene(r) *m*, Untertan *m*; Staatsangehörige(r) *m*.
subdivi|dir *v/t*. unterteilen; ~**sión** *f* Unterteilung *f*; Unterabteilung *f*; Abteilung *f*.
sub|empleo ✝ *m* Unterbeschäftigung *f*; ~**enfriar** [1c] *v/t*. unterkühlen; ~**especie** *f* Unterart *f*; ~**estación** *f*: ⚡ ~ *de transformación* Umspannwerk *n*; ~**estimar** *v/t*. unterschätzen; ~**estructura** *f* Unterbau *m*; ~**exponer** [2r] *Phot. v/t*. unterbelichten; ~**exposición** *f* Unterbelichtung *f*.
subibaja *m* (Kinder-)Wippe *f*.
subi|da *f* **1.** Steigen *n*; (An-)Steigen *n e-s Flusses*; Aufstieg *m*; Auffahrt *f*; *Vkw*. Einsteigen *n* (in *ac. a*); ~ *al cielo* Himmelfahrt *f*; ~ *al monte* Bergbesteigung *f*; ~ *de los precios* Preis-erhöhung *f*, -steigerung *f*; *en la* ~ *beim Aufstieg; beim Steigen*; **2.** Anhöhe *f*; **3.** *fig*. Erhöhung *f*, Vermehrung *f*; Steigerung *f*; ~**do** *adj*. hoch *bzw*. angestiegen (*Preis*); hochgeschlagen (*Kragen*); kräftig, intensiv, leuchtend (*Farbe*); scharf (*Geruch*); *rojo* ~ grellrot.
subíndice *adj. c EDV* tiefgestellt.
subinquilino *m* Untermieter *m*.
subir I. *v/t*. hinauf-bringen *bzw*. -fahren, -heben, -tragen, -schaffen; hinaufrücken; *a*. aufrücken lassen im Rang, befördern (zu *dat. a*); ⊕ heben; *Antenne, Leiter usw.* aus-, hoch-fahren; △ *Wände usw.* höher machen; *Farbe* verstärken; *Mantelkragen* hochschlagen; *Preise* erhöhen, steigern; *Wert* anheben; ¡*sube esa cabeza*! halte d-n Kopf hoch!; ~ *la cuesta* die Steigung hinauf-gehen (*od*. -fahren *usw*.); ~

el equipaje al cuarto (a la rejilla) das Gepäck aufs Zimmer bringen (ins Gepäcknetz heben); ~ *a un niño en brazos* ein Kind auf den Arm nehmen; **II.** *v/i*. (an)steigen; einsteigen (in *ac. a*); hinauf-gehen *bzw*. -fahren, -steigen; (an)wachsen; hinaufrücken; aufrücken *im Dienstgrad*; stärker werden, s. verstärken (*Farbe, Ton*); s. weiterverbreiten (*Seuche*); steigen (auf *ac. a*) *bzw*. s. belaufen (auf *ac. a*) (*Summe*); aufgehen (*Teig*); ~ *y bajar* auf- u. niedergehen; *la fiebre sube* das Fieber steigt; ~ *a caballo* zu Pferd steigen; ~ *al cielo* zum Himmel auffahren; *fig*. ~ *de tono* hochfahrend daherreden; ~ *en un* 15% um 15% steigen (*z. B. Mietpreis*); ~ *por la aires* in die Luft schweben; ~ *por la pared* an der Wand hochklettern; **III.** *v/i. u.* ~**se** *v/r*. (hinauf)klettern (auf *ac. a*); ~(*se*) *por la ventana* durch das Fenster hinaufklettern; **IV.** *v/r*. ~**se**: *las lágrimas se le suben a los ojos* die Tränen treten ihm in die Augen; *la sangre (el vino) me sube a la cabeza* das Blut (der Wein) steigt mir in den Kopf; *fig*. F ~**se** *a predicar* die Zunge(n) lösen (*Wein, Alkohol*); *fig*. F *se le subieron los humos a la cabeza das* (*bzw*. sein Erfolg *usw*.) ist ihm zu Kopf gestiegen.
súbi|tamente *adv*. unversehens, auf einmal; ~**to,-ado**. plötzlich, jäh; *adv. de* ~ plötzlich.
subjeti|var *v/t*. subjektivieren; ~**vismo** *Phil. m* Subjektivismus *m*; ~**vista,-su.** *c* subjektivistisch; *m* Subjektivist *m*; ~**vo** *adj*. subjektiv.
subjuntivo *Gram. m* Konjunktiv *m*.
subleva|ción *f* Aufstand *m*; ~**do** *adj.-su*. Aufständische(r) *m*; ~**miento** → *sublevación*; ~**r I.** *v/t*. aufwiegeln, empören; **II.** *v/r*. ~**se** s. erheben, rebellieren.
subli|mación *f* ⚗, *Psych*. Sublimation *f*; Sublimierung *f*; *fig*. Erhebung *f*; Überhöhung *f*; ~**mado** ⚗ *m* Sublimat *n*; ~**mar** *v/t*. ⚗, *Psych*. sublimieren; *fig*. erheben, überhöhen; ~**matorio** *adj*. Sublimations...; ~**me** *adj*. c erhaben, hehr, hoch; prächtig; *lo* ~ das Erhabene, das Hohe; ~**midad** *f* Erhabenheit *f*.
sub|lingual ⚖ *adj. c* sublingual; ~**lunar** *adj. c* sublunarisch.
submari|nismo *m* Unterwassersport *m*; ~**nista** *m* Sporttaucher *m*; ~**no I.** *adj*. unterseeisch; Unter-see...; Unterwasser...; *cable m* ~ See-, Unterwasser-kabel *n*; *guerra f* ~**a** U-Boot-Krieg *m*; *Phot. máquina f* ~**a** Unterwasserkamera *f*; *pesca f* ~**a** (*cazador m od. pescador m* ~) Unterwasser-jagd *f* (-jäger *m*); **II.** *m* Unterseeboot *n*, U-Boot *n*; ~ *atómico*, ~ *nuclear* Atom-U-Boot *n*; ~ *minador* (*torpedero*) Minen- (Torpedo-)U-Boot *n*.
submenú *m EDV* Untermenü *n*.
sub|normal I. *adj. c* unter der Norm liegend; *a.* ⚖ *temperatura f* ~ Untertemperatur *f*; *escuela f para niños* ~*es* Sonderschule *f*; **II.** ⚕ Subnormale *f*; ~**ocupación** *f*; Unterbeschäftigung *f*; ~**oficial** ⚔ *m* Unteroffizier *m*.

subordina|ción *f* Unterordnung *f*; Gehorsam *m*; ~**do I.** *adj*. untergeordnet; unterstellt; *Li*. (*proposición*) ~**a** *f* Nebensatz *m*; **II.** *m* Untergebene(r) *m*; ~**r I.** *v/t*. unterordnen; unterstellen; **II.** *v/r*. ~**se** s. unterordnen; s. fügen; ~**se** *a alg*. s. j-m unterstellen.
sub|partida ✝ *f* Unterposition *f b. Buchung*; ~**producto** *m* Neben-erzeugnis *n*, -produkt *n*.
subrayar *v/t. a. fig*. unterstreichen; *fig*. hervorheben.
subrepción 🜨 *f* Erschleichung *f*.
subrepresentante ✝ *m* Untervertreter *m*.
subrepticio *adj*. erschlichen; heimlich.
subroga|ción 🜨 *f* Einsetzung *f* in fremde Rechte; ~**r** [1h] *v/t*. in *fremde* Rechte einsetzen; an *e-s anderen* Stelle setzen.
subs... → *a. sus*...
subsana|ble *adj. c* wiedergutmachbar, behebbar, 🜨 heilbar (*Mangel*); ~**ción** *f* Wiedergutmachung *f*; Behebung *f*; ~**r** *v/t*. wiedergutmachen, beheben, 🜨 *Rechtsmangel* heilen.
subsecretario *m* Unterstaatssekretär *m*; *Span*. Staatssekretär *m*.
subse|cuente *adj. c* → *subsiguiente*; ~**de** *Sp. f* Nebenaustragungsort *m*; ~**guir** [3d *u*. 31] **I.** *v/i*. unmittelbar folgen (auf *ac. a*); *de ello* subsigue *daraus ergibt s*.; **II.** *v/r*. ~**se** nachea. (*od*. aufea.-)folgen.
subsi|diario *adj*. subsidiär, subsidiarisch: **a)** unterstellt; Hilfs...; **b)** Zuschuß..., Hilfs...; ~**dio** *m* Beihilfe *f*, Unterstützung *f*, Zuschuß *m*; Zulage *f*; ~**s** *m/pl*. Hilfsgelder *n/pl*., Zuschuß *m*; ~ *de carestía de vida* Teuerungszulage *f*; ~ *de desempleo* Arbeitslosengeld *n*; ~ *de educación* Erziehungs- (*od*. Studien-)beihilfe *f*; ~ *de enfermedad* Krankengeld *n*; ~ *familiar* Familienzulage *f*; gastos *tos de representación* Aufwandsentschädigung *f*; ~ *de orfandad* Waisengeld *n*; ~ *de paro* Arbeitslosengeld *n*; ~ *de vejez* Altersrente *f*.
subsiguiente *adj. c* nach-, daraufolgend.
subsis|tencia *f* **1.** Fortbestand *m*; **2.** Lebensunterhalt *m*; Verpflegung *f*; ~**tente** *adj. c* (noch) bestehend; ~**tir** *v/i*. **1.** (fort-, weiter-)bestehen; **2.** *Biol*. unter den gegebenen Verhältnissen (voll) lebensfähig sein; *fig*. sein Leben fristen; **3.** noch in Kraft sein (*Gesetz usw*.).
subsónico *Phys. adj*. Unterschall...
subst(r)... → *sust(r)...*
sub|strato ⚙, *bsd. Phil. u. Li. m* Substrat *n*; ~**suelo** *m* Untergrund *m*; ~**te** F (*Abk*.) *m Rpl*. U-Bahn *f*; ~**tender** [2g] ⚡ *v/t*. durch e-e Sehne verbinden; ~**teniente** ⚔ *m* Leutnant *m*; ~**terfugio** *m* Vorwand *m*; Ausflucht *f*; ~**terráneo I.** *adj*. **1.** unterirdisch; *agua f* ~**a** Grundwasser *n*; **II.** *m* **2.** unter der Erde gelegener Platz *m*; Kellergeschoß *n*; **3.** *Am*. Untergrundbahn *f*; ~**titular** *v/t*. Film mit Untertiteln versehen; ~**título** *m* Unter-, Nebentitel *m*; ~**total** *m* Zwischensumme *f*; ~**tropical** *adj. c* subtropisch.
subur|bano I. *adj*. vorstädtisch, Vorstadt...; *línea f* ~**a** Vorort-bahn *f*

suburbio — suerte 576

bzw. -bus *m*; **II.** *m* Vorstädter *m*; ~bio *m* Vorstadt *f*; Vorort *m*.
sub|vención *f* Subvention *f*; Zuschuß *m*; ~vencionar *v/t.* subventionieren; finanziell fördern; ~venir [3s] *v/i.*: ~ *a los gastos de a/c.* die Kosten e-r Sache bestreiten (*od.* subventionieren).
subver|sión *f* Umsturz *m*; ~sivo *adj.* subversiv; Umsturz...; *movimiento m* ~ Umsturz- *bzw.* Untergrund-bewegung *f*; ~tir [3i] *v/t.* umstürzen; zerrütten; ~tor *Pol. m* Umstürzler *m*.
subyacente *adj.* c darunterliegend.
subyuga|ción *f* Unterjochung *f*; ~r [1h] *v/t.* unter-jochen, -drücken; bezwingen.
succino *m* gelber Bernstein *m*.
succi|ón *f* (An-, Aus-)Saugen *n*; ~onar *v/t.* (an-, ein-)saugen; ~ *el cigarrillo* an der Zigarette ziehen.
sucedáneo I. *adj.* Ersatz...; **II.** *m* Ersatz(produkt *n*) *m*, Surrogat *n*.
suce|der *v/i.* 1. ~ *a* folgen auf (*ac.*); *j-n* beerben; *j-s* Nachfolger werden; ~ *a alg. en el trono* j-s Nachfolger auf dem Thron sein; 2. geschehen; zustoßen (*j-m a, con*); *¿qué sucede?* was ist los?; ~dido F: *lo* ~ das Geschehnis, der Vorfall; ~sible *adj.* c erblich; ~sión *f* 1. Folge *f*; Aufea.-folge *f*; *HF usw.* ~ de impulsos Impulsfolge *f*; 2. Erbfolge *f*; ~ (*al trono*) Thronfolge *f*; *guerras f/pl. de* ~ Erbfolgekriege *m/pl.*; 3. Nachlaß *m*; Erbschaft *f*; 4. Nachkommen(schaft *f*) *m/pl.*; ~sivamente *adv.* nachea.; nach u. nach; *y así* ~ u. so fort; ~sivo *adj.* folgend; *en lo* ~ von nun an, künftig; *tres días* ~s drei Tage hinterea.; ~so *m* 1. Vorfall *m*, Geschehnis *n*, Begebenheit *f*, Ereignis *n*; 2. Verlauf *m*; ~sor *m* Nachfolger *m*; Erbe *m*; Nachkomme *m*; ~sorio *adj.* Nachfolge...; Erb...; 🜚 *derecho m* ~ Erbrecht *n*.
suciedad *f* Schmutz *m*; Verschmutzung *f*.
sucinto *adj.* gedrängt, kurz; *gramática f* ~*a* Kurzgrammatik *f*.
sucio I. *adj.* 1. schmutzig; unsauber; 🜚 belegt (*Zunge*); *en* ~ im unreinen; Roh...; *a. fig. tener las manos* ~*as* schmutzige Hände haben; 2. *fig.* schmutzig; unflätig; 3. *a. adv.* unfair (*Spiel*); **II.** *m* 4. F Schmutzfink *m* F, Ferkel *n* F.
súcubo *Rel. m* Sukkubus *m*.
suculento *adj.* saftig; fett, nahrhaft; 🜚 *planta f* ~*a* Sukkulente *f*.
sucumbir *v/i. a.* 🜚 unterliegen; erliegen (*dat. a*); sterben (*an dat. a*).
sucursal I. *adj.* c Neben..., Filial...; **II.** *f* Filiale *f*; Zweiggeschäft *n*.
súchil *m Am.* volkstümlich für versch. schönblühende Gewächse, *bsd.* Magnolien u. Plumerien.
sud I. *in Zssgn. statt* sur; **II.** *m* oft *Am.* → sur.
sudade|ra *f* Sweatshirt *n*; *Am.* Trainings-jacke *f bzw.* -anzug *m*; ~ro *m* 1. Schweißtuch *n*; ~blatt *n*; 2. *Equ.* Unterlagedecke *f* (*Sattelunterlage*); 3. Schwitzraum *m in Bädern*; *p. ext.* Schwitzbad *n*; 4. Abtraufstelle *f*.
Sud|áfrica *f* Südafrika *n*; 🜚**africano** *adj.-su.* südafrikanisch; *m* Südafrikaner *m*; ~**américa** *f* Südamerika *n*; 🜚**americano** *adj.-su.* südameri-

nisch; *m* Südamerikaner *m*.
Su|dán *m* Sudan *m*; 🜚**danés** *adj.-su.* sudanesisch; *m* Sudanese *m*.
suda|r *vt/i.* schwitzen; ausschwitzen; *fig.* F ~ *la hiel od.* ~ *tinta (negra)* schuften (*od.* s. placken), daß der Schweiß nur so läuft; ~ *a mares* Ströme von Schweiß vergießen; *fig.* F *hacerle* ~ *a alg. a.* j-n ordentlich bluten lassen (*fig.* F); ~**rio** *m* Schweißtuch *n*; Leichentuch *n*; *el Santo* 🜚 das Leichentuch Christi.
sudes|tada *f Arg.* Südostwind *m* mit starken Regenfällen; ~**te** *m* Südosten *m*.
sudista *m* Südstaatler *m* (*USA*).
sudoeste *m* Südwesten *m*.
sudo|r *m a. fig.* Schweiß *m*; Schwitzen *n*; Schweißausbruch *m*; ~s *m/pl.* von Schweiß; starker Schweißausbruch *m*; *fig.* F *fliegende Hitze f in den Wechseljahren*; 🜚 *Schwitzkur f*; ~ *sanguíneo* (*od. de sangre*) Blutschwitzen *n*; *chorreando* ~ schweißtriefend; *un* ~ *se le iba y otro se le venía* es überlief ihn abwechselnd heiß u. kalt; *fig.* F *con el* ~ *de su frente* im Schweiße s-s Angesichts; ~**ración** 🜚 *f* Schweißbildung *f*; Schweißausbruch *m*; ~**riento** *adj.*, ~**rífico** *adj.*(-*su. m*) schweißtreibend(es Mittel *n*); Schwitz...; ~**rípara** 🜚 *adj.*: *glándulas f/pl.* ~*as* Schweißdrüsen *f/pl.*; ~**roso** *adj.* schweißbedeckt.
sue|ca *f* Schwedin *f*; 🜚**cia** *f* Schweden *n*; ~**co I.** *adj.* schwedisch; **II.** *m* Schwede *m*; *Li. das Schwedische*; *fig.* F *hacerse el* ~ *s.* taub stellen; den Dummen spielen.
sue|gra *f* Schwiegermutter *f*; F *cuéntaselo a tu* ~ das mach gefälligst e-m andern weis!; (*limpiar solamente*) *lo que ve la* ~ nur ganz oberflächlich (saubermachen); ~**gro** *m* Schwiegervater *m*; ~*s m/pl.* Schwiegereltern *pl.*
suela[1] *f* 1. (Schuh-)Sohle *f*; ~ *exterior (interior)* Lauf- (Innen-)sohle *f*; ~ *de crepé* Kreppsohle *f*; *poner medias* ~*s a los zapatos* die Schuhe besohlen; *fig.* F *de siete* (*de cuatro*) ~*s* Erz...; *ladrón m de siete* ~*s* Erzdieb *m*; *no llegarle a la* ~ *del zapato a alg.* j-m das Wasser nicht reichen können (*fig.*); 2. *fig.* F zähes Kotelett *n*.
suela[2] *f* Seezunge *f*.
sueldo *m* Gehalt *n*; Sold *m*; *a* ~ gedungen (*Mörder*); *sin* ~ unbezahlt (*Urlaub*); ~ *de hambre* Hungerlohn *m*.
suelo *m* 1. (Erd-, Fuß-)Boden *m*; Grund *m* u. Boden *m*; (Gefäß-)Boden *m*; ~ *alto* Dach-boden *m*, -geschoß *n*; 🜚 ~ *arcilloso* Lehmboden *m*; ~ *de cemento* Zementboden *m*, Estrich *m*; ~ *falso* (*intermedio*) Blind-, Fehl- (Zwischen-)boden *m*; ~ *de mosaico* Mosaikboden *m*; ~ *natal* Heimat(boden *m*) *f*; *caer al* ~ auf den Boden fallen; *colocar* (*od.* *poner*) *en el* ~ auf den Boden stellen; *dormir a* ~ *raso* auf dem blanken Erdboden schlafen; *fig.* F *echar por el* ~ zunichte machen; zerstören, ruinieren; *fig.* F *echarse por los* ~*s s.* zu billig machen; kriechen (*fig. desp.*); *s.* wegwerfen (*fig.*); *fig.*

F *estar* (*od.* *andar*) *por los* ~*s* spottbillig sein; *estar por los* ~*s a.* zu nichts (mehr) zu gebrauchen sein; F *¡del* ~ *no pasa!* tiefer fällt's nicht mehr!, alle neune!, gut Holz! (*wenn z. B. Geschirr gefallen ist*); *fig.* F *poner por los* ~*s* verleumden, schlechtmachen; *venirse al* ~ zu Boden fallen; einstürzen; *fig.* fehlschlagen; ruiniert werden; **2.** (Pferde-)Huf *m*; **3.** Bodensatz *m*; *p. ext. b. der Ernte auf dem Feld stehengebliebenes Korn n od. nach dem Drusch auf der Tenne verbliebene Reste m/pl.*
suelta *f* Loslassung *f*, Freilassung *f*; Auflassen *n v. Tauben*; Abbrennen *n e-r Rakete bzw.* Abschuß *m e-s Böllers*; Spannstrick *m für Reittiere*; *dar* ~ (*a*) *z. B. Hunde* loslassen; *p. ext.* freien Lauf lassen (*dat.*); F *e-e* kurze Erholung gönnen (*dat.*).
suelto I. *part.-adj.* **1.** losgelassen; frei herumlaufend; losgelöst, lose; ungefaßt (*Edelstein*); *vientre m* ~ dünnflüssiger Stuhl *m* (*Diarrhöe*); **2.** einzeln (*v. Zs.-gehörigem*); Einzel...; ⊕ *pieza f* ~*a* Einzelteil *n*; *zapato m* ~ einzelner Schuh *m*; **3.** gelöst, offen (*Haar*); aufgeknöpft (*Rock*); **4.** flink, behend; gewandt, geschickt; flüssig (*Sprache, Stil*); leicht hingeworfen (*Skizze, Gemälde*); *talle m* ~ schlanker Wuchs *m*; **5.** zwanglos, ungeniert; ausgelassen; *a.* frech; **II.** *m* **6.** Kleingeld *n*; *¿no tiene* ~? haben Sie es nicht kleiner?; *no tengo* ~ ich habe kein Kleingeld; **7.** (kurzer) Zeitungsartikel *m*.
sueño *m* Schlaf *m*; Traum *m*; *como un* ~ traumhaft; *en* ~*s* im Traum; *entre* ~*s* im Halbschlaf; *¡ni por (a. en)* ~*s!* nicht im Traum!; ~ *dorado* goldener Traum *m*, tiefste Sehnsucht *f*; *el* ~ *eterno* der ewige Schlaf, der Tod; ~ *ligero (profundo)* leichter (tiefer) Schlaf *m*; ~ *de muerte (de plomo)* todähnlicher (bleierner) Schlaf *m*; *Psych.* ~ *en vigilia* Wachtraum *m*; 🜚 *enfermedad f del* ~ Schlafkrankheit *f*; *caminar en* ~*s* schlafwandeln; *descabezar* (*od.* *quebrantar*) *el* ~ ein Nickerchen machen; *echar un sueñ(ecit)o* ein Schläfchen machen; *me entró* ~ ich wurde schläfrig; *estar en siete* ~*s* in tiefstem Schlaf liegen; *tener* ~ schläfrig sein; *tener* ~ *atrasado* Schlaf nachholen müssen.
suero *m* **1.** Molke *f*; ~ *de mantequilla* Buttermilch *f*; **2.** 🜚 Serum *n*; ~ *antidiftérico* (*antiofídico, curativo*) Diphtherie- (Schlangen-, Heil-)serum *n*; ~**so** *adj.* serös; ~**terapia** *f* Serumtherapie *f*.
suerte *f* **1.** Schicksal *n*, Los *n*; Zufall *m*; (*buena*) ~ Glück *n*; *¡buena* ~! viel Glück!, Glück zu!; *mala* ~! Unglück *n*, Pech *n* (*fig.* F); *quiso la que ... es fügte s.* (nun) so, daß ...; *tener* (*traer*) ~ Glück haben (bringen); **2.** (Lotterie-)Los *n*; *caer en* ~ zuteil werden (*dat. a*); *echar* ~*s* losen; *echar a* ~ aus-, ver-losen; *fig. la* ~ *está echada* die Würfel sind gefallen; *elegir por* ~ *a alg.* j-n durch das Los bestimmen; *entrar en* ~ verlost werden; **3.** *Stk.* Phase *f*, Gang *m*, Runde *f*; ~ *de capa* Mantelparade *f* (*Vorspiel*); ~ *de varas* Lanzengang *m* (1. *Runde*); ~ *de*

banderillas Runde *f* der Banderillas (*2. Runde*); ~ *de matar*, ~ *suprema* Todesrunde *f* (*3. u. letzte Runde*); **4.** Art *f*; *K de baja* ~ von niederem Rang, von gemeiner Herkunft; *de esta* (*od. de tal*) ~ derart, so; *de ninguna* ~ keineswegs; *de otra* ~ sonst; *de* ~ *que* ... derart, daß ..., so, daß ...; *toda* ~ *de vino*(*s*) alle Arten (von) Wein; ~**ro** *m* **1.** *Am.* Glückspilz *m*; **2.** *Pe.* Lotterielosverkäufer *m.*
suertudo *m Rpl.* Glückspilz *m.*
sues|tada *f Arg.* → *sudestada*; ~**te** ⚓ *m* Südwester *m.*
suéter *m* (*pl.* ~*es*) Sweater *m*, Pullover *m.*
suevos *hist. m*/*pl.* Sueben *m*/*pl.* (*germanische Völkergruppe*).
Suez: *canal m de* ~ Suez-, Sues-kanal *m.*
suficien|cia *f* Eignung *f*, Brauchbarkeit *f*; *fig.* Selbst-genügsamkeit *f*, -zufriedenheit *f*; *aire m de* ~ anmaßende Selbstgefälligkeit *f*; *Sch.* *examen m de* ~ *entscheidende* Klassenarbeit *f* am Ende des Schuljahres; ~**te** *adj. c* **1.** ausreichend, genügend; *Sch., Univ. a. su. m* ausreichend (*Examensnote*); **2.** fähig, geeignet.
sufi|jación *Li. f* Suffigierung *f*; ~**jo** *m* Suffix *n*, Nachsilbe *f.*
sufismo *Rel. m* Sufismus *m.*
sufra|gáneo *ecl. adj.* Suffragan...; *obispo m* ~ Weihbischof *m*; ~**gar** [1h] **I.** *v/t.* Kosten bestreiten; die Kosten für *et.* (*ac.*) bestreiten, für *et.* (*ac.*) aufkommen; helfen (*dat.*), unterstützen (*ac.*); **II.** *v/i. Am. Mer.* wählen (*ac. por*); ~**gio** *m* **1. a)** Wahlstimme *f*; **b)** Wahlrecht *n*; ~ *femenino* Frauenwahlrecht *n*; ~ *restringido* (*universal*) beschränktes (allgemeines) Wahlrecht *n*; **2.** *ecl.* Fürbitte *f* für die Verstorbenen; *en* ~ *de alg.* für j-s Seelenheil (*Messe*); ~**gismo** *Pol. m* Frauenwahlrecht(sbewegung *f*) *n*; ~**gista** *c* Stimmrechtler(in *f*) *m*, Suffragette *f.*
sufri|ble *adj c*, ~**dero** *adj.* erträglich; ~**do I.** *adj.* geduldig *im Ertragen*; nachsichtig; zäh; **II.** *m* F nachsichtiger Ehemann *m*; ~**miento** *m* Leiden *n*, Erdulden *n*; Geduld *f*, Nachsicht *f*; ~**r** *vt/i.* leiden, erleiden; dulden, ertragen; *Änderung* erfahren; *Prüfung* bestehen; ~ *una desgracia* von e-m Unglück betroffen werden; ~ *interrupción* unterbrochen werden; *no lo sufro* his dulde das nicht; *no poder* ~ *a alg.* j-n nicht ausstehen können; *hacer* ~ peinigen; *sin* ~ schmerzlos.
sufusión ♪ *f*: ~ *sanguínea* Blutunterlaufung *f.*
suge|rencia *f* Anregung *f*, Vorschlag *m*; ~**rir** [3i] *v/t.* nahelegen; vorschlagen; *él me sugirió la idea* er brachte mich auf den Gedanken; ~**stión** *f* Einwirkung *f*, Beeinflussung *f*; Anregung *f*; Suggestion *f*; *Psych.* ~ *colectiva* (*od. en masa*) Massensuggestion *f*; ~**stionable** *adj. c* beeinflußbar, suggestibel; ~**stionar** *v/t.* suggerieren, einflüstern; ~**stivo** *adj.* suggestiv; anregend; eindrucksvoll, fesselnd.
suici|da I. *c* Selbstmörder(in *f*) *m*; **II.** *adj. c a. fig.* selbstmörderisch; ~**darse** *v/r.* Selbstmord begehen; ~**dio** *m* Selbstmord *m*, Suizid *m, a. n.*
suiche ⚡ *m Am. Reg.* Schalter *m.*
suidos *Zo. m*/*pl.* Schweine *n*/*pl.*
sui géneris eigener Art, sui generis.
suite *f Hotel u.* ♪ Suite *f.*
sui|za *f* **1.** ♀ Schweiz *f*; **2.** Schweizerin *f*; **3.** *Am. Cent., Ant.* Seilspringen *n*; ~**zo I.** *adj.* schweizerisch, Schweizer; **II.** *m* Schweizer *m*; *p. ext.* Schweizer(gardist) *m*; (*bollo*) ~ *ein kugelförmiges Gebäck.*
sujeción *f* **1.** Unterwerfung *f*; Abhängigkeit *f*; Knechtschaft *f*; *con* ~ *a la ley* nach dem (*od.* laut) Gesetz; **2.** ⊕ Befestigung *f*; Aufspannung *f*; Halterung *f*; **3.** *Rhet.* Subjektion *f.*
sujeta|cables ⚡ *m* (*pl. inv.*) Kabelhalter *m*, -klemme *f*; ~**corbata**(**s**) *m* Krawattenhalter *m*; ~**dor** *m a.* ⊕ Clip *m*; Halter *m*; Spanner *m*; Befestigungsklammer *f*; Büstenhalter *m*; Oberteil *m des Bikinis*; ~ *del cuello* (*umlegbarer*) Kragenknopf *m*; ~ *de periódicos* Zeitungshalter *m*; ~**mantel** *m* Tischtuchklammer *f*; ~**mayúsculas** *m* (*pl. inv.*) Umschaltfeststeller *m an Schreibmaschinen*; ~**papeles** *m* (*pl. inv.*) Büroklammer *f.*
sujetar *v/t.* **1.** unterwerfen; bändigen; **2.** *a.* ⊕ befestigen; festhalten; einspannen; ~ *con clavos* an-, fest-nageln; ~ *con tacos* verdübeln; ~ *con tornillos* verschrauben.
sujeto I. *adj.* **1.** unterworfen; ~ *a aduana* zollpflichtig; ~ *a averías* störanfällig (*Geräte*); ~ *a vencimiento* fristgebunden, terminbedingt; **2.** *a.* ⊕ befestigt; **II.** *m* **3.** Stoff *m*, Gg.-stand *m*, Sujet *n*; **4.** Person *f*, Subjekt *n*; *Gram.* Subjekt *n*; ⚥ *usw.* ~ *de experimentación* Versuchsperson *f.*
sula *Vo. f*: ~ *loca* Guanovogel *m.*
sulfamida ♪, *pharm. f* Sulfonamid *n.*
sul|fatar ⚗ *v/t.* schwefeln; ~**fato** ⚗ *m* Sulfat *n*; ~**fito** ⚗ *m* Sulfit *n*; ~**furación** ⚗ *f* Schwefelung *f*, Sulfuration *f*; ~**furar I.** *v/t.* ⚗ mit Schwefel verbinden, sulfurieren; *fig.* reizen; **II.** *v/r.* ~**se** *fig.* s. *gif-ten*, giftig werden; ~**fúrico** ⚗ *adj.* Schwefel...; *ácido m* ~ (*fumante*) (rauchende) Schwefelsäure *f*; ~**furo** ⚗ *m* Sulfid *n*; ~**furoso** *adj.* schwefelhaltig; schweflig (*Säure*).
sul|tán *m* Sultan *m*; ~**tanato** *m*, ~**tanía** *f* Sultanat *n.*
suma *f* **1.** ᴀ, ✝ Summe *f*; (Geld-)Betrag *m*; ✝ ~ *anterior* Vortrag *m*; ~ *asegurada* Versicherungssumme *f*; *en* ~ kurz (u. gut); **2.** ᴀ Addition *f*; **3.** *fig.* Hauptinhalt *m*; Abriß *m*; *Scholastik*: Summe *f*; *fig. en* ~ kurz, gedrängt.
suma|dora *f* Addiermaschine *f*; *p. ext.* Rechenmaschine *f*; ~**mente** *adv.* höchst, äußerst; ~**ndo** ᴀ *m* Summand *m*; ~**r I.** *v/t.* **1.** ᴀ zs.-zählen, addieren; (Summe von ...) ausmachen, s. belaufen auf (*ac.*); ✝ *suma y sigue* Übertrag (*b. Buchungen usw.*); **II.** *v/r.* ~**se 2.** s. summieren, zs.-kommen; **3.** *fig.* ~**se** *a s. j-m*: *Ibd. e-r Partei od. e-r Lehre*) anschließen.
suma|ria ⚖ *f* (Prozeß-)Protokoll *n*; *b. Militärgericht*: Voruntersuchung *f*; ~**rio I.** *adj.* **1.** zs.-gefaßt, abgekürzt; summarisch; **II.** *m* **2.** Inhalts-angabe *f*, -verzeichnis *n*; Auszug *m*, Zs.-stellung *f*; **3.** ⚖ Ermittlungsverfahren *n*; ~**rísimo** *adj. sup.* äußerst zs.-gedrängt; ⚖ *juicio m* ~ Schnell(gerichts)verfahren *n.*
sumer|gible I. *adj. c* tauchfähig; **II.** *m* Unterseeboot *n*, U-Boot *n*, Tauchboot *n*; ~**gido** *adj.* getaucht, unter Wasser; ⚓ blind (*Riff*); ~**gir** [3c] **I.** *v/t.* **1.** (ein-, unter-)tauchen; *fig.* versenken (*in ac. en*); **2.** überfluten, überschwemmen; **II.** *v/r.* ~**se 3.** tauchen; versinken; ~**sión** *f* Untertauchen *n*; Tauchen *n*; Untersinken *n.*
sumidero *m* Abzug-graben *m bzw.* -loch *n*; Abfluß *m*; Gully *m, n.*
sumiller *m* Kellermeister *m bzw.* Kammerherr *m b. Hof.*
suminis|trador I. *adj.* Liefer...; *casa f* ~*a* Lieferfirma *f*; **II.** *m* Lieferant *m*; ~**trar** *v/t.* Waren, Daten, Beweise liefern; *Arznei* verabreichen; ~**tro** *m* Lieferung *f*; Anlieferung *f*; *EDV* ~ *de papel* Papierzufuhr *f*; *contrato m de* ~ Liefervertrag *m*; *dificultades f*/*pl. de* ~ Versorgungsschwierigkeiten *f*/*pl*; *hacer el* ~ *de a*/*c. et.* liefern.
sumir I. *v/t.* **1.** versenken; (ein-, unter-)tauchen; *fig.* ~ *en una mar de confusiones* in e-n Abgrund von Verwirrung stürzen; **2.** *kath.* die Hostie nach dem Wandlung zu s. nehmen (*Priesterkommunion*); **II.** *v/r.* ~**se 3.** versinken; *p. ext.* ablaufen, verschwinden; *fig.* einfallen (*Wangen*); *s. in Verzweiflung* ~ stürzen; ~**se** *en el vicio* im Laster verkommen.
sumi|sión *f* Unterwerfung *f*; Ergebenheit *f*; Gehorsam *m*; Ergebung *f* (*in ac. a*); ~**so** *adj.* unterwürfig; ehrerbietig; ergeben, gehorsam.
sumista *Theol.* **I.** *adj. c* Summen...; Abriß...; **II.** *m* Summenschreiber *m*; *desp.* Theologe *m, der sein Fachwissen nur aus Handbüchern bezieht.*
sumo *sup.* höchste(r, -s); größte(r, -s); *a lo* ~ höchstens, allenfalls; *en* ~ *grado* im höchsten Grade.
súmulas *f*/*pl.* Abriß *m* der Logik.
sun|na *Rel. f* Sunna *f*; *p. ext.* mohammedanische Orthodoxie *f*; ~(**n**)**ita** *Rel. adj.-su. c* sunnitisch; *m* Sunnit *m.*
suntu|ario *adj.* Luxus...; Pracht...; ~**osidad** *f* Pracht *f*, Aufwand *m*; Luxus *m*; ~**oso** *adj.* **1.** prächtig, prunkvoll, luxuriös; **2.** prachtliebend.
supe|dáneo *m* Suppedaneum *n*: **a)** Stützbrett *n am Kreuz*; **b)** oberste Altarstufe *f*; ~**ditación** *f* Unterwerfung *f*; ~**ditar** *v/t.* niedertreten, unter-werfen, -jochen; *fig.* in Abhängigkeit bringen (von *dat. a*); *Verw.* ~ *a*/*c. a la condición de que* + *subj. et.* davon abhängig machen, daß + *ind.*
super... *in Zssgn.* Über..., Super..., → *a. sobre...* *in Zssgn.*
súper I. *f Kfz.* Super(benzin) *n*; **II.** *m* F Supermarkt *m.*
superable *adj. c* überwindbar.
superabundan|cia *f* Überfluß *m*; ~**te** *adj. c* überreichlich.
super|ación *f* Überwindung *f*; ~**actividad** ♪ *f* Hyperaktivität *f*.
superar I. *v/t.* übertreffen; überwinden; *Sp.* ~ *la marca* den Rekord

superávit — suputar

schlagen; II. v/r. ~se s. überwinden; ~se a sí mismo s. selbst übertreffen.
superávit m Überschuß m; ~ presupuestario Haushaltsüberschuß m.
super|bidón m Zusatz-behälter m, -tank m; ~cargador m Turbolader m; ~caza ✈ m Überschalljäger m; ~clase Sp. m Spitzensportler m.
superche|ría f Hinterlist f, Betrug m; ~ro adj. hinterlistig, betrügerisch.
super|dimensionado adj. übergroß, überdimensioniert; ~directa Kfz. f Schnellgang m; ~dotado adj. hochbegabt; ~elástico adj. hochelastisch; ~empleo m Überbeschäftigung f; ~estado m Überstaat m; ~estatal adj. c überstaatlich; ~estructura f Soz. Überbau m; ⚓ Oberbau m; ~(s) f(/pl.) ⚓ Aufbau(ten) m(/pl.); ~fecundación ⚕ f Überschwängerung f.
superfi|cial adj. c a. fig. oberflächlich; Oberflächen...; ~cialidad f Oberflächlichkeit f; ~ciario ⚖ adj.-su. Nutznießer m e-r Bodenfläche m; ~cie f Oberfläche f; Fläche f; medida f de ~s Flächenmaß m; ~ cultivada Anbaufläche f; grandes ~s Verbrauchermarkt m, großer Supermarkt m; ~ plana ebene Fläche f, Ebene f; Geogr. ~ terrestre Erdoberfläche f; ~útil Nutzfläche f; EDV ~ de utilización Benutzeroberfläche f.
super|fino adj. hochfein, allerfeinste(r, -s); ~fluencia f Überfülle f, Überfluß m; ~fluidad f Überflüssigkeit f; Entbehrlichkeit f; Überflüssige(s) n; ~fluo adj. überflüssig; entbehrlich; unnötig; ~fosfato ⚗, ⚘ m Superphosphat n; ~gigante m Sp. Super-G m; ~grande adj. c übergroß; ~héroe m Überheld m; ~heterodino Rf. adj.-su. m: (receptor m) ~ Superhet(-, Überlagerungs-empfänger) m; ~hombre m Übermensch m; ~índice adj. c EDV hochgestellt.
superintenden|cia f Superintendentur f; ~te m Superintendent m; Anm.: diese beiden Wörter bezeichnen hohe leitende Funktionen in Verwaltung u. Wirtschaft, wobei die Tätigkeitsbereiche v. Land zu Land wechseln; in Arg. z. B. ist der superintendente Chef m e-r Eisenbahndirektion.
superio|r I. adj. 1. höher; höchst; Ober...; p. ext. überlegen; fig. vortrefflich, vorzüglich, hervorragend; piso m ~ Obergeschoß n; precio m ~ al nuestro höherer Preis m als der unsere; ser ~ a übertreffen (ac.), überlegen sein (dat.); II. m 2. ecl. (~a f) (Ordens-)Obere(r) m ([Ordens-]Oberin f); (Kloster-)Vorsteher(in f) m; Superior m (Superiorissa f); 3. m Vorgesetzte(r) m; ~rato ecl. m Superiorat n, Amt n e-s Klostervorstehrs bzw. e-r Oberin; ~ridad f Überlegenheit f; Vortrefflichkeit f; ✖ Übermacht f; fig. Obrigkeit f; koll. die Vorgesetzten m/pl.
superlativo I. adj. Superlativ...; hervorragend, ausnehmend, vorzüglich; II. m Gram. Superlativ m; ~ absoluto Elativ m, absoluter Superlativ m.
super|lubrificante m Hochleistungsschmierstoff m; ~mercado ✝ m Supermarkt m; ~microscopio m Übermikroskop n; ~numerario Verw. I. adj. überzählig; außerplanmäßig; außerordentlich; II. m außerplanmäßige(r) Beamte(r) m; ~población f Übervölkerung f.
super|poner [2r] v/t. darüberlegen; a. HF überlagern; ~posición f Überdeckung f; Überlappung f; Überlagerung f (Getriebe); Überblendung f (Film); ~potencia Pol. f Supermacht f; ~producción f Überproduktion f; Kino: Monsterfilm m; ~puesto adj. übera.-liegend; fig. aufgesetzt; ~regional adj. c überregional; ~saturar ⚗ v/t. übersättigen; ~sónico Phys. adj. Überschall...; avión m (estallido m) ~ Überschall-flugzeug n (-knall m); ~sonido m → ultrasonido.
superstici|ón f Aberglaube m; ~oso adj.-su. abergläubisch; m Abergläubische(r) m.
supérstite ⚖ adj. c überlebend, hinterblieben.
super|strato ⛺ m Superstrat n; ~suministro m Überbelieferung f; ~valoración f Überbewertung f; ~valorar v/t. überbewerten; ~ventas m (pl. inv.) Verkaufsschlager m; Bestseller m (Buch); ~visar v/t. überwachen, beaufsichtigen; ~vivencia f Überleben n; ~viviente adj.-su. c überlebend; m Überlebende(r) m; Hinterbliebene(r) m.
supi|nación ⚕ f Rückenlage f; ~no I. adj. auf dem Rücken liegend; fig. ignorancia f ~a gröbste Unwissenheit f; II. m Li. Supinum n.
suplanta|ción f Verdrängung f; Ersatz m; ~r v/t. 1. aus dem Amt verdrängen; an j-s Stelle treten; j-n ersetzen; fig. F ausstechen; 2. Urkunde u. ä. (durch Einschübe) fälschen.
suple m Chi. Vorschuß m; ~faltas F m (pl. inv.) Sündenbock m F; Lückenbüßer m; ~mentario adj. ergänzend; zusätzlich; Ergänzungs-...; Zuschlags...; Extra...; ✝ pago m ~ Nachzahlung f; pedido m ~ Nachbestellung f; ~mento m Ergänzung f; Nachtrag m; Zuschlag m; ⊕ Einsatz m bzw. Einlage f; Typ. Ergänzungsband m; Beilage f; ⊁ Supplementwinkel m; Zeitung: ~ dominical Sonntagsbeilage f; ⊕ ~ de velocidad Schnellzugzuschlag m.
suplen|cia f Stellvertretung f; Vertretungszeit f; p. ext. ~ suplente II; ~ de od. por maternidad Mutterschaftsvertretung f; ~te I. adj. c stellvertretend, Ersatz...; II. m Stellvertreter m, Ersatzmann m; Hilfslehrkraft f Sp. (jugador m) ~ Ersatz-, Reserve-, Auswechsel-spieler m.
supletorio I. adj. ergänzend; zusätzlich; stellvertretend; suppletorisch; cama f ~a Zusatzbett n; II. m Tel. Nebenapparat m.
súplica f Gesuch n; Bittschrift f; ⚖ a. Klageantrag m; inständige Bitte f; a fuerza de ~s durch inständiges Bitten.
suplica|ción f 1. Bitte f; 2. Kchk. dünne Waffel f (Eistüte u. ä.); ~nte c Bittsteller(in f) m; ~r [1g] vt/i. (dringlich) bitten; flehen; Verw. ersuchen; ~ por bitten für (ac.); ¡se lo suplico! ich bitte Sie sehr darum!; ~toria ⚖ f schriftliche Einwendung f; Ersuchen n e-s Gerichtes an die höhere Instanz; ~torio adj. Bitt...
suplicio m Strafe f an Leib od. Leben; Folter f; p. ext. Folterstätte f; Schafott n; fig. Qual f; ehm. ~ del palo Pfählen n; fig. el ~ de Tántalo Tantalusqualen f/pl.; último ~ Todesstrafe f; dar ~ a alg. j-n foltern.
suplir v/t. ergänzen; ersetzen; vertreten; ~ a Mangel od. Fehler wettmachen; suma f ~ida aufgelegte Summe f; ✆ ¡súplase el franqueo! bitte Porto ergänzen!
supo|ner [2r; part. supuesto] v/t. 1. voraussetzen; annehmen; vermuten; ~ + adj. halten für + adj.; suponiendo que ... angenommen, daß ...; unter der Voraussetzung, daß ...; como era de ~ wie anzunehmen war; eso se supone das ist (ganz) selbstverständlich; 2. bedeuten, voraussetzen, verursachen; eso supone gastos enormes das verursacht riesige Unkosten; ~sición f 1. Voraussetzung f; 2. Annahme f, Vermutung f; 3. Unterstellung f; ~sitivo adj. mutmaßlich; ~sitorio ⚕ m Zäpfchen n, Suppositorium n.
supra... pref. Über..., Supra...; so beginnende Wörter → a. super...
supra|dicho adj. obig, obenerwähnt, besagt; ~nacional adj. c supra-, über-national; ~natural Phil. adj. c übernatürlich; ~partidista Pol. adj. c überparteilich; ~rrealismo m → surrealismo.
supra|rrenal Anat. adj. c Nebennieren...; cápsulas f/pl. ~es Nebennieren f/pl.; ~rrenina ⚕ f Suprarenin n; ~sensible adj. c hochempfindlich; ~terrestre adj. c überirdisch.
Suprema hist. f Hochrat m des Ketzergerichts (Inquisition).
supre|macía f 1. Überlegenheit f; ~ aérea (naval) Luft- (See-)herrschaft f; 2. Vorrang m, Oberhoheit f; ~mo adj. sup. oberste(r, -s), höchste(r, -s); fig. hora f ~a Todesstunde f; el Ser ♀ das Höchste Wesen (Gott).
su|presión f 1. Unterdrückung f; 2. Abschaffung f; Wegfall m; Aufhebung f, Streichung f; Abbau m; de ministerios Abbau m von Ministerien; 3. Auslassung f; Verschweigung f; 4. Behebung f, Beseitigung f; HF ~ de interferencias Funkentstörung f; ~primir I. v/t. verbieten; unterdrücken; aufheben; abschaffen; abbauen; auslassen; Kosten sparen; II. v/r. ~se weg-, ent-fallen.
supuesto [part. zu suponer] I. adj. vermeintlich, vermutlich; angeblich, vorgeblich; ~ que ... a) vorausgesetzt, daß ...; unter der Annahme, daß ...; b) da (ja) ...; por ~ selbstverständlich; freilich, allerdings; dar por ~ als bekannt voraussetzen; II. m Voraussetzung f, Annahme f.
supura|ción ⚕ f Eiterung f; ~do adj. vereitert; ~nte adj. c eit(e)rig; ~r v/i. eitern, schwären; ~tivo adj. e-e Eiterung fördernd.
suputa|ción f Berechnung f, Überschlag m; ~r v/t. berechnen, überschlagen.

sur *m* Süden *m*; Südwind *m*; *polo m* ~ Südpol *m*; *al* ~ *de* südlich (*gen. od.* von *dat.*); *del* ~ südlich, Süd...; *en el* ~ (*de*) im Süden (*gen.*); *hacia el* ~ südwärts.
surá *tex. m* feines Seidenzeug *n*.
sura(ta *f*) *m* Sure *f des Korans*.
sural *Anat. adj. c* Waden...
sur|car [1g] *v/t*. Furchen ziehen in (*dat.*); *fig.* (durch)furchen, durchschneiden, -queren, -messen; *fig.* ~**ado** runzelig (*Stirn*); ~ *las aguas* die Wogen pflügen (*Schiff*); ~**co** *m a. Anat.* Furche *f* (✍ ziehen *abrir*); *Phono* Rille *f*; *p. ext.* Rinne *f*, Rille *f*; *vet.* Augengrube *f der Pferde*; *fig.* Runzel *f*, Falte *f*; *Phono* ~ *fonético*, ~ *sonoro* Ton-rille *f*, -spur *f*; ✍ ~ *para la semilla* Saatfurche *f*; *fig. lleno de* ~**s** runz(e)lig (*Stirn*); *fig.* F *echarse en el* ~ schlappmachen F; aufgeben, die Flinte ins Korn werfen.
surculado ♀ *adj.* einstielig.
súrculo *m* Pflanzenstengel *m* ohne Schößling.
sure|ño *Chi., Span.,* ~**ro** *Arg., Bol. adj.-su.* aus dem Süden; *m* Mann *m* aus dem Süden; *a.* Südwind *m*.
surf(ing) *Sp. m*: ~ (*de od. a vela*) (Wind-)Surfen *n*.
surgi|dero ⚓ *m* Ankerplatz *m*; ~**r** [3c] *v/i.* **1.** hervor-sprudeln, -sprudeln; *fig.* auftauchen, erscheinen; *surge una dificultad* (*una duda*) es ergibt s. e-e Schwierigkeit (es erhebt s. e-e Frage); **2.** ⚓ ankern.
surmoluqueño *adj.-su.* südmolukkisch; *m* Südmolukker *m*.
suripanta *burl. f* **1.** *Thea.* Choristin *f bzw.* Statistin *f*; **2.** *desp.* Dirne *f*.
surrealis|mo *Lit., Ku. m* Surrealismus *m*; ~**ta** *adj.-su. c* surrealistisch; *m* Surrealist *m*.
sur(r)umato F *adj. Méj.* → *tonto*.
sursuncorda (*a. súrsum corda*) F *m* Kaiser *m* von China (*fig.* F); *no iré aunque me lo mande el* (*mismo*) ~ ich gehe nicht hin, u. wenn es Gott weiß wer von mir verlangt.
sur|tida *f* **1.** heimlicher Ausfall *m v. Belagerten*; *p. ext.* Ausfall-, Schlupf-tor *m*; **2.** Geheim-, Tapeten-tür *f*; **3.** ⚓ Stapelplatz *m*; ~**tidero** *m* **1.** Abflußrinne *f e-s Teichs od. Beckens*; **2.** Springbrunnen *m*; ~**tido I.** *adj.* sortiert; gemischt (*Ware*); *bien* ~ gut sortiert, reichhaltig; *Kchk. fiambres m/pl.* ~**s** kalte Platte(n) *f*(/*pl.*); **II.** *m* Sortiment *n*, Auswahl *f*, Vorrat *m*, Lager *n*; *gran* ~ *de* reichhaltige Auswahl an (*dat.*); ~**tidor** *m* **1.** Wasserstrahl *m*, Sprudel *m*; Springbrunnen *m*; **2.** *Kfz.* ~ *de aceite* Ölpumpe *f*; ~ *de gasolina* (*Arg. de nafta*) Zapfsäule *f*; Tankstelle *f*; ~**tir I.** *v/t.* versorgen, beliefern, versehen (*mit dat. de*); *p. ext.* ~ *efecto*(*s*) (s-e) Wirkung tun; ⚓ gültig sein; **II.** *v/i.* (hervor)sprudeln (*Quelle, Springbrunnen*); ⚓ ankern; **III.** *v/r.* ~**se** (*de*) s. eindecken (*mit dat.*); s. versehen (*mit dat.*); ~**to** *part. irr. v. surtir*; ⚓ ankernd; *estar* ~ vor Anker liegen.
surubí *Fi. m Rpl., Bol.* Tiger-Spatelwels *m* (*schmackhafter gr. Speisefisch*).
surucucú *m Arg., Bol.* Buschmeister *m* (*Giftschlange*).

suru|mpe *Pe.,* ~**pí** *Bol. m* Schneeblindheit *f*.
¡sus! *int.* auf, auf!; los!; Gesundheit!, prost!
suscepti|bilidad *f* Empfindlichkeit *f*, Reizbarkeit *f*; Empfänglichkeit *f*; *Phys.* Aufnahmefähigkeit *f*; Anfälligkeit *f*; ~ *a* (*od. a. para*) *enfermedad* (Krankheits-)Anfälligkeit *f*; *falta f de* ~ Unempfänglichkeit *f*; Unempfindlichkeit *f*; ~**ble** *adj. c* empfindlich, reizbar; empfänglich *bzw.* anfällig (*für ac. a*); fähig (*zu dat. de*): ~ *de enmienda* (*de mejora*[*r*]) (ver)besserungsfähig; *no* ~ *unempfänglich*; *la sentencia es* ~ *de apelación* gg. das Urteil kann Berufung eingelegt werden; ~**vo** *adj.* → *susceptible*.
suscita|ción *f* Aufreizung *f*, Erregung *f*; Hervorrufung *f*; Anstiftung *f* (*zu dat. a*); ~**r** *v/t.* aufreizen, erregen; hervorrufen, verursachen; *Fragen* aufwerfen; *Hindernisse* in den Weg legen.
sus|cribir [*part.* suscrito] **I.** *v/t.* unterschreiben; abonnieren, bestellen; subskribieren; *Anleihe* zeichnen; *el que suscribe* der Unterzeichnete; **II.** *v/r.* ~**se** *e-n Beitrag*, *e-e Anleihe* zeichnen; ~**se** *a a/c. et.* abonnieren (*od.* bestellen); ~**cripción** *f* Unterzeichnung *f*; Abonnement *n*, Bestellung *f*; Zeichnung *f e-r Anleihe*, *e-s Beitrags*; Bezug *m v. Wertpapieren*; Subskription *f*; *precio m de la* ~ Subskriptionspreis *m b. Büchern usw.*; ~**cri(p)to** *part.* → *suscribir*; ✝ *totalmente* ~ voll gezeichnet (*Anleihe, Kapital*); ~**criptor** *m* Unterzeichner *m*; Zeichner *m v. Anleihen*; Abonnent *m*, Bezieher *m e-r Zeitschrift*; Subskribent *m z. B. e-r Buchreihe*.
susodicho *adj.* obengenannt.
suspen|dedor I. *adj.* unterbrechend; **II.** *m* Unterbrechende(r) *m*; Aufhebende(r) *m*; ~**der I.** *v/t.* **1.** aufhängen (*an dat. de, a. por*); ~ *en lo alto oben aufhängen*; ~ *sobre el suelo* über dem Boden schwebend befestigen; **2.** *a. Sitzung, dipl.* Beziehungen unterbrechen; (vorläufig) einstellen; ⚖ *Urteilsvollstreckung* aussetzen; ✝ *Verkehr, Zahlung* einstellen; *Verw., a. ecl.* (des Amtes) suspendieren; *Sch.* ~ *una asignatura* in e-m Fach durch-fallen, -rasseln *f*; *Sch.* F ~ *el curso* sitzenbleiben F, durchfallen; ~ *el juicio* mit der Meinung zurückhalten; ⚖ ~ *la publicación de*) *el periódico a.* die Zeitung (vorübergehend) verbieten; **3.** *Prüfling* durchfallen lassen; **4.** *fig. K erstaunen*; ~ *el ánimo* in Staunen (ver)setzen; **II.** *v/r.* ~**se 5.** hängen; ~**se de** (*od. en*) *lo alto* oben hängen; **6.** *Equ.* s. auf die Hinterhand stellen; ~**dido** *part.-adj.*: ~ *entre* (*el*) *cielo y* (*la*) *tierra* zwischen Himmel u. Erde schwebend; *servicio m* ~ (vorübergehend) eingestellter Dienst *m*; *tren m* ~ (vorläufig) eingestellte Zugverbindung *f*; *estar* ~ hängen; *quedar* ~ erstaunt (*od.* verblüfft) sein; *ser* ~ durchfallen *b. Prüfungen*; *el aspecto*

sur — suspiro

le tiene ~ der Anblick fesselt ihn sehr; ~**se** *m* Spannung *f* (*bsd. b. Film*); ~**sión** *f* **1.** *bsd.* ⊕ Aufhängung *f*; (Auf-)Hängevorrichtung *f*; Hänger *m*; *bsd. Kfz.* Aufhängung *f*, Federung *f*; Tragriemen *m*(/*pl.*) *der alten Kutschen*; *Kfz.* ~ *por barras de torsión* Drehstabfederung *f*; ~ *de contrapeso* Schnurzugpendel *n*; Lampenaufzug *m*; ~ *delantera* (*trasera*) Vorder-(Hinter-)radfederung *f* (*Motorrad*); ~ *elástica* (*inflexible, rígida*) federnde *od.* elastische (starre) Aufhängung *f*; *Kfz.* ~ *independiente* (*od. individual*) Einzelaufhängung *f*; *cable m de* ~ Aufzug- (⚙Förder-)seil *n*; (*mantener*) *en* ~ in der Schwebe (halten); ⚖ Unterbrechung *f*; Aussetzung *f*; Stillstand *m*; Einstellung *f*; vorübergehendes Verbot *n*; Amtsenthebung *f*, Suspendierung *f* (*a. ecl.*); Nichtbestehen *n*, Durchfallen *n* F *b. e-r Prüfung*; *Parl.* Aufhebung *f der Immunität*; ✝ ~ *de créditos* Kreditsperre *f*, -stop(p) *m*; ✍ *u. fig.* ~ *del desarrollo* Verkümmerung *f*; ⚖ ~ *de la ejecución de la pena* Strafaussetzung *f*; ⚔ ~ *de hostilidades* vorübergehende Einstellung *f* der Feindseligkeiten, Waffenruhe *f*; ✝ ~ *de pagos* Zahlungseinstellung *f* *bzw.* *del trabajo* Arbeits-einstellung *f bzw.* -niederlegung *f*; **3.** Schwebe(zustand *m*) *f*; ♪ Aufschwemmung *f*, Suspension *f*; *pharm.* Schüttelmixtur *f*; **4.** *fig.* ⊕ Ungewißheit *f*, Spannung *f*; *K* Verwunderung *f*, Erstaunen *n*; *a.* Unschlüssigkeit *f*; vorsichtiges Zurückhalten *n e-r Meinung*; **5.** *Rhet.* Innehalten *n*; Hinhalten *n zur Erhöhung der Spannung*; **6.** ♪ Aushalten *n e-r Note*; ~**sivo** *adj.* aufschiebend; ⚖ *efecto m* ~ aufschiebende (*od.* hemmende) Wirkung *f*; *Typ. puntos m/pl.* ~**s** Auslassungs- *bzw.* Gedanken-punkte *m/pl.*; ~**so I.** *adj.* **1.** unschlüssig; *en* ~ in der Schwebe, in Ungewißheit; unentschieden; *tener en* ~ hinhalten; auf die Folter spannen (*fig.*); **2.** erstaunt; *quedar* ~ staunen, weg sein (*fig.* F); **3.** durchgefallen (*Prüfling*); **II.** *m* **4.** nicht bestanden (*Prüfungsnote*); F *sacar un* ~ durchfallen *b. e-r Prüfung*; ~**sores** *m/pl. Am. Mer.* Hosenträger *m/pl.*; ~**sorio** ♂ *m* Suspensorium *n*.
suspica|cia *f* argwöhnisches Wesen *n*; Mißtrauen *n*; ~**z** *adj. c* (*pl.* ~**aces**) argwöhnisch, mißtrauisch.
suspi|rado *adj. fig.* ersehnt, erträumt; ~**rar** *v/i.* seufzen; *fig.* ~ *por a/c. et.* ersehnen; ~ *de amores por alg.* sich in Sehnsucht nach j-m verzehren; ~**ro** *m* **1.** Seufzer *m*; ~ *muy hondo* Stoßseufzer *m*; *dar* (*od.* *exhalar*) *un* ~ e-n Seufzer ausstoßen; *dar el último* ~ s-n letzten Atemzug tun; *fig. recoger el postrer* ~ *de alg.* j-m in der Todesstunde zur Seite stehen; *fig.* F *es su último* ~ jetzt pfeift er auf dem letzten Loch F, jetzt ist alles hin für ihn; **2.** *Art* Baiser *n* (*Zuckerwerk*); *Méj.* ~ süßes Milchbrötchen *n*; ~ *de Granada* Windbeutel *m* (*Gebäck*); ~ *de monja* Windbeutel *m* mit Kremfüllung; **3.** ♪ Achtelpause *f* (*a. Zeichen*); **4.** ♀ *a*) *Am. Reg., Andal.* Stiefmütterchen *n*; *b*) *Arg.* Trichterwinde *f*; **5.** kl. Glasflöte *f* (*Art Fla-*

suspirón — Syllabus

geolett); ~**rón** F *adj.* viel seufzend; ~**roso** *adj.* schwer seufzend.
sustancia (*oft, bsd.* ⚕ *u. Phil. substancia*) *f* Substanz *f*, Stoff *m*; Substanz *f*, Wesen *n*; Substanz *f*, Kern *m*, Gehalt *m*; F *Kchk.* Geschmack *m*; Nährwert *m*; de ~ gehaltvoll; wesentlich *bzw.* grundlegend; bedeutend, wichtig; en ~ im wesentlichen; eigentlich; sin ~ gehaltlos, leer; unwesentlich; geistlos; ~ accesoria Zusatzstoff *m*; ⚕, *Biol.* ~ activa Wirkstoff *m*; ~ aromática Duftstoff *m*; *Anat.* ~ cerebral Hirnsubstanz *f*; ~ contagiosa Ansteckungsstoff *m*, Contagium *n*; ~ de (*od.* para el) crecimiento *a.* ⚕ Wuchs-, Wachstums-stoff *m*; *Biol.*, ⚕ ~ estructural Baustoff *m*, Bauelement *n*; *Physiol.* ~ excitante Reizstoff *m*; ⚕ ~ flotante (*od. suspendida*) Schwebstoff *m*; ~ fulminante Knallsatz *m* in *Sprengladungen*; ~ fundida Schmelze *f*; *a. Anat.* ~ gris graue Substanz *f*; ⚕, *Physiol.* ~ inhibidora Hemmstoff *m*; ~ iniciadora Zündmittel *n* (*Atom., Ballistik*); *a. Physiol.* ~ de lastre Ballaststoff *m*; ~ luminosa Leuchtstoff *m*; ~ natural (odorífera, tóxica) Natur- (Riech-, Gift-)stoff *m*; ~ de origen Ausgangsstoff *m*; ~ química Chemikalie *f*; ~ seca Trockensubstanz *f*; ~ sólida (volátil) fester (flüchtiger) Stoff *m*; *Biol.* ~ de sostén Stützsubstanz *f*.
su(b)stan|ciación *f Phil.* Substantiierung *f*; ⚕ Erledigung *f*, Spruchreifmachung *f* e-r *Rechtssache*; ~**cial** *adj. c* 1. ⚕ substantiell; 2. wesentlich, gehaltvoll; ~**cialidad** *f* 1. Substantialität *f*; 2. Wesentlichkeit *f*; ~**cialismo** *Phil., Psych. m* Substantialismus *m*; ~**cialista** *adj.-su. c* substantialistisch; *m* Substantialist *m*; ~**ciar** [1b] *v/t. Phil.* substantiieren, als Substanz unterlegen; ⚕ begründen; ⚕ spruchreif machen; ~**cioso** *adj.* substanzreich; nahrhaft, kräftig; wesentlich; gehaltvoll; bedeutsam, wichtig.
sustanti|vación *Li. f* Substantivierung *f*; ~**var** *v/t.* substantivieren; ~**vidad** *Li. f* Funktion *f* als Substantiv, substantivischer Charakter *m*; ~**vo** I. *adj.* 1. ⚕ (*mst. substantivo*) eigenständig, Substanz..., Wesens...; 2. *Li.* substantivisch, hauptwörtlich; II. *m* 3. *Li.* Substantiv *n*, Hauptwort *n*.

susten|tación *f* 1. *bsd.* ⚕ Auftrieb *m*; *Schwimmen:* ~ en el agua Wassertreten *n*; 2. → sustento, sustentáculo, *Rhet.* suspensión 5; ⚕ medio *m* de ~ Erhaltungsmittel *n*; ~**táculo** ⊕ *m* Untergestell *n*; *a.* Unterlager *n*; ~**tador** *adj.* stützend; Auftrieb verleihend, haltend; Trag...; ~**tamiento** *m* 1. Nahrung *f*; 2. Unterstützung *f*, Halt *m*; ~**tante** I. *adj. c* 1. *bsd. Statik:* tragend; II. *m* 2. △ tragendes Bauelement *n*; 3. ⚕, ⚕ Verteidiger *m*, Vertreter *m* e-s *Schriftsatzes, e-r These usw.*; ~**tar** I. *v/t.* 1. stützen; *Statik:* tragen, abfangen; ⚕, ⚕ *Schriftsatz, These usw.* verteidigen, vertreten; 2. unterhalten, beköstigen; II. *v/r.* ~se 3. s. tragen; 4. s. erhalten, leben; *fig.* ~se del (*od. con*) aire von der Luft leben, sehr wenig essen; ~se de esperanzas von (trügerischen) Hoffnungen leben; ~**to** *m* Nahrung *f*, Lebensunterhalt *m*; trabajar para ganar el ~ diario für sein tägliches Brot arbeiten.
susti|tución *f* (Stell-)Vertretung *f*; Ersetzung *f*, Austausch *m*; Ersatz *m*; *Verw.*, ⚕ Einsetzung *f* an Stelle e-s andern; ⚕ ~ fideicomisaria Einsetzung *f* als Nacherbe; ⚕ ~ de un niño (*bzw. de niños*) Kindesunterschiebung *f*; ~**tuible** *adj. c* einsetzbar; austauschbar; ~**tuir** [3g] *v/t.* ersetzen; einsetzen (für *ac.* por); (im Amt) vertreten; ~**tutivo** I. *adj.* Ersatz...; Vertretungs...; II. *m* Austauschmaterial *n*; Ersatzstoff *m*; ~**tuto** *m* Stellvertreter *m*; Vertreter *m*; ⚕ Staatsanwaltsvertreter *m*; *bsd.* ⚕ Substitut *m*; ~**tutorio** *adj.* Ersatz...
susto *m* Schreck(en) *m*; F *cara f* de ~ erschrockenes Gesicht *n*; coger de ~ überraschen; dar (*od.* pegar) un ~ a e-n Schreck(en) einjagen (*dat.*); erschrecken (*ac.*); *fig.* F dar un ~ al miedo abstoßend häßlich sein; llevarse (*od.* pasar) un ~ erschrecken, e-n Schreck(en) kriegen F.
sustra|cción *f* 1. Entziehung *f*; 2. Entwendung *f*; Unterschlagung *f*; 3. ⚕ Abziehen *n*, Subtraktion *f*; ~**endo** ⚕ *m* Subtrahend *m*, Abziehzahl *f*; ~**er** [2p] I. *v/t.* 1. ⚕ abziehen, subtrahieren; 2. entziehen; 3. unterschlagen; II.*v/r.* ~se 4. s. entziehen (*dat. a,* de); s. zurückziehen; ~se de la obediencia den Gehorsam verweigern.
susu|rración *f* → susurro; ~**rrar** *v/i.* säuseln; flüstern, murmeln; munkeln; ~**rrido** *m* Säuseln *n*; ~**rro** *m* Säuseln *n*; Murmeln *n*, Rauschen *n*; Wispern *n*, Flüstern *n*; Raunen *n*; ~**rrón** F *adj.-su.* Klatschbase *f*, -maul *n* F.
su|tache, ~**tás** *m* Besatzschnur *f*, Soutache *f*.
sute F I. *adj. c Col., Ven.* schwächlich, kränklich; verkümmert; II. *m Col.* Fasel-, Läufer-schwein *n*.
suti|l *adj. c* 1. dünn, fein; zart; *fig.* schwierig, heikel; subtil; 2. scharfsinnig; spitzfindig, ausgeklügelt; subtil; ~**leza** *f* 1. Dünne *f*, Feinheit *f*; 2. Scharfsinn *m*; Spitzfindigkeit *f*, Klügelei *f*; Haarspalterei *f*, Tüftelei *f*; ~**lidad** *f* Subtilität *f*; → sutileza; ~**lizador** I. *adj.* 1. verfeinernd; 2. spitzfindig; II. *m* 3. Grübler *m*, Spinner *m* (*fig.* F *desp.*); Wortklauber *m*; Tüftler *m*; ~**lizar** [1f] *v/t.* 1. fein ausarbeiten; verfeinern; 2. ausklügeln; austüfteln.
sutura *Anat., Chir. f* Naht *f*; sin ~ nahtlos; ~**r** *Chir. v/t.* nähen.
suyo[1], **suya** *pron.* sein(e); ihr(e); Ihr(e); lo ~ das Sein(ig)e; sein Eigentum *n*; s-e Besonderheit *f*; s-e Pflicht *f*; sein Beitrag *m bzw.* s-e Arbeit *f*; los ~s die Seinen, s-e Angehörigen *m/pl.*; de ~ von selbst; von Natur (*od.* von Hause) aus; *fig.* F dar lo ~ a *alg.* j-n fertigmachen F, j-m Saures geben F; gastar lo ~ y lo ajeno eigenes u. fremdes Gut vergeuden; hacer ~(s) (*bzw.* ~a[s]) s. zu eigen machen; *fig.* F hacer de las ~as die (für ihn *bzw.* sie) typischen Verrücktheiten anstellen F (*bzw.* Meisterstreiche verüben); hizo una de las ~as *a.* das war typisch für ihn; das ist s-e Handschrift (*fig.*); ir a lo ~ auf s-n eigenen Vorteil bedacht sein; llevar la ~a adelante sein Vorhaben vorwärtstreiben.
su|yo[2], ~**yu** *m Pe. in Zssgn.* Land *n*, Gebiet *n*.
suzarro □ *m* Diener *m*, Knecht *m*.
svástica *f* Swastika *f* (*altindische Bezeichnung des Hakenkreuzes*).
swap ⚕ *m* Swap *m* (*Devisenaustauschgeschäft*).
swing *m* ♩, ⚕ Swing *m*, ⚕ Kreditgrenze *f* b. Handelsverträgen.
switch ⚕ *m* Switch *m*; operación *f* ~ Switchgeschäft *n*.
Syllabus *ecl. m* Syllabus *m*.

T

T, t (= *te*) *f* T, t *n*; ⊕ hierro *m* de doble T Doppel-T-Eisen *n*; *viga f en T* T-(Eisen-)Träger *m*.
¡ta! 1. *int.* ei!; halt! 2. *onom.* tapp! *od.* poch! (*Klopfen*).
taba *f* 1. *Anat.* Sprungbein *n*; 2. ~s *f/pl. od. juego m de la* ~ Taba-, Knöchel-spiel *n*.
taba|cal *m* Tabakpflanzung *f*; **~calera** *f Span.* Tabakregie *f*; F *Andal.* Tabakarbeiterin *f*; **~calero I.** *adj.* Tabak(s)...; **II.** *m* Tabak-pflanzer *m*; -händler *m*; **~co I.** *m* 1. Tabak *m*; *bsd. Col.* Zigarre *f*; ~s *m/pl.* Tabak-, Rauch-waren *f/pl.*; ~ *para* (*od. de*) *fumar* (*de mascar, de pipa*) Rauch- (Kau-, Pfeifen-)tabak *m*; ~ *en polvo* → *rapé; paquete m de* ~ Päckchen *n* (*od.* Packung *f*) Zigaretten; 2. ✗ Rotfäule *f*; **II.** *adj. inv.* 3. (*color*) ~ tabakfarben; **~coso** F *adj.* stark schnupfend; voller Tabakflecken.
tabalada F *f* Schlag *m*; Klatsch *m*, Plumps *m*; Ohrfeige *f*.
tabalario F *m* → *tafanario*.
tabale|ar I. *v/t.* hin u. her bewegen; pendeln lassen; **II.** *v/i.* mit den Fingern trommeln; stampfen (*Pferd*); **~o** *m* Hin- u. Herbewegen *n*, Schaukeln *n*; Trommeln *n mit den Fingern*.
tabanazo F *m* Schlag *m* mit der Hand; Ohrfeige *f*.
tabanco *m* 1. Straßenbude *f*; 2. Freibank *f*; 3. *Am. Cent.* → *desván*.
tabanera *f* Bremsennest *n*.
tábano *m Ent.* Bremse *f*; *fig.* F aufdringlicher Kerl *m*.
tabanque *m* Tretrad *n* der Töpferscheibe; F *levantar el* ~ sein Bündel schnüren (*fig.* F); die Sitzung aufheben (*fig.* F).
tabaque[1] *m* Binsenkörbchen *n* (*bsd. für Handarbeiten*).
tabaque[2] *m* Zwecke *f* (*Nagel mit breitem Kopf*).
taba|quera *f* 1. Tabakdose *f*; Tabaksbeutel *m*; 2. Pfeifenkopf *m*; 3. Tabak-arbeiterin *f*; -händlerin *f*; **~quería** *f* 1. Tabakladen *m*; 2. *Cu., Méj.* Tabakfabrik *f*; **~quero I.** *adj.* 1. Tabak...; **II.** *m* 2. Tabak-arbeiter *m*; -händler *m*; 3. *Méj.* ein Tabakschädling; **~quillo** ♀ *m Am.* zahlreiche Pfl., *oft medizinisch genutzt*; **~quismo** *m* (chronische) Nikotinvergiftung *f*.
tabardillo *m* 1. F ✱ a) Typhus *m*; b) Sonnenstich *m*; 2. *fig.* F schwerer Ärger *m*; Nervensäge *f* F (*Person*).
tabardo *m* 1. † Mantel *m der Bauern*; ⚔ *hist.* Winterrock *m der Uniform*; 2. ⌀ Wappenrock *m*, Heroldsmantel *m*.
taba|rra F *f*: *dar la* ~ *a alg.* j-m auf die Nerven (*od.* auf den Geist, auf den Keks) gehen F, j-m auf den Wecker fallen F; **~rro** *Ent. m Reg.* Bremse *f*.
taberna *f* Schenke *f*, Taverne *f*.
tabernáculo *m* 1. *bibl.* Hütte *f*, Zelt *n*; Stiftshütte *f*; *fiesta f de los* ~s Laubhüttenfest *n*; 2. *ecl.* Tabernakel *n*, *m*; 3. *fig.* P weibliche Scham *f*.
taber|nario *adj.* Wirtshaus..., Schenken...; Sauf...; *fig.* gemein, niedrig; *canción f* ~*a* Sauflied *n*; **~nero** *m* 1. Schenkwirt *m*; 2. *Fi.* Klippenbarsch *m*; **~nucho** *m* elende Kneipe *f*, Kaschemme *f* F.
ta|bes ✱ *f*: ~ (*dorsal*) Tabes *f* (dorsalis), Rückenmarksschwindsucht *f*; **~bético** *adj.-su.* tab(et)isch; *m* Tabetiker *m*.
tabi|ca *Zim. f* Futterstufe *f*; Setzstufe *f b.* Treppen; **~car** [1g] *v/t.* ver-, zumauern; verschalen; *fig.* sperren; **~que** *m* 1. △, *Zim.* Zwischen-, Scheide-, Trenn-wand *f*; ~ *corredizo* Schiebewand *f*; F *vivir* ~ *por medio Wand an Wand wohnen*; 2. *Anat.* Scheidewand *f*; ~ *nasal* Nasenscheidewand *f*.
tabla I. *f* 1. Brett *n*, Bohle *f*, Planke *f* (*bsd.* ⚓); △, *Zim.* ~ *de armadura* Schalbrett *n*; ~ (*deslizadora*) *a vela* Surfbrett *n*; ~ *de dibujo* (*de lavar*) Zeichen- (Wasch-)brett *n*; ⚓ ~ *exterior* Außenhautplanke *f*; *Kchk.* ~ *de picar* Schneide-, Hack-brett *n*; ~ *de planchar* Bügelbrett *n*; *fig.* ~ *de salvación* letzte Rettung *f*, letzte Zuflucht *f*; *fig. salvarse en una* ~ wie durch ein Wunder davonkommen; 2. *fig. Stk.* Plankenumzäunung *f des Stierkampfplatzes*; „Plankenabschnitt" *m* (*der unmittelbar an diesen Zaun grenzende Teil der Arena*); 3. *Thea.* ~s *f/pl.* Bühne *f*, Bretter *n/pl.* (*fig.*); *llevar a las* ~s *Stück* aufführen; *pisar bien las* ~s s-e Rolle mit großer Natürlichkeit spielen; *salir a las* ~s auftreten; *tener* ~s Bühnenerfahrung haben; 4. Tricktrack *m*, Puff(spiel) *m*; Brettspiel *u. fig.*: *hacer* (*od. quedar en*) ~s Remis machen, patt bleiben; 5. Platte *f*, Tafel *f*; *Col. a.* Tafel *f* (*Schokolade*); ~ *de la mesa* Tischplatte *f*; 6. Tafel *f*, Tabelle *f*; *Astr. hist.* ~s *f/pl. alfonsinas* Alfonsinische Tafeln *f/pl.*; ~ *de cálculo* (*de dividir*) Rechen- (Divisions-) tabelle *f*; ✝ ~ *de conversión* Umrechnungstabelle *f*; *Sp.* ~ *finlandesa vergleichende* Leistungstabelle *f* (*Leichtathletik*); ~ *graduada* Skalentafel *f an Geräten usw.*; *bibl.* ~s *de la Ley* die Gesetzestafeln; *Arith.* ~s *f/pl. logarítmicas* Logarithmentafeln *f/pl.*; ~ *de materias* Inhaltsverzeichnis *n*; Sachregister *n*; Statistik: ~ *de mortalidad* Sterblichkeitstabelle *f*; ~ *de multiplicar, Sch. oft* ~ Einmaleins *n*; ⚥ ~ *pitagórica* Pythagoreische Tafel *f*; *Phil.* ~ *de valores* Wertetafel *f*; *Rel.* ~ *votiva* Votivtafel *f*; 7. ♦ Tafel *f*, Tisch *m*; *Lit. los Caballeros de la* ~ *Redonda* die Ritter von der Tafelrunde (*des Königs Arthus*); *fig. a raja* ~ → *rajatabla*; 8. Gemälde *n* auf Holz, Tafel *f*; 9. *Mal.* (*Perspektive*): Bildfläche *f*; 10. Fleisch-bank *f*; -theke *f*; 11. *Mode:* Kellerfalte *f*; ~s *f/pl.* encontradas Quetschfalten *f/pl.*; 12. ✗ Beet *n*; Rabatte *f*; 13. *Equ.* a) Seite *f des Halses*; b) Reibefläche *f der Zähne*; 14. *Phil.*, *Psych. u. fig.* ~ *rasa* Tabula *f* rasa, unbeschriebenes Blatt *n* (*fig.*); *fig. hacer* ~ *rasa* (*de algo*) tabula rasa (*od.* reinen Tisch) machen (*mit et. dat.*); 15. *Geogr.* breit u. ruhig dahinfließender Flußabschnitt *m*; 16. *fig.* F flachbusige Frau *f*; **II.** *m* 17. P warmer Bruder *m* F, Tunte *f* F; **III.** *adj. inv.* 18. F *Arg.* flachbusig.
tabla|do *m* 1. Podium *n*; Parkett *n*; Tribüne *f*; 2. Gerüst *n*; Gestell *n*; Arbeitsbühne *f*; 3. Bühne *f*; 4. Schafott *n*; **~je** *m* Bretterwerk *n*; **~jería** † *u. Reg. f* Fleischbank *f*; **~jero** *m* 1. Zimmermann *m* (*bsd. für Gerüst- u. Tribünenbau*); 2. Kassierer *m der Benutzungsgebühr von tablados*; 3. Fleischbankbesitzer *m*; **~o** *Folk. m* Bühne *f* für *Flamenco*; **~zo** *m* 1. *Geogr.* flacher Teil *m* e-s *Gewässers*; **~zón** ⚓ *m* Plankenwerk *n*.
table|ado I. *adj.*: *falda f* ~*a* Faltenrock *m*; **II.** *m* Falten *f/pl.* (*Kleid*); **~ar** *v/t.* 1. *Stämme*, *Holz* in Bretter schneiden; 2. Falten einnähen in ein *Kleid*; 3. ✗ in Beete ab-, ein-teilen; *a.* glattziehen, (flach)eggen; 4. Eisen plattschlagen (*Schmied*).
tablero I. *adj.* 1. geeignet, Bretter daraus zu schneiden (*Holz*); **II.** *m* 2. Tafel *f*; Platte *f*; *Zim.* ~ *contrachapeado* (*de plata prensada*) Sperrholz- (Hartfaser-)platte *f*; ~ *de dibujo* Zeichen-, Reiß-brett *n*; *a. Kfz.*, ⚙ ~ *de instrumentos*, ~ *de mandos* Armaturenbrett *n*; ⚥ ~ *de números* Nummerntafel *f*, Tableau *n*; 3. Tischplatte *f*; 4. (Schul-, Wand-)Tafel *f*; 5. Arbeitstisch *m* (*z. B. an Maschinen*); Ladentisch *m*; Schneidertisch *m*; 6. Spielbrett *n*; ~ *de ajedrez* (*de damas*) Schach- (Dame-)brett *n*; 7. Spieltisch *m*; *bsd.* Billardtisch *m*; † *u. Reg.* → *garito*; *fig. sacar* (*od. traer*) *al* ~ *aufs* Spiel setzen; 8. ✗ Beet *n/pl.*; 9. △, ⊕ Feld *n*, Tafelfläche *f*; Säulenplatte *f*; *Zim.* Füllung *f*; Belag *m*, Fahrbahn *f* e-r Brücke usw.; Sohle *f* e-s Staubeckens; 10. Laufsteg *m*, Umlauf *m*; 11. ♀ Schachblume *f*.

tablestaca — tal

tablestaca *Zim. f* Spundwandbohle *f*; ~do *m* Spundwand *f*.
table|ta *f* 1. Brettchen *n*; Täfelchen *n*; Tafel *f Schokolade*; *Zim.* ~ *para tejar* Pfette *f*, Dachsparren *m*; 2. *pharm.* Tablette *f*; 3. ~s *f/pl.* → *tablillas de San Lázaro*; 4. *Arg.* Pfefferkuchen *m*; ~tear *v/i.* klappern (*a. Storch*); rattern; ~teo *m* Klappern *n*; Rattern *n*.
tablilla *f* Täfelchen *n*; Tafel *f Schokolade*; ✠ Schiene *f*; ⊕ Putzeisen *n der Former*; *hist.* ~s *f/pl. de San Lázaro* Klapper *f der Aussätzigen*; *sobre* ~ auf Holzbrett (gespannt od. geklebt *usw.*), *z. B.* Zeichnung, Schmetterlinge.
ta|blón *m* Bohle *f*, starkes Brett *n*; *p. ext.* → *trampolín*; *fig.* F Rausch *m*, Affe *m* F; ~ *de anuncios* Anschlagbrett *n*, Schwarzes Brett *n*; ~blonci**llo** *m fig.* F höchster Sitzplatz *m in der Stierkampfarena*; Abortsitz *m*.
ta|bú *m* (*a. adj.*; *pl.* tabúes) *Ethn. u. fig.* Tabu *n*; ~ *lingüístico* Sprachtabu *n*; ~buco *m* elende Bude *f*, Loch *n* (*fig.* F); ~buización *f* Tabuisierung *f*; ~buizar [1f] *v/t.* zum Tabu machen, tabuisieren.
tabula|dor *m* Tabulator *m an Schreibmaschinen* (*a. EDV*); ~r I. *adj. c* brettförmig; II. *v/t.* tabellieren; ~tura *f* Tabulatur *f*.
taburete *m* Hocker *m*, Schemel *m*; *Col.* (normaler) Stuhl *m mit Lehne*; ~ *de barra*, ~ *de mostrador* Barhocker *m*; ~ *escalera* Tritthocker *m*; ~ *de piano* Klavierstuhl *m*.
tac *onom.* tack.
taca[1] *f kl.* Wandschrank *m*.
taca[2] *sid. f* Gußplatte *f*.
taca[3] *f Chi.* eßbare Venusmuschel *f*.
taca|ñear *v/i.* knausern F, knickern F; ~ñería *f* Knauserei *f* F; ~ño *adj.-su.* knauserig F, geizig; *m* Geizhals *m*.
tacarigua ♀ *f Salv., Ven.* Königspalme *f*.
tacataca *m* Laufstühlchen *n für Kinder*.
tacín *m* Wäschekorb *m*.
tacita *dim. f* Täßchen *n*; *fig.* F *como una ~ de plata* blitzsauber.
tácito *adj. a.* ⚖ stillschweigend.
tacitur|nidad *f* Schweigsamkeit *f*; ~no *adj.* 1. schweigsam; 2. in sich gekehrt; schwermütig.
taco *m* 1. (kurzes) Holzrohr *n*; *p. ext.* Knallbüchse *f der Kinder*; 2. Dübel *m*, Pflock *m*; Zapfen *m*; Stollen *m* (*z. B. unter Fußballschuh*); ~ *calzar* Unterlegklotz *m*; 3. Schimpfwort *n*, derber Ausdruck *m*, Kraftausdruck *m*; *fig.* F *soltar* ~s derbe Ausdrücke gebrauchen, *s.* unflätig ausdrücken; 4. *hist.* ⚔ Pfropfen *m der Vorderlader*; Ladestock *m*; 5. Abreiß-, Kalender-block *m*; 6. Queue *n* (*Billard*); 7. *Kchk. Span.* kleingehackter Würfel *m* (*Käse, Schinken*); *Méj.* eingerollte mexikanische *tortilla* mit verschiedenen Füllungen; 8. *Méj.* Verkehrsstau *m*; 9. *Am. Mer.*, *P. Ri.* oft → *tacón*; 10. ☐ Jahr *n*.
tacó|grafo *Kfz. m* Fahrtenschreiber *m*; ~metro *m* Tachometer *m, n*.
ta|cón *m* Absatz *m* (*Schuh*); ~ *alto (bajo)* hoher (flacher, niedriger) Absatz; ~ *aguja* (*cuña*) Pfennig- (Keil-) absatz *m*; *medio* ~ halbhoher Absatz *m*; ~conazo ✕ *m*: *dar un* ~ *die*

Hacken zs.-schlagen; ~conear I. *v/i.* (mit dem Absatz) aufstampfen; II. *v/t. Chi.* verdübeln; abdichten; ~coneo *m* Aufstampfen *n b. Gehen od. Tanzen.*
tactación ⚤ *f* Tasten *n*, Betasten *n*.
tácti|ca *f* Taktik *f*; ~co *adj.-su.* taktisch; *m* Taktiker *m*.
táctil *adj. c* berührbar; taktil, *Tast...*; *sensación* ~ Tastempfindung *f*.
tac|tismo *Biol. m* Reaktionsbewegung *f auf äußeren Reiz*; ~to *m* 1. Gefühl *n*, Tastsinn *m*; 2. Takt *m*, Anstand (-sgefühl *n*) *m*; *falta f de* ~ Taktlosigkeit *f*; 3. *bsd.* ⚤ Austasten *n*; Touchieren *n*; *fig.* ~ *de codos* Schulterschluß *m*; *al* ~ beim Berühren.
tacua|cín, ~zín *Zo. m Am. Cent.* Opossum *n*.
tacurú *m Rpl.* 1. *winzige Ameisenart*; 2. *bis zu 2 m hoher alter Ameisenhügel m (bsd. in regelmäßig überschwemmtem Gelände).*
tacha[1] *f* Nagel *m mit dickem Kopf*, Zwecke *f*.
tacha[2] *f* Fehler *m*, Makel *m*; Tadel *m*; *sin* ~ makellos; *poner* ~(*s*) *a et.* auszusetzen haben an (*dat.*); ~r *v/t.* 1. (aus)streichen; *táchese lo que no proceda* Nichtzutreffendes streichen; 2. tadeln; beanstanden; ~ *de* ... (*negativ*) charakterisieren, bezeichnen, abtun als*...*
tacho *m Am.* Kessel *m*; Sudpfanne *f der Zuckersiedereien*; *Arg., Pe.* ~ (*de la basura*) Mülleimer *m*.
tachón[1] *m* Zier-, Polster-nagel *m*.
tachón[2] *m* 1. (Feder-)Strich *m durch Geschriebenes*; 2. Tresse *f*, Borte *f*; Besatz (-schnur *f*) *m*.
tacho|nar *v/t.* 1. mit Ziernägeln beschlagen; *fig.* ~ado de estrellas sternbesät; 2. mit Tressen besetzen; ~nería *f* 1. Ziernagelbeschlag *m*; 2. Tressen *f/pl.* [Mängel.]
tachoso *adj.* fehlerhaft, voller⌐
tachuela *f kl.* Nagel *m*, Zwecke *f*.
Tadyikistán *m* Tadschikistan *n*.
tafanario F *m* Allerwerteste(*r*) *m* (*fig.* F).
tafetán 1. Taft *m*; *fig.* ~anes *m/pl.* Fahnen *f/pl.*; bunte (*od.* festliche) Kleider *n/pl. der Damen*; 2. *früher:* ~ *inglés* Englischpflaster *n*.
tafia *f Arg., Bol., Ven.* Zuckerrohrschnaps *m*.
tafilete *m* Saffianleder *n*; *p. ext.* Schweißleder *n* (*Hut*); *Buchb. medio* ~ Halbfranzband *m*.
tagarnina *f* 1. ♀ Golddistel *f*; 2. *fig.* F schlechte Zigarre *f*, Stinkadores *f* F; schlechter Tabak *m*, Knaster *m* F.
tagarote *m* 1. *Vo.* Stinkfalke *m*; 2. *fig.* Schreiber(seele *f desp.*) *m*; *fig.* F langer Lulatsch *m* F.
tagua *f* 1. ♀ Steinnuß *f*; Pflanzenelfenbein *n*; 2. *Chi.* Bläßhuhn *n*.
tahalí *m* (*pl.* ~íes) *kath.* (ledernes) Reliquienkästchen *n*.
taho|na *f* 1. Roßmühle *f*, *von Pferden über Göpel angetriebene* (Getreide-) Mühle *f*; 2. *Span. Reg.* Bäckerei *f*; ~nero *m* 1. Roßmüller *m*; 2. *Span. Reg.* Bäcker *m*.
ta|húr *m* (Gewohnheits-)Spieler *m*, Zocker *m* F; *bsd.* Falschspieler *m*; ~hurería *f* 1. Spielhölle *f*; 2. Spielwut *f der Glücksspieler*; 3. Mogelei *f im Spiel*.

taifa *f* 1. *hist.* Parteiung *f*; *Span. los Reinos de* ~ *od. las* ~s *die Teilreiche od. die Taifas (nach 1031 entstanden);* 2. *fig.* F Bande *f*, Pack *n*, Gesindel *n*.
tailan|dés *adj.-su.* thailändisch; *m* Thai(länder) *m*; ⚥dia *f* Thailand *n*.
taima *f* Durchtriebenheit *f*; Verschmitztheit *f*; Abgefeimtheit *f*; ~do *adj.* schlau, verschmitzt; gerieben; verschlagen.
taita *m* 1. *Kdspr. u. Reg.* Papa *m*; 2. *Cu., P. Ri.* Anrede *für alte Neger*; *Chi., Pe., Rpl. Anrede für Respektspersonen;* 3. *Rpl.* (*Gauchos*) → *matón*.
Taiwan *m* Taiwan *n*.
taja *f* 1. (Ein-)Schnitt *m*; 2. Schild *m*; ~da *f* 1. Schnitte *f*, Scheibe *f*; *fig. la* ~ *del león der Löwenanteil*; *fig.* F *sacar* ~ e-n Schnitt (*od.* s-n Reibach F) machen; 2. *fig.* ♫ Schwips *m*; **b**) Husten *m*; Heiserkeit *f*; ~dera *f* 1. *Kchk.* Wiegemesser *n*; 2. ⊕ Schrotmeißel *m*; ~dilla *f Kchk.* F Ragout *n aus Innereien*; ~do *adj.* steil abfallend (*Hang, Küste*); ⌀ schräggeteilt; *fig.* F angesäuselt F, beschwipst; ~dor F *m. adj.* 1. schneidend, Schneide...; II. *m* 2. Hackklotz *m bsd. für Fleisch*; 3. Schneidegerät *n*; ~dora *f* 1. Hack-, Fleisch-messer *n*; 2. ⊕ Schrothammer *m*; ~dura *f* Schneiden *n*; Schnitt *m*.
tajamanil *m Méj.* Schindel *f*.
tajamar *m* 1. Eis-, Wellen-brecher *m an Brücken usw.*; 2. ⚓ Schaft *m*, Schegg *m*; 3. *Am. Reg.* → *malecón*; 4. ✎ *Rpl.* Zisterne *f*.
ta|jante I. *adj. c* 1. *bsd. fig.* scharf, schneidend; 2. *fig.* endgültig; kategorisch; II. *m* 3. *Reg.* Schlachter *m*; ~jar I. *v/t.* (auf-, ver-)schneiden; in Scheiben schneiden; ⊕ Feilen (auf)hauen; II. *v/r.* ~se F *s.* betrinken; ~jo *m* 1. Schnitt *m*; Schnitte *f*, Schmarre *f*; 2. Schneide *f* (*z. B. e-r Axt*); 3. *Fechtk.* Hieb *m* von rechts nach links; 4. (Gelände-) Einschnitt *m*; tief eingeschnittenes Tal *n*; Steilhang *m*; 5. Hack-block *m*, -brett *n*; ~ *de carnicero* Schlachtbank *f*; 6. Richtblock *m*; 7. ⚒ Abbau *m*; ~ *de carbón* Kohlenstoß *m*; ~ *de mina* Ort *n*; 8. ⚒ *u. Arbeit im Gelände:* Tagewerk *n*, Schicht *f*; 9. † *u. Reg.* Arbeit *f*, Aufgabe *f*; 10. *Col., Ven.* Saumpfad *m*.
ta|jón *m* Hackklotz *m für Fleisch*; ~jona *f Cu. Folk.* 1. bongoähnliche Trommel *f*; 2. *Volkslied u. Tanz*; *p. ext.* Jubel *u.* Trubel *m*, Rummel *m*.
tal I. *adj.-pron.* solche(r, -s); derartige(r, -s); so beschaffene(r, -s); **a**) *el* ~ besagter; *los (bzw. las)* ~*es* besagte *pl.*, diese; *un* ~ (*López*) ein gewisser (López); *fig.* F *una* ~ „so eine" *od.* ~ *e Dame von der gewissen Sorte* (*fig.* F); *vivir en la calle de* ~ in der X-Straße wohnen; *en* ~ *parte da u. da, irgendwo*; *en* ~ *situación* in e-r solchen (*od.* in dieser) Lage; *hacer otro* ~ das gleiche tun, es genauso machen; ~ (*cosa*) so e-e Sache, so etwas; ~*es cosas* dergleichen, derlei, solcherlei; ~ *es su opinión* das ist s-e Meinung; ~ *y* ~ (*cosa*) dies u. das; **b**) *mit como:* (~*es*) *como hay* (~) *como* es gibt nichts Besseres (*od.* k-n besseren Weg), als; **c**) *mit cual:*

ambos son ~ para cual die beiden sind e-r wie der andere; ~ *cual a)* nichts Besonders, durchschnittlich (*Person*); *b)* der e-e od. andere, einige (wenige), manche; *lo dejamos ~ cual estaba* wir beließen es in s-m Zustand; *le prefiero ~ cual es* ich habe ihn lieber, so wie er ist; *lit.* ~ *era su vida cual ahora ha sido su muerte* sein Leben war genau so, wie jetzt sein Tod gewesen ist; *una solución ~ cual* e-e fragwürdige Lösung; **II.** *adv. así como ...,~ ...* (so) wie ...; *como si ~ cosa* mir nichts dir nichts *od.* mit der größten Leichtigkeit; *por ~ deswegen*; ¿*qué ~*? wie steht's?, wie ist ...?; F hallo!, (guten) Tag! (*Gruß*); ¿*qué ~ su trabajo*? wie steht es mit Ihrer Arbeit?; ~ *como* wie etwa, beispielsweise; ~ *cual* so wie; einigermaßen, leidlich, ziemlich; mittelmäßig, soso F; † *u. Am.* ~ *cual vez* gelegentlich, ab u. zu; *lit.* ~ *estaba de contento que ...* er war so zufrieden, daß ...; ~ *vez* vielleicht; etwa; ~ *vez venga mañana* vielleicht kommt er morgen; *K* ~ *vez ...,~* (*vez*) *... bald ..., bald ...; y* ~ u. so (fort); ¡*y* ~! genau!, das will ich meinen!; **III.** *cj. con* ~ (*de*) *que + subj.* vorausgesetzt, daß + *ind.*; wenn + *ind.*; *con ~ de + inf.* wenn + *ind.*

tala[1] *f* **1.** *silv.* Holz(ein)schlag *m*, Abholzen *n*; *fig.* Verwüstung *f*; ⚔ Baumsperre *f*; *silv.* ~ *incontrolada* Raubbau *m*; **2.** Tala-, Klipper-spiel *n der Kinder*; Klipper *m*, Holzschlegel *m b. diesem Spiel.*
tala[2] ♀ *f Rpl.* Talabaum *m.*
talabardo ♀ *m* Alpenrose *f.*
talabarte *m* Wehrgehänge *n*; ~**ría** *f* Sattlerei *f*; ~**ro** *m* Sattler *m*, Riemer *m.*
talador *m* Holzfäller *m.*
tala|drado *m* Bohren *n*; ⊕ ~ *previo* Vorbohren *n*; ~**drador** *m* Bohrer *m* (*Mann u. Gerät*); ⊕ ~ *eléctrico* Elektrobohrer *m*, Bohrmaschine *f*; ~**dradora** *f* Bohrmaschine *f*; ~ *automática* Bohrautomat *m*; ~**drar** *v/t.* **1.** (durch)bohren, lochen; *Loch* bohren; *fig.* ~ *el cerebro* den Kopf brummen lassen, Schädelbrummen verursachen F; *fig.* ~ *los oídos* in den Ohren gellen (*od.* schrillen); **2.** *fig.* Absicht durchschauen; ~**drina** ⊕ *f* Bohr-öl *n bzw.* -flüssigkeit *f*; ~**dro** *m* **1.** Bohrer *m* (*Gerät*); ~-*percutor* Schlag-Bohr-Maschine *f*; **2.** Bohrung *f*, Bohrloch *n*; *isla f de* ~ Bohrinsel *f*; **3.** Reiß-, Trenn-linie *f* (*Papier usw.*), Perforation *f*; **4.** *Ent.* Bohr-, Holz-wurm *m.*
talaje *m* **1.** *Arg.* abgeweidetes Gelände *n*; **2.** *Chi.* Weiden *n*; Weidegeld *n.*
tálamo *m lit.* Brautbett *n*; ♀ Frucht-, Blüten-boden *m*; *Anat.* ~ *óptico* Sehhügel *m.* [*läut.*)
talán *onom. m*: ~ bim, bam (*Ge-*)
talanquera *f* **1.** Bretterwand *f*; Schranke *f*, Schutz *m*; *fig.* Zuflucht(sort *m*) *f*; **2.** *Col.* Rohrgeflecht *n* (*Wand, Zaun*).
talante *m* **1.** Art *f*, Weise *f*; **2.** Wesen *n*, Charakter *m*; **3.** Aussehen *n*; Beschaffenheit *f*, Zustand *m*; Stimmung *f*, Laune *f*; *estar de mal* (*buen*) ~ schlechter (guter) Laune sein.
talar[1] *v/t.* **1.** *Bäume* fällen, schlagen;

2. verwüsten; dem Erdboden gleichmachen; **3.** *Arg. Weideland* bis auf die Wurzeln abgrasen.
talar[2] **I.** *adj. c* schleppend (*Gewandung*); *fig. aspecto m* ~ priesterhaft; *traje m* ~ Robe *f*, Ornat *m*, Talar *m*; **II.** *Myth. m/pl.* ~**es** Flügelschuhe *m/pl. des Merkur.*
talar[3] *m Rpl.* Wald *m* von Talabäumen.
talasoterapia ⚕ *f* Thalassotherapie *f.*
talayote[1] *m* Megalithdenkmal (*niedriger Turm*) *auf den Balearen.*
talayote[2] *m Méj.* **1.** ♀ → *tlalayote*; **2.** *fig.* P ~*s m/pl.* Hoden *m/pl.*
talco *m Min.* Talk(um) *m*, Speckstein *m*; (*polvos m/pl. de*) ~ Talkum(puder *m*) *n.*
taled *m* Gebetsmantel *m*, Tallith *m der Juden.*
tale|ga *f* Beutel *m*, Tasche *f*; *hist.* Haarbeutel *m*; *hist.* Beutel *m* (*Betrag von 1.000 Silberduros*); *fig.* Geld *n*, Vermögen *n*; *fig.* F zu beichtende Sünden *f/pl.*; *Untertuch m für Kleinkinder*; *p. ext.* Kothäufchen *n* (*in der Windel*); ~**gada** *f* Sackvoll *m*; ~**gazo** *m* Schlag *m* mit e-m Beutel (*od.* e-m Sack); *fig.* F Hinschlagen *n*, Plumps(er) *m* F; ~**go** *m* (Leinwand-)Sack *m*; Geldsack *m*; *Col. allg.* Sack *m*, Beutel *m*; *fig.* ungestalter Mensch *m*; *tener* ~ Geld haben; ~**guilla** *f* **1.** Beutel(chen *n*) *m*; *fig.* F ~ *de la sal* Geld *n* für die täglichen Ausgaben; **2.** *Stk.* Hose *f der Stierkämpfer.*
talen|to *m* **1.** *hist.* Talent *n* (*Gewicht u. Geld*); **2.** Begabung *f*, Talent *n*; *fig.* Verständnis *n*; *tener* ~ *para la música* musikalisch sein; *tener ni pizca de* ~ ganz u. gar unbegabt sein; ~ *de* begabt; ~**toso**, ~**tudo** *adj.* talentiert, begabt.
talio ⚛ *m* Thallium *n.*
talión *m* = *ley f del* ~ (Gesetz *n* der Wieder-)Vergeltung *f.*
talismán *m* Talisman *m.*
talmente *adv.* dergestalt; sozusagen; genau, geradezu.
Tal|mud *Rel. m* Talmud *m*; ⚕**múdico** *adj.* Talmud...; ⚕**mudista** *m* Talmudist *m.*
talo ♀ *m* Thallus *m*; ~**fitas** ♀ *f/pl.* Thallophyten *m/pl.*
talón *m* **1.** Ferse *f* (*Anat. u. Strumpf*); *p. ext.* Fleischteil *m des Pferdehufs*; Hufknorpel *m*; (Hinter-)Kappe *f* (*Schuh*); ⊕ Stollen *m*, Nase *f* an Maschinenteilen; Absatz *m* auf *e-r* Fläche; ✓ Nase *f*, Sohle *f am Pflug*; *Kfz.* Reifenwulst *m*, *f*; *tex.* ~ *alto* Hochferse *f am Strumpf*; ⚓ ~ (*de quilla*) Kielhacke *f*; *Equ. golpear con los* ~*ones* mit den Fersen anspornen; *fig. mostrar* (*od.* levantar, apretar) *los* ~*ones* Fersengeld geben; *fig. pegarse a los* ~*ones de alg. s.* an j-s Fersen heften; *fig.* F *tener el juicio en los* ~*ones* die Weisheit nicht mit Löffeln gegessen haben F; **2.** † Abschnitt *m*; Schein *m*; ~ *de embarque* Schiffszettel *m*; ~ *de entrega* (*de equipaje*) Liefer- (Gepäck-)schein *m*; ~ *de expedición* (*od. de facturación*) Frachtbrief *m*; Aufgabeschein *m*; ~ *de ferrocarril* Frachtbriefduplikat *m*; ~ *de renovación* Erneuerungsschein *m*; Talon *m*; **3.** F *Span.* Scheck *m.*
talona □ *f* Kneipe *f.*

talonada *Equ. f* Schlag *m* mit dem Absatz, Fersenstoß *m.*
talonario I. *adj.* Kupon..., Abreiß...; *libro m* ~ Kupon-heft *n*, -block *m*; **II.** *m* ✝ ~ (*de cheques*) Scheckheft *n*; ~ *de entrega* Lieferscheinblock *n*; ~ *de recibos* Quittungsblock *m*; 🚌 ~ *de billetes* Fahrscheinheft *n.*
talone|ar I. *v/i. fig.* F rasch gehen; *bsd. Am.* (ziellos) durch die Gegend rennen F; **II.** *v/t. Equ. Chi., Méj., Rpl.* mit den Fersen anspornen; ~**ra** *f Am.* Kappenverstärkung *f am Schuh.*
talonero □ *m* Wirt *m.*
talpa(**ria**) ⚕ *f* Speckbeule *f* im Kopfgewebe.
talud *m* Böschung *f*; *Geol.* ~ *detrítico* Schutt-, Geröll-halde *f*; ⚔ ~ *interior* Schulterwehr *f.*
taludín *Zo. m Guat.* Art Kaiman *m.*
talvina *f* Mandelmilchbrei *m.*
talweg 🜨, ⚓ *m* Talweg *m* (= *tiefste Schiffahrtsrinne e-s Flusses*).
talla[1] *f* **1.** Wuchs *m*; Gestalt *f*, Statur *f*; *p. ext.* Größe *f* (*a.* Konfektionsmaß); Meß-gerät *n*, -stock *m* zur Feststellung der Körpergröße; *fig. de* ~ bedeutend; *de poca* (*od. de escasa*) ~ von kleinem Wuchs; *fig.* unbedeutend; ⚔ *dar la* ~ tauglich sein; *fig. no tener la* ~ *para + inf.* nicht das Format haben; *con* ~ *min + inf.*; **2.** Schnitzerei *f*; *a.* Bildhauerarbeit *f*; *p. ext.* Schneiden *n*, Schneidearbeit *f*; ⊕ → *a. tallado 4*; Schliff *m* (*Diamanten*); ~ *dulce* (*dura*) Kupfer-(Stahl-)stich *m*; ~ *en madera* Holzschnitt *m*; *media* ~ Halbrelief *n*; *de* ~ *geschnitzt*; **3.** Prägemaß *n*, Münzfuß *m*; **4.** *Kart.* Abziehen *n* der Karte; *Montespiel usw.*: Partie *f*, Spielchen *n*; *Reg., bsd. Am.* Ausspielen *n*; Halten *n* der Bank; **5.** ⚕ (*vesical*) Blasenschnitt *m*; **6.** *hist.* Lösegeld *n für Gefangene*; Kopfgeld *n für Flüchtige*; *poner a alg. a* ~ j-s Kopf ein Preis setzen; **7.** *Am. Cent.* → *embuste*; **8.** *Arg., Chi.* → *charla, conversación.*
talla[2] ⚓ *f* Talje *f*, Hebezeug *n.*
talla|do I. *adj.* **1.** geschnitzt; geschnitten; gemeißelt; (*z. B. in Marmor*); geschliffen (*Diamant*); **2.** gewachsen; *bien* (*mal*) ~ gut (schlecht) gewachsen; **II.** *m* **3.** Schnitzarbeit *f*; **4.** ⊕ Schneiden *n* von Gewinden, Zahnrädern *u. ä.*; ~ *de roscas* Gewindeschneiden *n*; ~**dor** *m* **1.** Graveur *m*; Schnitzer *m*; ~ *en cobre* Kupferstecher *m*; **2.** *Kart. usw.* Bankhalter *m*; ~**dura** Einkerbung *f.*
tallar[1] **I.** *adj.* schlagbar; *monte m* ~ schlagreifer Holzbestand *m* (*Wald*); **II.** *m* Gehau *m*, Holzschlag *m*; ~[2] **I.** *v/t.* **1.** einkerben; einschneiden; ⊕ schneiden *bzw.* drücken; ~ *roscas* Gewinde schneiden; **3.** schnitzen (*in Holz usw. de madera, etc.*); schneiden; *in Stein* meißeln; *in Kupfer usw.* stechen, radieren; *Edelsteine* schleifen; **4.** *Kart.* abziehen, die Bank halten (*Montespiel usw.*); **5.** (ab)schätzen, (be)werten; **6.** *j-s* Körpergröße messen; **7.** *hist.* mit Abgaben belegen; **II.** *v/i.* **8.** *Arg., Chi.* plaudern; *Chi.* Süßholz raspeln F, flirten.
tallarín *m* Bandnudel *f für Suppen.*
talle *m* **1.** Gestalt *f*, Figur *f*; **2.** Taille *f*,

tallecer — tanto 584

Gürtel(linie f) m; **3.** Schnitt m, Sitz m e-s Kleides.
tallecer [2d] ⚥ v/i. → echar tallo.
taller m Werkstatt f; Betrieb m; fig. Workshop m, Seminar n; ~ concesionario Vertragswerkstatt f; ~ cultural etwa Kulturwerkstatt f (Teil e-s Kulturhauses); ~ escuela Lehrwerkstatt f; ~ de fundición Gießerei f; ~ de reparaciones Reparaturwerkstatt f.
tallista c **1.** Bildschnitzer m; Bildhauer m; **2.** Kunststecher m, Graveur m; ~ y pulidor de piedras Edelsteinschleifer m.
tallo ⚥ m Stengel m, Stiel m; Sproß m, Keim m; ~ de roten Peddigrohr (-stock m) n; echar ~ e-n Stiel bekommen; Stengel treiben; echar ~s a. (aus)keimen (z. B. Kartoffeln); **~lludo** adj. langstielig; fig. hochgeschossen; verblüht (Mensch).
tamal m Kchk. Am. Gericht n aus Mais, Fleisch usw., in Bananenblätter eingewickelt; fig. Ant., Méj. Durchea. n; Intrige f; **~lada** F f Méj. Imbiß m von tamales; **~layote** ⚥ m Méj. Tamalayotekürbis m; **~lear** Méj. **I.** v/i. tamales machen (bzw. essen); **II.** v/t. fig. P abknutschen F; **~lera** f Bol. fig. Kopftuch m bei Zahnweh; **~lería** Am. f Tamales-bäckerei f, -verkauf m; **~lero** m Am. Tamaleshändler m; fig. F Méj., Am. Mer. Intrigant m; Chi. Mogler m b. Spiel.
taman|duá, a. **~dúa** Zo. m Am. kl. Ameisenbär m.
tamango m Arg., Chi. Art Riemen- od. Wickel-schuh m der Bauern.
tamaño I. adj. so (sehr) groß; derartig; **II.** m Format n; Größe f; de ~ natural in natürlicher Größe; lebensgroß; en gran ~ vergrößert.
támara f Reisig n.
tamarindo ⚥ m Tamarinde f.
tamarisco ⚥ m Tamariske f.
tamba|learse v/r. hin u. her schwanken; taumeln; taumeln; fig. wanken, ins Wanken geraten; **~leo** m Schwanken n, Wackeln n; Baumeln n, Schaukeln n.
también adv. auch; ebenfalls, ebenso; F un día sí y otro ~ immer; immer dasselbe.
tambo m **1.** hist. And. Rast-, Gasthaus n an den Straßen; **2.** Col. einsam gelegenes Gehöft n; **3.** Chi. Bordell n; **4.** fig. F Pe. ~ de tíos lärmende Lustbarkeit f; **5.** Rpl. Melkstall m bzw. Molkerei f.
tambo|r m **1.** a. ⊕ Trommel f; ~es m/pl. y pífanos Spielmannszug m; ⚔ ~ cargador Ladetrommel f b. Waffen; ⊕ ~ del freno Bremstrommel f; adv. a ~ batiente unter Trommelwirbel; mit klingendem Spiel; fig. pregonar a ~ batiente et. auspossaunen; fig. estar tocando el ~ s-e Zeit verlieren, nichts erreichen; **2.** Trommler m; ⚔ ~ mayor Tambourmajor m; **3.** Stickrahmen m; (Waschmittel-)Trommel f; **4.** Fi. Zwergzunge f; **~ra** f gr. Trommel f, Pauke f; **~rear** v/i. mit den Fingern trommeln.
tamboril m kl. Handtrommel f; fig. F ~ por gaita gehüpft wie gesprungen (fig. F); **~lada** f, **~lazo** m fig. F **1.** Plumps m, Aufschlag m; **2.** Schlag m auf Schulter (od. Kopf); **~lear I.** v/i. die Handtrommel schlagen; trommeln (a. fig. z. B. Regen); **II.** v/t.

fig. j-n sehr rühmen; **~leo** m Trommeln n; **~lero** m Handtrommelschläger m.
tambo|rín m → tamboril; **~rino** m → tamboril u. tamborilero.
Támesis m Themse f.
tami|z m (pl. **~ices**) feineres Sieb n; ~ fino (od. tupido) Haarsieb n; fig. pasar por el ~ genau überprüfen; **~zar** [1f] v/t. fein sieben; fig. **~ado** gedämpft (Licht).
tamo m Spreu f auf der Tenne; Fasern f/pl., Abfall m beim Flachsbrechen usw.; Staubflocken f/pl. unter Möbeln.
tamojo ⚥ m → matojo **1**.
tampoco adv. auch nicht, ebensowenig; (ni) yo ~ ich auch nicht.
tam|pón m **1.** Stempelkissen n; **2.** ⚕ Tampon m; Tupfer m; Watterolle f; **3.** ⊕, Pol. Puffer m; Pol. Estado m ~ Pufferstaat m; 🜨 substancia f ~ Puffersubstanz f; **~ponaje** ⚕ m Pufferung f v. Batterien; **~ponar** v/t. (ab)stempeln; ⚕ tamponieren.
tam-tam ♪ m Tamtam n, Gong m.
tamu|ja f Tamujonadeln f/pl.; **~jo** ⚥ m Wolfsmilchgewächs (Colmetroa buxifolia).
tan[1] adv. (nicht auf Verben bezogen) so; so sehr; ebenso; F ¡y ~ amigos! nach e-r Ausea.-setzung: (u.) nichts für ungut! (wir bleiben Freunde wie zuvor!); ~ difícil so schwierig; ¿es seguro? — ¡y ~ seguro! stimmt das? — aber ganz gewiß!; ~ siquiera wenigstens; ni ~ siquiera (noch) nicht einmal; no nos ofreció ~ siquiera una copita de coñac nicht einmal ein Gläschen Weinbrand hat er uns angeboten.
tan[2] m Steineichenrinde f.
tan[3] onom. m, mst. ~ ~ Trommel- bzw. Becken-schlag m.
tanaceto ⚥ m Rainfarn m.
tanagra f **1.** Ku. Tanagrafigur f; **2.** Vo. Tangare f.
tanalbina pharm. f Tannalbin n.
tanate m **1.** Méj., Am. Cent. Körbchen m, Tasche f, Ranzen m; fig. F cargar con los ~s sein Bündel packen (fig.); **2.** Am. Cent. Bündel n Wäsche usw.
tanatorio m Bestattungsinstitut n (mit Räumen zur Totenwache).
tancaje m Tanklagerung f.
tanda f **1.** Reihe f, Serie f, Partie f; por ~ der Reihe nach; ♪ ~ de bailables Tanzsuite f; F ~ de palos Tracht f Prügel; Reg. hacer ~ anstehen, Schlange stehen; **2.** ⚔ (Arbeits- bzw. Feier-)Schicht f; Turnus m; (Arbeits-)Pensum n; ⚔ Bewässerungsturnus m; caballos m/pl. de ~ Wechselpferde n/pl.; por ~s schichtweise; fig. F estar de ~ an der Reihe sein; **3.** b. einigen Spielen, bsd. Billard Partie f; Kart. a. Zahl f der Stiche b. e-m Spiel; **4.** Thea. Am. (Serien-)Vorstellung f; Chi. Posse f bzw. Einakter m; teatro m por ~s Stundentheater n; **5.** Arg. Manie f, (schlechte) Angewohnheit f.
tándem m Tandem n.
tanga m, f Tanga m.
tangani|llas: en ~ wankend; wackelig; **~llo** m Stütze f; Unterlage f (z. B. unter e-m Stuhlbein, damit der Stuhl nicht wackelt).

tanganito adj. Méj. untersetzt, gedrungen.
tángano m Wurfscheibe f.
tan|gará Vo. m Arg. Tangare f; **~gáridos** Vo. m/pl. Tangaren f/pl.
tangen|cia ⚥, ⚥ f Berührung f; **~cial** adj. c Tangential...; → **~te** ⚥ **I.** adj. c berührend; **II.** f a) Tangente f; b) Tangens m; ser ~ berühren, tangieren; fig. F salir(se) (od. escapar[se] od. irse) por la ~ ausweichen (fig.), kneifen (fig. F), s. drücken (fig. F).
Tánger m Tanger m.
tangible adj. c berührbar; spürbar, offensichtlich, deutlich.
tan|go m **1.** Tango m (Tanz); **2.** Klipperspiel n; **~guear** v/i. Chi. schlingern (Schiff); Ec. torkeln (Betrunkener); **~guista** c Kabarett-Tänzer(in f) m bzw. -Sänger(in f) m; Eintänzerin f, Taxigirl n; fig. Person f, die ein unsolides Leben führt.
tanino m Gerbsäure f, Tannin n.
tano mst. desp. adj.-su. Arg. italienisch; m Italiener m.
tan|que m **1.** Tank m (Am. a. Kfz.), Behälter m; ⚓ ~ de estiba Schlingertank m; **2.** ⚔ Panzer(kampfwagen) m, Tank m; F **3.** fig. F Despot m, Tyrann m; **~quear** Kfz. vt/i. Am. tanken; **~quista** ⚔ m Panzerfahrer m.
tantalio 🜨 m Tantal n.
tántalo m **1.** Vo. ~ (africano) Nimmersatt m; **2.** 🜨 → tantalio.
tantán m Tamtam n, Gong m.
tantarantán onom. m Trommelschlag m; F starker Schlag m.
tante|ador m Sport, Kart. usw. m (Punkte-)Zähler m, Markör m; Anzeigetafel f; Toranzeiger m; **~ar** v/t. **1.** abtasten; fig. sondieren, prüfen; j-s Absicht erforschen, j-n aushorchen; j-m auf den Zahn fühlen (fig. F); ~ el suelo den Boden abtasten (z. B. Blinder mit s-m Stock); fig. ~ el terreno (od. el vado) vorfühlen, (das Gelände) sondieren; Col. ¡tantee usted! stellen Sie s. vor!; Méj. tanteársela a alg. j-n auf den Arm (od. auf die Schippe) nehmen (fig. F); **2.** ausmessen; abschätzen, berechnen, überschlagen, peilen (fig. F); **3.** Sp. u. Kart. Punkte aufschreiben; **4.** Mal. Skizze anlegen m; **5.** ♟ zurückkaufen bzw. ablösen (auf Grund e-r Option); **~o** m **1.** Schätzung f, Prüfung f; Überschlag m; al ~ überschläglich, über den Daumen gepeilt (fig. F); **2.** Sp., Kart. Punktzahl f; a. Torzahl f; **3.** ♟ Rückkauf m od. Ablösung f; derecho m de ~ Vorkaufsrecht n.
tanto I. adj.-pron. **1.** so viel m od. so groß; so manche(r, -s); ~s m/pl. einige, etliche; algún ~ od. un ~ etwas, ein wenig, ein bißchen; otro ~ noch einmal so viel; ebensoviel; dasselbe, ein gleiches; otros ~s (wieder od. noch) andere; ~s a ~s in gleicher Anzahl, zahlenmäßig gleich; fig. a las ~as sehr spät; ~s otros viele andere; F ¡~ como eso, no! das nicht!; ¡~a(s) cosa(s)! so viel!; F un tío con ~a pistola ein Kerl mit e-r Mordspistole (fig. F); ~as sillas como personas so viele Stühle wie Personen; ~as veces so oft; de ~ que he leído

vom vielen Lesen; *no diría yo ~ das möchte ich nicht gerade sagen;* F *por ~a nieve como cae* wegen starken Schneefalls; *te daré ~ dinero cuanto quieras* ich gebe dir soviel Geld, wie du willst; *~a gente dice so mancher sagt; trabaja ~ como tú* er arbeitet soviel wie du; *a ~s de diciembre* am soundsovielten Dezember; **II.** *adv.* **2.** so, so sehr; ebenso (sehr); derart; so viel, soviel; so lange; *~ más* um so mehr; *~ mejor* um so besser; F *~ y cuanto* soundsoviel; *al ~* **a)** zum gleichen Preis; **b)** bei dieser Gelegenheit; *en ~* unterdessen; *entre ~* → *entretanto*; F *¡ni ~ así!* nicht soviel!; keine Spur! (*fig.* F); *¡wo!* F; F *ni ~ ni tan calvo* (ganz) so schlimm (*bzw.* so viel) ist es nicht; *ni ~ ni tan poco* weder zu viel, noch zu wenig; F nur nicht übertreiben!; F *¡y ~!* na, und ob!; das können Sie mir glauben!; *dos veces ~, a. dos ~* zweimal so viel; *estar od. quedar (poner) al ~* auf dem laufenden sein (halten), Bescheid wissen; F *no es (od. no hay) para ~* so schlimm ist es nicht; *no esperará ~* er wird nicht so lange warten; **III.** *cj.* **3.** *con ~ mayor motivo que ...* mit um so größerer Berechtigung, als ...; → *a. cuanto* 1, 2; *en ~ (que)* während, solange; bis; *~ más (menos) que* um so mehr (*bzw.* weniger) als; **IV.** *m* **4.** (festgesetzte) Menge *f bzw.* Summe *f*; *~ (alzado)* Pauschale *f*; *~ por palabra* Worttaxe *f*; *a ~ alzado* pauschal, Pauschal...; *pagar a ~ la hora* stundenweise zahlen; **5.** Anteil *m*; *~ por ciento* Prozentsatz *m*; *~ en volumen* Volumenanteil *m*, Volumprozent *n*; *en su ~* entsprechend, im rechten Verhältnis; **6.** *Sp. u. fig.* Punkt *m*; *Fußball usw.* Tor *n*; *fig. apuntarse un ~ en* (Plus-) Punkt für s. verbuchen können; *le dio 6 ~s de ventaja* er gab ihm 6 Punkte vor; **7.** Spielmarke *f*, Zahlpfennig *m*; **8.** *de culpa* belastende Angaben (*od.* Aussagen) *f/pl.*, Sündenregister *n* F; **9.** Abschrift *f*, Kopie *f*.

Tantum ergo *lt. kath. m* Tantum ergo *n*; *fig.* F *llegar al ~* ganz zum Schluß (*od.* viel zu spät) kommen.

tanza *f* Angelschnur *f*.

tanza|nés *adj.-su.* → *tanzaniano*; *~nia f* Tansania *n*; *~niano adj.-su.* tansanisch; *m* Tansanier *m*.

tañar *v/t.* erraten.

ta|ñedor *m* Spieler *m e-s Instruments*; *~ñer* [2f] **I.** *v/t.* Zupf- *od.* Schlaginstrument spielen; Glocken läuten; *~ a muerto* die Totenglocke läuten; **II.** *v/i.* (mit den Fingern) trommeln; *~ñido m* Spielen *n* (*Klang m e-s Instruments*); Schall *m*, Ton *m*, Klang *m e-s Instruments*; *~ de (las) campanas* Glockengeläute *n*; *~ñimiento* *lit. m* Spielen *n* (*Musik*).

tao[1] *m* Antoniter- *bzw.* Johanniter-kreuz *n*.

tao[2] *Phil. m* Tao *n*; *~ísmo m* Taoismus *m*; *~ísta adj.-su. c* taoistisch; *m* Taoist *m*.

tapa *f* **1.** Deckel *m*; *~ de (la cazoleta de) pipa* Pfeifen(kopf)deckel *m*; *~ del retrete* Klosettdeckel *m*; *~ de los sesos* Hirnschale *f*; *fig. levantar(se) (od. saltar[se]) la ~ de los sesos* (s.) e-e Kugel in den Kopf jagen, (s.) erschießen; *j-n* abknal-

len P; *fig. Col. ponerse la ~ del baúl* s. in Schale werfen F; **2.** ⊕ Deckel *m*, Verschluß *m*; Abdeckung *f*; Kappe *f*; ♩ *~ armónica* (Schall-)Decke *f* (*Cello usw.*); *~ elástica* Sprungdeckel *m* (*Uhr*); *~ de registro* Einstiegschachtdeckel *m für die Kanalisation*; *~ de rosca* Schraubkappe *f*; **3.** *Buchb.* Einband-, Buch-deckel *m*; *Buchb. ~ dura* Hard cover *n*; **4.** *Col., Chi.* → *tapadera u. tapón*; **5.** *Kchk. Span. ~s f/pl.* (pikante) Vorspeisen *f/pl.*; Appetithappen *m/pl.*

tapa|boca *m fig.* F schroffe Antwort *f*; *fig.* P Maulschelle *f*; ✕ (*a. ~s*) Mündungsschoner *m*; † *~ bocas m (pl. inv.)* Schal *m*, Halstuch *m*; *~camino m* **1.** *Vo. Méj.* Ziegenmelker *m* (*mehrere Arten*); **2.** ♀ *Cu. versch. Pfl., Unkraut*; *~cubo(s) Kfz. usw. m* Achs-, Naben-, Rad-kappe *f*; *Kfz. ~ embellecedor* Zierkappe *f*; *~da f* **1.** verschleierte Frau *f*; **2.** *Cu. ~ tapado* 6; **3.** *Méj.* Dementi *n*; *~dera f* Topfdeckel *m*; ⊕ Deckel *m*; *fig.* Tarnung *f*; Aushängeschild *n* (*fig.*); *~dillo m* **1.** Vermummung *f*, Verschleierung *f der Frauen; de ~* verschleiert; *fig.* verstohlen, heimlich; *fig.* F *andar con ~s* Heimlichkeiten haben; *fig.* F *pasar de ~* durchschmuggeln; **2.** ♩ gedecktes Register *n*; *~do* **I.** *adj.* **1.** be-, verdeckt; zugedeckt; verstopft (*Nase*); **2.** *Am.* dumm, beschränkt; täppisch; **3.** *Chi., Rpl.* einfarbig (*Vieh*); **II.** *m* **4.** *Am.* (vergrabener) Schatz *m*; **5.** *Rpl., Chi.* (dicker) Mantel *m*; **6.** *Méj.* Hahnenkampf *m* ohne Vorstellung u. Qualifizierung *der Hähne*; *p. ext.* blinder Tausch(handel) *m*; *~dor* **m 1.** Stöpsel *m*, Verschluß *m*; **2.** □ **a)** Frauenrock *m*; **b)** Bordellwirt *m*; *~dura f* Zudecken *n*; *~fugas Kfz. m (pl. inv.): ~ del radiador* Kühlerdichtungsmittel *n*; *~gujero* F *m Chi.* Nesthäkchen *n*, jüngstes Kind *n*; *~llamas* ✕ *m (pl. inv.)* Mündungsdämpfer *m*; *~miento m* Bedecken *n*; Abdecken *n*.

tapar I. *v/t.* **1.** zudecken; abdecken; *fig.* P bumsen P (*Mann*); **2.** verstopfen, zustopfen; *Fugen* abdichten; *fig. ~ agujeros* Löcher stopfen; *fig. ~ la boca a alg.* j-m den Mund stopfen; **3.** verhüllen, verdecken; *fig.* verbergen, vertuschen; **II.** *v/r. ~se* **4.** s. bedecken; s. zudecken; *~se la boca* schweigen; *fig. ~se los oídos* s. die Ohren zuhalten; **5.** s. verhüllen; s. verschleiern (*Frau*); **6.** *Stk.* s. ungünstig stellen (*Stier*).

tapa|ra *f Ven.* Art Baumkürbis *m*; *~ro m* Art Kürbisbaum *m*.

taparrabo(s) *m* Lendenschurz *m*; F kurze Badehose *f*.

tapear *v/i.* durch die Bars ziehen, um Tapas zu essen.

tapera *f Rpl.* Trümmer *pl. v. Behausung od. Siedlung; fig.* halbzerfallenes Haus *n*.

tapete *m* **1.** Tischdecke *f*; *~ verde* Spieltisch *m*; *fig. estar sobre el ~* zur Erörterung stehen; *fig. poner sobre el ~ aufs* Tapet bringen, anschneiden (*fig.*); *fig. quedar sobre el ~* unerörtert bleiben; **2.** *Méj.* kl. Teppich *m*; Bettvorleger *m*; Badematte *f*.

tapia *f* Lehmwand *f*; Umfassungs- (*z.B.* Garten- *bzw.* Friedhofs-) mauer *f*; *fig.* F *ser más sordo que (od.

estar como) una ~* stocktaub sein; *~l* **m 1.** Lehmmauer *f*; *a.* einfaches Ständerfachwerk *n*; **2.** Lehmmauerverschalung *f*; *~r* [1b] *v/t.* (um-, ver-, zu-)mauern.

tapice|ría *f* **1.** Behang *m*; (Stoff-)Tapeten *f/pl.*; Wandteppiche *m/pl.*; *~s f/pl.* Deko(rations)stoffe *m/pl.*; *bordado m en ~* Teppichstickerei *f*; *~ de cañamazo* Gittergrundstickerei *f*, Tapisserie *f*; **2.** Tapezier-, Polster-, Dekorations-geschäft *n*; *~ de coches* Autopolsterei *f*; *~ro* **I.** *adj.* **1.** Tapezier-, Tapisserie-...; *industria f ~a y alfombrista* Tapisserie- u. Teppichindustrie *f*; **II.** *m* **2.** Tapetenmacher *m*; Teppichwirker *m*; **3.** Dekorateur *m*; Polsterer *m*.

tapioca *f* Tapioka *f*, Maniokmehl *n*.

tapir *Zo. m* Tapir *m*.

tapisca *f Am. Cent., Méj. Reg.* Maisernte *f*; *~r* [1g] *vt/i. ib.* (Mais) ernten; (Maiskolben) auskörnen.

tapi|z (*pl. ~ices*) *m* (Wand-)Teppich *m*; (Stoff-)Tapete *f*; *~zado m* Polstern *n*; *Möbel, Kfz.:* Bezug *m*; *~zar* [1f] **1.** austapezieren, behängen; *p. ext. Fläche* auslegen (*od.* auskleiden); *fig.* bestreuen (mit *dat. con, de*); *~ado de luto* schwarz verhängt; **2.** *Möbel* beziehen, polstern.

tapón *m* **1.** Korken *m*, Pfropfen *m*, Stöpsel *m*; *~ de corona* Kronenkorken *m*; *~ de corcho* Kork(pfropf)en *m*; *~ de cristal (de goma)* Glas- (Gummi-)stöpsel *m*; *Kfz. ~ del depósito* Tankverschluß(deckel) *m*; *~ de rosca* Schraubverschluß *m*; ⚓ *~ suavizador* Puffer *m*, Fender *m*; *Kfz. ~ de vaciado del aceite* Ölablaßschraube *f*; *Spr. ¡al primer ~, zurrapas!* es ist noch kein Meister vom Himmel gefallen; **2.** ✽ Pfropf *m*; Tampon *m*; *~ de algodón* Wattebausch *m*; *~ de gasa* Mulltupfer *m*; *~ de cera* (*muroso*) Ohrenschmalz- (Schleim-)pfropf *m*; **3.** *fig.* F kl. dicke Person *f*, Stöpsel *m* F; **4.** Verkehrsstau(ung *f*) *m*; **5.** *Sp. Basketball:* Block *m*.

tapo|nadora *f* **1.** Spundbohrer *m* *der Böttcher*; **2.** Korkenverschließmaschine *f*; *~namiento* **m 1.** Verstöpselung *f*; Zustopfen *n*, Abdichten *n*; **2.** ✽ Tamponade *f*; *~nar* *v/t.* **1.** verkorken; verstöpseln; *Loch* stopfen, abdichten; (aus-)spunden (*Böttcher*); **2.** ✽ tamponieren; *~nazo m* Pfropfenknall *m*; *~nería f* **1.** Pfropfen *m/pl.*; **2.** Pfropfen-fabrik *f*; -geschäft *n*; Korkindustrie *f*; *~nero adj.* Pfropfen..., Kork...

tapsia ♀ *f* Böskraut *n*.

tapu|jar *v/t.* verhüllen, vermummen; **II.** *v/r. ~se* s. vermummen; *~jo m* Verhüllung *f*, Vermummung *f*; *fig.* Verheimlichung *f*; *~s m/pl.* Heimlichkeiten *f/pl.*; *andar con ~* heimlichtun; *fig.* F *pensión f de ~* Absteige *f*; *adv. sin ~s* klipp u. klar, ungeschminkt.

taque *m* **1.** Türklappen *n*; **2.** Anklopfen *n an der Tür*.

taqué *Kfz. m* Stößel *m*.

taque|ra *f* Queueständer *m* (*Billard*); *~ría f Méj.* Verkaufsstand *m v. tacos* (7).

taquia *f Bol.* Lamamist *m* (*Brennmaterial*).

taqui|cardia ✽ *f* Herzjagen *n*, Tachykardie *f*; *~grafía f* Stenogra-

taquigrafiar — tártrico 586

phie *f*, Kurzschrift *f*; ~**grafiar [1c]** *v/t.* stenographieren; ~**gráfico** *adj.* stenographisch.
taquígrafo *m* Stenograph *m*.
taqui|lla *f* 1. (Karten-)Schalter *m*; ⚅ *usw.* Fahrkartenverkauf *m*; ~ **de apuestas** Wettannahme *f*, Wettbüro *n*; 2. (Akten-)Schrank *m*; ⚓ Kasten *m*, Kammer *f*; 3. *p. ext.* Tageskasse *f*, -einnahme *f*; 4. *Am. Cent.* Schenke *f*, Taverne *f*; ~**llaje** *m* Einnahmen *f/pl.*, *z. B. Kino*; ~**llero I.** *m* Schalterbeamte(r) *m*; Kartenverkäufer *m*; **II.** *adj.* Erfolgs..., zugkräftig; *película f* ~**a** Kassenschlager *m*.
taquimeca F *f*, ~**nógrafa** *f*, ~**nógrafo** *m* Stenotypist(in *f*) *m*.
taquímetro *m* 1. Tacho(meter *m*, *n*) *m*; 2. Entfernungs- u. Winkelmesser *m*, Tachymeter *n*.
tara *f* 1. Tara *f*, Verpackungsgewicht *n*; Leergewicht *n*; 2. ⚇ Belastung *f*; *mst.* ~ *hereditaria* erbliche Belastung *f*; 3. *p. ext.* Mängel *m/pl.*; 4. ⚇ Färberstrauch *m*.
tarabilla *f* 1. *Zim.* Fensterwirbel *m*; Spannholz *n* *b. Sägen*; 2. Mühlklapper *f*; *fig.* F Geplapper *n* bzw. Plappermaul *n*; *adv.* de ~ hastig; schlampig; 3. *Vo.* ~ **de collar** Weißhals *m*.
tarabita *f* 1. Dorn *m* *e-r Schnalle*; 2. *Am. Mer.* Beförderungsgerät *n* über Flüsse *aus e-m Stahlseil mit e-r Holzkiste*.
taracea *f* Einlegearbeit *f*, Intarsie *f*; Mosaik *n*; ~ **de madera** Holzmosaik *n*.
tarado *adj.* ⚇ belastet; erbkrank; *p. ext.* fehlerhaft.
taramba ♪ *f Hond.* Taramba *f*, *ein Schlag- u. Rasselinstrument*.
tarambana F *c* verrückte Person *f*.
tarando *Zo. m* 1. Ren *n*; 2. Schaufler *m* (*Hirsch*).
tarángana *f* Blutwurst *f*.
tarantí F *m Am. Cent.* Kram *m*, Plunder *m* F.
tarántula *Zo. f* Tarantel *f*; *picado de la* ~ von der Tarantel gestochen; *fig.* F geschlechtskrank.
tarapé ~ **taropé**.
tarar *v/t.* 1. ausgleichen; tarieren; 2. *Instrumente* eichen.
tara|rá *onom. m a. fig.* Trara *n* F; Trompetensignal *n*, Fanfare *f*; ~**rear** *vt/i.* trällern; ~**reo** *m* Geträller *n*; ~**rí I.** *¡~!* trara! (*Trompetensignal*); **II.** *adj.* *c* P bescheuert F, beknackt F; *¡~ que te vi!* a) Nachtigall ich hör dir trapsen F; **b)** *etwa:* zu spät! (*ich habe es gesehen*); ~**rira** F **I.** *f* **1.** Trara *n* (*fig.* F); Radau *m* F; 2. *onom.* tralala; **II.** *m* 3. lustiger Bruder *m* (*fig.* F).
taras|ca *f* Drachenbild *n*; *fig.* Drachen *m* (*fig.* F), Xanthippe *f*; ~**cada** *f* Biß *m*; Bissen *m*; *fig.* F schroffe (*od.* freche) Antwort *f*; ~**car** [1g] *v/t.* beißen; *fig.* F anschnauzen F; ~**cón** *augm. m* 1. Drachen *m*; 2. *Chi., Rpl.* kräftiger Biß *m*.
taray ⚇ *m* Französische Tamariske *f*.
tara|zar [1f] *v/t.* 1. (ab)beißen; 2. *fig.* F plagen, belästigen; ~**zón** *m* Brokken *m*; Schnitte *f*, Scheibe *f*.
tar|danza *f* 1. Verzögerung *f*; Verspätung *f*; *sin más* ~ unverzüglich; kurzerhand; 2. Saumseligkeit *f*; 3. Wartezeit *f*; ~**dar** *v/i.* 1. zögern; *¡no tardes!* hab dich nicht auf!, bleib nicht zu lang(e)!; komm bald!; *sin* ~ unverzüglich; ~ **en zögern mit** (*dat.*), nicht gleich + *inf.*; lange nicht fertig werden mit (*dat.*); → *a.* 3; 2. auf s. warten lassen; lange ausbleiben; 3. *Zeit* brauchen; (lange) dauern; ~ **en** + *inf.* (Zeit) brauchen, um zu + *inf.*; *a más* ~ spätestens; *¿cuánto (tiempo) se tarda de aquí a la estación?* wie lange braucht man von hier (bis) zum Bahnhof?
tarde I. *adv.* spät; zu spät; de ~ en ~ von Zeit zu Zeit; selten; *se me hace* ~ es wird mir zu spät; es dauert mir zu lange; ich habe es eilig; *llegar* ~ (zu) spät kommen; *Spr. más vale* ~ *que nunca* besser spät als nie; **II.** *f* Nachmittag *m*; (früher) Abend *m*; *¡buenas* ~*s!* guten Tag! (*am Nachmittag*); guten Abend! (*am frühen Abend*); *esta* ~ heute abend; *hacia la* ~ gg. Abend; *por la* ~ nachmittags, am Nachmittag; abends, am Abend; ~**cita** *f* Spätnachmittag *m*; Dämmerstunde *f*.
tardígrados *Zo. m/pl.* Faultiere *n/pl.*
tar|dío I. *adj.* 1. spät, Spät...; verspätet; *animal m* ~ Spätling *m*; 2. zögernd, säumig; langsam; *ser muy* ~ *en el andar* ein recht langsamer Fußgänger sein; **II.** *m* ⚇ 3. *mst.* ~*s m/pl.* Spätsaat *f*; ~**dísimo** *adv.* sehr spät; ~**do** *adj.* 1. langsam; schwerfällig; träge; ~ **de comprensión**, ~ **de oído schwerhörig**; 2. (zu) spät, nachträglich; ~**dón I.** *adj.* träge; schwer von Begriff; **II.** *m* Zauderer *m*; Faulenzer *m*.
tarea *f* Arbeit *f*; *a. Sch.* Aufgabe *f*; *p. ext.* Mühe *f*; *Feuerwehr*: ~*s de extinción* Löscharbeiten *f/pl.*; *Am. trabajar por* ~ gg. die Uhr arbeiten.
targui *adj.-su. c sg.* Targi *m* (*Angehöriger der Tuareg, Afrika*; → *tuareg*).
tárgum *Rel. m* Targum *n*.
tarifa *f* 1. Tarif *m*, Satz *m bzw.* Sätze *m/pl.*; Gebühr *f*; Tarif *m*, Preisliste *f*; ~ **aduanera** (*escalonada, graduada*) Zoll- (Staffel-)tarif *m*; ~ **mínima** (*única*) Minimal- (Einheits-)tarif *m*; *Tel., IT* ~ **plana** Flatrate *f*, Pauschaltarif *m*; ~*s f/pl. de publicidad* Anzeigenpreise *m/pl.* (*Zeitung usw.*); ~ **de salarios** Lohntarif *m*; ~ **de transporte** Gütertarif *m*, Frachtsatz *m*; 2. Fahrpreis *m*; ~**r I.** *v/t.* den Tarif (*bzw.* den Preis) festsetzen für (*ac.*); tarifieren, den Tarif anwenden auf (*ac.*); **II.** *v/i.* F *s.* verfeinden, *s.* verkrachen F; ~**rio** *adj.* Tarif...
tarificación *f: Tel.* ~ (*por pasos*) Abrechnung *f* (nach Einheiten); *per segundos* sekundengenaue Abrechnung *f*.
tari|ma *f* 1. Podium *n*, Bühne *f*; 2. (Fenster-)Tritt *m*; Fußbank *f*; 3. Pritsche *f*; ~**món** *m Span. Reg.* lange Holzbank *f* mit Lehne.
tar|ja *f* 1. Tartsche *f* (*gr. Schild der Ritterzeit*); 2. Kerb-holz *n*, -stock *m*; *p. ext.* Kerbe *f* als Kaufzeichen; *fig. beber sobre la* ~ s. die Getränke anschreiben lassen, auf Pump trinken F; 3. *Reg.* → **contraseña, ficha**; 4. *fig.* F Schlag *m*, Hieb *m*; 5. *Reg.* → **tarjeta**; ~**jar** *v/t.* 1. ankerben, *p. ext.* anschreiben; 2. *Chi.* ausstreichen; ~**jero** *m* Anschreibende(r) *m*; ~**jeta** *f* Karte *f*; ~ **de compras** Einkaufskarte *f*, *z. B. in Kaufhäusern*; ~ **de crédito** Kreditkarte *f*; Scheckkarte *f*; ~ **chip** Chipkarte *f*; ⚑ ~ **de embarque** Bordkarte *f*; ~ **para eurocheques** EC-Karte *f*; ~ **de expositor** Ausstellerausweis *f* (*b. Messen*); ~ **de felicitación** Glückwunschkarte *f*; *EDV* ~ **gráfica** Grafikkarte *f*; ~ **de identidad** (*magnética*) Kenn- (Magnet-)karte *f*; ~ **monedero** Geldkarte *f*; *Vkw. Span.* ~ **multiviaje** Streifenkarte *f*; ~ **perforada** Lochkarte *f*; (~) *postal f ilustrada* Ansichts(post)karte *f*; (~) *postal f con respuesta pagada* bezahlte Antwortpostkarte *f*; ~ **prepago** Prepaid-Karte *f*; *EDV* ~ **de red** Netzkarte *f*; *EDV* ~ **de sonido** Soundkarte *f*; ~ **telefónica** Telefonkarte *f*; ~ **de visita** Visitenkarte *f*; ~**jetearse** F *v/r.* ea. Karten schreiben; ~**jetera** *f oft Am.* → **jetero** *m* Visitenkartentäschchen *n*; Besuchskartenschale *f*.
tarlatana *tex. f* Baumwollgaze *f*, Tarlatan *m*; Stcif- *bzw. Buchb.* Heftgaze *f*.
tármica ⚇ *f* weißer Dorant *m*.
taro[1] *Vo. m Arg. am.* Geier *m*.
taro[2] ⚇ *m Ven.* Karibenkohl *m*.
taropé ⚇ *m Arg., Bol.* Victoria *f regia*, *ein Seerosengewächs*.
tar|quín *m* Setz-, Teich-schlamm *m*; ~**quina** ⚓ *adj.-su. f* (*vela*) ~ Sprietsegel *n*; ~**quinada** *fig. f* Vergewaltigung *f*, Notzucht *f*; ~**quino** *adj. Arg.* von guter Rasse (*Rind*).
tarraconense *adj.-su. c* aus Tarragona; *hist. España f* ~ Hispania *f* Tarraconensis.
tárrago ⚇ *f* Wiesensalbei *m*, *f*.
tarreñas *f/pl.* Art Kastagnetten *f/pl.*
tarro *m* 1. Einmach-topf *m bzw.* -glas *n*; Topf *m*, Tiegel *m*; ~ **de vidrio** *roscado* Schraubglas *n*; *Pe. leche f en* ~ Büchsen-, Dosen-milch *f*; 2. *Ant., Méj.* → (*a. fig.*) **cuerno**; 3. *Am. Reg.* Blechtonne *f*; Kanister *m*; ~ **de la basura** Abfalleimer *m*; Mülltonne *f*.
tarso *Anat. m* Fußwurzel *f*.
tarta *f* Torte *f*; ~ **de cumpleaños** (helada) Geburtstags- (Eis-)torte *f*; ~ **de frutas** Obst-torte *f*, -törtchen *n*; -kuchen *m*; ~ **nupcial**, ~ **de bodas** Hochzeitstorte *f*.
tártago *m* Unglück *n*; Verdruß *m*.
tarta|ja *c* Stotterer *m*; ~**joso** *adj.* stotternd; ~**lear** *v/i.* wackeln, schwanken; ins Stocken geraten (*b. Sprechen*); ~**mudear** *v/i.* stottern; ~**mudez** *f* Stottern *n*, Stammeln *n*; ~**mudo** *adj.-su.* stotternd; *m* Stotterer *m*.
tartana *f* 1. Tartane *f* (*Segelboot*); 2. zweirädriger Planwagen *m*; 3. F Klapperkiste *f* (*Wagen*).
tartanchar *v/i. Arg.* stottern.
tartáreo *adj.* Unterwelt..., Höllen..., Teufels...
tartari|nada *f* erfundenes (*od.* übertriebenes) Abenteuer *n*; ~**nesco** *adj.* großtuerisch übertreibend.
Tártaro[1] *Myth. m* Tartaros *m*, Unterwelt *f*; Hölle *f*.
tártaro[2] *m* 1. 🝞 Weinstein *m*; *pharm.* ~ *emético* Brechweinstein *m*; 2. Zahnstein *m*.
tártaro[3] *adj.-su.* → **tátaro**.
tartera *f* 1. → *tortera*[2]; 2. Kochtopf *m*; Eßgeschirr *n*.
tarte|sio *hist. adj.-su.* tartessisch; *m* Tartesser *m*; ~**sos** *hist. m* Tartessos *m*.
tartrato 🝞 *m* Tartrat *n*.
tártrico 🝞 *adj.* Weinstein...; *ácido m* ~ Weinsteinsäure *f*.

tartu|fería f Scheinheiligkeit f; ~**fo** m Heuchler m, Scheinheilige(r) m.
taru|go m Pflock m; Dübel m; Zapfen m; Holznagel m; Holzwürfel m; fig. F Dickschädel m; fig. F Schmiergeld n; ~**guear** F v/t. bestechen, schmieren F.
tarumba F adj. inv. verrückt, bescheuert F; fig. volver a alg. ~ j-n total verrückt machen F.
tas ⊕ m Einsteckamboß m, Stöckel m.
tasa f **1.** Gebühr f, Taxe f; Taxpreis m; Abgabe f; ~**s** f/pl. Gebühren f/pl.; precio m de ~ (amtlich) festgesetzter (Tax-)Preis m; Rpl. ~ de compensación (para importaciones) (Import-)Ausgleichsabgabe f; **2.** → tasación; **3.** fig. Maß n, Richtschnur f; sin ~ maßlos; poner ~ mäßigen, beschränken; **4.** Tel. Fernsprechgebühr f; **5.** Rate f; a. Zinsfuß m; ~ de crecimiento Wachstumsrate f; ~ de desempleo Arbeitslosenziffer f; ~ de inflación Inflationsrate f; ~**ble** adj. c abschätzbar; taxierbar; ~**ción** f Schätzung f, Taxierung f; Taxe f; ~ (de los impuestos) Veranlagung f (Steuer); ~**dor** m (amtlicher) Schätzer m, Taxator m.
tasajo m Dörrfleisch n; Selchfleisch n; p. ext. Schnitte f (Fleisch).
tasar v/t. schätzen, taxieren; (zur) Steuer veranlagen.
tasca f **1.** F Kneipe f; **2.** Spielhölle f; **3.** Pe. Brandung f.
tasca|dor ✗ m Hanfbreche f; ~**r** [1g] v/t. Hanf, Flachs brechen; p. ext. das Futtergras zwischen den Zähnen zerknacken (Weidetiere).
Tasmania f Tasmanien n.
tasqucro F m Kneipenwirt m.
tastana ✗ f **1.** Verkrustung f des Bodens (b. Dürre); **2.** Scheidewand f (b. einigen Früchten).
tasto m muffiger od. ranziger (Nach-)Geschmack m.
tata I. f Kdspr. Kindermädchen n; Reg. Kosename für kl. Schwester f; **II.** m Reg. u. Am. (bsd. And. oft Respektsanrede) Vater m, Papa m F; Am. Reg. a. Opa m F.
tatara|buela f Ururgroßmutter f; ~**buelo** m Ururgroßvater m; ~**nieto** m Ururenkel m.
tataré ♀ m Rpl. Mimosenbaum m.
tatarear v/i. (e-e Melodie) summen.
tátaro adj.-su. tatarisch; m Tatar m.
tatas F: andar a ~ Gehversuche machen (Kind); auf allen vieren kriechen.
tate I. ¡~! int. ei!; sieh da!; sachte!; F a. ja, freilich; **II.** m F Hasch n F, Shit m, n F.
tato[1] m Reg. u. Chi. Kosename für kl. Bruder m bzw. für Kind n.
tato[2] adj. stotternd, e-n Sprachfehler habend (wenn s u. c wie t ausgesprochen werden).
tatú Zo. m Chi., Rpl. Gürteltier n.
tatua|dor m Tätowierer m; ~**je** m Tätowierung f; ~**r** [1d] v/t. tätowieren.
tatusa f Arg., Bol. Mädchen n; desp. Weibsstück n.
tau I. m Taw n (hebräischer Buchstabe); **2.** → tao[1]; **II.** f **3.** Tau n (griech. Buchstabe).
taujía f → ataujía.
tauma|turgia f Wundertätigkeit f; ~**túrgico** adj. wundertätig; ~**turgo** m Wundertäter m, Thaumaturg m.
tau|rino adj. Stier...; Stierkampf...; fiesta f ~**a** Stierkampf m; ♀**ro** Astr. m Stier m; ~**rófilo** m Stierkampfliebhaber m; ~**rómaco I.** adj. → tauromáquico; **II.** m Kenner m des Stierkampfs; ~**romaquia** f Stierkämpferkunst f; ~**romáquico** adj. Stierkampf...
tauto|logía f Tautologie f; ~**lógico** adj. tautologisch.
taxáceas ♀ f/pl. Eibengewächse n/pl.
taxativo adj. beschränkend.
taxi m Taxi n; fig. P Prostituierte f, Pferdchen n F e-s Zuhälters.
taxider|mia f Ausstopfen n von Tieren; ~**mista** m Präparator m.
ta|xímetro m Fahrpreisanzeiger m, Taxameter m, n; ~**xista** I. c Taxifahrer(in f) m; **II.** m P Zuhälter m.
taxonomía ✍ f Taxonomie f.
taya f **1.** Pe. **a)** Amulett n der Jäger u. Fischer; **b)** ♀ → tara 4; **2.** Col. Giftviper f (Bothrops lanceolatus).
taylorismo ✝ m Taylorsystem n.
tayuyá ♀ f Rpl. melonenähnliche Pfl. (Cayaponia tayuya).
ta|za f Tasse f; p. ext. Schale f, Becken n; Klosett- bzw. Pissoir-becken n; ~**zón** m gr. Tasse f (mst. ohne Henkel); Napf m; p. ext. (Brunnen-)Becken n.
te[1] pron. dir, dich.
te[2] f T n (Buchstabe); → a. T.
té m **1.** ♀ Teestrauch m; **2.** Tee m; fig. ~-baile Tanztee m; ~ de China, ~ verde Chinatee m; ~ de Méjico → pazote; ~ del Paraguay (od. de los jesuitas) Mate m; fig. F dar el ~ belästigen.
tea f Kien-span m; -fackel f.
team m Team n, Arbeitsgruppe f, Mannschaft f.
teatino kath. m Theatiner(mönch) m.
tea|tral adj. c theatralisch; Theater...; ~**tralidad** f **1.** Bühnenfähigkeit f; Bühnengemäßheit f; **2.** theatralisches Gehabe n, Theatralik f; ~**trero** F adj. übertreibend, theatralisch; ~**trillo** m: ~ de la tercera fila Schmiere f; ~**tro** m a. fig. Theater n; Col., Chi. a. Kino n; fig. a. Schauplatz m; a. fig. de ~ Theater...; ~ de aficionados, a. ~ casero (de bolsillo) Liebhaber- (Zimmer-)theater n; ~ al aire libre Freilichtbühne f; ~ ambulante Wanderbühne f; fig. ~ de la guerra (od. de operaciones) Kriegsschauplatz m; ~ de variedades Varieté n; p. ext. el ~ de Lope de Vega (od. die Bühnenwerke) n/pl. Lope de Vegas; fig. hacer ~ Theater (od. Wind) machen F.
tebaico adj. **1.** aus Theben (Altägypten); **2.** pharm.: extracto m ~ Opiumextrakt m.
te|baína ♙ f Thebain n, Paramorphin n; ~**bano** Geogr. (Griechenland) adj.-su. thebanisch; m Thebaner m.
tebeo m Comic strips pl.; fig. F más conocido que el ~ bekannt wie ein bunter Hund F.
teca f Teak(holz) n.
tecla f ♩, ♪ Taste f; Klappe f; Klinke f; fig. kitzlige Sache f; EDV ~ de comando Befehlstaste f; EDV ~ de función Funktionstaste f; Tel. ~ de marcado rápido Kurzwahltaste f; ~ muerta Leertaste f (z. B. Schreibmaschine); ~ pulsadora Druck(knopf)taste f b. Geräten; ~ de retroceso Rück(lauf)taste f (b. Schreibmaschinen); ~ selectora Wählertaste f; fig. F dar en la ~ den Nagel auf den Kopf treffen; fig. F dar en la ~ de + inf. auf den Tick verfallen, zu + inf.; ⊕ pulsar (♩ tocar) una ~ e-e Taste drücken (♩ anschlagen); fig. F tocar todas las ~**s** alle Register ziehen, kein Mittel unversucht lassen; ~**do** m Geräte: Tastatur f; ♩ Tasten f/pl.; Orgel: Manual n; Tastenfeld n (Schreibmaschine).
tecle[1] ⊕ m Flaschenzug m mit nur einer Rolle.
tecle[2] adj. c Chi. → enclenque.
tecle|ar I. v/i. die Tasten anschlagen; F (auf e-m Instrument) herumklimpern; (mit den Fingern) trommeln; auf der Schreibmaschine tippen; **II.** v/t. F befummeln F; e-e Sache deichseln F, managen F; ~**o** m Geklimper n.
técnica f Technik f; ~ de aprender Lerntechnik f; ~ de medición Meßtechnik f; ~ (musical) del piano Technik f des Klavierspiels.
tecnicismo m Fachausdruck m.
técnico I. adj. **1.** technisch; fachlich, Fach...; revista f ~**a** Fachzeitschrift f; **II.** m **2.** Techniker m; ~ de la construcción Bautechniker m; **3.** Fachmann m, Experte m; los ~**s** die Fachleute pl.
tecni|coeconómico adj. wirtschaftstechnisch; ~**cotipográfico** Typ. adj. drucktechnisch; ~**ficación** f Technisierung f; ~**ficar** [1g] v/t. technisieren.
tecno ♩ m Techno n, m.
tecnócrata m Technokrat m.
tecno|(e)structura f Technostruktur f; ~**lecto** Li. m Fachsprache f; ~**logía** f Technologie f; Berufskunde f; (de) alta ~ Hochtechnologie(...) f, High-Tech(-...) m; ~ genética Gentechnologie f; ~**lógico** adj. technologisch; technisch.
teco F m Méj. Schwips m; ~**lote** Vo. m Am. Cent., Cu., Méj. Eule f.
tecomate m **1.** Méj. irdenes Gefäß n; Steintopf m; Kalebasse f (Kürbisgefäß); **2.** ♀ **a)** Méj. Kalebassenbaum m. s-e Frucht; **b)** Am. Cent. Flaschenkürbis m.
tecuco f Méj. geizig.
techa|do m Dach n, Bedachung f; ~**dor** m Dachdecker m; ~**r** v/t. bedachen, decken.
te|cho m **1.** Dach n; Zimmerdecke f; fig. Heim n; fig. Obergrenze f; ~ de dos aguas Satteldach n; Kfz. ~ arrollable (plegable, corredizo) Roll- (Falt-, Schiebe-)dach n; falso ~ Zwischendecke f; ~ macizo Massivdecke f; ❀ ~ pendiente Hangende(s) n; Kfz. ~ solar Sonnendach n; ~ voladizo Kragdecke f; freitragendes Pultdach n; (persona f) sin ~ Obdachloser m; fig. tocar ~ den Gipfel erreicht haben (Bestrebungen); **2.** Ballistic: ✈ Steig-, Gipfel-höhe f; ~**chumbre** f **1.** △ Dachverband m, -werk n; **2.** Dächer n/pl. e-r Stadt.
Tedéum ecl. m Te Deum n.
tedio m **1.** Langeweile f; **2.** Überdruß m; Widerwille m, Ekel m; ~**so** adj. **1.** langweilig; **2.** fade; zuwider.
tefna ♩ f T(h)ein n.
teís|mo Phil. m Theismus m; ~**ta** adj.-su. c theistisch; m Theist m.
teja f Dach-ziegel m, -pfanne f; cu-

tejadillo — telerreportaje 588

bierta *f* de ~ Ziegeldach *n*; *fig.* (sombrero *m* de) ~ Priester-, Schaufelhut *m*; △ ~ acanalada Hohlpfanne *f*; ~ con borde (*od.* de encaje) *od.* ~ ribeteada Falz-ziegel *m*, -pfanne *f*; ~ de caballete (*od.* del remate) Firstziegel *m*; ⚔ ~ de carga Lademulde (*Waffe*); ~ de cresta (*od.* de copete) Grat-, Walm-ziegel *m*; ~ hueca, *a.* ~ vana Hohlziegel *m*; ~ plana (de doble falda) Biberschwanz(doppeldeckung *f*) *m*; *a* ~ vana unter dem Dach; *fig.* ins Blaue hinein, unbegründet; *fig. a toca* ~ bar auf den Tisch, in barem Geld; de ~*s* abajo hier auf Erden; nach dem natürlichen Lauf der Dinge; de ~*s* arriba im Himmel; nach Gottes Willen.
teja|dillo *m* (Wetter-)Dach *n*; Wagendach *n*; ~ del muro Mauerdach *n*; **~do** *m* Dach *n*; Bedachung *f*; Dachverband *m*; con ~ überdacht; ~ a cuatro aguas (*od.* de copete) Walmdach *n*; ~ *a* (*od.* de) dos aguas, ~ de (*od. a*) dos vertientes Satteldach *n*; ~ de caña (de chillas, de paja) Schilf- (Schindel-, Stroh-)dach *n*; ~ de cartón alquitranado, ~ de cartón asfáltico Pappdach *n*; ~ imperial Zwiebelhaube *f*, -kuppel *f*; ~ de una sola vertiente Pultdach *n*; ~ de pizarra (de cristal, de tejas) Schiefer- (Glas-, Ziegel-)dach *n*; ~ plano Flachdach *n*; ~ real (*od.* de corona) Ritter- (*od.* Kronen-)dach *n*; *fig.* F la pelota está en el ~ die Sache ist noch nicht entschieden; **~dor** *m* Dachdecker *m*; **~manil** *m bsd. Am. Mer.* Schindelplatte *f*.
tejano *adj.-su.* texanisch, aus Texas; *m* Texaner *m*; Jeansstoff *m*; *Span.* ~*s m/pl.* Jeans *pl.*
tejar[1] *m* Ziegelei *f*; ~[2] *v/t.* (mit Ziegeln, *p. ext.: mit anderem Material*) decken; bedachen.
Tejas *m* Texas *n*.
teje|dor *m* 1. Weber *m*; 2. *Vo.* ~es *m/pl.* Webervögel *m/pl.*; **~dora** *f* Weberin *f*; **~dura** *f* Weben *n*; Webart *f*; **~duría** *f* Weberei *f*; ~ en crudo Weißweberei *f*; ~ de terciopelo Samtweberei *f*; **~maneje** *m* Fixigkeit *f*; *fig.* F Intrigenspiel *n*; **~r** *v/t.* weben; wirken; flechten; *Am. a.* stricken; *fig.* Ränke schmieden; *bsd. Am.* Gerüchte in Umlauf setzen.
tejerazo *Pol. m Span.* Putschversuch *m des Oberstleutnants* Tejero (23. 2. 81).
teje|r(í)a *f* Grobkeramik *f*; Ziegelei *f*; **~ro** *m* Ziegelbrenner *m*.
tejido *m* Gewebe *n*; *tex.* ~*s m/pl.* Textilien *pl.*; ~ de punto Trikot *m*; △ ~ metálico Metallgeflecht *n*, Stahlgewebe *n*; *Anat.* ~ adiposo (muscular, óseo) Fett- (Muskel-, Knochen-)gewebe *n*.
tejo[1] ♀ *m* Eibe *f*, Taxus *m*.
tejo[2] *m* 1. Holz- *bzw.* Metall-scheibe *f*; *p. ext.* Beilke- *od.* Klipper-spiel *n*; 2. Münzplatte *f*; 3. Goldbarren *m*.
tejocote ♀ *m* mexikanischer Weißdorn *m*.
tejoleta *f* Ziegelstück *n*; P Klamotte *f* F; ~*s f/pl. a.* → tarreñas.
te|jón *Zo. m* Dachs *m*; **~jonera** *f* Dachsbau *m*.
tejue|la *f* Dachziegel *m*; *Equ.* Schaft *m des Sattelgestells*; **~lo** *m* 1. Ziegelstück *n*; 2. *Buchb.* Rücken-

titel *m*; *a.* Schildchen *n* (*zum Aufkleben v. Titel u. Kennummern*); 3. ⊕ Wellen- *bzw.* Zapfen- *od.* Spur-lager *n*; Unterlager *n*; 4. *vet.* Hufbein *n der Pferde usw.*
tela *f* 1. Gewebe *n*; Stoff *m*; *p. ext.* Leinen *n*, Leinwand *f*; *tex. a.* Aufzug *m*; *fig.* F Stoff *m*, *a.* Thema *n*; P Geld *n*, Zaster *m* F; ~ de araña → telaraña; ~ de embalaje Rupfen *m*, Sackleinwand *f*; ~ encerada Wachstuch *n*; ~ filtrante Filtertuch *n*; de ~ fina aus feinem Zeug; ~ de goma, ~ engomada *a. Typ.* Gummituch *n*; ~ de lana Wollstoff *m*, Tuch *n*; ~ metálica (*od.* de alambre) Drahtgeflecht *n*; Maschendraht *m*; Fliegengitter *n*; ~ de recubrimiento Bespannstoff *m*; ~ tupida dichtgewebter Stoff *m*; engmaschiges Drahtgitter *n*; *fig.* estar en ~ de juicio unsicher sein (*Zutreffen, Erfolg*); F haber ~ para rato kein Ende nehmen, lange vorhalten (*z. B. Arbeit*), sehr ergiebig sein (*z. B. Thema usw.*); F hay mucha ~ das gibt viel zu tun, da steckt e-e Menge Arbeit drin F; F hay ~ cortada die Sache läuft nicht so richtig F; poner en ~ de juicio anzweifeln; bestreiten, in Abrede stellen; genau prüfen (wollen); 2. ♀ Schalhaut *f*, *Anat.* (Gehirn- *usw.*)Haut *f*; Hornhaut *f auf dem Auge*; ♀ Kernhaut *f des Granatapfels*; Häutchen *n* (*auf Flüssigkeiten*); ~ de cebolla Zwiebelhaut *f*; *fig.* F hauchdünner Stoff *m bzw.* fadenscheiniges Zeug *n*; *fig.* F llegarle a alg. a las ~s del corazón j-n im Innersten treffen, j-m sehr an die Nieren gehen F; 3. † (Turnierplatz-)Schranken *f/pl.*; *p. ext.* † *u. Reg.* Turnier- *bzw.* Fest-platz *m*.
telar *m* 1. Webstuhl *m*; ~ automático Webautomat *m*; ~ casero (Jacquard) Haus- (Jacquard-)webstuhl *m*; 2. *Buchb.* Heftlade *f*; 3. △, Thea. Schnürboden *m*.
telara|ña *f* 1. Spinngewebe *n*; *fig.* F tener ~*s en los ojos* k-e Augen im Kopf haben, ein Brett vorm Kopf haben F; 2. IT Web *n*; **~ñoso** *adj.* voller Spinnweben.
tele[1] F *f* Fernsehen *n*, Glotze *f* F.
tele...[2] ⨀, ⊕ *pref.* Tele..., Fern...
tele|adicto *adj.* fernsehsüchtig; **~arrastre** *Sp. m* Hang-, Schlepp-lift *m*; **~banca** *f* Telefonbanking *n*; **~banco** *m* IT Homebanking *n*; **~brújula** *f* Fernkompaß *m*; **~cámara** *f* Fernsehkamera *f*; **~cinema** (tógrafo) *TV m* Filmgeber *m*; **~compra** *f* Teleshopping *n*; **~comunicación** *f mst.* ~ones *f/pl.* Fernmeldewesen *n*; **~conectar** ⚡ *v/t.* fern-(ein)schalten; **~conector** ⚡ *m* Fernschalter *m*; **~conexión** ⚡ *f* Fernschaltung *f*; **~control** *m* Fernkontrolle *f*; Fernsteuerung *f*; **~controlar** *v/t.* fernsteuern; **~diario** *TV m* Tagesschau *f*, Nachrichten *f/pl.*; **~dinamia** *Phys. usw. f* Fernwirkung *f*; **~dinámico** *adj.* durch Fernwirkung; **~dirigido** *adj.* fern-gelenkt, -gesteuert; Fernlenk...; ⚔ arma *f* ~ (Fern-)Lenkwaffe *f*; **~enseñanza** *f* Fern(seh)unterricht *m*; **~férico** *m* Drahtseilbahn *f*; Seilschwebebahn *f*; **~film(e)** *m* Fernsehfilm *m*.
tele|fonazo F *m* Anruf *m*; dar un ~ a alg. j-n anrufen; **~fonear** *vt/i.* tele-

phonieren, anrufen; **~fonema** *m* telephonische Durchsage *f*; *Am.* Telephongespräch *n*; **~fonía** *f* Telephonie *f*, Fernsprechwesen *n*; ~ automática Selbstwählverkehr *m*; **~fónica** *adj.-su. f* Telephongesellschaft *f* (*a.* Gebäude); **~fónico** *adj.* telephonisch; cabina *f* ~*a* Telephonzelle *f*; central *f* ~*a* ☏ Fernsprechamt *n*; Vermittlung(szentrale) *f*; **~fonista** *c* Telephonist(in *f*) *m*.
teléfono *m* Fernsprecher *m*, Telephon *n*; ~ de atención al cliente Kundentelefon *n*; ~ automático Selbstwählanschluß *m*; (poste *m* de) ~ de auxilio, ~ S.O.S. Notrufsäule *f* (Autobahn); ~ en derivación, ~ supletorio Nebenanschluß *m*, -stelle *f*; ~ de la esperanza etwa: Telephonseelsorge *f*; ~ de pared Wandapparat *m*; ~ de mesa Tischtelephon *n*; ~ móvil, *Am.* ~ celular Handy *n*, Mobiltelefon *n*; ~ público öffentliche Sprechzelle *f*.
tele|foto *Phot. f* Funkbild *n*; Fernaufnahme *f*; **~fotografía** *f* Telephotographie *f*; *a.* Fernbildübertragung *f*; **~gobierno** *m* Fernbedienung *f*; **~grafía** *f* Telegraphie *f*; ~ de imágenes Bildtelegraphie *f*; ~ sin hilos, *Abk.* T.S.H. drahtlose Telegraphie *f*; **~grafiar** [1c] *v/t.* telegraphieren; drahten *bzw.* funken; **~gráfico** *adj.* telegraphisch, Telegraphen...; Draht...; estilo *m* ~ Telegrammstil *m*; hilo *m* ~ Telegraphen- (*od.* Leitungs-)draht *m*; **~grafista** *c* Telegraphist(in *f*) *m*; ⚓, ⚔ *oft* ⚔ Funker *m*.
telégrafo *m* Telegraph *m*; ⚓ ~ automático (*bzw.* por cinta perforada), ⚓ ~ de máquinas Maschinentelegraph *m*; poste *m* de ~*s* Telegraphenmast *m*.
tele|grama *m* Telegramm *n* (aufgeben poner); ~ de adhesión, ~ de simpatía (de felicitación, de lujo) Gruß- (Glückwunsch-, Schmuck-)telegramm *n*; **~guiar** [1c] *v/t.* fernlenken, -steuern; **~impresor** *m* Fernschreiber *m*; **~indicador** *m* Fernanzeiger *m*; **~interruptor** ⚡ *m* Fernschalter *m*; **~kinesia** *Psych. f* Telekinese *f*; **~lectura** *f* Fernablesung *f*; **~loca** F *f* → teletonta; **~mando** ⊕ *m* Fern-steuerung *f*, -bedienung *f*; **~mática** *f* Telematik *f*; **~mecánico** *adj.* durch Fernsteuerung (betätigt); **~metría** *f* 1. ⚡ Fernmeßtechnik *f*; 2. ⚔ Entfernungsmessen *n*; **~métrico** *adj.* fernmeßtechnisch.
te|lémetro *m a. Phot.* Entfernungsmesser *m*; **~le(e)misora** *TV f* Fernsehsender *m*; **~lenovela** *TV f* Seifenoper *f*, Daily Soap *f*; **~leobjetivo** *Phot. m* Teleobjektiv *n*.
teleo|logía *Phil. f* Teleologie *f*; **~lógico** *adj.* teleologisch.
teleósteos *Zo. m/pl.* Knochenfische *m/pl.*
telépata *Psych. m* Telepath *m*.
tele|patía *Psych. f* Telepathie *f*; Gedankenübertragung *f*; **~pático** *adj.* telepathisch.
tele|ra *f* 1. Lenkscheit *n an Pflug u. Wagen*; ⚔ Lafettenriegel *m*; 2. Plankenpferch *m* für Vieh; 3. Buchb., Zim. Backe *f e-r Zwinge*; 4. Méj. Art Weißbrot *n*; **~ro** *m* Runge *f*; Leiterwagensprosse *f*.
tele|rreglaje ⚡ *m* Fernregelung *f*; **~rreportaje** *m* Fern(seh)reportage *f*.

teles|cópico *adj.* ausziehbar; **~copio** *m* Teleskop *n*, Fernrohr *n*; ~ *reflector* Spiegelfernrohr *n*.
telesecundaria *TV f Méj.* Telekolleg *n*.
teleserie *f* Fernsehserie *f*.
telesilla *f* Sessellift *m*.
telesis *Soz. f*: ~ *social* gesellschaftliche Planung *f*.
tele|spectador *m* Fernseh-zuschauer *m*, -teilnehmer *m*; **~squí** *m* Skilift *m*; **~técnica** *f* Fernwirktechnik *f*; **~termómetro** *m* Fernthermometer *n*; **~tex** *m* Teletex *n*; **~texto** *m* Videotext *m*; **~tienda** *f* Teleshopping *n*; **~tipo** *m* Fernschreiber *m*; **~tonta** *burl. f* Glotze *f* F, Glotzkasten *m* F; **~trabajo** *m* Telearbeit *f*; **~trineo** *m* Schlittenlift *m*; **~vidente** *c* Fernsehteilnehmer *m*; **~visar I.** *v/t.* im Fernsehen übertragen (*od.* bringen); **II.** F *v/i.* fernsehen; **~visión** *f* Fernsehen *n*; ~ *en blanco y negro* Schwarzweißfernsehen *n*; ~ *por cable* (*en colores*) Kabel- (Farb-)fernsehen *n*; ~ *en circuito cerrado* Industriefernsehen *n*, Closed-Circuit-Fernsehen *n*; ~ *digital* digitales Fernsehen *n*; ~ *escolar* Schulfernsehen *n*; ~ *de pago* Bezahlfernsehen *n*, Pay-TV *n*; ~ *privada* Privatfernsehen *n*; ~ *vía satélite* Satellitenfernsehen *n*; **~visionitis** F *f* Fernsehfimmel *m* F; **~visivo** *adj.* Fernseh...; **~visor** *m* Fernsehgerät *n*, Fernseher *m*; ~ *de blanco y negro* (*de color*) Schwarzweiß- (Farb-)fernseher *m*.
télex *m* Fernschreibverkehr *m*; Telex *n*.
telilla *f* 1. dünnes (Woll-)Zeug *n*; 2. Haut *f* (*Milch, Schimmel u. ä.*).
te|lón *m* 1. *Thea.* Vorhang *m*; ~ *de fondo Thea.* Prospekt *m*; *fig.* Hintergrund *m*; ~ *metálico* eiserner Vorhang *m*; *sube od. se levanta* (*baja*) *el* ~ der Vorhang geht auf (fällt); 2. *fig. Pol. hist.* ~ *de acero* Eiserner Vorhang *m*; ~ *de bambú* Bambusvorhang *m*; **~lonera** *Thea. f* Vorhang *m* vor dem eisernen Vorhang (*mst. zu Reklamezwecken benutzt*); **~lonero** *m* Künstler *m*, der als erster auftritt (*Varieté usw.*).
telson *Biol. m* Telson *n*.
te|lúrico *adj.* tellurisch, erdhaft; **~lurio** *m* Tellur(ium) *n*; **~lurismo** *m* Tellurismus *m*; Erdabhängigkeit *f*; Erdhaftigkeit *f*; **~luro** *Min. m*: ~ *gráfico* Schrifterz *n*.
telli|z *m* Pferdedecke *f*, Schabracke *f*; **~za** *f* (schwere) Bettüberdecke *f*.
tema I. *m* 1. *a.* ♪ Thema *n*; Gesprächsstoff *m*; Gg.-stand *m*, Sujet *n*; Aufgabe *f*; ~ *de concurso* Preisaufgabe *f*, -frage *f*; *desarrollar un* ~ ein Thema behandeln (♪ entwickeln); 2. *Li.* Thema *n*; Stamm *m*; ~ *nominal* (*verbal*) Nominal- (Verbal-)stamm *m*; **II.** *m, K u. Reg. f* 3. fixe Idee *f*; Schrulle *f*, Spleen *m*; *a.* Steckenpferd *n*; *tomar* ~ *s. et.* in den Kopf setzen; 4. Abneigung *f*, Widerwille *m*; *tener* ~ *a* (*od. contra*) *alg.* j-n nicht mögen; **~rio** *m* Themen-liste *f*, -kreis *m*.
temáti|ca *f* Thematik *f*; **~co** *adj.* thematisch; Thema..., Themen...; *Li.* Stamm...; *Li. vocal f* ~*a* Thema-, Stamm-vokal *m*.
tem|bladera *f* 1. ♀ Zittergras *n*; *Pe. Art* Schachtelhalm *m*; 2. *Zo.* Marmorrochen *m*; 3. Tümmler *m* (*Gefäß*); 4. → *tembleque* 3; 5. *Am.* Zittern *n*; 6. *Arg.* (*And.*) Zitterkrankheit *f* (*Pferdeseuche*); 7. *Am.* → **~bladero** *Am. m* Sumpf-, Zitterboden *m*; **~blador I.** *adj.* 1. bebend, zitternd; **II.** *m* 2. Zitterer *m*; *Rel.* Quäker *m*; 3. Wobbler *m* *der Angler*; **~blar** [1k] *v/i.* zittern; beben; *p. ext.* s. fürchten; bangen (um *ac. por*); ~ *como una hoja* (*od. como un azogado*) zittern wie Espenlaub; ~ *de espanto* vor Schrecken beben; *fig.* F *dejar* (*estar, quedar*) *temblando* fast leeren (beinahe leer sein) (*Glas*); *hacer* ~ erzittern lassen; *le tiemblan las rodillas* (*todos los miembros*) die Knie zittern (*od.* schlottern) ihm (er schlottert an allen Gliedern); *no tiembla ni tiembla ante nadie ni nada* er fürchtet nichts u. niemanden; *todo me tiembla mir zittern alle Glieder*; **~bleque I.** *adj. c* 1. ⚡ *u. Reg.* → *temblón, trémulo*; **II.** *m* 2. F Zittern *n*; *me entran* ~*s* ich fange an zu schlottern, ich kriege weiche Knie F; 3. Zitternadel *f* (*Schmuck*); **~blequear** F *v/i.* ständig zittern; am ganzen Leibe zittern, bibbern F; *tembleequeante* zitternd; (sch)wabbelig F; **~blequera** F *f* Schlottern *n*; **~blón I.** *adj.* zitternd; ⚘ *álamo* ~ *m*, *a.* ~ *m* Zitterpappel *f*, Espe *f*; **II.** *m Fi.* Marmorchen *m*; *Am.* Zitterrochen *m*; **~blor** *m* Zittern *n*; ~ *de mar* (*de tierra*) See- (Erd-)beben *n*; **~bloroso** *adj.* zitterig; ~ *de miedo* angstzitternd.
teme|dero *adj.* zu fürchten(d); **~dor** *adj.-su.* fürchtend; ~ *de un castigo aus* Furcht vor Strafe.
tememe *hist. m Méj.* indianischer (Last-)Träger *m*.
te|mer *v/t/i.* fürchten; nur *v/t.* befürchten; ~ *a Dios* Gott fürchten; gottesfürchtig sein; ~ *por su vida* für sein Leben fürchten; *temo* (*od. me temo*) *que* + *subj. od.* + *fut.* ich fürchte, daß + *ind.*; **~merario** *adj.* verwegen, waghalsig; tollkühn, vermessen; gewagt; leichtfertig, voreilig (*Behauptung*); vorschnell (*Urteil*); **~meridad** *f* 1. Verwegenheit *f*, Tollkühnheit *f*; 2. Vermessenheit *f*; Frevel *m*; Wahnsinn *m*; 3. höchst leichtfertige (*od. a.* voreilige) Behauptung *f*; **~meroso** *adj.* furchtsam, ängstlich; zaghaft; ~ *de et.* fürchtend; ~ *de Dios* gottesfürchtig; **~mible** *adj. c* furchtbar; fürchterlich, zu fürchten(d).
temiche ⚘ *m Ven.* Temichepalme *f*.
temole *Kchk. m Méj.* Pfefferfleisch *n*; Chilli-Tomaten-Tunke *f*.
temor *m* 1. Furcht *f*, Angst *f*; Scheu *f*; ~ *al castigo* Angst *f* vor Strafe; ~ *de Dios* Gottesfurcht *f*; ~ *de od. a) la muerte* Furcht *f* vorm Tod(e); *con* ~ ängstlich; scheu; (sehr) verlegen; *por* ~ *de aus* Furcht vor (*dat.*); *sin* ~ furchtlos, unverzagt; *desechar todo* ~ alle Furcht ablegen; mutig handeln; *no tiene mucho* ~ er fürchtet ihn sehr; 2. Befürchtung *f*, Besorgnis *f*, Argwohn *m*; (bange) Ahnung *f*; *tener el* ~ *de que* + *subj.* (be)fürchten, (daß) + *ind.*
tempana|dor ⚒ *m* Zeidelmesser *n* der Imker; **~r** *v/t.* Bienenstock abdecken; Boden einsetzen *b.* Fässern.
témpano *m* 1. ♪ Pauke *f*; 2. △ → *tímpano* 2; 3. ⚒ Abdeckung *f der Bienenstöcke*; 4. Faßdeckel *m*; *a.* Faßboden *m*; 5. Scholle *f*, flacher Brocken *m*; ~ (*de hielo*) Eisscholle *f*; ~*s m/pl. de hielo a.* Packeis *n*; *fig.* ser *más frío que un* ~ sehr gelassen sein, unerschütterlich sein; 6. Metzgerei: Seite *f* Speck.
tempe|ración *f* Mäßigen *n*; Mäßigung *f*; **~ramental** *adj. c* Temperaments..., Charakter...; **~ramentvoll**, **~ramento** *m* Temperament *n*; *de* ~ *colérico* (*od. bilioso, nervioso*) cholerisch, aufbrausend; leicht reizbar; **~rancia** *f* Mäßigung *f*; **~rante** *adj. c* mäßigend; **~ratura** *f* Temperatur *f*; *a.* → *temperie*; *Phys.* ~ *absoluta* Absoluttemperatur *f*; ⊕ ~ *al blanco* (*al rojo*) Weiß- (Rot-)gluthitze *f*; ~ *ambiente* Umgebungstemperatur *f*; Raum-, Zimmer-temperatur *f*; ~ *crítica* kritische Temperatur *f*; ~ *máxima* (*mínima*) Höchst- (Tiefst-)temperatur *f*; ~ *propia* (*superficial*) Eigen- (Oberflächen-)temperatur *f*; *a.* ✶ *curva* (*bzw. gráfica*) *f de la* ~ Temperatur-, ✶ Fieber-kurve *f*; ✶ *tener mucha* ~ hohes Fieber haben.
tempe|rie *f* Witterung *f*; **~ro** ⚒ *m* gute Saatzeit *f* (*nach den Regenfällen*).
tempes|tad *f* (starker) Sturm *m*; Unwetter *n*; Gewitter *n*; *fig.* Unruhe *f*, Sturm *m*; Flut *f v.* Verwünschungen; heftige Ausea.-setzung *f*, ~ *de arena* Sandsturm *m*; ~ *de aplausos* Beifallssturm *m*; *levantar* ~*es* gr. Unruhe stiften, den Aufruhr entfesseln; **~tividad** *f* Rechtzeitigkeit *f*; Schicklichkeit *f*; **~tivo** *adj.* passend, gelegen; **~tuoso** *adj.* stürmisch; Sturm...; Gewitter...
templa *Mal. f* Tempera *f*.
tem|plabilidad ⊕ *f* Härtbarkeit *f*; **~pladero** *m* Kühlkammer *f* (*Glasfabrikation*); **~plado** *part.-adj.* 1. ♪ gestimmt; *fig.* F *estar bien* (*mal*) ~ gut (schlecht) gelaunt sein; 2. *fig.* F *Bol., Chi., Col.* verliebt; F *Col.* beschwipst; 3. ⊕ gehärtet; ~ *al* (*od. de*) *soplete*, ~ *por flameado* im Brennstrahl gehärtet; *a. su. m* Brennstrahlhärtung *f*; 4. maßvoll, gemäßigt; 5. lau(warm), überschlagen; gemäßigt, mild (*Klima*); 6. kaltblütig; *fig.* F tapfer, kühn; *fig.* P abgefeimt, verschlagen; *Am. Cent., Méj.* klug, geschickt; *Col., Ven.* streng; **~plador** *m* Stimmschlüssel *m*; **~planza** *f* 1. Mäßigkeit *f*; Enthaltsamkeit *f*; *Mal.* Farbstimmung *f*, Farbenharmonie *f*; ♪ Tonharmonie *f*; *sociedad f de* ~ Temperenzlerverein *m*; 2. mildes Klima *n*; **~plar I.** *v/t.* 1. mäßigen; temperieren; *Heißes* abkühlen; *Kaltes* anwärmen; *Starkes* (ab)schwächen *bzw.* verdünnen; *p. ext.* Schraube, Kabel mäßig anziehen; *fig.* mäßigen, mildern, besänftigen; 2. ♪ stimmen; *Mal. Farben* abstimmen; 3. ⊕ abschrecken (mit *dat. en*); *Metall, Glas, Keramik* härten; *fig.* stählen; *sin* ~ ungehärtet; 4. ⚓ Segel dem Wind entsprechend einrichten; 5. *Col., Ec. j-n zu* Boden werfen; *C. Ri.* verprügeln; *Ec., Pe.* töten; **II.** *v/i.* 6. nicht mehr so kalt sein; wärmer

templario — tener

werden (*Wetter*); 7. *Cu.* → 10; **III.** *v/r.* ~se 8. s. mäßigen; ~se en el beber mäßig trinken; 9. *Bol., Col., Chi.* s. verlieben; 10. *Cu., Méj.* fliehen; 11. *Chi., Méj.* s. den Bauch vollschlagen (*fig.* F); s. hinreißen lassen; 12. *Ec.* s. ermannen, tapfer sein.

tem|plario *hist. m* Templer *m*, Tempelritter *m*; *los* ~*s* → ~**ple**[1] *m* Tempelorden *m*, Templer *m/pl.*

temple[2] *m* 1. Witterung *f*; Temperatur *f*; 2. Charakteranlage *f*; *de mal* ~ bösartig; 3. ♪ Stimmung *f*; *fig.* F *mal* ~ Mißstimmung *f*; 4. ⊕ Härtung *f*; ~ *al aceite (al aire)* Öl-(Luft-)härtung *f*; ~ *en frío* Kalthärtung *f*; ~ *vítreo* Glashärte *f* (*Stahl*); *color m de* ~ Anlauffarbe *f*.

templete ⚒ *m* Tempelchen *n*; Pavillon *m*; ~ *de la música* Konzertpavillon *m*.

templista *c* Temperamaler *m*.

templo *m* Tempel *m*; Kirche *f*; *fig.* F *como un* ~ haushoch; riesengroß.

tempo|rada *f* 1. Zeitraum *m*; Zeit (-lang) *f*; 2. Jahreszeit *f*; Saison *f*; *Thea.* Spielzeit *f*; *de* ~ Saison...; (*der Jahreszeit (entsprechend)*; ~ *alta* Hochsaison *f*; ~ *baja* Nebensaison *f*, Vor- *od.* Nach-saison *f*; ~ *de* (*los*) *baños* Bade-zeit *f*, -saison *f*; *Met.* ~ *de lluvias* Regenzeit *f*; ~**ral I.** *adj. c* 1. zeitlich; zeitweilig, zeitweise; 2. zeitlich, weltlich; *hist. brazo* ~ weltlicher Arm *m* (*bsd.* = Staatsjustiz *f* als ausführendes Organ der Inquisition); 3. *Anat.* Schläfen...; **II.** *m* 4. Sturm *m*; Unwetter *n*; *Met.* Regenzeit *f*; *capear el* ~ ⚓ vor dem Winde liegen, beiliegen; *fig.* s. geschickt (*vor et. dat.*) drücken, Schwierigkeiten (*od.* Entscheidungen) aus dem Wege gehen; 5. *Anat.* Schläfenbein *n*; ~**ralidad** *f* Zeitlichkeit *f*; Weltlichkeit *f*; ~**ralizar** [1f] *v/t.* vergänglich machen; verweltlichen; ~**ralmente** *adv.* vorübergehend.

témporas *ecl. f/pl.* Quatember (-fasten *n*) *m*.

temporejar ⚓ *v/i.* beidrehen (*b. Sturm*).

tempo|rero I. *adj.* auf Zeit angestellt, temporär; **II.** *m* Saisonarbeiter *m*; Aushilfskraft *f*; ~**rizar** [1f] *v/i.* 1. die Zeit verbringen; 2. s. fügen.

tempra|nal ✓ **I.** *adj. c* Früh...; **II.** *m* Frühkultur *f*; ~**near** *v/i. Am.* früh aufstehen; ~**nero** *adj.* frühreif; früh- (*bzw.* vor-)zeitig; Früh...; ~**no I.** *adj.* früh(zeitig); Früh...; **II.** *adv.* (zu) früh; *mañana* ~ morgen früh.

temu ♀ *m Chi.* Muskatmyrte *f*.

ten F: *ir con mucho* ~ *con* ~ äußerst behutsam zu Werke gehen.

tenaci|dad *f* 1. Zähigkeit *f*; *a.* Reißfestigkeit *f*; 2. Hartnäckigkeit *f*; Starrsinn *m*; ~**llas** *f/pl.* kl. Zange *f*; Brennschere *f*; Pinzette *f*.

tenante ⊘ *m* Schildhalter *m*.

tena|z *adj. c* (*pl.* ~*aces*) 1. zäh; *a.* dickflüssig; reißfest; 2. beharrlich; unbeugsam; hartnäckig, starrsinnig; ~**za** *f* → (*mst.*) tenazas; ~**zada** *f* Packen *n* mit der Zange; Zangengeräusch *n*; *fig.* heftiges Zubeißen *n*; ~**zas** *f/pl.* Zange *f*; ~ *articuladas* Hebelzange *f*; ~ *de corte* (*bzw. de sujeción*) Kneifzange *f*; ~ *para tubos* Rohrzange *f*; *fig.* F *eso no puede cogerse ni con* ~ das mag man nicht einmal mit der Zange anfassen; F *manos f/pl. como* ~ Pranken *f/pl.* (*fig.* F).

tenca *f Fi.* Schleie *f*; *fig.* P Rausch *m*.

tencolote *m Méj.* Tragkorb *m* der Indianer.

ten|dajo *m* → tendejón; ~**dal** *m* 1. Sonnendach *n*; Plane *f*; 2. auf dem Trockenplatz Liegende(s) (*od.* Hängende[s]) *n*; 3. ✗ Auffangtuch *n b.* Olivenabschlagen; 4. *Reg.* → tendedero; 5. *Am.* → tendalera; 6. *Am. Reg.* Trockenplatz *m* für Kaffeebohnen; 7. *Arg.* Scherplatz *m* für Schafe; 8. *Chi.* Textilladen *m*; ~**dalera** *f* (unordentlich auf dem Boden Herumliegende(s) *n*, Durchea. *n*; ~**dalero** *m* → ~**dedero** *m* 1. Trockenplatz *m* (*a.* für Gartenerzeugnisse *u.* Fleisch); 2. ~ (*de ropa*) Bleiche *f*; Trockenboden *m*; Wäscheständer *m*; ~**dejón** F *m* (elende) Bude *f*; ~**del** ⚒ *m* Meßschnur *f* der Maurer; Mörtelschicht *f* zwischen den Backsteinlagen.

tenden|cia *f* Neigung *f*; Richtung *f*; Bestrebung *f*; Tendenz *f*; ✝ ~ *alcista* steigende Tendenz *f*, Haussestimmung *f* (*Börse*); ~ *al vicio* Hang *m* zum Laster, Lasterhaftigkeit *f*; ~**cioso** *adj.* tendenziös, gefärbt; ~**te** *adj.* ~ *a* tendierend, strebend (*nach dat. a*); hinzielend (*auf ac. a*).

tender [2g] **I.** *v/t.* 1. (aus)spannen; ausbreiten; auslegen; ausstrecken; ✗ (aus)streuen; ⚒ bewerfen; tünchen; *Brücke* schlagen; *Draht, Kabel* spannen, *a. Leitung usw.* verlegen; *Wäsche* aufhängen; *a. fig.* Schlingen legen; *a. fig. die Netze* auswerfen; ~ *la mano* die Hand aus- (*bzw.* entgegen-)strecken; ~ *por tierra* niederstrecken; ~ *por el suelo* umherstreuen; ⚒ ~ *con yeso (con cal)* gipsen (tünchen, kalken); **II.** *v/i.* 2. neigen (*zu dat. a*); streben (*nach dat. hacia*); abzielen (*auf ac. a*); **III.** *v/r.* ~*se* 3. s. spannen; 4. s. hinlegen; s. kümmern (*b. e-m Geschäft*); *estar tendido* liegen; 5. ✗ s. (um)legen (*Getreide nach Unwetter*); 6. *Equ.* s. strecken (*b. Galopp*); 7. *Kart.* alle Karten zeigen (*z. B. b.* Nullouvert).

ténder 🚂 *m* Tender *m* (*Anm.* Tender ⚓ *aviso*).

tende|rete *m* 1. Verkaufsstand *m*; Marktzelt *n*; ~ *de feria* Jahrmarktsbude *f*; 2. *Kart.* Krämerspiel *n*; 3. F → tendalera; ~**ro** *m* 1. Ladeninhaber *m*; Kleinhändler *m*; Krämer *m*; 2. Zeltmacher *m*.

tendi|da *Equ. f Arg.* Scheuen *n*, Ausbrechen *n*; ~**do** *m* 1. Ausbreiten *n*; Aufhängen *n v. Wäsche*; *p. ext.* aufgehängte Wäsche *f*; 2. ✗ *usw.* Verlegung *f v. Leitungen*; 3. ⚒ Bewurf *m*; ~ *con yeso* Gipsen *n*, Verputzen *n*; 4. *Stk.* Sperrsitz *m*.

ten|dinoso *adj.* sehnig; ~**dón** *m Anat.* Sehne *f*; ~ *de Aquiles Anat.* Achillessehne *f*; *fig.* Achillesferse *f*; ~**dovaginitis** ✱ *f* Sehnenscheidenentzündung *f*.

tendré *usw.* → tener.

tendu|cha *f*, ~**cho** *m* (elender) Kramladen *m*.

tenebro|sidad *f* Finsternis *f*; ~**so** *adj.* finster; *a. fig.* dunkel.

tene|dor *m* 1. Gabel *f*; ~ *para servir la ensalada* Salatgabel *f*; ~ *para tomar ostras* Austerngabel *f*; 2. ✝ Inhaber *m*; ✝ Wechselnehmer *m*; ✝ ~ *de libros* Buchhalter *m*; ~**duría** ✝ *f* Buchhaltung *f*; ~ *de libros por partida doble* doppelte Buchführung *f*.

tenencia *f* 1. Innehaben *n*; Besitz *m*; ~ *de armas* Waffenbesitz *m*; 2. Stellvertreter(schaft *f*) *m*; ~ *de alcaldía* Bezirksbürgermeisteramt *n*; Amt *n des zweiten Bürgermeisters*.

tener [2l] **I.** *v/t.* 1. *et.* haben (*vgl. haber*); besitzen; (fest)halten; an-, zurück-halten; *Gedanken, Gefühle* hegen; *Versammlung, Schule usw.* (ab)halten *bzw.* haben; *Versprechen* halten; *Gespräch* führen; sorgen für (*ac.*); **a)** ~ *afecto a alg.* j-m gewogen (*od.* zugetan, geneigt) sein; ~ *algo de bueno et.* Gutes haben; ~ *algo de la madre* einiges Vermögen von der Mutter haben; (*gal.*) *et.* (*Gesichts-, Charakterzüge usw.*) von der Mutter haben *bzw.* der Mutter ähnlich sehen; ~*le a alg.* j-n halten; j-n bewirten; *a.* = ~*le en casa* ihn bei sich aufgenommen haben; ~ *años* (*od. días*) bei Jahren sein, betagt sein; ~ *treinta años* dreißig Jahre alt sein; ~ *el caballo* das Pferd halten (*bzw.* anhalten); *tengo calor* (*frío*) mir ist warm (kalt); *fig.* F ~ *cosas* Schrullen (*od.* e-n Tick) haben; ~ *escape* entweichen können (*z. B. Rauch, Dampf*); undicht sein (*z. B. Kessel*); ~ *fiesta* feiern; frei haben; ~ *habilidad* geschickt sein; ~ *hambre* (*sed*) Hunger (Durst) haben; ~ *invitados* (geladene) Gäste haben; ~ *la lengua* den Mund halten; *fig.* ~ *mano en* die Finger in *e-r Sache* haben; *fig.* ~ *muchas manos* sehr geschickt sein; ~ *tres metros de largo* drei Meter lang sein; ~ *el perro a.* den Hund zurückhalten; *le tengo simpatía* ich mag ihn gern; *aquí tiene usted* ... hier haben Sie ...; hier sehen Sie ...; *¡aquí tiene usted! od. ¡tenga usted!* nehmen Sie bitte!; *aquí me tiene(n) usted(es)* hier bin ich; ich stehe zu Ihrer Verfügung; *fig.* F *cada uno tiene lo suyo* jeder hat (so) s-e Fehler (*od.* s-e Marotten); F *conque ésas habíamos tenido* also darauf wollten Sie?; *od.* wollten Sie *usw.*) hinaus; *no* ~ *con qué pagar* nicht zahlen können; *kein Geld haben; fig. no* ~ *nada suyo* sehr großzügig (*od.* freigebig) sein, sein letztes Hemd verschenken F; *¡no nos tenga así (en suspenso)!* spannen Sie uns nicht (so lange) auf die Folter!, machen Sie es nicht so spannend! F; *¿qué tienes?* was hast du?; *a.* was hehlt dir? *od.* ist dir nicht wohl?; **b)** *mit part. u. adj.: tengo escrita la carta* ich habe den Brief geschrieben, der Brief liegt fertig vor; *me tienes intrigado* bin ich gespannt, du machst mich neugierig; *eso le tiene preocupado* das beunruhigt ihn, das läßt ihm k-e Ruhe; ~ *puesto* (*Kleidung, Schuhwerk*) anhaben; (*Hut*) auf dem Kopf haben; **c)** *mit prp. u. adv.:* ~ *a bien + inf.* so freundlich sein zu + *inf.*; ~ *a mano* zur Hand haben; ~ *a la vista* vor Augen haben; im Auge haben (*fig.*);

vorhaben; in Aussicht haben; ¿qué tiene contra usted? was hat er gegen Sie?; warum mag er Sie nicht?; ~ de + inf. Reg. u. F → ~ que, 1 d; F ~le a alg. de plantón j-n lange warten lassen; Kart. ~ en buenos Trümpfe (für den Eventualfall) zurückhalten; ~ en (od. entre) manos unter den Händen (bzw. in Aussicht) haben; in Arbeit haben; ~ en más höher achten; vorziehen; ~ en (od. a) mucho hochachten; ~ mucho a ..., der Meinung sein ...; ~ por bueno für gut halten; ~ por el mango am Griff (od. Stiel) (fest)halten; ~ por objeto bezwecken; ~ sobre sí una responsabilidad e-e Verantwortung tragen; d) mit que: ~ que + inf. müssen (vgl. haber de); no ~ que + inf. nicht + inf. müssen (od. sollen); nicht (zu) + inf. brauchen; ~ algo que perder a. fig. einiges zu verlieren haben; (no) ~ que ver con (tions) zu tun haben mit (dat.); P ~ que ver con una mujer ein Verhältnis mit e-r Frau haben; II. vt/i. 2. begütert (od. reich) sein, (Besitz) haben; con eso no tengo ni para empezar damit (allein) kann ich nichts anfangen; das langt nicht einmal für den Anfang; no saber alg. lo que tiene ungeheuerlich reich sein, ein Krösus sein; III. v/r. ~se 3. s. halten (an ac. bzw. dat. a bzw. en); s. fest- (od. an-)halten (an dat. en); (festen) Halt haben od. stehen (auf dat. en); (standhalten, widerstehen; s. halten (für ac. od. adj. por), s. dünken (adj. od. et. ac. por); ~se bien s. gut halten; ~se bien a caballo ein guter Reiter sein; ~se en mucho sehr von s. eingenommen sein; ~se en pie s. aufrecht halten; ~se fuerte standhalten; auf s-r Meinung bestehen; está que no se tiene er kann sich nicht mehr gerade stehen (= ist so betrunken); 4. (inne)halten; ¡tente! halt ein!; bleib stehen!
tenería f Lohgerberei f.
Tenerife f Teneriffa n.
tenesmo ⚕ m: ~ rectal (vesical) Stuhl- (Harn-)zwang m.
tengo usw. → tener.
tenguerengue F m ⊕ Labilität f; adv. en ~ wackelig, wenig stabil; auf der Kippe.
tenia f 1. ⚕ Bandwurm m; 2. △ Kyma(tion) n, Zier-band n, -leiste f; ~ de óvulo Eierstabkyma n.
tenida f 1. Am. Sitzung f e-r Freimaurerloge; 2. Chi. Kleidung f.
teniente I. adj. c 1. (inne)habend; 2. † u. Reg. noch nicht reif (Obst); 3. F schwerhörig; fig. F knauserig F; II. m 4. Verw. Stellvertreter m; ecl. (Pfarr-)Vikar m; ~ de alcalde Zweiter Bürgermeister m; 5. ✕ Span. Oberleutnant m; ~ general General m der Infanterie usw.; ⚓ de navío Kapitänleutnant m; hist. primer ~ Oberleutnant m; hist. segundo ~ Leutnant m.
tenífugo pharm. m Bandwurmmittel n.
tenis Sp. m Tennis(spiel) n; ~ta c Tennisspieler(in f) m.
teno|r m 1. ♪ Tenor m; ~ cómico Tenorbuffo m; (saxófono m) ~ Tenorsaxophon n; ~ dramático Heldentenor m; 2. Wortlaut m, Inhalt m, Tenor m; a ~ de nach Maßgabe

(gen.), laut (gen., dat., vor bloßem Hauptwort oft beugungslos); a este ~ derart, so; ~rino ♪ m Falsettenor m.
tenorio m Don Juan m, Schürzenjäger m, Frauenheld m.
ten|sar ⊕ v/t. straffen, spannen; ~siómetro m Blutdruckmeßgerät n; ~sión f 1. a. ⊕, ⚡ u. fig. Spannung f; ⚡ alta ~ Hochspannung f; HF ~ alterna de la rejilla Gitterwechselspannung f; fig. estar en ~ a) gespannt sein; b) sehr erregt sein; 2. ⚕ ~ (arterial) Blutdruck m; ~so adj. gespannt; prall; fig. (an)gespannt.
tensón Lit. f Tenzone f.
tensor ⊕ I. adj. Spann...; dispositivo m ~ Spannvorrichtung f; II. m Spanner m (a. Anat. = Spannmuskel m); Spanneisen n; Spannschloß n; ~ de la cadena Kettenspanner m am Fahrrad.
ten|tación f 1. Versuchung f; (Ver-)Lockung f; caer en (la) ~ in Versuchung fallen; ~taculado Zo. adj. mit Fühlern (od. Fangarmen) versehen; ~tacular adj. c Fühler..., Fühlhorn...; Fangarm...; ~táculo m Ent. Fühler m; Schnecken: Fühlhorn n; Mollusken: Fangarm m; (Fig. F Hand f, Flosse f (fig. F); ~tadero Stk. m Probe-platz m bzw. -pferch m für Jungstiere; ~tador I. adj. verführerisch, verlockend; Verführungs...; II. m Versucher m; ~tadura ✕ f Erz-, bsd. Silber-probe f (Erzstück u. Versuch); ~tar [1k] v/t. 1. befühlen, betasten; aus-, ab-greifen; 2. versuchen; verlocken, verführen; 3. prüfen, untersuchen; Wunde mit der Sonde untersuchen; 4. versuchen, unternehmen; fig. F ~ la paciencia a alg. j-n belästigen, j-m auf die Nerven gehen; ~tativa f 1. Versuch m, Probe f; 2. ⚖ Versuch m; ~ de asesinato (de conciliación) Mord-(Sühne-)versuch m; ~ de delito imposible untauglicher Versuch m; ~ de robo versuchter Diebstahl m.
ten|temozo m 1. Stütze f; Karrenstütze f; Wagenstütze f; 2. Stehaufmännchen n; ~tempié F m Imbiß m, Stärkung f; ~tenelaire od. tente-en-el-aire I. c Am. Mischling m (Einstufung Reg. u. hist. verschieden); II. m Rpl., Pe. Reg. ~ colibrí; ~tetieso m Stehaufmännchen n.
tentón F m (plötzliches) Befühlen n, Befummeln n F.
tenu|e adj. c dünn; fein; schwach; ~idad f Dünne f; Zartheit f; Schwäche f.
tenuta ⚖ f vorläufige Nutznießung f (bis zur gerichtlichen Entscheidung).
te|ñido I. adj. gefärbt; a. getönt (Haar); II. m Färben n; ~ñir [3h u. 3l] v/t. a. fig. färben; (ab)tönen; ~ de negro schwarz färben.
teobroma 🜚 (nur 🅢) m, a. f Kakaobaum m.
teo|cali m Teocalli n, altmexikanische Tempelpyramide; ~cote 🜚 m Ocotefichte f.
teo|cracia Pol. f Theokratie f; p. ext. Priesterherrschaft f; ~crático adj. theokratisch; ~dicea Phil. f Theodizee f.
teodolito 🜚 m Theodolit m.
Teodo|rico npr. m Dietrich m; Theoderich m; ~ro npr. m Theodor m.

teo|gonía Myth. f Theogonie f; ~logal adj. c: virtudes f/pl. ~es theologische Tugenden f/pl. (Glaube, Hoffnung, Liebe); ~logía f Theologie f; ~ de la liberación (de la reconciliación) Theologie f der Befreiung (der Versöhnung); facultad f de ~ theologische Fakultät f; fig. F no meterse en ~s nicht über Dinge reden, von denen man nichts versteht (bzw. nichts verstehen kann); ~lógico adj. theologisch; ~logizar [1f] v/i. theologisieren.
teólogo m Theologe m.
teo|manía ⚕ f Theomanie f, religiöser Wahn(sinn) m; ~maníaco adj.-su. theomanisch; ~mano m Theomane m, an religiösem Wahn Leidende(r) m.
teomel m Méj. „Götteragave" f (Agave, die den besten „Pulque" liefert).
teo|rema m Theorem n, Lehrsatz m; ~rético adj. kontemplativ, spekulativ, theoretisch; ~ría f Theorie f (alle Bedeutungen); adv. en ~ theoretisch; ~ atómica Atomtheorie f; ~ de las combinaciones Kombinatorik f; ~ de la descendencia Abstammungslehre f; Phil. ~ del conocimiento Erkenntnis-lehre f, -theorie f; ~ del Estado Staatslehre f; ~ de los números Zahlentheorie f.
teórico I. adj. theoretisch; valor m ~ Sollwert m; II. m Theoretiker m.
teoriza|nte adj. c theoretisierend; ~r [1f] vt/i. theoretisch behandeln; Theorien aufstellen; theoretisieren.
te|osofía f Theosophie f; ~osófico adj. theosophisch; ~ósofo m Theosoph m.
teosúchil 🜚 m Méj. „Götterblume" f (Vmed. u. Folk.).
tepalcate m Méj. Scherbe f.
tepe m Rasenplatte f, Plagge f.
tequesquite Min. m Méj. „Leuchtstein" m (wie Natron verwendet).
tequila m Méj. Tequila m.
tera|peuta ⚕ c Therapeut m; ~péutica ⚕ f 1. Therapeutik f; 2. Therapie f, (Heil-)Behandlung f; ~ hormonal (química) Hormon- (Chemo-)therapie f; ~ de ondas cortas Kurzwellenbehandlung f; ~péutico ⚕ adj. therapeutisch; ~pia ⚕ f Therapie f, Behandlung f; ~ genética, ~ génica Gentherapie f; Psych. ~ de grupo Gruppentherapie f.
terce|r adj. Kurzform zu tercero vor su. m sg.; ~ra f 1. ♪, Fechtk. Terz f; Fechtk. ~ alta (baja) Hoch- (Tief-)terz f; ♪ ~ mayor gr. Terz f; 2. ⚡ ~ de cambio Tertiawechsel m; 3. ⚕ Dritte Klasse f; ~rmundista Pol. adj. c der Dritten Welt; ~ro I. adj. dritte(r, -s); ⚖ deudor m ~ Drittschuldner m; II. m Vermittler m; Mittelsmann m; ⚖ Dritte(r) m; Drittberechtigte(r) m; ~rola f 1. kurzer Karabiner m; Terzerol m; 2. kl. Faß n; ~rón m; ~rona f Am. Reg. Terzerone c (Mischling aus Weißem u. Mulattin od. umgekehrt); ~to m 1. Lit. Terzett n; Terzine f; 2. ♪ Terzett f; Trio n.
ter|cia f 1. kath. Terz f (Stundengebet); 2. Drittelelle f (Maß); 3. Drittel n; 4. ~ a tercera f; ~ciado I. adj. 1. azúcar m ~ brauner Farinzucker m; madera f ~a Sperrholz n; 2. ⚒ ~ en faja mit Balken;

~ en palo mit Pfahl; 3. mittelgroß (*Stier*); **II. m** 4. Kurzschwert *n mit breiter Klinge*; *Zim.* Sparren *m*, Latte *f*; ~ciana ♂ *f* Dreitage-, Tertian-fieber *n*; ~cianela *tex. f* doppelter Taft *m*; ~ciar [1b] **I.** *v/t.* 1. dritteln; 2. ♂ dreibrachen, dreiern; *Weinberg* zum drittenmal behacken; *Hecke, Strauch* stutzen; 3. *Gewehr* quer umhängen, schultern; *Hut* schief aufsetzen; *Mantel* quer umnehmen; *Schärpe* quer (*über Brust u. Rücken*) umbinden; 4. *Saumtierlast* verteilen; *Col., Méj.* auf den Rücken laden; 5. *Am.* Milch, Wein pan(t)schen; *p. ext.* mischen; **II.** *v/i.* 6. vermitteln; eingreifen (in *ac.* en); s. beteiligen, mitmachen; *ins Gespräch* einfallen; **III.** *v/r.* ~se 7. s. ergeben (*Gelegenheit*); F donde se *tercia* wo s. gerade e-e Gelegenheit ergibt; si se *tercia* gelegentlich.

ter|ciaria *kath. f* Terziarin *f*; ~ciario **I.** *adj.* 1. *Geol.*, ♂ Tertiär...; ♂ *período m* ~ Tertiärstadium *n*; 2. *kath.* Tertiarier...; **II. m** 3. *Geol.* Tertiär *n*; 4. *kath.* Tertiar *m*, Tertiarier *m*, *Angehöriger e-s Dritten Ordens*; ~cio **I.** *adj.-su.* 1. ♀ → tercero; **II. m** 2. Drittel *n*; *fig.* mejorado en ~ *y* quinto äußerst günstig weggekommen, bevorzugt; 3. *kath.* Teil *m* des Rosenkranzes (*insgesamt drei*); 4. Glas *n* Bier (*333 ccm*); 5. Wadenteil *m*, Länge *f e-s* Strumpfs; 6. *Fechtk.* ~ *flaco* (*de fuerza*) schwächerer (*stärkerer*) Teil *m* der Klinge; ganar los ~s de la espada den Degen des Gegners binden; 7. *fig. hacer* ~ mitmachen (*bei dat.* en); hacer buen (*od. mal*) ~ *a alg.* j-m förderlich (*bzw.* hinderlich) sein; F *hacer mal* ~ *a alg.* j-m e-n bösen Streich spielen; 8. *Sp.* Spieldrittel *n* (*z. B. b. Eishockey*); *Stk.* **a)** Arenadrittel *n*; *bsd.* mittleres Drittel *n* der Kampffläche; **b)** ~ suerte 3; 9. (Freiwilligen-)Legion *f*; *span.* Fremdenlegion *f*; Abteilung *f* der *guardia civil*; *hist. Span.* Regiment *n im 16. u. 17. Jh.*; *hist. u. fig.* ~s *m/pl.* Truppen *f/pl.*; ⚓ (※) ~ naval Marineabteilung *f*; 10. Matrosen- *u.* Fischerinnung *f* (*Fischereigenossenschaft der Reeder, Schiffs-* [*bzw. Netz-*]*eigentümer u. der abhängigen Fischer*); 11. ~s *m/pl.* (*kräftige*) Gliedmaßen *f/pl.*; 12. *Equ.* **a)** Gangart *f b.* Galopp; **b)** ~ anterior (*medio, posterior*) Vor- (Mittel-, Hinter-)hand *f*; 13. **a)** Pack(en) *m e-r Saumtierlast*; *p. ext.* Hälfte *f* der Last (*wenn in Ballen transportiert wird*); **b)** *Am.* Bündel *n*, Ballen *m* (*Gewicht reg. verschieden*); *Cu.* Ballen *m* Rohtabak (*rd. 46 kg*); 14. *Andal.* (*Folk.*) ♪ Flamencovers *m*; 15. *fig.* F *Ven.* Person *f*, Kerl *m* F.

terciopelo *tex. m* Samt *m*; Velours *m*; ~ *de algodón* Manchester(stoff) *m*; ~ *frisado* Velvet *m*; ~ *de lana* Wollsamt *m*, Plüsch *m*; ~ *de seda* Seidensamt *m*; *Kosmetik:* borla *f* de ~ Plüschquaste *f*.

terco *adj.* starrköpfig; trotzig, verbissen; hart, zäh; *más ~ que una mula* störrisch wie ein (Maul-)Esel.

terebin|táceas *f/pl.* Terebinthazeen *f/pl.*; ~to ♀ *m* Terebinthe *f*.

terebrante *adj. c* bohrend (*Schmerz*).

Teresa *npr. f* Therese *f*.

teres|(ian)a[1] *kath.* Theresianerin *f* (*Nonne*); ~siana[2] ⚔ *f* Art Käppi *n*; ~siano *kath. adj.* theresianisch; die hl. Theresia v. Avila verehrend.

tergiversa|ción *f* (Wort-)Verdrehung *f*; Winkelzug *m*; ~r **I.** *v/t.* *Tatsachen, Meinungen, Worte* verdrehen, verkehren; **II.** *v/i.* Winkelzüge machen.

terliz *tex. m* kräftiger Drillich *m*.

ter|mal *adj. c* Thermal...; Bäder...; aguas *f/pl.* ~es Thermalquelle(n) *f*(/*pl.*); ~mas *f/pl.* Thermalquellen *f/pl.*; Thermen *f/pl.*

termes *Ent. m* (*pl. inv.*) Termite *f*.

termia *Phys.*, ⊕ *f* Thermie *f* (*Abk.* th).

térmica *Met. f* Thermik *f*.

termicidad *Phys. f* Wärmeinhalt *m*.

térmico *adj.* thermisch; Wärme...; *Kfz.* (be)heizbar (*Heckscheibe*); ✿ central ~ *a* Wärmekraftwerk *n*; *Met.*, 🗲 manga *f* ~ *a* Thermikschlauch *m*.

termina|ble *adj. c* beendbar; endend; ~ción *f* 1. Beendigung *f*; Ende *n*, Abschluß *m*; 2. *Li.* Endung *f*.

terminacho F *m* derber (*bzw.* falsch verwendeter) Ausdruck *m*.

termi|nado I. *part.* abgeschlossen; gemacht; vorbei, aus; **II.** *m* ⊕ Fertigbearbeitung *f*; ~najo F *m* → terminacho; ~nal **I.** *adj. c* 1. End..., Schluß...; ♀ gipfelständig (*Blüte*); **II. m** 2. *a.* ⊕ Abschlußstück *n*; Ende *n*, Endstück *n*; ✿ Kabel-, Pol-schuh *m*; ⊕ Lötstift *m*; 🗲 Lötauge *n*; 3. ~ de carga Fracht-, Lade-hof *m*; ⭐ EDV ~ (*de computadora*) Terminal *m,n*, Datenendgerät *n*; ~ de contenedores Containerterminal *m,n*; *Tel.* ~ *fijo* Feststation *f*; **III.** *f* 4. *Vkw.* Endhaltestelle *f*; ⭐ Terminal *m, n*, Abfertigung(sgebäude *n*/*pl.*) *f für Fluggäste u. Gepäck*; ~ *de salidas* Abflughalle *f*; ~**nante** *adj. c* entscheidend; entschieden, ausdr. nach-drücklich; ~**nantemente** *adv.* (ganz) entschieden; queda prohibido es ist strengstens verboten; ~nar **I.** *v/t.* beenden (*a. EDV*); (ab)schließen; zu Ende führen; erledigen; ⊕ *a.* fertigbearbeiten; ausbauen; *Gebäude* fertigstellen; ~ *la carta* den Brief schließen (*bzw.* zu Ende schreiben); *Typ.* ~ *la impresión de la tirada* die Auflage ausdrucken; **II.** *v/i.* zu Ende gehen; enden; ablaufen (*Frist, Vertrag*); enden (in *od.* mit *dat.* en, con, por); ausklingen (in *dat.* en); enden *bzw.* abklingen (*Krankheit, Schmerz usw.*); *al ~ el siglo* am Ende des Jhs., um die Jahrhundertwende; terminó escribiendo ... zum Schluß schrieb er ...; ~ de + *inf.* aufhören, zu + *inf.*; **III.** *v/r.* ~se hinauslaufen *bzw.* abzielen (auf *ac.* en); zu Ende sein; ~**nativo** *Phil. adj.* abschließend, End...

terminista *c* Wortdrechsler *m* F, wer gern geschraubte Wendungen benutzt.

término *m* 1. Ende *n*, Schluß *m*; Ende *m*, Ziel *n*; antes de ~ vorzeitig; en último ~ letzten Endes; estación *f* ~ Endstation *f*; dar ~ a *a/c.* et. abschließen, et. beenden; llegar a ~ ein Ende nehmen; ablaufen (*Frist*); llegar a feliz ~ en *a/c.* et. glücklich beenden; llevar a buen (*bzw.* mal) ~ zu e-m guten (*bzw.* schlechten) Ende führen; poner ~ *a a/c.* e-r Sache Einhalt gebieten; 2. Grenze *f* (*in Zeit u. Raum*); Schranke *f* (*fig.*); Grenzstein *m*; *Sp.* Mal *n*; Grenzsäule *f*, Terme *f*; *p. ext.* △ von e-m Kopf gekrönter Stützpfeiler *m*; 3. *bsd. Verw.* Gebiet *n*, Bezirk *m*; Gemarkung *f*; Weichbild *n e-r Stadt*; Bannmeile *f*; *a. fig.* Ort *m*, Bereich *m*; ~ *municipal* Gemeinde- *bzw.* Stadt-gebiet *n*; ~ redondo abgerundeter Besitz *m e-s Gutsherrn*; *Verw.* nur der eigenen Verwaltung *u.* Gerichtsbarkeit unterstellt (*ohne Enklaven*); 4. *Mal., Thea.* Bild- *bzw.* Spiel-ebene *f*; *a. fig.* en primer ~ im Vordergrund; vorrangig; 5. Endpunkt *m*; Frist *f*; Termin *m*; *bsd.* ⚖, ✝ ~ de una audiencia Pause *f* zwischen zwei aufeinanderfolgenden Terminen; *Astr.* ~ *eclíptico* Knotenabstand *m* (*Abstand des Mondes v. e-m der beiden Knoten s-r Bahn*); ~ *fatal* (*perentorio*) Notfrist *f* (*äußerster Termin m*); ~ *judicial* (*Gerichts-*)Termin *m*; operaciones *f/pl. a.* ~ Termingeschäfte *f/pl.*; Terminmarkt *m*; en el ~ *de quince días* binnen vierzehn Tagen; 6. (Fach-)Ausdruck *m*; *Chi.* F *oft:* gesuchter (*od.* geschwollener) Ausdruck *m* *bzw.* hohle Phrase *f*; *Li.* Terminus *m*; Glied *n* (*syntaktisch*); ⅓ Ausdruck *m*, Glied *n*; *Phil., Log.* Begriff(swort *n*) *m*, Terminus *m*; Glied *n*, Satz *m* e-r Schlußfolgerung; ~s *m/pl. a.* Worte *n/pl.*, Wortlaut *m*; *p. ext.* Redeweise *f*, Sprache *f*; ~ de comparación Vergleichs-wort *n*, -begriff *m*; Vergleichspunkt *m*; Maßstab *m*; ~ *genérico* Sammelbegriff *m*; *Log.* ~ *mayor* (*menor*) Ober- (Unter-)begriff *m*; ~ *medio* Durchschnitt(szahl *f*) *m*, Mittel *n*; *Log.* Mittelbegriff *m*; *fig. a.* Mittelweg *m*; Mittelding *n*; Kompromiß(lösung *f*) *m*; medios ~s *m/pl.* Umschweife *m/pl.*, Ausflüchte *f/pl.*; ~s *m/pl. de una suma* Summanden *m/pl.*; ~ *técnico* Fachausdruck *m*, Terminus *m* technicus; en buenos ~s gelinde gesagt; eigentlich; freundschaftlich (→ *a.* 7); en ~s generales im allgemeinen; en otros ~s mit anderen Worten; en propios ~s richtig (*od.* genau) ausgedrückt; wörtlich; *por ~ medio* im Durchschnitt, durchschnittlich; no hay ~s medios Halbheiten gibt es nicht; sacar el ~ *medio* ⅓ das Mittel errechnen; ⊕ *u. fig. a.* den Durchschnitt herausholen; 7. *mst.* ~s *m/pl.* Zustand *m*, Verhältnis *n*, Lage *f*; Beziehungen *f/pl.*; *p. ext. a.* Auftreten *n*, Benehmen *n*; ~s *m/pl.* hábiles Möglichkeiten *f/pl.*, et. zu erreichen (*od.* durchzuführen); ✝ ~s *m/pl. del intercambio* Austauschrelationen *f/pl.*, Terms pl. of Trade; *Astr.* ~s *m/pl. necesarios* nötige Gestirnstellung *f* (*für Sonnen- od. Mondfinsternis*); en tales ~s unter solchen Umständen (*od.* Bedingungen); en ~s de no poder ... so (*od.* in e-r Lage), daß man nicht ... kann; estar en buenos ~s con *alg.* mit j-m auf gutem Fuß stehen; llegar a ~s de ... so weit kommen, daß ...

termi|nología *f* Terminologie *f*; ~**nológico** *adj.* terminologisch; ~**nólogo** *m* Terminologe *m*.

termita[1] *f* Thermit *n*.

termita² *Ent. f* Termite *f*.
térmite *m, f* → *termita*².
termite|ra *f*, **~ro** *m* Termitenhügel *m*.
termo...¹ *in Zssgn.* Thermo..., Wärme...
termo² *m* **1.** Thermosflasche *f*; **2.** F → *termosifón*.
termo|acumulador *m* Wärmespeicher *m*; **~aislante** *adj. c* wärmeisolierend; **~cauterio** ☙ *m* Thermokauter *m*; **~dinámica** *Phys. f* Thermodynamik *f*; **~dinámico** *adj.* thermodynamisch; **~electricidad** *Phys. f* Thermo-, Wärme-elektrizität *f*; **~elemento** *Phys. m* Thermoelement *n*; **~estable** ⊕ *adj. c* hitzebeständig, thermostabil; **~lábil** ⊕ *adj. c* hitzeempfindlich, thermolabil; **~logía** *f Phys. f* Wärmelehre *f*; **~metría** *f* Wärmemessung *f*; **~métrico** *adj.* Thermometer...
termómetro *m* Thermometer *n*; **~** *de alcohol (de varilla)* Alkohol-(Stab-)thermometer *n*; ☙ **~** *clínico* Fiebermesser *m*; **~** *de máxima y mínima* Maximum-Minimum-Thermometer *n*; **~** *de (columna de) mercurio* Quecksilberthermometer *n*; **~** *registrador* Registrierthermometer *n*.
termo|nuclear *Phys. adj. c* thermonuklear; **~plástico I.** *adj.* thermoplastisch; **II.** *m* Thermoplast *m*, warm verformbarer Kunststoff *m*; **~química** ⚗ *f* Thermochemie *f*; **~-regulador** *m* Wärmeregler *m*; **~rresistente** *adj. c* hitzebeständig; **~sensible** *adj. c* hitzeempfindlich; **~sifón** *m* Boiler *m*, Warmwasserbereiter *m*.
ter|mostato *m*, **~móstato** *m* Thermostat *m*; **~motecnia** *f* Wärmetechnik *f*; **~moterapia** ☙ *f* Wärmetherapie *f*.
terna *f* **1.** Dreiervorschlag *m* (Kandidaten für ein Amt); **2.** Drei *f, Reg.* Dreier *m* (auf Würfeln); **3.** *fig.* Dreigespann *n*, Triumvirat *n*; **~rio I.** *adj.* dreizählig; aus drei Elementen bestehend; dreifüßig (Vers); **II.** *m ecl.* dreitägige Andacht *f*.
ternasco *Kchk. m Span.* Zickleinfleisch *n* (*bsd. gegrillt*).
terne *f adv.:* **~** *que* **~** hartnäckig, stur (wie ein Panzer) F.
terne|ra *f* Kuhkalb *n*; *Kchk.* Kalbfleisch *n*; **~ro** *m* (Stier-)Kalb *n*.
terne|rón F *adj.* rührselig; **~za** *f* Zartheit *f*; Sanftheit *f*; **~s** *f/pl.* Schmeicheleien *f/pl.*; Zärtlichkeiten *f/pl.*
terni|lla *f* Knorpel *m*; **~lloso** *adj.* knorpelig.
ternísimo *adj. sup. zu* tierno.
terno *m* **1.** Dreizahl *f*; Terne *f*, Terno *m* (*b. Lottospiel*); **2.** dreiteiliger (Herren-)Anzug *m* (*Rock, Weste u. Hose*); *Pe.* (Herren-)Anzug *m* (*allg.*); **3.** F Kraftausdruck *m*, Fluch *m*; *soltar* **~s** wettern, fluchen.
ternura *f* **1.** Sanftheit *f*; Zärtlichkeit *f*; Liebe *f*, Innigkeit *f*; *con* **~** zärtlich, liebevoll; **2.** Schmeichelwort *n*.
tero *Vo. m Arg.* → *teruteru*.
terosaurio *Zo. m* Pterosaurier *m* (Ordnung der Vorweltflugechsen).
terquedad *f* Starrsinn *m*.
terracota *f* Terrakotta(figur) *f*.
terrado ⊕ *m* flaches Dach *n*, Terrassendach (Dach-)Terrasse *f*.
terra|ja ⊕ *f* Schneideisen *n*, Kluppe *f*; **~** *para roscar tubos* Gewindeschneider *m*, Rohrkluppe *f*; **~jar** ⊕ *v/t.* gewindeschneiden.
terral *adj.-su. m* Landwind *m*.
terramicina *pharm. f* Terramycin *n*.
terranova I. *m* Neufundländer *m* (Hund); **II.** *f* ♀ Neufundland *n*.
terra|plén *m* (Erd-)Aufschüttung *f*; (Straßen-, Bahn-)Damm *m*; ebene Fläche *f*, Esplanade *f*; Wall *m*; ☒ Versatz *m*; **~plenar** *v/t.* mit Erde *od.* Gestein auffüllen; aufschütten; zuschütten.
terráqueo *adj.* Erd...; *globo m* **~** Erd-, Welt-kugel *f*; Globus *m*.
terra|rio *m* Terrarium *n*; **~teniente** *c* (Groß-)Grundbesitzer *m*; **~za** *f* **1.** Gartenbeet *n*; **2.** Terrasse *f* (*a.* ✈); Balkon *m*; **~** *encristalada* verglaster Balkon *m*; **~** *de verano* Freilichtkino *n*; **~** *de vidrieras (francesas)* Wintergarten *m*; **3.** zweihenkliges, glasiertes Tongefäß *n*.
terraz|go ✈ *m* **1.** Stück *n* Ackerland; **2.** Pachtzins *m* für dieses Land; **~guero** *m* (Erbzins-)Pächter *m*.
terra|zo¹ *m Mal.* Gelände-, Erdpartie *f* e-s Gemäldes **~zo**² △ *m* Terrazzo *m* (Fußbodenbelag, Kunststein).
terre|moto I. *m* Erdbeben *n*; **~** *tectónico* tektonisches Beben *n*; **II.** *c* Wirbelwind *m* F, Quirl *m* F (*Person*); **~nal** *adj. c* irdisch; *Paraíso* **~** Irdisches Paradies *n*; *vida f* **~** Erdenleben *n*; **~no I.** *adj.* **1.** → *terrenal, terrestre*; **II.** *m* **2.** *a.* ⚔ Gelände *n*; Terrain *n*; Boden *m*, Grund *m*; **~s** *m/pl.* Ländereien *f/pl.*; Liegenschaften *f/pl.*; **~** *arenoso* Sandboden *m*; *Fechtk.* **~** *de asalto* Fecht-bahn *f bzw.* -boden *m*; **~** *bajo* Niederung *f*; **~** *cerril (montañoso)* Hügel- (Gebirgs-)land *n*; ☒ **~** *de cobertura* Deckgebirge *n*; △ **~** *edificable* Bauland *n*; ☒ **~** *esponjoso* quellendes Gebirge *n*; **~s** *m/pl. fiscales* Staatsländereien *f/pl.*; *fig.* **~** *de honor* Austragungsplatz *m* e-s Duells; *Sp.* **~** *de juego* Spielfeld *n*; **~** *llano* ebenes Gelände *n*; Flachland *n*; **~** *natural* natürliches Gelände *n*; *a.* △ gewachsener Boden *m*; ⚔ *ejercicios m/pl.* (*od. maniobras f/pl.*) *en el* **~** Geländeübung *f/pl.*); *fig. sobre el* **~** an Ort und Stelle; *sobre* **~** *llano* auf ebenem Boden; *vehículo m todo* **~** geländegängiges Fahrzeug *n*, Geländewagen *m*; *fig. comerle el* **~** *a alg.* j-n überflügeln; *a. fig. ganar* **~** Boden gewinnen; vorwärtskommen; *fig. ir al* **~** *del honor s.* duellieren; *fig. medir el* **~** sondieren; *fig. minar el* **~** *a alg.* j-s Möglichkeiten untergraben; *a. fig. perder* **~** (*fig. an*) Boden verlieren; *fig. preparar (od. trabajar) el* **~** den Boden (vor)bereiten; ⚔ *u. fig. reconocer el* **~** das Gelände erkunden; *fig.* → *tantear el* **~** vorfühlen, (das Gelände) sondieren; **3.** *fig.* Bereich *m*, Gebiet *n*.
térreo *adj.* erdig.
terre|ra *f* Kahlfläche *f*; **~ro I.** *adj.* **1.** irdisch; *p. ext.* niedrig fliegend (*gewisse Vogelarten*); niedrig gehend (*Reittier*); *fig.* niedrig; bescheiden; gemein; **2.** *Erd...*; *cesta f* **~a** Tragkorb *m* für den Erdtransport; *a.* ⚔ *saco m* **~** Sandsack *m*; **II.** *m* **3.** Erdhaufen *m*; Erdaufschüttung *f*; *fig.* Kugelfang *m*; Dorfplatz *m*; **4.** Schwemmland *n*; **5.** → *terrado*; **~stre** *adj. c* Erd...; irdisch; Land...; *transporte m* **~** Landtransport *m*; **~zuela** *f* schlechter Boden *m*.
terri|bilidad *f* Schrecklichkeit *f*; Fürchterlichkeit *f*; **~ble** *adj. c* schrecklich, furchtbar; gewaltig, riesig, enorm F, schrecklich.
terrícola *adj.-su. c* erdbewohnend; *m* Erdbewohner *m*.
terrier *m* Terrier *m* (Hund).
terri|fico *adj.* schreckenerregend; **~geno** *lit.* **I.** *adj.* erdgeboren; **II.** *m* Erdensohn *m*.
territori|al *adj. c* Gebiets..., Bezirks...; Landes..., Grund...; *bsd. Pol., Verw.* Hoheits...; Territorial..., territorial; *mar m* **~** Küsten-, Territorial-meer *n*; *aguas f/pl.* **~es** Hoheitsgewässer *n/pl.*; **~alidad** *f* Territorialität *f*, Zugehörigkeit *f* zu e-m Staatsgebiet; **~o** *m* Gebiet *n*; *Pol.* Hoheits-, Staats-gebiet *n*; Territorium *n*, Land *n*; **~** *federal (nacional)* Bundes- (Staats-)gebiet *n*; **~** *bajo fideicomiso* Treuhandgebiet *n*; **~** *libre* freies Territorium *n*, Freistaat *m*; **~** *nullius* herrenloses Gebiet *n*, territorium *n* nullius.
terrizo *adj.* Erd...
terrón *m* **1.** Erdklumpen *m*; Erdscholle *f*; Klumpen *m*; Stück *n*, Brocken *m*, Würfel *m* (*z B. Salz, Zucker*); ✈ **~** *a rapa* dicht überm Boden (*abmähen*); *fig.* F von Grund aus, ganz u. gar; **2.** Öltrester *m/pl.*; **3.** *fig.* F (kl.) Stück *n* Acker; *Reg.* **~ones** *m/pl.* Grundstück(e) *n(/pl.)*, Land *n*; *fig.* P *destripar* **~ones** *s.* hart plagen (müssen).
terrone|ra *burl. f Col.* Furcht *f*, Entsetzen *n*; **~ro** *m* Schollenacker *m*; Ort *m (od.* Gegend *f)* voller (Erd-)Brocken.
terro|r *m* Schrecken *m*, Entsetzen *n*; *bsd. Pol.* Terror *m*; ⚔ *ataque m aéreo de* **~** Terrorangriff *m*; *película f de* **~** Horrorfilm *m*; **~rífico** *adj.* schreckenerregend; **~rismo** *m* Terror(ismus) *m*; Schreckensherrschaft *f*; **~** *(p)sicológico* Psychoterror *m*; *actos m/pl. de* **~** Terrorakte *m/pl.*; **~rista** *c adj. c* terroristisch, Terror...; *grupo m* **~** Terroristengruppe *f*; **II.** *m* Terrorist *m*.
te|rroso *adj.* erdig; erdhaltig; erdfarben; **~rruño** *m* Erdreich *n*, Boden *m*, (Acker-)Scholle *f*; *fig.* Heimaterde *f* (engere) Heimat *f*; *amor m (od. apego m) al* **~** Heimatliebe *f*; *sabor m al* **~** Erdgeschmack *m des Weins*; *fig.* lokale Färbung *f* (*z. B. e-r Dichtung*).
ter|sar *v/t.* glätten; polieren; **~so** *adj.* **1.** glatt; sauber, glänzend (*z. B. Spiegel*); runzelfrei; **2.** *fig.* flüssig (*Stil*); geschliffen (*Sprache*); **~sura** *f* Glätte *f*; *fig.* Geschliffenheit *f* (*Sprache, Stil*).
tertu|lia *f* **1.** geschlossene Gesellschaft *f*; *p. ext.* Abendgesellschaft *f*; **~** *de literatos* Literatenverein *m*; Kränzchen *n*; Stammtisch *m*; Runde *f*; **~** *literaria* literarischer Stammtisch *m*; **3.** † *u. Reg.* **a)** Spielsalon *m bzw.* Spielerecke *f in den Cafés*; **b)** *Thea.* Galerie *f*; *Arg.* Parkett(sitz *m*) *n*; **~liano** *adj.-su.*, **~liante** *adj. c* Stammtisch..., Kränzchen...; Gesellschafts...; *m* Teilnehmer *m* an e-r *tertulia*; (Stammtisch-)Mitglied *n*;

tertuliar — tiempo

~liar [1b] *v/i. Arg., Col., Chi.* plaudern; bei e-r *tertulia* versammelt sein; **~lio** *adj.* → *tertuliano.*
teruteru *m Vo. Am. Mer.* Art Schreivogel *m* (*Vanellus cayenensis*); *fig.* F *Bol., Rpl.* gaucho *m* ~ gerissener Bursche *m.*
Tesa|lia *f* Thessalien *n*; **♀lonicense** *adj.-su. c,* **♀lónico** *adj.-su.* aus Saloniki; *m bibl.* Thessaloniker *m.*
tesar I. *v/t.* ⚓ straffen, steifholen; **II.** *v/i.* rückwärtsgehen (*Ochsen unterm Joch.* [gestein *n*.)
tescal *m Méj.* Basaltgelände *n*; Lava-⌐
tesela *f* Mosaikstein(chen *n*) *m.*
tesina *Univ. f etwa:* Diplom-, Zulassungs-arbeit *f.*
tesis *f (pl. inv.)* These *f*; ~ *doctoral* Doktorarbeit *f*, Dissertation *f*; *de* ~ *Tendenz...*
tesitura *f* ♪ Stimmlage *f*; *fig.* (Gemüts-)Stimmung *f*, Verfassung *f.*
te|so I. *adj.* straff, stramm; **II.** *m* flacher Hügel *m*; *kl.* Unebenheit *f*, **~són** *m* Beharrlichkeit *f*, Unbeugsamkeit *f*; Unnachgiebigkeit *f*, Hartnäckigkeit *f*; Zähigkeit *f.*
teso|rería *f* Schatzamt *n*; Kasse *f* e-r *Körperschaft od.* e-s *Vereins*; ✝ *letra f* de ♀ Schatzwechsel *m*; **~rero** *m* Schatzmeister *m*; Kassenwart *m* e-s *Vereins*; *ecl.* Aufseher *m* der Schatzkammer (*z. B.* e-r *Kathedrale*); **~ro** *m* 1. *a. fig. u.* 🜲 Schatz *m*; Sammelwerk *n*; 🏛 Thesaurus *m*; (*cámara f del*) ~ Schatzkammer *f*; *fig.* ser (*od. valer*) *un* ~ Geld (*od.* Gold) wert sein; **2.** ♀ Schatzamt *n*; ♀ (*público*) Staatskasse *f*, Fiskus *m.*
Tes|píades *lit. f/pl.* Musen *f/pl.*; **♀pio** *adj.* Thespis...; **~pis** *Thea.:* carro *m* de ~ Thespiskarren *m.*
test *m* Test *m*; ~ *de inteligencia* Intelligenztest *m.*
tes|ta *f* 1. ~ *coronada* gekröntes Haupt *n*; ~ *de ferro* → *testaferro;* **2.** F Kopf *m*; *fig.* Verstand *m*, Köpfchen *n* F; **~táceos** *Zo. m/pl.* Schalentiere *n/pl.*
testa|do 🜲 *adj.* mit Hinterlassung e-s Testaments; **~dor** *m* Erblasser *m.*
testaferro *m fig.* Strohmann *m*; tomar *a alg.* de ~ j-n vorschieben.
testal *f Méj.* Maisteigkugel *f.*
testamen|taría *f* (F *Am.* **~tería**) Testamentsvollstreckung *f*; **~tario** *adj.* letztwillig, testamentarisch; Testaments...; **~to** *m* 🜲 Testament *n*, letztwillige Verfügung *f*; *bibl. Antiguo* (*Nuevo*) ♀ Altes (Neues) Testament *n*; ~ *abierto* (*od. público*) öffentliches Testament *n*; *p. ext.* ~ *político* politisches Vermächtnis *n*; *por* ~ testamentarisch; *hacer* (*od. otorgar*) ~ sein Testament machen (*od.* errichten).
testar I. *v/i.* ein Testament errichten, testieren; **II.** *v/t.* → *borrar;* F *Ec.* → *subrayar.*
testa|rada *f* Stoß *m* mit dem Kopf; *fig.* F Dickköpfigkeit *f*; **~razo** *Sp.* ~ Kopfball *m*; **~rrón** F *adj.* → *testarudo;* **~rudez** *f* Starrköpfigkeit *f*, Eigensinn *m*; **~rudo** *adj.* starrköpfig, halsstarrig; eigensinnig, stur F.
teste|ra *f* Vorderseite *f*; Kopfende *n*; ⊕ *a.* Kopf- *bzw.* Quer-träger *m*; *Kfz.* Vorderseite *m*; **~rada** ♀ *f* → *testarada;* **~ro** ⊕ *m* Kopfstück *n*; Stirnfläche *f.*

tes|ticular *adj. c* Hoden...; **~tículo** *m* Hode(n) *m*, Testikel *m.*
testifica|ción *f* Bezeugung *f*; Bescheinigung *f*; **~l** *adj. c* Zeugen...; **~r** [1g] *v/t.* bezeugen, bekunden, beweisen; bescheinigen; *fig.* bezeigen, dartun; **~tivo** *adj.* bezeugend, beweisend.
testigo I. *c* Zeuge *m*; Zeugin *f*; 🜲 ~ *auricular* (*ocular od.* presencial) Ohren- (Augen-)zeuge *m*; ~ *de cargo* (*bzw. de descargo*) Be- (*bzw.* Ent-)lastungszeuge *m*; *Rel.* ~s *de Jehová* Zeugen *m/pl.* Jehovas; *presión f ejercida sobre el* ~ (*bzw. los* ~s) Zeugenbeeinflussung *f*; *presentar* ~s *a* Zeugen stellen; *ser* ~ *de a/c. et.* bezeugen; *p. ext. et.* miterleben *bzw.* miterlebt haben; *bei et.* (*dat.*) dabei (gewesen) sein; **II.** *m Sp.* (Staffel-)Stab *m*; *Biol.* Kontroll-tier *n bzw.* -person *f bzw.* -gruppe *f*; *adj. inv.* Kontroll...; *Kfz. luz f* ~ Kontrollampe *f.*
testimo|nial I. *adj. c* als Zeugnis dienend; Zeugen...; **II.** **~es** *f/pl. vom Bischof ausgestelltes* Führungszeugnis *n*; **~niar** [1b] *v/t.* bezeugen; **~niero** *adj.* falsches Zeugnis gebend (*Person*); **~nio** *m* Zeugnis *n*; Bescheinigung *f*; Zeugenaussage *f*; 🜲 ~ *de firmeza* Rechtskraftzeugnis *n*; *en* ~ *de* zum Zeugnis (*od.* als Beweis) für (*ac.*); *dar* ~ *de* Zeugnis ablegen von (*dat.*); *levantar falsos* ~s falsches Zeugnis ablegen.
testo P *adj. Méj.* (uber)voll. [*n*.)
testosterona *Physiol. f* Testosteron⌐
testuz *m* (*Andal. f*) Stirn *f bzw.* Nacken *m* von *Tieren.*
tesura *f* → *tiesura.*
teta *f* 1. Zitze *f*; Euter *n* (*Kuh*); P Brust *f*, Titte *f* F; P *dar la* ~ die Brust geben; *quedarse en* ~s nackt sein; **2.** spitze Bodenerhebung *f.*
te|tania ♀ *f* Tetanie *f*; **~tánico** ♀ *adj.* tetanisch; **~tanismo** ♀ *m* → *tetania.*
tétano(s) ♀ *m* Tetanus *m*, Wundstarrkrampf *m.*
tetar ♀ *v/t.* Kind stillen.
tete *Kdspr. m* Schnuller *m.*
tete|ra *f* 1. Teekanne *f*; Teekessel *m*; *Am. Mer.* Kanne *f*, Kessel *m* mit Tülle, *z. B.* Wasserkessel *m*; → *cafetera;* **2.** *Col.* Schnabeltasse *f*; **3.** P *weibliche* Brust *f*, Titten *f/pl.* F; **4.** *Am. Cent., Méj., P.Ri.* → **~ro** *m Am. Cent., Col.* Babyflasche *f.*
teti|lla *f* männliche Brustwarze *f*; → **~na** *f* Sauger *m* an der Saugflasche.
teto|na P *adj. f bsd. Am.* vollbusig; **~rra** P *f* Mordsbusen *m* F.
tetra *in Zssgn.* Tetra..., Vier...
tetra brik *Wz. m* Kartonverpackung *f* für Getränke.
tetra|cordio ♪ *m* Tetrachord *n*; **~edro** ⚛ *m* Tetraeder *n.*
tetrágono ⚛ *m* Viereck *n.*
tetra|grama *m* ♪ Vierliniensystem *n der Gregorianik;* **2.** ✡ → **~gramatón** *Rel. m* Tetragramm(aton) *n*; **~logía** *Thea. f* Tetralogie *f*; **~motor** *adj.* viermotorig; **~óxido** 🜏 *m* Tetroxid *n.*
tetrar|ca *m hist.* Tetrarch *m*, *bibl.* Vierfürst *m*; **~quía** *f* Tetrarchie *f.*
tetra|rreactor *m* Vierdüsenmotor (-flugzeug *n*) *m*; **~sílabo** *adj.-su.* viersilbig; *m* Viersilber *m.*
tetrástrofo *m* vierzeilige Strophe *f der cuaderna vía.*

tetravalente 🜏 *adj. c* vierwertig.
tétrico *adj.* trübselig; finster; düster, unheimlich.
tetuda P *adj. f* vollbusig.
teúr|gia *f* Theurgie *f*; **~go** *m* Theurg *m*, Zauber(priest)er *m.*
teutón(ico) *adj.* teutonisch; *lit. od. desp.* deutsch; *fig.* F *comer como un teutón* sehr viel essen.
textil I. *adj. c* Textil...; *fábrica f* ~ Textilfabrik *f*; *maquinaria f* ~ Textilmaschinen *f/pl.*; **II.** **~es** *m/pl.* Textilien *pl.*
tex|to *m* 1. Text *m*; Wortlaut *m*; *Tel.* ~ *abierto* (*od. no cifrado*) Klartext *m*; ~ *de presentación* Klappentext *m* (*Buch, Schallplatte*), Waschzettel *m* F (*Buch*); *libro m de* ~ Lehr-, Schulbuch *n*; *el Sagrado* ♀ die Heilige Schrift *f*; *fig.* poner el ~ das Wort führen, den Ton angeben; **2.** Zitat *n*; Bibelspruch *m*; **~tual** *adj. c* textgetreu; wörtlich; **~tualmente** *adv.* wortgetreu; wörtlich.
textura *f* 1. Gewebe *n*, Faserung *f*; **2.** Struktur *f*, Gefüge *n*; **3.** *Geol.*, ⊕ Textur *f*; **4.** Weben *n.*
tez *f* Gesichts-, Haut-farbe *f*, Teint *m.* [*m.*)
tezontle *Min. m Méj.* Art roter Tuff ⌐
ti *pron. pers.* (*nach prp.*) dir; dich.
tía *f* Tante *f*; *fig.* F Tante *f*, Weib(sbild) *n* (*desp.*); *a.* Nutte *f* F; ~ *abuela* Großtante *f*; *fig.* F ~ *buena* Klassefrau *f* F; *fig.* (no hay) tu ~ kein Gedanke!; kommt nicht in Frage!; nichts zu machen!; *fig.* F *quedar*(*se*) *para* ~ e-e alte Jungfer bleiben.
tianguis *m Méj.* (Wochen-)Markt *m*; **~ta** *c Méj.* Markt-verkäufer *m*, -frau *f.*
tiara *kath. f* Tiara *f*; *fig.* Papstwürde *f.*
tiberio F *m* Krach *m* F, Radau *m* F.
Tibe|t *m* Tibet *n*; **♀tano** *adj.-su.* tibet(an)isch; *m* Tibet(an)er *m.*
tibi|a *Anat. f* Scheinbein *n*; **~al** *adj. c* Schienbein...
tibi|eza *f* Lauheit *f*; Lässigkeit *f*; Behaglichkeit *f*; **~o** *adj.* lau(warm); wohlig, behaglich; *fig.* lau, lässig, indifferent; flau F; *Kchk. bsd. Am. huevos m/pl.* ~s weich(gekocht)e Eier *n/pl.*
tiburón *m* Hai(fisch) *m*; **~-ballena** Walhai *m.*
tic I. *m* ♀ ~ (*nervioso*) Tic(k) *m*; **II.** *onom.* tick; *hacer* ~ *tac* ticken.
ticket *m* (Fahr-)Schein *m*; Flugschein *m*, Ticket *n*; Eintrittskarte *f*; Abschnitt *m*, Schein *m*, Kupon *m*; Gutschein *m*, Bon *m.*
tico F *adj.-su.* aus Costa Rica; *m* Costaricaner *m.*
tiempo *m* 1. Zeit *f*; (Zeit-)Dauer *f*; Zeitraum *m*; *Li.* Tempus *n*, Zeit *f*; ~s *m/pl.* Zeiten *f/pl.*, Zeitläuf(t)e *pl.*; *ahorro m* (*pérdida f*) *de* ~ Zeit-ersparnis *f* (-verlust *m*); ~ *de coagulación* Gerinn(ungs)zeit *f*; ⊕ ~ *a destajo* Akkordzeit *f*; ⚕ *usw.* ~ *de instrucción* Ausbildungszeit *f*; ~ *libre* Freizeit *f*; ~ *perdido* verlorene Zeit *f*; ⊕ ~ *improductivo* Verlustzeit *f*; ~s *m/pl. primitivos* Urzeit *f*; *Astr.* ~ *solar* (*universal*) Sonnen- (Welt-)zeit *f*; *a* ~ rechtzeitig; *a su* ~ zu gegebener Zeit; *al mismo* ~ *od. a un* ~ gleichzeitig; *al* ~ *de* im Augenblick (*gen.*); *antes de*(*l*) ~ vorzeitig; F *cada poco* ~

alle Augenblicke, recht häufig; *con el* ~ mit der Zeit; *con* ~ früh genug, rechtzeitig; *de* ~ *en* ~ von Zeit zu Zeit; in Abständen; *demasiado* ~ allzulange; *desde hace mucho* ~ seit langem (*od.* geraumer) Zeit, seit langem; *durante algún* ~ e-e Zeitlang; (*durante*) *mucho* ~ lange; *en otros* ~*s* sonst, früher; vorzeiten; *en su* ~ zu s-r Zeit; *s. a. a su* ~; *en* ~*s de* zur Zeit (*gen. od.* von *dat.*); *fuera de* ~ zur Unzeit; *andando el* ~ mit der Zeit; später (einmal); *dar* ~ *a alg.* j-m Zeit geben; *dar* ~ *al* ~ s. Zeit lassen, abwarten (können); nichts überstürzen; *fig. darse buen* ~ s. amüsieren; ¡*dejémoslo al* ~! überlassen wir es der Zeit!; *exigir* (*od. requerir*) *mucho* ~ zeitraubend sein; *ganar* ~ Zeit gewinnen; *hay mucho* ~ *para hacerlo* es steht viel Zeit für die Erledigung zur Verfügung; *no hay* ~ *que perder* es ist k-e Zeit zu verlieren; *hace* ~ *que ... es* ist (schon) lange her, seit (*od.* daß) ...; *hace mucho* ~ vor langer Zeit; *hacer* ~ s. die Zeit zu vertreiben suchen; *fig. ir* (*od. andar*) *con el* ~ mit der Zeit gehen; *el* ~ *pasa como un suspiro* (*od. pasa volando*) die Zeit vergeht im Fluge; *pasado* (*od. transcurrido*) *este* ~ nach Ablauf dieser Zeit (*od.* Frist); *para pasar el* ~ zum Zeitvertreib; *Sp. während des Spiels*: *pedir* ~ um e-e Pause bitten (*Trainer*); *perder* (*el*) ~ Zeit verlieren; *ya es* ~ *de + inf. od. que + subj.* es ist Zeit, zu + *inf. od.* daß + *ind.*; *le sobra* ~ *para todo* er hat immer (reichlich) Zeit; *tener* ~ *limitado* sehr wenig Zeit haben; *no tener* ~ k-e Zeit (*iron.* kein Geld) haben (, zu + *inf. de + inf.*); *tomarse el* ~ s. die (notwendige) Zeit nehmen; **2.** Wetter *n*; ~ *de lluvias* anhaltendes Regenwetter *n*; *fig.* F ~ *de perros* Hundewetter *n*; ⚓ *mal* ~ Unwetter *n*; *hace buen* (*mal*) ~ es ist gutes (schlechtes) Wetter; *Spr. a mal* ~, *buena cara* gute Miene zum bösen Spiel (machen); **3.** ♪ **a)** Zeitmaß *n*, Tempo *n*; **b)** Satz *m*; **c)** Taktteil *m*; *fuerte* betonter Taktteil *m*; **4.** Phase *f*, Abschnitt *m bzw.* jeweiliger Handgriff *m od.* (*a.* ✕) Griff *m* **b.** *der Bedienung e-r Maschine usw.*; Tempo *n bei Schwimmbewegungen usw.*; **5.** Motor: Takt *m*; *motor m de dos* (*cuatro*) ~*s* Zwei- (Vier-)taktmotor *m*; **6.** *Sp.* (*medio*) ~ Halbzeit *f*; *primer* ~ erste Halbzeit *f*.

tienda *f* **1.** Laden *m*, Geschäft *n*; Marktbude *f*, Stand *m*; *Col.*, *Chi. nur*: Lebensmittelgeschäft *n*; ~ (*de comestibles*) Lebensmittelgeschäft *n*; ~ *de modas* (*de venta al detalle*) Moden- (Einzelhandels-)geschäft *n*; *Span.* ~ *de ultramarinos früher*: Kolonialwarengeschäft *n*; *heute*: Lebensmittelgeschäft *n*; **2.** ~ (*de campaña*) Zelt *n*; ~-*chalet* Hauszelt *n*; ⚔ ~ *de oxígeno* Sauerstoffzelt *n*; *fig. levantar la* ~ s-e Zelte abbrechen.

tiene *usw.* → *tener*.

tienta *f* **1.** ⚕ Sonde *f*; *fig.* F Schlauheit *f*, Pfiffigkeit *f*; *a* ~ *s* aufs Geratewohl; *andar a* ~ *s* tappen, tapsen; *fig.* im Dunkeln tappen; **2.** *Stk.* Stierprüfung *f auf der Weide*.

tiento *m* **1.** F Befühlen *n*; Abtasten *n*; *fig.* F Schluck *m*; *fig.* F Schlag *m*, Stups *m*; *a* ~ tappend, tastend; *fig.* F *dar un* ~ *a Getränk* probieren; *a.* prüfen, sondieren *bzw.* auf den Zahn fühlen; F *dar* (*od. pegarle*) *un* ~ *al jarro usw.* e-n Schluck nehmen (*od.* tun); **2.** Behutsamkeit *f*, Vorsicht *f*; *adv. sin* ~ unvorsichtig; *adv. con* ~ behutsam; **3.** Balancierstange *f*; Stock *m der Blinden*; *Mal.* Mal(er)stock *m*; *Zo.* Fühler *m bzw.* Fangarm *m*; **4.** ♪ *Folk.* Lauf *m*, einleitender Akkord *m*; Stegreifspiel *n*; **5.** *Am.*, *bsd. Méj.* Riemen *m am Sattel*; *Chi.*, *Rpl.* (*mst.* ungegerbter) Riemen *m*; **6.** *Arg.* Imbiß *m*; **7.** *Rpl. tener* (*od. llevar*) *a los* ~*s et.* immer in Reichweite (*bzw.* immer bei sich) haben; *j-n* nicht aus den Augen verlieren, ein wachsames Auge auf j-n haben.

tierno I. *adj.* **1.** *Kchk. u. fig.* zart; mürbe; weich; jung (*Gemüse*); (*tener los*) *ojos* ~*s* tränende Augen (haben), triefäugig (sein); *pan m* ~ mürbes (*bzw.* frisches) Brot *n*; **2.** zärtlich, gefühlvoll; ~ *de corazón* weichherzig; **3.** *Chi.*, *Ec.* unreif (*Obst*); **II.** *m* **4.** *Am.* Säugling *m*.

tierra *f a. Astr.*, *Geol.*, ✈, ⚡ Erde *f*; Land *n* (*Ggs. zu Wasser od. Luft*); Grund u. Boden *m*; Ackerland *n*; Heimat *f*; Ländereien *f*/*pl.*; *lit.* Lande *n*/*pl.*; ~ *de alfareros* Töpfererde *f*; ~ *baja* Niederung *f*, Senke *f*; *a. fig.* Tiefland *n*; ~*s f*/*pl. bajas* Flachland *n*, Tiefebene *f*; *Geogr.* (*Klimazonen der Andenländer*): ~ *caliente* (*templada*, *fría*) tropische Andenniederung *f* (*gemäßigte* Andenzone *f*, andines Hochland *n*); ~ *cocida* Terrakotta *f*; ~*s f*/*pl. colorantes* Farberden *f*/*pl.*; ⚡ ~ (*puesta*) *en cultivo* Kulturboden *m*, bebautes Land *n*; ~*s f*/*pl. decolorantes* Bleicherden *f*/*pl.*; ~ *firme* Festland *n*; *Geogr.* 🜨 *del Fuego* Feuerland *n*; ~ *de infusorios* (*od. de diatomeas*) Kieselgur *f*; ⚔ ~ *de nadie* Niemandsland *n*; ~ *negra* Humus *m*; 🜨 ~*s raras* seltene Erden *f*/*pl.*; 🜨 *Santa* Heiliges Land *n*; *Mal.* ~ *de Siena* Siena(erde *f*) *n*; ⚡ ~ *vegetal* Mutterboden *m*; *colores m*/*pl.* ~ *de* ~ Erdfarben *f*/*pl.*; ⚔ *primera* ~ Abraum *m*; ¡*a* ~! abgesessen! (*Reiterei*); (*navegar*) ~ *a* ~ ⚓ in Landsicht (segeln); ¡~ *a la vista!* Land in Sicht!; ~ *adentro* landeinwärts; ⚔ *a flor de* ~ über Tage; *bajo* ~ *unter* (*der*) *Erde*; ⚔ *unter Tage*; *fig.* F *como* ~ reichlich, im Überfluß; *de la* ~ einheimisch, Inland(s)...; *en* ~ am Boden; ⚓ an Land; *fig.* darnieder; *en* ~ auf dem Festland; *fig.* F *en toda* ~ *de garbanzos* überall; *por* ~ über Land; zu Lande; Land...; *z. B. ruta f por* ~ Landweg *m*; *por* ~ *de León* durch (*bzw.* in) León; *fig. por debajo de* ~ heimlich; *sobre* ~ 🜨 über (*der*) Erde; ¡*ábrete*, ~! welch eine Schande für mich!; am liebsten würde ich mich verkriechen F; *fig.* F *besar la* ~ hinfallen; zu Fall kommen; auf den Boden fallen; *fig.* F *estar comiendo* (*od.* P *mascando*) ~ ins Gras gebissen haben (*fig.*); ⚡ *conectar con* ~ *od. poner a* ~ (*P. Antennen: aterrar*) erden; *dar a alg.* j-n begraben; *dar en* ~ umfallen; niedersinken; *dar en* ~ *con od. echar por* ~ umwerfen (*a. fig.*); *Reiter* abwerfen; *fig.* zunichte machen; ✈ *echar* ~ *a la vid* den Rebstock anhäufeln; *fig. echarle* ~ *a* (*od. sobre*) *un asunto* **a)** e-e Sache vertuschen; **b)** e-e Sache begraben, Gras über e-e Sache wachsen lassen; *fig.* F *echar* ~ *a los ojos de alg.* j-m Sand in die Augen streuen; *fig. echarse a* ~ (*od. en*, *por*) ~ s. demütigen; s. ergeben; *fig.* F *echarse* (*la*) ~ *a los ojos* s. ins eigene Fleisch schneiden; *a. fig. ganar* ~ Boden gewinnen; *meter bajo* ~ ein-, vergraben; *perder* ~ aus-, ab-rutschen; den (festen) Boden (unter den Füßen) verlieren; ⚓ *pisar* ~, *poner pie en* ~, *a. ir a* ~ an Land gehen; *fig.* F *poner* ~ *por medio* s. aus dem Staub machen; *fig. quedarse en* ~ nicht mitkommen (*b. Eisenbahn usw.*); *fig.* F *sacar a*/*c. de debajo de la* ~ alle Mühe aufwenden, um et. zu bekommen; ⚓, ✈ *tomar* ~ landen; *fig. se lo tragó la* ~ er ist wie vom Erdboden verschwunden; *ver* ~*s* s. in der Welt umsehen; *fig. volver a la* ~ sterben.

tierruca *dim.* F *f* Ländchen *n*; Heimat *f*; *la* ♀ das kantabrische Bergland *in der span. Provinz Santander*.

tieso I. *adj.* **1.** *a.* ⚡ *u. fig.* steif, starr; straff, stramm; *fig.* steif, hölzern; ~ *como un palo* (*od. un poste*, *una vela*, P *un ajo*) kerzengerade; stocksteif F, steif wie ein Ladestock F; *fig.* P *dejar* ~ killen P, umlegen P; **2.** fest; hart; *fig.* unbeugsam; *fig. ten*érselas ~*as* s-e Meinung hartnäckig verteidigen (*gg. ac. con*, *a*); *fig.* ¡*tente* ~! halt die Ohren steif!, bleib fest!; **3.** *fig.* mutig, tapfer; **II.** *adv.* **4.** straff; *dar* ~ kräftig (*od.* fest) zuschlagen.

tiestazo *m Col.* Hieb *m*, Schlag *m*.

tiesto *m* Scherbe *f*; Blumentopf *m*; *fig.* P *mear fuera del* ~ an der Sache vorbeireden.

tiesura *f* Straffheit *f*; *a. fig.* Steifheit *f*; Starre *f*.

tifoideo ⚕ *adj.* typhoid, Typhus...; *fiebre f* ~*a* → *tifus*.

tifón *Met. m* Taifun *m*; Wasserhose *f*.

tifus ⚕ *m* Typhus *m*; ~ *exantemático* Fleckfieber *m*.

ti|**gra** *Zo. f Am.*: ~ *cazadora* Hühnerfresser *m* (*Schlangenart*); ~**gre** *m* **1.** *Zo.* Tiger *m*; *fig.* Tiger *m* (*fig.*), Löwe *m* (*fig.*); *Wüterich m*; *fig.* ~ *de papel* Papiertiger *m*; F *Span. oler a* ~ nach Schweiß riechen; *ponerse como un* ~ wütend werden; **2.** *Am.Mer.* Jaguar *m*; ~ *cebado* Jaguar *m*, der schon einmal Menschenfleisch gekostet hat; **3.** *Zo. Méj.* Ozelot *m*; *Am.Cent. of.* → *tigrillo*; **4.** *Ec.* Tigervogel *m*; ~**grero** *m Am.* Jaguar- *usw.* -jäger *m*; ~**gresa** *Zo. f* Tigerin *f*; ~**grillo** *Zo. m Am.* Name versch. *Wildkatzen*, *darunter* Ozelot *m u.* Margay *m*; ~**grito** *Zo. m Ven.* Tigerkatze *f*.

tija ⚙ *f* (Schlüssel-)Stiel *m*, Schaft *m*; ~ *del sillín* Sattelstange *f* (*Fahrrad*).

tije|**ra** *f* (⚙ *oft sg.*, *sonst*, *a. Sp.*, *pl.*) **1.** Schere *f*; ~*s f*/*pl. corta-alambre*(*s*) Drahtschere *f*; ~*s para esquilar* Schaf- *od.* Wollschere *f*; ~*s* (*cortar*) *papel* Papierschere *f*; ~*s para podar* Baum- *bzw.* Hecken-schere *f*; ~(*s*) *de* (*od. para*) *trinchar* (*aves*) Tranchierschere *f*; ~*s de uñas* Nagelschere *f*; *cama f* (*mesa f*, *silla f*) *de* ~ Klapp-brett *n* (-tisch *m*,

tijeral — tintero

-stuhl *m*); *fig.* F buena ~ starker Esser *m*; (*a.* ~) Verleumder *m*, Lästermaul *n* F; *fig. cortado por la misma ~ e-m andern* ganz ähnlich, wie aus dem Gesicht geschnitten; *obra f* de ~ zs.-gestoppeltes Werk *n*; 2. *Zim.* Säge- *bzw.* Rüst-bock *m*; 3. Flußwehr *n* zum *Auffangen von Treibholz*; ⚓ Abzugsgraben *m*; 4. *Sp.* ~s Schere *f* (*Ringkampf*); 5. *Zo.* Zunge *f* der Ottern; ~ral *Zim. m Am., bsd. Chi.* Kreuzbalken *m*; *fiesta f de* (*los*) ~es Richtfest *n*; ~reta(s) *dim. f*(/*pl.*) 1. kl. Schere *f*; 2. Rebranke *f*; 3. *Ent.* (*sg.*) Ohrwurm *m*; ~retada *f*, ~retazo *m* Schnitt *m* mit der Schere; ~retear *vt*/*i.* (zer)schneiden (*mit der Schere*), schnippeln; *fig.* F (*bsd. Am.*) kritisieren, verreißen F, schlechtmachen; ~reteo *m* Schneiden *n mit der Schere*; Scherengeklapper *n*; *fig.* F (dreiste) Einmischung *f* in fremde Angelegenheiten; *Am.* Schlechtmachen *n*, Verriß *m* F; ~rilla ❦ *f* Rebranke *f*; ~s *f*/*pl.* Lerchensporn *m* (*Pfl.*).

tila *f* Lindenblüten(tee *m*) *f*/*pl.*; *Reg.* → *tilo.*

tilburi *m* Tilbury *m* (*Wagen*).

til|dar *v*/*t.* 1. mit Tilde (*od.* Akzent) versehen; 2. durch-, aus-streichen; 3. bezeichnen (als *ac. de*); ~ *a alg. de a*/*c.* j-n et. (*ac.*) heißen (*od.* nennen); an j-m et. auszusetzen haben; 4. tadeln, rügen; beschuldigen, zeihen (*gen. de*); ~de I. *f*, *m Gram.* Tilde *f*; *p. ext.* Akzent *m*; II. *f* Lappalie *f*; Bißchen *n*, *fig.* leichte Rüge *f*; *fig.* poner ~s auf Kleinigkeiten herumreiten F; *poner ~s a et.* auszusetzen haben an (*dat.*).

tiliáceas ❦ *f*/*pl.* Lindengewächse *n*/*pl.*

tiliches *m*/*pl. Am. Cent., Méj.* 1. Sachen *f*/*pl.*, Geräte *n*/*pl.*; Kram *m*; 2. Trümmer *pl.*, Scherben *f*/*pl.*

tilín *m* Geklingel *n*; F *hacer ~ kling(e)ling machen*; *fig.* F gefallen, Anklang finden; anlocken; *no me hace ~ es gefällt* (*bzw.* liegt) *mir nicht.*

tilo ❦ *m* Linde *f*; *Arg., Chi.* → *tila.*

tillado *m* Dielenboden *m*; *a.* Parkett(ierung *f*) *n.*

tima|dor *m* Trickbetrüger *m*, Gauner *m*; ~r I. *v*/*t.* begaunern, übers Ohr hauen (*fig.* F); abschwindeln; II. *v*/*r.* ~se F s. zublinzeln; *p. ext.* (*mitea.*) flirten.

timba F *f* 1. (Karten-, Glücks-)Spiel *n*; Gruppe *f* von Spielern; Spielhölle *f*; 2. *Am.Cent., Méj.* Bauch *m*, Wanst *m* F.

timba|l *m* 1. ♪ (Kessel-)Pauke *f*; 2. Pastetenform *f*; Fleischpastete *f*; ~lero *m* Paukenschläger *m.*

timbi|riche *m* 1. *Méj.* ❦ „Timbiriche", wilde Ananas *f*; *p. ext. Cu., Méj.* Timbirichewein *m*; 2. *Cu., Méj.* Bude *f*, Kneipe *f*; ~rimba F *f Ant., Méj.* Glücksspiel(ergesellschaft *f*) *n*; Spielhölle F.

timbo F *m Col.: del ~ al tambo* von Pontius zu Pilatus.

timbó ❦ *m Rpl.* Baum, Schiffsholz (*Pithecolobium scalare*).

tim|brado *adj.* mit Steuermarke versehen; *papel m ~* Stempelpapier *n*; ~brador *m* Stempler *m*; Stempeleisen *n*; ~brar *v*/*t.* (ab)stempeln;

~brazo F *m* starkes (An-)Klingeln *n*; ~bre *m* 1. (*bsd.* Trocken-)Stempel *m*; *p. ext.* Stempel *m* (Steuer-) marke *f*; *Méj. a.* Briefmarke *f*; ~ de caucho (*od.* de goma) Gummistempel *m*; *Verw.*, ✝ *ley f del ~* Stempelgesetz *n*; 2. *a. Tel.* Klingel *f*; ☏ *usw.* Läutewerk *n*; ~ de alarma Alarmklingel *f* (*z. B. in Krankenzimmern*); *p. ext.* Alarmknopf *m*; ☏ *usw. a.* Notbremse *f*; *Tel.* ~ *de* (*aviso de*) *llamada* (An-)Rufklingel *f*; ~ *nocturno* Nachtglocke *f*; tocar el ~ klingeln, läuten; 3. ♪, *Phon.* charakteristischer Klang *m*; Klangfarbe *f*, Timbre *n*; 4. ⊘ Helm *m*, Adelsinsignie *f*; Spruchband *n bzw.* Wappenspruch *m* über dem Wappen; *fig.* gr. Tat *f*; ~ *de gloria* Ruhmestat *f*; 5. *Méj. a*) ❦ Piche-Akazie *f*; b) *urspr. mit piche gegerbtes Leder n.*

timbusca *f Col., Ec.* Brühe *f*, Suppe *f.*

time F *Chi.*: ¡vete a la ~! scher dich zum Teufel! F.

timidez *f* Furchtsamkeit *f*; Schüchternheit *f.*

timido *adj.* furchtsam, ängstlich; schüchtern, scheu.

timo[1] *m Anat.* Thymusdrüse *f*; *Kchk.* ~ *de ternera* Kalbs-milch *f*, -bries *n.*

timo[2] *m* Schwindel *m*, Betrug *m*; Gaunerei *f*; Gaunertrick *m*; *dar un ~ a alg.* j-n begaunern (*od.* hereinlegen F).

timo|cracia *Pol. f* Timokratie *f*; ~crático *adj.* timokratisch.

ti|món *m* 1. ⚓, ≯ *u. fig.* Steuer *n*, Ruder *n*; *fig.* Leitung *f*; ≯ ~ones *m*/*pl.* Leitwerk *n*; ≯ *u.* U-Boot ~ *horizontal* Tiefenruder *n*; ≯ ~ lateral (*od. de dirección*) Seiten-ruder *n*, -leitwerk *n*; ~ *de profundidad* Höhen- (*od.* Tiefen-)ruder *n* (*geben dar*); *fig.* coger (*od.* empuñar) el ~ die Führung übernehmen, das Ruder kommen F; 2. *Kfz. Col.* Lenk-, Steuer-rad *n*; 3. Deichsel *f*; ⚓ Pflugbalken *m*; ~monaje ⚓ *m* (Ruder-)Steuerung *f*; ~monear *v*/*i.* am Ruder stehen, steuern; ~monel ⚓ *m* Steuermann *m*, Rudergänger *m*; Bootsführer *m*; ~monera *f* Schwanzfeder *f e-s Vogels*; ~monería ⚓ *f* Rudergestänge *n*; *p. ext.* Gestänge *n*; ~monero I. *adj.*: *arado m ~* gewöhnlicher (Balken-)Pflug *m*; II. *m* ⚓ ~ *timonel.*

timorato *adj.* gottesfürchtig; furchtsam.

timpani|tis ✠ *f* Trommel-, Blähsucht *f*, Tympanitis *f*; ~zado *part.* aufgetrieben; ~zarse [1f] ✠ *v*/*r.* s. (auf)blähen (*Leib*).

tímpano *m* 1. ♪ Hackbrett *n*, Cymbal *n*; (Hand-)Pauke *f*; Zimbel *f*; 2. △ Giebelfeld *n*, Tympanon *n*; 3. *Anat.* Pauke(nhöhle) *f*; *p. ext.* Trommelfell *n*; 4. *Typ.* Drucktiegel *m*; *Büro*: Druckkissen *n e-r Adrema*; 5. Faßdeckel *m.*

timujanó □ *m* Wahrsager *m.*

tina *f* 1. *a.* ⊕ Bütte *f*, Bottich *m*, Zuber *m*, Schaff *n*, Kufe *f*; Trog *m*; Wanne *f*; Färberei: Küpe *f*; *Col., Méj.* Badewanne *f*; *Méj.* Wasser-tank *m*, -behälter *m*; ~ *para el agua de lluvia* Regentonne *f*; ~ *de cinc* Zinkwanne *f*; ~ *de clarificación* Klärbottich *m* (*z. B. Brauerei*); ~ *de colada* Laugen-faß *n*,

-wanne *f*; ~ *de lavar* Wasch-zuber *m*, -bütte *f*, Schaff *n*; ~ *de mezcla* Mischbottich *m*; ~ *de mosto* Mostkufe *f*; *Brauerei*: Würzpfanne *f*, Hopfenkessel *m*; 2. *Maß*: Kufe *f* (258 *l*); ~co *m* 1. kl. Holzkufe *f*; 2. Ölhefe *f*; ~ja *f* gr. Tonkrug *m*; gr. irdener Behälter *m*; ~jero *m* 1. Hersteller *m* von *tinajas*; 2. Gelaß *n usw.* für die Aufbewahrung von *tinajas*; *Span. Reg., Am.Reg.* Schrank *m* (*bzw.* Gestell *n*) für Krüge.

tinamú *Vo. m Am.* Steißhuhn *n.*

tinca|r [1g] *Arg., Chi.* I. *v*/*t.* Murmel schnellen; *p. ext.* e-n Nasenstüber geben (*dat.*); II. *v*/*i. fig.* F (so) e-e Ahnung haben, es im Urin haben (*od.* spüren) F; ~zo *m Arg., Chi.* Anstoß *m*, Schnellen *n*; *p. ext.* Nasenstüber *m.*

tinción ✎, ⚕ *f* Färbung *f.*

tinerfeño *adj.-su.* aus Teneriffa.

tingible *adj. c bsd.* ✎, ⚕ färbbar.

tingitano *adj.-su. hist. u. lit.* aus Tanger.

tinga|dillo ⚓ *m* dachziegelförmige Verlegung *f* der Beplankung, Dachziegelwerk *n*; ~do *m* Bretterschuppen *m*; (offener) Schuppen *m*; Gestell *n*; *fig.* F Durchea. *n*, Intrigen *f*/*pl.*, Klüngel *m*; *fig.* F Laden *m*, Schuppen *m* F (*Geschäft, Lokal*); P ~ *de putas* Hurenstall *m* P; *armar un ~* alles durchea.-bringen; *~ montar un ~ e-n* Laden aufziehen F.

tingle *m* Kittmesser *n der Glaser.*

tinieblas *f*/*pl. a. fig.* Finsternis *f*, Dunkel(heit *f*) *n*; *kath.* (*oficio m de*) ~ Rumpelmette *f am Karfreitag.*

tino[1] *m* 1. Takt *m*, Feingefühl *n*; F Fingerspitzengefühl *n*; *perder el* (*sacar de*) ~ *aus der Fassung geraten* (*bringen*); 2. Geschick *n*; Treffsicherheit *f a. b.* Schießen; sin ~ ohne Maß *u.* Ziel.

tino[2] *m* 1. → *tina* 1; *bsd.* (Farb-)Küpe *f*; 2. *prov.* → *lagar.*

tino[3] ❦ *m* Steinlorbeer *m.*

tinta *f* 1. Tinte *f*; *Mal. u. fig.* (Farb-) Ton *m*; ~ *de copiar* (*estilográfica*) Kopier- (Füllhalter-)tinte *f*; ~ *china* Tusche *f*; *media ~* Halbton *m*, Halbdunkel *n*; *fig. medias ~s f*/*pl.* Unklarheiten *f*/*pl.*; *Malerei* Halbheiten *f*/*pl.*; *pasar en* (*a. a*) ~ (mit Tusche) ausziehen; *fig.* recargar *las ~s* übertreiben; *fig. saber de buena ~ aus guter* (*od.* sicherer) *Quelle wissen*; *fig.* F *sudar ~* (*negra*) schwer arbeiten, schuften F; 2. ~ (*de timbrar*) Stempelfarbe *f*; ~ *para imprimir* (*od.* ~ *tipo*/*gráfica*/*od.* ~ *de imprenta*) Druckfarbe *f*, Druckerschwärze *f*; ~ *para tampones* Stempelkissenfarbe *f*; ~ (muy) brillante (Hoch-)Glanzfarbe *f*; ~ *de bronce* Bronzefarbe *f*; *impresión f con ~s al*) *carbón* Karbondruck *m*; ~do *Kfz. adj.* getönt (*Scheibe*).

tin|taje *Typ. m* 1. Einfärbung *f*; 2. *mecanismo m de ~* Farbwerk *n*; ~tar *v*/*t. Haar* färben, tönen; ~te *m* 1. Farbe *f*, Färbemittel *n*; ~ *de base* Grundfarbe *f*; ~s *m*/*pl. para el pelo* (*para tejidos*) Haar- (Textil-)färbemittel *n*/*pl.*; 2. Färben *n* (Farbtränkung *f*); 3. Färbung *f*; *fig.* Anstrich *m*, Anflug *m*; 4. Färberei *f*; F (chemische) Reinigung *f*; ~terillo F *m Am.* Winkeladvokat *m*; ~tero *m* Tintenfaß *n*; *Typ.* Farbkasten *m*; → *tintaje*

2; *fig.* dejar(se) (*od.* quedársele a alg.) a/c. en el ~ et. (ganz u. gar) vergessen, et. verschwitzen F; ¡*déjelo mejor en el* ~! lassen Sie das (mal) lieber sein!
tin|tín *onom. m* Klingeln *n*; Klingklang *m*, Geklingel *n*; Klingen *n bzw.* Klirren *n*; Klimpern *n*; hacer ~ → **~tin(e)ar** *v/i.* klirren; klingeln; bimmeln, läuten; klingen (*Glas*); **~tineo** *m* Geklirr *n*; Geklingel *n*; Bimmeln *n*; Klingen *n.*
tinto I. *adj.* 1. gefärbt; 2. schwärzlichrot (*Traube, Wein*); *vino m* ~ Rotwein *m*; **II.** *m* 3. Rotwein *m*; *Col.* schwarzer Kaffee *m.*
tintóreo *adj.* Farb...; *maderas f/pl.* ~as Farbhölzer *n/pl.*
tinto|rería *f* 1. Färberin *f*; 2. *Fi.* Blauhai *m*; **~rería** *f* Färberei *f*; chemische Reinigung *f*; **~rero** *m* Färber *m*; **~rro** F *m* (gewöhnlicher) starker Rotwein *m*, Rotspon *m* (*Reg.*); *darle al* ~ gern einen heben F.
tintu|ra *f* 1. Färben *n*; 2. Färbemittel *n*; Schminke *f*; *fig.* F oberflächliche Kenntnis *f*, Schimmer *m* F, Ahnung *f* F; 3. Tinktur *f*; ~ *de yodo* Jodtinktur *f*; **~rar** *v/t.* → teñir.
tinya *f* „Tinya" *f*, kl. indianische Handtrommel *f.*
ti|ña *f* 1. *Ent.* Bienen-, Wachs-motte *f*; 2. ✱ Grind *m*; *fig.* F Knauserei *f* F, Schäbigkeit *f*; *fig.* F *más viejo que la* ~ uralt; **~ñoso** *adj.* grindig; *fig.* F knauserig F, schäbig.
tío *m* 1. *a. fig.* Onkel *m*; *Reg.* Stiefvater *m*; *Arg.* alter Neger *m*; ~ *abuelo* Großonkel *m*; ~ *carnal* (*tercero*) leiblicher Onkel *m*, Onkel *m* ersten (dritten) Grades; V ~ *mierda* Scheißkerl *m* P; F *el* ~ *ric(ach)o de América* der gute (*od.* reiche) Onkel aus Amerika, der Erbonkel F; ~ *vivo* → tiovivo; *fig.* F *en casa del* ~ nicht zu finden(d); *bsd.* verpfändet, versetzt; *fig.* no hay *más vueltas que un* ~ von Pontius zu Pilatus laufen.
tiovivo *m* Karussell *n*; *fig.* F dar *más vueltas que un* ~ von Pontius zu Pilatus laufen.
tipario *m* Tastenfeld *n* e-r Schreibmaschine.
tipe|ja P *desp. f* Aas *n* F, Luder *n* F, Miststück *n* P; **~jo** F *m* sonderbarer Kauz *m*; schräger Vogel *m* (*fig.* F); Knilch *m* F.
tipi *Ethn. m* Tipi *n*, Indianerzelt *n.*
tipici|dad ⚖ *f* Tatbestandsmäßigkeit *f*, Typizität *f*; **~smo** *m* → tipismo.
típico *adj.* 1. typisch, eigentümlich, kennzeichnend, unverkennbar (für *ac.* de); 2. ⚖ Tatbestands...; *atributos m/pl.* ~s Tatbestandsmerkmale *n/pl.*
tipismo *m* (unverkennbare) Eigentümlichkeit(en) *f*(*/pl.*); eigene Note *f*; Folklore *f.*
tiple ♩ *f* Sopranistin *f*; *primera* ~ Primadonna *f.*
tipo *m* 1. *Phil., Rel., Biol.,* ✱, ⚉ Typ(us) *m*; Urbild *n*; Gattung *f*; Vorbild *n*, Beispiel *n*; ~ *de hermo-sura* Urbild *n* der Schönheit; Vorbild *n* an Schönheit, vorbildliche Schönheit *f*; *Psych.* ~ *ideal* Idealtypus *m*; *psicología f de los* ~s Typenpsychologie *f*; *fig.* F *no es mi* ~ er (*bzw.* sie) ist nicht mein Geschmack (*od.* mein Typ F); 2. Wuchs *m*, Körperbau *m*, Figur *f*; *tener buen* ~ gut gewachsen sein; *fig. jugarse el* ~ sein Leben riskieren; alles auf e-e Karte setzen; Γ *mantener el* ~ s. unerschrocken zeigen, Mumm beweisen F; 3. *fig.* Individuum *n*, Person *f*, Kerl *m* F; Original *n*, Type *f* F; *dar el* ~ *adecuado* sein Verhalten der Situation anpassen, s. der Situation entsprechend (*od.* gemäß) verhalten; F *¿quién es ese* ~? was ist denn das für einer? F; 4. *bsd.* ✝ *u.* ⊕ Typ(e *f*) *m*, Klasse *f*; Art *f*; Typ *m*, Muster *n*, Modell *n*; ~ *de construcción* Bau-art *f*, -form *f*, -muster *n*; ~ *corriente* (*od. standard*) normale Bauart *f*, Standardmodell *n*; 5. *Bankw.* Satz *m*; Kurs *m*; ~ *anual efectivo* effektiver Jahreszins *m*; ~ *de cambio* (*libre, oficial*) (freier, amtlicher) Wechselkurs *m*; ~ *de comisión* (*de fletes*) Provisions- (Fracht-)satz *m*; ~ *de descuento* Diskont-, Bank-satz *m*; ~ *de emisión* (*de suscripción*) Ausgabe- (Zeichnungs-)kurs *m*; ~ *de interés* Zins-fuß *m*, -satz *m*; ~ *legal* gesetzlicher Zins(fuß) *m*; ~ *máximo* (*mínimo*) Höchst- (Mindest-)satz *m*; ~ *de referencia* Referenzkurs *m*; 6. ⚖ Tatbestand *m*; *error m destructivo del* ~ *legal* Tatbestandsirrtum *m*; 7. *Typ.* Type *f*, Letter *f*; *p. ext.* ~s *m/pl. od.* ~ *Schrift-, Lettern-satz m, Schrift f*; ~ *gótico* gotische Schrift *f*, gotische Letter *f*; ~ *de* (*letra de*) *doce puntos* 12-Punkt-Schrift *f.*
tipogénesis *Biol. f* Typogenese *f.*
tipo|grafía *f* Buchdruckerkunst *f*; Buchdruck *m*; **~gráfico** *Typ. adj.* Buchdruck...; drucktechnisch; *unidad f* ~a typographische Einheit *f.*
tipógrafo *m* Buchdrucker *m.*
tipo|logía ⚉, *Li. f* Typologie *f*; **~lógico** *adj.* typologisch.
tipómetro *Typ. m* Typometer *n.*
tipoy *m Rpl.*: *langes, ärmelloses Hemd der Indianerinnen u. der weibl. Landbevölkerung.*
tíquet *od.* **tiquete** *m Am.* → ticket.
Tiquicia *burl. f Am. Cent.* = Costa Rica.
tiquismiquis *m/pl.* Getue *n* F; geschraubte Komplimente *n/pl.*; Fisimatenten *pl.*
tira I. *f* Streifen *m*; *a.* Lasche *f* zum Ziehen; ~ *para abertura rápida* (Auf-)Reißlasche *f* b. *Verpackung*; ~ *de cerillas* Streichholzheftchen *n*; *Am.* ~s *f/pl. cómicas* Comics *pl.*; ~ *de control* Kontrollstreifen *m*; ~ *de papel perforada* Lochstreifen *m*; **II.** *m* ~ *y afloja* → tirar 6; **~bala** *f* Knallbüchse *f für Kinder*; **~botas** *m* (*pl. inv.*) Stiefelknecht *m*; **~buzón** *m a. fig.* Kork(en)zieher *m*; Korkenzieherlocke *f*; ✿ Trudeln *n*; ~ *chato* Flachtrudeln *n*; *fig.* sacar a/c. a alg. con ~ et. (mühsam) aus j-m herausholen (*fig.*); **~chinas** *m* (*pl. inv.*) Steinschleuder *f.*
tirada *f* 1. Wurf *m*; *p. ext.* Tirade *f*, Schwall *m* (*desp.*) *v. Worten, Versen usw.*; *a largas* ~s in langen Zügen (*trinken*); *de una* ~ in e-m Zuge; 2. Abstand *m*; Wegstrecke *f*; Zeitraum *m*; Zwischenzeit *f*; 3. *Typ.* Abzug *m*; Auflage *f*; *de amplia* ~ auflagenstark; *de corta* ~ in geringer Auflage (erscheinend); ~ *aparte* Sonderdruck *m*; ~ *en masa* Massenauflage *f*; 4. *Jgdw.* Schießen *n*; Jagd *f.*
tirade|ra *f* 1. langer Pfeil *m* der Indianer; 2. *Am. Cent., Cu., Chi.* Hosenträger *m*(*/pl.*); **~ro** *Jgdw. m* Ansitz *m.*
tirado I. *adj.* 1. gestreckt; gespannt; 2. flott (*Schrift*); 3. (*estar*) spottbillig, geschenkt (*fig.* F); kinderleicht (*Prüfung*); **II.** *m* 4. ⊕ (Draht-)Ziehen *n.*
tirador *m* 1. *a.* ✕ Schütze *m* F; *Fechtk.* Fechter *m*; ✕ ~ *ametrallador* Maschinengewehrschütze *m*, MG-Schütze *m*; *Fechtk.* ~ *de florete* (*de espada*) Florett- (Degen-)fechter *m*; ✕ ~ *elegido* (*infante, tanquista*) Scharf- (Infanterie-, Panzer-)schütze *m*; ~ *de pistola* Pistolenschütze *m*, *equipo m de* ~ Schützenausrüstung *f*; *Fechtk.* Fechtanzug *m*; 2. ~ (*de goma*) (Gabel-)Schleuder *f*; 3. Reiß-, Ziehfeder *f*; 4. (Zug-, Zieh-)Griff *m*; Klingelzug *m*; Türgriff *m*; ♩ ~es *m/pl.* manuales Druckknöpfe *m/pl. für die Handregistratur* (*Orgel*); ~ *del retrete* Klosettzug *m*, Abzug *m*; 5. ⊕ ~ *de oro* Golddrahtzieher *m*; 6. *Rpl.* breiter Schmuckgürtel *m der Gauchos*; *Arg.* ~es *m/pl.* Hosenträger *m/pl.*
tira|fondo *m gr.* Holzschraube *f*; langer Bolzen *m*; *Chir.* Kugelzange *f*; **~frictor** ✕ *m* Abreiß-leine *f am Geschütz*, -schnur *f b. Handgranaten*; **~gomas** *m* (*pl. inv.*) *prov. u. Am.* Gummi-, Gabel-schleuder *f.*
tiraje *m* 1. *Phot.* Bodenauszug *m*; 2. *Am.* → tirada 3.
tira|lanzas *Ethn. m* (*pl. inv.*) Speerschleuder *f*; **~líneas** *m* (*pl. inv.*) Reißfeder *f.*
tiramira *Reg. f* Reihe *f*, Kette *f.*
tiramollar ⚓ *v/i.* e-e Leine verfahren.
tira|na *f* Tyrannin *f*; **~nía** *f hist. u. fig.* Tyrannei *f*; **~nicida** *c* Tyrannenmörder *m*; **~nicidio** *m* Tyrannenmord *m.*
tiránico *adj.* tyrannisch, Tyrannen...
tira|nización *f* Tyrannisierung *f*; **~nizar** [1f] *v/t.* tyrannisieren, knechten; *m. hist. u. fig.* Tyrann *m*; Gewaltherrscher *m.*
tiran|ta *f* F *Col.* Hosenträger *m*; **~te I.** *adj. c* 1. gespannt (*a. fig.*); straff; prall; **II.** *m* 2. Zugriemen *m*; Tragriemen *m*; Schulterriemen *m*; *p. ext.* Stiefelstrippe *f*; 3. ⊕, *Zim.* Binder *m*, Bindebalken *m*; Zugstrebe *f*; *p. ext.* Hemmkette *f bzw.* Hemmvorrichtung *f*; 4. Träger *m am* (Unter-)Kleid usw.; ~es *m/pl.* Hosenträger *m/pl.*; **~tez** *f a. fig. u. Pol.* Spannung *f*; Straffheit *f*; Gespanntheit *f*; ⊕ Ziehen *n.*
tirapié *m* Knieriemen *m der Schuster*.
tirar I. *v/t.* 1. werfen, weg-, ab-, hinaus-werfen; ⊕ auswerfen, austreiben; hinwerfen, zu Boden werfen; *p. ext.* umstürzen; niederreißen; *Baum* fällen; *Gebäude* abreißen; *Ware* verschleudern; *Glas Wein* trinken; *fig.* vergeuden, verprassen; verleiten, verführen;

tiratrón — titubear

durchfallen lassen *b. e-r Prüfung*; ~ *al aire* (*od. a lo alto*) hochwerfen, in die Höhe werfen; *fig.* F ~ *el dinero* (*a la calle*) *od.* ~ *la casa por la ventana* sein Geld (sinnlos) verschwenden (*od.* zum Fenster hinauswerfen F); *fig.* ~ *de* (*od. por*) *largo* mit vollen Händen hinauswerfen, verschwenden; ~ *piedras* Steine (*od.* mit Steinen) werfen (*auf ac. a*); **2.** (an- bzw. ab-)ziehen; wegziehen; *Wagen, Messer, Waffe* ziehen (*mst. mit de*); *fig.* F eso no me tira das zieht bei mir nicht, das läßt mich kalt; **3.** schießen; *Schuß* abgeben; *p. ext.* ~ *un mordisco* (*patadas; un pellizco*) zuschnappen (*Hund*) (treten; kneifen, zwicken); *Phot.* F ~ *una foto* knipsen F, ein Foto schießen F; **4.** ⊕ *Draht* ziehen; *bsd.* ~ *oro* (*plata*) (en hebras) Gold- (Silber-)fäden ziehen; **5.** *Typ., Phot.* abziehen; *Typ.* drucken; *Typ.* ~ *las pruebas* die Korrekturabzüge machen; **II.** *v/i.* **6.** *a. fig.* ziehen (*a. Zigarette usw., Ofen*); *fig. a todo* ~ höchstens, bestenfalls; *Kfz.* el coche tira bien der Wagen zieht gut (*od.* hat ein gutes Anzugsvermögen); *fig.* F esta chaqueta (no) tirará otro verano diese Jacke wird (k)einen weiteren Sommer (aus)halten; *fig.* F *ir tirando* gerade auskommen (mit *dat. con*), s. (so) durchschlagen F; s. hinschleppen (*Kranker*); (nur) mühsam vorwärtskommen; *juego m de tira y afloja* Bänderspiel n (*ein Pfandspiel*); *tira y afloja* **a)** *adv. fig.* F mit Ab-u. Zugeben, (vorsichtig u.) mit viel Geschick; **b)** *m bsd. Pol.* Tauziehen *n*, Hickhack n; F ~ *a* (*od. por*) *la derecha* nach rechts einbiegen (*od.* gehen); *fig.* F ~ *al monte* Heimweh haben; *el imán tira del acero* der Magnet zieht den Stahl an; ~ *de los cabellos* (*od. de los pelos*) an den Haaren zerren; ~ (*d*)*el coche* am Wagen ziehen; ~ *de la cuerda* an der Schnur ziehen; ~ (*de*) *la espada* den Degen ziehen; ~ *de las orejas* an den Ohren zupfen; *fig.* ~ *por un camino* e-n Weg einschlagen; **7.** schießen (mit *dat. a, con*); fechten; ~ *largo* (zu) weit schießen; *fig.* zu weit gehen; ~ *más allá del blanco a. fig.* über das Ziel hinausschießen; ~ *al blanco* aufs Ziel schießen; ~ *a matar* (*od. a dar*) scharf (*bzw.* gezielt) schießen; **8.** *fig.* ~ *a* neigen zu (*dat.*); Freude (*od.* Lust) haben an (*dat.*); (oft insgeheim) hinarbeiten auf (*ac.*), *et.* (*ac.*) erstreben; anziehen (*j-n a alg.*), anziehend sein (für j-n); ~ *a azul* ins Blaue spielen (*Farbe*); *tira a mejorar* e-e Besserung bahnt s. bei ihm an; ~ *a ser comisario* gern Kommissar werden wollen; ~ *a viejo* ältlich aussehen; *a él le tira la natación* er schwimmt gern, er mag den Schwimmsport; **III.** *v/r.* ~*se* **9.** geworfen werden; gedruckt werden; *Typ.* ¡tírese! druckfertig!; **10.** s. (zu)werfen, s. (hin)werfen (auf *ac. a*); s. stürzen (in *ac.*, auf *ac. a*); s. hinaus- (*od.* hinunter-)stürzen; in die Tiefe springen; ✈ mit dem Fallschirm abspringen; *fig.* F Zeit absitzen, abreißen P (*im Gefängnis*); ~*se el día* leyendo den Tag mit Lesen zu- (*od.* ver-)bringen; F ~*se unas vacaciones bárbaras* ganz groß in Ferien gehen F; ~*se al agua* ins Wasser springen; *fig.* F ~*se a muerto* den dummen August spielen F; ~*se del avión* aus dem Flugzeug abspringen, F ~*se de la cama* aus dem Bett springen; F ~*se un pedo* e-n Furz (*od.* einen fahren) lassen F; *fig.* F ~*se de risa* s. biegen vor Lachen; F tirársela(s) de s. aufspielen als (*nom.*); F ~*se en la cama* s. ins Bett legen, s. in die Falle (*od.* Klappe) hauen F; **11.** *Zo.* bespringen, decken; *p. ext.* P Frau vernaschen F, aufs Kreuz legen P; **12.** *Cu.* zu weit gehen.

tiratrón *HF m* Thyratron *n*.

tirilla *I. f* Kragenbündchen *n* (*am Hemd*); *Chi.* Fetzen *m*, Lumpen *m*; **II.** ~(s) *m* F Kümmerling *m*, mick(e)riger Kerl *m* F.

tirio I. *adj.* tyrisch, aus Tyrus; **II.** *m* Tyrer *m*; *fig.* ~*s y troyanos* Vertreter *m/pl.* entgg.-gesetzter Meinungen.

tirisuya ♪ *Folk. f Pe. Art* Schalmei *f*.

tirita ⚕ (*Wz.*) *f* (Wund-)Schnellverband *m*, Hansaplast *n* (*Wz.*), Strip *m*.

tiritaña F *f* Geringfügigkeit *f*.

tiri|tar *v/i.* frösteln, schaudern (*vor Kälte*); ~**tera** *f* → tiritona; ~**tón** *m* starker Frostschauer *m*; ~**tona** F *f* Frösteln *n*, Zittern *n*, Bibbern *n* F.

tiro *m* **1.** Wurf *m*; Wurfweite *f*; *p. ext.* Stoffbreite *f*; Schulterbreite *f* (*Kleidung*); Stock *m* (*b. Hemdenzuschnitt*); Schritt (*weite f*) *m* e-r *Hose*; *fig. a un* ~ *de piedra* e-n Steinwurf weit; **2.** ⚔ *usw.*, *a. Sp.* Schuß *m*; Schießen *n*; Beschuß *m*; ⚔ Feuer *n*; *p. ext.* Scheibenstand *m* (*Schießstand*); *fig.* Streich *m*; verletzendes (*od.* bissiges) Wort *n*; boshafte Anspielung *f*; (schwerer) Schlag *m* (*fig.*); *a* ~ auf Schußweite; *fig.* in nächster Nähe, in Reichweite; *adv. Chi. al* ~ sofort; *adv. a* ~*s* nicht um alles in der Welt; *a* ~ *hecho* genau zielend; *fig.* treff-, ziel-sicher, genau; *fig. a* ~ *limpio* mit Waffengewalt; *fuera de* (*l*) ~ *a. fig.* außer Schußweite; ~ *al arco* (*al blanco*) Bogen- (Scheiben-)schießen *n*; *Sp.* ~ *de cuerda* Tauziehen *n*; ~ *errado* (*od. perdido*) Fehlschuß *m bzw.* Ausreißer *m*; *b. Scheibenschießen* Fahrkarte *f* (*fig.* F); *Fußball:* ~ *de esquina* Eckball *m*; ~ *de flanco* Flankenbeschuß *m*, Feuer *n* von der Seite; ~ *de gracia* Gnadenschuß *m*; Fangschuß *m* (*Jagd*); ~ *de pichón*, *Am.* ~ *a la paloma* Taubenschießen *n*; ~ *al plato* Wurf- (*od.* Ton-)taubenschießen *n*; ~ *rápido* Schnellfeuer *n*; M ~ *sedal* Heimatschuß *m* M; ~ *en el vacío* Schuß *m* in die Luft; *polígono de* ~ Schießstand *m*; *acertar el* ~ treffen, *a. fig.* sein Ziel erreichen; *dirigir el* ~ zielen (*auf ac. a*); *fig. sin disparar un* ~ kampflos; *fig.* F *estar* (*od. andar*) *a* ~*s con alg.* mit j-m verkracht sein F; *pegar*(*se*) *un* ~ s. e-e Kugel durch den Kopf jagen; *fig.* F *poner a/c. a* ~ *et.* weitgehend vorbereiten; *fig.* F *le salió el* ~ *por la culata* der Schuß ging nach hinten los; *fig.* F *sentar a/c. a alg. como un* ~ (zu) j-m überhaupt nicht passen (*Kleidungsstück usw.*); j-m schwer im Magen liegen (*Speise u. fig.*); *a. fig. venir a* ~ *hecho* genau in die Schußlinie kommen; **3.** Zug *m*, Gespann *n*; ~ *de cuatro caballos* Vierzug *m*; *de* ~ Zug...; ~ *en tándem* Tandem *n* (*Gespann*); **4.** *Equ.* Zugleine *f*, Strang *m*; *fig.* F *de* ~*s largos* piekfein F; **5.** Zugseil *n*, Lastenzug *m* (*Seilrolle*); ⚔ ~*s m/pl.* Wehrgehänge *n*; *Arg. a.* Hosenträger *m/pl.*; **6.** Zug *m* im Ofen *usw.*; *p. ext.* ~ *de humo* Rauchabzug *m*; **7.** △ Treppenstück *n*, -lauf *m*; **8.** ⚒ Bodenschacht *m*; Schachttiefe *f*; **9.** *vet.* Verbeißen *m der Pferde b. Futterraufen*; **10.** Schuß *m* F (*Rauschgiftsüchtige*).

tiroi|deo ⚕ *adj.* Schilddrüsen...; ~**des** ⚕ *adj. c-su. m inv.* (*glándula f*) ~ Schilddrüse *f*.

Tiro|l *m* Tirol *n*; ~**lés** *adj.-su.* tirol(er)isch; *m* Tiroler *m*.

tirón¹ *m* Zug *m*, Ruck *m*, Zerren *n*; ⚕ ~ *muscular* Muskelzerrung *f*; *de un* ~ auf einmal; *fig.* F *ni a* ~*ones me sacan de aquí* k-e zehn Pferde bringen mich von hier weg F; *dar un* ~ *de orejas a alg.* j-n an den Ohren ziehen.

tirón² *lit. m* Anfänger *m*.

tirona F **1.** *Art* Wurfnetz *n zum Fischen*; **2.** *fig.* P (Amateur-)Nutte *f* F.

tironear *v/i. Am.* rucken.

tironiano *adj.: hist. u. lit.* notas *f/pl.* ~*as* tironische Noten *f/pl.*; *lit.* Kurzschrift *f*.

tirorir *onom.* F *m* Trara *n* (*Klang der Blasinstrumente*).

tirote|ar *vt/i.* mit Gewehrfeuer belegen; ~(*se*) plänkeln; *fig.* hadern; ~**o** *m* Schießerei *f*; Gewehrfeuer *n*; Geplänkel *n*.

tirreno *Geogr. adj.* tyrrhenisch; (*Mar m*) ⚓ *Tyrrhenisches Meer n*.

tirria F *f* Widerwille *m*, Ärger *m*, Groll *m*; *tener* ~ *a alg.* e-n Pik auf j-n haben F.

tirso *m* Thyrsus *m*, Stab *m der Bacchantinnen*.

¡tirte! † *u. Reg. int.* hinaus mit dir!, scher' dich!

tisana *f* **1.** Heiltee(aufguß) *m*; **2.** Bowle *f*, kalte Ente *f*.

tísico ⚕ *adj.-su.* schwindsüchtig; *m* Schwindsüchtige(r) *m*.

tisis ⚕ *f* Schwindsucht *f*, Phthisis *f*; ~ *pulmonar* Lungenschwindsucht *f*.

tiste *m* **1. a)** *Am. Cent., Méj.* Maiskakaogetränk *n*; **b)** *Guat.* Getränk *aus Maismehl, Achiote u. Zucker*; **2.** *Am. Mer.* Warze *f*.

tisú *m* Gold- (*bzw.* Silber-)stoff *m*; Brokat *m*.

tita *Kdspr. f* Tante *f*.

ti|tán *m Myth. u. fig.* Titan *m*; ~**tánico** *adj. a. fig.* titanisch, Titanen...; *fig.* riesenhaft; ~**tanio** ⚗ *m* Titan *n*.

títere *m* Gliederpuppe *f*; *a. fig.* Hampelmann *m*; *a. fig.* Marionette *f*; (*teatro m de*) ~*s m/pl.* Marionetten- (*bzw.* Kasperle-)theater *n*; *fig.* F *no dejar* ~ *con cabeza* alles kurz u. klein schlagen F; *no quedó* ~ *con cabeza* da blieb nichts heil.

tití I. *m Zo.* Titi *m* (*Affenart*); *fig. Am. Mer. más feo que un* ~ urhäßlich; **II.** *f* F Biene *f* (*fig.* F).

titigüí *Zo. m Col.* Wasserschwein *n*.

titilar *v/i.* zittern; flackern; flimmern.

titiritero *m* Puppenspieler *m*; *p. ext.* F Akrobat *m*.

titoís|mo *Pol. m* Titoismus *m*; ~**ta** *adj.-su. c* titoistisch; *m* Titoist *m*.

titube|ar *v/i.* wanken, schwanken; *fig.* zögern, unschlüssig sein (zu +

inf. od. bei *dat.* en); ~o *m* Schwanken *n a. fig.*
titu|lación *f* 1. *Typ.* → *titulado;* 2. 🝞 Maßanalyse *f,* Titrierung *f;* **~lado** *m* 1. Inhaber *m* e-s (akademischen) Titels, Diplomierte(r) *m;* 2. *Typ.* (*a. bsd. Am. titulaje m*) Betitelung *f,* Überschrift *f;* **~lar I.** *adj. c* 1. betitelt; Titular...; *letra f ~* Titelbuchstabe *m; profesor m ~* Ordinarius *m,* Lehrstuhlinhaber *m;* **II.** *c* 2. ⚖ Träger(in *f*) *m,* Inhaber(in *f*) *m; ~ de una cuenta* Kontoinhaber(in *f*) *m;* ⚖ *anterior ~ de un derecho* Rechtsvorgänger *m; los ~es a. die* Ordinarien *pl.;* **III.** *m* 3. *Zeitung:* Überschrift *f,* Schlagzeile *f; figurar en los ~es de los periódicos* Schlagzeilen machen; **IV.** *v/t.* 4. betiteln, benennen; *j-m* e-n Titel verleihen; **5.** betiteln, überschreiben; **6.** 🝞 titrieren; **V.** *v/i.* 7. e-n (Adels-)Titel erhalten; **~larizar** [1f] *v/t.* zum Inhaber (*od.* Träger) machen; zum Ordinarius (*bzw.* zum Titularbischof *usw.*) ernennen.
titulillo *m Typ.* Kolumnentitel *m; fig.* Lappalie *f.*
título *m* 1. Titel *m,* Überschrift *f; Buchwesen: ~s m/pl.* Titelei *f; Film: ~s de crédito* (*od. genéricos*) Vorspann *m; Typ. ~ a dos columnas* Zwei-Spalten-Überschrift *f;* **2.** ⚖ Titel *m* (*Abschnitt, Kapitel e-s Gesetzbuchs usw.*); 3. Titel *m;* Diplom *n; fig.* Rang *m,* Name(n) *m; ~s m/pl. a.* Titulatur *f,* Betitelung *f,* Rangbezeichnung *f; ~ de dignidad* Amtstitel *m;* Würdename *m; ~ de doctor* Doktortitel *m; ~ de nobleza* Adelstitel *m;* Adels-brief *m od.* -diplom *n; sacar un ~* e-n Titel erlangen; 4. *p. ext.* hoher Titelträger *m;* Adlige(r) *m;* **5.** ⚖ *usw.* (Rechts-)Titel *m,* Rechtsanspruch *m;* (Berechtigungs-)Urkunde *f; p. ext.* Berechtigung *f,* Anspruch *m; fig.* Grund *m,* Begründung *f,* Anlaß *m; mst. ~s m/pl.* Befähigung *f,* Fähigkeit *f; ~ hipotecario* Schuldverschreibung *f; ~ legal* Rechtstitel *m; ~ de propiedad* Besitzurkunde *f; Vkw. ~ de transporte* Fahr(t)ausweis *m; a ~ de* mit dem Recht (*gen.*); in m-r (*usw.*) Eigenschaft als (*nom.*); als (*nom. bzw. ac.*); unter dem Vorwand von (*dat.*); *a ~ de compensación* als Ausgleich; *a ~ de información* zur Kenntnisnahme; *¿a ~ de qué?* mit welchem Recht?; aus welchem Anlaß?; ⚖ *Verw. a ~ gratuito* kostenlos, unentgeltlich; *con justo ~* wohlberechtigt; 6. ⚖ Wertpapier *n,* Papier *n* F (= ⚖ *~-valor*); → *valor* 2; *~s m/pl. amortizables* kündbare Werte *m/pl.; ~ (sin los cupones)* Mantel *m; ~s m/pl. depositarios en garantía* lombardierte Wertpapiere *n/pl.; ~s m/pl. de la Deuda (Pública)* Staatspapiere *n/pl.; ~ de renta fija* Renten-papier *n,* -brief *m;* 7. 🝞 *usw.* Gehalt *m,* Stärkegrad *m;* 🝞 *e-r Lösung a.* Titer *m; ~ de alcohol* Alkoholgrad *m; ~ legal* gesetzlicher Feingehalt *m* e-r *Münze.*
titulomanía *f* Titelsucht *f.*
tiza *f* Kreide *f; ~ en polvo* Schlämmkreide *f; marcar con ~* ankreiden.
tiz|na *f* Schwärze *f;* **~nadura** *f* Berußung *f;* Schwärzen *f;* **~nar** *v/t.* schwärzen; *fig.* anschwärzen; *~se* verrußen; **~ne** *m,* 🝞 *f* Kienruß *m;* Ruß *m;* **~nón**

m Rußfleck *m;* Rußflocke *f.*
ti|zo *m* halbverbranntes Scheit *n;* Rauchkohle *f;* □ Polizist *m;* **~zón** *m* 1. halbverbranntes Scheit *n;* Feuerbrand *m; p. ext.* Sturmzündholz *n; fig.* Schandfleck *m;* **2.** ⚔ Brand *m* (*Schädlingspilz*); **3.** △ Binder *m* (*Mauerstein*); **~zona** *f* 1. ♀ *hieß das Schwert des Cid;* **2.** *fig.* F Degen *m,* Plempe *f* F; **~zonada** *f fig.* F (*mst. ~s f/pl.*) Höllenpein *f* im *Jenseits;* **~zonear** *v/i.* das Feuer schüren.
tlacoyo *m Méj. gr.* gefüllte Tortilla *f.*
tlacuache *Zo. m Méj.* Opossum *n.*
tlalayote ⚘ *m Méj. versch.* Schwalbenwurzgewächse.
tlapa ⚘ *f Méj.* 1. Stechapfel *m;* 2. Rizinus *m.*
tlapalería *f Méj.* Haushalt(s)warengeschäft *n.*
tlascal *m Méj.* Maisfladen *m.*
tlaxcalteca (*oft tlascalteca*) *Méj. adj.-su. c* tlaxcaltekisch; *m* Tlaxcalteke *m.*
tmesis *Gram. f* Tmesis *f,* Trennung *f.*
toa|lla *f* Handtuch *n; ~ de baño* (*de playa*) Bade- (Strand-)tuch *n; ~-esponja* Frottiertuch *n; Am. ~ sanitaria* Monats-, Damen-binde *f; ~ de tocador* envas: Gästehandtuch *n; Sp. u. fig. arrojar* (*od. tirar*) *la ~* das Handtuch werfen; **~llero** *m* Handtuch-ständer *m;* -halter *m;* **~llita** *f* kl. Handtuch *n; ~ refrescante* Erfrischungstuch *n.*
toar ⚓ *v/t.* bugsieren, schleppen.
toba *f* 1. *Min.* Tuff(stein) *m;* 2. ⚶ Zahnstein *m;* 3. ♀ Eselsdistel *f.*
tobera *f* Düse *f; ~ de propulsión* Schubdüse *b.* Raketen; *~ pulverizadora* Zerstäuberdüse *f.*
tobi|llera ⚕ *f* Knöchelbandage *f;* **~llo** *m* Fußknöchel *m; hasta los ~s* bis an die Knöchel; knöchellang (*Kleid*).
tobogán *m* Rodelschlitten *m,* 🛷 Notrutsche *f; fig.* Rodelbahn *f;* Rutschbahn *f.*
toca *f* Haube *f;* Schwesternhaube *f; ~s f/pl. fig.* Art Witwen- (*od.* Waisen-)geld *n.*
toca|ble *adj. c* anrührbar; spielbar; **~cintas** *m* (*pl. inv.*) *Am.* Kasettenrecorder *m;* **~da** *Hk. f Am.* Hieb *m,* bei dem kein Blut fließt; **~discos** *m* (*pl. inv.*) Plattenspieler *m; ~ portátil* Phonokoffer *m; máquina f ~* Jukebox *f,* Musikautomat *m;* **~do¹** *part.: ¡~!* richtig!, erraten!; *estar ~* nicht mehr ganz in Ordnung sein (*Sache*); F *estar ~ de la cabeza* (*od. del bombín*) nicht ganz richtig im Kopf sein, e-n kl. Dachschaden haben F.
tocado² *m* weiblicher Kopfputz *m;* Frisur *f;* Haaraufsatz *m.*
tocador¹ *m* Toiletten-, Frisier-tisch *m;* Toilette(nzimmer *n*) *f.*
to|cador² *m* Spieler *m* e-s *Instruments;* **~camiento** *m* Berührung *f;* Abtupfen *n;* **~cante** *part.* berührend; (en lo) *~ a* bezüglich (*gen.*), was ... (*ac.*) angeht; **~car¹** [1g] **I.** *v/t.* 1. Sp. e- anrühren; rühren an (*ac.*), betasten, anfühlen; ⚕ touchieren; *Mal.* retouchieren; *Ehre usw.* antasten; *Kapital* angreifen; *Argument, Thema* berühren, anschlagen; *¡no ~!* nicht berühren!; *~ con la mano* mit der Hand berühren; *fig. ganz nahe daran sein;* *¡tócala!* schlag ein!, die Hand drauf!, topp!; **2.** *Instrument* spielen; *Glocken*

läuten; *Trommel, Alarm* schlagen; *fig. Herz* rühren; *Flöte* blasen; *Geige, Klavier, Walzer* spielen; *~ la bocina* hupen; *~ el timbre* klingeln, läuten; 3. *Hafen* anlaufen; 🚂 einfahren; **II.** *v/i.* 4. spielen (*Instrument, Musiker*); hupen; läuten (*Glocke*); *ecl.* einläuten (*et. a*); *tocan es läutet* (*Glocke[n] od.* Türklingel); *fig.* F *tocan a comer* (*a pagar*) auf zum Essen! (jetzt heißt es zahlen!); ⚔ (*Kavallerie*) *u. fig. ~ a degüello* zum Angriff blasen; *tocan a matar Stk.* man gibt das Zeichen zum letzten Abschnitt des Stierkampfs (*Aktion des Matadors*); *fig.* F jetzt wird es ernst!; *~ a misa* (*a oración, a muerto*) zur Messe (zum Gebet, die Totenglocke[n]) läuten; 5. zufallen (*Los, Gewinn; Aufgabe; Schicksal*); zukommen, gebühren; *Col. v/impers. toca + inf.* man muß *+ inf.; ~le a alg. la lotería* in der Lotterie gewinnen; *fig.* Pech haben; *ahora te toca a usted* (*el turno od. la vez*) jetzt sind Sie an der Reihe, jetzt sind Sie dran F; *a mí si me toca el gordo* wenn ich das große Los gewinne ...; *te toca de cerca* es geht besonders dich an; *le toca el honor* ihm gebührt die Ehre (, zu *+ inf. de*); *le tocó en suerte + inf.* es traf ihn, zu *+ inf.; por lo que toca a ... was ...* (*ac.*) betrifft; **6.** Berührung haben; s. berühren, zs.-stoßen (*mit dat. con*); ⚓ leichte Grundberührung haben; *fig.* F *adv. toca, no toca ganz eng* beiea.; *~ en tierra* ⚓ an Land gehen; 🛬 landen; **7.** verwandt (*bzw.* eng verbunden) sein (*mit dat. a*); **III.** *v/r. ~se* 8. s. berühren; anea.-stoßen; Mann an Mann stehen; anea.-grenzen; *fig.* F *tocárselas* Reißaus nehmen.
tocar² [1g] **I.** *v/t.* Haar, Frisur zurechtmachen; **II.** *v/r. ~se s.* frisieren; Schleier, Haube(, † *u. Reg.* Kopfbedeckung) aufsetzen.
tocario Li. **I.** *adj.* tocharisch; **II.** *m* das Tocharische.
tocata ♪ *f* Tokkata *f.*
tocateja *adv.: ~ a la ~* (in) bar (em Geld).
toca|ya *f,* **~o** *m* Namens-schwester *f,* -vetter *m,* -bruder *m;* es mi *~ od. somos ~s* wir haben den gleichen Namen.
toci|nería *f* (Schweine-)Metzger-, Schlachter-, Fleischer-laden *m;* **~neta** *Kchk. f Col.* Frühstücksspeck *m;* **~no** *m* Speck *m;* Speckseite *f; fig.* F dicker, fauler Mensch *m; ~ del cielo Art* Eierkonfekt *n.*
toco *m* 1. *Arg.* a) ♀ *e-e am.* Zeder *f;* b) □ Beuteanteil *m; p. ext.* P Stück *n,* Brocken *m;* **2.** *Pe.* Nische *f b.* Inkabauten; 3. *Ven.* → *tocón.*
to|cología ⚕ *f* Geburtshilfe *f;* **~cólogo** ⚕ *m* Geburtshelfer *m.*
tocón *m* Baumstumpf *m; a.* Gliedstumpf *m.*
tocotoco *Vo. m Ven.* Pelikan *m.*
tocuyo *tex. m Am. Mer.* ziemlich grobes Baumwollzeug *n.*
tocho I. *adj.* grob; roh; plump; **II.** *m sid.,* ⊕ Block *m.*
todabuena ♀ *f Art* Johanniskraut *n.*
todavía *adv.* noch (immer); (je-)doch, immerhin, *~ no, Pe. ~* noch nicht.
to|dito *adj.* F *dim. zu* → *~do* **I.** *adj.* ganze(r, -s); jede(r, -s) (*vgl. cada*);

todopoderoso — tomar 600

alles; ~a clase de alle Art von (dat.); allerlei, allerhand, alles mögliche; ~ hombre jeder Mensch, alle Menschen; ~ el hombre od. stark betont: el hombre ~ der ganze Mensch; ~s los hombres alle Menschen; fig. F ~ Madrid die Prominenz (von Madrid); ~a España ganz Spanien; Spr. (o) ~ o nada (entweder) alles od. nichts; ~s ustedes Sie alle; ~ junto (ins)gesamt; ~ lo que od. ~ cuanto alles was; ~s juntos sämtliche, alle zs., alle mitea.; ~s los días alle Tage, jeden Tag, täglich; ~s y cada uno alle (samt u. sonders); F ... y ~ (stark hervorhebend) sogar u. ä., z. B. ¡volcó el coche y ~! der hat doch den (ganzen) Wagen umgeworfen!; a ~ correr in vollem Lauf; con ~ esto (od. eso) trotzdem, dessenungeachtet, ~ era(n) llantos man hörte nur Jammern; eres pescado es ~ raspas der Fisch besteht nur aus Gräten; ~ es uno (oft iron.) es ist alles dasselbe; fig. ~s son unos sie sind alle gleich (mst. desp.); vino ~a alborotada sie kam ganz aufgeregt (daher); **II.** m Ganze(s) n; p. ext. Lösungswort n e-r Scharade; fig. F Hauptperson f; in adverbieller Funktion: ante ~ vor allem, in erster Linie; así y ~ trotzdem, immerhin; con ~ (je)doch, freilich; (de ~) en ~ in allem, völlig; (no) del ~ (nicht) ganz, (nicht) völlig; en (y por) ~ ganz u. gar, in jeder Hinsicht, absolut; **III.** adv. ganz, gänzlich, völlig; ~ amarillo ganz gelb; Anm.: die unbedenkliche Verwendung v. ,,todo'' als Adverb wird v. vielen als Katalanismus od. Gallizismus angesehen.
todo|poderoso adj. allmächtig; Rel. el ⚥ der Allmächtige; **~terreno** adj.-su. geländegängig; m Geländefahrzeug n.
tofo m 1. 🌷 Gichtknoten m; 2. Min. Chi. Schamotte f.
toga f Toga f; Robe f; Talar m; ~ de doctor Doktortalar m; **~do** m Robenbzw. Talar-träger m; Amtsperson f; Richter m.
Togo m Togo n; ⚥lés adj.-su. togoisch; m Togoer m.
Toisón m: ~ de Oro Goldenes Vlies n (Orden).
tojal m (Ginster-)Heide f.
tojino ⚓ m Klampe f; Knagge f.
tojo[1] ♀ m Ginster m; ~ gateño Stachelginster m.
tojo[2] Bol. **I.** m Vo. → calandria[2]; **II.** adj. Zwillings...
tojosa Vo. f Am. Cent., Ant. Sperlingstaube f.
tokai m Tokajer m (Wein).
tola ♀ f Am. Mer. e-e Färberstaude (Baccharis tola).
tolanos m/pl. 1. Nackenhaare n/pl.; 2. vet. Zahnfleischfäule f.
tol|dilla ⚓ f Hütte f; erhöhtes Quarterdeck n; **~dillo** m Tragsessel m mit Schutzdach; **~do** m 1. Sonnen-dach n, bsd. ⚓ -segel n; Vordach n; (Wagen-)Plane f; P. Ri. Moskitonetz n; (Strand-)Zelt m; Arg., Bol., Chi. Indianer-zelt n bzw. -hütte f.
tole F m (Zeter-)Geschrei n; levantar el ~ Sturm laufen (gg. ac. contra); zetern; fig. tomar (od. coger) el ~ abhauen F, verduften F.

toledano I. adj. aus Toledo; hoja f ~a Toledoklinge f; fig. noche f ~a schlaflose (bzw. im Freien verbrachte) Nacht f; **II.** m Toledaner m.
tolera|ble adj. c erträglich; zulässig; **~do** adj. zulässig; Thea. usw.: ~ (para) menores jugendfrei; **~ncia** f Duldsamkeit f; a. ⊕ Toleranz f; ~ de peso Gewichtstoleranz f; dar ~s tolerieren; **~nte** adj. c duldsam; tolerant (bsd. Rel., Pol.); **~ntismo** Pol., Rel. m Religionsfreiheit f; Toleranzpolitik f; **~r** v/t. dulden, zulassen; vertragen (Magen, Organismus); tolerieren.
tolete ⚓ m Dolle f (Ruderboot).
Tolón m Toulon n.
tolon|dro m Beule f; **~drón** m Beule f; fig. a ~ones stoß-, ruck-weise.
Tolosa f Tolosa n (Spanien); Toulouse n (Frankreich).
tolteca Méj. adj.-su. c toltekisch; m Tolteke m.
tolú ♀ Tolubaum m; pharm. Tolubalsam m.
tolu|eno, ~ol 🌷 m Toluol n.
tolva f Mühl- bzw. Füll-trichter m; trichterförmiger Bunker m; **~nera** f Staub-wirbel m, -wolke f.
to|lla f ⚓ m. Moor n; 2. Ant. Tränke f (Trog); **~lladar** m Sumpf m; **~llina** F f Tracht f Prügel; **~llo**[1] m 1. Jgdw. versteckter Ansitz m (Erdloch, Jagdschirm); 2. Morast m.
tollo[2] m 1. Fi. a) Hausen m; b) Hundshai m; 2. Filetstück n (Hirschfleisch).
tollón m Engpaß m.
tom-tom ♪ m Tomtom n.
toma f 1. Nehmen n; Übernahme f; Entnahme f; Aufnahme f e-s Darlehens usw.; (Arznei-)Gabe f, Dosis f; Prise f; ~ de un acuerdo Vereinbarung f, Beschlußfassung f; ~ de declaración Vernehmung f; Verhör n; ~ de(l) hábito Einkleidung f (Ordensleute); ✝ ~ hóstil feindliche Übernahme f; ~ de juramento Vereidigung f; ✝, Verw. ~ de muestras Probeentnahme f; Pol. ~ del poder Machtübernahme f; ~ de posesión f Besitznahme f; Übernahme f Verw. Amtsantritt m; Amtseinführung f; fig. ~ de posición Stellungnahme f; Verw. ~ de razón Eintragung f ins (Handels- usw.) Register; ~ de temperatura Temperaturmessung f; 2. ⚔ Einnahme f, Eroberung f; ~ de rehenes Geiselnahme f; 3. ⊕ Nehmen n; Entnahme f; Entnahmestelle f; Anzapfung f; Eingriff m; Ent- bzw. Auf-nahmevorrichtung f; Anschluß m; ~ de agua Wasserentnahme f; Wasseranschluß m, Hydrant m; ~ usw. Wasseraufnahme f; ~ de aire (de vapor) Luft- (Dampf-)entnahme f bzw. -einlaß m, -eintritt m; HF ~ de antena Antennenanschluß m; ~ de corriente Stromentnahme f; Stromanschluß m; ~ de tierra ⚡ Erdung f; Erdanschluß m; Erdleitung f; ✈ Aufsetzen n; Landung f.
toma|-corriente ⚡ m Stromabnehmer m; bsd. Am. Steckdose f; Anschlußdose f; **~da** ♀ f Am. Steckdose f.
toma|dero m 1. Griff m; 2. Abstich m e-s Teichs usw.; **~do** adj. benommen; fig. F belegt (Stimme); ~ (del vino) betrunken; ~ (de orín) rostig, verrostet; estar ~a gedeckt sein (Stute); **~dor** m 1. Nehmer m; Entnehmer m; fig. F Arg., Chi. Trinker m; □~ (del dos) Taschendieb m; 2. ✝ Wechselnehmer m, Remittent m; 3. Typ. Farbhebewalze f; 4. ⚓ Seising f; **~dura** f Nehmen n; fig. F ~ de pelo Necken n, Fopperei f F; Schwindel m; Übervorteilen n.
tomaína 🌷 f Leichengift n, Ptomain n.
tomante P m passive(r) Homosexuelle(r) m.
tomar I. v/t. 1. nehmen; annehmen; abnehmen; einnehmen; entnehmen; mitnehmen; wegnehmen; hinnehmen; übernehmen; Kart. e-n Stich machen, gewinnen; abtrumpfen; Eid abnehmen; Entschluß, Beschluß fassen; Essen, Trinken zu s. nehmen; Kaffee usw. trinken; Am. (bsd. Arg., Chi.) vt/i. gewohnheitsmäßig trinken od. a. s. betrinken; Festung, Stadt einnehmen; Weg einschlagen; Wohnung, Taxi, Sp. Kurve, Zug usw. nehmen; Maßnahmen ergreifen; Darlehen aufnehmen; Sitten annehmen; Zo. Weibchen decken; Befehl übernehmen; ⚔ ~ acantonamiento Quartier beziehen; ~ agua Wasser schöpfen (bzw. a. ⚓, ⊕ einnehmen, fassen); a. fig. ~ aliento Atem schöpfen; ⚔ ~ altura steigen; ⚓ ~ la altura peilen; ~ un ángulo auf e-n Winkel einstellen; ~ ánimo (fuerzas) Mut (Kraft) schöpfen; ~ las armas zu den Waffen greifen; ⚔ a. ins Gewehr treten; ~ a su cargo übernehmen; ~ a contrata in (Pauschal-)Vertrag nehmen; ~ cariño (odio) a alg. j-n liebgewinnen (hassen); ~ confianza Vertrauen fassen; ~ informes Erkundigungen einziehen; ~ le a alg. la noche von der Nacht überrascht werden; ⚓ ~ la mar in See stechen; ⚓ ~ marcaciones peilen; ~ parte (en) teilnehmen (an dat.); beteiligt sein (an dat.); ~ la pelota (en) Ball (ab-, auf-)fangen; ~ la pluma zur Feder greifen, schreiben; ~ prestado leihen, borgen; ~ una resolución s. entschließen; ~ sobre sí auf s. nehmen; ~ la responsabilidad die Verantwortung übernehmen (für ac. de); ⚔ ~ tierra aufsetzen, landen; fig. F int. ¡toma! sieh mal an!; a. da hast du es!; ¡toma, pues si es sencillísimo! das ist wirklich ganz einfach! (wenn man es einmal begriffen hat); ~la con alg. s. mit j-m anlegen; la tiene tomada conmigo er hat e-n Pik auf mich F; Spr. más vale un toma (burl. a. una toma) que dos te daré besser ein Sperling in der Hand als eine Taube auf dem Dach; 2. auffassen; (auf)nehmen; halten (für ac. por); ~ a bien gut (od. wohlwollend) aufnehmen; ~ a la (od. de) ligera leicht (od. auf die leichte Schulter) nehmen; ~ a mal übelnehmen; ~ a risa (od. en broma) als Scherz auffassen; ~ las cosas como caen die Dinge nehmen, wie sie kommen (od. wie sie sind); ~ en serio ernst nehmen; ~ por (ladrón) für (e-n Dieb) halten; **II.** v/i. 3. ~ nota (od. mst. por) la izquierda nach links gehen (fahren, reiten usw.); **III.** v/r. **~se** 4. s. et. nehmen; ~ de (de moho, de orín) anlaufen; rostig werden; fig. P ~se (del vino) s. beschwipsen, s. vollaufen

lassen (fig. F); int. F ¡tómate esa! da hast du's!; das hat gesessen!; ~se con alg. mit j-m Streit anfangen; ~se interés por s. interessieren für (ac.); Anteil nehmen an (dat.).
Tomás npr. m Thomas m.
tomasol m Span. rückenfreies Sommerkleid n.
toma|tada Kchk. f Tomatengericht n (gebacken); **~tal** m Tomatenpflanzung f; Am. a. → tomatera; **~te** m 1. Tomate f; fig. F Loch n in der Ferse (Strumpf), Kartoffel f (fig. F); poner (el culo) como un ~ a ordentlich durchprügeln (ac.); ponerse como un ~ puterrot werden; 2. fig. F Krach m, Krakeel m F, Rauferei f; Durchea. n; hay mucho ~ das ist viel Arbeit; das ist e-e ganze Menge; das ist was los F; tener ~ haarig sein (fig. F); 3. Zo. ~ marino Erdbeerseerose f; **~tera** ⚥ f Tomatenstaude f; **~tero** m Tomatenhändler m.
tomavistas m (pl. inv.) 1. Filmkamera f; 2. Kameramann m.
tómbola f Tombola f (Verlosung).
tomento m Hanfwerg n; fig. ⚥ Filz(behaarung f) m der Pfl.
tomi|llar ⚥ m Thymianpflanzung f; **~llo** ⚥ m Thymian m; ~ común (od. salsero) Gartenthymian m.
tomis|mo Phil. m Thomismus m; **~ta** adj.-su. c thomistisch; m Thomist m.
tomiza f (Esparto-)Strick m.
tomo m Band m, Buch n; de dos ~s zweibändig; fig. F de ~ y lomo gewaltig F, mächtig F; bedeutend, wichtig.
tomografía ⚕ f: ~ axial computerizada Computertomographie f.
ton F m: sin ~ ni son od. sin ~ y sin son ohne Grund u. Anlaß; wirr, durchea.
tona|da f 1. Lied n, Weise f; 2. Arg., Chi. → tonillo; **~dilla** f Liedchen n; Couplet n; Art Singspiel n; **~dillera** f Chanson-, Couplet-sängerin f; **~lidad** f 1. ♪ Tonfarbe f; Tonart f; 2. Mal., Typ., Phys. Tönung f; **~r** poet. v/i. → tronar.
tone|l m Tonne f; Faß n; por ~es faßweise; ~ sin fondo a. fig. Faß n ohne Boden; fig. F gr. Trinker m; **~lada** f 1. (Gewichts-)Tonne f; ~ métrica a. ⚓ metro Metertonne f; ⚓ ~ de arqueo (od. de registro) bruto Brutto-Register-Tonne f; 2. ⚓ Tonnenvorrat m; **~laje** m 1. ⚓ Tonnengehalt m, Tonnage f; Ladegewicht n; Wasserverdrängung f; 2. ⚓ Tonnengeld n (Abgabe); 3. a. Kfz. Gesamtgewicht n; **~lería** f 1. Böttcherei f, Faßbinderei f; 2. Tonnenvorrat m; **~lero** m Böttcher m, Faßbinder m; **~lete** m 1. Fäßchen n; 2. kurzes Röckchen n der Kinder, Tänzerinnen usw.
toner m Toner m.
tonga[1] ⚥ f Tongabohne f.
Tonga[2] m Tonga n.
tonga[3] f Ant., Méj., **~da** f Haufen m, Stapel m; Schicht f, Lage f.
tongo m 1. F Sp. Schiebung f F; 2. Chi. Eispunsch m (Sorbet); 3. Chi., Pe. Melone f (Hut).
tongone|arse F v/r. Am. s. in den Hüften wiegen; **~o** F m Am. wiegender Gang m.
tónica f 1. ♪ Tonika f, Grundton m; 2. Li. Tonsilbe f; 3. fig. Grundcharakter m; 4. Tonic Water n.

tonicidad ⚕ f Tonus m, Spannung(szustand m) f.
tónico I. adj. 1. Li. betont, Ton...; acento m ~ Silbenakzent m; 2. ⚕ kräftigend; 3. ♪ tonisch; nota f ~a Grundton m; tríada f ~a Dreiklang m; **II.** m 4. ⚕ Tonikum n; ~ cardíaco Herzmittel n.
toni|ficar [1g] ⚕ v/t. stärken; **~llo** m eigentümlicher (od. emphatischer) Tonfall m; Singsang m.
tonina Fi. f 1. (frischer) Thunfisch m; 2. prov. Delphin m.
tono m 1. ♪, Mal. u. fig. Ton m; ♪ u. fig. Tonart f; a. Mal. u. fig. (Ab-)Tönung f; fig. Redeweise f; Stil(ebene f) m; Benehmen n; fig. de mal ~ geschmacklos, ungehörig; ♪ cuarto m de ~ Viertelton m; Rf. control m de los ~s agudos (graves) Diskantkontrolle f (Baßabstimmung f) am Empfangsgerät; serie f de ~s Tonfolge f; fig. el buen ~ der gute Ton, der Anstand; ♪ u. fig. ~ mayor (menor) Dur- (Moll-)tonart f, Dur n (Moll n); medio ~ Halbton m; a ~ ♪ richtig gestimmt; einstimmig; fig. übereinstimmend; passend; a este ~ auf diese (od. auf solche) Art; ♪ bajo de ~ tief gestimmt; fig. F de gran ~ vornehm, fein; fig. bajar el (od. de) ~ den Ton mäßigen; klein beigeben; dar el ~ a. fig. den Ton angeben; fig. tonangebend sein; fig. darse ~ s. wichtig machen, angeben F; s. aufspielen (als ac. de); fig. F decírselo a alg. en todos los ~s es j-m in jeder erdenklichen Weise sagen (bzw. beibringen wollen); fig. estar a ~ a) gelegen sein, passen; b) s. wohlfühlen; mudar el (od. de) ~ a. fig. e-e andere Tonart anschlagen; fig. andere Seiten aufziehen; poner a ~ ♪ stimmen; fig. abstimmen (fig.); auf das richtige Maß zurückführen (fig.); fig. ponerse a ~ de ~ auftrumpfen; s. aufs hohe Roß setzen; 2. ♪ a) Kammerton m; b) Bogen m der Blechblasinstrumente; ~ de fa F-Bogen m; c) Lied n, Weise f; 3. Mal. Ton m, Farbengrund m; Farbton m; ~s m/pl. a. Typ. Farbtöne m/pl.; Typ. Farbwerte m/pl.; a. fig. medios ~s m/pl. Halbtöne m/pl.; 4. ⚕ a) Ton m; b) Tonus m, Spannung f; p. ext. Spannkraft f; ~s m/pl. cardíacos Herztöne m/pl.; ~ muscular Muskeltonus m.
tonómetro ⚕ m Blutdruckmesser m.
tonsi|la Anat. f Tonsille f, Gaumen-, Rachen-mandel f; **~lar** adj. c tonsillar, Tonsillen...; **~lectomía** ⚕ f Tonsillektomie f.
tonsura f Haarschur f; ecl. Tonsur f; **~do** m fig. kath. Geistliche(r) m.
ton|tada f Albernheit f; **~taina** F adj.-su. c Dummkopf m; **~tear** F v/i. blödeln, kalbern F, kälbern F; turteln (Verliebte); **~ter(í)a** f 1. Dummheit f, Albernheit f; 2. fig. Kleinigkeit f, Lappalie f.
tontillo m 1. Reifrock m, Krinoline f; 2. Hüftwulst m (alte Mode).
tonto I. adj. 1. dumm; albern, töricht; F ~ perdido (od. del bote) stockdumm, saublöd f; a ~as y a locas ohne Sinn u. Verstand; wie Kraut u.

Rüben (durchea.); estar como ~ en vísperas dastehen wie der Ochs vorm Scheunentor (od. vorm Berg) F; ponerse ~ s. eitel (bzw. starrköpfig) zeigen; **II.** m 2. Dummkopf m; el ~ de(l) circo der dumme August; fig. hacer el ~ s. dumm (od. wie ein Narr) benehmen; hacerse el ~ s. dumm stellen; 3. F weibliches Geschlechtsorgan f.
tonudo F adj. Arg. prächtig; **~rrón** F adj. saudumm F.
toña P f 1. Ohrfeige f; 2. Schwips m, Affe m F; 3. Nase f, Zinken m F.
topacio m Min. Topas m; fig. poet. Blau n des Himmels; ~ ahumado Rauchtopas m.
topa|da f → topetada; **~dera** f Am. Bulldozer m, Planierraupe f; **~dor** adj. stößig (Böcke usw.); **~r I.** vt/i. 1. zs.-stoßen; (an)stoßen an (ac.); stoßen (Tiere); ~ (con[tra], en) stoßen auf (ac. bzw. gg. ac.); p. ext. ~ a (od. con) j-n treffen, j-m (zufällig) begegnen; **II.** v/t. 2. ⚓ Mast zs.-setzen; 3. Am. Hähne od. andere Tiere mitea. kämpfen lassen (Probekampf); **III.** v/i. 4. fig. F gelingen; 5. ~ en bestehen in (dat.); beruhen auf (dat.); 6. Kart. (mit)halten; pari bieten; **IV.** v/r. ~se 7. s. treffen; mit den Köpfen (Hörnern) aufea. losgehen (Tiere); p. ext. Reg. u. Am. (s.) raufen; 8. Arg., Chi. Nebenbuhler sein (mst. andar topándose); ea. gleich(gestellt) sein.
tope m 1. Spitze f, Ende n; ⚓ Topp m; ⚓ fig. Ausguck(posten) m im Topp (Matrose); fig. adjektivisch: Höchst...; Spitzen...; cifra f ~ Höchstzahl f; de a ~ von e-m Ende (bis) zum andern; hasta los ~s voll(gefüllt); ganz u. gar; fig. F estar hasta los ~s die Nase voll haben (von dat. de) F; es satt (od. dick F) haben; 2. ⊕ Anschlag(stift) m; Ansatz m, Nase f; Spitze f; carril m de ~ Anschlagschiene f; ⚓ de arrastre Mitnehmer m; ~ de detención Arretierung f; ~ marginal Randauslöser m b. Schreibmaschinen; ⚓ de retenida Haltestollen m b. Gewehr; 3. ⚒ usw. Puffer m; Prellbock m; fig. Schwierigkeit f; 4. Vorderkappe f b. Schuhen; 5. Krone f b. Messern u. Wkz.; 6. → topetón; fig. Streit m, Rauferei f; Vkw. Méj. in einer Linie auf Straßen befestigte Halbkugeln f/pl. aus Beton od. Stahl, um die Autofahrer zum Langsamfahren zu zwingen.
tope|ador Chi. m zur topeadura abgerichtetes Pferd f; **~adura** Equ. f Chi. „Rempeln" n; → **~ar I.** Equ. v/t. Chi. „anrempeln" (ein Reiter versucht den anderen aus dem Sattel zu heben); **II.** v/i. Arg. ~ topar.
topera f Maulwurfs-loch n, -hügel m.
topero ☐ m → topista.
tope|tada f, **~tazo** m Stoß m mit dem Kopf (od. den Hörnern); **~t(e)ar** vt/i. (mit Kopf od. Hörnern) stoßen, forkeln; a. (an)stoßen, **~tón** m 1. Zs.-stoß m; 2. → topetada.
tópi|ca Rhet. f Topik f; **~co I.** adj. 1. bsd. ⚕ topisch, örtlich; **II.** m 2. örtlich wirkendes Heilmittel n; 3. allgemeiner Gesprächsstoff m; Gemeinplatz m. [Erdbirne f.]
topinambur ⚥ m Topinambur m,
topinera f → topera.

topino — tornear

topino *Equ. adj.*: *caballo m* ~ Zehengänger *m*.
topista □ *m* Einbrecher *m*, *der mit Brecheisen arbeitet*.
topo *m Zo.* Maulwurf *m*; ~ *de mar* Maulwurfkrebs *m*; *fig.* más ciego que un ~ stockblind, blind wie ein Maulwurf.
to|pografía *f* Topographie *f*; **~pografiar** [1c] *v/t.* aufnehmen; **~pográfico** *adj.* topographisch; **~pógrafo** *m* Topograph *m*; *p. ext.* Land(ver)messer *m*.
topo|logía ⚥ *f* Topologie *f*; **~nimia** *f* Ortsnamen(kunde *f*) *m/pl.*; Toponymie *f*; **~nímico** *adj.* Ortsnamen...
topónimo *Li. m* Ortsname *m*.
toque *m* 1. Berührung *f*; (leichter) Schlag *m*; 🎨 Betupfen *n*; *Mal.* (leichter) Pinselstrich *m*; *fig.* Anstrich *m*, Hauch *m*; *Mal.* ~ *de luz* (aufgesetztes) Licht *n*; *fig. un* ~ *personal* e-e persönliche Note; *pint.* dar *los* ~*s betupfen*; *fig.* dar el último ~ *a den letzten Schliff geben* (*dat.*), (die) letzte Hand legen an (*ac.*); 2. (Horn-)Signal *n*; Tusch *m*; ~ (*de tambor*[*es*]) Trommelschlag *m*; ~ (*de campanas*) Geläut(e) *n*; ~ (*de la*[*s*] *hora*[*s*]) Stunden-, Uhren-schlag *m*; *al* ~ *de las doce* Schlag zwölf (Uhr); ⚔ *usw.* ~ *de alarma* Alarmzeichen *n*; Warnung *f* (a. *Luftschutz*); *dar el* ~ (*de cese*) *de alarma* (ent)warnen; *ecl.* ~ *del alba* (*de mediodía*) Morgen-(Mittags-)läuten *n*; ~ *de agonía* Sterbegeläut *n*; *a.* Läuten *n* der Armsünderglocke; ⚔ *u. fig.* ~ *de atención* Warnsignal *n*; *fig.* Warnung *f*; ~ *de clarín*, ~ *de trompeta* Trompeten-stoß *m*, -signal *n*; *bsd.* ⚔, *Sp.* ~ *de silbato* Pfiff *m*; ⚔ ~ *de silencio* Zapfenstreich *m*; 3. Prüfung *f* mit Gold u. Silber mit Hilfe des Prüfsteins; *fig.* Wesentliche(s) *n*, wesentlicher Punkt *m*; *fig.* dar un ~ auf die Probe stellen; **~tear** *F v/t.* betasten, befummeln F.
toquilla *f* 1. kl. Hals- *od.* Schultertuch *n*; kl. Kopftuch *n*; Haarnetz *n*; 2. *Bol.*, *Ec.*, *Pan.* **a**) ♀ Jipijapa-Palme *f*; **b**) Stroh *n* daraus für *Panamahüte*; **c**) Panamahut *m*.
to|rácico *adj.* Brust(korb)...; *caja f* ~*a* Brustkorb *m*; volumen *m* ~ Brustumfang *m*; **~racoplastia** *Chir. f* Thorakoplastik *f*.
tora|da *f* Stierherde *f*; **~l I.** *adj. c in best. Zssgn.* Haupt...; △ *arco m* ~ Hauptbogen *m* e-r *Kuppel*; **II.** *m* (Form *f* für) Kupferbarren *m*.
tórax *m* Brustkorb *m*, Thorax *m*; 🧬 *de pichón* Hühnerbrust *f*.
torbellino *m* Wirbel *m*; Strudel *m*; Wirbelwind *m* (*a. fig.*).
torca *f* Fels-, Erd-trichter *m*; **~z** *adj. c* (*pl.* ~*aces*): *paloma f* ~ → **za** *f* Am. Ringeltaube *f*.
torce|cuello *Vo. m* Wendehals *m*; **~dera** ⊕ *f* Wringmaschine *f*; **~dor** *m* 1. Spindel *f*; 2. *Ent.* Wickler *m* (*Schädling*); **~dora** *f* (Wäsche-)Schleuder *f*; **~dura** *f* 1. Drehung *f*; Wringen *n*; Krümmung *f*; Durchbiegung *f*; 2. 🩺 Zerrung *f*; 3. Tresterwein *m*.
torcer [2b *u.* 2h] **I.** *v/t.* 1. drehen, winden; *a. fig.* Worte usw. verdrehen; Hände ringen; Wäsche (aus-)wringen; Weg, Reise-, Flug-richtung ändern; Zigarre wickeln; Absichten falsch deuten *bzw.* vereiteln; *fig.* das Recht beugen; ~*le a alg. el cuello* j-m den Hals umdrehen; ~ *la esquina* um die Ecke biegen; *fig.* ~ *el gesto* (*od. el semblante*) das Gesicht verziehen; e-e saure Miene machen; ~ *la voluntad de alg.* j-n von s-r Meinung abbringen; 2. *a.* ⊕ krümmen; verbiegen; verziehen; ⊕ drehverformen; *Schraube* überdrehen; *Gewehr usw.* verkanten; 3. *tex.* drehen, spinnen; ~ *hilo* zwirnen; 4. 🩺 verrenken; verzerren; verstauchen; **II.** *v/i.* 5. abbiegen (nach *a*); s-e Richtung ändern; *el coche* (*se*) torció *hacia la cuneta* der Wagen fuhr in den Graben; **III.** *v/r.* ~*se* 6. *s.* verbiegen; *s.* krümmen; *fig.* auf Abwege geraten (*fig.*); *fig.* F nicht gelingen, schiefgehen F; 7. ~*se* (*el pie*) *s.* (den Fuß) verstauchen (*od.* verrenken *od.* vertreten); 8. gerinnen (*Milch*); sauer werden (*Wein*, *Bier usw.*).
torci|da *f* (Lampen-)Docht *m*; *fig.* F *Am. Reg.* Parteigänger *m/pl.* Clique *f*; **~dillo** *m* Knopflochseide *f*; **~do I.** *adj.* 1. *a. fig.* verdreht, verbogen; krumm; schief; ⊕ *a.* windschief *bzw.* verwunden; *tex.* gezwirnt; gewunden (*Weg*); ~ *por la punta* mit krummer Spitze; 2. falsch, hinterlistig; 3. *Am. Cent.*, *Méj.* empfindlich, reizbar; verdrossen; *Am. Reg. a.* verfehlt, falsch; unglücklich; **II.** *m* 4. Drehen *n*, Winden *n*; Verdrehen *n*; *tex.* Zwirnen *n*; *p. ext.* Zwirn *m*; *Arg.* gedrehtes Lasso *n*; ~ *de algodón* Baumwollzwirn *m*; 5. gewundenes (*u. mst.* gefülltes) Backwerk *n*; 6. Lockenwickler *m*; 7. *Am. Cent.*, *Méj.* **a**) Verziehen *n* des Gesichts; **b**) Clique *f*.
torci|jón *m Reg.* → *torozón* 1; **~miento** *m* Drehen *n*, Verdrehen *n*; Krümmung *f*; ⊕ ~ *torsión*; *fig.* Abweichung *f*; Umschweife *m/pl*.
tor|della *Vo. f* Krammetsvogel *m*, **~dillo** **Equ.** **I.** *adj.* apfelgrau (*Pferd*); **II.** *m* Apfel-, Schwarz-schimmel *m*; **~do I.** *adj.* 1. brandfleckig, apfelgrau (*Pferd*); (*caballo m*) ~ Apfelschimmel *m*; **II.** *m* 2. *Vo.* ~ (*común*) (Sing-)Drossel *f*; ~ *de agua* „Wasserdrossel" *f*; ~ *alirrojo* (*mayor*) Rot- (Mistel-)drossel *f*; ~ *loco* Blaumerle *m*; 3. *Fi.* ~ *de mar* Pfauenschleimfisch *m*; 4. *Am. Reg.* oft *inc.* Est *Sp.*; *fig.* F Mensch *m* von sehr dunkler Hautfarbe.
tore|ador *m bsd. Am.* Stierkämpfer *m*; **~ar** *vt/i.* 1. mit Stieren kämpfen, als Stierkämpfer auftreten; 2. die Stiere zu den Kühen lassen (*zur Fortpflanzung*); 3. *fig.* F hänseln; zum besten haben; belästigen, triezen F; *j-m* auf der Nase herumtanzen F; *s. a.* e-r Sache mit Geschick aus dem Wege gehen; **~o** *m* Stierkampf *m*; Stierkampfkunst *f*; **~ra** *f* 1. Stierkämpferin *f*; F Flittchen *n* F, Nutte *f* F; 2. *Art* Bolero *m* (*Damenjäckchen*); 3. *Turnen*: Kehre *f* am Pferd; *fig.* saltarse a/c. a la ~ *s.* (kühn) über et. (*ac.*) hinweggesetzen; *s.* (erfolgreich) vor et. (*dat.*) (*od. abs.* davor) drücken F; **~ro I.** *adj.* Stierkämpfer...; Stierkampf...; **II.** *m* Stierkämpfer *m*, Torero *m*; *fig. no se lo salta un* ~ das ist kaum zu übertreffen; **~te** *m* Jungstier *m*; *fig.* F gr. Schwierigkeit *f*; allgemeines Gesprächsthema *n*.
toréutica *f* Toreutik *f*.
toril *m* Stierzwinger *m* bei der Stierkampfarena.
torillo *Fi. m* Seeschmetterling *m*.
Torino *m* Turin *n*.
toriondo *adj.* stierig, brünstig (*Kuh*).
tormen|ta *f a. fig.* Sturm *m*; Unwetter *n*; Gewitter *n*; *fig.* Unheil *n*; ~ *de arena* (*de granizo*) Sandsturm *m* (Hagelunwetter *n*); *fig.* ~ *de ideas* Brainstorming *n*; ~ *de nieve* Schneesturm *m*; *fig. una* ~ *en un vaso de agua* ein Sturm im Wasserglas; **~tario** ⚔ *hist. adj.* Kriegsmaschinen...; *arte f* ~*a* alte Artillerie *f*; **~tilla** ♀ *f* Tormentill *m*; **~to** *m a. fig.* Folter *f*, Marter *f*; *fig.* Qual *f*, Pein *f*; *cuestión f de* ~ peinliche Befragung *f*; *potro m de* ~ Folterbank *f*; *confesar en el* ~ in (*od.* unter) der Folter gestehen; *fig.* *confesar sin* ~ ohne weiteres zugeben; *dar* ~ *a alg.* j-n foltern (*a. fig.*); *fig.* j-n quälen; *poner en el* ~ auf die Folterbank spannen; **~toso** *adj.* stürmisch, Sturm...
tormo *m* 1. kegelförmiger, einzelstehender Felsblock *m*; 2. → *terrón*.
torna *f* 1. Rückgabe *f*; *fig.* ~*s f/pl.* Vergeltung *f*; *fig.* volver las ~*s* (mit gleicher Münze) heimzahlen; *se han vuelto las* ~*s* das Glück (*od.* das Blatt) hat *s.* gewendet; 2. ⚙ Stau-, Ablenkvorrichtung *f*.
torna|boda *f* Tag *m* nach der Hochzeit; *hist. regalo m de* ~ Morgengabe *f*; **~chili** ♀ *m* *Méj.* Sommerchili *m*; **~da** *f* Rückkehr *f*; **~dera** 🌾 *f* Heu-, Wende-gabel *f*; **~dizo** *adj. a. Pol.* wankelmütig, wetterwendisch; **~do** *m* Tornado *m*, Wirbelsturm *m*; **~fiesta** *f* Tag *m* nach dem Fest; **~guía** *Verw. f* Rückzoll-, Passier-schein *m*; **~lecho** *m* Betthimmel *m*; **~mesa** 🎵 *f Chi.* → *tornavía*; **~punta** *Zim. f* Binder *m*.
tornar *lit. u. Reg.* **I.** *v/t.* zurückgeben; **II.** *v/i.* zurückkehren; umkehren; wenden; ~ *a hacer a/c. et.* wieder tun; *en sí* wieder zu s. kommen; **III.** *v/r.* ~*se s.* verwandeln (*in ac. en*); ~*se azul* blau werden.
tornasol|l *m* 1. ♀ **a**) Lackmusflechte *f*; **b**) Sonnenblume *f*; 2. 🧪 Lackmus *n*; *papel m de* ~ Lackmuspapier *n*; 3. Schillern *n*; *tex.* Changieren *n*, **~lado** *adj.* schillernd; *tex.* changierend; **~lar I.** *v/t.* zum Schillern bringen; **II.** *v/i.* schillern.
tornátil *adj. c* 1. gedrechselt; 2. *poet. s.* leicht drehend; *fig.* wetterwendisch.
torna|trás *c* Mischling *m* mit atavistischer Dominanz e-r s-r Ursprungsrassen; **~vía** 🚂 *f Reg.* Drehscheibe *f*; **~viaje** *m* Rückreise *f*; Heimkehrergepäck *n*; **~voz** *m* (*pl.* ~*voces*) Schalldeckel *m* e-r *Kanzel*; Schalltrichter *m*; Schalloch *n*; *Thea.* F *Reg.* Souffleurkasten *m*.
torne|ado ⊕ *m* Drehen *n*; ~ *cilíndrico* Lang-, Rund-drehen *n*; **~ador** *m* Turnierkämpfer *m*; **~adura** *f* Drehspan *m*; **~ar I.** *v/t.* 1. *Holz* drechseln; *Metall* drehen; ⊕ *a. forma* form- *od.* profil-drehen; **II.** *v/i.* 2. im Turnier kämpfen; 3. *s.* drehen; *fig. s-e* Ge-

danken (immer wieder) kreisen lassen; ∾o m 1. Turnier n (nicht Equ.); Wettkampf m; ∾ de ajedrez Schachturnier n; ∾ de ases (Schach-)Turnier n der Weltbesten; 2. vet. → modorra 3; 3. ☐ Folter f; ∾ra f Klosterpförtnerin f; ∾ría f Beruf u. Werkstatt: Drechslerei f; Dreherei f; ∾ro m Dreher m; ∾ (de madera) Drechsler m.

torni|llazo m Equ. (Kehrt-)Wendung f; fig. F Fahnenflucht f; ∾llero F m Fahnenflüchtige(r) m.

tornillo m 1. Schraube f (anziehen apretar); ∾ de ajuste (de apriete) Stell- (Klemm-)schraube f; ∾ avellanado Senk(kopf)schraube f; ∾ redondo (calibrado) Rundkopf- (Paß-)schraube f; ∾ cuadrado ([h]exagonal) Vier- (Sechs-)kantschraube f; ∾ de mariposa ([para] madera) Flügel- (Holz-)schraube f; ∾ sin fin endlose Schraube f, Schnecke f; ∾ micrométrico (Kfz. purgador cárter) Mikrometer- (Ölablaß-)schraube f; ∾-tapón Verschlußschraube f; fig. apretar a alg. los ∾s j-n an die Kandare nehmen; j-n in die Enge treiben; fig. F le falta un ∾ od. tiene flojos los ∾s bei ihm ist e-e Schraube locker F; 2. ∾ (de banco) Schraubstock m; ∾ de mordazas, ∾ articulado (Flach-)Schraubstock m; ∾-fresa Schneckenfräser m; 3. fig. F Fahnenflucht f.

tor|niquete m 1. Drehkreuz n; 2. bsd. Am. Spannschloß n; Drahtspanner m; 3. ⚕ Aderpresse f; hacer un ∾ en el brazo den Arm abbinden; fig. apretar el ∾ fiscal die Steuerschraube anziehen; 4. fig. dar ∾ a una frase den Sinn e-s Satzes verdrehen; ∾niscón F m Ohrfeige f mit dem Handrücken; Am. drehendes Kneifen n; dar un ∾ kneifen.

torno m 1. Welle f, Spindel f; Winde f; ∾ de arrastre Zugwinde f; Wkzm. Mitnehmerspindel f; ∾ de tambor Trommelwinde f; 2. ⊕ Drehbank f; ∾ automático Automat(endrehbank f) m; ∾ rápido ([de] revólver) Schnell- (Revolver-)drehbank f; 3. ⊕ Schraubstock m; Zim. Zwinge f; 4. Tretrad f; Töpferscheibe f; Seiler-haspel f, -rad n; ⚕ zahnärztliche Bohrmaschine f; ∾ (de hilar) Spinnrad n; 5. in Klöstern: Drehfenster n; p. ext. Sprechzimmer n im Nonnenkloster; 6. adv. en ∾ a) ringsherum; b) dagegen, dafür; en ∾ a um ... (ac.) herum; fig. über (ac.), von (dat.); en ∾ de um (ac.); uno en ∾ del otro umse.; 7. Handbremse f an Pferdefuhrwerken; 8. Flußbiegung f; 9. ☐ Folter f.

toro[1] m (Astr. ♉) Stier m, Bulle m; fig. F kräftiger Mann m; ∾s m/pl. Stierkampf m; Folk. ∾ de fuego „Feuerstier" m (stierförmiges Gerüst mit Feuerwerkskörpern); ∾ de lidia Kampfstier m; ∾ padre Zuchtbulle m; ¡ciertos son los ∾s! sicher ist sicher!; so hat es kommen müssen!; a. fig. coger (od. tomar) al ∾ por los cuernos den Stier bei den Hörnern packen; fig. dejar en las astas del ∾ in der (höchsten) Not im Stich lassen; echarle (el. soltarle) el ∾ a alg. den Stier auf j-n loslassen; fig. j-n barsch anfahren; j-n zur Sau machen F; fig. (y dicho y hecho,) se fue al ∾ derecho er ging geradewegs auf sein Ziel zu; fig. hubo ∾s y cañas es ging hart zu; es gab Mord u. Totschlag; fig. huir del ∾ y caer en el arroyo vom Regen in die Traufe kommen; fig. murió en los cuernos (od. las astas) del ∾ die Sache hat ihn Kopf u. Kragen gekostet; F fig. me ha pillado el ∾ mir ist die Zeit davongelaufen; fig. ¡que salga el ∾! fangt endlich an! (Thea. usw.); fig. F ¡ahora van a soltar al ∾! gleich geht's los!; gleich fängt der Tumult (od. das Affentheater [burl.]) an!; fig. ser un ∾ corrido es faustdick hinter den Ohren haben, ein alter Hase sein; fig. F le salió la vaca ∾ etwa: da werden Weiber zu Hyänen.

toro[2] m △, ⚕ Torus m; △ Wulst m; Rundstab m.

toron|ja f 1. Bergamottzitrone f; 2. bsd. Am. Pampelmuse f, Grapefruit f; ∾jil ♣ m Melisse f; ∾jo ♣ m Bergamottbaum m.

torozón m 1. vet. Kolik f der Pferde; p. ext. F Bauchgrimmen n; 2. fig. F Unbehagen n, Verdruß m.

torpe adj. c 1. ungeschickt, linkisch; schwerfällig, plump; 2. eckig, hölzern, steif; 3. geistlos; läppisch; dumm, dumpf, stumpfsinnig; Sch. banco m de los ∾s Eselsbank f; 4. unzüchtig (a. ⚭), unsittlich; 5. roh, klobig F; häßlich; 6. schändlich, infam.

torpe|deamiento ⚓ m Torpedierung f; ∾dear v/t. a. fig. torpedieren; ∾dero m Torpedoboot n; avión m ∾ Torpedoflugzeug n; ∾dista m Torpedoschütze m; ∾do m 1. Fi. Zitterrochen m; 2. ⚓ Torpedo m; ∾ aéreo Lufttorpedo m; ∾ fijo Grund-, See-mine f; ∾ flotante Treibmine f.

torpeza f 1. Ungeschicklichkeit f; Schwerfälligkeit f; Plumpheit f; 2. Steifheit f; 3. Geistlosigkeit f; Stumpfsinn m; 4. Unanständigkeit f; 5. Schändlichkeit f.

torpor ⚕ m Torpor m.

torra ♣ m ∾ de geröstete Kichererbse f; ∾r v/t. sengen; rösten; dörren.

torre f Turm m (a. fort. u. Schach); ⚡ (Turm-)Mast m; prov. Villa f; ∾ de agua Wasserturm m; Sp. ∾ de los árbitros (de arranque) Kampfrichter- (Anlauf-)turm m b. Skispringen; ⚓ (fort. u. ♣) ∾ artillera od. ∾ de cañones (blindada, acorazada) Geschütz- (Panzer-)turm m; la ∾ de Babel der Babylonische Turm; (es una) ∾ de Babel (da herrscht) ein babylonisches Sprachengewirr (p. ext. ein heilloses Durcheinander); ∾ de las campanas (de la iglesia) Glocken- (Kirch-)turm m; ∾ central Vierungsturm m (Romanik); ⚔ usw. ∾ de control Kontrollturm m, Tower m; △ Arch. ∾ de escalones Stufenturm m; ∾ humana Pyramide f (Artisten); fig. Rel., lit. ∾ de marfil elfenbeinerner Turm m; fort., ⚓, ⚔, ⊕ ∾ de mando Kommandoturm m; ⊕ (Raumf.) ∾ de montaje (de los cohetes) (Raketen-)Montageturm m; ∾ de la muralla od. (bsd. Burg) ∾ albarrana Mauerturm m der Stadtbefestigung; ⚒ ∾ de perforación (del pozo, de extracción) Bohr- (Förder-)turm m; ∾ de prácticas Übungsturm m (z. B. der Feuerwehr); ⚡ ∾ reticular Gitter-

mast m; ∾ de saltos Sprungturm m (für Schwimmsport); ∾ de televisión Fernsehturm m; Burg ∾ de vela Wartturm m; ⚓ ∾ de vigía Ausgucktonne f; ∾ar v/t. mit Türmen bewehren; ∾cilla f 1. Türmchen n; 2. ⚔ Kastell n; 3. ⚔ ∾ de ametralladora Maschinengewehrkanzel f.

torrefac|ción f Rösten m; Röstung f; ∾to adj. geröstet (Kaffee); ∾tor m: ∾ de café Kaffeeröster m.

torrejón m kl. Turm m.

torren|cial adj. c gießbachähnlich; strömend (Regen); ∾te m Gieß-, Sturz-bach m; Wildwasser n; fig. Strom m, Schwall m; ∾tera f Klamm f, Bergwasserschlucht f.

torre|ón m dicker Turm m; bsd. Festungsturm m; ∾ro m Türmer m; Turmwächter m; Leuchtturmwärter m; ∾ta f kl. Turm m; bsd. ⚔ (fort., Panzer, ⚓) Geschütz- od. Panzer-turm m; ⚓ bsd. Kommandoturm m (bsd. U-Boot).

torrez|nada Kchk. f geröstete Speckschnitten f/pl.; ∾nero F m Faulenzer m; ∾no m gebratene Speckscheibe f.

tórrido adj. heiß (bsd. [Klima-] Zone).

torrijas Kchk. f/pl. Art arme Ritter m/pl.

torrontés adj. c: uva f ∾ weiße, feinschalige Gewürztraubenart.

tórsalo m Mückenlarve, die s. unter der Haut v. Mensch u. Tier entwickelt.

tor|sión f Verdrehung f, Verwindung f, Torsion f; Drehung f; Drall m, tex. Draht m; ∾ hacia la derecha Rechtsdrall m; a prueba de ∾ verwindungssteif; a. Kfz. barra f de ∾ Dreh-, Torsions-stab m; ⊕, tex. ∾ del cable Seil-schlag m, -drall m; Sp. ∾ de tronco Rumpfdrehen m; ∾sional adj. c Torsions-...; Statik, ⊕ Verwindungs-...; ∾so m Torso m.

tor|ta f 1. Torte f; Fladen m; Kuchen m; Mej. ∾ de huevos Omelett n; ser ∾s y pan pintado (od. pringado) gar nicht so schwierig (od. schlimm bzw. lästig) sein im Vergleich zu et. anderem, das reinste Zuckerlecken sein (fig.); 2. fig. F Ohrfeige f; le pegó una ∾ er haute ihm eine herunter F, er klebte ihm eine (Masse bzw. Preßrückstände); 4. Typ. a) Schriftpaket n; b) zur Ablage bestimmter Satz m; F Art a. Stehsatz m; ∾tada f 1. Kchk. gr. Pastete f; 2. △ Mörtelschicht f; ∾tazo P m Hieb m, Schlag m, Stoß m; fig. pegarse un ∾ e-n schweren Unfall haben (bsd. Kfz...; ∾tera[1] f Haspel f an der Spindel; ∾tera[2] f Pastetenform f; Kuchen-bäcker m, -händler m.

torti P f Span. schwule Tante f P, Lesbe f F.

tortícolis ⚕ f, m steifer Hals m.

torti|lla f Kchk. 1. Omelett(e f) n; ∾ francesa Omelette f (nature); ∾ de hierbas span. Kräuteromelett n; ∾ de patatas span. Kartoffelomelett n; fig. dar la vuelta a la ∾ e-e Wendung um 180° vollziehen, die Lage völlig verändern; fig. F hacer ∾ (a alg.) et. (j-n) zs.-schlagen; se ha vuelto la ∾ das Blatt hat s. gewendet; 2. Méj.

tortillear — trabajo

(*mst.* Mais-)Fladen *m*; ~ *de harina* (Weizen-)Mehlfladen *m*; **3.** F *hacer una* ~ *es lesbisch treiben* F; **~llear** *v/i*. **1.** ⚥ *Méj.* (Mais-)Fladen backen; **2.** *fig.* P ~ *od. mst.* ~*se es lesbisch treiben* F; **~llera** *f* **1.** *Méj.* (Mais-)Fladenbäckerin *f*; -händlerin *f*; **2.** *fig.* P *schwule Tante f* P, Lesbe *f* F; **~llería** *Méj. f* Maisfladen-bäckerei *f*; -stand *m*; **~llero I.** *m Méj.* (Mais-)Fladenhändler *m*; -bäcker *m*; **II.** *adj. Arg.* bisexuell.

tórto|la *f*, **~lo** *m* Turtel-taube *f*, -tauber *m*; *fig.* F *m sehr verliebter Mann m*; *f sehr verliebte Frau f*; *Col.* Dummkopf *m*; (*pareja f de*) *tórtolos* Turteltäubchen *n/pl.* (*fig.* F).

tortor *m* Knebel *m zum Straffen e-s Seils bzw.* ⚥ *zum Abpressen e-r Ader*; Knebel-, Schrauben-drehung *f*.

tortuga *f* Schildkröte *f*; ~ *carey* (*gigante*) Karett- (Riesen- *od.* Elefanten-)schildkröte *f*; ~ *griega* Iberische Landschildkröte *f*; ~ *de mar* See-, Suppen-schildkröte *f*; *fig. Col. operación* f ~ Bummelstreik *m*; *fig. a paso de* ~ *im Schneckentempo*.

tortuo|sidad *f* Krümmung *f*, Windung *f* (*Weg, Fluß*); **~so** *adj.* geschlängelt, *a. fig.* gewunden; *a. fig.* krumm; *fig.* verschlungen; undurchsichtig; heimtückisch.

tortura *f* Folter *f*; *fig.* Pein *f*, Qual *f*, Marter *f*, **~dor** *adj.* qualvoll; **~r** *v/t.* foltern, *a. fig.* peinigen, martern. [Tupfer *m*.]

torunda ⚥ *f* Wundbausch *m*;

toruno *m Chi.* **1.** *fig.* F älterer, aber noch sehr rüstiger Herr *m*; **2.** Seelöwe *m*.

torva *f* Regensturm *m*; Schnee-bö *f*, -sturm *m*. [*m*.]

torvisco ⚥ *m* Kellerhals *m*, Zeiland]

torvo *adj.* finster (*Blick*); wild, schrecklich.

tor|zal *m* Kordonett-, Näh-seide *f*; Zwirnfaden *m*; Schnur *f*; Strohband *n*; ~ *de cera* Wachsstock *m*; **~zón** *vet. m* → torozón 1.

torzuelo *Jgdw. m* Falke(nmännchen *n*) *m*, Terzel *m*.

tos *f* Husten *m*; ~ *espasmódica* (*irritativa*) Krampf- (Reiz-)husten *m*; ~ *ferina* Keuchhusten *m*; *remedio m contra la* ~ Hustenmittel *n*.

toscano *adj.-su.* toskanisch; *m* Toskaner *m*; *Li. das* Toskanische *n*; *p. ext. die* italienische Sprache.

tosco *adj.* unbearbeitet, roh; *fig.* grob; ungehobelt, ungeschliffen.

tose|cilla *f* (*a.* affektiertes) Hüsteln *n*; **~r** *v/i.* husten; *fig. a mí nadie me tose ich lasse mir nichts gefallen; no hay quien le tosa niemand kann es mit ihm aufnehmen*; *fig.* F ~ *fuerte angeben* F, protzen.

tósigo ⚥ Gift *m*; *fig.* beklemmende Angst *f*; schwerer Kummer *m*.

tosigoso¹ I. *adj.* ⚥ giftig; vergiftet; **II.** *m Ven. fig.* ekelhafter Kerl *m*.

tosi|goso² *adj.-su.* an Husten leidend; **~guera** *f* ständiges Husten *n*; **~quear** *v/i.* hüsteln.

tosquedad *f* Ungeschlachtheit *f*; Grobheit, Ungeschliffenheit *f*.

tosta|ción ⊕, ⚥, ⚔ *f* Darren *n*; Rösten *n*; Kalzinieren *n*; **~da** *f* Toast(brot *n*) *m*; *fig. olerse la* ~ *den* Braten (*od.* Lunte) riechen F; **~dero** *m* **1.** *sid.* Röstofen *m*; *fig.* Brutofen *m*;

2. Rösterei *f*; **~do I.** *adj.* **1.** geröstet; **2.** sonnenverbrannt, braun; **II.** *m* **3.** *bsd. sid.* Rösten *n*; **~dor** *m* Röster *m*; ⊕ *usw. a.* Darre *f*; ~ *de pan* Toaster *m*, Brotröster *m*; **~dora** *f* **a**) *Pe.* Toaster *m*; **b**) ~ *de café* Kaffeeröstmaschine *f*; **~dura** *f* Rösten *n*; Röstung *f*; **~r** [1m] I. *v/t.* rösten; bräunen; *sid. usw. a.* fritten; **II.** *v/r.* ~*se rösten* (*v/i.*); *sid. a.* anfritten; braun werden; *fig.* F ein Sonnenbad nehmen.

tos|tión *sid. f* Erzröstung *f*; **~tón** *m* **1.** gerösteter Kichererbse *f*; *in* Öl gerösteter Brotwürfel *m*; *Kchk.* Spanferkel *n*; **2.** allzu scharf Gebratene(s) (*od.* Geröstete[s]) *n*; *fig.* F *et.* Unausstehliches; Schmöker *m* (*Buch*), (langweiliger) Schinken *m* (*fig.* F *Buch, Theaterstück, Film*); *Andal. u. Am. Reg.* aufdringlicher Schwätzer *m*; Klette *f* (*fig.* F); **3.** *Méj.* Münze *f v.* ¹/₂ *Peso*.

tota *vo. am. Chi.*: ~ *a huckepack.*

total I. *adj. c* ganz, völlig; Gesamt...; *Total..., total; en* ~ *insgesamt; importe m* ~ *Gesamtbetrag m*; **II.** *adv.* alles in allem; also; ~, *que lo hace kurz u. gut, er macht es* (also); **III.** *m* Gesamtsumme *f*; ~ *de impuestos* Steueraufkommen *n*; ~ *de ventas* Gesamtumsatz *m*.

totali|dad *f* Gesamtheit *f*; **~tario** *Pol. adj.* totalitär; **~tarismo** *Pol. m* Totalitarismus *m*; **~zación** *f* Totalisierung *f*; Vervollständigung *f*; **~zador** *m* Totalisator *m*; **~zar** [1f] *v/t.* zs.-zählen; insgesamt betragen.

totay ⚥ *m Am. Mer.* Totaypalme *f*.

tótem *Ethn. m* Totem *n*.

to|témico *adj.* Totem...; *mástil m* ~ Totempfahl *m*; **~temismo** *Rel. m* Totemismus *m*; **~temista** *adj. c* totemistisch.

totora ⚥ *f Am. Mer. schmalblättriger* Rohrkolben *m*; **~l** *m* Rohrkolbenfeld *n*.

totovía *Vo. f* Heidelerche *f*.

totu|ma *f* **1.** *Am. Reg.* Kürbisgefäß *n*; Kürbis(baumfrucht *f*) *m*; *fig.* F Kopf *m*; **2.** *Chi. fig.* F Beule *f*; Buckel *m*; **~mo** ⚥ *m Am. Reg.* → *güira.*

tour *m* Gesellschaftsreise *f*; Stadtrundfahrt *f*.

touroperador *m* Reiseveranstalter *m*.

to|xemia ⚥ *f* Blutvergiftung *f*; **~xicidad** ⚥ *f* Giftigkeit *f*, Toxizität *f*.

tóxico I. *adj.* giftig, toxisch; **II.** *m* Gift *n*.

toxi|cología ⚥ *f* Toxikologie *f*; **~cológico** *adj.* toxikologisch; **~cólogo** ⚥ *m* Toxikologe *m*; **~comanía** *f* Rauschgiftsucht *f*; **~cómano** *adj.-su.* (rauschgift)süchtig; *m* (Rauschgift-)Süchtige(r) *m*; **~cosis** ⚥ *f* Toxikose *f*; **~na** ⚥ *f* Toxin *n*, Gift *n*; ~ *vegetal* Pflanzengift *n*.

to|za *f prov.* Rindenstück *n*; Baumstumpf *m*; **~zal** *m Ar.* Anhöhe *f*, Hügel *m*; *kl.* Berg *m*; **~zar** [1f] *v/i. prov.* stoßen (*Bock*); *fig.* F bockbeinig sein (*fig.* F); **~zo** *adj.* zwergenhaft; **~zudería** *f*, **~zudez** *f* Halsstarrigkeit *f*; **~zudo** *adj.* dickköpfig, halsstarrig; **~zuelo** *m* dicker Nacken *m einiger Tiere*.

traba *f* **1.** *a. fig.* Band *n*, Fessel *f*; *fig.* Hindernis *n*, Hemmnis *n*; po-

ner ~*s a* fesseln (*ac.*), *fig.* hemmen (*ac.*); *j-m* Knüppel zwischen die Beine werfen (*fig.* F); *fig. sin* ~*s* ungehemmt; **2.** Beinfessel *f für Pferde*; **3.** Bremsklotz *m*; Hemmschuh *m*; **4.** ⚥ Hindernis *n*; Vollstreckungsvereitlung *f*; **5.** □ Idee *f*; Plan *m*; **~cuenta** *f* Rechenfehler *m*; *fig.* Ausea.-setzung *f*; Streit *m*; **~dero** *m* → *traba 2*; **~do** *adj.* **1.** gehemmt; *Li.* gedeckt (*Silbe*); **2.** gedrungen, stämmig; **~dura** *f* Fesseln *n*; Fessel *f*; Verbindung *f*, Verknüpfung *f*.

traba|jado I. *adj.* **1.** abgearbeitet, ermüdet; **2.** worauf viel Mühe verwendet wurde; (schwer) erarbeitet; **II.** *m* **3.** ⊕ Verarbeitung *f*; Bearbeitung *f*; **~jador I.** *adj.* arbeitsam, fleißig; **II.** *m* Arbeiter *m*; ~ *estacional, ~ de temporada* (*eventual*) Saison- (Gelegenheits-)arbeiter *m*; ~ *a domicilio* Heimarbeiter *m*; ~ *industrial* (*intelectual*) Industrie- (Kopf-, Geistes-)arbeiter *m*; ~ *manual* (*del metal, extranjero*) Hand- (Metall-, Gast-)arbeiter *m*.

trabajar I. *v/i.* **1.** arbeiten, schaffen; *capaz de* ~ arbeitsfähig; *hacer* ~ *su dinero sein Geld arbeiten lassen* (*od.* anlegen); *los que quieren* ~ *die* Arbeitswilligen *m/pl.*; *tiempo m* ~*ado* Arbeitszeit *f*; *fig.* F ~ *como un negro, ~ como un enano wie ein Pferd arbeiten*, schuften; ~ *de albañil als Maurer arbeiten*, *Maurer sein*; ~ *en* (*od. por*) + *inf. s. bemühen* (*od.* daran arbeiten), zu + *inf.*; ~ *para cómer, ~ para vivir s-n* Lebensunterhalt erarbeiten; ~ *por conseguir un empleo s. um e-e Anstellung bemühen*; ~ *por cuatro für vier arbeiten, s. gewaltig ins Zeug legen* F; ~ *por nada umsonst* (*od.* ohne Entgelt) arbeiten; ~ *por mil ptas. für 1000 Peseten arbeiten*; ⚓ ~ *por el pasaje s-e Überfahrt abarbeiten*; **2.** arbeiten, funktionieren (*Gerät usw.*); **3.** arbeiten bzw. s. werfen *usw.* (*Holz, Wand usw.*); **II.** *v/t.* **4.** bearbeiten (*a. fig.*); verarbeiten; *fig. j-n plagen; sin* ~ unbearbeitet; **5.** *Pferd zureiten*; **III.** *v/r.* ~*se* **6.** *s. sehr bemühen* (+ *inf. por, en*); *fig.* ~*se a alg. j-n* (mit Erfolg) bearbeiten F.

trabajo *m* **1.** Arbeit *f* (*alle Bedeutungen*); *a.* ⚥, ♁ Tätigkeit *f*; ~ *a destajo* (*a domicilio, a máquina*) Akkord- (Heim-, Maschinen-)arbeit *f*; ~ *de día* Tag-arbeit *f*, -schicht *f*; ~ *en equipo* Team-arbeit *f*, -work *n*; ~ *estacional* (*od. de temporada*) Saisonarbeit *f*; ~ *eventual* Aushilfs-, Gelegenheits-arbeit *f*; ~ *físico* (*intelectual*) körperliche (geistige) Arbeit *f*; ~ *forzado* Gewaltanstrengung *f*; ~*s m/pl. forzados* (*od. forzosos*) Zwangsarbeit *f*; *Phys.*, ⊕ ~ *de frenado* Brems-arbeit *f*, -aufwand *m*; ~ *muscular* Muskelarbeit *f*; ⚥ Muskeltätigkeit *f*; ~ *nocturno* (*a mano, ~ manual*) Nacht- (Hand-)arbeit *f*; *Sch.* ~*s manuales* Werken *n*; ~ *temporal* Zeitarbeit *f*; ~ *útil* nützliche Arbeit *f*; ⊕ Nutz-arbeit *f*, -leistung *f*; ~ *a reglamento* Dienst *m nach Vorschrift*; ~ *de repaso* Nach(be)arbeit(ung) *f*; ⚔ ~ *de sondeo* Bohrarbeit *f*; ~ *sucio* Schmutz-, Dreckarbeit *f*; ~ *de tiempo completo* (*tiempo parcial*) Voll- (Teil-)zeitbeschäftigung *f*, Full-time-Job *m*;

Verw. autorización f (od. permiso m) de ~ Arbeitserlaubnis *f; cantidad f de ~* Arbeitsaufwand *m; condiciones f/pl. de ~* Arbeitsbedingungen *f/pl.; continuidad f de ~* Arbeitsfluß *m; fase f (od. operación f) de ~* Arbeitsgang *m; Verw. Am. libreta f de ~* Arbeitsbuch *n; local m de ~* Arbeitsraum *m; volumen m de ~(s a ejecutar)* Arbeitsanfall *m, -umfang m; con mucho ~* mühsam, mühselig; *en condiciones de ~* betriebsfähig (*Fabrik usw.*); *inútil para el ~* arbeitsunfähig; *sin ~* arbeitslos; F *los sin ~* die Arbeitslosen *m/pl.*; *Spr. el ~ es sagrado od. el ~ es el encanto de la vida* Arbeit macht das Leben süß; *fig.* F *ser un ~ bárbaro e-e* Heiden- (*od.* Mords-)arbeit sein; *tener mucho ~ por delante* (noch) viel Arbeit haben; viel vorhaben; **2.** *p. ext.* Schwierigkeit *f; oft ~s m/pl.* Drangsal *f,* Mühsal *f,* Strapaze *f; pasar muchos ~s en esta vida* viel durchmachen müssen.

trabajoso *adj.* **1.** mühsam, mühselig; kümmerlich; schwierig; **2.** † *u. Reg.* fehlerhaft; kränklich; **3.** *Arg., Méj.* schwierig (*Person*); *Col.* streng, unbeugsam; anspruchsvoll; *Chi.* lästig, ärgerlich.

traba|lenguas *m* (*pl. inv.*) Zungenbrecher *m;* **~miento** *m* Fesseln *n,* Festbinden *n;* Hemmen *n;* Verbindung *f,* Verknüpfung *f,* Verstrickung *f;* **~r I.** *v/t.* **1.** verbinden, verkoppeln; mitea. verknüpfen, zs.-fügen; verstricken; ⚓ zurren; spleißen; **2.** (an-, fest-)binden, fesseln; fassen, festnehmen; hemmen; ⚖ beschlagnahmen; *Vollstreckung* vereiteln; **3.** *Zim. Am.* Säge schränken; *Kchk.* eindicken; **4.** *fig.* anknüpfen, beginnen; anfangen; *~ batalla e-e* Schlacht liefern; *~ (una) conversación* ein Gespräch anknüpfen; **II.** *v/r.* **~se 5.** *s.* verfangen, *s.* verheddern; *s.* verstricken; hängenbleiben (mit et. *a/c.,* in *od.* an *dat.* en); *se le traba la lengua* er bricht *s.* (dabei) die Zunge ab; *fig.* **~se con alg.** *s.* mit j-m anlegen, mit j-m streiten; *~se de palabras* mit Worten streiten; **6.** *Kchk.,* ⚒ dick werden; **7.** *fig.* anfangen, *s.* entspinnen.

tra|bazón *f* **1.** Verbindung *f;* △ Verband *m;* ⚓ *usw.* Spleißung *f,* Spliß *m* (⚓); *fig.* (innere) Verknüpfung *f; a. Min.* Gefüge *n;* Zs.-halt *m,* Einheitlichkeit *f;* △ *~ (en) espinapez* Fischgratverband *m; ~ mixta* Quadermauer *f;* **2.** *Kchk.,* ⚒ Eindickung *f;* **~billa** *f* **1.** Halteriemen *m;* Schnallriemen *m;* **2.** Steg *m* der Hose *od.* Gamasche; **3.** Laufmasche *f b.* Stricken.

trabu|ca *f* Frosch *m* (*Feuerwerkskörper*); **~caire** *m hist.* katalanischer Freischärler *m; fig.* Prahlhans *m;* **~car** [1g] **I.** *v/t.* umstürzen, auf den Kopf stellen; durchea.-bringen, verwirren; *fig.* verwechseln; **II.** *v/r.* **~se** *s.* versprechen; *~se al leer s.* verlesen; **~cazo** *m* Schuß *m* aus e-m Stutzen; *fig.* F unerwarteter Ärger *m* (*od.* Schreck *m*); **~co** *m* **1.** Steinschleuder *f* (*alte Kriegsmaschine*); **2.** Stutzen *m* (*älteres Gewehr*); *~ naranjero* Blunderbüchse *f;* **3.** *fig.* Art Zigarre (*Stumpen*).

traca *f* **1.** ⚓ Plankenreihe *f;* Gang *m,* Platte *f;* **2.** *anea.-gereihte* Feuerwerkskörper *m/pl.*

trácala F *f* **1.** *Méj., P. Ri.* Betrug *m,* Schwindel *m;* **2.** *Ec.* → **tracalada¹**.

[der Hüfte.}

tracalaca *Chi.: a la ~* rittlings; auf)
tracalada¹ F *f Arg., Col., Méj.* Herde *f,* Menge *f;* **~²** *f Méj.* → **trácala 2**.

tracama|nada *f* Menschenmenge *f;* **~traca** *f* Ärger *m,* Verdruß *m.*

tracción *f* **1.** *a.* Ziehen *n,* Zug *m;* Antrieb *m; ~ animal* (*od. de sangre*) Betrieb *m* durch Zugtiere; *a. Kfz. ~* Bowden Bowdenzug *m; ~ por cable* Seil-zug *m,* -betrieb *m; ~ delantera od. anterior* (*trasera*) Vorderrad- *od.* Front- (Hinterrad-)antrieb *m; ~ de vapor* Dampf-antrieb *m,* -betrieb *m;* **2.** *Phys.,* ⊕ Zug *m;* (*fuerza f de*) *~* Zugkraft *f; resistencia f a la ~* Zugfestigkeit *f.*

tracio *adj.-su.* thrakisch; *m* Thraker *m.*

tracoma 🩺 *m* Trachom *n.*

trac|tivo 🔍 *adj.* Zug...; **~to-camión** *Kfz. m* → *tractor semi-remolque;* **~tor I.** *adj.* 🔍 Zug...; **II.** *m* Traktor *m,* Schlepper *m; ~ agrícola* (semi-remolque) Acker- (Sattel-)schlepper *m; ~-oruga* Raupenschlepper *m;* **~torear** ✏ *v/t.* mit dem Traktor bearbeiten; **~torista** *c* Traktorfahrer(in *f*) *m,* Traktorist(in *f*) *m.*

tradición *f* **1.** Tradition *f,* Überlieferung *f; ~ popular* Volksüberlieferung *f; a.* überlieferte Geschichte *f,* Sage *f;* **2.** ⚖ Übergabe *f,* Auslieferung *f.*

tradicio|nal *adj. c* überliefert; herkömmlich, traditionell; **~nalismo** *m* **1.** Traditionsgebundenheit *f;* Festhalten *n* an den alten Sitten; **2.** *Pol., ecl.* Traditionalismus *m; Span.* Carlismus *m;* **~nalista I.** *adj. c* traditionsgebunden, konservativ; *Span.* königstreu; **II.** *m* Anhänger *m* des Traditionalismus; Konservative(r) *m;* **~nista** *c* Erzähler *m* bzw. Sammler *m* von Überlieferungen.

tra|ducción *f* Über-setzung *f,* -tragung *f* (in *ac. a*); *fig.* Auslegung *f,* Deutung *f; ~ directa* (*inversa*) Her-(Hin-)übersetzung *f; ~ libre* freie Übersetzung *f; ~ a máquina* (simultánea) Maschinen- (Simultan-)übersetzung *f;* ⚖ *derecho m de ~* Übersetzungsrecht *n;* **~ducible** *adj. c* übersetzbar; **~ducir** [3o] *v/t.* übersetzen, -tragen; *Gefühle* ausdrücken; Ausdruck geben (*dat.*); *fig.* **~se** (s-n *usw.*) Ausdruck (*od.* Niederschlag) finden (in *dat.* en); **~ductor** *m* Übersetzer *m; a. fig.* Interpret *m, fig.* Dolmetsch *m; ~ electrónico* elektronischer Übersetzer *m;* **~ductora** *f* Übersetzerin *f.*

trae|dizo *adj.* herholbar; *agua f ~a* herantransportiertes Wasser *n;* **~dor** *m* Bringer *m;* **~r** [2p] **I.** *v/t.* Grundbedeutung (Richtungssinn beachten!): herbringen; her *s.* tragen; **1.** (her-)bringen; her *s.* mit-, über-bringen; herbeischaffen; *Jgdw.* apportieren; *Glück* bringen; *Beispiele, Gründe* anführen; beibringen; heranziehen; *fig.* herbeiführen, mit *s.* bringen; *nach s.* ziehen, verursachen; *¡tráigame un café!,* bitte e-n Kaffee!; *fig.* F *~ cola* (unangenehme) Folgen haben; *~ consigo* mit *s.* bringen; *fig. ¿qué buen viento le trae por aquí?* wie schön, daß wir uns hier treffen!; *una cosa trae la otra* eins bringt das andere mit *s.*; ein Wort gibt das andere; *volver a ~* zurückbringen; *~* y llevar hin u. her tragen; *fig.* F klatschen (*fig.* F); *~ a la desesperación* in Verzweiflung stürzen; *~ a/c. a la memoria* an et. erinnern; *fig.* F *~ a alg. de acá para allá* j-n hin u. her hetzen; j-n in Atem halten; *~ de cabeza viel* Sorge (*od.* Mühe) machen; → *a.* **3;** **2.** (bei *s.*) haben; *~ + part.* getan haben (*bsd. die Volkssprache verwendet* traer *häufig statt des statischen* tener); *Kleidung, Schmuck usw.* anhaben, tragen; *¿tra usted algo para mí?* haben (*od.* bringen) Sie et. für mich?; *ya lo traigo acabado* ich bin schon fertig damit; F *traigo un(a) hambre que no veo* ich habe e-n Mordshunger F; *lo trae de herencia* das liegt in der (*hier:* in s-r *bzw.* ihrer) Familie; *el tren trae retraso* der (ankommende) Zug hat Verspätung; *~ puestas las botas* s-e Stiefel anhaben; **3.** F machen; *fig. ~ a alg. arrastra(n)do* j-n sehr anstrengen (*od.* strapazieren F); *me trae loco* (*od. de cabeza od.* F *frito*) es (*bzw.* er, sie) macht mich verrückt F (*od.* ganz nervös); es (*usw.*) fällt mir auf den Wecker (*fig.* F); **4.** vorhaben; im Schilde führen (*fig.*); *~(se) a/c. entre manos* et. vorhaben; et. unter den Händen haben; *fig.* F *Rpl. ~ algo bajo el poncho* Hintergedanken haben, et. im Schilde führen; **5.** *in best. W.:* handhaben, behandeln; F *~ a mal* mißhandeln; scharf anfassen; **II.** *v/r.* **~se bien, ~se bien** (*mal*) *s.* gut (schlecht) kleiden, gut (nachlässig) angezogen sein; **7.** vorhaben, beabsichtigen; bezwecken; → *a.* **4;** *fig.* F *traérselas* Hintergedanken haben; *es un problema que se las trae* diese Frage hat es in sich.

tráfago *m* **1.** Geschäfte *n/pl.,* Arbeit(slast) *f;* F *andar en muchos ~s* unheimlich geschäftig sein; **2.** F Betrieb *m,* Gewühl *n,* Rummel *m* F.

trafagón F **I.** *adj.* betriebsam; **II.** *m* Wühler *m* (*fig.* F).

trafallón *adj.* schlampig, wirr.

trafica|nte *m* Händler *m,* Krämer *m* (*desp.*); Schleich-, Schwarzhändler *m,* Schieber *m; ~ en blancas* Mädchenhändler *m; ~ en drogas* Rauschgifthändler *m,* Dealer *m* F; **~r** [1g] *v/i.* handeln, Handel treiben, *desp.* schachern (mit *dat.* en); *Drogen* dealen (mit con); *fig.* F geschäftig (*od.* betriebsam) sein; *~ con su crédito* s-n Kredit für Geschäfte nützen.

tráfico *m* **1.** (*außer in best. Vbdgn. heute in Span. mst. desp.*) Handel *m;* Schacher *m* (*desp.*); *~ de esclavos* Sklavenhandel *m; ~* (*ilícito*) Schleichhandel *m,* Schiebung *f;* **2.** Verkehr *m; ~ de camiones* Lastwagenverkehr *m; ~ comercial od. mercantil* (transoceánico) Handels-(Übersee-)verkehr *m; ~ fronterizo kl.* Grenzverkehr *m; ~ interurbano* (local, urbano) Fern- (Orts-, Stadt-) verkehr *m; ~ pesado* Schwer(last)-verkehr *m; ~ portuario* (rodado) Hafen- (Fahr-)verkehr *m; ~ sobre rieles* Schienenverkehr *m; ~ terrestre* (marítimo, aéreo) Land- (See-, Luft-) verkehr *m;* centro *m* de *~* Verkehrs-

traga — trampa 606

knotenpunkt *m*; *incremento m del ~* Verkehrszunahme *f*; *patrulla f (policía f) de ~* Verkehrs-streife *f* (-polizei *f*); *regulación f del ~* Verkehrsregelung *f*; *cortar el ~ de una calle* e-e Straße (für den Verkehr) sperren.
traga *Sch. m Arg.* Streber *m*.
tragabolas *m (pl. inv.)* Kugelschlucker *m (Spielzeug).*
tragacanto ♀ *m* Tragant *m*.
traga|deras F *f/pl.* Schlund *m; fig.* F *tener buenas ~* **a)** ein tüchtiger Esser sein; **b)** sehr leichtgläubig sein, alles schlucken (*fig.* F); **c)** ein weites Gewissen haben; **~dero** *m* Schlund *m*; **~dor** *m* Fresser *m* F; *~ de sables* Säbelschlucker *m*; **~hombres** F *m (pl. inv.)* Großmaul *n*, Eisenfresser *m*.
trágala *m hist.*: Spottlied der Liberalen gg. die Absolutisten im 19. Jh. (*es beginnt: ~ tú, servilón ...*); *fig.* F *cantarle a alg. el ~* j-n verspotten, *der klein beigeben muß*; *p. ext.* auf j-n einreden (*od.* j-n beknien F *od.* löchern F), bis er nachgibt.
traga|(a)ldabas F *m (pl. inv.)* Vielfraß *m*, Freßsack *m* F; **~leguas** F *m (pl. inv.)* Kilometerfresser *m* F; **~libros** *m (pl. inv.)* Bücherwurm *m*; **~luz** *m, Arg. f (pl. ~uces)* Dachfenster *n*; Luke *f*; ⚓ Bullauge *n*; **~nieves** *m (pl. inv.)*: (*máquina f*) *~* Schneefräse *f*.
tragan|te *sid. m* Gicht *f*; **~tón** F *m* Fresser *m*; **~tona** F *f* **1.** Fresserin *f*; **2.** Fresserei *f* F, Schlemmerei *f*; *darse una ~* s. den Bauch vollschlagen; **3.** *fig.* F Gewaltanstrengung *f, die man macht*, um et. Unglaubliches (*bzw.* kaum Zumutbares) zu glauben (*bzw.* zu erlauben); *¡qué ~! etwa:* man muß es eben (mit Gewalt) schlucken! (*fig.* F).
tragaperras F *m (pl. inv.)* Spielautomat *m*, einarmiger Bandit *m* F, Groschengrab *n* F.
tragar [1h] **I.** *v/t. u. ~se v/r.* schlucken; verschlucken, *a. fig.* verschlingen; *p. ext.* viel essen; *fig.* F einstecken, (herunter)schlucken; naiverweise (*od.* leichtfertig) glauben; *fig.* F *no poder ~ a alg.* j-n nicht ausstehen können; *el mar (se) tragó el barco* das Schiff wurde von der See verschlungen; *fig.* F *ésta no la trago (od. no me la haces ~)* **a)** das glaube ich nicht, darauf falle ich nicht herein; **b)** das lasse ich mir nicht gefallen; *fig.* F *tragárselas* alles (hinunter)schlucken, s. wie e-n Lumpen behandeln lassen; *fig.* F *las traga como puños* er läßt s. alles aufbinden, er schluckt alles; *fig. se lo tragó la tierra* es ist wie vom Erdboden verschwunden; *haberse ~ado a/c. et.* Unangenehmes voraussahen (*od.* kommen sehen) **II.** *v/r.* **~se** *Col.* s. verlieben.
traga|santos F *c (pl. inv.) desp.* Frömmler(in *f*) *m*; **~venado** *Zo. f Am. Mer.* Boa *f* constrictor, Abgottschlange *f*; **~vientos** ⚓ *m (pl. inv.)* Windfänger *m*; **~virotes** F *m (pl. inv.)* ein Mann *m*, steif wie ein Ladestock F; **~zón** F *f* Gefräßigkeit *f*.
tragedia *f a. fig.* Tragödie *f*, Trauerspiel *n*; *fig. parar en ~* traurig ausgehen, ein schlimmes Ende nehmen.
trágico I. *adj.* tragisch, *fig. a.* traurig, erschütternd; *fig.* F *¡no te pongas ~!*

nun tu bloß nicht so!, stell dich nicht so an! F; *tomarlo por lo ~* es tragisch nehmen; **II.** *m* Tragiker *m*, Tragödiendichter *m*; Tragöde *m*.
tragi|comedia *f a. fig.* Tragikomödie *f*; **~cómico** *adj.* tragikomisch.
tra|go *m* Schluck *m*; *bsd. Am. a.* Drink *m*, alkoholisches Getränk *n*; *fig.* Unannehmlichkeit *f*; *a ~s* schluckweise; *de un ~* auf e-n Zug, mit e-m Schluck; *fig.* auf einmal; *echar un ~* e-n Schluck nehmen, einen heben F; *fig. pasar un ~ amargo* Bitteres durchmachen; **~gón** F *adj.-su.* gefräßig; *m* Fresser *m*; *está hecho un ~* er ist ein Vielfraß; **~gon(er)ía** F *f* Gefräßigkeit *f*.
traici|ón *f* Verrat *m*; *~ (a la Patria)* Landesverrat *m*; *alta ~* Hochverrat *m*; *a ~* durch Verrat, verräterischerweise; meuchlings; *hacer ~ a →* **~onar** *v/t.* verraten; **~onero** *adj.* verräterisch; treulos, falsch; heimtückisch.
traí|da *f* Überbringung *f*; (Her-) Bringen *f*; *~ de aguas* Wasser-zufuhr *f*, -versorgung *f*; **~do** *part.-adj.* **1.** gebracht; getragen; *fig.* F *bien ~* gelegen, günstig; *fig. el asunto tan ~ y llevado* die Sache, von der alle Welt redet; **2.** abgetragen (*Kleidung*).
trai|dor I. *adj.* verräterisch; treulos, falsch; (heim)tückisch; **II.** *m, ~a f* Verräter(in *f*) *m*; Treulose(r) *m*, Treulose *f*; **~doramente** *adv.* durch Verrat; hinterrücks, meuchlings.
traíl □ *m* Fährte *f*, Spur *f*.
trailer *od.* **tráiler** *m* **1.** *Kfz.* Sattelschlepper *m*; **2.** *Film:* Voranzeige *f*; Trailer *m*.
tra|illa *f* **1.** *Jgdw.* **a)** Koppelriemen *m*; **b)** Meute *f*; **2.** Egge *f*; **3.** ⊕ Schrapper *m*; **4.** Peitschenschnur *f*; **~illar** [1c] ✗ *v/t.* eggen; **~ína** *f* Schleppnetz *n* für den Sardinenfang.
trainera *f* Sardinenkutter *m*.
traje *m* Anzug *m*; Kleid *n*; Tracht *f*; *~ de amianto (protector)* Asbest- (Schutz-)anzug *m*; *~ de baño (de calle, de casa, de buzo)* Bade- (Straßen-, Haus-, Taucher-)anzug *m*; *~ de caza (de deporte)* Jagd- (Sport-)kleidung *f*; *~s m/pl. confeccionados* Konfektion(skleidung) *f*; *~ chaqueta* Jackenkleid *n*; ⚓ *~ de encerado* Ölzeug *n*; *~ de esgrima (de etiqueta, de gimnasia)* Fecht- (Gesellschafts-, Turn-)anzug *m*; *~ espacial (od. estratosférico)* Raum(fahrer)anzug *m*, *~ de gala* Gala-anzug *m*, *-kleid n*; *~ de luces* bestickte Stierkämpfertracht *f*; *~ ~ (Rpl. sobre) medida* Maßanzug *m*; *~ de mil rayas* Nadelstreifenanzug *m*; *~ de noche* Abendkleid *m*; *~ pantalón* Hosenanzug *m (für Damen)*; *~ de penado (de playa)* Sträflings- (Strand-)anzug *m*; *~ regional* Tracht *m*; *~ sastre (Damen-, Schneider-)Kostüm m*; *~s m/pl. semi-confeccionados* Maßkonfektion *f*; *~ sport* sportliche Kleidung *f*; *~ térmico* Wärmeschutzanzug *m*; *~ de trabajo, Am. oft. ~ de labor* Arbeitsanzug *m*; *fig.* F *cortar ~s* hecheln, klatschen; *hacerse un ~* e-n Anzug machen (lassen); **~ado** *adj.*: (bien, mal) *~* (gut, schlecht) gekleidet; *apr* v/t. (ein)kleiden.
trajín *m* lebhafter Verkehr *m*; eifrige Geschäftigkeit *f*; *fig.* F (toller) Betrieb *m*, Lauferei *f*, Hetze *f*; *la hora del ~* Hochbetrieb *m*.
traji|nante *m* **1.** Fuhrmann *m*; **2.** † *u. Reg.* Händler *m*; **~nar I.** *v/t.* **1.** befördern; fortschaffen; **2.** *Chi.* durch-suchen, -wühlen; *fig.* F *Arg.*, *Chi. ~(se) a alg.* j-n betrügen; j-n übers Ohr hauen F; j-n (*a.* sexuell) mißbrauchen; **II.** *v/i.* **3.** sehr beschäftigt sein; herumwirtschaften; **~nería** *f* Fuhrwesen *n*; **~nero** *m → trajinante*; **~nista** F *adj. c Arg., P. Ri.* emsig.
tralla *f* Peitsche(nschnur) *f*; Schmitze *f*; **~zo** *m* Peitschen-hieb *m*; -knall *m*; *fig.* F Rüffel *m* F.
trama *f* **1.** *Weberei:* Schuß *m*, Einschlag *m*; *p. ext.* Tramseide *f*; **2.** *fig.* **a)** Komplott *n*, Intrige *f*; **b)** *Lit.* Plan *m*, Anlage *f*; Knoten *m (Drama);* **3.** Baumblüte *f (bsd. Oliven);* **4.** *Kino, TV* Raster *n*, *Typ.* (*bsd. Am.*) Raster *m*; **~r I.** *v/t. Weberei:* einschlagen, (an)zetteln; *fig.* anstiften, anzetteln; anspinnen; geschickt erledigen; **II.** *v/i.* blühen (*Bäume, bsd.* Olive).
tramita|ción *f* Verw. Amts-, Dienstweg *m*; amtliche Erledigung *f*, Formalitäten *f/pl.*; Bearbeitung *f* e-s Vorgangs; ⚡ Instanzen-weg *m*, -zug *m*; **~r** *v/t. Verw.* weiter-geben, -leiten; *amtlich bearbeiten*; *p.ext.* beantragen; *Scheidung usw.* betreiben.
trámite *m* **1.** *Verw.*, * †* Dienstweg *m*; Instanz *f*; Geschäftsgang *m*; Erledigung *f*, Bearbeitung *f*; Formalitäten *f/pl.*; *~s m/pl. aduaneros* Zollformalitäten *f/pl.*; *asuntos m/pl. de ~* (Routine-)Geschäfte *n/pl.*, (-)Angelegenheiten *f/pl.*, laufende Geschäfte *n/pl.*; *por puro (od. mero) ~* aus reiner Routine; **2.** ♘ Übergang *m*, Weg *m*.
tramo *m* **1.** abgegrenztes Stück *n* Land; **2.** Abschnitt *m*; *a. Kanal*, 🚅 Strecke *f*; Wegstrecke *f*; ⚠ Treppen-stück *n*, -lauf *m*; *~ de autopista (de carretera)* Autobahn- (Straßen-) abschnitt *m*, -strecke *f*; ⊕, 🚅 *~ de cable* Kabelstrang *m*; *~ de ferrocarril a.* Stichbahn *f*; *~ de puente* Brückenabschnitt *m*, -bogen *m*; *~ de tubería (de vía)* Rohr- (Schienen-)strang *m*.
tramojo *m* **1.** ✗ Stroh-, Garbenband *n*; *fig.* F Not *f*, Plage *f*; **2.** *Am.* „Hemmknüppel" *m (Querholz, das Tieren die Beiß- od. Bewegungsmöglichkeit nehmen soll).*
tramonta|na *f Reg.* Nordwind *m*; *fig.* Eitelkeit *f*; *fig.* F *perder la ~* den Kopf verlieren; **~no** *adj.* jenseits der Berge; **~r** *v/i.* das Gebirge überschreiten; hinter den Bergen untergehen (*Sonne*).
tramo|ya *f Thea.* Bühnenmaschine(rie) *f*; ⊕ Einschütttrichter *m*; *fig. armar una ~* intrigieren; e-e Falle stellen; **~yista** *m Thea.* Maschinist *m*; Kulissenschieber *m*; *a. f fig.* F Intrigant(in *f*) *m*.
trampa *f* **1.** *a.* ⊕ *u. fig.* Falle *f*; *fig.* F Schwindel *m*, Mogelei *f*; Schlich *m*, Kniff *m*; *Jgdw. ~ (-hoyo)* Wildgrube *f*; *TV ~ de iones* Ionenfalle *f*; *sin ~ ni cartón* ohne jeden Schwindel, ganz wahr; *armar una ~* e-e Falle aufstellen (*od.* spannen); *fig.* F *hacer ~* schwindeln, mogeln; **2.** Falltür *f*; Bodenklappe *f*; Ladentischklappe *f*; **3.** *fig. ~s f/pl.* Schulden *f/pl.*; *tener más ~s que pelos en la cabeza* mehr Schulden als Haare auf dem Kopf

haben F; **4.** ~s *f/pl.* Treppen *f/pl.* (*fig.* F *b. Haarschnitt*).
trampal *m* → *tremedal*.
tram|pantojo F *m* Blendwerk *n*, Gaukelei *f*; *fig.* Mumpitz *m* F; **~pear** F **I.** *v/t.* bemogeln F; betrügen; **II.** *v/i.* betrügen, schwindeln F; *ir trampeando* s. durchschwindeln; **~pilla** *f* **1.** Bodenklappe *f*; (Fall-)Klappe *f*; *Lkw.* ~s *f/pl.* abklappbare Seitenwände *f/pl.*; **2.** Hosenlatz *m*; **3.** Ofentür *f*; **~pista** F *c* → *tramposo*.
trampolín *m* Sprungbrett *n*; Trampolin *n*; Sprungschanze *f*; ~ *de un metro* Einmeterbrett *n in Schwimmbädern*.
tramposo *adj.-su.* betrügerisch; *m* Betrüger *m*; Lügner *m*, Schwindler *m*; Falschspieler *m*.
tranca *f* Knüppel *m*; Sperrbalken *m*; *Am. oft* → *tranquera 2*; *fig.* F Rausch *m*; *a* ~s *y barrancas* mit Ach u. Krach F; **~da** *f* langer Schritt *m*, Stelzschritt *m*; F Hopser *m*; **~nil** ⚓ *m* Stringer *m*; **~r** [1g] F **I.** *v/t.* verriegeln; **II.** *v/i.* lange Schritte machen, stelzen F; **~zo** *m* Knüppelschlag *m*; F ⚕ Grippe *f*.
trance *m* **1.** (*a. fig.* kritischer) Augenblick *m*; *fig.* ~ *apurado* arge Klemme *f* F; ~ *mortal* Lebensgefahr *f*; Sterbestunde *f*; *fig.* äußerst kritischer Augenblick *m*; *a todo* ~ um jeden Preis, unbedingt; **2.** ⚖ Zwangsverkauf *m*; **3.** *Hypnose usw.*: Trance *f*.
tranco *m* langer Schritt *m*; *p. ext.* langer Stich *m b. Nähen*; *fig.* F *a* ~s rasch u. oberflächlich; *en dos* ~s mit drei Schritten, schnell.
tranque|ra *f* **1.** Pfahlzaun *m*; Bretterwand *f*; **2.** *Am.* Umzäunungstür *f*; **~ro** *m Col., Ven.* → *tranquera*.
tranquil △ *m* Senkrechte *f*, Lot *m*; *arco m por* ~ aufsteigender (*bzw.* einhüftiger) Bogen *m*.
tranqui|lidad *f* Ruhe *f*; Stille *f*; Gelassenheit *f*; *para* ~ *de usted* zu Ihrer Beruhigung; **~lizador I.** *adj.* beruhigend; *poco* ~ beunruhigend, unheimlich; **II.** *m pharm.* Beruhigungsmittel *n*; **~lizante** *pharm. m* Tranquilizer *m*; **~lizar** [1f] *v/t.* beruhigen; beschwichtigen; **~lo** *adj.* ruhig; still; gelassen; unangefochten (*Besitz*); *eso me tiene* ~ das ist mir einerlei.
tran|quilla *f* Stellstift *m*; Riegel *m*; *fig.* Fallstrick *m* (*bsd. ein zu best. Zweck aufgebrachtes Gerücht*); **~quillo** *m prov.* Türschwelle *f*; *fig.* Kniff *m* F, Dreh *m* F; *fig.* F *cogerle el* ~ *a a/c.* den Kniff bei et. (*dat.*) heraushaben F; **~quillón** ✵ *m* Mischkorn *n*; **~quiza** *f* Méj. Tracht *f* Prügel.
trans... *pref.* über... hinaus, jenseitig; Um...; Trans...; → *a. tras...*
trans|acción *f* **1.** ⚖ Vergleich *m*, Übereinkunft *f*; Vertrag *m*; **2.** ✝ Geschäft *n*, Transaktion *f*; **~ones** *f/pl. a. Umsatz m*; ~ *bancaria* (*comercial*) Bank- (Handels-)geschäft *n*; **~alpino** *adj.* jenseits der Alpen (gelegen), transalpin; **~andino** *adj.* jenseits der Anden (gelegen); (*ferrocarril*) ♀ *m* (Trans-)Andenbahn *f*.
transar *vt/i. Am.* e-n Kompromiß schließen.
trans|atlántico I. *adj.* überseeisch; **II.** *m* Überseedampfer *m*; **~bordador** *m* **1.** Fährschiff *n*, (Eisenbahn-, Auto-)Fähre *f*; ~ *espacial* Raumfähre *f*, -transporter *m*; **2.** ⊕ Schiebebühne *f*; **~bordar I.** *v/t.* umladen; *Güter* umschlagen; übersetzen, überfahren (*über Fluß usw.*); **II.** *v/i.* umsteigen; **~bordo** *m* Umladung *f*; Umsteigen *n*; (Güter-)Umschlag *m*; ~ *anual* Jahresumschlag *m*; ~ *de bultos* Stückgutverladung *f*; ☯ *vagón m de* ~ Umladewagen *m*; *hacer (un)* ~ umsteigen.
transcaucásico *adj.* transkaukasisch.
trans|cendencia *usw.* → *trascendencia*; **~conexión** *Tel. f* Durchschaltung *f*; **~continental** *adj. c* transkontinental; **~cribir** [*part. transcrito*] *v/t.* abschreiben; umschreiben; *Li.* transkribieren; ♪ bearbeiten, arrangieren; **~cripción** *f*; ♪ Bearbeitung *f*; *Li.* Umschrift *f*, *Li.* Transkription *f*; **~culturación** *Ethn. f* Kulturübernahme *f*, Transkulturation *f*; **~currir** *v/i.* verstreichen, vergehen; spielen (*Handlung*); **~curso** *m* Verlauf *m*; *con el* ~ *del tiempo* mit der Zeit; *en el* ~ *de este año* im Laufe des Jahres; **~cutáneo** ♂ *adj.* trans- *od.* per-kutan.
transeúnte I. *adj. c* vorübergehend; *Phil.* transeunt; *socio m* ~ Gastmitglied *n e-s Vereins*; **II.** *m* Vorübergehende(r) *m*, Passant *m*; Durchreisende(r) *m*.
trans|ferencia *f* **1.** Übertragung *f*, Übereignung *f*, Abtretung *f*; **2.** ✝ Überweisung *f*; Transfer *m*; ~ *bancaria* Banküberweisung *f*; ~ *de capital* Kapitaltransfer *m*; **3.** *Pol.* ~ *de población* Zwangsumsiedlung *f* (der Bevölkerung); **~feribilidad** *f* Übertragbarkeit *f*; **~ferible** *adj. c* übertragbar; überweisbar; ~ *por endoso* indossierbar (*Wechsel*); **~feridor** ✝ *m* Girant *m*; **~feridora** *f. adj. f: vía f* ~ Fertigungsstraße *f*; **II.** *f* Transfer-, Fließtakt-maschine *f*; **~ferir** [3i] *v/t.* **1.** übertragen, übereignen; *Eigentum a.* überschreiben; **2.** ✝ überweisen; transferieren; **3.** *Insassen e-r Anstalt usw.* verlegen; *Termin usw.* verlegen, verschieben; *Tel. Anruf* umlegen, umschalten.
trans|figuración *f* Umgestaltung *f*; Verwandlung *f*; *Rel. u. fig.* Verklärung *f*; *Rel., Ku.* ♀ Verklärung *f* Christi, Transfiguration *f*; **~figurar I.** *v/t.* umgestalten, verwandeln; *Rel. u. fig.* verklären; **II.** **~se** *Rel.* s. verklären; **~fijo** *adj.* durch-bohrt, -stochen; **~fixión** *f* Durch-bohrung *f*, -stechung *f*; *fig.* bohrender Schmerz *m*; *kath.* Fest *n* der 7 Schmerzen Mariens; **~flor** *Mal. m* Metallmalerei *f*; **~florar I.** *v/t. Mal.* durchscheinen, **II.** *v/i. u.* **~se** *v/r.* durch-scheinen, -schimmern; **~florear** *v/t.* auf Metall malen.
transfor|mación *f* **1.** Umbildung *f*; Umformung *f*; Verwandlung *f*; Umwandlung *f*; Wandel *m*; **2.** ⊕ Verarbeitung *f*; ⚡ Umformung *f*; Umspannung *f*; ⚡ Umsetzung *f*; **~macional** *Li. adj. c* Transformations...; *gramática f* ~ Transformationsgrammatik *f*; **~mador I.** *adj.* umformend; *industria f* ~*a* Verarbeitungsindustrie *f*; **II.** *m* ⚡ Umformer *m*; Transformator *m*, Trafo *m* F; ~ *de tensión* Spannungswandler *m*; **~mar I.** *v/t.* **1.** umformen, umbilden, umgestalten; verwandeln; **2.** ⊕ verarbeiten; ⚡ umformen *bzw.* umspannen; ⚯ umsetzen (in *ac. en*); **II.** *v/r.* **~se 3.** s. (ver-, um-)wandeln (in *ac. en*, aus *dat. de*); **~mativo** *adj.* umgestaltend; **~mismo** *Biol. m* Transformismus *m*, Deszendenztheorie *f*; **~mista** *c* **1.** *Biol.* Anhänger *m* der Abstammungslehre; **2.** Verwandlungskünstler *m*.
transfronterizo *adj.* grenzüberschreitend.
tránsfu|ga *c*, **~go** *m* ✕ *u. fig.* Überläufer *m*, Fahnenflüchtige(r) *m*, Deserteur *m*.
transfu|ndir I. *v/t.* um-gießen, -füllen; ♂ *Blut* übertragen; **II.** *v/r.* **~se** überströmen; *fig.* s. (allmählich) verbreiten, **~sible** *adj. c* umgießbar *usw.*; **~sión** *f* Umfüllung *f*; ♂ (*de sangre*) Blutübertragung *f*, Transfusion *f*; **~sor** *adj.*: *aparato m* ~ Umfüll- *bzw.* Transfusionsgerät *n*.
transgénico *adj.* gentechnisch verändert.
transgre|dir [*def.*] ⚖ *v/t.* übertreten; **~sión** *f* Übertretung *f*; **~sor** *m* Übertreter *m*.
tran|shumante *adj. c* → *trashumante*, **~siberiano** *adj.* transsibirisch.
transición *f* Übergang *m*; *de* ~ Übergangs...; *sin* ~ übergangslos.
transido *adj.* erstarrt (*bsd. vor Kälte de*); *p. ext.* erschöpft; *fig.* ⚘ elend; ~ *de dolor* schmerzerfüllt.
transi|gencia *f* Nachgiebigkeit *f*; Versöhnlichkeit *f*; **~gente** *adj. c* nachgiebig; versöhnlich; **~gir** [3c] *v/i.* nachgeben, einlenken; s. vergleichen; ~ *con* eingehen auf (*ac.*), einverstanden sein mit (*dat.*).
Transilva|nia *f* Siebenbürgen *n*; **~no** *adj.-su.* siebenbürgisch; *m* Siebenbürger *m*.
transisto|r HF *m* Transistor *m*; *p. ext.* Transistor(gerät *n*) *m*; *amplificador m con* ~*es* Transistorverstärker *m*; ~ *fotosensible* Phototransistor *m*; **~rizado** *Kfz. adj.*: *encendido m* ~ Transistorzündung *f*.
transi|tabilidad *f* Befahrbarkeit *f*; Passierbarkeit *f*; **~table** *adj. c* gangbar; befahrbar; **~tar** *v/i.* durch-gehen, -reisen; verkehren; **~tario** ✝ *m* Transithändler *m*; **~tivo** *Li. adj.* transitiv (*Verb*).
tránsito *m* **1.** Durchgang *m*, Transit *m*; Verkehr *m* (*bsd. Am. statt tráfico*); Rast(station) *f auf e-r Reise*; *de* ~ auf der Durchreise, auf der Durchfahrt; ✝ *mercancías f/pl. de* ~ Transit-, Durchgangs-güter *n/pl.*; **2.** ⚖ (*transporte m* [*bzw. repatriación f*] *por*) ~*s de justicia* Schub *m*; **3.** Übergang *m*; Hinscheiden *n* (*v. Heiligen*); *kath.* ♀ (*de la Virgen*) Mariä Heimgang *m*; Mariä Himmelfahrt *f*.
transito|riedad *f* **1.** zeitlich beschränkte Geltung *f*; **2.** Vergänglichkeit *f*; **~rio** *adj.* **1.** vorübergehend; Übergangs...; *período m* ~ Übergangszeit *f*; **2.** vergänglich, hinfällig.
trans|lación *f* → *traslación*; **~lador** *Tel. m* Translator *m*; **~limita-**

translimitación — trapisonda

ción f **1.** Übertretung f der Grenzen; Zuwiderhandlung f, Verstoß m; **2.** unabsichtliche (bzw. autorisierte) Überschreitung f fremder Landesgrenzen durch Militär; ~**literación** Li. f Transliteration f; ~**literar** Li. v/t. transliterieren; ~**lucidez** f Durchsichtigkeit f; Durchscheinen n; ~**lúcido** adj. durchscheinend; ~**marino** adj. überseeisch; ~**migración** f Abwanderung f; Übersiedelung f; Rel. ~ de las almas Seelenwanderung f; ~**misible** adj. c übertragbar; ~**misión** f **1.** a. ⚔ Übertragung f; ⚔ ~ de gérmenes Keimverschleppung f; ~ del pensamiento Gedankenübertragung f; **2.** Phys., Biol., HF Übertragung f; Fortleitung f; ~ acústica (térmica) Schall- (Wärme-) übertragung f; Rf., TV ~ en directo Direktübertragung f, Live-Sendung f; Biol. ~ de estímulos Reizleitung f; HF, Biol. ~ de impulsos Impulsübertragung f; ⚔ (tropa f de) ~ones f/pl. Nachrichtentruppe f; ⚔ ⚔ones f/pl. Nachrichtenwesen n; **3.** ⊕ Übertragung f, Trieb m; Getriebe n, Vorgelege n; Übersetzung f; Transmission f; ~ por cadena (por correa) Ketten- (Riemen-)übertragung f, -(an)trieb m; ~ (de fuerza) Kraftübertragung f; ~ por ruedas dentadas Zahnrad-übersetzung f, -übertragung f, -antrieb m; ~ Vorgelegewelle f; relación f de ~ Übersetzungsverhältnis n.

trans|misor I. adj. **1.** (über)sendend; übertragend; ⊕ mecanismo m ~ Triebwerk n, Transmission f; **II.** m **2.** Absender m; Übermittelnde(r) m; Zustellende(r) m; **3.** ⚡, HF, Rf. Geber m, Übertrager m, Sender m; Übertragungsgerät n; Tel. ~ Morse Morsegeber m; ~ de radio portátil transportabler Rundfunksender m; ~**receptor** m Sender-Empfänger m; ~**mitir** v/t. **1.** übertragen, übergeben; weitergeben, übermitteln; übersenden; ⚔ Besitz übereignen (od. überlassen); **2.** ⊕ Kraft, Bewegung übertragen; **3.** Biol., ⚡, HF, Rf. übertragen; geben; senden; ~ impulsos Impulse (weiter)geben.

trans|mudar v/t. **1.** → trasladar; **2.** → transmutar; ~**mutable** adj. c ver-, um-wandelbar; ~**mutación** f Um-, Ver-wandlung f; Biol. Transmutation f; ~**mutar** v/t. verwandeln; ~**mutativo**, ~**mutatorio** adj. ver-, um-wandelnd; ~**oceánico** adj. jenseits des Ozeans (gelegen), überseeisch; ~**parencia** f Durchsichtigkeit f; Durchlässigkeit f; Transparenz f; Folie f für Tageslichtprojektor; Am. Dia(positiv) n; ~**parentarse** v/r. durchscheinen; ~**parente I.** adj. c **1.** durchsichtig; durchlässig; transparent; papel m ~ Transparentpapier n; ~ al sonido schalldurchlässig; **II.** m **2.** Ölpapier n; **3.** Transparent n: **a)** Leuchtbild n; **b)** Spruchband n.

transpira|ble adj. c schwitzfähig; ~**ción** f Ausdünstung f; Schwitzen n; Schweiß m; ~**r** v/i. ausdünsten; schwitzen; fig. durchsickern.

trans|pirenaico adj. jenseits der Pyrenäen (gelegen); ~**poner** [2r] I. v/t. verlegen, ver-, um-lagern; versetzen; übersteigen; (Schwelle)

überschreiten; **II.** v/r. ~ se verschwinden (hinter et., unterm Horizont); fig. einnicken.

transpor|table adj. c transportfähig; transportabel; tragbar; fahrbar; ~**tador I.** adj. **1.** (be)fördernd, Förder...; **II.** m **2.** ⊕ Förderer m, Fördergerät n; ~es m/pl. Fördermittel n/pl.; ~ de carga Ladeförderer m; ~ de cinta Förderband n; ~ sin fin Förderschnecke f; **3.** Transporteur m (z. B. an Nähmaschinen); Zubringerhebel m (z. B. am M.G.); **4.** ⚔ Winkelmesser m; ~**tar I.** v/t. fortschaffen; befördern, transportieren; ✝ Saldo vortragen; ♪ transponieren; **II.** v/r. ~se fig. außer s. geraten; ~**te** m **1.** Fortschaffung f; Ab- bzw. An-fuhr f; Beförderung f, Transport m; ~s m/pl. Verkehr(swesen n) m; ~ colectivo Sammeltransport m; ~(s) colectivo(s) a. öffentliche Verkehrsmittel n/pl.; ~ a (corta) distancia Fern- (Nah-)verkehr m; ~ ferroviario (marítimo) Eisenbahn- (See-)transport m; ~ interurbano Fernverkehr m; ⚓, ✈ ~ de pasajeros Fahr- bzw. Fluggastbeförderung f; ~s m/pl. públicos öffentlicher Verkehr m; ~ suburbano Vorstadt-, Nah-verkehr m; bsd. 🚂 ~ de viajeros Beförderung f von Reisenden, Personenverkehr m; (operaciones f/pl. de) ~ Transportgeschäft n; gastos m/pl. de ~ Frachtkosten f; (ramo m de) ~ m/pl. Transportgewerbe n; **2.** ⚓ (Truppen-)Transporter m; Frachtschiff n; Kfz. (camión m especial para el) ~ de automóviles Autotransporter m; **3.** ⊕, ⚓ Förderung f; ~ por cadena (por cinta sin fin) Ketten- (Band-)förderung f; ✈ ~ intensivo Großraumförderung f; ~ a mano Handförderung f; ~ de materiales Material-bewegung f, -transport m; Typ. ~ del papel Papiertransport m (Arbeitsgang u. Maschinenteil); **4.** ♱ Übertrag m; **5.** ♪ Transponieren n; **6.** fig. (leidenschaftliche) Regung f; Anfall m; ~s de alegría Freudentaumel m; ~**tista** m Transportunternehmer m, Spediteur m.

trans|posición f Versetzung f; (Wort-)Umstellung f; Phys., Anat., 🔬 Um-, Ver-lagerung f; Umsetzung f; ~**positivo** adj. umstellungsfähig; ~**radio** m Überseefunk m; ~**terminante** ⚔ part. unter die Zuständigkeit e-s anderen Gerichtes fallend.

transubstanci|ación bsd. Theol. f Transsubstanziation f; ~**al** adj. c s. völlig verwandelnd; ~**ar(se)** [1b] v/t. (v/r.) (s-e) Substanz völlig verwandeln.

transuranio ⚛ m Transuran n.
transverberación f → transfixión.
transver|sal adj. c quer; seitlich; Quer...; ~**sar** v/t. um-, ab-füllen; ~**so** adj. schräg; (seitlich) quer.

tran|vía m Straßenbahn f; ~ aéreo Schwebe-, Drahtseil-bahn f; ~ de sangre, ~ de tracción animal Pferdebahn f; F perro m ~ Basset m; tren m ~ Nahverkehrszug m; ~**viario I.** adj. Straßenbahn...; **II.** m Straßenbahner m.

trapa[1] kath. f Trappistenorden m.
trapa[2] ⚓ f Halteleine f; ~s f/pl.

Bootsbefestigung f auf dem Schiff; ~ de retenida Wurfleine f.
trapa[3] onom. f Getrampel n; p.ext. Stimmengewirr n; Lärm m e-r Menge.
trapace|ar v/i. betrügen, schwindeln; ~**ría** f Betrug m, Schwindelei f; ~**ro** m Betrüger m, Schwindler m.
trapajo m alter Fetzen m; Aufwischlappen m; ~**so** adj. **1.** zerlumpt, abgerissen; **2.** stotternd, radebrechend.
trápala[1] onom. f **1.** Getrappel n; Trampeln n; Lärm m e-r Volksmenge; **2.** Hufschlag m.
trápala[2] **I.** f Betrug m, Schwindel m; **II.** m Schwatzsucht f; Geschwätz n; **III.** c Schwätzer(in f) m; Lügner(in f) m, Schwindler(in f) m; Betrüger(in f) m; Scharlatan m.
trapalear[1] v/i. trampeln; trappeln.
trapa|lear[2] v/i. **1.** schwatzen, plappern; **2.** lügen; schwindeln; ~**lero**, ~**lón** adj.-su. schwatzhaft; lügnerisch; betrügerisch; su. → trápala[2] III.
trapatiesta F f Lärm m, Krach m, Radau m; Zank m, Streit m, Krawall m f.
trapaza f Gaunertrick m; Schwindelei f, Betrug m; fig. F el bachiller ~s nennt man e-n Intriganten, Gauner u. Winkeladvokaten.
trape m Chi. Wollstrick m.
trapea|dor m Méj. Scheuer-, Putztuch n; ~**dora** f Putz-, Scheuer-frau f; ~**r** v/t. **1.** Am. Reg. Boden putzen; **2.** fig. F Am. Cent. j-n herunterputzen F; j-m das Fell gerben (fig. F).
trape|cial ⚔ adj. c trapezförmig; Trapez...; ~**cio** m **1.** ⚔, Sp. Trapez n; **2.** Anat. **a)** Trapezbein n; **b)** Kapuzenmuskel m; ~**cista** c Trapezkünstler(in f) m (Artist[in]); Turner(in f) m am Trapez.
trapense kath. adj.-su. c trappistisch; c Trappist(in f) m.
trape|ría f Lumpen m/pl.; Lumpenkram m; -handel m; Trödelladen m; ~**ro** m Lumpensammler m.
trapezoi|dal ⚔ adj. c Trapezoid...; ~**de** m ⚔ Trapezoid n; Anat. Trapezoidbein n.
trapiche m Zucker- (⚙ Öl-)mühle f; Am. Zuckersiederei f; Arg., Chi. Pochwerk n; ~**ar** F v/i. **1.** auf Mittel u. Wege (bzw. auf Schliche u. Kniffe) sinnen; klügeln; spintisieren; intrigieren; **2.** Kleinhandel treiben, schachern (mst. desp.); **3.** Arg. s. (mehr schlecht als recht) durchs Leben schlagen; s. in dunkle Geschäfte einlassen; ~**o** F m **1.** Klügeln n; Spintisieren n; Ränkespiel n, Intrige f; **2.** Handeln n, Schachern n; ~**ro** m Arbeiter m in e-m trapiche.
tra|pillo m **1.** dim. zu trapo; de ~ schlicht (od. a. schlecht) gekleidet; **2.** † u. Reg. **a)** Liebhaber m bzw. Geliebte f niederen Standes; **b)** Sümmchen n (ersparten Geldes); ~**pío** m **1.** ⚓ Tuch m, Segel n; **2.** fig. F (mujer f de (buen) ~ fesch(e Frau f); **3.** Stk. gutes Aussehen n e-s Stiers; tener ~ kampflustig sein (Stier).
trapison|da f **1.** Radau m F, Krach m; Krawall m F, Stunk m F; **2.** Ränke pl.,

Intrigen *f/pl.*; **3.** † Kabbelsee *f*; ⁓**dear** F *v/i.* krakeelen F; Ränke schmieden; ⁓**dista** *c* Intrigant *m*; Krakeeler *m* F.

trapito *m* Fetzen *m*; *fig.* F Fähnchen *n* (*fig.* F); *los trap(it)os de cristianar Sonntagsstaat m* F; *fig. Méj. sacar los* ⁓*s al sol s-e* (*od.* die) schmutzige Wäsche in der Öffentlichkeit waschen.

trapo *m* **1.** Lumpen *m*; Lappen *m*; *fig.* F *mst. desp.* ⁓*s m/pl.* Kleider *n/pl.*, Fähnchen *n/pl.* (*fig.* F); Zeug *n*; ⁓ *de limpieza* Staub- *bzw.* Wisch-tuch *n*; *a.* ⊕ Putzlappen *m*; ⁓ *del piso* (*od. del suelo*) Boden-, Wisch-tuch *n*; ⁓ *del polvo* Staubtuch *n*; *fig.* F *hablar de* ⁓*s über Mode* (*od.* Kleider) sprechen; *lavar los* ⁓*s sucios en casa s-e* (*od.* die) schmutzige Wäsche nicht in der Öffentlichkeit waschen; *fig. poner* (*od. dejar*) *a alg. como un* ⁓ j-n (fürchterlich) herunterputzen; *fig. sacar* (*todos*) *los* ⁓*s a relucir* (*od. a la colada*) auspacken (*fig.* F), (j-m) gehörig s-e Meinung sagen; *fig.* F *soltar el* ⁓ *auflachen, loslachen; a.* los-heulen, -flennen F; **2.** ⚓ Segel(werk *n*) *m/pl.*, Tuch *n*; *a todo* ⁓ mit vollen Segeln; *fig.* aus allen Kräften; mit allem Nachdruck; *navegar a todo* ⁓ ⚓ alles Tuch an den Masten haben; *fig.* F sein Letztes hergeben; **3.** *fig.* F *Stk.* rotes Tuch *n*; **4.** *fig.* F *Thea.* Bühnenvorhang *m*.

traposo *adj.* **1.** *Chi., P. Ri.* zerlumpt; **2.** *Chi.* **a)** stotternd; **b)** zäh (*Fleisch*); **3.** *Méj.* schmutzig; gemein.

trapujear *f vt/i. Am. Cent.* schmuggeln.

traque *onom. m* Knall *m*; Geknatter *n*; Lauffeuer *n*; *fig.* F *a* ⁓ *barraque* jeden Augenblick; aus jedem beliebigen Anlaß.

tráquea *Anat. f* Luftröhre *f*.

traqueal *adj. c Anat.* Luftröhren-... ; *Zo.* Tracheen-...

traque|ar **I.** *v/i.* → *traquetear*; **II.** *v/t. Am.* viel begehen (*od.* befahren); oft aufsuchen (*a. Wild*); *fig.* F *j-n in Atem halten*; *p. ext.* j-m auf den Zahn fühlen; *et.* praktisch erproben; **III.** *v/r.* ⁓*se fig.* F *P. Ri.* s. betrinken; *Ven.* → *chiflarse*; ⁓**o** *m* → *traqueteo*.

traqueotomía *Chir. f* Luftröhrenschnitt *m*.

tra|quetear **I.** *v/t.* rütteln; schütteln; *fig.* F oft benutzen; oft handhaben; **II.** *v/i.* knattern; knallen; ⁓**queteo** *m* **1.** Geknatter *n*; **2.** Rütteln *n*; Schütteln *n*; ⁓**quido** *m* **1.** Knall *m* der Feuerwaffe; **2.** Knistern *n*; Knarren *n*, Knacken *n*; Prasseln *n*; Krachen *n*.

traquita *Min. f* Trachyt *m*.

trarigüe *m Chi.* Wollschärpe *f der Indianer*.

tras[1] (*a.* ⁓ *de*; *vgl. detrás*) **I.** *prp.* nach (*dat.*); hinter (*dat. bzw. ac.*); ⁓ *larga ausencia nach langer Abwesenheit*; ⁓ *una esquina hinter e-r (bzw. e-e) Ecke*; *fig. andar* (*od. ir*) ⁓ *hinter et.* (*dat.*) (*bzw.* j-m) her sein; *uno* ⁓ *otro hinterea.*, e-r hinter dem andern; *a. fig. correr* ⁓ *alg.* j-m nachlaufen; hinter j-m her sein; ⁓ *de* + *inf.* außer daß + *ind.*; nicht genug, daß + *ind.*; **II.** *m* F Hintern *m* F, Po *m* F.

tras[2] *onom.* (*Klopfen, Trampeln*): tapp, tapp; poch, poch; klapp, klapp; trapp, trapp.

tras...[3] *pref.* um-, durch-, über-, trans-; → *a. trans...*

tras|alcoba *f* Bettnische *f*; Kammer *f* hinterm Alkoven; ⁓**anteanoche** *adv.* vorvorgestern am Abend; ⁓**anteayer** *adv.* vorvorgestern; ⁓**atlántico** *adj.-su.* → *transatlántico*.

trasbarrás *onom. m* Plumps *m*, Aufklatschen *n*.

tras|bocar [1g] *vt/i.* **1.** *Am. Mer.* → *vomitar;* **2.** *Chi., P. Ri.* → *trasegar u. trastornar;* **3.** *Méj.* → *equivocar;* ⁓**bordo** *m* → *transbordo.*

trasca *f* geschmeidiger (Rindleder-) Riemen *m* für Pferdegeschirr.

trascantón *m* **1.** Eck-, Prell-stein *m*; *fig.* F *dar* ⁓ *a alg.* j-m geschickt entwischen; **2.** Gelegenheitsarbeiter *m*, „Eckensteher" *m*.

trascen|dencia *f* **1.** *Rel., Phil.* Transzendenz *f*; Übersinnlichkeit *f*; **2.** Wichtigkeit *f*, Bedeutung *f*, Tragweite *f*; ⁓**dental** *adj. c* **1.** *Phil.* transzendental; **2.** übergreifend, weit(er)reichend; bedeutend, wichtig; folgenschwer; *iron.* welterschütternd; ⁓**dentalismo** *Phil. m* Transzendentalismus *m*; ⁓**dente** *Phil.*, ♃ *adj. c* transzendent; ⁓**der** [2g] **I.** *v/i.* **1.** durchdringen, sehr scharf (*od.* penetrant) sein (*Geruch*); **2.** übergreifen *bzw.* abfärben, wirken (auf *ac. a*); **3.** bekannt (*bzw.* ruchbar) werden, durchsickern; **4.** *Phil.* transzendieren; **II.** *v/t.* **5.** ausfindig machen, ergründen; **6.** erkennen lassen, verraten; ⁓**dido** *adj.* scharfsinnig (*Person*).

tras|cocina *f* Nebenraum *m* e-r Küche; ⁓**coda** ♪ *f* Saite *f* zur Befestigung des Saitenhalters; ⁓**colar** [1m] **I.** *v/t.* durchseihen; **II.** *v/r.* ⁓**se** durch-rinnen, -laufen; *fig.* durchschlüpfen; ⁓**conejar I.** *v/t.* ⁓**se 1.** *Jgdw.* die Hunde *durch Dukken usw.* geschickt an s. vorbeilaufen lassen (*Kaninchen usw.*); **2.** *fig.* F *s.* ducken; j-n unterlassen; **3.** abhanden kommen; **II.** *v/t.* **4.** *fig.* F verlegen, verkramen F; ⁓**cordarse** [1m] *v/r.* nicht mehr (genau) erinnern (an *ac.* de).

tras|coro *ecl. m* Raum *m* hinterm Chor; ⁓**corral** *m* Neben-hof *m*, -gehege *n*; *Am.* Nebenkorral *m für die b. e-m aparte ausgesonderten Tiere*; *fig. Am. andar por* ⁓*es* Umschweife machen; ⁓**dós** △ *m* Bogen-, Gewölbe-rücken *m*; Wandpfeiler *m* hinter e-r Säule; ⁓**dosear** △ *v/t.* an der Rückseite verstärken.

trase|char *v/t.* j-m e-n Hinterhalt bereiten, j-m e-e Falle stellen; ⁓**gar** [1h *u.* 1k] *v/t.* **1.** umkehren, umstürzen; **2.** Flüssigkeit um-, ab-füllen; ⁓ (*por bomba*) umpumpen.

trase|ra *f* Rückseite *f* e-s Wagens, *e-s Hauses usw.*; ⁓**ro I.** *adj.* hintere(r, -s); Hinter-..., Rück-...; zurückbleibend; **II.** *m* F Hintern *m* F.

trasfollo *vet. m* Galle *f*.

trasfondo *m* ⚔ *u. fig.* Hintergrund *m*.

tras|go *m* Poltergeist *m*, Kobold *m*; ⁓**guear** *v/i.* spuken; *bsd.* den Poltergeist spielen.

tras|hoguero *m* **1.** Herd-platte *f*, -wand *f hinter dem Ofen*; **2.** dickes Scheit *n*, Kloben *m*; **3.** F Stubenhocker *m*; ⁓**humación** *f* Wandern *n der Schafherden*; ⁓**humancia** *f* Weidewechsel *m*; ⁓**humante** ⚹ *adj. c* Wander-...; *ganado m* ⁓ Wanderherde *f*; ⁓**humar** *v/i.* wandern (*Herde*).

trasiego *m* **1.** Um-, Ab-füllen *n* (*bsd. v. Flüssigkeiten*); **2.** ↻ Umstürzen *n*.

trasijado *adj.* mit eingefallenen Flanken (*Tier*); *p. ext.* mager, (spindel)dürr.

trasla|ción *f* **1.** Verschiebung *f*; Versetzung *f*; Überführung *f*; Fahren *n e-s Krans u. ä.*; **2.** Fortschaffung *f*, Beförderung *f*; **3.** *Phys.* Translation *f*; **4.** Übertragung *f*, Übersetzung *f*; **5.** *Rhet.* Metapher *f*; *Gram.* übertragener Gebrauch *m der Zeiten b. Verb*; ⁓**dador** HF *m* Umtaster *m* (*Gerät*); ⁓**dar I.** *v/t.* **1.** bewegen, *a.* Leiche überführen; Truppen, *fig.* Termine verlegen, verschieben (nach *dat. bzw.* auf *ac. a*); Bevölkerung aussiedeln; **2.** ver-, umrücken; *a.* ♈, ⊕ verschieben; *Verw.* versetzen; *Strafgefangenen* überstellen; **3.** abschreiben, übertragen; überschreiben; ✝ übertragen (*Buchhaltung*); **4.** übertragen, übersetzen; **II.** *v/r.* ⁓**se 5.** *s.* begeben (nach *dat. a*); um-, fort-ziehen, übersiedeln (nach *dat. a*); verlegt werden (*Truppen*); ⁓**do** *m* **1.** Verrücken *n*; Verschiebung *f* (*a. v. Truppen*); **2.** Verlegung *f* (*Geschäft, Truppen, Termin*); Wohnungswechsel *m*, Umzug *m*; Überführung *f*; Überführung *f* (*a. Leiche*); Überstellung *f* (*Strafgefangene*); ⁓ *de habitantes Aussiedlung f*; **3.** *a. Verw.* Versetzung *f*; ⁓ *disciplinario* Strafversetzung *f*; **4.** Abschrift *f*; Übertragung *f*; **5.** ✝ Übertrag *m*; **6.** HF Umtastung *f*.

trasla|po *m* Überlappung *f*; ⁓**ticio** *adj.* übertragen, metaphorisch; ⁓**tivo** ⚖ *adj.* übertragend, Berechtigungs-...

tras|lucirse [3f] *v/r.* durchscheinen; durchleuchten; *fig.* durchblicken; *se me trasluce es wird mir allmählich klar, es dämmert mir*; ⁓**lumbrar I.** *v/t.* blenden; **II.** *v/r.* ⁓**se** *fig.* blitzschnell vorüberhuschen (*bzw.* verschwinden); ⁓**luz** *m* (*pl.* ⁓**uces**) durchscheinendes Licht *n*; Durchlicht *n* (*z. B. b. Mikroskop*); Widerschein *m*; *al* ⁓ *gg.* das Licht *im Durchlicht*; ⁓**mallo** *m* System *n v.* 3 *übera. angeordneten Fischnetzen*; ⁓**mano** *c Kart.* Hinterhand *f*; *a* ⁓ außerhalb der Reichweite der Hand; *fig.* ganz entlegen; ⁓**mundo** *m* Jenseits *n*; ⁓**nacional** ✝ *adj. c Am.* multinational.

trasno|chada *f* vergangene Nacht *f*; Nachtwache *f*; ⚔ nächtlicher Überfall *m*; ⁓**chado** *adj.* abgestanden (*Speisen, Getränke*); *fig.* veraltet, überholt; F verkatert; vergammelt F; ⁓**chador** *m* Nachtschwärmer *m*; ⁓**char** *v/i.* **1.** die Nacht schlaflos verbringen; *s.* die Nacht um die Ohren schlagen F; **2.** übernachten; **II.** *v/t.* **3.** *s.* die Nacht schlafen mit Gedanken über (*ac.*) F; *et.* überschlafen; ⁓**che** *m Arg.* Spät-, Nacht-vorstellung *f* (*Kino*).

tras|oír [3q] v/i. falsch hören, s. verhören; ~**ojado** adj. hohläugig.
tras|pal(e)ar v/t. umschaufeln; ~**papelar I.** v/t. Papiere verlegen, verkramen F; **II.** v/r. ~**se**: se me ha ~ado la carta ich habe den Brief verkramt F; ~**pasar I.** v/t. **1.** überschreiten; Gesetz übertreten; fig. hinausgehen über (ac.), übersteigen; **2.** bringen, tragen, befördern, fahren (nach dat. a); übermitteln; ⚖ Rechte usw. übertragen (an ac., auf ac. a, en); ✝ abgeben, übergeben (an ac. a); ablösen; **3.** a. fig. durchbohren; durchdringen; **II.** v/r. ~**se 4.** zu weit gehen (in dat. en); ~**paso** m **1.** Überschreitung f; Übertretung f e-s Gesetzes; **2.** ⚗ Hinüber-schaffen n; -gehen n; ✝ hacer el ~ de las cuentas abrechnen; **3.** ⚖, ✝ Übertragung f; Abtretung f; Ablösung f; Abstand(ssumme f) m; **4.** Durchbohrung f; fig. Schmerz m, Kummer m; **5.** ✝ Trick m; ~**patio** m Am. Hinterhof m; ~**peinar** v/t. nachkämmen; ~**pié** m Stolpern n; dar un ~ fehltreten; a. fig. e-n Fehltritt tun; fig. et. falsch machen; dar ~s umhertaumeln; herumstolpern F; dar a alg. un ~ j-m ein Bein stellen; ~**pillado** adj. armselig, zerlumpt; ~**pintar I.** v/t. **1.** Kart. täuschen (indem man e-e andere Karte ausspielt, als man zu erkennen gab); **II.** v/r. ~**se 2.** fig. F anders ausfallen (od. ausgehen), als man glaubt; **3.** gg. das Licht gehalten, durchscheinen (bsd. Schrift).
trasplan|table adj. c ♂ u. fig. verpflanzbar; Chir. überpflanzbar; ~**tar I.** v/t. **1.** umpflanzen, versetzen (in ac. a, en); a. fig. verpflanzen, umtopfen; **2.** Chir. überpflanzen, transplantieren; **II.** v/r. ~**se 3.** fig. in ein anderes Land gehen; ~**te** m **1.** Verpflanzen n; **2.** Biol., Chir. Transplantation f; ~ cardíaco (od. de[l] corazón) Herztransplantation f; **3.** fig. Übersied(e)lung f.
tras|pontín m **1.** → traspuntín; **2.** F Hintern m F; ~**puesta** ⚗ f **1.** Fortschaffung f; **2.** natürliches Sichthindernis n (Anhöhe u. ä.) im Gelände; **3.** Flucht f bzw. Verbergen n e-r Person; **4.** Hintergebäude n; Hof m bzw. Stallungen f/pl.; ~**puesto** part. v. transponer; fig. quedarse ~ einnicken, eindösen F.
traspulsión f Rückkopplung f b. Elektronik.
traspunte Thea. m Inspizient m.
traspuntín m 🚗, Kfz. Klapp-, Notsitz m.
trasqui|la f → trasquiladura; ~**lador** m (Schaf-)Scherer m; ~**ladura** f Scheren n, Schur f; ~**lar** v/t. scheren; fig. F scheren, stutzen, abschneiden; Spr. F ¡~, y no desollar! Sinn: nur nicht übertreiben (in den Forderungen)!; ~**limocho** F adj. kahlgeschoren; ~**lón** m Schur f; fig. F ergaunertes Geld n.
trastabi|llar v/i. → trastrabillar; ~**llón** m Arg., Chi. Stolpern m.
trasta|da f übler Streich m; gastar una ~ a alg. j-m übel mitspielen; ~**zo** m derber Hieb m, kräftiger Schlag m.
tras|te[1] m ♪ Gitarre u. ä. Griffbrettleiste f, Bund m; fig. F Andal., Am. Reg. ir fuera de ~s Unsinn reden (od. machen); e-n Bock schießen (fig. F);

nicht alle Tassen im Schrank haben (fig. F); ~**te[2]** m **1.** Andal., Am. Gerät n; **2.** F Chi. Hintern m F; **3.** fig. F dar al ~ con a/c. et. kaputtmachen F; et. erledigen F; et. kleinkriegen F; ~**teado** ♪ m Griffbrettleisten f/pl.; ~**teante** ♪ adj.-su. c geschickt die Finger über das Griffbrett der Gitarre usw. gleiten lassend; ~**tear[1]** ♪ v/t. **1.** mit Griffbrettleisten versehen; **2.** die Saiten der Gitarre usw. anschlagen; ~**tear[2] I.** v/t. **1.** (Möbel) hin u. her rücken; **2.** Stk. (Stier) hin u. her treiben; **3.** fig. F et. geschickt anfangen (bzw. ausführen); j-n geschickt behandeln; **4.** fig. F befingern F; **II.** v/i. **5.** kramen, stöbern; hin u. her laufen; **6.** fig. lebhaft (u. witzig) plaudern; **7.** ~(se) Col. umziehen.
trastejar v/t. das Dach ausbessern; fig. F et. nachsehen, reparieren.
trasteo m **1.** Stk. Stierhetze f (od. Arbeit f) mit der muleta; **2.** fig. lebhaftes (u. witziges) Plaudern m; **3.** fig. F geschickte Ausführung f bzw. Behandlung f; **4.** fig. F Befingern F; **5.** Col. Umzug m (Wohnungswechsel).
traste|ra f Rumpelkammer f; Abstell-, Geräte-kammer f; ~**ría** f Trödelladen m; ~**ro** m Trödler m; Rumpelkammer f.
trastienda f rückwärtiger Ladenraum m; Raum m hinter dem Laden; fig. F Hintern m F; fig. F tener mucha ~ wohlüberlegt zu Werke gehen; es faustdick hinter den Ohren haben F.
trasto m **1.** Hausgerät n; p. ext. Thea. Dekoration f, Versatzstück n; desp. Trödelkram m; fig. F Nichtsnutz m; ~(s) m(/pl.) viejo(s) altes Gerümpel n, Plunder m; **2.** ~s m/pl. Handwerkszeug n; Gerät(e) n(/pl.); F Siebensachen pl.; ~s (de matar) Gerät(e) n(/pl.) des Stierkämpfers (Degen u. muleta)/fig. F tirar los ~s den (ganzen) Kram hinschmeißen F; fig. F tirarse los ~s a la cabeza s. mächtig in den Haaren liegen; a. e-n tollen Haus- (od. Ehe-)krach haben F; **3.** P Penis m, Zebedäus m (fig. P).
trastor|nado part.: fig. estar ~ wirr (od. durchea.) sein; ~**nar I.** v/t. **1.** a. fig. umstürzen; umwerfen; verdrehen; durchea.-bringen; a. stören; **2.** die Ordnung, die Nerven zerrütten; **3.** fig. bestürzen; verwirren; verrückt machen; **II.** v/r. ~**se 4.** verwirrt werden; betäubt werden; verrückt werden; ~**no** m Um-kehrung f, gr. Unordnung f; Verwirrung f; Umsturz m; a. ✳ Störung f; Schaden m; Verkehrtheit f; ~ digestivo (funcional) Verdauungs-(Funktions-)störung f; ~ del juicio geistige Verwirrung f; Verrücktheit f; ~ del lenguaje (de la marcha) Sprach-(Geh-)störung f; ~ mental Bewußtseinsstörung f; ~s m/pl. políticos politische Wirren pl. (od. Unruhen f/pl.).
tras|trabarse v/r. e-n Sprachfehler haben, anstoßen (Zunge); ~**trabillar** v/i. stolpern; wanken, taumeln, stottern; ~**trás** onom. (m) etwa: ritscheratsche.
tras|trocar [1g u. 1m] v/t. vertauschen; fig. auf den Kopf stellen; ~**trueco**, ~**trueque** m Vertauschung f; Verwechslung f.

trasuda|ción f leichtes Schwitzen n, ✳ Transsudation f; ~**do** ✳ m Transsudat n; ~**r** vt/i. leicht schwitzen; ausschwitzen; durchsickern.
trasun|tar v/t. abschreiben; a. → compendiar; ~**to** m Abschrift f; Abbild n; Nachbildung f.
trasva|sar v/t. umgießen; um-, abfüllen; ~**se** m Umfüllung f in Behälter.
tras|vinarse v/r. durchsickern; langsam auslaufen; ~**volar** [1m] v/t. überfliegen.
trata f Sklavenhandel m; ~ de blancas Mädchenhandel m.
trata|ble adj. c umgänglich; verträglich; gefällig; ~**dista** 📖 m Autor m gelehrter Abhandlungen, Gelehrte(r) m; ~**do** m **1.** Abhandlung f; Hand-, Lehr-buch n; **2.** bsd. Pol. Vertrag m; ~ de comercio (de paz) Handels- (Friedens-)vertrag m; ~ de no agresión Nichtangriffspakt m; ~ de no proliferación de armas atómicas (por separado) Atomsperr-(Separat-)vertrag m.
tra|tamiento m **1.** a. ⚙, ✳ Behandlung f; a. 🔧, Min. Aufbereitung f; EDV ~ avanzado de texto Desktop publishing n; ~ previo (posterior) Vor- (Nach-, Weiter-)behandlung f; EDV ~ de textos Textverarbeitung f; **2.** Anrede f, Titel m; ~**tante** m Händler m; ~ (de ganado) Viehhändler m; ~ de caballos Pferdehändler m; ~**tar I.** v/t. **1.** a. ⚙, ✳ behandeln; 🔧 aufschließen, a. sid. Erze aufbereiten; ~ a alg. como a un loco j-n wie e-n Narren behandeln, ⚙, a. tex. ~ con vapor Holz, Stoffe dämpfen; **2.** umgehen mit (dat.); verkehren mit (dat.); (näheren) Umgang haben mit (dat.); saber ~ las armas mit (den) Waffen umgehen können; **3.** Stoff, Thema behandeln, Fragen, Themen erörtern; **4.** betreiben, Geschäft vorhaben od. abschließen; **5.** ~ de nennen (ac.); anreden mit (dat.); nennen (ac.), heißen (ac.); ~ de tú duzen; de usted mit Sie anreden, siezen; ~ a alg. de bandido j-n e-n Gauner nennen; **II.** v/i. **6.** ~ (acerca) de (od. sobre) a/c. über et. sprechen; von et. handeln (Buch usw.); **7.** ~ con alg. mit j-m verkehren; **8.** ~ de + inf. versuchen, zu + inf.; **9.** ~ en a/c. handeln mit et. (dat.); ~ en lanas mit Wolle handeln; **III.** v/r. ~**se 10.** s. handeln (um ac. de); ¿de qué se trata? worum geht es?; wovon ist die Rede?; se trata de es handelt s. um (ac.); es geht um (ac. od. darum, zu + inf.); es kommt darauf an, zu + inf.; **11.** mitea. verkehren; bsd. ein (Liebes-)Verhältnis haben (mit dat. con); **12.** s. betragen, s. aufführen; **13.** fig. F ~se bien es s. gut gehen lassen.
trato m **1.** Behandlung f; Betragen n, Benehmen n; buen ~ a. gute Bewirtung f; gute Küche f; ~ doble Doppelzüngigkeit f; malos ~s m/pl. Mißhandlungen f/pl.; ~ de nación más favorecida Meistbegünstigung f in Handelsverträgen; dar buen ~ a alg. j-n gut behandeln; j-n freundlich bewirten; **2.** Umgang m; ~ de gentes Erfahrung f im Umgang mit Menschen, gesellschaftliche Erfahrung f; casa f de ~ Freudenhaus n;

3. Verhandeln *n*; Handel(sverkehr) *m*; ~ en ganado Viehhandel *m*; ~s *m/pl.* verbales Verhandlungen *f/pl.*; Rücksprache *f*; *estar en ~s in* Verhandlung(en) (*od.* in Unterhandlung) stehen; 4. Abmachung *f*, Vereinbarung *f*, Vertrag *m*; ~ entre *caballeros* Gentlemen's Agreement *n*; *¡~ hecho!* abgemacht!; *hacer* (*od. cerrar*) *un ~* ein Geschäft abschließen; 5. Anrede *f*; *darle a alg. ~ de usted* j-n mit Sie anreden.
trau|ma *bsd. Psych. m* Trauma *n*; **~mático** ⚕, *Psych. adj.* traumatisch; **~matismo** ⚕ *m* Trauma *n*; *~ craneal* Schädeltrauma *n*; **~matizar** [1f] *v/t.* e-n Schock versetzen (*dat.*); **~matología** ⚕ *f* Unfallchirurgie *f*; **~matólogo** ⚕ *m* Unfallchirurg *m*.
traversa *f* Querbalken *m*, Traverse *f am Wagen*; ⚓ Stag *n*.
travertino *Min. m* Travertin *m*.
través *m* 1. Schräge *f*; *fig.* Mißgeschick *n*; *a(l) ~ quer*, ⚓ *dwars*; *~ de a. fig.* durch (*ac.*); *fig.* über (*ac.*), (*quer*) über (*ac.*); *de ~* schräg; *fig.* von der Seite; 2. *Zim.* Dachbzw. Gerüst-balken *m, a. fort.* Traverse *f*.
tra|vesaño *m* 1. *Zim.* Querbalken *m*; *bsd.* ⊕ Traverse *f*; 2. Keilkissen *n*; langes Kopfkissen *n*; **~vesero** I. *adj.* Quer...; II. *m* Keilkissen *n*; **~vesía** *f* 1. Querstraße *f*; 2. Überquerung *f*; Überfahrt *f*; Durchfahrt *f*; ~ (*atlántica*) Atlantiküberquerung *f*; ✈ *vuelo m de ~* Überland- bzw. Transkontinental-flug *m*; 3. Seereise *f*; ⚓ *~ de placer* Kreuzfahrt *f*; 4. Entfernung *f* zwischen zwei Geländepunkten; **~vesío** I. *adj.* auf ortsfremde Weide gehend (*Vieh*); von der Seite wehend (*Wind*); II. *m* Durchgangsort *m*; Durchzugsweg *m*; **~vesti** *m* Transvestit *m*; **~vestismo** *m* Transvestitentum *n*; **~vesura** *f* Keckheit *f*; Mutwille *m*; Streich *m*; *hacer ~s* allerlei Streiche aushecken (*od.* verüben); ausgelassen sein (*od. Kinder*); **~viesa** *f* 1. 🚂 *Span.* Schwelle *f*; 2. Querbaum *m*; *Zim.* Quer-balken *m*; -latte *f*; Dachbalken *m* b. *Eisenbahnwagen*; 3. △ tragende Wand *f* (*außer Giebelwand u. Brandmauer*); 4. ✕ Querschlag *m*; 5. *Kart.* Einsatz *m* e-s Nichtspielers für e-n Spieler; 6. Quere *f*; → *travesía* 4; **~vieso** *adj.* 1. quer; schräg; *a. fig.* verkehrt; 2. keck; mutwillig, ausgelassen; unartig (*Kind*).
trayecto *m a.* 🚂 Strecke *f*; Weg *m*; ⚕ *~ de una bala* Schußkanal *m*; **~ria** *f* Flug-, Geschoß-bahn *f*; *Phys. a.* Bahnkurve *f*; *fig.* (Lebens-)Weg *m*; ⚓, ✕ *~ balizada* markierter Kurs *m*.
tra|za *f* 1. △, ⊕ (An-)Riß *m*; Plan *m*; 2. Trasse *f*, Strecke(nführung) *f*; 3. 𓏲 Schnitt *m* mit e-r Projektionsebene *f*; 4. *fig.* Entwurf *m*, Plan *m*; Gestalt(ung) *f*; Aussehen *n*; *por las ~s* anscheinend; wie es aussieht; dem Aussehen nach; *darse ~s a* helfen wissen; *darse ~ para* Mittel u. Wege finden, zu + *inf.*; *llevar buena ~* s. gut anlassen, gut aussehen (*fig.*), in Ordnung gehen F; *tener* (*od. llevar*) *~s de* + *inf.* so aussehen, als ob + *subj.*; **~zado**

I. *adj.* 1. *bien* (*mal*) *~* wohl- (miß-)gestaltet; II. *m* 2. ⊕ Entwurf *m*; (Auf-, An-)Riß *m*; Anreißen *n*; *Graphologie:* Duktus *m*; *~ de división* Teilstrich *m an Meßgeräten*; *~ geométrico* zeichnerische Konstruktion *f*; 3. Fluchtlinie *f*; Verlauf *m*, Führung *f*; *Vkw.* Trassierung *f*; Trassen-verlauf *m*, -führung *f*; *~ fronterizo* Grenzziehung *f*; **~zador** I. *adj.* Leuchtspur...; II. *m* △, ⊕ Anreißer *m*; Reißnadel *f*; *Vkw. ~ de ruta* Kursschreiber *m*; **~zadora** *f* Anreißerin *f*; ✕ Leuchtspur *f*; **~zar** [1f] *v/t.* 1. ⊕, △, *Zim.* anreißen; *Linie, Strich* ziehen; *Kreis* beschreiben; *Zeichnung* anlegen; *Bahn, Weg, Fluchtlinie* abstecken; *Straße, Strecke* trassieren; *fig. mit Worten* zeichnen, umreißen; 2. entwerfen; planen; **~zo** *m* Schriftzug *m*; Strich *m*; Umriß *m*; *Mal.* Falte *f* der Gewandung; *~ fino* (*magistral, vertical od. grueso*) Haar- (Grund-, Ab-)strich *m es Buchstabens*; *~ marcado* Strichmarkierung *f*; *~ y raya* langer u. kurzer Strich *m* (*z. B. b. Straßenmarkierung*); *en ~s* gestrichelt; *dibujar a ~* e-e Strichzeichnung machen; *marcar con un ~* anstreichen; *marcar con ~s y puntos* strichpunktieren.
trazumarse *v/r.* → *rezumarse*.
trébedes *f/pl.* 1. Dreifuß *m*; 2. *in Teilen Altkastiliens* Zimmer *n/pl.* mit Unterfußbodenheizung *nach altrömischer Art.*
trebejo *m* Gerät *n*, Geschirr *n*; Spielzeug *n*; *~s m/pl. a.* Handwerkszeug *n*.
trébol *m* ♣ Klee *m*; *Vkw.* Kleeblatt *n.*
trebolar *m* Kleeacker *m*.
trece *num.* dreizehn; dreizehnte(r, -s); *fig.* mantenerse (*od. seguir*) en *sus ~* hartnäckig bei s-r Meinung bleiben; **~ntista** *adj. c* zum 14. Jh. gehörig.
trecho *m* Strecke *f*; Stück *n* Weges; *a ~s* streckenweise; Stück für Stück; zeitweise; *de ~ en ~* ab u. an; *de* (*weissen*) Abständen.
trefe *adj. c* schwach, flau; falsch, geringwertig (*Münze*).
trefi|lado ⊕ *m* (Draht-)Ziehen *n*; **~lador** ⊕ *m* Drahtzieher *m*; **~ladora** ⊕ *f* Drahtziehmaschine *f*; **~lar** ⊕ *vt/i.* Draht ziehen (*aus dat.*); **~lería** ⊕ *f* Drahtzieherei *f*.
tregua *f* 1. Waffenruhe *f*; *hist.* ♀ *de Dios* Gottesfrieden *m*, Treuga *f Dei*; 2. *fig.* Erholung *f*; Rast *f*, Pause *f*; *no dar ~* k-e Ruhe lassen; k-n Aufschub dulden; *no darse ~* s. k-e Ruhe gönnen; *sin ~* unermüdlich; unablässig.
trein|ta *num.* dreißig; dreißigste(r, -s); **~tena** *f* Dreißigstel *n*; dreißig Stück.
treme|bundo *adj.* schrecklich, furchterregend; **~dal** *m* Sumpf-, Zitter-boden *m*; **~ndo** *adj.* fürchterlich; schrecklich; gewaltig; *fig.* F riesig, (einfach) toll F.
trementina *f* Terpentin *n*.
tremesino *adj.* Dreimonats...
tremielga *Fi. f* Augenfleck-Zitterrochen *m*.
tre|mó, ~mol *m* Pfeilerspiegel *m*, Trumeau *m*; Pfeilerpschischen *n*.
tremo|lar I. *v/t. Fahne* schwingen, flattern lassen; II. *v/i.* flattern; **~lina**

f Brausen *n*; *fig.* F Lärm *m*, Krach *m*; Radau *m* F, Krawall *m* F; *se armó la ~* es gab ein fürchterliches Durchea... (*od.* e-n mordsmäßigen Wirbel) F.
tré|molo ♪ *m* Tremolo *n*; **~mulo** *adj.* zitternd, bebend.
tremulación ⚕ *f* Flattern *n*.
tren *m* 1. 🚂 Zug *m*; *~ automotor* Triebwagenzug *m*; *Span. ~ basculante* (*od. pendular*) D-Zug *m* (*mit besonderem Komfort, auf bestimmten Strecken*); *~ discrecional* (*especial*) Einsatz- (Sonder-)zug *m*; *~ de enlace* (*de pasajeros*) Anschluß- (Reise-)zug *m*; (*~*) *expreso* (*in Span. langsamer als ~ rápido*) Schnell-, Eil-zug *m*; *~ fantasma, ~ del infierno* Geisterbahn *f auf Rummelplätzen*; *~ hospital* Lazarettzug *m*; *~ de mercancías* (*Am. de carga*) Güterzug *m*; *~ miniatura* Spielzeugeisenbahn *f*; *~ mixto* gemischter Zug *m für Personen u. Güter*; *~ ómnibus* Personenzug *m*, Bummelzug *m* F; *~ rápido* (*de largo recorrido*) (Fern-)Schnellzug *m*; *circulación f* (*bzw. servicio m*) *de ~es* Zugverkehr *m*; *¡señores pasajeros al ~!* (alles) einsteigen, bitte!; *fig. a todo ~* a) in vollem Tempo; b) in Saus und Braus; *a buen ~* recht schnell (*gehen, fahren usw.*); 🚂 *formar ~es* verschieben, rangieren; *coger* (*od. tomar*) *el ~* (*de la mañana*) den (Früh-)Zug fahren, den (Früh-)Zug nehmen; *Vkw.* (Auto-)Kolonne *f*; ⚓ *~ de barcazas* Bootsflotille *f*; 3. ⊕ Zug *m*; (Fertigungs-)Straße *f*; Aggregat *n*, Werk *n*; *~ de cintas transportadoras* Bandstraße *f*; *~ de engranajes* Rädergetriebe *n*; *~ de fabricación* Fertigungsstraße *f*; *~ de laminación* (*od. de laminación*) Walz-straße *f*, -werk *n*; *HF ~ de montaje* F; *~ radial* Drehgestell *n* e-r Lokomotive; *~ de rodaje* Fahrgestell *n*, Chassis *n*; *bsd.* 🚂 *~ de ruedas* Radsatz *m*; 4. ✈ *~ de aterrizaje* fijo festes (*od.* starres) Fahrgestell *n* (*od.* Fahrwerk *n*); *~ de flotadores* Schwimmer(gestell *n*) *m/pl.*; 5. Reiseausrüstung *f*, Gepäck *n für Expeditionen u. ä.*; ✕ Troß *m*, Train *m* († *u.* F); ✕ *~ de combate* Gefechtstroß *m*; 6. Gefolge *n*; 7. Aufwand *m*, Gepränge *n*; 8. *fig.* Zuschnitt *m*; *~* (*de vida*) Lebensweise *f*; *llevar un* (*gran*) *~ de vida auf großem Fuß leben*; 9. *fig.* F *estar como un ~* e-e tolle Figur haben F; blendend aussehen.
trena *f* † a) Wehrgehänge *n*; Gürtel *m*; b) gebranntes Silber *n*; 2. P Gefängnis *n*, Knast *m* F; ✕ Bau *m* F; *fig.* F *Reg. meter en ~* kleinkriegen F, kirre machen.
trenado *adj.* netz- *od.* flechten-förmig.
tren|ca[1] *f* 1. Hauptwurzel *f der Rebe*; 2. Rahmenleiste *f für Waben im Bienenstock*; **~ca**[2] *Am. f* Dufflecoat *m*.
trenci|lla *f* 1. Tresse *f*, Litze *f*, Paspel *f*; Zierspitze *f*; *~s f/pl.* Schnüre *f/pl.*; 2. Peitschenschnur *f*; II. *m* 3. *Sp.* Schiedsrichter *m*; **~llo** *m* 1. → *trencilla* 1; 2. Hutschnur *f*.
trente 🗡 *m* Kartoffelforke *f*.
Trento *m* Trient *n*.
trenza *f* 1. Flechte *f*; Zopf *m*; *p. ext. a.* ≈ geflochtene Schnur *f*; Geflecht *n*; *Ven. ~s f/pl.* Schnürsenkel *m/pl.*; 2. Tresse *f*; **~dera**

trenzado — trinar

f geflochtene Schlinge *f*; ~do
I. *adj.* 1. gezwirnt (*Faden*); II. *m*
2. Zopf *m*; Haarflechte *f*; *a.* ⊕
Flechtwerk *n*; Umflechtung *f* (*z. B.
v. Kabeln*); 3. *Equ., Tanz:* Sprungschritt *m*; ~dora ⊕ *f* Flechtmaschine *f*; ~r [1f] I. *v*/*t.* 1. *Haare,
Schnüre, Weiden, Draht, Kabelumhüllungen* (über Kreuz) flechten;
Fußball: ~ *pases* hervorragend zuspielen; II. *v*/*i.* 2. tänzeln (*Pferd*);
Sprungschritte machen (*Tanz*);
III. *v*/*r.* ~se 3. *Am.* s. die Haare
flechten (*Frau*); 4. *Am.* s. inea.
verklammern; mitea. ringen.
trepa *f* 1. Klettern *n*; F Purzelbaum
m; 2. Maserung *f* (*Holz*); 3. Borte *f*,
Kleiderbesatz *m*; 4. *fig.* F Schlauheit *f*, Geriebenheit *f*; 5. *fig.* F
Tracht *f* Prügel; ~dera *Am. f*
Steigeisen *n*/*pl.*; Steiggurt *m der
Palmfruchtsammler usw.*; ~do I. *adj.*
1. zurückgelehnt; 2. kräftig (u.
nicht zu groß) (*Tier*); II. *m* 3. Falbel *f*, Besatz *m*; 4. Perforierung *f*,
Zackung *f* (*Papier, Briefmarke*);
~dor I. *adj.* 1. kletternd, Kletter...;
II. *m* 2. ~es *m*/*pl.* Steig- bzw. Kletter-eisen *n*/*pl.*; 3. *Vo.* Klettervogel
m; 4. *fig.* F Senkrechtstarter *m* (*fig.*
F); ~dora *f* 1. ♀ (*a. planta f*) ~
Kletterpflanze *f*; 2. *Zo. Ven.* ~ esmeralda Hundskopfboa *f*.
trepanar *Chir. v*/*t.* trepanieren; ~ con
escoplo aus-, auf-meißeln.
trépano *m* 1. *Chir.* Trepan(iermeißel) *m*; 2. ✕ Meißel *m*; ~ de
sondeo Bohrmeißel *m*.
trepar[1] *v*/*i.* klettern (auf *ac. a*); s.
ranken (um *ac. por*) (*Kletterpfl.*); ~[2] I.
v/*t.* 1. durchbohren; 2. *Kleid* mit
Falbeln besetzen; II. *v*/*r.* ~se 3. s.
zurücklehnen. [*m* F.)
trepe F *m* Rüffel *m* F; Streit *m*; Krach
trepida|ción *f* 1. Beben *n*, Zittern *n*;
Zucken *n*; Stampfen *n*; 2. Erschütterung *f*; ~nte *adj. c* zitternd, bebend; *adv. a ritmo* ~ sehr schnell; ~r
v/*i.* beben, zittern; stampfen; *Chi.
fig.* schwanken, zögern.
tres I. *num.* drei; *fig.* F *como y dos son
cinco* völlig klar (der Fall); so sicher,
wie zwei mal zwei vier ist; F *de* ~ *al
cuarto* billig, minderwertig, Dutzendware *f*, mies F; *fig. adv. ni a la de*
~ unmöglich, um nichts auf der
Welt; II. *m* Drei *f*, *Reg.* Dreier *m*.
tresañejo *adj.* dreijährig.
tresbolillo *adv.*: *a(l)* ~ auf Lücke,
versetzt.
tres|cientos *num.* dreihundert; dreihundertste(r, -s); ~doble *adj. c*
dreifältig; dreimal größer.
tresi|llista *Kart. c* Tresillospieler
m; ~llo *m* 1. *Kart.* Tresillospiel *n*;
2. ♪ Triole *f*; 3. Polstergarnitur *f*
(*Sofa u. 2 Sessel*); Garnitur *f v. drei
Steinen* (*Schmuckstück*).
tresmesino *adj.* → tremesino.
tresnal ⚘ *m* Garbenhocke *f*; Schober
m.
trestanto I. *adv.* dreimal soviel;
II. *m das* Dreifache.
treta *f* List *f*, Kniff *m*, Trick *m*;
Fechtk. Finte *f*.
Tréveris *m* Trier *n*.
trezavo *m* Dreizehntel *n*.
triaca *f pharm. hist.* Theriak *m*; *fig.*
Gg.-gift *n*, Heilmittel *n*.
triada ⊕ *f* Dreiheit *f*, Trias *f*.

tri|angulación *f* trigonometrische
Vermessung *f*, Triangulierung *f*;
~angular *adj. c* dreieckig, Dreieck(s)...; dreikantig, Dreikant...; *a.*
✶ *paño m* ~ Dreiecktuch *n*; ~ángulo
m 1. *a.* ⚔ Dreieck *n*; *Anat.* Trigonum
n; ~ *de la muerte* Teil *m* (*des Gesichts*)
zwischen Nase u. Oberlippe; *Vkw.* ~
de peligro Warndreieck *n*; 2. ♪ Triangel *m*; 3. *fig.* (*a. el eterno* ~) Dreiecksverhältnis *n*, Ehe *f* zu dritt.
triarvejonero ⚘ *m* Trieur *m*.
trías *Geol. m* Trias *f*.
triásico *Geol. adj.-su.* triassisch,
Trias...; *m* Trias *f*.
tribal *adj. c* Stammes... [trizität *f*.)
triboelectricidad *f* Reibungselek-
tribu *f* Stamm *m*; *jefe m de* ~ Stammeshäuptling *m*.
tribulación *f* Drangsal *f*; Widerwärtigkeit *f*; Leid *n*.
tríbulo ⚘ *m* ~ abrojo.
tribuna *f* Tribüne *f*; Empore *f* (*Kirche*); ~do *m* Tribunat *n*; ~l *m* 1. ⚖
Gericht(shof *m*) *n*; ~ *administrativo*
(*especial, de excepción*) Verwaltungs-
(Sonder-)gericht *n*; ~ *de apelación* (*de
arbitraje,* ~ *arbitral*) Berufungs-
(Schieds-)gericht *n*; ~ *de comercio* (*de
guerra*) Handels- (Kriegs-)gericht *n*;
~ *de cuentas* Rechnungshof *m*; ≗
Europeo de Derechos del Hombre Europäischer Gerichtshof *m* für Menschenrechte; ~ *ordinario* ordentliches
Gericht *n*; ~ *constitucional* Verfassungsgericht *n*; ~ *de honor* (*de menores*) Ehren- (Jugend-)gericht *n*; ≗
Internacional de Justicia Internationaler Gerichtshof *m*; ≗ *Internacional de
presas* Internationales Prisengericht
n; ~ *de jurados* (*de regidores*) Schwur-
(Schöffen-)gericht *n*; ≗ *de Justicia de
las Comunidades Europeas* Gerichtshof *m* der Europäischen Gemeinschaften; ~ *laboral* (*marítimo*) Arbeits- (See-)gericht *n*; ~ *popular*
Volksgericht(shof *m*) *n*; *hist.* ~ *de la
sangre* Blutgericht *n*; *Span.* ≗ *Supremo* Oberster Gerichtshof *m*; *llevar
ante el* (*bzw. los*) ~(es) vor Gericht
bringen (*od.* anhängig machen); 2.
Prüfungskommission *f*; ~ (*calificador*) Preisgericht *n*.
tri|bunicio *adj.* 1. tribun(iz)isch; 2.
fig. Volksredner...; ~búnico *adj.*
Tribunen...; ~buno *m* 1. Tribun *m*;
hist. u. fig. ~ *de la plebe* Volkstribun
m; 2. *fig.* Volksredner *m*.
tribu|tación *adj. c* abgabe-, besteuerungs-fähig; ~tación *f* Besteuerung
f; *sujeto a* ~ steuerpflichtig; ~tar I.
v/*t.* als Steuer zahlen; *fig.* Lob, Verehrung zollen; II. *v*/*i.* Steuer(n) zahlen; ~tario I. *adj.* Steuer..., steuerpflichtig; II. *m* Nebenfluß *m*; ~to *m
a. fig.* Tribut *m*; Steuer *f*, Abgabe *f*;
fig. ~ *de sangre* Blutzoll *m*; *fig. lit.
pagar* ~ *a la muerte* sterben.
tricéfalo *adj.* dreiköpfig.
tríceps *Anat. m* dreiköpfiger Muskel
m, Trizeps *m*.
tri|ciclo *m* Dreirad *m*; ~ *de reparto*
Lieferdreirad *m*; ~color *adj. c* dreifarbig; *bandera f* ~ Trikolore *f*.
tricomoniasis ⚕ *f* Trichomoniase *f*.
tricornio *m* Dreispitz *m*.

trico|t *m* Trikot *m, n* (*Stoff*); Trikot *n*;
~ta *f Arg.* Trikot *n*; ~tar *tex. v*/*t*.
wirken.
tri|cotomía ⊕, *Phil. f* Trichotomie *f*,
Dreiteilung *f*; ~cótomo ⊕ *adj.* dreigeteilt; ~cromía *Typ. f* Dreifarbendruck *m*; ~cúspide *Anat. f* Tricuspidalklappe *f*; ~dente *m* Dreizack *m*.
tridentino *ecl.*: *Concilio m* ≗ Konzil *n*
von Trient, Tridentinum *n* (1545—
1563).
tridimensional *adj. c* dreidimensional.
tri|duo *ecl. m* dreitägige Andacht *f*;
~enal *adj. c* dreijährig; dreijährlich;
~enio *m* Zeitraum *m* von drei Jahren; ~era *f* → trirreme.
tri|fásico ≸ *adj.* dreiphasig; Dreiphasen..., Dreh...; ≗ *fólio* ♀ *m* ~tré-
bol; ~forio ♆ *m* Triforium *n in
Kirchen*; ~forme *adj. c* dreigestaltig.
trifulca *f* 1. ✕ *ehm.* Gebläsewerk *n*; 2.
fig. F Wirrwarr *m*; Keilerei *f* F.
triga *f* Dreigespann *n*.
trigal *m* Weizenfeld *n*.
tri|garante *adj. c* dreifache Garantie
bietend; ~gémino *Anat. m* Trigeminus *m*; ~gésimo *num.* dreißigste(r, -s).
trigo *m* Weizen *m*; *fig.* F Geld *n*,
Moos *n* F; ~ *candeal,* ~ *común*
Weichweizen *m*; ~ *duro* Hartweizen *m*; ~ *fanfarrón* Art Hartweizen
m (*Triticum Linneanum*); ~ *marzal,*
~ *tremesino* (*otoñal,* ~ *de invierno*)
Sommer- (Winter-)weizen *m*; ~
mocho ein grannenloser Weizen *m*;
~ *mor*(*un*)*o* Berberweizen *m*; ~ *sarraceno* (*od. negro*) Buchweizen *m*;
fig. F *no ser* ~ *limpio* nicht in Ordnung
(*od.* nicht sauber, nicht koscher F
[*fig.*]) sein.
trigón *m* 1. *Fi.* Feuerrochen *m*; 2. ♪
hist. Art Leier *f*.
trígono ⚭, *Astr. m* Trigon *n*.
trigono|metría ⚭ *f* Trigonometrie *f*;
~métrico *adj.* trigonometrisch.
trigue|ño *adj.* bräunlich; dunkelblond, brünett; ~ro I. *adj.* 1. Getreide...; Weizen...; II. *m* 2. Getreidesieb *n*; 3. *Vo.* Grauammer *f*.
trilingüe *adj. c* dreisprachig.
trilla[1] *Fi. f* → salmonete.
trilla[2] ⚘ *f* 1. Dreschen *n*, Drusch *m*;
Dreschzeit *f*; 2. → *trillo* 1; 3. *Cu.* →
trillo 2; ~do *adj.* ausgedroschen; *fig.*
abgedroschen; ausgetreten (*Weg u.
fig.*); ~dor *m* Drescher *m*; ~dora *f*
Dreschmaschine *f*; ~dura *f* Dreschen *f*, Drusch *m*; ~r *v*/*t.* (aus)dreschen; *fig.* immer wieder durchackern; abnutzen; *fig.* F mißhandeln.
trillizos *m*/*pl.* Drillinge *m*/*pl.*
trillo *m* 1. ⚘ Dreschbrett *n*; 2. *Ant.*
(Trampel-)Pfad *m*.
tri|llón *m* Trillion *f*; ~membre *adj. c*
dreigliedrig; ~mensual *adj. c* dreimal im Monat (erscheinend *usw.*);
~mestral *adj. c* Dreimonats...,
Quartals...; ~mestre *m* 1. Vierteljahr *n*, Quartal *n*; Trimester *n*; 2.
Vierteljahres-miete *f bzw.* -zahlung
f.
tri|morfo *adj.* dreigestaltig; ~motor
I. *adj.* dreimotorig; II. *m* ✈ dreimotoriges Flugzeug *n*.
tri|nado *m* 1. Trillern *n*; ♪ → *trino*[2];
2. Tirilieren *n*, Zwitschern *n der
Vögel*; ~nar *v*/*i.* ♪ trillern; tirilie-

ren (*Vogel*); *fig.* F está que trina er tobt vor Wut.
trinca *f* Dreiergruppe *f*; *Sp.* Dreiermannschaft *f*; *fig.* F Kleeblatt *n*, Dreigestirn *n*.
trincar[1] [1g] *v/t.* zerteilen, zerstückeln; ~[2] [1g] *v/t.* 1. umklammern; *fig.* P a) *oft* ~se essen, mampfen F, acheln (F *Reg.*); b) killen P, umlegen (*fig.* P); 2. ⚓ festzurren; ~[3] [1g] F *vt/i.* zechen, bechern F.
trincha *f* (Hosen-)Schnalle *f*.
trincha|dor *m* Vorschneider *m*, Tranchierer *m*; ~**nte** *m* 1. Vorschneider *m*; 2. Tranchier-messer *n*; -gabel *f*; 3. Spitzhammer *m für Steinhauer*; ~**r** *v/t.* tranchieren.
trinche|ra *f* 1. ⚔ (Schützen-)Graben *m*; 2. künstlicher Geländeeinschnitt *m zur Durchführung e-r Straße usw.*; 3. Trenchcoat *m*; ~**ro** I. *adj.*: *plato m* ~ Vorlegeteller *m*; II. *m* Vorlegetisch *m*; ~**te** *m* Schusterkneif *m*.
trineo *m* 1. Schlitten *m*; ~ de caballo(s) (de motor, de perros, de vela) Pferde- (Motor-, Hunde-, Segel-)schlitten *m*; *ir en* ~ Schlitten fahren; 2. Schleife *f* zum Abschleppen (*z. B. Jgdw.*); 3. ⊕ Schlitten *m*, Gleitstück *n*.
tringa *Vo. f* Strandläufer *m*.
trini|dad *f* 1. *Rel.* (*als Dogma*: ♀) Dreifaltigkeit *f*, Trinität *f*; *fig. mst. desp.* Dreieinigkeit *f*, Dreierclique *f* (*desp.*); *ecl.* ♀ Dreifaltigkeitssonntag *m*, Trinitatis (*ohne Artikel*); *Orden f de la* ♀ Trinitarierorden *m*; 2. *Geogr.* ♀ *y Tobago* Trinidad und Tobago *n*; 3. ♀ *flor f de la* ♀ → ~**taria** *f* 1. ♀ Stiefmütterchen *n*; 2. *kath.* Trinitarierin *f*; ~**tario** *Rel. adj.-su.* trinitarisch; *m* Trinitarier *m*.
trino[1] *adj.* 1. *Rel.* dreieinig; 2. dreifach; dreizählig.
trino[2] *m* Triller *m*.
tri|nómico ⚛ *adj.* trinomisch; ~**nomio** ⚛ *m* Trinom *n*.
trinque|te[1] ⚓ *m* Fock-mast *m*, -rahe *f*; -segel *n*; ~**te**[2] ⊕ *m* Gesperre *n*, Klinke *f*; ~**te**[3] *m* (Hallen-)Ballspiel *n*; ~**te**[4] F *m*: *a cada* ~ → *a cada trique*; ~**tilla** ⚓ *f* Stagfock *f*.
trinquis F *m* Schluck *m* (*Wein usw.*).
trí|o *m* ♪ *u. fig.* Trio *n*; ~**odo** HF *m* Triode *f*.
Triones *Astr. m/pl. Gr.* Wagen *m*.
trióxido ⚛ *m* Trioxid *n*.
tripa *f* 1. Darm *m*; F Bauch *m* (*a. e-s Gefäßes*); *fig.* Einlage *f b.* Zigarren; *fig.* F echar ~ (e-n) Bauch ansetzen; *fig.* P hacer una ~ a alg. j-m ein Kind machen P; *fig.* F sacar la ~ de mal año s. (ordentlich) den Bauch vollschlagen F; ¿qué ~ *se ha roto?* was hast du denn auf einmal?; 2. ~s *f/pl.* Eingeweide *n*(*/pl.*); *fig.* Innere(s) *n*; *fig.* F echar las ~s s. die Seele aus dem Leib kotzen P; *fig.* hacer de ~s corazón a) s. ermannen, s. ein Herz fassen; b) in den sauren Apfel beißen; c) aus der Not e-e Tugend machen; *fig.* F revolverle a alg. las ~s a j-m äußerst widerlich sein, j-n ankotzen P; *fig.* F sacar las ~s a alg. j-n gewaltig schröpfen; *tener malas* ~s bösartig (*od.* grausam) sein; 3. *Kfz. Ven.* Schlauch *m* (*Reifen*); ~**callos** *m/pl.* → *callo*(*s*) 3; ~**da** *f* → *panzada*.
triparti|r *v/t.* dritteln; ~**to** *Pol. adj.*:

Pacto *m* ~ Dreierpakt *m*.
tripazo F *m* → *panzada*.
tripe *tex. m* Tripp *m*, Halbsamt *m*.
tri|pero *m* 1. Kaldaunenhändler *m*; 2. F Bauchbinde *f*; ~**pita** *dim. f*: *fig.* P *salir con* (*una*) ~ schwanger werden.
triple I. *adj. c* dreifach; II. *m das* Dreifache.
triplica|do *m* Drittausfertigung *f*; *por* ~ in dreifacher Ausfertigung; ~**r** [1g] *v/t.* verdreifachen.
trípode *m* Dreifuß *m*; Stativ *n*.
tripolar ⚡ *adj. c* dreipolig.
tripoli|ta)no *adj.-su.* aus Tripolis; *m* Tripolitaner *m*.
tripón *adj.* dickbäuchig.
tríptico *m* 1. Triptychon *n*, dreiteiliges Altarbild *n*; 2. *Kfz.* Triptyk *n*.
triptongo *Phon. m* Triphthong *m*, Dreilaut *m*.
tripudo F *adj.* dickbäuchig.
tripula|ción ⚓, ✈ *f* Besatzung *f*, Schiffs-, Flug-mannschaft *f*; *sin* ~ unbemannt; ~**do** *Raumf. adj.* bemannt; ~**nte** ⚓, ✈ *c* Mitglied *n* der Besatzung; ~**r** *v/t.* 1. bemannen; 2. *fig.* F *Chi.* pan(t)schen.
trique *m* 1. Knall *m*; Knacken *n*; F *a cada* ~ jeden Augenblick; alle nas(e)lang F; 2. *Ant.*, *Méj.* Mühle(spiel *n*) *f*; *fig.* Trick *m*; 3. *Chi.* a) grob gemahlenes Mehl *n bzw.* Kleie *f*; b) ♀ Tiquebaum *m*; Purgierschwertel *f*; 4. *Méj. mst.* ~s → *trastos*; ~**te** *m dim. zu trique* 1.
triqui|na *f* Trichine *f*, ~**nosis** 🦠 *f* Trichinose *f*.
triquiñuela F *f* Ausflucht *f*; Kniff *m* F, Dreh *m* F; *andar con* ~s immer e-e Ausrede haben.
triquitraque *m* Knattern *n*, Rattern *n*; Klirren *n*; Knallfrosch *m*; *a cada* ~ → *a cada trique*.
trirreme ⚓ *hist. m* Triere *f*, Dreiruderer *m*.
tris *m* Knacks *m*; *fig.* Anlaß *m*; *onom.* ¡~! knacks!; ~, *tras* ping, pang, poch, poch; *adv. Col.* *un* ~ ein bißchen; *en un* ~ im Nu, im Hui; *estar en un* ~ beinahe; *estuvo en un* ~ *de caerse* um ein Haar wäre er gefallen; ~**ca** F Knacken *n*; *p. ext.* Lärm *m*, Radau *m* F; ~**car** [1g] *v/i.* 1. trippeln; herumspringen, hüpfen; II. *v/t.* 2. durchea.-bringen, verheddern; 3. Säge schränken.
trismo 🦠 *m* Kieferklemme *f*, Trismus *m*.
triste I. *adj. c* traurig (*a. fig. desp.*); betrübt; niedergeschlagen; (*ser*) trübsinnig, schwermütig, finster, düster; *mst.* vorangestellt *fig.* armselig, elend; *lit.* ¡ay, ~ *de mí!* ach, ich Arme(r)!; *un* ~ *consuelo* ein armseliger Trost *m*; *estar* ~ traurig (gestimmt) sein; *es* ~ *das ist traurig*; II. *m* ♪ *Arg.*, *Pe. Folk.* schwermütiges (*Liebes-*)Lied; ~**za** *f* Traurigkeit *f*; Trauer *f*, Betrübnis *f*; Wehmut *f*; Schwermut *f*, Trübsinn *m*.
tritón *m* 1. *Zo.* Molch *m*; ~ *crestado* Kamm-Molch *m*; 2. *Phys.* Triton *n*.
tritu|ración *f* Zermalmung *f*, Zerreibung *f*, Zermahlung *f*; ~**rador** ⊕ *m* Brecher *m*; ~ *de basura* Müllverkleinerer *m*; ~**radora** ⊕ *f* Brecher *m*; ⚒ Stampfwerk *n*; ~ Schrotmühle *f*; ~**rar** *v/t.* zermalmen, zerquetschen; zerkleinern,

zermahlen; *pharm.* verreiben; ⊕ brechen; *Erze* (ver)mahlen; *fig. Argumente u. ä.* zerpflücken; ✈ *cebada f* ~**ada** Gerstenschrot *m*.
triun|fador I. *adj.* siegreich, triumphierend; II. *m* Sieger *m*; ~**fal** *adj. c* Triumph..., Sieges...; *arco m* ~ Triumphbogen *m*; *corona f* ~ Siegeskrone *f*; ~**falismo** *m* Selbstgefälligkeit *f*; *Pol.* (offizieller) Zweckoptimismus *m*; ~**falista** *adj.-su. c* selbstgefällig(e Person *f*); zweckoptimistisch; *m* Zweckoptimist *m*; ~**fante** *adj. c* triumphierend (*a. Kirche*), siegreich; ~**far** *v/i.* triumphieren; siegen; *Kart.* e-n Trumpf ausspielen; ~**fo** *m* Triumph *m*; Sieg *m*; *Kart.* Trumpf *m*; *a. fig.* echar un ~ e-n Trumpf ausspielen; *fig.* tener todos los ~s alle Trümpfe in der Hand haben.
triunvi|ral *hist. u. fig. adj. c* Triumvirats...; ~**rato** *m* Triumvirat *n*; ~**ro** *m* Triumvir *m*.
trivalen|cia 🜛 *f* Dreiwertigkeit *f*; ~**te** *adj. c* dreiwertig.
trivi|al *adj. c* platt, alltäglich, abgedroschen, trivial; ~**alidad** *f* Plattheit *f*; Gemeinplatz *m*; ~**o** *m* 1. *Ma.* Trivium *n*; 2. Dreiweg *m*, dreifacher Kreuzweg *m*.
triza *f* Stück *n*; Fetzen *n*; *hacer* ~s zerstücken, zerfetzen; *kurz u.* klein schlagen; *hecho* ~s entzwei, kaputt F; ~**r** [1f] *v/t.* zerfetzen.
troca *Phono f Méj.* Tonabnehmer *m*.
trocaico *adj.* trochäisch (*Vers.*).
trocar[1] *Chir. m* Trokar *m*.
trocar[2] [1g *u.* 1m] I. *v/t.* 1. (um-, ein-)tauschen (für, gegen *ac. por*); (aus-, ein-)wechseln; 2. vertauschen; 3. verwandeln; II. *v/r.* ~se 4. s. ändern; s. wenden; s. verwandeln (in *ac.* en).
tro|cear *v/t.* in Stücke teilen; ~**ceo** *m* 1. Teilung *f* in Stücke; 2. ⚓ Rack *n*; ~**cito** *dim. m kl.* Stückchen *n*.
trocla *od.* **trócola** *f* Flaschenzug *m*.
trocha *f* 1. Pfad *m*; Steg *m*; *Am. Reg. vom Menschen angelegter* Urwaldpfad *m*; 2. ⬢ *Am.* Spurweite *f*.
trochemoche: *a* ~ *od. a troche y moche* aufs Geratewohl, auf gut Glück; kreuz u. quer, wie Kraut u. Rüben.
trofeo *m* 1. Trophäe *f*; (Sieges-)Preis *m*; 2. Waffenschmuck *m*; 3. *fig.* Sieg *m*, Triumph *m*.
trófico 🦠 *adj.* trophisch, Ernährungs...
troglo|dita *c* Höhlenbewohner(in *f*) *m*; *fig.* Barbar *m*; ~**dítico** *adj.* Troglodyten...
troica *f* Troika *f*.
troj(e) (*Am. a.* troja) *f* Korn- *bzw.* Oliven-kammer *f*; *Arg.* Maisschober *m*.
trola F *f* Lüge *f*, Ente *f* F.
trole *m* 1. ⚡ Stromabnehmer *m b.* Straßenbahnen; ~ *de arco* Kontaktbügel *m*; 2. F → ~**bús** *m* Obus *m*.
trolero F *adj.* verlogen.
trolo F *m Arg.* passive(r) Homosexuelle(r) *m*.
trom|ba *f Met.* Wasserhose *f*; *fig. adv.* *en* ~ a) in hellen Haufen (*u. mit gr.* Gewalt); b) in Windeseile; ~**bón** *f m* 1. Posaune *f*; ~ *de pistones* (*de varas*) Ventil- (Zug-)posaune *f*; 2. Posaunenbläser *m*, Posaunist *m*.

trombosis ♂ f Thrombose f.
trompa I. f 1. ♪ (Wald-)Horn n; ~ de caza Jagdhorn n; ~ gallega Brummeisen n; ~ marina Maultrommel f; 2. Zo. Rüssel m; fig. F gr. Nase f, Zinken m F, Rüssel m F; vorspringender Mund m, bsd. Schmollmund m e-s Unzufriedenen; 3. fig. F Rausch m; estar ~ e-n Affen (od. e-n sitzen) haben F; 4. Anat. → Falopio u. Eustaquio; 5. Brummkreisel m; 6. ⊕ Strahlpumpe f; 7. ♠ Trompe f; 8. ⚓ → tromba; 9. 🐚 Am. Räumgitter n; II. m 10. Waldhornbläser m, Hornist m.
trompa|da f, **~zo** F m 1. Zs.-stoß m; Zs.-prall m mit den Köpfen; p. ext. derber Stoß m; Faustschlag m; F hay que andar a ~s (od. a ~ limpio) con él man muß ihn sehr hart anfassen; 2. ⚓ Rammstoß m.
trompero adj. trügerisch.
trompe|ta I. f Trompete f; ⚓ ~ de niebla Nebelhorn n; al son de (las) ~(s) bei Trompetenschall; tocar la ~ Trompete blasen; fig. F e-n kräftigen Schluck aus der Pulle nehmen F; II. m Trompeter m; **~tazo** m Trompetenstoß m; fig. F gr. Albernheit f; **~tear** v/i. trompeten; **~tería** ♪ f Trompetenregister n (der Orgel); **~tero** m 1. Trompetenmacher m; Trompeter m; 2. Fi. Schnepfenfisch m; **~tilla** f Hörrohr n.
trompi|car [1g] I. v/t. stolpern lassen, stoßen; II. v/i. straucheln; **~cón** m Straucheln n; Stoß m; a ~ones stoßweise, ruckweise.
trompis F m Faustschlag m.
trom|po m 1. Kreisel m; fig. F Hohlkopf m; fig. F ponerse como un ~ s. vollstopfen (b. Essen u. Trinken); roncar como un ~ gewaltig schnarchen F, sägen F; 2. Zo. Spitzkreiselschnecke f; **~pón**: de (a. a) ~ unordentlich, liederlich.
trona|da f Gewitter n; **~do** F adj. heruntergekommen; abgebrannt (fig. F); verkracht (fig. F); **~dor** m Kanonenschlag m (Feuerwerksrakete); **~r** [1m] I. v/i. donnern; fig. F wettern (gg. ac. contra); fig. F toben, brüllen; ~ con alg. s. mit j-m verkrachen; II. v/t. P Guat., Méj. umlegen P, abknallen P; III. v/r. ~se fig. abwirtschaften, Pleite machen F.
tron|cal adj. c Stamm...; **~car** [1g] v/t. → truncar; **~co** m 1. a. fig. u. Li. Stamm m; fig. Klotz m; fig. Abstammung f, Ursprung m; Reg. u. Ec. → troncho; ~ (de árbol) Baumstamm m; Anat. ~ arterial Arterienstamm m; Anat. ~ nervioso Nerven-stamm m, -strang m; fig. F estar hecho un ~ steif u. unbeweglich sein wie ein Klotz; dormir como un ~ schlafen wie ein Klotz; 2. bsd. ♣ Stumpf m; ~ de columna (♣ de cono) Säulen- (Kegel-)stumpf m; 3. Rumpf m, Oberkörper m; 4. Deichselgespann n; caballo m de ~ Deichselpferd n; 5. F Span. Kumpel m; 6. F Ven. un ~ de ... ein prima F (od. herrlicher, großer) ...; **~cocónico** adj. kegelstumpfförmig; **~cón** m Baumstumpf m.
tron|cha f Arg., Chi., Pe. Schnitte f; Stück n; **~char** I. v/t. abreißen; (um)knicken; fig. zunichte machen; fig. F erledigen F, erschöpfen F; II. v/r. ~se zer-, ab-brechen; ~se (de risa) s. totlachen; **~cho I.** adj. Arg. → trunco; II. m Strunk m; P Schwengel m P (= Penis).
tronera I. f 1. Schießscharte f; ⚓ Geschützluke f; p. ext. (Dach-) Luke f; Turmluke f; 2. Billardloch n; 3. Klatsche f, Schlagschwärmer m (Kinderspielzeug); II. m 4. F Windhund m (fig. F).
tro|nido m Donner m; fig. F Ruin m, Bankrott m; fig. F Andal. u. fig. P a. → **~nío** m Prunk m, Pracht f; Stolz m, Dünkel m; Angabe f F.
trono m a. fig. u. Rel. Thron m; Rel. ~s m/pl. Throne m/pl. (Engelordnung); subida f al ~ Thronbesteigung f; ocupar el ~, subir al ~ den Thron besteigen.
tronquista m Kutscher m b. Deichselgespann.
tronza|dor Zim., ⊕ m Ablängsäge f; **~r** [1f] v/t. 1. zerbrechen; Stoff fälteln; fig. zermürben; 2. Zim., ⊕ ablängen.
tro|pa f 1. Haufe m; Trupp m; Am. Mer., bsd. Rpl. Wanderherde f; Zug m von Lasttieren; 2. ⚔ Truppe f; Mannschaft f; p. ext. Zeichen n zum Sammeln; ~ f/pl. aeroportadas (de a pie) Luftlande- (Fuß-) truppen f/pl.; ~ de pacificación Friedenstruppe f; **~pel** m 1. Haufe m, Herde f, Schwarm m, (Menschen-) Menge f in Bewegung; Trappeln n; Getrappel n e-r Menge; wirres Durchea. n; en ~ haufenweise; in wilder Hast; 2. □ Gefängnis n; **~pelero** □ m Straßenräuber m; **~pelía¹** □ m. wilde Hast f; 2. Gewalttat f; Pöbelei f; 3. Übertölpelung f.
tropelista ♣ m Gaukler m.
trope|ña f Ec., **~ra** f Am. Cent. mit den Freischärlertruppen ziehende Soldatenfrau f; **~ro** m Rpl. Führer m e-r Wanderherde usw.
trope|zar [1f u. 1k] I. v/i. 1. stolpern, straucheln (a. fig.); 2. zs.-stoßen (mit dat. con); ~ con a/c. s. an et. (dat.) stoßen; ~ con alg. j-n unvermutet treffen; 3. stoßen (auf ac. con, en); II. v/r. ~se 4. s. treten (od. streichen) (Tiere, bsd. Pferde); fig. F zs.-stoßen; **~zón** m Stolpern n; a ~ones stolpernd; stockend; stotternd; dar un ~ stolpern.
tropical adj. c tropisch, Tropen...; **~lizar** [1f] v/t. tropenfest machen.
trópico m Geogr. Wendekreis m; ~s m/pl. die Tropen pl.; Astr. ~ de Cáncer (de Capricornio) Wendekreis m des Krebses (des Steinbocks).
tropiezo m 1. Anstoß m; Hindernis n; F Zs.-stoß m; Streit m; 2. Schwierigkeit f; 3. fig. Fehltritt m, Entgleisung f F; 4. fig. F ~s m/pl. Fleischstückchen n/pl. im Eintopf usw.
tropilla f Rpl. Trupp m Pferde in Bewegung.
tro|pismo Biol. m Tropismus m; **~po** Rhet. m Tropus m, Tropen f.
troque|l m Münz-, Präge-stempel m; Stanzwerkzeug n; **~lado** m Stanzen n; **~ladora** f Prägepresse f für Münzen; Stanzmaschine f; **~lar** v/t. (prägen)stanzen.
tro|tacalles I. c (pl. inv.) Pflastertreter m; II. f (pl. inv.) F Straßendirne f, Strichmädchen n F; **~taconventos** fig. hist. f (pl. inv.) Kupplerin f; **~tada** f Am. Trab m; (im Trab zurückgelegtes Stück n) Weg m; **~tamundos** m (pl. inv.) Weltenbummler m, Globetrotter m; **~tar** v/i. traben, trotten (a. fig.); fig. umherlaufen; **~te** m Equ. u. fig. Trab m; p. ext. Hufschlag m; fig. F schwere (u. schnell zu erledigende) Arbeit f; al ~ im Trab (a. fig.); Equ. de ~ duro hoch trabend; fig. F para todo ~ für den Alltag(sgebrauch); Equ. ~ corto (largo) kurzer (verstärkter) Trab m; Equ. ~ cochinero kurzer u. schneller Trab m, Schweinsgalopp m F; fig. F andar a ~ corto trippeln; ir al ~ im Trab reiten; fig. ya no estoy para esos ~s das ist mehr nichts für mich, dafür bin ich zu alt; **~tinar** v/i. Am. Cent. → trotar; **~tón** Equ. m Traber m; Am. Klepper m; **~tona** desp. P f Nutte f F.
trotzkismo Pol. m Trotzkismus m.
tro|va Lit. f Gedicht n, Lied n, Trove f; **~vador** m Troubadour m; **~vadoresco** adj. Troubadour...; **~var** I. v/i. Verse nach Art der Troubadours schreiben; II. v/t. fig. et. umdeuten; **~vero** Lit. m Trouvère m; **~vo** Lit. m altspan. (Liebes-)Lied n.
Troya Myth. npr. f Troja n; fig. ¡arda ~! u. wenn der Himmel einstürzt! (es wird trotzdem durchgeführt); burl. jetzt kann's losgehn!; iron. F ¡aquí (od. allí) fue ~! da haben wir die Bescherung! F; **§no I.** adj. trojanisch; Myth. u. fig. el caballo ~ das trojanische Pferd; II. m Tro(jan)er m.
troza¹ f Sägerei: abgelängter Baumstamm m.
troza² ⚓ f Rack m.
tro|zar [1f] v/t. zerbrechen, zerstückeln; Baumstamm ablängen; **~zo** m Stück n; a ~s stückweise.
trúa F f Arg. Rausch m; estar en ~ einen sitzen haben F.
tru|cado adj. gefälscht, falsch; a. gezinkt (Karten); **~caje** m 1. Tricktechnik f; 2. Verfälschung f; **~car** [1g] v/t. 1. mit Tricks darstellen; 2. (ver-)fälschen; **~co** m 1. Trick m; 2. Arg., Bol., Chi. ~ puñada, puñetazo; 3. Arg. ein Kartenspiel.
truculen|cia f Schauergeschichte f, Moritat f f; **~to** adj. grausam, schaurig; blutrünstig.
tru|cha f 1. Forelle f; fig. Schlaukopf m; ~ arcoiris, ~ irisada (de mar) Regenbogen- (Lachs-)forelle f; fig. F pescar una ~ patschnaß werden F; 2. Am. Cent. Stand m, kl. Laden m; **~chero I.** adj. 1. Forellen...; II. m 2. Forellen-fischer m bzw. -händler m; Reg. u. Am. Forellenwasser n; 3. Am. Cent. Krämer m.
trueno m Donner m; Knall m; fig. F Krach m F, Streit m; ~ gordo Knalleffekt m; Knüller m F; Riesenskandal m F.
trueque m 1. Tausch m; Tauschhandel m; a ~ de gg. (ac.), für (ac.); 2. Col. ~s m/pl. Wechselgeld n.
trufa f Trüffel f (Pilz); fig. F Lüge f, Ente f; ♣ falsa ~ Kartoffelbovist m; **~dor** m Lügner m, Schwindler m; **~r I.** v/t. mit Trüffeln füllen; II. v/i. fig. F flunkern, lügen, schwindeln.

tru|hán m Gauner m; **~hanería** f Gaunerei f; **~hanesco** adj. spitzbübisch.
truja f Olivenkammer f in Ölmühlen; **~l** m Ölpresse f.
trujamán hist. m Dolmetsch m, Dragoman m; Vermittler m.
trulla[1] f Lärm m, Getöse n; ✠ Schwarm m.
trulla[2] f Kelle f.
trullo[1] Vo. m Krickente f.
trullo[2] m Reg. Kelter f.
trun|cado adj. verstümmelt; ⚸ cono m ~ Kegelstumpf m; **~camiento** m Verstümmelung f; **~car** [1g] v/t. abschneiden, kappen; verstümmeln; Auto hoch-, auf-frisieren; **~catura** Li. f Wortverkürzung f; **~co** adj. Am. unvollständig.
trusa f Am. Reg. Unterhose f; a. Schlüpfer m.
trust(e) ✠ m Trust m.
tsantsa f Am. Mer. Schrumpfkopf m.
tse-tsé f (a. mosca f ~) Tsetsefliege f.
tú pron. pers. du; F ~ y tu(s) ... (Vorwurf): ¡~ y tus quejas! du u. d-e (ewigen) Beschwerden!
tu, tus pron. pos. dein, deine.
tuareg Ethn. m/pl. Tuareg pl. (Stamm). [Hauptsache f.)
tuáutem F m Hauptperson f;)
tuatúa ⚶ f e-e Wolfsmilchstaude.
tuba[1] f (Baß-)Tuba f.
tuba[2] f Fil. Palmwein m.
tuberculi|na ⚕ f Tuberkulin n; **~nizar** [1f] v/t. die Tuberkulinprobe machen an (dat.); **~zar** [1f] v/t. tuberkulisieren.
tubérculo m Höcker m, Vorsprung m; Knolle f; (bsd. Tuberkulose-)Knötchen n, Tuberkel m.
tuberculo|sis ⚕ f Tuberkulose f; ~ pulmonal Lungentuberkulose f; **~so** adj.-su. tuberkulös; m an Tuberkulose Erkrankte(r) m.
tubería f (Rohr-)Leitung f; ~ a gran distancia Rohrfernleitung f; ~ de distribución Verteiler(rohr)netz n; ~ de entrada (de gas) Zugangs-(Gas-)leitung f.
tuberosa ⚶ f Tuberose f; ~ blanca (mexikanische) Nachtlilie f.
tubero|sidad ⚕ f Knolle f; Höcker m; a. Knollenbildung f; Geschwulst f; **~so** adj. knollenförmig; ⚶ planta f ~a Knollengewächs n.
tu|biforme adj. c röhrenförmig; **~bo** m 1. a. ⚡, TV, HF Röhre f; Rohr n; a. Opt., ⚕ Tubus m; ⊕ ~ acodado Knierohr n, Krümmer m; ~ acústico Hör- bzw. Schall-, Sprach-rohr n; HF ~ amplificador Verstärkerröhre f; ~ aspirante Saugrohr n; ~ bajante (od. de bajada, de caída) Fallrohr n; ~ derrame Überlaufrohr n; Anat. ~ digestivo (intestinal) Verdauungs-(Darm-)kanal m; TV ~ electrónico de imagen Elektronenbildröhre f; Opt. ~ de enfoque Einstelltubus m; ~ de escape Kfz. Auspuff-, ⊕ Ablaß-rohr n; ⚶ ~ fecundante Befruchtungsschlauch m; ~ (flexible) Schlauch m; ⚡ ~ fluorescente Leuchtstoffröhre f; ~ de gas Gasrohr n; Gasschlauch m; ⚓ ~ lanzatorpedos Torpedoausstoßrohr n; ~ montando (od. de subida) Steigrohr n; ~ de Roentgen, ~ de rayos X Röntgenröhre f; ~ en T T-Rohr n, Dreischenkelrohr n; HF ~ de vacío Vakuumröhre f; 2. ⊕ a. (nicht mot. u. Typ.) Zylinder m; Stahlflasche f; ♪ Orgelpfeife f; 3. Röhrchen n; Hülse f; Tube f; Méj. Lockenwickler m; ~ capilar Haarröhrchen n; ~ de ensayo Reagenzglas n; ~ graduado Meßbecher m; ~ de papel Papphülse f; 4. ~ (de cristal, ~ de lámpara) Lampenzylinder m.
tubula|dura f bsd. Am. Rohrstutzen m; **~r** adj. c röhrenförmig. [m.)
tucán Vo. m Tukan m, Pfefferfresser)
tudel ♪ m Röhrenende n e-s Blasinstruments (zum Aufsetzen des Mundstücks).
tudesco I. adj. altdeutsch, germanisch; lit. u. desp. deutsch; II. m oft desp. Germane m, Deutsche(r) m; fig. F modales m/pl. ~s mst. desp. grobschlächtige Manieren f/pl.; beber (comer) como un ~ übermäßig trinken (essen).
tuerca ⊕ f (Schrauben-)Mutter f; ~ mariposa (tapón, tensora) Flügel-(Überwurf-, Spann-)mutter f; fig. tiene una ~ floja bei ihm ist e-e Schraube locker F.
tuerto I. adj. 1. krumm, schief; fig. F a ~as verkehrt; a ~ o a derecho od. a ~as o a derechas (mit) Recht od. Unrecht; so oder so; 2. einäugig; blind (Fensterhälfte); a. fig. F einäugig (fig. F, mangelhafte Autobeleuchtung); ~ del ojo derecho auf dem rechten Auge blind; II. m 3. Einäugige(r) m.
tueste m 1. Rösten n; 2. F → twist.
tuétano m (Knochen-)Mark n; fig. F hasta los ~s bis aufs Mark; enamorado hasta los ~s bis über beide Ohren verliebt.
tu|farada f durchdringender Geruch m; (Schnaps-)Fahne f F; **~fillas** F m (pl. inv.) leicht aufbrausender Mensch m; **~fillo** F m Gerüchlein n; fig. dar el ~ Verdacht erregen (od. wecken); **~fo**[1] m Ausdünstung f; scharfer Geruch m; Mief m F; ~ de carbón) Kohlendunst m; ⚒ Kohlengas n; fig. F oft ~s m/pl. Dünkel m; tener muchos ~s s. Gott weiß was einbilden F. [schel n.)
tufo[2] m Schläfenlocke f; Haarbü-)
tufo[3] Min. m Tuff(stein) m.
tugurio m (Schäfer-)Hütte f; fig. ärmliche Behausung f; desp. Loch n; Kaschemme f. [Tüll m.)
tul tex. m Tüll m; ~ ilusion feinster)
tula f 1. Chi. weißer Reiher m; 2. Col. längliche Reisetasche f.
tuli|pán ⚶ m Tulpe f; **~p(an)ero** ⚶ m Tulpenbaum m.
tullido I. adj. gelähmt; lahm; quedó ~ de un brazo ein Arm blieb steif; II. m Gelähmte(r) m; Krüppel m. [Raubvögel.)
tullidura Jgdw. f Losung f der)
tulli|miento m Gliederlähmung f; **~r** [3h] I. v/t. lähmen; zum Krüppel schlagen; II. v/r. **~se** lahm werden.
tumba f 1. Grab(stätte f) n; Grabmal n; kath. Tumba f (Katafalk); a. „Heiliges Grab" n (an Karfreitagen u. Karsamstagen); fig. a ~ abierta rasend schnell; blindlings; ~ del soldado desconocido Grabmal n des Unbekannten Soldaten; fig. mudo como una ~ stumm wie ein Grab; reposo m de la ~ Grabesruhe f; fig. cavar su propia ~ sein eigenes Grab schaufeln; F correr (od. lanzarse) a ~ abierta e-n Affenzahn draufhaben F, fahren wie e-e gesengte Sau F; F lanzarse a ~ abierta a. s. blindlings hineinstürzen; fig. tener (ya) un pie en la ~ mit einem Fuß im Grab(e) stehen; 2. rundes Verdeck n (Pferdewagen); 3. Purzelbaum m; 4. Ant. Rodung f; 5. Arg. Armeleuteessen n (schlecht zubereitetes Fleisch u. ä.).
tumbacuartillos F m (pl. inv.) Zechbruder m, Trunkenbold m.
tumba|ga f Tombak m (Schmucklegierung); **~la** P f Span. Juwel n; ~s Klunker m/pl. F; **~locas** F m (pl. inv.) Weiberheld m.
tum|bar I. v/t. 1. umwerfen; zu Boden werfen; niederstrecken; ⚓ Schiff kielholen; Ant. Bäume fällen; 2. fig. F umlegen, killen F; Frau verführen, umlegen F; II. v/i. 3. hinpurzeln; III. v/r. **~se** 4. s. (nieder)fallen lassen; F s. hinlegen, s. aufs Ohr hauen F; 5. fig. nachlassen in der Arbeit; nicht mehr weitermachen (b. a-r Arbeit); **~bavasos** P m (pl. inv.) Säufer m F; **~billa** f Bettwärmer m; **~bo** m Fall m; Taumeln n; dar un ~ taumeln; hinfallen; **~bón**[1] m Kasten m, Truhe f mit gewölbtem Deckel; **~bón**[2] adj. verschmitzt; hinterhältig; faul; **~bona** f Liege f.
tume|facción ⚕ f Schwellung f; **~facer** [2s] ⚕ v/t. anschwellen lassen; **~facto** adj. geschwollen.
tumescen|cia f (An-)Schwellung f; **~te** adj. c (an)schwellend.
túmido adj. geschwollen; fig. schwülstig; ⚕ arco m ~ Schwellbogen m.
tumo|r ⚕ m Geschwulst f, Tumor m; ~ blanco Gelenkabszeß m; ~ cerebral Gehirntumor m; **~ración** f Tumor-, Geschwulst-bildung f.
tumulario adj. Grab..., Grabhügel...; piedra f ~a Grabstein m.
túmulo m Grabhügel m; Grabmal n; Katafalk m b. Trauerfeiern.
tumul|to m Aufruhr m, Tumult m; Krawall m; Getümmel m; **~tuoso, ~tuosa** adj. tumultuarisch; aufrührerisch; stürmisch; geräuschvoll, lärmend.
tun Folk. m Guat. Holztrommel f.
tuna[1] f 1. Faulenzerleben n; correr la ~ ein Lotterleben führen; 2. Span. Studentenkapelle f in historischer Tracht.
tuna[2] ⚶ f Feigenkaktus m; Kaktus-, Opuntien-feige f; ~l m ⚶ Feigenkaktus m; mit Opuntien bestandenes Gelände n.
tunan|tada ⚶ f Gaunerei f; **~te** I. adj. c spitzbübisch; Gauner...; II. m Ganove m; Gauner m; Faulenzer m; **~tear** v/i. faulenzen; ein Lotterleben führen m Gliederlähmung f; **~tesco** adj. Faulenzer...; Gauner...
tunar v/i. faulenzen; herumzigeunern.
tunda f 1. tex. Schur f, Scherung f; 2. fig. F Tracht f Prügel; pegar una ~ a alg. j-n verwamsen F, j-m die Hucke voll hauen F.
tundi|do tex. m Scheren n; **~dor** m Tuchscherer m; **~dora** f tex. Schermaschine f; p. ext. Rasenmäher m; **~r** v/t. Tuch scheren; Rasen schneiden; fig. F verprügeln.
tundra Geogr. f Tundra f.

tunduque Zo. m Chi., Rpl. gr. Andenmaus f. [meln.]
tunear v/i. umherstrolchen, gam-
tune|cí, ~cino adj.-su. tunesisch; m Tunesier m.
túnel m Tunnel m; ⊕ ~ *aerodinámico (de prueba)*, a. ~ *del viento* Windkanal m; ~ *de carretera* Straßentunnel m; ~ *ferroviario* Eisenbahntunnel m; Kfz. ~ *de lavado* Waschstraße f; ~ *de peatones* Fußgängertunnel m.
tunero m Am. Kaktusfeigenverkäufer m.
Túnez m **a)** Tunesien n; **b)** Tunis n.
tungsteno ♀ m Wolfram n.
túnica f Tunika f; Leibrock m; Biol. Häutchen n; ♀ ~ *de Cristo* Art Stechapfel m.
tuni|cados Zo. m/pl. Manteltiere n/pl.; **~cela** kath. f Tunizella f.
Tunicia f Tunesien n.
tuno[1] ♀ m Col., Cu. Feigenkaktus m.
tuno[2] **I.** adj. **1.** → *tunante*; **II.** m **2.** Spitzbube m; **3.** Mitglied n e-r *tuna* (¹²).
tuntún: *al (buen)* ~ aufs Geratewohl, ins Blaue hinein.
tupé m Stirnlocke f; Schopf m; Toupet n; fig. F Frechheit f.
tu|pí, ~pi Ethn. adj.-su. c Tupi...; m Tupiindianer m; Li. m Tupi (-sprache f) n.
tupi|ción f Am. **1.** Dickicht n; **2.** Menge f; **~do** adj. dicht (Haar, Laub, Gewebe); engmaschig; fig. stumpf (Verstand, Sinne); **~r I.** v/t. zs.-pressen; **II.** v/r. ~se sich übersättigen; sich volltrinken; fig. a. abstumpfen (Verstand, Sinne); Am. Reg. a. verlegen werden.
turba[1] f Torf m; Torfdüngermischung f; *extracción f de ~* Torfstich m.
turba[2] f Haufen m, Menge f; Schwarm m; desp. Pöbel m.
turba|ción f Aufregung f; Beunruhigung f, Störung f; Unruhe f, Bestürzung f; **~dor I.** adj. aufregend; beunruhigend; **II.** m Störer m, Störenfried m.
turbal m Torfmoor n.
turbamulta f Gewühl n, Gedränge n; Menge f, Menschenmassen f/pl.
turbante m Turban m; ♀ ~ *de moro* Turbankürbis m.
turba|r I. v/t. **1.** Ablauf, Arbeit, Ordnung, Ruhe stören; Wasser trüben; **2.** in Unruhe (od. in Aufregung) versetzen; bestürzen; **II.** v/r. ~se **3.** in Aufregung (bzw. Verlegenheit) geraten; s. *beunruhigen*; **~tivo** adj. beunruhigend.
turbera f Torfmoor n; Torfgrube f, Torfstich m.
turbina ⊕ f Turbine f; ~ *de gas (de vapor)* Gas- (Dampf-)turbine f; ~ *hidráulica* Wasserturbine f.
turbinto ♀ m Am. falscher Pfefferbaum m.
turbi|o adj. trüb; unklar, verworren; getrübt, schwach (Sehkraft); fig. unsauber, schmutzig (Geschäft usw.); **~ón** m Regenguß m; Staubwirbel m; fig. Hagel m (fig.).
turbo|batidor m Mixer m; **~bomba** f Turbopumpe f; **~compresor** ⊕ m Turbokompressor m; **~generador** m Turbogenerator m; Generatorturbi-ne f; **~hélice** ⚔ m Turboproptriebwerk n; **~motorizado** adj. turboangetrieben.
turbonada f Regen-bö f, -sturm m.
turbo|propulsión f Turboantrieb m; **~propulsor** m Propellerturbine f; ⚔ Turboproptriebwerk n; **~rreactor** m Turboluftstrahltriebwerk n, TL-Triebwerk n.
turbulen|cia f **1.** Aufregung f; Verwirrung f; **2.** ⊕ Wirbelung f; **3.** Ungestüm n; Ausgelassenheit f, Mutwille m (z. B. *der Kinder*); **~to** adj. a. ⊕ wirbelnd (Strömung); aufgeregt; turbulent, wildbewegt, wild; ausgelassen.
tur|ca f Türkin f; fig. F Schwips m; *coger una ~* s. *beschwipsen*; **~co I.** adj. **1.** türkisch; F Am. p. ext. aus dem Bereich des ehm. Osmanischen Reiches stammend, also syrisch, arabisch usw.; **II.** m **2.** Türke m; F Am. p. ext. Syrer m, Araber m, Levantiner m usw.; Rpl. oft Händler m, Krämer m; **3.** Li. das Türkische; **4.** hist. *Gran* ♀ Großtürke m; fig. F *cabeza f de* ~ Opfer n, Prügelknabe m F; **~cople** c Mischling m (türkischer Vater u. griechische Mutter).
túrdiga f Lederriemen m; Am. Fetzen m, Streifen m.
turgen|cia f ⚕ Anschwellung f, Blutreichtum m; p. ext. Geschwulst f; Schwellung f, Wölbung f; Rundung f *des weibl. Körpers*; fig. Schwulst m (lit.); **~te** adj. c schwellend, strotzend; p. ext. (hoch)gewölbt; fig. geschwollen (Stil).
túrgido adj. geschwollen; schülstig.
Turingia f Thüringen n.
tu|rismo m **1.** Fremdenverkehr m, Tourismus m; Touristik f; Span. ~ *en casas de labranza* Ferien pl. auf dem Bauernhof; ~ *de élite* gehobener Tourismus m; *oficina f de* ~ Fremdenverkehrsamt n; **2.** Kfz. Personenwagen m, Abk. Pkw m; *gran* ~ Grand-Tourisme-Wagen m; Span. a. Mietwagen m mit Fahrer; **~rista** c Tourist(in f) m; Ausflügler(in f) m; **~rístico** adj. touristisch; Fremdenverkehrs-...
turma f **1.** ♀ Trüffel f; ~ *de ciervo* Hirsch-trüffel f, -brunst f; **2.** → *testículo*.
turmalina Min. f Turmalin m.
tur|nar I. v/i. abwechseln; **II.** v/r. ~se s. *ablösen*; **~no** m **1.** Reihe(nfolge) f; Ordnung f; *es su* ~ od. *le toca el* ~ Sie sind an der Reihe f; **2.** Ablösung f im Dienst; Schicht f; *de un solo* ~ Einschicht...; *por* ~(s) schichtweise; abwechselnd; ~ *de día (de noche)* Tag- (Nacht-)schicht f; *estar de* ~ Dienst haben, an der Reihe sein; *de* ~ dienstbereit (Apotheke usw.).
turón Zo. m Iltis m.
turpial Vo. m Am. „Gilbvogel" m, Turpial m.
turquesa f Türkis m.
Turquestán m Turkestan n.
turquí adj. c türkis(blau).
Turquía f Türkei f.
turquino adj. türkisblau.
tu|rrón m „Turron" m, Süßigkeit f, Span. beliebtes Weihnachtsgebäck f; reg. v. sehr verschiedener Zs.-setzung; fig. F Versorgung f, Anstellung f in e-m Amt; **~rronería** f Turronhandlung f; **~rronero** m Turronhändler m.
turulato F **I.** adj. verblüfft, baff F; dumm; *quedar* ~ sprachlos sein; **II.** m Trottel m F, Dummkopf m.
turullo m Hirtenhorn n.
tururú m Kart. Dreientrumpf m (*drei Karten e-r Farbe*); iron. F a. ¡~! Quatsch! F.
¡tus! int. hierher! (zum Hund); F *sin decir* ~ *ni mus* ohne e-n Mucks von s. zu geben F.
tusa[1] f Hündin f.
tu|sa[2] f **1.** Am. Mer., P. Ri. entkörnter Maiskolben m; **2.** Am. Cent., Cu. Maishülse f; fig. F leichtes Mädchen n F; **3.** Col. Pockennarbe f; fig. F täppische Person f, Taps m F; **4.** Chi. Mähnenhaar n (Pferd); Pfl.-haare n/pl. (bsd. b. Maiskolben); **5.** Cu. Maisstrohzigarette f; fig. F Ec. Kummer m; **~sar** v/t. Am. Haar der Tiere stutzen, glätten; fig. F Haar schlecht schneiden b. Menschen; Guat. durchhecheln (fig. F).
tusílago ♀ m Huflattich m; ~ *mayor* Roßpappel f.
tuso[1] F m Hund m, Köter m F; ¡~! int. um Hunde zu locken od. zu scheuchen.
tuso[2] adj. **1.** Ast., Ant. stummelschwänzig; **2.** Col. pockennarbig.
tuta Col.: *llevar a* ~ *bsd. Kind* huckepack tragen.
tute m Art Kartenspiel n; fig. F Arbeit f; Mühe f, Sorge f; fig. P a. unangenehme Situation f; Tracht f Prügel; fig. F *darse un* ~ s. (für e-e Weile) abrackern.
tutear v/t. duzen.
tute|la f Vormundschaft f; Bevormundung f; Pol. Treuhandschaft f; fig. Schutz m; Pol. *Consejo m de* ♀ Treuhänderrat m; *tribunal m de ~s* Vormundschaftsgericht n; *poner bajo ~* entmündigen; *sometido a* ~ entmündigt; **~lar** adj. c Vormundschafts-...; Schutz-...; Pol. Treuhänder-...; ⚖ *juez m* ~ Vormundschaftsrichter m; Rel. *santo m* ~ Schutzheilige(r) m.
tuteo m Duzen n.
tutía f **1.** pharm. (hist.) Zinkoxydpräparat n (Augensalbe); **2.** fig. F *no hay* ~ dagegen ist kein Kraut gewachsen.
tutiplén F: a. vollauf.
tu|tor m **1.** ⚖ Vormund m; Bewährungshelfer m; **2.** ✿ Stützpfahl m *für Pfl.*; **~toría** f Vormundschaft f.
tutumo ♀ m Am. Kalebassenbaum m.
tuturuto F **I.** Am. adj. **1.** beschwipst; **2.** → *turulato*; **II.** m **3.** Chi. Kuppler m.
tuturutú onom. m Tätärätä n.
tuve → *tener*.
tuya ♀ f Lebensbaum m, Thuja f.
tuyo, tuya pron. pos. dein(e); *lo ~* das deine; das Dein(ig)e.
tuza Zo. f Am. Art Erdratte f (*Geomys mexicanus*); Méj. ~ *real* → *agutí*.
twist ♪ m Twist m (Tanz).
tzompantli Rel. hist. m Schädelgerüst n auf den Tempelpyramiden.

U

U, u *f* U, u *n*.
u *cj.* (*vor e-m mit o od. ho beginnenden Wort* = o) oder; *siete* ~ *ocho* 7 od. 8.
ubajay ⚜ *m Rpl.* Baum, Myrtengewächs u. s-e quittenförmige Frucht (*Eugenia edulis*).
ubérrimo *lit. adj. sup.* sehr fruchtbar; überreich (an Ertrag).
ubi|cación *f* 1. Anwesenheit *f*; 2. △ Lageplan *m*, Grundriß *m*; 3. *bsd. Am.* Lage *f*; Örtlichkeit *f*; Standort *m*; 4. *Am.* Unterbringung *f*; *oficina f* *de* ~ Wohnungsamt *n*; 5. *Am.* Lokalisierung *f*; ~**cado** *part. Am.*: *estar* ~ liegen, gelegen sein; ~**car** [1g] *Am., bsd. Arg., Chi.* **I.** *v/t.* 1. unterbringen; aufstellen; *Kfz.* parken; 2. lokalisieren, ausfindig machen; **II.** *v/i.* 3. ↖ → **III.** *v/r.* ~**se** 4. s. (auf)stellen; s. befinden; *Chi.* s. orientieren, s. zurechtfinden; ~**cuidad** *Rel. u. fig. f* Allgegenwart *f*; ~**cuo** *adj.* allgegenwärtig.
ubre *f* Euter *n*.
ucase *hist. u. fig. m* Ukas *m*.
ucedista *Pol. adj.-su. c ehm. Span.* auf die UCD bezüglich; *m* Mitglied *n* (*od.* Anhänger *m*) der UCD.
Ucra|nia *f* Ukraine *f*; ⚜**ni(an)o** *adj.-su.* ukrainisch; *m* Ukrainer *m*.
uchu|va ⚜ *f Col.* Frucht des → ~**vo** ⚜ *m* Ananaskirsche *f*.
¡uf! *int.* ach!, puh!, uff! (*Müdigkeit, Unwillen*.
ufa|narse *v/r.* stolz werden; ~ *de* (*bzw. con*) s. brüsten mit (*dat.*), s. rühmen (*gen.*); ~**nía** *f* Aufgeblasenheit *f*; Selbstgefälligkeit *f*; ~**no** *adj.* 1. hochmütig; selbstgefällig; 2. stolz, zufrieden.
ufólogo *m* Ufologe *m*.
Ugan|da *m* Uganda *n*; ⚜**dés** *adj.-su.* ugandisch; *m* Ugander *m*.
ugrio *adj.-su.* ugrisch; *m* Ugrier *m*.
ugrofinés *adj. bsd. Li.* finnisch-ugrisch.
ujier *m* Saaldiener *m*; Gerichts-, Amts-diener *m*.
ukás *od.* **ukase** *m* → *ucase*.
ulano ⚔ *hist. m* Ulan *m*.
úlcera ⚕ *f* Geschwür *n*; ~ *del estómago* (*od. gástrica*) Magengeschwür *n*.
ulce|ración *f* Geschwürsbildung *f*, Schwären *n*; ~**rado** *adj.* schwärig; ~**rar I.** *v/t.* zur Geschwürsbildung führen; *fig.* tief treffen, tief verletzen (*fig.*); **II.** *v/r.* ~**se** schwären, ulzerieren; ~**roso** *adj.* schwärend.
ulema *m* Ulema *m*, islamischer Rechts- u. Gottesgelehrte(r).
uliginoso *adj.* sehr feucht, sumpfig; ⚜ Sumpf...
Ulises *npr. m* Odysseus *m*. [*n/pl.*⟩
ulmáceas ⚜ *f/pl.* Ulmengewächse *f*
ulpo *m Chi., Pe.* Getränk aus geröstetem Mehl mit Wasser (*u. Zucker*).
ulterior *adj. c* 1. jenseitig; Hinter...; 2. weitergehend; weiter, ferner; später; *desarrollo m* ~ Weiterentwicklung *f*; *medidas f/pl.* ~**es** weitere Maßnahmen *f/pl.*; ~**mente** *adv.* 1. ferner; außerdem; 2. später; nachträglich.
ultílogo *lit. m* Nachwort *n* (*Buch*).
ultimación *f* Beendigung *f*; Abschluß *m*.
últimamente *adv.* 1. schließlich; 2. kürzlich; in letzter Zeit.
ulti|mar *v/t.* beenden, abschließen; vollenden; zum Abschluß bringen; *Am.* umbringen; ~**mátum** *m* Ultimatum *n*; ~**midad** *f* Letztlichkeit *f*; Zuletztsein *n*.
último *adj.* letzte(r, -s); ~*a capa f* letzte Schicht *f*; letzter Anstrich *m*, Deckanstrich *m*; ~ *fin m* letztes Ziel *n*, Endziel *n*; ⚜ *lo* ~ *de la temporada* die letzte Neuheit (der Saison); *el* ~ *de* (*od. entre*) *todos* der allerletzte; (*ser*) *el* ~ *en llegar* der letzte (sein), der ankommt (als letzter ankommen); *a* ~*a hora* *m.* *en el* ~ *momento* in letzter Minute, (ganz) zuletzt; *a la* ~*a moda* *od.* F *a la* ~*a* nach der neuesten Mode; *a* ~*s de octubre* Ende Oktober; *con* ~*a precisión* mit allergrößter Genauigkeit; *en* ~ *término* *od.* *en* ~ *lugar* zuletzt; in letzter Endes; *por* ~ zuletzt; schließlich, endlich; *por* (*od. como*) ~ *recurso* als letztes Mittel; zu guter Letzt; *está a lo* ~ *er ist am Ende; fig.* F *está en las diez de* ~*s* bei ihm ist Matthäi am letzten; *está en las* ~*as* er liegt in den letzten Zügen; *fig.* F er ist abgebrannt (*fig.* F); *Kart. hacer las diez de* ~*s* die zehn Punkte beim letzten Stich gewinnen; *fig.* F sein gestecktes Ziel nicht erreichen; *llegamos los* ~*s* wir kamen zuletzt an; F *es lo* ~ das ist das Letzte F.
ultra...[1] *in Zssgn.* ultra..., Ultra...; Über...; äußerst; jenseits (liegend).
ultra[2] **I.** *adv.* außerdem; **II.** *prp.* außer (*dat.*), nebst (*dat.*); **III.** *m Pol.* Extreme(r) *m*, Extremist *m*, *a.* Ultra *m*; *bsd.* Rechtsextremist *m*.
ultra|centrífuga *Phys.*, ⊕ *f* Ultrazentrifuge *f*; ~**congelado** *adj.* tiefgefroren, -gekühlt; ~**corrección** *Li. f* Hyperkorrektion *f*; ~**derechista** *adj.-c Pol.* rechtsextrem; ~**filtro** *m* Ultrafilter *n*; ~**forzado** ⊕ *adj.* höchstbeansprucht; ~**ísmo** *Lit. m lit.* Erneuerungsbewegung im span. Sprachraum (*1919 aufbrechend*); ~**ísta** *c* Anhänger *m* des *ultraísmo*.
ultra|jador I. *adj.* beleidigend; **II.** *m* Beleidiger *m*; Schänder *m*; ~**jante**, *adj. c* beleidigend; schändend; ~**jar** *v/t.* beleidigen; schänden; beschimpfen, schmähen; ~**je** *m* Beleidigung *f*, Schimpf *m*; Ehrenkränkung *f*; Schmach *f*, Schande *f*.
ultra|mar *m* Übersee *f*; *de* ~ überseeisch; ~**marino I.** *adj.* überseeisch; **II.** ~**s** *m/pl. Span.* Kolonialwaren *f/pl.*; *heute*: Lebensmittel *n/pl.* (*Geschäft*); ~**microscopio** *m* Ultramikroskop *n*; ~**moderno** *adj.* hochmodern; ~**montano I.** *adj.* 1. jenseits der Berge wohnend; 2. *Pol.* ultramontan; **II.** *m* 3. *Pol.* Ultramontane(r) *m*; *fig.* Erzkonservative(r) *m*; ~**mundano** *adj.* überweltlich.
ultranza: *a* ~ *adv.* auf Leben u. Tod; *fig.* aufs äußerste; *adj.* radikal, extrem.
ultra|pesado ⊕, ⚖ *adj.* überschwer; ~**pirenaico** *adj.* jenseits der Pyrenäen (gelegen); ~**puertos** *m* (*pl. inv.*) Gebiet *n* jenseits e-s Gebirgspasses; ~**rradiación** *Phys. f* Ultrastrahlung *f*; ~**rrápido** *adj.* überschnell, äußerst schnell; ~**rrojo** *Phys. adj.* ultrarot; ~**sensible** *adj. c* überempfindlich; höchstempfindlich; ~**sensorial** *adj. c* übersinnlich; ~**sónico** *Phys. adj.* Ultraschall...; ~**sonido** *Phys. m* Ultraschall *m*; ~**tumba** *f u. adv.* jenseits des Grabes; Jenseits *n*; ~**violeta** *adj. c* ultraviolett; ~**virus** *Biol. m* Ultravirus *m*.
ulula|r *v/i.* heulen; johlen; schreien; ~**to** *m* Geheul *n*; Gejohle *n*; Geschrei *n*.
umbe|la ⚜ *f* Dolde *f*; ~**líferas** ⚜ *f/pl.* Doldengewächse *n/pl.*; ~**lífero** ⚜ *adj.* Dolden...
umbili|cado *adj.* nabelförmig; ~**cal** *adj. c* Nabel...; *Anat. cordón m* ~ Nabelschnur *f*.
umbráculo *m* Sonnenschutzmatte *f* (*Flechtwerk od. Zweige*); luftdurchlässiges Sonnendach *n*.
umbral *m* 1. Türschwelle *f*; *pisar el* ~ über die Schwelle treten; 2. *fig.* Schwelle *f*; *Physiol.* ~ *de excitación* Reizschwelle *f*; *a. Psych.* valor *m* ~ Schwellenwert *m*; *estar en los* ~**es** *de la juventud* am Beginn der Jugendzeit stehen.
um|brático *adj.* schattenspendend; ~**bría** *f* Schattenseite *f im Gelände*; Nordhang *m*; ~**brío** *adj.* schattig; dunkel; ~**broso** *adj.* schattig.
un, una *unbestimmter Artikel*: ein, eine; *vgl. uno*.
un|ánime *adj. c* einmütig; einstimmig; ~**ánimemente** *adv.* einstimmig; ~**animidad** *f* Einmütigkeit *f*; Einstimmigkeit *f*; Einhelligkeit *f*; *por* ~ einstimmig.
unau *Zo. m Pe. Art* Faultier *n*.

uncial — uno

uncial adj.: (letras) ~es f/pl. Unzialschrift f.
unción f 1. ✠ Einsalbung f; Einreibung f; → untura; 2. ecl. Salbung f; 3. fig. Salbung f; Andacht f, Inbrunst f; con ~ salbungsvoll; inbrünstig.
uncir [3b] v/t. ins Joch spannen.
undécimo adj. elfte(r, -s); ~a parte f Elftel n; ~cuplo adj. elffach.
undísono poet. adj. rauschend; wogend; plätschernd.
un|gido part.: bibl. el ♀ del Señor der Gesalbte des Herrn; **~gimiento** m Salben n; Einsalbung f; **~gir** [3c] v/t. salben; ecl. ~ a un enfermo e-e Krankenölung vornehmen; **~güento** m 1. Salbe f; pharm. ~ amarillo (bórico) Königs- (Bor-) salbe f; 2. fig. Balsam m, Linderung f.
unguis ✠ m Tränenbein n.
ungula|do I. adj. hufig; **II.** Zo. ~s m/pl. Huftiere n/pl.; **~r** Anat. adj. c Nagel... [uni..., Uni...]
uni... in Zssgn. Ein..., ein..., ⊕ ſ
uniato Rel. I. adj. uniert; griego ~ griechisch-uniert; **II.** m Unierte(r) m.
uni|cameral Parl. adj. c Einkammer...; **~celular** Biol. I. adj. c einzellig; **II.** m Einzeller m; **~cidad** f Einzigkeit f.
único adj. 1. einzig; einzigartig; fig. einmalig; 2. Einheits...; Kchk. plato m ~ Eintopf m.
uni|color adj. c einfarbig; **~cornio** Myth. m Einhorn n.
unidad f 1. a. ⊕, ✗, pharm. Einheit f; EDV ~ (de lectura) Laufwerk n; EDV ~ de disco Diskettenlaufwerk f; ~ monetaria Währungseinheit f; ⊕ ~ normalizada genormte Baugruppe f; EDV ~ periférica Peripheriegerät n; Phys. ~ de tiempo Zeiteinheit f; 2. ✗ Einer m; Einheit f; 3. ✠ Station f (Krankenhaus); ~ de cuidados intensivos (od. de vigilancia intensiva, Abk. UVI) Intensivstation f; ~ de primera asistencia etwa: Unfallstation f; 4. Rf., TV ~ móvil Übertragungswagen m, Ü-Wagen m.
uni|dimensional adj. c eindimensional; **~direccional** HF, ⊕ adj. c einseitig (Richtung); **~do** adj. verbunden; HF gekoppelt; **~familiar** adj. c Einfamilien...; **~(fica)ble** adj. c vereinigungsfähig; was vereinheitlicht werden kann.
unifi|cación f 1. Vereinheitlichung f; 2. Vereinigung f, Zs.-schluß m; 3. Einigung f; **~cador I.** adj. vereinheitlichend; vereinigend; **II.** m Einiger m; **~car** [1g] I. v/t. 1. vereinen; 2. vereinheitlichen; **II.** v/r. **~se** 3. s. zs.-schließen.
unifor|mador adj. einförmig (bzw. gleichmäßig) machend; **~mar** v/t. 1. einheitlich gestalten; gleichförmig machen; 2. vereinheitlichen; 3. einheitlich kleiden; in e-e Uniform stecken, uniformieren; **~me I.** adj. c 1. gleichförmig; gleichmäßig; 2. einförmig; 3. einheitlich; Einheits...; **II. 4.** m bsd. ✗ Uniform f; Schwesterntracht f; Berufskleidung f; Schultracht f; de ~ uniformiert; in Uniform; ~ de gala (od. de etiqueta) Gala-, Parade-uniform f; ~ de trabajo Arbeits-anzug m, -zeug n; **~memente** adv. gleichförmig; **~midad** f

1. Einförmigkeit f; 2. Gleichförmigkeit f; Gleichmäßigkeit f.
uni|génito adj. einzig (Kind); bibl. eingeboren; **~lateral** adj. c a. ⚖ einseitig; **~lateralidad** f Einseitigkeit f (a. fig.).
uni|ón f 1. Vereinigung f; Verbindung f; fig. ~ conyugal (od. matrimonial) eheliche Verbindung f, Ehebund m; Heirat f; lazo m de ~ Band n (fig.); 2. Einigkeit f; Einheit f; 3. Verein m, Bund m, Union f (bsd. Pol.); ~ aduanera Zollunion f; ~ de Estados Staatenunion f; ♀ Europea Europäische Union f; ♀ Francesa Französische Union f (bis 1958); ♀ Patriótica span. Staatspartei unter Primo de Rivera; ~ personal Personalunion f; ~ real Realunion f; ♀ de Europa Occidental, Abk. UEO Westeuropäische Union f, Abk. WEU; ♀ Internacional de Estudiantes, Abk. UIE Internationaler Studentenbund m, Abk. ISB; ♀ Internacional de Socorro, Abk. UIS Welthilfsverband m; ♀ Postal Universal Weltpostverein m; hist. ♀ de Repúblicas Socialistas Soviéticas Union f der Sozialistischen Sowjetrepubliken; 4. bsd. ⊕, Zim. Verbindung f; (Ver-)Laschung f; Stoß m; ~ en ángulo Winkelverbindung f; ⚛ ~ atómica Atomverband m; ~ atornillada Verschraubung f; ~ de cables (de tubos) Kabel- (Rohr-)verbindung f; Zim. ~ a caja y espiga einfacher Zapfen m; 🚂 ~ de carriles Schienenstoß m; ~ de fases Phasenverkettung f; ~ remachada Vernietung f; ~ por soldadura Verschweißung f; ~ a tope stumpfer Stoß m; **~onista** Pol. m Unionist m.
unípede adj. c einfüßig.
uni|personal adj. c aus einer Person bestehend; ⚖ juez m ~ Einzelrichter m; **~polar** adj. c einpolig; **~polaridad** f Einpoligkeit f.
unir I. v/t. (ver)einigen; verbinden; zs.-fügen; zs.-fassen; ~ por tornillos (por clavijas) ver-schrauben (-stiften); **II.** v/r. ~se s. vereinigen; ~se a alg. s. j-m anschließen, ~se en matrimonio s. ehelich verbinden.
uni|sex(o) adj. inv. Unisex...; unisex-bsd. Am. (peluquería f) ~ Herren- und Damenfriseur m; **~sexual** Biol. adj. c eingeschlechtig; **~són I.** adj. → unísono; **II.** m ♪ einstimmiges Stück n; **~sonancia** f ♪ Einstimmigkeit f; ♪ u. fig. Einklang m.
unísono ♪ adj. gleichstimmig; einstimmig; fig. eintönig; a. fig. al ~ einstimmig, unisono.
unita|rio I. adj. bsd. Rel., Pol. einheitlich, Einheits...; ✝ Stück..., Einzel...; precio m ~ Stückpreis m; **II.** Rel. Unitarier m; **~rismo** Rel., Pol., ✠ m Unitarismus m.
unitivo adj. (ver)einigend; verbindend; Myst. vía f ~a Weg m der Einung.
uni|valente ⚛ adj. c einwertig; **~valvo** Biol. adj. einschalig (Molluske).
universa|l adj. c 1. allgemein; universal; Phil. la discusión de los ~es der Universalienstreit; principio m ~ allgemeingültiger Grundsatz m, a. ⚖ Universalprinzip n; 2. vielseitig; (all)umfassend; erudición f ~ umfassende Gelehrsamkeit f; genio

m ~ allumfassender Geist m; Alleskönner m; Universalgenie n; hombre m ~ vielseitiger (od. vielseitig begabter) Mann m; 3. weltumfassend, Welt...; universell; Historia f ~ Weltgeschichte f; iglesia f ~ weltumfassende Kirche f, Weltkirche f; renombre m ~ Weltruhm m, weltweiter Ruhm m; 4. ⊕ vielseitig verwendbar; Mehrzweck...; Universal...; universell; máquina f ~ Mehrzweckmaschine f; motor m ~ Universalmotor m; **~lidad** f 1. Allgemeinheit f; Unbeschränktheit f; allumfassende Geltung f; 2. Vielseitigkeit f; 3. Universalität f; **~lismo** ⚓ m Universalismus m; **~lista** c Universalist m; **~lizar** [1f] v/t. weiteste Verbreitung geben (dat.); aufs stärkste verallgemeinern.
universi|dad f Universität f; Hochschule f; la ♀ Central die Universität Madrid; ~ comercial Handelshochschule f; Span. ~ laboral Fachhochschule f; ~ popular Volkshochschule f; ~ técnica Technische Hochschule f (od. Universität f); estudiante c de ~ Student(in f) m, Hochschüler(in f) m; la ♀ de verano Sommeruniversität f; **~tario I.** adj. Universitäts...; autonomía f ~a Universitätsautonomie f; grado m ~ akademischer Grad m; profesor m ~ Universitätsdozent m; **II.** m Akademiker m; Universitätsangehörige(r) m; Student m.
universo I. adj. 1. Welt...; Gesamt...; **II.** m 2. Weltall n; Universum n; fig. sus estudios eran su ~ s-e Studien waren s-e Welt; 3. Statistik: Grundgesamtheit f.
univitelino Biol. adj. eineiig (Zwillinge).
univoca|ción Phil. f Eindeutigkeit f; Gram. Gleichnamigkeit f; **~rse** [1g] v/r. eindeutig sein; gleichbedeutend sein; weite f ſ
univocidad Phil., Li. f Eindeutig- ſ
unívoco adj. 1. Phil., Li. eindeutig; einnamig; univok; 2. Gram. gleichlautend; 3. ⚓ gleichnamig.
¡unjú! int. Am. soll das wahr sein?; P ja, ja!; hm!; meinst du?
uno I. pron. ~, ~a eine(r, -s); jemand; man; ein u. derselbe; a una gemeinsam; gleichzeitig; cada ~ jeder(mann); de una vez od. emphatisch F de una od. auf einmal; ein für allemal; gleich; hasta la una bis um eins (Uhrzeit); ir a una gemeinsam handeln; tres en ~ dreieinig; (todo) es ~ es ist ganz einerlei; F ¡váyase lo ~ por lo otro! damit sind wir quitt!; ~ a ~ e-r nach dem andern, der Reihe nach; ~(s) con otro(s) mitea.; eins ins andere gerechnet; durchschnittlich; ~s (cuantos) einige (wenige), ein paar; de ~ en ~ einzeln; Stück für Stück; ~ de mis amigos e-r meiner Freunde, ein Freund von mir; ~ se pregunta man fragt s.; una de dos: o ... o eins von beiden: entweder — oder; ¡una de gritos que hubo! es gab ein furchtbares Geschrei!; ~ de tantos einer von den Vielen; ein Dutzend- (od. Alltags-)mensch; ~ por ~ einzeln; Stück für Stück; Mann für Mann; ~ que otro mancher, manch e-r, hie u. da e-r; ~(s) sobre otro(s) überea.; ~ tras otro e-r hinter dem andern, hinter-

ea.; *una y la misma cosa* ein u. dasselbe; *una y no más* einmal u. nicht wieder; ~ *y otro* beide; *Spr. una no es ninguna* einmal ist keinmal; **II.** *m* Eins *f*, *Reg.* Einser *m*.

un|table *Kchk. adj. c* streichfähig; **~tada** *f prov.* bestrichenes *(od.* belegtes) Brot *n*; **~tadura** *f a. fig.* Schmieren *n*; **~tar I.** *v/t.* **1.** salben; (ein)schmieren; ~ *con crema* mit Creme einreiben; ~ *con manteca* mit Schmalz bestreichen; *pan n (untado) con (od. de) mantequilla* Butterbrot *n*; **2.** *fig.* (F ~ *la mano*) bestechen, schmieren;**II.** *v/r.* ~*se* **3.** s. einsalben (mit *dat.* con); s. beschmieren;*fig.* F s. bereichern, abstauben *(fig.* F); **~te** *m* → *untadura*; **~to** *m* **1.** Schmiere *f*; tierisches Fett *n*; Schmer *m*, *n*; Fett *n*; *fig.* Bestechung *f*, Schmieren *n* F; ~ *de carro* Wagenschmiere *f*; *fig.* Bestechungssumme *f*; ⊕~ *de moldes* Schwärze *f (Formerei)*; *fig.* F ~ *de Méjico (od. de rana)* Geld *n*; Bestechungs- Schmier-gelder *n/pl.*; **2.** *Chi.* Stiefelschmiere *f*, Wichse *f*; **3.** *Méj.*, *Pe.* → *untadura*, *untura*.

untu|osidad *f* **1.** Schmierigkeit *f*; Fettigkeit *f*; **2.** Schlüpfrigkeit *f*, Geschmeidigkeit *f*; **~oso** *adj.* schmierig; geschmeidig, schlüpfrig; **~ra** *f* **1.** Schmiere *f*; Einreiben *n*; *dar una ~ a j-n* einreiben; **2.** Salbe *f*.

uña *f* **1.** (Finger-, Zehen-)Nagel *m*; Huf *m*; *a. fig.* Klaue *f*; Kralle *f*; Stachel *m e-s Skorpions*; *la ~ del león* die Klaue des Löwen; *fig.* F *a ~ de caballo* spornstreichs; *fig.* *descubrir (od. enseñar, mostrar, sacar) las ~s* s-e Krallen zeigen; *fig. empezar a afilarse las ~s* an die Arbeit gehen, in die Hände spucken *(fig.* F); *estar de ~s* auf gespanntem Fuß leben; *todo el santo día se está mirando las ~s* er tut überhaupt nichts, er ist stinkfaul F; *ser ~ y carne* ein Herz u. e-e Seele sein; *ser largo de ~s* ein Langfinger sein; *tener algo en la ~ et.* ganz fest im Griff haben, et. genauestens kennen; et. bestens verstehen; P *vivir de la ~* von Diebstahl leben; **2.** *Zo.* Meerdattel *f*; **3.** ♀ ~ *de gato Art* Fetthenne *f*; *Am. versch. Pfl. mit gr. Stacheln*; **4.** ⊕ Kralle *f*, Klaue *f*; Greifer *m*; Klinke *f*; Dorn *m*; Kerbe *f*; ~ *del trinquete* Sperrklinke *f*. [Kratzer *m* F.]

uña|da *f*, **~rada** *f* Kratzwunde *f*. **uñe|ro** *m* **1.** Nagelentzündung *f*; Nagelgeschwür *n*; **2.** eingewachsener Nagel *m*; **~ta** *f* **1.** *dim.* kl. Nagel *m*; *fig.* ♪ *Chi.* Plektron *n*; **2.** ⊕ Greifer *m*; kleinere Sperrklinke *f*; **3.** Münzwerfen *n (Spiel)*; **~tas** F *m (pl. inv.)* Langfinger *m* F, Dieb *m*.

uñoso *adj.* mit langen Nägeln.

upa I. *f* F *Col.*: *el año de ~* Anno Tobak F; **II.** *¡~! int.* auf!, hopp! *(zu Kindern)*; **~cho** P *m Arg.* Kuß *m*.

upar F *v/t.* auf die Beine helfen *(dat.)*.

upas *m* Upas *n (Pfeilgift)*.

uperización *f* Ultrapasteurisation *f*, Uperisation *f*.

uppercut *m Boxen*: Uppercut *m*, Aufwärtshaken *m*.

upupa *Vo.* *f* Wiedehopf *m*.

ura *f Rpl.* Made *f (in den Scheuerwunden der Tiere)*.

Ural *m* Ural *m (Fluß)*; → *Urales*;

&altaico *Li. adj.* uralaltaisch; **~es** *m/pl.* Ural *m (Gebirge)*.

ura|nífero *adj.* uranhaltig; Uran...; **~nina** *Min.* *f* Uranpechblende *f*; **~nio** ⚛ *m* Uran *n*.

urato ⚛ *m* Urat *n*.

urba|nidad *f* Höflichkeit *f*; Gewandtheit *f*, Weltläufigkeit *f*; **~nismo** *m* Städteplanung *f*; Städtebau *m*; **~nista** *m* Städte-bauer *m*, -planer *m*; **~nística** *f* Stadtbauwesen *n*; **~nización** *f* **1.** Verbesserung *f*; Verfeinerung *f* der Sitten; **2.** △ Bebauung *f*, Erschließung *f*; Städteplanung *f*; *plan m de ~* Bebauungsplan *m*; **3.** Villenkolonie *f*; Wohnsiedlung *f*; Bauernschließungs-, Siedlungs-gebiet *n*; **~nizar** [1f] *v/t.* **1.** △ erschließen, bebauen; **2.** städtisch machen; feinere Sitten einführen bei *(od.* in *dat.)*; bilden; **~no** **I.** *adj.* **1.** städtisch; Stadt...; Orts...; **2.** wohlgesittet; höflich; **II.** *m* F (Stadt-)Polizist *m*.

urbe *f* Großstadt *f*; Weltstadt *f*; *moderne* Wohnsiedlung *f*.

ur|demalas F *m (pl. inv.)* Ränkeschmied *m*, Intrigant *m*; **~dido** *tex. m* Zetteln *n*; **~didor** *m tex.* Zettler *m*; *fig.* Anstifter *m*; **~didora** *tex. f* Haspelmaschine *f*; Zettelmaschine *f*, Scherbank *f*; **~didura** *lit. f* → *urdido*; **~dimbre** *f tex.* (Web-)Kette *f*, Zettel *m*; *fig.* Intrige *f*, Komplott *n*; **~dir** *v/t. tex.* zetteln, scheren; *fig.* anzetteln.

urdu *Li. m* Urdu *n*.

urea *f* Harnstoff *m*. [tung *f*.]

uremia ⚕ *f* Urämie *f*, Harnvergif-)

urémico *adj.* urämisch.

urente *adj. c* brennend *(Schmerz)*.

uréter ⚛ *m* Harnleiter *m*.

ure|tra ⚛ *f* Harnröhre *f*; **~tritis** ⚛ *f* Harnröhrenentzündung *f*.

uretro|scopio ⚛ *m* Urethroskop *n*; **~tomía** ⚛ *f* Harnröhrenschnitt *m*.

urgen|cia *f* Dringlichkeit *f*; *Pol.* *moción f de ~* Dringlichkeitsantrag *m*; *plan m de ~* Notstandsplan *m*; *adv. con ~* dringend; **~te** *adj. c* dringend; eilig; dringlich; ✍ *carta f ~* Eilbrief *m*.

urgir [3c] *v/i.* dringend sein; *urge hacerlo* es muß schleunigst getan werden.

uría *Vo.* *f* Lumme *f*.

Urías *npr. bibl. m* Urias *m*; *fig. carta f de ~* Uriasbrief *m*.

úrico *adj.*: ⚛ *ácido m ~* Harnsäure *f*; ⚛ *cálculo m ~* Harnstein *m*.

uri|nal *adj. c* Harn...; **~nario I.** *adj.* Harn...; *Anat. vías f/pl.* **~as** Harnwege *m/pl.*; **II.** *m* Pissoir *m*; **~nífero** *adj.*: *Anat. conducto m ~* Harngang *m*.

urna *f* Urne *f*; Glaskasten *m*, Vitrine *f*; *Pol.* *~ electoral* Wahlurne *f*.

uro *Zo.* *m* Auerochs *m*, Ur *m*.

urobilina *Physiol. f* Urobilin *n*.

urogallo *Vo.* *m* Auerhahn *m*.

uro|genital ⚛ *adj. c*: *aparato m ~* Urogenitalapparat *m*, Harn- u. Geschlechtsorgane *n/pl.*; **~logía** *f* Urologie *f*; **~lógico** *adj.* urologisch.

urólogo ⚛ *m* Urologe *m*.

uroscopia ⚛ *f* Harnuntersuchung *f*.

urraca *f Vo.* Elster *f*; *fig. F hablar más que una ~* geschwätzig wie e-e Elster sein; *ser una ~* nichts wegwerfen können, alles sammeln; *ser más la-*

drón que una ~ wie ein Rabe stehlen.

úrsidos *Zo.* 🜨 *m/pl.* Bären *m/pl.*

ursulina *kath. f* Ursulinernonne *f*.

urta *Fi. f* Zahnbrassen *m*.

urti|cáceas ♀ *f/pl.*; **~cante** *adj. c* stechend, Nesselbrennen verursachend; ♀ Brenn-..., Nessel-...; *pelos m/pl.* **~s** Nesselhaare *n/pl.*; **~caria** ⚕ *f* Nessel-ausschlag *m*, -fieber *n*.

urubú *Vo. m Rpl.* Krähengeier *m*.

Uruguay *m* Uruguay *m*; **°yo** *adj.-su.* uruguayisch; *m* Uruguayer *m*.

usa|do *adj.* **1.** gebraucht, abgenutzt; abgetragen *(Kleidung)*; **2.** üblich; **~dor I.** *adj.* benutzend; **II.** *m* Benutzer *m*.

usagre ⚕ *m* Milchschorf *m*.

usa|nza *f* Brauch *m*, Sitte *f*, Gepflogenheit *f*; *a la antigua ~* nach altem Brauch; **~r I.** *v/t.* **1.** gebrauchen, benutzen; anwenden; *Kleidung* tragen; ~ *gafas* e-e Brille tragen; *de ~ y tirar* Wegwerf...; **2.** abnützen; **II.** *v/i.* **3.** ~ + *inf.* pflegen zu + *inf.*; **4.** ~ *de* Gebrauch machen von *(dat.)*; **III.** *v/r.* **~se** **5.** gebraucht werden; *pronto para ~se* gebrauchsfertig; **6.** üblich *(od.* gebräuchlich) sein; (in) Mode sein.

usar|cé, **~ced** (= *Vuestra merced*) *Anrede*: Euer Gnaden.

usencia (= *Vuesa reverencia*) *Anrede*: Euer Hochwürden.

us(eñor)ía *Anrede*: Euer Hochwohlgeboren.

usina *f Rpl.* Elektrizitätswerk *n*.

uso *m* **1.** Gebrauch *m*, Benutzung *f*; Verwendung *f*; ~ *de razón* Vernunftgebrauch *m*; vernünftiges Alter *n b. Kindern*; *Span.* **~s** *m/pl. y consumos* Verbrauchssteuer *f*; *de ~ general* für den Allgemeingebrauch; *en pleno ~ de sus facultades* im Vollbesitz s-r geistigen Kräfte; *para (od. al) ~ de la enseñanza* für Unterrichtszwecke; *pharm. para ~ externo (interno)* äußerlich (innerlich) anzuwenden; *para el propio ~ od. para el personal* für den persönlichen Gebrauch; *hacer ~ de* Gebrauch machen (von *dat.* de); *hacer ~ de la palabra* das Wort ergreifen; *ya le viene el ~ de la razón* es wird allmählich vernünftig *(Kind)*; **2.** Brauch *m*, Sitte *f*; Mode *f*; Gewohnheit *f*; ~ *comercial* Handelsbrauch *m*, Usance *f*; **~s** *m/pl. y costumbres* Brauchtum *n*, Sitte *f*; **~s** *m/pl. de (la) guerra* Kriegsbrauch *m*; *al ~* dem Brauch *(bzw. der Sitte)* gemäß; *al ~ español* nach spanischer Sitte *(bzw. Kchk. Art)*; *de ~ general* allgemein üblich; *según (el) ~ del lugar* ortsüblich; *andar al ~ s.* der herrschenden Sitte *(bzw.* Mode) anpassen; *entrar en los ~s* die geltenden *(bzw.* ortsüblichen) Gewohnheiten annehmen; *(od.* üblich) sein; **3.** Abnutzung *f*; Nutzungsstand *m*; Zustand *m*; *en buen ~* in gutem Zustand *(Gebrauchtes, Getragenes)*.

ustaga ⚓ *f* Blockrolle *f*.

usted, *Abk.* Ud., Vd., V. *Höflichkeitsanrede*: Sie; **~es** *Span.* Sie *(pl.)*; *Am. a.*(= *vosotros*) ihr; *¡a ~ gern geschehen! (nach Dank)*; *Rf.*, TV *¡con ~es ...!* Sie hören jetzt ...!, jetzt spricht zu Ihnen ...!; **~(es** *pl.)* dirá(n) Sie haben jetzt das Wort; Sie haben die Wahl; *tratar de* ~ Sie sagen zu (*dat.*), siezen (*ac.*) F.

us|tilagináceas ⚶ *f/pl.* Brandpilze *m/pl.*; **~torio** *adj.*: espejo m ~ Brennspiegel *m*.

usu|al *adj. c* gebräuchlich; üblich; herkömmlich; weit verbreitet; **~ario** *m Verw.* Benutzer *m*; ⚖ *a.* Nutzungsberechtigte(r) *m*; *EDV a.* Anwender *m*, User *m*; ~ (*de la*[s] *vía*[s]) *pública*[s]) Verkehrsteilnehmer *m*; ~ *de gafas* Brillenträger *m*; **~capión** ⚖ *f* Ersitzung *f*; **~fructo** *m* Nießbrauch *m*, Nutznießung *f*; **~fructuar** [1e] I. *v/t.* die Nutznießung (*od.* den Ertrag) haben von *et.* (*dat.*); II. *v/i.* Nutzen (*od.* Ertrag) bringen; **~fructuario** I. *adj.* Nutznießungs...; II. *m* Nutznießer *m*.

usu|ra *f* Wucher *m*; interés *m* de ~ Wucherzins *m*; **~rario** *adj.* wucherisch; **~rear** *v/i.* auf Zins leihen, wuchern; **~rero** *m* Wucherer *m*; Halsabschneider *m* F, Kredithai *m* F.

usurpa|ción *f a. fig.* Usurpation *f*; widerrechtliche Aneignung *f*; *a.* ⚖ Anmaßung *f*; **~dor** *adj.-su. bsd. Pol.* Usurpator *m*; **~r** *v/t.* usurpieren; *bsd. die Staatsgewalt usw.* (widerrechtlich) an s. reißen; *p. ext.* s. anmaßen, zu Unrecht in Anspruch nehmen; **~torio** *adj.* usurpatorisch; widerrechtlich.

usuta *f Am. Mer.* indianische Sandale *f*.

utensilio *m* Gerät *n*; **~s** *m/pl. a.* Utensilien *pl.*; Handwerkszeug *n*; **~s** *m/pl. para limpiar* Putzzeug *n*; **~s** *m/pl.* domésticos Haushaltsgeräte *n/pl.*

uterino *adj.* Gebärmutter...; *Anat.* cuello *m* ~ Gebärmutterhals *m*; furor *m* ~ Mannstollheit *f*; hermano *m* ~ Halbbruder *m* (mütterlicherseits).

útero *m Anat.* Gebärmutter *f*, Uterus *m*; ⚕ prolapso *m* del ~ Gebärmuttervorfall *m*.

útil I. *adj. c* **1.** nützlich, dienlich; brauchbar; tauglich; förderlich; *lit.* ~ *a la Patria* zum Nutzen des Vaterlands; *día m* ~ Arbeitstag *m*; *madera f* ~ Nutzholz *n*; *tiempo m* ~ Nutzungszeit *f*; *Verw.* anrechnungsfähige Zeit *f*; *trabajo m* ~ nützliche Arbeit *f*; *Phys.*, ⊕ Nutzarbeit *f*; *hay que saber unir lo* ~ *con lo agradable* man muß das Angenehme mit dem Nützlichen verbinden; **2.** tauglich, fähig, geeignet; arbeitsfähig; dienstfähig; *p. ext.* heil, gesund, unverletzt; ~ *para el servicio* dienstfähig; II. *m* 3. Werkzeug *n*; *bsd.* **~es** *m/pl.* Handwerkszeug *n*; Gerät *n*; ✕ Gezähe *n*.

utile|ría *f koll.* Gerätschaften *f/pl.*; *Thea. Am.* Dekorationsmaterial *n*; **~ro** *m* Materialverwalter *m*; *Thea.* Requisiteur *m*.

utili|dad *f* 1. Nutzen *m*; Vorteil *m*; ✝ ~ *marginal* Grenznutzen *m*; **2.** Nutzbarkeit *f*; Tauglichkeit *f*; Dienlichkeit *f*; Zweckmäßigkeit *f*; ~ *material* materielle Nutzbarkeit *f*; *de* ~ *pública* gemeinnützig; **~dades** *f/pl.* Einkünfte *f/pl.*; Einkommen *n*; **~tario I.** *adj.* Nützlichkeits...; Nutz...; auf Nutzen bedacht (*Person*); **II.** *m* Nutzfahrzeug *n*; **~tarismo** *m* Utilitarismus *m*; Nützlichkeitsprinzip *n*; **~tarista** *adj.-su. c* utilitaristisch; *m* Utilitarist *m*; **~zable** *adj. c* brauchbar; nutzbar, verwertbar; *área f* ~ Nutzfläche *f*; ~ *de nuevo* wiederverwendbar; **~zación** *f* 1. Benutzung *f*; Verwendung *f*; Inanspruchnahme *f*; **2.** Nutzung *f*; Ausnützung *f*, Verwertung *f*; ~ *de la energía atómica con fines pacíficos* friedliche Nutzung *f* der Atomenergie; ~ *comercial* kommerzielle Verwertung *f*; ~ *del espacio* Raumausnützung *f*; **~zador I.** *adj.* (aus-, be-)nutzend; **II.** *m* (Be-)Nutzer *m*; **~zar** [1f] *v/t.* benutzen; verwenden; *Patent* auswerten; *Zeit* nutzen; *no* ~ *odo* nicht genutzt; unbenutzt; nutzlos; ~ *los retales* die Stoffreste verwerten; *a.* ✕ ~ *el terreno* das Gelände ausnutzen; *todo puede* ~ *se* alles ist verwendbar (*bzw.* verwertbar).

utillaje *m* Werkzeug *n*; Ausrüstung *f* (*Industrie*).

utopía *f* Utopie *f*; *fig.* (Wunsch-) Traum *m*; *vivir de* ~ *s* in e-r Traumwelt leben.

utópico *adj.* utopisch; Wunsch...

utopis|mo *m* Utopismus *m*, zu Utopien neigendes Denken *n*; **~ta** I. *adj. c* zu Utopien neigend; *pensar m* ~ Denken *n* in Utopien; **II.** *c* Utopist *m*; (Zukunfts-)Träumer *m*, Schwärmer *m*.

utraquista *Rel. hist. adj.-su. c* utraquistisch; *m* Utraquist *m* (*Hussit*).

utrero *m* zweijähriges Stierkalb *n*.

utricularia ⚶ *f* Wasserhelm *m*.

utrículo ⚕ *m* schlauchförmiges Gebilde *n*, Zyste *f*.

uva *f* Traube *f*; ~ *albilla* Gutedeltraube *f*; ~ *blanca* grüne (*od.* helle) Traube *f*; ~ *crespa, a.* ~ *espín* Stachelbeere *f*; ~ *de gato* (*od. de perro, de pájaro*) Mauerpfeffer *m*, scharfe Fetthenne *f*; ~ *lupina* (*od. de lobo*) Eisenhut *m*; ~ *marina* (*od. de mar*) Meerträubel *n*; **~s** *f/pl. de mesa* Tafeltrauben *f/pl.*; ~ *de oso* Bärentraube *f*; ~ *de playa* Strandtraube *f*; ~ *de raposa od.* ~ *de zorra* Einbeere *f*; ~ *tempran*(*ill*)*a* Frühtraube *f*; ~ *tinta* blaue (*od.* dunkle) Traube *f*; *fig.* F *mala* ~ schlechte Laune *f*; Hintergedanken *m/pl.*; schlechte Absichten *f/pl.*; Ärger *m*; Unannehmlichkeit *f*; *fig.* F *estar de buena* (*mala*) ~ guter (schlechter) Laune sein; *fig.* F *estar hecho una* ~ (*bsd. Arg. una uvita*) sternhagelvoll sein F; *fig.* F *tener mala* ~ e-n miesen Charakter haben F; F *de* ~ *s a peras* sehr selten.

uva|da *f* reiche Weinernte *f*; **~l** *adj. c* traubenähnlich; **~duz** ⚶ *f* Bärentraube *f*; **~te** *m* eingemachte Trauben *f/pl.*, Traubenkonserve *f*.

uve *f Span.* V *n* (*Name des Buchstabens*); ~ *doble* W *n*.

uvero I. *adj.* Trauben...; **II.** *m* ⚶ *Am.* Strandtraubenbaum *m*.

uvi|forme *adj. c* traubenförmig; **~lla** ⚶ *f* 1. *Am.* → uvero; **2.** *Chi.* Art wilde Johannisbeere *f*.

úvula *Anat. f* Zäpfchen *n*.

uvula|r *adj. c Anat., Phon.* Zäpfchen...; *Phon.* R *f* ~ Zäpfchen-R *n*; **~ria** ⚶ *f* Art Mäusedorn *m*.

uxorici|da *m* Gattenmörder *m*; **~dio** *m* Mord *m* an der Ehefrau, Gattenmord *m*.

¡uy! *int.* ach!, nanu!; unglaublich!

Uzbekistán *m* Usbekistan *n*.

uzear *v/i. Chi.* (mit der Hand) klopfen, schlagen.

V

V, v *f* (= uve; *bsd. Am.* = ve) V, v *n*.
va, *etc.* → ir; F es el no ~ más das ist das Höchste, das ist Spitze F; das ist das Nonplusultra F.
vaca *f* 1. Kuh *f*; ✶ ~ de labor Arbeitskuh *f*; ✶ ~ reproductora Zuchtkuh *f*; *fig.* F ser la ~ de la boda die Melkkuh sein (*fig.*); *fig.* las ~s flacas (gordas) die mageren (fetten) Jahre *n/pl.*; 2. *Kchk.* (carne *f* de) ~ Rindfleisch *n*; ~ cocida Suppenfleisch *n*; asado *m* de ~ Rinder-, Rinds-braten *m*; lomo *m* (pierna *f*) de ~ Rinder-lende *f* (-keule *f*); 3. (cuero *m* de) ~ Rind(s)leder *n*; 4. *Zo.* **a)** ~ marina Seekuh *f*; ~ de montaña (*od.* de ante) → tapir; **b)** *Fi.* Flughahn *m*; **c)** *Ent.* ~ de San Antón Marienkäfer *m*; 5. *fig.* P Tonne *f* (*fig.* F), Fettwanst *m* F; 6. ♀ *Am. Mer.* árbol *m* de ~ Milch-, Kuh-baum *m*; 7. *Am. Mer.* hacer una ~ Geld sammeln (*od.* zs.-legen) für e-n bestimmten Zweck.
vacacio|nes *f/pl.* Ferien *pl.*; Urlaub *m*; ~ en casas de labranza Ferien *pl.* auf dem Bauernhof; ~ escolares Schulferien *pl.*; ⚖ ~ judiciales Gerichtsferien *pl.*; estar de ~ in Ferien (*od.* im Urlaub) sein; irse de ~ in (die) Ferien (*od.* in Urlaub) fahren; eine Urlaubsreise machen; **~nista** *c* Urlauber *m*.
vacada *f* Rinderherde *f*.
vaca|ncia *f* → vacante *II*; **~nte I.** *adj. c* unbesetzt, erledigt, frei (*Stelle*) frei (*Zimmer*); dejar ~ e-e Stelle usw. nicht mehr besetzen; **II.** *f* offene Stelle *f*; producirse una ~ frei werden (*Stelle, Amt*); [1g] *v/i.* **1.** unbesetzt sein (*Amt, Stelle*); **2.** s-e Tätigkeit vorübergehend nicht ausüben; **3.** ~ a (*od.* en) s. widmen (*dat.*); Zeit haben für (*ac.*).
vacatura *f* Vakanz(zeit) *f*, Zeit *f* der Amtsverwaisung.
vacc|neo ✞, **~nico** ✞ *adj.* Impfstoff...; inoculación *f* ~a Überimpfung *f*.
vacia|da *f Arg.* Samenerguß *m*; **~dero** *m* **1.** Ausguß *m*, Abfluß *m*; **2.** Ausgußschale *f*; **3.** Gosse *f*; **~dizo** *adj.* (ab)gegossen *in Metall*; **~do I.** *adj.* **1.** ausgeräumt, entleert; *a.* luftleer (*Raum, Behälter*); **2.** gegossen, abgeformt *in Gips, Metall usw.*; **3.** geschliffen, geschärft; **II.** *m* **4.** Entleeren *n*; Aufräumen *n*; ~ con bomba Leerpumpen *n*; **5.** Abguß *m*, Guß *m* *in Gips, Bronze usw.*; ~ en molde Abformung *f*, Modellierung *f*; **6.** △ **a)** Ausheben *n*; **b)** abgeformtes Stuckornament *n*; **c)** Rille *f* am Säulenfuß; **7.** Hohlkehle *f*, Schärfen *n*; ~ hueco Hohlschleifen *f*; Hohlschliff *m*; **~dor** ⊕ *m* **1.** Gießer *m*; Schmelzer

m; ~ de velas Kerzengießer *m*; ~ en metales (Metall-)Gießer *m*; **2.** Schleifer *m*, Schärfer *m*; **3.** Instrument *n* zum Schärfen; ~ de hojas Klingenschärfer *m*; **4.** Gießkelle *f*.
vaci|ante *f* sinkende Flut *f*, Ebbe *f*; **~ar** [1c] **I.** *v/t.* **1.** (aus-, ent-)leeren; (aus)räumen; wegschaffen; (aus-)gießen; (aus)schöpfen; *fig.* sehr ausführlich (*bzw.* weitschweifig) erläutern; *Auge* ausschlagen, ausstechen *usw.*; *Pfeife* ausklopfen; *Faß* leeren *bzw.* abzapfen; ⊕ *Pumpe* entlüften; ~ con bomba aus-*od.* leer-pumpen; **2.** ⊕ *Gips, Metall, Wachs, Figur usw.* gießen; ~ en molde abformen, gießen; **3.** *Messer, Scheren* schärfen, schleifen; ~ (hueco) hohlschleifen; **4.** aushöhlen; **II.** *v/i.* **5.** *s.* ergießen, münden (in *ac.* en); **6.** *Arg.* e-n Samenerguß haben; **III.** *v/r.* **~se 7.** *s.* entleeren; abfließen; *fig.* F sein Herz ausschütten; *s.* verplappern; *Sp. s.* verausgaben.
vaciedad *f* Leere *f*; Albernheit *f*, Plattheit *f*.
vaci|lación *f* **1.** Schwanken *n*, Wanken *n*; Wackeln *n*; **2.** *fig.* Schwanken *n*; Zaudern *n*; Unschlüssigkeit *f*; **~lante** *adj. c a. fig.* schwankend; unsicher; flackernd (*Licht*); **~lar I.** *v/i.* **1.** schwanken (*a. fig.*); *fig.* zaudern, unschlüssig sein; sin ~ unverzagt; ohne Bedenken; ~ en hacer a/c. zögern, et. zu tun; **2.** F spötteln; ins Blaue hinein reden, schwatzen, Märchen erzählen (*fig.* F); **II.** *v/r.* **~se 3.** *Méj.* ~se *a alg.* s-r täuschen, j-n hereinlegen; **~lón** P **I.** *adj.* **1.** witzig, spöttisch; **2.** redselig; ponerse ~ high sein F; **II.** *adj.-su.* **3.** Kiffer *m* F; **4.** Anbändler *m* F, Schürzenjäger *f*; **III.** *m* **5.** Haschischrausch *m*.
vacío I. *adj.* **1.** leer; hohl; *Phys.* ~ (de aire) luftleer; ✶ hembra *f* ~a nicht trächtiges (*mst.* unfruchtbares) Muttertier *n*; peso *m* en ~ Leergewicht *n*; marchar o en ~ leer laufen (*Maschine*); volver de ~ leer (*od.* unbeladen) zurückkommen; *fig.* unverrichteterdinge zurückkommen; **2.** unbewohnt; leer(stehend); nicht besucht; **3.** inhaltslos; nichtssagend; albern, leer, müßig; **4.** eitel, aufgeblasen; **II.** *m* **5.** Leere *f*; *a. fig.* Lücke *f*; *Zim.*, ⊕ Aussparung *f*; *p. ext.* freier Arbeitsplatz *m*; *fig.* ~ legal Gesetzeslücke *f*; ~ de poder Machtvakuum *n*; *fig.* dejar un ~ schmerzlich empfindene Lücke reißen; *a. fig.* llenar un ~ e-e Lücke ausfüllen; **6.** *Anat.* Weiche *f*, Flanke *f*, Seite *f*; Weichengegend *f*; **7.** *Phys.*, ⊕ Vakuum *n*, luftleerer Raum *m*; envasado al ~ vaku-

umverpackt; hacer el ~ ein Vakuum herstellen; *fig.* hacer el ~ a *alg.* e-n luftleeren Raum um j-n schaffen (*fig.*); j-n gesellschaftlich verfemen.
vacuidad *f* Leere *f*; Leerheit *f*.
vacuna *f* ✞ Impfstoff *m*, Vakzine *f*; EDV (Anti-)Virenprogramm *n*; ~ tífica Typhusimpfstoff *m*; **~ción** ✞ *f* (Schutz-)Impfung *f*; ~ anticolérica (antirrábica, antivariólica) Cholera-(Tollwut-, Pocken-)(schutz)impfung *f*; ~ obligatoria Impfpflicht *f*; certificado *m* de ~ Impfschein *m*; Impfpaß *m*; **~r I.** *v/t.* impfen (gg. *ac.* contra); **II.** *v/r.* ~se *s.* impfen lassen.
vacuno I. *adj.* Rind(s)..., Rinder...; ✶ ganado *m* ~ Rindvieh *n*; **II.** *m* Rind *n*; Rindfleisch *n*.
vacunoterapia ✞ *f* Vakzinebehandlung *f*.
vacu|o I. *adj.* → vacío; **II.** *m* Leere *f*; Lücke *f*; Vakuum *n*; **~ómetro** *Phys.*, ⊕ *m* Unterdruckmesser *m*, Vakuummeter *n*.
vacuola *Anat. f* Vakuole *f*.
vade *m* Schulmappe *f*.
vade retro *bibl. u. fig.* weiche von mir!
vadea|ble *adj. c* durchwatbar; seicht (*Gewässer*); *fig.* überwindbar; **~dor** *m* Furtenkenner *m*; **~r** *v/t.* Fluß durchwaten; *fig.* Schwierigkeit überwinden; abtasten, sondieren.
vademécum *m* Notizbuch *n*; Taschenbuch *n*; Vademekum *n*, Leitfaden *m*.
va|dera *f* breite Furt *f*; **~do** *m* **1.** Furt *f*; *fig.* Ausweg *m*; **2.** *Vkw.* abgeflachte Stelle *f am Rinnstein*; ~ permanente Halteverbot *n* vor Ausfahrten; **~doso** *adj.* furtenreich; durchwatbar (*Fluß*).
vagabun|daje *m* → vagabundeo; **~dear** *v/i.* umherstreichen, s. herumtreiben; **~deo** *m*, **~dería** F *f* Streunen *n*; Landstreicherei *f*; Gammeln *n*; **~do I.** *adj.* umherstreifend; *a. fig.* schweifend, vagabundierend; **II.** *m* Landstreicher *m*, Vagabund *m*.
vaga|mente *adv.* verschwommen, vage; **~mundo** F *adj.-su.* → vagabundo; **~ncia** *f* **1.** Müßiggang *n*; **2.** Landstreicherleben *n*; Vagabundentum *n*; **~nte** *part.* umherstreifend, schweifend; **~r** [1h] *v/i.* umher-streifen, -irren; *fig. s.* vage ausdrücken; **~r²** **I.** [1h] *v/i.* Muße haben; müßiggehen, faulenzen; **II.** *m* Muße *f*; andar de ~ müßig sein; **~roso** *poet. adj.* schweifend, unstet.
vagido *m* Schreien *n*, Quäken *n* F des Säuglings; el primer ~ der erste Schrei des Neugeborenen.
vagi|na *Anat. f* Scheide *f*; **~nal**

vaginitis — valido

Anat. adj. c Scheiden...; ~**nitis** ♀ *f* Scheidenentzündung *f.*

vago I. *adj.* **1.** umherschweifend, vagabundierend; **2.** unbestimmt, undeutlich, verschwommen; unstet, flüchtig; vage; *estrella f* ~*a* **a)** Wandelstern *m*; **b)** Sternschnuppe *f*; *en* ~ ohne Stütze; wacklig (*Möbelstück*); *fig.* vergeblich; ins Leere (*fig.*); **3.** müßig, faul; träge, faul; **II.** *m* **4.** Herumtreiber *m*; Landstreicher *m*, Stromer *m*; *Verw.* Asoziale(r) *m*; **5.** Faulpelz *m*, Faulenzer *m; hacer el* ~ faulenzen; **6.** *Anat.* Vagus(nerv) *m.*

vagón *m* (Eisenbahn-)Wagen *m*, Waggon *m; bsd.* Güterwagen *m* (● *Personenwagen in Span. oft coche); ~ basculante (lateralmente)* (Seiten-) Kippwaggon *m,* (Seiten-)Kipper *m;* ~*cama, Am.* ~ *dormitorio* Schlafwagen *m;* ~ *cerrado* gedeckter (*od.* geschlossener) Wagen *m;* ~ *de cine* Filmvorführwagen *m;* ~ *cisterna od.* ~ *tanque* Tankwagen *m;* ~ *directo* Kurswagen *m;* ~ *para ganado* Viehwagen *m;* ~ *jaula* Käfigwagen *m für Raubtiere usw.;* ~ *de mercancías* (*Am. de carga*) Güterwagen *m;* ~ *plataforma* offener Güterwagen *m;* ~ *de plataforma baja (de pasajeros)* Tieflade- (Personen-)wagen *m;* ~ *tolva* Bunkerwagen *m; fábrica f de* ~*ones* Waggonfabrik *f.*

vago|nada *f* Wagen- *od.* Waggonladung *f;* ~**nero** ♂ *m* Schlepper *m;* ~**neta** ⊕ *f* Kippwaggon *m,* Lore *f;* ⚒ Förderwagen *m,* Hund *m.*

vagotonía ♀ *f* Vagotonie *f.*

vagra ⚓ *f* Unterspant *n;* ~*s f/pl.* Wegerung *f.*

vaguada *Geogr. f* (Tal-)Sohle *f.*

vague|ar *v/i.* s. herumtreiben, herumstreunen; ~**dad** *f* Verschwommenheit *f;* Unbestimmtheit *f;* ~*es f/pl. a.* unklares Gerede *n.*

váguido † *u. Am. m* → vahído.

vaha|rada *f* Dunstwolke *f;* Schwaden *m;* Atemdunst *m;* ~**rera** ♂ *f* Ausschlag *m* in den Mundwinkeln *b. Kleinkindern.*

vahear *v/i.* ausdünsten, dampfen; Schwaden bilden.

vahído ♂ *m* Schwindel *m;* kurze Ohnmacht *f; me dio un* ~ ich erlitt plötzlich e-n Schwindelanfall.

vaho *m* Dampf *m,* Dunst *m;* Brodem *m;* Ausdünstung *f; el* ~ *de la respiración* der dampfende Atem.

vaído △ *adj.*: *bóveda f* ~*a* Kreuzrippengewölbe *n.*

vaina *f* **1.** (Messer-, Degen-)Scheide *f; p. ext.* (schmäleres) Futteral *n;* **2.** *Anat.* (Mark-)Scheide *f;* Stachelscheide *f der Bienen;* ~ *sinovial (de los tendones)* Sehnenscheide *f;* **3.** ♀ (Samen-)Hülse *f,* Schote *f;* ⚔ Geschoßhülse *f;* **4.** Segel- *bzw.* Flaggensaum *m (zum Durchziehen der Leinen);* **5.** *a) Am. Cent., Am. Mer.* Unannehmlichkeit *f,* üble Sache *f;* Problem *n;* **b)** *Ant., Am. Cent., Ven.* ser un(a) ~ nur *Am.* in unangenehmer Bursche sein; *a. Span.* ein Gauner sein; **c)** *ib. in adj. Funktion:* lästig; unangenehm; ungelegen; **d)** P *ib. u. Arg., Méj. sowie Span.* □ Koitus *m,* Fick *m* V; *echar una* ~ koitieren, ficken P.

vainazas P *m (pl. inv.)* Schlappschwanz *m* F; schlampiger Kerl *m* F.

vainica *f* **1.** Hohlsaum *m;* **2.** *Am. Reg.* grüne Bohne *f.*

vaini|lla *f* Vanille *f (Pfl. u. Kchk.); bastoncillo m de* ~ Vanillestange *f;* ~**llera** ♀ *f* Vanille *f;* ~**llina** ♂ *f* Vanillin *n;* ~**llón** ♀ *m Am. Mer., Méj.* großschotige wilde Vanille *f; C. Ri.* wilde Vanille *f.*

vainita ♀ *f Ven.* grüne Bohne *f.*

vaivén *m* Hin u. Her *n;* Auf u. Ab *n;* Hin- u. Herbewegung *f;* 👁 Pendelverkehr *m; puerta f de* ~ Pendeltür *f.*

vaivoda *m* Woiwode *m.*

vajilla *f* (Tafel- u. Koch-)Geschirr *n;* ~ *de peltre (de cocina)* Zinn-(Küchen-)geschirr *n.*

valar *adj. c* Zaun...; *Wall...*

valdense *Rel. hist. adj.-su. c* waldensisch; *m* Waldenser *m.*

valdivia *f* **1.** ♀ *Col.* Bittereschengewächs; *pharm.* Brech- u. Purgiermittel; **2.** *fig.* F *Chi. de* ♀ umsonst; **3.** *Vo. Ec.* ein Klettervogel, dessen schwermütige Melodie als böses Omen gilt; ~**no** *Kchk. m Chi.* Art Zwiebelfleisch *n* aus charqui.

vale¹ *m* **1.** Gutschein *m,* Bon *m;* Freikarte *f;* Bezugschein *m;* **2.** *fig.* P *Méj.* Kumpel *m* F.

vale² (*m*) Lebewohl *n;* lebe wohl!; *bsd. in Briefen gebräuchlich:* ♀ der Obige, *Abk.* d.O.

¡vale!³ F *int.* gut so!; (geht) in Ordnung!, einverstanden!

vale|dero *adj.* geltend, gültig; ⚖ rechtskräftig; ~**dor** *m* **1.** Beschützer *m;* Gönner *m;* **2.** Bürge *m;* **3.** P *Méj.* → vale¹².

valen|cia 🧪, *Biol.,* ♀ *f* Valenz *f,* Wertigkeit *f;* ~**tía** *f* **1.** Mut *m,* Tapferkeit *f,* Kühnheit *f;* Schwung *m,* schwungvolle Art *f,* zu schreiben *od.* zu gestalten (*Schriftsteller, Künstler*); **2.** tapfere Tat *f;* **3.** *iron.* Ruhmredigkeit *f,* Prahlerei *f;* ~**tísimo** *sup. adj.* äußerst tapfer; *fig. escritor m* ~ vollendeter Künstler *m des geschriebenen Wortes;* ~**tón I.** *adj.* großsprecherisch; **II.** *m* Prahlhans *m,* Großmaul *n;* ~**tona(da)** *f* Aufschneiderei *f,* Prahlerei *f.*

valer¹ [2q] **I.** *v/t.* **1.** Erfolg, Ruhm, Nutzen, Einkommen, Schwierigkeiten, Tadel einbringen, eintragen; nützen; *todo esto no me vale nada* das alles nützt mir nichts; **2.** kosten (*Waren*); betragen, s. belaufen auf (*ac.*) (*Rechnung*); *Summe* (aus)machen; wert sein; den Wert haben von (*dat.*); entsprechen (*dat.*); *¿cuánto vale?* wieviel kostet es *?;* **II.** *vt/i.* **3.** wert sein; gelten; gültig sein; *aquí no vale perder tiempo* hier ist k-e Zeit zu verlieren; *este billete no vale* diese Banknote (*bzw.* dieser Fahrschein *usw.*) ist ungültig; *este ejemplo vale por* todos dieses Beispiel gilt (*od.* steht) für alle; *¡eso no vale!* das gilt nicht!; (*z. B. b. Spiel*); so geht es nicht!; *hacer* ~ zur Geltung bringen; *a.* ⚖ geltend machen; *más vale así* (es ist) besser so; desto besser; *más vale + inf.* es ist besser + *inf.*; *Spr. más vale un "por si acaso" que un "¿quién pensara?"* besser Vorsicht als Nachsicht; *¿no vale más?* k-r bietet mehr? *b. Versteigerungen; fig.* F *no vale el pan (od. lo) que come* er ist nicht wert, daß ihn die Sonne bescheint; *no* ~ *nada* nichts wert sein; ungültig sein; nichts gelten; *fig. sabe lo que vale* er ist s. s-s Wertes bewußt; *vale más que se lo diga* sagen Sie es ihm lieber!; *vale la pena leer el libro* es (ver)lohnt s., das Buch zu lesen; ~ *mucho* viel wert sein; *fig.* ausgezeichnet (*od.* wertvoll) sein; sehr tüchtig sein (*Person*); ~ *por dos* soviel wert sein wie zwei; *fig.* ~ (*en oro*) *lo que pesa* nicht mit Gold aufzuwiegen sein; *fig.* ~ *un tesoro (un Perú, un Potosí)* unendlich wertvoll sein (*a. fig.*); *K u. Reg. ¡valga lo que valiere!* um jeden Preis, auf alle Fälle, was auch kommen mag; **4.** taugen; brauchbar sein; *demostró lo que valía* er zeigte, was in ihm steckt (*fig.*); *no vale lo que tú es* nicht so tüchtig wie du; *esta máquina no vale para nada* diese Maschine taugt gar nichts; ~ *para a.* kompetent sein für (*ac.*); Befugnis (*bzw.* die Macht) haben zu (*dat. od. inf.*); **5.** helfen; nützen; (be)schützen, bewahren; *ahora no te valdrán excusas* jetzt helfen (*od.* nützen) dir k-e Ausreden; *¡válgame Dios! ¡válgame el cielo!* Gott steh' mir bei!; mein Gott!; Herrgott, was sagen Sie da!; nein, so was!; *¡válganos el cielo!* möge uns der Himmel bewahren!; *¡valga! od. mst. ¡válgate! int.: ¡válgate qué disgusto!* ein Mordsärger!; *¡válgate qué mujer!* so eine F-Frau!; e-e tolle Frau!; **III.** *v/r.* ~*se* **6.** ~*se de a/c.* s. e-r Sache bedienen; zu et. (*dat.*) greifen, et. benützen; ~*se von* et. (*dat.*) Gebrauch machen; ~*se de alg.* bei j-m Hilfe suchen, auf j-n zurückgreifen, zu j-m s-e Zuflucht nehmen; ~*se de todos los recursos* s. aller Mittel bedienen; alle Hebel in Bewegung setzen (*fig.*); *no poder* ~*se* s. nicht helfen (*od.* nicht bewegen) können; s. nicht zu helfen wissen.

valer² *m* Wert *m;* Verdienst *n;* Ansehen *n,* Einfluß *m;* Tüchtigkeit *f.*

valeriana ♀ *f* Baldrian *m;* ~**to** ♂ *m* Valerianat *n.*

valero|sidad *f* Tapferkeit *f;* Tüchtigkeit *f;* ~**so** *adj.* **1.** tapfer; wacker; **2.** → valioso.

valetudinario *adj.* siech, kränkelnd, kränklich.

valí *m* Wali *m (Islam u. hist.).*

valía *f* **1.** Wert *m; de gran* ~ von hohem Wert; *mayor* ~ höherer Wert *m;* höherer Preis *m;* **2.** Gunst *f; tener gran* ~ *con alg.* bei j-m hoch in Gunst stehen.

vali|dación *bsd.* ⚖ *f* **1.** Gültigmachung *f;* Gültigkeitserklärung *f;* **2.** (Erlangung *f* der) Rechtsgültigkeit *f;* ~**dar** *v/t.* gültig machen; für gültig erklären; ~**dez** *f* Geltung *f;* Gültigkeit *f;* ~ (*jurídica*) Rechtsgültigkeit *f;* ~ *general* Allgemeingültigkeit *f.*

válido *adj.* **1.** gültig; geltend; ser ~ gültig sein, gelten; **2.** gesund; arbeitsfähig.

valido I. *ad.* **1.** gestützt (auf *ac. de*); **2.** angesehen; in Gunst stehend; **II.** *m* **3.** Günstling *m; bsd. Pol. hist.*

Favorit *m e-s Fürsten*, allmächtiger Minister *m*.
valiente *adj. c* **1.** tapfer, mutig; **2.** tüchtig; gehörig; *iron.* schön, nett, so ein ...; *¡~ amigo eres! du bist mir ein schöner Freund!*; *¡~ granuja! so ein Lump!*
valija *f* **1.** Handkoffer *m*; Reisetasche *f*; *Méj.* Koffer *m (allg.)*; **2.** Postbeutel *m*; **3.** Kurier-tasche *f*, -gepäck *n*; ~ *diplomática* Diplomaten-koffer *m*, -gepäck *n*; **4.** *p. ext.* Kurier *m*.
vali|miento *m* **1.** Gönnerschaft *f*, Schutz *m*; Fürsprache *f*, Rückhalt *m*; **2.** Ansehen *n*, Gunst *f*; **~oso** *adj.* wertvoll; tüchtig; tatkräftig.
val(l)isoletano *adj.-su.* aus Valladolid.
va|lón *adj.-su.* wallonisch; *m* Wallone *m*; *Li.* das Wallonische; **~lona** *f* **1.** Wallonin *f*; **2.** *Col., Ec., Ven.* gestutzte Mähne *f der Reittiere*; **3.** *Méj.* **a)** → *valimiento*; **b)** ♪ *e-e Volksweise in der Art des cante flamenco*; **~lonear** *v/i. Am. Cent.* s. (beim Reiten) vorbeugen, *um et. zu ergreifen*.
valor *m* **1.** Wert *m*; *de ~ Wert...*; wertvoll; *de escaso ~ von geringem Wert*; minderwertig; *sin ~ wertlos*; *Verw. declaración f de ~ Wertangabe f*; *Phil. filosofía f del ~ Wertphilosophie f*; *por ~ de im Wert(e) von (dat.)*; ~ *adquisitivo (cumbre, límite)* Anschaffungs- (Spitzen-, Grenz-)wert *m*; ⚸ **~es** *m/pl. declarados* Wert-brief *m*; -sendung *f*; *EDV ~ por defecto*, ~ *predeterminado* Voreinstellung *f*; ~ *efectivo (exigido)* Effektiv-, Ist- (Soll-)wert *m*; ✝ ~ (en) efectivo Barwert *m*; ~ *formativo* Bildungswert *m*; ⚕, *Phys.* ~ *final (Physiol. nutritivo, alimenticio)* End- (Nähr-)wert *m*; ~ *informativo (de orientación)* Anhalts-(Richt-)wert *m*; ~ *máximo (medio, mínimo)* Höchst- (Mittel-, Mindest-)wert *m*; ~ *medido gemessener Wert m*; *Phys.*, ⊕ Meßwert *m*; ✝ ~ *nominal* Nennwert *m*; ~ *normal (nulo, cero)* Normal- (Null-)wert *m*; ✝ ~ *oro* Goldwert *m als Grundlage*; *a.* Goldwährung *f*; ~ *práctico* praktischer Wert *m*; *b. Berechnungen usw.* → ~ *empírico* Erfahrungs-, ~ *psíquico*, ~ *emocional* Gemütswert *m*; ~ *real* Istwert *m*; ✝ Barwert *m*; Sachwert *m*; *a.* ⚸ reeller Wert *m*; *a. Statistik*: ~ *de referencia* Bezugswert *m*; *Kfz.* ~ *residual* Schrottwert *m*; ~ *teórico* theoretischer Wert *m*, Sollwert *m*; ~ *útil* Nutz(ungs)wert *m*; **2.** ✝ **~es** *m/pl.* Werte *m/pl.*, Wertpapiere *n/pl.*, Effekten *pl.*; **~es** *de arbitraje* Arbitrage-Werte *m/pl.*; **~es** *bancarios* (~es) Bank- (Minen-)werte *m/pl.*; **~es** *bursátiles (de dividendo)* Börsen- (Dividenden-)papiere *n/pl.*; **~es** *en cartera* Effektenbestand *m*; **~es** *de inversión* Anlagewerte *m/pl.*; **~es** *negociables* börsenfähige Wertpapiere *n/pl.*; **~es** *negociados al contado* Kassawerte *m/pl.*; **~es** *a la orden (al portador)* Order- (Inhaber-)papiere *n/pl.*; *bsd.* ⚖ *títulos-~es.* Wertpapiere *n/pl.*; **3.** Mut *m*; ~ *cívico* Zivilcourage *f*; *tener ~ para + inf. p. ext. a. die Dreistigkeit haben, zu + inf.*; *cobrar (od. tomar)* ~ Mut fassen.
valo|ración *f* **1.** Wertbestimmung *f*, Wertung *f*; **2.** Bewertung *f*; (Ab-) Schätzung *f*; **3.** Auswertung *f*; **~rar**

v/t. schätzen; bewerten; beurteilen; ⚕ *Kurve* auswerten; **~rización** *f* (Be-)Wertung *f*; Aufwertung *f*; **~rizar** [1f] *v/t.* **1.** → *valorar*, evaluar; **2.** aufwerten.
val|s ♪ *m* Walzer *m*; **~sar** *v/i.* Walzer tanzen.
valua|ción *f* Schätzung *f*; Bewertung *f*; **~dor** *adj.* schätzend, bewertend; **~r** [1e] *v/t.* schätzen.
válvula *f* **1.** ⊕, *Anat.* Klappe *f*; ~ *de aire (no viciado)* (Frisch-)Luftklappe *f*; *Anat.* ~ *aórtica (cardíaca)* Aorten- (Herz-)klappe *f*; ~ *de luz* Lichtschleuse *f*; ⚓ ~ *de inundación* Flutklappe *f (U-Boot)*; *Kfz.* ~ *de mariposa* Drosselklappe *f*; **2.** ⊕ *u. Orgel* Ventil *n*; *de ~ ⊕ Ventil...*; ~ *de admisión (de descarga, de salida)* Einlaß- (Ablaß-)ventil *n*; ~ *de escape* Auslaßventil *n*; *fig.* Ausflucht *f*; Ausweg *m*; *Kfz. usw.* ~ *de neumático* Schlauchventil *n*; ~ *de plato* Tellerventil *n*; ~ *de regulación (de seguridad)* Regel-, Ausgleich- (Sicherheits-)ventil *n*; **3.** HF Röhre *f*; ~ *amplificadora* Verstärkerröhre *f*; Audion *n*; ~ *electrónica (emisora)* Elektronen- (Sende-)röhre *f*; ~ *de excitación (de alta frecuencia)* Steuer- (Hochfrequenz-)röhre *f*; ~ *de potencia (de reactancia)* Leistungs- (Reaktanz-)röhre *f*; ~ *termoiónica* Vakuumröhre *f*.
valvu|lar ⊕, ⚕ *adj. c* Klappen...; *bsd.* ⊕ Ventil...; ⊕ *cámara f* ~ Ventilkammer *f*; ⚕ *defecto m* ~ *(del corazón)* (Herz-)Klappenfehler *m*; **~litis** ⚕ *f* Herzklappenentzündung *f*.
valla *f* **1.** Zaun *m*; Umzäunung *f*; *p. ext.* → *tapia*; *Vkw.* ~ *protectora* Leitplanke *f*; ~ *(publicitaria)* Reklametafel *f*; *Sp. publicidad f en las* ~s Bandenwerbung *f*; **2.** Palisade *f*; **3.** Hürde *f*; *fig.* Hindernis *n*; *Sp. (carrera f de)* ~s *f/pl.* Hürdenlauf *m*; *fig. poner una ~ e-n Damm (od. e-e Schranke) errichten (fig.)*; *cerrar el ~ Hindernis in den Weg legen (fig. dat. a)*; **4.** *Ant.* Hahnenkampfplatz *m*; **~dar** *m* Umzäunung *f*; Wall *m*, Verschanzung *f*; *fig.* Hindernis *n*; **~dear** *v/t.* umzäunen; mit e-m Wall umgeben; **~do** *m* Zaun *m*; Einzäunung *f*; **~r I.** *adj.* → *valar*; **II.** *m* → *valladar*; **III.** *v/t.* einzäunen; mit e-m Wall umgeben.
valle *m* Tal *n*; Flußtal *n*; Tallandschaft *f*; *fig.* ~ *de lágrimas* (irdisches) Jammertal *n*.
vallisoletano *adj.-su.* aus Valladolid.
vallista *Sp. c* Hürdenläufer *m*.
vam|p *f*, **~pi(resa)** F *f* Vamp *m*; **~pirismo** *Folk. m* Glaube *m* an Vampire; **~piro** *m Zo. u. Folk.* Vampir *m*; *fig.* Blutsauger *m*.
vanadio ⚗ *m* Vanadium *m*.
vanagloria *f* Ruhmsucht *f*; Eitelkeit *f*, Dünkel *m*; **~arse** [1b] *v/r. s.* rühmen, *s.* brüsten *(gen. de)*; prahlen (*mit dat. de*); **~oso** *adj.* ruhmsüchtig; prahlerisch; eitel, dünkelhaft.
vana|mente *adv.* **1.** vergeblich; umsonst; **2.** ohne vernünftige Begründung; **3.** dünkelhaft; **~rse** ♪ *v/r. Col., Chi.* taub geraten *(Nüsse usw.)*.

vanda ♀ *f* Orchideenart.
van|dalaje *m Am.* → *vandalismo*; **~dálico** *adj. a. fig.* wandalisch; **~dalismo** *m* Zerstörungswut *f*, Wandalismus *m*.
vándalo *m hist. u. fig.* Wandale *m*.
vanesa *Ent. f* Admiral *m*.
vanguar|dia *f* ⚔ Vorhut *f*; *fig.* Avantgarde *f*, Vorkämpfer *pl. in Lit. u. Ku.*; *fig. de ~ Lit., Ku.* avantgardistisch; ⚔ vorgeschoben *(Posten)*; **~dismo** *m* Avantgardismus *m*; **~dista** *adj.-su. c* avantgardistisch; *m* Avantgardist *m*.
vani|dad *f* **1.** Nichtigkeit *f*, Wahn *m*; **2.** Eitelkeit *f*, Dünkel *m*; **3.** Gehaltlosigkeit *f*, Nichtigkeit *f*; **~doso** *adj.* eitel, dünkelhaft, eingebildet.
va|nilocuencia *f* (eitle) Geschwätzigkeit *f*; **~nilocuente** *adj. c* → **~nílocuo I.** *adj.* geschwätzig; **II.** *m* (eitler) Schwätzer *m*, Fas(e)ler *m*; **~niloquio** *m* eitles Geschwätz *n*; **~nistorio** F *m* **1.** lächerlicher Dünkel *m*; **2.** Erzprahler *m*.
vanillina ⚗ *f* Vanillin *n*.
vano I. *ad*. **1.** eitel, nichtig; wertlos; leer; hohl; taub *(Nuß u. ä.)*; **2.** grundlos; unbegründet; vergeblich; *en ~* umsonst, vergebens; nutz-, zweck-los; **II.** *m* **3.** Maueröffnung *f*; **4.** lichte Weite *f*, Spannweite *f*.
vapo|r *m* **1.** Dampf *m*; Dunst *m*; **~es** *m/pl.* Dämpfe *m/pl.*, Schwaden *m/pl.*; *fig.* F *al ~ mit Dampf (fig.* F*)*, schnell; ⊕ *u. fig. a todo ~ mit Volldampf*; ~ *de agua* Wasserdampf *m*; ~ *de escape (od. de descarga)* Abdampf *m*; **~es** *m/pl. de gasolina* Benzindämpfe *m/pl.*; *fuerza f de(l) ~* Dampfkraft *f*; *emitir ~ dampfen*; *someter a la acción del ~ dämpfen*; **2.** ⚓ Dampfer *m*; ~ *de altura (od. de alta mar)* Hochseedampfer *m*; ~ *costero (mercante, piloto, rápido)* Küsten- (Handels-, Lotsen-, Schnell-)dampfer *m*; ~ *frutero* Frucht-, Obst-, F Bananen-dampfer *m*; ~ *de hélice (de lujo, de ruedas, de turbinas)* Schrauben- (Luxus-, Rad-, Turbinen-)dampfer *m*; ~ *de pesca od. ~ pesquero (de recreo)* Fisch- (Ausflugs-, Vergnügungs-)dampfer *m*; **~rario** *m* Dampfbad *n*; Dampfraum *m*.
vaporiza|ble *adj. c* verdampfbar; **~ción** *f* **1.** Verdunstung *f*; Verdampfen *n*; **2.** Zerstäubung *f*; **3.** Dämpfung *f*; **~do** *m* **1.** Zerstäuben *n*; **~dor** *m* **1.** Zerstäuber *m*; **2.** Dämpfer *m*; **~r** [1f] **I.** *v/t.* **1.** eindampfen; verdampfen; verdunsten lassen; *bsd. Parfüm* zerstäuben; **II.** *v/r.* **~se** **3.** verdampfen; verdunsten.
vaporoso *adj.* **1.** dampfend; dunstig; **2.** *fig.* leicht; duftig; luftig *(Kleid)*.
vapu|lación *f*, **~lamiento** *m* Prügel *pl.*; **~lear** F *v/t.* durchprügeln F; **~leo** F *m* Tracht *f* Prügel.
vaque|ra *f* Kuhhirtin *f*, Sennerin *f*; **~ría** *f* **1.** Kuhstall *m*; **2.** Milchgeschäft *n*; Milchtrinkstube *f*; **~riza** *f* Kuhstall *m*; **~rizo I.** *adj.* Rinder...; **II.** *m* → *vaquero*; **~ro I.** *adj.* Rinderhirten...; **II.** *m* Rinderhirt *m*; Senn(e) *m*; *mit Bezug auf Am.* Vaquero *m bzw.* Cowboy *m*; **~s** *m/pl.* Bluejeans *pl.*, Jeans *pl.*; **~ta** *f*

vaquilla — vecindad

1. Rind(s)leder n; 2. Fi. mittelländische Goldmaid f.
vaquilla f junge Kuh f v. 1¹/₂-2 Jahren; ~s f/pl. Stierkampf m v. Amateuren mit Jungstieren.
váquira Ven., **vaquira** Col. Zo. f Nabelschwein n.
vara f 1. Stab m; Stange f; Deichselstange f; Leiterholm m; ~s f/pl. Gabeldeichsel f; 2. Rute f, Gerte f; Blütenstengel m (Stengel mit Blüte); ~ de nardo Nardenstengel m; ⚥ ~ de San José (od. de oro) Goldrute f; 3. Amtsstab m; Kommandostab m; ~ de Esculapio Askulapstab m; hist. fig. ~ de Inquisición Beauftragte(r) m der Inquisition; ~ de Mercurio Merkurstab m; fig. doblar la ~ de la Justicia das Recht beugen; 4. Stk. Stoßlanze f, Pike f; p. ext. Lanzenstoß m des Pikadors; fig. F picar de ~ larga auf Nummer Sicher gehen; tomar ~s gg. die Lanze des Pikadors anrennen (Stier); fig. F gern mit Männern anbändeln (Frau); 5. Ma. Elle f (in Cast. 0,835 m); fig. medirlo todo con la misma ~ alles über e-n Kamm scheren, alles über e-n Leisten schlagen; 6. Am. ~ de la fortuna, Arg., Col., C. Ri. ~ de premio Klettermast m b. Volksfesten.
vara|da f 1. ⚓ Strandung f; → varadura; 2. Kfz. Col. Panne f; **~dero** ⚓ m Stapelplatz m; **~do** adj.-su. Chi. ohne feste Beschäftigung; **~dura** ⚓ f Aufschleppen n e-s Schiffs (auf den Schiffsstapelplatz).
varal m 1. dicker Stab m; lange Stange f; fig. F lange Latte f, Hopfenstange f (fig. F); ~es m/pl. Deichselstangen f/pl.; 2. Rüstholz n b. Schiffsbauten.
varano Zo. m Waran m.
varapalo m 1. lange Stange f; 2. Schlag m mit e-r Stange; fig. F Verlust m, Schaden m, Schlag m (fig.); Verdruß m.
varar I. v/t. ⚓ auf Strand setzen; an Land ziehen, aufschleppen; II. v/i. ⚓ Grund berühren, auflaufen; stranden; fig. steckenbleiben; III. v/r. ~se ⚓ Am. stranden; Kfz. Col. e-e Panne haben.
va|razo m Ruten-hieb m, -streich m; **~rear** I. v/t. 1. Obst usw. (vom Baum) abschlagen; 2. Stk. mit der Pike stechen (Pikador); 3. mit der Elle messen; nach Ellen verkaufen (od. zuteilen); 4. Rpl. Reittier einreiten für Rennen; II. v/r. ~se 5. fig. → enflaquecer.
varec ⚥ m Tang m, Seegras n.
varenga ⚓ f Wrange f; **~je** ⚥ m Wrangen f/pl.; Bodenplatten f/pl.; p. ext. Auflanger m/pl.
vare|o m Abschlagen n der Baumfrüchte; **~ta** f 1. kl. Stange f; kl. Spieß m; fig. Anspielung f bzw. Stichelei f; fig. F echar una ~ e-e Anspielung machen; sticheln, anpflaumen F (j-n a); 2. Leimrute f; fig. F estar (od. irse) de ~s Durchfall haben; 3. tex. Streifen m im Zeug; **~tazo** Stk. m seitlich geführter Hornstoß m; **~tear** tex. v/t. Streifen (ein)weben; **~tón** Jgdw. m Spießer m (Hirsch).
varganal m Pfahlzaun m.
vari|a m/pl. Varia pl., Verschiedene(s) n; **~abilidad** f Veränderlichkeit f; **~able** I. adj. c 1. a. Met. veränderlich; wandelbar; unbeständig, wechselvoll; ⊕ a. verstellbar; 2. wankelmütig; unstet; II. f 3. ⚨ Veränderliche f, Variable f; **~ación** f 1. (Ver-)Änderung f, Wechsel m; Abweichung f, Schwankung f; ⚚, Variation f; ~ magnética (Gesamt-)Abweichung f (od. -Mißweisung f) der Magnetnadel; 2. Abwechslung f; **~ado** adj. 1. mannigfach; verschiedenartig; abwechselnd; 2. vielseitig; abwechslungsreich, reichhaltig; bunt; buntfarbig; **~ador** ⊕ m Regelgetriebe m, Wandler m; ~ (de velocidad) sin escalones stufenlos regelbares Getriebe n; **~ante** I. adj. c wechselnd; II. f Variante f; Biol. Abart f; Textkritik: abweichende Lesart f; Variante f; **~ar** [1c] I. v/t. (ab-, ver-)ändern; variieren; II. v/i. wechseln, s. wandeln, s. ändern; abweichen, variieren; verschieden sein.
varice, a. **várice** ⚥ f, ⚕ m Krampfader f. [f/pl.]
varicela ⚥ f Wind-, Wasserpocken
varico|cele ⚥ m Varikozele f, Krampfaderbruch m; **~sidad** ⚥ f Krampfaderbildung f; **~so** ⚥ adj. variкös; Krampfader...
variedad f 1. Mannigfaltigkeit f; Vielfalt f; Verschiedenartigkeit f; teatro m de ~es Varieté n; 2. Biol. Abart f, Variante f; Gartenbau: Sorte f.
varilla f 1. Gerte f, Rute f; dünne Stange f; Latte f, Leiste f; p. ext. Vorhangstange f; ~s f/pl. a. ⊕ Gestänge n; 2. ~ mágica (od. adivinadora) Zauberstab m (a. ~ de virtudes); Wünschelrute f; 3. Stab m; a. ⊕ Fächer-, Schirm-stab m; ~ de ballena Fischbein(stäbchen) n; ~ de calefacción eléctrica elektrischer Heizstab m; Atom. ~ de combustible Brennstab m; ~ de cristal, ~ de vidrio Glasstab m; ~ (metálica) Stativstab m, Spreize f; ~ roscada Gewindestift m; 4. Méj. Warenauswahl f der Hausierer; **~je** m a. ⊕ Gestänge n; ~ de(l) paraguas Schirmgestänge n.
varillar v/t. Ven. → varear 4.
varillero m Méj. Hausierer m.
vario adj. 1. verschieden; ~s m/pl. manche; einige, mehrere; 2. veränderlich, wechselhaft, unstet; 3. ⚨s „Verschiedenes" (als Tagesordnungspunkt usw.).
variolo|ide ⚥ f Variolois f; **~so** ⚥ I. adj. Pocken...; pockenkrank; II. m an (den) Pocken Erkrankte(r) m. [n.]
variómetro Phys., ⚥ m Variometer f
variopinto adj. bunt, mehrfarbig.
varita f 1. kl. Stab m; → varilla 2.
variz ⚥ f → varice.
va|rón I. adj. 1. männlich(en Geschlechts; (von) männlich(er Wesensart); II. m 2. Mann m; männliches Wesen n; F santo ~ herzensguter, ет. einfältiger Mann m; 3. ⚓ Ruderkette f; **~ronía** f männliche Linie f; **~ronil** adj. c männlich; Mannes...; mannhaft, mutig.
Varsovia f Warschau f; **⚥no** adj.-su. aus Warschau; m Warschauer m.
vasa|llaje m hist. Lehnspflicht f; a. fig. Vasallentum n; fig. Knechtschaft f; Abhängigkeit f; **~llo** I. adj. lehnspflichtig; II. m hist. Vasall m, Lehnspflichtige(r) m; fig. Abhängige(r) m, Unterstellte(r) m.
vasar m Abstellbord n; Küchenbord n.
vas|co adj.-su. baskisch; m Baske m; Li. das Baskische; **~cón** adj.-su. aus dem alten Baskenland; ⚥congadas f/pl. Baskische Provinzen f/pl., Baskenland n; **~congado** adj.-su. aus den baskischen Provinzen; **~cónico** adj. altbaskisch; **~cuence** I. adj. c baskisch; II. m Li. das Baskische; fig. F Unverständliche(s) n.
vascu|lar Biol., ⚥ adj. c Gefäß...; **~larización** f Gefäßbildung f; **~loso** adj. → vascular.
vasectomía Chir. f Vasektomie f.
vaseli|na pharm. f Vaseline f; **~noso** F adj. schmalzig, schnulzig.
va|sera f Geschirrbord n; **~sija** f Gefäß n; ~ aforadora Meßgefäß n; ~ con rosca Schraubglas n; **~sillo** m Wabenzelle f der Bienen.
vaso m 1. a. ⚥ Gefäß n; ~ capilar (sanguíneo) Haar-, Kapillar- (Blut-)gefäß n; ⚚ usw. ~ colector Sammelgefäß n; Phys. ~s m/pl. comunicantes kommunizierende Röhren n/pl.; Rel. ~ de elección Auserwählte(r) m (od. Auserwählter f des Herrn); 2. (Trink-)Glas n; ~ de agua Glas n Wasser; ~ para agua Wasserglas n; ~ de cartón (od. de papel) Pappbecher m; ~medida Meßbecher m; a ~s glasweise; **~constricción** ⚥ f Gefäßverengung f; **~dilatación** ⚥ f Gefäßerweiterung f; **~motor** ⚥ adj. vasomotorisch.
vasquista m Baskologe m.
vástago m 1. ⚘ Schößling m; a. fig. Sprößling m; ~ rastrero Ausläufer m, Fechser m; 2. ⊕ Schaft m, Stößel m; Zapfen m; Stab m; ~ de émbolo Kolbenstange f; ~ del remache Nietenschaft m.
vas|tedad f Weite f; Geräumigkeit f, Ausdehnung f; **~to** adj. weit, ausgedehnt; geräumig, groß; umfassend; groß, großartig; el ~ mar das weite Meer, die unendliche See.
vate m lit. Dichter m; Seher m, Künder m.
vatica|nista adj. c auf die Politik des Vatikans bezüglich; auf die Politik des Vatikans eingeschworen; **~no** I. adj. vatikanisch; päpstlich; (Biblioteca) 2a f m Vatikanische Bibliothek f; II. 2 m a. fig. Vatikan m.
vatici|nador I. adj. wahrsagend; prophezeiend; prophetisch; II. m Wahrsager m; Prophet m; **~nar** v/t. wahrsagen, prophezeien, voraus-, vorher-sagen; **~nio** m Wahrsagung f, Prophezeiung f; Voraussage f.
va|tímetro ⚥ m Wattmeter n; **~tio** ⚥ m Watt n.
vaya¹ 1. → ir [3t]; 2. int. ¡~! aber (geh)!; na so etwas!; so ein ...!; ¡~ pareja! ist das (vielleicht) ein Paar!
vaya² f Spott m, Frotzelei f F; Spaß m.
ve f bsd. Am. V n (Name des Buchstabens).
vecero m (Stamm-)Kunde m.
vecin|al adj. c 1. Gemeinde...; camino m ~ Ortsverbindung(sweg m) f, Vizinalweg m; 2. nachbarlich; **~dad** f Nachbarschaft f; Pol. relaciones f/pl. de buena ~ gutnachbarliche Beziehungen f/pl.; 2. Mitbewohner m/pl., Nachbarn m/pl. e-s

Hauses, e-s Viertels; p. ext. → *vecindario;* 3. Nähe *f*, Umgebung *f*; 4. Gemeindebürgerrecht *n*, Anerkennung *f* als Bürger *e-r* Gemeinde; **~dario** *m* Einwohnerschaft *f*.
vecino I. *adj.* 1. benachbart (mit *dat. a*); 2. ~ **de** aus *(dat.)*; ansässig· *(od.* wohnhaft) in *(dat.)*; **II.** *m* 3. Nachbar *m*; 4. Einwohner *m*; *asociación f de ~s etwa:* Bürgerinitiative *f*; *casa f de ~s* Mietshaus *n*.
vecto|r ⚤ **I.** *adj.*: *radio m ~* Radiusvektor *m*, Fahr-, Leit-strahl *m*; **II.** *m* Vektor *m*, Richtungsgröße *f*; *Raumf.* Trägerrakete *f*; **~rial** *adj. c* vektoriell, Vektor...
veda *f* 1. *Jgdw.*, *Fischerei:* Schonzeit *f*; 2. Verbot *n*; 3. *Arg.* Zeit *f*, in der kein Rindfleisch gegessen werden darf; **~do** *m* 1. *Jgdw.* Gehege *n*; Privatjagd *f*; 2. *silv.* Schonung *f*; **~r** *v/t.* verbieten; (ver)hindern.
Vedas *m/pl.* Veden *m/pl.*
vedette *f* Star *m (bsd. Revue).*
védico *adj.* vedisch; Veden...
vedija *f* Wollflocke *f*; *fig.* Rauchwölkchen *n*, -spirale *f*.
vee|dor *m* Inspektor *m (Beamter, der die Gemeindeversorgung kontrolliert; hist. Hofamt)*; **~duría** *f* Inspektorat *n*.
vega *Geogr. f* (Fluß-)Aue *f*; fruchtbares Schwemm- oder Bewässerungsland *n*.
vegeta|ción *f* Pflanzenwuchs *m*, Vegetation *f*; **~l I.** *adj. c* pflanzlich, vegetabil(isch), Pflanzen...; **II.** *m* Pflanze *f*; *fig.* Parasit *m*, Schmarotzer *m (Person)*; **~r** *v/i.* wachsen; *fig.* vegetieren; **~rianismo** *m* Vegetariertum *n*; **~riano I.** *adj.* vegetarisch; **II.** *m* Vegetarier *m*; **~tivo** *adj.* 1. wachsend; Pflanzen...; *órgano m ~* Wachstums- *bzw.* Fortpflanzungsorgan *n*; 2. *fig.* vegetierend; *rein leiblich* sein Leben fristend; 3. *fig.* vegetativ; *sistema m nervioso ~* vegetatives Nervensystem *n*.
veguer *m* Viguier *m, e-r der beiden Vertreter der Staatsoberhäupter von Andorra (frz. Staatspräsident u. span. Bischof von Urgel).*
veguero I. *adj.* 1. Vega..., Flur...; **II.** *m* 2. Vegabauer *m*, Flurarbeiter *m*; 3. *(aus e-m Blatt ohne Einlage gewickelte)* Zigarre *f*; 4. *Cu.* Tabakpflanzer *m*.
vehemen|cia *f* Heftigkeit *f*; Ungestüm *n*; *fig.* Kraft *f*, Feuer *n des Ausdrucks*; **~te** *adj. c* 1. heftig; ungestüm; 2. *fig.* kraftvoll, feurig *(Stil).*
vehículo *m* 1. Fahrzeug *n*; *~ acuático (aerodeslizante, industrial)* Wasser- (Luftkissen-, Nutz-)fahrzeug *n*; *~ de carretera (sobre rieles)* Straßen- (Schienen-)fahrzeug *n*; *~ de motor, ~ automóvil* Motor-, Kraft-fahrzeug *n*, *Abk.* Kfz *n*; *~ (para) todo terreno* Geländefahrzeug *n*; *~ de tracción animal* Fuhrwerk *n*; 2. *fig.* Träger *m*, Vehikel *n*; Vermittler *m*; ⚤ Überträger *m*.
vein|tavo I. *adj.* zwanzigstel; **II.** *m* Zwanzigstel *n*; **~te** *num.* zwanzig; zwanziger(r, -s); *de ~ años* zwanzigjährig; **~tena** *f* zwanzig Stück; *una ~* etwa 20 Stück.
veja|ción *f* Belästigung *f*; Plage *f*; **~dor** *adj.* quälend; **~men** *lit. m*

1. → *vejación*; 2. bissige Zurechtweisung *f*; beißende Stichelei *f*.
veja|ncón F, **~rrón** F **I.** *adj.* steinalt; **II.** *m* Tattergreis *m* F.
veja|r *v/t.* belästigen; quälen, plagen; drangsalieren; **~torio** *adj.* quälend; bedrückend; demütigend; drückend *(Bedingung).*
veje|storio *desp. m* 1. alter Plunder *m*; 2. **a)** alter Knacker *m* F; **b)** alte Schachtel *f* F, altes Reff *n* F; **~te** *m* altes Männchen *n*.
vejez *f* 1. (Greisen-)Alter *n*; Lebensabend *m (lit.);* pensión *f (od. renta f) de ~* Altersrente *f*; *Spr. a la ~, viruelas* Alter schützt vor Torheit nicht; alles hat s-e Zeit; 2. Altern *n*; *p. ext.* Altersbeschwerden *f/pl.*; 3. *fig.* greisenhafte Geschwätzigkeit *f*; abgedroschene Geschichte *f*, alter Kohl *m* F.
veji|ga *f* 1. *Anat.*, 🜨 Blase *f*; *~ de cerdo* Schweinsblase *f*; *~ de la hiel* Gallenblase *f*; *~ (urinaria)* Harnblase *f*; *levantar ~s* Blasen bilden *(od.* ziehen) *(Haut);* 2. ⚤ *~ de perro* Blasenkirsche *f*; **~gatorio** 🜨 *m* Zugpflaster *m*; **~goso** *adj.* voller Blasen.
vela[1] *f* 1. Segel *n*; *a.* Sonnensegel *n*; *~ de abanico (de cuchillo)* Spriet- (Schrat-)segel *n*; *~ de baticulo* Treiber(segel *n*) *m b. Jollen:* *~ cuadrada (mayor)* Rah- (Groß-)segel *n*; *~ latina* lateinisches Segel *n*; *~ de mesana* Besan(segel *n*) *m*; *~ suplementaria* Beisegel *n*, Spinnaker *m*; *~ de temporal (od. de capa)* Sturmsegel *n*; *avión m a ~* → *velero*[1]; *barco m od. buque m de ~* Segelschiff *n*; *a toda(s) ~(s) od. a ~s llenas (od.* desplegadas *od.* tendidas) *a. bsd. fig.* mit vollen Segeln; *alzar (bsd. fig.* levantar*) ~s* Segel setzen; *fig.* (plötzlich) aufbrechen; *s. davonmachen; apocar las ~s* weniger Segel(fläche) setzen; *cambiar la ~* das Segel in den Wind drehen; *estar a la ~* unter Segel stehen; *fig.* bereit sein; *hacerse a la ~, a. fig. ~ od. largar las ~s* unter Segel gehen; *absegeln; fahren; navegar a ~ segeln; poner ~s* Segel setzen; *recoger (od. amainar) ~s* die Segel einziehen *(od.* streichen, *a. fig.*); *tender las ~s* die Segel in den Wind spannen; *fig.* die Gelegenheit nützen; 2. *fig.* Segel(-schiff) *n*; Segler *m*; 3. *fig.* F *~s f/pl.* herabhängende(r) Rotz *m* P.
vela[2] *f* 1. Wachen *n*; Nachtwache *f*; † ⚔ Nachtposten *m*; *en ~* schlaflos; wach(end); *pasar la noche en ~* die Nacht durchwachen; 2. *kath.* Anbetung *f* vor dem Allerheiligsten; 3. Kerze *f*; *~ de sebo* Talglicht *n*; *fig.* derecho como una *~* kerzengerade; *fig.* F *entre dos ~s* leicht angetrunken; *fig. entre cuatro ~s* im Sarg; *fig.* F *nadie te da ~ en este entierro* hier hast du gar nichts zu suchen; hier hast du nichts verloren; *fig.* F *estar a dos ~s* mittellos *(od.* blank F) sein; *fig.* F *encender una ~ a Dios (od. a San Miguel) y otra al diablo* auf beiden Schultern Wasser tragen *(fig.);* *encender una ~ a la Virgen vor dem Bild der Muttergottes e Kerze* aufstecken; *fig. tener la ~* Helfershelfer sein; j-m in s-n Liebesnöten helfen; den Kuppler machen; *fig.* F

tener una ~ encendida por si la otra se apaga auf alle Fälle sicher gehen, ein weiteres Eisen im Feuer haben *(fig.).*
velación[1] *f* Verhüllung *f* mit dem Schleier; *kath.* Bedeckung *f* mit dem Brautschleier *(Trauungszeremoniell)*; **~ones** *f/pl.* kirchliche Trauung *f*; *p. ext.* Trauzeit *f*.
velación[2] ⚤ *f* → *vela*[2] 1 *u. velorio.*
velacho ⚓ *m* Vortoppsegel *n*.
velada[1] *f* Verschleierte *f*.
velada[2] *f* 1. 🜨 Aufbleiben *n*; Nachtwache *f*; 2. (Abend-)Veranstaltung *f*; Abendgesellschaft *f*; (gemütlicher) Abend *m*; *~ musical (poética)* Musik- (Dichter-)abend *m*.
velado *part. a. Phot.* verschleiert.
velado|r I. *adj.* 1. wachend; wachsam; **II.** *m* 2. Hüter *m*, Wächter *m*; 3. rundes Tischchen *n*; Kaffeehaustisch *m*; Leuchtertisch *m*; *Am. Reg.* Nachttisch *m*; 4. → **~ra** *f* Nachttischlampe *f*. [Übermalen *n*.)
veladura *Mal. f* Lasur(farbe) *f*;)
vela|je, ~men ⚓ *m* Segel(werk *n*) *n/pl.*; **~ndria** *f Col.* Spott *m*.
velar[1] *Phon.* **I.** *adj. c* velar, Hintergaumen...; **II.** *f* Velar *m*, Hintergaumenlaut *m*.
velar[2] **I.** *v/t.* 1. bewachen; wachen bei *e-m Kranken, e-r Leiche; p. ext.* Totenwache halten bei *(dat.); fig.* aufmerksam beobachten; *~ las armas hist.* Schwertwache halten; *fig.* beginnen; **II.** *v/i.* 2. wachen, nachts aufbleiben; nachts arbeiten; 3. wachen (über *ac. por*); wachsam sein; sorgsam achtgeben (auf *ac.* sobre); *~ en defensa de sus privilegios* s-e Vorrechte wachsam verteidigen; 4. *kath.* eucharistische Wache *(od.* Andacht) halten *vor dem Allerheiligsten; a. am* „ewigen Gebet" teilnehmen; 5. ⚓ über die Oberfläche ragen *(Klippe od. anderes Hindernis).*
velar[3] **I.** *v/t.* 1. verschleiern *(a. fig);* *fig.* verhüllen; trüben; *con voz ~ada* mit umflorter Stimme; 2. *kath.* feierlich trauen; 3. *Mal.* lasieren, übermalen; *Phot.* Schleierbildungen verursachen *(durch Fehlbelichtung);* **II.** *v/r. ~se* 4. *s.* verschleiern; 5. *kath.* feierlich getraut werden; 6. *fig.* e-n dumpfen *(od.* trüben *bzw.* traurigen) Klang annehmen *(Stimme); Phot.* Schleierbildungen zeigen *(durch Fehlbelichtung).*
velarizar [1f] *Phon. v/t.* velarisieren.
velatorio *m* Toten- *od.* Leichen-wache *f*.
¡velay! **I.** *int.* 1. † *u. Reg.* jawohl!, natürlich; 2. *Arg., Bol.* → *he aquí od. aquí (lo) tiene usted b. Überreichung od. Vorstellung;* 3. *Col.* → *¡eso no!, ¡no faltaba más! (abwehrend).*
velazqueño *adj.* auf (den span. Maler) Velázquez bezüglich.
velcro *Wz. m* Klettverschluß *m*.
veld(t) *Geogr. m* Veld *n (südafrikan. Steppe).*
velei|dad *f* 1. Anwandlung *f*; Laune *f*, Willkür *f*; Gelüst *n*; 2. Launenhaftigkeit *f*; **~doso** *adj.* wankelmütig; wetterwendisch, launisch.
velería[1] ⚓ *f* Segelmacherwerkstatt *f*; Segelboden *m*.
velería[2] *f* Kerzengeschäft *n*; Kerzengießerei *f*.

velero — vender 626

velero[1] *m* 1. ⚓ Segelmacher *m*; 2. Segelschiff *n*; Schnellsegler *m*, Klipper *m*; ~ de cuatro palos Viermaster *m*; 3. 🛪 (~) planeador *m* Segelflugzeug *n*; 4. *Zo.* Segelqualle *f*.

velero[2] *m* Lichtzieher *m*; Kerzengießer *m*.

velero[3] *kath. m* Wallfahrer *m*; Teilnehmer *m* an e-r *vela*; → *vela*[2] 2.

veleta I. *f* 1. Wetterfahne *f*; 2. ⚞ *Equ.* Lanzenwimpel *m*; 3. Schwimmer *m* der Angelschnur; Gleitpose *f*; **II.** c 4. *fig.* wetterwendischer Mensch *m*.

velillo *tex. m* hauchzarter Flor *m*.

velintonia ♀ *f* → *wellingtonia*.

velito *m* kl. Hutschleier *m*.

velívolo *poet. adj.* im Fluge dahinsegelnd *(Schiff)*.

veliz *m (pl.* ~*ices) Méj.* Koffer *m*.

velo *m* 1. Schleier *m (Gesichts-, Hut-, Nonnenschleier u. fig.*; *Phot. u. Repro.*); *p. ext. Phot.*, 🅿 Schleierbildung *f*; ~ contra las abejas Bienen- (*od.* Imker-)schleier *m*; ~ de cristianar (*de gasa, de luto, de novia, de viuda*) Tauf- (Gaze-, Trauer-, Braut-, Witwen-)schleier *m*; ponerse el ~ s. verschleiern; *fig.* tener un ~ ante los ojos e-n Schleier vor den Augen haben; 2. *tex.* Flor *m*, Vlies *n*; ~ de fibras Faservlies *n*; ~ peinado Kammzug *m*; 3. *Anat.* Segel *n*, Velum *n*; ~ del paladar Gaumensegel *n*; 4. Hülle *f*; Schein *m*; Deckmantel *m*; Vorwand *m*; *fig.* (des)correr el ~ den Schleier wegziehen, enthüllen; bloßlegen; *fig.* correr (*od.* echar) un ~ sobre e-n Schleier breiten über (*ac.*), verhüllen (*ac.*); 5. *kath.* a) „Trauschleier" *m* (*dieser Schleier wird b. Trauungszeremoniell als Symbol der ehelichen Bindung über die Schultern des Bräutigams u. den Kopf der Braut gebreitet*); **b)** Nonnenschleier *m*; → velorio 3; **c)** Velum *n* (*Schultertuch des Priesters bzw. Kelchabdeckung*); *fig.* tomar el ~ den Schleier nehmen, Nonne werden; 6. feinmaschiges Fischnetz *n*.

velo|**cidad** *f* Geschwindigkeit *f*; cambio *m* de ~ Geschwindigkeitswechsel *m*; *Kfz.* Gang(schaltung *f*) *m*; *Kfz.* cambio *m* de cuatro ~es Viergangschaltung *f*; 🛢 por gran (pequeña) ~ (als) Eil- (Fracht-)gut *n*; *Phys.* ~ angular (*propia*) Winkel- (Eigen-)geschwindigkeit *f*; ⚓, 🛪 ~ comercial, 🛪, *Kfz.* ~ de crucero Reisegeschwindigkeit *f*; *Kfz.* a. Dauergeschwindigkeit *f*; ~ máxima, ~ punta Höchstgeschwindigkeit *f*; ~ media mittlere Geschwindigkeit *f*; ~ Durchschnittsgeschwindigkeit *f*; ~ récord Rekordgeschwindigkeit *f*; 🦆 ~ de (la) sedimentación globular (*od. sanguínea*) Blutsenkungsgeschwindigkeit *f*; (lanzado) a toda ~ mit rasender Geschwindigkeit; ~**címetro** *m* Geschwindigkeitsmesser *m*; ⚓ Fahrtmesser *m*; *Kfz.* Tacho(meter *n*) *m*; ~**cípedo** *m* Velo(ziped) *n*, Fahrrad *n*; 🚲 ~ (*para vía férrea*) Draisine *f*; ~**cista** *Sp.* c Sprinter *m*, Kurzstreckenläufer *m*.

velódromo *m* Radrennbahn *f*, Velodrom *n*. [*Mofa n.*]

velo|**mar** *m* Tretboot *n*; ~**motor** *m*

velón *m* 1. † (mehrflammige) Öllampe *f (auf Ständer, drehbar u. nach oben u. unten verschiebbar)*; 2. *Bol., Chi., Méj., Pe.* dicke Unschlittkerze *f*.

velorio *m* 1. abendliches Dorfvergnügen *n mit Musik u. Tanz*; 2. Totenwache *f (bsd. b. e-m Kind)*; 3. *kath.* feierliche Profeß *f* e-r Klosterfrau; 4. *Arg.* langweilige Veranstaltung *f*; *int.* ¡~! *etwa*: wäre ja ganz schön, aber ...; 5. *Ven.* → *ventorrillo*.

veloz *adj. (pl.* ~*oces)* schnell; flink, behende.

veludo *m* → *velludo m*.

velum ♀ *m* Velum *n*, Schleier *m b. Pilzen*.

ve|**llera** *f* Haarauszupferin *f (Kosmetikerin)*; ~**llo** *m* Flaum(haar *n*) *m (a.* ♀); Körperhaar *n*; ~ pubiano Schamhaare *n/pl.*; ~**llocino** *m* Schaffell *n*, Vlies *n*; *Myth.* el ⚥ de oro das goldene Vlies; ~**llón** *m* Schaffell *n*; Schurwolle *f*; Wollflocke *f*; ~**llori(n)** *m* mittelfeines Tuch *n*; ~**llorita** ♀ *f* 1. Maßliebchen *f*; 2. Schlüsselblume *f*; ~**llosidad** *f* (dichte) Behaarung *f*; ~**llosita** ♀ *f* Mausohr *n*, langhaariges Habichtskraut *f (Hieracium Pilosella)*; ~**lloso** *adj.* stark behaart; haarig; wollig, zottig; ~**lludillo** *tex. m* Velvet *m, n, glatter* Halb- *od.* Baumwollsamt *m*; ~**lludo I.** *adj.* → *velloso*; **II.** *m tex.* Seidenplüsch *m*, Felbel *m*; ~**llutero** *tex. m* Seidenplüsch-Facharbeiter *m*.

vena *f* 1. *a. fig.* Ader *f*; ♀ (Blatt-)Rippe *f*; ~s *f/pl. a.* Aderung *f*, Maserung *f b.* Holz *u.* Marmor; ~ de agua Wasserader *f*; ~ metálica Erzader *f*; ~ (poética) dichterische Ader *f*; *fig.* le dio la ~ er kam auf den verrückten Einfall (, zu + *inf. de + inf.*); ihn packte die Wut; estar en ~ im Zuge (*bzw.* in Stimmung *od.* gut aufgelegt) sein; no estar en ~ de (*od. para*) + *inf.* nicht in der rechten Stimmung sein, zu + *inf.*; tener ~ de a/c. e-e Ader (*od.* Begabung) für et. (*ac.*) haben; tener ~ de loco unberechenbar sein; übergeschnappt sein F; 2. *Anat.* Vene *f*, Blutader *f*; ~ cava Hohlvene *f*; ~ porta Pfortader *f*.

vena|**blo** *m* (Jagd-)Spieß *m*; *fig.* echar ~s wüten, toben; ~**dero** *Jgdw. m* Lager *n* des Hochwilds; ~**do** *m* Hirsch *m (a. Kchk.)*; Rotwild *n*; Hirschleder *n*; ~**dor** *m* Jäger *m*.

vena|**je** *m* Wasseradern *u.* Quellen *f/pl.* e-s Flusses; ~**l**[1] *adj.* c Ader...

venal[2] *adj. c a. fig.* käuflich; *fig.* bestechlich; ~**lidad** *f* Käuflichkeit *f*; Bestechlichkeit *f*.

venático F **I.** *adj.* halbverrückt, übergeschnappt F; **II.** *m* närrischer Kerl *m*.

venatorio *lit. adj.* Jagd...

vencedero ♀ *adj.* fällig.

vencedor I. *adj.* siegreich; **II.** *m* Sieger *m*.

vencejo[1] *Vo. m* Mauersegler *m*.

vencejo[2] *m* (Garben-)Band *n*; Strick *m*.

vencer [2b] **I.** *v/t.* 1. besiegen; siegen über (*ac.*); überwältigen; bezwingen; (be)meistern; *Hindernis, Schlaf, Unpäßlichkeit, Widerstand* überwinden; *Schwierigkeit* meistern; ✝ ~ a los competidores die Konkurrenz aus dem Felde schla- gen; el sueño le ha vencido der Schlaf hat ihn übermannt; no dejarse ~ nicht nachgeben; s. nicht unterkriegen lassen F; se dieron por vencidos sie gaben nach; sie gaben klein bei; **II.** *v/i.* 2. siegen; Sieger bleiben; *Spr.* vine, vi y vencí, *oft lt.* veni, vidi, vici ich kam, sah u. siegte; 3. *bsd.* ✝ ablaufen (*Frist, Vertrag*); verfallen (*Wechsel*); fällig werden (*bzw.* sein); **III.** *v/r.* ~se 4. s. beherrschen; ~se a sí mismo s. selbst überwinden; 5. 🛠 verkantet sein; verbogen sein; überhängen; 6. *Am. Reg.* verschleißen, abnutzen.

vencetósigo ♀ *m* Schwalbenwurz *f*.

venci|**ble** *adj.* c besiegbar; ~**da** 🛠 → *vencimiento*; ir de ~ besiegt werden; ablaufen (*Frist*); a la tercera va la ~ beim drittenmal klappt es; einmal muß es doch klappen (*Ermutigung*); wenn es zum drittenmal geschieht, ist die Strafe fällig (*Warnung*); ~**do** *adj.* 1. besiegt; 2. fällig; 3. schief verkantet; ~**miento** *m* 1. Besiegung *f*; 2. Verfall(stag) *m*; Fälligkeit *f*.

venda *f* Binde *f*; *hist.* Stirn-band *n*, -binde *f (Zeichen der Königs- od. Priesterwürde)*; ~ de Esmarch (*de gasa*) Stau- (Mull-)binde *f*; ~ escayolada, ~ enyesada (*umbilical*) Gips- (Nabel-)binde *f*; ⚕ ~ de goma Gummibinde *f (Bandage)*; ~ de los ojos Augenbinde *f*, damit man nichts sehen kann, z. B. b. Blindekuhspiel; *fig.* se le ha caído la ~ de los ojos ihm fiel es wie Schuppen von den Augen; *fig.* hacerle caer la ~ de los ojos j-m die Augen öffnen; *fig.* tener una ~ en los ojos mit Blindheit geschlagen sein; ~**je**[1] *m* Verband *m*; Bandage *f*; ~ de brazo (*de cabeza, de emergencia*) Arm- (Kopf-, Not-)verband *m*; ~ compresor, ~ de compresión (*contentivo, escayolado od. de yeso* Druck-, Kompressions- (Stütz-, Gips-)verband *m*; ~ de gelatina con óxido de cinc (*de urgencia od. plástico* Zinkleim- (Schnell-)verband *m*; ~ quirúrgico Operationswäsche *f*. [*f b. Kauf.*]

vendaje[2] *m Am. Mer., Cu.* Zugabe *f*

vendar I. *v/t.* verbinden; zubinden; *a. fig.* con los ojos ~*ados* mit verbundenen Augen; **II.** *v/r. fig.* ~se los ojos s-e Augen vor der Wirklichkeit verschließen.

vendaval *m* starker See- *bzw.* Südwest-wind *m*; *p. ext.* Sturm *m*.

vende|**dor** *m* Verkäufer *m*; ~ ambulante Straßenhändler *m*, fliegender Händler *m*; ~ a domicilio Hausierer *m*; ~ callejero Straßenhändler *m*; ~ de helados Eis-verkäufer *m*, -mann *m* F; ~**dora** *f* Verkäuferin *f*; sociedad *f* ~ Verkaufsgesellschaft *f*; ~ de almacén Ladenverkäuferin *f*; ~**humos** F *m (pl. inv.)* Großmaul *n*, Schaumschläger *m*; ~**patria** *m Méj.* vaterlandloser Geselle *m*, Verräter *m*.

ven|**der I.** *v/t.* verkaufen, absetzen, vertreiben; *fig.* ~ cara su vida sein Leben teuer verkaufen; ~ a precios ruinosos Ware verschleudern; ~ al por menor im Kleinhandel vertreiben (*od.* absetzen); ~ por (*od.* 🔔 en) mucho dinero für (*od.* um 🔔) teures Geld verkaufen; **II.** *v/r.* ~se Absatz finden; s. verdingen; s. be-

stechen (*od.* schmieren F) lassen; *fig.* s. ausgeben (als *por*); s. verraten; s. verplappern F; *fig.* ~se como pan caliente (*od.* como rosquillas) wie warme Semmeln weggehen; **~dí** *m* Verkaufsbescheinigung *f* (*Herkunfts-, Preisbescheinigung*); **~dible** *adj.* c verkäuflich, absetzbar; **~dido** *part. fig.* ¡aquí estamos (como) ~! hier sind wir (doch) verraten u. verkauft!
vendimia *f* Weinlese(zeit) *f*; *fig.* Ernte *f*, Frucht *f* (*fig.*); **~dor** *m* Weinleser *m*; **~r** [1b] *vt/i.* Trauben (*od.* Wein) lesen; *fig.* ernten (*bsd.* da, wo man nicht gesät hat), den Gewinn haben; *fig.* F töten.
venduta *f* 1. *Rpl., Cu.* Versteigerung *f*; 2. *Cu.* → vedulería.
Venecia *f* Venedig *n*; **♀no** *adj.-su.* venezianisch; *m* Venezianer *m*.
vendré *usw.* → venir.
venencia *f* Stechheber *m der Küfer.*
veneno *m a. fig.* Gift *n*; *fig. a.* Bosheit *f*; Zorn *m*; **~sidad** *f* Giftigkeit *f*; **~so** *adj.* giftig (*a. fig.*); *fig.* boshaft, bösartig; seta *f* ~a Giftpilz *m*.
venera[1] *f* 1. *Zo., Rel.* Pilger-, Jakobsmuschel *f*, *Zo.* Venusmuschel *f*; 2. *fig.* Ehrenkreuz *n versch. Ritterorden*; *fig.* F no se te caerá la (*od.* ninguna) ~ es wird dir kein Stein aus der Krone fallen; *fig.* empeñar la ~ sein Bestes tun.
venera[2] ⚔ *f* Quell *m.*
venera|ble I. *adj.* c 1. ehrwürdig; *a. kath.* verehrungswürdig; **II.** c 2. *kath.* Ehrwürden *m bzw.* Ehrwürdige Mutter *f* (*Titel*); Venerabilis *m* (*Stufe der Kanonisation*); **III.** *m* 3. el ~ das Venerabile, das Sanktissimum; 4. Hochmeister *m e-r* Loge (*Freimaurer*); **~ción** *f* Verehrung *f*; **~r** *v/t.* verehren.
venéreo ⚔ *adj.* venerisch, Geschlechts...
venereólogo ⚔ *m* Facharzt *m* für Geschlechtskrankheiten.
venero *m* 1. Quell *m*; ⚒ Erzader *f*; *fig.* Urquell *m*; 2. Schatten-, Stundenstrich *m e-r* Sonnenuhr; 3. *fig.* wissenschaftlicher Nachwuchs *m.*
véneto *adj.-su.* Veneter *m*; Venezianer *m.*
vene|zolanismo *m* venezolanische (Sprach-)Eigentümlichkeit *f*; **~zolano** *adj.-su.* venezolanisch, venezuelisch; *m* Venezolaner *m*; **♀zuela** *f* Venezuela *n.*
venga|ble *adj.* c was Rache verdient; **~dor I.** *adj.* rächend; *espíritu m* ~ Rachegeist *m*, Rächer *m*; **II.** *m* Rächer *m*; **~dora** *f* Rächerin *f*; *fig.* P Halbweltdame *f*; ♀ *Myth.* Rachegöttin *f*; **~nza** *f* Rache (für *ac.* de, *por*); acto *m* de ~ Racheakt *m*; espíritu *m* de ~ Rachegeist *m*, Rachgier *f*; ~ de sangre Blutrache *f*; clamar (*od.* pedir) ~ nach Rache schreien, Rache fordern; **~r** [1b] **I.** *v/t.* rächen; ahnden, strafen; **II.** *v/r.* ~se s. rächen, Rache nehmen, Vergeltung üben (für *ac.* de; an *dat.* en); **~tivo** *adj.* rachsüchtig; rächend; justicia *f* ~a strafende Gerechtigkeit *f.*
vengo *usw.* → venir.
venia *f* 1. Erlaubnis *f*; con la (*od.* su *usw.*) ~ mit Verlaub (gesagt); dar ~ erlauben; 2. leichte Verneigung *f*; ✠ Gruß *m*; **~l** *adj.* c verzeihlich; *bsd. Theol.* läßlich (*Sünde*); **~lidad** *f* Verzeihlichkeit *f*; Läßlichkeit *f e-r* Sünde.

veni|da *f* 1. Ankunft *f*; Kommen *n*; ~ la de la noche bei Anbruch der Nacht; 2. *Fechtk.* Ausfall *m*; *fig.* Ungestüm *n*; Anwandlung *f*, Einfall *m*; **~dero I.** *adj.* kommend; (zu-)künftig; **II.** *m* Kommende(r) *m*; los ~s die Nachkommen *m/pl.*; die Nachfolger *m/pl.*; die künftigen Geschlechter *n/pl.*
venir [3s] **I.** *v/i.* 1. kommen; s. einstellen, erscheinen; einfallen (*Gedanke*); **a)** ¡ven acá! komm her!; *fig.* F aber!; nun sei (doch) vernünftig (= das war [*od.* ist] nicht recht!); ¡venga! los!; her damit!; ¡venga el libro! her mit dem Buch!; ¡venga esa mano! gib ~ die Hand!; schlag ein!, topp!; ¡venga pan! Brot her!; ¡venga lo que venga (*od.* lit. lo que viniere)! was auch (immer) komme(n mag)!; unter allen Umständen; auf jeden Fall; ¡que venga! er soll kommen; ~ *una desgracia* es wird ein Unglück geben; *mes que viene* nächsten Monat; *fig.* F ni va ni viene er ist unschlüssig; *le vino el deseo de estudiar* er bekam Lust zu studieren; *vino la noche* die Nacht brach herein; **b)** mit *ger.* u. *part.*: según viene diciendo wie er (schon oft) gesagt hat; eso venimos diciendo darauf (*od.* auf das, was Sie gesagt haben) wollen wir hinaus; ~ *volando* (an)geflogen kommen; **c)** mit prp. **a)** mit a: ~ *a caballo* (a pie) zu Pferd (zu Fuß) kommen; ~ *al caso* (*od.* a propósito*) dahingehören, angebracht sein; *¡vengamos al caso!* kommen wir (wieder) zur Sache!; *fig.* F le viene a contrapelo es geht ihm gg. den Strich; es ist ihm zuwider; es paßt ihm nicht; ~ *a cuentas* zur Abrechnung kommen, abrechnen; ~ *a la memoria* einfallen; ~ *a menos* abnehmen; herunterkommen (*fig.*); ~ *a menos fig. a. verarmt*; ~ *a partido* zu e-m Entschluß (*od.* zu e-r Vereinbarung) kommen; ~ *a paz y concordia* zu Frieden u. Eintracht gelangen; *¿a qué viene eso?* was soll das?, worauf zielt das ab?; *hacer* ~ *al suelo a alg.* j-n zu Boden strecken; ~ *a + inf.* sich gelangen, zu + *inf.*; ~ *a buscar* holen; *vengo a decir que no es así* ich möchte sagen, daß es so nicht verhält; ~ *a hacer a/c.* schließlich et. tun; et. erreichen; ~ *a salir*(le a *alg.*) *por 1.000 ptas.* (j-n) etwa 1000 Peseten kosten; ~ *a ser* igual (*od.* lo mismo) werden; ~ *a ser* igual (*od.* lo mismo) auf dasselbe hinauslaufen; ~ *a tener* mil marcos etwa tausend Mark haben; ~ *a verle* a alg. j-n auf- (*od.* be-)suchen; **b)** mit con: *fig.* F ¡no me vengas con cuentos! erzähl mir k-e Geschichten!; *fig.* viene conmigo m steht auf m-r Seite; **c)** mit de: ~ *casa* (de Madrid) von daheim (aus Madrid) kommen; *Typ.* viene de la página 7 Fortsetzung von Seite 7; → *a.* 2; **d)** mit en: ~ *en avión* (en barco) mit dem Flugzeug (mit dem Schiff) kommen; ~ *en ayuda* zu Hilfe kommen; ~ *en conocimiento de a/c.* et. in Erfahrung bringen, et. kennenlernen; *cuando le venga en gana*

immer Sie Lust haben; ~ *en la idea* auf den Einfall kommen; *Verw.* vengo en conferir ich verleihe (hiermit); ~ *en declarar* e-e Erklärung abgeben; ~ *en decretar* ver-, an-ordnen, bestimmen; **e)** mit por: ~ *por carretera* (por mar) über die Straße, per Achse (auf dem Seeweg) kommen; el Estado por ~ der künftige Staat, der Staat der Zukunft; en lo por ~ künftig; ~ por (*od.* F a por) a/c. et. (ab)holen (wollen); *f)* mit sobre: mil desdichas vinieron con la familia tausendfach brach das Unglück über die Familie herein; **2.** abstammen (von *dat.* de); herrühren (von *dat.* de); ~ *de buena familia* aus gutem Hause stammen; **3.** *fig.* sitzen, stehen (*Kleidung*); passen, entsprechen; *in der Zeitung* stehen; *fig.* ~ *le vendría muy bien* es (*od.* das) wäre genau das Richtige für ihn; *el traje le viene bien* (estrecho) der Anzug steht Ihnen gut (ist Ihnen zu eng); *fig.* ~ *le ancha una cosa a alg.* e-r Sache nicht gewachsen sein; *et.* (*bsd. ein Amt*) nicht ganz verdientermaßen bekommen haben; *fig.* F ~ *clavada una cosa a otra* vorzüglich zuea. passen; **II.** *v/r.* ~se 4. volkssprachlich u. in best. W.: kommen, gehen, ~(se) abajo einstürzen; *fig.* erdröhnen, wackeln, einfallen (*fig.* F) (Raum v. Lärm, Beifall *usw.*); *fig.* scheitern, fehlschlagen; ~se a (las) buenas s. gütlich vergleichen; nachgeben; ~se cayendo beinahe fallen; se te vienen lágrimas a los ojos dir kommen die Tränen (in die Augen); hacer ~se al suelo zu Fall bringen; ~se a tierra zs.-brechen, einstürzen.

venoso *adj.* 1. ☣ Venen...; venös; 2. aderig, geädert.
venta *f* 1. Verkauf *m*; Absatz *m*; ~(s) *f/(pl.)* Umsatz *m*; en ~ zu verkaufen; erhältlich; ~ *al contado* Barverkauf *m*; ~ *anticipada* (de localidades) Vorverkauf *m v.* Karten *usw.*; (*casa f de*) ~s *f/pl. por correspondencia* Versandgeschäft *n*; ~ *a domicilio* Haustürgeschäft *n*; ~s *f/pl. en la fábrica* Werkshandel *m*; 🎓 ~ *forzada* Zwangsverkauf *m*; ~ *judicial* gerichtliche Versteigerung *f*; ~ (*al*) *por mayor y por menor* Groß- u. Kleinverkauf *m*; ~ *a plazo* (a plazos) Verkauf *m* auf Ziel (auf Ratenzahlung); ~ *simulada* (*total*) Schein- (Aus-)verkauf *m*; condiciones *f/pl.* de ~ Verkaufsbedingungen *f/pl.*; facilidad *f* (*od.* posibilidad *f*) de ~ Verkäuflichkeit *f*; imposibilidad *f* de ~ Unverkäuflichkeit *f*; impuesto *m* sobre la ~ Verkaufssteuer *f*; producto *m* de la(s) ~(s) Verkaufserlös *m*; sección *f* (*od.* departamento *m*) de ~s Verkaufsabteilung *f* e-s Werks; de ~ fácil leicht verkäuflich, gut abzusetzen(d); *estar* (*od.* hallarse) a la ~ verkäuflich sein; vorrätig sein, zu haben sein; *estar de* ~ verkauft werden; poner a la (*od.* en) ~ in den Handel bringen. 2. Wirtshaus *n*, Gasthof *m am Wege od. im freien* Gelände; *fig.* F *Reg.* unwirtliche Gegend *f*; 3. *Chi.* Verkaufsstand *m.*
ventada *f* heftiger Windstoß *m.*
venta|ja *f* Vorzug *m*; Überlegenheit *f*; llevar a/c. Vorteil haben; im Vorteil sein; *a. fig.* llevarle ~ a alg. vor j-m e-n Vorsprung haben; sacar ~ de a/c. Nutzen aus et. ziehen;

ventajero — ver

todo tiene sus ~s y sus inconvenientes alles hat s-e Vor- und Nachteile; **2.** *Sp., Kart.* Vorgabe *f*; *jugar con ~ a. fig.* versteckte Trümpfe (in der Hand) haben; **3.** Vorzugsprämie *f*, Sondergehalt *n*; **~jero** *m* **1. a)** F Streber *m*; **b)** F *Am.* Gauner *m*, geriebener Kunde *m* F; **2.** *Arg.* Glückspilz *m*; **~jismo** *m Am.* Gaunerei *f*, skrupellose Geschäftemacherei *f*; **~jista** *adj.-su. c* Gauner *m*, skrupelloser Geschäftemacher *m*; **~joso I.** *adj.* vorteilhaft; gewinnbringend; **II.** *m Am.* → *ventajista*.
ventalla ⚘ *f* halbe Samenkapsel *f*.
venta|na *f a.* ⚛, ⊕, *EDV* Fenster *n*; Sichtglas *n b. Gasmaske, Taucherhelm usw.; ~ basculante (corrediza, doble, enrejada)* Kipp- (Schiebe-, Doppel-, Gitter-)fenster *n*; ⚔ ~ *de emergencia* Notausstieg *m*; ~ *de las flores (od. de las plantas)* Blumenfenster *n*; ~ *de fuelle* Kippflügelfenster *n*; ~ *giratoria (móvil)* Ausstell-, Schwenk-(Klapp-)fenster *n*; ~ *de guillotina* Schiebefenster *n*; *Anat.* ~ *de la nariz* Nasenöffnung *f*, -loch *n*; ~ *de arco ojival* Spitzbogenfenster *n* (*Gotik*); △ ~ *redonda* Rundfenster *n* (*Románik*); ~ *de ventilación* Lüftungsklappe *f*; *Phot.* ~ *del visor* Ausblickfenster *n* (*Sucher*); *vano m de* ~ Fensteröffnung *f*; *fig. tirar a* ~ *conocida (od. señalada)* auf j-n anspielen; *tirar por la* ~ *aus dem Fenster werfen (a. fig.), fig.* verschwenden; **~nal** *m gr.* Fenster *n*; **~nazo** *m* Zuschlagen *n* e-s Fensters; **~near** F *v/i.* oft am Fenster sitzen; im Fenster liegen; **~neo** F *m* das Sich-am-Fenster-Zeigen; **~nero I.** F *adj.* s. oft am Fenster zeigend; nach Frauen in den Fenstern Ausschau haltend; **II.** *m* Fensterschreiner *m*.
venta|nilla *f* **1.** Fensterchen *n*; ~ *de corredera* kl. Schiebefenster *n*; **2.** *Fahrzeug u.* ⚔ Fenster *n*; ⚓ Bullauge *n*; *Kfz.* ~ *giratoria (trasera)* Ausstell- (Heck-)fenster *n*; **3.** Schalter(fenster) *m*; ~ *de cambios* Wechselschalter *m* auf der Bank; **4.** Nasenloch *n*; **~nillo** *m* **1.** Fensterchen *n*, Luke *f*; ~ *de servicio* Durchreiche *f*; **2.** Dachgaubenfenster *n*; ⚓ Oberlicht *n*, Luke *f*; Bullauge *n*; **3.** Guckloch *n in der Wohnungstür*; **~nuca** F *f*, **~nuco** F *m*, **~nucha** *f*, **~nucho** F *m desp.* elendes kl. Fenster *n*, Luke *f*.
ven|tar [1k] **I.** *v/t.* lüften; **II.** *v/i.* **2.** wehen (*Wind*); **3.** wittern, winden (*Tiere*); *a. fig.* herumschnüffeln; **~tarrón** F *m* starker Wind *m*; heftiger Windstoß *m*; **~teadura** *f* Wind-spalt *m*, -kluft *f im Holz*; **~tear I.** *vt/i.* **1.** wittern, winden (*v/i.*) (*Jgdw.*); schnobern; aufspüren; *fig.* (aus)schnüffeln; **2.** lüften; **II.** *v/impers.* **3.** *ventea* der Wind geht, es windet (*lit.*); **III.** *v/r.* **~se** **4.** rissig werden, springen; blasig werden (*Ziegel b. Brand*); **5.** unter dem Einfluß der Luft verderben; **6.** → *ventosear*; **7.** F *Chi.* oft außer Hause sein; *desp.* s. draußen herumtreiben.
ventero *m* (Schank-)Wirt *m*.
ventila|ción *f* Lüftung *f*, Belüftung *f*, Ventilation *f*; ⚒ Wetterführung

f; **~dor** *m* Ventilator *m*; Gebläse *n* (⊕ *oft u. Kfz.*); ~ *calefactor* Heizlüfter *m*; **~r** *v/t.* (aus-, ent-, be-)lüften; *fig.* erörtern, ventilieren; *fig.* **~le a alg. las orejas** j-n ohrfeigen.
ventis|ca *f* heftiges Schneegestöber *n*; Schneesturm *m*; **~car** [1g], **~quear** *v/impers.* stürmen u. schneien; **~quero** *m* **1.** → *ventisca*; **2.** Gletscher *m*; **3.** Schneegrube *f im Gebirge*.
vento P *m Arg.* **1.** Geld *n*, Zaster *m* F; **2.** Diebesbeute *f*, Sore *f* P.
ven|tolera *f* **1.** starker Windstoß *m*; **2.** Windmühle *f* (*Spielzeug*); **3.** *fig.* F Angabe *f* F; verrückter Einfall *m*; **~tor** *adj.-su.* Spür... (*von Tieren*); (*perro m*) ~ *m* Spürhund *m*.
ventorr(ill)o F *m* elendes Gasthaus *n*, Spelunke *f* (*desp.*).
vento|sa *f* **1.** Luft-, Wind-loch *n* (*zur Belüftung*); **2.** *a. Zo.* Saugnapf *m*; ⊕ Gummisaugnapf *m*, Saugteller *m zum Befestigen*; **3.** ⚕ Schröpfkopf *m*; *pegar a alg. una* ~ j-m e-n Schröpfkopf aufsetzen, *a. fig.* j-n schröpfen; **~sear** *v/i. u.* ⚒ **~se** *v/r.* Winde streichen lassen, furzen P; **~sidad** ⚕ *f* Blähung *f*; **~es** *f/pl.* Winde *m/pl.*, Gas *n*; **~so** *adj.* **1.** windig; **2.** ⚕ blähend.
ven|tral *adj. c Anat.* Bauch...; **~trecillo** *m dim.* Bäuchlein *n*; **~trecha** *f* Bauch(speck) *m bzw.* Innereien *pl. der Fische*; **~tregada** *Zo. f* Wurf *m*; **~trera** *f* Leibbinde *f*; *Equ.* Bauchgurt *m*; **~trículo** *m* **1.** *Anat.* Ventrikel *m*, Höhlung *f*; ~**s** *m/pl.* *cerebrales* Hirnhöhlen *f/pl.*; ~**s** *m/pl. del corazón* Herzkammern *f/pl.*; **2.** *Zo.* Blättermagen *m der Wiederkäuer*; **~tril** *m* Richtbalken *m* e-r Ölmühle; **~trílocuo** *adj.-su.* Bauchredner...; *m* Bauchredner *m*; **~triloquía** *f* Bauchrednerei *f*; **~troso**, **~trudo** *adj.* dickbäuchig.
ventu|ra *f* **1.** Glück *n*; glückliches Ereignis *n*; *buena* ~ → *buenaventura*; *mala* ~ Unglück *n*; *a la (buena)* ~ auf gut Glück, aufs Geratewohl; *por* ~ **a)** glücklicherweise; **b)** vielleicht; *por* ~ ohne Glück, unglücklich; *probar* ~ sein Glück versuchen; **2.** Wagnis *n*; **~rado**, **~roso** *adj.* glücklich.
ver[1] [2v] **I.** *vt/i.* **1.** sehen; *p. ext.* erleben; sehen nach (*dat.*); nachsehen, durchsehen; **a)** *¡ya se ve!* allerdings, freilich, natürlich!; *vea usted si le va este jersey* versuchen Sie einmal, ob Ihnen dieser Pullover paßt!; *¡veamos!* sehen wir einmal zu!; *fig. no lo veo claro* es ist mir nicht (ganz) klar; *no veo dos pasos (od. [a] dos palmos de narices od.* F *tres en un burro)* ich kann die Hand vor den Augen nicht sehen (*im Nebel usw.*); ~ *bien (mal)* gut (schlecht) sehen; *fig.* ~ *e-r Sache* wohlwollend (übelwollend) gegenüberstehen; *bsd. fig.* ~ *claro* klar sehen; *fig.* ¡verá usted lo que es bueno! jetzt werden Sie et. zu sehen kriegen!; ~ *de conseguirlo* zusehen (*od.* versuchen), es zu erreichen; **b)** *¡veremos!* abwartend, ausweichend *od.* mit Vorbehalt zustimmend: wir werden sehen!; warten wir es ab!; na, schön!; *sin más* ~ ohne nähere Untersuchung (der Umstände); *ya veremos* wir wollen einmal sehen (, was s. tun läßt); *ya (lo) veremos* wir werden es (schon *od.* noch) erleben; **c)** *¡a ver!* auffordernd: mal sehen!; auf!, los!; zeig mal her!, laß mal sehen!; herzeigen!; hergeben!; her damit!; *Tel. Col.* hallo! (*Angerufener*); *¡vamos a* ~*!* wir wollen mal sehen, sehen wir einmal zu!; *¡a* ~ *el libro!* gib (*od.* geben Sie) das Buch (doch) mal her!; *a* ~ *si lo sabe usted* nun, vielleicht wissen Sie es; *Aufforderung im Unterricht: a* ~ *la Srta. Sánchez*, *usted me podría decir* ... nun, Frl. Sánchez, **d)** *¡a (od. hasta) más* ~*!* auf Wiedersehen!; *a mi modo (od. manera) de* ~ meiner Ansicht (*od.* Meinung) nach; *fig. lo estoy viendo* das ist (für mich) offensichtlich; *es como si lo viera* es ist, als ob ich es vor mir sähe; *das kann ich mir ganz genau vorstellen; fig.* F *no haberlas visto (nunca) más gordas* nie davon gehört haben; F *ni quien tal vio* Verstärkung e-r Negation: no lo hizo él ni quien tal vio er hat es bestimmt nicht getan; *fig. si te he visto, no me acuerdo* Sinn: er tut, als ob er mich nie gesehen hätte (, *u. dabei hat er mir soviel zu verdanken*); *¡quien te ha visto y quien te ve!* du bist (ja) nicht wiederzuerkennen!; ich hätte dich nicht wiedererkannt!; *¡viera qué sorpresa!* die Überraschung hätten Sie erleben müssen! (*Santo Tomé,*) ~ *y creer* ein ungläubiger Thomas sein; ~ *y esperar* abwarten u. Tee trinken; *Spr.* (*K si a Roma fueres,*) *haz como vieres* mit den Wölfen muß man heulen; **e)** *le vimos entrar (od. entrando)* wir sahen ihn eintreten (*od.* beim Eintreten); *fig.* F ~ *las venir et.* (voraus)ahnen; *Kart.* F „Monte" spielen; *fig.* (beobachtend) *auf der Lauer liegen; fig.* F *te veo venir* ich habe d-e Absichten erkannt, ich habe dich durchschaut; **f)** *darse a* ~ s. kurz sehen lassen; *dejarse* ~ s. sehen lassen, s. zeigen; (*bien*) *se echa de* ~ *que* ... man sieht sofort, daß ...; *estar por* ~ noch unbestimmt (*od.* zweifelhaft) sein; F ... *que no había más que* ~ es war e-e ganz eigenartige Sache; *¡hay que* ~*!* unglaublich!, nein, so etwas!; *hacer* ~ sehen lassen, zeigen; schließen lassen auf (*ac.*); aufweisen; deutlich machen; *dartun*, *erklären; le haré* ~ *quién soy yo* ich werde ihm zeigen F), mit wem er es zu tun hat, der wird mich noch kennenlernen F; (*llegar a*) ~*lo es* (noch) erleben (werden); *fig. no poder* ~ *a alg.* j-n nicht ausstehen können; *ser (od. para)* ~ sehenswert sein; (*no*) *tener (nada) que* ~ *con* (*od. en*) nichts zu tun haben mit (*dat.*); F *¡tendría que* ~*!* das würde noch fehlen!; *volver a* ~ wiedersehen; **2.** auf- *od.* be-suchen; *ir* (*od. venir*) *a* ~ besuchen; ~ *mundo* Reisen machen, s. die Welt ansehen; *p. ext.* gesellschaftliche Veranstaltungen besuchen, unter die Leute gehen; **3.** ⚖ *Prozeß* verhandeln, abhalten; *Zeugen* hören; **II.** *v/r.* **~se** **4.** zu sehen sein; s. befinden; *fig.* gg.-seitig besuchen; *se ve que man sieht, daß; man merkt, daß; a.* es ist klar, daß; **~se con** *alg.* s. mit j-m treffen, mit j-m zs.-kommen; *¡habráse visto!* unerhört!;

véase más abajo (más arriba) siehe weiter unten (weiter oben); *fig.* F *nos veremos las caras* wir haben noch ein Wörtchen mitea. zu reden; *se ve que no lo harán* man sieht (*od.* man erkennt), daß sie es nicht tun werden; ~*se en un apuro* in e-r schwierigen Lage sein; ~*se en el espejo* s. im Spiegel sehen; ~*se forzado* (*od. obligado*) *a* s. gezwungen sehen zu (*inf. od. dat.*); ~*se pobre* (plötzlich) verarmen; *fig.* F *tener que* ~*se y desearse para hacer a/c.* nur mit größter Mühe et. tun können; *fig. vérselas con alg.* mit j-m zu tun haben.

ver² *m* 1. Sehen *n*; 2. Aussehen *n*; *de buen* ~ gutaussehend; 3. Meinung *f*; *a mi* ~ m-r Ansicht nach.

vera¹ *f* Rand *m*, Saum *m*; Seite *f*; *a la* ~ *de* neben (*dat.*); *a la* ~ *del camino* am Weg(es)rand.

vera² ⚕ *f Am.* guajakähnlicher Baum (*Zygophyllum arboreum*).

veracidad *f* Wahrhaftigkeit *f*.

veralca *f Chi.* Guanakofell *n* (*Teppich, Zudecke*).

verana|da ⚒ *f* Zeit *f* der Sommerweide; *Rpl.* → ~**dero** ⚒ *m* Sommerweide *f*.

veranda *f* Veranda *f*.

vera|neante *adj.-su. c* Sommerfrischler...; *m* Sommerfrischler *m*; ~**near** *v/i.* den Sommer(urlaub) verbringen; ~**neo** *m* 1. Sommerfrische *f*; 2. ⚒ → *veranadero*; ~**nero I.** *m* 1. ⚒ Sommerweide *f*; 2. *Vo. Ec.* → *pardillo*; **II.** *adj.* 3. → ~**niego** *adj.* sommerlich, Sommer...; *fig.* F oberflächlich; flüchtig; unbedeutend; ~**nillo** *m* Nachsommer *m*; *Span.* ~ *de San Martín* → ~**nito** *m Am.*: ~ *de San Juan* Altweibersommer *m*.

verano *m* Sommer *m*; *fig.* F *de* ~ laß mich in Ruhe! *od.* ich bin jetzt nicht zu sprechen (*wenn man auf et. nicht eingehen will*); *fig. pasar como una nube de* ~ rasch vorübergehen (*Anwandlung, Begeisterung, Leidenschaft*); *vestirse de* ~ s. sommerlich kleiden.

veras *f/pl.* Wahrheit *f*; Wahrhaftigkeit *f*; *de* ~ im Ernst, wirklich; ernsthaft; aufrichtig; *hacer a/c. muy de* ~ s. für et. ganz einsetzen.

veratro ⚕ *m* weiße Nieswurz *f*.

veraz *adj.* (*pl.* ~*aces*) wahrhaft(ig); wahrheitsliebend.

verba *f* → *labia, verbosidad*; ~**l** *adj. c* mündlich; *Gram.* verbal, Verb...; ~ *contrato m* ~ mündlich vereinbarter Vertrag *m*; ~**lismo** *m* 📖 Verbalismus *m*; Vorherrschaft *f* des Wortes (*z. B. im Unterricht*); *desp.* Wortklauberei *f*; ~**lista I.** *adj. c* zum Verbalismus neigend; **II.** *m desp.* Wortklauber *m*.

verbasco ⚕ *m* Königskerze *f*.

verbe|na *f* 1. ⚕ Eisenkraut *n*; 2. *Span.* Volksfest *n*, Kirmes *f*; *p. ext.* (Sommernachts-)Ball *m* (*mst. zu Wohltätigkeitszwecken*); ♀ *de San Juan, de la Paloma* (dies in Madrid) *bsd.* bekannte religiöse Volksfeste am Vorabend der genannten Patrone; ~**náceas** ⚕ *f/pl.* Eisenkrautgewächse *n/pl.*; ~**near** *v/i. fig.* wimmeln; s. rasch vermehren.

verberar *v/t.* peitschen, geißeln (*a. fig. Wind, Wellen*).

verbigracia zum Beispiel.

Verbo¹ *Rel m*: *el* ~ das Wort, der Logos; *el* ~ *Divino* das Göttliche Wort, das Gotteswort.

verbo² *m* 1. *Li.* Verb *n*, Zeitwort *n*; ~ *activo* (*od. transitivo*) transitives Verb *n*; ~ *factitivo* faktitives Verb *n*, bewirkendes Zeitwort *n*; ~ *impersonal* unpersönliches Verb; ~ *intransitivo* (*od. neutro*) intransitives Verb *n*; ~ *reflexivo* (*od. reflejo*) reflexives Verb *n*, rückbezügliches Zeitwort *n*; 2. *poet.* Wort *n*; ~**rragia** F, ~**rrea** F *f* Wortschwall *m*; Geschwätzigkeit *f*; ~**sidad** *f* Wortschwall *m*; ~**so** *adj.* wortreich.

verdacho *m* Blaßgrün *n* (*Erdfarbe*).

verda|d *f* Wahrheit *f*; ~*es f/pl. fig.* bittere Wahrheiten *f/pl.*; *la* ~ *al desnudo od. la* ~ *sin adornos* die reine (*od.* ungeschminkte) Wahrheit; *una* ~ *a medias* e-e Halbwahrheit; *¿(no es)* ~*?* nicht wahr?; *a la* ~ in der Tat; *de* ~ im Ernst; *en* ~ wahrhaftig; tatsächlich; *la* ~ *... eigentlich ...*; *a decir* ~ eigentlich; offen (*od.* ehrlich) gesagt; *faltar a la* ~ die Unwahrheit sagen; *hay un grano de* ~ *en la cosa* es ist et. Wahres (*od.* ein Körnchen Wahrheit) an der Sache; *es* ~ es ist et.; *das stimmt*; ~ *es que* es bien *es* ~ *que ... zwar ...,* (aber *pero*); *fig.* F *decirle a alg. cuatro* ~*es* j-m ordentlich die Meinung sagen; F *decirle a alg. las* ~*es del barquero* j-m gehörig den Kopf waschen (*fig.* F); *no todas las* ~*es son para ser dichas* es ist nicht immer ratsam, die Wahrheit zu sagen; *Eidesformel: la* ~*, toda la* ~ *y nada más que la* ~ die reine Wahrheit, ohne et. hinzuzufügen noch et. zu verschweigen; ~**dero** *adj.* wahr; wahrhaftig; wirklich; eigentlich; echt; *la historia resultó* ~*a* die Geschichte erwies s. als wahr.

verdal *adj. c* grünlich (*Pfl. u. Früchte*).

verdasca *f mst.* noch grüne Gerte *f*, Rute *f*.

verde I. *adj. c* 1. grün; *Vkw. onda f* (*Am. ola f*) ~ (*de los semáforos*) Grüne Welle *f*; *inv.:* ~ *aceituna* (*od. olivo*) olivgrün; ~ *botella* flaschengrün; *urb. zona f* ~ grüne Zone *f*, Grüngürtel *m der Städte*; *fig.* F *ponerle a alg.* ~ j-n gewaltig abkanzeln F; 2. *fig.* grün, unreif; herb (*Wein*); frisch (*Gemüse*); grün, jung; im Saft stehend, geil; *fig.* F schlüpfrig, pikant; *fruta f* ~ unreifes Obst *n*; *joven m muy* ~ *aún* ein noch recht unreifer junger Mann *m*; *viuda f* ~ lustige Witwe *f*; *Spr. ¡están* ~*s!* die Trauben sind mir (*usw.*) zu sauer!; **II.** *m* 3. Grün *n* (*Farbe u. Vegetation*); *p. ext.* Grünfutter *n*; *fig.* Herbe *f* (*des Weins*); *Min.* ~ *de montaña* Malachit *m*; ~ (*de*) *malaquita* Malachitgrün *n*; ~ *oscuro* Dunkelgrün *n*; *fig.* F *darse un* ~ einmal ausspannen, s. einmal verschnaufen; 4. P 1000-Peseten-Schein *m*; 5. *Pol. en los* ~*s* in die Grünen *pl.*; ~**ar I.** *v/i.* 1. ins Grüne spielen, 2. grün werden, sprießen; **II.** *v/t.* 3. → *Reg.* Oliven, Trauben (für den Verkauf) färben; ~**azul** *adj. c* blaugrün; ~**celedón** *adj.* blaßgrün; ~**cer** [2d] *v/i.* (er)grünen; ~**cillo** *Vo. m* → *verderón*; ~**guear** *v/i.* → *verdecer*; ~**oscuro** *adj.* dunkelgrün; ~**rol**, ~**rón** *Vo. m* Grünfink *m*; ~**te** *m* Grünspan *m*.

ver|dín *m* 1. grünlicher Schimmer *m auf Pfl. u. Bäumen, wenn sie zum Sprießen ansetzen*; zartes erstes Grün *n* (*Vegetation*); 2. Baummoos *n*; *p. ext.* Schimmel *m*; Grünspan *m*; ~**dinegro** *adj.* tiefdunkelgrün; ~**diseco** *adj.* halbdürr (*Vegetation*).

verdolaga ⚕ *f* Portulak *m*.

ver|dor *m* frisches Grün *n* (*Farbe u. Pflanzenwuchs*); *fig.* Jugendkraft *f*; ~**doso** *adj.* grünlich.

verdu|gada ⚒ *f* → *verdugo* 4; ~**gazo** *m* Gertenschlag *m*; ~**go** *m* 1. Reis *n*, Trieb *m*; Gerte *f*; 2. *p. ext.* Peitsche *f*; *fig.* Strieme *f*; 3. *a. fig.* Henker *m*; 4. ⚒ Lage *f* von Ziegelsteinen *zwischen anderm Mauerwerk*; 5. *Vo.* Raubwürger *m*; ~**gón** *m* 1. stärkere Gerte *f*; 2. (Peitschen-)Strieme *f*; ~**guillo** 🗡 *m* 1. *dim.* zu *verdugo*; 2. gallapfelähnlicher Auswuchs *m an Blättern*; 3. schmales Rasiermesser *n*; 4. Ohrring *m*.

verdule|ra *f* Gemüsefrau *f*; *a. fig. desp.* Marktweib *m*; ~**ría** *f* Gemüsehandlung *f*; *fig.* F *Zote f*; ~**ro** *m* Gemüsehändler *m*; Gemüse-regal *n*, -ständer *m*.

verdu|ra *f* 1. Grün *n* (*Farbe u. Vegetation*); 2. Laub *n*, Belaubung *f*; *Mal. u. Gobelin:* Verdure *f* (*frz.*); 3. Grünzeug *n*; Gemüse *n*; Suppenkraut *n*; 4. *fig.* F Schlüpfrigkeit *f*; Pikanterie *f*; Obszönität *f*; ~*s f/pl.* *Col.* derbe Schimpfwörter *n/pl.*; ~**sco** *adj.* schwärzlichgrün.

verecun|dia *lit. f* Schamhaftigkeit *f*, Schamgefühl *n*, Scheu *f*; ~**do** *adj.* schamhaft.

vereda *f* 1. Fußweg *m*; ~ *de bosque* Schneise *f*; *fig. meter* (*od. poner*) *en* ~ auf den rechten Weg (*od.* ins richtige Gleis) bringen; 2. *Am. Mer., Cu.* Geh-, Bürger-steig *m*; 3. *Col.* Bezirk *m* e-r Dorfgemeinde.

veredicto *m* 1. Wahrspruch *m*, Verdikt *n*; Spruch *m* der Geschworenen; *fig.* Urteil *n*, Meinung *f*; ~ *de culpabilidad* Verurteilung *f*; Schuldspruch *m*.

verga *f* 1. männliches Glied *n*, *Zo.* Rute *f*; 2. ⚓ Rahe *f*; 3. Bogen *m* e-r Armbrust; ~**jo** *m* Ochsenziemer *m*.

vergé *adj.: papel* ~ *m* Papier *n* mit gitterartigem Wasserzeichen.

vergel *m* (Obst-)Garten *m*; Ziergarten *m*.

vergencia *Opt., Geol. f* Vergenz *f*.

vergeteado 🛡 *adj.* gestreift.

vergon|zante *adj. c*: *pobre m* ~ verschämte(r) Arme(r) *m*; ~**zoso I.** *adj.* 1. beschämend; schändlich, schandbar; *acción f* ~*a* Schandtat *f*; 2. schamhaft; geschämig; schüchtern, verlegen; *partes f/pl.* ~*as* Schamteile *m/pl.*; **II.** *m* 3. Schüchterne(r) *m*; *Zo. Art* Gürteltier *n*.

vergüenza *f* 1. Scham *f*; Schande *f*; *hombre m de* ~ Mann *m* mit Ehrgefühl; *se le cae la cara de* ~ er schämt s. in Grund und Boden; *me da* ~ ich schäme mich; *es una* ~ es ist e-e Schande; *sacar a la* ~ an den Pranger stellen; *sin* ~ schamlos; *a. mit* ~*a* → *sinvergüenza*; *tener* ~ s. schämen; schüchtern sein (*bsd. Kinder*); *no tener* ~ schamlos (*bzw.* unverschämt) sein; 2. ~*s f/pl.* Schamteile *m/pl.*

vericueto *m* Bergpfad *m*; unwegsames, zerklüftetes Gelände *n*; *fig.*

verídico — vestir

mst. ~s *m/pl.* verschlungene Wege *m/pl.*
verídico *adj.* wahr; wahrheitsgetreu.
verifica|ble *adj. c* nachweisbar; **~ción** *f* 1. (Nach-, Über-)Prüfung *f*, Kontrolle *f*; ~ *de cuentas* Rechnungsprüfung *f*; ~ *(por pruebas) al azar* Stichprobe(nkontrolle) *f*; 2. Nachweis *m*, Feststellung *f*; ~ *de daños* Schadensnachweis *m*; **~dor** *m* Prüfer *m* (*a. Gerät*); ~ *de contadores* Zählerprüfer *m*, Kontrolleur *m* *für Wasseruhren usw.*; *Kfz.* ~ *de presión de aire* Luftdruckprüfer *m*; **~r** [1g] *I. v/t.* 1. beglaubigen, bestätigen; feststellen, nachweisen; 2. (nach-, über-)prüfen, kontrollieren; nachsehen; ~ *al azar* e-e Stichprobe machen; ~ *una medida* et. nachmessen; 3. aus-, durch-führen; verwirklichen; **II.** *v/r.* **~se** 4. s. bewahrheiten; bestätigt (*od.* nachgewiesen) werden; 5. stattfinden, **~tivo** *adj.* nachweisend; beweisend; bestätigend; *Méj.* tener ~ stattfinden.
verija *f* 1. Unterleib *m*; Schamteile *m/pl.*; 2. *Am.* Weichen *f/pl.* (*Pferd*).
veri|l ♦ *m* Rand *m* (e-r Untiefe); **~lear** ♦ *v/i.* an e-r Untiefe entlangfahren.
veris|mo *Ku. m* Verismus *m*; **~ta** *adj.-su. c* veristisch; *m* Verist *m*.
verja *f* 1. Gitter *n*; Gatter *n*; ~ *extensible* Scherengitter *n*; 2. Gittertür *f*, Fenstergitter *n*.
ver|me ⚕ *m* Wurm *m*; **~micida** ⚕ *adj. c-su. m* → vermífugo; **~micular, ~miforme** *adj. c* wurmförmig; **~mífugo** *pharm.* **I.** *adj.* wurmabtreibend; **II.** *m* Wurmmittel *n*.
ver|mú, ~mut *m* Wermut(wein) *m*; *Thea. Am. fig.* Nachmittagsvorstellung *f*.
vernáculo *adj.* einheimisch; *lengua f* ~a Heimat-, Landes-sprache *f*.
vernal *adj. c* Frühlings...
vernier ♃, ⊕ *m* Nonius *m*.
vero ⚘ *m* Feh *n*.
verónica *f* 1. ♀ Ehrenpreis *m*; 2. Schweißtuch *n* der Veronika; 3. *Stk.* Figur, *bei welcher der Stierkämpfer mit geschlossenen Beinen u. ausgebreiteter capa den Stier erwartet u. an s. vorbeilenkt*; ~ *de rodillas die gleiche Figur kniend ausgeführt*; 4. *Chi.* schwarzer Umhang *m* für Frauen.
vero|símil *adj. c* wahrscheinlich; glaubhaft; **~similitud** *f* Wahrscheinlichkeit *f*.
verra|co I. *m* Eber *m*; Keiler *m*; **II.** *adj. F Col.* toll *f*, enorm *F*; **~quear** *v/i.* 1. *fig.* F schimpfen, knurren, grunzen (*fig.* F); 2. heulen, brüllen (*Kind*); **~quera** F *f* Trotzweinen *n* (*Kind*).
verrion|dez *f* 1. Brunst(zeit) *f* (*bsd. b. Eber*); 2. *fig.* F Halbgarsein *n* (*Gemüse*); **~do** *adj.* brünstig; *fig.* F halbrüh (*Gemüse*).
verru|ga *f* Warze *f*; **~gato** *Fi.* ~ Schattenfisch *m*; **~go** F *m* Knicker *m*, Knauser *m*; **~goso I.** *adj.* warzig; **II.** *m Col.* Kaiman *m*; **~gueta** □ *f* Mogeln *n b. Kartenspiel*.
versado *adj.* bewandert, beschlagen, geschickt, versiert (in *dat.* en).
versa|l *Typ. adj.-su. f* Großbuchstabe

m, Versal *m*; **~litas** *Typ. f/pl.* Kapitälchen *n/pl.*
Versalles *m* Versailles *n*; **~co** *adj.* auf Versailles bezüglich (*bsd. auf das ehemalige frz. Hofleben dort*); *fig.* (modisch) geziert.
ver|sar I. *v/i.* s. drehen; *p. ext.* handeln (von *dat.* sobre); **II.** *v/r.* **~se** s. üben; **~sátil** *adj. c* drehbar; vielseitig verwendbar (*a. Waffe*); *fig.* wetterwendisch; wankelmütig; wandlungsfähig (*z. B. Schauspieler*); **~satilidad** *f* 1. Wankelmut *m*, Sprunghaftigkeit *f*; Charakterlosigkeit *f*; Wandlungsfähigkeit *f*; 2. ⊕ öfter: Vielseitigkeit *f*; vielseitige Verwendbarkeit *f*.
versícu|la *ecl. f* Chorbuchschrank *m*; **~lo** *m* Bibelvers *m*.
versifica|ción *f* Versbau *m*; Verskunst *f*, -lehre *f*; Übertragung *f* in Versen; **~dor** *m* Versemacher *m*, Verskünstler *m*; **~r** [1g] **I.** *v/t.* in Verse bringen; **II.** *v/i.* Verse machen; reimen.
versión *f* 1. ⚕ Wendung *f b. Geburtshilfe*; 2. Version *f*; Darstellung *f*; *a. fig.* Lesart *f*; *a.* ⊕ Ausführung(sweise) *f*; 3. Übersetzung *f* (*bsd. in die Muttersprache*); 4. *Film a.* Fassung *f*.
verso[1] *m* Vers *m*; **~blanco** (*od.* suelto) Blankvers *m*; ~ *libre* freier Vers *m*; *drama m* en ~ Versdrama *n*; *hacer* (*od.* componer) ~s Verse machen (*od.* schmieden); *fig.* F *Méj.* echar ~ schöne Reden führen.
verso[2] *adj.*: (folio *m*) ~ *m* Verso *n*, Rückseite *f e-s Blattes*; ♀ seno *m* ~ Umkehrfunktion *f* des Sinus, Kosekans *m*.
versta *f* Werst *f* (1,067 km).
vértebra *Anat. f* Wirbel *m*; ~ *lumbar* (sacra) Lenden- (Kreuzbein-)wirbel *m*.
verte|brado I. *adj.*: animal *m* ~ Wirbeltier *n*; **II.** *m/pl.* **~s** Wirbeltiere *n/pl.*; **~bral** *adj. c* Wirbel...; *columna f* ~ *a. fig.* Rückgrat *n*.
verte|dera ✧ *f* Streichbrett *n am Pflug*; **~dero** *m* 1. Ablaufbahn *f*; Ablaufrinne *f*; 2. Überfall *m an e-m Stauwehr*; 3. Müll-, Schuttabladeplatz *m*, Deponie *f*; Müllgrube *f*; Kehrichtwinkel *m*; Müllkasten *m*; **~dor** *m* 1. Abzugsrinne *f*; ~ *inclinado* Rutsche *f*; 2. Löffel *m e-s Baggers*; 3. ⚓ Wasser-, Kahn-schaufel *f*; Schiffspumpe *f*; **~r** [2g] **I.** *v/t.* 1. (aus-, ein-)gießen; ver-gießen, -schütten; auskippen; ~ *sus aguas* s. ergießen (*Fluß*; in *ac.* a, en); 2. übersetzen (*bsd. in die Muttersprache*; in *ac.* a, *a.* en); **II.** *v/i.* 3. herab-, hinab-fließen; s. ergießen, münden (in *ac.* a); **III.** *v/r.* **~se** 4. ausfließen, umkippen (*Behälter*).
vertica|l I. *adj. c* senkrecht, lotrecht; **II.** ♃, ⊕ Senk-, Lot-rechte *f*; *estar fuera de la* ~ vom Lot abweichen; überhangen; *Sp. hacer la* ~ (e-n) Handstand machen; **III.** *m Astr.* Vertikal(kreis) *m*; **~lidad** *f* senkrechte Lage *f* (*od.* Richtung *f*); lotrechter Verlauf *m*.
vértice *m* 1. Scheitel *m* (*Wirbel*); *a. fig.* Höhepunkt *m*; 2. ♀ Scheitel (-punkt) *m*; *Anat.* Spitze *f*; ~ *del pulmón* Lungenspitze *f*.
ver|ticidad *f* Drehbarkeit *f*, Bewe-

glichkeit *f*; **~tiente I.** *adj. c* 1. herabströmend (*Wasser*); **II.** *f* 2. Dachschräge *f*, Abdachung *f*; 3. Hang *m*; Gefälle *n*; *p. ext.* Einzugsgebiet *n e-s Flusses*; 4. *Arg.*, *Chi.* Quelle *f*.
vertigino|sidad *f* das Schwindelerregende; **~so** *adj.* 1. schwindelig; 2. schwindelnd (*Höhe*); schwindelerregend (*a. fig.*); *fig.* atemberaubend.
vértigo *m* ⚕ Schwindel *m*; *fig.* Rausch *m*; ⚕ ~ *de las alturas* Höhen-schwindel *m*, -taumel *m*; ~ *giratorio* Drehschwindel *m*; *fig. de* ~ *rasend* (*Tempo*); atemberaubend.
vertimiento *m* Ausgießen *n*; Er- bzw. Ver-gießen *n*.
ve|sania *lit. f* Geistesstörung *f*, Irrsinn *m*; **~sánico** *lit. adj.* irrsinnig.
ve|sicación ⚕ *f* Blasenbildung *f*; **~sical** *Biol. adj. c* Blasen...; **~sicante** ⚕ *adj. c* blasenziehend; *cataplasma m* ~ Umschlag *m* mit Zugsalbe; **~sícula** *Biol.*, ⚕ *f* Bläschen *n*; ~ *biliar* Gallenblase *f*; ~ *seminal* Samenbläschen *n*.
vespertino I. *adj.* abendlich, Abend...; **II.** *m* Abend-blatt *n*, -zeitung *f*.
vesre *m Arg. im arg. Argot häufige Art, Wörter umzubilden, indem man sie umkehrt* (revés = revés).
vestíbulo *m* 1. △ Vorhalle *f*; Diele *f*, Flur *m*; *Thea.* Foyer *n*; 2. *Anat.* Vorhof *m*, Vestibulum *n im Innenohr*.
vesti|do *m* (Frauen-)Kleid *n*; Kleidung *f*; Tracht *f*; *Col.* ~ *de baño* Badeanzug *m*; ~ *camisero* (de cóctel, de noche) Hemdblusen- (Cocktail-, Abend-)kleid *n*; ~ *de novia* (playero) Braut- (Strand-)kleid *n*; **~dor** *m* Umkleide-raum *m*, -kabine *f*; **~dura** *f* Kleidung *f*; Gewand *n*; *ecl.* ~s *f/pl. litúrgicas* (*od. sagradas*) liturgische Gewänder *n/pl.*
vestigio *m a. fig.* Spur *f*; *fig.* no quedaron ~s de es blieb k-e Spur (*od.* nichts) von ... (*dat.*) erhalten.
vestimenta *f* Gewandung *f*; ~s *f/pl.* (*eclesiásticas*) Paramente *pl.*
vestir [31] **I.** *v/t.* (be)kleiden; anziehen; *Kleidung* tragen, anhaben; ✗ *Rekruten* einkleiden; *p. ext.* schmücken; drapieren; *Möbel usw.* beziehen (mit *dat.* de); *fig. Wahrheit* verhüllen; *cuarto de* ~ Ankleideraum *m*; *ecl.* ~ *el altar* den Altar schmücken; ~ *la damajuana de paja* die Korbflasche mit Stroh umhüllen; *fig.* ~ *el discurso* die Rede ausschmücken (*od.* rhetorisch ausgestalten); *fig.* F *quedar para* ~ *santos* e-e alte Jungfer werden; *fig.* ~ *el rostro de alegría* e-e freudige Miene zeigen; *Spr.* vísteme despacio, que estoy de prisa eile mit Weile! od. immer langsam voran!; **II.** *v/i.* s. kleiden; (gut) stehen; *bien vestido* gut angezogen, gut gekleidet; *vestido de blanco* (de luto) weiß gekleidet (in Trauerkleidung); *fig.* F *irse al cielo vestido y calzado* bestimmt (*od.* sporn-streichs) in den Himmel kommen; *de* (*mucho*) ~ (sehr) kleidsam, (sehr) elegant; ~ (de) corto kurz(e Kleider) tragen; ~ *de máscara* im Maskenkostüm anhaben; ~ *de paisano* (*de uniforme*) Zivil(kleidung) (Uniform) tragen; *fig.* F *soy* (*bzw.* es

el mismo que viste y calza ich bin's, u. kein anderer (er ist's, wie er leibt und lebt); **III.** *v/r.* ~se s. ankleiden, s. anziehen; *fig.* s. bedecken (mit *dat. de*); ~se *a la moda* s. modisch kleiden; ~se *con el mejor sastre* beim besten Schneider arbeiten lassen; *fig. los árboles se visten de flores* die Bäume ziehen ihren Blütenschmuck an; ~se *de cura* geistliche Kleidung anlegen.

vestuario *m* **1.** Kleidervorrat *m*; Kleidung(sstücke *n/pl.*) *f*; **2.** *a.* ⚔ Kleiderkammer *f*; **3.** *Thea.* Kostümfonds *m*; **4.** (Künstler-)Garderobe *f*; *Sp. usw.* Umkleideraum *m*.

vesu|biano *adj.* Vesuv...; *fig.* vulkanisch; **2bio** *m* Vesuv *m*.

veta *f* **1.** Maser(ung) *f* (*Holz*, *Marmor*); **2.** ⚔ Ader *f*, Gang *m*; ~ *metálica* Erzader *f*; *p. ext.* ~ *de tocino magro* Streifen *m* (*od.* Schicht *f*) mageren Specks (*im fetten Speck*); **3.** *Ec.* Band *n*; P *tirar de* ~ bumsen P.

vetar *Pol. v/t.* (s)ein Veto einlegen gg. (*ac.*).

vete|ado *adj.* gemasert; geädert; marmoriert; ~**ar** *v/t.* masern; marmorieren.

vetera|nía *f* Veteranenschaft *f*; ~**no I.** *adj.* altgedient; **II.** *m* Veteran *m*; Kriegsteilnehmer *m*; *fig.* alter Hase *m* (*fig.*); F *Kfz.* (*a. coche m*) ~ Oldtimer *m*, Schnauferl *n* (F *Reg.*); ~ *de servicio* im Dienst Ergraute(r) *m*.

veterinari|a *f* Tierheilkunde *f*; ~**o** *adj.-su.* Tierarzt *m*, Veterinär *m*.

veto *m* Einspruch *m*, Veto *n*; *poner* ~ Einspruch (*od. bsd. Pol.* Veto) einlegen (gg. *ac. a*); *derecho m de* ~ Vetorecht *n*.

vetus|tez *f* hohes Alter *n*; ~**to** *adj.* sehr alt, uralt.

vez *f* (*pl. veces*) **1.** Mal *n b. Aufzählung*; Reihe(nfolge) *f*; **a)** *pl.* → *b*; (*alg*)*una que otra* ~ bisweilen, gelegentlich; hin u. wieder; *a la* ~ zugleich, gleichzeitig; *a mi* (*tu, su*) ~ meiner- (deiner-, seiner-)seits; *cada* ~ jedesmal; *cada* ~ *más* immer mehr; *cada* ~ *más* immer stärker; immer lauter *usw.*; *cj. cada* ~ *que* jedesmal wenn; *de una* ~ mit einemmal, auf einmal; *de una* ~ (*para siempre*) *od. una* ~ *por todas* ein für allemal; *de* ~ *en cuando* gelegentlich, hin u. wieder; *prp. en* ~ *de* statt (*gen.*), anstelle von (*dat.*); *la otra* ~ beim letzten Mal, neulich; *otra* ~ ein andermal; noch einmal, nochmal(s); wieder; *por primera* ~ *od. por* ~ *primera* zum (aller)ersten Mal; *por* ~ *der Reihe nach*; *rara* ~ selten, kaum; *tal* ~ etwa, vielleicht; *tal cual* ~ *od. tal y tal* ~ ganz gelegentlich, selten; *una* ~ einmal; irgendwann; *una y otra* ~ ständig; *una* ~ *ul otra* (irgendwann) einmal (*muß* ...); *una* ~ *acabado el trabajo* sofort nach Fertigstellung der Arbeit; *Spr. una* (~) *no es ninguna* (~) einmal ist keinmal; *una* ~ *más* noch einmal; *cj. una* ~ *que* + *ind.* da einmal; weil nämlich; *cj. una* ~ *que* + *subj.* wenn erst einmal, sobald; ~ *y media* anderthalbfach; *érase una* ~ (*que se era*) es war einmal (*Märchenanfang*); *es mi* ~ jetzt bin ich an der Reihe; *te ha llegado la* ~ *de hablar* jetzt bist du an der Reihe zu sprechen; *pedir la* ~ die Reihennummer verlangen (*in Warteräumen usw.*); *tomar la* ~ *de alg.* j-s Stelle einnehmen; *fig.* F *tomarle a alg. la* ~; *fig.* j-m zuvorkommen; j-m den Rang ablaufen; **b)** *veces: a veces* zuweilen, gelegentlich; *¿cuántas veces?* wie oft?; *las más de las veces od.* (*en*) *la mayoría de las veces* meist(ens); *much(ísim)as veces* (sehr) oft; *tantas veces* so oft; *cj. todas las veces que* (*mit ind.*) immer wenn; (*mit subj.*) sobald; *varias veces* verschiedentlich, mehrmals, mehrfach; *¡las veces que se lo tiene dicho tu padre!* wie oft hat dein Vater dir das schon gesagt!; *hacer las veces de alg.* j-s Stelle vertreten; *hacer las veces de tutor* Vormundstelle einnehmen; **2.** ✍ *Reg.* Gemeindeherde *f* (*Schweineherde e* ~ *Dorfgemeinde*).

veza ♀ *f* Wicke *f*.

vezar [1f] *v/t.* → *avezar*, *acostumbrar*.

vía I. *f* **1.** Weg *m*; *a.* ⊕ Bahn *f*; Straße *f*; *fig.* (*a. Verw.*) Weg *m*, Mittel *n*; ~ *acuática* Wasserweg *m*; ~ *administrativa* Verwaltungsweg *m*; ~ *de agua* Leck(age *f*) *n*; ⊕ ~ *de cinta* (*transportadora*) Bandstraße *f*; ~ *de circulación rápida* Schnellstraße *f*; ~*s f/pl. de comunicación* Verkehrswege *m/pl.*; 🜾 ~ *contenciosa* Prozeßweg *m*; 🜾 ~ *ejecutiva* Vollstreckungsverfahren *n*; ~ *fluvial* Wasserweg *m* (*Fluß*); *Verw.* ~ *jerárquica* Dienstweg *m*; ~ *navegable* (*od. de navegación*) Schiffahrtsstraße *f*; ~ *oficial* Amtsweg *m*; *Verw.* ~ *pública* (öffentliche) Straße *f*, Verkehrsweg *m*; ⊕ ~ *de rodillos* Rollen(lauf)bahn *f*; *Rel.* ~ *sacra* → *vía crucis*; 🜾 ~ *sumaria* abgekürztes Verfahren *n*, Schnellverfahren *n*; ~ (*de*) *transferidora*(*s*) Transferstraße *f*; ⚓ *¡a la* ~*!* gut (*od.* recht) so!; *fig. en* ~*s de* im Begriff zu + *inf.*; *por la* ~ *acostumbrada* (*od. usual*) auf dem üblichen Wege; *por* ~ *aérea* auf dem Luftwege; mit (*od.* per) Luftpost; *por* ~ *diplomática* auf diplomatischem Wege; ✈ *por la* ~ *más económica* auf dem billigsten Wege; als Frachtgut; *por* ~ *de ensayo* probeweise; *por* ~ *marítima* auf dem Seewege, über See; *por* ~ *postal* über die Post; *por* ~ *de seguridad* sicherheitshalber; *por* ~ *terrestre* auf dem Landwege; **2.** 🚆 Bahn *f*; Strecke *f*; Gleis *n*; Spur *f*; *Kfz.* Spur(weite) *f*; 🚆 *ancho m de* ~ Spurweite *f*; *cruce m de* ~*s* Bahn-, Gleis-kreuzung *f*; *de doble* ~ zwei-, doppel-gleisig; *de una* ~ eingleisig, einspurig; ~ *aérea* (*od. colgante, suspendida*) Hängebahn *f*; ~ *ancha* Breitspur *f*; F Normalspur *f*; ~ (*de ancho*) *normal* Normalspur *f*; *Kfz.* ~ *delantera* (*od. anterior*) Vorderspur *f*; ~ *de empalme* Anschlußgleis *n*; Gleisschluß *m*; ~ *de enlace* (*od. de acarreo*) Zubringer *m*; ~ *estrecha* Schmalspur *f*; *lit.* ~ *férrea* Eisenbahn *f*; ~ *industrial* (*od. de fábrica*) Werksbahn *f*; ~ *lateral* Nebengleis *n*; Zweigstrecke *f*; Zweigbahn *f*; ~ *de maniobras* (*od. de formación*) Aufstellgleis *n*, Verschiebekopf *m*; ⚔ ~ *de mina* Grubenbahn *f*; ~ *muerta* totes Gleis *n*; Abstellgleis *n*; ~ *de grandes pendientes* Bergstrecke *f*; Bergbahn *f*; ~ *portátil* Feldbahn *f*; Feldbahngleis *n*; ~ *de salida* Ausfahrgleis *n*; Abfahrtsgleis *n*; *fig. entrar en* ~ *muerta* s. *festfahren* (*Verhandlungen usw.*); 🚆 *partir de la* ~ *9* von Gleis 9 abfahren; *fig.* *poner en la* ~ ins Geleise bringen; **3.** 🛤 Weg *m*, Bahn *f*, Kanal *m*; *por* ~ *bucal* durch den Mund, peroral; ~*s f/pl. digestivas* Verdauungs-wege *m/pl.*, -trakt *m*; ~*s f/pl. respiratorias* (*urinarias*) Atem- (Harn-)wege *m/pl.*; ~ *sanguínea* Blutbahn *f*; ~ *sensitiva* Gefühlsbahn *f*, sensible Bahn *f*; **4.** *Lit.* *cuaderna* ~ wichtigste Strophenform des *span. Ma.* (*einreimige Vierzeiler in Alexandrinern*); **II.** *adv.* **5.** über, via; ~ *Buenos Aires* über (*od.* via) Buenos Aires; ~ *recta* geradewegs.

via|bilidad *f* **1.** Lebensfähigkeit *f*; **2.** Durchführbarkeit *f*; Befahrbarkeit *f*; ~**ble** *adj. c* **1.** lebensfähig; **2.** durchführbar; *fig.* annehmbar; gangbar; **3.** begehbar; befahrbar.

vía crucis *m* (*pl. inv.*) *Rel. u. fig.* Kreuzweg *m* (*a. Andacht u. Andachtsbuch*); *fig.* Leidensweg *m*; Drangsal *f*, Plackerei *f*.

via|dor *Theol. m der* Erdenwanderer *m*; ~**ducto** *m* Viadukt *m*, Überführung *f*.

via|jante *m* (Geschäfts-)Reisende(r) *m*; ~ *de comercio* Handlungsreisende(r) *m*; ~**jar I.** *v/i.* reisen; *a.* fahren; **II.** *v/t.* reisen in (*dat.*) (*Vertreter*); ~**je** *m* **1.** Reise *f*; *p. ext.* Gang *m*; Fahrt *f*; Reise-bericht *m*, -buch *n*; *¡buen* ~*!* *od. ¡feliz* ~*!* gute Reise! *od.* glückliche Reise!; ~ *aéreo* (*bzw. por avión*) Luft-, Flug-reise *f*; ~ *de bodas*, ~ *de novios* (*de exploración*) Hochzeits- (Forschungs-)reise *f*; ~ *colectivo* (*en comisión de servicio*) Gesellschafts- (Dienst-)reise *f*; ~ *de ida y vuelta* Hin- u. Rückfahrt *f*; ~ *interplanetario* (*interurbano*) Raum- (Überland-)fahrt *f*; ~ *de inauguración* (*de prueba*) Jungfern- (Versuchs-, Probe-)fahrt *f*; *Univ.* ~ *del paso del ecuador* (gemeinsame) Reise (*od.* Fahrt) nach Abschluß der 1. Hälfte der Studienzeit; *Am. Reg.* ~ *redondo* Rundreise *f*; ~ *de retorno* Rückreise *f*; ~ *sorpresa* Fahrt *f* ins Blaue; ~ *todo incluido* Inklusiv-Tour *f*, Pauschalreise *f*; *estar de* ~ reisefertig sein; verreist sein; ✈ *auf Reisen sein*; *fig.* F *Bescheid wissen, im Bilde sein*; *hacer un* ~ e-e Reise machen, verreisen; **2.** F *Trip m* F (*Süchtige*); ~**jero I.** *m* Reisende(r) *m*; Passagier *m*; Fahrgast *m*; ~ *en tránsito* Transit-reisende(r) *m*, -passagier *m*; 🚆 *¡señores* ~*s, al tren!* bitte einsteigen!; **II.** *adj.* wanderlustig.

via|l *adj. c* Straßen...; Verkehrs...; *enseñanza f* ~ Verkehrs-unterricht *m*, -erziehung *f*; ~**lidad** *f* **1.** Begehbarkeit *f*; Befahrbarkeit *f*; **2.** Wegebauwesen *n*.

vianda *f* Speise *f*, Eßware *f*; *mst.* ~*s f/pl.* Lebensmittel *n/pl.*

viandante *c* Reisend(r) *m*; Wanderer *m*.

viario *Vkw. adj.* Straßen...

viático *m* **1.** Wegzehrung *f*; *bsd. Am.* Tagegeld *n*; **2.** *kath.* ~ *die letzte Wegzehrung*; *administrar el* ~ die Sterbesakramente spenden.

víbora *f Zo.* Viper *f*; Kreuzotter *f*; *Am.* Schlange *f*; *fig.* Giftschlange *f* (*Person*); *fig. criar la* ~ *en el seno e-e* Schlange am Busen nähren.

viborezno *m* junge Viper *f*.

vibra|ción *Phys. f* Schwingung *f* (*a. Phon.*), Vibration *f*; ~**dor** *m Phys.*, ⊕ Vibrator *m*; ⚡ Summer *m*; HF Zer-

vibrante — vientre

hacker *m*; ⊕ Rüttler *m*; ✱ Vibrationsgerät *n*; ~ (de relax) Massagestab *m*; HF ~ sincrónico Synchronzerhacker *m*.
vibra|nte *adj. c* 1. *Phys.*, ⊕ schwingend; rüttelnd; vibrierend; 2. *fig.* schwungvoll (*z. B. Rede*); **~r** *v/t*. rütteln; schwingen; vibrieren.
vi|brátil *adj. c* schwingungsfähig; *Biol.* pestañas *f/pl.* **~es** Flimmerhärchen *n/pl.*; **~brato** ♪ *m* Vibrato *n*; **~bratorio** *adj.* schwingend; vibrierend; **~brisas** *Anat. f/pl.* Nasenhärnchen *n/pl.*; **~brógrafo** *Phys. m* Schwingungsschreiber *m*.
viburno ♀ *m* Schneeball *m*.
vica|ria *kath. f* Vikarin *f*, zweite Oberin *f*; **~ría** *ecl. f* Pfarrverweserstelle *f*; Vikariat *n*, Pfarramt *n*; **~riato** *ecl. m* Vikariat *n* (Amt u. Amtszeit); **~rio** *m ecl. u. hist.* Vikar *m*; *fig.* Stellvertreter *m*; *fig. ecl.* Pfarrer *m*; ~ *general* Generalvikar *m*; ~ *general castrense* Militärbischof *m*; ~ *de Jesucristo* Statthalter *m* Christi.
vice|almirante ⚓ *m* Vizeadmiral *m*; **~canciller** *m* Vizekanzler *m*; **~cónsul** *m* Vizekonsul *m*; **~consulado** *m* Vizekonsulat *n*; **~gerente** *m* stellvertretender Geschäftsführer *m*; **~gobernador** *m* Vizegouverneur *m*; **~jefe** F *m* Stellvertreter *m* des Chefs, Vize *m* F.
Vicente *npr. m* Vinzenz *m*.
vice|presidente *m* Vizepräsident *m*; **~rrector** *m* Prorektor *m*, stellvertender Rektor *m*; Konrektor *m*; **~secretaría** *f* Vizesekretariat *n*; **~secretario** *m* Vizesekretär *m*; **~tiple** *f* Revue- *bzw.* Chor-girl *n*; Ballettratte *f* F.
viceversa *adv.* umgekehrt.
vicia ♀ *f* Wicke *f*.
vici|able *adj. c* verderblich; **~ado** *adj.* 1. verdorben (*a. fig.*); schlecht (*Luft*); 2. fehlerhaft; **~ar** [1b] I. *v/t.* 1. verderben; verfälschen; 2. 🏛 ungültig machen; II. *v/r.* ~se 3. sittlich verkommen; 4. schadhaft werden; verdorben (*od.* verfälscht) werden; **~o** *m* 1. Laster *n*; *p. ext.* schlechte Angewohnheit *f*; *el ~ de la lectura* die Lesewut *f*; *de ~ aus* reiner Gewöhnung; (bloß) gewohnheitsmäßig; 2. †, 🏛 Mangel *m*, Fehler *m*; **~oso** *adj.* 1. verdorben; lasterhaft; *fig.* schlecht erzogen; 2. fehlerhaft, mangelhaft; schadhaft; 3. ♀ üppig wuchernd.
vicisitu|d *f* Schicksalsschlag *m*; (folgenreiches) Geschehnis *n*; *las ~es de la vida* das Auf u. Ab (*od.* die Wechselfälle *m/pl.*) des Lebens; **~dinario** *adj.* wechselvoll.
víctima *f Rel. u. fig.* Opfer *n* (*Person, Tier*); *fig.* Geschädigte(r) *m*; *hubo treinta ~s entre muertos y heridos* dreißig Opfer an Toten u. Verletzten waren zu beklagen; *ser ~ de una intriga* e-r Intrige zum Opfer fallen.
victima|r *v/t. Méj.* töten, umbringen; **~rio** *m* Opferpriester *m* im *Heidentum*; *Méj.* Mörder *m*, Totschläger *m*.
víctor → *vítor*. [schläger *m*.]
victori|a *f* 1. Sieg *m*; *Sp. ~ por puntos* Punktsieg *m*; *fig.* cantar ~ Siegeshymnen anstimmen, jubilieren; 2. *Am.* Pferdedroschke *f*; **~oso** *adj.* siegreich; sieghaft.

vicuña *Zo. f* Vikunja *n*, Vicuña *n*.
vichar P *v/t. Rpl.* → espiar.
viche I. *adj. c Col.* grün, unreif (*Obst*); *fig.* schwächlich; II. *m* ♀ *Am. versch.* Arten Cassia *f*.
vid ♪ *f* Weinstock *m*, Rebe *f*.
vida *f* Leben *n*; Lebendigkeit *f*; Lebhaftigkeit *f*; Lebens-art *f*, -weise *f*; *p. ext.* Lebensunterhalt *m*; Leben(sbeschreibung *f*) *n*, Vita *f* (📖 *od.iron.*); Lebenslauf *m*; ~ *afectiva* Gemüts-, Gefühls-leben *n*; ~ *familiar* Familienleben *n*; Häuslichkeit *f*; ~ *interior* Innen-, Seelen-leben *n*; ✱ ~ *intrauterina* Leben *n* im Mutterleib; *¡~ mía!* mein Liebling!, mein Schatz!; F *la ~ y milagros de alg.* j-s Tun u. Treiben *n*; *iron. la ~ pasada de alg.* j-s (nicht ganz saubere) Vergangenheit *f*; *fig.* F ~ *de perros* Hundeleben *n* F; ~ *privada* (*sexual*) Privat- (Sexual-)leben *n*; ⊕ ~ *útil* Lebensdauer *f*; *compañero de ~* Lebensgefährte *m*; *contento de la ~* lebensfroh; *estilo m lleno de ~* lebendiger Stil *m*; *seguro m de ~* Lebensversicherung *f*; *a ~ y muerte* auf Leben u. Tod; *de por ~* auf Lebenszeit; *durante (od. por od. para) toda la ~* zeitlebens; *en mi ~* (he visto tal cosa) noch nie in m-m Leben (habe ich so et. gesehen); *¡por ~ mía!* so wahr ich lebe!, bei m-m Leben!; *abrazar la ~ religiosa* ins Kloster gehen; *consumir la ~ a alg.* j-n allmählich zugrunderichten; *me está dando mala ~* er macht mir das Leben schwer; *darse buena ~* sich's gut gehen lassen; *dejar con ~* am Leben lassen; *fig. echarse a la ~ od. ser de la ~* Dirne werden (*od.* sein); *escapar con ~* mit dem Leben davonkommen; *fig. hacer ~ marital* zs.-leben, in wilder Ehe leben; F *hacer por la ~* essen; *les va la ~ en este detalle* diese Einzelheit ist für sie lebenswichtig; *llevar una ~ ancha* ein freies (*od.* lockeres) Leben führen; *llevar la ~ jugada* sein Leben aufs Spiel setzen; verspielt haben (*fig.*); *fig.* F *pasar la ~* s. (so) durchschlagen (*fig.* F); *pasar a mejor ~* ins Jenseits abgerufen werden (*lit.*), sterben; *fig. les está quitando la ~* er bringt sie noch um(s Leben *fig.*); *fig. tienen la ~ pendiente de un hilo* ihr Leben hängt an e-m seidenen Faden; *fig. tener siete ~s* (*como los gatos*) zäh sein (wie e-e Katze).
vidalita ♪ *f Arg.* schwermütige Volksweise.
vidente *c* Seher(in *f*) *m*.
vídeo *m* Video(band) *n*; Videokamera *f*; → videocasete.
video *m bsd. Am.* → *vídeo*; **~juego** *m* Videospiel *n*; **~cámara** *f* Videokamera *f*; **~cas(s)et(t)e** *m*, *f* 1. Videokassette *f*; 2. Videorecorder *m*; **~cinta** *f* Videoband *n*; **~clip** *m* Videoclip *m*; **~conferencia** *f* Videokonferenz *f*; **~consola** *f* Spielkonsole *f*; **~disco** *m* Bild-, Video-platte *f*; **~grabación** *f* Videoaufzeichnung *f*; **~grabadora** *f Am.* Videorecorder *m*; **~grama** *f* Fernseh-, Video-aufzeichnung *f*; **~teca** *f* Videothek *f*; **~teléfono** *m* Bild-, Video-telefon *n*; **~terminal** *m* Bildschirm(gerät *n*) *m*; **~tex** *m* (*interactivo*) Bildschirmtext *m*, Btx.
vido|rra F *f* genüßliches (*od.* geruhsames) Leben *n*; **~rria** F *f* 1. *Arg.* →

vidorra; 2. *Ven.* Hundeleben *n* (F).
vidri|ado I. *adj.* 1. glasiert; glasig (*Augen*); II. *m* 2. Glasur *f b.* Keramik; 3. glasiertes Geschirr *n*; **~ar** [1b] I. *v/t. Keramik* glasieren; II. *v/r.* **~se** glasig werden; brechen (*Auge*); **~era** *f* 1. Glasfenster *n*; Glastür *f*; Glasdach *n*; Kirchenfenster *n*; ~ *de colores* buntes Glasfenster *n*; 2. *Am.* Schaufenster *n*; *Ant.* Tabakkiosk *m*; **~ería** *f* 1. Glaserei *f*; 2. Glasbläserei *f*; Glas-hütte *f*, -fabrik *f*; **~ero** *m* Glaser *m*; Glasarbeiter *m*.
vidrio *m* Glas *n*; Glas-, Fensterscheibe *f*; **~s** *m/pl.* Glaswaren *f/pl.*; ~ *alambrado*, ~ *armado* (*compuesto, dúplex, estriado*) Draht- (Verbund-, Zweischichten-, Riffel-)glas *n*; ~ *catedral* (*de cristal*) Kathedral- (Kristall-)glas *n*; ~ *fundido* Glasschmelze *f* (*Masse*); ~ *opaco*, ~ *esmerilado* (*opalino*) Matt- (Milch-)glas *n*; ~ *de reloj* (*de seguridad*) Uhr- (Sicherheits-)glas *n*; ~ *soluble* Wasserglas *n* (*Masse*); ~ *a prueba de tiros* Panzerglas *n*; ~ *de* (*od. para*) *ventanas* Fensterglas *n*; *lana f de ~* Glaswolle *f*; *fig.* F *tener que pagar los ~s rotos* die Zeche bezahlen müssen, dafür geradestehen müssen; **~so** *adj.* glasig (*a. Augen*); zerbrechlich; (spiegel)glatt, rutschig; *fig.* empfindlich; *con ojos ~s a.* mit brechendem Auge.
vieira *f Zo.* Pilgermuschel *f*; *Fi.* ~ *colorada* Papageienfisch *m*.
vie|ja *f* Alte *f*, alte Frau *f*, **~jales** F *m* (*pl. inv.*) alter Knacker *m* F; **~jo** I. *adj.* alt; *p. ext.* abgenutzt, verbraucht; ausgedient; II. *m* Alte(r) *m*; *un ~ experimentado* ein erfahrener Alter, ein alter Hase *m* (*fig.* F); F ~ *verde* Lustgreis *m* F.
Viena *f* Wien *n*.
viene *usw.* → *venir*.
vienés *adj.-su.* wienerisch; *m* Wiener *m*.
viento *m* 1. Wind *m*; *Met.* ~ *en altura* Höhenwind *m*, Aufwind *m*; *Met.* **~s** *m/pl.* ascendentes Aufwinde *m/pl.*; ~ *de cola od. de espalda* (*de costado, de cara od. de frente*) Rücken- (Seiten-, Gg.-)wind *m*; ⊕, ⚓ ~ *de la hélice* Propellerwind *m*; ~ *en popa* Rückenwind *m*; *adv.* ⚓ vor dem Wind; *fig.* großartig, prächtig; ~ *racheado* (*od. rafagoso*) böiger Wind *m*; ♪ *instrumentos m/pl. de ~* Blasinstrumente *n/pl.*; *con ~ contrario* gg. den Wind (*a. fig.*); *contra ~ y marea* ⚓ gg. Wind u. Seegang; *fig.* allen Widerständen zum Trotz; *dejar atrás los ~s* schneller sein als der Wind; *ir* (*od. correr*) *como el ~* schnell wie der Wind laufen; *fig. moverse a todos ~s* ein schwankendes Rohr im Wind sein (*fig.*); e-e Wetterfahne sein (*fig.*); ⚓ *poner en ~* in den Wind drehen, vollbrassen; *Spr. quien siembra ~ recoge tempestades* wer Wind sät, wird Sturm ernten; 2. *Jgdw.* Wind *m*, Witterung *f*; *fig.* Wind *m*, Gerücht *n*; *tener buenos ~s* e-e gute Nase haben (*Jagdhund*); *tomar el ~* Witterung aufnehmen (*Jagdhund usw.*); F *¿conque de qué ~ sopla el ~, eh?* also dorther weht der Wind (, wie)?; **3.** **~s** *m/pl.* Zeitleinen *f/pl.*; **4.** *fig.* Eitelkeit *f*, Ruhmsucht *f*, Angabe *f* F.
vientre *m* Bauch *m*; Leib *m*; ~ *caído*

(*od. bsd.* ✝ *colgante, péndulo*) Hängebauch *m*; ~ *materno* Mutterleib *m*; *fig. desde el* ~ *de su madre* von s-r Geburt an; *hacer de(l)* ~ Stuhlgang haben; F *sacar el* ~ *de mal año* s. einmal ordentlich sattessen; *Theol. u. fig.* F *servir al* ~ *der* Baucheslust frönen; ordentlich schlemmen.
viernes *m* Freitag *m*; ♀ *Santo* Karfreitag *m; fig.* F *cara f de* ~ verhärmtes Gesicht *n*; *comida f de* ~ fleischlose Kost *f*.
vierteaguas △, *Kfz. m (pl. inv.)* Regenleiste *f*.
Vietna|**m** *m* Vietnam *n*; ♀**més** *adj.*, ♀**mita** *adj.-su. c* vietnamesisch; *m* Vietnamese *m*.
viga *f* Balken *m*; Träger *m*; ~ *maestra* Hauptbalken *m*; Binder *m*, Bindebalken *m*; ~*s f*/*pl. del tejado* Dachgebälk *n; fig.* F *estar contando las* ~*s* ins Leere starren, (vor s. hin)dösen F.
vigen|**cia** *f* Rechtskraft *f*; Gültigkeit *f*, Geltung *f*; ~**te** *adj. c* gültig; rechtskräftig; *según las normas* ~*s* nach den geltenden Bestimmungen.
vi|**gesimal** *adj. c* Zwanziger..., Vigesimal...; ~**gésimo** *num.* zwanzigste(r, -s); *m* Zwanzigstel *n*.
vigía I. *f* Wache *f*; ⚓ über das Wasser ragende Klippe *f*; II. *m, a. f* Wächter *m*, Wachhabende(r) *m*; III. *m* ⚓ ~ *(de tope)* Ausguck *m*.
vigi|**lancia** *f* Wachsamkeit *f*; Be-, Überwachung *f*; Aufsicht *f*, Beaufsichtigung *f*; *bajo* ~ *de la policía* unter Polizeiaufsicht; *sometido a* ~ unter Aufsicht gestellt; ~**lante** I. *adj. c* wachsam; aufmerksam; II. *m* Wächter *m*; Überwacher *m*; Aufseher *m*; ~ *de piscina* Bademeister *m*; 🚔~ *de vía* Streckenwärter *m*; ~**lar** *vt*/*i.* (be)wachen; überwachen; ~**lativo** *adj.* wach erhaltend; ~**lia** *f* 1. Nachtwache *f*; 2. *fig.* geistige Nachtarbeit *f*; 2. *ecl.* Vigil *f*, Vorabend *m* e-s Festes; ~ *de bodas* Polterabend *m*; ~ *de Navidad* Weihnachtsabend *m*; 3. *fig.* Abstinenz(speise) *f*; *comer de* ~ Abstinenz halten; *p. ext.* fasten.
vigo|**r** *m* 1. Kraft *f; fig.* Nachdruck *m*; *fig. estar en pleno* ~ in s-r Vollkraft stehen; 2. 🜉 Gültigkeit *f*; Gesetzeskraft *f*; *entrar (poner) en* ~ in Kraft treten (setzen); *estar en* ~ gelten, gültig sein; ~**rizar** [1f] *v*/*t.* kräftigen, stärken; *m.* beleben; ~**roso** *adj.* 1. kräftig, stark; rüstig; 2. forsch, kernig; 3. *fig.* nachdrücklich; heftig, stürmisch.
vigota ⚓ *f* Klampbock *m*.
vigue|**ría** △ *f* Balkenwerk *n*; ~ *de madera* Holzgebälk *n*; ~**ta** △ *f* kl. Balken *m*; Träger *m*.
vihue|**la** ♪ *f* Leier *f; fig.* F *tocar la* ~ müßig gehen, faulenzen; ~**lista** *c* Leierspieler *m*.
vikingo *hist. m* Wikinger *m*.
vil *adj. c* 1. niedrig; gemein; 2. treulos; niederträchtig, elend, schurkisch; ~ *ingratitud f* schnöder Undank *m*.
vilano ♀ *m* Feder-kelch *m*, -krone *f* (*z. B. Distelblüten*).
vileza *f* Gemeinheit *f*; Niederträchtigkeit *f*.
vilipen|**diar** [1b] *v*/*t.* 1. geringschätzen; verächtlich behandeln; 2. verleumden; heruntersetzen (*fig.*); ~**dio** *m* Geringschätzung *f*; Verleumdung *f*; ~**dioso** *adj.* verächtlich; verleumderisch.
vilo: *en* ~ in der Schwebe; im Ungewissen; *fig.* F *estar en* ~ in Ungewißheit schweben; (wie) auf glühenden Kohlen sitzen (*fig.*); *levantar en* ~ hochheben; *llevar en* ~ auf den Armen tragen.
vilordo *adj.* schwerfällig; faul, träge.
vilor|**ta** *f* 1. Zwinge *f* bzw. Eisenring *m* an Pflug *od. Karren*; 2. Weiden-, Binsen-strick *m*; 3. tennisähnliches Schlagballspiel (mit Holzball); 4. ♀ → *vilorto* 1; ~**to** *m* 1. ♀ *Art* Waldrebe *f*; 2. → *vilorta* 1; 3. Ballschläger *m* für das *Vilortaspiel*.
villa *f* 1. Kleinstadt *f*; 2. Stadt *f* mit historischem Stadtrecht; *la* ♀ *y Corte* = Madrid; 3. Villa *f*.
Villadiego (*Ortsname*): *tomar (od. coger) las de* ~ Reißaus nehmen, Fersengeld geben.
villana|**je** *m* Bauernschaft *f* (im Ggs. zum Adel); ~**mente** *adv.* bäurisch; *fig.* gemein.
villancico *Folk. m rel.* Volksweise, *bsd.* Weihnachtslied *n*.
villanes|**co** *hist. adj.* Bauern...; ~**ca** ♪ *f* Bauern-tanz *m*, -lied *n*; ~**co** *hist. adj.* Bauern...
villa|**nía** *f* Gemeinheit *f*, Niederträchtigkeit *f*; ~**no** I. *adj.* 1. bäurisch (*im Ggs. zu adlig*); 2. grob, unhöflich; niedrig, gemein; II. *m* 3. *hist.* Gemeinfreie(r) *m*, Nichtadlige(r) *m* (*Bürger u. Bauer*); *fig.* ~ *harto de ajos* ungebildeter Klotz *m* (*fig.*); ~**r** *m* kl. Ort *m*.
villorrio *desp. m* elendes Nest *n*, Kaff *n* F.
vina|**grada** *f* Essigwasser *n* mit Zucker (*Erfrischung*); ~**gre** *m* Essig *m*; ~ *de vino* Weinessig *m; fig.* F *cara f de* ~ Griesgram *m*; F *estar hecho un* ~ stocksauer sein F; *poner cara de* ~ in saures (*od.* langes) Gesicht machen; ~**grera** *f* Essigflasche *f*; ~*s f*/*pl.* Essig- u. Ölgestell *n*, Menage *f*; ~**grero** *m* Essighändler *m*; ~**greta** *Kchk. f* Essigtunke *f*; ~**grón** F *m* umgeschlagener Wein *m*; ~**groso** *adj.* essigartig (*Geschmack*); *fig.* sauertöpfisch, griesgrämig; ~**jera** *kath. f* Meßkännchen *n*.
vinal ♀ *m Arg. Art* Johannisbrotbaum *m* (*Prosopis ruscifolia*).
vina|**riego** *m* Winzer *m*; ~**tería** *f* Wein-handlung *f*; -handel *m*; ~**tero** I. *adj.* Wein...; *industria f* ~*a* Weinbau *m*, Weinhandel *m* u. weinverarbeitende Industrie *f*; II. *m* Weinhändler *m*; ~**za** *f* Tresterwein *m*; ~*s f*/*pl.* Schlempe *f*; ~**zo** F *m* kräftiger, dickfließender Wein *m*.
vinca ♀ *f Am.* 1. → *nopal*; 2. → ~**pervinca** ♀ *f* Judenmyrte *f*.
vincu|**lable** *adj. c* vinkulierbar; fideikommißbar; ~**lación** *f* 1. Verknüpfung *f*, enge (Ver-)Bindung *f*; ✝ Sperre *f*, Vinkulation *f*; 🜉 Fideikommiß(vermächtnis) *n* (*z. B.* „*Erbhof*"); ~**lar** *v*/*t.* 1. (ver)binden; (ver)knüpfen; verpflichten; in enge Verbindung bringen (*mit dat. a*); *el contrato nos vincula* der Vertrag bindet uns; ~ *sus esperanzas en* s-e Hoffnung knüpfen an (*ac.*); 2. ✝ vinkulieren, sperren; 3. 🜉 unveräußerlich machen, als Fideikommiß (*bzw.* Majorat *usw.*) vermachen.

vínculo *m* 1. Verbindung *f; fig.* Bindung *f*, Band *n*; ~*s m*/*pl. de sangre* Blutsbande *n*/*pl.*; ~ *matrimonial* eheliche Verbindung *f*; 2. 🜉 Bindung *f*, Verpflichtung *f*; *p. ext.* Sicherheitsklausel *f*; ~ *enfitéutico* Bindung *f* an Erbpacht; *gravar los bienes a* ~ *para perpetuarlos en la familia* s-e Güter durch rechtliche Bindungen zum unveräußerlichen Erbe innerhalb der Familie machen; 3. IT Link *m*.
vincha *f Arg., Bol., Pe.* Stirnband *n* der Indianer; Haarband *n*.
vinchuca *f* 1. *Bol., Chi., Ec., Pe., Rpl.* geflügelte Wanze *f*; 2. *Chi.* kl. Wurfpfeil *m*.
vindica|**ción** *f* 1. Rache *f*; Sühne *f*, Genugtuung *f*; 2. (*bsd.* schriftliche) Verteidigung *f* (*gg. Verleumdung*); 3. 🜉 Rückforderung *f*; ~**dor** *adj.* rächend; Sühne heischend; ~**r** [1g] *v*/*t.* 1. rächen, Genugtuung fordern für (*ac.*); 2. verteidigen; wieder zu Ehren bringen; 3. 🜉 zurückfordern; ~**tivo** *adj.* 1. rächend; rachsüchtig; *justicia f* ~*a* strafende Gerechtigkeit *f*; 2. verteidigend, ehrenrettend; ~**torio** *adj.* 1. Rache...; Sühne...; 2. gg. Verleumdung verteidigend; 3. 🜉 *a.* → *reivindicatorio*.
vindicta *f* Rache *f*, Sühne *f*; Ahndung *f*, Strafe *f*.
vindobonense *lit. adj. c* → *vienés*.
vine *usw.* → *venir*.
vinería *f Rpl., Chi.* Weinhandlung *f*.
vínico *bsd.* 🜋 *adj.* Wein...; *ácido m* ~ Weinsäure *f*.
vi|**nícola** I. *adj. c* Weinbau...; II. *m* → *vinariego*, ~**nicultor** *m* Weinbauer *m*; ~**nicultura** *f* Weinbau *m*; ~**nífero** ♂ *adj.*: *zona f* ~*a* Wein(an)baugebiet *f*; ~**nificación** *f* Weinbereitung *f*.
vi|**nílico** 🜋 *adj.* Vinyl...; ~**nilo** 🜋 *m* Vinyl *m*.
vino *m* Wein *m*; ~ *atabernado* (*aromático*) Schank- (Würz-)wein *m*; ~ *blanco* (*dulce, espumoso*) Weiß- (Süß-, Schaum-)wein *m*; ~ *caliente* (*embotellado*) Glüh- (Flaschen-) wein *m*; ~ *de propia cosecha* Eigenbau *m*; ~ *de garrote* Kelterwein *m*; ✝ *ferruginoso* (*medicinal*) Eisen- (Medizinal-)wein *m*; ~ *fuerte* (*ligero*) starker *od.* schwerer (leichter) Wein *m*; ~ *generoso* feiner Tischwein *m*; → ~ *fino*, ~ *de postre* Dessertwein *m*; ~ *de honor* Umtrunk *m*; ~ *de lágrima* Ausbruch *m*, Vorlauf *m*; ~ *mezclado* (*nuevo*) verschnittener *bzw.* gemischter (neuer *od.* junger) Wein *m*; ~ *de mesa* Tischwein *m*; *kath.* ~ *de misa* Meßwein *m*; ~ *natural*, ~ *de origen* Naturwein *m*, naturreiner Wein *m*; F ~ *de una oreja* (*od.* steigernd: *de dos orejas*) ganz hervorragender Wein *m*; ~ *pardillo* halbdunkler Wein *m* (*dunkler Rosé*); F ~ *peleón* ganz gewöhnlicher Wein *m*, Krätzer *m* F; ~ *picante* (*raspante*) prickelnder (herber, spritziger) Wein *m*; ~ *de quina* Chinawein *m*; ~ *rosado* Rosé (-wein) *m*; ~ *tinto*, *Col.* ~ *rojo* Rotwein *m*; ~ *seco* herber Wein *m*; trockener Wein *m*; *b.* Schaumwein *m*. *schweren Südweinen; ~ en pipas* Faßwein *m*; ~ *con sifón* Weinschorle *f*; ~ *de solera* (*de yema*) guter alter (bester) Wein *m*; *carta f* (*od.* ✝ *lista f*) *de* ~*s*

vinolencia — viscoso 634

Weinkarte f; fig. F bautizar (od. cristian[iz]ar) el ~ den Wein taufen F; fig. dormir el ~ s-n Rausch ausschlafen; encabezar el ~ den Wein mit stärkerem Wein od. mit Alkohol verschneiden; fig. F tener el ~ agrio (alegre) vom Wein böse (lustig) werden; fig. F tener mal ~ in der Trunkenheit anfangen, Krakeel zu machen F; a. s. beschwipsen.

vino|lencia lit. f Unmäßigkeit f im Weintrinken; **~lento** adj. unmäßig (Wein trinkend); **~sidad** f Weinartigkeit f; **~so** adj. weinartig; weinrot; voz f ~a Säuferstimme f.

vi|ña f Weinberg m; fig. Goldgrube f (fig.); fig. F de mis ~s vengo ich habe mit der Sache nichts zu tun; mein Name ist Hase; Spr. de todo tiene la ~ (del Señor) Sinn: jeder hat s-e Fehler; niemand ist vollkommen; **~ñadero** ⚹ m Weinbergsaufseher m; **~ñador** m, **~ñatero** Am. Mer. m Winzer m; **~ñedo** ⚹ m Weinberg m; Weingarten m.

viñe|ta f Typ. Vignette f, Randverzierung f, Zierleiste f; Kästchen n mit Zeichnungen (in Comics usw.); **~tero** Typ. m Vignettenschrank m; Vignettendrucker m.

viola¹ ♩ I. f Viola f, Bratsche f; II. c Bratschist(in f) m, Bratscher(in f) m.

vio|la² ⚘ f → violeta; **~láceas** ⚘ f/pl. Veilchengewächse n/pl.; **~láceo** adj. veilchenartig; violett.

viola|ción f 1. a. fig. Schändung f; Vergewaltigung f; 2. ⚖ Verletzung f; **~do**¹ adj. vergewaltigt; verletzt (Recht u. ä.).

violado² adj. violett.

vio|lador I. adj. 1. Gewalt antuend; 2. Gesetz u. ä. verletzend; II. m 3. Vergewaltiger m; a. fig. Schänder m; 4. Verletzer m; ~ de la ley Gesetzesbrecher m; **~lar** v/t. 1. vergewaltigen; a. fig. schänden; 2. verletzen; Gebot übertreten; 3. fig. entweihen; Grab schänden; **~lencia** f 1. Gewalt f; Zwang m; Nötigung f; Vergewaltigung f; ~ callejera Ausschreitungen f/pl., Straßenschlachten m/pl.; emplear la ~ Gewalt anwenden; tätlich werden; hacer ~ a Gewalt antun (dat.); nötigen (ac.); 2. Heftigkeit f, Wucht f; **~lentar I.** v/t. Gewalt antun (dat.); Gewissen zwingen, vergewaltigen; Tür aufbrechen, sprengen; Worte verdrehen; II. v/r. **~se** s. wider Willen entschließen (müssen); **~lento** adj. 1. gewaltig; heftig; wuchtig; 2. aufbrausend; jähzornig; 3. gewalttätig; acto m ~ Gewalttat f; p. ext. interpretación f ~a gewaltsame (od. entstellende) Deutung f; ¡es (muy) ~! das ist ein starkes Stück!; 4. peinlich, sehr unangenehm; fig. estar (od. sentirse) ~ s. gehemmt fühlen (in e-r Umgebung); estoy ~ od. me es ~ a. das ist mir (sehr) unangenehm (od. peinlich).

viole|ta I. f ⚘ Veilchen n; II. m Violett n (Farbe); III. adj. inv. violett; **~tera** f 1. Veilchenverkäuferin f; p. ext. Blumenverkäuferin f; 2. Cu. Fahrerin f e-s Mietautos.

vio|lín m 1. Geige f, Violine f; ~ de Ingres mit Erfolg gepflegtes Steckenpferd n (od. Hobby n); 2. Geiger m; **~linista** c Geiger(in f) m; **~lón** ♩ m 1. Baßgeige f, Kontrabaß m; fig. F tocar el ~ faulenzen, nichts tun; Unsinn treiben; den Verrückten spielen; 2. Baßgeiger m; **~lonc(h)elista** ♩ c Cellist(in f) m; **~lonc(h)elo** ♩ m 1. (Violon-)Cello n; 2. Cellist m.

viperino adj. Viper...; fig. F lengua f ~a Lästerzunge f.

vira f Brandsohle f.

vira|da f Schwenkung f; Drehung f, Wendung f; Kehre f; **~do** Phot. m Positivtönung f.

virago f Mannweib n.

viraje m 1. bsd. ⚓, ✈ Wendung f; Schwenkung f; Kfz. Wendung f; Kurve f; a. Kfz. (círculo m de) ~ Wendekreis m; hacer un ~ e-e Schwenkung machen; Kfz. e-e Kurve nehmen; 2. p. ext. bsd. Am. Kurve f, Kehre f; 3. fig. Umschwung m.

viral ⚕ adj. c Virus...

virar I. v/i. 1. drehen, wenden; e-e Kurve nehmen (a. Kfz.); ⚓, ✈ abdrehen; II. v/t. 2. ⚓ a) drehen, schwenken; b) aufwinden; 3. Phot. Negative (positiv) tönen.

viravira ⚘ f Am. Mer. ein Wollkraut n.

virazón m 1. regelmäßig wechselnder Landwind m (nachts) u. Seewind m (tagsüber); 2. plötzliches Umschlagen n des Windes; 3. fig. plötzlicher Umschwung m; Kurswechsel m.

virgen I. adj. c 1. jungfräulich; fig. unberührt, rein, unschuldig; makellos (Ruf); 2. p. ext. Roh..., Ur...; unbetreten, unerforscht; unbespielt (Film); unbespielt (Kassette); aceite m ~ Jungfernöl n, Ausbruch m; cassette m f (cinta f) ~ a. Leerkassette f (-band n); cera f ~ Jungfernwachs n; miel f ~ Jungfernhonig m; selva f ~ Urwald m; tierra f ~ Neuland m; II. f 3. a. Rel. Jungfrau f; p. ext. Marien-bild n, -gemälde n, -statue f; la ⚤ (María) od. la Santísima ⚤ die (heilige) Jungfrau Maria; fig. F fíate de la ~ y no corras etwa: dreist u. gottesfürchtig (wenn jemand s-m Glück allzu sehr vertraut); fig. F viva la ~ m Tagedieb m; sehr unzuverlässiger Patron m; 4. fig. Richtbalken m e-r Ölmühle.

virgi|nal adj. c jungfräulich; fig. rein, unbefleckt; **~niano** adj.-su. aus Virginia; **~nidad** f Jungfräulichkeit f.

virgo I. f Astr. ⚤ Jungfrau f; II. m a) Jungfräulichkeit f; b) Hymen m.

virgue|ría F f Plunder m, Schnörkel (-verzierung f) m, Flitterkram m; **~ro** P adj. toll F, klasse F, riesig (fig. F).

vírgula f Stäbchen n; ⚕ Vibrio m.

virgulilla f 1. kl. Strich m; 2. Gram. etwa: (Bei-)Strich m (Sammelname für Komma, Apostroph, Cedille u. Tilde).

viril¹ m Lunula f e-r Monstranz; Glas-gehäuse n, -sturz m.

viri|l² adj. c männlich; mannhaft; **~lidad** f 1. Männlichkeit f; Mannbarkeit f; 2. Mannesalter n; Mannhaftigkeit f; 3. Mannhaftigkeit f; **~lismo** ⚕ m Virilismus m; Vermännlichung f der Frau; **~potente** adj. c → vigoroso, potente.

virofijador Phot. m Tonfixierbad n.

virol ⚘ m Horn n (Schalltrichterumriß).

virola ⊕ f Zwinge f; Metallring m; (Schrumpf-)Ring m.

virolento I. adj. pockennarbig; II. m Pockenkranke(r) m.

viro|logía ⚕ f Viruskunde f; Virusforschung f; **~sis** ⚕ f Virose f, Viruserkrankung f.

virote m Armbrustbolzen m; fig. F „Bolzen" m (fig. F), junger Tunichtgut m; fig. F. Frauen etwa „Feger" m (fig. F); a. lächerlich-ernste Person f, aufgeblasener Wicht m.

virrei|na f Vizekönigin f; **~nal** adj. c Vizekönigs...; **~n(at)o** m 1. Vizekönig-reich n; -tum n; 2. Regierungszeit f e-s Vizekönigs.

virrey m Vizekönig m.

virtua|l adj. c wirkungsfähig; ⚛, Phys., Psych. virtuell; der Möglichkeit nach, anlagemäßig; fig. verborgen, schlummernd; Opt. imagen f ~ virtuelles (od. scheinbares) Bild n; **~lidad** f innewohnende Kraft f (od. Möglichkeit f).

virtu|d f 1. Fähigkeit f; a. bibl. Kraft f; fig. Vorzug m; ~ (de curar) Heilkraft f; en ~ de kraft (gen.), vermöge (gen.); aufgrund von (dat.); en ~ de lo cual weswegen, demzufolge; fig. ser un hombre lleno de ~es ein Mann mit den vielen Vorzügen sein; tener ~ Wirkung haben; 2. Tugend f; Rechtschaffenheit f; Sittsamkeit f; ~ moral (moralische od. ethische) Tugend f; lleno de ~es a. sehr tugendhaft; **~osidad** f hohe Kunstfertigkeit f, Virtuosität f; Meisterschaft f, meisterliche Beherrschung f (e-s Fachs, e-s Instruments usw.); **~osismo** m 1. Virtuosentum n; Effekthascherei f; 2. → virtuosidad; **~oso I.** adj. 1. tugendhaft; 2. virtuos, meisterlich; II. m 3. Virtuose m; un ~ del violín ein Violinvirtuose.

viruela ⚕ f 1. Pocken f/pl., Blattern f/pl.; ~s f/pl. locas → varicela; 2. Blatter f, Pocke f, Pustel f.

virulé: a la ~ v. Knie abwärts zs.-gerollt (Strümpfe).

virulen|cia f ⚕ Giftigkeit f, Ansteckungskraft f, Virulenz f; fig. Boshaftigkeit f; Bösartigkeit f; **~to** adj. 1. virulent, giftig; 2. bösartig; boshaft.

virus ⚕ m (pl. inv.) Virus n, m (a. fig., EDV); fig. Bazillus m.

viruta f 1. Span m; ~s f/pl. (Hobel-) Späne m/pl.; ~s f/pl. metálicas Metallspäne m/pl.; arranque m de (las) ~s Spanabhebung f b. Wkzm.; 2. Col. Schafmist m.

vis f: ~ cómica Komik f.

visa f Am., **~do** m Span. Visum n, Sichtvermerk m; ~ de permanencia Aufenthaltserlaubnis f; ~ de tránsito Durchreisevisum n.

visaje m Fratze f; Grimasse f; hacer ~s Fratzen schneiden; **~ro I.** adj. (gern) Gesichter schneidend; II. m Fratzenschneider m.

visar v/t. 1. Urkunde, Paß visieren, mit e-m (Sicht-)Vermerk versehen; 2. a. fig. (an)visieren; zielen auf (ac.).

víscera Anat. f Eingeweide n, Weichteile m/pl.

visceral adj. c ⚕ viszeral, Eingeweide...; fig. tiefsitzend.

visco m Leimrute f für den Vogelfang.

visco|sa ⚙ f Viskose f; **~sidad** f Klebrigkeit f; Zähigkeit f; ⚛, ⊕ Viskosität f; **~so** adj. klebrig; zäh-

flüssig, schleimig; 🝆 viskos; *fig.* schlüpfrig.
visera *f* **1.** *hist.* Visier *n e-r Rüstung*; ⚔ Sehschlitz *m e-s Panzers*; **2.** Mützenschirm *m*; *Kfz.* Sonnenblende *f*; ~ *antideslumbrante* Blendschutzschirm *m.*
visi|bilidad *f* Sichtbarkeit *f*; *Vkw.* Sicht(weite) *f*; *a (od. con) plena* ~ bei voller *(od.* klarer) Sicht; *de* ~ *reducida* unübersichtlich *(Kurve usw.)*; **~bilizar** [1f] *v/t.* sichtbar machen; **~ble** *adj. c* sichtbar, wahrnehmbar; offenkundig.
visi|godo *adj.-su.* westgotisch; *m* Westgote *m*; *Li.* das Westgotische; **~gótico** *adj.* westgotisch.
visillo *m* Scheibengardine *f.*
visión *f* **1.** Sehen *n*; *Opt.*, 🞼 Sicht *f*; 🞼 Sehvermögen *n*; Vorstellung *f*, Idee *f*; *con certera* ~ mit sicherem Blick; ~ *de conjunto* Gesamtbild *n*; Übersicht *f*; *Rel.:* ~ *beatífica* (selige) Anschauung *f* Gottes; **3.** Gesicht *n*, Vision *f*: **a)** Traumbild *n*; **b)** Erscheinung *f*; *fig.* F *estar (od. quedarse) como viendo* ~*ones* s-n Augen nicht trauen, sprachlos sein; *fig.* F *ver* ~*ones* s. et. nur einbilden, Gespenster sehen; **4.** *fig.* F lächerliche Gestalt *f*, Spottfigur *f.*
visiona|r *v/t.* Film ansehen, s. vorspielen lassen; **~rio I.** *adj.* **1.** visionär; **2.** phantastisch; von (üb)erhitzter Einbildungskraft; **II.** *m* **3.** Visionär *m*; **4.** Geisterseher *m*; Schwärmer *m*; Träumer *m*, Phantast *m.*
visi|r *m* Wesir *m*; *gran* ~ Großwesir *m*; **~rato** *m* Wesirat *n.*
visi|ta *f* **1.** Besuch *m*; ~ *de condolencia, de duelo, de pésame (de despedida)* Beileids- (Abschieds-)besuch *m*; ~ *de cortesía (de cumplido)* Höflichkeits- (Anstands-, Routine-)besuch *m*; ~ *a domicilio* Hausbesuch *m v. Ärzten, Vertretern usw.;* ~ *oficial* offizieller Besuch *m*; *Pol.* Staatsbesuch *m*; *primera* ~ *(a. dipl., in Am. a.* ~ *de llegada)* Antrittsbesuch *m*; ~ *relámpago* *bsd. Pol.* Blitzbesuch *m*; *kath.* ~ *al Santísimo Sacramento* kurze Andacht *f* vor dem ausgesetzten Allerheiligsten; *pagar la* ~ den Besuch erwidern; *hacer una* ~ e-n Besuch machen *(od.* abstatten); **2.** Besuch(er) *m*; *tener* ~*(s) en casa* Besuch daheim haben; **3.** Besuch *m*, Besichtigung *f*; Untersuchung *f*; 🞼 Visite *f*; *ecl.* ~ *(pastoral)* Visitation *f*; 𝕴 ~ *domiciliaria* Haussuchung *f*; ~ *(guiada od. comentada)* Führung *f (Besichtigung)*; ~ *del médico* Visite *f*; *fig.* F ~ *de médico* Stippvisite *f* F; *pasar la* ~ *de aduanas* durch die Zollkontrolle gehen; **ɛtación** *ecl. f* Mariä Heimsuchung *f (2. Juli)*; **~tador** *m* **1.** (häufiger) Besucher *m*; Besichtiger *m*; **2.** Untersuchungs-, Kontroll-beamte(r) *m*; *a.* Pflegebeamte(r) *m*; *ecl.* Visitator *m*; **~tadora** *f* **1.** *Span.* Sozialfürsorgerin *f*; **2.** F *Hond., Ven.* Klistier *n*; **~tante** *c* Besucher(in *f*) *m*; ~ *ferial (od. de la feria)* Messebesucher *m*; **~tar** *v/t.* **1.** besuchen; besichtigen; **2.** besichtigen, untersuchen; (zoll)amtlich durchsuchen, kontrollieren; *Arzt:* e-n Krankenbesuch machen *od.* Visite machen bei *(dat.);* zu Fürsorgezwecken aufsu-

chen *(Fürsorger[in]);* *el doctor no visita hoy* heute ist k-e Sprechstunde; **3.** *Rel.* heimsuchen, prüfen *(Gott)*; **~teo** *m* häufiges Besuchen *n*; **~tero** F *m* häufiger Besucher *m.*
visivo *adj.* Seh...; *potencia f* ~*a* Sehkraft *f.*
vislum|brar *v/t.* (undeutlich) sehen, (gerade noch) ausmachen; *fig.* mutmaßen; ahnen; **~bre** *f* Abglanz *m*; (schwacher) Schimmer *m*; *fig.* Mutmaßung *f*; Ahnung *f*; *fig.* F *no tener ni una* ~ *siquiera* k-n blassen Schimmer *(od.* Dunst) haben (von *dat. de*) F.
Visnú *Rel. npr. m* Vischnu *m.*
viso *m* **1.** Schillern *n*, *bsd.* Changieren *n (Stoff); fig.* Anflug *m*, Schimmer *m*; *mst.* ~*s m/pl.* Anschein *m*; Gesichtspunkte *m/pl.; fig. a dos* ~*s* in zwei (ganz) verschiedenen Absichten; *fig. de* ~ angesehen; *hacer buen (mal)* ~ s. gut (schlecht) ausnehmen; *hacer* ~*s* schillern, changieren *(Stoff); tener* ~*s de* den Anschein haben von *(dat.);* **2.** *tex.* Moiréfutter *n*; **3.** *kath.* Tabernakel-tafel *f*, -abdeckung *f*; **4.** † Anhöhe *f*, Aussichtspunkt *m.*
visón *m* Nerz *m (Tier u. Pelz).*
viso|r *m* **1.** *Opt.* (⚔) Visier *n*; ⚔ ~ *de bombardeo* Bombenzielgerät *n*; ~ *telescópico* Zielfernrohr *n (Gewehr);* **2.** *Phot.* Sucher *m*; **~rio** *adj.* Seh..., Gesichts...
víspera *f* Vorabend *m; p. ext.* Vortag *m; ecl.* ~*s f/pl.* Vesper *f; en* ~*s de* am Vorabend von *(dat.);* kurz vor *(dat.);* in Erwartung *(gen.).*
vista I. *f* **1.** Gesicht *n*, Sehen *n*; Sehvermögen *n*; *bsd. fig.* ~ *de águila (de lince)* Adler-, (Luchs-)auge(n) *n(/pl.); corto de* ~ kurzsichtig; *graduación f de la* ~ Sehprobe *f; segunda* ~ das Zweite Gesicht *n*; *sentido m de la* ~ Gesichtssinn *m; a simple* ~ mit bloßem Auge; *tener buena* ~ gute Augen haben, gut sehen; **2.** Blick *m*; Anblick *m*; Ansicht *f*; Aussicht *f*; *bsd.* † Sicht *f*; *Phot.* Aufnahme *f*; *fig.* Absicht *f*; † *giro m (pagadero) a la* ~ Sichttratte *f*; *punto m de* ~ Gesichts-, Blick-punkt *m*; Sicht *f*; ⚔ *"¡*~ *a la de — re(cha)!"* „die Augen — rechts!"; ~ *aérea* Luftbild *n*, Luftaufnahme *f*; ~ *de atrás,* ~ *por atrás,* ~ *trasera* Rückansicht *f*; ~ *exterior (lateral, parcial)* Außen- (Seiten-, Teil-)Ansicht *f*; ~ *frontal,* ~ *de cara,* ~ *de frente* Vorderansicht *f*; ~ *del interior (de interiores)* Innenansicht *f (Innenaufnahme f);* ~ *panorámica* Rundblick *m*; *EDV* ~ *previa* Vorschau *f*, Ansicht *f*; ~ *total* Gesamtbild *n*; Übersichtsbild *n*; ꝉ *a la* ~ bei Sicht; Sicht...; *fig.* † sofort; *al alcance de la* ~ in Sehweite; im Blickfeld; überschaubar, übersichtlich; *a* ~ *de* angesichts *(gen.); a* ~ *de testigos* vor Zeugen; *a* ~ *de pájaro* aus der Vogelschau; *a* ~ *perdida a. de pérdida* unabsehbar; *a primera* ~ auf den ersten Blick; ꝉ *a tres meses* ~ drei Monate nach Sicht; *de* ~ vom Ansehen, vom Sehen (her); *Opt., Phot.* *de* ~ *correcta* seitenrichtig; *en* ~ *de lo cual bsd.* in Anbetracht *dessen; Verw.* weswegen; woraufhin; wozu; *¡hasta la* ~*!* Auf Wiedersehen!; *iron.* auf Nimmerwiedersehen!; *aguzar la* ~ den

Blick schärfen; *apartar la* ~ wegsehen; *clavar la* ~ *en* den Blick heften auf *(ac.); fig.* F *comérsele (od. tragárselē) a alg. con la* ~ j-n mit den Augen verschlingen; *dirigir la* ~ *a* den Blick richten auf *(ac.), j-n* anblicken; *echar una* ~ *a* ein Auge haben auf *(ac.); echar la* ~ *a* ein Auge werfen *(od.* haben) auf *(ac.); echar la* ~ *encima a alg.* j-n sehen, j-m begegnen; *estar a la* ~ auf der Hand liegen *(fig.); estar a la* ~ *de a/c.* gespannt auf et. warten; *fig.* F *hacer la* ~ *gorda* ein Auge zudrücken; so tun, als sähe man nichts; *se me va la* ~ ich fremde mir vor den Augen; *tener* ~*(s) al mar* Aussicht aufs Meer haben; *fig. tener buena* ~ gut aussehen (*z.B. Anzug*); *fig.* F *tener (mucha)* ~ ein schlauer *(od.* cleverer F) Bursche sein; *fig. tener* ~ *para* ein Auge haben für *(ac.); ♪ tocar de* ~ vom Blatt spielen; *tomar* ~*s bsd. Film:* Aufnahmen machen, Einzeleinstellungen drehen; *volver la* ~ den Blick wenden; s. umschauen; *fig. volver la* ~ *atrás* den Blick zurückgehen lassen (in die Vergangenheit), zurückdenken; **3.** 𝕴 Gerichtsverhandlung *f*; ~ *de la causa* Hauptverhandlung *f*; *día m de* ~ Verhandlungstag *m*; **4.** ~*s f/pl.* **a)** Aussicht *f*; **b)** Fenster(öffnungen *f/pl.) n/pl.;* **c)** Kragen, Brust u. Manschetten *pl. e-s Hemdes;* **d)** Zs.-kunft *f*; **e)** Brautgeschenke *n/pl.;* **II.** *m* **5.** Zollbeamte(r) *m.*
vistazo *m: dar (od. echar) un* ~ *a* e-n (flüchtigen) Blick werfen auf *(ac.).*
vistear *Rpl. v/i.* e-n Scheinkampf aufführen.
visto I. *adj.* gesehen; *está* ~ *que* es liegt klar zutage, daß; *es* ist offensichtlich, daß; ~ *que* in Anbetracht dessen, daß; da ja, da nun einmal; *bien (mal)* ~ (un)beliebt; *fig. ni* ~ *ni oído* blitzschnell; *nunca* ~ nie dagewesen; unerhört; *por lo* ~ augenscheinlich, offensichtlich, offenbar; *fig. estar bien (mal)* ~ gern (nicht gern) gesehen werden (verpönt sein); *sin ser* ~ ungesehen; **II.** *m:* ~ *bueno* Genehmigungsvermerk *m*; Sichtvermerk *m*; **~so** *adj.* ansehnlich; auffällig; prächtig.
Vístula *m* Weichsel *f.*
visu: *de* ~ aus (eigener) Anschauung; augenscheinlich; **~al I.** *adj. c* Seh..., Gesichts...; *rayo m* ~ Sehstrahl *m*; **II.** *f Opt.* Sehlinie *f*; **~alidad** *f* **1.** Pracht *f*, Stattlichkeit *f*, schöner optischer Eindruck *m*; **2.** Überblickbarkeit *f*; **~alizar** [1f] *v/t.* veranschaulichen; graphisch darstellen; *EDV* anzeigen, darstellen.
vita|l *adj. c* Lebens...; vital; *cuestión f* ~ lebenswichtige Frage *f*; *energía f* ~ Lebenskraft *f*; **~licio** *adj.* lebenslang, auf Lebenszeit *(Amt, Rente); funcionario m* ~ Beamte(r) *m* auf Lebenszeit; *renta f* ~ Leibrente *f*; **~lidad** *f* Lebensfähigkeit *f*; Lebenskraft *f*; Vitalität *f*; **~lismo** *Phil. m* Vitalismus *m*; **~lista** *Phil. adj.-su. c* vitalistisch; *m* Vitalist *m*; **~lizar** [1f] *v/t.* beleben; verjüngen; **~mina** 🝆 *f* Vitamin *n*; **~minado** *adj.* mit Vitaminzusatz; **~mínico** *adj.* Vitamin...; **~min(iz)ar** [1f] *v/t.* mit Vitaminen anreichern; vitaminisieren.
vitando I. *adj.* verabscheuungswür-

vitela — voladero

dig; zu meiden(d); **II.** *m ecl.* im Bann Stehende(r) *m*, Ausgestoßene(r) *m*.
vite|la *f* 1. Kalbleder *n*; 2. Velin *n*; ~**lina** *Biol. f* Vitellin *n*; ~**lo** *Biol. m* (Ei-)Dotter *m, n*.
vitícola ⚔ *adj. c* Weinbau...
viti|cultor *m* Winzer *m*; ~**cultura** *f* Weinbau *m*; ~**vinícola I.** *adj. c* weinbautreibend, weinbauend; **II.** *m* Weinbauer *m*.
vitola *f* Bauchbinde *f*, Banderole *f* (*Zigarre*).
vítor *m* Hochruf *m*.
vitorear I. *v/t.* hochleben lassen; **II.** *v/i.* hurra (od. hoch) rufen.
vitral *m* Kirchenfenster *n*.
vítreo *adj.* gläsern, Glas...; glasartig; *Anat. cuerpo m* ~ Glaskörper *m*.
vitrifica|ción *f* 1. ⚗ Verglasung *f*; 2. Sinterung *f* (*Keramik usw.*); ~**r** [1g] **I.** *v/t.* verglasen; glasieren, sintern; **II.** *v/r.* ~**se** verglasen (*v/i.*).
vitri|na *f* 1. Glasschrank *m*; 2. Schaukasten *m*, Vitrine *f*; ~ *de refrigeración* Kühlvitrine *f*; 3. *Am.* Schaufenster *n*; 4. ⚗ Glaskasten *m*; ~**nista** *c Am.* Schaufensterdekorateur *m*; ~**olo** ⚗ *m* (Kupfer-)Vitriol *n*; ~ *verde* Eisenvitriol *n*.
vitrofibra *f* Glas-faser *f*, -fiber *f*.
vitua|llar *v/t.* mit Lebensmitteln versehen; ~**llas** *f/pl.* Lebensmittel *n/pl.*; Proviant *m*.
vítulo marino *Zo. m* Seekalb *n*.
vitupe|rable *adj. c* tadelnswert, verwerflich; ~**rador** *adj.-su.* Tadler *m*; ~**rar** *v/t.* tadeln, rügen; schmähen; verwerfen; ~**rio** *m* Tadel *m*, Rüge *f*; Schmähung *f*.
viu|da *f* Witwe *f*; *Zo.* ~ *negra* schwarze Witwe *f* (*Spinne*); ~**dez** *f* Witwenbzw. Witwer-stand *m*; ~**dita** F *f* junge, *mst. lebenslustige* Witwe *f*; ~**do** *adj.-su.* verwitwet; *m* Witwer *m*; *quedarse* ~ Witwer werden.
viva I. ¡~! hurra!, hoch!, ¡~ *el Papa!* es lebe der Papst!; **II.** *m* Hoch *n*, Hochruf *m*; *lanzar* ~*s* hoch rufen; ~**cidad** *f* Lebhaftigkeit *f*; Lebendigkeit *f*.
vivales F *m* (*pl. inv.*): *ser un* ~ ein cleverer Bursche sein F.
vivandero *m* ⚔ Marketender *m*; *Am. Reg.* Marktkrämer *m*.
vivaque ⚔ *m* Biwak *n*; ~**ar** ⚔ *v/i.* biwakieren.
vivar *m* 1. Kaninchenbau *m*; 2. Fischteich *m*.
vi|varacho *adj.* sehr lebhaft; lebenslustig, P gerissen F; ~**vaz** *adj.* (*pl.* ~*aces*) 1. lebhaft; 2. lebenskräftig, langlebig; widerstandsfähig; mehrjährig (blühend), ausdauernd (*Pfl.*); ~**vencia** *Psych., Phil. f* Erlebnis *n*.
víveres *m/pl.* Lebensmittel *n/pl.*; Proviant *m*.
vivero *m* Baumschule *f*; Pflanzgarten *m*; Fisch-teich *m*, -weiher *m*; *fig.* Brutstätte *f*.
vivérridos *Zo. m/pl.* Schleichkatzen *f/pl.*
viveza *f* 1. Lebhaftigkeit *f* (*a. fig.*, *z. B. von Farben*); Rührigkeit *f* (*des Wesens u. Handelns*); Heftigkeit *f* (*z. B. der Empfindung*); **2.** Scharfsinn *m*; *p. ext., desp.* Gerissenheit *f*.
vivi|dero *adj.* bewohnbar; ~**do** *adj.*

erlebt; aus dem Erleben gestaltet (*Darstellung*).
vívido *lit. adj.* 1. lebhaft, lebendig; 2. lebendig, wirksam; 3. scharfsinnig.
vividor I. *adj.* 1. regsam, fleißig; 2. → *vivaz*; **II.** *m* 3. Genießer *m*; Lebemann *m*.
vivienda *f* 1. Wohnung *f*; ~ (*gran*) *confort* Wohnung *f* mit (allem) Komfort (Luxuswohnung *f*); ~ *de renta limitada* (*od. de subvención estatal*) Sozialwohnung *f*; ~ *unifamiliar* Einfamilienhaus *n*; 2. Lebensweise *f*.
vivi|ente I. *adj. c* lebend, lebendig; *ser m* ~ Lebewesen *n*; **II.** *m* lebendes Wesen *n*; ~**ficador** *adj.*, ~**ficante** *adj. c* belebend; ~**ficar** [1g] *v/t.* beleben, lebendig machen; kräftigen; ~**ficativo** *adj.* belebend.
vivi|fico *lit. adj.* lebendig; Leben spendend; ~**paro** *Zo. adj.* lebendgebärend.
vivir¹ *m* 1. Lebensweise *f*; Lebenswandel *m*; *de mal* ~ schlecht, verrufen; 2. Leben *n*, Auskommen *n*.
vivir² **I.** *v/t.* leben; erleben; verleben; ~ *su vida* sein (eigenes) Leben leben; *s-n* Neigungen leben; *s.* ausleben; **II.** *v/i.* leben; wohnen; *s.* ernähren; *p. ext.* leben, lebendig bleiben; dauern; ¡(*que*) *viva*(*n*)! hoch!; er soll (sie sollen) leben!; ¡*vive quien vence!* etwa: der Sieger hat immer recht; man soll immer auf die besten Pferde setzen (*fig.*); ~ *al día* in den Tag hinein leben; von der Hand in den Mund leben; ~ *honradamente* ein ehrbares (*od.* ehrliches) Leben führen; ~ *para ver* man wird noch sehen, die Zukunft wird es zeigen (*od.* lehren); ⚔ *dar el quién vive* anrufen (*Posten*); *de esto vivo* davon lebe ich; *fig.* das ist mein täglich(es) Brot, damit muß ich mich täglich herumschlagen F; ¡*esto es* ~! das heißt leben!, so kann man's aushalten F!; *iron. u.* das nennt man Leben!; ⚔ ¿*quién vive?* wer da?; *tener apenas para* ~ kaum das zum Leben Notwendigste haben; *tener con qué* ~ sein Auskommen haben; ¡*y a* ~! nun wird aber gelebt!; *u.* jetzt hinein ins Vergnügen!; *Spr. no se vive más que una vez* man lebt nur einmal; *Spr.* ~ *y dejar* ~ leben u. leben lassen.
vivisec|ción ⚔ *f* Vivisektion *f*; ~**tor** *m* Vivisezierende(r) *m*.
vivismo *Phil. m* Lehre *f* des Luis Vives (*1492—1540*); ~**ta** *adj.-su. c* auf Vives bezüglich; *m* Anhänger *m* des Philosophen L. Vives.
vivito *dim. adj.*: ~ *y coleando* ✝ lebendfrisch (*Fisch*); *fig.* in alter Frische (wieder da); immer noch von Bedeutung (*Angelegenheit*); F *estar* ~ quicklebendig sein.
vivo¹ *m* Biese *f* (*an Uniformen usw.*).
vivo² I. *adj.* 1. lebendig; lebhaft; *p. ext.* flink; ungelöscht (*Kalk*); scharf (*Kante*); spitz (*Winkel*); frisch, leuchtend (*Farbe*); *agua f* ~*a a. bibl.* lebendiges Wasser *n*; ⚓ *aguas f/pl.* ~*as* Flut *f*; *estilo m* ~ lebendiger (*od.* packender) Stil *m*; *piedra f* ~*a* Natursteinm; *recuerdo m* ~ frische Erinnerung *f*; lebendiges Andenken *n*; *a* ~*a fuerza* mit Gewalt; *al* ~ *od. a lo* ~ nach dem

Leben (*Schilderung, Zeichnung*); heftig, kräftig; *fig. como de lo* ~ *a lo pintado* wie Tag und Nacht, ganz u. gar verschieden; *de* ~*a voz* mündlich; *enterrar* ~ lebendig begraben; *está* ~ er lebt (noch); er ist gerettet; sie gilt (noch) (*Vorschrift*); *fig. herir en lo* ~ den wunden Punkt berühren (*fig.*); *fig. llegar a* (*od. tocar en*) *lo más* ~ an die wundeste Stelle rühren, im Tiefsten treffen; *quedar* ~ am Leben bleiben; *Thea.* representar *cuadros* ~ lebende Bilder aufführen (*od.* stellen); *era su* ~ *deseo que* + *subj.* er wünschte lebhaft, daß + *subj.*; 2. F gescheit, auf Draht (*fig.* F); gerissen (*fig.* F), clever (*fig.* F); **II.** *m* 3. Lebend(ig)e(r) *m*; 4. *fig.* F geriebener Kunde *m* (*fig.* F).
vizca|cha *Zo. f* Viscacha *n*; ~**chera** *f* 1. Schlupfloch *n* des Viscacha; *fig. Arg.* Rumpelkammer *f* (*a. fig.*); 2. ♀ *And. Art* Federgras *n* (*giftig für Vieh*).
vizcaíno *adj.-su.* biskayisch; *m* Biskayer *m*; ♀*ya f* Viscacha *f*.
vizcon|dado *m* 1. Vizegrafschaft *f*; 2. Titel *m* e-s Vicomte; ~**de** *m* Vicomte *m*; ~**desa** *f* Vicomtesse *f*.
voca|blo *m* Wort *n*; Ausdruck *m*; Vokabel *f*; ~**bulario** *m* 1. Wörterverzeichnis *n*, Vokabular *n*; Wortschatz *m*; *fig. no necesitar de* ~ k-n Ausleger benötigen; 2. F Redeweise *f*; ~**bulista** *m* Wortschatzforscher *m*.
vocaci|ón *f* Berufung *f*; Bestimmung *f*; *errar la* ~ s-n Beruf verfehlen; *sentir* ~ *literaria* s. zur Literatur berufen fühlen; *tener* ~ berufen sein (*zu dat. por*); *p. ext.* zum Priester(amt) berufen sein; ~**onal** *adj. c* Berufs...
vo|cal I. *adj. c* mündlich; Stimm...; *a.* ♪ Vokal...; ♪ *música f* ~ Vokalmusik *f*; **II.** *m* stimmberechtigtes Mitglied *n* in e-m *Gremium*; Vorstandsmitglied *n*; **III.** *f Li.* Vokal *m*; ~**cálico** *Phon. adj.* vokalisch, Vokal...; ~**calismo** *Li. m* Vokalismus *m*, Vokalsystem *n*; ~**calista** ♪ *c* (*bsd.* Refrain-)Sänger *m*.
vocaliza|ción *f* 1. *Li.* Vokalisation *f*; Vokalisierung *f*; 2. ♪ Stimmübung *f*; ~**r** [1f] *v/i. Li.* vokalisieren; ♪ Stimmübungen machen.
vocativo *Li. m* Vokativ *m*.
voce|ador *m* Ausrufer *m*; Schreier *m*; ~**ar I.** *v/i.* schreien; **II.** *v/t.* (laut) verkünden; *fig.* F ausposaunen; *Waren* ausrufen; ~**jón** F *m* rauhe, heisere Stimme *f*; ~**ras** F *m* (*pl. inv.*) Großmaul *n* F, Schwätzer *m*; ~**río** *m* Geschrei *n*; ~**ro** *m bsd. Am.* Sprecher *m* (*der Regierung usw.*).
vocifera|ción *f* Schreien *n*, Kreischen *n*, Zetern *n*; ~**r** *v/i.* schreien, zetern.
vocingle|ría *f* Geschrei *n*, Gekreisch *n*; ~**ro I.** **I.** *adj.* schreiend, kreischend; *p. ext.* aufdringlich geschwätzig; **II.** *m* Schreihals *m*; *p. ext.* aufdringlicher Schwätzer *m*.
vodevil *m Am.* Varieté *n*.
volada 1. Auffliegen *n*; kurzer Flug *m e-s Vogels*; 2. △ Auskragung *f*; *a.* ⊕ Ausleger *m*; 3. Fuge *f* **a)** *Ec.* Prellerei *f*; **b)** *Rpl.* Gelegenheit *f*.
vola|dera *f* Radschaufel *f* (*Wasserrad*); ~**dero I.** *adj.* flügge; *bsd. fig.*

flüchtig, rasch enteilend; **II.** *m* Absturz *m*, Steilhang *m*.
vola|dizo △ **I.** *adj.* vorspringend; fliegend; **II.** *m* Auskragung *f*; Vorsprung *m*, Vorbau *m*; ~**do I.** *adj.* 1. *Typ.* hochgestellt; 2. *Am.* jähzornig (*Temperament*); **II.** *m* 3. *Méj.* Fenstergitter *n*; *fig.* Frauenheld *m*, Don Juan *m*.
vola|dor I. *adj.* 1. fliegend; 2. *aparato m* ~ Fluggerät *n*; **II.** *m* 3. *Zo.* fliegender Fisch *m*; 4. Rakete *f* (*Feuerwerkskörper*); 5. ♃ *Am. versch. Bäume u. Pfl.*; ~**dora** *f* Läuferstein *m e-r Mühle*; *Col.* Motorboot *n*; ~**dura** *f* Sprengung *f*.
volan|das: en ~ fliegend; *fig.* wie im Fluge; ~**dera** *f* 1. ⊕ Scheibe *f* an der Radachse; Zwischenscheibe *f*; → *voladora*; 2. F Schwindel *m*, Ente *f*; ~**dero** *adj.* flügge; flatternd; *fig.* unstet; ~**do** *ger.-adv.* eiligst; ~**te I.** *adj. c* 1. fliegend; umherirrend; ⚔ *cuerpo m* ~ fliegendes Korps *n*, Einsatzkorps *n*, „Feuerwehr" *f* F; *fig.* hilos *m/pl.* ~s Sommerfäden *m/pl.*; *mesa f* ~ Spiritistentischchen *n*; *Zo. perro m* ~ Flederhund *m*, Flugfuchs *m*; **II.** *m* 2. *Kfz.* Lenkrad *n*, Steuer(rad) *n*; *ir al* ~ *am Steuer sitzen*; *tomar el* ~ *s.* ans Steuer setzen; 3. *Typ.*, ✝ Flugblatt *m*, Handzettel *m*; Begleitschein *m*; ~ *del seguro* Krankenschein *m*; 4. ⊕ Schwungrad *n*; Unruh *f e-r* Uhr; Bandrolle *f* (*Bandsäge*); 5. Federball(spiel *n*) *m*; 6. *Sp.* Läufer *m* (*Fußball*); 7. Volant *m* bzw. Rüsche *f* am Kleid.
volan|tín *m* 1. Wurfangel(schnur) *f*; 2. *Am.* Überschlag *m*, Salto *m*; 3. *Arg., Cu., Chi., P. Ri.* (Papier-)Drache *m*; 4. *Bol.* Schwärmer *m* (*Feuerwerk*); ~**tón I.** *adj.* flügge; **II.** *m* flügger Vogel *m*; *Ec. fig.* Stromer *m*.
volapié *m* 1. *Stk.* der dem stehenden Stier aus dem Lauf heraus versetzte Degenstoß *m* (man nennt das dar una *estocada a* ~); 2. *a* ~ hüpfend u. flatternd (*Vögel*); bald schwimmend, bald gehend (*z. B. b. e-m Flußübergang*).
volar [1m] **I.** *v/i.* 1. fliegen; auffliegen; *fig.* eilen; *fig.* F high sein F (*Süchtige*); 𝆁 ~ *en crucero* mit Reisegeschwindigkeit fliegen; *echar a* ~ auf-, weg-fliegen; ~ *sobre la ciudad* die Stadt überfliegen; *hacer* ~ → *volar 3*; 2. verfliegen, verflüchtigen; *p. ext.* verschwinden; **II.** *v/t.* 3. (in die Luft) sprengen; *fig.* aufbringen, reizen; 4. *Jgdw.* Federwild aufscheuchen; 5. *Typ.* (als *Exponent od. Index*) hochstellen; **III.** *v/r.* ~*se* 6. auf-, weg-fliegen; entfliegen; *fig.* F *se le volaron los pájaros* mit s-n Plänen (*od.* Hoffnungen usw.) ist es aus; *a.* die Gäule gingen mit ihm durch; 7. *Am.* wütend aufbrausen.
volate *m Col.* Hetze *f*, Hektik *f*, Trubel *m*.
vo|latería *f* 1. Falkenjagd *f*, Falknerei *f*; 2. Geflügel *n*; ~**látil I.** *adj. c* 🜂 flüchtig; *fig.* flatterhaft; **II.** *m* Federvieh *n*; Stück *n* Geflügel.
volatili|dad 🜂 *f* Flüchtigkeit *f*; ~**zación** 🜂 *f* Verflüchtigung *f*; ~**zar(se)** [1f] *v/t.* (*v/r.*) (*s.*) verflüchtigen.
volatín[1] ⚓ *adj.*: *hilo m* ~ Segelgarn *n*.

vola|tín[2] *m* 1. Seiltänzerkunststück *n*; 2. → ~**tinero** *m* Seiltänzer *m*.
vol-au-vent *Kchk. m* Blätterteigpastete *f*.
volcador *adj.-su.* Kipper..., Kipp...; (*mecanismo m*) ~ *m* Kippanlage *f*.
vol|cán *m a. fig.* Vulkan *m*; ~**cánico** *adj.* vulkanisch; ~**canismo** *m* Vulkanismus *m*.
volcar [1g *u.* 1m] **I.** *v/t.* 1. umwerfen; umstürzen; kanten, kippen; *Gefäß* umstülpen, stürzen; *¡no* ~! nicht stürzen! *b. Frachtgut*; 2. *p. ext.* benommen machen (*Dunst, Geruch*); 3. *fig. j-n* umstimmen; *Gesinnung* vollkommen ändern; *fig.* F in Wut bringen; **II.** *v/i.* 4. umstürzen, -kippen (*Wagen*); kippen (*a.* ⚓); **III.** *v/r.* 5. aus-, um-, über-kippen; *fig.* F sein Bestes tun, sein Letztes geben; *fig.* ~*se con alg. j-n* stürmisch sein; s. um *j-n* reißen; ~*se* (*de atenciones*) *s.* (vor Liebenswürdigkeit) überschlagen; ~*se sobre alg. s.* über *j-n* ausklatschen.
vole|ar *v/t. bsd. Ball* im Fluge schlagen; ~**ibol** *Sp. m* Volleyball *m*; ~**o** *m* Schlag *m* (*Ballspiel*); *Tennis*: Volley *m*, Flugball *m*; *a* ~ 🏹 breitwürfig (*säen*); *fig.* ~*se* haufenweise.
volframi|o ⚛ *m* Wolfram *n*; ~**ta** *Min. f* Wolframit *m*.
Volga *m* Wolga *f*.
volición *Phil., Li. f* Wollen *n*.
volitar *v/i.* → *revolotear.*
volitivo *Phil., Li. adj.* Willens...
volovelis|mo ⚓ *m* Segelflugwesen *n*; ~**ta** *c* Segelflieger *m*.
volque|o ⊕ *m* Kippen *n*; ~**te** *m* Kipplore *f*.
voltaje ⚡ *m* Spannung *f*, Voltzahl *f*.
volte|ada *f Arg.* Abtrennung *f e-s Teils der Viehherde*; ~**ador** *m* 1. Luftakrobat *m*, Voltigeur *m*; *Am.* Kunstreiter *m*; 2. ⊕ Kant-, Wendevorrichtung *f*; ~**ar I.** *v/t.* 1. herumdrehen; umkehren; *Schleuder usw.* schwingen; *Glocken* läuten; 2. *Am.* umwerfen, stürzen; kippen; *B.*, *Col., P. Ri.* → *volver*; **II.** *v/i.* 4. *s.* herumdrehen; *s.* überschlagen; voltigieren im Zirkus; *Vkw. Col.* abbiegen; **III.** *v/r.* ~*se* 5. *Am. Reg.* ~ *chaquetear 1*; ~**jear** ⚓ **I.** *v/t.* (um-)wenden; **II.** *v/i.* beim Winde segeln; ~**o** *m* 1. Umdrehen *n*, Wenden *n*; ⊕ Kippen *n*; 2. Luftsprung *m*; *Sp.* ~ *tigre* Hechtrolle *f*; 3. Läuten *n der Glocken*; ~**reta** *f* 1. Purzelbaum *m*; Luftsprung *m*; *dar* ~*s* Purzelbäume schlagen; Zirkussprünge machen; *Kfz. s.* überschlagen; 2. *Kart.* Volte *f*; *fig.* plötzlicher Umschlag *m*, unerwarteter Wechsel *m*.
vol|tímetro ⚡ *m* Spannungsmesser *m*, Voltmeter *m*; ~**tio** ⚡ *m* Volt *n*.
volu|bilidad *f* 1. ~ *de la lengua* Zungenfertigkeit *f*; 2. Unbeständigkeit *f*, Flatterhaftigkeit *f*; *a.* 🜂 Flüchtigkeit *f*; ~**ble** *adj. c* 1. unbeständig, unstet; *fig.* wetterwendisch; 2. *a.* 🜂 flüchtig.
volu|men *m* (*pl. volúmenes*) 1. Umfang *m*, Menge *f*; Rauminhalt *m*; Volumen *n*; ✝ ~ *comercial* Handelsvolumen *n*; △ ~ *de edificación* umbauter Raum *m*; ⚛ ~ *de esfera* Kugelinhalt *m*; ♥ ~ *por latido* Schlagvolumen *n des Herzens*; ✝ ~ *de* ~

voladizo — volver

negocios, ~ *de ventas* (Geschäfts-, Waren-)Umsatz *m*; ✝ ~ *de pedidos* Auftragseingang *m*; ~ *de trabajo* Arbeitsanfall *m*; 2. *Typ.* Band *m*; 3. **a)** *Rf.* Tonstärke *f*; **b)** ♪ Klangfülle *f*, Lautstärke *f*; *bajar el* ~ (das Gerät) leiser stellen; ~**minoso** *adj.* umfangreich, voluminös.
volunta|d *f* Wille *m*; Belieben *n*; Lust *f*; Zuneigung *f*; *a* ~ nach Belieben; *con poca* ~ halb freiwillig, halb gezwungen; *buena* ~ guter Wille *m*, -lust *f*; *buena* ~ guter Wille *m*; *buena* (*mala*) ~ Wohl- (Übel-)wollen *n*; *Lu.* (Ab-)neigung *f*; *última* ~ letzter Wille *m*, Testament *n*; F *hacer su sant(ísim)a* ~ *s-n* Kopf durchsetzen; *b. Gelegenheitsdienstleistungen*: *¿qué le debo?* was bekommen Sie? — Antwort: *¡la* ~! nach Belieben!; *quitarle a alg. la* ~ *j-m* die Lust nehmen, *j-m et.* ausreden; *tenerle mucha* ~ *a alg. e-e* große Zuneigung zu *j-m* haben; ~**riedad** *f* Freiwilligkeit *f*; Willkür *f*; *a.* 🜂 *adj.* freiwillig; **II.** *m* Freiwillige(r) *m*; ~**rioso** *adj.* eigenwillig; zäh, zielstrebig; ~**rismo** *Phil. m* Voluntarismus *m*; ~**rista** *adj.-su. c* voluntaristisch; *m* Voluntarist *m*.
voluptuo|sidad *f* Wollust *f*; *poet.* Lust *f*; ~**so** *adj.* lustvoll, sinnenfreudig; wollüstig.
voluta *f* 🜂, △ Schnecke *f*, Spirale *f*, Volute *f*; ~ *de humo* Ring *m b.* Rauchen; *en* ~*s* schnecken-, schraubenförmig.
volve|dera 🜂 *f* Garbenwender *m*; ~**dor** ⊕ *m* Wendeeisen *n*; Drehwerk *n*.
volver [2h; *part. vuelto*] **I.** *v/t.* 1. drehen, (um)wenden, umkehren; (um)lenken; *a. z. B. Kleidung* wenden; *a. al revés* umstülpen; umkehren; ~ *de canto* (*de plano*) hochkant stellen (flachlegen); ~ *hacia una dirección* in *e-e* Richtung lenken; *bsd. fig.* ~ *lo de arriba abajo* das Unterste zuoberst kehren, alles auf den Kopf stellen; ~ *la mirada al cielo* den Blick zum Himmel wenden; 2. zurück-geben; -schicken; 3. verwandeln (*in ac. en*); ~ + *adj. zu et.* machen; F ~*le a alg. tarumba j-n* verwirren; *j-n* ganz verrückt machen; **II.** *v/i.* 4. umkehren; zurückkommen, -kehren; zurückfahren; ~ *a + inf.* wieder + *ind.*; *si vuelves a hacerlo* wenn du es noch einmal tust; ~ *a apretar Schraube* nachziehen; ~ *a casa* heimkehren; nach Hause kommen; ~ *a contar* nachzählen; *volviendo al caso* um auf die Sache zurückzukommen; *no* ~ *de su asombro* aus dem Staunen nicht herauskommen; ~ *en sí* wieder zu sich kommen; ~ *por sí* einsetzen für (*ac.*); ~ *por s-e* Ehre verteidigen; ~ *sobre el asunto* auf die Angelegenheit zurückkommen; ~ *sobre sí s.* besinnen; 5. abbiegen; *s.* kehren (*nach dat. a, hacia*); *el río vuelve hacia la izquierda* der Fluß macht *e-e* Biegung nach links; **III.** *v/r.* ~*se* 6. (*s.*) (um)wenden, *s.* kehren *nach* (*dat. a, hacia*); *todo se le vuelve en contra* (od. *del revés*) alles geht ihm schief (*fig.*); ~*se hacia la pared s.* zur Wand keh-

vólvulo — vuelta 638

ren; 7. ~se + *adj.* werden; ~se *pálido* bleich werden, erblassen; ~se *de todos los colores* s. verfärben.
vólvulo ✱ *m* Darmverschluß *m.*
volley-ball *Sp. m* Volleyball *m.*
vómer *Anat. m* Pflugscharbein *n.*
vómico ♀, *pharm. adj.: nuez f* ~*a* Brechnuß *f.*
vomi|tado F *adj.* hundeelend, sterbenskrank; *fig.* urhäßlich; *está* ~ *a.* er sieht aus wie gekotzt P; **~tador** *adj.-su.* s. erbrechend; **~tar** *vt/i.* (er)brechen; *fig.* (aus)speien; *ganas f/pl. de* ~ → **~tera** *f* Brechreiz *m*; **~tivo** *pharm. m* Brechmittel *n.*
vómito ✱ *m* (Er-)Brechen *n*; Erbrochene(s) *n.*
vomi|tón F *adj.* zum Erbrechen neigend; **~tona** F *f* heftiges Erbrechen *n*; **~torio** △ *m* Vomitorium *n* (*in Altrom usw.*).
voracidad *f* Gefräßigkeit *f.*
vorágine *f a. fig.* Strudel *m.*
vórtice *m* 1. Wirbel *m*, Strudel *m*; 2. *Anat.* Wirbel *m*, Vortex *m.*
voraz *adj.* (*pl.* ~aces) *a. fig.* gefräßig.
vo|s *pron.*: als Anrede an e-e Einzelperson († *od.* feierlich) Ihr; *in dem am. Sprachgebieten mit "voseo", z.B. Rpl.*: du; **~sear** *v/t.* mit vos anreden; **~seo** *m* Anrede *f* mit vos.
Vosgos *m/pl.* Vogesen *pl.*
vosotros *pron.* ihr (*pl.*); *mit prp.* euch.
vo|tación *Parl. f* Abstimmung *f*; ~ *a mano alzada* Abstimmung *f* durch Erheben der Hände (*od.* durch Handzeichen); ~ *de desempate* Stichwahl *f*; *poner a* ~ zur Abstimmung stellen; **~tante** *c* Abstimmende(r) *m*; Stimmberechtigte(r) *m*; **~tar I.** *vt/i.* abstimmen (über *ac.*); *Gesetz* verabschieden; *acto m de* ~ Abstimmung *f,* Wahlvorgang *m*; (tener) *derecho m a* ~ Stimmberechtigung *f* (stimmberechtigt sein); **II.** *v/i.* geloben; schwören; F *¡voto a tal!* zum Kuckuck!; **~tivo** *adj.* angelobt; Votiv...; *misa f* ~*a* Votivmesse *f*; **~to m** 1. Gelübde *n*; ~*s m/pl. monásticos* Mönchsgelübde *n/pl.*; ~*s perpetuos* (*simples, solemnes*) ewige (einfache, feierliche) Gelübde *n/pl.*; *hacer* ~*s para que...* innigst wünschen, daß ...; beten, daß ...; 2. *Pol.* Stimme *f*, Votum *n*; ~ *por aclamación* Wahl *f* durch Zuruf (*od.* durch Akklamation); ~ *de censura* (*de confianza*) Mißtrauens- (Vertrauens-)votum *n*; ~ *por correspondencia* Briefwahl *f*; ~ *favorable* (*negativo*) Ja- (Nein-)stimme *f*; ~ *nulo* ungültige Stimme *f*; ~ *obligatorio* Wahl-, Stimm-zwang *m*; *con* (*sin*) *derecho a* ~ (nicht) stimmberechtigt; *por 23* ~*s contra 17 con 9 abstenciones* mit 23 gg. 17 Stimmen bei 9 (Stimm-)Enthaltungen; 7 ~*s* (*emitidos*) *a favor* (*en contra*) *de alg.* 7 (abgegebene) Stimmen für (gg.) j-n; *tener* ~ Stimmberechtigung haben, stimmberechtigt sein.
voy *usw.* → *ir.*
voz *f* (*pl. voces*) 1. Stimme *f*; Ruf *m*; Laut *m*, Ton *m*; Schrei *m*; Klang *m*; *fig.* Gerücht *n*; *voces f/pl. a.* Geschrei *n*; *voces al viento* (*od.* *en el desierto*) in den Wind (*fig.*), umsonst; ~ *argentina* Silberstimme *f*; ~ *cascada* gebrochene Stimme *f* (*Stimmbruch*); *fig. una* ~ *interior* e-e innere Stimme;

✘ ~ *de mando* Kommando *n*, Befehl *m*; ♩ ~ *principal* (*acompañante*) Haupt-, Solo- (Begleit-)stimme *f*; ♩ *primera* (*segunda*) ~ erste (zweite) Stimme *f*; *fig.* ~ *pública die* Stimme des Volkes; ~ *quebrada* gebrochene (*od.* matte) Stimme *f*; *la* ~ *de la razón* die Stimme der Vernunft; ♩ ~ *del violín* Violinstimme *f*; Violinklang *m*; ♪ *a la* ~ in Rufweite; *a media* ~ (mit) halblaut(er Stimme); *a una* ~ einstimmig; *a* ~ *en cuello* (*od. en grito*) aus vollem Halse, lauthals; *de* ~ *débil* von schwacher Stimme, stimmschwach; ♩ *de dos* (*tres*) *voces* zwei- (drei-)stimmig; *en* ~ *alta* (*baja*) laut (leise); *aclararse la* ~ *s.* räuspern; *alzar* (*od. levantar*) *la* ~ die Stimme erheben, lauter sprechen; *fig. se le anudó la* ~ er konnte ~ (*vor Aufregung usw.*) nicht sprechen, es verschlug ihm die Stimme; *apagar la* ~ *a.* ♩ die Stimme (*bzw.* den Klang) dämpfen; *fig. corre la* ~ *que ...* es geht das Gerücht (um), daß ...; *dar la* ✘ anrufen (*Posten*); *fig. abs. et.* (*od.* es) bekannt machen; es den Leuten sagen; *dar voces* rufen; schreien; *dar voces de socorro* (laut) um Hilfe rufen; *fig. estar en* ~ bei Stimme sein (*Redner*); *fig. hacer correr la* ~ das Gerücht weitergeben; bis weitersagen; *llevar la* ~ *cantante* ♩ die erste Stimme singen (*od.* spielen); *fig.* den Ton angeben; die erste Geige spielen; *fig. no se oye más* ~ *que la suya* er führt das große Wort; *fig. poner* ~ *a alg.* j-n in Mißkredit (*bzw.* in Verruf) bringen; ♩ *ponerse en* ~ *od.* *romper la* ~ *s.* einsingen; ♩ *tener* (*buena*) ~ e-e gute Stimme haben; *fig. tener* ~ *en el capítulo* ein Wörtchen mitzureden haben; *tomar* ~ *bsd.* ✘ Erkundigungen einziehen; 2. *Gram. a.* Wort *n*, Vokabel *f*; **b**) Form *f* des Verbs; ~ *activa* (*media, pasiva*) Aktiv *n* (Medium *n*, Passiv *n*); 3. *Parl.* beratende Stimme *f* (= ~ *consultiva od.* ~ *sin voto*); *nur fig. u. lit.* Stimme *f*, Votum *n*; *fig. sin* ~ *ni voto* ohne jeden Einfluß.
vozarrón F *m* laute, rauhe Stimme *f.*
vu|dú *m* Wodu(-) *m*, Wudu(-) *m*; **~duismo** *m* → vudú.
vuece(le)ncia *f Anrede*: Euer Exzellenz.
vuelco *m* Überschlag *m* (*a. Kfz.,* ✈); ⊕ ~ *automático* automatische Entleerung *f*; *dar un* ~ *s.* überschlagen; *fig. el corazón me dio un* ~ es gab mir plötzlich e-n Stich (*Vorahnung, Angst usw.*); das Herz schlug mir bis zum Hals.
vuelo *m* 1. Flug *m*; ✈ Aufschwung *m*; ~ *acrobático* Kunstflug *m*; ~ *de aproximación* Anflug *m*; ~ *baio* (*od. rasante o. de baja cota*) Tiefflug *m*; *bsd. Am.* ~ *doméstico* Inlandsflug *m*; ~ *de enlace* (*de entrenamiento*) Anschluß- (Übungs-)flug *m*; ~ *sin escala*(*s*) Nonstopflug *m*; ~ *espacial* (*od. interplanetario*) *tripulado* bemannter Weltraumflug *m*; ~ *internacional* Auslandsflug *m*; ~ *libre* (*od.* *en ala delta*) Drachenfliegen *n*; ~ *sin motor* (*od. a vela*) Segelflug *m*; ~ *nacional* Inlandsflug *m*; ~ *nocturno* (*planeado*) Nacht- (Gleit-)flug *m*; ~ *orográfico*

Gleitflug *m* am Hang; ~ *de reconocimiento* Erkundungsflug *m*; ~ *regular* Linienflug *m*; ~ *térmico* Aufwindflug *m*, Gleitflug *m*; ~ *sin visibilidad* Blindflug *m*; *al* ~ im Fluge; *fig.* so nebenbei, so nebenher; *de alto* ~ hochfliegend; schwungvoll; *en* (*a. a*) ~ im Flug; F *cogerlas* (*od. cazarlas*) *al* ~ alles gleich aufschnappen (*od.* mitbekommen), alles sofort begreifen; *emprender el* ~ weg-, ab-fliegen; ✈ *levantar* ~ vom Boden abheben; → *a.* 2; *Jgdw. tirar al* ~ im Flug schießen, aus der Luft herunterschießen; *tocar a* ~ *las campanas* alle Glocken (*od.* mit vollem Geläut) läuten; *tomar* ~ hinaufschweben; auffliegen; *fig. s.* aufschwingen; gut vorankommen, gedeihen; 2. *a. fig.* Schwinge *f*, Flügel *m*; Schwungweite *f*; *alzar* (*od. levantar*) *el* ~ **a**) auffliegen (*Vo.*); **b**) *fig. s.* davonmachen F; **c**) → *levantar los* ~*s. Höherem zuwenden*; eingebildet werden; *cortar los* ~*s a e-m Vogel u. fig. j-m* die Flügel beschneiden (*od.* stutzen); 3. △ Ausladung *f*; 4. Weite *f* (*Damenrock*); *falda f de poco* ~ ziemlich enger Rock *m*; 5. Ärmelaufschlag *m*; Spitzenmanschette *f.*
vuelta *f* 1. *a.* ⊕ (Um-)Drehung *f*; *a.* ⊕ Wende *f*, Wendung *f*; *a.* ⊕, ✈ Windung *f*; *Sp.* Kehre *f* (*a. Turnen*); *Equ.* Volte *f*; *Kart., Sp.* Runde *f*, *Sp. a.* Tour *f*; *fig.* F Tracht *f* Prügel; *fig.* F *¡*~*!* schon wieder!, immer dieselbe Leier! F; ✘ *"¡media* ~*!"* *"kehrt!"*; *Ski: media* ~ *a pie firme od.* ~ *María* (Kehrt-)Wendung *f*; *otra* ~ noch einmal; ⚓ ~ *de cabo* Stek *m*, Knoten(schlinge *f*) *m*; *Vkw.* ~ (*de camino*) Kehre *f*; ~ *de campana* Luftsprung *m*, Salto *m*; Überschlag *m*; ✈ Looping *m*; ⊕ ~ *helicoidal* Schnecken-, Schrauben-windung *f*; ⊕ ~ *de manivela* Kurbeldrehung *f*; ✱ ~ *de venda* Bindetour *f*; *a la* ~ umstehend, umseitig; *a la* ~ *de la esquina* gleich um die Ecke; *fig.* sehr nahe (*zeitl. u. örtl.*); unmittelbar bevorstehend; *a la* ~ *de pocos años* einige Jahre später; ✉ *a* ~ *de correo* postwendend; *fig. a* ~ *de insistir y más insistir* (, *le convenció*) durch immer stärkeres Drängen (überredete er ihn schließlich); *de* ~ auf der Rückseite; *fig.* F *andar a* ~ *s.* herumprügeln; *fig.* F *buscar las* ~*s a alg.* es auf j-n abgesehen haben; j-m eins auswischen wollen; *fig.* F *coger las* ~*s a alg.* j-n zu kennen wissen; *dar* ~ wenden; (um)drehen; *Equ. dar* ~ *al caballo* die Volte reiten; *fig. ya dará la* ~ *a la tortilla* das Blatt wird s. schon wenden, es wird noch anders kommen; *dar media* ~ kehrtmachen; *le dio una* ~ er drehte ihn um (*a la llave* den Schlüssel); *fig.* F er verprügelte ihn; *dando* ~*s* durch (Ver-)Drehen; *dar* ~*s* **a**) s. drehen; s. herumwälzen; **b**) drehen (*et. a*); *fig.* F *dar cien* ~*s a alg.* j-m haushoch überlegen sein; *dar una* ~ *de campana* e-n Salto machen; *Kfz.* s. überschlagen; *dar muchas* ~*s a a/c. s. et.* (*ac.*) hin und her überlegen; *fig. no hay que darle* (*od. dar andar con*) ~*s* man darf nicht um die Sache herumreden; *por más* ~*s que* (*le*) *doy al asunto, no veo ninguna solución* ich mag es drehen u. wenden wie ich will, ich sehe k-e Lösung; *la*

cabeza me da ~s od. las cosas me dan ~s mir dreht s. alles vor den Augen, mir ist ganz schwindelig; *fig.* F *encontrar la ~* den Ausweg (*od.* den Dreh F) finden; *fig. guardar las ~s s.* vorsehen, auf der Hut sein; *fig.* F *poner a alg. de ~ y media* j-m gehörig die Meinung sagen; F *ser de muchas ~s* viele Kniffe (u. Schliche) kennen; *fig. tener ~s* launisch sein; ⚓ *tomar la ~ a tierra* auf Landkurs gehen; **2.** Runde *f*; Spaziergang *m*, Bummel *m* F; Rundreise *f*; *bsd. Sp. ~ de honor* Ehrenrunde *f*; *~ al ruedo* Runde *f* um die Arena (*Parade des Stierkämpfers*); *dar una vuel(teci)ta* e-n (kl.) Spaziergang machen; *dar la ~ al mundo* e-e Weltreise machen; **3.** Wiederkehr *f*; Rückkehr *f*; Heimkehr *f*; 🚗 Rück-fahrt *f*, -reise *f*; ⚕ *~ a la vida* Wiederbelebung *f*; *estar de ~* zurück sein *v. e-r Reise*; *fig.* F (schon) im Bilde sein; **4.** Rückgabe *f*; (*Col. ~s f/pl.*) (*herausgegebenes*) Wechselgeld *n*; *no tener ~* nicht herausgeben können; *¡quédese con la ~!* behalten Sie den Rest! (*als Trinkgeld*); *dar de ~* zurückgeben, herausgeben; **5.** Kehrseite *f*; *la ~ de la medalla* die Kehrseite der Medaille; **6.** ✒ Umpflügen *n*; **7.** Aufschlag *m* (*Kleid*); Umschlag *m*, Stulp *m* (*Kleidung, Schuhwerk*); **8.** Maschenreihe *f b. Stricken.*

vuelto I. *part. v.* volver; **II.** *m Am. Reg.* Wechselgeld *n.*

vuelvepiedras *Vo. m* (*pl. inv.*) Steinwälzer *m.*

vuestro *pron. pos.* euer.

vulca|nicidad *Geol. f* Vulkanismus *m*; **~nismo** *m* Vulkanismus *m*; Plutonismus *m*; **~nista** *hist. m* Anhänger *m* des Plutonismus.

vulcaniza|ción ⊕ *f* Vulkanisierung *f*; **~r** [1f] *v/t.* (auf)vulkanisieren.

vulga|cho *desp. m* Pöbel *m*, Mob *m*; **~r** *adj. c* **1.** gemein, alltäglich; Volks...; **2.** gemein, niedrig; **3.** vulgär; **~ridad** *f* Gemeinheit *f*; Trivialität *f*; Gemeinplatz *m*; **~rismo** *m* Ausdruck *m* der (derben) Volkssprache; vulgärer Ausdruck *m*; **~rizador** *m* Populärwissenschaftler *m*; **~rizar** [1f] *v/t.* allgemein verbreiten, zum Gemeingut machen; *Kenntnisse* verbreiten; allgemeinverständlich darstellen; **~rmente** *adv.* gemeinhin.

vulgo *m* gewöhnliches (*od.* einfaches) Volk *n*; breite Masse *f.*

vulnera|bilidad *f* Verwundbarkeit *f*, Verletzlichkeit *f*; **~ble** *adj. c* verwundbar, verletzlich; anfällig; **~r** *v/t.* verwunden; *a. fig.* verletzen; **~ria** ♀ *f* Wund-kraut *n*, -klee *m*; **~rio** *m* Wundspiritus *m*; Wundmittel *n.*

vul|peja *Zo. f* Fuchs *m*; Füchsin *f*, Fähe *f*; **~pino I.** *adj.* Fuchs...; *fig.* schlau wie ein Fuchs; **II.** *m* ⚕ Fuchsschwanz *m.*

vultuoso ⚕ *adj.* verquollen u. entzündet (*Gesicht*).

vultúridos *Zo. m/pl.* Geier *m/pl.*

vul|va *Anat. f* weibliche Scham *f*, Vulva *f*; **~varia** ♀ *f* Bocksmelde *f*; **~vitis** ⚕ *f* Vulvitis *f*; **~vovaginal** *Anat. adj. c* vulvovaginal.

W

W, w (= *uve doble*) *f* W, w *n*.
waffle *m Am.* Waffel *f*; ~ra *f Am.* Waffeleisen *n*; ~ría *f Am.* Waffel-(verkaufs)stand *m*.
wagneriano ♪ **I.** *adj.* Wagner...; **II.** *m* Wagnerianer *m*, Verehrer *m* der Musik Richard Wagners.
walkiria *Myth. f* Walküre *f*.
walkman *Wz. m* Walkman *m*.
warrant ✝ *m* Lagerschein *m*.
wáter *m* Klosett *n*, WC *n*.
waterpolo *Sp. m* Wasserball *m*.
web *IT f, a. nachgestellt*: página *f* ~ Web-Seite *f*; la ♀ das Web.
wellingtonia ♀ *f*: ~ (*gigante*) Mammutbaum *m*, Wellingtonie *f*.
western *m* Western *m*, Wildwestfilm *m*; F ~-espagueti Italo-Western *m*.
Westfalia *f* Westfalen *n*; ♀**no** *adj.-su.* westfälisch; *m* Westfale *m*.
whisky *m* Whisky *m*; ~ *con soda* Whisky-Soda *m*.
whist *Kart. m* Whist *n*.
windsurf(ing) *Sp. m* Wind-surfen *n*, -surfing *n*.
wobulador *Tel.*, *HF m* Wobbler *m*.
wolfram(io) ♀ *m* Wolfram *n*.
wulfenita *Min. f* Wulfenit *m*.
Wurtember|g *m* Württemberg *n*; ♀**gués** *adj.-su.* württembergisch; *m* Württemberger *m*.
wurtzita *Min. f* Strahlenblende *f*, Wurtzit *m*.

X

X, x (= *equis*) *f* X, x *n*; (*in* [] *stehen die entsprechenden Lautzeichen der API, wenn die Aussprache des „x" von der üblichen abweicht;*) ✶ rayos *m/pl.* X Röntgenstrahlen *m/pl*.
xana [ʃ] *Folk. f* Quell- u. Bergnymphe *f des asturischen Volksglaubens*.
xantina ♀ *f* Xanthin *n*.
xanto|fila *Biol. f* Xanthophyll *n*; ~**ma** ✶ *m* Xanthom *n*, Gelbknoten *m*. [*setz*).⟩
xaría [ʃ] *f* Scharia *f* (*islamisches Ge-*
xe|nocracia *Pol. f* Fremdherrschaft *f*; ~**nofilia** *f* Vorliebe *f* für Fremde;
~**nófilo** *adj.* fremdenfreundlich;
~**nofobia** *f* Fremdenfeindlichkeit *f*;
~**nófobo** *adj.* fremdenfeindlich.
xenón ♀ *m* Xenon *n* (*Edelgas*).
xerocopia *f* Xerokopie *f*.
xerófilo ♀ *adj.* xerophil, die Trockenheit liebend.
xero|ftalmía ✶ *f* Xerophthalmie *f*, Augendarre *f*; ~**grafía** *Typ. f* Xerographie *f* (*Trockendruckverfahren*).
xifoi|deo *Anat. adj.* Schwertfortsatz...; ~**des** *Anat. adj.-su. m* Schwertfortsatz *m*.
xíes, xiitas [ʃ] *Rel. m/pl.* Schiiten *m/pl*.
xi|lofón, ~lófono ♪ *m* Xylophon *n*; ~**lofonista** ♪ *c* Xylophonspieler *m*; ~**lografía** *f* Holzschneidekunst *f*; Holzschnitt *m*; ~**lógrafo** *m* Holzschneider *m*; ~**lol** ♀ *m* Xylol *n*; ~**lolita** *f* Xylolith *m* (*Kunststein*); ~**losa** ♀ *f* Holzzucker *m*, Xylose *f*.
xión □ *adv.* → sí.
xix [ʃiʃ] *m Guat., Méj.* Bodensatz *m von Getränken usw.*
xoco(atole) *m Méj.* stark gesalzene Maispastete *f*.
xocosóchil ♀ *m* → *jocosúchil*.

Y

Y, y (= *i griega od.* ye) *f* Y, y *n*.
y *cj.* und; und zwar; bueno, ¿~ qué? na schön, was ist denn schon dabei!; na und? F; *Anm.*: *zur Verwendung v.* e *statt* y → e².
ya *adv.* schon; jetzt; gleich, sofort; ¡~! ach so!; ~, ~ ja, ja (so ist es); ~ ... ~ ... bald ..., bald ...; entweder ... oder ...; ~ no nicht mehr; no ~ ..., sino ... nicht nur ..., sondern (auch *od.* vielmehr) ...; F ¡pues ~! aber freilich!, klarer Fall! F; *oft iron.* natürlich!; *cj.* ~ que da ja, da (nämlich), weil; ~ lo creo das will ich meinen!; si ~ te lo he dicho mil veces ich habe es dir doch schon tausendmal gesagt; ~ me lo imaginaba yo das habe ich mir doch gleich gedacht; ~ llorando, ~ riendo bald weinend, bald lachend; ~ nadie se acuerda de ella niemand denkt mehr an sie; ~ lo sabe usted Sie wissen ja (schon); ~ es hora de marcharnos es wird Zeit, daß wir gehen; ~ voy ich komme gleich; ~ nos veremos wir sehen uns bald (wieder); **~acabó** *Vo. m Am.* Mer ein insektenfressender Vogel; *folk.* gilt er als Unglücksvogel.
yac *Zo. m* Jak *m*, Yak *m*, Grunzochse *m*.
yacaré *Zo. m Rpl.* Alligator *m*.
yace|dor *m* Nachthirt *m*, Pferdehüter *m*, der die Tiere auf die Nachtweide treibt; **~nte I.** *part.* liegend; **II.** 🞤 *m* Liegende(s) *n*; **~r** [2y] *v/i.* **1.** *lit.* liegen; **2.** begraben sein; *aquí yace* hier ruht; **3.** *fig.* ~ con *alg.* mit j-m schlafen; **4.** 🞤 auf der Nachtweide sein (*Pferde*).
yaci|ja *f* **1.** Lager *n*, Bett *n*; *fig.* F ser de mala ~ schlecht schlafen; *p. ext.* ein übler Kunde sein; **2.** Grab-stätte *f*, -lege *f*; **~miento** *m* **1.** 🞤 Fundort *m*, Lager(stätte *f*) *n*, Vorkommen *n*; Fund-stelle *f*, -ort *m b.* Fossilien; 🞤 ~s *m/pl.* petrolíferos Erdölvorkommen *n/pl.*; **2.** Beischlaf *m*.
yacú *Zo. m* (*oft yacutinga f od.* yacutoro *m*) Jakuhuhn *n*.
ya(g)ru|ma *f Ant.*, **~mo** *m P. Ri.*, *Ven.* Trompeten-, Armleuchterbaum *m*.
yagua 🞤 *f* **1.** *Ant.*, *Ven.* **a)** Königspalme *f*; **b)** die große Blattscheide *f* der Königspalme; **2.** *Am. Reg.* versch. Palmen.
yagual *m Am. Cent., Méj.* Trag-, Kopf-ring *m* der Lastträger.
yagu|ané *m Rpl.* **1.** *Zo.* → zorrillo; **2.** Rind *n* (*od.* Pferd *n*) *v.* verschiedener Färbung an verschiedenen Körperteilen; **3.** *a. Bol.* Lauf *f*; *Zo. m Ec.* → jaguar; **~aré** *Zo. m Par., Ur.* → zorrillo; **~areté** *Zo. Arg., Par.* Jaguar *m*;

~arundi *Zo. m Am.* Wieselkatze *f*.
yak *m* → yac.
yámbico *adj.* jambisch.
yambo¹ *m Metrik*: Jambus *m*.
yambo² 🞤 *m Ant.* Jambusenbaum *m*.
yana|cón *m Am. Mer.*, **~cona** *m* **1.** *Am. Mer. hist.* dienstverpflichteter Indianer *m*; **2.** 🞤 *Bol., Pe.* (indianischer) Halbpächter *m*.
yanqui I. *adj.* c nordamerikanisch, Yankee...; **II.** *m* Yankee *m*; **~landia** *desp. f* USA *pl.*
yantar 🞤 **I.** *m* Speise *f*; **II.** *v/t.* F essen, futtern F.
yapa *f Am. Mer.* **1.** Zugabe *f*, Beigabe *f*; Zusatz *m*; **2.** 🞤 Zugabe *f*; *p. ext.* Trinkgeld *n*; de ~ als Zugabe; obendrein; umsonst.
yara|rá *f*, **~raca** *f Zo. Rpl., Bol.* Yararaca *f*, Grubenotter *f* (*Giftschlange*).
yaraví 🎵 *m Am. Mer.* schwermütige Volksweise indianischen Ursprungs.
yarda *f* Yard *n* (*engl. Längenmaß*: 0,9144 *m*).
yatay 🞤 *m Rpl.* Yataypalme *f*.
ya|te ⚓ *m* Jacht *f*; **~tismo** *m* Jacht-, Segel-sport *m*.
yautía 🞤 *f Cu., P. Ri.* Karibenkohl *m*.
Yavé *Rel. npr. m* Jahwe *m*.
yaya¹ *f prov.* Großmutter *f*, Oma *f* F.
yaya² 🞤 *f Cu., P. Ri., Ven.* Baum, *Anonazee*.
yaya³ *f Pe.* leichter Schmerz *m*; Wunde *f*; Narbe *f*; *Cu. dar* ~ verprügeln.
yayo *m prov.* Großvater *m*, Opa *m* F.
yeco *Vo. m Chi.* Art Wasserrabe *m* (*Graculus brasilianus*).
yedra 🞤 *f* Efeu *m*.
ye|gua I. *f* **1.** Stute *f*; **2.** *Am. Cent., Bol.* Zigaretten-, Zigarren-stummel *m*; **3.** 🞤 *Arg.* Nutte *f*; **II.** *adj.* c **4.** *Am. Reg.* riesig, mächtig; dumm; **~guada** *f* **1.** Pferdeherde *f*; **2.** *Am. Cent.* Unsinn *m*, Eselei *f*; **~guar** *adj.* c Stuten...; **~güería** *f* → yeguada; **~güerizo I.** *adj.* → yeguar; **II.** *m* → **~güero** *m* Stutenhirt *m*.
yeís|mo *m* Aussprache *v.* ll als y; **~ta** *adj.* c wer ll als y ausspricht.
yelmo *hist. m* Helm *m*; Sturmhaube *f*.
yema *f* **1.** Knospe *f*; 🞤 ~ frutal Fruchtknoten *m*; *Anat.* ~s *f/pl.* gustativas Geschmacksknospen *f/pl.*; **2.** Eigelb *n*, Dotter *m*; ~ (mejida) geschlagenes Eigelb *n* mit (Milch u.) Zucker; **3.** ~ (del dedo) Finger-kuppe *f*, -beere *f*; **4.** *fig.* das Beste, das Feinste; 🞤 *fig.* die Mitte; *fig.* dar en la ~ den Nagel auf den Kopf treffen (*fig.*); **~ción** *Biol. f* → gemación.
Yeme|n *npr. m* Jemen *m*; **~ní** *od. mst.*

~nita *adj.-su.* c jemenitisch; *m* Jemenit *m*.
yen|do *ger.* gehend; **~te** 🞤 *part.*: ~s y vinientes *pl.* Gehende u. Kommende *pl.*
yerba *f* **1.** Gras *n*; Kraut *n*; Heu *n*; → *a.* hierba; ~ mate Matestrauch *m*; Mate(tee) *m*; **2.** *Am.* Mate *m* (→ ~ mate); **3.** F Marihuana *n*, Hasch *n* F, Gras *n* F.
yer|bajo *desp. m* Kraut *n*; **~bal** *m Am.* Matepflanzung *f*; **~batero** *Am.* **1.** Matesammler *m*; **2. a)** Kräutersammler *m*; **b)** → curandero; **~bear** *v/i. Arg.* Mate trinken; **~bera** *f Rpl.* Mategefäß *n*.
yer|mar *v/t.* brach liegenlassen; entvölkern; **~mo I.** *adj.* unbewohnt; öde, wüst; **II.** *m* Ödland *n*.
yerno *m* Schwiegersohn *m*; los ~s die Schwiegerkinder *n/pl.*
yero 🞤 *m* Erve *f*, Linsenwicke *f*.
yerra *f Rpl., Chi.* Markierung *f* des Viehs mit dem Brandeisen.
yerro I. *m* Irrtum *m*, Mißgriff *m*; Fehltritt *m*; **II.** ~ *usw.* → errar.
yerto *adj.* starr, steif (vor de) (*bsd.* Kälte- *u.* Leichenstarre).
yervo 🞤 *m* → yero.
yesa|l, **~r** *m* Gipsgrube *f*.
yesca *f* **1.** Zunder *m*; Feuerschwamm *m*; lumbre *f* (*od.* conjunto *m*) de ~ *od.* ~s *f/pl.* Feuerzeug *n* (mit Stahl, Stein u. Zunder); **2.** *fig.* Anreiz *m*; was zum Trinken reizt.
ye|sera *f* Gipsgrube *f*; **~sería** *f* Gipsbrennerei *f*; **~sero** *m* Gipsarbeiter *m*; Stukkateur *m*; **~so** *m* **1.** Gips *m*; **2.** Gipsabguß *m*; **3.** (Schul-, Tafel-)Kreide *f*; **~són** *m* abgefallener Gips *m*, Gipsbrocken *m*; **~soso** *adj.* gipsig, gipsartig.
yesquero *m* Zunder-, Feuerschwamm-behälter *m*; (Sturm-)Feuerzeug *n*; hongo *m* ~ Zunderschwamm *m*.
yeta *f Rpl.* Unglück *n*, Pech *n* F; **~r** *v/t. Arg.* mit dem bösen Blick verhexen; **~tore** *m Arg.* wer den bösen Blick hat.
yeyuno *Anat. m* Leerdarm *m*, Jejunum *n*.
yiddish *Li. adj.-su.* c jiddisch; *m* das Jiddische.
yo *pron.* ich; ~ mismo ich selbst; *Tel.* „(selbst) am Apparat"; ~ que tú ich an d-r Stelle.
yo|dado *adj.* jodhaltig; **~dato** 🜨 *m* Jodat *n*, jodsaures Salz *n*; **~dhidrato** 🜨 *m* Jodhydrat *n*; **~difero** *adj.* jodhaltig; **~dismo** ⚕ *m* Jodvergiftung *f*; **~do** 🜨 *m* Jod *n*; tintura *f* de ~ Jodtinktur *f*; **~doalbúmina** *Physiol. f* Jodeiweiß *n*; **~doformo**

yoduro — yuyuba 642

yoduro *m* Jodoform *n*; **~duro** ⚗ *m* Jodid *n*.
yo|ga *m* Joga *m*, *n*, Yoga *m*, *n*; **~gui** *m* Jogi *m*.
yogur *m* Joghurt *m*, *n*; ~ de fruta Fruchtjoghurt *m*; ~ natural Joghurt *m* nature.
yola ⚓ *f* Jolle *f*.
yonqui F *m* Junkie *m* F, Drogenabhängige(r) *m*.
yoquey *m* Jockey *m*.
yotacismo *Li. m* Itazismus *m*.
yoyó *m* Yo-Yo *n* (*Spiel*).
yperita ⚗ *f* Yperit *n* (*Kampfgas*).
ypsilón *f* Ypsilon *n* (*griech. Buchstabe*).
yuca ♣ *f* Maniok *m*; Jukka *f*; **~l** *m* Jukkapflanzung *f*.
yucateco *adj.-su.* aus Yukatan; *m*} **yudo** *m* → *judo*. [Yukateke *m*.J
yugada *f* 1. Gespann *n* Ochsen; 2. *Feldmaß*: Tagwerk *n*.
yuglandáceas ♣ *f/pl*. Walnußgewächse *n/pl*.
yugo *m* 1. *a. fig.* Joch *n*; *ecl.* Trauschleier *m*; *fig.* ~ opresor Joch *n* der Unterdrückung; sacudir el ~ das Joch abschütteln; someterse (*od.* sujetarse) al ~ de alg. s. j-m unterwerfen; 2. ⚔ Joch *n*; Glockenstuhl *m*; ⚡ Worp *m*; ⚡ ~ polar Poljoch *n* (*b. Magneten*).
Yugo(e)sla|via *f* Jugoslawien *n*; **~vo** *adj.-su.* jugoslawisch; *m* Jugoslawe *m*.
yuguero *m* Ackerknecht *m*.
yugular I. *adj. c* Kehl...; vena *f* ~ Halsvene *f*; **II.** *v/t.* köpfen; zum Stillstand bringen; abwenden.
yungas *f/pl. Pe., Bol.* die feuchtwarmen Andentäler u. Niederungen am Osthang der Anden.
yungla → *jungla*.
yunque *m* a. Anat. Amboß *m*; *fig.* Arbeits-pferd *n*, -tier *n*; ⊕ ~ estampador Gesenkamboß *m*.
yun|ta *f* Joch *n*, Gespann *n*; **~tar** ⚡ *v/t.* → juntar; **~tería** *f* Gespanne *n/pl*.; *p. ext.* Stall *m* für die Gespanne; **~to I.** *adj.* → *junto*;
II. *adv.* ⚡: arar ~ engfurchig pflügen.
yurta *f* Jurte *f* (*Lappenhütte*).
yurumí *Zo. m Par. gr.* Ameisenbär *m*.
yusera *f* Bodenstein *m b.* Ölmühlen.
yusión ⚖ *f* Geheiß *n*, Befehl *m*.
yuso † *adv.* unten.
yuta¹ *m* 1. Utahindianer *m*; 2. Utahsprache *f*.
yuta² *f Chi.* Nacktschnecke *f*.
yute *m* Jute *f*.
yuxta|poner [2r] *v/t.* nebenea.-stellen; **~posición** *f* Nebenea.-stellung *f*; Anea.-reihung *f*.
yu|yal *m Rpl.* mit Gras u. Gestrüpp bewachsenes Gelände *n*; **~yanco** *m Arg.* Kräuterlikör *m*; **~yo**, **~yu** *m* 1. *Am. Cent. e-e* Kräutertunke *f*; 2. *Arg., Bol., Chi.* Unkraut *n*; Gestrüpp *n*; Kraut *n*; Heilkräuter *n/pl*.; 3. *C. Ri.* Blasen *f/pl. bzw.* Hühneraugen *n/pl. u. ä.* an den Füßen; 4. *Chi.* Raps *m*; *Ec., Pe.* Gemüse *n*.
yuyuba ♣ *f* Brustbeere *f*.

Z

Z, z f (= zeda od. zeta) Z, z n.
¡za! int. weg da!, pfui! (zum Verscheuchen v. Hunden usw.).
zabajón m Col. Eierlikör m.
zabor|da ⚓ f Strandung f; **~dar** v/i. stranden; **~do** m Stranden n.
zaca|tal m Am. Cent., Méj. Weide f; **~te** m Am. Cent., Fil., Méj. Gras n; Grünfutter n; Rasen m; Méj. a. Futter-stroh n bzw. -pflanze f.
zacateca m Cu. Beauftragte(r) m e-s Beerdigungsinstituts; Totengräber m.
zacatín † u. Reg. m Trödelmarkt m.
zafacón m Ant. Abfalleimer m.
zafa|do I. adj. Andal., Am. unverschämt, dreist; P Méj. verrückt, plemplem F; II. m F Lästermaul n; **~dura** f Verrenkung f; **~duría** f Arg., Chi., P. Ri. Unverschämtheit f, Frechheit f.
zafar[1] v/t. schmücken, verschönen, zieren; ausstatten.
zafar[2] I. v/t. 1. ⚓ Schiff klarmachen; Schiff flottmachen; 2. Waffe entsichern; 3. p. ext. freimachen, befreien; II. v/r. **~se** 4. ⚓ freikommen (Schiff); 5. p. ext. a) s. lösen, abrutschen; b) entfliehen; c) s. verbergen; s. drücken (von, vor dat. de); 6. Am. Reg. s. verrenken.
zafareche m Ar. Teich m, kl. See m.
zafarí adj. sehr süß u. weich, Honig... (Feige, Granatapfel).
zafarrancho m 1. ⚓ Klarmachen n, Klarschiff n; **~ de combate**! klar zum Gefecht!; 2. fig. Streit m, Krach m; armar **~** Krach schlagen.
zafio adj. 1. grob; derb; 2. ungebildet; flegelhaft.
zafi|rina f Saphirin m; **~rino** adj. saphirblau; **~ro** m Saphir m (a. b. Plattenspieler).
zafo adj. 1. ⚓ klar (zum Gefecht); 2. fig. (heil u.) ohne Schaden.
zafra f 1. Zucker(rohr)ernte f; **~ azucarera** Zuckerrohrkampagne f; 2. ⚒ Abraum m; 3. Ölbehälter m bzw. Abtropfgefäß n der Ölhändler; 4. Arg. Schlachtung f der Rinder.
zaga f Hinterteil n (z. B. e-s Wagens); Hinterlast f; Spiel: Hintermann m; a. fig. a la **~** hintenan; hinterdrein; a. fig. ir a la **~** zurückbleiben; Kfz. irse de **~** hinten ausbrechen; fig. no quedarse a la **~** (od. en **~** a) od. no ir(se) en **~** a alg. j-m nicht nachstehen.
zaga|l m 1. Hirtenjunge m; Schäferknecht m; 2. Reg. u. lit. Bursche m; 3. a. ⚔ Stangenreiter m; **~la** f 1. Hirtenmädchen n; 2. Reg. u. lit. Mädchen n; **~lejo** m 1. Hirtenjunge m; 2. Flanellunterrock m der Bäuerinnen; **~lón** m kräftiger Bursche m.

zagua ♃ f Art Salzkraut n.
zagual m (Kanu-)Paddel n.
zagu|án m 1. Flurportal n, Vorhalle f; 2. Diele f, Hausflur m; **~anete** hist. m (Wachstube f der) Leibwache f.
zaguero m Nachzügler m; Ballspiel: Hintermann m; Fußball: Verteidiger m.
zahareño adj. 1. menschenscheu; 2. scheu, spröde; 3. unlenksam; störrisch.
zaharrón m Harlekin m; Hanswurst m.
zaheri|dor m Tadler m; **~miento** m Tadeln n, Heruntermachen n; **~r** [3i] v/t. rügen, heftig tadeln; abkanzeln F, herunterputzen F; **~le** a alg. con a/c. j-m et. vorhalten.
zahón m: zahones m/pl. Überhosen f/pl. der Landarbeiter, Jäger usw.
zahonado adj. andersfarbig (Fuß des Viehs).
zahondar I. v/t. aufgraben; II. v/i. (mit den Füßen) einsinken.
zahorí m (pl. **~íes**) (Wünschel-)Rutengänger m; fig. Gedankenleser m; Hellseher m.
zahúrda f Schweinestall m, Koben m; fig. Bruchbude f F; Drecksloch n F.
zaino adj. 1. falsch, hinterhältig; tückisch; 2. dunkelbraun (Pferd); schwarz (Rind).
Zaire m Zaire n.
zalame|ría f Schmeichelei f, Schöntuerei f; **~ro I.** adj. schmeichlerisch; aufdringlich; II. m Schmeichler m.
zálamo m Beißkorb m.
zalea f Schafpelz m.
zamacuco F m 1. Schlauberger m; 2. Dummkopf m, Simpel m F; 3. fig. Schwips m; Rausch m.
zamacueca ♪ f Am. Mer., bsd. Chi. Volkstanz.
zamarra f 1. (Hirten-)Pelz m; Pelzweste f; 2. sid. Luppe f.
zamarre|ar v/t. hin u. her schütteln; herumzerren; zerzausen; **~o** m Zerren n, Zausen n.
zama|rrico m Vorrats- od. Schulter-tasche f aus Schaffell der Hirten; **~rrilla** ♃ f Art Gamander m (Teucrium capitatum); **~rro** m 1. Lammfell n; 2. Pelzjacke f der Bauern u. Hirten; **~s** m/pl. Col., Ven. Art Überhose f zum Reiten; 3. fig. Tölpel m; Flegel m; 4. C.Ri., Hond., Ven. Gauner m; heimtückischer Mensch m.
zamba ♪ f Am. Mer. → zamacueca.
zambarco m Brustriemen m der Zugpferde.
zambear v/i. X-beinig sein.
Zambia f Sambia n, Zambia n; **₂no** adj.-su. aus Sambia.
zambo I. adj. 1. krummbeinig, X-beinig; II. m 2. X-Beinige(r) m; 3. Zambo m (Mischling v. Neger u. Indianerin od. vice versa); 4. Zo. Am. ein Greifschwanzaffe m (Ateles hybridus).
zambom|ba f 1. Schnarr-, Hirtentrommel f; int. F **¡~!** Donnerwetter! (Überraschung); 2. prov. aufgeblasene Schweinsblase f; **~bo** F m Tölpel m.
zambor(r)otudo F I. adj. dick; grob; ungeschlacht; II. m dicker Kerl m; fig. Pfuscher m.
zambra f Volksfest n der Mauren od. Zigeuner; fig. Trubel m; Rummel m.
zambu|car [1g] F v/t. verbergen, rasch verschwinden lassen; **~co** F m Verstecken n, Verschwindenlassen n.
zambulli|da f Untertauchen n; Kopfsprung m; dar una **~** e-n Kopfsprung machen; p. ext. baden gehen; **~miento** m (schnelles) Eintauchen n; **~r** [3h] I. v/t. (schnell) eintauchen; untertauchen; ins Wasser werfen; fig. **~ en la cárcel** einlochen F, einbuchten F; II. v/r. **~se** (unter)tauchen; fig. s. verbergen, untertauchen (fig.).
zamburina Zo. f bunte Kammmuschel f.
zampa f (Ramm-)Pfahl m.
zampa|bollos F c (pl. inv.) Vielfraß m; **~limosnas** F desp. c (pl. inv.) Bettler m, Fechtbruder m F.
zampar I. v/t. 1. (rasch u. auaufällig) verschwinden lassen; 2. (hinunter)schlingen, fressen; 3. Méj. schlagen; II. v/r. **~se** 4. hineinschlüpfen; plötzlich erscheinen, auftauchen, hereinplatzen F; 5. hinunterschlingen, verdrücken F.
zampatortas F c (pl. inv.) 1. Fresser m; 2. Lümmel m; Tölpel m.
zampe|ado ⚓ m Pfahldamm m; Pfahl-werk n, -gründung f; **~ar** ⚓ v/t. einpfählen.
zampón F adj.-su. gefräßig; m Fresser m, Vielfraß m.
zampoña f Hirten-, Pan(s)-flöte f.
zampu|zar [1f] v/t. 1. ein-, untertauchen; 2. F rasch verbergen; **~zo** m Eintauchen n.
zanahoria f Mohrrübe f, gelbe Rübe f, Möhre f; Karotte f; fig. nariz f de **~** Säufer-, Schnaps-nase f F.
zanca f Ständer m, Vogelbein n; fig. F Bein n, Stelze f F; 2. Treppenwange f; **~ exterior** Freiwange f e-r Treppe; 3. fig. F por **~s** o por barrancas irgendwie; wenn's sein muß, mit Gewalt; schneidig, forsch; **~da** f langer

zancadilla — zarpazo

Schritt *m*; *fig.* en dos ~s schnell; ~dilla *f*: echar (*od.* poner) la ~ a → ~dillear *v/t. j-m* ein Bein (*od. fig.* e-e Falle) stellen; ~do *adj.*: salmón *m* ~ Magerlachs *m* (*abgelaichtes Lachsweibchen*); ~jear *v/i.* (geschäftig) herumrennen; *fig.* F *s.* abrackern; ~jera *f* Auftritt *m*, Wagentritt *m*, Trittbrett *n*; ~jiento *adj.* → zancajoso; ~jo *m* 1. Fersenbein *n*; Ferse *f*, Hacken *m*; *fig.* F darle al ~ rennen, die Beine unter den Arm nehmen F; roer a alg. los ~s kein gutes Haar an j-m lassen; 2. *fig.* Ferse *f*, Hacken *m*, Absatz *m* an Strumpf *od. Schuh*; 3. *fig.* F **a**) Fuß *m*; **b**) → zancarrón 1; ~joso *adj.* 1. krumm-, säbel-, O-beinig; 2. mit gr. Hacken; *p. ext.* mit Löchern in der (Strumpf-)Ferse; ~rrón F *m* 1. gr., abgenagter Knochen *m* (*bsd. Röhrenbein*); 2. alter, häßlicher Kerl *m*; *p. ext.* unwissender Schulmeister *m*.
zan|co *m* 1. Stelze *f*; andar (*od.* ir) en ~s auf Stelzen gehen; 2. *fig.* F andar (*od.* estar) en ~s sozial aufgestiegen sein; poner en ~s sozial aufbessern; ponerse (*od.* subirse) en ~s sozial vorankommen, Glück u. et. bringen; 3. ⚓ Wimpelstock *m*; ~cudas *Vo. f/pl.* Stelzvögel *m/pl.*; ~cudo I. *adj.* stelzbeinig; Zo. ave *f* ~a Stelzvogel *m*; II. *m Am.* Stechmücke *f*.
zanfonía *f* Dreh-geige *f*, -leier *f*.
zanga *f* Art Kartenspiel zu viert.
zangala *tex. f* Art Steifleinen *n*.
zanga|manga F *f* Kniff *m*, Schlich *m*; Klüngel *m*, ~nada F *f* 1. Dreistigkeit *f*; 2. Dummheit *f*, Unsinn *m*.
zangan|dongo F, ~dullo F, ~dungo F *m* 1. Tolpatsch *m*; 2. Faulenzer *m*.
zangane|ar F *v/i.* herumlungern; ~ría F *f* Faulenzerei *f*.
zángano *m a. fig.* Drohne *f*; *fig.* Schnorrer F *m*.
zangarilleja F *f* Reg. verwahrlostes Mädchen *n*; Streunerin *f*.
zangarrear F *v/i.* auf der Gitarre klimpern.
zangarriana *f* 1. *vet.* Wassersucht *f der Schafe*; 2. *fig.* F **a**) leichte, oft wiederkehrende Krankheit *f*; *p. ext.* Wehwehchen *n* F; **b**) Mißmut *f*, Kopfhängerei F *f*; **c**) Nachlässigkeit *f*, Schlamperei F *f*.
zangarro *m Méj.* Krämerladen *m*, Bude *f*.
zangarullón F *m* fauler Kerl *m*.
zangolote|ar F **I.** *v/t.* schlenkern; (heftig) schütteln; **II.** *v/i.* umherschlendern, flanieren; **III.** *v/r.* ~se schlottern, schlackern (*z. B. schlecht Verpacktes*); ~o *m* Schlenkern *n*; Schlottern *n*.
zangolotino F *adj.-su. m*: (niño *m*) ~ kindischer Bursche *m* (, *der jünger erscheinen möchte als er ist*); *a.* eingebildeter, eingebildet junger Mann *m*.
zan|gón F *m* fauler Bengel *m*; ~gotear F *vt/i.* → zangolotear.
zanguan|ga F *f* 1. Krankspielen *n*, Drückebergerei *f*; hacer la ~ *s.* krank stellen (, *um s. drücken zu können*); 2. → zalamería; ~go F *m* Faulenzer *m*, Drückeberger *m*.
zanguayo F *m* junger Drückeberger *m*, *der s. dumm stellt*; langes Laster *n* (*fig.* F).

zan|ja *f* 1. Graben *m*; Baugrube *f*; ⚔ ~ de comunicaciones Laufgraben *m*; ~ de desagüe Abflußgraben *m*; abrir una ~ e-n Graben (*bzw.* e-e Baugrube) ausheben; 2. Bach *m*; Bewässerungsgraben *m*; ~jadora ⚙ *f* Grabenbagger *m*; ~jar **I.** *v/t.* Gräben (*bzw.* e-e Baugrube) ausheben in (*dat.*); *fig.* Schwierigkeit beseitigen; Streitfrage bereinigen; Streit schlichten; Zwischenfall beilegen; **II.** *v/r.* ~se de a/c. s. vor et. (*dat.*) drücken; ~jón *m* 1. tiefer Graben *m*, tiefes Bett *n* (*z. B. e-s Gießbachs*); 2. *Arg., Chi.* Abgrund *m*; Schlucht *f*.
zanque|ador I. *adj.* spreizbeinig; **II.** *m* unermüdlicher Fußgänger *m*; ~amiento *m* 1. Spreizen *n* der Beine; 2. tüchtiges Ausschreiten *n*; ~ar *v/i.* 1. die Beine spreizen; 2. umherlaufen; *fig. s.* abrackern.
zanqui|largo *f adj.* stelzbeinig; ~llas F *c* (*pl. inv.*) 1. Person *f* mit kurzen, dünnen Beinen; 2. kl. Mensch *m*, Knirps *m*; ~tuerto F *adj.* krummbeinig; ~vano F *adj.* storch-, spindel-beinig.
Zanzíbar *m* Sansibar *n*.
zapa[1] *f* 1. Haifischhaut *f* zum Schmirgeln; Reibleder *n*; 2. Art Chagrinleder *n* mit eingepreßtem körnigem Narben; *p. ext.* Metallarbeit *f* mit chagrinlederähnlicher Oberflächenbearbeitung.
zapa[2] *f* 1. Grabschaufel *f*, Pionierspaten *m*; 2. ⚔ Laufgraben *m*; Stollen *m*; *fig.* trabajos *m/pl.* de ~ Wühlarbeit *f*; ~dor ⚔ *m* Pionier *m*; ~ pontonero Brückenpionier *m*.
zapa|llo *m Am. Mer.* 1. ♀ **a**) Kürbis-, Kalebassen-baum *m*; 2. *fig.* F *Arg., Chi.* Zufallstreffer *m*, Glück *n*, Schwein *n* F; 3. *Ec.* rundliche u. kl. Person *f*; ~llón F *adj. Arg., Chi., Pe.* pummelig F.
zapa|pico *m* Kreuzhacke *f*; Picke *f*, Pickel *m*; ~r *bsd.* ⚔ **I.** *v/i.* schanzen; graben; **II.** *v/t.* untergraben.
zaparras|trar F *v/i.* die Kleider nachschleppen; ~troso F *adj.* → zarrapastroso. [wunde *f*.]
zaparrazo *m* Kratzer *m*, Kratz-
zapa|ta *f* Hemmschuh *m*; Bremsklotz *m*; *Kfz.* 🚗 Bremsbacke *f*; ~ polar Polschuh *m b. Elektromotor*; ~tazo *m* 1. Schlag *m* (*od.* Tritt *m*) mit e-m Schuh; *fig.* dröhnender Schlag *m*; *fig.* F tratar a alg. a ~s j-n wie ein Stück Vieh behandeln F; 2. ⚓ Wappern *n der Segel*; ~teado ♪ *m Volkstanz* (³/₄-*Takt mit taconeo*); ~tear *vt/i.* 1. *j-m* e-n Tritt versetzen; *fig.* mißhandeln; schikanieren, schurigeln F; 2. stampfen, trampeln; 3. ♪ im Takt mit dem Fuß aufstampfen u. in die Hände klatschen (*als Begleitung zu Gitarre, Tanz u. Gesang*); 4. *s.* treten *bzw.* stolpern (*Reittier*); 5. ⚓ anschlagen, wappern (*Segel*); ~tería *f* 1. Schuhgeschäft *n*; 2. Schuhmacherwerkstatt *f*; 3. Schuhmacherhandwerk *n*; ~tero *m* Schuhmacher *m*; ~ remendón (*od. de viejo*) Flickschuster *m*; *Kart.* quedarse *s.*-k-n Stich machen; *Spr.* ¡~ a tus zapatos! Schuster bleib bei d-m Leisten!; ~teta *f* 1. Schlag *m* auf den Schuh *b. Tanzsprung*; ¡~! potztausend! (*Überraschung, Freude*); 2. Freudensprung *m* (machen *dar*).

zapatiesta F *f* → trapatiesta.
zapa|tilla *f* Hausschuh *m*; Pantoffel *m*; Ballettschuh *m*; ~ de baño Badeschuh *m*; ~ de deporte Turnschuh *m*; ~tillero *m* Pantoffelmacher *m*; ~to *m* 1. Schuh *m*; ~ bajo Halbschuh *m*; ~ de baile Tanzschuh *m*; *a.* → ~ de noche Abendschuh *m für Damen*; ~ de caballero (de señora) Herren- (Damen-)schuh *m*; ~ de cordones (de cuero) Schnür- (Leder-)schuh *m*; ~ de charol (de lona) Lack- (Segeltuch-)schuh *m*; ⚡ ~ polar Polschuh *m* (*Elektromotor*); *fig.* sé donde te aprieta el ~ ich weiß, wo dich der Schuh drückt; no quisiera estar en sus ~s ich möchte nicht in s-r Lage sein; vivimos como tres en un ~ bei uns geht es sehr beengt (und ärmlich) zu; 2. ♀ ~ de Venus Frauenschuh *m*.
za|pe: ¡~! *int.* pfui! (*um Katzen zu verscheuchen*); ~pear **I.** *v/i. TV* zappen; **II.** *v/t.* Katzen scheuchen; *fig.* F verjagen, verscheuchen; *Kart.* nicht bedienen.
zaperoco F *m Ven.* Krach *m*, Radau *m* F.
zapote ♀ *m* Breiapfel *m*, Sapote *f*.
zapping *m*: *TV* hacer ~ zappen.
zaque *m* kl. Weinschlauch *m*; *fig.* F Säufer *m*; estar hecho un ~ blau sein (*fig.* F).
zaquizamí *m* (*pl.* ~íes) Dachkammer *f*; *fig.* schmutziges Kämmerchen *n*, elendes Loch *n* (*fig.* F).
zar *m* Zar *m*.
zarabanda *f* ♪ Sarabande *f* (*Tanz*); *fig.* Lärm *m*, Rummel *m*.
zaraga|ta F *f* Lärm *f*; Rauferei *f*, Krakeel *m* F; ~tero *adj.* streitsüchtig.
Zaragoza *f* Saragossa *n*.
zaran|da *f* Sieb *n a.* für Getreide *u. Obst*; ~dajas *f/pl.* Siebsel *n/pl.*; *fig.* F Lappalien *f/pl.*, Nebensachen *f/pl.*; ~dear **I.** *v/t.* 1. sieben; *fig.* schütteln, zausen; **II.** *v/r.* ~se *fig.* F 2. *s.* tummeln; geschäftig sein, sich abplagen; 3. *Andal., Méj., P. Ri., Ven. s.* wiegen *b. Gehen*; ~deo *m* Sieben *n*; Schütteln *n*; ~dillo *m* kl. Sieb *n*; *fig.* F Quirl *m* (*Person*); *fig.* F traerle a alg. como un ~ j-n hin u. her hetzen.
zaratán † *u. Reg. m* Brustkrebs *m*.
zaraza *tex. f* feiner Kattun *m*.
zarazas *f/pl.* Rattengift *n*; Gift *n* für Hunde, Katzen usw.
zarazo *adj. Andal., Am.* halbreif (*Obst*).
zarcillo[1] *m* 1. Ohrring *m*; 2. ♀ Ranke *f*; 3. *Arg.* Ohrschnitt *m* (*als Besitzerzeichen b. Vieh*).
zarcillo[2] 🗡 *m* Jäthacke *f*.
zarco *adj.* 1. blau; *bsd.* blauäugig; 2. *Arg.* rotäugig (*Albino*); 3. *Chi.* trüb (*Auge*).
zarigüeya *Zo. f* Beutelratte *f*, Opossum *n*.
zarina *f* Zarin *f*.
zar|pa *f* Pranke *f*, Tatze *f*; *fig.* F Hand *f*, Klaue *f* F; *fig.* F echar la ~ zupacken; haschen; klauen F, *s.* unter den Nagel reißen (*fig.*) F (*et. a*); festnehmen (*ac. a*), kaschen F; ~pada *f* 1. Prankenhieb *m*; 2. ⚓ Lichten *n der Anker*; ~par ⚓ *vt/i.* die Anker lichten, in See stechen (*nach dat. para*); *fig.* ~ con rumbo desconocido e-e Fahrt ins Blaue machen; ~pazo *m* 1. Prankenhieb *m*; 2.

Plumps *m*, Platschen *n*; Geklirr *n*; ~**pear** *v/t. C. Ri., Méj., Salv.* mit Schmutz bespritzen; ~**poso** *adj.* schmutzig, beschmutzt.
zarraca|tería *f* Heuchelei *f*, Speichelleckerei *f*; ~**tín** F *m* Trödler *m*.
zarramplín F *m* ungeschickter Tölpel *m*; Pfuscher *m*.
zarrapas|trón F, ~**troso** F *adj.* zerlumpt; schmutzig, schlampig.
zarria[1] *f* Riemen *m* am Bauernschuh.
zarri|a[2] *f* 1. Schmutzspritzer *m*; Schmutzklümpchen *n*; 2. Fetzen *m*, Lumpen *m*; ~**ento** *adj.* schmutzig, kotig.
zarza *f* 1. Dornbusch *m*; 2. → *zarzamora*; ~**l** *m* Dorngestrüpp *n*.
zarza|mora ♀ *f* Brombeere *f*; ~**parrilla** ♀ *f* Sassaparille *f*; ~**perruna** ♀ *f* 1. Hecken-, Hunds-rose *f*; 2. Hagebutte *f*; ~**rrosa** ♀ *f* wilde Rose *f*, Heckenrose *f* (*Blüte*).
zarzo *m* 1. flaches Weiden- *od.* Rohrgeflecht *n*; Hürde *f*; *fig.* F *menear a alg.* el ~ j-m das Fell gerben, j-n verbimsen F; 2. *Arg.* Ring *m*.
zarzoso *adj.* voller Dorngestrüpp.
zarzuela[1] *Kchk. f* Fischgericht aus versch. Fischen mit Spezialtunke.
zarzue|la[2] ♪ *f typisch* span. Singspiel *n*; ~**lista** *m* Komponist *m od.* Librettist *m* e-r *zarzuela*.
¡zas! *int.* (*onom.*) klatsch!, patsch!, paff!, schwupp! (*Schlag*).
zascandi|l F *m* Ränkeschmied *m*, Intrigant *m*; ~**lear** *v/i. s.* herumtreiben, ziellos herumlaufen.
zazo(so) *adj.* stotternd; mit der Zunge anstoßend, lispelnd.
ze|da *f* → *zeta*; ~**dilla** *f* Cedille *f*.
zéjel *m* (*pl. zéjeles*) *Metrik:* hispanoarabische strophisch gegliederte Volksdichtungsform mit Kehrreim.
zelota *hist. m* Zelot *m*.
zeni|t *Astr. m* Zenit *m*; ~**tal** *adj. c* → *cenital*.
zep(p)elín *m* Zeppelin *m*.
zeta *f Name des Buchstabens z*.
zeu(g)ma *Rhet. f* Zeugma *n*.
zigo|mático *Anat. adj.* Jochbein...; hueso *m* ~ Jochbein *n*; ~**morfo** ♀ *adj.* zygomorph; ~**spora** ♀ *f* Zygospore *f*; ~**te**, ~**to** *Biol. m* Zygote *f*.
zigza|g *m* Zickzack *m*; en ~ zickzackförmig; ~**guear** *v/i.* im Zickzack gehen (*od.* fahren); torkeln (*Betrunkener*); ~**gueo** *m* Zickzackbewegung *f*; Zickzacklaufen *n*, -gehen *n bzw.* -fahren *n*.
zimasa *Biol. f* Zymase *f*.
Zimbabue *f* Simbabwe *n*.
zimógeno *m* Zymogen *n*.
zin|c *Min. m* Zink *n*; ⚕ *pomada f de óxido de* ~ Zinksalbe *f*; ~**car** [1g] *v/t.* verzinken; ~**cífero** *adj.* zinkhaltig; ~**cograbado** ⚒ *m* → *cincograbado*.
zingiberáceas ♀ *f/pl.* Ingwergewächse *n/pl.*
zíngaro → *cíngaro*.
zíper *m Méj., Ant.* Reißverschluß *m*.
zipizape F *m* Schlägerei *f*; Radau *m* F, Krakeel *m* F.
zircón *Min. m* Zirkon *m*.
¡zis, zas! *int.* klitsch, klatsch! (*Schlag*).
zoantropía *f* Wahnglaube *m*, in ein Tier verwandelt zu sein, ☐ Zoanthropie *f*.

zócalo *m* Sockel *m*, Unterbau *m*; Sockel *m*, Fuß *m*; Sockel *m*, Grundgestell *n b.* e-r *Maschine*.
zoca|tearse *v/r.* teigig werden, einschrumpfen (*reife Frucht*); ~**to** *adj.* 1. teigig (*Frucht*); 2. F → *zurdo*.
zoc(l)o I. *m* 1. → *zueco u. chanclo*; 2. → *zócalo*; **II.** *nur zoco adj.* F 3. → *zurdo*.
zoco *m* Nordafrika Markt(platz) *m*; *desp. Span.* (Markt-)Stand *m*.
zocolar *v/t. Ec.* roden.
zo|diacal *Astr. adj. c* Tierkreis...; ~**díaco** *Astr. m* Tierkreis *m*; signo *m* del ~ Tierkreiszeichen *n*.
zolocho F **I.** *adj.* dumm, einfältig; **II.** *m* dummer Tropf *m*, Simpel *m* F.
zompancle ♀ *m* → *zumpancle*.
zompo *adj.* dumm, tölpelhaft.
zona I. *f* 1. *Geogr., Met.* Zone *f*; Erdgürtel *m*; Landstrich *m*; Klimagebiet *n*; ~ *glacial* (*od. fría, helada*) kalte Zone *f*; ~ *de precipitaciones* (*od. de lluvias*) Niederschlagsgebiet *n*; ~ *templada* (*tórrida*) gemäßigte (heiße) Zone *f*; *por* ~*s* strichweise; **2. a)** (gürtelähnlicher) Streifen *m*; **b)** ⚔ Gürtelrose *f*; 3. *a.* ✗, ⊕, ⚔, *Pol.* Zone *f*; Gebiet *n*; Bereich *m*; ~ *de abastecimiento* Versorgungsgebiet *n* (*a. Energiewirtschaft*); *Kfz.* ~ *de absorción de impactos*, ~ *de absorción de energía* Knautschzone *f*; ~ *aérea prohibida* Luftsperrgebiet *n*; *urb.* ~ *ajardinada*, ~ *verde* Garten-, Grün-zone *f*; *Vkw.* ~ *azul* Kurzparkzone *f*; ✗ ~ *batida* bestrichener (*od.* unter Beschuß liegender) Raum *m*; ~ *de captación de aguas potables* Wasserschutzgebiet *n*; ✗ ~ *de combate* Kampfgebiet *n*; ~ *de concentración y espera* Aufmarschgebiet *n*; ~ *costera* Küstengebiet *n*; ⊕ ~ *de máximo desgaste* Stelle *f* des höchsten Verschleißes; ✞ ~ *del dólar* Dollarblock *m*; ~ *de ensanche* Ausweitungs-, Ausbau-gebiet *n* (*Städteplanung usw.*); ✞ ~ *del euro* Euroland *n*; ✗ ~ *de explotación* Abbaugebiet *n*; ~ *franca* Freizone *f* (*Zollausschluß*); ~ *fronteriza* (*monetaria, marginada*) Grenz-(Währungs-, Notstands-)gebiet *n*; ~ *de libre cambio* (*od. de libre comercio*) Freihandelszone *f*; ~ *limítrofe* Grenzbereich *m*; ⚓ ~ *de las tres millas* Dreimeilenzone *f*; ~ *de ocupación* Besatzungszone *f*; ~ *no ocupada* unbesetztes Gebiet *n*; ~ *de operación* Tätigkeitsfeld *n*; ✗ ~ *de operaciones* Operationsgebiet *n*; ~ *peatonal* Fußgängerzone *f*; *Phys., Physiol.* ~ *de perceptibilidad* Wahrnehmungsbereich *m*; ~ *prohibida (al vuelo)* (Flug-)Sperrgebiet *n*; ~ *de recreo* (*residencial*) Freizeit-(Wohn-)gebiet *n*; ⊕ ~ *de rotura* Bruchzone *f*; ~ *de seguridad* Sicherheitszone *f*; ~ *de silencio Vkw.* hupfreie Zone *f*; *Rf.*, *TV* Funkschatten *m*; ⊕ ~ *tolerada* (*od. de tolerancia*) Toleranzfeld *n*; *Verw.* ~ *de validez* Gültigkeitsbereich *m* (*für bestimmte Gebiete*); ~ *de venta* Absatzgebiet *n*; *por* ~*s* stellenweise; nach Gebieten; **II.** *m* 4. ⚔ Gürtelrose *f*.
zonal *adj. c bsd.* ⚔ gürtelförmig, zonal.
zon|cer(í)a *f Am.* Albernheit *f*; Abgeschmacktheit *f*; Dummheit *f*; ~**zo I.** *adj.* (*auf e-e Person bezogen*) *Am.* 1. fade, reizlos; geschmacklos; 2. *bsd.*

Rpl. tölpelhaft, dumm; 3. langweilig; **II.** *m* 4. *Vo.* Rohr-ammer *f*, -spatz *m*.
zoo[1] *m* Zoo *m*, Tiergarten *m*.
zoo...[2] Tier..., Zoo...
zo|ófito *Biol. m* Zoophyt *m*; ~**ografía** *f* Tierbeschreibung *f*; ~**olatría** *Rel. f* Tierkult *m*; ~**ología** *f* Tierkunde *f*, Zoologie *f*; ~**ológico** *adj.* zoologisch; ~**ólogo** *m* Zoologe *m*.
zoom *Phot.*, *Film m* Zoom(objektiv) *n*, Gummilinse *f*.
zo|onosis ⚕ *f* Zoonose *f*; ~**oparásito** *m* auf Tieren lebender Schmarotzer *m*; ~**oplancton** *Biol. m* Zooplankton *n*; ~**opsia** ⚕ *f* Zoopsie *f*; ~**ospermo** *Biol. m* Samentierchen *n* (= *espermatozoide*); ~**ospora** ♀ *f* Zoospore *f*; ~**otecnia** *f* Tierzucht *f*; ~ *menor* Kleintierzucht *f*; ~**otécnico** *adj.* tierzüchterisch; ~**otomía** *vet. f* Tieranatomie *f*.
zopenco F *m* Trottel *m* F; Trampeltier *n* (*fig.* F).
zopilote *m* 1. *Vo. Méj.* Truthahngeier *m*; 2. ♀ *Am. Cent.* versch. Nachtschattengewächse.
zopo *adj.* an Hand (*od.* Fuß) verkrüppelt.
zoque|ta ⚒ *f* Handschutz *m* der Mäher; ~**te**[1] *m* 1. (Abfall-)Klotz *m*, Holzklötzchen *n*; *p. ext.* Brocken *m* (*od.* Kanten *m*) Brot; 2. *fig.* F **a)** kl. dicker Bursche *m*, der e-n üblen Eindruck macht; Giftproppen *m* (*fig.* F); **b)** Klotz *m* (*fig.* F); Tölpel *m*, Trottel *m* F; ~**te**[2] *m* 1. *Am. Cent., Ant., Méj.* (Körper-)Schmutz *m* (*bsd. an den Füßen*); Schmutz *m*, Dreck *m* F; 2. F *Arg.* Menschenkot *m*, Haufen *m* (*fig.* F); ~**te**[3] *m Arg.* Söckchen *n*; ~**tero** F *m* (Brot-)Bettler *m*; ~**tudo** *adj.* 1. roh, grob; 2. ungeschliffen (*Person*).
zoquite *m Méj.* Schlamm *m*, Morast *m*; Schmutz *m*.
zorcico ♪ *m baskischer Tanz*.
zorito *adj.* → *zurito*.
zoroas|trismo *Rel. m* Lehre *f* Zarathustras; ~**tro** *npr. m* Zarathustra *m*.
zorollo ⚒ *adj.* halbreif geschnitten (*Weizen*).
zorongo *m* 1. Kopftuch *n* der aragonesischen Bauern; 2. flacher Haarwulst *m* (*Haarknoten*); 3. ♪ schneller andalusischer Volkstanz.
zorra[1] *f* 1. *Zo.* Fuchs *m*; Füchsin *f*; ~ *argentada* Silberfuchs *m*; ~ *azul* Blaufuchs *m*; (*piel f de*) ~ Fuchs-balg *m*, -pelz *m*; 2. *fig.* F **a)** gerissene Person *f*; **b)** P Dirne *f*, Nutte *f* F; 3. F Rausch *m*; desollar (*od. dormir*) la ~ s-n Rausch ausschlafen; pillar una ~ s. e-n Rausch antrinken; 4. → *zorrera* 2; 5. P *Arg.* Fotze *f* V (= *Vulva*).
zorra[2] *f* 1. Block-, Roll-wagen *m*; 2. *Arg.* Lore *f*.
zorra|l *adj. c Am. Cent., Col.* lästig; aufdringlich; *Ec.* unfreundlich; frech; hartnäckig, halsstarrig; ~**strón** F *m* gerissener Schlaukopf *m*.
zorrear I. *v/t.* Kleider ausklopfen; **II.** *v/i.* schlau handeln; *Chi.* auf den Strich gehen F.
zorre|ra *f* 1. Fuchsbau *m*; 2. *fig.* F schwerer Kopf *m* (*fig.*); 3. *fig.* F verräucherte Bude *f*; ~**ría** F *f* Schlauheit *f*, List *f*; Durchtriebenheit *f*; ~**ro**[1] *adj.* 1. arglistig, durchtrieben; **II.** *m Jgdw.* 2. Fuchs-,

zorrero — zwingliano

zorrero Dachs-hund *m*; **3.** Raubzeugvernichter *m*.
zorrero[2] *adj.* **1.** ⚓ schwerfällig segelnd; **2.** *fig.* F schwerfällig, langsam.
zorri|lla *f Col., Pan.,* ~llo *Am.,* ~no *Rpl. m Zo.* Stinktier *n*.
zorro I. *m* **1.** *Zo.* Fuchs *m*; ~ *rojo* Rotfuchs *m*; ~ *volador* Flug-, Flederhund *m*; **2.** ~s *m/pl.* Fuchsschwänze *m/pl. zum Abstauben;* Klopfpeitsche *f der Sattler;* neunschwänzige Katze *f* (*fig.*); **3.** *fig.* schlauer Fuchs *m* (*fig.*); *hacerse el* ~ s. dumm stellen; F *hecho un* ~ sehr schläfrig, im Tran F; F *estar hecho unos* ~s total fertig sein F; *a.* am Boden zerstört sein F; *ser un* ~ *viejo* ein alter Fuchs sein; **II.** *adj.* **4.** listig, verschlagen; ~**cloco** F *m* **1.** Schlaumeier *m* (*, der nicht so dumm ist, wie er aussieht*), ausgekochter Bursche *m*; **2.** (hinterlistige) Schmeichelei *f*; **3.** *Kchk. Reg.* ~s *m/pl.* Art Mandelgebäck *n*; ~**na** F *f* Dirne *f*, Nutte *f* F.
zorruno *adj.* Fuchs...; fuchsartig.
zorza|1 *m* **1.** *Vo.* Drossel *f*; *Fi.* ~ *marino* (*od. de mar*) Meerpfau *m*; **2.** *fig.* F Schlaumeier *m*; **3.** *Arg., Bol., Chi.* Dummkopf *m*; ~**lada** *f Chi.* Dummheit *f*, Kinderei *f*; ~**lear** *v/t. Chi.* anpumpen; ~**leño** *adj.: aceituna f* ~*a* Drosselolive *f* (*kl. Olivenart*); ~**lero** *m* Drosseljäger *m*.
zote I. *adj. c* dumm, schwer von Begriff; schwerfällig; **II.** *m* Dummkopf *m*.
zozo|bra *f* **1.** ⚓ Scheitern *n*; Kentern *n*; Gefahr *f* des Kenterns *durch umschlagende Winde;* **2.** *fig.* innere Unruhe *f*, Aufregung *f*; Besorgnis *f*, Angst *f*; Kummer *m*; ~**brar I.** *v/i.* **1.** *a.* ~*se v/r.* ⚓ scheitern; kentern; **2.** *fig.* s. ängstigen; **II.** *v/t.* **3.** *Schiff* zum Kentern bringen; *a. fig.* scheitern lassen.
zuavo *hist. m* Zuave *m*.
zubia *f* Wasser-fang *m*, -gefälle *n*.
zuda (*od. zúa*) *f* (Fluß-)Wehr *n*.
zueco *m* **1.** Holz-schuh *m*; -pantine *f*; **2.** Schuh *m* mit Holz- *od.* Korksohle.
zuingliano *adj.-su.* → *zwingliano.*
zulaque *m* Teerkitt *m für Wasserbau u. ä.;* ~**ar** *v/t.* mit Teerwerg verkitten.
zulo *m Span.* Waffenversteck *n* (*bsd. der ETA*); *p. ext. allg.* Versteck *n*.
zulú *adj.-su. c* (*pl. zulúes*) Zulu...; *m* Zulu *m*; *Li.* das Zulu.
zulla[1] ⚘ *f* Blutklee *m*.
zu|lla[2] ⚘ F *f* (Menschen-)Kot *m*; ~**llarse** P *v/r.* (in die Hose) kacken P; furzen P; ~**llón** P **I.** *adj.* **1.** furzend P; **II.** *m* **2.** alter Furzer *m* P; **3.** Blähung *f*, Furz *m* P.
zumaque ⚘ *m* Sumach *m*.
zumaya *Vo. f* **1.** Ziegenmelker *m*; **2.** Baumeule *f*.
zumba *f* **1.** *gr.* Kuhglocke *f*; Glocke *f* des Leittiers; **2.** (Hirten-, Kinder-) Schnarre *f*; **3.** *fig.* Neckerei *f*; Stichelei *f*, Frotzelei *f*; *dar una* ~ *a* alg. j-n necken; **4.** *Am.* Tracht *f* Prügel; **5.** *Am.* Rausch *m*; **6.** *Col. int.* ¡~! pfui! (*um Hunde zu scheuchen*); ~**dor I.** *adj.* **1.** schnarrend; schnurrend; brummend; surrend; sausend; **II.** *m* **2.** ⚘ Summer *m*; *Tel.* Schnarre *f*; **3.** *Ethn.* Schnarre *f*; *a.* Schwirrholz *m*; **4.** F *Vo. Ant., Méj.* Kolibri *m*; *Méj.* Art Ziegenmelker *m*; ~**dora** *f Am. Cent.* „Waldteufel" *m* (*Art Klapperschlange*); ~**r I.** *v/i.* **1.** *a.* ⊕ brummen; summen; surren; brausen (*a. Wind*), sausen; schwirren; *a.* ⚘ *me zumban los oídos* es braust mir in den Ohren; ⚘ *ich habe Ohrensausen; fig.* F *Méj.* die Ohren klingen mir (= *da muß j.* [*schlecht*] *von mir gesprochen haben*); *ir zumbando dahinsausen; llegar zumbando* heranschwirren (*z. B. Speer*); *pasar zumbando* vorbeisausen (*Zug*), vorübersausen (*Wagen*); *fig.* F *ya le zumban los sesenta años* er ist schon nahe an den sechzig; **II.** *v/t.* **2.** *j-n* necken; **3.** F *Schlag* versetzen; *Schaden* zufügen; *Am.* verprügeln; ~*le una bofetada a alg.* j-m eine (Ohrfeige) herunterhauen F; **4.** *Col. Hunde* verjagen, scheuchen; **5.** *Col., Méj., P. Ri.* (weg-)werfen, (-)schleudern; **III.** *v/r.* ~*se* **6.** ~*se con alg.* s. mit j-m herumraufen; ~*se* verspotten (*ac.*); s. lustig machen über (*ac.*); *fig.* F ~*se a una mujer e-e* Frau vernaschen F; **7.** *Col., Cu.* (*a.* ~ *v/i.*) heimlich (*bzw.* in aller Eile) verschwinden.
zumbel *m* **1.** Kreiselschnur *f*, Kreiselstock *m*; **2.** *fig.* F verkniffener Gesichtsausdruck *m*; Stirnrunzeln *n*; finsteres Gesicht *n*.
zum|bido *m* **1.** Summen *n*; *a.* ⚘ ~ (*de oídos*) Ohrensausen *n*; **2.** Dröhnen *n*; ⚘ Summton *m*, Brummen *n*; ~ *de la red* Netzbrummen *n*; **3.** *fig.* F Schlag *m*; Stoß *m*; ~**bón I.** *adj.* neckisch, spöttisch; **II.** *m* Spötter *m*; Spaßvogel *m*.
zumeles *Chi. m/pl.* Araukanerstiefel *m/pl.*, „Gauchostiefel" *m/pl.*
zu|millo *m* **1.** *dim. von zumo;* **2.** ⚘ a) Schlangenkraut *n*; b) Laserkraut *n*; ~**mo** *m* (Frucht-)Saft *m; fig.* Gewinn *m*, Nutzen *m*; ~ *de frutas* Fruchtsaft *m*; ~ *de limón* (*de manzana, de naranja, de uva, de verdura[s]*) Zitronen- (Apfel-, Orangen-, Trauben-, Gemüse-)saft *m*; ~ *de parras* (*od. de cepas*) Rebensaft *m*, Wein *m*; ~ *de regaliz* eingedickter Lakritzensaft *m*, Lakritze *f*; *fig. de aquello no sacas* ~ davon hast du k-n Nutzen; daran ist nichts zu verdienen; ~**moso** *adj.* saftreich.
zumpancle ⚘ *m Méj.* Korallenbaum *m* (*Erythrina coralloides, DC.; Erythrina americana, Mill*).
zun|chado ⊕ *m* Halterung *f*, Klammerung *f*; Aufschrumpfung *f*; ~ *de cajas* (Kisten-)Umreifung *f*; ~**char** *v/t.* klammern; umreifen; aufschrumpfen, aufziehen; ziehen; ~**cho**, *Zim. m* (Eisen-)Klammer *f*; (Mantel-)Ring *m*; Zwinge *f*.
zunzún *m Cu.* **1.** *Vo.* Art Kolibri *m*; **2.** *fig.* Kinderspiel: ~ *de la carabela* Plumpsack *m*.
zupia *f* **1.** Bodensatz *m* des Weins; *p. ext.* umgeschlagener Wein *m*; **2.** *desp.* (trübe) Brühe *f*; Geröff *n* (*desp.* F); **3.** *fig.* F Abfall *m*, Mist *m* (*fig.* F).
zurci|do *m* Stopfen *n*; Flicken *n*; *a.* ⊕ Flicknaht *f*; Flickerei *f*; ~**dor** *m* Flicker *m*; (Kunst-)Stopfer *m*; ~**dora** *f* Flickerin *f*; (Kunst-)Stopferin *f*; ~**dura** *f* **1.** Stopf- (*bzw.* Flick-)stelle *f*; **2.** → *zurcido;* ~**r** [3b] *vt/i.* **1.** flicken, stopfen; zu-nähen; *fig.* P ¡*anda que te zurzan! scher dich zum Kuckuck!;* **2.** *fig.* a) fein zs.-flicken; zs.-stoppeln F; b) s. et. zs.-lügen.
zur|der(í)a *f* **1.** Linkshändigkeit *f*; **2.** *fig.* Ungeschick *n*; Plumpheit *f*; ~**do I.** *adj.* **1.** linkshändig; **2.** *fig.* ungeschickt; linkisch; plump; **II.** *m* **3.** Linkshänder *m*; **4.** *fig.* F *no es* ~ *der kann was* F, *der hat was auf dem Kasten* F.
zu|rito *adj.: (paloma)* ~*a f* Wildtaube *f*; ~**ro**[1] *adj.* wild (*Taube*).
zuro[2] *m* entkörnter Maiskolben *m*, Maisspindel *f*.
zurra *f* **1.** Gerben *n*; **2.** *fig. etwa:* Plackerei *f* (*unermüdliche Fortsetzung e-r Arbeit*); Büffeln *n* F, Ochsen *n* F; **3.** Tracht *f* Prügel; Prügelei *f*; ~**dera** *f* Gerberhobel *m*; ~**dor** *m* Gerber *m*.
zurra|pa *f* **1.** Bodensatz *m*; **2.** *fig.* a) Ausschuß *m*, Schund *m*; b) mieses (*bzw.* verkümmertes) Subjekt *n* F; ~**poso** F *adj.* trübe; *fig.* liederlich; schlampig, mies F.
zurrar I. *v/t.* **1.** gerben; **2.** prügeln; *fig.* F ~ *la badana* (*od. la pandereta, Am. Reg. la pavana*) *a alg.* j-m das Fell gerben (*fig.* F); **3.** *fig.* F *j-n* anschnauzen (*od.* herunterputzen); **II.** *v/r.* ~*se* **4.** *a. fig.* F (*z. B.* vor Angst) in die Hose machen F.
zurraspa P *desp. c* Wind-hund *m* F, -beutel *m* F.
zurria|ga *f* Peitsche *f*; Knute *f*; ~**gar** [1h] *v/t.* peitschen; ~**gazo** *m a. fig.* Peitschenhieb *m*; *fig.* Schlag *m* (*plötzliches Unglück*); ~**go** *m* **1.** Peitsche *f*; **2.** Kreiselriemen *m der Kinder; p. ext.* Plumpsack *m* (*Kinderspiel*). [men.]
zurriar [1b] *v/i.* summen, brum-}
zurribanda F *f* Prügel *pl.*; Prügelei *f*; *armar una* ~ Krakeel machen F.
zurriburri F *m* **1.** Wirrwarr *m*; Krawall *m*; **2.** Gauner *m*, Lump *m*; **3.** Gesindel *n*.
zurrido[1] F *m* Hieb *m*, Stockschlag *m*.
zurri|do[2] *m* **1.** *a.* ⊕ Summen *n*, Brummen *n*; Surren *n*; *a.* ⚘ Sausen *n*; **2.** *fig.* F verworrenes Getöse *n*; ~**r** *v/i.* surren; brummen, summen.
zu|rrón *m* **1.** Hirtentasche *f*; ~ *de mendigo* Bettelsack *m*; Schnappsack *m*; **2.** ⚘ (*de pastor* Hirtentäschel *m*; **3.** *Biol.* a) ⚘ (Frucht-)Sack *m*; b) *Zo.* Schafhaut *f*, Eihaut *f des Embryos;* ~**rrona** F *f* Schlampe *f* F; (gerissene) Nutte *f* F; ~**rronero** ⚘ *Jgdw. m* Wilderer *m*.
zurruscarse [1g] P *v/r.* → *zurrarse.*
zurullo *m* Klumpen *m* Teig *u. ä.*; Klumpen *m* Kot, Haufen *m* F.
zurumbático *adj.* **1.** *Reg.* baff, verblüfft; **2.** *Am.* benommen, beschwipst. [*vogel.*\]
zurumbela *f Am. Mer.* ein Sing-}
zurupeto F *m* Winkelmakler *m*, Bönhase *m* F (*an der Börse*).
zutano *m* ein gewisser Herr X; *fulano, mengano y* ~ Herr X, Herr Y *u.* Herr Z; *fulano,* ~, *mengano y perengano* der u. der u. dieser u. jener.
¡zuzo! *int.* faß(t)! (*zu Hunden*).
zuzón ⚘ *m* Graues Grindkraut *n*.
zwingliano *Rel.* **I.** *adj.* Zwingli...; zwinglianisch; **II.** *m* Zwinglianer *m*.

Spanische Abkürzungen
Abreviaturas españolas

A

A *Alteza* Hoheit
a *área* Ar
A.A. *Alcohólicos Anónimos* Anonyme Alkoholiker (*A.A.*)
AA *Altezas* Hoheiten
AA.EE. *Asuntos Exteriores* Auswärtige Angelegenheiten
AA.RR. *Altezas Reales* Königliche Hoheiten
AA.VV. *Asociaciones de Vecinos* Bürgervereinigungen
ABE *Asociación de la Banca Española* Spanische Bankenvereinigung
AC *Acción Católica* Katholische Aktion
a.c. *antes de Cristo* vor Christus (*v. Chr.*)
A.C. *Año de Cristo* Jahr christlicher Zeitrechnung
a.c. *año corriente* laufendes Jahr
a./c. *a cargo* zu Lasten; *a cuenta* auf Rechnung
ACA *Automóvil Club Argentino* Argentinischer Automobilclub
ACC *Automóvil Club de Colombia* Automobilclub von Kolumbien
ACI *Asociación Cooperativa Internacional* Internationaler Genossenschaftsbund (*IGB*)
ACNUR *Alto Comisionado de las Naciones Unidas para los Refugiados* UN-Hochkommissar für Flüchtlinge
ACPO *Acción Cultural Popular Institution für Bildung und Weiterbildung der Landbevölkerung in Kolumbien*
acr *acreedor* Gläubiger
ACT *Asociación Cristiana de Trabajadores* Christlicher Arbeiterverband *in Spanien*
AD *Acción Democrática* politische Partei *in Venezuela*
a. de J.C. *antes de Jesucristo* vor Christi Geburt (*v. Chr. G.*)
ADELA *Asociación para el Desarrollo Económico de Latino-América* Vereinigung für die Wirtschaftsentwicklung Lateinamerikas
ADELCO *Acción del Consumidor* argentinischer Verbraucherverband
ADENA *Asociación de Defensa de la Naturaleza* spanischer Naturschutzbund
adj. *adjunto* beiliegend
ADM *Asociación Democrática de la Mujer* Demokratischer Frauenverband (*Spanien*)
Adm(on). *Administración* Verwaltung
ADN *Acción Democrática Nacionalista* bolivianische Rechtspartei; *ácido desoxirribonucleico* Desoxyribonukleinsäure (*DNS*)

ADSP *Asociación para la Defensa de la Salud Pública* Vereinigung zur Verteidigung der Volksgesundheit (*Spanien*)
AEC *Asociación Española de Cooperativas* Spanischer Genossenschaftsverband; *Arancel Externo Común* Gemeinsamer Außenzoll *der EU*
AEDE *Asociación de Editores de Diarios Españoles* Verband spanischer Zeitungsverleger
AEEN *Agencia Europea de Energía Nuclear* Europäische Kernenergie-Agentur (*ENEA*)
AELC *Asociación Europea de Libre Comercio* Europäische Freihandelsvereinigung (*EFTA*)
AEPE *Asociación Europea de Profesores de Español* Europäischer Spanischlehrerverband
AEROCONDOR *Aerovías Cóndor de Colombia* kolumbianische Fluggesellschaft
a/f. *a favor* zugunsten
AFA *Asociación de Fútbol Argentino* Argentinischer Fußballverband
afmo. *afectísimo* etwa: mit freundlichen Grüßen
AGAAC *Acuerdo General sobre Aranceles Aduaneros y Comercio* Allgemeines Zoll- und Handelsabkommen (*GATT*)
AI *Amnistía Internacional* Amnesty International (*ai*)
AIA *Asociación Internacional del Automóvil* Internationaler Automobilverband
AIDE *Asociación Interamericana de Educación* Interamerikanischer Erziehungsverband
AIEA *Agencia Internacional de Energía Atómica* Internationale Atomenergie-Behörde (*IAEA*)
AIF *Asociación Internacional de Fomento* Internationale Vereinigung für Entwicklungshilfe
AILA *Asociación Industrial Latinoamericana* Lateinamerikanischer Industrieverband
AIPPI *Asociación Internacional para la Protección de la Propiedad Industrial* Internationale Vereinigung für gewerblichen Rechtsschutz
AIR *Asociación Interamericana de Radiodifusión* Interamerikanischer Rundfunkverband
AIT *Alianza Internacional de Turismo* Internationaler Touringverband
AIU *Asociación Internacional de Universidades* Internationaler Hochschulverband (*IAU*)
ALADI *Asociación Latinoamericana de Integración* lateinamerikanische Freihandelsvereinigung

a la v/ *a la vista* auf Sicht
ALFAL *Asociación de Lingüística y Filología de América Latina* Lateinamerikanischer Verband für Linguistik und Philologie
AME *Acuerdo Monetario Europeo* Europäisches Währungsabkommen (*EWA*)
AMM *Asociación Médica Mundial* Weltärztevereinigung
ANA *Administración Nacional de Aduanas* Staatl. Zollverwaltung *in Argentinien*; *Asociación Nacional Automovilística* Nationaler Automobilverband *in Mexiko*
ANE *Acuerdo Nacional sobre Empleo* Nationales Beschäftigungsabkommen *in Spanien*
ANI *Agencia Nacional de Informaciones* Nationale Nachrichtenagentur *in Uruguay*
ANN *Alianza Nueva Nación* Partei in *Guatemala*
ANR *Asociación Nacional Republicana* Partei in *Paraguay*
ANTEL *Administración Nacional de Telecomunicaciones* Staatl. Fernmeldeverwaltung *in Argentinien*
APA *Aerovías Panamá* Fluggesellschaft von *Panama*; *Asociación de Padres de Alumnos* spanischer Elternverband
APD *Asociación de Protección de Datos* Datenschutzbehörde
Apdo. *Apartado (de Correos)* Postfach
APETI *Asociación Profesional Española de Traductores e Intérpretes* Spanischer Übersetzer- und Dolmetscherverband
API *Agente de la Propiedad Inmobiliaria* Häuser- und Grundstücksmakler
APSA *Aerolíneas Peruanas* peruanische Fluggesellschaft
ARA *Armada de la República Argentina* argentinische Kriegsmarine
AREA *Compañía Ecuatoriana de Aviación* ecuadorianische Fluggesellschaft
ARENA *Alianza Republicana Nacionalista* Rechtspartei in *El Salvador*
art. *artículo* Artikel (*Art.*)
ASO *Alianza Sindical Obrera* Gewerkschaft in *Spanien*
AT *Alianza del Trabajo* Gewerkschaftsorganisation *in Spanien*
A.T. *Antiguo Testamento* Altes Testament (*AT*)
ATAI *Asociación de Transporte Aéreo Internacional* Internationaler Luftverkehrsverband (*IATA*)
A.T.S. *Ayudante Técnico-Sanitario* Medizinisch-technischer Assistent (*Spanien*)
atte. *atentamente* hochachtungsvoll
AUC *Autodefensas Unidas de Colombia*

Organisation der kolumbianischen Antiguerilla
AV *Asociación de Vecinos* Bürgervereinigung *in Spanien*
Avda. *Avenida etwa:* Allee
AVE *Alta Velocidad Española spanischer Hochgeschwindigkeitszug*
AVIACO *Aviación y Comercio, S.A. span. Fluggesellschaft*
AVIANCA *Aerovías Nacionales de Colombia* kolumbianische *Fluggesellschaft*
AVIATECA *Empresa Guatemalteca de Aviación* guatemaltekische *Fluggesellschaft*
A y E *Agua y Energía Argentinische Versorgungsbetriebe für Strom und Wasser*

B

B.A. *Buenos Aires*
BAE *Brigada de Acción Especial* Sondereinheit der venezolanischen Polizei
BANADE *Banco Nacional de Desarrollo* argentinische Entwicklungsbank
BANESTO *Banco Español de Crédito span. Bank*
BANKINTER *Banco Intercontinental Español span. Bank*
BARNA *Barcelona*
BB *Banco de Bogotá* kolumbianische *Bank*
BBVA *Banco Bilbao Vizcaya Argentaria spanische Großbank*
BCE *Banco Central Europeo* Europäische Zentralbank *(EZB)*
BCG *Bacilo Calmette-Guérin* BCG-Impfung *gegen Tuberkulose*
B.C.I. *Banco de Crédito Industrial span. Bank*
Bco. *Banco* Bank
BCRA *Banco Central de la República Argentina* Argentinische Zentralbank
BEI *Banco Europeo de Inversiones* Europäische Investitionsbank *(EIB)*
BERD *Banco Europeo de Reconstrucción y Desarrollo* Europäische Bank für Wiederaufbau und Entwicklung
BEX *Banco Exterior de España* Spanische Außenhandelsbank
BH *Brigada de Homicidios* Morddezernat *der chilenischen Polizei*
BHN *Banco Hipotecario Nacional argentinische Bank*
B.I.C. *Brigada de Investigación Criminal Kriminalpolizei in Spanien*
BID *Banco Interamericano de Desarrollo* Interamerikanische Entwicklungsbank
BIRD *Banco Internacional de Reconstrucción y Desarrollo* Weltbank
BM *Banco Mundial* Weltbank
BN *Banco de la Nación (Lateinamerika) Name der Zentralbank in manchen Ländern*
BNG *Bloque Nacionalista Gallego galicisches Parteienbündnis*
BO *Boletín Oficial* Gesetzblatt
BOCE *Boletín Oficial de las Cortes Españolas* Amtsblatt des spanischen Parlaments
BOE *Boletín Oficial del Estado span. Gesetzblatt*
BPI *Banco de Pagos Internacionales* Bank für Internationalen Zahlungsausgleich *(BIZ)*

Br. *bachiller* Abiturient
BSCH *Banco Santander Central Hispano spanische Großbank*
BSO *banda sonora original* Original-Soundtrack
BUP *Bachillerato Unificado Polivalente früher: spanisches Abitur*

C

C. *Calle* Straße *(Str.)*
c/ *cargo* zu Lasten von
c.a. *corriente alterna* Wechselstrom
c.ª *compañía* Gesellschaft
CAC *Cámara Argentina de Comercio* Argentinische Handelskammer
CACENCO *Cámara Central de Comercio* Zentralhandelskammer *in Chile*
CAF *Corporación Andina de Fomento* Andine Finanzkorporation *des Andenpaktes*
CAL *Comisión Pontificia para América Latina* Päpstliche Kommission für Lateinamerika
CAMPSA *Compañía Arrendataria del Monopolio de Petróleos* Erdölgesellschaft *in Spanien*
CANTV *Compañía Anónima Nacional de Teléfonos de Venezuela* Venezolanische Telefongesellschaft
CAP *Caja de Ahorros Provincial* Provinzsparkasse *in Spanien*; *Centro de Atención Primaria* Ambulanz *der spanischen Sozialversicherung*
cap. *capítulo* Kapitel *(Kap.)*
CAT *Compañía Argentina de Teléfonos* Argentinische Telefongesellschaft; *Certificado de Abono Tributario* Steuergutschein
c/c *cuenta corriente* laufendes Konto
c.c. *centímetro(s) cúbico(s)* Kubikzentimeter *(cm³); corriente continua* Gleichstrom
CC *Código Civil* Zivilgesetzbuch
CCA *Consejo de Cooperación Aduanera* Rat für Zusammenarbeit auf dem Gebiet des Zollwesens
CC.AA. *Comunidades Autónomas autonome Regionen in Spanien*
CCI *Cámara de Comercio Internacional* Internationale Handelskammer *(IHK); Consejo Cultural Interamericano* Interamerikanischer Kulturrat *der OEA*
CCM *Mercado Común del Caribe* Gemeinsamer Karibischer Markt
CC.OO. *Comisiones Obreras* kommunistische Gewerkschaft *in Spanien*
CCPR *Cámara de Comercio de Puerto Rico* Handelskammer von Puerto Rico
C.D. *Club Deportivo* Sportklub
CD *Cuerpo diplomático* Diplomatisches Korps *(CD)*
CDC *Convergència Democràtica de Catalunya* katalanische *Partei*
C. de J. *Compañía de Jesús* Gesellschaft Jesu *(S.J.; Jesuitenorden)*
CdS *Consejo de Seguridad* Sicherheitsrat *der UNO*
CE *Consejo de Europa* Europarat *(ER); Comisión Europea* Europäische Kommission; *hist. Comunidad Europea* Europäische Gemeinschaft *(EG)*
CEA *Confederación Europea de Agricultura* Europäischer Landwirtschaftsverband; *Conferencia Episcopal Argentina* Argentinische Bischofskonferenz

CEC *Consejo Económico Centroamericano* Zentralamerikanischer Wirtschaftsrat
CECA *Comunidad Europea del Carbón y del Acero* Europäische Gemeinschaft für Kohle und Stahl *(EGKS); Confederación Española de Cajas de Ahorro* Spanischer Sparkassenverband
CEDE *Compañía Española de Electricidad* Span. Elektrizitätsgesellschaft
CEE *hist. Comunidad Económica Europea* Europäische Wirtschaftsgemeinschaft *(EWG); Comisión Económica para Europa* UN-Wirtschaftskommission für Europa *(ECE)*
CEEA *Comunidad Europea de Energía Atómica* Europäische Atomgemeinschaft *(EURATOM)*
CEI *Comunidad de Estados Independientes* Gemeinschaft Unabhängiger Staaten *(GUS)*
CELAM *Conferencia Episcopal Latinoamericana* Lateinamerikanische Bischofskonferenz
cents. *centavos* Centavos
cénts. *céntimos* Centimos
C.E.O.E. *Confederación Española de Organizaciones Empresariales* Dachverband der spanischen Unternehmerorganisationen
CEPAL *Comisión Económica para América Latina* UN-Wirtschaftskommission für Lateinamerika
CEPE *Corporación Estatal de Petróleos Ecuatorianos* Staatliche Erdölgesellschaft in Ecuador
CEPSA *Compañía Española de Petróleos, Sociedad Anónima spanische Erdölgesellschaft*
CEPYME *Confederación Española de la Pequeña y Mediana Empresa* Span. Verband der kleineren und mittleren Betriebe
CES *Confederación Europea de Sindicatos* Europäischer Gewerkschaftsverband; *Consejo Económico y Social* Wirtschafts- und Sozialrat der UNO
CESID *Centro Superior de Información de la Defensa spanischer Nachrichtendienst*
CFC *clorofluorocarbonados* Fluorchlorkohlenwasserstoffe *(FCKW)*
CGPJ *Consejo General del Poder Judicial* Oberster Rat für den Richterstand
CGT *Confederación General del Trabajo* Gewerkschaft in Argentinien und Nicaragua; *Central General de Trabajadores* Gewerkschaft in Honduras; *Confederación General de Trabajadores* Gewerkschaft in Mexiko, Peru und in der Dominikanischen Republik
CGTC *Confederación General de Trabajadores Costarricenses* Gewerkschaft in Costa Rica
CGTP *Confederación General de Trabajadores del Perú* Gewerkschaft in Peru
CGT-RA *Confederación General del Trabajo de la República Argentina* Gewerkschaft in Argentinien
CGTS *Confederación General de Trabajadores Salvadoreños* Gewerkschaft in El Salvador
CGTU *Confederación General de Trabajadores de Uruguay* Gewerkschaft in Uruguay
C.I. *Conferencia Interamericana* Inter-

amerikanische Konferenz *der OEA*
CI *Cédula de Identidad Personalausweis in Amerika*
CIA *Consejo Interamericano de Seguridad* Interamerikanischer Sicherheitsrat
cía *Compañía* Gesellschaft
CICR *Comité Internacional de la Cruz Roja* Internationales Komitee vom Roten Kreuz (*IKRK*)
CISC *Confederación Internacional de Sindicatos Cristianos* Internationaler Bund christlicher Gewerkschaften (*IBCG*)
CISL *Confederación Internacional de Sindicatos Libres* Internationaler Bund freier Gewerkschaften (*IBFG*)
CIU *Contraceptivo Intrauterino Spirale zur Empfängnisverhütung*
CiU *Convergencia i Unió bürgerliche Regionalpartei in Katalonien*
CJM *Congreso Judío Mundial* Jüdischer Weltkongreß
CLH *Compañía Logística de Hidrocarburos spanische Erdölvertriebsgesellschaft*
cm *centímetro(s)* Zentimeter (*cm*)
C.N. *Club Náutico* Jachtklub
CNOP *Confederación Nacional de Organizaciones Populares Gewerkschaftsbund in Mexiko*
CNT *Confederación Nacional de Trabajadores Gewerkschaftsorganisationen in Chile, Kolumbien, Nicaragua, Paraguay, Peru, Spanien und Uruguay*
CNUCD *Conferencia de las Naciones Unidas sobre Comercio y Desarrollo* Konferenz für Welthandel und Entwicklung (*UNCTAD*)
CODELCO *Corporación del Cobre staatl.* Kupferminengesellschaft *in Chile*
COE *Comité Olímpico Español* Spanisches Olympisches Komitee
COI *Comité Olímpico Internacional* Internationales Olympisches Komitee (*IOK*)
COPEI *Comité de Organización Política Electoral Independiente venezolanische Partei*
COSA *Cámara Oficial Sindical Agraria* Landwirtschaftskammer *in Spanien*
COU *Curso de Orientación Universitaria früher: vor der Universität obligatorisches Studienjahr in Spanien*
CP *Código Postal* Postleitzahl
CSCE *Conferencia de Seguridad y Cooperación en Europa* Konferenz über Sicherheit und Zusammenarbeit in Europa (*KSZE*)
CSIC *Consejo Superior de Investigaciones Científicas* Oberster Forschungsrat *in Spanien*
CSO *Confederación Sindical Obrera eine Gewerkschaft in Spanien*
c.ta *cuenta* Konto (*Kto.*)
Ctra *Carretera* Überlandstraße
cts. *céntimos*
CUT *Confederación Unica de Trabajo Gewerkschaft in Mexiko*
CV *Caballo(s) de Vapor* Pferdestärke(n) (*PS*)

D

D. *Don Anrede vor dem Vornamen von Männern*
Da. *Doña Anrede vor dem Vornamen von Frauen*
d.C. *después de Cristo* nach Christus
DE *Distrito Especial Sonderdistrikt des Großraums von Bogotá, Kolumbien*
D.F. *Distrito Federal der Bezirk der Hauptstadt Mexiko*
DGT *Dirección General de Tráfico etwa:* Hauptabteilung für Verkehr (*Spanien*)
DINA *Dirección de Inteligencia Nacional chilenische Geheimpolizei*
DISIP *Dirección de los Servicios de Inteligencia y Prevención Kriminalpolizei in Venezuela*
DIU *Dispositivo Intrauterino Spirale zur Empfängnisverhütung*
D.m. *Dios mediante* so Gott will
Dn. *Don Anrede vor männlichen Vornamen*
D.N.I. *Documento Nacional de Identidad amtlicher Personalausweis in Spanien, Argentinien*
D.O. *Denominación de Origen* Herkunftsbezeichnung
DP *Democracia Popular Partei in Ecuador*
Dr. *Doctor* Doktor (*Dr.*)
dra. *derecha* rechts (*bei Adressenangaben*)
Dra. *Doctora* Doktor (*bei Frauen*)
DRAE *Diccionario de la Real Academia Española* Wörterbuch der Spanischen Akademie

E

E *Este* Ost(en) (*O*)
EA *Ejército del Aire spanische Luftwaffe; Eusko Alkartasuna „Baskische Solidarität" baskische nationalistische Partei*
ECG *Electrocardiograma* Elektrokardiogramm (*EKG*)
ed. *edición* Auflage, Ausgabe (*Aufl., Ausg.*)
EEB *Encefalopatía Espongiforme Bovina* Rinderwahnsinn (*BSE*)
EEE *Espacio Económico Europeo* Europäischer Wirtschaftsraum (*EWR*)
EEG *Electroencefalograma* Elektroenzephalogramm (*EEG*)
EE.UU. *Estados Unidos de Norteamérica* Vereinigte Staaten von Amerika (*USA*)
E.G.B. *Enseñanza General Básica früher: die spanische Gesamt- und Hauptschule = 7 Jahre*
EH *Euskal Herritarrok baskische radikale Koalition*
EIA *Estudio del Impacto Ambiental* Umweltverträglichkeitsprüfung
ELN *Ejército de Liberación Nacional kolumbianische Guerillaorganisation*
E.M. *Estado Mayor* Stab (*Militär*)
E.M.G. *Estado Mayor General* Generalstab
EN *Encuentro Nacional Partei in Paraguay*
ENDESA *Empresa Nacional de Electricidad, Sociedad Anónima spanische Elektrizitätsgesellschaft*
ENE *Estenordeste* Ostnordost (*ONO*)
entlo. *entresuelo* Hochparterre
e.p.m. *en propia mano* persönlich übergeben.
ESE *Estesudeste* Ostsüdost (*OSO*)
ESO *Educación Secundaria Obligatoria etwa:* Sekundarstufe (*Spanien*)
ETA *Euskadi Ta Askatasuna „Baskisches Vaterland und Freiheit", radikale baskische Untergrundorganisation*
ETB *Euskal Telebista* Baskisches Fernsehen *in Spanien*
ETS *Escuela Técnica Superor, etwa:* technische Fachhochschule
ETT *Empresa de Trabajo Temporal* Zeitarbeitsfirma
Exca. *Excelencia* Excellenz
Excmo. *Excelentísimo Anrede für hochgestellte Persönlichkeiten*
EZLN *Ejército Zapatista de Liberación Nacional mexikanische Untergrundbewegung*

F

F-2 *Name der kolumbianischen Geheimpolizei*
FARC *Fuerzas Armadas Revolucionarias de Colombia kolumbianische Guerilla-Organisation*
fasc. *fascículo* Heft, Faszikel
FC *Fútbol Club* Fußballclub (*F.C.*)
f/c *ferrocarril* Eisenbahn
FED *Fondo de Desarrollo Europeo* Europäischer Entwicklungsfonds
FEF *Federación Española de Fútbol* Spanischer Fußballverband
FF.AA. *Fuerzas Armadas* Streitkräfte
FF.CC. *Ferrocarriles* Eisenbahn(en)
FIFA *Federación Internacional de Fútbol* Internationaler Fußballverband (*FIFA*)
FIM *Frente Independiente Moralizador peruanische Partei*
FIV *Fecundación in vitro* In-vitro-Fertilisation
FLN *Frente de Liberación Nacional* Nationale Befreiungsfront *in verschiedenen Ländern*
FM *Frecuencia Modulada* Ultrakurzwelle (*UKW*)
FMI *Fondo Monetario Internacional* Internationaler Währungsfonds (*IWF*)
FMLN *Frente Farabundo Martí para la Liberación Nacional linksgerichtete Partei in El Salvador*
FN *Fuerzas Navales spanische Kriegsmarine*
fo. *folio* Blatt
FOB *Fuerzas de Orden Público Sicherheitskräfte in Spanien*
F.O.R.P.P.A. *Fondo de Ordenación y Regulación de Productos y Precios Agrarios staatlicher Regulationsfonds für Agrarprodukte*
FP *Formación Profesional* Berufsausbildung
FRG *Frente Republicano Guatemalteco Partei in Guatemala*
FSLN *Frente Sandinista de Liberación Nacional „Sandinistische Nationale Befreiungsfront" Partei in Nicaragua*
FSM *Federación Sindical Mundial* Weltgewerkschaftsbund (*WGB*)

G

GAL *Grupos Antiterroristas de Liberación rechtsgerichtete Geheimorganisation zur Bekämpfung der ETA*
GAR *Grupo Antiterrorista Rural Sondereinheit der spanischen Guardia Civil zur Bekämpfung des Terrorismus auf dem Lande*
GEO *Grupo Especial de Operaciones* Sondereinheit der spanischen Guardia Civil
gr. *gramo* Gramm (*g*)
Gral. *General* General
GRAPO *Grupo de Resistencia Antifascista Primero de Octubre linksge-*

richtete terroristische Untergrundorganisation in Spanien
g/v *gran velocidad* Eilgut

H

H.H. *Hermanos* Gebrüder
Hno. *Hermano* Bruder
Hnos. *Hermanos* Gebrüder

I

IBI *Impuesto sobre Bienes Inmuebles* Immobilien- bzw. Grundsteuer (*Spanien*)
ICEX *Instituto Español de Comercio Exterior* Spanisches Außenhandelsinstitut
ICI *Instituto de Cooperación Iberoamericana* Institut für iberoamerikanische Zusammenarbeit
I.C.O.N.A. *Instituto Nacional para la Conservación de la Naturaleza* spanisches Naturschutzinstitut
ID *Izquierda Democrática Partei in Ecuador*
I + D *Investigación y Desarrollo* Forschung und Entwicklung
IEE *Instituto Español de Emigración* Auswanderungsbehörde im spanischen Arbeitsministerium
IEM *Instituto de Enseñanza Media* Gymnasium *in Spanien*
IES *Instituto de Educación Secundaria etwa:* Gymnasium (*Spanien*)
IIP *Instituto Internacional de la Prensa* Internationales Presseinstitut (*IPI*)
Ilmo. *Ilustrísimo vor bestimmten Titeln gebraucht*
IME *Insituto Monetario Europeo* Europäisches Währungsinstitut (*EWI*)
Impr. *Imprenta* Druckerei
INE *Instituto Nacional de Estadística* Nationales Statistisches Amt *in Spanien*
INEM *Instituto Nacional del Empleo entspricht etwa der* Bundesanstalt für Arbeit
I.N.E.M. *Instituto Nacional de Enseñanza Media* Sekundarschule *in Kolumbien*
INFE *Instituto Nacional de Fomento de la Exportación* Staatl. Exportförderungsinstitut *in Spanien*
INH *Instituto Nacional de Hidrocarburos spanisches* Staatsinstitut für Kohlenwasserstoffe
Ing. *Ingeniero* Ingenieur (*Ing.*)
INI *Instituto Nacional de Industria* Dachorganisation der staatlichen spanischen Industrien
INSALUD *Instituto Nacional de la Salud* zentrales spanisches Gesundheitsinstitut
INSS *Instituto Nacional de la Seguridad Social* Staatliche Sozialversicherungsanstalt *in Spanien*
IPC *Índice de Precios al Consumo* Index der Verbraucherpreise *in Spanien*
IRPF *Impuesto sobre la renta de las personas físicas* spanische Einkommensteuer
ITV *Inspección Técnica de Vehículos* Kraftfahrzeugüberwachungsamt, *entspricht in Spanien dem deutschen* TÜV
IU *Izquierda Unida* „Vereinigte Linke" *kommunistisches Parteienbündnis in Spanien*
IVA *Impuesto sobre el Valor Agregado lateinamerikanische* Mehrwertsteuer; *Impuesto sobre el Valor Añadido spanische* Mehrwertsteuer
izq. *izquierda* links (*bei Adressenangaben*)

J

J.C. *Jesucristo* Jesus Christus
JEM *Jefe de Estado Mayor* Generalstabschef *in Spanien*
JEN *Junta de Energía Nuclear* spanische Atomenergiebehörde
JJOO *Juegos Olímpicos* Olympische Spiele
JOC *Juventud Obrera Católica* Katholische Arbeiterjugend
J.O.N.S. *Juntas de Ofensiva Nacional-Sindicalista spanische faschistische Partei, die später in die Falange einging*
JUJEM *Junta de Jefes de Estado Mayor* Junta der Stabschefs *der spanischen Streitkräfte*

K

kg. *kilogramo* Kilogramm (*kg*)
km. *kilómetro* Kilometer (*km*)
km/h *kilómetros por hora* Stundenkilometer (*km/h*)

L

l. *litro*(s) Liter (*l*)
LAN *Línea Aérea Nacional* chilenische *Fluggesellschaft*
LAR *Lloyd Aéreo Boliviano* bolivianische *Fluggesellschaft*
Lic(do). *Licenciado Universitätsgrad*
Ltda. *Limitada* mit beschränkter Haftung (*mbH*)

M

M 19 *Movimiento 19 de Abril* kolumbianische *Partei*
m. *metro*(s) Meter (*m*)
Mª. *María*
MAS *Movimiento al Socialismo* venezolanische *Partei*
M.C. *Mercado Común* Gemeinsamer Markt
MERCOSUR *Mercado Común del Sur* Gemeinsamer Markt von Argentinien, Brasilien, Paraguay und Uruguay
mg. *miligramo*(s) Milligramm (*mg*)
MIR *Médico Interno Residente* Arzt in der Facharztausbildung; *Movimiento de Izquierda Revolucionaria* bolivianische Linkspartei
mm *milímetro* Millimeter (*mm*)
MNR *Movimiento Nacionalista Revolucionario* bolivianische *Partei*
MOC *Movimiento de Objetores de conciencia* Organisation der Wehrdienstverweigerer (*Spanien*)
Mons. *Monseñor* Monsignore (*Titel der katholischen Prälaten*)
M.O.P. *Ministerio de Obras Públicas* Ministerium für öffentliche Arbeiten (*in verschiedenen Ländern*)
MOPU *Ministerio de Obras Públicas y Urbanismo* Ministerium für öffentliche Arbeiten und Städteplanung (*Spanien*)
MRTA *Movimiento Revolucionario Tupac Amaru* peruanische *Untergrundbewegung*
MVR *Movimiento V República* venezolanische *Partei*

N

N *Norte* Nord(en) (*N*)
n/ *nuestro* unser
N. de la R. *Nota de la Redacción* Anmerkung der Redaktion (*d. Red.*)
NDT *Nota del Traductor* Anmerkung des Übersetzers (*AdÜ, Anm. d. Übers.*)
NE *Nordeste* Nordost(en) (*NO*)
NIF *Número de Identificación Fiscal* steuerliche Identifikationsnummer
NNE *Nornordeste* Nordnordost (*NNO*)
NNO *Nornoroeste* Nordnordwest (*NNW*)
NN.UU. *Naciones Unidas* Vereinte Nationen (*UN*)
NO *Noroeste* Nordwest(en) (*NW*)
nº *número* Nummer (*Nr.*)
N.S. *Nuestro Señor* unser Herr
N.S.J.C. *Nuestro Señor Jesucristo* Unser Herr Jesus Christus
N.T. *Nuevo Testamento* Neues Testament (*NT*)
Ntra. Sra. *Nuestra Señora* unsere liebe Frau (= Maria)
Ntro. *nuestro* unser
núm. *número* Nummer (*Nr.*)

O

O *Oeste* West(en) (*W*)
OACI *Organización de Aviación Civil Internacional* Internationale Zivilluftfahrtorganisation (*ICAO*)
OCDE *Organización de Cooperación y Desarrollo Económico* Organisation für wirtschaftliche Zusammenarbeit und Entwicklung (*OECD*)
OCU *Organización de Consumidores y Usuarios* spanische *Verbraucherschutzorganisation*
ODECA *Organización de Estados Centroamericanos* Organisation mittelamerikanischer Staaten
OEA *Organización de los Estados Americanos* Organisation Amerikanischer Staaten (*OAS*)
OID *Oficina de Información Diplomática* Diplomatisches Informationsbüro *in Spanien*
OIT *Organización Internacional del Trabajo* Internationale Arbeitsorganisation (*IAO*)
O.L.P. *Organización para la Liberación de Palestina* Organisation für die Befreiung Palästinas (*PLO*)
O.M. *Orden Ministerial* Ministerialerlaß
OMS *Organización Mundial de la Salud* Weltgesundheitsorganisation (*WHO*)
ONCE *Organización Nacional de Ciegos de España* span. *Blindenorganisation*
ONG *Organización No Gubernamental* Nichtregierungsorganisation
ONO *Oesnoroeste* Westnordwest (*WNW*)
ONU *Organización de las Naciones Unidas* Organisation der Vereinten Nationen (*UNO*)
OPA *Oferta Pública de Adquisición* Öffentliches Übernahmeangebot (*von Aktien*)

OPEP *Organización de los Países Exportadores de Petróleo* Organisation erdölexportierender Länder (*OPEC*)
OPV *Oferta Pública de Venta* Öffentliches Veräußerungsangebot (*von Aktien*)
OSCE *Organización para la Seguridad y Cooperación en Europa* Organisation für Sicherheit und Zusammenarbeit in Europa (*OSZE*)
OSO *Oessudoeste* Westsüdwest (*WSW*)
OTAN *Organización del Tratado del Atlántico Norte* Nordatlantikpakt-Organisation (*NATO*)
OTI *Organización de Televisiones Iberoamericanas* Organisation der Iberoamerikanischen Fernsehanstalten
OVNI *Objeto Volante No Identificado* unbekanntes Flugobjekt (*UFO*)

P

p. *página* Seite (*S.*)
PA *Partido Arnulfista Partei in Panama*
P.A. *por ausencia* in Abwesenheit
p.a. *por autorización* im Auftrag (*i.A.*)
pág(s). *página(s)* Seite(n) (*S.*)
PAN *Partido de Acción Nacional mexikanische Partei*; *Partido de Avanzada Nacional Partei in Guatemala*
PCD *Partido de Convergencia Democrática Partei in El Salvador*
PCE *Partido Comunista de España* Kommunistische Partei Spniens
PCN *Partido de Conciliación Nacional Partei in El Salvador*
P.D. *posdata* Postskriptum (*P.S.*)
PDC *Partido Demócrata Cristiano Partei in Chile, El Salvador, Panama*
PDR *Plan de Desarrollo Regional* Regionaler Entwicklungsplan
PED *Procesamiento (od. Proceso) Electrónico de Datos* Elektronische Datenverarbeitung (*EDV*)
p.ej. *por ejemplo* zum Beispiel (*z.B.*)
PESC *Política Exterior y de Seguridad Común* Gemeinsame Außen- und Sicherheitspolitik (*GASP*)
PGC *Parque Guardia Civil* Kraftfahrzeugpark der (*spanischen*) Guardia Civil
PIB *Producto Interior Bruto* Bruttoinlandsprodukt
PINU *Partido de Innovación y Unidad* Spanischer Partei für Erneuerung und Einheit (*Honduras*)
PJ *Partido Justicialista peronistische Partei* (*Argentinien*)
PL *Partido Liberal* Liberale Partei (*Kolumbien*)
PLC *Partido Liberal Constitucionalista Partei in Nicaragua*
PLH *Partido Liberal de Honduras* Liberale Partei in Honduras
PLN *Partido de Liberación Nacional Partei in Costa Rica*
PLRA *Partido Liberal Radical Auténtico Partei in Paraguay*
Plz. *Plaza* Platz
PM *Policía Militar* Militärpolizei (*MP*)
PMM *Parque Móvil Ministerios Civiles* Fahrbereitschaft bzw. Kraftfahrpark der spanischen Ministerien
PN *Partido Nacional Partei in Honduras*
PNB *Producto Nacional Bruto* Bruttosozialprodukt
PNN *Producto Nacional Neto* Nettosozialprodukt; *Profesor No Numerario* außerordentlicher Professor (*Spanien*)

PNV *Partido Nacionalista Vasco* Baskische Nationalpartei
p.o. *por orden* im Auftrag (*i.A.*)
PP *Partido Popular spanische Rechtspartei*
p.p. *por poder* im Auftrag (*i.A.*)
PPD *Partido por la Democracia chilenische Partei*
p.pdo. *próximo pasado* letzter Monat
pral. *principal* 1. Stock
PRD *Partido Revolucionario Democrático Partei in Mexiko und Panama*
PRE *Partido Roldosista Ecuatoriano Partei in Ecuador*
PRI *Partido de la Revolución Institucionalizada mexikanische Partei*
prof. *Profesor* Professor (*Prof.*)
PS *Partido Socialista* Sozialistische Partei (*Chile*)
P.S. *post-scriptum* Postskriptum (*PS*)
PSC *Partido Socialcristiano Partei in Ecuador*; *Partido Social Conservador Colombiano Partei in Kolumbien*
PSOE *Partido Socialista Obrero Español* Sozialistische Arbeiterpartei Spaniens
pta(s). *peseta(s)* Pesete(n)
PTJ *Policía Técnica Judicial venezolanische Kriminalpolizei*
pts. *pesetas* Peseten
PUSC *Partido de Unidad Social Cristiana Partei in Costa Rica*
p/v *pequeña velocidad* Frachtgut
P.V.P. *Precio de Venta al Público* Verkaufspreis
pyme *Pequeña y Mediana Empresa* Klein- und Mittelbetriebe *in Spanien*
Pza. *Plaza* Platz (*bei Adressenangaben*).

Q

q.D.g. *que Dios guarde* den Gott behüten möge
q.e.g.e. *que en gloria esté* Gott hab ihn selig
q.e.p.d. *que en paz descanse* der in Frieden ruhen möge

R

RA *República Argentina* Argentinische Republik
RACE *Real Automóvil Club de España* Spanischer Automobilclub
R.A.E. *Real Academia Española* Spanische Sprachakademie
R.D. *Real Decreto* Königliches Dekret
RD *República Dominicana* Dominikanische Republik
RDA *hist. República Democrática Alemana* Deutsche Demokratische Republik (*DDR*)
Rda.M. *Reverenda Madre* ehrwürdige Mutter
Rdo.P. *Reverendo Padre* Hochwürden
ref. *referencia* Bezug
RENFE *Red Nacional de Ferrocarriles Españoles* die spanische Eisenbahn
RFA *República Federal de Alemania* Bundesrepublik Deutschland (*BRD*)
Rh *Factor Rhesus* Rhesusfaktor
R.M. *Reverenda Madre* erwürdige Mutter
RMN *Resonancia Magnética Nuclear* Kernspintomographie
RN *Renovación Nacional* „Nationale Erneuerung" *chilenische Partei*
RNE *Radio Nacional de España* Staatl. Spanischer Rundfunk(sender)

R.O. *Real Orden* Königliche Verordnung
R.P. *Reverendo Padre* Hochwürden (*Anrede für katholische Geistliche*)
r.p.m. *revoluciones por minuto* Umdrehungen pro Minute (*U/min*)
rte. *remitente* Absender (*Abs.*)
RTVE *Radiotelevisión Española* staatl. Spanische Fernseh- und Rundfunkanstalt

S

S *San(to)* Heilig(er) (*hl., St.*); *Sur* Süd(en) (*S*)
s. *siglo* Jahrhundert (*Jh[r].*)
S.A. *Sociedad Anónima* Aktiengesellschaft (*AG*); *Su Alteza* Ihre bzw. Seine Hoheit (*I.H., S.H.*)
s.a. *sin año* ohne Jahr (*o.J.*) (*bei Büchern*)
SAMU *Servicio de Atención Médica de Urgencia* Ärztlicher Notdienst (*Spanien*)
S.A.R. *Su Alteza Real* Ihre bzw. Seine Königliche Hoheit (*I.K.H., S.K.H.*)
S.C. *od.* **S/C** *Sociedad en Comandita* Kommanditgesellschaft (*KG*)
SE *Sudeste* Südost(en) (*SO*)
S.E. *Su Excelencia* Ihre Exzellenz
SELA *Sistema Económico Latinoamericano* Lateinamerikanisches Wirtschaftssystem
S. en C. *Sociedad en comandita* Kommanditgesellschaft (*KG*)
SER *Sociedad Española de Radiodifusión* spanischer Rundfunksender
s/f *sin fecha* ohne Datum
SIDA *Síndrome de Inmuno-Deficiencia Adquirida* erworbene Immunschwäche (*AIDS, Aids*)
S.L. *Sociedad Limitada* Gesellschaft mit beschränkter Haftung (*GmbH*)
S.M. *Su Majestad* Ihre bzw. Seine Majestät (*I.M., S.M.*)
SME *Sistema Monetario Europeo* Europäisches Währungssystem (*EWS*)
SMI *Salario Mínimo Interprofesional* gesetzlich garantierter Mindestlohn (*Spanien*)
s/n *sin número* ohne (Haus-)Nummer
SO *Sudoeste* Südwest(en) (*SW*)
SP *Servicio Público* (im) öffentlichen Dienst
Sr. *Señor* Herr
Sra. *Señora* Frau
SRC *Se ruega contestación* Um Antwort wird gebeten (*U.A.w.g.*)
Sres. *Señores* Herren
S.R.L. *Sociedad de Responsabilidad Limitada* (*in Spanien*) Gesellschaft mit beschränkter Haftung (*GmbH*)
Srta. *Señorita* Fräulein (*Frl.*)
SS *Seguridad Social* Soziale Sicherheit
S.S. *Su Santidad* Ihre Heiligkeit
SSE *Sudsudeste* Südsüdost (*SSO*)
SS.MM. *Sus Majestades* Ihre Majestäten
SSO *Sudsudoeste* Südsüdwest (*SSW*)
Sta. *Santa* heilige ...
Sto. *Santo* heiliger ...
SUP *Sindicato Unificado de Policía spanische* Polizeigewerkschaft

T

T. *od.* **t.** *tomo* Band (*Bd.*)
TAC *Tomografía Axial Computerizada* Computertomographie (*CT*)
TAE *Tasa Anual Equivalente* effektiver Jahreszins

TALGO Tren Articulado Ligero Goicoechea Oriol *ein spanischer Gliederzug*
TAV Tren de Alta Velocidad *Hochgeschwindigkeitszug*
TC Tribunal Constitucional *Verfassungsgericht in Spanien*
TIJ Tribunal Internacional de Justicia *Internationaler Gerichtshof (Den Haag)*
TS Tribunal Supremo *Oberster Gerichtshof*
TV Televisión *Fernsehen*
TVE Televisión Española *Spanisches Fernsehen*
TVG Televisión Gallega *Fernsehen in Galicien (Spanien)*

U

UC Universidad Católica *Katholische Universität*
UCE Unión de Consumidores de España *spanischer Verbraucherschutzverband*
UCI Unidad de Cuidados Intensivos *Intensivstation*
UCR Unión Cívica Radical *große argentinische Partei*
Ud. Usted *Sie (Höflichkeitsform)*
UDI Unión Demócrata Independiente *chilenische Partei*
Uds. Ustedes *Sie Plural (Höflichkeitsform)*
UE Unión Europea *Europäische Union (EU)*
UEO Unión de Europa Occidental *Westeuropäische Union (WEU)*
UFI Unión de Ferias Internacionales *Internationaler Messeverband*
UGT Unión General de Trabajadores *sozialistische Gewerkschaft in Spanien*
UIE Unión Internacional de Estudiantes *Internationaler Studentenbund (ISB)*
UIT Unión Internacional de Telecomunicaciones *Internationale Fernmelde-Union (ITU)*
UITP Unión Internacional de Transportes Públicos *Internationaler Verein für öffentliches Verkehrswesen*
UME Unión Monetaria Europea *Europäische Währungsunion (EWU)*
UN Universidad Nacional *Staatsuniversität in Lateinamerika*
UNED Universidad Nacional de Educación a Distancia *spanische Fernuniversität*
UPP Unión por el Perú *peruanische Partei*
UPU Unión Postal Universal *Weltpostverein (UPU)*
URNG Unidad Revolucionaria Nacional Guatemalteca *„Revolutionäre Nationale Einheit Guatemalas" ehemalige Guerillaorganisation*
URSS *hist.* Unión de Repúblicas Socialistas Soviéticas *Union der Sozialistischen Sowjetrepubliken (UdSSR)*
USO Unión Sindical Obrera *spanische und kolumbianische Gewerkschaft*
UVI Unidad de Vigilancia Intensiva *Intensivstation*

V

V.A. Vuestra Alteza *Eure Hoheit*
V.B. Visto Bueno *Gesehen und genehmigt*
Vd. Usted *Sie (Höflichkeitsform)*
Vda. Viuda *Witwe (Wwe.)*
Vds. Ustedes *Sie (Plural) (Höflichkeitsform)*
v.g. verbigracia *zum Beispiel (z. B.)*
VIASA Venezolana Internacional de Aviación, S.A. *venezolanische Fluggesellschaft*
VIH Virus de Inmunodeficiencia Humana *Aidsvirus (HIV)*
V.O. versión original *Originalfassung*
VºBº Visto Bueno *Gesehen und genehmigt*
vols. volúmenes *Bände (Bde.)*
VOS versión original subtitulada *Originalfassung mit Untertiteln (OmU)*
VPO Vivienda de protección oficial *Sozialwohnung (Spanien)*

Y

YPF Yacimientos Petrolíferos Fiscales *argentinische Erdölgesellschaft*
YPFB Yacimientos Petrolíferos Fiscales Bolivianos *bolivianische Erdölgesellschaft*

Z

ZUR Zona de Urgente Reindustrialización *Gebiet, das vorrangig wieder industrialisiert werden soll*

Zahlwörter

Numerales

Grundzahlen
Números cardinales

0 cero
1 uno, una
2 dos
3 tres
4 cuatro
5 cinco
6 seis
7 siete
8 ocho
9 nueve
10 diez
11 once
12 doce
13 trece
14 catorce
15 quince
16 dieciséis
17 diecisiete
18 dieciocho
19 diecinueve
20 veinte
21 veintiuno, veintiún
22 veintidós
30 treinta
31 treinta y uno
40 cuarenta
50 cincuenta
60 sesenta
70 setenta
80 ochenta
90 noventa
100 ciento, cien
101 ciento uno
200 doscientos
300 trescientos
400 cuatrocientos
500 quinientos
600 seiscientos
700 setecientos
800 ochocientos
900 novecientos
1.000 mil
1.875 mil ochocientos setenta y cinco
3.000 tres mil
100.000 cien mil
500.000 quinientos mil
1.000.000 un millón (de)
2.000.000 dos millones (de)

Ordnungszahlen
Números ordinales

1.º primero
2.º segundo
3.º tercero
4.º cuarto
5.º quinto
6.º sexto
7.º sé(p)timo
8.º octavo
9.º noveno, nono
10.º décimo
11.º undécimo
12.º duodécimo
13.º decimotercero, decimotercio
14.º decimocuarto
15.º decimoquinto
16.º decimosexto
17.º decimoséptimo
18.º decimoctavo
19.º decimonoveno, decimonono
20.º vigésimo
21.º vigésimo primero, vigésimo primo
22.º vigésimo segundo
30.º trigésimo
31.º trigésimo prim(er)o
40.º cuadragésimo
50.º quincuagésimo
60.º sexagésimo
70.º septuagésimo
80.º octogésimo
90.º nonagésimo
100.º centésimo
101.º centésimo primero
200.º ducentésimo
300.º tricentésimo
400.º cuadringentésimo
500.º quingentésimo
600.º sexcentésimo
700.º septingentésimo
800.º octingentésimo
900.º noningentésimo
1.000.º milésimo
1.875.º milésimo octingentésimo septuagésimo quinto
3.000.º tres milésimo
100.000.º cien milésimo
500.000.º quinientos milésimo
1.000.000.º millonésimo
2.000.000.º dos millonésimo

Bruchzahlen
Números quebrados

$1/2$ medio, media; $1\,1/2$ uno y medio; $1/2$ *Meile* media legua; $1\,1/2$ *Meile* legua y media.

$1/3$ un tercio; $2/3$ dos tercios.

$1/4$ un cuarto; $3/4$ tres cuartos *od.* las tres cuartas partes; $1/4$ *Stunde* un cuarto de hora; $1\,1/4$ *Stunde* una hora y un cuarto.

$1/5$ un quinto; $3\,4/5$ tres y cuatro quintos.

$1/11$ un onzavo; $5/12$ cinco dozavos; $7/13$ siete trezavos *usw.*

Vervielfältigungszahlen
Números proporcionales

Einfach simple, **zweifach** doble, duplo, **dreifach** triple, **vierfach** cuádruplo, **fünffach** quíntuplo *usw.*

Einmal una vez; **zwei-, drei-, viermal** *usw.* dos, tres, cuatro veces; **zweimal soviel** dos veces más; **noch einmal** otra vez.

Erstens, zweitens, drittens *usw.* primero, segundo, tercero (1.º, 2.º, 3.º); en primer lugar, en segundo lugar *usw.*; primeramente.

$7 + 8 = 15 =$ siete y ocho son quince.

$10 - 3 = 7 =$ diez menos tres son siete.
de tres a diez van siete.

$2 \times 3 = 6 =$ dos por tres son seis.

$20 : 4 = 5 =$ veinte dividido por cuatro es cinco.
veinte entre cuatro son cinco.

Konjugation der spanischen Verben

Die den Verben im Wörterbuch in eckigen Klammern beigefügten Zahlen und Buchstaben [1b, 1c, 1d usw.] verweisen auf die folgenden Erläuterungen zur Konjugation der spanischen unregelmäßigen Verben. Nicht aufgeführte Formen werden regelmäßig gebildet.

Den Erläuterungen zur Konjugation der unregelmäßigen Verben sind Paradigmen der drei regelmäßigen Konjugationen vorangestellt. Auf sie wird im Wörterbuch nicht verwiesen, so daß hinter Verben fehlende Verweisziffern bedeuten, daß das betreffende Verb regelmäßig konjugiert wird.

pres. de ind. = presente de indicativo; *pres. de subj.* = presente de subjuntivo; *impf. de ind.* = imperfecto de indicativo; *impf. de subj.* = imperfecto de subjuntivo; *pret. indef.* = pretérito indefinido; *fut. de ind.* = futuro de indicativo; *fut. de subj.* = futuro de subjuntivo; *cond.* = condicional; *imp.* = imperativo; *ger.* = gerundio; *part.* = participio.

Erste Konjugation

A. Regelmäßige Konjugation der Verben auf -ar

Der Stamm bleibt in Schrift und Aussprache unverändert.

Indicativo

pres.: mando, mandas, manda, mandamos, mandáis, mandan

impf.: mandaba, mandabas, mandaba, mandábamos, mandabais, mandaban

pret. indef.: mandé, mandaste, mandó, mandamos, mandasteis, mandaron

fut.: mandaré, mandarás, mandará, mandaremos, mandaréis, mandarán

cond.: mandaría, mandarías, mandaría, mandaríamos, mandaríais, mandarían

Subjuntivo

pres.: mande, mandes, mande, mandemos, mandéis, manden

impf. I: mandara, mandaras, mandara, mandáramos, mandarais, mandaran

impf. II: mandase, mandases, mandase, mandásemos, mandaseis, mandasen

fut.: mandare, mandares, mandare, mandáremos, mandareis, mandaren

Imperativo

manda (no mandes), mande Vd., mandemos, mandad (no mandéis), manden Vds.

Infinitivo   Gerundio
mandar   mandando
Participio
mandado

Die Bildung der **zusammengesetzten Zeiten** des Aktivs *aller* Verben erfolgt mit den Formen von haber [2k] und dem Partizip, das unverändert bleibt.

[1b] **cambiar** — Das *i* des Stammes ist unbetont; das Verb ist regelmäßig. Ebenso werden alle Verben auf -iar konjugiert, sofern sie nicht zum Typ *variar* [1c] gehören

[1c] **variar** — Das *i* wird in den stammbetonten Formen mit dem Akzent versehen. *pres. de ind.* varío, varías, varía, variamos, variáis, varían — *pret. indef.* varié — *pres. de subj.* varíe, varíes, varíe, variemos, variéis, varíen

[1d] **evacuar** — Das *u* des Stammes ist unbetont; das Verb ist regelmäßig. Ebenso werden alle Verben auf -uar konjugiert, sofern sie nicht zum Typ *acentuar* [1e] gehören

[1e] **acentuar** — Das *u* wird in den stammbetonten Formen mit dem Akzent versehen. *pres. de ind.* acentúo, acentúas, acentúa, acentuamos, acentuáis, acentúan — *pret. indef.* acentué — *pres. de subj.* acentúe, acentúes, acentúe, acentuemos, acentuéis, acentúen

[1f] **cruzar** — Der Stammauslaut *z* wird vor *e* in *c* verwandelt. Ebenso werden alle Verben auf -zar konjugiert. *pres. de ind.* cruzo — *pret. indef.* crucé, cruzaste, cruzó, cruzamos, cruzasteis, cruzaron — *pres. de subj.* cruce, cruces, cruce, crucemos, crucéis, crucen

[1g] **tocar** — Der Stammauslaut *c* wird vor *e* in *qu* verwandelt. *pres. de ind.* toco — *pret. indef.* toqué, tocaste, tocó, tocamos, tocasteis, tocaron — *pres. de subj.* toque, toques, toque, toquemos, toquéis, toquen

[1h] **pagar** — Der Stammauslaut *g* wird vor *e* in *gu* (*u* stumm!) verwandelt. Ebenso werden alle Verben auf -gar konjugiert. *pres. de ind.* pago — *pret. indef.* pagué, pagaste, pagó, pagamos, pagasteis, pagaron — *pres. de subj.* pague, pagues, pague, paguemos, paguéis, paguen

[1i] **fraguar** — Der Stammauslaut *gu* wird vor *e* in *gü* (*u* mit Trema lautend!) verwandelt. Ebenso werden alle Verben auf -guar konjugiert. *pres. de ind.* fraguo — *pret. indef.* fragüé, fraguaste, fraguó, fraguamos, fraguasteis, fraguaron — *pres. de subj.* fragüe, fragües, fragüe, fragüemos, fragüéis, fragüen

[1k] **pensar** — Betontes Stamm-*e* wird in *ie* verwandelt. *pres. de ind.* pienso, piensas, piensa, pensamos, pensáis, piensan — *pret. indef.* pensé — *pres. de subj.* piense, pienses, piense, pensemos, penséis, piensen

[1l] **errar** — Betontes Stamm-*e* wird, weil es am Anfang des Wortes steht, in *ye* verwandelt. *pres. de ind.* yerro, yerras, yerra, erramos, erráis, yerran — *pret. indef.* erré — *pres. de subj.* yerre, yerres, yerre, erremos, erréis, yerren

[1m] **contar** — Betontes Stamm-*o* wird in *ue* (*u* lautend!) verwandelt. *pres. de ind.* cuento, cuentas, cuenta, contamos, contáis, cuentan — *pret. indef.* conté — *pres. de subj.* cuente, cuentes, cuente, contemos, contéis, cuenten

[1n] **agorar** — Betontes Stamm-*o* wird in *üe* (*u* mit Trema lautend!) verwandelt. *pres. de ind.* agüero, agüeras, agüera, agoramos, agoráis, agüeran — *pret. indef.* agoré — *pres. de subj.* agüere, agüeres, agüere, agoremos, agoréis, agüeren

[1o] **jugar** — Betontes Stamm-*u* wird in *ue* verwandelt. Der Stammauslaut *g* wird vor *e* in *gu* (*u* stumm!) verwandelt (vgl. pagar [1h]); con-

jugar und *enjugar* sind regelmäßig. *pres. de ind.* juego, juegas, juega, jugamos, jugáis, j**uegan** — *pret. indef.* jugué, jugaste, jugó, jugamos, jugasteis, jugaron — *pres. de subj.* j**uegue**, j**uegues**, j**uegue**, juguemos, juguéis, j**ueguen**

[1p] **estar** — *pres. de ind.* estoy, estás, está, estamos, estáis, están — *impf. de ind.* estaba — *pret. indef.* estuve, estuviste, estuvo, estuvimos, estuvisteis, estuvieron — *fut. de ind.* estaré — *cond.* estaría — *pres. de subj.* esté, estés, esté, estemos, estéis, estén — *impf. de subj.* estuviera (estuviese), estuvieras (estuvieses), estuviera (estuviese), estuviéramos (estuviésemos), estuvierais (estuvieseis), estuvieran (estuviesen) — *fut. de subj.* estuviere, estuvieres, estuviere, estuviéremos, estuviereis, estuvieren — *imp.* está (no estés), esté Vd., estemos, estad (no estéis), estén Vds. — *ger.* estando — *part.* estado

[1q] **andar** — Unregelmäßig sind nur die Formen des *pret. indef.* und Ableitungen: anduve, anduviste, anduvo, anduvimos, anduvisteis, anduvieron

[1r] **dar** — Unregelmäßig sind außer der 1. Person des *pres. de ind.* und der 1. und 3. Person des *pres. de subj.* (Akzent) nur die Formen des *pret. indef.* und Ableitungen: *pres. de ind.* doy, das, da, damos, dais, dan — *pret. indef.* di, diste, dio, dimos, disteis, dieron — *pres. de subj.* dé, des, dé, demos, deis, den

Zweite Konjugation

A. Regelmäßige Konjugation der Verben auf -er
Der Stamm bleibt in Schrift und Aussprache unverändert.

Indicativo
pres.: vendo, vendes, vende, vendemos, vendéis, venden

impf.: vendía, vendías, vendía, vendíamos, vendíais, vendían

pret. indef.: vendí, vendiste, vendió, vendimos, vendisteis, vendieron

fut.: venderé, venderás, venderá, venderemos, venderéis, venderán

cond.: vendería, venderías, vendería, venderíamos, venderíais, venderían

Subjuntivo
pres.: venda, vendas, venda, vendamos, vendáis, vendan

impf. I: vendiera, vendieras, vendiera, vendiéramos, vendierais, vendieran

impf. II: vendiese, vendieses, vendiese, vendiésemos, vendieseis, vendiesen

fut.: vendiere, vendieres, vendiere, vendiéremos, vendiereis, vendieren

Imperativo
vende (no vendas), venda Vd., vendamos, vended (no vendáis), vendan Vds.

Infinitivo **Gerundio**
vender vendiendo
Participio
vendido

Die Bildung der **zusammengesetzten Zeiten** des Aktivs *aller* Verben erfolgt mit den Formen von haber [2k] und dem Partizip, das unverändert bleibt.

[2b] **vencer** — Der Stammauslaut *c* wird vor *a* und *o* in *z* verwandelt. *pres. de ind.* venzo, vences, vence, vencemos, vencéis, vencen — *pret. indef.* vencí — *pres. de subj.* venza, venzas, venza, venzamos, venzáis, venzan

[2c] **coger** — Der Stammauslaut *g* wird vor *a* und *o* in *j* verwandelt. *pres. de ind.* cojo, coges, coge, cogemos, cogéis, cogen — *pret. indef.* cogí — *pres. de subj.* coja, cojas, coja, cojamos, cojáis, cojan

[2d] **merecer** — Der Stammauslaut *c* wird vor *a* und *o* in *zc* verwandelt. *pres. de ind.* merezco, mereces, merece, merecemos, merecéis, merecen — *pret. indef.* merecí — *pres. de subj.* merezca, merezcas, merezca, merezcamos, merezcáis, merezcan

[2e] **creer** — Unbetontes *i* zwischen zwei Vokalen wird in *y* verwandelt. *pres. de ind.* creo — *pret. indef.* creí, creíste, creyó, creímos, creísteis, creyeron — *pres. de subj.* crea — *ger.* creyendo — *part.* creído

[2f] **tañer** — Unbetontes *i* nach *ñ* und *ll* fällt aus. *pres. de ind.* taño — *pret. indef.* tañí, tañiste, tañó, tañimos, tañisteis, tañeron — *pres. de subj.* taña — *ger.* tañendo — *part.* tañido

[2g] **perder** — Betontes Stamm-*e* wird in *ie* verwandelt. *pres. de ind.* p**ie**rdo, p**ie**rdes, p**ie**rde, perdemos, perdéis, p**ie**rden — *pret. indef.* perdí — *pres. de subj.* p**ie**rda, p**ie**rdas, p**ie**rda, perdamos, perdáis, p**ie**rdan

[2h] **mover** — Betontes Stamm-*o* wird in *ue* verwandelt. Verben auf -*olver* haben im *part.* die Endung -*uelto*. *pres. de ind.* m**ue**vo, m**ue**ves, m**ue**ve, movemos, movéis, m**ue**ven — *pret. indef.* moví — *pres. de subj.* m**ue**va, m**ue**vas, m**ue**va, movamos, mováis, m**ue**van — **absolver:** *part.* absuelto

[2i] **oler** — Am Anfang des Wortes stehendes betontes Stamm-*o* wird in *hue-* verwandelt. *pres. de ind.* h**ue**lo, h**ue**les, h**ue**le, olemos, oléis, h**ue**len — *pret. indef.* olí — *pres. de subj.* h**ue**la, h**ue**las, h**ue**la, olamos, oláis, h**ue**lan

[2k] **haber** — *pres. de ind.* he, has, ha, hemos, habéis, han — *impf. de ind.* había — *pret. indef.* hube, hubiste, hubo, hubimos, hubisteis, hubieron — *fut. de ind.* habré — *cond.* habría — *pres. de subj.* haya, hayas, haya, hayamos, hayáis, hayan — *impf. de subj.* hubiera (hubiese) — *fut. de subj.* hubiere — *imp.* he (no hayas), haya Vd., hayamos, habed (no hayáis), hayan Vds. — *ger.* habiendo — *part.* habido

[2l] **tener** — *pres. de ind.* tengo, tienes, tiene, tenemos, tenéis, tienen — *impf. de ind.* tenía — *pret. indef.* tuve, tuviste, tuvo, tuvimos, tuvisteis, tuvieron — *fut. de ind.* tendré — *cond.* tendría — *pres. de subj.* tenga, tengas, tenga, tengamos, tengáis, tengan — *impf. de subj.* tuviera (tuviese) — *fut. de subj.* tuviere — *imp.* ten (no tengas), tenga Vd., tengamos, tened (no tengáis), tengan Vds. — *ger.* teniendo — *part.* tenido

[2m] **caber** — *pres. de ind.* quepo, cabes, cabe, cabemos, cabéis, caben — *impf. de ind.* cabía — *pret. indef.* cupe, cupiste, cupo, cupimos, cupisteis, cupieron — *fut. de ind.* cabré — *cond.* cabría — *pres. de subj.* quepa, quepas, quepa, quepamos, quepáis, quepan — *imp.* cabe (no quepas), quepa Vd., quepamos, cabed (no quepáis), quepan Vds. — *ger.* cabiendo — *part.* cabido

[2n] **saber** — *pres. de ind.* sé, sabes, sabe, sabemos, sabéis, saben — *impf. de ind.* sabía — *pret. indef.* supe, supiste, supo, supimos, supisteis, supieron — *fut. de ind.* sabré — *cond.* sabría — *pres. de subj.* sepa, sepas, sepa, sepamos, sepáis, sepan — *imp.* sabe (no sepas), sepa Vd., sepamos, sabed (no sepáis), sepan Vds. — *ger.* sabiendo — *part.* sabido

[2o] **caer** — *pres. de ind.* caigo, caes, cae, caemos, caéis, caen — *impf. de ind.* caía — *pret. indef.* caí, caíste, cayó, caímos, caísteis, cayeron — *pres. de subj.* caiga, caigas, caiga, caigamos, caigáis, caigan — *imp.* cae (no caigas), caiga Vd., caigamos, caed (no caigáis), caigan Vds. — *ger.* cayendo — *part.* caído

[2p] **traer** — *pres. de ind.* traigo, traes, trae, traemos, traéis, traen — *impf. de ind.* traía — *pret. indef.* traje, trajiste, trajo, trajimos, trajisteis, trajeron — *pres. de subj.* traiga, traigas, traiga, traigamos, traigáis, traigan — *imp.* trae (no traigas), traiga Vd., traigamos, traed (no traigáis), traigan Vds. — *ger.* trayendo — *part.* traído

[2q] **valer** — *pres. de ind.* valgo, vales, vale, valemos, valéis, valen — *impf. de ind.* valía — *pret. indef.* valí — *fut. de ind.* valdré — *cond.* valdría — *pres. de subj.* valga, valgas, valga, valgamos, valgáis, valgan — *imp.* vale (no valgas), valga Vd., valgamos, valed (no valgáis), valgan Vds. — *ger.* valiendo — *part.* valido

[2r] **poner** — *pres. de ind.* pongo, pones, pone, ponemos, ponéis, ponen — *impf. de ind.* ponía — *pret. indef.* puse, pusiste, puso, pusimos, pusisteis, pusieron — *fut. de ind.* pondré — *cond.* pondría — *pres. de subj.* ponga, pongas, ponga, pongamos, pongáis, pongan — *imp.* pon (no pongas), ponga Vd., pongamos, poned (no pongáis), pongan Vds. — *ger.* poniendo — *part.* puesto

[2s] **hacer** — *pres. de ind.* hago, haces, hace, hacemos, hacéis, hacen — *impf. de ind.* hacía — *pret. indef.* hice, hiciste, hizo, hicimos, hicisteis, hicieron — *fut. de ind.* haré — *cond.* haría — *pres. de subj.* haga, hagas, haga, hagamos, hagáis, hagan — *imp.* haz (no hagas),

haga Vd., hagamos, haced (no hagáis), hagan Vds. — *ger.* haciendo — *part.* hecho

[2t] **poder** — *pres. de ind.* puedo, puedes, puede, podemos, podéis, pueden — *impf. de ind.* podía — *pret. indef.* pude, pudiste, pudo, pudimos, pudisteis, pudieron — *fut. de ind.* podré — *cond.* podría — *pres. de subj.* pueda, puedas, pueda, podamos, podáis, puedan — *imp.* puede (no puedas), pueda Vd., podamos, poded (no podáis), puedan Vds. — *ger.* pudiendo — *part.* podido

[2u] **querer** — *pres. de ind.* quiero, quieres, quiere, queremos, queréis, quieren — *impf. de ind.* quería — *pret. indef.* quise, quisiste, quiso, quisimos, quisisteis, quisieron — *fut. de ind.* querré — *cond.* querría — *pres. de subj.* quiera, quieras, quiera, queramos, queráis, quieran — *imp.* quiere (no quieras), quiera Vd., queramos, quered (no queráis), quieran Vds. — *ger.* queriendo — *part.* querido

[2v] **ver** — *pres. de ind.* veo, ves, ve, vemos, veis, ven — *impf. de ind.* veía — *pret. indef.* vi, viste, vio, vimos, visteis, vieron — *pres. de subj.* vea, veas, vea, veamos, veáis, vean — *imp.* ve (no veas), vea Vd., veamos, ved (no veáis), vean Vds. — *ger.* viendo — *part.* visto

[2w] **ser** — *pres. de ind.* soy, eres, es, somos, sois, son — *impf. de ind.* era, eras, era, éramos, erais, eran — *pret. indef.* fui, fuiste, fue, fuimos, fuisteis, fueron — *pres. de subj.* sea, seas, sea, seamos, seáis, sean — *impf. de subj.* fuera (fuese) — *fut. de subj.* fuere — *imp.* sé (no seáis), sea Vd., seamos, sed (no seáis), sean Vds. — *ger.* siendo — *part.* sido

[2x] **placer** — Fast nur in der 3. Person *sg.* gebräuchlich. Unregelmäßige Formen: *pres. de subj.* plega und plegue neben plazca — *pret. indef.* plugo (oder plació), pluguieron (oder placieron) — *impf. de subj.* pluguiera, pluguiese (oder placiera, placiese) — *fut de subj.* pluguiere (oder placiere)

[2y] **yacer** — Fast nur in der 3. Person *sg.* gebräuchlich. *pres. de ind.* yazco (oder yazgo, yago), yaces, yace usw. — *pres. de subj.* yazca (oder yazga, yaga), yazcas, yazca usw. — *imp.* yace und yaz

[2z] **raer** — *pres. de ind.* raigo (oder rayo), raes, rae usw. — *pres. de subj.* raiga (oder raya), raigas (oder rayas), raiga (oder raya) usw. Sonst regelmäßig

[2za] **roer** — *pres. de ind.* roigo (oder royo), roes, roe usw. — *pres. de subj.* roiga (oder roya), roigas (oder royas), roiga (oder roya) usw. Sonst regelmäßig

Dritte Konjugation

A. Regelmäßige Konjugation der Verben auf -ir

Der Stamm bleibt in Schrift und Aussprache unverändert.

Indicativo
pres.: recibo, recibes, recibe, recibimos, recibís, reciben
impf.: recibía, recibías, recibía, recibíamos, recibíais, recibían
pret. indef.: recibí, recibiste, recibió, recibimos, recibisteis, recibieron
fut.: recibiré, recibirás, recibirá, recibiremos, recibiréis, recibirán
cond.: recibiría, recibirías, recibiría, recibiríamos, recibiríais, recibirían

Subjuntivo
pres.: reciba, recibas, reciba, recibamos, recibáis, reciban
impf. I: recibiera, recibieras, recibiera, recibiéramos, recibierais, recibieran
impf. II: recibiese, recibieses, recibiese, recibiésemos, recibieseis, recibiesen
fut.: recibiere, recibieres, recibiere, recibiéremos, recibiereis, recibieren

Imperativo
recibe (no recibas), reciba Vd., recibamos, recibid (no recibáis), reciban Vds.

Infinitivo   **Gerundio**
recibir   recibiendo
Participio
recibido

Die Bildung der **zusammengesetzten Zeiten** des Aktivs *aller* Verben erfolgt mit den Formen von haber [2k] und dem Partizip, das unverändert bleibt.

[3b] **esparcir** — Der Stammauslaut *c* wird vor *a* und *o* in *z* verwandelt. *pres. de ind.* esparzo, esparces, esparce, esparcimos, esparcís, esparcen — *pret. indef.* esparcí — *pres. de subj.* esparza, esparzas, esparza, esparzamos, esparzáis, esparzan

[3c] **dirigir** — Der Stammauslaut *g* wird vor *a* und *o* in *j* verwandelt. *pres. de ind.* dirijo, diriges, dirige, dirigimos, dirigís, dirigen — *pret. indef.* dirigí — *pres. de subj.* dirija, dirijas, dirija, dirijamos, dirijáis, dirijan

[3d] **distinguir** — Das *u* nach dem Stammauslaut *g* fällt vor *a* und *o* aus. *pres. de ind.* distingo, distingues, distingue, distinguimos, distinguís, distinguen — *pret. indef.* distinguí — *pres. de subj.* distinga, distingas, distinga, distingamos, distingáis, distingan

[3e] **delinquir** — Der Stammauslaut *qu* wird vor *a* und *o* in *c* verwandelt. *pres. de ind.* delinco, delinques, delinque, delinquimos, delinquís, delinquen — *pret. indef.* delinquí — *pres. de subj.* delinca, delincas, delinca, delincamos, delincáis, delincan

[3f] **lucir** — Der Stammauslaut *c* wird vor *a* und *o* in *zc* verwandelt. *pres. de ind.* luzco, luces, luce, lucimos, lucís, lucen — *pret. indef.* lucí — *pres. de subj.* luzca luzcas, luzca, luzcamos, luzcáis, luzcan

[3g] **concluir** — Fügt in allen Formen, deren Endung nicht mit einem silbenbildenden *i* beginnt, ein *y* hinter dem Stamm ein. *pres. de ind.* concluyo, concluyes, concluye, concluimos, concluís, concluyen — *pret. indef.* concluí, concluiste, concluyó, concluimos, concluisteis, concluyeron — *pres. de subj.* concluya, concluyas, concluya, concluyamos, concluyáis, concluyan — *ger.* concluyendo — *part.* concluido

[3h] **gruñir** — Unbetontes *i* fällt nach *ñ* aus*. *pres. de ind.* gruño, gruñes, gruñe, gruñimos, gruñís, gruñen — *pret. indef.* gruñí, gruñiste, gruñó, gruñimos, gruñisteis, gruñeron — *pres. de subj.* gruña, gruñas, gruña, gruñamos, gruñáis, gruñan — *ger.* gruñendo — *part.* gruñido

[3i] **sentir** — Betontes Stamm-*e* wird in *ie* verwandelt. Unbetontes Stamm-*e* wird in der 2. Person *pl.* des *pres. de subj.***, in der 3. Person *sg.* und *pl.* des *pret. indef.* sowie im *ger.* in *i* verwandelt. *pres. de ind.* siento, sientes, siente, sentimos, sentís, sienten — *pret. indef.* sentí, sentiste, sintió, sentimos, sentisteis, sintieron — *pres. de subj.* sienta, sientas, sienta, sintamos, sintáis, sientan — *ger.* sintiendo — *part.* sentido

[3k] **dormir** — Betontes Stamm-*o* wird in *ue* verwandelt. Unbetontes Stamm-*o* wird in der 1. und 2. Person *pl.* des *pres. de subj.*, in der 3. Person *sg.* und *pl.* des *pret. indef.* sowie im *ger.* in *u* verwandelt. *pres. de ind.* duermo, duermes, duerme, dormimos, dormís, duermen — *pret. indef.* dormí, dormiste, durmió, dormimos, dormisteis, durmieron — *pres. de subj.* duerma, duermas, duerma, durmamos, durmáis, duerman — *ger.* durmiendo — *part.* dormido

[3l] **medir** — Betontes Stamm-*e* wird in *i* verwandelt. Unbetontes Stamm-*e* wird in der 1. und 2. Person *pl.* des *pres. de subj.*, in der 3. Person *sg.* und *pl.* des *pret. indef.* sowie im *ger.* ebenfalls in *i* verwandelt. *pres. de ind.* mido, mides, mide, medimos, medís, miden — *pret. indef.* medí, mediste, midió, medimos, medisteis, midieron — *pres. de subj.* mida, midas, mida, midamos, midáis, midan — *ger.* midiendo — *part.* medido

[3m] **reír** — *pres. de ind.* río, ríes, ríe, reímos, reís, ríen — *impf. de ind.* reía — *pret. indef.* reí, reíste, rió, reímos, reísteis, rieron — *fut. de ind.* reiré — *cond.* reiría — *pres. de subj.* ría, rías, ría, riamos, riáis, rían — *imp.* ríe (no rías), ría Vd.,

---

*Ebenso nach *ch* und *ll*: **henchir** — hinchó, hincheron, hinchendo; **mullir** — mulló, mulleron, mullendo

In **adquirir u. a. wird betontes Stamm-*i* in *ie* verwandelt. *pres. de ind.* adquiero, adquieres, adquiere, adquirimos, adquirís, adquieren — *pres. de subj.* adquiera, adquieras, adquiera, adquiramos, adquiráis, adquieran

riamos, reíd (no riáis), rían Vds. — *ger.* riendo — *part.* reído

[3n] **erguir** — Betontes Stamm-*e* wird in *i* verwandelt. Unbetontes Stamm-*e* wird in der 1. und 2. Person *pl.* des *pres. de subj.*, in der 3. Person *sg.* und *pl.* des *pret. indef.* sowie im *ger.* ebenfalls in *i* verwandelt. Nebenformen in *pres. de ind.*, *pres. de subj.* und *imp. pres. de ind.* irgo (yergo), irgues (yergues), irgue (yergue), erguimos, erguís, irguen (yerguen) — *pret. indef.* erguí, erguiste, irguió, erguimos, erguisteis, irguieron — *pres. de subj.* irga (yerga), irgas (yergas), irga (yerga), irgamos (yergamos), irgáis (yergáis), irgan (yergan) — *imp.* irgue *od.* yergue (no irgas *od.* yergas), irga Vd. (yerga Vd.), irgamos (yergamos), erguid (no irgáis *od.* yergáis), irgan Vds. (yergan Vds.) — *ger.* irguiendo — *part.* erguido

[3o] **conducir** — Der Stammauslaut *c* wird vor *a* und *o* in *zc* verwandelt. Unregelmäßiges *pret. indef.* auf -*uje.* *pres. de ind.* conduzco, conduces, conduce, conducimos, conducís, conducen — *pret. indef.* conduje, condujiste, condujo, condujimos, condujisteis, condujeron — *pres. de subj.* conduzca, conduzcas, conduzca, conduzcamos, conduzcáis, conduzcan

[3p] **decir** — *pres. de ind.* digo, dices, dice, decimos, decís, dicen — *impf. de ind.* decía — *pret. indef.* dije, dijiste, dijo, dijimos, dijisteis, dijeron — *fut. de ind.* diré — *cond.* diría — *pres. de subj.* diga, digas, diga, digamos, digáis, digan — *imp.* di (no digas), diga Vd., digamos, decid (no digáis), digan Vds. — *ger.* diciendo — *part.* dicho

[3q] **oír** — *pres. de ind.* oigo, oyes, oye, oímos, oís, oyen — *impf. de ind.* oía — *pret. indef.* oí, oíste, oyó, oímos, oísteis, oyeron — *fut. de ind.* oiré — *cond.* oiría — *pres. de subj.* oiga, oigas, oiga, oigamos, oigáis, oigan — *imp.* oye (no oigas), oiga Vd., oigamos, oíd (no oigáis), oigan Vds. — *ger.* oyendo — *part.* oído

[3r] **salir** — *pres. de ind.* salgo, sales, sale, salimos, salís, salen — *impf. de ind.* salía — *pret. indef.* salí — *fut. de ind.* saldré — *cond.* saldría — *pres. de subj.* salga, salgas, salga, salgamos, salgáis, salgan — *imp.* sal (no salgas), salga Vd., salgamos, salid (no salgáis), salgan Vds.

[3s] **venir** — *pres. de ind.* vengo, vienes, viene, venimos, venís, vienen — *impf. de ind.* venía — *pret. indef.* vine, viniste, vino, vinimos, vinisteis, vinieron — *fut. de ind.* vendré — *cond.* vendría — *pres. de subj.* venga, vengas, venga, vengamos, vengáis, vengan — *imp.* ven (no vengas), venga Vd., vengamos, venid (no vengáis), vengan Vds. — *ger.* viniendo — *part.* venido

[3t] **ir** — *pres. de ind.* voy, vas, va, vamos, vais, van — *impf. de ind.* iba, ibas, iba, íbamos, ibais, iban — *pret. indef.* fui, fuiste, fue, fuimos, fuisteis, fueron — *fut. de ind.* iré — *cond.* iría — *pres. de subj.* vaya, vayas, vaya, vayamos, vayáis, vayan — *imp.* ve (no vayas), vaya Vd., vayamos, id (no vayáis), vayan Vds. — *ger.* yendo — *part.* ido

LANGENSCHEIDTS
HANDWÖRTERBÜCHER

Langenscheidt Diccionario Grande Alemán

Segunda parte
Alemán-Español

Prof. Enrique Alvarez-Prada y
Gisela Haberkamp de Antón

Editado por
la Redacción Langenscheidt

LANGENSCHEIDT
BERLÍN · MÚNICH · VIENA · ZÚRICH · NUEVA YORK

Langenscheidts Handwörterbuch Spanisch

Teil II
Deutsch-Spanisch

Von
Prof. Enrique Alvarez-Prada
und
Gisela Haberkamp de Antón

Herausgegeben von der
Langenscheidt-Redaktion

LANGENSCHEIDT
BERLIN · MÜNCHEN · WIEN · ZÜRICH · NEW YORK

Die Nennung von Waren erfolgt in diesem Werk, wie in Nachschlagewerken üblich, ohne Erwähnung etwa bestehender Patente, Gebrauchsmuster oder Marken. Das Fehlen eines solchen Hinweises begründet also nicht die Annahme, eine nicht gekennzeichnete Ware oder eine Dienstleistung sei frei.

© 2001 Langenscheidt KG, Berlin und München
Druck: C. H. Beck'sche Buchdruckerei, Nördlingen
Printed in Germany | ISBN 3-468-04348-1

Vorwort

Seit Jahrzehnten gehören die Handwörterbücher von Langenscheidt zum Handwerkszeug aller, die auf ein umfassendes Nachschlagewerk für gehobene Ansprüche bei ihrer Arbeit oder im Studium angewiesen sind. Auch das deutsch-spanische Handwörterbuch erfüllt den Wunsch nach einem umfangreichen und zugleich handlichen Wörterbuch und bietet dem Benutzer in der vorliegenden Neubearbeitung den modernen lebendigen Wortschatz der deutschen und spanischen Sprache in übersichtlicher Form dar. Die deutschen Stichwörter und ihre spanischen Übersetzungen werden dabei durch präzise Anwendungsbeispiele, idiomatische Wendungen und genaue Angaben zur jeweiligen Sprachgebrauchsebene ergänzt.

In besonderem Maße enthält dieses Wörterbuch die sprachlichen Neubildungen der letzten Jahre. Allgemeinsprachliches Wortgut ist dabei ebenso berücksichtigt wie der Wortschatz von Industrie und Technik, Medizin, Wirtschaft, Politik und Umweltschutz. Als Beispiele seien hier genannt: Altersteilzeit (*reducción de jornada por edad*), CD-Brenner (*grabadora de CD*), chatten (*chatear*), E-Kommerz (*comercio electrónico*), Euroland (*zona del euro*), Freisprechanlage (*sistema de manos libres*), Geldkarte (*tarjeta monedero*), Hörbuch (*audiolibro*), Homebanking (*telebanco*), Web-Seite (*página Web*), zappen (*canalear, zapear*).

Idiomatische Redensarten der deutschen Sprache sind im Wörterbuch stark vertreten. So findet der Benutzer beispielsweise bei den Stichwörtern „Durst, Hals, Kopf, Naht" die Wendungen *einen über den Durst trinken, er kann den Hals nicht voll kriegen, Geld auf den Kopf hauen, er platzt aus allen Nähten*. Die spanische Übersetzung entspricht der jeweiligen Stilebene des Deutschen so genau wie möglich.

Ausdrücke und Wendungen der Umgangssprache werden in diesem Wörterbuch je nach ihrer Gebrauchsebene durch ein „F" (= familiär), „P" (= populär) oder „V" (= vulgär) gekennzeichnet (siehe z. B. *doof, ochsen, Zaster*). Diese Angaben bewahren den Benutzer besonders bei Ausdrücken der niederen Sprachebene vor Fehlgriffen.

Die Anhänge erhöhen den Gebrauchswert dieses Wörterbuches zusätzlich. Neben den Zahlwörtern, einer Darstellung der gebräuchlichen deutschen Abkürzungen und ihrer spanischen Übersetzung und einer Liste der unregelmäßigen deutschen Verben enthalten sie auch eine Zusammenstellung von Musterbriefen aus dem privaten und geschäftlichen Bereich.

Entsprechend den wirtschaftlichen und kulturellen Beziehungen zwischen den lateinamerikanischen Staaten und den deutschsprachigen Ländern ist der lateinamerikanische Wortschatz in weitem Umfang berücksichtigt worden.

Verfasser und Verlag hoffen, daß dieses Handwörterbuch auch weiterhin eine gute Aufnahme findet und dazu beitragen wird, die vielfältigen Beziehungen zwischen den Ländern spanischer Sprache und den deutschsprachigen Gebieten zu festigen.

LANGENSCHEIDT VERLAG

Prólogo

Desde hace muchos decenios, los Diccionarios Grandes Langenscheidt figuran entre el bagaje profesional de quienes precisan una obra de consulta rigurosa y exigente para su trabajo o sus estudios. También el Diccionario Grande alemán-español colma los deseos de un diccionario a la vez amplio y manejable, y ofrece al usuario, en la presente revisión, el moderno vocabulario de uso, tanto alemán como español, de una forma clara y distinta. Las voces guía alemanas y sus respectivas traducciones españolas son completadas con precisos ejemplos de empleo, giros idiomáticos y especificaciones exactas sobre el adecuado nivel de uso.

Especial dimensión se ha otorgado en el presente diccionario a los nuevos vocablos formados en los últimos años, ya se trate de las expresiones comunes, ya del vocabulario técnico en los ámbitos más diversos: industria y técnica, medicina, economía, política y ecología. He aquí un par de ejemplos: Altersteilzeit (*reducción de jornada por edad*), CD-Brenner (*grabadora de CD*), chatten (*chatear*), E-Kommerz (*comercio electrónico*), Euroland (*zona del euro*), Freisprechanlage (*sistema de manos libres*), Geldkarte (*tarjeta monedero*), Hörbuch (*audiolibro*), Homebanking (*telebanco*), Web-Seite (*página Web*), zappen (*canalear, zapear*).

A los giros idiomáticos de la lengua alemana se les ha dado un margen muy amplio. Así, el usuario hallará, a título de ejemplo, en las voces „Durst, Hals, Kopf, Naht" las expresiones *einen über den Durst trinken, er kann den Hals nicht voll kriegen, Geld auf den Kopf hauen, er platzt aus allen Nähten*. La traducción española se atiene en lo posible al correspondiente nivel estilístico alemán.

Las expresiones y giros del lenguaje coloquial van caracterizados en este diccionario mediante una „F" (= familiar) „P" (= popular) o una „V" (= vulgar), de acuerdo con su respectivo nivel de uso (véase, p. ej., *doof, ochsen, Zaster*). Estas orientaciones previenen al usuario contra embarazosas equivocaciones, especialmente, tratándose de expresiones de nivel lingüístico más bien bajo.

Los apéndices confieren al presente diccionario un precioso valor adicional de uso. Aparte de los numerales, de una relación de las abreviaturas alemanas más corrientes con su traducción española y de una lista de los verbos irregulares alemanes, se ofrece también una compilación de cartas modelo del ámbito privado y comercial.

De acuerdo con las relaciones económicas y culturales entre los Estados de Latinoamérica y los países de lengua alemana, se ha tenido especialmente en cuenta el vocabulario peculiar latinoamericano.

Tanto el autor como la Editorial esperan que este diccionario siga hallando la tradicional aceptación, contribuyendo a consolidar las múltiples relaciones entre los países de lengua española y los de lengua alemana.

Los Editores
EDITORIAL LANGENSCHEIDT

Inhaltsverzeichnis
Índice

Vorwort	5
Prólogo	6
Hinweise für die Benutzung des Wörterbuches Instrucciones para el uso del diccionario	9
Erklärung der Zeichen und Abkürzungen Explicación de los signos y abreviaturas convencionales	11
Alfabeto alemán	14
Normas generales para la pronunciación alemana	15
Valor fonético de las letras de los diversos grupos de letras	19
Deutsch-Spanisches Wörterverzeichnis Vocabulario Alemán-Español	25
Lista alfabética de los verbos alemanes irregulares	633
Gebräuchliche Abkürzungen der deutschen Sprache Abreviaturas más usuales de la lengua alemana	636
Deutsche Maße und Gewichte Medidas y pesos alemanes	639
Zahlwörter Adjetivos numerales	640
Musterbriefe	641

Hinweise für die Benutzung des Wörterbuches
Instrucciones para el uso del diccionario

I. Die alphabetische Reihenfolge ist überall beachtet worden. Hierbei werden die Umlaute (ä, ö, ü) den Buchstaben a, o, u gleichgestellt.

An ihrem alphabetischen Platz sind gegeben:

a) die wichtigsten unregelmäßigen Steigerungsformen der Eigenschaftswörter;

b) die verschiedenen Formen der Fürwörter;

c) die wichtigsten Eigennamen.

II. Die Tilde (das Wiederholungszeichen) ~, ~, ♀, ♀ dient dazu, zusammengehörige und verwandte Wörter zu Gruppen zu vereinigen.

Die fette Tilde (~) vertritt das ganze voraufgegangene Wort oder den Wortteil vor dem senkrechten Strich (|) bzw. vor dem Doppelpunkt (...:), z. B. **Ausgabe** *f*, **~bank** *f* (= Ausgabebank), **aber|malig** *adj.*, **~mals** *adv.* (= abermals), **Arbeit...: ~geber** *m* (= Arbeitgeber).

Die einfache Tilde (~) vertritt bei den in Gillschrift gesetzten Anwendungsbeispielen das unmittelbar voraufgegangene Stichwort, das auch mit Hilfe der Tilde gebildet sein kann, z. B. **zunehmen** *v/i.* aumentar; ...; *an Alter ~* (= zunehmen) avanzar en edad; *~d adj. ...; ~er* (= zunehmender) *Mond* cuarto creciente; *es wird ~* (= zunehmend) *dunkler* va oscureciendo.

Die Tilde mit Kreis (♀) weist darauf hin, daß sich die Schreibung des Anfangsbuchstabens des voraufgegangenen Wortes in der Wiederholung ändert (groß in klein oder umgekehrt), z. B. **Art** *f*, **♀eigen** *adj.* (=

I. El orden alfabético ha sido rigurosamente observado. Las modificaciones vocálicas (ä, ö, ü) han sido equiparadas en él a las letras a, o, u.

En el correspondiente lugar alfabético se hallan:

a) las formas irregulares más importantes del comparativo y superlativo de los adjetivos;

b) las diferentes formas de los pronombres;

c) los nombres propios más importantes.

II. La tilde (signo de repetición) ~, ~, ♀, ♀ se emplea para reunir en grupos las palabras derivadas y las compuestas.

La tilde impresa en negrilla (~) substituye en su totalidad la voz guía o la parte de ella situada bien sea delante del trazo vertical (|) o bien precediendo a los dos puntos (...:), por ejemplo: **Ausgabe** *f*, **~bank** *f* (= Ausgabebank), **aber|malig** *adj.*, **~mals** *adv.* (= abermals), **Arbeit...: ~geber** *m* (= Arbeitgeber).

La tilde sencilla (~) substituye en los ejemplos de aplicación, impresos en letra «Gill», la voz guía inmediatamente precedente la cual, a su vez, también puede estar formada con ayuda de la tilde. Ejemplos: **zunehmen** *v/i.* aumentar; ...; *an Alter ~* (= zunehmen) avanzar en edad; *~d adj. ...; ~er* (= zunehmender) *Mond* cuarto creciente; *es wird ~* (= zunehmend) *dunkler* va oscureciendo.

La tilde con círculo (♀) indica que la letra inicial de la palabra o voz guía precedente, al ser repetida ésta, debe ser cambiada de mayúscula en minúscula o viceversa. Ejemplos: **Art** *f*, **♀eigen** *adj.* (= arteigen); **abge-**

arteigen); **abgeschieden** *adj.*, ⚬**heit** *f* (= Abgeschiedenheit); **heilig** *adj.*, *die* ⚬*e Schrift* la Sagrada Escritura.

III. Die Bedeutungsunterschiede der verschiedenen Übersetzungen sind durch bildliche Zeichen, abgekürzte Bedeutungshinweise (siehe Verzeichnis, S. 11) oder durch Sammelbegriffe wie *Sport, Radio usw.*, zuweilen auch durch verwandte Ausdrücke gekennzeichnet.

IV. Die betonte Silbe wird durch ein vorhergehendes Akzentzeichen gekennzeichnet (¹).

V. Der kurze Strich (-) in Wörtern wie **ab-änderlich, Ab-art** usw. deutet die Trennung der Sprechsilben an, um den Ausländer vor Irrtümern in der Aussprache des Deutschen zu bewahren.

VI. Das grammatische Geschlecht der Hauptwörter (*m*, *f*, *n*) ist bei jedem deutschen und spanischen Wort angegeben.

VII. Zweierlei Schreibweise wird, wenn solche gebräuchlich ist, durch Buchstaben in runden Klammern gekennzeichnet, z. B. **Friede(n)** *m* paz *f*.

VIII. Der substantivierte Infinitiv wird meistens nur aufgeführt, wo im Spanischen eine besondere Übersetzung in Frage kommt, z. B. **trinken** *v/t. u. v/i.* beber; **Trinken** *n* bebida *f*; **lachen** *v/i.* reír; **Lachen** *n* risa *f*.

IX. Das Femininum der Adjektive ist nicht angegeben wenn es regelmäßig gebildet wird, z. B. nuevo *m*, nueva *f*; rico *m*, rica *f*.

X. Aufeinanderfolgende gleichlautende Wortteile sind durch den Bindestrich ersetzt, z. B. **Favorit(in** *f*) *m*: favorito (-a *f* = favorita *f*) *m*.

XI. Rechtschreibung: Für die Schreibung der deutschen Wörter dienen als Grundlage die Regeln für die deutsche Rechtschreibung (Duden), für die spanischen Wörter die Regeln der Real Academia Española.

schieden *adj.*, ⚬**heit** *f* (= Abgeschiedenheit); **heilig** *adj.*, *die* ⚬*e Schrift* la Sagrada Escritura.

III. Las diferentes acepciones de las palabras alemanas en español están indicadas por signos convencionales, abreviaturas explicativas (véase Índice, pag. 11) o por nombres colectivos tales como, por ejemplo, *Sport, Radio etc*. A veces estas diferencias de significado son explicadas también recurriendo a expresiones análogas.

IV. La sílaba tónica está indicada por medio de un acento (¹) colocado inmediatamente delante de ella.

V. El trazo corto (-) en palabras tales como **ab-änderlich, Ab-art** etc. indica la separación prosódica de las sílabas para que ateniéndose a ella evite el extranjero una defectuosa pronunciación de la palabra alemana.

VI. El género gramatical de los sustantivos (*m*, *f*, *n*) está indicado en todas las palabras alemanas y españolas correspondientes.

VII. Dualidad de grafía: Si una palabra puede ser escrita de dos formas, la segunda de éstas va indicada entre paréntesis. Ejemplo: **Friede(n)** *m* paz *f*.

VIII. El infinitivo sustantivado por lo general sólo ha sido tenido en cuenta en aquellos casos en que requiere una traducción especial en español como, por ejemplo, **trinken** *v/t. u. v/i.* beber; **Trinken** *n* bebida *f*; **lachen** *v/i.* reír; **Lachen** *n* risa *f*.

IX. El género femenino de los adjetivos no se indica expresamente cuando la formación del mismo es regular; por ejemplo, nuevo *m*, nueva *f*; rico *m*, rica *f*.

X. Las partes homónimas de una palabra que se suceden inmediatamente están reemplazadas por un trazo de unión. Ejemplo: **Favorit(in** *f*) *m*: favorito (-a *f* = favorita *f*) *m*.

XI. Ortografía: La ortografía de las palabras alemanas se adapta a las reglas que rigen para la ortografía alemana (Duden); la de las palabras españolas se ajusta a las normas establecidas por la Real Academia Española.

Erklärung der Zeichen und Abkürzungen

Explicación de los signos y abreviaturas convencionales

I. Bildliche Zeichen — Signos

F	familiär, *lenguaje familiar*	⌂	Baukunst, *Arquitectura*
P	populär, Argot, *lenguaje popular*	♪	Musik, *Música*
V	vulgär, unanständig, *vulgar, indecente*	⚡	Elektrotechnik, *Electrotecnica*
✝	Wirtschaft und Handel, *Economía y Comercio*	A	Mathematik, *Matemáticas*
⚓	Marine, Schiffahrt, *Marina, Navegación*	⚗	Chemie, *Química*
⚔	Militär, *Milicia*	⚕	Medizin, *Medicina*
⊕	Technik, *Tecnología, término técnico*	⚖	Rechtswissenschaft, *Jurisprudencia, Derecho*
⚒	Bergbau, *Minería*	📖	Wissenschaft, *Ciencia, término científico*
🚂	Eisenbahn, *Ferrocarriles*	🛡	Wappenkunde, *Heráldica*
✈	Flugwesen, *Aeronáutica*	†	veraltet, *vocablo poco usual, arcaísmo*
📯	Postwesen, *Correos*	=	gleich, *igual o equivalente a*
🌾	Landwirtschaft, Gartenbau, *Agricultura, Jardinería*	→	siehe auch, *véase*
⚘	Pflanzenkunde, *Botánica*	~, ~	s. Hinweise Absatz II, *véase Instrucciones para el uso*, § II

II. Abkürzungen — Abreviaturas

a.	auch, *también*	Am.	Amerika(nismus), *Hispanoamérica, americanismo*
Abk.	Abkürzung, *abreviatura*	Anat.	Anatomie, *Anatomía*
a/c.	etwas, *algo, alguna cosa*	angl.	Anglizismus, *anglicismo*
ac.	Akkusativ, *acusativo*	Arg.	Argentinien, *Argentina, argentinismo*
adj.	Adjektiv, *adjetivo*		
adv.	Adverb, *adverbio*	Arith.	Arithmetik, *Aritmética*
alg.	jemand, *alguien, alguno*	art.	Artikel, *artículo*
allg.	allgemein, *generalmente*	Astr.	Astronomie, *Astronomía*

Bib.	Bibel, *Biblia*		I.C.	Katholische Kirche, *Iglesia Católica*
Bio.	Biologie, *Biología*			
bsd.	besonders, *especialmente*		Ict.	Fischkunde, *Ictiología*
bzw.	beziehungsweise, *o bien*		ind.	Indikativ, *(modo) indicativo*
			inf.	Infinitiv, *(modo) infinitivo*
Chir.	Chirurgie, *Cirugía*		int.	Interjektion, *interjección*
cj.	Konjunktion, *conjunción*		I.P.	Protestantische Kirche, *Iglesia Protestante*
coll.	Sammelname, *colectivamente*			
comp.	Komparativ, *comparativo*		iro.	ironisch, *irónico*
			it.	italienisch, *italiano*
dat.	Dativ, *dativo*			
desp.	verächtlich, *despectivo*		jd., *jd.*	jemand, *alguien*
dim.	Diminutiv, *diminutivo*		*Jgdw.*	Jagdwesen, *Montería, Caza*
Dipl.	Diplomatie, *Diplomacia*		j-m, *j-m*	jemandem, *a alguien (dat.)*
d-m, *d-m*	deinem, *a tu (dat.)*		j-n, *j-n*	jemanden, *a alguien (ac.)*
d-n, *d-n*	deinen, *tu, a tu (ac.)*		j-s, *j-s*	jemandes, *de alguien (gen.)*
			Kfz.	Kraftfahrwesen, *Automovilismo*
e-e, *e-e*	eine, *una*		Kochk.	Kochkunst, *arte culinario*
ehm.	ehemals, *antiguamente*			
e-m, *e-m*	einem, *a uno*		Lit.	Liturgie, *Liturgia*
e-n, *e-n*	einen, *uno (ac.)*		Liter.	Literatur, *Literatura, estilo literario*
engS.	im engeren Sinne, *en sentido más estricto*		Lt.	Latein, *latín*
e-r, *e-r*	einer, *de una, a una*		m	Maskulinum, *masculino*
e-s, *e-s*	eines, *de uno*		Mal.	Malerei, *Pintura*
Escul.	Bildhauerkunst, *Escultura*		m-e, *m-e*	meine, *mi, mis*
et., *et.*	etwas, *algo, alguna cosa*		Met.	Metallurgie, *Metalurgia*
etc.	und so weiter, *etcétera*		Meteo.	Meteorologie, *Meteorología*
			Mex.	Mexiko, *Méjico, mejicanismo*
f	Femininum, *femenino*		m/f	Maskulinum und Femininum, *masculino y femenino*
Fechtk.	Fechtkunst, *Esgrima*			
fig.	figürlich, *en sentido figurado*		Min.	Mineralogie, *Mineralogía*
Film	Film, *Cinematografía*		m-m	meinem, *a mi (dat.)*
f/n	Femininum und Neutrum, *femenino y neutro*		m-n	meinen, *mi, a mi (ac.)*
			m/n	Maskulinum und Neutrum, *masculino y neutro*
f/pl.	Femininum im Plural, *femenino plural*			
			Mont.	Bergsteigerei, *Montañismo*
fr.	französisch, *francés*		m/pl.	Maskulinum im Plural, *masculino plural*
gal.	Gallizismus, *galicismo*			
gen.	Genitiv, *genitivo*		m-r	meiner, *de mi, a mi*
Geogr.	Geographie, *Geografía*		m-s	meines, *de mi*
Geol.	Geologie, *Geología*		m. s.	im schlechten Sinne, *en mal sentido*
ger.	Gerundium, *gerundio*		mst.	meistens, *generalmente, las más de las veces*
Ggs.	Gegensatz, *contrario*			
Gr.	Grammatik, *Gramática*		Myt.	Mythologie, *Mitología*
			n	Neutrum, *neutro*
Hist.	Geschichte, *Historia*		Neol.	Neologismus, *neologismo*
hum.	humoristisch, scherzhaft, *humorístico, jocoso*		nom.	Nominativ, *nominativo*
			n/pl.	Neutrum im Plural, *neutro plural*

od.	oder, *o*	s-n, *s-n*	seinen, *su, a su (ac.)*
Opt.	Optik, *Optica*	*Span.*	Spanien, in Spanien, *España, en España*
Orn.	Vogelkunde, *Ornitología*		
Parl.	Parlament, *Parlamento*	s-r, *s-r*	seiner, *de su*
pers.	persönlich, *personal*	s-s, *s-s*	seines, *de su*
Phar.	Pharmakologie, *Farmacología*	*Stk.*	Stierkampf, *Tauromaquia*
Phil.	Philosophie, *Filosofía*	*subj.*	Konjunktiv, *subjuntivo*
Phot.	Photographie, *Fotografía*	*sup.*	Superlativ, *superlativo*
Phys.	Physik, *Física*	*Tele.*	Fernmeldewesen, *Telecomunicación*
Physiol.	Physiologie, *Fisiología*		
pl.	Plural, *plural*	*Thea.*	Theater, *Teatro*
Poes.	Dichtkunst, *Poesía*	*Theo.*	Theologie, *Teología*
Pol.	Politik, *Política*	*TV*	Fernsehen, *Televisión*
p/p.	Partizip des Perfekts, *participio pasado*	*Typ.*	Typographie, *Tipografía*
		u., *u.*	und, *y*
pret.	Vergangenheit, *pretérito*	*Uni.*	Hochschulwesen, *Enseñanza Superior*
pron.	Pronomen, *pronombre*		
pron/dem.	hinweisendes Fürwort, *pronombre demostrativo*	*unprs.*	unpersönlich, *impersonal*
		usw.	und so weiter, *etcétera*
pron/indef.	unbestimmtes Fürwort, *pronombre indefinido*	*uv.*	unveränderlich, *invariable*
pron/int.	fragendes Fürwort, *pronombre interrogativo*	*v.*	von, vom, *de, del*
		v/aux.	Hilfszeitwort, *verbo auxiliar*
pron/pers., *pr/p.*	persönliches Fürwort, *pronombre personal*	*Verw.*	Verwaltung, *Administración*
		Vet.	Tierheilkunde, *Veterinaria*
pron/pos., *pr/pos.*	besitzanzeigendes Fürwort, *pronombre posesivo*	*vgl.*	vergleiche, *véase*
		v/i.	intransitives Zeitwort, *verbo intransitivo*
pron/rel.	bezügliches Fürwort, *pronombre relativo*	*Vkw.*	Verkehrswesen, *Transportes*
prp.	Präposition, *preposición*	*v/refl.*	reflexives Zeitwort, *verbo reflexivo*
Psych.	Psychologie, *Psicología*	*v/t.*	transitives Zeitwort, *verbo transitivo*
reg.	regional, *regional*		
Rel.	Religion, *Religión*	*v/unprs.*	unpersönliches Zeitwort, *verbo impersonal*
Rhet.	Rhetorik, *Retórica*		
S.	Seite, *página*	*weitS.*	im weiteren Sinne, *en sentido más amplio*
Sch.	Schul- und Studentensprache, *lenguaje escolar y estudiantil*		
		z. B.	zum Beispiel, *por ejemplo*
s-e, *s-e*	seine, *su, sus (pl.)*	*Zoo.*	Zoologie, *Zoología*
sg.	Singular, Einzahl, *singular*	*Zssg(n)*	Zusammensetzung(en), *palabra(s) compuesta(s)*
s-m, *s-m*	seinem, *a su (dat.)*		

III. Grammatische Hinweise — Indicaciones gramaticales

1. Substantive — Substantivos

-en   **Student** *m* (*-en*): der Student — *gen.* des Student**en**; *pl.* die Student**en**

-⌀s   **Kind** *n* (*-⌀s*; *-er*): das Kind — *gen.* des Kind**es** *bzw.* des Kind**s**; *pl.* die Kinder

-n   **Bote** *m* (*-n*): der Bote — *gen.* des Bot**en**; *pl.* die Bot**en**

-sse / -sses   **Gebiß** *n* (*-sses*; *-sse*): das Gebiß — *gen.* des Gebi**sses**; *pl.* die Gebi**sse**

-    **Status** *m* (*-*; *-*): der Status — *gen.* des Status; *pl.* die Status

⸚   **Tochter** *f* (*-*; ⸚): die Tochter — *gen.* der Tochter; *pl.* die T**ö**chter

   Mann *m* (*-⌀s*; ⸚er): der Mann — *gen.* des Mann**es** *bzw.* Mann**s**; *pl.* die M**ä**nn**er**

0   **Güte** *f* (*0*): die Güte — *gen.* der Güte; kein Plural *ningún plural*

   Muß *n* (*-*; *0*): das Muß — *gen.* des Muß; kein Plural *ningún plural*

2. Adjektive — Adjetivos

-est   **weit** (*-est*): *comp.* weiter; *sup.* weitest..., am weitesten

⸚   **grob** (⸚er; ⸚st): *comp.* gröber; *sup.* gröbst..., am gröbsten

   hart (⸚er; ⸚est): *comp.* härter; *sup.* härtest..., am härtesten

0   **wunderschön** (*0*): bildet keine Steigerungsformen *no tiene comparativo ni superlativo*

3. Verben — Verbos

-e-   **reden** (*-e-*): ich rede, du red**e**st, er red**e**t; *Imperfecto* ich red**e**te; *p/p.* gered**e**t

L   verweist auf die alphabetische Liste der unregelmäßigen deutschen Verben (S. 633) *remite a la Lista alfabética de los verbos alemanes irregulares (pág. 633)*

-le   **handeln** (*-le*): ich hand(e)**le**

-re   **wandern** (*-re*): ich wand(e)**re**

sn   **zurückkehren** (*sn*): *Perfecto* ich **bin** zurückgekehrt

   gehen (*L*; *sn*): *Perfecto* ich **bin** gegangen

-ßt   **fassen** (*-ßt*): ich fasse, du fa**ßt** (fassest), er fa**ßt**; *Imperfecto* ich faß**te**; *p/p.* gefa**ßt**

-t   **hetzen** (*-t*): ich hetze, du hetz**t** (hetzest)

   rasen (*-t*): ich rase, du ras**t** (rasest)

-    **studieren** (*-*): *p/p.* studiert (ohne die Vorsilbe **ge-** *sin el prefijo* **ge-**)

Alfabeto alemán

A a	B b	C c	D d	E e	F f	G g	H h
ɑː	beː	tseː	deː	eː	ɛf	geː	hɑː

I i	J j	K k	L l	M m	N n	O o	P p
iː	jɔt	kɑː	ɛl	ɛm	ɛn	oː	peː

Q q	R r	S s	T t	U u	V v	W w	X x
kuː	ɛr	ɛs	teː	uː	fau	veː	iks

Y y	Z z
ˈypsilɔn	tsɛt

Normas generales para la pronunciación alemana

A 1. La lengua alemana posee vocales largas, breves y semilargas.

   2. Las vocales breves son siempre abiertas: [ɛ] [œ] [i] [ʏ] [ɔ] [ʊ]

   3. Las vocales largas y semilargas, excepto [ɛ], siempre son cerradas: [eː] [øː] [iː] [yː] [oː]
[uː]
[e·] [ø] [i·] [y·] [o·]
[u·]

      Excepciones: [ɛː] [ɛ·]

   4. En palabras de origen extranjero se hallan en la sílaba postónica, es decir, en la que sigue a la sílaba acentuada, vocales breves que apenas se pronuncian por no constituir sílaba propia: [ĭ] [y̆] [ŭ] ŏ

   5. La **a** alemana es neutra, es decir, tanto si es larga como breve su sonido se mantiene equidistante de la **o** y de la **e**. Sin embargo, por lo general la **a** larga se pronuncia en un tono más profundo que la breve y la semilarga.

      La **a** larga y profunda (semivelar) está representada por [ɑː] y la **a** breve y la semilarga clara (semipalatal) por [a] y [a·] respectivamente.

   6. En los prefijos **be-** y **ge-** y en los sufijos que preceden a **-l, -ln, -lst, -m, -n, -nd, -nt,** [**-r, -rm, -rn, -rt, -rst**]*), **-s** así como al final de palabra (**-e**) la **e** se pronuncia como una especie de vocal mixta con efecto fonético poco definido: [ə]

B La ortografía alemana se ajusta, en parte, a la tradición histórica y también, parcialmente, a la pronunciación efectiva. No obstante, es posible establecer determinadas normas con arreglo a las cuales se logra una correcta pronunciación de la mayoría de las palabras alemanas:

   1. Las vocales siempre son breves cuando preceden a consonantes dobles como, por ejemplo, **ff, mm, tt, ss****) y **ck** (en lugar de **kk**); también son breves, generalmente, cuando preceden a dos o más consonantes.

      offen   [ˈʔɔfən]
      lassen [ˈlasən]
      Acker [ˈʔakɐ]
      oft   [ˈʔɔftˑ]

      Las excepciones figuran señaladas en el vocabulario con la indicación de la vocal larga: Jagd   [jɑːktˑ]

*) Véase **E** 7c.   **) Respecto a **ß** véase **B** 2e.

2. Las vocales son largas
   a) en las sílabas abiertas y acentuadas: Ware [ˈvaːʀə]

   Si la vocal es larga en el infinitivo de los verbos débiles conservará también ese carácter en las demás formas verbales de los mismos:

   sagen [ˈzaːgən]
   sagte [ˈzaːktə]
   gesagt [gəˈzaːktʼ]

   b) cuando figuran duplicadas: Paar [pʻaːʀ]
   c) cuando van seguidas de **h** muda: Bahn [baːn]
   d) cuando van seguidas de una sola consonante: Tag [tʻaːkʼ]

   Excepciones:
   ab [ʼapʻ] bis [bɪs] hin [hɪn] in [ʼɪn] man [man] mit [mɪtʼ] ob [ʼɔpʻ] um [ʼʊm] -nis [-nɪs] ver- [fɛʀ-] zer- [tsɛʀ-] bin [bɪn] zum [tsʊm] das [das] an [ʼan] von [fɔn] un- [ʼʊn-] wes [vɛs] was [vas] es [ʼɛs] des [dɛs] weg [vɛkʻ]

   y en algunas palabras compuestas como, por ejemplo: barfuß [ˈbaʀfuːs]

   e) delante de **ß** intervocálica: grüßen [ˈgʀyːsən]

   La ortografía alemana prescribe que al final de palabra se emplee siempre la letra **ß** y en ningún caso dos eses: Schluß [ʃlʊs]

   Para determinar si la vocal precedente a una **ß** final es larga o breve bastará formar el plural de la palabra correspondiente si está es un substantivo o formar el comparativo de la misma si se tratara de un adjetivo; si hecho esto la **ß** se mantiene como tal, en el plural o en el comparativo formados, la vocal en cuestión es larga:

   Gruß [uː] —
   Grüße [yː]
   groß [oː] —
   größer [øː]

   Si el plural o, en su caso, el comparativo correspondiente se escribieran con **ss**, la vocal será breve tanto en el singular, o en la forma positiva del adjetivo, como en el plural o en el comparativo:

   Faß [a] - Fässer [ɛ]
   naß [a] - nässer [ɛ]

   f) Como la **ch** y la **sch** no se duplican nunca, no es posible precisar si la vocal que precede a estos grupos de letras es larga o breve. Por lo general es breve:

   Bach [bax]
   Wäsche [ˈvɛʃə]

   Las excepciones figuran señaladas en el vocabulario con la indicación de la vocal larga: Buch [uː]

3. Las vocales semilargas se encuentran exclusivamente en las sílabas átonas o no acentuadas; en la mayor parte de los casos se trata de palabras de origen extranjero:

   vielleicht [fiˑˈlaɪçtʼ]
   monoton [moˑnoˑˈtʻoːn]

C El idioma alemán tiene tres diptongos:

   au [aʊ]
   ai, ei, ey [aɪ]
   äu, eu, oi [ɔʏ]

La primera vocal del diptongo se pronuncia más fuerte que la segunda. La segunda vocal es muy abierta, es decir, la **u** abierta [ʊ] en **au** [aʊ] se aproxima a la **o** cerrada [o] y la **i** abierta [ɪ] en **ei, ai** y **ey** [aɪ] a la **e** cerrada [e]; en el caso de **äu, eu, oi** [ɔʏ] se opera un ligero redondeo hacia **ö** [ø]. Por esta razón muchas veces no se escribe [aʊ], [aɪ], [ɔʏ] sino [ao], [ae], [ɔø].

D Vocales nasales sólo se hallan en palabras originariamente francesas; en posición tónica o acentuada son largas, a diferencia muchas veces del francés, y en posición átona o no acentuada son semilargas.

En las palabras de uso corriente las vocales nasales son sustituídas por la correspondiente vocal pura seguida de la consonante oclusiva nasal [ŋ]. La pronunciación de estas palabras va indicada aquí tal como son expresadas en el lenguaje alemán culto y no con sujeción estricta a reglas teóricas: Balkon [balˈkɔŋ]

La pronunciación de las palabras extranjeras o de partes integrantes de ellas que difiera de las reglas generales, está indicada en el vocabulario.

E Exponemos a continuación algunas particularidades relativas a consonantes alemanas aisladas y al valor fonético de las mismas según el lugar que ocupen en la palabra.

1. Las vocales tónicas iniciales de palabra van precedidas de una especie de sonido gutural oclusivo, equivalente en inglés al *glottal stop* y en francés al *coup de glotte* y que también muestra gran analogía con el *stød* danés y con el *hamza* árabe: [ʔ]

En la ortografía alemana no se indica con ningún signo este sonido. Si se produce en el interior de una palabra (después de un prefijo) va señalado en el vocabulario con un corto trazo de unión: ab-ändern [ˈʔapˌʔɛndɚn]

2. La **h** se pronuncia en alemán:
a) cuando es inicial de palabra: hinein [hɪˈnaɪn]
b) cuando precede a una vocal tónica; delante de vocales que forman parte de una sílaba radical, en cuyo caso llevan también un acento secundario: Halt [halt]
anhalten [ˈʔanhaltən]

c) en palabras de diversa especie, particularmente en voces de origen extranjero: Uhu [ˈʔuːhuˑ]
Alkohol [ˈʔalkˈoˑhoːl]
Sahara [zaˑˈhaːʀaː]

En los restantes casos la **h** es muda: gehen [ˈgeːən]
sehen [ˈzeːən]
Ehe [ˈʔeːə]

3. p — t — k

En las posiciones señaladas a continuación estas consonantes oclusivas sordas son aspiradas, es decir, su pronunciación va unida con una aspiración claramente audible después de rota la oclusión.

La aspiración se produce:
a) al comienzo de palabra delante de vocal:
o bien delante de **l, n, r** y **v** (en **qu-**): Pech [pˈɛç]
Plage [ˈpˈlaːgə]
Kreis [kˈʀaɪs]
Quelle [ˈkˈvɛlə]

b) en la sílaba acentuada en el interior de la palabra: ertragen [ɛʀˈtˈʀaːgən]

c) en las palabras extranjeras delante de vocal y también en las sílabas átonas: Krokodil [kˈʀoˑkˈoˑˈdiːl]

d) al final de palabra: Rock [ʀɔkʻ]

En los demás casos **p, t** y **k** no son aspiradas o lo son muy débilmente.

4. b — d — g

Estas oclusivas sonoras se transforman en sordas al final de palabra:

ab [ˀapʻ]
und [ˀʊntʻ]
Weg [veːkʻ]

Los grupos de consonantes **-gd, -bt** y **-gt** experimentan la misma transformación:

Jagd [jɑːktʻ]
gibt [giːptʻ]
gesagt [gəˈzɑːktʻ]

Al final de sílaba y precediendo a una consonante de la sílaba siguiente **b, d, g** se pronuncian sin vibración; la transcripción fonética de estas consonantes será, respectivamente: [p], [t], [k]:

ablaufen [ˈˀaplaʊfən]
endgültig [ˈˀɛntgʏltɪç]
weggehen [ˈvɛkgeːən]

5. Cuando se encuentran dos oclusivas sordas iguales pero pertenecientes a dos sílabas distintas (por ejemplo, **-tt-**) sólo una de ellas será pronunciada claramente y con una ligera prolongación en su articulación bucal. Al pronunciar, por ejemplo, la palabra «Bettuch» se hará una breve vacilación después de **-t-** antes de pronunciar la **-u-** siguiente. De este modo se produce una sola oclusiva con subsiguiente aspiración:

Bettuch [ˈbɛttʻuːx]
Handtuch [ˈhanttʻuːx]

6. Cuando a una consonante sorda sigue otra sonora situada al comienzo de la sílaba siguiente no se produce asimilación alguna en ningún sentido, esto es, ni la consonante sorda da este carácter a la consonante siguiente ni ésta hace sonora a la consonante precedente; una y otra se pronuncian distintamente y según sus características fonéticas propias:

aussetzen [ˈˀaʊszɛtsən]
Absicht [ˈˀapzɪçtʻ]

7. En alemán existen tres diferentes pronunciaciones de la **r**, a saber:

a) una **r** acentuadamente gutural al principio de sílaba o después de consonante; el sonido de esta **r** se produce por vibración uvular:

rollen [ˈʀɔlən]
Ware [ˈvaːʀə]
schreiben [ˈʃʀaɪbən]

b) una **r** gutural suavizada y apenas vibrante al final de palabra y precediendo a consonante:

für [fyːʀ]
stark [ʃtaʀkʻ]

Para ambas modalidades de **r** a) y b) emplearemos el signo [ʀ].

c) una **r** fuertemente vocalizada en la sílaba final átona **-er**: [ɐ]   Lehrer [ˈleːʀɐ]

Valor fonético de las letras y de los diversos grupos de letras

Letra o grupo de letras	Valor fonético	Ejemplo	Pronunciación según API	Sonido equivalente o análogo en español
a, aa, ah	*Véase* A 5			
	[ɑː]	Wagen	[ˈvɑːgən]	bandada
		Saal	[zɑːl]	armada
		wahr	[vɑːʀ]	acarrear
a	[a]	Mann	[man]	banda
	[aˑ]	radieren	[ʀaˑˈdiːʀən]	rana, palo
ai, ay	[aɪ] ⎫	Mai	[maɪ]	baile
	⎬ *v.* C	Bayern	[ˈbaɪɐ̯n]	laya
au	[aʊ] ⎭	Haus	[haʊs]	causa, aula
ä, äh	[ɛː], F [eː]	Käse	[ˈkˈɛːzə], F [ˈkˈeːzə]	queso, sello
		wählen	[[ˈvɛːlən]]	leen
ä	[ɛ]	Männer	[ˈmɛnɐ̯]	perro
	[ɛˑ]	Ägypten	[ˈʔɛˑˈgʏptən]	eje
äu	[ɔʏ] *v.* C	läuten	[ˈlɔʏtən]	hoy, boina
b	[b]	Brot	[bʀoːtˈ]	broma
		Abend	[ˈʔɑːbəntˈ]	abeja
	[p] *v.* E 4	halb	[halpˈ]	Alpes
		(er) gibt	[giːptˈ]	apto
		abladen	[ˈʔaplɑːdən]	aplauso
c *Sólo en palabras extranjeras:*				
	[k]	Café	[kˈaˈfeː]	café, cama
	[ts]	Celsius	[ˈtsɛlzi̯ʊs]	Sonido inexistente en castellano; se pronuncia **ts**.
ch *Después de* **ä, e, i, ö, ü, äu, eu, ei, ai, ay, l, n, r** *y en el sufijo* **-chen**:				
	[ç]	Fächer	[ˈfɛçɐ̯]	Es éste un sonido palatal sordo, inexistente en castellano y algo parecido al de **j** ligeramente aspirada.
		schlecht	[ʃlɛçtˈ]	
		ich	[ʔɪç]	
		Köchin	[ˈkˈœçɪn]	
		Bücher	[ˈbyːçɐ̯]	

Letra o grupo de letras	Valor fonético	Ejemplo	Pronunciación según API	Sonido equivalente o análogo en español
		Sträucher	[ˈʃtrɔYçɐ̯]	
		euch	[ˀɔYç]	
		leicht	[laIçtʻ]	
		laichen	[ˈlaIçən]	
		Milch	[mIlç]	
		mancher	[ˈmançɐ̯]	
		durch	[dURç]	
		Kännchen	[ˈkʻɛnçən]	
Después de **a, o, u, au:**				
	[x]	lachen	[ˈlaxən]	o**j**ear
		Koch	[kʻɔx]	bo**j**
		auch	[ˀaUx]	carca**j**
En palabras extranjeras:				
	[k]	Charakter	[kʻaˑˈRaktɐ̯]	**c**arácter
		Chronik	[ˈkʻRoːnIkʻ]	**c**rónica
	[ʃ]	Chauffeur	[ʃɔˈføːR]	Sonido inexistente en castellano; se pronuncia como **ch** francesa en **chic**.
		Chef	[ʃɛf]	
	[tʃ]	Chile	[ˈtʃiːle]	
chs	[ks]	sechs	[zɛks]	se**x**to, e**x**acto
	pero:	nächst	[nɛːçstʻ]	
		porque es näch-st y no nächs-t; -st es aquí la desinencia del comparativo.		
ck	[k] *v.* B 1	Brücke	[ˈbRYkə]	**c**anto, **k**éfir
d	[d]	Dank	[daŋkʻ]	sol**d**ado
		leider	[ˈlaIdɐ̯]	**d**ecir
	[t] *v.* E 4	Bad	[bɑːtʻ]	azimu**t**
		endlich	[ˈˀɛntlIç]	**at**leta
dt	[t]	Stadt	[ʃtatʻ]	Ceni**t**
		(er) sandte	[ˈzantə]	san**t**o
e, ee, eh	[eː]	Weg	[veːkʻ]	ob**e**so
		Meer	[meːR]	s**e**rie
		mehr	[meːR]	Jos**é**
	[ɛ]	weg	[vɛkʻ]	c**e**rro
	[eˑ]	Telefon	[tʻeˑleˈfoːn]	g**e**neral
		F	[ˈtʻɛleˑfoːn]	v**e**rano
	[ə] *v.* A 6	bitte	[ˈbItə]	e átona
		bitten	[ˈbItən]	} e semimuda
		Handel	[ˈhandəl]	
ei, ey	[aI]	klein	[kʻlaIn]	} b**ai**le
		Meyer (*apellido*)	[ˈmaIɐ̯]	
eu	[ɔY]	heute	[ˈhɔYtə]	b**oi**na
f	[f]	Fall	[fal]	} **f**ama
		fünf	[fYnf]	
g	[g]	Gletscher	[ˈglɛtʻʃɐ̯]	Antes de **l, n, r, a, o, u** tiene el sonido de la **g**
		Gnade	[ˈgnɑːdə]	

Letra o grupo de letras	Valor fonético	Ejemplo	Pronunciación según API	Sonido equivalente o análogo en español
		Granat Garten Gold gut Lage tragen Gilde	[gʀaˈnɑːtʻ] [ˈgaʀtən] [gɔltʻ] [guːtʻ] [ˈlɑːgə] [ˈtʻʀɑːgən] [ˈgɪldə]	española en las palabras *gloria, gnomo, gracias, gas, goma, gula*; antes de **e** y de **i** suena, respectivamente, como las sílabas españolas **gue, gui** en las palabras *guerra, guitarra*.
	[k]	Tag Weg Berg Flugzeug	[tʻɑːkʻ] [veːkʻ] [bɛʀkʻ] [ˈfluːktsɔʏkʻ]	vivac acné
		Muchos alemanes pronuncian la **g** *después de vocal abierta* (**a, o, u**) *como* [x] (*véase* [x] *en* **ch**); *después de vocales claras* (**ä, e, i**) *y después de* **r** *es pronunciada como* [ç] (*véase* **ch**).		
	F [x], [ç]	Tag Weg Berg Flugzeug	[tʻax] [veːç] [bɛʀç] [ˈfluːxtsɔʏç]	
	[ç]	*En la desinencia* **-ig**: König wenig	[ˈkʻøːnɪç] [ˈveːnɪç]	
		pero obsérvese: Könige	[ˈkʻøːniˑgə]	
h	[h] *v.* E 2	Haus hinein	[haʊs] [hɪˈnaɪn]	Sonido fuertemente aspirado análogo a la **j**.
i, ie, ih, ieh	[iː] [ɪ] [iˑ] *v.* B 3 [ĭ] *v.* A 4	wir hier ihn Vieh in Minute Ferien	[viːʀ] [hiːʀ] [ʔiːn] [fiː] [ɪn] [miˑˈnuːtə] [ˈfeːʀĭən]	vino salida himno fila circo minuto feria
		La desinencia **-ien** *en nombres de países, por ejemplo,* Spanien	[ˈʃpɑːnĭən]	nieve
j	[j] *En palabras extranjeras*: [ʒ]	Jahr jeder Jalousie	[jɑːʀ] [ˈjeːdɐ] [ʒaˑluˑˈziː]	cayado ayer Pronunciación como en el idioma originario
k	[kʻ] *v.* E 3	Karte klein stark	[ˈkʻaʀtə] [kʻlaɪn] [ʃtaʀkʻ]	carta clamor arca
l	[l]	Land spielen viel	[lantʻ] [ˈʃpiːlən] [fiːl]	Se pronuncia como la **l** española; la doble **l** alemana se pronuncia como una sola **l**.

Letra o grupo de letras	Valor fonético	Ejemplo	Pronunciación según API	Sonido equivalente o análogo en español
m	[m]	Mann Heim	[man] [haɪm]	**m**ano ti**m**bre
n	[n]	nein nun	[naɪn] [nuːn]	Se pronuncia como en español.
ng	[ŋ]	lang singen Endung	[laŋ] [ˈziŋən] [ˈʔɛnduŋ]	ta**ng**o cí**ng**aro sandu**ng**a
n-g	[ng]	La **n** y la **g** se pronuncian separadamente cuando pertenecen a distintas partes de la misma palabra: eingreifen ungern	 [ˈʔaɪngʀaɪfən] [ˈʔungɛʀn]	 i**ng**reso hú**ng**aro
nk	[ŋk] **pero:** [nk]	Bank sinken Unkenntnis	[baŋkʻ] [ˈziŋkən] [ˈʔunkˈɛntnɪs]	ba**nc**o ci**nc**o i**nc**ógnita
o, oo, oh	[oː] [ɔ] [ŏ] v. B 3 [oˑ]	Tor Boot Ohr Post Memoiren monoton	[tʻoːʀ] [boːtʻ] [ʔoːʀ] [pʻɔstʻ] [meˑˈmŏɑːʀən] [moˑnoˑˈtʻoːn]	} t**o**ro, cor**o**na g**o**rra mon**o**tonía, h**o**rario
ö, oe, öh	[øː] [œ] v. B 3 [øˑ]	schön Goethe Höhle öffnen Ökonomie	[ʃøːn] [ˈgøːtə] [ˈhøːlə] [ˈʔœfnən] [øˑkʻoˑnoˑˈmiː]	Sonido inexistente en español. Es análogo al de **eu** en las palabras francesas jeûne, chauffeur.
p	[pʻ] v. E 3 [p]	Post Puppe	[pʻɔstʻ] [ˈpʻupə]	} **p**ero
pf	[pf]	Pferd Kupfer stumpf	[pfeːʀtʻ] [ˈkʻupfɐ] [ʃtumpf]	Ambas consonantes **p** y **f** se pronuncian en una sola emisión de voz.
ph	[f]	Sólo en palabras extranjeras procedentes del griego casi todas. Phonetik Philosophie	 [foˑˈneːtʻɪkʻ] [fiˑloˑzoˑˈfiː]	Se pronuncia como **f**. **f**onética filoso**f**ía
qu	[kv]	Quelle bequem Quadrat Quirl Quote	[ˈkʻvɛlə] [bəˈkʻveːm] [kʻvaˑˈdʀɑːtʻ] [ˈkʻvɪʀl] [ˈkʻvoːtə]	} **cu**erpo **cu**adrado **cu**ita **cu**ota
r	[ʀ] [ɐ]	v. E 7 Lehrer Sólo en palabras extranjeras:	[ˈleˑʀɐ]	véase E 7
rh	[ʀ]	Rhythmus	[ˈʀʏtmus]	

Letra o grupo de letras	Valor fonético	Ejemplo	Pronunciación según API	Sonido equivalente o análogo en español
s	[z]	Al comienzo de palabra delante de vocal, en posición intervocálica dentro de la palabra y después de **m, n, l, r**:		
		See	[zeː]	s sonora, suave, análoga a la **s** española en rasgo, Lisboa.
		lesen	[ˈleːzən]	
		Absicht	[ˈʔapzɪçtʼ]	
		Linse	[ˈlɪnzə]	
	[s]	En los demás casos:		
		Haus	[haʊs]	s sorda análoga a la s española en santo.
		ist	[ʔɪst]	
		Erbse	[ˈʔɛʀpsə]	
sp	[ʃp]	Al principio de palabra y después de prefijo:		
		sprechen	[ˈʃpʀɛçən]	
		Beispiel	[ˈbaɪʃpiːl]	
st	[ʃt]	Al comienzo de palabra y después de prefijo:		
		stehen	[ˈʃteːən]	
		verstehen	[fɛʀˈʃteːən]	
		En otras posiciones y al comienzo de muchas palabras extranjeras, así como después de prefijos tales como **in-, dis-, re-** procedentes de otras lenguas:		
	[sp]	Knospe	[ˈkʼnɔspə]	ho**sp**edaje
		Respekt	[ʀeˑˈspɛktʼ]	re**sp**eto
	[st]	Fenster	[ˈfɛnstɐ]	to**st**ar
		Star	[stɑːʀ]	te**st**a
		Industrie	[ʔɪndʊsˈtʼʀiː]	indu**st**rial
ss	[s] v. B 1, 2 e	Wasser	[ˈvasɐ]	s española en **caso, paso**, pero más sibilante.
		lassen	[ˈlasən]	
ß	[s] v. B 2e En el interior de la palabra después de vocal larga y diptongo. En posición final después de vocal larga o breve.			
		Größe	[ˈgrøːsə]	s española en **soso**, pero más sibilante.
		heißen	[ˈhaɪsən]	
		Gruß	[gruːs]	
		muß	[mʊs]	
sch	[ʃ] v. B 2f **pero obsérvese:** v. **ch**	schön	[ʃøːn]	Sonido sin equivalencia castellana, análogo al de **ch** en la palabra francesa **cheval**.
		waschen	[ˈvaʃən]	
		Häuschen	[ˈhɔʏsçən]	
t	[tʼ] v. E 3	Tag	[tʼɑːkʼ]	**t**abla
		Hut	[huːtʼ]	azimu**t**
th	[tʼ]	Sólo en palabras extranjeras y en nombres propios.		
		Theater	[tʼeˑˈɑːtɐ]	**t**eatro
		Theodor	[ˈtʼeːoˑdoːʀ]	**t**ono
-tion	v. A 4 [tsi̯oːn]	Sólo en palabras extranjeras: Nation	[naˑˈtsi̯oːn]	

Letra o grupo de letras	Valor fonético	Ejemplo	Pronunciación según API	Sonido equivalente o análogo en español
tsch	[tʃ]	deutsch Tscheche	[dɔʏtʃ] [ˈtʃɛçə]	Sonido parecido al de la **ch** española en las palabras **chino, checo**.
tz	[ts] *v.* B 1 *La vocal que precede a* **tz** *siempre es breve*: 	sitzen Platz	[ˈzɪtsən] [pˈlats]	
u, uh	[uː]	Hut Uhr	[huːtˑ] [ˀuːʀ]	} mad**u**ro
u	[ʊ] *v.* B 3 [uˑ] *v.* A 4 [ŭ] [[y̆]]	Mutter Musik Statue Etui	[ˈmʊtɐ] [muˑˈziːkˑ] [ˈʃtɑːtˑŭə] [ˀeˑˈtˑy̆iː]	caz**u**rro c**u**rar estat**u**a atrib**u**ir
ü, üh **ü**	[yː] [ʏ] [yˑ]	Tür führen Glück amüsieren	[tˑyːʀ] [ˈfyːʀən] [glʏkˑ] [ˀamyˑˈziːʀən]	Sonido inexistente en español; **ü** se pronuncia como la **u** francesa.
v	[f]	Vater	[ˈfɑːtɐ]	La **v** alemana se pronuncia como la **f** española.
		En posición final en palabras extranjeras: brav	[bʀɑːf]	Sonido de **f** algo atenuado.
	[v]	*En posición inicial o interna, en palabras extranjeras*: Vase November	[ˈvɑːzə] [noˑˈvɛmbɐ]	Se pronuncia como **v** española con articulación labiodental: **u**va, **v**erbo.
		Pronunciación variable: Pulver	[ˈpʊlvɐ], [ˈpʊlfɐ]	
w	[v]	Welt Schwester ewig Wasser	[vɛltˑ] [ˈʃvɛstɐ] [ˈˀeːviç] [ˈvasɐ]	Se pronuncia como **v** española: **v**elo, **v**ino, **v**alor.
x	[ks]	Axt Hexe	[ˀakstˑ] [ˈhɛksə]	Pronunciación algo más fuerte que la de la **x** española en e**x**tremo.
y	[yː] [ʏ] [yˑ]	Lyrik Rhythmus Physik *Pronunciación variable*: Ägypten	[ˈlyːʀɪk] [ˈʀʏtmʊs] [fyˑˈziːk] [ˀɛˑˈgʏptən], [ˀɛˑˈgɪptən]	} Se pronuncia como la **u** francesa.
z	[ts]	Zahl zwei Herz	[tsɑːl] [tsvaɪ] [hɛrts]	

A

A, a *n* 1. A, a *f*; *das A und O* el alfa y omega; *von A bis Z* de punta a cabo; F de pe a pa, de cabo a rabo; *wer A sagt, muß auch B sagen* quien dice A debe decir B; 2. ♪ la *m*; *A-Dur* la mayor, *a-Moll* la menor.

A'a F *n Kindersprache*: ~ *machen* F hacer caca.

'**Aachen** *n* Aquisgrán *m*.

'**Aal** *m* (-*¢s*; -*e*) anguila *f*; ⒉**en** *v/refl.*: *sich* ~ desperezarse; *sich in der Sonne* ~ tumbarse como lagarto al sol; ⒉**glatt** *adj.* (0) escurridizo (*a. fig.*); ~**korb** *m* (cesta *f*) anguilera *f*.

'**Aar** *Poes. m* (-*¢s*; -*e*) águila *f*; ~**gau** *Geogr. m* Argovia *f*.

'**Aas** *n* (-*es*; -*e*) carroña *f*; F *fig.* F mal bicho *m*; (*Weibsstück*) F tipeja *f*, pájara *f*; F *kein* ~ nadie; ⒉**en** F (-*t*) *v/i.*: *mit et.* ~ malgastar, dilapidar, derrochar a/c.; ~**fliege** *f* moscarda *f*, mosca *f* de la carne; ~**geier** *m* alimoche *m*, abanto *m*, *Mex.* zopilote *m*; *fig.* buitre *m*; ⒉**ig** *adv.* carroñoso; F *fig. er hat* ~ *viel Geld* está podrido de rico; ~**käfer** *m* necróforo *m*; ~**seite** *f* carnaza *f*.

ab *adv. u. prp.* (*dat.*) 1. *räumlich*: de, desde; *Thea.* mutis (*z. B. Crispín* ~ mutis de Crispín); F ~! ¡fuera!; *von da* ~ desde allí, a partir de allí; *vier Schritt vom Wege* ~ a cuatro pasos del camino; *weit* ~ *von* lejos de; 🚂 ~ *Köln* (procedente) de Colonia; 2. ✝ ~ *Nürnberg* (*Werk, Lager usw.*) puesto en Nuremberg (en fábrica, almacén, etc.); ~ *Bahnhof* franco estación; ~ *Waggon* franco sobre vagón (*Abk.* f.s.v.); ~ *dort* entregado en ésa; *die Preise verstehen sich* ~ *hier* los precios se entienden para entrega en ésta; 3. *zeitlich*: a partir de, a contar de; ~ *3 Uhr* desde las tres; ~ *heute* desde hoy, a partir de hoy; *von jetzt* ~ de ahora en adelante, en lo sucesivo; *von da* ~ desde (*od.* a partir de) entonces; ~ *und zu* a veces, de vez en cuando, a ratos (*a.* *abzüglich*) menos; ✝ deducido; ~ *Unkosten* gastos a deducir; 5. (*Preisangabe*) ~ *5 Mark* a partir de 5 marcos, de 5 marcos en adelante (*od.* para arriba); 6. → *absein*.

'**Abakus** (-; -) *m* ábaco *m* (*a.* △).

'**ab-änder|lich** *adj.* alterable, *a. Gr.* variable, modificable; ⚖ *Urteil*: enmendable; ~**n** (-*re*) *v/t.* alterar, cambiar; *teilweise*: modificar; (*berichtigen*) corregir, rectificar, enmendar; (*umarbeiten*) rehacer, reformar; *Parl.*, ⚖ enmendar; ⒉**ung** *f* alteración *f*; cambio *m*; modificación *f*; corrección *f*; rectificación *f*; *a.* ⚖ enmienda *f*; ⒉**ungs-antrag** *m* enmienda *f*; ~**ungsfähig** *adj.* modificable, corregible.

Aban'don [abaŋ'dɔŋ] ✝ *m* abandono *m*; ⒉'**nieren** (-) *v/t.* abandonar.

'**ab-arbeiten** (-*e*-) **I.** *v/t. Schuld*: pagar (una deuda) trabajando; **II.** *v/refl.*: *sich* ~ cansarse (F matarse) trabajando, trabajar como un negro; *abgearbeitet* (a)trabajado, consumido por el trabajo.

'**ab-ärgern** (-*re*) *v/refl.*: *sich* ~ consumirse de rabia.

'**Ab-art** *f* variedad *f* (*a.* ♀ *u. Zoo.*); modalidad *f*; *fig.* variedad *f*, versión *f*; ⒉**en** (-*e*-) *v/i.* desviarse del tipo; variar; ⒉**ig** *adj.* anormal; ~ *veranlagt* invertido; ~**ung** *f* degeneración *f*, bastardía *f*.

'**ab-äsen** (-*t*) *v/t.* ramonear.

'**ab-ästen** (-*e*-) *v/t.* desramar, podar.

'**ab-ätzen** (-*t*) *v/t.* corroer; ✚ cauterizar.

'**abbalgen** *v/t.* desollar; despellejar.

'**Abbau** *m* (-*¢s*; -*e*) 1. ⊕ desmontaje *m*, despiece *m*; ⚒ desmantelamiento *m*; ⚒ explotación *f*; 🜨 desintegración *f*, descomposición *f*, desdoblamiento *m*; *Physiol.* catabolismo *m*; 2. *fig. v. Preisen, Steuern usw.*: reducción *f* (*a. v. Personal*), disminución *f*; *v. Vergünstigungen usw.*: restricción *f*; *a. v. Zöllen*: desarme *m*; ⒉**en** *v/t. u. v/i.* ⊕ desmontar, desarmar; ⚒ desmantelar; ⚒ explotar; 🜨 desintegrar; descomponer, desdoblar; *Physiol.* catabolizar; *fig.* (*vermindern*) reducir (*a. Personal*); restringir; (*abschaffen*) suprimir; *Zölle*: desarmar; *Verschuldung*: amortizar, pagar; F (*nachlassen*) debilitarse; ⒉**fähig** *adj.* → ~*würdig*; ~**feld** ⚒ *n* (campo *m* de) explotación *f*; ~**gerechtigkeit** ⚒ *f* derecho *m* de explotación minera; ~**produkt** 🜨 *n* producto *m* de desintegración *bzw.* descomposición; ⒉**würdig** ⚒ *adj.* explotable, aprovechable.

'**abbeeren** *v/t.* desgranar.

'**abbeißen** (L) *v/t.* mordiscar; arrancar con los dientes.

'**abbeiz|en** (-*t*) *v/t.* decapar; *Met.* desoxidar; ⒉**mittel** *n Met.* desoxidante *m*; *für Lack*: mordiente *m*.

'**abbekommen** (L; -) *v/t.* (*loskriegen*) lograr desprender (*od.* quitar); *s-n Teil* (*od. et.*) ~ recibir su parte; (*verletzt werden*) resultar herido; (*beschädigt werden*) deteriorarse.

'**abberuf|en** (L; -) *v/t.* llamar, relevar; *von e-m Amt*: separar (del cargo); relevar; retirar del puesto; ⒉**ung** *f* llamada *f*, orden *f* de regreso; separación *f* (del cargo); relevo *m*; *vorläufige*: suspensión *f* (de empleo).

'**abbestell|en** (-) *v/t.* ✝ anular; *Zeitung usw.*: dar de baja; *j-n* ~ desavisar a alg.; anular una cita (con alg.).

⒉**ung** *f* anulación *f* (de un pedido *od.* de una cita); *Zeitung*: baja *f*.

'**abbetteln** (-*le*) *v/t.*: *j-m et.* ~ obtener a/c. implorando; pedir con insistencia a/c. a alg.

'**abbezahlen** (-) *v/t.* → *abzahlen*.

'**abbieg|en** (L) **I.** *v/t.* doblar; torcer; *fig. Gefahr*: conjurar; *a. Sache*: evitar; **II.** *v/i.* torcer, virar, girar; *Straße*: desviarse; *nach rechts* (*links*) ~ doblar (*od.* torcer) a la derecha (izquierda); ⒉**ung** *f e-r Straße*: desviación *f*.

'**Abbild** *n* (*Nachbildung*) copia *f*, reproducción *f*, *fig.* trasunto *m*; (*Ebenbild, Bildnis*) imagen *f* (*a. Opt.*), efigie *f*; *fig. das* ~ *s-s Vaters* el vivo retrato de su padre; F su padre clavado; ⒉**en** (-*e*-) *v/t.* copiar, reproducir; (*zeigen*) representar; *Person*: retratar, pintar; (*zeichnen*) dibujar; *als Skulptur*: modelar; *oben abgebildet* arriba representado; ~**ung** *f* figura *f*, imagen *f*, reproducción *f*; (*Darstellung*) representación *f*; (*Bild*) ilustración *f*, grabado *m*, lámina *f*; ⊕ diagrama *m*, gráfica *f*; *mit* ~*en versehen* ilustrar.

'**abbimsen** (-*t*) *v/t.* apomazar.

'**abbinden** (L) **I.** *v/t.* desatar, desligar, soltar; ✚ ligar; estrangular; *Wunde*: aplicar un torniquete; ⚡ *Kabel*: envolver (con cinta aislante); **II.** *v/i. Leim*: secar; *Zement*: fraguar; **III.** ⒉ *n* desligadura *f*, desprendimiento *m*; ✚ ligadura *f*, estrangulación *f*; *Kabel*: revestimiento *m* (con cinta aislante); *Leim*: secado *m*; *Zement*: fraguado *m*.

'**Abbitte** *f* excusas *f/pl.*; ~ *tun* (*od. leisten*) dar (*od.* presentar) sus excusas, disculparse; pedir perdón (*a alg.*); *öffentlich* ~ *tun* retractarse públicamente; ⒉**n** *v/t.*: *j-m et.* ~ pedir perdón a alg. por a/c.; *eine Beleidigung* ~ reparar una ofensa.

'**abblas|en** (L) *v/t.* quitar soplando; *Dampf*: dejar (*od.* hacer) escapar, vaciar; *Gas*: *a.* lanzar; ⊕ *Gußstücke*: soplar con chorro de arena; *fig.* anular; revocar, cancelar; *Neol.* desconvocar (*bsd. Streik, Veranstaltung*); ⚔ *Angriff*: tocar a retirada; ⒉**ventil** *n* válvula *f* de escape.

'**abblättern** (-*re*) *v/i.* deshojarse; *Verputz*: desconcharse; *Min.* exfoliarse; ✚ *Haut*: descamarse.

'**abblend|en** (-*e*-) *v/t. Lichtquelle*: amortiguar, tapar; *Kfz.* bajar las luces; dar la luz de cruce; *Phot.* diafragmar; ⒉**en** *n* amortiguamiento *m*; *Kfz.* antideslumbramiento *m*; *Phot.* diafragmación *f*; ⒉**licht** *n* luz *f* de cruce (*od.* corta).

'**abblitzen** (-*t*) *v/i.* ser rechazado;

abblühen — Abendgeläute

abblühen recibir un desplante; *j-n ~ lassen* dar un desplante (*od.* calabazas) a alg.
'abblühen *v/i.* marchitar(se) (*a. fig.*); *abgeblüht sein* estar marchito.
'abböschen *v/t.* escarpar, ataludar.
'abbrausen (-*t*) **I.** *v/t.* duchar; *sich ~* ducharse, darse una ducha; **II.** F *v/i.* salir disparado (*od.* pitando); *gal.* embalarse.
'abbrechen (*L*) **I.** *v/t.* romper, quebrar; truncar; *Spitze*: despuntar; *Gebäude*: demoler, derribar, echar abajo; *Gerüst*: desmontar; *Lager, Belagerung*: levantar; *Zelt*: a. desarmar; *fig.* cortar; *a. Reise*: interrumpir; *plötzlich*: parar en seco; *Beziehungen, Verhandlungen usw.*: romper, *zeitweilig*: suspender; *Streik*: desconvocar; *Computer*: cancelar; F *sich e-n ~* andarse con remilgos; **II.** *v/i.* romperse, quebrarse; *fig.* (*aufhören*) parar(se), cesar, interrumpirse; *beim Sprechen*: callarse, dejar de hablar.
'abbremsen (-*t*) *v/t.* **1.** (re)frenar, moderar la velocidad; *Kfz. scharf ~* dar un frenazo, frenar en seco; *den Motor ~* probar el motor en el banco (de pruebas); *vor dem Start*: verificar la potencia; **2.** *fig.* refrenar, contener, reprimir; (*verzögern*) retardar; (*auffangen*) amortiguar; *Kernspaltung*: moderar.
'abbrenn|en (*L*) **I.** *v/t.* quemar (*a. Feuerwerk*); reducir a cenizas; *Met.* refinar, *Stahl*: templar; **II.** *v/i.* quedar destruido por el fuego, quemarse; *Kerzen usw.*: quemarse, consumirse; ⚠ *schnell ~* (*lassen*) deflagrar; → *abgebrannt*; **≈en** *n* quema *f* (*a. Feuerwerk*); combustión *f*; ⚠ deflagración *f*; **≈schweißung** ⊕ *f* soldadura *f* a la llama.
'abbringen (*L*) *v/t.* quitar, sacar; (*weglenken*) desviar, apartar; ⚓ desencallar; *gestrandetes Schiff*: poner a flote; *von der Spur* (*od. Fährte*) *~* despistar; *fig. j-n von et. ~* disuadir, hacer desistir a alg. de a/c.; quitarle a alg. a/c. de la cabeza; *von e-r Gewohnheit*: desacostumbrar, deshabituar a alg. de a/c.; *j-n von e-m Thema ~* desviar (*od.* apartar) a alg. de un tema; *j-n vom* (*rechten*) *Wege ~ a. fig.* apartar a alg. del (buen) camino; *sich nicht ~ lassen von et.* insistir en su opinión; F seguir en sus trece; *davon lasse ich mich nicht ~* no hay quien me aparte de esto, nadie me hará cambiar de idea.
'abbröckeln (-*le*) *v/i.* desmigajarse, desmenuzarse; *Verputz, Glasur usw.*: desconcharse; *Mauern*: desmoronarse (*a. fig.*); *fig.* ✝ *Kurse*: debilitarse.
'Abbruch *m* **1.** *e-s Gebäudes usw.*: demolición *f*, derribo *m*; *auf ~ verkaufen* vender (una casa) para derribo; **2.** *fig. von Beziehungen usw.*: ruptura *f*; *e-r Reise*: interrupción *f*; *e-s Wettkampfs usw.*: suspensión *f*; *Computer*: cancelación *f*; **3.** (*Schaden*) daño *m*, perjuicio *m*, quebranto *m*; *~tun* perjudicar, dañar (*e-r Sache* a/c.); **~höhe** ✈ *f* pérdida *f* súbita de altura; **≈reif** *adj.* (en estado) ruinoso; **~unternehmen** *n* empresa *f* de derribos.
'abbrühen *v/t. Kochk.* escaldar; *fig.* → *abgebrüht*.
'abbrummen F *v/t. Strafe*: → *abbüßen*.

'abbuch|en ✝ *v/t.* (*belasten*) cargar en cuenta, adeudar; (*abschreiben*) cancelar; **≈ung** *f* débito *m*, adeudo *m*; cancelación *f*.
'abbürsten (-*e*-) *v/t. Kleider*: cepillar; *Staub*: quitar.
'abbüßen (-*t*) **I.** *v/t.* expiar, purgar; *e-e Strafe ~* cumplir condena; **II.** ≈ *n* expiación *f*; *nach ~ der Zuchthausstrafe* después de cumplir (la) condena en (el) presidio.
Ab'c *n* abecedario *m*, alfabeto *m*, abecé *m*; *fig.* rudimentos *m/pl.*; *nach dem ~* por orden alfabético, alfabéticamente; **~-Buch** *n* cartilla *f*, silabario *m*, abecedario *m*; **~-Schütze** *m* alumno (-a *f*) *m* principiante.
AB'C|-Staaten *m/pl.* (Argentina-Brasil-Chile) los Estados *m/pl.* (del) ABC; **~-Waffen** *f/pl.* armas *f/pl.* atómicas, biológicas y químicas (*od.* ABQ).
'abdach|en *v/t.* ataludar, construir en declive; **≈ung** *f* declive *m*, talud *m*, pendiente *f*; *flache*: explanada *f*.
'abdämm|en *v/t.* contener; poner diques a; *Fluß*: represar, embalsar; ⚡ (*isolieren*) aislar; *fig.* detener; **≈ung** *f* estancamiento *m*; ⚡, *Akustik*: aislamiento *m*.
'Abdampf *m* vapor *m* de escape; **≈en I.** *v/i.* evaporar(se); *Zug*: ponerse en marcha; F *fig.* largarse, eclipsarse; **II.** *v/t.* (*a. ~ lassen*) evaporar, (*verflüchtigen*) volatilizar; **~en** *n* evaporación *f*, volatilización *f*.
'abdämpfen *v/t.* → *dämpfen*.
'Abdampf...: **~rohr** *n* tubo *m* de vapor de escape; **~rückstand** *m* residuo *m* de evaporación; **~turbine** *f* turbina *f* de vapor de escape.
'abdank|en *v/i.* dimitir, presentar su dimisión; retirarse; *Herrscher*: abdicar (en alg.); **≈ung** *f* dimisión *f*; abdicación *f*.
'abdarben *v/t.*: *sich et. ~* ahorrar a fuerza de privaciones; quitarse el pan de la boca.
'Abdeck|band *n* cinta *f* perfiladora; **~blech** *n* plancha *f* (*od.* placa *f*) de cubierta; **≈en** *v/t.* descubrir, destapar; *Dach*: destejar; *Haus*: destechar; *Tisch*: quitar la mesa; ⊕ (*verdecken*) tapar, cubrir, revestir, recubrir; *Vieh*: desollar; ✝ proveer fondos; *Schuld*: pagar; *Fußball usw.*: marcar, cubrir; **~er** *m* desollador *m*; **~e'rei** *f* desolladero *m*; **~plane** *f* toldo *m*, cubierta *f* de lona; **~platte** *f* plancha *f* (*od.* placa *f*) de cubierta; **~ung** *f* recubrimiento *m*, revestimiento *m*; *von Krediten*: provisión *f* de fondos.
'abdeichen *v/t.* → *abdämmen*.
'abdestillieren (-) ⚠ *v/t.* destilar.
'abdicht|en *v/t.* cierre *m* herméticamente; *Loch*: cegar, estopar, obturar; *Maschinenteil*: empaquetar; ⚓ calafatear; *gegen Wasser usw.*: estanqueizar; impermeabilizar; *akustisch*: insonorizar; **≈ung** *f* cierre *m* hermético; obturación *f*; empaquetadura *f*; calafateado *m*; impermeabilización *f*; insonorización *f*.
'abdienen *v/t.*: **1.** *s-e Zeit ~* cumplir el servicio militar; **2.** *Schuld*: pagar con prestación de servicios.
'abdräng|en *v/t.* apartar (a la fuerza); separar empujando; *Kfz. beim Überholen*: obligar a apartarse; ⚓ abatir; derrotar; ✈ desviar de la ruta; **≈ung** *f* ⚓ abatimiento *m*; ✈ desviación *f*.
'abdreh|en I. *v/t.* destornillar, desenroscar; ⊕ tornear, cilindrar; *Gas, Wasser*: cerrar; ✂ apagar; *Film*: terminar de rodar, ultimar el rodaje; **II.** *v/i.* ⚓ cambiar de rumbo (*a.* ✈); (*ausscheren*) derivar, abatir; *in der Windrichtung*: barloventear; ✈ *im Luftkampf*: virar en redondo, escapar; **≈spindel** *f* huso *m* (de torno); **≈werkzeug** *n* herramienta *f* de torno.
'Abdrift *f* → *Abtrift*.
'abdrosseln (-*le*) *v/t. Motor*: cortar el gas; ⊕ estrangular.
'Abdruck *m* (-*s*; ⸚-*e*) (*Fuß~, Finger~*) huella *f*, impresión *f*; (*Stempel~*) impronta *f*; (*Abguß*) molde *m* (*a. Zahn~*); *Typ.* impresión *f*; reproducción *f*; (*Exemplar*) copia *f*; (*Nachdruck*) reimpresión *f*; (*Probe~*) prueba *f*; **≈en** *v/t.* copiar; moldear; *Typ.* imprimir, reproducir; (*veröffentlichen*) publicar; *wieder ~* reimprimir.
'abdrücken I. *v/t.* (*abformen*) moldear; *Gewehr*: disparar, descargar; *apretar el gatillo; *fig.* (*umarmen*) abrazar efusivamente; *j-m das Herz ~* partir el corazón a alg.; **II.** *v/refl.*: *sich ~* dejar huellas.
'Abdruckrecht *n* derecho *m* de reproducción.
'Abdrückschraube ⊕ *f* tornillo *m* de presión.
'Abdruckstempel *Typ. m* calcotipia *f*.
Ab'duktor *Anat. m* músculo *m* abductor.
'abducken *v/i. Boxen*: esquivar de cabeza.
'abdunkeln (-*le*) *v/t. Licht*: atenuar, reducir; *Raum*: oscurecer; *Farben*: ensombrecer, rebajar.
'abdunsten (-*e*-) *v/t.* evaporar.
'ab-ebben *v/i.* refluir, bajar la marea; *Wind*: amainar; *fig.* decaer, aplacarse.
'Abend *m* (-*s*; -*e*) (*früher*) tarde *f*; (*später*) noche *f*; (*geselliger, musikalischer, literarischer*) velada *f*; † (*Westen*) Occidente *m*, Poniente *m*; *bunter ~* velada *f* festiva, F guateque *m*; *am ~, des ~s* a la (de *od.* por la) noche; *am ~ vor(her)* la víspera de; *diesen ~, heute ≈* esta noche *bzw.* tarde; *morgen ≈* mañana por la noche; *gestern ≈* anoche, ayer por la tarde; *gegen ~* hacia la noche *bzw.* tarde, al atardecer; *guten ~!* ¡buenas noches!; ¡buenas tardes!; *bis heute ≈!*; ¡hasta la noche!; *zu ~ essen* cenar; *es wird ~* anochece, se hace de noche; *man soll den Tag nicht vor dem ~ loben* no se debe cantar victoria hasta el final; *es ist noch nicht aller Tage ~* la suerte no está aún echada; **~andacht** *f I.C.* vísperas *f/pl.*, *I.P.* oficio *m* de etiqueta (*od.* negro); **~ausgabe** *f e-r Zeitung*: edición *f* de la noche *bzw.* tarde; **~blatt** *n ~ zeitung*; **~börse** *f* bolsín *m* de última hora; **~brot** *n* cena *f*; **~dämmerung** *f* crepúsculo *m* (vespertino); caída *f* de la tarde, anochecer *m*, atardecer *m*; **~essen** *n* → *~brot*; **≈füllend** *adj.*: *~er Film* largometraje *m*; **~gebet** *n* oración *f* de la noche, ángelus *m*; **~geläute** *n*

(toque m de) ánimas f/pl., ángelus m; ~gesellschaft f tertulia f; gal. soirée f; velada f; P sarao m; ~gottesdienst m I.C. misa f vespertina, I.P. servicio m de la tarde; ~kasse Thea. f taquilla f; ~kleid n traje m de noche; ~kühle f relente m; ~kurs m curso m de noche (od. nocturno), clase(s) f(pl.) nocturna(s); ~land n Occidente m; ℒländisch adj. occidental; ℒlich adj. de la tarde, vespertino; ~luft f sereno m; ~mahl n → ~brot; Bib. (Santa) Cena f; Lit. (Sagrada) Comunión f; (Sakrament) Eucaristía f; das ~ empfangen recibir a Dios, comulgar; das ~ reichen administrar (od. dar) la comunión; ~mahlgänger m comulgante m; ~messe f misa f vespertina; ~rot n, ~röte f luz f crepuscular, arrebol m vespertino.

'abends adv. por la noche, de noche; spät ~ muy de noche; um 8 Uhr ~ a las 8 de la noche.

'Abend...: ~schule f escuela f nocturna; ~sonne f sol m poniente (od. crepuscular); ~ständchen n serenata f; ~stern m lucero m de la tarde (od. vespertino); ~tisch m mesa f (dis)puesta para cenar; ~toilette f vestido m de noche; ~vorstellung f función f de tarde bzw. noche; ~zeitung f (periódico m) vespertino m.

'Abenteuer n (-s; -) aventura f, lance m; andanza f (mst. pl.); (Wagnis) empresa f temeraria (od. aventurada); auf ~ ausgehen ir en busca de aventuras; sich in ~ stürzen meterse en aventuras; ℒlich adj. aventurero; fig. quijotesco, descabellado; Plan usw.: aventurado, arriesgado; ~lichkeit f quijotismo m, carácter m aventurero; extravagancia f; ~lust f espíritu m aventurero; Neol. aventurismo m; ~roman m novela f de aventuras.

'Abenteurer|(in f) m aventurero (-a f) m; ~leben n: ein ~ führen llevar una vida aventurera.

'aber I. cj. pero, mas, empero; ~ d(enn)och sin embargo, no obstante; oder ~ o bien; nun ~ ahora bien, pues bien; II. int. ~! (Erstaunen) ¡pero cómo!; ~ nein! ¡nada de eso!, ¡~ ni hablar!; (verwundert) ¡no me diga!; ~ schnell! ¡pero de prisa!; ~ ja!, ~ sicher! ¡pero claro! ¡claro que sí!, ¡desde luego!; Am. ¡cómo no!; III. adv. (wiederum) otra vez, de nuevo; ~ und abermals una y otra vez, reiteradamente; IV. ℒ n pero m, reparo m; die Sache hat ein ~ la cosa tiene su pero; er hat immer ein (Wenn und) ~ siempre tiene un pero (od. reparos) que poner; ohne Wenn und ~ sin (poner) peros (od. reparos); da gibt es kein ~ no hay pero que valga.

'Aber|glaube m superstición f; ℒgläubisch adj. supersticioso.

'ab·erkenn|en (L; -) v/t. 🕂 Recht: privar de, desposeer de; Sache: negar el derecho a; Schadenersatz: denegar; j-m et. ~ no reconocer a/c. a alg.; ℒung f denegación f; 🕂 desposeimiento m; privación f; ~ der bürgerlichen Ehrenrechte interdicción f civil, privación f de los derechos civiles.

'aber|malig adj. reiterado, repetido, nuevo; ~mals adv. de nuevo, otra vez, una vez más.

'ab·ernten (-e-) v/t. cosechar, recolectar; Früchte: a. recoger.
Ab-errati'on Phys. f aberración f.
'Aberwitz m (-es; 0) locura f, desvarío m; disparate m; ℒig adj. loco, desatinado, disparatado.
'ab·essen (L) v/t. Teller: dejar limpio; Knochen: roer.
Abes'sin|ien n Abisinia f; ~ier(in f) m, ℒisch adj. abisinio (-a f) m.
'abfackeln (-le) v/t. Gas: quemar.
'abfahren (L) I. v/i. 1. salir, partir (nach para) (beide a. 🚢); efectuar su salida; Zug: (sich in Bewegung setzen) arrancar; ⚓ salir, zarpar (nach para); Ski: descender; 2. F fig. j-n ~ lassen → abblitzen; II. v/t. Güter: transportar, acarrear; Strecke: recorrer; überwachend: patrullar; Reifen: gastar; ihm wurde ein Bein abgefahren perdió una pierna en un accidente.
'Abfahrt f salida f (a. ⚓), partida f, marcha f (nach para); Ski: descenso m, bajada f; bei ~ des Zuges a la salida del tren; das Zeichen zur ~ geben dar la salida; ℒ(s)bereit adj. listo para salir; ~slauf m Ski: (carrera f de) descenso m; ~släufer(in f) m velocista m/f; ~(s)signal n señal f de salida.
'Abfall m (-¢s; ~e) 1. caída f (a. Laub, ⚡ u. fig.); (Böschung) declive m, pendiente f; fig. (Abnahme) baja f, descenso m; von e-r Partei usw.: defección f, disidencia f; zum Gegner: deserción f; Rel. apostasía f; 2. oft Abfälle pl. desperdicios m/pl., desechos m/pl.; residuos m/pl.; (Müll) basura f; beim Schlachten: despojos m/pl.; 3. (ungünstiger Gegensatz) desentono m, contraste m desfavorable; Neol. desfase m; ~aufbereitung f tratamiento m de residuos; ~behälter m recipiente m de basura; ~beseitigung f eliminación f (od. evacuación f) de (los) desechos; ~eimer m cubo m de la basura; ℒen (L; sn) v/i. caer; desprenderse; (abnehmen) disminuir, mermar, descender; (übrigbleiben) sobrar; von e-r Partei: abandonar, desertar; Rel. apostatar, renegar; Gelände: ir en declive; (abmagern) enflaquecer, demacrarse; von j-m ~ abandonar a alg. (od. la causa de alg.); ~ gegen desentonar con; ser inferior a; F es wird et. für dich ~ te tocará algo; ℒend adj. Gelände: pendiente, en declive; steil ~ tajado; ~erzeugnis n producto m de desecho; ~verwertbar: subproducto m; ~grube f basurero m; ~holz n desperdicios m/pl. de madera.
'abfällig I. adj. desfavorable; despectivo; Kritik: adverso; II. adv. desfavorablemente, despectivamente; ~ sprechen über j-n hablar despectivamente de alg.; ~ beurteilen censurar.
'Abfall...: ~produkt n ~erzeugnis; ~säure 🝎 f ácido m residual; ~stoff m sustancia f de desecho; ~verwertung f aprovechamiento m de desechos; ~wärme f calor m de desecho; ~wirtschaft f gestión f de residuos.
'abfang|en (L) v/t. atrapar; detener, capturar; 🛩, Tele., Briefe usw.: interceptar; Kunden: quitar; captar; Jgdw. rematar; △, 🪓 apuntalar; ⚓ Stöße: absorber, amortiguar; ⚓

apresar; 🛩 enderezar; ℒjäger 🛩 m (avión m) interceptor m.
'abfärben v/i. desteñir(se); ~ auf manchar; fig. auf j-n ~ influir sobre alg.; auf et. ~ trascender a a/c.
'abfasen (-t) ⊕ v/t. achaflanar, biselar.
'abfasern (-re) v/i. Stoff: deshilacharse.
'abfass|en (-βt) v/t. 1. j-n: aprehender, coger, F atrapar; 2. (verfassen) componer; redactar; formular; Akten, Urkunden usw.: extender; kurz abgefaßt redactado concisamente; ℒung f redacción f, composición f.
'abfaulen v/i. pudrirse.
'abfeder|n (-re) v/t. ⊕ suspender elásticamente; poner muelles a; gegen Stöße: amortiguar; einzeln abgefederte Räder ruedas con suspensión independiente; ℒung f amortiguamiento m; Kfz. suspensión f elástica.
'abfegen v/t. barrer, limpiar con la escoba.
'abfeilen v/t. limar, rebajar (con la lima); fig. pulir.
'abfeilschen v/t. → abhandeln.
'abfertig|en v/t. 1. despachar; expedir; 🚢, 🛩 facturar; Kunden: atender, servir, despachar; 2. fig. j-n kurz ~ despedir de modo brusco a alg.; F mandar a alg. a paseo; ℒung f despacho m; facturación f; expedición f; ℒungsgebäude 🛩 n terminal f; ℒungsschalter 🛩 m mostrador m de facturación; ℒungsschein m certificado m de despacho aduanero; ℒungsstelle f (oficina f de) despacho m; ℒungszeit f horas f/pl. de despacho.
'abfeuern (-re) v/t. Waffe: disparar, descargar; Fußball: tirar, F chutar.
'abfilt|ern, ~rieren (-re) v/t. filtrar.
'abfind|en (L) v/t. satisfacer, pagar; (entschädigen) compensar, indemnizar; II. v/refl.: sich mit j-m ~ llegar a un arreglo (od. acuerdo) con alg., arreglarse con alg.; sich mit et. ~ resignarse, conformarse, apechugar con a/c.; sich mit den Gegebenheiten ~ hacer frente a las circunstancias; ℒung f arreglo m, ajuste m; compensación f, indemnización f; ℒungssumme f compensación f, indemnización f; ℒungsvertrag m pacto m de transacción.
'abfischen v/t. Teich: vaciar de pesca, despoblar (de peces).
'abflachen v/t. aplanar, alisar, allanar, nivelar; ⊕ achatar; Gewinde: truncar; sich ~ Wasser: perder profundidad.
'abflauen v/i. Wind: (en)calmarse, amainar; fig. aflojar, disminuir; ✝ Preise: estar en baja; Kurse: debilitarse, mostrar flojedad; Geschäft: languidecer; Interesse: disminuir.
'abfliegen (L; sn) I. v/i. levantar el vuelo; 🛩 despegar; emprender vuelo (nach hacia); partir en avión; II. v/t. patrullar; recorrer en avión.
'abfließen (L; sn) v/i. desaguar; escurrir, salirse, derramarse.
'Abflug 🛩 m salida f (nach hacia od. con destino a); despegue m; ~deck n cubierta f de despegue; ~halle 🛩 f terminal f de salidas.
'Abfluß m (Abfließen) salida f, derrame m; (Ausfluß) descarga f, desagüe m; v. Geld: evasión f (od. fuga f) de capitales; e-s Teiches: surtidero m;

Abflußgebiet — Abgeschlossenheit

~gebiet n zona f colectora; vertiente f; **~graben** m albañal m, alcantarilla f; **~hahn** m llave f de desagüe bzw. de descarga; **~kanal** m canal m de desagüe bzw. de descarga; Staubecken: vaciadero m, aliviadero m; **~reiniger** m (producto m) desatascador m; **~rinne** f desaguadero m; **~rohr** n tubo m de desagüe; ⊕ tubo m de descarga; **~ventil** ⊕ n válvula f de descarga.

'**Abfolge** f sucesión f; serie f.
'**abfordern** (-re) v/t. pedir; exigir, reclamar; j-m Rechenschaft ~ pedir cuentas a alg.
'**abformen** v/t. modelar, vaciar; (kopieren) copiar; ⊕ moldear.
'**abforsten** (-e-) v/t. → abholzen.
'**Abfrage** f Computer: consulta f; **2n** v/t. preguntar; e-n Schüler: tomar la lección a.
'**abfräsen** (-t) ⊕ v/t. fresar.
'**abfressen** (L) v/t. comer (sin dejar resto); Vieh, Wild: pacer; Nagetier: roer; Wurm: carcomer; ⊕ corroer.
'**abfrieren** (L; sn) v/i. helarse, congelarse.
'**abfühlen** v/t. → abtasten.
'**Abfuhr** f transporte m, recogida f; acarreo m; Sport u. fig.: derrota f, descalabro m; (Abweisung) desaire m, repulsa f; fig. j-m e-e ~ erteilen echar a alg. con cajas destempladas; sich e-e ~ holen sufrir un desaire.
'**abführen I.** v/t. conducir, transportar; acarrear; evacuar; ✠ purgar; Häftling: llevar detenido; Phys. eliminar; Geld: pagar (an ac. a); fig. vom Wege, Thema usw.: apartar de; **II.** v/i. ✠ purgar(se); **~d** adj. purgante, laxante.
'**Abfuhrkosten** pl. gastos m/pl. de acarreo.
'**Abführ...**: **~mittel** n purgante m, laxante m, laxativo m; ein ~ nehmen purgarse; **~tee** m té m purgante; **~ung** f transporte m, conducción f, acarreo m; pago m; ✠ purga f.
'**Abfüll|anlage** f planta f envasadora; instalación f de embotellado; **2en** v/t. Flüssigkeiten: trasegar; in Flaschen: embotellar; in Packungen: envasar; in Säcke: ensacar; **~gewicht** n peso m al envasar; **~maschine** f embotelladora f; envasadora f; **~ung** f trasiego m; embotellado m; envase m.
'**abfüttern** (-re) v/t. Vieh: dar pienso; F Gäste: dar de comer; Kleidung: forrar.
'**Abgabe** f **1.** entrega f (a. Gepäck); (Verkauf) venta f; Fußball: pase m; **2.** (Gebühr) derecho m; (Tribut) tributo m; (Steuer) contribución f; impuesto m; soziale **~n** cargas f/pl. sociales; **3.** Phys. v. Strahlen, Wärme usw.: emisión f; desprendimiento m; **2nfrei** adj. libre (od. exento) de impuestos (od. derechos); **~nfreiheit** f exención f de impuestos; **2(n)pflichtig** adj. sujeto a impuestos; **~nsystem** n ✠ sistema m de impuestos; **~preis** m precio m de venta; **~termin** m fecha f de entrega.
'**Abgang** m (-es; ⸚e) **1.** ♞, ⚓ salida f, partida f; Thea. mutis m; aus e-r Stellung: renuncia f; v. der Schule: terminación f (de los estudios); e-r Ware: venta f; ✠ guten ~ finden tener buena venta (od. salida); **2.** (Verlust)

merma f; bei Flüssigkeiten: derrame m; Abgänge pl. der Belegschaft: bajas f/pl.; (Warenversand) despacho m; Bankbilanz: deducción f; **3.** ✠ flujo m; expulsión f; der Leibesfrucht: aborto m; **4.** Turnen: salida f.
'**abgängig** adj. ✠ (fehlend) falto, deficiente; ~ sein haber desaparecido.
'**Abgangs...**: **~dampf** m vapor m de escape; **~hafen** m puerto m de salida; **~prüfung** f allg. examen m final; Span. reválida f, examen m de grado; **~station** f estación f de salida; **~zeit** f hora f de salida (od. e-r Sendung: de despacho); **~zeugnis** n certificado m (od. diploma m) de fin de estudios.
'**Abgas** n gas m de escape; **2arm** adj. Kfz. bajo en gases de escape; **~sonderuntersuchung** f Kfz. control m de los gases de escape; **~verwertung** f aprovechamiento m de los gases de escape.
'**abgaunern** (-re) v/t.: j-m et. ~ dar un timo a alg., socaliñar a/c. a alg.
'**abge-arbeitet** adj. → abarbeiten.
'**abgeben** (L) **I.** v/t. **1.** (abliefern) entregar, dar; (zurückgeben) devolver; (fortgeben) deshacerse de; (abtreten) ceder; ein Amt: renunciar a; Gepäck: consignar; ✠ Ware: suministrar, proveer; (verkaufen) vender; e-n Wechsel: librar; abzugeben bei para entregar a (od. en casa de); s-e Karte bei j-m ~ dejar tarjeta en casa de alg.; e-e Erklärung ~ hacer una declaración; e-e Meinung ~ über opinar, emitir una opinión sobre; e-n Schuß ~ disparar un tiro; den Ball ~ pasar el balón; von et. ~ dar una parte de, repartir con; **2.** ⊕ Wärme usw.: irradiar, emitir, desprender; Strom: suministrar; abgegebene Leistung potencia efectiva generada bzw. suministrada; **3.** (dienen als) servir de, Person: actuar de, hacer de; er würde e-n guten Ingenieur ~ sería un buen ingeniero; **II.** v/refl.: sich ~ mit et. ocuparse de a/c.; sich mit j-m ~ tratar a (od. tener trato con) alg.
'**abge|brannt** adj. destruido por el fuego; Person: siniestrado, arruinado (por un incendio); F fig. ~ sein estar sin blanca, P estar a dos velas; **~brüht** fig. adj. escaldado; curtido; **~droschen** fig. adj. trivial, insustancial; Wort, Wendung: trillado, manido, sobado; **~e** Redewendung cliché m; **2droschenheit** f banalidad f, trivialidad f; **~feimt** adj. pillo, bribón; taimado, astuto; **~griffen** adj. gastado; sobado, manido; Buch: manoseado; **~hackt** fig. adj. Stil, Sprechweise: entrecortado; **~hangen** adj. Fleisch: manido; **~härmt**, **~härtet** adj. consumido; afligido; endurecido; curtido.
'**abgehen** (L) **I.** v/i. **1.** salir, partir (a. ♞, ⚓ usw.) (nach para); irse, marcharse; ⚓ zarpar, hacerse a la mar; Thea. hacer mutis (a. fig.); Post: salir; ✠ ser expulsado; Ware: venderse; (sich loslösen) desprenderse, despegarse; Knopf: descoserse, soltarse; von e-m Amt: renunciar, dimitir; ~ lassen Sendung: expedir, mandar, despachar; von der Schule ~ dejar la escuela; von e-r Meinung ~ cambiar de opinión; von e-m Thema, der Wahrheit usw.: apartarse de; von e-m Vorhaben: desistir de; vom (rech-

ten) Wege ~ apartarse del (buen) camino (a. fig.); vom Preis ~ rebajar el precio; davon geht (gehen) ab a deducir, de ello hay que descontar; nicht ~ von persistir en; insistir en; **2.** (fehlen) faltar, no tener; was ihm abgeht, ist Mut lo que le hace falta es valor; sich nichts ~ lassen no privarse de nada, F darse la gran vida; ihm geht nichts ab no carece de nada; er geht mir sehr ab le echo mucho de menos; **3.** (enden) acabar; gut ~ tener éxito, salir bien; schlecht ~ salir mal, fracasar; **II.** v/t. (abmessen) medir a pasos; (überwachen) patrullar, rondar.
'**abge|hetzt** adj. ajetreado; (erschöpft) hecho polvo; (atemlos) desalentado; **~kämpft** fig. adj. rendido, agotado; **~kartet** adj. → abkarten; **~klärt** fig. adj. asentado, maduro; **~lagert** adj. Wein: reposado; (alt) añejo, rancio; Holz: curado; Geol. sedimentado; **~lebt** adj. decrépito, caduco; **~legen** adj. distante, apartado; lejano; perdido; (abgeschieden) solitario, retirado; **2legenheit** f lejanía f; apartamiento m, aislamiento m.
'**abgelt|en** (L) v/t. Ausgaben: compensar, indemnizar; Schuld: satisfacer, liquidar; **2ung** f compensación f, pago m; (Abfindung) arreglo m; (Entschädigung) indemnización f.
'**abgemacht** adj. → abmachen.
'**abgemagert** adj. enjuto; escuálido; F (estar) en los huesos.
'**abgemessen** adj. mesurado; fig. Person: comedido; Rede: moderado, pausado; **2heit** f precisión f; mesura f, moderación f; comedimiento m.
'**abgeneigt** adj. poco inclinado, reacio; j-m ~ sein sentir antipatía hacia alg.; ich bin nicht ~ zu no me opongo a, no tengo inconveniente en; **2heit** f → Abneigung.
'**abgenutzt** adj. usado, gastado; Kleidung: raído, deslustrado.
Abgeordnet|e(r m) m/f diputado (-a f) m; delegado (-a f) m; **~enhaus** n, **~enkammer** f Congreso m, Cámara f de Diputados; Span. Cortes f/pl.
'**abgerissen** adj. (zerrissen) roto; (zerlumpt) andrajoso, desharrapado; (schäbig) desaliñado, astroso; Person: desastrado; fig. Sprache: inconexo; Gedanken, Rede: incoherente; **2heit** f (0) andrajosidad f; desaliño m; incoherencia f.
'**abgerundet I.** adj. Leistung, Stil, Bildung: esmerado; Zahl: redondo; **II.** adv. en números redondos, en cifras redondas.
'**Abgesandte(r)** m enviado m; emisario m; comisionado m; delegado m.
'**abgeschieden** adj. solitario, retirado; aislado; (tot) finado, difunto; **2heit** f (0) soledad f, retiro m; aislamiento m.
'**abgeschlagen** adj. **1.** → abgespannt; **2.** Sport: descolgado.
'**abgeschliffen** adj. pulido; fig. Stil, Sprache: a. esmerado; a. Benehmen: refinado; **2heit** f (0) pulidez f; finura f, distinción f.
'**abgeschlossen** adj. → abschließen; fig. aislado, retirado, recluido; (in sich ~) Wohnung, Maschine: independiente; Arbeit: terminado, concluido; Ausbildung: completo; (abgemacht) concluso; ~ leben vivir retiradamente; **2heit** f (0) aislamiento m,

reclusión *f*; retraimiento *m*; introversión *f*.
ˈ**abgeschmackt** *adj*. (*fad*) insípido, insulso, soso; *fig*. (*töricht*) absurdo, disparatado; (*von schlechtem Geschmack*) de mal gusto, vulgar, chabacano; ⸰**heit** *f* (0) insipidez *f*; insulsez *f*; vulgaridad *f*, mal gusto *m*, chabacanería *f*.
ˈ**abgesehen:** ~ *von* aparte de, exceptuando, salvo, amén de; (*ganz*) ~ *davon, daß* prescindiendo (en absoluto) de que, sin tener en cuenta (para nada) que; → *absehen*.
ˈ**abgesondert** *adj*. separado (*von* de); *fig*. → *abgeschieden, abgeschlossen*.
ˈ**abgespannt** *fig. adj*. cansado, rendido, extenuado, agotado; F molido, F hecho polvo; ⸰**heit** *f* (0) cansancio *m*, extenuación *f*; fatiga *f*; agotamiento *m*.
ˈ**abgestanden** *adj*. desabrido, pasado; rancio, *a. fig*. manido.
ˈ**abgestorben** *adj*. → *absterben*.
ˈ**abgestumpft** *adj*. *Schneide*: sin filo; *Spitze*: romo; *Werkzeug*: embotado; *Kegel*: truncado; *fig*. apático, abúlico; indiferente, insensible (*gegen* a); ⸰**heit** *f* (0) apatía *f*; indiferencia *f*, insensibilidad *f*.
ˈ**abgetakelt** ⚓ *adj*. → *abtakeln*.
ˈ**abgetan** *adj*. → *abtun*.
ˈ**abgeteilt** *adj*. dividido; separado; ~*er Raum* compartim(i)ento *m*.
ˈ**abgetragen** *adj*. *Kleider*: usado, deslustrado; raído; (des)gastado.
ˈ**abgewinnen** *v/t*.: *j-m et*. ~ ganar a/c. a alg.; *e-r Sache Geschmack* ~ tomar gusto a a/c.; *j-m e-n Vorsprung* ~ tomar la delantera a alg., anticiparse a alg.; *j-m e-n Vorteil* ~ tener ventaja sobre alg.
ˈ**abgewirtschaftet** *adj*. arruinado, tronado (*a. Person*).
ˈ**abgewöhnen** (-) *v/t*. desacostumbrar (*j-m et*. a/c. a alg.); *sich et*. ~ perder el hábito de a/c.; *sich das Rauchen* ~ dejar (el hábito) de (*od*. deshabituarse de) fumar; *das werde ich dir bald* ~ te lo quitaré pronto.
ˈ**abgezehrt** *adj*. consumido, demacrado, macilento.
ˈ**abgießen** (L) *v/t*. verter, derramar; trasegar; ⸮ decantar; *in Gips usw.*: vaciar; ⊕ moldear.
ˈ**Abglanz** *m* reflejo *m* (*a. fig*.), vislumbre *m*; destello *m*.
ˈ**abgleich|en** (L) *v/t*. igualar; regular; ajustar (*a. Konten*), adaptar (*alle a.* ⊕); (*ebnen*) nivelar, alisar; ✂ *Meßtechnik*: equilibrar; *Funk, Radar*: compensar; ⸰**fehler** *m* defecto *m* de equilibrio; ⸰**kondensator** *m* condensador *m* (*Arg*. capacitor *m*) de ajuste; ⸰**ung** *f* igualación *f*; ajuste *m*; nivelación *f*; equilibrio *m*; compensación *f*.
ˈ**ab|gleiten** (L; *sn*), ~**glitschen** (*sn*) *v/i*. escurrir, resbalar, deslizar(se); *Kfz*. patinar; *Preise usw*.: ir bajando; *Waffe*: desviarse; *fig. alle Vorwürfe gleiten an ihm ab* es insensible a todo reproche.
ˈ**abglühen** *v/t*. *Metalle*: caldear; poner al rojo vivo.
ˈ**Ab|gott** *m* ídolo *m*; ~**götteˈrei** *f* (0) idolatría *f*; ~ *treiben* adorar ídolos; ⸰**göttisch** I. *adj*. idólatra (idolátrico); II. *adv*. con idolatría; ~ *lieben* idolatrar.

ˈ**Abgottschlange** *f* boa *f* (constrictor).
ˈ**abgraben** (L) *v/t*. desmontar; allanar, nivelar; *Wasserlauf*: avenar; *fig. j-m das Wasser* ~ minar el terreno a alg.
ˈ**abgrämen** *v/refl*.: *sich* ~ → *abhärmen*.
ˈ**abgrasen** (-*t*) *v/t*. pacer; *fig*. recorrer (las tiendas, *etc*.); trillar (un campo).
ˈ**abgraten** (-*e*-) ⊕ *v/t*. desbarbar.
ˈ**abgreifen** (L) *v/t*. ajar, manosear; *Landkarte*: trazar, hacer un mapa; *die Entfernung* ~ medir la distancia con el compás; → *abgegriffen*.
ˈ**abgrenz|en** (-*t*) *v/t*. deslindar, (de-)limitar, demarcar; *fig*. diferenciar; delimitar; *Begriffe*: definir, precisar; ⸰**ung** *f* deslinde *m*, (de)limitación *f*; demarcación *f*; *von Begriffen*: definición *f*.
ˈ**Abgrund** *m* abismo *m* (*a. fig*.); *steiler*: precipicio *m*; (*Schlund*) sima *f*; *fig. am Rande des* ~*s* al borde del precipicio; ⸰**häßlich** *adj*. F más feo que Picio.
ˈ**ab|gründig,** ~**grundtief** *adj*. abismático, insondable (*a. fig*.).
ˈ**abgucken** F *v/t*. → *absehen* I.
ˈ**Abguß** *m Gips usw*.: vaciado *m*; ⸮ decantación *f*.
ˈ**abhaben** (L) F *v/t*.: *et*. ~ *wollen* querer (*od*. reclamar) su parte.
ˈ**abhacken** *v/t*. partir, cortar (a hachazos); *Worte*: entrecortar; → *abgehackt*.
ˈ**abhaken** *v/t*. desenganchar, descolgar; *in e-r Liste*: marcar; puntear.
ˈ**abhalftern** (-*re*) *v/t*. descabestrar.
ˈ**abhalt|en** (L) I. *v/t*. 1. (*fernhalten*) mantener a distancia; (*abwehren*) rechazar; ⚔ *den Feind*: detener; 2. *fig*. (*aufhalten*) molestar, distraer (de); (*hindern*) impedir, retener, detener; (*zurückhalten*) contener; (*abschrecken*) amedrentar; *lassen Sie sich nicht* ~ no se moleste usted; 3. *Prüfung, Versammlung, Gottesdienst*: celebrar; *Lehrstunde, Kurs*: dar, impartir; *Vorlesung*: explicar; 4. F *Kind*: poner a hacer pis; II. ⚓ *v/i*.: ~ *auf* dirigirse a (hacia); *vom Land* ~ alejarse de la costa; *Hindernis*) impedimento *m*, contratiempo *m*; *e-r Versammlung usw*.: celebración *f*.
ˈ**abhandeln** (-*le*) *v/t*. 1. *j-m et*. ~ *durch Kauf*: comprar, adquirir a/c. a alg.; *durch Feilschen*: regatear; *et. vom Preis* ~ obtener una rebaja; 2. (*verhandeln*) tratar (*a. Thema*), negociar; *mündlich*: discutir, debatir; *vortragend*: disertar sobre, exponer.
abˈhanden *adv*.: ~ *kommen* perderse, extraviarse.
ˈ**Abhandlung** *f* tratado *m*; ensayo *m*; *wissenschaftlich*: *a*. trabajo *m*; memoria *f*; estudio *m*; disertación *f*.
ˈ**Abhang** *m* cuesta *f*, declive *m*, pendiente *f*; *jäher*: precipicio *m*, despeñadero *m*; *e-s Hügels*: ladera *f*; *e-s Gebirges*: falda *f*, vertiente *f*.
ˈ**abhängen** (L) I. *v/i*. depender (*von* de); *von e-r Zustimmung, Vorschrift*: estar sometido (*od*. sujeto) a; *es hängt von dir ab* de ti depende, tú dirás; II. *v/t*. 1. *Telefon*: descolgar; *Anhänger usw*.: desenganchar; 2. F *fig. Verfolger*: dar esquinazo, despistar; *Konkurrenten* (*a. Sport*): descolgar, dejar atrás.

ˈ**abhängig** *adj*. dependiente (*von* de); sujeto (*od*. sometido) a; *et*. ~ *machen von* supeditar a/c. a; ~ *sein von* ~ *abhängen*; *voneinander* ~ interdependientes; *Gr*. ~*er Satz* proposición *f* (*od*. oración *f*) subordinada; ⸰**keit** *f* (0) dependencia *f*, subordinación *f*; sujeción *f*; *von Drogen usw.*: adicción *f*; *gegenseitige* ~ interdependencia *f*; ⸰**keitsverhältnis** *n* relación *f* de dependencia.
ˈ**abhärmen** *v/refl*.: *sich* ~ afligirse; consumirse de pena; → *abgehärmt*.
ˈ**abhärt|en** (-*e*-) *v/t*. endurecer; fortalecer; curtir; aguerrir; → *abgehärtet*; ⸰**ung** *f* (0) endurecimiento *m*; fortalecimiento *m*; curtimiento *m*.
ˈ**abhaspeln** (-*le*) *v/t*. hilar, devanar; F *fig*. recitar de carrerilla.
ˈ**abhauen** (L) I. *v/t*. cortar; *Baum*: talar, tronchar; II. F *v/i*. F largarse, esfumarse, levantar el vuelo; (*fliehen*) F poner pies en polvorosa; *hau ab!* F ¡lárgate!; ¡fuera de aquí!
ˈ**abhäuten** (-*e*-) *v/t*. desollar, despellejar.
ˈ**abheb|en** (L) I. *v/t*. levantar, elevar, alzar; quitar (de encima); *Tele. Hörer*: descolgar; *Karten*: cortar; *Geld*: retirar, sacar; *Deckel*: despegar; II. *v/i*. ✈ despegar; III. *v/refl*.: *sich* ~ *von* contrastar con; *gegen e-n Hintergrund*: destacarse, recortarse sobre, resaltar; ⸰**en** ✈ *n* despegue *m*; ⸰**ung** *f v. Geld*: retirada *f*.
ˈ**abheften** (-*e*-) *v/t*. archivar.
ˈ**abheilen** (*sn*) *v/i*. *Wunde*: cicatrizar(se), cerrarse.
ˈ**abhelfen** (L) *v/i*. *e-r Sache*: remediar, poner remedio a; *e-m Fehler*: corregir, subsanar; *e-m Mangel*: suplir, subvenir; *e-r Schwierigkeit*: vencer, allanar; *dem ist nicht abzuhelfen* no tiene arreglo (*od*. remedio).
ˈ**abhetzen** (-*t*) *v/t*. rendir, cansar; *Pferd*: reventar; *sich* ~ ajetrearse, afanarse; F echar los bofes.
ˈ**Abhilfe** *f* (0) remedio *m*, ayuda *f*, auxilio *m*; ~ *schaffen* poner remedio.
ˈ**abhobeln** (-*le*) *v/t*. (a)cepillar, desbastar; *Parkett*: acuchillar; *fig*. pulir.
ˈ**abhold** *adj*.: ~ *sein j-m*: sentir antipatía (hacia alg.); *e-r Sache*: estar opuesto (a a/c.).
ˈ**Abhol|dienst** *m* servicio *m* de recogida; ⸰**en** *v/t*. recoger, retirar; ir bzw. venir a buscar; *j-n von der Bahn* ~ recoger a alg. en la estación; ~ *lassen* enviar por (F a por), mandar buscar; ~**ung** *f* recogida *f*, retirada *f*.
ˈ**abholz|en** (-*t*) *v/t*. *Wald*: desmontar, talar, de(s)forestar; ⸰**ung** *f* tala *f*, desmonte *m*, de(s)forestación *f*.
ˈ**abhorchen** *v/t*. escuchar (disimuladamente); ⚕ auscultar; → *a. abhören*.
ˈ**Abhör|dienst** *m* servicio *m* de escucha; ⸰**en** *v/t*. escuchar (*a. Radio*); *e-n Schüler*: tomar la lección a; *Funksprüche, Telefongespräche*: interceptar; intervenir; ~**en** *n* escucha *f* (*a. Telefongespräche*); interceptación *f*; ~**gerät** *n* dispositivo *m* (*od*. aparato *m*) de escucha; *Spionage*: micrófono *m* oculto, micro-espía *m*; ~**kammer** ♪ *f* cabina *f* de control; ~**station** *f* estación *f* interceptora.
ˈ**Abhub** *m* (-*es*; 0) sobras *f/pl*.; desperdicios *m/pl*.

abhülsen — Ablegekorb

'abhülsen (-t) v/t. desvainar, desgranar; mondar.

'Abi F n → Abitur.

'ab-irr|en (sn) v/i. extraviarse, descarriarse (beide a. fig.), des(en)caminarse, perderse, desviarse; F despistarse; Gedanken, Rede: divagar; ⸗ung f extravío m; divagación f; Opt. aberración f.

Abi'tur n (-s; -e) bachillerato m; ⸗i'ent(in f) m (-en) bachiller m/f.

'abjagen v/t. Pferd: rendir, reventar; j-n ⸗ fatigar, acosar, ajetrear a alg.; j-m et. ⸗ arrebatar, hacer soltar a/c. a alg.; sich ⸗ → abhetzen.

'abjochen v/t. desuncir.

'abkämmen v/t. limpiar, quitar con peine; Wolle: cardar.

'abkanten (-e-) ⊕ v/t. achaflanar; biselar; descantillar; Bleche: plegar, rebordear.

'abkanzeln (-le) F v/t.: j-n ⸗ sermonear, echar un sermón (F una bronca) a alg; poner a alg. de vuelta y media.

'abkappen ✄ v/t. Bäume: descopar, desmochar.

'abkapseln (-le) v/refl.: sich ⸗ ✶ encapsularse, enquistarse; Person: aislarse.

'abkarten (-e-) v/t. tramar; abgekartete Sache golpe m tramado (od. montado), trama f.

'abkauen v/t. mas(ti)car; sich die Fingernägel ⸗ morderse las uñas.

'abkaufen (-e-) v/t. comprar (j-m et. a/c. a alg.); F das kaufe ich dir nicht ab! ¡eso no me lo trago!; ¡cuéntaselo a tu abuela!

'Abkehr f (0) alejamiento m, abandono m (von de), renuncia f (von a); desinterés m (por); ⸗en I. v/t. → abfegen; II. v/refl.: sich ⸗ apartarse, distanciarse (von de); sich von j-m ⸗ volver la espalda a alg.

'abketten (-e-) v/t. desencadenar.

'abklappern (-re) v/t. recorrer, F patear(se); Straße, Geschäfte usw.: ir de casa en casa bzw. de tienda en tienda.

'abklär|en v/t. clarificar; ⸚ decantar; fig. → aufklären; abgeklärt; ⸗ung f (0) ⸚ clarificación f, decantación f.

'Abklatsch m (-es; -e) Typ. clisé m, plancha f estereotípica; fig. calco m; copia f; schwacher ⸗ pálido retrato m; ⸗en v/t. Typ. imprimir, estereotipar.

'abklemmen v/t. ✶ estrangular; ⚡ desconectar (un borne).

'abklingen (L; sn) v/i. decrecer; Ton: extinguirse, apagarse; ✶ Fieber usw.: ceder, declinar; fig. ir disminuyendo; atenuarse.

'abklopfen I. v/t. golpear; Staub: sacudir; ⚡ percutir; ⊕ Guß: martillar; Kesselstein: picar; II. v/i. ♪ parar (la orquesta).

'abknabbern (-re) v/t. mordiscar, mordisquear; Knochen: roer.

'abknallen v/t. 1. → abfeuern, abschießen; 2. P j-n ⸗ P cargarse a alg.

'abknappen, 'abknapsen (-t) v/t. escatimar, tacañear; F sich et. ⸗ quitarse a/c. de la boca.

'abkneifen (L) v/t. arrancar con pinzas.

'abknicken v/t. doblar; romper doblando; Zweige: desgajar; Schlauch: retorcer.

'abknöpfen v/t. desabrochar, desabotonar; F j-m et. ⸗ sacar a/c. a alg.;

Geld: F hacer aflojar (od. soltar) la mosca, F dar un sablazo.

'abknutschen F v/t. F sobar, besuquear.

'abkochen I. v/t. cocer; hervir; ⸚ hacer una decocción; II. v/i. (im Freien) hacer la comida (al aire libre).

'abkommandier|en (-) ⚔ v/t. destacar; Offizier: enviar en comisión de servicio; ⸗ung f comisión f de servicio, destacamento m.

'Abkomme m (-n) descendiente m; ⸛ ohne leibliche ⸗n sterben morir sin descendencia.

'abkommen (L; sn) v/i. ⚔ despegar; Sport: arrancar; Schießen: apuntar; fig. von et. ⸗ abandonar a/c., renunciar a a/c.; vom Weg: perderse, extraviarse; vom Kurs: desviarse; von der Fahrbahn: despistarse; von e-r Ansicht: mudar, cambiar (de opinión); von e-m Thema: salirse (od. apartarse) (del tema); von e-m Brauch: caer en desuso; von e-r Mode: pasar (de moda); davon bin ich abgekommen ya he renunciado a eso; davon ist man jetzt abgekommen esta práctica ya se ha abandonado; er kann nicht ⸗ no tiene tiempo; está ocupado.

'Abkommen n (Übereinkunft) acuerdo m, ajuste m; arreglo m; convenio m; pacto m; ✠ mit Gläubigern: transacción f; ⚔ Schießen: puntería f; ein ⸗ treffen llegar a un acuerdo (od. arreglo); ⸗schaft f (0) descendencia f, posteridad f.

'abkömmlich adj. disponible, libre; er ist nicht ⸗ está ocupado.

'Abkömmling m (-s; -e) descendiente m; ⸚ derivado m.

'abkoppeln (-le) v/t. desenganchar; Hunde: soltar; Raumfahrt: desacoplar.

'abkratzen (-t) I. v/t. raspar, raer; II. v/i. P (sterben) P diñarla, estirar la pata; doblarla; (abhauen) F largarse.

'abkriegen F v/t. → abbekommen.

'abkühl|en v/t. refrescar, enfriar; künstlich: refrigerar; sich ⸗ refrescar(se) (a. Wetter); fig. Beziehungen, Gefühle: enfriarse, entibiarse; ⸗ung f enfriamiento m (a. Wetter); refrigeración f.

'Abkunft f (-; ⸚e) origen m, descendencia f; desp. extracción f; hohe: alcurnia f, estirpe f, abolengo m; von guter ⸗ de buena familia; von edler ⸗ de noble linaje; von niedriger ⸗ de baja extracción; von humilde cuna; deutscher ⸗ de origen alemán.

'abkuppeln (-le) ⊕ v/t. desacoplar.

'abkürz|en (-t) v/t. acortar (a. Weg); (beschneiden) recortar; Inhalt: resumir, extractar; Verhandlungen, Wort, Besuch: abreviar; abgekürzte Fassung edición f compendiada; ⸛ abgekürztes Verfahren procedimiento m sumario; ⸗ung f acortamiento m, abreviación f; Typ. abreviatura f; sigla f; (Weg) → ⸗ungsweg m atajo m; ⸗ungszeichen n sigla f.

'abküssen (-βt) v/t. besuquear.

'Ablade|gebühr f derechos m/pl. de descarga; ⸗kommando n brigada f de (des)cargadores; ⸗n (L) v/t. descargar; Müll, Schutt: verter; ⸗n descarga f, descargue m; v. Müll usw.: vertido m; ⸗platz m descargadero m; ⚓ puerto m de descarga; ⸗r

m descargador m; ✠ cargador m.

'Ablage f depósito m; für Kleider: guardarropa m; v. Akten: archivo m; ⸗box Kfz. f bandeja f portaobjetos; ⸗korb m cesta f de correspondencia.

'ablager|n (-re) I. v/t. depositar; (lagern) almacenar; Holz, Tabak: curar; Bier: clarificar; II. v/i. posarse, depositarse; Wein: reposarse, añejarse; ⸗ung f Geol., ⸚ sedimentación f; (Lagerung) almacenamiento m; (Abgelagertes) sedimento m, depósito m.

'abläng|en ⊕ v/t. tronzar; ⸗säge f tronzador m.

'Ablaß m (-sses; ⸚sse) salida f, desagüe m; escape m; ✠ reducción f; I.C. indulgencia f; ⸗brief I.C. m bula f de indulgencias; ⸗druck ⊕ m presión f de escape.

'ablassen (L) I. v/t. Wasser, Dampf: dar salida a, dejar escapar; Ballon: soltar; Teich: desaguar, vaciar; ⛁ Zug: dar la salida; Wein: trasegar; Reifen: desinflar; vom Preis: rebajar; (überlassen) ceder, vender; II. v/i. (aufhören) cesar, parar; von et. ⸗ desistir de, renunciar a, abandonar a/c.; nicht ⸗ von insistir, persistir en; F volver a la carga.

'Ablaß|hahn ⊕ m grifo m (od. llave f) de escape bzw. descarga; ⸗handel m tráfico m de indulgencias; ⸗krämer m vendedor m de indulgencias; bulero m; ⸗ventil ⊕ n válvula f de escape.

'Ablativ Gr. m (-s; -e) ablativo m.

'Ablauf m (-es; ⸚e) (Abfluß) desagüe m; descarga f; (Vorrichtung) tubería f de desagüe; alcantarilla f, desaguadero m; Sport: salida f; e-s Schiffes: botadura f; e-r Frist: expiración f; e-s Vertrages: terminación f; e-s Passes: caducidad f; ✠ Wechsel: vencimiento m; (Verlauf) transcurso m; desarrollo m; (Ergebnis, Ausgang) resultado m (final); nach ⸗ von al cabo (od. después) de; nach ⸗ der Frist transcurrido el plazo señalado; vor ⸗ der Woche antes de finalizar esta semana; ⸗bahn f ⚓ rampa f de deslizamiento; ⚔ pista f de despegue; ⸗berg ⛁ m albardilla f; ⸗deck n Flugzeugträger: cubierta f de despegue; ⸗en (L) I. v/i. Wasser: escurrirse, salir; Zeit: transcurrir, pasar; Sport: salir, arrancar; fig. Frist, Vertrag usw.: expirar, caducar, vencer, terminar; Handlung: desarrollarse; ✠ Wechsel: vencer; Uhr: pararse; fig. deine Uhr ist abgelaufen F te llegó la hora; gut (schlecht) ⸗ salir bien (mal), tener éxito (acabar mal); II. v/t. Sohlen: (des)gastar; Gegend: recorrer; Geschäfte, Straßen: a. patear; sich die Beine (F Hacken) ⸗ nach hacer lo imposible por lograr a/c., desvivirse por a/c.; ⸗frist f término m, fecha f límite; ⸗termin m fecha f de expiración bzw. de vencimiento.

'ablauschen v/t. aprender imitando; copiar; fig. dem Leben abgelauscht aprendido de la vida misma.

'Ablaut Gr. m apofonía f.

'ableben I. v/i. morir, fallecer; II. ⸛ n fallecimiento m; defunción f, óbito m.

'ablecken v/t. lamer; chupar(se).

'abledern (-re) v/t. limpiar con gamuza.

'Ableg|ekorb m Büro: bandeja f; ⸗

mappe f carpeta f (para correspondencia); 2**en I.** v/t. deponer (a. Waffen), depositar; Akten, Briefe: clasificar; archivar; Kleider: quitarse; alte Kleider: desechar; Karten: descartarse; Typ. Satz: distribuir; Fehler: corregir; Gewohnheit: dejar de (inf.); e-e Prüfung ~ examinarse; erfolgreich: aprobar un examen; **II.** v/i. ⚓ alejarse de la orilla; ~**er** ⚙ m acodo m; vástago m (a. fig.); (Wein) mugrón m; ~**en** n, ~**ung** f deposición f; Eid, Schwur: prestación f.

'**ablehn|en** v/t. rechazar (a. Parl. Antrag); rehusar; Ehre, Einladung, Verantwortung: declinar; Gesuch, Antrag: desestimar, denegar; (ungünstig beurteilen) desaprobar, censurar; reprobar, condenar; ⚖ Geschworene, Zeugen usw.: recusar; Zeugen: a. tachar; dankend ~ declinar agradecidamente; ~**end** adj. negativo, desfavorable; sich ~ verhalten negarse, adoptar una actitud negativa; 2**ung** f negativa f; desestimación f, denegación f; rechazo m; ⚖ recusación f; repudiación f; von Zeugen: a. tacha f; ✝ no aceptación f; Parl. Antrag auf ~ e-r Vorlage stellen presentar una moción desaprobatoria.

'**ableiern** (-re) v/t. → herunterleiern.
'**ableisten** (-e-) v/t. a. Militärdienst: cumplir, hacer.
'**ableit|bar** adj. derivable; Phil. deducible; ~**en** (-e-) v/t. desviar (a. Fluß); Ursprung, Herkunft: remontar a; ⚡ Strom, Gr., ⚕ derivar (a. fig.); Formel: desarrollar; (folgern) deducir, inferir; ~**end** adj. derivativo; 2**er** ⚙ m conductor m; 2**ung** f Fluß: desviación f; Wasser: desagüe m, ⚡, ⚕ u. Gr. derivación f; ⚕ (das Abgeleitete) derivada f; (Folgerung) deducción f, conclusión f; 2**ungsrinne** f atarjea f; desaguadero m; 2**ungssilbe** Gr. f sílaba f derivativa.

'**ablenk|en** v/t. apartar, desviar; (unterhalten) divertir (a. ⚔ Feind); Strahlen: desviar; Licht: difractar; Magnetnadel: declinar; Aufmerksamkeit, Gedanken: distraer, F despistar; Verdacht: disipar; 2**ung** f desviación f; distracción f, diversión f (a. Vergnügen); difracción f; declinación f; Phys. deflexión f.

'**Ablenkungs...**: ~**angriff** ⚔ m ataque m diversivo; ~**manöver** ⚔ n maniobra f de diversión; ~**messer** Phys. m deflectómetro m, declinómetro m.

'**Ablese|fehler** ⊕ m error m de lectura; ~**gerät** n instrumento m de lectura directa; 2**n** (L) v/t. leer; Früchte: cosechar, (re)coger; Raupen: quitar; Instrument: leer, efectuar la lectura; j-m et. am Gesicht ~ leer en la expresión de la cara; er liest mir jeden Wunsch von den Augen ab se adelanta a mis deseos; ~**strich** m trazo m divisorio.

'**Ablesung** f (0) lectura f.
'**ableuchten** (-e-) v/t. controlar a la luz de una linterna.
'**ableugn|en** (-e-) v/t. (de)negar; desmentir; Glauben: renegar, abjurar (de); 2**ung** f (0) (de)negación f; mentís m.
'**ablichten** v/t. → photocopiar; photographieren.
'**abliefern** (-re) v/t. entregar, dar.
'**Ablieferung** f entrega f; ✝ bei (od.

nach) ~ a la entrega; ~**s-schein** m talón m de entrega; ~**s-soll** n cuota f de entrega obligatoria; ~**s-tag** m fecha f de entrega; ~**s-termin** m plazo m de entrega.

'**abliegen** (L; sn) v/i. distar mucho, estar lejos (von de).
'**ablisten** (-e-) v/t.: j-m et. ~ sonsacar a/c. a alg.; conseguir a/c. de alg. con engaño (od. maña).
'**ablocken** v/t.: j-m et. ~ sonsacar a/c. a alg.; obtener con astucia a/c.
'**ablösbar** adj. separable; ✝ Anleihe: amortizable; Schuld: reembolsable; Rente: capitalizable; ⚖ redimible.
'**ablöschen** v/t. ⊕ (abkühlen) enfriar; Kalk: apagar; Stahl: templar; Geschriebenes: secar; Tafel: borrar.
'**ablösen** (-t) v/t. (loslösen) desatar, desligar; desprender; despegar; fig. ⚔ Wache, Einheit: relevar; Amtsvorgänger: sustituir, re(e)mplazar, tomar el relevo de; Schuld: reembolsar; rescatar; Wohnung: traspasar; Anleihe: amortizar, redimir; sich ~ desprenderse; schuppig: descamarse; sich ~ (bei et.) relevarse, alternar; turnarse.

'**Ablösung** f redención f, rescate m; desprendimiento m, separación f; a. ⚔ relevo m; im Amt: sustitución f; Schuld: re(e)mbolso m; Anleihe: amortización f, redención f; (Arbeitsschicht) turno m; Wohnung: traspaso m; ~**s-anleihe** f empréstito m de amortización; ~**smannschaft** f relevo m; ~**s-summe** f traspaso m.

'**ablöten** ⊕ v/t. desoldar.
'**abluchsen** F (-t) → ablisten.
'**Abluft** ⊕ f aire m de escape.
'**abmach|en** v/t. 1. (lösen) deshacer, quitar; desprender, desatar; 2. fig. (vereinbaren) concertar, convenir; Preis: concretar, fijar; im Vertrag: estipular; abgemacht! ¡de acuerdo!, ¡trato hecho!; 2**ung** f acuerdo m, arreglo m; pacto m, convenio m; (Klausel) estipulación f; e-e ~ treffen concertar un arreglo, llegar a un acuerdo.

'**abmager|n** (-re) v/i. adelgazar, enflaquecer; → abgemagert; 2**ung** f (0) adelgazamiento m, enflaquecimiento m; pérdida f de peso; 2**ungskur** f cura f de adelgazamiento.

'**abmähen** v/t. segar, cortar; mit der Sense: guadañar.
'**Abmahnung** f ✝ amonestación f (por escrito).
'**abmalen** v/t. pintar; retratar; (kopieren) copiar; nach der Natur ~ pintar del natural.
'**Abmarsch** m partida f, salida f, marcha f; 2**bereit** adj. preparado (od. dispuesto) para la marcha (od. para salir); 2**ieren** (-; sn) v/i. ponerse en marcha (od. en camino).
'**abmatten** (-e-) v/t. → ermatten.
'**abmeißeln** (-le) v/t. escoplear, quitar con el escoplo.
'**abmeld|en** (-e-) v/t. anular la inscripción; a. Kfz. dar de baja; sich ~ darse de baja; Internet: cerrar sesión; F er ist bei mir abgemeldet ya no tengo nada que ver con él; 2**ung** f baja f; anulación f de la inscripción.
'**abmess|en** (L) v/t. medir, tomar las medidas; calibrar; Hohlgefäß: cubicar; fließende Wassermenge: aforar; fig. ponderar; s-e Worte ~ medir sus

palabras; → abgemessen; 2**ung** f medición f; (Maß) dimensión f, medida f; proporción f.
'**abmildern** (-re) v/t. mitigar, aliviar.
'**abmindern** (-re) v/t. → mindern.
'**abmontieren** (-) v/t. desarmar, desmontar; Werksanlage: desmantelar.
'**abmühen** v/refl.: sich ~ afanarse (en), esforzarse; ajetrearse; F bregar.
'**abmurksen** (-t) F v/t. F despachar, liquidar; P cargarse (a alg.).
'**abmustern** (-re) ⚓, ⚔ v/t. licenciar.
'**abnagen** v/t. roer, mordiscar.
'**abnäh|en** v/t. dobladillar; 2**er** m pinza f.
'**Abnahme** f (0) 1. Chir. amputación f, ablación f; 2. aceptación f; ⊕ recepción f; ✝ e-r Lieferung: recogida f; (Kauf) compra f; der Bilanz: aprobación f; ✝ bei ~ von tomando una partida de; 3. (Verminderung) disminución f, decremento m; (Schrumpfung) contracción f; (Abfallen) caída f (a. ⚡); (Verlust) pérdida f, merma f; der Kräfte: debilitamiento m; der Tage: acortamiento m; des Mondes: menguante f; ~**prüfung** f ⊕ examen m de recepción, inspección f para aceptación; ~**verpflichtung** ✝ f compromiso m de aceptación; ~**verweigerung** f negativa f de aceptación; ~**vorschrift** f norma f de verificación.

'**abnehm|bar** adj. desmontable; de quita y pon; amovible; ~**en** (L) **I.** v/t. 1. quitar; Chir. Glied: amputar; Hut, Bart: quitar(se); Obst: (re)coger; Ausweis: retirar; Telefon, Vorhänge: descolgar; ⚡ Strom: tomar; Maschen: menguar; Deckel: destapar; j-m et. ~ (wegnehmen) quitar, sustraer a/c. a alg.; e-e Mühe: descargar a alg. de a/c.; fig. das nimmt ihm keiner ab eso no hay quien se lo crea; 2. ✝ Ware: comprar; ⊕ aceptar; aprobar; (prüfen) verificar; inspeccionar; Rechnung: comprobar, verificar; **II.** v/i. decrecer, disminuir; Preis: bajar; (schrumpfen) contraerse; (verfallen) declinar; Kräfte: decaer; an Gewicht: perder peso; adelgazar; Mond: menguar (a. fig.); Sturm: amainar; Tage: acortarse; fig. Macht usw.: declinar; ~**end** adj. decreciente; Mond: menguante.

'**Abnehmer** m comprador m; cliente m; (Verbraucher) consumidor m; keine ~ finden für no encontrar comprador para; ~**kreis** m clientela f; ~**land** n país m comprador.
'**Abneigung** f desafecto m; (Widerwillen) antipatía f, animadversión f, repulsión f; (Abscheu) aversión f, repugnancia f; e-e ~ fassen gegen tomar aversión a; ⚖ gegenseitige ~ mutuo disenso m, incompatibilidad f de caracteres.

ab'norm adj. anormal, anómalo; 2**ität** f anormalidad f, anomalía f; (Scheußlichkeit) monstruosidad f.
'**abnötigen** v/t.: j-m et. ~ arrancar, extorsionar, F sacar a/c. a alg.; Achtung ~ imponer; infundir respeto; er hat mir Bewunderung abgenötigt no he podido menos de admirarle.
'**abnutz|en** (-t), '**abnütz|en** (-t) v/t. (des)gastar; Luxus: deteriorar; sich ~ (des)gastarse; 2**barkeit** ⊕ f (0) capacidad f de desgaste.

'**Abnutzung** f desgaste m (a. ⚔);

(*Abrieb*) abrasión *f*; ⁓**beständigkeit** ⊕ *f* resistencia *f* al desgaste; ⁓**skrieg** *m* guerra *f* de desgaste; ⁓**prüfung** ⊕ *f* verificación *f* (*od*. prueba *f*) de desgaste.

Abonne'ment [aˈbɔnəˈmaŋ] *n* (-*s*; -*s*) suscripción *f*; *Thea.* abono *m*; ⁓**svorstellung** *f* función *f* de abono.

Abon'n|ent *m* (-*en*) suscriptor *m*; abonado *m*; **ieren** *v/t. u. v/i.* suscribir(se), abonar(se) a; *auf e-e Zeitung abonniert sein* estar suscrito a un periódico.

'**ab-ordn|en** (-*e*-) *v/t.* diputar, delegar, comisionar; **ung** *f* delegación *f*, comisión *f*, diputación *f*.

A'bort *m* (-*ẹs*; -*e*) **1.** (*Klosett*) retrete *m*, excusado *m*; *öffentlich:* evacuatorio *m*, urinario *m*; lavabos *m/pl.*; ⚔ letrina *f*; **2.** ⚔ aborto *m*, mal parto *m*; ⁓**grube** *f* pozo *m* negro, letrina *f*.

abor'tieren (-) ⚔ *v/i.* abortar.

'**abpachten** (-*e*-) *v/t.* arrendar, tomar en arriendo.

'**abpacken** *v/t.* descargar; (*abfüllen*) empaquetar, envasar.

'**abpassen** (-*ßt*) ⊕ *v/t.* ajustar, adaptar; *j-n, Gelegenheit:* esperar, aguardar; (*belauern*) acechar, espiar; *zeitlich: gut* (*schlecht*) ⁓ elegir bien (mal) el momento.

'**abpausen** (-*t*) *v/t.* calcar.

'**abpellen** *v/t.* pelar.

'**ab|pfeifen** (L) *v/t.* parar *bzw.* interrumpir el juego; *bei Spielende:* dar la pitada final, pitar el final; **pfiff** *m* pitada *f* (*od.* pitido *m*) final.

'**abpflücken** *v/t.* (re)coger.

'**abplacken**, '**abplagen** *v/refl.:* *sich* ⁓ bregar (*mit* con), F matarse trabajando.

'**abplatten** (-*e*-) *v/t.* allanar, aplanar.

'**abplatzen** (-*t*) *v/i.* saltar, desprenderse.

'**abprägen** *v/refl.:* *sich* ⁓ dejar señal; *es hat sich auf s-m Gesicht abgeprägt* le ha quedado impreso en el rostro.

'**Abprall** *m* (-*ẹs*; -*e*) rebote *m*; **en** *v/i.* rebotar, resaltar; *fig.* *es prallte von ihm ab* permaneció inmutable, F se quedó tan fresco; ⁓**er** *m* rebotado *m*.

'**abpressen** (-*ßt*) *v/t.* obtener exprimiendo; *fig.* *j-m et.* ⁓ arrancar, extorsionar a/c. a alg.

'**abprotzen** ⚔ (-*t*) *v/t.* *Geschütz:* desenganchar el avantrén.

'**abpumpen** *v/t.* extraer con la bomba.

'**abputzen** (-*t*) *v/t.* limpiar; (*wegwischen*) quitar; △ enlucir, revocar.

'**abquälen** *v/refl.:* *sich* ⁓ *seelisch:* atormentarse; *körperlich:* → *abrackern*; *sich mit j-m od.* ⁓ bregar, luchar con.

'**abquetschen** *v/t.* aplastar, magullar.

'**abrackern** (-*re*) *v/refl.:* *sich* ⁓ matarse trabajando; ajetrearse; bregar; F agachar el lomo; sudar la gota gorda; P dar el callo.

'**Abraham** *m* Abrahán *m*, Abraham *m*; *in* ⁓*s Schoß sitzen* estar en el seno de Abraham.

'**abrahmen** *v/t. Milch:* desnatar, descremar.

Abraka'dabra *n* (-*s*; 0) abracadabra *m*.

abra'sieren (-) *v/t.* afeitar, rapar.

'**abraspeln** (-*le*) *v/t.* raspar.

'**abraten** (L) *v/i.:* *j-m von et.* ⁓ disuadir a alg. de a/c., desaconsejar a/c. a alg.; *ich rate Ihnen davon ab* no se lo aconsejo.

'**Abraum** ⚔ *m* (-*ẹs*; 0) escombros *m/pl.*; cascote *m*.

'**abräumen** *v/t.* quitar; despejar, desembarazar; *Schutt:* desescombrar; *den Tisch* ⁓ quitar (*od.* levantar) la mesa.

'**Abraumhalde** *f* escombrera *f*.

'**abreagieren** (-) *v/t. Ärger usw.:* desfogar; descargar; *sich* ⁓ desahogarse; (*beruhigen*) aplacarse, serenarse.

'**Abreaktion** *Psych. f* abreacción *f*; descarga *f*.

'**abrechnen** (-*e*-) **I.** *v/t.* liquidar; (*abziehen*) deducir; descontar; *abgerechnet* menos, deducido, aparte de; **II.** *v/i.* echar la cuenta, F hacer números; ajustar (*od.* arreglar) cuentas con (*a. fig.*).

'**Abrechnung** *f* cálculo *m*, liquidación *f*; (*Abzug*) descuento *m*, deducción *f*; (*Rechnung*) cuenta *f*, (nota *f* de) liquidación *f*; *a. fig.* ajuste *m* (*od.* arreglo *m*) de cuentas; ⁓ *halten* → *abrechnen* II; *auf* ⁓ a cuenta; *laut* ⁓ según liquidación; *nach* ⁓ *von* deducción hecha de; ⁓**s-stelle** *f* cámara *f* de compensación; ⁓**s-verkehr** *m* operaciones *f/pl* de compensación, clearing *m*.

'**Abrede** *f* acuerdo *m*, convenio *m*; *in* ⁓ *stellen* negar, desmentir, poner en tela de juicio; **n** (-*e*-) *v/i.* → *abraten*.

'**abregen** F *v/refl.:* *sich* ⁓ calmarse.

'**abreib|en** (L) *v/t.* frotar, (r)estregar, *bsd.* ⚔ friccionar; (*polieren*) pulir; ⊕ desgastar (por fricción); *Schuhe:* limpiar; *Zitronenschale usw.:* rallar; **ung** *f* frotamiento *m*, friega *f*, fricción *f*; ⊕ abrasión *f*; F (*Prügel*) paliza *f*, tunda *f*.

'**Abreise** *f* salida *f*, partida *f*, marcha *f* (*nach* para); *bei meiner* ⁓ al partir, al emprender el viaje; **n** *v/i.* salir (de viaje), partir, marchar; ausentarse; ⁓**tag** *m* fecha *f* de salida.

'**Abreiß|block** *m* taco *m*; **en** (L) **I.** *v/t.* arrancar; *Gebäude:* demoler, derribar; desmantelar; (*zerreißen*) desgarrar, romper; → *abgerissen*; **II.** *v/i.* romperse, quebrarse; *fig.* cesar de repente, interrumpirse; *das reißt nicht ab* esto no acaba nunca; ⁓**kalender** *m* (calendario *m* de) taco *m*.

'**abreiten** (L) **I.** *v/i.* marcharse (*od.* salir) a caballo (*nach* para); **II.** *v/t. Pferd:* cansar, fatigar; *die Front:* revistar (a caballo); *e-e Strecke:* recorrer (a caballo).

'**abrennen** (L) *v/refl.:* *sich die Beine nach et.* ⁓ ir de la Ceca a la Meca (para conseguir a/c.).

'**abricht|en** (-*e*-) *v/t. Tier:* amaestrar, adiestrar; domar; ⊕ ajustar, rectificar, nivelar; **er** *m* domador *m*, amaestrador *m*; **ung** *f* doma *f*, amaestramiento *m*; adiestramiento *m*; ⊕ ajuste *m*.

'**Abrieb** ⊕ *m* (-*ẹs*; 0) abrasión *f*, desgaste *m*.

'**abriegel|n** (-*le*) *v/t. Tür:* echar el cerrojo; *Straße:* barrear; *durch Polizei:* acordonar; ⚔ bloquear; **ung** *f* acordonamiento *m*; **ungsfeuer** ⚔ *n* fuego *m* de barrera.

'**abrinden** (-*e*-) *v/t.* descortezar.

'**abringen** (L) *v/t.:* *j-m, dem Meer usw. et.* ⁓ arrancar a/c. a; *sich et.* ⁓ arrancarse a/c.

'**Abriß** *m v. Gebäuden:* demolición *f*, derribo *m*; (*Skizze*) bosquejo *m*, boceto *m*, croquis *m*; *fig.* (*kurze Darstellung*) resumen *m*, sumario *m*, extracto *m*; (*Übersicht*) compendio *m*, sinopsis *f*; *Liter.* epítome *m*.

'**abrollen I.** *v/t.* rodar; *fig.* desarrollarse; **II.** *v/t.* desarrollar; desenrollar; (*wegrollen*) rodar; ✈ *Waren:* acarrear.

'**abrücken I.** *v/t.* apartar, retirar; **II.** *v/i. bsd.* ⚔ marcharse; F → *abhauen*; *fig. von j-m od. et.* ⁓ apartarse, retirarse, distanciarse de.

'**Abruf** *m* (-*ẹs*; 0) **1.** ✝ petición *f* de entrega; *auf* ⁓ a demanda; **2.** (*Abberufung*) llamada *f*; **en** (L; -) *v/t.* llamar; ✝ retirar; 🕿 dar la salida; *Computer:* reclamar.

'**abrund|en** (-*e*-) *v/t.* redondear (*a. fig.*); *Summe:* **a.** hacer números redondos; ⊕ achaflanar; → *abgerundet*; **ung** *f* redondeado *m*.

'**abrupfen** *v/t.* arrancar.

ab'rupt *adj.* abrupto.

'**abrüst|en** (-*e*-) ⚔ *v/i.* desarmar; **ung** *f* desarme *m*; **ungskonferenz** *f* conferencia *f* de desarme.

'**abrutschen** (*sn*) *v/i.* resbalar, deslizarse; *Kfz. a.* patinar; ✈ resbalar sobre el ala.

'**absäbeln** F (-*le*) *v/t.* cortar torpemente.

'**absacken** *v/i.* ⚓ hundirse; ✈, ⚔ desplomarse; ⚔ *a.* caer en un bache; *fig. Person:* dar un bajón.

'**Absage** *f* anulación *f*; cancelación *f*; ✝ contraorden *f*; (*Ablehnung*) negativa *f*; *Streik usw.:* desconvocatoria *f*; **n I.** *v/t.* rehusar; ✝ dar contraorden; *Vorstellung usw.:* suspender, cancelar; *Streik usw.:* desconvocar; *Einladung:* declinar, rehusar; *j-m* ⁓ *lassen* desconvidar a alg.; **II.** *v/i.* excusarse; declinar (*od.* rehusar) la invitación; (*entsagen*) renunciar.

'**absägen** *v/t.* (a)serrar; F *fig.* separar del cargo, cesar; echar; *Neol.* defenestrar.

'**absahnen I.** *v/t.* → *abrahmen*; **II.** F *v/i.* hacer su agosto.

'**absatteln** (-*le*) *v/t. Pferd:* desensillar; *Esel:* desalbardar.

'**Absatz** *m* (-*es*; -̈*e*) **1.** (*Unterbrechung*) interrupción *f*; pausa *f*; *im Diktat:* punto *m* y aparte; *Typ.* aparte *m*; (*Abschnitt*) párrafo *m* (*a.* 🕮, *Computer*); **2.** (*Gesteins*) saliente *m*; (*Treppen*) descansillo *m*; (*Schuh*) tacón *m*; **3.** ✝ venta *f*; (*Vertrieb*) distribución *f*; ⁓ *finden* venderse, tener venta (*od.* salida *od.* aceptación); ⁓**belebung** *f* incremento *m* de la venta; ⁓**chancen** *f/pl.* perspectivas *f/pl.* de venta; ⁓**fähig** *adj.* vendible; ⁓**förderung** *f* promoción *f* de ventas; ⁓**gebiet** *n* zona *f* de venta; mercado *m*; ⁓**krise** *f* crisis *f* de venta; ⁓**lenkung** *f* control *m* de las ventas; ⁓**marke** *f Computer:* señalador *m* de párrafo; ⁓**markt** *m* mercado *m* (de consumo); ⁓**möglichkeit** *f* posibilidad *f* de venta; ⁓**organisation** *f* organización *f* de ventas; comercialización *f*; ⁓**planung** *f angl.* marketing *m*; ⁓**steigerung** *f* incremento *m* de ventas; ⁓**stockung** *f* estancamiento *m* del mercado; **weise** *adv.* intermitente; párrafo por párrafo; ⊕ escalonadamente.

'absaufen (*L*; *sn*) *v/i*. ⚓ hundirse, irse a pique; F *u. Motor*: ahogarse.
'absaug|en *v/t*. aspirar; vaciar por aspiración; chupar, succionar; *Teppich*: limpiar (con aspirador); ℒ**en** *n*, ℒ**ung** *f* (*0*) aspiración *f*, succión *f*.
'abschab|en *v/t*. raer, raspar, rascar; (*abnützen*) (des)gastar; *abgeschabt Stoff*: raído; ℒ**er** *m* rascador *m*, raspador *m*; ℒ**sel** *n* raspadura *f*, raedura *f*.
'abschaff|en *v/t*. abolir, suprimir; *Gesetz*: derogar, abrogar; *Mißbrauch*: acabar con, suprimir; *Sache*: deshacerse de; ℒ**ung** *f* abolición *f*, supresión *f*; derogación *f*, abrogación *f*.
'abschälen *v/t*. → *schälen*.
'abschalt|en (*-e-*) **I.** *v/t. Licht, Radio*: apagar; ⚡ desconectar, cortar; *Maschine*: parar; F *seine Gedanken* ~ dejar de pensar en una cosa; **II.** F *v/i*. (*sich erholen*) descansar, relajarse; ℒ**ung** *f* apagado *m*; ⚡ desconexión *f*, corte *m*.
'abschätz|bar *adj*. 1. apreciable; 2. → *absehbar*; ~**en** (*-t*) *v/t*. apreciar, estimar; medir a ojo; (*bewerten*) (e)valuar, valorar; tasar, justipreciar; *j-n* ~*d betrachten* mirar a alg. de arriba abajo; ~**ig** *adj*. despectivo; ℒ**ung** *f* apreciación *f*, estimación *f*; (e)valuación *f*; tasación *f*, justiprecio *m*.
'Abschaum *m* (*-es*; *0*) espuma *f*; *Met*. escoria *f*; *fig. der* ~ *der Menschheit* la hez (*od*. escoria) de la humanidad; *der* ~ *der Gesellschaft* la escoria social.
'abschäumen *v/t*. espumar, quitar la espuma.
'abscheid|en (*L*) **I.** *v/t*. separar, apartar; ⚗ precipitar; *Met*. refinar; *Physiol*. segregar; **II.** *v/i*. morir, fallecer; ℒ**en** *n* fallecimiento *m*, óbito *m*; ℒ**er** ⊕ *m* separador *m*, colector *m*; ℒ**ung** *f* separación *f*; ⚗ precipitación *f*; *Physiol*. secreción *f*.
'abscheren (*L*) *v/t. Schafe*: esquilar; *Haare, Bart*: cortar; F pelar; *sehr kurz*: rapar.
'Abscheu *m* (*-es*; *0*) horror *m*, repulsión *f*, asco *m* (*vor de*); repugnancia *f* (a); ~ *erregen* causar repugnancia; (*e-n*) ~ *haben vor* tener (*od*. sentir) repugnancia (*od*. aversión) a; tener antipatía a.
'abscheuern (*-re*) *v/t*. fregar; *durch Abnützung*: (des)gastar; *Haut*: rozar; excoriar.
ab'scheulich *adj*. horrible, abominable, nefando; detestable; execrable; *Verbrechen*: atroz; F *fig.* (*böse, frech*) odioso; antipático; *Kind*: malo; ℒ**keit** *f* horror *m*, abominación *f*; odiosidad *f*; (*Untat*) atrocidad *f*.
'abschicken *v/t*. enviar, remitir, expedir; mandar; ⚓ remesar, despachar.
'abschieb|en (*L*) **I.** *v/t*. apartar, empujar; *Ausländer usw*.: expulsar; F *fig.* (*loswerden*) deshacerse de; **II.** *v/i*. F largarse, esfumarse; ℒ**ung** *f* expulsión *f*.
'Abschied *m* (*-es*; *0*) (*Abreise*) despedida *f*, adiós *m*; (*Entlassung*) despido *m*; dimisión *f*; ⚔ retiro *m*; ~ *nehmen von* despedirse de, decir adiós a; *den* ~ *geben* despedir; ⚔ licenciar; dar de baja; *strafweise*: separar del servicio; *s-n* ~ *einreichen* presentar su dimisión; ⚔ pedir el retiro; *s-n* ~ *nehmen*

3 HW Sp II

dimitir; ⚔ retirarse; ~**s-ansprache** *f* discurso *m* de despedida; ~**s-auftritt** *Thea. m* función *f* de despedida; ~**sbrief** *m* carta *f* de despedida; ~**s-gesuch** *n* dimisión *f*; ⚔ petición *f* de retiro; ~**s-trunk** *m* copa *f* del estribo.
'abschießen (*L*) *v/t*. 1. *Waffe*: disparar, descargar; *Rakete, Torpedo*: lanzar; 2. (*töten*) matar a tiros (*od*. a balazos*)*; F pegar un tiro; ✈ derribar; *Panzer*: destruir, inutilizar.
'abschilfern (*-re*) *v/i*. exfoliarse, descamarse.
'abschinden (*L*) *v/t*. desollar, despellejar; F *sich* ~ *abrackern*.
'Abschirm|dienst ⚔ *m* servicio *m* de contraespionaje; ℒ**en** *v/t*. proteger; ⚔ cubrir; ⚡ *Radio*: blindar, apantallar; ~**ung** *f* protección *f*; ⚡ *Radio*: blindaje *m*, apantallamiento *m*.
'abschirren *v/t*. desaparejar, desenjaezar.
'abschlachten (*-e-*) *v/t*. degollar (*a. fig.*); sacrificar.
'Abschlag *m* 1. ✂ rebaja *f*, reducción *f*; descuento *m*; *auf* ~ a cuenta; a plazos; *mit e-m* ~ *von* con un descuento de; *mit* ~ *verkaufen* vender a precios reducidos; 2. *Fußball*: saque *m* de puerta; *Golf*: comienzo *m*; 3. *Baum*: tala *f*; ℒ**en** (*L*) *v/t*. 1. cortar; romper; *Kopf*: decapitar; *Baum*: cortar, talar; *Lager*: levantar; ⊕ desarmar, desmontar; 2. *Angriff*: rechazar, repeler; *Stoß*: parar; 3. (*ablehnen*) rehusar, (de)negar; *Bitte*: rechazar; 4. *vom Preis*: hacer un descuento.
'abschlägig *adj*. negativo; ~**e** *Antwort* (*respuesta f*) negativa *f*.
'Abschlags...: ~**dividende** ✝ *f* dividendo *m* a cuenta; ~**zahlung** *f* pago *m* a cuenta; señal *f*; (*Teilzahlung*) pago *m* parcial, plazo *m*.
'abschlämmen *v/t. Erze*: decantar, lavar.
'abschleifen (*L*) ⊕ *v/t*. rebajar (*a. Zahn*); alisar; *Edelsteine*: tallar; *Kristall*: biselar; *Messer*: vaciar, afilar; *fig.* pulir, afinar; *sich* ~ desbastarse, adquirir buenas maneras.
'Abschlepp|dienst *m* servicio *m* de remolque *bzw*. de grúa; ℒ**en I.** *v/t*. remolcar, llevar a remolque; **II.** *v/refl*.: *sich* ~ *mit* cargar con; ~**kran** *Kfz. m* grúa-remolque *f*; ~**seil** *n* cuerda *f* (*od*. cable *m*) para remolcar; ~**wagen** *m* grúa *f*, coche-grúa *m*.
'abschleudern (*-re*) *v/t*. lanzar, proyectar; ⊕ centrifugar; ⚔ lanzar con catapulta, catapultar.
'abschließ|en (*L*) **I.** *v/t*. 1. cerrar con llave; ⊕ (*abdichten*) cerrar herméticamente; *fig.* (*absondern*) aislar; *sich* ~ aislarse, recluirse; 2. (*beendigen*) ultimar, dar fin a; terminar, acabar, rematar; *Brief, Rede*: concluir, cerrar; ✝ *Anleihe*: negociar, contratar; *Bücher*: cerrar, hacer balance; *Konten, Rechnungen*: saldar, finiquitar; *Kongreß, Tagung*: clausurar; *Verkauf*: realizar; *Versicherung*: hacer; *Vertrag*: concluir, hacer; *e-n Handel* ~ concertar (*od*. concluir) un negocio; cerrar un trato; *e-n Vergleich* ~ llegar a una transacción; **II.** *v/i*. terminar; *mit j-m* ~ llegar a un acuerdo con alg.; *mit et.* ~ (*in e-r Rede*) terminar diciendo; ~**end I.** *adj*. concluyente; definitivo, final; **II.** *adv*.

finalmente, por último, en conclusión; ~ *sagte er* concluyó diciendo.
'Abschluß *m* 1. (*Beendigung*) terminación *f*, conclusión *f*, término *m*, fin *m*; remate *m*; *Konto*: balance *m* final; *Rechnung*: cierre *m*; finiquito *m*, liquidación *f*; *zum* ~ como colofón a; para concluir; *vor dem* ~ *stehen* estar a punto de concluirse; *zum* ~ *bringen* llevar a término, concluir, rematar, ultimar; 2. *e-s Vertrages*: conclusión *f*; (*Geschäft*) transacción *f*; operación *f*; *Kongreß, Tagung*: clausura *f*; *Verkauf*: realización *f*, venta *f*; *der Bücher usw*.: cierre *m*, balance *m*; *e-n* ~ *tätigen* concertar una operación; cerrar un trato; ~**kommuniqué** *n* comunicado *m* final; ~**prüfung** *f* examen *m* final; ~**zeugnis** *n* certificado *m* de fin de estudios; diploma *m*.
'abschmecken *v/t*. probar, (de)gustar; (*würzen*) condimentar, sazonar; *mit Salz* ~ probar (*od*. corregir) de sal.
'abschmeicheln (*-le*) *v/t*.: *j-m et*. ~ lograr a/c. con adulación (*od*. halago).
'Abschmelz|draht *m* alambre *m* fusible; ℒ**en** (*L*) **I.** *v/t*. separar por fusión; *Met*. fundir; **II.** *v/i*. empezar a fundirse; ⊕, ⚡ fundirse; ~**sicherung** ⚡ *f* cortacircuito *m* fusible.
'abschmier|en I. *v/t*. copiar (a toda prisa); ⊕ lubri(fi)car, engrasar; **II.** *v/i*. ✈ deslizar de ala; ℒ**en** *n* engrase *m*, lubri(fi)cación *f*; ✈ deslizamiento *m*; ℒ**grube** *f* foso *m* (*od*. pozo *m*) de engrase.
'abschmink|en *v/refl*.: *sich* ~ desmaquillarse; ℒ**milch** *f* leche *f* desmaquilladora.
'abschmirgeln (*-le*) *v/t*. esmerilar, lijar, quitar con esmeril.
'abschnallen *v/t*. desabrochar; *Degen usw*.: desceñir.
'abschnappen F *v/t*. (*abfangen*) atrapar, coger, interceptar.
'abschneiden (*L*) **I.** *v/t*. cortar (*a. fig.*); ⊕ (re)cortar; ⚔ *Rückzug usw*.: copar, aislar; *von der Außenwelt* incomunicar; *j-m die Ehre* ~ calumniar, difamar a alg.; *den Weg* ~ tomar un atajo; *j-m den Weg* ~ ponerse por medio; cerrar el paso a alg.; *j-m das Wort* ~ cortar la palabra, interrumpir a alg.; **II.** *v/i*.: *gut* ~ salir bien (*od*. airoso), lucirse; *schlecht* ~ salir mal (*od*. malparado).
'abschnellen I. *v/t*. lanzar, soltar; **II.** *v/i*. soltarse, desbandarse.
'Abschnitt *m* (*-es*; *-e*) corte *m*, trozo *m*, sección *f*; ⚗ segmento *m*; ⚔ sector *m*; *e-s Buches*: pasaje *m*, párrafo *m*; *e-r Reise*: etapa *f*; *e-r Entwicklung*: fase *f*; (*Zeit*ℒ) lapso *m*, época *f*, período *m*; (*Strecke*) tramo *m*; (*Kontrollblatt*) talón *m*; resguardo *m*; (*Kupon*) cupón *m*; ℒ(**s**)**weise** *adv*. por secciones; por párrafos.
'abschnüren *v/t*. ligar (*a.* ⚕); estrangular; *fig.* aislar, separar.
'abschöpfen *v/t*. quitar; *Schaum*: espumar; ✝ *Gewinne*: beneficiarse; *überschüssige Kaufkraft* ~ absorber el excesivo poder adquisitivo.
'abschräg|en *v/t*. sesgar; ⊕ biselar, achaflanar; ℒ**ung** *f* bisel *m*, chaflán *m*.
'abschraub|bar *adj*. destornillable; ~**en** *v/t*. destornillar; desenroscar.
'abschreck|en *v/t*. intimidar, escar-

abschreckend — Absonderung

abschreckmentar; desalentar; *Pol.* disuadir; *Met.* enfriar bruscamente; *Kochk.* pasar por agua fría; *das schreckt mich nicht ab* eso no me asusta; *sich durch nichts ~ lassen* ir contra viento y marea; **~end** adj. espantoso, horroroso; *fig.* ejemplar; disuasorio; **~es Beispiel** *bzw.* **~e Strafe** escarmiento *m*; **₂ung** *f* (*O*) intimidación *f*; *Pol.* disuasión *f*; **₂ungsmittel** *n* medio *m* intimidatorio; escarmiento *m*; **₂ungsstreitkräfte** ⚔ *f/pl.* fuerzas *f/pl.* de disuasión.

'**abschreib|en** (*L*) **I.** *v/t.* **1.** copiar; (*übertragen*) transcribir; *betrügerisch:* plagiar; **2.** ♦ amortizar; (*streichen*) anular, cancelar; (*abziehen*) descontar; **3.** *fig.* j-n (*od.* et.) *~* ya no contar con alg. *a/c.*); **II.** *v/i.* disculparse (por escrito); **₂er** *m* copista *m*; *betrügerisch:* plagiario *m*.

'**Abschreibung** ♦ *f* amortización *f*; **~sbetrag** *m* cuota *f* de amortización; **~sfonds** *m*, **~srücklage** *f* fondo *m* de amortización.

'**abschreiten** (*L*) *v/t.* medir a pasos; ⚔ *die Front ~* pasar revista a las tropas.

'**Abschrift** *f* copia *f*, duplicado *m*, doble *m*, transcripción *f*; *beglaubigte ~ copia f* legalizada (*od.* certificada); *e-e ~ anfertigen* sacar una copia; **₂lich I.** *adj.* copiado; **II.** *adv.* en (*od.* por) copia.

'**abschrubben** *v/t.* fregar; restregar.
'**abschuften** (-e-) *v/refl.:* sich *~* → abrackern.
'**abschuppen** *v/t. Fisch:* escamar; *sich ~* descamarse (*a. Haut*).
'**abschürf|en** *v/t.* raspar, raer; ⚕ *sich ~ excoriarse*; **₂ung** *f* ⚕ excoriación *f*, erosión *f*.
'**Abschuß** *m* *e-r Waffe:* disparo *m*, descarga *f*; *Rakete, Torpedo:* lanzamiento *m*; *Wild:* caza *f*; ⚔ derribo *m*; *Panzer:* destrucción *f*; **~basis** *f* base *f* de lanzamiento.
'**abschüssig** *adj.* escarpado, en declive; (*steil*) despeñadizo, *Küste:* acantilado; **₂keit** *f* (*O*) declive *m*, escarpa *f*.

'**Abschuß|liste** *F f:* j-n *auf die ~ setzen* poner a alg. en la lista negra; **~rampe** *f* plataforma *f* de lanzamiento.

'**abschütteln** (-le) *v/t.* sacudir (*a. fig.*); *j-n ~* sacudirse (*od.* quitarse de encima) a alg.

'**abschütten** (-e-) *v/t.* verter, derramar; echar; vaciar.

'**abschwäch|en** *v/t.* debilitar; (*mildern*) mitigar, paliar; suavizar; quitar importancia (*od.* hierro) a; *Sturz:* amortiguar; *Farben:* atenuar; *Phot.* rebajar; *sich ~* debilitarse, aflojarse; *Preise, Kurs:* perder firmeza; **₂ung** *f* debilitación *f*, debilitamiento *m*; suavización *f*; mitigación *f*; amortiguamiento *m*; atenuación *f*; *Kurse:* tendencia *f* bajista.

'**abschwatzen** (-t) F *v/t.:* j-m et. *~* F sonsacar *a/c.* a alg. (a fuerza de labia).

'**abschweif|en** *v/i.* apartarse, desviarse (*von de*); *vom Thema:* divagar, salirse del tema; F andarse por las ramas; **~end** *adj.* divagador; **₂ung** *f* desviación *f*, divagación *f*; digresión *f*.

'**abschwell|en** (*L; sn*) *v/i.* ⚕ deshincharse; *Geräusch:* ir extinguiéndose, decrecer; **₂ung** *f* deshinchazón *f*.
'**abschwemm|en** *v/t.* socavar, arrastrar (por la acción del agua); **₂ung** *f* erosión *f*.
'**abschwenken** *v/i.* (*abbiegen*) torcer; girar; ⚔ hacer una conversión, conversar; ⚓ virar; *fig.* cambiar de opinión.
'**abschwindeln** (-le) *v/t.:* j-m et. *~* estafar *a/c.* a alg.
'**abschwirren** F *v/i.* → abhauen.
'**abschwör|en** (*L*) *v/t. a. Rel.* abjurar, renegar; (*widerrufen*) retractarse; **₂ung** *f* abjuración *f*; retractación *f*.
'**Abschwung** ♦ *m* depresión *f*.
'**absegeln** (-le; sn) *v/i.* hacerse a la vela (*od.* a la mar).
'**absehbar** *adj.* previsible; concebible, imaginable; *in ~er Zeit* dentro de poco, en un futuro próximo, en breve; *nicht ~* imprevisible.
'**absehen** (*L*) **I.** *v/t.* (*pre*)ver; (*abschreiben*) copiar; *es ist kein Ende abzusehen* no se ve cómo acabará esto; *die Folgen sind nicht abzusehen* esto puede acarrear graves consecuencias; *j-m et. ~* aprender de otro imitándole, copiar *a/c.* de alg.; *j-m e-n Wunsch an den Augen ~* adivinar los deseos de alg.; *es abgesehen haben auf* haber puesto la mira (*od.* la vista) en; *es war auf dich abgesehen* eso iba por ti; **II.** *v/i.:* *von et. ~* prescindir (*od.* abstenerse) de *a/c.*; *von e-m Plan:* abandonar; → abgesehen.
'**abseifen** *v/t.* (en)jabonar, lavar con jabón.
'**abseihen** *v/t.* colar, filtrar.
'**abseilen** *Mont. v/t.* (*a. sich ~*) descolgar(se) por la cuerda.
'**absein** (*L; sn*) *v/i.* **1.** *Knopf usw.:* haberse caído; **2.** (*erschöpft sein*) estar agotado (F molido).
'**abseits I.** *adv.* aparte, a solas, separadamente; *Sport:* fuera de juego; *fig. sich ~ halten* mantenerse al margen (*von* de); *~ gelegen* apartado, alejado (*von* de); **II. ₂** *n Sport:* fuera de juego; *fig. j-n ins ~ drängen* marginar (*od.* arrinconar) a alg.; **₂falle** *f* trampa *f* de fuera de juego; **₂tor** *n* gol *m* en fuera de juego.
'**absend|en** (*L*) *v/t.* mandar, enviar, remitir; *bsd. Waren:* expedir, despachar; remesar, ⚓ consignar; **₂er(in** *f*) *m* remitente *m/f*, ♦ expedidor *m*, ⚓ consignador *m*; *an ~ zurück* devuelto al remitente; **₂e-stelle** *f* lugar *m* de expedición; *Funk:* oficina *f* de origen; **₂ung** *f* envío *m*, remesa *f*, despacho *m*.
'**absengen** *v/t.* chamuscar; sollamar.
'**absenk|en** *v/t.* 🌱 acodar; ⚒ *Schacht:* ahondar, profundizar; **₂er** 🌱 *m* → Ableger; **₂ung** *f* depresión *f*; **~** *des Grundwasserspiegels* rebajamiento *m* del nivel freático.
'**abservieren** *v/t.* quitar la mesa; F *fig. j-n ~* echar a alg. a la calle.
'**absetz|bar** *adj. Beamter:* amovible; ♦ *Ware:* vendible; *Betrag:* deducible; *leicht ~* de fácil salida; **₂becken** *n* tanque *m* de sedimentación; **₂bewegung** ⚔ *f* retirada *f*, repliegue *m*; **~en I.** *v/t.* depositar; *Hut usw.:* quitarse; ⚕ amputar; *Person:* dejar (en); *Arznei:* dejar de tomar; *Betrag:* deducir; *Typ.* componer; *Thea. vom Spielplan:* retirar del cartel; *Fallschirmjäger:* lanzar; *Beamte:* destituir, cesar; deponer; *König:* destronar; *Säugling, Tier:* destetar; *Termin:* cancelar; *beim Diktieren:* hacer punto y aparte; ♦ (*verkaufen*) vender, colocar, dar salida a; **II.** *v/refl.:* sich *~* 🜛 depositarse, precipitarse; (*sich entfernen*) alejarse; (*sich abheben*) destacar de, contrastar con; ⚔ *vom Feind:* retirarse, replegarse; **III.** *v/i.* interrumpirse, parar(se), detenerse; *ohne abzusetzen* sin interrupción, F de un tirón; *beim Trinken:* de un trago; F *es wird et. ~* F habrá hule; **₂en** *n* deducción *f*; *von Fallschirmjägern:* lanzamiento *m*; ⚔ retirada *f*; → Absatz; **₂ung** *f* destitución *f*, deposición *f*, separación *f* del cargo; *König:* destronamiento *m*; *Typ.* composición *f*; *v. der Steuer usw.:* deducción *f*; *Thea.* retirada *f*.
'**absichern** (-re) *v/t.* asegurar, proteger.
'**Absicht** *f* intención *f*, designio *m*, propósito *m*; (*Ziel*) objeto *m*, fin *m*; *~en haben auf* pretender *a/c.*; *in der ~ zu inf.* con objeto (*od.* la intención *od.* el fin) de; *in der besten ~* con la mejor intención; 🜛 *in betrügerischer ~* con ánimo de dolo; *mit ~* → absichtlich; *mit voller ~* deliberadamente; *ohne ~* → absichtslos; *mit der festen ~* con la firme determinación (*od.* el firme propósito) de; *ich habe die ~ zu* tengo (la) intención de; **₂lich I.** *adj.* intencionado, deliberado; 🜛 premeditado; **II.** *adv.* intencionadamente, deliberadamente, adrede, a sabiendas, a posta; **₂slos** *adj. u. adv.* sin intención; sin querer.
'**absingen** (*L*) *v/t.* cantar; *vom Blatt:* cantar a primera vista.
'**absinken** (*L*) *v/i.* bajar, disminuir (*a. fig.*).
Ab'sinth *m* (-*es*; -*e*) ajenjo *m*.
'**absitzen** (*L*) **I.** *v/i. vom Pferd:* desmontar, apearse; F *fig. weit von j-m ~ estar* lejos de alg.; **II.** *v/t.:* *e-e Strafe ~* cumplir (una) condena.
abso'lut I. *adj.* absoluto; F *~er Unsinn* un perfecto desatino; *wenn du ~ gehen willst* si te empeñas en ir; **II.** *adv.* absolutamente, terminantemente, en absoluto; *~ nicht* de ningún modo, en absoluto; *~ nichts* nada en absoluto, nada de nada; *~ unmöglich* materialmente (*od.* de todo punto) imposible; **₂e** *n;* *~es* lo absoluto.
Absoluti'on *f* absolución *f*, perdón *m*; *j-m ~ erteilen* absolver, dar la absolución a alg.
Absolu'tis|mus *m* (-; *O*) absolutismo *m*; **~t** *m*, **₂tisch** *adj.* absolutista (*m*).
Absol'vent [-v-] *m* ex alumno *m*; graduado *m*; *Am.* egresado *m*; **₂'ieren** (-) *v/t. Rel.* absolver; *Studien:* terminar, completar; cursar; *Kurs, Prüfung:* aprobar; *Hochschule:* graduarse.
ab'sonderlich *adj.* singular; raro, extraño; **₂keit** *f* singularidad *f*; rareza *f*; particularidad *f*.
'**absondern** (-re) *v/t.* separar; apartar; (*isolieren*) aislar; *Physiol.* segregar, secretar; *Gefangene:* incomunicar; 🜛 separar; *sich ~* aislarse, retirarse; **~d** *adj. Physiol.* secretor(io).
'**Absonderung** *f* separación *f* (*a. bei Konkurs*); apartamiento *m*; aislamiento *m*; *Physiol.* secreción *f*, se-

gregación f; ⚔ incomunicación f; ~s-anspruch ⚔ m derecho m de preferencia.
absor'bier|bar adj. absorbible; ~en (-) v/t. absorber; wieder ~ re(ab)sorber; ~end adj. absorbente.
Absorpti'on f absorción f; ~sfähigkeit, ~skraft f capacidad f de absorción, poder m absorbente; ~smittel n absorbente m; ~svermögen n capacidad f de absorción (a. ✝ e-s Marktes).
'abspalten (-e-) v/t. separar; hendir; ⚔ desdoblar, disociar.
'Abspann m Film: genéricos m/pl. de fin; ~draht ⊕ m alambre m de retención (od. amarre); ⚔en v/t. aflojar (a. ♪ Saiten); relajar; Pferde: desenganchar; Ochsen: desuncir; ⚔ Draht: retener, arriostrar; Strom: rebajar, reducir; ⊕ amarrar, sujetar, retener; fig. → abgespannt; ~isolator m aislador m de amarre; ~klemme f borne m de retención; ~ung f aflojamiento m; ⚔ retención f, amarre m; arriostramiento m; (Ermüdung) cansancio m, lasitud f, abatimiento m.
'absparen v/t.: sich et. vom Munde ~ F quitarse a/c. de la boca.
'abspecken F v/i. perder peso.
'abspeichern (-re) v/t. Computer: guardar, almacenar.
'abspeisen (-t) fig. v/t.: j-n mit leeren Worten ~ despachar a alg. con buenas palabras.
'abspenstig adj.: ~ machen extrañar (j-m et. a alg. de alg.); sonsacar; Kunden usw.: quitar.
'absperr|en v/t. cerrar (con llave); Straße: bloquear, barrear; durch Polizei usw.: acordonar; (isolieren) aislar, incomunicar; Wasser, Gas, Strom: cortar; ⚔hahn m grifo m (od. llave f) de cierre (od. de paso); ⚔ung f cierre m; Straße: barrera f; bloqueo m; (Isolierung) aislamiento m; durch Polizei: acordonamiento m; cordón m (policial); Strom, Gas, Wasser: corte m.
'abspiegeln (-le) v/t. reflejar (a. fig.); sich ~ reflejarse.
'Abspiel n Sport: pase m; ⚔en I. v/t. ♪ vom Blatt: repentizar, leer a primera vista; Tonband usw.: poner; Sport: pasar (el balón); II. v/refl.: sich ~ ocurrir, suceder, tener lugar; Thea. Handlung usw.: desarrollarse; abgespielt (abgenutzt) gastado.
'absplittern (-re) v/t. u. v/i. astillar(se); desprenderse (una esquirla).
'Absprache f convenio m, arreglo m.
'absprechen (L) v/t. 1. (de)negar; ⚔ j-m et. ~ privar a alg. de a/c.; 2. (verabreden) convenir, apalabrar, concertar; ~d adj. desfavorable.
'absprengen v/t. volar, (hacer) saltar; ⚔ separar (del grueso de las fuerzas); Blumen: regar, rociar.
'abspringen (L; sn) v/i. saltar, arrojarse; vom Pferd: desmontar; Sport: tomar impulso; Splitter, Glasur, Knopf: saltar, desprenderse; (abprallen) rebotar; ⚔ lanzarse (od. tirarse) en paracaídas; fig. abandonar (von a/c.), desertar, retirarse (de).
'abspritzen v/t. rociar, regar; (lackieren) pintar a (la) pistola.
'Absprung m salto m; mit Fallschirm: a. descenso m; Sport: salida f; fig. den ~ wagen dar el salto; ~balken m,

~brett n tablón m; ~gebiet ⚔ n área f de descenso; ~höhe f altura f de salto.
'abspulen v/t. devanar; desbobinar; fig. desgranar.
'abspülen v/t. lavar; Geschirr: fregar, lavar los platos.
'abstamm|en v/i. descender, proceder (von de); Gr., ⚔ derivar; ⚔ung f descendencia f, filiación f; origen m, procedencia f; edle: linaje m, alcurnia f, abolengo m; Gr. derivación f; von deutscher ~ de origen alemán; ⚔ungslehre Bio. f teoría f de la evolución (od. de la descendencia).
'Abstand m (-¢s; ⁻e) distancia f (von de), espacio m (a. ⊕); zeitlich: intervalo m; fig. (Unterschied) diferencia f, contraste m; in gleichen Abständen a intervalos regulares, periódicamente; fig. mit ~ (bei weitem) con mucho; Sport: mit ~ gewinnen ganar por amplio margen; ~ halten (od. wahren) guardar distancia; ~ nehmen ⚔ abrir las filas; fig. renunciar (von a), prescindir (de); desistir (de); ~sgeld n, ~ssumme f indemnización f, compensación f; Wohnung, Laden: traspaso m.
'abstatten (-e-) v/t.: e-n Besuch ~ hacer (od. girar) una visita; Dank ~ expresar su agradecimiento, dar las gracias.
'abstaub|en v/t. desempolvar; sacudir (od. quitar) el polvo; F (stehlen) P limpiar, mangar; ⚔ertor n Sport: gol m oportunista.
'abstech|en (L) I. v/t. Rasen: cortar; ⊕ Hochofen: sangrar, hacer la colada; Kanal: abrir; Teich: sangrar; Wein: trasegar; Fechtk. tocar; (töten) matar; Schwein: degollar, sacrificar; II. v/i. 1. gegen (od. von) et. ~ contrastar con, desentonar de a/c.; 2. ⚔ hacerse a la mar; ⚔er m escapada f, vuelta f; (Umweg) rodeo m; fig. digresión f; e-n ~ machen dar una vuelta (nach por).
'absteck|en v/t. Kleid: ajustar, apuntar; Piste: balizar; Kurs, Grundriß: trazar; mit Pfählen: jalonar, estacar; mit Grenzsteinen: amojonar; Grenzen: demarcar, delimitar; ⚔en balizaje m; jalonamiento m; trazado m; ⚔fähnchen n guión m; ⚔pfahl m jalón m.
'abstehen (L) v/i. (entfernt sein) distar (von de); (herauragen) destacarse, salir; fig. von et. ~ desistir de a/c.; renunciar a a/c.; ~d adj. distante; destacado, saliente; ~e Ohren orejas f/pl. gachas (od. separadas).
'absteif|en v/t. △ Mauer: apuntalar; ⚔ entibar; ⚔ung f apuntalamiento m; entibación f.
'Absteige desp. f casa f de citas, meublé m; ⚔n (L; sn) v/i. descender, bajar (a. Sport); vom Pferd: desmontar; apearse (a. v. Fahrzeug); im Hotel usw.: hospedarse, alojarse (en); ~quartier n apeadero m; ~r m Sport: club m bzw. equipo m descendido.
'Abstell|bahnhof m estación f de depósito; ⚔en (L) v/t. depositar, poner; Maschine, Motor: parar; Radio usw.: apagar; Gas, Wasser: cerrar, cortar; Kfz. estacionar, aparcar; fig. ⚔ destacar; Mißstand: subsanar, reme-

diar; ~ auf adaptar a; centrar en; ~gleis n apartadero m, vía f muerta (od. de aparcamiento); ~hahn m grifo m de cierre; ~platz m Kfz. aparcadero m, (plaza f de) estacionamiento m; ⚔ plataforma f de estacionamiento; ~raum m (cuarto m) trastero m; ~tisch m trinchero m; ~ung ⚔ f v. Personen: comisión f de servicio.
'abstemmen v/t. ⊕ escoplear, cincelar.
'abstempeln (-le) v/t. sellar; Wertpapiere: estampillar; Urkunden: timbrar; ⚔ Briefmarke: matasellar, inutilizar; ⚔ apuntalar; fig. j-n ~ als tildar a alg. de.
'absteppen v/t. pespuntear.
'absterben (L; sn) I. v/i. morir; extinguirse; (verwelken) marchitarse, ajarse; ⚔ Glied: mortificarse; Gewebe: necrosarse; II. ⚔ n muerte f; extinción f; ⚔ mortificación f; necrosis f.
'Abstich m Hochofen: sangría f, colada f; (Loch) piquera f.
'Abstieg m (-¢s; 0) descenso m, bajada f; fig. decadencia f.
'abstillen v/t. Kind: destetar.
'Abstimm|anzeiger m Radio: ojo m mágico, indicador m de sintonía; ⚔en I. v/t. ♪ afinar, acordar; Radio: sintonizar; fig. armonizar; coordinar, ajustar; zeitlich: sincronizar; Farben: matizar; II. v/i. Parl. usw.: votar; über et. ~ lassen someter a votación; ~ende(r) m votante m; ~knopf m Radio: (botón m) sintonizador m; ~kondensator m condensador m de sintonización; ~kreis m circuito m de sintonización; ~schärfe f selectividad f; ~skala f escala f de sintonización.
'Abstimmung f 1. votación f; zur ~ bringen someter (od. poner) a votación; 2. armonización f, coordinación f; zeitliche: sincronización f; Radio: sintonización f, sintonía f; ~s-ergebnis n resultado m de la votación.
absti'nen|t adj. abstinente, abstemio; ⚔z f (0) abstinencia f; abstención f; ⚔zler(in f) m abstemio (-a f) m.
'abstoppen v/t. parar, detener; Tempo: retardar; Neol. desacelerar (a. fig.); mit Stoppuhr: cronometrar.
'Abstoß m lanzamiento m; Fußball: saque m de puerta; ⚔en (L) I. v/t. lanzar, repeler (a. Phys.); ⚔ verpflanztes Organ usw.: rechazar; Fußball: sacar (de puerta); Geweih: descornar; ⊕ Ecken: despuntar; Porzellan: desportillar; ✝ Ware, Aktien: deshacerse, desprenderse de; II. v/i. repugnar; ⚔ desatracar; ⚔end adj. repugnante, repulsivo; ~ung f Phys. repulsión f; ~ungsreaktion ⚔ f reacción f de rechazo.
'abstottern (-re) F v/t. pagar a plazos.
abstra'hieren (-) v/t. abstraer.
ab'strakt I. adj. abstracto (a. Kunst); II. adv. en abstracto.
Abstrakti'on f abstracción f.
'abstreb|en △ v/t. apuntalar; ⚔ung f apuntalamiento m.
'abstreichen (L) v/t. raspar; Maß: rasar; Rasiermesser: suavizar (abhaken) puntear; (abziehen) deducir; sich die Füße ~ restregar los zapatos.
'abstreifen v/t. quitar; Kleider usw.: quitarse, despojarse de; Schuhe: res-

abstreiten — Abwehrdienst 36

tregar; *Geweih, Haut*: mudar; *Fell*: desollar; *Gelände*: reconocer, patrullar; *fig.* desprenderse de, abandonar.
'**abstreiten** (*L*) *v/t.* disputar, contradecir; (*leugnen*) negar; desmentir.
'**Abstrich** *m Schrift*: trazo *m* vertical; (*Abzug*) deducción *f*; (*Kürzung*) reducción *f*; ♪ arco *m* (*od.* arcada *f*) abajo; ✱ e-n ～ machen hacer un frotis; *fig.* ～e machen von amputar (*od.* recortar) a/c.
ab'strus [-st-] *adj.* (*-est*) abstruso.
'**abstuf|en** *v/t.* escalonar; graduar; *Gelände*: abancalar; *Farben*: matizar; ♀ung *f* escalonamiento *m*; graduación *f*; matiz *m*.
'**abstumpf|en** *v/t.* despuntar; *Ecke, Kante*: achaflanar; *Schneide*: embotar (*a. fig. Sinne*); *Kegel*: truncar; → abgestumpft; ♀ung *f* embotamiento *m* (*a. fig.*).
'**Absturz** *m* caída *f*; (*Gebirge*) despeñadero *m*; *Computer*: fallo *m* (*od.* bloqueo *m*) general; ✗ zum ～ bringen derribar, abatir.
'**abstürzen** (*-t*) *v/i.* caer, despeñarse; precipitarse; derrumbarse; ✗ estrellarse, caer a tierra; *Computer*: colgarse, derrumbarse.
'**abstützen** (*-t*) *v/t.* apoyar, sostener; ▲ estribar, apuntalar; ✗ entibar; ⚓ (*Schiffe im Dock*) escorar.
'**absuchen** (*-t*) *v/t.* explorar; buscar por todas partes; *Gelände*: rastrillar, peinar, batir.
'**Absud** 🜃 *m* (*-ės; -e*) decocción *f*.
ab'surd *adj.* absurdo; *ad* ～*um führen* reducir al absurdo; ♀i'tät *f* absurdo *m*, absurdidad *f*.
Ab'szeß ✱ *m* (*-sses; -sse*) absceso *m*.
Ab'szisse ⅌ *f* abscisa *f*.
Abt *m* (*-ės; ⁓e*) abad *m*.
'**abtakeln** (*-le*) ⚓ *v/t.* desarmar, desaparejar; *Masten*: desjarciar; *fig.* abgetakelt gastado, pasado.
'**abtast|en** (*-e-*) *v/t.* tentar; palpar (*a.* ✱); *fig.* tantear, sond(e)ar; *TV, Radar*: explorar; ♀en *n* ✱ palpación *f*, *Neol.* tactación *f*; *TV usw.*: exploración *f*; ♀er *m* explorador *m*, analizador *m*.
'**abtauen** *v/i. u. v/t.* deshelar; *Kühlschrank*: descongelar.
Ab'tei *f* abadía *f*.
Ab'teil 💬 *n* (*-ės; -e*) compartim(i)ento *m*, departamento *m*; '♀bar *adj.* divisible, separable; '♀en *v/t.* dividir, partir; (*absondern*) aislar; *durch Trennwand, Fächer usw.*: compartir, separar; *in Grade*: graduar; *in Klassen*: clasificar.
'**Abteilung¹** *f* división *f*, partición *f*, separación *f*.
Ab'teilung² *f* sección *f*; *Firma, Kaufhaus*: *a.* departamento *m*; *Behörde*: sección *f*, negociado *m*, división *f*; *Krankenhaus*: servicio *m*; ✗ sección *f*, destacamento *m*; *von Arbeitern*: brigada *f*; (*Fach*) compartimento *m*; ～**sleiter** *m* jefe *m* de sección (*od.* de departamento).
'**abtelefonieren** (*-*) *v/i.* excusarse por teléfono.
'**abteufen** ✗ *v/t.* excavar, abrir.
'**abtippen** F *v/t.* copiar (*od.* pasar) a ,máquina.
Äb'tissin *f* abadesa *f*.
'**abtön|en** *v/t. Mal.* matizar; ♀ung *f* graduación *f*; matiz *m*.

'**abtöt|en** (*-e-*) *v/t.* matar; *fig. Gefühl*: amortiguar; ♀ung *f* mortificación *f*.
'**abtragen** (*L*) *v/t.* quitar; *Chir.* resecar; *Bau*: derribar, demoler; *Erde*: desmontar; *Gelände*: aplanar; *Schuld*: ir pagando, liquidar; *Hypothek*: amortizar; *Kleider*: (des)gastar; *den Tisch* ～ quitar la mesa.
'**abträglich** *adj.* dañoso, perjudicial, contraproducente; *Kritik*: desfavorable, adverso.
'**Abtransport** *m* transporte *m*; acarreo *m*; ✗ evacuación *f*; ♀ieren (*-*) *v/t.* transportar; evacuar.
'**abtreib|en** (*L*) **I.** *v/t.* arrastrar, hacer desviar; ✱ *Würmer*: expulsar; *ein Kind*: provocar un aborto, hacer abortar; *Met.* copelar, afinar; 🜃 separar; **II.** *v/i.* ⚓, ✈ desviarse del rumbo, ⚓ derivar, ir a la deriva; ✱ abortar; ～**end** ✱ *adj.* abortivo; ♀ung *f* ✱ aborto *m* (*criminal*); ⊕ afinación *f*; ♀ungsmittel *n* abortivo *m*; ♀ungspille *f* ✱ píldora *f* abortiva.
'**abtrenn|bar** *adj.* separable; *nicht* ～ inseparable; ～**en** *v/t.* separar; segregar; *Gebiete*: desmembrar; *Kupon*: cortar; *Saum usw.*: descoser; ♀ung *f* separación *f*; desmembramiento *m*.
'**abtret|bar** 🕮 *adj.* cesible; ～**en** (*L*) **I.** *v/t.* 🕮 ceder; *Schuhe*: gastar; *Füße*: limpiarse; *Stufen*: desgastar; *Eigentum*: transferir; *Geschäft*: traspasar; **II.** *v/i.* retirarse (*a. fig.*), marcharse; *Thea.* hacer mutis; ✗ romper filas; *v. e-m Amt*: renunciar; ♀**ende**(**r**) *m* 🕮 cedente *m*; ♀er *m* (*Fuß*♀) limpiabarros *m*, felpudo *m*; ♀ung *f* 🕮 cesión *f*; *Geschäft*: traspaso *m*; *Seeversicherung*: abandono *m*; *des Thrones*: abdicación *f*; 🕮 ～ *an Zahlungs Statt* dación *f* en pago; ♀ungs-urkunde *f* escritura *f* de cesión.
'**Abtrieb** *Kfz. m* árbol *m* secundario.
'**Abtrift** *f* ⚓, ✈ deriva *f*; abatimiento *m*; ～**messer** *m* derivómetro *m*.
'**Abtritt** *m* renuncia *f*; salida *f*; *Thea.* mutis *m*; → Abort 1.
'**abtrocknen** (*-e-*) **I.** *v/t.* enjugar, secar; **II.** *v/i.* secarse.
'**Abtropf|brett** *n*, ～**ständer** *m* escurreplatos *m*; ♀en *v/i.* gotear, escurrir.
'**abtrotzen** (*-t*) *v/t.*: *j-m et.* ～ extorsionar a/c. a alg.
'**abtrudeln** (*-le*; *sn*) *v/i.* ✗ entrar en barrena; F (*abhauen*) F largarse.
'**abtrünnig** *adj.* ✗ desertor; rebelde; *Pol.* disidente; *Rel.* apóstata, renegado; *fig.* infiel; ～ *machen* inducir a la deserción; ～ *werden* → *abfallen*; ♀**e**(**r**) *m* desertor *m*; disidente *m*; *Rel.* apóstata *m*, renegado *m*; ♀keit *f* (*0*) deserción *f*; defección *f*; *Rel.* apostasía *f*.
'**abtun** (*L*) *v/t. Kleider*: quitar(se); (*erledigen*) despachar; *Streit usw.*: poner fin, terminar; (*von sich weisen*) rechazar, descartar; *das ist alles abgetan* eso es asunto concluido; et. *kurz* ～ despachar a/c. brevemente *bzw.* con pocas palabras; *damit ist es nicht abgetan* con eso no basta; et. *mit einem Achselzucken* ～ encogerse de hombros.
'**abtupfen** ✱ *v/t.* tamponar.
'**ab-urteil|en** 🕮 *v/t.* juzgar; enjuiciar; ♀ung *f* enjuiciamiento *m*.
'**abverdienen** (*-*) *v/t. Schuld*: pagar con prestación de trabajo.
'**abverlangen** (*-*) *v/t.* → abfordern.

'**abwägen** *v/t.* pesar; *fig.* ponderar, sopesar; *Worte*: medir.
'**abwälz|en** (*-t*) *v/t.* rodar hacia abajo; ✝ hacer repercutir (*auf* en); *fig. von sich* ～ *Schuld, Verdacht*: librarse de; *auf j-n* ～ *Schuld, Verantwortung*: cargar sobre alg.
'**abwandeln** (*-le*) *v/t.* modificar, variar; *Gr.* declinar; conjugar.
'**abwander|n** (*-re*; *sn*) *v/i.* emigrar; ♀ung *f* emigración *f*; ～ *der Landbevölkerung* éxodo *m* rural; ✝ ～ *von Kapital* evasión *f* (*od.* fuga *f*) de capitales; ～ *von Wissenschaftlern* fuga *f* de cerebros.
'**Abwandlung** *f* modificación *f*, variación *f*; *Gr. Hauptwort*: declinación *f*; *Zeitwort*: conjugación *f*..
'**Abwärme** ⊕ *f* calor *m* de escape (*od.* desecho).
'**abwarten** (*-e-*) *v/t. u. v/i.* esperar, aguardar; *s-e Zeit* ～ dar tiempo al tiempo; *das bleibt abzuwarten* está por ver; *eso se verá*; F *warten wir's ab*! ya veremos; F *fig.* ～ *und Tee trinken*! paciencia y barajar; *ver y esperar*; ～**d** *adj.* expectante; e-e ～e *Haltung einnehmen, sich* ～ *verhalten* mantenerse a la expectativa.
'**abwärts** *adv.* hacia abajo; ～ *gehen*, ～ *führen* bajar, descender; *fig.* F *mit ihm geht's* ～ va de capa caída; ♀**bewegung** ✝ *f* baja *f*, descenso *m*; *Börse*: tendencia *f* bajista; (*movimiento m de*) retroceso *m*; ♀**hub** *Kfz. m* carrera *f* descendente; ♀**transformator** ⚡ *m* transformador *m* reductor.
'**Abwasch** *m* platos *m/pl.* sucios; ♀**bar** *adj.* lavable; ♀**en** (*L*) *v/t.* lavar; *Geschirr*: fregar; *Geol. Erdboden*: derrubiar; *Schiffsdeck*: baldear; *fig. Schande*: lavar; ～**en** *n* lavado *m*; fregado *m*; F *fig. alles in e-m* ～ todo de una pasada; ～**ung** *f* loción *f*; *Rel.* ablución *f*.
'**Abwasser** *n* (*mst. pl. Abwässer*) aguas *f/pl.* residuales; ～**aufbereitung** *f* depuración *f* de aguas residuales; ～**kanal** *m* alcantarilla *f*; ♀**n** (*-re*; *sn*) *v/i.* despegar (del agua), desamarrar; ～**reinigung** *f* → ～aufbereitung.
'**abwechseln** (*-le*) *v/t.* alternar, turnar; variar; *mit j-m* (*od. sich*): ～ turnarse (*od.* alternarse) con alg.; ～**d I.** *adj.* alterno, alternativo; (*mannigfaltig*) variado; **II.** *adv.* alternativamente; por turno.
'**Abwechslung** *f* cambio *m*, variación *f*; (*Mannigfaltigkeit*) variedad *f*, diversidad *f*; (*Zerstreuung*) distracción *f*, diversión *f*; ～ *bringen in* romper la monotonía de; *zur* ～ para variar (*od.* cambiar); ～ *muß sein* entre col y col, lechuga; ♀**sreich** *adj.* (muy) variado; (*ereignisreich*) rico en impresiones.
'**Abweg** *m* extravío *m*; (*falscher Weg*) camino *m* equivocado; *a. fig. auf* ～e *führen* descaminar, llevar por mal camino; *auf* ～e *geraten* extraviarse, *a. fig.* ir por mal camino; ♀**ig** *adj.* desatinado, absurdo; descabellado; (*unangebracht*) improcedente, fuera de lugar.
'**Abwehr** *f* (*0*) **1.** defensa *f* (*a. Sport*: *Hintermannschaft*); (*Widerstand*) resistencia *f*; (*Schutz*) protección *f*; *Fußball*: parada *f*; despeje *m*; *Fechtk.* parada *f*; **2.** → ～**dienst** ✗ *m* (servicio *m* de) contraespionaje *m*;

⚔en v/t. u. v/i. rechazar, repeler (a. ⚔); Stoß: parar, desviar; Fußball: despejar; parar; Unglück: prevenir; fig. (ablehnen) rehusar, declinar; ⚔end adj. defensivo; ~griff m Ringen: contrallave f; ~jagdflugzeug n, ~jäger m caza m interceptor; ~kampf ⚔ m lucha f defensiva; ~kraft f fuerza f defensiva, poder m defensivo; ✱ defensas f/pl. (del organismo); ~mechanismus Bio. m mecanismo m de defensa; ~mittel n medio m defensivo; ✱ profiláctico m; ~schlacht ⚔ f batalla f defensiva; ~spiel n Sport: juego m defensivo (od. a la defensiva); ~spieler m defensa m; ~stoff Bio. m anticuerpo m; ~waffe ⚔ f arma f defensiva.

'abweich|en (L; sn) v/i. apartarse, desviarse (a. fig. von de), divergir; Meinung: discrepar; Magnetnadel: declinar; voneinander ~ diferir; ~end adj. diferente, divergente; discrepante; von der Norm: irregular, anómalo; ⚔ler Pol. m desviacionista m; ⚔lertum n desviacionismo m; ⚔ung f desviación f, divergencia f; Opt. difracción f; Astr. aberración f; Magnetnadel: declinación f; ⊕ zulässige: tolerancia f; fig. von e-r Meinung: discrepancia f; fig. von e-r Regel: irregularidad f, anomalía f; vom Weg: desvío m; in ~ von apartándose de.

'abweiden (-e-) v/t. pacer, pastar.

'abweis|en (L) v/t. rehusar, rechazar; desatender; ⚖ denegar; Zeugen, Richter: recusar; Klage: desestimar; ⚔ Angriff: rechazar, repeler; j-n: (fortschicken) despedir; despachar; schroff: desairar; F mandar a paseo; (Eintritt verwehren) negar la entrada; glatt abgewiesen werden recibir una negativa rotunda; ~end adj. reservado, negativo; j-n ~ behandeln tratar con frialdad (od. reserva) a alg.; ⚔ung f rechazo m, negativa f; repulsa f; ⚖ denegación f; recusación f.

'abwend|bar adj. evitable; ~en (-e-u. L) v/t. apartar, desviar; Stoß: parar, desviar; fig. Gefahr, Unheil: alejar, conjurar; den Blick von et. ~ apartar la vista de a/c.; sich ~ volverse, apartarse; fig. sich von j-m ~ volver la espalda a alg.; ⚔ung f evitación f, prevención f.

'abwerben (L) v/t. atraer (obreros, etc.) de otras empresas.

'abwerfen (L) v/t. tirar; ⚔ Bomben: lanzar, arrojar; Reiter: despedir, derribar; Haut: mudar; fig. Joch: sacudir; Spielkarte: descartarse de; Blätter: perder; ✝ Gewinn: rentar, arrojar; Zinsen: devengar; es wirft nichts ab no rinde ningún beneficio.

'abwert|en (-e-) v/t. depreciar, quitar valor a; ✝ devaluar, desvalorizar; ~end fig. adj. peyorativo; ⚔ung f devaluación f, desvalorización f.

'abwesend adj. ausente; fig. distraído, ensimismado, F en la luna; ~ sein faltar; ⚔e(r) m ausente m.

'Abwesenheit f (0) ausencia f; fig. distracción f; in ~ von en ausencia de; ⚖ in ~ verurteilen condenar en rebeldía (od. por contumacia); durch ~ glänzen brillar por su ausencia; ~spfleger ⚖ m curador m de ausentes; ~s-urteil ⚖ n sentencia f de rebeldía.

'abwetzen (-t) v/t. 1. → schärfen; 2. (abnutzen) (des)gastar.

'abwickeln (-le) v/t. Garn: devanar; Knäuel: desovillar; Kabel: desenrollar; ⚡ desbobinar; ✝ Schuld, Konkurs: liquidar; Geschäfte: realizar; llevar a término (od. a cabo); fig. sich ~ desarrollarse.

'Abwicklung f ✝ liquidación f, transacción f; realización f; desarrollo m; ~sstelle f oficina f de liquidación.

'abwiegen v/t. (L) pesar; mit der Hand: sopesar.

'abwimmeln (-le) F fig. v/t.: j-n ~ quitarse a alg. de encima; librarse, deshacerse de alg. (a. et. a/c.).

'Abwind ⚡ m corriente f (de aire) descendente.

'abwinden (L) v/t. Kabel usw. → abwickeln.

'abwinkeln (-le) v/t. escuadrar; acodillar; Arm usw.: doblar.

'abwinken v/i. Sport: dar la señal de salida; ablehnend: (de)negar por señas.

'abwirtschaften (-e-) v/i. arruinarse; → abgewirtschaftet.

'abwischen v/t. limpiar, quitar (con un trapo); (scheuern) fregar; (abtrocknen) secar, enjugar (a. Tränen usw.); sich den Mund ~ limpiarse la boca.

'abwracken ⚓ I. v/t. desguazar, desarmar; II. ⚔ n desguace m.

'Abwurf m lanzamiento m (a. Bomben u. Sport), ~behälter ⚡ m recipiente m de lanzamiento; für Kraftstoff: depósito m desenganchable; ~vorrichtung f dispositivo m de lanzamiento.

'abwürgen v/t. estrangular (a. Kfz.); calar (el motor).

'abzahlen v/t. pagar, liquidar; in Raten: pagar a plazos.

'abzählen I. v/t. contar; recontar; an den Fingern ~ contar por los dedos; fig. das kannst du dir an den (fünf) Fingern ~ esto se puede contar con los dedos de la mano; ⚔ ~! ¡numerarse!; II. ⚔ n conteo m, recuento m.

'Abzählung f pago m total, liquidación f; (Ratenzahlung) pago m a plazos; auf ~ kaufen comprar a plazos; ~sgeschäft n operación f (od. venta f) a plazos; ~ssystem n sistema m de ventas a plazos.

'abzapfen v/t. sacar (a. fig.); Faß: vaciar; Blut ~ sangrar; fig. j-m Geld ~ sablear (od. sangrar) a alg., dar un sablazo a alg.

'abzäumen v/t. desembridar, desenfrenar.

'abzäunen v/t. vallar, cercar.

'abzehr|en v/t. consumir (a. fig.), extenuar; ⚔ung f consunción f, extenuación f; ✱ emaciación f.

'Abzeichen n señal f; distintivo m; (Vereins-, Sport-, ⚔ Rang-) ✱ insignia f; (Auszeichnung) condecoración f; (Hoheits⚔) emblema m.

'abzeichnen (-e-) v/t. (abbilden) dibujar (copiando); copiar; Schriftstücke: rubricar; (abhaken) puntear; fig. sich ~ dibujarse; perfilarse; vislumbrarse; sich ~ gegen destacarse de, contrastar con.

'Abzieh|apparat m multicopista m; mimeógrafo m; ~bild n calcomanía f (a. ⊕); ~bürste Typ. f bruza f; ⚔en (L) I. v/t. (entfernen) separar; ✝ Kunden: quitar la clientela; Bett: quitar las sábanas, desarropar (la cama); Typ. tirar (una prueba); (vervielfältigen) sacar copias (a. Phot.); mimeografiar; Messer: afilar, vaciar; Rasiermesser: suavizar; Schlüssel: sacar, quitar; Tier, Häute: desollar; (abhobeln) (a)cepillar; Parkett: acuchillar; Wein: trasegar, auf Flaschen: embotellar; ⚚ destilar; decantar; ⚚ restar, sustraer; (abrechnen) descontar; fig. retirar (a. Gelder, ⚔ Truppen); Aufmerksamkeit: distraer; Kochk. mit e-m Ei ~ incorporar un huevo batido; II. v/i. irse, marcharse; Gewitter: alejarse; Rauch: salir; ~feile f lima f dulce; ~muskel Anat. m (músculo m) abductor m; ~papier n papel m calcográfico; ~riemen m suavizador m.

'abzielen v/t. poner la mira (auf en); 'tender (a); aspirar (a); worauf zielte er ab? ¿qué es lo que pretendía?; auf wen zielte das ab? ¿a quién se refería eso?

'abzirkeln (-le) v/t. medir a compás; fig. Begriffe: definir exactamente.

'abzischen F v/i. F largarse, salir pitando.

'Abzug m 1. salida f, partida f; ⚔ retirada f; 2. ✝ deducción f; rebaja f; descuento m; vom Lohn: retención f; in ~ bringen deducir, descontar; rebajar; nach ~ von deducción hecha de, previa deducción de; frei von ~ neto; 3. ⊕ salida f, escape m; am Gewehr: gatillo m, disparador m; 4. Typ. prueba f; copia f (a. Phot.).

'abzüglich adv. menos; deduciendo; ~ der Kosten deducidos los gastos.

'Abzugs...: ~bogen Typ. m prueba f, galerada f; ~bügel m Gewehr: guardamonte m; ⚔fähig adj. deducible; ~graben m canal m (od. zanja f) de desagüe; ~kanal m alcantarilla f; cloaca f; ~rohr n tubo m de salida (od. de escape).

'abzupfen v/t. arrancar; Fäden usw.: deshilachar.

'abzwacken fig. v/t.: j-m et. ~ arrancar a/c. a alg.

'Abzweig ⚡ m derivación f; ~dose f caja f de derivación; ⚔en v/t. u. v/i. separar, derivar (a. ⚡); ramificar (-se); Weg: bifurcarse; ~klemme ⚡ f borne m de derivación; ~ung f ramificación f; ⚡ derivación f; (Weg) bifurcación f; (Zweigstrecke) ramal m.

'abzwitschern F (-re) v/i. F largarse.

Acces'soires [akseso'a:rs] n/pl. accesorios m/pl.; complementos m/pl. (de moda).

Ace... → Aze...

ach int. ¡oh!, ¡ah!; ~ nein! ¡no me diga!; ~ ja! ¡ah sí!; ~ so! ¡(ah) ya!; ~ was! ¡bah!, ¡qué va!; ~ wo! ¡de ningún modo!; ¡ nada de eso!; F ¡ni hablar!; ~ und weh schreien poner el grito en el cielo; mit ⚔ und Krach a duras penas; F por un pelo; F a trancas y barrancas.

A'chat [a'xa:t] m (-es; -e) ágata f.

A'chilles|ferse [-x-] fig. f talón m de Aquiles; ~sehne Anat. f tendón m de Aquiles.

achro'matisch [-k-] adj. acromático.

'Achs|abstand m distancia f entre ejes; ~druck m → ~last.

'Achse ['aksə] f eje m (a. ⊕); (Welle)

árbol *m*; ✝ *per* ~ por carretera, 🚗 por ferrocarril, *Kfz.* en camión; F *immer auf (der)* ~ *sein* estar siempre de viaje.
'**Achsel** [-ks-] *f* (-; -n) hombro *m*; *Anat.* axila *f*; *die* ~ (*od. mit den* ~*n*) *zucken* encogerse de hombros; *fig. über die* ~ *ansehen* mirar por encima del hombro; *auf die leichte* ~ *nehmen* tomar a la ligera; ~**drüse** *f* ganglio *m* axilar; ~**höhle** *f* axila *f*, sobaco *m*; ~**klappe** ⚔ *f* capona *f*; ~**stück** *n* hombrera *f*; charretera *f*; ~**zucken** *n* encogimiento *m* de hombros.
'**Achsen**...: ~**antrieb** *m* accionamiento *m* de eje; ~**bruch** *m* rotura *f* del eje; ~**drehung** *f* rotación *f* axial; ~**schnitt** ⚔ *m* intersección *f* de los ejes; ~**symmetrie** *f* simetría *f* axial.
'**Achs**...: ~**last** *f* peso *m* por eje; ~**schenkel** *m* muñón *m* del eje; ~**zapfen** *m* gorrón *m*.
acht [-x-] *adj.* ocho; *in* ~ *Tagen* dentro de ocho días; *vor* ~ *Tagen* hace ocho días; *alle* ~ *Tage* cada ocho días.
Acht[1] [-x-] *f* (número *m*) ocho *m*.
Acht[2] [-x-] *f* (0) (*Bann*) proscripción *f*; destierro *m*; *in die* ~ *erklären, in* ~ *und Bann tun* proscribir; poner en entredicho; *fig. gesellschaftlich*: hacer el vacío a; boicotear.
Acht[3] [-x-] *f* (0) (*Obacht*) atención *f*, cuidado *m*; *außer* ♀ *lassen* descuidar, prescindir de, hacer caso omiso de; *sich in* ♀ *nehmen* estar prevenido, tener cuidado, F andar con cien ojos; *nimm dich vor dem Hund in* ♀*!* ¡ten cuidado con el perro!, F ¡ojo con el perro!
'**achtbar** *adj.* respetable, honorable; estimable, apreciable; ♀**keit** *f* (0) respetabilidad *f*, honorabilidad *f*.
'**achte** *adj.* octavo; *am* (*od. den*) ~*n Mai* el ocho de mayo.
'**Acht-eck** ⚔ *n* octágono *m*; ♀**ig** *adj.* octagonal.
'**Achtel** *n* octavo *m*, octava parte *f*; ~**finale** *n Sport*: octavos *m/pl.* de final; ~**note** ♪ *f* corchea *f*; ~**pause** ♪ *f* silencio *m* de corchea; ~**takt** ♪ *m* compás *m* de corchea.
'**achten** (-*e*-) **I.** *v/t.* respetar; estimar, apreciar; *Gesetze usw.*: acatar, observar; **II.** *v/i.*: ~ *auf* (*ac.*) cuidar de, prestar atención a, fijarse en; parar mientes en; *auf alles* ~ estar en todo; *nicht* ~ *auf* no hacer caso de, hacer caso omiso de; no reparar en, no parar mientes en.
'**ächten** [-ç-] (-*e*-) *v/t.* proscribir; *fig.* boicotear, hacer el vacío a.
'**Acht-ender** *Jgdw. m* ciervo *m* de ocho candiles.
'**achtens** *adv.* (en) octavo (lugar).
'**Achter** *m* ocho *m* (*a. Eislauf*); (*Boot*) bote *m* de ocho remos.
'**achter**(**n**), ~**aus** ⚓ *adv.* a popa, en popa.
Achter...: ~**bahn** *f* montaña *f* rusa; ~**deck** ⚓ *n* cubierta *f* de popa; ♀**lei** *adj.* de ocho clases; ~**reihe** *f* fila *f* de ocho; ~**schiff** *n* popa *f*; ~**steven** ⚓ *m* codaste *m*.
'**acht**...: ~**fach**, ~**fältig** *adj.* ocho veces, óctuplo; ~**flächig** ⚔ *adj.* octaédrico; ~**flächner** *m* octaedro *m*; ~**geben**, ~**haben** *v/i.* tener cuidado, poner atención; *auf* ~ cuidar de; *gib acht!* ¡atención!, ¡cuidado!, F ¡ojo!; ~'**hundert** *adj.* ochocientos; ~**jährig** *adj.* de ocho años.
'**achtlos** *adj.* descuidado, negligente;

distraído; (*rücksichtslos*) desconsiderado, desatento; ♀**igkeit** *f* (0) descuido *m*, negligencia *f*; distracción *f*, inadvertencia *f*; desconsideración *f*, desatención *f*.
'**achtmal** *adv.* ocho veces.
'**achtsam** *adj.* atento (*auf ac.* a); cuidadoso, solícito; ♀**keit** *f* (0) atención *f*, cuidado *m*.
acht...: '~**silbig** *adj.* octosílabo; ♀-'**stundentag** *m* jornada *f* de ocho horas; '~**stündig** *adj.* de ocho horas; '~**tägig** *adj.* de ocho días.
'**Achtung** *f* (0) **1.** (*Aufmerksamkeit*) atención *f*; ~*!* ⚔ ¡atención!; ¡en guardia!; (*Vorsicht!*) ¡cuidado!, F ¡ojo!; *auf Schild*: ¡precaución!; ¡peligro!; ~*! Stufe!* ¡cuidado con el escalón!; ~*! fertig! los!* ¡a sus puestos! (*od.* ¡preparados!) ¡listos! ¡ya!; *Film:* ~ *Aufnahme!* ¡silencio, se rueda!; **2.** (*Hoch*≳) respeto *m*, estima(ción) *f*, aprecio *m*; *aus* ~ *vor* por respeto a; *bei aller* ~ *vor Ihnen* con todos los respetos debidos (a usted); ~ *erweisen* respetar; ~ *gebieten* infundir respeto; ~ *hegen für j-n* tener a alg. en gran estima, tener un alto concepto de alg.; *in hoher* ~ *stehen* ser muy respetado; *sich* ~ *verschaffen* hacerse respetar, imponerse; *alle* ~*!* ¡enhorabuena!; F ¡chapó!
'**Achtung** [-ç-] *f* proscripción *f*; *fig.* ostracismo *m*; boicot *m*.
'**achtung|einflößend**, ~**gebietend** *adj.* imponente, respetable; ♀**s-erfolg** *m* éxito *m* de estima; ~**svoll** *adj.* atento, respetuoso.
'**achtzehn** *adj.* dieciocho; ~**te** *adj.* decimoctavo.
'**achtzig** *adj.* ochenta; *um die* ♀ *sein* rondar por los ochenta; *die* ~*er Jahre* los años ochenta, la década de los 80; ♀**er** *m* octogenario *m*; F ochentón *m*; ~**jährig** *adj.* octogenario *m*; ~**ste** *adj.* octogésimo; ♀**stel** *n* ochentavo *m*.
'**Achtzylindermotor** *m* motor *m* de ocho cilindros.
'**ächzen** ['εçtsən] (-*t*) **I.** *v/i.* gemir; **II.** ♀ *n* gemido *m*.
'**Acker** *m* (-*s*; ~) campo *m*; (*Boden*) terreno *m*, tierra *f* de labor.
'**Ackerbau** *m* agricultura *f*; ~**kunde** *f* agronomía *f*; ♀**treibend** *adj.* agrícola.
'**Acker**...: ~**beet** *n* amelga *f*; ~**bestellung** *f* labranza *f*; ~**boden** *m* → ~**land**; ♀**fähig** *adj.* arable; ~**fläche** *f* superficie *f* cultivada; ~**furche** *f* surco *m*; ~**gaul** *m* caballo *m* de labor; ~**gerät** *n* aperos *m/pl.* de labranza; ~**krume** *f* capa *f* arable; ~**land** *n* tierra *f* laborable (*od.* de labor *od.* de cultivo); ♀**n** (-*re*) *v/t. u. v/i.* labrar, cultivar la tierra; *fig.* trabajar duramente, bregar; ~**n** *n* labranza *f*; ~**schlepper** *m* tractor *m* agrícola; ~**schnecke** *Zoo. f* babosa *f*; ~**scholle** *f* terruño *m*, gleba *f*; terrón *m*; ~**walze** *f* rodillo *m* (agrícola); ~**winde** *f* enredadera *f*, correhuela *f*.
a conto ✝ *adv.* a cuenta.
ad acta *Lt.:* ~ *legen* archivar; F *fig.* dar carpetazo a.
'**Adam** *m* Adán *m*; *fig. nach* ~ *Riese* como dos y dos son cuatro; ~**s-apfel** *Anat. m* nuez *f* (*od.* bocado *m*) de Adán, nuez *f*; ~**skostüm** *n*: *im* ~ en cueros (vivos), P en pelotas.

A'dapter ⊕ *m* (-*s*; -) adaptador *m*.
adä'quat *adj.* adecuado.
ad'dier|en (-) *v/t.* sumar, adicionar; ♀**maschine** *f* (máquina *f*) sumadora *f*.
Additi'on *f* suma *f*, adición *f*.
a'de *int.* ¡adiós!; ~ *sagen* decir adiós, despedirse.
'**Adel** *m* (-*s*; 0) nobleza *f* (*a. fig.*); aristocracia *f*; *bsd. fig.* hidalguía *f*; *von* ~ *sein* ser noble; *von altem* ~ de rancio abolengo.
'**ad**(**e**)**lig** *adj.* noble; nobiliario; ♀**e**(**r**) *m* noble *m*; *die* ~*n* los nobles, la nobleza.
'**adeln** (-*le*) *v/t.* ennoblecer.
'**Adels**...: ~**brief** *m* título *m* (*od.* carta *f*) de hidalguía, ejecutoria *f*; ~**buch** *n* nobiliario *m*; ~**stand** *m* nobleza *f*, estado *m* noble; *in den* ~ *erheben* ennoblecer; ~**stolz** *m* orgullo *m* aristocrático; ~**titel** *m* título *m* nobiliario.
'**Ader** *f* (-; -*n*) *Anat.* vaso *m* sanguíneo; vena *f* (*a. fig. poetische* ~ *usw.*); (*Schlag*≳) arteria *f*; ⚒ veta *f* (*a. Holz usw.*), filón *m*; *j-n zur* ~ *lassen* sangrar a alg. (*a. fig.*); *er hat e-e leichte* ~ tiene vena de loco. [nula *f.*]
'**Äderchen** *Anat. n* arteriola *f*; ve-]
'**Ader**...: ~**haut** *Anat. f* coroides *f*; ~**laß** *m* sangría *f* (*a. fig.*).
'**ädern** (-*re*) *v/t.* vetear.
'**Aderpresse** ⚕ *f* torniquete *m*.
'**Aderung** ⚘ *f* nervadura *f*, nerv(i)ación *f*.
Adhäsi'on *Phys. f* adhesión *f*, adherencia *f*.
adi'eu [adiˈø:] *int.* → **ade**.
Ad'jektiv *Gr. n* (-*s*; -*e*) adjetivo *m*; ♀**isch I.** *adj.* adjetivo, adjetival; **II.** *adv.* adjetivadamente.
Adju'tant *m* (-*en*) ayudante *m*.
'**Adler** *m* águila *f*; *junger* ~ aguilucho *m*; ~**auge** *fig. n*, ~**blick** *m* ojo *m* de lince, vista *f* de águila; ~**horst** *m* nidal *m* de águilas; ~**nase** *f* nariz *f* aguileña (*od.* aquilina).
'**adlig** *adj.* → **adelig**.
Admi'ral *m* (-*s*; -*e*) almirante *m*; ~**i'tät** *f* almirantazgo *m*; ~**sflagge** *f* insignia *f* de almirante; ~**s-schiff** *n* buque *m* insignia; ~**stab** *m* Estado *m* Mayor de la Armada; ~**swürde** *f* almirantazgo *m*.
'**Adolf** *m* Adolfo *m*.
adop'tieren (-) *v/t.* adoptar, prohijar; ♀**ti'on** *f* adopción *f*.
Adop'tiv|eltern *pl.* padres *m/pl.* adoptivos; ~**kind** *n* hijo *m* adoptivo.
Adrena'lin *n* (-*s*; 0) adrenalina *f*.
Adres'sa|nt *m* (-*en*) remitente *m*; *v. Waren:* expedidor *m*; ~**t** *m* (-*en*) destinatario *m*; *v. Waren: a.* consignatario *m*.
A'dreßbuch *n* guía *f* comercial; anuario *m* mercantil; *Am.* directorio *m*.
A'dresse *f* dirección *f*, señas *f/pl.*; *per* ~ en casa de, al cuidado de; *fig. da bist du an die falsche* ~ *geraten* a otro perro con ese hueso.
adres'sier|en (-) *v/t.* poner las señas; dirigir (*an ac.* a); ✝ *Güter:* consignar; ♀**maschine** *f* máquina *f* para imprimir direcciones.
a'drett *adj.* atildado, acicalado; aseado, bonito.
'**Adria** *f*, **Adri'atische**(**s**) **Meer** *n* (Mar *m*) Adriático *m*.
adsor'bieren ⚗ *u.* ⊕ (-) *v/t.* adsorber.

Adsorpti'on f adsorción f; ~**smittel** n adsorbente m; ~**svermögen** n capacidad f de adsorción; poder m adsorbente.
Ad'vent Rel. m (-es; -e) adviento m.
Adven'tist m (-en) adventista m.
Ad'vents|sonntag m domingo m de adviento; ~**zeit** f adviento m.
Ad'verb Gr. n (-s; -ien) adverbio m; ²**i'al** adj. adverbial; ~**e Bestimmung** modo m adverbial; ~**i'alsatz** m oración f adverbial.
Advo'kat m (-en) abogado m; ~**enkniffe** F m/pl. F abogaderas f/pl.
Aero|dy'namik [-e:-] Phys. f aerodinámica f; ²**dy'namisch** adj. aerodinámico; ~**me'chanik** f aeromecánica f; ~**'nautik** f aeronáutica f; ~**'sol** n (-s; 0) aerosol m; ~**'statik** f aerostática f.
Af'faire [aˈfɛː-] f asunto m, caso m, fr. affaire m; (Vorfall) incidente m; (Liebes²) amorío m, lío m amoroso; sich aus der ~ ziehen salir del apuro, F escurrir el bulto; gut, geschickt: salir airoso.
'Affe m (-n) Zoo. mono m, simio m; mico m; F fig. (Rausch) mona f; fig. (eitler ~) petimetre m, pisaverde m; (dummer ~) memo m, mentecato m; ich denke, mich laust der ~ me quedé con la boca abierta.
Af'fekt m (-es; -e) afecto m; pasión f, emoción f; ⚖ estado m (od. ímpetu m) pasional; im ~ begangenes Verbrechen crimen m pasional; im ~ handeln obrar a impulsos; ~**handlung** f acto m pasional.
affek'tiert adj. afectado; remilgado; Stil: amanerado; ²**heit** f (0) afectación f; amaneramiento m; remilgo m.
'äffen v/t. → nachäffen; narren.
'Affen...: ²**artig** adj. simiesco; F fig. mit ~**er Geschwindigkeit** con la rapidez del rayo; ~**brotbaum** m baobab m; ~**hitze** F f calor m terrible (od. de justicia); ~**liebe** f amor m ciego; ~**mensch** m pitecántropo m; ~**schande** f vergüenza f, escándalo m; ~**theater** fig. n farsa f (ridícula); tinglado m; ~**weibchen** n → Äffin.
'affig fig. adj. amanerado, afectado; ridículo.
'Affin f mona f, simia f.
Affini'tät f afinidad f.
Af'front [aˈfrɔn] m (-s; 0) afrenta f, ofensa f.
Af'ghan|e m, ²**isch** adj. afgano (m); ~**istan** n Afganistán m.
'Afrika n África m; ~**forscher** m africanista m.
Afrikaner(in f) m, ²**nisch** adj. africano (-a f).
'After Anat. m ano m; ~**flosse** Zoo. f aleta f anal; ~**shave** n (- od. -s; -s) aftershave m.
ä'gäisch adj.: ²**es Meer** Mar m Egeo.
A'gathe f Agata f.
A'gave ⚥ f agave m/f, pita f.
A'gend|a (-; -den) agenda f; ~**e** f I.P. liturgia f; I.C. ritual m; añalejo m.
'Agens n (-; -zien) 🔬 agente m; fig. factor m decisivo.
A'gen|t m (-en) agente m (a. Pol.); ✠ a. representante m; ~**tennetz** n red f de agentes; ~**tin** f agente f; ~**tur** f agencia f.
Agglome'rat ⊕ u. Geol. n (-s; -e) aglomerado m.
aggluti'nieren 🔬 (-) v/i. aglutinar.

Aggre'gat n (-es; -e) Phys. agregado m; ⊕ unidad f; grupo m; ~**zustand** m estado m de agregación.
Aggres|si'on f agresión f; ²**siv** adj. agresivo; ~**si'vität** f agresividad f.
Ä'gide f (0) égida f, auspicios m/pl.
a'gieren (-) v/i. actuar (als de).
a'gil adj. ágil.
'Agio ✠ n (-s; 0) agio m; prima f; ~**tage** [-ˈtaːʒə] f agiotaje m.
Agitati'on f agitación f.
Agi'ta|tor m (-s; -en) agitador m; ²**torisch** adj. agitador.
A'gnost|iker m, ²**isch** adj. agnóstico (m); ²**i'zismus** m (-; 0) agnosticismo m.
Ago'nie f agonía f.
A'graffe f broche m, prendedor m.
A'grar... in Zssgn agrícola, agrario; ~**gesetze** n/pl. leyes f/pl. agrarias; ~**land** n país m agrícola; ~**markt** m mercado m de productos agrarios; ~**politik** f política f agraria; ~**recht** n derecho m agrario; ~**reform** f reforma f agraria; ~**staat** m Estado m agrícola; ~**wirtschaft** f economía f agrícola; ~**wissenschaft** f agronomía f; ~**wissenschaftler** m agrónomo m.
Agré'ment [-ˈmã] Dipl. n (-s; -s) plácet m.
Ä'gypt|en n Egipto m; ~**er(in** f) m egipcio (-a f); ²**isch** adj. egipcio.
ah! int. ¡ah!
a'ha! int. ¡ajá!; ¡ya!; ²**-Erlebnis** Psych. n reacción f ¡ajá!
'Ahle f lezna f.
Ahn m (-en) abuelo m; ~**en** pl. abuelos m/pl. (a. fig.); antepasados m/pl.; Poes. mayores m/pl.
'ahnd|en (-e-) v/t. (rächen) vengar; (strafen) castigar; sancionar; ²**ung** f venganza f; castigo m, sanción f.
'ähneln (-le) v/i. parecerse a, (a)semejarse a; v. Kindern: salir a.
'ahnen v/t. (vermuten) sospechar; (vorhersehen) prever; vislumbrar; (Vorgefühl haben) presentir, barruntar; ohne zu ~, daß sin pensar ni remotamente que; wie konnte ich ~, daß cómo iba yo a suponer que; et. ~ lassen dejar entrever a/c.; du ahnst nicht ... no tienes idea ...; mir ahnt nichts Gutes me da mala espina.
'Ahnen...: ~**forschung** f investigación f genealógica; genealogía f; ~**reihe** f línea f genealógica; ~**tafel** f tabla f genealógica.
'ähnlich adj. parecido, semejante; (entsprechend) similar; análogo; oder so ~ o cosa parecida, por el estilo; j-m ~ sehen parecerse a alg.; iro. das sieht ihm ~ eso es una de las suyas (od. muy suyo); er wird der Mutter ~ ha salido a la madre; ich habe nie et. ²**es gesagt** nunca he dicho semejante cosa; ²**keit** f parecido m, semejanza f; similitud f, analogía f; viel ~ haben mit ser muy parecido a.
'Ahnung f (Vorgefühl) presentimiento m, barrunto m, presagio m; plötzliche: corazonada f; (Vorstellung) idea f, noción f; (Argwohn) sospecha f; keine (blasse) ~ von et. haben no tener (la menor) idea de a/c.; F no saber de la misa la media; keine ~! no tengo idea¡; hast du e-e ~! iro. ¡qué sabes tú!; ¡estás tú bueno!; ²**slos** despreve-

nido; sin sospechar nada; ²**svoll** adj. lleno de presentimientos.

'Ahorn ⚥ m (-s; -e) arce m.
'Ähre ⚥ f espiga f; ~**n lesen** espigar; ~**nlese** f espigueo m; ~**nleser(in** f) m espigador(a f) m.
'Aids [ɛɪds] n (-; 0) (ohne Artikel gebraucht) SIDA m; ~**infizierte(r** m) m/f portador(a f) m del sida, seropositivo (-a f) m; ~**kranke(r** m) m/f ⚕ sidoso (-a f) m, enfermo (-a f) m de sida; ~**therapie** f ⚕ terapia f contra el sida.
'Airbag [ˈɛːɐbɛɡ] Kfz. m (-s; -s) airbag m.
'Airbus [ˈɛːɐ-] m aerobús m, airbus m.
'Ais ♪ n la m sostenido.
Akade'mie f academia f.
Aka'demi|ker m (Hochschulabsolvent) universitario m; hombre m de carrera; (Mitglied e-r Akademie) académico m; ²**sch** adj. académico; universitario m; ~ **gebildet** de formación universitaria.
A'kazie ⚥ f acacia f.
akklimati'sier|en (-) v/t. aclimatar (a. fig.); sich ~ aclimatarse; ²**ung** f aclimatación f.
Ak'kord m (-es; -e) ♪ acorde m; ✠ (Einigung) acuerdo m; mit Gläubigern: arreglo m; im ~ **arbeiten** trabajar a destajo; ~**arbeit** f trabajo m a destajo; ~**arbeiter** m destajista m, destajero m.
Ak'kordeon ♪ n (-s; -e) acordeón m; ~**spieler** m acordeonista m.
Ak'kord|lohn m (salario m a) destajo m; ~**satz** m tasa f del destajo.
akkredi'tieren (-) Dipl. v/t. acreditar (bei dat. cerca de).
Akkredi'tiv n (-s; -e) 1. ✠ carta f de crédito (bestätigtes; unwiderrufliches confirmada; irrevocable); crédito m documentario; j-m ein ~ **eröffnen** abrir un crédito a favor de alg.; 2. Dipl. (cartas f/pl.) credenciales f/pl.; ~**gestellung** f apertura f de un crédito documentario.
'Akku (-s; -s) → Akkumulator.
Akkumu'lator ⊕ m (-s; -en) acumulador m.
akkumu'lieren (-) v/i. acumular.
akku'rat adj. exacto; esmerado, escrupuloso.
Akku'ratesse f (0) exactitud f; esmero m, escrupulosidad f.
'Akkusativ Gr. m (-s; -e) acusativo m; ~**objekt** n complemento m directo.
'Akne ⚕ f acné m/f.
A'kontozahlung ✠ f pago m a cuenta; als ~ **erhalten** recibido a cuenta.
Akquisi'teur ✠ m (-s; -e) corredor m de anuncios. [m científico.]
Akri'bie f (0) meticulosidad f; rigor
Akro'bat m (-en), ~**in** f acróbata m/f; ~**ik** f (0) acrobacia f; ²**isch** adj. acrobático.
Akro'nym n (-s; -e) acrónimo m (a. Internet).
Akt m (-es; -e) acto m (a. Thea.); (Handlung) a. acción f; ✠ cópula f, acto m carnal; Mal. desnudo m.
'Akte f acta f; documento m; Verw. expediente m; gal. dossier m; zu den ~**n legen** archivar; Unerledigtes: F dar carpetazo a (a. fig.).
'Akten...: ~**auszug** ⚖ m apuntamiento m; ~**bündel** n legajo m; ~**deckel** m carpeta f; ~**einsicht** ⚖ f vista f de los autos; ~**koffer** m portafolios m; Neol. attaché m; Am. maletín m ejecutivo; ²**kundig** adj.: ~ **sein** constar en los archivos (od. en acta);

Aktenmappe — allenfalls

~**mappe** f cartera f (para documentos), portafolios m; 2**mäßig** ⚖ adj. según consta en autos; conforme con los autos; ~**notiz** f apunte m, anotación f; ~**schrank** m archivador m, clasificador m; ~**stoß** m legajo m; ~**stück** n pieza f documental; acta f; ~**tasche** f → ~mappe; ~**zeichen** n número m de registro (od. de referencia).

'**Aktie** ['aktsǐə] † f acción f; voll einbezahlte ~ acción f totalmente liberada; junge ~ acción f nueva; F fig. wie stehen die ~n? ¿cómo andan los negocios?; fig. s-e ~n sind gestiegen su papel está en alza.

'**Aktien**...: ~**abschnitt** m cupón m; ~**ausgabe** f emisión f de acciones; ~**fonds** m fondo m de acciones; ~**gesellschaft** f sociedad f anónima (Abk. S.A.); ~**index** m índice m bursátil; ~**inhaber** m accionista m; ~**kapital** n capital m en acciones bzw. social; ~**markt** m mercado m de acciones; sector m de renta variable; ~**mehrheit** f mayoría f de acciones; ~**paket** n paquete m de acciones; ~**schein** m, ~**zertifikat** n certificado m de acciones.

Akti'on f acción f; ⚔ operación f; (Werbungs2 usw.) campaña f; pl. ~**en** a. actividades f/pl.; in ~ treten entrar en acción.

Aktio'när m (-s; -e) accionista m; ~**sversammlung** f junta f de accionistas.

Akti'ons...: ~**bereich** m radio m (od. campo m) de acción (a. ⚔, ⊕ u. fig.); ~**freiheit** f libertad f de acción; ~**gruppe** f Pol. f grupo m de acción; ~**preis** † precio m de acción (od. especial); ~**radius** m → ~bereich.

ak'tiv adj. allg. activo (a. fig.); ⚔ en (servicio) activo.

'**Aktiv** Gr. n (-s; 0) voz f activa.

Ak'tiva † n/pl. activo m; ~ und Passiva activo y pasivo.

Ak'tiv|bestand m activo m; ⚔ efectivos m/pl.; ~**bilanz** f balance m favorable.

akti'vier|en (-) v/t. † (a)sentar en el activo; ⚛ u. fig. activar; 2**ung** f activación f; † asiento m en el activo.

Akti'vist m (-en) activista m.

Aktivi'tät f actividad f.

Ak'tiv...: ~**kohle** f carbón m activado; ~**posten** m activo m; asiento m activo; ~**saldo** m saldo m activo (od. acreedor); ~**urlaub** m vacaciones f/pl. activas; ~**zinsen** m/pl. intereses m/pl. deudores.

'**Akt|modell** n modelo m/f que posa desnudo (-a); ~**photo** n (foto f al) desnudo m; desnudo m fotográfico; ~**studie** f desnudo m.

aktuali'sieren (-) v/t. actualizar.

Aktuali'tät f actualidad f; ~**enkino** n cine m de actualidades.

aktu'ell adj. actual, de actualidad; Probleme: a. del día, palpitante; (modern) de moda, en boga.

'**Aktzeichnung** f desnudo m.

Akupunk'tur f acupuntura f.

A'kust|ik f (0) acústica f; gute ~ buenas condiciones acústicas; 2**isch** adj. acústico.

a'kut adj. agudo (a. 🎵); fig. a. candente, crítico.

Ak'zent m (-¿s; -e) acento m; mundartlicher: a. dejo m, deje m; fig. den ~ legen auf poner el acento en; 2**frei**, 2**los** adj. sin acento; 2**u'ieren** (-) v/t. acentuar (a. fig.).

Ak'zept † n (-¿s; -e) aceptación f; (Wechsel) letra f aceptada; mit ~ versehen aceptar.

akzep|'tabel adj. aceptable; 2**tant** † m (-en) aceptante m; ~**tieren** (-) v/t. aceptar (a. Wechsel).

Ak'zeptkredit m crédito m de aceptación.

Akzi'denzdruck Typ. m (impresión f de) remiendos m/pl.

Ala'baster m (-s; 0) alabastro m.

A'larm m (-s; -e) alarma f, alerta f; ~ blasen (od. schlagen) tocar alarma (od. a rebato); dar la (voz de) alarma; ~**anlage** f sistema m (od. dispositivo m) de alarma; 2**bereit** adj. alerta; ~**bereitschaft** f: in ~ en (estado de) alerta; ~**glocke** f timbre m de alarma.

alar'mieren (-) v/t. alarmar, alertar (a. fig.), dar la (voz de) alarma; ~**d** fig. adj. alarmante, inquietante.

A'larm...: ~**signal** n señal f de alarma; ~**sirene** f sirena f de alarma; ~**zeichen** n señal f de peligro; alerta f (a. fig.); ~**zustand** m estado m de alarma (od. alerta).

A'laun m (-s; ¿) alumbre m; ~**erde** f alúmina f, 2**haltig** adj. aluminoso.

Al'ban|ien n Albania f; ~**ier** m albanés m; ~**ierin** f albanesa f; 2**isch** adj. albanés.

'**Albatros** Orn. m (-; -se) albatros m.

'**albern** adj. tonto, majadero, necio, Arg. otario; sei nicht ~! ¡no hagas el tonto (od. el indio)!; ¡no digas tonterías!; 2**heit** f tontería f; majadería f, necedad f; simpleza f, bobada f.

'**Albert** m Alberto m.

Al'bino m (-s; -s) albino m.

'**Album** n (-s; Alben) álbum m.

Albu'min n (-s; -e) albúmina f.

Alchi|'mie [-ç-] f (0) alquimia f; ~'**mist** m (-en) alquimista m.

Alde'hyd m (-s; -e) aldehído m.

Ale'xander m Alejandro m; ~ der Große Alejandro Magno.

Alexan'driner m (-s; -) (Vers) alejandrino m.

'**Alge** f alga f.

'**Alge|bra** f (0) álgebra f; 2**bra-isch** adj. algebraico.

Al'ger|ien n Argelia f; ~**ier**(**in** f) m argelino (-a) m; 2**isch** adj. argelino.

'**Algier** [-al'ʒiːr] Geogr. n Argel m.

'**alias** Lt. alias [Abk. (a.)].

A'libi ʈʂ n (-s; -s) coartada f; sein ~ nachweisen probar la coartada.

Ali'mente ʈʂ n/pl. alimentos m/pl., pensión f alimenticia; ~**nforderung** f pretensión f alimenticia.

Al'kali 🜀 n (-s; -en) álcali m; 2**artig** adj. alcalinoso; 2**sch** adj. alcalino; 2'**sieren** (-) v/t. alcalinizar.

Alka'loid 🜀 n (-s; -e) alcaloide m.

'**Alkohol** m (-s; -e) alcohol m; ~**einfluß** m: unter ~ bajo los efectos del alcohol; 2**feindlich** adj. antialcohólico; 2**frei** adj. sin alcohol; ~**gehalt** m graduación f alcohólica; im Blut: Neol. alcoholemia f; ~**genuß** m ingesta f de alcohol; 2**haltig** adj. alcohólico.

Alko'holi|ker m alcohólico m; 2**sch** adj. alcohólico; weit S. etílico; ~**getränke** bebidas f/pl. alcohólicas; 2'**sieren** (-) v/t. alcoholizar.

Alkoho'lismus m alcoholismo m.

'**Alkohol**...: ~**probe** Kfz. f prueba f de alcoholemia; ~**schmuggler** m contrabandista m de licores; ~**sünder**(**in** f) m conductor(a f) m embriagado (-a); ~**verbot** n prohibición f, ley f seca; ~**vergiftung** f intoxicación f alcohólica (od. etílica).

Al'koven m (-s; -) alcoba f.

all I. pron. todo; ~**e** beide ambos, los dos; ~**e** und jeder todo (y cada uno); sie (wir) alle todos (nosotros) ellos; ~**e** die (todos) cuantos, todos los que; amtlich: todo aquel que, quienes; **II.** adj. todo, todos; (jeder) cada uno; (jeder beliebige) (uno) cualquiera; ~**e** Augenblicke a cada momento; en cualquier momento; ~**e** Tage todos los días, a diario; ~**e** acht Tage cada ocho días; auf ~**e** Fälle en todo caso, de todos modos; ~**e** Welt (od. Leute) todo el mundo; in ~**er** Form formalmente; für ~**e** Zeiten para siempre; → alle, alles.

All n (-s; 0) universo m, cosmos m.

all...: ~'**abendlich** adv. todas las noches, cada noche; ~**bekannt** adj. universalmente conocido, archiconocido; notorio; es ist ja ~ no es un secreto para nadie, todo el mundo sabe; '~**deutsch** Pol. adj., 2'**deutsche**(**r**) m pangermanista (m).

'**alle** F adv. (aufgebraucht) acabado, terminado; es ist ~ se ha acabado, no hay más; ~ werden acabarse, agotarse.

Al'lee [a'leː] f avenida f; paseo m.

Allego'rie f alegoría f.

alle'gorisch adj. alegórico.

al'lein I. adj. solo; (einsam) solitario; ganz ~ completamente solo; F solito; von ~ automáticamente; **II.** adv. (nur) sólo, solamente, únicamente; (ohne Hilfe) por sí solo; (einsam) a solas; (getrennt) separadamente, por separado, individualmente; (ausschließlich) exclusivamente; dies ~ genügt nicht esto solo no basta; das schafft er ganz ~ él se basta (y se sobra) para hacer eso; (schon) ~ der Gedanke sólo con pensarlo; nicht ~ ..., sondern auch no sólo ... sino también; **III.** cj. mas, pero.

Al'lein...: ~**auslieferung** f exclusiva f; ~**besitz** m posesión f exclusiva; ~**erziehende** (**r** m) m/f padre m soltero, madre f soltera; ~**erbe** m heredero m único (od. universal); ~**flug** m vuelo m individual; ~**gang** m Sport: jugada f individual; im ~ solo, a solas, en solitario; ~**handel** m monopolio m; ~**herrschaft** f autocracia f; ~**herrscher** m autócrata m; ~**hersteller** m fabricante m exclusivo; 2**ig** adj. solo, exclusivo, único; ~**sein** n soledad f; 2**seligmachend** adj.: die ~**e** Kirche la Santa Iglesia Católica Apostólica Romana; 2**stehend** adj. solo; Gebäude: aislado; (ledig) soltero, célibe; ~**unterhalter** m animador m; ~**verkauf** m venta f exclusiva, (Recht) exclusiva f (od. monopolio m) de venta; ~**vertreter** m representante m exclusivo; ~**vertretung** f representación f exclusiva; ~**vertrieb** m (distribución f) exclusiva f.

'**allemal** adv. todas las veces, siempre; ein für ~ (de) una vez para siempre.

'**allenfalls** adv. en todo caso; si es preciso; (höchstens) cuando más, a lo sumo; (vielleicht) quizá, acaso.

'allenthalben adv. en (od. por) todas partes, por dondequiera, por doquier(a).
'aller...: ~art adj. de todas clases; ~äußerst adj. todo lo más; ~er Preis último precio m; ~best(e) adj. el mejor de todo; am ~en lo mejor; aufs ~e del mejor modo posible; ~dings adv. (in der Tat) en efecto, realmente; (gewiß) por cierto, sin duda; (einschränkend) a la verdad; ~! ¡claro que sí!, ¡por supuesto!; das ist ~ wahr eso también es verdad; ~erst I. adj.: der ~e el primero de todos; II. adv.: zu~ en primer lugar, antes que nada.
Aller'gie f alergia f.
al'lergisch adj. alérgico.
'aller...: ~hand adj. diversos, varios, toda clase de; F ~ Geld un dineral; F das ist ~! lobend: ¡esto es extraordinario!, F ¡qué bárbaro!; tadelnd: ¡esto es el colmo!; er hat ~ mitgemacht ha pasado moradas; 2'**heiligen** n (día m de) Todos los Santos; ~'**heiligst** adj. santísimo; 2'**heiligste(s)** n Santísimo m (Sacramento); (jüdisch u. fig.) sancta-sanctórum m; ~höchst adj. altísimo, soberano, supremo; auf ~en Befehl por orden suprema; es ist ~e Zeit es ya más que hora de ir; ~höchstens adv. a lo sumo, todo lo más; ~lei adj. → ~hand; 2lei n mezcla f heterogénea, F mezcolanza f; ~letzt adj. el último de todos; ~liebst adj. encantador, delicioso, F Kind: monísimo; am ~en lo que más me gustaría; ~meist adj. la mayor parte, la mayoría de; am ~en sobre todo, máxime; ~nächst adj. el más próximo; in ~er Zeit en un futuro muy próximo, dentro de muy poco; ~neu(e)st adj. el más nuevo; das 2e Nachrichten, Mode: la última novedad; 2nötigste, 2notwendigste n lo estrictamente necesario, lo indispensable; ~orten, ~orts adv. en todas partes; 2'seelen n día m de (los fieles) difuntos; ~seits adv. de (od. por) todas partes; F a todos (los presentes); ~'weltskerl m F factótum m, mequetrefe m; ~wenigst adv.: am ~en lo menos (de todo); das ist das 2e esto es lo de menos; 2'werteste(r) F m trasero m.
'alles pron/indef. todo, todas las cosas; ~ in allem en total; en resumen; a fin de cuentas; ~ Spanische todo lo español; ~ was (todo) cuanto, todo lo que; ~ oder nichts o todo o nada; das ist ~ eso es todo; das ist noch nicht ~ esto no quedará asi; no se acaba todo ahí; ist das ~? ¿nada más?; damit ist ~ gesagt con eso queda todo dicho; er ist mein ~ él lo es todo para mí.
'allesamt adv. todos juntos, todos sin excepción.
'alles...: ~fressend adj., 2fresser m omnívoro (m); 2kleber m pegamento m universal; F pegalotodo m; 2wisser desp. m F sabelotodo m.
'allezeit adv. siempre, en todo tiempo, en todos los tiempos.
All|'gegenwart f omnipresencia f, ubicuidad f; 2'**gegenwärtig** adj. omnipresente, ubicuo.
'allge'mein I. adj. general, universal; genérico; ~ üblich de uso general; II. adv. generalmente, en general; universalmente; genéricamente; ~ anerkannt universalmente reconocido (od. aceptado); ~ bekannt sein ser del dominio público; ~ gesprochen (dicho) en términos generales; ~ verbreitet generalizado; popular; im ~en en (od. por lo) general, por regla general.
Allge'mein...: ~befinden n estado m general; ~bildung f cultura f general; 2gültig adj. universal, generalmente aceptado; ~gut n bien m común; (zum) ~ werden generalizarse, vulgarizarse; ~heit f (0) generalidad f; (Öffentlichkeit) el común de las gentes, público m (en general); ~medizin f medicina f general; ~mediziner m médico m (de medicina) general, médico m generalista; ~platz m → Gemeinplatz; 2verständlich adj. comprensible para todos; ~wohl n bien(estar) m común; ~zustand m → ~befinden.
'All...: ~gewalt f omnipotencia f; 2gewaltig adj. omnipotente, todopoderoso; ~'heilmittel n panacea f (a. fig.), F sanalotodo m, curalotodo m.
Alli'anz f alianza f.
Alli'gator m (-s; -en) aligátor m, caimán m, Arg. yacaré m.
alli'ier|en [ali'i:-] v/refl.: sich ~ aliarse (mit con, a); 2te(r) m aliado m.
Alliterati'on f aliteración f.
'all...: ~jährlich I. adj. anual; II. adv. anualmente, todos los años; 2macht f (0) omnipotencia f; ~'mächtig adj. omnipotente, todopoderoso; der 2e (Gott) el Todopoderoso; ~'mählich I. adj. gradual, paulatino; II. adv. gradualmente, paulatinamente, poco a poco; ~monatlich I. adj. mensual; II. adv. mensualmente, cada mes.
Allo'path m (-en) alópata m.
Allopa'thie f (0) alopatía f.
Al'lotria n travesura f; ~ treiben travesear, hacer travesuras.
'All...: ~rad-antrieb m propulsión f integral, tracción f en las cuatro ruedas; 2seitig I. adj. universal; II. adv. por todas partes; ~stromgerät n receptor m para corriente universal; ~tag m día m laborable; fig. vida f cotidiana; 2'täglich adj. diario, cotidiano, de cada día; fig. corriente, común, trivial; ~'täglichkeit f trivialidad f; banalidad f; Neol. cotidian(e)idad f; ~tagskleid n vestido m de diario; ~tagskost f comida f ordinaria (od. corriente), F pitanza f; ~tagsleben n vida f cotidiana, rutina f diaria; ~tagsmensch m hombre m vulgar (od. adocenado); 2umfassend adj. universal.
Al'lüren f/pl. caprichos m/pl.; aires m/pl.
'All...: ~wellen-empfänger m receptor m para todas las ondas; 2wissend adj. omnisciente; ~wissenheit f omnisciencia f; 2wöchentlich adj. semanal; 2zu, 2zuehr adv. demasiado, en exceso; 2zuviel adv. demasiado; ~zweck... in Zssgn universal, para todos los usos.
Alm f pasto m alpino.
'Almanach m (-s; -e) almanaque m, calendario m.
Al'mosen n limosna f, caridad f; um (ein) ~ bitten pedir limosna; ~empfänger m que vive de la caridad pública.
'Aloe ['a:loe] f áloe m.
'Alp[1] m (-(e)s; -e), ~drücken n (-s; 0) pesadilla f (a. fig.).
'Alp[2], ~e f → Alm.
Al'paka n (-s; 0) (Zool. u. Stoff) alpaca f; ~(silber) n metal m blanco, alpaca f.
al 'pari ✝ adv. a la par.
'Alpen f/pl. Alpes m/pl.; ~glühen n rosicler m de los Alpes; ~jäger ✕ m cazador m alpino; ~rose f rosa f de los Alpes, rododendro m; ~veilchen n ciclamino m, ciclamen m; ~verein m club m alpino.
Alpha'bet n (-(e)s; -e) alfabeto m, abecedario m; 2isch I. adj. alfabético; II. adv. por orden alfabético; 2i'sieren (-) v/t. alfabetizar.
'Alpha|strahlen Phys. m/pl. rayos m/pl. alfa; ~teilchen n partícula f alfa.
'Alphorn ♪ n cuerno m alpino, alphorn m.
al'pin adj. alpino, alpestre.
Alpi'nis|mus m (-; 0) alpinismo m; ~t(in f) m (-en) alpinista m/f, montañero (-a f) m.
'Alptraum m pesadilla f (a. fig.).
Al'raune ♀ f mandrágora f.
als cj. 1. (ganz so wie) como; er starb ~ Held murió como un héroe; 2. (Art, Eigenschaft) como, de, en calidad (od. concepto) de; er war ~ Botschafter in Berlin estaba como (od. de) embajador en Berlín; er diente ~ Führer sirvió de guía; ~ Entschädigung en concepto (a título) de indemnización; in seiner Eigenschaft ~ en su calidad de; 3. (anstelle) a guisa de; 4. nach comp.: que; du bist jünger ~ ich eres más joven que yo; ich würde eher sterben ~ antes me moriría que; 5. vor e-r Zahl: de; ~ 20 Jahre más de 20 años; 6. im Vergleichssatz: de la (lo) que, del que; ich tue mehr ~ ich kann hago más de lo que puedo; ich habe mehr Geld ~ ich brauche tengo más dinero del que necesito; er ist zu gut, ~ daß es demasiado bueno para (inf.) od. para que (subj.); ~ ob, ~ wenn como si (subj.); sowohl ... ~ auch ... tanto ... como ...; um so mehr ~ tanto más cuanto que; niemand anders ~ du nadie sino tú, nadie más que tú; zeitlich: cuando; ~ ich ihn fragte cuando le pregunté; sofort, ~ ich ihn sah en cuanto (od. tan pronto como) le vi; 8. nach Negation: menos, excepto; alles andere ~ hübsch todo menos (od. excepto) bonito; ~'bald adv. en seguida, inmediatamente; ~'dann adv. entonces; luego, después.
'also I. adv. así, de este modo; **II.** cj. folgernd: conque; por tanto, por consiguiente; (nun gut) pues bien, ahora bien; du kommst ~ nicht? ¿entonces no vienes?, ¡es decir que no vienes!; ~ los! ¡vámonos pues!, F ¡venga ya!; na ~! ¡en (od. por) fin!
alt adj. (~er; ~est) viejo; P carroza; (bejahrt) anciano, de edad avanzada; Sache: vetusto; (antik) antiguo; (gebraucht) usado, gastado; (erprobt) experimentado; veterano; die ~en Germanen los antiguos teutones; ~e Sprachen f/pl. clásicas; ein 6 Jahre ~er Junge un niño de 6 años; ~ werden; ~ machen envejecer; wie ~ sind Sie? ¿cuántos años (od. qué edad) tiene usted?; er ist so ~ wie ich tiene la

Alt — Amsel 42

misma edad que yo; *er ist doppelt so ~ wie ich* me dobla la edad; *er sieht nicht so ~ aus, wie er ist* no aparenta la edad que tiene; *alles bleibt beim ~en* todo sigue como antes; → Alte.
Alt ♪ *m* (-s; -e) contralto *m*.
Al'tan *m* (-¢s; -e) azotea *f*, terraza *f*; galería *f*.
Al'tar *m* (-s; ~e) altar *m*; **~bild** *n* retablo *m*; **~decke** *f*, **~tuch** *n* sabanilla *f*; **~raum** *m* presbiterio *m*.
'alt...: ~backen *adj.* sentado, reposado; **♀bau** *m* construcción *f* antigua; **~bekannt** *adj.* archiconocido; **~bewährt** *adj.* (bien) probado, acreditado; **~deutsch** *adj.* alemán antiguo.
'Alte 1. ~r *m* viejo *m*, anciano *m*; *die ~n pl.* (*Eltern*) los padres *m/pl.*; *Hist.* los antiguos *m/pl.*; F *der ~* (*Vater*) el padre, F el viejo, (*Chef*) el jefe; *er ist immer noch der ♀* es el (mismo) de siempre; *er ist wieder ganz der ♀* ha vuelto a ser el de antes; **2. ~** *f* vieja *f*, anciana *f*; F *meine ~* (*Gattin*) F mi costilla (*od.* media naranja); *Thea.* komische *~* característica *f*; **3. ~(s)** *n* (lo) viejo; (lo) antiguo.
'alt...: ~ehrwürdig *adj.* venerable; **~eingesessen** *adj.* establecido desde largo tiempo; **♀eisen** *n* chatarra *f*; **♀eisenhändler** *m* chatarrero *m*.
'Alten|pflegeheim *n* centro *m* geriátrico; **~pfleger** *m Neol.* gerocultor *m*; **~teil** ⚖ *n* reserva *f* (legal), *fig.* sich aufs *~* setzen retirarse (de los negocios); **~wohnheim** *n* residencia *f* para ancianos (*od.* la tercera edad).
'Alter *n* edad *f*; (*Greisen♀*) vejez *f*, ancianidad *f*, senectud *f*; (*Dienst♀*) antigüedad *f*; *im ~ von* a la edad de; *in m-m ~* a mi edad; *er ist in m-m ~* es de mi edad; *hohes ~* avanzada edad; *aus dem ~ bin ich heraus* ya no estoy para estos trotes; *~ schützt vor Torheit nicht* a la vejez, viruelas.
'älter *adj.* (*comp. v. alt*) más viejo; *Personen*: mayor; *ein ~er Herr* un señor metido (*od.* entrado) en años; *e-e ~e Dame* una señora de (cierta) edad; *er ist 10 Jahre ~ als ich* tiene 10 años más que yo, me lleva 10 años; *er sieht ~ aus, als er ist* parece más viejo de lo que es.
'altern (-re) I. *v/i.* envejecer, entrar en años, hacerse viejo, F ir para viejo; II. ♀ *n* envejecimiento *m*.
alterna'tiv *adj.*: **~es Leben** vida *f* alternativa; **♀e** [-v-] *f* alternativa *f*, opción *f*, disyuntiva *f*.
alter'nieren (-) *v/i.* alternar.
alters *adv.*: *von ~ her* desde muy antiguo.
'Alters...: ~aufbau *m* estructura *f* por edades; **~beschwerden** *f/pl.* achaques *m/pl.* de la vejez; **~blödsinn** *m* demencia *f* senil; F chochez *f*; **~erscheinung** *f* síntoma *m* de vejez; **~forschung** *f* gerontología *f*; **~fürsorge** *f* asistencia *f* a la vejez, *Span.* Servicio *m* Social de la Tercera Edad; **~genosse** *m*, **~genossin** *f* coetáneo (-a *f*); **~grenze** *f* límite *m* de edad; *für Beamte*: edad *f* de jubilación; **~gründe** *m/pl.*: *aus ~n por* razones de edad; **~heilkunde** *f* geriatría *f*; **~heim** *n* asilo *m* (*od.* residencia *f*) de ancianos (*od.* para la tercera edad); **~klasse** *f* clase *f* de edad; ✗ quinta *f*; **~krankheit** *f* enfermedad *f* senil; *Facharzt für ~en*

geriatra *m*; **~präsident** *m* decano *m*; **~pyramide** *f* pirámide *f* de edades; **~rente** *f* pensión *f* de vejez; ♀ **schwach** *adj.* caduco, decrépito; **~schwäche** ♀ *f* debilidad *f* senil, decrepitud *f*; **~sichtigkeit** ♀ *f* presbicia *f*; **~teilzeit** *f* ✝ reducción *f* de jornada por la edad; **~unterschied** *m* diferencia *f* de edad; **~unterstützung** *f* ayuda *f* por (*od.* de) ancianidad; **~versicherung** *f* seguro *m* de vejez; **~versorgung** *f* ✗ retiro *m*; *Beamte*: jubilación *f*, pensión *f*; **~zulage** *f* prima *f* (*od.* plus *m*) de antigüedad.
'Altertum *n* (-s; 0) antigüedad *f*, edad *f* antigua.
'altertüm|elnd *adj.* arcaizante; **♀er** *n/pl.* antigüedades *f/pl.*; **~lich I.** *adj.* antiguo; (*veraltet*) arcaico; *Gebäude*, *Möbel*: vetusto; **II.** *adv.* a la antigua.
'Altertums...: ~forscher *m* arqueólogo *m*; **~forschung** *f*, **~kunde** *f* arqueología *f*.
'Alterung ⊕ *f* maduración *f*; envejecimiento *m*.
'ältest *adj.* (*sup. v. alt*) el más viejo *bzw.* antiguo; *Sohn*: mayor; **♀e(r)** *m e-r Körperschaft*: decano *m*; *mein ~r* mi hijo mayor *bzw.* primogénito; **♀enrat** *m Pol.* Consejo *m* de Ancianos.
'Alt...: ~flöte *f* flauta *f* contralto (*od.* en sol); **~glas** *n* vidrio *m* reciclable; **~glascontainer** *m* contenedor *m* de vidrio reciclable, F iglú *m*; ♀ **hergebracht** *adj.* tradicional, antiguo; ♀ **hochdeutsch** *adj.* alto alemán antiguo.
Al'tist(in *f*) *m* (-en) contralto *m/f*.
'alt...: ~jüngferlich *adj.* de solterona; **~katholisch** *adj.* católico viejo (*od.* liberal); **♀kleiderhändler** *m* ropavejero *m*; **♀kleidersammlung** *f* recogida *f* de ropas usadas; **~klug** *adj.* precoz; (*vorlaut*) petulante, F sabihondo; **♀lasten** *f/pl.* (vertederos *m/pl.* de) residuos *m/pl.* contaminantes.
'ältlich *adj.* entrado en años; de aspecto viejo; de edad.
'Alt...: ~material *n* material *m* viejo; *verwertbares*: material *m* de recuperación; **~meister** *m Sport*: ex campeón *m*; **~metall** *n* metal *m* viejo; ♀ **modisch** *adj.* pasado de moda; anticuado; chapado a la antigua; (P carroza; **~papier** *n* papel *m* viejo; papel *m* reciclable; **~papiercontainer** *m* contenedor *m* de papel reciclable; **~öl** *n* aceite *m* de desecho (*od.* usado); **~philologe** *m* filólogo *m* clásico; **~philologie** *f* filología *f* clásica; **~stadt** *f* casco *m* antiguo; **~stadtsanierung** *f* saneamiento *m* del casco antiguo; **~steinzeit** *f* paleolítico *m*; **~stimme** ♪ *f* contralto *m*; **~Taste** *f* *Comput*: tecla *f* ALT; ♀ **väterlich** *adj.* patriarcal; **~warenhändler** *m* chamarilero *m*; trapero *m*; **~'weibersommer** *m* veranillo *m* de San Martín.
'Alufolie *f* hoja *f* de aluminio.
Alu'minium *n* (-s; 0) aluminio *m*.
'Alzheimer *m*, **~Krankheit** *f* ♂ (enfermedad *f* de) Alzheimer *m*.
am = an dem → an.
Amal'gam *n* (-s; -e) amalgama *f*.
amalga'mier|en ⚗ (-) *v/t.* amalgamar (*a. fig.*); **♀ung** *f* amalgamación *f*.
Ama'teur *m* (-s; -e) aficionado *m*, *gal.*

amateur *m*; **~filmer** *m* cineasta *m* amateur; **~funk** *m* radioafición *f*; **~funker** *m* radioaficionado *m*; **~sport** *m* deporte *m* amateur; amateurismo *m*; **~status** *m* calidad *f* de amateur.
Ama'zone *f* amazona *f* (*a. fig.*).
'Amber *m* → Ambra.
Amboß *m* (-sses; -sse) yunque *m* (*a. Anat.*).
'Ambra *f* (-; -s) ámbar *m* gris.
Am'brosia *f* (0) ambrosía *f*.
ambu'lan|t *adj.* ✝ ambulante; **~es Gewerbe** venta *f* ambulante; **♀z** *f* (*Klinik*) ambulatorio *m*, policlínica *f*; dispensario *m*; (*Krankenwagen*) ambulancia *f*.
'Ameise *f* hormiga *f*; **~nbär** *m* oso *m* hormiguero; **~nhaufen** *m* hormiguero *m*; **~nlöwe** *m* hormiga *f* león; **~nsäure** 🝆 *f* ácido *m* fórmico.
'Amen *n* amén *m*; ♀! amén, así sea; *zu allem ja und ♀ sagen* consentir en todo; *so sicher wie das ~ in der Kirche* tan cierto como dos y dos son cuatro.
A'merika *n* América *f*; (*USA*) Estados Unidos *m/pl*.
Ameri'kan|er(in *f*) *m*, **♀isch** *adj.* americano (-a *f*) *m*.
amerika|ni'sieren (-) *v/t.* americanizar; **♀nismus** *m* (-; -men) americanismo *m*.
Ame'thyst *Min.* *m* (-¢s; -e) amatista *f*.
'Ami F *m* (-s; -s) americano *m*.
A'minosäure 🝆 *f* aminoácido *m*.
'Amme *f* ama *f* de cría, nodriza *f*; **~nmärchen** *n* cuento *m* de viejas.
'Ammer *Orn.* *f* (-; -n) escribano *m*.
Ammoni'ak 🝆 *n* (-s; 0) amoniaco *m*, amoníaco *m*; **♀artig**, **♀haltig** *adj.* amoniacal.
Am'monium 🝆 *n* (-s; 0) amonio *m*.
Amne'sie ♂ *f* amnesia *f*.
Amne'stie *f* amnistía *f*; **♀ren** (-) *v/t.* amnistiar.
A'möbe *f* amiba *f*; **~nruhr** ♂ *f* disentería *f* amebiana.
A'mok *m*: *~ laufen* correr poseído de locura homicida; **~lauf** *m* amok *m*; **~läufer** *m* loco *m* homicida.
A'mor *Myt.* *m* Amor *m*, Cupido *m*.
'amoralisch *adj.* amoral.
a'morph 🝆 *adj.* amorfo.
Amortisati'on *f* amortización *f*; **~fonds** *m* fondo *m* de amortización; **~skasse** *f* caja *f* de amortización.
amorti'sier|bar *adj.* amortizable; **~en** (-) *v/t.* amortizar.
'Ampel *f* (-; -n) lámpara *f* colgante; *Vkw.* semáforo *m*, disco *m*.
Am'pere ⚡ *n* amperio *m*; **~meter** *n* amperímetro *m*; **~stunde** *f* amperiohora *m*; **~zahl** *f* amperaje *m*.
'Ampfer ♃ *m* acedera *f*.
Ampheta'min *Phar. n* (-s; -e) anfetamina *f*.
Am'phib|ie *Zoo. f* anfibio *m*; **~ienfahrzeug** *n* vehículo *m* anfibio; **♀isch** *adj.* anfibio.
Am'phitheater *n* anfiteatro *m*.
'Am|phora *f* (-; -'oren), **~'phore** *f* ánfora *f*.
Ampli'tude *Phys. f* amplitud *f*.
Am'pulle *f* ampolla *f*, *a.* inyectable *m*.
Amputati'on *Chir. f* amputación *f*; **~sstumpf** *m* muñón *m*.
ampu'tier|en (-) *v/t.* amputar; **♀te(r)** *m* amputado *m*.
'Amsel *Orn.* *f* (-; -n) mirlo *m*.

Amt *n* (-*¢s*; ⁻*er*) (*Stellung*) cargo *m*; empleo *m*, destino *m*; (*Aufgabe*) misión *f*; función *f*, servicio *m*; (*Büro*) oficina *f*, despacho *m*; (*Behörde*) autoridad *f*; administración *f*; (*Dienststelle*) departamento *m*, negociado *m*, sección *f*; *Tele.* central *f*; *Lit.* misa *f* cantada; oficio *m* divino; *von* ~s *wegen* de oficio; oficialmente; por orden de la autoridad; *kraft meines* ~*es* en virtud de mis atribuciones; *in* ~ *und Würden sein* estar bien colocado.
ˈ**Ämter**|**häufung** *f* acumulación *f* de cargos; ~**tausch** *m* permuta *f* de cargos.
amˈ**tieren** (-) *v/i.* ejercer (*od.* desempeñar) un cargo; *Lit.* oficiar; ~ *als* actuar de; ~**d** *adj.* accidental, en funciones, en ejercicio.
ˈ**amtlich** *adj.* oficial; *in* ~*er Eigenschaft* con carácter oficial.
ˈ**Amtmann** *Hist. m* (-*¢s*; ⁻*er od.* -*leute*) bailío *m*, corregidor *m*.
ˈ**Amts**...: ~**anmaßung** *f* arrogación *f* (*od.* usurpación *f*) de funciones; ~**antritt** *m* entrada *f* en funciones, toma *f* de posesión (de un cargo); ~**arzt** *m* médico *m* oficial; ~**befugnis** *f* atribuciones *f/pl.*, competencia *f*; ~**bereich**, ~**bezirk** *m* jurisdicción *f*; ~**blatt** *n Span.* Boletín *m* Oficial (del Estado); ~**bruder** *m* colega *m*; ~**dauer** *f* (duración *f* del) mandato *m*; ~**diener** *m* ujier *m*; ordenanza *m*; ⚖ alguacil *m*; ~**eid** *m* jura *f* del cargo; ~**enthebung** *f* remoción *f*, destitución *f*; separación *f* (del cargo); *vorläufige* ~ suspensión *f* del cargo; ~**führung** *f* desempeño *m* de un cargo, gestión *f*, actuación *f*; ~**geheimnis** *n* secreto *m* (*od.* sigilo *m*) oficial *bzw.* profesional; ~**gericht** *n* juzgado *m* municipal *bzw.* de primera instancia; ~**geschäfte** *n/pl.* funciones *f/pl.* del cargo, asuntos *m/pl.* oficiales; ~**gewalt** *f* autoridad *f*, poder *m* público; ~**handlung** *f* acto *m* oficial; actuación *f* pública; ~**hilfe** *f* ayuda *f* administrativa; ~**miene** *f* aire *m* solemne; ~**mißbrauch** *m* abuso *m* de autoridad; prevaricación *f*; ~**niederlegung** *f* renuncia *f*, dimisión *f* de un cargo; ~**person** *f* funcionario *m* público; ⚖ togado *m*; ~**pflicht** *f* deberes *m/pl.* del cargo; ~**richter** *m* juez *m* municipal *bzw.* de primera instancia; ~**schimmel** F *m* rutina *f* burocrática, expedienteo *m*; ~**schreiber** *m* escribano *m* (público); ~**siegel** *n* sello *m* oficial; ~**sprache** *f* lenguaje *m* administrativo; lengua *f* oficial; ~**stunden** *f/pl.* horas *f/pl.* de oficina; ~**tracht** *f* traje *m* de ceremonia; uniforme *m*; *Uni.*, ⚖ toga *f*; *die* ~ *anlegen* revestirse; ~**überschreitung** *f* extralimitación *f* (en las atribuciones); ~**unterschlagung** *f* apropiación *f* indebida por funcionario; ~**vergehen** *n* delito *m* de un funcionario; ~**vorgänger** *m* predecesor *m*; ~**vormund** ⚖ *m* tutor *m* de oficio (*od.* oficial); ~**vorsteher** *m* jefe *m* de negociado; ~**weg** *m* tramitación *f* oficial; *auf dem* ~ por (la) vía oficial, por los trámites reglamentarios; ~**zeit** *f* duración *f* del cargo *bzw.* del mandato; ~**zimmer** *n* oficina *f*, despacho *m*.
Amuˈ**lett** *n* (-*¢s*, -*e*) amuleto *m*.
amü|ˈ**sant** *adj.* (-*est*) divertido, gracioso; ~|ˈ**sieren** (-) *v/t.* divertir; *sich* ~ (*die Zeit vertreiben*) distraerse, entretenerse; (*sich gut unterhalten*) pasarlo bien; *stärker*: F divertirse de lo lindo; ir(se) de juerga; *sich* ~ *über* burlarse de.

an I. *prp.* **1.** (*räumlich*) a; en; de; junto a; cerca de; contra; sobre; ~ *Bord* a bordo; ~ *e-m Ort* en un sitio; ~ *Land* a tierra; ~ *e-r Schule* en una escuela; ~ *der Wand* en la pared; ~ *die Wand* (*lehnen*) (apoyar) contra la pared; *am Tisch* a la mesa; *Frankfurt am Main* Francfort del Meno; ~ *der Spree* a orillas del Spree; *am Fenster* junto a la ventana; ~ *der Grenze* en la frontera; *am Himmel* en el cielo; **2.** (*zeitlich*) *am 2. Juni* el dos de junio; *am Morgen* por la mañana; *am Tage* de día; *es ist* ~ *der Zeit* es hora de; **3.** (*mittels*) ~ *der Hand nehmen* tomar de la mano; ~ *den Fingern abzählen* contar con los dedos; **4.** (*kausal*) ~ *e-r Krankheit sterben* morir de una enfermedad; ~ *et. leiden* sufrir (*od.* estar aquejado) de a/c.; **5.** (*Zahlenangaben*) ~ *die 20 Mark* unos veinte marcos; ~ *die 100 Personen* unos (*od.* cerca de) cien personas; *sie ist* ~ *die 20 Jahre alt* ronda (*od.* frisa en) los veinte (años); *fünf* ~ *der Zahl* cinco en total; **6.** (*verschiedene Verwendungen*) *ein Brief* ~ *mich* una carta para mí; una carta dirigida a mí; *ich hätte eine Bitte* ~ *Sie* quisiera pedirle un favor; ~ (*und für*) *sich* en sí, de por sí; en principio; propiamente dicho; *es ist* ~ *dir zu* ... te toca a ti (*inf.*); *es liegt* ~ *dir* tú tienes la culpa; depende de ti; *arm* (*reich*) ~ (*dat.*) pobre (rico) en; **II.** *adv.*: *von heute* ~ desde hoy, a partir de hoy; *von nun* ~ desde ahora, de ahora en adelante; *mit dem Mantel* ~ con el abrigo puesto; *Bedienungsanweisung*: ~ – *aus* abierto – cerrado.

Anaˈ**bolikum** *Phar. n* (-*s*, -*ka*) anabolizante *m*.
Anachroˈ**nis**|**mus** *m* (-; -*men*) anacronismo *m*; ²ˈ**tisch** *adj.* anacrónico.
anaeˈ**rob** *adj.* anaerobio.
Anaˈ**gramm** *n* (-*s*; -*e*) anagrama *m*.
anaˈ**log** *adj.* análogo, analógico.
Anaˈ**log**|**ie** *f* analogía *f*.
Anaˈ**logrechner** *m* calculadora *f* analógica.
Analphaˈ**bet**|(**in** *f*) *m* (-*en*) analfabeto (-*a f*) *m*; ~**entum** *n* (-*s*; *0*) analfabetismo *m*.
Anaˈ**ly**|**se** *f* análisis *m*; ²ˈ**sieren** (-) *v/t.* analizar; ~**tiker** *m* analista *m*; ²**tisch** *adj.* analítico.
Anäˈ**mie** ♟ *f* (*0*) anemia *f*.
aˈ**nämisch** *adj.* anémico.
Anaˈ**mnese** ♟ *f* anamnesis *f*, anamnesia *f*.
ˈ**Ananas** *f* (-; -*se*) piña *f* (de América); *Am.* ananás *m*.
An|**ar**ˈ**chie** *f* anarquía *f*; ²ˈ**archisch** *adj.* anárquico; ~**ar**ˈ**chismus** *m* anarquismo *m*; ~**ar**ˈ**chist**(**in** *f*) *m* (-*en*) anarquista *m/f*, ácrata *m/f*; ²**ar**ˈ**chistisch** *adj.* anárquico; anarquista.
Anästheˈ**s**|**ie** ♟ *f* anestesia *f*; ²**ieren** (-) *v/t.* anestesiar; ~**ist**(**in** *f*) *m* (-*en*) anestesista *m/f*.
Anaˈ**tom** *m* (-*en*) anatomista *m*.
Anatoˈ**mie** *f* **1.** anatomía *f*; **2.** = ~**saal** *m* anfiteatro *m* anatómico; sala *f* de disección.
anaˈ**tomisch** *adj.* anatómico.

ˈ**anbahnen** *v/t.* preparar, iniciar; *sich* ~ iniciarse, irse preparando, abrirse paso.
ˈ**anbändeln** F (-*le*) *v/i.*: *mit j-m* ~ coquetear, flirtear, F ligar con a/g.; (*Streit suchen*) → **anbinden II.**
ˈ**Anbau** *m* (-*¢s*; -*ten*) 🌱 cultivo *m*; 🏠 anejo *m*, anexo *m*; (*Flügel*) ala *f*; (*Nebenhaus*) edificio *m* contiguo; ~**beschränkung** 🌱 *f* limitación *f* de cultivos; ²**en** *v/t.* 🌱 cultivar, plantar; 🏠 adosar (*an ac.* a); ensanchar; ⊕ añadir; montar; ²**fähig** *adj.* cultivable; ~**fläche** *f* superficie *f* cultivada, área *f* de cultivo; ~**gerät** *n* ⊕ dispositivo *m* adicional; 🌱 apero *m* montado (*od.* colgado); ~**möbel** *n/pl.* muebles *m/pl.* por elementos (*od.* funcionales).
ˈ**Anbeginn** *m* principio *m*, origen *m*; *von* ~ desde un principio.
ˈ**anbehalten** (*L*; -) *v/t. Kleid usw.*: dejar puesto, no quitarse.
anˈ**bei** *adv. im Brief*: adjunto, incluso, anexo.
ˈ**anbeißen** (*L*) **I.** *v/t.* morder en, dar un mordisco a; **II.** *v/i. Fisch*: picar; *fig.* tragar (*od.* picar en) el anzuelo; *zum* ♀ *muy apetitoso* (*a. fig.*).
ˈ**anbelangen** (-) *v/t.* concernir, atañer; *was ... anbelangt* en cuanto a, por lo que se refiere a, respecto a; *was mich anbelangt* por lo que a mí toca, por mi parte, por mí.
ˈ**anbellen** *v/t.* ladrar a.
ˈ**anberaum**|**en** (-) *v/t. Termin*: señalar, fijar; ⚖ emplazar; *Sitzung*: convocar; ~**ung** *f* fijación *f*; ⚖ emplazamiento *m*; señalamiento *m*; convocatoria *f*.
ˈ**anbet**|**en** (-*e*-) *v/t.* adorar; venerar; idolatrar (*alle ac. fig.*); 2**er**(**in** *f*) *m* adorador(a *f*) *m*; *fig.* admirador(a *f*) *m*.
ˈ**Anbetracht** *m*: *im* ~ (*gen.*) en atención (*od.* consideración) a, en vista de; *in* ~, *daß* considerando que; teniendo en cuenta que, visto que.
ˈ**anbetreffen** (*L*; -) *v/t.* → *anbelangen*.
ˈ**anbetteln** (-*le*) *v/t.* pedir limosna a.
ˈ**Anbetung** *f* (*0*) adoración *f*; veneración *f*; ²**swürdig** *adj.* adorable.
ˈ**anbiedern** (-*re*) F *v/refl.*: *sich bei j-m* ~ congraciarse, hacerse el simpático con alg.
ˈ**anbieten** (*L*) *v/t.* ofrecer, brindar; *Neol. bsd.* ♣ ofertar; *sich* ~ ofrecerse a *od.* para (*od.* brindarse a) hacer a/c.
ˈ**Anbieter**(**in** *f*) *m* ♣ vendedor(a *f*) *m*, oferente *m/f*.
ˈ**anbinden** (*L*) **I.** *v/t.* atar, sujetar, ligar (*an ac.* a); *Boot*: amarrar; *Hund*: encadenar; atar; (*an der Leine führen*) llevar atado; **II.** *v/i.*: *mit j-m* ~ F meterse (*od.* tomarla) con alg.; *fig. kurz angebunden sein* gastar pocas palabras.
ˈ**anblasen** (*L*) *v/t.* soplar; *Feuer*: atizar; *mit Blasebalg*: afollar; *Hochofen*: encender; F *fig.* (*rüffeln*) F echar un rapapolvo.
ˈ**anblecken** F *v/t.* enseñar los dientes (*a alg.*).
ˈ**Anblick** *m* (*Bild*) vista *f*, panorama *m*; (*Aussehen*) aspecto *m*; espectáculo *m*; *bei ihrem* ~ al verla; *beim ersten* ~ a primera vista, F al primer vistazo; *ein trauriger* ~ un triste espectáculo; ²**en** *v/t.* mirar; *flüchtig*: echar una ojea-

da; (*besehen*) contemplar.
'**anblinzeln** (*-le*) *v*/*t*. guiñar (*od*. hacer guiños) a.
'**anbohren** *v*/*t*. ⊕ (empezar a) taladrar, barrenar; *Zahn*: abrir; *Schiff*: dar barreno.
'**anbraten** (*L*) *v*/*t*. asar ligeramente, dorar; sofreír.
'**anbrausen** (*-t*) *v*/*i*. *Zug*: aproximarse a gran velocidad; *angebraust kommen* F llegar disparado.
'**anbrechen** (*L*) **I**. *v*/*t*. *Vorräte*: empezar; *Flasche usw.*: abrir; **II**. *v*/*i*. empezar; *Tag*: alborear, despuntar; *Nacht*: entrar.
'**anbrennen** (*L*) **I**. *v*/*i*. encenderse; *Speisen*: quemarse; pegarse; achicharrarse; *angebrannt riechen* (*schmecken*) oler (saber) a quemado; **II**. *v*/*t*. *Gebäude*: pegar (*od*. prender) fuego a, incendiar; *Zigarre*, *Licht*: encender.
'**anbringen** (*L*) *v*/*t*. traer; (*befestigen*) fijar, colocar, poner; aplicar; ⊕ instalar, montar; *Stempel*, *Unterschrift*: poner, F echar; *Verbesserungen usw.*: hacer, efectuar; ✝ *Ware*: dar salida, colocar, lograr vender; *Gründe*: alegar, exponer; *im Gespräch*: mencionar; *Wissen usw.*: sacar (*od*. salir) a relucir; *e-e Beschwerde ~* formular una queja; *e-e Klage ~* presentar una demanda; → *angebracht*.
'**Anbruch** *m* principio *m*, comienzo *m*; *bei ~ des Tages* (*der Nacht*) al amanecer (al anochecer).
'**anbrüllen** *v*/*t*.: *j-n ~* gritar a alg.; F regañar, echar una bronca a alg.
'**anbrüten** (*-e-*) *v*/*t*. empollar.
An'chovis *f* → Anschovis.
'**Andacht** *f* devoción *f*; recogimiento *m* (*bsd. fig.*); (*Gottesdienst*) oficio *m* divino; *s-e ~ verrichten* hacer sus devociones.
'**andächtig** *adj*. devoto, piadoso; *fig*. atento, absorto, recogido; *~ zuhören* escuchar atentamente.
'**Andachts|buch** *n* devocionario *m*; **~übungen** *f*/*pl*. ejercicios *m*/*pl*. espirituales.
Anda'lu|sien *n* Andalucía *f*; **~sier(in** *f*) *m* andaluz(a *f*) *m*; **⚭sisch** *adj*. andaluz.
An'dante ♩ *n* (*-s*; *-s*) andante *m*.
'**andauern** (*-re*) *v*/*i*. durar; seguir, continuar; persistir; **⚭d** *adj*. continuo; persistente, incesante, permanente.
'**Anden** *Geogr. pl*. Andes *m*/*pl*.; **~pakt** *m* Pacto *m* Andino.
'**Andenken** *n* recuerdo *m* (*a. Gegenstand*), memoria *f*; *zum ~ an* en memoria de; *como* (*a. en*) recuerdo de; *das ~ feiern* conmemorar; *ein freundliches ~ bewahren* guardar grato recuerdo.
'**ander I**. *adj*. otro; (*verschieden*) diferente, distinto; (*zweit*) segundo; (*folgend*) siguiente; *am ~n Tag* al día siguiente, al otro día; *e-n Tag um den ~n* un día sí y otro no, en días alternos; *mit ~n Worten* dicho en otras palabras; **II**. *pron.*/*indef.*: *ein ~er* otro, *eine ~e* otra; *die ~n* los otros; *das ~e* lo otro, (*das übrige*) lo demás; *e-r nach dem ~n* uno por uno, uno tras otro; *kein ~er als er* nadie (*od*. ningún otro) sino él; *das ist etwas ~es* eso es otra cosa, F ese es otro cantar; *eso es harina de otro costal*; *das ist et. ganz ~es* es algo muy distinto; *alles ~e todo lo demás*; *alles ~e als todo* (*od*. cualquier cosa) menos que; *das ist nichts ~es als* eso no es nada más que; *unter ~em* entre otros, entre otras cosas; *und vieles ~e mehr* y un largo etcétera; *sofern nichts ~es bestimmt ist* salvo que esté prevista otra cosa; → *anders*.
'**ander(er)seits** *adv*. por otra parte, por otro lado.
'**andermal** *adv*.: *ein ~* otra vez, otro día.
'**ändern** (*-re*) *v*/*t*. cambiar, modificar; mudar; (*mst. verschlechternd*) alterar; (*verschieden gestalten*) variar; *Kleid*: arreglar, retocar; *sich ~* cambiar; *s-e Meinung ~* cambiar de opinión (*od*. de parecer); *ich kann es nicht ~* no puedo remediarlo; *das ist nicht zu ~* la cosa no tiene remedio (*od*. arreglo); *es ändert nichts an der Tatsache, daß* eso no altera en nada el hecho de que.
'**andern|falls** *adv*. en otro caso; de lo contrario, en caso contrario; **~teils** *adv*. por otra parte.
'**anders I**. *adv*. de otro modo, de otra manera; en otra forma; (*verschieden*) diferente, distinto; *~ werden* cambiar; *~ aussehen* parecer otro, estar cambiado; *~ gesagt* dicho de otro modo (*od*. en otras palabras); *~ als seine Freunde* distinto de sus amigos; *~ (verhielt sich) Herr X* no así el Sr. X.; *er spricht ~ als er denkt* dice una cosa y piensa otra; *das ist nun mal nicht ~* la cosa es así; *wenn es nicht ~ geht* si no hay más remedio; *nicht ~ konnte nicht ~ als* no he podido por menos que; *falls nicht ~ bestimmt* si no se dispone otra cosa; **II**. *adv. bei pron.*: *jemand ~* algún otro, cualquier otro; *niemand ~ als er* nadie sino él; *wer ~?* ¿quién sino?; **~artig** *adj*. distinto, de otro tipo; **~denkend** *adj*. que piensa de otro modo; de otra ideología; de otras ideas, de otra mentalidad; **~geartet** *adj*. → *~artig*; **~gesinnt** *adj*. → *~denkend*; **~gläubig** *adj*. disidente; *Rel*. heterodoxo; **~herum** *adv*. a la inversa; F *fig*. invertido, homosexual; **~wie** *adv*. de otro modo, **~wo** *adv*. en otra parte, en otro lugar; **~woher** *adv*. de otra parte, **~wohin** *adv*. a otra parte.
'**andert|halb** *adj*. uno y medio; *~ Stunden* (una) hora y media; **~jährig** *adj*. de año y medio (de edad).
'**Änderung** *f* cambio *m*; alteración *f*; modificación *f*; variación *f*; *an Kleidern*: arreglo *m*, retoque *m*; ✝ **~en vorbehalten** salvo modificación.
'**ander|wärts** *adv*. en otra parte; **~weitig I**. *adj*. otro; ulterior; **II**. *adv*. de otro modo, por otra parte.
'**andeuten** (*-e-*) *v*/*t*. (*hinweisen*) indicar, señalar, significar; (*anspielen*) aludir; (*zu verstehen geben*) dar a entender; insinuar; *Mal*. bosquejar; esbozar (*a. fig. Lächeln*).
'**Andeutung** *f* indicación *f*; señal *f*, indicio *m*; alusión *f*, insinuación *f*; (*Unterstellung*) indirecta *f*; *Mal*. bosquejo *m*; *e-e ~ machen* hacer una alusión; → *andeuten*; **⚭sweise** *adv*. por alusión; someramente, a grandes rasgos.
'**andichten** (*-e-*) *v*/*t*. imputar, achacar, atribuir (falsamente); *j-n ~* dedicar versos a alg.

'**andonnern** F (*-re*) *v*/*t*. F echar un rapapolvo (*od*. una bronca); *er stand wie angedonnert* da quedó atónito.
'**Andrang** *m* (*-es*; *0*) afluencia *f*, concurrencia *f*; aglomeración *f*; ⚕ congestión *f*; aflujo *m*.
'**andrängen** *v*/*i*. empujar, apretar (*gegen* contra); agolparse; *sich ~ an* importunar.
An'dreas *m* Andrés *m*.
'**andreh|en** *v*/*t*. *Gas*, *Heizung*: abrir; ⚡ *Licht*: dar, encender; *Motor*: poner en marcha; *Schraube*: apretar; F *j-m et. ~* encajar, endosar, F colar, endilgar a/c. ⚰ a alg.; **⚭kurbel** *f* manivela *f* de arranque.
'**andringen** (*L*; *sn*) *v*/*i*. acometer, arremeter (*gegen* contra, sobre); *Blut*: afluir.
'**androh|en** *v*/*t*.: *j-m et. ~* amenazar a alg. con a/c., conminarle a alg. con a/c; **⚭ung** *f* amenaza *f*; advertencia *f*; conminación *f*; ⚖ *unter ~ von od. gen*. bajo pena de.
'**Andruck** *Typ. m* prueba *f* (de imprenta).
'**andrück|en** *v*/*t*. apretar (*an* contra); comprimir; **⚭walze** ⊕ *f* cilindro *m* de presión.
'**an-ecken** (*sn*) F *fig*. *v*/*i*. chocar (a alg.), F meter la pata.
'**an-eign|en** (*-e-*) *v*/*refl*.: *sich ~ apropiarse*, adueñarse (de); (*anmaßen*) arrogarse; *Gewohnheit*: contraer; *Meinung*: adoptar; *Kenntnisse*: adquirir; *widerrechtlich*: usurpar; *Gebiet*: anexionar; **⚭ung** *f* apropiación *f* (*a.* ⚖), anexión *f*; usurpación *f*.
an-ein'ander *adv*. juntos, uno junto a otro; uno con (*od*. contra) otro; **~fügen** *v*/*t*. juntar; **~geraten** *v*/*i*. tener un altercado (*mit* con); enzarzarse con; (*handgemein werden*) llegar a las manos; **~grenzen** *v*/*i*. lindar, confinar; **~hängen** *v*/*i*. estar unidos (*od*. adheridos); **~prallen** *v*/*i*. chocar (uno con otro); **~reihen** *v*/*i*. enfilar, poner en fila; ensartar (*a. fig.*); **~rücken** *v*/*t. u. v*/*i*. acercar(se), aproximar (entre sí); **~stoßen** *v*/*i*. chocar; tocarse, colindar.
A'ne·is *f* Eneida *f*.
Anek'dot|e *f* anécdota *f*; **⚭enhaft**, **⚭isch** *adj*. anecdótico.
an'ekeln (*-le*) *v*/*t*. repugnar; asquear; hastiar; causar repugnancia; F dar asco; *es ekelt mich an* me repugna; F me da asco (*od*. náuseas).
Ane'mone *f* anémona *f*, anemona *f*.
'**An-erbieten** *n* ofrecimiento *m*, oferta *f*; proposición *f*.
'**an-erkannt** *adj*. reconocido; renombrado, acreditado; *allgemein ~ generalmente aceptado*; **~er'maßen** *adv*. notoriamente.
'**an-erkenn|bar** *adj*. reconocible; **~en** (*L*; *-*) *v*/*t*. reconocer (*als* por, como); *lobend*: elogiar; (*billigen*) aprobar, aceptar; *e-n Anspruch*: admitir; *Schuld*: reconocer, confesar; *Wechsel*: aceptar; *gerichtlich*, *gesetzlich*: legalizar, legitimar (*a. Kind*); *Sport*: homologar; *Zeugnisse usw.*: convalidar; *Fußball: ein Tor nicht ~ dar por válido (anular) un gol; ~ anerkannt*, **⚭end** *adj*. aprobatorio; elogioso, laudatorio; **⚭enswert** *adj*. laudable, digno de aprecio.
'**An-erkenn|tnis** ⚖ *n* allanamiento

m; ⁓**ung** *f* reconocimiento *m* (*a. Pol.*); aprobación *f*; *lobende*: elogio *m*; apreciación *f*; (*öffentliche Erwähnung*) mención *f* honorífica; ⚖ legitimación *f*; *v. Urkunden*: legalización *f*; *Sport*: homologación *f*; *v. Zeugnissen usw.*: convalidación *f*; ✝ conformidad *f*; *e-s Wechsels*: aceptación *f*; *in* ⁓ *s-r Verdienste* en reconocimiento de sus méritos; *j-m* ⁓ *zollen* rendir homenaje a alg.; ⁓**ungsschreiben** *n* carta *f* de reconocimiento.
Anero'id(**barometer**) *Phys. n* barómetro *m* aneroide.
'**an-erziehen** (*L*; -) *v/t.* inculcar (por educación).
'**anfachen** *v/t. Feuer*: atizar; *fig. a.* avivar, incitar.
'**anfahr|en** (*L*) **I.** *v/t.* **1.** *Güter*: acarrear; **2.** (*rammen*) tropezar con, chocar contra; *Fußgänger*: arrollar, atropellar; **3.** ⚓ *e-n Hafen* ⁓ arribar a puerto; **4.** *fig. j-n* ⁓ increpar, incordiar a alg.; **II.** *v/i.* arrancar, ponerse en marcha; ⚖ *f v. Gütern*: acarreo *m*; (*Ankunft*) llegada *f*; (*Zufahrt*) acceso *m*, entrada *f*; ⚖**tsweg** *m* vía *f* de acceso.
'**Anfall** *m* **1.** ataque *m*, acceso *m* (*a.* 🩺); *v. Wahnsinn*: rapto *m*; *v. Zorn*: arrebato *m*; *fig.* in e-m ⁓ von Großzügigkeit en un rasgo de generosidad; **2.** (*Ertrag*) producto *m*; (*Gewinn*) ganancia *f*; *e-r Erbschaft*: delación *f*; devolución *f*; ⚖**en I.** *v/t.* atacar, asaltar (*a. fig.*); atracar; (*angreifen*) acometer, agredir; **II.** *v/i.* (*sich ergeben*) resultar, originarse; *Gewinn*: obtener; *Zinsen*: devengar; *Probleme*: presentarse, plantearse; *angefallene Kosten* gastos originados; *angefallene Gebühren* derechos devengados.
'**anfällig** *adj. allg.* susceptible (*für a*); 🩺 propenso, predispuesto (a); (*gebrechlich*) achacoso; ⚖**keit** *f* susceptibilidad *f*; predisposición *f*; propensión *f*.
'**Anfang** *m* (-*es*; ⁓*e*) comienzo *m*, principio *m*, *Neol.* inicio *m*; (*Entstehung*) origen *m*; *e-s Schreibens*: encabezamiento *m*; *am*, *im od. zu* ⁓ al principio; *von* ⁓ *an* desde un (*od.* el) principio; *von* ⁓ *bis* (*zu*) *Ende* del principio al fin; *der* ⁓ *vom Ende* el principio del fin; ⁓ *Juni* a primeros de junio; ⁓ *1982* a principios de 1982; *sie ist* ⁓ *der Dreißiger* tiene poco más de treinta años; *in den Anfängen gen.* en los albores de; *aller* ⁓ *ist schwer* el primer paso es el que cuesta; *den* ⁓ *machen* empezar, comenzar; ⚖**en** (*L*) *v/t. u. v/i.* empezar, comenzar, principiar (*mit* por; *zu inf.* a); ponerse (a); (*einleiten*) iniciar; *plötzlich*: echar(se), romper (zu a); *Geschäft*: abrir; *Gespräch*: entablar; *Streit, Diskussion*: promover, suscitar; *wieder* ⁓, *von vorn* ⁓ empezar de nuevo, recomenzar; *immer wieder vom gleichen Thema* ⁓ F volver a la misma canción (*od.* sobre la carga); *ich weiß nichts damit anzufangen* no sé qué hacer con esto; *was wirst du morgen* ⁓? ¿qué vas a hacer mañana?; *mit ihm ist nichts anzufangen* no sirve para nada; *was fangen wir nun an?* ¿y qué vamos a hacer ahora?
'**Anfänger|**(**in** *f*) *m* principiante *m/f*; (*Neuling*) novicio (-a *f*) *m*, F novato (-a *f*) *m*, neófito (-a *f*) *m*; *bsd. Thea.* debutante *m/f*; ⁓**kurs** *m* curso *m* elemental (*od.* para principiantes).
'**anfänglich I.** *adj.* inicial; primero, primitivo; **II.** *adv.* → *anfangs*.
'**anfangs** *adv.* al principio, primeramente; *gleich* ⁓ ya desde el principio.
'**Anfangs...**: ⁓**buchstabe** *m* inicial *f*; ⁓**gehalt** *n* sueldo *m* inicial; ⁓**geschwindigkeit** *f* velocidad *f* inicial; ⁓**gründe** *m/pl.* elementos *m/pl.*, rudimentos *m/pl.*, nociones *f/pl.* (elementales); ⁓**kapital** *n* capital *m* inicial; ⁓**kurs** ✝ *m* cotización *f* de apertura; ⁓**punkt** *m* punto *m* de origen (*od.* de partida); ⁓**stadium** *n* fase *f* inicial; ⁓**unterricht** *m* enseñanza *f* elemental; ⁓**zeile** *f* primera línea *f*.
'**anfassen** (-*ßt*) **I.** *v/t.* **1.** (*packen*) tomar; asir, agarrar, coger; (*berühren*) tocar; *sich* (*einander*) ⁓ cogerse de las manos; **2.** *fig.* (*behandeln*) tratar; *Problem*: *a.* enfocar; *Aufgabe*: abordar; *j-n hart* ⁓ tratar a alg. con dureza; **II.** *v/i.* (*helfen*) ayudar, echar una mano, F arrimar el hombro.
'**anfauchen** *v/t. Katze*: bufar; *fig.*→ *anschnauzen*.
'**anfaulen** *v/i.* empezar a pudrirse, picarse.
'**anfecht|bar** *adj.* impugnable (*a.* ⚖), discutible, controvertible; ⚖**barkeit** *f* (*0*) impugnabilidad *f*; ⁓**en** (*L*) *v/t. Gültigkeit*: discutir, negar; *Meinung*: rebatir; ⚖ impugnar; (*beunruhigen*) inquietar; *was ficht dich an?* ¿qué te pasa?; ⚖**ung** *f* ⚖ impugnación *f*; (*Versuchung*) tentación *f*; ⚖**ungsklage** *f* acción *f* de impugnación.
'**anfeind|en** (-*e*-) *v/t.* hostilizar, hostigar, perseguir; ⚖**ung** *f* hostilidad *f*, persecución *f*; animosidad *f*.
'**anfertig|en** *v/t.* hacer, fabricar, elaborar, manufacturar; *Schriftstück*: redactar; ⚖**ung** *f* fabricación *f*, elaboración *f*, manufactura *f*; confección *f*; redacción *f*; hechura *f*.
'**anfeucht|en** (-*e*-) *v/t.* humedecer, humectar; mojar; *Wäsche*: rociar; ⚖**r** *m für Briefmarken*: mojador *m*, mojasellos *m*.
'**anfeuer|n** (-*re*) *v/t.* encender; *fig.* alentar, animar; enardecer; ⚖**ung** *f* ignición *f*; *fig.* aliento *m*, animación *f*; enardecimiento *m*; ⚖**ungsruf** *m* grito *m* de ánimo.
'**anflehen** *v/t.* implorar, suplicar.
'**anfliegen** (*L*) *v/i.* volar hacia; acercarse a; *e-n Flughafen*: *a.* aproximarse a; hacer escala en; *regelmäßig*: cubrir (*od.* servir) la línea de.
'**Anflug** ✈ *m* (vuelo *m* de) aproximación *f*; *fig.* (*Spur*) asomo *m*, ribete *m*; (*Beigeschmack*) dejo *m*, deje *m*, tinte *m*; ⁓ *von Bart* bozo *m*; *e-n* ⁓ *von Kenntnissen haben* tener una idea superficial de a/c.; ⁓**radar** *n* radar *m* de aproximación; ⁓**weg** *m* ruta *f* de acceso (*od.* de aproximación).
'**anflunkern** F (-*re*) *v/t.* F decir mentirillas.
'**anforder|n** (-*re*) *v/t.* pedir, requerir, recabar; *stärker*: exigir, reclamar; ⚖**ung** *f* exigencia *f*, requerimiento *m*; reclamación *f*; demanda *f*; *auf* ⁓ a petición; *allen* ⁓**en genügen** satisfacer todas las exigencias, reunir (*od.* cumplir) todos los requisitos; *hohe* ⁓**en stellen an** exigir mucho de (*od.* a); ser muy exigente.
'**Anfrage** *f* pregunta *f*, cuestión *f*; (*Antrag*) demanda *f*; *Parl.* interpelación *f*; *e-e* ⁓ *richten an* hacer (*od.* formular) una pregunta a; ⚖**n** *v/i.* preguntar (*bei* a); pedir informes a; informarse; *Parl.* interpelar.
'**anfressen** (*L*) *v/t.* corroer (*a.* 🜛), roer; *Vogel*: picotear; *Insekten*: picar; carcomer.
'**anfreunden** (-*e*-) *v/refl.*: *sich* ⁓ *mit* trabar amistad con; hacerse amigo de; intimar con.
'**anfrieren** (*L*; *sn*) *v/i.* adherirse por congelación; helarse.
'**anfüg|en** *v/t.* añadir, agregar, unir, juntar (*an ac.* a); *Anlage im Brief*: adjuntar, acompañar; ⚖**ung** *f* adición *f*; ⊕ (*Verbindung*) juntura *f*, unión *f*.
'**anfühlen** *v/t.* tocar; *tastend*: palpar; *sich weich usw.* ⁓ ser blando, *etc.* al tacto; *fig. man fühlt dir an*, *daß* se te nota que.
'**Anfuhr** *f* acarreo *m*; porte *m*, transporte *m*; *mit Lastwagen*: camionaje *m*.
'**anführ|en** *v/t.* **1.** (*leiten*) dirigir; conducir, guiar; capitanear (*a. fig.*), encabezar (*a. fig. Liste*); ⚔ *Truppe*: mandar; *Pol. u.* ⚔ acaudillar; **2.** (*erwähnen*) mencionar; citar; *einzeln*: especificar, enumerar; *Beweise, Gründe*: aducir, alegar; **3.** (*täuschen*) chasquear, embaucar, F tomar el pelo a; ⚖**er** *m* jefe *m*; conductor *m*, guía *m*; *Pol. u.* ⚔ caudillo *m*, adalid *m*; *bsd. Pol., Sport*: líder *m*; *desp.* cabecilla *m*.
'**Anführung** *f* alegación *f*; especificación *f*; cita *f*; mención *f*; ⁓**sstriche** *m/pl.*, ⁓**szeichen** *n/pl.* comillas *f/pl.*; *in* ⁓ *setzen* poner entre comillas, entrecomillar.
'**anfüllen** *v/t.* llenar (*mit* de); *übermäßig*: colmar (*a. fig.*); *ganz* ⁓ llenar por completo (*od.* hasta los topes).
'**Angabe** *f* **1.** declaración *f*; indicación *f*; (*Anweisung*) instrucción *f*; (*Auskunft*) informe *m*, información *f*; (*Beschreibung*) descripción *f*; *v. Einzelheiten*: detalle *m*, especificación *f*; *pl.* ⁓**n** *technische, statistische*: datos *m/pl.*; *besondere* ⁓**n** datos *m/pl.* particulares; *genauere* (*od. nähere*) ⁓**n** pormenores *m/pl.*; **2.** *Sport*: servicio *m*; saque *m*; **3.** F (*Prahlen*) fanfarronada *f*; F chulería *f*.
'**angaffen** *v/t.* mirar boquiabierto.
'**angängig** *adj.* (*zulässig*) admisible, lícito; (*möglich*) factible, practicable, viable.
'**angeb|en** (*L*) **I.** *v/t.* **1.** *allg.* indicar, señalar; *Namen, Ton*: dar; *Grund*: alegar; (*mitteilen*) exponer; referir, explicar, declarar, manifestar; *im einzelnen*: detallar, especificar; (*behaupten*) afirmar; **2.** (*anzeigen*) denunciar, delatar; **II.** *v/i. Kartenspiel*: jugar primero, F ser mano; *Sport*: sacar; F (*prahlen*) fanfarronear, presumir, darse tono; F fardar; ⚖**er** **n 1.** (*Denunziant*) denunciante *m*, delator *m*; F soplón *m*, F acusón *m*; **2.** (*Großtuer*) F fanfarrón *m*, farolero *m*; P chulo *m*; ⚖**e'rei** *f* denuncia *f*, delación *f*; F soplonería *f*; (*Prahlerei*) faroleo *m*, fanfarronada *f*, fachenda *f*; ⁓**erisch** *adj.* farolero; fachendoso; P chulo.

¹Angebinde n regalo m, obsequio m.
'angeblich I. adj. supuesto, presunto; pretendido; II. adv. según dicen, por lo que dicen; presuntamente.
'angeboren adj. innato; ℱ congénito; (con)natural; de nacimiento.
'Angebot n (-es; -e) ofrecimiento m, oferta f (a. ✝); Auktion: postura f; (Vorschlag) proposición f; ~ und Nachfrage oferta y demanda.
'angebracht adj. pertinente; (ratsam) aconsejable, recomendable; (gut ~) apropiado, oportuno, indicado; nicht ~ inoportuno, fuera de lugar; et. für ~ halten considerar oportuno (od. procedente).
'angedeihen (L; -) v/i.: ~ lassen conceder, otorgar, conferir.
'angegossen fig. adj.: wie ~ sitzen sentar como de molde, F estar como pintado.
'angegraut adj. Haar: entrecano.
'angegriffen adj. cansado; Gesundheit: quebrantado; Organ: afectado; er sieht ~ aus tiene mal aspecto.
'angeheiratet adj. emparentado por matrimonio; mein ~er Vetter mi primo político.
'angeheitert adj. achispado, alegre, F piripi.
'angehen (L) I. v/i. 1. Feuer usw.: prender, encenderse; Pflanze, Impfung: prender; 2. (leidlich sein) ser tolerable, poder pasar; das geht (nicht) an (no) puede ser, (no) es posible; 3. F (anfangen) empezar; 4. ~ gegen et. luchar contra, oponerse a a/c.; II. v/t. 1. (angreifen) combatir; arremeter contra (a. fig.); 2. (betreffen) respectar, referirse, concernir, interesar a; was ... angeht en cuanto a ...; was geht das mich an? ¿qué me importa a mí?; F ¿a mí qué?; das geht dich nichts an (eso) no te importa nada, no es cosa tuya; wen es angeht a quien corresponda (od. proceda); 3. j-n um et. ~ solicitar a/c. de alg., pedir a/c. a alg.; ~d adj. incipiente; (künftig) en ciernes, futuro; aspirante a; (Anfänger) principiante, novel.
'angehören (-) v/i. pertenecer a, ser de; als Mitglied: ser miembro de, estar afiliado a, ser socio de.
'angehörig adj. perteneciente a, correspondiente a; 2e(r m) m/f miembro m; socio (-a f) m; mst. pl. ~(n) (Verwandte) parientes m/pl., allegados m/pl.; nächste ~ parientes más próximos; meine ~n los míos, mis familiares, mi familia.
'Angeklagte(r m) m/f acusado (-a f) m; procesado (-a f) m; reo m/f.
'angeknackst F adj. magullado.
'Angel [-ŋ-] f (-; -n) caña f de pescar; (Tür²) gozne m; quicio m; aus den ~n heben sacar de quicio, desquiciar (a. fig.); fig. aus den ~n geraten F salirse de sus casillas.
'angelegen adj.: sich et. ~ sein lassen cuidar de a/c., tomar a/c. a pecho; 2heit f asunto m, cuestión f; materia f; das ist s-e ~ eso es asunto suyo; kümmere dich um deine ~en ocúpate de tus asuntos; no te metas en lo que no te importa; ~tlich I. adj. solícito, diligente; II. adv. insistentemente; encarecidamente.
'angelehnt adj. Tür: entreabierto, entornado.
'angelernt adj. aprendido; adquirido; ~er Arbeiter trabajador m semicualificado.
'Angel...: ~gerät n avío m (od. aparejos m/pl.) de pesca; ~haken m anzuelo m; 2n (-le) v/t. pescar (con caña); F fig. pescar, atrapar; F fig. nach j-m ~ echar el anzuelo a alg.; ~n n pesca f con caña; ~punkt m eje m; fig. a. punto m crucial, F quid m; ~rute f caña f de pescar.
'Angel|sachse m (-n) anglosajón m; ~sächsin f anglosajona f; 2sächsisch adj. anglosajón.
'Angelschnur f sedal m.
'angemessen adj. adecuado, apropiado; (ausreichend) suficiente; Benehmen: propio, debido; (entsprechend) correspondiente, proporcionado; Frist: prudencial; Preis: razonable, aceptable; für ~ halten creer conveniente (od. oportuno, procedente); 2heit f (0) adecuación f; conveniencia f; (justa) proporción f.
'angenehm adj. agradable, grato; (behaglich) confortable; (willkommen) bienvenido; Unterhaltung, Lektüre: ameno; Person: simpático; das 2e mit dem Nützlichen verbinden unir lo útil con lo agradable; (sehr) ~! (bei Vorstellung) ¡encantado!, ¡mucho (od. tanto) gusto!
'angenommen → annehmen.
'Anger m pasto m comunal; dula f.
'angeregt adj. Unterhaltung: animado.
'angesäuselt F adj. → angeheitert.
'angeschlagen adj. Porzellan: desportillado, F fig. Person: magullado.
'Angeschuldigte(r m) m/f ⚖ inculpado (-a f) m.
'angeschwemmt adj. aluvial.
'angesehen adj. respetado; estimado, apreciado; considerado; ✝ acreditado.
'Angesicht n rostro m, semblante m, faz f; von ~ de vista; von ~ zu ~ cara a cara; 2s prp. (gen.) en (od. a la) vista de, ante, teniendo en cuenta.
'angespannt adj. tenso, tirante (a. fig.); ~ arbeiten trabajar intensamente.
'angestammt adj. ancestral; hereditario; Haus: solariego.
'Angestellte(r m) m/f empleado (-a f) m; ~ a. dependiente (-a f) m; ~r im öffentlichen Dienst empleado m público; die ~n el personal; ~enversicherung f seguro m de empleados.
'angetan p/p. 1. (gekleidet) vestido (mit de); 2. fig. (ganz) danach ~, um (muy) apropiado para; ~ sein von estar encantado con (od. de); estar impresionado por; er war von dem Gedanken wenig ~ la idea no le entusiasmó; → antun.
'angetrunken adj. bebido, medio borracho, F achispado.
'angewandt adj. Wissenschaft, Kunst: aplicado.
'angewiesen p/p.: ~ sein auf depender de; no poder prescindir de; auf sich selbst ~ sein tener que arreglárselas por sí mismo; ~ sein zu tener que orden de.
'angewöhnen (-) v/t. acostumbrar a; sich et. ~ acostumbrarse a, habituarse a, contraer el hábito de.
'Angewohnheit f costumbre f, hábito m; schlechte ~ vicio m; aus ~ por costumbre; die ~ haben zu tener la (od. por) costumbre de.
'angewurzelt adj.: wie ~ dastehen quedarse de una pieza (od. como clavado en el suelo).
An'gina ℱ f (-; -nen) angina f; ~ pectoris angina f de pecho, estenocardia f.
'angleich|en (L) v/t. asimilar; adaptar, ajustar (beide a. ⊕) (an ac. a); (gleichmachen) igualar, nivelar; Löhne, Preise: reajustar; 2ung f asimilación f; adaptación f, (re)ajuste m; nivelación f, igualación f; der Renten: actualización f.
'Angler(in f) [-ŋ-] m pescador(a f) m (de caña).
'angliedern (-re) v/t. asociar (an a, con); afiliar (a); Gebiet: anexionar, incorporar a; (eingliedern) integrar (en); 2ung f afiliación f; incorporación f; integración f; anexión f.
Angli'kan|er(in f) m, 2isch adj. anglicano (-a f) m.
'angli'sieren (-) v/t. anglizar.
An'glist|(in f) m (-en) anglista m/f, anglicista m/f; ~ik f (0) anglística f, filología f inglesa.
'Angli'zismus Gr. m (-; -men) anglicismo m.
'anglotzen (-t) F v/t. mirar con ojos desorbitados (od. con la boca abierta).
'Angora|katze [aŋ'go:-] f gato m de Angora; ~wolle f lana f de Angora.
'angreif|bar adj. atacable; fig. vulnerable; ~en (L) v/t. 1. (anfassen) asir; 2. fig. Aufgabe: acometer, emprender; Vorräte: (empezar a) consumir; tocar; Kapital: (empezar a) gastar; 3. ⚔ atacar (a. Sport u. fig.); 🐾 a. corroer; (überfallen) asaltar; tätlich: acometer, agredir; 4. (schwächen) cansar, fatigar; debilitar; Gesundheit: perjudicar; Gemüt: afectar, conmover, emocionar; → angegriffen; ~end adj. agresivo, ofensivo; körperlich: fatigoso; 2er(in f) m atacante m/f, asaltante m/f; a. Pol. agresor(a f) m.
'angrenzen (-t) v/i. (co)lindar, confinar (an con); ~d adj. adyacente a, limítrofe con, colindante con, contiguo a.
'Angriff m (-es; -e) ataque m (a. fig. u. Sport); asalto m; ⚔ a. acometida f, carga f; strategisch: ofensiva f; Pol. agresión f; fig. in ~ nehmen acometer, emprender, abordar, F atacar; ⚔ zum ~ übergehen pasar a la ofensiva.
'Angriffs...: ~befehl m orden m de ataque; ~kraft ⚔ f potencia f ofensiva; ~krieg ⚔ m guerra f ofensiva bzw. de agresión; ~linie f Sport: línea f de ataque; ~lust f agresividad f, acometividad f; 2lustig adj. agresivo; ~punkt m ⚔ punto m de ataque; ⊕ punto m de aplicación; ~spieler m Sport: atacante m; ~waffe f arma f ofensiva; ~ziel n objetivo m (del ataque).
'angrinsen (-t) v/t. mirar burlonamente (od. con ironía).
'Angst [-ŋ-] f (-; ⁻e) miedo m, temor m; ansiedad f (a. Psych.); (Schreck) terror m, pavor m; (große ~) espanto m; (Pein) angustia f, congoja f; aus ~ vor (dat.) por temor de, por miedo a; ~ haben vor tener miedo a; in ~ geraten asustarse, alarmarse; j-m ~ machen

dar miedo, asustar a alg.; *es mit der ~ bekommen* coger miedo, asustarse, F agallinarse, P acojonarse; *vor ~ vergehen* morirse de miedo; *mir ist ♀ (und bange)* tengo miedo, F no las tengo todas conmigo; ♀**erfüllt** *adj.* asustado; angustiado, muerto de miedo; **~gefühl** *n* ansiedad *f*, sensación *f* de miedo; **~geschrei** *n* grito *m* de espanto; **~hase** *m* cobarde *m/f*, F gallina *m*, P cagueta *m*.

'**ängstigen** *v/t.* dar miedo, asustar; amedrentar, aterrorizar; *(besorgt machen)* inquietar, alarmar; *sich ~* tener miedo *(vor* a, de), angustiarse, inquietarse *(um* por).

'**Angstkäufe** *m/pl.* compras *f/pl.* de pánico.

'**ängstlich** *adj.* miedoso, temeroso, asustadizo, medroso; *(besorgt)* receloso, inquieto; *(schüchtern)* tímido; *(peinlich genau)* escrupuloso; ♀**keit** *f* (0) ansiedad *f*; inquietud *f*; recelo *m*; timidez *f*; pusilanimidad *f*.

'**Angst...**: **~neurose** *Psych.* f neurosis *f* de ansiedad; **~psychose** *f* psicosis *f* de ansiedad; **~röhre** F *f* chistera *f*.

'**Angström-einheit** *Phys.* *f* unidad *f* Angstrœm.

'**Angst...**: **~schweiß** *m* sudor *m* frío; **~traum** *m* pesadilla *f*; ♀**voll** *adj.* angustiado, lleno de angustia; **~zustand** *Psych.* *m* estado *m* de ansiedad.

'**angucken** ⊦ *v/t.* mirar.

'**angurten** ⚡, *Kfz.* *v/refl.*: *sich ~* ponerse el cinturón (de seguridad).

'**anhaben** *(L) v/t. Kleider:* llevar (puesto); *fig. j-m et. ~ wollen* habérselas con alg.; P tener hincha a alg.; *er kann mir nichts ~* no puede hacerme nada.

'**anhaften** *(-e-)* *v/i.* adherir(se) a, estar adherido a; *fig. ihm haftet et. Eigentümliches an* tiene un no sé qué de particular; **~d** *adj.* adherente, adhesivo; inherente a.

'**anhaken** *v/t.* colgar (de un gancho); enganchar; *auf e-r Liste usw.*: puntear, marcar.

'**Anhalt** *m* (-*¢*s; -*e*) *(Stütze)* apoyo *m*, soporte *m*, sostén *m*; *(Anzeichen)* indicio *m*; ♀**en** *(L) I. v/t.* detener, parar *(a. Kfz., ⊕)*; *polizeilich: a.* dar el alto; *Atem:* contener; *Ton:* sostener; *j-n ~ (ansprechen)* abordar a alg.; *j-n ~ zu* exhortar; estimular, animar a; **II.** *v/i.* detenerse, pararse; *(andauern)* continuar; durar; persistir; *um ein Mädchen ~* pedir la mano de una joven (*bei* a); ♀**end** *adj.* continuo; persistente, permanente, incesante; **~e** Bemühungen continuados esfuerzos *m/pl.*; **~er** Fleiß asiduidad *f*; **~er** Beifall prolongados aplausos *m/pl.*; **~er** F *m* auto(e)stopista *m*; *per ~ fahren* hacer *(od.* viajar por) autostop; **~s-punkt** *m* indicio *m*, punto *m* de apoyo *bzw.* de referencia; *(Grundlage)* base *f*.

an'**hand** *prp.*: *~ von (od. gen.)* mediante, por medio de.

'**Anhang** *m* (-*¢*s; *¬e*) **1.** apéndice *m*; anexo *m*; *(Beilage)* suplemento *m*; *e-s Testamentes:* codicilo *m*; **2.** *(Gefolgschaft)* seguidores *m/pl.*, partidarios *m/pl.*; F cuadrilla *f*; *(Angehörige)* parientes *m/pl.*, allegados *m/pl.*; *ohne ~* sin familia.

'**Anhänge-adresse** *f* etiqueta *f* colgante.

'**anhängen I.** *v/t.* colgar *(an ac.* de, en), suspender (de); *(hinzufügen)* añadir, unir, juntar *(an ac.* a); *Wagen:* enganchar; *fig. j-m et. ~* cargar (F colgarle) a/c. a alg.; *e-n Prozeß:* entablar pleito contra alg.; *e-e Krankheit:* pegar; **II.** *v/i. Pol.* adherir, ser adicto a.

'**Anhänger** *m* **1.** partidario *m*, seguidor *m*, adicto *m*; hueste *m*; secuaz *m*; *e-r Lehre:* adepto *m*; *e-r Sekte:* sectario *m*; *Sport usw.*: aficionado *m*, F hincha *m*; **2.** *(Schmuck)* dije *m*, colgante *m*; **3.** *Kfz.* remolque *m*; **~schaft** *f* (0) seguidores *m/pl.*, secuaces *m/pl.*, partidarios *m/pl.*; *bsd. Sport:* F hinchada *f*.

'**Anhänge|schloß** *n* candado *m*; **~zettel** *m* etiqueta *f* (colgante).

'**anhängig** ⚖ *adj.* pendiente; *e-n Prozeß ~ machen* entablar un pleito contra, proceder judicialmente contra.

'**anhänglich** *adj.* afecto, apegado, fiel, adicto *(an ac.* a); *stärker:* devoto; ♀**keit** *f* (0) afecto *m*, cariño *m*, apego *m*; devoción *f*; lealtad *f*; fidelidad *f*.

'**Anhängsel** *n* apéndice *m*; *desp. (Schmuck)* dije *m*.

'**Anhauch** *fig. m* toque *m*; matiz *m*; ♀**en** *v/t.* soplar, aspirar contra a/c.; *fig. er ist dichterisch angehaucht* tiene vena poética; *er ist kommunistisch angehaucht* simpatiza con los comunistas.

'**anhauen** F *v/t.*: *j-n ~* abordar a alg.; *um Geld:* F dar un sablazo a alg.

'**anhäufeln** ✗ *v/t.* → *häufeln.*

'**anhäuf|en** *v/t.* amontonar, acumular, apilar, hacinar; *Geld:* atesorar; *(hamstern)* acaparar; *Vorräte:* acopiar; *sich ~* acumularse; ♀**ung** *f* amontonamiento *m*; acumulación *f*; aglomeración *f*; acopio *m*.

'**anheben** *(L)* **I.** *v/t.* levantar, alzar; *Preise, Löhne:* aumentar; **II.** *v/i.* empezar, comenzar.

'**anheften** (-e-) *v/t.* fijar, pegar *(an* en), sujetar (a); *mit Stecknadel:* prender; *(annähen)* hilvanar.

'**anheilen** ⚕ *v/i.* cerrarse, cicatrizar(se).

'**anheimeln** (-*le*) *v/t.*: *j-n ~* hacer recordar a alg. su hogar; **~d** *adj.* acogedor; F como en casa.

an'**heim|fallen** *(L; sn)* *v/i.* recaer *(an* en); revertir a; **~stellen** *v/t.: j-m et. ~* dejar a/c. al buen criterio *(od.* a la discreción) de alg.

'**anheischig** *adj.*: *sich ~ machen, et. zu tun* comprometerse a hacer a/c.

'**anheizen** (-*t*) *v/t.* calentar *(a. fig.)*, encender, hacer fuego en; *fig.* avivar.

'**anherrschen** *v/t.* hablar en tono imperioso; increpar.

'**anheuern** (-*re*) *v/t. u. v/i.* alistar(se), enrolar(se).

'**Anhieb** *m* (-*¢*s; *0*): *auf ~* de golpe, a la primera, a las primeras de cambio.

'**anhimmeln** (-*le*) *v/t.* adorar, idolatrar; *j-n ~* comerse a alg. con los ojos.

'**Anhöhe** *f* altura *f*, elevación *f*, eminencia *f*; colina *f*; loma *f*, cerro *m*.

'**anhör|en** *v/t.* escuchar, prestar oídos a; *Zeugen:* oir; *sich gut (schlecht) ~* sonar bien (mal); *man hört ihm den Ausländer an* se le nota el acento extranjero; ♀**ung** ⚖ audición *f*; *Pol.* consulta *f*; *nach ~ der Parteien* oídas las partes.

Anhy'drid ♀ *n* (-*s*; -*e*) anhídrido *m*.
an'**hydrisch** *adj.* anhidro.
Ani'lin *n* (-*s*; *0*) anilina *f*; ♀**blau** *adj.* azul de anilina; **~farbstoff** *m* colorante *m* de anilina.
ani'malisch *adj.* animal.
Anima|'teur(in *f*) *m* animador(a) *f*) *m*; **~ti'on** *f* animación *f* *(a. Film).*
Ani'mier|dame *f* animadora *f*; tanguista *f*; chica *f* de alterne; ♀**en** *v/t.* animar, incitar, estimular; **~lokal** *n* bar *m* de alterne.
Animosi'tät *f* animosidad *f*.
'**Anion** *Phys.* *n* (-*s*; -*en*) anión *m*.
A'nis ♀ *m* (-*ses*; -*e*) anís *m*; **~likör** *m* anís *m*, anisete *m*.
'**anjochen** *v/t.* enyugar; uncir.
'**ankämpfen** *v/i.* luchar *(gegen* contra).
'**Ankauf** *m* compra *f*, adquisición *f*; ♀**en** *v/t.* comprar, adquirir; *sich ~* afincarse.
'**Anker** [-ŋ-] *m* **1.** ⚓ ancla *f*; *vor ~ gehen, ~ werfen* anclar, echar anclas; *den ~ lichten* levar anclas; *vor ~ liegen* estar fondeado *(od.* surto *od.* anclado); *vor ~ treiben* garr(e)ar; **2.** ⊕ áncora *f (a. e-r Uhr);* ⚡ inducido *m*; *(Läufer)* rotor *m*; *(Ständer)* estator *m*; **~boje** *f* boya *f* de anclaje; **~draht** ⚡ *m* hilo *m* del inducido; *Mast:* cable *m* de amarre; **~feld** ⚡ *f* campo *m* del inducido; **~gang** *m* *Uhr:* escape *m* de áncora; **~geld** *n* (derechos *m/pl.* de) anclaje *m*; **~grund** *m* tenedero *m*; **~kette** *f* cadena *f* del ancla; **~mast** ⚡ *m* mástil *m* de amarre; **~mine** ⚓ *f* mina *f* anclada; ♀**n** (-*re*) *v/i.* anclar, fondear; **~platz** *m* fondeadero *m*, ancladero *m*; **~spill** *n* ~**winde**; **~tau** *n* amarra *f*; **~uhr** *f* reloj *m* de áncora; **~wicklung** ⚡ *f* arrollamiento *m (od.* devanado *m*) del inducido; **~winde** *f* cabrestante *m*.
'**anketten** (-*e*-) *v/t.* encadenar; *fig.* atar.
'**ankitten** (-*e*-) *v/t.* pegar (con pegamento); enmasillar.
'**Anklage** *f* acusación *f*; *(Beschuldigung)* inculpación *f*, incriminación *f*; *~ erheben* formular la acusación; presentar la *(od.* formar) acción pública *(gegen* contra); *unter ~ stehen* estar procesado *(wegen* por); *unter ~ stellen* procesar; encausar; *die ~ vertreten* sostener la acusación; actuar como representante de la acusación; **~bank** *f* banquillo *m* (de los acusados); *auf der ~* estar en el banquillo; **~behörde** *f* autoridad *f* acusadora; **~erhebung** *f* acto *m* acusatorio; formación *f* de la acción pública; ♀**n** *v/t.* acusar *(wegen* de); *(beschuldigen)* (in)culpar, incriminar; **~punkte** *m/pl.* cargos *m/pl.*, conclusiones *f/pl.* (fiscales).
'**Ankläger(in** *f*) *m* acusador(a) *f*) *m*; *öffentlicher ~* fiscal *m*.
'**Anklage|rede** *f* informe *m*, discurso *m* del fiscal; **~schrift** ⚖ *f* escrito *m* acusatorio *(od.* de acusación *od.* de calificación); **~verlesung** *f* lectura *f* de las conclusiones fiscales; **~vertreter** *m* representante *m* de la acusación; *bei Militärgerichten:* fiscal *m* togado; **~zustand** *m* estado *m* de acusación; *j-n in ~ versetzen* encausar, procesar a alg.
'**anklammern** (-*re*) *v/t.* ⊕ engrapar; sujetar con pinzas; fijar con grapas;

Anklang — anliegen

sich ~ an asirse (od. agarrarse) de; fig. aferrarse a.
'**Anklang** m resonancia f; reminiscencia f; ~ finden hallar buena acogida, ser del agrado (bei de); ser bien acogido; Waren: tener aceptación, venderse bien.
'**ankleben I.** v/t. pegar, fijar; mit Leim: encolar; mit Gummi: engomar; ⚥ verboten! se prohibe fijar carteles; **II.** v/i. pegarse, adherirse.
'**Ankleide|kabine** f cabina f; ⚥n (-e-) v/t. u. v/refl. vestir(se); **~raum** m, **~zimmer** n cuarto m de vestir; e-r Dame: tocador m; Thea. camerino m; Sport usw.: vestuario m.
'**anklicken** v/t. Computer: hacer clic sobre (od. en).
'**anklingeln** (-le-) v/t. → anläuten.
'**anklingen** (L) fig. v/i. (hacer) recordar, traer a la memoria (an et. ac.); ~ lassen evocar.
'**anklopfen** v/i. llamar (a la puerta); fig. bei j-m ~ tirar de la lengua a alg.; tantear el terreno.
'**anknipsen** (-t) ⚡ v/t.: das Licht ~ encender (od. dar) la luz.
'**anknöpfen** v/t. abotonar, abrochar.
'**anknüpf|en I.** v/t. anudar, atar, ligar; fig. e-e Bekanntschaft ~ trabar conocimiento; Beziehungen ~ entablar (od. entrar en) relaciones; ein Gespräch ~ trabar (od. entablar) conversación, F pegar la hebra; wieder ~ reanudar; **II.** v/i.: an et. ~ referirse a; partir de, fundarse en; an e-e Tradition: continuar; ⚥ungspunkt m punto m de partida bzw. de contacto.
'**ankommen** (L; sn) v/i. **1.** llegar, venir; ⚓ arribar; **2.** (angestellt werden) encontrar un empleo (bei en); **3.** F Thea. usw. tener éxito; gut (schlecht) ~ ser bien (mal) recibido (od. acogido); beim Publikum ~ llegar al público; **4.** gegen ihn kann man nicht ~ no hay quien le puede; bei mir kommst du damit nicht an no me impresionas con eso; das kommt darauf an depende; según; worauf es ankommt, ist de lo que se trata es; la cuestión es; darauf kommt es an de eso se trata precisamente; es kommt nicht auf den Preis an el precio es lo de menos; es kommt mir darauf an, zu lo que me interesa es; lo que yo quiero es (inf.); es darauf (od. auf et.) ~ lassen correr el riesgo de; es nicht darauf ~ lassen curarse en salud; wenn es darauf ankommt en caso necesario, si es preciso.
'**Ankömmling** m (-s; -e) recién llegado m (od. venido m).
'**ankönnen** (L) F v/i.: nicht gegen j-n ~ no poder a alg.
'**ankoppel|n** (-le) v/t. ⊕ acoplar; Wagen: enganchar; ⚥ung f acoplamiento m (a. Raumfahrt).
'**ankotzen** (-t) V fig. v/t. causar repugnancia, dar asco, dar náuseas.
'**ankrallen** v/refl.: sich ~ an agarrarse a.
'**ankreiden** (-e-) v/t. anotar con tiza; fig. guardar rencor (a alg.); das werde ich ihm ~ ! ¡me las pagará!
'**ankreuzen** (-t) v/t. marcar con una cruz.
'**ankündig|en** (-t) v/t. anunciar (a. fig. Besuch usw.); avisar; (mitteilen) participar, hacer saber; amtlich: notificar; feierlich: proclamar; öffentlich: publicar; sich ~ anunciar su visita;

fig. hacerse sentir; ⚥ung f anuncio m, aviso m; notificación f; proclama f; (Plakat) cartel m.
'**Ankunft** f (0) llegada f; venida f; ⚓ arribo m; **~sbahnsteig** m andén m de llegada; **~szeit** f hora f de llegada.
'**ankuppeln** (-le) v/t. acoplar, enganchar (an a).
'**ankurbel|n** (-le) v/t. Kfz. poner en marcha; fig. fomentar, estimular; bsd. Wirtschaft: reactivar, relanzar; ⚥ung f der Wirtschaft: reactivación f, relanzamiento m.
'**anlächeln** (-le) v/t. sonreír a, mirar sonriendo a.
'**anlachen** v/t. mirar riendo; F sich e-e Freundin ~ echarse una amiga.
'**Anlage** f **1.** (Bau) construcción f, edificación f; establecimiento m; **2.** ⊕ planta f; dispositivo m, instalación f; **3.** (Plan) plano m; proyecto m; diseño m; **4.** ✿ plantación f; plantío m; (Park) jardín m público; parque m; **5.** (Fähigkeit) talento m, aptitud f; dotes f/pl.; predisposición f; **6.** ✝ (Kapital⚥) inversión f, colocación f; **7.** (Beilage) anexo m; suplemento m; in der ~ adjunto m; **8.** Bio. primordio m, esbozo m; **~berater** m asesor m de inversión; **~kapital** n capital m invertido bzw. fijo; **~kosten** pl. gastos m/pl. de instalación; **~papiere** n/pl. valores m/pl. de inversión; **~vermögen** n **1.** activo m fijo; **2.** capital m invertido.
'**anlangen I.** v/i. llegar, ⚓ arribar; **II.** v/t. concernir; → anbelangen.
'**Anlaß** m (-sses; ⚥sse) (Gelegenheit) ocasión f; (Grund) motivo m, razón f (zu para); (Ursache) causa f; aus ~ gen. con motivo (od. ocasión) de; aus diesem ~ por esta razón, con tal motivo; bei diesem ~ en esa ocasión; ~ geben zu dar motivo (od. pie) para, dar ocasión (od. pábulo od. lugar) a; allen ~ haben zu tener todos los motivos para; ohne jeden ~ sin ningún motivo; et. zum ~ nehmen zu aprovechar la ocasión para.
'**anlassen** (L) v/t. Kleid: dejar puesto, no quitarse; Eingeschaltetes: dejar correr; no apagar; (in Gang setzen) poner en marcha; Kfz. a. arrancar; sich gut ~ presentarse bien, empezar bien, prometer (éxito).
'**Anlasser** Kfz. m (dispositivo m de) arranque m, arrancador m, angl. starter m; (Knopf) botón m de arranque.
'**Anlaßkurbel** f manivela f de arranque.
'**anläßlich** prp. (gen.) con motivo (od. ocasión) de.
'**Anlaß...**: **~magnet** Kfz. m magneto f de arranque; **~motor** m motor m de arranque; **~widerstand** ⚡ m resistencia f (od. reóstato m) de arranque.
'**anlasten** (-e-) v/t.: j-m et. ~ imputar a/c. a alg.
'**Anlauf** m arranque m (a. ⊕); Sport: carrera f de impulso; (e-n) ~ nehmen tomar impulso (od. carrera od. carrerilla); fig. im ersten ~ a la primera; **~bahn** f Sport: pista f de impulso; ⚥en (L) **I.** v/t. Hafen: hacer escala, tocar en; **II.** v/i. arrancar; Film: proyectarse; Sport: tomar la salida; Motor: ponerse en marcha (a. fig. beginnen); ⊕ a. ponerse en funcionamiento; ✝ Zinsen, Schulden: acumularse; Spiegel: empañarse; Metall:

oxidarse, deslustrarse; gegen et. ~ chocar (od. dar) con (od. contra); rot ~ Person: ruborizarse, sonrojarse; angelaufen kommen venir corriendo; llegar a la carrera; **~en** n arranque m; acumulación f; deslustre m; **~hafen** m puerto m de escala; **~kosten** ✝ pl. costos m/pl. iniciales; **~kredit** m crédito m de puesta en marcha; **~moment** ⊕ n par m (od. momento m) de arranque; **~zeit** f tiempo m de arranque; fig. período m de puesta en marcha (od. inicial).
'**Anlaut** Gr. m sonido m inicial; im ~ en comienzo de dicción; ⚥en (-e-) v/i. empezar (mit con, por).
'**anläuten** (-e-) v/t. llamar por teléfono.
'**anlautend** adj. inicial.
'**Anlege|brücke** f (Kai) muelle m, embarcadero m; am Schiff: pasarela f; **~gebühren** pl. derechos m/pl. de atraque; **~hafen** m puerto m de escala; ⚥n **I.** v/t. **1.** poner, colocar; Kleid, Schmuck: poner(se); Degen: ceñir; Maßstab, ✝ Verband: aplicar; Säugling: dar el pecho a; Feuer: encender; pegar fuego (an a); Gewehr: encarar; Vorrat: almacenar; **2.** (planen) trazar, delinear; (bauen) edificar, construir; erigir; (einrichten) instalar (a. Telefon, Leitung); Garten: plantar; Straße, Bahnlinie: trazar; Kartei: hacer; Stadt, Kolonie: fundar, establecer; **3.** Geld: invertir, colocar; Konto: abrir; **4.** fig. es ~ auf proponerse inf., poner la mira en; **II.** v/i. **1.** ⚓ atracar; hacer escala, tocar en; **2.** auf apuntar a, encañonar; ⚔ legt an! ¡apunten!; **III.** v/refl.: sich mit j-m ~ tomarla (od. meterse) con alg.; **~r** ✝ m inversor m, inversionista m; **~stelle** ⚓ f atracadero m, puesto m de atraque; embarcadero m.
'**anlehn|en** v/t. u. refl. apoyar(se) (an en od. contra); arrimar(se) (a), adosar (a); Tür: entornar; fig. sich ~ an apoyarse en; imitar a, tomar por modelo; ⚥ung f (0) contacto m (a. fig.); in ~ an siguiendo el ejemplo de; conforme a; a imitación de; **~ungsbedürftig** adj. que busca apoyo bzw. contacto.
'**Anleihe** f empréstito m (öffentliche público); e-e ~ aufnehmen contraer un empréstito; e-e ~ bei j-m machen recibir un préstamo de alg.; **~papiere** n/pl. bonos m/pl. de empréstito.
'**anleimen** v/t. encolar, pegar (con cola).
'**anleit|en** (-e-) v/t. guiar, conducir, dirigir; instruir, iniciar, adiestrar; ⚥ung f dirección f; directivas f/pl.; instrucción f (a. ⊕); (Lehrbuch) manual m; guía f; unter s-r ~ bajo su dirección.
'**anlern|en** v/t. instruir, adiestrar, capacitar; → angelernt; ⚥ling m trabajador m en formación.
'**anlesen** (L) v/t. aprender leyendo; angelesenes Wissen ciencia f libresca.
'**anliefer|n** (-re) v/t. suministrar, abastecer; ⚥ung f suministro m, entrega f; acarreo m.
'**anliegen** (L) **I.** v/i.: ~ an estar contiguo a, (co)lindar con; eng ~ Kleid: ceñirse (al cuerpo), estar muy ajustado; **II.** ⚥ n solicitación f; deseo m; ruego m, petición f; (Ziel) objetivo m; ich habe ein ~ an Sie quisiera

pedirle un favor; ~d adj. contiguo, adyacente; in Briefen: adjunto, incluso; Kleid: (eng~) ceñido, ajustado.
'**Anlieger** m aledaño m, vecino m; Vkw. nur für ~ paso m prohibido excepto vecinos; ~**staat** m Estado m vecino; am Fluß od. Meer: Estado m ribereño.
'**anlocken** v/t. atraer; engolosinar; seducir; Vogel: reclamar; Kunden: captar.
'**anlöten** (-e-) v/t. soldar.
'**anlügen** (L) v/t. mentir a.
'**anmach|en** v/t. (befestigen) atar, sujetar, fijar (an a); Mörtel: amasar; Salat: aderezar, aliñar; Feuer, ⚡ Licht: encender; P j-n ~ abordar a alg.; F ligar con alg., ℒer P m F ligón m.
'**anmahnen** v/t. reclamar.
'**anmalen** v/t. pintar; rot ~ pintar de rojo; F sich ~ pintarse (la cara).
'**Anmarsch** m ⚔ llegada f, (marcha f de) aproximación f; er ist im ~ está llegando; im ~ sein → ℒieren v/i. aproximarse (a), marchar (sobre), avanzar (hacia); ~**weg** m ruta f de avance (od. de aproximación).
'**anmaß|en** (-t) v/refl.: sich et. ~ atribuirse, adjudicarse a/c.; Rechte, Titel: arrogarse, usurpar; (beanspruchen) pretender; (sich herausnehmen) permitirse, tomarse la libertad de; ich maße mir kein Urteil darüber an no me permito opinar sobre ello; ~**end** adj. arrogante, altanero, petulante; (frech) insolente, impertinente; (eingebildet) presumido, presuntuoso, pretencioso; ℒung f arrogación f; pretensión f; arrogancia f; insolencia f; presunción f; petulancia f; widerrechtliche ~ usurpación f.
'**Anmelde|formular** n formulario m (od. boletín m) de inscripción; ~**frist** f plazo m de inscripción bzw. presentación; ~**gebühr** f derechos m/pl. de inscripción; ℒ**n** (-e-) I. v/t. anunciar, avisar; schriftlich: notificar; Patent: solicitar registro; zur Steuer usw.: declarar; Forderung: presentar; Fahrzeug: matricular; Tele. ein Gespräch ~ pedir conferencia con. II. v/refl.: sich ~ inscribirse (a. Sport) (zu para); Schüler: matricularse; Verw. darse de alta; beim Arzt usw.: pedir hora (de visita); Internet: conectarse; sind Sie angemeldet? ¿tiene hora?; sich ~ lassen Besucher: hacerse anunciar, pasar tarjeta; ~**pflicht** f registro m obligatorio; declaración f obligatoria; ℒ**pflichtig** adj. sujeto a declaración; de declaración obligatoria; ~**schein** m hoja f de inscripción; cédula f de registro; ~**schluß** m cierre m de inscripción bzw. de matrícula; ~**stelle** f oficina f de registro; ~**termin** m → ~**frist**.
'**Anmeldung** f aviso m, notificación f; inscripción f (a. Sport), registro m; (Büro) recepción f; Schüler: matrícula f; Zoll: declaración f; Verw. alta f; polizeilich: aviso m de llegada; beim Arzt: petición f de hora; 🕒 nach vorheriger ~ horas f/pl. convenidas.
'**anmerk|en** v/t. notar, observar; (anstreichen) marcar; (notieren) anotar, apuntar, tomar nota de; man merkt es ihm so an le sienta mal; sich nichts ~ lassen no dejar traslucir nada; laß dir nichts

~! disimula; procura que no se te note; ℒ**ung** f nota f, observación f, advertencia f; anotación f; mit ~en versehen anotar; Ausgabe mit ~en edición f comentada (od. con notas).
'**anmessen** (L) v/t.: j-m et. ~ tomar (la) medida a alg. para a/c.; → angemessen.
'**anmuster|n** (-re) ⚓, ⚓ v/t. reclutar, alistar, ⚓ a. enrolar; sich ~ lassen alistarse, enrolarse; ℒ**ung** f alistamiento m.
'**Anmut** f (0) gracia f, gentileza f, donaire m; F garbo m, salero m; (Liebreiz) atractivo m, encanto m; ℒ**en** v/t.: seltsam ~ causar una impresión extraña; heimlich ~ recordar la patria chica; ℒ**ig** adj. gracioso, gentil; (garboso) encantador; Gegend: ameno; agradable.
'**Anna** f Ana f.
'**annageln** (-le) v/t. clavar; fig. wie angenagelt como clavado (en el suelo).
'**annähen** v/t. coser (an a).
'**annäher|n** v/t. u. refl. acercar(se), aproximar(se) (a. fig.); ~**d** I. adj. aproximado, aproximativo; II. adv. aproximadamente; poco más o menos, cerca de; nicht ~ ni por aproximación; F ni de cerca.
'**Annäherung** f aproximación f, acercamiento m (a. fig.); ~**s-politik** f política f de acercamiento; ~**sversuch** m intento m de acercamiento bzw. de reconciliación; amourös: insinuación f; ~**e** machen insinuarse; ℒ**sweise** adv. aproximadamente; ~**swert** m valor m aproximativo.
'**Annahme** f 1. aceptación f, recepción f; e-s Kindes, e-r Meinung: adopción f; e-s Gesetzes: aprobación f; e-s Schülers usw.: admisión f; die ~ verweigern rehusar la aceptación, Wechsel: no aceptar; 🖊 ~ verweigert! rehusado; 2. (Vermutung) suposición f; presunción f; supuesto m; Phil. hipótesis f; alles spricht für die ~, daß todo parece indicar que; in der ~, daß suponiendo que, en la creencia de que; ~**stelle** f despacho m (od. oficina f) de recepción bzw. entrega; ~**verweigerung** f negativa f de aceptación, no aceptación f.
An'nalen pl. anales m/pl.
annehm|bar adj. aceptable; Preis: razonable; Grund: plausible; (zulässig) admisible; (leidlich) pasable, tolerable; ~**en** (L) v/t. 1. allg. aceptar; Erbschaft: a. adir; Rat: seguir; Farbe: tomar; Gesetz: aprobar; Gesuch: acceder a; Gewohnheit: contraer; Glauben: abrazar; Haltung, Kind, Titel: adoptar; Schüler: admitir; 2. (vermuten) suponer, presumir; nehmen wir an (od. angenommen), daß suponiendo que, supongamos que; als sicher ~ dar por seguro; 3. sich e-r Sache ~ encargarse (od. ocuparse) de a/c.; sich e-s Kindes ~ cuidar de (od. interesarse por) alg.; ℒ**lichkeit** f amenidad f; comodidad f, gal. confort m; conveniencia f; ventaja f.
annek'tieren (-) v/t. anex(ion)ar.
An'nex m (-es, -e) anexo m, anejo m.
Annexi'on f anexión f.
'**annieten** (-e-) ⊕ v/t. remachar.
'**Anno** Lt. adv. en el año (de); ~ Domini en el año de Nuestro Señor; ~ dazumal antaño; von ~ dazumal F del

año de la pera, de los tiempos de Maricastaña.
An'non|ce f anuncio m, Am. aviso m; inserción f; → Anzeige; ℒ²**cieren** (-) v/t. u. v/i. anunciar; v/i. a. poner un anuncio.
Annui'tät f anualidad f.
annul'lier|en (-) v/t. anular, cancelar; ℒ**ung** f anulación f, cancelación f.
A'node ⚡ f ánodo m.
'**an-öden** (-e-) v/t. aburrir; (belästigen) fastidiar, molestar; F dar la lata.
A'noden...: ~batterie f batería f anódica (od. de placa); ~**gleichrichter** m rectificador m de ánodo; ~**kreis** m circuito m de ánodo; ~**spannung** f tensión f de ánodo (od. de placa); ~**strahlen** m/pl. rayos m/pl. anódicos; ~**strom** m corriente f anódica.
a'nodisch ⚡ adj. anódico.
'**anomal** adj. anómalo, anormal.
Anoma'lie f anomalía f, anormalidad f.
ano'nym adj. anónimo; ℒ**ität** f (0) anónimo m; anonimato m.
'**Anorak** m (-s, -s) anorak m.
'**an-ordn|en** (-e-) v/t. disponer; colocar, agrupar; arreglar; (befehlen) ordenar, decretar, disponer, mandar; ℒ**ung** f disposición f, colocación f; agrupación f; (Anweisung) orden f, mandamiento m, instrucción f; (Vorschrift) reglamentación f, ordenanza f, disposición f; ~en treffen dar órdenes (od. instrucciones) para; tomar sus disposiciones; auf ~ von por orden de.
'**an-organisch** 🝛 adj. inorgánico.
'**anormal** adj. anormal.
'**anpacken** v/t. asir, agarrar, coger; empuñar; F Arbeit, Problem: abordar, F atacar; mit ~ F echar una mano, arrimar el hombro.
'**anpass|en** (-ßt) v/t. adaptar, acomodar, amoldar, ajustar, adecuar (an ac. a); Kleid: probar, ensayar (a. Psych. angepaßt adaptado; den Umständen angepaßt a tono con las circunstancias; sich ~ adaptarse (an a), amoldarse (a), acomodarse (a); ans Klima: aclimatarse; ℒ**ung** f adaptación f; acomodación f, adecuación f, (re)ajuste m; ans Klima: aclimatación f; ~**ungsfähig** adj. adaptable; acomodaticio; flexible; ℒ**ungsfähigkeit** f adaptabilidad f; mangelnde ~ inadaptación f.
'**anpeilen** v/t. ⚓ arrumbar; Funk, Radar: localizar; 🞋 relevar.
'**anpfeifen** (L) v/t. Sport: dar el pitido inicial; F j-n ~ F abroncar (od. echar una bronca) a alg.
'**Anpfiff** m Sport: pitada f (od. pitido m) inicial; F reprimenda f, rapapolvo m, bronca f.
'**anpflanz|en** (-t) v/t. plantar; cultivar; ℒ**ung** f cultivo m; konkret: plantación f, plantío m.
'**anpflaumen** v/t. tomar el pelo.
'**an|pflocken, ~pflöcken** v/t. estacar.
'**anpinseln** (-le) v/t. pintar, embadurnar.
'**anpirschen** v/refl.: sich ~ acercarse cautelosamente.
'**anpöbeln** (-le) v/t. abordar groseramente; atropellar.
'**Anprall** m choque m, colisión f; embate m (a. fig.); ℒ**en** v/i. chocar (od. dar) (an contra).

anprangern — anschlagen

'**anpranger|n** (-re) v/t. denunciar públicamente; poner en la picota; ung f denuncia f pública.
'**anpreis|en** (-t) v/t. recomendar, encarecer; elogiar, alabar, pregonar, encomiar; F cacarear; ung f recomendación f, encarecimiento m; elogio m; encomio m; (Reklame) reclamo m.
'**Anprob|e** f prueba f; eraum m probador m; ieren (-) v/t. probar(se).
'**anpumpen** F v/t. dar un sablazo a, sablear.
'**anquatschen** F v/t. abordar (j-n a alg.).
'**Anrainer** m → Anlieger.
'**anranzen** (-t) F v/t. → anschnauzen.
'**anraten** (L) **I.** v/t. aconsejar; recomendar; **II.** n: auf sein ~ siguiendo su consejo.
'**anrauchen** v/t. Zigarre: encender; comenzar a fumar; Pfeife: culotar.
'**anrech|enbar** adj. computable; nen (-e-) v/t. cargar en cuenta; computar; (gutschreiben) abonar en cuenta; fig. atribuir; achacar, imputar; fig. j-m et. hoch ~ estar muy agradecido a alg. por a/c.; nung f abono m en cuenta; cómputo m; fig. atribución f, imputación f; in ~ bringen → anrechnen; ⁂ unter ~ der Untersuchungshaft con abono del tiempo de prisión preventiva; ~nungsfähig adj. imputable.
'**Anrecht** n derecho m, título m (auf a); (ein) ~ haben auf tener derecho a; hacerse merecedor de.
'**Anrede** f tratamiento m; Rhet. apóstrofe m; im Brief: encabezamiento m; n (-e-) v/t. hablar a, dirigir la palabra a; feierlich: arengar; auf der Straße usw.: abordar; mit Sie ~ tratar de usted; mit du ~ tratar de tú, tutear.
'**anreg|en** v/t. (vorschlagen) sugerir, proponer; (ermuntern) animar, incitar; bsd. Physiol. excitar, estimular; Appetit: despertar, abrir; end adj. sugestivo; incitante; estimulante (a. ⁂), excitante; ~ gestalten amenizar; ung f incitación f, incentivo m; estímulo m, excitación f (a. ⁂); iniciativa f; (Vorschlag) sugerencia f, propuesta f; auf ~ von por iniciativa (od. a propuesta) de; ungsmittel n estimulante m.
'**anreicher|n** (-re) ⁂ v/t. enriquecer; concentrar; ung f enriquecimiento m; concentración f.
'**anreihen** v/t. enfilar; Perlen: ensartar; ⊕ alinear, disponer en serie; sich ~ sucederse; (sich anstellen) F hacer (od. formar) cola.
'**Anreise** f llegada f; n v/i. llegar (de viaje); termin m fecha f de llegada.
'**anreiß|en** (L) v/t. rasgar (un poco); fig. Vorrat usw.: empezar; (anzeichnen) marcar, trazar; er m (aufdringlicher Werber) pregonero m; (Werkzeug) trazador m; F ⁜ gancho m; nadel f punta f de trazar.
'**anreiten** (L; sn) v/i. u. angeritten kommen llegar a caballo.
'**Anreiz** m estímulo m, incentivo m, aliciente m, atractivo m, acicate m; en (-t) v/t. excitar, estimular; (verlocken) tentar; incitar, instigar; end adj. estimulador, incitativo; prämie f (prima f de) incentivo m.
'**anrempeln** (-le) v/t. atropellar; em-

pujar; fig. importunar.
'**anrennen** (L) v/i.: ~ gegen chocar (od. dar) contra; tropezar en (od. con); ⁜ arremeter (od. cargar) contra; fig. embestir contra; angerannt kommen llegar (od. acudir) corriendo.
'**Anrichte** f aparador m, gal. bufete m; (Tisch) trinchero m; n (-e-) v/t. Speisen: preparar, aderezar; (auftragen) servir; Unheil usw.: causar, ocasionar; iro. da hast du was Schönes angerichtet! F ¡buena la has armado (od. hecho)!; ¡te has lucido!; es ist angerichtet! ¡está servido!
'**Anriß** m trazado m.
'**anrollen I.** v/t. Güter: acarrear; **II.** v/i. ⚒ rodar sobre la pista.
'**anrosten** (-e-) v/i. empezar a oxidarse.
'**anrüchig** adj. de mala fama (od. reputación); equívoco; sospechoso.
'**anrücken I.** v/t. Möbel: empujar, arrimar a; **II.** v/i. aproximarse, ⁜ a. avanzar.
'**Anruf** m llamada f (a. Tele.); ⁜ des Postens: quién vive m; beantworter m contestador m (automático); en (L) v/t. llamar; ⁜ Posten: dar el alto; Tele. llamar (por teléfono), telefonear; (anflehen) implorar, invocar; ⁂ Gericht: apelar a, acudir a; ung f Rel. invocación f; ⁂ apelación f.
'**anrühren** v/t. tocar (a. fig.); (mischen) mezclar (revolviendo); Farben: diluir; Teig, Mörtel: amasar.
ans = an das → an.
'**Ansage** f anuncio m (a. Radio); aviso m; notificación f; comunicación f; TV presentación f; n anunciar m, avisar; Versammlung: convocar; Programm: presentar; Kartenspiel: acusar, cantar; sich ~ anunciar su visita; r(in f) m Radio: locutor(a f) m; (Conférencier) animador(a f) m; TV presentador(a f) m.
'**ansamm|eln** (-le) v/t. (a. sich ~) reunir(se), juntar(se), agrupar(se); ⁜ Truppen: concentrar; Schätze: atesorar; Vorräte: acopiar; Zinsen: acumular(se); lung f reunión f; agrupación f; amontonamiento m; acumulación f (a. Haufen) montón m; acopio m; von Menschen: aglomeración f, afluencia f; von Truppen: concentración f.
'**ansässig** adj. domiciliado, residente, afincado, avecindado (in dat. en); Firma: establecido (en); ~ sein in residir en; sich ~ machen, ~ werden establecerse en, fijar la residencia en, afincarse en.
'**Ansatz** m **1.** ⊕ pieza f adicional; (Verlängerung) prolongación f; **2.** Anat. Muskel, Sehne: inserción f; Bio. rudimento m; vestigio m; **3.** ♪ des Sängers: entonación f; Blasinstrument: embocadura f; **4.** (Ablagerung) depósito m, sedimento m; incrustación f; **5.** (Anfang) comienzo m; enfoque m; a. ⋀ planteo m, planteamiento m; **6.** ✝ in e-r Rechnung: asiento m; (Schätzung) apreciación f, tasación f; im Voranschlag: estimación f; ✝ in ~ bringen asentar en cuenta; punkt m punto m de partida; rohr n tubo m de empalme; stelle Anat. f punto m de inserción; stück ⊕ n pieza f insertable bzw. de unión.

'**ansäuern** (-re) v/t. Teig: poner levadura; ⁂ acidificar, leicht: acidular.
'**ansaug|en** v/t. aspirar (a. ⁂, ⊕); en n aspiración f; succión f; leitung f tubería f de admisión; ventil n válvula f de admisión.
'**anschaff|en** v/t. (besorgen) procurar, facilitar; (kaufen) comprar, adquirir; sich et. ~ proveerse de a/c.; ung f adquisición f, compra f; provisión f; ungskosten pl. gastos m/pl. de adquisición; ungspreis m precio m de compra.
'**anschalten** (-e-) v/t. Licht: encender; ⁄ conectar.
'**anschau|en** v/t. mirar, contemplar; bsd. Film: Neol. visionar; lich adj. gráfico, expresivo, plástico; ~ machen dar una idea clara de, ilustrar; ~ schildern describir plásticamente; lichkeit f (0) evidencia f, claridad f.
'**Anschauung** f (Betrachtung) contemplación f; (Ansicht) opinión f, parecer m; (Vorstellung) concepto m, noción f, idea f; (Auffassung) concepción f; (Einstellung) punto m de vista, modo m de ver.
'**Anschauungs...**: material n material m de ilustración (od. documental); Ton- u. Bildgerät: medios m/pl. audiovisuales; unterricht m enseñanza f intuitiva (od. objetiva); vermögen n facultad f intuitiva; weise f modo m de ver (las cosas).
'**Anschein** m apariencia f; semblante m; allem nach según las apariencias, a lo que parece, a todas luces; den ~ erwecken dar la impresión de; es hat den ~, als ob parece (od. como si); sich den ~ geben aparentar, afectar, hacer creer a/c.; gerade: estar a punto de; end adv. por lo visto, según parece, en apariencia, al parecer.
'**anscheißen** V (L) v/t. → anschnauzen.
'**anschicken** v/refl.: sich ~ zu disponerse a, prepararse para, aprestarse a; (anfangen) proceder a, ponerse a hacer a/c.; gerade: estar a punto de.
'**anschieben** (L) v/t. empujar (a. Kfz.), dar un empujón.
'**anschießen** (L) v/t. herir de bala; Gewehr: probar; F angeschossen kommen llegar disparado.
'**anschimmeln** (-le; sn) v/i. comenzar a enmohecer(se).
'**anschirren** v/t. Pferd: enjaezar; aparejar; Ochsen: uncir.
'**Anschiß** V m → Anschnauzer.
'**Anschlag** m **1.** golpe m; choque m; ⊕ tope m; **2.** ♪, Schreibmaschine: pulsación f; Schwimmen: toque m; **3.** (Plakat) cartel m; letrero m; anuncio m; **4.** Gewehr: encaro m; im ~ halten auf apuntar a; **5.** (Komplott) conspiración f, complot m; (Attentat) atentado m; e-n ~ verüben auf atentar contra la vida de alg.; **6.** (Schätzung) valoración f, (e)valuación f, tasa(ción) f; (Berechnung) cálculo m; cómputo m; in ~ bringen tener en cuenta; computar; brett n tablón m de anuncios; cartelera f.
'**anschlagen** (L) **I.** v/t. **1.** golpear, dar golpes a; → angeschlagen; **2.** (befestigen) fijar, sujetar; mit Nägeln: clavar; Plakat: pegar, fijar; **3.** ♪ Instrument: pulsar; Klavier: tocar; Glocke: repicar, tocar; Stunden: sonar, dar (la hora); **4.** Gewehr: apuntar; **5.** (be-

Anschlagfläche — anspinnen

rechnen) calcular; computar; (*schätzen*) valorar, (e)valuar, tasar, apreciar; *zu hoch* ~ sobreestimar; *zu niedrig* ~ subestimar; **II.** *v/i.* golpear, chocar, dar contra; *Wellen*: romperse contra; *Arznei*: surtir efecto, dar (buen) resultado; *Speisen*: sentar (*od.* probar) bien; *Hund*: (ponerse a) ladrar.

'**Anschlag**...: ~**fläche** ⊕ *f* superficie *f* de detención; ~**säule** *f* columna *f* anunciadora; ~**schraube** *f* tornillo *m* de tope; ~**stellung** ⚔ *f* posición *f* de tiro; ~**tafel** *f* → ~**brett**; ~**zettel** *m* anuncio *m*; cartel *m*; letrero *m*.

'**anschleichen** (*L*) *v/refl.*: *sich* ~ acercarse sigilosamente.

'**anschließen** (*L*) **I.** *v/t.* asegurar con un candado; unir, sujetar, ligar (a. ⊕); (*anketten*) encadenar, aherrojar; ⚡ conectar; empalmar; *mit Stecker*: enchufar; (*anfügen*) añadir, agregar, juntar; (*angliedern*) incorporar; **II.** *v/i.* comunicar; 🚌 enlazar; *Strecke*: empalmar; **III.** *v/refl.*: *sich* ~ unirse, asociarse a; afiliarse a; *e-r Ansicht usw.*: compartir, adherirse a; (*angrenzen*) colindar; (*nachfolgen*) seguir; ~**d I.** *adj. räumlich*: adyacente, colindante, contiguo; *zeitlich*: subsiguiente; **II.** *adv.* seguidamente, a continuación, acto seguido.

'**Anschluß** *m* unión *f*; reunión *f*; ⊕ juntura *f*; 🚌, ⚡ enlace *m*, correspondencia *f*; (*Bahnstrecke*) empalme *m*; ⚡ conexión *f*; *Tele.* comunicación *f*; *Gas, Wasser, Licht*: toma *f*, acometida *f*; *an e-e Partei usw.*: afiliación *f*, adhesión *f*; *Pol.* unión *f*, *unfreiwilliger*: anexión *f*, (*Einverleibung*) incorporación *f*; *Tele.* ~ **bekommen** obtener comunicación; 🚌 ~ **haben** tener enlace (con); *den* ~ *verpassen* perder el tren (*a. fig.*); ~ **suchen** (*finden*) buscar (encontrar) compañía (*od.* amistades); *im* ~ *an* a continuación de; *a raíz de*; *im* ~ *an mein Schreiben vom* con referencia a mi carta del.

'**Anschluß**...: ~**bahn** 🚌 *f* ramal *m*, línea *f* de empalme; ~**dose** ⚡ *f* caja *f* de conexión; toma *f* de corriente; ~**flug** *m* vuelo *m* de conexión (*od.* de enlace); ~**gleis** 🚌 *n* vía *f* de empalme; ~**kabel** ⚡ *n* cable *m* de conexión (*od.* de unión); ~**klemme** ⚡ *f* borne *m* de conexión; ~**leitung** *f* tubería *f* de empalme; ⚡, *Tele.* línea *f* de conexión; ~**linie** ⚔, 🚌 *f* línea *f* de enlace; ~**rohr** *n* tubo *m* de unión; ~**station** 🚌 *f* estación *f* de empalme; ~**stecker** *m* clavija *f* de enchufe; ~**stelle** *f* Autobahn: zona *f* de enlace; ~**wert** ⚡ *m* consumo *m* nominal; ~**zug** 🚌 *m* tren *m* de enlace.

'**anschmachten** (-*e*-) *v/t.*: *j-n* ~ comerse a alg. con los ojos.

'**anschmieden** (-*e*-) *v/t.* unir forjando.

'**anschmiegen** *v/refl.*: *sich* ~ estrecharse contra, arrimarse a; *Kleid*: ajustarse a, ceñirse estrechamente.

'**anschmieren** *v/t.* embadurnar; engrasar, untar; F *fig.* (*betrügen*) F pegársela a alg, tomar el pelo a alg.

'**anschnallen** (-*e*-) *v/t.* abrochar, sujetar (con hebilla); *Degen*: ceñir(se); *sich* ~ ⚔, *Kfz.* abrocharse (*od.* ponerse) el cinturón (de seguridad); ²**gurt** ⚔, *Kfz. m* cinturón *m* de seguridad;

²**pflicht** *f* uso *m* obligatorio del (*od.* obligación *f* de utilizar el) cinturón de seguridad.

'**anschnauz|en** (-*t*) F *v/t.* F abroncar, echar una bronca; F poner de vuelta y media; ²**er** F *m* reprimenda *f*, rapapolvo *m*, F bronca *f*.

'**anschneiden** (*L*) *v/t.* (empezar a) cortar; *Brot*: encentar; *Melone usw.*: calar; *fig. Thema*: abordar; *Frage*: plantear, poner sobre el tapete.

'**Anschnitt** *m* (primer) corte *m*; *Brot*: encentadura *f*.

An'schovis *f* (-; -) anchoa *f*.

'**anschrauben** *v/t.* (a)tornillar, fijar con tornillos; enroscar.

'**anschreiben** (*L*) *v/t.* apuntar; anotar; *Schuld*: cargar en cuenta; *Spielstand*: marcar; tantear; *j-n* ~ escribir a alg.; ~ *lassen* comprar a crédito; *fig. bei j-m gut angeschrieben sein* entrar a alg. por el ojo derecho, estar bien visto por alg.; *bei j-m schlecht angeschrieben sein* estar mal visto por alg.

'**anschreien** (*L*) *v/t.* gritar, hablar a gritos, levantar la voz (a alg.).

'**Anschrift** *f* dirección *f*, señas *f/pl.*

'**anschuldig|en** *v/t.* acusar, (in)culpar; ²**ung** *f* acusación *f*, inculpación *f*.

'**anschwärmen** *v/t.* idolatrar, estar loco por.

'**anschwärz|en** (-*t*) *v/t.* ennegrecer; *fig.* denigrar, calumniar; (*denunzieren*) denunciar; ²**ung** *f* ennegrecimiento *m*; *fig.* denigración *f*, calumnia *f*.

'**anschweißen** (-*t*) *v/t.* soldar, unir por soldadura.

'**anschwell|en** (*L*) *v/i.* hincharse (*a.* 🎈), inflarse; *Fluß*: crecer; *fig.* aumentar, ir en aumento; ²**ung** *f* *Fluß*: crecida *f*; 🎈 hinchazón *f*; tumefacción *f*; (*Beule*) bulto *m*, F chichón *m*; *fig.* aumento *m*.

'**anschwemm|en** *v/t.* acarrear, arrastrar (a tierra); arrojar (a la orilla); *Sand*: depositar; ²**ung** *f* depósito *m* (aluvial), aluvión *m*.

'**anschwindeln** (-*le*-) *v/t.*: *j-n* ~ engañar, mentir a alg.; F decir mentirillas, pegársela a alg.

'**ansegeln** (-*le*-) *v/t. Hafen*: abordar.

'**ansehen I.** (*L*) *v/t.* mirar; contemplar; *prüfend*: examinar; *bsd. Film*: *Neol.* visionar; (*beobachten*) observar; *et. mit* ~ presenciar; *fig.* sufrir, soportar, tolerar; *fig. ich kann es nicht länger mit* ~ no puedo soportarlo (*od.* aguantarlo) más; *das sieht man ihm an* se le nota (*od.* ve) en la cara; *man sieht ihm sein Alter nicht an* no aparenta la edad que tiene; *fig.* ~ *für* (*od.* *als*) considerar como; *fälschlich*: tomar por; (*behandeln als*) tratar como; *angesehen werden als* pasar por; *et. mit anderen Augen* ~, *wie ich die Sache ansehe* tal como yo veo las cosas, a mi modo de ver; F *sieh mal* (*einer*) *an!* ¡vaya, vaya! ¡fíjate!; ¡quién lo diría!; ¡toma (ya)!; → *angesehen*; **II.** ² *n* (-*s*; 0) apariencia *f*, aspecto *m*; (*Achtung*) consideración *f*, aprecio *m*, estima(ción) *f*, crédito *m*; respeto *m*; autoridad *f*; prestigio *m*; (*Ruf*) reputación *f*, fama *f*; *j-n vom* ~ *kennen* conocer a alg. de vista; *dem* ~ *nach urteilen* juzgar por las apariencias; *in hohem* ~ *stehen* gozar de gran estima(ción) (*od.* prestigio); *an* ~ *verlie-*

ren desprestigiarse, caer en descrédito; ir de capa caída; ~ *verleihen* dar prestigio (*od.* crédito); *sich ein* ~ *geben* darse aires de; *ohne* ~ *der Person* sin acepción de personas; sin preferencia.

'**ansehnlich** *adj.* (*eindrucksvoll*) imponente; *Gegenstand*: vistoso; *Person*: de buena presencia; (*beträchtlich*) importante, considerable, respetable.

'**anseilen** *v/t.* atar con cuerda; *Mont.*: *sich* ~ encordarse.

'**ansengen** *v/t.* quemar; chamuscar.

'**ansetz|en** (-*t*) **I.** *v/t.* **1.** poner, colocar; juntar, unir; (*anstücken*) empalmar; *Hebel, Werkzeug*: aplicar; *Blasinstrument*: embocar; *Becher usw.*: llevar a los labios; **2.** *Bowle*: preparar; **3.** *Frist, Termin*: señalar, fijar; *Sitzung usw.*: convocar; **4.** (*abschätzen*) tasar, valorar; ✞ *Preis*: fijar; ⚡ *Gleichung*: plantear; *zu hoch* (*niedrig*) ~ fijar un valor excesivamente alto (bajo); **5.** *j-n auf et.* ~ encargar a alg. de (*od.* con) desarrollar; *Blätter, Knospen*: echar; *Körner* ~ granar; *Fett* ~ engordar; F *echar carnes*; *Rost* ~ oxidarse; **7.** *Sport*: *e-n Griff* ~ aplicar una presa; **II.** *v/i.* (*versuchen*) intentar; *zu et.* ~ prepararse para, (dis)ponerse a; ✈ *zur Landung* ~ iniciar el aterrizaje; *Sport*: *zum Sprung* ~ tomar impulso; **III.** *v/refl.*: *sich* ~ pegarse; 🎣 depositarse; ²**ung** *f Termin*: señalamiento *m*, fijación *f*.

'**Ansicht** *f* **1.** vista *f* (*a. Computer*); aspecto *m*; ✈ *zur* ~ como muestra; **2.** *fig.* (*Meinung*) opinión *f*, parecer *m*; *meiner* ~ *nach* en mi opinión, a mi modo de ver; *anderer* ~ *sein* diferir, disentir de; *anderer* ~ *werden* cambiar de parecer (*od.* de opinión); *die* ~*en sind geteilt* hay división de opiniones; *der* ~ *sein, daß*, *die* ~ *vertreten, daß* opinar que, estimar que; *zu der* ~ *kommen, daß* llegar a la conclusión de que; ²**ig** *adj.*: ~ *werden gen.* divisar a/c.; ~**s(post)karte** *f* (tarjeta *f*) postal *f* ilustrada; ~**ssache** *f* cuestión *f* de pareceres; ~**ssendung** ✞ *f* envío *m* de muestra.

'**ansied|eln** (-*le*-) *v/t. u. refl.* asentar(se), establecer(se), avecindar(se); ²**ler** *m* colono *m*; ²**lung** *f* colonia *f*, asentamiento *m*; (*Handlung*) colonización *f*; establecimiento *m*.

'**Ansinnen** *n* pretensión *f* (desmedida); exigencia *f* injustificada; *an j-n ein* ~ *stellen* pretender (*od.* exigir) a/c. de alg.

'**Ansitz** *Jgdw. m* → *Anstand* **1.**

'**anspann|en** *v/t. Pferde*: atar, enganchar; *Ochsen*: uncir; *Seil, Muskeln*: tensar, poner tenso; *alle Kräfte* ~ hacer un esfuerzo supremo, no regatear esfuerzos; ²**ung** *f* tensión *f*; esfuerzo *m*.

'**ansparen** *v/t.* ahorrar.

'**Anspiel** *n Fußball*: saque *m* (inicial); *Kartenspiel*: apertura *f* del juego; ²**en** *v/i.* abrir el juego; sacar; *Kartenspiel*: ser mano; *fig.* ~ *auf* aludir a, hacer alusión a; ~**ung** *f* alusión *f* (*auf* a), insinuación *f* (*Wink*) indirecta *f*; *versteckte* ~ reticencia *f*.

'**anspinnen** (*L*) *v/t. Faden*: unir hilando; *fig.* tramar, urdir; *Unterhal-*

4*

anspitzen — anstrengen 52

tung: entablar; *sich ~ trabarse.
'anspitz|en (-t) *v/t.* aguzar; afilar; *Stift*: sacar punta a; **2er** *m* sacapuntas *m*, afilalápices *m*.
'Ansporn *m* (-*¢s; 0*) estímulo *m*; aguijón *m*, acicate *m*; *(Anreiz)* incentivo *m*; **2en** *v/t. Pferd*: espolear *(a. fig.)*; *fig.* estimular, incitar, aguijonear, acuciar.
'Ansprache *f* discurso *m*; alocución *f*; arenga *f*; parlamento *m*; *Rel.* plática *f*; e-e ~ *halten* pronunciar un discurso; dirigir una alocución a; arengar a; *keine* ~ *haben* no tener a nadie con quien hablar.
'ansprech|bar *adj. Physiol.* reactivo; F *er war nicht* ~ no se podía hablar con él; **~en** (L) **I.** *v/t.* dirigir la palabra a; abordar; *j-n um et.* ~ pedir un favor a alg.; **II.** *v/i. (zusagen)* agradar, gustar, encontrar eco; ~ *auf* reaccionar a, responder a, ser sensible a *(alles a. ✲)*; ⊕ responder; **2en** *n des Motors usw.*: respuesta *f*; **~end** *adj.* agradable, grato; atractivo; simpático.
'anspringen (*L*; *sn*) **I.** *v/t.* saltar contra *(od.* a); embestir; **II.** *v/i. Motor*: arrancar; **III.** 2 *n* arranque *m*.
'anspritzen (-t) *v/t.* salpicar.
'Anspruch *m* derecho *m* (*auf ac.* a); reclamación *f*; reivindicación *f*; *(Forderung)* exigencia *f*, demanda *f*; 🏛 pretensión *f*; *fig. bescheidene Ansprüche* modestas aspiraciones *(od.* pretensiones); *hohe Ansprüche stellen* ser muy exigente, tener muchas pretensiones; *allen Ansprüchen gerecht werden (od. genügen)* satisfacer todas las exigencias; ~ *erheben auf* reclamar; reivindicar; pretender a/c.; ~ *haben auf* tener derecho a; e-n ~ *geltend machen* hacer valer su derecho; *et. in* ~ *nehmen* emplear, utilizar a/c.; recurrir a *(a. j-n)*; *Aufmerksamkeit*: reclamar; *Zeit*: requerir; ocupar; *et., j-n zu etw. in* ~ *nehmen* abusar de a/c. *bzw.* alg.; *ganz in* ~ *nehmen* absorber *(od.* ocupar) por completo; *ganz (und gar) für sich in* ~ *nehmen* monopolizar, F acaparar para sí; *sehr in* ~ *genommen sein* estar ocupadísimo, estar abrumado de trabajo; ser muy solicitado; **~sberechtigte(r)** *a/f* beneficiario *m*; **2slos** *adj.* (-*est*) sin pretensiones, contentadizo, poco exigente; *(schlicht)* sencillo, modesto; *Essen*: frugal; **~slosigkeit** *f* sencillez *f*, modestia *f*, frugalidad *f*; **2svoll** *adj.* pretencioso; *(streng)* exigente, difícil de contentar; *geistig, kulturell*: de gusto refinado.
'anspucken *v/t.* escupir a.
'anspülen (-*t*) ~ *anschwemmen*.
'anstacheln (-*le*) *v/t.* aguijonear; *fig. a.* incitar, estimular, F picar.
'Anstalt *f* 1. establecimiento *m*; institución *f*, instituto *m*; centro *m*; ~ *des öffentlichen Rechts* establecimiento *m* público; 2. ~*en pl.* preparativos *m/pl.*; medidas *f/pl.*; disposiciones *f/pl.*; ~*en machen (od. treffen) zu* prepararse para, disponerse a; *er machte keine* ~*en zu gehen* no daba muestras de querer irse; **~s-arzt** *m* médico *m* residente *bzw.* hospitalario.
'Anstand *m* 1. *Jgdw.* (-*¢s*; *⁓e*) acecho *m*, espera *f*, aguardo *m*; *auf dem* ~ *sein* estar de acecho *(od.* al aguardo); 2. (-*¢s*; *0*) decencia *f*, decoro *m*, buenos modales *m/pl.*; dignidad *f*; conve-

niencias *f/pl.*; *den* ~ *verletzen* faltar a la decencia, ofender el decoro; *mit* ~ decorosamente, decentemente; *den* ~ *wahren* guardar el decoro; 3. *(Bedenken)* reparo *m*, escrúpulo *m*; ~ *nehmen* vacilar, titubear, poner reparo a; *keinen* ~ *nehmen* no tener reparo en.
'anständig I. *adj. allg.* decente; honesto; decoroso, correcto; *Preis*: aceptable, razonable; *(beachtlich)* respetable; considerable; F *ein ~es Stück* un buen trozo; **II.** *adv.* decentemente, como es debido, decorosamente; *(ehrlich)* honradamente, honestamente; *sich* ~ *benehmen* guardar el decoro; portarse como es debido; F *es regnet* ~ está cayendo un buen chaparrón; **2keit** *f (0)* decencia *f*, decoro *m*; honradez *f*.
'Anstands...: **~besuch** *m* visita *f* de cumplido; **~dame** *f* señora *f* de compañía, F carabina *f*; **~formen** *f/pl.* buenos modales *m/pl.*; **~gefühl** *n* delicadeza *f*, tacto *m*; **2halber** *adv.* por cumplir, por cumplido, para guardar las formas; **2los** *adv.* sin dificultad; sin reparo *(od.* objeción); sin vacilar; *(ungehindert)* libremente, sin más ni más; **~regel** *f* (regla *f* de) etiqueta *f*; **~wauwau** F *m* carabina *f*.
'anstarren *v/t.* mirar fijamente *(od.* de hito en hito); clavar la mirada en.
an'statt I. *prp. gen.* en vez *(od.* lugar) de; **II.** *cj.*: ~ *zu kommen* en vez de venir.
'anstauben *v/i.* cubrirse de polvo, empolvarse; *leicht angestaubt* empolvadillo.
'anstauen *v/t.* estancar, represar; *sich* ~ acumularse.
'anstaunen *v/t.* mirar asombrado *(od.* embobado).
'anstechen (L) *v/t.* pinchar; *Faß*: espitar, picar; ✲ pinchar; puncionar.
'ansteck|en I. *v/t. mit Nadeln*: prender; *Ring, Abzeichen*: poner(se); *(anzünden)* encender; *Haus*: pegar fuego a; ✲ contagiar *(a. fig.)*, infectar; *angesteckt werden, sich* ~ contagiarse; **II.** *v/i.* ser contagioso, contagiarse, F pegarse; **~end** *adj.* contagioso, infeccioso; *fig.* pegadizo; **~nadel** *f* alfiler *m*; *(Brosche)* broche *m*, prendedor *m*.
'Ansteckung ✲ *f* contagio *m*, infección *f*; **~sgefahr** *f* peligro *m* de contagio; **~sherd** *m* foco *m* infeccioso.
'anstehen (L) *v/i.* 1. *(Schlange stehen)* formar *(od.* hacer) cola; 2. ~ *lassen (aufschieben)* diferir, aplazar; *Schuld*: retardar el pago; ~ *de Schuld* deuda *f* atrasada; 3. *(zögern)*: *nicht* ~ *zu* no tener reparos en; 4. *(zu erwarten sein)* ser inminente; 5. *Geol.* aflorar, estar a flor de tierra; 6. *fig. (sich ziemen)* convenir, ser conveniente.
'ansteigen (*L*; *sn*) *v/i.* subir *(a. Flut, Töne)*; elevarse, ascender *(a. Rang)*; *fig. (zunehmen)* aumentar; *steil* ~*d* escarpado, abrupto.
an'stelle *prp.* → *an Stelle*.
'anstell|en I. *v/t.* 1. colocar *(an* contra); 2. *Bewerber*: emplear, colocar, contratar; *angestellt bei* empleado en; 3. *(in Gang setzen)* poner en marcha; *Radio, TV*: poner, encender; 4. *(durchführen)* realizar, efectuar; *Unfug usw.*: hacer, causar; *was hast du wieder angestellt?* ¿qué has hecho ahora?; *wie hast du das angestellt?* F ¿cómo te las has arreglado?; **II.** *v/refl.*: *sich* ~ *(Schlange stehen)* hacer *(od.* formar) cola; *(verhalten)* obrar, conducirse, (com)portarse; *(sich zieren)* andar con remilgos *(od.* melindres); *sich* ~ *als ob* aparentar, fingir *(inf.)*; *sich (un)geschickt* ~ darse buena (mala) maña para a/c.; *stell dich nicht so an!* F ¡déjate de comedias!; ¡menos cuento!; **~ig** *adj. (geschickt)* hábil, mañoso; espabilado; **2ung** *f* contratación *f*; *(Stelle)* colocación *f*, empleo *m*, puesto *m*; **2ungsbedingungen** *f/pl.* condiciones *f/pl.* de empleo; **2winkel** ⚙ *m* ángulo *m* de incidencia.
'anstemmen *v/refl.*: *sich* ~ *gegen* apoyarse *(od.* apretarse) contra; *fig.* oponerse a, resistirse a.
'ansteuern (-*re*) ⚓ *v/t.* navegar hacia, *a.* ✈ hacer rumbo a.
'Anstich *m Faß*: picadura *f*.
'Anstieg *m* (-*¢s*; -*e*) ascensión *f*; subida *f (a. fig.)*; *Straße*: repecho *m*, cuesta *f*; *fig.* aumento *m*, incremento *m*, alza *f*.
'anstieren *v/t.* mirar embobado.
'anstift|en (-*e*-) *v/t. (verursachen)* causar, provocar; *(anzetteln)* urdir, tramar, maquinar; *(anreizen)* instigar, incitar (zu a); 🏛 inducir; **2er(in** *f) m* autor(*a f*) *m*; causante *m/f*; instigador(*a f*) *m*; promotor(*a f*) *m*; 🏛 inductor(*a f*) *m*; *(Rädelsführer)* cabecilla *m*; **2ung** *f* instigación *f*, incitación *f*; provocación *f*; 🏛 inducción *f*; *auf* ~ *von* por instigación de.
'anstimmen *v/t. Lied*: entonar; *fig. ein Klagelied* ~ prorrumpir en lamentaciones; *iro.* rasgarse las vestiduras.
'Anstoß *m* 1. *Fußball*: saque *m* inicial; 2. *(Antrieb)* impulso *m*, empuje *m*; *den (ersten)* ~ *geben zu* tomar la iniciativa de, sugerir la idea de; 3. *(Ärgernis)* escándalo *m*; ~ *nehmen* causar escándalo; chocar *(bei j-m* a alg.); ~ *nehmen* escandalizarse *(an dat.* de, con); 4. ⊕ punto *m* de contacto; juntura *f*; **2en** (L) **I.** *v/t.* empujar, impulsar; dar un empujón a; *Fußball*: sacar, hacer el saque (inicial); *die Gläser* ~ (entre)chocar los vasos; **II.** *v/i.*: ~ *an (od. gegen)* tropezar con, chocar *(od.* dar) contra; *auf et. (j-s Wohl)* ~ brindar por a/c. (a la salud de alg.); *mit der Zunge* ~ trastrabarse la lengua; cecear; *mit dem Kopf* ~ golpearse la cabeza; *mit dem Ellenbogen* ~ dar de codo; ~ *an (angrenzen)* lindar con, estar contiguo a; **~end** *adj.* contiguo *(an ac.* a); adyacente, (co)lindante (con).
'anstößig *adj.* chocante; *(unanständig)* indecente, inmoral; *(empörend)* escandaloso; *Wort*: malsonante; **2keit** *f* indecencia *f*; escándalo *m*; chabacanería *f*.
'anstrahlen *v/t. Gebäude usw.*: iluminar, enfocar; *fig. j-n* ~ mirar radiante a alg.
'anstreben *v/t.* aspirar a; pretender (a/c.); *Ziel*: perseguir.
'anstreich|en (L) *v/t.* pintar, dar una capa *(od.* mano) de pintura; *(tünchen)* blanquear; *Fehler, Textstelle*: subrayar, marcar; **2er** *m* pintor *m* (de brocha gorda).
'anstreng|en *v/t. (ermüden)* cansar, fatigar; *sich* ~ esforzarse (*por od.* en),

hacer un esfuerzo; esmerarse (en); *alle Kräfte* ~ emplearse a fondo; *s-n Geist* ~ devanarse los sesos; *angestrengt arbeiten* trabajar duramente (*od.* de firme); *angestrengt nachdenken* aguzar (*od.* afilar) el ingenio; ~**end** *adj.* trabajoso, laborioso; penoso, duro, fatigoso, agotador; ⚧**ung** *f* esfuerzo *m*; fatiga *f*; *mit äußerster* ~ en un esfuerzo supremo; *ohne* ~ → *mühelos.*
'**Anstrich** *m* (*capa f de*) pintura *f*; *fig.* tinte *m*, toque *m*; *leichter:* viso *m*, asomo *m*; matiz *m*; (*Aussehen*) apariencia *f*, aire *m*, F pinta *f*; *sich den* ~ *geben gen. od. von* echárselas de, darse aires de.
'**anstricken** *v/t.* cabecear.
'**anstücke(l)n** *v/t.* añadir (una pieza) (*an* a); (*flicken*) remendar; (*verlängern*) alargar; ⊕ juntar (dos piezas).
'**Ansturm** *m* asalto *m*, arremetida *f*; *der Wellen:* embate *m* (*a. fig.*); *des Publikums:* afluencia *f* (masiva); *beim ersten* ~ al primer asalto.
'**anstürmen** *v/i.* asaltar, acometer, embestir; *auf* (*od. gegen*) *et.* ~ arremeter contra, abalanzarse (*od.* arrojarse) sobre.
'**anstürzen** (*-t*) *v/i. mst. angestürzt kommen* llegar presurosamente; F llegar como un bólido.
'**ansuchen I.** *v/i.*: *bei j-m um et.* ~ pedir, solicitar a/c. de alg.; **II.** ⚧ *n* ruego *m*; petición *f*, solicitud *f*; *auf* ~ *von* a petición de, a ruego de, a instancias de.
Antago|'**nismus** *m* antagonismo *m*; ~**nist** *m* antagonista *m.*
'**antanzen** (*-t*) F *v/i.* presentarse.
Ant'arkt|**is** *f* (0) Antártida *f*, tierras *f/pl.* antárticas; ⚧**isch** *adj.* antártico.
'**antasten** (*-e-*) *v/t.* tocar (*a. fig.*); palpar; *Kapital, Vorräte:* empezar (a gastar); *j-s Rechte:* violar, atentar a; *Ehre:* ofender.
'**antäuschen** *v/t. Sport:* fingir (un tiro *usw.*).
'**Anteil** *m* 1. parte *f*, porción *f*; (*Bestandteil*) componente *m*; (*Beteiligung*) participación *f*; (*Zuteilung*) prorrata *f*; (*Quote*) cuota *f*; (*contingente m*, cupo *m*; **2.** *fig.* interés *m*; (*Mitgefühl*) simpatía *f*; ~ *haben an* participar en; ~ *nehmen an* interesarse por; ⚧**ig**, ⚧**mäßig** *adj.* proporcional; a prorrata; ~**nahme** *f* participación *f*, interés *m*; (*Mitgefühl*) simpatía *f*; (*Beileid*) condolencia *f*; *s-e* ~ *ausdrücken* expresar su sentimiento *f*; ~**schein** *m* cupón *m*; (*Aktie*) acción *f*, título *m*; ~**s-eigner** *m* → *Aktionär.*
'**antelefonieren** *v/t.* llamar (por teléfono).
An'tenne *f* antena *f* (*a. Zoo.*).
An'tennen...: ~**ableitung** *f* bajada *f* de antena; ~**kreis** *m* circuito *m* de antena; ~**leistung** *f* capacidad *f* de antena; ~**mast** *m* mástil *m* de antena; ~**stecker** *m* clavija *f* de antena.
Antholo'gie *f* antología *f.*
Anthra'zit *Min. m* (*-s; -e*) antracita *f.*
Anthropo|'**loge** *m* (*-n*) antropólogo *m*; ~**lo'gie** *f* (0) antropología *f*; ⚧**logisch** *adj.* antropológico; ⚧'**morph** *adj.* antropomorfo; ⚧**so'phie** *Phil. f* (0) antroposofía *f.*
Anti-alko'holiker *m* antialcohólico *m*, abstemio *m.*
anti-autori'tär *adj.* antiautoritario.

Anti'babypille *f* píldora *f* (anticonceptiva).
Antibi'otikum ⚕ *n* (*-s; -ka*) antibiótico *m.*
Antiblo'ckiersystem *Kfz. n* sistema *m* antibloqueo.
'**Antichrist** *Bib. m* anticristo *m.*
Antidepres'sivum *Phar. n* (*-s; -va*) antidepresivo *m.*
Antifa'schis|**mus** *m* antifascismo *m*; ~**t** *m*, ⚧**tisch** *adj.* antifascista (*m*).
Anti'gen *Physiol. n* antígeno *m.*
'**Antiheld** *Liter. m* antihéroe *m.*
an'tik *adj.* antiguo; ⚧**e** *f* (0) antigüedad *f*, edad *f* antigua; ⚧**en** *f/pl.* (*Kunstwerke*) antigüedades *f/pl.*
Antiklerika'lismus *m* anticlericalismo *m.*
Anti'klopfmittel *n* antidetonante *m.*
'**Antikörper** *Physiol. m* anticuerpo *m.*
An'tillen *Geogr. pl.* Antillas *f/pl.*
Anti'lope *f* antílope *m.*
Antima'terie *Phys. f* antimateria *f.*
Antimilita'ris|**mus** *m* antimilitarismo *m*; ~**t** *m* (*-en*), ⚧**tisch** *adj.* antimilitarista (*m*).
Anti'mon *n* (*-s; 0*) 🜂 antimonio *m.*
Anti|**pa'thie** *f* antipatía *f*; ⚧'**pathisch** *adj.* antipático.
Antiper'sonenmine *f* mina *f* antipersona.
Anti'pode *m* (*-n*) antípoda *m.*
'**antippen** F *v/t.* tocar ligeramente; *fig.* mencionar de paso.
An'tiqua *Typ. f* (0) letra *f* romana.
Anti'quar *m* (*-s; -e*) anticuario *m*; *v. Büchern:* librero *m* de ocasión (*od.* de viejo *od.* de lance); ~**i'at** *n* (*-es; -e*) librería *f* de ocasión (*od.* de lance); ⚧**isch** *adj.* de segunda mano; de ocasión, usado.
Antiqui'täten *f/pl.* antigüedades *f/pl.*; ~**händler** *m* anticuario *m*; ~**laden** *m* tienda *f* de antigüedades; ~**sammler** *m* coleccionista *m* de antigüedades.
Antira'keten-Rakete *f* misil *m* antimisil.
Anti|**se'mit** *m* (*-en*) antisemita *m*; ⚧**se'mitisch** *adj.* antisemítico; ~**semi'tismus** *m* (*-; 0*) antisemitismo *m.*
Anti'sep|**tikum** ⚕ *n* (*-s; -ka*) antiséptico *m*; ⚧**tisch** *adj.* antiséptico.
Anti'these *f* antítesis *f.*
anti...: ~'**toxisch** *adj.* antitóxico; ⚧'**trustgesetz** *n* ⚕ ley *f* antitrust; ⚧'**virenprogramm** *n Computer:* programa *m* antivirus (*od.* cazavirus).
'**Antlitz** *Poes. n* (*-es; -e*) rostro *m*, semblante *m*, faz *f.*
'**Anton** *n* Antonio *m.*
'**Antrag** *m* (*-es*; ⚧**e**) (*Angebot*) ofrecimiento *m*, oferta *f*; (*Vorschlag*) propuesta *f*, proposición *f*; (*Gesuch*) solicitud *f*, petición *f*; *Parl.* moción *f*; *Verw.* instancia *f*; ⚕ súplica *f*; *auf* ~ *von* a petición (*od.* solicitud) de, ⚕ a instancia de parte; *e-n* ~ *stellen* dirigir una instancia; formular una petición; *Parl.* presentar una moción; *e-n* (*Heirats*-) ~ *machen* pedir la mano; ⚧**en** (*L*) *v/t.* ofrecer, proponer; ~**formular** *n* modelo *m* de instancia; ~**steller**(**in** *f*) *m* proponente *m/f*; *Parl.* autor(a *f*) *m* de una moción; (*Gesuchsteller*) peticionario (*-a f*) *m*; solicitante *m/f*, postulante *m/f.*

'**antreffen** (*L*) *v/t.* encontrar, hallar.
'**antreiben** (*L*) **I.** *v/t.* empujar, impulsar; ⊕ accionar, impeler; *bsd.* 🚢, ⚓, *Kfz.* propulsar; *Lasttiere:* arrear; *fig.* estimular, incitar; *zur Eile:* acuciar; **II.** *v/i.* llegar flotando; *an Land:* ser arrojado (a la costa).
'**antreten** (*L*; *sn*) **I.** *v/i.* (*sich aufstellen*) ocupar su puesto; (*erscheinen*) presentarse; *Sport:* enfrentarse (*gegen* con); ⚔ formarse; *angetreten!* ¡formar!; *zum Kampf* ~ disponerse al combate; **II.** *v/t.:* *ein Amt* ~ tomar posesión de un cargo; *den Beweis* ~ proponer la prueba; *den Dienst* ~ entrar en servicio; *die Arbeit* ~ empezar (el trabajo); ⚕ *e-e Erbschaft* ~ adir (*od.* aceptar) una herencia; *die Regierung* ~ asumir el poder; ⚕ *e-e Strafe* ~ (empezar a) cumplir condena; *e-e Reise* ~ emprender un viaje.
'**Antrieb** *m* 1. impulso *m*, estímulo *m*; (*Anreiz*) incentivo *m*; *neuen* ~ *verleihen* dar nuevo impulso; *aus eigenem* (*od. freiem*) ~ por propia iniciativa, espontáneamente, (de) motu propio; *aus natürlichem* ~ por instinto; **2.** ⊕ impulsión *f*, propulsión *f*; tracción *f*; accionamiento *m*, mando *m.*
'**Antriebs**...: ~**achse** *f* eje *m* motor; ~**kraft** *f* fuerza *f* motriz; ⊕ *f* de propulsión); ~**motor** ⚡ *m* motor *m* de accionamiento (*od.* de impulsión); ~**riemen** *m* correa *f* de transmisión; ~**welle** *f* árbol *m* motor.
'**antrinken** (*L*) *v/t.:* F *sich e-n* (*Rausch*) ~ F achisparse; *sich Mut* ~ beber para cobrar valor; → *angetrunken.*
'**Antritt** *m* (*Anfang*) comienzo *m*; *fig.* primer paso *m*; *e-s Amtes:* toma *f* de posesión; entrada *f* en funciones; *e-r Erbschaft:* adición *f*; ~ *der Macht* toma *f* del poder; *bei* ~ *der Reise* al emprender el viaje; ~**s-audienz** *f* presentación *f* oficial; ~**sbesuch** *m* primera visita *f*; ~**srede** *f* discurso *m* inaugural; ~**svorlesung** *f* lección *f* inaugural.
'**antrocknen** (*-e-*) *v/i.* (empezar a) secar(se).
'**antun** (*L*) *v/t.* 1. *Kleider:* ponerse; **2.** *j-m Ehre* ~ honrar, hacer honor a alg.; *j-m Gewalt* ~ hacer violencia a alg; *e-r Frau:* violar, forzar; *sich et.* (*od. ein Leid*) ~ atentar contra la propia vida; *tu mir das nicht an!* ¡no me hagas eso!; **3.** *fig. es j-m* ~ cautivar, hechizar a alg.; → *angetan.*
Ant'werpen *n* Amberes *f.*
'**Antwort** *f* contestación *f*, respuesta *f* (*a. fig.*); (*Entgegnung*) réplica *f*; *fig.* reacción *f*; *in* ~ *auf* en contestación (*od.* respuesta) a; *um* ~ *wird gebeten* (*Abk. u. A. w. g.*) se suplica la respuesta (*Abk. s. s. l. r.*); *die* ~ *schuldig bleiben* dar la callada por respuesta; *keine* ~ *schuldig bleiben* tener respuesta para todo, no quedarse corto; *keine* ~ *ist auch e-e* ~ quien calla otorga; ⚧**en** (*-e-*) *v/t. u. v/i.* contestar, responder (*auf ac. a*); (*erwidern*) replicar (a); *fig.* reaccionar; ~**karte** *f* tarjeta *f* postal-respuesta; ~**schein** *m* cupón-respuesta *m* (internacional); ~**schreiben** *n* contestación *f*, respuesta *f.*
'**anvertrauen** (*-*) *v/t.* confiar (*a. Geheimnis*), encomendar (*j-m et.* a/c. a

anverwandt — Apostelamt 54

alg.); sich j-m ~ confiarse a alg., F abrirse a alg.
'**anverwandt** adj. → verwandt.
'**anvisieren** (-) v/t. ✕ visar; fig. a. poner la mira en.
'**anwachs|en** (L; sn) v/i. (Wurzeln schlagen) arraigar, echar raíces; (festwachsen) adherirse (an ac. a), unirse con; fig. (zunehmen) crecer, aumentar, acrecentarse; incrementarse; ir en aumento; Betrag: ~ auf elevarse a; ⚲en n aumento m, crecimiento m, incremento m; ⚲ung ⚷ f acrecimiento m.
'**Anwalt** m (-¢s; ⸚e) abogado m; letrado m; nichtplädierender: procurador m; fig. defensor m; e-n ~ befragen consultar a (od. con) un abogado; ~schaft f (0) abogacía f; ~sgebühr f honorarios m/pl., minuta f; ~skammer f Colegio m de Abogados; ~skanzlei f bufete m; ~szwang m obligatoriedad f de ser asistido por abogado.
'**anwand|eln** (-le) v/t. asaltar (od. acometer) de pronto; ihn wandelte die Lust an, zu de pronto le dieron ganas de; ⚲lung f arrebato m, impulso m, F arrechucho m; plötzliche: arranque m, corazonada f; (Laune) capricho m; in e-r ~ von Schwäche en un momento de flaqueza; in e-r ~ von Großzügigkeit en un arranque (od. alarde) de generosidad.
'**anwärmen** v/t. calentar (ligeramente), templar; desenfriar; ⊕ precalentar.
'**Anwärter(in** f) m aspirante m/f (a. Sport); candidato -a f) m; pretendiente m (a. Thron⚲).
'**Anwartschaft** f candidatura f; expectativa f (a. ⚷), futura f (auf ac. de).
'**anwehen** v/t. soplar contra; Schnee, Sand: amontonar.
'**anweis|en** (L) v/t. (anleiten) instruir, enseñar (zu a); (befehlen) dar orden, ordenar (zu de); (zuweisen) indicar, señalar (a Platz); asignar, destinar, Geld: girar, consignar, librar; ⚲ung f indicación f; directiva f; asignación f, señalamiento m; (Anordnung) instrucción f; orden f, mandamiento m; (Vorschrift) precepto m; (Zahlung) giro m, consignación f, libranza f; ~en geben dar instrucciones.
'**anwendbar** adj. aplicable (auf ac. a); (brauchbar) utilizable, aprovechable; ⚲keit f (0) posibilidad f de aplicación, aplicabilidad f; utilidad f (práctica).
'**anwenden** (-e- od. L) v/t. emplear, usar, utilizar; Gesetz, Regel, Heilmittel usw.: aplicar (auf ac. a); et. gut (schlecht) ~ aprovechar (desaprovechar) a/c.; et. nützlich ~ sacar provecho de a/c.; Vorsicht ~ tomar precauciones; → angewandt.
'**Anwender|(in** f) m Computer: usuario (-a f) m; ⚲freundlich adj. fácil para el usuario.
'**Anwendung** f aplicación f (a. Computer); empleo m, uso m, utilización f; in ~ von en aplicación de; zur ~ kommen, ~ finden auf aplicarse (od. ser aplicable) a; ~sbereich m campo m de aplicación; ~smöglichkeit f aplicabilidad f; ~s-weise f modo m de aplicación bzw. empleo.
'**anwerb|en** (L) v/t. ✕ alistar, reclu-

tar; Arbeiter: contratar, F enganchar; sich ~ lassen alistarse, enrolarse; ⚲ung f ✕ alistamiento m, reclutamiento m; v. Arbeitern: contratación f; F enganche m.
'**anwerf|en** (L) I. v/i. Sport: salir, sacar; II. v/t. Motor: poner en marcha; △ revocar; ⚲kurbel f manivela f de arranque.
'**Anwesen** n inmueble m; mansión f; finca f; propiedad f (rural); Am. hacienda f; ⚲d 1. adj. presente (bei en); asistente a; ~ sein estar presente en, asistir a; 2. pl. die ⚲en la concurrencia, los asistentes, los (aquí) presentes; (Umstehenden) los circunstantes; ⚲e ausgenommen mejorando lo presente; ~heit f (0) presencia f, asistencia f; in ~ gen. en presencia de; die ~ feststellen pasar lista; ~heits-kontrolle f control m de presencia; ~heitsliste f lista f de asistencia.
'**anwidern** (-re) ~ anekeln.
'**Anwohner(in** f) m vecino (-a f) m; → Anlieger.
'**Anwurf** m Sport: saque m inicial; fig. calumnia f; imputación f.
'**anwurzeln** (-le; sn) I. v/i. arraigar, enraizar, echar raíces (a. fig.); → angewurzelt; II. ⚲ n arraigo m.
'**Anzahl** f número m, cantidad f; porción f; e-e große ~ un gran número (de), (una) multitud (de); ⚲en v/t. pagar a cuenta; ~ung f pago m a cuenta, primer pago m, señal f; Ratenkauf, Wohnung: entrada f; als ~ como paga y señal.
'**anzapfen** v/t. Faß: espitar, picar; ⊕, Bäume usw.: sangrar; ✝ derivar; F Telephon: intervenir; F j-n ~ F dar un sablazo a alg.
'**Anzeichen** n indicio m, señal f; ✍ síntoma m (a. fig.); (Vorbedeutung) presagio m, augurio m.
'**anzeichnen** (-e-) v/t. señalar, marcar.
'**Anzeige** f 1. (Ankündigung) anuncio m, noticia f; amtliche: notificación f; declaración f; ✝ e-r Sendung: aviso m; 2. ⚷ denuncia f; 3. (Zeitungs⚲) anuncio m; 4. ⊕ señal f, indicación f; Rechner: pantalla f; ~bereich ⊕ m campo m de indicación; ~gerät ⊕ n indicador m; ~lampe f, ~leuchte f (lámpara f) piloto m; testigo m; ⚲n v/t. indicar, señalar; anunciar; declarar, manifestar; ✝ avisar; (mitteilen) comunicar, participar; (deuten auf) denotar, indicar; presagiar; (inserieren) insertar, publicar; ⚷ denunciar; ⊕ indicar, marcar, registrar; angezeigt (ratsam) indicado, aconsejable; für angezeigt halten estimar conveniente; ~n-abteilung f sección f de anuncios; ~n-annahme f, ~nbüro n agencia f de publicidad bzw. de anuncios; ~nteil m Zeitung: sección f de anuncios; ~nvertreter m corredor m de anuncios; ~pflicht f ✍ declaración f obligatoria; ~ deber m de denuncia(r); ⚲pflichtig adj. de declaración obligatoria; ~r m 1. ⚷ denunciante m, delator m; 2. ⊕ indicador m; registrador m; 3. (Amtsblatt) gaceta f; mst. Zeitungstitel: noticiero m; ~tafel f Sport: marcador m; panel m de anuncios; ⊕ panel m indicador.
'**anzetteln** (-le) v/t. ⊕ urdir, tramar; fig. a. maquinar.

'**anzieh|en** (L) I. v/t. 1. (spannen) tender, estirar; Bremse, Schraube: apretar; Zügel: sujetar; 2. Kleider usw.: ponerse; Schuhe: a. calzar; (ankleiden) vestir; sich ~ vestirse; 3. fig. atraer, cautivar; sich (gegenseitig) ~ atraerse (mutuamente); II. v/i. arrancar; Schach: salir; ✝ Preise: ir subiendo; ~end adj. atrayente, atractivo; simpático; ⚲er m, ⚲muskel Anat. m (músculo m) aductor m.
'**Anziehung** f atracción f (a. Phys.); ~skraft Phys. f fuerza f de atracción (od. atractiva); der Erde: atracción f gravitatoria; fig. atracción f, atractivo m; F gancho m; ~spunkt m punto m (od. centro m) de atracción.
'**Anzug** m (-(e)s; ⸚e) 1. (Kleidung) traje m; conjunto m; dreiteiliger: terno m; ✕ uniforme m; 2. (Anrücken) venida f, llegada f; im ~ sein ser inminente, estar a punto de llegar; Gewitter, Gefahr: cernerse, amenazar; es ist et. im ~ algo flota en el ambiente; 3. Schach: salida f; Kfz. → ~svermögen.
'**anzüglich** adj. mordaz; ofensivo, agresivo; (unanständig) obsceno, picante, verde; ~ werden lanzar indirectas; ⚲keit f mordacidad f; alusión f ofensiva; indirecta f.
'**Anzugs|moment** Kfz. n par m (od. momento m) de arranque; ~vermögen n potencia f (od. fuerza f) de arranque.
'**anzünd|en** (-e-) v/t. encender; Haus usw.: incendiar, prender (od. pegar) fuego a; ⚲er m encendedor m.
'**anzweifeln** (-le) v/t. dudar (de), poner en duda (od. en tela de juicio).
'**Äolsharfe** f arpa f eolia.
A'onen m/pl. eones m/pl.
A'orta Anat. f (-; -ten) aorta f.
a'part adj. especial, particular; original; refinado, selecta.
Apa'thie f (0) apatía f.
a'pathisch adj. apático.
Apen'nin(en pl.) m Apeninos m/pl.
'**aperiodisch** ✍ adj. aperiódico.
Aperi'tif m (-s; -s) aperitivo m.
'**Apfel** m (-s ⸚) manzana f; fig. in den sauren ~ beißen hacer de tripas corazón, pasar por el aro, tragarse la píldora; der ~ fällt nicht weit vom Stamm de tal palo, tal astilla; fig. für e-n ~ und ein Ei (kaufen) (comprar) por un pedazo de pan; ~baum m manzano m; ~kuchen m pastel m de manzana; ~most m mosto m de manzana; ~mus n compota f de manzana; ~saft m zumo m de manzana; ~säure ⚗ f ácido m málico; ~schimmel m (caballo m) tordo m.
Apfel'sine f naranja f; ~nbaum m naranjo m; ~nblüte f (flor f de) azahar m; ~nsaft m zumo m de naranja, naranjada f.
'**Apfel|torte** f tarta f de manzana; ~wein m sidra f.
Apho'ris|mus m (-; -men) aforismo m; ⚲tisch adj. aforístico.
Aphrodi'siakum n afrodisíaco m.
Aphro'dite Myt. f Afrodita f.
Apoka'lyp|se f Apocalipsis m; ⚲tisch adj. apocalíptico; die vier ⚲en Reiter los cuatro jinetes del Apocalipsis.
'**apolitisch** adj. apolítico.
A'poll(o) m Myt. u. fig. Apolo m.
A'postel m apóstol m (a. fig.); ~amt n

apostolado *m*; ~**geschichte** *f* Hechos *m*/*pl*. (*od*. Actos *m*/*pl*.) de los Apóstoles.
apos'tolisch *adj*. apostólico; *das* 2e *Glaubensbekenntnis* el Credo; *I.C. der* 2e *Stuhl* la Santa Sede Apostólica.
Apo'stro|ph [-'stRo:f] *m* (*-s*; *-e*) apóstrofo *m*; 2!**phieren** *v*/*t*. (-) apostrofar.
Apo'theke *f* farmacia *f*, F botica *f*; 2**npflichtig** *adj*. de venta (exclusiva) en farmacias.
Apo'theker|(in) *m* farmacéutico (-a *f*) *m*, F boticario (-a *f*) *m*; ~**gehilfe** *m* auxiliar *m* de farmacia; mancebo *m* (de botica); ~**gewicht** *n* peso *m* medicinal; ~**waren** *f*/*pl*. productos *m*/*pl*. farmacéuticos.
Apothe'ose *f* apoteosis *f*.
Appa'rat *m* (*-és*; *-e*) aparato *m* (*a. fig.*); ingenio *m*, artefacto *m*; dispositivo *m*; *Tele*. teléfono *m*; *Phot*. F máquina *f*; F *Radio*: radio *f*; *fig*. organismo *m*; *Tele*. *am* ~! ¡al habla!; *bleiben Sie am* ~! ¡no cuelgue!, ¡no se retire!
Appara'tur *f* (-; *-en*) aparato *m*, dispositivo *m*, mecanismo *m*; instalación *f*, equipo *m*.
Apparte'ment [-'mã:] *n* (*-s*; *-s*) apartamento *m*.
Ap'pell [a'pɛl] *m* (*-s*;*-e*) ⚔ llamada *f* (*a. fig.*); (*Besichtigung*) revista *f*; *fig*. llamamiento *m*; *zum* ~ *blasen* tocar llamada.
Appellati'onsgericht *n* tribunal *m* de apelación.
appel'lieren (-) *v*/*i*. apelar, hacer (*od*. dirigir) un llamamiento (*an ac. a*).
Appe'tit *m* (*-és*; *-e*) apetito *m* (*a. fig.*), gana(s) *f*/(*pl*.) (de comer); ~ *haben auf* apetecer a/c.; *worauf haben Sie* ~? ¿qué le apetece?; ~ *machen abrir* (*od*. despertar) el apetito; *guten* ~! ¡que aproveche!; ¡buen provecho!; *den* ~ *verderben* (*verlieren*) quitar (perder) el apetito; *der* ~ *kommt beim Essen* el apetito viene comiendo; 2**anregend** *adj*. aperitivo; ~**bissen** *m*, ~**happen** *m* tapa *f*; 2**lich** *adj*. apetitoso (*a. fig.*); 2**los** *adj*. sin apetito, desganado, 🞰 inapetente; ~**losigkeit** *f* (0) falta *f* de apetito, desgana *f*, inapetencia *f*; 🞰 anorexia *f*; ~**zügler** *Phar*. *m* inhibidor *m* del apetito.
applau'dieren(-) *v*/*i*. aplaudir.
Ap'plaus *m* (*-es*; *-e*) aplauso *m*.
appor'tieren (-) *v*/*t*. *v*. *Hunden*: traer; cobrar.
Appositi'on *Gr*. *f* aposición *f*.
appre|'tieren (-) ⊕ *v*/*t*. *Stoff*: aprestar, aderezar; 2'**tur** *f* aderezo *m*; apresto *m*.
Appro|bati'on *f* autorización *f* de ejercer como médico; 2'**biert** *adj*. facultado (para ejercer).
Apri'kose *f* albaricoque *m*; *Am*. damasco *m*; ~**nbaum** *m* albaricoquero *m*; *Am*. damasco *m*.
A'pril *m* (*-s od*. -; *-e*) abril *m*; *j*-*n in den* ~ *schicken* dar una inocentada a alg.; ~**scherz** *m* inocentada *f*.
apro'pos [-'po:] *adv*. a propósito.
'**Apsis** *f* (-; -'*siden*) ábside *m*.
Aquä'dukt *m* (*-és*; *-e*) acueducto *m*.
'**Aqua|kultur** *f* acuacultura *f*, maricultura *f*, cultivo *m* marino; ~**ma'rin** *Min*. *m* (*-s*; *-e*) aguamarina *f*; ~'**planing** *Kfz*. *n* aquaplaning *m*.

Aqua'rell *n* (*-s*; *-e*) acuarela *f*; ~**maler** *m* acuarelista *m*; ~**malerei** *f* pintura *f* a la acuarela.
A'quarium *n* (*-s*; -*ien*) acuario *m*; pecera *f*.
A'quator *m* (*-s*; 0) ecuador *m*; 2**i'al** *adj*. ecuatorial; ~**i'alguinea** *n* Guinea *f* ecuatorial; ~**taufe** *f* bautismo *m* de la línea.
äquiva'len|t *adj*., 2**t** *n* (-*és*; *-e*) equivalente (*m*); 2**z** *f* equivalencia *f*.
Ar [ɑ:R] *n* (*-s*; *-e*) área *f*.
'**Ara** *f* (-; *Áren*) era *f*.
'**Araber** *m* árabe *m*; (*Pferd*) (caballo *m*) árabe *m*; ~**in** *f* árabe *f*.
Ara'beske *f* arabesco *m*.
A'ra|bien *n* Arabia *f*; 2**bisch** *adj*. árabe; arábigo; ~'**bist** *m* (-*en*) arabista *m*.
'**Arbeit** *f* trabajo *m*; *bsd*. *körperliche*: faena *f* (*Aufgabe*) tarea *f*; (*Berufstätigkeit*) empleo *m*, ocupación *f*; (*Feld*2, *Haus*2) labores *f*/*pl*.; (*Schul*2) examen *m*, *zu Hause*: deberes *m*/*pl*., tareas *f*/*pl*.; (*Werk*) obra *f*; (*Tätigkeit*) actividades *f*/*pl*., quehacer(es) *m*(*pl*.); *geistige* ~ trabajo *m* intelectual (*od*. mental); *körperliche* ~ trabajo *m* corporal (*od*. físico); *laufende* ~ trabajo *m* rutinario; *öffentliche* ~*en* obras *f*/*pl*. públicas; *an* (*od*. *bei*) *der* ~ *en el trabajo*, trabajando, ⊕ *Maschine usw*. en acción, en funcionamiento; et. *in* ~ *haben* estar trabajando en a/c., tener a/c. entre manos; *in* ~ *geben* mandar hacer; encargar; (*viel*) ~ *machen* costar (mucho) trabajo; (*tief*) *in* ~ *stecken* estar (muy) atareado; *ohne* ~ sin trabajo, desempleado, parado, en paro; *die* ~ *aufnehmen* ir al trabajo; empezar a trabajar, *wieder*: reanudar el trabajo; *an die* ~ *gehen*, *sich an die* ~ *machen* ponerse a trabajar, poner manos a la obra; *die* ~ *einstellen* (*od*. *niederlegen*) suspender el trabajo; *fig*. *j*-*m* ~ *machen* dar que hacer a alg.; ~ *vergeben* encomendar un trabajo; adjudicar una obra; *fig*. *ganze* ~ *leisten* F no andarse con chiquitas; *wie die* ~, *so der Lohn* tal obra, tal pago.
'**arbeiten** (-*e*-) **I.** *v*/*t*. *u*. *v*/*i*. trabajar (*als de*; *an en*); ocuparse (*an en*); (*betreiben*, *wirken*) obrar, operar; *Maschine*: funcionar, marchar; *Kapital*: producir, rendir (beneficio); ~ *lassen Kapital*: colocar productivamente; *bei j*-*m* ~ estar empleado en; trabajar para; *beim besten Schneider* ~ *lassen* vestir con el mejor sastre; *sich durch et*. ~ abrirse paso a través de; *sich zu Tode* ~ F matarse trabajando; *die* ~*den Klassen* las clases activas; *die* ~*de Bevölkerung* la población activa;
II. 2 ⊕ *n* funcionamiento *m*.
'**Arbeiter** *m* trabajador *m*, obrero *m*, *Span. a*. productor *m*; *bsd*. *an der Maschine*: operario *m*; (*Land*2) bracero *m*; (*Hilfs*2) peón *m*; (un)*gelernter* ~ obrero (no) cualificado; *angelernter* ~ obrero cualificado por especialización acelerada; *geistiger* ~, ~ *der Stirn* trabajador *m* intelectual; ~**angebot** *n* oferta *f* de mano de obra; ~**anwalt** *m* abogado *m* laboralista; ~**bedarf** *m* necesidad *f* de mano de obra; ~**bewegung** *f* movimiento *m* obrero (*od*. obrerista), obrerismo *m*; ~**dichter** *m* poeta *m* obrero; 2**feindlich** *adj*. antiobrerista; ~**frage** *f* cuestión *f* obrera; ~**führer** *m* dirigente *m* (*od*. líder *m*) obrerista; ~**fürsorge** *f* asistencia *f* laboral; ~**gewerkschaft** *f* sindicato *m* obrero; ~**in** *f* obrera *f* (*a. Biene*), trabajadora *f*; operaria *f*; ~**jugend** *f* juventud *f* trabajadora; ~**klasse** *f* clase *f* obrera (*od*. trabajadora); ~**kolonne** *f* brigada *f* de obreros; ~**mangel** *m* escasez *f* de mano de obra; ~**partei** *f* partido *m* obrero; ~**priester** *m* sacerdote *m* obrero; ~**schaft** *f* los obreros; ~**schutz** *m* protección *f* laboral, defensa *f* del trabajador; ~**schutzgesetzgebung** *f* legislación *f* de protección al obrero; ~**siedlung** *f* colonia *f* obrera; ~**stand** *m* clase *f* obrera (*od*. trabajadora); ~**trupp** *m* brigada *f* de obreros; equipo *m* de operarios; ~**versicherung** *f* seguro *m* (*od*. seguridad *f*) laboral; ~**vertreter** *m* representante *m* obrero; ~**viertel** *n* barrio *m* obrero, barriada *f* obrera.
'**Arbeit...**: ~**geber** *m* empresario *m*, patrono *m*, empleador *m*; *Am*. patrón *m*; ~**geber-anteil** *m* cuota *f* patronal; ~**geberverband** *m* (asociación *f*) patronal *f*, asociación *f* empresarial; ~**nehmer** *m* empleado *m*; trabajador *m*, obrero *m*; asalariado *m*; ~**nehmer-anteil** *m* cuota *f* del empleado; ~**nehmerverband** *m* asociación *f* de empleados *bzw*. de trabajadores.
'**arbeitsam** *adj*. laborioso, trabajador, diligente; activo, asiduo, hacendoso; 2**keit** *f* laboriosidad *f*; asiduidad *f*.
'**Arbeits...**: ~**amt** *n* oficina *f* de colocación (*od*. de empleo); *Span*. *a*. Delegación *f* del trabajo; ~**anfall** *m* volumen *m* de trabajo; ~**angebot** *n* oferta *f* de trabajo; ~**anzug** *m* traje *m* de faena, mono *m*, buzo *m*; ~**aufsicht** *f* inspección *f* de trabajo; ~**aufwand** *m* cantidad *f* (*od*. gasto *m*) de trabajo; ~**ausfall** *m* pérdida *f* (de horas) de trabajo; ~**ausschuß** *m* comisión *f* de estudio; ~**bedarf** *m* horas *f*/*pl*. de trabajo necesarias, trabajo *m* necesario; ~**bedingungen** *f*/*pl*. condiciones *f*/*pl*. de trabajo; ~**bereitschaft** *f* disposición *f* para el trabajo; ~**beschaffung** *f* creación *f* de empleo (*od*. de puestos de trabajo); ~**beschaffungsmaßnahmen** *f*/*pl*. ✝ plan *m* (de fomento del) empleo; ~**bescheinigung** *f* certificado *m* de empleo; ~**breite** *f* e-*s Geräts*: ancho *m* (*od*. anchura *f*) de trabajo; ~**buch** *n* libreta *f* de trabajo; ~**bühne** ⊕ *f* plataforma *f* de servicio; ~**dienst** *m* servicio *m* de trabajo; ⚔ servicio *m* de cuartel; ~**eifer** *m* afán *m* de trabajar; asiduidad *f*; 2**eifrig** *adj*. afanoso, asiduo; ~**einheit** *f* ⊕ unidad *f* de trabajo; ~**einkommen** *n* renta *f* de trabajo; ~**einstellung** *f* suspensión *f* (*od*. cese *m*) del trabajo; paro *m*; ~**entgelt** *n* remuneración *f* del trabajo; ~**erlaubnis** *f* permiso *m* de trabajo; ~**ersparnis** *f* ahorro *m* de trabajo (*od*. de mano de obra); ~**essen** *n* almuerzo *m* *bzw*. cena *f* de trabajo; 2**fähig** *adj*. apto (*od*. útil) para el trabajo, capaz de trabajar; ~**fähigkeit** *f* capacidad *f* laboral (*od*. de trabajo); ~**feld** *n* campo *m* de actividad(es) (*od*. de acción); ~**gang** *m* operación *f*; fase *f* de trabajo; ~**gebiet** *n* → ~**feld**; ~**gemeinschaft** *f* grupo *m* de trabajo;

Arbeitsgerät — Armblatt 56

círculo m de estudios; ~gerät n aperos m/pl. de trabajo, herramientas f/pl.; ~gericht n tribunal m laboral; Span. Magistratura f de Trabajo; ~gesetzgebung f legislación f laboral; ~gruppe f → ~gemeinschaft; ~hub ⊕ m carrera f de trabajo; ~kampf m lucha f (od. conflicto m) laboral; ~kleidung f → ~anzug; ~klima n ambiente m (od. clima m) laboral; ~kollege m compañero m (de trabajo), colega m; ~kommando ✗ n destacamento m de trabajo; ~kosten pl. costo m de trabajo (od. de mano de obra); ~kraft f capacidad f (od. fuerza f) de trabajo; (Arbeiter) empleado m; obrero m; ~kräfte f/pl. mano f de obra; ~lager n campo m de trabajo; ~leistung f prestación f de trabajo (od. laboral); rendimiento m; Maschine: a. potencia f; ~lohn m paga f, salario m; (Tages2) jornal m; 2los adj. sin trabajo, sin empleo, en paro, parado, desempleado; ~lose(r) m desempleado m, desocupado m; parado m; ~losenfürsorge f asistencia f a los desempleados (od. parados); ~losenquote f, ~losenrate f tasa f de paro (od. desempleo); ~losen-unterstützung f subsidio m de paro (od. de desempleo); ~losenversicherung f seguro m de paro (od. de desempleo); ~losigkeit f paro m (forzoso), desempleo m, desocupación f; ~lust f ganas f/pl. de trabajar; ~mangel m falta f de trabajo; ~material n material m de trabajo; ~markt m mercado m del trabajo; ~medizin f medicina f laboral; ~methode f → ~weise; ~ministerium n Ministerio m de Trabajo; ~moral f espíritu m de trabajo; conciencia f laboral; ~nachweis m servicio m de colocación; bolsa f de trabajo; ~niederlegung f → ~einstellung; ~norm f norma f de trabajo; ~pause f descanso m; ~pensum n → Pensum; ~pferd n caballo m de labor; fig. yunque m; ~plan m plan m (od. programa m) de trabajo; ~platz m puesto m de trabajo; (Stelle) colocación f, empleo m; (Ort) lugar m de trabajo; 2platzschaffend adj. generador de empleo; ~psychologie f psicología f del trabajo; ~raum m sala f de trabajo; taller m; ~recht n derecho m laboral; ~rechtler m laboralista m; 2reich adj. laborioso, de mucho trabajo; 2scheu adj. vago, holgazán, F gandul; ~scheu f aversión f al trabajo, pereza f; ~schicht f turno m, equipo m; ~schutz m seguridad f en el (od. protección f del) trabajo; ~schutzgesetz n ley f de seguridad y protección en el trabajo; ~sitzung f sesión f de trabajo; 2sparend adj. que ahorra trabajo; ~speicher m Computer: memoria f RAM (od. de trabajo); ~stelle f → ~platz; ~stunde f hora f de trabajo; horahombre f; ~tag m jornada f (de trabajo); (Werktag) día m laborable (od. hábil); ~teilung f división f del trabajo; ~therapie f ergoterapia f; ~tier n animal m de trabajo (od. de labor); fig. trabajador m infatigable; 2unfähig adj. incapaz para el trabajo; inválido; ~unfähigkeit f incapacidad f laboral; invalidez f; ~unfall m accidente m de(l) trabajo (od. laboral); ~verhältnis n relación f laboral;

~vermittlung f (Büro) agencia f de colocación; ~versäumnis n absentismo m; ~vertrag m contrato m de trabajo; ~vorbereitung f preparación f de trabajo; ~vorgang m operación f, proceso m de trabajo; ~weise f modo m (od. método m) de trabajo; ⊕ modo m de funcionar; 2willig adj. dispuesto a trabajar; ~willige(r) m (Streikbrecher) esquirol m; ~zeit f horas f/pl. de trabajo, horario m (od. jornada f) laboral; flexible (od. gleitende) ~ horario m flexible; ~zeitverkürzung f reducción f de la jornada (od. del horario) laboral; ~zeug n → ~anzug; ~zimmer n despacho m, estudio m; ~zwang m obligación f de trabajar.
Arbi'trage [-'ɑːʒə] ✝ f arbitraje m.
ar'cha-isch [-'çɑːɪʃ] adj. arcaico.
Archäo||loge [-çɛ·o-] m (-n) arqueólogo m; ~lo'gie f arqueología f; 2'logisch adj. arqueológico.
'Arche f arca f; ~ Noah el arca de Noé.
Archi'pel m (-s; -e) archipiélago m.
Archi'tekt m (-en) arquitecto m; 2tek'tonisch adj. arquitectónico; ~tek'tur f arquitectura f.
Archi'trav ⚠ m (-s; -e) arquitrabe m.
Ar'chiv [-'çiːf] n (-s; -e) archivo m.
Archi'var [-çi'v-] m (-s; -e) archivero m.
Ar'chiv|aufnahme f, ~bild n imagen f de archivo.
Ar'dennen pl. Ardenas f/pl.
Are'al n (-s; -e) área f.
A'rena f (-; -nen) arena f; Stk. a. ruedo m, plaza f de toros; fig. in die ~ steigen bajar a la arena, entrar en liza.
arg (¨er; ¨st) I. adj. malo; (boshaft) malicioso, malvado; (bösartig) maligno; Fehler: grave; sein ärgster Feind su peor enemigo; das ist (doch) zu ~ esto ya es demasiado; es zu ~ treiben ir demasiado lejos, pasarse; im ~en liegen ir por mal camino; ir de mal en peor; II. adv. mal; F (sehr) muy; immer ärger cada vez peor; III. 2 n (-s; 0) malicia f; ohne ~ sin malicia, de buena fe; ~es denken von pensar mal de; nichts ~es denken bei no ver nada malo en, no sospechar nada malo.
Argen'tin|ien n Argentina f; ~ier(in f) m argentino (-a f) m; 2isch adj. argentino.
'Ärger m (-s; 0) (Unannehmlichkeit) fastidio m, contrariedad f; (Verdruß) disgusto m, enfado m; enojo m; irritación f; P cabreo m; j-m ~ machen dar guerra a alg.; ~ haben tener (un) disgusto; s-n ~ hinunterschlucken tragar quina (od. saliva); s-n ~ an j-m auslassen desfogar su enojo (od. descargar su rabia) en alg.; 2lich adj. enojoso; fastidioso, molesto; Person: enfadado, disgustado, enojado (auf j-n con); 2n (-re) v/t. fastidiar, incomodar; disgustar, enfadar; (aufbringen) enojar, irritar, indignar, dar rabia a; P cabrear, V joder; (hänseln) embromar, F tomar el pelo; sich ~ enojarse, enfadarse, incomodarse; ärgere dich nicht! ¡no te enfades!; ~nis n (-ses; -se) escándalo m; (Mißstand) contrariedad f; ɾɟ Erregung öffentlichen ~ses escándalo m público; ~ erregen causar escándalo, escandalizar; ~ nehmen an escandali-

zarse de; 2nis-erregend adj. escandaloso.
'Arg|list f (0) malicia f; picardía f; astucia f; perfidia f; ɾɟ dolo m; 2listig adj. malicioso; pícaro; astuto; pérfido; ɾɟ doloso; ɾɟ ~e Täuschung dolo m; 2los adj. sin malicia; de buena fe; confiado; (naiv, harmlos) ingenuo, cándido, inocente; ~losigkeit f (0) ingenuidad f, candidez f, buena fe f.
Ar'got [-'goː] n od. m (-s; -s) jerga f, gal. argot m.
Argu|'ment n (-¿s; -e) argumento m; 2men'tieren v/i. (-) argüir, argumentar.
'Arg|wohn m (-s; 0) sospecha f; recelo m, suspicacia f; desconfianza f; escama f; ~ erregen despertar (od. infundir) sospechas; ~ hegen abrigar sospechas; 2wöhnen v/t. sospechar de; recelar; 2wöhnisch adj. desconfiado; receloso; suspicaz; escamado; ~ machen dar mala espina, escamar.
'Arie ['ɑːʀiə] ♪ f aria f.
'Ar|ier m. (-s; -) adj. ario (m).
Aristo|'krat(in f) m (-en) aristócrata m/f; ~kra'tie f aristocracia f; 2'kratisch adj. aristocrático.
Arith'met|ik f (0) aritmética f; 2isch adj. aritmético; ~e Reihe progresión f aritmética.
Ar'kade f arcada f, soportal m.
'Arkt|is f (0) regiones f/pl. (od. tierras f/pl.) árticas; 2isch adj. ártico; ~e Kaltluft aire m polar.
arm (¨er; ¨st) adj. allg. pobre (an dat. en); (bedürftig) necesitado, menesteroso, indigente; an Geld: sin (od. falto de) recursos; (schwach, ungenügend) deficiente; ~ an Geist pobre de espíritu; der ~e Kerl (Teufel od. Schlucker) el pobre diablo (od. hombre); Kochk. ~e Ritter torrijas f/pl.; ~ machen bzw. werden empobrecer; 2e(r m) m/f pobre m/f; die ~n los pobres, los desvalidos; bemitleidend: der ~! ¡el pobre(cito)!, el pobre hombre; ich ~r! ¡pobre de mí!
Arm m (-¿s; -e) brazo m (a. Fluß u. ⊕); der ~ des Gesetzes el brazo secular; ~ in ~ gehen ir de(l) brazo (od. de bracero); in die ~e schließen (od. nehmen) coger (od. estrechar) en los brazos; auf den ~ nehmen Kind: tomar en brazos; fig. tomar el pelo a; j-m den ~ reichen dar el brazo a alg.; fig. j-m unter die ~e greifen socorrer, ayudar, echar una mano a alg.; j-m in den ~ fallen contener, detener a alg.; j-n mit offenen ~en empfangen recibir a alg. con los brazos abiertos; j-m in die ~e laufen topar (od. tropezar) con alg.; sich j-m in die ~e werfen (a. fig.) echarse en brazos de alg.; fig. e-n langen ~ haben tener mucha influencia (od. F enchufe).
Arma'tur f ⚡ armadura f; (a. pl. ~en) ⊕ guarnición f; grifería f; (Zusatzteile) accesorios m/pl.; (Verbindungen) juntas f/pl., conexiones f/pl.; ~enbrett Kfz., 🛪 n tablero m (od. cuadro m) de instrumentos (od. de mandos); Kfz. a. salpicadero m.
'Arm...: ~band n pulsera f; brazalete m; (Schutz2, Kraft2) muñequera f; ~band-uhr f reloj m de pulsera; ~bewegung f beim Schwimmen: brazada f; ~binde f brazal m; 🎖 cabestrillo m; ~blatt n sobaquera f;

~bruch ♂ *m* fractura *f* del brazo; **~brust** *f* ballesta *f*; **~brustschütze** *m* ballestero *m*.
Ar'mee ⚔ *f* ejército *m*; **~befehl** *m* orden *f* del día; **~korps** *n* cuerpo *m* de ejército.
'Ärmel *m* manga *f*; *fig. aus dem ~ schütteln* traer en la manga, improvisar; **~aufschlag** *m* bocamanga *f*; **~ausschnitt** *m* sisa *f*; **~brett** *n* manguero *m*, planchamangas *m*; **~kanal** *Geogr. m* Canal de la Mancha; **~loch** *n* → *~ausschnitt*; 2**los** *adj.* sin mangas; **~schoner** *m* mangote *m*, manguito *m*; **~streifen** *m/pl.* galones *m/pl.*
'Armen...: **~anwalt** ♂ *m* abogado *m* de pobres (*od.* de oficio); **~haus** *n* asilo *m*, casa *f* de caridad (*od.* de beneficencia); **~pflege** *f* asistencia *f* pública; **~recht** ♂ *n* beneficio *m* de pobreza, asistencia *f* judicial gratuita; *unter ~ klagen* acogerse al beneficio de pobreza, F pleitear por pobre.
Arme'sünder|gesicht *n* **~miene** *f* cara *f* patibularia; **~glocke** *f* toque *m* de agonía.
'Armhöhle *f* axila *f*; sobaco *m*.
ar'mier|en (-) *v/t.* ⊕ armar, equipar; 2**ung** *f* armadura *f*, equipamiento *m*.
'Arm...: **~lehne** *f* brazo *m* (de sillón); → *a.* **~stütze**; **~leuchter** *m* candelabro *m*; *fig.* F idiota *m*, imbécil *m*, P gilipollas *m*.
'ärmlich *adj.* pobre; miserable, mísero; mezquino; 2**keit** *f* (0) pobreza *f*, miseria *f*; estrechez *f*; mezquindad *f*.
'Arm...: **~loch** *n* sisa *f*; **~reif(en)** *m* brazalete *m*; *glatter*: esclava *f*; **~schiene** ♂ *f* tablilla *f*; **~schlinge** *f* cabestrillo *m*; 2**selig** *adj.* → *ärmlich*; **~sessel** *m*, **~stuhl** *m* sillón *m*, butaca *f*; **~stütze** *f* apoyabrazos *m*, reposabrazos *m*.
'Armut *f* (0) pobreza *f*; *stärker*: indigencia *f*; (*Mangel*) falta *f*, deficiencia *f*; *in ~ geraten* empobrecer, caer en la penuria; **~zeugnis** *n* certificado *m* de pobreza; *fig.* muestra *f* de incapacidad; *sich ein ~ ausstellen* demostrar su incapacidad.
'Armvoll *m* brazado (-a *f*) *m*.
'Arnika ♀ *f* árnica *f*.
A'ro|ma *n* (-s; -s, -men) aroma *m*, perfume *m*; 2**matisch** *adj.* aromático.
Ar'peggio ♪ *n* (-s; -s, -gien) arpegio *m*.
'Arrak *m* (-s; -s, -e) aguardiente *m* de arroz.
Arran|ge'ment [aʀãʒ(ə)'mã:] *n* (-s; -s) arreglo *m* (*a.* ♪), apaño *m*; (*Reise*2) forfait *m*; **~'geur** *m* arreglista *m*; adaptador *m*; 2**'gieren** (-) *v/t.* arreglar (*a.* ♪), disponer; organizar.
Ar'rest *m* (-es; -e) ♂ arresto *m* (*a.* ⚔); *Schule*: retención *f*; (*Beschlagnahme*) embargo *m* (*dinglicher preventivo*); *mit ~ belegen* embargar.
Arres'tant(in *f*) *m* preso (-a *f*) *m*, detenido (-a *f*) *m*, arrestado (-a *f*) *m*.
Ar'rest...: **~befehl** *m* orden *f* de embargo; **~lokal** *n*, **~zelle** *f* prevención *f*; calabozo *m*; ⚔ prisión *f* militar; **~strafe** (pena *f* de) arresto *m*.
arre'tieren (-) *v/t.* detener; ⚔ arrestar; ⊕ parar, retener.
arro'gan|t *adj.* (*-est*) arrogante; presumido, creído; 2**z** *f* (0) arrogancia *f*.
Arsch V *m* (-es; ⁻e) P culo *m*; F trasero *m*; *iro. am ~ der Welt* V en la quinta puñeta; *im ~ sein* V estar jodido; *j-m in den ~ kriechen* V lamer el culo a alg.; **'~backe** *f* nalga *f*; **'~kriecher** V *m* V lameculos *m*; **'~loch** V *n* ojo *m* del culo; (*Person*) P mierda *m*.
Arse'nal *n* (-s; -e) arsenal *m* (*a.* ⚓).
Ar'sen(ik) ♂ *n* (-s; 0) arsénico *m*.
Art *f* género *m*, clase *f*, categoría *f*, tipo *m*, *bsd. Bio.* especie *f*; (*Weise*) modo *m*, manera *f*; (*Verfahren*) método *m*, procedimiento *m*; (*Benehmen*) modos *m/pl.*, maneras *f/pl.*, modales *m/pl.*; (*Natur*) naturaleza *f*, carácter *m*, índole *f*; (*Beschaffenheit*) condición *f*, calidad *f*; *einzig in s-r ~* único en su género; *Geräte jeder ~* aparatos de todas clases; *auf die(se) ~* así, de este modo, de esta manera; *nach ~ von* a modo de, a la manera de; *das ist keine ~* eso no es modo de comportarse; *auf irgendeine ~* de algún modo; *auf s-e ~* a su manera; *nach alter ~* a la vieja usanza, a la antigua; *auf spanische ~* a la española; *aus der ~ schlagen* degenerar, descastarse; 2**eigen** *adj.* propio, característico, genuino; *Bio.* específico.
'arten (-) *v/i.*: *nach j-m ~* parecerse a, salir a; *gut (schlecht) geartet de buen (mal) genio*; **~reich** *Bio. adj.* rico en especies.
'Art-erhaltung *Bio. f* conservación *f* (*od.* preservación *f*) de las especies.
Ar'terie *f* arteria *f*; **~nverkalkung** ♂ *f* arterio(e)sclerosis *f*.
ar'tesisch *adj.*: *~er Brunnen* pozo *m* artesiano.
'artfremd *adj.* ajeno, extraño (a la especie); **~gemäß** *adj.* → *~eigen*; 2**genosse** *m* congénere *m*.
Ar'thr|itis ♂ *f* (0) artritis *f*; **~ose** ♂ *f* artrosis *f*.
'artig *adj. Kind*: bueno, juicioso, formal, obediente; (*höflich*) cortés, atento; amable, afable; 2**keit** *f* formalidad *f*; cortesía *f*, atención *f*; amabilidad *f*; gentileza *f*; *j-m ~en sagen* F piropear, echar piropos a alg.
Ar'tikel *m allg.* artículo *m*; **~schreiber(in** *f*) *m* articulista *m/f*.
Artiku|lati'on *f* articulación *f*; 2**'lieren** (-) *v/t.* articular.
Artille'rie *f* artillería *f* (*schwere* pesada, *leichte* ligera, *reitende* a caballo); **~beschuß** *m*, **~feuer** *n* fuego *m* de artillería; **~geschoß** *n* proyectil *m* de artillería; **~geschütz** *n* pieza *f* de artillería.
Artille'rist *m* (-en) artillero *m*.
Arti'schocke *f* alcachofa *f*.
Ar'tist *m* (-en), **~in** *f* artista *m/f* de variedades *bzw.* de circo; acróbata *m/f*; **~ik** *f* acrobacia *f*; 2**isch** *adj.* artístico, acrobático.
'Art|merkmal *n* característica *f* específica; 2**verwandt** *adj.* afín.
Arz'nei *f* medicina *f*, medicamento *m*, fármaco *m*; (*Heilmittel*) remedio *m*; **~ausschlag** ♂ *m* exantema *m* medicamentoso; **~buch** *n* farmacopea *f*; **~fläschchen** *n* frasco *m* de medicina; **~kasten** *m* botiquín *m*; **~kraut** *n* hierba *f* medicinal (*od.* oficinal); **~kunde** *f* farmacología *f*; **~mittel** *n* → *~kunde*; **~mittelsucht** *f* fármacodependencia *f*; **~pflanze** *f* planta *f* medicinal (*od.* oficinal); **~schrank** *m* botiquín *m*; **~trank** *m* poción *f*; (*Tee*) tisana *f*; **~verordnung** *f* medicación *f*; prescripción *f* médica; **~waren** *f/pl.* productos *m/pl.* farmacéuticos.
Arzt *m* (-es; ⁻e) médico *m*, facultativo *m*, F doctor *m*, galeno *m*; *den ~ holen (lassen)* llamar al médico.
'Ärzte|besucher *m* visitador *m* médico; **~kammer** *f* Colegio *m* de Médicos; **~schaft** *f* cuerpo *m* médico (*od.* facultativo).
'Arzt|helferin *f*, **~hilfe** *f* secretaria *f* médica; auxiliar *f* de médico.
'Ärzt|in *f* médica *f*, F doctora *f*; 2**lich** *adj.* médico, facultativo; **~e Behandlung** tratamiento *m* médico; **~e Hilfe** asistencia *f* médica (*od.* facultativa); **~es Zeugnis** (*od.* Attest) certificado *m* médico.
'Arzt|praxis *f* consultorio *m* (médico); **~wahl** *f*: *freie ~* libre elección *f* del médico (*od.* facultativo).
As[1] *n* (-ses; -se) *Kartenspiel u. fig.* as *m*.
As[2], **as** ♪ *n* (-; -) la *m* bemol; **As-Dur** *n* la *m* bemol mayor; **as-Moll** *n* la *m* bemol menor.
As'best *m* (-es; -e) asbesto *m*; amianto *m*; **~anzug** *m* traje *m* de asbesto; **~dichtung** ⊕ *f* junta *f* (*od.* empaquetadura *f*) de asbesto; **~pappe** *f* cartón-asbesto *m*; **~platte** *f* placa *f* de amianto; **~zement** *m* fibrocemento *m*.
'aschblond *adj.* (0) rubio ceniza.
'Asche *f* ceniza *f*; *glühende ~* rescoldo *m*; *aus der ~ erstehen* renacer de sus cenizas; *in ~ verwandeln* reducir a cenizas.
'Aschen...: **~bahn** *f Sport*: pista *f* de ceniza; **~bahnrennen** *n* carrera *f* sobre pista de ceniza; **~becher** *m* cenicero *m*; **~brödel** *n* Cenicienta *f* (*a. fig.*); **~kasten** *m* cenicero *m*; **~puttel** *n* → *~brödel*.
Ascher'mittwoch *m* miércoles *m* de ceniza.
'asch...: **~fahl**, **~farben**, **~farbig** *adj.* ceniciento, (de) color ceniza; **~grau** *adj.* gris ceniza.
Ascor'binsäure ♂ *f* ácido *m* ascórbico.
'äsen (-*t*) *v/i. Wild*: pacer.
a'septisch *adj.* aséptico.
Aserbaid'schan *n* Azerbaiyán *m*.
Asi'at(in *f*) *m* (-en) asiático (-a *f*) *m*; 2**isch** *adj.* asiático.
'Asien *n* Asia *f*.
As'ke|se *f* (0) ascética *f*, ascetismo *m*; **~t** *m* (-en) asceta *m*; 2**tisch** *adj.* ascético.
Äsku'lapstab *m* vara *f* de Esculapio; caduceo *m*.
'asozial *adj.* asocial, antisocial.
As'pekt *m* (-*es*; -e) aspecto *m*.
As'phalt *m* (-*es*; -e) asfalto *m*; **~decke** *f* revestimiento *m* asfáltico, pavimento *m* de asfalto, asfaltado *m*.
asphal'tier|en (-) *v/t.* asfaltar; 2**en** *n*, 2**ung** *f* asfaltado *m*.
As'phalt|pappe *f* cartón *m* asfaltado; **~straße** *f* carretera *f* asfaltada.
As'pik *Kochk. m* (-s; -e) jalea *f*, gelatina *f* (de carne).
Aspi'rant *m* aspirante *m*, candidato *m*; 2**'rieren** (-) *Gr. v/t.* aspirar.
Aspi'rintablette *f* comprimido *m* de aspirina.
'Assel *Zoo. f* (-; -*n*) cochinilla *f* de humedad.
As'sessor *m* (-s; -en) ♂ aspirante *m* a la judicatura; (*Lehrer*) *etwa*: profesor

Assimilation — ätzen

m agregado de bachillerato.
Assimi|lati'on f asimilación f; **♀'lieren** (-) v/t. asimilar.
Assis't|ent(in f) m (-en) asistente m/f, ayudante m/f; Uni. profesor m ayudante; **~enz-arzt** m médico m ayudante; **♀ieren** (-) v/t. asistir, ayudar.
Assozi|ati'on f asociación f; **♀'ieren** (-) v/t. asociar.
As'syr|ien n Asiria f; **♀isch** adj. asirio.
Ast m (-¢s; ⸚e) rama f; im Holz: nudo m; F fig. sich e-n ~ lachen troncharse (od. morirse) de risa; fig. den ~ absägen, auf dem man sitzt matar la gallina de los huevos de oro; fig. er ist auf dem absteigenden ~ F va de capa caída.
'Aster ♀ f (-; -n) aster m.
Asthe'nie ♂ f astenia f.
As'then|iker m, **♀isch** adj. asténico (m).
Äs'thet m (-en) esteta m; **~ik** f (0) estética f; **~iker** m, **♀isch** adj. estético (m).
'Asth|ma ♂ n (-s; 0) asma f; **~'matiker** (in f) m asmático (-a f) m; **♀'matisch** adj. asmático.
astig'ma|tisch ♂ adj. astigmático; **♀'tismus** m astigmatismo m.
'Astloch n agujero m de nudo.
As'tralleib m cuerpo m astral.
'astrein F adj. impecable; das ist nicht ganz ~ eso no está muy católico.
Astro'|loge m (-n) astrólogo m; **~lo'gie** f (0) astrología f; **♀'logisch** adj. astrológico; **~'naut** m (-en) astronauta m; **~'nautik** f (0) astronáutica f; **~'nom** m (-en) astrónomo m; **~no-'mie** f (0) astronomía f; **♀'nomisch** adj. astronómico (a. fig.); **~phy'sik** f astrofísica f; **~'physiker** m astrofísico m.
As'tur|ien n Asturias f; **♀isch** adj. asturiano, astur.
'Astwerk n ramaje m.
A'syl n (-s; -e) asilo m (a. Heim); fig. refugio m; um ~ bitten pedir asilo; ~ gewähren conceder (od. dar) asilo, asilar.
Asy'lant m (-en) asilado m.
A'syl...: **~antrag** m petición f (od. solicitud f) de asilo; **~bewerber(in** f) m solicitante m/f de asilo; **~recht** n derecho m de asilo.
'asymmetrisch adj. asimétrico.
'asynchron ⚡ adj. asíncrónico.
Ata'vis|mus m (-; -men) atavismo m; **♀tisch** adj. atávico.
Ate'lier [ata'ljeː] n (-s; -s) taller m; Mal., Film: estudio m.
'Atem [aː] m (-s; 0) aliento m; (Atmen) respiración f; Poes. hálito m; außer ~ sin aliento, sofocado; außer ~ kommen perder el aliento; ~ holen (od. schöpfen) tomar aliento; tief ~ holen respirar hondo; den ~ anhalten contener la respiración; den ~ verschlagen cortar la respiración; wieder zu ~ kommen cobrar aliento; fig. j-n in ~ halten no dejar respirar a alg.; in Spannung: tener a alg. en vilo (od. suspense); der stockte ihm se quedó sin (od. se le cortó la) respiración; **~beklemmung** f sofocación f, ahogo m; **~beraubend** adj. impresionante; palpitante; vertiginoso; **~beschwerden** f/pl. trastornos m/pl. respiratorios, molestias f/pl. respiratorias; **~gerät** n aparato m respiratorio; **~geräusch** ♂ n murmullo m respiratorio; **~gymnastik** f gimnasia f respiratoria; **~holen** n respiración f; inspiración f; **♀los** adj. sin aliento, jadeante, sofocado; **~maske** f careta f de respiración; **~not** ♂ f disnea f, sofocación f; **~pause** f pausa f respiratoria; fig. respiro m; **~stillstand** ♂ m paro m respiratorio; **~übungen** f/pl. ejercicios m/pl. respiratorios; **~wege** m/pl. vías f/pl. respiratorias; **~zug** m respiración f; inspiración f; bis zum letzten ~ hasta el último aliento; den letzten ~ tun dar el último suspiro; in e-m ~ de un aliento.
Athe'is|mus m (-; 0) ateísmo m; **~t(in** f) m (-en) ateo (-a f) m, ateísta m/f; **♀tisch** adj. ateo, ateísta.
A'then n Atenas f; **~e** Myt. f Atena f; **~er(in** f) m, **♀isch** adj. ateniense (m/f).
'Äther m (-s; 0) Phys. u. ♟ éter m; Radio: a. aire m; mit ~ betäuben anestesiar con éter, eterizar.
ä'therisch adj. etéreo (a. fig.); ♟ m. volátil; Öl: a. esencial.
'Äthernarkose ♂ f eterización f.
Äthi'op|ien n Etiopía f; **~ier(in** f) m etíope m/f; **♀isch** adj. etíope.
Ath'let m (-en), **~in** f atleta m/f; **~enherz** ♂ n corazón m de atleta; **~ik** f (0) atletismo m; **♀isch** adj. atlético.
Ä'thyl ♟ m n (-s; 0) etilo m; **~alkohol** m alcohol m etílico.
Äthy'len n (-s; 0) etileno m.
At'lant m (-en) atlas m; △ atlante m; **~ik** m (-s; 0) (Océano m) Atlántico m; **~ikpakt** Pol. m Pacto m (del) Atlántico; **~is** Myt. f Atlántida f; **♀isch** adj. atlántico; **♀er Ozean** → Atlantik.
'Atlas m 1. Geogr., Myt. Atlas m; 2. (-, -ses; -se, -'lanten) atlas m; 3. (-, -ses; -se) (Seiden♀) satén m; (Baumwoll♀) raso m; 4. (-, -ses; 0) Anat. atlas m; **♀artig** adj. satinado, arrasado.
'atmen (-e-) I. v/i. respirar; schwer ~ jadear, resollar; tief ~ respirar hondo; II. v/t. respirar (a. fig.); III. ♀ n respiración f.
Atmo'sphär|e [-'fɛː-] f atmósfera f; fig. a. ambiente m; **~endruck** m presión f atmosférica; **♀isch** adj. atmosférico; **~e Störungen** interferencias f/pl. (od. perturbaciones f/pl.) atmosféricas.
'Atmung f respiración f; künstliche ~ respiración f artificial; **~s-organ** ♂ n e.a. aparato m respiratorio; pl. ~ e a. aparato m respiratorio; **~sstoffwechsel** ♂ m metabolismo m respiratorio; **~szentrum** n centro m respiratorio.
'Ätna Geogr. m Etna m.
A'toll n (-s; -e) atolón m.
A'tom n (-s; -e) átomo m; **~antrieb** m propulsión f nuclear.
ato'mar adj. atómico.
A'tom...: **~ausstieg** m abandono m de la energía nuclear; **~bombe** f bomba f atómica; **♀bombensicher** adj. a prueba de bombas atómicas; **~brennstoff** m combustible m atómico; **~bunker** m refugio m (anti)atómico (od. antinuclear); **~energie** f energía f atómica (od. nuclear); **~energiekommission** f Comisión f de Energía Atómica; **~explosion** f explosión f atómica (od. nuclear); **~forscher** m investigador m (od. científico m) atómico (od. nuclear); **~forschung** f investigación f nuclear; **♀frei** adj.: ~e Zone zona f desnuclearizada; Schaffung e-r ~en Zone desnuclearización f; **~gegner** m/pl. antinucleares m/pl.; **~gemeinschaft** f: Europäische ~ (Abk. Euratom) Comunidad f Europea de Energía Atómica; **~geschoß** n proyectil m atómico; **~gewicht** n peso m atómico; **~hülle** f nube f de electrones; **♀i'sieren** v/t. atomizar; **~kanone** f cañón m atómico; **~kern** m núcleo m atómico; **~kraft** f energía f atómica (od. nuclear); **~kraftwerk** n central f nuclear (od. atómica); **~krieg** m guerra f atómica; **~macht** Pol. f potencia f nuclear; **~masse** f masa f atómica; **~meiler** m pila f atómica; **~müll** m residuos m/pl. (od. desechos m/pl.) radiactivos (od. atómicos); **~mülldeponie** f, **~mülllager** n basurero m atómico (od. radiactivo), depósito m (od. vertedero m) nuclear, cementerio m atómico; **~physik** f física f nuclear; **~physiker** m físico m nuclear; **~rakete** f cohete m (od. misil m) atómico; **~reaktor** m reactor m atómico (od. nuclear); **~regen** m lluvia f (od. precipitación f) radiactiva; **~rüstung** f armamento m nuclear; **~spaltung** f fisión f nuclear; **~sperrvertrag** m tratado m de no proliferación (de armas atómicas); **~sprengkopf** m cabeza f (od. ojiva f) nuclear; **~stützpunkt** m base f atómica; **~technik** f técnica f nuclear; **~teilchen** n partícula f atómica; **~treibstoff** m combustible m atómico; **~unterseeboot** n submarino m atómico (od. nuclear); **~versuch** m prueba f nuclear; **~waffe** f arma f nuclear (od. atómica); **~waffenfrei** adj. → ♀frei; **~zahl** f número m atómico; **~zeitalter** n era f atómica; **~zerfall** m desintegración f atómica; **~zertrümmerung** f transformación f nuclear.
'atonal ♪ adj. atonal; **♀i'tät** ♪ f (0) atonalidad f.
ätsch! int. ¡fastídiate!, F ¡para que te empapes!
Atta'ché [ataˈʃeː] Dipl. m (-s; -s) agregado m.
At'tachment n Internet: attachment m, adjunto m; et. als ~ schicken adjuntar a/c., atachear a/c.
At'ta|cke f ataque m (a. ♂); **♀'ckieren** (-) v/t. atacar; embestir.
Atten'tat n (-¢s; -e) atentado m; ein ~ auf j-n verüben atentar contra (la vida de) alg., cometer un atentado contra alg.; **~'täter(in** f) m autor(a f) m del atentado.
At'test n (-¢s; -e) certificado m; atestado m; ein ~ ausstellen extender (od. expedir) un certificado.
attes'tieren (-) v/t. certificar; testificar.
Attrak'ti|on f atracción f; **♀'tiv** adj. atractivo; (sehr) ~ sein F tener gancho.
At'trappe f envase m vacío; objeto m imitado (od. F de pega); simulacro m.
Attri'but n (-¢s; -e) atributo m (a. Gr.); (Sinnbild) emblema m.
attribu'tiv adj. atributivo.
'Atzdruck m grabado m al agua fuerte.
'at-Zeichen n Internet: arroba f.
'atzen (-t) v/t. cebar, echar (od. dar) de comer.
'ätz|en (-t) v/t. u. v/i. corroer, mor-

der; *auf Kupfer usw.*: grabar al agua fuerte; ⚡ cauterizar; ~end *adj.* cáustico (*a. fig.*), corrosivo, mordiente; ⚡ cauterizante; ²**kali** *n* potasa *f* cáustica; ²**kalk** *m* cal *f* viva; ²**kraft** *f* causticidad *f*; ²**mittel** *n* corrosivo *m*, mordiente *m*; bsd. ⚡ cáustico *m*; ²**nadel** *f* buril *m*; ²**natron** *n* sosa *f* cáustica; ²**ung** *f* corrosión *f*; ⚡ cauterización *f*; (*Zeichnung*) aguafuerte *m*; ²**wasser** *n* agua *f* fuerte.

au! *int.* ¡ay!

Auber'gine [o'bɛr'ʒiːnə] ❦ *f* berenjena *f.*

auch *cj.* también; además; *ich ~ yo* también; *ich ~ nicht* yo tampoco; *oder ~* o también; o sea; o bien; *wenn ~, ~ wenn* aunque, aun cuando; *wenn er mir ~ sagt* aunque me dice *bzw.* diga; *und wenn ~ (Antwort)* y aunque así sea; ¿y qué?; *wo ~ (immer)* sea donde fuere; dondequiera que fuese; *wer es ~ sei* sea quien sea (*od.* fuere); *wie dem ~ sei* sea lo que sea; *mag er ~ noch so reich sein* por muy rico que sea; *was er ~ immer sagen mag* diga lo que diga; diga lo que quiera; *ohne ~ nur zu fragen* sin preguntar siquiera; *~ das noch!* ¡y encima eso!; ¡lo que (me) faltaba!; *~ das nicht (nicht einmal)* ni (siquiera) eso; *ich gebe dir das Buch, nun lies es aber ~* no dejes de leerlo; *wirst du es ~ (wirklich) tun?* ¿lo harás de verdad?; *ist es ~ wahr?* ¿es de veras?; *das ist ~ wahr! (Antwort)* eso también es verdad; *so ist es ~!* así es, en efecto, efectivamente.

Audi'enz *f* audiencia *f*; *e-e ~ gewähren* conceder una audiencia.

'**Audion** *n* (-s; -s, -en) audión *m.*

audiovisu'ell *adj.* audiovisual.

Audi'torium *n* (-s; -rien) (*Saal, Zuhörer*) auditorio *m*; (*Saal*) a. auditórium *m*; ~ *maximum* paraninfo *m*, aula *f* magna.

'**Au(e)** *f* vega *f*; (*Wiese*) prado *m*, pradera *f.*

'**Auer|hahn** *m* gallo *m* silvestre, urogallo *m*; ~**ochse** *m* uro *m.*

auf **I.** *prp.* **1.** *mit dat.*: sobre; en; a; de; por; durante; ~ *der Welt* en el mundo; ~ *dem Lande* en el campo; ~ *e-m Ball* (*e-r Schule, e-r Universität*) en un baile (en una escuela, en una universidad); ~ *dem Markt* en el mercado; ~ *der Straße* en la calle; *der Weg, ~ dem wir gehen* el camino por el que vamos; ~ *s-r Seite* a su lado; ~ *Seite 15* en la página 15; ~ *s-m Zimmer* en su habitación; ~ *dem nächsten Wege* por el camino más corto; ~ *der Jagd sein* estar de caza; ~ *Reisen* de viaje; ~ *der Reise* durante el viaje, en el viaje; ~ *Besuch* de visita; **2.** *mit ac.*: sobre, encima de; en; a; de; por; durante; hasta; para; ~ *den Tisch legen* poner encima de (*od.* sobre) la mesa; ~ *e-e Entfernung von* a una distancia de; ~ *die Erde fallen* caer a (*od.* dar en) tierra; ~ *die Post gehen* ir a Correos; ~*s Land gehen* ir al *bzw.* de campo; ~ *sein Zimmer gehen* ir(se) a su habitación; ~ *einen Zentner gehen 50 Kilo* en un quintal entran 50 kilos; ~ *...* im (*kraft, gemäß*) conforme a, de acuerdo con; (*als Antwort*) en respuesta; (*als Folge*) en vista de; ~ *m-e Bitte* (*hin*) a petición mía, atendiendo mi ruego; ~ *m-n Befehl* por orden mía; ~ *s-n Rat* (*hin*) siguiendo su consejo; ~ *s-e Veranlassung* por iniciativa suya; ~ *s-n Vorschlag* a propuesta suya; *alle bis ~ einen* todos excepto uno; *bis ~ die Hälfte* hasta la mitad; *es hat nichts ~ sich* no tiene importancia; **3.** *Art u. Weise*: ~ *diese Weise* de este modo; ~ *französisch* en francés; ~ *einmal* de una vez; de pronto; ~ „*d*" *endigen* terminar en „d"; ~*s beste* del mejor modo posible; ~*s höchste* en sumo grado; **4.** *zeitlich*: *es geht ~ neun Uhr* van a dar las nueve; ~ *einige Tage* durante (*od.* por) algunos días; ~ *ewig* para siempre; ~ *die Minute* al minuto; ~ *ein Jahr* por un año; **II.** *adv.* (*offen*) abierto; (*aufgestanden*) levantado; ~ *und ab* arriba y abajo; ~ *und ab gehen* ir y venir, ir de un lado para otro; ~ *und davon gehen, sich ~ und davon machen* escapar(se); F largarse; *von klein ~* desde niño; **III.** *cj.*: ~ *daß* para que, a fin de que; ~ *daß nicht* para que no, para evitar que; **IV.** *int.*: ~! (F ~ *geht's!*) *antreibend*: ¡vamos!; ¡andando!; ¡ea!; ¡adelante!; *ermunternd*: ¡ánimo!; ¡hala!; (*aufgestanden!*) ¡arriba!; **V.** ² *n: das ~ und Ab* (*des Lebens*) los altibajos (de la vida).

'**auf-arbeit|en** (-e-) *v/t.* poner al día; (*vollenden*) acabar, terminar; (*erschöpfen*) agotar; (*erneuern*) renovar (*a. Kleid*); restaurar; ²**ung** *f* acabado *m*, retoque *m*; renovación *f.*

'**auf-atmen** (-e-) *v/i.* respirar (*a. fig.*).

'**aufbahr|en** *v/t. Leiche*: levantar el catafalco; amortajar; *aufgebahrt sein* estar de cuerpo presente; ²**ung** *f feierliche*: (instalación *f* de la) capilla *f* ardiente.

'**Aufbau** *m* (-*e*s; -*ten*) construcción *f*, edificación *f*; (*Anlage*) disposición *f*; ⊕ montaje *m*; *Kfz.* carrocería *f*; (*Gefüge*) estructura *f*, textura *f*, constitución *f*; *fig.* organización *f*; ~**arbeit** *f* trabajo *m* constructivo (*a. fig.*); ²**en** *v/t.* construir, edificar, erigir; ⊕ montar; 🔧 sintetizar; (*aufstellen*) disponer, colocar; *fig.* crear; fundar; organizar; F *j-n ~* poner a alg. en (el) candelero; *sich ~ auf* basarse en; *F er baute sich vor mir auf* se plantó delante de mí; ²**end** *adj.* constructivo.

'**aufbäumen I.** *v/t. Weberei*: die Kette ~ plegar la urdimbre; **II.** *v/refl.*: *sich ~ Pferd*: encabritarse; *Person*: rebelarse (*gegen* contra).

'**aufbauschen** *v/t.* abultar (*a. fig.*); *fig.* exagerar, *bsd. Nachricht*: hinchar.

Aufbauten ⚓ *m/pl.* superestructura *f.*

'**aufbegehren** (-) *v/i.* protestar, rebelarse (*gegen* contra).

'**aufbehalten** (*L*; -) *v/t. Hut*: dejar puesto.

'**aufbeißen** (*L*) *v/t.* romper con los dientes; *Nüsse*: cascar.

'**aufbekommen** (*L*; -) *v/t. Tür usw.*: lograr abrir; *Knoten*: deshacer; *Speise*: comer sin dejar resto; *Aufgabe*: tener que hacer.

'**aufbereit|en** (-e-; -) ⊕ *v/t.* preparar (*a. Erze*); *bsd. Ware*: acondicionar; ²**ung** *f* preparación *f*; tratamiento *m*; acondicionamiento *m*; *Abfall*: a. reciclaje *m*, procesamiento *m.*

'**aufbesser|n** (-re) *v/t.* mejorar; *Gehalt*: aumentar; ²**ung** *f* mejoramiento *m*; *Gehalt*: aumento *m.*

'**aufbewahren** (-) *v/t.* conservar; guardar; reservar; depositar; *im Lager*: almacenar; *kühl* (*trocken*) ~ consérvese en frío (en sitio seco); *gut aufbewahrt* a buen recaudo.

'**Aufbewahrung** *f* conservación *f*; custodia *f*; depósito *m*; *für Gepäck*: consigna *f*; *zur ~ geben* entregar en depósito; *Koffer*: consignar; *j-m et.*: confiar a/c. a la custodia (*od.* al cuidado) de alg.; ~**sgebühr** *f* derechos *m/pl.* de depósito (*a. für Wertpapiere*); ~**s-ort** *m* depósito *m*; 🎒 *für Gepäck*: consigna *f.*

'**aufbiet|en** (*L*) *v/t. Brautpaar*: amonestar; (*zusammenrufen*) llamar, convocar; ⚔ llamar a filas; *a. fig.* movilizar; *fig. Mittel, Einfluß usw.*: emplear, poner en juego; *alle s-e Kräfte ~, alles ~* apelar a todos los recursos, F hacer lo imposible, remover cielo y tierra; ²**ung** *f* ⚔ movilización *f* (*a. fig.*); llamamiento *m* a filas; *unter ~ aller Kräfte* con un supremo esfuerzo, con todas sus fuerzas.

'**aufbinden** (*L*) *v/t.* (*losbinden*) desatar, desliar, soltar; (*befestigen*) sujetar, atar; ❦ rodrigar; F *fig. j-m et.* (*od. e-n Bären*) ~ hacer creer a/c. a alg.; F *pegársela a alg.*; *er läßt sich alles ~* F se lo traga todo, se traga todas las bolas; *sich nichts ~ lassen* F no chuparse el dedo.

'**aufbläh|en** *v/t. u. v/refl.* hinchar(se), inflar(se) (*a. fig.*); *sich ~* ⚡ timpanizarse, abota(r)garse; *fig.* pavonearse, inflarse; ²**ung** *f* hinchazón *f* (*a. fig.*); ⚡ timpanización *f*, meteorismo *m*; *fig.* pavoneo *m.*

'**aufblas|bar** *adj.* hinchable; ~**en** (*L*) *v/t.* hinchar, inflar; *fig.* sich ~ inflarse; → *aufgeblasen.*

'**aufbleiben** (*L*; *sn*) *v/i. Tür usw.*: quedar abierto; *Person*: (*wachen*) velar, no acostarse; (*immer*) *lange ~* estar levantado (*od.* no acostarse) hasta muy tarde.

'**aufblenden** (-e-) *v/i. Kfz.* poner la luz larga (*od.* de carretera).

'**aufblicken** *v/i.* alzar la vista (*od.* la mirada), levantar los ojos (*zu* a); *fig. zu j-m ~* mirar a alg. con (mucho) respeto.

'**aufblitzen** (-*t*) **I.** *v/i. Licht*: relampaguear, centellear, destellar; *Feuer*: chispear, lanzar una llamarada; **II.** ² *n Licht*: centelleo *m*, destello *m*; relampagueo *m*; *e-s Funkens*: chispazo *m*; *e-s Schusses*: fogonazo *m.*

'**aufblüh|en I.** *v/i.* (*sn*) *Knospen*: abrirse; *fig.* florecer, prosperar, estar en auge; *fig.* wieder ~ rejuvenecer, revivir; **II.** ² *n* floración *f*, florescencia *f*; *fig.* auge *m.*

'**aufbocken** *Kfz. v/t.* levantar sobre tacos.

'**aufbohren** ⊕ *v/t.* abrir (taladrando).

'**aufbrauchen** *v/t.* consumir; agotar, apurar, gastar, acabar.

'**aufbrausen** (-*t*) **I.** *v/i.* (empezar a) hervir; 🔧 producir efervescencia; *Meer*: encresparse; *fig.* encolerizarse, F echar (*od.* lanzar) chispas; *er braust leicht auf* es muy irascible, F en seguida se sube a la parra; **II.** ² *n*

aufbrausend — Aufgabe 60

efervescencia *f*; ~**d** *adj.* efervescente; *fig.* irascible, colérico, irritable; fogoso.

'**aufbrechen** (*L*) **I.** *v/t.* (*öffnen*) abrir, romper; *gewaltsam*: forzar, violentar, reventar; *Schloß*: descerrajar; *Wild*: destripar; **II.** *v/i.* (*sich öffnen*) abrirse (*a. Knospen*); (*platzen*) reventar; *Eis*: romperse; *Haut*: agrietarse; (*weggehen*) marcharse, ponerse en marcha (*od.* camino) (*nach para*).

'**aufbrennen** (*L*) **I.** *v/t. Zeichen*: marcar a hierro candente; **II.** *v/i.* inflamarse, prender fuego.

'**aufbringen** (*L*) *v/t.* (*öffnen*) lograr abrir; (*beschaffen*) procurar, proporcionar; *Geld*: reunir; *Mode usw.*: lanzar; *Gerücht*: inventar; poner en circulación; *Truppen*: levantar; ⚓ *Schiff*: apresar; *fig.* (*erzürnen*) enojar, encolerizar, irritar; F poner negro; → *aufgebracht.*

'**Aufbruch** *m* **1.** salida *f*, partida *f* (*nach, zu para*); marcha *f*; *fig.* resurgimiento *m*; auge *m*; **2.** *Jgdw.* entrañas *f/pl.*

'**aufbrühen** *v/t.* dar un hervor a; *Tee, Kaffee*: hacer, preparar.

'**aufbrummen** F *v/t. Strafe usw.*: F endilgar.

'**aufbügeln** (*-le*) *v/t.* planchar; pasar la plancha por.

'**aufbürden** (*-e-*) *v/t.*: j-m et. ~ cargar (*od.* F endosar) a/c. a alg. (*a. fig.*).

'**aufdeck|en** *v/t.* descubrir (*a. fig.*); *Bett*: replegar las sábanas; *Tischtuch*: poner el mantel; *Topf*: destapar; *fig.* revelar, *Neol.* desvelar, F tirar de la manta; 2**ung** *f* descubrimiento *m*, revelación *f*.

'**aufdonnern** (*-re*) F *v/refl.*: sich ~ F emperejilarse, emperifollarse; *aufgedonnert* emperejilado; peripuesto.

'**aufdrängen** *v/t.*: j-m et. ~ obligar a alg. a tomar a/c.; *fig.* imponer a/c. a alg.; *sich j-m* ~ importunar a alg.

'**aufdrehen I.** *v/t. Faden*: destorcer; *Hahn, Gas usw.*: abrir; *Schraube*: aflojar; *Uhr*: dar cuerda; **II.** *v/i. Kfz.* pisar el gas a fondo; hundir el pedal; F *fig. aufgedreht sein* F estar en vena, tener cuerda.

'**aufdringlich** *adj.* importuno, molesto; pesado, F cargante; ~ *werden* propasarse; ~*er Mensch* F pesado *m*, pelma(zo) *m*, pegote *m*; 2**keit** *f* importunidad *f*; pesadez *f*.

'**Auf|druck** *m* impresión *f*; 2**drucken** *v/t.* imprimir, estampar; 2**drücken** *v/t.* (*öffnen*) abrir empujando; *Stempel usw.*: poner, estampar.

auf-ein'ander *adv.* uno sobre otro; (*gegeneinander*) uno contra otro; (*nacheinander*) uno tras otro, uno por uno; 2**folge** *f* sucesión *f*, serie *f*; ~**folgen** *v/i.* sucederse, seguirse; ~**folgend** *adj.* sucesivo, consecutivo, seguido; ~**häufen** *v/t.* acumular, apilar, amontonar; ~**legen** *v/t.* poner a/c. encima de otra, sobreponer, superponer; ~**prallen** (*sn*), ~**stoßen** (*L*; *sn*) *v/i.* chocar (uno contra otro), entrechocarse (*beide a. fig.*); *Kfz. usw.*: entrar en colisión; 2**prallen** *n* choque *m*, colisión *f*.

'**Aufenthalt** *m* (*-es, -e*) estancia *f*, estadía *f*; *längerer*: permanencia *f*; ⓟ parada *f*; (*Wohnsitz*) domicilio *m*; residencia *f*; (*Verzögerung*) demora *f*, retraso *m*; (*Hindernis*) obstáculo *m*, contratiempo *m*; *ohne* ~ sin demora; 🚆 sin parada, directo; *wie lange haben wir* ~? ¿cuánto tiempo para el tren (*od.* paramos) aquí?; ~**sbestätigung** *f* certificado *m* de residencia; ~**sdauer** *f* (duración *f* de la) estancia *f*; ~**sgenehmigung** *f* permiso *m* de residencia (*od.* de estancia); ~**s-ort** *m* paradero *m*; *ständiger*: lugar *m* de residencia, domicilio *m*; *sein gegenwärtiger* ~ *ist unbekannt* se ignora su paradero; ~**sraum** *m* sala *f* de estar; ~**szeit** *f* tiempo *m* de permanencia.

'**auf-erleg|en** (-) *v/t. allg.* imponer; *Steuern*: *a.* gravar, cargar; *Strafe*: imponer, infligir; *sich Zwang* ~ reprimirse, contenerse; 2**ung** *f* imposición *f*.

'**auf-ersteh|en** (*L*; -; *sn*) *v/i.* resucitar; *fig. a.* resurgir; 2**ung** *f* (0) *Rel. u. fig.* resurrección *f*.

'**auf-erweck|en** (-) *v/t. Bib.* resucitar; *fig. a.* revivir; 2**ung** *f* resurrección *f*.

'**auf-essen** (*L*) *v/t.* comer(se) todo, acabar; F dejar el plato limpio.

'**auffädeln** (*-le*) *v/t.* enhebrar, enfilar; *Perlen*: ensartar.

'**auffahren** (*L*) **I.** (*sn*) *v/i.* (*aufsteigen*) subir; (*vorfahren*) desfilar por; parar delante de; ⚓ (*auf Grund* ~) encallar, embarrancar; *fig. erregt*: enfurecerse, montar en cólera; *erschreckt*: estremecerse, sobresaltarse; *aus dem Schlaf*: despertar sobresaltado; *Kfz.* ~ *auf* embestir; chocar por alcance; **II.** *v/t. Geschütz*: emplazar, poner en posición; *Speisen*: traer, poner sobre la mesa; ~**d** *adj.* irascible, colérico, irritable.

'**Auffahrt** *f* subida *f*; *in e-m Ballon*: ascensión *f*; *in e-m Wagen*: desfile *m*; *zu e-m Haus*: entrada *f*; (*Zufahrt*) acceso *m* (*a. Autobahn*); ~**srampe** *f* rampa *f* de acceso.

'**Auffahr-unfall** *m* accidente *m* por alcance.

'**auffallen** (*L*; *sn*) *v/i.* caer (*auf* en, sobre); *fig.* llamar la atención, saltar a la vista; (*überraschen*) sorprender; (*befremden*) extrañar, chocar; *er fiel unangenehm auf* causó mala impresión, hizo un mal papel; *nicht* ~ pasar inadvertido (*od. gal.* desapercibido); ~**d** *adj.* vistoso, ostentoso, aparatoso; (*sensationell*) espectacular, sensacional; (*überspannt*) excéntrico, extravagante; (*abstoßend*) chocante; *Kleider usw.*: llamativo; *Farbe*: chillón.

'**auffällig** *adj.* → *auffallend.*

'**auffangen** (*L*) *v/t.* coger (al vuelo) (*a. fig.*); (*sammeln*) recoger (*a.* ⊕); *Brief usw.*: interceptar; *Funkspruch*: *a.* captar; *Neuigkeiten usw.*: pescar; *Fall, Stoß*: amortiguar; *Schlag*: parar; *Angriff*: contener; ✝ compensar, absorber; 2**lager** *f nür Flüchtlinge*: campo *m* de recepción; 2**schale** ⊕ *f* recipiente *m* colector; bandeja *f*; 2**stellung** ⚔ *f* posición *f* de refugio.

'**auffassen** (*-ßt*) *v/t. fig.* concebir; (*begreifen*) comprender; (*deuten*) interpretar (*a. Bühnenrolle*); ~ *als* considerar como; *falsch* ~ interpretar mal.

'**Auffassung** *f* concepción *f*; (*Deutung*) interpretación *f*; (*Meinung*) opinión *f*, concepto *m*, parecer *m*, modo *m* de ver; *falsche* ~ interpretación *f* errónea, concepto *m* equivocado; *nach m-r* ~ en mi opinión, a mi modo de ver, a mi entender, a mi juicio; *die* ~ *vertreten, daß* opinar que; ~**sgabe** *f*, ~**svermögen** *n* entendimiento *m*, inteligencia *f*; (capacidad *f* de) comprensión *f*.

'**auffind|bar** *adj.* localizable; ~**en** (*L*) *v/t.* hallar; encontrar; localizar; (*entdecken*) descubrir; 2**ung** *f* descubrimiento *m*, hallazgo *m*.

'**auffischen** *v/t.* pescar (*a. fig.*).

'**aufflackern** (*-re*; *sn*) *v/i.* llamear, avivarse; *fig.* revivir; *Kampf usw.*: recrudecerse.

'**aufflammen** (*sn*) *v/i.* llamear, arder (en llamas); 🔥 deflagrar; *fig.* reavivarse.

'**aufflechten** (*L*) *v/t.* destrenzar.

'**auffliegen** (*L*; *sn*) *v/i. Vögel*: echar a volar, levantar (*od.* alzar) el vuelo; ✈ despegar; elevarse; *Tür*: abrirse de golpe; *Mine*: hacer explosión, estallar; *fig.* (*aufgelöst werden*) disolverse; *Unternehmen*: fracasar; ~ *lassen* (*sprengen*) volar, hacer saltar; *Mine*: hacer estallar; *fig. Plan usw.*: torpedear; *Bande usw.*: desmantelar, desarticular.

'**auffordern** (*-re*) *v/t.* invitar; *bittend*: pedir; *anordnend*: ordenar, mandar; *eindringlich*: requerir, exhortar; intimar; *ermunternd*: animar; *zum Tanz* ~ sacar a bailar; *zum Essen* ~ convidar, invitar a comer; 2**ung** *f* invitación *f* (*zu* a); requerimiento *m*, exhortación *f*; intimación *f*; ⚖ (*Vorladung*) citación *f*.

'**aufforst|en** (*-e-*) *v/t.* repoblar, *bsd. Am.* aforestar; 2**ung** *f* repoblación *f* forestal, *bsd. Am.* aforestación *f*.

'**auffressen** (*L*) *v/t.* devorar (*a. fig.*).

'**auffrisch|en I.** *v/t.* refrescar (*a. Gedächtnis*); *Bilder*: restaurar; *Kenntnisse*: desempolvar; (*erneuern*) renovar; (*wiederbeleben*) (re)avivar; **II.** *v/i. Wind*: refrescar, arreciar; 2**ungskurs** *m* cursillo *m* de refresco (*od.* de reciclaje).

'**aufführ|bar** *Thea. adj.* representable; ~**en I.** *v/t.* **1.** *Bau*: construir, edificar, levantar; **2.** (*aufzählen*) enumerar; citar; mencionar; *Zeugen*: presentar; (*eintragen*) ✝ asentar; *einzeln*: especificar; *auf e-r Liste*: incluir; **3.** *Thea.* representar; *Film*: exhibir, presentar; ♪ ejecutar; **II.** *v/refl.*: *sich* ~ (com)portarse; 2**ung** *f* enumeración *f*; mención *f*; (*Einzel*2) especificación *f*; ⚠ construcción *f*, edificación *f*; *Thea.* representación *f*; *Film*: exhibición *f*, proyección *f*; ♪ ejecución *f*; (*Konzert*2) audición *f*; *v. Zeugen*: presentación *f*; (*Benehmen*) comportamiento *m*, conducta *f*; *Thea. zur* ~ *bringen* llevar a escena; 2**ungsrecht** *n Thea.* derechos *m/pl.* de representación (♪ de ejecución).

'**auffüllen** *v/t.* (re)llenar; ✝ *Bestände*: reponer; *Personal*: completar.

'**auffüttern** (*-re*) *v/t.* cebar.

'**Aufgabe** *f* **1.** (*Arbeit*) tarea *f*; (*Pflicht*) deber *m*, obligación *f*; (*Obliegenheit*) función *f*, cometido *m*; misión *f*; (*Denk*2, 🧩) problema *m*; (*Schul*2) lección *f*, tema *m*; (*Haus*2) deber *m*; (*Übung*) ejercicio *m*; e-e ~ übernehmen aceptar una tarea, asumir una función; *sich et. zur* ~ *machen* tener empeño en, hacerse un deber de; *es ist nicht m-e* ~ no es asunto mío (*od.*

de mi incumbencia); **2.** (*Übergabe*) entrega *f*; *e-s Briefes usw*.: envío *m*, remisión *f*, expedición *f*; *v. Gepäck*: facturación *f*; **3.** (*Aufhören*) cese *m*; *e-s Amtes*: renuncia *f*, dimisión *f*; *e-s Geschäftes*: cesación *f*, cese *m*, liquidación *f*; *Sport, Stk*. retirada *f*; (*Verzicht*) renuncia *f* (*auf* a); abandono *m* (*auf* de); *wegen* ~ *des Geschäfts* por cese del negocio.
'**aufgabeln** F (*-le*) *v/t*. F pescar.
'**Aufgabe|nbereich** *m*, **~ngebiet** *n* esfera *f* de acción, campo *m* de actividades, ámbito *m* de funciones; **~nheft** *n* cuaderno *m* de ejercicios; **~nkreis** *m* → **~nbereich**; **~ort** & *m* punto *m* de origen; **~schein** *m* resguardo *m*, recibo *m*; **~stempel** *m* sello *m* de la oficina expedidora.
'**Aufgang** *m* subida *f*; *Astr*. salida *f*; (*Treppe*) escalera *f*.
'**aufgeben** (*L*) **I.** *v/t*. **1.** & expedir, enviar, remitir, *Brief*: a. echar (al correo); *Telegramm*: poner, cursar; *Gepäck*: facturar; ✝ *Bestellung*: encargar, hacer (un pedido); *Anzeige*: poner, insertar; **2.** *Problem*: plantear; *Rätsel*: (pro)poner; *Schulaufgabe*: dar; *j-m et*. ~ encomendar, encargar a/c. a alg.; **3.** *Hoffnung usw*.: perder, abandonar; *Kranke*: desahuciar; (*verzichten*) renunciar a; desistir de; *Plan usw*.: a. abandonar; **4.** (*aufhören mit*) cesar, acabar (con), dejar (de); *Dienst, Arbeit, Gewohnheit*: dejar; *Geschäft*: a. cerrar, liquidar; **II.** *v/i. Sport u. fig*. abandonar, darse por vencido; *Boxen u. fig*. arrojar la toalla (*od*. la esponja).
'**aufgeblasen** *adj*. inflado, hinchado; *fig. a*. presentuoso, creído, engreído; altanero, arrogante; ♀**heit** *f* (*0*) engreimiento *m*; arrogancia *f*; fatuidad *f*; petu!;ncia *f*.
'**Aufgebot** *n* **1.** *öffentliches*: proclama *f*, bando *m*; (*Ehe*♀) proclama *f* matrimonial, amonestaciones *f/pl*.; *das* ~ *bestellen* correr las amonestaciones; **2.** (*Menge*) gran cantidad *f*; **3.** ✗ *v. Truppen*: llamamiento *m* a filas, *bsd. Am*. conscripción *f*; *allgemeines* ~ leva *f* general; *unter großem* ~ con gran despliegue de; *unter* ~ *aller Kräfte* con un supremo esfuerzo, con todas sus fuerzas; **~sverfahren** ⚖ *n* procedimiento *m* edictal.
'**aufgebracht** *adj*. disgustado, enojado, irritado; furioso, indignado.
'**aufgedonnert** F *adj*. → *aufdonnern*.
'**aufgedreht** F *adj*. → *aufdrehen*.
'**aufgedunsen** *adj*. hinchado, inflado; *Gesicht*: a. abultado; *Leib*: abotargado.
'**aufgehen** (*L*; *sn*) *v/i*. (*sich öffnen*) abrirse (*a. Knospe, Geschwür*); *Sonne, Mond*: salir; *Teig*: fermentar, esponjarse; *Saat*: brotar; *Vorhang*: levantarse; *Knoten*: deshacerse, desatarse; *Naht*: descoserse; ⚕ caber exactamente en; *fig. in et*. ~ dedicarse plenamente a a/c.; *in Flammen* ~ ser pasto de las llamas; *das Herz geht mir auf* se me llena de gozo el corazón; *er ging ganz in s-r Arbeit auf* estaba absorbido por su trabajo; sólo vivía para su trabajo; *jetzt geht mir auf, daß* ahora comprendo que; **~d** *Astr. adj*. naciente.
'**aufgeilen** V *v/t*. P poner cachondo.
'**aufgeklärt** *adj*. instruido; *fig*. ilustrado, esclarecido; (*ohne Vorurteile*) libre de prejuicios; ♀**heit** *f* (*0*) ilustración *f*.
'**aufgeknöpft** F *adj*. (*gesprächig*) comunicativo; expansivo; F campechano.
'**aufgekratzt** F *fig. adj*. alegre, de buen humor.
'**Aufgeld** ✝ *n* agio *m*; (*Zuschlag*) recargo *m*.
'**aufgelegt** *adj*. dispuesto (*zu* para); *zu et*. ~ (*in Stimmung*) *sein* estar (de humor) para, tener ganas de; *er ist nicht zum Scherzen* ~ no está para bromas (*od*. para fiestas); *ich bin heute nicht zum Arbeiten* ~ no tengo ganas de trabajar; *gut* (*schlecht*) ~ *sein* estar de buen (mal) humor.
'**aufgelöst** *adj. Haar*: suelto; *fig*. fuera de sí; deshecho.
'**aufgeräumt** *fig. adj*. alegre, jovial, festivo, de buen humor.
'**aufgeregt** *adj*. agitado, nervioso; excitado; ♀**heit** *f* agitación *f*; excitación *f*; nerviosismo *m*.
'**aufgeschlossen** *fig. adj*. (*de espíritu*) abierto (*für* a); franco; (*mitteilsam*) comunicativo; ♀**heit** *f* (*0*) franqueza *f*, abertura *f*.
'**aufgeschmissen** F *adj*.: ~ *sein* F estar listo (*od*. aviado *od*. apañado), V estar jodido.
'**aufgeschossen** → *aufschießen*.
'**aufgetakelt** F *adj*. → *auftakeln*.
'**aufgeweckt** *adj*. despierto (*a. fig.*); *fig*. despejado; avispado; vivo, despabilado; ♀**heit** *f* listeza *f*, viveza *f*.
'**aufgeworfen** *adj. Lippen*: abultados.
'**aufgießen** (*L*) *v/t*. 🝪 poner en infusión; *Tee*: a. hacer, preparar.
'**aufglieder|n** (*-re*) *v/t*. (sub)dividir (in en); especificar; *Daten usw*: desglosar (*nach* por); ♀**ung** *f* (sub)división *f*; especificación *f*; desglose *m*.
'**aufgraben** (*L*) *v/t*. cavar, abrir (cavando).
'**aufgreifen** (*L*) *v/t*. coger al paso; pescar; *Dieb*: capturar, prender; *fig. Gedanken*: hacer suyo, volver sobre; *Nachricht*: hacerse eco de.
auf'grund → *Grund*.
'**Aufguß** *m* infusión *f*; *zweiter* ~ (*Kaffee*) recuelo *m*; **~beutel** *m* bolsita *f* de té; **~tierchen** *Bio. m/pl*. infusorios *m/pl*.
'**aufhaben** (*L*) *v/t. Hut*: tener (*od*. llevar) puesto; (*offen haben*) tener abierto; *Aufgaben*: tener que hacer.
'**aufhaken** *v/t*. abrir (a hachazos); *Erde*: cavar.
'**aufhalsen** F (*-t*) *v/t*.: *j-m et*. ~ F endosar (*od*. endilgar) a/c. a alg.; *sich et*. ~ cargarse de (*od*. con) a/c., echarse a c. encima.
'**aufhalten** (*L*) **I.** *v/t*. (*offenhalten*) (man)tener (*od*. *dejar*) abierto; *Hand*: tender, alargar; (*anhalten*) parar (*a. Schlag*), detener; (*hemmen*) impedir; (*verzögern*) retardar, demorar, retrasar; (*zurückhalten*) retener, detener; (*hinhalten*) entretener, retener; (*stören*) molestar, estorbar; *j-n* ~ hacer perder el tiempo a alg.; **II.** *v/refl*.: *sich* ~ (*Fahrt usw. unterbrechen*) detenerse; (*verweilen*) estar, hallarse, encontrarse (*in* en); permanecer (en); (*zu lang*) demorarse; *sich* ~ *über* (*tadeln*) censurar, criticar a/c., *stärker*: escandalizarse de a/c.; *sich* ~ *mit* entretenerse con, *negativ*: pararse en, perder el tiempo en; *lassen Sie sich nicht* ~! ¡no se moleste usted!
'**aufhäng|en** *v/t*. colgar (*an* de, en); suspender de; *Wäsche*: tender; *j-n* ~ ahorcar; F *j-m et*. ~ F colar (*od*. endosar) a/c. a alg.; ♀**er** *m* cinta *f*, tira *f* (para colgar); ♀**evorrichtung** ⊕ *f* dispositivo *m* de suspensión; ♀**ung** ⊕ *f* suspensión *f*.
'**aufhäuf|en** *v/t*. amontonar, acumular, apilar; *sich* ~ acumularse; ♀**ung** *f* acumulación *f*; acopio *m*; amontonamiento *m*.
'**aufheben** (*L*) **I.** *v/t*. **1.** levantar (*a. fig. Belagerung, Verbot, Tafel, Lager, Bann, Sitzung*); (*hochheben*) a. alzar; *vom Boden: a*. recoger; **2.** (*aufbewahren*) guardar, conservar; *für später*: reservar; *gut* (*od. sicher*) *aufgehoben sein* estar en buenas manos (*od*. en lugar seguro od. a buen recaudo); *Person*: estar bien atendido (*od*. cuidado); **3.** (*abschaffen*) suprimir; abolir; cancelar; *zeitweilig*: suspender; *Streik*: desconvocar; *Gesetz*: abrogar, derogar; *Verlobung*: romper; (*für ungültig erklären*) anular (*a. Ehe*), invalidar; *Vertrag*: rescindir, *Pol*. denunciar; ⚖ *Urteil*: revocar; casar; ⚕ *Bruch*: reducir (a números enteros); **4.** (*ausgleichen*) compensar, equilibrar; *Wirkung*: 🝪 neutralizar (*a. fig*.); *sich gegenseitig* ~ compensarse, equilibrarse, neutralizarse; **II.** ♀ *n*: *viel* ~*s von et. machen* hacer (*od*. meter) mucho ruido por a/c.; F cacarear a/c.
'**Aufhebung** *f der Belagerung usw.*: levantamiento *m*; (*Abschaffung*) supresión *f*; anulación *f*; cancelación *f*; abolición *f*; *vorläufige*: suspensión *f*; *e-s Streiks*: desconvocatoria *f*; *v. Gesetzen*: abrogación *f*, derogación *f*; *e-s Vertrages*: rescisión *f*; ⚖ *e-s Urteils*: revocación *f*; casación *f*; *e-r Wirkung*: neutralización *f* (*a. fig*).
'**aufheiter|n** (*-re*) *v/t. j-n*: animar; *sich* ~ *Wetter*: aclararse, abonanzar, serenarse; *Himmel*: despejarse; *Gesicht*: alegrarse, animarse; ♀**ung** *f Wetter*: claro *m* bzw. apertura *f* de claros; *fig*. diversión *f*, distracción *f*; ♀**ungsgebiet** *n* área *f* despejada.
'**aufhelf|en** (*L*) *v/i*.: *j-m* ~ ayudar a alg. a levantarse; *fig*. socorrer, auxiliar a alg.
'**aufhellen** *v/t*. aclarar; *fig. a*. esclarecer, dilucidar; *sich* ~ → *aufheitern*.
'**aufhetz|en** (*-t*) *v/t*. instigar, incitar, soliviantar, amotinar; *Hunde*: azuzar; ♀**er** *m* instigador *m*; *Pol*. demagogo *m*, agitador *m*, provocador *m*; ♀**ung** *f* instigación *f*, incitación *f*; *Pol*. demagogia *f*, provocación *f*.
'**aufheulen** *v/i*. echar a llorar; *Motor*: rugir.
'**aufholen I.** *v/t*. ⚓ izar; *Segel*: halar; *fig. Zeit usw*.: recuperar, recobrar; **II.** *v/i. Sport u. fig*. ganar terreno.
'**aufhorchen** *v/i*. escuchar atentamente; *fig*. aguzar los oídos, ser todo oídos.
'**aufhören** *v/i*. acabar, terminar, cesar; *Sturm*: calmarse; (*abbrechen*) interrumpirse, pararse; ~ *zu dejar*, cesar de; ~ *zu arbeiten* suspender el trabajo; *ohne aufzuhören* sin cesar; F

aufjagen — Aufmarschgebiet 62

da hört (F *sich*) *doch alles auf!*¡esto es el colmo! ¡es el acabóse!; *hör auf damit!* ¡basta ya!, ¡acaba ya de una vez!
'**aufjagen** *v/t. Wild*: batir, levantar, ojear.
'**aufjauchzen** (-t) *v/i.* lanzar gritos de alegría; jubilar.
'**Aufkauf** ✝ *m* compra *f* (en grande); acopio *m*; *spekulativer*: acaparamiento *m*; ⚙**en** *v/t.* comprar (en grandes cantidades); acopiar; acaparar.
'**Aufkäufer** *m* comprador *m* (en gran escala); acopiador *m*; (*Agent*) agente *m* de compras; (*Spekulant*) acaparador *m*.
'**aufkehren** *v/t.* barrer.
'**aufkeimen** *v/t.* germinar; brotar (*a. fig.*); ⚙**d** *fig. adj.* en germen, naciente, incipiente.
'**aufklapp**|**bar** *adj.* plegable; *Kfz. Verdeck*: descapotable; ⚙**en** *v/t. Buch, Messer*: abrir; *Kragen usw.*: levantar.
'**aufklaren** *v/i. Wetter*: aclarar(se), escampar.
'**aufklär**|**en** I. *v/t.* aclarar, dilucidar; *Verbrechen usw.*: a. esclarecer; *Flüssigkeit*: clarificar; *j-n, a. sexuell*: iniciar (en); informar (*über* sobre); (*unterrichten*) instruir, ilustrar, orientar; ⚙ reconocer, explorar; *j-n über e-n Irrtum* ⚙ desengañar, F abrir los ojos a alg.; II. *v/refl.*: *sich* ⚙ *Wetter*: → *aufheitern*; *Verbrechen*: esclarecerse; ⚙**er** *m Hist.* enciclopedista *m*; racionalista *m*; ⚙ explorador *m*; → *Aufklärungsflugzeug*.
'**Aufklärung** *f* aclaración *f*, dilucidación *f*; esclarecimiento *m*; clarificación *f*; *fig.* ilustración *f* (*a. Hist.*); ⚙ exploración *f*, reconocimiento *m*; *sexuelle* ⚙ iniciación *f* (*od.* educación *f*) sexual; *sich* ⚙ *verschaffen* informarse sobre a/c.; ⚙**s-abteilung** ⚙ *f* patrulla *f* de reconocimiento; ⚙**sfeldzug** *m* campaña *f* de información (*od.* de divulgación *od.* orientativa); ⚙**sfilm** *m* película *f* de iniciación sexual; ⚙**sflugzeug** ⚙ *n* avión *m* de reconocimiento; ⚙**sschrift** *f* folleto *m* de vulgarización; ⚙**s-tätigkeit** ⚙ *f* actividad *f* de reconocimiento; ⚙**szeitalter** *n* Siglo *m* de las Luces.
'**auf**|**kleben** *v/t.* pegar; *mit Leim*: encolar; *Briefmarken*: pegar, poner; ⚙**klebe-etikett** *n*, ⚙**klebezettel** *m* marbete *m*, etiqueta *f* adhesiva; ⚙**kleber** *m* adhesivo *m*, *Neol.* pegatina *f*.
'**aufklinken** *v/t. Tür*: abrir.
'**aufknacken** *v/t. Nuß*: cascar; F *Geldschrank*: forzar.
'**aufknöpfen** *v/t.* desabotonar, desabrochar; → *aufgeknöpft*.
'**aufknüpfen** *v/t. Knoten*: deshacer, desatar; *j-n*: ahorcar, P colgar.
'**aufkochen** (*sn*) *v/t. u. v/i.* hervir; cocer; ⚙ *lassen* hacer hervir, dar un hervor a.
'**aufkommen** (L) I. *v/i.* (*aufstehen*) levantarse (*a. Wind*); *Mode, Brauch usw.*: introducirse; surgir; aparecer; (*sich ausbreiten*) propagarse, difundirse; generalizarse; (*genesen*) reponerse, restablecerse; *für et.* ⚙ responder, responsabilizarse, hacerse responsable de a/c.; *für die Kosten* ⚙ costear, sufragar, pagar; *für den Schaden*: indemnizar, resarcir; *gegen j-n* ⚙ prevalecer sobre alg.; poder con alg.; *Zweifel* ⚙ *lassen* dar lugar a dudas; *nicht* ⚙ *lassen* no permitir, no tolerar, no dejar; *niemanden neben sich* ⚙ *lassen* no tolerar (*od.* no admitir) rivales; II. ⚙ *n* (*Genesung*) restablecimiento *m*; *e-r Mode usw.*: introducción *f*; aparición *f*; propagación *f*; *Steuer usw.*: ingresos *m/pl.*, recaudación *f*.
'**aufkratzen** (-t) *v/t.* arañar, rascar, raspar; *Wolle*: cardar; → *aufgekratzt*.
'**aufkrempeln** (-le) *v/t. Hose, Ärmel*: arremangar.
'**aufkreuzen** (-t) *v/t.* ⚓ barloventear; F *fig.* recalar, F descolgarse (*por un sitio*), dejarse caer.
'**aufkriegen** F *v/t.* → *aufbekommen*.
'**aufkündigen** *v/t.* → *kündigen*; *Gehorsam*: negar; *j-m die Freundschaft* ⚙ romper con alg.
'**auflachen** *v/t.* soltar una carcajada; *laut* ⚙ reír a carcajadas.
'**auflad**|**bar** *adj. Batterie*: recargable; ⚙**egebläse** *n* sobrealimentador *m*, compresor *m* de sobrealimentación; ⚙**egerät** *n* → *Auflader*; ⚙**en** (L) *v/t.* cargar (*a.* ⚡); *Motor*: sobrealimentar; *wieder* ⚙ recargar; *fig. j-m et.* ⚙ cargar a/c. a alg.; *sich et.* ⚙ cargarse de (*od.* con) a/c.; *j-m et.* ⚙ echarse a/c. encima; ⚙**er** *m* cargador *m*; ⚙**ung** *f* carga *f*; *Motor*: sobrealimentación *f*.
'**Auflage** *f* 1. *e-r Steuer*: imposición *f*; (*Steuer*) impuesto *m*; tributo *m*; *e-r Anleihe*: emisión *f*; 2. (*Bedingung*) condición *f*; 3. *e-s Buches*: edición *f*, tirada *f*; *verbesserte u. erweiterte* ⚙ edición *f* corregida y aumentada (*od.* ampliada); 4. ⊕ (*Stütze*) apoyo *m*; soporte *m*; (*Anstrich, Schicht*) capa *f*; (*Metall*⚙) chapado *m*; ⚙**fläche** *f* superficie *f* de apoyo; ⚙**(n)höhe** *f*, ⚙**(n)ziffer** *f* tirada *f*; ⚙**nstark** *adj.* de amplia tirada; *Zeitung*: de gran circulación; ⚙**r** ⊕ *n* apoyo *m*, soporte *m*, asiento *m*.
'**auflass**|**en** (L) *v/t. Tür, Hahn*: dejar abierto; *Hut*: dejar puesto; ⚖ ceder; ⚒ abandonar; *Ballon*: soltar; ⚙**ung** *f* ⚖ cesión *f*; *Grundstück*: transmisión *f* de la propiedad; ⚒ abandono *m*.
'**auflauern** (-re) *v/i.*: *j-m* ⚙ acechar, espiar a alg.
'**Auflauf** *m* 1. *v. Menschen*: agolpamiento *m*, gentío *m*; *stürmischer*: tumulto *m*, alboroto *m*; 2. *Kochk. fr.* soufflé *m*; ⚙**en** (L; *sn*) I. *v/i. Zinsen usw.*: acumularse; ⚓ encallar, varar; II. *v/t.*: *sich die Füße* ⚙ desollarse los pies.
'**aufleben** I. *v/i.* (*wieder* ⚙) revivir, resucitar; renacer; *fig.* reanimarse; II. ⚙ *n* reanimación *f* (*a. fig.*).
'**auflecken** *v/t.* lamer; *Hund, Katze*: beber a lengüetadas.
'**Auflegematratze** *f* colchoneta *f*.
'**aufleg**|**en** *v/t.* 1. poner (*a. Schallplatte*), colocar (*auf ac.* sobre); *Brennstoffe*: echar; *Tele.* colgar; *Pflaster, Verband*: aplicar; *Arm*: apoyar; 2. *Buch*: editar; *wieder bzw. neu* ⚙ reeditar; reimprimir; 3. ⚓ amarrar, desaparejar; 4. *Steuer, Hände*: imponer; *Anleihe*: emitir, lanzar; *zur Zeichnung* ⚙ abrir la suscripción; ⚙**ung** *f* imposición *f*; *e-r Anleihe*: emisión *f*.

'**auflehn**|**en** *v/t.* apoyar, descansar; *sich* ⚙ apoyarse (*auf ac.* en, sobre); *fig. sich* ⚙ protestar, rebelarse, sublevarse (*gegen* contra); ⚙**ung** *f* rebelión *f*, sublevación *f*; oposición *f* (*gegen* a), resistencia *f*; protesta *f*.
'**aufleimen** *v/t.* pegar (*auf ac.* a).
'**auflesen** (L) *v/t.* recoger; *Ähren*: espigar, rebuscar.
'**aufleuchten** (-e-) *v/i.* resplandecer, centellear; *fig.* iluminarse.
'**aufliegen** (L) I. *v/i.* estar (colocado), apoyarse, descansar (*auf dat.* sobre); *Waren*: estar expuesto (para la venta); II. *v/refl.*: *sich* ⚙ ⚕ decentarse.
'**auflisten** *v/t.* hacer una lista de; recoger en una lista, alistar.
'**auflocker**|**n** (-re) I. *v/t.* aflojar; esponjar, ahuecar; ⚒ *Boden*: mullir; *fig.* aligerar; relajar; diversificar; II. *v/refl.*: *sich* ⚙ *Bewölkung*: dispersarse; *Sportler*: relajar los músculos; *fig. Atmosphäre*: relajarse; ⚙**ung** *f* mullimiento *m*; relajación *f*; diversificación *f*.
'**auflodern** (-re) *v/i.* inflamarse, llamear.
'**auflös**|**bar** *adj.* (di)soluble; ⚗ resoluble; ⚙**barkeit** *f* (0) (di)solubilidad *f*; ⚙**en** (-t) I. *v/t.* (*öffnen*) desatar, desenlazar, deshacer; (*entwirren*) desenredar; ⚗ *in Flüssigkeiten*: disolver, diluir, desleír; (*zerlegen*) desintegrar, disociar; (*zersetzen*) descomponer; *Rätsel*, ♪ *Gleichung*, ♪ *Dissonanz*: resolver; ♪ *Vorzeichen*: anular; ♪ *Brüche*: reducir; *Beziehungen*: romper; *Parlament, Verein, Ehe, Versammlung*: disolver; *Vertrag*: rescindir; *Firma, Geschäft*: liquidar; *Wohnung*: deshacer; ⚔ *Einheit*: disolver; licenciar; II. *v/refl.*: *sich* ⚙ disolverse; desleírse; desbandarse; *Wolken*: dispersarse; *Drama*: desenlazarse; *fig. sich in nichts* ⚙ quedar(se) en nada; irse todo en humo; → *aufgelöst*.
'**Auflösung** *f* disolución *f*; resolución *f* (*a.* ♪, *Phys.*); (*Lösung*) solución *f* (*a.* ⚗ *u.* 🧩); *Bildschirm*: definición *f*; *e-s Dramas*: desenlace *m*; (*Zerlegung*) disociación *f*, descomposición *f*, desintegración *f*; ⚖ liquidación *f*; ⚔ *ungeordnete*: desbandada *f*; *von Beziehungen*: ruptura *f*; *e-s Vertrages*: rescisión *f*; ⚙ *in völliger* ⚙ a la desbandada; ⚙**smittel** *n* (di)solvente *m*; ⚙**svermögen** *n* 🔭 poder *m* disolvente; *Opt.* poder *m* resolutivo; ⚙**szeichen** ♪ *n* becuadro *m*.
'**aufmach**|**en** *v/t.* abrir (*a. Geschäft*); *Flasche*: *a.* descorchar; *Knoten*: deshacer; *Paket*: abrir, desempaquetar; *Vorhang*: descorrer; *Verschnürtes*: desatar; *Rechnung*: extender; *Zugeknöpftes*: desabotonar, desabrochar; (*zurechtmachen*) decorar, disponer atractivamente; *Ware*: acondicionar; presentar; *sich* ⚙ *nach* ponerse en camino hacia; ⚙**ung** *f Ware*: presentación *f* (*a. Buch*); acondicionamiento *m*; *Schaufenster*: decoración *f*; (*Kleidung*) atavío *m*; *in großer* ⚙ *Kleidung*: de etiqueta, F de tiros largos; *Zeitung*: con grandes títulos.
'**Aufmarsch** *m* ⚔ despliegue *m*; evolución *f*; concentración *f*; (*Parade*) desfile *m*; ⚙**gebiet** *n* zona *f* de concentración *bzw.* de despliegue; ⚙**ie-**

aufmarschieren — aufreißen

ren (-) v/i. desfilar; ⚔ concentrarse; desplegarse; ⁓plan m plan m de operaciones.
'aufmeißeln (-le) v/t. abrir con escoplo; Chir. trepanar.
'aufmerk|en v/i. estar atento, prestar atención (auf ac. a); fijarse (en); → a. aufhorchen; ⁓sam adj. atento; (wachsam) alerta; fig. (zuvorkommend) cortés, atento; Damen gegenüber: galante; j-n ⁓ machen auf llamar la atención de alg. sobre a/c., señalar (od. hacer observar) a/c. a alg.; advertir a/c. a alg.; ⁓ werden auf fijar la atención (od. fijarse) en a/c.; ⁓ verfolgen seguir atentamente; ⁓ zuhören escuchar con atención, F ser todo oídos; ⁓ durchlesen leer con detenimiento; j-n sehr ⁓ behandeln tener toda clase de atenciones con alg.; ♀samkeit f atención f (a. fig.); fig. delicadeza f; deferencia f; galantería f; (Geschenk) obsequio m; ⁓ erregen; die ⁓ auf sich ziehen atraer la atención; die ⁓ auf et. lenken llamar la atención sobre a/c.; s-e ⁓ richten auf dedicar (od. centrar) su atención a; j-m od. e-r Sache ⁓ schenken prestar atención a; er überschüttete ihn mit ⁓en le colmó de atenciones.
'aufmöbeln F v/t. animar; levantar la moral (a).
'aufmontieren v/t. montar.
'aufmucken F v/i. rechistar, respingar; ⁓ gegen rebelarse contra.
'aufmunter|n (-re) v/t. (re)animar; estimular; ♀ung f animación f; estímulo m.
'aufmüpfig F adj. rebelde; respondón.
'aufnähen v/t. coser (auf ac. sobre).
'Aufnahme f (Beherbergung) alojamiento m, hospedaje m; (Beginn) comienzo m; (Eingliederung) incorporación f; (Einbeziehung) inclusión f; (Empfang) acogida f, recibimiento m; recepción f (a. Büro); (Zulassung) admisión f; in e-e Anstalt, Schule usw.: a. ingreso m; (Einschreibung) inscripción f; (Aufsaugung) absorción f (a. Waren, Phys.); v. Beziehungen: establecimiento m; v. Kapital: préstamo m; empréstito m; v. Nahrung: ingesta f, ingestión f; Physiol. asimilación f; Phot. fotografía f, F foto f; vista f; (Ton♀) grabación f; (Film♀) filmación f, toma f (de vistas); einzelne: toma f, topographische: croquis m; levantamiento m; e-e ⁓ machen Phot. tomar una fotografía, F sacar una foto; Schallplatte: grabar un disco; Film: filmar; j-m e-e freundliche ⁓ bereiten dispensar a alg. una cordial acogida; gute (schlechte) ⁓ finden ser bien (mal) recibido (Thea. usw.: acogido); ⁓ e-s Protokolls levantamiento m de un acta; ⁓antrag m solicitud f de admisión; ⁓atelier n estudio m (cinematográfico); ⁓bedingungen f/pl. condiciones f/pl. de admisión; ♀fähig adj. admisible; ↷ absorbible; geistig: receptivo; sensible; ⁓fähigkeit f capacidad f de absorción (a. ✝); receptividad f; capacidad f de asimilación; räumlich: cabida f; ⁓gebühr f cuota f de ingreso; ⁓gerät n Ton: grabadora f; Phot., Film: cámara f; ⁓lager n campo m de acogida; ⁓land n v. Flüchtlingen, Gastarbeitern: país m de acogi-

da (od. receptor); ⁓leiter m Film: director m ejecutivo (Ton: de grabación); ⁓prüfung f examen m de ingreso, prueba f de acceso; ⁓raum m sala f de grabación; ⁓stab m Film: equipo m de filmación; ⁓studio ♪ n estudio m de grabación; ⁓vermögen n capacidad f de absorción; ⁓wagen m Radio, TV: unidad f móvil.
'aufnehmen (L) v/t. alzar, levantar; vom Boden: recoger; (aufsaugen) absorber (a. Phys., Physiol. u. ✝ Warenangebot); Physiol. asimilar; geistig: comprender; räumlich u. fig.: dar cabida a; Masche: coger; (empfangen) recibir; acoger; (annehmen) aceptar; (beherbergen) albergar, hospedar, alojar; (enthalten) contener; (eingliedern) incluir, incorporar (en); (eintragen) anotar, apuntar; in Listen: alistar, inscribir, incluir; in e-n Verein: admitir; (auffassen) interpretar; (katalogisieren) catalogar; (beginnen) comenzar; entrar en; Beziehungen: entablar, establecer; Geld: tomar un préstamo (od. prestado); e-e Anleihe: negociar; Schulden: contraer; Inserat: insertar; Diktat: escribir al dictado; Plan: levantar, trazar; Phot. fotografiar, sacar una foto; tomar una vista; Film: filmar; Ton: grabar, registrar; e-e Spur ⁓ seguir la pista; Jgdw. seguir el rastro; aufgenommen werden in ein Krankenhaus, e-e Schule: ingresar en; fig. es mit j-m ⁓ (poder) competir (od. rivalizar) con alg.; mit ihm kann es niemand ⁓ F no hay quien le pueda (od. rosa); et. gut (übel od. schlecht) ⁓ tomar a bien (a mal) a/c.
'Aufnehmer m (Lappen) bayeta f.
'aufnötigen v/t., 'auf-oktroyieren (-) v/t.: j-m et. ⁓ imponer a/c. a alg.; obligar a alg. a aceptar a/c.
'auf-opfer|n (-re) v/t. u. v/refl. sacrificar(se); ⁓nd adj. abnegado; sacrificado; ♀ung f sacrificio m; abnegación f.
'aufpacken v/t. Last: cargar (auf ac. sobre); → a. aufbürden.
aufpäppeln (-le) v/t. Säuglinge: criar con biberón bzw. con papillas; Kranke, Schwache: sobrealimentar.
'aufpass|en (-ßt) v/i. poner atención (auf ac. a); (beobachten) observar, vigilar; auf Kinder, Kranke: cuidar (de); (aufmerken) estar atento a, escuchar con atención; (vorsichtig sein) tener cuidado con; estar en guardia (od. alerta); andar con ojo; (lauern) acechar; espiar; aufgepaßt!, paßt auf! ¡atención!; (Vorsicht) ¡cuidado!, F ¡ojo!; F paß (mal) auf! ¡escucha!, ¡oye!; ¡fíjate!; ♀er m (Wächter) guardia m, guardián m, vigilante m; (Spitzel) espía m.
'aufpeitschen fig. v/t. estimular, excitar; incitar, instigar; atizar.
'aufpflanzen (-t) v/t. Fahne: enarbolar; plantar; ⚔ Seitengewehr: armar (la bayoneta); F sich vor j-m ⁓ plantarse delante de alg.
'aufpfropfen ⚇ v/t. injertar.
'aufpicken v/t. picar, picotear; (öffnen) abrir a picotazos.
'aufplatzen (-t) v/i. reventar, estallar; Naht: descoserse.
'aufplustern (-re) v/refl.: sich ⁓ Vogel: ahuecar el plumaje; fig. hincharse, hacerse el importante.

'aufpolieren (-) v/t. pulir, dar (od. sacar) brillo (a).
'aufprägen v/t. imprimir (auf ac. en); estampar sobre.
'Aufprall m choque m; Geschoß, Ball: bote m, rebote m; (Einschlag) impacto m; ♀en v/i. chocar (auf contra); (re)botar (contra); hacer impacto.
'Aufpreis ✝ m sobreprecio m, recargo m.
'aufprobieren (-) v/t. probar.
'aufpulvern F v/t. excitar; animar.
'aufpumpen v/t. inflar, hinchar.
'aufputsch|en v/t. excitar; amotinar, instigar; sich ⁓ tomar estimulantes; Sportler: a. doparse; ♀mittel n estimulante m; excitante m.
'Aufputz m atavío m; (Schmuck) aderezo m; adorno m; F perifollo m; ♀en (-t) v/t. 1. adornar; (a. sich ⁓) ataviar(se), engalanar(se), F emperejilarse; 2. (reinigen) limpiar.
'aufquellen (L) I. v/i. hincharse; ⁓ lassen Bohnen usw.: poner a remojo; II. ♀ n hinchazón f, hinchamiento m.
'aufraffen (-t) v/t. recoger; arrebañar; Kleider: arremangar; II. v/refl.: sich ⁓ animarse, cobrar ánimo; desperezarse, hacer un esfuerzo, sacar fuerzas de flaqueza.
'aufragen v/i. elevarse; destacar, sobresalir; alzarse.
'aufrappeln F v/refl.: sich (wieder) ⁓ levantar (od. alzar) cabeza; restablecerse (bsd. Kranke); → a. aufraffen II.
'aufrauhen ⚇ v/t. Tuch: perchar; Wolle: cardar.
'aufräum|en v/t. u. v/i. arreglar, ordenar, poner en orden; poner en su sitio; Schutt: des(es)combrar; fig. mit et. ⁓ acabar con; F ⁓ unter Seuche usw.: diezmar; → aufgeräumt; ♀ungs-arbeiten f/pl. (trabajos m/pl. de) des(es)combro m.
'aufrechn|en (-e-) v/t. contar; (belasten) cargar (od. poner) en cuenta; ⁓ gegen compensar con; ♀ung ✝ f balance m; compensación f.
'aufrecht adj. derecho; erguido; fig. recto, firme; ⁓ stehen estar de pie; ⁓ stellen poner derecho; sich ⁓ (gerade) halten mantenerse derecho, (stehen) mantenerse en pie; ⁓erhalten v/t. mantener en pie; fig. mantener, sostener; conservar; die Ordnung ⁓ mantener el orden; ♀erhaltung f mantenimiento m; sostenimiento m, conservación f.
'aufreg|en I. v/t. agitar; (beunruhigen) alterar, perturbar, inquietar; II. v/refl.: sich ⁓ alterarse; ponerse nervioso; enfadarse (über ac. por); heftiger: excitarse, irritarse (por); innerlich: emocionarse; sich (künstlich) ⁓ poner el grito en el cielo; reg dich nicht auf!; ¡no te pongas nervioso!; ⁓end adj. excitante; emocionante; das ist nichts ♀es (Besonderes) no es cosa del otro jueves; ♀ung f excitación f; agitación f, irritación f; emoción f; zozobra f; nerviosismo m.
'aufreiben (L) v/t. Haut: excoriar, desollar; ⚔ aniquilar; fig. Gesundheit: arruinar, minar; Kräfte: agotar; sich ⁓ consumirse, extenuarse; ⁓d adj. agotador.
'aufreihen v/t. enfilar; ensartar; Personen: poner en fila.
'aufreißen (L) I. v/t. arrancar (a.

aufreizen — aufsehenerregend

Pflaster); *Tür usw.*: abrir bruscamente; (*zeichnen*) trazar, delinear; *Haut*: arañar; *Kleid*: desgarrar; *Schienen*: levantar; *die Augen* ~ abrir mucho los ojos; **II.** *v/i. Haut*: agrietarse; (*sich spalten*) rajarse, henderse; *Naht*: descoserse.

'**aufreiz|en** (*-t*) *v/t.* excitar, instigar; irritar; provocar; ~end *adj.* provocador; provocativo; 2ung *f* excitación *f*; irritación *f*; provocación *f*.

'**aufrichten** (*-e-*) *v/t.* poner derecho (*od.* en pie); levantar, alzar; *Mauer usw.*: *a.* erigir; ⚓ adrizar; ⊕, ⚔ enderezar; *fig.* consolar, alentar, levantar la moral (a); *sich* ~ levantarse, ponerse de pie; enderezarse; *im Bett*: incorporarse.

'**aufrichtig** *adj* sincero, franco; cándido; (*ehrlich*; leal, recto; 2keit *f* (*0*) sinceridad *f*, franqueza *f*; lealtad *f*, rectitud *f*; hombría *f* de bien.

'**Aufrichtung** *f* erección *f*; establecimiento *m*; *fig.* consolación *f*.

'**aufriegeln** (*-le*) *v/t.* descorrer el cerrojo; desatrancar.

'**Aufriß** △ *m* proyección *f* vertical; alzado *m*.

'**aufritzen** (*-t*) *v/t.* arañar, rasguñar.

'**aufrollen** *v/t.* arrollar, enrollar; (*aufspulen*) devanar; (*auswickeln*) desenrollar; *fig.* desarrollar; *Frage*: plantear; ⚔ envolver.

'**aufrücken** (*sn*) **I.** *v/i.* ser ascendido (*od.* promovido); *bsd.* ⚔ ascender; avanzar (*a. fig.*); *Sport*: ganar terreno; ⚔ *in Reih u. Glied*: cerrar las filas; **II.** 2 *n* ascenso *m*; promoción *f*; avance *m*.

'**Aufruf** *m* proclama(ción) *f*; llamamiento *m*; *Pol.* manifiesto *m*; *zum Streik usw.*: convocatoria *f*; *Banknoten*: retirada *f* de la circulación; ⚔ *e-s Jahrgangs*: llamamiento m a filas; *e-n* ~ *erlassen* hacer un llamamiento; 2en (*L*) *v/t.* llamar; *Banknoten*: retirar; *die Namen* ~ pasar lista; *zum Streik* ~ convocar una huelga.

'**Aufruhr** *m* (*-és*; *-e*) disturbio *m*, alboroto *m*; revuelta *f*, revuelo *m*, tumulto *m*; (*Empörung*) sedición *f*, insurrección *f*; sublevación *f*, rebelión *f*; *bsd.* ⚔ pronunciamiento *m*; (*Aufregung*) agitación *f*; *in* ~ *versetzen* agitar, perturbar; producir gran revuelo; *in* ~ *geraten* agitarse, alborotarse; sublevarse, rebelarse.

'**aufrühren** *v/t.* revolver; remover; agitar; *fig.* excitar, atizar; *alte Geschichten*: desenterrar; remover; *Erinnerungen*: rememorar, revivir.

'**Aufrührer**(**in** *f*) *m* sedicioso (*-a f*) *m*, insurrecto (*-a f*) *m*, insurgente *m/f*; rebelde *m/f*, faccioso (*-a f*) *m*; *Pol.* revolucionario (*-a f*) *m*; revoltoso (*-a f*) *m*; F *Am.* bochinchero *m*; 2**isch** *adj.* rebelde, revoltoso, sedicioso; insurreccional; faccioso.

'**Aufruhrstifter** *m* agitador *m*; alborotador *m*.

'**aufrunden** (*-e-*) *v/t.* redondear (hacia arriba).

'**aufrüst|en** (*-e-*) *v/t. u. v/i.* ⚔ (re)armar; 2ung *f* rearme *m*.

'**aufrütteln** (*-le*) *v/t.* sacudir; *fig. a.* animar; *aus dem Schlaf*: despertar.

'**aufsagen** *v/t. Gedicht*: recitar; declamar; *fig.* ~ aufkündigen.

'**aufsammeln** (*-le*) *v/t.* recoger.

'**aufsässig** *adj.* rebelde; levantisco;

reacio, insubordinado; 2**keit** *f* espíritu *m* de rebeldía; insubordinación *f*.

'**Aufsatz** *m* (*Abhandlung*) disertación *f*; ensayo *m*; (*Schul*2) redacción *f*, composición *f*; (*Zeitungs*2) artículo *m*; (*Tafel*2) centro *m* de mesa; (*aufgesetztes Stück*) pieza *f* sobrepuesta; ⊕ aditamento *m*; △ remate *m*; ⚔ *am Geschütz*: mira *f*; ~**thema** *n* tema *m* de redacción.

'**aufsaug|en** *v/t.* absorber (*a. fig.*); *wieder* ~ re(ab)sorber; ~end *adj.* absorbente; 2ung *f* absorción *f*.

'**auf|scharren** *v/t. Erde*: escarbar; ~**schauen** *v/i.* → ~*blicken*; ~**schäumen** *v/i.* producir (*od.* hacer) espuma; espumar; ~**scheuchen** *v/t.* espantar, ahuyentar; *Wild*: levantar; ~**scheuern** *v/t. Haut*: excoriar, desollar.

'**aufschicht|en** (*-e-*) *v/t.* apilar, disponer en capas; 2ung *f* apilamiento *m*.

'**aufschieb|bar** *adj.* prorrogable; ~en (*L*) *v/t. Tür usw.*: abrir empujando; *fig.* aplazar, dejar para más tarde *bzw.* otro día; (*verzögern*) diferir, demorar; retardar; postergar; *Frist*: prorrogar; *es läßt sich nicht* ~ *no admite demora*; ~**end** ♊ *adj.* suspensivo, dilatorio.

'**aufschießen** (*L*; *sn*) *v/t.* levantarse bruscamente; ♄ brotar; *fig.* (*wachsen*) F dar un estirón, espigar; *lang aufgeschossener Junge* F grandullón *m*, grandillón *m*.

'**Aufschlag** *m* **1.** (*Auftreffen*) golpe *m*, choque *m*; *Geschoß*: impacto *m*; **2.** *am Ärmel*: bocamanga *f*; vuelta *f* (*a. Hose*); *am Rock*: solapa *f*; **3.** *bei Preisen*: subida *f*, aumento *m*; (*Zuschlag*) recargo *m*, suplemento *m*; sobreprecio *m*; *Steuer*: sobretasa *f*; **4.** ♪ tiempo *m* débil; **5.** *Ballspiel*: saque *m*; 2en (*L*) **I.** *v/i.* chocar (*auf ac.* contra, caer (en); *Geschoß*: hacer impacto; ⚔ estrellarse; *Ballspiel*: sacar; **II.** *v/t.* (*öffnen*) abrir (de golpe), romper; *Ei*, *Nuß*: cascar; *Ärmel*: arremangar; *Hutkrempe*: levantar; *Augen*, *Buch*: abrir; *Bett*: armar; *Bettdecke*: replegar; *Gerüst*, *Quartier*: montar; *Preis*: subir, aumentar; *auf den Preis*: recargar; *Zelt*: plantar, armar; *Wohnsitz*: establecer; *Maschen*: montar; *sich den Kopf* ~ abrirse el cráneo; ~**linie** *f Tennis*: línea *f* de servicio; ~**zünder** *m* espoleta *f* de percusión.

'**aufschließen** (*L*) **I.** *v/t.* abrir (con llave); ♋ desintegrar; *fig. sich j-m* ~ abrir su corazón a alg., expansionarse con alg.; **II.** *v/i.* ⚔ cerrar las filas; → *aufgeschlossen*.

'**aufschlitzen** (*-t*) *v/t.* hender, rajar; *den Bauch* ~ abrir el vientre, F despanzurrar.

'**aufschluchzen** (*-t*) *v/i.* prorrumpir en sollozos.

'**Aufschluß** *m* explicación *f*; aclaración *f*; información *f*; *geben über* informar sobre; *sich* ~ *verschaffen über* informarse (*od.* enterarse) de.

'**aufschlüsseln** (*-le*) *v/t.* desglosar; 2ung *f* desglose *m*.

'**aufschlußreich** *adj.* instructivo; revelador.

'**aufschmieren** *v/t. Fett usw.*: extender (*auf sobre*), untar (*con*, *de*).

'**aufschnallen** *v/t.* sujetar con co-

rreas; (*öffnen*) desabrochar, deshebillar.

'**aufschnappen** *v/t.* atrapar, *a. fig.* coger al vuelo; *fig.* F pescar.

'**aufschneid|en** (*L*) **I.** *v/t.* abrir (cortando); cortar (*a. Buch*, *Brot usw.*); *Braten*: trinchar; *Wurst*: cortar en rodajas (*od.* rajas); ⚕ abrir; **II.** *v/i.* (*prahlen*) fanfarronear, farolear, F fardar; exagerar; *Arg.* macanear; 2**er** *m* fanfarrón *m*, farolero *m*; charlatán *m*; 2**e'rei** *f* fanfarronada *f*, fanfarronería *f*; patraña *f*, *Arg.* macanada *f*; ~**erisch** *adj.* fanfarrón, farolero.

'**aufschnellen** *v/i. Deckel usw.*: abrirse de golpe.

'**Aufschnitt** *m* fiambres *m/pl.*; ~**maschine** *f* cortafiambre(s) *m*.

'**aufschnüren** *v/t.* (*lösen*) desatar, deshacer; *Paket*: abrir; *Mieder*: desabrochar.

'**aufschrammen** *v/t. Haut usw.*: excoriar.

'**aufschrauben** *v/t.* atornillar; (*lösen*) destornillar; *Glas usw.*: desenroscar.

'**aufschrecken I.** *v/t.* asustar, espantar; **II.** *v/i.* asustarse; sobresaltarse; *aus dem Schlaf*: despertarse de sobresalto.

'**Aufschrei** *m* grito *m*; chillido *m*.

'**aufschreiben** (*L*) *v/t.* anotar, apuntar; (*eintragen*) registrar; *j-n* ~ (*polizeilich*) tomar los datos personales; *sich et.* ~ (*Notizen machen*) tomar notas (*od.* apuntes).

'**aufschreien** (*L*) *v/i.* gritar, lanzar un grito; *vor Schmerz* ~ dar gritos de dolor.

'**Aufschrift** *f* inscripción *f*; *e-s Briefes*: dirección *f*; *e-r Flasche usw.*: etiqueta *f*; *e-r Münze*: leyenda *f*; (*Schild*) letrero *m*, rótulo *m*.

'**Aufschub** *m* aplazamiento *m*; (*Verzögerung*) demora *f*, dilación *f*; *e-r Frist*: prórroga *f*; *e-n* ~ *bewilligen* conceder una prórroga; *ohne* ~ sin demora; *keinen* ~ *dulden* no admitir demora.

'**aufschürfen** *v/t. Haut*: excoriar.

'**aufschürzen** (*-t*) *v/t. Rock usw.*: recoger, arregazar.

'**aufschütteln** (*-le*) *v/t.* sacudir, agitar; *Polster*: mullir.

'**aufschütt|en** (*-e-*) *v/t.* echar; verter; (*aufhäufen*) amontonar; *Erde*: terraplenar; *Straße*: rellenar (con grava); 2ung *f* terraplén *m*; (*Damm*) dique *m*; *Geol.* acumulación *f*, depósito *m*.

'**aufschwatzen** (*-t*) F *v/t.*: *j-m et.* ~ F colar, endosar a/c. a alg.

'**aufschweißen** (*-t*) *v/t.* desoldar.

'**aufschwellen** (*L*) *v/i.* hincharse.

'**aufschwemm|en** *v/t.* esponjar; 2ung ♋ *f* suspensión *f*.

'**aufschwingen** (*L*) *v/refl.*: *sich* ~ *Vögel*: alzar el vuelo; *fig. sich zu et.* ~ decidirse (*od.* lanzarse) a hacer a/c.

'**Aufschwung** *m Turnen*: elevación *f*; *fig.* impulso *m*, despegue *m*; progreso *m*; *bsd.* ♱ auge *m*, expansión *f*; *der Seele*: elevación *f*; *in* ~ *nehmen* prosperar; tomar vuelo; estar en auge; *in vollem* ~ en pleno auge.

'**aufsehen I.** *v/i.* levantar los ojos; → *a. aufblicken*; **II.** 2 *n* sensación *f*; *ärgerliches*: escándalo *m*; ~ *erregen* llamar la atención; causar sensación; levantar ampollas; *ärgerlich*: causar escándalo, dar una campanada, meter ruido; ~**erregend** *adj.* llamativo;

sensacional; espectacular; aparatoso; sonado; ruidoso.

'**Aufseher** *m* supervisor *m*; inspector *m*; interventor *m*; (*Wächter*) guarda *m*, guardián *m*, vigilante *m*; *über Arbeiter*: capataz *m*; *in Museen*: celador *m*.

'**aufsein** (*L*; *sn*) *v/i.* estar levantado (*od.* de pie); (*wachen*) estar despierto, velar; (*offen sein*) estar abierto.

'**aufsetz|en** (-*t*) **I.** *v/t.* poner (encima), sobreponer; (*aufrichten*) levantar; *Hut, Brille*: ponerse; *Flicken*: aplicar; *schriftlich*: redactar; *Urkunde*: extender; *Wasser*: calentar; *Essen*: poner al fuego; *den Hut* ~ cubrirse; *fig.* ein Gesicht ~ poner cara de; *seinen Kopf* ~ obstinarse en a/c.; *aufgesetzte Tasche* bolsillo *m* de parche; **II.** *v/i.* ✈ posarse, tomar tierra, aterrizar; **III.** *v/refl.*: *sich* ~ sentarse, incorporarse; ℒ**er** *m Sport*: tiro *m* picado (*od.* de bote).

'**aufseufzen** (-*t*) *v/i.* suspirar, dar un suspiro.

'**Aufsicht** *f* vigilancia *f*; inspección *f*, intervención *f*; control *m*; supervisión *f*; *die* ~ *führen über* vigilar, supervisar a/c.; *unter* ~ *stehen* estar bajo vigilancia (*polizeilich*: de la policía); *unter* ~ *stellen* someter a vigilancia; ℒ**führend** *adj.* encargado de la vigilancia *bzw.* inspección; ~**sbeamte(r)** *m* inspector *m*; supervisor *m*; interventor *m*; ~**sbehörde** *f*, ~**s-instanz** *f*, ~**s-organ** *n* autoridad *f* inspectora; organismo *m* de vigilancia; ~**s-personal** *n* personal *m* de vigilancia; ~**s-pflicht** *f* obligación *f* de vigilancia; ~**srat** ✝ *m* consejo *m* de vigilancia (*Span.* de administración); ~**sratsmitglied** *n* miembro *m* del consejo de administración, consejero *m*.

'**aufsitzen** (*L*) *v/i.* **1.** estar sentado; estar colocado (*od.* puesto) (*auf* sobre); *zu Pferde*: montar (a caballo); *hinten* ~ ir a (las) ancas; ~!, *aufgesessen!* ¡a caballo!, ¡a montar!; **2.** F *fig.* *j-m* ~ dejarse engañar; F *j-n* ~ *lassen* F dejar plantado a alg.; dejar a alg. en la estacada.

'**aufspalt|en** (-*e*-) *v/t.* hender, rajar; 🜺 desdoblar, disociar; desintegrar; ℒ**ung** *f* 🜺 desdoblamiento *m*, disociación *f*; desintegración *f*.

'**aufspann|en** *v/t.* tender; extender; ⊕ (*befestigen*) fijar; *Saite*: poner; *Schirm*: abrir; *Segel*: desplegar; ℒ**vorrichtung** ⊕ *f* dispositivo *m* de sujeción.

'**aufsparen** *v/t.* ahorrar, economizar; *fig.* reservar; dejar para más tarde.

'**aufspeicher|n** (-*re*) *v/t.* almacenar; (*horten*) atesorar; ⚡ *u. fig.* acumular; ℒ**ung** *f* almacenamiento *m*; acumulación *f*.

'**aufsperren** *v/t.* abrir; (*weit* ~) abrir de par en par.

'**aufspielen I.** *v/i.* ♪ tocar; **II.** *v/refl.*: *sich* ~ darse tono (*od.* importancia); *sich* ~ *als* presumir de, echárselas (*od.* dárselas) de.

'**aufspießen** (-*t*) *v/t. mit Lanze, Speer usw.*: atravesar con; *mit Hörnern*: coger, empitonar; *am Bratspieß*: espetar, ensartar; *auf e-m Pfahl*: empalar.

'**aufsplitter|n** (-*re*) *fig.* *v/t.* (*a. sich* ~) fraccionar(se); ℒ**ung** *f* fraccionamiento *m*, atomización *f*.

'**aufsprengen** *v/t.* hacer saltar, volar; *Tür*: forzar.

'**aufspringen** (*L*; *sn*) *v/i.* saltar; *auf e-n Zug*: montar en marcha; *vom Sitz*: levantarse de pronto; *Ball*: (re)botar; *Knospen*: brotar; *Haut, Lippen*: agrietarse; *Lackierung*: resquebrajarse; *Tür*: abrirse de golpe.

'**aufsprudeln** (-*le*; *sn*) *v/i.* burbujear; *kochend*: borboll(e)ar.

'**Aufsprung** *m* salto *m*; *Sport*: aterrizaje *m*.

'**aufspulen** *v/t.* devanar, bobinar.

'**aufspüren** *v/t.* *Jgdw.* rastrear; husmear; (*finden*) localizar; dar con la pista de *fig.* descubrir, detectar (*a. Mine usw.*).

'**aufstacheln** (-*le*) *v/t.* aguijonear; *fig. a.* estimular, incitar; instigar (*zu* a); *Leidenschaften*: excitar.

'**aufstampfen** *v/i.* patalear; dar patadas en el suelo, golpear el suelo (*con los pies*); ⊕ apisonar.

'**Aufstand** *m* rebelión *f*; insurrección *f*; sublevación *f*, levantamiento *m*; (*Meuterei*) amotinamiento *m*.

'**aufständisch** *adj.* → *aufrührerisch*; ℒ**e(r)** *m* → *Aufrührer*.

'**aufstapeln** (-*le*) *v/t.* apilar; ✝ *Waren*: almacenar.

'**aufstauen** *v/t. Wasser*: remansar, retener, estancar.

'**aufstechen** (*L*) *v/t.* pinchar; 🟊 *Geschwür*: abrir.

'**aufsteck|en** (*L*) *v/t.* fijar; *mit Nadeln*: prender, asegurar (con alfileres); *Kleid*: arregazar, *a. Haar*: recoger; F (*aufgeben*) abandonar, dejar, desistir de, renunciar a; ℒ**kamm** *m* peineta *f*.

'**aufstehen** (*L*; *sn*) *v/i.* (*offenstehen*) estar abierto; (*sich erheben*) levantarse (*a. vom Bett u. nach e-r Krankheit*); *vom Sitz*: *a.* ponerse de (*od.* en) pie; (*sich empören*) alzarse en armas (*gegen* contra), sublevarse.

'**aufsteig|en** (*L*; *sn*) *v/i.* subir, ascender (*a. fig.*); *Bergsteiger*: hacer una ascensión; *Ballon*: *a.* elevarse; *Sterne*: salir; *Flugzeug*: despegar; tomar altura; *Reiter*: montar; *Sportklub*: ascender; *Gewitter*: levantarse; *fig.* encumbrarse; *ein Gedanke stieg in mir auf* se me ocurrió una idea; ~**end** *adj.* ascend(i)ente; ascensional; ℒ**er** *m Sport*: club *m bzw.* equipo *m* ascendido; *fig. Person*: trepador *m*.

'**aufstell|en I.** *v/t.* poner, colocar, disponer; (*aufrichten*) poner en pie, levantar; ※ *u. Mannschaft*: formar; alinear; *Truppen*: poner en pie (de guerra); *Geschütz*: emplazar; *Wachposten*: apostar; *Bauten*: erigir, levantar; *Maschine*: montar, armar, instalar; *Waren*: exponer, exhibir; *Rekord*: marcar, establecer; *Bilanz, Rechnung, Liste, Tabelle*: *a.* hacer; *Problem*: plantear; *Regel*: estatuir; *Grundsatz, Theorie*: formular, sentar; *Kandidaten*: designar, proponer; *Kosten*: especificar; *Zeugen*: presentar; **II.** *v/refl.*: *sich* ~ ponerse, apostarse, apostarse, *Arg.* ubicarse; ※ formar(se); alinearse (*a. Sport*); *sich* ~ *lassen* (*als Kandidat*) presentarse como candidato (*für* a); ℒ**gleis** 🚃 *n* vía *f* de formación; ℒ**ung** *f* colocación *f*, disposición *f*; (*Aufrichten*) erección *f*; ⊕ montaje *m*, instalación *f*; ✕ formación *f*; *Sport*: alineación *f*; *e-r Liste, e-s Plans*: establecimiento *m*; confección *f*; (*Liste*) relación *f*, lista *f*; (*Tabelle*) tabla *f*; *im einzelnen*: especificación *f*; *des Etats*: elaboración *f*; (*Inventar*) inventario *m*; (*Bilanz*) balance *m*; (*Nominierung*) designación *f*; ~ *als Kandidat* candidatura *f*.

'**aufstemmen** *v/t.* forzar; *sich* ~ apoyarse sobre; *mit dem Ellenbogen*: acodarse.

'**Aufstieg** *m* (-*¢s*; -*e*) subida *f*, ascensión *f* (*a. e-s Ballons*); *Mont. a.* escalada *f*; ✈ despegue *m*; *fig.* auge *m*; (*Beförderung*) ascenso *m*, promoción *f*; (*Fortschritt*) progreso *m*, avance *m*; ~**smöglichkeit** *f* posibilidad *f* de ascenso (*od.* de promoción).

'**aufstöber|n** (-*re*) *v/t. Wild*: levantar; *fig.* localizar, descubrir, encontrar.

'**aufstocken** *v/t.* △ sobreedificar; añadir un nuevo piso; ✝ aumentar; *Kapital*: *a.* ampliar.

'**aufstören** *v/t.* espantar, ahuyentar.

'**aufstoßen** (*L*) **I.** *v/t.* abrir (de un empujón); **II.** *v/i.* chocar (*auf* contra), dar (con, contra), topar (con); ⚓ *auf Grund*: encallar; (*rülpsen*) eructar; **III.** ℒ *n* eructo *m*; 🟊 *saures* ~ acedía *f*, pirosis *f*.

'**aufstreben** *v/i.* (*hochragen*) elevarse; *fig.* aspirar (*zu* a), ~**d** *fig. adj.* floreciente; de alto vuelo.

'**aufstreichen** (*L*) *v/t.* extender sobre; *aufs Brot*: untar.

'**aufstreifen** *v/t. Ärmel usw.*: arremangar.

'**aufstreuen** *v/t.* espolvorear; esparcir.

'**Aufstrich** *m von Farbe*: capa *f*, mano *f* (de pintura); ♪ arcada *f* (*od.* arco *m*) (hacia) arriba; *beim Schreiben*: perfil *m*.

'**aufstülpen** *v/t. Ärmel usw.*: arremangar; *Hut*: calar.

'**aufstützen** (-*t*) *v/t.* apoyar (*auf ac.* sobre); *sich* ~ apoyarse, acodarse.

'**aufsuchen** *v/t.* buscar; (*besuchen*) ir a ver, visitar; *e-n Arzt*: *a.* consultar; *e-n Ort*: ir a; *häufig* ~ frecuentar.

'**auftakeln** (-*le*) ⚓ aparejar, enjarciar; F *fig. sich* ~ emperifollarse, emperejilarse; *aufgetakelt* emperejilado, peripuesto.

'**Auftakt** ♪ *m* anacrusa *f*; *fig.* preludio *m*; comienzo *m*.

'**auftanken** *v/t. u. v/i. Kfz.* echar gasolina; repostar (*a.* ✈).

'**auftauchen** (*sn*) *v/i.* emerger; salir a la superficie (*a. fig.*); (*erscheinen*) aparecer (de pronto), hacer acto de presencia, presentarse; *a. fig. Gedanke usw.*: surgir.

'**auftauen I.** *v/t.* derretir; *Tiefkühlkost, Kapital*: descongelar; **II.** (*sn*) *v/i. Fluß*: deshelarse; *Schnee, Eis*: derretirse; *fig.* romper el hielo, salir de su reserva; **III.** ℒ *n* derretimiento *m*; descongelación *f*.

'**aufteil|en** *v/t.* dividir; (*verteilen*) repartir, distribuir; prorratear; *Land*: parcelar; ℒ**ung** *f* división *f*; reparto *m*, distribución *f*; prorrateo *m*; parcelación *f*.

'**auftischen** *v/t.* poner sobre la mesa, servir; F *fig.* contar; *j-m et.* ~ contar a alg. un cuento chino.

'**Auftrag** *m* (-*¢s*; -*e*) encargo *m*, comisión *f*; *Pol.* mandato *m*; ※, *Dipl.*

auftragen — Auge

misión *f*; (*Aufgabe*) cometido *m*; (*Botengang*) recado *m*; ✝ (*Bestellung*) orden *f*, pedido *m*; *von Farbe*: aplicación *f*; *im* ~ (i.A.) por poder (p.p.); por orden (p.o.); *im* ~ *von* por orden *bzw.* encargo de; por parte de; *im besonderen* ~ en misión especial; *e-n* ~ *erteilen* dar orden (*zu* de), ✝ hacer un pedido; *in* ~ *geben* encomendar *bzw.* encargar la ejecución de; ℒ**en** (*L*) **I.** *v/t. Speisen*: servir; *Farben*: aplicar; *Kleid*: gastar; *Grüße*: mandar; *j-m et.* ~ encargar *bzw.* encomendar a/c. a alg.; **II.** *v/i. Kleid usw.*: abultar; *fig.* *dick* ~ (re)cargar las tintas, F hinchar el perro.

'**Auftrag**...: ~**geber**(**in** *f*) *m* (*Besteller*) comitente *m*; (*Kunde*) cliente *m/f*, comprador(a *f*) *m*; ☆ mandante *m/f*; ~**nehmer**(**in** *f*) *m* ✝ comisionista *m/f*; ☆ mandatario *m*; ~**sbestand** *m* volumen *m* (*od.* cartera *f*) de pedidos; ~**sbestätigung** *f* confirmación *f* de la orden *bzw.* del pedido; ~**s-eingang** *m* entrada *f* de pedidos; ~**s-erteilung** *f* otorgamiento *m* (de un pedido); *bei e-r Ausschreibung*: concesión *f* de contrata; ℒ**sgemäß** *adv.* conforme a su pedido; ~**szettel** *m* nota *f* de pedido; ~**walze** *Typ. f* rodillo *m* dador.

'**auftreffen** (*L*) *v/i.* chocar, dar (*auf ac.* contra); ℒ**en** *Phys. n* incidencia *f*; ~**end** *adj.* incidente; ℒ**punkt** *m* punto *m* de choque *bzw.* de impacto.

'**auftreiben** (*L*) *v/t.* (*aufblähen*) hinchar; (*beschaffen*) procurar, proporcionar; F (*finden*) encontrar; dar con; *Geld*: sacar, reunir.

'**auftrennen** *v/t.* deshilvanar, deshacer; *Naht*: descoser.

'**auftreten** (*L*) **I.** *v/i.* 1. sentar el pie (en el suelo); pisar (*auf ac.* sobre, en); 2. (*erscheinen*) aparecer, presentarse (*öffentlich* en público); *Thea.* entrar en (*od.* salir a) escena; (*spielen*) actuar; *zum ersten Mal* ~ debutar; ~ *als* hacer de; *unbefugterweise*: erigirse en; *als Zeuge* ~ deponer como testigo; 3. (*handeln*) actuar; proceder; (*sich benehmen*) (com)portarse, conducirse; ~ *gegen* oponerse a; *energisch* ~ mostrar firmeza; 4. (*eintreten*) suceder, ocurrir; *Krankheit*, *Ereignis*: sobrevenir; *Schwierigkeiten*, *Zweifel*: surgir; **II.** *v/t. Tür*: abrir a puntapiés (*od.* a patadas); **III.** ℒ *n* (*Erscheinen*) aparición *f* (*a. Krankheit*); presentación *f*; (*Benehmen*) comportamiento *m*; modales *m/pl.*; conducta *f*; actitud *f*; *Thea.* actuación *f*; *erstes* ~ debut *m*; *sicheres* ~ aplomo *m*.

'**Auftrieb** *m v. Vieh*: salida *f* al pasto; ✝ entradas *f/pl.* de ganado; *Phys.* fuerza *f* ascensional; ≷ sustentación *f*; ⚓ flotabilidad *f*; ✝ *v. Preisen usw.*: alza *f*; *fig.* impulso *m*, empuje *m*; ~**skraft** *f* fuerza *f* ascensional, empuje *m* ascendente.

'**Auftritt** *m* 1. (*Trittbrett*) estribo *m*; 2. *Thea. u. fig.* salida *f* a (*od.* entrada en) escena; (*Szene*) escena *f* (*a. fig.*); (*Auftreten*) actuación *f*; 3. *fig.* (*Streit*) altercado *m*, disputa *f*.

'**auftrumpfen** *fig. v/i.* salirse con la suya.

'**auftun** (*L*) *v/t.* abrir; *sich* ~ abrirse; F *fig. et.* ~ (*entdecken*) descubrir a/c.; *j-n* ~ encontrar a alg.

'**auftürmen** *v/t.* amontonar, apilar, acumular.

'**aufwachen** (*sn*) *v/i.* despertarse.

'**aufwachsen** (*L*; *sn*) *v/i.* crecer, criarse.

'**aufwallen** *v/i.* hervir, (re)bullir (*a. fig.*); borbotar; *brausend*: burbujear; ℒ**en** *n*, ℒ**ung** *f* borboteo *m*, hervor *m*; efervescencia *f*; ebullición *f*; *fig. a.* transporte *m*; arrebato *m*.

'**Aufwand** *m* (-*s*; 0) (*Kosten*) gastos *m/pl.*; dispendio *m*; (*Prunk*) pompa *f*, boato *m*; lujo *m*; *fig.* profusión *f*, despliegue *m*; *an Worten*: verbosidad *f*; *unnützer* ~ derroche *m*; *großen* ~ *treiben* vivir a lo grande; *mit großem* ~ *an* con gran lujo (*od.* despliegue) de; ~**s-entschädigung** *f* (indemnización *f* por) gastos *m/pl.* de representación; ~**steuer** *f* impuesto *m* suntuario; impuesto *m* sobre el gasto.

'**aufwärmen** *v/t.* recalentar; *fig. Erinnerung*: evocar, refrescar; *alte Geschichten*: desenterrar; *sich* ~ calentarse (*a. Sportler*).

'**Aufwarte|frau** *f* asistenta *f*, mujer *f* de faenas; ℒ**n** (*-e-*) *v/i.* servir la mesa; ~ *mit* ofrecer, presentar.

'**aufwärts** *adv.* (hacia) arriba; (*bergan*) cuesta arriba; *den Fluß* ~ río arriba; *von 2 Millionen* ~ de 2 millones en adelante (*od.* arriba); *mit ihm geht es* ~ va prosperando (*od.* F viento en popa); ℒ**bewegung** ✝ *f* movimiento *m* expansivo; *der Preise*: tendencia *f* alcista; ℒ**haken** *m Boxen*: uppercut *m*; ℒ**hub** ⊕ *m* carrera *f* ascendente; ℒ**trend** *m* ✝ tendencia *f* ascendente (*od.* alcista).

'**Aufwartung** *f* (*Besuch*) visita *f* de cumplido; *j-m s-e* ~ *machen* visitar (*od.* ofrecer sus respetos) a alg.

'**Aufwasch** *m* platos *m/pl.* sucios; (*Tätigkeit*) lavado *m* de los platos; F *fig. in e-m* ~ de una vez; ℒ**en** (*L*) *v/t. Teller*: lavar, fregar.

'**aufwecken** *v/t.* despertar; *fig. a.* reanimar; ~ *d adj.* excitante.

'**aufweichen I.** *v/t.* ablandar, reblandecer; *in Wasser*: remojar; macerar; **II.** *v/i.* reblandecerse; ~**d** *adj.* emoliente.

'**aufweisen** (*L*) *v/t.* mostrar, dejar ver; presentar, ofrecer; exhibir, ostentar; *Defizit*, *Überschuß*: acusar, arrojar.

'**aufwend|en** (*-e- od. L*) *v/t. Zeit usw.*: emplear, dedicar; *Geld*: gastar, invertir; *viel Mühe* ~ prodigar esfuerzos; ~**ig** *adj.* costoso, dispendioso; lujoso; ℒ**ung** *f* empleo *m*; gasto *m*.

'**aufwerfen** (*L*) *v/t. Damm*: levantar; *Graben*: abrir; *Kopf*: alzar enérgicamente; *Frage*: suscitar, plantear; *sich* ~ *zu* erigirse en; → *aufgeworfen*.

'**aufwert|en** (*-e-*) *v/t.* revalorizar; *Währung a*: revaluar; ℒ**ung** *f* revalorización *f*, revaluación *f*.

'**aufwickeln** (*-le*) *v/t.* 1. enrollar, arrollar; (*spulen*) devanar, bobinar; *Haar*: poner rulos; 2. (*auswickeln*) desenrollar; *Paket*: desenvolver.

'**aufwiegeln** (*-le*) *v/t.* sublevar, incitar (a la rebelión), amotinar; soliviantar, alborotar; ℒ**ung** *f* provocación *f*, agitación *f*, instigación *f* (a la rebelión).

'**aufwiegen** (*L*) *fig. v/t.* contrapesar, contrabalancear; equilibrar, compensar.

'**Aufwiegler** *m* agitador *m*, alborotador *m*; amotinador *m*; ℒ**isch** *adj.* sedicioso; agitador, alborotador, revoltoso; demagógico.

'**Aufwind** *m* corriente *f* (*od.* viento *m*) ascendente; *fig. im* ~ *sein* ir viento en popa.

'**aufwinden** (*L*) *v/t.* enrollar; *Garn*: devanar; *mit e-r Winde*: levantar, guindar, ⚓ izar; *Anker*: levar.

'**aufwirbeln** (*-le*) **I.** *v/t.* arremolinar; **II.** *v/i.* arremolinarse, levantarse en torbellinos.

'**aufwisch|en** *v/t.* limpiar, fregar; (*auftrocknen*) secar, enjugar (con un trapo); ℒ**lappen** *m* trapo *m*; bayeta *f*.

'**aufwühlen** *v/t.* revolver; *Erde*: (ex)cavar; escarbar; *Schweine*: hozar; *fig. Seele*: agitar, excitar, emocionar; ~**d** *adj.* excitante; emocionante.

'**aufzähl|en** *v/t.* enumerar; *Geld*: contar; *im einzelnen*: detallar, especificar; ℒ**ung** *f* enumeración *f*; relación *f*; especificación *f*.

'**aufzäumen** *v/t.* embridar.

'**aufzehr|en** *v/t.* consumir (*a. fig.*); *fig.* absorber; ℒ**ung** *f* consumo *m*.

'**aufzeichn|en** (*-e-*) *v/t.* dibujar, trazar; (*notieren*) apuntar, anotar; (*registrieren*) registrar (*a.* ⊕); *TV* grabar (en video); ℒ**ung** *f* nota *f*, apunte *m*; registro *m*; *TV* grabación *f*; (*Übertragung*) transmisión *f* diferida; *in e-r* ~ en diferido; *sich* ~**en** *machen* tomar apuntes; ℒ**ungsgerät** *TV n* videocassette *m*, videograbadora *f*.

'**aufzeigen** *v/t.* mostrar, señalar; (*klarmachen*) demostrar, evidenciar; (*offenbaren*) revelar, descubrir.

'**aufzieh|en** (*L*) **I.** *v/t.* 1. (*hochziehen*) subir, levantar, alzar; *Vorhang*: descorrer, *Thea.* levantar; *Schublade*: abrir; *Segel*, *Flagge*: izar; *Anker*: levar; *Gewehrhahn*: montar; 2. *Karte*, *Bild*: montar; *Kind*: criar; *Vieh*: (re)criar; *Pflanze*: cultivar; *Saiten*: poner; *Uhr usw.*: dar cuerda a; *Perlen*: ensartar; *fig. Unternehmen usw.*: organizar, F montar; *aufgezogen sein Uhr usw.*: tener cuerda; 3. F (*foppen*) tomar el pelo a; **II.** *v/i.* ≥ *in Marschordnung*: desfilar; *Wache*: relevarse; *Gewitter*: cernerse, levantarse; ℒ**en** *n der Wache*: relevo *m*; (*Foppen*) tomadura *f* de pelo; *zum* ~ *Spielzeug*: de cuerda.

'**Aufzucht** *f* (0) (re)cría *f*; crianza *f* (*a. Säugling*); *Pflanzen*: cultivo *m*.

'**Aufzug** *m* 1. procesión *f*; cabalgata *f*; *bsd.* ⚔ desfile *m*, parada *f*; 2. *Thea.* acto *m*; *Lit.* jornada *f*; 3. (*Fahrstuhl*) ascensor *m*; (*Lasten*ℒ) montacargas *m*; (*Küchen*ℒ) montaplatos *m*; 4. *Weberei*: cadena *f*; *Uhr*: cuerda *f*; *Turnen*: elevación *f*; 5. (*Kleidung*) atuendo *m*, atavío *m*; ~**führer** *m* ascensorista *m*; ~**hebel** *m Phot.* palanca *f* de avance; ~**kabine** *f* cabina *f*, *Neol.* camarín *m*; ~**schacht** *m* hueco *m* del ascensor.

'**aufzwingen** (*L*) *v/t.*: *j-m et.* ~ obligar a alg. a aceptar a/c.; *fig.* imponer a/c. a alg.

'**Aug-apfel** *m* globo *m* ocular; *fig.* ojito *m* derecho; *wie s-n* ~ *hüten* guardar como la niña de sus ojos (*od.* como oro en paño).

'**Auge** *n* (-*s*; -*n*) ojo *m*; (*Sehkraft*) vista *f*; ✝ yema *f*, botón *m*, ojo *m*; *Suppe*:

ojo *m*; *Würfel*: punto *m*; *künstliches* ~ ojo artificial (*od.* de cristal); ~ in ~ cara a cara; frente a frente; ~ *um* ~ ojo por ojo; *ins* ~ *fallen* llamar la atención, resaltar; *in die* ~*n springen* saltar a la vista; *in meinen* ~*n* en mi opinión, a mi juicio; *unter vier* ~*n* a solas; *vor s-n* ~*n* delante de sus ojos; *vor aller* ~*n* a la vista de todos; en público; *aus den* ~*n verlieren* perder de vista; *aus den* ~*n, aus dem Sinn* ojos que no ven, corazón que no siente; *das* ~ *beleidigen* ofender la vista (*od.* los ojos); *fig.* *die* ~*n offenhalten* (*od.* *aufmachen*) tener los ojos bien abiertos, abrir el ojo, avivar los ojos, estar (ojo) alerta; *sich die* ~*n verderben* dañarse la vista; *die* ~*n verdrehen* poner los ojos en blanco; *die* ~*n verschließen vor* cerrar los ojos a; *ein* ~ *haben auf* vigilar (a/c.); *auf* poner la mira en; *ein* ~ *zudrücken* hacer la vista gorda; *große* ~*n machen* abrir tanto ojo; abrir (mucho) los ojos; *fig.* *gute* ~*n haben* tener buena vista; *die* ~*n überall haben* estar en todo; *keine* ~*n im Kopf haben* tener telarañas en los ojos; *im* ~ *behalten* no perder de vista; tener presente; *im* ~ *haben* F tener entre ceja y ceja; *ins* ~ *sehen j-m*: mirar de hito en hito (*od.* cara a cara); *fig.* *e-r Gefahr, Tatsache*: arrostrar, afrontar; *ins* ~ *fassen* considerar; pensar hacer, tener en cuenta; *j-m schöne* ~*n machen* coquetear (con la mirada), F hacer ojitos a alg.; *um s-r schönen* ~*n willen* por sus ojos bellidos, por su linda cara; *fig.* *j-m die* ~*n öffnen* desengañar, abrir los ojos a alg., quitarle a alg. la venda de los ojos; *j-m unter die* ~*n treten* presentarse ante alg.; *komme mir nicht wieder unter die* ~*n* no quiero volver a verte; *kein* ~ *zutun* (*od.* *zumachen*) no pegar ojo; *mit anderen* ~*n ansehen* mirar con otros ojos; *j-n mit den* ~*n verschlingen* comerse a alg. con los ojos; *nicht aus den* ~*n lassen, kein* ~ *lassen* (*od.* *wenden*) *von* no quitar los ojos de, no perder de vista; *sich vor* ~*n halten* tener presente; *vor* ~*n führen* evidenciar, demostrar; *j-m mit den* ~*n essen* comer con los ojos; *die* ~*n gehen mir auf* ahora veo claro; F *die* ~*n sind größer als der Magen* tiene los ojos más grandes que la panza; *geh mir aus den* ~*n!* ¡quítate de mi vista!; *ich traute meinen* ~*n nicht* no daba crédito a mis ojos; F *das kann ins* ~ *gehen* eso puede acabar mal; ⚥ (*die*) ~*n rechts!* ¡vista a la derecha!
'**äugeln** (*-le*) ⚥ *v/t.* injertar (de escudete).
'**Augen...**: ~**abstand** *m* distancia *f* interocular; ~**arzt** *m* oculista *m*, oftalmólogo *m*; ~**binde** *f* venda *f* (para los ojos); ~**blick** *m* momento *m*, instante *m*; *alle* ~ *a* cada momento (*od.* instante); *im* ~ en este momento; (*sofort*) al instante, al punto; *in e-m* ~ en un instante; (*im Nu*) F en un santiamén, en un abrir y cerrar de ojos; *im ersten* ~ de momento; *jeden* ~ de un momento a otro; 2**blicklich I.** *adj.* instantáneo, inmediato; (*vorübergehend*) momentáneo; **II.** *adv.* en este momento; ahora mismo, al instante; (*vorläufig*) de (*od.* por el) momento; (*sofort*) instantáneamente, inmediatamente; ~**blicks-aufnah-**

me *Phot.* *f* instantánea *f*; ~**blickserfolg** *m* éxito *m* pasajero (*od.* fugaz); ~**blickssache** *f*: *das ist* ~ es cosa de un momento; ~**blickswirkung** *f* efecto *m* instantáneo (*od.* inmediato); ~**braue** *f* ceja *f*; ~**brauenbogen** *m* arco *m* superciliar; ~**brauenstift** *m* lápiz *m* de cejas; ~**diagnose** *f* iridiagnosis *f*; ~**entzündung** ⚕ *f* oftalmía *f*; 2**fällig** *adj.* evidente, manifiesto, patente; ~**farbe** *f* color *m* de los ojos; ~**glas** *n* lente *f*; (*Einglas*) monóculo *m*; ~**heilkunde** *f* oftalmología *f*; ~**höhe** *f*: *in* ~ a la altura del ojo; ~**höhle** *f* órbita *f*, cuenca *f* del ojo; ~**klappe** *f* parche *m* de ojo; ~**klinik** *f* clínica *f* oftalmológica; ~**leiden** *n* enfermedad *f* de los ojos; ~**licht** *n* vista *f*; ~**lid** *n* párpado *m*; ~**linse** *Anat.* *f* cristalino *m*; ~**maske** *f* antifaz *m*, mascarilla *f*; *als Lichtschutz*: mascarilla *f* antiluz; ~**maß** *n*: *nach* ~ a ojo (de buen cubero); *ein gutes* ~ *haben* tener buen ojo; ~**merk** *n*: *sein* ~ *auf et. richten* poner la mira en a/c., fijar (*od.* centrar) la atención en a/c.; ~**nerv** *m* nervio *m* óptico; ~**salbe** *f* pomada *f* (oftálmica); ~**schein** *m* (*Anschein*) apariencia *f*, evidencia *f*; ⚖ inspección *f* ocular; *dem* ~ *nach* por las apariencias; *in* ~ *nehmen* examinar, inspeccionar; 2**scheinlich** *adj.* aparente; evidente, manifiesto, patente; ~**schirm** *m* visera *f*; ~**spiegel** *m* oftalmoscopio *m*; ~**sprache** *f* lenguaje *m* de los ojos; ~**stern** *m* pupila *f*; *fig.* niña *f* del ojo; ~**täuschung** *f* ilusión *f* óptica; ~**tropfen** *m/pl.* colirio *m*; ~**weide** *f* deleite *m* para los ojos, gozo *m* de la vista; ~**wimper** *f* pestaña *f*; ~**winkel** *m* ángulo *m* (*od.* rabillo *m*) del ojo, *Anat.* comisura *f* palpebral; ~**zahn** *m* (diente *m*) canino *m*, colmillo *m*; ~**zeuge** *m* testigo *m* ocular (*od.* presencial); ~ *sein bei* presenciar a/c.; ~**zittern** ⚕ *n* nistagmo *m*; ~**zwinkern** *n* guiñada *f*; parpadeo *m*.
Au'giasstall *m*: *den* ~ *ausmisten* limpiar los establos de Augías.
'**Augur** *Hist.* *m* (*-s; -en*) augur *m*.
Au'gust *m* (*Monat*) agosto *m*.
'**August** *m* (*Name*) Augusto *m*; (*Clown*) payaso *m*; *der dumme* ~ el tonto del circo (*a. fig.*).
Augus'tiner(mönch) *m* agustino *m*.
Aukti'on *f* subasta *f*, licitación *f*; *Am.* remate *m*; *zur* ~ *kommen* salir a subasta (*od.* licitación).
Auktio'nator *m* (*-s; -en*) subastador *m*, licitador *m*; *Am.* rematador *m*.
Aukti'onslokal *n* sala *f* de subastas.
'**Aula** *f* (*-; -len*) *Schule*: salón *m* de actos; *Universität*: *a.* paraninfo *m*.
aus I. *prp.* (*dat.*) de; por; con; entre; ~ *Berlin* de Berlín, ⚥ *usw.*: procedente de Berlín; ~ *der Zeitung* del periódico; ~ *dem Französischen* (*übersetzt*) (traducido) del francés; ~ *guter Familie* de buena familia; ~ *Gold, Marmor, Holz usw.*: de oro, de mármol, de madera, *etc.*; ~ *diesem Grunde* por esta razón; ~ *Liebe zu* por amor a; ~ *e-m Glas trinken* beber en un vaso; ~ *e-m Buch lernen* aprender en un libro; ~ *guter Absicht* con buena intención; ~ *dem Fenster werfen* arrojar por la ventana; *was ist* ~ *ihm geworden?* ¿qué ha sido de él?; ~ *ihm wird nie etwas werden* nunca llegará a

ser algo; **II.** *adv.* (*vorbei*) terminado, concluido, acabado; *Sport*: fuera; *alles ist* ~ todo se acabó; *das Feuer ist* ~ el fuego se ha apagado; *das Licht ist* ~ la luz está apagada; *von mir* ~ F por mí, por lo que a mí toca; *es ist* ~ *mit ihm* está arruinado; *von hier* ~ (des)de aquí; *er weiß weder ein noch* ~ está entre la espada y la pared; *vor Arbeit usw.*: va de cabeza; *auf et.* ~ *sein* poner la mira en a/c., aspirar a a/c.; *auf Geräten: an-* ~ abierto – cerrado; **III.** ♟ *n Sport*: *ins* ~ *gehen* salir fuera.
'**aus-arbeit|en** (*-e-*) *v/t.* elaborar; *schriftlich*: redactar; componer; *Thema*: desarrollar; (*vervollkommnen*) perfeccionar; acabar; (*körperlich*) ~ ejercitarse; 2**ung** *f* elaboración *f*; redacción *f*; composición *f*; desarrollo *m*; perfeccionamiento *m*; ⊕ acabado *m*.
'**aus-art|en** (*-e-*; *sn*) *v/i.* degenerar (*zu* en); 2**ung** *f* degeneración *f*.
'**aus-ästen** (*-e-*) *v/t.* desramar, escamondar.
'**aus-atm|en** (*-e-*) *v/t. u. v/i.* espirar; (*ausdünsten*) exhalar; 2**ung** *f* espiración *f*; exhalación *f*.
'**ausbaden** (*-e-*) F *v/t.*: *et.* ~ (*müssen*) F cargar con el mochuelo, pagar el pato (*od.* los platos rotos).
'**ausbaggern** (*-re*) **I.** *v/t.* dragar; excavar; **II.** ♟ *n* dragado *m*; excavación *f*.
'**ausbalancieren** (*-*) *v/t.* contrabalancear, contrapesar, equilibrar.
'**ausbaldowern** (*-re*) F *v/t.* espiar; descubrir.
'**Ausball** *m Sport*: balón *m* fuera *bzw.* fuera de banda.
'**Ausbau** *m* (*Fertigstellung*) terminación *f*, acabado *m*; ⊕ (*Abbau*) desmontaje *m*; (*Vergrößerung*) ampliación *f*; ensanche *m*; *fig.* desarrollo *m*, expansión *f*, intensificación *f*; (*Festigung*) consolidación *f*.
'**ausbauch|en** *v/t.* abombar; 2**ung** *f* abombamiento *m*.
'**ausbau|en** *v/t.* (*vergrößern*) ampliar; ensanchar; ⊕ (*abbauen*) desmontar; *fig.* desarrollar; intensificar; (*festigen*) consolidar; ~**fähig** *adj.* ampliable; ⊕ desmontable; *fig.* desarrollable.
'**ausbedingen** (*L*; *-*) *v/t.* estipular; *sich et.* ~ reservarse (el derecho de) a/c.; poner por condición.
'**ausbeißen** (*L*) *v/t.* arrancar con los dientes; *sich e-n Zahn* ~ romperse un diente; *fig.* *sich die Zähne an et.* ~ romperse los dientes con a/c.; pinchar en hueso.
'**ausbesser|n** (*-re*) *v/t.* reparar, componer, arreglar; ⚓ carenar; (*flicken*) remendar; (*stopfen*) repasar, zurcir; *Kunstwerk*: restaurar; *Bild*: retocar; 2**ung** *f* reparación *f*, compostura *f*, arreglo *m*; remiendo *m*; zurcido *m*; restauración *f*; retoque *m*; ⚓ carena *f*; ~**ungsbedürftig** *adj.* necesitado de reparación; ~**ungsfähig** *adj.* reparable; 2**ungswerkstatt** *f* taller *m* de reparaciones.
'**ausbeulen** *v/t.* desabollar, alisar; → *ausgebeult*.
'**Ausbeut|e** *f* producto *m*, beneficio *m*, ganancia *f*; rendimiento *m* (*a.* ⚒ *u.* ⊕); *fig.* fruto *m*, cosecha *f*), 2**en** (*-e-*) *v/t.* explotar; ⚒ *a.* beneficiar; *fig.* *j-n* ~ aprovecharse de alg.; *weit S.* vivir a costa de alg.; ~**er(in** *f*)

Ausbeutung — Auseinandersetzung

m explotador(a *f*) *m* (*a. m.s.*); ⁓**ung** *f* explotación *f* (*a. m.s.*); ⚔ *a.* beneficiación *f*; aprovechamiento *m*; ⁓**ungsfähig** *adj.* explotable.
'**ausbezahl|en** (-) *v/t.* pagar (del todo), liquidar, saldar; ⁓**ung** *f* pago *m* total; liquidación *f*.
'**ausbiegen** (*L*; *sn*) **I.** *v/t.* encorvar; bornear; **II.** *v/i.* desviarse, apartarse; ceder el paso.
'**ausbild|en** (-e-) *v/t.* formar; *a.* ⚔ instruir; (*entwickeln*) desarrollar; perfeccionar; *geistig:* educar; cultivar; *sich* ⁓ (*entstehen*) formarse; desarrollarse; *sich* ⁓ *lassen in* perfeccionarse en; → *ausgebildet*; ⁓**er** *m* instructor *m* (*a.* ⚔); *Sport:* preparador *m*, entrenador *m*; ⁓**ung** *f* formación *f*; desarrollo *m*; perfeccionamiento *m*; educación *f*; cultivo *m*; instrucción *f*; preparación *f*, entrenamiento *m*; ⁓**ungsbeihilfe** *f* ayuda *f* al estudio; bolsa *f* de estudios; ⁓**ungslager** *n* campo *m* de entrenamiento *bzw.* de instrucción; ⁓**ungslehrgang** *m* curso *m* (*od.* cursillo *m*) de instrucción *bzw.* de formación; ⁓**ungsstätte** *f* centro *m* de formación; ⁓**ungsverhältnis** *n* relación *f* de formación profesional; ⁓**ungszeit** *f* período *m* de formación.
'**ausbitten** (*L*) *v/t.*: *sich et.* ⁓ pedir a/c. (*von j-m* a alg.); (*fordern*) exigir a/c.; insistir en a/c.
'**ausblasen** (*L*) *v/t.* apagar (de un soplo), extinguir; *j-m das Lebenslicht* ⁓ quitar la vida a alg.
'**ausbleiben** (*L*; *sn*) **I.** *v/i.* no venir, no aparecer, no llegar; (*fehlen*) faltar; *lange* ⁓ tardar mucho; retrasarse; *es konnte nicht* ⁓, *daß* era inevitable que; *über Nacht* ⁓ trasnochar; **II.** ⚔ *n* ausencia *f*, falta *f*; demora *f*, tardanza *f*; *Zahlung:* impago *m*, falta *f* de pago; ⚔ incomparecencia *f*, no comparecencia *f*.
'**ausbleichen** (*L*) **I.** *v/t.* blanquear; **II.** *v/i.* perder el color, desteñirse.
'**ausblenden** (-e-) *v/t. Radio, Film:* hacer desaparecer *bzw.* extinguir gradualmente; *Computer:* ocultar.
'**Ausblick** *m* vista *f*, panorama *m*; perspectiva *f* (*a. fig.*).
'**ausblühen** *Min. v/i.* eflorecer(se).
'**ausbluten** (-e-) *v/i. Wunde:* cesar de sangrar; *Person:* desangrarse; ⁓ *lassen* desangrar.
'**ausbohren** *v/t.* taladrar, perforar; horadar.
'**ausbooten** (-e-) *v/t.* desembarcar; *fig.* echar fuera, eliminar.
'**ausborgen** *v/t.* (*verleihen*) prestar; (*entleihen*) (*a. sich* ⁓) pedir (*od.* tomar) prestado.
'**ausbrech|en** (*L*) **I.** *v/t.* romper, arrancar; (*erbrechen*) vomitar, F devolver; *sich e-n Zahn* ⁓ romperse un diente; **II.** (*sn*) *v/i.* (*entstehen*) producirse; *Krankheit, Feuer:* declararse; *Sturm:* desencadenarse; *Krieg:* estallar; *Vulkan:* entrar en erupción; *Gefangene:* evadirse, fugarse, escaparse; *in Schweiß* ⁓ empezar a sudar; *in Beifall* ⁓ prorrumpir en aplausos; *in Gelächter* ⁓ soltar una carcajada; *in Tränen* ⁓ romper a llorar; ⚔**er** *m* evadido *m*, evasor *m*, fugitivo *m*.
'**ausbreiten** (-e-) *v/t.* extender; (*entfalten*) desplegar, desdoblar; *Ware:* exponer; *Arme:* abrir; (*verbreiten*)

propagar, difundir; divulgar; generalizar; *sich* ⁓ extenderse; desplegarse; propagarse; divulgarse, generalizarse; ganar terreno (*a. Feuer*); *Panik, Nachricht:* cundir; (*ausführlich werden*) entrar en detalles, explayarse; ⚔**ung** *f* extensión *f*; despliegue *m*; propagación *f* (*a.* ⚔, *Rel.*), difusión *f*; divulgación *f*.
'**ausbrennen** (*L*) **I.** *v/t.* quemar del todo; ⚔ cauterizar; **II.** *v/i. Feuer:* extinguirse, apagarse; *Haus:* quemarse hasta los cimientos; → *ausgebrannt*; **III.** ⚔ *n* cauterización *f*.
'**ausbringen** (*L*) *v/t.*: *e-n Trinkspruch auf j-n* ⁓ brindar por alg.
'**Ausbruch** *m Vulkan:* erupción *f*; *Krankheit:* aparición *f*; (*Beginn*) comienzo *m*; (*Flucht*) evasión *f*, fuga *f*; *fig.* desencadenamiento *m*, explosión *f*, estallido *m*; arrebato *m*, arranque *m*; *bei* ⁓ *des Krieges* al estallar la guerra; *zum* ⁓ *kommen* estallar; declararse (*a.* ⚔); ⁓**sversuch** *m* intento *m* de evasión; ⚔ intento *m* de salida.
'**ausbrüt|en** (-e-) *v/t.* empollar, incubar (*a. fig.*); *fig.* urdir, tramar, F cocer; ⚔**en** *n*, ⚔**ung** *f* incubación *f*; *fig.* maquinación *f*.
'**ausbuchten** (-e-) *v/t.* abombar; *Blech:* embutir; ⚔**ung** *f* convexidad *f*; sinuosidad *f*.
'**ausbuddeln** (-*le*-) F *v/t.* desenterrar, sacar; excavar.
'**ausbügeln** (-*le*-) *v/t. Falten:* quitar (con la plancha); planchar; *fig.* arreglar.
'**ausbuhen** F **I.** *v/t.* abuchear; **II.** ⚔ *n* abucheo *m*.
'**Ausbund** *fig. m* modelo *m*, dechado *m*, prodigio *m* (*an ac.* de); *ein* ⁓ *von Gelehrsamkeit* F un pozo de ciencia; *ein* ⁓ *von Tugend* (*Bosheit*) un dechado de virtudes (maldades).
'**ausbürger|n** (-*re*) *v/t.* desnaturalizar, retirar la ciudadanía; (*ausweisen*) expatriar; ⚔**ung** *f* privación *f* de la ciudadanía; desnaturalización *f*; expatriación *f*.
'**ausbürsten** (-e-) *v/t.* cepillar.
'**ausbüxen** F *v/i.* F largarse.
'**aus-checken** *v/i. im Hotel:* hacer los trámites de salida.
'**Ausdauer** *f* perseverancia *f*, constancia *f*; paciencia *f*; (*Zähigkeit*) tenacidad *f*, persistencia *f*; resistencia *f*; ⚔**nd** *adj.* perseverante, constante; paciente; (*zäh*) tenaz, persistente; ♣ perenne.
'**ausdehn|bar** *adj.* extensible, dilatable; ⁓**en** *v/t. u. v/refl.* extender(se) (*auf ac. a*); *fig. a.* hacer extensivo (*a*); ⊕ *in die Länge* ⁓ alargar(se); (*erweitern*) ensanchar(se), *a. Phys. u. fig.* dilatar(se); *zeitlich:* prolongar(se); → *ausgedehnt*; ⚔**ung** *f* extensión *f*; *Phys.* dilatación *f*; ampliación *f*; *bsd. Pol.*, ⚔ expansión *f*; ⊕ alargamiento *m*; ensanchamiento *f*; ♣ dimensión *f*; ⚔**ungskoeffizient** *Phys. m* coeficiente *m* de dilatación; ⚔**ungsvermögen** *n* fuerza *f* expansiva.
'**ausdenken** *v/t.* imaginar; inventar; idear, concebir, ingeniar; *sich et.* ⁓ (*vorstellen*) imaginarse, figurarse a/c.; *nicht auszudenken* inconcebible; *weit S.* es ist nicht auszudenken sería desastroso (*od.* fatal).
'**ausdocken** ⚓ *v/t.* sacar del dique.
'**ausdorren** *v/i.* secarse (totalmente).
'**ausdörren** *v/t.* desecar; *Boden:* ari-

decer; *ausgedörrt* reseco; *Boden:* árido.
'**ausdrehen** *v/t. Gas, Wasserhahn:* cerrar; *Licht:* apagar; ⊕ (*drechseln*) tornear.
'**ausdreschen** (*L*) *v/t.* trillar.
'**Ausdruck** *m* expresión *f* (*a. Gesichts⚔ u. fig.*); (*Redewendung*) dicho *m*, giro *m*, locución *f*; (*Wort*) término *m*, voz *f*, vocablo *m*; *Computer:* impreso *m*; *bildlicher* ⁓ metáfora *f*; *gemeiner* ⁓ vulgarismo *m*; *veralteter* ⁓ arcaismo *m*; *zum* ⁓ *bringen* expresar, manifestar; exteriorizar, poner de manifiesto; dejar constancia de; *zum* ⁓ *kommen* manifestarse, quedar de manifiesto; ⚔**en** *Typ. v/t.* imprimir (*a. Computer*).
'**ausdrück|en** *v/t.* expresar; *Gefühle:* exteriorizar; (*auspressen*) exprimir, estrujar; *Zigarette:* apagar, aplastar; *sich* ⁓ expresarse; *fig.* traducirse; *sich deutlich* ⁓ hablar claro (*a. fig.*); *anders ausgedrückt* dicho de otro modo; *fig. nicht auszudrücken* indecible, indescriptible; ⚔**lich** *adj.* expreso, explícito; *Befehl, Verbot:* terminante, categórico.
'**Ausdrucks...**: ⚔**fähig** *adj.* expresivo; ⁓**kraft** *f* expresividad *f*; ⚔**los** *adj.* inexpresivo; ⚔**voll** *adj.* expresivo; ⁓**weise** *f* modo *m* (*od.* manera *f*) de expresarse, forma *f* de expresión; (*Stil*) dicción *f*; estilo *m*; *weit S.* lenguaje *m*.
'**ausdünnen** ✂ *v/t.* aclarar, entresacar.
'**ausdünst|en** (-e-) **I.** *v/t.* exhalar, despedir; **II.** *v/i.* evaporarse; transpirar; ⚔**ung** *f* evaporación *f*; transpiración *f*; exhalación *f*.
aus-ein'ander *adv.* separado(s); *weit* ⁓ muy distante(s) entre sí; ⁓**brechen** (*L*) *v/t. u. v/i.* romper(se), partir(se) en dos; ⁓**bringen** (*L*) *v/t.* separar; *fig. a.* desunir, enemistar; ⁓**fallen** (*L*; *sn*) *v/i.* caer en pedazos; *a. fig.* desmoronarse; ⁓**falten** (-e-) *v/t.* desdoblar, desplegar; ⁓**gehen** (*L*; *sn*) *v/i.* separarse; *Menge:* dispersarse; *Versammlung:* disolverse; *Bündnis usw.:* romperse; *Wege:* dividirse, ramificarse; *Meinungen:* discrepar, diferir, *a. Phys.*, ☾ divergir, F (*dick werden*) engordar; ⁓**gehend** *adj.* divergente; ⁓**halten** (*L*) *fig. v/t.* distinguir entre, no confundir uno con otro; ⁓**jagen** *v/t.* dispersar; ⁓**kommen** (*L*; *sn*) *v/i.* ser separado de; *fig. im Gedränge:* perderse (de vista); *fig.* distanciarse; ⁓**laufen** (*L*; *sn*) *v/i. Menge:* dispersarse; *Linien usw.:* divergir; ⁓**leben** *v/refl.: sich* ⁓ distanciarse; vivir desunidos; ⁓**liegen** (*L*; *a. sn*) *v/i.* estar alejados (*od.* distantes); ⁓**nehmen** (*L*) *v/t.* deshacer, descomponer, desunir; ⊕ desarmar, desmontar; ⁓**reißen** (*L*) *v/t.* romper, desgarrar; ⁓**rollen** *v/t.* desenrollar; ⁓**rücken** *v/i.* apartarse; ⁓**setzen** (-t) *v/t.* separar; *fig.* explicar, exponer; *sich mit j-m* ⁓ discutir con alg.; F (*sich einigen*) arreglarse, llegar a un acuerdo con alg. (*über sobre*); *sich mit et.* ⁓ ocuparse de a/c.; *gründlich:* ahondar en a/c.; *sich mit einem Problem* ⁓ enfrentarse con un problema; ⚔**setzung** *f* **1.** (*Erklärung*) explicación *f*, exposición *f*; (*Erörterung*) discusión *f*; **2.** (*Streit*) disputa *f*, discrepancia *f*, altercado *m*; *bewaffnete* ⁓ conflicto *m*

armado; **3.** (*Übereinkommen*) acuerdo *m*; arreglo *m*; **4.** ⚙ (*Trennung*) liquidación *f*; ⁓**sprengen** *v/t*. *Feind, Menge*: dispersar, ⚔ *a*. desbandar; ⁓**stehen** (*L*) → ⁓**liegen**; ⁓**stieben** (*L*) *v/i*. dispersarse, desbandarse; ⁓**treiben** (*L*) *v/t*. separar; dispersar; ⁓**ziehen** (*L*) *v/t*. estirar; distender; ⚔ *Truppen*: desplegar.

'**aus-erkoren** *adj*. elegido, escogido.

'**aus-erlesen** *adj*. selecto, escogido; exquisito.

'**aus-ersehen** (*L*; -) *v/t*. escoger, elegir, seleccionar; (*bestimmen*) destinar (*zu a*), designar (*für para*).

'**aus-erwählen** *v/t*. elegir, escoger; s-e *Auserwählte* (*Braut*) su futura, su novia; *das auserwählte Volk* el pueblo elegido.

'**aus-essen** (*L*) *v/t*. comérselo todo; *Schüssel*: arrebañar, vaciar.

'**ausfahr|bar** ⊕ *adj*. telescópico; ⁓**en** (*L*) **I.** *v/i*. salir (*od*. pasearse) en coche; 🚢 salir; ⚓ zarpar; ⚒ subir de la mina; **II.** *v/t*.: j-n ⁓ pasear a alg. en coche; *Kurve*: tomar una curva; *Weg*: desgastar; ✈ *das Fahrgestell* ⁓ bajar el tren de aterrizaje; ⚓ *das Sehrohr* ⁓ subir el periscopio; *Kfz*. (*voll*) ⁓ ir a todo gas, pisar a fondo; ⁑**er** *m* (chófer *m*) repartidor *m*; ⁑**gleis** 🚂 *n* vía *f* de salida.

'**Ausfahrt** *f* salida *f*; (*Ausflug*) excursión *f* (*od*. paseo *m*, vuelta *f*) en coche; (*Torweg*) puerta *f* cochera.

'**Ausfall** *m Haar, Zähne*: caída *f*; (*Verlust*) pérdida *f*, merma *f*; (*Fehlbetrag*) déficit *m*; (*Mangel*) deficiencia *f*; *v. Personen*: baja *f*; (*Ergebnis*) resultado *m*; ⚛ precipitado *m*; ⊕ (*Versagen*) fallo *m*; *Fechtk*. asalto *m*; ⚔ salida *f*; *fig*. ataque *m*; (*Beschimpfung*) invectiva *f*; ⁓**bürgschaft** *f* garantía *f* para (caso de) déficit (*od*. pérdida); ⁑**en** (*L*; *sn*) *v/i*. caerse (*a. Zähne, Haar*); (*nicht stattfinden*) no tener lugar, no celebrarse, suspenderse; ⊕ (*versagen*) fallar; ⚔ hacer una salida; *Ergebnis*: resultar, salir; (*ausscheiden*) *Sport usw*.: ser eliminado; *durch Krankheiten usw*.: causar (*od*. ser) baja; *der Zug fällt aus* el tren no circula; *die Schule fällt heute aus* hoy no hay escuela (*od*. clase); *fig*. er *fällt aus* no entra en consideración (*od*. en cuenta); *gut* (*schlecht*) ⁓ salir (*od*. resultar) bien (mal); *nach Wunsch* ⁓ responder a lo esperado, salir como se deseaba.

'**ausfällen** ⚛ *v/t*. precipitar.

'**aus|fallend**, ⁓**fällig** *adj*. agresivo; (*beleidigend*) insultante, injurioso, grosero; ⁓ *werden* levantarse a mayores, ponerse violento.

'**Ausfall...**: ⁓**erscheinung** ✱ *f* síntoma *m* de deficiencia; ⁓**muster** ✝ *n* muestra *f* de prueba; ⁓**straße** *f* carretera *f* de salida; ⁓**winkel** *Phys. m* ángulo *m* de reflexión.

'**ausfasern** (-*re*) *v/t*. *u. v/i*. deshilachar(se).

'**ausfechten** (*L*) *v/t*. resolver por las armas; *Kampf*: disputar; *Streit*: dirimir.

'**ausfegen** *v/t*. barrer, pasar la escoba por.

'**ausfeilen** *v/t*. limar; *fig*. perfeccionar, retocar, pulir, dar la última mano.

'**ausfertig|en** *v/t*. *allg*. *Verw*. expedir,
despachar; *Schriftstück*: redactar; *Urkunde, Rechnung*: extender; *Urteil*: librar; ⁑**ung** *f* extensión *f*; expedición *f*; redacción *f*; (*Schriftstück*) copia *f*; *erste* ⁓ original *m*; *zweite* ⁓ copia *f*, duplicado *m*; *in doppelter* (*od*. *zweifacher*) ⁓ por duplicado.

'**ausfindig** *adj*.: ⁓ *machen* encontrar; dar con; descubrir; localizar.

'**ausfliegen** (*L*; *sn*) *v/i*. volar (*a. fig*.); *Vögel*: abandonar el nido; *fig*. escaparse; (*Ausflug machen*) hacer una excursión; *fig. der Vogel ist ausgeflogen* el pájaro voló.

'**ausfließen** (*L*; *sn*) *v/i*. derramarse, verterse, escurrirse; *fig*. emanar (*von de*).

'**Ausflucht** *f* (-; ⁓e) evasiva *f*, subterfugio *m*, rodeo *m*; escapatoria *f*; (*Vorwand*) excusa *f*, pretexto *m*; *Ausflüchte machen* inventar pretextos; buscar subterfugios.

'**Aus|flug** *m* excursión *f*; e-n ⁓ *machen* ir de (*od*. hacer una) excursión; ⁓**flügler**(**in** *f*) *m* excursionista *m/f*; ⁓**flugslokal** *n* merendero *m*.

'**Ausfluß** *m* salida *f*, desagüe *m*; e-s *Teiches usw*.: descarga *f*; ♒ flujo *m*; *fig*. efluvio *m*; emanación *f*; ⁓**rohr** *n* tubo *m* de descarga; ⁓**ventil** *n* válvula *f* de descarga (*od*. de salida).

'**ausforschen** *v/t*. escudriñar, explorar; (*untersuchen*) investigar, inquirir; j-n ⁓ tantear, sondear, sonsacar a alg.

'**ausfragen** *v/t*. preguntar; *prüfend*: examinar; *verhörend*: interrogar; *neugierig*: sond(e)ar, F tirar de la lengua.

'**ausfransen** (-*t*) **I.** *v/t*. desflecar; **II.** (*sn*) *v/i*. deshilacharse.

'**ausfräsen** (-*t*) *v/t*. fresar.

'**ausfressen** (*L*) *v/t*. *Trog usw*.: vaciar; ⚛ corroer; F et. ⁓ hacer algo malo; *Verbrecher*: cometer (un delito); *er hat wieder was ausgefressen* ha vuelto a hacer otra de las suyas.

'**Ausfuhr** *f* exportación *f*; ⁓**artikel** *m* artículo *m* de exportación.

'**ausführbar** *adj*. factible, realizable, practicable, viable; ✝ exportable; ⁑**keit** *f* factibilidad *f*, viabilidad *f*.

'**Ausfuhr...**: ⁓**beschränkungen** *f/pl*. restricciones *f/pl*. a la exportación; ⁓**bewilligung** *f* licencia *f* (*od*. permiso *m*) de exportación.

'**ausführen** *v/t*. **1.** ✝ exportar; **2.** (*durchführen*) llevar a cabo, realizar, efectuar; *Aufträge*: ejecutar, cumplir; *Verbrechen*: cometer, perpetrar; *Bau*: erigir; (*vollenden*) acabar; **3.** (*darlegen*) exponer, desarrollar, explicar; *im einzelnen*: detallar, pormenorizar; **4.** *Kind, Hund*: pasear, llevar (*od*. sacar) de paseo; *Frau*: salir con; ⁓**d** *adj*.; ⁑**de**(**r**) *m bsd*. ♪ ejecutante *m*, intérprete *m*.

'**Ausfuhr...**: ⁓**förderung** *f* fomento *m* de la exportación; ⁓**genehmigung** *f* → ⁓**bewilligung**; ⁓**güter** *n/pl*. exportaciones *f/pl*.; ⁓**handel** *m* puerto *m* de exportación; ⁓**kontingent** *n* cupo *m* (*od*. contingente *m*) de exportación; ⁓**land** *n* país *m* exportador.

'**ausführlich I.** *adj*. amplio, extenso; detallado, especificado; (*umständlich*) prolijo, circunstanciado; **II.** *adv*. ampliamente, extensamente,
por extenso, con todo detalle; ⁓ *werden* entrar en detalles; ⁓ *beschreiben* circunstanciar; detallar; ⁑**keit** *f* minuciosidad *f*, prolijidad *f*; extensión *f*; detenimiento *m*.

'**Ausfuhr...**: ⁓**prämie** *f* prima *f* a la exportación; ⁓**schein** *m* permiso *m* de exportación; ⁓**sperre** *f* embargo *m* (de exportación); ⁓**überschuß** *m* excedente *m* de exportación.

'**Ausführung** *f* realización *f*; ejecución *f* (*a*. ♪); e-s *Gesetzes, Befehls*: cumplimiento *m*; ⚙ e-s *Verbrechens*: perpetración *f*; (*Vollendung*) acabado *m*, terminación *f*; (*Typ*) modelo *m*, tipo *m*; versión *f*; hechura *f*; (*Darlegung*) explicación *f*, exposición *f* (detallada); *kritische*: comentario *m* (*zu a, über sobre*); ⁓en *pl*. declaraciones *f/pl*.; intervención *f*; ⁓**sbestimmung** *f* norma *f bzw*. decreto *m* de aplicación; disposición *f* reguladora.

Ausfuhr...: ⁓**verbot** *n* prohibición *f* de exportación; ⁓**waren** *f/pl*. mercancías *f/pl*. de exportación; ⁓**zoll** *m* derechos *m/pl*. de exportación.

'**ausfüllen** *v/t*. (re)llenar (*a. Formular*); *Raum*: *a*. ocupar; *Zeit*: emplear; j-s *Gedanken*: absorber; *fig*. e-e *Lücke* ⁓ llenar un vacío.

'**Ausgabe** *f* **1.** entrega *f*; distribución *f*, reparto *m*; *v. Fahrkarten usw*.: despacho *m*; **2.** *v. Büchern*: edición *f*; e-r *Zeitung*: *a*. número *m*; *v. Briefmarken, Aktien, Anleihen*: emisión *f*; *neue* ⁓ reedición *f*; *bearbeitete* ⁓ edición *f* revisada; **3.** *v. Geld*: gasto(s) *m(pl*.*)*; (*Auslage*) desembolso *m*; *kleine* ⁓n gastos *m/pl*. menores; ⁓**bank** *f* banco *m* emisor; ⁓**kurs** *m* tipo *m* de emisión; ⁓**nbuch** *n* agenda *f* de gastos; ⁓**stelle** *f* oficina *f* de distribución *bzw*. de expendición; *Fahrkarten usw*.: despacho *m*, taquilla *f*.

'**Ausgang** *m* salida *f* (*a*. ✝); *fig*. (*Ende*) fin(al) *m*; e-s *Dramas*: desenlace *m*; (*Ergebnis*) resultado *m*; *tödlicher* ⁓ desenlace *m* fatal; *Unfall mit tödlichem* ⁓ accidente *m* mortal; ⁓ *haben* ⚔ tener permiso, *Dienstbote*: tener libre; e-n *schlimmen* ⁓ *nehmen* acabar mal.

'**Ausgangs...**: ⁓**erzeugnis** *n* producto *m* inicial; ⁓**kapital** *n* capital *m* inicial; ⁓**leistung** ⚡ *f* potencia *f* de salida; ⁓**material** *n* material *m* original; ⁓**punkt** *m a. fig*. origen *m*, punto *m* de partida (*od*. de arranque); ⁓**stellung** *f* posición *f* inicial (*Sport*: *a*. de salida); ⁓**zoll** *m* derechos *m/pl*. de salida.

'**ausgeben** (*L*) **I.** *v/t*. (*verteilen*) distribuir, repartir; *Befehl*: dar; *Fahrkarten*: expender; *Geld*: gastar; ✝ *Aktien*: emitir; *Banknoten*: *a*. poner en circulación; e-e *Runde* ⁓, F e-n ⁓ pagar una ronda; *sich* ⁓ *geldlich*: agotar los recursos, gastar todo el dinero; *fig*. (*erschöpfen*) agotar sus fuerzas; *sich* ⁓ *als* (*od*. *für*) hacerse pasar por; **II.** *v/i*. rendir.

'**ausgebeult** *adj*. *Hose*: con rodilleras.

'**ausgebildet** *adj*. formado; *voll* ⁓ cualificado; especializado.

'**ausgebombt** *adj*. damnificado por un bombardeo.

'**ausgebrannt** *adj*. arrasado por un incendio.

'**ausgebucht** *adj.* completo.
'**ausgebufft** F *adj.* (*erfahren*) experimentado, ducho; (*raffiniert*) F vivo, astuto, taimado.
'**Ausgeburt** *fig. f* engendro *m*, aborto *m*; *der Phantasie:* quimera *f*, desvarío *m*.
'**ausgedehnt** *adj.* extenso, amplio, vasto.
'**ausgedient** *adj. Sache:* gastado, viejo; *Maschine:* fuera de uso; *Soldat:* veterano; *Beamter:* jubilado; *Offizier:* retirado.
'**ausgefallen** *adj.* insólito; raro; extravagante, estrafalario.
'**ausgefuchst** F *adj.* → *ausgebufft.*
'**ausgeglichen** *fig. adj. Stil:* ponderado; *seelisch:* equilibrado, sereno; ♀**heit** *f* (0) equilibrio *m*; serenidad *f*; ponderación *f*, armonía *f*.
'**Ausgeh-anzug** *m* traje *m* de gala.
'**ausgehen** (*L*; *sn*) *v/i.* 1. salir; (*spazierengehen*) dar un paseo; 2. (*enden*) terminar, acabar; *Drama usw.*: desenlazarse; *gut* (*schlecht*) ~ salir (*od.* acabar) bien (mal); 3. (*schwinden*) ir acabándose; *Haar:* caer; *Feuer, Licht:* apagarse; *Geld, Vorrat:* acabarse; *Waren:* escasear; agotarse; *der Atem geht mir aus* me quedo sin aliento; *die Geduld geht mir aus* se me acaba la paciencia; 4. (*herrühren*) provenir, proceder, emanar (*von dat.* de); *die Sache ging von ihm aus* la idea fue suya, la iniciativa salió de él; *von* et. ~ partir de; basarse en; *frei* ~ quedar libre de; salir impune; 5. ~ *auf* terminar en (*a. Gr.*); *auf* et. ~ ir en busca de, aspirar a; ~**d** *adj.*: ~ *von* partiendo de; ⚓ ~**es Schiff** barco *m* saliente; ~**e Fracht** carga *f* de salida.
'**Ausgehtag** *m* día *m* de salida.
'**ausgehungert** *adj.* famélico, hambriento; *fig.* ~ *sein nach* et. ansiar a/c.
'**Ausgeh|uniform** *f* ✕ uniforme *m* de paseo; ~**verbot** *n* (*Sperrstunde*) (toque *m* de) queda *f*.
'**ausgeklügelt** *adj.* ingenioso, sofisticado.
'**ausgekocht** F *fig. adj.* astuto, ladino, taimado; ~*er Bursche* redomado granuja *m*.
'**ausgelassen** *adj. Kind:* travieso, retozón; (*übermütig*) muy alegre; desenfadado, desenvuelto; (*laut*) revoltoso, turbulento; ♀**heit** *f* alborozo *m*; travesura *f*; alegría *f* desbordante.
'**ausgeleiert** *adj.* (des)gastado; *Schraube:* pasado de rosca.
'**ausgemacht** *adj.* 1. (*abgemacht*) convenido, acordado, concertado; *das ist e-e ~e Sache* es cosa decidida, F son habas contadas; *als* ~ *ansehen* dar por descontado; 2. *Gauner:* redomado, F de siete suelas; F ~*er Blödsinn* una solemne tontería; F ~*er Dummkopf* tonto *m* de remate (*od.* de solemnidad).
'**ausgemergelt** *adj.* macilento; F esmirriado.
'**ausgenommen I.** *prp.* excepto, salvo; a excepción de, amén de; *alle,* ~ *ihn* todos menos él; **II.** *cj.* ~, *daß* salvo que, a menos que.
'**ausgepicht** *adj.* → *ausgekocht.*
'**ausgeprägt** *adj.* marcado, pronunciado; acentuado, acusado.
'**ausgerechnet** *fig. adv.* precisamente, justamente.
'**ausgeschlossen** *adj.* imposible; ~!

¡no puede ser!; F ¡ni hablar!; ¡ni por pienso!
'**ausgeschnitten** *adj. Kleid:* (tief) ~ (muy) escotado.
'**Ausgesiedelte(r** *m*) *m/f* evacuado *m* (-a *f*).
'**ausgesprochen I.** *adj.* pronunciado, marcado; manifiesto, patente; típico; evidente; **II.** *adv.* típicamente; francamente; ~ *schlecht* malo de solemnidad.
'**ausgestalten** (-*e*-; -) *v/t.* formar; perfeccionar, desarrollar; *Feier:* organizar.
'**ausgestorben** *adj. Tier:* extinguido, extinto; *Straße:* (wie) ~ desierto.
'**Ausgestoßene(r** *m*) *fig. m/f* paria *m/f.*
'**ausgesucht** *adj.* exquisito; selecto, escogido; *mit* ~*er Höflichkeit* con exquisita cortesía.
'**ausgetreten** *adj. Weg:* batido; *a. fig.* trillado.
'**ausgewachsen** *adj.* crecido, desarrollado; formado, hecho; (*erwachsen*) adulto.
'**ausgeweidet** *adj. Vieh:* en canal.
'**Ausgewiesene(r** *m*) *m/f* expulsado (-a *f*) *m.*
'**ausgewogen** *adj.* ponderado, equilibrado.
'**ausgezeichnet** *adj.* distinguido; (*großartig*) excelente, magnífico, F estupendo; ~! ¡perfecto!, ¡de primera!; *et.* ~ *können* saber a/c. al dedillo.
'**ausgiebig I.** *adj.* abundante, copioso; **II.** *adv.* con abundancia, abundantemente; ampliamente; ~ *Gebrauch machen von* hacer abundante uso de.
'**ausgieß|en** (*L*) *v/t.* echar; (*leeren*) vaciar; (*verschütten*) derramar, verter; *in Formen:* vaciar; *mit Füllstoff:* llenar (de); ♀**ung** *f* derramamiento *m*; *Rel.* ~ *des Heiligen Geistes* efusión *f* del Espíritu Santo.
'**Ausgleich** *m* (-*es*; -*e*) 1. compensación *f*; (*Vergleich*) arreglo *m*, compromiso *m*; F *e-s Kontos:* liquidación *f*; *e-r Rechnung:* saldo *m*; *des Budgets:* equilibrio *m*; (*Entschädigung*) indemnización *f*; *zum* ~ *unseres Kontos* para saldar nuestra cuenta; 2. (*Gleichmachung*) nivelación *f*, igualación *f*; 3. *Sport:* empate *m*, igualada *f*; *Tennis:* igualación *f*; ~**düse** ⊕ *f* tobera *f* de compensación; ♀**en** (*L*) *v/t. Unebenheiten:* nivelar, allanar; *fig.* equilibrar; compensar (*a.* ⊕, ♂; ✝ *Lasten, Verlust*); *Sport:* igualar, empatar; ✝ *Konten:* saldar, liquidar; *Rechnung:* a. pagar; *Streitigkeiten usw.*: arreglar; conciliar; ⊕ ajustar, nivelar; → *ausgeglichen;* ~**sfonds** *m* fondo *m* de compensación; ~**sgetriebe** *Kfz. n* diferencial *m*; ~**sgymnastik** *f* gimnasia *f* correctiva; ~**sposten** ✝ *m* partida *f* de compensación; ~**s-tor** *n Sport:* gol *m* de empate; ~**szahlung** *f* pago *m* compensatorio; ~**ung** *f* compensación *f*; igualación *f.*
'**ausgleiten** (*L; sn*) *v/i.* resbalar, patinar.
'**ausgliedern** (-*re*) *v/t.* separar; eliminar.
'**ausglühen** *v/t. Met.* recocer; ⚒ calcinar.
'**ausgrab|en** (*L*) *v/t.* desenterrar (*a.*

fig.); *Leiche:* exhumar; *Ruinen usw.*: excavar; ♀**ung** *f* exhumación *f*; excavación *f.*
'**ausgreifen** (*L*) *v/i. Pferd:* alargar el paso.
'**Ausguck** *m* (-*es*; -*e*) puesto *m* de observación; atalaya *f*; ⚓ vigía *f*; ♀**en I.** *v/i.* → *ausschauen;* **II.** *v/t.*: *sich die Augen* ~ abrir los ojos como platos.
'**Ausguß** *m Küche:* pila *f*; (*Tülle*) pitorro *m*, pico *m*; ⊕ (orificio *m* de) descarga *f.*
'**aushacken** *v/t.* ♂ sacar (*od.* arrancar) con la azada *bzw.* con el pico; *Auge:* sacar.
'**aushaken** *v/t.* descolgar; desenganchar; desabrochar.
'**aushalten** (*L*) **I.** *v/t.* 1. (*ertragen*) soportar, aguantar; *Angriff, Kälte, Probe, Vergleich usw.*: resistir; *viel* (*wenig*) ~ *können* tener mucho (poco) aguante; *es ist nicht zum* ♀ es insoportable, no hay quien lo aguante (*od.* quien pueda resistirlo); *ich halte vor Hunger nicht mehr aus* me muero de hambre; 2. ♪ sostener; 3. *e-e Geliebte:* mantener, entretener; **II.** *v/i.* perseverar; resistir; *er hält es nirgends lange aus* en ningún sitio se queda mucho tiempo.
'**aushandeln** (-*le*) *v/t.* (*handeln um*) regatear; (*verhandeln*) negociar.
'**aushändig|en** *v/t.* entregar (personalmente en propia mano); hacer entrega (de); facilitar (en mano); ♀**ung** *f* entrega *f.*
'**Aushang** *m* (-*es*; ⸚*e*) (*Plakat*) cartel *m*, anuncio *m.*
'**Aushänge|bogen** *Typ. m* capilla *f*; ♀**n I.** *v/t. Plakat:* colgar, fijar; *Tür:* desquiciar; (*aushaken*) descolgar (*a. Tele.*); *sich* ~ *Kleider:* desarrugarse; **II.** (*L*) *v/i.* estar expuesto; ~**schild** *n* letrero *m*, rótulo *m*; *fig.* figura *f* decorativa.
'**ausharren I.** *v/i.* perseverar; resistir; F aguantar; **II.** ♀ *n* perseverancia *f.*
'**aushauchen** *v/t.* expirar, exhalar; *sein Leben* ~ dar el último suspiro.
'**aushauen** *v/t. Wald:* talar, aclarar; *Steine:* (*grob* ~) desbastar; (*behauen*) esculpir, cincelar; (*aushöhlen*) excavar.
'**asheb|en** (*L*) *v/t. Erde:* sacar; *Tür:* desquiciar; *Graben:* abrir; ✕ *Truppen:* levantar, reclutar; *Verbrechernest usw.*: desalojar, desarticular, desmantelar; ♀**ung** *f* ✕ leva *f*, reclutamiento *m*; desarticulación *f*, desmantelamiento *m.*
'**aushecken** F *fig. v/t.* tramar; maquinar, fraguar, F cocer.
'**ausheil|en** *v/t. u. v/i.* curar(se) (por completo); irse curando; ♀**ung** *f* curación *f* (total).
'**aushelfen** (*L*) *v/i.* ayudar, socorrer; *j-m* ~ sacar a alg. de apuros.
'**Aushilf|e** *f* (*Beistand*) asistencia *f*, ayuda *f*, socorro *m*; (*Person*) → ~**skraft;** ~**s-arbeiter** *m* obrero *m* eventual; ~**skraft** *f* temporero *m*; auxiliar *m/f*; suplente *m*; ~**s-personal** *n* personal *m* eventual (*od.* temporero); ♀**sweise** *adv.* provisionalmente; temporalmente.
'**aushöhl|en** (*L*) *v/t.* excavar, ahuecar; (*untergraben*) socavar, minar (*a. fig.*); (*vertiefen*) ahondar, ahoyar; ♀**ung** *f* excavación *f*; ahondamiento *m*,

ahuecamiento *m*; (*Höhle*) hueco *m*, concavidad *f*.
'**ausholen I.** *v/i*: *zum Schlag* ∼ levantar la mano para pegar; *fig. weit* ∼ empezar de muy lejos; **II.** *v/t. j-n*: sond(e)ar, sonsacar, tirar de la lengua.
'**aushorchen** *v/t*. → *ausholen II*.
'**aushülsen** (*-t*) *v/t*. desvainar; desgranar; descascarar.
'**aushungern** (*-re*) *v/t*. matar de hambre; → *ausgehungert*.
'**aushusten** (*-e-*) *v/t*. escupir tosiendo; ✱ expectorar.
'**aus-ixen** F *v/t*. tachar (con máquina).
'**ausjäten** (*-e-*) *v/t*. desherbar, escardar.
'**auskämmen** *v/t*. *Haar*: peinar; desenredar; *ausgekämmte Haare* peinaduras *f/pl*.
'**auskämpfen** *v/t*. luchar hasta el fin (*a. fig*).
'**auskehl|en** ⊕ *v/t*. acanalar, estriar; ♀*ung f* acanaladura *f*, estriado *m*.
'**auskehren** *v/t*. barrer, pasar la escoba; *flüchtig* ∼ dar una escobada.
'**auskeimen** *v/i*. germinar.
'**auskeltern** (*-re*) *v/t*. prensar, estrujar.
'**auskennen** (*L*) *v/refl.: sich* ∼ *in* (saber) orientarse, conocer el terreno; *fig*. ser versado en, entender de, conocer a/c. (a fondo), estar al corriente (*od*. enterado) de; F conocer el paño; *ich kenne mich nicht mehr aus* estoy completamente desorientado.
'**auskernen** *v/t. Obst*: deshuesar.
'**auskippen** *v/t*. verter; descargar.
'**ausklammern** *v/t*. ⩑ sacar del paréntesis; *fig*. dejar de (*od*. a un) lado.
'**Ausklang** *m* ♪ *u. fig*. final *m*; *zum* ∼ como colofón.
'**ausklappbar** *adj*. abatible; desplegable.
'**auskleid|en** (*-e-*) *v/t*. (*a. sich* ∼) desnudar(se), desvestir(se); ⊕ revestir; *mit Holz*: entarimar; ♀*ung f* revestimiento *m*.
'**ausklingen** (*L*; *sn*) *v/i*. irse extinguiendo; *fig*. terminar, acabar (*mit con, in en*).
'**ausklinken** *v/t*. ✈ *Bomben, Segelflugzeug*: soltar, desenganchar.
'**ausklopfen** *v/t*. *Kleider, Teppich*: sacudir; *Pfeife*: vaciar; *Kessel*: desincrustar.
'**ausklügeln** (*-le*) *v/t*. imaginar; idear; discurrir (con sutileza); → *ausgeklügelt*.
'**auskneifen** (*L*; *sn*) F *v/i*. largarse, salir pitando; salir de estampía.
'**ausknipsen** (*-t*) F *v/t. Licht*: apagar.
'**ausknobeln** (*-le*) *v/t*. jugar a/c. a los dados; F *fig*. → *ausklügeln*.
'**ausknöpfbar** *adj. Futter usw*.: amovible.
'**auskochen I.** *v/t*. extraer por cocción; *Gefäß*: escaldar; *Wäsche*: hervir; ✱ esterilizar; F *fig*. cocer; *ausgekocht*; **II.** ♀ *n* cocción *f*; esterilización *f*.
'**auskommen** (*L*; *sn*) **I.** *v/i.: mit et.* ∼ tener bastante de a/c., defenderse con a/c.; *mit Geld*: saber manejarse (*od*. arreglarse); *knapp* ∼ ir pasando (*od*. tirando); *ohne et.* ∼ pasar(se) sin a/c.; *mit j-m* ∼ entenderse con alg.; *gut mit j-m* ∼ llevarse bien con alg.; hacer buenas migas con alg.; *mit ihm ist nicht auszukommen* no hay modo de entenderse con él; **II.** ♀ *n* subsistencia *f*, medios *m/pl*. de vida; *sein* ∼ *haben* tener (lo suficiente) para vivir; *gutes*: vivir desahogadamente.
'**auskömmlich** *adj*. suficiente.
'**auskörnen** *v/t*. desgranar.
'**auskosten** (*-e-*) *v/t*. saborear, paladear; gozar de.
'**auskotzen** F *v/t*. F devolver.
'**auskramen** *v/t*. sacar; *aus Schubladen*: desencajonar; *fig*. sacar a relucir.
'**auskratz|en** (*-t*) **I.** *v/t*. arrancar (con las uñas); raspar (*a*. ✱); *Augen*: sacar; **II.** *v/i*. F escurrirse, largarse; ♀*ung* ✱ *f* raspado *m*.
'**auskriechen** (*L*; *sn*) **I.** *v/i. Küken usw*.: salir del cascarón *bzw*. del huevo; **II.** ♀ *n* eclosión *f*.
'**auskugeln** (*-le*) *v/t.: sich den Arm* ∼ dislocarse el brazo.
Auskul|tati'on ✱ *f* (*-; -en*) auscultación *f*; ♀'**tieren** (*-*) *v/t*. auscultar.
'**auskundschaften** (*-e-*) *v/t*. explorar; espiar; tratar de descubrir; ✕ reconocer; (*finden*) (acabar por) descubrir, localizar.
'**Auskunft** *f* (*-;* ⸚*e*) información *f* (*a. Stelle*), informe *m*; *über e-e Person*: referencia *f*; *nähere* ∼ *bei* (*od. in*) para más detalles véase (*od*. consúltese); ∼ *einholen über* informarse (*od*. tomar informes) sobre; ∼ *erteilen* (*od. geben*) informar, dar informes; ∼ *wird erteilt ...* (*in Anzeigen*) razón ...; *j-n um* ∼ *bitten* pedir informes a alg.
Auskunf'tei *f* agencia *f* de informaciones (*od*. de informes).
'**Auskunfts...:** ∼**büro** *n* oficina *f* de información; ∼**pflicht** *f* obligación *f* de información; ∼**stelle** *f* (centro *m* de) información *f*.
'**auskuppeln** (*-le*) **I.** *v/t*. ⊕ desacoplar; desengranar; *Kfz*. desembragar; **II.** ♀ *n* desembrague *m*.
'**auskurieren** (*-*) *v/t*. curar por completo.
'**auslachen** *v/t.: j-n* ∼ reírse (*od*. burlarse) de alg.
'**Auslade|hafen** *m* puerto *m* de descarga; ♀*n* **I.** *v/t*. descargar; *Truppen, Passagiere*: desembarcar; *j-n* ∼ anular la invitación a alg.; **II.** *v/i*. △ resaltar; salir; ∼**n** *n* descarga *f*; desembarque *m*; ∼**nd** *adj*. △ saliente, saledizo; ∼**r** *m* descargador *m* (de muelle); ∼**stelle** *f* descargadero *m*; ⚓ desembarcadero *m*.
'**Ausladung** *f* △ saliente *m*; *Drehkran*: alcance *m* del brazo.
'**Auslage** *f* **1.** desembolso *m*; gastos *m/pl*.; *j-m s-e* ∼*n* (*zurück*)*erstatten* reembolsar los gastos a alg.; **2.** *v. Ware*: exposición *f*; (*Schaufenster*) escaparate *m*; vitrina *f*; **3.** *Fechtk. u. Boxen*: guardia *f*.
'**auslagern** (*-re*) *v/t. Kunstwerke usw*.: poner a salvo; ✞ *Produktion*: externalizar.
'**Ausland** *n* (*-*(*e*)*s; 0*) extranjero *m*; país *m* extranjero; *ins* ∼ al extranjero; *im* ∼ en el extranjero.
'**Ausländ|er** (*in f*) *m* extranjero (*-a f*) *m*; ∼**er-anteil** *m* tasa *f* de extranjeros; ♀**erfeindlich** *adj*. xenófobo; ∼**erfeindlichkeit** *f* xenofobia *f*; ∼**erpolizei** *f* policía *f* de extranjeros; ∼**erwohnheim** *n* residencia *f* para extranjeros; ♀**isch** *adj*. extranjero.
'**Auslands...:** ∼**abteilung** ✞ *f* departamento *m* extranjero *bzw*. de comercio exterior; ∼**anleihe** *f* empréstito *m* exterior; ∼**aufenthalt** *m* estancia *f* en el extranjero; ∼**bericht-erstatter** *m* corresponsal *m* en el extranjero; ∼**brief** *m* carta *f* para el extranjero; ∼**deutsche(r)** *m* alemán *m* residente en el extranjero; ∼**dienst** *m* servicio *m* exterior; ∼**filiale** *f* sucursal *f* en el extranjero; ∼**gespräch** *Tele*. *n* conferencia *f* internacional; ∼**hilfe** *f* ayuda *f* exterior (*od*. al extranjero); ∼**korrespondent**(**in** *f*) *m* corresponsal *m/f* para el extranjero; ∼**krankenschein** *m* volante *m* de asistencia médica para el extranjero; ∼**kredit** *m* crédito *m* al exterior (*od*. extranjero); ∼**markt** *m* mercado *m* exterior; ∼**porto** *n* porte *m* para el extranjero; tarifa *f* internacional; ∼**presse** *f* prensa *f* extranjera; ∼**reise** *f* viaje *m* por el (*od*. al) extranjero; ∼**schuld** *f* deuda *f* externa; ∼**vermögen** *n* bienes *m/pl*. en el extranjero; ∼**verschuldung** *f* endeudamiento *m* externo; ∼**vertretung** *f* representación *f* en el extranjero; ∼**wechsel** ✞ *m* letra *f* sobre el extranjero; ∼**zulage** *f* sobresueldo *m* por servicio en el exterior.
'**auslangen** F *v/i*. **1.** extender el brazo; **2.** (*ausreichen*) bastar, ser suficiente.
'**Auslaß** ⊕ *m* (*-sses;* ⸚*sse*) salida *f*; descarga *f*; escape *m*.
'**auslass|en** (*L*) **I.** *v/t. Fett*: derretir; *Kleid*: alargar *bzw*. ensanchar; (*weglassen*) omitir; suprimir; (*nicht beachten*) pasar por alto; (*überspringen*) saltar; *fig. Gefühle*: exteriorizar, desahogar; **II.** *v/refl.: sich* ∼ *über* extenderse (*od*. manifestarse) sobre; *sich* (*lang und breit*) *über et*. ∼ explayarse, entrar en detalles sobre; *er ließ sich nicht weiter aus* no se explicó más, no entró en detalles; ♀*ung f* omisión *f*; (*Streichung*) supresión *f*; (*Äußerung*) manifestación *f*, observación *f*; *Gr*. elipsis *f*; ♀*ungszeichen n* apóstrofo *m*.
'**Auslaßventil** ⊕ *n* válvula *f* de escape (*od*. de alivio).
'**auslast|en** *v/t*. utilizar plenamente; *nicht ausgelastet* infrautilizado; ♀*ung f* (grado *m* de) utilización *f bzw*. ocupación *f*; plena utilización *f*; *ungenügende* ∼ infrautilización *f*.
'**Auslauf** *m* salida *f* (*a. v. Post*), derrame *m*; (*Auslaß*) desagüe *m*, descarga *f*; *e-s Flusses*: embocadura *f*, boca *f*; ⚓ salida *f*, partida *f*; ✈ carrera *f* de aterrizaje; *Sport*: carrera *f* final; *für Tiere*: corral *m*, corraliza *f*; ♀*en* (*L*; *sn*) *v/i*. **1.** (*ausrinnen*) derramarse; *Gefäß*: vaciarse; **2.** ⚓ zarpar, salir, hacerse a la mar; *Segler*: a. hacerse a la vela; **3.** *Farbe*: correrse; **4.** (*endigen*) terminar, acabar; *allmählich*: extinguirse; *Vertrag usw*.: expirar; *Motor*: pararse; ∼ *in* terminar en; *spitz* ∼ rematar en punta.
'**Ausläufer** *m* ♀ estolón *m*, vástago *m*; *e-s Gebirges*: estribación *f*.
'**auslaugen** *v/t*. ⚙ lixiviar; *fig*. dejar sin fuerza.
'**Auslaut** *Gr. m* sonido *m* final; ♀*en* (*-e-*) *v/i*. terminar (*auf ac*. en).
'**ausleben** *v/refl.: sich* ∼ disfrutar de la vida, vivir su vida.
'**auslecken** *v/t*. lamer, sacar lamiendo.

ausleer|en v/t. vaciar; *Glas*: apurar; ♀ung f vaciado m.
'ausleg|bar adj. interpretable; **~en** v/t. **1.** (*ausbreiten*) extender; ✝ *Waren*: exponer, exhibir (para la venta); *Boje*: fondear; *Kabel*: tender; **2.** (*auskleiden*) cubrir, revestir; forrar; *mit Holz*: entarimar, *Fliesen*: embaldosar; **3.** *Geld*: desembolsar; (*vorstrecken*) anticipar, adelantar; **4.** (*deuten*) interpretar; *falsch* ~ interpretar mal; *et. übel* ~ tomar a mal a/c.; **5.** ⊕ ~ (*für, auf*) concebir (para).
'Ausleger m intérprete m, comentador m, glosador m; *der Bibel*: exegeta m (a. fig.); ⚓ arbotante m; *e-s Krans*: brazo m, pescante m; ⚓ a. botalón m, **~boot** n angl. outrigger m; **~brücke** f puente m cantilever.
'Ausleg|eware f moqueta f; **~ung** f exposición f, exhibición f; revestimiento m; (*Deutung*) interpretación f; *der Bibel*: exégesis f.
'ausleiden (L) v/i.: *er hat ausgelitten* sus sufrimientos han terminado.
'Ausleihe f *Bibliothek*: sección f de préstamo; ♀n (L) v/t. prestar; *für Geld*: alquilar; *Buch*: prestar a domicilio; *sich et.* ~ tomar (*od.* pedir) prestado a/c.
'auslernen v/i. terminar los estudios *bzw.* el aprendizaje; *man lernt nie aus* siempre se aprende algo nuevo.
'Auslese f selección f, (*Wein*) vino m de cosecha seleccionada (*od.* escogida); *fig.* crema f, flor y nata f, gal. élite f; *Bio. natürliche* ~ selección f natural; ♀n (L) v/t. escoger, seleccionar; (*sortieren*) separar; *Buch*: leer hasta el fin; terminar (de leer); **~prüfung** f examen m de selectividad (*od.* selectivo).
'ausleucht|en (-e-) v/t. ⊕, *Film*: iluminar; ♀ung f iluminación f.
'Ausliefer|er ✝ m distribuidor m, proveedor m; ♀n (-re) v/t. entregar (a) (a. ⚖); ✝ a. distribuir; *Pol.* hacer la extradición; *Neol.* extraditar; *j-m ausgeliefert sein* estar a la merced de alg.; **~ung** f entrega f; distribución f; ⚖ extradición f.
'Auslieferungs...: **~antrag** ⚖ m, **~ersuchen** n demanda f de extradición; **~schein** m nota f de entrega; **~stelle** f centro m de distribución; **~vertrag** ⚖ m tratado m de extradición.
'ausliegen (L) v/i. estar expuesto; *Zeitungen*: estar a disposición de los lectores.
'Auslobung f promesa f de recompensa.
'auslöffeln (-le) v/t. sacar a cucharadas; *fig.* ~ *Suppe*.
'ausloggen v/refl. *sich* ~ *Computer*: desconectarse.
'auslosbar adj. sorteable.
'auslösch|en (*Licht usw.*: apagar, extinguir (a. fig.); *Schrift*: borrar (a. fig.); ♀ung f extinción f.
'Auslösefeder f muelle m de escape; **~hebel** m palanca f de desenganche; *Phot.* palanca f del disparador; **~knopf** ⊕ m botón m de accionamiento; *Phot.* botón m disparador.
'auslosen (-t) v/t. sortear (a. *Wertpapiere*); echar (a) suertes; *mit e-r Münze*: echar a cara o cruz; (*verlosen*) rifar; (*zuteilen*) adjudicar por sorteo.

'auslös|en (-t) v/t. soltar; desprender, desenganchar; *Phot.*, ⊕ disparar; *Bomben, Torpedo*: lanzar; *Gefangene*: rescatar; *Pfand*: desempeñar; *Wechsel*: redimir; fig. (*hervorrufen*) desencadenar (a. *Psych.*); provocar, producir, suscitar, causar, dar lugar a; (*großen*) *Beifall* ~ ser (muy) aplaudido; **~end** adj. *Faktor usw.*: desencadenante; ♀er m *Phot.* disparador m; *Psych.* desencadenante m; ♀evorrichtung f mecanismo m de desenganche; ✂ dispositivo m de lanzamiento; ♀ung f ✝ redención f; v. *Gefangenen*: rescate m; ⊕, *Phot.* disparo m; *Pfand*: desempeño m; fig. desencadenamiento m; provocación f.
'Auslosung f sorteo m; *Tombola usw.*: rifa f; ✝ reembolso m por sorteo.
'ausloten (-e-) ⚓ v/t. sondear (a. fig.).
'auslüften (-e-) v/t. airear, ventilar.
'ausmachen v/t. **1.** *Licht, TV usw.*: apagar; *Feuer*: a. extinguir; *Kartoffeln*: arrancar; **2.** (*sichten*) divisar, distinguir; localizar; detectar; **3.** (*klären, erledigen*) decidir, resolver; *das sollen sie unter sich* ~! ¡allá ellos!, ¡que se arreglen (*od.* se las compongan) como puedan!; **4.** (*vereinbaren*) fijar, convenir, concertar, quedar en; (*festsetzen*) estipular; **5.** (*bilden*) integrar, formar, constituir; **6.** (*betragen*) importar, ascender a; *das macht nichts aus* no importa, es lo mismo; *es macht viel aus* importa mucho; *würde es Ihnen et.* ~, *wenn?* ¿tendría usted inconveniente en?, ¿le molestaría que?; *was macht das aus?* ¿y eso qué importa?; *wieviel macht das aus?* ¿cuánto es (*od.* vale) esto?
'ausmahlen v/t. moler.
'ausmalen v/t. *Zimmer*: pintar; *Bild usw.*: colorear, colorir; fig. describir, pintar; *sich et.* ~ imaginarse, figurarse a/c.
'Ausmarsch m salida f ⚔ de las tropas; marcha f, partida f; ♀ieren (-) v/i. salir, marcharse.
'Ausmaß n dimensión f; medida f; extensión f; *in großem* ~ en gran escala; *erschreckende* ~*e annehmen* adquirir alarmantes proporciones.
'ausmauer|n (-re) v/t. mampostear; revestir de piedras; ♀ung f mampostería f.
'ausmeißeln (-le) v/t. cincelar; escoplear.
'ausmergeln (-le) v/t. esquilmar; fig. agotar, extenuar; → *ausgemergelt*.
'ausmerzen (-t) v/t. allg. eliminar; (*ausrotten*) extirpar, exterminar; erradicar; ✗ *Unkraut, Schädlinge*: a. destruir.
'ausmess|en (L) v/t. medir, tomar la medida; *Rauminhalt*: cubicar; ♀ung f medición f; (*Maß*) medida f.
'ausmisten (-e-) v/t. *Stall*: sacar el estiércol; F fig. desechar, limpiar.
'ausmittig ⊕ adj. excéntrico.
'ausmünd|en (-e-) v/i. desembocar (en); ♀ung f desembocadura f, boca f; ⊕ salida f.
'ausmünzen (-t) v/t. amonedar; acuñar moneda.
'ausmuster|n (-re) v/t. desechar, eliminar; ✗ declarar inútil, dar de baja; licenciar; ♀ung f desecho m, eliminación f; ✗ licencia f; baja f.
'Ausnahme f excepción f; (*Befreiung*) exención f; *mit* ~ *von* a excepción de, excepto, exceptuando a; *ohne* ~ sin excepción; *e-e* ~ *machen* hacer una excepción; *die* ~ *bestätigt die Regel* la excepción confirma la regla; *keine Regel ohne* ~ no hay regla sin excepción; **~bestimmung** f cláusula f de excepción; **~fall** m caso m excepcional, excepción f; **~genehmigung** f autorización f excepcional; **~gesetz** n ley f excepcional; **~zustand** m estado m de excepción.
'ausnahms|los adj. sin excepción; **~weise** adv. excepcionalmente, por excepción.
'ausnehmen (L) v/t. (*ausschließen*) excluir, exceptuar; (*befreien*) eximir; (*ausweiden*) destripar, eviscerar, vaciar; *Nest*: sacar los huevos; F fig. *j-n* ~ timar, desplumar a alg; *sich gut* (*schlecht*) ~ tener buen (mal) aspecto; hacer buen (mal) efecto; **~d I.** adj. excepcional, extraordinario, singular; **II.** adv. excepcionalmente, extraordinariamente.
'ausnüchtern v/t. desembriagar, desemborrachar.
'ausnutz|en (-t), **ausnütz|en** (-t) v/t. aprovechar, aprovecharse de, utilizar; valerse de, sacar provecho (*od.* partido) de; *m.s.* explotar; *nicht* ~ desaprovechar; ♀ung f utilización f, aprovechamiento m; explotación f.
'auspacken v/t. desenvolver, desembalar; *Paket*: desempaquetar, abrir; *Koffer*: deshacer; F fig. F desembuchar, cantar.
'auspeitschen v/t. azotar, fustigar, flagelar; dar latigazos.
'auspellen v/t. pelar; F *sich* ~ desnudarse.
'auspfänd|en (-e-) ⚖ v/t. embargar; ♀ung f embargo m.
'auspfeifen (L) v/t. abuchear, silbar.
'auspflanzen (-t) v/t. trasplantar.
'auspichen v/t. empecinar, empegar; ⊕ embrear.
'auspinseln (-le) v/t. pincelar.
Aus'pizien n/pl. auspicios m/pl.
'ausplaudern (-re) v/t. divulgar, propalar, F irse de la lengua.
'ausplünder|n (-re) v/t. saquear; pillar; *Person, Auto usw.*: desvalijar; *bis aufs Hemd* ~ dejar en cueros (*od.* en camisa); ♀ung f saqueo m; pillaje m; desvalijamiento m.
'auspolstern (-re) v/t. acolchar; *mit Watte*: guatear.
'ausposaunen (-) F v/t. vocear, propalar, cacarear; pregonar (a los cuatro vientos).
'auspowern F v/t. depauperar; explotar.
'ausprägen I. v/t. *Münzen*: acuñar; **II.** v/refl.: *sich* ~ expresarse, revelarse, traducirse (*in dat.* en); → *ausgeprägt*.
'auspressen (-ßt) v/t. prensar; exprimir, estrujar (a. fig.).
'ausprobieren (-) v/t. probar, ensayar; experimentar.
'Auspuff *Kfz.* m (-es, -e) escape m; **~gas** n gas m de escape; **~klappe** f válvula f de escape; **~rohr** n tubo m (*Arg.* caña f) de escape; **~takt** m carrera f de escape; **~topf** m silenciador m (de escape).
'auspumpen I. v/t. sacar con bomba, *Neol.* bombear; *Teich*: desaguar; ⚓ achicar; *Magen*: lavar; *Phys.* hacer el

auspunkten — ausschlafen

vacío; F *fig. sich et.* ~ tomar prestado; F *fig. ausgepumpt* extenuado, rendido, F hecho polvo; **II.** ℒ *n* bombeo *m*; achique *m*.

'**auspunkten** (-*e*-) *v*/*t*. Boxen: batir (*od.* vencer *od.* imponerse) por puntos.

'**auspusten** [uː] (-*e*-) *v*/*t*. apagar de un soplo.

'**ausputz|en** (-*t*) *v*/*t*. limpiar; *Bäume*: podar, mondar, escamondar; *Kerze, Docht*: despabilar; (*schmücken*) adornar, decorar; ℒer *m Fußball*: líbero *m*, F escoba *m*.

'**ausquartier|en** (-) *v*/*t*. desalojar (*a.* ⚔); ℒung *f* desalojamiento *m*.

'**a**u**squetschen** *v*/*t*. exprimir, estrujar; F *fig.* acosar a alg. a preguntas.

'**ausradieren** (-) *v*/*t*. raspar, raer; *mit Gummi*: borrar; *fig.* arrasar.

'**ausrangieren** (-) *v*/*t*. desechar, eliminar; 🚂 retirar del servicio; *fig.* apartar, arrinconar.

'**ausrauben** *v*/*t*. desvalijar; *Person*: *a.* robar.

'**ausrauchen** *v*/*t*. *Pfeife usw.*: apurar.

'**ausräuchern** (-*re*) **I.** *v*/*t*. ahumar; fumigar; **II.** ℒ *n* fumigación *f*.

'**ausraufen** *v*/*t*. arrancar; *Federn*: desplumar, pelar; *fig. sich die Haare* ~ mesarse los cabellos.

'**ausräumen** *v*/*t*. vaciar; evacuar; *Zimmer*: desamueblar; *Möbel usw.*: quitar; (*reinigen*) limpiar; *Verstopftes*: desobstruir; F (*ausplündern*) desvalijar.

'**ausrechn|en** (-*e*-) *v*/*t*. calcular (*a. fig.*); computar; → *ausgerechnet*; ℒung *f* cálculo *m*; cómputo *m*.

'**ausrecken** *v*/*t*. estirar (*a. Hals*), extender; *sich* ~ estirarse.

'**Ausrede** *f* excusa *f*, evasiva *f*, escapatoria *f*; (*Vorwand*) pretexto *m*, subterfugio *m*; *faule* ~ excusa *f* barata; *er weiß immer e-e* ~ siempre tiene una excusa a mano; *keine* ~! ¡nada de excusas!; ¡no hay pero que valga!; ℒn **I.** *v*/*i*. acabar de hablar; *j-n* ~ *lassen* dejar hablar a alg.; escuchar a alg. sin interrumpir; *j-n nicht* ~ *lassen* cortar la palabra a alg.; **II.** *v*/*t*.: *j-m et.* ~ disuadir a alg. de a/c.; **III.** *v*/*refl*.: *sich* ~ despacharse a (su) gusto.

'**ausreiben** (*L*) *v*/*t*. frotar, restregar; *Flecken*: quitar frotando.

'**ausreichen** *v*/*i*. ser suficiente, bastar, alcanzar; *mit et.* ~ tener bastante con; ~**d** *adj.* bastante, suficiente.

'**ausreifen** (*sn*) *v*/*i*. madurar (*a. fig.*); *ausgereift* maduro.

'**Ausreise** *f* salida *f* (*a.* ⚓), partida *f*; ~**genehmigung** *f* permiso *m* de salida; ℒn *v*/*i*. salir (de un país); ~**visum** *n* visado *m* de salida.

'**ausreiß|en** (*L*) **I.** *v*/*t*. arrancar; *Zähne*: *a.* extraer; *mit der Wurzel*: desarraigar, descuajar, erradicar; F *er reißt sich kein Bein aus* no se mata (trabajando); cubre el expediente; **II.** *v*/*i*. **1.** romper(se), desgarrarse; **2.** (*fliehen*) huir; escapar(se) (*a. Sport*); F largarse; poner pies en polvorosa; *Pferd*: desbocarse; ℒer *m* fugitivo *m*; *Sport*: escapado *m*; ℒversuch *m Sport*: (intento *m* de) escapada *f*.

'**ausreiten** (*L*) **I.** *v*/*i*. salir a caballo; **II.** *v*/*t*. *Pferd*: sacar a pasear, ejercitar.

'**ausrenken** *v*/*t*. dislocar; *sich den Arm* ~ dislocarse el brazo.

'**ausricht|en** (-*e*-) *v*/*t*. **1.** ⊕ ajustar; *in e-r Reihe*: alinear; *fig. Veranstaltung*: organizar; *bsd. geistig*: orientar; ⚔ *sich* ~ alinearse; **2.** (*bewirken*) hacer, efectuar; (*erlangen*) lograr, conseguir; *gegen ihn kann ich nichts* ~ no puedo con él; *damit richtet er nichts aus* con eso no arregla nada; *man kann bei ihm nichts* ~ no se puede conseguir nada de él; **3.** *Botschaft*: entregar; *richten Sie ihm meinen Gruß aus* déle usted recuerdos (*od.* salúdele) de mi parte; *kann ich et.* ~? ¿puedo darle algún recado?; *ich werde es* ~ daré el recado; ℒung *f* alineación *f*; ajuste *m*; *fig.* orientación *f*; organización *f*.

'**Ausritt** *m* paseo *m* a caballo.

'**ausroden** (-*e*-) *v*/*t*. *Unkraut*: arrancar, escardar; *Wald*: talar, desmontar.

'**ausrollen I.** *v*/*t*. *Teig*: estirar, extender (con el rodillo); *Kabel*: desenrollar; **II.** *v*/*i*. ✈ rodar hasta pararse; **III.** ℒ ✈ *n* rodadura *f* (final).

'**ausrott|en** (-*e*-) *v*/*t*. extirpar, desarraigar, erradicar (*a. fig.*); exterminar (*a. Tiere usw.*); ℒung *f* desarraigo *m*; extirpación *f*; exterminio *m*, exterminación *f*; erradicación *f* (*bsd. fig.*).

'**ausrück|en I.** *v*/*i*. salir, marcharse; F (*weglaufen*) escaparse; F largarse; **II.** *v*/*t*. ⊕ desenganchar; desembragar; ℒer ⊕ *m* dispositivo *m* de desembrague; ~**hebel** ⊕ *m* palanca *f* de desembrague.

'**Ausruf** *m* grito *m*, voz *f*; exclamación *f*; *Gr.* interjección *f*; *öffentlicher*: proclama(ción) *f*; ℒen (*L*) **I.** *v*/*i*. gritar, exclamar; **II.** *v*/*t*. proclamar; *Waren*: pregonar; *Zeitungen*: vocear; *Streik*: convocar; (*verkünden*) publicar; *zum König* ~ proclamar rey; ~**er** *m* pregonero *m*; ~**esatz** *Gr. m* oración *f* exclamativa; ~**ewort** *Gr. m* interjección *f*; ~**ezeichen** *n* (signo *m* de) admiración *f*; ~**ung** *f* proclamación *f*; pregón *m*.

'**ausruhen I.** *v*/*i*. *u. v*/*refl*. descansar (*von de*), reposar; **II.** ℒ *n* descanso *m*, reposo *m*.

'**ausrupfen** *v*/*t*. arrancar; *Federn*: desplumar, pelar.

'**ausrüst|en** (-*e*-) *v*/*t*. equipar; proveer, aprovisionar, dotar, habilitar (*mit de*); ⚔ armar, pertrechar; ⚓ aparejar; ⊕ acabar; *fig.* dotar (*mit de*); ℒer ⚓ *m* armador *m*, naviero *m*; ℒung *f allg.* equipo *m*; ⚔ armamento *m*; pertrechos *m*/*pl*.; ⚓ aparejo *m*; ⊕ acabado *m*; (*Geräte*) utensilios *m*/*pl*.; (*Zubehör*) accesorios *m*/*pl*.

'**ausrutsch|en** (*sn*) *v*/*i*. resbalar (*auf sobre*); *Kfz. a.* patinar; *fig.* meter la pata; *die Hand ist ihm ausgerutscht* se le fue la mano; ℒer *m* (*Blamage*) desliz *m*, F patinazo *m*, F metedura *f* de pata.

'**Aussaat** *f* siembra *f*; (*Ausgesätes*) sementera *f*.

'**aussäen** *v*/*t*. ✍ sembrar; *fig.* esparcir, diseminar.

'**Aussage** *f* declaración *f* (*a.* ⚖); afirmación *f*; exposición *f*, manifestación *f*; enunciado *m*; *e-s Kunstwerks usw.*: mensaje *m*; *Gr.* predicado *m*; ⚖ deposición *f*; (*Zeugnis*) testimonio *m*; *die* ~ *verweigern* negarse a declarar; *e-e* ~ *machen* prestar declaración, deponer (ante un tribunal); ℒn *v*/*t*. decir; afirmar; declarar (*a.* ⚖); ⚖ *a.* prestar declaración; *Zeugen*: deponer; *Gr.* enunciar; *fig. Film usw.*: expresar; ~**satz** *Gr. m* oración *f* enunciativa; ~**verweigerung** ⚖ *f* negativa *f* a declarar.

'**Aus|satz** *m* (-*es*; *0*) 🩺 lepra *f*; *Billard*: bola *f* de salida; ℒ**sätzig** *adj.* leproso; ~**sätzige(r** *m*) *m*/*f* leproso (-a *f*) *m*.

'**aussaugen** *v*/*t*. chupar, succionar; *fig.* esquilmar, empobrecer, agotar; *j-n* ~ explotar a alg.

'**Ausschabung** 🩺 *f* raspado *m*.

'**ausschacht|en** (-*e*-) *v*/*t*. excavar; *bsd. Brunnen u.* ⚒: abrir (un pozo); ℒung *f* excavación *f*.

'**ausschälen** *v*/*t*. *Nüsse*: descascarar; *Bohnen usw.*: 🩺 enuclear.

'**ausschalt|en** (-*e*-) *v*/*t*. eliminar (*a. fig.*), excluir; descartar; ⚡ *Licht*: apagar; *Radio*: *a.* cerrar; *Strom*: desconectar, cortar; *Maschine*: parar; ⚔ neutralizar; ℒer ⚡ *m* interruptor *m*; ℒung *f* eliminación *f*, exclusión *f*; ⚡ desconexión *f*.

'**Ausschank** *m* (-*es*; -̈*e*) despacho *m* (*od.* venta *f*) de bebidas; quiosco *m* de bebidas; (*Wirtschaft*) bar *m*, taberna *f*, P tasca *f*.

'**ausscharren** *v*/*t*. desenterrar.

'**Ausschau** *f*: ~ *halten nach* buscar con la vista, ℒen *v*/*i*. mirar; esperar ansiosamente; F → *aussehen*.

'**ausschaufeln** (-*le*) *v*/*t*. sacar (a paladas), excavar.

'**ausscheiden** (*L*) **I.** *v*/*t*. eliminar (*a. Sport*, 🔬, 🩺); *Physiol. a.* excretar; segregar; secretar; (*aussondern*) separar; excluir; **II.** *v*/*i. aus e-m Amt*: renunciar; retirarse; *aus e-m Verein*: darse de baja, causar baja; *Sport*: ser eliminado; *das scheidet aus* esto no entra en consideración; **III.** ℒ *n* eliminación *f*, separación *f*; (*Rücktritt*) retiro *m*; dimisión *f*; ~**d** *adj. aus e-m Amt*: saliente, dimisionario.

'**Ausscheidung** *f* eliminación *f* (*a. Sport*), separación *f*; *Physiol.* secreción *f*; excreción *f* (*a. Ausgeschiedenes*), ~**skampf** *m* (competición *f*) eliminatoria *f*; ~**s-organ** *Physiol. n* órgano *m* excretor(io); ~**s-prüfung** *f* prueba *f* eliminatoria; ~**srennen** *n* carrera *f* eliminatoria; ~**s-spiel** *n* eliminatoria *f*, partido *m* eliminatorio.

'**ausschelten** (*L*) *v*/*t*. reñir, reprender.

'**ausschenken** *v*/*t*. (*ausgießen*) verter; (*kredenzen*) escanciar; (*verkaufen*) vender, despachar (bebidas).

'**ausscheren** *v*/*i*. ⚔, ⚓ separarse de una formación; *Kfz.* salirse de la fila.

'**ausschicken** *v*/*t*. enviar; *nach j-m* ~ mandar por (F a por) alg.

'**ausschießen** (*L*) *v*/*t*. destrozar de un tiro; *Typ.* imponer.

'**ausschiffen** *v*/*t*. desembarcar; ℒung *f* desembarco *m*; *Waren*: desembarque *m*.

'**ausschimpfen** *v*/*t*. reñir, reprender, regañar, F echar una bronca.

'**ausschirren** *v*/*t*. desenjaezar; desenganchar.

'**ausschlachten** (-*e*-) *v*/*t*. *Tier*: descuartizar; ⊕ desguazar; F *fig.* explotar, aprovechar.

'**ausschlafen** (*L*) **I.** *v*/*refl*.: *sich* ~

Ausschlag — Äußere(s)

dormir a su gusto *bzw.* bastante; **II.** *v/t.*: *s-n Rausch* ~ F dormir la mona.

'**Ausschlag** *m* ✱ erupción *f* cutánea; exantema *m*; ⊕ *e-s Zeigers, Pendels*: oscilación *f*; desviación *f*; *der Waage*: caída *f* del peso; *Magnetnadel*: declinación *f*, desviación *f*; *e-r Schwingung*: amplitud *f*; *e-r Mauer*: eflorescencia *f*; exudación *f*; *fig.* factor *m* decisivo; *den* ~ *geben* decidir (el resultado), ser decisivo, hacer inclinar la balanza; ⸨en **I.** *v/t.* **1.** *Auge, Zahn*: saltar, *Auge a.* vaciar; **2.** *(auskleiden)* cubrir, revestir, forrar *(mit de)*; **3.** *(ablehnen)* rehusar, rechazar; *Erbschaft*: repudiar; **II.** *v/i. Pferd*: cocear, dar coces; *Zeiger, Pendel*: oscilar; *a. Magnetnadel*: desviarse; *Waage*: inclinarse; ⚘ brotar, retoñar; *Bäume*: reverdecer, echar hoja; *fig.* *(ablaufen)* resultar, salir; *es schlug zu seinem Nachteil aus* redundó *(od.* resultó*)* en perjuicio suyo; ⸨gebend *adj.* decisivo; ~e *Stimme* voto *m* preponderante; ~**ung** *f e-r Erbschaft*: repudiación *f*.

'**ausschließ|en** (L) *v/t.* dejar fuera, cerrar la puerta a; *fig.* excluir *(aus, von* de*)*; *(ausstoßen)* expulsar (de); *Sport*: descalificar; *zeitweilig*: suspender; *Typ.* justificar, espaciar; *sich* ~ *von* no participar en, excluirse de; → *ausgeschlossen*; ~**lich I.** *adj.* exclusivo; privativo; **II.** *adv.* exclusivamente; *(nicht gerechnet)* exclusive; excluido; ⸨**lichkeit** *f* exclusividad *f*; ⸨**ung** *f* exclusión *f*; expulsión *f*; *Sport*: descalificación *f*; suspensión *f*; *(Aussperrung)* cierre *m*.

'**ausschlüpfen I.** *v/i.* salir del huevo *(od.* del cascarón*)*, *Neol.* eclosionar; **II.** ⸨ *n* eclosión *f*.

'**ausschlürfen** *v/t.* beber a sorbitos; sorber.

'**Ausschluß** *m* exclusión *f*; expulsión *f*; *Sport*: descalificación *f*; *Typ.* cuadrado *m*; *unter* ~ *der Öffentlichkeit* a puerta cerrada; *unter* ~ *von* con exclusión *(od.* excepción*)* de.

'**ausschmelzen** (L) *v/t.* fundir; *Fett*: derretir.

'**ausschmieren** *v/t.* untar; *(fetten)* engrasar; *Schiffsfugen*: calafatear.

'**ausschmück|en** *v/t.* adornar; decorar; *fig. Erzählung*: embellecer, hermosear, exornar; ⸨**ung** *f* adorno *m*; decoración *f*; *fig.* embellecimiento *m*.

'**ausschnauben** *v/t.*: *sich die Nase* ~ sonarse, limpiar las narices.

'**ausschnaufen** *fig. v/i.* → *verschnaufen*.

'**Ausschneide|bild** *n* recortable *m*; ⸨**n** (L) *v/t.* cortar; *aus e-r Zeitung*: recortar (*a. Computer*); ✱ extirpar; *Bäume*: podar; *Kleid*: escotar; ~**n** ✱ excisión *f*; extirpación *f*.

'**Ausschnitt** *m* corte *m*; *(Zeitungs*⸨*)* recorte *m*; *am Kleid*: escote *m*; escotadura *f* (*a.* ⊕); ⚔ sector *m*; *aus e-m Bild*: detalle *m*; *fig. (Teil)* parte *f*, sección *f*; fragmento *m*.

'**ausschnüffeln** *(-le)* F *v/t.* olfatear; husmear.

'**ausschöpfen** *v/t.* sacar, extraer; vaciar; *Boot*: achicar; *fig. Thema usw.*: agotar, apurar.

'**ausschrauben** *v/t.* destornillar, desenroscar.

'**ausschreib|en** (L) *v/t. Wort usw.*: escribir (enteramente); *Zahl*: escribir en letra; *Scheck, Attest usw.*: extender; *Wahlen usw.*: convocar; *Rechnung*: hacer, pasar; *(ankündigen)* anunciar; *e-e Stelle*: sacar a concurso; *Am.* llamar a licitación; *e-n Wettbewerb* ~ abrir un concurso; *öffentlich* ~ *Rauauftrag*: sacar a subasta pública; ⸨**ung** *f e-s Schriftstücks*: extensión *f*; *(Bekanntmachung)* anuncio *m*; *(Einberufung)* convocatoria *f*; *v. Stellen*: concurso *m*; *(öffentliche)* ~ concurso-subasta *m*, licitación *f*.

'**ausschreien** (L) *v/t. Waren*: vocear, pregonar; *sich (den Hals)* ~ desgañitarse.

'**ausschreit|en** (L) *v/i.* ir a buen paso; alargar el paso; ⸨**ung** *f* mst. pl. ~**en** excesos *m/pl.*; disturbios *m/pl.*, desmanes *m/pl.*

'**Ausschuß** *m* **1.** *(Abfall)* desecho *m*; ✝ → *ware*; **2.** *(Vertretung)* comisión *f*, comité *m*; **3.** *(Austrittstelle e-s Geschosses)* orificio *m* de salida; ~**papier** *Typ.* *n* maculatura *f*; ~**ware** *f* géneros *m/pl.* de desecho; pacotilla *f*.

'**ausschütteln** *(-le) v/t.* sacudir.

'**ausschütt|en** *(-e-) v/t.* verter, derramar; vaciar; ✝ *Dividende*: repartir; *j-m sein Herz* ~ abrir su corazón *(od.* pecho*)* a alg.; desahogarse, franquearse con alg.; *sich vor Lachen* ~ desternillarse *(od.* mondarse *od.* troncharse*)* de risa; ⸨**ung** *f v. Dividenden*: reparto *m*.

'**ausschwärmen I.** *v/i. Bienen*: enjambrar; ⚔ abrir las filas, desplegarse; **II.** ⸨ *n* enjambrazón *f*; ⚔ despliegue *m*.

'**ausschwefeln** *(-le) v/t.* azufrar.

'**ausschweif|en I.** *v/i. (abschweifen)* divagar; *(maßlos sein)* entregarse al vicio; **II.** *v/t.* ⊕ redondear, contornear; ~**end** *adj.* disoluto, libertino, licencioso, vicioso; *Phantasie usw.*: desenfrenado, exuberante; ⸨**ung** *f* exceso *m*, desenfreno *m*; libertinaje *m*, crápula *f*.

'**ausschweigen** (L) *v/refl.*: *sich* ~ guardar silencio *(über ac.* sobre*)*, no soltar prenda.

'**ausschwenken** *v/t. Wäsche, Gläser*: enjuagar, aclarar.

'**ausschwitz|en** *(-t) v/t.* exudar, (tra)sudar; *Wände*: rezumar; ⸨**ung** *f* exudación *f*, trasudación *f*.

'**aussehen** (L) **I.** *v/i.* **1.** *nach j-m* ~ buscar a alg. con la vista; **2.** *(erscheinen)* parecer; aparentar, tener aspecto *bzw.* cara de; *wie et. od. jd.* ~ parecerse a; *er sieht blaß aus* está pálido; *gut (schlecht)* ~ tener buen (mal) aspecto; *(gut) zu et.* ~ cuadrar con a/c.; *wie du nur aussiehst!* F ¡vaya una facha que tienes!; *wie sieht er aus?* ¿qué aspecto *(F* pinta*)* tiene?; *iro. so siehst du aus!* ¡no faltaba más!; ¡ni pensarlo!; F ¡narices!; F *danach sieht er auch aus!* ¡tiene cara de eso!; *es sieht nach Regen aus* parece que va a llover, amenaza lluvia; *er sieht jünger (älter) aus, als er ist* parece más joven (viejo) de lo que es, aparenta menos (más) edad; *nach et.* ~ *wollen* querer aparentar a/c.; *wie sieht es bei dir aus?* ¿cómo van tus asuntos?; *es sieht schlecht aus las cosas se ponen feas*; *es sieht schlecht mit ihm aus* va de capa caída; **II.** ⸨ *n* apariencia *f* (física), aspecto *m*, físico *m*; traza *f*, F facha *f*, pinta *f*; *fig.* cariz *m*; *dem* ~ *nach urteilen* juzgar por las apariencias.

'**außen** *adv.* afuera, fuera; *nach* ~ hacia fuera; al exterior; *nach* ~ (hin) para fuera, externamente; *fig.* para guardar las apariencias; *von* ~ por fuera, de *(od.* desde*)* fuera; ~ *vor sein (bleiben, lassen)* estar (quedar, dejar) fuera *(od.* al margen*)*; ⸨**ansicht** *f* vista *f* exterior; ⸨**antenne** *f* antena *f* exterior; ⸨**aufnahme** *f Film*: escena *f* de exteriores; *pl.* ~**n** exteriores *m/pl.*; ⸨**bahn** *f Sport*: calle *f* exterior; ⸨**bezirke** *m/pl. e-r Stadt*: extrarradio *m*; arrabales *m/pl.*; ⸨**bordmotor** ⚓ *m* (motor *m*) fueraborda *m*.

'**aussenden** *(-e- od.* L*) v/t.* enviar, mandar; *Phys.* emitir.

'**Außen...**: ~**dienst** *m* ⚔ servicio *m* fuera del cuartel; *Dipl.* servicio *m* exterior *(od.* en el extranjero*)*; ~**durchmesser** *m* diámetro *m* exterior; ~**fläche** *f* superficie *f* (exterior), cara *f*; ~**hafen** *m* antepuerto *m*; ~**handel** *m* comercio *m* exterior; ~**haut** *f* ⚓ forro *m* exterior; *Anat.* epidermis *f*; ~**luft** *f* aire *m* exterior; ~**minister** *m* Ministro *m* de Asuntos *(Am.* Relaciones*)* Exteriores; ~**ministerium** *n* Ministerio *m* de Asuntos *(Am.* Relaciones*)* Exteriores; ~**politik** *f* política *f* exterior; ⸨**politisch** *adj.* (referente a la política) exterior; internacional; ~**posten** ⚔ *m* puesto *m* avanzado; ~**seite** *f* exterior *m*; cara *f*; △ fachada *f*; ~**seiter** *m* excéntrico *m*; inconforme *m*; fuera de serie *m*; *bsd. Sport*: outsider *m*; ~**spiegel** *Kfz. m* retrovisor *m* exterior; ~**stände** ✝ *m/pl.* cobros *m/pl.* pendientes, atrasos *m/pl.*; ~**stehende(r)** *m* expectador *m*; profano *m*; ~**stelle** *f* agencia *f*, delegación *f*; ~**stürmer** *m Fußball*: (delantero *m*) extremo *m*; ~**temperatur** *f* temperatura *f* exterior; ~**verteidiger** *m Fußball*: defensa *m* lateral; ~**wand** *f* muro *m* exterior; ~**welt** *f* mundo *m* exterior; ~**werbung** *f* publicidad *f* exterior; ~**winkel** *m* ángulo *m* externo; ~**wirtschaft** *f* economía *f* exterior.

'**außer I.** *prp. räumlich*: fuera de; *(neben)* aparte de, sin contar; amén de; *(hinzukommend)* además de; *(ausgenommen)* salvo, excepto, menos, a excepción de; *alle* ~ *einem* todos excepto *(od.* menos*)* uno; ~ *Haus* fuera de casa; ~ *sich sein* estar fuera de sí; *sich geraten* no caber en sí *(vor Freude* de alegría*)*; arrebatarse; **II.** *cj.*: ~ *daß* excepto *(od.* salvo*)* que; ~ *wenn* a menos que, a no ser que *(subj.)*; ⸨**achtlassung** *f* negligencia *f*, descuido *m*; ~**amtlich** *adj.* no oficial, extraoficial; ~**beruflich** *adj.* extraprofesional; ⸨**be'triebsetzung** *f* puesta *f* fuera de servicio; ~**dem** *adv.* además, aparte *(od.* fuera*)* de eso; por añadidura; ~**dienstlich** *adj.* extraoficial, particular; fuera de servicio; ⸨**dienststellung** *f* retirada *f* del servicio; *Kriegsschiff*: desarme *m*.

'**äußere** *adj.* exterior, externo; *der* ~ *Schein* las apariencias; ⸨**(s)** *n* exterior *m*; apariencia *f*; *ein angenehmes* ~**s** *haben* tener un físico agradable; *nach dem* ~**n** *zu urteilen* a juzgar por las apariencias; *Minister des* ~*n* → *Außenminister.*

'**außer...:** ~**ehelich** *adj. Kind:* natural, ilegítimo; *Verkehr:* extraconyugal, extramatrimonial; ~**etatmäßig** *adj.* extraordinario; extrapresupuestario; ~**europäisch** *adj.* extraeuropeo; ~**fahrplanmäßig** *adj. Zug:* suplementario, de refuerzo; ~**gerichtlich** *adj.* extrajudicial; ~**gewöhnlich** *adj.* extraordinario, excepcional, fuera de serie; ~**halb I.** *prp.* (*gen.*) fuera de; al exterior de; **II.** *adv.* (por) fuera, externamente; *von* ~ de fuera; ~**irdisch** *adj.* extraterrestre; ~**kirchlich** *adj.* no eclesiástico; ~'**kraftsetzung** *f* anulación *f*; abolición *f*; *v. Gesetzen:* derogación *f*, abrogación *f*; ⚷'**kurssetzung** *f* retirada *f* de la circulación.

'**äußerlich I.** *adj.* **1.** exterior, externo; ✚ ~*es Mittel* tópico *m*; *zum* ~*en Gebrauch,* ~ *anzuwenden* para uso externo; **2.** *fig.* (*scheinbar*) aparente; (*oberflächlich*) superficial; (*nicht wesentlich*) extrínseco; **II.** *adv.* por fuera; ⚷**keit** *f* superficialidad *f*; *pl.* ~*en* formalidades *f/pl.*; exterioridades *f/pl.*

'**äußern** (-*re*) *v/t.* expresar, manifestar, declarar; decir; (*zeigen*) mostrar, hacer ver, exteriorizar; *Meinung: a.* emitir; *sich* ~ manifestarse, expresarse, declararse (*a.* ✱); *sich* ~ *über* pronunciarse sobre.

'**außer|ordentlich I.** *adj.* extraordinario (*a. Pol.*, *Dipl.*); excepcional, singular; (*hervorragend*) eminente; (*ungeheuer*) enorme, descomunal; ~*er Professor* catedrático *m* supernumerario; **II.** *adv.* extraordinariamente, sumamente, sobremanera; *es tut mir* ~ *leid* lo siento muchísimo; ~**parlamentarisch** *adj.* extraparlamentario; ~**planmäßig** *adj.* extraordinario, especial; *Beamter:* supernumerario.

'**äußerst I.** *adj.* räumlich: extremo; (*entferntest*) el más lejano (*od.* distante *od.* remoto); *zeitlich:* el último; *Preis:* último; *am* ~*en Ende* en el (último) extremo; *die* ~*e Grenze* el límite máximo; *Pol. die* ~*e Rechte* (*Linke*) la extrema derecha (izquierda); *im* ~*en Fall* en el peor de los casos; *mit* ~*er Anstrengung* en un supremo esfuerzo; *von* ~*er Wichtigkeit* de suma importancia; **II.** *adv.* extrema(da)mente, sumamente, en extremo; ⚷**e(s)** *n* extremo *m*; extremidad *f*; *bis zum* ~*n* treiben llevar al extremo, extremar; *bis zum* ~*n gehen* llegar hasta el extremo (*od.* límite); *sein* ~*s tun* hacer todo lo posible; hacer lo imposible; *aufs* ~ en extremo, extrema(da)mente, hasta el máximo; *bis zum* ~*n* hasta lo último; hasta el último trance; *auf das* ~ *gefaßt sein* estar preparado para lo peor; *zum* ~*n entschlossen* decidido a arriesgarlo todo.

'**außerstande:** ~ *sein zu* no estar en condiciones de (*inf.*); ser incapaz de (*inf.*); no poder hacer a/c.

'**Äußerung** *f* manifestación *f*, declaración *f*; enunciación *f*, expresión *f*; exteriorización *f*; (*Bemerkung*) observación *f*; comentario *m*.

'**aussetzen** (-*t*) **I.** *v/t.* **1.** poner fuera; ⚓ desembarcar; *Boote:* lanzar (al agua), botar; *Kind:* exponer, abandonar; *fig. e-r Kränkung, Gefahr usw.*: exponer a; *sich* ~ exponerse a; **2.** *Belohnung, Preis:* ofrecer; (*festsetzen*) fijar; *Vermächtnis:* legar; *Rente, Gehalt:* asignar; *Summe:* destinar; **3.** (*unterbrechen*) interrumpir, suspender; *Tätigkeit:* cesar; ⚖ *Urteil:* suspender; (*aufschieben*) diferir; (*vertagen*) aplazar; **4.** *et.* ~, *et.* auszusetzen haben an poner reparos (*od.* F peros) a, criticar; *was haben Sie daran auszusetzen?* ¿qué tiene que objetar?; *daran ist nichts auszusetzen* no tiene peros; **II.** *v/i.* (*versagen*) fallar; (*unterbrechen*) pararse, cesar; *Herz, Pulsschlag:* ser intermitente; (*sich Ruhe gönnen*) hacer una pausa; *e-n Tag* ~ guardar un día de descanso; *mit et.* ~ discontinuar, interrumpir; *ohne auszusetzen* sin interrupción, sin parar; **III.** ⚷ *n* interrupción *f*; (*Versagen*) fallo *m*; ✚ *Puls:* intermitencia *f*.

'**aussetz|end** *adj.* discontinuo, intermitente; ⚷**ung** *f* exposición *f*; ⚓ desembarque *m*; (*Festsetzung*) asignación *f*, fijación *f*; ⚖ suspensión *f*; (*Vertagung*) aplazamiento *m*.

'**Aussicht** *f* **1.** vista *f*; (*Rundblick*) panorama *m*, vista *f* panorámica; ~ *auf die Straße* (*den Hof*) *haben* dar a la calle (al patio); ~ *aufs Meer haben* tener vista al mar; **2.** *fig.* perspectiva(s) *f*(*pl.*), probabilidad *f*, esperanza *f*; *et. in* ~ *haben* tener a/c. en perspectiva; *in* ~ *nehmen* proponerse, proyectar, planear; *in* ~ *stehen* ser de esperar; *drohend:* amenazar, amagar; *in* ~ *stellen* prometer, ofrecer; *er hat nicht die geringste* ~ no tiene ni la más remota probabilidad; *iro. das sind ja schöne* ~*en*! ¡vaya un panorama!; ⚷**slos** *adj.* inútil, estéril; sin esperanza; desesperado; ~**slosigkeit** *f* inutilidad *f*; ~**s-punkt** *m* punto *m* de observación; mirador *m*; ⚷**sreich** *adj.* prometedor; ~**s-turm** *m* atalaya *f*; mirador *m*; ⚷**svoll** *adj.* → ⚷*sreich*; ~**swagen** *m* autocar *m bzw.* vagón *m* panorámico.

'**aussieben** *v/t.* cribar; tamizar; cerner; *Radio, Bewerber:* seleccionar.

'**aussied|eln** (-*le*) *v/t.* evacuar; ⚷**ung** *f* evacuación *f*.

'**aussinnen** (*L*) *v/t.* imaginar, idear, discurrir.

'**aussöhn|en** *v/t.* reconciliar; *sich mit j-m* ~ reconciliarse, hacer las paces con alg.; ⚷**ung** *f* reconciliación *f*.

'**aussonder|n** (-*re*) *v/t.* escoger, seleccionar, entresacar; (*trennen*) separar, apartar; eliminar; ⚷**ung** *f* selección *f*; separación *f*, apartamiento *m*; eliminación *f*; ⚖ (*Konkurs*) tercería *f* de dominio; ⚷**ungsrecht** ⚖ *n* derecho *m* de separación.

'**aussortieren** (-*t*) *v/t.* seleccionar, separar; eliminar.

'**ausspähen I.** *v/t.* espiar, atisbar, acechar; **II.** *v/i. nach et.* ~ buscar a/c. (con la vista).

'**ausspann|en I.** *v/t.* (*ausbreiten*) (ex)tender; *Pferde:* desenganchar; *Ochsen:* desuncir; F *fig. j-m et.* ~ quitar, F escamotear a alg.; *Freundin: a.* F birlar; **II.** *v/i.* (*ausruhen*) descansar; relajarse; tomar el descanso *m*; relajamiento *m*, recreo *m*.

'**ausspar|en** *v/t.* dejar en blanco; de-jar libre (*od.* vacío); ⊕ escotar; ⚷**ung** *f* hueco *m*, vacío *m*; blanco *m*, claro *m*; ⊕ escotadura *f*.

'**ausspeien** (*L*) *v/t.* escupir; *fig.* vomitar.

'**aussperr|en** *v/t.* cerrar la puerta (*j-n* a alg.); *Arbeiter:* declarar el cierre patronal; *fig.* excluir, no admitir; ⚷**ung** *f* prohibición *f* de entrada; cierre *m*; *v. Arbeitern:* cierre *m* patronal, *angl.* lock-out *m*.

'**ausspiel|en I.** *v/t. Karte:* jugar; arrastrar; *fig. Gegner gegeneinander* ~ aprovechar la rivalidad de; *ausgespielt werden Lotterie usw.*: jugarse; **II.** *v/i. Karten:* ser mano, salir; *wer spielt aus?* ¿quién sale?; *fig. ausgespielt haben* estar acabado, haber jugado la última carta; *fig. bei mir hat er ausgespielt* ya no quiero saber más de él; ⚷**ung** *f* sorteo *m*.

'**ausspinnen** (*L*) *fig. v/t.* ampliar, entrar en detalles, explayarse.

'**ausspionieren** (-) *v/t.* espiar.

'**Aussprache** *f* pronunciación *f*; *deutliche:* articulación *f*; (*Erörterung*) discusión *f*; *Parl.* debate *m*; (*Meinungsaustausch*) cambio *m* de opiniones *bzw.* impresiones; ~**bezeichnung** *f* pronunciación *f* figurada, transcripción *f* fonética.

'**aussprech|bar** *adj.* pronunciable; ~**en** (*L*) **I.** *v/t.* **1.** *Wort:* pronunciar, *deutlich:* articular; **2.** (*beenden*) terminar (la frase); *laß mich* ~! ¡déjame hablar!; **3.** *Beileid, Wunsch usw.*: expresar, manifestar; *Meinung usw.*: decir, exponer, dar; **II.** *v/refl.: sich* (*offen*) ~ hablar con franqueza (*od.* sin reservas); (*sein Herz ausschütten*) desahogarse, sincerarse; *sich mit j-m* ~ cambiar impresiones (*od.* explicarse) con alg.; *sich für et.* ~ abogar por a/c.; pronunciarse a favor (*od.* en pro) de a/c.; → *ausgesprochen*.

'**aussprengen** *v/t. mit Sprengstoff:* volar; *Gerücht:* divulgar, propalar.

'**ausspritz|en** (-*t*) **I.** *v/t. Flüssigkeit:* lanzar, arrojar; ✚ irrigar; *Ohr:* jeringar; *Sperma:* eyacular; **II.** *v/i.* salir, brotar, surtir; ⚷**ung** *f* irrigación *f*; eyaculación *f*.

'**Ausspruch** *m* dicho *m*, refrán *m*; máxima *f*, sentencia *f*.

'**ausspucken** *v/i. u. v/t.* escupir.

'**ausspül|en** *v/t.* enjuagar (*a. Mund*); *Wäsche:* aclarar; *Geol.* derrubiar; ✚ irrigar; *Magen:* lavar; ⚷**ung** *f* enjuague *m*; *Geol.* derrubio *m*; ✚ irrigación *f*; lavado *m*.

'**ausstaffier|en** (-) *v/t.* equipar (*mit con*); *mit Kleidern:* ataviar; ⚷**ung** *f* equipo *m*; atavío *m*.

'**Ausstand** *m* huelga *f*; *in den* ~ *treten* declararse en huelga.

'**ausstanzen** (-*t*) ⊕ *v/t.* estampar; perforar, punzonar.

'**ausstatt|en** (-*e*-) *v/t.* equipar (*mit con*); dotar, proveer, surtir (*mit de*); ✕ pertrechar; *Tochter:* dotar, dar el ajuar; *Wohnung:* amueblar; decorar (*a. Thea.*); *fig. mit Befugnissen:* investir (de); ⚷**ung** *f* equipo *m*; dotación *f* / *pl.* (*Möbel*) mobiliario *m*; (*Mitgift*) dote *m/f*; (*Aussteuer*) equipo *m* de novia; ajuar *m*; (*Ausschmückung*) adorno *m*; *Buch:* presentación *f*; *Thea., Film:* decoración *f*, decorado *m*; ⚷**ungsfilm** *m* película *f* de gran espectáculo; ⚷**ungsstück** *Thea.*

ausstechen — Auswahl 76

n comedia *f bzw.* revista *f* de gran espectáculo.
'**ausstechen** (L) *v/t.* sacar, abrir; *Rasen*: cortar; *Torf*: extraer; *Augen*: vaciar, sacar; *Apfel*: despepitar; ⊕ *mit Stichel*: burilar, grabar; *fig.* (*verdrängen*) suplantar; desbancar; (*übertreffen*) superar, aventajar, sobrepujar.
'**ausstehen** (L) I. *v/i.* estar (*od.* quedar) pendiente (*a. Zahlung*); faltar; *Sendung*: no haber llegado todavía; *Geld* ~ *haben* tener cobros pendientes; ~*de Forderungen* pagos vencidos, atrasos *m/pl.*; II. *v/t.* (*ertragen*) sufrir, aguantar, soportar; *j-n nicht* ~ *können* no poder aguantar (F tragar) a alg.
'**aussteigen** (L; *sn*) *v/i.* bajar (*aus* de), salir, apearse; echar pie a tierra; ⚓, ✈ desembarcar; F *fig.* volverse atrás, retirarse.
'**aussteinen** *v/t. Steinobst*: deshuesar; despepitar.
'**ausstell|en** *v/t. zur Schau*: exhibir, exponer; *Urkunde, Scheck, Rezept*: extender; *Paß, Zeugnis*: *a.* expedir; *Wache*: poner, apostar; *Wechsel*: girar, librar (*auf ac.* sobre); ~**er** *m* expositor *m*; *v. Urkunden*: otorgante *m*; *e-s Wechsels*: librador *m*, girador *m*; ~**fenster** *Kfz. n* ventanilla *f* giratoria.
'**Ausstellung** *f* exposición *f*; (*Messe*) feria *f*; *v. Waren*: exhibición *f*; *Paß usw.*: extensión *f*, expedición *f*; *e-s Wechsels*: libramiento *m*; ~**sdatum** *n Paß*: fecha *f* de expedición; *Wechsel*: fecha *f* de libramiento; ~**sfläche** *f* área *f* de exposición, superficie *f* expositiva; ~**sgelände** *n* recinto *m* de la exposición *bzw.* ferial; ~**shalle** *f* pabellón *m*; ~**sraum** *m* sala *f* de exposición; ~**sstand** *m* puesto *m*, stand *m*; ~**sstück** *n* objeto *m* expuesto.
'**Aussterbe|etat** F *m*: *auf dem* ~ *stehen* estar destinado a desaparecer, estar condenado; ~**n** (L; *sn*) *v/i. Pflanzen, Tiere, Volk*: extinguirse, desaparecer; *Ortschaft*: despoblarse; *Brauch*: caer en desuso; → *ausgestorben*; ~**n** *n* extinción *f*; ~**nd** *adj.* en vías de extinción (*od.* desaparición).
'**Aussteuer** *f e-r Braut*: ajuar *m*; equipo *m* de novia; (*Mitgift*) dote *m/f*; ~**n** (*-re*) *v/t.* dotar; *f, Radio*: modular; ~**ung** *f* ⚡, *Radio*: modulación *f*; *Versicherung*: suspensión *f* del pago (de una renta); ~**versicherung** *f* seguro *m* dotal.
'**Ausstieg** *m* salida *f*.
'**ausstopfen** I. *v/t.* rellenar (*mit* de); taponar; *Tiere*: disecar; II. ~ *n* taxidermia *f*, disecación *f*.
'**Ausstoß** *m* expulsión *f*; ⊕ eyección *f*; ✝ (volumen *m* de) producción *f*; ~**en** (L) *v/t.* expeler; *Auge*: saltar, sacar; *aus e-r Gemeinschaft*: expulsar, excluir de; *Gr. Vokal*: elidir; *aus dem Körper*: evacuar; expulsar; ⊕ *Gase usw.*: expeler; echar; *Phys.* emitir; ⚓ *Torpedo*: lanzar; *Fluch*: proferir; *Schrei*: dar, lanzar; *Seufzer*: exhalar, dar; ~**rohr** ⚓ *n* tubo *m* lanzatorpedos; ~**ung** *f* expulsión *f*; exclusión *f*; eliminación *f*; evacuación *f*; *Gr.* elisión *f*; ~**vorrichtung** ⊕ *f* dispositivo *m* de expulsión, eyector *m*.
'**ausstrahl|en** I. *v/t.* (ir)radiar, emitir;

Wärme: *a.* desprender; *Radio*: radiar; *TV* televisar; II. *v/i.* radiar; emanar (*a. fig.*); *Schmerz*: irradiar; ~**ung** *f* (ir)radiación *f*; emisión *f*; emanación *f* (*a. fig.*); *fig. e-r Person*: carisma *m*.
'**ausstrecken** *v/t.* (ex)tender; estirar, alargar; *die Hand* ~ tender la mano; *die Beine* ~ estirar las piernas; *sich lang* ~ (*ex*)*tenderse* (sobre); *sich bequem* ~ arrellanarse (en).
'**ausstreich|en** (L) *v/t. Geschriebenes*: tachar, rayar, borrar; suprimir; (*glätten*) alisar, aplanar; (*verteilen*) extender; *Fugen*: llenar, tapar; *mit Fett*: untar.
'**ausstreu|en** *v/t.* diseminar (*a. fig.*); esparcir, desparramar; *Gerüchte*: propagar, propalar, (hacer) correr; ~**ung** *f* diseminación *f*; propagación *f*.
'**ausström|en** I. *v/t. Duft*: despedir, emanar, exhalar; *Wärme*: desprender; *Phys.* emitir, radiar; *fig. Ruhe usw.*: rezumar; II. *v/i.* derramarse; salir (*a. Dampf*); *Gas*: escapar(se); ~**ung** *f* derrame *m*; salida *f*; emanación *f*; exhalación *f*; efluvio *m*; *Gas*: escape *m*; *Phys.* emisión *f*, radiación *f*.
'**ausstudieren** (-) I. *v/t.* estudiar a fondo; II. *v/i.* terminar sus estudios.
'**aussuchen** *v/t.* elegir, escoger, seleccionar; → *ausgesucht*.
'**austäfeln** (*-le*) *v/t.* → *täfeln*.
'**austapezieren** (-) *v/t.* empapelar; *mit Stoff*: tapizar.
'**Austausch** *m* cambio *m*; *gegenseitig*: intercambio *m*; *v. Gütern*: *a.* trueque *m*; *v. Noten, Gefangenen*: canje *m*; (*Ersatz*) recambio *m*; *Sport*: sustitución *f*; *im* ~ *gegen* a trueque (*od.* cambio) de; ~**bar** ⊕ *adj.* (inter)cambiable; ~**barkeit** *f* (0) (inter)cambiabilidad *f*; ~**en** *v/t.* cambiar (*gegen* por); *untereinander*: intercambiar; ✝ trocar; (*auswechseln*) recambiar; sustituir; *Noten, Gefangene*: canjear; ~**motor** *m* motor *m* de recambio; ~**programm** *n* programa *m* de intercambio; ~**relationen** ✝ *f/pl.* términos *m/pl.* de intercambio; ~**stück** ⊕ *n* pieza *f* de recambio; ~**student**(**in** *f*) *m* estudiante *m/f* de intercambio.
'**austeil|en** *v/t.* repartir, distribuir (*unter ac.* entre); *Hiebe, Karten*: dar; *Sakrament*: administrar; *den Segen* ~ impartir la bendición; ~**ung** *f* distribución *f*, reparto *m*; administración *f*.
'**Auster** *f* (-; -*n*) ostra *f*; ~**nbank** *f* banco *m* de ostras; ostral *m*; ~**nfang** *m* pesca *f* de ostras; ~**npark** *m* criadero *m* de ostras; ~**nzucht** *f* ostricultura *f*.
'**austilg|en** *v/t.* (*auslöschen*) borrar, tachar; (*ausrotten*) exterminar; extirpar, desarraigar (*a. fig.*); ~**ung** *f* exterminio *m*, extirpación *f*.
'**austoben** I. *v/t. Zorn usw.*: desfogar, abandonarse a; II. *v/refl.*: *sich* ~ desfogarse; *Kinder*: retozar, travesear (a su gusto); *Sturm*: desatarse.
'**Austrag** *m* (*-*e*s*; ⁺*e*) decisión *f*; arreglo *m*; *zum* ~ *bringen* resolver (*od.* solventar) un asunto, zanjar una cuestión; *zum* ~ *kommen Streitfrage*: resolverse, llegar a un ajuste; ~**en** (L) *v/t. Briefe usw.*: repartir; *Kind*: ges-

tar; *Konflikt*: resolver; *Streit*: dirimir; *Sport*: disputar.
'**Austräger**(**in** *f*) *m* repartidor(a *f*) *m*, distribuidor(a *f*) *m*.
'**Austragung** *f* reparto *m*, distribución *f*; *Sport*: disputa *f*; ~**s-ort** *m Sport*: lugar *m* del encuentro.
Au'stral|ien *n* Australia *f*; ~**ier**(**in** *f*) *m*, ~**isch** *adj.* australiano (*-a f*) *m*.
'**austreib|en** (L) *v/t.* expulsar; *Vieh*: llevar a pastar; *Teufel*: exorcizar; ✡ expeler, *Kind*: expulsar; *fig. j-m et.* ~ quitarle a alg. a/c. (de la cabeza); ~**ung** *f* expulsión *f*; exorcismo *m*; ~**ungsphase** ✡ *f* período *m* de expulsión.
'**austreten** (L) I. *v/t.* pisar; *Feuer*: extinguir (con los pies); *Schuhe*, *Treppe*: (des)gastar (con el uso); *neue Schuhe*: ahormar; *Absatz*: destaconar; → *ausgetreten*; II. (*sn*) *v/i.* 1. (*sich zurückziehen*) retirarse, salirse (*von*, *aus* de); *aus e-m Verein usw.*: darse de baja; 2. *Gas*, *Dampf*: escaparse; *Wasser*: desbordarse; ✡ *Blut*: extravasarse; 3. (*Bedürfnis verrichten*) F (ir a) hacer sus necesidades, ir a mear.
'**austrinken** (L) *v/t.* beberlo todo; *Glas*: vaciar, apurar.
'**Austritt** *m* salida *f*; retirada *f*; retiro *m*; baja *f*; *Luft*, *Gas*: escape *m*, fuga *f*; ✡ *Blut*: extravasación *f*; *s-n* ~ *erklären* darse de baja.
'**Austritts...**: ~**düse** *f* tobera *f* de salida; ~**erklärung** *f* dimisión *f*, renuncia *f*; ~**öffnung** *f* orificio *m* de salida; ~**phase** ✡ *f Geburt*: fase *f* expulsiva.
'**austrock|nen** (*-e-*) I. *v/t.* secar; desecar (*a.* ✡); (*trockenlegen*) desaguar; *mit Tuch*: enjugar; II. *v/i.* secarse, desecarse; *Boden*: *a.* aridecerse; *Neubau*: sentarse; ~**nung** *f* desecación *f*.
'**austrommeln** (*-le*) *v/t.* pregonar a tambor batiente.
'**austrompeten** (*-e-*; -) *v/t.* → *ausposaunen*.
'**austüfteln** (*-le*) F *v/t.* → *ausklügeln*.
'**aus-üb|en** *v/t.* ausüben; *Beruf*: *a.* ejercitar; *Amt*: desempeñar; (*betreiben*) practicar (*a. Sport*); *Druck* ~ *auf j-n* ejercer presión (*od.* presionar) sobre alg.; ~**end** *adj. Arzt*: en ejercicio; ~**er Künstler** ejecutante *m*; ~**e Gewalt** (poder *m*) ejecutivo *m*; ~**ung** *f* ejecución *f*; ejercicio *m*, ejercitación *f*; práctica *f*; *e-s Amtes*: desempeño *m*; *in* ~ *s-s Dienstes* en acto de servicio; *in* ~ *s-r Rechte* en el ejercicio de sus derechos.
'**aus-ufern** *fig. v/i.* llegar a un extremo, salir de sus cauces, desbordarse.
'**Ausverkauf** *m* venta *f* total; liquidación *f*, remate *m*; saldo(*s*) *m*(*pl.*); *im* ~ *kaufen* comprar en las rebajas; ~**en** *v/t.* liquidar, finiquitar (todo), vender todas las existencias; ~**s-preis** *m* precio *m* de saldo; ~**t** *adj. Ware*: vendido; agotado; *Thea.* lleno; (*Bekanntgabe*) ,,Agotadas las localidades"; ~ *sein* registrar un lleno total.
'**auswachsen** (L) *v/i.* terminar de crecer; alcanzar pleno desarrollo; ⚥ espigarse; F *es ist zum* ♀ *es* para volverse loco; (*langweilig*) F *es una lata* (*od.* un rollo); *sich* ~ *zu* degenerar en; → *ausgewachsen*.
'**Auswahl** *f* elección *f*; selección *f*; ✝ surtido *m*; *v. Menschen*: élite *f*, lo más escogido (*od.* selecto) de; *v. Gedich-*

auswählen — Autobrille

ten: antología *f*; *zur* ~ *a escoger*; *e-e reiche* ~ un gran surtido (*od.* una gran variedad) de; *e-e große* ~ *haben* estar bien surtido; *e-e* ~ *treffen* elegir, escoger; hacer una selección.

'**auswähl|en** *v/t.* escoger, elegir (*aus de, de entre*) (*a. Computer*); seleccionar; *ausgewählte Werke* obras selectas (*od.* escogidas).

'**Auswahl|mannschaft** *f Sport*: selección *f*; **~sendung** ✝ *f* envío *m* de muestra.

'**auswalzen** (-*t*) **I.** *v/t. Met.* laminar; F *fig. et. breit* ~ explicar a/c. con pelos y señales; **II.** ♀ *n* laminado *m*, laminación *f*.

'**Auswander|er(in** *f*) *m* emigrante *m*/*f*; ♀**n** (-*re*; *sn*) *v/i.* emigrar; expatriarse; **~ung** *f* emigración *f*; expatriación *f*; *fig.* éxodo *m*; **~ungsbehörde** *f* oficina *f* de emigración.

'**auswärtig** *adj.* de fuera; (*nicht einheimisch*) forastero; (*ausländisch*) extranjero; *Schüler*: externo; *bsd. Pol.* exterior; *das* ♀*e Amt* Ministerio *m* de Asuntos Exteriores; **~e** *Angelegenheiten* asuntos *m*/*pl.* exteriores.

'**auswärts** *adv.* fuera, afuera; en otra parte; *von* ~ de (a)fuera; ~ *essen usw.* comer, *etc.* fuera (de casa); **~spiel** *n Sport*: partido *m* fuera de casa (*od.* en campo ajeno).

'**auswasch|en** (*L*) *v/t.* lavar; (*spülen*) enjuagar; *Geol.* derrubiar; abarrancar; *Boden*: lixiviar; ♀**ung** *f* lavado *m*; *Geol.* derrubio *m*; erosión *f*; lixiviación *f*.

'**auswechsel|bar** *adj.* recambiable (*a.* ⊕); (inter)cambiable; amovible; **~n** (-*le*) *v/t.* cambiar; (*ersetzen*) sustituir (*a. Sport*) (*gegen* por); canjear; ⊕ recambiar; *fig. sich wie ausgewechselt fühlen* sentirse como nuevo; *er ist wie ausgewechselt* está completamente cambiado; ♀**bank** *f Sport*: banquillo *m* (de suplentes); ♀**spieler** *m* (jugador *m*) suplente *m*; sustituto *m*; ♀**ung** *f* cambio *m*; ⊕ recambio *m*; canje *m*.

'**Ausweg** *m* salida *f* (*a. fig.*); *fig.* escapatoria *f*; recurso *m*, expediente *m*; *letzter* ~ último recurso; *ich sehe keinen* ~ no veo ninguna solución; ♀**los** *adj.* sin salida; *e-e* **~e** *Lage* un callejón sin salida.

'**ausweich|en** (*L*; *sn*) *v/i.* apartarse; desviarse, hacerse a un lado; *e-m Fahrzeug*: dejar pasar, ceder el paso; *e-m Schlag*: esquivar; hurtar (el cuerpo); *fig.* eludir; evadir; esquivar; rehuir; *Hindernis*, *Schwierigkeit*: sortear; *j-m* ~ evitar un encuentro con alg.; ♀**en** *n* desviación *f*; **~end** *adj.* evasivo; **~e** *Antwort* evasiva *f*; ♀**gleis** *n* (vía *f* de) apartadero *m*; ♀**klausel** *f* cláusula *f* escapatoria; ♀**manöver** *Kfz. n* maniobra *f* de desviación; ♀**stelle** 🚗 *f* apartadero *m*.

'**ausweiden** (-*e*-) *v/t.* destripar.

'**ausweinen** *v/t. u. v/refl.*: *sich* (*od. s-n Kummer*) ~ desahogarse llorando; *sich die Augen* ~ deshacerse en lágrimas, llorar a lágrima viva.

'**Ausweis** *m* (-*es*; -*e*) legitimación *f*; carnet *m* (acreditativo); documento *m* de identidad, cédula *f* personal; ♀**en** (*L*) **I.** *v/t.* (*vertreiben*) expulsar; (*verbannen*) proscribir, desterrar; *aus dem Haus*: echar, arrojar; 🛏 desahuciar; **II.** *v/refl.*: *sich* ~ legitimarse; probar su identidad; presentar su documento de identidad (*od.* su documentación); *sich* ~ *als* acreditarse de; **~karte** *f* carnet *m*; pase *m*; **~kontrolle** *f* control *m* de identidad; **~papiere** *n*/*pl.* documentación *f* (personal); *ohne* ~ indocumentado; **~pflicht** *f* deber *m* de estar documentado; **~ung** *f* expulsión *f*; proscripción *f*; destierro *m*; **~ungsbefehl** *m* orden *f* de expulsión.

'**ausweit|en** (-*e*-) *v/t.* ensanchar; dilatar; alargar; ⊕ abocardar; *Bohrloch*: escariar; ♀**ung** *f* ensanche *m*; dilatación *f*; *fig.* expansión *f*.

'**auswendig I.** *adj.* externo; exterior; **II.** *adv.* por fuera, externamente; *fig.* de memoria; ~ *lernen* aprender de memoria; ♪ ~ *spielen* tocar de memoria; *et.* ~ *wissen* (*od. können*) saber a/c. de memoria; ♀**lernen** *n* memorización *f*.

'**auswerf|en** (*L*) *v/t.* echar (fuera), expeler, arrojar; *Angel, Anker, Blut*: echar; *Lava*: lanzar, vomitar; 💉 expectorar; esputar; *Graben*: abrir; *Summe*: asignar, señalar, fijar; (*ausstoßen*) expulsar (*a.* ✖ *Hülsen*); ♀**en** *m* lanzamiento *m*; 💉 expectoración *f*; ⊕ eyección *f*; expulsión *f*; ♀**er** *m* ⊕ eyector *m*; ✖ expulsor *m*.

'**auswert|en** (-*e*-) *v/t.* **1.** evaluar; valorar; analizar; interpretar; **2.** (*ausnützen*) aprovechar, utilizar; explotar (*a. Patent*); ♀**verfahren** *n* método *m* de evaluación; ♀**ung** *f* evaluación *f*, valoración *f*; análisis *m*; interpretación *f*; (*Verwertung*) aprovechamiento *m*; utilización *f*; explotación *f*.

'**auswickeln** (-*le*) *v/t.* desenvolver; desempaquetar; *Kind*: desfajar.

'**auswiegen** (*L*) *v/t.* pesar; vender al peso; ~ *ausgewogen.*

'**auswirk|en I.** *v/t.* obtener, conseguir; **II.** *v/refl.*: *sich* ~ producir efecto; *sich* ~ *auf* repercutir en, afectar a; traducirse en; hacer mella en; incidir en; ♀**ung** *f* efecto *m*, incidencia *f*; (*Ergebnis*) resultado *m*; (*Rückwirkung*) repercusión *f*; consecuencia *f*.

'**auswischen** *v/t.* (*reinigen*) limpiar, enjugar; *Schrift*: borrar; *sich die Augen* ~ restregarse los ojos; F *fig. j-m eins* ~ F jugar a alg. una mala pasada.

'**auswittern** (-*re*) *v/i. Erz, Salze usw.*: eflorecerse.

'**auswringen** (*L*) *v/t.* (re)torcer.

'**Auswuchs** *m* excrecencia *f* (*a.* 💉); protuberancia *f*; (*Mißbildung*) deformidad *f*; (*Höcker*) gibosidad *f*, joroba *f*; *fig. mst. pl.* excesos *m*/*pl.*, abusos *m*/*pl.*; *der Phantasie usw.*: aberraciones *f*/*pl.*

'**auswuchten** (-*e*-) ⊕ **I.** *v/t.* equilibrar; *Am.* balancear; **II.** ♀ *n* equilibrado *m*.

'**Auswurf** *m* ⊕ descarga *f*, eyección *f*; 💉 expectoración *f*, esputo *m*; *fig. der* ~ *der Menschheit* la escoria (*od.* la hez) de la humanidad.

'**auswürfeln** (-*le*) *v/t.* jugar a los dados (por a/c.).

'**auszacken** *v/t.* dentar.

'**auszahl|bar** *adj.* pagadero; **~en I.** *v/t.* pagar; satisfacer, hacer efectivo; **II.** *v/refl. fig. sich* ~ (*lohnen*) valer la pena; *das zahlt sich nicht aus* esto no sale a cuenta.

'**auszählen I.** *v/t.* (re)contar; *Boxen*: contar al límite; *Stimmen*: escrutar; **II.** ♀ *n* conteo *m*, recuento *m*; *der Stimmen*: escrutinio *m*.

'**Auszahlung** *f* pago *m*, desembolso *m*; paga *f*; reintegro *m*; **~s-anweisung** *f* orden *m* de pago; **~sliste** *f* nómina *f*; **~sstelle** *f* pagaduría *f*.

'**auszanken** *v/t.* reñir; reprender, F regañar.

'**auszehr|en** *v/t.* consumir, extenuar; *Land*: empobrecer; **~end** *adj.* consuntivo; ♀**ung** 💉 *f* consunción *f*, tisis *f*.

'**auszeichn|en** (-*e*-) **I.** *v/t.* **1.** señalar; marcar; *Waren*: *a.* rotular; poner etiqueta *bzw.* precio; **2.** *j-n* ~ distinguir a alg.; *mit e-m Preis usw.*: agraciar, galardonar, premiar; *mit Orden*: condecorar; **II.** *v/refl.*: *sich* ~ sobresalir; distinguirse, caracterizarse, señalarse (*als* como; *durch* por; *in* en); ♀**ung** *f* marca *f*; ✝ etiqueta *f*; rotulación *f*; *fig.* distinción *f*; (*Orden*) condecoración *f*; (*Preis*) premio *m*; galardón *m*; *mit* ~ (*Prüfungsnote*) con matrícula de honor.

'**Auszeit** *f Sport*: tiempo *m* muerto.

'**auszieh|bar** *adj.* extensible, telescópico; (*herausnehmbar*) amovible; **~en** (*L*) **I.** *v/t.* quitar; tirar; sacar, arrancar; (*dehnen*) extender, alargar (*a. Tisch*), estirar; *Kleider usw.*: quitarse; *j-n*: desnudar; 🦷 extraer; *aus e-m Buch*: extractar; *Zeichnung*: pasar en tinta; **II.** *v/i.* marchar; salir; irse a otra parte; *aus e-r Wohnung*: mudarse (de casa); ~ *auf* ir en busca de; **III.** *v/refl.*: *sich* ~ desnudarse; ♀**en** *n* 🦷 extracción *f*; ♀**er** ⊕ *m* extractor *m*; ♀**leiter** *f* escalera *f* telescópica (*od.* extensible); ♀**platte** *f e-s Tisches*: tabla *f* corredera; ♀**rohr** *n* tubo *m* telescópico; ♀**tisch** *m* mesa *f* extensible (*od.* de corredera); ♀**tusche** *f* tinta *f* china.

'**auszirkeln** (-*le*) *v/t.* medir con el compás.

'**auszischen** *Thea. v/t.* sisear, abuchear.

'**Auszubildende(r)** *m* aprendiz *m*.

'**Auszug** *m* **1.** (*Weggang*) salida *f*, partida *f*, marcha *f* (*a.* ✖); *Bib. u. fig.* éxodo *m*; *aus e-r Wohnung*: mudanza *f*; **2.** 🦷 *u. aus e-m Buch*: extracto *m*; *Phot.* fuelle *m*; (*Zusammenfassung*) resumen *m*, compendio *m*, sumario *m*; epítome *m*; **~mehl** *n* harina *f* de flor; ♀**sweise** *adv.* en resumen, en extracto, en compendio.

'**auszupfen** *v/t.* arrancar; *Fäden*: *a.* deshilachar.

au'tar|k *adj.* autárquico; ♀'**kie** *f* autarquía *f*, autosuficiencia *f*.

au'thenti|sch *adj.* auténtico; ♀**zi'tät** *f* autenticidad *f*.

'**Auto** *n* (-*s*; -*s*) auto(móvil) *m*, coche *m*; *Am.* carro *m*; ~ *fahren* conducir; llevar el coche; *mit dem* (*od. im*) ~ *fahren* ir en coche; **~apotheke** *f* botiquín *m*; **~ausstellung** *f* exposición *f* de automóviles; salón *m* del automóvil; **~bahn** *f* autopista *f*; **~bahnauffahrt** *f* entrada *f* a la autopista; **~bahn-ausfahrt** *f* salida *f* de la autopista; **~bahndreieck** *n* cruce *m* de autopista; **~bahngebühr** *f* peaje *m*; **~bahnraststätte** *f* área *f* de servicio.

Autobio'gra|phie *f* autobiografía *f*; ♀'**graphisch** *adj.* autobiográfico.

'**Auto...:** **~bombe** *f* coche-bomba *m*; **~brille** *f* gafas *f*/*pl.* de automovilista;

Autobus — azyklisch

~**bus** *m* autobús *m*, F bus *m*; (*Reise*²) autocar *m*; (*Überland*²) coche *m* de línea; ~**busbahnhof** *m* (estación *f*) terminal *f* de autobuses; ~**bushaltestelle** *f* parada *f* de autobuses; ~**buslinie** *f* línea *f* de autobuses.

Auto'chromdruck *m* impresión *f* autocrómica.

autoch'thon *adj.* autóctono.

Autoda'fé *n* (-*s*; -*s*) auto *m* de fe.

Autodi'dakt *m* (-*en*), ²**isch** *adj.* autodidacta (*m*).

¹**Auto...**: ~**fähre** *f* transbordador *m*, ferry(boat) *m*; ~**fahrer(in** *f*) *m* automovilista *m*/*f*; ~**fahrt** *f* viaje *m* bzw. excursión *f* en coche; ~**falle** *f* trampa *f* para automovilistas; control *m* de velocidad; ~**fokus** *m* Phot. autofoco *m*, autofocus *m*; ~**friedhof** *m* cementerio *m* de coches.

auto'gen *adj.* autógeno; ~*e Schweißung* soldadura *f* autógena; ~*es Training* entrenamiento *m* autógeno.

Auto|'gramm *n* autógrafo *m*; ~*e geben* firmar autógrafos; ~'**grammjäger** *m* cazaautógrafos *m*, cazador *m* de autógrafos; ~**gra'phie** Typ. *f* autografía *f*.

¹**Auto...**: ~**hupe** *f* bocina *f*, claxon *m*; ~**industrie** *f* industria *f* del automóvil; ~**karte** *f* mapa *m* de carreteras; ~**kino** *n* autocine *m*; ~'**klav** *m* (-*s*; -*en*) autoclave *f*; ~**kolonne** *f* convoy *m* bzw. caravana *f* de automóviles (*od.* coches).

Auto|'krat *m* (-*en*) autócrata *m*; ²**kratisch** *adj.* autocrático; ~**kra'tie** *f* autocracia *f*.

¹**Automarder** *m* descuidero *m* (*od.* desvalijador *m*) de coches.

Auto'mat *m* (-*en*) autómata *m*; máquina *f* automática; (*Verkaufs*²) distribuidor *m* automático; ~**enrestaurant** *n* restaurante *m* automático; ~**enstahl** *m* acero *m* para tornos automáticos; ~**ik** *f* automatismo *m*; sistema *m* bzw. funcionamiento *m* automático; ~**ik-Sicherheitsgurt** *m* cinturón *m* automático enrollable; ~**i'on** *f* automatización *f*; ²**isch** *adj.* automático; ²**i'sieren** *v*/*t*. automatizar; ~**i'sierung** *f* automatización *f*.

¹**Auto...**: ~**mechaniker** *m* mecánico *m* de automóviles; ~**mo'bil** *n* automóvil *m*; ~**mo'bil-ausstellung** *f* exposición *f* de automóviles; salón *m* del automóvil; ~**mo'bilklub** *m* Automóvil Club *m*.

auto'nom *adj.* autónomo; ²**no'mie** *f* autonomía *f*; ²**no'mie-abkommen** *n* convenio *m* de autonomía; ²**no'mieverhandlungen** *f*/*pl.* negociaciones *f*/*pl.* de autonomía.

¹**Auto...**: ~**nummer** *f* número *m* de matrícula; ~**papiere** *n*/*pl.* documentación *f* del coche; ~**pilot** ✈ *m* piloto *m* automático; ~**plastik** ✽ *f* autoplastia *f*.

Autop'sie *f* autopsia *f*.

¹**Autor** *m* (-*s*; -¹*toren*) autor *m*.

¹**Auto...**: ~**radio** *n* autorradio *f*; ~**reifen** *m* neumático *m*; ~**reisezug** *m* autotrén *m*, autoexpreso *m*; ~**rennbahn** *f* autódromo *m*; ~**rennen** *n* carrera *f* de automóviles; ~**reparaturwerkstatt** *f* taller *m* de reparación de automóviles.

Au'torin *f* autora *f*.

autori|'sieren (-) *v*/*t*. autorizar; ~'**tär** *adj.* autoritario; ²'**tät** *f* autoridad *f*; ~**ta'tiv** *adj.* autoritativo.

¹**Autorschaft** *f* (0) paternidad *f* (literaria).

¹**Auto...**: ~**salon** *m* Salón *m* del Automóvil; ~**schalter** ✈ *m* autobanco *m*; ~**schlange** *f* caravana *f* de coches; ~**schlosser** *m* mecánico *m* de automóviles; ~**skooter** *m* auto *m* de choque; ~**sport** *m* automovilismo *m*; ~**stop** *m* autostop *m*; ~**stopper** *m* autostopista; ~**straße** *f* carretera *f* (reservada para automóviles); ~**suggesti'on** *f* autosugestión *f*; ~**ty'pie** Typ. *f* impresión *f* autotípica, autotipia *f*; ~**unfall** *m* accidente *m* de automóvil (*od.* de coche); ~**verkehr** *m* circulación *f* de automóviles (*od.* rodada), tráfico *m* automóvil (*od.* motorizado); ~**verleih** *m*, ~**vermietung** *f* alquiler *m* de automóviles; ~**veteran** *m* coche *m* vetusto; ~**Winder** Phot. *m* arrollador *m* automático; ~**zubehör** *n* accesorios *m*/*pl.* para automóvil.

autsch! *int.* ¡ay!

A'val ✝ *m* (-*s*, -*e*) aval *m*; ~**akzept** *n* aval *m* (sobre una letra de cambio).

ava'lieren *v*/*i.* avalar.

avan'cieren [a'vã'siː-] (-) *v*/*i.* ser ascendido; subir de categoría.

Avant'gar|de [avã-] *f* vanguardia *f*; ~'**dismus** *m* vanguardismo *m*; ~'**dist** *m* (-*en*) vanguardista *m*; ²'**distisch** *adj.* vanguardista, de vanguardia.

Aver'sion *f* aversión *f*.

A'vis [a'viː(s)] ✝ *m*/*n* (-*es*; -*e*) aviso *m*; *laut* ~ según aviso.

avi'sieren (-) *v*/*t*. avisar.

axi'al *adj.* axial.

axil'lar *adj.* axilar.

Axi'om *n* (-*s*; -*e*) axioma *m*.

Axt *f* (-; ¨*e*) hacha *f*; azuela *f*; ~**hieb** *m* hachazo *m*.

Aza'lee ♀ *f* azalea *f*.

Aze'tat *n* (-*s*; -*e*) acetato *m*.

Aze'ton *n* (-*s*; 0) acetona *f*.

Azety'len *n* (-*s*; 0) acetileno *m*; ~**schweißung** *f* soldadura *f* al acetileno.

Azi'mut *n*/*m* (-*s*; -*e*) acimut *m*.

A'zoren *f*/*pl.* Azores *f*/*pl.*

Az'te|ke *m* (-*n*), ²**kisch** *adj.* azteca (*m*).

A'zur *m* (-*s*; 0) azur *m*; ²**blau** *adj.*, ²**n** *adj.* azur, celeste.

¹**azyklisch** *adj.* acíclico.

B

B, b n B, b f; ♪ (*Zeichen*) bemol m; (*Note*) si m bemol; B-*Dur* si bemol mayor; b-*Moll* si bemol menor.
ba'ba F *Kindersprache*: (*das ist*) ~! ¡caca!
'**babbeln** (-*le*) F v/i. *Kinder*: balbucear; *Erwachsene*: F parlotear, charlar.
'**Baby** ['be:bi·] n (-s; -s) F bebé m; Am. rorro m; ~**ausstattung** f canastilla f.
baby'lonisch adj. babilónico; Bib. ♀e *Gefangenschaft* cautiverio m de Babilonia.
'**Baby|sitter** m F canguro m; ~**tragetasche** f portabebés m, moisés m; ~**waage** f pesabebés m.
Bacch|a'nal n (-s; -e od. -ien) bacanal f; ~'**ant**(**in** f) [ba'xant] m (-en) bacante m/f; '~**us** m Myt. Baco m.
'**Bach** m (-*es*; ⸚e) arroyo m; riachuelo m; ~**e** Zoo. f jabalina f; ~**forelle** f trucha f de río.
'**Bächlein** n arroyuelo m.
'**Bach...**: ~**stelze** Orn. f aguzanieves f, andarríos m; ~**weide** ♀ f mimbre m azul.
Back ⚓ f castillo m de proa.
'**Backblech** n bandeja f de horno.
'**Backbord** ⚓ n babor m; ~**motor** m motor m de babor.
'**Backe** f mejilla f, carrillo m; ⊕ mordaza f, mandíbula f; *mit vollen* ~n *kauen* comer a dos carrillos.
'**backen** (L) **I.** v/t. *im Ofen*: cocer; hornear; *in der Pfanne*: freír; *Obst*: secar (al horno); *Kuchen*: hacer; **II.** v/i. *Schnee*: cuajar; **III.** ♀ od. *cochura f*, cocción f; **IV.** ♀ ⊕ m → Backe ⊕.
'**Backen...**: ~**bart** m patillas f/pl.; ~**bremse** Kfz. f freno m de zapatas; ~**futter** ⊕ n plato m de mordazas; ~**knochen** m pómulo m; ~**streich** m bofetón m, cachete m; ~**tasche** Zoo. f abazón m; ~**zahn** m muela f, (diente m) molar m.
'**Bäcker** m panadero m.
Bäcke'rei f panadería f; horno m.
'**Bäcker...**: ~**geselle** m oficial m panadero; ~**hefe** f levadura f de panificación; ~**laden** m panadería f; ~**meister** m maestro m panadero.
'**Back...**: ~**fisch** m pescado m frito; F fig. F pollita f, niña f yeyé; ~**fischalter** n F edad f del pavo; ~**form** f molde m (para tarta); ~**hähnchen** n, ~**huhn** n pollo m asado; ~**mulde** f → ~**trog**; ~**obst** n fruta f pasa (od. seca); ~**ofen** m horno m (a. fig.); fig. tostadero m; ~**pfeife** F f bofetada f, F torta f; ~**pflaume** f ciruela f pasa; ~**pulver** n levadura f en polvo.
'**Backslash** m (-s; -s) *Computer*: barra f diagonal inversa.
'**Back...**: ~**stein** m ladrillo m; ~**stube** f amasadero m; ~**trog** m artesa f, amasadera f.
'**Back-up** n (-s; -s) *Computer*: back-up m, copia f de seguridad.
Back|waren f/pl. productos m/pl. de panadería; ~**werk** n bollería f; repostería f; pastelería f.
Bad n (-*es*; ⸚er) baño m (a. ♒); (*Ort*) balneario m; estación f termal; *ein* ~ *nehmen* tomar un baño.
'**Bade...**: ~**anstalt** f baños m/pl. públicos; piscina f; ~**anzug** m traje m de baño, bañador m; ~**arzt** m médico m de balneario; ~**gast** m bañista m/f, *in Badeorten*: agüista m/f; ~**gel** n gel m de baño; ~**hose** f bañador m; ~**kabine** f cabina f (od. caseta f) de baños; ~**kappe** f gorro m de baño; ~**kur** f cura f balnearia; e-e ~ *machen* tomar las aguas; ~**mantel** m albornoz m, Am. bata f de baño; ~**matte** f alfombra f de baño; ~**meister** m bañero m; ~**mütze** f → ~**kappe**.
'**baden** (-e-) **I.** v/t. bañar; **II.** v/i. u. v/refl. bañarse; tomar un baño; F fig. ~ *gehen* F irse al cuerno (od. al agua); ♀**de**(**r** m) m/f bañista m/f.
Baden-Württemberg n Baden-Wurtemberg m.
'**Bade...**: ~**ofen** m calentador m de baño; termo(sifón) m; ~**ort** m balneario m, estación f balnearia; estación f termal; (*Seebad*) playa f.
'**Bader** Hist. m (-s; -) cirujano m barbero; sangrador m.
'**Bäder|behandlung** ♀ f balneoterapia f; ~**kunde** f balneología f.
'**Bade...**: ~**salz** n sales f/pl. de baño; ~**schuhe** m/pl. zapatillas f/pl. de baño; ~**strand** m playa f; ~**teppich** m → ~**matte**; ~**tuch** n toalla f de baño; ~**wanne** f bañera f; ~**zimmer** n cuarto m de baño.
'**badisch** Geogr. adj. badense.
baff F: ~ *sein* quedarse boquiabierto, atónito od. F turulato.
'**Bafög** n (-*od.* -*s*) crédito oficial para la financiación de los estudios.
Ba'gage [-'ga:ʒə] f **1.** † → *Gepäck*; **2.** fig. desp. chusma f, canalla f.
Baga'tell|e f bagatela f, fruslería f; ♀i'**sieren** (-) v/t. quitar importancia a, minimizar; ~**sache** ⚖ f litigio m de mínima cuantía; ~**schaden** m daño m insignificante.
'**Bagger** m draga f; (*Erd*♀) excavadora f; ~**eimer** m cangilón m (de draga); ~**greifer** m cuchara f excavadora; ♀**n** (re) v/i. u. v/t. dragar; excavar.
Ba'guette f (-s; -s) barra f (de pan).
bah! int. ¡bah!
'**bähen** v/t. *Schaf*: balar.
Bahn f **1.** (*Weg*) vía f, camino m; ruta f; ⚓ derrotero m, rumbo m (a. fig.); Astr. órbita f; Geschoß: trayectoria f; (*Fahr*♀) calzada f; (*Flug*♀) trayecto m de vuelo; **2.** (*Papier*♀) rollo m, tira f; (*Tuch*♀) ancho m, tiro m; **3.** Sport: (*Renn*♀) pista f; (*Kampf*♀) arena f; (*Einzel*♀) calle f, callejón m; (*Strecke*) recorrido m; ~ *brechen* abrir nuevos caminos (od. horizontes); *sich* ~ *brechen* a. fig. abrirse paso (od. camino); fig. *auf die schiefe* ~ *geraten* ir por mal camino, descarriarse; *in die richtigen* ~*en lenken* encarrilar; encauzar por el buen camino; *freie* ~ *haben* tener campo libre; ~ *frei!* ¡paso (libre)!, Arg. ¡cancha!; **4.** 🚆 ferrocarril m; *j-n* zur ~ *bringen* acompañar a alg. a la estación; *zur* ~ *gehen* ir a la estación; *an der* ~ en la estación; *in der* ~ en el tren; *mit der* ~ por ferrocarril; *mit der* ~ *fahren* ir en tren; ✝ *frei* ~ franco estación.
'**Bahn...**: ~**angestellte**(**r**) m empleado m de ferrocarril; ~**anlagen** f/pl. instalaciones f/pl. ferroviarias; ~**anschluß** m empalme m ferroviario; ~**arbeiter** m peón m de vía; ferroviario m; ~**bau** m construcción f de una vía férrea; ~**beamte**(**r**) m ferroviario m; ♀**brechend** adj. pionero; revolucionario; ~ *sein* romper moldes; ~**brecher** m iniciador m; innovador m; pionero m; explorador m; ~**damm** m terraplén m.
'**bahnen** v/t. *Weg*: abrir; (*ebnen*) aplanar, allanar (a. fig.); (*im Gestrüpp*) desbrozar; fig. *den Weg* ~ preparar el camino para; *sich e-n Weg* ~ a. fig. abrirse camino (od. paso).
'**Bahn...**: ~**fahren** n *Radsport*: ciclismo m en pista; ~**fahrt** f viaje m en tren; ~**fracht** f transporte m ferroviario; ♀**frei** ✝ adv. franco estación; ~**gleis** n vía f/a.
'**Bahnhof** m estación f (de ferrocarril); (*kleiner*) apeadero m; *auf dem* ~ en la estación; P *nur* ~ *verstehen* no entender ni jota; ~**shalle** f vestíbulo m de la estación; ~**svorsteher** m jefe m de estación; ~**swirtschaft** f fonda f (od. cantina f) de la estación.
'**Bahn...**: ~**körper** m asiento m de vía; ~**kreuzung** f cruce m de vía; ♀**lagernd** adj. en depósito (en la estación); ~**linie** f línea f férrea (od. ferroviaria); ♀**mäßig** ✝ adv.: ~ *verpackt* embalado para transporte ferroviario; ~**netz** n red f de ferrocarriles (od. ferroviaria); ~**polizei** f policía f de ferrocarriles; ~**post** f oficina f ambulante; ~**postwagen** m coche m correo; ~**rennen** n *Sport*: carrera f en pista; ~**schranke** f barrera f de paso a nivel; ~**schwelle** f traviesa f.

Bahnsteig — Bandage 80

Bahnsteig m (-és; -e) andén m; ~karte f billete m de andén; ~sperre f barrera f del andén; ~unterführung f acceso m subterráneo al andén.
Bahn...: ~strecke f trayecto m, recorrido m; (Teilstrecke) trayecto m de vía; ~transport m transporte m por ferrocarril; ~überführung f paso m superior (od. sobre nivel); ~übergang m (schienengleicher) paso m a nivel (bewachter guardado; unbewachter sin guarda[r]); ~unterführung f paso m inferior (od. bajo nivel); ~verbindung f comunicación f ferroviaria (od. por ferrocarril); ~verkehr m tráfico m ferroviario; ~wärter m guardavía(s) m; guardabarrera m; ~wärterhäuschen n garita f (od. caseta f) de guardavía.
Bahr|e f (Trag♀) angarillas f/pl.; andas f/pl.; (Kranken♀) camilla f, parihuela(s) f/(pl.); (Toten♀) féretro m; ~enträger m camillero m; ~tuch n paño m mortuorio.
Bai f bahía f; kleine: ensenada f.
Bai'ser [be:'ze:] n (-s; -s) merengue m.
Baisse ['bɛ:sə] ♀ f baja f; auf ~ spekulieren especular a la baja; ~spekulant m bajista m; ~spekulation f especulación f a la baja; ~tendenz f tendencia f a la baja (od. bajista).
Bais'sier [bɛ'sje:] ♀ m (-s; -s) bajista m.
Ba'jazzo m (-s; -s) payaso m.
Bajo'nett ✕ n (-és; -e) bayoneta f; mit gefälltem ~ con la bayoneta calada; ~angriff m carga f a la bayoneta; ~fassung ⚡ f portalámpara m de bayoneta; ~verbindung ⊕ f, ~verschluß m cierre m de bayoneta.
Bake ⚓ f boya f, baliza f (a. Vkw.); mit ~n bezeichnen balizar.
Bake'lit n (-s; 0) baquelita f.
Baken|boje, ~tonne f boya f, baliza f.
Bak'terie [-ri̯ə] f (-; -n) bacteria f.
bakteri'ell adj. bacteriano.
Bak'terien...: ~forscher m bacteriólogo m; ~forschung f bacteriología f, investigación f bacteriológica; ~gift n toxina f bacteriana; ~krieg m guerra f bacteriológica; ~kultur f cultivo m bacteriano; ~stamm m cepa f bacteriana; ~tötend adj. bactericida; ~es Mittel bactericida m.
Bakterio|'loge m (-n) (-in f) bacteriólogo (-a f) m; ~lo'gie f (0) bacteriología f; ~'logisch adj. bacteriológico; ~'phage m bacteriófago m.
bakteri'zid adj., ♀ n (-s; -e) bactericida (m).
Ba'lance [-'lãsə] f equilibrio m.
balan'cier|en (-) v/t. u. v/i. balancear; equilibrar(se); ♀stange f balancín m.
bald adv. pronto, en breve, dentro de poco, próximamente; (beinahe) casi, por poco; so ~ als möglich lo más pronto posible, cuanto antes; ~ darauf poco después; al poco tiempo; ~..., ~ ... ora ... ora ... ya ... ya ...; das ist ~ gesagt eso se dice fácilmente; er wird ~ kommen no tardará en venir; bis ~! ¡hasta pronto!
'Baldachin [-xi:n] m (-s; -e) baldaquín m, dosel m; (tragbarer) palio m.

'Bälde f: in ~ en breve, dentro de poco, en un futuro próximo.
'bald|ig adj. pronto; cercano, próximo; stärker: inminente; auf ~es Wiedersehen hasta pronto; ~igst, ~möglichst adv. lo antes posible, cuanto antes.
'Baldrian ♀ m (-s; 0) valeriana f; ~salz n valerianato m; ~tropfen m/pl. gotas f/pl. de valeriana.
Bale'aren pl.: die ~ las (Islas) Baleares.
'Balg m (-és; ⸚e) piel f, pellejo m; Anat., ♀ folículo m; (Orgel♀, Blase♀, Phot.) fuelle m; F (unartiges Kind, pl. Bälger) pillete m, diablillo m; ~ abziehen despellejar; ~drüse Anat. f folículo m lingual; ♀en v/refl.: sich ~ F pelearse, andar a la greña.
Balge'rei f pelea f, F pelotera f.
'Balkan m los Balcanes; ~länder n/pl. países m/pl. balcánicos.
'Balken m (-s; -) viga f, madero m; (Quer♀) travesaño m; (Stütz♀) puntal m; (Waage♀) astil m, brazo m; ♪ barra f; (Wappen♀) palo m; Anat. cuerpo m calloso; Bib. der ~ im eigenen Auge (ver la mota en el ojo ajeno) y no ver la viga en el propio; Wasser hat keine ~ el mar es traicionero; lügen, daß sich die ~ biegen mentir más que un sacamuelas; ~decke f techo m de vigas; ~gerüst n castillejo m; (Zimmerwerk) armadura f; ~holz n madera f (od. viga f) escuadrada; ~träger m (Stützbalken) puntal m; ~überschrift f titular m; cabecera f; ~waage f balanza f de cuadrante (od. de cruz); ~werk n viguería f, maderamen m, maderaje m.
Bal'kon [-'kɔŋ] m (-s; -s) balcón m; (verglaster) mirador m; Thea. galería f.
Ball m (-és; ⸚e) 1. (Spiel♀) pelota f; (Fuß♀) balón m; ~ spielen jugar a la pelota; pelotear; F fig. am ~ bleiben quedar pendiente de a/c.; seguir atento a/c.; 2. (Tanz) baile m; auf dem ~ en el baile; auf den ~ gehen ir al baile (od. a bailar).
Bal'lade f balada f.
'Ballast m (-és; -e) lastre m; fig. carga f (inútil); ~ abwerfen deslastrar; ~ einnehmen lastrar; ~ladung f carga f muerta; ~stoff m in der Nahrung: fibra f, materia f fibrosa; ~widerstand ⚡ m resistencia f de carga.
Ball...: ~beherrschung f Sport: dominio m (od. control m) del balón; ~dame f pareja f de baile.
'ballen v/t. apelotonar; Faust: apretar, cerrar; sich ~ apelotonarse, amontonarse; aglomerarse; → geballt.
'Ballen m 1. Anat. tenar m; (Hornhaut am Fuß) callosidad f; ⚕ am Fuß: juanete m; 2. ♱ bulto m, fardo m; paca f; bala f; ~ Papier bala de papel; ~presse f prensabalas m, prensa f embaladora; ~waren f/pl. géneros m/pl. en balas, mercancía f en fardos; ♀weise adv. en balas, por fardos.
Balle'rina f (-; -nen) bailarina f.
'ballern (-re) F v/i. tirotear, disparar; (lärmen) meter ruido; golpear contra.
Bal'lett n (-és; -e) ballet m; (Gruppe) cuerpo m de baile; ~meister m maestro m de baile; ~ratte F f corista

f, vicetiple f; ~schuhe m/pl. zapatillas f/pl. (de punta); ~tänzer(in f) m bailarín(-ina f) m; ~truppe f compañía f bzw. cuerpo m de baile.
Bal'listi|k f (0) balística f; ♀sch adj. balístico.
'Ball...: ~junge m Tennis: recogepelotas m; ~kleid n vestido m de baile; ~künstler m Fußball: virtuoso m del balón.
Bal'lon m (-s; -s, -e) globo m (aerostático), aeróstato m; lenkbarer: (globo m) dirigible m; ♀ matraz m esférico; (Korbflasche) damajuana f, bombona f; F (Kopf) chola f; ~aufstieg m, ~fahrt f ascensión f en globo; ~führer m piloto m; ~korb m barquilla f; ~reifen m neumático m balón; ~sperre f barrera f de globos.
Ballo|'tage f balotaje m; ♀'tieren (-) v/i. balotar.
'Ball...: ~saal m salón m de baile; ~schläger m Kricket: pala f; (Rakett) raqueta f; aus Binsengeflecht: cesta f; ~schuh m escarpín m; ~spiel n juego m de pelota; ~spielplatz m frontón m; cancha f.
'Ballung f aglutinación f; aglomeración f; ✕ von Truppen: concentración f; ~sgebiet n, ~sraum m aglomeración f urbana.
Balneo|lo'gie f balneología f; ~the'rapie f balneoterapia f.
'Balsam m (-s; -e) bálsamo m (a. fig.); ~harz n resina f de bálsamo; ~holz n palo m balsamero.
Balsa'mine ♀ f balsamina f.
bal'samisch adj. balsámico.
'Balt|e m (-n), ~in f báltico (-a f) m; ~ikum n países m/pl. bálticos; ♀isch adj. báltico.
Balu'strade f balaustrada f, barandilla f.
'Balz f (Werbung) parada f nupcial; (Paarung) apareamiento m; ♀en (-t) v/i. estar en celo; (sich paaren) aparearse.
'Bambus m (-ses u. -; -se) bambú m; ~rohr n caña f de bambú; ~vorhang Pol. m telón m de bambú.
'Bammel F m P canguelo m, cagueta f; ♀n (-le) v/i. bambolearse.
ba'nal adj. trivial, insubstancial, gal. banal; ~i'sieren v/t. trivializar; ♀i'tät f trivialidad f, insubstancialidad f, gal. banalidad f.
Ba'nane f plátano m, Am. banana f; ~nbaum m platanero m, bananero m; banano m; ~nstecker ⚡ m clavija f de banana.
Ba'naus|e m (-n) (hombre m) inculto m; ♀isch adj. vulgar; trivial; sanchopancesco.
Band¹ 1. n (-és; ⸚er) (Bindfaden) cordel m, cuerda f, bramante m; (Akten♀) balduque m; (Isolier♀, Meß♀, Ton♀, Ziel♀, Haar♀) cinta f; (Leder♀) correa f; (Gurt♀) faja f; (Schuh♀) lazo m; cordón m; Anat. ligamento m; (Faß♀) arco m; der Bandsäge: hoja f; Radio: banda f; fig. mst. pl. Bande vínculos m/pl., lazos m/pl.; (Fesseln) cadenas f/pl.; am laufenden ~ ⊕ en serie, fig. sin interrupción, incesantemente; auf ~ aufnehmen grabar en cinta; 2. m (-és; ⸚e) tomo m, volumen m; das spricht Bände eso dice todo; esto es harto elocuente.
Band² [ɛ] angl. ♪ f (-; -s) conjunto m.
Ban'dage [-ʒə] ⚕ f vendaje m.

banda'gieren (-) v/t. ⚕ vendar.
'Band...: **~antenne** f antena f de cinta; **~archiv** n archivo m magnético; **~aufnahme** f grabación f en cinta (od. magnetofónica); **~breite** f Radio: anchura f de banda; ✈ margen m de fluctuación; **~bremse** f freno m de cinta.
'Bande f banda f (a. Billard); (Räuber♀ usw.) F pandilla f, cuadrilla f; desp. gentuza f, chusma f, horda f; (Freischar) partida f, facción f.
'Band-eisen n fleje m (de hierro).
'Banden...: **~führer** m jefe m (de una banda); cabecilla m; **~krieg** m guerra f de guerrillas; **~kriminalität** f criminalidad f callejera organizada; **~unwesen** n bandidaje m, bandolerismo m.
Bande'role f precinta f, precinto m.
'Bänder|riß ⚕ m rotura f de ligamento; **~zerrung** ⚕ f distensión f de ligamento.
'Band...: **~feder** ⊕ f resorte m de cinta; **~filter** m Radio: filtro m de banda, pasabanda m; **~förderer** m transportador m de cinta; **~führung** f Schreibmaschine: guía f de la cinta.
'bändig|en v/t. domar; Pferde: a. desbravar; fig. reprimir, refrenar, sujetar, dominar; **♀er(in** f) m domador(a f) m; **♀ung** f doma(dura) f; fig. represión f, refrenamiento m, dominio m.
Ban'dit m (-en) bandido m, bandolero m; **~entum** n, **~en-unwesen** n bandolerismo m, bandidaje m.
'Band...: **~kabel** n cable m plano; **~keramik** f cerámica f de cintas (od. bandas); **~maß** n cinta f métrica; **~mikrophon** n micrófono m de cinta; **~nudeln** f/pl. tallarines m/pl.; **~paß** m → ~filter; **~saat** ✔ f siembra f en fajas; **~säge** f sierra f de cinta; **~scheibe** Anat. f disco m intervertebral; **~scheibenvorfall** ⚕ m hernia f discal; **~stahl** m fleje m de acero; **~waren** f/pl. cintería f, pasamanería f; **~wirker** m cintero m; **~wirkerei** f cintería f; **~wurm** ⚕ m tenia f, solitaria f; **~wurmglied** n anillo m; **~wurmmittel** ⚕ n tenífugo m.
'bang|(e) adj. (unruhig) desasosegado, inquieto; (ängstlich) miedoso, medroso, temeroso; e-e Stunde una hora de angustia; j-m ♀e machen asustar, causar miedo a alg.; mir ist ♀ davor tengo miedo a, me da miedo; davor ist mir nicht ~ no me inquieta eso; mir ist ~, keine ♀e! no tema usted nada; **♀emacher** F m alarmista m; **~en** v/i.: mir bangt tengo miedo; sich ~ vor (dat.) temer (ac.); tener miedo a; inquietarse ante; sich ~ um inquietarse, preocuparse por; er bangt um sein Leben tiembla por su vida; er bangt um seine Stellung teme (od. tiene miedo de) perder su empleo; **♀igkeit** f (0) miedo m, inquietud f, desasosiego m; angustia f.
'bänglich adj. medroso; ~es Gefühl sensación f de inquietud.
'Banjo ♪ n (-s; -s) banjo m.
Bank¹ f. (-; ♀e) (Sitz♀) banco m (a. ⊕, Geol.); (ohne Lehne) banquillo m; banqueta f; durch die ~ indistintamente, todos sin excepción; auf die lange ~ schieben dar largas a; 2. ✈ (-; -en)

banco m; (Spiel♀ u. Privat♀) banca f; ~ halten tallar, tener la banca; die ~ sprengen saltar la banca.
'Bank...: **~aktie** f acción f bancaria; **~akzept** n aceptación f bancaria; **~angestellte(r)** m empleado m de banco; **~anweisung** f asignación f a un banco; giro m bancario; **~aufsichtsbehörde** f organismo m encargado de la inspección bancaria; **~ausweis** m estado m (od. informe m) bancario; **~aval** n aval m de un banco, garantía f bancaria; **~beamte(r)** m empleado m de banco; **~depot** n depósito m bancario; **~direktor** m director m de(l) banco; **~diskont** m (tipo m de) descuento m bancario; **~einlage** f depósito m (bancario).
'Bänkel|lied n romance m (od. copla f) de ciego; **~sänger** m cantor m callejero (od. de feria); coplero m.
'Banker F m (-s; -) banquero m.
Ban'kett n (-es; -e) 1. (Festmahl) banquete m; festín m; Liter. ágape m; 2. ⊕, Straßenbau: banqueta f; arcén m; (Berme) berma f.
'Bank...: **~fach** n ramo m bancario; (Stahlfach) caja f de seguridad (particular); **♀fähig** adj. negociable (en un banco), Neol. bancable; **~filiale** f sucursal f (de un banco); **~gebühren** f/pl. derechos m/pl. bancarios; **~geheimnis** n secreto m bancario; **~geschäft** n (Firma) banco m, casa f de banca; (Branche) negocios m/pl. bancarios, banca f; (Vorgang) operación f (od. transacción f) bancaria; **~guthaben** n haber m bancario, saldo m acreedor (en un banco); **~halter** m Spielbank: banquero m; (Spielgehilfe) gal. cr(o)upier m; **~haus** n banca f, establecimiento m.
Ban'kier [baŋ'ki̯eː] m (-s; -s) banquero m; (großer Finanzmann) financiero m.
'Bank...: **~institut** n instituto m bancario; **~konsortium** n consorcio m bancario; **~konto** n cuenta f bancaria; **~krach** m desastre m financiero, krach m; **~kredit** m crédito m bancario; **~leitzahl** f clave f bancaria; **♀mäßig** adj. bancario; Wertpapiere: negociable; **~note** f billete m de banco; **~notenausgabe** f emisión f de billetes de banco; **~o'mat** m cajero m automático (od. permanente); **~papiere** n/pl. valores m/pl. de banco; **~provision** f comisión f bancaria; **~raub** m atraco m bancario; **~räuber** m atracador m de bancos; **~'rott I.** m (-es; -e) bancarrota f (a. fig.), quiebra f; betrügerischer ~ quiebra f fraudulenta; den ~ erklären declararse en quiebra; ~ machen hacer bancarrota, quebrar; **II.** ♀ adj. en quiebra, quebrado; (zahlungsunfähig) insolvente; sich für ~ erklären declararse en quiebra (od. insolvente); **~'rott-erklärung** f ✞ declaración f judicial de (la) quiebra; **~rot'teur** m (-s; -e) bancarrotista m; **~satz** m tipo m de descuento bancario; **~schalter** m ventanilla f bancaria; **~scheck** m cheque m bancario; **~schließfach** n depósito m bancario; **~spesen** pl. gastos m/pl. (od. cargos m/pl.) bancarios; **~tratte** f letra f de cambio; **~überfall** m → ~raub; **~-**

~überweisung f transferencia f bancaria; giro m bancario; **~verbindung** f (Konto) cuenta f bancaria; e-r Bank: corresponsal m; **~verkehr** m operaciones f/pl. bancarias; **~vollmacht** f poder m bancario; **~vorstand** m dirección f de un banco; **~wechsel** m letra f bancaria, efecto m bancario; **~werte** m/pl. valores m/pl. bancarios; **~wesen** n banca f; **~zinsen** m/pl. intereses m/pl. bancarios.
'Bann m (-es; -e) 1. (Ächtung) destierro m, proscripción f, relegación f; (Kirchen♀) excomunión f, anatema m; schwächer: entredicho m, interdicto m; in den ~ tun desterrar, proscribir, relegar; kirchlich: excomulgar, anatematizar; gesellschaftlich, geschäftlich: boicotear; 2. fig. (Zauber) encantamiento m, hechizo m; unter dem ~ stehen von estar bajo la influencia f de, stärker: estar fascinado (od. cautivado) por; den ~ brechen romper el hechizo; → gebannt; **~brief** m paulina f; **~bulle** f bula f de excomunión; **♀en** v/t. desterrar, proscribir, relegar (alle a. fig.); Gefahr, Geister: conjurar; Teufel: exorcizar; Rel. excomulgar, anatematizar; fig. (fesseln) cautivar, fascinar; (bezaubern) encantar, hechizar; wie gebannt zuhören estar pendiente de los labios de alg.
'Banner n bandera f; pendón m; estandarte m; **~träger** m abanderado m, portaestandarte m.
'Bann...: **~fluch** m anatema m; **~kreis** m (Bezirk) distrito m; (Machtbereich) fig. esfera f (de influencia); **~meile** f término m municipal; **~ware** f mercancía f de contrabando.
'Bantamgewicht n Sport: peso m gallo.
Bap'tist Rel. m (-en) bautista m.
bar adj. 1. Rel. Sache: falto de, desprovisto de, carente de; (nackt) desnudo; (echt) puro; jeder Hoffnung ~ sin ninguna esperanza; ♀er Unsinn un puro disparate, un solemne desatino; 2. adj. u. adv.: ~es Geld dinero en metálico; ♀ dinero contante y sonante; ~ bezahlen pagar al contado; gegen od. in ~ al contado, en efectivo.
Bar¹ f (-; -s) bar m americano; (Theke) barra f.
Bar² Phys. n (-s; -s u. -) bar m.
Bär m (-en) Zoo. oso m; Astr. der Große (Kleine) ~ la Osa Mayor (Menor); ⊕ (Rammklotz) martinete m, pisón m; F j-m e-n ~en aufbinden meter bulos a alg.; F tomar el pelo a alg.; contar a alg. un cuento chino.
'Barabfindung f indemnización f en efectivo.
Ba'racke f barraca f; (Hütte) choza f; barracón m; **~nbewohner** m barraquista m; **~nlager** n campamento m de barracas.
'Bar...: **~auslage** f desembolso m; **~auszahlung** f pago m en efectivo.
Bar'bar m (-en) bárbaro m; salvaje m; **~in** f mujer f bárbara.
Barba'rei f barbarie f; (Grausamkeit) barbaridad f; salvajismo m.
bar'barisch adj. bárbaro; salvaje.
Barba'rismus Gr. m (-; -men) barbarismo m.
'Barbe Ict. f barbo m.

bärbeißig — Batzen

'**bärbeißig** *adj.* gruñón, de mal genio, arisco; F de malas pulgas.
'**Bar...**: **~bestand** *m* disponibilidades *f*/*pl.* en efectivo, existencia *f* en caja; **~betrag** *m* importe *m* líquido.
Bar'bier *m* (-s; -e) barbero *m*; **~becken** *n* bacía *f*; ♀**en** (-) *v*/*t*. afeitar, rasurar; **~laden** *m*, **~stube** *f* barbería *f*.
Barbi'tursäure *f* ácido *m* barbitúrico.
'**barbusig** *adj.* con el pecho desnudo, con los senos al aire.
'**Barchent** *m* (-s; -e) fustán *m*.
'**Bardame** *f* camarera *f* de bar.
'**Barde** *m* (-n) bardo *m*; *fig.* vate *m*, cantor *m*.
'**Bar...**: **~deckung** *f* cobertura *f* en metálico (*od.* en efectivo); **~depot** *n* depósito *m* en efectivo; **~eingang** *m* ingresos *m*/*pl.* en efectivo.
'**Bären...**: **~dienst** *m*: *j-m* e-n **~** erweisen prestar un flaco servicio a alg.; **~führer** *m* osero *m*; **~hatz** *f* caza *f* del oso; **~haut** *f* piel *f* de oso; *auf der* **~** *liegen* holgazanear, gandulear; **~höhle** *f* osera *f*; **~hunger** *m* hambre *f* canina; **~klau** ♀ *m*/*f* acanto *m*; **~mütze** *f* gorra *f* de pelo de oso; ⚔ birretina *f*; ♀**stark** *adj.* hercúleo, fuerte como un toro; **~traube** ♀ *f* aguavilla *f*, gayuba *f*; **~zwinger** *m* foso *m* bzw. jaula *f* de los osos.
Ba'rett *n* (-*e*s; -e) birrete *m*; *der Kardinäle:* birreta *f*; (*viereckiges*) bonete *m*.
'**bar**|**fuß**, **~füßig** *adj.* descalzo.
'**Bar...**: **~geld** *n* dinero *m* (en) efectivo (*od.* al contado), metálico *m*, moneda *f* contante; numerario *m*; **~geldlos** *adj.*: **~**er Zahlungsverkehr pagos *m*/*pl.* realizados por cheque *bzw.* a través de cuentas; **~geldumlauf** *m* circulación *f* fiduciaria; **~geldumstellung** *f* ✝ conversión *f* del dinero efectivo; **~geschäft** *n* operación *f* al contado; **~guthaben** *n* efectivo *m* en caja; ♀**häuptig** *adj. u. adv.* con la cabeza descubierta, F a pelo; **~hocker** *m* taburete *m* de bar.
'**Bärin** *f* osa *f*.
'**Bariton** *m* (-s; -e) barítono *m*.
'**Barium** *n* (-s; 0) bario *m*.
Bar'kasse ⚓ *f* barcaza *f*; lancha *f*.
'**Barkauf** *m* compra *f* al contado.
'**Barke** ⚓ *f* barca *f*.
'**Barkredit** *m* crédito *m* en efectivo.
'**Bärlapp** ♀ *m* (-s; -e) licopodio *m*.
'**Barlohn** *m* salario *m* en efectivo.
barm'herzig *adj.* misericordioso, caritativo; ♀*e Schwester* hermana *f* de la Caridad; ♀**keit** *f* (0) misericordia *f*, piedad *f*; caridad *f*; *aus* **~** por caridad.
'**Barmittel** *n*/*pl.* fondos *m*/*pl.* líquidos; dinero *m* en metálico.
'**Barmixer** *m* barman *m*.
ba'rock I. *adj.* barroco (*a. fig.*); *fig.* rebuscado, amanerado; **II.** ♀ *m*/*n* (-s; 0), ♀**stil** *m* (estilo *m*) barroco *m*; *Span.* estilo *m* churrigueresco.
Baro'graph *m* (-en) barógrafo *m*.
Baro'meter *n* barómetro *m*; *das* **~** *steigt* (*fällt*) el barómetro sube (baja); *das* **~** *steht auf schön* el barómetro anuncia buen tiempo; **~druck** *m* presión *f* barométrica; **~säule** *f* columna *f* barométrica; **~stand** *m* altura *f* barométrica.
baro'metrisch *adj.* barométrico.
Ba'ron *m* (-s; -e) barón *m*.

Baro'nesse, Ba'ronin *f* baronesa *f*.
'**Barpreis** *m* precio *m* al contado.
'**Barras** F *m* F mili *f*.
Barrel ['bɛrəl] *n* (-s; -s) barril *m*.
'**Barren** *m* (-s; -) (Gold♀, Silber♀) barra *f*; lingote *m*; (Turngerät) (barras *f*/*pl.*) paralelas *f*/*pl.*; **~gold** *n* oro *m* en barras (*od.* en pasta).
Barri'ere [-'ʁɪɛː-] *f* barrera *f*.
Barri'kade *f* (-; -n) barricada *f*; **~**n *errichten* levantar barricadas; *auf die* **~**n *gehen* luchar por a/c.; **~nkampf** *m* lucha *f* de barricadas.
Barsch *Ict.* *m* (-es; -e) perca *f*.
barsch *adj.* rudo, áspero, brusco, destemplado, seco; **~e** *Stimme* voz *f* bronca; **~e** *Antwort* exabrupto *m*, salida *f* de tono; **~es** *Wesen* carácter *m* arisco.
'**Bar...**: **~schaft** *f* dinero *m* efectivo; **~scheck** *m* cheque *m* abierto (*od.* no cruzado).
'**Barschheit** *f* (0) rudeza *f*; aspereza *f*, brusquedad *f*, sequedad *f*.
'**Bart** *m* (-es; *⁎e*) barba *f*; *Maiskolben:* barbas *f*/*pl.*; *Ähren:* arista *f*, raspa *f*; (Schlüssel♀) paletón *m*; ⊕ *Gußnaht:* rebaba *f*; e-n **~** *bekommen* echar barba; *sich* e-n **~** *stehen lassen* dejarse (crecer) la barba; *fig.* *in den* **~** *brummen* (*od.* *murmeln*) refunfuñar, hablar entre dientes, decir para su capote; barbot(e)ar; *j-m* *um den* **~** *gehen* hacer la pelota (*od.* pelotilla) a alg., F dar(le) jabón (*od.* coba) a alg.; *um des Kaisers* **~** *streiten* disputar por una nadería; *Witz mit* **~** chiste archiconocido; F *so'n* **~**! F ¡qué rollo!; ¡tiene ya barba!; *der* **~** *ist ab se acabó*; **~e** *f* barba *f* de ballena; **~faden** *m* *Fische:* barbilla *f*; **~flechte** ✱ *f* sicosis *f*; tricofitosis *f*; **~haar** *n* pelo *m* de la barba; *erste* **~e** bozo *m*.
'**bärtig** *adj.* barbudo; *mit Backenbart:* patilludo; ♀ *u. Zoo.* barbado.
'**Bart...**: ♀**los** *adj.* sin barba; (*jung*) imberbe; (*milchbärtig*) barbilampiño; **~nelke** ♀ *f* clavellina *f*.
'**Bar...**: **~vergütung** *f* compensación *f* en metálico; **~verkauf** *m* venta *f* al contado; **~verlust** *m* pérdida *f* en efectivo; **~vermögen** *n* disponibilidades *f*/*pl.* en efectivo; **~wert** *m* valor *m* efectivo; **~zahlung** *f* pago *m* al contado *bzw.* en metálico (*od.* efectivo); **~zahlungsgeschäft** *n* operación *f* al contado; **~zahlungsrabatt** *m* descuento *m* por pago al contado.
Ba'salt *m* (-*e*s; -e) basalto *m*; ♀**en**, ♀**haltig** *adj.* basáltico.
Ba'sar *m* (-s; -e) bazar *m*.
'**Base¹** *f* prima *f*.
'**Base²** ✝ *f* base *f*.
'**Baseball** *angl.* *m* béisbol *m*; **~schläger** *m* bate *m*.
'**Basedow**(**sche Krankheit** *f*) *m* enfermedad *f* de Basedow, bocio *m* exoftálmico.
'**Basel** *n* Basilea *f*.
'**Basenbildung** ✝ *f* basificación *f*, formación *f* de base.
ba'sieren (-) *v*/*i*. fundarse, basarse (*auf dat.* en).
Ba'silika *f* (-; -ken) basílica *f*.
Basi'lisk *m* (-en) basilisco *m*.
'**Basis** *f* (-; *Basen*) base *f* (*a.* ♘, △ *u.* ⚔); *Säulen:* basa *f*; *fig.* fundamento *m*; *auf gleicher* **~** en iguales condiciones; **~lager** *Mont.* *n* campamento *m* base.

'**bas**|**isch** *adj.* básico (*a.* ✝); ♀**izi'tät** *f* (0) basicidad *f*.
'**Bask**|**e** *m* (-n) vasco *m*; **~enland** *n* país *m* vasco, *Pol.* Euskadi *m*; **~enmütze** *f* boina *f*; **~etball** *m* baloncesto *m*; ♀**isch** *adj.* vasco, vascongado; *das* ♀**e** (*Sprache*) el vascuence, el euskera (*od.* cuskara).
'**Basrelief** *n* (-s; -s) bajorrelieve *m*.
baß *adv.*: **~** *erstaunt* pasmado, muy sorprendido.
'**Baß** ♪ *m* (-*sses*; *⁎sse*) (*Instrument*) (contra)bajo *m*, violón *m*; (*Stimme*) bajo *m*; *bezifferter* **~** bajo *m* cifrado; *tiefer* **~** bajo *m* profundo; **~bariton** *m* barítono-bajo *m*; **~bläser** *m* bajo *m*, bajonista *m*; **~buffo** *m* caricato *m*; **~flöte** *f* bajón *m*; **~geige** F *f* contrabajo *m*, violón *m*.
Bas'sin [ba'sɛ̃:, -'sɛn] *n* (-s; -s) pila *f*; depósito *m*, tanque *m*; (*Schwimm*♀) piscina *f*.
Bas'sist *m* (-en) (*Sänger*) bajo *m*; (*Spieler*) contrabajo *m*.
'**Baß...**: **~klarinette** *f* clarinete *m* bajo; **~saite** *f* bordón *m*; **~schlüssel** *m* clave *f* de fa (*od.* de bajo); **~stimme** *f* voz *f* de bajo; (*Partie*) parte *f* de bajo; **~tuba** *f* bombardón *m*.
Bast *m* (-es; -e) ♀ líber *m*; rafia *f*; *bei Flachs usw.*: hilaza *f*; *am Geweih:* borra *f*.
'**basta** *int.* ¡basta!, ¡ni una palabra más!; *und damit* **~**! ¡y punto final!, ¡y sanseacabó!
'**Bastard** *m* (-*e*s; -e) bastardo *m*; ♀, *Zoo.* híbrido *m*; **~bildung** *f* hibridación *f*; **~feile** *f* lima *f* bastarda.
bastar'dier|**en** (-) *v*/*t*. bastardear, hibridar; ♀**ung** *f* hibridación *f*.
'**Bastardpflanze** *f* planta *f* híbrida.
Bas'tei *f* (-; -*en*) bastión *m*, baluarte *m* (*a. fig.*).
'**Bastel**|**arbeit** *f* trabajo *m* manual de aficionado; ♀**n** (-le) *v*/*t*. *u*. *v*/*i*. dedicarse al bricolaje; **~n** *n* bricolaje *m*.
'**Bast...**: **~faser** *f* fibra *f* liberiana; **~hut** *m* sombrero *m* de rafia.
Basti'on *f* (-; -*en*) bastión *m*, baluarte *m* (*a. fig.*).
'**Bastler** *m* aficionado *m* al bricolaje, *Neol.* bricolador *m*.
'**Bast**|**matte** *f* estera *f* (*od.* esterilla *f*) de rafia; **~seide** *f* seda *f* cruda.
Batail'lon [-tal'j-] *n* (-s; -e) batallón *m*; **~skommandeur** *m* comandante *m* (*od.* jefe *m*) de un batallón.
Ba'tate ♀ *f* batata *f*, boniato *m*; *Am.* camote *m*.
'**Batik** *m* (-s; -en) batik *m*.
Ba'tist *m* (-es; -e) batista *f*; (*feiner*) holanda *f*.
Batte'rie *f* ⚔, ⊕, ✱ *f* batería *f*; ✱ pila *f*; (*Akkumulator*) acumulador *m*; **~betrieb** *m* funcionamiento *m* (*od.* alimentación *f*) con batería (*od.* a pilas); ♀**betrieben** *adj.* → ♀**gespeist**; **~element** *n* pila *f*; **~empfänger** *m* receptor *m* de pilas; ♀**gespeist** *adj.* alimentado (*od.* accionado) por batería (*od.* pilas); **~ladegerät** *n* cargador *m* de baterías; **~prüfer** *m* verificador *m* de baterías; ♀**schonend** *adj.* economizador *m* de pilas; **~spannung** *f* tensión *f* de batería; **~strom** *m* corriente *f* de batería; **~zündung** *Kfz.* *f* encendido *m* por batería.
'**Batzen** *m* (*Klumpen*) terrón *m*; *das kostet e-n* **~** esto cuesta un dineral (*od.* un ojo de la cara).

¹**Bau** *m* (-*es*; -*ten*) **1.** (*Vorgang*) edificación *f*, construcción *f*; **2.** (*Gebäude*) edificio *m*; (*im Bau begriffen*) obra *f*; (*Bauart*) estructura *f*; im ~ en construcción; F *vom* ~ *sein* F conocer el paño; **3.** ✗ cultivo *m*; **4.** (*Tier*⚥) guarida *f*; madriguera *f*; *e-s Raubtiers*: cueva *f*; *Bio. e-s Körpers*: organización *f*; **5.** F⚔ calabozo *m*; **6.** ~**ten** *pl.* obras *f/pl.*; *Film, Bühne*: decorados *m/pl.*; *öffentliche* ~**ten** obras *f/pl.* públicas; ~**abschnitt** *m* tramo *m* (*od.* fase *f*) de construcción; ~**akademie** *f* escuela *f* de arquitectura; ~**amt** *n* oficina *f* de obras y construcciones; ~**arbeiten** *f/pl.* obras *f/pl.*; ~**arbeiter** *m* obrero *m* de la construcción; ~**art** *f* construcción *f*, estilo *m*; (*Gefüge*) estructura *f*; ⊕ sistema *m* de construcción; (*Typ*) tipo *m*, modelo *m*; ~**aufsichts-amt** *n* inspección *f* de obras; ~**baracke** *f* barraca *f* de obras; caseta *f*; ~**bedarf** *m* materiales *m/pl.* de construcción; ~**bewilligung** *f* → ~*erlaubnis*.

¹**Bauch** *m* (-*es*; ⁻e) vientre *m*, F barriga *f*, tripa *f*; *Anat.* abdomen *m*; (*Dick*⚥) F panza *f*; *e-s Schiffes*: fondo *m*; bodega *f*; *auf dem* ~ *liegen* estar boca abajo (*od.* echado de bruces); *e-n bekommen* F echar barriga (*od.* tripa); *sich den* ~ *halten vor Lachen* desternillarse de risa; ~**ansatz** *m* barriga *f* incipiente; ~**atmung** *f* respiración *f* abdominal; ~**binde** *f* faja *f*; *Zigarre*: vitola *f*; ~**decke** *f* pared *f* abdominal; ⚥*en v/refl.*: *sich* ~ abombarse; ~**falten** *f/pl.* F michelines *m/pl.*; ~**fell** *n* peritoneo *m*; ~**fell-entzündung** ♨ *f* peritonitis *f*; ~**flosse** *Ict.* *f* aleta *f* abdominal; ~**gegend** *f* región *f* abdominal; ~**gurt** *m Pferde*: barriguera *f*, cincha *f*; ~**höhle** *f* cavidad *f* abdominal; ~**höhlenschwangerschaft** ♨ *f* embarazo *m* (*od.* gravidez *f*) extrauterino; ⚥**ig** *adj.* ventrudo, F panzudo, barrigudo; ⚕ abombado, convexo; ~**laden** *m* caja *f* de buhonería; ~**lage** ♨ *f* decúbito *m* prono (*od.* abdominal); ~**landung** *f* aterrizaje *m* ventral; ~**muskel** *m* músculo *m* abdominal; ~**reden** *n* ventriloquia *f*; ~**redner** *m* ventrílocuo *m*; ~**schmerzen** *m/pl.* dolor *m* de vientre (F de tripa); *er hat* ~ le duele la tripa; ~**speicheldrüse** *f* páncreas *m*; ~**tanz** *m* danza *f* de vientre; ~**ung** *f* convexidad *f*; abolsamiento *m*; ~**wassersucht** ♨ *f* hidropesía *f*; ~**weh** *n* → ~*schmerzen*.

¹**Baude** *f* (-; -*n*) cabaña *f*; *im Gebirge*: refugio *m*.

¹**Baudenkmal** *n* monumento *m*; ~**element** *n* elemento *m* constructivo; módulo *m*.

¹**bauen** *v/t. u. v/i.* edificar, construir (*a. Straße*); (*errichten*) erigir, levantar; (*herstellen*) fabricar, manufacturar, elaborar; ✗ cultivar; *Nest*: hacer, construir; F *Unfall*: tener; *fig.* ~ *auf* (*ac.*) (*vertrauen*) confiar en; (*sich verlassen auf*) contar con, fiarse de; *Hoffnung, Urteil*: fundar (*od.* basar) en.

¹**Bauer**¹ *m* (-*n*) (*Landwirt*) agricultor *m*; *kleiner*: labrador *m*, labriego *m*; campesino *m*, aldeano *m*, paisano *m*; *fig.* paleto *m*, patán *m*; *Schach*: peón *m*; *Kartenspiel*: sota *f*.

¹**Bauer**² *n/m* (-*s*; -) (*Vogel*⚥) jaula *f*.

¹**Bäuer|in** *f* campesina *f*, labradora *f*, aldeana *f*; ⚥**isch** *adj.* rústico (*a. fig.*), campestre; aldeano, campesino; *fig.* (*grob*) tosco; paludro, villano, paleto.

¹**Bau-erlaubnis** *f* licencia *f* (*od.* permiso *m*) de construcción (*od.* de edificación); permiso *m* de obras.

¹**bäuerlich** *adj.* rústico; rural; aldeano, campesino.

¹**Bauern...**: ~**brot** *n* pan *m* rústico (*od.* reg. de payés); ~**bursche** *m* joven campesino *m*, mozo *m* (de campo); ~**fänger** *m* timador *m*, F engañabobos *m*; ~**fänge'rei** *f* timo *m*, tomadura *f* de pelo; ~**gut** *n* → ~*hof*; ~**haus** *n* casa *f* de campo *bzw.* de labor; casa *f* rústica; caserío *m*; ~**hochzeit** *f* boda *f* de aldea; ~**hof** *m* granja *f*, finca *f*; casa *f* de labranza; ~**lümmel** *m* rústico *m*, villano *m*, F paleto *m*, destripaterrones *m*; ~**mädchen** *n* joven campesina *f*; ~**möbel** *n/pl.* muebles *m/pl.* rústicos; ~**partei** *f* partido *m* campesino; ~**regel** *f* proverbio *m* campesino; ~**schaft** *f* gente *f* del campo; paisanaje *m*; ⚥**schlau** *adj.* socarrón; ~**schläue** *f* socarronería *f*; astucia *f* aldeana; ~**stand** *m* clase *f* campesina; ~**stolz** *m* orgullo *m* rústico, *fig.* orgullo *m* de necio; ~**tölpel** *m* paludro *m*, patán *m*; ~**trampel** F *m* maritornes *f*; ~**tum** *n* lo campesino; ~**verband** *m* asociación *f* (*Span.* hermandad *f*) de labradores.

¹**Bauersfrau** *f* → *Bäuerin*.

¹**Bau...**: ~**fach** *n* ramo *m* de la construcción; ⚥**fällig** *adj.* ruinoso; *e-s sein* amenazar ruina; ~**fälligkeit** *f* estado *m* ruinoso; ~**firma** *f* empresa *f* constructora; ~**fluchtlinie** *f* alineación *f*; ~**führer** *m* aparejador *m*; ~**gelände** *n* terrenos *m/pl.* para edificar; zona *f* edificable; *engS.* solar *m*; ~**genehmigung** *f* → ~*erlaubnis*; ~**genossenschaft** *f* cooperativa *f* de construcción; ~**gerüst** *n* andamio *m*, andamiaje *m*; ~**geschäft** *m* empresa *f* constructora; ~**gesellschaft** *f* sociedad *f* de construcciones; ~**gesetz** *n* ley *f* de (la) edificación; ~**gewerbe** *n* (ramo *m* del) sector *m* de la construcción; ~**grube** *f* zanja *f* de fundación; ~**grund** *m*, ~**grundstück** *n* solar *m*; ~**handwerker** *m* obrero *m* de la construcción; ~**herr** *m* propietario *m*; (*Unternehmer*) contratista *m* de obras; ~**holz** *n* madera *f* de construcción; ~**hütte** *f* → ~*baracke*; ~**ingenieur** *m* ingeniero *m* constructor *m*. civil; ~**jahr** *n* año *m* de construcción; ~**kasten** *m* caja *f* de construcciones; ~**kastensystem** ⊕ *n* sistema *m* de unidades de montaje *bzw.* de módulos; ~**klotz** *m* cubo *m* de madera; F *da staunt man Bauklötze* se queda uno maravillado; ~**kolonne** *f* brigada *f* de obreros; ~**kosten** *pl.* gastos *m/pl.* de construcción; ~**kostenvoranschlag** *m* presupuesto *m* de obras; ~**kostenzuschuß** *m* contribución *f* a los gastos de construcción; ~**kran** *m* grúa *f* para obras; ~**kunst** *f* arquitectura *f*; ~**land** *n* terreno *m* edificable; ~**leiter** *m* → ~*führer*; ~**leitung** *f* dirección *f* de obras; ⚥**lich** *adj.* arquitectónico; *in* (*gutem*) ~*em Zustand en* (buenas) condiciones de habitabilidad; ~**lichkeiten** *f/pl.* edificios *m/pl.*

¹**Baum** *m* (-*es*; ⁻e) árbol *m* (*a.* ⊕, ⚓); botavara *f*; botalón *m*; *fig. der* ~ *der Erkenntnis* el árbol de la ciencia (del bien y del mal); ~**allee** *f* alameda *f*, arboleda *f*; ⚥**artig** *adj.* arbóreo, arborescente.

¹**Baumaterial(ien)** *n*(*/pl.*) materiales *m/pl.* de construcción.

¹**Baum...**: ~**bestand** *m* arbolado *m*; ⚥**bewohnend** *Zoo. adj.* arborícola; ~**blüte** *f* floración *f* de los árboles; (*Zeit*) época *f* de la floración.

¹**Bäumchen** *n* arbolillo *m*, arbolete *m*; F ~-*wechsle-dich spielen* jugar a las cuatro esquinas.

¹**Baumeister** *m* arquitecto *m*; *engS.* aparejador *m*, maestro *m* de obras.

¹**baumeln** (-*le*) *v/i.* bambolear(se); *mit den Beinen* ~ balancear las piernas.

¹**bäumen** *v/refl.*: *sich* ~ *Pferde*: encabritarse.

¹**Baum...**: ~**falke** *m* alcotán *m*; ~**farn** *m* helecho *m* arborescente; ~**frevel** *m* delito *m* forestal; ~**grenze** *f* límite *m* del arbolado; ~**harz** *n* resina *f*; ~**krone** *f* copa *f*; ~**kuchen** *m* tarta *f* piramidal; ~**kunde** *f* dendrología *f*; ⚥**lang** *adj.* F alto como un pino; ~*er Kerl* varal *m*; ~**läufer** *m Orn.* trepatroncos *m*; trepador *m*; ~**marder** *m* marta *f* común; ~**pfahl** *m* rodrigón *m*, tutor *m*; ~**rinde** *f* corteza *f*; ~**schere** *f* podadora *f*, tijeras *f/pl.* de podar; ~**schule** *f* vivero *m*, plantel *m*; ~**stamm** *m* tronco *m*; ⚥**stark** *adj.* fuerte como un roble; ~**stumpf** *m* cepa *f*, tocón *m*; ~**stütze** *f* rodrigón *m*, tutor *m*; ~**wachs** ✗ *n* mastic *m* para injertar.

¹**Baumwoll...**: *in Zssgn* algodonero; ~**baum** *m* algodonero *m*; ~**e** *f* algodón *m*; ⚥**en** *adj.* de algodón; ~**pflanzung** *f* algodonal *m*; ~**staude** *f* algodonero *m*.

¹**Baum...**: ~**zucht** *f* arboricultura *f*; ~**züchter** *m* arboricultor *m*.

¹**Bau...**: ~**nummer** *f* número *m* de serie; ~**ordnung** *f* ordenanzas *f/pl.* para la edificación; ~**plan** *m* plano *m* de construcción; *Bio.* plan *m* estructural; ~**platz** *m* (*unbebauter*) solar *m*; (*im Bau*) obra *f*; ~**polizei** *f* inspección *f* de edificaciones; ~**rat** *m* ingeniero-inspector *m* de obras públicas.

¹**Bausch** *m* (-*es*; ⁻e) *Watte*: ta(m)pón *m*; *in* ~ *und Bogen* en globo, en bloque; a bulto, F a ojo de buen cubero; *in* ~ *und Bogen kaufen* comprar a ojo (*od.* a granel); ⚥**en I.** *v/t.* hinchar, henchir; **II.** *v/i. u. refl. Kleidung*: abolsarse; (*sich blähen*) inflarse; ⚥**ig** *adj.* hinchado, henchido; hueco, ahuecado; holgado.

¹**Bau...**: ~**schreiner** *m* carpintero *m* de obra; ~**schutt** *m* escombros *m/pl.*, cascotes *m/pl.*; ~**sparen** *n* ahorro-vivienda *m*; ~**sparkasse** *f* Caja *f* de Ahorros para la construcción; ~**sparvertrag** *m* contrato *m* de ahorro-vivienda; ~**stein** *m* piedra *f* de construcción; sillar *m*; *fig.* contribución *f*; ~**stelle** *f* obras *f/pl.*; ~**stil** *m* estilo *m* arquitectónico; ~**stoff** *m* material *m* de construcción; ~**tätigkeit** *f* actividad *f* constructora; ~**techniker** *m* constructor *m* de obras, técnico *m* de la construcción; ~**teil** *n* elemento *m bzw.* pieza *f* de construcción; ~**tischler** *m* → ~*schreiner*; ~**träger** *m* constructor *m*; ~**trupp** *m*

Bauunternehmen — bedenken 84

equipo *m* (*od.* brigada *f*) de obreros; ~unternehmen *n* empresa *f* constructora; ~unternehmer *m* contratista *m* (de obras); ~vorhaben *n* proyecto *m* de construcción; (*bei Städten*) plan *m* de urbanización; ~vorschriften *f/pl.* reglamento *m* de la edificación; ~weise *f* modo *m* de construcción; ~werk *n* edificio *m*; construcción *f*; ~wesen *n* construcción *f*; öffentliches ~ obras *f/pl.* públicas.

Bau'xit *m* (-s; -e) bauxita *f*.

bauz! *int.* ¡cataplum!, ¡cataplún!

'Bay|er(in *f*) *m* (-n), 2(e)risch *adj.* bávaro (-a *f*) *m*; ~ern *n* Baviera *f*.

Ba'zillen|stamm *m* cepa *f* bacilar; ~träger ♂ *m* portador *m* de bacilos.

Ba'zillus *m* (-; *Bazillen*) bacilo *m*.

be'absichtig|en (-) *v/t.* proyectar; proponerse; tener (la) intención (*zu tun* de hacer); pensar *inf.*; ~t *adj.* intencionado, premeditado; intencional.

be'acht|en (-e-; -) *v/t.* atender a, prestar atención a; (*bemerken*) observar, fijarse en; notar; reparar en, advertir; (*befolgen*) observar, seguir; (*berücksichtigen*) tener en cuenta, tener presente, considerar; *nicht* ~ desatender, hacer caso omiso, pasar por alto; ~enswert *adj.* notable; digno de atención, atendible; ~lich *adj.* apreciable, estimable, considerable; 2ung *f* atención *f*; (*Berücksichtigung*) consideración *f*; (*Befolgung*) observancia *f*; ~ schenken prestar atención a, hacer caso de; ~ verdienen merecer (*od.* ser digno de) atención; *unter* ~ *von* con sujeción a; *zur* ~! Advertencia.

be'ackern (-re; -) *v/t.* Feld: labrar, arar; *fig.* estudiar a fondo.

Be'amte(r) *m* funcionario *m* (*bsd.* Staats2); (Bank2 *usw.*) empleado *m*.

Be'amten...: ~beleidigung *f* desacato *m* (a la autoridad); ~herrschaft *f* burocracia *f*; ~schaft *f* cuerpo *m* de funcionarios, *Neol.* funcionariado *m*; ~stab *m* plantilla *f*; ~tum *n* calidad *f* de funcionario.

Be'amtin *f* funcionaria *f*; empleada *f*.

be'ängstig|en (-) *v/t.* alarmar, inquietar; angustiar; ~end *adj.* alarmante; inquietante; *stärker*: angustioso; 2ung *f* (0) alarma *f*; inquietud *f*; angustia *f*.

be'anspruch|en (-) *v/t.* (*fordern*) reclamar, exigir; *als Recht*: reivindicar; *unberechtigt*: pretender; *Mühe, Zeit, Platz*: requerir; (*ermüden*) cansar, fatigar; ⊕ cargar, esforzar; ~t *adj.* ocupado, atareado; 2ung *f* reclamación *f*, pretensión *f*; reivindicación *f*; (*Anstrengung*) esfuerzo *m* (a. ⊕); ⊕ carga *f*; (*Verschleiß*) desgaste *m*.

be'anstand|en (-e-; -) *v/t.* objetar a, poner reparos a; reclamar contra; protestar contra; ✝ hacer una reclamación; *Waren*: rechazar, rehusar la aceptación; 2ung *f* objeción *f*, reparo *m*; reclamación *f* (a. ✝).

be'antragen (-) *v/t.* (*vorschlagen*) proponer; *durch Gesuch*: solicitar; pedir; *Parl.* presentar una moción.

be'antwort|en (-e-; -) *v/t.* contestar, responder a; 2ung *f* contestación *f*, respuesta *f*; *in* ~ en contestación a.

be'arbeit|en (-e-; -) *v/t.* trabajar; ela-

borar; ✗ cultivar, labrar; (*formen*) formar, modelar; *Steine*: labrar; *Metall*: trabajar; (*umarbeiten*) modificar, transformar; (*vollenden*) acabar, (*erledigen*) concluir; despachar; *Akten*: estudiar; *Gesuche*: tramitar; (*ausarbeiten*) elaborar; preparar; ✝ *Kunden*: F trabajar la clientela; ⚖ *Fall*: diligenciar; *Buch*: revisar; refundir; *für Bühne, Film, Funk*: adaptar; ♪ transcribir, arreglar; *Thema*: tratar; *fig. j-n* ~ tratar de persuadir a alg.; *stärker*: presionar sobre alg.; 2er(in *f*) *m* (Buch2) refundidor *m*; *Thea.* adaptador *m*; ♪ *a.* arreglista *m*; 2ung *f* trabajo *m*; elaboración *f*; ✗ cultivo *m*; transformación *f*, modificación *f*; estudio *m*; tramitación *f*; *Buch*: refundición *f*; revisión *f*; *Thea.* adaptación *f*; ♪ transcripción *f*; arreglo *m*; ⊕ labra *f*; *Verw. in* ~ en tramitación; 2ungsverfahren *n* procedimiento *m* de elaboración.

be'argwöhnen (-) *v/t.* sospechar, recelar, desconfiar.

Be'atmung *f* re~piración *f* artificial.

be'aufsichtig|en (-) *v/t.* vigilar; controlar; supervisar; custodiar; inspeccionar; *Kinder*: cuidar de; 2ung *f* vigilancia *f*; control *m*; supervisión *f*; inspección *f*.

be'auftrag|en (-) *v/t.* comisionar; delegar; (*ermächtigen*) autorizar; ⚖ apoderar; *j-n mit et.* ~ encargar (*od.* encomendar) a/c. a alg.; 2te(r) *m* encargado *m*; comisionado *m*; (*Abgeordneter*) delegado *m*; ⚖ (*Bevollmächtigter*) mandatario *m*; 2ung *f* comisión *f*; encargo *m*; delegación *f*.

be'baken (-) *v/t.* Φ (a.)balizar.

be'bau|en (-) *v/t.* ✗ cultivar, labrar; △ edificar, construir; (*erschließen*) urbanizar; *bebautes Gelände* terreno *m* edificado; 2ung *f* ✗ cultivo *m*; △ edificación *f*, construcciones *f/pl.*; urbanización *f*; 2ungsplan △ *m* plan *m* de urbanización.

'**beben I.** *v/i.* temblar (*vor dat.* de); (*schaudern*) estremecerse; (*vibrieren*) vibrar; ✝ 2 *n* temblor *m*; estremecimiento *m*; ~**d** *adj.* tembloroso; *Stimme*: *a.* trémulo.

be'bilder|n (-e; -) *v/t.* ilustrar, adornar con grabados; 2ung *f* ilustración *f*

be'brillt *adj.* con gafas. [ción *f.*

be'brüten (-e-; -) **I.** *v/t.* incubar; empollar; **II.** ~ *n* incubación *f*.

Bécha'melsoße *f* (*salsa f*) bechamel *f*.

'**Becher** *m* vaso *m*; *mit Fuß*: copa *f*; ♀ cúpula *f*; *Bagger*: cangilón *m*; 2förmig *adj.* acopado, cupuliforme; ~glas ⚗ *n* probeta *f*; 2n (-re) F *v/i.* copear; ~kette *f* cadena *f* de cangilones; 2n (-re) F *v/i.* copear, F empinar el codo; ~werk *n* elevador *m* de cangilones; noria *f*.

be'circen F (-t;-) *v/t.*: *j-n* ~ engatusar, cautivar a alg.; embrujar a alg.

'**Becken** *n* lavabo *m*; *Küche*: pila *f*; *Klosett*: taza *f*; (*Wasch*2) jofaina *f*; palangana *f*; *Geogr.* cuenca *f*; (*Schwimm*2) piscina *f*; ♪ címbalos *m/pl.*; platillos *m/pl.*; *Anat.* pelvis *f*; ~gürtel *Anat. m* cinturón *m* pelviano; ~schläger ♪ *m* cimbalero *m*, cimbalista *m*; platillero *m*.

'**Beckmesser** *m* crítico *m* cicatero; ~ei'rei *f* crítica *f* mezquina; dictamen *m* cicatero.

Becque'rel *Phys. n* (-; -) becquerel *m*.

be'dachen (-) *v/t.* techar, cubrir.

be'dacht *adj.* cuidadoso; circunspecto, mirado; ~ *auf ac.* atento a; ~ *sein auf* cuidar de; pensar en; *auf alles* ~ *sein* estar (*od.* pensar) en todo.

Be'dacht *m* (-es; 0) (*Überlegung*) reflexión *f*, (*Vorsicht*) cuidado *m*, precaución *f*; cautela *f*; (*Umsicht*) circunspección *f*; (*Klugheit*) discreción *f*, prudencia *f*; *mit* ~ (*überlegt*) deliberadamente, ex profeso; (*umsichtig*) con cuidado.

be'dächtig *adj.* (*vorsichtig*) prevenido, precavido; (*umsichtig*) mirado, circunspecto; (*langsam*) lento, mesurado, acompasado; 2keit *f* (0) lentitud *f*; reposo *m*.

be'dachtsam I. *adj.* → *bedächtig*; **II.** *adv.* con cuidado.

Be'dachung *f* techumbre *f*, tejado *m*.

be'danken (-) *v/refl.*: *sich bei j-m für et.* ~ agradecer a/c. a alg., dar las gracias a alg. por a/c.; (*ablehnen*) declinar agradecidamente; *iro. dafür bedanke ich mich!* ¡muchas gracias, se lo regalo!

Be'darf *m* (-es; 0) necesidad(es *pl.*) *f*, falta *f* (*an dat.* de); exigencia(s *pl.*) *f*; demanda *f* (*a.* ✝); (*Verbrauch*) consumo *m*; *Güter des täglichen* ~s artículos *m/pl.* de primera necesidad; *bei* ~ en caso necesario; *nach* ~ en la medida necesaria, según fuera preciso; ~ *haben an* necesitar, precisar; *den* ~ *decken* cubrir las necesidades; *bsd.* ✝ satisfacer la demanda de; *e-n* ~ *schaffen* crear una necesidad; *es besteht großer* ~ hay mucha falta de; *iro. mein* ~ *ist gedeckt* estoy harto; a mí me basta; ~s-artikel *m* artículo *m* de consumo (*od.* de primera necesidad); ~sdeckung *f* satisfacción *f* (*od.* cobertura *f*) de la demanda (*od.* de las necesidades); ~sfall *m*: *im* ~ en caso de necesidad, si el caso lo requiere; ~shaltestelle *f* parada *f* discrecional; ~s-träger *m* consumidor *m*; ~sweckung *f* creación *f* de necesidades.

be'dauerlich *adj.* lamentable, deplorable; *es ist sehr* ~ es una gran pena; ~er'weise *adv.* desafortunadamente.

be'dauern (-re; -) **I.** *v/t.* lamentar, sentir; deplorar; *j-n* ~ compadecer a, tener lástima de alg.; *ich bedaure sehr, daß* siento (*od.* lamento) mucho que; *er ist zu* ~ es digno de lástima; *bedaure!* lo siento mucho; **II.** 2 *n* sentimiento *m*; pesar *m*; (*Mitleid*) compasión *f*; *mit* ~ con pesar; *con* sentimiento; *zu m-m (großen)* ~ (bien *od.* muy) a pesar mío, sintiéndolo (mucho); ~swert, ~swürdig *adj.* *Person*: digno de lástima (*od.* de compasión); *Sache*: deplorable, lamentable.

be'deck|en (-) **I.** *v/t.* cubrir (*mit de, con*); *Öffnung*: tapar, cerrar; (*auskleiden*) revestir; **II.** *v/refl.*: *sich* ~ cubrirse; *Himmel*: encapotarse, nublarse; ~t *adj.* cubierto (*a. Meteo.*); tapado; *Himmel*: *a.* encapotado; 2ung *f* cubierta *f*, cobertura *f*; (*Deckel*) tapa *f*, cobertera *f*; (*Schutz*) abrigo *m*; ⚔, ♆ escolta *f*; *Astr.* ocultación *f*.

be'denken (*L*; -) **I.** *v/t.* 1. pensar (*ac. od. en*); (*erwägen*) considerar; (*überlegen*) reflexionar sobre, meditar; (*beachten*) tener presente (*od.* en

cuenta); (*vorher* ~) premeditar; *die Folgen* ~ considerar (*od.* pensar en) las consecuencias; *wenn man sein Alter bedenkt* si consideramos su edad; *wenn man es recht bedenkt* considerándolo (*od.* mirándolo) bien; **2.** *j-n mit et.* ~ agraciar a alg. con a/c.; *j-n in seinem Testament* ~ legar a/c. a alg.; **II.** *v*/*refl.*: *sich* ~ reflexionar, meditar; (*zögern*) vacilar; *sich anders* ~ cambiar de opinión; echarse atrás; **III.** ♀ *n* (*Erwägung*) consideración *f*; (*Überlegung*) reflexión *f*, meditación *f*; (*Einwand*) reparo *m*; (*Zweifel*) duda *f*; escrúpulo *m*; ~ *haben* tener sus dudas; ~ *haben, et.zu tun* dudar (*od.* vacilar) en hacer a/c.; *keine* ~ *haben* no vacilar en; no ver inconveniente en; *ohne* ~ sin vacilación; *es bestehen* ~ hay dudas; ~los *adj.* sin escrúpulos; irreflexivo; sin vacilar.
be'denklich *adj.* (*Zweifel erregend*) dudoso; (*Mißtrauen erregend*) sospechoso; (*ernst*) grave, serio, inquietante; (*mißlich*) crítico; (*gewagt*) arriesgado; (*heikel*) delicado; ♀keit *f Lage usw.*: gravedad *f*.
Be'denkzeit *f* plazo *m* (*od.* tiempo *m*) para reflexionar (*od.* decidirse a) a/c.
bedeppert F *adj.* (*verwirrt*) aturdido; (*bedrückt*) cabizbajo.
be'deut|en (-e-;-) *v*/*t.* (*besagen*) significar, querer decir; (*in sich schließen*) implicar, suponer; (*gleichkommen*) equivaler a; (*kennzeichnen*) representar, denotar; (*wichtig sein*) importar; (*vorbedeuten*) presagiar; (*ankündigen*) anunciar; (*andeuten*) indicar, sugerir; *j-m et.* ~ dar a entender a/c. a alg.; *sie bedeutet mir alles* ella lo es todo para mí; *was soll denn das* ~? ¿qué quiere decir eso?, ¿a qué viene eso?; *das hat nichts zu* ~ no tiene importancia, F *das hat was zu* ~ aquí hay gato encerrado; ~end *adj.* (*wichtig*) importante, (*beträchtlich*) considerable; (*hervorragend*) distinguido; eminente, prestigioso; (*bemerkenswert*) notable; ~sam *adj.* significativo; (*bezeichnend*) sintomático; (*wichtig*) importante, (*weittragend*) trascendente; ♀samkeit *f* (0) importancia *f*; trascendencia *f*.
Be'deutung *f* (*Sinn*) significado *m*, significación *f*; *e-s Wortes*: a. acepción *f*; sentido *m*; (*Wichtigkeit*) importancia *f*, (*Tragweite*) trascendencia *f*, alcance *m*; *von* ~ de consideración, de importancia; *von* ~ *sein* revestir importancia; ~ *beimessen* atribuir importancia; *es ist nichts von* ~ carece de (*od.* no tiene) importancia; ~sfeld *Gr. n* campo *m* semántico; ~slehre *Gr. f* semántica *f*; ♀slos *adj.* insignificante, sin importancia; ~losigkeit *f* insignificancia *f*; ♀svoll *adj.* significativo; muy importante, (*von Tragweite*) trascendental; ~swandel *Gr. m* cambio *m* en semántico.
be'dien|en (-) **I.** *v*/*t.* servir (*a. Karten u.* ✕ *Geschütz*); *bei Tisch*: servir a la mesa; ✝ atender, despachar; ⊕ manejar; hacer funcionar, maniobrar, manipular; F *iro. ich bin bedient* estoy harto; estoy servido; **II.** *v*/*refl.*: *sich* ~ *bei Tisch*: servirse; *sich e-r Sache* ~ servirse (*od.* hacer uso) de a/c.; válerse de; ~ *Sie sich!* ¡sírvase usted!; ♀stete(r *m*) *m*/*f* (*Angestellter*) empleado (-a *f*) *m*; *die* ~n (*Hauspersonal*) el personal de servicio; servidumbre *f*.

Be'dienung *f* servicio *m* (*a.* ✕); (*Dienerschaft*) servidumbre *f*, criados *m*/*pl.*; *im Gasthaus usw.*: servicio *m*; (*Person*) camarero (-a *f*) *m*; ⊕ servicio *m*, manejo *m*; maniobra *f*; ~s-anleitung *f*, ~s-anweisung *f* instrucciones *f*/*pl.* para el servicio (*od.* uso); ~shebel *m* palanca *f* de maniobra *bzw.* de mando; mando *m*; ~sknopf *m* pulsador *m* de maniobra, botón *m* de mando; ~smann *m* ⊕ operario *m*; ✕ sirviente *m*; ~smannschaft *f* ✕ sirvientes *m*/*pl.*; ~s-pult *n* pupitre *m* de mando; ~sstand *m* puesto *m* de mando; ~svorschrift *f* → ~sanleitung.
be'ding|en (-) *v*/*t.* condicionar; (*erfordern*) requerir; (*voraussetzen*) presuponer; (*in sich schließen*) implicar, incluir; (*verursachen*) causar, motivar, ocasionar; ~t **I.** *adj.* condicionado; condicional; (*abhängig*) dependiente; (*beschränkt*) limitado; ♀ ~e *Freilassung* libertad *f* condicional; ~ *sein durch* obedecer a, ser motivado por; estar condicionado por; **II.** *adv.* con reservas; con restricciones; condicionalmente; ♀theit *f* (0) condicionalidad *f*; limitación *f*; relatividad *f*.
Be'dingung *f* condición *f*; (*Vertrags*♀) estipulación *f*, cláusula *f*; (*Anforderung*) requisito *m*; (*Einschränkung*) restricción *f*, limitación *f*; ~en *stellen* poner *bzw.* imponer condiciones; *es zur* ~ *machen* poner por condición; *unter der* ~, *daß* a (*od.* con la) condición de que, con tal que, siempre que (*alle subj.*); *unter keiner* ~ de ningún modo; ♀slos *adj.* incondicional, sin reservas; ~ssatz *Gr. m* proposición *f* condicional; ♀sweise *adv.* condicionalmente.
be'dräng|en (-) *v*/*t.* acosar, apremiar; *mit Bitten, Fragen*: asediar; (*quälen*) vejar, oprimir, atormentar; *in bedrängter Lage* en situación apurada, en un apuro; ♀nis *f* (-; -se) (*seelische*) aflicción *f*, tribulación *f*, (*Druck*) opresión *f*, estrechez *f*; (*Notlage*) apuro *m*, aprieto *m*.
be'droh|en (-) *v*/*t.* amenazar (*mit de*); *mit Strafe*: conminar; ~lich *adj.* amenazador, amenazante; ♀ung *f* amenaza *f*; conminación *f*.
be'drucken (-) *v*/*t.* imprimir sobre; *Tuch*: estampar.
be'drück|en (-) *v*/*t.* oprimir, vejar, atormentar; (*seelisch*) atribular, afligir; *Sorge*: agobiar; ~end *adj.* opresivo, vejatorio; deprimente; ~t *adj.* deprimido; atribulado, abatido; ~ *von* aquejado de (*od.* por); ♀ung *f* opresión *f*; vejación *f*; agobio *m*; (*seelische*) tribulación *f*.
Bedu'ine *m* (-n) beduino *m*.
be'dürf|en (L; -) *v*/*i.* necesitar, requerir; *es bedarf nur e-s Wortes* basta con una palabra; ♀nis *n* (-ses; -se) necesidad *f*; (*Erfordernis*) exigencia *f*; (*s*)*ein* ~ *verrichten* hacer una (sus) necesidad(es), hacer aguas; *ich habe das* ~ *zu* tengo el deseo de; ♀nis-anstalt *f* urinario *m* (público), evacuatorio *m*; ~nislos *adj.* sin necesidades; (*bescheiden*) modesto, sin pretensiones; *im Essen und Trinken*: sobrio, frugal; ♀nislosigkeit *f* (0) modestia

f; sobriedad *f*, frugalidad *f*.
be'dürftig *adj.* necesitado, menesteroso, indigente; pobre; *e-r Sache* ~ *sein* tener necesidad de; ♀keit *f* (0) necesidad *f*, indigencia *f*; pobreza *f*.
be'duselt F *adj.* (*angeheitert*) achispado, F piripi.
'Beefsteak *n* (-s; -s) bistec *m*, bisté *m*; *deutsches* ~ hamburguesa *f*.
be'ehren (-) *v*/*t.* honrar; favorecer (*mit con*); *ich beehre mich zu inf.* tengo el honor de *inf.*; *er beehrte mich mit seinem Besuch* me honró con su visita, me hizo el honor de su visita.
be'eid|(ig)en (-) *v*/*t.*: *et.* ~ afirmar a/c. bajo juramento; ~ tomar juramento a alg.; ~igt *adj.* jurado; ♀igung *f* (confirmación *f* por) juramento *m*; toma *f bzw.* prestación *f* de juramento.
be'eilen (-) *v*/*refl.*: *sich* ~ apresurarse (*zu inf.* a); *bsd. Am.* apurarse; *beeil dich!* ¡date prisa!
be'eindruck|bar *adj.* impresionable; ~en (-) *v*/*t.* impresionar, causar impresión.
be'einfluß|bar *adj.* sugestionable; *Neol.* influenciable.
be'einfluss|en (-ßt; -) *v*/*t.* influir, *Neol.* influenciar (en, sobre); ♀ung *f* influencia *f*, influjo *m*.
be'einträchtig|en (-) *v*/*t.* (*behindern*) estorbar, embarazar; (*Abbruch tun*) dañar, perjudicar; (*schmälern*) mermar, menoscabar; ♀ung *f* perjuicio *m*; estorbo *m*; merma *f*, menoscabo *m*.
Be'elzebub *Bib. m* Belcebú *m*; *den Teufel mit* ~ *austreiben* el remedio es peor que la enfermedad.
be'end(ig)en (-) *v*/*t.* acabar, terminar (*a. Computer*); concluir, finalizar; ultimar; poner fin a; ♀ung *f* terminación *f*, conclusión *f*; ultimación *f*; remate *m*.
be'eng|en (-) *v*/*t.* estrechar, apretar; (*beklemmen*) oprimir, *fig.* cohibir; *sich beengt fühlen* sentirse incómodo; ♀theit *f* (0) estrechez *f*; ♀ung *f* estrechamiento *m*; opresión *f*; estrechez *f*.
be'erben (-) *v*/*t.*: *j-n* ~ suceder a alg.; ser heredero de alg.
be'erdig|en (-) *v*/*t.* enterrar, inhumar; sepultar; ♀ung *f* entierro *m*; inhumación *f*.
Be'erdigungs...: ~institut *n* funeraria *f*, (*empresa f* de) pompas *f*/*pl.* fúnebres; ~kosten *pl.* gastos *m*/*pl.* del entierro; ~unternehmer *m* empresario *m* de pompas fúnebres.
'Beere ♀ *f* baya *f*; (*Wein*♀) grano *m*; ~n-obst *n* fruta *f* de baya, bayas *f*/*pl.*; ♀ntragend ♀ *adj.* bacífero.
Beet ✿ *n* (-*e*s; -*e*) bancal *m*; cuadro *m*, macizo *m*, *gal.* parterre *m*.
be'fähig|en (-) *v*/*t.* habilitar, capacitar (*zu para*); facultar, autorizar; ~t *adj.* apto, capaz (*zu, für para*), capaz de; facultado, capacitado (*zu para*); (*begabt*) dotado; ♀ung *f* habilitación *f*; calificación *f*; (*Eigenschaft*) aptitud *f*; capacidad *f*; facultad *f*; autorización *f*; (*Begabung*) talento *m*; ♀ungsnachweis *m* certificado *m* de aptitud; diploma *m* acreditativo.
be'fahr|bar *adj.* transitable, practicable, *gal.* viable; *Fluß*: navegable; *nicht* ~ intransitable, impracticable, ⚓ no navegable; ~en (L; -) *v*/*t. Wege*: pasar por; ⚓ navegar por; *Straßen*:

Befall — befürworten

transitar por; circular por; *Bus usw.*: cubrir (un trayecto); ✗ *Schacht*: bajar por (un pozo de mina); *sehr ∼ Straße*: muy transitado.
Be'fall *m* (*-¢s; 0*) *v. Parasiten usw.*: invasión *f*, infestación *f*, ataque *m*; ⁀**en** (*L*; -) *v/t.* acometer; (*unvermutet*) sobrecoger; *Furcht, Zweifel*: asaltar; *Krankheit*: atacar; afectar; *Schädlinge*: invadir, infestar; *∼ von* aquejado de; *von Schrecken ∼* presa de pánico.
be'fangen *adj.* (*schüchtern*) cohibido, tímido; (*verwirrt*) confuso; perplejo; (*parteiisch*) parcial; (*voreingenommen*) predispuesto contra; *in e-m Irrtum ∼ sein* estar equivocado; ⁀*heit sein* tener interés en la causa; *sich für* ⁀**heit** *erklären* recusarse; ⁀**heit** *f* (0) timidez *f*, cohibición *f*; confusión *f*; parcialidad *f*; ⁀ interés *m* en la causa; *wegen ∼ ablehnen* recusar por presunta parcialidad.
be'fassen (*-ßt*; -) **I.** *v/t.* ⁀ *ein Gericht ∼* (*mit*) llevar ante el tribunal; **II.** *v/refl.*: *sich ∼ mit* ocuparse de; dedicarse a; tratar de; (*prüfend*) estudiar, examinar, considerar.
be'fehden (*-e-*; -) *v/t.* hostilizar, hacer la guerra a; *fig.* atacar; *sich ∼* hacerse la guerra, F andar a la greña.
Be'fehl *m* (*-¢s; -e*) orden *f* (*a. Computer*); mandato *m*; ✗ mando *m*; ⁀ mandamiento *m*; *Computer*: comando *m*; *∼ geben zu* dar orden de; *auf ∼ von* por orden de; *auf höheren ∼* por orden superior; *den ∼ führen über* tener el mando de; *den ∼ haben zu inf.* tener orden de; *den ∼ übernehmen* asumir (*od.* tomar) el mando; *unter dem ∼ von* al mando de; *zu ∼!* ¡a la orden! *∼ ist* F quien manda, manda; ⁀**en** (*L*; -) *v/t.* mandar, ordenar; *s-e Seele Gott ∼* encomendar su alma a Dios; *ich lasse mir von ihm nichts ∼* no admito órdenes de él; *wie Sie ∼* como usted mande; ⁀**end** *adj.*, ⁀**erisch** *adj.* imperioso; autoritario, F mandón; ⁀**igen** (-) *v/t.* ✗ (co)mandar; acaudillar; capitanear.
Be'fehls...: *∼bereich m* zona *f* de mando; *∼form Gr. f* imperativo *m*; ⁀**gemäß** *adv.* de acuerdo con las órdenes, según las instrucciones; *∼gewalt f* mando *m*; *∼haber m* comandante *m*; ⁀**haberisch** *adj.* imperioso; dominante, F mandón; *∼stand m*, *∼stelle f* puesto *m* de mando; *∼taste f Computer*: tecla *f* de comando; *∼übermittlung f* transmisión *f* de órdenes; *∼verweigerung f* desobediencia *f* a una orden; ⁀**widrig** *adj.* contrario a las órdenes.
be'festig|en (-) *v/t. allg.* fijar (*an dat.* en); *bsd.* ⊕ sujetar, afianzar, asegurar; *mlt Tauen*: amarrar; *mit Stricken*: atar; *Straße*: afirmar; ✗ fortificar; *fig.* fortalecer; *∼ung f* sujeción *f*, fijación *f* (*a.* ⊕), afianzamiento *m*; *e-r Straße*: afirmado *m*; ✗ fortificación *f*; *fig.* fortalecimiento *m*; ⁀**ungs-anlagen** *f/pl.*, ⁀**ungswerke** *n/pl.* ✗ obras *f/pl.* de fortificación; ⁀**ungsschraube** ⊕ *f* tornillo *m* de sujeción.
be'feucht|en (-) *v/t.* mojar, humedecer, humectar; *∼ung f* humectación *f*; mojadura *f*.
be'feuer|n (*-re*) ✈ *v/t.* balizar; *∼ung f* balizamiento *m* luminoso.
'Beffchen *n* alzacuello *m*.
be'finden (*L*; -) **I.** *v/t.*: *für gut ∼* tener

a bien, aprobar; ⁀ *für schuldig* (*unschuldig*) *∼* declarar culpable (inocente); **II.** *v/refl.*: *sich ∼ örtlich*: hallarse, encontrarse; *in e-r Liste*: figurar; *gesundheitlich*: estar, sentirse, encontrarse; *wie ∼ Sie sich?* ¿cómo está usted?; **III.** *v/i.*: *∼ in* (*dat.*) *od. über* (*ac.*) decidir de; ⁀ *über e-e Sache ∼* conocer (*od.* entender) de una causa; **IV.** ⁀ *n* (*Gesundheitszustand*) estado *m* de salud; (*Meinung*) parecer *m*, opinión *f*; *sich nach j-s ∼ erkundigen* preguntar por la salud de alg.
be'findlich *adj.* (*gelegen*) situado, sito, ubicado; *∼ existente en*.
be'fingern (*-re*; -) *v/t.* manosear, toquetear.
be'flaggen (-) *v/t.* embanderar; ⚓ empavesar.
be'fleck|en (-) *v/t.* manchar (*a. fig.*); (*beschmutzen*) ensuciar; (*bespritzen*) salpicar; *fig.* (*entweihen*) profanar; *Ehre, Ruf*: mancillar; ⁀**ung** *f* mancha *f*; *fig.* mancilla *f*; (*Entweihung*) profanación *f*.
be'fleißigen (-) *v/refl.*: *sich ∼* aplicarse a, dedicarse (con ahínco) a; esforzarse en.
be'fliegen (*L*; -) ✈ *v/t.* servir (*od.* cubrir) una línea.
be'flissen *adj.* dedicado a; (*fleißig*) aplicado, estudioso, diligente; ⁀**heit** *f* (0) aplicación *f*, estudio *m*, diligencia *f*; (*Eifer*) celo *m*, empeño *m*.
be'flügel|n (*-le*; -) *v/t.* dar alas a (*a. fig.*); *Schritte*: acelerar, avivar, aligerar (el paso); *fig.* inspirar; *∼t adj.* alado; *Poes.* aligero.
be'folg|en (-) *v/t. Rat usw.*: seguir; *Gebot, Gesetz*: obedecer, observar, acatar; *Vorschrift*: cumplir; *Befehl*: ejecutar; ⁀**ung** *f* cumplimiento *m*; ejecución *f*, obediencia *f* (a); observancia *f*, acatamiento *m*.
be'förder|n (*-re*; -) *v/t.* **1.** transportar; *Güter*: *a.* acarrear; (*versenden*) expedir, enviar; despachar; *Telegramm*: transmitir, cursar; **2.** *im Amt od. Rang*: ascender, promover; ⁀**ung** *f* transporte *m*; acarreo *m* (*Versand*) expedición *f*, envío *m*; despacho *m*; *Telegramm*: transmisión *f*; *im Rang*: ascenso *m*, promoción *f*.
Be'förderungs...: *∼art f* modo *m* de transporte; *∼bedingungen f/pl.* condiciones *f/pl.* de transporte; *∼kosten pl.* gastos *m/pl.* de transporte; *∼liste f* (*Rangliste*) escalafón *m*; *∼mittel n* medio *m* de transporte; *∼tarif* ⊕ tarifa *f* de transporte (ferroviario).
be'fracht|en (*-e-*; -) *v/t.* cargar; ⚓ fletar; *∼er m* cargador *m*; fletador *m*; ⁀**ung** *f* carga *f*, cargamento *m*; fletamento *m*; ⁀**ungsbrief** *m* póliza *f* de fletamento; ⁀**ungsvertrag** *m* contrato *m* de fletamento.
be'frackt *adj.* (vestido) de frac.
be'frag|en (-) *v/t.* preguntar (*wegen, nach* por); *die Öffentlichkeit*: hacer una encuesta, encuestar; (*verhören*) interrogar; (*interviewen*) entrevistar; (*sich wenden an*) consultar; interpelar; ⁀**te**(**r**) *m m/f* entrevistado (-a *f*) *m*, encuestado (-a *f*) *m*; ⁀**ung** *f* consulta *f*; ⁀ interrogatorio *m*; encuesta *f*.
be'frei|en (-) **I.** *v/t.* liberar; (*freilassen*) libertar, poner en libertad; soltar; *gegen Lösegeld*: rescatar; (*ret-*

ten) salvar; *von e-r Verpflichtung*: eximir, dispensar (*a.* ✗); *von e-r Arbeit*: excusar; *von e-r Sorge*: librar; *von Hemmnissen*: desembarazar; *von e-r Last*: exonerar (*a. fig.*); **II.** *v/refl.*: *sich ∼* librarse, deshacerse (*von* de); *aus Schwierigkeiten*: desembarazarse; zafarse; ⁀**er**(**in** *f*) *m* libertador(a *f*) *m*; *∼t adj.* ✗, *Steuer usw.*: exento; *Pflicht*: dispensado; ⁀**ung** *f* liberación *f*; exención *f*; exoneración *f*; emancipación *f*; dispensa *f*; ⁀**ungskrieg** *m* guerra *f* de independencia.
be'fremd|en (*-e-*; -) *v/t.* sorprender; extrañar, parecer extraño, F chocar; ⁀**en** *n* sorpresa *f*; extrañeza *f*, *∼end*, *∼lich adj.* extraño, raro, F chocante; sorprendente; insólito.
be'freund|en (*-e-*; -) *v/refl.*: *sich mit j-m ∼* trabar amistad con alg., hacerse amigo de alg.; *sich mit ∼* familiarizarse con a/c.; *sich mit e-m Gedanken ∼* hacerse a la idea; *∼et adj.*: *∼ mit* amigo de, en amistosas relaciones con; *eng ∼ sein mit* ser íntimo amigo de.
be'frieden (*-e-*; -) *v/t.* pacificar.
be'friedig|en (-) *v/t.* satisfacer (*a. fig.*); (*zufriedenstellen*) contentar, complacer; *Hunger*: saciar; *schwer zu ∼* difícil de contentar; *∼end adj.* satisfactorio; *∼ ausfallen* dar resultado satisfactorio; *∼t adj.* satisfecho, contento, ⁀**ung** *f* satisfacción *f*; (*Zufriedenheit*) complacencia *f*; contentamiento *m*, contento *m*.
Be'friedung *f* pacificación *f*.
be'frist|en (*-e-*; -) *v/t.* limitar, fijar un plazo para; *∼et adj.* a plazo (fijo), con plazo señalado; ⁀**ung** *f* fijación *f* de un plazo.
be'frucht|en (*-e-*; -) *v/t. Bio.* fecundar (*a. fig.*), fertilizar; *∼end adj.* fecundante; ⁀**ung** *f* fecundación *f*; fertilización *f*; *künstliche ∼* inseminación *f* artificial.
be'fug|en (-) *v/t.* autorizar, facultar; ⁀**nis** *f* (-; *-se*) (*Ermächtigung*) autorización *f*; facultad *f*; (*Vollmacht*) poder *m*; (*Erlaubnis*) permiso *m*; (*Zuständigkeit*) competencia *f*; atribución *f*; *j-m ∼ erteilen* autorizar (od. facultar) a alg. (*zu inf.* para); *∼t adj.* autorizado, facultado (*zu* para); (*zuständig*) competente (para); *er ist dazu nicht ∼* no tiene derecho (*bzw.* no está autorizado) a hacer eso.
be'fühlen (-) *v/t.* tentar, tocar, palpar.
be'fummeln (*-le*; -) F *v/t.* manosear, toquetear, sobar; *bsd. Frau*: P magrear.
Be'fund *m* (*-¢s; -e*) (*Zustand*) estado *m*, condición *f*; (*festgestelltes Ergebnis*) resultado *m*; comprobación *f*; (*Gutachten*) informe *m*, dictamen *m*; ⁀ resultado *m* del reconocimiento; *ohne ∼* normal; sin hallazgos.
be'fürcht|en (*-e-*; -) *v/t.* temer, recelar(se); (*vermuten*) sospechar; *das Schlimmste ist zu ∼* debemos estar preparados para lo peor; *hay que temer un desenlace fatal*; *es ist nicht zu ∼, daß* no es de temer que, no hay temor de que (*subj.*); ⁀**ung** *f* temor *m*, recelo *m*; (*Argwohn*) sospecha *f*.
be'fürworten (*-e-*; -) *v/t.* (*eintreten für*) recomendar; abogar por, interceder (en favor de); (*unterstützen*) apoyar, secundar; (*begünstigen*) favo-

recer; patrocinar; 2er(in *f*) *m* recomendante *m/f*; defensor(a *f*) *m*; 2ung *f* recomendación *f*; apoyo *m*.

be'gab|en (-) *v/t.*: ~ mit dotar, proveer de; ~t *adj.* inteligente; de talento, talentoso; dotado (*mit* de); *Schüler*: aventajado; ~ *sein* tener talento (*für* para); 2ung *f* talento *m*; capacidad *f*; inteligencia *f*; dotes *f/pl.*; aptitud *f*, habilidad *f* (*für* para); *natürliche* ~ don *m* natural.

be'gaffen (-) F *v/t.* mirar boquiabierto.

be'gatt|en (-e-; -) *v/refl.*: sich ~ copularse, juntarse (carnalmente); *Zoo.* aparearse, acoplarse; 2ung *f* coito *m*, cópula *f*, acto *m* carnal; *Zoo.* apareamiento *m*, acoplamiento *m*; 2ungsorgan *n* órgano *m* copulador.

be'gaunern (-re; -) *v/t.* estafar, engañar, F timar, dar el timo.

be'gebbar ✝ *adj.* negociable; (*übertragbar*) transferible; 2keit *f* negociabilidad *f*.

be'geb|en (L; -) I. *v/refl.*: sich ~ 1. ir, dirigirse, trasladarse, desplazarse (*nach*, *zu* a); *zu j-m*: presentarse a; *sich an die Arbeit* ~ ir a trabajar; poner manos a la obra; *sich auf die Flucht* ~ darse a la fuga; *sich auf die Reise* ~ salir (de viaje) para; *sich in Gefahr* ~ exponerse a un peligro; *sich zur Ruhe* ~ retirarse a descansar, acostarse; 2. (*sich ereignen*) ocurrir, suceder, pasar, acontecer; II. *v/t.* ✝ *Anleihen*: emitir; *durch Giro*: endosar; 2enheit *f* suceso *m*; acontecimiento *m*; evento *m*; 2ung ✝ *f e-r Anleihe*: emisión *f*; 2ungsvermerk ✝ *m* endoso (de negociación).

be'gegn|en (-e-; -) *v/t.* 1. *j-m* ~ encontrar a alg.; *zufällig*: topar con, dar con, tropezar con; F chocar con; *e-m Fahrzeug*: cruzar; *sich od. einander* ~ encontrarse; *j-m freundlich* (*grob*) ~ acoger amistosamente (con malos modos) a alg.; 2. (*entgegentreten*) contrarrestar, combatir; (*abhelfen*) remediar; 3. (*zustoßen*) suceder; 4. (*vorbeugen*) prevenir, precaver (*ac.*); 2ung *f* encuentro *m* (*a. Sport*); (*Zusammenkunft*) entrevista *f*.

be'geh|bar *adj. Weg*: practicable, viable; ~en (L; -) *v/t. Weg*: recorrer, pasar por; *häufig*: frecuentar; *prüfend*: inspeccionar; (*feiern*) celebrar; conmemorar; festejar; *Feiertag*: observar, guardar; *Fehler*: hacer, cometer; *Verbrechen*: perpetrar, cometer, consumar; 2en *n* → *Begehung*.

Be'gehr *m*, *n*, ~en *n* (-s; 0) (*Gesuch*) petición *f*; (*Wunsch*) deseo *m*, gana(s) *f* (*pl.*); anhelo *m*, afán *m*; 2en (-) *v/t.* pedir, solicitar; *et. von j-m* a/c. de alg.; (*wünschen*) desear; apetecer; (*gierig*, *neidisch*) codiciar; (*heftig*) anhelar, ansiar; *Bib. du sollst nicht* ~ codiciarás ...; *es ist sehr begehrt* ✝ es muy solicitado (*a. Person*), hay mucha demanda por; 2enswert *adj.* deseable; apetecible; codiciable; 2lich *adj.* (*habgierig*) codicioso, ávido; (*heftig wünschend*) ansioso, anhelante; ~lichkeit *f* (0) codicia *f*; avidez *f*; concupiscencia *f*.

Be'gehung *f von Wegen*: recorrido *m*; (*Besichtigung*) inspección *f*; *e-r Feier*: celebración *f*; conmemoración *f*; *e-s Verbrechens*: comisión *f*, perpetración *f*.

be'geifern (-re; -) *fig. v/t.* calumniar, difamar; denigrar.

be'geister|n (-re; -) *v/t. u. v/refl.* entusiasmar(se), apasionar(se) (*für ac.* por); *das Publikum*: *a.* electrizar, enardecer; *Dichter*: inspirar; *sich* ~ *an* (*dat.*) inspirarse, embelesarse en; extasiar(se), ~nd *adj.* apasionante; enardecedor; ~t *adj.* entusiástico, apasionado; entusiasmado (*von* con; *für* por); ~er *Anhänger* entusiasta *m*, fanático *m*; 2ung *f* entusiasmo *m*, pasión *f* (*für* por); exaltación *f*; éxtasis *m*; embeles(amient)o *m*; *dichterische* ~ inspiración *f*, estro *m* poético.

Be'gier, ~de *f* deseo *m*, gana(s) *f* (*pl.*) (*nach* de); (*Gelüste*) apetito *m*, apetencia *f*; (*Sinnenlust*) concupiscencia *f*; (*Sehnsucht*) anhelo *m*, ansia *f* (*nach* de); (*Lüsternheit*) avidez *f*; (*Habgier*) codicia *f*; 2ig *adj.* deseoso, ganoso (*nach*, *auf* de); (*lüstern*) ávido; (*habgierig*) codicioso; (*bedacht auf*) ansioso de, impaciente por; *ich bin* ~ *zu erfahren* estoy curioso por saber.

be'gießen (L; -) *v/t.* regar; rociar; F (*feiern*) F remojar.

Be'ginn *m* (-*e*s; 0) comienzo *m*, principio *m*; iniciación *f*, *Neol.* inicio *m*; *Kurs*, *Verhandlung*: apertura *f*; → *a. Anfang*; 2en (L) *v/t. u. v/i.* empezar, comenzar, iniciar, principiar (*zu* a; *mit* con *od.* por); (*unternehmen*) emprender; → *a. anfangen*; ~en *n* (*Unternehmen*) empresa *f*; 2end *adj.* incipiente; inicial.

be'glaubig|en (-) *v/t.* testimoniar, atestiguar, atestar, testificar, dar fe de; autenticar; autorizar; (*gegenzeichnen*) refrendar; (*bescheinigen*) certificar; *amtlich*: legalizar; *e-n Gesandten*: acreditar (*bei cerca* de); ~t *adj.* certificado; legalizado; ~e *Abschrift* copia *f* legalizada *bzw.* certificada; 2ung *f* certificación *f*; *amtliche*: legalización *f*; (*Gegenzeichnung*) refrendo *m*; 🕮 *zur* ~ *dessen* en fe de lo cual; para que conste; 2ungsschreiben *Dipl. n* (cartas *f/pl.*) credenciales *f/pl.*

be'gleich|en (L; -) ✝ *v/t. Rechnung*: pagar, abonar, satisfacer, liquidar; arreglar, saldar; 2ung *f* pago *m*; arreglo *m*; liquidación *f*.

Be'gleit...: ~adresse *f* boletín *m* de expedición; ~brief *m* carta *f* de envío; 2en (-e-; -) *v/t.* acompañar (*a.* 🎵), (*führen*) conducir; ⚔, ⚓ escoltar, convoyar; ~er(in *f*) *m* acompañante *m/f* (*a.* 🎵); (*Gefährte*) compañero (-a *f*) *m*; ~erscheinung ⚕ *f* síntoma *m* concomitante; fenómeno *m* secundario; ~fahrzeug *n bei Radrennen usw.*: vehículo *m* acompañante; ~flugzeug *n* avión *m* de escolta; ~jäger ✈ *m* (avión *m* de) caza *m* de escolta; ~mannschaft ⚔ *f* escolta *f*; ~musik *f* música *f* de acompañamiento; *Film*: música *f* de fondo; ~papiere *n/pl.* documentación *f*; ~person *f* persona *f* acompañante; escolta *m/f*; ~schein ✝ *m* guía *f* de circulación (*od.* tránsito); 2e Permiso *m* de aduana; ~schiff *n* buque *m* de escolta; ~schreiben *n* carta *f* de envío; carta *f* adjunta; ~schutz *m* escolta *f*; ~umstände *m/pl.* circunstancias *f/pl.* (concomitantes); 🕮 *Lt.* res gestae; ~ung *f* acompañamiento *m* (*a.* 🎵); (*Gefolge*) comitiva *f*, séquito *m*; ⚔, ⚓ escolta *f*, convoy *m*; *in* ~ *von* en compañía de; acompañado de (*od.* por); ~worte *n/pl.* palabras *f/pl.* de presentación; ~zettel ✝ *m* hoja *f* de ruta.

be'glück|en (-) *v/t.* hacer feliz, agraciar (*mit* con); *iro. j-n mit et.* ~ colar a/c. a alg.; sorprender a alg. con a/c.; ~end *adj.* encantador, placentero; 2er *m* bienhechor *m*; ~t *adj.* afortunado; feliz, dichoso; ~wünschen *v/t.* congratular; felicitar, dar la enhorabuena (*zu*, *wegen* por); 2wünschung *f* congratulación *f*, felicitación *f*; enhorabuena *f*, parabién *m*.

be'gnadet *adj.* agraciado, altamente dotado; ~er *Künstler* artista *m* inspirado (*od.* genial).

be'gnadig|en (-) *v/t.* perdonar; 🕮 indultar; *Pol.* amnistiar; 2ung *f* perdón *m*; indulto *m*; gracia *f*; amnistía *f*; 2ungsgesuch *n* petición *f* de gracia; 2ungsrecht 🕮 *n* derecho *m* de gracia (*od.* indulto).

be'gnügen (-) *v/refl.*: sich ~ mit contentarse con, darse por satisfecho con.

Be'gonie ❀ *f* begonia *f*.

be'graben (L; -) *v/t.* enterrar (*a. fig.*), sepultar, dar sepultura a; inhumar; *s-e Hoffnungen* ~ renunciar a toda esperanza; F *du kannst dich* ~ *lassen!* no sirves para nada; eres un inútil.

Be'gräbnis *n* (-*ses*; -*se*) entierro *m*; inhumación *f*; sepelio *m*; ~feier(lichkeiten) *f* (*pl.*) funeral *m*, honras *f/pl.* fúnebres, exequias *f/pl.*; ~stätte *f* sepulcro *m*; (*Totenstadt*) necrópolis *f*.

be'gradig|en (-) ⊕ *v/t.* alinear (*a.* ⚔); *Fluß*, *Kurve*: rectificar; 2ung *f* alineación *f*; rectificación *f*.

be'greif|en (-) *v/t.* entender, comprender; concebir; captar; F caer en la cuenta; (*umfassen*) abarcar; *in sich* ~ encerrar, comprender, incluir; *schnell* ~ ser despabilado (*od.* vivo de entendimiento); *schwer* ~ ser tardo de comprensión, F tener malas entenderas; *es ist nicht zu* ~ es incomprensible; → *begriffen*; ~lich *adj.* comprensible; inteligible; explicable; concebible; *j-m et.* ~ *machen* hacer comprender a alg. a/c.; ~licher'weise *adv.* por supuesto, naturalmente, como es natural; como era de suponer.

be'grenz|en (-t; -) *v/t.* (de)limitar; *fig. a.* reducir, restringir (*auf ac.* a); (*Grenze bilden*) demarcar (*durch Grenzzeichen*) amojonar, acotar; (*festlegen*) definir, determinar, circunscribir; *begrenzte Mittel* recursos *m/pl.* limitados; 2theit *f* (0) limitación *f*; cortedad *f*, insuficiencia *f*; 2ung *f* (de)limitación *f*; demarcación *f*; restricción *f*; (*Grenze*) límite *m*; 2ungsleuchte *f Kfz.* luz *f* de gálibo.

Be'griff *m* (-*e*s; -*e*) (*Vorstellung*) concepto *m*; idea *f*; noción *f*; *ein* ~ *sein* ser muy conocido *bzw.* famoso; *im* ~ *sein*, *zu inf.* estar a punto de, estar para *inf.*; F *schwer von* ~ *sein* F tener malas entendederas; ser lento en comprender; *sich e-n* ~ *machen von* hacerse (*od.* formarse) una idea *'*de; *e-n* ~ *von et. geben* dar (una) idea de a/c.; *du machst dir keinen* ~! no tienes idea, no puedes imaginarte; *ist dir*

begriffen — beherzigenswert 88

das ein ~? ¿sabes algo de esto?; F ¿te suena?; das ist mir kein ~ no me suena, no me dice nada; das übersteigt alle ~e esto supera todo lo imaginable; das geht über meine ~e no puedo concebirlo, no alcanzo a comprenderlo; für m-e ~e en mi concepto, a mi entender; keinen ~ von et. haben no tener la menor idea de a/c., F no entender ni jota de a/c.; ℒen p.p. u. adj.: ~ sein in et. estar ocupado en (od. haciendo) a/c; estar en vías de; im Entstehen ~ en (proceso de) formación; ℒlich adj. abstracto; conceptual; ~sbestimmung f definición f; ℒsstutzig adj. duro de mollera, tardo de comprensión; ~svermögen n entendimiento m; facultad f comprensiva, comprensión f, F entendederas f/pl.; ~sverwirrung f confusión f de ideas.

be'gründ|en (-e-; -) v/t. fundar (auf dat. en); fig. fundamentar, cimentar; constituir; Geschäft: establecer; Handlung usw.: justificar, motivar (mit por); Behauptung: exponer las razones de; alegar pruebas; Antrag: apoyar, defender; ~end adj. justificativo; ℔ constitutivo; ℒer(in f) m fundador(a f) m; iniciador(a f) m; ~et adj. fundado, razonado, justificado; ℒung f fundación f; establecimiento m; iniciación f; (Motivierung) motivación f; (Beweisführung) argumentación f; (Beweisangabe) alegación f de pruebas; des Urteils: exposición f de motivos; mit der ~, daß basándose en que, alegando que.

be'grün|en (-) v/t. ajardinar; ℒung f ajardinamiento m.

be'grüß|en (-t; -) v/t. saludar; (willkommen heißen) dar la bienvenida; offiziell ~ cumplimentar; et. ~ celebrar, aplaudir, acoger con satisfacción; ~enswert adj. laudable, plausible; ℒung f saludo m; salutación f; (Willkommen) bienvenida f; (Empfang) recibimiento m; ℒungs-ansprache f discurso m de bienvenida.

be'gucken (-) F v/t. mirar, atisbar; ojear.

be'günstig|en (-) v/t. favorecer, beneficiar; (fördern) fomentar, proteger, secundar; patrocinar; (bevorrechten) privilegiar; (vorziehen) preferir; ℔ encubrir; ℒte(r m) m/f beneficiario (-a f) m; ℒung f favorecimiento m; protección f; (Gunst) favor(es pl.) m; (Förderung) fomento m; (Bevorzugung) preferencia f, trato m preferente; favoritismo m; ℔ encubrimiento m; ℒungsklausel f cláusula f de beneficio.

be'gutacht|en (-e-; -) v/t. dictaminar sobre; dar su opinión bzw. un dictamen sobre; (prüfen) examinar; ~ lassen someter a dictamen; ℒer m dictaminador m; perito m; ℒung f dictamen m; peritaje m.

be'gütert adj. acaudalado, rico, pudiente; an Grundbesitz: hacendado.

be'gütigen (-) v/t. calmar, apaciguar; sosegar, tranquilizar; aplacar.

be'haart adj. peludo, piloso; Körper: velloso, (dicht) velludo.

be'häbig adj. (beleibt) corpulento; fig. flemático; cómodo; lento; F cachazudo; F comodón; ℒkeit f (0) corpulencia f; flema f, F cachaza f; comodidad f.

be'haftet adj. mit e-r Krankheit usw.: atacado, afectado de; ℊ a. aquejado de; mit Schulden ~ cargado de deudas, F entrampado.

be'hag|en (-) v/i. gustar, agradar; ℒen n gusto m, agrado m; (Vergnügen) placer m, deleite m, gozo m; (Bequemlichkeit) comodidad f; (Befriedigung) satisfacción f; ~ finden an encontrar gusto (od. placer) en; ~lich adj. (angenehm) agradable; (bequem) cómodo, confortable; Leben: desahogado, placentero; sich ~ fühlen sentirse a gusto, F estar a sus anchas; ℒlichkeit f comodidad f; bienestar m; holgura f, gal. confort m.

be'halten (L; -) v/t. guardar, conservar, mantener; im Gedächtnis: retener; ℞ e-e Zahl: llevar; recht ~ llevar razón; et. für sich ~ retener (en su poder), quedarse con a/c.; behalte das für dich! ¡guárdatelo para ti!; ~ Sie Platz! ¡no se levante!

Be'hält|er m, ~nis n (-ses, -se) recipiente m; receptáculo m; (großer) depósito m; für Flüssigkeiten: a. tanque m; (Sammel℞) contenedor m.

Be'hälter..: ~inhalt m capacidad f del depósito (od. tanque); ~verkehr m transporte m por contenedores; ~wagen m vagón m bzw. camión m cisterna.

be'hämmert F adj. chiflado, chalado, tocado.

be'hand|eln (-le; -) v/t. allg. tratar; (handhaben) manejar, manipular; ℊ tratar, atender, asistir; et. schlecht ~ tratar mal (od. hacer mal uso de) a/c.; j-n gut ~ dar buen trato a alg.; ℒlung f tratamiento m (a. ℊ); (Umgang) trato m; (Handhabung) manejo m, manipulación f; ℊ a. asistencia f médica, terapia f; in (ärztlicher) ~ sein estar en (od. sometido a) tratamiento (médico); ℒlungsweise f modo m de tratar a (od. de comportarse con) alg.; ℊ método m de tratamiento, procedimiento m terapéutico; ℒlungszimmer ℊ n sala f de cura.

Be'hang m (-es; ~e) (Wand℞) colgadura f; (Drapierung) cortinaje m; (Ausschmückung) decoración f; des Jagdhundes: orejas f/pl. (colgantes).

be'hängen (-) v/t. cubrir, guarnecer (mit con, de); (schmücken) adornar; Wände: tapizar; sich ~ mit ponerse, adornarse con.

be'harr|en (-) v/i. perseverar, persistir (auf, bei dat. en); mantenerse firme en; (bestehen auf) insistir en; hartnäckig: obstinarse, empeñarse en, aferrarse a; bei e-r Aussage, Meinung: afirmarse en, mantenerse en; F seguir en sus trece; ~lich adj. insistente; persistente; perseverante; (stetig) firme, constante; (zäh) tenaz; ℒlichkeit f (0), ℒung f (0) insistencia f; persistencia f; perseverancia f; constancia f; tenacidad f, tesón m, empeño m; ℒungsvermögen Phys. n inercia f; ℒungszustand m ⊕ estado m permanente, permanencia f; Phys. estado m de inercia.

be'hauch|en (-) Gr. v/t. aspirar; ℒung f aspiración f.

be'hauen (L; -) v/t. Steine: tallar, picar; (rechtwinklig) escuadrar; (bearbeiten) labrar; Escul. esculpir; (grob) desbastar.

be'haupt|en (-e-; -) v/t. 1. (festhalten) mantener, sostener; sich ~ imponerse; mantenerse firme; defenderse; fig. capear el temporal; ✝ Preise, Kurse: sostenerse, mantenerse firme; 2. (versichern) afirmar; asegurar, aseverar; (erklären) declarar; (vorgeben) pretender; ich habe nicht behauptet yo no he dicho; man behauptet von ihm se dice de él; ℒung f afirmación f; aserto m, aserción f; aseveración f; (Erklärung) declaración f; (Aufrechterhaltung) mantenimiento m, sostenimiento m; leere (od. bloße) ~ afirmación f gratuita; e-e ~ aufstellen hacer una afirmación f.

Be'hausung f vivienda f, casa f, morada f; domicilio m; ärmliche: casucha f, tugurio m, chabola f.

be'heb|en (-; L;-) v/t. eliminar, apartar, quitar; Schwierigkeiten: allanar, zanjar; Mißstand: remediar, poner remedio a; Schaden: reparar; Zweifel: disipar; ℒung f (0) eliminación f, supresión f; reparación f; allanamiento m.

be'heimatet adj. domiciliado (in dat. en); er ist in X ~ es natural (od. oriundo) de X.

be'heiz|bar adj. calentable; Autoscheibe: térmico; ~en (-t; -) v/t. calentar.

Be'helf m (-es, -e) expediente m, recurso m (a. ℔); F parche m; ℒen (L, -) v/refl.: sich ~ defenderse, acomodarse, F arreglárselas, componérselas; sich mit et. ~ servirse de, arreglarse con; tener suficiente con; sich ohne et. ~ arreglarse sin, pasarse sin; ~s-antenne f antena f auxiliar bzw. provisional; ~sbrücke f puente m provisional bzw. improvisado; ~s-heim n vivienda f improvisada bzw. provisional; ~slösung f solución f provisional (od. F de paños calientes); ℒsmäßig adj. improvisado; provisional; de emergencia; de fortuna.

be'hellig|en (-) v/t. molestar, importunar, incomodar; F jorobar, fastidiar; ℒung f importunidad f, molestia f.

be'hend, ~e adj. (flink) ágil, ligero; (schnell) rápido, veloz; expeditivo; (gewandt) hábil, diestro; ℒigkeit f agilidad f; prontitud f, rapidez f, presteza f; destreza f.

be'herberg|en (-) v/t. hospedar, alojar; albergar; fig. cobijar; ℒung f hospedaje m, alojamiento m; fig. cobijo m; ℒungsgewerbe n industria f hotelera.

be'herrsch|en (-) v/t. 1. dominar (a. fig.), señorear; (regieren) gobernar, reinar sobre; 2. fig. Lage usw.: dominar, ser dueño de; Zorn: reprimir; sich ~ dominarse; contenerse, reprimirse, reportarse, controlarse; (sich mäßigen) moderarse; 3. Thema usw.: conocer a fondo; Sprache: saber, poseer; 4. (überragen) Berg usw.: dominar; ℒer(in f) m soberano (-a f) m; señor(a f) m; fig. dueño (-a f) m; ~t adj. Person: dueño de sí; ℒung f (0) dominio m; dominación f; gobierno m; control m; des Zorns: contención f; der Triebe: continencia f; die ~ verlieren perder los estribos.

be'herzig|en (-) v/t. tomar a pecho bzw. en consideración; F no echar en saco roto; ~enswert adj. digno de

consideración; 2ung f consideración f, ponderación f.
be'herzt adj. valiente, esforzado; arrojado, bravo; (entschlossen) resuelto; 2heit f (0) valentía f, valor m, gal. coraje m; arrojo m, bravura f; (Entschlossenheit) resolución f.
be'hex|en (-t; -) v/t. embrujar, hechizar (a. fig.); 2ung f embrujamiento m; hechicería f; fig. hechizo m.
be'hilflich adj.: j-m ~ sein ayudar a alg. en (od. a lo'grar) a/c.; ser útil a alg.; F echar una mano a alg.
be'hinder|n (-re; -) v/t. (erschweren) dificultar, obstaculizar (a. Verkehr); (lästig sein) molestar, estorbar; (verhindern) impedir, entorpecer, obstruir; 2te(r) ✡ m impedido m, disminuido m, minusválido m; 2ung f dificultad f; estorbo m, traba f; impedimento m; ✡ minusvalía f, disminución f; bsd. Vkw., Sport: obstrucción f.
Be'hörd|e f autoridad f, mst. pl. autoridades f/pl.; administración f; eng S. oficina f, negociado m, departamento m; 2lich I. adj. oficial, de la(s) autoridad(es); administrativo; II. adv. por (orden de) la autoridad; ~ genehmigt autorizado oficialmente.
Be'huf m (-¢s; -e): zu diesem ~ a tal fin; con tal motivo.
be'humsen (-t; -) P v/t. timar.
be'hüt|en (-e-; -) v/t. guardar; (vor et. bewahren) librar de, preservar de, resguardar de; (beschützen) proteger, defender (vor dat. de, contra); Gott behüte! ¡Dios me libre!; ¡no lo quiera Dios!; 2er(in f) m guardián m; protector(a f) m.
be'hutsam I. adj. (vorsichtig) caut(elos)o, prudente; (sorgsam) cuidadoso, precavido; II. adv. con cautela; con cuidado; con precaución; 2keit f (0) precaución f, prudencia f; cuidado m, cautela f.
bei prp. (dat.) 1. örtlich: ~ Berlin cerca de Berlín; die Schlacht ~ Sedan la batalla de Sedán; ~ Hofe en la corte; ~m Buchhändler en la librería; ~ Tisch a (od. en) la mesa; Botschafter ~m Vatikan embajador cerca de la Santa Sede; ~ sich haben llevar consigo (F encima); ~ der Hand haben tener a mano; er arbeitet ~ der Firma X trabaja en la casa X; ~ mir, ~ dir, ~ sich conmigo, contigo, consigo; ~ ihm (uns) con él (nosotros); cerca de él (nosotros); a su (nuestro) lado; ~ m-n Eltern con (od. en casa de) mis padres; (Adresse) ~ Schmidt en casa de Schmidt; er wohnt ~ mir vive en mi casa; man fand e-n Brief ~ ihm se le encontró una carta; ~ Goethe lesen wir dice Goethe; leemos en Goethe; ~ den Griechen entre los griegos; er nimmt Unterricht ~ ... toma clases con ...; das ist oft so ~ Kindern esto ocurre con frecuencia en los niños; 2. Zeit, Umstände: ~m Essen durante (od. en) la comida; ~ m-r Ankunft a mi llegada; ~ Tagesanbruch al amanecer; ~ Nacht (Tag) de noche (día); ~m ersten Anblick a primera vista; ~ Gelegenheit si hay ocasión; ~ e-m Glas Wein tomando un vaso de vino; ~ Strafe von 3 Mark bajo multa de 3 marcos; ~ jedem Schritt a cada paso; ~ Unfällen en caso de accidente; 3. Eigenschaften, Zustände: ~ der Arbeit sein estar trabajando; ~ guter

Gesundheit en buen estado de salud; ~ offenem Fenster con la ventana abierta; ~ Kerzenlicht a la luz de una vela; ~ Kasse sein tener dinero (od. F fondos); ~ diesem Wetter con este tiempo, con el tiempo que hace; ~ schönem Wetter haciendo (od. si hace) buen tiempo; ~m Spiel jugando, al jugar; ~ dieser Gelegenheit en esta (con tal) ocasión; ~ s-m Charakter con el carácter que tiene; 4. Einräumung: (angesichts) ~ so vielen Schwierigkeiten ante (od. en vista de) tantas dificultades; (trotz) ~ all s-r Vorsicht a pesar de (od. con) todas sus precauciones; ~ alledem con todo, a pesar de todo; 5. Anrufung: ~ Gott! ¡por Dios!; ~ m-r Ehre! ¡por mi honor!
'beibehalt|en (L; -) v/t. conservar, guardar, mantener; retener; 2ung f conservación f; mantenimiento m; retención f.
'Beiblatt n suplemento m (zu a).
'Beiboot ⚓ n lancha f (od. bote m) de a bordo; embarcación f auxiliar.
'beibring|en (L) v/t. 1. (herbeischaffen) traer; procurar; Beweise: aducir, aportar, producir; Unterlagen, Zeugen: presentar; Gründe: alegar; 2. j-m et. ~ (benachrichtigen) enterar (od. informar) a alg. de a/c.; (lehren) enseñar; familiarizar con; (verständlich machen) explicar, aclarar; schonend: hacer comprender; nachdrücklich: inculcar; 3. (zufügen) Niederlage: infligir; Wunde: inferir, producir; Verluste: causar, ocasionar; Schlag: asestar, dar, descargar; 2ung ⚖ f Beweismittel: aportación f, producción f; Gründe: alegación f.
'Beicht|e f confesión f; ~ ablegen confesarse; j-m die ~ abnehmen oír la confesión (od. confesar) a alg.; zur ~ gehen ir a confesarse (bei con); 2en (-e-) I. v/t. confesar; II. v/i. confesarse (bei dat. con; et. de); ~geheimnis n secreto m de la confesión; sigilo m sacramental; ~kind n penitente m, hijo m de confesión; ~stuhl m confes(i)onario m; ~vater m confesor m; director m espiritual.
'beid-äugig adj. binocular.
'beide adj. los (las) dos, uno y otro, ambos (-as f); entrambos (-as f); einer von ~n uno de los dos; m-e ~n Brüder mis dos hermanos; wir ~ nosotros (od. los) dos; alle ~ los dos, ambos (a dos); in ~n Fällen en ambos casos; keiner von ~n ni uno ni otro, ninguno de los dos; die ~n ander(e)n los otros dos; zu ~n Seiten a ambos lados, a uno y otro lado; ~mal adv. las dos veces.
'beider|lei adj. de los dos (od. de ambos) (mit pl.), de uno y otro (mit sg.); de ambas (od. de las dos) clases; ~ Geschlechts de uno y otro sexo; Gr. de género ambiguo; auf ~ Art de ambas maneras, de una manera o de otra; ~seitig I. adj. de ambas partes; (gegenseitig) mutuo, recíproco; II. adv. → ~seits adv. a ambos lados de; de una y otra parte, de ambas partes; (gegenseitig) mutuamente, recíprocamente.
'beides sg. ambas (od. las dos) cosas.
'Beid|händer m, 2händig adj. ambidextro (m), ambidiestro (m).
'beidrehen ⚓ v/t. u. v/i. fachear, ponerse en facha; bei Sturm: capear

(el temporal), ponerse a la capa.
'beidseitig adv. en ambos lados; ~ tragbar Kleidung: reversible.
bei-ein'ander adv. uno con otro; (zusammen) juntos, juntas; F er ist nicht gut ~ no se encuentra bien, F está malucho.
'Beifahrer m allg. acompañante m; Motorrad: a. paquete m; Lastwagen: conductor m auxiliar; bei Rennen: copiloto m.
'Beifall m (-¢s; 0) aplauso(s) m(pl.); ovación f; durch Zuruf: aclamación f; durch Händeklatschen: palmas f/pl.; (Billigung) asentimiento m, aprobación f; großen ~ ernten (od. finden) tener gran aceptación; ser muy aplaudido; es findet s-n ~ lo ve con buenos ojos; ~ spenden (od. zollen) aplaudir; ovacionar; aclamar, vitorear; stürmischen ~ hervorrufen provocar una tempestad de aplausos.
'beifällig adj. aprobatorio; (günstig) favorable; (schmeichelhaft) lisonjero; ~ nicken aprobar con la cabeza.
'Beifalls|klatschen n palmas f/pl.; ~ruf m bravo m; vítor m; aclamación f; ~sturm m salva f (od. tempestad f) de aplausos.
'Beifilm m cortometraje m, F corto m.
'beifolgend adj. adjunto, incluso; ~ sende ich adjunto le remito.
'beifüg|en v/t. añadir, agregar; e-m Brief: incluir en, adjuntar, acompañar a; anheften: unir; 2ung f Gr. atributo m; adición f; (Beilage) inclusión f; unter ~ von incluyendo, añadiendo.
'Beifuß ✿ m (-es; 0) artemisa f.
'Beigabe f añadidura f, aditamento m, F extra m; gedruckte: suplemento m.
'beige adj. fr. beige.
'beigeben (L) v/t. añadir, agregar; Begleiter: dar, asignar; fig. F klein ~ arriar velas; bajar las orejas.
'beige-ordnet Gr. adj. coordinado; 2e(r) m agregado m, adjunto m; ~ des Bürgermeisters teniente m de alcalde.
'Beigericht n (-¢s; -e) entremés m.
'beigeschlossen adj., adv. adjunto, incluso.
'Beigeschmack m (-¢s; 0) resabio m; dejo m, deje m, gustillo m (a. fig.).
'beigesellen (-) v/t. agregar; asociar; sich j-m ~ juntarse con (od. asociarse a) alg.
'Beihilfe f ayuda f, asistencia f; (Unterstützung) socorro m; bsd. staatliche: subvención f; subsidio m; ⚖ complicidad f; ~empfänger m beneficiario m.
'beiholen ⚓ v/t. Segel: amainar.
'beikommen (L; sn) v/i.: j-m (Sache) ~ aproximarse a; conseguir, alcanzar a/c.; fig. conocerle el flaco a alg.; ihm ist nicht beizukommen F no hay por dónde echarle mano.
Beil n (-¢s; -e) hacha f; kleines: hachuela f, destral m.
'Beilage f pieza f añadida; e-s Briefes: anexo m; e-r Zeitung: suplemento m; Kochk. guarnición f.
'beiläufig I. adj. incidental, (gelegentlich) ocasional; II. adv. incidentemente, incidentalmente; ~ erwähnen mencionar de paso; ~ gesagt dicho sea de paso (od. entre paréntesis).
'beileg|en v/t. 1. añadir, agregar; im

Beilegung — Beiwerk

Brief: incluir, acompañar, adjuntar; 2. (*zuschreiben*) atribuir; *Titel*: conceder, otorgar; *Namen, Bedeutung*: dar; *sich et. (unrechtmäßig)* ~ usurpar, arrogarse; 3. *Streit*: arreglar, zanjar, dirimir; *Schwierigkeiten*: orillar, obviar; 2ung f añadidura f, adición f; atribución f; arreglo m.
bei'leibe adv.: ~ nicht! ¡de ninguna manera!; ¡no lo quiera Dios!; F ¡ni por asomo!; et. ~ nicht tun guardarse muy bien de hacer a/c.
'**Beileid** n (-*és*; 0) pésame m, condolencia f; j-m sein ~ aussprechen dar el pésame a alg.; **~sbesuch** m visita f de pésame (*od.* de condolencia); **~sbezeigung** f, **~sbezeugung** f condolencias f/pl., testimonio m de pésame; **~sschreiben** n carta f de pésame.
'**Beilhieb** m hachazo m.
'**beiliegen** (L) v/i. e-m *Brief*: ir incluso (*od.* adjunto); ⚓ capear, estarse a la capa; pairar, estar al pairo; **~d** adj. u. adv. adjunto, incluido, acompañado.
'**beimengen** v/t. → beimischen.
'**beimessen** (L) v/t. atribuir; *Schuld*: imputar; achacar; *Bedeutung, Wert*: dar, conceder; e-r *Sache Glauben* ~ dar crédito a a/c.
'**beimisch|en** v/t. añadir a, mezclar con; agregar; 2ung f adición f; añadidura f, aditamento m; mezcla f.
Bein n (-*és*, -e) pierna f; (*Tier*2) pata f; (*Knochen*) hueso m; e-s *Möbels*: pata f, pie m; j-m auf die ~e helfen ayudar a alg. a levantarse (*od.* a ponerse en pie); *fig.* socorrer, ayudar, auxiliar; j-m ein ~ stellen echar (*od.* poner) la zancadilla (*od.* zancadillear) a alg.; *dauernd auf den ~en sein* F estar siempre con un pie en el aire; *fig. et. auf die ~e stellen (od. bringen)* poner en pie, montar, organizar; levantar (a. ⚔ *Truppen*); *wieder auf die ~e kommen Kranker*: restablecerse, recuperar fuerzas; F salir a flote; *wieder auf die ~e bringen Geschäft*: (lograr) restablecer, F poner (*od.* sacar) a flote; F j-m ~e machen dar prisa (*od.* espolear) a alg.; *sich auf die ~e machen* ponerse en camino; *die ~e in die Hand (od. unter den Arm) nehmen* echar a correr, F salir pitando, F poner pies en polvorosa; *mit beiden ~en auf der Erde stehen* tener los pies sobre la tierra; F *sich die ~e in den Leib stehen* F estar de plantón; *sich kaum auf den ~en halten können* no tenerse (*od.* apenas aguantarse) de pie; *gut auf den ~en sein* tener pies; F *et. od. j-n am ~ haben* tener que cargar con a/c. *od.* alg.
'**beinah(e)** adv. casi; por poco; (*ungefähr*) cerca de, aproximadamente; ~ zwei Stunden casi dos horas; ~ wäre ich gefallen por poco me caigo.
'**Beiname** m (-ns; -n) sobrenombre m; (*Spitzname*) apodo m, F mote m; j-m e-n ~n geben apodar a alg.; motejar.
'**Bein...**: **~arbeit** f *Sport*: juego m de piernas; **~bruch** m fractura f (de la) pierna; *fig. das ist kein ~ no es nada* (grave); 2**ern** adj. óseo, de hueso; **~freiheit** f espacio m para las piernas; **~griff** m *beim Ringen*: presa f de pierna; **~haus** n osario m; **~kleid** n pantalón m; *Hist.* calzas f/pl.; **~prothese** f pierna f artificial; **~**

schiene f *Rüstung*: canillera f, espinillera f (a. *Sport*); *Chir.* tablilla f; **~schlag** m *Schwimmen*: batido m de piernas; **~stellen** n zancadilla f; **~stumpf** m muñón m de pierna.
'**beiordn|en** (-e-) v/t. agregar, asociar, coordinar (a. Gr.); 2ung f agregación f; coordinación f.
'**beipacken** v/t. empaquetar junto, incluir; añadir.
'**Beipackzettel** m *bei Medikamenten*: hoja f informativa, prospecto m.
'**beipflicht|en** (-e-) v/i. aprobar; j-m ~ ser de la misma opinión; convenir con alg.; e-r *Sache*: asentir a; adherirse a; consentir en; 2ung f conformidad f; adhesión f; consentimiento m; aprobación f, asentimiento m.
'**Beiprogramm** n *Film*: complemento m.
'**Beirat** m (-*és*; ~e) consejo m (*od.* comité m) consultivo, junta f consultiva; consejo m asesor; (*Person*) consejero m, asesor m.
be'irren (-) v/t. turbar; aturdir; *sich ~ lassen* desconcertarse; *er läßt sich nicht ~* no se deja desconcertar.
bei'sammen adv. juntos, reunidos; F *schlecht (gut) ~ sein* sentirse indispuesto (bien de salud); F *nicht alle ~ haben* no estar en su sano juicio; 2**sein** n reunión f; *gemütliches ~* tertulia f.
'**Beisatz** Gr. m aposición f.
'**Beischlaf** m (-*es*; 0) coito m, cópula f; cohabitación f; *bsd.* ⚖ yacimiento m.
'**beischließen** (L) v/t. (*beifügen*) incluir, acompañar, adjuntar.
'**Beisegel** ⚓ n boneta f.
'**Beisein** n presencia f; im ~ von (*od. gen.*) en presencia de, ante.
bei'seite adv. aparte, a un lado; separadamente; ~ *bringen* hacer desaparecer; ~ *gehen* apartarse, hacerse a un lado; ~ *lassen* descartar; dejar aparte (*od.* a un lado); ~ *legen* poner aparte (*sparen*) ahorrar; j-n ~ *nehmen* hablar a solas con alg.; ~ *schaffen* remover, echar a un lado; hacer desaparecer; F j-n ~: matar, quitar de en medio; ~ *schieben* apartar, empujar a un lado; *fig. Person*: arrinconar; *Thea.* ~ *sprechen* hablar aparte; ~ *stellen* apartar; ~ *treten* hacerse a un lado.
'**beisetz|en** (-t) v/t. *Leiche*: enterrar, inhumar; sepultar, dar sepultura a; ⚓ *Segel*: desplegar; *alle Segel* ~ largar todas las velas; 2ung f entierro m, inhumación f, sepultura f; sepelio m.
'**Beisitzer** m vocal m; ⚖ (juez m) asesor m.
'**Beispiel** n (-*és*; -e) ejemplo m; botón m de muestra; *praktisches*: demostración f; *abschreckendes*: ejemplaridad f; zum ~ (z. B.) por ejemplo (*Abk.* p. ej.); *Liter.* verbigracia (*Abk.* v.gr.); als ~ a título de ejemplo; *nach dem ~ gen.* a ejemplo de; als ~ dienen servir de ejemplo; als ~ nennen poner por caso; wie zum ~ como por ejemplo, tal como; ein ~ geben poner un ejemplo; sich ein ~ nehmen an tomar ejemplo de; mit gutem ~ vorangehen predicar con el ejemplo; dar buen ejemplo; *Neol.* ejemplarizar; 2**haft** adj. ejemplar; 2**los** adj. sin ejemplo, sin precedente; (*unerhört*) inaudito; (*unvergleichlich*) sin par, sin igual; **~losigkeit** f singularidad f, carácter

m excepcional; 2**sweise** adv. por ejemplo, tal como.
'**beispringen** (L; sn) v/i.: j-m ~ acudir en socorro (*od.* auxilio) de alg., socorrer, auxiliar, ayudar a alg.
'**beiß|en** (L) v/t. u. v/i. morder; (*kauen*) masticar, mascar; *Insekten, Pfeffer usw.*: picar; (*brennen*) quemar, escocer; nach j-m ~ tratar de morder a alg.; *nichts zu ~ (und zu brechen) haben* F no tener para un diente; *die Farben ~ sich* los colores desentonan (*od.* F no pegan); **~end** adj. mordaz, punzante, cáustico (*alle a. fig.*); acre, picante; *fig. a.* sarcástico, hiriente; *Kälte, Wind*: cortante; 2**zange** f tenazas f/pl. (*od.* alicates m/pl.) (de corte).
'**Beistand** m (-*és*; 0) ayuda f, asistencia f; (*Stütze*) apoyo m; (*in der Not*) auxilio m, socorro m; (*Schutz*) protección f; (*Person*) asistente m; defensor m, protector m; j-m ~ *leisten* prestar ayuda a alg.; *bsd.* ⚔ asistir; **~s-pakt** m pacto m de asistencia (mutua).
'**beistehen** (L) v/i. asistir, ayudar, socorrer; apoyar.
'**Beistelltischchen** n mesa f auxiliar.
'**beisteuern** (-re) v/t. contribuir (zu dat. a); *Kapital*: aportar.
'**beistimm|en** v/i.: j-m ~ asentir, convenir, estar de acuerdo con alg.; e-r *Sache*: aprobar; 2ung f asentimiento m; conformidad f, aprobación f.
'**Beistrich** Gr. m coma f.
'**Beitrag** m (-*és*; ~e) contribución f; (*Anteil*) parte f, cuota f; (*Kapital*2) aportación f (a. *fig.*); (*Mitglieds*2) cuota f; *für Versicherungen*: prima f; (*schriftlicher*) artículo m; e-n ~ *leisten* contribuir a; (*schriftlich*) escribir (artículos) para, colaborar en; ~ *zahlen* cotizar, pagar su cuota; 2**en** (L) v/t. u. v/i. contribuir a; subvenir a, coadyuvar a; **~s-anpassung** f ajuste m de las cuotas (*od.* contribuciones); **~santeil** m cuota f; **~bemessungsgrenze** f base f de cotización; **~s-erhöhung** f aumento m de las cuotas (*od.* contribuciones); 2**sfrei** adj. libre de cuotas (*od.* contribuciones); **~spflicht** f obligación f de cotizar; 2**spflichtig** adj. contribuyente; **~srückerstattung** f devolución f (*od.* reembolso m) de las cuotas; **~ssatz** m cuota f; **~szahler** m contribuyente m; **~szahlung** f cotización f.
'**beitreib|bar** adj. exigible; **~en** (L) v/t. *Gelder*: cobrar, recaudar; (*fordern*) exigir, reclamar; ⚔ requisar; 2ung f cobro m, cobranza f, recaudación f; ⚔ requisición f.
'**beitreten** (L; sn) v/i. e-r *Meinung*: asentir, estar de acuerdo con, adoptar; e-m *Vertrag usw.*: adherirse a; e-m *Plan*: convenir en, aprobar; e-m *Verein*: ingresar en, entrar en, darse de alta; e-r *Partei*: a. afiliarse a.
'**Beitritt** m (-*és*; -e) ingreso m (en); afiliación f (a); adhesión f; alta f; **~s-erklärung** f declaración f de adhesión bzw. ingreso; **~skriterien** n/pl. criterios m/pl. de adhesión; **~s-urkunde** f instrumento m de adhesión.
'**Beiwagen** m *Motorrad*: angl. sidecar m; (*Anhänger*) remolque m; **~fahrer** m paquete m; **~maschine** f motocicleta f con sidecar.
'**Beiwerk** n (-*és*; 0) accesorios m/pl.;

modisches ~ *a.* complementos *m/pl.* de moda.

'**beiwohn|en** *v/t.* asistir a, estar presente, presenciar; *geschlechtlich*: cohabitar, yacer (con una mujer); 2**en** *n* asistencia *f*; 2**ung** *f* (*Beischlaf*) cohabitación *f*, yacimiento *m*.

'**Beiwort** *n* (-*es*; *er*) *Gr.* adjetivo *m*; (*schmückendes*) epíteto *m*.

'**Beize** *f* (*Vorgang*) corrosión *f*; decapado *m*; ✦ desinfección *f*; (*Mittel*) ⚗ corrosivo *m*, mordiente *m*; *für Holz*: barniz *m*; *Tabak*: salsa *f*; ✦ desinfectante *m*; *Gerberei*: adobo *m*; *Kupferstechen*: agua *f* fuerte; *Kochk.* adobo *m*, escabeche *m*; *Jgdw.* cetrería *f*.

bei'zeiten *adv.* (*früh*) temprano; (*rechtzeitig*) oportunamente, a tiempo.

'**beiz|en** (-*t*) *v/t.* (*ätzen*) corroer; *Metalle*: decapar; *Häute*: adobar; *Färberei*: bañar en mordiente; *Tabak*: aderezar; ✦ desinfectar; *Holz*: barnizar; 🔥 cauterizar; *Jgdw.* cazar con halcón; *Kochk.* adobar, poner en escabeche; ~**end** *adj.* corrosivo; cáustico; *Farbstoff*: mordiente; 2**falke** *m* halcón *m* de caza; 2**jagd** *f* cetrería *f*; 2**mittel** *n* → *Beize.*

be'jah|en (-) *v/t.* responder afirmativamente, afirmar; *fig. et.* ~ aprobar a/c., estar en pro de a/c.; ~**end** *adj.* afirmativo; ~**endenfalls** *adv.* en caso afirmativo.

be'jahrt *adj.* entrado en años; de edad avanzada, anciano.

Be'jahung *f* afirmación *f*, respuesta *f* afirmativa; *fig.* aprobación *f*.

be'jammern (-*re*; -) *v/t.* lamentar, deplorar; ~**swert** *adj.* lamentable, deplorable; digno de lástima.

be'jubeln (-*le*; -) *v/t.* aclamar, vitorear.

be'kämpf|en (-) *v/t.* combatir (*ac.*), luchar contra; *Meinung*: impugnar; *fig. a.* reprimir; 2**ung** *f* lucha *f* (contra); *fig. a.* represión *f*.

be'kannt *adj.* conocido; sabido; (*berühmt*) afamado, famoso (*wegen* por); *allgemein* ~ público, notorio; *Person*: renombrado; *das ist mir* ~ lo sé, estoy enterado de ello; *Amtsstil*: me consta; *das kommt mir* ~ *vor* me suena; *davon ist mir nichts* ~ lo ignoro, nada sé de ello; *es ist* ~, *daß* ... se sabe que ...; *mit j-m* ~ *sein* conocer a alg.; *j-n mit e-r Person* ~ *machen* presentar a alg. a una persona; *darf ich Sie mit Herrn X* ~ *machen*? permítame que le presente al señor X.; *j-n mit et.* ~ *machen* familiarizar a alg. con a/c., explicar a alg. a/c.; *sich* ~ *machen*, ~ *werden* darse a conocer; adquirir renombre (*od.* fama); hacerse popular; *mit j-m* ~ *werden* (llegar a) conocer a alg.; *als* ~ *voraussetzen* dar por supuesto (*od.* sabido); *er ist* ~ *als* es conocido como; *es dürfte Ihnen* ~ *sein*, *daß* sin duda sabrá usted que; 2**e(r)** *m/f* conocido (-a *f*) *m*; *ein* ~*r von mir* un conocido mío; 2**enkreis** *m* círculo *m* de amistades; *mein* ~ mis amistades, mis conocidos; 2**gabe** *f* → 2**machung**; ~**geben** (*L*) *v/t.* → ~**machen**; ~**lich** *adv.* como es sabido, como todos sabemos; ~**machen** *v/t.* hacer saber, dar a conocer; notificar; *öffentlich*: hacer público, publicar; divulgar; (*verkün-*

den) anunciar; proclamar; *feierlich*: promulgar; *in der Zeitung*: anunciar; 2**machung** *f* publicación *f*; notificación *f*; (*Verkündung*) anuncio *m*; proclamación *f*; *feierliche*: promulgación *f*; (*Mitteilung*) advertencia *f*; (*Anzeige, Anschlag*) anuncio *m*, aviso *m*; *behördlich*: bando *m*; edicto *m*; 2**schaft** *f* conocimiento *m*; (*Umgang*) trato *m*; (*Beziehungen*) relaciones *f/pl.*; *mit j-m* ~ *schließen* trabar conocimiento con alg.; ~**werden** *v/i.* llegar a conocerse (*od.* saberse); *öffentlich*: hacerse público, divulgarse; (*durchsickern*) trascender.

Bekas'sine *Orn. f* (-; -*n*) agachadiza *f*, becacina *f*.

be'kehr|en (-) *v/t. u. v/refl.* convertir(se) (*zu* a); *fig. zu e-r Ansicht usw.*: adoptar; (*sich bessern*) enmendarse, mudar de vida; 2**te(r)** *m/f* converso (-a *f*) *m*, convertido (-a *f*) *m*; prosélito (-a *f*) *m*; 2**ung** *f* conversión *f*, *zum Christentum*: cristianización *f*; 2**ungs-eifer** *m* proselitismo *m*.

be'kenn|en (*L*; -) *v/t.* confesar; (*zugeben*) admitir; reconocer; *sich zu j-m od. et.* ~ declararse partidario de, adherirse a; *sich zu e-r Tat* ~ confesarse autor de; *sich zu e-r Religion* ~ profesar una religión; 2**er** *m Rel.* confesor *m*; 2**erbrief** *m* carta *f* de reivindicación.

Be'kenntnis *n* (-*ses*; -*se*) confesión *f*; *ein* ~ *ablegen Rel.* hacer profesión de fe; ⚖ confesar un delito; ~**schule** *f* escuela *f* confesional.

be'klag|en (-) *v/t.* lamentar, deplorar; (*bemitleiden*) compadecer; *Menschenleben sind nicht zu* ~ no hubo víctimas (*od.* desgracias personales); *sich* ~ quejarse (*über ac.* de, *bei j-m* a); ~**enswert** *adj.* lamentable, deplorable; *Person*: digno de compasión; 2**te(r)** ⚖ *m* demandado *m*, parte *f* demandada.

be'klatschen (-) *v/t.* aplaudir; palmotear; dar palmas.

be'kleben (-) *v/t.* pegar (*et. mit* a/c. en); *mit Papier* ~ pegar papeles sobre, empapelar; *das* 2 *der Wand ist verboten* se prohibe fijar carteles.

be'kleckern (-), **be'klecksen** (-*t*; -) *v/t.* manchar, embadurnar; *mit Tinte*: emborronar; *mit Schmutz*: ensuciar; F *da hast du dich nicht gerade mit Ruhm bekleckert* F no te has lucido precisamente.

be'kleid|en (-*e*; -) *v/t.* vestir; revestir; cubrir, forrar (*mit* de); *Amt*: desempeñar, ejercer, regentar; ocupar; *mit e-m Amt* ~ investir de (*od.* con) un cargo; 2**ung** *f* vestidos *m/pl.*; vestimenta *f*, indumentaria *f*, ropa *f*; ⊕ revestimiento *m*; *fig. mit e-m Amt*: investidura *f*; *e-s Amtes*: desempeño *m*, ejercicio *m*; 2**ungs-industrie** *f* industria *f* del vestir *od.* de la confección).

be'klemm|en (-) *v/t.* oprimir; *fig. a.* sofocar, ahogar; angustiar, acongojar; ~**end** *adj.* opresivo, sofocante; *fig.* angustioso; 2**ung** *f* (*Atem*2) ahogo *m*, sofoco *m*; (*Brust*2) opresión *f*; *fig.* angustia *f*, congoja *f*.

be'klommen *adj.* acongojado, angustiado; 2**heit** *f* angustia *f*, congoja *f*.

be'klopfen (-) *v/t.* golpear; 🔨 percutir;

be'kloppt, be'knackt F *adj.* F chiflado, chalado.

be'knien (-) F *v/t.*: *j-n* ~ instar a alg.

be'kochen (-) F *v/t.* cocinar, hacer la comida (para alg.).

be'kohlen (-) 🚂, ⚓ *v/t.* cargar (*od.* abastecer de) carbón.

be'kommen (*L*; -) **I.** *v/t. allg.* recibir; (*erlangen*) lograr, conseguir, obtener; (*erwerben*) adquirir; *Krankheit*: contraer, coger, F pescar; *Kräfte, Mut*: cobrar; *Zähne, Haare, Bauch*: echar; *Schreck*: llevarse; *Junge*: parir; *Kind*: (*gebären*) dar a luz; tener; (*schwanger sein*) estar embarazada; *Zug*: alcanzar; *e-e Mann* ~ encontrar marido; *nasse Füße* ~ mojarse los pies; *Hunger (Durst)* ~ ir teniendo apetito (sed); *e-n Orden* ser condecorado; *wir werden Regen* ~ vamos a tener lluvia, va a llover; *wir* ~ *Besuch* vamos a tener visita, viene visita; *es ist nicht zu* ~ no puede conseguirse, ya no hay; *wieviel* ~ *Sie?* ¿cuánto es?, ¿cuánto le debo?; *was* ~ *Sie?* ¿qué desea usted?; ~ *Sie schon?* ¿le atienden a usted?; *was kann ich zu essen* ~? ¿qué hay de comer?; *ich habe es geschenkt* ~ me lo han regalado; *ich bekomme es zugeschickt* me lo envían a casa (*od.* a domicilio); **II.** *v/i.*: *gut (schlecht)* ~ sentar (*od.* probar) bien (mal); *wohl bekomm's!* ¡buen provecho!, ¡que aproveche!

be'kömmlich *adj.* provechoso, beneficioso; *Klima, Luft*: sano, saludable; *Speise*: digestible, de fácil digestión, ligero; *schwer* ~ indigesto.

be'köstig|en (-) *v/t.* dar comida a, alimentar; mantener; 2**ung** *f* (*Essen*) comida *f*, alimento *m*; (*Unterhalt*) manutención *f*, sustento *m*; *Wohnung und* ~ casa y comida.

be'kräftig|en (-) *v/t.* confirmar, afirmar; (*erhärten*) corroborar; *eidlich* ~ afirmar bajo juramento; 2**ung** *f* confirmación *f*, afirmación *f*; corroboración *f*; *zur* ~ *s-r Worte* en apoyo de sus palabras.

be'kränzen (-*t*; -) *v/t.* coronar *f*; festonear; *mit Girlanden*: a. enguirnaldar.

be'kreuz(ig)en (-) *v/refl.*: *sich* ~ persignarse; santiguarse, hacer la señal de la cruz.

be'kriegen (-) *v/t.* hacer (la) guerra a, guerrear contra; *sich* ~ hacerse la guerra.

be'kritteln (-*le*; -) *v/t.* censurar, poner reparos a, F critiquizar.

be'kritzeln (-*le*; -) *v/t.* cubrir de garabatos, emborronar.

be'kümmer|n (-*re*; -) *v/t.* (*betrüben*) afligir, entristecer, apenar; (*beunruhigen*) inquietar; preocupar; *sich* ~ *um* → *kümmern*; 2**nis** *f* (-; -*se*) aflicción *f*, pena *f*; preocupación *f*; ~**t** *adj.* afligido, apenado, preocupado.

be'kund|en (-*e*-; -) *v/t.* manifestar; ⚖ deponer, declarar; (*bezeugen*) atestiguar, testimoniar; (*aufweisen*) revelar, denotar; (*zeigen*) (de)mostrar; patentizar; 2**ung** *f* manifestación *f*; demostración *f*; declaración *f*.

be'lächeln (-*le*; -) *v/t.* sonreírse de.

be'lachen (-) *v/t.* reírse de.

be'lad|en (*L*; -) *v/t.* cargar (*mit* de); *fig.* abrumar, agobiar; 2**ung** *f* carga *f*.

Be'lag *m* (-*es*; *e*) (*Decke*) cubierta *f*; (*Schicht*) capa *f*; (*Auskleidung*) re-

Belagerer — Belohnung 92

vestimiento m; (Fußboden₂) solado m; (Spiegel₂) azogue m; (Brücken₂) tablero m; (Straßen₂) pavimento m; (Ablagerung) depósito m; (Verkrustung) incrustación f; ♣ (Zungen₂) saburra f; (Zahn₂) sarro m; (Brot₂) fiambre m.

Be'lager|er ⚔ m sitiador m; ₂n (-re; -) v/t. sitiar, asediar (a. fig.), poner sitio (od. cerco) a; ~ung f sitio m, cerco m, asedio m (a. fig.); ~ungszustand m estado m de sitio.

Be'lang m (-ts; -e) importancia f; ~e intereses m/pl.; von~ de importancia, de consideración; das ist nicht von ~ no tiene importancia; ohne ~ insignificante, sin importancia; ₂en (-) v/t. 1. ⚖ j-n (gerichtlich) ~ demandar a alg. (en juicio); formar causa (od. encausar) a alg.; 2. (betreffen) concernir, atañer, tocar; was mich belangt en cuanto a mí, por lo que a mí toca; ₂los adj. sin importancia, insignificante, de poca monta, irrelevante; (gering) fútil, nimio; ~losigkeit f insignificancia f; nimiedad f; ~ung ⚖ f demanda f; pleito m.

be'lassen (L; -) v/t.: et. an s-m Platz ~ dejar a/c. en su sitio; j-n in s-r Stellung ~ dejar (od. mantener) a alg. en su puesto; wir wollen es dabei ~ dejémoslo (así); alles beim alten ~ dejar las cosas como estaban.

be'last|bar ⊕ adj. con capacidad de carga de; ₂barkeit ⊕, ✂ f capacidad f de carga; ~en (-e-; -) v/t. cargar (mit con, de); mit Abgaben: gravar (a. ⚖); (beanspruchen) someter a un esfuerzo; (beschuldigen) incriminar; fig. (bedrücken) pesar sobre; abrumar; ✝ j-s Konto ~ cargar en cuenta, adeudar, debitar; ~end adj. abrumador; ⚖ agravatorio; Umstand: agravante.

be'lästig|en (-) v/t. molestar, incomodar; (stören) a. importunar; (plagen) asediar, vejar, atosigar, fastidiar; ₂ung f molestia f; importunidad f; fastidio m; vejación f.

Be'lastung f carga f (a. ⊕, ✂ u. fig.); ✝ Buchhaltung: débito m, adeudo m en cuenta; steuerliche: gravación f; gravamen m; ⚖ cargo m; politische ~ incriminación f política; ~s-anzeige ✝ f nota f de débito; ~sfähigkeit f capacidad f de carga; ~smaterial ⚖ n pruebas f/pl. de cargo; ~smomente ⚖ n/pl. cargos m/pl.; ~s-probe ⊕ f prueba f de carga; fig. (dura) prueba f; ~szeuge ⚖ m testigo m de cargo.

be'laub|en (-) v/refl.: sich ~ cubrirse de (od. echar) hojas; ~t adj. cubierto de hojas; dicht ~ frondoso; ₂ung f (Vorgang) foliación f; (Laub) follaje m; dichte ~ frondosidad f.

be'lauern (-re; -) v/t. acechar; espiar.

be'laufen (L; -) v/refl.: sich ~ auf elevarse (od. ascender) a; alcanzar la cifra de; importar (ac.).

be'lauschen (-) v/t. escuchar; espiar.

be'leb|en (-) fig. v/t. vivificar; animar; (ermutigen) dar aliento, infundir ánimo; (anregen) estimular; (kräftigen) vigorizar, dar nuevas fuerzas; Feuer, Farben: avivar; Wirtschaft usw.: (re)activar; neu ~ revivificar, dar nueva vida, reanimar; ~end adj. vivificador, vigorizador; estimulante (a. su. ~es Mittel); ~t adj. vivo, animado (a. ✝, Straße); Ort: concurrido, frecuentado; ₂theit f (0) animación f; viveza f, vivacidad f; vida f; ₂ung f vivificación f; animación f (a. fig.); (Anregung) estimulación f; ✝ auge m; (re)activación f.

be'lecken (-) v/t. lamer; fig. von der Kultur kaum beleckt con un ligero barniz de cultura.

Be'leg m (-ts; -e) justificante m; ✝ comprobante m (documento m) justificativo m; (Beweisstück) prueba f documental; (Quittung) recibo m, resguardo m; (~stelle) cita f; fig. prueba f; ₂bar adj. demostrable, comprobable; ₂en (-) v/t. 1. (bedecken) cubrir (mit de, con); (auskleiden) revestir; mit Fliesen ~ embaldosar; mit Dielen ~ entarimar; mit Teppichen ~ alfombrar; Brot: poner; (garnieren) guarnecer; 2. ⚔ mit Beschuß ~ cubrir con fuego de; mit Bomben ~ bombardear; mit Soldaten: acantonar; 3. e-e Wohnung usw.: ocupar, ⚔ requisar; Platz: ocupar; (vorherbestellen) reservar; Sport: clasificarse (den ersten Platz en primer lugar); Vorlesungen: matricularse en; 4. mit Abgaben: gravar; mit Strafe ~ penalizar; infligir un castigo; mit Geldstrafe: multar; 5. (beweisen) documentar, probar (documentalmente); justificar; durch Beispiele: ilustrar con ejemplos, ejemplificar; 6. Zoo. Tiere: cubrir.

Be'leg...: ~exemplar n ejemplar m justificativo (od. de prueba); ~schaft f personal m, plantilla f; (Gruppe) equipo m; ~schein m comprobante m; (Quittung) recibo m; ~stelle f cita f; referencia f; ₂t adj. Zunge: saburrosa, sucia; Stimme: empañada, F tomada; Platz, Raum usw.: ocupado; reservado; Tele. comunicando, bsd. Am. ocupado; ~es Brot bocadillo m, emparedado m; angl. sandwich m; (fein ~) canapé m; ~ung f (ocupación f) reserva(ción) f.

be'lehn|en (-) v/t. investir; enfeudar; ₂ung f investidura f; enfeudamiento m.

be'lehr|en (-) v/t. instruir; informar; aconsejar (über sobre, acerca de); (aufklären) ilustrar; j-n e-s Besseren ~ desengañar a alg.; sich ~ lassen tomar consejo de, dejarse aconsejar; avenirse a razones; ~end adj. instructivo; aleccionador; didáctico; ₂ung f instrucción f; enseñanza f; información f.

be'leibt adj. corpulento, grueso; gordo, obeso; ₂heit f (0) corpulencia f; gordura f, obesidad f.

be'leidig|en (-) v/t. ofender (a. fig.); (beschimpfen) insultar, injuriar, denostar; (verletzen) herir; öffentlich: afrentar; ultrajar; sich beleidigt fühlen sentirse ofendido, ofenderse, F picarse (durch ac. de, por); ~end adj. ofensivo; injurioso, insultante; ultrajante; ₂er(in f) m ofensor(a f) m; injuriador(a f) m; ₂er(in f) m/f ofendido (-a f) m; injuriado (-a f) m; ultrajado (-a f) m; ₂ung f ofensa f; injuria f (a. ⚖); insulto m; ultraje m; afrenta f; ₂ungsklage ⚖ f demanda f por injurias.

be'leihen (L; -) v/t. Geldgeber: prestar (dinero) sobre, dar dinero a cuenta de; Geldnehmer: tomar (dinero) prestado sobre.

be'lemmert F adj.: das ist ~ es un fastidio (od. un chasco); ein ~es Gesicht machen F tener cara de perro apaleado.

be'lesen adj. instruido; leído; ₂heit f (0) erudición f, ilustración f, instrucción f; ein Mann von großer ~ un hombre muy erudito.

be'leucht|en (-e-; -) v/t. alumbrar; (festlich) iluminar (a. fig.); fig. dilucidar, esclarecer, aclarar, ilustrar; ₂er m Thea., Film: iluminador m, luminotécnico m.

Be'leuchtung f alumbrado m; iluminación f; eng S. luz f (indirekte indirecta); fig. elucidación f, ilustración f; ~s-anlage f instalación f de alumbrado; ~skörper m aparato m de alumbrado (od. de iluminación); ~s-stärke f intensidad f luminosa (od. lumínica); ~s-technik f luminotecnia f; ~s-techniker m luminotécnico m.

be'leum(un)det adj.: gut (schlecht) ~ de buena (mala) reputación.

'Belg|ien n Bélgica f; ~ier(in f) m, ₂isch adj. belga (m/f).

be'lichten (-e-; -) v/t. Phot. exponer; Film: impresionar.

Be'lichtung f Phot. exposición f; ~s-automatik f exposición f automática; ~smesser m fotómetro m; exposímetro m; ~s-tabelle f tabla f de exposiciones; ~szeit f tiempo m de exposición.

be'lieben (-) I. v/t. u. v/i. (gefallen) gustar de; (für gut befinden) dignarse, tener a bien; wie es Ihnen beliebt como usted guste (od. quiera); tu, was dir beliebt haz lo que te plazca (od. lo que quieras); wie beliebt? ¿cómo decía usted?; II. ₂ n voluntad f; gusto m, agrado m; discreción f; nach ~ a (su) gusto, a voluntad; a discreción; es steht in Ihrem ~ lo dejo a su discreción; depende de usted.

be'liebig I. adj. cualquiera; (wahlfrei) discrecional; (willkürlich) arbitrario; jeder ~e cualquiera, F cualquier quidam, cada hijo de vecino; jedes ~e Buch cualquier libro; zu jeder ~en Zeit a cualquier hora; II. adv. a voluntad, a gusto; a discreción; ~ viele cualquier cantidad, cuantos se deseen (od. quieran).

be'liebt adj. Person: estimado, apreciado, querido; beim Volk: popular; Waren: solicitado; Sache: de moda, en boga; sich bei j-m ~ machen hacerse querer de alg.; congraciarse con alg.; ₂heit f (0) popularidad f (bei entre); (Gunst) favor m; sich großer ~ erfreuen gozar de gran popularidad (od. de grandes simpatías).

Be'liefer|er m suministrador m; ₂n (-re; -) v/t. surtir, proveer, abastecer (mit de); ~ung f suministro m, abastecimiento m.

'bellen I. v/i. ladrar; II. ₂ n ladrido m.

Belle'trist [bɛle:-] m (-en) literato m; ~ik f (0) bellas letras f/pl.; ₂isch adj. literario; ~e Zeitschrift revista f literaria.

be'lobig|en (-) v/t. elogiar, alabar; ₂ung f elogio m, alabanza f; ₂ungsschreiben n carta f laudatoria.

be'lohn|en (-) v/t. recompensar; (vergelten) retribuir; mit Geld: remunerar, gratificar; mit e-m Preis: premiar, galardonar; ₂ung f recompensa f; retribución f; remuneración f;

für Fundsachen: gratificación *f*; (*Preis*) premio *m*, galardón *m*.
be'lüften (-e-; -) *v*/*t*. ventilar, airear.
Be'lüftung *f* ventilación *f*, aireación *f*; ~s-anlage *f* instalación *f* de ventilación; ~sklappe *f* registro *m* de ventilación.
be'lügen (*L*; -) *v*/*t*.: *j-n* ~ mentir a alg.
be'lustig|en (-) *v*/*t*. *u*. *v*/*refl*. divertir(se); regocijar(se); (*erfreuen*) recrear; *sich* ~ *über* burlarse, reírse de; ~end *adj*. divertido; regocijante, gracioso; ℒung *f* diversión *f*; regocijo *m*; recreo *m*; regodeo *m*.
be'mächtigen (-) *v*/*refl*.: *sich e-r Sache* ~ apoderarse (*od*. adueñarse) de a/c.; *widerrechtlich*: usurpar a/c.
be'mäkeln (-*le*-; -) *v*/*t*. critiquizar; poner tachas (*od*. reparos) a.
be'mal|en (-) *v*/*t*. pintar; adornar con pintura; F *sich* ~ pintarse (la cara), maquillarse; ℒung *f* pintura *f*; *des Gesichts*: maquillaje *m*.
be'mängel|n (-*le*-; -) *v*/*t*. criticar, censurar; ℒung *f* crítica *f*, censura *f*.
be'mann|en (-) ⚓ *v*/*t*. tripular, dotar, equipar; ~t *adj*. *Raumschiff*: tripulado; ℒung *f* (*Mannschaft*) tripulación *f*, dotación *f*; equipo *m*.
be'mäntel|n (-*le*-; -) *v*/*t*. (*verdecken*) encubrir, disimular, velar; (*beschönigen*) paliar, cohonestar; ℒung *f* disimulo *m*; cohonestación *f*.
be'mast|en (-e-; -) ⚓ *v*/*t*. arbolar; ℒung *f* arboladura *f*.
be'merk|bar *adj*. perceptible, sensible; *sich* ~ *machen Person*: atraer la atención; *Sache*: hacerse sentir (*od*. notar); manifestarse; ~en (-) *v*/*t*. 1. (*wahrnehmen*) notar, observar; ver, percibir; darse cuenta de, reparar en; (*entdecken*) descubrir; 2. (*äußern*) observar, decir; (*erwähnen*) mencionar; ~enswert *adj*. notable, destacable, digno de atención (*wegen*, *durch* por); ℒung *f* observación *f*; *schriftlich*: nota *f*, advertencia *f*; ~en machen über hacer observaciones acerca de (*od*. sobre).
be'mess|en (*L*; -) I. *v*/*t*. medir; proporcionar (*nach* a); ⊕ dimensionar; *zeitlich*: fijar un (corto) plazo, limitar; (*abschätzen*) estimar, apreciar; II. *adj*. medido; proporcionado; ajustado; *meine Zeit ist (knapp)* ~ mi tiempo es (muy) limitado, dispongo de poco tiempo; ℒungsgrundlage *f* base *f* de cálculo.
be'mitleiden (-e-; -) *v*/*t*. compadecerse de; *ich bemittele ihn me* da lástima (*od*. pena); ~swert *adj*. digno de compasión (*od*. lástima).
be'mittelt *adj*. acomodado, adinerado, acaudalado, pudiente.
be'mogeln (-*le*-; -) F *v*/*t*. engañar, timar, F trampear.
be'moost *adj*. musgoso, cubierto de musgo; *fig*. añoso, vetusto.
be'müh|en (-) I. *v*/*t*. molestar, incomodar; *Arzt usw*.: llamar, acudir a; *darf ich Sie (darum)* ~? ¿me permite solicitar su ayuda (para ello)?; II. *v*/*refl*.: *sich* ~ *zu inf*. molestarse en, tomarse la molestia de; (*sich anstrengen*) esforzarse en; *sich für j-n* ~ interceder por (*od*. en favor de) alg.; *sich um et*. ~ esforzarse en (*od*. por) conseguir a/c.; *bei Behörden*: gestionar a/c.; *durch Antrag, Bewerbung*: solicitar a/c.; *sich um e-n Ver-*

letzten ~ auxiliar, atender a un herido; ~ *Sie sich nicht!* no se moleste usted; *bemüht sein, zu inf.* procurar *inf.*; ℒung *f* molestia *f*; (*Anstrengung*) esfuerzo *m*; ~en *f*/*pl*. *bei Behörden*: gestiones *f*/*pl*., diligencias *f*/*pl*.
be'müßigt *adj*.: *sich* ~ *fühlen zu* creer oportuno *inf.*; sentirse obligado a *inf.*
be'muster|n (-*re*-; -) *v*/*t*. ✝ acompañar de muestras; ~t *adj*.: ~es *Angebot* oferta *f* con muestras.
be'muttern (-*re*; -) *v*/*t*. cuidar como una madre.
be'nachbart *adj*. vecino; (*angrenzend*) colindante, limítrofe, aledaño.
be'nachrichtigen (-) *v*/*t*. avisar (*a*. ✝); comunicar (a/c. a alg.); informar sobre; dar parte (*od*. aviso) de; *formell*: notificar; *im voraus*: advertir, prevenir; ℒung *f* aviso *m* (*a*. ✝); información *f*; notificación *f*; comunicación *f*; (*Ankündigung*) advertencia *f*; ℒungsschreiben ✝ *n* carta *f* de aviso.
be'nachteilig|en (-) *v*/*t*. perjudicar, causar perjuicio; *sozial usw*.: discriminar; ℒung *f* perjuicio *m*; detrimento *m*; discriminación *f*.
be'nagen (-) *v*/*t*. roer.
be'nebel|n (-*le*-; -) *v*/*t*. *fig*. ofuscar; F *sich* ~ achisparse; ~t *adj*. (*beschwipst*) F achispado.
bene'deien *Rel*. *v*/*t*. bendecir.
Benedik'tiner *m* benedictino *m* (*a*. *Likör*), benito *m*; ~orden *m* Orden *f* Benedictina (*od*. de San Benito).
Bene'fiz *n* (-es, -e), ~vorstellung *f* función *f* benéfica *bzw*. a beneficio de.
be'nehmen (*L*; -) I. *v*/*t*. (*entziehen*) quitar, arrebatar; privar de; *die Sinne* ~ embargar los sentidos; II. *v*/*refl*.: *sich* ~ comportarse, conducirse, portarse (*gegen* con); *benimm dich!* (*Kind*) ¡no hagas el indio!, ¡estate quieto!; *er weiß sich nicht zu* ~ no tiene modales; III. ℒ *n* (-*s*; 0) conducta *f*, comportamiento *m*; (*Manieren*) maneras *f*/*pl*., modales *m*/*pl*.; *gutes* ~ buenos modales, buenas maneras; urbanidad *f*; *anständiges* ~ formalidad *f*; *sich mit j-m ins* ~ *setzen* ponerse en contacto con alg.; ponerse de acuerdo con alg. (*de*, *über* sobre).
be'neiden (-e-; -) *v*/*t*. envidiar (*j-n um* et. a/c. a alg. *od*. a alg. por); (*tener*) envidia a alg. (de, por); ~swert *adj*. envidiable; ~ *sein* dar envidia.
Bene'luxstaaten *m*/*pl*. (Estados *m*/*pl*. del) Benelux *m*.
be'nenn|en (*L*; -) *v*/*t*. nombrar, denominar; poner nombre a, designar; (*bezeichnen*) titular, calificar; ⚯ *benannte Zahl* número *m* concreto; ℒung *f* denominación *f*; *konkret*: nombre *m*, designación *f*; (*Bezeichnung*) calificación *f*, título *m*.
be'netzen (-*t*; -) *v*/*t*. (*befeuchten*) mojar, humedecer; (*bespritzen*) salpicar; rociar.
Ben'gal|e *m* bengalí *m*; ℒisch *adj*. bengalí; ~*e Beleuchtung* luces *f*/*pl*. de Bengala.
'Bengel *m* rapaz *m*, chaval *m*; *Arg*. pibe *m*, pebete *m*; (*Schelm*) granuja *m*, pillín *m*, pilluelo *m*; golfillo *m*.
be'nimm F *m* (-*s*; 0) modales *m*/*pl*.
be'nommen *adj*. aturdido, atontado; (*verstört*) perturbado, ✝ obnubilado; *e-n* ~*en Kopf haben* tener la cabeza pesada; ℒheit *f* (0) entorpecimiento

m; aturdimiento *m*; sopor *m*; ✝ obnubilación *f*.
be'not|en (-*e*-; -) *v*/*t*. calificar, dar notas; ℒung *f* calificación *f*.
be'nötigen (-) *v*/*t*. necesitar, precisar; estar necesitado de; (*dringend*) *benötigt werden* hacer (mucha) falta; *ich benötige ... me hace*(*n*) *falta ...*
be'nutz|bar *adj*. utilizable, aprovechable; ~en, be'nütz|en (-*t*; -) *v*/*t*. usar, hacer uso de, utilizar, emplear; (*sich zunutze machen*) sacar provecho de, aprovecharse (*od*. servirse) de; *Gelegenheit*: aprovechar; *Zug usw*.: tomar; ℒer *m* usuario *m* (*a*. Computer); utilizador *m*; ~erdefiniert *adj*. Computer: definido por el usuario, personalizado; ~erfreundlich *adj*. Computer: de fácil manejo; ℒer-oberfläche *f* Computer: superficie *f* de utilización; ℒung *f* uso *m*; empleo *m*, utilización *f*; aprovechamiento *m*; ℒungsgebühr *f* tasa *f* de utilización; *Straße*: peaje *m*; ℒungsrecht *n* derecho *m* de uso.
Ben'zin *n* (-*s*; 0) 🔧 bencina *f*; *Kfz*. gasolina *f*; *Arg*. nafta *f*; ~behälter *m* depósito *m* de gasolina; ~er F *m* coche *m* con motor de gasolina; ~gutschein *m* bono *m* de gasolina; ~kanister *m* bidón *m* (*od*. lata *f*) de gasolina; ~messer *m* indicador *m* del nivel de gasolina; ~motor *m* motor *m* de gasolina; ~scheck *m* cheque-gasolina *m*; ~tank *m* depósito *m* de gasolina; ~uhr *f* indicador *m* de gasolina; ~verbrauch *m* consumo *m* de gasolina.
'Benzoe [-tso·e·] *f* (0) benjuí *m*; ~säure *f* ácido *m* benzoico.
Ben'zol *n* (-*s*; -*e*) benceno *m*, benzol *m*.
be'obacht|en (-*e*-; -) *v*/*t*. observar; *genau*: examinar, estudiar; (*betrachten*) contemplar; (*beschatten*) vigilar (estrechamente), espiar (a alg.); (*wahrnehmen*) reparar en, advertir, notar; *Gesetz*: acatar, respetar; *Anweisung*: seguir, obedecer; ℒer(in *f*) *m* observador(a *f*) *m* (*a*. ⚔, *Pol*.); *Zuschauer*: espectador(a *f*) *m*.
Be'obachtung *f* observación *f*; *fig*. (*Einhaltung*) observancia *f*, cumplimiento *m*; ~sflugzeug *n* avión *m* de observación; ~sgabe *f* don *m* de observación; ~s-posten ⚔ *m* (*Person*) centinela *m*; vigía *m*; (*Stelle*) puesto *m* de observación; ~sstation *f* ⚕ sala *f* de observación; *Astr*. observatorio *m*.
be'ordern (-*re*-; -) *v*/*t*. enviar, destinar a; comisionar; (*her*~) llamar (zu a).
be'pack|en (-) *v*/*t*. cargar de (con).
be'pflanzen (-*t*; -) *v*/*t*. plantar (*mit* de); *mit Bäumen*: *a*. poblar de.
be'quatschen (-) F *v*/*t*. ~ bereden.
be'quem I. *adj*. (*behaglich*) cómodo, confortable; *Leben*: acomodado, *Kleidung*: holgado; (*leicht*) fácil; *Person*: perezoso, F comodón; *es sich* ~ *machen* ponerse cómodo; *im Sessel* ~ arrellanarse; II. *adv*. cómodamente; (*leicht*) fácilmente, sin esfuerzo; ~ *leben* vivir con holgura *od*. desahogadamente; *sich* ~ *fühlen* sentirse a sus anchas; ~en *v*/*refl*.: *sich dazu* ~, *et. zu tun* condescender en, prestarse (*od*. avenirse) a hacer a/c.; ℒlichkeit *f* comodidad *f*, *gal*. confort *m*; (*Trägheit*) indolencia *f*, pereza *f*.

be'rappen (-) F v/t. pagar, F apoquinar, aflojar la mosca.

be'rat|en (L; -) v/t. u. v/i. j-n: aconsejar a, dar consejos a; *fachlich*: asesorar; orientar; et. ~ deliberar sobre a/c.; *sich* ~ evacuar (*od.* mantener) consultas, consultar(se) (*mit* con); *sich von j-m* ~ *lassen* tomar consejo de (*od.* aconsejarse con) alg.; *gut* (*schlecht*) ~ *sein* estar bien (mal) aconsejado; ~**end** *adj.* consultivo; deliberante; 2**er(in** *f*) *m* consejero (-a *f*) *m*; consultor *m*; asesor *m*; ~**schlagen** (-) v/i. deliberar (*über* sobre).

Be'ratung *f* (*Beratschlagung*) deliberación *f*; (*Rat*) consejo *m*; *berufliche usw.*: orientación *f*; *fachliche*: asesoramiento *m*; ⚙ *u.* ⚚ consulta *f*; ~**sfirma** *f* consultoría *f*; ~**sstelle** *f* centro *m* de consultas (*od.* de orientación); asesoría *f*; consultorio *m*; ⚙ *a.* dispensario *m*; ~**szimmer** *n* sala *f* de conferencias (*od.* de deliberaciones).

be'raub|en (-) v/t. robar, expoliar, desvalijar (*j-n a* alg.); *e-r Sache*: despojar de; *e-s Rechtes*: privar de; *e-s Besitzes*: desposeer de; *fig.* privar(se) de; 2**ung** *f* robo *m*; despojo *m*; expolio *m*; (*Entziehung*) privación *f*.

be'rausch|en (-) v/t. u. v/refl. embriagar(se) (*a. fig.*; *an dat.* con), emborrachar(se); *fig. sich* ~ *a.* extasiarse; ~**end** *adj.* embriagador (*a. fig.*); *Wein*: fuerte; ~**t** *adj.* embriagado, borracho, ebrio (*a. fig.*).

'**Berber** *m* (-s; -), 2**isch** *adj.* beréber (*m*), berberisco (*m*).

Berbe'ritze ♀ *f* (-; -n) agracejo *m*.

be'rechenbar *adj.* calculable, computable.

be'rechn|en (-e-; -) v/t. calcular (*a. fig.*); contar; computar; (*schätzen*) evaluar, apreciar; suputar; *Umstände*: combinar; ♱ (*fakturieren*) facturar; *j-m* et. ~ poner (*od.* cargar) en cuenta; *für j-n berechnet sein* estar previsto (*od.* calculado) para alg.; ~**end** *adj.* calculador; previsor; (*eigennützig*) egoísta, interesado; 2**ung** *f* calculación *f*, cálculo *m*; cuenta *f*; cómputo *m*; (*Schätzung*) evaluación *f*, estimación *f*; suputación *f*; ♱ (*Belastung*) débito *m*, adeudo *m*; (*Fakturierung*) facturación *f*; *fig. mit* ~ con premeditación, deliberadamente; *aus* ~ calculadamente, por cálculo; 2**ungsgrundlage** *f* base *f* de cálculo; 2**ungs-tabelle** *f* tabla *f* de cálculo.

be'rechtig|en (-) v/t. dar derecho (*zu* a); (*ermächtigen*) autorizar (*zu* para); (*befähigen*) habilitar, facultar para; *zu Hoffnungen* ~ justificar las esperanzas, ser muy prometedor; ~**t** *adj.* con derecho (*zu* a); autorizado, habilitado, facultado para; *Anspruch usw.*: legítimo; *Klage usw.*: fundado, justificado; ~ *sein zu* tener el derecho de, tener derecho a; estar facultado para; 2**te(r** *m*) *m*/*f* beneficiario *m*; ⚚ derechohabiente *m*/*f*; 2**ung** *f* (*Recht*) derecho *m*; (*Rechtstitel*) título *m*; (*Rechtmäßigkeit*) legitimidad *f*; (*Ermächtigung*) autorización *f*; habilitación *f*; (*Rechtfertigung*) justificación *f*; *mit voller* ~ con justo título; 2**ungsnachweis** *m* legitimación *f*; 2**ungsschein** *m* licencia *f*; permiso *m*.

be'red|en (-e-; -) v/t. *et.*: hablar de, discutir, debatir, tratar; *sich mit j-m* ~ conferenciar (*od.* entrevistarse) con alg.; *j-n zu et.* ~ persuadir, inducir a alg. a; 2**samkeit** *f* (0) elocuencia *f*; (*Redekunst*) oratoria *f*; ~**t** *adj.* elocuente (*a. fig.*); F facundo.

Be'regnung ⚘ *f* riego *m* por aspersión, lluvia *f* artificial.

Be'reich *m* (-*e*s; -*e*) recinto *m*, ámbito *m*; zona *f*; *fig.* (*Reichweite*) alcance *m*; (*Gebiet*) campo *m*, sector *m*, terreno *m*; dominio *m*; (*Macht*2, *Einflußsphäre*) esfera *f*; (*Befugnis*) atribuciones *f*/*pl.*; *Radio u. fig.* gama *f*; *im* ~ *der Möglichkeit* dentro de lo posible; *es fällt nicht in meinen* ~ no es de mi competencia.

be'reicher|n (-*re*-; -) v/t. enriquecer; *Wissen*: ampliar, aumentar; *sich* ~ enriquecerse (*an dat.* con); 2**ung** *f* enriquecimiento *m*.

be'reif|en (-) v/t. 1. escarchar; 2. *Faß*: enarcar; *Kfz.* poner (los neumáticos; 2**ung** *f Kfz.* neumáticos *m*/*pl.*, gal. bandaje *m*.

be'reinig|en (-) v/t. *Streit*: zanjar, arreglar; ♱ *Konto*: liquidar; *Mißverständnis usw.*: depurar, aclarar; (*ausgleichen*) allanar; 2**ung** *f* arreglo *m*; *fig.* saneamiento *m*; depuración *f*; liquidación *f*.

be'reisen (-*t*; -) v/t. *Land*: viajar por, recorrer.

be'reit *adj.* listo, preparado, a punto (*zu*, *für* para); (*gewillt*) dispuesto (*zu* a, *für* para); *sich* ~ *erklären zu* consentir en, declararse dispuesto a; *sich* ~ *finden zu* hallarse dispuesto a; *sich* ~ *halten* estar a disposición; ~**en** (-*e*-; -) v/t. preparar, disponer; (*zubereiten*) preparar, hacer; (*herstellen*) elaborar, confeccionar; *fig.* (*verursachen*) causar, hacer; *Empfang*: dispensar; *Freude usw.*: dar, causar; *Niederlage*: infligir; *Schwierigkeiten*: crear, poner; ~**halten** v/t. tener preparado; ~**legen** v/t. preparar; disponer; ~**liegen** v/i. estar preparado (*od.* listo); ~**machen** v/t. u. v/refl. preparar(se) para, disponer(se) a; ~**s** *adv.* ya; 2**schaft** *f* (0) disposición *f*; ⚔, *Polizei*: (*Trupp*) retén *m*; piquete *m* (de prevención); *in* ~ *sein* estar dispuesto para; ⚔ estar en (estado de) alerta; 2**schafts-arzt** *m* médico *m* de guardia; 2**schaftsdienst** *m* servicio *m* móvil (*od.* de prevención); ⚔ ~ *haben* estar de guardia; 2**schaftspolizei** *f* policía *f* móvil; 2**schaftstasche** *Phot. f* cartera *m* pronto uso; ~**stehen** (L; *sn*) v/i. estar preparado (*od.* dispuesto) para; (*verfügbar sein*) estar disponible; ~**stellen** v/t. (*vorbereiten*) preparar, aprestar; (*beschaffen*) proveer, proporcionar, aprontar, poner a disposición; facilitar; *Rücklage*: reservar; ⚔ *Truppen*: concentrar; 2**stellung** *f* preparación *f*; (*Beschaffung*) provisión *f*; facilitación *f*; ⚔ concentración *f*; preparación *f*; elaboración *f*; confección *f*; ~**willig** *adj.* gustoso; (*dienstfertig*) solícito, complaciente, servicial; 2**willigkeit** *f* (0) buena voluntad (*od.* disposición) *f*; solicitud *f*, complacencia *f*.

be'rennen (L; -) v/t. ⚔ arremeter contra; asaltar.

be'reuen (-) v/t. arrepentirse de, dolerse de; (*bedauern*) sentir.

'**Berg** *m* (-*e*s; -*e*) montaña *f*; (~*gipfel*) pico *m*; *bsd. vor Eigennamen*: monte *m*; *über* ~ *und Tal* por montes y valles; *fig.* ~*e von* F un montón de; ~*e versetzen* mover montañas; *goldene* ~*e versprechen* prometer el oro y el moro; *über den* ~ *sein* haber pasado lo peor; *Kranker*: ir mejorando; *vor e-m* ~*e stehen* hallarse ante una gran dificultad; *wir sind noch nicht über den* ~ aún no se han vencido todas las dificultades; F *es pronto para cantar victoria*; *mit et. hinter dem* ~ *halten* ocultar, disimular a/c.; no soltar prenda; *er hielt damit nicht hinterm* ~ lo dijo bien claro, F no se mordió la lengua; *er ist über alle* ~*e* ha puesto tierra por medio, F se ha largado; *die Haare standen ihm zu* ~*e* se le pusieron los pelos de punta; 2'**ab** *adv.* cuesta abajo; *fig.* ~ *gehen* ir en declive (*od.* decayendo); ~**abhang** *m* ladera *f*, vertiente *f*; ~**akademie** *f* Escuela *f* de Minas; ~**amt** *n* Dirección *f* de Minas; 2'**an** *adv.* cuesta arriba (*a. fig.*); ~**arbeiter** *m* minero *m*; 2'**auf** *adv.* cuesta arriba (*a. fig.*); *fig. es geht wieder* ~ las cosas vuelven a mejorar; ~**bahn** *f* ferrocarril *m* de montaña; ~**bau** *m* minería *f*; industria *f* minera; ~**baugebiet** *n* región *f* (*od.* cuenca *f*) minera; ~**bewohner(in** *f*) *m* montañés *m*, montañesa *f*.

'**Berge|geld** ⚓ *n* gastos *m*/*pl.* bzw. premio *m* de salvamento; 2**hoch** *adj.* altísimo; 2**n** (L) v/t. salvar, poner a salvo, rescatar; *Segel*: aferrar; *Raumkapsel*: recuperar; (*enthalten*) (*a. in sich* ~) encerrar, contener; *fig.* entrañar, implicar.

'**Berg...**: ~**enge** *f* desfiladero *m*; ~**fach** ⚒ *n* minería *f*; ~**fahrt** *f* excursión *f* a la montaña; ~**führer** *m* guía *m* de montaña; ~**geist** *m* gnomo *m*; ~**gipfel** *m* cima *f*, cumbre *f*; ~**grat** *m* cresta *f* (de montaña); ~**hang** *m* falda *f*, ladera *f*; vertiente *f*; ~**hütte** *f* refugio *m* (de montaña); 2**ig** *adj.* montañoso; ~**ingenieur** *m* ingeniero *m* de minas; ~**kamm** *m* cresta *f*; ~**kette** *f* cordillera *f*, cadena *f* de montañosa; sierra *f*; ~**knappe** *m* minero *m*; ~**krankheit** *f* mal *m* de montaña, *Am.* soroche *m*; ~**kristall** *m* cristal *m* de roca; ~**land** *n* país *m* montañoso; ~**mann** ⚒ *m* minero *m*; 2**männisch** *adj.* minero; ~**massiv** *n* macizo *m* montañoso; ~**meister** *m* inspector *m* de minas; ~**predigt** *f* Sermón *m* de la Montaña; ~**recht** *n* código *m* bzw. derecho *m* minero; ~**rücken** *m* loma *f*; ~**rutsch** *m* desprendimiento *m* (*od.* corrimiento *m* de tierras, derrumbamiento *m*; ~**sattel** *m* collado *m*; ~**schuhe** *m*/*pl.* botas *f*/*pl.* de montañero; ~**spitze** *f* pico *m*; ~**sport** *m*, ~**steigen** *n* alpinismo *m*, montañismo *m*; ~**steigfähigkeit** *f Kfz.* capacidad *f* ascensional; ~**steiger(in** *f*) *m* montañero (-a *f*) *m*, alpinista *m*/*f*, escalador(a *f*) *m*; ~**steigerausrüstung** *f* equipo *m* de montañero; ~**stock** *m* 1. bastón *m* de alpinista, *Neol.* alpenstock *m*; 2. *Geol.* macizo *m*; ~**straße** *f* carretera *f* de montaña; ~**tour** *f* excursión *f* por la montaña; ~**und-'Tal-Bahn** *f* montaña *f* rusa.

'**Bergung** *f* salvamento *m*, rescate *m*; *Raumkapsel usw.*: recuperación *f*;

~s-arbeiten f/pl. trabajos m/pl. de salvamento (od. de rescate); ~sdienst m servicio m de rescate; ~skosten pl. gastos m/pl. de salvamento; ~smannschaft f equipo m de salvamento (od. de rescate); ~sschiff n buque m de salvamento (Raumfahrt: de recuperación); ~s-taucher m buzo m de rescate.
'Berg...: ~volk n pueblo m montañés, gente f de la montaña; ~wacht f servicio m de salvamento en la montaña; ~wand f pared f (de montaña); ~wanderung f excursión f a la montaña; ~welt f mundo m alpino.
'Bergwerk n (-(e)s; -e) mina f; ein ~ betreiben explotar una mina; ~s-aktie f acción f minera; ~sgesellschaft f compañía f minera.
Be'richt m (-(e)s; -e) relación f; bsd. amtlich: informe m; (Protokoll) actas f/pl.; memoria f; Zeitung, Radio, TV: reportaje m; (Verlautbarung) comunicado m; amtlich: boletín m; ✕, ✠ parte m; (Darstellung) exposición f; (Erzählung) relato m, narración f; (Mitteilung) comunicación f; información f; (Kommentar) comentario m; (Gutachten) dictamen m; Parl. ponencia f; (geschichtlich, Tages♀) crónica f; ~ erstatten dar un (od. presentar) informe; ✟ laut ~ según aviso; ♀en (-e-; -) v/t. u. v/i. informar (über ac. sobre od. de; j-m a); (erzählen) narrar, relatar; contar, referir; in der Presse: hacerse eco de; cubrir a/c.; ~erstatter m informador m; Presse: reportero m, auswärtiger: corresponsal m; ⚖ relator m; Parl. ponente m; ~erstattung f información f; Presse: a. reportaje m; Neol. cobertura f informativa; Parl. ponencia f; (Bericht) informe m.
be'richtig|en (-) v/t. (richtigstellen) rectificar; (verbessern) corregir, enmendar; ⊕ ajustar; ♀ung f rectificación f; corrección f, enmienda f; ajuste m; arreglo m; von Schulden: pago m, saldo m.
Be'richtigungs|anzeige f rectificación f, nota f rectificativa; ~schraube ⊕ f tornillo m de ajuste; ~wert m coeficiente m de rectificación.
Be'richtsjahr n año m (od. ✟ ejercicio m) de referencia.
be'riechen (L; -) v/t. oler; olfatear, oliscar; F fig. sich ~ estudiarse, sondearse mutuamente.
be'riesel|n (-le; -) v/t. Land: regar, irrigar; (besprengen) rociar; ♀ung f riego m, irrigación f; rociado m; ♀ungs-anlage f instalación f (od. sistema m de riego (por aspersión).
be'ring|en (-) v/t. Vögel: anillar; ♀ung f anillado m, anillamiento m.
be'ritten adj. montado, a caballo.
Ber'lin n Berlín m; ~er(in f) m, ♀(er)isch adj. berlinés m, berlinesa f.
'Berme f berma f.
Bern n Berna f.
'Bernhard m Bernardo m.
Bernhar'diner m (Mönch) bernardo m; (Hund) (perro m de) San Bernardo m.
'Bernstein m (-(e)s; -e) ámbar m; ♀farben adj. ambarino.
Ber'serker m: wie ein ~ como una fiera.
'bersten (L; sn) v/i. reventar, estallar (a. fig.); Eis, Glas usw.: quebrarse,

romperse; zum ♀ voll atiborrado de, lleno hasta los topes.
be'rüchtigt adj. de mala fama; desacreditado; iro. famoso; tristemente célebre.
be'rücken (-) v/t. encantar, cautivar, embelesar; ~d adj. encantador, cautivador; ~es Lächeln sonrisa f seductora; ~e Schönheit belleza f cautivadora (od. fascinadora).
be'rücksichtig|en (-) v/t. considerar, tener (od. tomar) en consideración (od. en cuenta); Gesuch: atender (favorablemente); nicht ~ desatender, no tomar en consideración, pasar por alto; ♀ung f consideración f; unter ~ gen. considerando, teniendo en cuenta, en atención a.
Be'ruf m (-(e)s; -e) profesión f; (Handwerk) oficio m; (Tätigkeit) ocupación f; (Aufgabe) misión f; (Laufbahn) carrera f; von ~ de profesión; de oficio; e-n ~ ergreifen adoptar una profesión; tomar un oficio; emprender una carrera; e-m ~ nachgehen seguir (od. dedicarse a) una profesión bzw. un oficio; s-n ~ verfehlt haben haber errado la vocación.
be'rufen (L; -) I. v/t. llamar; Versammlung usw.: convocar; j-n zu et. ~ nombrar (od. designar) para; ~ werden ser llamado para; II. v/refl.: sich auf et. ~ remitirse a a/c, apoyarse en a/c., hacer valer a/c, invocar a/c.; bsd. ⚖ acogerse a a/c.; sich auf j-n ~ apelar a alg.; (als Zeugen nehmen) tomar por testigo; sich auf s-e Unkenntnis ~ alegar su ignorancia; III. adj. llamado; Rel. elegido; (befugt) autorizado; (zuständig) competente; (geeignet) idóneo; ~ sein zu estar llamado (od. destinado) a; tener vocación para; sich ~ fühlen zu sentirse llamado a.
be'ruflich I. adj. profesional; II. adv. ~ verhindert impedido por sus obligaciones profesionales.
Be'rufs...: ~ausbildung f formación f profesional; ~aussichten f/pl. salida f profesional; ~beamte(r) m funcionario m de carrera; ~berater m orientador m profesional; ~beratung f orientación f profesional; ~beratungsstelle f oficina f (od. centro m) de orientación profesional; ~eignung f aptitud f profesional; ~ethos n ética f profesional; ~fachschule f escuela f (od. centro m) de formación profesional; Span. a. instituto m laboral; ~fahrer m conductor m de oficio; Sport: corredor m profesional; ~geheimnis n secreto m profesional; ~genossenschaft f asociación f profesional; engS. mutua(lidad) f de accidentes; ~gruppe f categoría f profesional; ~heer m ejército m profesional; ~kleidung f ropa f de trabajo; vestuario m profesional; ~konsul m cónsul m de carrera; ~krankheit f enfermedad f profesional; ~leben n vida f profesional; ♀mäßig adj. profesional; ~musiker m músico m de profesión (od. profesional); ~offizier m oficial m de carrera; ~pflicht f deberes m/pl. profesionales; funciones f/pl. del cargo; ~schule f escuela f de formación profesional; ~schüler m alumno m de formación profesional; ~schullehrer m profesor m de formación

profesional; ~schulwesen n enseñanza f bzw. formación f profesional; ~soldat m soldado m profesional; ~spieler m jugador m profesional (a. Sport); ~sportler m (deportista m) profesional m; ~sportlertum n profesionalismo m; ♀tätig adj.: ~ sein trabajar; ejercer un oficio bzw. una profesión; ~tätigkeit f actividad f profesional; ~verband m asociación f (od. organización f) profesional; colegio m profesional; ~verbot n inhabilitación f profesional; ~verbrecher m delincuente m habitual; ~wahl f elección f de una carrera bzw. profesión.
Be'rufung f llamamiento m; innere: vocación f; (Ernennung) nombramiento m; (Einberufung) convocatoria f; (Verweisung) referencia f (auf a); ⚖ apelación f; ~ einlegen apelar (bei a; gegen contra); interponer (recurso de) apelación; e-r ~ stattgeben (e-e-~ verwerfen) admitir (desestimar) un recurso; unter ~ auf apelando a, invocando (ac.); apoyándose (od. basándose) en; refiriéndose a; ~sbeklagte(r m) m/f ⚖ apelado (-a f) m; ~sgericht n, ~s-instanz f tribunal m de apelación; ~skammer f sala f de apelación; ~sklage f recurso m de apelación; ~skläger(in f) m apelante m/f; ~srecht n derecho m de apelación; ~srichter m juez m de apelación; ~sverfahren n procedimiento m de apelación.
be'ruhen (-) v/i.: ~ auf basarse, fundarse, estribar en; apoyarse en; (abhängen) depender de; (zurückführbar sein auf) ser debido a; provenir de; radicar en; auf sich ~ lassen dejar correr (od. por terminado), dejar las cosas como están.
be'ruhig|en (-) v/t. calmar; sosegar; aquietar; apaciguar, aplacar; Ängstliche: tranquilizar; Land: pacificar; sich ~ sosegarse, serenarse (a. Wetter); calmarse (a. Meer, Wind); tranquilizarse; Lage: estabilizarse; ~ Sie sich! ¡cálmese usted!; seien Sie beruhigt! ¡pierda usted cuidado!; ~end adj. tranquilizador, tranquilizante; ✠ sedante, calmante; ♀ung f apaciguamiento m; der Lage: estabilización f; e-s Landes: pacificación f; zu Ihrer ~ para su tranquilidad; ♀ungsmittel ✠ n calmante m, sedante m, tranquilizante m.
be'rühmt adj. afamado, famoso, célebre (wegen por); (bekannt) renombrado, conocido; (hoch~) prestigioso; ilustre, eminente, insigne; sich ~ machen hacerse famoso (od. célebre); ~ werden adquirir fama (od. renombre), saltar a la fama; F iro. nicht ~ bastante regular; ~-berüchtigt tristemente famoso; ♀heit f renombre m, notoriedad f; fama f; (a. Person) notabilidad f; celebridad f, eminencia f; Film: estrella f, astro m (de la pantalla); Sport: as m; ~ erlangen alcanzar fama, saltar a la fama.
be'rühren (-) v/t. tocar (a. fig.); (streifen) rozar; ✠ ser tangente a; (erwähnen) mencionar, aludir a, tocar; seelisch: afectar; Hafen: hacer escala en, tocar en; j-n (un)angenehm ~ (des)agradar, causar una impresión (des)agradable a alg.; das berührt mich nicht eso no me impresiona, me

Berührung — Beschlag

deja frío; sich ~ tocarse (a. fig.); (aneinandergrenzen) estar contiguo a.
Be'rührung f tacto m, toque m; contacto m (a. fig.); (Streifen) roce m; fig. relación f; ⚔ tangencia f; mit j-m in ~ kommen entrar en relación (od. en contacto) con alg.; ~s-ebene ⚔ f plano m tangente; ~sfläche f superficie f de contacto; ~slinie ⚔ f tangente f; ~s-punkt m punto m de contacto (a. fig.).
be'rußen (-t; -) v/t. tiznar (de hollín).
be'sabbern (-re; -) F v/t. ensalivar(se); echar babas.
be'säen (-) v/t. sembrar (mit de) (a. fig.); → besät.
be'sagen (-) v/t. (querer) decir, indicar; (bedeuten) significar; (lauten) rezar; das will nicht viel ~ eso no tiene importancia.
be'sagt adj. mencionado, aludido, dicho, susodicho; der 2e a. el tal.
be'saiten (-e-; -) v/t. ♪ encordar; fig. zart besaitet sensible, impresionable.
be'sam|en (-) v/t. Bio. inseminar; 2ung f inseminación f (künstliche artificial).
be'sänftig|en (-) v/t. apaciguar, calmar; aplacar; suavizar; sich ~ apaciguarse; nicht zu ~ implacable; 2ung f apaciguamiento m.
Be'san(mast) ⚓ m (-s; -e) (palo m de) mesana f.
be'sät adj. sembrado (mit de); fig. a. constelado de; salpicado de.
Be'satz m (-es; ~e) guarnición f, aplicación f; (Saum) borde m, orla(dura) f; (Volant) volante m; (Band2) ribete m.
Be'satzung ⚔ f (Garnison) guarnición f; ⚔ tripulación f; ⚓ a. dotación f; (Besetzung) ocupación f; ~s-behörde f autoridades f/pl. de ocupación; ~sheer n ejército m de ocupación; ~smacht f potencia f ocupante (od. de ocupación); ~s-statut n estatuto m de ocupación; ~s-truppen f/pl. tropas f/pl. de ocupación; ~szone f zona f de ocupación.
be'saufen (L; -) P v/refl.: sich ~ emborracharse; F coger (od. agarrar) una borrachera (od. mona, trompa).
Be'säufnis P n (-ses; -se) od. f (-; -se) borrachera f.
be'schädig|en (-) v/t. deteriorar (a. ✈), estropear; dañar; ⚓ averiar; 2ung f deterioro m, deterioración f; ⚓ avería f; daño m; (leichte) desperfecto m.
be'schaffen[1] (-) v/t. procurar, proporcionar, facilitar; (erlangen) adquirir; (liefern) suministrar; ✝ Deckung: proveer; Gelder ~ reunir (od. allegar) fondos.
be'schaffen[2] adj. acondicionado; constituido, hecho; gut (schlecht) ~ bien (mal) acondicionado; en buen (mal) estado; wie ist die Straße ~? ¿cómo es (od. qué condiciones reúne) la carretera?; 2heit f (0) (Zustand) estado m, condición f; (Eigenschaft) calidad f; (Art) naturaleza f, índole f; des Körpers: complexión f, constitución f; Phil., Phys. modalidad f.
Be'schaffung f suministro m; facilitación f; (Erwerb) adquisición f; ✝ von Deckung usw.: provisión f; ~s-kosten pl. gastos m/pl. de adquisición.

be'schäftig|en (-) v/t.: j-n ~ ocupar (od. dar ocupación) a; (anstellen) emplear, dar trabajo (od. empleo) a; sich ~ mit ocuparse en, de; (als Zeitvertreib) entretenerse con; j-s Aufmerksamkeit usw.: ocupar, absorber; fig. das beschäftigt mich sehr me preocupa mucho; ~t adj. ocupado (mit con); sehr ~ sein estar muy ocupado (od. atareado); geistig: preocupado con; ~ sein bei estar empleado (od. colocado) en; 2ung f (Tätigkeit) ocupación f, actividad f; trabajo m; bsd. häusliche: quehaceres m/pl.; (Anstellung) colocación f, empleo m; 2ungs-lage f nivel m de empleo; ~ungslos adj. sin ocupación (od. trabajo), parado; (untätig) inactivo; 2ungsnachweis m certificado m de empleo; 2ungspolitik f política f de empleo; 2ungsprogramm n programa m de empleo; 2ungsstand m nivel m de empleo; 2ungstherapie ✠ f terapia f ocupacional.
be'schäl|en (-) v/t. Pferde: cubrir, acaballar; 2er m semental m.
be'schäm|en (-) v/t. avergonzar; abochornar; (verwirren) confundir; (übertreffen) sobrepujar, dejar atrás; eclipsar; (demütigen) humillar; ~end adj. vergonzoso, bochornoso; humillante; ~ sein dar vergüenza; ~t adj. avergonzado (über ac. de); confuso; 2ung f vergüenza f; humillación f; (Verwirrung) confusión f.
be'schatt|en (-e-; -) v/t. sombrear (a. Mal.), dar sombra a; fig. (verfolgen) vigilar estrechamente, seguir los pasos a (alg.); 2ung f (Verfolgung) seguimiento m.
Be'schau f (0) inspección f; 2en (-) v/t. contemplar; mirar, ver; (prüfen) examinar; inspeccionar; ~er(in f) m espectador(a f) m; (Prüfer) inspector m; 2lich adj. contemplativo; (friedlich) apacible; plácido, sereno; ~lichkeit f (0) contemplación f; sosiego m espiritual; ~ung f → Bescheid.
Be'scheid m (-és; -e) (Antwort) respuesta f, contestación f; (Auskunft) información f, informes m/pl.; (Anweisung) instrucciones f/pl.; (Entscheidung) resolución f, decisión f; ⚖ a. fallo m; vorläufiger: providencia f; e-s Schiedsgerichtes: laudo m; behördlich: notificación f, comunicación f; abschlägiger ~ (respuesta f) negativa f; ~ erhalten ser informado de, recibir noticia (od. aviso); ~ geben (Auskunft erteilen) dar razón; (benachrichtigen) avisar, informar de; dar (un) recado; ~ hinterlassen dejar aviso (od. nota od. [un] recado); j-m gehörig ~ sagen F decir a alg. cuatro verdades, cantarle a alg. las cuarenta; ~ wissen über estar al corriente (od. enterado od. al tanto) de a/c.; saber de qué se trata; mit (od. in) et. ~ wissen conocer el oficio (F el paño), saberse la cartilla, F estar al cabo de (la calle); ich weiß hier ~ conozco bien este lugar.
be'scheiden[1] (L; -) I. v/t. (benachrichtigen) informar, enterar; j-n (an e-n Ort) ~ enviar a alg. (a un lugar); j-n zu sich ~ (dat.) llamar (od. hacer venir) a alg.; (vorladen) citar; es ist mir beschieden ha sido mi destino; war mir nicht beschieden no me fue dado, no he tenido la suerte de; II.

v/refl.: sich ~ conformarse, contentarse (mit con).
be'scheiden[2] adj. modesto; (zurückhaltend) discreto; (genügsam) frugal; (demütig, ärmlich) humilde; (anspruchslos, einfach) sencillo, sin pretensiones; Preise usw.: moderado, módico; 2heit f (0) modestia f; humildad f; sencillez f; frugalidad f; (Zurückhaltung) discreción f.
be'scheinen (L; -) v/t. iluminar; alumbrar; von der Sonne beschienen bañado por el sol.
be'scheinig|en (-) v/t. certificar; (bezeugen) testificar; atestar, atestiguar; (beglaubigen) legalizar; (bestätigen) confirmar; den Empfang (e-s Briefes) ~ acusar recibo de; e-r Summe: extender un recibo de; es wird hiermit bescheinigt, daß ... certifico que ...; 2ung f certificación f; (Schein) certificado m; atestado m; (Quittung) recibo m.
be'scheißen (L; -) V v/t. V cagarse en; fig. (betrügen) engañar; estafar, timar.
be'schenk|en (-) v/t.: j-n ~ obsequiar a alg. (mit con); regalar a/c. a alg.; reichlich ~ colmar de regalos; 2te(r) m obsequiado m; ⚔ donatario m.
be'scher|en (-) I. v/t. regalar (j-m et. a/c. a alg.); fig. deparar; II. v/i. repartir, distribuir los regalos; 2ung f distribución f (od. reparto m) de regalos; F fig. desaguisado m; iro. F e-e schöne ~! ¡buena se ha armado aquí!; ¡vaya sorpresa!; da haben wir die ~! ¡estamos apañados (od. aviados)!, ¡lo que faltaba!
be'scheuert F adj. F chiflado, chalado, chaveta.
be'schichtet adj. Pfanne usw.: anti-adhesivo.
be'schick|en (-) v/t. Kongreß: enviar delegados a; ✝ Märkte: abastecer; Ausstellung: participar, exponer en; Messe: concurrir a, estar representado en; ⚙ Hochofen usw.: cargar, alimentar; 2ung f Markt: abastecimiento m; ⚙ carga f, alimentación f.
be'schieß|en (L; -) v/t. hacer fuego (od. tirar) sobre, disparar sobre; Am. a. abalear; mit Geschütz: cañonear, bombardear (a. Phys.); (unter Beschuß halten) batir (od. barrer) con fuego de; mit Maschinengewehr: ametrallar; 2ung f bombardeo m, cañoneo m.
be'schiffen (-) v/t. navegar por.
be'schilder|n (-re; -) v/t. rotular; Vkw. señalizar; 2ung f rotulación f; señalización f.
be'schimpf|en (-) v/t. insultar, injuriar, incordiar; afrentar, denostar, ultrajar; 2ung f insulto m, injuria f; afrenta f, ultraje m.
be'schirmen (-) v/t. proteger (vor contra), abrigar de; preservar de; defender contra; amparar.
Be'schiß V m timo m.
be'schissen V adj. V jodido; es ist alles ~ todo es una mierda.
be'schlafen (L; -) F v/t. acostarse con; et.: consultar con la almohada.
Be'schlag ⊕ m (-és; ~e) (mst. Beschläge pl.) guarnición f; (dünner Metall2) chapa f; (Eisen2) herraje m; (Rad2) llanta f; (Stock2) contera f; (Schuh2) tachuelas f/pl.; (Eck2 an Büchern) cantonera f; (Schloß) broche m; 🐎

beschlagen — Beschwörung

eflorescencia *f*; *auf Fensterscheiben usw.*: empañadura *f*; (*Dampf*) vaho *m*; *in* ~ *nehmen, mit* ~ *belegen* ⚖ embargar; secuestrar; incautarse de, confiscar; decomisar; intervenir; ⚔ requisar; *Plätze*: ocupar; *fig.* monopolizar; *Person*: acaparar; ℔**en** (*L*; -) **I.** *v/t.* guarnecer de; *mit Platten*: chapear; *Rad*: calzar; *Schuh*: clavetear; *mit Eisen*: herrar (*a. Pferd*), ferrar; *mit Ziernägeln*: tachonar; *Segel*: aferrar; **II.** *v/i. u. v/refl.* empañarse (*a. Glas*); *Metall*: deslustrarse, oxidarse; *Wände*: cubrirse de humedad; (*schimmeln*) enmohecerse; **III.** *fig. adj.* entendido, versado; experimentado; *in et. gut* ~ *sein* conocer a fondo a/c.; ~**enheit** *f* (0) experiencia *f*, conocimiento *m* profundo (*in de*); ~**nahme** ⚖ *f* embargo *m*; secuestro *m*; incautación *f*, confiscación *f*; decomiso *m*; intervención *f*; ⚔ requisa *f*; ℔**nahmen** (-) *v/t.* confiscar, secuestrar, incautarse de, intervenir, decomisar, embargar; ℔**sicher** *adj. Glas*: antivaho.

be'**schleichen** (*L*; -) *v/t.* acercarse cautelosamente (*od.* a pasos sigilosos); *Wild*: *a.* rastrear; *fig. Angst*: sobrecoger, asaltar.

be'**schleunig|en** (-) *v/t.* acelerar (*a. Phys.*), apresurar; activar; precipitar; (*vorantreiben*) *a.* agilizar; *das Tempo* ~ acelerar (*od.* aumentar) la velocidad; *s-e Schritte* ~ aligerar el paso; ~**end** *adj.* acelerador; ℔**er** *Kfz., Phys. m* acelerador *m*; ~**t** *adj.* acelerado, apresurado; ~**er Puls** pulso *m* acelerado; ⚖ ~**es Verfahren** (juicio *m*) sumario *m*; ℔**ung** *f* aceleración *f* (*a. Phys.*), apresuramiento *m*; agilización *f*; ℔**ungskraft** *f* fuerza *f* aceleradora; ℔**ungsmesser** *m* acelerómetro *m*; ℔**ungsspur** *Vkw. f* carril *m* de aceleración; ℔**ungsvermögen** *Kfz. n* poder *m* de aceleración, *gal.* reprise *f*.

be'**schließen** (*L*; -) *v/t.* **1.** (*beenden*) terminar, acabar, concluir, finalizar, rematar; *e-e Kolonne usw.*: cerrar; **2.** (*entscheiden*) resolver, decidir, gemeinsam: acordar; (*anordnen*) ordenar, decretar; disponer; *Parl. durch Abstimmung*: votar; *das ist beschlossene Sache* es asunto concluido. **Be'schluß** *m* (-*sses*, ~*sse*) acuerdo *m*; resolución *f*, decisión *f*, determinación *f*; ⚖ auto *m*; *e-n* ~ *fassen* tomar un acuerdo (*od.* una decisión); ℔**fähig** *adj.*: ~ *sein Parl.* haber (*od.* alcanzar el) quórum; ~**fähigkeit** *f* quórum *m*; *die* ~ *feststellen* comprobar el quórum; ~**fassung** *f* → *Beschluß*; ℔**unfähig** *adj.*: ~ *sein* no alcanzar el quórum.

be'**schmieren** (-) *v/t.* embadurnar; *mit Fett*: pringar, engrasar; *mit Teer*: embrear; *Brot*: untar (*mit con*); (*bekritzeln*) garabatear, emborronar.

be'**schmutzen** (-*t*; -) *v/t.* manchar (*a. fig.*), ensuciar; *stärker*: emporcar; (*bespritzen*) salpicar; *fig.* enfangar; profanar; *fig. das eigene Nest* ~ lavar en público los trapos sucios.

Be'schneide|maschine *f* máquina *f* recortadora; *Papier*: guillotina *f*; ~**messer** *n* cuchilla *f* recortadora; ℔**n** (*L*; -) *v/t.* (re)cortar; (*kürzer machen*) acortar; *Baum*: podar; *Reben*: desbarbillar; *Hecken usw.*: recortar, igualar; *Fingernägel*: cortar; *Buch*: desvirar; ✡ *Kind*: circuncidar; *fig.* (*kürzen*) reducir, cercenar, recortar.

Be'schneidung *f* (re)corte *m* (*a. fig.*); cercenadura *f*; ✡ circuncisión *f*; *Baum*: poda *f*; *fig.* acortamiento *m*, reducción *f*.

be'**schneit** *adj.* nevado, cubierto de nieve.

Be'schnittene(r) *m* circunciso *m*.

be'**schnüffeln** (-*le*; -), **be'schnuppern** (-*re*; -) *v/t.* husmear, olfatear, oliscar; *fig.* F *alles* ~ meter las narices en todo.

be'**schönig|en** (-) *v/t.* paliar; cohonestar; disimular, encubrir; excusar; (*schönfärben*) colorear; ~**end** *adj.* paliativo; ~**er Ausdruck** eufemismo *m*; ℔**ung** *f* paliación *f*, atenuación *f*, cohonestación *f*; excusa *f*; disimulo *m*.

be'**schotter|n** (-*re*; -) *v/t.* 🚂 balastar; *Straße*: enguijarrar, cubrir de grava; ℔**ung** *f* balasto *m*.

be'**schränk|en** (-) *v/t.* limitar (*auf ac. a*); circunscribir; (*einengen*) restringir, reducir; coartar; *sich* ~ *auf* limitarse a, contraerse a, ceñirse a; ~**end** *adj.* limitativo, restrictivo, ⚖ taxativo.

be'**schrankt** 🚂 *adj.* con barreras.

be'**schränkt** *adj.* limitado; restringido; (*eng*) estrecho, apretado; (*gering*) escaso; (*ungenügend*) insuficiente; *fig.* (*geistig* ~) corto (de alcances), de pocas luces, de pocos alcances; *in* ~**en** *Verhältnissen leben* vivir con estrechez; ✝ ~**e Annahme** aceptación *f* condicionada; ℔**heit** *f* (0) estrechez *f*, insuficiencia *f*; (*Mangel*) escasez *f*; *der Zeit*: brevedad *f*; *des Einkommens*: modicidad *f*; *fig.* insuficiencia *f* mental.

Be'schränkung *f* limitación *f*, restricción *f*; medida *f* restrictiva; (*Kürzung*) acortamiento *m*; ~**en auferlegen** imponer restricciones.

be'**schreib|bar** *adj.* CD-ROM: grabable; ~**en** (*L*; -) *v/t. Papier*: escribir en (*od.* sobre); *fig. Kreis, Bahn usw.*: describir; Ⓐ *a.* trazar; (*schildern*) describir; *anschaulich*: pintar, retratar; *erzählend*: relatar, narrar; (*erläutern*) explicar; (*definieren*) definir; *Person*: dar las señas de; *genau* ~ detallar, entrar en detalles sobre, particularizar, *bsd.* ✝ especificar; *nicht zu* ~ indescriptible; ~**end** *adj.* descriptivo; ℔**ung** *f* descripción *f*; (*Darstellung*) retrato *m*; *im Steckbrief*: señas *f/pl.* personales; (*Bericht*) relato *m*, narración *f*; relación *f*; ✝ especificación *f*; *kurze* ~ reseña *f*.

be'**schreiten** (*L*; -) *v/t.* andar sobre; pisar; poner el pie en; *fig. e-n Weg* ~ tomar (*od.* seguir) un camino; *neue Wege* ~ abrir nuevos caminos.

be'**schrift|en** (-*e*-; -) *v/t.* poner una inscripción en; ✝ *Kisten usw.*: marcar; *mit Etikett, Schild*: rotular, poner etiquetas; ℔**ung** *f* inscripción *f*; etiquetado *m*; (*Etikett, Schild*) rótulo *m*, etiqueta *f*; *e-r Münze usw.*: leyenda *f*.

be'**schuht** *adj.* calzado.

be'**schuldig|en** (-) *v/t.* inculpar, culpar de, imputar, incriminar de; acusar de; F echar la culpa de; ℔**te(r** *m*) *m/f* ⚖ inculpado (-a *f*); encausado (-a *f*) *m*; ℔**ung** *f* inculpación *f*; imputación *f*; acusación *f*; incriminación *f*.

Be'schulung *f* escolarización *f*.

be'**schummeln** (-*le*; -) F *v/t.* engañar, embaucar; estafar, timar.

Be'schuß ⚔ *m* (-*sses*, 0) fuego *m*; cañoneo *m*, bombardeo *m* (*a. Phys.*); *unter* ~ *nehmen* → *beschießen*; *fig. unter* ~ *geraten* ser duramente criticado.

be'**schütten** (-*e*-; -) *v/t.* cubrir (*mit de*); *mit Flüssigkeiten*: verter sobre.

be'**schütz|en** (-*t*; -) *v/t.* proteger (*vor de, contra*), guardar (*de*); amparar (*de*); defender (*de, contra*); ℔**er**(**in** *f*) *m* protector(a *f*) *m*; defensor(a *f*) *m*; ℔**ung** *f* (0) protección *f*; amparo *m*; defensa *f*.

be'**schwatzen** (-*t*; -) *v/t.*: *j-n zu et.* ~ persuadir a alg. a hacer a/c.; *schmeichelnd*: F engatusar.

Be'schwerde *f* **1.** (*Bürde*) carga *f*; (*Mühe*) pena *f*; fatiga *f*; molestia *f*; **2.** ✝ *mst. pl.* ~**n** achaques *m/pl.*; molestias *f/pl.*; dolores *m/pl.*; (*Störung*) trastorno *m*; ~**n des Alters** achaques de la vejez; **3.** ⚖ queja *f*; reclamación *f*; (*Prozeßrecht*) recurso *m* (de queja); *Span.* recurso *m* de alzada; ~ *einlegen gegen* elevar una protesta contra; formular una queja contra; presentar una reclamación (*bei* a); ⚖ interponer recurso de queja; *j-m Grund zu* ~**n geben** dar a alg. motivos de queja; ~**buch** *n* libro *m* de reclamaciones; ~**führer**(**in** *f*) *m* reclamante *m/f*; ⚖ recurrente *m/f*; ~**punkt** *m* objeto *m* de la queja *bzw.* reclamación; ~**schrift** *f* escrito *m* de queja; ~**verfahren** ⚖ *n* procedimiento *m* del recurso de queja.

be'**schwer|en** (-) **I.** *v/t.* cargar (*mit de*); pesar, gravar sobre; *fig.* gravitar sobre; (*seelisch*) pesar sobre; ser una carga (*od.* un peso) para; **II.** *v/refl.*: *sich* ~ quejarse (*über ac.* de; *bei* a), reclamar, protestar contra; ~**lich** *adj.* oneroso, gravoso; (*ermüdend*) fatigoso; (*lästig*) molesto, enojoso, F fastidioso; (*unbequem*) incómodo; (*hart*) penoso, dificultoso, pesado; *j-m* ~ *fallen* molestar; importunar a alg.; ℔**lichkeit** *f* incomodidad *f*; importunidad *f*; dificultad *f*; fatigas *f/pl.*; molestia *f*; ℔**ung** *f* carga *f*.

be'**schwichtig|en** (-) *v/t.* apaciguar; calmar, aquietar, sosegar; tranquilizar (*a. das Gewissen*); *Zorn*: aplacar; (*zum Schweigen bringen*) acallar; ℔**ung** *f* apaciguamiento *f*; tranquilización *f*; aplacamiento *m*.

be'**schwindeln** (-*le*; -) *v/t.* **1.** mentir (*a alg.*); **2.** (*betrügen*) engañar; embaucar, F timar, socaliñar.

be'**schwingt** *adj.* alado (*frohgestimmt*) alegre, animado; *Gang*: ligero; ~**e Melodien** música *f* amena; ℔**heit** *f* animación *f*; dinamismo *m*.

be'**schwipst** F *adj.* alegre, bebido; F alumbrado, achispado, piripi.

be'**schwör|en** (*L*; -) *v/t.* **1.** afirmar bajo juramento; jurar; **2.** *Gefahr*: conjurar; *Geister*: (*rufen*) evocar (*a. Erinnerungen*); (*bannen*) conjurar; exorcizar; *Schlangen*: encantar; **3.** *j-n* ~ (*anflehen*) suplicar, implorar, conjurar a; ℔**er** *m* conjurador *m*; exorcista *m*; ℔**ung** *f* confirmación *f* *bzw.* afirmación *f* bajo juramento;

Beschwörungsformel — besorgen

(Geister2) evocación f; (Bannung) conjuro m (a. Gefahr); exorcismo m; (Flehen) súplica f; **2ungsformel** f fórmula f de exorcismo; conjuro m.
be'seel|en (-) v/t. animar; inspirar; (beleben) dar aliento a, vivificar; **~t** adj. animado (von por); inspirado; **2ung** f (0) animación f; inspiración f.
be'sehen (L; -) v/t. mirar; (prüfend) examinar, inspeccionar; genau ~ mirándolo bien.
be'seitig|en (-) v/t. apartar; eliminar (a. Person); (abschaffen) abolir; suprimir; Hindernisse: remover, quitar de en medio; Schwierigkeiten: allanar, orillar; Schaden: reparar; Zweifel: disipar, desvanecer; Übel: remediar; Gegner: deshacerse de; Pol. liquidar; j-n ~ (umbringen) quitar a alg. de en medio; **2ung** f apartamiento m; eliminación f; abolición f; supresión f; remoción f; liquidación f.
be'selig|en (-) v/t. hacer feliz (od. dichoso), llenar de felicidad; Theo. beatificar; **~t** adj. lleno de felicidad.
'Besen m escoba f; grober: escobón m; (Jazz2) escobilla f; fig. F desp. (Frau) loro m, calló m; arpía f; fig. mit eisernem ~ auskehren poner orden con mano dura; **~binder** m escobero m; **~ginster** ♀ m retama f de escobas, escobón m; **~schrank** m escobero m; **~stiel** m palo m (od. mango m) de escoba; F steif wie ein ~ con cara de palo; F er hat wohl e-n ~ verschluckt parece que se ha tragado un palo de escoba.
be'sessen adj. poseído (von de), fig. obsesionado con, poseso de; endemoniado; (rasend) frenético, furioso; **2e(r** m) m/f poseso (-a f) m, endemoniado (-a f) m; obseso (-a f) m; wie ein ~r como un loco; **2heit** f (0) obsesión f, idea f fija; manía f; (Raserei) frenesí m.
be'setz|en (-t; -) v/t. Kleid usw.: guarnecer (mit de); (schmücken) adornar con; ♀ (bepflanzen) plantar de; ⊕ Bohrloch: llenar; feindliche Stellung: tomar; Teich mit Fischen: poblar; Sitzplatz: reservar; ocupar; Amt, Stelle: proveer, cubrir; (in Besitz nehmen) ocupar (a. ✕); ♪ instrumentar, orquestar; e-e offene Stelle ~ cubrir una vacante; Thea. die Rollen ~ repartir los papeles, hacer el reparto; **~t** adj. ocupado (a. ✕, Tele., WC); Zug, Bus: completo; Stelle: cubierto; dicht ~ repleto, abarrotado, atestado; voll ~ a tope; Thea. voll ~es Haus lleno m total, F llenazo m (absoluto); Tele. die Leitung ist ~ no hay línea; **2t-zeichen** n Tele. señal f de ocupado (od. de línea ocupada); **2ung** f ocupación f (a. ✕); Amt, Stelle: provisión f; Thea. reparto m, bsd. Am. elenco m; Sport: (Mannschaft) composición f del equipo; ♪ instrumentación f; (Spieler) composición f (del conjunto instrumental), plantilla f instrumental.
be'sichtig|en (-) v/t. Gegend: ver, mirar; reconocer; prüfend: inspeccionar (a. ✕); examinar; Truppen: revistar, pasar revista a; (besuchen) visitar; **2ung** f von Sehenswürdigkeiten: visita f; (Prüfung) examen m; (amtlich) inspección f (a. ✕); (Para-

de) revista f; **2ungsfahrt** f viaje m de inspección (a. ✕).
be'siedel|n (-le; -) v/t. colonizar; poblar; dicht besiedelt densamente poblado; **2ung** f colonización f; **2ungsdichte** f densidad f de población.
be'siegeln (-le; -) v/t. sellar (a. fig.); fig. a. rubricar; decidir; sein Schicksal ist besiegelt su destino está decidido.
be'sieg|en (-) v/t. vencer (a. fig.); Sport: a. derrotar, batir; sich für besiegt erklären darse por vencido; **2er** m vencedor m; **2te(r** m) m/f vencido (-a f) m.
be'singen (L; -) v/t. cantar; (preisen) celebrar, cantar las glorias de, loar.
be'sinn|en (L; -) v/refl.: sich ~ (überlegen) reflexionar (über ac. sobre); sich ~ auf recordar (ac.), acordarse de, hacer memoria; sich anders (od. e-s anderen) ~ cambiar de opinión (od. de parecer); sich e-s Besseren ~ pensarlo mejor; sich hin und her ~ buscar en la memoria; F devanarse los sesos; ohne sich (lange) zu ~ sin vacilar, sin pensarlo dos veces; wenn ich mich recht besinne si mal no recuerdo; ~ Sie sich doch! ¡haga usted memoria!; **2en** n (-s; 0) reflexión f; meditación f; recuerdo m; **~lich** adj. pensativo; contemplativo; meditabundo; tranquilo; Buch usw.: que da que pensar.
Be'sinnung f (Bewußtsein) conocimiento m; sentido m; (Überlegung) reflexión f, meditación f; Stunde der ~ hora f de meditación; die ~ verlieren perder el conocimiento (od. el sentido), desmayarse; (wieder) zur ~ kommen recobrar el conocimiento (od. el sentido), volver en sí; fig. volver a la razón; j-n zur ~ bringen hacer entrar en razón a alg.; **2slos** adj. ♣ sin conocimiento (od. sentido), desmayado; (unüberlegt) inconsciente, insensato; **~slosigkeit** f (0) ♣ desmayo m, síncope m; fig. inconsciencia f, insensatez f.
Be'sitz m (-es; 0) posesión f; ♂ propiedad f; (Güter) bienes m/pl.; (Vermögen) patrimonio m; Aktien, Waffen usw.: tenencia f; unrechtmäßiger ~ detentación f; im ~ sein von estar en posesión de, poseer; in ~ nehmen, ~ ergreifen von tomar posesión de, posesionarse de; in den ~ von et. gelangen entrar en posesión de a/c.; in j-s ~ übergehen pasar a posesión de alg.; ✝ im ~ Ihres Schreibens vom ... recibida su atenta carta del ...; **2anzeigend** Gr. adj. posesivo.
be'sitzen (L; -) v/t. poseer; (innehaben) ser propietario de; estar en posesión de, tener; unrechtmäßig: detentar; Talent usw.: estar dotado de; (ausgestattet sein mit) estar provisto de, estar equipado con; (sich erfreuen) gozar de; die ~den Klassen las clases pudientes.
Be'sitzer(in f) m poseedor(a f) m, posesor(a f) m; (Inhaber) tenedor m; portador m; (Eigentümer) propietario (-a f) m, dueño (-a f) m; amo (-a f) m.
Be'sitz...: **~ergreifung** f toma f de posesión; bsd. ✕ ocupación f; ♂ accesión f; widerrechtliche: usurpación f; (Annexion) anexión f; **2erlos**

adj. Auto usw.: abandonado; **~klage** ♂♂ f acción f posesoria; **2los** adj. sin bienes; **~nahme** f → ~ergreifung; **~recht** n derecho m de posesión; título m de propiedad; **~stand** m estado m de posesión; ✝ (Aktiva) activo m; **~steuer** f impuesto m sobre la propiedad; **~störung** f perturbación f de la posesión; **~titel** m título m de propiedad; (Urkunde) escritura f (de propiedad); **~tum** n posesión f; bienes m/pl.; (Anwesen) a. finca f, propiedad f (rural), hacienda f; **~übertragung** f transmisión f bzw. traspaso m de propiedad; **~ung** f → ~tum; **~urkunde** f → ~titel; **~wechsel** m cambio m de propietario; traspaso m de propiedad.
be'soffen P adj. embriagado, borracho; ~ sein F tener una tajada (od. una merluza, una cogorza, una curda); total ~ sein estar hecho una cuba; **2heit** f (0) borrachera f, embriaguez f.
be'sohlen (-) v/t. poner medias suelas.
be'sold|en (-e-; -) v/t. asalariar, pagar (un sueldo); **~et** adj. asalariado.
Be'soldung f Beamte, Angestellte: sueldo m; ✕ a. paga f; Arbeiter: salario m; (für ein Amt) emolumentos m/pl.; **~sgruppe** f escalafón m; **~s-ordnung** f reglamentación f salarial bzw. de sueldos; **~sstelle** f pagaduría f; **~szulage** f sobresueldo m, suplemento m de sueldo.
be'sonder adj. especial, particular; (eigentümlich) propio, peculiar; (typisch) típico, específico; (unterscheidend) distintivo; (einmalig) singular, único; (außergewöhnlich) excepcional, extraordinario; **~e Kennzeichen** particularidades f/pl.; características f/pl. especiales; (Person) señas f/pl. particulares; **~e Umstände** circunstancias f/pl. especiales; ohne **~e Begeisterung** sin gran entusiasmo; **2e(s)** n: et. **~s (für sich)** algo aparte; (Ungewöhnliches) algo fuera de lo común; algo desacostumbrado; er hat et. **~s in s-r Art** tiene un no sé qué en su modo de ser; nichts **~s** nada (de) extraordinario; das ist nichts **~s** desp. no es gran cosa, no tiene importancia, F no es ninguna cosa del otro jueves (od. mundo); im **2n** en particular, sobre todo, especialmente; das ~ daran ist lo más notable en ello es; **2heit** f especialidad f; particularidad f; singularidad f; (Eigentümlichkeit) peculiaridad f; bsd. ✝ especialidad f; **~s** adv. especialmente, particularmente, en particular; (hauptsächlich) principalmente; sobre todo; máxime; (außergewöhnlich) excepcionalmente, singularmente; (ausdrücklich) expresamente, especialmente; F nicht ~ (als Antwort) regular, así así.
be'sonnen[1] adj. (vernünftig) considerado, reflexivo; juicioso, sensato; (vorsichtig) prudente, circunspecto.
be'sonnen[2] (-) v/t. solear.
Be'sonnenheit f (0) reflexión f; sensatez f; circunspección f; (Ruhe) serenidad f; (Vorsicht) prudencia f; (Geistesgegenwart) presencia f de ánimo.
be'sorgen (-) v/t. (verschaffen) procurar, proporcionar, facilitar (j-m et. a/c. a alg.); conseguir (a/c. para alg.); (holen) ir a buscar, ir por; (kaufen)

Besorgnis — Bestattung

adquirir, comprar; (*betreuen*) cuidar de; (*erledigen*) hacer, agenciar; ocuparse en (*od.* de); (*übernehmen*) encargarse de; *Auftrag*: hacer, ejecutar, efectuar; *Geschäfte*: atender a; *Brief*: despachar; *Korrespondenz*: llevar; *den Haushalt ~* llevar la casa; F *dem habe ich es aber (gründlich) besorgt!* F le he dicho cuatro verdades; ⟨nis *f* (-; -*se*) preocupación *f*, inquietud *f*, zozobra *f*; (*Furcht*) temor *m*; recelo *m*, aprensión *f*; *~ erregen* causar preocupación (*od.* inquietud); *in ~ geraten* alarmarse; *~niserregend adj.* alarmante, inquietante, preocupante; *~t adj.* preocupado (*wegen, um* por); intranquilo, inquieto, *stärker*: alarmado (*wegen* por); (*ängstlich bemüht*) solícito; *das macht mich ~* esto me preocupa *bzw.* me inquieta; ⟨**t- heit** *f* (0) inquietud *f*, preocupación *f*; solicitud *f*; ⟨ung *f* (*Wartung*) cuidado *m*, atención *f*; (*Beschaffung*) consecución *f*; provisión *f*; (*Erledigung*) ejecución *f*; (*Auftrag*) encargo *m*; recado *m*; *von Geschäften*: despacho *m*; *~en machen* ir de compras; hacer recados.
be'spann|en (-) *v/t. mit Pferden*: enganchar; *mit Ochsen*: uncir; ♪ *mit Saiten*: encordar, poner cuerdas a; *mit Stoff ~* revestir de tela; ⟨ung *f* tiro *m* (de caballos), yunta *f* (de bueyes); revestimiento *m* (a. ⚔); ♪, *Tennisschläger*: cordaje *m*.
be'speien (L; -) *v/t.* escupir en *od.* sobre.
be'spicken (-) *v/t. Braten*: mechar; *fig.* *bespickt mit* erizado de.
be'spiegeln (-*le*; -) *v/refl.*: *sich ~* mirarse al espejo; *fig.* admirarse.
be'spielen (-) *v/t. Schallplatte, Tonband*: grabar, impresionar.
be'spitzeln (-*le*; -) *v/t.*: *j-n ~* espiar a alg., seguir los pasos a alg.
be'spötteln (-*le*; -) *v/t.* burlarse (*od.* hacer mofa) de.
be'sprech|en (L; -) **I.** *v/t.* hablar (de *od.* sobre), tratar (de); conferenciar (sobre); comentar; consultar (*et. mit j-m* a/c. con alg.); (*erörtern*) discutir sobre, debatir a/c.; *Krankheit*: curar por ensalmo, ensalmar; (*rezensieren*) reseñar, hacer una crítica de; *Schallplatte, Tonband*: grabar; **II.** *v/refl.*: *sich ~ mit j-m* conversar (*od.* conferenciar) con alg. (*über ac.* sobre); entrevistarse (*od.* abocarse) con alg.; consultar con alg.; ⟨**er** *m -s Buches usw.*: crítico *m* (literario); *Thea.* crítico *m* (teatral); ⟨ung *f* conversación *f*; conferencia *f*; entrevista *f*; coloquio *m*; (*Beratung*) consulta *f*; (*Erörterung*) deliberación *f*, discusión *f*, debate *m*; (*Kommentar*) comentario *m*; (*Buch*⟨) crítica *f*; (*Beschwörung*) conjuro *m*; *e-r Schallplatte usw.*: grabación *f*; ⟨**ungs- exemplar** *n* ejemplar *m* de reseña.
be'spreng|en (-) *v/t.* rociar; regar; *mit Weihwasser*: asperjar, hisopear; ⟨ung *f* rociad(ur)a *f*; aspersión *f*; riego *m*.
be'springen (L; -) *Zoo.* **I.** *v/t.* cubrir, montar; **II.** ⟨ *n* cubrición *f*, monta *f*.
be'spritzen (-*t*; -) *v/t.* rociar; regar; *mit Schmutz*: salpicar.
be'spucken (-) *v/t.* → bespeien.
be'spülen (-) *v/t. Ufer usw.*: bañar; *Felsen*: batir.

'**Bessemerbirne** *f* convertidor *m* (de) Bessemer.
'**besser** *adj. u. adv.* mejor; (*verbessert*) mejorado; (*überlegen*) superior; *um so ~* (tanto) mejor; *immer ~* cada vez mejor, de mejor en mejor; *~ gesagt* mejor dicho, más bien; *~ sein* ser mejor (*als* que); ser superior (*als* a); valer más; *~ als nichts* mejor que nada, algo es algo; *je eher desto ~* cuanto antes mejor; *~ ist ~* lo seguro seguro es; por si acaso; *~ machen* mejorar; hacer mejor; *et. ~ wissen bzw.* können saber (*bzw.* poder hacer) mejor a/c.; *es wäre ~* sería mejor (*od.* preferible), más valdría; *das wäre noch ~!* ¡es lo que faltaba!; *~ werden* mejorar (*a. Wetter*); *Kranke*: a. aliviarse; *das gefällt mir ~* me gusta más; *es geht ihm heute ~* hoy está (*od.* sigue) mejor; *es geht (wirtschaftlich) ~* las cosas van mejorando; *ich täte ~ (daran) zu gehen* sería mejor (*od.* más valdría) que me marchase; *ein ~er Herr* un señor, un caballero; *die ~en Leute* F la gente bien; *das ~e Teil* la mejor tajada; *der ~e* el mejor; *das ~e* lo mejor; *j-n e-s ⟨en belehren* desengañar, abrir los ojos a alg.; *Sie können nichts ⟨es tun* no podría usted hacer mejor cosa; *sich zum ⟨en wenden*, *e-e Wendung zum ⟨en nehmen* cambiar a mejor; *ich habe ⟨es zu tun* tengo otras cosas (*od.* cosas más importantes) que hacer *bzw.* en qué pensar.
'**bessern** (-*re*) *v/t.* mejorar, perfeccionar; (*reformieren*) reformar; *sich ~ moralisch*: corregirse, enmendarse, cambiar de vida; reformarse; *gesundheitlich*: aliviarse, mejorar(se); ✝ *Kurse, Preise*: subir; *Wetter*: mejorar(se), serenarse.
'**Besserung** *f* mejora *f*; mejoramiento *m*; *moralisch*: enmienda *f*, corrección *f*; reforma *f*; ⚕ mejoría *f* (*a. Wetter*), alivio *m*; ✝ *des Marktes*: recuperación *f*; *Preis, Kurs*: alza *f*; *auf dem Wege der ~* ⚕ en vías de restablecimiento; *gute ~!* ¡que se alivie (*od.* mejore)!; *~s-anstalt* *f* correccional *m*, reformatorio *m*; ⟨**sfähig** *adj.* corregible; *~smittel* *n* correctivo *m*.
'**Besserwisser** *m* F sabelotodo *m*, sabihondo *m*.
best *adj. u. adv.* (*sup. von gut u. wohl*) mejor; *am ⟨en* lo mejor; *im ⟨en Falle* en el mejor de los casos, F a todo tirar; *aufs ⟨e, ⟨ens* lo mejor posible; *del mejor modo posible*; *auf dem ⟨en Wege sein zu inf.* estar en el mejor camino para *inf.*; *der erste ⟨e* el primero que se presente (*od.* que llegue); *im ⟨en Alter* en la plenitud de la vida, en la flor de su edad; *in ⟨em Zustand* en perfecto estado; *in ⟨em Einvernehmen* en la mayor armonía; *nach ⟨en Kräften* con todo empeño; *zum ⟨en geben Lied*: cantar; *Geschichte*: contar; *j-n zum ⟨en haben* burlarse de alg., F tomar el pelo a alg.; *sich von der ⟨en Seite zeigen* mostrarse por el lado bueno; *am ersten ⟨en Tage* el mejor día, el día menos pensado; *es ist am ⟨en so* es mejor así; *es wäre am ⟨en, wenn ich jetzt ginge* lo mejor sería que me fuese ahora; *das gefällt mir am ⟨en es* lo que más me gusta; *(ich) danke ⟨ens!* ¡muchas gracias!; F *un millón de gracias!*; *das ⟨e lo* mejor; *das ⟨e*

vom ⟨en lo más selecto; la flor y nata; *zu Ihrem ⟨en* en interés suyo, por su bien; *zum ⟨en der Armen* a beneficio de los pobres; *sein ⟨es geben* poner todo su afán en; emplearse a fondo; F volcarse; *sein ⟨es tun* hacer todo lo posible; hacer lo (mejor) que se pueda; *das ⟨e aus et. herausholen* (*od.* machen) sacar el mejor partido posible de a/c.
be'stall|en (-) *v/t.* (*ernennen*) nombrar (a alg. para un cargo); (*einsetzen*) instalar (en); ⟨ung *f* nombramiento *m*; ⟨ungsurkunde *f* nombramiento *m*; credencial *f*; patente *f*.
Be'stand *m* (-*es*; -*e*) (*Bestehen*) existencia *f*; (*Fortbestand*) permanencia *f*; (*Dauerhaftigkeit*) durabilidad *f*; (*Haltbarkeit*) estabilidad *f*; consistencia *f*; (*Dauer*) duración *f*; ✝ (*Waren*⟨) existencias *f/pl.* (*an dat.* de), *angl.* stock *m*; (*Sachverzeichnis*) inventario *m*; (*Kassen*⟨) efectivo *m* en caja; (*Reserven*) reservas *f/pl.*; *an Effekten*: (valores *m/pl.* en) cartera *f*; *Tiere, Pflanzen*: población *f*; *Vieh,* ⚔ efectivo *m*; *Vieh*: *a.* censo *m*; *von ~ sein, ~ haben* ser estable, ser durable (*od.* duradero), (*per*)durar; *den ~ aufnehmen* hacer inventario, inventariar; ⟨**en** *adj. Prüfung*: aprobado.
be'ständig *adj.* estable (*a. Wetter u.* ✝); constante; (*unveränderlich*) invariable, inalterable; (*dauerhaft*) permanente; duradero, durable; (*andauernd*) constante, continuo, persistente; (*beharrlich*) perseverante, persistente; ⊕ resistente a; *Farben*: fijo, inalterable; *Material*: consistente; ⟨**keit** *f* (0) estabilidad *f*; constancia *f*; permanencia *f*; duración *f*; invariabilidad *f*, inmutabilidad *f*; continuidad *f*, persistencia *f*; perseverancia *f*; resistencia *f*; inalterabilidad *f*.
Be'stands...: *~aufnahme* *f* inventario *m*; *~buch* *n* libro-inventario *m*; *~liste* *f*, *~verzeichnis* *n* inventario *m*.
Be'standteil *m* (-*es*; -*e*) componente *m*; (*Einzelteil*) parte *f*; (*Zusatz*) ingrediente *m*; (*Grund*⟨) elemento *m*; *wesentlicher ~* parte *f* esencial (*od.* integrante *od.* constitutiva), constitutivo *m*; *sich in s-e ⟨e auflösen* desintegrarse; F *weit S.* estropearse.
be'stärk|en (-) *v/t.* fortalecer; (*unterstützen*) apoyar; (*bestätigen*) confirmar, corroborar; ⟨ung *f* confirmación *f*, corroboración *f*.
be'stätig|en (-) *v/t.* confirmar (*a. Urteil, Aufträge*); (*bescheinigen*) certificar; *amtlich*: legalizar; (*feststellen*) comprobar, dejar (*od.* dar) constancia de; revalidar; (*behaupten*) afirmar, asegurar; (*erhärten*) corroborar; *Vertrag*: ratificar; *Gesetz*: sancionar; (*rechtsgültig machen*) validar; *den Empfang ~* acusar recibo de; *j-n im Amt ~* confirmar a alg. en su cargo; *sich ~* confirmarse, resultar ser cierto; *~end adj.* comprobante; *bsd.* ⚖ confirmatorio; ⟨ung *f* confirmación *f*; certificación *f*; legalización *f*; comprobación *f*; ratificación *f*; sanción *f*; validación *f*; *e-s Schreibens*: acuse *m* de recibo; ⟨**ungsschreiben** *n* carta *f* confirmativa.
be'statt|en (-*e*-; -) *v/t.* enterrar, inhumar, sepultar; dar sepultura a; ⟨ung

Bestattungsinstitut — Bestreitung

f entierro *m*, inhumación *f*, sepultura *f*; sepelio *m*; ⚐**ungsinstitut** *n* funeraria *f*, pompas *f*/*pl*. fúnebres.

be'stäub|en (-) *v*/*t*. empolvar; espolvorear; ⚘ polinizar; *Kochk*. *mit Mehl* ~ enharinar; ⚐**ung** *f* empolvoramiento *m*; espolvoreo *m*; ⚘ polinización *f*.

be'staunen (-) *v*/*t*. mirar con asombro; (*bewundern*) admirar.

be'stech|en (*L*; -) *v*/*t*. sobornar, corromper; F untar (la mano); *Beamte, Richter*: *a*. cohechar; *fig*. seducir; *sich* ~ *lassen* venderse; *sich nicht* ~ *lassen* ser incorruptible; ~**end** *adj*. seductor, tentador; ~**lich** *adj*. sobornable, corruptible; (*käuflich*) venal; ~ *sein* F abrir la mano; ⚐**lichkeit** *f* (0) corruptibilidad *f*; venalidad *f*; ⚐**ung** *f* corrupción *f*; soborno *m*; cohecho *m*; ⚐**ungsgeld** *n* F unto *m*; ⚐**ungsversuch** *m* tentativa *f* de soborno (*od*. F de unto).

Be'steck *n* (-*(e)s*; -*e*) 🗡 instrumental *m*, estuche *m* (de instrumentos); (*Eßß*) cubierto *m*, *coll*. cubertería *f*; ⚓ estima *f*; ⚓ *das* ~ *machen* tomar la estima.

be'stecken (-) *v*/*t*. guarnecer de; *mit Nadeln*: prender con; *mit Pflanzen* ~ adornar con plantas.

Be'steckkasten *m* cubertero *m*.

be'stehen (*L*; -) **I**. *v*/*t*. (*durchmachen*) sufrir, padecer, soportar; *Gefahren*: arrostrar, hacer frente a; *Kampf*: sostener; *erfolgreich*: salir victorioso de; *Probe*: resistir, salir airoso de; *Sturm, Krise*: aguantar; *Prüfung*: aprobar; *e-e Prüfung nicht* ~ suspender (*od*. no aprobar) un examen; **II**. *v*/*i*. existir, haber (*a*. *Bedenken*); (*fort*~) subsistir, (per)durar, continuar, permanecer, persistir; (*noch* ~) quedar; (*weiterleben*) sobrevivir; (*Gültigkeit haben*) seguir vigente; (*sich behaupten*) mantenerse, sostenerse; ~ *aus* constar de, componerse de, estar integrado *od*. formado *od*. compuesto por; ~ *in* (*dat*.) consistir en, fundarse (*od*. basarse) en; residir (*od*. estar) en; ~ *auf* (*dat*.) insistir en; persistir en; mantenerse en; *hartnäckig*: empeñarse (*od*. obstinarse) en; *gegen j-n* ~ mantener su punto de vista, F no dar su brazo a torcer; ~ *bleiben* seguir, quedar en pie; *fig*. perdurar; F *sie besteht auf ihrem Kopf* F se mantiene (*od*. sigue) en sus trece; **III**. ⚐ *n* existencia *f*; *seit* ~ *unserer Firma* desde el establecimiento de nuestra casa; ~**d** *adj*. existente; (*gegenwärtig*) presente, actual; (*gültig*) vigente; (*noch* ~) subsistente; *vorher* ~ preexistente; ~ *aus* compuesto de, integrado por, formado por.

be'stehlen (*L*; -) *v*/*t*. robar; *ich bin bestohlen worden* me han robado.

be'steig|en (-) *v*/*t*. subir (*a od*. sobre); *Fahrrad*: montar en; *Pferd*: montar (a caballo); *Berg*: subir a, ascender a, escalar; *Schiff*: subir a bordo; ⚐**ung** *f* subida *f*; *e-s Berges*: *a*. ascensión *f*, escalada *f*; *des Thrones*: subida *f*, advenimiento *m*.

Be'stell|buch ✝ *n* libro *m* de pedidos; ⚐**en** (-) *v*/*t*. *Waren, Speisen*: pedir, encargar; ✝ *a*. hacer un pedido; *Zeitung*: suscribirse (*od*. abonarse) a; *Platz, Zimmer*: reservar; (*kommen lassen*) hacer (*od*. mandar) venir, llamar (*od*. citar) a alg.; (*ernennen*) nombrar (*zum ac*.); *Aufträge*: cumplir; *Briefe*: entregar; *Grüße*: dar (*für, an ac*. a; *von* de parte de); *Feld*: cultivar; *fig*. *sein Haus* ~ organizar su casa; *es ist schlecht um ihn bestellt* le va muy mal; *es ist schlecht damit bestellt* esto toma mal cariz; *kann ich ihm et*. ~? ¿le puedo dar un recado?; F *er hat hier nichts zu* ~ F no pinta nada aquí; ~**er** *m* comitente *m*; (*Kunde*) cliente *m*, comprador *m*; *e-r Zeitung*: suscriptor *m*; ~**gebühr** *f*, ~**geld** *n* derechos *m*/*pl*. de entrega a domicilio; ~**karte** *f* tarjeta *f* de pedido; ~**liste** *f* catálogo *m*; ~**nummer** *f* número *m* de referencia (*od*. de pedido); ~**schein** *m* hoja *f* (*od*. nota *f*) de pedido; *Zeitung usw*.: boletín *m* de suscripción; ~**ung** *f* (*Auftrag*) encargo *m*, ✝ *a*. pedido *m*, orden *f*; ✍ cultivo *m*; *von Briefen usw*.: entrega *f*; reparto *m*; (*Botschaft*) recado *m*; (*Ernennung*) nombramiento *m*; *e-r Zeitung*: suscripción *f*; (*Vor*⚐) reserva *f*; *auf* ~ *von* por encargo de; *bei* ~ *al hacer el pedido*; *laut* ~ según encargo (*od*. orden); ~**zettel** ✝ *m* → ~**schein**; *Bibliothek*: papeleta *f* de petición.

'**bestenfalls** *adv*. en el mejor de los casos; (*höchstens*) a lo sumo, a todo tirar, como máximo.

'**bestens** *adv*. → best.

be'steuer|bar *adj*. imponible; ~**n** (-*re*; -) *v*/*t*. gravar (con impuestos); imponer contribuciones; ⚐**ung** *f* imposición *f* (de impuestos); gravamen *m*; tributación *f*; ⚐**ungsgrundlage** *f* base *f* imponible.

'**Bestform** *f Sport*: mejor condición *f* (*od*. forma *f*); *in* ~ *sein* estar en su mejor momento.

besti'al|isch *adj*. bestial, brutal; ⚐**i**-'**tät** *f* bestialidad *f*, brutalidad *f*.

be'sticken (-) *v*/*t*. bordar, recamar.

'**Bestie** *f* bestia *f* feroz, fiera *f*; *fig*. (*Mensch*) bestia *f*, fiera *f* (humana), monstruo *m*, bruto *m*.

be'stimm|bar *adj*. determinable; (*von Begriffen*) definible; ~**en** (-) *v*/*t*. determinar; (*entscheiden*) *a*. decidir; (*festsetzen*) fijar; *vertraglich*: estipular; (*anordnen*) disponer, ordenar; (*vorschreiben*) prescribir; (*befehlen*) mandar; 🛰, ⚛, *Phys*., *Bio*. determinar; *genau*: precisar, especificar; ✍ *Krankheit*: diagnosticar; *Dosis*: dosificar; (*abschätzen*) apreciar; tasar; 🛰 analizar; (*sachlich einordnen*) clasificar (*a*. ⚘); *Pflanzen*: *a*. identificar; *Begriff*: definir; (*vorher* ~) predestinar; (*ausersehen*) designar; destinar (*zu, für* a); *j-n* ~ *et*. *zu tun* determinar a alg. a hacer a/c.; *beeinflussend*: incitar (*od*. inducir) a alg. a hacer a/c.; *als Nachfolger* ~ nombrar sucesor; *zum Erben* ~ instituir (por) heredero; ~ *über* disponer de; *sich von et*. ~ *lassen* dejarse influir por a/c.; *wer hat hier zu* ~? ¿quién manda aquí?; ~**end** *adj*. determinante, decisivo; *Gr*. determinativo.

be'stimmt I. *adj*. determinado (*a*. *Gr*. *Artikel u*. ⚛); ✍ fijo; (*schicksalhaft*) predestinado (*zu* para); (*entschieden*) decidido; (*sicher*) cierto, seguro; (*genau*) exacto, preciso, definido (*a*. *Gr*.); (*deutlich*) claro, explícito, expreso; (*energisch*) terminante, categórico; rotundo; *im Auftreten usw*.: firme, resuelto; (*endgültig*) definitivo; ~ *sein für* (*od*. *zu*) estar destinado a; ⚓ *usw*. ~ *nach* con destino a; *nichts* ⚐**es nada en concreto**; **II**. *adv*. ciertamente, seguramente, positivamente; *ganz* ~ con absoluta seguridad; *mit* ~**er** *Sicherheit*: con toda certeza, sin falta; *et*. ~ *wissen* saber a/c. a ciencia cierta (*od*. de seguro), estar seguro de a/c.; *er kommt* ~ es seguro que vendrá, vendrá sin falta; ⚐**heit** *f* (0) (*Entschlossenheit*) resolución *f*, determinación *f*; firmeza *f*; (*Schicksal*) destino *m*, (*Sicherheit*) seguridad *f*, certeza *f*; *mit* ~ (*gewiß*) con certeza (*od*. seguridad); (*kategorisch*) categóricamente.

Be'stimmung *f* determinación *f*; (*Festsetzung*) fijación *f*; (*Ernennung*) designación *f*; (*Schicksal*) destino *m*; (*Verfügung*) disposición *f*; (*Entschluß*) resolución *f*; (*Entscheidung*) decisión *f*; 🛰, *a*. análisis *m* (cuantitativo *bzw*. cualitativo); (*Schätzung*) apreciación *f*; tasación *f*; (*Dosierung*) dosificación *f*; ✍ *Krankheit*: diagnóstico *m*; ⚘ identificación *f*; (*Begriffs*⚐) definición *f*; (*nähere* ~) complemento *m* (*a*. *Gr*.); (*Vorschrift*) reglamento *m*; ordenanzas *f*/*pl*.; *e-s Vertrages*: estipulación *f*, cláusula *f* (*a*. *e-s Testaments*); *e-s Gesetzes*: prescripción *f*; (*Beruf, Sendung*) vocación *f*; *fig*. *das war* ~ estaba escrito.

Be'stimmungs...: ~**bahnhof** *m* estación *f* de destino; ~**hafen** *m* puerto *m* de destino; ~**land** *n* país *m* de destino; ~**methode** 🛰 *f* método *m* de análisis; ~**ort** *m* lugar *m* (*od*. punto *m*) de destino; ~**wort** *Gr*. *n* determinante *m*; ~**zweck** *m* destino *m*.

be'stirnt *adj*. estrellado, constelado.

'**Bestleistung** *f Sport*: récord *m*, mejor marca *f*, plusmarca *f*; ⊕ rendimiento *m* máximo.

'**bestmöglich** *adj*. el (la, lo) mejor posible.

be'stoßen (*L*; -) *v*/*t*. ⊕ (*abkanten*) descantillar.

be'straf|en (-) *v*/*t*. castigar (*wegen, für* por; *mit* con); ⚖ penar; sancionar; *mit Geld*: multar, imponer una multa; *Sport*: penalizar; ⚐**ung** *f* castigo *m*; punición *f*; ⚖ pena *f*; sanción *f*; *Sport*: penalización *f*.

be'strahl|en (-) *v*/*t*. iluminar; irradiar (*a*. ✍); ✍ *Therapie*: tratar con rayos X; ⚐**ung** *f* iluminación *f*; irradiación *f* (*a*. ✍); ✍ exposición *f* a la radiación; ✍ (*Therapie*) radioterapia *f*.

be'streb|en (-) *v*/*refl*.: *sich* ~ (*od*. *bestrebt sein*) zu esforzarse por, afanarse por; tratar de; aspirar a, pretender; ⚐**en** *n* empeño *m*; afán *m*, anhelo *m*; *in dem* ~ ... animado(s) del deseo ...; ⚐**ung** *f* esfuerzo *m*; afán *m*, tentativa *f*, aspiración *f*, anhelo *m*.

be'streichen (*L*; -) *v*/*t*. (*überziehen*) recubrir de; *mit Farbe*: pintar; *mit Butter, Fett*: untar con; *mit Öl*: aceitar; ⚔ *mit Feuer*: batir.

be'streit|bar *adj*. discutible, contestable; disputable, impugnable; ~**en** (*L*; -) *v*/*t*. (*anfechten*) impugnar, disputar, controvertir; (*abstreiten*) negar; (*bezweifeln*) poner en duda (*od*. en tela de juicio), discutir *f*; *Kosten*: cubrir, pagar, costear, sufragar; *die Unterhaltung* ~ hacer el gasto de la conversación; ⚐**ung** *f* disputa *f*; impugnación *f*; *zur* ~ *s-r Studien* para costear sus estudios.

be'streuen (-) *v/t.* espolvorear (*mit de*); *Boden*: esparcir sobre, cubrir de; *mit Mehl*: enharinar; *mit Blumen usw.*: sembrar de; *mit Sand*: enarenar; *mit Salz und Pfeffer*: salpimentar.

be'stricken (-) *v/t.* cautivar, embelesar, hechizar, encantar, fascinar; ~**d** *adj.* fascinador, encantador, seductor, cautivador.

'**Bestseller** *angl. m* best-seller *m*; ~**liste** *f* lista *f* de best-sellers.

be'stück|en (-) *v/t.* ⚔, ⚓ artillar; armar (con cañones); 2**ung** *f* (piezas *f/pl.* de) artillería *f*, cañones *m/pl.*; armamento *m*.

be'stürm|en (-) *v/t.* ⚔ asaltar (*a. fig.*); *mit Bitten* ~ importunar con ruegos; *mit Fragen* ~ asediar (*od.* asaetar, acosar) a preguntas; 2**ung** *f* asalto *m*.

be'stürz|en (-*t*; -) *v/t.* sobresaltar, asustar; aturdir, desconcertar; consternar; ~**t** *adj.* (*fassungslos*) desconcertado, aturdido, consternado; (*entsetzt*) asustado; *stärker*: espantado, aterrado; (*sprachlos*) pasmado, atónito, estupefacto, F turulato; (*verwirrt*) confuso; perplejo; 2**ung** *f* sobresalto *m*; aturdimiento *m*; consternación *f*; pasmo *m*, estupefacción *f*; confusión *f*, perplejidad *f*.

'**Best|wert** *m* (valor *m*) óptimo *m*; ~**zeit** *f Sport*: mejor tiempo *m*, mejor marca *f*.

Be'such [u:] *m* (-*¢s*; -*e*) visita *f* (*a. Person*); *regelmäßiger od. häufiger*: frecuentación *f* de; *e-r Schule*: asistencia *f* a; (*Besucherzahl*) entrada *f*, concurrencia *f*; *auf* (*od. zu*) ~ *sein* estar de visita; *e-n* ~ *machen* hacer una visita a (*a.* ⚗); *es ist* ~ *da* hay visita; 2**en** (*-*) *v/t.* visitar; *j-n*: ir a visitar a, ir a ver a, hacer una visita a alg.; *offiziell*: cumplimentar a; *Ort, Sehenswürdigkeiten*: visitar; *Städte: a.* recorrer; *häufig od. gewohnheitsmäßig*: frecuentar; *Vortrag, Versammlung, Schule usw.*: asistir a, ir a; *gut* (*schwach*) *besucht* muy (poco) concurrido; *gut besucht sein a.* registrar una buena entrada; *viel besucht* muy frecuentado; ~**er**(**in**) *m/f* visitante *m/f*, visita *f*; *amtlicher*: visitador *m*; (*Gast*) huésped *m*; *regelmäßiger*: cliente *m* habitual, parroquiano *m*; (*Zuschauer*) espectador *m*; ~**erzahl** *f* número *m* de visitantes; concurrencia *f*, entrada *f*, asistencia *f*; ~**skarte** *f* tarjeta *f* de visita; ~**s-tag** *m* día *m* de visita; (*Empfangstag*) día *m* de recibo; ~**szeit** *f* horas *f/pl.* de visita; ~**szimmer** *n* recibidor *m*, sala *f* de visitas.

be'sudeln (*-le*; -) *v/t.* manchar (*a. fig.*), ensuciar; embadurnar; *Namen usw.: a.* mancillar; (*entweihen*) profanar.

be'tagt *adj.* viejo, anciano, de edad avanzada; entrado en años.

be'takeln (*-le*; -) ⚓ *v/t.* aparejar, enjarciar.

be'tasten (*-e-*; -) *v/t.* tocar, tentar, palpar (*a.* ⚕); (*plump* ~) sobar, manosear; *bsd. Frau*: P magrear.

'**Betastrahlen** *Phys. m/pl.* rayos *m/pl.* beta.

be'tätig|en (-) **I.** *v/t.* ⊕ (*bedienen*) accionar; maniobrar, hacer funcio-

nar; (*in Gang setzen*) poner en movimiento (*od.* en marcha); **II.** *v/refl.*: *sich* ~ estar ocupado en, dedicarse a; *sich* ~ *an* (*od. bei*) participar en, tomar parte (activa) en; *sich* ~ *als* actuar de; 2**ung** *f* (*Tätigkeit*) actividad *f*, acción *f*; actuación *f*, ocupación *f*; (*Beteiligung*) participación *f*; ⊕ accionamiento *m*; puesta *f* en marcha (*od.* en movimiento); *körperliche* ~ ejercicio *m* físico; 2**ungsfeld** *n* campo *m* de actividades; esfera *f* de acción; 2**ungshebel** *m* palanca *f* de accionamiento.

be'täub|en (-) *v/t. durch Lärm*: ensordecer; *fig.* aturdir, atontar, atolondrar; (*einschläfern*) adormecer; ⚕ anestesiar, narcotizar; *Schmerz*: calmar, amortiguar; (*abstumpfen*) embotar, entorpecer; *sich* ~ (*ablenken*) aturdirse; ~**end** *adj. Lärm*: ensordecedor; *Schlag*: aturdidor (*a. fig.*); *Duft*: embriagador; ⚕ anestésico, narcótico; ~**t** *adj. durch e-n Schlag*: aturdido (*a. fig.*); (*verblüfft*) estupefacto; (*ohnmächtig*) desmayado; 2**ung** *f* ensordecimiento *m*; aturdimiento *m* (*a. fig.*); ⚕ anestesia *f*, narcotización *f*, (*Zustand*) narcosis *f*; (*Starrheit*) embotamiento *m*; entumecimiento *m*; (*Verblüffung*) estupefacción *f*, estupor *m*; 2**ungsmittel** *n* anestésico *m*, narcótico *m*; (*Rauschmittel*) estupefaciente *m*.

'**Betbruder** *m* beato *m*, santurrón *m*, F chupacirios *m*.

'**Bete** ♀ *f*: *rote* ~ remolacha *f* roja.

be'teilig|en (-) *v/t.*: *j-n* ~ *an* (*od. bei*) *et.* hacer participar a alg. en a/c.; interesar a alg. en a/c. (*a.* ✝); *sich* ~ *an* (*od. bei*) tomar parte en, participar en *bzw.* de; *Beitrag leistend*: contribuir a; *helfend*: cooperar a, coadyuvar a; *eingreifend*: intervenir en; ~**t** *adj.*: ~ *sein* estar interesado en, tener participación (*od.* interés) en (*a.* ✝); *am Gewinn*: participar en las ganancias; (*verwickelt sein*) estar implicado (*od.* comprometido) en; 2**te**(**r**) *m/f* participante *m/f*, interesado (-a *f*) *m/f*; ⚖ cómplice *m/f*; (*Teilhaber*) socio *m*, asociado *m*; 2**ung** *f* participación *f* (*a. Sport*); interés *m* (*a.* ✝); (*Teilnehmerzahl*) concurrencia *f*, asistencia *f*; (*Mitwirkung*) cooperación *f*, colaboración *f*, concurso *m*; contribución *f*; ⚖ complicidad *f*.

'**Betel** ♀ *m* (-*s*; 0) betel *m*; ~**nuß** *f* nuez *f* de areca.

'**beten** (*-e-*) *v/t. u. v/i.* rezar (*um refl.* por a/c.), orar; *zu Gott* ~ rogar a Dios; *bei Tisch*: bendecir la mesa.

be'teuer|n (*-re*; -) *v/t.* protestar (de); (*behaupten*) aseverar; (*versichern*) afirmar (solemnemente); (*solemne*). 2**ung** *f* protesta *f*; aseveración *f*; afirmación *f* (solemne).

be'titeln (*-le*; -) *v/t.* (in)titular; *Person*: tratar de, calificar de; *betitelt sein* llevar por título.

Be'ton *m* (-*s*; -*s*) hormigón *m*; *Am. a.* concreto *m*; ~**bauweise** *f* construcción *f* en hormigón.

be'tonen (-) *v/t.* acentuar (*a. fig. u.* ♪); *fig.* destacar, recalcar, hacer resaltar, subrayar; *nachdrücklich*: insistir en, hacer hincapié en, poner de relieve.

Be'tonie [-nǐə] ♀ *f* betónica *f*.

beto'nier|en (-) *v/t.* hormigonar; 2**en** *n*, 2**ung** *f* hormigonado *m*.

Be'tonmischmaschine *f* hormigonera *f*.

be'tonn|en ⚓ (-) *v/t.* (a)balizar; 2**ung** *f* balizaje *m*.

be'tont I. *adj.* acentuado; *fig. a.* marcado, recalcado; *mit* ~**er** *Höflichkeit* (*Gleichgültigkeit*) con ostensible cortesía (indiferencia); ~**e** *Silbe* sílaba *f* tónica; **II.** *adv.* acentuadamente, marcadamente, señaladamente.

Be'tonung *f* acentuación *f* (*a.* ♪); (*Akzent*) acento *m* (*a. fig.*); *fig.* insistencia *f*, énfasis *m*.

be'tör|en (-) *v/t.* (*täuschen*) engañar; F engatusar; (*verliebt machen*) trastornar, enloquecer, F chalar; (*verführen*) seducir; (*entzücken*) fascinar, embelesar; hechizar; ~**des** *Lächeln* sonrisa *f* seductora.

Be'tracht *m*: *außer* ~ *lassen* no tomar en consideración (*od.* en cuenta); dejar de (*od.* a un) lado, pasar por alto; (*nicht erwähnen*) omitir; *außer* ~ *bleiben* quedar descontado (*od.* descartado); (*nicht*) *in* ~ *kommen* (no) entrar en consideración (*od.* en cuenta); (no) hacer (*od.* venir) al caso; *für j-n*: (no) convenir a alg.; *in* ~ *ziehen* tomar en consideración, considerar; tener en cuenta, tener presente; 2**en** (*-e-*; -) *v/t.* (*ansehen*) mirar; *fig.* considerar (*als* como); *genau*: examinar; (*beobachten*) observar; *sinnend*: contemplar; meditar, reflexionar sobre; *genau betrachtet* bien mirado, mirándolo bien; ~**er**(**in**) *f m* observador(a *f*) *m*, espectador(a *f*) *m*.

be'trächtlich *adj.* considerable, de consideración; importante, notable; *Kosten, Verluste*: cuantioso.

Be'trachtung *f* contemplación *f*; meditación *f*; (*Erwägung*) consideración *f* de, reflexión *f* sobre; (*Prüfung*) examen *m*; *bei näherer* ~ visto de cerca; *in* ~ *versunken* meditabundo; ~**en** *anstellen* reflexionar (*über ac.* sobre); ~**sweise** *f* modo *m* de ver.

Be'trag *m* (-*¢s*; ⁻*e*) importe *m*; cantidad *f*; suma *f*; cuantía *f*, montante *m*, monto *m*; (*Gesamt*2) total *m*; (*Wert*) valor *m*; *im* ~ *von* por valor de; *que asciende a*; *Quittung*: ~ *erhalten* recibí.

be'tragen (*L*; -) **I.** *v/t. Geldsumme*: ascender a, elevarse a; *Rechnung*: importar; *insgesamt* ~ totalizar; **II.** *v/refl.*: *sich* ~ portarse, comportarse, conducirse (*gegen con*); **III.** 2 *n* comportamiento *m*, conducta *f*; (*Manieren*) modales *m/pl.*

be'trauen (-) *v/t.*: *j-n mit et.* ~ confiar (*od.* encomendar) a/c. a alg.; *mit e-m Amt* ~ conferir (*od.* investir con) un cargo.

be'trauern (*-re*; -) *v/t.*: *j-n* ~ llorar (*od.* sentir) la muerte de alg.; (*Trauer tragen*) llevar luto por; *e-n Verlust usw.*: lamentar (*od.* deplorar) la pérdida de.

Be'treff *m* *im Briefkopf* (*Betr.*): Asunto *m*; *in* 2 (*gen.*) respecto a (*od.* de); en cuanto a; (en lo) relativo a, referente a, concerniente a, tocante a; a propósito de; 2**en** (*L*; -) *v/t. Unglück usw.*: sorprender, coger de improviso, sobrevenir; *fig.* (*berühren*) tocar; (*angehen*) concernir, atañer, afectar; (*sich beziehen auf*) referirse a; *was mich betrifft* por lo que a mí toca, en cuanto a mí, por mi

betreffend — Bettjäckchen 102

parte; *was das betrifft* en lo tocante (*od.* relativo a), en materia (*od.* cuestión) de; ⦵**end** *adj.* respectivo; en cuestión; (*zuständig*) competente; (*erwähnt*) aludido; *das ⦵e Geschäft* el asunto en cuestión, el asunto referido; *der ⦵e* el interesado; ⦵**s** *prp.* → *in Betreff.*

be'treib|en (*L*; -) *v/t.* (*antreiben*) activar, acelerar; (*leiten*) dirigir; *Geschäft:* tener un negocio; *Studien:* dedicarse a; *Bergbau, Fabrik:* explotar; *Prozeß:* seguir (una causa); *Beruf, Gewerbe:* ejercer, practicar; *Angelegenheit:* agenciar; gestionar, *amtlich:* a. tramitar; ⊕ *Maschine usw.:* accionar; ⦵**en** *n* (*Ausübung*) ejercicio *m*; *e-s Plans usw.:* persecución *f*; *auf ⦵ von* a iniciativa de; a instigación de; (*Bitte*) a instancias de (*od.* a ruego) de; ⦵**ung** *f e-r Sache:* gestión *f*.

be'treten I. (*L*; -) *v/t.* andar sobre; pisar; poner los pies en; *Raum:* entrar en; *Boden:* hollar; **II.** *adj. Weg:* trillado (*a. fig.*); *fig.* (*verwirrt*) confuso, desconcertado; perplejo; (*verlegen*) turbado, cortado; *⦵ abziehen* ir(se con el) rabo entre piernas; **III.** ⦵ *n:* ⦵ *verboten!* ¡prohibido el paso!; *das ⦵ des Rasens ist verboten!* ¡prohibido pisar el césped!

be'treu|en (-) *v/t.* (*sorgen für*) cuidar de; (*pflegen*) atender a, cuidar a; (*helfen*) socorrer a; (*beraten*) asesorar; ⦵**er(in** *f*) *m e-s Kranken:* enfermero (-a *f*); *Sport:* cuidador *m*; ⦵**ung** *f* cuidado *m*; atenciones *f/pl.*; (servicio *m* de) asistencia *f*; asesoramiento *m*; *ärztliche ⦵* asistencia *f* médica; ⦵**ungsstelle** *f* centro *m* asistencial.

Be'trieb *m* (-*¢s;* -e) **1.** (*Unternehmen*) empresa *f*, establecimiento *m*; explotación *f*; *geschäftlicher ⦵* negocio *m*, *öffentlicher ⦵* servicio *m* público; **2.** (*Fabrikanlage*) fábrica *f*, factoría *f*, manufactura *f*; (*Werkstatt*) taller *m*; **3.** ⊕ (*Ablauf, Gang*) marcha *f*; servicio *m*; funcionamiento *m*; (*Arbeitsweise*) accionamiento *m*; *in ⦵* en marcha, en funcionamiento, funcionando; en explotación; *in vollem ⦵* en plena marcha (*od.* actividad); *in ⦵ setzen* poner en marcha, accionar; *außer ⦵* fuera de servicio; *Aufschrift:* no funciona; **4.** *fig.* (*Betriebsamkeit*) actividad *f* (intensa), trájago *m*; (*Rummel*) animación *f*, bullicio *m*, F jaleo *m*; ⦵**lich** *adj.* de(l) servicio; empresarial; *aus ⦵en Gründen* por razones técnicas.

be'triebsam *adj.* activo; (*fleißig*) laborioso, trabajador, diligente; industrioso; ⦵**keit** *f* (0) actividad *f*; laboriosidad *f*, diligencia *f*.

Be'triebs...: ⦵**anlage** *f* instalación *f* (técnica); planta *f* industrial; ⦵**anleitung, ⦵anweisung** *f* instrucciones *f/pl.* de servicio; ⦵**arzt** *m* médico *m* de empresa; ⦵**aufwand** *m* → ⦵**kosten**; ⦵**ausflug** *m* excursión *f* colectiva (del personal); ⦵**bedingt** *adj.* condicionado por el servicio; ⦵**bedingungen** *f/pl.* condiciones *f/pl.* de servicio; ⦵**berater** *m* asesor *m* (*od.* consultor *m*) de empresas; ⦵**buchführung** *f* contabilidad *f* empresarial; ⦵**dauer** *f* duración *f* del servicio; (*Lebensdauer e-r Maschine*) duración *f* útil; ⦵**direktor** *m* director *m* gerente; ⦵**eigen** *adj.* propio de la empresa; ⦵**einschränkung** *f* restricción *f* de servicio; ⦵**einstellung** *f* cese *m* de explotación, cierre *m* (de una fábrica); suspensión *f* de servicio; ⦵**fähig** *adj.* en condiciones de funcionamiento *bzw.* de servicio; ⦵**ferien** *pl.* vacaciones *f/pl.* generales (*od.* colectivas) de la empresa; ⦵**führer** *m* jefe *m* de servicio *bzw.* de explotación; ⦵**führung** *f* dirección *f* de empresa, gestión *f* empresarial; ⦵**geheimnis** *n* secreto *m* de empresa *bzw.* de explotación; ⦵**gemeinschaft** *f* explotación *f* en común; ⦵**ingenieur** *m* ingeniero *m* del servicio técnico; ⦵**intern** *adj.* en el seno de la empresa; ⦵**jahr** *n* ejercicio *m* económico; ⦵**kapital** *n* capital *m* de explotación; ⦵**klima** *n* condiciones *f/pl.* de trabajo; ambiente *m* laboral; ⦵**kosten** *pl.* gastos *m/pl.* (*od.* costos *m/pl.*) de explotación *bzw.* de servicio (*od.* funcionamiento); ⦵**krankenkasse** *f* caja *f* de enfermedad de la empresa; ⦵**leiter** *m* jefe *m* de servicio *bzw.* de explotación, jefe *m* técnico; ⦵**leitung** *f* dirección *f* (de la empresa); ⦵**material** *n* material *m* de servicio; 🐎 material *m* móvil; ⦵**mittel** *n/pl.* medios *m/pl.* (*od.* fondos *m/pl.*) de explotación; ⦵**nudel** F *hum. f* persona *f* muy activa, demasiado activa; ⦵**obmann** *m* representante *m* del personal obrero; ⦵**ordnung** *f* reglamento *m* de la empresa; ⦵**prüfung** *f* inspección *f* de la empresa; ⦵**rat** *m* comité *m* (*od.* consejo *m*) de empresa; ⦵**sicher** *adj.* en perfecto estado de funcionamiento; ⦵**sicherheit** *f* seguridad *f* de funcionamiento *bzw.* de servicio; ⦵**spannung** ⚡ *f* tensión *f* de servicio; ⦵**stillegung** *f* → ⦵**einstellung**; ⦵**stockung** *f* paralización *f bzw.* interrupción *f* del servicio; ⦵**stoff** *m* combustible *m*; carburante *m*; ⦵**stoffwechsel** *Physiol. m* metabolismo *m* energético; ⦵**störung** *f* interrupción *f* del funcionamiento; avería *f*; ⦵**strom** ⚡ *m* corriente *f* de servicio; ⦵**system** *n* *Computer:* sistema *m* operativo; ⦵**unfall** *m* accidente *m* de trabajo; ⦵**verfassung** *f* régimen *m* empresarial; ⦵**wirtschaft** *f* economía *f* de la empresa; ⦵**wirtschaftslehre** *f* (ciencia *f* de la) economía *f* de la empresa; ⦵**wissenschaft** *f* ciencias *f/pl.* empresariales; ⦵**zeit** *f* período *m* de servicio (*od.* de funcionamiento).

be'trinken (*L*; -) *v/refl.:* *sich ⦵* embriagarse, emborracharse.

be'troffen *adj.:* **1.** *⦵ werden von* ser afectado de, ser víctima de; *sich* (*nicht*) *⦵ fühlen* (no) darse por aludido; **2.** (*verlegen*) perplejo, confuso, turbado; (*erstaunt*) asombrado, atónito; (*bestürzt*) consternado; ⦵**heit** *f* (0) asombro *m*; perplejidad *f*, confusión *f*; consternación *f*.

be'trüb|en (-) *v/t.* afligir, desconsolar, atribular; entristecer, apenar, contristar; ⦵**lich** *adj.* triste, desconsolador; ⦵**nis** *f* (-*;* -*se*) aflicción *f*, tribulación *f*; tristeza *f*; ⦵**t** *adj.* afligido, atribulado, acongojado; triste, apenado.

Be'trug *m* (-*¢s;* 0) engaño *m*; fraude *m*; ⚖ estafa *f*; dolo *m*; F timo *m*; (*Hochstapelei*) impostura *f*, superchería *f*; *beim Spiel:* trampa *f*, fullería *f*.

be'trügen (*L*; -) *v/t.* engañar (*a. Ehepartner*); embaucar; defraudar (*a. fig.*); ⚖ estafar, F timar; *beim Spiel:* hacer trampas; *j-n um et. ⦵* estafar a/c. a alg.; *sich ⦵* engañarse, hacerse (*od.* forjarse) ilusiones; *in s-n Hoffnungen betrogen werden* quedar defraudado en sus esperanzas, quedar desilusionado.

Be'trüger(in *f*) *m* engañador(a *f*) *m*; ⚖ estafador(a *f*) *m*, F timador(a *f*) *m*, impostor(a *f*) *m*; embustero (-a *f*) *m*; *beim Spiel:* tramposo *m*, fullero *m*. **Be'trüge'rei** *f* → **Betrug**.
be'trügerisch *adj.* engañoso, falaz; ⚖ *in ⦵er Absicht* con ánimo de dolo; *⦵er Bankrott* quiebra *f* fraudulenta.

be'trunken *adj.* embriagado, ebrio, borracho, beodo, bebido; *in ⦵em Zustand* en estado de embriaguez; *sinnlos ⦵* borracho perdido (*od.* F como una cuba), F hecho una uva; ⦵**(r)** *m* borracho *m*, beodo *m*; ⦵**heit** *f* (0) embriaguez *f*, borrachera *f*, F curda *f*.

'Bet...: ⦵**saal** *m* oratorio *m*; ⦵**schwester** *f* santurrona *f*, beata *f*; ⦵**stuhl** *m* reclinatorio *m*.

'Bett *n* (-*¢s;* -*en*) cama *f*; *Liter.* lecho *m*; (*Fluß⦵*) cauce *m*, lecho *m*; ⊕ bancada *f* (de torno); asiento *m*; *am ⦵ junto a* (*od.* al pie de) la cama; *im ⦵ liegen* estar en la cama, estar acostado, *Kranke:* estar en cama; *sich zu ⦵ legen, ins* (*od.* *zu*) *⦵ gehen* acostarse, ir(se) a la cama, *krankheitshalber:* encamarse, meterse en (la) cama; *das ⦵ hüten* guardar cama; *j-n zu ⦵ bringen* acostar a alg.; *das ⦵ machen* hacer la cama; *ins ⦵ machen* ensuciarse; *er findet nicht aus dem ⦵* se le pegan las sábanas; *fig. sich ins gemachte ⦵ legen* encontrárselo todo hecho; ⦵**bezug** *m* funda *f*; ⦵**couch** *f* sofá-cama *m*; cama *f* nido; ⦵**decke** *f* (*Tagesdecke*) cubrecama *f*, sobrecama *f*, colcha *f*; (*Schlafdecke*) manta *f*; *gesteppte:* edredón *m*.

'Bettel *m* mendicidad *f*; *fig.* (*Plunder*) trastos *m/pl.*; chismes *m/pl.*; pacotilla *f*; ⦵**arm** *adj.* pobre de solemnidad, más pobre que una rata; *⦵ sein* estar a la cuarta pregunta; ⦵**brief** *m* carta *f* petitoria.

Bette'lei *f* mendicidad *f*, pordioseo *m*.

'Bettel|mönch *m* (fraile *m*) mendicante *m*; ⦵**n** (-*le*) *v/i.* mendigar, pordiosear, pedir limosna (*alle a. fig.*); *⦵ gehen* darse a la mendicidad, F echarse a pedir limosna; ⦵**orden** *m* orden *f* mendicante; ⦵**stab** *m:* *an den ⦵ bringen* arruinar, reducir a la pobreza, hundir en la miseria; *an den ⦵ geraten* venir a menos; ⦵**student** *m* sopista *m*; ⦵**unwesen** *n* mendicidad *f*.

'betten (-*e*-) **I.** *v/i.* hacer (*od.* preparar) la cama; **II.** *v/t.* ⊕ asentar; *j-n ⦵* acostar a alg.; *sich ⦵* hacerse la cama, acostarse; *wie man sich bettet, so liegt* (*od.* *schläft*) *man* quien mala cama hace, en ella se yace; como cebas, así pescas.

'Bett...: ⦵**flasche** *f* bolsa *f* de agua caliente; ⦵**geschichten** *f/pl.* historias *f/pl.* de alcoba; ⦵**gestell** *n* armadura *f* de cama; ⦵**himmel** *m* dosel *m*, pabellón *m*; ⦵**jäckchen** *n* mañanita *f*; ⁒**lägerig** *adj.*: ~ sein guardar cama; ~**er** *Patient* paciente *m* encamado; ~**laken** *n* sábana *f*; ~**lektüre** *f* libro *m* de cabecera.

'**Bettler(in** *f*) *m* mendigo (-a *f*) *m*, pordiosero (-a *f*) *m*; pobre *m*/*f*; pedigüeño (-a *f*) *m*; *Am.* limosnero (-a *f*) *m*; zum ~ machen arruinar, dejar en la indigencia.

'**Bett...:** ~**nässen** *g n* enuresis *f* nocturna, incontinencia *f* nocturna (de orina); ~**nässer** *m* incontinente *m* nocturno, F meón *m*; ~**pfanne** *f* → ~**schüssel**; ~**ruhe** *f* reposo *m* en cama; ~**schüssel** *f* orinal *m* de cama, silleta *f*; ~**statt** *f*, ~**stelle** *f* armadura *f* de cama; ~**(t)uch** *n* sábana *f*; ~**überzug** *m* funda *f* (de edredón); ~**ung** *f* ⊕ asentamiento *m*, bancada *f*, base *f*; ⚓ balasto *m*; ⚒ plataforma *f*; ~**vorleger** *m* alfombrilla *f*, pie *m* de cama; ~**wanze** *f* chinche *f*; ~**wäsche** *f*, ~**zeug** *n* ropa *f* (*od.* juego *m*) de cama.

be'**tucht** F *adj.* adinerado; F forrado (de dinero).

be'**tulich** *adj.* solícito, atento.

be'**tupfen** (-) *v*/*t.* tocar ligeramente, dar toques a; (*besprenkeln*) salpicar, motear.

'**Beuge** *f* (*Biegung*) curva(tura) *f*; recodo *m*; *Sport*: flexión *f*; ~**haft** ⚖ *f* arresto *m* reflexivo; ~**muskel** *Anat.* *m* (músculo *m*) flexor *m*.

'**beug|en** *v*/*t.* doblar (*a. Knie usw.*), doblegar (*a. fig.*); *Phys.* difractar; *Gr. Hauptwort*: declinar; *Zeitwort*: conjugar; *fig. Stolz*: humillar; *durch Kummer*: agobiar, abrumar; *durch Alter*: encorvar; *das Recht* ~ violar la ley, torcer la justicia, ⚖ prevaricar; *fig. sich* ~ someterse a, plegarse a, rendirse a (*od.* ante); doblegarse; humillarse; (*sich bücken*) agacharse; (*sich neigen*) inclinarse; ⁒**ung** *f* flexión *f* (*a. Gr.*); *des Rechts*: prevaricación *f*; violación *f*; *der Stimme*: inflexión *f*; *des Knies*: genuflexión *f*; *Phys.* difracción *f*; *Gr.* declinación *f*; conjugación *f*; (*Biegung*) curvatura *f*.

'**Beule** *f am Kopf*: chichón *m*; bollo *m*, abolladura *f* (*a. am Auto usw.*); (*Anschwellung*) hinchazón *f*, tumefacción *f*; *eitrige*: bubón *m*; ~**npest** *f* peste *f* bubónica.

be'**unruhig|en** (-) **I.** *v*/*t.* agitar, perturbar; alarmar; *Gemüt*: inquietar, intranquilizar, desasosegar; preocupar; ⚔ hostigar; **II.** *v*/*refl*.: sich ~ preocuparse; inquietarse; alarmarse; ~**end** *adj.* preocupante, inquietante; alarmante; ⁒**ung** *f* inquietud *f*, desasosiego *m*; alarma *f*; preocupación *f*.

be'**urkund|en** (-) *v*/*t.* probar documentalmente, documentar; *behördlich*: certificar, autenticar; *durch Notar*: legalizar; ⁒**ung** *f* documentación *f*; legalización *f*; atestación *f* documental.

be'**urlaub|en** (-) *v*/*t. Beamte*, ⚔ dar licencia (*od.* permiso) a; ⚔ licenciar; (*suspendieren*) suspender de empleo; sich ~ despedirse; sich ~ lassen solicitar licencia *bzw.* permiso; ~**t** *adj.* con licencia, con (*od.* de) permiso; ⚔ licenciado; ⁒**ung** *f* (concesión *f* de) licencia *f* (*od.* permiso *m*); ⚔ licenciamiento *m*; (*Verabschiedung*) despedida *f*; (*Suspendierung*) suspensión *f* de empleo.

be'**urteil|en** (-) *v*/*t.* juzgar de, enjuiciar; formarse un juicio de; *fachmännisch*: dictaminar sobre; *Buch*: criticar; reseñar; *Leistung, Wert*: valorar; apreciar; censurar; *falsch* ~ juzgar mal (*od.* erróneamente); ⁒**er** *m* juez *m*; crítico *m*; censor *m*; ⁒**ung** *f* juicio *m*; opinión *f*; dictamen *m*; crítica *f*; apreciación *f*.

'**Beute** *f* (0) botín *m* (*a.* ⚔ *u. Diebes*⁒); despojo *m*; (*Fang*) captura *f*; ⚓, *Jgdw. u. e-s Raubtieres*: presa *f*; *fig. a.* víctima *f*; ~ *der Flammen* pasto *m* de las llamas; ~ *machen* hacer botín; *auf* ~ *ausgehen* salir en busca de botín; buscar presa; ⁒**gierig** *adj.* ávido de botín; ~**gut** *n* ⚔ botín *m*; material *m* capturado; ⚓ presa *f*.

'**Beutel** *m* bolsa *f*; talega *f*; (*kleiner*) saquito *m*; (*Mehl*⁒) cedazo *m*, tamiz *m*; *der Beuteltiere*: bolsa *f* marsupial; ⁒**n** (-le) *v*/*t.* sacudir; *fig.* vapulear; *Mehl*: cerner, tamizar; sich ~ *Kleider*: abolsarse; *Hose*: formar rodilleras; ~**tier** *Zoo. n* didelfo *m*, marsupial *m*.

'**Beutezug** *m* correría *f*, razzia *f*.

be'**völker|n** (-*re*; -) *v*/*t. u. v*/*refl.* poblar(se); *dicht bevölkert* densamente poblado; populoso; ⁒**ung** *f* población *f*; habitantes *m*/*pl*.

Be'völkerungs...: ~**abnahme** *f* descenso *m* de la población, regresión *f* (*od.* recesión *f*) ⚔; ~**aufbau** *m* estructura *f* demográfica; ~**bewegung** *f* movimiento *m* demográfico; ~**dichte** *f* densidad *f* de población (*od.* demográfica); ~**explosion** *f* explosión *f* demográfica; ~**kunde** *f*, ~**lehre** *f* demografía *f*; ~**politik** *f* política *f* demográfica; ⁒**politisch** *adj.* político-demográfico; ~**rückgang** *m* → ~*abnahme*; ~**schicht** *f* nivel *m* social; ~**überschuß** *m* exceso *m* de población; ~**verschiebung** *f* desplazamiento *m* de población; ~**zunahme** *f*, ~**zuwachs** *m* aumento *m* (*od.* incremento *m*) de población.

be'**vollmächtig|en** (-) *v*/*t.* autorizar, habilitar (*zu* para); ⚖, ✝ apoderar, dar poder a; ~**t** *adj.* autorizado; *Dipl.* plenipotenciario; ⁒**te(r)** *m* ✝ apoderado *m*; ⚖ *a.* mandatario *m*, poderhabiente *m*; procurador *m*; habilitado *m*; *Dipl.* plenipotenciario *m*; ⁒**ung** *f* autorización *f*, habilitación *f*; *durch* ~ ✝ por poder (*Abk.* p.p.).

be'**vor** *cj.* antes de que (*subj.*), antes de (*inf.*).

be'**vormund|en** (-*e*-; -) *v*/*t.*: j-n ~ tener a alg. bajo tutela; *fig. ich lasse mich nicht* ~ no necesito tutela de nadie; ⁒**ung** *f* tutela *f* (*a. fig.*), paternalismo *m*.

be'**vorrat|en** (-*e*-; -) *v*/*t.* almacenar; ⁒**ung** *f* almacenamiento *m*; formación *f* de stocks.

be'**vorrecht|igen** (-) *v*/*t.* privilegiar; ~**igt** *adj.* privilegiado; preferente.

be'**vorschuss|en** (-*ßt*; -) *v*/*t.* anticipar (*od.* adelantar) dinero, dar un anticipo (sobre); ⁒**ung** *f* anticipo *m*, adelanto *m*.

be'**vorstehen** (L) **I.** *v*/*i. Ereignis*: estar próximo; estar en vísperas; ser inminente (*a. Gefahr*); (*drohen*) amagar, amenazar; *kurz* ~ estar al caer; estar a la vuelta de la esquina; *ihm steht e-e große Enttäuschung bevor* le espera una gran desilusión; **II.** ⁒ *n e-r Gefahr usw.*: inminencia *f*; ~**d** *adj.* próximo; *Gefahr*: inminente.

be'**vorzug|en** (-) *v*/*t.* preferir, anteponer (*vor dat.* a); (*begünstigen*) favorecer, aventajar; (*bevorrechten*) privilegiar; ~**t** *adj.* preferido; favorecido; privilegiado; ~**e Behandlung** trato *m* preferente (*od.* de favor); ⁒**ung** *f* preferencia *f*; favores *m*/*pl*.; (*Günstlingswirtschaft*) favoritismo *m*.

be'**wach|en** (-) *v*/*t.* vigilar; guardar; *Schatz, Gefangene*: custodiar; ⁒**er** *m* guarda *m*, guardián *m*, vigilante *m*.

be'**wachsen** *adj.* cubierto (*mit* de).

Be'**wachung** *f* guard(i)a *f*; custodia *f*; vigilancia *f*.

be'**waffn|en** (-*e*-; -) *v*/*t.* (*u. sich* ~) armar(se) (*mit* de); (*ausrüsten*) equipar; ~**et** *adj.* armado; ~**er Überfall** asalto *m* a mano armada; *bis an die Zähne* ~ armado hasta los dientes; ⁒**ung** *f* armamento *m*; (*Ausrüstung*) equipo *m*.

Be'wahr-anstalt *f für Kinder*: guardería *f* infantil.

be'**wahren** (-) *v*/*t.* guardar (*a. fig.*); (*erhalten*) conservar, mantener; (*behüten*) guardar (*vor dat.* de); preservar de, guarecer de; *Gott bewahre!* ¡en absoluto!; *Gott bewahre mich davor!* ¡no lo quiera Dios!

be'**währen** (-) *v*/*refl.*: sich ~ *Person*: quedar (*od.* responder) bien, hacer buen papel, salir airoso; acreditarse (*als* como); *Sache*: probar su eficacia; dar buen resultado; satisfacer las exigencias.

Be'**wahrer** *m* guardián *m*; custodio *m*.

be'**wahrheiten** (-*e*-; -) *v*/*refl.*: sich ~ confirmarse, resultar cierto.

be'**währt** *adj.* acreditado; eficaz; (*erprobt*) probado; (*erfahren*) experimentado; (*zuverlässig*) seguro.

Be'**wahrung** *f* conservación *f*; preservación *f* (*vor dat.* de); (*Beschützung*) protección *f* (*vor dat.* contra).

Be'**währung** *f* confirmación *f*; verificación *f*; prueba *f*; ⚖ libertad *f* vigilada; *Neol.* probación *f*; *zur* ~ *aussetzen* conceder la remisión condicional; *auf* ~ *entlassen* poner en libertad condicional; ~**sfrist** ⚖ *f* plazo *m* de prueba; ~**shelfer** ⚖ *m* asistente *m* durante el plazo de prueba; ~**s-probe** *f* prueba *f*.

be'**wald|en** (-*e*-; -) *v*/*t.* poblar de bosques; ~**t** *adj.* poblado de bosques, boscoso.

be'**wältig|en** (-) (*meistern*) dominar (*a. Lehrstoff*); hacer frente a; *Schwierigkeit*: vencer; superar; *Berg*: conquistar; *Arbeit, Aufgabe*: llevar a cabo, consumar; *Strecke*: cubrir, hacer; *et. nicht* ~ no dar abasto, no poder con; ⁒**ung** *f* dominio *m*; vencimiento *m*; terminación *f*, consumación *f*; conquista *f*; superación *f*.

be'**wandert** *adj.* (*erfahren*) experimentado (*in dat.* en); práctico, ducho, experto; (*vertraut*) versado, entendido; ~ *sein* (*in dat.*) estar al corriente (*od.* al tanto) de; saber un rato de.

Be'**wandtnis** *f*: *damit hat es folgende* ~ el caso es el siguiente, pasa (*od.* ocurre) lo siguiente; *das hat e-e ganz andere* ~ el caso es completamente

bewässern — Bewußtsein 104

distinto; *damit hat es s-e eigene ~ es un caso particular*.

be'wässer|n (-*re*; -) *v/t*. regar; ⚲**ung** *f* riego *m*, irrigación *f*; ⚲**ungs-anlagen** *f/pl*. instalaciones *f/pl*. de riego; ⚲**ungsgraben** *m* regadero *m*, reguera *f*, acequia *f*; ⚲**ungskanal** *m* canal *m* de riego; ⚲**ungsland** *n* (terreno *m* de) regadío *m*.

be'wegen (-) *v/t*. **1.** mover; (*in Bewegung setzen*) poner en movimiento (*od*. en marcha), accionar; ⊕ impulsar; (*hin u. her ~*) agitar; **2.** *sich ~* moverse; (*gehen*) marchar; circular; ✝ *Preise*: oscilar, variar, fluctuar (*zwischen entre*); *sich im Kreise ~* girar; *dar vueltas*; *sich ~ um* girar alrededor de (*od*. en torno a); *sich von der Stelle ~* desplazarse; *sich nicht von der Stelle ~* no moverse (*od*. de su sitio, apartar); *fig. sich in feinen Kreisen ~* frecuentar (*od*. alternar con) la alta sociedad; **3.** *fig*. (*erregen*) agitar; (*rühren*) conmover; impresionar, emocionar; **4.** (*veranlassen*) j-n zu et. *~ inducir* (*od*. mover, determinar) a alg. a hacer a/c.; *sich ~ lassen* zu dejarse persuadir; (*nachgeben*) condescender en hacer a/c.; *sich nicht ~ lassen* mostrarse firme (*od*. inflexible); *er war nicht dazu zu ~* fue imposible (*od*. no hubo modo de) convencerle; *~d adj*. **1.** movedor; ⊕ motor, motriz; *~e Kraft* fuerza *f* motriz; **2.** *fig*. conmovedor; emotivo; emocionante.

Be'weg-grund *m* móvil *m*; motivo *m*.

be'weglich *adj*. **1.** móvil, movible (*a. Fest*); ⊕ *a*. (*elastisch*) flexible; *Auto usw*.: maniobrable; (*tragbar*) portátil; transportable; *leicht ~* movedizo; *~e Teile* partes *f/pl*. móviles; *~e Güter* bienes *m/pl*. muebles *bzw*. semovientes (*Vieh*); **2.** *fig*. (*rührig*) activo; (*behende*) ágil; *Geist*: *a*. vivaz; ⚲**keit** *f* (0) movilidad *f*, ▢ motilidad *f*; (*Biegsamkeit*) flexibilidad *f*; (*Behendigkeit*) agilidad *f*, soltura *f*; (*Lebhaftigkeit*) vivacidad *f*, viveza *f*.

be'wegt *adj*. movido (*a. fig*.); agitado (*a. See*); *fig*. (*gerührt*) conmovido, emocionado; *~e See a*. mar *f* gruesa; *~e Unterhaltung* conversación *f* animada *bzw*. acalorada; *~es Leben* vida *f* inquieta (*od*. agitada); *~e Zeiten* tiempos *m/pl*. azarosos (*od*. turbulentos); ⚲**heit** *f* (0) agitación *f*; (*Rührung*) emoción *f*.

Be'wegung *f* movimiento *m* (*a. Pol*.); ✕ *a*. evolución *f*; *um ~ e Achse*: rotación *f*; *körperliche*: ejercicio *m*; (*Gebärde*) gesto *m*; (*Tendenz*) tendencia *f*; (*Gemüts⚲*) emoción *f*, *heftige*: agitación *f*; (*sich*) *in ~ setzen* poner(se) en movimiento *bzw*. en marcha; *sich ~ machen* hacer ejercicio.

Be'wegungs...: *~energie* *Phys. f* energía *f* cinética; ⚲**fähig** *adj*. movible; capaz de moverse; *~fähigkeit f* movilidad *f*, ▢ motilidad *f*; *~freiheit f* libertad *f* de movimiento (*fig*. de acción); *~kraft* fuerza *f* motriz; *~krieg m* guerra *f* de movimiento; *~lehre f* cinemática *f*; ⚲**los** *adj*. inmóvil; sin movimiento; *~losigkeit f* (0) inmovilidad *f*; *~nerv m* nervio *m* motor; *~therapie f* cinesiterapia *f*, kinesi(o)terapia *f*; ⚲**unfähig** *adj*. incapaz de moverse; inmovilizado.

be'wehren (-) *v/t*. armar (*mit de, con*); ⊕ reforzar; revestir (*a. Kabel*).

be'weihräuchern (-*re*; -) *v/t*. incensar (*a. fig*.).

be'weinen (-) *v/t*. llorar (*j-n*: *ac., et*.: *por*); (*beklagen*) deplorar.

Be'weis *m* (-*es*; -*e*) prueba *f* (*für de*); (*~grund*) argumento *m*; (*Feststellung*) comprobación *f*; demostración *f* (*a.* ⚗); (*Zeichen*) señal *f*, muestra *f*; *als ~*, *zum ~ en prueba* (*od*. testimonio) (*für od. gen. de*); *den ~ erbringen* (*od*. *beibringen*) für aducir (*od*. aportar, suministrar) la prueba de; *als ~ vorlegen* presentar como prueba; *~e liefern für* dar pruebas de; *~ erheben* practicar la prueba, recoger las pruebas; *als ~ s-r Zuneigung* en señal de su afecto.

Be'weis...: *~antritt* ⚖ *m* producción *f* de (las) pruebas; *~aufnahme* ⚖ *f* práctica *f* de (la) prueba; ⚲**bar** *adj*. probable, demostrable; ⚲**en** (*L*; -) *v/t*. probar; demostrar (*a.* ⚗); (*feststellen*) comprobar; (*kundtun*) manifestar, poner de manifiesto, patentizar; dar muestras (*od*. pruebas) de; *deutlich ~* poner en evidencia, *Neol*. evidenciar; *~erhebung* ⚖ *f* práctica *f* de (la) prueba; *~führung f* argumentación *f*; demostración *f*; *~grund m* argumento *m*; *~kraft f* fuerza *f* probatoria (*od*. demostrativa); ⚲**kräftig** *adj*. concluyente, probatorio; fehaciente; *~ sein* hacer fe; *~last f* carga *f* de pruebas (*od*. probatoria); *~material n*, *~mittel n* medio *m* probatorio (*od*. de prueba); *~stück n* ⚖ instrumento *m* de prueba; (*Beleg*) comprobante *m*, justificativo *m*; ⚖ (*Überführungsstück*) cuerpo *m* del delito; pieza *f* de convicción.

be'wenden I. *v/i*.: *es dabei* (*od. damit*) *~ lassen* darse por satisfecho; no pasar de ahí; *wir wollen es dabei ~ lassen* dejemos las cosas así; **II.** ⚲ *n*: *damit hat es sein ~* todo queda ahí.

be'werb|en (*L*; -) *v/refl*.: *sich ~ um* pedir, solicitar *ac*.; aspirar a, pretender; tratar de obtener; (*kandidieren*) presentar su candidatura para; *bei Ausschreibungen*: concurrir; *um e-n Preis*: competir para (*a. Sport*); *um ein Lehramt, e-e Beamtenstelle*: *Span*. hacer oposiciones; *um sich um ein Mädchen ~* pedir en matrimonio, pedir la mano de; ⚲**er(in** *f*) *m* solicitante *m/f*; aspirante *m/f*; pretendiente *m/f*; (*Kandidat*) candidato (-a *f*) *m*; opositor(a *f*) *m*; *bei e-r Ausschreibung*: concursante *m/f*; *Sport*: competidor(a *f*) *m*; (*Freier*) pretendiente *m*; ⚲**ung** *f* solicitación *f*, solicitud *f* (*um de*); pretensión *f* (*de*), aspiración *f* (*a*); candidatura *f*; concurso *m*; oposición *f*; *Sport*: competición *f*; *um ein Mädchen*: petición *f* de mano; ⚲**ungsschreiben** *n* solicitud *f* de empleo.

be'werfen (*L*; -) *v/t*. arrojar contra (*od*. sobre); echar sobre; cubrir de; △ revocar.

be'werkstellig|en (-) *v/t*. realizar, efectuar; llevar a cabo (*od*. a efecto); hacer; ejecutar; *es ~, daß* conseguir (*od*. lograr) que (*subj*.); ⚲**ung** *f* realización *f*; ejecución *f*; consecución *f*.

be'wert|en (-*e*-; -) *v/t*. valorar (*auf ac. en*), evaluar; (*abschätzen*) apreciar,

estimar, tasar; *Arbeit*: calificar; (*klassifizieren*) clasificar (*a. Sport*); *zu hoch ~* sobrestimar, sobrevalorar; *zu niedrig ~* subestimar, infravalorar; ⚲**ung** *f* valoración *f*; clasificación *f*; evaluación *f*; tasación *f*; calificación *f*; (*Punktzahl*) *Sport*: puntuación *f*.

be'wettern (-*re*; -) ✕ *v/t*. ventilar, airear.

be'willig|en (-) *v/t*. conceder, otorgar; *Parl*. votar; aprobar; (*genehmigen*) autorizar; permitir; consentir en; ⚲**ung** *f* concesión *f*, otorgamiento *m*; *Parl*. votación *f*; aprobación *f*; autorización *f*; consentimiento *m*.

be'willkommn|en (-*e*-; -) *v/t*. dar la bienvenida a; ⚲**ung** *f* bienvenida *f*.

be'wirken (-) *v/t*. efectuar; conseguir, hacer (*daß que subj*.); (*hervorrufen*) producir; causar, originar, (*veranlassen*) ocasionar, determinar, *stärker*: provocar.

be'wirten (-*e*-; -) *v/t*. dar de comer (y beber); obsequiar, convidar; agasajar; *glänzend ~* regalar con.

be'wirtschaft|en (-*e*-; -) *v/t*. *Betrieb*, *Gut*: explotar; (*verwalten*) administrar; *Waren*: intervenir; *Mangelware*: racionar; contingentar; *Devisen*: controlar; ⚲**ung** *f* explotación *f*; administración *f*; racionamiento *m*; contingentación *f*; *Devisen*: control *m*.

Be'wirtung *f* agasajo *m*; hospitalidad *f*; buen trato *m*; *im Gasthaus*: servicio *m*; (*Kost*) cocina *f*.

be'witzeln (-*le*; -) *v/t*. burlarse de; ridiculizar, poner en ridículo.

be'wohn|bar *adj*. habitable; ⚲**barkeit** *f* (0) habitabilidad *f*; *~en* (-) *v/t*. habitar, vivir en; *Haus, Zimmer usw*.: *a*. ocupar; *Liter*. morar en; ⚲**er(in** *f*) *m e-r Stadt usw*.: habitante *m/f*; *Liter*. morador(a *f*) *m*; *e-s Hauses*: vecino (-a *f*) *m*; (*Mieter*) inquilino (-a *f*) *m*.

be'wölk|en (-) *v/t*. (a)nublar; *sich ~* (a)nublarse, cubrirse de nubes; encapotarse; *fig*. ensombrecerse; *~t adj*. (a)nublado, nublado, encapotado; *fig*. sombrío; ⚲**ung** *f* nubosidad *f*; nubes *f/pl*.

Be'wunder|er *m* admirador *m*; *~in f* admiradora *f*; ⚲**n** (-*re*; -) *v/t*. admirar; ⚲**nswert**, ⚲**nswürdig** *adj*. admirable, digno de admiración; maravilloso; *~ung f* admiración *f*; *in ~ versetzen* maravillar.

Be'wurf △ *m* (-*es*; *~e*) revoque *m*, revoco *m*; *mit Gips*: enlucido *m*.

be'wußt *adj*. consciente; (*besagt*) en cuestión, consabido, F de marras; (*absichtlich*) intencionado, intencionado; *sich e-r Sache ~ sein* ser consciente de a/c., darse cuenta (exacta) de a/c.; tener conciencia de a/c.; *sich e-r Sache ~ werden* tomar conciencia de a/c., *Neol*. concienciarse con a/c.; *~ handeln* obrar conscientemente; *soviel mir ~ ist* según yo sepa; *er war sich dessen nicht mehr ~* ya no lo recordaba; ⚲**los** *adj*. sin conocimiento (*od*. sentido); (*ohnmächtig*) *a*. desmayado, desvanecido; *~ werden* perder el conocimiento; desmayarse, desvanecerse; ⚲**losigkeit** *f* (0) inconsciencia *f*; (*Ohnmacht*) pérdida *f* del conocimiento; desvanecimiento *m*, desmayo *m*; ⚲**sein** *n* (-*s*; 0) conocimiento *m*; conciencia *f*; *in dem ~* consciente (*gen.* de; *daß* que); *das* ~ *verlieren* perder el conocimiento; desvanecerse, desmayarse; *wieder zum* ~ *kommen* recobrar el conocimiento, volver en sí; *j-m et. zum* ~ *bringen* hacer a alg. comprender *bzw.* recordar a/c.; ²**seinsbildung** *f* toma *f* de conciencia, concienciación *f*; ²**seinsspaltung** *f* desdoblamiento *m* de la personalidad; ²**seinsstörung** *f* trastorno *m* mental; ²**seinstrübung** *f* obnubilación *f*; ²**werden** *n* toma *f* de conciencia.

be'**zahl**|**bar** *adj.* pagadero, pagable; ~**en** (-) *v/t.* pagar; abonar; *Dienst:* retribuir; *Rechnung: a.* saldar; *Schuld:* satisfacer; (*aufkommen für*) costear; (*belohnen*) remunerar, gratificar; ~**t** *adj.* pagado; *schlecht* ~ mal retribuido (*od.* pagado); *sich* ~ *machen* producir ganancia, rendir beneficio; *fig.* valer la pena; ²**fernsehen** *n* televisión *f* (privada) de pago; ²**ung** *f* pago *m*; (*Honorar*) honorarios *m/pl.*; (*Vergütung*) remuneración *f*, retribución *f*; (*Lohn*) paga *f*; salario *m*; *gegen* ~ contra (*od.* mediante) pago; *bei* ~ *von* pagando.

be'**zähm**|**bar** *adj.* domable, domesticable; ~**en** (-) *v/t.* domar (*a. fig.*); *fig.* refrenar, reprimir; *sich* ~ dominarse, contenerse.

be'**zauber**|**n** (-*re*, -) *v/t.* hechizar, encantar (*a. fig.*); *fig.* cautivar, fascinar, embelesar; ~**nd** *adj.* hechicero, encantador; cautivador, fascinador; ²**ung** *f* hechizo *m*, encanto *m*, encantamiento *m*; embeleso *m*.

be'**zeichn**|**en** (-*e*-; -) *v/t. Weg, Waren usw.:* marcar; *mit Etikett, Schild:* rotular; (*benennen*) denominar; (*bestimmen*) designar; (*angeben*) señalar, indicar; (*kennzeichnen*) caracterizar; (*bedeuten*) significar, expresar, denotar; (*näher* ~) detallar, especificar; *als* calificar de; ~**end** *adj.* significativo; característico, típico (*für* de); ²**ung** *f* rotulación *f*, marcación *f*; (*Name*) nombre *m*, denominación *f*; expresión *f*; indicación *f*; *nähere:* especificación *f*; (*Etikett*) etiqueta *f*; (*Schild*) rótulo *m*; (*Zeichen*) señal *f*, marca *f*; signo *m*; ♩ *u.* ♠ notación *f.*

be'**zeig**|**en** (-) *v/t.* mostrar; expresar, manifestar; demostrar; testimoniar; *Ehre:* tributar; ²**ung** *f* expresión *f*, manifestación *f*, demostración *f*; testimonio *m*.

be'**zeug**|**en** (-) *v/t.* 1. testimoniar, atestiguar (*a.* ⚖); testificar; dar fe de; (*bescheinigen*) certificar; *durch Zeugnisse:* atestar; (*beweisen*) probar; 2. → *bezeigen*; ²**ung** *f* 1. testimonio *m*; atestiguamiento *m*; 2. → *Bezeigung.*

be'**zichtig**|**en** (-) *v/t.* acusar, inculpar de; ²**ung** *f* acusación *f*, inculpación *f*.

be'**zieh**|**bar** *adj. Haus:* habitable, ocupable (en el acto); ✝ *Ware:* de venta en; ~**en** (*L*; -) **I.** *v/t.* 1. recubrir, revestir, forrar (*mit con, de*); *Polstermöbel:* tapizar; *mit Saiten:* encordar; *Bett:* poner ropa limpia; 2. *Wohnung:* instalarse en, ir a vivir en; *Lager:* acampar; *Quartier:* alojarse; *Wache:* montar (la guardia); ✕ *u. fig. Stellung* ~ tomar posición; 3. *Ware:* comprar (*aus* en; *von* a); *Zeitung:* estar suscrito a; *Gelder, Gehalt:* cobrar, percibir; ✝ *Wechsel:* librar; F

fig. Schläge: recibir, F encajar; *zu* ~ *durch* en (*od.* de) venta en; **4.** ~ *auf ac.* aplicar a; *er bezog es auf sich* se dio por aludido; **II.** *v/refl.:* *sich* ~ *Himmel:* cubrirse, (a)nublarse, encapotarse; *sich* ~ *auf ac.* referirse a; remitirse a; *bezogen auf* referido a; ²**er**(**in** *f*) *m e-r Zeitung:* suscriptor(a *f*) *m*; (*Käufer*) comprador(a *f*) *m*; *e-s Wechsels:* librador *m*; *e-r Rente usw.:* beneficiario *m.*

Be'**ziehung** *f* relación *f*; (*Bezugnahme*) referencia *f*; (*Hinsicht*) respecto *m*; *gute* ~**en** *haben* estar bien relacionado, tener buenas relaciones, F tener enchufe(s); *in dieser* ~ a este respecto; *in gewisser* ~ en cierto respecto; hasta cierto punto; *in jeder* ~ por todos conceptos, en todos (los) respectos, a todas luces; *in keiner* ~ en ningún respecto; *in keiner* ~ *zueinander stehen* no tener relaciones entre sí, ser independientes uno de otro; *in* ~ *auf ac.* respecto a (*od.* de), con relación a, en lo relativo a; *in* ~ *setzen* relacionar, poner en relación con; *in* ~ *stehen zu* estar relacionado con; *in guten* ~**en** *stehen* estar en buenas relaciones (*zu j-m* con); *in* ~ *zu j-m treten* establecer (*od.* entrar en) relaciones (*od.* relacionarse) con alg.; ²**slos** *adj.* sin relación; ²**sweise** *adv.* (*bzw.*) respectivamente (*nachgestellt*); o sea; o (bien); ~**swort** *Gr. n* antecedente *m*.

be'**ziffer**|**n** (-*re*-; -) *v/t.* numerar; cifrar (*auf ac.* en); *Seiten: a.* paginar; *sich* ~ *auf* ascender a; ²**ung** *f* numeración *f*; ♩ cifrado *m.*

Be'**zirk** *m* (-*¢s*, -*e*) distrito *m*; departamento *m*; *Verw. a.* circunscripción *f*; (*Umkreis*) circuito *m*; recinto *m*; (*Stadt*²) *a.* barrio *m*; (*Bereich*) sector *m*, campo *m*; ~**sgericht** *n* juzgado *m* comarcal.

be'**zirzen** *v/t.* → *becircen.*

Be'**zogene**(**r**) ✝ *m* librado *m*, girado *m*.

Be'**zug** *m* (-*¢s*, -*¨e*) 1. (*Überzug*) funda *f* (*a. Kissen*²); (*Polster*) tapizado *m*; 2. *von Ware:* compra *f*, adquisición *f*; *Aktien, Zeitung:* suscripción *f*; *Lohn, Rente:* percepción *f*; *bei* ~ *von 25 Stück* tomando (*od.* adquiriendo) 25 piezas; **3.** *Bezüge m/pl.* emolumentos *m/pl.*, remuneración *f*, percepciones *f/pl.*; **4.** *fig.* referencia *f*; *in* ² (*od. mit* ~) *auf ac.* respecto a (*od.* de), acerca de; con referencia a; ~ *haben auf* tener relación con; ~ *nehmen auf* referirse a.

be'**züglich I.** *adj.* relativo; *Gr.* ~**es** *Fürwort* pronombre *m* relativo; **II.** *prp.* (*gen.*) referente a, concerniente a, tocante a, relativo a.

Be'**zugnahme** *f* referencia *f*; *unter* (*od. mit*) ~ *auf ac.* con referencia a; refiriéndose *bzw.* refiriéndonos a.

Be'**zugs...:** ~**anweisung** *f* orden *f* de entrega; ~**bedingungen** *f/pl.* condiciones *f/pl.* de entrega *bzw.* de suscripción; ~**berechtigte**(**r**) *m* beneficiario *m*; ²**fertig** *adj. Wohnung:* habitable (*od.* ocupable) en el acto; ~**preis** *m* precio *m* de suscripción *bzw.* de venta; ~**punkt** *m* punto *m* de referencia; ~**quelle** *f* fuente *f* de suministro; ~**recht** *n auf Aktien:* derecho *m* de suscripción; ~(**s**)**schein** *m für Mangelware:* vale *m*; ²(**s**)**cheinpflichtig** *adj.* racionado;

~**wert** *m* valor *m* de referencia.

be'**zwecken** (-) *v/t.* proponerse; tener por objeto.

be'**zweifeln** (-*le*-; -) *v/t.* dudar (de); poner en duda; *nicht zu* ~ *sein* estar fuera de toda duda; *ich bezweifle es* lo dudo.

be'**zwing**|**en** (*L*; -) *v/t.* (*besiegen*) vencer (*a. fig.*), triunfar sobre; *Sport a.* batir, derrotar; (*unterwerfen*) someter; sojuzgar; reducir; *Leidenschaften:* dominar, reprimir; *Berg:* conquistar; *Festung:* tomar, expugnar; (*zähmen*) domar; *sich* ~ dominarse; contenerse, reprimirse; ²**er**(**in** *f*) *m* vencedor(a *f*) *m*; *Sport: a.* ganador(a *f*) *m*; ²**ung** *f* triunfo *m* (*sobre*); *Mont.* conquista *f.*

'**Biathlon** *n Sport:* biathlon *m.*

'**bibbern** (-*re*) F *v/i.* temblar; *vor Kälte: a.* tiritar.

'**Bibel** *f* (-; -*n*) Biblia *f*; Sagrada Escritura *f*; ~**auslegung** *f* exégesis *f*; ²**fest** *adj.* versado en la Biblia; ~**forscher** *m* biblista *m*; ~**gesellschaft** *f* Sociedad *f* Bíblica; ~**spruch** *m* versículo *m*; ~**stelle** *f* pasaje *m* de la Biblia; ~**stunde** *f der Konfirmanden:* instrucción *f* religiosa; ~**werk** *n* Biblia *f* comentada.

'**Biber** *Zoo. m* castor *m*; ~**bau** *m* construcción *f* de castor; ~**geil** *n* castóreo *m*; ~**pelz** *m* (piel *f* de) castor *m*; ~**schwanz** *m* (*Flachziegel*) teja *f* plana.

Biblio|**graph** *m* (-*en*) bibliógrafo *m*; ~**graphie** *f* bibliografía *f*; ²**graphisch** *adj.* bibliográfico; ~**phile** *m* (-*n*) bibliófilo *m*; ~**philie** *f* (0) bibliofilia *f.*

Biblio|**thek** *f* biblioteca *f*; ~**thekar**(**in** *f*) *m* (-*s*, -*e*) bibliotecario (-a *f*) *m*; ~**thekswissenschaft** *f* biblioteconomía *f*, *Neol.* bibliotecología *f.*

'**biblisch** *adj.* bíblico; ²*e Geschichte* Historia *f* Sagrada.

'**Bichromat** 🝎 *n* bicromato *m.*

'**Bickbeere** ♣ *f* arándano *m.*

Bi'**det** *fr. n* (-*s*, -*s*) bidé *m.*

'**bieder** *adj.* (*ehrlich*) honrado; (*treu*) fiel, leal; (*rechtschaffen*) probo; íntegro; ²**keit** *f*, ²**sinn** *m* hombría *f* de bien, honradez *f*; lealtad *f*; probidad *f*; integridad *f*; ²**mann** *m* hombre *m* de bien (*od.* honrado); *hum.* buen hombre *m*; ²**meier** *m* época *f* bzw. estilo *m* Biedermeier.

'**Biegefestigkeit** *f* resistencia *f* a la flexión.

'**bieg**|**en** (*L*) **I.** *v/t.* doblar, doblegar; torcer; (*falten*) plegar; (*krümmen*) encorvar; *Holz:* alabear; *Metall:* curvar; combar; *sich vor Lachen* ~ desternillarse (F troncharse) de risa; **II.** *v/i.:* *um die Ecke* ~ doblar (*od.* torcer) la esquina; *auf* ² *oder Brechen* a todo trance; de grado *od.* por fuerza.

'**biegsam** *adj.* flexible (*a. fig.*); doblegable; (*faltbar*) plegable; (*geschmeidig*) maleable, dúctil, dócil, manejable (*alles a. fig.*); ²**keit** *f* (0) flexibilidad *f* (*a. fig.*); elasticidad *f*; maleabilidad *f.*

'**Biegung** *f* flexión *f* (*a. Gr.*); inflexión *f*; curvatura *f*; curva *f*; (*Fluß*²) recodo *m*; (*Weg*²) *a.* revuelta *f*; (*Krümmung*) corvadura *f*; *Holz, Eisen:* combadura *f*; ~**s-elastizität** *f* elasticidad *f* flexional; ~**sspannung** *f* tensión *f* de flexión.

'**Biene** f abeja f; F (*Mädchen*) P ninfa f, chavala f.
'**Bienen...**: ~**fleiß** fig. m celo m, asiduidad f, diligencia f; ~**haus** n colmenar m; ~**königin** f (abeja f) reina f; ~**korb** m colmena f; ~**schwarm** m enjambre m de abejas; ~**staat** m sociedad f de abejas; ~**stand** m colmenar m; ~**stich** m picadura f de abeja; ~**stock** m → ~**korb**; ~**wabe** f panal m de miel; ~**wachs** n cera f de abejas; ~**zelle** f alvéolo m, celdilla f (del panal); ~**zucht** f apicultura f; ~**züchter** m apicultor m.
'**Bier** n (-*es*; -*e*) cerveza f; *helles* (*dunkles*) ~ cerveza f rubia (negra); ~ *vom Faß* cerveza f de barril; F *das ist nicht mein* ~ esto no es cosa mía; ~**brauer** m cervecero m; ~**braue'rei** f cervecería f; ~**deckel** m posavasos m; ~**dose** f lata f de cerveza; ~**faß** n barril m de cerveza; ~**filz** m → ~**deckel**; ~**flasche** f botella f de bzw. para cerveza; ~**garten** m cervecería f al aire libre; ~**glas** n vaso m para cerveza; ~**hefe** f levadura f de cerveza; ~**keller** m bodega f para cerveza; (*Lokal*) cervecería f; ~**krug** m jarro m de cerveza; ~**lokal** n, ~**schenke** f cervecería f; ~**seidel** n jarra f de cerveza; ~**stube**, ~**wirtschaft** f cervecería f; ~**würze** f mosto m de cerveza.
'**Biese** f vivo m, cordoncillo m; pestaña f.
'**Biest** P n (-*es*; -*er*) bestia f; mal bicho m.
'**bieten** (L) I. v/t. ofrecer (a. ✝); *Anblick usw.*: presentar; *bei Versteigerungen*: licitar, pujar; *beim Spiel*: envidar; *Hand*: tender; *sich* ~ *Gelegenheit*: ofrecerse, brindarse, presentarse; *sich et. (nicht)* ~ *lassen* (no) tolerar a/c.; II. ℒ *n beim Spiel*: envite m; *bei Versteigerungen*: licitación f.
'**Bieter** m *Versteigerung*: postor m, licitador m, pujador m.
Bifo'kalgläser n/pl. lentes f/pl. bifocales.
Biga'm|ie f bigamia f; ~**ist** m (-*en*) bígamo m.
bi'gott adj. beato, santurrón; mojigato; ℒ**e'rie** f beatería f, mojigatería f.
Bi'kini m (-*s*; -*s*) bikini m.
Bi'lanz f balance m (a. fig.); *Außenhandel*: balanza f; *die* ~ *ziehen* (od. *aufstellen*) hacer (el) balance; ~**aufstellung** f formación f del balance; ~**auszug** m extracto m del balance; ~**buch** n libro m de balances.
bilan'zieren (-) v/i. hacer balance.
Bi'lanz...: ~**posten** m partida f del balance; ~**prüfer** m interventor m de cuentas; ~**prüfung** f revisión f de balance; ~**verschleierung** f balance m amañado.
bilate'ral adj. bilateral.
'**Bild** n (-*es*; -*er*) imagen f (a. *Opt.*, *TV u. fig.*); figura f (a. *Spielkarte*); (*Gemälde*) cuadro m, pintura f; (*Porträt*) retrato m; (*Zeichnung*) dibujo m; (*Stich*) grabado m; (*Abbildung*) ilustración f, grabado m, estampa f; *in Büchern*: a. lámina f; (*Licht*ℒ) foto(grafía) f; *auf Münzen usw.*: efigie f; fig. (*Anblick*) aspecto m; (*Vorstellung*) idea f, noción f, concepto m; (*Schilderung*) descripción f, cuadro m, retrato m; *rhetorisch*: metáfora f; (*Gleichnis*) símil m; *ein* ~ *des Elends* un cuadro de miseria; *ein* ~ *von e-m Mädchen* una preciosidad, un bombón; *ein* ~ *entwerfen von* ofrecer un cuadro de, describir a/c.; *im* ~*e sein über* estar en antecedentes (od. al tanto od. al corriente) de; *ich bin über dich im* ~*e te conozco perfectamente*; *sich ein* ~ *von et. machen* formarse (od. hacerse) una idea de a/c.; *atar cabos*; *du machst dir kein* ~ (*davon*) no te puedes imaginar; ~**archiv** n archivo m fotográfico, fototeca f; ~**atlas** m atlas m gráfico; ~**aufklärung** ✈ f reconocimiento m fotográfico; ~**aufzeichnung** f *TV* videograma m; ~**band** *Typ.* m álbum m gráfico; ~**bericht** m reportaje m gráfico, información f gráfica; ~**bericht-erstatter** m informador m (od. reportero m) gráfico.
'**bilden** (-*e*-) v/t. formar (a. fig.); (*gestalten*) a. dar forma a, (con)figurar; (*modellieren*) modelar; (*schaffen*) crear; (*gründen*) constituir, organizar; (*darstellen*) representar, constituir; (*zusammensetzen*) componer, integrar; *den Geist*: cultivar; (*belehren*) instruir; (*erziehen*) educar; *sich* ~ (*entstehen*) formarse (a. fig.), desarrollarse; surgir; *geistig*: instruirse; ~**d** adj. formativo, formador, integrante; (*schöpferisch*) creador; (*belehrend*) instructivo; (*erziehend*) educativo, educador; *die* ~*en Künste* las artes plásticas *bzw.* gráficas.
'**Bilder...**: ~**anbetung** f iconolatría f; ~**bogen** m pliego m de aleluyas; ~**buch** n libro m de estampas; ~**galerie** f pinacoteca f, galería f de pinturas; ~**rahmen** m marco m; ~**rätsel** n jeroglífico m; ℒ**reich** adj. *Buch*: profusamente ilustrado; *Rhet.* metafórico; fig. florido; ~**schrift** f escritura f jeroglífica (od. ideográfica); pictografía f; ~**sprache** f lenguaje m metafórico; ~**stürmer** m iconoclasta m.
'**Bild...**: ~**feld** *Phot.* n campo m de imagen; ~**fenster** n ventanilla f de proyección; ~**fläche** f plano m focal; *TV* plano m de la imagen; F fig. *auf der* ~ *erscheinen* aparecer en escena; surgir; *von der* ~ *verschwinden* desaparecer de (la) escena; F esfumarse; ~**folge** f sucesión f de imágenes; *Film*: secuencia f; ~**format** n *Phot.* tamaño m de la fotografía; ~**frequenz** f frecuencia f de imagen, videofrecuencia f; ~**funk** m telefotografía f; ~**gießer** m fundidor m de estatuas; ℒ**haft** adj. plástico, gráfico (a. fig.); ~**hauer(in** f) m escultor(a f) m; ~**haue'rei** f (0) escultura f; ℒ**hübsch** adj. guapísimo; ℒ**lich** adj. gráfico, plástico; figurativo; *Sinn*: figurado; *Ausdruck*: metafórico; ~**material** n documentación f (foto)gráfica; ~**mischer** m mezclador m de imagen; ~**nis** n (-*ses*; -*se*) imagen f; *Phot., Mal.* retrato m; *auf Münzen*: efigie f; ~**platte** f *TV* videodisco m; ~**reportage** f reportaje m gráfico; ~**reporter** m reportero m (od. informador m) gráfico; ~**röhre** f *TV* tubo m de imagen; ℒ**sam** adj. plástico, fig. a. flexible, dúctil; (*erziehbar*) educable; ~**säule** f estatua f; ~**schärfe** f nitidez f de imagen; ~**schirm** m pantalla f; ~**schirm-arbeit** f trabajo m frente al monitor; ~**schirmfenster** n ventana f; ~**schirmschoner** m salvapantallas m, protector m de pantalla; ~**schirmtext** m videotex m; ~**schnitzer(in** f) m tallista m/f; *von Heiligenbildern*: imaginero m; ~**schnitze'rei** f talla f; imaginería f; ℒ**schön** adj. bellísimo, hermosísimo; de belleza escultural; ~**seite** f *Münze*: anverso m, cara f; ~**stock** m *Typ.* clisé m; ~**streifen** m *Film*: cinta f; ~**sucher** *Phot.* m visor m; ~**telefon** n videoteléfono m; ~**telegramm** n fototelegrama m; ~**telegrafie** f fototelegrafía f, telefotografía f; ~'**Ton-Kamera** f cámara f fotofónica; ~**übertragung** f transmisión f telefotográfica.
'**Bildung** f allg. formación f; (*Entwicklung*) desarrollo m (*Wachstum*) crecimiento m; (*Struktur*) estructura f; (*Schaffung*) creación f (*Gründung*) fundación f, constitución f, establecimiento m; organización f; (*Zusammensetzung*) composición f; (*Anstand*) urbanidad f; (*Aus*ℒ) instrucción f, formación f; (*Geistes*ℒ) cultura f; ilustración f; (*Erziehung*) educación f; (*Kenntnisse*) conocimientos m/pl.; (*Gelehrsamkeit*) erudición f; *ein Mann von* ~ un hombre culto (od. ilustrado); *von hoher* ~ erudito, de vastos conocimientos; *ohne* ~ inculto, iletrado; sin cultura.
'**Bildungs...**: ~**anstalt** f centro m docente, establecimiento m de enseñanza; ~**drang** m → ~**trieb**; ℒ**fähig** adj. educable; ~**gang** m curso m de estudios; ~**grad** m nivel m cultural; ~**mittel** n medio m didáctico; ~**reform** f reforma f educativa; ~**reise** f viaje m educativo; ~**stand** m nivel m cultural (od. de estudios); ~**stätte** f → ~**anstalt**; ~**stufe** f → ~**grad**; ~**trieb** m afán m de saber; ~**wert** m valor m formativo; ~**wesen** n enseñanza f.
'**Bild...**: ~**unterschrift** f leyenda f, pie m del grabado; ~**verarbeitung** f *Computer*: procesamiento m de imágenes; ~**verstärker** m amplificador m de imagen, videoamplificador m; ~**wand** f pantalla f (de proyección); ~**weite** f distancia f focal; ~**werk** n escultura f, obra f plástica; ~**wörterbuch** n diccionario m por la imagen; ~**zähler** *Phot.* m contador m de exposiciones; ~**zeichen** n símbolo m; ~**zerleger** m *TV* disector m de imágenes.
'**Billard** ['bɪljaʀt] n (-*s*; -*e*) billar m; ~ *spielen* jugar al billar; ~**kugel** f bola f de billar; ~**stock** m taco m de billar; ~**tisch** m mesa f de billar.
Bil'lett [bɪl'jet] n (-*es*; -*s*, -*e*) billete m, *angl.* ticket m; (*Briefchen*) esquela f.
Billi'arde f mil billones m/pl.
'**billig** adj. (*gerecht*) justo, equitativo; (*vernünftig*, *zumutbar*) razonable, aceptable; (*wohlfeil*) barato, económico; *Preis*: módico, bajo; fig. desp. (*nichtssagend*) gratuito; *sehr* ~ tirado, a precio de ganga; ~ *werden* bajar de precio, abaratarse.
'**Billiganbieter** m oferente m a bajo precio.
'**billigen** v/t. (*zustimmen*) aprobar, dar por bueno; consentir en; *Erklärung*: admitir, aceptar; (*gesetzlich*) autorizar, sancionar.
'**billiger'weise** adv. con razón; equitativamente, justamente.

'Billig|flug *m* vuelo *m* barato; ~lohn-land *n* país *m* con sueldos bajos.
'Billigkeit *f* (0) equidad *f*; *Preis*: baratura *f*, modicidad *f* (de precios).
'Billigung *f* aprobación *f*; consentimiento *m*; sanción *f*.
Bil'lion [bɪ'lĭ-] *f* billón *m*.
'Bilsenkraut ⚘ *n* beleño *m*.
'Biluxlampe *f Kfz.* lámpara *f* bilux, faro *m* de dos luces.
'bim *int*: ~, bam! ¡talán, talán!; ⚘bam *n* tintín *m*; F *heiliger* ⚘! ¡Dios mío!, ¡santo Dios!
'Bimetallismus ✝ *m* (-; 0) bimetalismo *m*.
'Bimmel F *f* (-; -n) campanilla *f*; ~bahn *f* tren *m* carreta; ⚘n (-le) F *v/t.* tintin(e)ar; repicar, repiquetear; *Kuhglocke*: cencerrear; *Telefon*, *Türglocke*: sonar; ~n *n* tintineo *m*; repique(teo) *m*.
'bimsen (-*t*) *v/t.* apomazar, estregar con piedra pómez; *fig.* ⚔ ejercitar duramente.
'Bimsstein *m* (piedra *f*) pómez *f*.
'Binde *f* (*Band*) cinta *f*; (*Schärpe*) banda *f*; 🎗 (*Verband*) venda *f*, *feste*: ligadura *f*; (*Armschlinge*) cabestrillo *m*; (*Leibƨ*) faja *f*; (*Damenƨ*) compresa *f*; (*Armabzeichen*) brazal *m*; *fig.* j-m die ~ von den Augen nehmen abrir los ojos a alg.; die ~ fiel ihm von den Augen se le cayó la venda de los ojos; F e-n hinter die ~ gießen F echarse una copa al coleto, empinar el codo; ~balken △ *m* tirante *m*; ~draht *m* alambre *m* de ligadura; ~fähigkeit ⊕ *f* poder *m* aglutinante; *Zement*: fraguabilidad *f*; ~gewebe *Anat. n* tejido *m* conjuntivo; ~glied *n* in e-r *Kette*: eslabón *m* (*a. fig.*); *fig.* vínculo *m*; nexo *m* de unión; ~haut *Anat. f* conjuntiva *f*; ~hautentzündung 𝄞 *f* conjuntivitis *f*; ~mäher ✂ *m* segadora-atadora *f*; ~mittel *n* ⊕ aglomerante *m*; aglutinante *m*; *Kochw.* espesante *m*.
'binden (*L*) **I.** *v/t.* atar; ligar (*a.* ♪, *Gr., Fechtk.*); (*befestigen*) sujetar; (*verbinden*) unir, enlazar; (*verschnüren*) liar; *mit Stricken*: encordelar; *mit Draht*: alambrar; *Buch*: encuadernar; *Knoten, Schlips*: anudar; *Besen, Strauß*: hacer; (*bündeln*) enfardar; *Fässer*: enarcar; *Suppe*: espesar; 🍳 fijar, combinar; (*absorbieren*) absorber; *Wärme*: conservar, acumular; ⚔ *Feindkräfte*: retener; *fig.* (*verpflichten*) obligar, comprometer; *sich* ~ comprometerse a, obligarse a, contraer una obligación (*od.* un compromiso); **II.** *v/i.* ⊕ *Zement, Mörtel*: fraguar; *Leim, Kunststoff*: pegar; ~d *adj.* aglutinante, aglomerante; *fig.* obligatorio.
'Binder *m* (*Schlips*) corbata *f*; △ tizón *m*; perpiaño *m*; cercha *f*; ✂ agavilladora *f*; atadora *f*.
'Binde...: ~strich *m* guión *m*; ~wort *Gr. n* conjunción *f*; ~zeichen ♪ *n* ligadura *f*.
'Bindfaden *m* bramante *m*; guita *f*; *Am.* piola *f*; (*Schnur*) cordel *m*, cuerda *f*; *es regnet Bindfäden* está lloviendo a cántaros, llueve chuzos.
'Bindung *f* ligazón *f*; ligadura *f* (*a.* ♪, *Chir.*); atadura *f*; unión *f*, enlace *m*; *gefühlsmäßige*: apego *m*, *f Weberei*: ligamento *m*; 🍳 enlace *m*; (*Verbindung*) combinación *f*; (*Skiƨ*) fijación *f*, atadura *f*; ✝ *von Mitteln*:

sujeción *f*, inactividad *f*; *fig.* (*Verpflichtung*) compromiso *m* (*a. Pol.*), obligación *f*; (*Band*) lazo *m*, vínculo *m*; ~s-energie 🍳 *f* energía *f* de enlace; ~swärme 🍳 *f* calor *m* de combinación.
'Bingo *n* (-*s*; 0) bingo *m*.
'binnen *prp.* (*gen.*) dentro de; en el plazo (*od.* término) de; ~ *kurzem* dentro de poco, en breve.
'Binnen...: ~fischerei *f* pesca *f* de agua dulce; ~gewässer *n* aguas *f/pl.* continentales (*od.* interiores); ~hafen *m* puerto *m* interior *bzw.* fluvial. ~handel *m* comercio *m* interior; ~land *n* país *m* interior (*od.* sin salida al mar); interior *m* (del país); ~markt *m* mercado *m* interior (*od.* nacional); ~meer *n* mar *m* interior; ~schiffahrt *f* navegación *f* (por aguas) interior(es) (*od.* fluvial); ~see *m* lago *m* continental; ~verkehr *m* tráfico *m* interior; ~wanderung *f* migración *f* interior; ~wasserstraße *f* vía *f* fluvial (*od.* de navegación interior); ~zoll *m* aduana *f* (*od.* derecho *m*) interior.
binoku'lar *adj.* binocular.
Bi'nom ⚘ *n* (-*s*; -*e*) binomio *m*; ⚘isch *adj.* binómico, binomio.
'Binse ⚘ *f* junco *m*; F *fig.* in die ~n gehen *Sache*: estropearse, echarse a perder; *Plan*: frustrarse, quedar en nada; ~nmatte *f* estera *f* de junco; ~nwahrheit *f* perogrullada *f*, verdad *f* de perogrullo.
Bio|che'mie *f* bioquímica *f*; ~'chemiker *m*, ⚘'chemisch *adj.* bioquímico (*m*).
bio|'gen *adj.* biógeno; ⚘ge'nese *f* biogénesis *f*; ~ge'netisch *adj.* biogenético.
Bio|'graph(in *f*) *m* (-*en*) biógrafo (-a *f*) *m*; ~gra'phie *f* biografía *f*; ⚘-'graphisch *adj.* biográfico.
'Bioladen *m* tienda *f* de productos naturales.
Bio|'loge *m* (-*n*) biólogo *m*; ~lo'gie *f* (0) biología *f*; ⚘'logisch *adj.* biológico; ~ abbaubar biodegradable.
'Biomasse *f* biomasa *f*.
Biome'trie *f* biometría *f*.
'Biomüll *m* basura *f* orgánica, biobasura *f*.
Bi'onik *f* biónica *f*.
Biophy'sik *f* biofísica *f*.
'Bioprodukt *n* producto *m* natural (*od.* ecológico).
Biop'sie *f* biopsia *f*.
Bio|'rhythmus *m* biorritmo *m*; ~-'sphäre *f* biosfera *f*; '~tonne *f* contenedor *m* para basura orgánica; ~'top *m/n* (-*s*; -*e*) biotopo *m*.
'Birke ⚘ *f* abedul *m*; ~nholz *n* (madera *f* de) abedul *m*.
'Birkhahn *m* gallo *m* lira.
'Bir|ma *n* Birmania *f*; ~'mane *m*, ⚘'manisch *adj.* birmano (*m*).
'Birnbaum *m* peral *m*.
'Birne *f* pera *f*; bombilla *f*; F (*Kopf*) F coco *m*, chola *f*; e-e *weiche* ~ *haben* estar tocado (*od.* mal) de la cabeza; ⚘nförmig *adj.* piriforme.
bis **I.** *prp.* **1.** *zeitlich*: ~ *hasta*; para; ~ *heute* hasta hoy, hasta la fecha; ~ *heute abend* hasta hoy (*od.* esta) noche; ~ *gleich!* ¡hasta luego!; F ~ *bald!* ¡hasta pronto!; ~ *morgen!* ¡hasta mañana!; ~ *dahin* hasta entonces; ~ (*spät*) in die

Nacht hinein hasta muy avanzada la noche; ~ *zum Tode* hasta la muerte; ~ *vor wenigen Jahren* hasta hace pocos años; ~ *über Weihnachten* (*hinaus*) hasta después de Navidad; ~ *zum Ende* hasta el fin; ~ *wann* (*wird es dauern*)? ¿hasta cuándo ...?; ~ *wann* (*ist es fertig*)? ¿para cuándo ...?; *von Montag* ~ (*einschließlich*) *Samstag* de lunes a sábado (ambos inclusive); ~ *5 Uhr* hasta las cinco; *von 7* ~ *9 Uhr* de siete a nueve; **2.** *räumlich*: hasta; a; ~ *hierher* hasta aquí; ~ *dahin* hasta allí; ~ *wohin?* ¿hasta dónde?; ~ *ans Knie* hasta la rodilla; ~ (*nach*) *Berlin* hasta Berlín; *von hier* ~ *Köln* de(sde) aquí a (*od.* hasta) Colonia; **3.** *Zahlenangabe*: *sieben* ~ *zehn Tage* de siete a diez días; *fünf* ~ *sechs Wagen* cinco o seis coches; ~ *zu neun Meter hoch* hasta nueve metros de altura; *vier* ~ *fünf Personen* cuatro o cinco personas; *2* ~ *3 Mark* de dos a tres marcos; ~ *zehn zählen* contar hasta diez; **4.** *Grad*: ~ *aufs höchste* hasta el máximo; ~ *zum Äußersten* hasta no poder; hasta el límite; ~ *ins kleinste* hasta el más pequeño detalle; **5.** *Ausnahme*: ~ *auf* excepto, salvo, con la excepción de; *alle* ~ *auf einen* todos excepto (*od.* menos) uno; **II.** *cj.*: ~ (*daß*) hasta que; hasta (*inf.*); *es wird lange dauern,* ~ *er es merkt* pasará mucho tiempo antes de (*od.* hasta) que lo note.
'Bisam *m* (-*s*; -*e*) almizcle *m*; (*Pelz*) castor *m* del Canadá; ~katze *f* gato *m* de algalia; ~ratte *f* rata *f* almizclada.
'Bischof *m* (-*s*; ⸚e) obispo *m*.
'bischöflich *adj.* episcopal.
'Bischofs...: ~amt *n* episcopado *m*; obispado *m*; ~hut *m*, ~mütze *f* mitra *f*; ~ring *m* anillo *m* pastoral; ~sitz *m* sede *f* episcopal; ~stab *m* báculo *m* pastoral; ~würde *f* dignidad *f* episcopal, episcopado *m*.
bis'her *adv.* hasta ahora; hasta la fecha; *wie* ~ como hasta ahora; ~ig *adj.*: *der* ~e *Direktor* el ex director, el director anterior; *die* ~en *Erfolge* los éxitos alcanzados hasta ahora.
Bis'kaya *f* Vizcaya *f*; *Golf von* ~ Golfo *m* de Vizcaya.
Bis'kuit [-'kviːt] *n* (-*és*; -*s*) (*Gebäck u. Porzellan*) bizcocho *m*.
bis'lang *adv.* → bisher.
'Bison *Zoo. m* (-*s*; -*s*) bisonte *m*.
Biß *m* (-*sses*, -*sse*) mordisco *m*; dentellada *f*; *e-r Schlange*: mordedura *f*; *v. Insekten*: picadura *f*; F *fig.* ~ *haben* tener chispa (*od.* gancho).
'bißchen *n*; *ein* ~ un poco, un poquito; *ein kleines* ~ un poquitín (de); *kein* ~ ni una mota, ni chispa, ni pizca de; *nicht ein* ~ (*überhaupt nicht*) (nada) en absoluto; *ein* ~ *viel* un poco demasiado; *das* ~ *Einkommen* lo poquito (P la miseria) que uno gana; *ein* ~ *Wahrheit* un punto de verdad; *warten Sie ein* ~ espere usted un momentito; *mein* ~ *Geld* el poco dinero que tengo; F *ach du liebes* ~! ¡Dios mío!
'Bissen *m* trozo *m*; (*Mundvoll*) bocado *m*; (*Imbiß*) F piscolabis *m*; *ein* ~ *Brot* un pedazo de pan; *fig. ein fetter* ~ un buen bocado; *keinen* ~ *zu sich nehmen* (*od.* anrühren) no probar bocado; ⚘weise *adv.* a bocados.
'bissig *adj. Hund*: mordedor; *fig.* mordaz, cáustico, sarcástico; ~er *Hund!* ¡cuidado con el perro!; ⚘keit *f*

Bißwunde — blau

(0) mordacidad *f*; *fig. a.* acrimonia *f*, causticidad *f*; sarcasmo *m*.
'**Bißwunde** *f* mordisco *m*; *von Schlangen*: mordedura *f*; picadura *f*.
'**Bis-tum** *n* (-*s*; ⁿer) obispado *m*; diócesis *f*.
bis'weilen *adv.* algunas veces, a veces; a ratos; en ocasiones; (*dann und wann*) de vez en cuando.
Bit *n* (-*s*; -*s*) *Computer*: bit *m*.
'**Bitte I.** *f* ruego *m*; (*dringende* ~) instancia *f*; (*demütige* ~) súplica *f*; (*Gesuch*) solicitud *f*; (*Ersuchen*) petición *f*, *stärker*: requerimiento *m*; *auf* ~*n von a ruego(s) de*; *a instancias de*; *a petición de* e-e ~ *an j-n richten* hacer un ruego a alg.; *e-e* ~ *gewähren* acceder a un ruego; *ich habe e-e* ~ *an Sie quisiera pedirle un favor*; **II.** ♀ *adv.* (~ *sehr od. schön*) por favor; (*anbietend*) sírvase; (*gebend*) aquí tiene; *auf e-n Dank*: de nada, no hay de qué; *wie* ~?, ¿mande?, ¿cómo decía usted?; *aber* ~! ¡Usted manda!, ¡claro que sí!, ¡cómo no!; ~, *geben Sie mir ... haga el favor* (*od.* tenga la bondad) de darme ...; F *na*, ~! ¡lo ves!
'**bitten** (*L*) *v*/*t.* pedir (*j-n um et. a*/*c.* a alg.); rogar (*zu que subj.*); solicitar (*ac.*); (*ersuchen*) requerir; *dringend*: instar; (*anflehen*) suplicar, *stärker*: implorar; *ich bitte Sie darum se lo ruego*; *j-n zu sich* ~ invitar a alg. a venir a casa; *sich* (*lange*) ~ *lassen* hacerse rogar; ~ *für j-n* rogar por alg.; interceder por alg.; *dürfte ich Sie um ... ~?* ¿me haría usted el favor de ...?, ¿tendría usted la bondad de ...?; *es wird gebeten se ruega*; *wenn ich* ~ *darf* haga el favor; si tiene la bondad; *ich lasse* ~! que pase; *da muß ich doch sehr* ~! ¡por favor!; ¡mire usted bien lo que dice!; *aber ich bitte dich!* ¡pero, por Dios!; *darf ich um Ihren Namen* ~? ¿su nombre, por favor?; *ich bitte um Ruhe!* ¡silencio, por favor!
'**bitter** *adj.* amargo (*a. fig.*); *fig.* agrio, áspero; *Worte*: acerbo; *Kälte*: intenso; ~*e Armut* extremada pobreza; *es ist mein* ~*er Ernst estoy hablando muy en serio*; ~ *notwendig* de apremiante necesidad; *das ist* ~ *es duro*; ~*e Tränen weinen* llorar amargamente; ~ *wenig* poquísimo; ♀*es durchmachen* pasar amarguras (*od.* por tragos amargos); ~**böse** *adj.* (*zornig*) furioso, muy enojado; (*schlimm*) malvado; ♀**e(r)** *m* (*Schnaps*) bíter *m*; ♀**erde** ♀ *f* magnesia *f*; ~**ernst** *adj.* muy serio; *es ist mir* ~ (*damit*) lo digo muy en serio; ♀**holz** *n* cuasia *f*; ~**kalt** *adj.* terriblemente frío; ♀**keit** *f* amargor *m*, amargura *f*; *fig. a.* acrimonia *f*, acritud *f*; ♀**klee** ♀ *m* trébol *m* de agua, meniantо *m*; ~**lich I.** *adj.* amargo; **II.** *adv.* amargamente; ~ *weinen* llorar amargamente; ♀**mandel-öl** *n* aceite *m* de almendras amargas; ♀**nis** *f* ~ Bitterkeit; ♀**salz** ♀ *n* sulfato *m* magnésico; epsomita *f*, sal *f* de la Higuera; ♀**spat** *Min. m* magnesita *f*; ~**süß** *adj.* agridulce.
'**Bitt|gang** *m Rel.* (procesión *f*) rogativa *f*; ~**gebet** *n* rogativa *f*; ~**gesuch** *n*, ~**schreiben** *n*, ~**schrift** *f* petición *f*, carta *f* petitoria; súplica *f*; memorial *m*; ~**steller(in)** *m* solicitante *m*/*f*, peticionario (-a *f*) *m*.

Bi'tum|en *n* (-*s*; -*od.* -*mina*) betún *m*; ♀**i'nös** *adj.* bituminoso.
'**Biwak** ⚔ *n* (-*s*; -*s od.* -*e*) vivaque *m*; ♀**ieren** ⚔ (-) *v*/*i.* vivaquear, acampar.
bi'zarr *adj.* extravagante, raro; quijotesco; estrafalario.
'**Bizeps** *m* (-*es*; -*e*) bíceps *m*.
'**Blachfeld** *n* campo *m* raso.
'**bläh|en I.** *v*/*t.* hinchar, inflar; *sich* ~ hincharse, inflarse; *fig.* envanecerse, engreírse, pavonearse; **II.** *v*/*i.* ☤ causar flatos; ~**end** ☤ *adj.* flatulento; ♀**sucht** ☤ *f* flatulencia *f*; meteorismo *m*; *Vet.* timpanitis *f*; ♀**ung** *f* flato *m*, ventosidad *f*; ♀**ungsmittel** ☤ *n* carminativo *m*.
bla'm|abel *adj.* vergonzoso; ♀**age** *f* vergüenza *f*, F plancha *f*, patinazo *m*, metedura *f* de pata; ~**ieren** (-) *v*/*t.* poner en ridículo; *sich* ~ quedar en ridículo (*od.* hacer el) ridículo; dar la nota; F meter la pata, dar un patinazo.
blank *adj.* (*glänzend*) reluciente, brillante; ⊕ *Metall*: bruñido; (*poliert*) pulido; *Schuhe*: lustroso; (*bloß*) desnudo (*a.* ⊕); (*sauber*) limpio; (*glatt*) liso; (*unbeschrieben*) en blanco; (*abgetragen*) lustroso (por el uso); ~*e Waffe* arma *f* blanca; ~*er Unsinn* un solemne disparate; F (*ohne Geld*) ~ *sein* estar sin blanca; P estar a dos velas; ⊕ ~ *polieren* pulir, bruñir; ~ *putzen* lustrar, sacar brillo a, dar lustre a.
Blan'kett *n* (-*es*; -*e*) formulario *m* en blanco; carta *f* blanca.
'**blanko** ♀ *adj. u. adv.* en blanco; al descubierto; *Börse*: ~ *verkaufen* vender al descubierto; ~ *unterschreiben* firmar en blanco; ♀**akzept** *n* aceptación *f* al descubierto; ♀**formular** *n* formulario *m* en blanco; ♀**giro** *n* endoso *m* (*od.* giro *m*) en blanco; ♀**kredit** *m* crédito *m* abierto (*od.* en blanco); ♀**scheck** *m* cheque *m* en blanco; ♀**unterschrift** *f* firma *f* en blanco; ♀**vollmacht** *f* carta *f* blanca (*a. fig.*); pleno poder *m*; ♀**wechsel** *m* letra *f* en blanco. [(*od.* suelto).)
'**Blankvers** *Poes. m* verso *m* blanco)
'**blankziehen** (*L*) *v*/*t.* desenvainar (la espada, *etc.*).
'**Bläs-chen** *n* burbujita *f*; *Anat.*, ☤, ♀ vesícula *f*; ~**ausschlag** ☤ *m* herpes *m*.
'**Blase** *f* (*Luft*♀, *Gas*♀, *Wasser*♀) burbuja *f* (*a.* ⊕); *Anat.* (*Harn*♀) vejiga *f*; ☤ (*Haut*♀) ampolla *f*, vejiga *f*; ♛ retorta *f*, alambique *m*; F *desp.* (*Bande*) gentuza *f*, canalla *f*; pandilla *f*; ~*n werfen* burbujear; ~*n ziehen* levantar ampollas (*od.* vejigas); ~**balg** *m* fuelle *m*; *der Schmiede*: barquín *m*.
'**blasen** (*L*) *v*/*t. u. v*/*i.* soplar; ♪ tocar (*a.* ⚔, *zum Angriff* al ataque); F *fig. ich werde dir was* ~! ¡narices!; ¡y un cuerno!
'**Blasen...:** ♀**artig** *adj.* vesicular; ~**ausschlag** ☤ *m* erupción *f* vesiculosa; pénfigo *m*; ~**bildung** ☤ *f* vesicación *f*, formación *f* de ampollas; ~**entzündung** ☤ *f* cistitis *f*; ♀**förmig** *adj.* vesicular; ~**grieß** ☤ *m* arenilla *f*; ~**katarrh** ☤ *m* catarro *m* vesical, cistitis *f*; ~**sonde** ☤ *f* catéter *m*; ~**sprung** *m* rotura *f* de la bolsa de las aguas; ~**stein** ☤ *m* cálculo *m* vesical; ♀-

ziehend *adj.* vesicante.
'**Bläser** *m* ♪ tañedor *m* de un instrumento de viento; *pl.* los vientos; ⊕ soplador *m*.
bla'siert *adj.* hastiado, indiferente.
'**blasig** *adj.* ☤ vesicular, vesiculoso; ⊕ *Gießerei*: lleno de burbujas.
'**Blas...:** ~**instrument** *n* instrumento *m* de viento; ~**kapelle** *f* banda *f* de instrumentos de viento; ~**orchester** *n* orquesta *f* de vientos.
Blas|phe'mie *f* blasfemia *f*; ♀**phe'misch** *adj.* blasfemo, blasfematorio.
'**Blasrohr** *n* (*Waffe*) cerbatana *f*, bodoquera *f*; *der Glasbläser*: caña *f* (de vidriero).
blaß *adj.* pálido (*vor dat.* de); (*farblos*) descolorido; (*krankhaft*) macilento; (*fahl*) lívido; *Farbe*: desvaído, mortecino; ~ *werden* palidecer, perder el color; *fig. blasser Neid* pura envidia *f*; *blasse Erinnerung* recuerdo *m* confuso; *keine blasse Ahnung haben* no tener ni la más remota idea; ~**blau** *adj.* azul pálido.
'**Blässe** *f* (0) palidez *f*. [de agua.)
'**Bläßhuhn** *Orn. n* foja *f*, polla *f*)
'**bläßlich** *adj.* paliducho.
'**Blatt** *n* (-*es*; ⁿer) ♀, ♪, *Papier*, *Buch*, *Säge*: hoja *f*; *Buch*, *Papier*: *a.* folio *m*; (*Bogen*) pliego *m*; (*Quartformat*) cuartilla *f*; (*Zettel*) papeleta *f*; (*Seite*) página *f*; (*Zeitung*) hoja *f*, periódico *m*; (*Zeichnung*) dibujo *m*; ⊕ lámina *f*, chapa *f*, plancha *f*; *Schaufel*, *Ruder*: pala *f*; *Weberei*: peine *m*; (*Spielkarte*) carta *f*; (*gezogene Karten*) mano *f*; *Jgdw.* codillo *m*; ♪ *vom* ~ *spielen* repentizar, tocar a primera vista; *kein* ~ *vor den Mund nehmen* F no tener pelos en la lengua; hablar sin rodeos; *das steht auf e-m anderen* ~ F eso es harina de otro costal; *das* ~ *hat sich gewendet* ha cambiado la suerte; la cosa ha cambiado; F se ha vuelto la tortilla; ~**ader** ♀ *f* nervio *m*, nervadura *f*; ♀**artig** *adj.* foliáceo.
'**Blättchen** *n* hojita *f*, hojuela *f*; ⊕ laminilla *f*.
'**blätt(e)rig** *adj.* ♀ foliado; *Teig*: hojaldrado; ⊕ laminado, lameliforme.
'**Blättermagen** *Zoo. m* libro *m*, librillo *m*, omaso *m*.
'**Blattern** ☤ *f*/*pl.* viruela *f*.
'**blättern** (-*re*) *v*/*i.* *in e-m Buch*: hojear (un libro).
'**Blatter...:** ~**narbe** *f* hoyo *m* de viruela; ♀**narbig** *adj.* picado (*od.* marcado) de viruelas, picoso.
'**Blätter...:** ~**pilz** *m*, ~**schwamm** ♀ *m* agárico *m*; ~**tabak** *m* tabaco *m* en hojas; ~**teig** *m* hojaldre *m*.
'**Blatt...:** ~**fall** *m* caída *f* de las hojas; ~**feder** ⊕ *f* muelle *m* (*od.* resorte *m*) de láminas; *Kfz.* ballesta *f*; ♀**förmig** *adj.* en forma de hoja, foliado, foliáceo; ~**gold** *n* pan *m* de oro, oro *m* batido (en hojas); ~**grün** *n* clorofila *f*; ~**halter** *m an der Schreibmaschine*: soporte *m* de papel; ~**knospe** *f* yema *f* foliar; ~**laus** *f* pulgón *m*; ♀**los** *adj.* sin hojas, ♀ áfilo; ~**metall** *n* hoja *f* de metal; ~**pflanze** *f* planta *f* de hoja; ~**rippe** ♀ *f* costilla *f* foliar; ~**säge** *f* serrucho *m*; ~**silber** *n* pan *m* de plata, plata *f* en hojas; ~**stiel** ♀ *m* pecíolo *m*; ~**vergoldung** *f* dorado *m* en hojas; ♀**weise** *adj.* hoja por hoja; ~**werk** *n* follaje *m*.
'**blau I.** *adj.* azul; ⊘ *u. Poes.* azur; *vor*

Blau — Blick

Kälte: amoratado; F *fig.* (*betrunken*) borracho; ~es *Blut haben* ser de sangre azul, ser noble; ~(*geschlagen*)es *Auge* ojo *m* amoratado (*od.* F a la funerala); *mit e-m* ~*en Auge davonkommen* salir bien librado; ⊕~ *anlassen Stahl:* pavonar; ~*e Traube* uva *f* negra (*od.* tinta); ~*er Fleck* cardenal *m*, morado *m*, ✱ equimosis *f*; **II.** ⚨ *n* azul *m*; *das* ~*e vom Himmel herunterlügen* F mentir más que un sacamuelas; *das* ~*e vom Himmel versprechen* prometer el oro y el moro; *ins* ~*e hinein al aire,* a lo que salga, F al (buen) tuntún; *ins* ~*e hinein reden* hablar a tontas y a locas; hablar por hablar; *Fahrt ins* ~*e* viaje *m* sin destino conocido; *Schuß ins* ~*e* tiro *m* al azar; ~**äugig** *adj.* de ojos azules; *fig.* ingenuo, cándido; ⚨**bart** *m* Barba *m* Azul; ⚨**beere** *f* arándano *m*; ~**blütig** *adj.* de sangre azul, noble; ⚨**buch** *Pol. n* libro *m* azul.

'**Bläue** *f* (0) azul *m*; *für Wäsche:*⎫
'**blauen** *v/i.* azulear.   [azulete *m.*]⎭
'**bläuen** *v/t.* azular, teñir de azul.
'**blau...:** ⚨**felchen** *Ict. m* farra *f*; ⚨**fuchs** *Zoo. m* zorro *m* azul, raposo *m* ferrero; ~**grau** (~**grün**) *adj.* gris (verde) azulado; ⚨**helm** *Pol. m* casco *m* azul; ⚨**holz** *n* palo *m* campeche; ⚨**jacke** ⚓ *f* F marinero *m*; ⚨**kraut** *reg. n* lombarda *f*.
'**bläulich** *adj.* azulado.
'**Blau...:** ~**licht** *n* luz *f* azul; ⚨**machen** F *v/i.* holgar, hacer fiesta (*od.* novillos); ~**meise** *Orn. f* herrerillo *m*, alionín *m*; ~**papier** *n* papel *m* carbón azul; ~**pause** ⊕ *f* fotocalco *m* azul; ~**säure** 🜹 *f* ácido *m* prúsico (*od.* cianhídrico); ⚨**schwarz** *adj.* negro azulado; ~**stift** *m* lápiz *m* azul; ~**strumpf** *fig. m* F bachillera *f*, sabihonda *f*; marisabidilla *f*; ~**sucht** ✱ *f* cianosis *f*; ~**wal** *m* ballena *f* azul.
'**Blazer** *m* (-s; -) blazer *m*.
'**Blech** *n* (-es; -e) chapa *f*; lámina *f*; plancha *f*; (*Weiß*⚨) hojalata *f*, hoja *f* de lata; ♪ metal *m*, cobres *m*/*pl.*; F *fig.* (*Unsinn*) disparate *m*, necedad *f*, tontería *f*; *rede doch kein* ~! no digas disparates (*od.* tonterías)!, ¡no desbarres!; ~**belag** *m* revestimiento *m* de chapa; ~**bläser** ♪ *m*/*pl.* metal *m*; ~**büchse**, ~**dose** *f* lata *f*.
'**blechen** F *v/t. u. v/i.* pagar, F aflojar la mosca, rascarse el bolsillo.
'**blechern** *adj.* de hojalata; *Klang:* metálico.
'**Blech...:** ~**geschirr** *n* vajilla *f* de hojalata; ~**instrument** ♪ *n* instrumento *m* de metal; ~*e pl.* cobres *m*/*pl.*; ~**kanister** *m*, ~**kanne** *f* lata *f*, bidón *m*; ~**lawine** F *f v. Autos:* caravana *f*; ~**marke** *f* chapa *f*; ~**musik** *f* música *f* para instrumentos de metal; charanga *f*; ~**schaden** *m Kfz.* daños *m*/*pl.* materiales; ~**schere** *f* cizalla *f*; ~**schmied** *m* chapista *m*; hojalatero *m*; ~**schmiede** *f* chapistería *f*; hojalatería *f*; ~**trommel** *f* tambor *m* de hojalata; ~**verkleidung** *f* revestimiento *m* de chapa; ~**walzwerk** *n* laminador *m* de chapa; ~**waren** *f*/*pl.* artículos *m*/*pl.* de hojalata.
'**blecken** *v/t.: die Zähne* ~ enseñar (*od.* regañar) los dientes.
Blei[1] *Ict. m* (-*es*; -*e*) brema *f*, sargo *m*.
Blei[2] *n* (-*es*; -*e*) plomo *m* (*a. am*

Fischnetz); (*Senk*⚨) sonda *f*, plomada *f*; (*Schrot*) perdigones *m*/*pl.*; *fig. es lag mir wie* ~ *in den Gliedern* sentía una pesadez de plomo.
'**Blei...:** ~**ader** *f* filón *m* plomífero; ~**arbeiter** *m* plomero *m*; ~**barren** *m* barra *f* (*od.* lingote *m*) de plomo.
'**Bleibe** F *f* paradero *m*; albergue *m*, cobijo *m*; *Liter.* morada *f*; *keine* ~ *haben* estar sin hogar, F no tener casa ni hogar.
'**bleiben** (*L*; *sn*) *v/i.* quedar(se); (*weiterhin* ~) seguir, continuar; (*andauern*) permanecer; (*übrig*~) sobrar, quedar, restar; (*bestehen*~) subsistir, quedar en pie; (*aus*~) tardar; *im Kampf:* morir, perecer; *zu Hause* ~ quedarse en casa; *gesund* ~ seguir disfrutando de buena salud; *sich gleich* ~ seguir inalterable; seguir siendo el mismo; *das bleibt sich gleich* lo mismo da; viene a ser lo mismo; *treu* ~ seguir fiel; *bei et.* ~ insistir en, persistir en; mantenerse firme en; atenerse a; *bei j-m* ~ quedarse con bzw. en casa de alg.; *am Leben* ~ quedar con vida; *ohne Folgen* ~ no tener consecuencias; *bei der Sache* ~ atenerse al (*od.* no desviarse del) asunto; *für sich* ~ mantenerse apartado; *so kann es nicht* ~ esto no puede seguir así; *dabei wird es nicht* ~ esto no quedará así; *es bleibt dabei!* ¡queda convenido!; ¡conforme!; F lo dicho, *das bleibt unter uns* esto queda entre nosotros; *es bleibt abzuwarten* habrá que ver en qué para esto; *alles bleibt beim alten* todo sigue (*od.* queda) como antes; *wo* ~ *Sie denn?* ¿por qué no viene Vd.?; *wo bist du so lange geblieben?* ¿por qué has tardado tanto?; *wo ist sie nur geblieben?* ¿pero dónde se habrá quedado?, ¿qué habrá sido de ella?; *F und wo bleibe ich?* ¿y qué (hago) yo?; *zwei von sieben bleibt fünf* siete menos dos son cinco; *Typ.* bleibt! ¡queda!; ~**d** *adj.* duradero, persistente; permanente; (*dauerhaft*) durable; (*ewig*) eterno; imperecedero, perenne; ~*er Eindruck* impresión *f* imborrable; ~**lassen** (*L*; -) *v/t.* dejar de hacer; *laß das bleiben!* ¡no hagas eso!; ¡deja!; *das werde ich schon* ~ me guardaré bien de hacerlo.
'**Bleibergwerk** *n* mina *f* de plomo.
bleich *adj.* pálido; lívido; (*krankhaft*) macilento; (*verblaßt*) descolorido; ~ *werden* palidecer, ponerse pálido.
'**Bleiche** *f* **1.** (0) (*Blässe*) palidez *f*; **2.** (-; -*n*) *der Wäsche:* blanqueo *m*; **3.** *f v/t.* blanquear; *Farbe:* desteñir; *Haare:* descolorar; **II.** *v/i.* palidecer; (*weiß werden*) blanquearse; (*verblassen*) desteñirse; descolorarse; ~**n** *n* blanqueo *m*.
'**Bleich...:** ~**gesicht** *n* rostro *m* pálido; ~**kalk** *m* cloruro de cal; ~**mittel** *n* (agente *m*) descolorante *m*; ~**sucht** ✱ *f* clorosis *f*; ⚨**süchtig** *adj.* clorótico.
'**bleiern** *adj.* de plomo, plomizo, plúmbeo (*a. fig.*).
'**Blei...:** ~**erz** *n* mineral *m* (*od.* mena *f*) de plomo; ~**farbe** *f* color *m* de plomo; ⚨**farben**, ⚨**farbig** *adj.* plomizo; ⚨**frei** *adj.* sin plomo; ~**gelb** *n* masicote *m*; ~**gewicht** *n* plomo *m*; ~**gießer** *m* plomero *m*; ~**gieße'rei** *f* fundición *f* de plomo; plomería *f*; ~**glanz** *m Min.*

galena *f*; 🜹 sulfuro *m* de plomo; ~**glas** *n* vidrio *m* de plomo; ~**glätte** *Min. f* litargirio *m*; ~**grau** *adj.* gris plomo; ⚨**haltig** *adj.* plomífero, plúmbico, plomizo; ~**hütte** *f* fundición *f* de plomo; ~**kabel** *n* cable *m* bajo plomo; ~**kristall** *n* cristal *m* plomífero; ~**kugel** *f* (bala *f* de) plomo *m*; ~**lot** *n* ⚓ plomada *f*; ⚓ sonda *f*; ~**plombe** *f* precinto *m* de plomo; ~**salbe** *f* ungüento *m* plúmbico (*od.* de diaquilón); ~**säure** 🜹 *f* ácido *m* plúmbico; ⚨**schwer** *adj.* pesado como el plomo; *a. fig.* plúmbeo; ~**siegel** *n* sello *m* de plomo; ~**soldat** *m* soldad(it)o *m* de plomo.
'**Bleistift** *m* lápiz *m*; ~**halter** *m* lapicero *m*; ~**hülse** *f* portalápiz *m*; ~**spitzer** *m* afilalápices *m*, sacapuntas *m*; ~**zeichnung** *f* dibujo *m* a lápiz.
'**Blei...:** ~**vergiftung** ✱ *f* saturnismo *m*, intoxicación *f* saturnina; ~**verschluß** *m* emplomado *m*; ~**wasser** *Phar. n* agua *f* de plomo (*od.* blanca); ~**weiß** 🜹 *n* blanco *m* de plomo, cerusa *f*, albayalde *m*; ~**zucker** *m* azúcar *m* de Saturno, acetato *m* de plomo.
'**Blende** *f* △ (*Fenster*, *Tür*) ventana *f* bzw. puerta *f* falsa (*od.* ciega); (*Fassade*) fachada *f* simulada; (*Nische*) hornacina *f*, nicho *m*, (*Scheuleder*) anteojera *f*; (*Schirm*) pantalla *f*; (*Mützenschirm*) visera *f*; ⚓ mandilete *m* (de una tronera); ⚓ (*inneres Bullauge*) lumbrera *f*; *Phot.* diafragma *m*; *Min.* blenda *f*; ⊕ panel *m*.
'**blenden** (-*e*-) **I.** *v/t.* cegar (*a. fig.*); *auf kurze Zeit:* deslumbrar (*a. fig.*), ofuscar; *fig.* (*täuschen*) engañar, ilusionar, encandilar, alucinar; (*bezaubern*) fascinar; **II.** ⚨ *n Kfz. der Scheinwerfer:* deslumbramiento *m*; ~**d** *adj. Licht:* deslumbrador, deslumbrante (*beide a. fig.*); *fig.* (*täuschend*) engañoso, ilusorio; (*genial*) brillante; (*prächtig*) magnífico, maravilloso; espectacular.
'**Blenden...:** ~**automatik** *Phot. f* diafragma *m* automático; ~**einstellung** *f Phot. f* graduación *f* del diafragma; ~**öffnung** *f* abertura *f* del diafragma.
'**Blender** *fig. m* efectista *m*; farolero *m*.
'**Blend...:** ⚨**frei** *adj.* antideslumbrante; ~**laterne** *f* linterna *f* sorda; ~**ling** *m* (-s; -e) mestizo *m*, bastardo *m*; ~**rahmen** *m* bastidor *m*; ~**schirm** *m* pantalla *f*; ~**schutz** *Kfz. m* antideslumbrante *m*; (*Schirm*) parasol *m*; ~**schutzglas** *n* cristal *m* antideslumbrante; ~**schutzlicht** *Kfz. n* luz *f* antideslumbrante; ~**schutzscheibe** *Kfz. f* pantalla *f* antideslumbrante; ~**stein** △ *m* ladrillo *m* de revestimiento; piedra *f* de adorno.
'**Blendung** *f* deslumbramiento *m* (*a. fig.*), ofuscación *f*; ceguedad *f* (*a. fig.*); *fig.* fascinación *f*; (*Täuschung*) ilusión *f*; engaño *m*.
'**Blendwerk** *n* (-*es*; -*e*) (*Sinnestäuschung*) ilusión *f* (óptica), espejismo *m*; (*Betrug*) engaño *m*; (*Gaukelwerk*) fantasmagoría *f*, F trampantojo *m*.
'**Blesse** *f* lucero *m*, estrella *f*; (*Pferd*) caballo *m* estrellado.
'**bleuen** F *v/t.: j-n* ~ F moler a palos a alg., F curtir la badana a alg.
'**Blick** *m* (-*es*; -*e*) mirada *f*; (*Aussicht*) vista *f*; panorama *m*; *flüchtiger:* ojea-

blicken — Blümchen

da *f*, vistazo *m*; *der böse* ~ aojamiento *m*, aojo *m*, mal *m* de ojo; *auf e-n* ~ *de una mirada*, *mit* ~ *auf* con vistas a; *den* ~ *richten auf* poner la mirada (*od.* los ojos) en; *auf den ersten* ~ a primera vista, al primer vistazo; a simple vista; *Liebe auf den ersten* ~ flechazo *m*; *mit sicherem* ~ con certera visión; e-n ~ *werfen auf* echar una ojeada (*od.* una mirada, un vistazo) a; *j-m e-n* ~ *zuwerfen* lanzar a alg. una mirada; *die* ~*e auf sich ziehen* atraer las miradas; e-n (*guten*) ~ *für et. haben* tener ojo clínico; *keinen* ~ *für et. haben* no hacer caso de a/c.; **Sen** *v/i*. mirar (*auf ac.* a); *sich* ~ *lassen* aparecer, dejarse ver; hacer acto de presencia; *das läßt tief* ~ eso da bastante que pensar; ~**feld** *n* campo *m* visual; *fig.* horizonte *m*; *ins* ~ *rücken* centrar la atención sobre; ~**punkt** *m* punto *m* visual; *fig.* foco *m*; centro *m* del interés; ~**richtung** *f* dirección *f* visual; ~**winkel** *m* ángulo *m* visual; *fig.* punto *m* de vista; *unter diesem* ~ bajo este aspecto.

blind *adj.* ciego (*a. fig.*; *vor dat.* de; *für ac.* para); invidente; *geistig*: obcecado, ofuscado; △ *Tür, Fenster usw.*: falso, ciego, simulado; (*trüb*) *Glas usw.*: opaco; (*glanzlos*) deslustrado; *auf e-m Auge* ~ tuerto; *Gehorsam usw.*: incondicional; *~es Glück* pura suerte *f*; ~**er Alarm** falsa alarma *f*; ~**er Passagier** polizón *m*; *Anat.* ~**er Fleck** punto *m* ciego; ~ *geboren* ciego de nacimiento; ~ *machen* cegar, dejar ciego; ~ *werden* cegar, perder la vista, quedar(se) ciego.

'**Blind...:** ~**band** *Typ. m* maqueta *f*; ~**bewerbung** *f* solicitud *f* enviada a ciegas; ~**boden** △ *m* falso entarimado *m*; ~**darm** *Anat. m* (intestino *m*) ciego *m*; ~**darmentzündung** *f* apendicitis *f*; ~**ekuh** *f*: ~ *spielen* jugar a la gallina ciega.

'**Blinden...:** ~**anstalt** *f* instituto *m* (*od.* asilo *m*) de ciegos; ~**führer** *m* lazarillo *m*; ~**hund** *m* perro *m* lazarillo, perro-guía *m*; ~**schrift** *f* escritura *f* para ciegos (*od.* de Braille), braille *m*; ~**sendung** *f* cecograma *m*.

'**Blinde(r** *m*) *m/f* ciego (-a *f*) *m*; invidente *m/f*; *fig. das sieht doch ein* ~*r* lo ve un ciego.

'**Blind...:** ~**fliegen** *v/i.* volar sin visibilidad (*od.* con instrumentos); ~**flug** *m* vuelo *m* sin visibilidad; ~**gänger** *m* granada *f* (*od.* bomba *f*) sin estallar; *F fig.* fracasado *m*, F piernas *m*; **Ügeboren** *adj.* ciego de nacimiento; ~**heit** *f* (0) ceguera *f*, cegudad *f* (*a. fig.*); (*Verblendung*) obcecación *f*; *fig. mit* ~ *geschlagen sein* tener una venda (*od.* telarañas) en los ojos; ~**landung** *f* aterrizaje *m* a ciegas (*od.* sin visibilidad); **2lings** *adv.* ciegamente, a ciegas; a ojos cerrados; (*ins Ungewisse*) al azar, a la ventura; (*bedingungslos*) incondicionalmente; ~**schleiche** *Zoo. f* lución *m*; **Uschreiben** *v/i. Schreibmaschine*: escribir al tacto (*od.* sin mirar al teclado); ~**schreiben** *n* mecanografía *f* al tacto; **Uspielen** *v/i. Schach*: jugar a ciegas; ~**versuch** *Phar. m* prueba *f* a ciegas; ~**widerstand** *m* reactancia *f*.

'**Blink|bake** *f* baliza *f* de luz intermitente; **Uen** *v/i.* relucir; brillar; destellar, centellear; (*signalisieren*) hacer *bzw.* emitir señales luminosas; ~**er** *m Kfz.* intermitente *m*; *Angeln*: cucharilla *f*; señalador *m*; ~**feuer** *n* luz *f* (*od.* fuego *m*) de destello(s); faro *m* de luz intermitente; ~**licht** *n* luz *f* intermitente (*od.* destellante); *an Krankenwagen usw.*: lanzadestellos *m*; (*Verkehrszeichen*) semáforo *m* destellante; luz *f* de destello(s); ~**zeichen** *n* señal *f* luminosa.

'**blinzeln** (-*le*) **I.** *v/i.* parpadear, pestañear; guiñar; **II.** **Ü** *n* parpadeo *m*, pestañeo *m*; guiño *m*.

'**Blitz** *m* (-*es*, -*e*) (*Schein*) relámpago *m*; (*einschlagender*) rayo *m*; *der* ~ *hat eingeschlagen* el rayo cayó (sobre); *vom* ~ *getroffen* alcanzado *bzw.* herido por el rayo; *vom* ~ *getötet* fulminado; F *wie ein geölter* ~ con la rapidez del rayo; como una flecha; *fig. wie vom* ~ *getroffen* estupefacto, anonadado, como herido por el rayo; *wie ein* ~ *aus heiterem Himmel einschlagen* caer como una bomba; ~**ableiter** *m* pararrayos *m*; **Üartig** *adj.* fulminante; ~**besuch** *m* visita *f* relámpago; **Üblank** *adj.* reluciente; (*sauber*) como un ascua de oro.

'**blitzen** (-*t*) *v/i.* relampaguear; *fig.* (*glänzen*) brillar, relucir; resplandecer, fulgurar.

'**Blitzesschnelle** *f* (0) rapidez *f* del rayo.

'**Blitz...:** ~**gespräch** *Tele. n* conversación *f* relámpago; ~**karriere** *f* carrera *f* fulgurante; ~**krieg** *m* guerra *f* relámpago; ~**licht** *Phot. n* flash *m*; ~**lichtaufnahme** *f* fotografía *f* con flash; ~**lichtbirne** *f* bombilla *f* para flash; ~**offensive** *f* ofensiva *f* relámpago; ~**reise** *f* viaje *m* relámpago; **Üsauber** *adj.* limpísimo, F limpio como una patena; ~**schaden** *m* daño *m* causado por el rayo; ~**schlag** *m* (caída *f* del rayo), **Üschnell I.** *adj.* rápido como un rayo; **II.** *adv.* con la rapidez del rayo; F en un santiamén; ~**schutzsicherung** *f* fusible *m* protector contra rayos; ~**strahl** *m* rayo *m*; ~**telegramm** *n* telegrama *m* urgentísimo; ~**würfel** *Phot. m* cubo *m* flash.

Block *m* (-*es*; ~*e*) bloque *m* (*a. Pol. u. Parl.*); (*Hauklotz*) tajo *m*; (*Quader*) sillar *m*; (*Häuser*Ü) manzana *f*, *Am.* cuadra *f*; (*Kalender*Ü) taco *m*; (*Notiz*Ü, *Schreib*Ü) bloc *m*; (*Briefmarken*Ü) hojita(-bloque) *f*; *Met.* lingote *m*; block *m*.

Blo'ckade *f* bloqueo *m*; *die* ~ *aufheben* (*brechen*; *verhängen*) levantar (romper; decretar) el bloqueo; ~**brecher** *m* forzador *m* de(l) bloqueo.

'**Block...:** ~**eis** *n* hielo *m* en barras; **Üen** *v/t.* *Sport*: bloquear; ~**flöte** *f* flauta *f* dulce (*od.* de pico); **Üfrei** *Pol. adj.* no alineado; ~**freie(n)** *pl.* países *m/pl.* no alineados; ~**freiheit** *f* no alineación *f*; ~**haus** *m* blocao *m*, blockhaus *m*.

blo'ckier|en (-) *v/t.* bloquear; **Üung** *f* bloqueo *m* (*a.* ~).

'**Block...:** ~**kondensator** *m* condensador *m* de bloqueo; ~**konstruktion** *f* construcción *f* en una pieza; ~**satz** *Typ. m* composición *f* en bloque de bloque; ~**schaltbild** *n* diagrama *m* de bloques; ~**schrift** *Typ. f* carac-

teres *m/pl.* de imprenta; letra *f* de palo; ~**stelle** *f* estación *f* de enclavamiento.

'**blöd(e)** *adj.* (*schwachsinnig*) imbécil, idiota; débil mental; (*dumm*) estúpido, tonto, bobo, lelo, F gilí; (*albern*) mentecato; F (*ärgerlich*) fastidioso, molesto; ~**er Kerl** F merluzo *m*; ~**eln** (-*le*) F *v/i.* decir burradas (*od.* bobadas); **Üheit** *f* (0) imbecilidad *f*; estupidez *f*; **Üian** *m* (-*és*; -*e*), **Ümann** *m* idiota *m*, imbécil *m*, P gilipollas *m*; **Üsinn** *m* idiotez *f*; imbecilidad *f*; (*Unsinn*) disparate *m*; majadería *f*; tontería *f*, bobada *f*; ~**sinnig I.** *adj.* idiota; imbécil; desatinado, insensato, disparatado; **II.** *adv.* F (*kolossal*) terriblemente; *das ist* ~ *teuer* cuesta un disparate; **Üsinnige(r** *m*) *m/f* idiota *m/f*; imbécil *m/f*.

'**blöken I.** *v/i. Rind*: mugir; *Kalb*: berrear; *Schaf*: balar; **II.** **Ü** *n* mugido *m*; berrido *m*; balido *m*.

'**blond** *adj.* rubio; **Üe** *f* (*Spitze*) blonda *f*; ~**haarig** *adj.* pelirrubio.

blon'|dieren (-) *v/t.* enrubiar; oxigenar; **Üdine** *f* rubia *f*.

'**Blondkopf** *m* pelirrubio (-a *f*) *m*; rubio (-a *f*) *m*, F rubiales *m*.

bloß I. *adj.* **1.** (*unbedeckt*) descubierto; (*nackt*) desnudo, en cueros; (*entblößt*) desnudado; *mit* ~*en Füßen* descalzo; *mit* ~*em Kopf* descubierto; *mit* ~*em Auge* a simple vista. **2.** (*nichts als*) ~*em Worte* palabras vacías; ~*er Neid* pura envidia; *die* ~*e Tatsache* el mero hecho; *der* ~*e Gedanke* la sola idea; **II.** *adv.* (tan) sólo, solamente; simplemente, meramente; nada más que; *es kostet* ~ *zwei Mark* sólo cuesta (*od.* no cuesta más que) dos marcos; ~ *ein Mechaniker* un simple mecánico; *komm* ~ *nicht hier herein!* ¡no se te ocurra entrar aquí!; *wie machst du das* ~? ¿cómo te arreglas para ello?; ~ *jetzt nicht!* ¡en cualquier momento menos ahora!

'**Blöße** [o:] *f* desnudez *f*; *fig.* (*schwacher Punkt*) punto *m* débil, flaco *m*, flaqueza *f*; *Boxsport*: e-e ~ *bieten* descubrirse; *Boxsport*: abrir la guardia; *sich e-e* ~ *geben* mostrar (*od.* descubrir) su (punto) flaco.

'**bloß...:** ~**legen** *v/t.* descubrir, poner al descubierto (*od.* al desnudo); desnudar; destapar; *fig.* revelar, desvelar, descorrer el velo, sacar a la luz; ~**liegen** (*L*) *v/i.* quedar al descubierto; ~**stellen** *v/t.* comprometer; desairar, poner en evidencia; *fig.* desenmascarar; exponer; *sich* ~ comprometerse; exponerse; **Üstellung** *f* comprometimiento *m*; exposición *f*.

'**blubbern** (-*re*) *v/i.* gorgotear, hacer gorgoteos.

'**Bluff** *m* (-*s*; -*s*) patraña *f*, *angl.* bluff *m*; *bsd. Kartenspiel*: farol *m*; **Üen** *v/t. u. v/i.* farolear, hacer un farol.

'**blühen I.** *v/i.* florecer (*a. fig.*), estar en flor; *fig.* (*gedeihen*) prosperar; *wer weiß, was uns noch blüht* quién sabe lo que nos aguarda; *das kann uns auch* ~ lo mismo puede ocurrirnos a nosotros; **II.** **Ü** *n* florecimiento *m* (*a. fig.*), floración *f*; ~**d** *adj.* floreciente (*a. fig.*), florido; *fig.* próspero; *Aussehen*: saludable, rebosante de salud; *Phantasie*: exuberante; *im* ~*en Alter* en la flor de la vida.

'**Blümchen** *n* florecilla *f*, florecita *f*.

¹**Blume** f flor f; fig. Wein: aroma m, gal. buqué m, bouquet m; Bier: espuma f; Jgdw. (Schwanz) cola f; durch die ~ sprechen fig. hablar por indirectas; läßt ~n sprechen dilo con flores.
¹**Blumen...**: ~**beet** n cuadro m de flores, arriate m; macizo m, gal. parterre m; ~**binderin** f ramilletera f, florista f; ~**blatt** n pétalo m; ~**erde** f mantillo m; ~**garten** m jardín m de flores; vergel m; ~**gärtner** m floricultor m; ~**geschäft** n → ~laden; ~**gewinde** n guirnalda f, festón m; ~**händler(in** f) m florista m/f; ~**handlung** f → ~laden; ~**kasten** m jardinera f; macetero m; ~**kelch** ♀ m cáliz m; ~**kohl** m coliflor f; ~**korb** m canastilla f de flores; ~**korso** m batalla f de flores; ~**kranz** m corona f de flores; ~**krone** ♀ f corola f; ~**laden** m floristería f, florería f; ~**muster** n dibujo m de flores (od. floral); ♀**reich** adj. abundante en flores; florido (a. fig.); ~**schale** f jardinera f; ~**stand** m puesto m (od. quiosco m) de flores; ~**ständer** m macetero m; jardinera f; ~**stengel** m, ~**stiel** m pedúnculo m floral; ~**stetigkeit** f von Bienen: preferencia f por una flor; ~**strauß** m ramo m de flores, kleiner: ramillete m; ~**stück** Mal. n florero m; ~**topf** m tiesto m; maceta f; ~**übertopf** m portamacetas m; ~**vase** f florero m; ~**zucht** f floricultura f; ~**züchter(in** f) m floricultor(a f) m; ~**zwiebel** f bulbo m.
¹**blumig** adj. florido (a. fig.); Wein: aromático.
¹**Blus|e** f blusa f; ♀**ig** adj. ablusado.
Blut n (-ɛs; 0) sangre f; fig. (Rasse) raza f; casta f, estirpe f, linaje m; junges ~ joven m/f; mozo m bzw. moza f; ~ vergießen derramar sangre; böses ~ machen quemar la sangre, excitar el odio; es liegt ihm im ~ lo lleva en la sangre; immer ruhig ~! ¡calma!, ¡no se altere!; ruhig ~ bewahren guardar (su) sangre fría; mit ~ beflecken ensangrentar, manchar de sangre (a. fig.); das ~ stieg ihm zu Kopf la sangre se le subió a la cabeza; fig. er hat ~ geleckt ha tomado gusto a.
¹**Blut...**: ~**ader** f vena f; ~**alkohol(gehalt)** m Neol. alcoholemia f; ~**andrang** m congestión f, aflujo m de sangre; ♀**arm** adj. anémico; fig. indigente, F pobre como una rata; ~**armut** f anemia f; ~**auswurf** m hemoptisis f, expectoración f sanguinolenta; ~**bad** n matanza f, carnicería f, F degollina f; ~**bahn** f torrente m circulatorio, vía f sanguínea; ~**bank** f banco m de sangre; ♀**befleckt** adj. ensangrentado, manchado de sangre; ~**bild** n cuadro m hemático; ♀**bildend** adj. hem(at)opoyético; ~**bildung** f formación f de la sangre, hem(at)opoyesis f; ~**brechen** n vómito m de sangre, hematemesis f; ~**buche** ♀ f haya f roja (od. de sangre); ~**druck** m presión f sanguínea; tensión f arterial; erhöhter ~ hipertensión f; zu niedriger ~ hipotensión f; ~**druckmesser** m tonómetro m, tensiómetro m; ~**durst** m sed f de sangre; ♀**dürstig** adj. sanguinario, sediento de sangre.
¹**Blüte** f flor f; (Zeit) florescencia f; fig. (Wohlstand) prosperidad f, florecimiento m; (Höhepunkt) apogeo m, auge m; (Elite) la flor (y nata), lo más granado (od. florido); P (Banknote) billete m falso; in der ~ der Jahre en la flor de la vida (od. edad); die ~ der Jugend la flor de la juventud; in (voller) ~ en (plena) floración; in ~ stehen estar en flor; ~n treiben florecer, echar flor.
¹**Blut-egel** m sanguijuela f; ~ setzen aplicar sanguijuelas.
¹**bluten** (-e-) v/i. sangrar, echar sangre (aus por); fig. (bezahlen) pagar; schwer ~ müssen tener que pagar muy caro; j-n ~ lassen desangrar a alg.; mein Herz blutet me duele en el alma, se me parte el corazón.
¹**Blüten...**: ~**becher** ♀ m cúpula f; ~**blatt** n pétalo m; ~**boden** ♀ m tálamo m, receptáculo m.
blutend adj. sangrante; ~en Herzens con el alma partida.
¹**Blüten|kelch** m cáliz m; ~**kelchblatt** n sépalo m; ~**knospe** f botón m (od. yema f) floral, capullo m; ~**lese** fig. f florilegio m, antología f; ~**pflanzen** ♀ f/pl. fanerógamas f/pl.; ~**stand** m inflorescencia f; ~**staub** m polen m; ~**stengel** m pedúnculo m floral.
¹**Blut-entnahme** f extracción f (od. toma f) de sangre.
¹**blütentragend** ♀ adj. florífero.
¹**Bluter** m hemofílico m.
¹**Blut-erguß** m derrame m de sangre; hematoma m.
¹**Bluter-krankheit** f hemofilia f.
¹**Blütezeit** f ♀ floración f, florescencia f; florecimiento m (a. fig.); fig. apogeo m.
¹**Blut...**: ~**farbstoff** m hemoglobina f; ~**faserstoff** m fibrina f; ~**fleck** m mancha f de sangre; ~**gefäß** Anat. n vaso m sanguíneo; ~**gerinnsel** n coágulo m (sanguíneo); ~**gerüst** n cadalso m, patíbulo m; ~**geschwür** f n furúnculo m; ♀**getränkt** adj. empapado en sangre; ♀**gierig** adj. sanguinario, feroz, sediento de sangre; ~**gruppe** f grupo m sanguíneo; ~**gruppenbestimmung** f determinación f del grupo sanguíneo; ~**harnen** n hematuria f; ~**hochdruck** m hipertensión f; ~**hochzeit** f: die Pariser ~ (la matanza de) la noche de San Bartolomé; ~**hund** m (perro m) braco m; fig. tirano m sanguinario; ~**husten** m hemoptisis f; ♀**ig** adj. sangriento (a. Kampf); ensangrentado; (mit Blut vermischt) sanguinolento; Operation: cruento (a. fig.); fig. cruel; trágico; ~er Anfänger bisoño m; ~e Tränen lágrimas f/pl. amargas; ♀**jung** adj. muy joven(cito); ~**klumpen** m coágulo m (sanguíneo); ~**körperchen** n glóbulo m sanguíneo; weißes ~ glóbulo m blanco, leucocito m; rotes ~ glóbulo m rojo, eritrocito m, hematíe m; ~**kreislauf** m circulación f sanguínea; ~**lache** f charco m de sangre; ~**laus** f pulgón m lanígero; ♀**leer** adj. exangüe; ~**leere** f isquemia f; ~ im Gehirn anemia f cerebral; ~**mangel** m hipemia f; anemia f; ~**orange** ♀ f (naranja f) sanguina f; ~**pfropf** m trombo m; ~**plasma** n plasma m sanguíneo; ~**plättchen** n trombocito m, plaqueta f sanguínea; ~**probe** f análisis m de sangre; (entnommene) prueba f de sangre; ~**rache** f venganza f de la sangre, it. vendetta f; ~**rausch** m delirio m homicida; ♀**reinigend** adj. depurativo; ~**reinigungsmittel** n depurativo m; ♀**rot** adj. rojo sanguíneo (od. de sangre); ~ werden F ponerse como un tomate; ♀**rünstig** adj. sangriento; fig. sanguinario; Geschichte: truculento; ~**sauger** fig. m vampiro m, chupasangre m; ~**sbrüderschaft** f hermandad f de sangre; ~**schande** f incesto m; ~**schänder(in** f) m, ♀**schänderisch** adj. incestuoso (-a f) m; ~**schuld** f homicidio m; asesinato m; ~**senkung** f sedimentación f sanguínea (od. globular); ~**senkungsgeschwindigkeit** f velocidad f de sedimentación (globular); ~**serum** n suero m sanguíneo; ~**spende** f donación f de sangre; ~**spender(in** f) m donante m/f de sangre; ~**spucken** n expectoración f sanguinolenta, hemoptisis f; ~**spur** f huella f bzw. reguero m de sangre; ~**stauung** f congestión f; ~**stein** Min. m hematites f; sanguinaria f; ♀**stillend** adj. hemostático; ~es Mittel hemostático m; ~**stiller** m (Stift) cortasangre m; ~**stillung** f hemostasis f; ~**sturz** m hemorragia f violenta; golpe m de sangre; ♀**sverwandt** adj. consanguíneo; ~**sverwandte(r** m) m/f pariente m/f consanguíneo (-a); ~**sverwandtschaft** f consanguinidad f; parentesco m de sangre; ~**tat** f hecho m sangriento, delito m de sangre; ~**transfusion** f → ~übertragung; ♀**triefend** adj. chorreando (de) sangre; ♀**überströmt** adj. bañado en sangre; ~**übertragung** f transfusión f de sangre; ~**ung** f hemorragia f; ♀**unterlaufen** adj. inyectado en sangre; m equimótico; acardenalado; ~**vergießen** n derramamiento m de sangre; ~**vergiftung** f septicemia f; toxemia f, intoxicación f de la sangre; ~**verlust** m pérdida f de sangre; ~**wäsche** f hemodiálisis f; ~**welle** f onda f sanguínea; ♀**wenig** F adj. F casi nada, una miseria; ~**wurst** f morcilla f; butifarra f negra; ~**zeuge** m mártir m; ~**zoll** fig. m tributo m de sangre; ~**zucker(spiegel)** m glucemia f.
Bö f (-; -e) ráfaga f racha f.
¹**Boa** [bo:a] f (-; -s) boa f.
¹**Bob** m (-s; -s) bob(sleigh) m; ~**bahn** f pista f de bob; ~**rennen** n carrera f de bobs; ~**schlitten** m → Bob.
¹**Boccia(spiel)** n (juego m de la) bocha f.
¹**Bock** m (-ɛs; ⁓e) (Ziegen♀) macho m cabrío; cabrón m; (Widder) carnero m, morueco m; ⊕ (Gestell) caballete m; (Hebe♀) cabria f; (Säge♀) burro m; (Sturm♀) ariete m; (Kutsch♀) pescante m; Sport: potro m; F fig. steifer ~ palurdo m, zopenco m; sturer ~ cabezudo m, F cabezota m; alter (od. geiler) ~ viejo m verde; e-n ~ schießen F tirarse una plancha, F meter la pata; F pifiar; den ~ zum Gärtner machen encomendar las ovejas al lobo; F ich habe keinen ~ (auf ac.) no me da la gana (de); ♀**beinig** adj. tozudo, testarudo, F cabezota; ~**bier** n cerveza f fuerte.
¹**Böckchen** n cabrito m.

'bock|en v/i. Pferd: corcovear, encabritarse; fig. Mensch: ponerse reacio; (schmollen) respingar, F estar de morros (od. hocicos); Motor: calarse; ~ig adj. → bockbeinig; ⩾leiter f escalera f doble (od. de tijera); ~mist F m sandeces f/pl., idioteces f/pl.; ⩾sbart m barba f cabruna; bei Menschen: perilla f; ⚹ salsifí m; ⩾shorn n fig.: j-n ins ~ jagen intimidar (od. amedrentar) a alg.; F meter a alg. en un puño; ⩾springen n Spiel: saltacabrillas m; ⩾sprung m Turnen: salto m de potro; fig. Bocksprünge machen hacer cabriolas; ⩾wurst f salchicha f.

'Boden m (-s; ⸚) suelo m; (Erde) tierra f; ⚔ terreno m; (Fuß⩾) suelo m, piso m; (Grundlage) base f, fundamento m; (Dach⩾) desván m; e-s Gefäßes, des Meeres: fondo m; auf dem ~ en el suelo; doppelter ~ doble fondo m; fester ~ terreno m firme (a. fig.); ~ fassen hacer pie; den ~ unter den Füßen verlieren perder pie (a. fig.); ~ gewinnen (verlieren) ganar (perder) terreno; den ~ vorbereiten preparar el terreno (a. fig.); fig. auf fruchtbaren ~ fallen no caer en saco roto; fig. festen ~ unter den Füßen haben pisar firme; j-m den ~ unter den Füßen wegziehen minar el terreno a alg.; auf den (od. zu) ~ fallen Person: caer(se) al suelo; Gegenstand: caer (od. venirse) al suelo; dar en tierra; zu ~ gehen Sport: ser derribado; zu ~ sinken desplomarse; auf den ~ werfen tirar al suelo; zu ~ werfen (od. schlagen) derribar, dar en tierra (con); die Augen zu ~ schlagen bajar los ojos (od. la mirada); sich zu ~ werfen arrojarse al suelo; demütigend: postrarse; F am ~ zerstören apabullar; F ich bin am ~ zerstört F estoy hecho polvo; estoy destrozado; der ~ brennt ihm unter den Füßen tiene que huir.

'Boden...: ~abstand Kfz. m → ~freiheit; ~abwehr ⚔ f defensa f contra aviones; ~art f clase f de(l) suelo; ~bearbeitung f cultivo m del suelo; ~belag m revestimiento m del suelo; Straße: pavimento m; ~beschaffenheit f naturaleza f del terreno (od. suelo); ~bewegung f ⚒ trabajos m/pl. de explanación f; Geol. movimiento m del terreno; ~Boden-Rakete f misil m tierra-tierra; ~decke f capa f (superior) del suelo; cobertura f del suelo; ~erhebung f elevación f (de terreno), eminencia f; ~ertrag m rendimiento m del suelo; ~falte f pliegue m del terreno; ~fenster n claraboya f; (Luke) lumbrera f; ~fläche f superficie f; área f; ~fräse ⚒ f fresa(dora) f agrícola; ~freiheit Kfz. f distancia f del suelo, despejo m sobre el suelo; ~frost m helada f (a ras) del suelo; ~güte ⚒ f calidad f del terreno; ~haftung Kfz. f der Reifen: adherencia f al suelo; ~kammer f buhardilla f; für Gerümpel: desván m; ~kredit m crédito m territorial; ~kredit-anstalt f instituto m de crédito territorial; ~krume f tierra f vegetal; ~kunde f edafología f, pedología f; ⩾los adj. sin fondo; (tief) insondable; fig. increíble, enorme; ~Gemeinheit infamia f; ~Luft-Rakete f misil m tierra-aire; ~nähe ⚔ f altitud f cero; ~nebel m neblina f; ~nutzung f uso m del suelo; ~personal ⚔ n personal m de tierra; ~reform f reforma f agraria; ~rente f renta f inmobiliaria; ~satz m depósito m; poso m, heces f/pl.; ⚒ sedimento m; ~schätze m/pl. riquezas f/pl. del subsuelo; ~see Geogr. m lago m de Constanza; ~senkung f depresión f del terreno; ~sicht ⚔ f visibilidad f del suelo; ~spekulation f especulación f en terrenos; ⩾ständig adj. autóctono, arraigado; ~stewardeß ⚔ f azafata f de tierra; ~streitkräfte ⚔ f/pl. fuerzas f/pl. de tierra; ~turnen n ejercicios m/pl. en el suelo; ~verbesserung ⚒ f mejoramiento m (od. enmienda) del suelo; ~verseuchung f contaminación f del suelo.

Bodme'rei ⚓ f préstamo m a la gruesa.

'Body m (-s; -s) body m; ~building n culturismo m.

'Bogen m (-s; - u. ⸚) arco m (a. ⚒, △, ♩ u. Waffe); e-s Flusses: recodo m; (Krümmung) curvatura f; Holz: combadura f; Rohr: codo m; Skisport: viraje m; Eislauf: curva f, círculo m; (Papier⩾) hoja f; pliego m (a. Typ.); ♩ (Binde⩾) ligadura f; den ~ spannen tender el arco; fig. den ~ überspannen ir demasiado lejos, F pasarse de rosca; e-n (großen) ~ um j-n machen rehuir el trato con alg.; F er hat den ~ raus F conoce el paño, sabe cuántas son cinco; er flog in hohem ~ hinaus le echaron con cajas destempladas; ~anleger Typ. m arrimapliegos m; ~brücke f puente m de arco(s); ~fenster n ventana f arqueada; ~förmig adj. arqueado; (gewölbt) abovedado; ~führung ♩ f arcada f; ~gang △ m arcada f; soportal m; Anat. conducto m semicircular; ~gewölbe △ n bóveda f de arco; ~haare ♩ n/pl. crines f/pl.; ~lampe f lámpara f de arco (voltaico); ~licht n luz f de arco (voltaico); ~linie f curva f, línea f circular; ~pfeiler △ m arbotante m; ~säge f sierra f de arco; ~schießen n tiro m con arco; ~schütze m arquero m; ~sehne f cuerda f de arco (a. ⚔); ~strich ♩ m arcada f, golpe m de arco.

Bo'hem|e f (0) bohemia f; ~ien [-'mĭɛ̃ː] m (-s; -s) bohemio m.

'Bohle f tabla f, madero m; stärker: tablón m, ~nbelag m entarimado m de tablones.

'Böhm|e m (-n), ~in f bohemio (-a f) m; ~en n Bohemia f; ⩾isch adj. bohemio; das sind mir ~e Dörfer esto es chino para mí.

'Bohne f judía f, alubia f; Am. poroto m; bsd. Am. frijol m, fríjol m; weiße ~n judías blancas; grüne ~n judías verdes; Am. chauchas f/pl.; dicke ~ haba f; Kaffee in ~n café en grano; fig. keine ~ wert sein F no valer un comino; nicht die ~! ¡absolutamente nada!, F ¡ni pizca!; ~nkaffee m café m (auténtico), F café café; ~nkraut ⚘ m ajedrea f; ~nstange f rodrigón m; fig. varal m, espárrago m; ~nstroh n paja f de habas; F fig. dumm wie ~ más tonto que una mata de habas.

'Bohner|(besen) m encerador m; ~bürste f cepillo m lustrador; ~maschine f enceradora f; ⩾n v/t. encerar; dar cera; ~wachs n cera f (para pisos), encáustico m.

'Bohr|arbeiten ⊕ f/pl. trabajos m/pl. de perforación (od. sondeo); ~automat m taladradora f (od. perforadora f) automática; ⩾en v/t. u. v/i. horadar, agujerear; ⊕ (aufbohren) taladrar; ⚔ sondear; Stein, Holz: barrenar; Brunnen, Tunnel: perforar; Chir. trepanar; fig. (drängen) insistir, volver a la carga; nach Öl ~ hacer prospecciones (od. sondeos); ⚓ in den Grund ~ echar a pique; in der Nase ~ hurgarse la nariz; ~en n taladrado m; barrenado m; sondeo m; perforación f; ⩾end adj. Schmerz: terebrante; ~er ⊕ m taladro m; barreno m; ⚒ barrena f (a. Holz⩾); Chir. trépano m; Zahnarzt: torno m; (Arbeiter) taladrador m, perforador m; ~erspitze f broca f; ~futter n portabrocas m; ~insel f plataforma f petrolera (od. de prospección); ~loch n taladro m; pozo m de sondeo; agujero m de perforación; ⊕ (Sprengloch) (agujero m del) barreno m; für Erdöl: pozo m de petroleo; ~maschine f taladradora f; perforadora f; barrenadora f; ~meißel m trépano m (de sondeo); ~turm m castillete m (od. torre f) de sondeo (od. de perforación); ~ung f perforación f; taladro m; Chir. trepanación f; (Kaliber) calibre m; Kfz. (Zylinder⩾) diámetro m interior; ~winde ⊕ f berbiquí m; ~wurm m carcoma f.

'bö-ig adj. racheado, rafagoso; ~ auffrischen Wind: rachear.

'Boiler m termo(sifón) m; calentador m de agua.

'Boje f boya f, baliza f.

Bo'lero m (-s; -s) ♩ u. Mode: bolero m.

Bolivi'an|er(in) f) m boliviano m (-a f); ⩾isch adj. boliviano.

Bo'livien n Bolivia f.

'Böller m morterete m; ⩾n v/i. tirar una salva.

'Bollwerk n ⚔ bastión m, baluarte m (a. fig.).

Bolsche'wis|mus m (-; 0) bolchevismo m; ~t(in f) m, ⩾tisch adj. bolchevique (m/f), bolchevista (m/f).

'Bolzen ⊕ m ⊕ perno m, bulón m; espiga f; (Stift) clavija f; (Zapfen) pivote m; der Armbrust: virote m; mit ~ befestigen empernar; ⩾gerade adj. derecho como un huso.

Bombar'de|ment m (-s; -s) bombardeo m (a. Phys.); ⩾ieren (-) v/t. bombardear (a. fig. u. Phys.).

Bom'bast m (-es; 0) ampulosidad f, redundancia f; rimbombancia f; ⩾isch adj. ampuloso, redundante; enfático, rimbombante.

'Bombe f bomba f; mit ~n belegen bombardear; fig. es schlug wie eine ~ ein cayó como una bomba.

'Bomben...: ~abwurf m lanzamiento m de bombas; ~abwurfvorrichtung f (dispositivo m) lanzabombas m; ~alarm m alarma f de bombas; ~angriff m bombardeo m; ~anschlag m, ~attentat n atentado m con bomba; ~drohung f amenaza f de bomba; ~erfolg m éxito m clamoroso (od. ruidoso), F clamor m; ⩾fest adj. → ⩾sicher; ~flugzeug n → Bomber; ~gehalt F n sueldo m fabuloso, F sueldazo m; ~geschädigte(r) m/f) damnificado (-a f) m por el bombardeo; ~geschäft F n negocio m redondo; ~geschwader n escuadri-

lla *f* de bombardeo; ~**schaden** *m* daños *m/pl*. causados por bombardeo; ~**schuß** *m* Fußball: cañonazo *m*; ~**schütze** *m* bombardero *m*; ²**sicher** *adj*. a prueba de bomba; *fig*. de cal y canto; ~**splitter** *m* casco *m* (*od*. metralla *f*) de bomba; ~**teppich** *m*: mit e-m ~ belegen bombardear en alfombra; ~**trichter** *m* embudo *m* de bomba; ~**werfer** *m* lanzabombas *m*; ~**zielgerät** *n* alza *f* (*od*. visor *m*) de bombardeo.
'**Bomber** ⚙ *m* avión *m* de bombardeo, bombardero *m*; ~**verband** *m* formación *f* de bombarderos.
Bon [bɔŋ] ✝ *m* (-s; -s) bono *m*; (*Gutschein*) vale *m*.
Bon'bon [bɔŋ'bɔŋ] *m od*. *n* (-s; -s) caramelo *m*.
Bonbonni'ere *f* bombonera *f*.
Bonifikati'on ✝ *f* bonificación *f*.
Boni'tät ✝ *f* *finanzielle*: solvencia *f*, crédito *m*; (*Warengüte*) calidad *f* (excelente); ✝ productividad *f*.
'**Bonus** *m* (- *od*. -ses; -se) gratificación *f*; ✝ bono *m*; dividendo *m* extraordinario (*od*. complementario).
'**Bonze** *m* (-n) bonzo *m*; *bsd*. *Pol*. jerarca *m*; cacique *m*, jefazo *m*, capitoste *m*; ~**ntum** *n* caciquismo *m*.
Boom [bu:m] *angl*. *m* (-s; -s) boom *m*.
'**boomen** *v/i*. ✝ prosperar, experimentar un auge.
Boot *n* (-es; -e) bote *m*; embarcación *f*; barca *f*; lancha *f*; *großes*: barco *m*; ~ fahren ir en barca; *fig*. im gleichen ~ sitzen estar en la misma barca.
'**booten** (-e) *v/t*. Computer: inicializar.
'**Boots...**: ~**anhänger** *Kfz*. *m* remolque *m* náutico (*od*. para barcos); ~**bau** *m* construcción *f* de barcos; ~**besatzung** *f* tripulación *f*; ~**führer** *m* botero *m*; barquero *m*; patrón *m*; *Sport*: timonel *m*; ~**haken** *m* bichero *m*; ~**haus** *n* casa *f* guardabotes; ~**leine** *f* calabrote *m* de remolque; ~**mann** ⚓ *m* contramaestre *m*; ~**motor** *m* motor *m* marino; ~**rennen** *n* carrera *f* motonáutica; ~**steg** *m* (des)embarcadero *m*; ~**verleih** *m* alquiler *m* de botes.
Bor 🜇 *n* (-s; 0) boro *m*.
'**Borax** 🜇 *m* (-es; 0) bórax *m*.
Bord[1] *m* (-*es*; -e) estante *m*, anaquel *m*.
'**Bord**[2] *m* (-*és*; -e) (*Rand*) borde *m*; ⚓, ✈ bordo *m*; (*Bordwand*) ⚓ borda *f*; an ~ a bordo; ✝ frei an ~ franco a bordo (*Abk*. FOB); an ~ gehen ir (*od*. subir) a bordo, embarcarse; an ~ nehmen tomar a bordo, embarcar; über ~ werfen arrojar (*od*. echar, tirar) por la borda (*a*. *fig*.); Mann über ~! ¡hombre al agua!; ~**buch** ⚓ *n* cuaderno *m* de bitácora; ✈ libro *m* de a bordo; ~**computer** *Kfz*. *m* computador *m* de a bordo (*od*. de viaje).
Bor'deaux *Geogr*. *n* Burdeos *f*; ²**rot** *adj*. burdeos; ~(**wein**) *m* (vino *m* de) Burdeos *m*.
Bor'dell *n* (-s; -e) burdel *m*, prostíbulo *m*; *Arg*. quilombo *m*.
'**bördel**|**n** (-le) ⊕ *v/t*. rebordear; ²**presse** *f* prensa *f* de rebordear.
'**Bord...**: ~**flugzeug** *n* avión *m* de a bordo; ~**funker** ⚓, ✈ *m* radiotelegrafista *m* (de a bordo); ~**ingenieur** *m* ingeniero *m* de vuelo; ~**karte** ✈ *f* tarjeta *f* de embarque; ~**mechaniker** ⚙ *m* mecánico *m* de a bordo; ~**personal** *n* personal *m* de a bordo;

~**radar** ⚙ *n* radar *m* de a bordo; ~**schwelle** *f*, ~**stein** *m* bordillo *m*, encintado *m*; ~**steinfühler** *Kfz*. *m* salvabordillo *m*.
Bor'dun ♪ *m* (-s; -e) bordón *m*.
Bor'düre *f* orla *f*, cenefa *f*.
'**Bord|waffen** *f/pl*. armamento *m* de a bordo; ~**wand** ⚓ *f* costado *m*.
'**Borg** *m* (-*és*; 0): auf ~ a crédito, al fiado, prestado; ²**en** *v/t*. (*ausleihen*) prestar; (*entleihen*) tomar prestado.
'**Bork**|**e** *f* corteza *f*; (*Kruste*) costra *f*; ✝ (*Schorf*) escara *f*; ~**enkäfer** *m* bóstrico *m*; ²**ig** *adj*. costroso.
Born *Poes*. *m* (-*és*; -e) fuente *f*, manantial *m*; *fig*. *a*. pozo *m*.
bor'niert *adj*. corto de alcances, estrecho de miras; ²**heit** *f* (0) torpeza *f*, estrechez *f* de miras.
'**Borretsch** ♣ *m* (-*es*; -e) borraja *f*.
'**Bor...**: ~**salbe** *f* pomada *f* boricada; ~**säure** *f* ácido *m* bórico.
'**Börse** *f* (*Geldbeutel*) bolsa *f*; ✝ Bolsa *f*; an der ~ zugelassen admitido a cotización (en Bolsa); an der ~ gehandelt (*od*. notiert) werden cotizarse en Bolsa.
'**Börsen...**: ~**beginn** *m* apertura *f* de la Bolsa; ~**bericht** *m* boletín *m* de la Bolsa; in der Zeitung: información *f* bursátil; ~**blatt** *n* periódico *m* de información financiera; ²**fähig** *adj*. cotizable (*od*. negociable) en Bolsa; ~**gang** *m* salida *f* a Bolsa; ²**gängig** *adj*. → ²**fähig**; ~**geschäft** *n* operación *f* bursátil; ~**index** *m* índice *m* bursátil; ~**krach** *m* desastre *m* financiero, krach *m*; ~**kurs** *m* cotización *f* bursátil (*od*. en Bolsa); ~**makler** *m* corredor *m* de bolsa; ²**mäßig** *adj*. bursátil; ~**notierung** *f* cotización *f* oficial en Bolsa; ~**ordnung** *f* reglamento *m* de la Bolsa; ~**papiere** *n/pl*. valores *m/pl*. bursátiles (*od*. admitidos en Bolsa); ~**schluß** *m* cierre *m* de la Bolsa; ~**spekulant** *m* especulador *m* de Bolsa; bolsista *m*; agiotista *m*; ~**termingeschäft** *n* operación *f* bursátil a plazo; ~**vorstand** *m* Span. Junta *f* Sindical de Agentes de Cambio y Bolsa; ~**zeitung** *f* periódico *m* bzw. revista *f* financiero(-a); ~**zettel** *m* listín *m* de Bolsa; ~**zulassung** *f* von *Effekten*: admisión *f* a cotización oficial en Bolsa.
Börsi'aner *m* bolsista *m*.
'**Borst**|**e** *f* cerda *f*; seda *f*, seta *f*; ²**enartig** *adj*. cerdoso, ♣ setáceo; setiforme; ~**envieh** *n* ganado *m* de cerda; ²**ig** *adj*. cerdoso; erizado, hirsuto; F
'**Borte** *f* (*Besatz*) ribete *m*; (*Tresse*) galón *m*, pasamano *m*; (*Franse*) franja *f*; am *Hemd*: cabezón *m*.
'**Borwasser** *n* agua *f* boricada.
'**bös** *adj*. → böse; ~**artig** *adj*. malo; (*hinterhältig*) malicioso; ✝ maligno; ²**artigkeit** *f* (0) maldad *f*; malicia *f*; ✝ malignidad *f*.
'**Böschung** *f* talud *m*; (*Abhang*) pendiente *f*; repecho *m*; declive *m*; escarpa *f*; ~**swinkel** *m* ángulo *m* (de inclinación) del talud.
'**böse** *adj*. *allg*. malo; *adv*. mal, malamente; (*verrucht*) malvado, perverso; (*böswillig*) malévolo; *Kind*: malo, travieso y malcriado; (*zornig*) enojado, irritado; (*ärgerlich*) enfadado, disgustado (*auf ac*. con); *Krankheit*: pernicioso, maligno; e-e

~ Erkältung un resfriado muy fuerte; ein ~r Fehler un grave error; una grave falta; ~ Folgen malas consecuencias; e-e ~ Sache un mal asunto; ~ Nachrichten malas noticias; ~ Zeiten tiempos duros; es sieht ~ aus la cosa presenta mal cariz, esto tiene mal aspecto; er ist ~ dran está en mala situación; sei mir nicht~, wenn no me tomes a mal que; es war nicht ~ gemeint no era (con) mala intención; ~ ausgehen acabar mal; ~ werden enojarse, enfadarse, disgustarse; ~ sein estar enojado (*od*. enfadado *od*. disgustado) (*auf j-n*, mit *j-m* con alg.); ²(**r**) *m*: der ~ el diablo, el demonio, Satanás, el (espíritu) maligno; die ~n los malos; ²(**s**) *n* lo malo; el mal; ~s tun hacer mal; j-m et. ~s antun causar daño (*od*. hacer mal) a alg.; ~s ahnen tener un mal presentimiento; ~s im Sinne haben tener malas intenciones; ~s reden über hablar mal de; ~s mit Gutem vergelten devolver bien por mal; ²**wicht** *m* malvado *m*, maleante *m*; desalmado *m*; (*Schlingel*) bribón *m*; pillo *m*.
bos|**haft** *adj*. malo; maligno; malicioso; ²**haftigkeit** *f*, ²**heit** *f* malicia *f*; maldad *f*; aus ~ por malicia; P con coña.
'**Bos**|**nien** *n* Bosnia *f*; ~-**Herzegowina** Bosnia y Herzegovina *f*; ~**porus** *m* Bósforo *m*.
Boß F *m* F jefazo *m*, mandamás *m*.
bos'sieren (-) ⊕ *v/t*. repujar; modelar.
'**böswillig I.** *adj*. malévolo; malintencionado; ⚖ ~es Verlassen abandono *m* culpable (*od*. malicioso); **II.** *adv*. de mala fe; con mala intención; ²**keit** *f* malicia *f*; mala intención *f*; malevolencia *f*, malquerencia *f*, mala voluntad *f*.
Bo'tan|**ik** *f* (0) botánica *f*; ~**iker** *m*, ²**isch** *adj*. botánico (*m*).
botani'sier|**en** (-) *v/i*. herborizar; ²**trommel** *f* caja *f* de herborista.
'**Bote** *m* (-n) mensajero *m*; correo *m*; (*Laufbursche*) mandadero *m*; botones *m*; (*Dienstmann*) recadero *m*; (*Amts*²) ordenanza *m*; ~**nfrau** *f* recadera *f*; ~**ngang** *m* recado *m*; e-n ~ tun llevar un recado; ~**nlohn** *m* propina *f*; ~**nzustellung** *f* entrega *f* por mensajero (*od*. recadero).
'**botmäßig** *adj*. (*untertänig*) súbdito; (*tributpflichtig*) tributario; ²**keit** *f* dominio *m*; señorío *m*.
'**Botschaft** *f* mensaje *m* (*a*. *fig*.); (*Nachricht*) noticia *f*; (*Auftrag*) recado *m*; misión *f*; *Pol*. embajada *f*; frohe ~ buena noticia (*od*. nueva); frohe ~! ¡albricias!; *Rel*. die frohe ~ el Evangelio, la Buena Nueva; e-e ~ übermitteln entregar un mensaje; ~**er**(**in** *f*) *m* embajador(a *f*) *m*; ~**srat** *m* consejero *m* de embajada.
'**Böttcher** *m* tonelero *m*, barrilero *m*; cubero *m*; ~**rei** *f* tonelería *f*.
'**Bottich** *m* (-s; -e) cuba *f*, tina *f*.
Bouil'lon [bul'jɔŋ] *f* (-; -s) caldo *m*; ~**würfel** *m* cubito *m* de caldo.
Boule'vard [bul'var] *m* (-s; -s) avenida *f*, *gal*. bulevar *m*; ~**presse** *f* prensa *f* amarilla (*od*. sensacionalista).
Bour'geois *desp*. *m* burgués *m*; ~**'sie** *desp*. *f* burguesía *f*.
Bou'tique *fr*. *f* boutique *f*.
'**Bowdenzug** ⊕ *m* cable *m* Bowden.

Bowle f (Gefäß) ponchera f; Neol. bol m; (Getränk) ponche m; Span. (Rotwein⩬) sangría f.
Bowling angl. n bolos m/pl. americanos, angl. bowling m.
Box f (-; -en) box m.
boxen I. v/i. boxear; **II.** ⩬ n boxeo m, pugilato m.
Boxer m boxeador m, púgil m; (Hund) bóxer m; ~**motor** m motor m boxer; ~**shorts** pl. bóxer m.
Box...: ~**handschuh** m guante m de boxeo; ~**kampf** m (combate m de) boxeo m, pugilato m; ~**ring** m angl. ring m; ~**sport** m boxeo m.
Boy [bɔy] m (Hotel⩬) botones m; ~'**kott** m (-s; -s) boicot(eo) m; ⩬**kot'tieren** (-) v/t. boicotear.
brabbeln F (-le) v/i. mascullar; refunfuñar.
brach ✓ adj. baldío (a. fig.); zeitweilig: de barbecho; dauernd: yermo; ⩬**acker** m, ⩬**e** f barbecho m; (terreno m) baldío m; ~**en** v/t. völlig: yermar; zeitweilig: barbechar; ⩬**feld** n → ⩬acker.
Brachi'algewalt f fuerza f bruta; mit ~ a viva fuerza, a brazo partido.
Brach...: ~**land** n barbecho m; erial m; (terreno m) baldío m; ~**liegen** v/i. estar de barbecho; fig. estar improductivo; ~ lassen dejar baldío bzw. en barbecho; fig. dejar improductivo; ~**vogel** m zarapito m.
Bracke m (-n) (perro m) braco m.
brack|ig adj. salobre(ño); ⩬**wasser** n agua f salobre.
Brägen m → Bregen.
Brah'man|e m (-n) brahmán m; ⩬**isch** adj. brahmánico; ~**entum** n (-s; 0) brahmanismo m.
Bramsegel ⚓ n juanete m.
Branche ['brãʒə] ✝ f ramo m; ~**n-kenntnis** f conocimiento m del ramo; ⩬**nkundig** adj. conocedor del ramo; ⩬**n-üblich** adj. usual en el ramo; ~**nverzeichnis** n Telephonbuch: índice m comercial, F páginas f/pl. amarillas.
Brand m (-es; ¨e) (Verbrennen) combustión f; (Abbrennen) quema f; (Feuersbrunst) fuego m, incendio m; conflagración f (a. fig.); Ziegel, Keramik: cochura f; (gebrannter Satz) hornada f; ✱ gangrena f; necrosis f; ✾ tizón m; carbón m; F (Durst) sed f abrasadora (od. ardiente); in ~ en llamas; in ~ geraten inflamarse, incendiarse; et. in ~ stecken pegar (od. prender) fuego a; Haus: a. incendiar; (entzünden) encender, inflamar; ~**bekämpfung** f lucha f contra incendios; ~**blase** f ampolla f, ✱ flictena f; ~**bombe** f bomba f incendiaria; ~**brief** F m carta f apremiante (pidiendo ayuda); ~**direktor** m jefe m de bomberos; ⩬**en** v/i. Wellen: romperse contra.
Brandenburg n Brande(n)burgo m.
Brand...: ~**fackel** f tea f incendiaria; ~**fleck(en)** m quemadura f; ✱ placa f gangrenosa; ~**fuchs** m (Pferd) alazán m tostado; ~**geruch** m olor m a quemado (od. chamusquina); ~**granate** f granada f incendiaria; ~**herd** m foco m de(l) incendio; ⩬**ig** adj. ✿ atizonado; ✱ gangrenoso; necrótico; ~ riechen (schmecken) oler (saber) a quemado; ~**kasse** f caja f de seguros contra incendio; ~**mal** n marca f de fuego; fig. estigma m, sambenito m; ~**male'rei** f pirograbado m, encausto m; ⩬**marken** v/t. marcar a fuego, marcar con hierro candente; fig. estigmatizar; ~**mauer** f (muro m) cortafuego(s) m; ~**meister** m → ~**direktor**; ~**opfer** n holocausto m; ~**rede** f discurso m inflamado (od. incendiario); catilinaria f, filípica f; ~**salbe** ✚ f pomada f para quemaduras; ~**schaden** m daño m causado por un incendio; ⩬**schatzen** (-t) v/t. imponer tributo de guerra; (plündern) saquear, pillar; ~**schatzung** f tributo m de guerra; saqueo m, pillaje m; ~**sohle** f plantilla f; ~**stätte** f, ~**stelle** f lugar m del incendio; ~**stifter(in** f) m incendiario (-a f) m; ~**stiftung** f incendio m intencionado (od. provocado).
Brandung f rompiente m (del mar); embate m de las olas; (Dünung) resaca f; ~**swelle** f golpe m de mar, embate m.
Brand...: ~**wache** f retén m (de bomberos); ~**wunde** f quemadura f; ~**zeichen** n marca f de fuego.
Brannt|kalk m cal f viva; ~**wein** m aguardiente m; angl. brandy m, brandi m; ~**weinbrenner** m destilador m; ~**weinbrenne'rei** f destilería f de aguardientes.
Brasil|i'aner(in f) m, ⩬**i'anisch** adj. brasileño (-a f) m, brasilero (-a f) m.
Bra'silien n Brasil m.
Brasse[1] ⚓ f braza f; ⩬**n** (-ßt) v/t. bracear.
Brasse[2] Ict. f, ~**n** m sargo m.
Brat-apfel m manzana f asada.
braten (L) **I.** v/t. asar; reg. rustir; in der Pfanne m: freír; (rösten) tostar; (braun ~) dorar; im Ofen ~ asar al horno; auf dem Rost ~ asar a la parrilla; wenig (stark) gebraten poco (muy) pasado; fig. in der Sonne ~ tostarse al sol; **II.** ~ n freidura f.
Braten m asado m, carne f asada; fig. ein fetter ~ un pingüe negocio; F den ~ riechen F oler el poste; F descubrir el pastel; ~**fett** n grasa f del asado; ~**schüssel** f fuente f de bzw. para el asado; ~**wender** m asador m.
Brate'rei f freiduría f.
Brat...: ⩬**fertig** adj. listo (od. a punto) para freír; ~**fisch** m pescado m frito; ~**hähnchen** n → ~**huhn**; ~**hering** m arenque m asado; arenque m en salmuera; ~**huhn** n pollo m asado; ~**kartoffeln** f/pl. patatas f/pl. salteadas; ~**ofen** m horno m (de asar); ~**pfanne** f sartén f; ~**röhre** f → ~**ofen**; ~**rost** m parrilla f.
Bratsch|e ♪ f viola f; ~**er** m, ~'**ist** m (-en) viola m, violista m.
Brat...: ~**spieß** m asador m, broqueta f, espetón m; (kleiner) pinchito m; ~**wurst** f salchicha f (para asar bzw. freír); ~**röhre** f → ~**ofen**.
Bräu n (-es; -s, -e) (Bier) cerveza f; (~**haus**) cervecería f.
Braubottich m cuba f cervecera.
Brauch m (-es; ¨e) uso m, usanza f, costumbre f; (Gewohnheit) a. hábito m; (Übung) práctica f; (herkömmlicher ~) tradición f; ~ sein ser costumbre; außer ~ kommen caer en desuso; nach altem Brauch a la vieja (od. antigua) usanza.
brauchbar adj. útil; (geeignet) apropiado; apto, idóneo (zu, für para); (verwendbar) aprovechable, utilizable; ⩬**keit** f (0) utilidad f; aptitud f; capacidad f.
brauchen v/t. (nötig haben) necesitar, precisar; estar faltado (od. necesitado) de; (erfordern) requerir, bsd. Zeit: llevar, tardar; (verwenden) emplear, usar; utilizar, aprovechar; wozu brauchst du das? ¿para qué quieres eso?; wir ~ es nicht mehr ya no lo necesitamos, ya no nos hace falta; er braucht viel Geld gasta mucho dinero; sie braucht es nicht zu wissen no hace falta que lo sepa; wieviel Zeit braucht man, um zu? ¿cuánto tiempo se necesita para (od. se tarda en)?; das braucht viel Zeit esto requiere (od. lleva) mucho tiempo; man braucht nur den Knopf zu drücken basta (od. no hay más que) oprimir el botón; du brauchst dich nicht zu beunruhigen no hay motivo para que te alarmes; du brauchst es mir nicht zu sagen no necesitas decírmelo, no hace falta que me lo digas; du brauchst nicht zu kommen no es necesario que vengas.
Brauchtum n (-es; ¨er) usos m/pl. y costumbres; folklore m.
Braue f ceja f.
brau|en I. v/t. fabricar cerveza; (zubereiten) Kaffee, Tee usw.: preparar, hacer; **II.** v/i. Unheil, Sturm usw.: amenazar, estar forjándose; ⩬**er** m cervecero m; ⩬**e'rei** f cervecería f; ⩬**haus** m → Brauerei; ⩬**kessel** m caldera f cervecera; ⩬**malz** n malta f de cervecería; ⩬**meister** m maestro m cervecero.
braun I. adj. marrón; pardo; Haar: castaño; Haut: moreno; Pferd: bayo; (dunkel⩬) zaino; von der Sonne: bronceado, tostado, atezado; ~**e** Butter mantequilla f derretida; ~ braten dorar; ~ werden von der Sonne: ponerse moreno, tostarse, broncearse; **II.** ⩬ n color m marrón od. pardo bzw. castaño; ⩬**äugig** adj. de ojos pardos, F ojimoreno; ⩬**bär** m oso m pardo; ⩬**bier** n cerveza f negra; ⩬**e(r)** m caballo m bayo bzw. zaino.
Bräune f (0) tez f morena; (Sonnen⩬) bronceado m.
Braun-eisen|erz n, ~**stein** m Min. hematites f parda, limonita f.
bräunen I. v/i. u. v/refl. Haut, Person: ponerse moreno, atezarse, tostarse, broncearse; Braten: dorarse; **II.** v/t. oscurecer; Haut: tostar, atezar, curtir; Kochk. tostar; dorar; Zucker: caramelizar.
braun...: ~**gebrannt** adj. bronceado, tostado por el sol; ~**haarig** adj. de pelo castaño; ⩬**kohle** f lignito m.
bräunlich adj. pardusco; Teint: trigueño.
Braunsche Röhre ⊕ f tubo m de rayos catódicos.
Braunschweig n Brunswick m.
Brause f ducha f; (Gießkannen⩬) roseta f, boca f de regadera; (Getränk) gaseosa f; ~**bad** n ducha f; ~**kabine** f cabina f de ducha; ~**kopf** ⊕ m boca f de regadera; fig. ein ~ sein (leicht reizbar) tener mal genio, F ser un cascarrabias; ~**limonade** f gaseosa f.
brausen (-t) **I.** v/i. Sturm, Meer: bramar, rugir; Wind: soplar (con violencia); ✿ entrar en efervescencia; (aufwallen) hervir; (schäumen)

espumar; (*gären*) fermentar; (*dröhnen*) retumbar; zumbar; F *Fahrzeug*: ir a toda velocidad; *Zug*: pasar zumbando; *sich* ~ tomar una ducha, ducharse; *die Ohren* ~ *mir* me zumban los oídos; **II.** ⚇ *n* bramido *m*, rugido *m*; 🔥 efervescencia *f*; ~**d** *adj.* rugiente, embravecido; 🔥 efervescente; *fig.* impetuoso; arrebatado; ~**er Beifall** aplausos *m/pl.* atronadores.

'**Brause...:** ~**pulver** *n* polvos *m/pl.* efervescentes; ~**tablette** *f* comprimido *m* efervescente; ~**wanne** *f* polibán *m*.

'**Braut** *f* (-; ⸚e) novia *f*; (*Verlobte*) prometida *f*, F futura *f*; *am Hochzeitstag*: desposada *f*; ~**ausstattung** *f* ajuar *m*; equipo *m* de novia; ~**bett** *n* *Poes.* tálamo *m*, lecho *m* nupcial; ~**führer** *m* padrino *m* de boda.

'**Bräutigam** *m* (-s; -e) novio *m*; (*Verlobter*) prometido *m*, F futuro *m*; *am Hochzeitstag*: desposado *m*.

'**Braut...:** ~**jungfer** *f* doncella *f* de honor; ~**kleid** *n* vestido *m* de novia, traje *m* de boda; ~**kranz** *m* corona *f* nupcial; ~**leute** *pl.* → *Brautpaar*.

'**bräutlich** *adj.* de novia, de desposada, nupcial.

'**Braut...:** ~**nacht** *f* noche *f* de bodas; ~**paar** *n* los novios; *am Hochzeitstag*: los desposados, los recién casados; ~**schau** *f*: F *auf* (*die*) ~ *gehen* buscar novia; ~**schleier** *m* velo *m* nupcial; ~**stand** *m* noviazgo *m*; ~**werbung** *f* petición *f* de mano; ~**zeit** *f* noviazgo *m*; ~**zug** *m* cortejo *m* nupcial.

'**brav** [f] *adj.* (*wacker*) honrado, cabal; (*tapfer*) valiente, bravo, valeroso; *Kind*: bueno, formal; *ein* ~**er Mann** un hombre de bien; ~ *gemacht!* ¡bien hecho!; ⚇**heit** *f* (0) hombría *f* de bien, honradez *f*; probidad *f*.

'**bravo** *int.* ¡bravo!; ¡ole!, ¡olé!; ⚇**rufe** *m/pl.* vítores *m/pl.*, bravos *m/pl.*

Bra'vour [-'vu:ʀ] *f* (0) bravura *f*, valentía *f*; arrojo *m*, intrepidez *f*; *mit* ~ *con brillantez*; ~**arie** ♩ *f* aria *f* de bravura; ~**stück** *n* proeza *f*.

'**brech|bar** *adj.* rompible; (*zerbrechlich*) frágil; *Opt.* refrangible; ⚇**bohnen** *f/pl.* judías *f/pl.* verdes, *Arg.* chauchas *f/pl.*; ⚇**durchfall** 🩺 *m* colerina *f*; ⚇**eisen** ⊕ *n* palanca *f*, alzaprima *f*; *des Einbrechers*: palanqueta *f*.

'**brechen** (L) **I.** *v/t.* romper (*a. fig.*); quebrar; (*spalten*) partir, hender; (*zertrümmern*) hacer pedazos; (*mahlen*) machacar, desmenuzar; (*trennen*) separar, dividir; *Blumen*: coger, cortar; *Flachs*: agramar; *Papier*: doblar; *Nüsse*: cascar; *Phys.* refractar; *Eid*, *Vertrag*: quebrantar; *Gesetz*: violar, infringir; *Rekord*: superar, batir; *Wort*, *Versprechen*: faltar a; *Frieden*, *Treue*: violar; *Widerstand*, *Willen*: vencer; ⚔ *Gliedmaßen*: fracturar(se), romper(se); *die Ehe* ~ cometer adulterio; **II.** *v/i.* romperse, quebrarse; partirse; hacerse pedazos; *Stimme*: entrecortarse, truncarse; (*Stimmbruch*) mudar (de voz); *Wellen*: romperse; *Lichtstrahl*: refractarse; (*nachlassen*) ceder, disminuir; *Augen*: vidriarse; ⚔ (*sich erbrechen*) vomitar; *mit j-m* ~ romper (las relaciones) con alg.; **III.** ⚇ *n* rompimiento *m*; quebrantamiento *m*; rotura *f*, fractura *f*; ruptura *f* (*bsd. fig.*); *Opt.* refracción *f*; ⚔ vómito *m*; ~**d** *adv.*: ~ *voll* lleno a rebosar (*od.* hasta los topes *od.* de bote en bote); abarrotado (*od.* atestado) (de gente).

'**Brecher** *m* ⊕ quebrantadora *f*, trituradora *f*; ⚓ (*Welle*) golpe *m* de mar, ola *f* rompiente.

'**Brech...:** ~**koks** *m* coque *m* menudo; ~**mittel** ⚕ *n* vomitivo *m*, emético *m*; F *fig.* *er ist ein* (*wahres*) ~ da asco verle *bzw.* oírle; ~**nuß** *f* nuez *f* vómica; ~**reiz** *m* náuseas *f/pl.*, ganas *f/pl.* de vomitar; ~**stange** *f* → ~*eisen*.

'**Brechung** *Opt. f* refracción *f*; ~**s-ebene** *f* plano *m* de refracción; ~**s-winkel** *m* ángulo *m* de refracción; ~**szahl** *f* índice *m* de refracción.

'**Bregen** *Kochk.* *m* (-s; -) sesos *m/pl.*

'**Brei** *m* (-*es*; -*e*) puches *m/pl.*, gachas *f/pl.*; (*bsd. Kinder*⚇) papilla *f*, papas *f/pl.*; (*Erbsen*⚇, *Kartoffel*⚇ *usw.*) puré *m*; (*Teig*) pasta *f*; ⊕ (*Papier*⚇) pasta *f* de papel; *zu* ~ *machen* hacer papilla (*a. fig.* j-n *a alg.*); F *zu* ~ *schlagen* F moler a alg. los huesos; ⚇**ig** *adj.* como papilla; pastoso.

'**breit** *adj.* **1.** ancho; (*ausgedehnt*) amplio; (*geräumig*) espacioso; *Nase*: chato; *drei Meter* ~ tres metros de ancho; ~**er machen** ensanchar; **2.** *fig.* (*weitschweifig*) prolijo, *bsd. Stil*: difuso, ampuloso; *die* ~**e Masse** la gran masa; *desp.* la plebe; *ein* ~**es Publikum** un público muy variado *bzw.* numeroso (*od.* nutrido); *die* ~**e Öffentlichkeit** el gran público; ⚇**band** *n Radio*: banda *f* ancha; ~**beinig** *adj.* abierto de piernas, patiabierto, esparrancado; ~ *dastehen* F esparrancarse; ~**blätt**(**e**)**rig** *adj.* de hojas anchas, latifoliado; ~**drücken** *v/t.* aplastar, achatar.

'**Breite** *f* ancho *m* (*a. Stoff*), anchura *f*; (*Ausdehnung*) extensión *f*; (*Geräumigkeit*) espaciosidad *f*; *Geogr.* latitud *f*; *Astr.* amplitud *f*; (*Dicke*) espesor *m*, grueso *m*; ⚓ (*Schiffs*⚇) manga *f*; *fig.* amplitud *f*, prolijidad *f*, ampulosidad *f*; *in die* ~ *gehen* extenderse, ensancharse; F (*dick werden*) engordar; *fig.* ser prolijo, extenderse en detalles; *der* ~ *nach* a lo ancho; ⚇**n** (-*e*-) *v/t.* extender; ensanchar; ~**ngrad** *m* grado *m* de latitud; ~**nkreis** *m* paralelo *m*.

'**breit...:** ~**gefächert** *adj.* un amplio abanico de; ~**krempig** *adj.* de ala ancha; ⚇**leinwand** *f* *Film*: pantalla *f* panorámica; ~**machen** *v/refl.*: *sich* ~ arrellanarse; instalarse cómodamente; ocupar mucho sitio; *fig.* pavonearse, ponerse ancho; ~**schlagen** F (L) *v/t.*: j-n ~ persuadir, acabar por convencer a alg.; *sich* ~ *lassen* dejarse convencer *bzw.* persuadir, ablandarse; ~**schult**(**e**)**rig** *adj.* ancho de espaldas (*od.* de hombros); F espaldudo; ⚇**schwanz** *m* (*Pelz*) breitschwanz *m*; ⚇**seite** ⚓ *f* costado *m*; (*Salve*) andanada *f*; ~**spurig** *adj.* de vía (*Am.* trocha) ancha; *fig.* pagado de sí mismo; ~**treten** (L) *v/t.* aplastar (con el pie); *fig.* tratar prolijamente, extenderse en detalles; ⚇**wand** *f* → ⚇*leinwand*.

'**Brei-umschlag** *m* cataplasma *f*.

'**Bremen** *n* *Bremen f*.

'**Brems|ausgleich** *m* compensador *m* de frenada; ~**backe** *f* zapata *f* (*od.* mordaza *f*) de freno; ~**belag** *m* guarnición *f* (*od.* forro *m*) de(l) freno; ~**betätigung** *f* accionamiento *m* del freno.

'**Bremse¹** *Zoo. f* tábano *m*.

'**Bremse²** *f* ⊕ freno *m*; *Vet.* (*Nasenknebel*) acial *m*; *die* ~ *betätigen* (*od.* *anziehen*) frenar, accionar (*od.* echar) el freno.

'**bremsen** (-*t*) **I.** *v/t.* frenar; (*abbremsen*) reducir la velocidad; (*auffangen*) amortiguar; *fig.* (re)frenar; **II.** *v/i.* aplicar el freno; **III.** ⚇ *n* frenado *m*, frenada *f*; *scharfes*: frenazo *m*.

'**Bremser** 🚂 *m* guardafrenos *m*; ~**häus-chen** *n* garita *f* (del guardafrenos).

'**Brems...:** ~**fallschirm** *m* paracaídas *m* de frenado (*od.* de aterrizaje); ~**flüssigkeit** *f* líquido *m* de freno; ~**klappe** ✈ *f* freno *m* aerodinámico; ~**klotz** *m* zapata *f*, almohadilla *f* de freno; (*Hemmschuh*) cepo *m*, calzo *m*, calza *f*; ~**kraft** *f*, ~**leistung** *f* poder *m* frenante; potencia *f* del freno; ~**leuchte** *f*, ~**licht** *n* luz *f* de fren(ad)o; ~**pedal** *n* pedal *m* de freno; ~**rakete** *f* retrocohete *m*, cohete *m* de fren(ad)o; ~**schlußleuchte** *f* luz *f* trasera de los frenos; ~**schuh** *m* zapata *f* (de freno); ~**spur** *f* huella *f* de frenada; ~**ung** *f* frenado *m*, frenada *f*; *plötzliche*: frenazo *m* (*a. fig.*); ~**weg** *m* distancia *f* de frenado; ~**wirkung** *f* efecto *m* de freno; ~**zylinder** *m* cilindro *m* de freno.

'**brennbar** *adj.* combustible; inflamable; ⚇**keit** *f* (0) combustibilidad *f*; inflamabilidad *f*.

'**Brenn|dauer** *f* duración *f* de combustión, ⚡ *Lampe*: horas *f/pl.* de alumbrado; ~**ebene** *Opt. f* plano *m* focal; ~**eisen** *n* hierro *m* candente; *Vieh*: hierro *m* de marcar; *Chir.* termocauterio *m*.

'**brennen** (L) **I.** *v/t.* quemar; *Branntwein*: destilar; *Kaffee*, *Mehl*: tostar; *CD*: grabar; *Kohlen*: (*im Meiler*) carbonear; (*verkohlen*) carbonizar; *Kalk*: calcinar; *Metalle*: afinar; *Vieh*: marcar (con hierro candente); *Wunde*: cauterizar; *Ziegel*, *Porzellan*, *Keramik*: cocer; **II.** *v/i.* arder; quemar(se), abrasar(se); (*aufbrennen*) encenderse; estar en llamas; *Sonne*, *Pfeffer*: picar; *Licht*: estar encendido; ⚔ escocer; *es brennt* hay un incendio; F *fig.* corre mucha prisa; *als Ruf*: ¡fuego!; *vor Ungeduld* ~ arder (*od.* consumirse) de impaciencia; (*vor Begierde*) ~ *nach* F rabiar por; F *darauf* ~, *zu inf.* anhelar el momento (*od.* sentir ansias) de; F *wo brennt's?* ¿hay mucha prisa?

'**Brennen** *in Kalk*: calcinación *f*; *Keramik*, *Ziegel*: cochura *f*, cocción *f*; *Schnaps*: destilación *f*; ⚔ cauterización *f*; *Wunde*: escozor *m*, resquemor *m*; *Pfeffer*: picor *m*; *Kaffee*: torrefacción *f*.

'**brennend I.** *adj.* ardiente (*a. fig.*); (*in Flammen*) en llamas; ⚔ (*ätzend*) cáustico; *Licht*, *Zigarette*: encendido; *fig.* *Hitze*, *Durst*: abrasador; *Wunsch*: ardiente, ferviente; *Schmerz*: punzante, agudo; *Frage*: palpitante, candente; **II.** *adv.*: *es interessiert ihn* ~ le interesa vivamente.

'**Brenne|r** *m* ⊕ quemador *m*; mechero *m*; *von Branntwein*: destilador *m*;

Brennessel — Britannien

(Schweiß≈) soplete m; ~'rei f destilería f.
'**Brennessel** ⚘ f ortiga f.
'**Brenn**...: ~**glas** n vidrio m ustorio; ~**holz** n leña f; ~**kammer** f cámara f de combustión; ~**material** n combustible m; ~**ofen** m horno m de calcinación; Keramik, Ziegel: horno m de cocción; ~**punkt** m Phys. u. fig. foco m; fig. a. centro m (del interés); punto m neurálgico; im ~ des Interesses stehen figurar en el primer plano de la actualidad; ~**schere** f rizador m, tenacillas f/pl. para rizar; ~**schneider** ⊕ m soplete m oxiacetilénico; ~**spiegel** m espejo m ustorio; ~**spiritus** m alcohol m para quemar; ~**stab** m Reaktor: barra f combustible; ~**stempel** m hierro m para marcar a fuego.
'**Brennstoff** m combustible m; Kfz. a. carburante m; ~**düse** f tobera f de combustible; ~**verbrauch** m consumo m de combustible; ~**zuführung** f alimentación f de carburante (od. de gasolina).
'**Brenn**|**strahl** Opt. m rayo m focal; ~**weite** Opt. f distancia f focal.
'**brenzlig** adj. que huele bzw. sabe a quemado (od. a chamusquina); fig. crítico, delicado; F die Sache wird ~ las cosas se ponen feas.
'**Bresche** f brecha f; e-e ~ schlagen abrir (una) brecha (a. fig.); fig. in die ~ springen saltar en la brecha.
Bre'tagne f Bretaña f.
Bre'ton|**e** m, ²**isch** adj. bretón (m).
'**Brett** n (-¢s; -er) tabla f; plancha f (de madera); dickes: tablón m; (Schrank≈) anaquel m; (Bücher≈) estante m; (Tablett) bandeja f; (Spiel≈) tablero m; Schwarzes ~ tablón m de anuncios; F pl. ~er (Schier) esquís m/pl.; Thea. die ~er las tablas; über die ~er gehen Stück: representarse, ver la escena; Boxen: auf die ~er schicken tirar a la lona; mit ~ern belegen entablar, cubrir con tablas; fig. ein ~ vor dem Kopf haben ser cerrado de mollera; no ver más allá de sus narices; hier ist die Welt mit ~ern vernagelt es un callejón sin salida; ~**chen** n tablilla f.
'**Bretter**...: ~**boden** m tablado m; entarimado m; suelo m de tablas; ~**bude** f cobertizo m; chabola f; tinglado m; ~**bühne** f tablado m; ~**dach** n tejado m de tablas; ~**schuppen** m → ~bude; ~**verkleidung** f revestimiento m de tablas; ~**verschlag** m, ~**wand** f tabique m de madera; (Wall) talanquera f; ~**zaun** m valla f.
'**Brett**...: ~**nagel** m clavo m tablero; ~**säge** f sierra f de leñador; ~**spiel** n juego m de tablero; ~**stein** m peón m; pieza f.
Bre'vier n (-s; -e) breviario m.
'**Brezel** f (-; -n) etwa: rosquilla f.
'**Bridge** angl. n (-; 0) bridge m.
Brief m (-¢s; -e) carta f; kurzer: nota f, billete m; Rel., Liter., iro. epístola f; (Urkunde) documento m; patente f; ⚘ Börse: oferta f; mit j-m ~e wechseln sostener correspondencia f con alg.; fig. ~ und Siegel geben comprometerse solemnemente a hacer a/c.
'**Brief**...: ~**abfertigung** f (Büro) cartería f; ~**aufschrift** f dirección f, señas f/pl.; ~**beschwerer** m pisa-

peles m; ~**block** m bloc m de cartas; ~**bogen** m pliego m; ~**bombe** f carta-bomba f; ~**einwurf** m buzón m; (Schlitz) boca f de buzón.
'**briefen** v/t. dar instrucciones a; informar.
'**Brief**...: ~**fach** n apartado m de correos; ~**freund** m amigo m por correspondencia; ~**geheimnis** n secreto m postal; ~**hypothek** f hipoteca f de cédula; ~**kasten** m buzón m; den ~ leeren recoger las cartas; ~**kastenfirma** f empresa f buzón; ~**kopf** m membrete m; (Anrede) encabezamiento m; ~**kurs** ⚘ m Börse: oferta f, cotización f ofrecida; ²**lich** adj. u. adv. por carta, por escrito; epistolar; ~**er Verkehr** correspondencia f; ~**mappe** f carpeta f.
'**Briefmarke** f sello m (postal od. de correo), Am. estampilla f, Mex. timbre m; ~**n-album** n álbum m de sellos (od. filatélico); ~**n-anfeuchter** m mojasellos m; ~**n-automat** m distribuidor m automático de sellos; ~**nsammeln** n filatelia f; ~**nsammler** m coleccionista m de sellos, filatelista m; ~**nsammlung** f colección f de sellos; ~**nserie** f serie f de sellos de correo.
'**Brief**...: ~**muster** n modelo m de carta; ~**öffner** m abrecartas m, cortapapeles m, plegadera f; ~**ordner** m archivador m, clasificador m (de correspondencia); ~**papier** n papel m de cartas; ~**partner** m correspondiente m; ~**porto** m franqueo m; ~**post** f correo m; ~**roman** m novela f epistolar; ~**schaften** f/pl. correspondencia f; papeles m/pl.; ~**schreiber** m autor m (de una carta); ~**sortierer** m (Person) clasificador m de cartas; ~**steller** m (Buch) epistolario m; ~**stempel** m matasellos m; ~**stil** m estilo m epistolar; ~**tasche** f cartera f (de bolsillo); billetero m, Am. billetera f; ~**taube** f paloma f mensajera; ~**taubenzucht** f colombofilia f; ~**taubenzüchter** m colombófilo m; ~**telegramm** n telegrama-carta m; ~**träger** m cartero m; ~**umschlag** m sobre m; ~**verkehr** m correspondencia f; ~**waage** f pesacartas m; ~**wahl** f voto m por correo; ~**wechsel** m correspondencia f; F carteo m; mit j-m in ~ stehen estar en correspondencia (F cartearse) con alg.; ~**zensur** f censura f postal.
'**Bries** n (-es; -e), ~**chen** n Zoo. timo m; Kochk. lechecillas f/pl., molle(uel)as f/pl.
Bri'gade ✕ f brigada f; ~**general** m general m de brigada.
Brigg ⚓ f (-; -s) bergantín m.
Bri'k|**ett** n (-s; -s) briqueta f, aglomerado m; ²**et'tieren** v/t. aglomerar.
Bril'lant [-'ljant] **I.** m (-en) brillante m; **II.** Typ. f diamante m; **III.** ² adj. brillante; excelente; ~**ine** f brillantina f; ~**nadel** f alfiler m de brillantes; ~**ring** m anillo m de brillantes.
'**Brille** f gafas f/pl.; anteojos m/pl.; lentes m/pl.; (Abortsitz) asiento m de retrete; e-e ~ tragen usar (od. llevar) gafas; die ~ aufsetzen (abnehmen) ponerse (quitarse) las gafas; fig. durch e-e schwarze ~ betrachten verlo todo negro; alles durch e-e rosige ~ sehen verlo todo (de) color de rosa; ~**n-futteral** n estuche m para gafas;

~**ngestell** n montura f; ~**nglas** n cristal m de gafas; ~**nschlange** Zoo. f cobra f, serpiente f de anteojos; ~**nträger(in** f) m portador(a f) m od. usuario (-a f) m de gafas.
Brim'borium F n (-s; 0) chisme m, habladuría f; (Getue) aspavientos m/pl.
'**bringen** (L) v/t. **1.** (her~) traer; (hin~) llevar; (befördern) transportar; was ~ Sie (Neues)? ¿qué trae usted (de nuevo)?; bring dieses Paket nach Hause! ¡lleva este paquete a casa!; er wurde ins Krankenhaus gebracht fue trasladado al hospital, fue trasladado al hospital. **2.** (führen, geleiten) acompañar; ich bringe dich vom Bahnhof te acompañaré a la estación; ich bringe dich nach Hause te llevo a casa; **3.** (bieten) dar, ofrecer; Opfer, Geschenk, Ehre: hacer; Film, Stück: echar, hacer, dar; was bringt die Zeitung? ¿qué dice el periódico?; die Zeitung hat es gebracht ha salido en el periódico; **4.** (ein~) producir, traer, (verursachen) causar, producir, motivar; Ertrag: rendir; Gewinn: arrojar; Zinsen: devengar; Glück, Unglück: traer; **5.** F (erreichen, schaffen) conseguir, lograr; er bringt es nicht no le sale; das bringt nichts no conduce a nada, F no cuaja; **6.** mit adv.: es bzw. j-n dahin ~, daß conseguir (od. hacer) que subj.; j-n dazu ~, et. zu tun determinar (od. inducir) a alg. a hacer a/c.; (zwingen) obligar a alg. a hacer a/c.; (versuchsweise) procurar que subj.; es weit ~ llegar lejos; hacer carrera; triunfar en la vida; es so weit ~, daß llevar las cosas a tal punto que; **7.** mit prp.: an sich ~ apropiarse, adueñarse, apoderarse de; j-n auf et. ~ sugerir a/c. a alg.; hacer pensar a alg. en a/c.; das bringt mich auf etwas esto me trae a la memoria (od. me hace recordar) una cosa; es bis auf 80 Jahre ~ alcanzar (od. llegar a) la edad de ochenta años; er brachte es auf 20 Siege llegó a conseguir veinte victorias; es auf 100 km ~ alcanzar una velocidad de cien kilómetros; es bis zum General ~ llegar a (ser) general; in Aufregung ~ excitar; (es) mit sich ~ traer (od. llevar) consigo, acarrear, conllevar; implicar; tener como consecuencia; die Umstände ~ es mit sich las circunstancias lo exigen (od. lo hacen inevitable); es über sich ~ resolverse a; Unglück über j-n ~ traer desgracia a alg.; j-n um et. ~ privar a alg. de a/c.; hacer perder a alg. a/c.; desposeer de (od. quitar) a/c. a alg.; j-n wieder zu sich ~ hacer volver en sí a alg., hacer recobrar el sentido a alg.; hinter sich ~ acabar, terminar; llevar a cabo; Entfernung: recorrer; unter sich (od. s-e Gewalt) ~ someter a su dominio; bis vors Haus ~ dejar a (od. en) la puerta de casa; j-n zum Lachen (Weinen usw.) ~ hacer a alg. reír (llorar, etc.); es zu et. ~ abrirse camino; medrar; hacer carrera; es zu nichts ~ fracasar (en la vida), F no dar una.
'**Bringschuld** ⚘ f obligación f de aportar.
bri'sant adj. explosivo; ²**z** f fuerza f explosiva; ²**zmunition** f munición f altamente explosiva.
'**Brise** f brisa f.
Bri'tannien Hist. n Britania f.

Brit|e [i:] *m* (-*n*), ~**in** *f* inglés *m*, inglesa *f*; *Hist.* britano (-a *f*) *m*; ⒉**isch** *adj.* británico; inglés; ⒉*e Inseln* las Islas Británicas; *das* ⒉*e Weltreich* el Imperio Británico.

Bröck|chen *n* pedacito *m*, trocito *m*; *Brot*: migaja *f*; ⒉**elig** *adj.* (*zerbrechlich*) quebradizo; (*zerfallend*) desmoronadizo; *Brot*: desmenuzable; *Lehm*: deleznable; *Gestein*, *Boden*: friable; ⒉**eln** (-*le*) *v/t. u. v/i. Brot*: desmigajar(se); desmenuzar(se); *Stein, Lehm*: desmoronar(se).

brocken *v/t.* desmig(aj)ar; (*eintunken*) mojar, F hacer moje(te).

Brocken *m* trozo *m*, pedazo *m*; F cacho *m*; *Geol.* (*Bruchstück*) fragmento *m*; (*Bissen*) bocado *m*; *fig.* ein paar ~ *Englisch können* chapurrear el inglés; *fig.* ein fetter ~ un pingüe negocio; *ein harter* ~ *sein* ser duro de pelar; ser un hueso; ⒉**weise** *adv.* a pedacitos, en trocitos.

brodeln (-*le*) *v/i.* hervir a borbotones; borbot(e)ar; burbujear; **II.** ⒉ *n* ebullición *f*; hervidero *m*; efervescencia *f* (*a. fig.*).

Brodem *m* (-*s*; 0) vaho *m*; (*Ausdünstung*) exhalación *f*; (*Qualm*) humo *m*.

Bro'kat *m* (-*s*; -*e*) brocado *m*.

Broker *m* (-*s*; -) ✝ broker *m*, agente *m* financiero.

Brokkoli ✿ *m* brécol(es) *m*(/*pl.*), bróculi *m*.

Brom ⚗ *n* (-*s*; 0) bromo *m*; ~'**at** *n* bromato *m*.

Brombeer|e *f* (zarza)mora *f*; ~**strauch** *m* zarza *f*.

Bro'mid *n* (-*és*; -*e*) bromuro *m*.

Brom...: ~**kali**(**um**) *n* bromuro *m* potásico; ~**säure** *f* ácido *m* brómico; ~**silber** *n* bromuro *m* de plata; ~**silberpapier** *Phot. n* papel *m* (de) bromuro (de plata).

Bronchi'alkatarrh [-'çĭa:-] ✚ *m* catarro *m* bronquial; bronquitis *f*.

Bron'chien *Anat. f/pl.* bronquios *m/pl.*; ~'**chitis** *f* (0) bronquitis *f*.

Bronze ['brɔŋsə] *f* bronce *m*; ⒉**farben** *adj.* de color de bronce, bronceado; ~**lack** *m* laca *f* de bronce, barniz *m* bronceante; ~**medaille** *f* medalla *f* de bronce; ⒉**n** *adj.* broncíneo; ~**zeit** *f* edad *f* de (*l*) bronce.

bron'zie|ren [-'si:-] (-) *v/t.* broncear; ⒉**ren** *n*, ⒉**rung** *f* bronceado *m*.

Brosame *f* (*mst. pl.*) (-; -*n*) miga *f*; migaja *f* (*a. fig.*).

Brosche *f* broche *m*, prendedor *m*.

Brös-chen *n* *Kochk.* lechecillas *f/pl.* (de ternera).

bro'schier|en (-) *v/t.* encuadernar en rústica; ~**t** *adj.* en rústica.

Bro'schüre *f* folleto *m*; opúsculo *m*.

Brösel *m* miga(ja) *f*; ⒉**n** *v/t.* desmigajar.

Brot *n* (-*és*; -*e*) pan *m*; ~ *backen* panificar; *fig. das tägliche* ~ el pan de cada día; el sustento diario; *Bib. unser tägliches* ~ el pan nuestro de cada día; *sein* ~ *verdienen* ganarse la vida (*od.* el pan); F *j-m* ~ *aufs* ~ *schmieren* echar en cara a alg. a/c., F refregar (por las narices); *j-n um sein* ~ *bringen* quitar el sustento (*od.* el pan) a alg.; *sich das* ~ *vom Munde absparen* quitarse el pan de la boca; *j-s* ~ *essen* comer el pan de alg.

Brot...: ~**backen** *n* elaboración *f* de pan; panificación *f*; ~**bäcker** *m* panadero *m*; ~**baum** ✿ *m* árbol *m* del pan; ~**beutel** *m* bolsa *f* del pan; zurrón *m*; 🗡 morral *m*.

Brötchen *n* panecillo *m*; F s-e ~ *verdienen* F ganar(se) el garbanzo; ~**geber** F *m* patrono *m*.

Brot...: ~**erwerb** *m* ganapán *m*; ~**fabrik** *f* panificadora *f*; ~**fruchtbaum** *m* → ~*baum*; ~**getreide** *n* cereales *m/pl.* panificables; ~**herr** *m* amo *m*; patrono *m*, *Am.* patrón *m*; ~**herstellung** *f* panificación *f*; ~**kanten** *m* cantero *m*; ~**kasten** *m* panera *f*, caja *f* de pan; ~**korb** *m* panera *f*; *fig. j-m den* ~ *höher hängen* atar corto a alg.; ~**krume** *f*, ~**krümel** *m* migaja *f* (de pan); ~**laib** *m* hogaza *f*; ⒉**los** *fig. adj.* sin pan; sin empleo; sin recursos; *j-n* ~ *machen* quitar el pan, dejar en la calle a alg.; ~**e Kunst** profesión *f* improductiva (*od.* poco lucrativa); ~**messer** *n* cuchillo *m* para el pan; ~**neid** *m* envidia *f* profesional; ~**rinde** *f* corteza *f* de pan; ~**röster** *m* tostador *m* de pan; ~**schneidemaschine** *f* máquina *f* para cortar pan; ~**schnitte** *f* rebanada *f* (de pan); ~**schrift** *Typ. f* tipos *m/pl.* corrientes; ~**teig** *m* masa *f*.

Browser *m* (-*s*; -) *Internet*: browser *m*, navegador *m*, explorador *m*.

brr! *int.* (*halt*) ¡so!

Bruch[1] *m u. n* (-*és*; ~*e*) (*Sumpf*) pantano *m*; marisma *f*.

Bruch[2] *m* (-*és*; ~*e*) **1.** rotura *f*; *fig.* ruptura *f*, rompimiento *m*; quebrantamiento *m*; ✂ (*Knochen*⒉) fractura *f*; *einfacher (komplizierter)* ~ fractura *f* simple (conminuta); (*Eingeweide*⒉) hernia *f*; *eingeklemmter* ~ hernia *f* estrangulada; *sich an* ~ *zuziehen* herniarse; **2.** *Geol.* falla *f*; 🗡 hundimiento *m*; derrumbamiento *m*; *Min.* fractura *f*; *Riß, Spalt*: grieta *f*, hendidura *f*; *e-r Maschine*: avería *f*; *zu* ~ *gehen* quedar destrozado (*od.* destruido); *zu* ~ *machen* aterrizar con avería; **3.** (*Zerbrochenes*) despojos *m/pl.*, restos *m/pl.*; (*Scherben*) añicos *m/pl.*; (*zerbrochene Ware*) trozos *m/pl.* sueltos; F (*Schund*) pacotilla *f*; **4.** ⚙ fracción *f*, quebrado *m*; **5.** *fig. des Eides*: quebrantamiento *m*; *e-s Vertrages usw.*: violación *f*; *der Freundschaft usw.*: ruptura *f*; *in die Brüche gehen* malograrse; frustrarse, fracasar; (*zerbrechen*) romperse, hacerse añicos (*od.* trizas), F hacerse polvo.

Bruch...: ~**band** ✚ *n* braguero *m*; ~**belastung** *f* carga *f* de rotura; ~**bude** F *f* chabola *f*; antro *m*; ⒉**fest** *adj.* resistente a la rotura (*od.* fractura); irrompible; a prueba de rotura; ~**festigkeit** ⊕ *f* resistencia *f* a la rotura (*od.* fractura); ~**fläche** *f* superficie *f* de fractura.

brüchig *adj.* quebradizo; (*rissig*) resquebrajadizo; (*zerbrechlich*) frágil; (*bröckelig*) desmoronadizo, friable; *Lehm*: deleznable; ~*e Stimme* voz *f* cascada; ⒉**keit** *f* (0) fragilidad *f*, friabilidad *f*.

Bruch...: ~**landung** 🛬 *f* aterrizaje *m* con avería; *e-e* ~ *machen* aterrizar violentamente (*od.* con avería); ⒉**leidend** *adj.*, ~**leidende**(**r**) *m* herniado (*m*); ~**operation** ✚ *f* herniotomía *f*; ~**rechnung** *f* cálculo *m* de fracciones; ~**schaden** ✚ *m* daño *m* por rotura; ⒉**sicher** *adj.* → ⒉*fest*; ~**stein** *m* mampuesto *m*; ~**stelle** *f* punto *m* (*od.* lugar *m*) de rotura (*od.* fractura); ~**strich** ⚙ *m* raya *f* (*od.* línea *f*) de quebrado; ~**stück** *n* fragmento *m*, trozo *m* (*a. fig.*); ⒉**stückhaft** *adj.* fragmentario; ~**teil** *m* fracción *f*; *im* ~ *e-r Sekunde* en menos de un segundo, en décimas de segundo; ~**zahl** *f* número *m* fraccionario (*od.* quebrado).

Brücke *f* puente *m* († *f*) (*a.* ⚓, ⚡, *Zahn*⒉, *Ringen*, *Turnen u. fig.*); (*Teppich*) alfombra *f* pequeña; 🏛 viaducto *m*; *e-e* ~ *schlagen* (*a. fig.*) tender un puente (*über* sobre); *fig. alle* ~*n hinter sich abbrechen* quemar las naves; *j-m goldene* ~*n bauen* hacer la puente de plata a alg.

Brücken...: ~**balken** *m* viga *f* (*od.* travesaño *m*) de puente; ~**bau** *m* construcción *f* de puentes; ~**bogen** *m* arco *m*; ~**boot** *n* pontón *m*; ~**geländer** *n* pretil *m*, barandilla *f*; ~**geld** *n* → ~*zoll*; ~**joch** *n* pilotaje *m* de puente; ~**kopf** 🗡 *m* cabeza *f* de puente; ~**kran** *m* grúa *f* puente; ~**pfeiler** *m* pilar *m* (*od.* pila *f*) de puente; ~**schaltung** ⚡ *f* conexión *f* en puente; ~**steg** *m* pasarela *f*; ~**tag** *m* puente *m*; ~**tragwerk** *n* estructura *f* de sustentación del puente; ~**waage** *f* báscula *f* de puente; *für Wagenlast*: báscula *f* de plataforma; ~**wärter** *m* guardapuentes *m*; ~**zoll** *m* pontazgo *m*, peaje *m*.

Bruder *m* (-*s*; ~) hermano *m*; (*Ordens*⒉) fraile *m*; *vor den Vornamen*: fray *m*; F (*Kerl*) individuo *m*, sujeto *m*, F tío *m*; (*Vereins*⒉, *Skat*⒉ *usw.*) compañero *m*; *ein lustiger* ~, ~ *Lustig* bromista *m*, guasón *m*; P *warmer* ~ F marica *m*, P maricón *m*; F *das ist unter Brüdern 50 Mark wert* a precio de amigo le cobraré 50 marcos.

Brüderchen *n* hermanito *m*.

Bruder...: ~**krieg** *m* guerra *f* fratricida; ~**kuß** *m* beso *m* fraternal.

brüderlich *adj.* fraternal; fraterno; ~ *teilen* repartir como buenos hermanos; ⒉**keit** *f* (0) fraternidad *f*.

Bruder...: ~**liebe** *f* cariño *m* fraternal; ~**mord** *m* fratricidio *m*; ~**mörder**(**in** *f*) *m*, ⒉**mörderisch** *adj.* fratricida (*m/f*); ~**schaft** *Rel. f* congregación *f*; (*Laien*⒉) cofradía *f*, hermandad *f*.

Brüderschaft *f* (0) (con)fraternidad *f*; ~ *schließen* fraternizar, unirse fraternalmente; ~ *trinken* brindar íntima amistad, ofrecer el tú.

Bruder...: ~**volk** *n* pueblo *m* hermano, nación *f* hermana; ~**zwist** *m* discordia *f* (*od.* querella *f*) entre hermanos.

Brügge *n* Brujas *m*.

Brühe *f* (*Fleisch*⒉) caldo *m*, *gal.* consomé *m*; (*Soße*) salsa *f*; (*Saft*) jugo *m*; *desp.* (*Getränk*) calducho *m*; aguachirle *m*.

brüh|en *v/t.* escaldar; hervir; *Wäsche*: colar; ~**heiß** *adj.* muy caliente, hirviendo; ⒉**kartoffeln** *f/pl.* patatas *f/pl.* cocidas con caldo; ~**warm** *fig. adv.* ~*e Nachricht* noticia *f* fresca; *j-m et.* ~ (*wieder*)*erzählen* llevar a alg. una noticia fresca; ⒉**würfel** *m* cubito *m* de caldo.

Brüll-affe *Zoo. m* mono *m* aullador; *Arg.* carayá *m*.

brüllen I. *v/i. Löwe*: rugir; *Stier*:

Brüllen — Bücherregal

bramar; *Rind*: mugir; *Kalb*, *Kind*: berrear; (*heulen*) aullar; (*schimpfen*) vociferar; ~*des Gelächter* tempestad *f* de carcajadas; **II.** ⚥ *n* rugido *m*; mugido *m*; berrido *m*; aullido *m*; vocerío *m*; *es ist zum* ~ *es para morirse* (*od.* cascarse) de risa.

Brumm|bär *fig. m* gruñón *m*, F cascarrabias *m*; ~**baß** ♪ *m* bordón *m*; *Stimme*: bajo *m* profundo; ⚥**eln** (-*le*) *v/i.* refunfuñar.

'**brummen I.** *v/i.* (*summen*) zumbar; *Motor*: a. ronronear; *Bär*: gruñir; *Mensch*: rezongar, refunfuñar, gruñir; F (*im Gefängnis sein*) P estar a la sombra (*od.* en chirona); (*nachsitzen*) *Schüler*: quedar retenido en clase; *mir brummt der Kopf* F tengo la cabeza como una olla de grillos; **II.** ⚥ *n* zumbido *m* (*a. Motor*); gruñido *m*; refunfuño *m*.

'**Brumm|er** *m* (*Fliege*) moscardón *m*, moscón *m*; F (*Lastwagen*) camión *m* pesado; ⚥**ig** *adj.* gruñón, rezongón, regañón; ~**kreisel** *m* trompo *m* zumbador; ~**schädel** F *m* pesadez *f* bzw. dolor *m* de cabeza; (*Kater*) resaca *f*; ~**ton** ♪ *m* zumbido *m*.

'**Brunch** M (- *od.* -*es*; -*es od.* -*e*) brunch *m*.

brü'nett *adj.* moreno; ⚥**e** *f* (*Frau*) morena *f*, *Arg.* morocha *f*.

'**Brunft** *f gdw. f* (-; -*e*) *Zoo.* celo *m*, berrea *f*; ⚥**en** *v/i.* estar en celo; ⚥**ig** *adj.* en celo; ~**platz** *m* bramadero *m*; ~**schrei** *m* bramido *m*; ~**zeit** *f* época *f* de(l) celo, brama *f*.

brü'nier|en (-) ⊕ *v/t.* pavonar, bruñir; ⚥**ung** *f* pavonado *m*, bruñido *m*.

'**Brunnen** *m* pozo *m*; (*Quelle*) manantial *m*; (*Spring*⚥, *Trink*⚥) fuente *f* (*alle a. fig.*); ⚥ *aguas f/pl.* minerales; *warmer* ~ *caldas f/pl.*, *aguas f/pl.* termales; *e-n* ~ *graben* abrir un pozo; (*den*) ~ *trinken* tomar las aguas; ~**bauer** *m* pocero *m*; ~**becken** *n* pila *f*, pilón *m*; ~**kresse** ♀ *f* berro *m* de agua (*od.* de fuente); ~**kur** *f* cura *f* hidrológica (*od.* de aguas); *e-e* ~ *machen* hacer una cura de aguas, tomar las aguas; ~**rand** *m* brocal *m*; ~**röhre** *f* caño *m*; ~**wasser** *n* agua *f* de pozo bzw. de fuente.

Brunst *f* (-; -*e*) *Zoo.* celo *m*, calores *m/pl.*; *fig.* ardor *m*.

'**brünstig** *adj.* *Zoo.* en celo; *fig.* ardiente, ferviente.

brüsk *adj.* brusco; (*grob*) grosero.

brüs'kieren (-) *v/t.* desairar; provocar; dar en la cabeza (a alg.).

'**Brüssel** *n* Bruselas *f*; ~*er Spitzen* encajes *m/pl.* de Bruselas.

'**Brust** *f* (-; -*e*) pecho *m*; (*Busen*) seno *m*, F teta *f*; ⚥ *mama f*; (*Geflügel*⚥) pechuga *f* (*a. fig.*); *fig.* alma *f*, corazón *m*; ~ *an* ~ hombro a hombro; *aus voller* ~ a voz en cuello; *die* ~ *geben* dar el pecho, dar de mamar, amamantar, P dar la teta; *an der* ~ *trinken* tomar el pecho; *es auf des* ~ *haben* padecer del pecho; *j-n an die* ~ *drücken* estrechar a alg. contra el pecho; *fig. sich an die* ~ *schlagen* darse golpes de pecho; *sich in die* ~ *werfen* ufanarse, engreírse, pavonearse; ~**atmung** *f* respiración *f* costal (*od.* torácica); ~**beere** *f* yuyuba *f*; ~**bein** *n* Anat. esternón *m*; *der Vögel*: quilla *f*; ~**beklemmung** *f*, ~**beschwerden** *f/pl.* opresión *f* de pecho; ~**bild** *n*

retrato *m* de medio cuerpo; (*Büste*) busto *m*; ~**bohrer** ⊕ *m* berbiquí *m* (de pecho); ~**breite** *f* *Sport*: *um* ~ *gewinnen* ganar por un pecho; ~**drüse** *Anat. f* glándula *f* mamaria; ~**drüsen-entzündung** ♂ *f* mastitis *f*.

'**brüsten** (-*e*-) *v/refl.*: *sich* ~ pavonearse, ufanarse; vanagloriarse; *sich* ~ *mit a.* hacer ostentación (*od.* alarde) de.

'**Brust...**: ~**fell** *Anat. n* pleura *f*; ~**fell-entzündung** ♂ *f* pleuritis *f*, pleuresía *f*; ~**flosse** *Ict. f* aleta *f* pectoral; ~**harnisch** *m* peto *m*, coraza *f*; ~**höhe** *f* altura *f* del pecho; ~**höhle** *Anat. f* cavidad *f* torácica; ~**kasten** *m*, ~**korb** *m* *Anat.* caja *f* torácica, tórax *m*; ⚥**krank** *adj.* enfermo del pecho, (*schwindsüchtig*) tuberculoso, tísico; ~**krankheit** *f* enfermedad *f* del pecho; afección *f* pulmonar *bzw.* tuberculosa; ~**krebs** ♂ *m* cáncer *m* de mama; ~**kreuz** *n* *Rel.* pectoral *m*; ~**leiden** *n* → ~**krankheit**; ~**muskel** *Anat. m* (músculo *m*) pectoral *m*; ~**riemen** *m am Pferdegeschirr*: pretal *m*; ~**schild** *m* escudo *m*; ⚥**schwimmen** *v/i.* nadar a braza; ~**schwimmen** *n* (natación *f* a) braza *f*; ~**schwimmer** *m* bracista *m*; ~**stimme** *f* voz *f* de pecho; ~**stück** *n* *Geflügel*: pechuga *f*; ~**tasche** *f* bolsillo *m* interior; ~**tee** *m* tisana *f* (*od.* té *m*) pectoral; ~**ton** *m* ♪ voz *f* de pecho; *fig. im* ~ *der Überzeugung* en el tono del más profundo convencimiento; ~**tuch** *n* pechera *f*, pañoleta *f*; ~**umfang** *m* ancho *m* del pecho; perímetro *m* torácico.

'**Brüstung** *f* (*Geländer*) pretil *m*, baranda *f*; balaustrada *f*, parapeto *m*; (*Fenster*⚥) antepecho *m*.

'**Brust...**: ~**warze** *f* pezón *m*; (*männliche*) tetilla *f*; ~**wehr** ✕ parapeto *m*; ~**weite** *f* ancho *m* del pecho; ~**wirbel** *Anat. m* vértebra *f* torácica.

Brut *f* (0) (*Brüten*) incubación *f*; (*Junge*) cría *f*; camada *f*; *von Vögeln*: *a.* nidada *f*, pollada *f*; *von Fischen*: *a.* alevín *m*, freza *f*; *fig.* engendro *m*; (*Gesindel*) ralea *f*.

bru'tal *adj.* brutal.

Brutali'tät *f* brutalidad *f*.

'**Brut...**: ~**anstalt** *f* establecimiento *m* de incubación; ~**apparat** *m* incubadora *f*; ~**ei** *n* huevo *m* para incubar; *angebrütet*: huevo *m* empollado.

'**brüten** (-*e*-) **I.** *v/i.* incubar, empollar; *fig. über et.* ~ (*dat.*) meditar sobre a/c. (*büffeln*) Sch. empollar; **II.** ⚥ *n* incubación *f*; empolladura *f*. ~**d** *adj.*: *es ist* ~ *heiß* hace un calor infernal.

'**Brüter** *m* → *Brutreaktor*; *schneller* ~ reactor *m* rápido (*od.* de neutrones rápidos).

'**Brut...**: ~**henne** *f* clueca *f*; ~**hitze** *f* calor *m* achicharrante (*od.* sofocante); ~**kasten** *m* incubadora *f* (*a.* ♂); F (*heißer Ort*) horno *m*; ~**ofen** *m*, ~**schrank** *m* incubadora *f*; *Bakteriologie*: estufa *f* de cultivos; ~**reaktor** *m* reactor *m* regenerador (*od.* reproductor); ~**stätte** *f fig.* semillero *m*; ♂ foco *m*.

'**brutto** ✝ *adv.* bruto; en bruto; ⚥**betrag** *m* importe *m* bruto; ⚥**einkommen** *m* ingreso *m* bruto; ~**gehalt** *n* sueldo *m* bruto; ⚥**gewicht** *n* peso *m* bruto; ⚥**gewinn** *m* beneficio

m bruto; ganancia *f* bruta; ⚥**inlandsprodukt** *n* producto *m* interior bruto; ⚥**registertonne** *f* tonelada *f* bruta de registro; ⚥**sozialprodukt** *n* producto *m* nacional (*od.* social) bruto.

'**Brutzeit** *f* período *m* de incubación; época *f* de cría; *bsd. Henne*: cloquera *f*.

'**brutzeln** (-*le*) **I.** F *v/t.* freír; **II.** *v/i.* crepitar (al freír); chisporrotear.

'**Brutzwiebel** ♀ *f* bulbillo *m*.

Bru'yère-Pfeife *f* pipa *f* (en madera) de brezo.

Bub *reg. m.* → '**Bube** *m* (-*n*) chico *m*, muchacho *m*; chiquillo *m*, rapaz *m*; (*Bengel*) pilluelo *m*, granuja *m*; *Kartenspiel*: sota *f*; (*Schurke*) pillo *m*, pícaro *m*; ~**nstreich** *m*, ~**nstück** *n* travesura *f*, chiquillada *f*; picardía *f*, granujada *f*; (*Gaunerstück*) bellaquería *f*; canallada *f*, bribonada *f*.

Bübe'rei *f* (-; -*en*) → *Bubenstreich*.

'**Bubikopf** *m* peinado *m* (*od.* pelo *m*) a lo chico.

'**Bübi|n** *f* bribona *f*; ⚥**sch** *adj.* pícaro, granuja, pillo; (*schurkisch*) bellaco, bribón; canallesco; infame.

'**Buch** [u:] *n* (-*es*; ⚥*er*) libro *m* (*a.* ✝, *Bib.*); (*Band*) tomo *m*, volumen *m*; (*Papiermaß*) mano *f* (de papel); *Rel. das* ~ *der Bücher* la Biblia; *das* ~ *Hiob* el libro de Job; ~ *führen* (*über*) apuntar (*ac.*); ✝ *llevar la contabilidad (de)* *los libros* (de); *in die Bücher eintragen* asentar; *zu* ~ *stehen mit* estar asentado con el valor de; F *immer über den Büchern sitzen* pasarse la vida estudiando, F quemarse las cejas; *wie ein* ~ *reden* hablar como un libro (*od.* más que un sacamuelas); F *wie es im* ~ *steht* típico; por excelencia; F tal como lo pintan; *das ist mir ein* ~ *mit sieben Siegeln* es un enigma (*od.* un libro cerrado) para mí, F esto no está en mis libros; ~**abschluß** ✝ *m* cierre *m* de las cuentas; ~**ausstattung** *f* presentación *f* de un libro; ~**besprechung** *f* reseña *f* literaria; ~**binder** *m* encuadernador *m*; ~**binde'rei** *f* (*Werkstatt*) taller *m* de encuadernación; (*Gewerbe*) encuadernación *f*; ~**deckel** *m* cubierta *f*, tapa *f*.

'**Buchdruck** *m* imprenta *f*; tipografía *f*; impresión *f* tipográfica; ~**er** *m* impresor *m*; tipógrafo *m*; ~**e'rei** *f* (taller *m* de) imprenta *f*; tipografía *f*; ~**erkunst** *f* arte *f* tipográfico (*od.* de imprimir); ~**erschwärze** *f* tinta *f* de imprenta; ~**presse** *f* prensa *f* tipográfica.

'**Buch|e** [u:] ♀ *f* haya *f*; ~**ecker** *f* (-; -*n*) hayuco *m*.

'**Buch-einband** *m* cubierta *f*, tapa *f*; encuadernación *f*.

'**buchen**[1] [u:] *v/t.* ✝ contabilizar; sentar (en cuenta); *Reise usw.*: reservar; inscribirse (para un viaje); *et. als Erfolg* ~ apuntarse como un éxito a/c.

'**buchen**[2] [u:] *adj.* de haya; ⚥**holz** *n* (madera *f* de) haya *f*; ⚥**wald** *m* hayal *m*, hayedo *m*.

'**Bücher|abschluß** ✝ *m* balance *m* (*od.* cierre *m*) de los libros; ~**bord** *n*, ~**brett** *n* estante(ría *f*) *m*, anaquel *m*.

Büche'rei *f* biblioteca *f*.

'**Bücher...**: ~**freund(in**) *m* bibliófilo (-a *f*); ~**gestell** *n* estantería *f*; ~**kunde** *f* bibliografía *f*; bibliología *f*; ~**narr** *m* bibliómano *m*; ~**regal** *n* estante *m*, estantería *f*, librería *f*; ~revisor ✝ *m* revisor *m* de cuentas, *Am.* contador *m* público; ~**sammlung** *f* colección *f* de libros; biblioteca *f*; ~**schrank** *m* armario *m* para libros, librería *f*; ~**stand** *m* puesto *m* de libros; ~**stapel** *m* pila *f* de libros; ~**verzeichnis** *n* catálogo *m* de libros; índice *m*; ~**weisheit** *f* ciencia *f* libresca; ~**wurm** *m* Zoo. polilla *f*; F *fig*. F ratón *m* de biblioteca.

'**Buch...:** ~**fink** *Orn. m* pinzón *m*; ~**forderung** ✝ *f* deuda *f* activa; crédito *m* quirografario; ~**führer** *m* tenedor *m* de libros, contable *m*; *Am.* contador *m*; ~**führung** *f* teneduría *f* de libros; contabilidad *f* [*doppelte* (*einfache*) por partida doble (simple)]; ~**führungspflicht** *f* contabilidad *f* obligatoria; ~**geld** *n* dinero *m* en depósitos (*od.* en cuentas); ~**gemeinschaft** *f* club *m* del libro; círculo *m* de lectores; ~**halter** *m* → ~*führer*; ~**haltung** *f* → ~*führung*; ~**handel** *m* comercio *m* de libros; librería *f*; ~**händler** *m* librero *m*; ~**handlung** *f* librería *f*; ~**hülle** *f* guardalibros *m*; ~**hypothek** *f* hipoteca *f* sin cédula; ~**kredit** *m* crédito en cuenta; ~**laden** *m* librería *f*, tienda *f* de libros.

'**Büchlein** *n* librito *m*.

'**Buch...:** ~**macher** *m* Sport: corredor *m* de apuestas; ~**messe** *f* feria *f* del libro; ~**prüfer** *m* revisor *m* de cuentas; *vereidigter* ~ censor *m* jurado de cuentas; ~**prüfung** *f* revisión *f* de cuentas; ~**rücken** *m* lomo *m*.

'**Buchsbaum** ♀ *m* boj(e) *m*.

'**Buch...:** ~**schnitt** *m* canto *m* (de libro); ~**schuld** *f* deuda *f* activa (sentada en los libros); crédito *m* quirografario.

'**Buchse** ['¹-ksə] ⊕ *f* casquillo *m*; manguito *m*; ⚡ hembrilla *f*.

'**Büchse** ['¹-ksə] *f* 1. caja *f*; bote *m*; *aus Blech*: lata *f*; *in* ~*n füllen* ⊕ *v.* verpacken enlatar; *die* ~ *der Pandora* la caja de Pandora; 2. (*Gewehr*) carabina *f*, fusil *m* rayado.

'**Büchsen...:** ~**fleisch** *n* carne *f* en conserva (*od.* en lata); ~**gemüse** *n* verduras *f/pl.* en conserva (*od.* en lata); ~**lauf** *m* cañón *m* de carabina; ~**macher** *m* armero *m*; escopetero *m*; ~**milch** *f* leche *f* condensada; ~**öffner** *m* abrelatas *m*; ~**schuß** *m* tiro *m* de carabina; escopetazo *m*.

'**Buchstabe** *m* (-*ns*; -*n*) letra *f*; *Typ. mst. pl.* caracteres *m/pl.*, tipos *m/pl.* (de imprenta); *großer* (*kleiner*) ~ mayúscula *f* (minúscula *f*); *fetter* ~ negrilla *f*; *dem* ~*n nach* literalmente; al pie de la letra, a la letra; *bis zum letzten* ~ hasta la última letra; F *die vier* ~*n* el trasero, el mapamundi, ∨ el culo.

'**Buchstaben...:** ~**form** *Typ. f* molde *m* de letra; ~**folge** *f* orden *m* alfabético; ~**glaube** *m* ortodoxia *f*; dogmatismo *m*; ~**gleichung** &*f* ecuación *f* algebraica; ~**rätsel** *n* logogrifo *m*; ~**rechnung** *f* cálculo *m* algebraico, álgebra *f*; ~**schloß** *n* candado *m* de letras (*od.* de combinación); ~**setzmaschine** *Typ. f* máquina *f* componedora.

buchsta'bieren (-) I. *v/t.* deletrear; II. ⚤ *n* deletreo *m*.

'**buchstäblich** I. *adj.* literal; textual; II. *adv.* literalmente; textualmente;

al pie de la letra, a la letra (*a. fig.*).

'**Buchstütze** *f* sujetalibros *m*, soportalibros *m*.

'**Bucht** *f* bahía *f*, ensenada *f*, rada *f*; *kleine*: cala *f*, abra *f*; caleta *f*; *große*: golfo *m*; (*Windung*) sinuosidad *f*; ✍ *für Tiere*: box *m*; ⚤*ig adj.* ensenado, sinuoso; tortuoso.

'**Buch...:** ~**titel** *m* título *m* (de un libro); ~**umschlag** *m* sobrecubierta *f*.

'**Buchung** *f* 1. ✝ asiento *m*; contabilización *f*; (*Posten*) partida *f*; 2. *Reise usw.*: reserva *f*, inscripción *f*.

'**Buchungs...:** ~**fehler** *m* error *m* de contabilidad; ~**maschine** *f* (máquina *f*) contabilizadora *f*; ~**methode** *f* sistema *m* de contabilidad; ~**nummer** *f* número *m* de orden; ~**posten** *m* partida *f*; ~**stelle** *f* organismo *m* de contabilidad.

'**Buch...:** ~**weizen** *m* alforfón *m*, trigo *m* sarraceno; ~**wert** *m* valor *m* contable; ~**wissen** *n* saber *m* libresco; ~**zeichen** *n* Bibliothek: signatura *f*; (*Eignerzeichen*) ex libris *m*.

'**Buckel** *m* (-*s*; -) corcova *f*, gibosidad *f*; joroba *f*, giba *f*; F chepa *f*; F (*Rücken*) espalda *f*; (*Hügel*) prominencia *f*; (*Ausbauchung*) protuberancia *f*; (*Wölbung*) abombamiento *m*; *fig. e-n* ~ *machen* bajar la cabeza; *Katze*: arquear el lomo; F *j-m den* ~ *vollhauen* F moler a alg. a palos; *fig. e-n breiten* ~ *haben* tener buenas espaldas; F *fig. et. auf dem* ~ *haben* llevar a/c. a cuestas; *fig. den* ~ *hinhalten* cargar con el mochuelo; F *du kannst mir den* ~ *runterrutschen* F ¡vete a freír espárragos!

'**buck(e)lig** *adj.* corcovado, giboso, jorobado; (*gewölbt*) abombado; ⚤*e*(**r** *m*) *m/f* jorobado (-a *f*) *m*.

'**bücken** *v/refl.*: *sich* ~ bajarse; (*sich neigen*) inclinarse; (*sich ducken*) agacharse; (*untertänig*) hacer una reverencia servil; F doblar el espinazo; (*sich unterwerfen*) humillarse; (*unter e-r Last*) encorvarse por (*a. fig.*); er bückte sich nach einem Stein se agachó para coger una piedra; *gebückt gehen* ir encorvado.

'**Bück(l)ing** *m* (-*s*; -*e*) (*Räucherhering*) arenque *m* ahumado.

'**Bückling** *m* (-*s*; -*e*) (*Verbeugung*) reverencia *f*; inclinación *f*.

'**Buddel** F *f* (-; -*n*) botella *f*.

'**buddeln** (-*le*) F *v/i. u. v/t.* cavar; remover la tierra; (*Kinder*) jugar en la arena.

Bud'dhismus *m* (-; 0) budismo *m*; ~'**dhist**(**in** *f*) *m* (-*en*), ⚤'**dhistisch** *adj.* budista (*m/f*).

'**Bude** (*Verkaufs*⚤) puesto *m*, tenderete *m*; caseta *f*, F tinglado *m*; (*Schau*⚤) barraca *f* de feria; (*Hütte*) F chabola *f*; (*armselige Wohnung*) chiribitil *m*; cuchitril *m*; (*Zimmer*) cuarto *m* (modesto), *desp.* cuartucho *m*, F leonera *f*; F *die* ~ *zumachen* cerrar la tienda, el negocio, *etc.*); liquidar (*a. fig.*); F *j-m auf die* ~ *rücken* F dejarse caer, descolgarse (en casa de alg.); pedir explicaciones a alg.; *Leben in die* ~ *bringen* F llevar animación al cotarro, animar el patio; ~**nzauber** F *m* F guateque *m*; F juerga *f*.

Bud'get [by'dʒeː] *n* (-*s*; -*s*) presupuesto *m*; *et. im* ~ *vorsehen* incluir en el presupuesto; ~**beratung** *f* discu-

sión *f* del presupuesto.

Bu'dike F *f* taberna *f*, P tasca *f*.

Bü'fett [by'feː] *n* (-*s*; -*s*) (*Möbel*) aparador *m*, *Neol.* bufete *m*; (*Schenktisch*) mostrador *m*; (*Bahnhofswirtschaft*) cantina *f*; *kaltes* ~ buffet *m* frío; ~**fräulein** *n* empleada *f* del mostrador.

'**Büffel** *m* búfalo *m*; ~**leder** *n* piel *f* de búfalo; ⚤**n** F (-*le*) *v/i. Sch.* F empollar, quemarse las cejas, P pencar.

'**Buffo** ♪ *m* (-*s*; -*s*) bufo *m*.

'**Bug** *m* (-*s*; -*e*) ⚓ proa *f*; ✈ morro *m*; *Zoo.* (*hintere Kniebeuge*) corva *f*, *der Vierfüßler*: corvejón *m*; (*Vorder*⚤) *des Pferdes*: codillo *m*; *Kochk.* espaldilla *f*; ~**anker** ⚓ *m* ancla *f* de leva.

'**Bügel** *m* arco *m* (*a.* ⊕); (*Steig*⚤, ⊕, ✍) estribo *m*; (*Kleider*⚤) percha *f*, colgador *m*; (*Stromabnehmer*) trole *m*; (*Handgriff*) asa *f*, manija *f*; (*Klammer*) abrazadera *f*; *Gewehr*: guardamonte *m*; *der Brille*: varilla *f*; ~**automat** *m* planchadora *f* automática; ~**brett** *n* tabla *f* (*od.* mesa *f*) de planchar; ~**eisen** *n* plancha *f*; ~**falte** *f* raya *f* del pantalón; ⚤*frei adj.* no necesita plancha; ~**horn** ♪ *n* fiscorno *m*, flicorno *m*; ~**maschine** *f* máquina *f* de planchar, planchadora *f* (automática); ⚤**n** (-*le*) *v/t.* planchar; (*Naht*) sentar; ~**n** *n* planchado *m*; ~**riemen** *m* ación *f*; ~**säge** *f* sierra *f* de arco; ~**wäsche** *f* planchado *m*.

'**Bugfigur** ⚓ *f* mascarón *f* de proa.

'**Buggy** *m* (-*s*; -*s*) (*Kinderwagen*) cochecito *m* (plegable).

'**bug|lahm** *adj. Pferd*: deslomado, despaldillado; ~**lastig** ✈ *adj.* cargado de proa.

'**Bügler**(**in** *f*) *m* planchador(a *f*) *m*.

Bug'sier|dampfer *m* remolcador *m*; ⚤**en** (-) *v/t.* remolcar; sirgar; ~**leine** *f* cable *m* de remolque.

'**Bug|spriet** ⚓ *n* bauprés *m*; ~**welle** *f* ola *f* de proa.

'**buhen** F *v/i.* F patear; abuchear.

'**Buhl|e** *m/f Liter.* galán *m*; amante *m/f*; ⚤**en** *v/i. Liter.* hacer el amor, requebrar, galantear, cortejar; *fig. um et.* ~ pretender a/c. (con ahínco), aspirar a; *um j-s Gunst* ~ mendigar el favor de alg.; ~**e'rei** *f Liter.* amorío *m*, galanteo *m*; ~**erin** *f Liter.* cortesana *f*, mujer *f* galante; *Bib.* adúltera *f*; ⚤**erisch** *adj.* galanteador, galante.

'**Buhmann** F *m* F bu *m*; coco *m*.

'**Buhne** *f* espigón *m*; escollera *f*; rompeolas *m*.

'**Bühne** *f allg.* teatro *m*, *fig.* tablas *f/pl.*; (*Gerüst*) tablado *m*; (*Redner*⚤) tribuna *f*; ⊕ plataforma *f*; *Thea.* escenario *m*, escena *f* (*a. fig.*); *auf der* ~ en escena; *hinter der* ~ entre bastidores (*a. fig.*); *auf die* ~ *bringen* poner en escena, escenificar; *über die* ~ *gehen* ser representado, representarse; *zur* ~ *gehen* dedicarse al teatro, hacerse actor *bzw.* actriz; *fig. von der* ~ *abtreten* desaparecer de la escena.

'**Bühnen...:** ~**anweisung** *f* indicación *f* escénica; acotación *f*; ~**arbeiter** *m* tramoyista *m*; ~**ausstattung** *f* decorado *m*, decoración *f*; ~**bearbeitung** *f* adaptación *f* escénica, escenificación *f*; ~**bild** *n* decorado *m*, escenografía *f*; ~**bildner** *m* escenógrafo *m*; ~**dichter** *m* autor *m* dramático; ~**dichtung** *f* poesía *f* dramática; (*Stück*) obra *f* dramática; ~**eingang**

Bühnenerfolg — Bürgerpflicht

m entrada *f* de artistas; ~erfolg *m* éxito *m* teatral; ⒉fähig *adj.* representable; ~fähigkeit *f* teatralidad *f*; ~fassung *f* versión *f* escénica; ~held(in *f*) *m* héroe *m*, heroína *f* (de una obra teatral); ~kritiker *m* crítico *m* teatral; ~kunst *f* arte *m* escénico, teatro *m*; ~laufbahn *f* carrera *f* teatral; ~maler *m* escenógrafo *m*; ~malerei *f* escenografía *f*; ~maschinerie *f* tramoya *f*; ~meister *m* director *m* de escena; ~raum *m* escenario *m*; ~rechte *n/pl.* derechos *m/pl.* de representación; ~stück *n* pieza *f* de teatro; ~technik *f* escenotécnica *f*; ⒉technisch *adj.* teatral, escénico; ~wände *f/pl.* bastidores *m/pl.*; ~werk *n* obra *f* dramática; pieza *f* teatral; ~wirksamkeit *f*, ~wirkung *f* efecto *m* teatral (*od.* escénico).

'**Bukarest** *n* Bucarest *m*.

Bu'kett *n* (-*e*s; -*s od.* -*e*) ramillete *m*; *des Weins*: aroma *m*, buqué *m*.

Bu'lette *f* albóndiga *f*.

Bul'gar|e *m* (-*n*), ~**in** *f* búlgaro (-a *f*) *m*; ~**ien** *n* Bulgaria *f*; ⒉**isch** *adj.* búlgaro.

'**Bull|auge** ⚓ *n* portilla *f*, ojo *m* de buey; ~**dog** *m* (*Zugmaschine*) tractor *m*; ~**dogge** *f* buldog *m*; ~**dozer** *m* niveladora *f*, *angl.* buldozer *m*.

'**Bulle**[1] *m* (-*n*) toro *m*; F *fig.* atleta *m*, hombre *m* fornido; P *desp.* (*Polizist*) F polizonte *m*.

'**Bulle**[2] *f* bula *f*; *päpstliche* ~ bula *f* pontificia.

'**Bullen|beißer** *m* perro *m* de presa; ~**hitze** F *f* calor *m* achicharrante (*od.* sofocante), F horno *m*; ~**kalb** *n* ternero *m*, becerro *m*.

'**bullern** (-*re*) F *v/i.* *Ofen*: crepitar.

Bulle'tin [byl'tɛ̃] *n* (-*s*; -*s*) boletín *m*.

'**bullig** *adj.* fornido, F fortote.

bum! *int.* ¡pum!

'**Bumerang** *m* (-*s*; -*e*) bumerang *m*, bumerán *m*.

'**Bummel** F *m* paseo *m* ocioso; callejeo *m*; F garbeo *m*; *e-n* ~ *machen* darse un garbeo, andar de parranda; callejear; *auf den* ~ *gehen* F ir de (*od.* correr una) juerga.

Bumme|'lant F *m* (-*en*) → *Bummler*; ~'**lei** *f* (*Nachlässigkeit*) negligencia *f*; (*Faulenzen*) gandulería *f*, holgazanería *f*; (*Trödeln*) roncería *f*.

'**bummelig** *adj.* (*nachlässig*) negligente, descuidado; (*langsam*) tardo, lento; (*faul*) gandul; ⒉**leben** *n* vida *f* ociosa; ~**n** (-*le*) *v/i.* (*schlendern*) callejear, vagar; (*nichts tun*) holgazanear, gandulear; (*trödeln*) remolonear; roncear; ser lento; trabajar con lentitud; ~ *gehen* (*sich amüsieren*) F ir de juerga (*od.* de parranda); ~**streik** *m* huelga *f* de celo; ⒉**zug** *m* tren *m* ómnibus, F tren *m* botijo (*od.* carreta).

'**Bumm|ler** *m* (*Straßen*⒉) callejero *m*; F azotacalles *m*; (*Nichtstuer*) holgazán *m*, gandul *m*; (*Lebemann*) juerguista *m*, parrandero *m*; (*Trödler*) remolón *m*; ⒉**lig** *adj.* → *bummelig*.

'**bums! I.** *int.* ¡pum!; ¡zas!; ¡cataplum!; **II.** ⒉ F *m beim Hinfallen*: batacazo *m*; ~**en** (-*t*) *v/i.* **1.** estrellarse contra; dar contra; (*krachen*) estallar; crujir; **2.** V (*koitieren*) V joder; ⒉**lokal** F *n* tasca *f* de mala fama.

Bund 1. *n* (-*e*s; *-e*) haz *m*; *Schlüssel*, *Möhren usw.*: manojo *m*; *Zwiebeln*: ristra *f*; **2.** *m* (-*e*s; *⁺e*) *Schneiderei*: cintura *f*; (*Hosen*⒉) pretina *f*; ⊕ *e-r Welle*: collar *m*; ♪ traste *m*; *fig.* unión *f*, vínculo *m*; (*Bündnis*) alianza *f*; (*Staaten*⒉) (con)federación *f*; (*parteipolitisch*) coalición *f*; (*Bundesrepublik*) República *f* Federal; (*Verband*) asociación *f*, liga *f*, organización *f*; (*Vertrag*) pacto *m*; *Rel. der Alte* (*Neue*) ~ el Antiguo (Nuevo) Testamento; *im* ~*e mit* aliado con, en unión con; coaligado con; *e-n* ~ *schließen mit* confederarse con; aliarse con; hacer un pacto con; *den* ~ *fürs Leben schließen* casarse.

'**Bündchen** *n am Ärmel*: puño *m*.

'**Bündel** *n* lío *m*; (*Paket*) envoltorio *m*; *Kleider*: hato *m*; *Holz*, *Stroh*: haz *m*; *Akten*: legajo *m*; *Wolle*, *Garn*: madeja *f*; *Ähren*: gavilla *f*; *Banknoten*: fajo *m*; *Anat.* fascículo *m*, ✝ paquete *m*; (*Ballen*) fardo *m*; *fig. sein* ~ *schnüren* liar el hato (*od.* el petate); ⒉**n** (-*le*) *v/t.* hacer paquetes de; enfard(el)ar; atar en líos (fardos, *etc.*); ⒉**weise** *adv.* en paquetes *bzw.* haces *od.* fardos.

'**Bundes...**: *in Zssgn* federal; ~**bahn** *f* Ferrocarriles *m/pl.* Federales; ~**behörde** *f* autoridad *f* federal; ~**bruder** *m Uni.* miembro *m* de una asociación estudiantil; ~**bürger** *m* ciudadano *m* de la República Federal (de Alemania); ⒉**deutsch** *adj.* germanofederal; ~**ebene** *f*: *auf* ~ a nivel federal; ~**gebiet** *n* territorio *m* federal; ~**genosse** *m* confederado *m*; aliado *m*; ~**gericht** *n* Tribunal *m* Federal; ~**gerichtshof** *m* Tribunal *m* Federal Supremo; ~**grenzschutz** *m* Policía *f* Federal de Fronteras; ~**kanzler** *m* canciller *m* federal; ~**kanzler-amt** *n* cancillería *f* federal; ~**kriminal-amt** *n* Oficina *f* Federal de Investigación Criminal; ~**lade** *f Bib.* arca *f* de la alianza (*od.* del testamento); ~**land** *n* land *m*; *die alten* / *neuen Bundesländer los estados federales de la RFA antes de la unificación* / *de la antigua RDA*; ~**liga** *f Sport*: primera división *f*; ~**post** *f* Correos *m/pl.* Federales; ~**präsident** *m* Presidente *m* de la República Federal; ~**rat** *m* Consejo *m* Federal; *Parl.* Cámara *f* Alta de la República Federal, Bundesrat *m*; ~**regierung** *f* Gobierno *m* Federal; ~**republik** *f* **Deutschland** República *f* Federal de Alemania; ~**staat** *m einzelner*: Estado *m* (con)federado (*od.* federal); *Gesamtheit der einzelnen*: (con)federación *f*; ⒉**staatlich** *adj.* federal; federativo; ~**straße** *f* carretera *f* federal (*Span.* nacional); ~**tag** *m* Parlamento *m* Federal, Bundestag *m*; *Hist.* Dieta *f* federal; ~**verfassung** *f* Constitución *f* Federal; ~**verfassungsgericht** *n* Tribunal *m* Constitucional de la República Federal; ~**wehr** ✕ *f* Ejército *m* (federal).

'**bündig** *adj.* (*überzeugend*) convincente; terminante, concluyente, *Stil*, *Rede*: conciso, sucinto; ⊕ (*fluchtrecht*) enrasado, ras con ras; ⒉**keit** *f* (*0*) precisión *f*; concisión *f*.

'**bündisch** *adj.* (con)federado; asociativo; corporativo; federal.

'**Bündnis** *n* (*-ses*; *-se*) alianza *f*, liga *f*; ~**grüne** (*r*) *m*/*f Pol.* afiliado (-a *f*) a la Unión de los Verdes; ~**politik** *f* política *f* de alianzas (*od.* de alineamiento); ~**vertrag** *m* tratado *m* de alianza.

'**Bundweite** *f* cintura *f*.

'**Bungalow** *m* (-*s*; -*s*) bungalow *m*, *gal.* chalé *m*, chalet *m*.

'**Bungee-Springen** *n* puenting *m*.

'**Bunker** *m* ⚓ (*Kohlen*⒉) pañol *m* (de carbón); (*Schutzraum*) refugio *m*, bunker *m* (*a.* Golf); ✕ fortín *m*; (*Luftschutz*⒉) refugio *m* antiaéreo; (*Behälter*) depósito *m*, silo *m*; ⒉**n** *v/t.* ⚓ tomar carbón *bzw.* combustible.

'**Bunsenbrenner** *m* mechero *m* Bunsen.

'**bunt** *adj.* en colores; de (varios) colores, multicolor, policromo; policromado; F variopinto (*a. fig.*); (~**gefleckt**) pintado; (*scheckig*) abigarrado; (*grell*) llamativo, chillón; (*marmoriert*) jaspeado; (*gesprenkelt*) mosqueado; punteado; *fig.* confuso, abigarrado; (*abwechslungsreich*) variado; animado; *e-e* ~*e Menge* una multitud abigarrada; ~*er Abend* velada *f* artística; ~*e Unterhaltung* (*Kabarett*, *Radio usw.*) programa *m* de variedades; ~*es Allerlei* de todo un poco; ~*es Treiben* animación *f*, F jarana *f*, jaleo *m*; ~*e Reihe machen* alternar damas y caballeros; ~*e Platte* surtido *m* de fiambres; F *das wird mir doch zu* ~ esto ya pasa de castaño oscuro; F *er treibt es zu* ~ se excede, se pasa de la raya; ~ *durcheinander* sin orden ni concierto, todo revuelto; ⒉**druck** *m* impresión *f* en colores; cromotipia *f*; *auf Stoff*: estampación *f* multicolor; ~**gefiedert** *adj.* de plumaje multicolor; ⒉**heit** *f* (*0*) policromía *f*; variedad *f* de colores; abigarramiento *m*; *fig.* variedad *f*; ⒉**metall** *n* metal *m* no férreo; ⒉**papier** *n* papel *m* de colores; ⒉**sandstein** *m* arenisca *f* abigarrada (*od.* de color); ~**scheckig** *adj.* abigarrado; ~**schillernd** *adj.* irisado; tornasolado; opalino; ⒉**specht** *Orn. m* pico *m* picapinos; ⒉**stift** *m* lápiz *m* de color.

'**Bürde** *f* carga *f* (*a. fig.*); peso *m* (*a. fig.*); *unter der* ~ *der Jahre* bajo el peso de los años; *j-m e-e* ~ *auferlegen* imponer una carga a alg.

'**Bure** *m* (-*n*) bóer *m*; ~**nkrieg** *m* guerra *f* de los bóeres.

Bü'rette 🧪 *f* bureta *f*.

Burg *f* castillo *m*; (*Festung*) fortaleza *f*, fuerte *m*; *fig.* refugio *m*.

'**Bürge** *m* (-*n*) fiador *m*; garante *m*; *e-n* ~ *n stellen* dar fiador; ⒉**n** *v/i.* fiar; *für j-n* ~ salir fiador de alg.; responder de alg.; avalar a alg.; *für et.* ~ garantizar (*od.* avalar) a/c.; *mit s-m Wort* ~ empeñar su palabra.

'**Bürger** *m*, ~**in** *f allg.* ciudadano (-a *f*) *m*; (*Stadtbewohner*) vecino (-a *f*) *m*; *weit S.* habitante *m*; (*Angehöriger des Mittelstandes*) burgués *m*; ~**initiative** *f* iniciativa *f* (*od.* campaña *f*) ciudadana; ~**krieg** *m* guerra *f* civil; ~**kunde** *f* instrucción *f* cívica.

'**bürgerlich** *adj.* civil; cívico; (*soziologisch*) de la clase media; burgués; *desp.* plebeyo; *Hist.* (*nicht adlig*) villano; ~*e Küche* cocina *f* casera; ⒉**e**(*r*) *m*) *m/f*: *die* ~*n* la clase media; la burguesía.

'**Bürger...**: ~**meister** *m Span.* alcalde *m*; *Deutschland*: burgomaestre *m*; *Am.* intendente *m* municipal; *Span. stellvertretender* ~ teniente *m* de alcalde; ~**meister-amt** *n* alcaldía *f*; ⒉**nah** *adj.* cerca del pueblo; ~**pflicht**

f deber *m* cívico (*od.* ciudadano); ~recht *n* (derecho *m* de) ciudadanía *f*; derecho *m* ciudadano; ~schaft *f* burguesía *f*; *e-r Stadt*: vecindario *m*; ~sinn *m* civismo *m*, espíritu *m* cívico; ~stand *m* clase *f* media; burguesía *f*; ~steig *m* acera *f*, *Arg.* vereda *f*; ~stolz *m* orgullo *m* cívico; ~tum *n* (-s; 0) ciudadanía *f*; (*Stand*) clase *f* media (*od.* burguesa); ~verein *m* asociación *f* cívica; ~wehr *f* milicia *f* (popular); *m Katalonien*: somatén *m*.
'Burg...: ~frau *f* castellana *f*; ~friede *m Pol.* tregua *f* política; ~graben *m* foso *m* (del castillo); ~graf *m* burgrave *m*; ~grafschaft *f* burgraviato *m*; ~herr *m* castellano *m*.
'Bürgschaft *f* fianza *f*, caución *f* (*a.* ⚖); (*Sicherheit*) seguridad *f*; garantía *f*; ~ leisten afianzar; garantizar; dar (*od.* prestar) fianza *bzw.* garantía (*für por*); *für e-n Wechsel*: avalar; ⚖ depositar una fianza; caucionar; *gegen ~ freilassen* poner en libertad bajo fianza.
'Bürgschafts...: ~leistung *f* prestación *f* de fianza; ~provision *f* ✝ comisión *f* por garantía bancaria; ~schein *m* ✝ garantía *f*; ⚖ escritura *f* de fianza; ~summe *f* caución *f*, cuantía *f* de la fianza (*a.* ⚖); ~wechsel *m* letra *f* avalada.
Bur'gund *n* Borgoña *f*; ~er(in *f*) *m*, ℒisch *adj.* borgoñón (*m*), borgoñona (*f*); ~er(wein) *m* borgoña *m*.
'Burg...: ~verlies *n* mazmorra *f*; ~vogt *m* alcaide *m*; castellano *m*; ~warte *f* vigía *f*.
bur'lesk *adj.* burlesco, jocoso; ℒe *f Thea.* farsa *f*, juguete *m* cómico.
'Burnus *m* (-ses; -se) albornoz *m*; chilaba *f*.
Bü'ro *n* (-s; -s) oficina *f*; despacho *m*; ~angestellte(r *m*) *m/f* empleado (-a *f*) *m* de oficina, oficinista *m/f*; F *desp.* chupatintas *m*; ~bedarf *m*, ~bedarf-artikel *m/pl.*) *m* artículos *m/pl.* de escritorio, material *m* de oficina; ~diener *m* ordenanza *m*; ~haus *n* edificio *m* de oficinas; ~klammer *f* sujetapapeles *m*; clip *m*.
Büro|'krat *m* (-en) burócrata *m*; ~kra'tie *f*; ~kra'tismus *m* (-; 0) burocratismo *m*; (*Amtsschimmel*) expedienteo *m*, formalismo *m* burocrático; ℒ'kratisch *adj.* burocrático; *desp.* oficinesco.
Bü'ro...: ~möbel *n/pl.* muebles *m/pl.* de oficina (*od.* de escritorio); ~schluß *m* (hora *f* de) cierre *m* (de la oficina); ~stunden *f/pl.* horas *f/pl.* de oficina; ~vorsteher *m* jefe *m* (*od.* encargado *m*) de oficina.
'Bürsch|chen, ~lein *n* mozuelo *m*; F chaval *m*; *desp.* golfillo *m*.
'Bursche *m* (-n) muchacho *m*, chico *m*, joven *m*, mozo *m*; F pollo *m*; (*Kerl*) individuo *m*, F tío *m*; *Sch.* estudiante *m* veterano (de una asociación); ⚔ (*Offiziers*ℒ) asistente *m*; *desp. ein sauberer ~* F una buena pieza; *ein strammer ~* un buen mozo; *ein kluger ~* un chico listo; *ein seltsamer ~* F un bicho raro; *ein übler ~* un mal sujeto, P un tipo de cuidado.
'Burschen|herrlichkeit *f* años *m/pl.* dorados de la vida estudiantil; ~schaft *f* asociación *f* de estudiantes.
burschi'kos *adj.* desenvuelto; campechano; sin cumplidos.
'Bürste *f* cepillo *m*; ⚡ escobilla *f*; *Typ.* broza *f*, bruza *f* (*a. Pferde*ℒ); ℒn (-e-) *v/t.* cepillar; *sich die Haare ~* cepillarse el pelo.
'Bürsten...: ~abzug *Typ. m* prueba *f* a la broza, primera prueba *f*; ~binder *m* fabricante *m* de cepillos; brucero *m*; ~halter ⚡ *m* portaescobillas *m*; ~schnitt *m* (*Frisur*) pelo *m* de cepillo; ~walze *f* cepillo *m* rotativo, cilindro *m* cepillador; ~waren *f/pl.* cepillería *f*.
'Bürzel *m Vogel:* rabadilla *f*; *Geflügel: a.* obispillo *m*; ~drüse *f* glándula *f* uropigial.
'Bus F *m* (-ses; -se) bus *m*; *in Zssgn →* Autobus.
'Busch *m* (-es; ¨-e) mata *f*; (*Urwald*) selva *f*; (*Strauch*) arbusto *m*; (*Gestrüpp*) matorral *m*, maleza *f*; (*Feder*ℒ) penacho *m*; (*Haar*ℒ) mechón *m*; *fig. auf den ~ klopfen* tantear el terreno; F *fig. sich (seitwärts) in die Büsche schlagen* F escurrir el bulto; F *fig. hinter dem ~ halten* ocultar sus intenciones.
'Büschel *n* (*Bündel*) haz *m*; (*Quaste*) borla *f*; (*Gras usw.*) manojo *m*; (*Blumen*) ramillete *m*, (*Franse*) fleco *m*; (*Haare*) mechón *m*; (*Traube*) racimo *m*; (*Federn*) penacho *m*; ⚛, *Anat.* fascículo *m*; ~ℒ escobilla *f*; ~entladung ⚡ *f* descarga *f* en penacho; ℒförmig *adj.* ⚛ fascicular; ℒweise *adv.* en haces.
'Busch...: ~hemd *n* sahariana *f*; *Am.* guayabera *f*; ~holz *n* monte *m* bajo; ℒig *adj.* espeso, tupido; (*voll Gebüsch*) matoso; (*Laub*) frondoso; *Augenbrauen, Schwanz:* poblado; ~mann *m* bosquimano *m*; ~messer *n* machete *m*; ~neger *m* negro *m* cimarrón; ~werk *n* maleza *f*, matorral *m*, breñal *m*; ~windrös-chen ⚘ *n* anemona *f*, anémona *f*, anemone *f*.
'Busen *m* 1. pecho *m*; seno *m* (*beide a. fig.*); *fig. a.* corazón *m*; *im ~ hegen* abrigar en su corazón; 2. (*Meer*ℒ) golfo *m*; bahía *f*, ensenada *f*; ~freund(in *f*) *m* amigo (-a *f*) *m* íntimo (-a).
'Bus|fahrbahn *Vkw. f* carril-bus *m*; ~fahrer *m* conductor *m* de autobús; ~haltestelle *f* parada *f* de autobuses; ~linie *f* línea *f* de autobús; ~spur *f →* ~fahrbahn.
'Bussard *Zoo. m* (-s; -e) ratonero *m*, buharro *m*.
'Buße *f Rel.* penitencia *f*; (*Reue*) arrepentimiento *m*; contrición *f*; (*Strafe*) sanción *f*; (*Geld*ℒ) multa *f*; *~ tun* hacer penitencia.
'büßen (-t) *v/t. u. v/i.* expiar (*für et. a/c.*); (*Buße tun*) hacer penitencia; (*bereuen*) arrepentirse; (*Strafe erleiden*) sufrir una pena, ser castigado por; (*Geld*) pagar una multa; (*wiedergutmachen*) reparar; *fig.* pagar por, sufrir; *er büßte es mit s-m Leben* lo pagó con su vida; *das sollst du mir ~* me las pagarás.
'Büßer *m*, ~in *f* penitente *m/f*; ~gewand *n* sayo *m*, hábito *m* de penitencia; ~hemd *n* cilicio *m*; *der Ketzer:* sambenito *m*.
'buß...: ~fertig *adj.* penitente; arrepentido; (*geknickt*) contrito; ℒfertigkeit *f* arrepentimiento *m*; contrición *f*; ℒgeld *n* multa *f*.
Bus'sole ⌖ *f* brújula *f*.
'Buß...: ~predigt *f* exhortación *f* a penitencia; sermón *m* cuaresmal; ~tag *m* día *m* de penitencia; *Buß- und Bettag* (I.P.) día *m* de arrepentimiento y oración.
'Büste *f* busto *m*; *Phot.* retrato *m* de medio cuerpo; ~nhalter *m* sostén *m*, sujetador *m*; *Am.* brasier *m*.
Bu'tan ⚗ *n* (-s; 0) butano *m*; ~gas *n* gas *m* butano.
Butt *Ict. m* (-¢s; -¢) rodaballo *m*.
'Bütte *f* cuba *f*; tina *f*, tinaja *f*; (*Faß*) pipa *f*; tonel *m*.
'Büttel *m* alguacil *m*; *desp.* esbirro *m*.
'Büttenpapier *n* papel *m* de tina (*od.* de mano).
'Butter *f* (0) mantequilla *f*, *Am.* manteca *f*; *mit ~ bestreichen* untar con mantequilla; F *alles in ~* todo está arreglado; F *eso va que chuta*; ~birne *f* pera *f* de agua; ~blume ⚘ *f* diente *m* de león; ~brot *n* (rebanada *f* de) pan *m* con mantequilla; bocadillo *m*, P bocata *f*; *fig.* F *für ein ~ (kaufen)* F (comprar) por un pedazo de pan; *für ein ~ (arbeiten)* (trabajar) por un mendrugo (*od.* una miseria); ~brotpapier *n* papel *m* parafinado; ~dose *f* mantequera *f*; ~maschine *f* mantequera *f*; ~messer 1. *n* cuchillo *m* para manteca; 2. *m* ⚒ butirómetro *m*; ~milch *f* suero *m* de mantequilla, leche *f* de manteca; ℒn 1. *v/i.* transformarse en mantequilla; 2. *v/t.* mazar; batir la leche; (*bestreichen*) untar con mantequilla; F *fig. Geld in et. ~* invertir dinero en a/c.; ~säure ⚒ *f* ácido *m* butírico; ~schmalz *n* mantequilla *f* derretida; ~schnitte *f →* ~brot; ~soße *f* manteca *f* derretida; ℒweich *adj.* blando como manteca; *fig.* blandengue.
'Büttner *reg. m* tonelero *m*.
Bu'tyl-alkohol ⚗ *m* alcohol *m* butílico.
'Butze|mann *m* duende *m*; coco *m*; ~nscheibe *f* cristal *m* abombado (y emplomado).
'Buxe *reg. f* pantalón *m*.
'Bypass *m* (-; -pässe) ⚕ bypass *m*; ~Operation *f* ⚕ injerto *m* de un bypass.
Byte *n* (- *od.* -s; - *od.* -s) byte *m*.
byzan|'tinisch *adj.* bizantino; ℒ'tinismus *m* (-; 0) bizantinismo *m*.
By'zanz *n* Bizancio *m*.

C

C, c n C, c f; siehe auch unter Buchstaben K, Sch u. Z; ♪ n do m; hohes ~ (des Tenors) do de pecho; **C-Dur** n do m mayor; **c-Moll** n do m menor; **~Schlüssel** m clave f de fa.
Ca'fé n (-s; -s) café m.
Cafete'ria f (-; -s) cafetería f.
'Call|boy m (-s; -s) call-boy m; **~girl** n (-s; -s) call-girl f.
'Camcorder m (-s; -) camcórder m.
'cam|pen v/i. acampar; hacer camping; **⁀per** m acampador m, campista m; **⁀ping** n camping m; **⁀ping-ausrüstung** f equipo m de camping; **⁀pingplatz** m lugar m de acampamento; camping m; **⁀pus** m campus m (od. recinto m) universitario.
'canceln (-le) v/t. cancelar.
Cape n (-s; -s) capa f.
Cappuc'cino m (-s; -s) (café m) capuchino m.
'Cäsar m César m.
Cä'saren|herrschaft f, **~tum** n cesarismo m.
cä'sarisch adj. cesáreo; cesariano.
'Casting n (-s; -s) reparto m, casting m.
'Catering n (-s; 0) catering m.
CD [tse'de] f (-; -s) CD m.
C'D-Brenner m grabadora f de CD.
CD-'ROM f (-; - od. -s) CD-ROM m, cederrón m; **~-Laufwerk** n lector m (de) CD-ROM.
C'D-Spieler m (reproductor m de) CD m.
Cel'list(in f) ♪ m (-en; -en) violonc(h)elista m/f.
'Cello ♪ n (-s; -s od. Celli) violonc(h)elo m.
Cello'phan n (-s; 0) celofán m.
'Celsius m: Grad ~ grado m centigrado (Abk. C°).
Cemba'list(in f) m (-en; -en) clavicembalista m/f.
'Cembalo n (-s; -s od. -bali) clavicémbalo m, clave m.
Ce'rankochfeld n cocina f de vitrocerámica.
'Ces ♪ n do m bemol.
Ce'tanzahl Kfz. f índice m de cetano.
Ceylo|n n Ceilán m; **~'nese** m, **⁀'nesisch** adj. ceilanés (m) cingalés (m).
Chaise'longue f (-; -n od. -s) diván m, meridiana f.
Cha'mäleon Zoo. n (-s; -s) camaleón m.
cha'mois adj. color gamuza; **⁀(leder)** n gamuza f.
Cham'pagner m champaña m, champán m.
'Champignon ♣ m (-s; -s) champiñón m.
'Chance f oportunidad f, ocasión f;

posibilidad f; probabilidad f (de éxito); (Aussicht) perspectiva f; gute ~n bieten ofrecer buenas perspectivas; j-m e-e ~ geben dar una oportunidad a alg.; **~ngleichheit** f igualdad f de oportunidades.
chan'gieren (-) v/i. (wechseln) cambiar; (schillern) irisar, tornasolar.
Chan'so|n n (-s; -s) canción f; cuplé m; **~'nette** f cupletista f.
'Chaos n (-; 0) caos m.
Cha'ot|e Pol. m (-n) anarcocaótico m; **⁀isch** adj. caótico.
Cha'rakter m (-s; -e) carácter m; (Art) a. naturaleza f, índole f; (Veranlagung) idiosincrasia f, condición f; (sittliche Stärke) entereza f, firmeza f de carácter; ein Mann von ~ un hombre de carácter; **~bild** n retrato m moral; semblanza f; **⁀bildend** adj. formativo del carácter; **~bildung** f formación f del carácter; **~darsteller(in** f) m característico (-a f) m; actor m (actriz f) de carácter; **~fehler** m vicio m de carácter; debilidad f (de carácter); **⁀fest** adj. entero, de carácter firme; **~festigkeit** f entereza f, firmeza f de carácter.
charakteri'sier|en (-) v/t. caracterizar; **⁀ung** f caracterización f.
Charakte'risti|k f (-; -en) característica f (a. ⊕); descripción f bzw. análisis m del carácter; **~kum** n (-s; -ka) característica f; **⁀sch** adj. característico, típico (für de).
Cha'rakter...: ~kunde f caracterología f; **⁀los** adj. sin (od. falto de) carácter; sin principios (morales); **~losigkeit** f (0) falta f de carácter; **~rolle** Thea. f papel m de carácter; **~schilderung** f descripción f del carácter; caracterización f; **~schwäche** f debilidad f de carácter; **~stärke** f fuerza f de carácter; entereza f; **~zug** m rasgo m característico.
'Charge f (Amt) cargo m; ✕ grado m, graduación f; ⊕ carga f; Thea. papel m secundario; **~n** f/pl. (Unteroffiziere) clases f/pl. (de tropa); **~ndarsteller** Thea. m actor m secundario.
char'gier|en (-) v/t. ⊕ cargar; Thea. representar un papel secundario; Verbindungsstudent: vestir(se) de gala; **⁀te(r)** m Uni. directivo de una asociación estudiantil.
Cha'ris|ma n (-; -en od. -ata) carisma m; **⁀matisch** adj. carismático.
char'mant adj. encantador; atractivo, agradable.
'Charme m (-s; 0) encanto m; atractivo m; salero m, donaire m; ~ haben F tener ángel.
'Charta Pol. f (-; -ae) carta f.
'Charter|flug m vuelo m chárter (od.

fletado); **~maschine** f avión m chárter (od. fletado); **⁀n** (-re) v/t. fletar; **~partie** ♀, ♃ f póliza f de fletamento; **~ung** f fletamento m; **~vertrag** m contrato m de fletamento.
Chas'sis n (-; -) Kfz., Radio: chasis m, bastidor m.
Chat m (-s; -s) Internet: charla f (por Internet), chat m; **⁀ten** v/i. charlar (por Internet), chatear.
Chauf'feur m (-s; -e) conductor m, chófer m.
Chaus'see f carretera f (asfaltada).
Chauvi'nismus m (-; 0) patriotería f; gal. chauvinismo m; **~'nist(in** f) m (-en), **⁀'nistisch** adj. patriotero (-a f) m, gal. chauvinista (m/f).
'checken v/t. (kontrollieren) revisar, chequear; F (verstehen) captar, coger.
'Chef m (-s; -s) jefe m; ♀ a. principal m; (Arbeitgeber) patrón m; F mandamás m; **~arzt** m médico-jefe m; **~dolmetscher** m intérprete m jefe; **~in** f jefa f; **~ingenieur** m ingeniero-jefe m; **~redakteur** m redactor m jefe; **~sekretärin** f secretaria f de dirección.
Che'mie f (0) química f; anorganische (organische) ~ química f inorgánica (orgánica); **~faser** f fibra f química (od. sintética).
Chemi'kalien f/pl. productos m/pl. químicos; sustancias f/pl. químicas.
'Chemiker(in f) m químico (-a f) m.
'chemisch I. adj. químico; **~e Reinigung** limpieza f en seco; **II.** adv.: ~ rein químicamente puro.
Chemo|'techniker(in f) m químico (-a f) m industrial; **⁀'technisch** adj. quimiotécnico; **~thera'pie** ♂ f quimioterapia f.
'Cherub m (-s; -im od. -inen) querubín m.
Che'vreau(leder) ♢ cabritilla f.
'Chicorée ♣ f (0) endibia f, achicoria f de Bruselas.
'Chiffre f cifra f; Anzeige: unter der ~ bajo la cifra (od. las iniciales); **~schrift** f escritura f cifrada; criptografía f; **~telegramm** n telegrama m cifrado.
Chif'frier|abteilung f servicio m de cifrado; **⁀en** (-) v/t. cifrar, escribir en cifra (od. clave); **~en** n cifrado m; **~er** m cifrador m; **~maschine** f máquina f de cifrar; **~schlüssel** m clave f; **⁀t** adj. en cifra, en clave, cifrado.
'Chile n Chile m.
Chi'len|e m (-n), **~in** f, **⁀isch** adj. chileno (-a f) m.
'Chilesalpeter ♘ m nitrato m (od. salitre m od. nitro m) de Chile.
Chi'märe Myt., Bio., fig. f quimera f.

'**China** n China f; ⁓**rinde** f quina f; ⁓**rindenbaum** m quino m, árbol m de la quina.
Chi'nes|e m (-n) chino m; ⁓**enviertel** n barrio m chino; ⁓**in** f china f; ℒ**isch** adj. chino; Stil: chinesco; die ℒe Mauer la Gran Muralla; ⁓-japanisch sinojaponés.
Chi'nin 🜞 n (-s; 0) quinina f.
Chintz m (- od. -es; -e) indiana f, chintz m.
Chip m (-s; -s) Computer: chip m; ⁓**karte** f tarjeta f chip.
Chiro|'mant m (-en) quiromántico m; ⁓**man'tie** f (0) quiromancia f; ⁓**'praktiker** m quiropráctico m.
Chi|'rurg m (-en) cirujano m; ⁓**rur'gie** f (0) cirugía f; ℒ**'rurgisch** adj. quirúrgico.
'**Chlor** 🜞 n (-s; 0) cloro m; ⁓**aluminium** n cloruro m de aluminio.
Chlo'rat 🜞 n (-¢s; -e) clorato m.
'**chloren** v/t. Wasser: clorar.
'**Chlor...**: ⁓**gas** n gas m cloro, cloro m gaseoso; ℒ**haltig** adj. clorado, cloroso.
Chlo'rid n (-¢s; -e) cloruro m.
chlo'rier|en (-) v/t. clorar; clorurar; ℒ**ung** f des Wassers: clorización f.
'**chlorig** adj. cloroso.
Chlo'rit n (-¢s; -e) clorita f; clorito m.
'**Chlor...**: ⁓**kalium** n cloruro m potásico; ⁓**kalk** m cloruro m de cal; ⁓**natrium** n cloruro m sódico.
Chloro|'form 🜞 n (-s; 0) cloroformo m; ℒ**for'mieren** (-) v/t. cloroformizar; ⁓**for'mierung** f cloroformización f.
Chloro'phyll 🜞 n (-s; 0) clorofila f.
'**Chlor...**: ℒ**sauer** adj. clórico; ⁓**säure** f ácido m clórico; ⁓**silber** n cloruro m de plata; ⁓**verbindung** f cloruro m; ⁓**wasserstoff** m cloruro m de hidrógeno.
'**Cholera** 🜞 f (0) cólera m; ℒ**krank** adj., ⁓**kranke(r)** m colérico (m); ⁓**schutz-impfung** f vacuna f anticolérica.
Cho'ler|iker m colérico m; ℒ**isch** adj. colérico, irascible.
Choleste'rin 🜞 n (-s; 0) colesterol m.
Chor m (-¢s; ⁓e) coro m (a. Thea., 🜞); (Sänger℘) a. coral f; orfeón m; im ⁓ singen cantar a coro; in den ⁓ einfallen (a. fig.) corear, hacer coro (con).
Cho'ral m (-s; ⁓e) coral m; himno m; ⁓**buch** n libro m de coro, cantoral m.
'**Chor...**: ⁓**altar** m altar m mayor; ⁓**amt** n oficio m de coro; ⁓**dirigent** m director m (od. maestro m) de coro.
Choreo|'graph m (-en; -en) coreógrafo m; ⁓**gra'phie** f coreografía f; ℒ'**graphisch** adj. coreográfico.
'**Chor...**: ⁓**führer** Hist. m corifeo m; ⁓**gesang** m canto m a coro (od. coral); ⁓**gestühl** n sillería f de coro; ⁓**hemd** n sobrepelliz m; roquete m; ⁓**herr** m canónigo m.
Cho'rist(in f) m corista m/f.
'**Chor...**: ⁓**knabe** m niño m de coro; ⁓**konzert** n concierto m coral; ⁓**leiter** m director m (od. maestro m) de coro; ⁓**leitung** f dirección f coral; ⁓**nische** f ábside m; ⁓**pult** m facistol m; ⁓**rock** m capa f de coro; der Bischöfe: capa f magna; ⁓**sänger(in** f) m corista m/f, cantante m/f de coro; ⁓**stuhl** m silla f de coro; ⁓

umgang 🜞 m deambulatorio m; girola f.
'**Christ** m (-en) cristiano m; ⁓**baum** m árbol m de Navidad; ⁓**demokrat** Pol. m, ℒ**demokratisch** adj. demo(crata)cristiano (m); ⁓**dorn** 🜞 m espina f santa; acacia f de tres espinas.
'**Christen...**: ℒ**feindlich** adj. anticristiano; ⁓**glaube** m fe f cristiana; ⁓**heit** f (0) cristiandad f; ⁓**liebe** f caridad f cristiana; ⁓**pflicht** f deber m (de) cristiano; ⁓**tum** n (-s; 0) cristianismo m; sich zum ⁓ bekennen abrazar la fe cristiana; zum ⁓ bekehren convertir al cristianismo; ein Land: a. cristianizar, evangelizar; ⁓**verfolgung** f persecución f de (los) cristianos.
'**Christ...**: ⁓**fest** n Natividad f del Señor, Navidad f; ⁓**in** f cristiana f; ⁓**kind** n Niño m Jesús.
'**christlich** adj. cristiano; (wohltätig) caritativo; ⁓e Nächstenliebe caridad f cristiana, amor m al prójimo.
'**Christ...**: ⁓**messe** f, ⁓**mette** f misa f de(l) gallo; ⁓**nacht** f Nochebuena f.
'**Christoph** m Cristóbal m.
'**Christrose** 🜞 f eléboro m negro.
'**Christus** m Cristo m, Jesucristo m; vor Christi Geburt (v. Chr.) antes de (Jesu)cristo (Abk. a. de J. C.); nach Christi Geburt después de (Jesu)cristo (Abk. d. de J.C.); ⁓**dorn** 🜞 m → Christdorn.
Chrom n (-s; 0) cromo m.
Chro'mat 🜞 n (-¢s; -e) cromato m.
Chro'matik f (0) 🎵 u. Phys. cromatismo m.
Chroma'tin Bio. n (-¢s; 0) cromatina f.
chro'matisch 🎵 u. Opt. adj. cromático; ⁓e Tonleiter escala f cromática.
'**Chrom...**: ⁓**gelb** n amarillo m de cromo; ℒ**haltig** adj. cromífero; ⁓**leiste** Kfz. f moldura f cromada, embellecedor m; ⁓**nickelstahl** m acero m al cromoníquel.
Chromo'som Bio. n (-s; -en) cromosoma m.
Chromo'sphäre Phys. f (0) cromosfera f.
Chromoty'pie f cromotipia f.
'**Chrom|säure** f ácido m crómico; ⁓**stahl** m acero m al cromo.
'**Chronik** f crónica f; anales m/pl.
'**chronisch** 🜞 adj. crónico (a. fig.); ⁓ werden hacerse crónico.
Chro'nist m (-en) cronista m.
Chrono|'graph m (-en) cronógrafo m.
Chrono|'loge m (-n) cronologista m, cronólogo m; ⁓**lo'gie** f cronología f; ℒ'**logisch** adj. cronológico.
Chrono'met|er m cronómetro m; ℒ**risch** adj. cronométrico.
Chrysan'theme 🜞 f crisantemo m.
Chryso|be'ryll Min. m crisoberilo m; ⁓'**lyth** Min. m (-en) crisolito m.
'**Cicero** m Cicerón m.
Cis 🎵 n do m sostenido; ⁓-**Dur** do sostenido mayor; ℒ-**Moll** do sostenido menor.
'**City** f centro m urbano.
'**Cla|que** f Thea. claque f, F alabarderos m/pl, ⁓'**queur** m alabardero m.
'**Clearing** 🜞 n (-s; -s) compensación f, clearing m; ⁓**verkehr** m operaciones f/pl. de compensación.
Clinch m Sport: clinch m.
'**Clique** f pandilla f; clan m; Pol. camarilla f; ⁓**nwirtschaft** f pandillaje m; (Vetternwirtschaft) favoritismo m, ne-

potismo m; caciquismo m; Pol. política f de camarilla.
Clou m atracción f principal, F plato m fuerte.
Clown m (-s; -s) payaso m.
'**Cockpit** n cabina f del piloto.
'**Cocktail** m (-s; -s) cóctel m (a. Empfang), combinado m; ⁓**kleid** n vestido m de cóctel; ⁓**party** f cóctel m.
'**Code** m (-s; -s) código m (a. Bio.); clave f; (Geheim℘) cifra f.
Col'lage Mal. f collage m.
Come'back n (- od. -s; -s) regreso m.
'**Comic** m tira f cómica, angl. cómic m.
Coming-'out n (- od. -s; -s) revelación f.
Computer m ordenador m, Am. computadora f, computador m; ⁓**absturz** m bloqueo m od. fallo m general del ordenador; ⁓**animation** f animación f por ordenador; ⁓**fehler** m error m de ordenador; ℒ**gesteuert** adj. (con control) computerizado; ℒ**gestützt** adj. informatizado, asistido por ordenador; ⁓**graphik** f gráfico m de ordenador; ℒ**i'sieren** (-) v/t. computerizar; ⁓**kriminalität** f delincuencia f informática; ⁓**programm** n programa m de ordenador; ⁓**simulation** f simulación f por ordenador; ⁓**spiel** n juego m de ordenador; ⁓**sprache** f lenguaje m informático; ⁓**tomographie** f tomografía f axial computerizada; ⁓**virus** m od. n virus m del ordenador od. informático.
Conféren'cier m (-s; -s) Kabarett usw.: presentador m; animador m.
Con'sultingfirma f consultoría f, empresa f de consulting.
Con'tainer m container m, contenedor m; ⁓**schiff** n buque m portacontenedores; ⁓**transport** m transporte m contenedorizado.
Conter'gankind n talidomídico m.
Con'trolling n (-s; 0) controlling m.
'**Cookie** m (-s; -s) Internet: galleta f, cookie f.
cool F adj. genial.
'**Copy|right** n (-s; -s) copyright m; ⁓**shop** m (-s; -s) copistería f, centro m para fotocopias.
'**Corn-flakes** pl. corn flakes m/pl., hojuelas f/pl. de maíz.
Couch f (-; -es) cama f turca, diván m, sofá m; ⁓**garnitur** f tresillo m; ⁓**tisch** m mesa f de centro.
Cou'lomb Phys. n (-s; -s) culombio m.
Count'down m, n cuenta f atrás.
Coup m (-s; -s) golpe m (de efecto); proeza f.
Coupé n (-s; -s) Kfz. gal. cupé m; (Abteil) compartimiento m.
Cou'plet n (-s; -s) tonadilla f, gal. cuplé m; copla f.
Cou'pon n (-s; -s) cupón m.
Cour f (0): j-m die ⁓ machen (od. schneiden) hacer la corte a alg.
Cou'rage f (0) valor m, bravura f, arrojo m, gal. coraje m.
Cour'tage 🜞 f corretaje m.
Cou'sin m (-s; -s) primo m; ⁓**e** f prima f.
Coutu'rier m (-s; -s) modisto m.
'**Covergirl** n cover-girl f, Am. chica f de tapa.
'**Cowboy** m (-s; -s) vaquero m.
Crack[1] m (-s; -s) (Sportler) deportista m de primera fila; fig. F máquina f.
Crack[2] n (-s; 0) Droge: crack m.
'**Crashkurs** m cursillo m intensivo.

'**Creme** f (-; -s) crema f; fig. la flor y nata; 2**farben** adj. color crema; ~**torte** f tarta f de crema.
Crêpe de Chine m crespón m de China.
Crois'sant n (- od. -s; -s) cruasán m.

Crou'pier fr. m (-s; -s) croupier m.
Cup m (-s; -s) Sport: copa f.
Cur'riculum n (-s; -la) currículo m, plan m de estudios.
'**Curry** n (-s; -s) curry m; ~**wurst** f salchicha f con salsa de curry.

'**Cursor** m (-s; -s) cursor m; ~**taste** f tecla f del cursor.
'**Cut(away)** m (-s; -s) chaqué m.
'**Cutter** m (-s; -) Film: montador m.
'**Cyberspace** m (-; -s) ciberespacio m, espacio m virtual.

D

D, d n D, d f; ♪ re m; D-Dur n re m mayor; d-Moll n re m menor.

da I. adv. **a)** Ort: **1.** (dort) ahí, allí, allá; ~ wo donde; ~ oben (unten) allí arriba (abajo); ~ draußen, ~ hinaus allá fuera; ~ drinnen, ~ hinein ahí (allí, allá) dentro; ~ drüben allí (enfrente); ~ und ~ en tal (y tal) sitio (od. lugar); ⚔ wer ~? ¿quién vive?; von ~ de(sde) allí; **2.** (hier) aquí; ~ und dort aquí y allí, acá y allá; der Mann ~ aquel hombre; das Haus ~ aquella casa; der (die) ~ ese (esa); ~ bin ich aquí estoy; ich bin gleich wieder ~ en seguida vuelvo; ihr ~! ¡eh, vosotros!; ~ hast du das Buch aquí tienes el libro; ~ hast du es! ¡ahí lo tienes!, ¡ya lo ves!; ~ haben wir es! ¡toma!, ¡vaya!; ¡si ya lo decía yo!; ¡pues sí que estamos bien!; **3.** (vorhanden) wieviel waren ~? ¿cuántos había (od. estaban) (presentes)?; ist jemand ~? ¿está (od. hay) alguien (ahí)?; es ist kein Brot ~ no hay pan; → dasein; **4.** (Ausruf) ~ ist er! ¡ahí está!; ¡ahí le tenemos!; sieh ~! ¡mira!; ¡fíjate en esto!; iro. ¡vaya (, vaya)!; nichts ~! nada de eso; **5.** Füllwort (oft unübersetzt) als ~ sind tales como; es gibt Leute, die ~ glauben hay gente que cree; was ~ kommen mag ocurra lo que ocurra; **b)** Zeit: (dann, damals) entonces; en aquel tiempo; en aquella ocasión; ~ erst sólo entonces; von ~ an (od. ab) desde entonces, de entonces acá; desde aquella época; ~ sagte er zu mir entonces me dijo; hier und ~, ~ und dort, von Zeit zu Zeit de tanto en tanto, alguna que otra vez, de vez en cuando; **c)** Umstand: en ese caso, siendo así, en tales circunstancias, entonces; was soll ich ~ machen? ¿qué quiere usted que (le) haga?, ¿y qué voy a hacer?; ~ irren Sie sich está usted muy equivocado; ~ braucht es Mut! ¡hace falta (od. se necesita) valor!; **II.** cj. **1.** Zeit: (als) cuando, al tiempo que; (gleichzeitig) mientras, cuando; in dem Augenblick ~ en el momento en que; nun, ~ du es einmal gesagt hast pues ahora que lo has dicho; **2.** Grund: (weil) im Vordersatz: como; puesto (od. ya que); im Nachsatz: porque; ~ doch, ~ ja, ~ nun einmal ya (od. puesto) que; una vez que; considerando (od. en vista de) que; ~ dem so ist en ese caso, siendo así; ~ ich keine Zeit habe como no tengo tiempo; **3.** Gegensatz: ~ aber, ~ jedoch pero (Liter. mas) como; pero considerando (od. en vista de) que; ~ hingegen pero como por otra parte.

'dabehalten (L) v/t. retener.

da'bei (betonend: 'dabei) adv. **1.** (nahe) junto; cerca; ein Haus mit Garten ~ una casa con jardín; **2.** (im Begriff) ~ sein, et. zu tun estar para (od. a punto de) hacer a/c.; estar haciendo a/c.; ich bin schon ~ ya lo estoy haciendo; **3.** (gleichzeitig) al mismo tiempo; en, con (diciendo, haciendo usw.) esto; ~ sah er mich scharf an diciendo esto me miró fijamente; essen und ~ lesen comer y leer al mismo tiempo; **4.** (überdies) además, a la vez; er ist zurückhaltend und ~ freundlich es reservado, pero a la vez amable; sie ist hübsch und ~ auch noch klug es bonita y además inteligente; **5.** (dennoch) sin embargo, no obstante, con todo eso; und ~ ist er doch schon alt ¡y eso que ya es viejo!; ~ könnte er längst Doktor sein sin embargo ya hubiera podido ser doctor hace mucho tiempo; **6.** (anläßlich) con ocasión de; (dadurch) por ello, con ello, de ello, como resultado de; es kommt nichts ~ heraus eso no conduce a nada; no sirve para nada; ~ dürfen wir nicht vergessen no debemos olvidar; alle ~ entstehenden Unkosten todos los gastos que por ello se originen; **7.** (Beziehung) a, con, en ello (od. eso); así; ~ kann man nicht studieren así no se puede estudiar; ~ beharren obstinarse en ello; er fühlt sich wohl ~ se siente bien así; **8.** allg. (oft unübersetzt) er bleibt ~ insiste en ello; es bleibt ~ de acuerdo, conforme; und ~ blieb's y así quedaron las cosas; ich dachte mir nichts ~ lo hice sin pensar(lo); ich finde nichts ~ no veo nada malo en ello; was ist schon ~? ¿qué importa?; F ¿y qué?; das Schlimmste ~ ist... lo peor es...; lassen wir es ~ dejemos las cosas ahí; es ist nichts ~ no hay ningún inconveniente (en ello); **9.** F (bei sich) ich habe nichts ~ no llevo nada (encima).

da'bei...: ~bleiben (L; sn) v/i. (nicht weggehen) quedarse; (nicht ablassen) seguir haciendo (a/c.); seguir con; seguir en la brecha; **~sein** (L) v/i. estar presente, estar ahí; (beiwohnen) asistir, concurrir a; (teilnehmen) tomar parte, participar en; beim Unterricht: prestar atención; ich bin immer ~ no falta nunca; ich bin ~! ¡me apunto!; **~stehen** (L) v/i. estar cerca; allg. presenciar; die Dabeistehenden los circunstantes.

'dableiben (L; sn) v/i. quedarse, permanecer; ~ müssen (bsd. Sch.) quedar retenido.

da 'capo adv. ¡bis!; F ¡que se repita!

Dach n (-[e]s; ⸚er) techo m (a. Kfz. u. fig.); tejado m; (~werk) techado m, techumbre f; flaches: azotea f, terrado m; fig. (Schutz) asilo m, cobijo m; ein ~ über dem Kopf haben tener un hogar; △ unter ~ bringen coger aguas; unter demselben ~ wohnen vivir bajo el mismo techo; unter ~ und Fach bringen poner a cubierto (od. a salvo); fig. (fertigstellen) rematar, completar, llevar a término; F eins aufs ~ bekommen recibir una bronca; F j-m aufs ~ steigen decir cuatro verdades (F cuatro frescas) a alg.

'Dach...: ~antenne f antena f aérea (od. exterior); **~balken** m viga f; **~boden** m desván m; **~decker** m techador m, tejador m; mit Schiefer: pizarrero m; **~fenster** n lumbrera f, tragaluz m; claraboya f; **~first** m cumbrera f; **~garten** m azotea f jardín; **~gepäckträger** Kfz. m portaequipajes m del techo, baca f; **~geschoß** n ático m; sotabanco m; **~gesellschaft** ✝ f angl. holding m; **~gesims** n cornisa f; **~kammer** f guardilla f, buhardilla f; elende: chiribitil m; **~luke** f → ~fenster; **~organisation** f organización f central; organismo m superpuesto; **~pappe** f cartón m alquitranado; **~pfanne** f teja f; **~rinne** f canalón m, gotera f.

'Dachs [-ks] Zoo. m (-es; -e) tejón m; F fig. ein junger ~ un mozalbete; fig. wie ein ~ schlafen dormir como un lirón; **~bau** m tejonera f.

'Dach...: ~schaden m: F e-n ~ haben estar chiflado (od. mal de la cabeza); **~schiefer** m pizarra f de tejar; **~schindel** f ripia f, tablilla f.

'Dachs-hund m perro m zorrero (od. raposero).

'Dach...: ~sparren m cabrio m; **~stube** f → ~kammer; **~stuhl** m entramado m del tejado, armadura f (del tejado); **~traufe** f gotera f; **~verband** n techumbre f, techado m; **~wohnung** f sotabanco m; ático m; **~ziegel** m teja f; **~zimmer** n buhardilla f.

'Dackel m (-s; -) (perro m) pachón m, F perro m tranvía.

Dada'ismus m dadaísmo m.

da'durch (betonend: 'dadurch) **I.** adv. örtlich: por allí, por ahí; (auf solche Weise) así, de este (ese) modo, de esta (esa) manera; **II.** cj.: ~, daß por inf.; durch ger.; (wegen) a causa de, debido a; (dank) gracias a.

da'für (betonend: 'dafür) **I.** adv. por esto (eso, ello); (als Gegenleistung) en cambio; (anstatt) en lugar de, en vez de, en su lugar; (zugunsten von) en (od. a) favor de; (Zweck) para (od. a); (Grund) porque, por inf.; Zweck: para que subj.; ~ aber aunque, a pesar de; arm, ~ aber glücklich pobre pero feliz; ~ sein estar conforme; estar en (od. a) favor de, abogar por; bei Abstimmungen: a. votar por; ~ und dagegen sprechen hablar en pro y en contra; *alles spricht* ~ todo habla en favor de ello, todo lo confirma; *ich kann nichts* ~ no es culpa mía; *ich kann nichts* ~, *daß ich lachen usw. muß* no puedo remediarlo, tengo que *reírme etc.*; **II.** *cj.* ~ *daß:* er wurde ~ bestraft, daß er gelogen hatte fue castigado por haber mentido; ~ *sorgen, daß* cuidar de que, procurar.

da'fürhalten (*L*) **I.** *v/i.* opinar, creer, estimar; **II.** ℒ *n:* nach m-m ~ en mi opinión, a mi juicio, a mi entender.

da'gegen (*betonend:* **'dagegen**) **I.** *adv.* **1.** contra esto *bzw.* aquello; ~ *sein* no estar conforme; ser de opinión contraria, disentir; ~ *stimmen* votar (en) contra; *er sprach sich sehr* ~ *aus* se opuso enérgicamente a ello; *wenn Sie nichts* ~ *haben* si usted no tiene inconveniente; con su permiso; *ich habe nichts* ~ no tengo nada que objetar (*od.* oponer); no tengo (ningún) inconveniente; **2.** *Ersatz, Tausch:* en cambio; **3.** *Vergleich:* en comparación a, comparado con; **4.** *(andererseits)* por otro lado, por otra parte; **II.** *cj.* (*indessen*) por el contrario; (*während*) mientras que.

da'gegenhalten (*L*) *v/t.* (*vergleichen*) comparar, confrontar; cotejar; *fig.* argüir; (*antworten*) replicar.

'Dagewesene(s) *n: et. noch nicht* ~*s* algo nunca visto (*od.* sin precedentes).

da'heim I. *adv.* (*zu Hause*) en casa; (*in der Heimat*) en la tierra (natal), en casa; *bei mir* ~ en mi casa *bzw.* en mi tierra *od.* país; *ist er* ~*?* ¿está en casa?; **II.** ℒ *n* casa *f,* hogar *m.*

da'her (*betonend:* **'daher**) **I.** *adv.* de allí, de allá; de aquel lugar *od.* lugar; desde allí; *bis* ~ hasta aquí; *fig. Ursache:* de ahí; ~ (*stammt*) *die ganze Verwirrung* de ahí la confusión; ~ *kam es, daß de ahí que subj.*; **II.** *cj.* (*deshalb*) por eso, por ende, por esa razón; (*folglich*) por consiguiente, por (lo) tanto, así que.

da'her...: *in Zssgn. mst.* llegar, aproximarse, acercarse, venir *und ger.,* z. B. ~**fliegen** (*L*; *sn*) *v/i.* llegar (*od.* aproximarse) volando; ~**reden** (-*e*-) *v/i.*: *dumm* ~ disparatar, F hablar sin ton ni son; ~**stolzieren** (-) F *v/i.* pavonearse.

da'hin (*betonend:* **'dahin**) *adv.* **1.** *räumlich:* allí, hacia allí; en aquel lugar; *bis* ~ hasta allí; *fig. das gehört nicht* ~ eso no viene (*od.* hace) al caso; **2.** *zeitlich:* bis ~ hasta entonces, (*inzwischen*) entre tanto; **3.** *Ziel, Zweck: sich* ~ *äußern, daß* opinar (*od.* declarar) que; expresarse en el sentido de que; ~ *arbeiten, daß* tender a conseguir (que); *man hat sich* ~ *geeinigt, daß* se ha convenido (*od.* acordado) que; *m-e Meinung geht* ~, *daß* en mi opinión, mi opinión es que; **4.** (*soweit*) *es* ~ *bringen, daß* llevar las cosas a tal punto que; *j-n* ~ *bringen, daß* hacer que *subj.*; llegar a persuadir (*od.* convencer) a alg. para que *subj.*; *ist es* ~ *gekommen?* ¿se ha llegado a eso?; **5.** ~ *sein* (*weg*) haberse ido, (*vergangen*) haber pasado, (*verloren*) estar perdido, (*tot*) estar muerto, (*zerbrochen*) estar roto.

'dahin...: ~**auf** *adv.* por allí arriba, ~**aus** *adv.* por allí, por aquella puerta (salida, *etc.*).

da'hin|dämmern *v/i.* vegetar; ~**eilen** *v/i.* pasar corriendo; *Zeit:* volar, pasar volando.

'dahinein *adv.* allí (a)dentro.

da'hin...: ~**fliegen** *v/i.* → ~*eilen*; ~**fließen** *v/i. Fluß:* discurrir; *fig.* deslizarse suavemente; ~**gehen** *v/i.* irse; *Zeit:* pasar; *Poes.* (*sterben*) morir; ~**gehören** *v/i.* corresponder a; *fig.* ser pertinente, hacer (*od.* venir) al caso; ~**gestellt** *adj.:* ~ *sein lassen* dejar en suspenso; F dejar en el aire; *es bleibt* ~ queda por ver; *es sei* ~, *ob* quede en tela de juicio si ...; ~**leben** *v/i.* (*sorglos*) vivir al día; (*kümmerlich*) ir tirando; ~**raffen** *fig. v/t.* arrebatar; segar (la vida); ~**rasen** *v/i.* F pasar como un bólido; ~**scheiden** *v/i.* morir, fallecer; ~**schwinden** *v/i.* desvanecerse, irse extinguiendo; *Person:* consumirse; *Schönheit:* marchitarse; ~**siechen** *v/i.* languidecer; ~**stehen** *v/i.*: *es steht noch dahin* todavía no está decidido, aún queda por ver *bzw.* saber.

da'hinten *adv.* ahí (*od.* allá) atrás; allá abajo; allá lejos.

da'hinter (*betonend:* **'dahinter**) *adv.* (*allí*) detrás, atrás; por atrás; detrás de; tras (*bsd. fig.*); *desp. es ist nichts* ~ no vale gran cosa; ~**'her** *v/i.* (*sehr*) ~ *sein* empeñarse en conseguir a/c.; ~**klemmen** F *v/refl.*: *sich* ~ esforzarse (mucho); hacer un esfuerzo; ~**kommen** *v/i.* averiguar el secreto, F descubrir el pastel; (*verstehen*) caer (en la cuenta); ~**machen, ~setzen** *v/refl.*: *sich* ~ emprender a/c., poner manos a la obra; ~**stecken** *fig. v/i.*: *da steckt et. dahinter* aquí hay algo oculto; F *aquí hay gato encerrado; da steckt er dahinter* F es él quien lo mangonea; *es steckt nichts dahinter* no tiene nada dentro, no vale gran cosa.

da'hintreiben ⚓ *v/i.* ir (*od.* flotar) a la deriva.

'dahinunter *adv.* allí abajo.

da'hin|vegetieren *v/i.* vegetar, malvivir; ~**welken** *v/i.* marchitarse.

'Dahlie [-ǐə] ♀ *f* dalia *f.*

'Daily Soap *f* (-, -s) TV culebrón *m*, telenovela *f.*

Da'kapo *Thea. n* bis *m*; → *da capo.*

'Daktylus *m* (-; -'tylen) dáctilo *m.*

'da|lassen *v/t.* dejar; ~**liegen** (*L*) *v/i.* yacer, estar tendido.

'dalli! F *adv.* ¡de prisa!; ¡anda, corre!

Dal'matien *n* Dalmacia *f.*

Dalma'tin|er(in *f*) *m*, ℒ**isch** *adj.* dálmata *m/f* (*a. Hund*).

'damalig *adj.* de entonces, de aquel tiempo.

'damals *adv.* (en *od.* por aquel) entonces; en aquella época, en aquellos tiempos; a la sazón.

Da'maskus *n* Damasco *m.*

Da'mast *m* (-*es*; -*e*) damasco *m*; ℒ**artig, ℒen** *adj.* adamascado.

Damas'zenerklinge *f* hoja *f* damasquina.

'Dambock *m* → *Damhirsch.*

'Dämchen *n* damisela *f*; *desp.* señoritinga *f.*

'Dame *f* **1.** señora *f*; dama *f*; *beim Tanz:* pareja *f*; *die* ~ *des Hauses* la señora de la casa; *junge* ~ señorita *f*; *desp. feine* ~ señoritinga *f*; *m-e Damen und Herren!* señoras y señores; **2.** *Damespiel:* dama *f*; *Schach:* reina *f*; *Kartenspiel:* caballo *m*; ~ *spielen* jugar a las damas; ~**brett** *n* damero *m.*

'Damen...: ~**besuch** *m* visita *f* de señora(s) (*od.* mujeres); ~**binde** *f* paño *m* higiénico, compresa *f*; *Am.* toalla *f* sanitaria; ~**doppel** *n Tennis:* doble *m* femenino; ~**einzel** *n Tennis:* individual *m* femenino; ~**friseur** *m* peluquero *m* para señoras; ℒ**haft** *adj.* femenino, femenil; ~**handtasche** *f* bolso *m* de señora, *Am.* cartera *f*; ~**kleid** *n* vestido *m* (de señora); ~**kleidung** *f* ropa *f* de señora; ~**konfektion** *f* confección *f* para señora; ~**mannschaft** *f Sport:* equipo *m* femenino; ~**mode** *f* moda *f* femenina; ~**oberbekleidung** *f* prendas *f/pl.* exteriores de señora; ~**sattel** *m* silla *f* de amazona; ~**schneider(in** *f*) *m* modisto (-a *f*) *m*; ~**sitz** *m:* im ~ *reiten* montar a mujeriegas; ~**unterwäsche** *f* ropa *f* interior de señora; ~**welt** *f* (0) el mundo femenino; las mujeres.

'Dame|spiel *n* juego *m* de damas; ~**stein** *m* ficha *f.*

'Damhirsch *m* gamo *m*; ~**kuh** *f* gama *f.*

da'mit (*betonend:* **'damit**) **I.** *adv.* con eso (ello); por eso; (*auf diese Weise*) así, de este modo; *was will er damit sagen?* ¿qué quiere decir con eso?; *wie steht es* ~*?* ¿qué hay de (*od.* cómo va) eso?; *her* ~*!* ¡venga!; *heraus* ~*!* ¡habla!; explícate!; P ¡desembucha!; *es ist nichts* ~ no es nada; es inútil, no puede ser; *es ist aus* ~ se acabó; *wir sind* ~ *einverstanden* estamos conformes (*od.* de acuerdo) con ello; *er fing* ~ *an, daß er versuchte* empezó por intentar; ~ *ist alles gesagt* con eso está dicho todo; **II.** *cj.* (*nur: da'mit*) para que, a fin de que *subj.,* con objeto de; ~ *nicht* para que no, para (*od.* a fin de) evitar (*od.* impedir).

'Däm|lack F *m* (-*s*; -*e od.* -*s*) estúpido *m*, F imbécil *m*; ℒ**lich** F *adj.* estúpido, tonto, F imbécil, F bobón; ~**lichkeit** *f* estupidez *f*, tontería *f*, bobería *f.*

'Damm *m* (-*es*; *e*) (*Deich*) dique *m*; ⛴, *Straßenbau:* terraplén *m*; (*Fahr*ℒ) calzada *f*; (*Hafen*ℒ) muelle *m*; malecón *m*; *Anat.* perineo *m*; *fig.* barrera *f*; F *fig. auf dem* ~ *sein* sentirse bien; *j-n wieder auf den* ~ *bringen* dejar a alg. como nuevo; poner (*od.* sacar) a alg. a flote; *ich bin heute nicht auf dem* ~ hoy no estoy para nada; *gesundheitlich:* me siento algo indispuesto; F estoy enfermo, no estoy muy católico; ~**bruch** *m* rotura *f* de dique.

'dämmen *v/t.* levantar un dique; terraplenar; *Fluß:* represar; *fig.* reprimir, contener; refrenar.

'Dämmer *m* crepúsculo *m*; penumbra *f*; ℒ**ig** *adj.* crepuscular; entreclaro, entre dos luces; *fig.* vago, indeciso; ~**licht** *n* crepúsculo *m*, luz *f* crepuscular; *morgens:* albor *m*; *weit* ℒ. penumbra *f*, media luz *f*; ℒ**n** (-*re*) *v/i. morgens:* amanecer, alborear, *abends:* atardecer, anochecer; *fig. es dämmert mir* empiezo a darme cuenta, se me trasluce; ~**schein** *m* → ~*licht*; ~**schlaf** *m* sueño *m* ligero; ~**stunde** *f* hora *f* crepuscular; ~**ung** *f* **1.** (*Morgen*ℒ) crepúsculo *m* matutino, alba *f*, amanecer *m*, albor *m*; *bei* ~ al amanecer, al rayar el alba; **2.** (*Abend-*

Dämmerzustand — darauf

2) crepúsculo *m* vespertino, ocaso *m*; *in der* ~ entre dos luces, al oscurecer, al atardecer *bzw.* anochecer; **~zustand** ⚕ *m* estado *m* semi(in)consciente (*od.* crepuscular); (*Halbschlaf*) somnolencia *f*.
'**Damm...: ~riß** ⚕ *m* desgarro *m* del perineo (*od.* perineal); **~rutsch** *m* desprendimiento *m* de tierras.
'**Damoklesschwert** *n fig.* espada *f* de Damocles.
'**Dämon** *m* (*-s; -en*) demonio *m* (*a. fig.*); (*Teufel*) diablo *m*.
dä'monisch *adj.* demoníaco; (*teuflisch, besessen*) endemoniado; diabólico, infernal.
'**Dampf** *m* (*-es; ⸚e*) vapor *m*; (*Rauch*) humo *m* (*Dunst*) vaho *m*; (*Ausdünstung*) exhalación *f*; F *j-m* ~ *machen* hacer presión sobre alg.; ~ *hinter et. machen* (*od.* setzen) impulsar enérgicamente, dar un acelerón a; **~antrieb** *m* accionamiento *m* por vapor; tracción *f* de vapor; **~bad** *n* baño *m* de vapor (*od.* turco); **~bügel-eisen** *n* plancha *f* a (*od.* de) vapor; **~druck** *m* presión *f* de vapor; **~druckmesser** *m* manómetro *m*.
'**dampfen** *v/i.* emitir (🜄 desprender) vapor(es); producir vapor; (*rauchen*) humear, echar humo; *Speisen usw.*: echar vaho, vah(e)ar.
'**dämpfen** *v/t.* tratar con vapor; *Kochk.* cocinar al vapor; rehogar; (*abschwächen*) reducir, (re)bajar, disminuir; *Ton:* moderar, apagar; ♪ poner la sordina, *Licht:* atenuar; tamizar; *Farben: a.* rebajar; *Stoß:* amortiguar; *Stimme:* bajar; *Schwingungen:* absorber; *Konjunktur usw.*: frenar; *fig. Stimmung:* enfriar; *Leidenschaft:* moderar; (*unterdrücken*) reprimir, sofocar; *mit gedämpfter Stimme* a media voz.
'**Dampfer** *m* (barco *m od.* buque *m* de) vapor *m*; F *fig. auf dem falschen* ~ *sein* estar equivocado, errar el tiro.
'**Dämpfer** *m* ♪ sordina *f*; *am Klavier:* apagador *m*; (*Schall*2) *Kfz.* silenciador *m*; (*Stoß*2) amortiguador *m*; *Phys.* moderador *m*; ♪ *den* ~ *aufsetzen* poner la sordina, *fig. e-n* ~ *aufsetzen j-m:* bajar los humos (a alg.); *e-r Sache:* poner sordina a.
'**Dampf...:** 2**förmig** *adj.* vaporoso; **~hammer** *m* martinete *m* de vapor; **~heizung** *f* calefacción *f* a vapor.
'**dampfig** *adj.* vaporoso.
'**dämpfig** *adj.* (*schwül*) bochornoso, sofocante; *Vet.* asmático.
'**Dampf...: ~kessel** *m* caldera *f* (de vapor), generador *m* de vapor; **~kochtopf** *m* olla *f* a exprés (*od.* de vapor); **~kraft** *f* fuerza *f* de vapor; **~kraftwerk** *n* central *f* térmica; **~lok(omotive)** *f* locomotora *f* de vapor; **~maschine** *f* máquina *f* de vapor; **~pfeife** *f* pito *m* de vapor; **~schiff** *n* (buque *m* de) vapor *m*; **~schiffahrt** *f* navegación *f* a vapor; **~schiffahrtsgesellschaft** *f* compañía *f* de vapores (*od.* de navegación a vapor); **~strahl** *m* chorro *m* de vapor; **~turbine** *f* turbina *f* de vapor.
'**Dämpfung** *f* amortiguación *f*, amortiguamiento *m*; *fig.* apagamiento *m*; atenuación *f*; absorción *f*; mitigación *f*; represión *f*; moderación *f*.
'**Dampfwalze** *f* apisonadora *f*; *fig.* rodillo *m*.

'**Damwild** *n* gamo *m*; caza *f* mayor.
da'nach (*betonend:* '*danach*) *adv.* después de (esto, eso, ello); (*später*) más tarde, luego, al poco rato; (*anschließend*) a continuación, seguidamente, en seguida; (*gemäß*) según (eso, esto, ello); (*entsprechend*) conforme a ello, de acuerdo con ello; *ich fragte ihn* ~ se lo pregunté; *ich frage nicht* ~ me tiene sin cuidado; ~ *handeln* obrar en consecuencia; *wenn es* ~ *ginge* si fuera por eso; *iro. er sieht ganz* ~ *aus* ¡tiene cara de eso!; *es ist aber auch* ~ está a tono con ello; F *das Wetter ist nicht* ~ el tiempo no lo permite; F *mir ist nicht* ~ no estoy para ello.
'**Danaergeschenk** *n* obsequio *m* funesto.
'**Däne** *m* (*-n*) danés *m*, dinamarqués *m*.
da'neben *adv.* (*räumlich*) cerca de, al lado de; (*dicht* ~) junto a, F pegado a; (*außerdem*) además; (*gleichzeitig*) al mismo tiempo; **~benehmen** *v/refl.:* sich ~ comportarse mal; F hacer una plancha; **~gehen** *v/i. Schuß usw.:* fallar, fracasar, F irse al agua; ~ *hauen v/i.* errar el golpe, no acertar; F *fig.* desatinar; *immer* ~ no dar una, no dar pie con bola; **~schießen** *v/i.* errar el tiro; **~sein** (*L; sn*) *v/i.* (*sich unwohl fühlen*) no encontrarse bien; (*verwirrt sein*) F no dar pie con bola; **~treffen** *v/i.* errar el tiro.
'**Dänemark** *n* Dinamarca *f*.
da'niederliegen (*L*) *v/i.* (*krank*) estar enfermo *bzw.* en cama; *fig.* languidecer; estar paralizado.
'**Dän|in** *f* danesa *f*, dinamarquesa *f*; 2**isch** *adj.* danés, dinamarqués.
dank *prp.* (*dat., gen.*) gracias a, merced a.
'**Dank** *m* (*-es; 0*) gracias *f/pl.*; (~*barkeit*) agradecimiento *m*; gratitud *f*; (*Lohn*) recompensa *f*; (*Würdigung*) reconocimiento *m*; (*haben Sie*) *vielen* (*od.* besten) ~! ¡muchas gracias!, ¡muy agradecido!; *tausend* (*od.* vielen herzlichen) ~ un millón de (*od.* muchísimas) gracias; *j-m* ~ *sagen* dar las gracias a alg. (*für por*); *j-m* ~ *schulden* quedar obligado a alg. (*für por*); *zum* ~ *für* en reconocimiento (*od.* recompensa) de; **~adresse** *f* mensaje *m* de gracias (*od.* de agradecimiento).
'**dankbar** *adj.* agradecido, (*anerkennend*) reconocido; (*verpflichtet*) obligado; (*lohnend*) lucrativo, productivo, provechoso; (*befriedigend*) satisfactorio; *e-e* ~*e Arbeit* un trabajo gratificante; *ich bin Ihnen sehr* ~ *le* estoy muy agradecido (*od.* se lo agradezco mucho); 2**keit** *f* (*0*) gratitud *f*; agradecimiento *m*; reconocimiento *m*; *aus* ~ *für* en agradecimiento por.
'**Dankbrief** *m* carta *f* de agradecimiento.
'**danken I.** *v/i.:* *j-m für et.* ~ dar las gracias a alg. por a/c.; agradecer a/c. a alg.; *ablehnend:* rehusar; *danke* (*schön, sehr*)! ¡gracias! (*od.* ¡muchas gracias!); *nichts zu* ~! de nada, no hay de qué; *danke, gleichfalls!* ¡gracias igualmente!; *danke, gut!* ¡bien, gracias!; *iro. na, ich danke!* (*ablehnend*) ¡se (le) agradece!; ¡para quien lo quiera!; ¡a quien le guste!; **II.** *v/t.*

(*verdanken*) deber a; ~ *wir, daß* a él le debemos que *subj.*, gracias a él; ~*d adv.:* ~ *erhalten* ✝ recibí; ~**swert** *adj.* digno de agradecimiento.
'**dank-erfüllt** *adj.* agradecido, lleno de gratitud.
'**Dankes|bezeigung** *f*, **~bezeugung** *f* muestra *f* (*od.* prueba *f*) de gratitud (*od.* agradecimiento); **~brief** *m* → *Dankbrief*; **~schuld** *f* deuda *f* de gratitud; **~worte** *n/pl.* palabras *f/pl.* de agradecimiento.
'**Dank...: ~fest** *n* (fiesta *f* de) acción *f* de gracias; **~gebet** *n* oración *f* de gracias; **~gottesdienst** *m* acción *f* de gracias, *I.C.* tedéum *m*; **~opfer** *n* sacrificio *m* en acción de gracias; **~sagung** *f* (expresión *f* de) agradecimiento *m*; *Rel.* acción *f* de gracias; **~schreiben** *n* → ~*brief*.
dann *adv.* (*anschließend*) entonces; (*nachher*) después, luego; (*in dem Falle*) entonces, en ese caso; (*außerdem*) además, fuera de eso; *und* ~ *und wann* de vez en cuando, a veces, de cuando en cuando; *was geschah* ~? ¿y qué ocurrió entonces?; *selbst* ~ aun cuando; *selbst* ~ *nicht* ni aun cuando; *und was* ~? ¿y luego qué?
'**dannen** † *adv.:* *von* ~ de allí; *von* ~ *gehen* (*od.* ziehen) irse, marcharse.
dar'an (*betonend:* '*daran*), F **dran** *adv.* a, de (a, de, en, él, ella, ello *od.* eso); ~ *erkennst du ihn* lo conocerás por ello; *nahe* ~ cerca (*od.* al lado) de; *fig. nahe* ~ *sein zu inf.* estar a punto de *inf.*, faltar poco para; *er ist nicht schuld* ~ él no tiene la culpa; *es liegt mir viel* ~ tengo mucho interés en ello, me importa mucho; *was liegt* ~? ¿qué importa?; *es liegt* ~, *daß* la razón es que; *es ist nichts* ~ no hay nada en ello, no tiene importancia; *es ist et.* (*Wahres*) ~ hay algo (de verdad) en ello; *rühre* (*od.* komm) *nicht* ~! ¡no lo toques!; F *da ist alles* ~ aquí hay de todo; *er ist gut* ~ está de enhorabuena; *er ist schlecht* ~ le van mal las cosas; *er ist dran? ¿*a quién le toca?; *ich bin dran me toca a mí*, es mi turno; F *fig. jetzt ist er dran iro.* ahora va a saber lo que es bueno; *er tut gut* ~, *zu inf.* hace bien en *inf.*; *es ist nicht zu denken* en eso no hay que pensar; F *ich denke nicht* ~! ¡ni por pienso!; *ich dachte nicht* ~, *ihn zu beleidigen* estaba (muy) lejos de ofenderle; *jetzt weiß ich, wie ich* ~ *bin* ahora ya sé a qué atenerme; **~gehen** *v/i.*, **~machen** *v/refl.:* sich ~ ponerse a hacer a/c.; comenzar (*od.* empezar) a *inf.*; **~setzen** *v/t.* arriesgar, exponer; F jugarse; *fig. alles* ~ (*zu inf.*) hacer (todo) lo posible (para *inf.*); arriesgarlo todo (para *inf.*).
dar'auf (*betonend:* '*darauf*), F **drauf** *adv.* **1.** (*räumlich*) encima; a, de, en, sobre (él, ella, ello); *gerade* ~ *zu* directamente hacia; **2.** (*zeitlich*) después (de ello, esto); luego; *bald* ~ poco después; *gleich* ~ acto seguido, a renglón seguido, a continuación, seguidamente; *am Tage* ~ al día siguiente; *zwei Jahre* ~ dos años después, a los dos años; **3.** *fig. drauf und dran sein zu inf.* estar por (*od.* a pique) de *inf.*; ~ *aus sein zu proponerse inf.*, aspirar a; ~ *steht die Todesstrafe* eso se castiga con (la) pena de

muerte; ~ können Sie sich verlassen pierda usted cuidado; cuente con ello; *ich gebe nichts ~ no me importa; wie kommst du ~?* ¿por qué lo preguntas?; *er arbeitete ~ hin, zu inf.* se empeñaba en *inf.*; **~folgend** *adj.* siguiente; subsiguiente; *der ~e Tag* el día siguiente.

darauf'hin *adv.* acto seguido, a continuación; *(auf Grund dessen)* a lo cual, en vista de ello.

dar'aus (betonend: 'daraus), F **draus** *adv.* de aquí (ahí); de ello (eso, esto); de él (ella); *es folgt ~ de* ello se deduce; *es kann nichts ~ werden* de eso no puede resultar (*od.* salir) nada; no tendrá lugar; *~ wird nichts!* ¡esto no se hace!; ¡nada de eso!; *was ist ~ geworden?* ¿qué ha sido de ello?; *was soll ~ werden?* ¿qué va a resultar de esto?, ¿a dónde irá a parar todo esto?; *ich mache mir nichts ~* no me interesa *bzw.* importa; (*nicht mögen*) no me gusta; *mach dir nichts ~* ¡no (le) hagas caso!

'**darben** *v/i.* sufrir privaciones *bzw.* hambre; estar en la miseria; no tener para vivir.

'**darbiet|en** (L) *v/t.* ofrecer, brindar; (*vorführen*) (re)presentar; *fig. sich ~* ofrecerse, presentarse; **2ung** *f* ofrecimiento *m*; *Thea.* función *f*, representación *f*; *weit S.* programa *m*.

'**darbring|en** (L) *v/t.* ofrecer, dar; ofrendar; *ein Opfer ~* consumar (*od.* hacer) un sacrificio; **2ung** *f* ofrenda *f*; presentación *f*.

Darda'nellen *f/pl.* Dardanelos *m/pl.*

dar'ein (betonend: 'darein), F **drein** *adv.* en eso (esto, ello); allí dentro; **~finden**, **~fügen** *v/refl.: sich ~* resignarse, conformarse con; acomodarse, amoldarse a; **~mischen** *v/refl.: sich ~* (entre)mezclarse, (entre)meterse en; (*eingreifen, stören*) interferir; (*vermitteln*) intervenir; **~reden** *v/i.* (entro)meterse en la conversación; F meter baza; **~schauen** *v/i.: ernst usw. ~* poner cara seria, *etc.*; **~schicken** *v/refl.* → dareinfinden; **~schlagen** *v/i.* acometer a golpes; **~willigen** *v/i.* consentir, permitir que *subj.*

dar'in (betonend: 'darin), F **drin** *adv.* en; (a)dentro; en (él, ella, ello, eso); allí dentro; *fig.* en este punto; *was ist ~?* ¿qué hay dentro?; *~ irren Sie sich* en eso está usted equivocado; *der Unterschied liegt ~, daß ...* la diferencia estriba en que ...

'**darleg|en** *v/t.* exponer, explicar; (*deuten*) interpretar; (*beweisen*) demostrar; probar, (*entwickeln*) desarrollar; *offen ~* poner de manifiesto (*od.* en evidencia), evidenciar; hacer patente; *im einzelnen ~* detallar, pormenorizar; **2ung** *f* exposición *f*; manifestación *f*, explicación *f*; demostración *f*.

'**Darlehen** *n* préstamo *m* (*aufnehmen* tomar; *gewähren* conceder); **~sgeber** *m* dador *m* del préstamo, prestamista *m*; **~skasse** *f* caja *f* de préstamos; **~skassenverein** *m* mutualidad *f* de crédito; **~snehmer** *m* prestatario *m*, tomador *m* del préstamo.

'**Darm** *m* (-*s*; *~e*) intestino *m*, tripa *f* (*a. Wursthülle*); **~bein** *Anat.* *n* ilion *m*; **~blutung** *f* hemorragia *f* intestinal, *𝄐* enterorragia *f*; **~entleerung** *f* evacuación *f* intestinal, defecación *f*; **~entzündung** *𝄐 f* enteritis *f*; **~flora** *f* flora *f* intestinal; **~geschwür** *n* úlcera *f* intestinal; **~katarrh** *m* catarro *m* intestinal; **~krankheit** *f*, **~leiden** *n* afección *f* intestinal, enfermedad *f* entérica; enteropatía *f*; **~krebs** *m* cáncer *m* del intestino; **~saite** *f* cuerda *f* de tripa; **~schlinge** *Anat. f* asa *f* intestinal; **~trägheit** *f* estreñimiento *m*; **~verschlingung** *𝄐 f* vólvulo *m*; **~verschluß** *𝄐 m* oclusión *f* intestinal, íleo *m*; **~wand** *f* pared *f* intestinal.

'**Darre** *f* secadero *m*; (*Vorgang*) secado *m*; *Vet. der Vögel:* granillo *m*.

'**darreichen** *v/t.* ofrecer, presentar *Speisen:* servir; *Rel. u. 𝄐* administrar.

'**darr|en** ⊕ *v/t.* (de)secar; **2ofen** *m* horno *m* secador.

'**darstell|bar** *adj.* representable; **~en** *v/t.* (*vorstellen*) exponer, mostrar, presentar; (*beschreiben*) describir, pintar; (*wiedergeben*) reproducir; (*bilden*) constituir; *Thea. Stück:* representar, *Rolle:* a. interpretar, caracterizar; 🜚 describir; ⊕, 🜚 elaborar, producir, preparar; (*bedeuten*) representar, significar; *symbolisch ~* simbolizar; *graphisch ~* representar gráficamente; *schematisch ~* esquematizar; *sich ~* representarse; **~end** *adj.* descriptivo; **~e** *Geometrie* geometría *f* descriptiva; **2er(in** *f*) *m* actor *m*, actriz *f*, intérprete *m/f*; **~erisch** *adj.* de representación; **2ung** *f* exposición *f*; presentación *f*; (*Schilderung*) descripción *f*, relación *f*, relato *m*; *Thea. Rolle:* interpretación *f*, personificación *f*; *e-s Stückes:* representación *f*; ⊕, 🜚 preparación *f*; *graphische ~* gráfico *m*; diagrama *m*; **2ungskraft** *f* capacidad *f* (*od.* fuerza *f*) descriptiva; **2ungskunst** *f* *Thea.* talento *m* mímico; *Liter.* talento *m* descriptivo; **2ungsweise** *f allg.* manera *f* de exponer las cosas; *Liter.* estilo *m* (literario).

'**dartun** (L) *v/t.* (*beweisen*) evidenciar, probar, demostrar; (*erklären, zeigen*) mostrar, exponer, explicar.

dar'über (betonend: 'darüber), F '**drüber** *adv.* encima (de); sobre esto (él, ella, eso); arriba, por arriba, allá arriba; (*querüber*) a través de; (*~hin*) por encima, (*deswegen*) por eso; (*zeitlich*) entre tanto, con eso; (*in dieser Hinsicht*) sobre eso, acerca de eso; *~ hinaus* más allá (de), al otro lado (de); *fig.* además; *zwei Pfund und etwas ~* dos libras y algo más (F y pico); *es geht nichts ~* no hay nada mejor; no tiene igual; *~ vergingen die Jahre* entre tanto pasaron los años; *~ bin ich nicht unterrichtet* no estoy informado (acerca) de eso; *~ ließe sich streiten* eso es discutible; *~ sprechen wir noch* volveremos sobre ese punto; *~ vergaß ich ...* esto me hizo olvidar que ...; *er beklagt sich ~, daß ... se queja de que ...; ~stehen v/i. estar por encima de.

dar'um (betonend: 'darum), F **drum** I. *adv.* (*örtlich*) ~ (*herum*) alrededor (*od.* en torno) de (él, ella, ello); *er weiß ~* está enterado (*od.* al corriente) *es ist mir nur ~ zu tun* lo único que me importa es; *es ist mir sehr ~ zu tun, daß me interesa mucho que subj.; er küm-* mert sich nicht ~ no hace caso de; no se preocupa de (*od.* por); *es handelt sich ~, zu wissen, ob ...* se trata de saber si ...; *ich bitte dich ~* te lo pido; *~ handelt es sich (eben)* de eso se trata (precisamente); *~ handelt es sich nicht* eso no es el caso; **II.** *cj.* (*deshalb*) por eso, por esa razón, por ese motivo; *~ eben!* ¡por eso justamente!; ¡ahí está el quid!; *warum taten Sie es? ~!* ¡porque sí!

dar'unter (betonend: 'darunter), F '**drunter** *adv.* (por) debajo; abajo; debajo de (ello, eso); (*unter e-r Anzahl*) entre ellos; (*einschließlich*) inclusive, incluido, comprendido en; *und ~* (*bei Zahlenangaben*) y menos; *es nicht ~ abgeben können* no poder vender por menos; *was verstehst du ~?* ¿qué quieres decir con eso?; *~ kann ich mir nichts vorstellen* esto no me dice nada; *er litt sehr ~* sufrió mucho de ello; *alles ging drunter und drüber* allí no había orden ni concierto, F estaba todo patas arriba.

das → *der.*

'**dasein** (L) **I.** *v/i.* (*bestehen*) existir; (*anwesend sein*) estar presente, asistir; haber venido; *nicht ~* estar ausente; *noch nie dagewesen* nunca visto; sin precedentes; *es ist alles schon dagewesen* no hay nada nuevo bajo el sol; **II.** **2** *n* existencia *f*, vida *f*, ser *m*; (*Anwesenheit*) presencia *f*; *ins ~ treten* nacer; **2sberechtigung** *f* razón *f* de ser; **2skampf** *m* lucha *f* por la existencia (*od.* vida).

da'selbst † *adv.* allá; allí mismo; en el mismo sitio.

'**dasitzen** (L) *v/i.* estar sentado (allí).

'**dasjenige** → derjenige.

daß *cj.* que; (*damit*) para que *subj.*, para *inf.*; *bis ~* hasta que; *so ~* de manera (*od.* modo) que *subj.*; *es sei denn, ~* a no ser (*od.* a menos) que *subj.*; *ohne ~* sin que *subj.*, sin *inf.*; *auf ~* (a fin de que *subj.*, con objeto de *inf.*; *er entschuldigte sich, ~ er zu spät kam* se disculpó por haber venido demasiado tarde; *~ es doch wahr wäre!* ¡ojalá fuera verdad!; *nicht ~ ich wüßte* no que yo sepa; *nicht ~ es etwas ausmache* no es que importara; *~ du dich ja nicht rührst!* ¡(y que) no te muevas!, ¡cuidado con moverte!; *~ du ja kommst!* ¡no dejes de venir!

das'selbe → derselbe.

'**dastehen** (L) *v/i.* estar allí (parado); *untätig ~* cruzarse de brazos; *fig.* gut *~* estar en buena posición; *Geschäft:* prosperar, marchar bien; *einzig ~* ser único; no tener igual; F *wie stehe ich nun da!* a) ¡y ahora cómo quedo yo!; b) ¡qué tío soy!

Da'tei *f* (-; -*en*) fichero *m*, archivo *m*; *e-e ~ öffnen* (*schließen*) abrir (cerrar) un fichero; **~manager** *m* Computer: administrador *m* de archivos; **~name** *m* nombre *m* de fichero.

'**Daten** *n/pl.* datos *m/pl.*; **~austausch** *m* Computer: intercambio *m* de datos; **~autobahn** *f* Internet: autopista *f* de la información; **~bank** *f* banco *m* de datos; **~eingabe** *f* entrada *f*, introducción *f* de datos; **(end)station** *f* terminal *f*; **~erfassung** *f* recogida *f* de datos; **~fernverarbeitung** *f* teleproceso *m*; **~fluß** *m* flujo *m* de datos; **~format** *n* formato *m* de datos; **~komprimierung** *f* compresión f de datos; ~schutz m protección f de datos; ~sicherung f aseguramiento m de datos; ~speicher m memoria f de datos; ~speicherung f almacenamiento m de datos; ~träger m medio m (od. soporte m) de datos; ~typistin f operadora f (de un terminal de datos); ~übertragung f transmisión f de datos; ~verarbeiter m analista m programador; ~verarbeitung f proceso m (od. tratamiento m) de datos; ~verarbeitungs-anlage f centro m de proceso de datos.

da'tieren (-) I. v/t. fechar, datar; datiert sein tener (od. llevar) (la) fecha de; estar fechado el; II. v/i. datar (von de).

'Dativ Gr. m (-s; -e) dativo m; ~objekt n complemento m indirecto.

'dato ✝ adv.: drei Monate ~ a tres meses fecha; bis ~ hasta (el día de) hoy, hasta la fecha; ♀wechsel m letra f a tantos días fecha.

'Dattel f (-; -n) dátil m; ~baum m, ~palme f palm(er)a f datilera; ~pflaume f ciruela f datilada.

'Datum n (-s; -ten) fecha f; unter dem heutigen ~ con (la) fecha de hoy; ohne ~ sin fecha; neueren ~s de fecha reciente; welches ~ haben wir heute? ¿a cuántos estamos?, ¿qué fecha tenemos?; ~(s)stempel m sello m de fechas; (Gerät) fechador m.

'Daube f duela f.

'Dauer f (0) duración f; (Fort♀) continuidad f; permanencia f; (Zeitspanne) período m, bsd. ♀ u. ⚖ plazo m; auf die ~ a la larga; für die ~ von por un período de; von ~ duradero, durable; von kurzer ~ de corta duración; fig. efímero, fugaz; von langer ~ de gran (od. larga) duración; ~auftrag ✝ m orden f permanente; ~ausstellung f exposición f permanente; ~belastung f carga f continua; ~betrieb m funcionamiento m continuo; servicio m permanente; ~erfolg m éxito m duradero; ~flamme f (Gas) piloto m; ~gast m huésped m fijo; ♀haft adj. duradero, estable; permanente, continuo, persistente; zeitlich: (per)durable; (fest) resistente; Farbe: sólido; ~haftigkeit f duración f; durabilidad f; persistencia f; (Festigkeit) solidez f; estabilidad f; resistencia f; ~karte f (billete m od. tarjeta f de) abono m; pase m; ~lauf m Sport: carrera f gimnástica bzw. de resistencia; ~leistung ⊕ f rendimiento m continuo; ~lutscher m pirulí m; ~mieter m inquilino m fijo.

'dauern[1] (-re) v/i. durar; (fort~) continuar, seguir; perdurar; lange ~ tardar mucho; das kann noch (lange) ~ hay para rato; es dauerte nicht lange, bis er wiederkam no tardó en volver; es dauerte über e-e Woche, bis er schrieb no escribió hasta pasada una semana; es dauerte mir zu lange se me hizo tarde, ya no podía esperar más.

'dauern[2] (-re) v/t. u. v/i. (leid tun) er (es) dauert mich me da pena (od. lástima); mich dauert mein Geld me duele el gasto.

'dauernd I. adj. (ständig) continuo, constante, permanente; (unaufhörlich) incesante; II. adv. sin cesar, constantemente; a cada momento.

'Dauer...: ~regen m lluvia f constan-

te; ~stellung f empleo m fijo; ~ton m Tele. tono m continuo; ~welle f permanente f; sich ~n machen lassen hacerse la permanente; ~wurst f salchichón m (ahumado); ~zustand m estado m permanente.

'Daumen m (dedo m) pulgar m; ⊕ leva f; fig. j-m den ~ halten (od. drücken) desear suerte a alg., hacer votos por alg.; am ~ lutschen chuparse el dedo; die ~ drehen estar mano sobre mano; über den ~ gepeilt a ojo de buen cubero; ~lutschen n succión f del dedo; ~register n índice m digital; ~schraube f empulguera f; fig. j-m ~n anlegen apretar a alg. las clavijas.

'Däumling m (-s; -e) dedil m; im Märchen: Pulgarcito m.

'Daune f plumón m; ~ndecke f edredón m.

da'von (betonend: 'davon) adv. de ello, de es(t)o; de allí; nicht weit ~ no lejos de allí; genug ~! ¡basta ya!; ich halte nicht viel ~ doy poca importancia a eso; was habe ich ~? ¿de qué me sirve eso?; das kommt ~! F ¡ahí lo ves!, ¡ahí lo tienes!; das kommt ~, daß eso es debido a que; ~eilen (sn) v/i. irse (od. marcharse) a toda prisa, F salir pitando (od. disparado); ~fliegen (L; sn) v/i. echar a volar, alzar el vuelo; irse volando; ~kommen (L; sn) v/i. escapar(se); (überleben) salvarse, sobrevivir; gut ~ salir airoso (de); wird er ~? ¿saldrá con vida?; wir sind noch einmal davongekommen de buena nos hemos librado; ~laufen (L; sn) v/i. echar a correr, huir (a la carrera); escaparse; F ist zum ♀! F ¡es para volverse loco!; ¡es para desesperarse!; ~machen v/refl.: sich ~ escaparse, salir corriendo; F largarse, salir pitando; ~schleichen (L; sn) v/i. escabullirse, salir a hurtadillas (od. furtivamente); ~stürzen v/i. salir precipitadamente (od. disparado); ~tragen (L) v/t. llevar(se); obtener, conseguir, fig. a. ganar; fig. (sich zuziehen) llevarse; sufrir; den Sieg ~ triunfar, alzarse con la victoria; llevarse la palma (a. fig.).

da'vor (betonend: 'davor) adv. delante (de); (gegenüber) en frente de, frente a; (Verhältnis) de ello; a ello; fig. er fürchtet sich ~ (le) tiene miedo; er bewahrte mich ~ me libró de ello.

da'zu (betonend: 'dazu) adv. a, con, para (ello, eso); respecto a eso (od. ello); (zu diesem Zweck) para eso (od. ello), con ese fin; a tal efecto; (außerdem) además (de eso od. ello), fuera de eso, (im übrigen) por lo demás; noch ~ sobre eso; por añadidura; encima; ~ gehört Zeit eso requiere tiempo; ~ kommt a esto hay que añadir; wie kommen Sie ~? ¿cómo se le ocurre eso?; ich komme nicht ~ no tengo tiempo (para ello); ~ ist er da para eso está ahí; er ist ~ da, zu inf. está aquí para inf.; ich riet ihm ~ le aconsejé que lo hiciera; er hat das Geld ~ tiene medios para ello; puede permitirse ese lujo; was sagen Sie ~? ¿qué dice usted a esto?, ¿qué le parece?; ich kann nichts ~ no tengo la culpa; ~geben (L) v/t. añadir; ~gehören (-) v/i. formar parte de, pertenecer a; ~gehörig adj. correspondiente; perteneciente; pertinen-

te; ~kommen (L; sn) v/i. llegar (en el momento en que); Sache: sobrevenir; fig. añadirse; ~lernen v/t. u. v/i. aprender (algo nuevo).

'dazumal adv. (en aquel) entonces, en aquella época, en aquellos tiempos.

da'zutun (L) v/t. añadir, agregar; ohne sein ♀ sin su intervención.

da'zwischen adv. entre ellos bzw. ellas; entre ambos; en medio de; (de) por medio; ~fahren (L; sn), ~funken v/i. interferir; im Gespräch: interrumpir, F meter baza; ~kommen (L; sn) v/i. intervenir; interponerse; Ereignis: sobrevenir, ocurrir; wenn nichts dazwischenkommt salvo imprevisto, F Dios mediante; ~liegend adj. intermedio; intermediario; interpuesto; ~reden (-e-) v/i. interrumpir, F meter baza; ~treten (L; sn) fig. v/i. intervenir; interponerse, meterse de por medio; (sich einschalten) interceder; ♀treten n intervención f.

'dealen v/i. Drogen: traficar.

'Dealer [i:] m traficante m de drogas.

De'bakel n (-s; -) gal. debacle f.

De'batte f debate m; discusión f (über ac. sobre); zur ~ stellen hacer objeto de discusión; zur ~ stehen estar en discusión; das steht hier nicht zur ~ de eso no se trata aquí; eso no viene al caso.

debat'tieren (-) v/t. u. v/i. debatir, discutir; bsd. Parl. deliberar (über ac. sobre).

'Debet ['de:bɛt] ✝ n (-s; -s) debe m; ~posten m adeudo m; ~saldo m saldo m deudor; ~seite f lado m deudor.

debi'tieren (-) ✝ v/t. adeudar, cargar en cuenta.

Debi'toren ✝ m/pl. deudores m/pl.; Bilanz: cuentas f/pl. deudoras.

De'büt [-'by:] n (-s; -s) estreno m, gal. debut m.

Debü'tant(in f) m (-en) principiante m/f, gal. debutante m/f; ♀'tieren (-) v/i. estrenarse; gal. debutar.

De'chant [dɛˈç-] m (-en) deán m.

dechif'frieren [deˈʃiˈfʀ-] (-) v/t. descifrar.

'Deck n (-s; -s) ♣ cubierta f; e-s Wagens: imperial f; an od. auf (unter) ~ sobre (bajo) cubierta; klar ~! ¡despeja cubierta!; ~adresse f dirección f fingida; ~anstrich m pintura f de cubrición; ~aufbau ♣ m superestructura f de cubierta; ~bett n edredón m; (Decke) sobrecama f, colcha f; ~blatt n Zigarre: capa f; ♀ bráctea f.

'Decke f cubierta f (a. Reifen♀); (Oberfläche) superficie f; (Bett♀) manta f; (Deckbett) colcha f, sobrecama f (Tisch♀) mantel m; (Plane) lona f; toldo m; (Zimmer♀) techo m; (Hülle) envoltura f; (Überzug) forro m; (Schicht) capa f; ♪ e-s Instruments: tapa f; ♀ tegumento m; Jgdw. piel f; fig. (vor Freude) an die ~ springen no caber en sí de contento; F (vor Wut) an die ~ gehen subirse a la parra; sich nach der ~ strecken amoldarse a las circunstancias; fig. unter e-r ~ stecken hacer causa común (od. estar confabulado (F conchabado) con, estar en connivencia (con).

'Deckel m tapa f (a. Buch♀), tapadera

Deckelkrug — Deltaflügel

f; (*Topf*♀) *a.* cobertera *f*; *Typ.* tímpano *m*; F (*Hut*) sombrero *m*; ♀ *u. Zoo.* opérculo *m*; F *j-m eins auf den ~ geben* F echar una bronca a alg.; F *eins auf den ~ kriegen* F recibir una bronca; **~krug** *m* pichel *m*.

'**decken I.** *v/t. allg.* cubrir (*a.* ✝, ✕, *Zoo.*); *Dach: a.* tejar; *Haus: a.* techar; *Zoo. a.* montar; *Fußball:* marcar; *Wechsel:* honrar; (*geleiten*) escoltar, convoyar; *fig. j-n ~* proteger, defender a alg.; ⌁ encubrir; *den Tisch ~ poner la mesa; für sechs Personen ~ poner seis cubiertos;* **II.** *v/refl.: sich ~ (vor od. gegen)* asegurarse, tomar precauciones, protegerse (contra); ponerse a cubierto (de); *Schaden:* resarcirse (für de); ⚔ coincidir; ser congruente; *fig.* (*übereinstimmen*) coincidir, corresponder; *Fechtk., Boxen:* cubrirse; **III.** *~ n* cubrimiento *m*; *Zoo.* cubrición *f*, monta *f*; *Sport:* marcaje *m*.

'**Decken...: ~beleuchtung** *f* alumbrado *m* de techo; **~gemälde** *n* pintura *f* de techo (*od.* de cielo raso); fresco *m* pintado en el techo; **~lampe** *f* lámpara *f* de techo, *gal.* plafón *m*; **~licht** *n* luz *f* de techo (*a. Kfz.*); (*Oberlicht*) claraboya *f*; **~träger** △ *m* viga *f* de techo.

'**Deck...: ~farbe** *f* pintura *f* opaca (*od.* de fondo); **~glas** *n Mikroskop:* cubreobjetos *m*; **~hengst** *m* semental *m*; **~konto** *n* cuenta *f* ficticia; **~leiste** *f* tapajuntas *m*, cubrejuntas *m*; **~mantel** *m fig.* tapadera *f*, cubierta *f*; *unter dem ~ von so (od.* bajo) capa de; **~name** *m* nombre *m* falso (*od.* fingido); nombre *m* de guerra; *Liter.* seudónimo *m*; **~offizier** ⚓ *m* suboficial *m* de marina; **~platte** *f* (*Stein*) losa *f*; ⊕ placa *f* de cubierta.

'**Deckung** *f* **1.** cubrimiento *m*; ⚔ congruencia *f*; ✕ defensa *f*, abrigo *m*; cobertura *f*; (*Tarnung*) disimulación *f*, *gal.* camuflaje *m*; *Sport:* (*Hintermannschaft*) defensa *f*; *Boxen, Fechten:* guardia *f*; *Fußball:* marcaje *m*; *unter ~ a* cubierto de; *~ suchen* (*od. in ~ gehen*) ponerse a cubierto (*vor dat.* de); **2.** ✝ cobertura *f*, provisión *f* de fondos; (*Sicherheit*) garantía *f*, seguridad *f*; *ohne ~* en descubierto; *für ~ sorgen* hacer provisión (*od.* proveer) de fondos; *mangels ~ zurück* devuelto por falta de fondos; **~fähigkeit** *f* capacidad *f* de cobertura; **~sforderung** *f* petición *f* de remesa de fondos; **~sgleich** ⚔ *adj.* congruente; **~skauf** ✝ *m* compra *f* de provisión; **~slos** *adj.* al descubierto; *~es Gelände* campo *m* raso; **~smittel** *n/pl.* fondos *m/pl.* de cobertura.

'**Deck|weiß** *n* blanco *m* opaco; **~wort** *n* palabra *f* clave.

De'coder *m* (*-s;* -) TV descodificador *m*.

Dedi|kati'on *f* dedicatoria *f*; ♀**zieren** (-) *v/t.* dedicar.

Deduk'ti'on *f* deducción *f*; ♀**tiv** *adj.* deductivo.

dedu'zieren (-) *v/t.* deducir (*aus* de).

de 'facto *adv.* de hecho.

Defä'tis|mus *m* (-s; *0*) derrotismo *m*; **~t** *m* (-en) derrotista *m*; alarmista *m*; ♀**tisch** *adj.* derrotista.

de'fekt I. *adj.* (*fehlerhaft*) defectuoso; (*beschädigt*) dañado, deteriorado; averiado; **II.** ♀ *m* (-*ts; -e*) defecto *m*,

desperfecto *m*; deterioro *m*; *bsd. Kfz.* avería *f*; ♀**bogen** *m/pl.* defectos *m/pl.*

defen'siv *adj.* defensivo; *sich ~ verhalten* mantenerse (*od.* estar) a la defensiva; ♀**e** *f* defensiva *f*; *in der ~ a* la defensiva.

defi'lieren (-) *v/i.* desfilar.

defi'nier|bar *adj.* definible; **~en** (-) *v/t.* definir.

Definiti'on *f* definición *f*.

defini'tiv *adj.* definitivo.

'**Defizi|t** ['deːfiˈtsɪt] ✝ *n* (-s; -e) déficit *m*; descubierto *m*; *ein ~ aufweisen* arrojar un déficit (de); *ein ~ abschließen* liquidar con déficit; ♀**tär** *adj.* deficitario.

Deflati'on *f* deflación *f*; **~sbewegung** *f* movimiento *m* deflacionista.

Deflo|rati'on ⌁ *f* desfloramiento *m*; ♀'**rieren** (-) *v/t.* desflorar.

Deformati'on *f* deformación *f*.

defor'mieren (-) *v/t.* deformar.

Defrau'dant *m* (-en) defraudador *m*; malversador *m*; **~dati'on** *f* defraudación *f*, fraude *m*; ♀'**dieren** (-) *v/t.* defraudar.

'**deftig** *adj.* robusto; sólido; *Essen:* fuerte.

'**Degen** *m* espada *f*; (*Zier*♀) espadín *m*; *den ~ ziehen* (*einstecken*) desenvainar (envainar) la espada.

Degene|rati'on *f* degeneración *f*; ♀'**rieren** (-) *v/i.* degenerar.

'**Degen...: ~fechten** *n* esgrima *f* de espada; **~fechter** *m* espadista *m*; **~gefäß** *n* guardamano *m*; taza *f*; **~griff** *m* puño *m* de la espada; **~knauf** *m* pomo *m* de la espada; **~scheide** *f* vaina *f*; **~stoß** *m* estocada *f*.

degra'dier|en (-) *v/t.* degradar; ♀**ung** *f* degradación *f* (de rango).

'**dehnbar** *adj.* extensible; *Phys.* dilatable; *Gas:* expansible; (*elastisch*) elástico (*a. fig.*); *Metall:* dúctil; maleable; *fig.* flexible; ♀**keit** *f* (*0*) extensibilidad *f*; dilatabilidad *f*; expansibilidad *f*; elasticidad *f*; *Metall:* ductilidad *f*; maleabilidad *f*; *fig.* flexibilidad *f*.

'**dehn|en** *v/t.* extender; dilatar; (*erweitern*) ensanchar; (*strecken*) estirar; (*verlängern*) alargar (*a.* ♪ *u. Vokale*); *Worte:* arrastrar; *sich ~* extenderse; dilatarse; estirarse; ensancharse; alargarse; *Person:* desperezarse; ♀**ung** *f* extensión *f*; *Phys.* dilatación *f*; expansión *f*; ♪ *u. Vokal:* alargamiento *m*; ✱ elongación *f*; ♀**ungsfuge** *f* junta *f* de dilatación; ♀**ungshub** ⊕ *m* carrera *f* de expansión; ♀**ungsmesser** *m Phys.* dilatómetro *m*; ⊕ extensómetro *m*.

dehy'drieren (-) ⚗ *v/t.* deshidrogenar.

'**Deich** *m* (-*ts; -e*) dique *m*; **~bruch** *m* rotura *f* de dique; **~hauptmann** *m* intendente *m* de diques.

'**Deichsel** *f* (-; *-n*) lanza *f*, pértigo *m*; timón *m*; ♀**n** (-*le*) F *v/t.* arreglar *bzw.* manejar (un asunto); **~stange** *f* vara *f*.

'**dein** *pron./pos.* tu; *er ist ~ Freund* es tu amigo, *betont:* es amigo tuyo; *der* (*die, das*) *~(ig)e* (lo) tuyo; *ich bin ~* soy (*od.* quedo) tuyo; *ich werde ~(er) gedenken* me acordaré de ti; *immer der ♀e* siempre tuyo; *die ♀(ig)en* los tuyos, tu familia; **~er'seits** *adv.* por tu parte; **~es'gleichen** *pron.* tu(s)

igual(es), tus semejantes.

'**deinet'halben,** **~'wegen,** (**um**) **~willen** *adv.* por ti; (*negativ*) por culpa tuya.

de-instal'lieren (-) *v/t.* Computer: desinstalar.

De'is|mus *m* (-; *0*) deismo *m*; **~t** (-*in f*) *m* (-en), ♀**tisch** *adj.* deísta *m/f*.

de 'jure *adv.* de derecho.

De'kade *f* década *f*.

deka'den|t *adj.* decadente; ♀**z** *f* decadencia *f*.

De'kan *m* (-s; -e) *Uni.* decano *m*; *Rel.* deán *m*.

Deka'nat *n* (-*ts; -e*) decanato *m*; deanato *m*.

dekan'tieren (-) 🝪 *v/t.* decantar.

deka'tieren (-) ⊕ *v/t. Stoff:* decatizar.

Dekla|mati'on *f* declamación *f*; recitación *f*; **~'mator** *m* (-s; *-en*) declamador *m*; recitador *m*; ♀**ma'torisch** *adj.* declamatorio; ♀'**mieren** (-) *v/t.* declamar; recitar.

Dekla|rati'on *f* declaración *f*; ♀'**rieren** (-) *v/t.* declarar.

deklas'sieren (-) *v/t.* rebajar, *Neol.* desclasificar.

Deklinati'on *f* declinación *f*.

dekli'nier|bar *adj.* declinable; **~en** (-) *v/t.* declinar.

Dekolle'té *n* (-s; -s) escote *m*; *tiefes ~* (vestido) muy escotado; ♀**tiert** *adj.* escotado; *tief ~* muy escotado, P despechugado.

De'kor *m* (-s; -s) decoración *f*; adorno *m*.

Dekora'teur *m* (-s; -e) decorador *m*; (*Tapezierer*) tapicero *m*; (*Schaufenster*♀) decorador *m* de escaparates, *Neol.* escaparatista *m*; **~ti'on** *f* decoración *f*; adorno *m*; (*Orden*) condecoración *f*; *Thea.* decorado(*m/pl.*); **~ti'onsmaler** *m* pintor *m* decorador; adornista *m*; *Thea.* escenógrafo *m*; ♀'**tiv** *adj.* decorativo.

deko'rieren (-) *v/t.* decorar, adornar; *mit e-m Orden:* condecorar.

De'kret *n* (-*ts; -e*) decreto *m*.

dekre'tieren (-) *v/t.* decretar.

Delegati'on *f* delegación *f*; **~s-chef** *m* jefe *m* de (la) delegación.

dele'gier|en (-) *v/t.* delegar; ♀**te(r** *m*) *m/f* delegado (-a *f*) *m*.

deli'kat *adj.* (*zart*) delicado; (*köstlich*) delicioso, exquisito, rico; *fig.* (*heikel*) delicado; espinoso, escabroso.

Delika'tesse *f* delicadeza *f* (*a. fig.*); (*Speise*) manjar *m* exquisito; plato *m* fino; (*Leckerbissen*) golosina *f*; **~n-handlung** *f* tienda *f* de comestibles finos; *Am.* fiambrería *f*.

De'likt ⌁ *n* (-*ts; -e*) delito *m*.

Delin'quent(in *f*) *m* (-en) delincuente *m/f*.

deli'rieren (-) ✱ *v/i.* delirar.

De'lirium *n* (-s; *Delirien*) delirio *m* (*a. fig.*); *fig. a.* éxtasis *m*; *~ tremens* delirium tremens *m*.

Del'kredere ✝ *n* (-; -) garantía *f*, seguridad *f*, delcrédere *m*; **~provision** *f* comisión *f* de garantía.

'**Delle** *f* depresión *f*; (*Beule*) abolladura *f*, bollo *m*.

Del'phin [-'fiːn] *m* (-s; -e) delfín *m*; **~phi'narium** *n* acuarama *m*; **~'phinschwimmen** *n* natación *f* estilo delfín.

'**delphisch** *adj.* délfico.

'**Delta** *n* (-s; -s) delta *m*; **~flügel** *m* ala

f delta; **~muskel** *Anat.* *m* (músculo *m*) deltoides *m*; **~schaltung** ⚡ *f* conexión *f* en triángulo (*od.* delta).
dem 1. *dat./sg.* von der, das; 2. *pron/dem.*: ~ steht nichts im Wege nada se opone a eso; *nach ~, was ich gehört habe* según (*od.* por) lo que he oído; *wenn ~ so ist* en ese caso, siendo así, si es así; *wie ~ auch sei* sea como sea (*Liter.* fuere).
Dema'go|ge *m* (-*n*) demagogo *m*; **~'gie** *f* demagogia *f*; **⚥gisch** *adj.* demagógico.
Demarkati'onslinie *f* línea *f* de demarcación.
demas'kieren (-) *v/t.* desenmascarar, quitar la máscara (*a. fig.*).
De'menti *n* (-*s*; -*s*) mentís *m*, desmentida *f*, desmentido *m*.
demen'tieren (-) *v/t.* desmentir, dar un mentís.
'dem...; ~entsprechend, ~gemäß I. *adj.* correspondiente, relativo; **II.** *adv.* conforme a (*od.* de acuerdo con) ello (*od.* eso); por tanto, por consiguiente; por este motivo; **~gegenüber** *adv.* frente a eso; comparado con eso; por otro lado; en cambio.
Demissi'on *f* dimisión *f*.
demissio'nieren (-) *v/i.* dimitir, presentar la dimisión.
'dem...; ~nach *adv.* (*Folge*) por consiguiente, así pues; (*demgemäß*) según eso, de acuerdo con ello; **~'nächst** *adv.* en breve, dentro de poco, próximamente.
'Demo F *f* (-; -*s*) manifestación *f*.
demobili'sier|en (-) *v/t.* desmovilizar; **⚥ung** *f* desmovilización *f*.
Demo'gra|ph *m* (-*en*) demógrafo *m*; **~'phie** *f* demografía *f*.
Demo'|krat(in *f*) *m* (-*en*) demócrata *m/f*; **~kra'tie** [-a'ti:] *f* democracia *f*; **⚥kratisch** *adj.* democrático; *Person*: demócrata; **⚥krati'sieren** (-) *v/t.* democratizar.
demo'lier|en (-) *v/t.* demoler; **⚥ung** *f* demolición *f*.
Demon'|strant(in *f*) *m* (-*en*) manifestante *m/f*; **~strati'on** *f* demostración *f*; *Pol.* manifestación *f*; **⚥stra'tiv I.** *adj.* demostrativo (*a. Gr.*); **II.** *adv.* ostensiblemente; en señal de protesta; **⚥'strieren** (-) **I.** *v/t.* demostrar; **II.** *v/i. Pol.* manifestarse.
Demon't|age *f* ⊕ desmontaje *m*; *ganzer Werkanlagen*: desmantelamiento *m*; **⚥ierbar** *adj.* desmontable; **⚥ieren** (-) *v/t.* desmontar, desarmar; desmantelar.
demorali'sieren (-) *v/t.* desmoralizar.
Demosko'pie *f* sondeo *m* de opinión, encuesta *f* demoscópica.
'Demoversion *f* *Computer*: demo *f*.
'Demut *f* (0) humildad *f*; (*Unterwürfigkeit*) sumisión *f*.
'demütig *adj.* humilde; (*unterwürfig*) sumiso; **~en** *v/t.* humillar; (*kränken*) mortificar; *sich ~* humillarse (*vor ante*); (*sich herabwürdigen*) rebajarse; degradarse; **~end** *adj.* humillante; **⚥ung** *f* humillación *f*; mortificación *f*.
'demzufolge *adv.* a consecuencia de eso; por consiguiente; entonces.
den, denen → *der.*
denatu'rier|en (-) 🜚 *v/t.* desnaturalizar; **⚥ung** *f* desnaturalización *f*.
'dengeln (-*le*) *v/t...* afilar, martillar.

'Denk|anstoß *m* materia *f* para la reflexión; **~art** *f* modo *m* de pensar; mentalidad *f*; *edle ~* nobleza *f* de alma; *niedrige ~* bajeza *f* de espíritu; **~aufgabe** *f* problema *m*.
'denkbar I. *adj.* concebible, imaginable; **II.** *adv.*: *in der ~ kürzesten Zeit* en el tiempo más corto posible; *das ist ~ einfach* es sumamente (F la mar *od.*) sencillo.
'denken (*L*) **I.** *v/t. u. v/i.* pensar (*an ac.* en; *über ac.* sobre, de); (*nachsinnen*) reflexionar, meditar; *Phil.* raciocinar; (*logisch*) razonar; (*vermuten*) pensar, suponer, presumir; (*erwägen*) considerar; (*beabsichtigen*) proponerse; (*sich erinnern*) acordarse (*an ac.* de); *gut* (*schlecht*) *von j-m ~* pensar bien (mal) de alg.; *sich et. ~* (*vorstellen*) imaginarse, figurarse; *zu ~ geben* dar que pensar; *~ Sie nur!* ¡imagínese!, ¡figúrese!; *ich denke* (*schon*) creo que sí; *wer hätte das gedacht!* ¡quién lo hubiera creído (*od.* pensado)!; *das habe ich mir gedacht!* ¡ya me lo había imaginado!; F *ya lo decía yo!*; *das kann ich mir ~* me lo puedo imaginar; *es läßt sich ~, daß* se comprende (*od.* explica) que; *daran ist nicht zu ~!*; *ich denke nicht daran!* ¡ni pensarlo!; ¡nada de eso!; F ¡ni hablar!; *~ Sie daran!* (*überlegen*) piénselo (bien); (*erinnern*) ¡que no se le olvide!; *er wird noch daran ~* ya se acordará de esto; *es war für dich gedacht* eso iba por ti; *wie denkst du darüber?* ¿qué dices a esto?; *wie Sie ~* como usted guste (*od.* diga), como mejor le parezca; *wo ~ Sie hin?* ¿qué se ha figurado (*schärfer*: creído) usted?; *solange ich ~ kann* hasta donde mi memoria alcanza; F *denkste!* ¡narices!, ¡y un cuerno!; ¡tu padre!; *der Mensch denkt, Gott lenkt* el hombre propone y Dios dispone; *gedacht, getan* dicho y hecho; **II.** ⚥ *n* pensamiento *m*; reflexión *f*; meditación *f*; *Phil.* raciocinio *m*; (*logisches ~*) razonamiento *m*.
'Denker *m* pensador *m*; *eng S.* filósofo *m*.
'Denk...: ⚥fähig *adj.* capaz de pensar; **~fähigkeit** *f* facultad *f* de pensar, intelecto *m*; **⚥faul** *adj.* tardo de inteligencia; **~fehler** *m* falta *f* de lógica; **~freiheit** *f* libertad *f* de pensamiento; **~lehre** *f* (0) lógica *f*; **~mal** *n* (-*¢s*; -*¨er*) monumento *m*; (*Standbild*) estatua *f*; **~mal(s)pflege** *f* conservación *f* de monumentos; **~mal(s)schutz** *m* protección *f* de monumentos (*od.* del patrimonio nacional); *unter ~ stellen* declarar monumento nacional; **~pause** *f* pausa *f* de reflexión; **~prozeß** *m* proceso *m* mental; **~schrift** *f* memoria *f*; *Dipl.* memorándum *m*; **~sportaufgabe** *f* rompecabezas *m*; juego *m* de ingenio; **~spruch** *m* sentencia *f*; máxima *f*; aforismo *m*; **~übung** *f* ejercicio *m* mental; **~ungsart** *f* → *Denkart*; **~vermögen** *n* intelecto *m*; inteligencia *f*; capacidad *f* intelectiva; **~weise** *f* → *Denkart*; **⚥würdig** *adj.* memorable; **~würdigkeit** *f* hecho *f* memorable; **~zettel** *fig.* *m* lección *f*; (*Strafe*) escarmiento *m*; *j-m e-n ~ geben* dar una lección a alg.
denn *cj.* *begründend*: porque, pues, puesto que; † *nach comp.* (*als*) que,

de; *mehr ~ je* más que nunca; *es sei ~,* *daß* a no ser que, a menos que, salvo que (*subj.*); si no; *nun ~!* pues bien; *ist er ~ so arm?* ¿pero tan pobre es?; *wieso ~?* ¿cómo es eso?; *wieso ~ nicht!* ¡cómo que no!; *wo ist er ~?* pues ¿dónde está?; *was* (*ist*) *~?* ¿qué es?; *¿qué pasa?*; *wo bleibt er ~?* pero ¿dónde se habrá quedado?
'dennoch *cj.* sin embargo, no obstante; (*trotzdem*) a pesar de todo, con todo (eso), aún así.
den'tal *adj.* dental, dentario; ⚥(**laut**) *Gr. m* dental *m*.
Denun|zi'ant(in *f*) *m* (-*en*) denunciante *m/f*, delator(a *f*) *m*; **~ziati'on** *f* denuncia *f*, delación *f*; **⚥'zieren** (-) *v/t.* denunciar, delatar.
Deo|do'rant *n* (-*s*; -*e od.* -*s*) desodorante *m*; **'~roller** *m* desodorante *m* de bola; **~spray** *m od. n* desodorante *m* en spray; **'~stift** F *m* barra *f* desodorante.
De'pesche *f* (-; -*n*) telegrama *m*; *Dipl.* despacho *m*.
depe'schieren (-) *v/t. u. v/i.* telegrafiar.
depla|'ciert [-'si:-], **~'ziert** *adj.* fuera de lugar.
depolari'sieren (-) *Phys. u.* ⚡ *v/t.* despolarizar.
Depo|'nent(in *f*) *m* (-*en*) depositante *m/f*; **~'nie** *f* (*Müllkippe*) vertedero *m* de basuras; (*un*)*geordnete ~* vertedero *m* (*in*)controlado; **⚥'nieren** (-) *v/t.* depositar; **~'nierung** *f* depósito *m*.
De'port ✝ *m* (-*s*; -*s*) *Börse*: prima *f* de aplazamiento; deport *m*.
Deportati'on *f* deportación *f*.
depor'tier|en (-) *v/t.* deportar; **⚥te(r)** *m* deportado *m*.
Deposi'tar, Deposi'tär ✝ *m* (-*s*; -*e*) depositario *m*.
Depo|'siten ✝ *n/pl.* depósitos *m/pl.*; **~bank** *f* banco *m* de depósitos; **~kasse** *f* caja *f* de depósitos; **~konto** *n* cuenta *f* de depósitos.
De'pot [-'po:] ✝ *n* (-*s*; -*s*) depósito *m*; (*Waren*⚥) *a.* almacén *m*; *in ~ geben* depositar; **~geschäft** *n* custodia *f* de valores; **~schein** *m* resguardo *f* de depósito.
Depp *reg.* F *m* (-*en*) tonto *m*, majadero *m*, F papanatas *m*.
Depres|si'on *f* depresión *f*; **~si'onsmittel** *n* antidepresivo *m*; **⚥'siv** *adj.* depresivo.
depri'mieren (-) *v/t.* deprimir; **~d** *adj.* deprimente.
Depu'tat *n* (-*¢s*; -*e*) remuneración *f* en especie.
Depu|tati'on *f* diputación *f*, delegación *f*; **⚥'tieren** (-) *v/t.* diputar; **~'tierte(r** *m*) *m/f* diputado (-a *f*) *m*.
der *m*, **die** *f*, **das** *n*; **die** *pl.* **I.** *art.* el, la, lo; *pl.* los, las; **II.** *pron/dem.* = *dieser*, *jener*; *der Mann dort* aquel hombre; *desp. der Mann da* el hombre ese; *die mit der Brille* esa (*od.* aquella) de gafas; *sind das Ihre Bücher?* ¿son ésos sus libros?; *nimm den hier* toma éste; *zu der und der Zeit* a tal y tal hora; *es war der und der* fue un tal (*od.* fulano de tal); *der und baden gehen?* ¿ése y bañarse?; **III.** *pron/rel.* que, quien; quienes *pl.*; el que, la que, los que, las que; el (la) cual; *das Mädchen, mit dem ich sprach* la muchacha con quien (*od.* con la cual) hablé; *er war der erste, der* él fue el primero que;

derart — Deviseninländer 132

keiner (jeder), der ninguno (cualquiera od. todo aquel) que; alle, die davon betroffen sein können todos aquellos a quienes pueda afectar; du, der du es weißt tú que lo sabes.

'derart adv. de tal modo (od. manera); hasta tal punto (od. medida); tan(to); ~, daß de modo (od. suerte) que; es ist ~ kalt, daß hace tanto frío que; ~ groß war seine Freude tan grande era su alegría; ~ig adj. tal, semejante, de esa índole (od. naturaleza); ~e Leute esta clase de gente; etwas ~es algo por el estilo, una cosa así.

'derb adj. (fest) sólido, compacto; firme; (kräftig) recio, fuerte; robusto; (hart) duro, rudo (a. fig.); (grob) grosero, soez; (rauh) tosco, basto; Stoff: burdo; Verweis usw.: severo; Ausdruck usw.: vulgar, grosero; Scherz: pesado, de mal gusto; 2heit f solidez f; firmeza f; vigor m; dureza f, rudeza f; aspereza f; grosería f.

'Derby angl. n (-s; -s) derby m.

Deregu'lierung † f desregulación f.

der'einst adv. algún día, un día; ~ig adj. futuro, venidero.

'deren pron. (gen. sg. f bzw. gen. pl. von der) del cual, de la cual, cuyo, cuya; cuyos, cuyas; pron/dem. de él, de ello.

'derent|'halben, ~'wegen, (um) ~ 'willen adv. por la (los, las) que; por la cual, por los (las) cuales; por (causa de) ella(s) bzw. ellos.

'dergestalt adv. → derart.

der'gleichen adj. tal, semejante; etwas ~ tal cosa; algo parecido; nichts ~ nada de eso; ~ Leute gente de esa clase; und ~ (mehr) y (otras) cosas por el estilo; etcétera (Abk. etc.).

Deri'vat n (-es; -e) derivado m.

'der-, 'die-, 'dasjenige pron. el, la, lo; éste, ésta; ése, ésa; aquél, aquélla; pl. diejenigen, welche los (las) que.

'derlei adj. → dergleichen.

'dermaßen adv. → derart.

Dermato|'loge m (-n) dermatólogo m; ~lo'gie f (0) dermatología f.

der-, die-, das'selbe pron. el mismo, la misma, lo mismo (wie que); ein und ~ la misma cosa, lo mismo; auf dieselbe Weise wie de igual modo que; immer derselbe siempre igual; siempre el mismo; es ist dasselbe (ist einerlei) es igual, lo mismo da; es kommt auf dasselbe hinaus viene a ser lo mismo.

der'weil(en) † adv. mientras, entretanto.

'Derwisch m (-es; -e) derviche m.

'derzeit adv. actualmente; ahora, en este momento; (damals) a la sazón, (en aquel) entonces; ~ig adj. (jetzig) actual, presente; (damalig) de entonces, de aquel tiempo.

Des f n re m bemol m; ~-Dur re m bemol mayor; 2-Moll re m bemol menor.

desavou'ieren (-) v/t. desautorizar.

Desensibili'sierung ⚡ f desensibilización f.

Deser|teur m (-s; -e) desertor m; 2'tieren (-) v/i. desertar; pasarse al enemigo.

des'gleichen adv. igualmente, asimismo; ⚡ ídem (Abk. id.).

'deshalb adv. por es(to), por esa razón, por ese motivo; Liter. por ende; (für den Zweck) con este fin, con tal motivo (od. objeto); gerade ~ por eso mismo, precisamente por eso; ~ weil porque; ich tat es nur ~ lo hice tan sólo por eso.

De'signer [di-'saɪn-] m (-s; -) diseñador m; ~droge f droga f sintética (od. de diseño); ~möbel n/pl. muebles m/pl. de diseño; ~mode f moda f de diseñador.

Des-infekti'on f desinfección f; ~s-mittel n desinfectante m.

des-infi'zieren (-) v/t. desinfectar; ~d adj. desinfectante.

'Des-interess|e n desinterés m; 2iert adj. desinteresado, indiferente.

'Desktop 'publishing n (- od- -s; 0) EDV: autoedición f, tratamiento m avanzado de texto.

des-odo'rieren (-) v/t. desodorizar.

Des-organisati'on f desorganización f.

Des-oxydati'on 🜛 f desoxidación f.

despek'tierlich adj. irrespetuoso.

Des'pot m (-en) déspota m; tirano m; 2isch adj. despótico.

Despo'tismus m (-; 0) despotismo m; tiranía f.

'dessen I. pron/rel. del cual, cuyo; sein Freund und ~ Frau su amigo y la esposa de éste; II. pron/dem. de éste, de aquél; ~ bin ich sicher estoy seguro de eso (od. ello); ich entsinne mich ~ nicht no me acuerdo de ello, no lo recuerdo.

'dessent|'halben, ~'wegen, (um) ~ 'willen adv. por el (lo) cual.

'dessen'ungeachtet adv. no obstante, a pesar de esto; sin embargo; con todo (eso).

Des'sert [dɛ'sɛːʀ] n (-s; -s) postre m; ~teller m plato m de postre; ~wein m vino m de postre.

Des'sin [-'sɛ̃ː] n (-s; -s) dibujo m, diseño m.

destabili'sier|en (-) v/t. desestabilizar; 2ung f desestabilización f.

Destil'lat 🜛 n (-s; -e) producto m destilado (od. de destilación).

Destillati'on f destilación f.

Des'tille F f tasca f, taberna f.

Destil'lier|apparat [-'liːʀ-] m aparato m de destilación; destilador m; 2bar adj. destilable; 2en (-) v/t. destilar; ~kolben m matraz m (od. balón m) de destilación, alambique m.

'desto adv. (vor comp.) tanto; ~ besser tanto mejor; ~ weniger tanto menos; je mehr, ~ besser cuanto más, tanto mejor.

destruk'tiv adj. destructivo.

'deswegen adv. → deshalb.

De'tail [-'taɪ] n (-s; -s) detalle m, pormenor m; ins ~ gehen entrar en detalles (od. pormenores); bis ins kleinste ~ hasta el último detalle.

detail'lier|en [-ta·'jiː-] (-) v/t. detallar, dar detalles; pormenorizar, particularizar; especificar; † vender por menor; ~t adj. detallado, especificado.

De'tail|schilderung f descripción f detallada; ~zeichnung ⊕ f diseño m (od. dibujo m) detallado.

Detek'tei f agencia f de informes (od. de detectives); ~iv m (-s; -e) detective m, investigador m; (Polizei~) agente m de investigación, ~ivroman m novela f policíaca.

De'tektor m (-s; -en) Radio: detector m; ~empfänger m receptor m de galena; ~röhre f válvula f de detector.

Detonati'on f detonación f (a. ♪); ~sladung f carga f explosiva, ~s-welle f onda f explosiva.

deto'nieren (-) v/t. detonar (a. ♪).

Deut m: keinen ~ wert sein no valer un comino; nicht e-n ~ davon verstehen no entender ni pizca (od. ni jota) de a/c.

Deute'lei f interpretación f sofística, sutilezas f/pl.

'deuteln (-le) v/i. sutilizar (an dat. sobre), sofisticar.

'deuten (-e-) I. v/i. señalar, indicar (auf et. ac.), fig. (ankündigen) anunciar; presagiar; (anspielen auf) aludir a; (erkennen lassen) sugerir; mit dem Finger ~ señalar con el dedo; alles deutet darauf hin todo indica (od. hace suponer) que; II. v/t. (auslegen) interpretar (a. Träume); Sterne, Handlinien: leer en.

Deu'terium 🜛 n (-s; 0) deuterio m.

'deutlich adj. claro; distinto; marcado; (verständlich) comprensible, inteligible; (einleuchtend) manifiesto, evidente, patente, obvio; (unverblümt) franco; Handschrift: legible; et. ~ machen explicar, hacer comprensible a/c.; evidenciar; e-e ~e Sprache führen hablar con franqueza, F llamar al pan, pan y al vino, vino; 2keit f (0) claridad f; evidencia f; franqueza f; distinción f.

deutsch adj. alemán; de Alemania; germano; bsd. Hist. u. desp. teutón(ico); germánico (a. Liter.); F tudesco; das 2e Reich el Imperio Alemán; der 2e Orden Hist. la Orden Teutónica; ~ reden hablar (en) alemán, fig. hablar sin rodeos; F hablar en cristiano; auf ~ en alemán; auf gut ~ dicho paladinamente.

'Deutsch...: ~amerikaner m americano m de origen alemán; 2blütig adj. de sangre alemana; ~e(r) m alemán m; ~e f alemana f; ~enhaß m germanofobia f; 2feindlich adj. antialemán, germanófobo; 2freundlich adj. germanófilo; ~freundlichkeit f germanofilia f; ~land n Alemania f; 2-'spanisch adj. germano-español; hispano-alemán; 2sprachig adj., 2sprechend adj. de lengua alemana; ~tum n (-s; 0) carácter m alemán; idiosincrasia f alemana; nacionalidad f alemana.

'Deutung f interpretación f; explicación f; Theo. exégesis f.

Devalvati'on † f devaluación f, desvalúo m; desvalorización f; depreciación f.

De'vise f 1. (Wahlspruch) divisa f, lema m; 2. † ~n pl. divisas f/pl., moneda f extranjera.

De'visen...: ~ausgleichsfonds m fondo m de compensación de divisas; ~ausländer m no residente m; ~bestand m reserva f de divisas; ~bestimmungen f/pl. régimen m de divisas; ~bewirtschaftung f control m de moneda extranjera (od. de divisas); ~bewirtschaftungsstelle f Span. Instituto m Español de Moneda Extranjera; Arg. Comisión f de Control de Cambios; ~bilanz f balanza f de divisas; ~geschäft n operación f de divisas; ~inländer m residente *m*; ~**kurs** *m* cotización *f* de moneda extranjera; ⸗**rechtlich** *adj.* sometido al régimen legal de divisas; ~**schiebung** *f*, ~**schmuggel** *m* tráfico *m* (ilegal) de divisas; ~**sperre** *f* bloqueo *m* de divisas; ~**vergehen** *n* infracción *f* en materia de divisas; ~**zuteilung** *f* asignación *f* (*od.* adjudicación *f*) de divisas.

de'**vot** *adj.* (-*est*) (*demütig*) humilde; (*unterwürfig*) servil, sumiso; (*frömmelnd*) beato.

Dex'tr|in (-*s*; 0) dextrina *f*; ~**ose** *f* (0) dextrosa *f*.

De'zember *m* diciembre *m*.

De'zennium *n* (-*s*; -*ien*) década *f*, decenio *m*.

de'zent *adj.* decoroso, decente; *Farbe, Kleid usw.*: discreto.

dezentrali'sier|en (-) *v/t.* descentralizar; ⸗**ung** *f* descentralización *f*.

Dezer|'nat *n* (-*ęs*; -*e*) departamento *m*; sección *f*; negociado *m*; ~'**nent** *m* (-*en*) jefe *m* de negociado.

Dezi|'bel *n* (-*s*; -) decibelio *m*; ~'**gramm** *n* decigramo *m*.

dezi'mal *adj.* decimal; ⸗**bruch** *m* fracción *f* decimal; ⸗**rechnung** *f* cálculo *m* decimal; ⸗**stelle** *f* decimal *f*; ⸗**system** *n* sistema *m* decimal; ⸗**waage** *f* báscula *f* decimal; ⸗**zahl** *f* número *m* decimal.

'**Dezime** ♪, *Poes. f* (-; -*n*) décima *f*.

Dezi'meter *m od. n* decímetro *m*.

dezi'mier|en (-) *v/t.* diezmar; ⸗**ung** *f* (*durch Krankheit*) mortandad *f*; (*durch andere Schäden*) estragos *m/pl*.

'**Dia** F *n* (-*s*; -*s*) → *Diapositiv.*

Dia'be|tes ♂ *m* (-; 0) diabetes *f*; ~**tiker** *m*, ⸗**tisch** *adj.* diabético (*m*).

dia'bolisch *adj.* diabólico; infernal.

Dia'dem *n* (-*s*; -*e*) diadema *f*.

Dia|'gnose *f* diagnóstico *m*; **e-e** ~ **stellen** establecer (*od.* hacer) un diagnóstico; ~'**gnostiker** *m* diagnosticador *m*; ⸗**gnosti'zieren** (-) *v/t.* diagnosticar.

diago'nal *adj.* diagonal; ⸗**e** *f* diagonal *f*.

Dia'gramm *n* (-*ęs*; -*e*) diagrama *m*, representación *f* gráfica.

Dia'kon *m* (-*s*; -*e*) diácono *m*.

Diako'nissin *f* diaconisa *f*.

Dia'lekt *m* (-*ęs*; -*e*) dialecto *m*; ~**ausdruck** *m* expresión *f* dialectal; regionalismo *m*; ~**forschung** *f* dialectología *f*; ⸗**frei** *adj. Sprache*: puro, castizo; ~**ik** *Rhet. f* (0) dialéctica *f*; ~**iker** *m* dialéctico *m*; ⸗**isch** *adj. Sprache*: dialectal; *Rhet.* dialéctico.

Dia'log *m* (-*ęs*; -*e*) diálogo *m*; ⸗**isch** *adj.* dialogístico; dialogal; ⸗**i'sieren** (-) *v/t. u. v/i.* dialogar.

Dia'mant *m* (-*en*) diamante *m*; ⸗**en** *adj.* diamantino; ~**e Hochzeit** bodas *f/pl.* de diamante; ~**händler** *m* diamantista *m*; ~**schleifer** *m* diamantista *m*, abrillantador *m*; ~**schmuck** *m* aderezo *m* de diamantes.

diame'tral *adj.* diametral; ~ **entgegengesetzt** diametralmente opuesto.

dia'phan *adj.* diáfano.

Diaposi'tiv *n* (-*s*; -*e*) diapositiva *f*.

'**Diaprojektor** *m* proyector *m* de diapositivas.

Diar'rhö(e) [-a'Rø:] ♂ *f* diarrea *f*.

Di'aspora *Rel. f* (0) diáspora *f*.

Di'ät *f* dieta *f*, régimen *m* (dietético); ~ **leben** estar a dieta, seguir un régimen; (*strenge*) ~ **halten** guardar (*od.* estar a) dieta (rigurosa); **j-n auf** ~ **setzen** poner a dieta (*od.* a régimen) a alg.; ~**assistent(in** *f*) *m* dietético (-a *f*) *m*; ~**en** *Parl. pl.* dietas *f/pl*.

Diä'tet|ik *f* dietética *f*; ~**iker** *m*, ⸗**isch** *adj.* dietético (*m*).

Di'ätfehler *m* error *m* dietético.

Diather'mie ♂ *f* diatermia *f*.

Di'ätkost *f* alimentos *m/pl.* dietéticos (*od.* de régimen).

dia'tonisch ♪ *adj.* diatónico.

dich *pron.* (*ac.* von *du*) te; a ti; *nach prp.* ti; **beruhige** ~! tranquilízate; **sieh hinter** ~! mira tras de ti.

'**dicht I.** *adj.* (-*er*; -*est*) (*undurchlässig*) impermeable; hermético; estanco; (*gedrängt*) apretado; compacto (*a.* ⊕); *Phys., Nebel, Verkehr, Bevölkerung*: denso; *Wald, Gebüsch*: espeso; *Haar, Laub, Stoff*: tupido; *Bart*: *a.* poblado; ~ **dabei** inmediato; cercano, vecino; **II.** *adv.*: ~ **an** *od.* **bei** (muy) cerca de, junto a; **ganz** ~ pegado a *f* cerquita; ~ **aneinander** muy cerca el uno del otro, muy juntos; **F muy juntitos**; ~ **dabei** muy cerca; ~ **hinter j-m her sein** F *fig.* pisar los talones a alg.; ~ **hintereinander** en rápida sucesión; ~**behaart** *adj.* velloso, peludo; ~**belaubt** *adj.* frondoso, ~**besiedelt** *adj.*, ~**bevölkert** *adj.* densamente poblado; ~**bewölkt** *adj. Himmel*: encapotado; ⸗**e** *f* densidad *f* (*a. Phys., Verkehr, Bevölkerung*); espesura *f*.

'**dichten¹** (-*e*-) *v/t.* impermeabilizar; estanqueizar; ⊕ empaquetar, estopar; *Fuge*: tapar; ⚓ calafatear.

'**dichten²** (-*e*-) **I.** *v/t. u. v/i.* componer, hacer versos; versificar, rimar; **II.** ⸗ *n* composición *f* de versos; **all sein** ~ **und Trachten** todos sus anhelos e ilusiones.

'**Dichter|(in** *f*) *m* poeta *m*, poetisa *f*; ⸗**isch** *adj.* poético; ~**e Freiheit** licencia *f* poética; ~**lesung** *f* recital *m* de poemas (*od.* poético); ~**ling** *desp. m* (-*s*; -*e*) poetastro *m*.

'**dicht...: ~gedrängt** *adj.* apretado; ~**halten** (L) F *v/i.* callarse; guardar un secreto; **er hat nicht dichtgehalten** se le ha ido la lengua.

'**Dicht|heit, ~igkeit** *f* (0) impermeabilidad *f*; hermeticidad *f*; estanqueidad *f*; compacidad *f*; densidad *f*; **von Flüssigkeiten**: consistencia *f*.

'**Dichtkunst** *f* poesía *f*, arte *f* poética.

'**dichtmachen** F *v/i. Betrieb usw.*: cerrar; *er hat den Laden* ~ *fig.* cerrar el cerrojo.

'**Dichtung¹** ⊕ *f* junta *f*; guarnición *f*; empaquetadura *f*; (*Abᵈ*) cierre *m*, obturación *f*.

'**Dichtung²** *f* poesía *f*; (*einzelnes Werk*) *a.* poema *m*, obra *f* de poesía; (*Erᵈ*) ficción *f*, fantasía *f*; ~ **und Wahrheit** ficción *f* y realidad *f*.

'**Dichtungs...: ~material** *n*, ~**mittel** *n* masilla *f* para juntas; ~**ring** *m* anillo *m* de cierre (*od.* obturador), junta *f* obturadora.

'**dick** *adj.* grueso; compacto, macizo; (*massig*) abultado; (*umfangreich*) voluminoso; (*stark*) fuerte, recio; (*geschwollen*) hinchado; (*beleibt*) gordo, grueso; corpulento, obeso; (*zähflüssig*) espeso, denso; viscoso; *Milch*: cuajado; ~**e Luft** aire *m* viciado; F *fig.* **es ist** ~**e Luft** huele a chamusquina; F **sie sind** ~**e Freunde** son íntimos amigos, son uña y carne; ~ **werden** engordar, F echar tripa; *Speisen*: espesar(se); *Milch*: cuajarse; *Backe*: hincharse; F *et.* ~ **haben** estar harto (*od.* hasta la coronilla) de a/c.; **mit j-m durch** ~ **und dünn gehen** seguir a alg. incondicionalmente; ~**bäckig** *adj.* mofletudo, carrilludo; ⸗**bauch** *m* → ⸗**wanst**; ~**bäuchig** *adj.* ventrudo, panzudo, barrigón; ⸗**darm** *m* intestino *m* grueso; ⸗**darm-entzündung** ♂ *f* colitis *f*; ⸗**e** *f* espesor *m*; grosor *m*; grueso *m*; (*Beleibtheit*) corpulencia *f*; gordura *f*; ⊕, consistencia *f*; ⸗**e(r)** *m* gordo *m*; ⸗**erchen** F *n* F gordinflón *m*; F gordito *m*; ~**etun** *v/i.* → **dicktun**; ~**fellig** *adj.* insensible, indiferente; (*träge*) remolón, flemático; ⸗**felligkeit** *f* (0) insensibilidad *f*, indiferencia *f*; flema *m*; ~**flüssig** *adj.* espeso, viscoso; ⸗**häuter** *Zoo. m* paquidermo *m*; ⸗**icht** *n* (-*ęs*; -*e*) espesura *f*; matorral *m*; ⸗**kopf** *m* testarudo *m*, F cabezota *m*, cabezón *m*; **s-n** ~ **durchsetzen** salirse con la suya; ~**köpfig** *adj.* terco, tozudo, testarudo, F cabezón; ⸗**köpfigkeit** *f* obstinación *f*, terquedad *f*, testarudez *f*; ~**leibig** *adj.* gordo, grueso; obeso; ~**lich** *adj.* regordete, F gordezuelo; ⸗**schädel** F *m* → ⸗**kopf**; ~**tun** F *v/i. u. v/refl.* fanfarronear, farolear; pavonearse (**mit** de); ⸗**wanst** F *m* F barrigón *m*, panzudo *m*.

Di'daktik *f* (0) didáctica *f*; ⸗**tisch** *adj.* didáctico.

die → **der**.

Dieb *m* (-*ęs*; -*e*) ladrón *m*; F caco *m*; (*bsd. Taschenᵈ*) ratero *m*; P chorizo *m*; **haltet den** ~! ¡al ladrón!; **Gelegenheit macht** ~**e** la ocasión hace al ladrón; ~**e'rei** *f* ratería *f*.

'**Diebes...: ~bande** *f* cuadrilla *f* (*od.* banda *f*) de ladrones; ~**gut** *n* objetos *m/pl.* robados; botín *m*; ⸗**sicher** *adj.* a prueba de robo, *Neol.* antirrobo.

'**Dieb|in** *f* ladrona *f*; ⸗**isch** *adj.* ladrón; inclinado al robo; F largo de uñas; F *fig.* ~**e Elster** ladrona *f*; F *fig.* **sich** ~ **freuen** frotarse las manos.

'**Diebstahl** *m* (-*ęs*; ⸚*e*) robo *m*; hurto *m*; latrocinio *m*; (*bsd. Taschenᵈ*) ratería *f*; **schwerer** ~ hurto *m* grave (*od.* cualificado); **geistigen Eigentums** plagio *m*; ~**schutz** *m* protección *f* contra robo (*od.* antirrobo); ~**versicherung** *f* seguro *m* contra el robo.

'**Diel|e** *f* (*Brett*) tabla *f*, tablón *m*, madero *m*; (*Fußboden*) piso *m*, suelo *m*; (*Vorraum*) vestíbulo *m*; recibidor *m*; zaguán *m*; ⸗**en** *v/t.* entablar; entarimar.

'**dienen** *v/i.* servir (**j-m** a alg.; **als** de; **zu para**); ✱ hacer el servicio militar; estar en filas (*od.* en el servicio); **bei der Marine** ~ servir en la marina; **zu** *et.* **sein** **gut** (*od.* útil) para; **j-m mit** *et.* ~ ayudar a alg. con a/c.; **damit ist mir nicht gedient** eso no me sirve para nada; eso no me resuelve nada; **womit kann ich** ~? ¿en qué puedo servirle?; ¿qué se le ofrece a usted?

'**Diener** *m* criado *m*; sirviente *m*, doméstico *m*; *bsd. fig.* servidor *m*; (*Verbeugung*) reverencia *f*; ~ **Gottes** siervo *m* de Dios; **stummer** ~ (*Tischchen*) trinchero *m*; (*Kleiderständer*) galán *m* de noche; ~**in** *f* criada *f*; sirvienta *f*; *fig.* servidora *f*; ⸗**n** (-*re*) *v/i.* hacer reverencias; ~**schaft**

dienlich — Ding 134

f (*O*) servidumbre *f*; criados *m/pl.*
¹**dienlich** *adj.* útil; utilizable; (*zweck*⁓) oportuno, conveniente; (*heilsam*) saludable, provechoso; ⁓ *sein* ser útil, servir (*zu para*); *es war mir sehr* ⁓ *fue una gran ayuda para mí.*
Dienst *m* (*-es; -e*) servicio *m*; (*Amt*) función *f*; (*Obliegenheit*) cargo *m*, oficio *m*; *bsd. in idealem Sinn:* ministerio *m*; (*Stelle*) puesto *m*, empleo *m*; *öffentlicher* ⁓ servicio *m* público; *Pol. gute* ⁓*e* buenos oficios; ⁓ *nach Vorschrift* (*Bummelstreik*) trabajo *m* lento (*od. a reglamento*); *vom* ⁓ de turno; de servicio; de guardia; *im* ⁓ *sein*, ⁓ *haben*, ⁓ *tun* estar de servicio; *außer* ⁓ (*Abk. a. D.*) *Beamter:* jubilado; ⚔ retirado; *in* (*aktivem*) ⁓ *Beamter*, ⚔ en (servicio) activo; *j-m e-n* ⁓ *erweisen* prestar un servicio a alg.; *j-m e-n schlechten* ⁓ *erweisen* prestar un flaco servicio a alg.; *gute* ⁓*e leisten* hacer buen servicio, ser de gran utilidad; *den* ⁓ *antreten Beamter:* entrar en funciones, *allg.* comenzar el servicio; *in* ⁓ *nehmen* contratar; tomar a su servicio; *in* ⁓ *stellen* poner en servicio; *außer* ⁓ *stellen* retirar del servicio, ⚓ desaparejar, desarmar; *in j-s* ⁓ *treten* entrar al servicio de alg.; *sich in den* ⁓ *e-r Sache stellen* consagrarse a una cosa; abrazar una causa; *in j-s* ⁓*en stehen* estar al servicio de alg.; *ich stehe Ihnen zu* ⁓*en* estoy a su servicio (*od.* disposición); ⁓**abzeichen** *n* placa-insignia *f.*
¹**Diens-tag** *m* (*-es; -e*) martes *m*; ⁂*s, an* ⁓*en* los martes; cada martes.
¹**Dienst...: ⁓alter** *n* antigüedad *f* (en el servicio); *nach dem* ⁓ por orden de antigüedad; ⁓**alterszulage** *f* plus *m* de antigüedad; ⁓**älteste(r)** *m: der* ⁓ el más antiguo, el de mayor antigüedad (en el servicio); ⁓**antritt** *m* entrada *f* en funciones; toma *f* de posesión; ⁓**anweisung** *f* instrucciones *f/pl.* de servicio; reglamento *m*; *bsd.* ⚔ ordenanzas *f/pl.*; ⁓**anzug** *m* uniforme *m* de servicio; ⁂ uniforme *m* de diario; ⁓**bar** *adj.* sometido (*od.* sujeto) a servicio; (*gefällig*) servicial; ⁓*er Geist fig. hum.* factótum *m*; *sich j-n od. et.* ⁓ *machen* aprovecharse de alg. *od. a/c.*; utilizar a/c.; ⁓**barkeit** *f* ⁂ servidumbre *f*; ⁂**beflissen** *adj.* celoso, asiduo; (*gefällig*) servicial; obsequioso, solícito; *übertrieben:* oficioso; *m.s.* servil; ⁂**bereit** *adj.* dispuesto a servir; (*gefällig*) servicial; ⁓**bereitschaft** *f* oficiosidad *f*, obsequiosidad *f*; ⁓**bezüge** *m/pl.* retribución *f*, sueldo *m*, emolumentos *m/pl.*; ⁓**bote** *m* criado *m*, sirviente *m*; *Arg.* mucamo *m*; ⁓*n pl.* servidumbre *f*; ⁓**botentreppe** *f* escalera *f* de servicio; ⁓**eid** *m* juramento *m* profesional; *Minister usw.:* jura *f* del cargo; ⁓**eifer** *m* celo *m* profesional; obsequiosidad *f*; oficiosidad *f*; *m.s.* servilismo *m*; ⁓**eifrig** *adj.* → ⁂*beflissen*; ⁓**enthebung** *f* destitución *f*; (*vorläufige*) suspensión *f* (en el servicio); ⁓**entlassung** *f* separación *f* del cargo, cese *m* (en el cargo); ⁂**fähig** *adj.* → ⁂*tauglich*; ⁂**fertig** *adj.* → ⁂*beflissen*; ⁂**frei** *adj.:* ⁓ *sein* estar libre de servicio; (*a. franco*) de servicio; ⁓**gebrauch** *m: zum* ⁓ *para finalidades del servicio*; ⁓**geheimnis** *n* secreto *m* profesional; ⁓**gespräch**

Tele. n conferencia *f* oficial; ⁓**grad** *m* categoría *f* (en el servicio); ⚔ graduación *f*, grado *m*; ⁓**gradabzeichen** *n* insignia *f*; distintivo *m*; ⁂**habend** *adj.* de turno; ⚔ de servicio *bzw.* de guardia; ⁓**herr** *m* patrono *m*; amo *m*; ⁓**jahre** *n/pl.* años *m/pl.* de servicio; ⁓**leistung** *f* (prestación *f* de) servicio *m*; ⁓**leistungsgewerbe** *n* sector *m* terciario; ⁂**lich** *adj.* oficial, de servicio; ⁓ *verhindert* impedido por razones de servicio; ⁓**mädchen** *n* criada *f*, muchacha *f*, chica *f*, sirvienta *f*; F chacha *f*; *Arg.* mucama *f*; ⁓**mann** *m* mozo *m* de cuerda (*od. de cordel*); *Arg.* changador *m*; ⁓**ordnung** *f* reglamento *m* (del servicio); ordenanzas *f/pl.*; ⁓**personal** *n* personal *m* de servicio; *im Haushalt:* servidumbre *f*, servicio *m*; ⁓**pflicht** *f* obligaciones *f/pl.* (*od.* deberes *m/pl.*) del cargo; ⚔ servicio *m* militar obligatorio; ⁂**pflichtig** *adj.* sujeto al servicio militar; ⁓**pistole** *f* pistola *f* de reglamento; ⁓**reise** *f* viaje *m* oficial *bzw.* de servicio; ⁓**sache** *f* asunto *m* oficial; ⁓**siegel** *n* sello *m* oficial; ⁓**stelle** *f* (*Büro*) oficina *f* (*Behörde*) servicio *m*, negociado *m*, departamento *m*; sección *f* (administrativa); ⁓**stellung** *f* función *f* oficial, (*Rangstufe*) categoría *f*; (*Posten*) empleo *m*; cargo *m*; ⁓**strafe** *f* sanción *f* disciplinaria; ⁓**strafrecht** *n* derecho *m* disciplinario; ⁓**strafsache** *f*, ⁓**strafverfahren** *n* expediente *m* disciplinario; ⁓**stunden** *f/pl.* horas *f/pl.* de oficina (*od.* servicio); ⁂**tauglich** *adj.* apto para el servicio; ⁂**tuend** *adj.* de servicio *bzw.* de guardia; de turno; ⁂**untauglich** *adj.* inútil para el servicio; *dauernd:* inválido; ⁓**vergehen** *n* falta *f* disciplinaria; delito *m* administrativo; ⁓**verhältnis** *n* empleo *m*, cargo *m*; ⚔ situación *f* de servicio; ⁂**verpflichtet** *adj.* obligado a prestar un servicio; ⁓**verpflichtung** *f* prestación *f* de servicio obligatoria; ⁓**vertrag** *m* contrato *m* de servicio; ⁓**vorschrift** *f* reglamento *m* (de servicio); instrucciones *f/pl.* para el servicio; ordenanzas *f/pl.*; ⁓**wagen** *m* coche *m* oficial; ⁓**weg** *m* trámite *m* oficial (*od.* vía *f*) oficial; vía *f* jerárquica; *auf dem* ⁓ por el trámite reglamentario; por vía jerárquica; ⁂**widrig** *adj.* antirreglamentario; ⁂**willig** *adj.* → ⁂*bereit*; ⁓**wohnung** *f* domicilio *m* oficial; vivienda *f* de servicio; (*Amtsdauer*) permanencia *f* en el cargo; años *m/pl.* de servicio; ⚔ servicio *m* activo; *Verw.* situación *f* activa; → ⁓*stunden*; ⁓**zeugnis** *n* certificado *m* de servicios.
dies → *dieser*; ¹⁓**bezüglich I.** *adj.* correspondiente, pertinente; **II.** *adv.* al respecto; sobre el particular.
¹**Diesel**⁓**antrieb** *m* propulsión *f* (*od.* accionamiento *m*) por motor Diesel; 🛢 tracción *f* Diesel; ⁓**motor** *m* motor *m* Diesel, diesel *m*; ⁓**öl** *n* gasoil *m*, gasóleo *m*.
¹**dies**⁓**er**, ⁓**e**, ⁓**es** *od.* **dies**, *pl.* **diese** *pron/dem.* **1.** *adj.* este, esta, esto; estos, estas *pl.*; ⁓ (*da*), ⁓ (*dort*) ese, esa, eso; esos, esas *pl.*; *dieser Tage* el otro día, *zukünftig:* uno de estos días; **2.** *substantivisch:* éste, ésta, esto; *pl.* éstos,

éstas; ése, ésa, eso; *pl.* ésos, ésas; *dieser ist es ése es*; *dies sind m-e Schwestern* éstas son mis hermanas; *dieser und jener* éste y aquél; *dies und jenes* (*od. das*) esto y aquello; *tal y tal cosa*; ✝ *am dritten dieses Monats* (*Abk.* 3. d. M.) el tres del corriente (*Abk.* 3 del cte.); *diese vielen Bücher* todos esos libros; *von diesen und jenem sprechen* hablar de unas cosas y otras (*od.* de todo un poco).
¹**diesig** *adj. Wetter:* calinoso, brumoso; ⁓*e* Luft calina *f.*
¹**dies****jährig** *adj.* de este año; ⁓**mal** *adv.* esta vez; ⁓**malig** *adj.* de esta vez; ⁓**seitig** *adj.* de este lado; ⁓**seits** *adv.* de este lado, *Liter.* aquende; ⁂**seits** *n: das* ⁓ esta vida, este mundo.
¹**Dietrich** *m* (*-es; -e*) ganzúa *f*; llave *f* falsa (*od.* maestra).
diffa'mier|en (-) *v/t.* difamar, calumniar; ⁓**end** *adj.* difamatorio, calumnioso; ⁂**ung** *f* difamación *f.*
Differenti'al [-'tsi-] *n* (*-s; -e*) *Kfz.*, ⚙ diferencial *m*; ⁓**diagnose** *f* diagnóstico *m* diferencial; ⁓**getriebe** *Kfz. n* (engranaje *m*) diferencial *m*; ⁓**gleichung** *f* ecuación *f* diferencial; ⁓**rechnung** *f* cálculo *m* diferencial; ⁓**zoll** *m* aduana *f* (*od.* derecho *m*) diferencial.
Diffe'renz *f* (*-; -en*) diferencia *f*; ✝ (*Rest*) saldo *m*; (*Fehlbetrag*) déficit *m*; (*Mißhelligkeit*) diferencia *f*, desavenencia *f*; (*Streit*) disputa *f*; ⁓**geschäft** ✝ *n* operación *f* a diferencias.
differen'zier|en (-) *v/t.* diferenciar; ⁂**ung** *f* diferenciación *f.*
diffe'rieren (-) *v/i.* diferir, diferenciarse.
dif'fus *adj.* difuso, disperso.
Diffusi'on *f* difusión *f*; ⁂**fähig** *adj.* difusible; ⁓**svermögen** *n* difusibilidad *f.*
digi'tal *adj.* digital; ⁓*es Fernsehen* televisión *f* digital; ⁓**kamera** *f* cámara *f* digital; ⁂**rechner** *m* calculadora *f* digital; ⁂**uhr** *f* reloj *m* digital.
Dikta'phon *n* (*-s; -e*) dictáfono *m*, dictafón *m.*
Dik|tat [-'tɑːt] *n* (*-es; -e*) dictado *m*; *nach* ⁓ al dictado; ⁓**'tator** *m* (*-s; -en*) dictador *m*; ⁂**ta'torisch** *adj.* dictatorial; ⁓**ta'tur** *f* dictadura *f.*
dik'tier|en (-) *v/t.* dictar (*a. fig.*); ⁂**gerät** *n* dictáfono *m*, dictafón *m.*
Di'lemma *n* (*-s; -s*) dilema *m*; *sich in einem* ⁓ *befinden* estar en (*od.* encontrarse ante) un dilema.
Dilet'tant(in *f*) *m* (*-en*) aficionado (-a *f*) *m* (*in dat. a*); diletante *m/f*; ⁂**'tantisch** *adj.* de aficionado; (*oberflächlich*) superficial; ⁓**tan'tismus** *m* (*-; 0*) diletantismo *m.*
Dill ♀ *m* (*-s; -e*) eneldo *m.*
Dimensi'on *f* dimensión *f*; *fig. a.* proporción *f.*
Diminu'tiv *n* (*-s; -e*) diminutivo *m.*
Di'ner [-'ne:] *n* (*-s; -s*) almuerzo *m*; banquete *m*, ágape *m.*
Ding *n* (*-es; -e*, F *-er*) cosa *f*; F chisme *m*; (*Gegenstand*) objeto *m*; (*Angelegenheit*) asunto *m*; *Phil. das* ⁓ *an sich* el ente en sí; *das arme* ⁓ la pobre criatura; *guter* ⁓*e de buen humor*; *ein nettes* (*od. niedliches*) ⁓ F una monada, un bombón; *vor allen* ⁓*en* ante todo, más (*od.* antes) que nada; *das geht nicht mit rechten* ⁓*en zu* aquí hay (*od.* pasa) algo raro; F aquí hay gato

encerrado; *es ist ein ~ der Unmöglichkeit* es materialmente (*od.* de todo punto) imposible; *ich habe andere ~e im Kopf* tengo otras cosas en que pensar; *gut ~ will Weile haben* lo bueno lleva su tiempo; (*so*) *wie die ~e liegen* (*od. stehen*) tal como están las cosas; F *ein ~ drehen* F dar un golpe.
'**dingen** (*L*) *v/t.* † (*einstellen*) contratar; *Verbrecher:* pagar; (*bestechen*) sobornar.
'**dingfest** *adj.:* *j-n ~ machen* detener, arrestar, capturar a alg.
'**dinglich** *adj.* efectivo; ⚖ real; *Phil.* objetivo.
Dings F *n* chisme *m.*
'**Dingsda** F **1.** *m/f* (-; 0) (*Person*) fulano (-a *f*) *m*; *Herr ~* el señor fulano de tal; **2.** *n* (*Ort*) allá donde sea.
di'nieren (-) *v/i.* almorzar; (*festlich*) banquetear.
'**Dinkel** ♀ *m* espelta *f*; escanda *f.*
Dino'saurier *Zoo. m* (-s; -) dinosaurio *m.*
Di'ode ⚡ *f* diodo *m.*
Diop'trie *Opt. f* (-; -*ien*) dioptría *f.*
Dio'xyd 🜕 *n* (-*es*; -*e*) dióxido *m*, bióxido *m.*
Diö'zese *f* diócesis *f.*
Dip *m* (-s; -s) salsa *f* (fría).
Diphthe'rie ✱ *f* (0) difteria *f.*
Diph'thong [dɪf'tɔŋ] *Gr. m* (-s; -*e*) diptongo *m*; ♀'**gieren** (-) *v/t.* diptongar.
Di'plom *n* (-s; -*e*) diploma *m*; *~arbeit f* tesina *f.*
Diplo'mat *m* (-*en*) diplomático *m*; *~engepäck n* valija *f* diplomática; *~enlaufbahn f* carrera *f* diplomática.
Diploma'tie *f* (0) diplomacia *f.*
Diplo'ma|tik *f* (0) diplomática *f*; ♀-**tisch** *adj.* diplomático (*a. fig.*); *~en Beziehungen abbrechen* (*wiederaufnehmen*) romper (reanudar) las relaciones diplomáticas; *fig. ~ vorgehen* obrar (*od.* proceder) con diplomacia.
diplo'miert *adj.* titulado, graduado, diplomado.
Di'plom|ingenieur *m* ingeniero *m* diplomado; *~kaufmann m Span.* intendente *m* mercantil; *~landwirt m* ingeniero *m* agrónomo; *~volkswirt m* licenciado *m* en ciencias económicas.
'**Dipol** ⚡ *m* (-s; -*e*) dípolo *m.*
dir *pron/pers.* (*dat. von du*) te; a ti; *mit ~ contigo.*
di'rekt I. *adj.* directo; (*unmittelbar*) inmediato; (*entschieden*) decidido; **II.** *adv.* directamente, derecho; (*sofort*) en seguida; inmediatamente; (*genau*) exactamente, precisamente; (*ohne Umschweife*) F sin más ni más; *Radio, TV a. übertragen* (re)transmitir (*TV a.* televisar) en directo; *~ gegenüber* justamente en frente; F *das ist ~ lächerlich* es realmente (*od.* francamente) ridículo; ♀**flug** *m* vuelo *m* directo (*od.* sin escala).
Direkti'on *f* dirección *f*; ✝ *a.* gerencia *f*; (*Vorstand*) presidencia *f*; *~smitglied n* directivo *m*; *~ssekretärin f* secretaria *f* de dirección.
Direk'tive [-'tiːvə] *f* directiva *f*, directriz *f*, instrucción *f.*
Direktkandidat(in *f*) *m* candidato (-a *f*) directo (-a).
Di'rektor *m* (-s; -*en*) director *m*; *der span. Staatsbank:* gobernador *m.*
Direkto'rat *n* (-*es*; -*e*) dirección *f.*
Direk'torin *f* directora *f.*
Direk'torium *n* (-s; -*ien*) directorio *m* (*a. Pol.*); comité *m* directivo.
Direk'trice [-'trisə] *f* (-; -*n*) directriz *f*; jefa *f* de sección.
Di'rekt|schuß *m Sport:* tiro *m* directo; *~übertragung Radio, TV* (re)transmisión *f* en directo.
Diri'gent ♪ *m* (-*en*) director *m* de orquesta; *~enstab m, ~enstock m* batuta *f.*
diri'gieren (-) **I.** *v/t.* (*leiten, lenken*) dirigir; ♪ dirigir (la orquesta), llevar la batuta; **II.** ♀ ♪ *n* dirección *f* (de orquesta).
Diri'gismus *m* (-; 0) ✝, *Pol.* dirigismo *m.*
'**Dirndlkleid** *n* traje *m* tirolés.
'**Dirne** *f* prostituta *f*; P fulana *f*, puta *f.*
Dis ♪ *n* re *m* sostenido; *~-Dur* re sostenido mayor; *~-Moll* re sostenido menor.
Dis'agio ✝ *n* (-s; -s) disagio *m.*
Dis'countladen *m* tienda *f* *bzw.* almacenes *m/pl.* de descuento.
Dishar'mo'nie *f* ♪ disonancia *f*, discordancia *f* (*beide a. fig.*); *fig.* desavenencia *f*; ♀'**monisch** *adj.* disonante, discordante.
Dis'kant ♪ *m* (-*es*; -*e*) tiple *m*, discante *m*, discanto *m*; *~schlüssel m* clave *f* de soprano; *~stimme f* voz *f* atiplada (*od.* de tiple).
Dis'kette *f* (-; -*n*) *f* disquete *m*; *~nlaufwerk n* disquetera *f*, unidad *f* de disco.
'**Diskjockey** *m* disc-jockey *m*, F pinchadiscos *m.*
Dis'kont ✝ *m* (-*es*; -*e*) descuento *m*; *~bank f* banco *m* de descuento; *~erhöhung f* elevación *f* del tipo de descuento; ♀**fähig** *adj.* descontable; *~geschäft n* operación *f* de descuento.
diskon'tier|en (-) *v/t.* descontar; ♀*ung f* descuento *m.*
Dis'kont...: *~politik f* política *f* de descuento; *~satz m* tipo *m* de descuento; *den ~ erhöhen* (*herabsetzen*) aumentar (reducir) el tipo de descuento; *~senkung f* reducción *f* del tipo de descuento; *~wechsel m* letra *f* negociable. [*Lokal.*)
Disko'thek *f* (-; -*en*) discoteca *f* (*a.*)
diskredi'tieren (-) *v/t.* desacreditar.
Diskre'panz *f* discrepancia *f*; (*Abweichung*) divergencia *f*, disparidad *f.*
dis'kret *adj.* discreto, reservado; (*taktvoll*) delicado.
Diskreti'on *f* (0) discreción *f*; delicadeza *f*, tacto *m*; reserva *f.*
diskrimi'nier|en (-) *v/t.* discriminar; *~end adj.* discriminatorio; ♀*ung f* discriminación *f.*
'**Diskus** *m* (-; -*ken u.* -*sse*) disco *m*; *~ werfen* lanzar el disco.
Diskussi'on *f* discusión *f*, debate *m*; *zur ~ stellen* someter a discusión; *zur ~ stehen* estar sobre el tapete; *~sbeitrag m* ponencia *f*; intervención *f*; *~sgrundlage f* base *f* de discusión; *~sleiter m* moderador *m*; *~srunde f* mesa *f* redonda.
'**Diskus|werfer(in** *f*) *m* lanzador(a *f*) *m* de disco, discóbolo (-a *f*) *m*; *~wurf m* lanzamiento *m* de disco.
disku'tabel *adj.* discutible; *nicht ~ improcedente*, fuera de lugar.
disku'tieren (-) *v/t. u. v/i.* discutir.
Dis'pens *m* (-*es*; -*e*) dispensa *f*; (*a. I.C.*) exención *f*; *~ erteilen* conceder dispensa.
dispen'sieren (-) *v/t.* dispensar; eximir (*von de*).
'**Display** *n* (-s; -s) ⊕ display *m*; *v. Waren* exposición *f*, presentación *f.*
Dispo'n|ent ✝ *m* (-*en*) apoderado *m*, gerente *m*; ♀**ibel** *adj.* disponible; ♀**ieren** (-) *v/i.* disponer (*über ac.* de); ♀**iert** *adj.*: *gut* (*schlecht*) *~* bien (mal) dispuesto; *nicht ~* indispuesto; ✱ *zu* predispuesto a.
Dispositi'on *f* disposición *f* (*a. Anlage*); ✱ predisposición *f*; ✗ *zur ~ stellen* pasar a situación de disponible.
Dis'pu|t *m* (-*es*; -*e*) disputa *f*; discusión *f*; *~tati'on f* disputa *f*; controversia *f*; ♀'**tieren** (-) *v/i.* disputar (*über ac.* sobre).
Disqualifi|kati'on *f* descalificación *f*; ♀**zieren** (-) *v/t.* descalificar.
Dissertati'on *f* disertación *f*; (*Doktorarbeit*) tesis *f* doctoral.
Dissi'dent(in *f*) *m* (-*en*) disidente *m/f.*
Disso'nanz ♪ *f* disonancia *f*; *fig. a.* nota *f* discordante.
Dis'tanz *f* distancia *f* (*a. fig.*); *~ halten* mantenerse a distancia (*od.* apartado); guardar (las) distancias; *auf ~ gehen* distanciarse.
distan'zier|en (-) *v/refl.: sich ~* distanciarse; *weit S.* apartarse (*von de*); *Sport: j-n auf 5 Meter ~* sacar a alg. cinco metros de ventaja.
Dis'tanz...: *~ritt m* carrera *f* de resistencia (a caballo); *~wechsel* ✝ *m* letra *f* trayecticia.
'**Distel** ♀ *f* (-; -*n*) cardo *m*; *~fink Orn. m* jilguero *m*, colorín *m.*
'**Distichon** *n* (-s; -*chen*) dístico *m.*
distin'guiert [-'giːrt] *adj.* distinguido.
Di'strikt *m* (-*es*; -*e*) distrito *m.*
Diszi'plin *f* disciplina *f*; (*Fach*) materia *f*, asignatura *f.*
Diszipli'nar|gewalt *f* potestad *f* disciplinaria; ♀**isch** *adj.* disciplinario; *~strafe f* pena *f* disciplinaria; castigo *m* disciplinario; *~verfahren n* procedimiento *m* disciplinario *bzw.* expediente *m* disciplinario; *~vergehen n* transgresión *f* disciplinaria, falta *f* contra la disciplina.
diszipli'niert *adj.* disciplinado.
diszi'plinlos *adj.* indisciplinado; ♀*igkeit f* (0) indisciplina *f*, falta *f* de disciplina.
'**dito** *adv.* idem (*Abk.* id.).
'**Diva** *f* (-; -*s od. Diven*) diva *f*; estrella *f*, *fr.* vedette *f.*
diver'|gent *adj.* divergente; ♀'**genz** *f* divergencia *f*; *~'gieren* (-) *v/i.* divergir (*von de*).
di'vers *adj.* diverso; ♀*e*(*s*) *n bsd.* ✝ géneros *m/pl.* diversos.
Divi'dend ✝ *m* (-*en*) dividendo *m*; *~e f* dividendo *m*; *~en-ausschüttung f* reparto *m* de dividendos; ♀**enberechtigt** *adj.* con derecho a dividendo; *~enpapiere n/pl.* valores *m/pl.* de dividendo; *~enschein m* cupón *m* de dividendo.
divi'dieren (-) *v/t.* dividir (*durch* por).
Di'vis *Typ. n* (-*es*; -*e*) guión *m.*
Divisi'on ⚔, ✗ *f* división *f*; *~skom-*

Divisionskommandeur — Dorftrottel 136

mandeur *m* jefe *m* de división.
Di'visor *m* (-s; -en) divisor *m*.
'Diwan *m* (-s; -e) diván *m*.
doch *cj. u. adv.* pues; (*aber*) pero; (*dennoch*) sin embargo, con todo; a pesar de ello, no obstante; (*schließlich*) después de todo; (*gewiß*) por supuesto, desde luego; *nach verneinter Frage:* ~! ¡sí!, *stärker:* ¡claro que sí!, *bsd. Am.* ¿cómo no?; *er kam also* ~? ¿vino, pues?, ¿conque ha venido?; *setz dich* ~! ¡pero siéntate!; *tun Sie es* ~! ¡hágalo, pues!; *warte* ~! ¡pero espera!; *ja* ~! ¡que si!, ¡pues (claro que) sí!; *nicht* ~! ¡que no!; ¡pues no!; (*gewiß nicht*) no por cierto; *du weißt* ~, daß tú sabes bien que, ya sabes que; *du kommst* ~? ¿verdad que vendrás?; *das kann* ~ *nicht dein Ernst sein* no lo dirás en serio, ¿verdad?; *das ist* ~ *zu arg!* ¡esto sí que es desagradable!; *bring mir doch (mal)* ... *a ver si me traes* ...; *wenn er* ~ *käme!* ¡si viniera!, ¡ojalá viniese!; *hättest du das* ~ *gleich gesagt!* ¡si lo hubieras dicho antes!
Docht *m* (-*e*s; -e) mecha *f*; *e-r Kerze:* pábilo *m*.
Dock ⚓ *n* (-s; -s) dique *m*; dársena *f*, *angl. dock m*; *ins* ~ *gehen* entrar en carena (*od.* dique); **'~arbeiter** *m* cargador *m* de muelle, *angl.* docker *m*.
'Docke *f* (*Geländersäule*) balaustre *m*; (*Garnstrang*) madeja *f*.
'docken ⚓ **I.** *v/t.* carenar, poner en dique; **II.** *v/i.* entrar en dique (*od.* carena).
'Doge ['do:ʒə] *m* (-*n*) dux *m*; **~npalast** *m* palacio *m* ducal.
'Dogge Zoo. *f* (perro *m*) dogo *m*.
'Dogma *n* (-s; -men) dogma *m*; artículo *m* de fe; *zum* ~ *erheben* dogmatizar.
Dog'ma|tik *f* dogmática *f*; **~tiker** *m* dogmático *m*; dogmatista *m*; **tisch** *adj.* dogmático; **~'tismus** *m* (-; 0) dogmatismo *m*.
'Dohle *Orn. f* grajilla *f*.
'doktern (-re) F *v/i.* hacer de médico; medicinar; medicarse.
'Doktor ['dɔktɔr] *m* (-s; -en) doctor *m* (*a.* F *Arzt*); *den* (*od.* s-n) ~ *machen* hacer el doctorado; doctorarse.
Dokto'rand *m* (-en) doctorando *m*.
'Doktor-arbeit *f* tesis *f* doctoral.
Dokto'rat *n* (-*e*s; -e) doctorado *m*.
'Doktor...: **~diplom** *n* título *m* de doctor; **~examen** *n* examen *m* del doctorado; **~grad** *m* grado *m* de doctor; **~hut** *m* birrete *m*; borla *f* de doctor.
Dok'torin *f* doctora *f*.
'Doktorwürde *f* doctorado *m*; *die* ~ *verleihen* conferir el título de doctor; *Verleihung der* ~ investidura *f* doctoral.
Dok'trin *f* doctrina *f*.
doktri'när *adj.*, 2 *m* doctrinario (*m*).
Doku'ment *n* (-*e*s; -e) documento *m* (*a. Computer*); (*Unterlage*) justificante *m*, comprobante *m*.
Dokumen'tar|film *m* documental *m*; **isch** *adj.* documental; ~ *belegt* documentado.
Dokumentation *f* documentación *f*.
Doku'menten|akkreditiv ✝ *n* crédito *m* documentario; **~mappe** *f* cartera *f* (de documentos); **~tratte** *f* giro *m* documentario.

dokumen'tieren (-) *v/t.* documentar.
Doku'mentvorlage *f Computer:* plantilla *f*.
'Dolch *m* (-*e*s; -e) puñal *m*; estilete *m*; **~stich** *m*, **~stoß** *m* puñalada *f*; **~stoßlegende** *Hist. f* mito *m* de la puñalada por la espalda.
'Dolde ⚘ *f* umbela *f*; **~ngewächse** *n/pl.*, **~npflanzen** *f/pl.* umbelíferas *f/pl.*
doll F *adj.* → **toll**.
'Dollar *m* (-s; -s) dólar *m*; **~block** *m* área *f* del dólar; **~lücke** *f* escasez *f* de dólares.
'Dolle ⚓ *f* tolete *m*, escálamo *m*.
'Dolmen *m* (-s; -) dolmen *m*.
'dolmetsch|en *v/t. u. v/i.* interpretar; actuar de intérprete, en *n* interpretación *f*; **~er(in** *f*) *m* intérprete *m/f*; **erschule** *f* escuela *f* de intérpretes; **erwesen** *n* interpretariado *m*.
Dolo'mit *Min. m* (-s; -e) dolomita *f*; **~en** *Geogr. pl.* Dolomitas *f/pl.*
Dom *m* (-*e*s; -e) catedral *f*; ⚛, ⊕ domo *m*, cúpula *f*.
Do'mäne *f* finca *f* pública; *fig.* dominio *m*.
'Domherr *m* canónigo *m*; **~enwürde** *f* canonjía *f*, canonicato *m*.
domi'nant *adj.* dominante; akkord *m* acorde *m* de dominante; e ♪ *f* dominante *f*.
Domi'nanz *Bio. f* dominancia *f*.
domi'nieren (-) *v/i. Person:* dominar, tener dominio sobre; *Sache:* ¹(pre)dominar, prevalecer, preponderar; **~d** *adj.* (pre)dominante, preponderante.
Domini'kaner|(in *f*) *m Rel.* dominico (-a *f*) *Geogr.* dominicano (-a *f*) *m*; **~orden** *m* orden *f* dominicana (*od.* de Santo Domingo).
domini'kanisch *adj.* dominicano; 2e *Republik* República *f* Dominicana.
'Domino *n* (-s; -s) (*Spiel*) dominó *m*; ~ *spielen* jugar al dominó; **~stein** *m* ficha *f* de dominó.
Domi'zil *n* (-s; -e) domicilio *m*.
domizi'lier|en (-) ✝ *v/t.* domiciliar (*bei en*); ung *f* domiciliación *f*.
Domi'zilwechsel ✝ *m* letra *f* domiciliada.
'Dom...: **~kapitel** *n* cabildo *m* (catedralicio); **~pfaff** *Orn. m* (-en) camachuelo *m* común; **~prediger** *m* canónigo *m* magistral; **~propst** *m* prepósito *m* capitular.
Domp'teu|r *m* (-s; -e) domador *m*; **~se** *f* domadora *f*.
'Donau *f* Danubio *m*.
Don 'Juan *m fig.* tenorio *m*.
'Donner *m* trueno *m*; *wie vom* ~ *gerührt* atónito; como herido del rayo; **~getöse** *fig. n* estruendo *m*, estrépito *m*; **~gott** *m* Júpiter *m* Tonante; **~hall** *m* retumbo *m* del trueno; **~n** (-*re*) *v/i.* tronar; *fig. a.* fulminar; *es donnert* truena, está tronando; **~n** tronido *m*; **2nd** *adj.* atronador (*a. Beifall*); **~schlag** *m* estampido *m* del trueno; *fig.* rayo *m*.
'Donners-tag *m* jueves *m*; 2s, *an* ~en los jueves, cada jueves.
'Donner...: **~stimme** *f* voz *f* de trueno; **~wetter I.** *n* F bronca *f*; **II.** F *int.* anerkennend: ~! ¡hombre!; *unwillig:* (*zum*) ~! ¡caramba!, ¡caray!, ¡mecachis!
doof F *adj.* (*langweilig*) soso, aburrido; (*dumm*) tonto, bobo, imbécil.
'dop|en *v/t. u. v/refl. Sport:* drogar(se), dopar(se); ing *n* (-s; -s) doping *m*; ingkontrolle *f* control *m* antidoping (*od.* antidroga).
'Doppel *n* doble *m* (*a. Sport*); duplicado *m*; **~adler** ⊘ *m* águila *f* bicéfala; **armig** ⊕ *adj.* de dos brazos; **~-B** ♪ *n* doble bemol *m*; **~bereifung** *Kfz. f* neumáticos *m/pl.* dobles; **~besteuerung** *f* doble imposición *f*; **~bett** *n* cama *f* de matrimonio; **~boden** *m* doble fondo *m*; **~buchstabe** *m* letra *f* doble; **~decker** *m* ✈ biplano *m*; *Omnibus:* autobús *m* de dos pisos; deutig *adj.* ambiguo; **~ehe** *f* bigamia *f*; **~fenster** *n* contravidriera *f*; doble ventana *f*; **~flinte** *f* escopeta *f* de dos cañones; **~gänger** *m* doble *m*, sosia *m*; **~gleis** *n* vía *f* doble; gleisig *adj.* de doble vía; **~griff** ♪ *m* doble cuerda *f*; **~haus** *n* duplex *m*; **~kinn** *n* doble barbilla *f*, F papada *f*; **~klick** *m* (-s; -s) doble clic *m*; klicken *v/t.* hacer doble clic (en); **~kolbenmotor** *m* motor *m* de dos émbolos; **~kreuz** ♪ *n* doble sostenido *m*; **~lauf** *m Flinte:* cañón *m* doble; läufig *adj.* de dos cañones; **~laut** *Gr. m* diptongo *m*; **~leben** *n* vida *f* doble; n (-le) *v/t.* doblar; duplicar; **~name** *m* nombre *m* compuesto; **~paß** *m Fußball usw.:* pared *f*; polig *adj.* bipolar; **~punkt** *m* dos puntos *m/pl.*; **~rad** *n* rueda *f* gemela; **~reifen** *m* → **~bereifung**; **~reihe** *f* fila *f* doble; reihig *adj.* en dos filas; *Anzug:* cruzado; schichtig *adj.* de dos capas; **~schlag** ♪ *m* grupeto *m*; **~sehen** ✱ *n* diplopía *f*; seitig *adj.* doble; bilateral; *Gewebe:* reversible, *gal.* doble faz; **~sinn** *m* doble sentido *m*, ambigüedad *f*; sinnig *adj.* ambiguo; equívoco; **~sitzer** *m* vehículo *m* de dos plazas; **~sohle** *f* suela *f* doble; **~spiel** *n Tennis:* partido *m* de dobles, *fig.* doble juego *m*; **~stecker** ✱ *m* enchufe *m* doble; **~steuerung** ✱ *f* mando *m* doble; **~strich** ♪ *m* doble barra *f*.
'doppel|t I. *adj.* doble; duplicado; por partida doble (*a. Buchführung*); *in* **~er Ausfertigung** por duplicado; **II.** *adv.* dos veces; por duplicado; doblemente; ~ *soviel* el doble, *bsd.* ⚭ el duplo; otro tanto más; *et.* ~ *haben* tener a/c. repetido; ~ *sehen* ver doble; *er ist* ~ *so alt wie ich* me dobla la edad; e(s) *n* doble *m*; *um das* ~ *größer* dos veces mayor; **~kohlensauer** ⚗ *adj.: doppeltkohlensaures Natron* bicarbonato *m* sódico.
'Doppel...: **~tür** *f* puerta *f* doble; contrapuerta *f*; (*Flügeltür*) puerta *f* de dos hojas; **~ung** *f* duplicación *f*; **~verdiener** *m:* ~ *sein* ganar dos sueldos; **~zentner** *m* quintal *m* métrico; **~zimmer** *n* habitación *f* doble; züngig *adj.* doble, ambiguo, falso; **~züngigkeit** *f* (0) doblez *f*, falsedad *f*.
Dorf *n* (-*e*s; *er*) pueblo *m*; *kleineres:* aldea *f*; **'~bewohner(in** *f*) *m* aldeano (-a *f*) *m*, lugareño (-a *f*) *m*.
'Dörfchen *n* aldehuela *f*; (*Weiler*) caserío *m*.
'Dorfgemeinde *f* comunidad *f* rural; *Rel.* parroquia *f* rural.
'dörflich *adj.* aldeano, rústico.
'Dorf...: **~pfarrer** *m* párroco *m* rural; **~schenke** *f* taberna *f* del pueblo; **~trottel** F *m* tonto *m* del pueblo.

'dorisch *adj.* ♪, △ dórico.
'Dorn *m* (-*es*; -*e*, -*en*) ⚓ espina *f*; F pincho *m*; *am Sportschuh*: púa *f*, clavo *m*; *e-r Schnalle*: hebijón *m*, púa *f*; ⊕ (*krummer*) uña *f*; (*Bolzen, Stift*) espiga *f*; (*Ausweite*⸗) punzón *m*; (*Dreh*⸗) mandril *m*; *er ist mir ein ~ im Auge* le tengo manía; no lo puedo tragar; **~busch** *m* zarzal *m*; **~enhecke** *f* seto *m* espinoso; **~enkrone** *f* corona *f* de espinas; 2**enlos** *adj.* sin espinas; 2**envoll** *adj.* espinoso (*a. fig.*), erizado de espinas; 2**ig** *adj.* espinoso; *fig. a.* escabroso; **~'rös-chen** *n im Märchen*: la Bella Durmiente (del Bosque); **~strauch** *m* zarza *f*.
'dorren *v/i.* secarse.
'dörr|en *v/t.* (de)secar; *durch Rösten*: tostar; 2**en** *n* secado *m*, desecación *f*; 2**fleisch** *n* cecina *f*, tasajo *m*; 2**gemüse** *n* legumbres *f/pl.* secas; 2**obst** *n* fruta *f* pasa (*od.* seca).
Dorsch *Ict. m* (-*es*; -*e*) bacalao *m* (pequeño).
'dort *adv.* allí, allá; ahí; ~ drüben allí, en aquel lugar; ~ *oben* allí arriba; *von* ~ → **~her** *adv.* de allí (allá, ahí); **~hin** *adv.* hacia allí (allá, ahí); **~hinaus** *adv.* por allí (allá, ahí); F *fig. bis* ~ a más no poder; **~hinein** *adv.* allá dentro.
'dortig *adj.* de allí; de ahí; ⚓ *de bzw.* en ésa.
'Dose *f* caja *f*; bote *m*; (*Konserven*⸗) lata *f*; *in ~n einmachen* enlatar.
'dösen (-*t*) F *v/i.* dormitar; soñar despierto.
'Dosen...: **~milch** *f* leche *f* condensada; **~öffner** *m* abrelatas *m*; **~sicherung** ⚡ *f* cortacircuito *m* de caja.
do'sier|en (-) *v/t.* dosificar (*a. fig.*); 2**ung** *f* dosificación *f*; *Phar.* posología *f*.
'dösig *adj.* soñoliento; medio dormido; F *fig.* bobo, tonto.
'Dosis *f* (-; *Dosen*) dosis *f* (*a. fig.*), toma *f*.
Dos'sier [-'sǐe:] *n* (-*s*; -*s*) dos(s)ier *m*.
Dotati'on *f* dotación *f*.
do'tier|en (-) *v/t.* dotar, proveer (*mit de, con*); 2**ung** *f* dotación *f*, provisión *f*.
'Dotter *m od. n* yema *f* (de huevo); *Bio.* vitelo *m*; **~blume** *f* calta *f*; hierba *f* centella.
'Double [du:bl] *n* (-*s*; -*s*) *Film*: doble *m*.
'downloaden *v/t. Internet*: bajar, descargar.
Doy'en *fr. Dipl. m* (-*s*; -*s*) decano *m*.
Do'z|ent *m* (-*en*) profesor *m* (universitario); **~en'tur** *f* cátedra *f*; docencia *f*; 2**ieren** (-) *v/t. u. v/i. allg.* enseñar; *Hochschule*: explicar (una asignatura); *fig. desp.* hablar en tono magistral, F poner cátedra.
'Drache *Myt. m* (-*n*) dragón *m*; **~n** *m* (-*s*; -) (*Papier*⸗) cometa *f*; *fig.* (*böses Weib*) arpía *f*, furia *f*, F sargentona *f*; *e-n ~ steigen lassen* echar una cometa; **~nbaum** *m* drago *m*; **~nblut** *n* sangre *f* de drago; **~nfliegen** *n* vuelo *m* libre (*od.* en ala-delta); **~nflieger** *m* practicante *m* del vuelo libre, F hombre *m* pájaro; **~nmaul** ♀ *n* dragontea *f*.
'Drachme *f* (-; -*n*) dracma *f*.
Dra'gée [-'ʒe:] *n* (-*s*; -*s*) gragea *f*; pastilla *f*.

Dra'goner *m* ⚔ dragón *m*; F *fig.* virago *f*, F marimacho *m*, mujer *f* de armas tomar.
'Draht *m* (-*es*; ~*e*) alambre *m*; *dünner*: hilo *m*; *mit ~ einzäunen* alambrar; *Tele. per ~ antworten* contestar telegráficamente (*od.* por cable); F *auf ~ sein* estar de buen humor *bzw.* en buena forma; ser despabilado; (*wissensmäßig*) conocer el paño; F ser vivo; *ich bin heute nicht auf ~* hoy no me siento bien *bzw.* no estoy de humor; **~auslöser** *Phot. m* disparador *m* de cable; **~bürste** *f* cepillo *m* metálico; 2**en** (-*e*) *v/t.* telegrafiar; poner un cable, cablegrafiar; **~esel** F *hum. m* F bici *f*; **~fenster** *n* alambrera *f*; **~funk** *m Radio*: radiotransmisión *f* por cable telegráfico; **~gaze** *f* gasa *f* metálica; **~geflecht** *n* enrejado *m* metálico, alambrera *f*, alambrado *m*; **~gewebe** *n* tela *f* metálica; **~gitter** *n* → **~geflecht**; **~glas** *n* vidrio *m* armado (*od.* alambrado); 2**ig** *adj. Person*: nervudo; vigoroso; **~lehre** ⊕ *f* galga *f* de alambre; 2**los I.** *adj.* sin hilos, inalámbrico; **~e** *Telegrafie* radiotelegrafía *f*, telegrafía *f* sin hilos (*Abk.* T.S.H.); **II.** *adv.*: ~ *senden*, ~ *telegrafieren* radiotelegrafiar; **~saite** *f* cuerda *f* metálica; **~schere** *f* cizalla *f*, cortaalambres *m*; **~seil** *n* cable *m* metálico; **~seilbahn** *f* funicular *m*; (*Hängebahn*) teleférico *m*, (funicular *m*) aéreo *m*; **~sieb** *n* criba *f* metálica; **~stärke** *f* grueso *m* de alambre; **~stift** *m* punta *f* (de París), clavillo *m*; **~verbindung** *f* *Tele.* comunicación *f* telegráfica *bzw.* telefónica; ⚡ (*Schaltung*) empalme *m* de alambres; **~verhau** *m* alambrada *f*; **~zange** *f* cortaalambres *m*; **~zieher** *m* ⊕ trefilador *m*; *fig.* instigador *m* (oculto), fautor *m*, maquinador *m*.
Drain... → Drän...
Drai'sine 🚲 *f* autocarril *m*, dresina *f*.
dra'konisch *adj.* draconiano.
drall **I.** *adj. Faden*: (re)torcido; *fig.* (*stämmig*) robusto, fuerte; **~es** *Mädchen* mocetona *f*, real moza *f*; **II. ~** *m* (-*es*; -*e*) (*Umwindung*) torsión *f*; *des Waffenlaufs*: (paso *m* del) rayado *m*; *fig.* tendencia *f*, inclinación *f*.
'Drama *n* (-*s*; -*men*) drama *m*.
Dra'ma|tik *f* (0) dramática *f*, dramaturgia *f*; dramatismo *m* (*a. fig.*); **~tiker** *m* dramaturgo *m*, (autor *m*) dramático *m*; 2**tisch** *adj.* dramático (*a. fig.*); 2**ti'sieren** (-) *v/t.* dramatizar (*a. fig.*); adaptar a la escena.
Drama|'turg *m* (-*en*) director *m* artístico; **~tur'gie** *f* dramaturgia *f*.
dran → daran.
Drän *m* (-*s*; -*s*) tubo *m* de drenaje (*a.* ⚕).
Drä'nage [-ʒə] *f* avenamiento *m*; drenaje *m* (*a.* ⚕).
Drang *m* (-*es*; 0) *der Geschäfte usw.*: apremio *m*; (*Antrieb*) ímpetu *m*; impulso *m*; (*Trieb*) afán *m*, impulsión *f*, sed *f* (*nach de*); *Physiol.* pujo *m*, F ganas *f/pl.* de (orinar, etc.).
Drän|ge'lei F *f* agolpamiento *m*; empujones *m/pl.*
2**geln** (-*le*) F *v/i. u.* ~ *v/t.* apretujar; codear; empujar; atropellar; *Arg.* pechar.
'drängen **I.** *v/t.* (*drücken*) apretar, oprimir, estrechar; (*vorantreiben*) empujar; *fig.* acuciar, urgir, apurar, atosigar; *Schuldner*: apremiar; *zur*

Eile: dar (*od.* meter) prisa, instar, urgir; (*antreiben*) estimular; *j-n zu et.* ~ instar a *alg.* a hacer *a/c.*; *ich lasse mich nicht* ~ no me dejo atosigar; *es drängt (nicht)* (no) corre prisa; *sich* ~ apretarse (contra); apiñarse, agolparse; atropellarse; arremolinarse; *sich durch e-e Menge* ~ abrirse paso a través de la multitud; *sich um j-n* ~ apiñarse en torno a *alg.*; *es drängt mich zu inf.* me siento impulsado a *inf.*; me veo en la necesidad de *inf.*; **II.** *v/i.* urgir; *die Sache drängt* la cosa urge, el asunto no admite demora; *die Zeit drängt* el tiempo apremia; *auf et.* ~ insistir en *a/c.*; → *gedrängt*; **III.** 2 *n* empujones *m/pl.*; *fig.* insistencia *f*; apremio *m*; *auf* ~ *von* a ruego de, a instancias de.
'Drangsal *f* (-; -*e*) (*Notlage*) aprieto *m*, apuro *m*; vejación *f*; (*Leiden*) sufrimientos *m/pl.*; tribulaciones *f/pl.*; *fig.* calvario *m*.
drangsa'lieren (-) *v/i.* vejar; atormentar; acosar, atosigar.
'drangvoll *adj.*: *in* ~*er Enge* muy apretado, apiñado.
'dranhalten F *v/refl.*: *sich* ~ apresurarse.
drä'nier|en (-) *v/t.* avenar; desaguar; *gal.* drenar; 2**ung** *f* avenamiento *m*; drenaje *m* (*a.* ⚕).
'dran|kommen F *v/i.*: *ich komme dran* me toca a mí; **~nehmen** F *v/t.* atender (*a alg.*); *Sch.* preguntar (*a un alumno*).
dra'pier|en (-) *v/t.* adornar, engalanar; poner colgaduras; *Falten*: drapear; 2**ung** *f* colgadura *f*; drapeado *m*; (*Gewänder*) ropaje *m*; paños *m/pl.*
Drä'sine *f* → Draisine.
'drastisch *adj.* drástico (*a.* ⚕ *u. fig.*); enérgico.
'drauf F **I.** *adv.* → *darauf*; *gut (schlecht)* ~ *sein* estar de buen (mal) humor; **II.** *int.*: ~! ¡duro!, ¡a (por) ellos!; (*schlag zu*) ¡leña!, ¡dale duro!; 2**gänger** *m* hombre *m* de rompe y rasga (*od.* de pelo en pecho); **~gängerisch** *adj.* emprendedor; atrevido; arrojado, osado; 2**gängertum** *n* (-*s*; 0) impetuosidad *f*, vehemencia *f*; arrojo *m*; **~gehen** F *v/i.* consumirse, gastarse; (*verlorengehen*) perderse; *Geld*: esfumarse, volar; (*kaputtgehen*) estropearse; F (*sterben*) diñarla.
'Draufgeld *n* arras *f/pl.*
drauf'los|arbeiten *v/i.* trabajar a más no poder; **~gehen** *v/i.* ir derecho a locas; **~reden** *v/i.* hablar a tontas y a locas; **~schlagen** *v/i.* repartir palos a ciegas; **~wirtschaften** *v/i.* derrochar.
'Draufsicht *f* (0) vista *f* de(sde) arriba.
'draußen *adv.* afuera, fuera; (*im Freien*) al aire libre; (*in der Fremde*) en el extranjero; *da* ~ allá fuera; *von* ~ de afuera; *nach* ~ afuera.
'Drechsel|bank *f* torno *m*; 2**n** (-*le*) *v/t.* tornear; *fig.* formar meticulosamente.
'Drechsle|r *m* tornero *m*; **~'rei** *f* tornería *f* (*a. Werkstatt*).
'Dreck F *m* (-*es*; 0) (*Schmutz*) suciedad *f*; porquería *f*, inmundicia *f*; (*Schlamm*) lodo *m*, fango *m*, barro *m*; (*Müll*) basura *f*, (*Kot*) V mierda *f* (*alle a. fig.*); *fig.* (*Plunder*) trastos

Dreckfink — Dressing

m/pl., pacotilla *f*; *fig. in den* ~ *ziehen* arrastrar por los suelos (*od.* por el fango); *fig.* j-n mit ~ bewerfen echar barro a alg.; P *er kümmert sich um jeden* ~ F mete las narices en todo; P *er kümmert* (*od. schert*) *sich e-n* ~ *darum* F le importa un rábano; P *ich mache mir e-n* ~ *daraus* F me importa un bledo (V una mierda); P *das geht dich e-n* ~ *an!* ¡a ti qué te importa!; P *du verstehst e-n* ~ *davon* F no entiendes ni jota de eso; P *er hat Geld wie* ~ F está podrido de rico; F *da sitzen wir schön im* ~! F ¡estamos apañados!; ¡en buena nos hemos metido!; *fig.* ~ *am Stecken haben* tener las manos sucias; ~**fink** *m* puerco *m*, F guarro *m*, gorrino *m*; ♀**ig** *adj.* sucio (*a. fig.*); F guarro, puerco; (*eklig*) asqueroso; (*unanständig*) indecente; F *es geht ihm* ~ F las está pasando negras (*od.* moradas *od.* canutas); ~**nest** F *n* pueblo *m* de mala muerte; ~**skerl** P *m* cerdo *m*, cochino *m*; canalla *m*; ~**spatz** F *m* → ~*fink*; ~**wetter** F *n* tiempo *m* de perros.

Dreh F *m* (-*es*; -*s od.* -*e*) (*Trick*) truco *m*, maña *f*; *auf den* ~ *kommen* dar con el truco; *den* ~ *heraushaben* conocer el truco, F cogerle el tranquillo a a/c.

'**Dreh...**: ~**achse** *f* eje *m* de rotación; *fig.* pivote *m*; ~**arbeiten** *f/pl. Film*: rodaje *m*; ~**automat** *m* torno *m* automático; ~**bank** *f* torno *m*; ♀**bar** *adj.* giratorio, rotatorio; ~**beanspruchung** ⊕ *f* esfuerzo *m* de torsión; ~**beginn** *m Film*: comienzo *m* del rodaje; ~**bewegung** *f* movimiento *m* giratorio, rotación *f*; ~**bleistift** *m* portaminas *m*; ~**bohrer** *m* taladro *m* rotatorio; ~**brücke** *f* puente *m* giratorio; ~**buch** *n Film*: guión *m*; ~**buch-autor** *m* guionista *m*; ~**bühne** *f Thea.* escenario *m* giratorio; ⊕ plataforma *f* giratoria.

'**drehen I.** *v/t. u. v/i.* girar (*a.* ⊕); *Scheibe*: (hacer) girar; *Kurbel usw.*: dar vueltas a; *Zigarette*: liar; (*zwirnen*) torcer, hilar; *Strick*: trenzar; (*drechseln*) tornear; *Film*: rodar; (*wenden*) volver; *Wind*: cambiar; rolar; *Schiff*: virar. **II.** *v/refl.*: *sich* ~ *bsd.* ⊕ rodar; dar vueltas (*um alrededor de*); *sich um et.* ~ girar sobre (*od.* en torno a); *fig. Gespräch*: *a.* versar sobre; *fig. sich* ~ *und winden* andar con rodeos; *wie man es auch dreht und wendet* por más vueltas que se le da.

'**Dreh...**: ~**er** *m* ⊕ tornero *m*; ~**feld** ⚡ *n* campo *m* rotatorio; ~**fenster** *n* ventana *f* giratoria; ~**flügel** ⚙ *m* ala *f* giratoria; ~**gestell** 🚂 *n* bog(g)ie *m*; ~**griff** *m Motorrad*: empuñadura *f* giratoria; ~**kondensator** *m* condensador *m* variable; ~**kraft** *f* fuerza *f* de torsión *bzw.* de rotación; ~**kran** *m* grúa *f* giratoria; ~**krankheit** *Vet. f* modorra *f*, torneo *m*; ~**kreuz** *n* torniquete *m*, torno *m*; ~**leiter** *f Feuerwehr*: autoescalera *f*; ~**moment** *n* momento *m* de torsión; ~**orgel** *f* organillo *m*; ~**pause** *f Film*: descanso *m* del rodaje; ~**punkt** *m* ⊕ centro *m* de rotación; *fig.* pivote *m*; ~**schalter** ⚡ *m* interruptor *m* giratorio; ~**scheibe** *f* placa *f* (*od.* plataforma *f*) giratoria; *Töpferei*: torno *m* (de alfarero); ~**spieß** *m* asador *m* giratorio; ~**stabfederung** *f Kfz.* suspensión *f* por barras de torsión; ~**ständer** *m* estante *m* giratorio; ~**strom** ⚡ *m* corriente *f* trifásica; ~**strommotor** *m* motor *m* trifásico; ~**stuhl** *m* silla *f* giratoria; ~**tisch** *m* mesa *f* giratoria; ~**tür** *f* puerta *f* giratoria; ~**ung** *f* vuelta *f*; *im Kreis*: *a.* giro *m*; *um e-e Achse*: rotación *f*; *um e-n Körper*: revolución *f*; (*Verwindung*) torsión *f*; ⚓ virada *f*; ~**wähler** *m* selector *m* giratorio; ~**wurm** *Vet. m* cenuro *m*; ~**zahl** *f* número *m* de revoluciones (por minuto) (*Abk.* r.p.m.); ~**zahlmesser** *m* cuentarrevoluciones *m*; ~**zahlregler** *m* regulador *m* del número de revoluciones.

drei I. *adj.* tres; *es ist* ~ *Uhr* son las tres; *halb* ~ las dos y media; *sie waren ihrer* ~ eran (*od.* había) tres (de ellos); *ehe man bis* ~ *zählen konnte* en un santiamén, en un abrir y cerrar de ojos; *er kann nicht bis* ~ *zählen* no sabe cuántas son cinco; *er tut*, *als ob er nicht bis* ~ *zählen könnte* F se hace la mosca (*od.* mosquita) muerta; *aller guten Dinge sind* ~ F a la tercera va la vencida; **II.** ♀ *f* (-; -*en*) tres *m*.

'**drei...**: ♀**achser** *Kfz. m* coche *m* de tres ejes (*od.* de seis ruedas); ♀-'**achteltakt** ♪ *m* compás *m* de tres por ocho; ~**akter** *Thea. m* pieza *f* en tres actos; ~**armig** *adj.* de tres brazos; ~**bändig** *adj.* en tres tomos; ♀**bein** *n* trípode *m*; ~**beinig** *adj.* de tres pies; ~**blätt(e)rig** ♣ *adj.* tripétalo; de tres hojas; ♀**bund** *Pol. m* Triple Alianza *f*; ♀**decker** *m* navío *m* de tres puentes; 🛫 triplano *m*; ~**dimensional** *adj.* tridimensional; ♀**eck** *n* triángulo *m*; (*Riß*) F siete *m*; ~**eckig** *adj.* triangular; ~**eckschaltung** ⚡ *f* conexión *f* en delta; ♀**ecksgeschäft** *n* operación *f* triangular; ~**ecksverhältnis** *n* triángulo *m*; '**einig** *adj.* tres en uno, trino (y uno); ♀'**einigkeit** *Rel. f* (0) Trinidad *f*; ~**erlei** *adj.* de tres clases; *auf* ~ *Art* de tres maneras diferentes; ♀**ertakt** ♪ *m* compás *m* ternario (*od.* de tres tiempos); ~**fach** *adj.* triple, tres veces mayor; *in* ~*er Ausfertigung* por triplicado; ♀**fache(s)** *n* triple *m*; ♀**fachstecker** ⚡ *m* enchufe *m* tripolar; ♀'**faltigkeit** *Rel. f* (0) Trinidad *f*; ♀'**farbendruck** *m* tricromía *f*; ♀'**farbenfotografie** *f* fotografía *f* tricrómica; ~**farbig** *adj.* tricolor, de (*od.* en) tres colores; ♀-'**felderwirtschaft** ✧ *f* rotación *f* trienal; ~**fuß** *m* trípode *m*; ~**ganggetriebe** *n* engranaje *m* de tres velocidades; ~**gängig** ⊕ *adj. Gewinde*: de triple rosca; ♀**gespann** *n* triga *f*; *fig.* trío *m*, terna *f*; ♀**gestirn** *n* triunvirato *m*; ~**geteilt** *adj.* tripartito; ~**glied(e)rig** *adj.* trino, ternario; ♣ ~*e Größe* trinomio *m*; ♀'**groschenoper** *f* ópera *f* de cuatro peniques; ~**hundert** *adj.* trescientos; ♀**hundertjahrfeier** *f* tricentenario (*m*); ~**hundertste** *adj.*, ♀**hundertstel** *n* tricentésimo *m*; ~**jährig** *adj.* trienal, de tres años; ~**jährlich I.** *adj.* trienal. **II.** *adv.* cada tres años; ~**kantig** *adj.* triangular; ♀'**käsehoch** F *m* (-*s*; -*s*) F braguillas *m*, renacuajo *m*; ~**klang** ♪ *m* acorde *m* perfecto; ♀-'**königsfest** *n* Epifanía *f*, (día *m* de) Reyes *m/pl.*; ♀**machtabkommen**

Pol. n pacto *m* tripartito; ~**mal** *adv.* tres veces; ~**malig** *adj.* triple; *sein* ~*er Versuch* sus tres intentos; ♀**master** ⚓ *m* velero *m* de tres palos; ♀'**meilenzone** ⚓ *f* zona *f* de las tres millas; ~**monatig** *adj.* de tres meses; ~**monatlich I.** *adj.* trimestral; **II.** *adv.* cada tres meses, trimestralmente; ~**motorig** *adj.* trimotor.

drein → *darein*.

'**drei...**: ~**phasig** ⚡ *adj.* trifásico; ~**polig** *adj.* tripolar; ~**prozentig** *adj.* al tres por ciento; ♀**rad** *n* triciclo *m*; ♀**radwagen** *Kfz. m* triciclo *m* de reparto; ~**reihig** *adj.* en (*od.* de) tres filas; ♀'**röhrengerät** *n Radio*: receptor *m* de tres válvulas; ♀**ruderer** *Hist. m* trirreme *m*; ♀**satz** ♣ *m* regla *f* de tres; ~**schichtig** *adj.* de tres capas; *Glas*: triplex; ~**seitig** *adj.* trilateral; ♣ trilátero *m*; ~**silbig** *adj.* trisílabo; ~**sitzig** *adj.* de tres plazas; ~**spaltig** *adj.* de (*od.* en) tres columnas; ♀**spänner** *m* → *Dreigespann*; ~**spännig** *adj.* con tres caballos; ♀-**spitz** *m* tricornio *m*, sombrero *m* de tres picos; ~**sprachig** *adj.* en tres idiomas, trilingüe; ♀**springer** *m* saltador *m* de triple; ♀**sprung** *m* triple salto *m*.

'**dreißig I.** *adj.* treinta; *im Alter von* ~ *Jahren* a los treinta años (de edad); *etwa* ~ unos treinta, una treintena; **II.** ♀ *f* (número *m*) treinta *m*; *in den* ~*ern sein* haber pasado los treinta años; *in den* ♀*er Jahren* en los años treinta; ♀*er*(*in f*) *m* hombre *m* (mujer *f*) de treinta años; ~**jährig** *adj.* de treinta años; *Hist. der* ♀*e Krieg* la Guerra de los Treinta Años; ~**ste** *adj.* trigésimo; ~**stel** *n* trigésima parte *f*; trigésimo *m*.

dreist *adj.* audaz, osado; atrevido; (*frech*) insolente, impertinente; desvergonzado, descarado; F fresco, sinvergüenza.

'**dreistellig** *adj. Zahl*: de tres cifras.

'**Dreistigkeit** *f* audacia *f*, osadía *f*; atrevimiento *m*; (*Frechheit*) insolencia *f*, impertinencia *f*; descaro *m*, desfachatez *f*; F frescura *f*.

'**drei...**: ~**stimmig** ♪ *adj.* de (*adv.* a) tres voces; ~**stöckig** *adj.* de tres pisos; *Rakete*: *a.* de tres etapas (*od.* pisos); *Motor*: de tres velocidades; ~**stündig** *adj.* de tres horas; ~**tägig** *adj.* de tres días; ~**teilig** *adj.* tripartito, de (*od.* en) tres partes; *Schrank*: de tres cuerpos; *Kleid*: de tres piezas; ~*er Anzug* terno *m*; ♀**viertel** *adj.* tres cuartos; ♀'**viertelmehrheit** *f* mayoría *f* de tres cuartos; ♀'**vierteltakt** ♪ *m* compás *m* de tres por cuatro; ♀**zack** *m* tridente *m*; ~**zehn** *adj.* trece; F *jetzt schlägt's* (*aber*) ~! ¡esto es el colmo!; ~**zehnte** *adj.* décimo tercero; ♀**zehntel** *n* trezavo *f*; ♀**zy'lindermotor** *m* motor *m* de tres cilindros.

'**Dresch|e** F *f* (0) paliza *f*, tunda *f*; ♀**en** (*L*) *v/t.* trillar; (*prügeln*) apalear; ~**en** *n* trilla *f*; ~**er** *m* trillador *m*; ~**flegel** *m* trillo *m*; ~**maschine** *f* trilladora *f*; ~**tenne** *f* era *f*.

Dres'se|ur *m* (-*s*; -*e*) adiestrador *m*; (*Bändiger*) domador *m*; ♀**ieren** (-) *v/t.* adiestrar, amaestrar; (*zureiten*) *a.* domar.

'**Dressing** *n* (-*s*; -*s*) aliño *m* (para la ensalada).

'**Dressman** *m* (*-s*; *-men*) modelo *m* masculino.
Dres'sur *f* (*-*; *-en*) adiestramiento *m*, amaestramiento *m*; *Pferd*: a. doma *f*.
'**dribb|eln** (*-le*) *v/t*. *Fußball*: regatear, angl. driblar; ²**ling** *n* (*-s*; *0*) regate *m*.
Drill ⚔ *m* (*-s*; *0*) ejercicio *m* (intensivo), instrucción *f*.
'**Drillbohrer** *m* berbiquí *m* (helicoidal).
'**drillen** *v/t*. ⚔ instruir, ejercitar (intensivamente); ✔ sembrar en hileras (*od*. líneas); *Faden*: torcer; (*bohren*) barrenar.
'**Drillich** *m* (*-s*; *-e*) dril *m*; terliz *m*, *Am*. brin *m*.
'**Drilling** *m* (*-s*; *-e*) (*Kind*) trillizo *m*.
'**Drillmaschine** ✔ *f* sembradora *f* en líneas.
drin → *darin*.
'**dringen** (*L*; *sn*) *v/i*. **1.** *durch et.* ~ atravesar, pasar a través de; penetrar por; abrirse paso por; *fig*. *es dringt mir durchs Herz* me traspasa el corazón, me parte el alma; **2.** *aus et.* ~ salir de, escaparse de; *Geräusch*: venir de; **3.** *in et.* ~ irrumpir en; penetrar en; internarse en; *fig*. profundizar en; **4.** *in j-n* ~ apremiar a alg.; *bittend*: instar a alg.; *mit Fragen*: acosar a alg. (a preguntas); **5.** *bis zu et.* ~ llegar (*od*. penetrar, avanzar) hasta; *zu Herzen* ~ llegar al corazón; **6.** *auf et.* ~ insistir en; exigir; ~**d I.** *adj*. urgente; apremiante; *Gefahr*: inminente; *Verdacht*: fundado; *Notwendigkeit*: imperioso, apremiante; *Termin*: perentorio; ~*e Bitte* instancia *f*, ruego *m* encarecido; **II.** *adv*. urgentemente, con urgencia; ~ *sein* correr prisa, urgir; ~ *notwendig* absolutamente necesario; ~ *verdächtig* altamente sospechoso; ~ *abraten* desaconsejar seriamente; ~ *bitten* rogar encarecidamente.
'**dringlich** *adj*. urgente; apremiante; perentorio; ²**keit** *f* urgencia *f*; apremio *m*; perentoriedad *f*.
'**Dringlichkeits...**: ~**antrag** *m* Parl. moción *f* de urgencia; ~**fall** *m* caso *m* de urgencia; ~**liste** *f* lista *f* por orden de prioridad.
'**drinnen** *adv*. (por *od*. allá) dentro, adentro; en el interior.
'**dritt** *adj*.: *zu* ~ de, a tres; entre los tres; *wir waren zu* ~ éramos tres; ~**e** *adj*. tercer(o); *der* ~ *Juni* el tres de junio; *Ferdinand III*. (*der* ²) Fernando III (Tercero); *die* ~ *Welt* el tercer mundo; *Gr*. *in der* ~**n** *Person* en (la) tercera persona; *der* ~**e** *Stand* el tercer estado; ²**el** *n* tercio *m*, tercera parte *f*; *zwei* ~ *dos* tercios; ~**eln** (*-le*) *v/t*. dividir en tres partes; ~**ens** *adv*. tercero, en tercer lugar; ~**letzt** *adj*. antepenúltimo.
'**droben** *adv*. arriba; *da* ~ allá arriba; (*im Himmel*) en el cielo.
'**Droge** *f* droga *f*; *in* ~ *nehmen* drogarse, P fliparse; ²**n-abhängig** *adj*. drogadicto; ~**n-abhängigkeit** *f* drogadicción *f*, adicción *f* a las drogas, drogodependencia *f*; ~**nbekämpfung** *f* lucha *f* contra la droga; ~**nsucht** *f* → ~**nabhängigkeit**; ~**nsüchtig** *adj*., ~**n-süchtige(r)** *m* drogadicto (*m*).
Droge'rie *f* droguería *f*.
Dro'gist *m* (*-en*) droguero *m*, droguista *m*.

'**Drohbrief** *m* carta *f* conminatoria (*od*. amenazadora).
'**drohen** *v/i*. amenazar (*mit* con); (*bedrohlich bevorstehen*) amenazar, ser inminente; amagar; cernerse sobre; *es droht zu regnen* amenaza lluvia; *das Haus droht einzustürzen* la casa amenaza ruina; *er weiß noch nicht, was ihm droht* todavía no sabe lo que le aguarda; ~**d** *adj*. amenazador; (*bevorstehend*) inminente.
'**Drohne** *f* zángano *m* (a. *fig*.), abejón *m*.
'**dröhnen I.** *v/i*. *Donner*, *Geschütz*: retumbar; *Schritte*: resonar; (*brummen*) zumbar; *mir dröhnt der Kopf* me zumban los oídos; **II.** ² *n* *Donner*: estampido *m*; *Sturm*: bramido *m*; *Schlacht*: fragor *m*, estruendo *m*; *Motor*: zumbido *m*; ~**d** *adj*. *Stimme*: campanudo.
'**Drohung** *f* amenaza *f*; conminación *f*; (*Einschüchterung*) intimidación *f*.
'**drollig** *adj*. gracioso, donoso, divertido; chistoso, chusco; *Kind*: salado; ²**keit** *f* gracia *f*, donosura *f*.
Drome'dar *n* (*-s*; *-e*) dromedario *m*.
Drops *m* (*-*; *-*) caramelo *m* ácido.
'**Droschke** *f* coche *m* de punto; simón *m*; manuela *f*; *Kfz*. taxi *m*; ~**n-halteplatz** *m* punto *m*, parada *f* de coches bzw. taxis; ~**nkutscher** *m* cochero *m* de punto.
'**Drossel** *f* (*-*; *-n*) Orn. tordo *m*; ⊕ estrangulador *m*; ~**ader** Anat. *f* (vena *f*) yugular *f*; ~**klappe** *f* válvula *f* de mariposa (*od*. de estrangulación); ²**n** (*-le*) *v/t*. estrangular; *fig*. moderar; frenar; ~**spule** ⚡ *f* bobina *f* de reactancia; ~**ung** *f* estrangulación *f*; *fig*. moderación *f*; ~**ventil** *n* → ~*klappe*.
'**drüben** *adv*. al otro lado; (*más*) allá.
'**Druck** *m* (*-es*) **1.** (pl. ~*e*) presión *f* (a. ⊕, ⚔ u. *fig*.); *der Hand*: apretón *m*; (*Zusammendrücken*) compresión *f*; (*Last*) peso *m*, carga *f*; (*Bedrückung*) opresión *f*; (*Schwere*) pesadez *f*, pesantez *f*; *ausüben auf j-n* ejercer (*od*. hacer) presión (*od*. presionar) sobre alg.; F *im* ~ *sein* estar en un aprieto (*od*. en apuros); tener prisa; F dar de cabeza; ~ *hinter et*. *setzen* meter prisa a a/c., F dar un acelerón a a/c.; *j-n unter* ~ *setzen* apretar a alg. los tornillos (*od*. las clavijas); **2.** (pl. *-e*) *Typ*. impresión *f*; (*Gedrucktes*) imprenta *f*; (*Bild*) estampa *f*; *auf Stoff*: estampado *m*; (*Auflage*) edición *f*; *in* ~ *gehen* ser publicado; *im* ~ *sein* estar en prensa; *in* ~ *geben* dar a la estampa (*od*. imprenta *od*. prensa); ~**abfall** ⊕ *m* descenso *m* de la presión; ~**beanspruchung** *f* esfuerzo *m* de presión; ~**bogen** *Typ*. *m* pliego *m* (de imprenta); ~**buchstaben** *m/pl*. caracteres *m/pl*. de imprenta (*od*. tipográficos).
'**Drückeberger** F *m* vago *m*, holgazán *m*; F sobón *m*, remolón *m*, candongo *m*; ⚔ *fig*. emboscado *m*.
'**Druck-empfindlichkeit** ✸ *f* sensibilidad *f* a la presión.
'**drucken** *v/t*. *Typ*. imprimir (a. *Computer*); tirar; (*herausgeben*) publicar, editar; ⊕ estampar; *er lügt wie gedruckt* miente como habla.
'**drücken I.** *v/t*. **1.** apretar; *Taste*: pulsar, oprimir; (*schieben*) empujar; *j-m die Hand* ~ estrechar a alg. la

mano; *j-m et.* (*heimlich*) *in die Hand* ~ deslizar a/c. en la mano de alg.; *j-n an sich* ~ estrechar a alg. en los brazos; **2.** *fig*. (*nieder*~) oprimir, deprimir; agobiar, abrumar; *Preise*, *Kurse*: hacer bajar; *Rekord*: superar, batir; **II.** *v/refl*.: F *sich* ~ F salir(se) por la tangente, F escurrir el bulto; esquivarse; zafarse (*vor dat*. de); (*sich fortstehlen*) escabullirse, evaporarse; *sich vor e-r Pflicht* ~ rehuir (*od*. sustraerse a) una obligación; *sich um e-e Antwort* ~ eludir la respuesta; **III.** *v/i*. apretar (a. *Schuhe*, *Hitze*); ~ *auf* pesar sobre (a. *fig*.); *auf den Knopf* ~ apretar (*od*. oprimir, pulsar) el botón; ~**d** *adj*. abrumador, agobiador, apabullante; *Hitze*: sofocante; *Wetter*: bochornoso.
'**Drucker** *m* *Typ*. impresor *m*; tipógrafo *m*; *Computer*: impresora *f*.
'**Drücker** *m* *Türklinke*: picaporte *m*; pestillo *m*; *am Gewehr*: gatillo *m*; ⊕ trinquete *m*; (*Druckknopf*) botón *m*, pulsador *m*; F *am* ~ *sitzen* ocupar un puesto estratégico, F tener la sartén por el mango; F *auf den letzten* ~ en el último momento.
Drucke'rei *f* imprenta *f*; taller *m* tipográfico.
'**Druck-erlaubnis** *f* permiso *m* de imprimir, bsd. Rel. imprimátur *m*.
'**Druck...**: ~**presse** *f* prensa *f* tipográfica; ~**schwärze** *f* tinta *f* de imprenta (*od*. tipográfica).
'**Druck...**: ~**fahne** *Typ*. *f* galerada *f*; ~**farbe** *f* tinta *f* de imprenta; ~**feder** *f* resorte *m* de compresión; ~**fehler** *m* errata *f*, error *m* de imprenta; ~**fehlerteufel** *m* duende *m* tipográfico (*od*. de las linotipias); ~**fehlerverzeichnis** *n* fe *f* de erratas; ²**fertig** *adj*. listo para la imprenta; (als *Vermerk*) ¡tírese!; ²**fest** *adj*. a prueba de presión; ~**festigkeit** ⊕ *f* resistencia *f* a la (com)presión; ~**gefälle** *n* caída *f* de presión.
'**Druckjagd** *f* montería *f*.
'**Druck...**: ~**kabine** *f* cabina *f* presurizada; ~**knopf** ⊕ *m* pulsador *m*; *am Kleid*: botón *m* automático (*od*. de presión); ~**knopfanlasser** *m* arranque *m* por pulsador; ~**legung** *Typ*. *f* impresión *f*; ~**leitung** ⊕ *f* tubería *f* bajo presión; ~**luft** *f* aire *m* comprimido; ~**luftbremse** *f* freno *m* de aire comprimido; ~**maschine** *Typ*. *f* máquina *f* tipográfica (*od*. de imprimir); ~**messer** ⊕ *m* manómetro *m*; ~**mittel** *n* medio *m* de presión (*od*. de coacción); ~**papier** *n* papel *m* de imprenta; ~**platte** *f* estereotipo *m*; ~**probe** ⊕ *f* Typ. prueba *f* de imprenta; ⊕ prueba *f* de (com)presión; ~**pumpe** *f* bomba *f* impelente; ~**punkt** ⊕ *m* punto *m* de presión; ²**reif** *adj*. listo para la imprenta; ~**sache** ⊕ *f* impresos *m/pl*.; ~**schraube** ⊕ *f* tornillo *m* de presión; ~**schrift** *f* letra *f* de molde; (*Veröffentlichung*) folleto *m*, impreso *m*; ~**seite** *f* página *f* impresa; *Typ*. plana *f*; ²**sen** (*-t*) F *v/i*. titubear, vacilar; ~**stelle** ✽ *Obst*: maca *f*; ~**stock** *Typ*. *m* clisé *m*, plancha *f*; ~**taste** *f* tecla *f*; ~**telegraf** *m* teleimpresor *m*; ~**ventil** *n* válvula *f* de presión; ~**verband** ✚ *m* vendaje *m* compresivo; ~**verfahren** *n* procedimiento *m* tipográfico; ~**walze** *f* *Typ*. rodillo *m* de imprenta; ✔ rodillo *m* compresor; ~**welle** *f*

Druckzylinder — Duplik 140

onda f expansiva; ~zylinder m Typ. cilindro m impresor; ⊕ cilindro m compresor.

'**Drudenfuß** m pentagrama m, estrella f de cinco puntas.

drum adv. → darum; das ganze 2 und Dran todo el tinglado; mit allem 2 und Dran F con todos los requilorios; F con todos sus pelos y señales.

'**drunten** adv. abajo; da ~ allá abajo.

'**drunter** → darunter.

Drusch ⚔ m (-es; -e) trilla f.

'**Druse** f Min. drusa f; Vet. muermo m.

'**Drüse** Anat. f glándula f; ~ mit innerer (äußerer) Sekretion glándula f endocrina (exocrina) od. de secreción interna (externa).

'**Drüsen...: ~entzündung** ⚔ f adenitis f; **~krankheit** ⚔ f adenopatía f.

'**drüsig** adj. glandular; adenoso.

'**Dryade** Myt. f dríade f, dríada f.

'**Dschungel** m selva f, jungla f; das Gesetz des ~s la ley de la selva.

'**Dschunke** f junco m.

du pron. tú; Arg. P vos; auf ~ und ~ stehen tutearse; j-n mit ~ anreden tutear (od. tratar de tú) a alg.

Du n (- od. -s; - od. -s) j-m das ~ anbieten ofrecerle el tuteo a alg.

Dua'lismus m (-s; 0) dualismo m.

'**Dübel** ⊕ m (-s; -) espiga f; tarugo m, taco m.

Du'blee n (-s; -s) chapado m (de oro), gal. dublé m.

Du'blette f duplicado m; Gr. doblete m.

'**ducken** v/t. den Kopf: bajar; inclinar; F fig. j-n ~ bajar los humos a alg.; sich ~ agacharse; agazaparse, acurrucarse; fig. doblegarse, F achantar(se).

'**Duckmäuser** m F mosquita f muerta, mátalas callando m; (Scheinheiliger) mojigato m; 2**isch** adj. gazmoño, mojigato.

Dude'lei f música f ratonera.

'**dudeln** (-le) v/i. tocar mal bzw. siempre lo mismo; F cencerrear.

'**Dudelsack** ♪ m gaita f, cornamusa f; auf den ~ spielen tocar la gaita; ~**pfeifer** m gaitero m.

Du'ell [du'ɛl] n (-s; -e) duelo m, lance m de honor; ~ auf Pistolen duelo a pistola.

Duel'lant m (-en) duelista f; 2'**lieren**(-)v/refl.: sich~batirse en duelo.

Du'ett ♪ n (-es; -e) dúo m, dueto m.

'**Duft** m (-es; ⸚e) olor m; aroma m, fragancia f, perfume m; 2e F adj. F estupendo, bárbaro, chulo, de órdago, de aúpa; 2**en** (-e-) v/i. despedir (od. exhalar) un aroma u oler bien, tener buen olor; ~ nach oler a; 2**end** adj. fragante, aromático; perfumado; oloroso, de buen olor; 2**ig** adj. vaporoso (a. Kleid); (leicht, zart) delicado; primoroso; 2**los** adj. inodoro, sin olor; **~stoff** m su(b)stancia f olorosa (od. odorífera).

Du'katen m ducado m; **~gold** n oro m fino.

'**duld|en** (-e-) v/t. sufrir; (ertragen) aguantar, soportar; confllevar; (zulassen) tolerar, permitir, consentir; stillschweigend: F hacer la vista gorda; keinen Aufschub ~ no admitir demora; (er(in f) m sufridor(a f) m; Rel. mártir m/f; **~sam** adj. tolerante (gegen hacia), indulgente (con); 2**samkeit** f (0) tolerancia f; 2**ung** f tolerancia f, consentimiento m; resignación f.

Dum'dumgeschoß ⚔ n dumdum m, proyectil m de punta hueca.

'**dumm** adj. (⸚er; ⸚st) tonto, Am. a. zonzo; (blöde) bobo, estúpido; mentecato, memo; (einfältig) ingenuo, simple; (albern) fatuo, necio, majadero; F ganso m; (ungeschickt) torpe, lerdo; (unwissend) ignorante, estólido; (ärgerlich) desagradable, fastidioso, molesto; ~er Junge mocoso m; ~e Person tontaina m/f; e-e ~e Sache un asunto desagradable (od. feo); ~er Streich travesura f, jugarreta f; ~es Zeug! ¡qué tontería!; ~es Zeug reden decir disparates (od. sandeces, bobadas); mir ist ganz ~ im Kopf la cabeza me da vueltas; F für ~ verkaufen tomar por tonto; sich ~ stellen hacerse el tonto (od. el sueco); er ist nicht so ~ F no tiene pelo de tonto; das ist zu ~! ¡qué fastidio!; schließlich wurde es mir zu ~ se me acabó la paciencia; **~dreist** adj. impertinente, descarado; 2**e(r)** m tonto m; der ~ sein quedarse con las ganas; hacer el primo; die ~n sterben nicht aus los tontos nunca se acaban; 2**e'jungenstreich** m chiquillada f, 2**erchen** F n tontaina m/f; 2**heit** f tontería f; estupidez f; necedad f, memez f, majadería f; Am. a. zonzera f; (Unwissenheit) ignorancia f; (Handlung) bobada f, torpeza f; plancha f, coladura f; e-e ~ begehen (od. machen) cometer una tontería; F meter la pata; ~**en treiben** hacer el payaso; 2**kopf** m mentecato m; F zoquete m, pedazo m de alcornoque, merluzo m; imbécil m; tonto m, estúpido m, idiota m.

'**dümmlich** adj. simple, necio, lelo.

'**dummstolz** adj. tontivano.

'**dumpf** adj. Schall, Schmerz: sordo; Stimme: bronco, ronco; Schrei: ahogado; Luft: pesado, enrarecido; Wetter: sofocante, bochornoso; (muffig) enmohecido; (bedrückt) deprimido, apático; (undeutlich) indistinto, impreciso; vago; ~**ig** adj. (feucht) húmedo; (muffig) enmohecido; (stickig) sofocante; (schwül) bochornoso; ~**er Geruch** olor a cerrado.

'**Dumping** n (-s; 0) dumping m; ~**preis** m precio m de dumping.

'**Düne** f (-; -n) duna f.

Dung m (-es; 0) abono m; (Mist) estiércol m.

'**Dünge|mittel** ⚔ n abono m, fertilizante m; 2**n** v/t. abonar; fertilizar; mit Mist: estercolar; **~r** m abono m; fertilizante m; (Mist) estiércol m; **~r-erde** f mantillo m.

'**Dung|grube** f fosa f de estiércol; **~haufen** m estercolero m.

'**Düngung** f abonado m; fertilización f; mit Mist: estercoladura f.

'**dunkel I.** adj. allg. oscuro; (düster) sombrío; (finster) tenebroso, lóbrego; Teint: moreno; fig. (geheimnisvoll) misterioso; enigmático; Gefühl usw.: vago; (verworren) confuso; Existenz: sospechoso, dudoso; Geschäft: turbio; ~ machen oscurecer; ~ werden hacerse oscuro, oscurecer(se); dunkle Nacht noche f cerrada; fig. j-n im ~n lassen dejar a alg. en la incertidumbre; im ~n tappen andar a tientas, F dar palos al aire; **II.** 2 n oscuridad f; fig. a. tinieblas f/pl.; im ~n a oscuras.

'**Dünkel** m (-s; 0) (Anmaßung) presunción f, arrogancia f; (Eitelkeit) vanidad f; petulancia f; (Hochmut) soberbia f.

'**dunkel...: ~blau** adj. azul oscuro; **~blond** adj. trigueño; **~braun** adj. castaño oscuro; **~haarig** adj. moreno.

'**dünkelhaft** adj. arrogante; presuntuoso, vanidoso; petulante.

'**dunkel...: ~häutig** adj. moreno; 2**heit** f oscuridad f; (tiefe ~) tinieblas f/pl.; (Düsternis) tenebrosidad f; bei anbrechender ~ al anochecer; 2**kammer** Phot. f cámara f oscura; 2**mann** m o(b)scurantista m; individuo m sospechoso; ~**n** (-le) v/i. oscurecer(se); es dunkelt anochece, se hace de noche; **~rot** adj. rojo oscuro.

'**dünken** v/i. parecer; es dünkt mich (od. mir), daß me parece que; sich ~ creerse, tenerse por; er dünkt sich was Besseres tiene una elevada opinión de sí mismo; F se cree algo.

'**dünn** adj. allg. delgado; sutil; (zart) delicado, fino; (schwach) débil; Licht: tenue; Kleidung: ligero; Gewebe, Bart: ralo; Kaffee: flojo; (schlank) esbelto; (mager) delgado; flaco; (flüssig) fluido, (verdünnt) diluido, (wässerig) claro, acuoso; Luft: enrarecido; ~e Stimme hilo m de voz; ~ werden enflaquecer; adelgazar, Haar: clarear; sich ~ machen ocupar poco sitio; **~bevölkert** adj. poco poblado; 2**bier** n cerveza f floja; 2**darm** m intestino m delgado; 2**druckpapier** n papel m biblia; 2e f (0) delgadez f; sutileza f; tenuidad f; finura f; esbeltez f; flojedad f; raleza f; Flüssigkeit: fluidez f; der Luft: enrarecimiento m; ~**(e)machen** v/refl.: sich ~ F largarse, F evaporarse; ~**flüssig** adj. (muy) fluido; **~gesät** fig. adj. escaso, raro; 2**heit** f → 2e; 2**schiß** P m cagalera f, cagueta f; **~wandig** adj. de pared delgada.

Dunst m (-es; ⸚e) (Ausdünstung) vaho m, exhalación f; (Dampf) vapor m; (Rauch) humo m; (Nebel) neblina f, bruma f; fig. j-m blauen ~ vormachen engañar a alg., F darla con queso a alg.; keinen (blassen) ~ von et. haben no tener ni la menor idea de a/c; ~**(abzugs)haube** f campana f extractora de humos; 2**en** (-e-) v/i. despedir vapor; vahear, echar vaho.

'**dünsten** (-e-) v/t. rehogar; estofar.

'**Dunstglocke** f cúpula f de gases y humo; capa f flotante de calina.

'**dunstig** adj. vaporoso; (feucht) húmedo; (neblig) brumoso.

'**Dunst|kreis** m atmósfera f; fig. ambiente m; **~schleier** m velo m de niebla; **~wolke** f vaharada f.

'**Dünung** ⚓ f mar m/f de fondo; (Ufer2) resaca f.

'**Duo** ♪ n (-s; -s) dúo m, dueto m.

Duo'dez Typ. n (-es; 0): in ~ en dozavo; **~band** m tomo m en dozavo; **~fürst** m principillo m, reyezuelo m.

Duodezi'malsystem n sistema m duodecimal.

dü'pieren (-) v/t. embaucar, engañar.

'**Duplex...** in Zssgn: dúplex (nachgestellt).

Du'plik ⚔ f dúplica f; contrarréplica f.

Dupli'kat *n* (-*es*; -*e*) duplicado *m*; (*Kopie*) copia *f*.
Dupli'zi'tät *f* duplicidad *f*.
Dur ♪ *n* (-; 0) modo *m* mayor.
'Dur-alumin *n* duraluminio *m*.
durch I. *prp.* **1.** *örtlich*: por; (*quer* ~) a través de; ~ *ganz Spanien* a través de España; por toda España; **2.** (*mittels*) por, por medio de, mediante; (*dank*) gracias a, merced a; ~ *vieles inf.* a fuerza de *inf.*; **3.** (*Zeitdauer*) durante; *das ganze Jahr* ~ (durante) todo el año; **II.** *adv.*: *es ist drei* (*Uhr*) ~ ya pasa de las tres, son las tres y pico; *hast du das Buch schon* ~? ¿has acabado ya el libro?; ~ *sein* haber pasado; (*in e-r Prüfung*) haber aprobado; ⚕ estar fuera de peligro; *Speise*: estar a punto; ~ *und* ~ de parte a parte, de medio a medio, a carta cabal, F de cabo a rabo; *ein Politiker* ~ *und* ~ *un* político de cuerpo entero; ~ *und* ~ *kennen* conocer a fondo; ~ *und* ~ *naß* F calado hasta los huesos.
'durch|ackern *v/t.* ✍ arar a fondo; F *fig.* trillar; estudiar a fondo; **~arbeiten I.** *v/t.* trabajar a fondo; (*geistig*) estudiar *bzw.* leer a fondo; *den Körper*: ejercitar, entrenar; *Teig*: amasar; *sich* ~ abrirse camino; **II.** *v/i.* trabajar sin descanso; hacer jornada intensiva; **~atmen** *v/i.* respirar hondo.
durch'aus *adv.* absolutamente; enteramente, del todo, por completo; de todo punto; (*unbedingt*) a todo trance; ~ *nicht* de ningún modo, de manera alguna; en absoluto; *das ist* ~ *nicht einfach* no es nada fácil; *er ist* ~ *nicht reich* no es rico ni mucho menos; *wenn du es* ~ *willst* si te empeñas en ello.
durch'beben (-) *v/t.* estremecer.
'durch|beißen *v/t.* partir con los dientes; *fig. sich* ~ abrirse paso; capear el temporal; **~betteln** *v/refl.*: *sich* ~ vivir mendigando (*od.* de limosnas); **~biegen** *v/refl.*: *sich* ~ doblarse; **~bilden** *v/t. Körper*: desarrollar plenamente; **~blättern** *v/t.* hojear; **~bleuen** F *v/t.* apalear, vapulear, F medir las costillas; **♀blick** *m* vista *f*; perspectiva *f*; **~blicken** *v/i.* mirar por (*od.* a través de); ~ *lassen* dejar entrever, dar a entender.
durch'blut|en (-*e*-; -) *v/t.* irrigar, regar; **♀ung** *f* riego *m* sanguíneo; **♀ungsstörung** *f* trastorno *m* circulatorio.
durch'bohr|en (-) *v/t.* traspasar, atravesar; (*durchlöchern*) agujerear, horadar, barrenar; ⊕ perforar, taladrar; *von Kugeln durchbohrt* acribillado de balas; *fig. mit Blicken* ~ penetrar con la mirada; **~end** *adj. Blick*: penetrante; **♀ung** *f* perforación *f*.
'durch|braten *v/t.* asar bien; *gut durchgebraten* bien hecho, a punto; **~brechen I.** *v/t.* romper, quebrar; *Wand, Straße*: abrir; **II.** (*sn*) *v/i.* romperse, quebrarse; *Zähne, Sonne*: salir; *Blüten*: brotar; ✗ abrirse (*od.* forzar el) paso, abrir (una) brecha en; **~brechen** (-) *v/t.* atravesar; abrirse camino a través de; *Front, Blockade*: romper; *Vorschriften*: infringir, quebrantar; **~brennen** (-) *u. v/i.* (*sn*) quemar(se); ⚡ *Sicherung, Lampe*: fundirse; F *fig.* (*ausreißen*)

escaparse, fugarse; **~bringen** *v/t.* hacer pasar; sacar adelante; *Patienten*: curar; *Kinder*: criar; *Gesetz*: pasar; *Geld*: derrochar, despilfarrar; malgastar; *sich* ~ ganarse la vida; sustentarse; defenderse.
durch'brochen *adj. Stickerei*: calado.
'Durchbruch *m* (-*es*, -*e*) ruptura *f* (*a. Damm*); ⚔, ⊕ perforación *f*; *e-s Flusses*: desbordamiento *m*; (*Lücke*) abertura *f*, boquete *m*, brecha *f*; ✗ irrupción *f*, penetración *f*; rotura *f*; *e-r Krankheit*: erupción *f*; *der Zähne*: dentición *f*; *zum* ~ *kommen* abrirse paso; manifestarse, hacerse patente; **~s-stelle** ✗ *f* punto *m* de penetración; **~sversuch** ✗ *m* intento *m* de ruptura del frente.
durch'dacht *adj.*: *gut* ~ bien meditado, hecho con ponderación; *Plan*: bien ideado (*od.* concebido).
durch'denken (L; -) *v/t.* examinar minuciosamente (*od.* a fondo); (*überlegen*) meditar, ponderar bien a/c.
'durch|drängen *v/refl.*: *sich* ~ abrirse paso (a codazos); **~drehen I.** *v/t.* *Fleisch*: picar; **II.** F *v/i.* perder los nervios; perder los estribos; **~dringen** *v/i.* abrirse paso, penetrar (*durch* por, a través de); *Flüssigkeit*: calar, filtrarse; rezumar; *Nachricht*: trascender; *fig. Person*: tener éxito; hacerse valer, imponerse; *Meinung*: prevalecer; **~'dringen** (-) *v/t.* penetrar por (*od.* a través de); atravesar; *mit Flüssigkeit*: impregnar, empapar; *fig.* imbuir, inspirar; *sich gegenseitig* ~ compenetrarse; **~dringend** *adj. Kälte, Blick, Geruch*: penetrante; *Schrei*: estridente; *Verstand*: agudo, perspicaz.
Durch'dringung *f* penetración *f* (*a. fig. u. Pol.*).
'durchdrücken *v/t.* hacer pasar (a través de); romper (apretando); *Knie*: tender; *fig.* lograr, conseguir.
durch'drungen *adj.* imbuido (*von* de); penetrado (de); (*überzeugt*) convencido (de).
durch'duften (-*e*-; -) *v/t.* llenar de fragancia, perfumar.
durch'eilen (-) *v/t.* recorrer (a toda prisa); cruzar de prisa.
'durcheilen (*sn*) *v/i.* pasar rápidamente.
durchein'ander I. *adv.* mezclado(s), revuelto(s) (unos con otros); en desorden, desordenadamente; sin orden ni concierto; (*wahllos*) sin distinción; *ganz* ~ *sein Person*: estar aturdido (*od.* confuso); F estar hecho un lío; **II.** ♀ *n* confusión *f*, desorden *m*, embrollo *m*; caos *m*, lío *m*; F cacao *m*; (*Trubel*) F jaleo *m*, P follón *m*; **~bringen** (L) *v/t.* revolver, desordenar, poner patas arriba; *j-n*: aturdir, desconcertar; *Begriffe*: confundir; **~geraten** (L; *sn*) *v/i.* aturdirse, desconcertarse, F hacerse un lío; *Sachen*: quedar desordenado(s); **~mengen** *v/t.* (entre)mezclar; **~reden** (-*e*-) *v/i.* hablar confusamente; hablar todos a un tiempo; **~werfen** (L) *v/t.* confundir; poner en desorden, embrollar.
'durch-exerzieren (-) F *v/t.* probar, experimentar.
'durchfahren (L; *sn*) *v/i.* pasar por (un lugar); *ohne Halt*: no parar; *der*

Zug *fährt durch* el tren es directo (*od.* no tiene parada).
durch'fahren (-) *v/t.* atravesar; recorrer; cruzar (*a. fig.*); *das Meer* ~ surcar el mar; *fig. der Gedanke durchfuhr mich* me pasó por la mente la idea.
'Durchfahrt *f* pasaje *m*; paso *m*; travesía *f*; (*Tor*) puerta *f* cochera; (*Furt*) vado *m*; ~ *verboten!* se prohibe el paso; **~shöhe** *f* altura *f* de paso; **~srecht** *n* derecho *m* de pasaje.
'Durchfall *m* (-*es*; -*e*) ⚕ diarrea *f*; (*Mißerfolg*) fracaso *m*; **♀en** (L; *sn*) *v/i.* caer por; *im Examen*: ser suspendido, sacar un suspenso (en); *Sch.* catear; *bei e-r Wahl*: ser derrotado; *Thea.* fracasar, F irse al foso; ~ *lassen* (*Examen*) suspender, *Sch.* catear.
'durch|faulen *v/i.* pudrirse completamente; **~fechten** *v/t.* conseguir con grandes esfuerzos; hacer triunfar; ✍ llevar hasta la última instancia; **~feilen** *v/t.* cortar con la lima; *fig.* pulir, acabar.
durch'feuchten (-*e*-; -) *v/t.* humedecer, empapar.
'durchfinden *v/refl.*: *sich* ~ hallar el camino; orientarse; *er findet sich nicht mehr durch* está desorientado.
durch'fliegen (L; -) *v/t.* atravesar (*od.* cruzar) volando *bzw.* en avión; *e-e Strecke*: cubrir en vuelo; *fig. Buch*: leer de prisa (*od.* por encima).
'durchfliegen (*sn*) *v/i.* pasar volando (*od.* a vuelo) (*durch* por); F *im Examen*: ser suspendido, F catear.
durch'fließen (L; -) *v/t.* *u.* **'durchfließen** (*sn*) *v/i.* atravesar; correr por; pasar por.
'Durchfluß *m* paso *m* (del agua); **~geschwindigkeit** ⊕ *f* velocidad *f* de paso (*od.* circulación); **~menge** *f* caudal *m*.
durch'fluten (-*e*-; -) *v/t.* inundar; *fig. a.* colmar.
durch'forsch|en (-) *v/t.* investigar a fondo, indagar; escudriñar; *Land*: explorar; **♀ung** *f* investigación *f*; indagación *f*; exploración *f*.
durch'forsten (-*e*-; -) *v/t.* *Wald*: aclarar; *fig.* revisar, depurar.
'Durchfracht ✈ *f* transporte *m* (*od.* flete *m*) directo; **~konossement** *n* conocimiento *m* de tránsito.
'durchfragen *v/refl.*: *sich* ~ orientarse preguntando.
'durchfressen (L) *v/t. nagend*: roer; *ätzend*: corroer; F *sich* ~ *als Schmarotzer*: vivir a costa de otros; P vivir de gorra.
'durchfrieren (L; *sn*) *v/i.* helarse completamente; **~'froren** *adj. Person*: transido (F pelado) de frío.
'Durchfuhr ✈ *f* tránsito *m*.
durch'führbar *adj.* realizable, ejecutable; factible, hacedero, practicable; viable; **♀barkeit** *f* (0) viabilidad *f*, posibilidad *f* de realización (*od.* ejecución); **~en** *v/t.* llevar (*od.* conducir) por; *fig.* llevar a cabo, poner en práctica; ejecutar, realizar; efectuar; *Gesetz*: aplicar; (*veranstalten*) organizar; *Befehl usw.*: cumplir.
'Durchführung *f* ejecución *f*; realización *f*; organización *f*; tramitación *f*; conclusión *f*, término *m*; aplicación *f*; ♪ desarrollo *m* (temático); *Fuge*: exposición *f*; **~sbestim-**

Durchführungsbestimmungen — durchschauen 142

mungen *f/pl.* normas *f/pl.* para la ejecución; ~**sverordnung** *f zum Gesetz*: decreto *m* de aplicación.
'**Durchfuhrzoll** *m* aduana *f* (*od.* derecho *m*) de tránsito.
durch'furcht *adj.* surcado (*a. fig.*).
'**durchfüttern** (*-re*) *v/t.* mantener, alimentar; *sich* ~ *lassen von j-m* vivir a costa de alg.
'**Durchgabe** *f* → ~*sage.*
'**Durchgang** *m* paso *m*; pasaje *m*; *enger*: pasadizo *m*; (*Flur*) pasillo *m*; corredor *m*; *Sport*: vuelta *f*; manga *f*; ✝ tránsito *m*; *kein* ~! prohibido el paso.
'**Durchgäng|er** *m Pferd*: caballo *m* desbocado; ♀ig **I.** *adj.* general, universal; **II.** *adv.* generalmente, usualmente, en general.
'**Durchgangs...:** ~**bahnhof** *m* estación *f* de tránsito; ~**güter** *n/pl.* mercancías *f/pl.* en tránsito; ~**handel** *m* comercio *m* de tránsito; ~**schein** *m* guía *f* de circulación; ~**straße** *f* vía *f* (*od.* arteria *f*) de (gran) tránsito (*od.* circulación); ~**verkehr** *m* tráfico *m* de tránsito; ~**visum** *n* visado *m* de tránsito; ~**wagen** 🚃 *m* vagón *m* de pasillo; ~**zoll** *m* derecho *m* de tránsito; ~**zug** *m* → D-Zug.
'**durchgeben** (*L*) *v/t. Nachricht*: transmitir; *im Radio*: anunciar; *durch Funk*: radiar.
'**durchgedreht** F *adj.* rendido; confuso, aturdido; (*verrückt*) chiflado, chalado.
'**durchgehen** (*L*; *sn*) **I.** *v/i.* pasar (*durch* por); (*durchdringen*) atravesar; (*fliehen*) huir, escaparse, fugarse; *Pferd*: desbocarse; ⊕ *Motor*: embalarse, dispararse; *Gesuch*: ser aprobado (*od.* aceptado); *Gesetz*: pasar; *et.* ~ *lassen* dejar pasar; perdonar; F hacer la vista gorda; *alles* ~ *lassen* consentirlo todo; *mit j-m* ~ *Gefühl usw.*: dejarse llevar de; **II.** *v/t.* recorrer (*prüfen*) examinar; revisar; (*noch einmal* ~) repasar; ~**d I.** *adj.* (*fortlaufend*) continuo, permanente; (*ununterbrochen*) ininterrumpido; *Zug*: directo; ~**e Arbeitszeit** jornada *f* intensiva (*od.* continuada); **II.** *adv.* → ~**gängig**; (*durchweg*) continuamente; ~ **geöffnet** abierto a mediodía.
durch'geistigt *adj.* espiritualizado.
'**durch'gießen** *v/t.* echar por; (*filtern*) colar, filtrar; ~**gleiten** (*L*; *sn*) *v/i.* pasar deslizándose; ~**glühen I.** *v/t.* poner al rojo; **II.** (*sn*) *v/i.* ⚡ quemarse; ~'**glühen** (*-*) *v/t.* inspirar; inflamar; ~**greifen** *v/i.* pasar la mano; *fig.* adoptar medidas rigurosas; poner mano dura; ~**greifend** *adj.* radical; enérgico, severo; ~**halten** *v/t. u. v/i.* no cejar; resistir, aguantar; mantenerse firme; perseverar (en); ♀**haltevermögen** *n* resistencia *f*, aguante *m*; ♀**hang** ⊕ *m* comba *f*; ~**hängen** *v/i.* combarse; ~**hauen** *v/t.* cortar (de un golpe); *entzwei*: partir por medio; (*spalten*) hender; (*prügeln*) pegar, golpear, F zurrar, F dar una paliza a; ~**hecheln** (-*le*) *v/t.* rastrillar; *fig.* criticar, censurar; F despellejar (a alg.); ~**heizen** *v/t.* calentar bien; ~**helfen** *v/i.* ayudar (a pasar); *sich* F arreglárselas, componérselas.
durch'irren (-) *v/t.* vagar, errar, andar errante por.
'**durch|jagen** *v/t.* pasar rápidamente por; ~**kämmen** *v/t.* pasar el peine por; *fig. Gelände usw.*: rastrillar, rastrear, peinar; ~**kämpfen** *v/refl.*: *sich* ~ abrirse paso (luchando) (*a. fig.*); ~**kauen** *v/t.* masticar bien; *fig.* rumiar; ~**kneten** *v/t.* amasar bien; ~**kochen** *v/t.* cocer bien; recocer; ~**kommen** (*L*; *sn*) *v/i.* pasar por; lograr pasar; *Zahn, Sonne*: salir; *fig.* tener éxito; salir triunfante; *Pol. Antrag usw.*: prosperar; *im Examen*: aprobar; *Kranke*: (lograr) curarse, restablecerse; *mit et.* ~ (*auskommen*) defenderse, F arreglárselas; ~**kosten** *v/t.* probar de todo un poco; *fig.* pasar; *Leiden*: *a.* sufrir, padecer.
durch'kreuzen (*-t*; *-*) *v/t.* cruzar, atravesar; *fig. Pläne*: contrariar, frustrar, desbaratar.
'**durchkriechen** (*L*; *sn*) *v/i.* pasar arrastrándose.
'**Durch|laß** *m* (*-sses*; ~*sse*) paso *m*; pasaje *m*; abertura *f*; (*Leitung*) conducto *m*; (*Schleuse*) compuerta *f*; (*Filter*) filtro *m*; *um* ~ *bitten* pedir permiso para pasar; ♀**lassen** (*L*) *v/t.* dejar pasar, dar paso; *Antrag, Prüfling*: aprobar; admitir; *Phys.* ser permeable *a*; (*filtern*) filtrar, colar; *fig.* consentir; *kein Licht* ~ ser opaco; ♀**lässig** *adj.* permeable; (*porös*) poroso; *für Licht*: transparente; ~**lässigkeit** *f* (*0*) permeabilidad *f*; porosidad *f*; transparencia *f*.
'**Durch|laucht** *f* Alteza *f* Serenísima; *Seine* ~ Su Alteza; (*als Anrede*) Alteza; ♀'**lauchtig(st)** *adj.* Serenísimo.
'**durch|laufen** (*L*) **I.** (*sn*) *v/i.* pasar corriendo; *Flüssigkeit*: pasar (*durch* por); atravesar; (*durch*) **II.** ⊕ *v/t. Sohlen*: gastar; *sich die Füße* ~ despearse, maltratarse los pies; ~'**laufen** (*-*) *v/t.* recorrer; *Sport*: ~**e Strecke** ~ cubrir una distancia; ~**laufend** *adj.* continuo (*a.* ⊕); ♀**laufehitzer** *m* calentador *m* continuo.
durch'leben (*-*) *v/t. Zeit*: pasar; vivir; *et.* (*mit*) ~ ser testigo de, presenciar a/c.
'**durch|leiten** *v/t.* conducir por (*od.* a través de); ~**lesen** *v/t.* leer hasta el fin; *flüchtig*: leer por encima, recorrer; ~**leuchten** *v/t.* traslucir (*a. fig.*); ~'**leuchten** (*-*) *v/t.* ✹ examinar con rayos X, radiografiar; *Eier*: examinar al trasluz; *fig.* (*untersuchen*) investigar, analizar; (*aufklären*) dilucidar, aclarar, poner en claro.
Durch'leuchtung ✹ *f* radioscopia *f*; examen *m* radioscópico; ~**sschirm** *m* pantalla *f* radioscópica.
'**durchliegen** (*L*; *sn*) ✹ *v/refl.*: *sich* ~ decentarse.
durch'lochen (*-*) *v/t.* perforar.
durch'löchern (*-re*; *-*) *v/t.* perforar, agujerear, horadar; *mit Kugeln*: acribillar.
durch'lüft|en (*-e*; *-*) *v/t.* ventilar, airear; ♀**ung** *f* ventilación *f*, aireación *f*.
'**durchmachen** *v/t.* pasar por, atravesar; *Leiden*: sufrir, padecer; soportar, aguantar; *Kurs*: seguir; *e-e Klasse nochmal* ~ repetir curso.
'**Durchmarsch** *m* paso *m*; marcha *f* a través de; P diarrea *f*; ♀**ieren** (-) *v/i.* pasar por (*od.* a través de).
durch'messen (*L*; *-*) *v/t.* (*durchschreiten*) atravesar; recorrer; *Strecke*: *a.* cubrir.

'**Durchmesser** *m* diámetro *m*; ⊕ calibre *m*.
'**durch|mischen** *v/t.* (entre)mezclar; ~**müssen** *v/i.* tener que pasar por; ~**mustern** *v/t.* examinar minuciosamente; escudriñar; *bsd.* ✕ pasar revista *a*.
durch'nässen (-*βt*; *-*) *v/t.* empapar, calar; *ganz durchnäßt* F calado hasta los huesos, hecho una sopa.
'**durch|nehmen** (*L*) *v/t. Thema*: tratar de; explicar; ~**numerieren** (-) *v/t.* numerar correlativamente; ~**pausen** (-*t*) *v/t.* calcar, copiar; ~**peitschen** *v/t.* fustigar, azotar; *fig. Parl.* hacer votar precipitadamente; forzar la aprobación de; ~**pressen** (-*βt*) *v/t.* hacer pasar a presión; pasar apretadamente por; ~**probieren** (-) *v/t.* probar uno tras otro *bzw.* de todo un poco; ~**prügeln** (*-le*) *v/t.*: *j-n* ~ dar una paliza (*od.* tunda) a alg.
durch'pulst *fig. adj.* animado (*von* de).
durch'quer|en (-) *v/t.* atravesar, cruzar; *fig.* → durchkreuzen; ♀**ung** *f* travesía *f*.
'**durchquetschen** *v/t.* hacer pasar apretando; *Kochk.* pasar por el pasapurés.
'**durch|rasen** (*-t*; *sn*) *v/i. u.* ~'**rasen** (*-t*; *-*) *v/t.* atravesar a toda prisa; F pasar como un bólido.
'**durch|rasseln** F *v/i.* ser suspendido (*od.* F cateado); ~**rechnen** *v/t.* calcular detalladamente; hacer números; *Rechnung*: repasar; ~**regnen** *v/i.*: *hier regnet es durch* aquí hay goteras; ~**reiben** *v/t.* → ~**scheuern**; ♀**reiche** *f Küche*: pasaplatos *m*; ♀**reise** *f* paso *m*, tránsito *m*; *auf der* ~ *sein* estar de paso; ~**reisen** (*-t*; *sn*) *v/i.* viajar (*od.* pasar) (*durch* por); pasar sin detenerse; ~'**reisen** (*-t*; *-*) *v/t.* viajar por; recorrer; ♀**reisende(r** *m*) *m/f* viajero (-a *f*) *m* de paso; ♀**reisevisum** *n* visado *m* de tránsito; ~**reißen I.** *v/t.* romper; *Papier*: rasgar; *Stoff*: desgarrar; **II.** (*sn*) *v/i.* romperse; desgarrarse; rasgarse.
'**durch|reiten** (*L*) *v/t. Pferd*: hacer mataduras a un caballo; ~'**reiten** (*-*) *v/t.* recorrer a caballo.
durch'rennen (*L*;-) *v/t. u.* '**rennen** (*sn*) *v/i.* pasar (*od.* atravesar) corriendo.
durch'|rieseln (*-le*; *-*) *v/t.* correr por; *Bach*: discurrir por; *fig.* es *durchrieselte mich* (*kalt*) sentí un escalofrío; '~**rieseln** (*sn*) *v/i.* manar por; trascolarse.
'**durchringen** (*L*) *v/refl.*: *sich zu et.* ~ F cortarse de tripas corazón; *sich zu e-m Entschluß* ~ decidirse después de larga reflexión.
'**durch|rosten** (*-e-*; *sn*) *v/i.* oxidarse por completo; ~**rühren** *v/t.* agitar, revolver bien; ~**rutschen** (*sn*) *v/i.* deslizarse a través; ~**rütteln** (*-le*) *v/t.* sacudir fuertemente; ~**sacken** (*sn*) ✈ *v/i.* descender bruscamente; ♀**sage** *f Radio*: mensaje *m* personal; ~**sagen** *v/t.* transmitir; anunciar; ~**sägen** *v/t.* serrar, cortar con la sierra.
'**durchschalten** (*-e-*) *v/t. Tele.* conectar, poner en comunicación.
'**durch|schauen** *v/t.* mirar por (*od.* a través de); ~'**schauen** (*-*) *v/t.*: *et.* ~ penetrar, comprender a/c.; *j-n* ~ descubrir (*od.* calar) las intenciones de

alg.; F ver el juego de alg.
durch'schauern (-re; -) v/t. hacer estremecer; *fig.* es durchschauerte ihn le dio un escalofrío.
'durch|scheinen (L) v/i. traslucirse, transparentarse; lucir a través de; **~scheinend** adj. traslúcido; transparente, diáfano; **~scheuern** (-re) v/t. restregar; rozar; *Stoff*: gastarse por el roce; ⚕ sich ~ excoriarse; **~schießen** (sn) v/i. tirar por (*od.* a través de); (*durcheilen*) cruzar velozmente; ~'**schießen** (-) v/t. atravesar (de un balazo, etc.); *Typ.* espaciar, regletear, interlinear; *Buch*: interfoliar; ℒ**'schießen** *Typ. n* interlineación *f*.
'durchschimmern (-re) v/i. entrelucir; traslucirse.
'durchschlafen (L) v/i. dormir de un tirón.
'Durchschlag m (-¢s; ⁻e) (*Sieb*) colador m, pasador m; (*Durchschrift*) copia *f*; ⊕ punzón m, sacabocados m; ⚡ descarga *f* disruptiva; *e-s Geschosses*: penetración *f*, perforación *f*.
'durch|schlagen I. v/i. pasar (*durch* por *od.* a través de); perforar; *Papier*: embeber; *Farbe*: traspasar; *Sicherung*: fundirse; (*wirken*) ser eficaz, hacer efecto (*a.* ⚕), obrar; **II.** v/t. (hacer) pasar (*durch et.* por *od.* a través de a/c.); (*durchhauen*) cortar, partir; *durch Sieb*: colar, pasar por el colador; **III.** v/refl.: sich ~ abrirse paso; *fig.* defenderse; F ir pasando (*od.* tirando); ~'**schlagen** (-) v/t. pasar por, atravesar; perforar; *Kugel*: a. penetrar; **~schlagend** adj. (*wirkungsvoll*) eficaz; *Grund usw.*: contundente, convincente; *Beweis*: a. irrefutable; **~er Erfolg** éxito m rotundo (*od.* completo).
'Durchschlag|papier n papel m para copias; (*sehr dünn*) papel m cebolla; **~skraft** *f Geschoß*: fuerza *f* de percusión (*od.* de penetración); capacidad *f* de perforación; *fig.* eficacia *f*.
'durch|schlängeln (-le) v/refl.: sich ~ colarse; abrirse paso a través de; *fig.* sortear dificultades, F ir viviendo; **~schleppen** v/t. arrastrar por (*od.* a través de); *fig.* sich ~ ir viviendo (penosamente), F sich ~ ir viviendo; **~schleusen** (-t) v/t. hacer pasar (un barco) por una esclusa; *fig. j-n* ~ hacer pasar (*od.* guiar) a alg.; **~schlüpfen** (sn) v/i. deslizarse, escurrirse; pasar inadvertido; **~schmelzen** v/t. u. v/i. fundir(se); **~schmuggeln** (-le) v/t. pasar de contrabando; F sich ~ colarse; **~schneiden** v/t. cortar; partir en dos; ⚕ seccionar; ~'**schneiden** (-) v/t. ⚔ cortar; dividir; (*kreuzen*) cruzar, atravesar; *Wellen*: surcar.
'Durchschnitt m (-¢s; -e) ⊕ sección *f*; (*Mittelwert*) término m medio, promedio m, media *f*; *im* ~ por término medio; *über* (*unter*) *dem* ~ superior (inferior) al promedio; ℒ**lich I.** adj. medio; (*mittelmäßig*) mediano; (*gewöhnlich*) común, ordinario, corriente; *desp.* mediocre; **II.** adv. por término medio; de ordinario.
'Durchschnitts...: **~bürger** (*in f*) m ciudadano (-a *f*) m medio (-a); **~einkommen** n ingreso m medio; **~geschwindigkeit** *f* velocidad *f* media; **~mensch** m hombre m medio; *perso*na *f* adocenada (*od.* mediocre); F uno del montón; **~qualität** *f* calidad *f* 'mediana; **~wert** m valor m medio.
'durchschnüffeln (-le) v/t. husmear; curiosear en.
'Durchschreibe|block m bloc m para calcar; **~buch** n ☩ libro m copiador; ℒ**n** v/t. calcar.
'durch|schreiten (L; sn) v/i. u. ~'**schreiten** (-) v/t. recorrer; cruzar; atravesar.
'Durchschrift *f* copia *f*.
'Durchschuß m (-sses; ⁻sse) *Weberei*: trama *f*; *Typ.* espacio m entre líneas, interlínea *f*; ⚕ perforación *f* (de bala).
'durch|schütteln (-le) v/t. sacudir *bzw.* agitar fuertemente.
durch'schwärmen (-) v/t.: *die Nacht* ~ F pasarse la noche de juerga.
durch'schweifen (-) v/t. vagar por.
'durch|schwimmen (L; sn) v/i. pasar nadando por; ~'**schwimmen** (-) v/t. pasar (*od.* cruzar) a nado.
'durchschwitzen (-t) v/t. trasudar; empapar de sudor.
'durch|segeln (-) v/i. ser suspendido, F catear (en e-r *Prüfung*); ~'**segeln** (-le; -) v/t. *die Meere*: cruzar (*od.* surcar) los mares.
'durch|sehen I. v/i. mirar (*durch* por *od.* a través de); **II.** v/t. revisar, repasar; examinar; corregir; *flüchtig*: hojear; **~seihen** v/t. (tras)colar, filtrar; tamizar; **~setzen I.** v/t. lograr, conseguir; realizar; llevar adelante; *Willen*: imponer; *Meinung*: hacer prevalecer; *s-n Kopf* ~ F salirse con la suya; **II.** v/refl.: sich ~ imponerse, hacerse respetar, afirmarse; (*erfolgreich sein*) consagrarse, triunfar (*als* como); *im Leben*: abrirse camino; ~'**setzen** (-) v/t. entremezclar (*mit* con, de).
'Durchsicht *f* vista *f*; *fig.* inspección *f*; examen m; revisión *f*, repaso m; *polizeilich usw.*: registro m; ☩ *bei* (*der*) ~ *unserer Bücher* al revisar nuestros libros; ℒ**ig** adj. transparente, diáfano; traslúcido; *fig.* (*offensichtlich*) evidente; **~igkeit** *f* (0) transparencia *f*, diafanidad *f*; traslucidez *f*; *fig.* evidencia *f*.
'durch|sickern (-re; sn) v/i. filtrarse, rezumar(se) (*a. fig.*); *Nachricht*: difundirse, tra(n)scender.
'durch|sieben (-) v/t. colar, filtrar; tamizar, cribar; ~'**sieben** (-) v/t. *mit Kugeln*: acribillar (a balazos).
'durch|spielen v/t. ♪ tocar (hasta el fin); *Fußball*: (*abspielen*) pasar (*zu* a); **~sprechen** v/t. hablar por; (*erörtern*) tratar (*od.* discutir) punto por punto; **~stechen** v/i. pinchar *bzw.* picar a través de; ~'**stechen** (-) v/t. perforar; *Damm*: a. cortar, atravesar, traspasar.
'durch|stecken v/t. (hacer) pasar (*durch* por); **~stehen** v/t. → *durchhalten*; ℒ**stich** m perforación *f*; (*Einschnitt*) trinchera *f*; (*Öffnung*) abertura *f*, boquete m; brecha *f*.
durch'stöbern (-re; -) v/t. revolver; *Raum*: registrar; curiosear en.
'durch|stoßen (L) I. v/i. ⚔ avanzar impetuosamente (*a. Sport*); **II.** v/t. empujar por (*od.* a través de); ~'**stoßen** (-) v/t. calar, atravesar; abrir, perforar; ⚡ *Wolken*: volar a través de.
'durch|streichen (L) v/t. tachar, borrar; rayar; ~'**streichen** (-) v/t. → ~*streifen*.
durch'streifen (-) v/t. vagar por; recorrer; ⚔ reconocer; patrullar por; *Gelände*: batir, rastrear.
'durch|strömen (sn) v/i. correr (*durch* por); ~'**strömen** (-) v/t. atravesar; invadir, inundar; *fig.* colmar, llenar, inundar (*mit* de).
'durchstudieren (-) v/t. estudiar a fondo.
durch'such|en (-) v/t. rebuscar; escudriñar; *Haus, Gepäck*: registrar; *Gebiet*: batir, reconocer; *Person*: cachear; ℒ**ung** *f* rebusca *f*; batida *f*; registro m; cacheo m; ℒ**ungsbefehl** m orden *f* de registro; ℒ**ungsrecht** ♆ n derecho m de visita.
'durchtanzen (-) v/t. *Schuhe*: desgastar bailando; *die Nacht* ~ bailar toda la noche.
'durchtrainiert adj. bien ejercitado (*od.* entrenado).
durch'tränken (-) v/t. embeber, empapar de; impregnar de.
'durchtreten (L) v/t. *Schuhe*: desgastar; *Pedal*: pisar a fondo.
durch'trieben adj. taimado, astuto; (*schalkhaft*) pícaro; pillo; **~er Bursche** pajarraco m; ℒ**heit** *f* (0) astucia *f*; picardía *f*; pillería *f*.
durch'wachen (-) v/t.: *die Nacht* ~ pasar la noche en vela, velar, trasnochar; *durchwachte Nacht* noche *f* blanca.
'durch|wachsen (L; sn) v/i. crecer a través de; ~'**wachsen** adj. *Fleisch, Speck*: entreverado.
'durch|wagen v/refl.: sich ~ atreverse a pasar; ℒ**wahl** *Tele. f* comunicación *f* automática; **~wählen** v/i. marcar directamente; **~walken** v/t. ⊕ abatanar; *fig.* batanear, F moler a palos.
durch'wandern (-re; -) v/t. recorrer a pie; hacer una excursión por; *Liter.* peregrinar por.
durch|'wärmen (-) v/t. u. '**~wärmen** v/t. calentar bien.
durch|'waten (-e-; -) v/t. u. '**~waten** (sn) v/i. vadear.
durch'weben (L; -) v/t. entretejer.
'Durchweg m (-¢s; -e) paso m, pasaje m, pasadizo m, pasillo m.
'durchweg adv. (*ausnahmslos*) sin excepción; (*allgemein*) generalmente, por lo general; (*durch und durch*) por completo; por entero, enteramente.
durch'weichen (-) v/t. ablandar; *durch Nässe*: empapar.
'durchwinden (L) v/refl.: sich ~ *Fluß*: serpentear por; *Person*: abrirse paso a través de; *fig.* sortear dificultades; salir bien de un apuro, desenredarse.
durch'wirken (-) v/t. entretejer, entrelazar (*mit* con).
'durchwühlen v/t. *Erde*: remover, *von Schweinen*: hozar; (*durchsuchen*) rebuscar, revolver, hurgar (en).
'durchwursteln F (-le) v/refl.: sich ~ defenderse, F arreglárselas.
'durch|zählen v/t. contar uno por uno; (*nachzählen*) recontar; **~zechen** v/t.: *die Nacht* ~ pasar la noche bebiendo (*od.* F de juerga); **~zeichnen** v/t. calcar; ℒ**zeichnung** *f* calco m.
'durch|ziehen (L) I. v/t. hacer pasar por; *Linie*: trazar; *Faden*: enhebrar; sich ~ extenderse por, penetrar en;

durchziehen — D-Zug

II. (sn) v/i. pasar (sin detenerse); ~'ziehen (-) v/t. recorrer; atravesar; pasar por.

durch'zucken (-) v/t. *Blitz usw.*: cruzar; *Schmerz*: sacudir.

'**Durchzug** m (-*es*; ⁓e) paso m; tránsito m; (*Luft*) corriente f de aire.

'**durchzwängen** v/t. hacer pasar a la fuerza (*durch* por); *sich* ~ pasar (*od.* abrirse paso) por la fuerza.

'**dürfen** (L) v/i. poder; tener derecho a, tener el derecho de; tener permiso para; estar autorizado a (*od.* para); (*moralisch*) deber; *das darfst du nicht tun* no debes hacer eso; *darf man?* ¿se puede?, ¿está permitido?; *das darf man nicht tun* eso no se hace; *es darf niemand herein* no se permite entrar a nadie; *das hättest du nicht sagen* ~ no debieras haber dicho eso; *darf ich Sie et. fragen?* ¿me permite hacerle una pregunta?; *ich darf sagen* yo diría; *man darf wohl annehmen, daß ...* bien puede suponerse que ...; *wir* ~ *es bezweifeln* nos permitimos (*od.* tenemos motivos para) dudarlo; *man darf erwarten* es de esperar; *darf ich bitten?* cuando usted(es) guste(n) *od.* quiera(n); *es dürfte leicht sein* será fácil, no sería difícil; *es dürfte zu e-r Krise führen* bien pudiera motivar una crisis; *das dürfte Herr X sein* (supongo que) será el señor X; *es dürfte allen bekannt sein, daß ...* supongo que todos saben (*od.* sabrán) que; sabido es que.

'**dürftig** adj. (*arm*) pobre; indigente; (*ungenügend*) insuficiente; (*spärlich*) escaso, exiguo; (*erbärmlich, gering*) mezquino, menguado; *in ~en Verhältnissen leben* vivir con estrechez; ⁀**keit** f (0) pobreza f; indigencia f; insuficiencia f, escasez f, estrechez f; mezquindad f.

dürr adj. (*trocken*) seco; *Boden*: árido, estéril; (*mager*) flaco, *Person*: a. enjuto (de carnes); *mit ~en Worten* en escuetas palabras, a secas.

'**Dürre** f sequedad f; aridez f; sequía f; *Person*: flacura f, flaqueza f.

Durst m (-*es*; 0) sed f (*nach* de; a. *fig.*); ~ *haben* (*machen*) tener (dar) sed; *s-n* ~ *löschen* apagar la sed; F *e-n über den* ~ *trinken* beber más de la cuenta.

'**dürsten** (-*e*-) v/i. tener sed; *fig.* estar sediento (*nach* de).

'**durst|ig** adj. sediento (a. *fig.*; *nach* de); ⁀**löschend**, ⁀**stillend** adj. que quita (*od.* apaga) la sed; ⁀**strecke** *fig.* f período m difícil.

'**Durton|art** ♪ f tono m mayor; ⁀**leiter** f escala f mayor.

'**Dusch|e** f ducha f; *fig.* e-e *kalte* ~ una ducha (*od.* un jarrón de agua) fría, un chaparrón; ⁀**en** v/t. u. v/i. duchar; *sich* ~ ducharse, tomar una ducha; ⁀**gel** n gel m de ducha; ⁀**kabine** f cabina f de ducha.

'**Düse** f ⊕ tobera f; (*Zerstäubungs*⁀) pulverizador m; (*Einspritz*⁀) inyector m.

'**Dusel** F m (-*s*; 0) (*Schwindel*) mareo m, vértigo m; (*Glück*) suerte f (inesperada), F chamba f, P churra f; ~ *haben* tener suerte (P churra); ⁀**ig** adj. (*schwindlig*) mareado; (*schläfrig*) soñoliento, amodorrado; ⁀**n** (-*le*) v/i. dormitar; (*träumen*) soñar despierto.

'**Düsen|antrieb** m propulsión f por reacción (*od.* de chorro); ⁀**flugzeug** n avión m a reacción; ⁀**jäger** m (avión m de) caza m a reacción, cazarreactor m; ⁀**motor** m motor m de reacción; ⁀**triebwerk** n propulsor m de reacción, reactor m; ⁀**vergaser** *Kfz.* m carburador m de inyector.

'**Dussel** F m (-*s*; -) tonto m; idiota m, estúpido m; F pedazo m de alcornoque; ⁀**ig** adj. (*dumm*) tonto; bobo; simple; (*schläfrig*) soñoliento, adormilado.

'**düster** adj. oscuro, sombrío, tenebroso (*alle a. fig.*); lóbrego; *fig.* tétrico, lúgubre; ⁀**heit** f (0), ⁀**keit** f (0) oscuridad f, tenebrosidad f; lobreguez f; *fig.* aspecto m sombrío.

'**Dutzend** n (-*s*; -*e*) docena f; *im* ~ *billiger* F a trece por docena; ⁀**(e)mal** adv. docenas de veces; ⁀**mensch** m persona f adocenada (*od.* mediocre); F uno de tantos (*od.* del montón); ⁀**ware** f mercancía f ordinaria, F género m de tres al cuarto; ⁀**weise** adv. por bzw. a docenas; *fig.* a montones, a porradas.

'**Duz|bruder** [-uː-] m, ⁀**freund** m amigo m íntimo; ⁀**en** (-*t*) v/t. tutear, tratar (*od.* hablar) de tú a; *sich mit j-m* ~ tutearse con alg.

DV'D f (-; -*s*) DVD m; ~**Player** m (-*s*; -) (reproductor m de) DVD m.

'**dwars** ⚓ adv. tanto avante, de través; ⁀**linie** ⚓ f línea f sencilla de frente; ⁀**wind** ⚓ m viento m a la cuadra.

Dyn *Phys.* n dina f.

Dy'nam|ik f (0) dinámica f; *fig.* dinamismo m; ⁀**isch** adj. dinámico (a. *fig.*).

Dyna'mismus *Phil.* m (-; 0) dinamismo m.

Dyna'mit n (-*s*; 0) dinamita f; *mit* ~ *sprengen* dinamitar.

Dy'namo m (-*s*; -*s*), ⁀**maschine** f dínamo f; ⁀'**meter** n dinamómetro m.

Dynas'tie f dinastía f.

dy'nastisch adj. dinástico.

Dysente'rie ⚕ f disentería f.

Dys-pep'sie ⚕ f dispepsia f.

Dys-tro'phie ⚕ f distrofia f.

'**D-Zug** m tren m directo; (tren m) expreso m.

E

E, e *n* E, e *f*; ♪ mi *m*; **E-Dur** *n* mi *m* mayor; **e-Moll** *n* mi *m* menor.

'**Ebbe** *f* (-; -n) reflujo *m*; marea *f* baja, bajamar *f*; ~ *und Flut* flujo y reflujo; bajamar y pleamar; *es ist* ~ la marea está baja; F *fig. in m-m Geldbeutel ist* ~ estoy sin un céntimo; **2n** *v/i.* bajar la marea; *es ebbt* la marea está bajando.

'**eben** **I.** *adj.* (*flach*) llano, raso; *a.* ⚕ plano; (*glatt*) liso; (*ebenmäßig*) igual; *zu* ~*er Erde* a ras del suelo, a flor de tierra; (*im Erdgeschoß*) en el piso bajo; **II.** *adv.* (*genau*) justamente, exactamente; precisamente; ~! ¡justo!, ¡eso es!; *das wollte ich* ~ *sagen* justamente eso iba a decir; ~ *jetzt* ahora mismo; *er wollte* ~ *gehen* estaba a punto de irse, ya iba a marcharse; *er ist* ~ *angekommen* acaba de llegar; *das* ~ *suche ich* eso es justamente lo que busco; *er kam* ~ *recht* llegó en el preciso instante; *sie ist nicht* ~ *schön* no es precisamente una belleza; (*knapp*) *es wird* ~ *reichen* alcanzará justamente; *als Füllwort: er ist* ~ *schon alt* al fin y al cabo, ya es un hombre viejo; *das nun* ~ *nicht* todo menos eso; **2bild** *n* fiel retrato *m*, viva imagen *f*; *das* ~ *s-s Vaters* el vivo retrato de su padre; ~**bürtig** *adj.* igual; de igual clase (*od.* condición *od.* calidad); *nicht* ~ de condición inferior; *j-m* ~ *sein* ser igual a alg., poder medirse con alg.; *ein* ~*er Nachfolger* un digno sucesor; ~**da(selbst)** *adv.* allí mismo; *in Büchern:* ibídem (*Abk.*: ibíd.); ~**der,** ~**die,** ~**das**(**selbe**) *adj.* el mismo, la misma, lo mismo.

eben'deswegen *adv.* por eso mismo, precisamente por eso (*od.* ello).

'**Ebene** *f* Geogr. llanura *f*; planicie *f*; llano *m*; *Arg.* pampa *f*; ⚕, ⊕ plano *m*; *fig.* nivel *m*; *auf höherer* ~ de alto nivel; *auf gleicher* ~ *liegen mit* estar al mismo nivel de (*od.* en igual plano que).

'**eben...:** ~**erdig** *adj.* de planta baja; a nivel del suelo; ~**falls** *adv.* asimismo, también; igualmente; **2heit** *f* llanura *f*; lisura *f*; **2holz** *n* ébano *m*; **2maß** *n* simetría *f*, proporción *f* armoniosa; armonía *f*; euritmia *f*; ~**mäßig** *adj.* simétrico, bien proporcionado; armónico; *Liter.* eurítmico.

'**ebenso** *adv.* lo mismo; del mismo modo, de la misma manera; ~ *wie* lo mismo que; igual que; así como; ~ ... *wie* ... tanto ... como ...; ~ *groß wie* tan grande como; *es geht mir* ~ estoy en el mismo caso; ~ *gut* igual(mente), lo mismo; tan bueno (como); ~**lange** *adv.* el mismo tiempo (*wie que*); ~**oft** *adv.* las mismas veces, con la misma frecuencia; ~**sehr,** ~**viel** *adv.* tanto (*wie como*); ~**viele** *adj.* otros tantos; ~**wenig** *adv.* tan poco (*wie como*); *ich* ~ yo tampoco.

'**Eber** *Zoo. m* verraco *m*; (*Keiler*) jabalí *m*; ~**esche** ♀ *f* serbal *m*.

'**ebnen** (-*e*) *v/t.* allanar (*a. fig.*), aplanar; alisar; *Boden:* nivelar, igualar.

'**E-Book** *n* (- *od.* -s; -s) libro *m* electrónico.

'**Echo** *n* (-s; -s) eco *m* (*a. fig.*); *fig. a.* resonancia *f*; repercusión *f*; **2en** *v/i.* producir eco, resonar; ~**lot** *n* sonda *f* acústica; ecómetro *m*; ⚓ altímetro *m* acústico; ~**lotung** *f* ecoloca(liza)ción *f*.

'**Echse** *f* saurio *m*, *weitS.* lagarto *m*.

'**echt** *adj.* genuino; verdadero; (*rein*) puro; (*original*) original; (*rechtmäßig*) legítimo; F (*typisch*) típico; *Farbe:* sólido; *Haar:* natural; *Sprache usw.*: castizo; *Urkunde usw.*: auténtico; ⚕ ~*er Bruch* fracción *f* propia; *ein* ~*er Spanier* un español de pura cepa; ~*es Gold* oro *m* de ley; **2heit** *f* (0) genuinidad *f*; autenticidad *f*; pureza *f*; legitimidad *f*; *Farbe:* solidez *f*; **2zeit** *f* Computer: tiempo *m* real.

'**Eck|ball** *m* Sport: saque *m* de esquina, córner *m*; ~**brett** *n* rinconera *f*.

'**Ecke** *f* innen: rincón *m* (*a. fig. Gegend*); außen: esquina *f*; (*Winkel bildend*) ángulo *m*; (*Kante*) canto *m*; Sport: córner *m*; *an allen* ~*n und Enden* por todas partes; *in die* ~ *drängen* (*a. fig.*) arrinconar, acorralar; *gleich um die* ~ a la vuelta de la esquina; F *fig. um die* ~ *bringen* F despachar, liquidar; *quitar de en medio; um die* ~ *biegen* doblar la esquina.

'**Eck...:** ~**fahne** *f* Sport: banderín *m* de esquina; ~**fenster** *n* ventana *f* rinconera; ~**haus** *n* casa *f* de (la) esquina *bzw.* que hace chaflán.

'**eckig** *adj.* angular, esquinado; anguloso; *fig.* torpe, desmañado; desgarbado.

'**Eck...:** ~**lohn** *m* salario *m* de referencia; ~**pfeiler** *m* pilastra *f* angular; *Brückenbau*: estribo *m*; ~**platz** *m* asiento *m* de esquina; ~**schrank** *m* rinconera *f*; ~**stein** *m* piedra *f* angular (*a. fig.*); (*Prellstein*) guardacantón *m*; ~**stoß** *m* → ~**ball**; ~**zahn** *m* colmillo *m*, (diente *m*) canino *m*.

'**Ecstasy** *f* (-; -s) Droge: éxtasis *m*.

Ecua'dor *n* Ecuador *m*.

Ecuadori'an|er *m* ecuatoriano *m*; **2isch** *adj.* ecuatoriano.

'**edel** *adj.* noble (*a. fig.*); hidalgo; caballeroso; *Pferd:* de pura raza; *Stein, Metall:* precioso; *Wein:* generoso; ~**denkend** *adj.* noble; generoso, magnánimo; ~**frau** *f* dama *f* noble; **2fräulein** *n* doncella *f* noble; **2gas** *n* gas *m* noble; ~**gesinnt** *adj.* → ~*denkend;* **2hirsch** *m* ciervo *m* real; **2holz** *n* madera *f* preciosa; **2kastanie** *f* castaño *m* común; **2knabe** *m* paje *m*; doncel *m*; **2mann** *m* (-*leute*) noble *m*; hidalgo *m*; caballero *m* (*a. fig.*); gentilhombre *m*; **2marder** *m* marta *f* común; **2metall** *n* metal *m* precioso (*od.* noble); **2mut** *m* nobleza *f* (de sentimientos); grandeza *f* de alma; hidalguía *f*; (*Großherzigkeit*) generosidad *f*, magnanimidad *f*; ~**mütig** *adj.* noble; hidalgo; generoso, magnánimo; **2reis** ⚘ *n* púa *f* (para injertar); injerto *m*; **2rost** *m* pátina *f*; **2stahl** *m* acero *m* especial; acero *m* inoxidable; **2stein** *m* piedra *f* preciosa; **2tanne** *f* abeto *m* blanco, pinabete *m*; **2weiß** ⚘ *n* edelweiss *m*.

'**Eden** Bib. *n* (-s; 0) edén *m*.

E'dikt *n* (-*es*; -*e*) edicto *m*.

edi'tieren (-) *v/t.* Computer: editar.

'**Editor** *m* (-s; -*en*) editor *m*.

'**Edle(r** *m*) *m/f* → *Edelfrau, Edelmann.*

'**Efeu** F *n* (-s; 0) hiedra *f*, yedra *f*.

'**Eff-eff** F *n*: *et. aus dem* ~ *können* F saber a/c. al dedillo.

Ef'fekt *m* (-*es*; -*e*) efecto *m*; ⊕ (*Wirkungsgrad*) *a.* eficiencia *f*; (*Ergebnis*) resultado *m*; *nach* ~ *haschen* buscar efectos; tratar de producir efectos; *auf* ~ *angelegt* calculado para hacer efecto; efectista.

Ef'fekten *pl.* (*Habe*) efectos *m/pl.* (personales); ✝ (*Wertpapiere*) valores *m/pl.*, ~**bestand** *m* valores *m/pl.* en cartera, cartera *f* de valores; ~**börse** *f* bolsa *f* de valores; ~**geschäft** *n*, ~**handel** *m* negociación *f* de valores; ~**händler** *m* agente *m* de cambio y bolsa; ~**markt** *m* mercado *m* de valores; ~**paket** *n* paquete *m* de valores.

Effekthasche'rei *f* efectismo *m*.

ef'fekthascherisch *adj.* efectista.

effek'tiv *adj.* efectivo (*a.* ✝, ⊕); real; **2bestand** *m* efectivo *m*; **2leistung** ⊕ *f* potencia *f* efectiva; **2lohn** *m* salario *m* real; **2werte** ✝ *m/pl.* efectivos *m/pl.*

ef'fektvoll *adj.* de gran efecto; espectacular, sensacional.

e'gal *adj.* igual; F (*einerlei*) *das ist* ~ es igual, es (*od.* da lo) mismo, no importa; *das ist mir* ~ me da lo mismo, me es igual; *mir ist alles* ~ ya no me importa nada; F paso de todo; *ganz* ~ *wo* no importa dónde.

egali'sieren (-) *v/t.* igualar; nivelar.

'**Egel** *Zoo. m* (-s; -) sanguijuela *f*.

'**Egge** ⚘ *f* grada *f*, rastra *f*; **2n** *v/t.* rastrillar, gradar.

Ego|'ismus *m* (-; 0) egoísmo *m*; ~**'ist(in** *f*) *m* (-*en*), **2'istisch** *adj.* egoísta (*m/f*); **2'zentrisch** *adj.* egocéntrico.

eh *adv.*: (*seit*) ~ *und je* de siempre; *wie* ~ *und je* como siempre.

ehe *cj.* antes de *inf.*; antes (de) que *subj.*; → *eher, ehesten.*

'Ehe *f* matrimonio *m*; *wilde* ~ concubinato *m*, amancebamiento *m*; *in wilder* ~ *leben* amancebarse, hacer vida marital; *in zweiter* ~ en segundas nupcias; *aus erster* ~ del primer matrimonio; ~**anbahnungs-institut** *n* agencia *f* matrimonial; ~**berater** *m* consejero *m* matrimonial; ~**beratung** *f* orientación *f* (*od.* consulta *f*) matrimonial; ~**bett** *n* cama *f* de matrimonio; lecho *m* conyugal; *Poes.* tálamo *m* nupcial; ²**brechen** *v/i.* (*nur im inf.*) cometer adulterio; ~**brecher**(**in** *f*) *m,* ²**brecherisch** *adj.* adúltero (-a *f*); ~**bruch** *m* adulterio *m*; ~**bund** *m,* ~**bündnis** *n* unión *f* conyugal.

ehedem *adv.* antes, antaño, antiguamente; en tiempos pasados.

'Ehe...: ~**fähigkeit** *f* capacidad *f* para contraer matrimonio; nubilidad *f*; ~**frau** *f* → ~*gattin;* ~**gatte** *m* esposo *m*, marido *m*; consorte *m*; *bsd.* ♂ cónyuge *f*; ~**gattin** *f* esposa *f*, señora *f*, F mujer *f*; consorte *f*; *bsd.* ♂ cónyuge *f*; ~**glück** *n* felicidad *f* conyugal; ~**hälfte** F *f* cara mitad *f*, media naranja *f*; ~**hindernis** ♂ *n* impedimento *m* (del matrimonio); ~**krach** *m* disputa *f* matrimonial, reyerta *f* conyugal; ~**leben** *n* vida *f* conyugal (*od.* marital); ~**leute** *pl.* esposos *m/pl.*; consortes *m/pl.*; cónyuges *m/pl.*; ²**lich** *adj.* conyugal; matrimonial, marital; *Kind:* legítimo; *für* ~ *erklären* legitimar; ~e Gemeinschaft (Pflichten) comunidad *f* (débito *m*) conyugal; ²**lichen** *v/t.* contraer matrimonio con, casarse con; ~**lichkeit** *f* (0) *e-s Kindes:* legitimidad *f*; ~**lichkeits-erklärung** *f* legitimación *f*; ²**los** *adj.* soltero, célibe; ~**losigkeit** *f* (0) soltería *f*; *bsd.* I.C. celibato *m*.

'ehe|malig *adj.* antiguo, ex (*vorangestellt*); pasado, anterior, de antes; ~**mals** *adv.* → ehedem.

'Ehe...: ~**mann** *m* → Ehegatte; ²**mündig** *adj.* de edad legal para casarse; ~**mündigkeit** ♂ *f* mayoría *f* de edad matrimonial; ~**nichtigkeit** *f* nulidad *f* matrimonial (*od.* del matrimonio); ~**nichtigkeits-erklärung** *f* declaración *f* de nulidad del matrimonio; ~**paar** *n* matrimonio *m*; ~**partner** *m* cónyuge *m*.

'eher *adv.* (*früher*) antes (*als que*); más temprano; (*schneller*) más pronto; (*lieber*) más bien; *alles* ~ *als das* todo menos eso, todo antes que eso; *um so* ~ *als* tanto más cuanto que; *je* ~, *desto lieber* cuanto antes mejor; *ich würde* ~ *sterben als* antes morir que; preferiría morir antes que; *das läßt sich* ~ *hören* eso ya suena mejor; *hättest du das doch* ~ *gesagt!* ¡haberlo dicho!

⁴**'Ehe...:** ~**recht** ♂ *n* derecho *m* matrimonial; ~**ring** *m* anillo *m* de boda; alianza *f*.

'ehern *adj.* de bronce; *fig. a.* férreo.

'Ehe...: ~**scheidung** *f* divorcio *m*; ~**scheidungsklage** *f* demanda *f* de divorcio; ~**scheidungsprozeß** *m* pleito *m* de divorcio; ~**schließende** *pl.:* die ~n los contrayentes; ~**schließung** *f* casamiento *m*, (celebración *f* del) matrimonio *m*, enlace *m* (matrimonial); *Zahl der* ~en nupcialidad *f*; ~**stand** *m* matrimonio *m*; ~**standsdarlehen** *n* préstamo *m* de matrimonial.

'ehesten *adv.:* *am* ~ lo más pronto, primero; lo más fácilmente; ~**s** *adv.* lo antes posible, cuanto antes.

'Ehe...: ~**stifter**(**in** *f*) *m* casamentero (-a *f*) *m*; ~**streit** *m* querella *f* conyugal; desavenencia *f* matrimonial; ~**tauglichkeitszeugnis** *n* certificado *m* de aptitud para el matrimonio; ~**trennung** *f* separación *f* legal; ~**vermittler**(**in** *f*) *m* agente *m/f* matrimonial; ~**versprechen** *n* palabra *f* de casamiento, promesa *f* de matrimonio; ~**vertrag** *m* contrato *m* matrimonial, capitulaciones *f/pl.* matrimoniales; ²**widrig** *adj.* incompatible con los deberes matrimoniales.

'Ehr-abschneider (**in** *f*) *m* difamador (-a *f*) *m*, calumniador(a *f*) *m*.

'ehrbar *adj.* honrado, honorable, respetable; (*sittsam*) honesto, decoroso; (*anständig*) decente; ²**keit** *f* (0) honradez *f*, honestidad *f*, integridad *f*; decencia *f*.

'Ehre *f* honor *m*; honra *f*; (*Auszeichnung*) distinción *f*; (*Ansehen*) reputación *f*, prestigio *m*; (*Ruhm*) gloria *f*; *es sich zur* ~ *anrechnen* considerar (como) un honor; tener a mucha honra a/c.; *die* ~ *haben, sich die* ~ *geben* tener el honor (*zu de*); *e-r Sache* ~ *antun* hacer honor a a/c.; *j-m* ~ *erweisen* rendir honor, honrar a alg.; *j-m die letzte* ~ *erweisen* rendir el último tributo a alg.; *j-m* (*keine*) ~ *machen* (no) ser un honor para alg.; *in* ~n *halten* respetar; venerar; *Andenken:* honrar la memoria de alg.; *j-n bei s-r* ~ *fassen* (*od. packen*) apelar al honor de alg.; *mit* ~n *bestehen* quedar bien; salir airoso de; *s-e* ~ *darein setzen, zu* ... hacer cuestión de honor ...; *wieder zu* ~n *kommen* volver a gozar del favor de; *Mode usw.:* volver a estar en boga; ~, *wem* ~ *gebührt* a tal señor, tal honor; *auf* ~ *u. Gewissen* en conciencia; *Ihr Wort in* ~n con (*od.* guardando) todos los respetos debidos a usted; *mit wem habe ich die* ~? ¿con quién tengo el honor (de hablar)?; *ihm zu* ~n en su honor; *zu* ~n *von* en honor de, en homenaje a.

'ehren *v/t.* honrar; (*achten*) respetar; (*verehren*) venerar, reverenciar; *Jubilar:* homenajear, rendir homenaje a; *sein Vertrauen usw. ehrt mich* me honra, es un honor para mí.

'Ehren...: ~**amt** *n* cargo *m* honorífico; ²**amtlich I.** *adj.* honorífico; honorario; **II.** *adv.* a título honorífico; ~**bezeigung** *f,* ~**bezeugung** *f* testimonio *m* de respeto; homenaje *m*; ⚔ saludo *m* militar; honores *m/pl.*; ~**bürger** *m* hijo *m* predilecto (*od.* adoptivo); ciudadano *m* honorario; ~**bürgerrecht** *n* ciudadanía *f* honoraria; ~**dame** *f* dama *f* de honor; ~**doktor** *m* doctor *m* honoris causa; ~**erklärung** *f* reparación *f*; satisfacción *f*; ~**gast** *m* huésped *m* (*od.* invitado *m*) de honor; ~**geleit** *n* escolta *f* de honor; ~**gericht** *n* tribunal *m* de honor; ²**haft** *adj. Person:* honorable, respetable; honrado; *Sache:* honroso; ~**haftigkeit** *f* (0) honorabilidad *f*; caballerosidad *f*, honradez *f*, hombría *f* de bien; decoro *m*, decencia *f*; ²**halber** *adv.* por el honor; *Lt.* honoris causa; ~**handel** *m* lance *m* de honor; ~**kompanie** ⚔ *f* compañía *f* de honor; ~**kränkung** *f* agravio *m*, ofensa *f* al honor; ultraje *m*; ~**legion** *f* Legión *f* de Honor; ~**mal** *n* monumento *m* conmemorativo; (*Grabmal*) cenotafio *m*; ~**mann** *m* hombre *m* de honor, caballero *m* de honor; hombre *m* honrado (*od.* de bien); ~**mitglied** *n* miembro *m* honorario; ~**pflicht** *f* deber *m* de honor; ~**platz** *m* puesto *m* (*od.* sitio *m*) de honor; ~**präsident** *m* presidente *m* honorario (*od.* de honor); ~**preis** *m* premio *m* de honor; ♀ verónica *f;* ~**recht** *n:* bürgerliche ~e derechos *m/pl.* cívicos; ~**rettung** *f* rehabilitación *f*; ²**rührig** *adj.* difamatorio; injurioso; infamante; ~**runde** *f Sport:* vuelta *f* de honor; *Stk.* vuelta *f* al ruedo; ~**sache** *f* cuestión *f* (*od.* punto *m*) de honor; ~**salve** *f* salva *f* de honor; ~**schuld** *f* deuda *f* de honor; ~**sold** *m* honorario *m*, sueldo *m* de honor; ~**strafe** *f* pena *f* infamante; ~**tafel** *f* cuadro *m* de honor; ~**tag** *m* aniversario *m* memorable (*od.* solemne); ~**titel** *m* título *m* honorífico; ~**tor** *n Sport:* gol *m* de honor; ~**tribüne** *f* tribuna *f* de honor; ²**voll** *adj.* honroso; honorable; honorífico; glorioso; ~**vorsitz** *m* presidencia *f* de honor; ~**vorsitzende**(**r**) *m* → ~*präsident;* ~**wache** *f* guardia *f* de honor; ²**wert** *adj.* honorable; ~**wort** *n* palabra *f* de honor; *auf* ~ bajo palabra (de honor); ²**wörtlich** *adv.* bajo palabra de honor; ~**zeichen** *n* distintivo *m* honorífico; insignia *f*.

'ehr...: ~**erbietig** *adj.* respetuoso, deferente; reverente; ²**erbietigkeit** *f* (0), ²**erbietung** *f* (0) respeto *m*, deferencia *f*; ²**furcht** *f* (0) (profundo) respeto *m*; veneración *f*; reverencia *f*; ~**furchtgebietend** *adj.* que impone respeto; respetable, digno de respeto; imponente; ~**fürchtig** *adj.* respetuoso; reverente; ~**furchtslos** *adj.* irrespetuoso; irreverente; ~**furchtsvoll** *adj.* → ehrfürchtig; ²**gefühl** *n* sentimiento *m* del honor; pundonor *m*; *falsches* ~ (negra) honrilla *f*; ²**geiz** *m* ambición *f*; ~**geizig** *adj.* ambicioso.

'ehrlich I. *adj.* (*redlich*) honrado; recto; (*aufrichtig*) sincero; (*rechtschaffen*) probo, íntegro; (*anständig*) honesto; (*treu*) leal; *Spiel:* limpio; *der* ~e *Name* el buen nombre; *ein* ~er *Mann* un hombre de bien; F *e-e* ~*e Haut* un hombre de buena pasta; **II.** *adv.:* ~ *gesagt* a decir verdad, hablando con franqueza; ~ *spielen* jugar limpio; *er meinte es* ~ obró de buena fe; ²**keit** *f* (0) honradez *f*; honestidad *f*; probidad *f*, integridad *f*, sinceridad *f*; lealtad *f*.

'ehr...: ~**los** *adj.* sin honor; deshonrado; (*gemein*) vil, infame; ²**losigkeit** *f* deshonor *m*; falta *f* de honor; vileza *f*, infamia *f*; ~**sam** *adj.* → ehrbar; ²**sucht** *f* (0) ambición *f* desmedida; afán *m* de honores; ~**süchtig** *adj.* (desmedidamente) ambicioso; ávido de honores; ²**ung** *f* homenaje *m* (*gen.* a); ~**vergessen** *adj.* sin honra; ruin, infame, vil; ²**verlust** *m* desprestigio *m*; ♂ interdicción *f* civil; degradación *f* cívica; ²**würden** *m: Ew.* ~

Vuestra Reverencia; Reverendo Padre (*Abk*. Rvdo.P.); ~**würdig** *adj*. venerable; respetable; *Geistlicher*: reverendo; 2**würdigkeit** *f* (0) venerabilidad *f*.

ei! *int*. ¡toma!, ¡vaya!; ¡ay!; ¡ah!

Ei *n* (-*ɉs*; -*er*) huevo *m*; *Physiol*. óvulo *m*; *frisches* (*rohes*) ~ huevo *m* fresco (crudo); *faules* ~ huevo *m* podrido; *hartes* (*weiches*) ~ huevo *m* duro (pasado por agua); V ~*er* (*Hoden*) huevos *m*/*pl*.; *aus dem* ~ *kriechen* salir del cascarón; ~*er legen* poner huevos, aovar; *fig*. *das* ~ *des Kolumbus* el huevo de Colón; *wie auf* ~*ern gehen* andar (como) pisando huevos; *sich* ~ *wie ein* ~ *dem andern gleichen* parecerse como dos gotas de agua (*od*. como un huevo a otro); *wie ein rohes* ~ *behandeln* tratar con guante blanco (*od*. de seda); *wie aus dem* ~ *gepellt* de punta en blanco, de veinticinco alfileres, *Am*. muy paquete; *das* ~ *will klüger sein als die Henne* pretender enseñar el padrenuestro al cura.

'**Eibe** ♀ *f* (-; -*n*) tejo *m*.

'**Eibisch** ♀ *m* (-*es*; -*e*) altea *f*, malvavisco *m*.

'**Eich|amt** *n* oficina *f* de contraste (de pesas y medidas); ~**apfel** ♀ *m* agalla *f* de roble.

'**Eiche** *f* roble *m*; (*Stein*2) encina *f*.

'**Eichel** ♀ *f* (-; -*n*) bellota *f*; *Anat*. glande *m*, bálano *m*; (*Spielkarte*) basto *m*; ~**häher** *Orn*. *m* arrendajo *m*; ~**lese** *f* bellotera *f*; ~**mast** *f* montanera *f*.

'**eichen** I. *adj*. de roble *bzw*. de encina; II. *v*/*t*. *Maße, Gewichte*: contrastar, aforar; *Schiff*: arquear; *Meßglas*: graduar; *Waage*: tarar; (*kalibrieren*) calibrar.

'**Eichen...**: ~**holz** *n* (madera *f* de) roble *m*; ~**laub** *n* hojas *f*/*pl*. de encina (*a*. ✠); ~**wald** *m* robledal *m*, robledo *m*; encinar *m*.

'**Eich...**: ~**gewicht** *n* pesa *f* de contraste; ~**hörnchen**, ~**kätzchen** *Zoo*. *n* ardilla *f*; ~**maß** *n* medida *f* de contraste (*od*. de aforo); ~**meister** *m* inspector *m* de pesas y medidas; ~**stempel** *m* sello *m* de contraste; ~**ung** ⊕ *f* contraste *m*, aforo *m*; graduación *f*; ⚓ arqueo *m*; *Waage*: tarado *m*; ~**wert** *m* valor *m* de contraste.

Eid *m* (-*ɉs*; -*e*) juramento *m*; *falscher* ~ juramento en falso, perjurio *m*; *an* ~*es Statt* en lugar del juramento; *e-n* ~ *leisten* (*od*. *ablegen*) prestar juramento, jurar; *e-n falschen* ~ *schwören* jurar en falso, perjurar; *j-m e-n* ~ *abnehmen* tomar juramento a alg.; *unter* ~ *aussagen* declarar bajo juramento; *darauf lege ich jeden* ~ *ab* puedo jurarlo.

'**Eid...**: ~**brecher**(**in** *f*) *m* perjuro (-a *f*) *m*; ~**bruch** *m* perjurio *m*; 2**brüchig** *adj*. perjuro; ~ *werden* perjurarse, faltar a la fe jurada.

'**Eidechse** *f* lagarto *m*; (*Zaun*2) lagartija *f*.

'**Eider|daunen** *f*/*pl*. plumón *m* de flojel, edredón *m*; ~**ente** *f*, ~**gans** *f* pato *m* de flojel, eider *m*.

'**Eides...**: ~**abnahme** *f* toma *f* de juramento; ~**formel** *f* fórmula *f* de juramento; ~**leistung** *f* prestación *f* de juramento; 2**stattlich** *adj*. jurado; ~*e Erklärung* declaración *f* jurada; ~*e Versicherung* afidávit *m*.

'**Eid...**: ~**genosse** *m* confederado *m*; ~**genossenschaft** *f*: *Schweizerische* ~ Confederación *f* Helvética; 2**genössisch** *adj*. federal; confederado; *engS*. suizo.

'**eidlich** I. *adj*. jurado; ~*e Aussage* declaración *f* (*od*. afirmación *f*) bajo juramento; II. *adv*. bajo juramento; ~ *bezeugen* testificar bajo juramento; *sich* ~ *verpflichten* juramentarse, comprometerse con juramento (*zu* a), jurar (*inf*.).

'**Eidotter** *m* yema *f* (de huevo).

'**Eier...**: ~**becher** *m* huevera *f*; ~**brikett** *n* ovoide *m* (de carbón); ~**handgranate** ✠ *f* granada *f* ovoide; ~**händler**(**in** *f*) *m* huevero (-a *f*) *m*; ~**handlung** *f* huevería *f*; ~**kuchen** *m* tortilla *f*; (*süß*) crepé *m*; 2**legend** *adj*. *Zoo*. ovíparo; ~**likör** *m* licor *m* de huevos; ~**löffel** *m* cucharilla *f* para huevos; ~**nudeln** *f*/*pl*. pasta *f* al huevo; ~**prüfer** *m* (*Gerät*) mirahuevos *m*; ~**schale** *f* cáscara *f* de huevo, cascarón *m*; ~**schnee** *m* *Kochk*. clara *f* batida a punto de nieve; ~**speise** *f* plato *m* de huevos; ~**stock** *Anat*. *m* ovario *m*; ~**tanz** *m*: *fig*. *e-n* ~ *aufführen* bailar en la cuerda floja; ~**uhr** *f* ampolleta *f*, reloj *m* de arena.

'**Eifer** *m* (-*s*; 0) celo *m*; empeño *m*; (*glühender* ~) ardor *m*, fervor *m*; (*leidenschaftlicher* ~) pasión *f*; (*Nachdruck*) ahínco *m*; (*Streben*) afán *m*; (*Emsigkeit*) diligencia *f*; (*Fleiß*) asiduidad *f*; *blinder* ~ pasión *f* ciega; *Rel*. fanatismo *m*; *in* ~ *geraten* acalorarse; *im* ~ *des Gefechts* en el fragor del combate; *fig*. en el calor de la disputa; ~**er** *m*, ~**in** *f* fanático (-a *f*) *m*; 2**n** (-*re*) *v*/*i*. mostrar celo en; (*streben*) trabajar con ahínco; (*schmähen*) polemizar, fulminar, lanzar invectivas (*gegen* contra).

'**Eifer|sucht** *f* (0) celos *m*/*pl*. (*auf ac*. de); ~ *aus* ~ por celos; ~**süchte'lei** *f* celos *m*/*pl*. mezquinos; 2**süchtig** I. *adj*. celoso (*auf de*); ~ *sein* tener celos (*auf ac*. de); ~ *machen* dar celos; II. *adv*.: ~ *wachen über et*. guardar celosamente a/c.

'**eiförmig** *adj*. oval(ado); aovado, ovoide.

'**eifrig** I. *adj*. celoso; *stärker*: apasionado; ardiente, fervoroso; (*emsig*) diligente, oficioso; (*fleißig*) asiduo, estudioso, aplicado; (*fürsorglich*) solícito; II. *adv*. con empeño *bzw*. ahínco; *sich* ~ *bemühen um* afanarse por.

'**Eigelb** *n* (-*ɉs*; -*e*) yema *f* (de huevo).

'**eigen** *adj*. propio; personal; (*besonders*) especial, particular, peculiar; (*eigentümlich*) característico, típico de; específico; (*genau*) meticuloso, escrupuloso; (*innewohnend*) inherente a; (*seltsam*) singular, curioso; (*heikel*) delicado; (*zugehörig*) perteneciente a; *in* ~*es Haus haben* tener casa propia; *sein* ~*er Herr sein* ser independiente, no depender de nadie; *auf od*. *für* ~*e Rechnung* por cuenta propia; *mit* ~*en Augen con* mis (*tus, sus usw*.) propios ojos; *mit* ~*er Hand* con su propia mano; *bei Unterschriften*: de su puño y letra; *aus* ~*em Antrieb* espontáneamente; *aus* ~*em Antrieb*, *Lt*. (*de*) *motu proprio*; *auf* ~*e Kosten* a expensas propias; *aus* ~*er Erfahrung* por propia experiencia; *in* ~*er Sache* en un asunto personal (*od*. propio); *sich et*. *zu* ~ *geben* dar en propiedad; *sich et*. *zu* ~ *machen* apropiarse a/c.; (*geistig*) hacer suyo a/c.; *dies ist mein* ~ esto es mío, esto me pertenece; *die ihm* ~*e Ehrlichkeit* la sinceridad que le caracteriza.

'**Eigen...**: ~**antrieb** ⊕ *m* autopropulsión *f*; ~**art** *f* particularidad *f*; singularidad *f*; peculiaridad *f*; *des Wesens*: idiosincrasia *f*; *künstlerische usw*.: originalidad *f*; 2**artig** *adj*. particular; singular; peculiar; característico; especial; original; (*seltsam*) raro, extraño; ~**bau** ✒ *m* cosecha *f* propia; ~**bedarf** *m* necesidades *f*/*pl*. propias, consumo *m* propio; ~**besitz** *m* propiedad *f* personal; ~**betrieb** *m* empresa *f* propia; ~**bewirtschaftung** ✒ *f* explotación *f* directa; ~**brötler** *m* solitario *m*; extravagante *m*, F tipo *m* raro; 2**brötlerisch** *adj*. excéntrico, extravagante; ~**erzeugung** *f* producción *f* propia; ~**fabrikat** *n* artículo *m* de fabricación propia; ~**finanzierung** *f* autofinanciación *f*; ~**gesetzlichkeit** *f* autonomía *f*; ~**gewicht** *n* peso *m* propio *bzw*. muerto; (*Leergewicht*) tara *f*, peso *m* en vacío; 2**händig** *adj*. *u*. *adv*. por su propia mano; de mi (tu, etc.) puño y letra; *Brief*: autógrafo; *Testament*: (h)ológrafo; ~ *übergeben* entregar en propia mano (*Abk*. E.P.M.); ~**heim** *n* casa *f* propia (*od*. en propiedad); ~**heit** *f* → ~*tümlichkeit*; ~**kapital** ✝ *n* capital *m* propio; ~**leben** *n* vida *f* individual; ~**liebe** *f* amor *m* propio (*od*. de sí mismo); egoísmo *m*; egotismo *m*; ~**lob** *n* alabanza *f* propia, elogio *m* de sí mismo, F autobombo *m*; ~ *stinkt* la alabanza propia envilece; 2**mächtig** I. *adj*. arbitrario; II. *adv*.: ~ sin autorización; obrar arbitrariamente *bzw*. sin autorización; hacer por sí y ante sí; ~**mächtigkeit** *f* arbitrariedad *f*; ~**name** *m* nombre *m* propio; ~**nutz** *m* interés *m* personal, propio provecho *m*; egoísmo *m*; *aus* ~ por interés; 2**nützig** *adj*. *u*. *adv*. interesado; egoísta; ~ *handeln* obrar por interés (*od*. interesadamente).

'**eigens** *adv*. especialmente, expresamente; ex profeso.

'**Eigenschaft** *f* propiedad *f*; cualidad *f*; (*Merkmal*) atributo *m*, característica *f*, carácter *m*; (*Beschaffenheit*) calidad *f*; condición *f*; *gute* ~ virtud *f*; *in s-r* ~ *als* en su calidad de; ~**swort** *Gr*. *n* adjetivo *m*.

'**Eigen...**: ~**sinn** *m* obstinación *f*; porfía *f*; (*Starrköpfigkeit*) testarudez *f*, terquedad *f*, tozudez *f*; 2**sinnig** *adj*. obstinado; porfiado; testarudo, terco, tozudo, F cabezudo; (*launisch*) caprichoso, voluntarioso; ~**staatlichkeit** *f* soberanía *f*; 2**ständig** *adj*. independiente.

'**eigentlich** I. *adj*. propio, (*wirklich*) real, verdadero; (*innewohnend*, *bsd*. *Wert*) intrínseco; *im* ~*en Sinne des Wortes* en el sentido propio (*od*. estricto, literal) de la palabra; II. *adv*. (*tatsächlich*) en realidad, realmente, verdaderamente; (*genau*) exactamente, (*im Grunde genommen*) en el fondo, (*genau gesagt*) propiamente dicho, considerándolo (*od*. mirándolo) bien; (*offen gesagt*) a decir

Eigentor — einbilden

verdad, en verdad; *was wollen Sie* ~? ¿qué es lo que usted quiere?; *wo geschah das* ~? ¿dónde ocurrió eso exactamente?

'**Eigentor** *n Sport*: autogol *m*; *ein* ~ *schießen* marcar en la propia meta.

'**Eigentum** *n* (-s; ⁻er) propiedad *f*; *das ist mein* ~ es de mi propiedad, es mío (*od.* me pertenece).

'**Eigentümer(in** *f*) *m* propietario (-a *f*) *m*; dueño (-a *f*) *m*, amo (-a *f*) *m*.

'**eigentümlich** *adj.* propio de; particular, peculiar, característico, típico de; específico; (*innewohnend*) inherente a; (*seltsam*) singular, curioso; raro, extraño; 2**keit** *f* propiedad *f*; particularidad *f*, peculiaridad *f*; (*Seltsamkeit*) singularidad *f*; (*Merkmal*) carácter *m* propio; característica *f*, rasgo *m* distintivo (*od.* característico); *des Wesens*: idiosincrasia *f*.

'**Eigentums...: ~beschränkung** *f* limitación *f* de la propiedad; ~**bildung** *f* formación *f* (*od.* creación *f*) de propiedad; ~**delikt** *n* → ~*vergehen*; ~**nachweis** *m* título *m* de propiedad; ~**recht** *n* derecho *m* de propiedad; juro *m*; *sich das* ~ *vorbehalten* reservarse el derecho de propiedad; ~**übertragung** *f* transmisión *f* de la propiedad; ~**vergehen** *n* delito *m* contra la propiedad; ~**vorbehalt** 🜚 *m* reserva *f* de propiedad (*od.* de dominio); ~**wohnung** *f* piso *m* de propiedad.

'**Eigen...: ~verbrauch** *m* consumo *m* propio; ~**vermögen** *n* bienes *m/pl.* propios; *der Ehefrau:* 🜚 bienes *m/pl.* parafernales; ~**wärme** *f* calor *m* específico; ~**wechsel** ✝ *m* letra *f* al propio cargo; *Span.* pagaré *m*; ~**wert** *m* valor *m* intrínseco; ~**wille** *m* propia voluntad *f*; → *a.* ~*sinn*; 2**willig** *adj.* voluntarioso; arbitrario; *Kunst usw.:* original; → *a.* 2**sinnig**.

'**eignen** (-e-) *v/refl.: sich* ~ *für* (*od. zu*) ser apropiado (*od.* adecuado) para; servir para; prestarse a; *Person:* ser apto (*od.* calificado) para.

'**Eigner(in** *f*) *m* → *Eigentümer.*

'**Eignung** *f* aptitud *f*, idoneidad *f*; calificación *f*; ~**s-prüfung** *f*, ~**s-test** *m* examen *m* (*od.* prueba *f*, letra *f* al de aptitud; examen *m* (p)sicotécnico.

'**Eiland** *n* (-*s*; -*e*) isla *f*; (*kleines*) islote *m*.

'**Eil|auftrag** *m* encargo *m* urgente; ~**bestellung** ✝ *f* remesa *f* urgente; ~**bote** *m:* 🜚 *durch* ~*n* por expreso; *Am.* entrega inmediata; ~**brief** *m* carta *f* urgente.

'**Eile** *f* (0) prisa *f*; *Am.* apuro *m*; (*Schnelligkeit*) rapidez *f*, celeridad *f*; (*Flinkheit*) presteza *f*, prontitud *f*; (*Dringlichkeit*) urgencia *f*; (*übersürzte*) precipitación *f*; ~ *haben Person:* tener prisa; *Sache:* ser urgente; *es hat keine* ~ no corre, no tiene prisa; *in aller* ~ a toda prisa, a todo correr; *in der* ~ con las prisas; *j-n zur* ~ *drängen* meter prisa a alg.

'**Eileiter** *Anat. m* oviducto *m*; trompa *f* uterina (*od.* de Falopio); ~**entzündung** *f* salpingitis *f*.

'**eilen** *v/i.* (*u. sich* ~) darse prisa, apresurarse; *Am.* apurarse; (*laufen*) correr, volar; *es eilt* corre prisa; es urgente, urge; *die Zeit eilt* el tiempo vuela; *Aufschrift:* Eilt! Urgente; *eile mit Weile* vísteme despacio, que estoy de prisa; ~**ds** *adv.* (muy) de prisa; a toda prisa, a escape, a todo correr.

'**eilfertig** *adj.* presuroso, apresurado; 2**keit** *f* (0) apresuramiento *m*, presteza *f*; prisa *f*.

'**Eil...: ~fracht** *f* transporte *m* a gran velocidad; ~**gut** 🜚 *n* (mercancías *f/pl.* en) gran velocidad *f*; *als* ~ *befördern* enviar por (*od.* en) gran velocidad (*Abk.* G.V.).

'**eilig** *adj.* apresurado, (*hastig*) presuroso; (*rasch*) rápido, ligero; (*drigend*) urgente; apremiante; (*überstürzt*) precipitado; *es* ~ *haben* tener prisa, estar de prisa; *wohin so* ~? ¿a dónde tan de prisa?; *ich habe es nicht* ~ no tengo (*od.* no me corre) prisa; *er hatte nichts* 2*eres zu tun, als zu* (*inf.*) le faltó tiempo para (*inf.*); ~**st** *adv.* a toda prisa, muy de prisa; lo más pronto posible; a todo correr.

'**Eil...: ~marsch** × *m* marcha *f* forzada; ~**post** *f* correspondencia *f* bzw. correo *m* urgente; ~**schritt** × *m* paso *m* ligero; ~**tempo** *n: im* ~ a marchas forzadas; ~**zug** *m* (tren *m*) rápido *m*; ~**zustellung** 🜚 *f* entrega *f* por expreso.

'**Eimer** *m* cubo *m*, bes. *Am.* balde *m*; ⊕ cangilón *m*; F *es ist alles im* ~ todo está perdido, F todo el gozo en el pozo; ~**kette** *f Bagger:* cadena *f* de cangilones; 2**weise** *adv.* a cubos; *fig.* a cántaros.

'**ein I.** *adj.* un, uno, una; *um* ~*s a la una*; ~ *für allemal* de una vez para siempre; ~ *und derselbe* el mismo; *es ist* ~ *und dasselbe* es lo mismo; *er ist ihr* ~ *und alles* él lo es todo para ella, es su único bien; *in* ~*em fort* sin parar, continuamente; *nicht* ~*en Tag* ni un solo día; *an* ~ *und demselben Tag* en el mismo día; ~*s sein mit j-m* estar de perfecto acuerdo con alg.; ~*s gefällt mir nicht* una cosa hay que no me agrada; ~*s trinken* F echar un trago; *j-m* ~*s versetzen* dar (F atizar) un golpe a alg.; *noch* ~*s!* uno más, otro más; *es kommt alles auf* ~*s hinaus* todo viene a ser lo mismo; *es ist mir alles* ~*s* todo me da igual; **II.** *art./indef.* un, una; ~*es Tages* un día; ~ *jeder* cada uno; cada cual; ~ *e andere Sache* otra cosa; *in* ~*em derartigen Fall* en un caso así, en tal caso; *welch* ~ *Glück!* ¡qué felicidad!; ~ *gewisser Herr X* (un) cierto señor X.; *sie hat* ~*en schlechten Ruf* tiene mala fama; **III.** *pron./indef.:* ~*er m-r Freunde* uno de mis amigos; ~*er von beiden* uno de los dos; ~*er von vielen* uno de tantos; *manch* ~*er* muchos; *hay quien(es); wie kann* ~*er so dumm sein!* ¡cómo se puede ser tan tonto!; *wenn* ~*er behauptet* si uno dice (*od.* afirma); *was für* ~*er?* ¿cuál?; F *was ist denn das für* ~*er?* F ¿quién es ese tipo?; *das tut* ~*em gut* esto sienta bien (a uno); ~*s ums andere* alternativamente; ~*s nach dem andern* por partes; **IV.** *adv.: nicht* ~ *noch aus wissen* no saber qué hacer; *bei j-m* ~ *und aus gehen* frecuentar la casa de alg.; *an Geräten:* ~*!* ⚡ conectado.

'**ein|achsig** *adj.* de un solo eje; *Anhänger:* de dos ruedas; *Phys., Bio.* uniaxial; 2**akter** *Thea. m* pieza *f* en un acto; paso *m*.

'**ein|ander** *adv.* uno(s) a otro(s); (*gegenseitig*) mutuamente, recíprocamente;

'**ein-arbeit|en** (-e-) **I.** *v/t.* (*einfügen*) incorporar, insertar; **II.** *v/refl.: sich* ~ *in* (*ac.*) iniciarse en; adiestrarse en; familiarizarse con; ponerse al día (*od.* al corriente de); 2**ung** *f* iniciación *f*; 2**ungszeit** *f* período *m* de adaptación (*od.* de iniciación); período *m* de prácticas.

'**ein...: ~armig** *adj.* manco; ⊕ de un solo brazo; F ~*er Bandit* F tragaperras *m/f*; ~**äschern** (-re) *v/t. Leiche:* incinerar; *Stadt usw.:* reducir a cenizas; 2**äscherung** *f* reducción *f* a cenizas; *Leichen:* incineración *f*, cremación *f*; 2**äscherungs-ofen** *m* horno *m* crematorio; ~**atmen** (-e-) *v/t.* inspirar, inhalar; aspirar; 2**atmung** *f* (0) inspiración *f*; inhalación *f*; aspiración *f*; ~**atomig** *adj.* monoatómico; ~**ätzen** (-*t*) *v/t.* grabar (al agua fuerte); ~**äugig** *adj.* tuerto; *Opt.* monocular.

'**Ein...: ~bahnstraße** *f* calle *f* de dirección única; 2**balsamieren** (-) *v/t.* embalsamar; ~**balsamierung** *f* embalsamamiento *f*; ~**band** *m* encuadernación *f*; (~*decke*) cubierta *f*, tapa *f*; 2**bändig** *adj.* en (*od.* de) un tomo; 2**basisch** 🜚 *adj.* monobásico.

'**Einbau** ⊕ *m* montaje *m*, instalación *f*; incorporación *m*, empotrado *m*; 2**bar** *adj.* empotrable, encastrable; 2**en** *v/t.* montar, instalar; incorporar, empotrar, encastrar; (*einfügen*) insertar; ~**fehler** *m* defecto *m* de montaje; ~**küche** *f* cocina *f* funcional.

'**Einbaum** *m* canoa *f*, piragua *f*.

'**Einbauschrank** *m* armario *m* empotrado.

'**ein...: ~begreifen** (L; -) *v/t.* comprender, incluir; abarcar; englobar; ~**begriffen** *adj.* → *inbegriffen*; ~**behalten** (L; -) *v/t.* retener; conservar (en su poder); *zu Unrecht:* detentar; 2**behaltung** *f* retención *f*; ~**beinig** *adj.* de una sola pierna.

'**einberuf|en** (L; -) *v/t. Versammlung usw.:* convocar; × llamar a filas, *Am.* enrolar; 2**ung** *f* convocatoria *f*; llamamiento *m* a filas, *Am.* enrolamiento *m*; 2**ungsbescheid** × *m* orden *f* de incorporación a filas; 2**ungsschreiben** *n* convocatoria *f*.

'**ein...: ~betonieren** (-) ⊕ *v/t.* empotrar en hormigón; ~**betten** (-e-) *v/t.* ⊕ empotrar, embutir; incluir.

'**Einbett|kabine** *f* ⚓ camarote *m* individual; ~**zimmer** *n* habitación *f* individual (*od.* de una cama).

'**ein...: ~beulen** *v/t.* abollar; 2**beulung** *f* abolladura *f*; ~**beziehen** (L; -) *v/t.* incluir; 2**beziehung** *f* inclusión *f*; ~**biegen** (L) **I.** *v/t.* doblar bzw. encorvar hacia dentro; **II.** *v/i.:* ~ *in* entrar en, doblar a, tomar (*ac.*); *links* ~ doblar (*od.* girar, torcer) a la izquierda.

'**einbilden** (-e-) *v/refl.: sich et.* ~ imaginarse, figurarse a/c.; creerse a/c.; vivir en la ilusión de; *sich et. steif und fest* ~ meterse a/c. en la cabeza; *sich et.* ~ *auf* (*ac.*) estar orgulloso de a/c.; preciarse (*od.* presumir) de; envanecerse, vanagloriarse de a/c.; *viel* ~ tener muchas ínfulas; *bilde dir ja nicht ein, daß* no vayas a creerte que; *darauf kannst du dir et.* ~ puedes estar orgulloso de eso; *ich bilde mir nicht ein, ein Genie zu sein* no pretendo ser un genio.

¹**Einbildung** f imaginación f; fantasía f; (*Trugbild*) ilusión f; ficción f, quimera f; (*Dunkel*) presunción f, fatuidad f, presuntuosidad f, engreimiento m; (*Eitelkeit*) vanidad f; ~s**kraft** f, ~**svermögen** n imaginación f; fantasía f; facultad f imaginativa; (fuerza f) imaginativa f.

¹**ein...**: ~**binden** (L) v/t. encuadernar; ~**blasen** (L) v/t. soplar (en); ⚕ insuflar; ⊕ a. inyectar; *fig.* sugerir, insinuar.

¹**Einblattdruck** *Typ. m* hoja f volante.

¹**ein|blenden** v/t. intercalar; *sich* ~ *in* conectar con; *eingeblendet TV* en sobreimpresión; ~**bleuen** v/t.: *j-m et.* ~ inculcar a/c. a alg., F meter a alg. a/c. en la cabeza.

¹**Einblick** m (-*s*; -*e*) mirada f (*in ac. en*); *flüchtiger*: ojeada f, vistazo m; *fig.* idea f; ~ *gewinnen in bzw. nehmen* consultar; enterarse de, formarse una idea de; *j-m* ~ *gewähren* poner a alg. al corriente; *er hat* ~ *in die Akten* tiene acceso a los documentos.

¹**einbrechen** (L) **I.** v/t. romper; *Tür*: forzar; *Wand*: derribar, echar abajo; **II.** v/i. (*zerbrechen*) romperse; (*einstürzen*) venirse abajo; *auf dem Eis*: hundirse; (*gewaltsam eindringen*) penetrar en; *Dieb*: escalar (*ac.*); cometer robo con fractura; ✗ irrumpir en, hacer irrupción en; *in ein Land*: invadir (*ac.*); *die Nacht bricht ein* anochece, se hace de noche.

¹**Einbrecher** m (que roba con fractura); salteador m (od. desvalijador m) de pisos; *Argot*: topero m.

¹**ein...**: ~**brennen** (L) v/t. *Mehl*: tostar; *Zeichen* ~ marcar a fuego *bzw.* con hierro candente; ~**bringen** (L) v/t. *Ernte*: acarrear, recoger; entrojar; *Antrag, Klage usw.*: presentar; ✝ *Kapital*: aportar; *Nutzen*: rendir, producir; rentar; *Zinsen*: devengar; *Verluste*: reparar, compensar; *Zeit*: recobrar, recuperar; *fig. Tadel usw.*: valer; *das bringt nicht viel ein no da mucho de sí*; ⚖ *eingebrachtes Gut* (*der Frau*) bienes m/pl. dotales; ~**brocken** v/t. *Brot*: (re)mojar; *fig. j-m et.* ~ jugar una mala pasada a alg.; *sich et.* ~ F meterse en un lío; *jetzt hat er sich aber et. Schönes eingebrockt* ¡en buena se ha metido!; ¡la ha hecho buena!

¹**Einbruch** m (-*s*; ⁀e) *allg.* irrupción f; ✗ *in ein Land*: *a.* invasión f; *in e-e Stellung, Linie*: penetración f; ⚖ robo m con fractura; ✝ *Börse*: retroceso m, descenso m fuerte; *der Nacht*: caída f; *bei* ~ *der Nacht* al anochecer, al cerrar la noche; ~**sdiebstahl** m robo m con fractura *bzw.* con escalo; **²ssicher** *adj.* a prueba de robo, antirrobo; ~**sversicherung** f seguro m contra el robo.

¹**einbuchten** F v/t. F meter en chirona, enchironar; **²ung** f *e-s Flusses*: recodo m; (*Bucht*) ensenada f; (*Einschnitt*) escotadura f.

¹**ein...**: ~**buddeln** (-*le*) F v/t. enterrar; ✗ *sich* ~ atrincherarse; ~**bürgern** (-*re*) v/t. nacionalizar, naturalizar; dar carta de naturaleza f. *Sitten, Pflanzen*: introducir; *sich* ~ nacionalizarse, adquirir (*od.* tomar) carta de naturaleza (*a. fig.*), naturalizarse; *fig.* generalizarse; inveterarse; **²bürgerung** f nacionalización f, naturalización f; *fig.* introducción f.

¹**Einbuße** [-u:-] f (*Verlust*) pérdida f; menoscabo m, merma f, mengua f; (*Schaden*) daño m; deterioro m, desperfecto m; ~ *tun* menoscabar; ~ *erleiden* sufrir merma.

¹**ein...**: ~**büßen** [-y:-] (-*t*) v/t. perder, sufrir pérdidas; *an Wert* ~ desmerecer; ~**checken I.** v/i. ⚡ *Passagiere*: embarcar; *Hotel*: registrarse; **II.** v/t. *Gepäck*: facturar; ~**dämmen** v/t. poner diques a, contener (*a. fig.*); *Fluß*: encauzar; *Feuer*: localizar; *fig. a.* poner coto a; **²dämmung** f contención f; **²dämmungs-politik** f política f de contención; ~**decken I.** v/t. cubrir; *Haus*: *a.* techar; **II.** v/refl.: *sich* ~ *mit* aprovisionarse de, abastecerse de, hacer provisión de; ✝ surtirse de; *mit Arbeit eingedeckt sein* estar abrumado de trabajo.

¹**Eindecker** ✈ *m* monoplano *m*.

¹**ein...**: ~**deichen** v/t. poner diques a; ~**deutig** *adj.* inequívoco, unívoco; (*offensichtlich*) claro, patente; *fig.* terminante; *s-e Haltung ist* ~ su actitud no deja lugar a dudas; ~**deutschen** v/t. germanizar; ~**dicken** v/t. espesar; 🜾 condensar, concentrar; ~**dosen** (-*t*) v/t. enlatar; ~**dösen** F v/i. adormitarse, adormilarse; ~**drängen** v/refl.: *sich* ~ introducirse, meterse por fuerza en; *in fremde Angelegenheiten*: entremeterse en; ~**drillen** → *einexerzieren*.

¹**eindring|en** (L; *sn*) v/i. penetrar (*in en*) (*a. fig.*); entrar (por la fuerza); irrumpir en (*in e-e Gesellschaft*: meterse sin ser llamado, F colarse en; *in ein Land*: internarse en, invadir; *Flüssigkeit*: infiltrarse (*a.* ✗ *u. Pol.*); *fig.* adentrarse, profundizar en; *auf j-n* ~ acometer a alg.; (aba)lanzarse sobre alg.; *mit Worten*: insistir en alg., presionar sobre alg.; **²en** n penetración f; invasión f; infiltración f; ~**lich I.** *adj.* insistente; enfático; (*eindrucksvoll*) impresionante; **II.** *adv.* encarecidamente; con insistencia; **²lichkeit** f (0) insistencia f; energía f; énfasis m; **²ling** m (-*s*; -*e*) intruso m; (*Angreifer*) invasor m.

¹**Eindruck** m (-*s*; ⁀e) impresión f; (*Spur*) marca f, señal f; huella f; (*Wirkung*) efecto m; *guter* (*schlechter*) ~ buena (mala) impresión; ~ *machen auf* (*ac.*) causar (*od.* hacer) impresión en *bzw.* a; impresionar a; hacer mella en; hacer efecto a (*od.* sobre); *tiefen* ~ *machen* calar hondo (*auf en*); *den* ~ *erwecken, daß* dar la impresión de que; F ~ *schinden* producir efecto, impresionar; **²en** v/t. imprimir, estampar.

¹**ein...**: ~**drücken I.** v/t. *Spur*: imprimir, estampar; (*zerbrechen*) romper; (*platt drücken*) aplanar; (*zermalmen*) aplastar; (*einbeulen*) abollar; *stärker*: deformar; ✗ *die Front*: romper; *Tür*: forzar, derribar; **II.** v/i. grabarse; ~**drucksfähig** *adj.* impresionable; ~**drucksvoll** *adj.* impresionante, imponente; de gran efecto; ~**ebnen** (-*e*-) v/t. nivelar; aplanar, allanar; **²ehe** f monogamia f; ~**eiig** *adj. Zwillinge*: univitelino.

¹**einen** v/t. unir, unificar.

¹**ein-engen** v/t. estrechar; (*begrenzen*) restringir, limitar, circunscribir; *fig.* coartar.

¹**einer I.** *pron.* → *ein*; **II.** ² *m Arith.* unidad f; (*Boot*) bote m individual, esquife m; ~¹**lei** *adj.* igual; de la misma clase; (*gleichgültig*) indiferente; *das ist* (*ganz*) ~ no importa, es lo mismo, igual (*od.* lo mismo) da; *es ist mir* ~ me es (*od.* da) igual; ~ *ob* tanto si, lo mismo si; ~ *wer* quienquiera que sea, no importa quién; ~, *wir gehen hin*! ¡no importa, vamos allá!; ²¹**lei** n (-*s*; 0) uniformidad f; (*Eintönigkeit*) monotonía f.

¹**ein-ernten** (-*e*-) v/t. recolectar, cosechar (*a. fig.*), recoger.

¹**einerseits**, ¹**einesteils** *adv.* por un lado, de (*od.* por) una parte.

¹**ein-exerzieren** (-) v/t. ejercitar.

¹**einfach I.** *adj.* sencillo; simple; (*schlicht*) modesto, humilde; escueto; (*nicht schwierig*) sencillo, fácil; (*elementar*) elemental; *Essen*: frugal; ~*e Fahrkarte* billete m sencillo (*od.* de ida); *ein* ~*er Mann* un hombre sencillo; *ein* ~*er Mechaniker* un simple mecánico; *es ist nicht so* ~ no es tan fácil como parece; *die* ~*e Tatsache, daß* el mero hecho de; *aus dem* ~*en Grunde, daß* por la sencilla razón de; **II.** *adv.* sencillamente; simplemente; *das ist* ~ *wunderbar* es realmente maravilloso; *es war mir* ~ *unmöglich* me fue de todo punto imposible; ²**heit** f (0) sencillez f; simplicidad f; modestia f; frugalidad f; *der* ~ *halber* para simplificar las cosas.

¹**ein...**: ~**fädeln** (-*le*) v/t. *Nadel*: enhebrar, enfilar; *Perlen*: ensartar; *fig.* tramar, urdir, maquinar; *Vkw. sich* ~ colocarse en una fila; ~**fahren** (L) **I.** v/i. entrar (*in ac.* en); ⚒ a. efectuar su entrada; ⚒ bajar (a la mina); **II.** v/t. *Ernte*: acarrear, entrojar; *Kfz.* rodar; „*wird eingefahren*" "en rodaje"; *fig. die Sache ist gut eingefahren* la cosa está bien encarrilada; ²**fahren** n *Kfz.* rodaje m; ²**fahrt** f **1.** entrada f; *e-s Zuges*: *a.* llegada f; ⚒ bajada f (a la mina). **2.** (*Eingang*) entrada f; acceso m; *Hafen*: boca f del puerto; ⚒ bocamina f; (*Torweg*) puerta f cochera; ²**fahrzeit** *Kfz.* f período m de rodaje.

¹**Einfall** m (-*s*; ⁀e) **1.** → *Einsturz*; **2.** ✗ incursión f, irrupción f (*in ac.* en), invasión f (de); **3.** *Phys. Licht*: incidencia f; **4.** *fig.* idea f; *glücklicher* feliz idea f; *witziger* ~ salida f; *geistreicher* ~ ocurrencia f; *er kam auf den* ~ se le ocurrió; F *du hast Einfälle* (*wie ein altes Haus*)! F ¡se te ocurre cada cosa!, ¡qué cosas tienes!; ²**en** (L; *sn*) v/i. **1.** → *einstürzen*; **2.** *Licht*: incidir; **3.** ✗ invadir (*ac.*); irrumpir en; **4.** ♪ entrar, atacar; *in den Chor* ~ corear; **5.** *in die Rede*: interrumpir; *in das Gespräch* ~ terciar (*od.* intervenir) en la conversación; **6.** *j-m* ~ (*in den Sinn kommen*) ocurrirse a alg. *a/c.*; pasársele a alg. por las mientes; *mir fällt ein* se me ocurre; *dabei fällt mir et. ein* esto me recuerda (*od.* me hace recordar) una cosa; *es fällt mir jetzt nicht ein* no lo recuerdo en este momento; *das fällt mir nicht* (*im Traum*) *ein* F ¡eso ni soñarlo!, ¡ni hablar!; *was fällt dir ein?* ¿qué te has figurado?, ¿pero

einfallend — eingehen

qué te has creído?; *laß dir das ja nicht ~!* ¡no se atrevas a hacer eso!, ¡ni se te ocurra!; end *Phys. adj.* incidente; slos *adj.* sin imaginación; slosigkeit *f* falta *f* de imaginación; sreich *adj.* imaginativo; ocurrente; sreichtum *m* riqueza *f* imaginativa; swinkel *m Phys.* ángulo *m* de incidencia.

'**Ein...:** falt *f* (0) ingenuidad *f*, candidez *f*; simplicidad *f*; (*Dummheit*) simpleza *f*; *heilige ~!* ¡Santa Inocencia!; fältig *adj.* inocente; ingenuo, cándido; simple; (*töricht*) mentecato, bobo; falts-pinsel *m* bobo *m*; simple *m*; bobalicón *m*; F inocentón *m*; P panoli *m*; familienhaus *n casa f bzw.* chalet *m* unifamiliar; fangen (L) *v/t.* coger; *Verbrecher:* capturar; *fig. j-n ~* echar el gancho a alg.; farbig *adj.* unicolor, monocolor; *Stoff:* liso; *Typ.* monocromo; fassen (*-ßt*) *v/t.* guarnecer; *mit e-m Zaun:* cercar; (*umsäumen*) orlar, ribetear; acenefar; *Quelle:* captar; *Edelstein:* engastar, engarzar; fassung *f* (*Gehege*) recinto *m*; (*Zaun*) cerca *f*; (*Rand*) borde *m*; (*Saum*) orla *f*, ribete *m*; cenefa *f*; *Edelstein:* engaste *m*; *lubri*(*fi*)*car*; fetten (*-e-*) *v/t.* untar; engrasar; ⊕ *a.* lubri(fi)car; fetten *n* engrase *m*; lubri(fi)cación *f*; finden (L) *v/refl.:* sich *~* acudir; concurrir; presentarse, personarse, *bsd.* comparecer; flechten (L) *v/t.* entretejer, entrelazar (*in ac.* con); *Haare:* trenzar; *fig.* mencionar de paso; aludir a; (*einfügen*) intercalar; fliegen ≷ (L) **I.** (*sn*) *v/i.* entrar; *feindlich:* hacer una incursión aérea; **II.** *v/t.* hacer vuelos de prueba con; fließen (L; *sn*) *v/i.* fluir, correr (*in ac.* en); (*münden*) desaguar en, desembocar en; *fig. ~ lassen* mencionar de paso; flößen (*-t*) *v/t. fig.* instilar; administrar; *fig.* inspirar; *Furcht:* infundir; fluchten (*-e-*) △ *v/t.* alinear. '**Einflug** *m* ≷ vuelo *m* de aproximación; ✕ incursión *f* aérea; schneise *f* corredor *m* de entrada.

'**Einfluß** *m* (*-sses, ~sse*) influencia *f*, influjo *m* (*auf ac.* en, sobre); *bsd. moralisch:* ascendiente *m* (sobre); (*Ansehen*) prestigio *m*, crédito *m*; *Meteo. ~ von Kaltluft* incursión *f* de aire frío; *~ haben* tener influjo (*od.* influencia), influir (*auf* en, sobre); *großen ~ haben* estar en (el) candelero; *unter dem ~ von* bajo el influjo de; bereich *m* área *f* de influencia; reich *adj.* influyente, de mucha influencia; sphäre *f* esfera *f* de influencia.

'**ein...:** flüstern (*-re*) *v/t.* susurrar, decir al oído; *fig.* sugerir, insinuar; (*vorsagen*) *Sch.* soplar; flüsterung *f fig.* insinuación *f*, sugerencia *f*; fordern (*-re*) ✝ *v/t. Außenstände:* reclamar, exigir (el pago); *Steuern:* recaudar; forderung *f* reclamación *f*; *von Geldern:* cobro *m*; *von Steuern:* recaudación *f*; förmig *adj.* uniforme; *fig.* monótono; förmigkeit *f* (0) uniformidad *f*; *fig.* monotonía *f*; fressen (L) *v/refl.:* sich *~* corroer; *fig.* incrustarse; fried(ig)en (*-e-*) *v/t.* cercar; acotar; rodear (de un muro, *etc.*); fried(ig)ung *f* cerca *f*; cercado *m*, vallado *m*; frieren (L) **I.** (*sn*) *v/i.* helarse, congelarse; *Schiff:* quedar aprisionado por los hielos; **II.** *v/t. Lebensmittel, Preise usw.:* congelar; *Guthaben: a.* bloquear; frieren *n* congelación *f* (*a. fig.*); fuchsen F *v/t.* preparar (*od.* entrenar) a fondo; fügen *v/t.* incluir, incorporar; *zusätzlich:* añadir, agregar; (*einschieben*) insertar, intercalar; *beide a. Computer*); interpolar; *sich ~ in* (*ac.*) adaptarse a; fügetaste *f Computer:* tecla *f* para insertar; fügung *f* inclusión *f*; inserción *f*; interpolación *f*; adaptación *f*; fühlen *v/refl.:* sich *~ in* (*ac.*) ponerse en el lugar de; identificarse con; compenetrarse de; (*mitempfinden*) compartir los sentimientos de alg.; fühlungsvermögen *n* comprensión *f*; intuición *f*; compenetración *f*.

'**Einfuhr** ✝ *f* (*-; -en*) importación *f*; *Zoll: a.* entrada *f*; abgabe *f* impuesto *m* de entrada; artikel *m* artículo *m* de importación.

'**einführbar** *adj.* importable.

'**Einfuhr...:** beschränkung *f* restricción *f* a la importación; bestimmungen *f/pl.* disposiciones *f/pl.* reguladoras de la importación; bewilligung *f* licencia *f* (*od.* permiso *m*) de importación.

'**einführen** *v/t. allg.* introducir; *Mode, neue Artikel: a.* lanzar; *Sitte, System:* implantar, establecer; *Maßnahmen:* adoptar; ✝ *Waren:* importar; *j-n:* presentar (*bei j-m* a alg.); *j-n in et. ~* (*einweihen*) iniciar a alg. en et.; *in ein Amt:* instalar, dar posesión (de su cargo); *gut eingeführt Person:* bien relacionado; *Firma:* acreditado.

'**Einfuhr...:** erlaubnis *f*, genehmigung *f* → bewilligung; hafen *m* puerto *m* de entrada; handel *m* comercio *m* de importación; händler *m* importador *m*; kontingent *n* cupo *m* de importación; land *n* país *m* importador; lizenz *f* licencia *f* de importación; prämie *f* prima *f* de importación; sperre *f*, stopp *m* suspensión *f* de las importaciones; überschuß *m* excedente *m* de importación.

'**Einführung** *f allg.* introducción *f*; (*Vorstellung*) presentación *f*; (*Einweihung*) iniciación *f*; *in ein Amt:* instalación *f*; *von Maßnahmen:* adopción *f*; *von Sitten, Systemen:* implantación *f*; establecimiento *m*; *von Steuern:* imposición *f*; ✝ importación *f*; *neuer Artikel:* lanzamiento *m*; *~s jungen Mädchens in die Gesellschaft* puesta *f* de largo; s-angebot ✝ *n* oferta *f* de lanzamiento; sgesetz ⚖ *n* ley *f* de introducción; skabel ⚡ *n* cable *m* de entrada; skurs(us) *m* curso *m* (*od.* cursillo *m*) de iniciación; s-preis *m* precio *m* de lanzamiento; sschreiben *n* carta *f* de presentación.

'**Einfuhr...:** verbot *n* prohibición *f* de importar; waren *f/pl.* mercancías *f/pl.* de importación; zoll *m* derecho *m* de importación.

'**einfüllen** *v/t.* llenar; echar (*in ac.* en); envasar; *in Flaschen:* embotellar; öffnung *f* abertura *f* de relleno; trichter *m* embudo *m* de relleno; ⊕ tolva *f* de carga.

'**Eingabe** *f* memorial *m*; petición *f*, *bsd.* ⚖ pedimento *m*; (*Gesuch*) solicitud *f*, instancia *f*; *Computer:* entrada *f*.

'**Eingang** *m* (*-**es*; *e*) entrada *f*; (*Zugang*) acceso *m*; *Tunnel, U-Bahn:* boca *f*; (*Einleitung*) introducción *f*; preámbulo *m*; exordio *m*; (*Beginn*) comienzo *m*, principio *m*; ✝ *von Waren:* llegada *f*; *von Geld:* ingreso *m*; *Summe, Schreiben:* recepción *f*; ✝ *~ vorbehalten* (*Abk.* E.v.) salvo buen cobro (*od.* buen fin) (*Abk.* s.b.c. *bzw.* s.b.f.); ✝ *Eingänge von Waren:* entradas *f/pl.*, mercancías *f/pl.* recibidas; *von Zahlungen:* pagos *m/pl.* recibidos; *von Briefen:* correo *m* del día; *bei ~* a la recepción; *nach ~* previa recepción; *kein ~!* se prohibe la entrada; *sich ~ verschaffen* conseguir entrada en; abrirse paso a.

'**eingangs** *adv.* al principio, al comienzo; *~ erwähnt* arriba mencionado; anzeige *f*, bestätigung *f* acuse *m* de recibo; buch *n* libro *m* (*od.* registro *m*) de entradas; datum *n* fecha *f* de entrada; formel *f* preámbulo *m*; *im Brief:* encabezamiento *m*; halle *f* vestíbulo *m*; kreis *m Radio:* circuito *m* de entrada; stempel *m* sello *m* de entrada; tor *n* puerta *f* de entrada; zoll *m* derecho *m* de entrada.

'**ein...:** gebaut ⊕ *adj.* incorporado; empotrado; montado, instalado; geben (L) *v/t. Arznei:* dar, administrar; *Daten:* introducir, ingresar; *fig. Gedanken usw.:* inspirar, sugerir; gebildet *adj. Sache:* imaginario, ficticio; imaginado; *Person:* presuntuoso, presumido, fatuo, engreído; (*anmaßend*) arrogante; *sehr ~ sein* tener muchas ínfulas; gebildetheit *f* presunción *f*; geboren *adj. Sohn Gottes:* unigénito; (*einheimisch*) nativo, indígena; (*angeboren*) innato; ⚥ congénito; geborene(r *m*) *m/f* indígena *m/f*, natural *m/f*; (*Ureinwohner*) aborigen *m/f*; gebung *f* inspiración *f*; sugestión *f*; insinuación *f*; (*Einfall*) brillante idea *f*; gedenk *adj.: e-r Sache ~* (*gen.*) *sein* acordarse de a/c.; tener presente a/c.; gefallen *adj. Haus:* derruido, ruinoso; (*abgezehrt*) demacrado; flaco; *Augen:* hundido; *Gesicht:* chupado; gefleischt *fig. adj.* inveterado, arraigado; er *Junggeselle* F solterón *m* empedernido.

'**eingehen** (L; *sn*) **I.** *v/i.* entrar (*a. fig.*); *Briefe, Waren:* llegar, recibirse; *Gelder:* ingresar (en caja); *Stoffe:* encoger(se); (*aufhören*) dejar de existir, cesar, acabar; (*erlöschen*) extinguirse; (*absterben*) ⚱ perecer, *Tiere:* morir; *Betrieb:* cerrar; *Firma usw.:* disolverse; *Zeitung:* dejar de aparecer (*od.* de publicarse); *~ auf* (*ac.*) (*einwilligen*) consentir en; acceder a, condescender a; *Probleme, Thema:* abordar; *Vorschlag:* aceptar; *Plan:* acoger favorablemente; *e-e Sache:* mostrar interés por; *auf Einzelheiten:* entrar en detalles; *auf j-n ~* corresponder a, *nachsichtig:* F seguir el humor a alg.; *auf nichts ~* no transigir con nada; no acceder a nada; *~ in* (*ac.*) pasar a, formar parte de; F *das geht ihm nicht ein* no le entra (en la cabeza); **II.** *v/t. Ehe, Verbindlichkeiten:* contraer; *Risiko:* correr; *Vergleich:* arreglarse, llegar a un arreglo; *Vertrag*: ajustar; *Wette*: hacer, concertar; ~**d I.** *adj.* detenido; detallado, minucioso; exhaustivo; (*sorgfältig*) escrupuloso, concienzudo; *nicht* ~ *Stoff*: inencogible; **II.** *adv.* detenidamente, con detención; detalladamente; a fondo.

'**ein...: ~gelegt** *adj.*: ~*e Arbeit* incrustación *f*; taracea *f*, marquetería *f*; ²**gemachte(s)** *n* conservas *f/pl.*; (*Obst*) frutas *f/pl.* en conserva; *in Essig*: encurtido *m*; **~gemeinden** (-*e*-; -) *v/t.* incorporar a (*od.* en) un municipio; ²**gemeindung** *f* incorporación *f* (de un municipio a otro); **~genommen** *adj.* prevenido, predispuesto (*für en od.* a favor de; *gegen* contra); *für j-n* ~ *sein* sentir afecto (*od.* simpatía) hacia alg.; *für et.* ~ *sein* estar prendado de alg.; *für et.* ~ *sein* ser partidario de a/c.; *stärker*: ser un apasionado de a/c.; *von sich* ~ presumido, infatuado, pagado de sí mismo; ²**genommenheit** *f* (0) prevención *f*; predisposición *f* (a favor de *bzw.* contra); prejuicio *m* (*gegen* contra); *von sich selbst*: presunción *f*; **~geschlechtig** *Bio. adj.* unisexuado, unisexual; **~geschnappt** *F adj.* F amostazado, F picado; ~ *sein* F estar mosca; **~geschrieben** *adj. Brief*: certificado; *Am.* registrado; **~gesessen** *adj.* avecindado, afincado; autóctono, indígena; ²**gesessene(r** *m*) *m/f* residente *m/f*; indígena *m/f*; **~gestandenermaßen** *adv.* por confesión propia; ²**geständnis** *n* confesión *f*; **~gestehen** (L) *v/t.* confesar; reconocer; admitir.

'**Eingeweide** *n/pl. Anat.* vísceras *f/pl.*; entrañas *f/pl.* (*a. fig.*); (*Gedärme*) intestinos *m/pl.*, F tripas *f/pl.*; **~bruch** ♂ *m* hernia *f* intestinal, enterocele *m*; **~würmer** *m/pl.* lombrices *f/pl.* intestinales, helmintos *m/pl.*

'**ein...: ~geweiht** *adj.* → *einweihen*; ²**geweihte(r** *m*) *m/f* iniciado (-*a f*) *m*, adepto (-*a f*) *m*; **~gewöhnen** *v/t. u. v/refl.* acostumbrar(se), habituar(se) a; aclimatar(se); ²**gewöhnung** *f* aclimatación *f*; familiarización *f*; integración *f*; **~gewurzelt** *adj.* arraigado; inveterado.

'**ein..: ~gießen** (L) *v/t.* echar, verter (*in ac.* en); ⊕ fundir en; **~gipsen** (-*t*) *v/t.* enyesar; ♂ *a.* escayolar; ²**glas** *n* monóculo *m*; **~gleisig** ⊕ *adj.* de vía única, de una sola vía; **~gliedern** (-*re*) *v/t.* incorporar (*in ac.* a); integrar en, incluir en; (*anpassen*) acomodar a, ajustar a; *Gebiet*: anexionar; ²**gliederung** *f* incorporación *f*; integración *f*; inserción *f*; anexión *f*; **~graben** (L) **I.** *v/t.* enterrar, soterrar; *mit Stichel*: burilar; *mit Meißel*: cincelar; **II.** *v/refl.: sich* ~ *Tiere*: esconderse bajo tierra; ⚔ atrincherarse; *fig. ins Gedächtnis*: grabarse (en la memoria); **~gravieren** (-) *v/t.* grabar; **~greifen** (L) *v/i. Anker usw.*: agarrar; ⊕ *Zähne*: engranar; encajar; *fig.* intervenir en; ⚔ entrar en acción; *vermitteInd*: terciar; *störend*: injerirse en, (entro)meterse en; *in j-s Rechte* ~ usurpar los derechos de alg.; *in ein Gespräch* ~ intervenir en una conversación, F meter baza; ²**greifen** *fig. n* intervención *f*; acción *f*; **~greifend** *adj. fig. Maßnahme*: enérgico; drástico; ²**greiftruppe** ⚔ *f*

fuerza *f* de intervención; ²**griff** *m Chir.* operación *f*, intervención *f* quirúrgica; ⊕ engranaje *m*; *fig.* acción *f*; intervención *f*; (*Einmischung*) intromisión *f*, injerencia *f*; (*Übergriff*) transgresión *f*; *in j-s Rechte*: usurpación *f* (*in ac.* de); **~gruppieren** (-) *v/t.* clasificar.

'**ein...: ~hacken** *v/i. Vogel*: ~ *auf* picotear (*ac.*); *fig.* molestar, importunar; **~haken I.** *v/t.* enganchar; colgar de; **II.** *v/refl.: sich bei j-m* ~ tomar el brazo de alg.; *eingehakt gehen* ir del brazo; F ir de bracete (*od.* bracero). **III.** *v/i.* F *fig.* intervenir, F meter baza; ²**halt** *m* (-*ęs; 0*): *~ gebieten* (*od. tun*) (*dat.*) poner término a; contener (*ac.*), contrarrestar (*ac.*); **~halten** (L) **I.** *v/t. Frist, Bedingung, Termin*: observar, respetar, atenerse a; *Versprechen, Verpflichtung*: cumplir; *Richtung*: seguir; **II.** *v/i.* detenerse, pararse; *mit et.* ~ dejar de hacer a/c.; interrumpir, suspender; *halt ein!* ¡alto ahí!; ²**haltung** *f* observancia *f*, cumplimiento *m*; **~hämmern** (-*re*) *v/t.* martill(e)ar; *Nagel*: clavar; *fig.* machacar; **~handeln** (-*le*) *v/t.* comprar, adquirir; (*eintauschen*) trocar por; **~händig** *adj.* manco; **~händigen** *v/t.: j-m et.* ~ entregar en (propia) mano; **~hängen** *v/t.* colgar (*in ac.* de), dar. ⊕ suspender; *Telefonhörer*: colgar; *Tür*: enquiciar; *sich bei j-m* ~ F colgarse del brazo de alg.; **~hauchen** *v/t.* insuflar; *fig.* inspirar (a alg. a/c.); *j-m neues Leben* ~ dar nueva vida a alg.; **~hauen** (L) **I.** *v/t.: auf j-n* ~ dar de palos a alg., arremeter a golpes contra alg.; *fig. beim Essen*: F hincar el diente, embaular, comer a dos carrillos **II.** *v/t.* (*zertrümmern*) romper; derribar; *Nagel*: clavar; *Tür*: forzar; *Loch*: abrir; **~heften** (-*e*-) *v/t.* hilvanar, coser (*in ac.* en); (*Akten*: encarpetar; *Buch, Heft*: encuadernar; **~hegen** *v/t.* cercar, vallar; **~heimisch** *adj.* nativo; aborigen; indígena (*a.* ♀); autóctono; ♀ interior, nacional; del país; *Krankheit*: endémico; *Sprache*: vernáculo; ²**heimische(r** *m*) *m/f* indígena *m/f*; **~heimsen** (-*t*) *v/t.* cosechar (*a. fig.*); *fig.* (*einstecken*) embolsar(se); *Gewinn*: ganar mucho; *er hat dabei ordentlich eingeheimst* F ha hecho su agosto, se ha puesto las botas; **~heiraten** (-*e*-) *v/i. in ein Geschäft*: entrar en un negocio por casamiento; *in e-e Familie*: emparentar con una familia mediante matrimonio.

'**Einheit** *f* unidad *f* (*a.* ♔, ⚔ *u. Phys.*); (*Ganzes*) conjunto *m*; *Tele.* paso *m* (de contador); *die deutsche* ~ la unidad alemana; *Thea. die drei* ~*en* unidad de acción, de tiempo y de lugar; *zu e-r* ~ *verbinden* unificar; ²**lich** *adj.* uniforme, homogéneo; *Vorgehen usw.*: común, concorde; (*genormt*) normalizado, estandarizado; *Kommando*: unificado; *Regierung*: central(izado); *Pol.* unitario; centralista; **~lichkeit** *f* uniformidad *f*; homogeneidad *f*; *Pol.* unidad *f*.

'**Einheits...: ~bauart** ⊕ *f* tipo *m* normalizado (*od.* estandarizado); **~bestrebungen** *f/pl.* tendencias *f/pl.* unitarias (*od.* unificadoras); **~front** *f* frente *m* único; **~gewerkschaft** *f* sindicato *m* único; **~kurs** ♔ *m* cambio *m* único; **~kurzschrift** *f* sistema *m* universal de taquigrafía; **~partei** *f* partido *m* único *bzw.* unificado; **~preis** ♔ *m* precio *m* único; **~satz** ♔ *m* tipo *m* unitario; **~schule** *f* escuela *f* única (*od.* unitaria); **~staat** *m* Estado *m* unitario; **~tarif** *m* tarifa *f* única; **~wert** *m Steuer*: valor *m* fiscal; **~zeit** *f* hora *f* oficial; **~zoll** *m* derecho *m* uniforme.

'**ein...: ~heizen** (-*t*) *v/i.* calentar, encender lumbre; F *fig. j-m* ~ F cantarle a uno las cuarenta; hacer sudar a alg.; **~hellig** *adj.* unánime; *adv.* de común acuerdo; por unanimidad; ²**helligkeit** *f* unanimidad *f*.

ein'her...: ~gehen (L) *v/i.* ir caminando por; *fig. adj.* ir) acompañado (*mit de*); **~schlendern** (-*re*) *v/i.* andar callejeando (*od.* paseando) por; **~schreiten** (L) *v/i.* ir a paso mesurado; **~stolzieren** (-) *v/i.* andar muy ufano, pavonearse.

'**ein...: ~holen I.** *v/t.* recoger; (*entgegengehen*) ir (*od.* salir) al encuentro de; *Segel, Flagge*: arriar; *Tau, Schiff*: halar; (*einkaufen*) comprar; (*erreichen*) alcanzar, dar alcance a; (*beschaffen*) procurar(se); obtener; (*erbitten*) solicitar, pedir; *Rat, Auskünfte*: tomar (*bei de*), recibir; *Verlust*: resarcirse de, recuperar, recobrar; *Zeit, Versäumtes*: recuperar; **II.** *v/i.* F ~ *gehen* ir de compras; ²**horn** *Myt. n* (-*ęs; ~er*) unicornio *m*; ²**hufer** *Zoo. m* solípedo *m*; **~hüllen** *v/t.* envolver (*in ac.* en); cubrir (*mit con*); *in Decken*: arropar; (*verdecken*) cubrir, tapar; *zum Schutz*: abrigar; **~hundert** *adj.* ciento; *vor su.*: cien.

'**einig** *adj.* acorde, conforme, (*geeint*) unido; *mit j-m* ~ *sein bzw. sich* ~ *sein* estar de acuerdo (*od.* conforme) con alg. (*über ac.* sobre); *mit j-m bzw. sich* ~ *werden* ponerse de (*od.* llegar a un) acuerdo con alg.; *er ist* (*mit*) *sich selbst nicht* ~ está indeciso; ~*e pron./indef.* unos (-*as*), algunos (-*as*); unos cuantos, unas cuantas; varios (-*as*); *vor* ~*n Tagen* hace algunos días; ~ *zwanzig* unos veinte; ~ *hundert Jahre* unos cientos de años; ~*s Geld* algo de dinero; *ich könnte dir* ~*s erzählen* podría contarte un par de cosas.

'**ein-igeln** *v/refl.: sich* ~ cerrarse como un erizo.

'**einig|en** *v/t.* unir; unificar; (*versöhnen*) conciliar; *sich* ~ ponerse de (*od.* llegar a un) acuerdo; arreglarse; convenir (*über en*); **~ermaßen** *adv.* en cierto modo; hasta cierto punto; más o menos; F así así; F regular; (*ziemlich*) bastante; **~gehen** (L) *v/i.* estar de acuerdo (*mit con*); ²**keit** *f* (0) unión *f*; (*Eintracht*) concordia *f*; *der Ansichten*: conformidad *f*, acuerdo *m*; ~ *macht stark* la unión hace la fuerza; ²**ung** *f* unión *f*; *Pol.* unión *f*; unificación *f*; ♔ (*Vergleich*) arreglo *m*; avenencia *f*; (*Versöhnung*) conciliación *f*; ~ *erzielen* llegar a un acuerdo *bzw.* arreglo.

'**ein-impf|en** *v/t.* ♂ inocular (*a. fig.*); *fig.* imbuir, inculcar; ²**ung** *f* inoculación *f*; inculcación *f*.

'**einjagen** *v/t.: j-m Furcht* ~ dar (*od.* infundir) miedo, atemorizar a alg.; *j-m* (*e-n*) *Schrecken* ~ dar (*od.* pegar)

einjährig — einlösen 152

un susto, asustar a alg.
'**einjährig** adj. de un año; ♀ anual; Kalb, Lamm: añal.
'**ein...**: ~**kalkulieren** (-) v/t. incluir en el cálculo; fig. tener en cuenta, contar con; ⚥**kammersystem** Parl. n sistema m unicameral, monocameralismo m; ~**kapseln** (-le) v/t. ⊕ encapsular; ✱ sich ~ enquistarse, encapsularse; fig. aislarse, meterse en su concha; ~**kassieren** (-) v/t. cobrar; Steuern: recaudar; ⚥**kassierung** f cobro m; recaudación f.
'**Einkauf** m compra f, adquisición f; Einkäufe machen hacer bzw. ir de compras; ⚥**kaufen I.** v/t. comprar; sich ~ in adquirir un derecho mediante pago de una cantidad; **II.** v/i. hacer compras; ~ gehen ir de compras; ~**käufer(in** f) m comprador(a f) m; ✝ agente m de compras.
'**Einkaufs...**: ~**abteilung** f departamento m (od. sección f) de compras; ~**bummel** m: e-n ~ machen ir de tiendas; ~**genossenschaft** f cooperativa f de compras; ~**karte** f tarjeta f de compras; ~**netz** n bolsa f de malla; ~**preis** m precio m de compra; ~**tasche** f bolsa f de compra; ~**wagen** m der Hausfrauen: carrito m de compra; ~**zentrum** n centro m comercial.
'**Einkehr** f (0) auf der Reise usw.: parada f; fig. introspección f; recogimiento m; ~ halten hacer un examen de conciencia; ⚥**en** (sn) v/i. entrar (en un café, etc.); (logieren) hospedarse, alojarse (in en).
'**ein...**: ~**keilen** v/t. enclavar; acuñar; fig. eingekeilt sein (im Gedränge) estar muy apretado (od. F como sardinas en lata); ~**kellern** (-re) v/t. embodegar; ⚥**kellerung** f embodegado m; ~**kerben** v/t. hacer una muesca en; entallar; ⚥**kerbung** f muesca f; entalladura f; ~**kerkern** (-re) v/t. encarcelar; ⚥**kerkerung** f encarcelamiento m; ~**kesseln** (-le) ⚔ v/t. copar; ⚥**kesselung** ⚔ f copo m; ~**kitten** (-e-) v/t. enmasillar; ~**klagbar** ⚖ adj. reclamable judicialmente; exigible; ~**klagen** ⚖ v/t. reclamar judicialmente; ~**klammern** (-re) v/t. ⊕ unir con grapas; Typ. poner entre paréntesis.
'**Einklang** ♪ m unisonancia f, acorde m (a. fig.); fig. consonancia f, armonía f; in ~ bringen concertar, armonizar, conciliar; compaginar; hacer compatible; im ~ stehen mit concordar, armonizar con; ser compatible con; cuadrar con; (entsprechen) corresponder a, coincidir con; nicht im ~ stehen mit ser incompatible con; no estar en consonancia con.
'**ein...**: ~**klassig** adj.: ~**e** Schule escuela f unitaria; ~**kleben** v/t. pegar (in ac. en); ~**kleiden** (-e-) v/t. vestir; Amtsperson: investir; ⚔ dar el uniforme, equipar; fig. (Gedanken) expresar en palabras; ⚥**kleidung** f investidura f; Mönch: toma f de hábito; Nonne: toma f del velo; ⚔ equipo m; fig. modo m de expresar bzw. narrar; ~**klemmen** v/t. apretar; enclavar; aprisionar (entre); (kneifen) coger (in ac. ente); ⊕ sujetar; engrapar; ✱ estrangular; sich den Finger ~ cogerse el dedo; ⚥**klemmung** ✱ f estrangulación f; ~**klinken** v/t. Tür: cerrar con picaporte; ⊕ engatillar; ~**knicken I.** v/t. doblar; plegar; (winkelförmig) acodar; **II.** v/i. doblarse; (zerbrechen) quebrarse; ~**kochen** v/t. u. v/i. (eindicken) concentrar(se) (od. reducir[se]) por cocción; (einmachen) hacer (confitura, etc.); Obst: confitar.
'**einkommen** (L) **I.** v/i. (sn) Geld: ingresar; entrar; ~ um solicitar (ac.); **II.** ⚥ n ingresos m/pl., renta f; ⚥**steuer** f impuesto m sobre la renta, Span. impuesto m sobre la renta de las personas físicas; ⚥**steuer-erklärung** f declaración f del impuesto sobre la renta (de las personas físicas), declaración f de renta.
'**einkratzen** (-t) v/t. grabar, marcar en.
'**einkreis|en** (-t) v/t. ⚔ envolver, cercar; bsd. Pol. aislar; ⚥**ung** f cerco m; ⚥**ungs-politik** f política f de aislamiento (od. cerco).
'**einkremen** v/t. aplicar crema a, untar (con crema).
'**Einkünfte** pl. ingresos m/pl.; rentas f/pl.; (Gewinn) ganancias f/pl., beneficios m/pl.; aus e-m Amt: emolumentos m/pl.
'**einkuppeln** (-le) v/t. ⊕ acoplar; Kfz. embragar.
'**einlad|en** (L) v/t. Waren: cargar (en); ⚓ embarcar en; j-n: invitar (zu a); bsd. zum Essen: convidar (a); ~**end** adj. (verlockend) tentador, seductor; (anziehend) atractivo; (lecker) apetitoso; ⚥**ung** f invitación f; convite m; auf ~ von por invitación de; ⚥**ungskarte** f tarjeta f de invitación; ⚥**ungsschreiben** n carta f de invitación.
'**Einlage** f im Brief: anexo m, adjunto m; Schneiderei: entretela f; (Schuh⚥) plantilla f ortopédica; (Zahn⚥) empaste m provisional; e-r Zigarre: tripa f; ⊕ (Schicht) capa f intermedia; ✝ imposición f (befristete a plazo fijo; feste a vencimiento fijo); depósito m; (Kapital⚥) aportación f; Spiel: puesta f; Thea., ♪ intermedio m; Kochk. guarnición f; ~**kapital** ✝ n capital m invertido bzw. aportado.
'**einlager|n** (-re) v/t. almacenar; depositar; ⚥**ung** f almacenamiento m.
'**Einlaß** m (-sses; ~sse) entrada f, admisión f (beide a. ⊕).
'**einlassen** (L) v/t. dejar bzw. hacer entrar; (zulassen) admitir; (einführen) introducir; (einfügen) insertar, encajar; ⊕, △ empotrar (in en); fig. sich ~ auf ac. in (ac.) meterse en; lanzarse a; aventurarse en, F embarcarse en; sich in e-e Diskussion ~ meterse a discutir, entrar en discusiones con; sich in ein Gespräch ~ entablar conversación con; sich mit j-m ~ meterse con alg.; tratar (od. entablar) relaciones con alg.; comprometerse con alg.; bsd. mit Frauen: F liarse, P ligar con; ich lasse mich nicht darauf ein no me meto en esas cosas; no hago caso de eso.
'**Einlaß...**: ~**karte** f tarjeta f de admisión; ~**öffnung** ⊕ f entrada f, admisión f.
'**Einlassung** ⚖ f contestación f (a la demanda); ~**frist** f plazo m de contestación.
'**Einlaßventil** n válvula f de admisión.
'**Einlauf** m (-ts; ~e) Post: entrada f; Sport: llegada f; ✚ enema m/f, lavativa f.
'**einlaufen** (L; sn) **I.** v/i. entrar; llegar; in e-n Hafen: entrar, arribar; Stoff: encogerse; nicht ~d inencogible; **II.** v/t. Motor: ~ lassen rodar; **III.** ⚥ n entrada f, llegada f, ⚓ a. arribada f; e-s Motors: rodaje m; von Stoff: encogimiento m.
'**ein...**: ~**läuten** (-e-) v/t. tocar a; ~**leben** v/refl.: sich ~ in adaptarse a; habituarse, acostumbrarse a; aclimatarse; familiarizarse con; ⚥**legearbeit** f taracea f, incrustación f, marquetería f; ~**legen** v/t. poner, meter (in ac. en); in e-n Brief: incluir, acompañar; (einschieben) añadir, intercalar; Geld: depositar; imponer; Film: cargar (la cámara); Kochk. adobar; in Essig: poner en vinagre; Fisch: poner en escabeche, escabechar; Fleisch: macerar; in Salz: salar; Lanze: enristrar; Haare: marcar; Pause: hacer; in Holz: incrustar, taracear; fig. ein gutes Wort für j-n ~ interceder en favor de alg.; Ehre mit et. ~ lucirse, honrarse con a/c.; alcanzar renombre con a/c.; ⚥**leger** m Bank: imponente m; depositante m; ⚥**legesohle** f plantilla f.
'**einleit|en** (-e-) v/t. introducir; iniciar; (vorbereiten) preparar, disponerse a hacer a/c.; ♪ preludiar (a. fig.); Buch: prologar; Schriftstück: encabezar; Verhandlungen: entablar, iniciar; ⚖ Untersuchung, Verfahren: instruir; Scheidung: solicitar; e-n Prozeß ~ incoar un proceso; Zivilrecht: entablar un pleito (gegen contra); ~**end** adj. preliminar; introductor, introductivo; ⚥**ung** f introducción f; iniciación f, comienzo m, apertura f; preparación f; encabezamiento m; ♪ preludio m (a. fig.); e-s Buches: prólogo m; e-r Rede: exordio m; (Vorbereitungen) preparativos m/pl.; ⚖ incoación f, instrucción f; ~ e-s Gerichtsverfahrens enjuiciamiento m.
'**ein...**: ~**lenken** v/i. entrar (in ac. en); (einbiegen) doblar a; fig. transigir, ceder; bajar el tono; ~**lesen** (L) **I.** v/t. Computer leer; **II.** v/refl.: sich ~ in ein Buch usw.: familiarizarse con; ~**leuchten** (-e-) v/i. parecer evidente; saltar a la vista; es leuchtet mir nicht ein no me convence; no lo comprendo; ~**leuchtend** adj. obvio, evidente, claro; convincente; ~**liefern** (-re) v/t. entregar; j-n: hacer ingresar en; ins Krankenhaus ~ hospitalizar; ins Gefängnis ~ conducir a la cárcel; eingeliefert werden ingresar; ⚥**lieferung** f entrega f; ingreso m; ins Krankenhaus: hospitalización f; ⚥**lieferungsschein** m resguardo m; recibo m; ~**liegend** adj. incluso, adjunto, incluido; ~**lochen** v/t. **1.** Golf: meter en el hoyo; **2.** F (einsperren) enchironar, meter en chirona, poner a la sombra; ~**loggen** v/refl. Computer: sich ~ entrar (in ac. en); ~**logieren** [-ʒiːʀ-] v/t. u. v/refl. alojar(se), hospedar(se).
'**einlös|bar** adj. canjeable; pagadero; (tilgbar) redimible, re(e)mbolsable; ⚥**barkeit** f canjeabilidad f; ~**en** (-t) v/t. Wertpapiere: re(e)mbolsar; Rechnung, Schuld: pagar, abonar, saldar; Wechsel: pagar, honrar;

Scheck: cobrar, hacer efectivo; *Pfand*: rescatar, desempeñar; *Gutschein usw.*: canjear; *fig. Versprechen*: cumplir; ⁀**ung** f redención f; re(e)mbolso m; pago m, abono m; cobro m; rescate m; canje m; *zur* ⁓ *vorlegen Wechsel*: presentar al cobro; ⁀**ungspflicht** f obligación f de re(e)mbolso (*od.* de reintegro); ⁀**ungs-termin** m fecha f de vencimiento.

'**ein|löten** (-e-) ⊕ v/t. soldar en, unir soldando; ⁓**lullen** v/t. arrullar; *fig.* entretener (con promesas falsas).

'**einmach|en** v/t. poner en conserva; *Obst*: a. confitar; ⁀**glas** n tarro m; ⁀**zucker** m azúcar m para confitar.

'**einmal** adv. una vez; (*künftig*) un día (u otro); (*früher*) en otro(s) tiempo(s), antaño; (*ausnahmsweise*) por una vez; ⁓ *hell*, ⁓ *dunkel* unas veces claro y otras oscuro; ⁓ (*erstens*) *weil* en primer lugar porque; ⁓ *und nicht wieder* una y no más; *auf* ⁓ de una vez; (*plötzlich*) de pronto, de repente, de golpe; (*gleichzeitig*) a la vez, al mismo tiempo; (*in e-m Zug*) de un golpe, F de un tirón, de una sentada; *es war* ⁓ érase una vez, había una vez; *das war* ⁓ eso era antes, eso ya pasó (a la historia); *das gibt's nur* ⁓ esto es de lo que no hay; *nicht* ⁓ ni aun, ni siquiera; *nur* ⁓ una sola vez; *noch* ⁓ otra vez, una vez más; *wenn* ⁓ si (jamás); *er ist noch* ⁓ *so alt wie ich* me dobla la edad; *haben Sie schon* ⁓ *versucht...?* ¿ha intentado usted alguna vez...?; *das ist nun* ⁓ *so* las cosas son así, F no hay que darle vueltas; *da du so* ⁓ *hier bist* ya que estás aquí; *hör* ⁓! ¡escucha!; *stell dir* ⁓ *vor* imagínate, figúrate; *gib mir doch* ⁓ a ver si me das; ⁓ *ist keinmal* una no es ninguna; *un día es un día*; ⁓ *um das andere* una vez sí y otra no; alguna que otra vez; ⁓ *über das andere* una y otra vez.

Einmal'eins n (-; 0) tabla f de multiplicar.

'**einmalig** adj. 1. único (*a. fig.*); *Ausgabe*: extraordinario; *nach* ⁓**em** *Durchlesen* después de una sola lectura; 2. *fig.* (*einzigartig*) sin par; sin precedente; excepcional, fuera de serie; ⁓**e** *Gelegenheit* ocasión f única; ⁀**keit** f unicidad f.

'**Ein...**: ⁓**mannbetrieb** m empresa f unipersonal; *Bus usw.*: servicio m con agente único; ⁓**marsch** ⚔ m entrada f; ⁀**marschieren** (-; sn) v/i. entrar en; ⁀**mauern** (-re) v/t. (*umgeben*) cercar con un muro; amurallar; emparedar; ⊕, △ empotrar; ⁀**meißeln** (-le) v/t. cincelar, grabar, esculpir en; ⁀**mengen** (-e-) → ⁀**mischen**; ⁀**mieten** (-e-) **I.** v/t. ⚔ ensilar; **II.** v/refl.: *sich* ⁓ alquilar una habitación (*in dat.* en, *bei* en casa de); ⁀**mischen** v/t. mezclar, entremezclar; *fig. sich* ⁓ *in ac.* entrometerse, inmiscuirse, mezclarse en, *bsd. Pol.* injerirse en; (*vermittelnd*) intervenir en; ⁓**mischung** f mezcla f; *fig.* intromisión f, injerencia f; intervención f; ⁓**motorig** adj. de un motor, monomotor; ⁀**motten** (-e-) v/t. *Kleidung*: preservar contra la polilla; ⁀**mumme(l)n** (-le) v/refl.: *sich* ⁓ abrigarse bien; *im Bett*: arroparse, arrebujarse; ⁀**münden** (-e-) v/i. *Fluß*, *Straße*: desembocar en; *Kanal*: desaguar en; ⁓

mündung f desembocadura f; desagüe m; ⁀**mütig I.** adj. unánime; **II.** adv. de común acuerdo; por unanimidad; ⁓**mütigkeit** f (0) unanimidad f.

'**einnähen** v/t. coser en; (*enger machen*) estrechar.

'**Einnahme** f ⚔, ⚕ toma f; *e-s Landes*: conquista f; ✝ entrada f, ingreso m; (*Verdienst*) ganancia f; *Steuern*: recaudación f; *Thea.*, *Kino*: taquillaje m; ⁓**buch** ✝ n libro m de entradas; ⁓**quelle** f fuente f de ingresos.

'**einnebeln** (-le) v/t. ⚔ (en)cubrir con niebla artificial.

'**einnehmen** (L) v/t. ⚓ *Ladung*: tomar carga, embarcar; *Essen*, *Arznei*: tomar, ingerir; *Geld*: recibir, cobrar, percibir; *Steuern*: recaudar; (*verdienen*) ganar; ⚔ tomar; apoderarse de; *Festung*: a. expugnar; *Land*: conquistar; *Platz*, *Stelle*: ocupar; *j-s Stelle* ⁓ sustituir a alg. en su puesto; *fig. e-e Haltung* ⁓ adoptar (*od.* observar) una actitud; *fig. j-n für sich* ⁓ ganarse las simpatías de alg.; *j-n gegen (für) j-n od. et.* ⁓ prevenir a alg. contra (a favor de) alg. *od.* a/c.; ⁓**d** *fig. adj.* agradable; atractivo, simpático; seductor.

'**Ein...**: ⁓**nehmer** m receptor m; colector m; (*Kassierer*) cobrador m; *von Steuern*: recaudador m; ⁀**nicken** v/i. adormitarse, dar una cabezada; ⁀**nisten** (-e-) v/refl.: *sich* ⁓ anidar (-se), hacer su nido en; *fig.* establecerse; instalarse.

'**Ein...**: ⁓**öde** f soledad f; (*Wüste*) desierto m; yermo m; ⁀**ölen** v/t. aceitar, *bsd.* ⊕ engrasar, lubri(fi)car; ⁀**ordnen** (-e-) v/t. ordenar; poner en su sitio; encasillar (*a. Person*); *Akten*: clasificar; *ins Ganze*: integrar en, incorporar a; *fig. sich* ⁓ adaptarse (a); integrarse en; *Vkw.* enfilarse; *sich rechts* ⁓ tomar la fila de la derecha *bzw.* situar el vehículo a la derecha; ⁓**ordnung** f ordenamiento m.

'**ein...**: ⁓**packen I.** v/t. empaquetar, embalar; envasar; (*einwickeln*) envolver; **II.** v/i. hacer la maleta (*a. fig.*); F *fig. da können wir* ⁓ F podemos liar el petate; F podemos plegar; ⁓**parken** v/t. *u.* v/i. aparcar (entre dos coches); ⁀**par'teiensystem** n monopartidismo m; ⁓**passen** (-ßt) ⊕ v/t. ajustar, adaptar (*in ac.* a); encajar en; ⁓**pauken** F v/t. inculcar, F machacar; *j-m et.* ⁓ meter en la cabeza a/c. a alg. (a fuerza de repetírsela); ⁀**pauker** m *Sch.* repetidor m, pasante m; ⁓**pendeln** v/refl.: *sich* ⁓ equilibrarse; encarrilarse; ⁀**pennen** F v/i. (sn) dormirse, quedarse dormido; ⁓**pfählen** v/t. estacar, empalizar; ⁓**pferchen** v/t. *Vieh*: apriscar; encorralar; *fig.* embanastar, hacinar; apretar como sardinas en lata (*od.* en banasta); ⁓**pflanzen** (-t) v/t. plantar; *fig.* implantar; inculcar; ⁓**pfropfen** v/t. ♀ injertar; ⁀'**phasen-..., ⁓phasig** ⚡ adj. monofásico; ⁓**planen** v/t. incluir en el plan; tener en cuenta (en la planificación); ⁓**pökeln** (-le) v/t. salar, poner en salmuera; ⁀**pökeln** n salazón f; ⁓**polig** ⚡ adj. monopolar, unipolar; ⁓**prägen** v/t. estampar; imprimir; grabar (*a. fig.*); *fig. j-m et.* ⁓ inculcar a/c. a alg.; *sich* ⁓ hacer impresión en;

Worte: grabarse (en la memoria); ⁓**prägsam** adj. fácil de retener; *Melodie*: F pegadizo; ⁀**prägung** f impresión f; *fig.* inculcación f; ⁓**pressen** (-ßt) v/t. prensar; comprimir, apretar; ⁓**prob(ier)en** (-) v/t. *Thea.* ensayar; ⁓**pudern** (-re) v/t. empolvar; *Gesicht*: a. darse polvos; ⁓**puppen** *Zoo.* v/refl.: *sich* ⁓ transformarse en crisálida *bzw.* en pupa.

'**einquartier|en** (-) v/t. alojar; *Gäste*: a. hospedar; ⚔ a. acantonar; *sich* ⁓ alojarse *bzw.* hospedarse en; ⁀**ung** f ⚔ acantonamiento m, alojamiento m; (*Gäste*) huéspedes m/pl.; (*Soldaten*) soldados m/pl. alojados (en una casa).

'**ein...**: ⁓**rahmen** v/t. encuadrar, poner marco a; ⁓**rammen** v/t. hincar; hundir (con un martinete); ⁓**rasten** (-e-) ⊕ v/i. engranar; encajar, engancharse en; ⁓**räuchern** (-re) v/t. ahumar, llenar de humo.

'**einräum|en** v/t. *Möbel*: colocar (en su sitio); *Zimmer*: amueblar; (*wegräumen*) recoger; (*einrichten*) arreglar, disponer; (*abtreten*) ceder; *Recht*: reconocer; ✝ *Frist*, *Kredit*: conceder; (*zugeben*) reconocer, admitir; ⁀**ung** f colocación f; recogida f; cesión f; reconocimiento m; concesión f; ⁀**ungssatz** *Gr.* m proposición f concesiva.

'**einrechnen** (-e-) v/t. incluir en una cuenta (*od.* en un cálculo); *fig.* tener en cuenta; (*nicht*) *eingerechnet* (no) incluido.

'**Einrede** f objeción f; (*Widerspruch*) contradicción f; (*Erwiderung*) réplica f; ⚖ excepción f.

'**ein...**: ⁓**reden** (-e-) **I.** v/t.: *j-m et.* ⁓ hacer creer a/c. a alg.; persuadir a alg. a/c. *od.* de a/c.; F meterse a/c. en la cabeza; *das lasse ich mir nicht* ⁓ eso no lo creo; F a otro perro con ese hueso; **II.** v/i.: *auf j-n* ⁓ hablar a alg. con insistencia; tratar de convencer *bzw.* de persuadir a alg.; ⁓**regnen** (-e-) v/i.: *eingeregnet sein* estar bloqueado por la lluvia; *sich* ⁓ ponerse lluvioso el tiempo; ⁓**regulieren** (-) ⊕ v/t. ajustar, regular; ⁓**reiben** (L) v/t. frotar, friccionar, *stärker*: restregar; ⁀**reibung** f frotamiento m, fricción f; friega f; ⁀**reibungsmittel** n linimento m; ⁓**reichen** (-e-) v/t. entregar, presentar, someter a; *Gesuch*: presentar, elevar; *s-n Abschied* ⁓ solicitar (*od.* pedir) el retiro; *e-e Klage* ⁓ presentar una demanda; ⁀**reichung** f entrega f; presentación f; ⁓**reihen** v/t. incluir (*in ac.* en), incorporar a; colocar en; encasillar; *sich* ⁓ ponerse en fila; *Vkw.* enfilarse; *als Mitglied*: hacerse socio (*od.* miembro) de; ⁓**reihig** adj. *Anzug*: de una fila de botones; ⊕ de una hilera; ⁓**e** *Nietung* remachado simple; ⁀**reise** f entrada f; ⁀**reisegenehmigung** f permiso m de entrada; ⁀**reisevisum** n visado m (*Am.* visa f) de entrada; ⁓**reißen** (L) **I.** v/t. (*zerreißen*) desgarrar; *Stoff*, *Papier*: rasgar; *Haus usw.*: demoler, derribar; **II.** v/i. desgarrarse; rasgarse; *fig. Unsitte*: extenderse, propagarse, arraigarse; ⁓**reiten** (L) v/t. **II.** v/t. *Pferd*: domar; ⁓**renken** v/t. ⚕ reducir; *fig.* arreglar; ⁓**rennen** (L) v/t. *Tür usw.*: derribar, echar abajo;

einrichten — Einschluß

fig. offene Türen ~ F descubrir el Mediterráneo; *sich den Kopf* ~ estrellarse la cabeza contra la pared; *j-m das Haus* ~ asediar a alg. (a todas horas).

'einrich|ten (*-e-*) **I.** *v/t.* **1.** arreglar; organizar; disponer; poner; *es so* ~, *daß* hacer de modo que (*subj.*); arreglar (*od.* disponer) de forma que (*subj.*); procurar (*inf.*); *et. einzurichten wissen* arreglárselas; **2.** *Wohnung*: amueblar; decorar; *Büro usw.*: equipar; *sich e-e Wohnung* ~ poner casa (*od.* piso); **3.** (*errichten*) establecer; (*einführen*) implantar, introducir; (*gründen*) fundar, crear; ⊕ instalar; **4.** (*justieren*) ajustar; ⚔ *Geschütz*: apuntar; ✱, ♀ reducir; ♪ arreglar; *Thea. Stück*: adaptar; **II.** *v/refl.*: *sich* ~ establecerse; instalarse; (*sparsam leben*) ahorrar; vivir modestamente; *sich auf et.* ~ prepararse para a/c.; adoptar las medidas convenientes para; ⒉tung *f* arreglo *m* (*a.* ♪); organización *f*; disposición *f*; (*Gründung*) fundación *f*, creación *f*; (*Einführung*) implantación *f*; *e-r Wohnung*: mobiliario *m*; decoración *f*; (*Ausrüstung*) equipo *m*; (*Einbau*) instalación *f*, montaje *m*; (*Justierung*) ajuste *m*, (*Bearbeitung*) adaptación *f*; (*Anlage*) instalación *f*; (*Vorrichtung*) mecanismo *m*, dispositivo *m*; (*Institution*) establecimiento *m*, institución *f*; ✱, ♀ reducción *f*; ⒉tungsgegenstände *m/pl.* muebles *m/pl.*, enseres *m/pl.*

'ein...: ~riegeln (*-le*) *v/t.* cerrar con cerrojo; ⒉riß *m* desgarro *m*; ✱ *a.* fisura *f*; ~ritzen (*-t*) *v/t.* grabar (*in ac.* en); ~rollen *v/t.* enrollar, arrollar; ~rosten (*-e-*) *v/i.* oxidarse, enmohecerse (*a. fig.*).

'einrück|en **I.** *v/t. Anzeige*: insertar; poner; *in Briefen usw.*: dejar un espacio; ⊕ embragar; *Kupplung*: acoplar, enganchar; *Typ. Zeile*: sangrar; **II.** *v/i.* entrar (*in* en); ⚔ incorporarse a filas, ingresar en el ejército; ⒉en *n* inserción *f*; *Typ.* sangría *f*; ⚔ incorporación *f* a filas; ⒉hebel *m* ⊕ palanca *f* de embrague; ⒉vorrichtung *f* dispositivo *m* de embrague *bzw.* acoplamiento.

'einrühren *v/t.* mezclar revolviendo; (*anrühren*) diluir, desleír en; *Kalk, Mörtel*: amasar.

Eins *f* uno *m*; *im Zeugnis*: sobresaliente *m*; → *a.* ein.

'ein...: ~sacken *v/t.* ensacar; *Geld*: embolsar; ~salben *v/t.* untar; ungir; ~salzen (*-t*) *v/t.* salar; adobar; ⒉salzen *n* salazón *f*; ~sam *adj.* solitario; (*allein*) solo; (*abgelegen*) aislado; apartado, retirado; (*verlassen*) abandonado, perdido; (*unbewohnt*) desierto, inhabitado; ~*es Leben f* vida *f* retirada; ~*er Mensch* hombre *m* retraído, solitario *m*; ⒉samkeit *f* (0) soledad *f*; aislamiento *m*; retiro *m*; ~sammeln (*-le*) *v/t.* recoger; *Geld*: recaudar; ✱ recolectar; *fig.* ganar, cosechar; ⒉sammeln *n* recogida *f*; recolección *f*; ~sargen *v/t.* poner *en el ataúd*.

'**Einsatz** *m* (*-es*; ⁻*e*) **1.** (*eingesetztes Stück*) pieza *f* insertada *bzw.* intercalada; *Tisch*: tabla *f* (adicional); *am Kleid*: aplicación *f*; *am Oberhemd*: pechera *f*; (*Spitzen*⒉) entredós *m*; *im Koffer*: bandeja *f*; *Met.* carga *f*; (*Spiel*⒉) puesta *f*; (*Pfand*) señal *f*; *für Flaschen*: depósito *m*; **2.** ♪ entrada *f*; ataque *m*; **3.** (*Verwendung*) empleo *m*, uso *m*, utilización *f*, aplicación *f*; ⚔ ataque *m*; entrada *f* en acción; (*Auftrag*) misión *f*; (*Kampf*) acción *f*; *im* ~ en acción; ⊕ en funcionamiento; **4.** (*Anstrengung*) esfuerzo *m*; (*Wagnis*) riesgo *m*, exposición *f*; *unter* ~ *seines Lebens* con riesgo de su vida; ~befehl ⚔ *m* orden *f* de ataque (*od.* de entrada en acción); ⒉bereit *adj. allg.* disponible; preparado para actuar; ⊕ dispuesto para funcionar; ⚔ listo para el combate; (*opferwillig*) dispuesto al sacrificio; ~bereitschaft *f* (0) *allg.* disponibilidad *f*; disposición *f* (para entrar en acción); ⚔ (*Kampfgeist*) moral *f*; (*Kühnheit*) arrojo *m*, denuedo *m*; ⒉fähig *adj.* utilizable; (*verfügbar*) disponible; ⚔ en condiciones para combatir; *Person*: apto (*od.* capaz) para un servicio; ~gruppe ⚔ *f* grupo *m* para misión especial (*od.* de operaciones especiales); ~härtung ⊕ *f* cementación *f*; ~stück ⊕ *n* pieza *f* de inserción; ~wagen *m* coche *m* de reserva; ~zug *m* tren *m* suplementario *bzw.* de refuerzo.

'ein...: ~säuern (*-re*) *v/t.* ✱ acidificar; *Brot*: leudar, fermentar con levadura; ~saugen *v/t.* aspirar, chupar; (*schlürfen*) sorber; (*aufsaugen*) empaparse de; *fig.* absorber, embeber; ~säumen *v/t.* orlar; ribetear; hacer un dobladillo a; ~scannen *v/t. Computer*: escanear; ~schalten (*-e-*) **I.** *v/t.* **1.** (*einschieben*) insertar, encajar; intercalar; **2.** ⚡ conectar, enchufar; *Licht*: dar, encender; *Radio*: poner; *Kupplung*: embragar; ⊕, *Kfz.* poner en marcha; *Kfz. den ersten Gang* ~ poner la primera; *e-n anderen Gang* ~ cambiar de marcha; **II.** *v/refl.*: *sich* ~ intervenir en, tomar cartas en un asunto.

'**Einschalt|hebel** *m* ⊕ palanca *f* de mando; ~quote *TV f* índice *m* de audiencia (*od.* de aceptación); ~stellung *f* ⊕ posición *f* de embrague (⚡ de circuito cerrado); ~ung *f* inserción *f*; intercalación *f*; ⚡ conexión *f*, cierre *m* del circuito; ⊕ embrague *m*; ♪ puesta *f* en marcha; *fig.* intervención *f*.

'ein...: ~schärfen *v/t.* inculcar; *j-m et.* ~ recomendar encarecidamente (*od.* encarecer) a/c. a alg.; ~scharren *v/t.* enterrar, soterrar; *Tiere*: *sich* ~ meterse bajo tierra; ~schätzen (*-t*) *v/t.* calcular (*auf ac.* en); tasar; evaluar, valorar, estimar, apreciar; *richtig* ~ valorar debidamente, justipreciar; *zu hoch* (*niedrig*) ~ sobrestimar (subestimar); ⒉schätzung *f* tasación *f*; evaluación *f*, valoración *f*; apreciación *f*, apreciación *f*; justiprecio *m*; ~schenken *v/t.* echar (de beber); *Glas*: llenar; *j-m* (*ein Glas*) *Wein* ~ escanciar; servir (un vaso de) vino a alg.; ~scheren *Kfz. v/i.* colocarse en una fila; ~schicken *v/t.* enviar, remitir; ~schieben *(L) v/t.* introducir, hacer entrar, meter; (*einfügen*) interponer; intercalar, insertar; ⒉schiebsel *n*, ⒉schiebung *f* introducción *f*; interposición *f*; intercalación *f*, interpolación *f*.

'**Einschienenbahn** *f* monocarril *m*, monorraíl *m*.

'ein...: ~schießen *(L) v/t.* ⚔ demoler a cañonazos; *Gewehr*: probar; *Brot*: enhornar; *Weberei*: tramar; *Geld*: aportar, contribuir con; ⚔ hacer ejercicios de tiro; afinar la puntería; ⒉schießen ⚔ *n* corrección *f* de tiro; ~schiffen *v/t.* embarcar; *sich* ~ embarcarse (*nach* para); ⒉schiffung *f Ladung*: embarque *m*; *Personen*: embarco *m*; ~schirren *v/t.* enjaezar; ~schlafen *(L; sn) v/i.* adormecerse, dormirse, quedarse dormido; *Liter.* conciliar el sueño; *Glieder*: entumecerse, dormirse; *fig.* (*sterben*) morir, fallecer; *Gespräch usw.*: apagarse, languidecer; *Beziehungen*: entibiarse; *Brauch*: decaer; ~schläf(e)rig, ~schläfig *adj.*: ~*es Bett* cama *f* individual; ~schläfern (*-re*) *v/t.* adormecer; ✱ narcotizar, dormir; ~schläfernd *adj.* adormecedor; ✱ soporífero, soporífico, somnífero; *fig. a.* aburrido, pesado; ⒉schläferung *f* adormecimiento *m*; ✱ narcotización *f*.

'**Einschlag** *m* (*-es*; ⁻*e*) (*Hülle*) envoltura *f*; *am Kleid usw.*: doblez *m*, alforza *f*; *Weberei*: trama *f*; *Blitz*: caída *f*; *Forstwirtschaft*: tala *f*; ⚔ *e-s Geschosses*: impacto *m*; *Kfz.* giro *m* del volante; *fig.* matiz *m*; dejo *m*, deje *m*; tendencia *f*; ⒉en *(L)* **I.** *v/t. Nagel usw.*: clavar; *Pfahl*: hincar, hundir; *Eier in die Suppe*: desleír; *Tür*: derribar, echar abajo; *Schädel, Fenster*: romper; *Zähne, Auge*: saltar; *Kfz.* girar el volante; (*einwickeln*) envolver; *Saum*: doblar; alforzar; *Weberei*: tramar; *Weg*: seguir, tomar (*a. fig.*), echar por; *Laufbahn*: seguir; **II.** *v/i.* (*annehmen*) aceptar; *Blitz*: caer; *Geschoß*: hacer impacto, *Neol.* impactar; (*Erfolg haben*) triunfar, tener éxito; ♀, *Thea.* tener buena acogida; *gut* (*schlecht*) ~ dar buen (mal) resultado, salir bien (mal); *in j-s Hand* ~ estrechar la mano a alg.; *fig.* aceptar con un apretón de manos; *auf j-n* ~ dar de golpes (*od.* golpear) a alg.; *schlag ein!* ¡chócala!; ¡choca esos cinco!

'einschlägig *adj.* pertinente; relativo a, referente a; (*entsprechend*) correspondiente; *Behörde*: competente; ✝ del ramo.

'**Einschlag...: ~papier** *n* papel *m* de envolver; ~winkel *m Kfz.* ángulo *m* de giro; ⚔ ángulo *m* del impacto.

'ein...: ~schleichen *(L) v/refl.*: *sich* ~ introducirse (furtivamente) en; F colarse; *Fehler*: deslizarse; *fig.* insinuarse en; ~schleifen *(L)* ⊕ *v/t.* esmerilar; *Kolben usw.*: adaptar; ~schleppen *v/t. Schiff*: remolcar; *Krankheit*: introducir; ~schleusen (*-t*) *fig. v/t.* hacer entrar clandestinamente; *Pol.* infiltrar; ~schleusung *Pol. f* infiltración *f*; ~schließen *(L) v/t.* encerrar; cerrar (con llave) en; (*umgeben*) rodear, cercar (*mit* de); *in e-n Brief*: incluir; ⚔ cercar; *Hafen*: bloquear; *fig.* incluir; comprender, abarcar; *j-n ins Gebet* ~ rogar por alg.; ~schließlich *adv.* inclusive, incluido, incluso; ~schlummern (*-re; sn*) *v/i.* adormecerse, adormilarse, adormitarse; *fig.* (*sterben*) morir; ~schlürfen *v/t.* sorber; *mit Behagen*: saborear; ⒉schluß *m* inclusión *f*; *mit* (*od. unter*) ~ *von* → einschließlich;

~schmeicheln (*-le*) *v/refl.*: sich bei j-m ~ congraciarse con alg.; insinuarse en el ánimo de alg.; F hacer la pelota (*od.* la pelotilla) a alg.; **~schmeichelnd** *adj.* insinuante; congraciador; **2schmeichelung** *f* congraciamiento *m*; insinuación *f*; **~schmelzen** (*L*) *v/t. u. v/i.* (re)fundir(se); **2schmelzen** *n* refundición *f*; **~schmieren** *v/t.* untar; ⊕ engrasar, lubri(fi)car; **~schmuggeln** (*-le*) *v/t.* introducir de contrabando, F pasar de matute; F pasar de estraperlo; F colar; sich ~ introducirse furtivamente, F colarse; **~schnappen** *v/i.* *Schloß*: cerrarse de golpe; ⊕ engranar; cerrarse con resorte; F *fig.* picarse, chincharse, mosquearse, P cabrearse; **~schneiden** (*L*) **I.** *v/t.* cortar en; hacer una incisión en; (*einkerben*) (en)tallar en; grabar en; **II.** *v/i.* *Riemen usw.*: hacer daño; **~schneidend** *fig. adj.* terminante; radical; drástico; **~schneien** *v/i.* cubrirse de nieve; eingeschneit sein quedar enterrado bajo (*od.* detenido *od.* bloqueado por) la nieve; **2schnitt** *m* incisión *f* (*a. Chir.*); corte *m*; (*Kerbe*) entalladura *f*, muesca *f*; *im Gelände*: cortadura *f*, paso *m*; 🚂 trinchera *f*; (*Zäsur*) cesura *f*; *fig.* momento *m* decisivo (*od.* crucial); **~schnüren** *v/t.* *Paket*: atar (con un cordel), encordelar; (*drücken*) apretar, oprimir.

'einschränk|en *v/t.* restringir; limitar, reducir (auf *ac.* a); *Freiheit usw.*: *a.* coartar; *räumlich*: localizar; sich ~ economizar, reducir los gastos; **~end** *adj.* restrictivo; **2ung** *f* restricción *f*; limitación *f*; reducción *f*; localización *f*; coartación *f*; ohne ~ sin reservas; sin restricción.

'einschrauben *v/t.* atornillar; enroscar.

'Einschreibe|brief *m* carta *f* certificada (*Am.* registrada); **~gebühr** *f* 📯 derechos *m/pl.* de certificado; *Uni.* derechos *m/pl.* de matrícula; *Verein usw.*: derechos *m/pl.* de inscripción.

'einschreib|en (*L*) *v/t.* (*eintragen*) inscribir (*in ac.* en); (*buchen*) asentar en; registrar; 📯 certificar (*Am.* registrar); sich ~ inscribirse; *Uni.* matricularse; **2en** 📯 *n* certificado *m*; **2ung** *f* inscripción *f*; asiento *m*; registro *m*; matrícula *f*, matriculación *f*.

'ein...: ~schreiten (*L*) *v/i.* intervenir; ~ gegen adoptar (*od.* tomar) medidas (enérgicas) contra; ⚖ proceder judicialmente contra; **2schreiten** *n* intervención *f*; **~schrumpfen,** F **~schrumpeln** (*sn*) *v/i.* arrugarse, avellanarse; *Gewebe*: encogerse; *Obst*: acorcharse; **2schub** *m* inserción *f*; **~schüchtern** (*-re*) *v/t.* intimidar, amedrentar, amilanar; *stärker*: atemorizar, acobardar; **2schüchterung** *f* intimidación *f*; **2schüchterungsversuch** *m* intento *m* de intimidación; **~schulen** *v/t.* escolarizar; **2schulung** *f* escolarización *f*; **2schuß** *m* (*Treffer*) impacto *m*; (*Loch*) orificio *m* de entrada (*a. Wunde*); † (*Kapital*) capital *m* invertido; ⊕ *Weberei*: trama *f*; **2schußgarn** *n* hilo *m* de trama; **~schütten** (*-e-*) *v/t.* echar (*od.* verter) en; **~schwärzen** (*-t*) *v/t.* ennegrecer; **~schwenken** (*sn*) *v/i.* ⚔ hacer una conversión; *fig.* avenirse, conformarse; **~segnen** (*-e-*) *v/t.* *I.C.* (*weihen*) consagrar; (*segnen*) bendecir; *I.P.* confirmar; **2segnung** *f* consagración *f*; bendición *f*; confirmación *f*; **~sehen** (*L*) *v/t.* (*prüfen*) examinar; ⚔ tener vista sobre; *fig.* (*verstehen*) comprender; echar de ver, darse cuenta de; *Unrecht, Irrtum*: reconocer; ich sehe nicht ein, warum no veo por qué; **2sehen** *n* comprensión *f*; ein ~ haben ponerse en razón; kein ~ haben no tener compasión; **~seifen** *v/t.* (en)jabonar; F *fig.* engatusar, camelar; **~seitig** *adj.* ⊕ de un lado, de (*od.* en) una cara; *Pol.*, ⚖, ⚕ unilateral; (*parteiisch*) parcial; (*ausschließlich*) exclusivo; exclusivista; (*engstirnig*) estrecho (de miras); simplista; ~e Ernährung nutrición *f* incompleta; **2seitigkeit** *f* (*0*) parcialidad *f*; exclusivismo *m*; estrechez *f* de miras; criterio *m* unilateral; **~senden** (*L*) *v/t.* enviar, remitir; **2sender(in** *f*) *m* remitente *m/f* (*a. an Zeitungen*); **2sendeschluß** *m* cierre *m* de admisión; **2sendung** *f* envío *m*; † remesa *f*; **~senken** *v/t.* hundir; hincar; ↗ acodar; **2senkung** *f* hundimiento *m*, (*Mulde*) depresión *f*; hondonada *f*.

'Einser *m* uno *m*.

'einsetz|en (*-t*) **I.** *v/t.* poner, colocar (en); ↗ plantar; ⚗ sustituir; *Anzeige*: insertar; † (*buchen*) asentar; (*stiften, gründen*) establecer, instituir, crear; *Ausschuß usw.*: constituir; ⚔ hacer entrar en acción; *beim Spiel*: poner en juego (*a. fig.*); hacer una puesta; *in ein Amt*: instalar; investir; *als Bevollmächtigten*: constituir en, designar como; *als Erben*: instituir por; *als Vorsitzenden*: designar, nombrar; (*anwenden*) emplear, aplicar; movilizar; *das Leben*: arriesgar, exponer; **II.** *v/refl.*: sich ~ für abogar por, pugnar por; *für j-n*: interceder por (en *od.* a favor de) alg.; intervenir a favor de alg.; sich voll ~ emplearse a fondo; **III.** *v/i.* empezar, comenzar; ♪ entrar, atacar; **2ung** *f* colocación *f*; ⚗ sustitución *f*; inserción *f*; institución *f*; constitución *f*; instalación *f*, investidura *f*; nombramiento *m*, designación *f*; empleo *m*.

'Einsicht *f* inspección *f*; examen *m* (*in ac.* de); *fig.* discernimiento *m*, juicio *m*; (*Verständnis*) comprensión *f*; entendimiento *m*, inteligencia *f*; (*Vernunft*) razón *f*; ~ nehmen in examinar *a/c.*; enterarse de, tomar conocimiento de; † zur ~ para su examen; zur ~ kommen entrar en razón; **2ig** *adj.* → einsichtsvoll; **~nahme** *f* inspección *f*, examen *m*; **2slos** *adj.* incomprensivo; **2svoll** *adj.* (*vernünftig*) razonable, juicioso; (*verständig*) comprensivo, considerado.

'ein...: ~sickern (*-re*) *v/i.* (in)filtrarse (*in ac.* en; *a. fig.*); **2sickern** *n* infiltración *f*; **2siede'lei** *f* ermita *f*; **2siedler(in** *f*) *m* ermitaño (-a *f*) *m*; anacoreta *m/f*, eremita *m*; *fig.* solitario *m*; **~siedlerisch** *adj.* eremítico; solitario; **2siedlerkrebs** *Zoo. m* ermitaño *m*, paguro *m*; **~silbig** *adj.* monosilábico; *fig.* (*wortkarg*) taciturno; de pocas palabras; (*kurz angebunden*) seco; lacónico; ~es Wort monosílabo *m*; **2silbigkeit** *fig. f* (*0*) taciturnidad *f*; laconismo *m*; **~singen** (*L*) *v/refl.*: sich ~ calentar la voz; **~sinken** (*L*; *sn*) *v/i.* hundirse; *im Wasser*: *a.* sumergirse; (*einstürzen*) derrumbarse; **2sitzer** *m*, **~sitzig** *adj.* monoplaza (*m*).

'ein...: ~spannen *v/t.* tender (*in ac.* entre); *Pferd*: enganchar; *Ochsen*: uncir; ⊕ *Werkstück*: fijar, sujetar; *fig.* hacer trabajar (a alg.); sehr eingespannt sein estar muy ocupado; **2spänner** *m* coche *m* de un caballo; *fig.* solitario *m*, F tipo *m* raro; **~spännig** *adj.* de un caballo; **~sparen** *v/t.* ahorrar, economizar; **2sparung** *f* ahorro *m*, economías *f/pl.* (an de); **~speicheln** (*-le*) *v/t.* ensalivar; **~speisen** (*-t*) ⊕ *v/t.* alimentar; **~sperren** *v/t.* encerrar; *ins Gefängnis*: encarcelar; F enchiquerar; *ins Irrenhaus*: recluir; *in e-n Käfig*: enjaular; **~spielen I.** *v/t.* ♪ (*aufnehmen*) grabar; *Film*: dar en taquilla; **II.** *v/refl.*: sich ~ entrenarse, adquirir práctica (*a.* ♪); *fig. Sache*: arreglarse; encarrilarse; entrar en rodaje; sich aufeinander ~ compenetrarse, completarse mutuamente; gut eingespielt sein formar un buen equipo; *Sport*: estar bien entrenado (*od.* en buena forma); **2spiel-ergebnis** *n Film*: recaudación *f*; ingresos *m/pl.* por taquilla, taquillaje *m*.

'einspinnen (*L*) *v/refl.*: sich ~ *Zoo.* formar el capullo; *fig.* aislarse; *in Gedanken*: ensimismarse.

'Ein|sprache *f* → Einspruch; **2sprachig** *adj.* monolingüe; **2sprechen** (*L*) *v/i.*: auf j-n ~ hablar a alg. con insistencia; **2sprengen** *v/t.* *Wäsche*: rociar; (*einmischen*) entremezclar; **2springen** (*L*; *sn*) *v/i.* ⊕ encajar, engranar; *fig.* (*aushelfen*) ayudar, echar una mano; für j-n ~ reemplazar (*od.* suplir, sustituir) a alg.; ~der Winkel ángulo *m* entrante.

'Einspritz|düse *Kfz. f* inyector *m*; **2en** (*-t*) *v/t.* inyectar; **~motor** *m* motor *m* de inyección; **~pumpe** *f* bomba *f* de inyección; **~ung** *f* inyección *f* (*a.* ⚕).

'Einspruch *m* (*-es*; *ue*) objeción *f*; reclamación *f*; protesta *f*; *Pol.* veto *m*; ⚖ oposición *f*; ~ erheben protestar, formular reclamación (*od.* una protesta) (gegen contra); *bsd. Pol.* poner veto a; ⚖ formar (un) recurso, elevar recurso; **~srecht** *n* derecho *m* de veto; ⚖ derecho *m* de inhibición.

'einspurig *adj.* 🚂 de vía (*Am.* trocha) sencilla, de una sola vía; ♪ *Tonband*: de una pista.

einst *adv.* **1.** (*vormals*) en otros tiempos, antiguamente, antaño; **2.** (*künftig*) algún día, un día.

'ein...: ~stampfen *v/t.* (*zerkleinern*) machacar; (*feststampfen*) apisonar; *Papier*: hacer maculatura; *Auflage*: destruir; **2stand** *m* (*Antritt*) entrada *f* en funciones; *Tennis*: empate *m*; **2standspreis** *m* precio *m* de coste comercial; **~stauben** *v/i.* cubrirse de polvo; **~stechen** (*L*) *v/t.* picar; pinchar; *mit Stichel*: punzar; *Loch*: perforar; (*eingravieren*) grabar; **~stecken** *v/t.* poner, meter (*in* en); (*mitnehmen*) llevar; *Nadel*: clavar; pinchar; ⚡ enchufar; *Schwert*: envainar; *fig. Gewinn*: embolsar; *Tadel usw.*: tragar; *Schlag*: encajar; F er

Einsteckkamm — einwecken 156

kann viel ~ tiene capacidad de encaje. '**Einsteckkamm** *m* peineta *f*. '**ein...:** ~**stehen** (*L*; *sn*) *v*/*i*.: ~ für responder de, hacerse responsable de; dar la cara; ⚓**steigedieb** *m* escalador *m*, P palquista *m*; ⚓**steigediebstahl** *m* robo *m* con escala; ~**steigen** (*L*; *sn*) *v*/*i*. subir (in a); (*durchs Fenster*) entrar por; F *fig. in ein Geschäft*: participar en; 💰~! ¡viajeros al tren!; ⚓**steigschacht** ⊕ *m* registro *m*. '**einstell|bar** *adj*. ajustable, regulable, graduable; ~**en I.** *v*/*t*. **1.** colocar, poner (*in, bei* en); *im Lager*: depositar en; *Kfz*. encerrar (en el garage); **2.** *Arbeitskräfte*: contratar, admitir; dar empleo a; *Dienstboten*: ajustar; **3.** ⊕ ajustar; regular, graduar; *Waage*: equilibrar; *Radio*: sintonizar; *Opt*., *Phot*. enfocar (*a. fig.*); *Auge*: acomodar; *Richtung*: orientar; **4.** *Sport*: e-n Rekord ~ igualar una marca; **5.** (*aufgeben*) cesar, parar; dejar de hacer a/c.; *Zahlung, Verhandlungen*, ⚔ *Feindseligkeiten*: suspender; ⚔ *das Feuer*: cesar; *Arbeit*: *m.* (*abschaffen*) suprimir; *Betrieb*: (*vorläufig*) suspender, interrumpir, (*endgültig*) cesar; cerrar; ⚖ *Verfahren*: sobreseer; **II.** *v*/*refl*.: ~ aparecer, presentarse; acudir, personarse; hacer acto de presencia; *plötzlich*: sobrevenir; *Schmerzen, Folgen*: hacerse sentir; *Wetter usw*.: llegar; *fig. sich ~ auf* ajustarse a, adaptarse a; (*sich vorbereiten*) prepararse para; *eingestellt auf* preparado (*od.* dispuesto) para; (*ausgerichtet auf*) orientado a (*od.* hacia); *eingestellt gegen* opuesto a; predispuesto contra. '**einstellig** *adj*. ⚛ de una cifra; ~**e** *Zahl* dígito *m*. '**Einstell|knopf** *m Radio, TV*: botón *m* de sintonización; ~**marke** ⊕ *f* marca *f* de referencia. '**Einstellung** *f Arbeiter usw*.: contratación *f*; ⊕ ajuste *m*; regulación *f*, graduación *f*; *Opt*., *Phot*. enfoque *m* (*a. fig.*); *Radio*: sintonización *f*; *Richtung*: orientación *f*, *beim Drehen e-s Films*: plano *m*; (*Beendigung*) cese *m*, paro *m*; *Betrieb, Zahlungen*, ⚔ *Feindseligkeiten*: suspensión *f*; ⚖ *des Verfahrens*: sobreseimiento *m*; (*Haltung*) actitud *f* (*zu, gegenüber* frente a); (*Ansicht*) ideas *f*/*pl*., ideología *f*; opinión *f*, concepto *m*; criterio *m*; punto *m* de vista. '**einstemmen** *v*/*t*. ⊕ escoplear; *die Arme* ~ F ponerse en jarras. '**Einstich** 🗡 *m* punción *f*; pinchazo *m*; ~**stelle** *f* señal *f* de pinchazo. '**einstecken** *v*/*t*. bordar (*in* en). '**Einstieg** *m* entrada *f*; (*Öffnung*) registro *m*. '**einstig** *adj*. antiguo. '**einstimm|en** *v*/*i*. ♩ unir su voz a; *Instrument*: acordar, afinar; *fig*. hacer coro a, corear; juntarse a; ~**ig I.** *adj*. ♩ de una sola voz; unísono; *fig*. unánime; **II.** *adv*. al unísono; *fig. a*. por unanimidad, unánimemente; ⚓**igkeit** *f* (0) ♩ monofonía *f*; *fig*. unanimidad *f*; común acuerdo *m*. '**einstmals** *adv*. → einst. '**ein...:** ~**stöckig** *adj*. de un piso; ~**stoßen** (*L*) *v*/*t*. *Tür*: derribar; *Fensterscheibe*: romper, quebrar; ~**streichen** (*L*) *v*/*t*. *Geld*: embolsar; ~**streuen** *v*/*t*. esparcir (entre); *entre-*

mezclar (*a. fig*.); *fig*. insertar; ~**strömen** (*sn*) *v*/*i*. fluir en, afluir, entrar; ~**studieren** (-) *v*/*t*. ensayar; *Thea*. *Stück*: ensayar; *Rolle*: estudiar; ~**stufen** *v*/*t*. clasificar; ~**stufig** ⊕ *adj*. de un solo paso (*od*. escalón); ⚓**stufung** *f* clasificación *f*; ~**stündig** *adj*. de una hora; ~**stürmen** (*sn*) *v*/*i*.: ~ *auf* (*aba*)lanzarse sobre; arremeter contra; *fig*. asaltar; *Ideen*: agolparse. '**Einsturz** *m* (*-es*), ⚓**e**) desmoronamiento *m*; hundimiento *m*; derrumbamiento *m*; *Erdmassen*: desprendimiento *m*; *dem* ~ *nahe sein* amenazar ruina. '**einstürzen** (*-t*; *sn*) *v*/*i*. hundirse; derrumbarse; *Erdreich*: desprenderse; (*verfallen*) desmoronarse; *fig. auf* *j-n* ~ lanzarse sobre; einzustürzen drohen amenazar ruina. '**Einsturzgefahr** *f* amenaza *f* de ruina; riesgo *m* de desmoronamiento. '**einst'weil|en** *adv*. entretanto, mientras tanto; (*vorläufig*) por de (*od*. lo) pronto, por ahora, de momento; ~**ig** *adj*. temporal, provisional; interino; ⚖ ~**e** *Verfügung* auto *m* (*od*. resolución *f*) provisional. '**eintägig** *adj*. de un día; 🐞, 🐜 efímero (*a. fig.*). '**Eintags|fliege** *f* cachipolla *f*, efímera *f*; *fig*. éxito *m* efímero; ~**küken** *n* polluelo *m* de un día. '**Eintänzer** *m* F gigolo *m*. '**ein...:** ~**tasten** *v*/*t*. *Computer*: teclear; ~**tauchen I.** *v*/*t*. *ins Wasser*: zambullir; *unter Wasser*: sumergir; *Brot*: mojar; **II.** *v*/*i*. zambullirse, bucear; sumergirse; ⚓**tauchen** *n* inmersión *f*; ⚓**tausch** *m* cambio *m*, trueque *m*; canje *m*; ~**tauschen** *v*/*t*. cambiar, trocar; canjear (*gegen* por); ~**teilen** *v*/*t*. dividir (*in ac*. en); (*planen*) organizar; (*verteilen*) distribuir; *in Grade*: graduar; *in Abschnitte*: seccionar; *in Klassen*: clasificar; *in Parzellen*: parcelar; *Zeit*: disponer; *in Arbeit*: asignar; ~**teilig** *adj*. de una pieza. '**Einteilung** *f* división *f*; organización *f*; distribución *f*; graduación *f*; clasificación *f*; disposición *f*. '**eintönig** *adj*. monótono (*a. fig.*); ⚓**keit** *f* (0) monotonía *f*; uniformidad *f*. '**Eintopf(gericht** *n*) *m* plato *m* único; puchero *m*. '**Ein...:** ~**tracht** *f* (0) armonía *f*, concordia *f*; ⚓**trächtig** *adj*. concorde; unánime; *adv*. en armonía; ~**trag** *m* (*-és*, ⚓**e**) (*Buchung*) asiento *m*; *fig*. ~ *tun* perjudicar; ⚓**tragen** (*L*) *v*/*t*. inscribir; registrar; ✝ asentar; *ins Einwohnerverzeichnis usw*.: empadronar; *fig*. (*verursachen*) ocasionar; *Nutzen*: rendir; producir; *sich* ~ inscribirse; matricularse; ⚓**träglich** *adj*. lucrativo, productivo; remunerador, rentable; ~**träglichkeit** *f* (0) productividad *f*; rendimiento *m*; ~**tragung** *f* inscripción *f*; registro *m*; empadronamiento *m*; ✝ asiento *m*; ⚓**träufeln** (*-le*) *v*/*t*. instilar; ~**träufeln** *n* instilación *f*; ⚓**treffen** (*L*; *sn*) *v*/*i*. (*ankommen*) llegar; (*sich erfüllen*) realizarse, cumplirse; ~**treffen** *n* llegada *f*; ⚓**treibbar** *adj*. exigible; ⚓**treiben** (*L*) *v*/*t*. *Nägel*: clavar, fijar; *Vieh*: recoger, apriscar; *Steuern*: recaudar; *Schulden*: cobrar; ~**trei-**

bung *f* cobro *m*; recaudación *f*. '**eintreten** (*L*) **I.** (*sn*) *v*/*i*. **1.** entrar (*in* en); *in e-n Verein*: ingresar en, hacerse socio de; *in e-e Partei*: adherirse a, afiliarse a; **2.** (*sich ereignen*) ocurrir, suceder; realizarse; producirse; *unvermutet*: sobrevenir; *Fall*: presentarse, darse; *Schwierigkeiten*: surgir; *Tod*: sobrevenir; producirse; **3.** *für j-n* ~ dar la cara por alg.; abogar (*od*. interceder) por alg.; *für et*. ~ luchar por a/c.; **II.** *v*/*t*. pisar, apisonar; *Tür*: romper de una patada; *sich e-n Dorn* ~ clavarse una espina en el pie. '**eintrichtern** (*-re*) *v*/*t*. *fig*.: *j-m et*. ~ inculcar, machacar a/c. a alg.; meter a alg. a/c. con cuchara. '**Eintritt** *m* (*-és*, *-e*) entrada *f*; (*Einlaß*) admisión *f*; (*Anfang*) comienzo *m*, principio *m*; *in e-n Verein usw*.: ingreso *m* en, afiliación *f* a; *in e-e Partei*: adhesión *f*; ~ *frei* entrada libre (*od*. gratuita); ~ *verboten* prohibida la entrada; ~**skarte** *f* entrada *f*, localidad *f*; *Am*. boleto *m*. '**ein...:** ~**trocknen** (*-e-*; *sn*) *v*/*i*. irse secando; secarse; (*einschrumpfen*) avellanarse; ~**tröpfeln** (*-le*) *v*/*t*. instilar; ~**trüben** *v*/*refl*.: *sich* ~ enturbiarse; *Himmel*: nublarse; ⚓**trübung** *f* nubosidad *f*; ~**trudeln** (*-le*) F *v*/*i*. llegar, F descolgarse; ~**tunken** *v*/*t*. mojar (en salsa); ~**üben** *v*/*t*. estudiar; *Thea*. ensayar; *sich* ~ practicar, ejercitarse; ⚓**übung** *f* estudio *m*; ejercicio *m*, práctica *f*; *Thea*. ensayo *m*. '**einverleib|en** (-) *v*/*t*. incorporar a (*od*. en); incluir en; *Land*: anexionar; *hum*. sorber a/c.; ~ tragarse a/c.; ⚓**ung** *f* incorporación *f*, anexión *f*. '**Einver|nahme** ⚖ *f* interrogatorio *m*, audición *f*; ~**nehmen** *n* (*-s*; 0) acuerdo *m*, conformidad *f*; armonía *f*; *in gutem* ~ *mit j-m stehen* llevarse bien, estar en buenas relaciones, entenderse bien con alg.; *im* ~ *mit* de acuerdo con, en armonía con; *im gegenseitigen* ~ de común acuerdo; *sich mit j-m ins* ~ *setzen* ponerse de acuerdo con alg. '**einverstanden** *adj*. de acuerdo, conforme (*mit con*); *nicht* ~ sein estar en desacuerdo (*mit con*); *sich* ~ *erklären* declararse conforme; ~! ¡conforme!, ¡de acuerdo! '**Einverständnis** *n* (*-ses*, *-se*) conformidad *f*, acuerdo *m*; (*Zustimmung*) asentimiento *m*, consentimiento *m* (*zu* a); *geheimes*: inteligencia *f*; ⚖ connivencia *f*; colusión *f*. '**ein...:** ~**wachsen** [*-ks-*] **I.** *v*/*t*. encerar; **II.** (*sn*) *v*/*i*. *Nagel*: encarnarse, enclavarse; *eingewachsener Nagel* uñero *m*, uña *f* encarnada; ~**wählen** *v*/*refl*. *sich* (*ins Internet*) ~ entrar (en Internet); ⚓**wand** *m* (*-és*; ⚓**e**) objeción *f*, reparo *m*; (*Entgegnung*) réplica *f*; *Einwände gegen et*. *erheben* formular (*od*. hacer) objeciones a, poner reparos a a/c.; ⚓**wanderer** *m* inmigrante *m*; ~**wandern** (*-re*; *sn*) *v*/*i*. inmigrar; ⚓**wanderung** *f* inmigración *f*; ~**wandfrei** *adj*. inmejorable; correcto; (*unanfechtbar*) irrecusable; (*tadellos*) impecable, irreprochable, intachable; ~**wärts** *adv*. hacia adentro; ~**wechseln** (*-le*) *v*/*t*. entretejer; ~**wechseln** (*-le*) *v*/*t*. cambiar; (*tauschen*) *a*. trocar (*gegen* por); canjear; ~**wecken** *v*/*t*. → ~*ma-*

chen; ²**wegflasche** f botella f sin retorno (od. de un solo uso); ²**wegverpackung** f envase m no recuperable (od. sin devolución od. sin retorno); ⁓**weichen** v/t. remojar, poner en remojo (a. Wäsche); macerar.

'**einweih|en** v/t. inaugurar; Rel. consagrar; bendecir; F Kleid usw.: estrenar; j-n ⁓ iniciar a alg. (in en); j-n in ein Geheimnis ⁓ poner a alg. en el secreto de a/c.; eingeweiht (Mitwisser) sein estar en el secreto, F estar en el ajo; ²**ung** f inauguración f; consagración f; bendición f; estreno m; iniciación f; ²**ungsrede** f discurso m inaugural.

'**einweis|en** (L) v/t. in ein Amt: instalar; in e-e Wohnung: acomodar en; in ein Krankenhaus: hospitalizar, internar; Personal: iniciar (in en); dar instrucciones; ²**ung** f instalación f; instrucción f; hospitalización f, internamiento m.

'**einwend|en** (L) v/t. objetar, poner reparos (gegen a); oponerse (gegen a); es läßt sich nichts dagegen ⁓ no hay nada que objetar, nada hay que decir contra eso; ²**ung** f objeción f; reparo m; ⚖ excepción f.

'**ein...: ⁓werfen** (L) v/t. Fenster: romper (a pedradas); Brief: echar; Ball: poner en juego; fig. Bemerkung usw.: deslizar; ⁓**wertig** ⚥ adj. monovalente, univalente; ⁓**wickeln** (-le) v/t. envolver en; Kind: fajar; F fig. enrollar, F engatusar, camelar; ²**wickelpapier** n papel m de embalaje (od. de envolver); ⁓**wiegen** v/t. Kind: adormecer; arrullar (a. fig.).

'**einwillig|en** v/t. consentir (in ac. en); estar conforme con; aprobar; ²**ung** f consentimiento m; asentimiento m, aprobación f; conformidad f.

'**einwirk|en** v/i. obrar, actuar, influir (auf sobre od. en); producir efecto (sobre od. en); ⁓ lassen hacer actuar (auf sobre); ²**ung** f influencia f, influjo m; efecto m; acción f.

'**Einwohner|(in** f) m habitante m/f; e-s Ortes: vecino (-a f) m; ⁓'**meldeamt** n oficina f de empadronamiento; ⁓**schaft** f (0) habitantes m/pl.; vecindario m; ⁓**verzeichnis** n padrón m municipal; ⁓**zahl** f número m de habitantes, población f.

'**Einwurf** m (-es, ⁓e) Fußball: saque m de banda; für Briefe: (boca f del) buzón m; für Münzen: ranura f; fig. objeción f, reparo m.

'**einwurzeln** (-le) v/refl.: sich ⁓ arraigarse (a. fig.); → eingewurzelt.

'**Einzahl** Gr. f (0) singular m.

'**einzahl|en** v/t. ingresar (auf ein Konto en una cuenta); imponer; ✝ voll eingezahlt totalmente desembolsado; ²**er(in** f) m imponente m/f; ²**ung** f pago m, ingreso m; imposición f; von Kapital: desembolso m; ²**ungsschein** m recibo m (od. resguardo m) de ingreso.

'**einzäun|en** v/t. cercar, vallar; ²**ung** f cerca f, cercado m, vallado m.

'**einzeichn|en** (-e-) v/t. dibujar en; marcar en; (einschreiben) inscribir; ²**ung** f dibujo m; inscripción f.

'**Einzel** n → ⁓spiel; ⁓**akkordlohn** m salario m de destajo individual; ⁓**(an)fertigung** f producción f individual (od. por pieza od. fuera de serie); ⁓**aufstellung** f relación f detallada, especificación f; ⁓**bett** n cama f individual; ⁓**fall** m caso m aislado (od. particular); ⁓**gänger** fig. m solitario m; ⁓**haft** ⚖ f aislamiento m celular, confinamiento m en solitario; incomunicación f; in ⁓ incomunicado; ⁓**handel** m comercio m al por menor (od. al detall); ⁓**handelspreis** m precio m al por menor (od. al detall od. minorista); ⁓**händler** m detallista m, minorista m; ⁓**heit** f detalle m, pormenor m; besondere: particularidad f; mit allen ⁓en con todo lujo de detalles; F con pelos y señales; auf ⁓en eingehen entrar en detalles; ⁓**kampf** m ⚔ lucha f cuerpo a cuerpo; Sport: competición f individual; ⁓**kind** n hijo m único; ⁓**leben** n vida f solitaria.

'**einzellig** Bio. adj. monocelular, unicelular.

'**einzeln I.** adj. singular; solo, único; (besonders) particular, especial; (für sich allein) individual; aislado; (abgetrennt) separado; suelto; Schuhe usw.: desparejado; die ⁓en Teile las diferentes (od. distintas, diversas) partes; der ⁓e el individuo; jeder ⁓e cada uno; todos y cada uno; im ⁓en en detalle, en particular; ins ⁓e gehen puntualizar, particularizar; pormenorizar, entrar en detalles; **II.** adv. uno por uno; individualmente; ⁓ angeben (od. aufführen) especificar, detallar; ✝ ⁓ verkaufen vender al por menor.

'**Einzel...: ⁓paar** n Schuhe: par m suelto; ⁓**person** f individuo m; ⁓**preis** m precio m por unidad; ⁓**radaufhängung** Kfz. f suspensión f independiente; ⁓**spiel** n Tennis: (partido m) individual m; ²**stehend** adj. aislado; Gebäude: a. separado; ⁓**stück** n pieza f única; ⁓**teil** n elemento m, componente m; ⊕ pieza f suelta; ⁓**unternehmen** n empresa f individual; ⁓**unterricht** m clase f (od. lección f) particular; ⁓**verkauf** ✝ m venta f al por menor; ⁓**wesen** n individuo m; ⁓**zimmer** n habitació' f individual.

'**einzieh|bar** adj. ⊕, ✈ Fahrgestell: replegable; Zoo. retráctil; Geld: cobrable; Güter: embargable; ⁓**en** (L) **I.** v/t. ⊕ replegar (a. Fahrgestell); retraer; Faden, Band: pasar; Flagge: arriar; ⚓ Segel: a. aferrar, amainar; Ruder: retirar; Luft: aspirar; Flüssigkeit: absorber; Bauch: encoger; bsd. Phys., Glied: contraer; ⊕ reducir; Balken: atravesar; Typ. hacer entrar (una línea); ⚔ llamar a filas; ⚔ Posten: retirar; ⚖ confiscar; embargar; Steuer: recaudar; Geld: cobrar; Banknoten, Münzen: retirar de la circulación; Erkundigungen ⁓ tomar (od. pedir) informes (über sobre); **II.** (sn) v/i. entrar en (a. ⚔); in e-e Wohnung: instalarse, mudarse a; bei j-m: ir a vivir en casa de; Flüssigkeit: penetrar, infiltrarse en; Sieg ⚔ llamamiento m a filas; ⚖ confiscación f; embargo m; ✝ cobro m; von Steuern: recaudación f; von Münzen, ⚔ Posten usw.: retirada f.

'**einzig I.** adj. único; solo; (nicht) ein ⁓es Mal (ni) una sola vez; der ⁓e el único; das ⁓e lo único, la única cosa; ⁓es Kind hijo m único; **II.** adv. ⁓ und allein únicamente; ⁓**artig** adj. único; singular; incomparable; sin par; ²**artigkeit** f unicidad f.

Ein'zimmerwohnung f estudio m, apartamento m de una habitación.

'**einzuckern** (-re) v/t. azucarar; (einmachen) confitar.

'**Einzug** m (-¡es; ⁓e) entrada f (in ac. en); in e-e Wohnung: instalación f en; Typ. sangría f; s-n ⁓ halten in hacer su entrada en; ⁓**sgebiet** n e-s Flusses: cuenca f hidrográfica; e-r Stadt usw.: área f de influencia.

'**einzwängen** v/t. introducir por fuerza, fig. constreñir.

'**Eipulver** n huevo m en polvo.

'**E-is** ♪ n mi m sostenido.

Eis n (-es; 0) hielo m; (Speise²) helado m; ⁓ am Stiel polo m; auf ⁓ legen poner en hielo; fig. Plan usw.: congelar, aparcar; fig. das ⁓ brechen romper el hielo; fig. j-n aufs ⁓ führen tender un lazo a alg.

'**Eis...: ⁓bahn** f pista f de hielo; ⁓**bank** f banco m de hielo; ⁓**bär** m oso m blanco; ⁓**becher** m copa f de helado; ⁓**bein** n pata f de cerdo cocida; F fig. ⁓ haben tener los pies helados; ⁓**berg** m iceberg m; die Spitze des ⁓s la punta del iceberg (a. fig.); ⁓**beutel** m bolsa f de hielo; ²**blau** adj. azul hielo; ⁓**blumen** f/pl. am Fenster: flores f/pl. de escarcha; ⁓**bombe** f Kochk. helado m en molde; gal. bomba f glacée; ⁓**brecher** ⚓ m rompehielos m; ⁓**decke** f capa f de hielo; ⁓**diele** f heladería f.

'**eisen** (-t) v/t. helar.

'**Eisen** n hierro m; fig. ein heißes ⁓ anfassen tocar una cuestión espinosa, pisar terreno peligroso; altes ⁓ chatarra f; fig. zum alten ⁓ gehören estar para el arrastre; zum alten ⁓ werfen arrinconar, tirar (por inservible); zwei ⁓ im Feuer haben tener un pie en dos zapatos; (man muß) das ⁓ schmieden, solange es heiß ist al hierro caliente, batir de repente.

'**Eisenbahn** f ferrocarril m; F es ist höchste ⁓ ya es hora; ⁓... in Zssgn ferroviario, → a. Bahn...; ⁓**abteil** n departamento m, bsd. Am. compartim(i)ento m; ⁓**betrieb** m explotación f de los ferrocarriles; servicio m ferroviario; ⁓**direktion** f dirección f de ferrocarriles; ⁓**er** m ferroviario m; ⁓**fähre** f transbordador m, ferry(boat) m; ⁓**fahrt** f viaje m en tren; ⁓**knotenpunkt** m nudo m ferroviario; ⁓**netz** n red f de ferrocarriles; ⁓**schaffner** m revisor m; ⁓**schiene** f carril m, riel m, rail m; ⁓**station** f estación f de ferrocarril; ⁓**tarif** m tarifa f ferroviaria; ⁓**transport** m transporte m por ferrocarril; ⁓**unglück** n accidente m ferroviario; ⁓**verbindung** f comunicación f ferroviaria (od. por tren); ⁓**wagen** m vagón m; für Personen: a. coche m.

'**Eisen...: ⁓band** n fleje m; ⁓**bergwerk** n mina f de hierro; ⁓**beschlag** m herraje m; ²**beschlagen** adj. ferrado; ⁓**beton** m hormigón m armado; ⁓**blech** n chapa f de hierro; palastro m; ⁓**chlorid** n cloruro m de hierro; ⁓**draht** m alambre m (de hierro); ⁓**erz** n mineral m de hierro; ⁓**gehalt** m contenido m de hierro; ⁓**ge'rei** f fundición f de hierro; ⁓**glanz** Min. m hematites f; ⁓**guß** m fundición f de hierro; ²**haltig** adj. ferruginoso; ferrífero; ~**hut** ♀ *m* acónito *m*; ~**hütte**(**nwerk** *n*) *f* planta *f* siderúrgica; ~**hüttenkunde** *f* siderurgia *f*; ~**industrie** *f* industria *f* siderúrgica; ~**kraut** ♀ *n* verbena *f*; ~**mangan** *n* ferromanganeso *m*; ~**oxyd** ♂ *n* óxido *m* de hierro; ~**präparat** *Phar. f* (medicamento *m*) ferruginoso *m*; ℒ**schaffend** *adj*.: ~e *Industrie* industria *f* siderúrgica, siderurgia *f*; ~**schlacke** *f* cagafierro *m*; ~**späne** *m/pl*. virutas *f/pl*. (*od*. limalla *f*) de hierro; ~**spat** *Min. m* hierro *m* espático, siderosa *f*; ~**stange** *f* barra *f* de hierro; ~**träger** *m* viga *f* (*od*. vigueta *f*) de hierro; ~**waren** *f/pl*. (artículos *m/pl*. de) ferretería *f*; ~**warenhändler** *m* ferretero *m*; ~**warenhandlung** *f* ferretería *f*; ~**werk** *n* 1. (*Zierat*) herrajes *m/pl*.; 2. → ~*hütte*; ~**zeit** *f* edad *f* de(l) hierro.

'**eisern** *adj*. de hierro; metálico; *bsd. fig*. férreo; *fig*. (*unnachgiebig*) inflexible, rígido; (*unveränderlich*) inmutable, inalterable; *Fleiß*: infatigable; ♂ ~e *Lunge* pulmón *m* de acero; ~*er Bestand* última reserva *f*; ~e *Gesundheit* salud *f* de hierro; *Thea.* ~*er Vorhang* telón *m* metálico; *Pol.* ℒ*er Vorhang* telón *m* de acero, *Am*. cortina *f* de hierro; ~*er Wille* voluntad *f* férrea (*od*. de acero).

'**Eis...**: ~**feld** *n* campo *m* de hielo; ~**fläche** *f* superficie *f* helada; ℒ**frei** *adj*. libre de hielo(s); ~**gang** *m* deshielo *m*; ℒ**gekühlt** *adj*. helado; ~**glätte** *f* piso *m* resbaladizo (por el hielo); ℒ**grau** *adj*. encanecido; canoso; ~**heilige**(**n**) *m/pl*. santos *m/pl*. del frío; ~**hockey** *n* hockey *m* sobre hielo.

'**eisig** *adj*. helado, glacial (*a. fig.*).
'**Eis...**: ~**kaffee** *n* café *m* helado; granizado *m* de café; ℒ**kalt** *adj*. helado, glacial, gélido; ~**keller** *m* depósito *m* de hielo; *fig*. nevera *f*; ~**krem** *f* helado *m*; ~**kübel** *m* cubo *m* de hielo; ~**kunstlauf** *n* patinaje *m* artístico (sobre hielo); ~**lauf** *m* patinaje *m* (sobre hielo); ℒ**laufen** (*L*; *sn*) *v/i*. patinar (sobre hielo); ~**läufer** (**in** *f*) *m* patinador(a *f*) *m*; ~**maschine** *f* heladora *f*; ~**meer** *n*: *Nördliches* (*Südliches*) ~ *Océano m Glacial Ártico* (*Antártico*); ~**pickel** *m* piolet *m*.

'**Eisprung** *Physiol. m* ovulación *f*.
'**Eis...**: ~**revue** *f* revista *f* sobre hielo; ~**salat** *m* lechuga *f* iceberg; ~**schnellauf** *m* patinaje *m* de velocidad (sobre hielo); ~**schnelläufer** *m* patinador *m* de velocidad; ~**scholle** *f* témpano *m* de hielo; ~**schrank** *m* nevera *f*; → *Kühlschrank*; ~**sport** *m* deportes *m/pl*. sobre hielo; ~**stadion** *n* pista *f* de hielo; ~**vogel** *m* martín *m* pescador, alción *m*; ~**waffel** *f* barquillo *m*; cucurucho *m*; ~**wasser** *n* agua *f* helada; agua *f* de hielo; ~**würfel** *m* cubito *m* de hielo; ~**würfelbehälter** *m* cubitera *f*; ~**zapfen** *m* carámbano *m*, canelón *m*; ~**zeit** *f* período *m* (*od*. época *f*) glacial.

'**eitel** (*-tl-*) *adj*. vanidoso, fatuo; *Frau*: *a*. coqueta; *Sache*: vano, frívolo; (*bloß*) puro, mero; ~ *sein auf ac*. envanecerse de, jactarse de; *eitles Gerede* pura palabrería; ~ *Gold* puro oro; *eitle Hoffnung* (*Versprechung*) vana esperanza (promesa); ℒ**keit** *f* vanidad *f*; coquetería *f*.

'**Eiter** ♂ *m* (*-s*; 0) pus *m*; ~**beule** *f* absceso *m*; ℒ**bildend** *adj*. piógeno; ~**bildung** *f* supuración *f*; ~**bläschen** *n* pústula *f*; ~**erreger** *m* agente *m* piógeno; ~**herd** *m* foco *m* purulento; ℒ**ig** *adj*. purulento; ℒ**n** (*-re*) *v/i*. supurar; ~**ung** *f* supuración *f*.

'**eitrig** *adj*. → *eiterig*.
'**Eiweiß** *n* (*-es*; *-e*) clara *f* de huevo; ♀ albúmina *f*; proteína *f*; ℒ**arm** *adj*. pobre en proteína(s); ℒ**haltig** *adj*. albuminoso; ~**körper** *m* proteína *f*; ~**mangel** *m* carencia *f* proteínica.

'**Eizelle** *Bio. f* óvulo *m*.
Ejakulati'on *Physiol. f* eyaculación *f*; ℒ**lieren** (*-*) *v/t. u. v/i*. eyacular.
'**Ekel** 1. *m* (*-s*; 0) asco *m*; (*Überdruß*) hastío *m*; (*Übelkeit*) náuseas *f/pl*.; (*Widerwille*) repugnancia *f* (*vor dat*. a, de), aversión *f* (a); ~ *empfinden vor* tener asco *bzw*. aversión a, sentir repugnancia hacia; ~ *erregen* dar asco *bzw*. náuseas, repugnar; 2. *n F* (*Person*) F tío *m* asqueroso; ℒ**erregend** *adj*. asqueroso; repugnante, repulsivo; nauseabundo; ℒ**haft** *adj*., ℒ**ig** *adj*. ~ ekelerregend; ℒ**n** (*-le*) *v/i*., *v/refl. u. unprs*. dar asco a, repugnar; *es ekelt mich* (*od*. *ich ek*[*e*]*le mich*) *vor dat*. me da asco, me repugna; *siento náuseas*.

ekla'tant *adj*. sensacional; brillante; (*offenbar*) evidente, palmario.
'**eklig** *adj*. → *ekelig*.
E-Kommerz *m* (*-es*; 0) comercio *m* electrónico.
Ek'sta|**se** *f* éxtasis *m*; *in* ~ *geraten* extasiarse; ℒ**tisch** *adj*. extático.
Ekua'dor → *Ecuador*.
Ek'zem *m* (*-s*; *-e*) eczema *m*.
E'lan *m* (*-s*; 0) brío *m*, ímpetu *m*.
e'lastisch *adj*. elástico, flexible (*a. fig.*).
Elastizi'tät *f* (*0*) elasticidad *f*; flexibilidad *f*.
'**Elbe** *f* (*Fluß*) Elba *m*.
Elch *Zoo. m* (*-es*; *-e*) alce *m*, anta *f*.
Ele'fant *m* (*-en*) elefante *m*; F *fig. wie ein* ~ *im Porzellanladen* como un burro en una cacharrería.
ele'gan|**t** *adj*. elegante; ℒ**z** *f* (0) elegancia *f*.
Ele'gie *f* elegía *f*.
e'legisch *adj*. elegíaco.
elektrifi'zier|**en** (*-*) *v/t*. electrificar; ℒ**ung** *f* electrificación *f*.
e'lektriker *m* electricista *m*.
e'lektrisch *adj*. eléctrico; ~*er Strom* corriente *f* eléctrica, fluido *m*; ℒ*e F f* tranvía *m*.
elektri'sier|**bar** *adj*. electrizable; ~**en** *v/t*. electrizar; *fig. a*. galvanizar; ℒ**ung** *f* electrización *f*.
Elektrizi'tät *f* (*0*) electricidad *f*; ~**messer** *m* electrómetro *m*; ~**smessung** *f* electrometría *f*; ~**swerk** *n* central *f* eléctrica; ~**szähler** *m* contador *m* de electricidad.
Elektro|**ana'lyse** *f* electroanálisis *m*; ~**che'mie** *f* electroquímica *f*; ℒ**chemisch** *adj*. electroquímico.
Elek'trode *f* electrodo *m*; ~**n-abstand** *m* distancia *f* entre los electrodos.
Elektro...: ~**dia'gnose** ♂ *f* electrodiagnóstico *m*; ~**dy'namik** *f* electrodinámica *f*; ℒ**dy'namisch** *adj*. electrodinámico; ~**enzephalo'gramm** *n* electroencefalograma *m*.
E'lektro...: ~**gerät** *n* aparato *m* eléctrico; electrodoméstico *m*; ~**geschäft** *n* tienda *f* de artículos eléctricos *bzw*. de electrodomésticos; ~**gitarre** *f* guitarra *f* eléctrica; ~**herd** *m* cocina *f* eléctrica; ~**ingenieur** *m* ingeniero *m* eléctrico; ~**kardio-**'**gramm** ♂ *n* electrocardiograma *m*; ~**kardio**'**graph** *m* electrocardiógrafo *m*; ~**karren** *m* carro *m* eléctrico.
Elektro'ly|**se** *f* electrólisis *f*; ~**t** *m* (*-en*; *-e*) electrólito *m*; ℒ**tisch** *adj*. electrolítico.
E'lektro...: ~**ma'gnet** *m* electroimán *m*; ~**mechanik** *f* electromecánica *f*; ~**mechaniker** *m* (mecánico *m*) electricista *m*; ℒ**mechanisch** *adj*. electromecánico; ~'**meter** *n* electrómetro *m*; ~**mo'bil** *n* electromóvil *m*; ~**motor** *m* motor *m* eléctrico; ℒ**'torisch** *adj*. electromotor (*-triz*).
'**Elektron** *n* (*-s*; *-en*) electrón *m*.
Elek'tronen...: ~**blitz**(**gerät** *n*) *m Phot*. flash *m* electrónico; ~(**ge**)**hirn** *n* cerebro *m* electrónico; ~**hülle** *f* envoltura *f* electrónica; ~**kamera** *f* cámara *f* electrónica; ~**mikroskop** *n* microscopio *m* electrónico; ~**rechner** *m* calculadora *f* electrónica, ordenador *m* (electrónico); ~**röhre** *f* tubo *m* electrónico.
Elek'tro|**nik** *f* (0) electrónica *f*; ℒ**nisch** *adj*. electrónico.
E'lektro...: ~**ofen** *m Met*. horno *m* eléctrico; (*Heiz*♂) estufa *f* eléctrica; ~**pho'rese** *f* electroforesis *f*; ~**phy**-'**sik** *f* electrofísica *f*; ~**schock** ♂ *m* electrochoque *m*, *angl*. electroshock *m*; ~**schweißung** *f* soldadura *f* eléctrica.
Elektro'skop *n* (*-s*; *-e*) electroscopio *m*.
E'lektrosmog *m* electrosmog *m*.
Elektro'sta|**tik** *f* (*0*) electrostática *f*; ℒ**tisch** *adj*. electrostático.
Elektro'tech|**nik** *f* electrotecnia *f*; ~**niker** *m* electrotécnico *m*; ℒ**nisch** *adj*. electrotécnico.
elektrothera'peutisch *adj*. electroterápico; ℒ**pie** *f* electroterapia *f*.
elektro'thermisch *adj*. electrotérmico.
Elektroty'pie *f* electrotipia *f*.
Ele'ment *n* (*-es*; *-e*) elemento *m* (*a*. ♂, *Phys*.); ≠ *pila f*; (*Bauteil*) módulo *m*; *fig*. *in s-m* ~ *sein* estar en su elemento; ~*e pl*. (*Anfangsgründe*) elementos *m/pl*., rudimentos *m/pl*.
elemen'tar *adj*. elemental; (*grundlegend*) *a*. fundamental, primordial; (*wesentlich*) esencial; ℒ**buch** *n* libro *m* elemental, ▯ epítome *m*; (*Fibel*) cartilla *f*; ℒ**gewalt** *f* fuerza *f* elemental; ℒ**klasse** *f* clase *f* elemental; ℒ**lehre** ♪ *f* solfeo *m*; ℒ**schule** *f* escuela *f* primaria; ℒ**teilchen** *n* partícula *f* elemental; ℒ**unterricht** *m* enseñanza *f* elemental (*od*. primaria).
'**Elen** *Zoo. n od. m* anta *f*, alce *m*.
'**Elend** *n* (*-es*; 0) miseria *f*; (*Not*) necesidad *f*; (*Unglück*) desgracia *f*; *ins* ~ *geraten* caer en la miseria, empobrecer; *im* (*größten*) ~ *leben* vivir en la (mayor) miseria; *j-n ins* ~ *stürzen* arruinar a alg.; *es ist schon ein* ~ *mit ihm* es una verdadera calamidad.
'**elend** *adj*. miserable; (*arm*) mísero; (*beklagenswert*) deplorable, lamentable; (*unglücklich*) desgraciado, desdichado; (*kärglich*) mezquino;

(*kränklich*) enfermizo; (*verächtlich*) miserable, vil, ruin; *Ort usw.*: de mala muerte; ⁓e *Bude* cuchitril *m*, tugurio *m*; ⁓ *aussehen* tener mala cara (*od.* mal aspecto); *sich* ⁓ *fühlen* sentirse mal (*od.* indispuesto); F *das ist* ⁓ *teuer* cuesta un dineral; ⁓**iglich** *adv.* miserablemente.

'Elends|viertel *n* barrio *m* pobre, barriada *f* de chabolas; ⁓**wohnung** *f* chabola *f*.

Ele'vator ⊕ *m* (-*s*; -*en*) elevador *m*.

E'leve *m* (-*n*) alumno *m*, discípulo *m*.

elf *adj.* once.

Elf¹ *f Fußball*: once *m*.

Elf² *Myt. m* (-*en*) silfo *m*; elfo *m*; '⁓e *f* sílfide *f*.

'Elfenbein *n* (-*és*; 0) marfil *m*; 2ern *adj.* de marfil, marfileño, *Poes*. ebúrneo; 2**farbig** *adj.* (de) color marfil; ⁓**küste** *Geogr. f* Costa *f* de Marfil; ⁓**schnitzerei** *f* talla *f* en marfil; ⁓**turm** *fig. m* torre *f* de marfil.

'Elfen...: ⁓**könig** *Myt. m* rey *m* de los elfos; ⁓**königin** *Myt. f* reina *f* de las sílfides; ⁓**reigen** *m* danza *f* de los silfos *bzw.* de las sílfides.

'elf...: ⁓**fach** *adj.*, ⁓**mal** *adv.* once veces; 2**'meter(ball)** *m Sport*: angl. penalty *m*.

'elfte *adj.* undécimo; *König*, *Jahrhundert*, *Datum*: once; 2l *n* onzavo *m*; ⁓**ns** *adv.* undécimo.

elimi'nieren (-) *v*/*t*. eliminar.

eli'tär *adj.* gal. elitista.

E'lite *f* lo más selecto; la flor y nata, la crema, *gal.* élite *f*; *in Zssgn* selecto, escogido; ⁓**truppen** *f*/*pl*. tropas *f*/*pl*. escogidas.

Eli'xier *n* (-*s*; -*e*) elixir *m*.

'Elle *f* vara *f*; *Anat.* cúbito *m*.

'Ell(en)bogen *m* codo *m*; *mit dem* ⁓ *stoßen* codear, dar con el codo a *p*.; *die* ⁓ *gebrauchen* abrirse paso a codazos; ⁓**freiheit** *fig. f* libertad *f* de acción; ⁓**schützer** *m* codera *f*.

'ellenlang *adj.* de una vara de largo; *fig.* larguísimo, interminable.

El'lip|se *f* ⅋ elipse *f*; *Gr.* elipsis *f*; 2**tisch** *adj.* elíptico.

'Elmsfeuer *n* fuego *m* de San Telmo.

Elo|'xalverfahren ⊕ *n* procedimiento *m* de oxidación electrolítica; 2**'xieren** (-) *v*/*t*. anodizar.

'Elsaß *n* Alsacia *f*; ⁓**-'Lothringen** *n* Alsacia-Lorena *f*.

'Elsäss|er(in *f*) *m* alsaciano (-a *f*) *m*; 2**isch** *adj.* alsaciano.

'Elster *Orn. f* (-; -*n*) urraca *f*, picaza *f*.

'elterlich *adj.* paterno, de los padres; ⁓e *Gewalt* patria potestad *f*.

'Eltern *pl.* padres *m*/*pl.*; F *fig. das ist nicht von schlechten* ⁓ no es moco de pavo; ⁓**beirat** *m* asociación *f* de padres de alumnos; Consejo *m* de Padres; ⁓**haus** *n* casa *f* paterna, hogar *m* paterno; ⁓**liebe** *f* amor *m* paternal; 2**los** *adj.* sin padres, huérfano; ⁓**schaft** *f*: *die* ⁓ *los padres de los alumnos*; ⁓**teil** *m* el padre *bzw.* la madre.

E'mail [e·'maɪ(l)] *n* (-*s*; -*s*) esmalte *m*.

'E-Mail *f* (-; -*s*) correo *m* electrónico, e-mail *m*; ⁓**-Adresse** *f* dirección *f* electrónica.

E'mail|arbeiter *m* esmaltador *m*; ⁓**farbe** *f* pintura *f* de esmalte; ⁓**geschirr** *n* vajilla *f* esmaltada; ⁓**le** *f* esmalte *m*.

email'lieren (-) *v*/*t*. esmaltar.

Emanati'on *f* emanación *f*.

E'manze F *desp. f* mujer *f* emancipada.

Emanzi|pati'on *f* emancipación *f*; 2**'pieren** (-) *v*/*t*. emancipar.

Em'bargo *n* (-*s*; -*s*) embargo *m*; *ein* ⁓ *verhängen über* decretar el embargo sobre; *mit* ⁓ *belegen* embargar.

Em'blem *n* (-*s*; -*e*) emblema *m*.

Embo'lie ✱ *f* embolia *f*.

'Embryo *m* (-*s*; -*s*) embrión *m*; ⁓**lo-'gie** *f* (0) embriología *f*; 2**'nal** *adj.* embrionario.

emeri'tier|en (-) *Uni*. *v*/*t*. jubilar; ⁓t *adj.* emérito; 2**ung** *f* jubilación *f*.

Emi'gra|nt *m* (-*en*) emigrante *m*; ⁓**ti'on** *f* emigración *f*.

emi'grieren (-; *sn*) *v*/*i*. emigrar.

'Emil *m* Emilio *m*.

emi'nen|t *adj.* eminente, ilustre, insigne; 2**z** *f* Eminencia *f*; (*Anrede*) Eminentísimo Señor.

'Emi|r *m* (-*s*; -*e*) emir *m*; ⁓**'rat** *n* emirato *m*; *Vereinigte Arabische* ⁓**e** Emiratos *m*/*pl*. Arabes Unidos.

Emissi'on *f* emisión *f* (*a. Phys. u.* ☇); ⁓**sbank** ♱ *f* banco *m* de emisión de valores; ⁓**skurs** ♱ *m* tipo *m* de emisión.

emit'tieren (-) ♱ *v*/*t*. emitir.

Emoti'o|n *f* (-; -*en*) emoción *f*; 2**'nal** *adj.* emocional, emotivo.

Emp'fang *m* (-*és*; ⁓e) recepción *f* (*a.* ⚡, *Hotel*, *Veranstaltung*); *bsd.* ♱ recibo *m*; (*Aufnahme*) acogida *f*, recibimiento *m*; (*Annahme*) aceptación *f*; *nach* ⁓ *von* después de recibir; *bei* ⁓ *von* a la recepción de, al recibir; a la entrega de; *j-m e-n guten* (*schlechten*) ⁓ *bereiten* recibir bien (mal) a alg.; *den* ⁓ *bestätigen* acusar recibo (de); *in* ⁓ *nehmen* recibir; 2**en** (L; -) *v*/*t*. recibir (*a. Gäste*); *Radio*, *TV*: *a.* captar; *Gehalt*: cobrar, percibir; (*aufnehmen*) acoger; *Physiol. Kind*: concebir.

Emp'fänger ♱ *m* receptor *m* (*a. Radio*); *e-r Summe*: perceptor *m*; *e-r Unterstützung usw.*: beneficiario *m*; ♱ *von Waren*: consignatario *m*; ⚰ destinatario *m*.

emp'fänglich *adj.* susceptible; sensible (*für a*.); ✱ predispuesto a; *für Eindrücke*: impresionable; 2**keit** *f* (0) susceptibilidad *f*; sensibilidad *f*; predisposición *f*; impresionabilidad *f*.

Emp'fängnis *f* (-; -*se*) concepción *f*; 2**fähig** *adj.* conceptivo; 2**verhütend** *adj.* anticonceptivo, contraceptivo; ⁓**es Mittel** (medio *m*) anticonceptivo *m*; ⁓**verhütung** *f* anticoncepción *f*, contracepción *f*.

Emp'fangs...: ⁓**antenne** *f* antena *f* receptora; 2**berechtigt** *adj.* autorizado para recibir; ⁓**bereich** *m Radio*: alcance *m* de recepción; ⁓**bescheinigung** *f* recibo *m*, resguardo *m*; ⁓**bestätigung** *f* acuse *m* de recibo; ⁓**büro** *n* recepción *f*; ⁓**chef** *m* recepcionista *m*, jefe *m* de recepción; ⁓**dame** *f* recepcionista *f*; ⁓**gerät** *n* receptor *m*; ⁓**schein** *m* recibo *m*, resguardo *m*; ⁓**stärke** *f Radio*: intensidad *f* de recepción; ⁓**station** ♱ *f* estación *f* de destino; *Radio*: estación *f* receptora; ⁓**störung** *f Radio*: interferencia *f*; ⁓**tag** *m* día *m* de recibo; ⁓**zimmer** *n* recibidor *m*; sala *f* de recepciones.

emp'fehlen (L; -) *v*/*t*. recomendar; (*anvertrauen*) encomendar; *sich* ⁓ (*sich verabschieden*) despedirse; *sich j-m* ⁓ ofrecer sus respetos a; ⁓ *Sie mich Ihrer Frau Gemahlin* mis respetos a (*od.* póngame a los pies de) su señora; *es empfiehlt sich*, *zu inf*. conviene (*od.* es recomendable) *inf.*; ⁓**swert** *adj.* recomendable.

Emp'fehlung *f* recomendación *f*; *auf* ⁓ *von* por recomendación de; *gute* ⁓**en** *haben* tener buenas referencias; *meine besten* ⁓**en** *an* muchos recuerdos (*od.* saludos) de mi parte a; ⁓**sschreiben** *n* carta *f* de recomendación.

emp'finden (L; -) *v*/*t*. sentir; experimentar; (*wahrnehmen*) percibir.

emp'findlich *adj.* sensible (*a. Phot.*, ⊕ *gegen a*); (*heikel*) delicado; (*reizbar*) irritable; (*leicht gekränkt*) susceptible; (*leicht zu beeindrucken*) impresionable; (*empfindungsfähig*) sensitivo; *Schmerz*: agudo; *Kälte*: intenso; *Strafe*: severo, ejemplar; *Verlust*: sensible *bzw.* doloroso; *Phot.* ⁓ *machen* sensibilizar; 2**keit** *f* sensibilidad *f*; delicadeza *f*; susceptibilidad *f*; impresionabilidad *f*.

emp'findsam *adj.* sensible; emotivo; afectivo; (*gefühlvoll*) sentimental; 2**keit** *f* sensibilidad *f*; emotividad *f*; sentimentalismo *m*, *desp.* sensiblería *f*.

Emp'findung *f* sensación *f*; (*Gefühl*) sentimiento *m*; 2**slos** *adj.* insensible (*für, gegen a*); ⁓**slosigkeit** *f* (0) insensibilidad *f*; ⁓**svermögen** *n* sensibilidad *f*; ⁓**swort** *Gr. n* interjección *f*.

Em'pha|se [-'fɑ:-] *f* énfasis *m*; 2**tisch** *adj.* enfático.

Em'pirestil *m* estilo *m* imperio.

Em'pi|rie *f* empirismo *m*; ⁓**'piriker** *m*, 2**'pirisch** *adj.* empírico (*m*).

em'por *adv.* (hacia) arriba, F para arriba; ⁓**arbeiten** (-*e*-) *fig. v*/*refl.*: *sich* ⁓ abrirse paso, hacer carrera; ⁓**blicken** *v*/*i*. levantar los ojos, alzar la vista (*zu a*).

Em'pore ⚜ *f Kirche*: coro *m* alto; tribuna *f*, galería *f* alta.

em'pören (-) *v*/*t*. sublevar; (*aufbringen*) irritar, encolerizar; *fig.* indignar; herir los sentimientos de; (*schockieren*) escandalizar; *sich* ⁓ sublevarse, rebelarse, alzarse (*en armas*) contra; *fig.* indignarse; ⁓**d** *adj.* escandaloso; vergonzoso; indignante.

Em'pörer *m*, 2**isch** *adj.* rebelde (*m*); sedicioso (*m*); revoltoso (*m*); insurrecto (*m*).

em'por...: ⁓**heben** (L) *v*/*t*. levantar, alzar; *fig.* exaltar, ensalzar; ⁓**kommen** (L; *sn*) *v*/*i*. subir; triunfar, prosperar, medrar, encumbrarse; 2**kömmling** *m* (-*s*; -*e*) advenedizo *m*; arribista *m*; nuevo rico *m*; ⁓**ragen** *v*/*i*.: *über* ⁓ dominar *a c*.; sobresalir de; elevarse encima de; ⁓**schießen** (L; *sn*) *v*/*i*. *Pflanzen*: brotar; espigarse; *Fontäne*: surtir; ⁓**schnellen** (*sn*) *v*/*i*. levantarse de un salto; *Preise*: dispararse; ⁓**schrauben** ⚒ *v*/*refl.*: *sich* ⁓ subir en espiral; ⁓**schwingen** (L) *v*/*refl.*: *sich* ⁓ levantar el vuelo, elevarse; *fig.* encumbrarse; ⁓**steigen** (L; *sn*) *v*/*i*. subir, ascender; elevarse; ⁓**streben** *fig. v*/*i*. tener altas aspiraciones; ⁓**treiben** (L) *v*/*t*. hacer subir (*a.* ♱ *Preise*).

Empörung — entblößen

Em'pörung *f* sublevación *f*; rebelión *f*; levantamiento *m*, alzamiento *m*; insurrección *f*; *fig.* indignación *f*.
'**emsig** *adj.* (*geschäftig*) activo, diligente; (*fleißig*) laborioso; asiduo; aplicado, estudioso; ℒ**keit** *f* (*0*) actividad *f*, diligencia *f*, aplicación *f*; laboriosidad *f*; asiduidad *f*.
emul'**gieren** (-) ⚗ *v/t. u. v/i.* emulsionar; ℒ**si**'**on** *f* emulsión *f*.
'**End**|**bahnhof** *m* estación *f* terminal (*od.* término); **~be-arbeitung** ⊕ *f* acabado *m*; **~buchstabe** *m* letra *f* final.
'**Ende** *n* (-s; -n) *zeitlich*: fin *m*, final *m*; término *m*; (*Endstück*) extremo *m*, extremidad *f*; remate *m*; cabo *m*; (*Abschluß*) conclusión *f*, terminación *f*; (*Ausgang*) desenlace *m*, (*Tod*) muerte *f*, desenlace *m* fatal; (*Ergebnis*) resultado *m*; *am Geweih*: punta *f*, candil *m*; *am ~ des Monats* a fines (*od.* últimos *od.* finales) de mes; *am ~* al final; (*doch*) después de todo; (*vielleicht*) a lo mejor; (*schließlich*) finalmente, por último; por fin; *am anderen ~* en el otro extremo; *fig. am ~ der Welt* al fin del mundo; *von e-m ~ zum anderen* de un extremo a otro, F *de cabo a rabo*; *letzten ~s* al fin y al cabo, en definitiva, en resumidas cuentas; *e-r Sache ein ~ machen* acabar con; poner término a, dar fin a; *s-m Leben ein ~ machen* suicidarse; quitarse la vida; *zu ~ führen* (*od. bringen*) acabar, terminar, dar cima a; llevar a cabo; *zum guten ~* (*od. glücklich zu ~*) *führen* llevar a buen término; *zu ~ gehen* tocar a su fin; acabarse; *fig.* extinguirse; (*knapp werden*) ir escaseando; *zu ~ sein* haber terminado; *Vorräte*: estar agotado; *fig. am ~ sein* estar rendido; *~ gut, alles gut* bien está lo que bien acaba; todo está bien, si termina bien; *das dicke ~ kommt noch* F aún queda el rabo por desollar; *das ~ vom Lied* el (triste) resultado; *es geht mit ihm zu ~* está muriéndose, F está en las últimas; *es ist noch ein gutes ~ bis dahin* aún queda un buen trecho por recorrer; *alles muß einmal ein ~ haben* todo tiene que acabar alguna vez; *das nimmt kein ~* esto es cosa de nunca acabar, F aquí hay tela para rato.
'**End**-**effekt** *m*: *im ~* al fin y al cabo; mirándolo bien.
en'**demisch** ✱ *adj.* endémico.
'**enden** (-e-) *v/i.* acabar(se), terminar(se); (*aufhören*) cesar; (*sterben*) morir, fallecer; *Frist*: vencer, caducar, expirar; *nicht ~ wollend* interminable; incesante.
'**End...**: **~ergebnis** *n* resultado *m* final; **~geschwindigkeit** *f* velocidad *f* final; ℒ**gültig** *adj.* definitivo; **~haltestelle** *f* (parada *f*) final *f*.
'**endigen** *v/i.* → *enden*.
En'**divie** [-vǐə] ✿ *f* escarola *f*.
'**End...**: **~kampf** *m* Sport: final *f*; *Teilnehmer am ~ finalista m*; *in den ~ kommen* calificarse para la final; ser finalista; **~lagerung** *f von Atommüll*: deposición *f* final; **~lauf** *m* Sport: carrera *f* final.
'**endlich I.** *adj.* final; (*endgültig*) definitivo; (*begrenzt*) limitado; ♉ *u. Phil.* finito; **II.** *adv.* finalmente, por fin, en fin; *~! ¡por fin!*; ℒ**keit** *f* (*0*) Phil. lo finito.

'**endlos** *adj.* infinito; interminable, inacabable; (*unbegrenzt*) ilimitado; (*unaufhörlich*) incesante; ⊕ sin fin; continuo; ⊕ *~es Band* sinfín *m*.
'**End...**: **~lösung** *f* solución *f* definitiva; **~montage** ⊕ *f* montaje *m* (*bsd. Kfz.* ensamblaje *m*) final; **~phase** *f* fase *f* final; *fig.* recta *f* final; **~produkt** *n* producto *m* final; **~punkt** *m* término *m*; **~reim** *m* rima *f* consonante (perfecta); **~resultat** *n* resultado *m* final; **~runde** *f* Sport: final *f*; *fig.* recta *f* final; *in die ~ kommen* ser finalista (*a. fig.*); **~silbe** *f* sílaba *f* final; **~spiel** *n* encuentro *m* final, final *f*; **~spurt** *m* sprint *m* final; *fig. a.* recta *f* final; **~stadium** *n* fase *f* final (*od.* terminal); **~station** *f* estación *f* final (*od.* término); **~stück** *n* terminal *m*; extremo *m*; **~summe** *f* total *m*.
'**Endung** *f Gr.* desinencia *f*, terminación *f*.
'**End...**: **~urteil** *n* ⚖ sentencia *f* final (*od.* definitiva); **~verbraucher** *m* consumidor *m* final; **~wert** *m* valor *m* final; **~ziel** *n* objetivo *m* final; **~zweck** *m* finalidad *f*, objeto *m* final.
Ener'**getik** *Phys. f* (*0*) energética *f*.
Ener'**gie** *f* (-; -n) energía *f* (*a. fig.*); **~bedarf** *m* demanda *f* energética (*od.* de energía); **~einheit** *f* unidad *f* de energía; **~einsparung** *f* ahorro *m* de energía (*od.* energético); ℒ**geladen** *fig. adj.* desbordante de energía; **~krise** *f* crisis *f* energética; ℒ**los** *adj.* sin energía; **~losigkeit** *f* (*0*) falta *f* de energía; **~quelle** *f* fuente *f* de energía (*od.* energética); ℒ**sparend** *adj.* ahorrador de energía; **~verbrauch** *m* consumo *m* (*od.* gasto *m*) de energía; **~versorgung** *f* abastecimiento *m* energético; **~wirtschaft** *f* economía *f* energética.
e'**nergisch** *adj.* enérgico; (*tätig*) activo, dinámico; (*entschlossen*) decidido, resuelto.
eng *adj.* estrecho (*a. fig.*); angosto; (*beschränkt*) limitado; (*gedrängt*) apretado; (*dicht*) denso, espeso; *Masche*: tupido; *Freund*: íntimo; *Kleid*: ceñido, ajustado; *Rock*: recto; *~ befreundet sein* ser íntimos amigos; *~er machen Kleid*: estrechar, ajustar; *Am.* angostar; *im ~eren Sinne* en sentido estricto; propiamente dicho; *im ~sten Kreis* en la intimidad.
Engage'**ment** [ã'gaʒ(ə)'mã:] *n* (-s; -s) (*Verpflichtung*) compromiso *m*; *Thea.* contrata *f*.
enga'**gieren** [ã'ga'ʒi:-] (-) *v/t.* contratar (*a. Thea.*); (*zum Tanz auffordern*) sacar a bailar; *sich ~* comprometerse.
'**eng**-**anliegend** *adj.* estrecho, ajustado, ceñido.
'**Enge** *f* estrechez *f* (*a. fig.*); angostura *f*; (*Ort*) paso *m* estrecho; (*Meer*)estrecho *m*; (*Paß*) desfiladero *m*; *in die ~ treiben* acorralar, poner entre la espada y la pared; poner en un aprieto.
'**Engel** *m* (-s; -) ángel *m*; F *fig. die ~ im Himmel singen hören* ver las estrellas; **~chen** *n* angelito *m*, querubín *m*; ℒ**gleich**, ℒ**haft** *adj.* angelical; angélico, seráfico; **~schar** *f* coro *m* de ángeles; **~sgeduld** *f* paciencia *f* de Job; *e-e ~ haben* tener más paciencia que Job; **~szunge** *f*: *mit ~n reden*

hablar como los ángeles; **~wurz** ♣ *f* (*0*) angélica *f*.
'**Engerling** *m* (-s; -e) gusano *m* blanco.
'**engherzig** *fig. adj.* estrecho; mezquino; poco generoso; ℒ**keit** *f* (*0*) mezquindad *f*, pequeñez *f*.
'**England** *n* Inglaterra *f*; ℒ**feindlich** *adj.* anglófobo; antibritánico; **~freund** *m*, ℒ**freundlich** *adj.* anglófilo (*m*).
'**Engländer** *m* inglés *m*; ⊕ (*Schraubenschlüssel*) llave *f* inglesa; **~in** *f* inglesa *f*.
'**englisch** *adj.* inglés; *in Zssgn* anglo-; *~e Kirche* Iglesia *f* anglicana; ✱ *~e Krankheit* raquitismo *m*; *Rel.* ℒ*er Gruß* salutación *f* angélica, avemaría *m*; *das* ℒ*e* (idioma) inglés, la lengua inglesa; *auf ~* en inglés; **~deutsch** *adj.* anglo-alemán; *Wörterbuch*: inglés-alemán; ℒ**horn** ♩ *n* corno *m* inglés; **~sprechend** *adj.* anglófono, angloparlante.
'**engmaschig** *adj.* de mallas tupidas (*od.* finas).
'**Engpaß** *m* paso *m* estrecho (*a. Vkw.*), desfiladero *m*; ✝ estrangulamiento *m*, cuello *m* de botella; *gal.* impasse *m*.
en gros [ã'gro:] *adv.* ✝ al por mayor.
En'**gros**|**handel** *m* comercio *m* al por mayor; **~händler** *m* comerciante *m* al por mayor, mayorista *m*; **~preis** *m* precio *m* al por mayor.
'**engstirnig** *adj.* estrecho de miras; ℒ**keit** *f* estrechez *f* de miras (*od.* de espíritu).
'**Enkel** *m* nieto *m*; **~in** *f* nieta *f*; **~kinder** *n/pl.* nietos *m/pl.*
En'**klave** *f* enclave *m*.
e'**norm** *adj.* enorme; F bárbaro, fenómeno.
En'**semble** [ã'sãbl] *n* (-s; -s) *Thea.* compañía *f*, elenco *m*; ♩ *u. Mode*: conjunto *m*.
ent'**art**|**en** (-e-; -; *sn*) *v/i.* degenerar (*zu en*); *fig. Sitten*: corromperse; depravarse; **~et** *adj.* degenerado; decadente; *fig.* depravado; ℒ**ung** *f* degeneración *f*; *fig.* depravación *f*, corrupción *f*; decadencia *f*.
ent'**äußern** (-re; -) *v/refl.*: *sich e-r Sache ~* deshacerse de, desprenderse de, enajenarse de, desposeerse de a/c.; ℒ**ung** *f* enajenación *f*.
ent'**behr**|**en** (-) *v/t.* (*nicht haben*) carecer de; estar privado (*od.* desprovisto) de; (*vermissen*) echar de menos (*od.* en falta); (*nicht*) *~ können* (no) poder prescindir de; (no) poder pasarse sin; **~lich** *adj.* prescindible; (*unnötig*) innecesario, inútil; (*überflüssig*) superfluo; ℒ**lichkeit** *f* (*0*) superfluidad *f*; ℒ**ung** *f* privación *f*.
ent'**bieten** (*L*; -) *v/t.* ofrecer, brindar; *j-m s-n Gruß ~* saludar *bzw.* enviar *od.* transmitir sus saludos a alg.
ent'**bind**|**en** (*L*; -) **I.** *v/t.* dispensar, eximir; relevar; *von e-m Eid*: desligar; ✱ *Frau*: asistir en el parto; **II.** *v/i.* ✱ dar a luz; ℒ**ung** *f* dispensa *f*, exención *f*; ✱ (*Geburt*) parto *m*, alumbramiento *m*; ℒ**ungs-anstalt** *f*, ℒ**ungsheim** *n* (casa *f* de) maternidad *f*.
ent'**blättern** (-re; -) *v/t.* deshojar; *sich ~* deshojarse, perder las hojas.
ent'**blöß**|**en** (-t; -) *v/t. allg.* descubrir; *Körper*: desnudar; *Schwert*: desnudar, desenvainar; *fig.* despojar, pri-

var de; *sein Haupt ~* descubrirse; *~t adj.* descubierto; desnudo; *fig.* despojado de, privado de; *(mittellos)* sin recursos; ⸰ung *f* desnudamiento *m*; *fig.* despojo *m*, privación *f.*

ent'brenn|en (*L*; -; *sn*) *v/i.* inflamarse, encenderse (*a. fig.*); *Kampf:* trabarse, empeñarse; *von Zorn ~* encolerizarse.

ent'deck|en (-) *v/t.* descubrir; *(herausfinden)* averiguar; *(aufdecken)* revelar, *Neol.* desvelar; *sich j-m ~* confiarse a alg.; ⸰er *m* descubridor *m*; ⸰ung *f* descubrimiento *m*; hallazgo *m*; revelación *f*; ⸰ungsreise *f* viaje *m* de exploración.

entdramati'sieren *fig.* (-) *v/t.* desdramatizar.

'Ente *f* pato *m*, ánade *m/f*; *weibliche:* pata *f*; *fig.* (*Zeitungs*⸰) bulo *m*, bola *f*, camelo *m*; *kalte ~* bebida de vino blanco, champán y limón; F *fig. lahme ~* F manta *m*.

ent'ehr|en (-) *v/t.* deshonrar (*a. Frau*); infamar; *~end adj.* deshonroso; infamatorio, infamante (*a. Strafe*); ⸰ung *f* deshonor *m*; deshonra *f*; infamación *f*.

ent'eign|en (-e-; -) *v/t.* expropiar; desposeer; ⸰ung *f* expropiación *f*; desposeimiento *m*.

ent'eilen (-; *sn*) *v/i.* escapar(se); huir; *Zeit:* pasar.

ent'eisen (-*t*;-) *v/t.* deshelar, descongelar.

ent'eisenen (-*s*;-) ⚛ *v/t.* desferruginar.

Ent'eisung *f* (0) descongelación *f.*

'Enten...: *~braten m* pato *m* asado; *~ei n* huevo *m* de pata; *~muschel* Zoo. *f* percebe *m*.

ent'erb|en (-) *v/t.* desheredar; ⸰ung *f* desheredación *f*, desheredamiento *m*.

'Enterhaken ⚓ *m* arpón *m* (*od.* gancho *m*) de abordaje.

'Enterich *m* (-*s*, -*e*) pato *m* (macho).

'entern (-*re*; -) ⚓ *v/t.* abordar.

'Entertaste *f Computer:* tecla *f* return.

'Enterung *f* abordaje *m*.

ent'fachen (-) *v/t.* atizar, inflamar (*a. fig.*).

ent'fahren (*L*; -; *sn*) *v/i.* escaparse.

ent'fallen (*L*; -; *sn*) *v/i.* caer(se), irse, escaparse; *Name usw.:* olvidarse; *Anteil:* corresponder, tocar (*auf ac.* a), recaer en; (*nicht in Frage kommen*) no proceder, ser improcedente; (*wegfallen*) suprimirse; *in Formularen:* entfällt ninguno, nada.

ent'falt|en (-*e*-; -) *v/t.* desplegar (*a.* ✕, *Fahne u. fig.*); desdoblar; desenvolver; (*entwickeln*) desarrollar (*a. fig.*); *sich ~ Knospen usw.:* abrirse; *fig.* desarrollarse; ⸰ung *f* (0) desdoblamiento *m*; ✕ despliegue *m*; desarrollo *m* (*a. fig.*); desenvolvimiento *m* (*a. fig.*).

ent'färb|en (-) *v/t.* de(s)colorar, descolorir, desteñir; (*blaß werden*) palidecer; ⸰ung *f* de(s)coloración *f*; ⸰ungsmittel *n* de(s)colorante *m*.

ent'fern|en (-) **I.** *v/t.* (*fernhalten*) alejar; (*wegstellen*) apartar; (*beseitigen*) eliminar, quitar; *aus dem Amt:* remover, separar, *Chir.* extirpar; (*streichen*) tachar; *Fleck:* quitar; *Computer:* borrar, eliminar; **II.** *v/refl.: sich ~* alejarse; apartarse (*a. fig.*); (*weggehen*) irse, marcharse; (*verreisen*) ausentarse; *fig.* sich voneinander *~* distanciarse; *~t adj.* (*abgelegen*) apartado, alejado; (*entlegen*) distante, lejano (*a. Verwandte*); (*weit ~*) remoto; *10 km von X ~* a 10 kilómetros de X; *fig. ~e Ähnlichkeit* vaga semejanza *f*; *weit ~!* muy lejos de eso; *weit ~ davon, zu inf.* bien (*od.* muy) lejos de *inf.*; *nicht im ~esten* ni remotamente, ni con mucho; ⸰ung *f* distancia *f*; (*Beseitigung*) eliminación *f*; *Chir.* extirpación *f*; extracción *f*; (*Abberufung*) remoción *f*, separación *f*; (*Fernhaltung*) alejamiento *m*, apartamiento *m*; (*Abwesenheit*) ausencia *f*; *in e-r ~ von* a una distancia de; *auf kurze* (*weite*) *~* a corta (larga) distancia; *aus einiger ~* desde cierta distancia; ⸰ungsmesser *m* telémetro *m*; ⸰ungsskala *Phot. f* escala *f* de distancias.

ent'fessel|n (-*le*; -) *v/t.* desencadenar (*a. fig.*); desatar (*a. fig.*); ⸰ung *f* desencadenamiento *m* (*a. fig.*); ⸰ungskünstler *m* (artista *m*) escapista *m*, artista *m* de escapatorias.

ent'fett|en (-) *v/t.* desengrasar, quitar la grasa; ⸰ung *f* desengrase *m*; ⸰ungskur ⚕ *f* cura *f* de adelgazamiento; ⸰ungsmittel ⚕ *n* desengrasante *m*.

ent'flamm|bar *adj.* inflamable; *~en* (-) **I.** *v/t.* inflamar, encender (*beide a. fig.*); **II.** *v/i.* inflamarse, encenderse; *fig. a.* entusiasmarse; *~end adj.* inflamativo; ⸰ungspunkt *m* punto *m* de inflamación.

ent'flecht|en (*L*; -) *v/t.* desconcentrar; *Kartelle:* descartelizar; ⸰ung *f* desconcentración *f*; descartelización *f.*

ent'fliegen (*L*; -; *sn*) *v/i.* volarse; alzar (*od.* levantar) el vuelo.

ent'fliehen (*L*; -; *sn*) *v/i.* huir, fugarse, escapar(se) (*dat.* de); *Zeit:* volar, pasar volando.

ent'fremd|en (-*e*-; -) *v/t.* extrañar; alienar, enajenar; *sich ~* enajenarse, distanciarse; ⸰ung *f* (0) alienación *f*, distanciamiento *m*.

ent'fritt|en (-) *v/t. Radio:* interrumpir la cohesión; ⸰er *m* descohesor *m*; ⸰ung *f* descohesión *f.*

Ent'froster *Kfz. m* descongelador *m*.

ent'führ|en (-) *v/t.* secuestrar; raptar; ⸰er *m* raptor *m*; secuestrador *m*; ⸰ung *f* rapto *m*, secuestro *m*.

ent'gas|en (-*t*; -) *v/t.* desgasificar; ⸰ung *f* desgasificación *f*.

ent'gegen *prp.* (*dat.*) **1.** *Gegensatz:* en oposición a, en contra de; contrariamente a; *~ allen Erwartungen* contra (*od.* contrariamente a) todo lo que se esperaba; **2.** *Richtung:* al encuentro de; hacia; *~arbeiten* (-*e*-) *v/i.* actuar contra; contrariar a/c.; contrarrestar a/c.; *~bringen* (*L*) *v/t.* (*darbieten*) presentar, ofrecer; *fig.* mostrar; manifestar; *~eilen* (*sn*) *v/i.* correr (*od.* acudir) al encuentro de; *~gehen* (*L*; *sn*) *v/i.* ir (*od.* salir) al encuentro de; ir hacia; *fig.* aproximarse, acercarse; *e-r Gefahr:* afrontar, arrostrar; *dem Ende ~* estar a punto de terminar, aproximarse al final; *~gesetzt adj.* opuesto; *fig. a.* contrario; (*feindlich*) antagónico; (*widersprechend*) contradictorio; *Rhet.* antitético; *genau adv.* (*gerade*) *~* diametralmente opuesto; *in ~er Richtung* en sentido contrario; *~halten* (*L*) *v/t.* (*reichen*) presentar; *fig.* oponer; objetar; *~handeln* (-*le*) *v/i.* obrar contra; contrariar *ac.*; contrarrestar *ac.*; *e-m Gesetz usw.:* infringir, contravenir; *~kommen* (*L*; *sn*) *v/i.* ir (*od.* salir) al encuentro de; *fig.* (*nachgeben*) transigir con, hacer concesiones; dar facilidades; *Wünschen:* satisfacer, atender; *Kfz.* venir en dirección contraria; ⸰kommen *n* complacencia *f*; deferencia *f*, atención *f*; benevolencia *f*; (*kein*) *~ finden* ser bien (mal) acogido; *~kommend adj.* complaciente; atento, deferente; servicial; *Kfz.* en dirección contraria; *~laufen* (*L*; *sn*) *v/i.* correr al encuentro de; *fig.* oponerse a; ser contrario a; *~nahme f* recepción *f*, aceptación *f*; *~nehmen* (*L*) *v/t.* recibir, aceptar; hacerse cargo de; *Anruf:* atender (una llamada); *~sehen* (*L*) *v/i.* esperar, aguardar *ac.*; *e-r Gefahr:* afrontar; *Ihrer baldigen Antwort ~d* en espera de su pronta contestación; *~setzen* (-*t*) *v/t.* oponer a; contraponer a; *~stehen* (*L*) *v/i.* oponerse a; ser opuesto (*od.* contrario) a; *dem steht nichts entgegen* no hay inconveniente; *~d* contrario, opuesto, adverso; *~stellen* *v/t.* oponer; objetar; *~stemmen v/refl.: sich ~* oponerse enérgicamente a, resistirse a; *~strecken v/t.* tender; extender; *~treten* (*L*; *sn*) *v/i. j-m:* ir hacia alg.; salirle al paso a alg. (*a. fig.*); *fig.* oponerse a; *e-r Gefahr usw.:* hacer frente a, afrontar; *~wirken v/i.* contrariar, contrarrestar a/c.; *~ziehen* (*L*; *sn*) *v/i.* avanzar (*od.* marchar) hacia.

ent'gegn|en (-*e*-; -) *v/i.* contestar, responder; *schärfer:* replicar; ⸰ung *f* contestación *f*, respuesta *f*; réplica *f*.

ent'gehen (*L*; -; *sn*) *v/i.* escapar (*j-m* a alg.; *e-r Sache* de a/c.); *fig. j-m ~* pasar inadvertido a alg.; *sich et.* (*nicht*) *~ lassen* (no) perderse a/c., (no) dejar escapar a/c.; *sich die Gelegenheit ~ lassen* desaprovechar (*od.* desperdiciar) la ocasión; *sich das Vergnügen ~ lassen, zu* privarse del placer de.

ent'geistert *adj.* estupefacto, atónito, boquiabierto.

Ent'gelt *n* (-*es*, -*e*) (*Vergütung*) remuneración *f*, retribución *f*; (*Belohnung*) recompensa *f*; *gegen ~* pagado, retribuido; *ohne ~* gratis, gratuitamente; ⸰en (*L*; -) *v/t.* pagar (*a. fig.*), remunerar, retribuir; recompensar; *fig.* (*büßen*) expiar; *j-n et. ~ lassen* hacer pagar a/c. a alg.; ⸰lich *adj. u. adv.* mediante pago, (a título) oneroso.

ent'gift|en (-*e*-; -) *v/t.* ⚕ desintoxicar; desemponzoñar; *fig. die Atmosphäre:* purificar; ⸰ung ⚕ *f* (0) desintoxicación *f*; ⸰ungsmittel *n* desintoxicante *m*; antitóxico *m*.

ent'glasen (-*t*; -) ⊕ *v/t.* desvitrificar.

ent'gleis|en (-*t*; -; *sn*) *v/i.* descarrilar; *fig.* F meter la pata; salirse de tono; ⸰ung *f* descarrilamiento *m*; *fig.* desliz *m*; salida *f* de tono; F plancha *f*, P metedura *f* de pata.

ent'gleiten (*L*; -; *sn*) *v/i.* deslizarse; *aus den Händen:* escurrirse (*od.* irse) (de las manos); *fig.* evadirse.

ent'grät|en (-*e*-; -) *v/t.* quitar las espinas a.

ent'haar|en (-) *v/t.* depilar; ⸰ung *f*

Enthaarungscreme — Entrüstung

(0) depilación f; ⁀ungscreme f crema f depilatoria; ⁀ungsmittel n depilatorio m.
ent'halten (L; -) I. v/t. contener; encerrar; fig. a. abarcar; comprender, incluir; II. v/refl.: sich ~ (gen.) abstenerse de; contenerse; Parl. sich der Stimme ~ abstenerse (de votar).
ent'haltsam adj. abstinente; vom Alkohol: abstemio; Am. temperante; im Essen und Trinken: sobrio; geschlechtlich: continente; ⁀keit f (0) abstinencia f; sobriedad f; continencia f; templanza f, temperancia f.
Ent'haltung f abstención f.
ent'härt|en (-e-; -) v/t. Wasser: ablandar; ⁀ungsmittel n reblandecedor m.
ent'haupt|en (-e-; -) v/t. decapitar, degollar, cortar la cabeza; ⁀ung f decapitación f.
ent'häuten (-e-; -) v/t. desollar, despellejar.
ent'heb|en (L; -) v/t. relevar (gen. de); e-r Pflicht usw.: eximir, dispensar de; des Amtes: separar (del cargo); vorläufig: suspender; ⁀ung f separación f; suspensión f.
ent'heilig|en (-) v/t. profanar; ⁀ung f profanación f.
ent'hemm|en (-) v/t. desinhibir; ⁀ung f desinhibición f.
ent'hüll|en (-) v/t. descubrir; destapar; Denkmal: inaugurar; fig. revelar, desvelar; (entlarven) desenmascarar; sich ~ als revelarse como; ⁀ung f descubrimiento m; inauguración f; fig. revelación f.
ent'hülsen (-t; -) v/t. descascarar; mondar; F pelar; Hülsenfrüchte: desvainar.
Enthusi'as|mus m (-; 0) entusiasmo m; ⁀t(in f) m (-en) entusiasta m/f; für Sport: a. F hincha m; ⁀tisch adj. entusiasta; adv. con entusiasmo.
ent'jungfer|n (-re; -) v/t. desflorar, P desvirgar; ⁀ung f desfloración f.
ent'kalken v/t. descalcificar.
entkartelli'sier|en (-) v/t. descartelizar; ⁀ung f descartelización f.
ent'keimen v/t. desgerminar; (keimfrei machen) esterilizar; desinfectar; Milch: pasteurizar.
ent'kern|en (-) v/t. Steinobst: deshuesar; Äpfel: despepitar; ⁀er m deshuesador m.
ent'kleiden (-e-; -) v/t. 1. desnudar, desvestir; sich ~ desnudarse, desvestirse, quitarse la ropa; 2. fig. despojar de.
entkoffei'niert adj. descafeinado.
entkoloni(ali)'sier|en (-) v/t. descolonizar; ⁀ung f descolonización f.
ent'kommen (L; -; sn) I. v/i. escapar(se), huir; e-r Gefahr ~ salvarse de un peligro; II. ⁀ n huida f, fuga f; evasión f.
ent'korken (-) v/t. descorchar, destapar.
ent'körnen (-) v/t. ⊕ desgranar; Baumwolle: desmotar.
ent'kräft|en (-e-; -) v/t. debilitar; (erschöpfen) extenuar, agotar; fig. ⁀⁀ infirmar; desvirtuar; ⁀ung f (0) debilitación f; extenuación f, agotamiento m; ⁀⁀ inanición f.
ent'lad|en (L; -) v/t. descargar (a. ⁀); sich ~ Gewitter usw.: descargarse; ⁀er m descargador m.
Ent'lade...: ~rampe f rampa f de descarga; ~spannung ⁀ f tensión f de descarga; ~strom ⁀ m corriente f de descarga.
Ent'ladung f descarga f.
ent'lang adv. u. prp. a lo largo de; hier ~ por aquí.
ent'larven [-f-] (-) v/t. desenmascarar, quitar la máscara a (a. fig.).
ent'lassen (L; -) v/t. despedir (a. Arbeitnehmer); ⁀ licenciar; Patient: dar de alta; Gefangene: poner en libertad; excarcelar; Beamte: separar, relevar (de su cargo), destituir.
Ent'lassung f despido m; ⁀ licenciamiento m; ⁀ alta f; Gefangene: excarcelación f; Beamte: separación f del cargo, destitución f; ~sgesuch n dimisión f, ⁀⁀ petición f de libertad condicional; ~sschein m ⁀ licencia f absoluta; ⁀ certificado m de alta; ~sschreiben n carta f de despido.
ent'lasten (-e-; -) v/t. descargar (a. fig.); aliviar, aligerar la carga; von Pflichten usw.: exonerar; Vorstand: aprobar la gestión de; Verkehr: descongestionar.
Ent'lastung f descarga f (a. △); alivio m; exoneración f; ⁀, ⁀⁀ descargo m; Verkehr: descongestión f; des Vorstands: aprobación f de la gestión; ~s-angriff ⁀ m ataque m diversivo; ~sstraße f carretera f de descongestión; ~sventil ⊕ n válvula f de descarga (od. de alivio); ~szeuge ⁀⁀ m testigo m de descargo; ~szug m tren m suplementario (od. de refuerzo).
ent'laub|en (-) v/t. deshojar; ⁀ung f defoliación f; ⁀ungsmittel n defoliante m.
ent'laufen (L; -; sn) v/i. huir; escaparse; Gefangene: a. evadirse, fugarse; ⁀ desertar; Hund, Katze: extraviarse.
ent'laus|en (-t; -) v/t. despiojar; ⁀ung f despiojamiento m.
ent'ledig|en (-) v/refl.: sich ~ gen. deshacerse (od. desprenderse) de; desembarazarse de; s-r Kleider: despojarse de, quitarse; e-s Auftrages: cumplir; ⁀ung f (0) descargo m; fig. ejecución f, cumplimiento m.
ent'legen adj. distante; lejano; remoto; (abgelegen) apartado, retirado; aislado; ⁀heit f (0) alejamiento m; apartamiento m; aislamiento m.
ent'lehn|en v/t. tomar prestado; (übernehmen) tomar de; ⁀ung f préstamo m; ~ aus dem Englischen voz f inglesa; anglicismo m.
ent'leiben (-) v/refl.: sich ~ suicidarse.
ent'leih|en (L; -) v/t. tomar prestado; ⁀er(in f) m prestatario/a f.
ent'lob|en (-) v/refl.: sich ~ disolver los esponsales, romper el compromiso matrimonial; ⁀ung f disolución f de los esponsales.
ent'locken (-) v/t. sonsacar; F tirar de la lengua; Töne usw.: arrancar.
ent'lohn|en (-) v/t. remunerar, retribuir; ⁀ung f remuneración f, retribución f.
ent'lüft|en (-e-; -) v/t. ventilar, airear; ⁀ung f ventilación f, aireación f; ⁀ungsrohr n tubo m de evacuación del aire; ⁀ungsschacht m chimenea f de ventilación.
entmagneti'sier|en (-) v/t. desimantar; ⁀ung f desimantación f.
ent'mann|en (-) v/t. castrar, emascular; ⁀ung f castración f, emasculación f.
ent'menscht adj. inhumano; embrutecido, deshumanizado.
entmilitari'sier|en (-) v/t. desmilitarizar; ⁀ung f (0) desmilitarización f.
ent'minen (-) v/t. limpiar de minas.
ent'mündig|en (-) v/t. poner bajo tutela; ⁀⁀ incapacitar; ⁀te(r) m interdicto m; ⁀ung f ⁀⁀ incapacitación f; interdicción f civil.
ent'mutig|en (-) v/t. desanimar, desalentar, descorazonar, desmoralizar; ~end adj. desalentador, descorazonador; ⁀ung f desaliento m, desánimo m.
entmythologi'sieren (-) v/t. desmitificar.
Ent'nahme f toma f; ⁀ von Blut usw.: extracción f; von Geld: retirada f (de fondos).
entnazifi'zier|en (-) v/t. desnazificar; ⁀ung f desnazificación f.
ent'nehmen (L; -) v/t. tomar (aus de); der Tasche usw.: sacar de; Geld: retirar; fig. concluir (aus de), deducir de.
ent'nerven [-f-] (-) v/t. enervar; ~d adj. enervante.
ent'ölen (-) v/t. desaceitar.
ent'packen (-) v/t. Computer: descomprimir, desempaquetar.
entper'sönlichen (-) v/t. despersonalizar.
entpoliti'sieren (-) v/t. despolitizar.
ent'puppen (-) v/refl.: fig. sich ~ als revelarse como, resultar ser.
ent'rahmen (-) v/t. desnatar, descremar.
ent'rätseln (-le; -) v/t. descifrar; descubrir; (lösen) resolver.
ent'recht|en (-) v/t.: j-n ~ privar a alg. de sus derechos; ⁀ung f privación f de derechos.
ent'reißen (L; -) v/t. arrebatar, arrancar (a. fig.); dem Tode usw.: salvar de.
ent'richt|en (-e-; -) v/t. pagar, satisfacer, abonar; ⁀ung f pago m, abono m.
ent'rinden (-e-; -) v/t. descortezar.
ent'ringen (-) v/t.: j-m et. ~ arrebatar a/c. a alg.; sich j-s Lippen usw ~ escaparse de.
ent'rinnen (L; -) I. v/i. escapar(se), huir (dat. de); Zeit: pasar, correr; e-r Gefahr ~ salvarse de un peligro; II. ⁀ n: es gibt kein ~ no hay escape (od. salvación).
ent'rollen (-) v/t. desarrollar, desenrollar; Fahne, Segel: desplegar.
ent'rosten (-e-; -) v/t. desoxidar.
ent'rück|en (-) v/t. apartar, alejar de; den Blicken ~ sustraer a las miradas de; fig. extasiar, arrobar; ~t adj. fig. extasiado, arrobado; (geistesabwesend) ensimismado.
ent'rümpel|n (-le; -) v/t. quitar los trastos (viejos); ⁀ung f eliminación f de trastos.
ent'rüst|en (-e-; -) v/t. u. v/refl. indignar(se); irritar(se), enojar(se); bsd. sittlich: escandalizarse (über ac. de); ~et adj. indignado, irritado, enojado; escandalizado; ⁀ung f in-

dignación f; irritación f, enojo m; exasperación f.
ent'safter m licuadora f.
ent'sag|en (-) v/t. renunciar (a); abstenerse de; (*aufgeben*) desistir de; abandonar; *dem Thron* ~ abdicar; *s-m Glauben* ~ renegar de la fe; ⚶**ung** f renunciación f; renuncia f; resignación f; abdicación f; abstención f; abnegación f; ~**ungsvoll** adj. abnegado.
ent'salz|en (-t; -) v/t. desalar, desalinizar; ⚶**ung** f desalación f, desalinización f; ⚶**ungs-anlage** f planta f desalinizadora.
Ent'satz ⚔ m (-es; 0) socorro m; levantamiento m del sitio.
ent'schädig|en (-) v/t. indemnizar; compensar; *sich* ~ desquitarse, resarcirse (*für* de); ⚶**ung** f indemnización f; resarcimiento m; compensación f; (*Belohnung*) recompensa f.
ent'schärf|en (-) v/t. *Sprengkörper*: desactivar, desarmar; *fig*. F quitar hierro a; ⚶**ung** f desactivación f.
Entscheid m (-*é*s; -e) → *Entscheidung*.
ent'scheiden (L; -) v/t. decidir (*über ac.* sobre); resolver, determinar; ⚖ fallar; conocer de; *Sport*: (*ein unentschiedenes Spiel* ~) desempatar; *sich* ~ decidirse (*für* por, a favor de; *gegen* contra); (*wählen*) optar por; ~**d** adj. decisivo, determinante; (*endgültig*) definitivo; (*kritisch*) crítico; *Augenblick*: a. crucial; ⚖ decisorio.
Ent'scheidung f decisión f; determinación f; resolución f; ⚖ fallo m; *der Geschworenen*: veredicto m; (*Schiedsspruch*) laudo m; (*zwischen zwei Dingen*) opción f; e-e ~ *treffen* adoptar (*od.* tomar) una decisión; ~**skampf** m lucha f decisiva; *Sport*: (*Endspiel*) final f; ~**sschlacht** f batalla f decisiva; ~**sspiel** n *Sport*: (*bei unentschiedenem Spiel*) (partido m de) desempate m; (*Endspiel*) final f; ~**sstunde** f hora f decisiva (*od.* crítica).
ent'schieden I. adj. decidido; resuelto, determinado; (*nachdrücklich*) categórico, terminante; rotundo; *Ton*: autoritario, enérgico; *ein ~er Gegner von* un enemigo declarado de; **II.** adv. (*fest*) firmemente, resueltamente; (*zweifellos*) decididamente, indudablemente, sin duda; ⚶**heit** f (0) decisión f, determinación f; firmeza f; *mit* ~ *ablehnen* rechazar rotundamente.
ent'schlack|en (-) v/t. ⊕ descorificar; ⚕ desintoxicar; ⚶**ungskur** ⚕ f cura f de desintoxicación.
ent'schlafen (L; -; sn) v/i. morir, expirar; ⚶**e(r** m) m/f difunto (-a f) m.
ent'schleiern (-re; -) v/t. quitar el velo a; *fig*. revelar, desvelar, descubrir.
ent'schließ|en (L; -) v/refl.: *sich* ~ decidirse, resolverse, determinarse (*zu* a); ⚶**ung** *Pol*. f resolución f.
ent'schlossen adj. resuelto, decidido, determinado (*zu* a); *kurz* ~ sin vacilar; ⚶**heit** f (0) resolución f, decisión f; firmeza f, energía f.
ent'schlummern (-re; -; sn) v/i. dormirse, adormecerse; (*sterben*) morir, expirar.
ent'schlüpfen (-; sn) v/i. escurrirse, deslizarse; escabullirse; escaparse (*a. fig*.).
Ent'schluß m (-sses; ⁀sse) resolución f; decisión f; determinación f; e-n ~ *fassen* tomar una resolución (*od*. decisión); *zu e-m* ~ *kommen* llegar a un acuerdo; ~**kraft** f (0) iniciativa f, determinación f; ~**losigkeit** f indecisión f, vacilación f; falta f de decisión.
ent'schlüssel|n (-*le*; -) v/t. descifrar; de(s)codificar; ⚶**ung** f desciframiento m, de(s)codificación f.
ent'schuldbar adj. disculpable, excusable, perdonable.
ent'schuldig|en (-) v/t. disculpar, excusar, dispensar; perdonar; *sich* ~ disculparse (*bei j-m* con *od*. ante alg.; *für et*. por a/c.), excusarse; *das läßt sich nicht* ~ no tiene perdón, es imperdonable; ~ *Sie!* ¡perdone (usted)!; ¡dispense (usted)!; *ich bitte Sie, mich zu* ~ le ruego me perdone; ⚶**ung** f disculpa f, excusa f; perdón m; (*Ausrede*) excusa f, pretexto m; *j-n um* ~ *bitten* pedir disculpas a alg.; *dafür gibt es keine* ~ eso no tiene excusa; ~*!* ¡perdón!; ⚶**ungsgrund** m excusa f; ⚶**ungsschreiben** n carta f de excusa (*od*. de disculpa).
Ent'schuldung f liquidación f de deudas; *von Grundeigentum*: cancelación f de hipoteca.
ent'schweben (-; sn) v/i. volarse, alzar el vuelo.
ent'schwefeln (-*le*; -) v/t. desazufrar, desulfurar.
ent'schwinden (L; -; sn) v/i. desaparecer; desvanecerse; *aus dem Gedächtnis* ~ irse de la memoria.
ent'seelt adj. exánime, muerto, sin vida.
ent'senden (L; -) v/t. enviar, mandar; *Vertreter*: delegar.
ent'setz|en (-t; -) v/t. **1.** *des Amtes*: separar de, destituir; ⚔ *Festung*: levantar el sitio; **2.** (*erschrecken*) espantar, horrorizar, aterrar; *sich* ~ espantarse, horrorizarse (*über* de); quedar espantado (*od*. horrorizado, aterrado); *moralisch*: escandalizarse; ⚶**en** n (-*s*; 0) horror m, espanto m, terror m, pavor m; ~**lich** adj. horrible, espantoso, terrible, horroroso (*alle a*. F *ungemein, höchst*); aterrador; (*scheußlich*) atroz; ⚶**ung** f *vom Amt*: destitución f, separación f; ⚔ levantamiento m del sitio; liberación f.
ent'seuch|en (-) v/t. descontaminar; desinfectar; ⚶**ung** f descontaminación f; desinfección f; ⚶**ungs-anlage** f planta f descontaminadora.
ent'sicher|n (-*re*; -) v/t. *Waffe*: quitar el seguro, desasegurar.
ent'siegeln (-*le*; -) v/t. desellar, romper el sello *ptov*. precinto.
ent'sinnen (L; -) v/refl.: *sich* ~ (*gen*.) acordarse de, recordar a/c.; *wenn ich mich recht entsinne* si mal no recuerdo, si no me falla la memoria.
ent'sittlich|en (-) v/t. desmoralizar; depravar, pervertir, corromper; ⚶**ung** f (0) desmoralización f; depravación f, perversión f; corrupción f moral.
Ent'sorgung f eliminación f de desechos radiactivos; ~**s-anlage** f, ~**szentrum** n centro m de tratamiento de desechos radiactivos.
ent'spann|en (-) v/t. aflojar; *Bogen*: distender; *Muskeln, Körper*: relajar; *sich* ~ *Person*: relajarse; recrearse; *Lage*: mejorar; normalizarse; despejarse; ~**t** adj. relajado; *fig*. distendido; ⚶**ung** f aflojamiento m; relajación f; *Pol*. distensión f, deshielo m; *fig*. relajamiento m, F relax m; (*Zerstreuung*) recreo m, esparcimiento m, distracción f.
ent'sperr|en (-) v/t. *Konten usw*.: desbloquear, descongelar; ⚶**ung** f desbloqueo m, descongelación f.
ent'spinnen (L; -) v/refl.: *sich* ~ originarse; *Streit usw*. trabarse; *Gespräch*: entablarse.
ent'sprech|en (L; -) v/i. corresponder a; ser conforme a; *Erwartungen usw*.: responder a; *Wünschen*: satisfacer; (*gleichwertig sein*) equivaler a; (*sich decken mit*) coincidir con, concordar con; *e-r Bitte*: acceder a; *e-r Vorschrift*: cumplir (con); *e-m Zweck*: ser a propósito (*od*. conveniente) para, convenir a; ~**end I.** adj. correspondiente, conforme (*dat*. a); (*angemessen*) adecuado (a), conveniente; (*sinngemäß*) análogo (a), (*im Verhältnis*) proporcionado (a); (*jeweilig betreffend*) respectivo; (*zweck*~) oportuno, pertinente; **II.** adv. con arreglo a, de (*od*. en) conformidad con, según; ~ *handeln* obrar en consecuencia; ~ *würdigen* apreciar debidamente; *den Umständen* ~ de acuerdo (*od*. según) las circunstancias; ⚶**ung** f correspondencia f; conformidad f, concordancia f; equivalencia f; equivalente m; analogía f.
ent'sprießen (L; -; sn) v/i. brotar de; *fig*. a. nacer de.
ent'springen (L; -; sn) v/i. (*entfliehen*) escaparse, huir; evadirse (*aus dat*. de); *Fluß*: nacer; *fig*. brotar de; originarse (*aus* en); provenir de, proceder de.
ent'staatlich|en (-) v/t. desnacionalizar; ⚶**ung** f desnacionalización f.
ent'stammen (-; sn) v/i. (*abstammen von*) descender de; (*herrühren von*) proceder, (pro)venir, derivarse (de); tener su origen en, desviarse (de).
ent'stauben (-) v/t. desempolvar; limpiar de (*od*. quitar el) polvo.
ent'stehen (L; -; sn) v/i. nacer, originarse; surgir; formarse (*aus* de); (*sich herleiten*) proceder, venir, resultar, derivarse (*aus* de); ~ *durch* ser causado (*od*. originado, producido) por, ser debido a; *Feuer*: producirse; *die daraus entstandenen Kosten* los gastos ocasionados por; *im* ⚶ *begriffen* en proceso de formación, naciente; embrionario (*a. fig*.), ⚕ *Krankheit*: incipiente.
Ent'stehung f origen m; nacimiento m; formación f; creación f; génesis f; ~**sgeschichte** f génesis m.
ent'steigen (L; -; sn) v/i. salir (*dat*. de); *e-m Wagen usw*.: a. bajar, apearse de.
ent'steinen (-) v/t. *Obst*: deshuesar.
ent'stell|en (-) v/t. deformar, desfigurar; (*häßlich machen*) afear; *fig*. alterar; *Tatsachen usw*.: desvirtuar, desfigurar, tergiversar; ⚶**ung** f deformación f, desfiguración f; alteración f; tergiversación f.
ent'stör|en (-) v/t. ⚡ desparasitar, eliminar perturbaciones; ~**t** adj. antiparasitario; ⚶**er** m ⚡ eliminador m antiparasitario; ⚶**ung** f eliminación f de perturbaciones (*od*. parásitos).
ent'strahlen (-) v/t. descontaminar.

ent'strömen (-; sn) v/i. fluir, manar; *Gas usw.*: escapar.

ent'tarnen (-) v/t. desenmascarar.

ent'täusch|en (-) v/t. desengañar; desilusionar, desencantar; decepcionar; *Hoffnungen*: frustrar; defraudar; *enttäuscht werden* sufrir un desengaño, llevarse una desilusión (F un chasco); ℒung f desengaño m; desilusión f, desencanto m, decepción f; F chasco m.

ent'thron|en (-) v/t. destronar; ℒung f destronamiento m.

ent'trümmer|n (-re; -) v/t. des(es)combrar; ℒung f des(es)combro m.

ent'völker|n (-re; -) v/t. despoblar; ℒung f despoblación f.

ent'wachsen [-ks-] (L; -; sn) v/i.: ~ sein haber pasado la edad; *der Schule* ~ sein no estar ya en edad escolar; *der elterlichen Gewalt* ~ emanciparse; libertarse de la tutela paterna.

ent'waffn|en (-e-; -) v/t. desarmar (*a. fig.*); ℒung f desarme m.

ent'wald|en (-e-; -) v/t. desmontar; despoblar (de árboles); *Neol.* desforestar; ℒung f desmonte m, *Neol.* desforestación f.

ent'warn|en (-) v/i. dar la señal de fin de alarma; ℒung f fin m (*od.* cese m) de alarma.

ent'wässer|n (-re; -) v/t. ✍ drenar, desaguar; *durch Gräben*: avenar; *Teich*: desangrar; *Moor*: desecar; ℒung f drenaje m, desagüe m; avenamiento m; ℒungs-anlagen f/pl. instalaciones f/pl. de drenaje; ℒungsgraben m zanja f de drenaje; ℒungsrohr n tubo m de drenaje.

'entweder cj.: ~ ... oder o (bien) ... o (bien) ...; sea ... (o) sea ...; ya ... ya ...; ~, oder! o una cosa u otra; F lo toma o lo deja.

ent'weichen (L; -; sn) I. v/i. huir, escapar(se), fugarse; *Gefangene*: a. evadirse; *Gas*: escaparse; II. ℒ n evasión f, fuga f; *von Gas usw.*: escape m, fuga f.

ent'weih|en (-) v/t. profanar; ℒung f profanación f; sacrilegio m.

ent'wend|en (-e-; -) v/t. robar, quitar; sustraer; ✍ hurtar; ℒung f robo m; sustracción f; ✍ hurto m.

ent'werf|en (L; -) v/t. proyectar; *flüchtig*: bosquejar, esbozar (*a. fig.*); *Muster*: diseñar; *Konstruktion*: planear, delinear; *Vertrag usw.*: formular, (*schriftlich*) redactar, hacer un borrador; *Plan*: trazar, bsd. fig. idear, concebir; ℒer ⊕ m delineante m; proyectista m.

ent'wert|en (-e-; -) v/t. *Geld*: desvalor(iz)ar, depreciar; *Briefmarke*: inutilizar, matasellar; *gal.* obliterar; ℒung f desvalor(iz)ación f; depreciación f; inutilización f; ℒungsstempel ⊕ m matasellos m.

ent'wick|eln (-le; -) I. v/t. desarrollar (*a. fig.*); bsd. ✍ desenvolver; *Phot.* revelar; (*erzeugen*) producir (*a. Gase*); (*darlegen*) exponer, desarrollar; *Tatkraft usw.*: desplegar (*a.* ✍); *Geschwindigkeit*: alcanzar; II. v/refl.: sich ~ desarrollarse; evolucionar; ✍ producirse, desprenderse; ✍ desplegarse; ⚕ engendrarse; sich zu et. ~ transformarse (od. convertirse) en; llegar a ser; ℒler m *Phot.* revelador m.

Ent'wicklung f desarrollo m, evolución f (*a. Bio.*); desenvolvimiento m (*a.* ✍); (*Bildung*) formación f; (*Erzeugung*) generación f, producción f, ⚗ *Gase*: a. desprendimiento m; *Phot.* revelado m; ✍ despliegue m; (*Darlegung*) exposición f, desarrollo m.

Ent'wicklungs...: ~bad *Phot.* n baño m revelador; ℒfähig adj. susceptible (*od.* capaz) de desarrollo, desarrollable; **~fonds** m fondo m de desarrollo; **~gang** m proceso m evolutivo; evolución f; desenvolvimiento m progresivo; **~geschichte** *Bio.* f ontogenia f, historia f evolutiva; ℒgeschichtlich adj. ontogénico; **~helfer** m cooperante m; voluntario m; **~hilfe** f ayuda f a los países en (vías de) desarrollo; **~jahre** n/pl. (años m/pl. de la) pubertad f; **~kosten** pl. gastos m/pl. de desarrollo; **~land** n país m en (vías de) desarrollo; **~lehre** *Bio.* f teoría f de la evolución; **~möglichkeit** f posibilidad f de desarrollo; **~stadium** n fase f (*od.* estadio m) de desarrollo; **~störung** f trastorno m del desarrollo; **~stufe** f grado m de desarrollo; **~zeit** f periodo m de desarrollo; pubertad f.

ent'winden (L; -) v/t.: j-m et. ~ arrebatar (*od.* arrancar) a/c. de las manos a alg.

ent'wirr|en (-) v/t. desenredar, desenmarañar (*a. fig.*); fig. a. desembrollar; ℒung f desenredo m, desembrollo m.

ent'wischen F (-; sn) v/i. escaparse, F escurrirse, escabullirse.

ent'wöhn|en (-) v/t. desacostumbrar, deshabituar (*gen.* de); *Kind*: destetar; ℒung f deshabituación f; *Kind*: destete m.

ent'wölken (-) v/refl.: sich ~ desencapotarse, despejarse; fig. a. serenarse.

ent'würdig|en (-) v/t. degradar, envilecer; **~end** adj. degradante, envilecedor; humillante; ℒung f degradación f, envilecimiento m.

Ent'wurf m (-s; ⁀e) (*Zeichnung*) dibujo m, trazado m, diseño m; (*Skizze*) bosquejo m, esbozo m (*beide a. fig.*), boceto m; croquis m; (*Modell*) modelo m; (*Plan*) plano m; (*Projekt*) plan m, proyecto m; (*Konzept*) borrador m; minuta f; *im ~ sein* estar en planeamiento, en proyecto; **~szeichner** m delineante m proyectista.

ent'wurzel|n (-le; -) v/t. desarraigar (*a. fig.*); ℒung f desarraigo m (*a. fig.*).

ent'zauber|n (-re; -) v/t. desencantar, deshechizar; ℒung f desencanto m.

ent'zerr|en (-) v/t. *Phot.* rectificar; *Tele.* corregir; ℒer m corrector m; ℒung f rectificación f, corrección f.

ent'zieh|en (L; -) I. v/t. (*wegnehmen*) quitar; *Wort, Führerschein, Vertrauen usw.*: retirar; ⚕ extraer; j-m et. ~ sustraer a/c. a alg., privar a alg. de a/c.; *Drogen* ~ desintoxicar, deshabituar; *Kräfte* ~ restar energías; j-m ein Amt ~ destituir a alg. del cargo; II. v/refl.: sich ~ sustraerse a; e-r Pflicht usw.: esquivarse a, rehuir, eludir, evadir; (*ausweichen*) hurtarse a; es entzog sich m-r Aufmerksamkeit (m-r Kenntnis) se escapó a mi atención (a mi conocimiento); es eigentlich sich m-r Zuständigkeit está (*od.* cae) fuera de mi competencia; ℒung f sustracción f; privación f; retirada f; supresión f; ⚕ extracción f; ℒungs-anstalt f centro m de deshabituación; ℒungs-erscheinungen f/pl. síntomas m/pl. (*od.* síndrome m) de abstinencia; ℒungskur f cura f de desintoxicación (*od.* de deshabituación).

ent'ziffer|bar adj. descifrable; **~n** (-re; -) v/t. descifrar; ℒung f desciframiento m.

ent'zück|en (-) v/t. encantar; cautivar, fascinar; embelesar; hacer las delicias de; *stärker*: extasiar; (*hinreißen*) arrebatar, transportar; ℒen n → Entzückung; **~end** adj. encantador, delicioso; cautivador, fascinador; ℒung f (0) encanto m; embeleso m; arrebato m; delicia f; *stärker*: éxtasis m; *in* ~ *geraten* extasiarse; transportarse.

Ent'zug m (-s; 0) → Entziehung.

ent'zündbar adj. inflamable; ℒkeit f (0) inflamabilidad f.

ent'zünd|en (-e-; -) v/t. inflamar (*a. fig. u.* ✍); *Feuer*: encender (*a. fig.*); sich ~ inflamarse (*a. fig. u.* ✍); encenderse; **~lich** adj. inflamable; ✍ inflamatorio; ℒung f inflamación f (*a.* ✍); ignición f; **~ungshemmend** ✍ adj. antiinflamatorio; ℒungsherd ✍ m foco m inflamatorio.

ent'zwei adv. (*zerbrochen*) roto; deshecho, destrozado; hecho pedazos (*od.* F trizas); (*gespalten*) partido; (*zerrissen*) rasgado; desgarrado; **~brechen** (L) v/t. u. v/i. romper(se) en dos; **~en** (-) v/t. u. v/refl. desunir(se), desavenir(se); enemistar(se); **~gehen** (L; sn) v/i. romperse en (*od.* hacerse) pedazos; partirse en dos; **~reißen** (L) v/t. u. v/i. romperse); rasgar(se); desgarrar(se); **~schlagen** (L) v/t. romper; hacer pedazos (*od.* F trizas); partir a golpes; **~schneiden** (L) v/t. cortar (en dos); ℒung f desunión f; discordia f; desavenencia f.

'Enzian ♀ m (-s; -e) genciana f.

En'zyklika f (-; -ken) encíclica f.

Enzyklo|pä'die f enciclopedia f; ℒ'pädisch adj. enciclopédico; **~pä'dist** m (-en) enciclopedista m.

En'zym *Bio.* n (-s; -e) enzima m/f.

enzy'matisch adj. enzimático.

Epau'lette [e·poˑ-] f charretera f.

ephe'mer adj. efímero (*a. fig.*).

Epi'demie f epidemia f.

epi'demisch adj. epidémico.

Epi'gone m (-n) epígono m; ℒnhaft adj. decadente; imitativo; **~ntum** n decadentismo m.

Epi'gramm n (-s; -e) epigrama m.

Epi'graph n (-s; -e) epígrafe m.

'Epik f (0) épica f; **~er** m (poeta m) épico m.

Epi'ku|reer m, ℒisch adj. epicúreo (m); fig. sibarita (m); **~ismus** m (-; 0) epicureísmo m.

Epilep'sie [-ɛˈpsi:] f (0) epilepsia f.

Epi'lep|tiker(in) f m) epiléptico (-a f) m; ℒtisch adj. epiléptico.

Epi'log m (-s; -e) epílogo m.

'episch adj. épico.

Epi'sod|e f episodio m; ℒenhaft, ℒisch adj. episódico.

E'pistel f (-; -n) epístola f.

Epi'taph n (-s; -e) epitafio m.

Epi'thel *Bio.* n (-s; -e) epitelio m; **~gewebe** n tejido m epitelial.

epo'chal adj. trascendente, que hace época; memorable.

E'**poche** f época f; ~ machen hacer época (od. raya); ⁀**machend** adj. que hace época; trascendental; memorable.

'**Epos** n (-; Epen) epopeya f; poema m épico.

Equi'page [e·k(v)i·'pɑːʒə] f coche m, carruaje m; carretela f.

er I. pron/pers. él; ~ selbst él mismo; ~ ist es es él; **II.** ⁀ m (Anrede) ehm. vos; ein ⁀ und e-e Sie un hombre y una mujer, F uno y una.

er'achten (-e-; -) **I.** v/t. considerar, juzgar, estimar, creer; tener (für, als por); **II.** ⁀ n: m-s ~s (Abk. m.E.) en mi opinión, a mi juicio, a mi parecer, a mi entender, a mi modo de ver.

er'arbeiten (-e-; -) v/t. conseguir trabajando; Wissen: adquirir.

'**Erb|adel** m nobleza f hereditaria; ~**anfall** ⁀ m delación f (od. devolución f) de la sucesión; ~**anlage** Bio. f carácter m hereditario; ~**anspruch** ⁀ m derecho m sucesorio (od. hereditario); ~**anteil** m → Erbteil.

er'barmen (-) v/t. dar lástima (od. pena) a; sich j-s ~ compadecerse de, tener compasión con alg.; apiadarse de alg.; Herr, erbarme Dich unser Señor, ten piedad de nosotros.

Er'barmen n (-s; 0) lástima f, conmiseración f; compasión f; bsd. Rel. piedad f, misericordia f; ohne ~ despiadadamente, sin piedad; er sieht zum ~ aus está hecho una lástima; ⁀**swert**, ⁀**swürdig** adj. digno de lástima (od. de compasión); deplorable, lamentable.

er'bärmlich adj. (bedauernswert) deplorable, lamentable; (jämmerlich) lastimoso; lastimero; (elend) pobre, miserable; de mala muerte; (gering) mezquino; (gemein) ruin, infame, vil; ⁀**keit** f estado m (od. condición f) lamentable; (Elend) pobreza f, miseria f; (Kleinlichkeit) mezquindad f; (Gemeinheit) ruindad f, bajeza f; infamia f, vileza f.

er'barmungs|los I. adj. despiadado; Kampf: sin cuartel; **II.** adv. sin piedad, sin compasión; ~**voll** adj. compasivo; misericordioso.

er'bau|en (-) v/t. construir, edificar; erigir, levantar; fig. edificar; sich ~ an (dat.) edificarse con; F er ist nicht besonders erbaut davon no está muy entusiasmado con ello; ⁀**er** m constructor m; ~**lich** adj. edificante (a. iro).

'**Erb-auseinandersetzung** f liquidación f de la herencia.

Er'bauung f construcción f, edificación f; erección f; (Gründung) fundación f; fig. edificación f; ~**sbuch** n devocionario m.

'**erb...:** ~**bedingt** adj. hereditario; ⁀**begräbnis** n panteón m familiar; ~**berechtigt** adj. con derecho a la sucesión; ~**bild** Bio. n genotipo m.

'**Erbe 1.** m (-n) heredero m; sucesor m; j-n zum ~n einsetzen instituir (por) heredero a alg.; **2.** n (-s; 0) herencia f (a. fig.); sucesión f.

er'beben (-; sn) **I.** v/i. temblar; estremecerse; **II.** ⁀ n temblor m; estremecimiento m.

'**erb-eigen** adj. hereditario; adquirido por herencia, heredado; ⁀**schaft** f propiedad f hereditaria.

'**Erb-einsetzung** f institución f de heredero.

'**erben** v/t. heredar (et. von j-m a/c. de alg.); F fig. hier ist nichts zu ~ aquí no nos dan nada.

'**Erben|gemeinschaft** f comunidad f sucesoria (od. hereditaria); ~**haftung** f responsabilidad f sucesoria.

er'betteln (-le; -) v/t. mendigar; conseguir mendigando; fig. conseguir con ruegos.

er'beuten (-e-; -) v/t. ganar; ⚓, Jgdw. apresar; ⚔ capturar.

'**Erb...:** ⁀**fähig** adj. capaz de suceder (od. heredar), hábil para suceder; ~**fähigkeit** ⁀ f capacidad f sucesoria; ~**faktor** Bio. m factor m hereditario; ~**fall** m (caso m de) sucesión f; hecho m sucesorio; muerte f del causante; ~**fehler** m defecto m (od. vicio m) hereditario; ~**feind** m enemigo m hereditario; ~**folge** f sucesión f; gesetzliche ~ sucesión intestada (od. abintestato); ~ in gerader Linie sucesión en línea (di)recta; ~**folgekrieg** Hist. m Guerra f de Sucesión; ~**gang** m transmisión f hereditaria; ⁀**gesund** adj. sin tara hereditaria; ~**gesundheitslehre** f eugenesia f; ~**gut** n patrimonio m (a. fig.); Bio. patrimonio m hereditario; ~**hof** m heredad f no enajenable.

er'bieten (L; -) v/refl.: sich ~ ofrecerse (zu a od. para).

'**Erbin** f heredera f, sucesora f.

er'bitten (L; -) v/t. solicitar, pedir.

er'bitter|n (-re; -) v/t. irritar, exasperar, enconar; ~**t** adj. irritado, exasperado, enconado; (heftig, wild) fiero, enfurecido; Kampf: encarnizado; Gegner usw.: acérrimo; ⁀**ung** f irritación f, exasperación f, encono m; (Heftigkeit) encarnizamiento m; furor m, saña f.

'**erbkrank** adj. aquejado de una enfermedad hereditaria; ⁀**heit** f enfermedad f hereditaria.

er'blassen (-ßt; -; sn) v/i. palidecer, perder el color, ponerse pálido.

'**Erb...:** ~**lasser(in** f) m testador(a f) m; ⁀ a. causante m/f; ~**lehre** Bio. f genética f.

er'bleichen (-; sn) v/i. → erblassen.

'**erblich** adj. hereditario; (erbbar) heredable, sucesible; ⚕ ~ Belastung tara f hereditaria; ~ belastet sein tener una tara hereditaria, estar tarado; ⁀**keit** f (0) carácter m hereditario; bsd. Bio. heredabilidad f.

er'blicken (-) v/t. ver; distinguir; in der Ferne: divisar; avistar; (entdecken) descubrir; das Licht der Welt ~ nacer, venir al mundo.

er'blind|en (-e-; -; sn) v/i. cegar, perder la vista, quedar(se) ciego; Spiegel: empañarse; ⁀**ung** f pérdida f de la vista, ceguedad f, bsd. ⚕ ceguera f.

er'blühen (-; sn) v/i. ✿ abrirse, florecer (a. fig.).

'**Erb...:** ~**masse** f ⁀ herencia f, acervo m; Bio. masa f hereditaria; ~**onkel** m tío m rico, F fig. tío m de América.

er'bosen (-t; -) v/t. u. v/refl. enfadar(se); enojar(se), exasperar(se), encolerizar(se).

er'bötig adj. dispuesto (zu a).

'**Erb...:** ~**pacht** ⁀ f enfiteusis f, censo m enfitéutico; ~**pächter** ⁀ m enfiteuta m; ~**prinz** m príncipe m heredero.

er'brechen (L; -) **I.** v/t. Tür, Geld-schrank: forzar; Brief: abrir; Siegel: romper; ⚕ (a. sich ~) vomitar, F devolver; **II.** ~ n ⚕ vómito m.

'**Erb-recht** n derecho m sucesorio.

er'bringen (L; -) v/t. producir, rendir, rentar; ⁀ Beweise: aducir.

'**Erbschaft** f herencia f; e-e ~ machen heredar; ~**s-angelegenheit** f asunto m de sucesión; ~**s-anspruch** m pretensión f a la herencia; título m sucesorio; ~**s-ausschlagung** f ⁀ repudiación f de la herencia; ~**s-steuer** f impuesto m sobre sucesiones (od. sucesorio).

'**Erb...:** ~**schein** m certificado m de heredero; ~**schleicher(in** f) m heredípeta m/f, captador(a f) de herencias; ~**schleiche'rei** f captación f de herencias.

Erbse f guisante m; Am. arveja f, alverja f; ~**nbrei** m puré m de guisantes; ⁀**nförmig** adj. pisiforme; ~**nsuppe** f sopa f de guisantes.

'**Erb...:** ~**stück** n objeto m heredado; mueble m de familia; ~**sünde** Rel. f pecado m original; ~**tante** f tía f rica; ~**teil** ⁀ n cuota f hereditaria; hijuela f; ~**teilung** f partición f de la herencia; ⁀**unfähig** adj. incapaz de heredar; ~**unfähigkeit** f incapacidad f sucesoria (od. de suceder); ⁀**unwürdig** adj. indigno de suceder; ~**unwürdigkeit** f indignidad f sucesoria; ~**vertrag** m pacto m sucesorio; ~**verzicht** m renuncia f a la herencia; ~**zins** m censo m enfitéutico.

'**Erd|achse** f (0) eje m terrestre; ~**anschluß** ⚡ m conexión f a tierra, toma f de tierra; ~**anziehung** f atracción f terrestre; ~**apfel** m patata f, Am. papa f; ~**arbeiten** f/pl. obras f/pl. de excavación, movimiento m de tierras; ~**arbeiter** m terraplenador m; ~**bahn** f Astr. órbita f de la tierra; ~**ball** m globo m terráqueo (od. terrestre); ~**beben** n seísmo m; terremoto m; temblor m de tierra; ~**bebengebiet** n zona f sísmica; ~**bebengefährdung** f sismicidad f; ~**bebenherd** m foco m sísmico; ~**bebenkunde** f sismología f; ~**bebenmesser** m sismógrafo m; ~**bebensicher** adj. asísmico, antisísmico, a prueba de terremoto; ~**beere** ✿ f fresa f; (Garten⁀) fresón m; Am. frutilla f; (Pflanze) fresal m; ~**bewegung** f (Erdarbeiten) movimiento m de tierras; ~**bewohner** m morador m (od. habitante m de la tierra); terrícola m; ~**boden** m tierra f; suelo m; terreno m; dem ~ gleichmachen arrasar, no dejar piedra sobre piedra; er ist wie vom ~ verschluckt se lo ha tragado la tierra; ~**bohrer** m sonda f de suelo; ~**bohrung** f sondeo m, perforación f del suelo; ~**damm** m terraplén m.

'**Erde** f tierra f (a. ⚡); (Planet) Tierra f; (Welt) mundo m; (Boden) suelo m, terreno m; ⁀ seltene ~n tierras raras; auf ~n en la tierra, en este mundo; auf der ganzen ~ en todo el mundo; unter der ~ bajo tierra, subterráneo; fig. j-n unter die ~ bringen matar a disgustos a alg.; zur (od. auf die) ~ fallen caer a tierra (od. al suelo).

'**erden** (-e-) ⚡ v/t. conectar (od. poner) a tierra.

'**Erden|bürger** m ser m humano,

Erdenglück — erfreuen

mortal *m*; ~**glück** *n* dicha *f* terrenal; ~**güter** *n*/*pl.* bienes *m*/*pl.* terrenos.
er'denk|en (*L*; -) *v*/*t.* imaginar, concebir, idear; (*erfinden*) inventar; ~**lich** *adj.* imaginable, concebible; *sich alle* ~*e Mühe geben* hacer todo lo posible, no regatear (*od.* escatimar) esfuerzos para.
'**Erdenleben** *n* vida *f* terrenal.
'**Erd...**: ~**erwärmung** *f* calentamiento *m* global (*od.* terrestre); ₂**farben** *adj.* (de) color de tierra, terroso; ~**ferne** *Astr.* *f* apogeo *m*; ~**floh** *m* altisa *f*, pulguilla *f*; ~**gas** *n* gas *m* natural; ~**gasleitung** *f* gasoducto *m*; ~**geist** *m* (g)nomo *m*; ~**geschoß** *n* piso *m* bajo, planta *f* baja, bajos *m*/*pl.*; ~**hälfte** *f* hemisferio *m*; ₂**haltig** *adj.* terroso, térreo; ~**hügel** *m* terrero *m*, montículo *m*.
er'dicht|en (*-e*-; -) *v*/*t.* imaginar; (*erfinden*) inventar, idear; (*vorgeben*) fingir, pretextar; ~**et** *adj.* imaginado; inventado; imaginario, ficticio; fingido; ₂**ung** *f* invento *m*; invención *f*, ficción *f*.
'**erdig** *adj.* terroso, térreo; *Geschmack, Geruch*: a tierra.
'**Erd...**: ~**innere(s)** *n* interior *m* de la tierra; ~**kabel** *n* cable *m* subterráneo; ~**karte** *f* mapamundi *m*, planisferio *m*; ~**klemme** ⚡ *f* borne *m* de (puesta a) tierra, ~**klumpen** *m* terrón *m*, gleba *f*; ~**kreis** *m* orbe *m*; ~**krümmung** *f* curvatura *f* terrestre; ~**kruste** *f* ~*rinde*; ~**kugel** *f* globo *m* (terráqueo); ~**kunde** *f* geografía *f*; ₂**kundlich** *adj.* geográfico; ~**leiter** ⚡ *m* conductor *m* de tierra; ~**leitung** *f* conexión *f* a tierra; toma *f* de tierra; ~**magnetismus** *m* magnetismo *m* terrestre; ~**mandel** ♣ *f* chufa *f*; ~**maus** *f* arvícola *f* agreste; ~**messung** *f* geodesia *f*; ~**nähe** *Astr.* *f* perigeo *m*; ~**nuß** ♣ *f* cacahuete *m*, *Am.* maní *m*; ~**oberfläche** *f* superficie *f* terrestre.
'**Erd-öl** *n* petróleo *m*; ~**bohrung** *f* prospección *f* (*od.* sondeo *m*) petrolífero.
er'dolchen (-) *v*/*t.* apuñalar, matar a puñaladas.
'**Erd-öl|feld** *n* campo *m* petrolífero; ~**gesellschaft** *f* compañía *f* petrolera; ₂**haltig** *adj.* petrolífero; ~**leitung** *f* oleoducto *m*; ~**reichtum** *m* riqueza *f* petrolera; ~**vorkommen** *n* yacimiento *m* petrolífero.
'**Erd...**: ~**pech** *n* betún *m* (natural); ~**reich** *n* tierra *f*; terruño *m*.
er'dreisten (*-e*-; -) *v*/*refl.*: *sich* ~ *zu* atreverse a; tener el atrevimiento (*od.* la osadía) de.
'**Erdrinde** *f* (0) corteza *f* terrestre.
er'dröhnen (-) *v*/*t.* → *dröhnen*.
er'drossel|n (*-le*; -) *v*/*t.* estrangular; ₂₇₈ *als Todesstrafe*: dar garrote (vil); ₂**ung** *f* estrangulación *f*.
er'drück|en (-) *v*/*t.* aplastar (*a. fig.*); (*ersticken*) ahogar, sofocar; ~**de Beweise** pruebas *f*/*pl.* contundentes; ~**de Mehrheit** mayoría *f* aplastante; ~**t** *adj.* *von Arbeit*: agobiado de; *von Sorgen*: abrumado de.
'**Erd...**: ~**rutsch** *m* corrimiento *m* (*od.* desprendimiento *m*) de tierras; ~**satellit** *m* satélite *m* artificial terrestre; ~**schicht** *f* capa *f* de tierra; ~**schluß** ⚡ *m* contacto *m* a tierra; ~**scholle** *f* terrón *m*, gleba *f*, *fig.* terruño *m*;

~**sicht** ⚓ *f* visibilidad *f* del suelo; ~**spalte** *f* grieta *f*; ~**stoß** *m* sacudida *f* sísmica; ~**strich** *Geogr.* *m* zona *f*; región *f*; ~**strom** *m* corriente *f* telúrica (*od.* terrestre); ~**teil** *Geogr.* *m* continente *m*; parte *f* del mundo.
er'dulden (*-e*-; -) *v*/*t.* (*aushalten*) aguantar, soportar; pasar; (*erleiden*) sufrir, padecer.
'**Erd...**: ~**umdrehung** *f* rotación *f* de la tierra; ~**umfang** *m* circunferencia *f* de la tierra; ~**umkreisung** *f Neol.* orbitación *f* terrestre; ~**umlaufbahn** *f* órbita *f* terrestre; ~**umseg(e)lung** *f* circunnavegación *f*; vuelta *f* al mundo; ~**ung** *f* toma *f* de tierra; ~**wall** *m* terraplén *m*; ~**wärme** *f* energía *f* geotérmica; ~**zeitalter** *n* era *f* (*od.* época *f*) geológica.
er'eifer|n (*-re*; -) *v*/*refl.*: *sich* ~ acalorarse, excitarse, alterarse (*über ac.* por); apasionarse, encenderse; ₂**ung** *f* (0) acaloramiento *m*, excitación *f*; apasionamiento *m*.
er'eignen (*-e*-; -) *v*/*refl.*: *sich* ~ suceder, ocurrir, acontecer, pasar; *bsd. Liter.* acaecer; (*stattfinden*) tener lugar.
Er'eignis *n* (*-ses*; *-se*) suceso *m*, acontecimiento *m*; *bsd. Liter.* acaecimiento *m*; (*Vorfall*) incidente *m*, evento *m*; *denkwürdiges*: efeméride *f*; ₂**reich** *adj.* rico en acontecimientos; movido.
er'eilen (-) *v*/*t.* (*einholen*) alcanzar; *Tod, Unglück*: sorprender, sobrevenir.
Erekti'on *Physiol.* *f* erección *f*.
Ere'mit *m* (*-en*) eremita *m*, ermitaño *m*; anacoreta *m*.
er'erb|en (-) *v*/*t.* heredar (*von* de); ~**t** *adj.* heredado; hereditario.
er'fahr|en I. (*L*; -) *v*/*t.* (llegar a) saber; enterarse de; (*erleben*) experimentar; (*erleiden*) sufrir, padecer; *et.* ~ *haben* estar enterado (*od.* informado) de, tener noticia (*od.* conocimiento) de; *wie ich* ~ *habe* según me han informado; **II.** *adj.* experimentado, experto; avezado; (*gewandt*) ducho, versado, entendido (*in* en).
Er'fahrung *f* experiencia *f* (*a. Erlebnis*); (*Praxis*) práctica *f*; pericia *f*; *Mangel an* ~ inexperiencia *f*; *aus* ~ por experiencia; *durch* ~ *klug werden* escarmentar; *in* ~ *bringen* (*ac.*) saber, enterarse de; (*herausfinden*) averiguar, llegar a saber; ~*en machen* adquirir experiencia; *wir haben mit dem Gerät gute* ~*en gemacht* el aparato ha dado buenos resultados.
Er'fahrungs...: ~**austausch** *m* intercambio *m* de experiencias; ₂**gemäß** *adv.* por experiencia; según muestra la experiencia; ₂**mäßig** *adj.* experimental; *Phil.* empírico; ~**satz** *m Phil.* principio *m* empírico; ~**wissenschaft** *f* empirismo *m*.
er'fass|en (*-ßt*; -) *v*/*t.* (*packen*) asir, coger, *bsd. Am.* agarrar; (*begreifen*) comprender, captar; *statistisch*: registrar; censar; *Verw.* empadronar; *karteimäßig*: fichar; ✕ alistar; poner en caja; *von dem Verlangen erfaßt werden* estar poseído del (*od.* dominado por el) deseo de; ₂**ung** *f* (0) ✕ alistamiento *m*; registro *m*; empadronamiento *m*; *v. Daten*: recogida *f*; ₂**ungsstelle** ✕ *für Wehrpflichtige*: caja *f* de reclutamiento.

er'finden (*L*; -) *v*/*t.* inventar; crear; idear; (*erdichten*) inventar, imaginar.
Er'finder *m* inventor *m*; ~**geist** *m* genio *m* inventivo; ingenio *m*; ~**in** *f* inventora *f*; ₂**isch** *adj.* inventivo; (*scharfsinnig*) ingenioso; (*phantasievoll*) imaginativo; (*schöpferisch*) creador; (*findig*) fértil en recursos; *Not macht* ~ la necesidad aguza el ingenio.
Er'findung *f* invento *m*; invención *f*; (*Schöpfung*) creación *f*; (*Erdichtung*) ficción *f*, invención *f*; ~**sgabe** *f* inventiva *f*, ingenio *m*, genio *m* (*od.* talento *m*) inventivo; (*Phantasie*) imaginación *f*, fantasía *f*; ~**s-patent** *n* patente *f* de invención; ₂**sreich** *adj.* → *erfinderisch*.
er'flehen (-) *v*/*t.* implorar, suplicar; *Gnade*: impetrar.
Er'folg *m* (*-es*, *-e*) éxito *m*; (*Ergebnis*) resultado *m*; (*Folge*) consecuencia *f*; (*Wirkung*) efecto *m*; *großer* ~ gran éxito, éxito ruidoso; ~ *haben* tener (*od.* lograr, alcanzar) éxito, triunfar; resultar; surtir efecto; prosperar; *keinen* ~ *haben* no tener éxito, fracasar; no resultar; *Unternehmung usw.*: *a.* malograrse; *Bemühungen*: ser infructuoso (*od.* estéril, inútil); *von* ~ *gekrönt* coronado de éxito; *er hatte keinerlei* ~ *bei ihm* no consiguió nada de él; ₂**en** (-; *sn*) *v*/*i.* (*sich ereignen*) suceder, ocurrir; realizarse; verificarse; (*stattfinden*) tener lugar; *Zahlung usw.*: efectuarse; *es ist noch keine Antwort erfolgt* todavía no se ha recibido contestación; ₂**los I.** *adj.* infructuoso, estéril; inútil, ineficaz, vano; **II.** *adv.* sin éxito; sin resultado; infructuosamente; ~**losigkeit** *f* (0) fracaso *m*; ineficacia *f*; inutilidad *f*; ₂**reich I.** *adj.* feliz; afortunado; *Am.* exitoso; (*wirksam*) eficaz; **II.** *adv.* con éxito; ~**s-aussichten** *f*/*pl.* perspectivas *f*/*pl.* de éxito; ~**sbuch** *n* libro *m* de gran venta, best-seller *m*; ~**s-chance** *f* oportunidad *f* de éxito; ~**sfilm** *m* película *f* taquillera; ~**srechnung** ✝ *f* cuenta *f* de resultados; ₂**versprechend** *adj.* prometedor, esperanzador.
er'forderlich *adj.* necesario, preciso; (*verlangt*) requerido; *unbedingt* ~ indispensable, imprescindible; *falls* ~ si es necesario, si es preciso, si hace falta; ~**enfalls** *adv.* en caso necesario (*od.* de necesidad), si el caso lo requiere.
er'forder|n (*-re*; -) *v*/*t.* requerir; pedir; reclamar, *stärker*: exigir, necesitar; (*erforderlich machen*) hacer necesario, precisar; *Zeit*: requerir; *Arbeit, Kosten*: suponer; ₂**nis** *n* (*-ses*, *-se*) necesidad *f*; exigencia *f*; (*Voraussetzung*) requisito *m*.
er'forsch|en (-) *v*/*t.* *Land*: explorar; (*untersuchen*) investigar, estudiar; (*ergründen*) sondear, escudriñar; inquirir, indagar; ₂**er** *m* explorador *m*; investigador *m*; ₂**ung** *f* exploración *f*; investigación *f*; indagación *f*.
er'fragen (-) *v*/*t.* preguntar por, informarse de; *zu* ~ *bei* razón (en), dirigirse a.
er'frechen (-) *v*/*refl.*: *sich* ~ *zu* tener el atrevimiento (*od.* la osadía, F la frescura) de; atreverse a.
er'freuen (-) **I.** *v*/*t.* alegrar, causar alegría a; (*belustigen*) regocijar, di-

vertir ac.; **II.** v/refl.: sich ~ an (dat.) gozar (ac. od. de); sich e-r Sache ~ gozar (od. disfrutar) de a/c.

er'freu|lich adj. agradable; favorable; Nachrichten usw.: grato; (befriedigend) satisfactorio; das ist ein ~er Anblick da gusto verlo; **~licherweise** adv. afortunadamente, por fortuna (od. suerte); **~t** adj. contento, satisfecho; encantado (über ac. de); ich bin sehr ~ darüber me alegro mucho de ello; sehr ~! (beim Vorstellen) ¡mucho (od. tanto) gusto!, ¡encantado!

er'frier|en (L; -; sn) v/i. helarse (a. ⚘); morirse de frío; Füße, Ohren usw.: congelarse; F ich bin halb erfroren estoy transido de frío, estoy helado; **♀ung** ⚘ f heladura f, congelación f.

er'frisch|en (-) v/t. refrescar; (beleben) reanimar; sich ~ refrescarse; orearse; (geistig) recrearse; **~end** adj. refrescante; fig. reanimador; **♀ung** f refresco m (a. Getränk); (Imbiß) refrigerio m, F piscolabis m; **♀ungsgetränk** n bebida f refrescante, refresco m; **♀ungsraum** m bar m; cantina f; **♀ungs-tuch** n toallita f refrescante.

er'füllen (-) v/t. llenar (mit de, a. fig.); mit Freude usw.: a. colmar; (verwirklichen, ausführen) realizar, ejecutar; Pflicht, Versprechen, Vertrag: cumplir; Aufgabe: a. desempeñar; Auftrag: ejecutar; Bitte: acceder, corresponder a; Bedingungen: cumplir con; Erwartungen: satisfacer; nicht ~ incumplir; sich ~ realizarse; cumplirse; erfüllt sein von estar lleno de; estar poseído de.

Er'füllung f realización f; ejecución f; cumplimiento m; desempeño m; satisfacción f; in ~ gehen → sich erfüllen; **~sgehilfe** ⚖ m auxiliar m ejecutivo; **~sklage** ⚖ f acción f de cumplimiento; **~s-ort** ✝ m lugar m de cumplimiento bzw. de pago; **~stag** ✝ m fecha f de la liquidación bzw. del vencimiento.

Erg Phys. n ergio m.

er'gänzen (-t; -) v/t. (vervollständigen) completar, complementar; (hinzufügen) añadir, agregar; suplir; (auffüllen) llenar; sich (gegenseitig) ~ completarse (mutuamente); sich ~ zu ser el complemento de (a. ⚘); **~d** adj. complementario; suplementario; adicional.

Er'gänzung f complemento m (a. Gr.); (Zusatz) suplemento m; adición f, añadidura f.

Er'gänzungs...: **~band** m suplemento m, volumen m suplementario; apéndice m; **~mannschaften** ⚔ f/pl. tropas f/pl. de reserva, reservas f/pl.; **~steuer** f impuesto m suplementario; **~wahl** f elección f complementaria; **~winkel** ⚘ m ángulo m complementario.

er'gattern F (-re; -) v/t. F pescar, atrapar; birlar; Nachrichten usw.: cazar.

er'gaunern (-re; -) v/t. conseguir por engaño, estafar; timar.

er'geben (L; -) **I.** v/t. dar (por resultado) (a. ⚘); Summe: arrojar; (betragen) ascender a; (abwerfen) producir, rendir; (erweisen) probar, (de)mostrar, revelar; **II.** v/refl.: sich ~ ⚔ entregarse, rendirse, capitular; (sich widmen) consagrarse a, dedicarse a; e-m Laster: entregarse a, darse a; Schwierigkeiten usw.: surgir; (sich fügen) avenirse, resignarse (in ac. a); sich ~ aus resultar de; derivarse de; daraus ergibt sich, daß de ello resulta (od. se infiere, se deduce); es hat sich so ~ se ha dado así; **III.** adj. entregado a; bsd. Pol. adicto a, afecto a; e-m Laster: dado a, entregado a; (treu) leal, fiel; (gefaßt) resignado; (untertänig) sumiso, devoto; Ihr ~er Diener su humilde servidor; Ihr ~er (Briefschluß) suyo afmo. (= afectísimo); Ihr sehr ~er (Briefschluß) de Vd. atto. y s.s. (= de usted atento y seguro servidor); **~st** respetuosamente (a. Briefschluß); **♀heit** f (0) afecto m; devoción f; lealtad f; (Unterwerfung) sumisión f; (Gefaßtheit) resignación f.

Er'gebnis n (-ses, -se) resultado m; (Folge) consecuencia f; (Wirkung) efecto m; (Ertrag) producto m, fruto m; **♀los I.** adj. sin resultado; infructuoso, estéril; **II.** adv. infructuosamente; ~ bleiben no dar resultado; quedar en nada; **~tafel** f Sport: marcador m.

Er'gebung f (0) sumisión f (in ac. a); resignación f; ⚔ capitulación f, rendición f.

er'gehen (L; -; sn) **I.** v/i. Gesetz: publicarse; ⚖ Urteil: ser pronunciado; recaer; ~ lassen publicar; promulgar; Befehl: dar; Einladung: enviar, cursar; über sich ~ lassen aguantar, soportar (con paciencia); apechugar (con); **II.** v/refl.: sich ~ pasearse, orearse; fig. sich ~ in Verwünschungen: desatarse en; in Klagen: desahogarse en; in Komplimenten: deshacerse en; sich ~ (auslassen) über extenderse (od. explayarse) sobre; **III.** v/unprs.: es wird ihm schlecht ~ lo pasará mal; wie mag es ihm ergangen sein? ¿qué habrá sido de él?; wie ist es dir ergangen? ¿cómo te ha ido?; ¿cómo lo has pasado?; **IV.** ♀ n estado m (de salud).

er'giebig adj. productivo; Geschäft: a. lucrativo; (fruchtbar) fértil, fecundo; (reich) rico, abundante (an dat. en); Farbe usw.: de mucho rendimiento; sehr ~ sein rendir mucho; **♀keit** f (0) productividad f; fertilidad f, fecundidad f; riqueza f, abundancia f; rendimiento m.

er'gießen (L; -) v/refl.: sich ~ derramarse, verterse (über ac. sobre); sich ~ aus manar de; sich ~ in desaguar en; Fluß: desembocar en.

er'glänzen (-t; -; sn) v/i. resplandecer, brillar, relucir.

er'glühen (-; sn) v/i. entrar en ardor; fig. enardecerse, inflamarse; Gesicht: ruborizarse; vor Scham ~ sonrojarse.

er'götz|en (-t; -) v/t. recrear, deleitar; divertir; (belustigen) regocijar; sich ~ divertirse (an dat. de, con); deleitarse (con) F regodearse (con); **♀en** n deleite m, recreo m; diversión f; regocijo m; **~lich** adj. divertido, recreativo; (drollig) regocijante, festivo, gracioso.

er'grauen (-; sn) v/i. encanecer; weitS. envejecer.

er'greif|en (L; -) v/t. tomar, asir, coger, Arg. agarrar (an dat. de, bei por); (fest ~) agarrar; (packen) empuñar; echar mano de; Verbrecher: capturar, prender, aprehender; fig. Beruf: abrazar, seguir; Gelegenheit: aprovechar; (seelisch) conmover, emocionar, enternecer; **~end** adj. conmovedor; emocionante; patético; **♀ung** f (0) ⚖ captura f, aprehensión f.

er'griffen adj. (bewegt) conmovido; impresionado; afectado; emocionado; **♀heit** f (0) emoción f; conmoción f.

er'grimmen (-; sn) v/i. irritarse, airarse, encolerizarse.

er'gründ|en (-e-; -) v/t. sondear; fig. estudiar a fondo, profundizar en, ahondar en, penetrar en; (erforschen) explorar, indagar; (ermitteln) averiguar; **♀ung** f sondeo m, penetración f; exploración f; indagación f.

Er'guß m (-sses; ~sse) derrame m (a. ⚘); von Gefühlen: efusión f; desbordamiento m.

er'haben adj. 1. elevado; saliente; △ ~e Arbeit relieve m; Metall, Stickerei: realce m; 2. fig. sublime, eminente, augusto; (großartig) grandioso, magnífico, majestuoso; Geist: excelso; ~ über ac. superior a; por encima de; Phil. das ♀e lo sublime; **♀heit** f (0) elevación f, altura f; fig. sublimidad f; grandiosidad f, magnificencia f, majestuosidad f; excelsitud f.

Er'halt m (-(e)s; 0) recepción f, recibo m; ~ a. Empfang.

er'halten (L; -) **I.** v/t. 1. (bekommen) recibir; (erlangen) alcanzar, lograr, conseguir; obtener (a. ⚘); (gewinnen) ganar; Gehalt: cobrar, percibir; 2. (bewahren) conservar; Frieden: mantener; (unterstützen) sostener, entretener; (ernähren) sustentar; alimentar; sich ~ conservarse; sustentarse; mantenerse; sich ~ von vivir de, sostenerse con; sich gesund ~ conservar la salud, conservarse sano; **II.** p/p.: gut ~ bien conservado (a. Person); en buen estado, en buenas condiciones; sehr gut ~ en perfecto estado (de conservación); schlecht ~ en mal estado, en malas condiciones; ~ bleiben conservarse; continuar; seguir; noch ~ sein perdurar, sobrevivir.

Er'halter(in f) m (Ernährer) sostén m de la familia.

er'hältlich adj. en venta (bei od. in dat. en); disponible; nicht (schwer) ~ imposible (difícil) de conseguir; Auskünfte sind ~ bei informarán (od. darán razón) en.

Er'haltung f (0) conservación f; mantenimiento m; entretenimiento m; sostenimiento m; manutención f, sustento m.

er'handeln (-le; -) v/t. (kaufen) comprar, adquirir; (feilschen) regatear.

er'hängen (-) v/t. u. v/refl. colgar(se) (an dat. de), ahorcar(se).

er'härt|en (-e-; -) v/t. endurecer; fig. corroborar, confirmar; **♀ung** f endurecimiento m; fig. corroboración f, confirmación f.

er'haschen (-) v/t. atrapar; F pescar, coger (al vuelo), captar.

er'heben (L; -) **I.** v/t. (aufheben) levantar, alzar, subir; fig. (erhöhen) elevar (a. ⚘); erigir (zu en); (preisen) ensalzar, exaltar; *den Geist*: edificar; *Steuern*: (*auferlegen*) imponer, (*eintreiben*) recaudar, cobrar; *Einwände* ~ hacer objeciones (*gegen* a); *Anspruch* ~ *auf ac.* reclamar a/c.; *Protest* ~ formular una protesta; *s-e Hand* ~ *gegen* alzar la mano contra; *s-e Stimme* ~ levantar la voz; **II.** *v/refl.*: *sich* ~ (*aufstehen*) levantarse, ponerse en pie; *Frage, Problem*: plantearse; *Streit*: suscitarse; *Sturm, Wind*: levantarse; *Schwierigkeiten*: surgir; *Vogel*: alzar (*od. fig.*) el vuelo; ✈ despegar; *sich* ~ *gegen* alzarse (en armas), rebelarse, sublevarse contra; *sich* ~ *über* elevarse sobre; *fig. sich über j-n* ~ considerarse superior a alg.; ~**d** *fig. adj.* sublime; edificante; (*feierlich*) solemne; (*rührend*) conmovedor, emocionante.

er'heblich I. *adj.* considerable; *Verluste, Schaden*: *a.* serio, grave; *an Menge*: cuantioso; (*wichtig*) importante, relevante; ⚖ pertinente; **II.** *adv.* considerablemente; ~ *besser* mucho mejor; 2**keit** *f* (0) importancia *f*; cuantía *f*; gravedad *f*; ⚖ pertinencia *f*.

Er'hebung *f* **1.** (*Boden*2) elevación *f*, eminencia *f*; **2.** *fig.* elevación *f* (*a.* ⚕); (*Erbauung*) edificación *f*; (*Lob*) enaltecimiento *m*; **3.** *von Steuern*: recaudación *f*, cobro *m*; *statistische*: censo *m*; (*Ermittlung*) investigación *f*; recolección *f* de datos; (*Umfrage*) encuesta *f*; ~**en** *anstellen über* recoger datos sobre; realizar investigaciones sobre; (*polizeilich*) hacer pesquisas (*od.* indagaciones); (*Umfrage*) hacer una encuesta sobre; **4.** (*Aufstand*) insurrección *f*, levantamiento *m*, sublevación *f*.

er'heischen (-) *v/t.* requerir, reclamar, exigir.

er'heiter|n (*-re;* -) *v/t.* alegrar; divertir; regocijar; *sich* ~ alegrarse (*a. Gesicht*); divertirse; regocijarse; ~**nd** *adj.* hilarante; gracioso, divertido, cómico; 2**ung** *f* diversión *f*; (*Heiterkeit*) hilaridad *f*.

er'hell|en (-) **I.** *v/t.* alumbrar, iluminar; *Farben*: avivar; *fig.* aclarar, esclarecer, poner en claro; *sich* ~; *Himmel*: serenarse; **II.** *v/i.*: *daraus erhellt* de ahí resulta (*od.* se infiere, se deduce); 2**ung** *f* iluminación *f*; esclarecimiento *m*.

er'hitz|en (-*t;* -) *v/t.* calentar, *stärker*: caldear; *fig.* excitar; apasionar; (*erzürnen*) irritar; *die Gemüter* ~ encender las pasiones; caldear los ánimos; *sich* ~ calentarse; *fig. Gemüt*: excitarse; caldearse; *Gespräch*: acalorarse; *Gefühle*: enardecerse; 2**er** *m* calentador *m*; ~**t** *adj.* calentado, caldeado; *Person*: excitado; *fig. Debatte usw.*: acalorado; 2**ung** *f* (*0*) calentamiento *m*; *bsd.* ⊕ caldeo *m*; *fig.* acaloramiento *m*.

er'hoffen (-) *v/t.* esperar; confiar en.

er'höh|en (-) *v/t.* levantar, alzar; elevar; *fig.* (*steigern*) aumentar, elevar, subir (*um* en); acrecentar, incrementar; (*verstärken*) intensificar; *im Rang*: promover, ascender (*zu* a); *Würde, Verdienst, Wirkung*: realzar; ♪ tener un sostenido; ~**t** *adj.*: ✈ ~**e** *Temperatur haben* tener décimas; *in* ~**em Maße** en mayor medida, en mayores proporciones.

Er'höhung *f* elevación *f* (*a.* ♪); (*Anhöhe*) *a.* eminencia *f*, altura *f*; *fig.* (*Steigerung*) aumento *m*, subida *f*, incremento *m*; (*Verstärkung*) intensificación *f*; ~**swinkel** *m* ángulo *m* de elevación; ~**szeichen** ♪ *n* sostenido *m*.

er'hol|en (-) *v/refl.*: *sich* ~ descansar, reposar; recrearse; *nach der Arbeit*: recobrar fuerzas; ✝ *Preise, Kurse*: recuperarse (*a.* ⚕); *Geschäfte*: mejorar; *von Verlusten*: resarcirse de; *von e-m Schreck*: serenarse; rehacerse de; ✈ aliviarse; reponerse, restablecerse; (*genesen*) convalecer; ~**sam** *adj.* recreativo; reposado, sosegado; reparador.

Er'holung *f* reposo *m*, descanso *m*; recreo *m*; ✈ restablecimiento *m*, recuperación *f*; (*Genesung*) convalecencia *f*; ✝ recuperación *f*.

Er'holungs...: 2**bedürftig** *adj.* necesitado de reposo; ~**fähigkeit** *f* capacidad *f* de recuperación; ~**gebiet** *n* zona *f* recreativa; ~**heim** *n* casa *f* de salud (*od.* de reposo); sanatorio *m*; ~**kur** *f* cura *f* de reposo; ~**pause** *f* descanso *m*; F respiro *m*; ~**reise** *f* viaje *m* de recreo; ~**urlaub** *m* vacaciones *f/pl.* de reposo.

er'hör|en (-) *v/t. Bitte, Gebet*: atender, corresponder a; 2**ung** *f* condescendencia *f* (a); ~ *finden* ser atendido (favorablemente).

'**Erika** ⚘ *f* (-; -*ken*) brezo *m*, erica *f*.

er'innern (*-re;* -) **I.** *v/t.*: *j-n an et.* ~ recordar a alg.; traer a la memoria a/c. a alg.; *j-n daran* ~, *daß* recordar a alg. que; *das erinnert mich an e-e Geschichte* esto me recuerda cierta historia; **II.** *v/refl.*: *sich* ~ (*gen. od. ac.*) acordarse de, recordar (*ac.*); hacer memoria; (*die Erinnerung wachrufen*) evocar (*ac.*); *wenn ich mich recht erinnere* si mal no recuerdo; *soviel ich mich* ~ *kann* que yo recuerde, según puedo recordar.

Er'innerung *f* recuerdo *m*; reminiscencia *f*; evocación *f*; (*Gedenken*) conmemoración *f*; (*Gedächtnis*) memoria *f*; (*Mahnung*) recordatorio *f*; *j-m et. in* ~ *bringen* (hacer recordar a/c. a alg., traer a la memoria a/c. a alg.; *zur* ~ *an* (*ac.*) en recuerdo (*od.* en memoria *bzw.* en conmemoración) de.

Er'innerungs...: ~**medaille** *f* medalla *f* conmemorativa; ~**tafel** *f* lápida *f* conmemorativa; ~**vermögen** *n* memoria *f*; retentiva *f*.

E'rinnyen *Myt. f/pl.* erinias *f/pl.*

er'jagen (-) *v/t.* ♃ *gdw.* cazar, dar caza a; *fig.* cazar, pescar, atrapar.

er'kalten (*-e-;* -; *sn*) *v/i.* enfriarse; *fig. Gefühle usw.*: *a.* entibiarse.

er'kält|en (*-e-;* -) *v/refl.*: *sich* ~ resfriarse, coger (F pescar) un resfriado, coger frío, constiparse; *er ist stark erkältet* tiene un fuerte resfriado; 2**ung** *f* enfriamiento *m*, constipado *m*, resfriado *m*, *Am.* resfrío *m*.

er'kämpfen (-) *v/t.* ganar (*od.* conseguir) luchando; *Sieg*: conseguir; *er mußte sich s-e Stellung hart* ~ tuvo que luchar duramente para conseguir su empleo.

er'kaufen (-) *v/t.* comprar; pagar; *fig. et. teuer* ~ *müssen* tener que pagar (muy) caro (por) a/c.

er'kennbar *adj.* reconocible (*an dat.*

por); (*wahrnehmbar*) perceptible; *Phil.* cognoscible; (*unterscheidbar*) distinguible.

er'kennen (*L;* -) *v/t.* reconocer (*an dat.*, *als* por); (*wahrnehmen*) percibir; (*unterscheiden*) discernir, distinguir; (*identifizieren*) identificar; ✈ *Krankheit*: diagnosticar; (*geistig erfassen*) conocer; (*einsehen*) ver, darse cuenta de; *Bib. e-e Frau*: conocer a; ⚖ conocer, entender (*in e-r Sache de od.* en una causa); ⚖ ~ *auf* (*ac.*) condenar a; ~ *lassen* sugerir, dejar ver *bzw.* entrever; *zu* ~ *geben* manifestar, exteriorizar; dar a entender; *sich zu* ~ *geben* darse a conocer; *fig.* descubrirse, quitarse la máscara; *erkenne dich selbst!* ¡conócete a ti mismo!

er'kenntlich *adj.* (*dankbar*) agradecido, reconocido; *sich j-m* ~ *zeigen für* mostrarse agradecido a alg. por; 2**keit** *f* agradecimiento *m*, reconocimiento *m*; gratitud *f*.

Er'kenntnis 1. *f* (*-;* -*se*) conocimiento *m*; (*Einsicht*) entendimiento *m*, comprensión *f*; discernimiento *m*; *Phil.* cognición *f*; *zur* ~ *kommen* reconocer su error; darse cuenta de la realidad; *in der* ~ ... reconociendo ...; **2.** ⚖ *n* (-*ses; -se*) fallo *m*, sentencia *f*; ~**theorie** *f* teoría *f* del conocimiento; ~**vermögen** *n* cognición *f*, facultad *f* cognoscitiva; entendimiento *m*.

Er'kennung *f* reconocimiento *m*; identificación *f*; ~**dienst** *m* servicio *m* de identificación; ~**marke** ⚔ *f* chapa *f* (*od.* placa *f*) de identidad; ~**melodie** *f* Radio: sintonía *f*; ~**wort** *n* contraseña *f*, santo *m* y seña; ~**szeichen** *n* (signo *m*) distintivo *m*; ✈ síntoma *m*; Radio, TV indicativo *m*.

'**Erker** *m* mirador *m*; balcón *m* salidizo; ~**fenster** *n* ventana *f* de mirador; ~**zimmer** *n* aposento *m* salidizo.

er'kiesen (*L;* -) *Poes. v/t.* elegir, escoger.

er'klär|bar *adj.* explicable; ~**en** (-) *v/t.* (*erläutern*) explicar; (*deuten*) interpretar; (*definieren*) definir; (*veranschaulichen*) ilustrar; (*darlegen*) demostrar; (*klarstellen*) poner en claro, aclarar, dilucidar; (*äußern*) manifestar, declarar, ⚖ *a.* deponer; (*kommentieren*) comentar; glosar; (*verkünden*) proclamar; ~ *für* (*od. als*) dar por, declarar; calificar de; *sich* ~ *Sache*: explicarse (*aus* por), ser debido a; *Person*: (*sich aussprechen*) declararse (*a. Liebe*), explicarse; *sich* ~ *für* (*gegen*) declararse (*od.* pronunciarse) a favor (en contra) de; *ich kann es mir nicht* ~ no puedo explicármelo, no lo comprendo; *erklärter Gegner* enemigo *m* declarado; ~**end** *adj.* explicativo; ilustrativo; aclaratorio; *bsd.* ⚖ declaratorio; ~**lich** *adj.* explicable; (*verständlich*) comprensible; (*offensichtlich*) evidente, obvio; *aus* ~**en** *Gründen* por razones comprensibles; *das ist leicht* ~ eso es fácil de explicar; *es ist mir nicht* ~, *wie* no me explico cómo; 2**ung** *f* (*Erläuterung*) explicación *f*; (*Deutung*) interpretación *f*; (*Begriffsbestimmung*) definición *f*; (*Grund*) razón *f*, motivo *m*; (*Kommentar*) comentario *m*; glosa *f*; (*Veranschaulichung*) ilustración *f*; (*Aussage*) declaración *f* (*a. Pol.*), manifestación f; ⚖ deposición f, declaración f; von j-m e-e ~ fordern pedir explicaciones a alg.; das wäre e-e ~ für s-e Handlungsweise eso explicaría su modo de proceder.

er'klecklich adj. considerable, cuantioso; bastante grande; de monta.

er'klettern (-re; -), er'klimmen (L; -) v/t. Bäume: trepar a, encaramarse en; Mauer usw.: escalar (a. fig.); Berg: a. subir a, ascender a.

er'klingen (L; -; sn) v/i. sonar, stärker: resonar; ~ lassen Lied: entonar; Gläser: chocar.

er'koren adj. elegido, escogido.

er'krank|en (-; sn) v/i. enfermar (an dat. de), caer (od. ponerse) enfermo; ~t adj.: ~ sein an estar aquejado de; 2ung f enfermedad f, dolencia f; e-s Organs: afección f, 2ungsfall m: im ~ en caso de enfermedad.

er'kühnen (-) v/refl.: sich ~ zu atreverse a; osar (inf.); tener la osadía (od. el atrevimiento) de.

er'kunden (-e-; -) v/t. explorar; ⚔ a. reconocer; die Lage: sondear.

er'kundig|en (-) v/refl.: sich ~ informarse (nach dat., über ac. de, sobre), enterarse de; preguntar por; sich bei j-m über et. ~ preguntar a/c. a alg.; pedir a alg. informes sobre a/c.; 2ung f información f; informe m; ~en einziehen tomar informes, recoger informaciones.

Er'kundung ⚔ f reconocimiento m, exploración f; ~sflug m vuelo m de reconocimiento.

er'künsteln (-le; -) v/t. afectar, fingir, simular.

er'lahmen (-; sn) v/i. paralizarse; ✝ a. quedar paralítico, baldarse, tullirse; fig. ir debilitándose; Kräfte: desfallecer, flaquear; Interesse: decaer.

er'lang|en (-) v/t. (erreichen) alcanzar; (bekommen) obtener, conseguir, lograr; (erwerben) adquirir; (gewinnen) ganar; 2ung f obtención f; consecución f, logro m; adquisición f.

Er'laß m (-sses; -sse) 1. (Befreiung) exención f; dispensa f; ⚖ e-r Strafe: remisión f; ✝ e-r Schuld: condonación f; 2. (Verordnung) decreto m; bando m; edicto m; e-s Gesetzes: promulgación f.

er'lassen (L; -) v/t. Schuld: perdonar; Geldschuld: condonar; Strafe: remitir; ⚖ indultar (j-m et. a alg. de a/c.); Befehl: dar, decretar; Verordnung: dictar; (veröffentlichen) publicar; Gesetz: dictar, promulgar; j-m et. ~ eximir, dispensar a alg. de a/c.

er'läßlich adj. remisible; dispensable; perdonable.

Er'lassung f ~ Erlaß.

er'lauben (-) v/t. permitir; (dulden) consentir, tolerar, sufrir; behördlich: autorizar; j-m et. ~ permitir a alg. (hacer) a/c.; dar (od. conceder) permiso (bzw. autorización) a alg. para hacer a/c.; sich ~, zu (inf.) permitirse (inf.), tomarse la libertad de (inf.); sich et. ~ (gönnen) permitirse a/c.; sich zuviel ~ tomarse libertades, propasarse; wenn Sie ~ con su permiso; ~ Sie! permítame (usted); was ~ Sie sich? ¿cómo se atreve usted?

Er'laubnis f (-; -se) permiso m; behördlich: licencia f; (Ermächtigung) autorización f; (Zustimmung) consentimiento m; um ~ bitten pedir permiso (j-n a alg.; für para); solicitar licencia; ~ erteilen dar (od. conceder) permiso bzw. licencia; autorizar; ~schein m permiso m; licencia f.

er'laubt adj. permitido, autorizado; (zulässig) lícito; admisible.

er'laucht adj. ilustre, augusto, egregio.

er'lauschen (-) v/t. escuchar decir a/c.; escuchar disimuladamente.

er'läuter|n (-re; -) v/t. explicar; aclarar, dilucidar; ilustrar; (kommentieren) comentar; durch Beispiele: ejemplificar; ~nd adj. explicativo; aclaratorio; ilustrativo; 2ung f explicación f; aclaración f, dilucidación f; ilustración f; comentario m; (Anmerkung) nota f explicativa; apostilla f.

'Erle ♀ f aliso m.

er'leb|en v/t. (erfahren) experimentar; vivir; (durchmachen) atravesar, sufrir, pasar (por); (dabeisein) ver, presenciar, ser testigo de; (kennenlernen) conocer; Abenteuer usw.: tener; wir werden es ja ~ ya veremos; vivir para ver; das wirst du nicht mehr ~ no llegarás a verlo; hat man schon so etwas erlebt? ¿habráse visto cosa igual?; er will et. ~ quiere divertirse; F der kann was ~ ¡ya a ver lo que le aguarda!; 2ensfallversicherung f seguro m en caso de vida; 2nis n (-sses; -se) experiencia f; vivencia f; (Ereignis) acontecimiento m; suceso m; (Abenteuer) aventura f; lance m.

er'ledig|en (-) v/t. (beenden) terminar, acabar, ultimar; (durchführen) efectuar, llevar a cabo, ejecutar; (aus der Welt schaffen) liquidar; (in Ordnung bringen) arreglar; amtlich: gestionar; auf dem Dienstweg: tramitar; Auftrag: cumplir; Post, Arbeit, Geschäft: despachar; Frage, Streit: resolver; F j-n ~ (ruinieren) arruinar a (od. acabar con) alg.; (umbringen) matar (F liquidar, P cargarse) a alg.; damit ~ sich die übrigen Punkte con esto quedan resueltas las demás cuestiones; ~t adj. 1. terminado; (Aktenvermerk) archívese; arreglado; (es ist) schon ~ ya está (hecho); 2. fig. (erschöpft) F molido, rendido, hecho polvo; F er ist ~ (ruiniert) está arruinado (od. F no cuenta para nada); F der ist für mich ~ ya no quiero saber nada más de él; 2ung f terminación f; conclusión f; ejecución f; liquidación f; arreglo m; gestión f; tramitación f; cumplimiento m; despacho m; solución f; ultimación f.

er'leichter|n (-re; -) v/t. (vereinfachen) facilitar; Gewicht: aligerar; Not, Schmerz: aliviar, mitigar; Gewissen: descargar; sich (od. sein Herz) ~ desahogarse; sich ~ (s-e Notdurft verrichten) hacer sus necesidades; F man hat mir m-e Geldbörse erleichtert F me han mangado mi monedero; erleichtert aufatmen dar un suspiro de alivio; 2ung f facilitación f; aligeramiento m; alivio m; descargo m; desahogo m; facilidades f/pl.

er'leiden (L; -) v/t. (erdulden) soportar, aguantar; Niederlage, Verlust, Schaden: sufrir; Veränderungen: experimentar; den Tod ~ morir.

er'lern|bar adj.: leicht (schwer) ~ fácil (difícil) de aprender; ~en (-) v/t. aprender; 2en n aprendizaje m; estudio m.

er'lesen adj. escogido; selecto; exquisito; de excelente calidad.

er'leucht|en (-e-; -) v/t. alumbrar; iluminar (a. fig.); fig. ilustrar, esclarecer; inspirar; 2ung f iluminación f; fig. ilustración f, esclarecimiento m; (Einfall) inspiración f, intuición f.

er'liegen (L; -; sn) v/i. e-r Versuchung, Krankheit usw.: sucumbir (dat. bzw. an dat. a); (sterben an) morir de; zum ♀ bringen Verkehr usw.: paralizar, Neol. colapsar; zum ♀ kommen quedar paralizado, verse colapsado.

er'listen (-e-; -) v/t. lograr con astucia a/c.

'Erlkönig Myt. m rey m de los elfos.

er'logen adj. falso, inventado; ficticio; das ist ~ es una mentira (F patraña).

Er'lös m (-es; -e) producto m, ingresos m/pl., beneficio m; e-r Veranstaltung: recaudación f.

er'löschen (L; -; sn) I. v/i. apagarse; extinguirse (a. fig. Leben usw.); Firma: dejar de existir; Frist, Vertrag: caducar, expirar, vencer; Ansprüche: prescribir; II. ♀ n extinción f; caducidad f, expiración f, vencimiento m; prescripción f.

er'loschen adj. extinguido, extinto (a. fig. u. Vulkan); Stimme: apagado; (verfallen) caducado.

er'lös|en (-t; -) v/t. salvar; Rel. a. redimir; (befreien) liberar, libertar; fig. librar de; (loskaufen) rescatar, redimir; fig. das erlösende Wort sprechen romper el hielo; 2er m Rel. Redentor m, Salvador m; Pol. libertador m; 2ung f liberación f; Rel. a. redención f (Befreiung); (Loskauf) rescate m, redención f; (Erleichterung) alivio m.

er'lügen (L; -) v/t. mentir, inventar.

er'mächtig|en (-) v/t. autorizar, habilitar (zu para); dar poder, bsd. ✝ apoderar; 2ung f autorización f, poder m; 2ungsgesetz n ley f de plenos poderes.

er'mahn|en (-) v/t. exhortar; amonestar; (warnen) prevenir, advertir; ~end adj. exhortador; amonestador; 2ung f exhortación f; amonestación f; (Warnung) advertencia f (a. Sport).

er'mangel|n (-le; -) v/i. (gen.) carecer de, tener falta; echar de menos a/c.; uns ermangelt die Übung nos falta la práctica; 2ung f (0) falta f, carencia f; in ~ (gen.) a falta de, en defecto de; careciendo de; in ~ e-s Besseren a falta de mejor cosa.

er'mannen (-) v/refl.: sich ~ recobrar el valor; sacar fuerzas de flaqueza, F hacer de tripas corazón.

er'mäßig|en [-ε:-] (-) v/t. disminuir, rebajar; Preise: a. reducir (auf ac. en); zu ermäßigten Preisen a precios reducidos; 2ung f reducción f, rebaja f, disminución f.

er'matt|en (-e-; -) I. v/t. cansar, fatigar; II. v/i. cansarse, fatigarse, stärker: agotarse; (nachlassen) desfallecer, flaquear, debilitarse; Interesse usw.: decaer; ~et adj. cansado; fatigado; agotado; extenuado; 2ung f (0) cansancio m; fatiga f; agotamien-

ermessen — erquicklich 170

to *m*; lasitud *f*; desfallecimiento *m*.
er'messen (*L*; -) **I.** *v/t.* medir; (*abschätzen*) estimar, apreciar; (*berechnen*) calcular; (*beurteilen*) juzgar; (*erwägen*) considerar; (*begreifen*) comprender, concebir; **II.** ⚥ *n* juicio *m*; discreción *f*; parecer *m*; criterio *m*; ⚥ poder *m* discrecional; *nach freiem* ~ *a su albedrío* (*od.* arbitrio); *a discreción*; *nach m-m* ~ en mi opinión, a mi parecer, a mi juicio; *nach menschlichem* ~ según puede preverse (*od.* juzgarse); *ich stelle es in Ihr* ~ lo dejo a su discreción (*od.* a su buen criterio); *nach bestem* ~ según su mejor criterio; ⚥**mißbrauch** *m* abuso *m* de poder.
er'mitteln (-*le*; -) *v/t.* averiguar; *bsd. polizeilich*: indagar; (*entdecken*) descubrir, hallar; (*feststellen*) determinar; establecer; comprobar; *Ort, Aufenthalt*: localizar; *j-s Identität* ~ identificar a alg.; *nicht zu* ~ *Neol.* ilocalizable; ⚥ *gegen j-n* ~ instruir el sumario.
Er'mittlung *f* averiguación *f*; descubrimiento *m*; (*Feststellung*) determinación *f*; establecimiento *m*; comprobación *f*; (*Untersuchung*) investigación *f*; encuesta *f*; *polizeiliche*: pesquisa *f*, indagación *f*; ~**en anstellen** hacer una investigación (*über ac.* sobre); *polizeilich*: hacer pesquisas (sobre); efectuar (*od.* instruir) diligencias; ~**s-ausschuß** *m* comisión *f* investigadora; ~**srichter** ⚥ *m* juez *m* instructor; ~**sverfahren** ⚥ *n* sumario *m*.
er'möglichen (-) *v/t.* facilitar, posibilitar, hacer posible (*od.* factible) (*j-m et.* a/c. a alg.).
er'mord|en (-*e*-; -) *v/t.* asesinar; ⚥**ung** *f* asesinato *m*.
er'müd|en (-*e*-; -) *v/t. u. v/i.* → *ermatten*; ~**d** *adj.* fatigoso, cansado; *fig.* fastidioso, molesto.
Er'müdung *f* cansancio *m*; fatiga *f* (*a.* ⊕); *stärker*: agotamiento *m*; (*Mattigkeit*) lasitud *f*; ~**s-erscheinung** *f* síntoma *m* de fatiga; ~**s-festigkeit** *Met. f* resistencia *f* a la fatiga; ~**sgrenze** ⊕ *f* límite *m* de fatiga.
er'munter|n (-*re*; -) *v/t.* despertar; *fig. j-n*: animar, avivar; (*anregen*) estimular, excitar, alentar (*zu et.* a hacer a/c.); (*aufheitern*) alegrar; *sich* ~ despertarse; animarse, cobrar ánimos; alegrarse, ⚥**ung** *f* animación *f*; estimulación *f*, excitación *f*; (*Anreiz*) estímulo *m*; incentivo *m*.
er'mutig|en (-) *v/t.* animar, alentar (*j-n zu et.* a alg. a hacer a/c.); ~**end** *adj.* alentador; estimulante; ⚥**ung** *f* animación *f*; estímulo *m*.
er'nähr|en (-) *v/t.* alimentar, nutrir; (*erhalten*) sustentar, mantener; *sich* ~ *von* alimentarse de; vivir de (*a. fig.*); ⚥**er** *m* e-r *Familie*: mantenedor *m* (*fig.* sostén *m*) de la familia; ⚥**ung** *f* alimentación *f*, *bsd. Physiol.* nutrición *f*; (*Nahrung*) dieta *f*; (*Unterhalt*) sustento *m*.
Er'nährungs...: *in Zssgn* alimenticio, alimentario; *bsd. Physiol.* nutricional; ~**faktor** *m* factor *m* nutritivo; ~**gewohnheiten** *f/pl.* hábitos *m/pl.* alimenticios; ~**krankheit** *f* enfermedad *f* nutricional; ~**kunde** *f* bromatología *f*, dietética *f*; trofología *f*;

~**physiologe** *m* nutricionista *m*; ~**störung** *f* trastorno *m* nutricional; ~**therapie** *f* trofoterapia *f*; ~**weise** *f* régimen *m* alimenticio, dieta *f*; ~**wirtschaft** *f* economía *f* de la alimentación; ~**wissenschaft** *f* → ~**kunde**; ~**wissenschaftler** *m* bromatólogo *m*; nutricionista *m*; ~**zustand** *m* estado *m* de nutrición.
er'nenn|en (*L*, -) *v/t.* nombrar; designar; *er wurde zum Vorsitzenden ernannt* fue nombrado (*od.* designado para el cargo de) presidente; ⚥**ung** *f* nombramiento *m*; designación *f*; ⚥**ungs-urkunde** *f* nombramiento *m*; credencial *f*.
er'neuer|n (-*re*; -) *v/t.* renovar (*a. Vertrag*); *Beschädigtes*: restablecer; (*reparieren*) reparar; *Gemälde, Gebäude*: restaurar; *Beziehungen*: reanudar; (*auswechseln*) cambiar; (*wiederholen*) reiterar; (*neu beleben*) reavivar; regenerar.
Er'neuerung *f* renovación *f*; restauración *f*; reanudación *f*; cambio *m*; ~**sschein** ✝ *m* talón *m* de renovación.
er'neut **I.** *adj.* repetido, reiterado; **II.** *adv.* de nuevo, otra vez.
er'niedrig|en (-) *v/t.* (re)bajar; *Preise*: *a.* reducir, disminuir; ♪ (a)bemolar, bajar; *fig.* (*a. sich* ~) degradar(se), envilecer(se); (*demütigen*) humillar(se), rebajar(se); ~**end** *adj.* degradante, envilecedor; humillante; ⚥**ung** *f* degradación *f*, envilecimiento *m*; humillación *f*, rebajamiento *m*; *Preise*: rebaja *f*, reducción *f*; ⚥**ungszeichen** ♪ *n* bemol *m*.
Ernst[1] *m* (*Vorname*) Ernesto *m*.
Ernst[2] *m* (-*es*; 0) seriedad *f*; gravedad *f* (*a. der Lage usw.*); (*Wesen*) formalidad *f*; (*Strenge*) severidad *f*, rigor *m*; (*Würdigkeit*) solemnidad *f*; *im* ~ *en serio*, de veras, de verdad; *allen* ~**es** seriamente, (muy) en serio; *in vollem* ~ con toda seriedad; muy en serio; ~ *machen mit* comenzar en serio (*ac.*); *et. im* ~ *meinen* tomar *bzw.* decir a/c. en serio; *es ist mein voller* ~ *hablo* (*od.* lo digo) muy en serio; *ist das Ihr* ~? ¿de veras?; ¿(habla usted) en serio?; *das ist nicht dein* ~! ¡estás bromeando!; *wollen Sie das im* ~ *behaupten*? ¿lo dice en serio?
ernst (-*est*) *adj.* serio; (*bedrohlich*) grave, crítico; (*feierlich*) solemne; formal; (*streng*) severo, riguroso; *et.* ~ *meinen* decir en serio; *et. od. j-n* ~ *nehmen* tomar a/c. *od.* alg. en serio; *et. nicht* ~ *nehmen* tomar a/c. en broma (*od.* F a cachondeo); *et. zu* ~ *nehmen* tomar a/c. por lo serio; *die Sache wird* ~ la cosa se pone seria; *jetzt wird's* ~! ahora va de veras; *wenn es* ~ *wird* a la hora de la verdad; *es ist nichts* ⚥*es* no es nada grave.
'**Ernst...**: ~**fall** *m* emergencia *f*; *im* ~ en caso de peligro *bzw.* de urgencia; ⚔ en caso de guerra; ⚥**gemeint** *adj.* serio; ⚥**haft** *adj.* serio, grave; formal, ⚥**lich I.** *adj.* serio, grave; **II.** *adv.* seriamente, gravemente; ~ *krank* gravemente enfermo.
'**Ernte** *f* cosecha *f* (*a. fig.*); recolección *f*; (*Getreide*⚥) mies *f*, (*Mahd*) siega *f*; (*Wein*⚥) vendimia *f*; (*Zucker*⚥, *Öl*⚥) zafra *f*; ~**arbeit** *f* faenas *f/pl.* de la recolección; ~**arbeiter** *m* agostero *m*; segador *m*; bracero *m* (del cam-

po); *Am.* peón *m*; ~**ausfall** *m* pérdida *f* de la cosecha; ~**aussichten** *f/pl.* perspectivas *f/pl.* de cosecha; ~**dankfest** *n* acción *f* de gracias por la cosecha; ~**maschine** *f* cosechadora *f*.
'**ernten** (-*e*-) *v/t.* cosechar (*a. fig.*), recoger, recolectar (*ac.*), hacer la recolección.
'**Ernte...**: ~**schäden** *m/pl.* daños *m/pl.* de la cosecha; ~**segen** *m* cosecha *f* abundante; ~**versicherung** *f* seguro *m* de cosechas; ~**zeit** *f* tiempo *m* de la cosecha, época *f* de recogida (*od.* de la recolección).
er'nüchter|n (-*re*; -) *v/t.* desembriagar, desemborrachar; *fig.* desengañar, desilusionar, desencantar; ⚥**ung** *f* desencanto *m*, desilusión *f*.
Er'ober|er *m* conquistador *m*; ⚥**n** (-*re*; -) *v/t.* conquistar (*a. fig.*); *Stadt*: *a.* tomar; ~**ung** *f* conquista *f* (*a. fig.*); *Stadt*: *a.* toma *f*; ~**ungskrieg** *m* guerra *f* de conquista; ⚥**ungslustig** *adj.* conquistador.
er'öff|nen (-*e*-; -) *v/t.* **1.** abrir (*a. Geschäft, Sitzung, Kredit, Konto, Aussichten*); *feierlich*: inaugurar; (*beginnen*) empezar, comenzar, dar comienzo a; **2.** (*mitteilen*) manifestar, declarar; comunicar, hacer saber, *förmlich*: notificar; *j-m et.* ~ descubrir (*od.* revelar) a/c. a alg.; informar a alg. de a/c.; *sich* ~ *Möglichkeit*: presentarse, ofrecerse; *sich j-m* ~ desahogarse con alg.; ⚥**nung** *f* abertura *f*; apertura *f* (*a.* ✝, ⚥ *u. Schach*); inauguración *f*; comienzo *m*; manifestación *f*, declaración *f*; comunicación *f*; notificación *f*; revelación *f*.
Er'öffnungs...: ~**ansprache** *f* discurso *m* inaugural (*od.* de apertura); ~**beschluß** ⚥ *m* auto *m* de procesamiento (*od.* de apertura); ~**bilanz** *f* balance *m* de apertura; ~**feier** *f* acto *m* (*od.* ceremonia *f*) inaugural; ~**kurs** ✝ *m* cambio *m* (*od.* cotización *f*) de apertura; ~**sitzung** *f* sesión *f* inaugural (*od.* de apertura).
er'örter|n (-*re*; -) *v/t.* discutir, debatir; ventilar; ⚥**ung** *f* discusión *f*, debate *m*; *zur* ~ *stehen* estar sometido a discusión; estar sobre el tapete.
Erosi'on *Geol. f* erosión *f*.
E'ro|tik *f* (0) erotismo *m*; ⚥**tisch** *adj.* erótico.
'**Erpel** *m* (-*s*; -) pato *m* (macho).
er'picht *adj.*: ~ *auf* (*ac.*) ávido de; ansioso de; apasionado por; *auf Geld usw.*: codicioso de, sediento de; *sehr* ~ *sein auf* estar loco por; desvivirse por.
er'press|en (-*βt*; -) *v/t.* extorsionar, *gal.* chantajear, hacer chantaje a; ⚥**er**(*in f*) *m* chantajista *m/f, Neol.* extorsionista *m/f*, extorsionador(a *f*) *m*; ⚥**ung** *f* chantaje *m*; extorsión *f*; ⚥**ungsversuch** *m* tentativa *f* de chantaje; intento *m* de extorsión.
er'prob|en (-) *v/t.* probar, ensayar; someter a prueba; experimentar; ~**t** *adj.* probado, a toda prueba; (*erfahren*) experimentado; experto; (*zuverlässig*) seguro; ⚥**ung** *f* prueba *f*, ensayo *m*.
er'quick|en (-) *v/t.* (*erfrischen*) refrescar; reanimar; (*ergötzen*) recrear; ~**end** *adj.* refrescante, recreativo; *Schlaf*: reparador; ~**lich** *adj.* agradable; *iro. nicht sehr* ~ poco edifican-

Erquickung — Erschütterung

te; 2ung f refrescamiento m, refresco m; recreo m; recreación f.
er'raten (L; -) v/t. adivinar; Rätsel: resolver; Lösung: acertar.
er'ratisch Geol. adj. errático.
er'rechnen (-e-; -) I. v/t. calcular, computar; II. 2 n cálculo m, cómputo m.
er'reg|bar adj. excitable; irritable; (empfindlich) sensible; susceptible; 2barkeit f (0) excitabilidad f; irritabilidad f; sensibilidad f; susceptibilidad f; ~en (-) v/t. excitar (a. ⚡); Gemüt: conmover, emocionar; (reizen) irritar; (anstacheln) estimular, incitar; (erzürnen) enojar, encolerizar, enfurecer; (verursachen) causar, provocar, originar; (aufregen) agitar; Argwohn, Interesse, Begierde: despertar; Streit: promover, suscitar; Appetit: abrir, despertar; Aufsehen, Bewunderung, Freude, Neid: causar; Zorn: provocar; Gelächter ~ mover a risa, hacer reír; sich ~ excitarse usw.; zürnend: enojarse; indignarse, irritarse; Gemüt: acalorarse; ~end adj. excitante; (rührend) conmovedor; emocionante; 2er m ⚡ excitador m; ✱ agente m (od. germen m) patógeno; 2erspannung ⚡ f tensión f (od. voltaje m) de excitación; 2erstrom ⚡ m corriente f de excitación; ~t adj. excitado; agitado; irritado; emocionado; sexuell: caliente; Debatte usw.: acalorado; Zeit: turbulento; 2ung f excitación f (a. ⚡ u. ✱); agitación f; acaloramiento m; irritación f; emoción f; provocación f; ⚖ ~ öffentlichen Ärgernisses escándalo m público.
er'reich|bar adj. asequible, accesible, al alcance de; fig. a. realizable; alcanzable; leicht ~ fácil de alcanzar, alcanzadizo; ~en (-) v/t. alcanzar; e-n Ort: llegar a; fig. conseguir, lograr; obtener; (gleichkommen) igualar (en); das Ufer ~ ganar la orilla; wo kann ich Sie (telefonisch) ~? ¿a dónde puedo llamarle (por teléfono)?; nichts wurde erreicht todo fue en vano, no se consiguió nada; 2ung f (0) logro m; consecución f; obtención f.
er'rett|en (-e-; -) v/t. salvar (von, aus de); (befreien) libertar; 2er(in f) m salvador(a f) m; libertador(a f) m; Rel. → Erlöser; 2ung f (0) salvación f; salvam(i)ento m; liberación f; Rel. → Erlösung.
er'richt|en (-e-; -) v/t. erigir; levantar (a. ⚕); edificar, construir; fig. (gründen) fundar, crear, establecer, constituir; Geschäft: abrir, montar; Testament: otorgar; 2ung f (0) erección f; edificación f, construcción f; fundación f, creación f; establecimiento m; constitución f; e-s Testamentes: otorgamiento m.
er'ringen (L; -) v/t. conseguir (luchando; Erfolg: obtener; Preis: a. ganar; den Sieg ~ conseguir la victoria, triunfar; salir victorioso.
er'röten (-e-; -; sn) I. v/i. ruborizarse, F ponerse colorado; vor Scham: sonrojarse; II. 2 n rubor m; sonrojo m; j-n zum ~ bringen sacarle a alg. los colores (a la cara).
Er'rungenschaft f adquisición f; conquista f; fig. avance m, adelanto m; ~sgemeinschaft ⚖ f comunidad f de gananciales.

Er'satz m (-es; 0) sustitución f, re(e)mplazo m; (Vergütung) compensación f; (Entschädigung) indemnización f; (Gegenwert) equivalente m; (Wiedergutmachung) reparación f; (Rückerstattung) restitución f, reintegro m; (Produkt) sustitutivo m; sucedáneo m; ✂ reserva f; Chir. prótesis f; als ~ für en compensación bzw. sustitución de; (Belohnung) en recompensa de; ~ leisten für indemnizar bzw. compensar por; als ~ dienen für hacer las veces de; ~anspruch m derecho m a indemnización; reclamación f por daños y perjuicios; ~bank f Sport: banquillo m; ~batterie f pila f de recambio; ~dienst ✂ m servicio m sustitutorio; ~einheit ✂ f unidad f de reserva; ~erbe ⚖ m sustituto m vulgar; zum ~n einsetzen sustituir; ~kaffee m sucedáneo m de café; ~kasse f caja f de enfermedad asimilada a la oficial; ~leistung f indemnización f, pago m de daños; ~mann m (-es; ⸚er od. -leute) sustituto m, suplente m; Sport: a. reserva m; ~mine f Kugelschreiber: mina f de recambio; ~pflicht f obligación f de indemnizar; ~produkt n sucedáneo m; ~rad Kfz. n rueda f de recambio (od. de repuesto); ~reifen m neumático m de repuesto (od. de recambio); ~spieler m Thea. sustituto m; Sport: suplente m, reserva m; ~stoff m sustitutivo m; ~teil ⊕ n pieza f de recambio (od. de repuesto); ~wahl f elección f complementaria; 2weise adv. en sustitución de.
er'saufen P (L; -; sn) v/i. ahogarse (a. Motor); ⚓ inundarse.
er'säufen (-) v/t. ahogar; F s-n Kummer ~ ahogar sus penas en alcohol.
er'schaff|en (L; -) v/t. crear; (erzeugen) producir, hacer; 2er(in f) m creador(a f) m; 2ung f (0) creación f.
er'schallen (-; -; sn) v/i. (re)sonar; (dumpf) retumbar; Gelächter: estallar.
er'schauern (-re; -; sn) v/i. estremecerse; vor Angst, Kälte usw.: temblar (vor de); sentir escalofríos.
er'scheinen (L; -) v/i. I. v/i. allg. aparecer; (den Anschein haben) parecer; (sich offenbaren) manifestarse; revelarse; Zeitpunkt: llegar, venir; (auftauchen) surgir; emerger; (sich zeigen) presentarse, mostrarse; dejarse ver; hacer acto de presencia; bei e-m Fest usw.: concurrir a; Buch: publicarse, salir; soeben erschienen acaba de publicarse; vor Gericht ~ comparecer en juicio; nicht ~ no presentarse, faltar; am Fenster ~ asomarse a la ventana; II. 2 n aparición f; e-s Buches: publicación f; vor Gericht: comparecencia f.
Er'scheinung f aparición f; (Traumbild) a. visión f; (Vorgang, Natur2) fenómeno m; (Anzeichen) signo m; ✱ síntoma m; (Auftreten) presentación f; (äußere ~) apariencia f; físico m; (Aussehen) aspecto m; figura f; in ~ treten presentarse, manifestarse f, surgir, entrar en escena; (fühlbar werden) hacerse (od. dejarse) sentir.
Er'scheinungs...: ~bild Bio. n fenotipo m; ~form f apariencia f; aspecto m; ~jahr n año m de publicación;

~welt f (0) mundo m visible (od. físico).
Er'schienene(r m) m/f ⚖ compareciente m/f.
er'schieß|en (L; -) v/t. matar (od. dar muerte) a tiros; (hinrichten) fusilar, pasar por las armas; sich ~ matarse de un tiro, F pegarse un tiro, saltarse la tapa de los sesos; F fig. ich bin völlig erschossen estoy hecho polvo; 2ung f (Hinrichtung) fusilamiento m; 2ungskommando n piquete m (od. pelotón m) de ejecución.
er'schlaff|en (-) I. (sn) v/i. relajarse (a. Muskel); aflojarse; fig. a. debilitarse, extenuarse, languidecer; II. v/t. relajar; (erschöpfen) extenuar, debilitar; enervar; 2ung f relajación f; aflojamiento m; debilitación f; ✱ atonía f; flaccidez f (a. Haut).
er'schlagen (L; -) I. v/t. matar (a golpes); vom Blitz ~ werden ser fulminado, morir electrocutado; II. Γ adj. (verblüfft) atónito, estupefacto; (erschöpft) rendido, F molido, hecho polvo.
er'schleich|en (L; -) v/t. obtener por astucia; captar; sich j-s Gunst ~ insinuarse en el ánimo de alg.; 2ung f captación f; ⚖ subrepción f.
er'schließ|en (L; -) v/t. abrir (a. Absatzmärkte usw.); Quelle: alumbrar, (nutzbar machen) explotar, poner en explotación; Baugelände, Gebiet: urbanizar; (folgern) inferir, deducir; Wort: derivar; sich ~ Blüte usw.: abrirse; sich j-m ~ abrir su pecho a alg.; 2ung f apertura f; puesta f en explotación (od. cultivo); alumbramiento m; urbanización f; von Bodenschätzen: aprovechamiento m.
er'schmeicheln (-le; -) v/t. captar; sich j-s Gunst ~ granjearse el favor de alg.
er'schöpf|en (-) v/t. agotar; apurar (beide a. fig.); Thema: a. tratar exhaustivamente; (ermüden) cansar, fatigar; völlig: extenuar; ~end I. adj. agotador; exhaustivo (a. fig.); II. adv. a fondo, por extenso; exhaustivamente; ~t adj. agotado, exhausto; (ermüdet) a. cansado; fatigado, F rendido; 2ung f (0) agotamiento m; cansancio m, stärker: fatiga f; extenuación f.
er'schrecken I. (-) v/t. asustar; dar un susto a; stärker: espantar, aterrar; plötzlich: sobresaltar; j-n zu Tode ~ dar a alg. un susto mortal; II. (L; -; sn) v/i. u. sich ~ asustarse, llevarse un susto; espantarse (über ac. de); sobresaltarse; III. 2 n susto m; espanto m, terror m; plötzliches: sobresalto m; ~d adj. espantoso, terrible, horrible; alarmante.
er'schrocken adj. asustado; espantado, aterrado, horrorizado; atemorizado; sobresaltado.
er'schütter|n (-re; -) v/t. sacudir; fig. estremecer; Gesundheit usw.: quebrantar; Vertrauen: hacer perder; (rühren) conmover, afectar, impresionar; emocionar; das konnte ihn nicht ~ no le causó ninguna impresión, F se quedó tan fresco; ~nd adj. estremecedor; (ergreifend) conmovedor, impresionante; emocionante; 2ung f sacudida f; conmoción f (a. ✱); choque m; ⊕ vibración f, trepidación f; fig. (Rührung) emoción f;

~ungsfrei ⊕ *adj.* exento de vibraciones.

er'schwer|en (-) *v/t.* dificultar; complicar; hacer más difícil; *(behindern)* poner trabas a, entorpecer, obstaculizar; *(verschlimmern)* agravar; **~end** *adj.* agravante (a. ⚖); **~er Umstand** (circunstancia *f*) agravante *f*; **2ung** *f* complicación *f*; agravación *f*; *(Behinderung)* estorbo *m*.

er'schwindeln (*-le;* -) *v/t.* obtener fraudulentamente *(od.* con trampas); estafar, F timar.

er'schwing|en (*L;* -) *v/t.:* et. ~ können poder pagar a/c.; **~lich** *adj.* asequible; zu **~en Preisen** a precios razonables, F al alcance de todos los bolsillos.

er'sehen (*L;* -) *v/t.* ver *(aus* de); *(entnehmen)* saber *(od.* enterarse por; *daraus ist zu ~, daß* de ello se infiere *(od.* deduce, desprende) que.

er'sehnen (-) *v/t.* ansiar, anhelar; añorar; esperar con ilusión.

er'setz|bar *adj.* re(e)mplazable, sustituible; ⊕ *a.* cambiable; *Schaden:* reparable, resarcible; *Ausgaben:* reembolsable; *Verlust:* recuperable; compensable; **~en** (*-t;* -) *v/t.* re(e)mplazar, sustituir *(durch* por); *(vertreten)* hacer las veces de; *Schaden:* reparar; *(entschädigen)* indemnizar, resarcir (a/c.); compensar; *(wiedererstatten)* restituir; *Auslagen:* re(e)mbolsar, reintegrar; ⊕ *(auswechseln)* cambiar; **2ung** *f* (0) sustitución *f*; reparación *f*; resarcimiento *m*; indemnización *f*; compensación *f*; reembolso *m*; reintegro *m*; restitución *f*.

er'sichtlich *adj.* visible, evidente, manifiesto; obvio; *ohne* **~en Grund** sin motivo evidente; *daraus wird* ~ de ello se desprende.

er'sinnen (*L;* -) *v/t.* imaginar, idear, concebir; *(erfinden)* inventar.

er'sitz|en (*L;* -) ⚖ *v/t.* usucapir, adquirir por usucapión; **2ung** ⚖ *f* (0) usucapión *f*, prescripción *f* adquisitiva.

er'spähen (-) *v/t.* divisar, espiar; atisbar.

er'spar|en (-) *v/t.* ahorrar (a. *fig.),* economizar; *fig.* evitar (*j-m* et. a/c. a alg.); *~ Sie sich die Mühe* no se moleste usted; **2nis** *f* (-; *-se)* ahorro *m* (*an dat.* de); economía *f*.

er'sprießlich *adj. (nützlich)* útil, provechoso; *(heilsam)* saludable; *(vorteilhaft)* ventajoso; F *wenig* ~ poco edificante; **2keit** *f* (0) utilidad *f*, provecho *m*.

erst I. *adv.* primero, primeramente; en primer lugar; *(anfangs)* al principio, al comienzo; *(zuvor)* antes, previamente; ante todo, sobre todo; *(bloß)* sólo, solamente, tan sólo; nada más que; *(nicht früher als)* no antes de; no hasta que; *eben* ~ ahora mismo, en este (mismo) instante (*od.* momento); ~ *als* sólo *(Am.* recién) cuando; ~ *dann* sólo entonces; ~ *jetzt* sólo ahora; precisamente ahora; *Am.* recién ahora; ~ *gestern* sólo *(Am.* recién) ayer; ayer mismo; ~ *kürzlich* hace poco, últimamente, recientemente; *er kommt* ~ *morgen* no vendrá hasta mañana; *er ist eben* ~ *gekommen* acaba de venir; *wenn du* ~ *abgereist bist* una vez partido; ~ *recht* tanto más (*wo cuanto que, wenn cuando)*; con mayor razón; *jetzt* ~ *recht!* ahora más (que nunca); *jetzt* ~ *recht nicht* ahora sí que no, ahora menos que nunca; *und ich* ~*!* ¡y yo!; *wäre er doch* ~ *hier!* ¡ojalá estuviera aquí!; **II.** *adj.* → **erste**.

er'stark|en (-; *sn)* *v/i.* fortalecerse, robustecerse; **2ung** *f* fortalecimiento *m*.

er'starr|en (-; *sn)* *v/i. Glieder:* entumecerse, envararse; *vor Kälte:* arrecirse, pasmarse (de frío); *(starr werden)* ponerse rígido *(od.* tieso); *Phys.* ⌂ solidificarse; *(gerinnen)* cuajarse; *(gefrieren)* helarse, congelarse; *fig. vor Schreck usw.:* quedar petrificado, quedarse de piedra *(od.* de una pieza); *das Blut erstarrte ihm in den Adern* la sangre se le heló en las venas; **~t** *adj.* entumecido, envarado; *(starr)* rígido, tieso; *(erstaunt)* estupefacto, pasmado; *fig. er stand wie* ~ se quedó de piedra; **2ung** *f* (0) entumecimiento *m*, envaramiento *m*; *(Starrheit)* rigidez *f*; *(Staunen)* estupor *m*, estupefacción *f*; *(Gefrieren)* congelación *f*; ⌂, *Phys.* solidificación *f*; **2ungspunkt** *Phys. m* punto *m* de solidificación.

er'statt|en (*-e-;* -) *v/t.* restituir, devolver; *Kosten:* reintegrar, re(e)mbolsar; *Bericht* ~ *über ac.* dar cuenta de, informar sobre; ⚖ *Anzeige* ~ presentar (una) denuncia; **2ung** *f* restitución *f*, devolución *f*; *(Rückzahlung)* re(e)mbolso *m*, reintegro *m*; *e-s Berichts:* presentación *f* (de un informe).

'Erst-aufführung *f Thea.* estreno *m*; ♪ *a.* primera audición *f*; **~s-theater** *n (Kino)* cine *m* de estreno.

er'staunen (-) **I.** *v/i. (sn)* admirarse, asombrarse, maravillarse *(über ac.* de); quedar asombrado *(od.* maravillado) de; *(überrascht sein)* sorprenderse, quedar sorprendido de; **II.** *v/t.* asombrar; sorprender; **III.** **2** *n* asombro *m*; admiración *f*; *(Überraschung)* sorpresa *f*; *(Verblüffung)* estupefacción *f*; *(Befremden)* extrañeza *f*; *in* ~ *geraten* → **erstaunen** I.; *in* ~ *setzen* asombrar; pasmar; *(überraschen)* sorprender; *(befremden)* extrañar; *sehr zu m-m* ~ con gran sorpresa mía.

er'staun|lich *adj.* asombroso; pasmoso; sorprendente; admirable; extraordinario; *(gewaltig)* estupendo; **~t** *adj.* asombrado; pasmado; admirado; sorprendido; estupefacto.

'Erst...: ausführung ⊕ *f* prototipo *m*; **~ausgabe** *f*, **~druck** *m* primera edición *f*; edición *f* príncipe; **2beste** *m: der* ~ el primero que se presente; **~besteigung** *f* primera ascensión *f*.

'erste *adj.: der, die, das* ~ (*-re*) el primer(o), la primera, lo primero; *Karl der* 2 (*Karl I.*) Carlos Primero (Carlos I); *der* 2 *des Monats* el primero de mes; *am* ~*n Mai* el primero de mayo; *fig. der* 2 el mejor; el más importante; *der* ~ *beste* el primero que llegue *(od.* que se presente); *das* ~ *beste* cualquier cosa, lo primero que haya a mano; *das ist das* ~, *was ich höre* es la primera noticia; *als* ~*s* de entrada; *er las es als* ~*r* fue el primero en leerlo; *fürs* ~ por de *(od.* pronto, por ahora, de *(od.* por) el momento; *zum* ~*n, zweiten, zum dritten!* ¡a la una, a las dos, a las tres!

er'stechen (*L;* -) *v/t.* matar a puñaladas; *mit dem Messer:* acuchillar; *mit dem Dolch:* apuñalar.

er'steh|en (*L;* -) **I.** *v/t.* comprar, adquirir; **II.** *v/i. (sn)* resurgir; *Haus:* elevarse; *daraus werden dir Schwierigkeiten* ~ vas a tener dificultades; **2ung** *f* compra *f*, adquisición *f*.

er'steig|bar *adj.* escalable; **~en** (*L;* -) *v/t.* escalar (*a. fig.)*; *Berg: a.* subir a; *kletternd:* trepar; **2erer** *m* adjudicatario *m*; **~ern** (*-re;* -) *v/t.* adquirir en una subasta; **2ung** *f* subida *f*; ascensión *f*; escalamiento *m*; escalada *f*.

er'stell|en (-) *v/t.* proveer, suministrar; producir; *Gebäude:* edificar, levantar; *Bericht:* redactar, elaborar; **2ung** *f* producción *f*; elaboración *f*; redacción *f*.

'erstenmal *adv.: zum* ~ por primera vez, por vez primera.

'erstens *adv.* primero, primeramente, en primer lugar.

'erster → **erste**.

er'sterben (*L;* -; *sn)* *v/i.* extinguirse, apagarse *(a. Ton usw.)*.

'Erst...: ~gebärende ⚕ *f* primípara *f*; **2geboren** *adj.* primogénito; **~geburt** *f* primogenitura *f*; **~geburtsrecht** *n* derecho *m* de primogenitura; **2genannt** *adj.* citado en primer lugar.

er'stick|en (-) **I.** *v/t.* ahogar (*a. fig.*); *Feuer:* sofocar (*a. fig.*); *bsd. durch Gas:* asfixiar; **II.** *v/i. (sn)* ahogarse, sofocarse; asfixiarse; *fig. in Arbeit* ~ estar abrumado de trabajo; *mit erstickter Stimme* con voz ahogada *(od.* entrecortada); **~end** *adj.* sofocante; asfixiante; *(beide a. Hitze)*; **2ung** *f* (0) ahogo *m*; sofocación *f (a. fig.);* asfixia *f*; **2ungs-anfall** ⚕ *m* sofoco *m*; **2ungs-tod** *m* muerte *f* por asfixia.

'Erst-impfung ⚕ *f* primovacunación *f*.

'erst|klassig *adj.* de primera clase *bzw.* categoría; ✝ superior, de primera calidad; F de primera; **2kommunion** *f* primera comunión *f*; *zur* ~ *gehen* hacer la primera comunión.

'Erstling *m* (*-s;* *-e)* primogénito *m*, primer hijo *m*; *fig.* primicia *f*; **~s-ausstattung** *f* canastilla *f*; **~sfrüchte** *f/pl.* primicias *f/pl.*; **~sversuch** *m* primer ensayo *m*; **~swerk** *n* primera obra *f*, F ópera *f* prima.

'erst|malig I. *adj.* primero; **II.** *adv. a.* **~mals** por primera vez; **~rangig** *adj.* de primer orden; → *a.* **~klassig**.

er'streben (-) *v/t.* aspirar a, pretender; ambicionar, **~swert** *adj.* deseable; apetecible; digno de esfuerzo.

er'strecken (-) *v/refl.: sich* ~ (*a. fig. u. zeitlich)* extenderse *(über ac.* sobre, *bis* hasta); *fig.* aplicarse a, referirse a.

'Ersttagsbrief *m Philatelie:* sobre *m* (de) primer día.

er'stunken F *p/p.: das ist* ~ *und erlogen* F es una solemne mentira, es una mentira como una casa.

er'stürm|en (-) *v/t.* tomar al *(od.* por) asalto; **2ung** *f* (toma *f* por) asalto *m*.

er'suchen (-) **I.** *v/t.: um et.* ~ solicitar, pedir a/c.; reclamar a/c.; requerir a/c.; **II.** **2** *n* petición *f*; ruego *m*; solicitud *f*, requerimiento *m*; ⚖ requisitoria *f*; exhorto *m*; *auf* ~ *von a*

petición *bzw.* ruego(s) de; a instancia(s) de; a requerimiento de.
er'**tappen** (-) sorprender; coger, F atrapar, pillar; *auf frischer Tat* ~ sorprender en flagrante delito (*od.* in fraganti), F coger a alg. con las manos en la masa; *j-n bei e-m Fehler* ~ coger a alg. en falta.
er'**taub**|**en** (-; *sn*) *v*/*i*. ensordecer; ℒ**ung** *f* ensordecimiento *m*.
er'**teil**|**en** (-) *v*/*t*. dar (*a. Auskunft, Rat, Befehl, Anweisungen, Auftrag*); (*gewähren*) conceder, otorgar; conferir; *Unterricht*: impartir; ℒ**ung** *f* concesión *f*, otorgamiento *m*.
er'**tönen** (-; *sn*) *v*/*i*. sonar; resonar.
er'**töten** (-) *fig. v*/*t*. ahogar; mortificar.
Er'**trag** *m* (-*es*; ⸚*e*) rendimiento *m* (*a.* ⚹); producto *m*; (*Einnahme*) ingreso *m*; beneficio *m*, ganancia *f*; (*Kapital* ℒ) renta *f*, rédito *m*; *fig.* fruto *m*; ℒ**en** (*L*; -) *v*/*t*. soportar, *geduldig*: sobrellevar; (*leiden*) sufrir; (*aushalten*) aguantar, resistir; (*dulden*) tolerar; ℒ**fähig** *adj.* productivo; rentable; ~**fähigkeit** *f* productividad *f*; rentabilidad *f*.
er'**träglich** *adj.* soportable, aguantable; tolerable, llevadero; (*ziemlich gut*) regular, pasable.
er'**trag**|**los** *adj.* improductivo; ~**reich** *adj.* productivo; ℒ**ssteuer** *f* impuesto *m* de producto; ℒ**swert** *m* valor *m* de rendimiento; valor *m* capitalizado.
er'**tränken** (-) *v*/*t. u. sich* ~ ahogar(se), F *fig. s-e Sorgen* ~ ahogar sus penas (en alcohol).
er'**träum**|**en** (-) *v*/*t.* soñar con, imaginar(se) a/c.; ⸚*t adj.* imaginario; quimérico; soñado, ideal.
er'**trinken** (*L*; -; *sn*) **I.** *v*/*i*. ahogarse, morir ahogado; **II.** ℒ *n* ahogamiento *m*.
er'**trotzen** (-*t*; -) *v*/*t.* conseguir porfiando; *Erfolg*: forzar.
er'**tüchtig**|**en** (-) *v*/*t.* fortalecer, vigorizar; *körperlich: a.* educar; ejercitar, entrenar; ℒ**ung** *f* (*0*) fortalecimiento *m* (corporal); educación *f* física; entrenamiento *m*.
er'**übrigen** (-) *v*/*t.* ahorrar, economizar; *Zeit*: tener; *sich* ~ (*überflüssig sein*) sobrar, holgar, estar de más; *es erübrigt sich zu sagen* huelga decir; ni que decir tiene; *es erübrigt sich jedes Wort* sobran las palabras.
Erupti'**on** *f Geol. u.* ⚹ erupción *f*.
Erup'**tivgestein** *Geol. n* roca *f* volcánica (*od.* eruptiva).
er'**wachen** (-; *sn*) **I.** *v*/*i*. despertar(se) (*a. fig.*); *Tag*: amanecer, despuntar; **II.** ℒ *n* despertar *m*.
er'**wachsen** [-ks-] **I.** (*L*; -; *sn*) *v*/*i*. crecer, desarrollarse; (*entstehen*) nacer; brotar de; *fig.* ~ *aus* resultar de, originarse de; **II.** *adj.* crecido; adulto, mayor; ℒ**e**(**r** *m*) *m*/*f* adulto (-a *f*) *m*; *die* ~*n* los mayores; ℒ**enbildung** *f* educación *f* de adultos.
er'**wäg**|**en** (*L*; -) *v*/*t.* ponderar; (*überlegen*) considerar, tomar en consideración; (*prüfen*) examinar (detenidamente); ℒ**ung** *f* ponderación *f*; consideración *f*; *in* ~ *ziehen* tomar en consideración; *in der* ~, *daß* considerando que.
er'**wählen** (-) *v*/*t.* elegir; escoger; *Beruf*: abrazar.
er'**wähn**|**en** (-) *v*/*t.* mencionar, hacer mención de; citar; ~**enswert** *adj.* digno de mención; ℒ**ung** *f* mención *f*; cita *f*.
er'**wärm**|**en** (-) *v*/*t.* calentar; caldear; *fig. sich* ~ *für* entusiasmarse por; (*llegar a*) interesarse por; ℒ**ung** *f* (*0*) calentamiento *m*; calefacción *f*; caldeamiento *m*.
er'**warten** (-*e*-; -) *v*/*t.* esperar (*a. Kind*); (*abwarten*) aguardar; (*rechnen mit*) contar con; *et. kaum* ~ *können* esperar con ansia *bzw.* con impaciencia; *es ist zu* ~ *es de esperar*; *wenn er wüßte, was ihn erwartet!* ¡si supiera lo que le aguarda!; *über* ℒ más de lo que se esperaba; *wider alles* ℒ contra todo previsión, contra todo lo que podía esperarse.
Er'**wartung** *f* espera *f*; expectativa *f*; (*Hoffnung*) esperanza *f*; (*Spannung*) expectación *f*; *in* ~ *Ihrer Antwort* en espera de su respuesta; *den* ~*en entsprechen* corresponder a lo esperado; ℒ**sgemäß** *adv.* como era de esperar; ℒ**svoll** *adj.* lleno de expectación; (*ungeduldig*) impaciente.
er'**weck**|**en** (-) *v*/*t.* despertar (*a. fig.*); *vom Tode*: resucitar; *fig.* (*hervorrufen*) provocar, dar lugar (*od.* pie) a; *Erinnerung*: evocar; *Hoffnung*: alentar; *Vertrauen*: inspirar; *Furcht*: infundir; *bei j-m den Glauben* ~, *daß* hacer a alg. creer que; ℒ**ung** *f vom Tode*: resurrección *f*; *fig.* evocación *f*.
er'**wehren** (-) *v*/*refl.: sich* ~ (*gen.*) defenderse de; librarse de; *sich der Tränen* (*des Lachens*) ~ contener (*od.* reprimir) las lágrimas (la risa); *man konnte sich des Eindrucks nicht* ~, *daß* no era posible sustraerse a la impresión de que.
er'**weich**|**en** (-) *v*/*t.* ablandar (*a. fig.*); suavizar; reblandecer (*a.* ⚹); *fig.* (*rühren*) conmover, enternecer; *sich* ~ *lassen* ablandarse; enternecerse; ceder; ~**end** *adj.* ⚹ emoliente; ℒ**ung** *f* (*0*) ablandamiento *m*; reblandecimiento *m* (*a.* ⚹); *fig.* enternecimiento *m*.
Er'**weis** *m* (-*es*; -*e*) → *Beweis*.
er'**weis**|**en** (*L*; -) *v*/*t.* (*beweisen*) probar, demostrar; *Achtung*: mostrar; *Dienst*: prestar, hacer; *Ehre*: rendir, tributar; *Gefallen*: hacer; *Gehorsam*: prestar; *Gunst*: otorgar, conceder; *sich* ~ evidenciarse; *sich dankbar* ~ mostrarse agradecido; *sich* ~ *als* mostrarse, dar pruebas (*od.* muestras) de; *sich als unbegründet* (*richtig*) ~ resultar infundado (cierto); ~**lich** *adj.* demostrable; comprobable.
er'**weiter**|**n** (-*re*; -) *v*/*t.* ensanchar; (*ausdehnen*) extender, ampliar (*a. fig.*); (*vergrößern*) agrandar; (*vermehren*) aumentar; *Phys. u.* ⚹ dilatar (*a. fig.*), ~**nd** *adj.* extensivo; ℒ**ung** *f* ensanchamiento *m*, ensanche *m*; extensión *f*; ampliación *f* (*a. fig.*); *Phys. u.* ⚹ dilatación *f*; ℒ**ungsbau** *m* (edificio *m*) anexo *m*; ensanche *m*; ~**ungsfähig** *adj.* ampliable; extensible; *Phys. u.* ⚹ dilatable.
Er'**werb** *m* (-*es*; -*e*) adquisición *f*; (*Verdienst*) ganancia *f*; lucro *m*; (*Unterhalt*) sustento *m*; ℒ**en** (*L*; -) *v*/*t.* adquirir (*a. fig.*); *durch Arbeit*: ganar; *Vermögen*: hacer; *sich sein Brot* ~ ganarse la vida (*od.* el pan); *fig. j-s Achtung, Dank*: merecer; *j-s Freundschaft usw.*: ganarse, granjearse; *sich Verdienste* ~ *um* merecer bien de; ~**er**(**in** *f*) *m* adquisidor(a *f*) *m*, adquirente *m*/*f*.
er'**werbs**...: ~**behindert** *adj.* incapacitado para el trabajo; ~**fähig** *adj.* capaz de trabajar; apto para el trabajo; *im* ~*en Alter* en edad activa; ℒ**fähigkeit** *f* capacidad *f* de trabajo; ℒ**genossenschaft** *f* sociedad *f* cooperativa; ℒ**leben** *n: ins* ~ *eintreten* incorporarse a la vida activa; ~**los** *adj. usw.* → ℒ*arbeitslos usw.*; ℒ**minderung** *f* incapacidad *f* parcial para el trabajo; ℒ**mittel** *n*/*pl.* medios *m*/*pl.* de subsistencia (*od.* de vida); ℒ**quelle** *f* fuente *f* de recursos *bzw.* de ingresos; ℒ**sinn** *m* espíritu *m* industrioso; ~**tätig** *adj.* activo; que ejerce una profesión *bzw.* un oficio; ~**e Bevölkerung** población *f* activa; ℒ**tätige**(**r** *m*) *m*/*f* asalariado (-a *f*) *m*; activo *m*; ℒ**tätigkeit** *f* actividad *f* lucrativa; ℒ**trieb** *m* afán *m* de lucro; ~**unfähig** *adj.* incapacitado para el trabajo; inválido; ℒ**unfähigkeit** *f* incapacidad *f* para el trabajo; ℒ**urkunde** ⚖ *f* escritura *f* de compra; ℒ**zweig** *m* ramo *m* industrial *bzw.* de negocios; (*Beruf*) profesión *f*; oficio *m*.
Er'**werbung** *f* adquisición *f*.
er'**wider**|**n** (-*re*; -) *v*/*t.* (*antworten*) contestar, responder (*auf ac. a*); (*entgegnen*) reponer, replicar (*a.* ⚖); *Besuch, Gruß*: devolver; *Gefühle*: corresponder a; ℒ**ung** *f* contestación *f*, respuesta *f*; réplica *f* (*a.* ⚖); correspondencia *f*; *e-s Besuchs*: devolución *f*; (*Heimzahlung*) desquite *m*.
er'**wiesen** → *erweisen*; ~**ermaßen** *adv.* según se ha demostrado.
er'**wirken** (-) *v*/*t.* obtener, conseguir; *Zahlung*: hacer efectivo.
er'**wischen** F (-) *v*/*t.* atrapar, coger; F pillar, pescar; *sich* ~ *lassen* F caer en el garlito; F *hin hat's erwischt* ha sido víctima de una desgracia; ⚔ ha sido herido *bzw.* muerto.
er'**wünscht** *adj.* deseado; (*wünschenswert*) deseable; (*günstig*) favorable, oportuno; *das ist mir sehr* ~ me viene muy a propósito (F de perilla *od.* a pedir de boca).
er'**würgen** (-) **I.** *v*/*t.* estrangular; (*hinrichten*) agarrotar; **II.** ℒ *n* estrangulación *f*.
Erz *n* (-*es*; -*e*) mineral *m*; (*Bronze*) bronce *m*; (*Roh*ℒ) mena *f*.
'**Erz**...: *in Zssgn* (= *arg, sehr*) archi...; ~**ader** ⚒ *f* vena *f* (*od.* veta *f*) metálica, filón *m*.
er'**zähl**|**en** (-) *v*/*t.* contar; (*berichten*) referir, relatar; *kunstvoll*: narrar; *man hat mir erzählt* me han dicho (*od.* contado); *man erzählt sich* se dice, corre la voz; *wem* ~ *Sie das!* ¡a quién se lo viene a decir!; *Fig.* F *ich kann et. davon* ~ (*weiß Bescheid*) de eso podría yo contar muchas cosas, yo sé algo de eso; *das können Sie anderen* ~! F ¡cuénteselo a su abuela!, F ¡otro perro con ese hueso!; ~**end** *adj.* narrativo; (*in f*) *m* narrador(a *f*) *m*; *Liter.* cuentista *m*/*f*, autor(a *f*) *m* de cuentos; ℒ**kunst** *f* narrativa *f*, arte *m* narrativo; ℒ**ung** *f* narración *f*; cuento *m*; (*Bericht*) relato *m*; (*Beschreibung*) descripción *f*.
'**Erz**|**aufbereitung** *f* preparación *f* de minerales; ~**bergwerk** *n* mina *f*.

Erzbischof — Estrich

'Erz|bischof *m* arzobispo *m*; 2bischöflich *adj.* arzobispal; ~bistum *n* arzobispado *m*.
'Erz...: ~bösewicht *m* malvado *m*; 2dumm *adj.* F tonto de remate; ~engel *m* arcángel *m*.
er'zeug|en (-) *v/t.* engendrar, procrear (*a. Kind*); (*hervorbringen*) crear; producir, ✧ *a.* cultivar; industriell: fabricar, manufacturar, elaborar; confeccionar; *Phys.*, ⚡, ⊕ generar; (*bilden*) formar; *fig.* (*verursachen*) causar; provocar, originar; 2er *m* (*Vater*) padre *m*, progenitor *m*; ♀ productor *m*, fabricante *m*; ♂ generador *m*; 2erland *n* país *m* productor; 2erpreis ♀ *m* precio *m* al productor; 2nis *n* (*-ses*; *-se*) producto *m*; (*Fabrikat*) *a.* artículo *m*; *geistiges:* producción *f*; *iro.* engendro *m*.
Er'zeugung *f* (*Zeugung*) procreación *f*, engendramiento *m*; *Phys.*, ⚡, ⊕ generación *f*; ♀ producción *f* (*a. fig.*); fabricación *f*, manufactura *f*, elaboración *f*; confección *f*; (*Bildung*) formación *f*; *fig.* creación *f*; ~skosten *pl.* coste *m* (*od.* gastos *m/pl.*) de fabricación (*od.* de producción).
'Erz...: ~feind *m* enemigo *m* jurado (*od.* mortal); ~förderung *f* extracción *f* de minerales; ~gang *m* Erzader; ~gauner *m* pícaro *m* redomado (*od.* F de siete suelas); ~gießer *m* fundidor *m* de bronce; ~gieße'rei *f* fundición *f* de bronce; ~grube *f* mina *f*; 2haltig *adj.* metalífero; ~herzog(in *f*) *m* archiduque *m*, archiduquesa *f*; 2herzoglich *adj.* archiducal; ~herzogtum *n* archiducado *m*; ~hütte *f* fundición *f* de metales.
er'zieh|bar *adj.* educable; ~en (*L*; -) *v/t.* educar; (*aufziehen*) criar; ~ *zu et.* preparar para; *gut erzogen* bien educado; bien criado; *schlecht erzogen* mal educado; malcriado; 2er *m* educador *m*, pedagogo *m*; (*Hauslehrer*) preceptor *m*, ayo *m*; 2erin *f* educadora *f*, pedagoga *f*; (*Hauslehrerin*) institutriz *f*, aya *f*; ~erisch *adj.* educador, educativo; educacional; pedagógico.
Er'ziehung *f* (0) educación *f*; (*Aufziehen*) crianza *f*; (*Bildung*) instrucción *f*; (*Manieren*) urbanidad *f*; buenas maneras, modales *m/pl.*; *keine ~ haben* no tener educación, ser mal educado; ~s-anstalt *f* 1. establecimiento *m* (*od.* centro *m*) educativo; instituto *m* pedagógico; 2. → ~sheim; ~sbeihilfe *f* subsidio *m* de educación; ~sberechtigte(r) *m* titular *m* del derecho de educación; ~sgeld *n* ayuda *f* familiar (por los hijos); ~sheim *n* reformatorio *m*; ~slehre *f* pedagogía *f*; ~smethode *f* método *m* educativo *bzw.* pedagógico; ~s-urlaub *m* baja *f* por maternidad, permiso *m* por el nacimiento de un hijo; ~swesen *n* instrucción *f* pública; educación *f*; ~swissenschaft *f* ciencia *f* de la educación, pedagogía *f*.
er'zielen (-) *v/t.* obtener; conseguir, lograr; *Gewinn:* realizar; (*erreichen*) alcanzar (*a. Preis*); *Sport:* (*Treffer*) marcar.
er'zittern (-*re*; -; *sn*) *v/i.* estremecerse; temblar (*vor* de).
'Erz...: ~lager *n* yacimiento *m* de mineral(es); ~lügner *m* costal *m* de mentiras; ~narr *m* tonto *m* de remate; ~priester *m* arcipreste *m*; ~scheider ⚒ *m* separador *m* de minerales; ~schelm *m* pícaro *m* redomado.
er'zürnen (-) *v/t.* enojar, irritar; *dar rabia a*; encolerizar; *sich über j-n ~* enfadarse con alg.
'Erz...: ~vater *m* patriarca *m*; ~verhüttung *f* fundición *f* de minerales.
er'zwing|bar *adj. bsd.* ⚖ coercible; ~en (*L*; -) *v/t.* forzar, conseguir por (la) fuerza; *Gehorsam ~* hacer (*od.* obligar a) obedecer; reducir a la obediencia; *ein Geständnis ~* arrancar una confesión; *et. von j-m ~* obtener a/c. de alg. por fuerza; obligar a alg. a hacer *bzw.* a dar a/c.; *erzwungen* forzado.
es[1] *pron./pers.* le, la, lo; *betont:* esto, eso, ello; aquello; 1. *als Subjekt:* (*meist nicht übersetzt:*) (*das Messer, das Buch usw.*) *ist auf dem Tisch* está sobre la mesa; 2. *bei unprs. Verben:* ~ *schneit* nieva, está nevando; ~ *gibt* hay; ~ *scheint parece*; ~ *ist zwei Jahre her* hace dos años; 3. *als Objekt: ich nahm es* (*das Buch*) lo tomé; (*das Haus*) la tomé; *da hast du ~!* ¡ahí lo tienes!; *ich weiß ~* lo sé; *er wird ~ bereuen* se arrepentirá de ello; *ohne ~ sin él bzw. sin ella od. sin ello*; 4. *als Ersatz od. Ergänzung des Prädikates: er ist reich, ich bin ~* auch él es rico, yo también; *ich hoffe ~* así lo espero; *er hat ~ mir gesagt* él me lo ha dicho; *wer ist ~? – ich bin ~* ¿quién es? – soy yo; *sie sind ~* son ellos; *bist du bereit? – ja, ich bin ~* sí, lo estoy; *sind Sie krank? – nein, ich bin ~ nicht* no, no lo estoy; *ich kann (will) ~* puedo (quiero); *er sagte, ich sollte gehen, und ich tat ~* y así lo hice; 5. *oft unübersetzt:* a) *bei 3. p. des Verbs: so war ~* así fue; ~ *ist (nicht) wahr* (no) es verdad; *wer ist der Junge? – ~ ist mein Bruder* (es) mi hermano; ~ *ist kalt* hace frío; ~ *sei denn, daß* a menos (*od.* salvo) que *subj.*; a no ser que *subj.*; ~ *ist Zeit zu es* hora de *inf.*; b) = *man:* ~ *wird erzählt* se dice (*od.* se cuenta).
es[2] ♪ *n* mi bemol; 2-Dur *n* mi bemol mayor; ~-Moll *n* mi *m* bemol menor.
Es'capetaste *f Computer:* tecla *f* escape.
Eschatolo'gie [esça-] *Theo. f* escatología *f*.
'Esche *f* fresno *m*; ~nwald *m* fresneda *f*.
'Esel *m* asno *m*, burro *m*, borrico *m*, jumento *m* (*alle a. fig.*); *junger ~* pollino *m*; *fig. ich ~!* ¡qué burro soy!
Ese'lei *f* burrada *f*, borricada *f*.
'eselhaft *adj.* asnal, borrical.
'Eselin *f* asna *f*, burra *f*, borrica *f*, jumenta *f*; *junge:* pollina *f*.
'Esels|brücke *f fig. Sch.* chuleta *f*; ~distel ♀ *f* cardo *m* borriquero; ~geschrei *n* rebuzno *m*; ~ohr *n im Buch:* doblez *m*.
'Eseltreiber *m* burrero *m*, acemilero *m*, arriero *m*.
Eskalati'on ⚔, *Pol. f* escalada *f*.
Eska'pade *f* escapada *f*.
'Eskimo *m* (*-s*; *-s*) esquimal *m*.
Es'kor|te *f* ⚔ escolta *f*; convoy *m*; 2tieren (-) *v/t.* escoltar, convoyar.
eso'terisch *adj.* esotérico.
Espar'sette ♀ *f* esparceta *f*, pipirigallo *m*.
Es'partogras ♀ *n* esparto *m*, atocha *f*.
'Espe ♀ *f* álamo *m* temblón; ~nlaub *n*: *fig. wie ~ zittern* temblar como un azogado (*od.* una hoja *od.* F un flan).
Espla'nade *f* explanada *f*.
Es'presso *m* (*-s*; *-s*) (café *m*) exprés *m*.
'Eß-apfel *m* manzana *f* de mesa.
'Essay ['ɛsɛ·] *m* (*-s*; *-s*) ensayo *m*; ~'ist(in *f*) *m* ensayista *m/f*.
'eß|bar *adj.* comestible; 2besteck *n* cubierto *m*.
'Esse *f* (*Rauchfang*) campana *f* de chimenea; (*Schornstein*) chimenea *f*; (*Schmiede*) fragua *f*.
'Eß-ecke *f* rinconera *f*.
'essen (*L*) I. *v/t. u. v/i.* comer; *zu Mittag ~* almorzar, comer; *zu Abend ~* cenar; *auswärts ~* comer fuera; *alles ~* comer de todo; *ich esse gern Fisch* me gusta el pescado; (*den Teller*) *leer ~* rebañar el plato, F dejar el plato limpio; *sich voll ~* llenarse (el buche); *zuviel ~* comer demasiado (*od.* con exceso); *zu ~ geben* dar de comer; *was gibt's zu ~?* ¿qué hay de comer?; *man ißt dort sehr gut* allí se come muy bien; II. 2 *n* comida *f*; F condumio *m*; (*Kost*) alimento *m*; alimentación *f*; (*Gericht*) plato *m*; ⚔, *Gefängnis:* rancho *m*; (*Fest*2) banquete *m*, festín *m*; *vor* (*nach*) *dem ~* antes (después) de comer; *ein ~ geben* dar una comida, *formell:* ofrecer un almuerzo (*für j-n* a alg.); 2ausgabe *f* reparto *m* del rancho; 2(s)marke *f* bono *m bzw.* ficha *f* para comida; 2s-träger *m* (*Gerät*) portacomidas *m*; 2szeit *f* hora *f* de comer *bzw.* de cenar; 2szuschuß *m* plus *m* de comida.
Es'senz *f* esencia *f* (*a. fig.*).
'Esser *m: ein schwacher ~ sein* comer poco; *starker ~* F comilón *m*, tragón *m*; *ein tüchtiger ~ sein* F tener buen saque (*od.* buenas tragaderas); *er ist ein guter ~* F tiene buen diente.
'Eß...: ~geschirr *n* vajilla *f*; ~gier *f* glotonería *f*; 2gierig *adj.* glotón, voraz; F tragón.
'Essig *m* (*-s*; *-e*) vinagre *m*; F *fig. damit ist es ~* F todo el gozo en un pozo; F se aguó la fiesta; ~äther *m* → ~ester; ~baum ♀ *m* zumaque *m* de Virginia; ~bildung *f* acetificación *f*; ~ester *m* acetato *m* de etilo; ~fabrik *f* vinagrería *f*; ~flasche *f* vinagrera *f*; ~gärung *f* fermentación *f* acética; ~gurke *f* pepinillo *m* en vinagre; 2sauer ⚗ *adj.* acético; ~säure *f* ácido *m* acético; ~ *und Ölständer m* vinagreras *f/pl.*
'Eß...: ~kastanie *f* castaña *f*; ~löffel *m* cuchara *f*; ~löffelvoll *m* cucharada *f*; ~lust *f* apetito *m*, gana *f* (de comer); ~stäbchen *n/pl.* palillos *m/pl.*; ~tisch *m* mesa *f* de comedor; ~waren *f/pl.* comestibles *m/pl.*; viandas *f/pl.*; *bsd.* ⚔ vituallas *f/pl.*; víveres *m/pl.*; ~zimmer *n* comedor *m*.
'Este *m* (-*n*) estonio *m*.
'Ester ⚗ *m* (*-s*; -) éster *m*.
'Est|in *f* estonia *f*; ~land *n* Estonia *f*; 2nisch *adj.* estonio.
E'strade *f* (-; -*n*) estrado *m*.
'Estragon ♀ *m* (*-s*; 0) estragón *m*.
'Estrich *m* (*-s*; *-e*) pavimento *m*, sola-

do m (schwimmender flotante).
eta'blieren (-) v/t. establecer; sich ~ establecerse (a. geschäftlich); etablierte Parteien partidos m/pl. políticos institucionalizados.
Etablisse'ment [-blɪs(ə)'mãː] n (-s; -s) establecimiento m.
E'tage [-ʒə] f piso m; ~nbett n litera f, Am. cama f superpuesta; ~nheizung f calefacción f individual; ~nkessel ⊕ m caldera f con hervidores superpuestos; ~nventil ⊕ n válvula f escalonada; ~nwohnung f piso m.
Eta'gere [-'ʒɛːRə] f estantería f, estante m.
E'tappe f etapa f (a. fig.); ⚔ (zona f de) retaguardia f; ~nschwein P ⚔ n enchufado m (de retaguardia); ⚔nweise adv. por etapas.
E'tat [-'taː] m (-s; -s) presupuesto m (aufstellen establecer); → a. Haushalt; ⚔mäßig adj. presupuestario; Beamter usw.: de plantilla; ~posten m partida f presupuestaria.
etepe'tete F adj. remilgado; de mírame y no me toques.
'Ether → Äther.
'Eth|ik f (0) ética f; ⚔isch adj. ético.
Ethno|'graph m (-en) etnógrafo m; ~gra'phie f (0) etnografía f; ⚔'graphisch adj. etnográfico; ~loge m (-n) etnólogo m; ~lo'gie f (0) etno-⎫
E'thyl n → Äthyl.   [logía f.⎭
Ethy'len n → Äthylen.
Eti'kett n (-¢s; -e) etiqueta f, marbete f; rótulo m.
Eti'kette f etiqueta f, ceremonial m.
etiket'tier|en (-) v/t. poner etiqueta, gal. etiquetar; rotular; ⚔en n, ⚔ung f etiquetado m; rotulación f; ⚔maschine f rotuladora f.
'etliche pron./indef. algunos (-as), unos (-as); ~ 20 unos veinte; ~ hundert algunos centenares; ~s algo, algunas (od. varias) cosas; ~'mal adv. algunas bzw. repetidas veces.
Etsch f Adigio m.
E'tüde ♩ f estudio m.
Etu'i [e-'tviː] n (-s; -s) estuche m.
'etwa adv. (ungefähr) aproximadamente, cerca de; nachgestellt: o cosa así, (poco) más o menos; (vielleicht) acaso, quizá, tal vez; (zum Beispiel) por ejemplo, digamos; falls ~ por si acaso; nicht ~ wegen no precisamente por; es wird ~ zehn Minuten dauern durará unos ~ di. será cosa de; diez minutos; ist das ~ besser? ¿acaso es mejor esto?; denken Sie nicht ~, daß no vaya usted a creer que; ~ig adj. eventual, posible; ~e Unkosten los gastos que hubiere.
'etwas I. pron./indef. algo; alguna (od. una) cosa; bei Verneinung: nada; ~ essen comer algo; ~ (ein wenig) comer un poco; ohne ~ zu sagen sin decir nada; aus ihm wird ~ es un hombre que promete (od. que llegará a ser algo); das wäre ~ für dich esto te vendría muy bien; noch ~! ¡otra cosa!; ¡un poco más!; noch ~? ¿algo más?; es ist doch ~ ya es algo; algo es algo; so ~ una cosa así, algo por el estilo; so ~! (Staunen) ¡hay que ver!; ¿pero es posible?; (Ärger) ¡pues vaya!; ¡atiza!; so ~ von Unverschämtheit! ¡habráse visto desvergüenza!; ich habe nie so ~ gehört nunca he oído semejante cosa; ~ über 100 Mark algo más de cien marcos, cien marcos y

pico; ~ Geld algo (od. un poco) de dinero; ~ Gutes algo bueno; ich möchte ~ Milch quisiera un poco de leche; II. ♀ n: ein gewisses ~ haben tener un no sé qué (od. su aquél).
Etymo|'loge m (-n) etimólogo m, etimologista m; ~lo'gie f etimología f; ♀'logisch adj. etimológico.
E'U-Bestimmung f disposición f europea.
euch pron/pers. (unbetont) os; (betont) a vosotros (-as); setzt ~! ¡sentaos!; hinter ~ detrás de vosotros.
Eucha|ris'tie f eucaristía f; ♀'ristisch adj. eucarístico.
'euer pron/pers. vuestro (-a); vuestros (-as); de vosotros (-as); der eure el vuestro; dieses Buch ist das eure este libro es el vuestro.
'Eugen m Eugenio m.
Eu'gen|ik f (0) eugenesia f; ♀isch adj. eugenésico.
E'U|-Gesetz n ley f europea; ~-Gipfel m cumbre f comunitaria.
Eukalyptus ♀ m (-; -ten u. -) eucalipto m.
E'U-Länder n/pl. países m/pl. comunitarios (od. miembros de la UE).
'Eule f (Schleier♀) lechuza f; coll. ~n estrigiformes m/pl.; fig. ~n nach Athen tragen echar agua en el mar; ~nspiegel m travieso m, pícaro m; ~nspiege'lei f travesura f, picardía f, jugarreta f.
E'U-Ministerrat m Consejo m de Ministros de la UE.
Eu'nuch [-'nuːx] m (-en) eunuco m.
Euphe'mis|mus [-f-] m (-; -men) eufemismo m; ♀tisch adj. eufemístico.
'Euphrat m Éufrates m.
Eu'ra|sien n Eurasia f; ~sier(in f) m euriásico (-a f) m; ♀sisch adj.⎫
'eure → euer.   [euriásico.⎭
'eurer'seits adv. de vuestra parte.
'eures'gleichen pron. gente como vosotros; vuestros semejantes.
'euert|'halben, ~'wegen, um ~'willen adv. por vosotros; por vuestra causa; (con) respecto a vosotros.
Eurhyth'mie f euritmia f.
E'U-Richtlinie f directiva f comunitaria.
'eurige pron/pos.: der ~ el vuestro; die ~ la vuestra; das ~ lo vuestro; die ♀n los vuestros; vuestros parientes, vuestra familia.
'Euro m (- od. -s; - od. -s) euro m; ~cent m (-s od. -; - od. -s) centavo m de euro; ~cheque m (-s; -s) eurocheque m; ~dollar m eurodólar m; ~'krat(in f) m (-en) eurócrata m/f; ~land F n zona f del euro.
Eu'ropa n Europa f.
Europa'abgeordnete(r m) m/f eurodiputado (a f) m.
Euro'päer(in f) m europeo (-a f) m.
Eu'ropagedanke m idea f europeísta, europeísmo m.
euro'päisch adj. europeo; ~er Bürgerbeauftragter defensor m del pueblo europeo, ombudsman m europeo; ~e Freihandelszone Asociación f Europea de Libre Cambio; ~er Gerichtshof Tribunal m Europeo de Justicia; ~e Investitionsbank Banco m Europeo de Inversión; ~e Kommission Comisión f Europea; ~es Parlament Parlamento m Europeo; ~er Rat Consejo m Europeo

od. de Europa; ~er Rechnungshof Tribunal m Europeo de Cuentas; ~e Union Unión f Europea; ~es Währungsinstitut Instituto m Monetario Europeo; ~e Währungsunion Unión f Monetaria Europea; ~e Zentralbank Banco m Central Europeo.
europäi'sier|en (-) v/t. europeizar; ♀ung f europeización f.
Eu'ropa...: ~meister m campeón m de Europa; ~meisterschaft f campeonato m de Europa; ~parlament n Parlamento m Europeo; ~pokal m Copa f de Europa; ~rat m Consejo m de Europa; ~wahlen f/pl. elecciones f/pl. europeas; ♀weit adj. en toda Europa.
'Europol f (-; 0) europol f, Oficina f Europea de Policía.
'Euroskeptiker(in f) m euroescéptico (-a f) m.
'Euter n ubre f.
Euthana'sie f (0) eutanasia f.
E'U-Verordnung f decreto m de la UE.
evaku'ier|en (-) v/t. evacuar; ♀te(r m) m/f evacuado (-a f) m; ♀ung f evacuación f.
evan'gelisch [e'van'g-] adj. evangélico; protestante.
Evange'list m (-en) Bib. evangelista m.
Evan'gelium n (-s; -lien) evangelio m; das ~ predigen evangelizar.
'Evas|kostüm F n: im ~ en traje de Eva; ~tochter f hija f de Eva.
Eventuali'tät f eventualidad f, contingencia f.
eventu'ell I. adj. eventual; II. adv. eventualmente.
evi'den|t adj. evidente; ♀z f evidencia f.
Evoluti'on f evolución f; ~s-theorie f teoría f de la evolución, evolucionismo m.
'Ewer ♇ m gabarra f; ~führer m gabarrero m.
'ewig I. adj. eterno, sempiterno; eviterno; (unaufhörlich) perpetuo; F (ständig) eterno, incesante, continuo; (endlos) infinito, (unsterblich) inmortal; ~er Frieden Rel. paz f eterna; ♀e Lampe Rel. luminaria f; der ♀e (Gott) el (Padre) Eterno; das ~e Leben la vida eterna; die ♀e Stadt la Ciudad Eterna; seit ~en Zeiten desde tiempos inmemoriales; F du mit deinem ~en Jammern tú con tus eternas lamentaciones; F das ~e Lied la eterna canción; II. adv. eternamente; perpetuamente; sin cesar, constantemente; auf ~ para siempre; a perpetuidad; F lange una eternidad; F es ist ~ schade es una verdadera lástima; F das dauert ja ~ esto no acaba nunca; ♀keit f eternidad f; perpetuidad f; bis in alle ~ para siempre jamás; Rel. por los siglos de los siglos; von ~ en her desde la eternidad; F-e-e ~ brauchen bzw. dauern eternizarse; F ich wartete e-e ~ esperé una eternidad; ~lich adv. eternamente; ♀'weibliche n: das ~ el eterno femenino.
ex F: ~ trinken beberse de un trago.
Ex... in Zssgn ex.
e'xakt [ɛ'ksakt] adj. exacto; (sorgfältig) esmerado, cuidadoso; die ~en Wissenschaften las ciencias exactas; ♀heit f (0) exactitud f; esmero m; precisión f.

exaltiert — Exzeß 176

exal'tiert *adj.* exaltado.
E'xamen *n* (-s; - *od. mina*) examen *m*; ins ~ gehen presentarse a examen, examinarse; → *a. Prüfung*.
Exami'n|and *m* (-en) examinando *m*, candidato *m*; ~ator *m* (-s; -en) examinador *m*; 2ieren (-) *v/t.* examinar.
Exe|'gese *f* exégesis *f*; ~'get *m* (-en) exegeta *m*.
exeku'tieren (-) *v/t.* ejecutar; 2i'on *f* ejecución *f*; 2ive *f*, 2ivgewalt *f* (poder *m*) ejecutivo *m*; 2iv-organ *n* órgano *m* ejecutivo.
E'xempel *n* ejemplo *m*; ein ~ an j-m statuieren hacer un escarmiento de alg.
Exem'plar *n* (-s; -e) ejemplar *m* (*a.* F *fig.*); *e-r Zeitschrift*: *a.* número *m*; 2isch I. *adj.* ejemplar (*a. Strafe*); II. *adv.* ejemplarmente; *j-n* ~ *bestrafen* imponer a alg. un castigo ejemplar.
Exe'quatur *Dipl. n* (-s; -'turen) exequátur *m*.
exer'zier|en (-) I. *v/t. bsd.* ✕ ejercitar, instruir; II. *v/i.* ✕ hacer la instrucción *bzw.* ejercicios; 2en *n* ✕ instrucción *f*; ejercicio *m*; 2munition *f* munición *f* de fogueo; 2patrone *f* cartucho *m* de fogueo; 2platz *m* campo *m* de instrucción (*od.* de maniobras); plaza *f* de armas.
Exer'zitien *Rel. n/pl.* ejercicios *m/pl.* (*od.* retiros *m/pl.*) espirituales.
Exhibitio'nis|mus *m* (-; 0) exhibicionismo *m*; ~t *m* (-en) exhibicionista *m*.
exhu'mier|en (-) *v/t.* exhumar; 2ung *f* exhumación *f*.
E'xil *n* (-s; -e) destierro *m*, exilio *m*; *im* ~ en el destierro, en el exilio; *im* ~ *lebende Person* desterrado *m*, exiliado *m*; *ins* ~ *gehen* exiliarse; *ins* ~ *schicken* desterrar, exiliar; ~regierung *f* gobierno *m* en el exilio.
Existentia'lismus [-tsɪa-] *m* (-; 0) existencialismo *m*; ~'list *m* (-en), 2'listisch *adj.* existencialista (*m*).
Exi'stenz *f* (-; -en) existencia *f*; (*Wesen*) individuo *m*, ser *m*; *e-e sichere* ~ *una posición segura*; *sich e-e* ~ *aufbauen* crearse una posición; *fig. e-e dunkle* ~ un individuo sospechoso; ~bedingungen *f/pl.* condiciones *f/pl.* de vida; ~berechtigung *f* derecho *m* a existir; razón *f* de ser; 2fähig *adj.* capaz de existir; viable; ~gründer (in *f*) *m* fundador(a *f*) *m* de una empresa (*od.* de un negocio); ~kampf *m* lucha *f* por la existencia (*od.* por la vida); ~minimum *n* mínimo *m* vital; ~mittel *n/pl.* medios *m/pl.* de existencia (*od.* de subsistencia).
exi'stieren (-) *v/i.* existir; vivir; *noch* ~ *subsistir*.
Ex'klave *f* exclave *m*.
exklu'siv *adj.* selecto, distinguido; 2... *in Zssgn* exclusivo; ~e *adv.* exclusive, con exclusión de, sin contar, excluyendo; 2i'tät *f* (0) exclusivismo *m*.
Exkommuni'kati'on *f* excomunión

f; 2'zieren ( ) *v/t.* excomulgar.
Exkre'mente *n/pl.* excrementos *m/pl.*, heces *f/pl.*
Ex'kret *Physiol. n* (-ɛs; -e), ~i'on *f* excreción *f*.
Ex'kurs *m* (-es; -e) digresión *f*; (*Anhang*) apéndice *m*.
Exkursi'on *f* excursión *f*.
Ex'libris *n* (-; -) ex libris *m*.
exmatriku'lieren (-) *v/t. Uni.* causar baja como alumno.
'Exmeister *m* ex campeón *m*.
exo'gen *adj.* exógeno.
Exor'zis|mus *m* (-; -men) exorcismo *m*; ~t *m* (-en) exorcista *m*.
e'xotisch *adj.* exótico.
Ex'pander *m Sport:* extensor *m*.
Expansi'o|n *f* expansión *f*; 2'nistisch *adj.* expansionista.
Expansi'ons...: ~drang *Pol. m* expansionismo *m*; ~hub *m Kfz.* carrera *f* de expansión; ~kraft *f Phys.* fuerza *f* expansiva; ~politik *f* política *f* de expansión (*od.* expansionista); ~politiker *m* expansionista *m*; ~ventil ⊕ *n* válvula *f* de expansión.
Expe|di'ent [-'dɪɛ-] ~ *m* (-en) expedidor *m*; 2'dieren (-) *v/t.* expedir, despachar; ~diti'on *f* expedición *f* (*a.* ✕, *Reise*); ~diti'onskorps *n* ✕ cuerpo *m* expedicionario; ~diti'onsteilnehmer *m* expedicionario *m*.
Experi'ment *n* (-ɛs; -e) experimento *m*, experiencia *f*; 2men'tell *adj.* experimental; 2men'tieren (-) *v/i.* experimentar, hacer experimentos (*od.* experiencias); ~men'tieren *n* experimentación *f*.
Ex'per|te *m* (-n) perito *m*, experto *m*; ~'tise *f* peritaje *m*, dictamen *m* pericial.
explo'dier|bar *adj.* explosible; ~en (-; sn) *v/i.* hacer explosión, estallar, reventar.
Explosi'on *f* explosión *f*; estallido *m*; *zur* ~ *bringen* hacer estallar (*od.* explotar).
Explosi'ons...: ~druck *m* presión *f* explosiva; 2fähig *adj.* explosible; ~gefahr *f* peligro *m* de explosión; ~motor *m* motor *m* de explosión; 2sicher *adj.* a prueba de explosión; ~welle *f* onda *f* expansiva.
explo'siv *adj.* explosivo; 2stoff *m* materia *f* explosiva, explosivo *m*.
Expo'n|at *n* (-ɛs; -e) objeto *m* expuesto; ~ent *m* (-en) ⋀ exponente *m* (*a. fig.*); 2ieren (-) *v/t.* exponer (*a. fig.*); *sich* ~ *exponerse a*; arriesgarse.
Ex'port *m* (-ɛs; -e) exportación *f*; (*Güter*) exportaciones *f/pl.*; → *a. Ausfuhr*; ~abteilung *f* sección *f* de exportación; ~artikel *m* artículo *m* de exportación.
Expor'teur *m* (-s; -e) exportador *m*.
Ex'port...: 2fähig *adj.* exportable; ~firma *f* casa *f* exportadora.
expor'tieren (-) *v/t.* exportar (*nach* a).
Ex'port...: ~kaufmann *m* (nego-

ciante *m*) exportador *m*; ~kredit *m* crédito *m* a la exportación; ~leiter *m* jefe *m* de exportación; ~prämie *f* prima *f* a la exportación.
Expo'sé *n* (-s; -s) exposición *f*; informe *m*; *Film:* sinopsis *f*.
Expositi'on *f allg.* exposición *f* (*a. Thea.*, ♪).
ex'preß I. *adv.* expresamente; ~ *schicken* mandar por expreso; II. 2 *n* (tren *m*) expreso *m*; 2gut *n* envío *m* por expreso.
Expressio'nis|mus *m* (-; 0) expresionismo *m*; ~t *m* (-en), 2tisch *adj.* expresionista (*m*).
exqui'sit *adj.* exquisito.
ex 'tempore *adv.* de pronto, de improviso.
Ex'tempo|re *n* (-s; -s) *Thea.* improvisación *f*, F morcilla *f*; 2'rieren (-) *v/t. u. v/i.* improvisar.
exten'siv *adj.* extensivo (*a.* ↗).
ex'ter|n *adj.* externo; 2'nat *n* externado *m*; 2ne(r) *m* (alumno *m*) externo *m*.
exterritori'al *adj.* extraterritorial; 2i'tät *f* (0) extraterritorialidad *f*.
'extra I. *adv.* extra; especialmente; por separado, aparte; (*obendrein*) además, por añadidura; (*absichtlich*) a propósito, expresamente; II. 2 *n* (-s; -s) extra *m* (*a. Kfz.*); III. *adj. in Zssgn* extraordinario, especial; (*zusätzlich*) accesorio, adicional; 2blatt *n* (*Zeitung*) extraordinario *m*, edición *f* especial; 2dividende ✝ *f* dividendo *m* suplementario (*od.* extraordinario); ~fein *adj.* extrafino, de calidad superior.
extra'hieren (-) *v/t.* extraer.
Ex'trakt *m* (-ɛs; -e) extracto *m*.
Extra-ordi'narius *Uni. m* catedrático *m* supernumerario.
extrava'gan|t *adj.* extravagante, excéntrico; 2z *f* extravagancia *f*, excentricidad *f*.
extraver'tiert *adj.* extravertido, extrovertido.
'Extrawurst F *f*: *e-e* ~ *gebraten haben wollen* F hacer rancho aparte.
ex'trem I. *adj.* extremo; II. 2 *n* (-s; -e) extremo *m*; *von e-m* ~ *ins andere fallen* pasar de un extremo a otro.
Extre'mis|mus *Pol. m* (-; -men) extremismo *m*; ~t *m* (-en) extremista *m*, *Neol.* ultra *m*.
Extremi'tät *f* extremidad *f*.
extrover'tiert *adj.* → *extravertiert*.
Exzel'lenz *f* Excelencia *f*; *Euer* (*Abk. Ew.*) ~ (*Anrede*) Vuecencia; Su Excelencia; *in Briefen:* Excelentísimo (*Abk.* Excmo.).
Ex'zenter ⊕ *m* (-s; -) excéntrica *f*; ~presse ⊕ *f* prensa *f* excéntrica.
ex'zen|trisch *adj.* excéntrico (*a. fig.*); 2trizi'tät *f* excentricidad *f* (*a. fig.*).
exzer'pieren (-) *v/t.* extractar.
Ex'zerpt *n* (-ɛs; -e) extracto *m*, nota *f* extractada.
Ex'zeß *m* (-sses; -sse) exceso *m*; abuso *m*.

F

F, f n F, f; ♪ fa m; F-Dur n fa m mayor; f-Moll n fa m menor.
¹Fabel f (-; -n) fábula f; e-s Romans usw.: argumento m, trama f; fig. (Erdichtung) patraña f, invención f; conseja f; cuento m; ∼**dichter** m fabulista m.
Fabe'lei f cuentos m/pl., historias f/pl. fantásticas; patrañas f/pl.
¹fabel...: ∼**haft** adj. fabuloso; legendario; mítico; (erstaunlich) maravilloso, prodigioso; (großartig) excelente, magnífico; F estupendo, formidable; ein ∼er Kerl una excelente persona; F un tío estupendo; ∼**n** (-le) v/i. (lügen) contar cuentos (chinos); (faseln) divagar, desatinar; ♀**tier** n animal m fabuloso; ♀**welt** f reino m de la fantasía (od. de la fábula).
Fa'brik f (-; -en) fábrica f; manufactura f; factoría f; ∼**anlage** f instalación f, planta f fabril.
Fabri'kant m (-en) fabricante m.
Fa'brik...: ∼**arbeit** f 1. trabajo m en la fábrica; 2. → ∼ware; ∼**arbeiter(in** f) m obrero (-a f) m de fábrica (od. fabril); operario (-a f) m.
Fabri'kat n (-¢s; -e) producto m, artículo m manufacturado; manufactura f; Neol. fabricado m.
Fabrikati'on f fabricación f, producción f, manufactura f.
Fabrikati'ons...: ∼**fehler** m defecto m de fabricación; ∼**geheimnis** n secreto m de fabricación; ∼**nummer** f número m de fabricación; ∼**programm** n programa m (od. plan m) de fabricación; ∼**zweig** m ramo m industrial.
Fa'brik...: ∼**besitzer(in** f) m propietario (-a f) m de una fábrica, fabricante m/f; ∼**direktor** m director m de fábrica; ∼**gebäude** n (edificio m de la) fábrica f; ∼**halle** f nave f industrial; ∼**marke** f marca f de fábrica; ♀**mäßig** adj. fabril; ∼ hergestellt manufacturado, fabricado (en serie); ♀**neu** adj. nuevo de fábrica; F flamante; ∼**nummer** f número m de fábrica; ∼**preis** m precio m de fábrica; ∼**schiff** n buque m factoría; ∼**stadt** f ciudad f fabril (od. industrial); ∼**ware** f artículos m/pl. fabricados (od. manufacturados); ∼**zeichen** n → Fabrikmarke.
fabri'zieren (-) v/t. fabricar, manufacturar; producir; fig. hacer.
fabu'lieren (-) v/i. → fabeln.
Fa'cette [s] f faceta f; ∼**n-auge** Zoo. n ojo m compuesto.
Fach n (-¢s; ¨er) 1. (Abteilung) compartimiento m; división f; e-s Kastens usw.: casilla f; (Schub♀) cajón m; gaveta f; (Schrank♀) anaquel m; (Bücherbord) estante m; der Tür, der Wand: panel m; Typ. im Schriftkasten: cajetín m; Δ (Balkenfeld) entrepaño m; 2. fig. ramo m; especialidad f; (Lehr♀) asignatura f, materia f, disciplina f; Mann vom ∼ perito m; especialista m; profesional m; vom ∼ sein ser del oficio (F del paño); sein ∼ verstehen conocer bien su oficio; saber lo que trae entre manos; das schlägt nicht in mein ∼ no soy competente en esto; no entiendo de esto.
¹Fach...: ∼**arbeit** f trabajo m de especialista; ∼**arbeiter** m obrero m especialista m (für en); ∼**ausbildung** f educación f (od. formación f) profesional; especialización f; ∼**arzt** m (médico m) especialista m (für en); ∼**ausdruck** m tecnicismo m, término m técnico; ∼**ausschuß** m comisión f de expertos; ∼**ausstellung** f exposición f monográfica; ∼**berater** m consejero m (od. asesor m) técnico; ∼**bereich** Uni. m departamento m; ∼**buch** n libro m científico (od. técnico).
¹fächeln (-le) I. v/t. u. v/i. abanicar; sich ∼ abanicarse; II. ♀ n abaniqueo m.
¹Fächer m abanico m; ∼**antenne** f antena f en abanico; ♀**förmig** adj. en (forma de) abanico; ∼**palme** ♀ f latania f.
¹Fach...: ∼**gebiet** n especialidad f; ∼**gelehrte(r)** m especialista m; ♀**gemäß**, ♀**gerecht** adj. conforme a las reglas de arte; ∼**geschäft** n establecimiento m del ramo (od. especializado); ∼**gruppe** f asociación f profesional; ∼**hochschule** f escuela f técnica superior; ∼**kenntnisse** f/pl. conocimientos m/pl. especiales (od. técnicos); ∼**kräfte** f/pl. especialistas m/pl., personal m especializado; personal m técnico; ∼**kreis** m: in ∼en en medios competentes; ♀**kundig** adj. competente, experto, perito; ∼**kurs** m curso m monográfico; ∼**lehrer** m profesor m especializado; ♀**lich** adj. profesional, especial(izado), técnico; ∼**literatur** f literatura f técnica (od. especial); ∼**mann** m (pl. ∼er od. ∼leute) profesional m; perito m, técnico m; especialista m; experto m; ♀**männisch** adj. competente; profesional; del ramo; Arbeit: de especialista, hecho con pericia; ∼**messe** f feria f monográfica; ∼**personal** n → Fachkräfte; ∼**presse** f prensa f técnica bzw. profesional; prensa f científica; ∼**schaft** → ∼gruppe; ∼**schule** f escuela f profesional (od. técnica); ∼**schulwesen** n enseñanza f técnica; ∼**simpe'lei** f charla f sobre cosas profesionales; ♀**simpeln** (-le) v/i. hablar del oficio; ∼**sprache** f terminología f técnica; lenguaje m profesional; desp. jerga f (profesional); ∼**studium** n estudios m/pl. especiales (od. profesionales); ∼**verband** m asociación f profesional; ∼**werk** n (Buch) obra f especial; Δ maderaje m, maderamen m; entramado m; ∼**werkbrücke** f puente m de celosía; ∼**werkhaus** n casa f con fachadas entramadas; ∼**wissen** n → Fachkenntnisse; ∼**wissenschaft** f especialidad f científica; ∼**wort** n término m técnico; ∼**wörterbuch** n diccionario m especial; ∼**zeitschrift** f revista f especializada (od. técnica).
¹Fackel f (-; -n) antorcha f (a. fig.); (Kien♀) tea f; (Wachs♀) blandón m; (Wind♀) hacha f; ♀**n** (-le) F v/i. vacilar, titubear; nicht lange ∼ no perder tiempo; F no andarse en contemplaciones, no pararse en barras; ∼**träger** m portador m de antorcha; ∼**zug** m desfile m de antorchas.
¹fad(e) adj. insípido, soso, insulso (alle a. fig.); bsd Obst: desabrido; bsd. Getränk: flojo; fig. Person: aburrido.
¹Faden m (-s; ¨) hilo m; (Näh♀) a. hebra f; (Bind♀) bramante m; (Faser) fibra f; ⚡ der Glühbirne: filamento m; ⚓ (Maß♀) braza f; Fäden ziehen Wein usw.: ahilarse, hacer madeja; ♣ die Fäden ziehen mover los puntos (de sutura); fig. den ∼ verlieren perder el hilo; keinen trockenen ∼ am Leibe haben estar calado hasta los huesos; keinen guten ∼ an j-m lassen desollar vivo a alg.; die Fäden in der Hand haben tener vara alta; F cortar el bacalao; an e-m ∼ hängen pender (od. colgar) de un hilo; sein Leben hängt an e-m (seidenen) ∼ tiene la vida en un hilo; ♀**förmig** adj. filiforme; ∼**führer** ⊕ m guía-hilos m; ∼**kreuz** n Opt. retículo m, cruz f reticular; ∼**nudeln** f/pl. fideos m/pl.; ∼**rolle** f carrete m de hilo; ♀**scheinig** adj. raído, deshilachado; fig. Ausrede: gratuito; ∼**wurm** ⚡ m nematodo m; filaria f; ∼**zähler** m Weberei: cuentahilos m; ♀**ziehend** adj. filamentoso, hebroso.
¹Fadheit f (0) insipidez f, insulsez f; fig. a. soser(í)a f.
¹Fading ['fe:diŋ] n Radio: desvanecimiento m, fading m.
Fa'gott ♪ n (-¢s; -e) fagot m; ∼**bläser** m, **Fagot'tist** m (-en) fagotista m.
¹fähig adj. capaz (zu de); apto (para); (gescheit) hábil; (geeignet) idóneo, competente para; en condiciones de; (tüchtig) eficiente; zu allem ∼ capaz de todo; ♀**keit** f capacidad f; habilidad f; aptitud f; facultad f; idoneidad f; (Anlage) disposición f (natural); talento m.
¹fahl adj. (blaß) pálido; (bleich) lívido; Licht: mortecino; Farbe: descolori-

do; ~gelb adj. amarillento; ~rot adj. leonado.

'Fähnchen n banderita f; (Wimpel) gallardete m; ⚓ grímpola f; (Lanzen-2) banderola f; (Absteck2) guión m; Sport: banderín m; ♪ gancho m; F fig. (Kleid) vestido m barato, pl. a. trapos m/pl.

'fahnd|en (-e-) v/i.: nach j-m ~ perseguir (od. buscar) a alg.; 2ung f pesquisa f, persecución f; búsqueda f; 2ungsblatt n (carta f) requisitoria f; 2ungsstelle f departamento m de investigación criminal.

'Fahne f bandera f; enseña f; bsd. ⚓ pabellón m; estandarte m; (Kirchen-2) pendón m, guión m; Typ. galerada f, prueba f; F fig. tufarada f de alcohol; zu den ~n (ein)berufen llamar a filas; fig. die ~ nach dem Wind drehen irse con el viento que corre; mit fliegenden ~n a banderas desplegadas.

'Fahnen...: ~abzug Typ. m galerada f; ~eid m juramento m (Handlung: jura f) de la bandera; den ~ leisten jurar la bandera; ~flucht f deserción f; 2flüchtig adj. desertor; ~ werden desertar; ~flüchtige(r) m desertor m; ~junker Hist. m alférez m; abanderado m; ~stange f, ~stock m asta f de la bandera; ~träger m abanderado m, portaestandarte m; ~weihe ⚔ f bendición f de la bandera.

'Fähnlein n 1. → Fähnchen; 2. Hist. bandera f; fig. grupo m; tropa f.

'Fähnrich ⚔ m (-s; -e) alférez m (a. Hist.); ⚓ ~ zur See guardiamarina m.

'Fahr|ausweis m → ~karte; ~bahn f calzada f; (~decke) piso m, firme m; (Rennbahn) pista f; 2bar adj. Weg: transitable, viable; Gewässer: navegable; ⊕ móvil, portátil; ~bereich m radio m de acción; 2bereit adj. dispuesto para salir; Kfz. listo para rodar; ~bereitschaft f parque m móvil; ~damm m calzada f; ~dienstleiter m jefe m de movimiento (od. de servicio).

'Fähre f barca f de pasaje, balsa f; Kfz., 🚢 transbordador m, ferry (-boat) m.

'Fahr-eigenschaften Kfz. f/pl. propiedades f/pl. de marcha.

'fahren (L) I. v/i. (sn) ir (mit en); viajar en; ⚓ navegar; (verkehren) ir, circular; (in Fahrt sein) estar en marcha; erster Klasse ~ viajar en primera (clase); er kann ~ sabe conducir; durch die Stadt ~ pasear (od. dar un paseo) en coche por la ciudad; (hindurch~) pasar por (od. atravesar) la ciudad; über e-n Fluß (Platz usw.) ~ cruzar (od. atravesar) un río (una plaza, etc.); in et. ~ entrar (od. penetrar) en; aus et. ~ salir de; gegen et. ~ chocar (od. dar) contra; aus dem Bett ~ saltar de la cama; despertar sobresaltado; in die Kleider ~ vestirse apresuradamente; mit der Hand ~ über pasar la mano por; ~ lassen Boot, Zug usw.: poner en marcha; j-n: dejar llevar (el coche, etc.); fig. Sie ~ besser (billiger), wenn le conviene más inf. (le sale más a cuenta inf. od. si ind.) gut (schlecht) bei et. ~ salir bien (mal) con a/c.; was ist in ihn gefahren? F ¿qué mosca le ha picado?; in die Tasche ~ meter la mano en el bolsillo; es fuhr mir durch den Sinn me pasó por la cabeza la idea de; der Schreck ist mir in die Glieder gefahren me llevé un gran susto; II. v/t. (lenken) conducir, guiar; pilotar; (befördern) transportar; Last: acarrear; Personen: conducir (nach a); (hin~) llevar, (her~) traer; e-e Strecke ~ recorrer un trayecto; III. 2 n (Reise) viaje m, viajar m; (Verkehr) circulación f; (Fortbewegung) locomoción f; von Gütern: transporte m, acarreo m; ~d adj. Zug: en marcha; ~er Händler vendedor m ambulante; ~er Ritter caballero m andante; ~es Volk vagabundos m/pl.; gente f errante; ~ lassen v/t. (aufgeben) abandonar, renunciar a; ∨ e-n P soltar un pedo.

'Fahr|er m conductor m, F chófer m; ~erflucht f delito m de fuga; ~ begehen darse a la fuga (después de un accidente); ~erlaubnis f permiso m de conducir; ~ersitz m asiento m del conductor; ~gast m viajero m; Kfz. a. ocupante m; Taxi: cliente m; ⚓, 🚂 pasajero m; ~gastraum Kfz. m habitáculo m; ~geld n precio m del billete bzw. del viaje; ~ pasaje m; Taxi: precio m del recorrido; ~ en voller ~ a plena marcha; con toda velocidad; freie ~! ¡vía libre!; 🚥 freie ~ geben poner la señal de vía libre, dar vía libre; freie ~ haben tener vía libre (a. fig.); gute ~! ¡buen viaje!; ⚓ halbe (volle) ~ media (a toda) máquina (od. velocidad); auf der ~ nach camino de, ~; fig. F j-n in ~ bringen irritar (od. enfurecer) a alg.; in ~ kommen animarse; (sich erbosen) montar en cólera; in ~ sein estar muy animado; (erbost sein) estar furioso; ~ausweis m → Fahrkarte; ~dauer f duración f del viaje.

'Fährgeld n barcaje m; pasaje m.

'Fahr...: ~gelegenheit f ocasión f de ir en un vehículo; servicio m bzw. medio m de transporte; ~geschwindigkeit f velocidad f (de marcha); ~gestell n Kfz. bastidor m, chasis m; 🛬 tren m de aterrizaje.

'fahrig adj. (unstet) inconstante, voluble; (nervös) nervioso; (zerstreut) distraído, despistado.

'Fahrkarte f billete m, Am. boleto m; ⚓ pasaje m; e-e ~ lösen nach tomar (od. sacar) (un) billete para.

'Fahrkarten...: ~ausgabe f despacho m de billetes; taquilla f; Am. boletería f; ~automat m máquina f billetera (od. expendedora de billetes); ~drucker m máquina f impresora de billetes; ~kontrolleur, revisor m; ~schalter m → ~ausgabe; ~verkäufer m taquillero m.

'Fahrkomfort Kfz. m confort m de marcha.

'fahrlässig adj. negligente, descuidado; 🏛 culposo; 🏛 ~e Tötung homicidio m culposo (od. por imprudencia); 2keit f negligencia f; incuria f; descuido m; 🏛 imprudencia f; grobe ~ imprudencia f temeraria; negligencia f grave.

'Fahr|lehrer m profesor m de conducción (od. de autoescuela); ~leistung Kfz. f rendimiento m en carretera.

'Fährmann m (-¢s; -leute) barquero m, balsero m.

'Fahrnis 🏛 f (-; -se) bienes m/pl. muebles; ~gemeinschaft f comunidad f de bienes muebles.

'Fahr...: ~plan m horario m (de trenes); 2planmäßig adj. regular, conforme al horario; ~praxis f práctica f en la conducción (de coches); ~preis m precio m del billete bzw. del viaje; Taxi: precio m del recorrido; ~preis-anzeiger m taxímetro m; ~preis-ermäßigung f reducción f del precio del billete, tarifa f reducida; ~prüfung f examen m de conducción; ~rad n bicicleta f; F bici f; ~rinne f ⚓ canal m; (Wagenspur) rodada f; ~schein m billete m, Am. boleto m; ~schein-entwerter m (máquina f) canceladora f de billetes; ~scheinheft n tarjeta f (od. carnet m) multiviaje.

'Fähr|schiff n transbordador m, ferry (-boat) m; ~seil n andarivel m.

'Fahr|schule f escuela f de chóferes, Neol. autoescuela f; ~schüler(in f) m aspirante m/f a conductor(a); ~sicherheit f seguridad f al conducir; ~spur f carril m (de marcha); ~strecke f trayecto m, recorrido m; ~stuhl m ascensor m; für Lasten: montacargas m; (Rollstuhl) sillón m (od. silla f) de ruedas; ~stuhlführer m ascensorista m; ~stuhlkabine f camerín m (del ascensor); ~stuhlschacht m caja f (od. hueco m) del ascensor; ~stunde Kfz. f clase f de conducir (od. conducción).

'Fahrt f (Reise) viaje m; desplazamiento m; im Taxi: a. carrera f; ⚓ travesía f; (Ausflug) excursión f; (Rund2) vuelta f; (zurückgelegte Strecke) recorrido m; (Tempo) marcha f; (Geschwindigkeit) velocidad f; in voller ~ a plena marcha; con toda velocidad; freie ~! ¡vía libre!; 🚥 freie ~ geben poner la señal de vía libre, dar vía libre; freie ~ haben tener vía libre (a. fig.); gute ~! ¡buen viaje!; ⚓ halbe (volle) ~ media (a toda) máquina (od. velocidad); auf der ~ nach camino de, fig. F j-n in ~ bringen irritar (od. enfurecer) a alg.; in ~ kommen animarse; (sich erbosen) montar en cólera; in ~ sein estar muy animado; (erbost sein) estar furioso; ~ausweis m → Fahrkarte; ~dauer f duración f del viaje.

'Fährte f huella f, rastro m; auf der richtigen ~ sein estar sobre una buena pista; auf der falschen ~ sein estar despistado; seguir una pista equivocada; ~nsucher m Neol. pistero m.

'Fahrten|buch n libro m de ruta; ~messer n cuchillo m de excursionista; ~schreiber Kfz. m tacógrafo m.

'Fahrt...: ~kosten pl. gastos m/pl. de viaje (od. de desplazamiento); ~messer ⚓ m velocímetro m; ~richtung f dirección f (vorgeschriebene obligatoria); sentido m de (la) marcha; ⚓ rumbo m; gegen die ~ fahren ir en contradirección; ~richtungs-anzeiger Kfz. m indicador m de dirección.

'fahrtüchtig adj. Person: capaz de conducir; Auto: en estado de marcha.

'Fahrt-unterbrechung f interrupción f del viaje.

'Fahr...: ~untüchtigkeit f incapacidad f de conducir; ~verbot n circulación f prohibida; ~verhalten n des Wagens: comportamiento m en carretera (od. en ruta); ~verkehr m tráfico m (od. tránsito m) rodado; ~wasser ⚓ n agua f navegable; → a. Fahrrinne; fig. im richtigen (od. in s-m) ~ sein estar en su elemento (od. en sus glorias); fig. in j-s ~ segeln seguir la corriente a alg.; ~weg m camino m carretero (od. carretil); ~werk n 🛬 tren m de aterrizaje; ~wind m viento m favorable; ~zeit f horas f/pl. de marcha (od. de recorrido); (Fahrtdauer) duración f del viaje (od. del

trayecto); **~zeug** n vehículo m; ⚓; embarcación f; **~zeugführer** m conductor m del vehículo; **~zeughalter** Kfz. m titular m del vehículo; **~zeugkolonne** f caravana f de automóviles; **~zeugpapiere** Kfz. n/pl. documentación f del automóvil; **~zeugpark** m Kfz. parque m móvil; 🚗 material m móvil; **~zeugverkehr** m circulación f de vehículos.
fair adj. leal, correcto; Sport: limpio.
Fä'kalien pl. materias f/pl. fecales, heces f/pl.
¹**Fakir** m (-s; -e) faquir m.
Fak'simile n (-s; -s) facsímil(e) m.
Fakti'on Pol. f facción f.
¹**faktisch I.** adj. real, efectivo; **II.** adv. realmente, efectivamente, de hecho; ~ unmöglich materialmente imposible.
fakti'tiv Gr. adj. factitivo.
¹**Fak'tor** m (-s; -en) factor m (a. ⚗, Bio. u. fig.); fig. a. elemento m; (Vorarbeiter) capataz m; Typ. regente m de imprenta; **~'toren-analyse** f análisis m factorial.
Fakto'rei ✝ f factoría f.
Fak'totum n (-s; -s) factótum m.
¹**Faktum** n (-s; Fakta od. Fakten) hecho m; realidad f; pl. a. datos m/pl.
Fak'tur(a) ✝ f factura f, nota f.
faktu'rieren (-) v/t. facturar.
Fakul'tät Uni. f facultad f.
fakulta'tiv adj. facultativo.
¹**falb** adj. leonado; 2e(r) m caballo m bayo bzw. overo.
¹**Falbel** f (-; -n) volante m, faralá m.
¹**Falke** m (-n) halcón m (a. fig. Pol.); **~n-auge** fig. n ojo m de lince (od. de águila); **~nbeize,** **~njagd** f cetrería f.
Falkner m halconero m.
Fall¹ m (-¢s; ¨e) 1. (Sturz) caída f (a. fig. e-r Festung, Regierung usw.); im Fallschirm, des Barometers: descenso m; ✝ der Kurse, Preise: baja f; fig. (Niedergang) decadencia f; ruina f; zu ~ bringen hacer caer, derribar; fig. (entehren) seducir, deshonrar; (ruinieren) causar la ruina de, arruinar a; Regierung: derribar; Parl. e-n Antrag: desechar; hacer fracasar; zu ~ kommen caerse; 2. (Wasser2) cascada f; salto m; catarata f; 3. (Angelegenheit) asunto m; Gr., ♟ caso m; fig. causa f; auf alle Fälle, auf jeden ~ en todo caso, de todos modos; (unbedingt) a toda costa, a todo trance; sea como sea; auf keinen ~ de ningún modo, de ninguna manera; en ningún caso; den ~ setzen suponer el caso; gesetzt den ~, daß supongamos (od. supuesto) que; im ~e, daß (en) caso (de) que subj.; caso de inf.; für den ~, daß para el caso que (subj.); für alle Fälle en todo caso; F por si acaso, F por si las moscas; im besten ~e en el mejor caso; im schlimmsten ~e en el peor caso; si todo falla; en último caso; in den meisten Fällen en la mayoría de los casos; in diesem ~e en ese (od. tal) caso; siendo así; je nach ~ según el caso; F das ist ganz mein ~ esto es lo que a mí me gusta; F der ist nicht mein ~ F no es santo de mi devoción; F er ist ein ~ für sich es un caso; das ist auch bei ihm der ~ ése es también su caso, también él se encuentra (od. está) en el mismo caso; das ist der ~ así es; das ist nicht der ~ no es así, no es ése el caso; es gibt

Fälle, wo hay (od. se dan) casos en que.
Fall² ⚓ n (-s; -en) driza f.
¹**fällbar** 🜍 adj. precipitable.
¹**Fall...:** **~beil** n guillotina f; **~beschleunigung** f aceleración f de la caída; **~bö** ☇ f bolsa f (od. pozo m) de aire; **~brücke** f puente m levadizo.
¹**Falle** f trampa f (a. fig.); (Schlinge) lazo m (a. fig.); e-e ~ stellen armar una trampa; fig. j-m: tender un lazo a alg.; in die ~ gehen caer en la trampa (od. en el lazo, F en el garlito); F (zu Bett gehen) irse a la cama; in der ~ sitzen (a. fig.) estar cogido en la trampa.
¹**fallen** (L; sn) v/i. caer (auf, an ac. a; in ac. en); (hin~) dar una caída, caerse al suelo; (plötzlich) caerse, desplomarse; ⚔ Stellung, Festung, Stadt: caer; Soldat: caer, morir (en acción de guerra); (sinken) bajar, descender (a. Barometer, Flut, Preis, Vorhang usw.); Aktien, Kurse: ir bajando, estar en baja; fig. (nachlassen) disminuir, decrecer; declinar; (hörbar werden) Schuß usw.: oírse; es fielen harte Worte hubo palabras muy duras; Fest usw.: caer (auf en); Licht usw.: dar (auf en); in e-e Kategorie: pertenecer a, entrar en; unter ein Gesetz: caer bajo; estar amparado por una ley; an j-n ~ Erbe usw.: recaer en; auf j-n ~ (als Anteil) tocar (od. corresponder) a; das Los fiel auf mich me cayó en suerte; ~ lassen dejar caer, soltar; sich ~ lassen dejarse caer, tumbarse; das Kleid fällt hübsch el vestido cae bien; → a. gefallen.
¹**Fallen** n (-s; 0) caída f (a. fig.); (Sinken) descenso m, baja f.
¹**fällen I.** v/t. Bäume: talar, cortar; Gegner: derribar; ⚔ Bajonett: calar; Lot, Lanze: abatir; 🜍 precipitar; Entscheidung: tomar; ⚖ ein Urteil ~ dictar sentencia, fallar; fig. emitir juicio sobre; **II.** 2 n von Bäumen: tala f; ⚖ pronunciamiento m (de sentencia).
¹**fallenlassen** fig. v/t. Plan: abandonar (a. Person), renunciar a; Bemerkung: deslizar, dejar caer.
Fallensteller m trampero m, cazador m con trampas (od. cepo).
¹**Fall...:** **~gatter** n rastrillo m; **~geschwindigkeit** Phys. f velocidad f de caída; **~grube** f trampa f (a. fig.); **~hammer** ⊕ m martinete m; **~höhe** f altura f de caída.
fal'lieren ✝ (-) v/i. quebrar, declararse en quiebra.
¹**fällig** adj. pagadero; vencedor; Betrag: debido; Wechsel: vencido; ~ werden vencer; 2keit f (0) vencimiento m; bei ~ al vencimiento; 2keits-tag m, 2keits-termin m fecha f bzw. día m de vencimiento.
¹**Fall...:** **~klappe** f trampilla f; **~obst** n fruta f caediza; **~reep** ⚓ n escalerilla f (de portalón); escala f de viento; **~reeptür** ⚓ f portalón m; **~rohr** n tubo m de bajada; **~rückzieher** m Sport: tijera f (od. tiro m) de espaldas.
falls adv. (en) caso (de) que subj., caso de inf.; (angenommen) suponiendo que subj.; (vorausgesetzt) siempre (y cuando) que subj., si.
¹**Fallschirm** m paracaídas m; mit dem ~ abspringen lanzarse con paracaídas

~absprung m descenso m en (od. salto m con) paracaídas; **~jäger** m paracaidista m; **~kombination** f equipo m de paracaidista; **~springen** n paracaidismo m; **~springer(in** f) m paracaidista m/f; **~truppen** f/pl. tropas f/pl. paracaidistas.
¹**Fall...:** **~strick** m lazo m, trampa f (beide a. fig.); fig. F garlito m; **~sucht** ♁ f epilepsia f; 2**süchtig** adj., **~süchtige(r** m) m/f epiléptico (-a f) m; **~treppe** f escala f colgante; **~tür** f trampa f; puerta f caediza (od. de guillotina).
¹**Fällung** 🜍 f precipitación f; **~s-mittel** n precipitante m.
¹**Fall...:** **~wind** m viento m descendente; **~winkel** m 🔭 ángulo m de inclinación; e-s Geschosses: ángulo m de descenso.
falsch I. adj. **1.** allg. falso; (unrichtig) inexacto; incorrecto; Ausdruck: a. impropio; (irrig) erróneo, equivocado; ~e Anwendung mal empleo m; auf dem ~en Weg sein (a. fig.) ir por mal camino; **2.** (unecht) falso; imitado, F de pega; Haar, Zähne: postizo; (gefälscht) falsificado; (verfälscht) adulterado; (künstlich) artificial; unter ~em Namen bajo un nombre supuesto; **3.** (betrügerisch) fraudulento; Freund: falso; (treulos) infiel, desleal; (wortbrüchig) pérfido; (heimtückisch) alevoso, traidor; Spiel: (unfaires) sucio; (heuchlerisch) insincero, fingido; **II.** adv.: ~ antworten responder equivocadamente; ~ auffassen interpretar mal (od. erróneamente); ~ gehen ir (od. andar) mal (a. Uhr); ~ aussprechen pronunciar mal; ~ schreiben escribir con faltas (od. defectuosamente); ~ singen desafinar, cantar mal; ~ unterrichtet mal informado; ~ geraten! ¡no ha acertado usted!; ~ verbunden! se ha equivocado de número; ~ schwören jurar en falso; ~ spielen (Kartenspiel) hacer trampas; ~ parken Kfz. aparcar en lugar prohibido; ~ rechnen equivocarse (en el cálculo); ~ verstehen comprender bzw. interpretar mal; F wir sind hier ~ nos hemos equivocado; **III.** 2 m (-es; 0): ohne ~ sincero, leal, sin doblez.
¹**Falsch...:** **~aussage** f falso testimonio m; **~be-urkundung** ⚖ f falsedad f material; **~buchung** f inscripción f errónea bzw. fraudulenta; **~eid** m juramento m falso.
¹**fälsch|en** v/t. Wahrheit, Tatsachen: falsear; Urkunden, Unterschrift, Geld, Bild: falsificar; ✝ Rechnung, Bücher usw.: amañar; Lebensmittel: adulterar; (abändern) alterar; 2**er(in** f) m falsario (-a f) m; falsificador(a f) m; adulterador(a f) m.
¹**Falschgeld** n (Münze) moneda f falsa; (Banknote) billete m falso (od. falsificado).
¹**Falschheit** f falsedad f; e-r Person: falsía f; fig. perfidia f, deslealtad f; (Doppelzüngigkeit) doblez f.
¹**fälschlich(erweise)** adv. por error (od. equivocación); falsamente; fraudulentamente.
¹**Falsch...:** **~meldung** f noticia f falsa; (Ente) bulo m; **~münzer** m monedero m falso, falsificador m de moneda; **~münze'rei** f falsificación f de moneda; **~parken** Kfz. n estaciona-

Falschspieler — Farbton

miento *m* indebido; aparcamiento *m* en zona prohibida; ~**spieler** *m* fullero *m*, tramposo *m*; tahúr *m*.
'**Fälschung** *f* falsedad *f*; *von Urkunden, Unterschriften, Geld:* falsificación *f*; *von Lebensmitteln:* adulteración *f*; *der Qualität:* alteración *f*; *(Nachahmung)* imitación *f*.
Fal'sett ♪ *n (-es; -e)* falsete *m*.
'**falt|bar** *adj.* plegable; ♀**blatt** *n* folleto *m*; ♀**boot** *n* bote *m* (*od.* canoa *f*) plegable; ♀**dach** *Kfz. n* techo *m* plegable.
'**Falte** *f* pliegue *m* (*a. Geol.*); *(Schneider♀) a.* doblez *m*; *(Doppel♀)* tabla *f*; *(Runzel)* arruga *f* (*a. unerwünschte im Stoff*); ~**n** werfen hacer pliegues (*od.* bolsas); *die Stirn in ~n ziehen* fruncir las cejas; *in ~n legen* → *falten.*
'**fälteln** (*-le*) *v/t.* plegar, doblar; *Kleid:* plisar; hacer dobleces en; *(kräuseln)* rizar.
'**falten** (*-e-*) *v/t.* doblar, plegar; *Stirn:* arrugar; *sich ~ (knittern)* arrugarse; *die Hände ~* juntar las manos.
'**Falten...:** ~**bildung** *Geol. f* plegamiento *m*; ♀**los** *adj.* sin pliegues, sin dobleces; (*ohne Runzeln*) sin arrugas, liso; ~**rock** *m* falda *f* plegada *bzw.* plisada; ~**wurf** *m* caída *f*.
'**Falter** *m* mariposa *f*.
'**faltig** *adj.* doblado; plegado; plisado; *Haut:* arrugado; *Fläche:* rugoso; *(gekräuselt)* rizado; *Stirn:* fruncido; arrugado.
'**Falt...:** ~**prospekt** *m* folleto *m*; ~**schachtel** *f* caja *f* plegable; ~**tür** *f* puerta *f* plegable; ~**ung** *f* plegado *m*; *Geol.* plegamiento *m*.
'**Falz** *m* (*-es; -e*) ⊕ rebajo *m*; *Buchbinderei:* pliegue *m*; *Tischlerei:* (*Fuge*) encaje *m*, ensambladura *f*, juntura *f*; (*Auskehlung*) ranura *f*, acanaladura *f*; ~**bein** *n* plegadera *f*; ♀**en** (*-t*) *v/t.* plegar, doblar; *Klempnerei: a.* rebordear; *Tischlerei:* ensamblar; (*auskehlen*) ranurar, acanalar; ~**hobel** *m* guillame *m*; ~**maschine** *f* plegadora *f*; ~**ziegel** *m* teja *f* de encaje.
famili'är *adj.* familiar; íntimo; *aus ~en Gründen* por razones de familia.
Fa'milie *f* familia *f* (*a. Zoo. u.* ⚥); *fig.* hogar *m*; *aus guter ~* de buena familia; (*keine*) ~ *haben* (no) tener familia; *zur ~ gehören* ser de la familia; *es liegt in der ~* es propio de la familia, viene de casta; *das kommt in den besten ~n vor* esto pasa en las mejores familias.
Fa'milien...: ~**ähnlichkeit** *f* aire *m* (*od.* parecido *m* de familia); ~**album** *n* álbum *m* familiar; ~**angehörige(r)** *m* familiar *m*; ~**angelegenheit** *f* asunto *m* de familia; ~**anschluß** *m* acogida *f* en la familia; ~**bande** *n/pl.* lazos *m/pl.* de familia; ~**beihilfe** *f* subsidio *m* (*od.* prestación *f*) familiar; ~**beratung** *f* orientación *f* familiar; ~**betrieb** ∦ *m* explotación *f* familiar; ~**buch** *n* libro *m* de familia; ~**gericht** *n* juzgado *m* de familia; ~**glück** *n* felicidad *f* doméstica; ~**gruft** *f* panteón *m* familiar; ~**kreis** *m* seno *m* de la familia; *im ~ en familia*; *im engsten ~* en la intimidad familiar; ~**leben** *n* vida *f* familiar (*od.* de familia); ~**mitglied** *n* miembro *m* de la familia, familiar *m*; ~**name** *m* apellido *m*; ~**oberhaupt** *n* cabeza *m* (*od.* jefe *m*) de familia; ~**packung** ✝ *f* tamaño *m* familiar; ~**planung** *f* pla-

nificación *f* familiar; ~**rat** *m* consejo *m* de familia; ~**recht** *n* derecho *m* de familia; ~**richter** *m* juez *m* familiar; ~**stand** *m* estado *m* (civil); ~**stück** *n* recuerdo *m* de familia; ~**unternehmen** *n* empresa *f* familiar; ~**unterstützung** *f* → ~*beihilfe*; ~**vater** *m* padre *m* de familia; ~**vorstand** *m* → ~*oberhaupt*; ~**zulage** *f* plus *m* familiar; ~**zusammenführung** *f* reagrupación *f* familiar; ~**zuwachs** *m* aumento *m* de la familia.
fa'mos *F adj.* excelente, magnífico; F estupendo, de órdago; *Arg.* macanudo.
Fan *F* [fɛn] *m* (*-s; -s*) fan *m*; *bsd. Fußball:* hincha *m*.
Fa'nal *n* (*-s; -e*) fanal *m*; *fig. a.* antorcha *f*.
Fa'na|tiker *m*, ♀**tisch** *adj.* fanático (*m*); ♀**ti'sieren** (*-*) *v/t.* fanatizar; ~'**tismus** *m* (*-; 0*) fanatismo *m*.
Fan'fare *f* fanfarria *f*; *weit S.* clarín *m*; ~**nsignal** *n* clarinazo *m*.
'**Fang** *m* (*-es; ⁻e*) (*Fangen*) captura *f*, apresamiento *m*; (*Beute*) presa *f*; (*Fisch♀*) pesca *f*; *im Netz:* redada *f* (*a. fig.*); *Zoo. mst. pl.* (*Reißzahn*) colmillo *m*; (*Vogelkralle*) garra *f*; *auf ~ gehen Fischer:* faenar; *e-n guten ~ tun* hacer una buena presa; *beim Fischen:* hacer una buena redada (*a. fig.*); *in j-s Fänge geraten* caer en las garras de alg.; *et. od. j-n in s-n Fängen halten* tener en sus garras; *Jgdw. den ~ geben* rematar; ~**arm** *Zoo. m* tentáculo *m*; ~**eisen** *n* cepo *m* (*Spieß*) venablo *m*.
'**fangen** (*L*) **I.** *v/t.* coger, *Arg.* agarrar; (*packen*) asir, tomar; agarrar; *Dieb usw.:* capturar, prender; *bsd.* ⚓ apresar; (*fischen*) pescar; *Jgdw.* cazar; *in der Falle:* coger en la trampa; *im Netz:* coger en la red; *in e-r Schlinge:* coger con lazo; *mit dem Lasso:* enlazar; *fig. (fesseln)* cautivar; *sich ~ lassen* caer en la trampa; dejarse apresar; **II.** *v/refl.:* *sich ~* enredarse; *fig. sich (wieder) ~* recobrar la serenidad; ※ recuperar la posición horizontal; **III.** ♀ *n:* ~ *spielen* jugar a parar.
'**Fang...:** ~**frage** *f* pregunta *f* capciosa; ~**grund** *m* Fischerei: caladero *m*; ~**leine** *f* ⚓, ※ amarra *f*; (*Lasso*) lazo *m*; ~**messer** *n* Jgdw. cuchillo *m* de monte; ~**rate** *f* Fischerei: cupo *m* de pesca; ~**schuß** *m* Jgdw. tiro *m* de remate; ~**vorrichtung** *f* ⊕ dispositivo *m* de retención (*od.* seguridad); *Straßenbahn:* salvavidas *m*; ~**zahn** *Zoo. m* colmillo *m*.
Fant *m* (*-es; -e*) fatuo *m*; necio *m*.
Fanta'sie ♪ *f* fantasía *f*; ♀**ren** ♪ (*-*) *v/i.* improvisar.
'**Farb|anstrich** *m* capa *f* (*od.* mano *f*) de pintura; ~**aufnahme** *f* foto *f* en color; ~**band** *n* cinta *f* mecanográfica.
'**färbbar** *adj.* tingible.
'**Farbdrucker** *m* impresora *f* de color.
'**Farbe** *f* color *m*; (*Farbton*) matiz *m*; (*Färbung*) colorido *m*; *zum Auftragen:* pintura *f*; *für Haar, Stoffe:* tinte *m*; *Typ.* tinta *f*; (*Gesichts♀*) tez *f* (*Karten♀*) palo *m*; *Kartenspiel:* e-e ~ *bedienen* servir el palo; *fig. ~ bekennen* poner las cartas boca arriba, quitarse la careta; *die ~*

wechseln cambiar de color (*a. fig.*); *Pol.* cambiar la chaqueta, *F* chaquetear.
'**farb-echt** *adj.* de color estable (*od.* sólido); ♀**heit** *f* solidez *f* del color.
'**Färbemittel** *n* colorante *m*; tinte *m*.
'**färben I.** *v/t.* colorar; colorear (*a. fig.*); *Stoff, Haare usw.:* teñir (*blau de* azul); (*anstreichen*) pintar, dar de color; (*tönen*) matizar; *sich ~ Tomaten, Kirschen usw.:* colorear; *sich rot ~* ponerse colorado; ~ *lassen Kleid:* dar a teñir; *mit Humor gefärbt* sazonado con humor; **II.** ♀ *n* coloración *f*; tinte *m*; tinción *f*.
'**Farben|abstufung** *f* gradación *f* de los colores; ~**abweichung** *f* aberración *f* cromática; ~**beständigkeit** *f* solidez *f* del color; ♀**blind** ▱ *adj.* acromatóptico; daltoniano; ♀**blindheit** ▱ *f* acromatopsia *f*; daltonismo *m*; ~**druck** *Typ. m* cromotipografía *f*; impresión *f* en colores; (*Bild*) cromotipia *f*, cromo *m*; ♀**empfindlich** *adj.* sensible al color; *Phot.* ortocromático; ♀**freudig**, ♀**froh** *adj.* vistoso; F variopinto; ~**industrie** *f* industria *f* de colorantes; ~**kasten** *m* caja *f* de pinturas; ~**kleckser** *m* desp. pintamonas *m*; ~**lehre** *Phys. f* teoría *f* de los colores; ~**messer** *m* colorímetro *m*; ~**pracht** *f* riqueza *f* de colorido; ♀**prächtig**, ♀**reich** *adj.* de vistoso (*od.* rico) colorido; rico en colores; F variopinto; ~**sehen** *Physiol. n* visión *f* del color (*od.* cromática); ~**sinn** *Physiol. m* sentido *m* del color (*od.* cromático); ~**skala** *f* escala *f* (*od.* gama *f*) cromática (*od.* de colores); ~**spektrum** *n* espectro *m* cromático; ~**spiel** *n* juego *m* de colores; irisación *f*; opalescencia *f*; ~**steindruck** *m* cromolitografía *f*; ~**zusammenstellung** *f* combinación *f* de colores.
'**Färber** *m* tintorero *m*.
Färbe'rei *f* tintorería *f*; tinte *m*.
'**Farb...:** ~**fernsehen** *n* televisión *f* en color; ~**fernseher** *m* televisor *m* en color; ~**film** *m* película *f* en (*od.* de) color; *Phot. a.* carrete *m* de color; ~**filter** *Phot. m* filtro *m* cromático (*od.* de color); ~**gebung** *f* coloración *f*, colorido *m*; ~**holz** *n* madera *f* tintórea (*od.* colorante).
'**farbig** *adj.* de color; en color(es); colorido; *Opt.* cromático; (*bemalt*) pintado; coloreado; (*gefärbt*) teñido; *fig.* pintoresco, F variopinto; ♀**e**(**r** *m*) *m/f* hombre *m* (mujer *f*) de color; *die ~n* la gente (*od.* población *f*) de color.
'**Farb...:** ~**kasten** *m* caja *f* de pinturas; ~**kissen** *n* tampón *m*, almohadilla *f* de entintar; ~**kontrast** *m* contraste *m* cromático; ~**körper** *m* materia *f* colorante; *Bio.* pigmento *m*; ~**kreis** *m* círculo *m* cromático; ~**lack** *m* pintura *f* de esmalte; ♀**los** *adj.* incoloro (*a. fig.*); (*blaß*) descolorido; *Opt.* acromático; *fig.* insípido, soso; ~**losigkeit** *f* (*0*) *Opt.* acromatismo *m*; *fig.* falta *f* de colorido; ~**mine** *f* für *Drehbleistift:* mina *f* de color; ~**muster** *n* muestra *f* de color; ~**photographie** *f* fotografía *f* en color; (*Bild*) *a.* cromofotografía *f*; ~**stift** *m* lápiz *m* de color; ~**stoff** *m* colorante *m*, ~**stoffpflanze** *f* planta *f* tintórea; ~**tiefdruck** *m* huecocolor *m*; ~**ton** *m* tono *m* de color, matiz *m*;

tinta *f*; ~**topf** *m* bote *m* de pintura; ~**treue** *Phot. f* fidelidad *f* cromática.
'**Färbung** *f* coloración *f*; colorido *m*; tinción *f*; *der Haut*: pigmentación *f*; (*Tönung*) tinte *m*, matiz *m* (*a. fig.*); tonalidad *f*; *fig.* tendencia *f*, orientación *f*.
'**Farb...**: ~**walze** *f* rodillo *m* de entintar; ~**waren** *f*/*pl.* colores *m*/*pl.* y pinturas *f*/*pl.*; ~**wechsel** *m* cambio *m* de color; ~**werk** *Typ. n* mecanismo *m* de tintaje.
'**Farce** ['-sə] *f Kochk.* relleno *m*; *Thea.* farsa *f* (*a. fig.*).
Fa'**rinzucker** *m* azúcar *m* moreno (*od.* terciado).
'**Farm** *f* (-; -en) granja *f* (agrícola); *Am.* hacienda *f*; *Arg.* estancia *f*; (*Tier*2) *a.* criadero *m*; ~**er** *m* granjero *m*; *Am.* hacendero *m*; *Arg.* estanciero *m*.
'**Farn** ♀ *m* (-*es*; -*e*), ~**kraut** *n* helecho *m*; ~**wedel** *m* fronda *f*, fronde *m*.
'**Farre** *reg. m* (-*n*) novillo *m*; (*unter 1 Jahr*) becerro *m*.
'**Färse** *f* novilla *f*; (*unter 1 Jahr*) becerra *f*.
Fa'**san** *m* (-*es*; -*e*) faisán *m*.
Fa'**sanen...**: ~**hahn** *m* faisán *m*; ~**henne** *f* faisana *f*; ~**zucht** *f* cría *f* de faisanes.
Fasane'**rie** *f* faisanería *f*.
Fa'**schine** *f* fajina *f*.
'**Fasching** *m* (-*s*; -*e od.* -*s*) carnaval *m*; ~**sball** *m* baile *m* de carnaval; → *a.* Fastnacht.
Fa'**schis**|**mus** *m* (-; 0) fascismo *m*; ~**t** *m* (-*en*) fascista *m*, F facha *m*; 2**tisch** *adj.* fascista.
'**Fase** ⊕ *f* chaflán *m*, bisel *m*.
Fase'lei *f* desatino *m*, disparate *m*; (*wirres Zeug*) galimatías *m*; (*Alters*2) chochez *f*.
'**Fasel**|**hans** *m* (-*es*; -*e*) necio *m*, parlanchín *m*; chocho *m*; 2**ig** *adj.* aturdido; lelo; (*verworren*) confuso; 2**n** (-*le*) *v*/*i.* (*Unsinn reden*) decir disparates, desbarrar; desvariar; *im Alter*: chochear.
'**Faser** *f* (-; -*n*) *Anat.*, ♀ fibra *f* (*a. fig.*); *feine*: filamento *m*; *Bohnen, Fleisch*: hebra *f*; (*Tuch*2) hilacha *f*; *fig.* mit allen ~**n** s-s Herzens con todas las fibras de su ser; 2**artig** *adj.* fibroso; filamentoso.
'**Faser...**: ~**gewebe** *n* tejido *m* fibroso; ~**holzplatte** *f* tabla *f* de fibra prensada; 2**ig** *adj.* fibroso; filamentoso; (*zerfasert*) deshilachado; 2**n** (-*re*) *v*/*i.* deshila(cha)rse; 2**nackt** *adj.* F en cueros (vivos); ~**pflanze** *f* planta *f* fibrosa; ~**stoff** *m* materia *f* fibrosa; ⚕ fibrina *f*; ~**zement** *m* fibrocemento *m*.
Faß *n* (-*sses*; *̈sser*) barril *m*, tonel *m*; *kleineres*: barrica *f*, cuba *f*; (*Bottich*) tina *f*; *für Wein*: *a.* pipa *f*; *in Fässer füllen* entonelar *bzw.* embarrilar; F *das schlägt dem* ~ *den Boden aus!* F ¡es el colmo!; *fig.* ein ~ ohne Boden un pozo sin fondo.
Fas'sade *f* fachada *f* (*a. fig.*), frontispicio *m*, portada *f*; ~**nkletterer** *m* escalatorres *m*; (*Dieb*) escalador *m*, P palquista *m*.
'**faßbar** *adj. konkret*: tangible; *geistig*: comprensible, concebible, inteligible.
'**Faß...**: ~**bier** *n* cerveza *f* de barril; ~**binder** *m* tonelero *m*; ~**boden** *m* fondo *m* del tonel *bzw.* del barril.
'**Fäßchen** *n* barrilete *m*.
'**Faßdaube** *f* duela *f*.
'**fassen** (-*ßt*) **I.** *v*/*t.* **1.** coger (*Arg.* agarrar), asir (*an dat.* de; *bei* por); (*nehmen*) tomar; (*packen*) agarrar; (*sich klammern an*) agarrarse a (*od.* de); *mit der Faust bzw. am Griff*: empuñar; (*fangen*) atrapar; *Verbrecher*: prender, capturar; *bei* (*od. an*) *der Hand* ~ coger de (*od.* por) la mano; **2.** *fig. geistig*: concebir; comprender, formarse una idea de; *es ist nicht zu* ~ es increíble (*od.* inconcebible); *ich kann es nicht* ~ me cuesta creerlo; **3.** ✕ *Essen* ~ recoger el rancho; *Wasser* ~ tomar agua; **4.** ⊕ (*ein*~) montar; *Edelsteine*: engastar, engarzar; *Quelle*: captar; **5.** (*enthalten*) contener; comprender; (*aufnehmen können*) tener cabida (*od.* capacidad) para; *fig. in sich* ~ incluir, comprender; abarcar; *in Worte* ~ expresar con palabras, formular; **II.** *v*/*refl.*: *sich* ~ *fig.* contenerse, reprimirse, dominarse; (*sich beruhigen*) calmarse, serenarse, sosegarse; *sich in Geduld* ~ armarse de paciencia; *sich vor Freude nicht* ~ *können* no caber en sí de alegría; *sich kurz* ~ ser conciso, ser breve; expresar (*od.* decir a/c.) en pocas palabras; ~ *Sie sich kurz!* ¡sea breve!; **III.** *v*/*i.* ⊕ agarrar; *Zahnräder*: engranar, endentar (*in ac.* con); → *gefaßt.*
'**Faßhahn** *m* canilla *f*, espita *f*.
'**faßlich** *adj.* concebible; comprensible; 2**keit** *f* comprensibilidad *f*.
Fas'son *f* (-; -*s*) forma *f*; modelo *m*; estilo *m*; (*Schneider*2) hechura *f*; *fig.* modo *m*, manera *f*; ~**arbeit** ⊕ *f* trabajo *m* de perfilado.
fasso'nieren ⊕ *v*/*t.* perfilar.
'**Faßreifen** *m* aro *m* de cuba.
'**Fassung** *f* **1.** ⊕ armadura *f*; *Brille*: montura *f*; *Glühlampe*: portalámpara(s) *m*; *Juwel*: engaste *m*, engarce *m*; **2.** *fig. schriftliche*: redacción *f*; (*Wortlaut*) texto *m*; versión *f*; **3.** *seelische*: (*Gemütsruhe*) serenidad *f*, sosiego *m*; (*Beherrschtheit*) dominio *m* de sí mismo; (*Geistesgegenwart*) serenidad *f*, presencia *f* de ánimo; (*Ergebung*) resignación *f*; *aus der* ~ *bringen* desconcertar, aturdir, sacar de tino, dejar perplejo; *die* ~ *bewahren* conservar la serenidad; *die* ~ *verlieren, aus der* ~ *geraten* inmutarse; desconcertarse, perder el tino, F aturrullarse; *die* ~ *wiedergewinnen* recobrar el aplomo, sosegarse; *er war ganz außer* ~ estaba fuera de sí; ~**skraft** *f* (0) (capacidad *f* de) comprensión *f*, capacidad *f* mental; 2**slos** *adj.* consternado; atónito; desconcertado, perplejo; (*untröstlich*) desconsolado; *ich war völlig* ~ F me quedé de una pieza; ~**slosigkeit** *f* (0) desconcierto *m*; perplejidad *f*; consternación *f*; ~**svermögen** *n* cabida *f*, capacidad *f*; *e-s Raums*: aforo *m*; *fig.* → *Fassungskraft.*
'**Faß**|**wagen** *m* vagón *m* cuba; ~**wein** *m* vino *m* de barril; ~**weise** *adv.* por toneles *bzw.* barriles.
fast *adv.* casi, cerca de, alrededor de; ~ *nicht* apenas; casi no; ~ *nichts* casi nada; ~ *nie* casi nunca; ~ *nur* casi únicamente; → *a. beinahe.*
'**fasten** (-*e*-) **I.** *v*/*i.* ayunar (*a. Rel.*); **II.** 2 *n* ayuno *m*, abstinencia *f* (*beide a. Rel.*); 2**kur** *f* cura *f* de ayuno; 2**predigt** *f* sermón *m* de cuaresma; 2**speise** *f* comida *f* de vigilia; 2**zeit** *f* cuaresma *f*.
'**Fast** '**food** *n* (-*od.* -*s*) comida *f* rápida.
'**Fastnacht** *f* (0) (martes *m* de) carnaval *m*; antruejo *m*, carnestolendas *f*/*pl.*; ~**skostüm** *n* vestido *m* de carnaval; disfraz *m*; ~**sscherz** *m* carnavalada *f*.
'**Fasttag** *m* día *m* de ayuno.
Fas'zikel *m* fascículo *m*.
faszi'nieren (-) *v*/*t.* fascinar; ~**d** *adj.* fascinante, fascinador.
fa'tal *adj.* (*verhängnisvoll*) fatal, funesto; (*unselig*) aciago, desgraciado; (*unangenehm*) desagradable, molesto, fastidioso; *iro.* dichoso.
Fata'lis|**mus** *m* (-; 0) fatalismo *m*; ~**t**(**in** *f*) *m* (-*en*), 2**tisch** *adj.* fatalista (*m*/*f*).
'**Fata Mor'gana** *f* (- -; - -*nen od.* - -*s*) espejismo *m* (*a. fig.*).
'**Fatum** *n* (-*s*; *Fata*) hado *m*; (*Geschick*) destino *m*, sino *m*, suerte *f*.
'**Fatzke** F *m* (-*n*) (*Geck*) F pisaverde *m*, petimetre *m*, currutaco *m*.
'**fauchen** *v*/*i. Tier*: bufar (*a. fig.*); (*prusten*) resoplar; *Lokomotive*: echar vapor; (*schimpfen*) echar pestes.
faul *adj.* podrido (*a. fig.*), putrefacto, pútrido; (*verdorben*) corrompido, descompuesto; *Obst, Fleisch*: picado; *Metall, Gestein*: quebradizo; (*morsch*) carcomido; *Zahn*: cariado, picado; *fig. Kunde*: moroso; (*verdächtig*) sospechoso; (*unklar*) turbio, oscuro, poco claro; *Sport*: (*unfair*) sucio; (*träge*) perezoso, vago, poltrón; gandul, haragán, holgazán; ~**e** *Ausrede* excusa *f* barata (*od.* gratuita); ~**e** *Redensarten* palabras *f*/*pl.* hueras; ~**e** *Sache* asunto *m* turbio; *ein Witz* ~**er** *Zauber* embeleco *m*, trampantojo *m*; *an der Sache ist etwas* ~ F aquí hay gato encerrado.
'**Faulbaum** *m* arraclán *m*.
'**Fäule** *f* (0) → *Fäulnis.*
'**faulen I.** *v*/*i.* pudrirse; (*sich zersetzen*) descomponerse, corromperse; *Holz*: carcomerse; *Obst*: echarse a perder, macarse; *Zahn, Knochen*: cariarse; **II.** 2 *n* → *Fäulnis*; ~**d** *adj.* putrescente, en (estado de) putrefacción.
'**faulen**|**zen** (-*t*) *v*/*i.* holgazanear, gandulear, haraganear, F no dar golpe; 2**er** *m* holgazán *m*, haragán *m*, gandul *m*, vago *m*, perezoso *m*, F manta *m*; 2**e'rei** *f* holgazanería *f*, gandulería *f*, *Neol.* ganduleo *m*; haraganería *f*, vagancia *f*.
'**Faul...**: ~**gas** *n* gas *m* pútrido, biogás *m*; ~**heit** *f* (0) pereza *f*, F galbana *f*; (*Nichtstun*) ociosidad *f*; 2**ig** *adj.* podrido; pútrido, putrefacto; (*morsch*) carcomido.
'**Fäulnis** *f* (0) podredumbre *f*; putridez *f*; putrefacción *f*; (*Zersetzung*) descomposición *f*; *in* ~ *übergehen* pudrirse; 2**beständig** *adj.* resistente a la putrefacción, imputrescible; 2**erregend** *adj.* putrefactivo; ~**erreger** *m* agente *m* de putrefacción; ~**gärung** *f* fermentación *f* pútrida; 2**hemmend**, 2**verhütend** *adj.* antiputrescente, antipútrido.

Faulpelz — fehlerfrei 182

'Faul|pelz m → Faulenzer; ~tier Zoo. n perezoso m (a. fig.).
Faun m (-es; -e) fauno m.
'Fauna f (-; Faunen) fauna f.
Faust f (-; ⁀e) puño m; mit erhobener ~ puño en alto; e-e ~ machen cerrar la mano (od. el puño); die ~ ballen apretar el puño; fig. auf eigene ~ por su (propia) cuenta, por su propia iniciativa; mit eiserner ~ con mano de hierro; mit der ~ auf den Tisch schlagen dar un puñetazo sobre la mesa (a. fig.); fig. imponerse con resolución y energía; F das paßt wie die ~ aufs Auge F eso pega como a un santo cristo un par de pistolas.
'Fäustchen n: fig. sich ins ~ lachen reírse para sus adentros (od. por lo bajo).
'faustdick adj. (grande) como un puño; F e-e ~e Lüge F una solemne mentira, una mentira como una casa; er hat es ~ hinter den Ohren F tiene mucha trastienda (od. malicia); es un vivo.
'Fäustel ⚒ m mallo m.
'fausten (-e-) v/t. Sport: rechazar (el balón) con el puño.
'Faust...: ~feuerwaffe f arma f de fuego corta; ⁀groß adj. como (od. del tamaño de) un puño; ~handschuh m manopla f; ~kampf m lucha f a puñetazos; Sport: pugilato m, boxeo m; ~kämpfer m púgil m; boxeador m; ~keil m pica f (prehistórica); ~pfand n prenda f mobiliaria; ~recht n derecho m del más fuerte; ~regel f regla f práctica (od. empírica); ~schlag m puñetazo m.
favo|ri'sieren (-) v/t. favorecer; ⁀rit(in f) m (-en) favorito (-a f) m.
Fax n (-; -e) Tele. fax m.
'faxen I. v/i. j-m ~ mandar un fax a alg.; II. v/t. et. ~ mandar a/c. por fax, faxear a/c.
'Faxen f/pl. aspavientos m/pl.; payasadas f/pl.; travesuras f/pl.; mach keine ~! ¡déjate de bromas!; ~ schneiden hacer muecas, gesticular; ~macher m bromista m, guasón m.
'Fax|modem n Computer: fax-módem m; ~nummer f número m de fax.
'Fazit n (-s; -e od. -s) resultado m; total m.
'FCKW-frei adj. sin CFC.
'Feature n (-s; -s) característica f.
'Februar m (-s; -e) febrero m.
'Fecht|bahn f pista f de esgrima; ~boden m sala f de esgrima (od. de armas).
'fechten (L) I. v/i. esgrimir; (kämpfen) combatir, batirse; e-n Gang ~ hacer un asalto; II. ⁀ n esgrima f.
'Fecht|er(in f) m esgrimidor(a f) m, bsd. Am. esgrimista m/f; ~gang m asalto m; ~handschuh m guante m de esgrima; ~kunst f esgrima f; ~maske f careta f de esgrima; ~meister m maestro m de armas; ~schurz m peto m; ~sport m esgrima f; ~stellung f posición f de guardia; ~turnier n torneo m de esgrima.
'Feder f (-; -n) pluma f (a. Schmuck⁀, Schreib⁀); ⊕ resorte m, muelle m (a. Uhr⁀); Kfz. ballesta f; Tischlerei: lengüeta f; sich mit fremden ~n schmücken adornarse con plumas ajenas; die ~ ergreifen, zur ~ greifen tomar la pluma; e-e gute ~ führen

tener buena pluma, manejar bien la pluma; in die ~ diktieren dictar; fig. ~n lassen salir desplumado; F noch in den ~n liegen estar todavía en la cama; F er findet nicht aus den ~n F se le pegan las sábanas; ~antrieb ⊕ m accionamiento m a resorte; ⁀artig adj. plumoso; ~ball m volante m; (Spiel) juego m del volante; ~bein Kfz., ✈ n pata f telescópica; ~besen m plumero m; ~bett n colchón m de pluma(s); edredón m; ~blatt ⊕ n hoja f de ballesta; ~bolzen ⊕ m perno m de ballesta; ~brett n Turnen: trampolín m; ~busch m (Schmuck) penacho m, plumero m; Zoo. copete m, moño m; ~decke f edredón m; ⁀führend adj. responsable; competente; ~führung f dirección f; ~gabel Kfz. f horquilla f telescópica; ~gehäuse n Uhr: barrilete m; ~gewicht(ler) n Sport: peso m pluma; ~halter m portaplumas m; ~kasten m plumero m, gal. plumier m; ~kiel m cañón m de pluma; ~kissen n almohada f (od. cojín m) de pluma; ~kleid Zoo. n plumaje m; ~kraft f elasticidad f, fuerza f elástica; ~krieg m polémica f; ⁀leicht adj. ligero (Arg. liviano) como una pluma; ~lesen n fig.: nicht viel ~s machen no gastar cumplidos; ohne viel ~(s) sin cumplidos, sin rodeos; ~mappe f → ~kasten; ~matratze f colchón m de muelles; ~messer n cortaplumas m.
'federn (-re) I. v/i. Vogel: (a. sich ~) mudar, estar de muda; perder plumas; (elastisch sein) ser elástico; Sport: saltar, brincar; II. v/t. als Strafe: emplumar; ⊕ Tischlerei: unir por lengüeta; Wagen: gut gefedert sein tener buena suspensión; ⁀d adj. elástico, flexible; ⊕ ~ angebracht montado (od. suspendido) en muelles.
'Feder...: ~ring ⊕ m anillo m elástico; ~schale f bandeja f para lápices; ~schmuck m adorno m de plumas; am Helm: airón m; ~spitze f punta f de la pluma; ~stahl m acero m para resortes; ~strich m plumada f; mit e-m ~ de un plumazo; ~ung f ⊕ muelles m/pl.; Wagen: suspensión f (elástica); ~vieh n aves f/pl. de corral; volatería f; ~waage f balanza f de resorte; ~werk n mecanismo m de resortes; ~wild n caza f de pluma; ~wisch m plumero m; ~wolke f cirro m; ~zeichnung f dibujo m a la pluma; ~zirkel m compás m de muelle; ~zug m → ~strich.
Fee f (-; -n) hada f.
'Fe-en...: ⁀haft adj. de hada; fig. mágico; maravilloso; ~königin f reina f de las hadas; ~land n país m de las hadas; ~märchen n cuento m de hadas.
Fegefeuer n purgatorio m.
'fegen I. v/t. (kehren) barrer; Schornstein: deshollinar; ⚔ Getreide: cribar; Jgdw. Geweih: restregar; (wegreißen, wegblasen) arrastrar, barrer; arrancar; II. v/i. (sausen) pasar rápidamente; Sturm: azotar; der Wind fegt über die Straßen el viento barre las calles.
'Fehde f (Streit) querella f; altercado m; (Feindschaft) hostilidad f; fig. guerra f, contienda f; j-m ~ ansagen

retar, arrojar el guante a alg.; ~brief m cartel m de desafío; ~handschuh m guante m de desafío; den ~ aufnehmen recoger el guante, aceptar el reto; den ~ hinwerfen arrojar el guante.
fehl adj.: ~ am Platze sein estar fuera de lugar (od. inadecuado); Bemerkung: no venir al caso.
'Fehl m (-es; 0) tacha f, defecto m; ohne ~ sin tacha, intachable; ~anruf Tele. m llamada f equivocada; ~anzeige f: ~! nada bzw. ninguno; ⁀bar adj. falible; ~barkeit f (0) falibilidad f; ~bestand m deficiencia f, falta f; ~betrag m déficit m, falta f; ~bezeichnung f denominación f errónea; ~bitte f ruego m desatendido; e-e ~ tun pedir en vano; recibir una negativa; ~blatt n Kartenspiel: carta f falsa; ~bogen Typ. m hoja f mal impresa; ~diagnose ✱ f diagnóstico m erróneo, error m de diagnóstico; ~druck Typ. m impresión f borrosa bzw. con erratas (od. defectuosa).
'fehlen I. v/i. 1. (abwesend sein) faltar; estar ausente; in der Schule: no asistir a clase; bei e-r Feier: no asistir a; bei Aufruf: no estar presente; 2. (vermißt werden) ser echado de menos; du hast uns sehr gefehlt te hemos echado mucho de menos (od. en falta); 3. (mangeln an) faltar, hacer falta; es fehlt uns an (dat.) necesitamos, nos (hace) falta, carecemos; es an nichts ~ lassen hacer todo lo posible, no regatear esfuerzos, intentarlo todo; fehlt Ihnen etwas? ¿le pasa algo?; mir fehlt nichts no me pasa (od. no tengo) nada; wo fehlt's denn? ¿cuál es su problema?; es fehlte nicht viel und ... a poco más, por poco, poco faltó para que subj.; das fehlte gerade noch! iro. ¡esto es lo que faltaba!, ¡sólo faltaba eso!; an mir soll es nicht ~ por mí no ha de quedar (od. faltar); wenn alles fehlt im letzten caso; 4. (e-n Fehler begehen) cometer un error, incurrir en una falta; (sich irren) equivocarse; (sündigen) pecar; gegen j-n ~ faltar (al respeto) a alg.; gegen das Gesetz ~ infringir (od. violar) la ley; weit gefehlt! está usted muy equivocado; II. ⁀ n falta f; carencia f; (Mangel) defecto m; (Nichterscheinen) ausencia f, inasistencia f; Schule: absentismo m escolar, inasistencia f a clase; ⁀d adj.: das ⁀e lo que falta; der (die) ⁀e el (la) ausente.
'Fehl-entscheidung f dictamen m equivocado; Sport: decisión f equivocada (od. errónea).
'Fehler m falta f; (Mangel) defecto m, desperfecto m; vicio m; (Charakter⁀) defecto m; (Makel) tacha f; (Unvollkommenheit) imperfección f; ⊕ defecto m; Typ. errata f; Sport: falta f; (Versehen) descuido m, inadvertencia f; (Mißgriff) desacierto m; (Irrtum) error m, equivocación f; (Sünde) pecado m; (Schuld) culpa f; e-n ~ machen cometer una falta; incurrir en un error; das war allein sein ~ la culpa fue exclusivamente suya; das ist nicht mein ~ no es culpa mía; jeder hat s-e ~ todos tenemos nuestros defectos; ⁀frei adj. sin defecto (a. ⊕), sin falta; correcto; (makellos) sin tacha; bsd. fig. perfecto; irreprocha-

ble, intachable, impecable; ~**grenze** f límite m bzw. margen m de error, tolerancia f; ℒ**haft** adj. (mangelhaft) defectuoso; (unrichtig) incorrecto, falso; (irrig) erróneo, equivocado; ~**haftigkeit** f incorrección f; deficiencia f; ℒ**los** adj. → ℒ**frei**; ~**losigkeit** f (0) ausencia f de defectos bzw. de faltas (od. de errores); ~**meldung** f Computer: mensaje m (od. aviso m) de error; ~**quelle** f fuente f de errores; ⊕ causa f del defecto; ~**verzeichnis** Typ. n fe f de erratas.

¹**Fehl**...: ~**farbe** f Kartenspiel: fallo m; ~**geburt** f aborto m (espontáneo); ℒ**gehen** (L; sn) v/i. extraviarse, errar el camino (beide a. fig.); fig. equivocarse, andar errado; Schuß: errar el blanco; (mißlingen) frustrarse; fracasar, salir mal; ~**gewicht** n falta f de peso; ✝ merma f; ℒ**greifen** (L) v/i. fig. desacertar, equivocarse; F hacer una plancha; ~**griff** m fig. equivocación f, desacierto m; error m; F plancha f; ~**investition** ✝ f inversión f equivocada; ~**kalkulation** f cálculo m erróneo (od. equivocado); ~**kauf** m mala compra f; ~**landung** ⚓ f aterrizaje m defectuoso; ~**leistung** Psych. f acto m fallido; ℒ**leiten** (-e-) v/t. dirigir erradamente, des(en)caminar; Briefe: dar curso equivocado; ~**prognose** f pronóstico m falso (od. desacertado); ~**punkt** m Sport: punto m negativo; ℒ**schießen** (L) v/i. errar (od. no dar en) el blanco, errar el tiro (a. fig.); fig. equivocarse; ~**schlag** m golpe m en falso; fig. fracaso m, fallo m; ℒ**schlagen** (L) v/i. errar el golpe; fig. fracasar; malograrse, frustrarse, quedar en nada; ~**schluß** m razonamiento m falso, conclusión f equivocada, paralogismo m; ~**schuß** m tiro m errado (od. fallado); ~**spekulation** f especulación f equivocada; ~**spruch** ⚖ m sentencia f equivocada; error m judicial; ~**start** m salida f en falso bzw. nula; ~**stoß** m golpe m errado (od. en falso); Billard: pifia f; ℒ**treten** (L) v/i. dar un traspié, dar un paso en falso; ~**tritt** m paso m en falso, traspié m; fig. resbalón m, desliz m; e-n ~ tun dar un traspié (a. fig.); bsd. Mädchen: tener un desliz; ~**urteil** n juicio m erróneo; ⚖ error m judicial; ~**zündung** Kfz. f encendido m defectuoso.

¹**feien** Poes. v/t. hacer invulnerable (gegen contra); → gefeit.

¹**Feier** f (-; -n) (Fest) fiesta f; e-s Festes: celebración f, (Festlichkeit) festividad f, solemnidad f, ceremonia f; acto m (solemne); zur ~ des Tages para celebrar bzw. conmemorar el día; ~**abend** m fin m del trabajo; ✝ hora f de cierre; (Freizeit) tiempo m libre (después del trabajo); ~ machen terminar la jornada, cesar el trabajo; F jetzt ist aber ~! ¡basta ya! ~**lich** adj. solemne; (förmlich) ceremonioso; ~ begehen celebrar (solemnemente); F das ist schon nicht mehr ~! ¡esto es demasiado! ℒ**keit** f solemnidad f; (Fest) fiesta f; festividad f, öffentlich: acto m; (Feier) ceremonia f.

¹**feier|n** (-re) **I.** v/t. celebrar; festejar; (mit Pomp) solemnizar; (Festtag einhalten) observar, guardar; Person: agasajar, homenajear; (gedenken) conmemorar; (ehren, rühmen) ensalzar, enaltecer; man muß das ~ esto hay que celebrarlo; **II.** v/i. (nicht arbeiten) no trabajar, hacer fiesta, feriar; (ruhen) descansar; holgar; ~ müssen estar en paro (forzoso); ℒ**n** n celebración f; ℒ**schicht** f jornada f sin trabajar; bsd. ⚒ turno m no efectuado; ~**en** einlegen introducir turnos de descanso; ℒ**stunde** f acto m solemne, ceremonia f; ~**tag** m día m de descanso (od. feriado); (Festtag) día m festivo, (día m de) fiesta f; an Schulen usw.: a. día m no lectivo; an ~**en** en días festivos.

¹**feig(e)** adj. cobarde; (furchtsam) medroso, pusilánime.

¹**Feige** ♀ f higo m; ~**nbaum** m higuera f; ~**nblatt** n fig. hoja f de parra; ~**nkaktus** m chumbera f, higuera f chumba, nopal m.

¹**Feig|heit** f (0) cobardía f; ℒ**herzig** adj. pusilánime; ~**herzigkeit** f (0) pusilanimidad f; ~**ling** m (-s; -e) cobarde m, F gallina m, P cagueta m; ~**warze** ✱ f condiloma m.

feil adj. vendible; de (od. en) venta; fig. desp. venal; ~**bieten** (L) v/t. poner en (od. a la) venta; ofrecer; sich ~ prostituirse; ℒ**bietung** f puesta f en venta; ofrecimiento m.

¹**Feile** f lima f; fig. die letzte ~ legen an (ac.) dar la última mano a; ℒ**n** v/t. limar; fig. a. pulir, refinar, perfeccionar; ~**n** n limado m, limadura f; ~**nhauer** m limero m; cortador m de limas.

¹**feil|halten** (L) v/t. poner a la venta; ℒ**heit** f (0) venalidad f. [limalla f]

¹**Feilicht** ⊕ n (-s; 0) limaduras f/pl.]

¹**Feil|kloben** m tornillo m de mano; ~**maschine** f limadora f.

¹**feilsch|en** v/i.: um et. ~ regatear a/c.; ℒ**en** n regateo m; ~**er** m regatón m.

¹**Feil|späne** m/pl. → Feilicht; ~**strich** m limada f.

¹**Feim** ✓ m (-¢s; -e), ~**e** f (-; -n), ~**en** m almiar m, hacina f; Am. parva f.

fein adj. allg. fino; Regen, Körner: a. menudo; (dünn) a. delgado; (sehr dünn) tenue, sutil; fig. (schön) hermoso; (hübsch) bonito, lindo; (erlesen) selecto, exquisito; (vornehm) distinguido; (elegant) elegante; (zart) delicado; (verfeinert) refinado; (sorgfältig gearbeitet) esmerado; (genau) preciso, exacto; (spitzfindig) sutil; sich ~ machen ataviarse; ~**er** Ton buen tono m; ~**e** Leute F gente f bien; ~**es** Benehmen modales m/pl. distinguidos, buenas maneras f/pl.; ~**e** Welt mundo m elegante; ~**es** Gefühl sentimiento m delicado; ~**er** Unterschied diferencia f sutil; iro. du bist mir ein ~**er** Freund! F ¡valiente amigo tengo en ti!; F er ist ein ~**er** Kerl F es un gran tío; F den ~**en** Mann spielen (od. markieren) echárselas de fino; ~**er** Geschmack gusto m refinado; ~ schmecken saber muy bien, tener un sabor exquisito; er ist ~ heraus se la han salido bien las cosas, weitS. es un hombre de suerte; ~! ¡muy bien!, ¡excelente!, F ¡estupendo!; das etwas ℒ**es** es canela fina; F esto sí que es bueno.

¹**Fein**...: ~**abstimmung** f Radio, TV sintonía f fina; ~**arbeit** f trabajo m de precisión; ~**bäcker** m pastelero m;

~**bäckelrei** f pastelería f; ~**blech** n chapa f fina.

feind adj.: j-m ~ sein ser hostil a alg., ser enemigo de (od. opuesto a) alg.; j-m ~ werden enemistarse con alg.; F ponerse a malas con alg.

Feind m (-¢s; -e) enemigo m; (Gegner) adversario m; antagonista m; (Rivale) rival m; der böse ~ el (espíritu) maligno, el enemigo malo; sich ~**e** machen hacerse enemigos; sich j-n zum ~ machen enemistarse con alg.; ein ~ e-r Sache sein ser enemigo de a/c.

¹**Feind**...: ~**berührung** ⚔ f contacto m con el enemigo; ~**einwirkung** f acción f del enemigo; ~**eshand** f: in ~ fallen caer en poder del enemigo; ~**esland** n país m enemigo; ~**flug** ✈ m vuelo m contra el enemigo, incursión f aérea; ~**in** f enemiga f; ℒ**lich** adj. enemigo; (~ gesinnt) hostil; Geschick: adverso; ~ gesinnt sein ser enemigo de (od. contrario a); ~**lichkeit** f sentimientos m/pl. hostiles; ~**schaft** f enemistad f; (feindliche Gesinnung) hostilidad f; animosidad f; (Gegnerschaft) antagonismo m; rivalidad f; in ~ leben mit estar enemistado con, estar a malas con; ℒ**selig** adj. hostil; ~**seligkeit** f hostilidad f; animosidad f; die ~**en** eröffnen (einstellen) romper, abrir (cesar; suspender) las hostilidades; Eröffnung (Einstellung) der ~**en** iniciación f (cesación f) de las hostilidades.

¹**Fein**...: ~**einstellung** f ⊕ graduación f (od. ajuste m) de precisión; ajuste m fino; Opt. enfoque m de precisión; TV sintonía f fina; ℒ**faserig** adj. Holz: de fibra fina; ℒ**fühlend**, ℒ**fühlig** adj. sensible; delicado; ~**gebäck** n pasteles m/pl.; galletas f/pl. finas; ~**gefühl** n tacto m, delicadeza f; ~**gehalt** m quilate m; Münzen: ley f; título m legal; ℒ**gliedrig** adj. delgado, fino; grácil; ~**gold** n oro m de ley (od. fino); ~**heit** f fineza f; finura f; (Zartheit) delicadeza f; sutileza f; (Zierlichkeit) delgadez f, Neol. gracilidad f; (Eleganz) distinción f, elegancia f; des Umgangs: finura f, refinamiento m; des Stils: galanura f, elegancia f; (Qualität) exquisitez f; ℒ**hörig** adj. de oído fino; ~**korn** n grano m fino (a. Phot.); ℒ**körnig** adj. de grano fino; ~**kost** f comestibles m/pl. finos; ultramarinos m/pl.; ~**kosthandlung** f tienda f de comestibles finos bzw. de ultramarinos; Am. fiambrería f; ℒ**machen** F v/refl.: sich ~ ataviarse; ℒ**maschig** adj. de malla tupida (od. fina); ~**mechanik** f mecánica f de precisión; ~**mechaniker** m mecánico m de precisión; ℒ**porig** adj. de poros finos; ~**schliff** ⊕ m pulido m fino; ~**schmecker** m gastrónomo m; aficionado m a la buena cocina; weitS. sibarita m; ~**schnitt** m (Tabak) tabaco m de hebra; ~**seife** f jabón m de tocador; ~**silber** n plata f fina; ℒ**sinnig** adj. (de espíritu) sutil; de gusto refinado; ~**sinnigkeit** f delicadeza f; ~**stbe-arbeitung** ⊕ f acabado m de alta precisión; ~**ste** n: das ~ la flor y nata; ~**struktur** Phys. f estructura f fina; ~**wäsche** f ropa f delicada; lencería f fina; ~**zucker** m azúcar m refinado.

feist adj. gordo, rollizo, F atocinado; ¹ℒ**heit** f (0) gordura f.

feixen — Ferne

¹**feixen** (-t) F v/i. reír irónicamente; sonreír maliciosamente.
¹**Felchen** Ict. m (-s; -) corégono m.
Feld n (-es; -er) campo m (a. ⌀, Sport, Phys. u. fig.); (Gelände) terreno m; ⚔ campaña f; fig. (Gebiet) campo m de actividad (od. de acción), dominio m; materia f, especialidad f; Sport: (Gruppe) pelotón m; (Gefilde) campiña f; △ compartimiento m; (Füllung) panel m, entrepaño m; Schachspiel: escaque m, casilla f (a. auf Formularen); fig. ein weites ~ un vasto campo; ⚔ ins ~ ziehen (od. rücken) entrar en campaña; ir a la guerra; fig. zu ~e ziehen gegen arremeter contra; emprender una campaña contra; ⚔ im ~e sein (od. stehen) estar (od. hallarse) en campaña; aus dem ~e schlagen derrotar (od. poner en fuga); fig. eliminar, derrotar; das ~ behaupten quedar dueño del campo; das ~ räumen dejar el campo libre (a. fig.); despejar el campo; fig. ins ~ führen Gründe usw.: alegar; Sport: vom ~ weisen expulsar del campo; Radrennen: sich vom ~ lösen escaparse del pelotón; auf dem ~e der Ehre en el campo del honor; durch die ~er streifen (re)correr el campo; er hat freies ~ tiene plena libertad de acción (od. luz verde).
Feld...: ~**arbeit** f faenas f/pl. (od. labores f/pl.) del campo, labranza f; ~**arbeiter** m bracero m, Am. peón m; mozo m de labranza; ~**bahn** 🚂 f ferrocarril m de campaña; ~**bestellung** f labranza f, labores f/pl. de cultivo; ~**bett** n cama f de campaña, catre m; ~**blume** ♀ f flor f silvestre; ~**bluse** f guerrera f; ~**diebstahl** m hurto m rural; ~**erregung** ⚡ f excitación f de campo; ~**flasche** f cantimplora f; ~**flugplatz** ⚔ m campo m de aviación; ~**früchte** ♀ f/pl. frutos m/pl. del campo; ~**geistliche(r)** ⚔ m capellán m castrense; ~**geschütz** ⚔ n pieza f de campaña; ~**gottesdienst** m misa f de campaña; ²**grau** ⚔ adj. gris de campaña; ~**herr** ⚔ m general m (en jefe); weitS. ~ el generalísimo; Oberste ~ el generalísimo; ~**herr(e)nkunst** f estrategia f; ~**hüter** m guarda m jurado (od. rural); ~**küche** ⚔ f cocina f de campaña; ~**lager** n campamento m; vivaque m; ~**lazarett** ⚔ n hospital m de sangre, ambulancia f; ~**lerche** Orn. f alondra f común; ~**mark** f límites m/pl. de un campo; e-r Gemeinde: término m municipal; ~**marschall** ⚔ m mariscal m (de campo); in Deutschland, England: feldmariscal m; ~**maus** Zoo. f ratón m del campo; ~**messer** m agrimensor m; ~**meßkunst** f geodesia f; ~**messung** f agrimensura f; ~**mütze** ⚔ f gorra f de cuartel; ~**post** ⚔ f correo m militar; ~**postnummer** ⚔ f número m de estafeta militar; ~**regler** ⚡ m reóstato m de campo; ~**salat** ♀ m milamores f; ~**schlacht** f batalla f campal; ~**spat** Min. m feldespato m; ~**spieler** Sport: jugador m de campo; ~**stärke** ⚡ f intensidad f de campo; ~**stecher** m prismáticos m/pl., gemelos m/pl. (de campaña); ~**studie** f estudio m de campo; ~**stuhl** m silla f plegable; ~**versuch** m experimento m de ensayo m) de campo; ~'**Wald-und-**

¹**Wiesen-...** F in Zssgn corriente y moliente; ~**webel** m ⚔ sargento m mayor; F (Frau) mujer f de armas tomar; ~**weg** m camino m vecinal; ~**zeichen** ⚔ n insignia f, enseña f; ~**zug** m campaña f (a. fig.); ⚔ a. expedición f militar; ~**zugs-plan** ⚔ m plan m de campaña.
¹**Felge** f llanta f; Wagenrad: pina f; Turnen: vuelta f; auf den ~n fahren rodar sobre la llanta; ²**n** v/t. Rad: poner llantas a; ~**nbremse** f freno m sobre la llanta.
Fell n (-es; -e) (Haut, Pelz) piel f; pellejo m; (Haarkleid) pelaje m; gegerbtes: cuero m; ungegerbtes: piel f en bruto; ♪ parche m; das ~ abziehen desollar (ac.); F fig. ein dickes ~ haben tener anchas (od. buenas) espaldas; fig. j-m das ~ über die Ohren ziehen desollar a alg. vivo; sich das ~ über die Ohren ziehen lassen dejarse explotar; F j-m das ~ gerben (od. versohlen) F zurrar la badana a alg.; ihm sind die ~e weggeschwommen su gozo, en el pozo.
¹**Fels** m (-ens; -en) roca f; (Block) peña f; peñón m; größer: peñasco m, risco m; ~**abhang** m despeñadero m, derrocadero m; ~**block** m roca f; peñasco m; hoher: tolmo m; ~**boden** m suelo m roqueño (od. rocoso).
¹**Felsen** m → Fels; ~**bein** Anat. n peñasco m; ²**fest** adj. firme como una roca, F de cal y canto; fig. inquebrantable; er glaubt ~ daran lo cree a pies juntillas; ~**gebirge** n Geogr. Montañas f/pl. Rocosas; ~**klippe** f escollo m; ~**küste** f costa f acantilada, acantilado m; ~**malereien** f/pl. pinturas f/pl. rupestres; ~**riff** n arrecife m.
¹**Fels|geröll** n rocalla f; ~**gestein** n roca f.
¹**felsig** adj. rocoso; cubierto de rocas; de roca; roqueño.
¹**Fels...:** ~**kluft** f precipicio m; despeñadero m; ~**masse** f roca f; ~**pflanze** f planta f rupestre; ~**spalte** f hendidura f, grieta f; ~**spitze** f pic(ach)o m; ~**wand** f pared f de una roca, peña f escarpada.
¹**Fem|e** f Hist.: die ~ la Santa Vehma; ~**gericht** n tribunal m de la Vehma.
¹**Femininum** Gr. n (-s; Feminina) femenino m.
Femi'nis|mus m (-; 0) feminismo m; ~**tin** f, ²**tisch** adj. feminista (f).
¹**Fenchel** ♀ m (-s; 0) hinojo m.
Fenn n (-es; -e) terreno m pantanoso.
¹**Fenster** n ventana f; großes: ventanal m; an Fahrzeugen: ventanilla f; (Laden²) escaparate m, Am. vidriera f, (Guck², Klapp²) ventanillo m; bsd. buntes: vidriera f (a. Kirchen²); aus dem ~ sehen, zum ~ hinaussehen mirar por la ventana; sich ans ~ stellen ponerse a la ventana; sich aus dem ~ lehnen asomarse a la ventana; zum ~ hinauswerfen arrojar (echar od. tirar) por la ventana (a. fig.); fig. das Geld zum ~ hinauswerfen tirar la casa por la ventana; die ~ einschlagen (od. einwerfen) romper los cristales; die ~ putzen limpiar los cristales; ~**bank** f repisa f; ~**brett** n alféizar m; ~(**brief**)**umschlag** m sobre m ventana; ~**brüstung** f antepecho m; ~**flügel** m hoja f de ventana; batiente m; ~**gitter** n reja f (de ventana); ~**glas** n vidrio m (común); ~**griff** m tirador

m; ~**heber** Kfz. m elevalunas m, alzacristales m; ~**kitt** m masilla f; ~**kreuz** n crucero m de ventana; ~**kurbel** Kfz. f manivela f alzacristales; ~**laden** m äußerer: postigo m, contraventana f; (Jalousie) persiana f; ~**leder** n gamuza f (para cristales); ²**ln** (-le) F v/i. etwa: pelar la pava; ²**los** adj. sin ventanas; ~**nische** f hueco m de la ventana; ~**öffnung** f vano m; ~**pfeiler** m entreventana f; ~**pfosten** m jamba f; ~**platz** m asiento m de ventanilla; ~**putzer** m limpiacristales m, limpiaventanas m; ~**putzmittel** n limpiacristales m; ~**rahmen** m marco m, bastidor m; ~**riegel** m falleba f; ~**scheibe** f vidrio m, cristal m; (bsd. Schaufenster²) luna f; ~**schutz** m gegen Zugluft: burlete m; ~**sturz** m dintel m (de ventana); Hist. Prager ~ la Defenestración de Praga; ~**tag** m puente m; ~**tür** f puertaventana f; ~**umschlag** m sobre m ventana.
¹**Ferdinand** m Fernando m.
¹**Ferien** pl. vacaciones f/pl. (große de verano); in die ~ gehen ir(se) de vacaciones bzw. de veraneo; ~**dorf** n aldea f de vacaciones; ~**gast** m turista m; veraneante m; ~**geld** n prima f de vacaciones; ~**heim** n residencia f de vacaciones; ~**kolonie** f colonia f de vacaciones bzw. de verano; ~**kurs** (-us) m curso m de vacaciones; ~**lager** n campamento m de vacaciones; ~**plan** m Schule: calendario m escolar; ~**reisende(r)** m Neol. vacacionista m; ~**zeit** f tiempo m (od. época f) de vacaciones.
¹**Ferke|l** n cochinillo m, lechón m; fig. guarro m, cochino m; ²**lei** f cochinada f; ²**ln** (-le) v/i. parir (la cerda); fig. portarse como un cerdo.
Fer'mate ♪ f calderón m, fermata f.
Fer'ment n (-es; -e) fermento m.
Fermen|tati'on f fermentación f; ²**tieren** (-) v/t. u. v/i. fermentar.
fern I. adj. lejano, remoto (a. Zeit); (entlegen) apartado; (auseinanderliegend) distante; in nicht zu ~er Zeit en un futuro próximo; **II.** adv. lejos; von ~(e) (des)de lejos.
¹**Fern...:** ~**ablesung** ⊕ f telelectura f; ~**amt** Tele. n central f interurbana; ~**anruf** m → ~**gespräch**; ~**anschluß** m conexión f interurbana; ~**antrieb** ⊕ m accionamiento m (od. mando m) a distancia; ~**anzeiger** m teleindicador m; ~**aufklärer** ⚔ m avión m de reconocimiento a gran distancia; ~**aufklärung** ⚔ f reconocimiento m a gran distancia; ~**aufnahme** f telefotografía f; ~**auslöser** Phot. m disparador m a distancia; ~**beben** n terremoto m (od. temblor m de tierra) a gran distancia; ~**bedienung** ⊕ f mando m a distancia, telemando m; ²**betätigt** adj. accionado a distancia; teledirigido; ²**bleiben** (L; sn) v/i. mantenerse alejado de, no meterse en; no tomar parte en, no asistir a; ~**bleiben** n ausencia f; inasistencia f; vom Arbeitsplatz: absentismo m (laboral), falta f al trabajo; ~**blick** m vista f panorámica; ~**brille** f gafas f/pl. para lejos; ~**drucker** m teleimpresor m; ~**e** f lejanía f; distancia f; in der ~ is aus der ~ (des)de lejos; aus weiter ~ (des)de muy lejos; das liegt noch in weiter ~ eso está todavía

muy lejos; todavía falta mucho para eso; ~empfang *m* Radio: recepción *f* a (gran) distancia.
'Ferner reg. *m* glaciar *m*.
'ferner adv. además; Kanzleistil: otrosí, ítem; ~hin adv. en lo sucesivo; en adelante.
'Fern...: ~fahrer *m* camionero *m* (de transportes a larga distancia); ~fahrt Kfz. *f* gran trayecto *m*; ~flug ✈ *m* vuelo *m* a gran distancia; ~gasleitung *f* gasoducto *m*; ²gelenkt adj. teledirigido; ~geschütz *n* cañón *m* de largo alcance; ~gespräch *n* conferencia *f* (od. comunicación *f*) interurbana; ²gesteuert adj. teledirigido; ~glas *n* gemelos *m/pl.*, prismáticos *m/pl.*; catalejo *m*; ²halten (L) I. v/t. mantener alejado (od. a distancia); II. v/refl.: sich von et. ~ mantenerse alejado (od. al margen) de a/c.; ~heizung *f* calefacción *f* a distancia; ²her adv. (des)de lejos; ~kurs(us) *m* curso *m* por correspondencia (od. a distancia); ~laster *m* camión *m* de transportes a larga distancia; ~lastverkehr *m* transporte *m* a larga distancia; ~leitung *f* ⚡ línea *f* de conducción a gran distancia; Tele. línea *f* interurbana; ~lenken v/t. teledirigir, teleguiar; ~lenkung *f* telemando *m*; teledirección *f*; ~lenkwaffe *f* misil *m* teledirigido; ~licht *n* luz *f* larga (od. de carretera); ²liegen (L) v/i. estar lejos de; das liegt mir fern está lejos de mí (od. de mi ánimo); estoy muy lejos de eso; ²liegend adj. lejano; remoto; ~meldedienst *m* servicio *m* de telecomunicación; ~meldeingenieur *m* ingeniero *m* de telecomunicación; ~meldetechnik *f* técnica *f* de telecomunicación; ~meldewesen *n* telecomunicación *f* (*mst. pl.*); ~meßtechnik *f* telemetría *f*; ²mündlich adj. por teléfono; ~'ost *m*: in ~ en el Extremo Oriente; ²'östlich adj. del Extremo Oriente; ~photographie *f* telefotografía *f*; ~rohr *m* catalejo *m*, anteojo *m* (de larga vista); Astr. telescopio *m*; ~ruf *m* llamada *f* telefónica; ~schalter *m* teleinterruptor *m*; ~schnellzug 🚆 *m* tren *m* expreso de largo recorrido; ~schreibdienst *m* servicio *m* (de) télex; ~schreiben *n* télex *m*; ~schreiber *m* (Gerät) télex *m*, teletipo *m*; teleimpresor *m*; (Person) ~(in *f*) *m* teletipista *m/f*; ~schreibteilnehmer *m* abonado *m* de télex; ~schuß *m* Sport: tiro *m* desde lejos (od. de distancia).

'Fernseh|ansager(in *f*) *m* locutor(a *f*) *m* de televisión; ~antenne *f* antena *f* de televisión; ~apparat *m* → ~empfänger; ~aufzeichnung *f* videograma *m*; ~bericht *m* información *f* por televisión; ~bild *n* imagen *f* televisada; ~diskussion *f* debate *m* televisivo; ~empfang *m* recepción *f* de televisión; ~empfänger *m* receptor *m* de televisión, televisor *m*; ~en *n* televisión *f*, F tele *f*, pequeña pantalla *f*; im ~ übertragen televisar; ²en v/i. ver (od. mirar) la televisión; ~er *m* (Person) telespectador *m*, televidente *m*; (Gerät) televisor *m*; ~fassung *f* versión *f* televisiva; ~film *m* película *f* televisada, telefilm *m*; ~gebühr *f* tasa *f* de televisión; ~gerät *n* → ~empfänger; ~interview *n* entrevista *f* televisada; ~kamera *f* cámara *f* de televisión, telecámara *f*; ~kanal *n* canal *m* de televisión; ~kassette *f* videocassette *f*; ~netz *n* red *f* de emisoras de televisión; ~programm *n* programa *m* de televisión; ~reportage *f* reportaje *m* televisado; ~schirm *m* pantalla *f* de televisión; ~sender *m* emisora *f* de televisión; ~sendung *f* emisión *f* de televisión (od. televisiva); ~serie *f* serie *f* televisiva, serial *m* televisivo; ~spiel *n* telenovela *f* bzw. telecomedia *f*; ~studio *n* estudio *m* de televisión; ~technik *f* técnica *f* de la televisión; ~techniker *m* técnico *m* de televisión; ~teilnehmer(in *f*) *m* abonado (-a *f*) *m* a la televisión; → a. ~zuschauer; ~telephon *n* videoteléfono *m*; ~turm *m* torre *f* de televisión; ~übertragung *f* (re)transmisión *f* de televisión; ~zuschauer(in *f*) *m* telespectador(a *f*) *m*, televidente *m/f*.

'Fernsicht *f* vista *f* panorámica.

'Fernsprech|amt *n* central *f* telefónica; ~anlage *f* instalación *f* telefónica; ~anschluß *m* abono *m* al teléfono; ~apparat *m* teléfono *m*, aparato *m* telefónico; ~auftragsdienst *m* servicio *m* de encargos; ~automat *m* teléfono *m* público automático; ~buch *n* guía *f* telefónica, listín *m* (de teléfonos); ²en (L) v/i. telefonear; ~er *m* telefono(m) (öffentlicher público); ~gebühr *f* tarifa *f* (od. tasa *f*) telefónica; cuota *f* de abono al teléfono; ~leitung *f*, ~linie *f* línea *f* telefónica; ~münze *f* ficha *f* de teléfono; ~netz *n* red *f* telefónica; ~nummer *f* número *m* de teléfono; ~stelle *f* estación *f* telefónica; öffentliche ~ teléfono *m* público; ~teilnehmer(in *f*) *m* abonado (-a *f*) *m* al teléfono; ~verbindung *f* comunicación *f* telefónica; ~verkehr *m* servicio *m* telefónico; ~vermittlung *f* central *f* telefónica; ~verzeichnis *n* → ~buch; ~wesen *n* telefonía *f*; ~zelle *f* cabina *f* telefónica, locutorio *m*.

'Fern|spruch *m* telefonema *m*; ²stehen (L) v/i. fig. ser extraño (od. ajeno) a; ²steuern v/t. teledirigir, teleguiar; mandar a distancia; ~steuerung *f* telemando *m*, mando *m* a distancia; control *m* remoto; telecontrol *m*; ~straße *f* → ~verkehrsstraße; ~studium *n* estudio *m* por correspondencia (od. a distancia); ~transport *m* transporte *m* a gran distancia; ~trauung *f* matrimonio *m* por poderes; ~universität *f* universidad *f* a distancia; ~unterricht *m* enseñanza *f* por correspondencia (od. a distancia); ~verkehr *m* 🚆 servicio *m* de largo recorrido; Straße: tráfico *m* a gran distancia; Tele. servicio *m* interurbano; ~verkehrsomnibus *m* autocar *m*; ~verkehrsstraße *f* vía *f* interurbana; ~waffe *f* arma *f* de gran alcance; ~weh *n* añoranza *f* (od. nostalgia *f*) de países lejanos; ~wirkung *f* acción *f* a distancia (a. ⚡, Phys.); 🔫 Geschütz: efecto *m* a gran distancia; ~ziel *n* objetivo *m* lejano; ~zug 🚆 *m* tren *m* de largo recorrido; ~zündung *f* encendido *m* a distancia.

'Ferri|azetat *n* acetato *m* férrico; ~sulfat *n* sulfato *m* férrico.

Fer'rit Geol. *n* (-¢s; 0) ferrita *f*;

~antenne *f* antena *f* de ferrita.

'Ferro|chlorid *n* cloruro *m* ferroso; ~magnetismus *m* ferromagnetismo *m*; ~sulfat *n* sulfato *m* ferroso.

'Ferse *f* talón *m* (a. am Strumpf), zancajo *m*, calcañar *m*; fig. j-m auf den ~n sein (od. folgen) pisar a alg. los talones; sich an j-s ~n heften pegarse a los talones de alg.; j-m auf den ~n bleiben seguir la pista a alg.; ~nbein Anat. *n* calcáneo *m*; ~n-einlage *f* für Schuhe: plantilla *f* de tacón; ~ngeld *n*: ~ geben poner pies en polvorosa.

'fertig adj. (bereit) preparado, dispuesto; listo, pronto, a punto (zu para); (beendet, abgeschlossen) terminado, acabado, concluido; hecho; Kleider: confeccionado, hecho; Essen: preparado, (gar) a punto; F (erschöpft) agotado, exhausto; (ruiniert) arruinado; mit et. ~ sein haber terminado (od. concluido) a/c.; ~! ¡ya está!; ¡listo!; ich bin ~ ya he terminado; estoy preparado; F (erschöpft) estoy rendido (od. molido od. F hecho polvo); mit j-m ~ werden arreglarse con alg.; mit et. ~ werden (beenden) acabar, terminar, llevar a cabo a/c.; despachar a/c.; mit e-r Schwierigkeit usw.: encarar a/c.; F arreglárselas; mit j-m od. et. nicht ~ werden no poder con alg. od. a/c.; mit der Arbeit usw.: no dar abasto a; ich kann nicht ohne ihn ~ werden no puedo prescindir de él; mit ihm bin ich ~ he roto (od. acabado) con él; sieh zu, wie du ~ wirst arréglate como puedas, allá te las arregles (od. compongas); das wird nie ~ es cosa de nunca acabar; ²bauweise ⊕ *f* construcción *f* prefabricada; ²be-arbeitung ⊕ *f* acabado *m*; ~bekommen (L), ~bringen (L) v/t. acabar; (zustande bringen) conseguir, lograr; llevar a cabo; fig. es nicht ~ zu no poder decidirse a, no atreverse a; er bringt es (glatt) fertig es muy capaz de hacerlo; ~en v/t. fabricar, producir; hacer; ²erzeugnis *n*, ²fabrikat *n* producto *m* acabado (manufacturado od. elaborado); ²gericht *n* plato *m* precocinado; ²haus *n* casa *f* prefabricada; ²keit *f* habilidad *f*, destreza *f*; (Übung) práctica *f*; rutina *f*; (Leichtigkeit) facilidad *f*, soltura *f*; (Behendigkeit) prontitud *f*, presteza *f*; in et. ~ besitzen ser experto (od. hábil, práctico, experimentado) en confección *f*; ²kleidung *f* ropa *f* hecha, confección *f*; ~kriegen F v/t. → ~bekommen; ~machen v/t. 1. (vollenden) terminar, acabar, concluir; llevar a cabo; sich ~ zu prepararse (od. disponerse, aprestarse) a; 2. fig. F j-n ~ (ermüden) F hacer polvo a alg.; (umbringen) P cargarse a alg.; (zugrunde richten) arruinar a alg.; (abkanzeln) sermonear, echar una bronca a alg., F poner a alg. de vuelta y media; ²produkt *n* producto *m* acabado (od. manufacturado); ~stellen v/t. (vollenden) acabar, terminar, ultimar; ²stellung *f* terminación *f*; ⊕ acabado *m*; elaboración *f*; ²ung *f* fabricación *f*, elaboración *f*, manufactura *f*; ²ungskosten *f/pl.* gastos *m/pl.* de fabricación; ²ungszeit *f* tiempo *m* de fabricación; ²ware *f* → ²erzeugnis.

Fes[1] *m* (-es; -e) fez *m*.
Fes[2] ♩ *n* fa *m* bemol.

fesch F *adj.* guapo, apuesto.

¹Fessel *f* (-; -n) (*Kette*) cadena *f* (*a. fig.*); (*Fußeisen*) grillos *m/pl.*; *Anat.* empeine *m*; *Pferd*: cuartilla *f*; *fig.* traba *f*, hierros *m/pl.*, ataduras *f/pl.*; *in* ~n *legen* (*od. schlagen*) → **fesseln**; *die* ~n *abschütteln* sacudirse las cadenas; **~ballon** *m* globo *m* cautivo; **~gelenk** *Vet. n* menudillo *m*; **℁n** (*-le*) *v/t.* **1.** encadenar, aherrojar; (*binden*) atar, ligar; trabar (*a. Pferd*); die Hände ~ maniatar; (*mit Handschellen*) esposar; **2.** *fig.* (*bezaubern*) cautivar, fascinar; (*stark in Anspruch nehmen*) absorber; (*festhalten*) fijar, retener; *Blick, Aufmerksamkeit*: atraer; *ans Bett gefesselt sein* estar encamado, tener que guardar cama; **℁nd** *adj.* atractivo, cautivador, fascinador, fascinante; (*spannend*) emocionante.

fest I. *adj.* firme (*a.* ✝ *Börse, Kurse, Markt*); (*nicht flüssig*) consistente; denso, espeso; viscoso; compacto; sólido (*a. Nahrung*); (*hart*) duro; (*starr*) rígido; (*unbeweglich*) fijo (*a. Gehalt, Preis, Kosten, Stellung,* ⊕ *u. Astr.*); (*dauerhaft*) estable (*a. Währung, Lage*); duradero (*a. Frieden, Freundschaft*); (*unerschütterlich*) firme, inconmovible; (*widerstandsfähig*) resistente; (*kräftig*) fuerte; (*gleichbleibend*) invariable, constante, permanente; *Gewebe*: tupido; *Farbe*: sólido, inalterable; *Wohnsitz*: fijo; *Schlaf*: profundo; *der* ~*en Meinung sein* creer firmemente; *fig.* e-e ~*e Hand haben* tener mano firme; **II.** *adv.* firmemente; ✝ en firme; ~ *entschlossen zu* firmemente decidido a; ~ *angelegtes Geld* dinero *m* inmovilizado; *inversión f fija*; ~ *werden Ähnliches,* consolidarse; (*gerinnen*) coagularse; 𝌅 solidificarse; ~ *arbeiten* trabajar de firme; ~ *schlafen* F dormir a pierna suelta; ~ *versprechen* prometer formalmente; ~ *anblicken* clavar los ojos en, fijar la mirada en; *sich* ~ *vornehmen* tomar la firme resolución de; ~ *an et. glauben* creer firmemente en a/c.; ~ *bei et. bleiben* persistir (*od.* perseverar) en a/c.; P *immer* ~*e* (*drauf*)! ¡duro con él)!, ¡dale!

Fest *n* (-*es*; -*e*) fiesta *f* (*feiern, begehen* celebrar); *für j-n ein* ~ *veranstalten dar* (*od.* ofrecer *bzw.* organizar) una fiesta en honor de alg.; *frohes* ~*!* ¡felices Pascuas!

¹Fest...: ~**akt** *m* ceremonia *f*, acto *m* (solemne); ~**angebot** ✝ *n* oferta *f* en firme; ~**ausschuß** *m* comisión *f* organizadora de una fiesta; ~**beleuchtung** *f* iluminación *f*; **℁besoldet** *adj.* con sueldo fijo; **℁binden** (*L*) *v/t.* atar, sujetar; *Knoten*: anudar; **℁bleiben** (*L*; *sn*) *v/i.* mantenerse firme, no ceder, no cejar; ~*e f* → *Festung*; ~**essen** *n* comida *f* de gala; banquete *m*; (*Schmaus*) convite *m*, festín *m*; **℁fahren** (*L*) *v/refl.*: *sich* ~ no poder avanzar más; no poder continuar; *fig.* encallar; estancarse, empantanarse; entrar en vía muerta; 𝌅 tocar fondo; **℁fressen** ⊕ (*L*) *v/refl.*: *sich* ~ agarrarse, agarrotarse; ~**gabe** *f* ofrenda *f*; ~**gedicht** *n* poesía *f* de circunstancias; ~**gelage** *n* festín *m*; banquete *m*; F cuchipanda *f*, francachela *f*; ~**geld** ✝ *n* depósito *m* a plazo fijo; ~**halle** *f* salón *m* de fiestas; **℁halten** (*L*) **I.** *v/t.* sujetar (firmemente); (*festnehmen*) detener; (*zurückhalten*) retener; *fig.* fijar, concretar; dejar constancia de; **II.** *v/i.*: *an et.* ~ (*dat.*) atenerse a a/c., *stärker*: aferrarse a a/c.; **III.** *v/refl.*: *sich an et.* ~ (*dat.*) agarrarse a (*od.* asirse de) a/c.; *halten Sie sich fest!* ¡agárrese usted bien!; ~**halten** *n* adhesión *f* (*an dat.* a); **℁heften** (-*e*-) *v/t.* fijar; coser; **℁igen I.** *v/t.* afirmar; fortalecer (*a. Gesundheit*), consolidar; *Beziehungen*: estrechar; *Währung*: estabilizar; **II.** *v/refl.*: *sich* ~ afirmarse; estabilizarse; consolidarse.

¹Festigkeit *f*(0) firmeza *f* (*a. fig.*); *bsd.* ⊕ resistencia *f*; solidez *f*; consistencia *f*; (*Dichte*) compacidad *f*; densidad *f*; (*Dauerhaftigkeit*) estabilidad *f*; (*Beharrlichkeit*) constancia *f*; perseverancia *f*; (*Zähigkeit*) tenacidad *f*; (*Härte*) dureza *f*; ~**sgrenze** ⊕ *f* límite *m* de resistencia; ~**s-prüfung** ⊕ *f* prueba *f* de resistencia.

¹Festigung *f* fortalecimiento *m*; consolidación *f*; estabilización *f* (*a. Währung*); estrechamiento *m*.

¹fest...: ~**keilen** *v/t.* acuñar; sujetar por cuñas; ~**klammern** (-*re*) *v/t.* sujetar con grapas; *sich* ~ agarrarse a (*a. fig.*); *fig.* aferrarse a; ~**kleben I.** *v/i.* estar (*od.* quedar) pegado (*od.* adherido) (*an dat.* a); **II.** *v/t.* pegar; **℁kleid** *n* vestido *m* de fiesta (*od.* gala); ~**klemmen** *v/t.* fijar con pinza; *sich* ~ (*sich festfressen*) agarrotarse; **℁komma** *n Computer*: coma *f* fija; **℁körper** *m* cuerpo *m* sólido; **℁land** *n* tierra *f* firme; (*Erdteil*) continente *m*; ~**ländisch** *adj.* continental; ~**legen I.** *v/t.* fijar, concretar; (*verpflichten*) comprometer; obligar; *vertraglich*: estipular; (*bestimmen*) determinar, fijar; *Grundsatz, Regel usw.*: establecer; *Kapital*: inmovilizar; **II.** *v/refl.*: *sich auf et.* (*ac.*) ~ comprometerse (*od.* obligarse) a a/c.; ~**legung** *f* fijación *f*; (*Bestimmung*) determinación *f*; *e-s Planes usw.*: establecimiento *m*; *von Kapital*: inmovilización *f*.

¹festlich I. *adj.* de fiesta; (*feierlich*) solemne; **II.** *adv.*: *j-n* ~ *bewirten* agasajar a alg.; *sich* ~ *kleiden* vestirse de fiesta; F endomingarse; ~ *begehen* celebrar, solemnizar; **℁keit** *f* solemnidad *f*; (*Fest*) fiesta *f*, festividad *f*; (*Festakt*) ceremonia *f*; acto *m* solemne.

¹festliegen (*L*) *v/i.* estar inmovilizado (*a. Geld u. fig.*); *Termin*: estar fijado.

¹Festlohn *m* salario *m* fijo.

¹festmachen I. *v/t.* sujetar (*an dat.* a); fijar; ✝ confirmar; *fig.* concretar; 𝌅 amarrar; **II.** ℁ *n* sujeción *f*; fijación *f*; ✝ confirmación *f*; 𝌅 amarre *m*.

¹Festmahl *n* banquete *m*; festín *m*; (*Schmaus*) convite *m*.

¹Festmeter *m od. n* metro *m* cúbico (sólido).

¹fest...: ~**nageln** (-*le*) *v/t.* clavar, fijar con clavos; *fig. j-n* ~ comprometer a alg. a hacer a/c.; **℁nahme** *f* detención *f*, captura *f*; ~**nehmen** (*L*) *v/t.* detener, capturar; **℁netz** *n Tele.* red *f* fija; **℁netzanschluß** *m Tele.* conexión *f* a la red fija.

¹Fest...: ~**ordner** *m* organizador *m* de una fiesta; ~**ordnung** *f* programa *m* de una fiesta; ~**platte** *f Computer*: disco *m* duro; ~**plattenlaufwerk** *n Computer*: unidad *f* del disco duro; ~**preis** ✝ *m* precio *m* fijo; ~**punkt** *m* punto *m* fijo (*od.* de referencia); ~**rede** *f* discurso *m* (oficial); *zur Eröffnung e-s Festes*: pregón *m*; ~**redner** *m* orador *m* (de una ceremonia); ~**saal** *m* salón *m* de fiestas; salón *m* de actos.

¹festsaugen *v/refl.*: *sich* ~ adherirse por succión.

¹Festschmaus *m* → *Festgelage*.

¹fest...: ~**schnallen** *v/t.* abrochar; ~**schnüren** *v/t.* atar *od.* sujetar (con cuerdas); ~**schrauben** *v/t.* atornillar, fijar con tornillos; **℁schrift** *f* (libro *m*) homenaje *m*; ~**setzen** (-*t*) **I.** *v/t.* **1.** fijar; establecer; concretar; (*bestimmen*) determinar; (*verordnen*) decretar; (*regeln*) regular, reglar; *vertraglich*: estipular; (*vorschreiben*) prescribir; *Gehalt*: asignar; **2.** (*einsperren*) encerrar, encarcelar; **II.** *v/refl.*: *sich* ~ establecerse; *Schmutz usw.*: incrustarse (*a. fig.*); **℁setzung** *f* fijación *f*; establecimiento *m*; (*Bestimmung*) determinación *f*; *vertragliche*: estipulación *f*; (*Festnahme*) encarcelamiento *m*; **℁sitzen** (*L*) *v/i.* estar (*od.* quedar) fijo *bzw.* pegado *a.* estar inmovilizado; *durch Panne*: tener una avería; *in Eis, Schnee*: quedar aprisionado *bzw.* detenido; 𝌅 estar encallado; **℁speicher** *m Computer*: memoria *f* ROM.

¹Festspiele *n/pl.* festival *m*.

¹fest...: ~**stampfen** *v/t.* apisonar; **℁station** *f Tele.* terminal *m* fijo; ~**stecken** *v/t.* fijar; sujetar *od.* prender (con alfileres); ~**stehen** (*L*) *v/i.* (*sicher sein*) ser cierto (*od.* seguro), ser un hecho; *es steht fest, daß* consta (*od.* el hecho es) que; *da es feststeht, daß* siendo así que; *soviel steht fest, daß* lo cierto es que; *eindeutig* ~ no tener vuelta de hoja; ~**stehend** *adj.* fijo; ⊕ *a.* estacionario; *Tatsache*: cierto, positivo; ~**stellbar** *adj.* comprobable; iden[ti]ficable; determinable; ~**stellen** *v/t.* comprobar, verificar; notar; (*ermitteln*) averiguar; (*bestimmen*) determinar; (*festsetzen*) fijar, establecer; (*erklären*) declarar; (*klären*) aclarar; *Ort, Lage*: localizar; *Tatsache*: consignar, (*äußern*) hacer constar, dejar sentado, *gal.* constatar; *Krankheit*: diagnosticar; ⊕ sujetar, fijar; bloquear, inmovilizar; **℁stellschraube** *f* tornillo *m* de sujeción; **℁stelltaste** *f* tecla *f* fijadora (*od.* de sujeción); **℁stellung** *f* comprobación *f*, verificación *f*; (*Ermittlung*) averiguación *f*; (*Bestimmung*) determinación *f*; (*Festsetzung*) fijación *f*; establecimiento *m*; (*Erklärung*) declaración *f*, *gal.* constatación *f*; ⊕ fijación *f*, sujeción *f*; ℁*∼ der Identität* identificación *f*; **℁stellungsklage** ℁ *f* acción *f* declarativa; **℁stellungsurteil** ℁ *n* sentencia *f* declarativa; **℁stellvorrichtung** ⊕ *f* dispositivo *m* de fijación (*od.* de sujeción); **℁stoffrakete** *f* cohete *m* de combustible sólido.

¹Fest...: ~**tag** *m* (día *m* de) fiesta *f*, día *m* festivo; **℁täglich** *adj.* de fiesta; solemne; **℁tags** *adv.* en días festivos.

¹festtreten (*L*) *v/t.* apisonar; pisar.

¹Festung *f* fortaleza *f* (*fliegende* volante); (*befestigter Ort*) plaza *f* fuerte; *e-r Stadt*: ciudadela *f*.

Festungs...: ~graben *m* foso *m*; ~gürtel *m* cinturón *m* de fortalezas; ~werk *n* (obra *f* de) fortificación *f*.
'fest...: ~verzinslich ⚡ *adj.* a interés fijo; de renta fija; ⒉vorstellung *f* función *f* de gala; ⒉werden *n* (*Gerinnen*) coagulación *f*; ⚗ solidificación *f*; ⒉woche *f* festival *m*; ~wurzeln (-*le*) *v*/*i*. arraigar, echar raíces (*a. fig.*); ⒉zug *m* cortejo *m*; desfile *m* (solemne); cabalgata *f*.
fe'tal *adj.* fetal.
'Fetisch *m* (-*és*; -*e*) fetiche *m*.
Feti'schis|mus *m* (-; *0*) fetichismo *m*; ~t *m* (-*en*), ⒉tisch *adj.* fetichista (*m*).
fett *adj.* graso (*a. Boden, Speise*); *Person*: gordo, grueso, F atocinado; *Physiol.* adiposo; *fig.* (*einträglich*) pingüe, lucrativo; *dick und* ~ gordo y grueso; *fig.* *ein* ~*er Bissen* un buen bocado; *die* (*sieben*) ~*en Jahre* las vacas gordas; ~ *machen* engordar; ~ *werden* engordar, echar carnes; *Typ.* ~ *drucken* imprimir en caracteres gruesos (*od.* en negrilla).
'Fett *n* (-*és*; -*e*) grasa *f*; (*fettes Fleisch*) gordo *m*; ⚗ materia *f* grasa; *mit* ~ *bestreichen* engrasar; *untar*; *das* ~ *abschöpfen* quitar la grasa, desengrasar; *fig.* F llevarse la mejor tajada; ~ *ansetzen* engordar, echar carnes (F tripa); F *fig.* *j-m sein* ~ *geben* dar a alg. su merecido; *er hat sein* ~ *weg* F se llevó su merecido; ~**ablagerung** ⚕ *f* depósito *m* de grasa; ⒉**arm** *adj.* pobre en grasa(s); ~**auge** *n* *auf der Suppe*: ojo *m*; ~**bauch** F *m* barriga *f*, panza *f*, F tripa *f*; ⒉**bäuchig** *adj.* ventrudo, F panzudo, barrigón; ~**büchse** ⊕ *f* engrasador *m*; ~**druck** *Typ. m* impresión *f* en negrilla (*od.* negrita); ~**embolie** ⚕ *f* embolia *f* grasa; ⒉**en** (-*e*-) *v*/*t*. engrasar; ⊕ *a.* lubri(fi)car; ~**fleck** *m* mancha *f* de grasa; ⒉**fleckig** *adj.* grasiento, pringoso; ⒉**frei** *adj.* sin (*od.* exento de) grasa; ⒉**gedruckt** *Typ. adj.* impreso en caracteres gruesos (*od.* en negrilla); ~**gehalt** *m* contenido *m* de grasa; ~**geschwulst** ⚕ *f* lipoma *m*; ~**gewebe** *n* *Physiol.* tejido *m* adiposo; ⒉**haltig** *adj.* graso(so); adiposo; ~**heit** *f*(*0*) grasa *f*; ⚕ obesidad *f*; ~**henne** ✿ *f* hierba *f* callera; sedo *m*; ⒉**ig** *adj.* graso(so), grasiento; (*ölig*) untuoso; (*schmierig*) pringoso; ~**igkeit** *f* (*0*) graseza *f*; (*Öligkeit*) untuosidad *f*; ~**kloß** F *m* (*Person*) F bola *f* de grasa; F tío *m* gordo; ~**kohle** *f* carbón *m* graso, hulla *f* bituminosa; ~**körper** ⚗ *m* cuerpo *m* graso; ⒉**leibig** *adj.* gordo, obeso; ~**leibigkeit** *f* (*0*) gordura *f*, ⚕ obesidad *f*; ⒉**lösend** *adj.* ⚗ disolvente de grasas; *Bio.* lipolítico; ⒉**löslich** *adj.* liposoluble; ~**näpfchen** *n*: *ins* ~ *treten* F meter la pata; ~**papier** *n* papel *m* parafinado; ~**polster** *n* panículo *m* adiposo; ~**presse** *f* engrasador *m* a presión; ~**säure** ⚗ *f* ácido *m* graso; ~**schicht** *f* capa *f* de grasa; (*Fettpolster*) panículo *m* adiposo; ⒉**spaltend** ⚗ *adj.* lipoclástico; ~**spritze** ⊕ *f* pistola *f* de engrase; ~**stift** *m* lápiz *m* graso; ~**sucht** ⚕ *f* adiposis *f*, obesidad *f*; ⒉**süchtig** *adj.* obeso; ~**wanst** F *m* (*Person*) barrigudo *m*, F tripón *m*; ~**wolle** *f* lana *f* grasa; ~**zelle** *Bio. f* célula *f* adiposa, lipocito *m*.

'Fetus *m* (-*ses*; -*se*) feto *m*.
'Fetzen *m* (*Lumpen*) harapo *m*, andrajo *m*, guiñapo *m*, F pingo *m*; (*Lappen*) trapo *m*; (*abgerissener*) jirón *m*; ~ *Papier* pedazo *m* de papel; *in* ~ hecho trizas; *et. in* ~ *reißen* hacer pedazos (*od.* trizas) a/c.; *in* ~ *gekleidet gehen* andar hecho un guiñapo.
feucht *adj.* húmedo; (*angefeuchtet*) humedecido; (*naß*) mojado; ~ *machen* humedecer; ~ *werden* humedecerse, mojarse.
'Feuchtigkeit *f* (*0*) humedad *f*; *der Haut*: trasudor *m*; *vor* ~ *zu schützen* protéjase contra la humedad; ~**screme** *f* crema *f* hidratante; ~**sgehalt** *m* contenido *m* en humedad; *der Luft*: grado *m* higrométrico; ~**sgrad** *m* grado *m* de humedad; ~**smesser** *m* higrómetro *m*.
'feucht|kalt *adj.* frío y húmedo; ~**warm** *adj.* caliente y húmedo, de calor húmedo.
feu'dal *adj.* feudal; *fig.* suntuoso, opulento, lujoso.
Feuda'lismus *m* (-; *0*) feudalismo *m*.
Feu'dal|system *n*, ~**wesen** *n* sistema *m* feudal; feudalismo *m*.
'Feuer *n* (-*s*; -) fuego *m* (*a. fig. u.* ⚔); (*Herd*⚗) lumbre *f*; *von Edelsteinen*: brillo *m*; (*Brand*) incendio *m*; conflagración *f* (*a. fig.*); *fig.* (*Glut*) llama *f*; ardor *m*; (*Schwung*) fogosidad *f*; brío *m*, ímpetu *m*; *bei schwachem* (*starkem*) ~ a fuego lento (vivo); ~ *machen* hacer fuego; *das* ~ *anmachen* encender la lumbre; ~ *legen* an prender fuego a; *Kochk.* *vom* ~ *nehmen* retirar del fuego; ~ *fangen* encenderse; inflamarse; *fig.* enardecerse; entusiasmarse; enamorarse; *j-m um* ~ *bitten* pedir lumbre a alg.; ⚔ ~ *geben* hacer fuego, disparar; *das* ~ *eröffnen* romper el fuego; *unter* ~ *nehmen* disparar sobre; *unter* ~ *stehen* estar bajo el fuego enemigo; *zwischen zwei* ~ *geraten* estar entre dos fuegos (*a. fig.*); ~ *speien Vulkan, Geschütze*: echar *od.* vomitar) fuego; ~ *sprühen* echar chispas (*a. fig.*); *fig.* ~ *und Flamme sein für* entusiasmarse (*od.* arder de entusiasmo) por; *für j-n durchs* ~ *gehen* dejarse matar por alg.; *mit dem* ~ *spielen* jugar con fuego; *fig. mit* ~ *und Schwert* a sangre y fuego; ~! (*rufen*) (gritar) ¡fuego!; ~**alarm** *m* alarma *f* de incendio, toque *m* a fuego; ~ *geben* tocar a fuego; ~**anzünder** *m* encendedor *m*; ~**ball** *m* bola *f* de fuego; bólido *m*; ~**befehl** ⚔ *m* orden *f* de disparar; ~**bekämpfung** *f* lucha *f* contra el fuego; ~**bereich** ⚔ *m* zona *f* de fuego; ⒉**bereit** ⚔ *adj.* preparado para entrar en fuego; ⒉**beständig** *adj.* = ⒉**fest**; ~**beständigkeit** *f* resistencia *f* al fuego; ~**bestattung** *f* cremación *f*; incineración *f*; ~**bohne** ✿ *f* judía *f* escarlata (*od.* de España); ~**eifer** *m* celo *m* ardiente; (*Inbrunst*) fervor *m*; ~**einstellung** ⚔ *f* alto *m* el fuego; ~**er-öffnung** ⚔ *f* apertura *f* del fuego; ⒉**farben**, ⒉**farbig** *adj.* color de fuego; ⒉**fest** *adj.* resistente al fuego; ignífugo; *Neol.* anti-fuego; *Stoff*: incombustible, inflammable; ⊕ refractario; ~ *machen* ignifugar; ~**festigkeit** *f* resistencia *f* al fuego; incombustibilidad *f*; ⒉**flüssig** *adj.* ígneo; ~**fresser** *m* comedor *m* de fuego; ~**garbe** *f* (*Feuerwerk*) girándula *f* (de cohetes); ⒉**gefährlich** *adj.* inflamable; combustible; ~**gefecht** ⚔ *n* tiroteo *m*; ~**geist** *fig. m* espíritu *m* fogoso; ~**geschwindigkeit** ⚔ *f* rapidez *f* de tiro; ~**glocke** *f* campana *f* de incendios; ~**haken** *m* *der Feuerwehr*: gancho *m* de incendio; (*Schüreisen*) hurgón *m*, atizador *m*; (*Kesselhaken*) llares *f*/*pl.*; ⒉**hemmend** *adj.* ignífugo; ~**kugel** *f* → ~**ball**; ~**land** *Geogr. n* Tierra *f* de Fuego; ~**leiter** *f* escalera *f* de incendios; ~**lilie** ✿ *f* lirio *m* rojo; ~**linie** ⚔ *f* línea *f* de tiro; ~**löschboot** *n* lancha *f* bomba; ~**löscher** *m*, ~**löschgerät** *n* extintor *m* (de incendios); ~**löschmittel** *n* materia *f* extintora; ~**löschstelle** *f* puesto *m* de bomberos; ~**löschwagen** *m* autobomba *f* (de incendios); ~**löschwesen** *n* servicio *m* de incendios; ~**mal** *n* nevus *m*, nevo *m*; ~**meer** *n* mar *m* de llamas; ~**melder** *m* avisador *m* de incendios; ~**meldestelle** *f* puesto *m* de aviso de incendio; ~**meldung** *f* aviso *m* de incendio; ⒉**n** (-*re*) **I.** *v*/*i.* hacer fuego (*a.* ⚔); *mit Holz, Kohle usw.*: calentar con; (*schießen*) disparar, tirar (*auf ac.* sobre); **II.** F *v*/*t.* (*entlassen*) despedir, F echar a la calle; (*schleudern*) arrojar; ~**pause** *f* alto *m* el fuego; ~**probe** *f* prueba *f* del fuego (*a. fig.*); (*Probealarm*) simulacro *m* de incendio; *fig. die* ~ *bestehen* resistir la prueba suprema; ~**rad** *f* girándula *f*, rueda *f* pirotécnica; ~**raum** ⊕ *m* hogar *m*; caja *f* de fuego; ⒉**rot** *adj.* (rojo) encendido; ~ *werden Gesicht*: F ponerse como un tomate; ~**salamander** *m* salamandra *f*; ~**säule** *f* columna *f* de fuego; ~**sbrunst** *f* incendio *m*; ~**schaden** *m* daño *m* causado por incendio; ~**schaufel** *f* badila *f*; ~**schein** *m* resplandor *m* (*od.* luz *f*) del fuego; ~**schiff** ⚓ *n* buque *m* faro, faro *m* flotante; ~**schirm** *m* pantalla *f*; (*Kamingitter*) guardafuego *m*; ~**schlukkend** *adj.* incómbro, piróffago; ~**schlucker** *m* → ~**fresser**; ~**schutz** *m* protección *f* contra incendio (*od.* antiincendios); ⚔ *m* fuego *m* de apoyo; *j-m* ~ *geben* cubrir a alg.; ~**schutzmittel** *n* producto *m* ignífugo; ~**schwamm** *m* yesca *f*; ~**(s)gefahr** *f* peligro *m* (*od.* riesgo *m*) de incendio; ~**sglut** *f* brasa *f*; ⒉**sicher** *adj.* → ⒉**fest**; ⒉**speiend** *adj.* que vomita fuego; ~*er Berg* volcán *m* en actividad; ~**spritze** *f* bomba *f bzw.* manga *f* de incendios; ~**stätte** *f*, ~**stelle** *f* hogar *m*; fogón *m*; (*Brandstelle*) lugar *m* del incendio; ~**stein** *m Min.* sílex *m*, pedernal *m*; *für Feuerzeug*: piedra *f* para encendedor; ~**stellung** ⚔ *f* posición *f* de fuego; *in* ~ *bringen* emplazar; ~**stoß** ⚔ *m* ráfaga *f*; ~**taufe** ⚔ *f* bautismo *m* de fuego; ~**tod** *m* (*Strafe*) suplicio *m* del fuego; muerte *f* en la hoguera; *den* ~ *erleiden* perecer abrasado; ~**überfall** ⚔ *m* tiroteo *m* por sorpresa.
'Feuerung *f* (*Heizung*) calefacción *f*; (*Brennmaterial*) combustible *m*; leña *f*; (*Feuerstelle*) hogar *m*; fogón *m*.
'Feuer...: ~**unterstützung** ⚔ *f* apoyo *m* con fuego; ~**ver-einigung** ⚔ *f* concentración *f* de fuego; ~**vergoldung** *f* dorado *m* al fuego; ~**verhütung** *f* prevención *f* de incendios; ~**versicherung** *f* seguro *m* contra incendios; ⒉**verzinkt** *adj.* galvaniza-

do al fuego; ~**vorhang** *m* ⚔ cortina *f* de fuego; *Thea.* telón *m* metálico; ~**wache** *f* puesto *m* bzw. retén *m* de bomberos; ~**waffe** *f* arma *f* de fuego; ~**walze** ⚔ *f* fuego *m* rodante; ~**wehr** *f* cuerpo *m* de bomberos; ~**wehrleiter** *f* escalera *f* de bomberos; ~**wehrmann** *m* (-*ts*; *ver od.* -*leute*) bombero *m*; ~**wehrschlauch** *m* manguera *f* de incendios; ~**wehrwagen** *m* coche *m* de bomberos; ~**werk** *n* (castillo *m* de) fuegos *m/pl.* artificiales; ~**werker** *m* pirotécnico *m*; ⚔ artificiero *m*; ~**werke'rei** *f* pirotecnia *f*; ~**werksartikel** *m*, ~**werkskörper** *m* artículos *m/pl.* pirotécnicos; (*Raketen*) cohetes *m/pl.*; (*Knallkörper*) petardos *m/pl.*; ~**wirkung** *f* eficacia *f* de tiro; ~**zange** *f* tenazas *f/pl.*; ~**zeichen** *n* almenara *f*; ⚓ fanal *m*; señal *f* luminosa; ~**zeug** *n* encendedor *m*, mechero *m*; ~**zeugbenzin** *n* bencina *f* para encendedores; ~**zone** ⚔ *f* zona *f* de fuego; ~**zug** *m* canal *m* de llamas.

Feuille'ton [fø'i'tɔŋ] *n* (-*s*; -*s*) folletín *m*; suplemento *m* literario.

Feuilleto'nist *m* (-*en*) folletinista *m*; ²**isch** *adj.* folletinesco.

'**feurig I.** *adj.* de fuego; (*brennend*) ardiente (*a. fig.*); inflamado; *Geol.* ígneo; *Auge:* centelleante; *Pferd:* fogoso, brioso; *Wein:* generoso; *fig.* (*glühend*) abrasador; (*begeistert*) entusiasta; (*inbrünstig*) fervoroso; (*leidenschaftlich*) apasionado; (*lebhaft*) vehemente; fogoso; **II.** *adv.* con ímpetu; ardientemente.

Fez F *m* (-*es*; *0*) (*Spaß*) broma *f*, P cachondeo *m*.

ff → **Effeff**.

Fi'aker *m* (-*s*; -) coche *m* de punto, simón *m*.

Fi'asko *n* (-*s*; -*s*) fracaso *m*, fiasco *m*; ein ~ erleben fracasar.

'**Fibel** *f* (-; -*n*) abecedario *m*; cartilla *f*; (*Spange*) fíbula *f*.

'**Fiber** *Anat. u.* ♀ *f* (-; -*n*) fibra *f*.

Fi'brille *Anat.* fibrilla *f*.

Fi'brin *n* (-*s*; *0*) fibrina *f*; ²**haltig** *adj.* fibrinoso.

Fi'brom ♂ *n* (-*s*; -*e*) fibroma *m*.

fi'brös *adj.* fibroso.

'**Fichte** ♀ *f* abeto *m* rojo (*od.* falso), picea *f*.

'**Fichten...**: ~**nadel** *f* pinocha *f*; ~**nadelöl** *n* esencia *f* de hojas de pino; ~**wald** *m* pinar *m*; ~**zapfen** *m* piña *f*.

'**ficken** V *v/i. u. v/t.* V joder.

Fide-ikom'miß ⚖ *n* (-*sses*; -*sse*) fideicomiso *m*.

fi'del *adj.* alegre, festivo; de buen humor; jovial; F *fig.* ~*es Haus* hombre *m* de buen humor; bromista *m*.

'**Fidibus** *m* (-*ses*; -*se*) papel *m* doblado para encender la pipa.

'**Fieber** *n* fiebre *f* (*a. fig.*); calentura *f*; *hohes* ~ fiebre alta; ~ *haben* tener fiebre (*od.* temperatura); *vor* ~ *glühen* (*zittern*) arder (temblar) de fiebre; ~**anfall** *m* acceso *m* de fiebre (*od.* febril); ²**frei** *adj.* sin fiebre; ³ apirético; ~**frost** *m* escalofríos *m/pl.* (*de* fiebre); ²**haft**, ²**ig** *adj.* febril (*a. fig.*), calenturiento; *fieberhaft arbeiten* trabajar febrilmente; ~**hitze** *f* ardor *m* febril; ²**krank** *adj.* enfermo de fiebre, calenturiento; ~**kurve** *f* curva *f* (*od.* gráfica *f*) de temperatura; ~**mittel** *n* febrífugo *m*; ²**n** (-*re*) *v/i.* tener fiebre (*od.* calentura), estar afiebrado; *fig.* ~ *nach* arder de (*od.* por); ~**rinde** *Phar. f* quina *f*; ~**schauer** *m* escalofrío *m* (de fiebre); ~**tabelle** *f* hoja *f* de temperaturas; ~**thermometer** *n* termómetro *m* clínico; ~**wahn** *m* delirio *m* de la fiebre.

'**Fied**|**el** *f* (-; -*n*) violín *m*; ²**eln** (-*le*) *v/i.* tocar (*desp.* rascar) el violín; ~**ler(in** *f*) *m* violinista *m/f*; *desp.* rascatripas *m/f*.

fies F *adj.* asqueroso, repugnante; *ein* ~*er Kerl* un tío antipático.

Fi'gur *f allg.* figura *f*; ♘, ⊕ *a.* diagrama *m*, representación *f* gráfica; (*Form*) forma *f*; (*Körperwuchs*) talla *f*, estatura *f*; *Schach usw.*: pieza *f*; F (*Person*) tipo *m*, tipo *m*; *e-e komische* ~ *machen* hacer un papel ridículo; *e-e gute* (*schlechte*) ~ *machen* hacer buen (mal) papel; quedar bien (mal); *e-e gute* ~ *haben* tener buen tipo (F buena percha).

Figu'rant(in *f*) *m* (-*en*) figurante (-*a f*) *m*, comparsa *m/f*.

fi'gurbetont *adj.* que acentúa (*od.* resalta) la figura.

figu'rieren (-) *v/i.* figurar.

Figu'rine *f* (-; -*n*) figurín *m*.

fi'gürlich *adj.* figurado, figurativo; metafórico; *im* ~*en Sinne* en sentido figurado.

Fik|ti'on *f* ficción *f*; ²**tiv** *adj.* ficticio.

Fi'let [-'le:] *n* (-*s*; -*s*) filete *m*; *Kochk. a.* solomillo *m*; ~**arbeit** *f* fileteado *m*; ~**braten** *m* solomillo *m* asado.

file'tieren *Kochk.* (-) *v/t.* filetear.

Fili'al|**e** *f* sucursal *f*; ~**geschäft** *n* comercio *m* de sucursales múltiples; ~**leiter** *m* jefe *m* de sucursal.

Fili'gran *n* (-*s*; -*e*) filigrana *f*; ~**arbeit** *f* trabajo *m* de filigrana.

Film *m* (-*ts*; -*e*) película *f* (*a. Häutchen*), cinta *f*, film(e) *m*; *Phot.* rollo *m*, carrete *m*; *coll.* cine *m*; *beim* ~ *sein* hacer cine; trabajar en el cine.

'**Film...**: ~**archiv** *n* archivo *m* cinematográfico, filmoteca *f*, cinemateca *f*; ~**atelier** *n* estudio *m* cinematográfico; ~**aufnahme** *f* rodaje *m*; filmación *f*; *einzelne:* toma *f*; ~**band** *n* cinta *f*; ~**bauten** *m/pl.* decoraciones *f/pl.*; ~**be-arbeitung** *f* adaptación *f* cinematográfica; ~**bericht** *m* reportaje *m* cinematográfico bzw. filmado; ~**bühne** *f* plató *m*; ~**diva** *f* (-; -*diven*) → ~*star*; ~**drehbuch** *n* guión *m*; ²**en** *v/t.* rodar, filmar; realizar (una película); ~**er** *m* → ~*schaffende(r)*; ~**fassung** *f* versión *f* cinematográfica (*od.* fílmica); ~**festspiele** *n/pl.* festival *m* cinematográfico; ~**freund** *m* aficionado *m* al cine, cinéfilo *m*; ~**hersteller** *m* productor *m* cinematográfico; ~**herstellung** *f* producción *f* cinematográfica; ~**industrie** *f* industria *f* cinematográfica (*od.* del cine); ~**kamera** *f* tomavistas *m*, filmadora *f*, cámara *f* cinematográfica; cinecámara *f*; ~**kassette** *f* chasis *m*; ~**klub** *m* cineclub *m*; ~**kopie** *f* copia *f* de película; ~**kritik** *f* crítica *f* de cine; ~**kritiker** *m* crítico *m* de cine; ~**kunst** *f* cinematografía *f*; ~**künstler(in** *f*) *m* cineasta *m/f*, artista *m/f* de cine; ~**leinwand** *f* pantalla *f*; ~**ogra'phie** *f* filmografía *f*; ~**o'thek** *f* filmoteca *f*, cinemateca *f*; ~**pack** *m* film-pack *m*; ~**preis** *m* premio *m* de cinematografía; ~**produktion** *f* producción *f* cinematográfica; ~**produzent** *m* productor *m* cinematográfico; ~**projektor** *m* proyector *m* de cine; ~**prüfstelle** *f* oficina *f* de censura cinematográfica; ~**regisseur** *m* director *m* de cine, realizador *m*; ~**reklame** *f* publicidad *f* cinematográfica; ~**reportage** *f* → ~*bericht*; ~**rolle** *f* rollo *m* (*od.* carrete *m*) de película; ~**schaffende(r)** *m* cineasta *m*; ~**schauspieler(in** *f*) *m* cineasta *m/f*, actor *m* (actriz *f*) de cine (*od.* cinematográfico, -*a*); ~**spule** *f* bobina *f* (*od.* carrete *m*) de película; ~**star** *m* estrella *f* de cine (*od.* de la pantalla); ~**sternchen** *n* aspirante *f* a estrella, starlette *f*; ~**streifen** *m* cinta *f*; ~**studio** *n* estudio *m* cinematográfico; ~**technik** *f* técnica *f* cinematográfica; cinematografía *f*; ~**theater** *n* cine *m*; ~**transport** *m* avance *m* de cinta; *Phot.* arrastre *m*; ~**verleih** *m*, ~**vertrieb** *m* distribución *f* de películas; (*Gesellschaft*) empresa *f*) distribuidora *f*; ~**verleiher** *m* distribuidor *m* de películas; ~**vorführer(in** *f*) *m* operador(a *f*) *m* (de cine); ~**vorführgerät** *n* → ~*projektor*; ~**vorführung** *f*, ~**vorstellung** *f* proyección *f* de películas; función *f* de cine; ~**vorführungsraum** *m* sala *f* de proyecciones; *eng. S.* cabina *f* de proyección; ~**welt** *f* mundo *m* cinematográfico (*od.* del cine); ~**werbung** *f* → ~*reklame*; ~**wesen** *n* cinematografía *f*; ~**wirtschaft** *f* industria *f* cinematográfica; ~**wissenschaft** *f* filmología *f*; ~**zensur** *f* censura *f* cinematográfica.

Fi'lou [-'lu:] *m* (-*s*; -*s*) pillo *m*; bribón *m*.

'**Filter** *m u. n* filtro *m* (*a. Phot., Computer*); ~**einsatz** *m* cartucho *m* filtrante (*a. der Gasmaske*); ~**kaffee** *m* café *m* filtrado; ~**kanne** *f* cafetera *f* de filtro; ~**kohle** *f* carbón *m* para filtro; ~**mundstück** *n* boquilla *f* de filtro; ²**n** (-*re*) *v/t.* filtrar; ~**papier** *n* papel *m* (de) filtro (*od.* filtrante); ~**presse** *f* prensa *f* filtro; ~**zigarette** *f* cigarrillo *m* con filtro.

Fil'trat *n* filtrado *m*.

Fil'trier...: ~**apparat** *m* aparato *m* para filtrar, filtro *m*; ²**en** (-) *v/t.* filtrar; ~**en** *n* (-) ~**ung** *f* filtración *f*.

'**Filz** *m* (-*es*; -*e*) fieltro *m*; F (*Geizhals*) mezquino *m*; ~**dichtung** ⊕ *f* junta *f* de fieltro; ²**en** (-*t*) **I.** *v/t.* fieltrar; F (*durchsuchen*) registrar, cachear; **II.** *v/i.* F (*knausern*) tacañear, cicatear; ~**hut** *m* sombrero *m* de fieltro; ²**ig** *adj.* de fieltro; ♀ tomentoso; F *fig.* (*knauserig*) tacaño; F agarrado, roñoso; ~**laus** *f* ladilla *f*; ~**pantoffeln** *m/pl.* zapatillas *f/pl.* de fieltro; ~**sohle** *f* plantilla *f* de fieltro; ~**stift** *m* rotulador *m*; ~**unterlage** *f* almohadilla *f* de fieltro; *Typ.* mantilla *f*.

'**Fimmel** F *m* (-*s*; -) (*Besessenheit*) manía *f*; obsesión *f*, F chifladura *f*; *er hat e-n* ~ le falta un tornillo; está chiflado.

Fi'nale *n* ♪ final *m*; *Sport:* final *f*.

Fina'list *m Sport:* finalista *m*.

Fi'nalsatz *Gr. m* oración *f* final.

Fi'nanz *f* mundo *m* financiero; ~**abkommen** *n* acuerdo *m* financiero; ~**abteilung** *f* sección *f* financiera; ~**amt** *n Span.* Delegación *f* de Hacienda; ~**ausgleich** *m* compensación *f* financiera; ~**ausschuß** *m* comisión *f* financiera; ~**beamte(r)** *m* funcionario *m* de Hacienda; ~**berater** *m* asesor *m* financiero; ~**en** *pl.* finanzas *f/pl.*; öffentliche ~ Hacienda *f* pública; ~**gebarung** *f* gestión *f* financiera; ~**geschäft** *n* operación *f* financiera; ~**gesetzgebung** *f* legislación *f* financiera; ~**hilfe** *f* ayuda *f* financiera; ~**hoheit** *f* soberanía *f* fiscal.

finanzi'ell *adj.* financiero; económico; pecuniario; in ~er Hinsicht desde el punto de vista financiero; económicamente.

Finan'zier [-ˈtsiːɛː] *m* (-s; -s) financiero *m*.

finan'zier|en (-) *v/t.* financiar; costear (*ac.*); ♀**ung** *f* financiación *f*, financiamiento *m*; ♀**ungsgesellschaft** *f* sociedad *f* financiera (*od.* de financiación); ♀**ungsplan** *m* plan *m* de financiación.

Fi'nanz...: ~**jahr** *n* año *m* (*od.* ejercicio *m*) financiero; ~**kreise** *m/pl.* círculos *m/pl.* (*od.* medios *m/pl.*) financieros; ~**krise** *f* crisis *f* financiera; ~**lage** *f* situación *f* financiera; ~**mann** *m* (-*¢s*; -*leute*) financiero *m*; hacendista *m*; ~**minister** *m* Span. ministro *m* de Hacienda (*Am. a.* de Finanzas); ~**ministerium** *n* Span. Ministerio *m* de Hacienda (*Am. a.* de Finanzas); ~**politik** *f* política *f* financiera; ~**verwaltung** *f* (administración *f* de) Hacienda *f*; ~**welt** *f* mundo *m* financiero; ~**wesen** *n* hacienda *f* (pública); ~**wirtschaft** *f* economía *f* financiera; ~**wissenschaft** *f* ciencia *f* financiera; ~**zölle** *m/pl.* derechos *m/pl.* fiscales.

'**Findel|haus** *n* casa *f* de expósitos, inclusa *f*; ~**kind** *n* expósito *m*, inclusero *m*.

'**find|en** (*L*) **I.** *v/t.* encontrar, hallar; (*entdecken*) descubrir; localizar; (*dafürhalten*) creer, estimar; considerar, juzgar; *unvermutet*: encontrarse con; dar con; *ich finde keine Worte* no encuentro palabras; *wie* ~ *Sie das Buch?* ¿qué opina usted del libro?; *ich finde, daß ... me parece* (*od.* opino) que; ~ *Sie nicht?* ¿no le parece?; *das finde ich auch* opino lo mismo; *ich finde nichts dabei* no veo inconveniente (*od.* nada malo) en ello; *gut* ~ tener a bien; juzgar oportuno; **II.** *v/refl.*: *sich* ~ encontrarse; *sich in et.* (*ac.*) ~ acomodarse a, avenirse a, conformarse con; (*sich fügen*) resignarse a; *das wird sich* ~ ya veremos; (*schon in Ordnung kommen*) ya se arreglará; ~ *sich immer Leute, die ...* siempre hay gente que; nunca falta alguien que; ♀**er(in** *f*) *m* hallador *m*; descubridor *m*; ♀**erlohn** *m* recompensa *f* (*od.* gratificación *f*) por un hallazgo devuelto.

'**findig** *adj.* ingenioso, inventivo; ~er Kopf espíritu *m* ingenioso, hombre *m* de agudo ingenio; ♀**keit** *f* ingeniosidad *f*.

'**Findling** *m* (-s; -e) expósito *m*, F inclusero *m*; (*Stein*) roca *f* errática.

Fi'nesse *f* fineza *f*; ~n *pl.* (*Kniffe*) artimañas *f/pl.*, martingalas *f/pl.*

'**Finger** *m* (-s; -) dedo *m*; *der kleine* ~ meñique *m*; *sich in den* ~ *schneiden* cortarse el dedo; *sich die* ~ *nach et.* lecken chuparse los dedos; *sich die* ~ *verbrennen* quemarse los dedos; *fig. a.* pillarse los dedos; *sich et. aus den* ~n saugen inventar a/c.; *j-m auf die* ~ sehen vigilar de cerca (*od.* no perder de vista) a alg.; *j-m durch die* ~ sehen hacer la vista gorda; *mit dem* ~ auf *j-n* zeigen señalar a alg. con el dedo; *fig. j-m auf die* ~ klopfen darle a alg. en los nudillos; *die* ~ *bei et. im Spiel haben* estar mezclado en el asunto, F andar en el ajo; *die* ~ *von et. lassen* no meterse en a/c.; *den* ~ *auf die Wunde legen* poner el dedo en la llaga; *et. an den* ~n hersagen können saber a/c. al dedillo; *lange* ~ *machen* ser largo de uñas; *keinen* ~ *rühren* (*od. krumm machen*) no mover ni un dedo; cruzarse de brazos; *fig.* man kann ihn um den ~ wickeln es como una cera; F se le puede llevar de un cabello; *j-n um den* ~ wickeln F meterse a uno en el bolsillo; *wenn er mir zwischen die* ~ kommt! ¡si un día le atrapo!; ~**abdruck** *m* impresión *f* digital; huella *f* dactilar (*od.* digital); *genetischer* ~ imprenta *f* genética, característica *f* genética; ~**abdruckverfahren** *n* dactiloscopia *f*; ♀**breit** *adj.* de un dedo de ancho; ♀**dick** *adj.* del grosor de un dedo; ~**fertigkeit** *f* destreza *f*, habilidad *f* manual; ♪ dedeo *m*; ♀**förmig** *adj.* digitado; ~**glied** *n* falange *f*; ~**hut** *m* dedal *m*; ♀ digital *f*, dedalera *f*; ~**knöchel** *m* nudillo *m*; ♀**lang** *adj.* de un dedo de largo; ~**ling** *m* (-s; -e) dedil *m*; ♀n (-*re*) **I.** *v/i.*: an et. (*dat.*) ~ toquetear, manosear a/c.; **II.** F *v/t.*: et. ~ arreglar, manejar a/c.; ~**nagel** *m* uña *f*; ~**ring** *m* anillo *m*; sortija *f*; ~**satz** ♪ *m* digitación *f*; mit ~ versehen digitar; ~**spitze** *f* punta *f* (*bzw.* yema *f*) del dedo; ~**spitzengefühl** *fig. n* tacto *m*, delicadeza *f*; tino *m*; ~**sprache** *f* dactilología *f*; ~**übung** ♪ *f* ejercicio *m* para los dedos (*od.* de digitación); ~**zeig** *m* (-*¢s*; -*e*) indicación *f*; aviso *m*; F pista *f*; *ein* ~ Gottes el dedo de Dios.

fin'gier|en (-) *v/t.* fingir, simular; ♀**en** *n* fingimiento *m*, simulación *f*; ♀**t** *adj.* fingido, simulado; ficticio; imaginario; ~er Name nombre *m* supuesto.

Fink Orn. *m* (-en) pinzón *m*.

'**Finne**[1] *f* (*Flosse*) aleta *f*; ⊕ e-s *Hammers*: peña *f*.

'**Finne**[2] *f* ♀ (*Pustel*) pústula *f*; ⊡ cisticerco *m*.

'**Finne**[3] *m* (-n) finlandés *m*; ~**in** *f* finlandesa *f*.

'**finn|isch** *adj.* finlandés; *der* ♀e Meerbusen el golfo de Finlandia; ♀**land** *n* Finlandia *f*.

'**Finnwal** *Zoo. m* rorcual *m*.

'**finster** *adj.* oscuro; tenebroso; lóbrego; *fig.* sombrío; lúgubre; tétrico; *Miene:* hosco; ceñudo, adusto; ~ aussehen tener aire sombrío *bzw.* semblante adusto; ~ werden oscurecer; ~e *Gedanken haben* tener pensamientos sombríos; ~e Nacht noche *f* cerrada; *im* ♀n a oscuras; *im* ♀n (*fig.* ~n) tappen andar a tientas (*a. fig.*); ♀**nis** *f* (-; -*se*) oscuridad *f*, tinieblas *f/pl.*; *Astr.* eclipse *m*.

'**Finte** *f* finta *f*, treta *f* (*a. Fechtk.*); (*List*) ardid *m*; estratagema *f*.

'**Firlefanz** *m* (-*es*; -*e*) fruslería *f*; (*Unsinn*) pamplinas *f/pl.*, bobadas *f/pl.*

firm *adj.*: ~ sein in et. conocer a fondo a/c.

'**Firma** *f* (-; *Firmen*) casa *f* (de comercio); empresa *f*; establecimiento *m*; firma *f*; (*Name*) razón *f* social; nombre *m* comercial.

Firma'ment *n* (-*¢s*; -*e*) firmamento *m*.

'**firmen** *v/t. I.C.* confirmar.

'**Firmen...:** ~**bezeichnung** ✝ *f* razón *f* social; ~**fusion** *f* fusión *f* de empresas; ~**inhaber** *m* titular *m* de una casa comercial; ~**name** *m* razón *f* social; ~**register** *n* registro *m* de comercio; ~**schild** *n* rótulo *m*, letrero *m*; ~**verzeichnis** *n* guía *f* comercial.

fir'mieren ✝ (-) *v/i.* dar como razón social; (*unterzeichnen*) firmar.

'**Firm|ling** *m* (-s; -*e*) confirmando *m*; ~**ung** *f* confirmación *f*.

'**Firn** *m* (-*es*; -*e*) ventisquero *m*; ~**e**-**wein** *m* vino *m* de añejo; ~**feld** *n* campo *m* de ventisquero.

'**Firnis** *m* (-*ses*; -*se*) barniz *m* (*a. fig.*); ♀**sen** (-*βt*) *v/t.* barnizar (*a. fig.*); ~**sen** *n* barnizado *m*.

'**Firnschnee** *m* nieve *f* ventada.

First *m* (-*¢s*; -*e*) e-s *Berges*: cresta *f*; cima *f*; (*Haus*♀) caballete *m*, cumbrera *f*; (*Giebel*) remate *m*; ✗ techo *m* de la galería; '~**ziegel** △ *m* teja *f* de cumbrera *bzw.* de remate.

Fis ♪ *n* fa *m* sostenido.

'**Fisch** *m* (-*es*; -*e*) *als Speise*: pescado *m*; *Astr.* Piscis *m*; fliegender ~ pez *m* volador; *fig. das ist weder* ~ noch Fleisch no es carne ni pescado (*od.* ni chicha ni limonada *od.* ni fu ni fa); *stumm wie ein* ~ más callado que un muerto; (*munter*) *wie ein* ~ *im Wasser* (estar) como el pez en el agua; *das sind kleine* ~e esto no es nada; ~**adler** *Orn. m* halieto *m*, águila *f* pescadora; ♀**arm** *adj.* pobre en pesca; ~**bank** *f* banco *m* de peces, cardumen *m*; ~**behälter** *m* vivero *m* de peces; ~**bein** *n* (barba *f* de) ballena *f*; ~**besteck** *n* cubierto *m* para pescado; ~**blase** *f* vejiga *f* de pez; ~**blut** *fig. n*: ~ haben F tener sangre de horchata; ~**bratküche** *f* freiduría *f* de pescado; ~**brut** *f* alevín *m*; (*Laich*) freza *f*; ~**dampfer** *m* (vapor *m*) pesquero *m*.

'**fischen** **I.** *v/t. u. v/i.* pescar (*a. fig.*); faenar; ~ gehen ir a pescar, ir de pesca; **II.** ♀ *n* pesca *f*.

'**Fischer|(in** *f*) *m* pescador(a *f*) *m*; ~**boot** *n* barco *m* pesquero; lancha *f* pesquera; ~**dorf** *n* pueblo *m* de pescadores.

Fische'rei *f* pesca *f*; (*Gewerbe*) pesquería *f*, industria *f* pesquera; ~**abkommen** *n* acuerdo *m* pesquero; ~**erlaubnis** *f* licencia *f* de pesca; ~**fahrzeug** *n* embarcación *f* pesquera; ~**flotte** *f* flota *f* pesquera; ~**recht** *n* derecho *m* de pesca.

'**Fischer|gerät** *n* aparejos *m/pl.* (*od.* artes *m/pl.*) de pesca; ~**ring** *m* (*päpstlicher*) Anillo *m* del Pescador.

'**Fisch...:** ~**fang** *m* pesca *f*; ~**filet** *n* filete *m* de pescado; ~**flosse** *f* aleta *f*; ♀**fressend** *adj.* piscívoro, ictiófago; ~**gabel** *f* tenedor *m* para pescado; ~**gericht** *n* (plato *m* de) pescado *m*; ~**geruch** *m* olor *m* a pescado; ~**geschäft** *n* pescadería *f*; ~**geschmack** *m* sabor *m* a pescado; ~**gräte** *f* espina *f* (de pescado); raspa *f*; ~**grätenmuster** *n* dibujo *m* de espiga; ~**grund** *m* pesquera *f*, caladero *m*; ~**halle** *f* lonja *f* del pescado; pescadería *f*; ~**händler** *m* pescadero *m*; ~**handlung** *f* pescadería *f*; ~**kasten** *m* vivero *m* de peces; ~**köder** *m* cebo *m* para la pesca, güeldo *m*; ~**konserven** *f/pl.* conservas *f/pl.* de pescado; ~**kunde** *f* ictiología *f*; ~**kutter** *m* barca *f* de pesca; ~**laich** *m* freza *f*; ~**leim** *m* cola *f* de pescado; ictiocola *f*; ~**markt** *m* mercado *m* de pescado; ~**mehl** *n* harina *f* de pescado; ~**milch** *f* lechecillas *f/pl.* de pescado, lechas *f/pl.*; ~**netz** *n* red *f* (de pescar); ~**otter** *Zoo.* *m* nutria *f*; ⚤**reich** *adj.* abundante en pesca; ~**reiher** *Orn. m* garza *f* real; ~**reuse** *f* nasa *f*; ~**rogen** *m* huevas *f/pl.* (de pez); ~**schuppe** *f* escama *f* de pez; ~**schwarm** *m* banco *m* de peces, cardumen *m*; ~**stäbchen** *n* barrita *f* de pescado; ~**sterben** *n* mortandad *f* piscícola; ~**suppe** *f* sopa *f* de pescado; ~**teich** *m* vivero *m* (de peces); estanque *m* piscícola; ~**tran** *m* aceite *m* de pescado; ~**vergiftung** *f* intoxicación *f* por pescado, ictismo *m*; ~**zucht** *f* piscicultura *f*; ~**zuchtanstalt** *f* piscifactoría *f*, criadero *m* de peces; ~**züchter** *m* piscicultor *m*; ~**zug** *m* redada *f* (*a. fig.*), pesca *f*.

Fisima'tenten F *pl. (Ausflüchte)* pretextos *m/pl.*, subterfugios *m/pl.*; (*Umstände*) F tiquismiquis *m/pl.*; ~ *machen* buscar subterfugios.

fis'kalisch *adj.* fiscal.

'**Fiskus** *m* (-; 0) fisco *m*, erario *m*, tesoro *m* (público).

Fis'sur 🕮 *f* (-; -en) fisura *f*.

'**Fistel** 🕮 *f* (-; -n) fístula *f*; ⚤**artig** *adj.* fistuloso; ~**stimme** *f* voz *f* de falsete.

fit *adj.* en buena forma; bien entrenado.

'**Fittich** *m* (-*e*s; -e) *Poes.* ala *f*; *j-n unter s-e* ~*e nehmen* amparar (*od.* proteger) a alg.; tomar a alg. bajo su protección.

fix *adj.* **1.** (*fest*) *Gehalt, Kosten, Preise:* fijo; ~*e Idee* monomanía *f*, idea *f* fija, obsesión *f*; **2.** (*flink*) ágil, ligero; (*geschickt*) hábil, diestro; (*behend*) vivo, rápido; ~ *und fertig* todo listo; F (*erschöpft*) hecho polvo; *mach* ~! ¡date prisa!

Fixa'tiv *n* (-s; -e) fijador *m*.

Fix|auftrag 🕮 *m* orden *f* a plazo fijo; ⚤**en** *v/i.* 🕮 jugar a la baja; P *Süchtiger*: inyectarse, pincharse, chutarse, picarse; ~**geschäft** 🕮 *n* operación *f* a plazo fijo.

Fi'xier|bad *Phot. n* baño *m* fijador; ⚤**en** (-) *v/t.* fijar (*a. Phot.*); *j-n* ~ mirar fijamente a alg.; ~**en** *n*, ~**ung** *f* fijación *f*; *Phot.* fijado *m*; ~**mittel** *Phot. n* fijador *m*.

'**Fixstern** *Astr. m* estrella *f* fija.

'**Fixum** *n* (-s; *Fixa*) (*Gehalt*) (sueldo *m*) fijo *m*; (*feste Summe*) cantidad *f* fija.

Fjord *m* (-*e*s; -e) fiord(o) *m*.

FKK → *Freikörperkultur*; ~**Club** *m* club *m* naturista.

'**flach** *adj.* (*eben*) llano (*a. Teller*); plano (*a. Dach*); raso; (*niedrig*) bajo; (*oberflächlich*) superficial (*a. fig.*); *fig. a.* banal; ⚔ *Bahn, Schuß:* rasante; *Wasser:* poco profundo; *auf dem* ~*en Land* en campo raso; *Schlag mit der* ~*en Klinge* cintarazo *m*; *mit der* ~*en Hand* con la palma de la mano; *mit der* ~*en Hand bzw. Klinge schlagen* dar de plano; ⚤**ball** *m Tennis:* pelota *f* a ras de la red; *Fußball:* balón *m* raso; ⚤**bildschirm** *m* pantalla *f* plana; ~**busig** *adj.* de pechos planos, lisa; ⚤**dach** *n* azotea *f*; techo *m* plano; ⚤**draht** *m* alambre *m* plano; ⚤**druck** *Typ. m* impresión *f* plana.

'**Fläche** *f* (*Ober*⚤) superficie *f*; ⚔ plano *m*; (*Seite*) cara *f*; (*Schliff*⚤) faceta *f*; (*Gebiet*) área *f*.

'**Flach-eisen** ⊕ *n* hierro *m* plano.

'**Flächen...:** ~**antenne** *f* antena *f* llana; ~**blitz** *m* relámpago *m* difuso; ⚤**deckend** *adj.* completo, que cubre determinada superficie (*od.* zona); ~**inhalt** *m* superficie *f*; ⚔ área *f*; ~**maß** *n* medida *f* de superficie; ~**messung** ⚔ *f* planimetría *f*; ~**stillegung** *f* reducción *f* de áreas agrarias; ~**winkel** ⚔ *m* ángulo *m* diedro.

'**flach...:** ~**fallen** F (*L; sn*) *v/i.* fracasar, frustrarse; (*sich erübrigen*) no ser necesario; ⚤**feile** ⊕ *f* lima *f* plana; ⚤**feuer** ⚔ *n* tiro *m* rasante; ~**gedrückt** *adj.* aplastado; ⚤**heit** *fig. f* trivialidad *f*, banalidad *f*; superficialidad *f*; ⚤**land** *n* (país *m*) llano *m*, llanura *f*; ⚤**meißel** ⊕ *m* escoplo *m*; ⚤**relief** *n* bajorrelieve *m*.

'**Flachs** [-ks] ♀ *m* (-es; 0) lino *m*; ⚤**blond** *adj.* rubio de estopa.

'**Flach-schuß** *m Fußball:* tiro *m* raso.

'**flachsen** F (-*t*) *v/i.* bromear.

'**Flachs...:** ~**feld** *n* linar *m*; ~**haar** *n* cabello *m* de color estopa; ~**hechel** *f* rastrilladora *f* de lino; ~**kopf** *m* pelirrubio *m*; ~**röste** *f* enriado *m* de lino; ~**spinne'rei** *f* hilandería *f* de lino.

'**Flach...:** ~**zange** *f* alicates *m/pl.* planos; ~**ziegel** *m* teja *f* plana.

'**flackern** (-*re*) I. *v/i. Licht:* oscilar, vacilar; titilar; *Feuer:* flamear, llamear; **II.** ⚤ *n des Feuers:* llamarada *f*; ⚤**d** *adj.* vacilante; (*zitternd*) trémulo.

'**Fladen** *m* (-s; -) torta *f*; (*Kuh*⚤) boñigo *m*, boñiga *f*.

'**Flagge** *f* bandera *f*; pabellón *m*; *unter spanischer* ~ *fahren* navegar bajo pabellón español.

'**flaggen I.** *v/t.* embanderar; ⚓ empavesar; **II.** *v/i.* (en)arbolar la bandera; **III.** ⚤ *n* ⚓ empavesado *m*; ⚤**parade** *f* saludo *m* de la bandera; ⚤**signal** *n* señal *f* por medio de banderas; ⚓ señal *f* marítima; ⚤**stange** *f* asta *f*.

'**Flaggschiff** *n* buque *m* insignia (*od.* almirante); *Hist.* (nave *f*) capitana *f*.

fla'granti: *j-n in* ~ *erwischen* coger a alg. en flagrante (*od.* in flagranti *od.* F con las manos en la masa).

Flair [flɛːr] *n* (-s; 0) olfato *m*; instinto *m*.

'**Flak** *f* (-; -[*s*]) (*Abk. von Flugzeugabwehrkanone*) cañón *m* antiaéreo; ~**artillerie** *f* artillería *f* antiaérea; ~**batterie** *f* batería *f* antiaérea; ~**feuer** *n* fuego *m* antiaéreo; ~**geschütz** *n* cañón *m* antiaéreo.

Fla'kon [-kɔn] *m* (-s; -s) frasquito *m*, pomo *m*.

flam'bieren *Kochk.* (-) *v/t.* flamear.

'**Flam|e** *m* (-n) flamenco *m*; ~**in** (*od.* **Flämin**) *f* flamenca *f*.

Fla'mingo *Orn. m* (-s; -s) flamenco *m*.

'**flämisch** *adj.* flamenco.

'**Flamme** *f* llama *f*; *fig. a.* fuego *m*; F (*Geliebte*) amada *f*, adorada *f*; *hum.* dulcinea *f*; *in* ~*n stehen* arder, estar en llamas; *in* ~*n geraten* inflamarse; *in* ~*n setzen* encender, inflamar; *pegar* fuego a, incendiar; *Kochk. auf kleiner* (*großer*) ~ a fuego lento (vivo); ⚤**n** *v/i.* arder, estar en llamas; arrojar llamas; (*funkeln*) centellear; (*lodern*) flamear.

'**flämmen** *v/t.* (*absengen*) sollamar; chamuscar.

'**flammend** *adj.* ardiente; *Protest usw.:* encendido.

Flammen|meer *n* mar *m* de llamas; ~**schrift** *fig. f* letras *f/pl.* de fuego; ~**schwert** *u* espada *f* flamígera; ~**tod** *m* muerte *f* en las llamas; ~**werfer** ⚔ *m* lanzallamas *m*.

'**Flammeri** *m* (- *od.* -s; -s) crema *f*; natillas *f/pl.*

'**Flammpunkt** ⊕ *m* punto *m* de inflamación.

'**Fland|ern** *n* Flandes *m*; ⚤**risch** *adj.* flamenco.

Fla'nell *m* (-s; -e) franela *f*; ~**hemd** *n* camisa *f* de franela.

fla'nieren (-) **I.** *v/i.* callejear; vagar (*od.* pasear) por las calles; **II.** ⚤ *n* callejeo *m*; paseo *m*.

'**Flanke** *f* ⚔, ⊕ flanco *m*; *Anat.* ijada *f*; costado *m*; (*Berg*⚤) falda *f*; *Turnen:* volteo *m*; *Fußball:* centro *m*; ⚔ *in die* ~ *fallen* atacar de flanco; ⚤**n** *v/i.* *Fußball:* centrar; ⚤**n-angriff** *m*, ~**stoß** *m* ⚔ ataque *m* de flanco; ~**nball** *m Fußball:* (pase *m* al) centro *m*; ~**ndeckung** ⚔ *f* cobertura *f* de los flancos; flanqueo *m*; ~**nfeuer** *n* fuego *m* flanqueado (*od.* de flanco); ~**nmarsch** *m* marcha *f* de flanco; ~**nschutz** *m*, ~**nsicherung** *f* cobertura *f* de los flancos; flanqueo *m*.

flan'kieren (-) **I.** *v/t.* flanquear; *Pol.* ~*de Maßnahmen* medidas *f/pl.* flanqueadoras; **II.** ⚤ *n* flanqueo *m*.

'**Flansch** *m* (-es; -e) ⊕ brida *f*, (*Rand*) collar *m*; ⚤**en** *v/t.* bridar; ~**rohr** *n* tubo *m* con bridas; ~**verbindung** *f* unión *f* por bridas.

Flaps *m* (-es; -e) (*Flegel*) mal educado *m*; grosero *m*; gamberro *m*; (*Tölpel*) palurdo *m*, bruto *m*.

'**flapsig** *adj.* (*flegelhaft*) grosero; paleto.

'**Fläschchen** *n* botellín *m*; frasco *m*; frasquito *m*; *für Säuglinge:* biberón *m*.

'**Flasche** *f* botella *f*; *kleine:* frasco *m*; *leere:* casco *m*; (*Baby*⚤) biberón *m*; (*Korb*⚤) damajuana *f*; bombona *f*; (*Wasser*⚤) garrafa *f*; F *fig.* F berz(ot)as *m*; P gilipollas *m*; *e-e* ~ *Wein* una botella de vino; ♀ *einschließlich* ~ incluido el envase; *auf* ~*n ziehen* embotellar; *die* ~ *geben* dar el biberón; *mit der* ~ *aufziehen* criar con biberón.

'**Flaschen...:** ~**abzug** *m* embotellamiento *m*; ~**bier** *n* cerveza *f* embotellada (*od.* en botellas); ~**boden** *m* fondo *m* (*od.* culo *m*) de botella; ~**bürste** *f* limpiabotellas *m*; ~**füllmaschine** ⊕ *f* embotelladora *f*; ~**gas** *n* gas *m* comprimido (*od.* en botellas); ~**gestell** *n* botellero *m*; ⚤**grün** *adj.* verde botella; ~**hals** *m* gollete *m*; ~**kind** *n* niño *m* criado con biberón; ~**korb** *m* portabotellas *m*; ~**kühler** *m* cubillo *m* (para refrescar botellas); ~**kürbis** ♀ *m* calabaza *f* vinatera; ~**milch** *f* leche *f* embotellada (*od.* en botellas); ~**öffner** *m* abridor *m*; *Am.* destapador *m*; ~**pfand** *n* depósito *m*; ~**post** ⚓ *f* botella *f* arrojada al mar

(*con un mensaje*); ~**spüler** *m*, ~**spülmaschine** ⊕ *f* enjuagadora *f* (*od.* lavadora *f*) de botellas; ~**ständer** *m* botellero *m*; ~**wein** *m* vino *m* embotellado; ⚥**weise** *adv.* en botellas; por botellas; ~**zug** ⊕ *m* aparejo *m*, poli(s)pasto *m*.
¹**Flatter|geist** *m* espíritu *m* veleidoso; ⚥**haft** *adj.* veleidoso, voluble; inconstante; (*leichtsinni*g) ligero; atolondrado; ~**haftigkeit** *f* (*0*) volubilidad *f*; inconstancia *f*; ligereza *f*; veleidad *f*.
¹**Flattermine** ⚔ *f* fogata *f*.
¹**flattern** (-*re*) **I.** *v/i. Vögel*: aletear; (*umher*~) revolotear; (*hin und her* ~) mariposear; *Fahne*: ondear; *Segel*: flamear; *im Winde* ~ ondear (*od.* flotar) al viento; **II.** ⚥ *n* aleteo *m*; revoloteo *m*.
flau *adj.* (*schwach*) débil, flojo (*a. fig. Börse*); (*matt*) lánguido; (*entkräftet*) decaído; ✝ desanimado; *Getränk*: flojo; *mir ist* ~ me siento desfallecer; *das Geschäft geht* ~ los negocios languidecen (*od.* van mal); ~**er werden** *Wind*: encalmarse; ¹⚥**heit** *f* (*0*) debilidad *f*, flojedad *f*; desfallecimiento *m*; ✝ desanimación *f*.
Flaum *m* (-*es*; *0*) vello *m*; *Vogel*: plumón *m*; *Bart*: bozo *m*; ⚥ pelusilla *f*.
¹**Flaum...**: ~**bart** *m* bozo *m*; ~**feder** *f* plumón *m*; flojel *m*; ~**haar** *n* vello *m*; pelusa *f*; ⚥**ig** *adj.* plumoso; velloso; ⚥**weich** *adj.* muy blando; suave; mullido.
Flaus, Flausch *m* (-*es*; -*e*) (*Wollstoff*) frisa *f*.
¹**Flause** F *f mst. pl.* ~**n** (*Ausrede*) subterfugio *m*, pretexto *m*; (*Unsinn*) pamplinas *f/pl.*; bobadas *f/pl.*; *mach keine* ~**n**! F ¡no me vengas con pamplinas!
¹**Flaute** *f* ⚓ calma *f* (chicha); ✝ *Börse*: desanimación *f*; estancamiento *m*; languidez *f*.
¹**fläzen** P (-*t*) *v/refl.*: *sich* ~ → *flegeln*.
¹**Flechs|e** *Anat. f* tendón *m*; ⚥**ig** *adj.* tendinoso.
¹**Flecht|arbeit** *f* trenzado *m*; ~**e** *f* (*Haar*⚥) mata *f* de pelo; (*Zopf*) trenza *f*; ⚥ liquen *m*; ⚔ herpe(s) *m*; empeine *m*; ⚥**en** (*L*) *v/t.* trenzar; (*ineinander*) entretejer; *in Zöpfe* ~ trenzar; hacer trenzas; *Band ins Haar* ~ entrelazar el pelo con cintas; *sich um et.* ~ enredarse en torno a a/c.; ~**er** *m* trenzador *m*; ~**werk** *n* trenzado *m*; (*aus Draht*) rejilla *f*, enrejado *m*; ⚠ malla *f*.
¹**Fleck** *m* (-*es*; -*e*) (*Schmutz*⚥) mancha *f*; (*Flicken*) remiendo *m*; (*Stelle*) sitio *m*, lugar *m*, punto *m*; *fig.* (*Schand*⚥) mancha *f*, mácula *f*; *e-n* ~ **machen** manchar; *vom* ~ **weg** en el acto; sin vacilar; *nicht vom* ~ *gehen, sich nicht vom* ~ *rühren* no moverse (del sitio); *nicht vom* ~ *kommen* no avanzar; no adelantar un paso; *das Herz auf dem rechten* ~ *haben* tener el corazón bien puesto; ⚥**en** *v/i.* manchar, dejar (*od.* hacer) manchas; ~**en** *m* mancha *f*; (*Markt*⚥) villa *f*; (*Dorf*) lugar *m*; aldea *f*; ⚥**en-entferner** *m* quitamanchas *m*; ⚥**enlos** *adj.* sin mancha; *fig.* sin tacha, intachable; inmaculado; ~**enreiniger** *m*, ~**enwasser** *n* quitamanchas *m*; ~**fieber** ⚔ *m* (-*s*; -) *typhus*; ⚥**ig** *adj.* manchado; (*gesprenkelt*) moteado; (*beschmutzt*) ensuciado; (*bespritzt*) salpicado de manchas; *Obst*: macado; ~ *werden* mancharse; ~**typhus** ⚔ *m* tifus *m* exantemático.
¹**fleddern** (-*re*) *v/t.* desvalijar; *Leichen*: profanar.
¹**Fleder|maus** *Zoo. f* murciélago *m*; ~**wisch** *m* plumero *m*.
Fleece *n* (-; *0*) fleece *m*.
¹**Flegel** *m* ⚐ mayal *m*; *fig.* grosero *m*; bruto *m*; F patán *m*; mal educado *m*; impertinente *m*; gamberro *m*.
Flege'lei *f* grosería *f*, patanería *f*; (*Unverschämtheit*) impertinencia *f*; gamberrada *f*.
¹**flegelhaft** *adj.* grosero; zafio; ineducado; *bsd. von Kindern*: malcriado; mal educado; (*unverschämt*) impertinente; agamberrado; ⚥**igkeit** *f* grosería *f*; (*Unverschämtheit*) impertinencia *f*.
¹**Flegeljahre** *n/pl.* edad *f* ingrata; F edad *f* del pavo; ⚥**n** (-*le*) *v/refl.*: *sich* ~ portarse como un bruto; *sich auf e-n Sessel* ~ F repantigarse en un sillón.
¹**flehen I.** *v/i.*: *um et.* ~ pedir encarecidamente a/c.; *zu j-m* ~ suplicar, implorar a alg. (*um et.* a/c.); **II.** ⚥ *n* súplica *f*; imploración *f*; ~**tlich I.** *adj.* suplicante; ferviente, fervoroso; **II.** *adv.* con instancia; encarecidamente; fervorosamente.
Fleisch *n* (-*es*; *0*) carne *f*; ⚥ *a.* pulpa *f*; *von* ~ *und Blut* de carne y hueso; *vom* ~(*e*) *fallen* enflaquecer; *Theo.* ~ *werden* encarnar, hacerse carne; *fig. sich ins eigene* ~ *schneiden* perjudicarse a sí mismo; *es ist mir in* ~ *und Blut übergegangen* lo hago mecánicamente.
¹**Fleisch...**: ~**abfälle** *m/pl.* despojos *m/pl.* de carne; piltrafas *f/pl.*; ~**bank** *f* tabla *f* (de carnicero); ~**beschau** *f* inspección *f* de carnes; ~**beschauer** *m* inspector *m* de matadero; ~**brühe** *f* caldo *m* (de carne); ~**er** *m* carnicero *m*; ~**erhaken** *m* gancho *m* (*od.* garabato *m*) de carnicero; ~**e'rei**, ~**erladen** *m* carnicería *f*; *Arg.* mercadito *m*; ~**ermeister** *m* maestro *m* carnicero; ~**ermesser** *n* cuchillo *m* de carnicero; ~**ersfrau** *f* carnicera *f*; ~**eslust** *f* concupiscencia *f*, apetito *m* carnal; ~**extrakt** *m* extracto *m* de carne; ~**farbe** (color *m*) encarnado *m*; ⚥**farben**, ⚥**farbig** *adj.* de color carne; ~**fliege** *f* moscarda *f*; ⚥**fressend** *adj.* carnívoro, carnicero; ~**fresser** *m* carnívoro *m*; ~**gabel** *f* trinchante *m*; ~**gericht** *n* plato *m* de carne; ⚥**geworden** *Theo. adj.* encarnado; ~**hauer** *m* carnicero *m*; ⚥**ig** *adj.* carnoso; ⚥ *Frucht*: *a.* pulposo; ~**klößchen** *Kochk. n* albóndiga *f*; ~**konserven** *f/pl.* conservas *f/pl.* cárnicas; ⚥**lich** *adj.* carnal; ⚥**los** *adj.* sin carne; descarnado; ~*e Kost* comida *f* de viernes; ~**mangel** *m* escasez *f* de carne; ~**markt** *m* mercado *m* de la carne; ~**messer** *n* cuchillo *m* de carnicero; ~**pastete** *f* pastel *m bzw.* empanada *f* de carne; ~**saft** *m* jugo *m* de carne; ~**scheibe** *f* lonja *f* (*od.* tajada *f*) de carne; ~**teile** *Anat. m/pl.* partes *f/pl.* carnosas; ~**ton** *m* tono *m* encarnado; ~**topf** *m* puchero *m*; *fig. sich nach den Fleischtöpfen Ägyptens sehnen* recordar las ollas de Egipto; ~**vergiftung** *f* botulismo *m*; ~**waren** *f/pl.* productos *m/pl.* cárnicos; ~**werdung** *Theo. f* Encarnación *f* (del Verbo Divino); ~**wolf** *m* triturador *m* de carne; ~**wunde** *f* herida *f* en la carne; ~**wurst** *f etwa*: mortadela *f*.
Fleiß *m* (-*es*; *0*) aplicación *f*; asiduidad *f*; (*Emsigkeit*) diligencia *f*; (*Anstrengung*) esfuerzo *m*; (*Eifer*) celo *m*; *allen* ~ *auf et. verwenden* poner todo su afán en a/c.; *mit* ~ (*absichtlich*) adrede, aposta; *ohne* ~ *kein Preis* no hay atajo sin trabajo; no se pescan truchas a bragas enjutas; ¹⚥**ig** *adj.* asiduo; diligente; *Schüler*: aplicado; estudioso; (*sorgfältig*) cuidadoso, esmerado; (*eifrig*) celoso; (*regsam*) activo, laborioso, industrioso; ~ *besuchen* visitar con frecuencia, frecuentar; ~ *studieren* estudiar con asiduidad.
flek'tieren (-) **I.** *v/t. Gr. Substantiv*: declinar; *Verb*: conjugar; **II.** ⚥ *n* declinación *f*; conjugación *f*.
¹**flenn|en** F *v/i.* alloriquear, F llorar a moco tendido; ⚥**e'rei** *f* lloriqueo *m*.
¹**fletschen** *v/t.*: *die Zähne* ~ regañar los dientes.
fle'xibel *adj.* flexible.
Flexi'on *Gr. f* (in)flexión *f*; ~**s-endung** *Gr. f* desinencia *f*; terminación *f*.
¹**Flick|arbeit** *f* remiendo *m*; (*Pfuscherei*) chapucería *f*, chapuza *f*; ⚥**en** *v/t.* remendar; *Wäsche*: repasar, recoser; *Strümpfe*: zurcir; *Reifen*: poner un parche; *notdürftig* ~ parchear; ~**en** *m* (-*s*; -) remiendo *m*; pieza *f*; *aus Gummi*: parche *m*.
¹**Flicker(in** *f*) *m* remendón *m*, remendona *f*; zurcidor(a *f*) *m*.
Flicke'rei *f allg.* compostura *f*; remiendo *m*; recosido *m*; zurcido *m*.
¹**Flick|schneider** *m* sastre *m* remendón; ~**schuster** *m* zapatero *m* remendón; ~**werk** *n* (*Pfuscherei*) chapucería *f*, chapuza *f*; ~**wort** *Gr. n* partícula *f* expletiva; ripio *m*; ~**zeug** *n* (*Nähzeug*) avíos *m/pl.* de costura; ⊕ estuche *m* de reparación; *Fahrrad*: bote *m* de reparaciones.
¹**Flieder** ⚥ *m* (-*s*; -) lila *f*; *spanischer* ~ *lila f común*; ⚥**farben** *adj.* lila; ~**tee** *m* infusión *f* (de flor) de saúco.
¹**Fliege** *f Zoo.* mosca *f* (*a. Bärtchen*); (*Krawatte*) lazo *m*, pajarita *f*; *spanische* ~ cantárida *f*, mosca *f* de España; *keiner* ~ *et. zuleide tun* no matar una mosca; *zwei* ~**n** *mit e-r Klappe schlagen* matar dos pájaros de un tiro; F *wie die* ~**n** *umfallen bzw. sterben* caer *bzw.* morir como chinches.
¹**fliegen** (*L*; *sn*) **I.** *v/i.* volar; *im Flugzeug*: *a.* ir (*od.* viajar) en avión; *Haare usw.*: flotar; (*losstürzen*) precipitarse; F (*entlassen werden*) ser despedido, F ser echado; F *auf et. od. j-n* ~ estar loco (F chalado) por a/c. *od.* alg.; *in die Luft* ~ hacer explosión, estallar; **II.** *v/t.* ⚔ pilotar; *Strecke*: volar; *e-n Einsatz* ~ realizar una misión aérea; **III.** ⚥ *n* vuelo *m*; ~**d** *adj.* volante; volador; (*flatternd*) flotante; ⚔ *m* Hitze acceso *m* de calor; *mit* ~**en Haaren** con el pelo al aire; (*wirr*) desgreñado; *mit* ~**er Feder** a vuela pluma; *in* ~**er Eile** volando.
¹**Fliegen...**: ~**dreck** *m* cagada *f* de mosca; ~**fänger** *m* (*Papierstreifen*) mosquero *m*, papel *m* matamoscas; ~**fenster** *n* alambrera *f*; ~**gewicht(ler** *m*) *n* Boxen: peso *m* mosca; ~**klappe** *f*, ~**klatsche** *f* matamoscas

m; ~**kopf** *Typ. m* letra *f* bloqueada; ~**pilz** ♀ *m* oronja *f* falsa (*od.* matamoscas); ~**schnäpper** *Orn. m* papamoscas *m*; ~**schrank** *m* fresquera *f*.

'**Flieger** *m* aviador *m*; piloto *m*; F (*Flugzeug*) avión *m*; *Radsport*: velocista *m*, sprinter *m*; ~**abwehr** *f* defensa *f* aérea; ~**alarm** *m* alarma *f* aérea; ~**angriff** *m* ataque *m* aéreo; ~**bombe** *f* bomba *f* de avión; ~**deckung** *f* refugio *m* antiaéreo; ~**dreß** *m* equipo *m* de piloto.

Fliege'rei *f* (*0*) aviación *f*.

'**Flieger...**: ~**horst** *m* base *f* aérea; ~**in** *f* aviadora *f*; ~**offizier** *m* oficial *m* de aviación; ~**schule** *f* escuela *f* de aviación; ~**sicht** *f*: *gegen* ~ *gedeckt* protegido contra reconocimiento aéreo; ~**staffel** *f* escuadrilla *f* de aviones; ~**verband** *m* formación *f* de aviones.

'**flieh|en** (*L*) **I.** *v/t.* huir; (*meiden*) rehuir, evitar; **II.** (*sn*) *v/i.* huir (*vor dat.* de), escaparse (*a. Zeit*); fugarse, darse a la fuga; *zu j-m* ~ refugiarse en casa de alg.; ~**end** *adj.* en fuga; *fig. Stirn*: huidizo; ♀**kraft** *Phys. f* fuerza *f* centrífuga; ♀**kraftregler** *m* regulador *m* centrífugo.

'**Fliese** *f* losa *f*, baldosa *f*; *glasierte*: azulejo *m*; *mit* ~*n belegen* embaldosar, enlosar, solar; azulejar; ~**nbelag** *m*, ~**nboden** *m* embaldosado *m*, enlosado *m*; ~**nleger** *m* solador *m*.

'**Fließ|arbeit** *f* trabajo *m* en cadena; ~**band** *n* cinta *f* continua (*od.* sin fin); cadena *f* de montaje; (*Förderband*) cinta *f* transportadora; ~**bandmontage** *f* montaje *m* en cadena.

'**fließen** (*L*; *sn*) **I.** *v/i.* correr (*a. fig.*); fluir, manar; ⚡ *Strom*: circular; *fig.* ~ *aus* desprenderse (*od.* resaltar) de; ~ *durch* pasar por, atravesar; *ins Meer* ~ desembocar (*od.* desaguar) en el mar; **II.** ♀ *n* flujo *m*; *des Verkehrs*: fluidez *f*; ~**d I.** *adj.* corriente, fluente; *Verkehr*: fluido; ~*es Wasser* agua *f* corriente; **II.** *adv.*: ~ *sprechen* hablar con soltura (*od.* corrientemente); ~ *lesen* leer de corrido (*od.* con facilidad); ~ *schreiben* escribir con soltura (*od.* a vuela pluma).

'**Fließ|fertigung** ⊕ *f* producción *f* en proceso continuo; ~**heck** *Kfz. n* portón *m* trasero alargado; ~**komma** *n Rechner*: coma *f* flotante; ~**papier** *n* papel *m* secante.

'**Flimmer** *m* (*-s*; *-*) luz *f* trémula, vislumbre *m*; ~**härchen** *Bio. n* cilio *m* (vibrátil); ~**kasten** F *m TV* F caja *f* tonta; ♀**n** (*-re*) *v/i.* centellear; *Poes.* rielar; (*zittern*) vibrar (*a. Film*); *Licht*: titilar; *es flimmert ihm vor den Augen* se le va la vista, F le hacen chiribitas los ojos; ~**n** *n* centelleo *m*; vibración *f* (*a. des Films*); *des Lichtes*: titilación *f*.

'**flink** *adj.* ágil, ligero; pronto; (*geschickt*) hábil, diestro; (*aufgeweckt*) vivo, despabilado, despierto; ♀**heit** *f* (*0*) agilidad *f*; prontitud *f*.

'**Flinte** *f* fusil *m*; carabina *f*; (*Schrot*♀) escopeta *f*; *fig. die* ~ *ins Korn werfen* echar la soga tras el caldero; ~**nlauf** *m* cañón *m* de fusil; ~**nschuß** *m* fusilazo *m*; escopetazo *m*.

'**flirren** *v/i.* → flimmern.

Flirt *m* (*-s*) coqueteo *m*, flirteo *m*; ♀**en** (*-e-*) *v/i.* coquetear, flirtear.

'**Flittchen** F *n* mujer *f* fácil; chica *f* de vida alegre; mujerzuela *f*.

'**Flitter** *m* (*-s*; *-*) lentejuela *f*; *fig.* (*Tand*) baratijas *f/pl.*, chucherías *f/pl.*; oropel *m*; ~**glanz** *m* brillo *m* falso; ~**gold** *n* oropel *m*; *bsd. zum Sticken*: lámina *f* dorada; ~**kram** *m* baratijas *f/pl.*, chucherías *f/pl.*; ♀**n** (*-re*) *v/i.* destellar; ~**staat** *m*, ~**werk** *n* perifollos *m/pl.*, adorno *m* falso; ~**wochen** *f/pl.* luna *f* de miel.

'**Flitz|bogen** *m* arco *m*; ♀**en** F (*-t*) *v/i.* pasar como un rayo, ir disparado (*od.* como una bala); ~**er** F *m* (*Auto*) bólido *m*.

'**Floating** *angl. n* flotación *f* de monedas.

'**Flock|e** *f allg.* copo *m*; (*Woll*♀) vedija *f*; ♀**en** *v/i.* formar copos; ~**enbildung** *f* floculación *f*; ~**enblume** ♀ *f* centáurea *f*; ♀**ig** *adj.* coposo; floculento; borroso; ~**enseide** *f* borra *f* de seda, seda *f* azache; ~**wolle** *f* borra *f* de lana.

'**Floh** *m* (*-es*; ⁻*e*) pulga *f*; *fig. j-m e-n* ~ *ins Ohr setzen* echar a alg. la pulga detrás de la oreja; ~**biß** *m* picadura *f* de pulga.

'**flöhen I.** *v/t. u. v/refl.* espulgar(se); **II.** ♀ *n* espulgo *m*.

'**Floh|kino** F *n* cine *m* de barrio; ~**markt** F *m* mercadillo *m* (de viejo); *bsd. in Madrid*: Rastro *m*; ~**stich** *m* → ~**biß**; ~**zirkus** *m* exhibición *f* de pulgas amaestradas.

Flop *m* (*-s*; *-s*) fracaso *m*.

Flor[1] *m* (*-s*; *-e*) floración *f*; florescencia *f*; *in* ~ en flor.

Flor[2] *m* (*-s*; *-e*) (*Stoff*) crespón *m*; (*Schleier*) velo *m*.

'**Flora** ♀ *f* (*-*; *Floren*) flora *f*.

'**Flor|band** *n* cinta *f* de crespón; ~**binde** *f* brazal *m* de crespón.

Floren'ti|ner(in *f*) *m* florentino (-a *f*) *m*; (*Hut*) pamela *f*; ♀**nisch** *adj.* florentino.

Flo'renz *n* Florencia *f*.

Flo'rett *n* (*-es*; *-e*) florete *m*; ~**band** *n* hiladillo *m*; ~**fechten** *n* esgrima *f* de florete; ~**fechter(in** *f*) *m* floretista *m/f*; ~**seide** *f* seda *f* azache.

flo'rieren (*-*) *v/i.* florecer; prosperar, F ir viento en popa.

'**Florschleier** *m* velo *m* de crespón.

'**Floskel** *f* (*-*; *-n*) flor *f* retórica; fórmula *f* (de cortesía); *pl.* ~**n** floreo *m*.

Floß [o:] *n* (*-es*; ⁻*e*) balsa *f*; almadía *f*, armadía *f*.

'**flößbar** *adj. Gewässer*: flotable.

'**Floßbrücke** *f* puente *m* de balsas.

'**Flosse** *f Ict.* aleta *f*; ✈ estabilizador *m*; F (*Hand*) mano *f*; F (*Fuß*) pata *f*.

'**flößen I.** (*-t*) *v/t. Holz*: conducir aguas abajo, flotar; **II.** ♀ *n* conducción *f* de almadías.

'**Flossenfüßer** *Zoo. m/pl.* pinnípedos *m/pl.*

'**Flöße|r** *m* almadiero *m*; balsero *m*; ~'**rei** *f* transporte *m* de maderada.

'**Floßholz** *n* madera *f* en balsas (*od.* almadías), maderada *f*.

'**Flöt|e** ♪ *f* flauta *f*; ~ *spielen* tocar la flauta; ♀**en** (*-e-*) *v/t. u. v/i.* tocar la flauta; F *fig.* hablar con voz meliflua; *Vögel*: cantar, gorjear; (*pfeifen*) silbar; ~**enbläser(in** *f*) *m* flautista *m/f*; ♀**engehen** F (*L*; *sn*) *v/i.* perderse, extraviarse, F irse al cuerno; ~**enkessel** *m* olla *f* pitadora; ~**enregister** *n Orgel*: flautado *m*; ~**enstimme** *f* ♪ parte *f* de flauta; F *fig.* voz *f* meliflua; '(*od.* aflautada); ~**enton** *m* sonido *m* de la flauta; F *fig. j-m die Flötentöne beibringen* enseñar a alg. a portarse como es debido; ~**enzug** *m* → ~*enregister*.

Flö'tist(in *f*) *m* (*-en*) flautista *m/f*.

flott *adj.* ligero; (*flink*) ágil; (*schick*) elegante; F pimpante; ✈ animado; F *Person*: garboso; guapo; *Lebenswandel*: alegre; frívolo; *Stil*: suelto; ⚓ a flote; ~*er Bursche* buen mozo *m*; *mach* ~*!* ¡date prisa!; ~ *gehen* ir a buen paso; ~ *leben, ein* ~*es Leben führen* F vivir a lo loco *bzw.* a lo grande; F darse la gran vida; ~ *schreiben* escribir con facilidad (*od.* soltura).

'**Flotte** *f* flota *f*; (*Kriegs*♀) armada *f*; (*Marine*) marina *f*.

'**Flotten...**: ~**abkommen** *n* acuerdo *m* naval; ~**basis** *f* base *f* naval; ~**manöver** *n* maniobras *f/pl.* navales; ~**parade** *f* revista *f* naval; ~**station** *f* puerto *m* militar (*od.* de reunión); ~**stützpunkt** *m* base *f* naval; ~**verband** *m* formación *f* naval; ~**ver-ein** *m* liga *f* marítima.

'**flottgehend** *adj. Geschäft*: que marcha (*od.* va) bien; próspero.

flot'tierend *adj. Schuld*: flotante.

Flot'tille *f* flotilla *f*.

'**flottmachen** ⚓ *v/t.* poner a flote (*a. fig.*); wieder ~ desvarar, desencallar; sacar a flote (*a. fig.*).

flott'weg *adv.* de un tirón; (*ohne zu zögern*) sin vacilar; (*ohne weiteres*) sin más ni más.

Flöz [ø:] *n* (*-es*; *-e*) *Geol.* capa *f*, estrato *m*; ⚒ filón *m*, veta *f*.

'**Fluch** [u:] *m* (*-es*; ⁻*e*) maldición *f*; imprecación *f*; juramento *m*; (*Gotteslästerung*) blasfemia *f*; (*Kraftwort*) taco *m*, palabrota *f* (*ausstoßen* proferir, F soltar); ♀**beladen** *adj.* maldito; ♀**en** *v/i.* maldecir; imprecar; blasfemar; jurar; F soltar tacos; *j-m* ~ maldecir a alg.; *auf j-n* ~ echar pestes contra alg.

Flucht *f* huida *f*; fuga *f*; *aus Gewahrsam*: evasión *f*; △ (*Bau*♀) alineación *f*; *von Räumen*: serie *f*; *wilde* ~ desbandada *f*; *fig.* ~ *nach vorn* fuga *f* hacia adelante; *auf der* ~ durante (*od.* en) la huida; ⚔ *in voller* ~ en plena derrota, a la desbandada; *die* ~ *ergreifen* huir, darse a la fuga; evadirse; *in die* ~ *schlagen* poner en fuga; '♀**artig** *adv.* a la desbandada; precipitadamente; ⚔ en derrota.

'**flüchten** (*-e-*; *sn*) **I.** *v/i.* huir; escaparse; fugarse, darse a la fuga; evadirse; *sich zu j-m* ~ refugiarse en casa de alg.; **II.** ♀ *n* huida *f*.

'**Fluchtgefahr** ⚖ *f* peligro *m* de fuga.

'**flüchtig I.** *adj.* fugitivo; huidizo; (*vergänglich*) pasajero; fugaz; efímero; (*unbeständig*) inconstante; (*eilig*) rápido; (*oberflächlich*) superficial, somero; *Arbeit*: descuidado, poco esmerado; chapucero; 🝛 volátil; ~ *sein* encontrarse huido (*od.* fugado); ⚖ estar en rebeldía; **II.** *adv.* (*eilig*) rápidamente; de prisa; a escape; (*leichtsinnig*) a la ligera; (*oberflächlich*) superficialmente; ~ *lesen* leer por encima; ~ *ansehen* dar un vistazo; ~ *entwerfen* bosquejar; ~ *kennen* conocer ligeramente; ♀**keit** *f* ligereza *f*; inconstancia *f*; negligencia *f*; superficialidad *f*; 🝛 volatilidad *f*; ♀-**keitsfehler** *m* descuido *m*.

¹**Flüchtling** m (-s; -e) fugitivo m; Pol. refugiado m; (Ausreißer) fugado m; ⚔ prófugo m; aus Gewahrsam: evadido m; ~**shilfe** f ayuda f a los refugiados; ~**slager** n campo m de refugiados; ~**sstrom** m flujo m de refugiados; ~**sverband** m asociación f de refugiados.

¹**Flucht...**: ~**linie** △ f alineación f; ~**punkt** m punto m de alineación (od. de mira); ~**verdacht** m sospecha f de huida; ²**verdächtig** adj. sospecho de querer huir; ~**versuch** m tentativa f (od. intento m) de fuga (od. de evasión); e-n ~ machen intentar huir.

Flug m (-¢s; ⁺e) vuelo m; (Schwarm) bandada f; im ~e al vuelo; fig. (eiligst) a escape, volando, a volandas.

¹**Flug...**: ~**abwehr** f defensa f antiaérea; ~**abwehrkanone** f cañón m antiaéreo; ~**abwehrrakete** f cohete m (od. misil m) antiaéreo; ~**asche** f ceniza f volante; pavesa f; ~**bahn** f Geschoß: trayectoria f; ~**ball** m Sport: volea f; ~**begleiter** m auxiliar m de vuelo; ~**bereich** m radio m de acción; ²**bereit** adj. preparado para el vuelo; ~**betrieb** m servicio m aéreo; ~**blatt** n hoja f volante; octavilla f; (Schmähschrift) libelo m; ~**boot** n hidroavión m; ~**dauer** f duración f del vuelo; ~**deck** n cubierta f de vuelo; ~**dienst** m servicio m aéreo.

¹**Flügel** m ala f (a. ⚔, ⚔, Pol., Sport, Gebäude); (Klavier) piano m de cola; (Tür², Fenster²) hoja f, batiente m; der Lunge: lóbulo m; ⊕ (Schaufel, Blatt) paleta f; des Ventilators, Propellers usw.: aleta f; e-r Windmühle: aspa f; mit den ~ n schlagen batir las alas, aletear; fig. j-m die ~ stutzen (od. beschneiden) cortar las alas (od. los vuelos) a alg.; die ~ hängen lassen andar alicaído; j-m ~ verleihen dar alas a alg.

¹**Flügel...**: ~**adjutant** ⚔ m ayudante m de campo; ~**decke** f Insekten: élitro m; ~**fenster** n ventana f de batientes; ²**förmig** adj. aliforme; ~**frucht** ♀ f sámara f; ²**lahm** adj. alicaído (a. fig.); ²**los** adj. sin alas; Zoo. áptero; ~**mann** m ⚔ cabo m de fila (od. ala); Sport: ala m; ~**mutter** ⊕ f tuerca f de mariposa; ~**rad** ⊕ n rueda f de paletas (od. de aletas); ~**schlag** m aletazo m; aleteo m; ~**schraube** ⊕ f tornillo m de aletas; ~(**spann**)**weite** f envergadura f; ~**stürmer** m Sport: alero m; ~**tür** f puerta f de dos hojas.

¹**Flug...**: ~**erfahrung** f experiencia f de vuelo; ~**feld** n campo m de aviación; aeródromo m; ~**gast** m pasajero m (de avión).

¹**flügge** adj. volantón; ~ werden empezar a volar, tomar alas; fig. volar con sus propias alas.

¹**Flug...**: ~**gelände** n terreno m de aviación; ~**geschwindigkeit** f velocidad f de vuelo; ~**gesellschaft** f compañía f aérea; ~**hafen** m aeropuerto m; ~**hafengebühr** f derecho m aeroportuario; ~**hafer** ♀ m avena f loca; ~**höhe** f altura f de vuelo; absolute ~ techo m; ~**kapitän** m comandante m (de a bordo); ~**karte** f billete m (od. pasaje m) de avión; ²**klar** adj. preparado para volar; ~**körper** m objeto m volante; ⚔ misil m; ~**lehrer** m instructor m de vuelo;

~**linie** f línea f aérea, aerolínea f; ~**loch** n Bienenstock: piquera f; ~**lotse** m controlador m aéreo; ~**modell** n → Flugzeugmodell; ~**motor** m motor m de aviación; ~**personal** n personal m de vuelo; ~**plan** m horario m (del servicio aéreo); ~**platz** m campo m de aviación; aeródromo m; großer: aeropuerto m; ~**platzbefeuerung** f balizamiento m de la pista; ~**prüfung** f prueba f de vuelo; ~**reise** f viaje m en avión; ~**route** f ruta f aérea.

flugs adv. (eilends) volando, a escape; (im Handumdrehen) F en un santiamén, en un abrir y cerrar de ojos; (sofort) en el acto.

¹**Flug...**: ~**sand** m arena f movediza; ~**schein** m 1. billete m (od. pasaje m) de avión; 2. → Flugzeugführerschein; ~**schneise** f corredor m (od. pasillo m) aéreo; ~**schreiber** m registrador m de datos de vuelo, F caja f negra; ~**schrift** f folleto m (de propaganda); (Schmähschrift) libelo m; ~**schüler** m alumno m piloto; ~**sicherung** f control m aéreo; ~**simulator** m simulador m de vuelo; ~**strecke** f línea f aérea, aerovía f; zurückgelegte: distancia f recorrida; trayecto m; ~**streckenbefeuerung** f balizamiento m de línea; ~**stunde** f hora f de vuelo; ²**tauglich** adj. apto para volar; ~**tauglichkeit** f aptitud f para el vuelo; ~**taxi** n taxi m aéreo; ~**technik** f aerotécni(c)a f; ²**technisch** adj. aerotécnico; ²**tüchtig** adj. navegable; ~**tüchtigkeit** f (0) navegabilidad f aérea, aeronavegabilidad f; ~**veranstaltung** f concurso m aeronáutico (od. de aviación); ~**verbindung** f comunicación f aérea; ~**verkehr** m tráfico m aéreo; ~**versuch** m vuelo m de ensayo; ~**weg** m vía f aérea, aerovía f; ~**wesen** n aviación f; ~**wetterdienst** m servicio m meteorológico aeronáutico; ~**wissenschaft** f aeronáutica f; ~**zeit** f duración f del vuelo.

¹**Flugzeug** n (-¢s; -e) avión m, aeroplano m; das ~ benutzen tomar el avión; im ~ reisen viajar en avión; ~**bau** m construcción f aeronáutica; ~**besatzung** f tripulación f (de un avión); ~**entführer** m secuestrador m aéreo; ~**entführung** f secuestro m aéreo; ~**führer** m piloto m (aviador); ~**führerschein** m patente f de piloto (aviador); ~**geschwader** n escuadrilla f de aviones; ~**halle** f hangar m; ~**industrie** f industria f aeronáutica; ~**konstrukteur** m constructor m de aviones; ~**modell** n aeromodelo m; ~**modellbau** m aeromodelismo m; ~**motor** m motor m de aviación (od. de avión); ~**mutterschiff** n buque m nodriza (para aviones); ~**rumpf** m fuselaje m; ~**schlepp** m remolque m por avión; ~**schuppen** m hangar m; ~**träger** m porta(a)viones m; ~**unglück** n accidente m de aviación; ~**wart** m mecánico m de aviación; ~**werk** n fábrica f de aviones.

¹**Fluidum** n (-s; Fluida) fig. efluvio m, nimbo m.

fluktu¹**ieren** (-) I. v/i. fluctuar; II. ² n fluctuación f.

¹**Flunder** Icht. f (-; -n) platija f.

Flunke¹**rei** f embuste m, F filfa f;

(Prahlerei) fanfarria f; faroleo m; farolada f.

¹**Flunker**|**er** m embustero m; (Prahlhans) farolero m; ²n (-re) v/i. embustear, decir embustes; (prahlen) farolear.

Flunsch F reg. m: e-n ~ ziehen torcer el gesto.

¹**Fluor** n (-s; 0) flúor m; ~**ammonium** n fluoruro m amónico. **Fluores**|¹**zenz** f (0) fluorescencia f; ²¹**zierend** adj. fluorescente. **Fluo**¹**rid** n (-¢s; -e) fluoruro m. ¹**Fluor**|**salz** n fluoruro m; ~**wasserstoffsäure** f ácido m fluorhídrico. **Flur**¹ f (-; -en) campo m; campiña f. **Flur**² m (-¢s; -e) pasillo m; zaguán m; (Diele) vestíbulo m; (Treppen²) descansillo m.

¹**Flur...**: ~**bereinigung** f concentración f parcelaria; ~**buch** n catastro m; ~**garderobe** f recibidor m mural; ~**hüter** m → ~**schütz**; ~**name** m topónimo m menor; ~**schaden** m daños m/pl. causados en el campo; ~**schütz** m guarda m jurado (od. rural).

¹**Fluß** m (-sses; ⁺sse) río m; kleiner: riachuelo m; (Strom) corriente f; (Lauf) curso m; (Fließen) flujo m; 🜍, Met. (Schmelzen) fusión f; 🩸, 🬀 Phys. flujo m; 🩸 weißer ~ leucorrea f, flujo m blanco; fig. ~ der Rede flujo m de palabras; fig. in ~ bringen iniciar; entablar; encauzar; im ~ sein estar en acción; ²¹**ab**(**wärts**) adv. aguas (od. río) abajo; ~**arm** m brazo m de río; ²¹**auf**(**wärts**) adv. aguas (od. río) arriba; ~**bett** n lecho m (od. cauce m) de un río; ~**dampfer** m vapor m fluvial; ~**diagramm** n diagrama m de flujo; ~**fisch** m pez m de río; ~**fische**¹**rei** f pesca f fluvial; ~**gebiet** n cuenca f (hidrográfica); ~**hafen** m puerto m fluvial.

¹**flüssig** adj. líquido (a. Geld); ♥ a. disponible; (nicht fest) fluido (a. 🬀 Stil, Verkehr); ~ machen 🩸 licuar, (schmelzen) fundir; ~ werden 🩸 licuarse, (schmelzen) fundirse; ⨺**gas** n gas m líquido (od. licuado); ²**keit** f (Zustand) liquidez f (a. ♥); fluidez f (a. Stil); (Stoff) líquido m; fluido m; Physiol. licor m; ²**keitsbremse** f freno m hidráulico; ²**keitsdruck** m presión f hidrostática; ²**keitsgetriebe** n transmisión f hidráulica; ²**keitskupplung** f acoplamiento m hidráulico; ²**kristall-anzeige** f Rechner usw.: pantalla f de cristal líquido; ~**machen** ♥ v/t. Kapital: movilizar; Werte: realizar; ²**machung** f (0) 🩸 licuación f; ♥ movilización f; realización f; ²**werden** n 🩸 licuación f; fusión f.

¹**Fluß...**: ~**kies** m guijo m (de río); ~**krebs** Zoo. m cangrejo m de río; ~**lauf** m curso m de un río; ~**mittel** ⊕ n fundente m; ~**mündung** f desembocadura f (de un río); ~**netz** n red f fluvial; ~**pferd** Zoo. n hipopótamo m; ~**säure** f ácido m fluorhídrico; ~**schiffahrt** ⚓ f navegación f fluvial; ~**schiffer** m barquero m; ~**spat** Min. m espato m flúor, fluorita f; ~**stahl** m acero m de fusión; ~**übergang** m paso m de un río; vado m; ~**ufer** n orilla f (de un río); ribera f; ~**windung** f meandro m.

¹**flüstern** (-re) I. v/i. u. v/t. cuchi-

Flüstern — Form

chear; *bsd. Poes.* susurrar; *j-m et. ins Ohr* ~ hablar al oído, decirle a alg. a/c. al oído; F *dem werde ich was* ~ F a ése le diré cuatro verdades; F *das kann ich dir* ~! ¡te lo aseguro!; **II.** 2 *n* cuchicheo *m*; *Poes.* murmullo *m*, susurro *m*.

'**Flut** *f* (-; -en) flujo *m*; (*Ggs. Ebbe*) pleamar *f*, marea *f* alta; *pl.* (*Wogen*) olas *f/pl.*; *bsd. Poes.* ondas *f/pl.*; (*Überschwemmung*) inundación *f*; *fig.* diluvio *m*; *von Worten:* torrente *m*; *von Tränen usw.:* raudal *m*; (*große Menge*) oleada *f*, profusión *f*; 2**en** (-e-) **I.** *v/i.* (*strömen*) fluir; *fig.* afluir, concurrir en gran masa; (*wogen*) ondear; **II.** *v/t.* inundar; sumergir; ~**hafen** *m* puerto *m* de marea; ~**höhe** *f* altura *f* de la marea; ~**kraftwerk** ⊕ *n* central *f* mareomotriz; ~**licht** *n* luz *f* de los focos; ~**lichtspiel** *n* Fußball: partido *m* nocturno; ~**messer** ⚓ *m* mareógrafo *m*; ~**motor** *m* mareomotor *m*.

'**flutschen** F *v/i.* F marchar sobre ruedas; (*Spiegel*) funcionar de perlas; *das flutscht* F esto va que chuta.

'**Flut|welle** *f* ola *f* de la marea; ~**zeit** *f* pleamar *f*.

'**Fock** *f* (-; -en) trinquete *m*; ~**mast** *m* (palo *m* de) trinquete *m*; ~**segel** *n* vela *f* de trinquete.

'**Föderallismus** *m* (-; 0) federalismo *m*; ~'**list** *m* (-en), 2'**listisch** *adj.* federalista (*m*); ~**ti'on** *f* federación *f*; 2'**tiv** *adj.* federativo; ~'**tivstaat** *m* Estado *m* (con)federado.

'**Fohlen I.** *n* (-s; -) potro (-a *f*) *m*; **II.** 2 *v/i.* parir (la yegua).

'**Föhn** *m* (-*es*; -*e*) foehn *m*.

'**Föhre** ♀ *f* pino *m* silvestre.

'**Fokus** *Phys.*, ⚡ *m* (-; -*se*) foco *m*.

'**Folge** *f* (*Reihen*2) serie *f*; (*Aufeinander*2) sucesión *f*; (*Fortsetzung*) continuación *f*; (*Folgerung*) consecuencia *f*; (*Ergebnis*) resultado *m*; (*Wirkung*) efecto *m*; *bunte* ~ miscelánea *f*; ~ *leisten* (*stattgeben*) acceder a, (*gehorchen*) obedecer; *Rat:* seguir; *Aufforderung:* corresponder a; *Befehl, Vorschrift:* cumplir; *Einladung:* aceptar; *in der* ~ en lo sucesivo; (*anschließend*) a continuación, acto seguido; *zur* ~ *haben* dar por resultado; tener como (*od.* por) consecuencia; ~*n haben, von* ~*n sein,* ~*n nach sich ziehen* traer (*od.* tener) consecuencias, F traer cola; *an den* ~*n e-r Wunde* a consecuencia de una herida; *die* ~*n tragen* sufrir las consecuencias; ~**erscheinung** *f* consecuencia *f*; ⚡ secuela *f*.

'**folgen** (sn) *v/i.* seguir; (*nachfolgen*) suceder (a); (*gehorchen*) obedecer (a); (*sich ergeben*) resultar (*aus de*); seguirse (*aus de*); inferirse (*aus de*); *wie folgt* como sigue; *Fortsetzung folgt* continuará; ~**d** *adj.* siguiente; *am* ~*en Morgen* a la mañana siguiente; *mit* ~*em Wortlaut* en estos términos; cuyo contenido es como sigue; *im* ~*en* en lo que sigue, a continuación; *es handelt sich um* ~*es* se trata de lo siguiente; *der* (*die, das*) 2*e el* (*la, lo*) siguiente; ~**der'maßen** *adv.* del modo (*od.* de la manera) siguiente, en la forma siguiente; en los siguientes términos; *am Anfang e-s Satzes:* he aquí cómo; ~**reich** *adj.* rico en consecuencias; ~**schwer** *adj.* de gra-

ves consecuencias; de (gran) trascendencia.

'**folge...:** ~**recht** *adj.*, ~**richtig** *adj.* consecuente; lógico; ~ *denken* pensar consecuentemente; 2**richtigkeit** *f* (0) consecuencia *f*, lógica *f*; ~**rn** (-*re*) *v/t.* argüir; deducir, inferir, concluir, inducir (*aus de*); 2**rung** *f* deducción *f*, conclusión *f*; inducción *f*; 2**satz** *m Phil.*, ⚡ corolario *m*; *Gr.* oración *f* consecutiva; ~**widrig** *adj.* inconsecuente; ilógico; 2**widrigkeit** *f* inconsecuencia *f*; falta *f* de lógica; 2**zeit** *f* período *m* (*od.* época *f*) siguiente; (*Zukunft*) futuro *m*; porvenir *m*.

'**folg|lich** *adv. u. cj.* por consiguiente, por (lo) tanto; en consecuencia; *Liter.* por ende; (*also*) así pues, conque; ~**sam** *adj.* obediente, dócil; 2**samkeit** *f* (0) obediencia *f*; docilidad *f*.

Foli'ant *m* (-*en*) tomo *m* (*od.* libro *m*) en folio, infolio *m*.

'**Folie** ['-liə] *f* hoja *f*, laminilla *f*; (*Spiegel*2) azogue *m*; *fig. als* ~ *dienen* dar relieve (*od.* realce) a a/c.

'**Folio** *n* (-*s*; *Folien od. -s*) folio *m*; ~**format** *n* tamaño *m* en folio; *in* ~ en folio.

Folk'lo|re *f* (-; 0) folklore *m*; 2'**ristisch** *adj.* folklórico.

Fol'likel *Physiol. m* folículo *m*.

'**Folter** *f* (-; -n) tormento *m* (*a. fig.*), suplicio *m*; tortura *f*; *j-n auf die* ~ *spannen* dar tormento a alg., torturar a alg.; *fig.* tener en suspenso, mantener en vilo a alg.; ~**bank** *f* potro *m*, caballete *m* (de tortura); ~**kammer** *f* cámara *f* de tormento; ~**knecht** *m* verdugo *m*, torturador *m*, *gal.* torcionario *m*; 2**n** (-*re*) *v/t.* torturar, dar suplicio; *fig.* atormentar; ~**qual** *f* tortura *f*; suplicio *m*, tormento *m* (*alle a. fig.*); ~**werkzeug** *n* instrumento *m* de tortura.

Fön *m* (-*es*; -*e*) secador *m* de mano, secapelo(s) *m*.

Fond *m* (-*s*; -*s*) (*Hintergrund*) fondo *m*; *Kfz.* asientos *m/pl.* traseros.

Fon'dant *m* (-*s*; -*s*) bombón *m* relleno.

'**Fonds** ✝ *m* (-; -) fondo *m*.

Fon'due *fr. f od. n* fondue *f*.

'**fön|en** *v/t.* secar con secador de mano; 2**kamm** *m* secador *m* moldeador.

Fon'täne *f* fuente *f*; (*Springbrunnen*) surtidor *m*.

Fonta'nelle *Anat. f* fontanela *f*.

'**foppen** *v/t.* (*necken*) embromar, F tomar el pelo; (*täuschen*) chasquear. **Foppe'rei** *f* broma *f*, F tomadura *f* de pelo; chasco *m*.

for'cieren [-l'si:-] (-) *v/t.* forzar.

'**Förde** *f* ría *f*.

'**Förder|anlage** *f* instalación *f* de transporte (⚒ de extracción); ~**band** *n* cinta *f* transportadora; transportador *m* de cinta; ⚡ *m* ⊕ transportador *m*; *fig.* promotor *m*, fomentador *m*; impulsor *m*; patrocinador *m*; ~**gerüst** *n* armazón *m* de montacargas; ~**gut** ⚒ *n* material *m* extraído; ~**kohle** ⚒ *f* carbón *m* (en) bruto, ~**korb** ⚒ *m* jaula *f* de extracción; ~**leistung** *f* capacidad *f* de transporte (⚒ de extracción).

'**förderlich** *adj.* provechoso, útil, favorable.

'**Förder|maschine** ⚒ *f* máquina *f* de elevación (*od.* de extracción); ~**menge** ⚒ *f* cantidad *f* extraída, extracción *f* (total); ~**mittel** *n* medio *m* de transporte *bzw.* extracción.

'**fordern** (-*re*) *v/t.* pedir, solicitar; *stärker:* exigir, reclamar; *Recht:* reivindicar; *Opfer:* causar, ocasionar; *et. von j-m* ~ pedir a/c. a alg.; *stärker:* exigir a/c. de alg.; *j-n vor Gericht* ~ demandar a alg. en juicio; *j-n* (*zum Zweikampf*) ~ desafiar (*od.* provocar) a duelo a alg.; retar a alg.

'**fördern** (-*re*) *v/t.* promover, fomentar; proteger; activar, impulsar; *als Gönner:* patrocinar; (*begünstigen*) favorecer; (*ermutigen*) animar, alentar; *Verdauung:* facilitar; *finanziell:* subvencionar; ⚒ extraer; (*transportieren*) transportar; ~**des Mitglied** socio *m* adherente.

'**Förder...:** ~**schacht** ⚒ *m* pozo *m* de extracción; ~**schnecke** *f* tornillo *m* transportador (*od.* sin fin); ~**seil** *n* cable *m* de transporte (⚒ de extracción); ~**soll** ⚒ *n* extracción *f* obligada (*od.* impuesta); ~**turm** ⚒ *m* castillete *m* de extracción.

'**Forderung** *f* petición *f*; *stärker:* exigencia *f*; reclamación *f*; *von Rechten:* reivindicación *f*; (*Anspruch*) pretensión *f*; (*Duell*2) desafío *m*, reto *m*; ✝ (*Schuld*) crédito *m* (*abtretbare; nicht abtretbare; befristete; bevorrechtete; nicht bevorrechtete; bestrittene* cesible; no cesible; a plazo fijo; privilegiado; no privilegiado; discutido); *ausstehende* ~ cobro *m* pendiente; ~ *vor Gericht* demanda *f* en juicio; ~*en stellen* formular pretensiones.

'**Förderung** *f* fomento *m*, promoción *f*; impulso *m*; patrocinio *m*; protección *f*; favorecimiento *m*; (*Ermutigung*) aliento *m*; estímulo *m*; ⚒ extracción *f*; (*Transport*) transporte *m*.

'**Forderungs|abtretung** *f* cesión *f* de créditos; ~**pfändung** *f* embargo *m* de derechos.

'**förderungswürdig** *adj.* subvencionable.

'**Förder|wagen** ⚒ *m* vagoneta *f*; ~**winde** ⚒ *f* torno *m* de extracción.

Fo'relle *Ict. f* trucha *f*, ~**nfang** *m* pesca *f* de la trucha; ~**nteich** *m* estanque *m* de truchas.

fo'rensisch *adj.* forense.

'**Forke** *f* ⚒ horca *f*, horquilla *f*.

Form *f* (-; -en) **1.** forma *f*; (*Art und Weise*) manera *f*, modo *m*, forma *f*; (*Machart*) hechura *f*; (*Guß*2, *Kuchen*2) molde *m*; (*Muster*) modelo *m*; patrón *m*; *in* ~ *von* (*od. gen.*) en forma de; *aus der* ~ *bringen* deformar; *aus der* ~ *kommen* (*od. geraten*) deformarse; *et. in* ~ *bringen*, *e-r Sache* ~ *geben* dar forma a a/c.; *in e-e andere* ~ *bringen* reformar; rehacer; **2.** (*Umgangs*2) *mst. pl.* modales *m/pl.*, maneras *f/pl.*, modos *m/pl.*; *die* ~*en wahren* guardar la(s) forma(s); *streng auf die* ~ *bedacht* formalista; *fig. feste* ~*en annehmen* tomar cuerpo; *der* ~ *wegen* (*od. halber*) por fórmula; por salvar las apariencias; *in aller* ~ formalmente, en toda forma; *in gehöriger* ~ en (su) debida forma; **3.** (*Verfassung*) *Sport u. weitS.:* forma *f* (física), condición *f* (física); (*gut*) *in* ~ *sein* estar en (buena) forma (*od.* condi-

ción); *sich in* ~ *fühlen* sentirse en buenas condiciones; hallarse en forma; *nicht in* ~ *sein* estar bajo de forma (*od.* en baja forma); *in* ~ *bleiben* mantenerse en forma.
for'mal *adj.* formal; concerniente a la forma.
'Form-aldehyd ⚗ *n* formaldehído *m*, aldehído *m* fórmico.
For'malien *pl.* formalidades *f/pl.*
Forma'lin ⚗ *n* (*-s*; *0*) formalina *f.*
Forma'lis|mus *m* (-; *0*) formalismo *m*; ~t *m* (*-en*) formalista *m*; ♀tisch *adj.* formalista.
Formali'tät *f* formalidad *f*; requisito *m*; trámite *m*; *pl.* ~en *a.* tramitación *f*; *die erforderlichen* ~*en erfüllen* cumplir los requisitos necesarios.
For'mat *n* (*-¢s*; *-e*) tamaño *m*; formato *m* (*a. Computer*); *fig.* talla *f*; *ein Mann von* ~ una personalidad; un hombre de categoría.
forma'tie|ren (-) *v/t. Computer*: formatear; ♀rung *f Computer*: formateo *m.*
Formati'on *f* formación *f*; ⚔ *a.* unidad *f*; ✈ *geschlossene* ~ formación de vuelo cerrada.
'formbar *adj.* plástico; moldeable (*a. fig.*); ♀keit *f* (*0*) plasticidad *f.*
'formbeständig *adj.* indeformable.
'Formblatt *n* formulario *m*; hoja *f* impresa, impreso *m.*
'Formel *f* (-; *-n*) fórmula *f*; ⚗ *a.* notación *f* química; ~buch *n* formulario *m*; ♀haft *adj.* estereotipado.
for'mell *adj.* formal.
'form|en *v/t.* formar; amoldar; (*gestalten*) dar forma; *stilistisch*: formular; (*modeln*) modelar; *Gießerei*: moldear; ♀en *n* → *Formung*; ♀en-lehre *f Gr.* morfología *f*; ♪ estudio *m* de las formas musicales; ♀ensinn *m* sentido *m* de la forma; ♀er ⊕ *m* moldeador *m*; ♀e'rei *f* (*Gießerei*) taller *m* de moldeo; ♀fehler *m* defecto *m* de forma (*od.* formal); ✝ vicio *m* de forma; *gesellschaftlicher*: infracción *f* de la etiqueta; ♀gebung *f* modelado *m*; ~gerecht *adj.* en (buena y) debida forma; ♀gestalter *m* diseñador *m* (industrial); ♀gießer ⊕ *m* moldeador *m.*
for'mier|en (-) *v/t.* formar; ♀en *n*, ♀ung *f* formación *f.*
'förmlich I. *adj.* formal; en (buena *od.* toda) forma; (*offiziell*) oficial; (*feierlich*) ceremonioso; (*regelrecht*) verdadero; II. F *adv.* casi, por así decirlo; literalmente; ♀keit *f* formalidad *f*; *übertriebene*: formalismo *m*; (*Feierlichkeit*) ceremonia *f*; *gesellschaftliche*: etiqueta *f.*
'Form...: ♀los *adj.* amorfo; informe; *fig.* (*zwanglos*) sin cumplidos, sin ceremonias; informal; ~losigkeit *f* amorfía *f*; *fig.* incorrección *f*; inconveniencia *f*; ~mangel ✝ *m* vicio *m* formal (*od.* de forma); ~maschine ⊕ *f* moldeadora *f*; ~sache *f*: *das ist bloß* ~ es (una) pura formalidad; ~sand *m* arena *f* de moldeo; ♀schön *adj.* de forma elegante; ~schönheit *f* belleza *f* exterior (*od.* de línea *od.* de formas); ~stahl ⊕ *m* herramienta *f* para perfilar; ~tief *n Sport*: baja forma *f* (física), F bache *m*; ♀treu *adj.* indeformable.
Formu'|lar *n* (*-s*; *-e*) formulario *m*, impreso *m*; ♀'lieren (-) *v/t.* formu-

lar; expresar; *Schriftstück*: redactar; ~'lierung *f* formulación *f*; (*modo m* de) expresión *f*; redacción *f* (definitiva).
'Formung *f* formación *f*; (*Modellierung*) modelado *m*; *Gießerei*: moldeo *m.*
'Form...: ~ver-änderung *f* alteración *f* (*od.* modificación *f*) de la forma; (*Verformung*) deformación *f*; ♀vollendet *adj.* de forma perfecta; ~vollendung *f* perfección *f* de formas; ~welle *f* (*Frisur*) moldeado *m*; ♀widrig *adj.* contrario a las formas.
forsch F *adj.* enérgico; (*kühn*) arrojado, intrépido; *ein* ~*er Kerl* un hombre de rompe y rasga.
'forschen I. *v/i.* investigar; ~ *nach* inquirir, indagar; *nach j-m* ~ buscar a alg.; II. ♀ *n* investigación *f*; ~d *adj.* investigador; *Blick*: escrutador, inquisidor, inquisitivo.
'Forscher|(in *f*) *m* investigador(a *f*) *m*; (*Er*♀) explorador *m*; ~drang *m* afán *m* de investigación, curiosidad *f* científica; ~geist *m* espíritu *m* investigador; ~gruppe *f* equipo *m* investigador.
'Forschheit *f* desparpajo *m*; (*Kühnheit*) arrojo *m*, intrepidez *f.*
'Forschung *f* investigación *f*; (*Er*♀) exploración *f.*
'Forschungs...: ~abteilung *f* departamento *m* de investigaciones; ~anstalt *f* instituto *m* de investigación; ~arbeit *f* trabajo *m* de investigación; ~gebiet *n* campo *m* de investigación; ~gemeinschaft *f*: *Deutsche* ~ Comunidad Alemana de Investigaciones; ~hilfe *f* ayuda *f* a la investigación; ~labor(atorium) *n* laboratorio *m* de investigación; ~programm *n* programa *m* de investigaciones; ~reaktor *m* reactor *m* de investigación; ~reise *f* viaje *m* de exploración; expedición *f*; ~reisende(r) *m* explorador *m*; ~satellit *m* satélite *m* científico; ~stätte *f* centro *m* de investigación; ~stipendium *n* beca *f* de investigación.
'Forst *m* (*-¢s*; *-e*) bosque *m*; monte *m*; ~akademie *f* Escuela *f* de Montes; ~amt *n* administración *f* forestal; ~aufseher *m* guarda *m* forestal; ~beamte(r) *m* funcionario *m* (de la administración) de montes.
'Förster *m* inspector *m* de montes, guarda *m* forestal.
Förste'rei *f* casa *f* del guardabosque; casa *f* forestal.
'Forst...: ~fach *n* ramo *m* bzw. carrera *f* forestal; ~frevel *m* delito *m* forestal; ~gesetz *n* ley *f* forestal; ~haus *n* → *Försterei*; ~hüter *m* guarda *m* forestal; ♀lich *adj.* forestal; ~mann *m* experto *m* forestal; ~meister *m* inspector *m* de montes; ~recht *n* derecho *m* forestal; ~revier *n* distrito *m* forestal; ~schule *f* Escuela *f* de Montes; ~schutz *m* protección *f* forestal; ~verwaltung *f* administración *f* forestal; ~wart *m* guardabosque *m*; ~wirt *m* silvicultor *m*; ~wirtschaft *f* silvicultura *f*, economía *f* forestal; ~wissenschaft *f* dasonomía *f*; silvicultura *f.*
Fort [fo:R] ⚔ *n* (*-s*; *-s*) fuerte *m*; *kleines*: fortín *m.*
fort *adv.* (*abwesend*) ausente; (*verloren*) perdido (*od.* extraviado); (*weit*)

lejos; (*verschwunden*) desaparecido (*a. Fleck*); (*weggegangen*) *er ist* ~ ha salido; se ha ido (*od.* marchado); ~! ¡váyase!, ¡márchese!; ¡fuera (de aquí)!; ~ *mit dir!* ¡vete!, ¡márchate!; ¡lárgate!; ¡largo de aquí!; *ich muß* ~ tengo que marcharme; *in e-m* ~ continuamente; sin cesar; sin parar; incesantemente, ininterrumpidamente, *stärker*: eternamente; *und so* ~ y así sucesivamente; etcétera (*Abk.* etc.).
fort'an *adv.* desde ahora; (de aquí *od.* ahora) en adelante; en lo sucesivo.
'fort...: ~begeben (L; -) *v/refl.*: *sich* ~ irse, marcharse; ♀bestand *m* subsistencia *f*, persistencia *f*; continuación *f*; continuidad *f*; ~bestehen (L; -) *v/i.* continuar (existiendo); subsistir; seguir (en pie); persistir; perdurar; ♀bestehen *n* → ♀bestand; ~bewegen (-) I. *v/t.* hacer avanzar; desplazar, mover; II. *v/refl.*: *sich* ~ moverse; desplazarse; avanzar; ♀bewegung *f* locomoción *f*; desplazamiento *m*; ♀bewegungsmittel *n* medio *m* de locomoción; ~bilden (-e-) *v/refl.*: *sich* ~ perfeccionarse; ♀bildung *f* perfeccionamiento *m*; ♀bildungslehrgang *m* curso *m* (*od.* cursillo *m*) de perfeccionamiento; ♀bildungsunterricht *m* enseñanza *f* postescolar; ~bleiben (L; *sn*) *v/i.* no venir; faltar; *lange* ~ tardar en volver; ~bringen (L) *v/t.* llevar, conducir, trasladar; transportar; ♀dauer *f* continuación *f*; persistencia *f*; permanencia *f*; continuidad *f*; ~dauern (*-re*) *v/i.* continuar (existiendo); persistir; durar; seguir (en pie); perdurar; ~dauernd *adj.* persistente, incesante; permanente; continuo; eterno, perpetuo.
'forte ♪ *adv.*, ♀ *n* forte (*m*).
'fort...: ~eilen (*sn*) *v/i.* irse (*od.* salir) precipitadamente; ~entwickeln (*-le*; -) I. *v/t.* continuar desarrollando; II. *v/refl.*: *sich* ~ continuar desarrollándose; evolucionar; ♀entwicklung *f* evolución *f*; desarrollo *m* ulterior; ~erben *v/refl.*: *sich* ~ transmitirse hereditariamente; ~fahren (L) I. *v/i.* partir, salir (*nach para*); *fig.* continuar, (pro)seguir (*mit con*; *in en*); II. *v/t.* (*wegschaffen*) llevar, transportar; ♀fall *m* supresión *f*; ~fallen (L; *sn*) *v/i.* ser suprimido; no tener lugar; ~fliegen (L) *v/i.* volar, irse volando; II. ~führen *v/t.* (*fortsetzen*) continuar, (pro)seguir; (*wegführen*) llevar, conducir; ♀führung *f* continuación *f*; ♀gang *m* (*Weggang*) partida *f*, salida *f*; (*Ablauf*) marcha *f*; curso *m*; (*Entwicklung*) desarrollo *m*; (*Fortschritt*) adelanto *m*, progreso *m*; *bei s-m* ~ al marcharse; *die Dinge nehmen ihren* ~ las cosas siguen su curso; ~geben (L) *v/t.* dar; deshacerse de, desembarazarse de; ~gehen (L; *sn*) *v/i.* irse, marcharse; salir, partir; (*weitergehen*) continuar; ~geschritten *adj.* avanzado; adelantado; desarrollado, *Kurs(us) für* ♀e *curso m* superior; ~gesetzt *adj.* continuo, incesante; reiterado, repetido; *durch* ~*es Arbeiten* a fuerza de trabajar; *wird* ~ *Veröffentlichung*: continuará; ~helfen (L) *v/i.* ayudar a huir; *fig. j-m* ~ ayudar a alg. a continuar a/c.; socorrer a alg.; ~'hin *adv.*

fortjagen — fraktionieren 196

→ *fortan*; ~**jagen I.** *v/t.* echar fuera (*od.* a la calle); (*verjagen*) ahuyentar; **II.** *v/i.* partir a todo galope; ~**kommen** (*L*; *sn*) *v/i.* avanzar; *fig.* progresar; adelantar; abrirse paso; hacer carrera; (*verschwinden*) desaparecer; perderse; *mach, daß du fortkommst!* ¡vete!, ¡márchate!; ¡lárgate de aquí!; ⁂**kommen** *n* avance *m*; progreso *m*; *sein* ~ *finden* ganarse la vida; ~**lassen** (*L*) *v/t.* dejar salir; (*auslassen*) omitir; suprimir; ~**laufen** (*L*; *sn*) *v/i.* escaparse, huir; ponerse a salvo; ⁂**laufen** *n* huida *f*; ~**laufend** *adj.* (*ununterbrochen*) seguido, continuo; (*aufeinanderfolgend*) consecutivo; ~ numerieren numerar correlativamente; ~e *Nummer* número *m* de orden; ~**leben** *v/i.* continuar (*od.* seguir) viviendo; sobrevivir; *in s-n Werken* ~ sobrevivir en sus obras; ⁂**leben** *n* supervivencia *f*; ~**machen** *v/refl.*: *sich* ~ irse, marcharse; escaparse, F largarse; ~**müssen** (*L*) *v/i.* tener que marcharse; ~**nehmen** (*L*) *v/t.* quitar; ~**pflanzen** (-*t*) *v/t.* reproducir; *bsd. Phys. u. fig.* propagar; transmitir; *sich* ~ reproducirse; propagarse; transmitirse; ⁂**pflanzung** *f* reproducción *f*; propagación *f* (a. *fig.*); ⁂**pflanzungsfähigkeit** *f Bio.* capacidad *f* reproductora (*od.* procreativa); ⁂**pflanzungsgeschwindigkeit** *f Phys.* velocidad *f* de propagación; ⁂**pflanzungs-organ** *n Bio.* órgano *m* de reproducción (*od.* reproductor); ⁂**pflanzungs-trieb** *m Bio.* instinto *m* de reproducción; ⁂**pflanzungsvermögen** *n* capacidad *f* reproductora; ~**räumen** *v/t.* quitar; desembarazar, despejar; ~**reisen** (-*t*; *sn*) *v/i.* salir (*od.* irse) de viaje; ~**reißen** (*L*) *v/t.* (*mitreißen*) arrastrar (consigo); (*wegreißen*) arrancar, arrebatar (a. *fig.*); *fig. sich* ~ *lassen* dejarse llevar; ~**rücken** *v/t.* apartar, quitar, remover; ⁂**satz** *m Anat.* apéndice *m*; (*Knochen*⁂) apófisis *f*; ~**schaffen** *v/t.* transportar; trasladar; F quitar de en medio; ~**scheren** F *v/refl.*: *sich* ~ irse, F largarse; *scher dich fort!* P ¡vete a la porra!; ~**schicken** *v/t.* enviar; (*entlassen*) despedir; ~**schleichen** (*L*) *v/refl.*: *sich* ~ marcharse disimuladamente (*od.* a hurtadillas); F escurrirse; ~**schleppen I.** *v/t.* arrastrar; (*mitnehmen*) llevar consigo; **II.** *v/refl.*: *sich* ~ arrastrarse; ~**schleudern** (-*re*) *v/t.* tirar, arrojar, lanzar; ~**schreiten** *fig.* (*L*; *sn*) *v/i.* avanzar; progresar; adelantar; hacer progresos; ⁂**schreiten** *n* avance *m*; progreso *m*; progresión *f*; ~**schreitend** *adj.* progresivo; ⁂**schritt** *m* progreso *m*, adelanto *m*, avance *m*; ~*e machen* hacer progresos, progresar; ⁂**schrittler(in** *f*) *m* progresista *m/f*; ~**schrittlich** *adj.* progresista, avanzado; F *progre*; ~*e Gesinnung* progresismo *m*; ~**schwemmen** *v/t.* arrastrar; ~**sehnen** *v/refl.*: *sich* ~ tener ansias de marcharse; ~**setzen** (-*t*) *v/t.* continuar, (pro)seguir; (*weitersetzen*) poner en otro lado; ⁂**setzung** *f* continuación *f*; ~ *folgt* continuará; ~ *auf* ⁂ *Seite 10* pasa a (viene de) la página 10; ⁂**setzungsroman** *m* novela *f* por entregas; serial *m*; ~**stehlen** (*L*) *v/refl.*: *sich* ~ escaparse (furti-

vamente), irse con disimulo; ~**stellen** *v/t.* apartar; poner a un lado; ~**stoßen** (*L*) *v/t.* empujar, apartar de un empujón; ~**stürmen** (*sn*) *v/i.* irse precipitadamente; ~**stürzen** (-*t*; *sn*) *v/i.* salir precipitadamente, F salir disparado; ~**tragen** (*L*) *v/t.* trasladar a otro lugar; llevarse consigo; ~**treiben** (*L*) **I.** *v/t.* expulsar; arrojar; *fig.* continuar (*od.* seguir) haciendo; **II.** (*sn*) *v/i.* ser arrastrado por la corriente; ⚓ derivar.
For'tuna *Myt. f (0)* Fortuna *f*.
'**fort...:** ~**währen** *v/i.* continuar; durar; ~**während I.** *adj.* continuo; perpetuo; **II.** *adv.* continuamente; sin interrupción; sin cesar; ~**wälzen** (-*t*) **I.** *v/t.* arrollar; **II.** *v/refl.*: *sich* ~ arrastrarse; *Strom*: arrastrar las aguas; *Menschenmenge*: avanzar lentamente; ~**werfen** (*L*) *v/t.* tirar; ~**wirken** *v/i.* seguir (*od.* continuar) obrando; ~**ziehen** (*L*) **I.** *v/t.* arrastrar; **II.** (*sn*) *v/i.* marcharse; ir a vivir a otra parte; *aus der Wohnung*: mudarse (de casa); (*auswandern*) emigrar.
'**Forum** *n* (-*s*; *Foren od. Fora*) foro *m* (a. *fig.*, *Internet*).
fos'sil I. *adj.* fósil; **II.** ⁂ *n* (-*s*; -*ien*) fósil *m*.
fö'tal *adj.* fetal.
'**Foto...** → *Photo...*
'**Fötus** *m* (-*ses*; -*se*) feto *m*.
'**Fotze** V *f* V coño *m*, chocho *m*.
Foul [faul] *n* (-*s*; -*s*) *Sport*: falta *f*; ⁂**en** *v/t. u. v/i.* hacer una falta.
'**Fox|terrier** *m* fox(terrier) *m*; ~**trott** *m* (-*s*; -*e*) fox(trot) *m*.
Foyer [foa'je:] *n* (-*s*; -*s*) foyer *m*.
'**Fracht** (*Ladung*) carga *f*; ⚓ cargamento *m*; ⚓, ⚒ flete *m* (*Gebühr*) porte *m*, gastos *m/pl.* de transporte; ⚓, ⚒ flete *m*; ~**brief** *m* carta *f* de porte; talón *m* (de ferrocarril); ⚓ conocimiento *m*; ~**dampfer** *m*, ~**er** *m* buque *m* de carga, carguero *m*; ~**flugzeug** *n* avión *m* de carga (*od.* carguero); ⁂**frei** *adj.* franco de porte *bzw.* de flete, porte *m bzw.* flete *m* pagado; ~**führer** *m* porteador *m*; ~**fuhrwesen** *n* acarreo *m*; camionaje *m*; ~**gebühr** *f*, ~**geld** *n* porte *m*, gastos *m/pl.* de transporte; ~ ⚒ flete *m*; ~**gut** *n* carga *f*; ⚓ *a.* cargamento *m*; 🛳 mercancías *f/pl.* en pequeña velocidad; *als* ~ *in pequeña velocidad* (*Abk.* p.v.); ~**kahn** *m* chalana *f*; gabarra *f*; ~**kosten** *pl.* → ~**gebühr**; ~**raum** *m* ⚓ bodega *f* de carga; (*Ladefähigkeit*) capacidad *f* de carga; ~**satz** *m* tarifa *f* de transportes; ⚓ tipo *m* (*od.* tasa *f*) de flete; ~**schiff** *n* buque *m* de carga, carguero *m*; ~**spediteur** *m* agente *m* de transportes; ⚓ fletador *m*; ~**spesen** *pl.* gastos *m/pl.* de transporte; ~**stück** *n* bulto *m*, fardo *m*; ~**tarif** *m* → ~**satz**; ⁂- *und* **zollfrei** *adv.* franco de porte (*bzw.* de flete) y derechos; ~**verkehr** *m* tráfico *m* de mercancías; ~**versicherung** *f* ⚓ seguro *m* de fletes; ~**vertrag** *m* contrato *m* de transporte (⚓ de fletamento).
'**Frack** *m* (-*¢s*; ¨*e*) frac *m*; *sich in den* ~ *werfen* vestirse de frac; ~**schoß** *m* faldón *m* (del frac); ~**zwang** *m*: ~! (*Frack vorgeschrieben*) el frac es de rigor.

'**Frage** *f* pregunta *f*; *Gr.* interrogación *f*; (*Problem*) cuestión *f*, problema *m*; *offene* ~ interrogante *m*, incógnita *f*; *auf die* ~ a la pregunta; *e-e* ~ *beantworten, auf e-e* ~ *antworten* responder a una pregunta; *in* ~ *stellen* poner en duda; *die in* ~ *stehenden Probleme* los problemas planteados (*od.* en cuestión); *e-e* ~ *aufwerfen* (behandeln; lösen) plantear (tratar; resolver) una cuestión; *es ist noch die* ~, *ob ...* falta saber si...; está por decidir si...; *es ergibt sich die* ~, *ob ...* se plantea la cuestión de si...; *das ist noch die* ~ eso es lo que hay que saber; *es ist e-e* ~ *der Zeit* es cuestión de tiempo; *das ist eine andere* ~ eso es otra cuestión; *das ist eben die* ~ esa es la cuestión precisamente; *das steht außer* ~, *das ist gar keine* ~ eso está fuera de duda, (en eso) no cabe duda; *ohne* ~ sin duda, indudablemente; *in* ~ *kommen* entrar en consideración; venir al caso; *(das) kommt nicht in* ~! ¡eso no puede ser!; F ¡nada de eso!; ¡ni hablar!; *was für e-e (dumme)* ~! ¡vaya una pregunta!, ¡qué pregunta más tonta!; ~**bogen** *m* cuestionario *m*; ~**form** *Gr. f* forma *f* interrogativa; ~**fürwort** *Gr. n* pronombre *m* interrogativo; ⁂**n I.** *v/t. u. v/i.* preguntar; (*ausfragen*) interrogar; hacer preguntas (a alg.); *j-n et.* ~ preguntar a alg. a/c; *j-n um et.* ~ pedir a alg. a/c; *j-n nach et.* ~ preguntar a alg. por a/c.; *nach j-m* ~ preguntar por alg.; *j-n nach j-s Befinden* ~ preguntar a alg. por la salud de otro; *j-n um Rat* ~ pedir consejo a alg.; *er fragt nicht danach* no le importa, le trae sin cuidado; *wenn ich* ~ *darf* si me permite la pregunta; *wie kann man nur so* ~! ¡vaya una pregunta!; *nicht viel (od. lange)* ~ F hacer sin más ni más a/c.; *ohne viel zu* ~ sin cumplidos; *ich frage mich, ob ...* me pregunto si...; **II.** *v/unprs.*: *es fragt sich, ob ...* queda por saber si...; queda por resolver si...; *das fragt sich* eso es dudoso; ⁂**nd** *adj.* interrogador; *Gr.*, *Blick*: interrogativo; *j-n* ~ *ansehen* mirar sin comprender; ~**nkomplex** *m* conjunto *m* de problemas; problemática *f*.
'**Frager(in** *f*) *m* interrogador(a *f*) *m*; *lästiger*: preguntón *m*.
Frage'rei *f* manía *f* de preguntar.
'**Frage...:** ~**satz** *Gr. m* frase *f* interrogativa; ~**steller(in** *f*) *m* interrogador(a *f*) *m*; *Parl.* interpelador(a *f*) *m*; ~**stellung** *f* planteamiento *m, Am.* planteo *m*; *im Parlament*: interpelación *f*; *Gr.* construcción *f* interrogativa; ~**stunde** *Parl. f* hora *f* de interpelaciones; ~**wort** *Gr. n* partícula *f* interrogativa; ~**zeichen** *n Gr.* (signo *m* de) interrogación *f*; *fig.* interrogante *m*, incógnita *f*.
fra'gil *adj.* frágil.
'**frag|lich** *adj.* en cuestión; (*unentschieden*) problemático; (*zweifelhaft*) dudoso; incierto; ~**los** *adv.* sin duda alguna, indudablemente.
'**Frag'ment** *n* (-*¢s*; -*e*) fragmento *m*.
fragmen'tarisch *adj.* fragmentario.
'**fragwürdig** *adj.* dudoso; problemático; (*zweideutig*) equívoco; (*verdächtig*) sospechoso.
Frakti'on *f* fracción *f*; *Parl. a.* grupo *m* parlamentario.
fraktio'nier|en (-) *v/t.* fraccionar;

ung f fraccionamiento m.
Frakti'ons|beschluß Parl. m acuerdo m del grupo parlamentario; **führer** m jefe m del grupo parlamentario; **sitzung** f reunión f del grupo parlamentario; **zwang** m disciplina f de voto.
Frak'tur f (-; -en) ⚔ fractura f; Typ. (letra f) gótica f; F fig. mit j-m reden decirle a alg. cuatro verdades; **schrift** f → Fraktur.
Franc m (-; -s) (Münze) franco m.
frank adv.: und frei francamente; con toda franqueza (od. sinceridad).
'**Franke** m (-n) Hist. franco m; (aus Franken) natural m de Franconia.
'**Franken**[1] Geogr. n Franconia f.
'**Franken**[2] m (Münze) franco m.
'**Frankenland** n Franconia f.
'**Frankfurt** n: am Main Francfort del Main (od. Meno); **er Würstchen** salchichas f/pl. de Francfort.
fran'kier|en (-) v/t. franquear; **en** n franqueo m; **maschine** f máquina f de franquear; **t** adj. franqueado; ungenügend con franqueo insuficiente; nicht a porte debido, no franqueado; **ung** f franqueo m; **ungszwang** m franqueo m obligatorio.
'**Fränk|in** f Hist. franca f; (aus Franken) natural f de Franconia; **isch** adj. Hist. franco; (aus Franken) de Franconia.
'**franko** ✝ adv. franco (od. libre) de porte; als Aufschrift: porte pagado.
'**Frankreich** n Francia f; wie Gott in leben vivir como abeja en flor; F pegarse la vida padre.
'**Frans|e** f fleco m; franja f; n pl. (Frisur) flequillo m; mit n besetzen franj(e)ar; **en** (-t) v/i. (ausfransen) deshilacharse; **enbesatz** m guarnición f de flecos, flocadura f; **ig** adj. a franjas; (ausgefranst) deshilachado.
Franz m Francisco m.
'**Franz|band** m pasta f (española), encuadernación f en piel; (Buch) libro m encuadernado en piel; **branntwein** m alcohol m para fricciones.
Franzis'kaner|(in f) m franciscano (-a f) m; **orden** m orden f franciscana (od. de San Francisco).
'**Franzmann** F desp. m F franchute m, gabacho m.
Fran'zose m (-n) francés m; ⊕ (Schraubenschlüssel) llave f inglesa.
Fran'zosen...: feindlich adj. francófobo; **freundlich** adj. francófilo; Hist. desp. afrancesado.
Fran'zösin f francesa f.
fran'zösisch adj. francés, cesa; die e Sprache, das (e) el (idioma) francés, la lengua francesa; auf , im en en francés; ins e übersetzen traducir al francés; sprechen hablar francés; auf e Art a la francesa; **e Spracheigentümlichkeit** f galicismo m; F sich (auf) empfehlen despedirse a la francesa; **-deutsch** franco-alemán; **sprechend** adj. francófono.
frap'p|ant adj. sorprendente; chocante; **ieren** (-) v/t. sorprender; chocar.
'**Fräs|arbeit** ⊕ f fresado m; **e** f fresa f; **en** (-t) v/t. u. v/i. fresar; **en** n fresado m; **er** m fresador m; (Werkzeug) fresa f; **maschine** f fresadora f.

Fraß [ɑ:] m (-es; 0) (Tierfutter) comida f, alimento m; P desp. bazofia f, F guisote m; **gift** n insecticida m de ingestión.
fraterni'sieren (-) v/i. fraternizar.
Fratz m (-es; -e od. n): kleiner bribonzuelo m, granujilla m; niedlicher monada f.
'**Fratze** f mueca f, gesto m, visaje m; P (Gesicht) P jeta f; (Zerrbild) caricatura f; (häßliches Gesicht) cara f grotesca; **n schneiden** hacer muecas (od. gestos od. visajes); **nhaft** adj. grotesco; caricaturesco.
Frau f (-; -en) mujer f; (Ehe) a. esposa f; Anrede: señora f; vor dem Vornamen: doña f; m-e mi mujer, förmlich: mi esposa; Ihre (Gemahlin) su señora; Ihre Mutter su señora madre; gnädige ! ¡señora!; die gnädige la señora; die junge la joven, neu vermählt: la recién casada; e-e alte una mujer vieja, höflicher: una señora anciana; e-e ältere una señora de edad; die des Hauses la dueña de (la) casa, el ama de casa; zur nehmen tomar por esposa; zur geben dar en matrimonio; Rel. Unsere Liebe Nuestra Señora.
'**Frauen...: arbeit** f trabajo m femenino; **arzt** m ginecólogo m; **bewegung** f movimiento m feminista; feminismo m; **fachschule** f etwa: escuela f de hogar; **feind** m misógino m; **feindlichkeit** f misoginia f; **frage** f feminismo m; **haft** adj. → fraulich; **heilkunde** f ginecología f; **held** m hombre m mujeriego, tenorio m; **herrschaft** f matriarcado m; **klinik** f clínica f ginecológica; **kloster** n convento m de monjas; **krankheit** f enfermedad f de la mujer; **rechte** n/pl. derechos m/pl. de la mujer; **rechtlerin** f feminista f; **s-person** F f → zimmer; **sport** m deporte m femenino; **stimmrecht** n sufragio m femenino, voto m de la mujer; **verein** m asociación f femenina; **zeitschrift** f revista f femenina; **zimmer** F n mujer f; desp. F hembra f, mujerzuela f; liederliches mujer f de mala vida.
'**Fräulein** n señorita f (a. Anrede; Abk. Srta.); ehm. (adliges) doncella f; (Kinder) institutriz f; gnädiges (od. mein) señorita!; Tele. vom Amt operadora f.
'**fraulich** adj. femenino; (mütterlich) materno; **keit** f femin(e)idad f.
'**frech** adj. (unverschämt) insolente, impertinente, F fresco, descocado; (schamlos) desvergonzado, descarado, F desfachatado; **er Kerl** sinvergüenza m, caradura m; F wie Oskar más fresco que una lechuga; **dachs** F m F fresco m, F frescales m; sinvergüenza m; **heit** f insolencia f, impertinencia f; F frescura f; desvergüenza f, descaro m, F desfachatez f.
Fre'gatte ⚓ f fragata f; **nkapitän** m capitán m de fragata.
frei adj. libre; Platz usw.: a. desocupado, (unabhängig) independiente; (befreit, ausgenommen) exento (de); (offen) franco, sincero, 🛈 libre; desprendido, (gewagt) atrevido, libertino; (moralisch großzügig) permisivo; (unentgeltlich) gratuito, gratis, sin gastos; Amt, Stelle: vacante; (geräumt) Straße usw.: despejado, expedito, ⚑ franco de porte; ✝ **Bahnstation** franco (od. puesto en) estación; **Schiff** franco a bordo; ab **Berlin** puesto en Berlín; bis **Berlin** entregado en Berlín; **Haus** franco (od. puesto a) domicilio; ab hier puesto en ésta; **er Wille** libre albedrío m; **e Fahrt** viaje m gratuito; (Signal) vía f libre; **e Künste** artes f/pl. liberales; **er Beruf** profesión f liberal; **e Stelle** vacante f; **e (leere) Seite** página f en blanco; **es Geleit** salvoconducto m; **e Liebe** amor m libre; **e Übersetzung** traducción f libre; **er Eintritt** entrada f libre (od. gratuita); **er Tag** día m libre, (día m de) asueto m; in **er Luft** al aire libre; unter **em Himmel** a cielo descubierto, a la intemperie, nachts: al sereno; auf **em Feld** al raso; aus **er Hand** zeichnen dibujar a pulso; aus **er Hand** schießen disparar sin apoyo; die **e Wahl** haben poder escoger a su gusto (od. a voluntad); alles haben no tener que pagar nada; **e Wohnung** haben tener vivienda gratuita; erfinden inventar, (improvisieren) improvisar; stehen Gebäude: estar aislado; ein **es Leben führen** llevar una vida independiente, ausschweifend: tener una vida disoluta; sein **er Herr sein** ser dueño de su voluntad; machen (räumen) desembarazar (von de); despejar; Sitz usw.: desocupar; morgen ist mañana tenemos libre (od. fiesta), Schule: a. mañana no hay clase; so sein, zu (inf.) tomarse la libertad de (inf.); ich bin so ! con su permiso; es steht Ihnen , zu (inf.) es usted muy dueño de (inf.); ausgehen no (tener que) pagar nada; ⚖ ser absuelto bzw. quedar impune; sprechen (offen) hablar francamente, (aus dem Stegreif) improvisar; lassen Zeile: dejar en blanco; Sitz: no ocupar; werden Platz, Wohnung: quedar libre, desocuparse; 🛈 quedar libre; Gase: desprenderse; Pol. ein Sitz, Amt wird se produce una vacante; von Sorgen libre de cuidados; von Vorurteilen libre de prejuicios; ⚑ 20 Kilo Gepäck derecho al transporte gratuito de veinte kilos de equipaje.
'**Frei...: aktie** f acción f gratuita; **antenne** f antena f aérea; **antwort** f respuesta f pagada; **bad** n piscina f descubierta (od. al aire libre); **ballon** m globo m libre; **bank** f tabanco m; **bekommen** v/t.: wir haben e-n Tag nos han dado un día libre; **beruflich** adv.: tätig sein ejercer una profesión liberal; **betrag** m importe m exento; **beuter** m pirata m, corsario m; Hist. filibustero m; **beute'rei** f piratería f; Hist. filibusterismo m; **bleibend** ✝ I. adj. Preis usw.: facultativo; II. adv. sin compromiso; **bord** ⚓ m franco bordo m; **börse** f → Freiverkehrsbörse; **brief** m carta f de franquicia; (Vorrecht) privilegio m; (Geleitbrief) salvoconducto m; fig. carta f blanca; **denker** m librepensador m; **denkertum** n (-s; 0) librepensamiento m.
'**Freie** n: im n al aire libre; (unter freiem Himmel) a cielo descubierto, al raso, nachts: al sereno; Spiele im n juegos m/pl. al aire libre.

freien *v/t. u. v/i.* pedir en matrimonio.
Freier *m* pretendiente *m*; ~**sfüße** *m/pl.*: *auf* ~*n gehen* buscar esposa.
Frei...: ~**exemplar** *n* ejemplar *m* gratuito; ~**fahrschein** *m* pase *m* (de libre circulación); *für eine Fahrt*: billete *m* gratuito; ~**fahrt** *f* viaje *m* gratuito; ~**fläche** *f* espacio *m* libre *bzw.* sin edificar; ~**frau** *f* baronesa *f*; ~**gabe** *f (Freilassung)* liberación *f; e-s Sperrkontos usw.*: desbloqueo *m*, descongelación *f; von Beschlagnahmtem*: restitución *f; der Preise*: liberalización *f*; ⚔ desembargo *m*; ⚔ *des Starts*: autorización *f*; ⚔ *der Leiche* levantamiento *m* del cadáver; ~ *für den Verkehr* apertura *f* al tráfico; ~**gänger** ⚔ *m* recluso *m* en régimen abierto; ⚔**geben** *(L) v/t. (freilassen)* libertar, poner en libertad; *Sperrkonto usw.*: descongelar, desbloquear; *Beschlagnahmtes*: restituir; *Preise*: liberalizar; ⚔ desembargar; ⚔ *Start*: autorizar; *Schule*: dar libre; *Zutritt*: permitir; *zum Verkauf* ~ autorizar la venta libre; *für den Verkehr* ~ abrir al tráfico; ⚔ *die Leiche* ~ levantar el cadáver; ⚔**gebig** *adj.* liberal; generoso; desprendido; ~**gebigkeit** *f (0)* liberalidad *f*, larguesa *f*; generosidad *f*; ~**geist** *m* librepensador *m*; ⚔**geistig** *adj.* liberal; ~**gelassene(r)** *m* liberto *m*; ~**gepäck** *m* franquicia *f* de equipaje; ~**grenze** ✝ *f* tolerancia *f; Steuer*: límite *m* no imponible; ~**gut** *n* mercancía *f* exenta de derechos aduaneros; ⚔**haben** *v/i.* tener libre *(od.* fiesta), *Schule*: a. no tener clase; ~**hafen** *m* puerto *m* franco; ⚔**halten** *(L) v/t.* dejar libre; *Platz*: reservar; *j-n* ~ pagar por alg.; ~**handel** ✝ *m* librecambio *m*; ~**handelszone** ✝ *f* zona *f* de librecambio; ⚔**händig** *adj. u. adv.* a pulso; *schießen*: sin apoyo; ~**handzeichnen** *n* dibujo *m* a pulso; ~**hängend** ⊕ *adj.* suspendido libremente.
Freiheit *f* libertad *f; (Unabhängigkeit)* independencia *f; (Vorrecht)* privilegio *m; (Befreiung)* exención *f*, franqueza *f; in (voller)* ~ con (toda) libertad; *dichterische* ~ licencia *f* poética; *j-n der* ~ *berauben* privar de la libertad a alg.; *j-m die* ~ *schenken* dar la libertad a alg.; *in* ~ *setzen* libertar, poner en libertad; ~ *der Meere* libertad de los mares; *sich die* ~ *nehmen* permitirse la libertad de; *sich* ~*en herausnehmen* tomarse libertades; *sich gegen j-n* ~*en herausnehmen* permitirse familiaridades con alg.; propasarse; *volle* ~ *haben* tener carta blanca; *j-m volle* ~ *lassen* dar pleno poder a alg.; ⚔**lich** *adj.* liberal.
Freiheits...: ~**beraubung** *f* privación *f* de libertad; detención *f* ilegal; ~**drang** *m* anhelo *m (od.* sed *f)* de libertad; ~**entzug** *m* privación *f* de la libertad; ~**grad** ⊕ *m* grado *m* de libertad; ~**kampf** *m* lucha *f* por la libertad; ~**krieg** *m* guerra *f* de (la) independencia; ~**liebe** *f* amor *m* a la libertad; ⚔**liebend** *adj.* amante de la libertad; ~**statue** *f* estatua *f* de la libertad; ~**strafe** ⚔ *f* pena *f* privativa de la libertad.
frei...: ~**he'raus** *adv.* con franqueza; sin tapujos; ⚔**herr(in** *f) m (-n)* barón *m*, baronesa *f*; ⚔**karte** *f* pase *m; Thea.* entrada *f* gratuita *(od.* de favor); ~**kaufen** *v/t.* rescatar; ~**kommen** *(L; sn) v/i.* ser puesto en libertad; ⚔ quedar exento del servicio militar; ⚔**körperkultur** *f* desnudismo *m*, *Neol.* nudismo *m; weit S.* naturismo *m; Anhänger der* ~ (des)nudista *m*; naturista *m*; ⚔**korps** ['-koːR] ⚔ *n* cuerpo *m* de voluntarios; ⚔**lager** ✝ *m* depósito *m* franco; ~**lassen** *(L) v/t.* poner en libertad, F soltar; excarcelar; *Sklaven*: manumitir, emancipar; ~**lassung** *f* liberación *f*; (puesta *f* en) libertad *f (bedingte* condicional); excarcelación *f; von Sklaven*: manumisión *f*, emancipación *f*; ⚔**lauf** *m Fahrrad*: rueda *f (od.* piñón *m)* libre; ~**legen** *v/t.* descubrir, dejar *(od.* poner) al descubierto; despejar; ~**legung** *f* descubrimiento *m*; despejo *m*; ⚔**leitung** ⚡ *f* línea *f* aérea.
freilich *adv. bejahend*: claro (está), desde luego, *Am.* ¿cómo no?; *zu Anfang*: verdad es que; *anknüpfend*: por cierto que, claro que, se comprende que.
Frei...: ~**licht-aufführung** *f* representación *f* al aire libre; ~**licht-aufnahme** *Phot. f* fotografía *f* al aire libre; ~**lichtbühne** *f* teatro *m* al aire libre; ~**lichtkino** *n* cine *m* al aire libre; ~**lichtmuseum** *n* museo *m* al aire libre; ⚔**liegen** *(L) v/i.* estar al desnudo *(od.* al descubierto); ⚔**liegend** *adj.* al desnudo, al descubierto; ~**los** *n* suerte *f* gratuita; ~**luftspiele** *n/pl.* juegos *m/pl.* al aire libre; ⚔**machen I.** *v/t.* ✉ franquear; **II.** *v/refl.*: *sich* ~ *beim Arzt*: aligerarse de ropa; *fig.* emanciparse; *sich (für)* e-*n Tag* ~ tomarse un día libre; ~**machen**⚔, ~**machung** *f (Räumung)* despejo *m*; desobstrucción *f; (Befreiung)* liberación *f*; ✉ franqueo *m*; ~**marke** ✉ *f* sello *m* (de correo); *Am.* estampilla *f*; ~**maurer** *m* (franc)masón *m*; ~**maure'rei** *(0)* (franc)masonería *f*; ⚔**maurerisch** *adj.* masónico; ~**mut** *m* franqueza *f*; sinceridad *f*; ⚔**mütig I.** *adj.* franco; sincero; **II.** *adv.* con franqueza; ~**mütigkeit** *f* → *~mut*; ⚔**nehmen** *v/t.: (sich)* e-*n Tag* ~ tomarse un día libre; ~**platz** *m* → *~stelle*; ⚔**schaffend** *adj. Künstler*: libre; ~**schar** ⚔ *f* guerrilla *f*; ~**schärler** ⚔ *m* guerrillero *m*; ~**schüler(in** *f) m* becario *(-a) f m*; ~**schütz** *m Oper*: der ~, El Cazador furtivo; ⚔**schwebend** ⊕ *adj.* libremente suspendido; ~**schwimmer(in** *f) m* nadador(a *f) m* capacitado (-a); ~**semester** *n Uni.* semestre *m* sabático; ⚔**setzen** *v/t.* ⚡ *Energie usw.*: liberar *(a. fig.)*; ~**sinn** *m Pol.* espíritu *m* liberal, liberalismo *m*; ⚔**sinnig** *adj.* liberal; ⚔**spielen** *v/t. u. v/refl. Fußball*: desmarcar(se); ~**sprechanlage** *f Tele.* sistema *m* de manos libres; ⚔**sprechen** *(L) v/t. Rel.*; ⚔ absolver; ~**sprechen** *n*, ~**sprechung** *f Rel. u.* ⚔ absolución *f*; ~**spruch** ⚔ *m* sentencia *f* absolutoria; ~ *aus Mangel an Beweisen* absolución *f* por falta de pruebas; ~**staat** *m* Estado *m* libre; ~**stadt** *f* ciudad *f* libre; ~**statt** *f*, ~**stätte** *f* asilo *m*, refugio *m; kirchliche*: sagrado *m*; ⚔**stehen** *v/i.*: *es steht Ihnen frei, zu (inf.)* es usted libre *(od.* muy dueño) de *(inf.)*; queda (le dejo) a su discreción *(inf.)*; ⚔**stehend** *adj.* aislado; ~**stelle** *f (Stipendium)* beca *f*; ⚔**stellen** *v/t.*: *j-n von et.* ~ eximir *(od.* dispensar) a alg. de a/c.; *j-m et.* ~ dejar a/c. al buen criterio *(od.* a la discreción) de alg.; ~**stellung** *f* liberación *f*, dispensa *f*, exención *f*; ~**stellungs-auftrag** ✝ *m* solixitud *f* de exoneración tributaria; ~**stempler** *m* máquina *f* de franquear; ~**stil** *m Sport*: estilo *m* libre; ~**stilringen** *n Sport*: lucha *f* libre; ~**stilschwimmen** *n* natación *f* (de estilo) libre; ~**stoß** *m Fußball*: saque *m* libre; golpe *m* franco; ~**stunde** *f* hora *f* libre; ~**tag** *m* viernes *m*; ⚔**tags** *adv.* los viernes; ~**tod** *m* suicidio *m*; ⚔**tragend** ⊕ *adj.* autoportante; ~**treppe** *f* escalinata *f*; ~**übungen** *f/pl.* gimnasia *f* sueca, ejercicios *m/pl.* gimnásticos sin aparatos; ~**umschlag** ✉ *m* sobre *m* franqueado; ~**verkehr** *m Börse*: bolsa *f* extraoficial; ~**verkehrskurs** ✝ *m* cotización *f* extraoficial; ⚔**'weg** *f adv.* con toda franqueza; ~**werden** ⚖ *n* liberación *f*; desprendimiento *m*; ~**wild** *fig. n* presa *f* fácil; ⚔**willig I.** *adj.* voluntario *(a.* ⚔); espontáneo; **II.** *adv.* voluntariamente; espontáneamente; de (buen) grado; ~**willige(r)** *m* voluntario *m*; ~**willigkeit** *f* espontaneidad *f*; ~**wurf** *m Sport*: tiro *m* libre; ~**zeit** *f* tiempo *m* libre; (ratos *m/pl.* de) ocio *m*; ~**zeitbeschäftigung** *f* ocupación *f* del ocio; actividades *f/pl.* de recreo; ~**zeitgestaltung** *f* aprovechamiento *m* del tiempo libre; ~**zeit-industrie** *f* industria *f* del ocio; ~**zeitmode** *f* moda *f* de tiempo libre; ~**zone** ✝ *f* zona *f* franca; ⚔**zügig** *adj.* libre para elegir su residencia; *(großzügig)* generoso, liberal; *moralisch*: permisivo; ~**zügigkeit** *f* libre circulación *f*; generosidad *f*; permisividad *f*.
fremd *adj. (unbekannt)* desconocido; *(orts*~*)* forastero, foráneo; *(ausländisch)* extranjero; *(exotisch)* exótico; *(seltsam)* extraño; *(andern gehörig)* ajeno; *(ungewohnt)* insólito; *ich bin hier* ~ soy forastero, no soy de aquí; *er ist mir* ~ no le conozco; *das ist mir ganz* ~ no comprendo nada de esto; *das kommt mir* ~ *vor* me parece extraño; *no me suena; sich* ~ *fühlen* sentirse desambientado; *unter* ~*em Namen* bajo nombre supuesto; *in* ~*e Hände kommen* caer en manos ajenas; *für* ~*e Rechnung* por cuenta ajena; ⚔**arbeiter** *m* trabajador *m* extranjero; ~**artig** *adj. (ungewöhnlich)* insólito, inusitado; desacostumbrado; *(seltsam)* extraño; raro; exótico; ⚔**artigkeit** *f* extrañeza *f*; rareza *f*; ⚔**e *f (0) (país m)* extranjero *m*; *in der (die)* ~ en el extranjero; en tierra extraña; ⚔**e(r** *m) m/f (Ausländer)* extranjero *(-a f) m; (Orts*⚔*)* forastero *(-a f) m; (Unbekannter)* desconocido *(-a f) m*.
fremdeln *(-le) v/i. Kind*: ser tímido frente a desconocidos.
Fremden...: ~**buch** *n* registro *m* de viajeros; ⚔**feindlich** *adj.* xenófobo; ~**feindlichkeit** *f* xenofobia *f*; ~**führer** *m* guía *m* (turístico); ~**haß** *m* xenofobia *f*; ~**heim** *n* pensión *f*; casa *f* de huéspedes; ~**industrie** *f* industria *f* del turismo *(od.* turística); ~**legion** *f* legión *f* extranjera; ~**legionär** *m* legionario *m*; ~**polizei** *f* policía *f* de extranjeros; ~**verkehr** *m*

turismo *m*; ~**verkehrsamt** *n* oficina *f* de turismo; ~**verkehrsförderung** *f* promoción *f* turística; ~**verkehrsgewerbe** *n* → ~**industrie**; ~**zimmer** *n* im Hotel: habitación *f*; privat: cuarto *m* de huéspedes.

'**Fremd**...: ~**finanzierung** *f* financiación *f* ajena (*od*. con recursos ajenos); ℒ**gehen** F *v/i*. ser infiel; ~**herrschaft** *f* dominación *f* extranjera; ~**kapital** *n* capital *m* ajeno; ~**körper** ✱ *m* cuerpo *m* extraño; ℒ**ländisch** *adj*. extranjero; exótico; ~**ling** *m* (-s; -e) → Fremde(r); ℒ**rassig** *adj*. de raza extranjera; ~**sprache** *f* lengua *f* extranjera, idioma *m* extranjero; ~**sprachensekretärin** *f* secretaria *f* con idiomas; ℒ**sprachig** *adj*. que habla un idioma extranjero; ℒ**sprachlich** *adj*. en idioma extranjero; ~**er** Unterricht enseñanza *f* de lenguas extranjeras; ~**strom** ✱ *m* corriente *f* ajena; ~**wort** *n* palabra *f* extranjera; extranjerismo *m*; ~**wörterbuch** *n* diccionario *m* de extranjerismos.

fre'**netisch** *adj*. frenético.
frequen'**tieren** (-) *v/t*. frecuentar.
Fre'**quenz** *f* frecuencia *f* (*a*. ✱, Phys.); (Besucherzahl) asistencia *f*; Verkehr: densidad *f*; ~**band** *n* Radio: banda *f* de frecuencias; ~**bereich** *m* gama *f* de frecuencias; ~**messer** *m* frecuencímetro *m*; ~**modulation** *f* modulación *f* de frecuencias; ~**wandler** *m* convertidor *m* de frecuencias.

'**Fresk|e** *f*, ~**o** *n* (-s; -ken) fresco *m*; a fresco malen pintar al fresco.
'**Fresko**...: ~**bild** *n*, ~**gemälde** *n* (pintura *f* al) fresco *m*; ~**malerei** *f* pintura *f* al fresco.
Fres'**salien** F *pl*. comida *f*, F condumio *m*.
'**Fresse** V *f* jeta *f*, P morros *m/pl*.; *j-m* in die ~ schlagen P hincharle a alg. los morros, romperle la cara a alg.; halt die ~! ¡cierra el pico!; eine große ~ haben F fardar, farolear.
'**fressen** I. (L) *v/t. u. v/i. Tier u. V Mensch*: comer; gierig: devorar; F tragar (*a*. F *fig*. Benzin usw.), P engullir; ✱ (ätzen) corroer; *fig*. ~ an Kummer usw.: comer, consumir (a alg.); zu ~ geben Tier: echar de comer; F *fig*. Kilometer ~ tragar (*od*. devorar) kilómetros; sich (dick und) voll ~ hincharse, atiborrarse; F *fig. j-n* gefressen haben no poder tragar a alg.; F *fig*. er hat es gefressen (kapiert) lo ha captado; (geglaubt) se lo ha tragado; **II**. ℒ *n* comida *f*; pasto *m*; P bazofia *f*; *fig*. ein gefundenes ~ campo *m* (*od*. terreno *m*) abonado; F *fig*. sie ist zum ~ está para comérsela.
'**Fresse|r** P *m* glotón *m*; F tragón *m*, comilón *m*, ~'**rei** P *f* glotonería *f*; (Schmaus) F comilona *f*.
'**Freß**...: ~**gier** *f* glotonería *f*; voracidad *f*; ℒ**gierig** *adj*. glotón; voraz; ~**korb** *m* cesta *f* de provisiones; ~**napf** *m* comedero *m*; ~**sack** P *m* ~ Fresser; ~**trog** *m* comedero *m*.
'**Frettchen** *Zoo*. *n* hurón *m*.
'**Freude** *f* alegría *f*; (Fröhlichkeit) alborozo *m*, regocijo *m*; (Vergnügen) placer *m* (Wonne) delicia *f*, gozo *m*; (Jubel) júbilo *m*; innere: satisfacción *f*, contento *m*; vor (lauter) ~ de (pura) alegría; voll(er) ~ lleno de alegría; zu *m-r* großen ~ a gran satisfacción mía; mit ~n gustosamente, con mucho gusto; *mit tausend* ~n con mil amores; ~ machen alegrar; *j-m* e-e große ~ bereiten (*od*. machen) dar una gran alegría (F un alegrón) a alg.; *j-m* die ~ verderben aguar la fiesta a alg.; außer sich vor ~ sein no caber en sí de gozo; in Freud und Leid en buenos y malos tiempos; *es ist* e-e ~, *das zu sehen* es un placer ver esto, da gusto ver esto; ... *daß es nur so* e-e ~ *ist* ... que da gusto; es ist mir e-e große ~ es un gran placer para mí; welche ~! ¡qué alegría!; ¡cuánto me alegro!, ¡cuánto lo celebro!; *iro*. die ~n des Berufs los gajes del oficio.

'**Freuden**...: ~**botschaft** *f* buena (*od*. grata) noticia *f*; ~**fest** *n* fiesta *f* alegre; ~**feuer** *n* hoguera *f*, fogata *f*; ~**geschrei** *n* gritos *m/pl*. de júbilo; ~**glocke** *f*: *fig*. die ~n läuten echar las campanas al vuelo; ~**haus** *n* burdel *m*, lupanar *m*, casa *f* de lenocinio; ~**mädchen** *n* prostituta *f*, mujer *f* pública (*od*. de la vida), ramera *f*; ~**rausch** *m* embriaguez *f* de la alegría; ~**schrei** *m* grito *m* de júbilo (*od*. de alegría); ~**tag** *m* día *m* de júbilo; ~**tanz** *m*: *e-n* ~ aufführen bailar de alegría; ~**taumel** *m* transporte *m* de alegría, alegría *f* loca; ~**tränen** *f/pl*. lágrimas *f/pl*. de alegría.
'**freude**...: ~**strahlend** *adj*. radiante de alegría; ~**trunken** *adj*. loco de alegría *bzw*. de contento.
'**freudig I.** *adj*. alegre, gozoso; (glücklich) feliz, dichoso; (zufrieden) contento, satisfecho; ~**es** Ereignis fausto acontecimiento *m*; **II.** *adv*. con alegría; (bereitwillig) gustosamente, (muy) gustoso; de (muy) buena gana; ℒ**keit** *f* (0) alegría *f*, gozo *m*.
'**freudlos** *adj*. sin alegría; tristón.
'**freuen I.** *v/t*. alegrar; causar alegría (*od*. placer); es freut mich, zu (*inf*.) me alegra (*inf*.), es un placer para mí (*inf*.); es freut mich, daß me alegro de que (*subj*.), me complace que (*subj*.); das freut mich sehr lo celebro mucho; es würde mich sehr freuen, wenn celebraría mucho que (*subj*.), me daría mucho gusto, F me haría mucha ilusión (*inf*.); **II.** *v/refl*.: sich ~ über (*ac*.) alegrarse de; complacerse en; celebrar a/c.; sich an et. ~ (*dat*.) deleitarse en; sich ~ auf (*ac*.) esperar con ilusión.
'**Freund** *m* (-es; -e) amigo *m*; vertrauter ~ amigo *m* íntimo; dicker ~ amigo *m* íntimo, F amigote *m*, *Arg*. amigazo *m*; ein ~ von mir un amigo mío; uno de mis amigos; er ist ein guter ~ von mir es muy amigo mío; sie sind (gute) ~e son (buenos) amigos; unter ~en entre amigos; mit *j-m* (gut) ~ sein ser (muy) amigo de alg.; *j-n* zum ~ haben ser amigo de a/c.; ser aficionado a a/c.; ich bin kein ~ von ... no me gusta (a/c. *bzw*. hacer a/c.); wir bleiben die alten ~e (seguimos) tan amigos como siempre; ~e gewinnen hacer amistades; ganarse amigos; ~**eskreis** *m* amistades *f/pl*., amigos *m/pl*.; ~**in** *f* amiga *f*; novia *f*.
'**freundlich** *adj*. amable; complaciente; afable; (freundschaftlich) amistoso; (angenehm) agradable; (herzlich) cordial; cariñoso; Zimmer, Farbe: alegre; Gesicht: a. risueño; Gegend: ameno; Klima: suave; Wetter: agradable; sereno, apacible; ✝ Börse, Markt: bien dispuesto, favorable; das ist sehr ~ (von Ihnen) (es usted) muy amable; seien Sie bitte so ~ tenga la bondad (*od*. amabilidad) de, hágame el favor de; *j-n* ~ aufnehmen *bzw*. empfangen dar (*od*. dispensar) buena acogida a alg.; et. ~ aufnehmen acoger favorablemente a/c.; ver con buenos ojos a/c.; *Phot*. bitte recht ~! ¡sonría, por favor!; ℒ**keit** *f* amabilidad *f*; condescendencia *f*; haben Sie die ~, zu (*inf*.) tenga la bondad de (*inf*.).
'**Freundschaft** *f* amistad *f*; aus ~ por amistad; mit *j-m* ~ schließen contraer (*od*. trabar) amistad con alg., hacerse amigo de alg.; F *j-m* die ~ kündigen romper con alg.; ℒ**lich** *adj*. amistoso; de amigo; (herzlich) cordial; (gütlich) amigable; mit *j-m* in ~**e** Beziehungen treten entablar relaciones amistosas con alg.; mit *j-m* auf ~**em** Fuße stehen tener amistad con alg.; *j-m* ~ gesinnt sein sentir simpatía hacia alg., simpatizar con alg.
'**Freundschafts**...: ~**bande** *n/pl*. lazos *m/pl*. de amistad; ~**beteuerungen** *f/pl*. protestas *f/pl*. de amistad; ~**beweis** *m*, ~**bezeigung** *f* testimonio *m* (*od*. prueba *f*) de amistad; ~**dienst** *m* servicio *m* de amigo; buenos oficios *m/pl*.; ~**pakt** *m* pacto *m* de amistad; ~**spiel** *n* *Sport*: partido *m* amistoso; ~**vertrag** *m* tratado *m* de amistad.
'**Frevel** [f] *m* (-s; -) delito *m*; crimen *m*; (Missetat) desafuero *m*, desmán *m*; (Zuwiderhandlung) contravención *f*, violación *f*; (Anschlag) atentado *m*; *Rel*. sacrilegio *m*, profanación *f*; (Lästerung) blasfemia *f*; ℒ**haft** *adj*. criminal; malvado; (gottlos) sacrílego; (schändlich) nefando; ~**haftigkeit** *f* carácter *m* criminal (*od*. malvado); ℒ**n** (-le) *v/i*. cometer un delito *bzw*. un desmán *od*. desafuero; ~ an, ~ gegen cometer un atentado (*od*. atentar) a (*od*. contra); *Rel*. pecar; (lästern) blasfemar; ~**tat** *f* → Frevel; ~**wort** *n* blasfemia *f*.
'**freventlich** *adj*. → frevelhaft.
'**Frevler|(in** *f*) *m* criminal *m/f*, malhechor(a *f*) *m*, malvado (-a *f*) *m*; *Rel*. sacrílego (-a *f*) *m*; ℒ**isch** *adj*. → frevelhaft.
'**Frieda** *f* Federica *f*.
'**Friede(n)** *m* (-ns; -n) paz *f* (*a. fig*.); innerer: tranquilidad *f*, sosiego *m*; bewaffneter ~ paz *f* armada; den ~n aufrechterhalten (stören; bedrohen; brechen; wiederherstellen) mantener (turbar; amenazar; violar; restablecer) la paz; im ~n en tiempo(s) de paz; mit *j-m* ~n schließen hacer las paces con alg.; in ~n leben vivir en (santa) paz; ~n halten mit *j-m* vivir en paz con alg.; um des lieben ~ns willen para tener paz, por la paz; laß mich in ~n! ¡déjame en paz!; er ruhe in ~n! ¡descanse en paz!; *fig*. ich traue dem ~n nicht F no las tengo todas conmigo.
'**Friedens**...: ~**angebot** *n* ofrecimiento *m* de paz; ~**appell** *m* llamamiento *m* a la paz; ~**bedingung** *f* condición *f* de paz; ~**bedrohung** *f* amenaza *f* para la paz; ~**bewegung** *f* movi-

Friedensbruch — Frontwechsel

miento *m* pacifista; ~**bruch** *m* violación *f* de la paz; ~**engel** *fig.* m ángel *m* de la paz; ~**gericht** *n* juzgado *m* de paz; ~**heer** *n* ejército *m* en tiempos de paz; ~**konferenz** *f* conferencia *f* de la paz; ~**kuß** *Rel.* m ósculo *m* de paz; ~**no'belpreis** *m* Premio *m* Nobel de la Paz; ~**pfeife** *f* pipa *f* de paz; ~**prozeß** *m Pol.* proceso *m* de paz; ~**richter** *m* juez *m* de paz; ~**schluß** *m* conclusión *f* de la paz; ~**stärke** ⚔ *f* efectivos *m/pl.* (en tiempos) de paz; ~**stifter(in** *f*) *m* pacificador(a *f*) *m*; ~**stiftung** *f* pacificación *f*; ~**störer (-in** *f*) *m* perturbador(a *f*) *m* de la paz; (*Störenfried*) F aguafiestas *m/f*; ~**taube** *f* paloma *f* de la paz; ~**truppe** *f* tropa *f* de pacificación; ~**unterhändler** *m* negociador *m* de la paz; ~**verhandlungen** *f/pl.* negociaciones *f/pl.* de paz; ~**vermittler** *m* mediador *m* de (la) paz; ~**vermittlung** *f* mediación *f* de paz; ~**vertrag** *m* tratado *m* de paz; ~**wille** *m* ánimo *m* de paz; ~**zeit** *f*: in ~en en tiempos de paz.
'**fried...**: ~**fertig** *adj.* pacífico; ⚔**fertigkeit** *f* (0) carácter *m* pacífico; espíritu *m* conciliador; ⚔**hof** *m* cementerio *m*; camposanto *m*; *großer*: necrópolis *f*; ⚔**hofswärter** *m* cuidador *m* de(l) cementerio; ~**lich** *adj.* pacífico; (*friedliebend*) amante de la paz; (*ruhig*) tranquilo, apacible; *Vergleich*: amistoso, amigable; ~e *Leute* gente *f* de paz; ~ *leben* vivir en paz; F *sei* ~! ¡paz!; *in ~er Absicht* en son de paz; ⚔**lichkeit** *f* (0) carácter *m* pacífico; *als Zustand*: estado *m* de paz; (*Ruhe*) tranquilidad *f*; apacibilidad *f*; sosiego *m*; ~**liebend** *adj.* pacífico; amante de la paz; ~**los** *adj.* sin reposo; inquieto; agitado.
'**Friedrich** *m* Federico *m*.
'**frieren I.** (*L*) *v/i. u. v/unprs.* tener (*od.* pasar) frío; (*gefrieren*) helar; congelarse; *es friert hiela*, está helando; *der Teich ist gefroren* el estanque está helado; *es friert mich, mich friert* tengo frío; *mich friert an den Füßen* tengo frío en los pies, tengo los pies helados; **II.** ⚔ *n* (*Gefühl der Kälte*) sensación *f* de frío; (*Erstarren*) congelación *f*.
Fries *m* (*-es; -e*) △ friso *m*; (*Stoff*) frisa *f*.
'**Friese** *m* (*-n*) frisón *m*.
'**Frieseln** ✱ *pl.* fiebre *f* miliar.
'**Fries|in** *f* frisona *f*; ⚔**isch** *adj.* frisón, frisio; ~**land** *n* Frisia *f*.
fri'gid *adj.* frígido.
Frigidi'tät *f* (0) frigidez *f*.
Frika'delle *f* hamburguesa *f*.
Frikas|'see [-a'se:] *n* (*-s; -s*) *Kochk.* fricasé *m*; *von Geflügel*: pepitoria *f*; ⚔'**sieren** (-) *v/t.* hacer un fricasé.
Frikti'on *f* fricción *f*.
'**frisch** *adj.* fresco; *Brot, Ei: a.* del día; (*neu*) nuevo; (*eben geschehen*) reciente; (*munter*) vivo; despierto, despabilado; *Farbtöne*: vivo, (*sauber*) limpio; ~e *Wäsche* ropa *f* limpia; ~*es Obst* fruta *f* fresca *bzw.* del tiempo; ~ *und munter* F vivito y coleando; ~ *und gesund* F frescachón; *noch* ~ bien conservado; ~ *gebacken* recién cocido; *fig.* nuevo, recién nombrado, F de la nueva hornada; *sich* ~ *halten* conservarse fresco; ~ *angekommen* recién llegado; ~ *rasiert* recién afeita-

do; ~ *vom Faß* directamente del barril; ~e *Luft schöpfen* tomar el fresco; *in ~er Luft* al aire libre, al fresco; *es ist* ~ (*kühl*) hace fresco; ~ *werden Wetter*: refrescar; ~ *aussehen* tener buen color (*od.* un color sano); ~en *Mut fassen* recobrar aliento (*od.* ánimos); et. *noch in ~er Erinnerung haben* tener un recuerdo todavía fresco de a/c.; ~e *Wäsche anziehen* mudar la ropa, ponerse ropa limpia; *ein Bett* ~ *überziehen* mudar la ropa de cama; ~ *gestrichen* recién pintado; ¡cuidado con la pintura!; ~'**auf!** *int.* ¡ánimo!, ¡adelante!; ⚔**e** *f* (0) frescura *f*; frescor *m*; (*Kühle*) fresco *m*; (*Jugend*⚔) lozanía *f*; *von Farben*: viveza *f* (*a. fig.*); ⚔**ei** *n* huevo *m* del día; ⚔**eisen** *n* hierro *m* afinado; ~en **I.** *v/t. Met.* afinar; pudelar; *Blei, Kupfer*: reavivar; **II.** *v/i. Jgdw.* (*Junge werfen*) parir; ⚔en *Met. n* afinación *f*; pudelado *m*; *von Blei, Kupfer*: reavivación *f*; ⚔**fleisch** *n* carne *f* fresca; ⚔**gemüse** *n* verdura *f* fresca *bzw.* del tiempo; ⚔**haltebeutel** *m* bolsa *f* (de conservación) fresca; ⚔**haltepackung** *f* envase *m* de conservación fresca; ⚔**haltung** *f* conservación *f* fresca; ⚔**ling** *Jgdw.* m (*-s; -e*) jabato *m*.
frisch'weg *adv.* sin vacilar.
'**Frischzellentherapie** ✱ *f* terapia *f* con células frescas.
Fri'seu|r [-'zø:r] *m* (*-s; -e*) peluquero *m*; ~**se** *f* peluquera *f*; peinadora *f*.
Fri'sier...: ~**creme** *f* fijapelo *m*; ⚔**en** (-) *v/t. u. v/refl.* peinar(se); arreglar(se) el pelo; F *fig. Bilanz usw.*: arreglar, amañar; *Motor*: trucar; ~**mantel** *m* peinador *m*; ~**salon** *m* (salón *m* de) peluquería *f*; ~**stab** *m* cepillo *m* moldeador; ~**tisch** *m* tocador *m*.
'**Frist** *f* (*-; -en*) (*Zeit*) tiempo *m*; (*Termin*) plazo *m*; término *m*; (*Aufschub*) prórroga *f*; dilación *f*, demora *f*; ✝ moratoria *f*; *e-e* ~ (*fest*)*setzen* (*gewähren; verlangen; überschreiten; einhalten; verlängern*) fijar *od.* señalar (conceder; pedir; exceder; observar; prorrogar) un plazo; *nach Ablauf der* ~ después de transcurrido el plazo; *die* ~ *läuft am ...* al plazo expira el ...; *die* ~ *ist abgelaufen* el plazo ha expirado; *innerhalb e-r* ~ *von 10 Tagen* en el término de 10 días; *in kürzester* ~ lo más pronto posible, cuanto antes; *auf kurze* ~ a corto plazo; ~**ablauf** *m* expiración *f* de un plazo; *bei* ~ a la expiración del plazo; ⚔**en** (*-e-*) *v/t.* ✝ *Wechsel*: prorrogar, aplazar; *sein Leben* ~ ganarse penosamente la vida, subsistir, F ir tirando; ⚔**gemäß**, ⚔**gerecht** *adj. u. adv.* dentro del plazo señalado; en su debido plazo; ~**gesuch** *n* solicitud *f* (*od.* petición *f*) de prórroga; ~**gewährung** *f* concesión *f* de (un) plazo *bzw.* de (una) prórroga; ✝ *bei Konkurs*: moratoria *f*; ⚔**los** *adj.* sin aviso; ~ *entlassen* despedir en el acto; ~**verlängerung** *f* prolongación *f* (*od.* prórroga *f*) de un plazo; ~**versäumnis** ⚖ *f* falta *f* de observación del plazo.
Fri'sur *f* (*-; -en*) peinado *m*.
Fri'teuse *f Kochk.* freidora *f*; ⚔**ieren** (*-e-*) *v/t.* fritar; ⚔**er** ✱ *m* cohesor *m*; radioconductor *m*.
fri'vol [-v-] *adj.* frívolo; ligero; (*un-*

anständig) indecente.
Frivoli'tät *f* frivolidad *f*; ligereza *f*; indecencia *f*.
'**froh** *adj.* (*zufrieden*) contento, satisfecho (*über ac.* de); (*lustig*) alegre; de buen humor; (*erfreulich*) agradable; (*glücklich*) feliz; ~**es** *Ereignis* fausto acontecimiento *m*; ~en *Mutes* de buen humor; *e-r Sache* (*gen.*) ~ *werden* disfrutar de a/c.; *s-s Lebens nicht* ~ *werden* no gozar de la vida; *ich bin* ~, *daß ...* estoy contento (*od.* me alegro) de que (*subj.*); ~**gemut** *adj.* contento; satisfecho; de buen humor.
'**fröhlich** *adj.* alegre, gozoso; jovial; lleno de alegría; ⚔**keit** *f* (0) alegría *f*, *stärker*: alborozo *m*; contento *m*; buen humor *m*.
froh|'locken *v/i.* jubilar; exultar; regocijarse; F echar las campanas al vuelo; (*triumphieren*) triunfar; ~ *über et.* (*ac.*) acoger con júbilo a/c.; ~**schadenfroh**: regodearse en a/c.; ⚔'**locken** *n* júbilo *m*; gritos *m/pl.* de júbilo; regocijo *m*, alborozo *m*; '⚔**sinn** *m* buen humor *m*; jovialidad *f*; genio *m* alegre.
fromm *adj.* piadoso; (*religiös*) religioso; pío, devoto; *Tier*: manso; *Wunsch*: vano, irrealizable; ~**e** *Lüge* mentira *f* piadosa.
Frömme'lei *f* beatería *f*, santurronería *f*; mojigatería *f*.
'**frömmeln** (*-le*) *v/i.* fingir devoción, ser beato; ~**d** *adj.* santurrón, beato, mojigato.
'**frommen** *v/i.* ser provechoso (*od.* útil), servir (*zu* para).
'**Frömmigkeit** *f* (0) piedad *f*; religiosidad *f*; devoción *f*.
'**Frömmler(in** *f*) *m* beato (*-a f*) *m*, santurrón *m*, santurrona *f*; mojigato (*-a f*) *m*; F tragasantos *m/f*.
'**Fron|(arbeit** *f*), ~**dienst** *m Hist.* servidumbre *f* feudal; *fig.* trabajo *m* ímprobo.
'**frönen** *v/i.* abandonarse (*od.* entregarse) a; ser esclavo de.
Fron'leichnam(**sfest** *n*) *m* (*-s; 0*) (día *m* del) Corpus *m*.
'**Front** *f* (*-; -en*) frente *m* (*a.* ⚔, *Pol., Meteo.*); △ fachada *f*; frontis(picio) *m*; ⚔ *an der* ~ en el frente; *auf breiter* ~ en un amplio frente; *auf der ganzen* ~ en todo el frente; *die* ~ *durchbrechen* (*od. durchstoßen*) romper el frente; ~ *machen gegen* ⚔ hacer frente a; *fig. a.* afrontar; *klar in* ~ *sein Sport*: ir en cabeza; ~**abschnitt** ⚔ *m* sector *m* (del frente).
fron'tal *adj.* frontal, de frente; ⚔**angriff** ⚔ *m* ataque *m* frontal; ⚔**ansicht** *f* vista *f* de frente; ⚔**zusammenstoß** *m* colisión *f* (*od.* choque *m*) frontal.
'**Front...**: ~**antrieb** *Kfz. m* tracción *f* delantera; ~**begradigung** *f* rectificación *f* del frente; ~**dienst** *m* servicio *m* en el frente; ~**flug** ⚔ *m* misión *f* (en el frente); ~**flugzeug** *n* avión *m* de primera línea; ~**kämpfer** *m* combatiente *m* (del frente); *ehemaliger*: excombatiente *m*; ~**kämpferbund** *m* asociación *f* de excombatientes; ~**lader** ✱ *m* cargador *m* frontal; ~**linie** *f* línea *f* del frente; ~**scheibe** *Kfz. f* luna *f* delantera; ~**seite** △ *f* fachada *f*; frontispicio *m*; ~**truppen** *f/pl.* tropas *f/pl.* combatientes; ~**wechsel** ⚔ *m* cambio *m* de frente; *fig.* cambio *m* de rumbo.

'**Frosch** *m* (-es; ⁀e) *Zoo.* rana *f*; *Feuerwerk*: petardo *m*; ♪ talón *m*; *fig.* e-n ⁀ *im Hals haben* tener ronquera; *fig. sei kein* ⁀! ¡no andes con remilgos!; ⁀**gequake** *n* el croar de las ranas; ⁀**laich** *m* huevas *f/pl.* de rana; ⁀**lurche** *Zoo. m/pl.* anuros *m/pl.*; ⁀**mann** *m* (-*es*; ⁀er) hombre-rana *m*; ⁀**perspektive** *f* perspectiva *f* a ras del suelo; vista *f* desde abajo; ⁀**schenkel** *m Kochk.* anca *f* de rana; ⁀**teich** *m* estanque *m* de ranas.
'**Frost** *m* (-*es*; ⁀e) helada *f*; (*Kältegefühl*) frío *m* (que hiela); ⁀**aufbruch** *m* levantamiento *m* por helada; 2**beständig** *adj.* resistente a la(s) helada(s); ⁀**beule** ⚕ *f* sabañón *m*.
'**fröstein** (-*le*) *v/i.* temblar (*od.* tiritar) de frío; *ich fröstle, mich fröstelt* estoy tiritando (de frío), me estoy helando de frío.
'**frost**|**en** (-*e*-) *v/t.* (*einfrieren*) congelar; 2**er** *m* congelador *m*.
'**Frostgrenze** *f* límite *m* (*od.* línea *f*) de heladas.
'**frostig** *adj.* frío (*a. fig.*); (*gefroren*) helado; (*eisig*) glacial (*a. fig.*); 2**keit** *fig. f* (0) frialdad *f*.
'**Frost...**: ⁀**salbe** *f* pomada *f* (*od.* ungüento *m*) contra sabañones; ⁀**schaden** *m* daño *m* causado por las heladas; ⁀**schutzmittel** *n* anticongelante *m*; ⁀**schutzscheibe** *f* cristal *m* anticongelante; 2**sicher** *adj.* resistente a las heladas; ⁀**wetter** *n* (tiempo *m* de) heladas *f/pl.*
'**Frottee** *n od. m* (- *od.* -*s*; -*s*) (tejido *m* de) rizo *m*.
frot'**tier**|**en** (-) *v/t.* frotar, friccionar; 2**en** *n* fricción *f*; 2(**hand**)**tuch** *n* toalla *f* de rizo.
'**frotzeln** F (-*le*) *v/t.* F tomar el pelo a.
'**Frucht** *f* (-; ⁀e) fruto *m* (*a. fig.*); (*Obst*) fruta *f*; ⚕ (*Leibes*2) embrión *m*; feto *m*; *fig.* (*Ergebnis*) resultado *m*, producto *m*; *fig. die ersten Früchte* las primicias; *verbotene Früchte* fruta *f* prohibida; ⁀ *tragen* dar fruto, ⚕ fructificar; *wie e-e reife* ⁀ *in den Schoß fallen* caer como fruta madura; 2**bar** *adj.* fértil, fecundo (*a. fig.*); *fig.* fructuoso, fructífero; productivo; *bsd. Boden*: feraz; *Mensch, Tier*: prolífico; ⁀ *machen* fecundar; fertilizar; ⁀**barkeit** *f* (0) fecundidad *f*; fertilidad *f*, ⚕ *a.* feracidad *f*; productividad *f*; ⁀**barkeitsziffer** *f* índice *m* (*od.* tasa *f od.* cifra *f*) de fertilidad; ⁀**bildung** ⚕ *f* fructificación *f*; ⁀**bonbon** *m od. n* caramelo *m* de frutas; 2**bringend** *adj.* fructífero (*a. fig.*); *fig.* fructuoso; productivo; (*vorteilhaft*) ventajoso; lucrativo.
'**Früchtchen** F *fig. iro. ein schönes* (*od. sauberes*) ⁀! ¡buena pieza!; ¡menuda alhaja!
'**Frucht...**: ⁀**eis** *n* helado *m* de frutas; 2**en** (-*e*-) *v/i.* fructificar; *fig. a.* dar fruto, ser útil (*od.* provechoso); *nichts* ⁀ *sein* infructuoso; ser inútil, no servir para nada; ⁀**fleisch** ⚕ *n* pulpa *f*; ⁀**folge** ✓ *f* sucesión *f* de cultivos; ⁀**hülle** ⚕ *f* pericarpio *m*; 2**ig** *adj. Wein*: afrutado; ⁀**knoten** ⚕ *m* ovario *m*; 2**los** *fig. adj.* infructuoso; (*nutzlos*) inútil, vano, estéril; ⁀**losigkeit** *f* (0) infructuosidad *f*; inutilidad *f*; esterilidad *f*; ⁀**presse** *f* exprimidor *m* de frutas; ⁀**saft** *m* zumo *m* de frutas; *eingedickter*: jarabe *m*; 2**tragend** *adj.*

fructífero; ⁀**wasser** *Physiol. n* líquido *m* amniótico; ⁀**wechsel** ✓ *m* rotación *f* de cultivos; ⁀**zucker** ⚗ *m* fructosa *f*.
fru'**gal** *adj.* frugal.
Frugali'**tät** *f* (0) frugalidad *f*.
'**früh I.** *adj.* temprano; (*vorzeitig*) prematuro; (⁀*reif*) precoz; (*anfänglich*) primitivo; *am* ⁀*en Morgen* muy de mañana, de madrugada; *von* ⁀*er Jugend an* desde edad muy temprana; **II.** *adv.* temprano; *sehr* ⁀ de madrugada, muy temprano, F tempranito; *um 5 Uhr* ⁀ a las cinco de la madrugada (*od.* de la mañana); ⁀ *am Abend* a primera hora de la noche; ⁀ *und spät* mañana y tarde; *von* ⁀ *bis spät* de la mañana a la noche; *de sol a sol*; *so* ⁀ *wie möglich* lo antes posible, cuanto antes; *gestern* ⁀ ayer por la mañana; *morgen* ⁀ mañana por la mañana; *heute* ⁀ esta mañana; ⁀ *aufstehen* (*gewöhnlich*) madrugar; (*ausnahmsweise*) levantarse temprano; *zu* ⁀ *kommen* llegar temprano (*od.* antes de tiempo); (*zu*) ⁀ *sterben* morir prematuramente; (*zu*) ⁀ *verstorben* malogrado; 2**apfel** *m* manzana *f* temprana; 2**aufsteher**(**in** *f*) *m* madrugador(a *f*) *m*; 2**beet** ✓ *n* tabla *f* de mantillo; ⁀**christlich** *adj.* paleocristiano; 2**diagnose** ⚕ *f* diagnóstico *m* precoz; 2**e** *f* (0) mañana *f*; (*Tagesanbruch*) madrugada *f*; *in aller* ⁀ muy de madrugada, *Poes.* al rayar el alba; ⁀**er I.** *adj.* **1.** *comp. von früh*; **2.** (*ehemalig*) antiguo; ex; (*vorhergehend*) precedente; anterior; **II.** *adv.* más pronto, (*vorher*) antes, anteriormente, con anterioridad; (*ehemals*) antes; en otros tiempos, antiguamente; *je* ⁀, *desto besser*; *je* ⁀, *je lieber* cuanto antes mejor; ⁀ *oder später* tarde o temprano; *ich kenne ihn von* ⁀ lo conozco de antes; 2**erkennung** ⚕ *f* detección *f* (*od.* diagnóstico *m*) precoz; 2**est** *adj.* **1.** *sup. von früh*; **2.** *der* ⁀**e** (*erste*) el primero; (*älteste*) más antiguo; ⁀**estens** *adv.* (*nicht eher als*) ⁀ *morgen* no antes de mañana.
'**Früh...**: ⁀**geburt** *f* parto *m* prematuro; (*Kind*) (niño *m*) prematuro *m*; ⁀**gemüse** *n* hortalizas *f/pl.* tempranas; ⁀**geschichte** *f* protohistoria *f*; ⁀**gottesdienst** *m I.C.* misa *f* de(l) alba, primera misa *f*; *I.P.* oficio *m* matutino; ⁀**gymnastik** *f* gimnasia *f* matinal; ⁀**jahr** *n* primavera *f*; ⁀**jahrsmüdigkeit** ⚕ *f* fatiga *f* primaveral; ⁀**kartoffel** *f* patata *f* temprana.
'**Frühling** *m* (-*s*; -*e*) primavera *f*; 2**shaft**, 2**smäßig** *adj.* primaveral; de primavera; ⁀**s-tag** *m* día *m* primaveral (*od.* de primavera); ⁀**szeit** *f* (estación *f* de) primavera *f*.
'**Früh...**: ⁀**messe** *f* misa *f* de(l) alba, primera misa *f*; ⁀**mette** *f* maitines *m/pl.*; 2'**morgens** *adv.* muy de mañana, de madrugada; al amanecer; ⁀**obst** *n* fruta *f* temprana; 2**reif** *adj.* precoz (*a.* ⚕); prematuro; ⁀**reif** *m* escarcha *f* matinal; ⁀**reife** *f* precocidad *f*; ⁀**schicht** *f* turno *m* de la mañana; ⁀**schoppen** *m* aperitivo *m* matinal; ⁀**stadium** *n bsd.* ⚕ estadio *m* precoz; ⁀**stück** *n* desayuno *m*; 2**stücken** *v/i.* desayunar(se); ⁀**stücksspeck** *m* bacon *m*; ⁀**werk** *n* obra *f* juvenil; 2**zeitig I.** *adj.* precoz;

(*früh*) temprano; (*vorzeitig*) prematuro; **II.** *adv.* temprano; (*rechtzeitig*) a tiempo; (*vorzeitig*) prematuramente; antes de tiempo; ⁀**zeitigkeit** *f* (0) precocidad *f*; ⁀**zug** 🚂 *m* tren *m* de la mañana; ⁀**zündung** *Kfz. f* encendido *m* anticipado (*od.* adelantado).
'**Frus**|**t** F *m* F frustre *m*; ⁀**trati**'**on** *Psych. f* frustración *f*; 2'**trieren** (-) *v/t.* frustrar; 2'**trierend** *adj.* frustrante.
'**F-Schlüssel** ♪ *m* clave *f* de fa.
'**Fuchs** *m* (-*es*; ⁀e) *Zoo.* zorro *m* (*a. Pelz*), raposo *m*; (*Pferd*) alazán *m*; (*Student*) estudiante *m* corporado de primer curso; *Billard*: pifia *f*; ⊕ (*Rauchkanal*) canal *m* de llamas; (*rothaariger Mensch*) pelirrojo (-a *f*) *m*; *fig. ein alter* (*od. schlauer*) ⁀ un zorro *m* (*od.* perro *m*) viejo; *wo die Füchse sich gute Nacht sagen* en los quintos infiernos; donde Cristo dio las tres voces; ⁀**balg** *m* piel *f* de zorro; ⁀**bau** *m* zorrera *f*; ⁀**eisen** *n*, ⁀**falle** *f* cepo *m*; 2**en** F (-*t*) *v/t.* fastidiar, dar rabia a.
'**Fuchsie** [-ksiə] ⚕ *f* (-; -*n*) fucsia *f*.
'**Füchsin** *Zoo. f* zorra *f*, raposa *f*.
'**Fuchs...**: ⁀**jagd** *f* caza *f* del zorro; ⁀**pelz** *m* (piel *f* de) zorro *m*; 2**rot** *adj.* rojo subido; *Pferd*: alazán; ⁀**schwanz** *m* ⚕ cola *f* de zorra; amaranto *m*; (*Säge*) serrucho *m*; 2**teufels**'**wild** F *adj.*: ⁀ *sein* estar hecho una furia (*od.* fiera), echar chispas.
'**Fucht**|**el** *f* (-; -*n*): *unter j-s* ⁀ *stehen* estar bajo la férula de alg.; 2**eln** (-*le*) *v/i.*: *mit den Händen* ⁀ manotear, agitar las manos; *mit den Armen* ⁀ bracear; 2**ig** F *adj.* furioso.
'**Fuder** *n* (-*s*; -) carretada *f*; (*Faß*) cuba *f*.
Fug *m*: *mit* ⁀ *und Recht* con perfecto (*od.* todo) derecho, de justicia, de buena razón.
'**Fuge**[1] *f* ⊕ unión *f*; junta *f*, juntura *f*; encaje *m*; (*Einschnitt*) entalladura *f*; (*Rille*) ranura *f*; (*Kerbe*) muesca *f*; (*Spalt*) hendidura *f*; *aus den* ⁀*n bringen* desencajar; dislocar; *aus den* ⁀*n gehen* desencajarse; dislocarse; desvencijarse; *fig.* desquiciarse; disolverse; desorganizarse; *fig. aus den* ⁀*n fuera de quicio.*
'**Fuge**[2] ♪ *f* fuga *f*.
'**fugen** *v/t.* juntar, unir; *Bretter*: ensamblar; encajar.
'**fügen I.** *v/t.* juntar, unir; (*passend ordnen*) arreglar, ordenar, disponer; (*ineinanderfügen*) encajar; **II.** *v/refl.*: *sich* ⁀ (*geschehen*) suceder, ocurrir; (*sich unterwerfen*) someterse, plegarse (a); (*sich anpassen*) acomodarse (*in ac.* a); conformarse (con); (*sich schicken*) resignarse (*in ac.* a); (*nachgeben*) ceder; doblegarse (*in ac.* a); *das fügt sich gut* esto viene a propósito (*od.* a la medida).
'**Fugen**|**kelle** △ *f* llana *f* de rejuntar; 2**los** *adj.* sin junturas.
'**füg**|**lich** *adv.* convenientemente; oportunamente; (*mit Fug*) con razón; (*wohl*) bien; ⁀**sam** *adj.* dócil, dúctil; (*anpassungsfähig*) acomodadizo; 2**samkeit** *f* docilidad *f*; sumisión *f*; 2**ung** *f* ⊕ (*Verbindung*) unión *f*, juntura *f*; (*Ineinander*2) ensambladura *f*; *fig.* (*Zusammentreffen*) coincidencia *f*; (*Schicksal*) destino *m*; (*Unterwerfung*) sumisión *f*; *göttliche, des Schicksals*: providencia *f*.

fühlbar — fünfzig

fühlbar *adj.* sensible; *(berührbar)* tangible *(a. fig.)*, palpable; *(merkbar)* perceptible; ~**er** *Verlust* pérdida *f* sensible; ~ werden, sich ~ machen hacerse sentir *(od.* notar).

fühl|en I. *v/t. (empfinden)* sentir; *(erfahren)* experimentar; *(befühlen)* tocar; palpar; tentar; *j-n et.* ~ *lassen* hacer sentir a alg. a/c.; **II.** *v/refl.*: *sich wohl, glücklich usw.* ~ sentirse bien, feliz, *etc.*; *sich* ~ *als (halten für)* creerse, dárselas de; F *sich* ~ *(eingebildet sein)* darse tono; *wie fühlst du dich?* ¿cómo te sientes?; ⛁**en** *n* sensación *f*, sentir *m*; → *a. Gefühl*; ⛁**er** *m Zoo.* antena *f*; *fig.* s-e ~ *ausstrecken* tantear el terreno; ⛁**horn** *Zoo.* n antena *f*; ⛁**ung** *f* contacto *m*; *mit j-m in* ~ *kommen (sein, bleiben)* entrar (estar, quedar) en contacto con alg.; *mit j-m* ~ *nehmen* ponerse en contacto *(Neol.* contactar) con alg.; ⛁**ungnahme** *f (0)* contacto *m*.

Fuhre *f (Ladung)* carretada *f*; *(Transport)* acarreo *m*.

führen I. *v/t.* conducir *(a. Kfz.)*; llevar *(a. Bücher, Haushalt usw.)*; *(geleiten)* acompañar, guiar; *(leiten)* dirigir; *(lenken, steuern)* conducir, guiar; ⚓, ✈, *Kfz. a.* pilot(e)ar; *(verwalten)* administrar; *Amt:* desempeñar; ⚔ *Truppen*, ⚓ *Schiff:* mandar; ⚓ *a.* patronear; *Mannschaft, Gruppe:* capitanear, encabezar; *Pol. a.* acaudillar; *Beweis:* aportar; *Schlag:* dirigir *(gegen* contra); descargar, dar; *Gespräch, Unterredung:* (sos)tener; *Namen:* llevar; *Titel: a.* tener; *Waren:* vender, tener a la venta; *Protokoll:* redactar; *Feder, Werkzeug:* manejar; *e-e glückliche (unglückliche) Ehe* ~ vivir en feliz matrimonio (ser desgraciado en el matrimonio); *bei sich* ~ llevar consigo *(od.* encima); *mit sich* ~ *Fluß:* arrastrar, acarrear *(a. fig.)*; *fig. a.* llevar consigo, conllevar; **II.** *v/refl.*: *sich gut (schlecht)* ~ (com)portarse *(od.* conducirse) bien (mal); **III.** *v/i. (an der Spitze sein)* ir a la cabeza *(a. Sport)*; ir a la cabeza; *Sport:* a. llevar ventaja; ~ *nach Straße usw.*: ir, conducir, llevar a; *zu weit* ~ llevar demasiado lejos; *wohin soll das* ~? ¿adónde irá a parar todo esto?; *das führt zu nichts* esto no conduce a nada; con esto no se va a ninguna parte; *was führt dich zu mir?* ¿qué te trae aquí?; ~**d** *adj. (leitend)* director; dirigente; directivo; *(an der Spitze)* en cabeza; primero; de primer orden, de primera categoría; *(hervorragend)* eminente, prominente; ~**e** *Kreise* círculos *m/pl.* directores; ~**e** *Stellung* puesto *m* directivo; alto cargo *m*.

Führer *m* conductor *m*; *(Leiter)* director *m*; jefe *m*; *bsd. Pol.* dirigente *m*; *Pol., Sport:* líder *m*; *e-r Mannschaft:* capitán *m*; *Pol. a.* caudillo *m*; *(Fremden*⛁*)* guía *m*; *(Buch)* guía *f*; *(Flugzeug*⛁*)* piloto *m*; ~**eigenschaften** *f/pl.* dotes *f/pl.* de mando; ~**haus** *Kfz. n* cabina *f* del conductor; ~**in** *f* jefa *f*; conductora *f*; ~**kabine** *f* ~**haus**; ~**los** *adj.* sin jefe, acéfalo; ~**prinzip** *n* principio *m* autoritario; ~**schaft** *f (0)* jefatura *f*; *(Leitung)* dirección *f*; *Pol., Sport:* liderato *m*, liderazgo *m*; ~**schein** *Kfz. m* permiso *m (od.* carnet *m)* de conducir; *den* ~ *machen (entziehen)* sacar (retirar) el carnet de conducir; ~**schein-entzug** *m* retirada *f* del carnet de conducir; ~**sitz** *m* ⚔ asiento *m* del piloto; *Kfz.* asiento *m* del conductor; ~**stand** *m* puesto *m* del conductor; ✈ puesto *m* del piloto; 🚂 puesto *m* del maquinista; ~**tum** *n (-s; 0)* caudillaje *m*; liderazgo *m*.

Fuhr...: ~**geld** *n*, ~**lohn** *m* gastos *m/pl.* de acarreo *bzw.* de transporte; camionaje *m*; ~**mann** *m (-¢s; -leute)* carretero *m*, carrero *m*; *Astr.* Auriga *m*; ~**park** *m* parque *m* móvil *(od.* de vehículos).

Führung *f (Benehmen)* conducta *f*; *(Leitung)* dirección *f*; ⚔, ⚓ mando *m*; ✈ pilotaje *m*; ⊕ *e-s Maschinenteiles:* guía *f*; conducción *f*; *e-s Geschäfts:* gestión *f*; gerencia *f*; ✝ *der Bücher:* teneduría *f (Führerschaft)* jefatura *f*; liderato *m*, liderazgo *m*; *(Besichtigung)* visita *f (guiada); Sport:* ventaja *f*; ⛁ *bei guter* ~ en caso de buena conducta; *die* ~ *übernehmen* tomar la dirección; ⚔ asumir el mando; *Sport: (a. in* ~ *gehen)* ponerse en cabeza, tomar la delantera; *in* ~ *sein (od. liegen) Sport:* llevar ventaja; estar en cabeza.

Führungs...: ~**arm** ⊕ *m* brazo *m* de conducción; ~**bahn** ⊕ *f* guía *f*; ~**eigenschaften** *f/pl.* don *m (od.* dotes *f/pl.)* de mando; ~**kraft** *f* directivo *m*; *bsd. Pol.* dirigente *m*; ✝ ejecutivo *m*; mando *m*; *pl. a.* cuadros *m/pl.* directivos; ~**leiste** ⊕ *m* listón *m* de guía; ~**rolle** ⊕ *f* polea *f* de guía; ~**schiene** ⊕ *f* rail-guía *m*; ~**spitze** *f* altas jerarquías *f/pl.*; ~**stab** ⚔ *m* estado *m* mayor operativo; ~**stange** ⊕ *f* vástago *m* de guía; ~**tor** *n*, ~**treffer** *m Sport:* gol *m* de ventaja; ~**zeugnis** *n* certificado *m* de buena conducta.

Fuhr...: ~**unternehmen** *n* empresa *f* de transportes; ~**unternehmer** *m* transportista *m*; ~**werk** *n* vehículo *m* (de tracción animal); carruaje *m*; carro *m*; ~**wesen** *n allg.* transportes *m/pl.*; carretería *f*; acarreo *m*; *mit Lastwagen:* (servicio *m* de) camionaje *m*.

Füll|ansatz ⊕ *m* apéndice *m*; ~**bleistift** *m* portaminas *m*; ~**e** *f (0)* abundancia *f*; *fig. a.* plenitud *f*; plétora *f*; *(Überfluß)* opulencia *f*; exuberancia *f*; profusión *f*; *(Menge)* gran cantidad *f*; *(Reichtum)* riqueza *f*; *(Körper*⛁*)* gordura *f*; *Kochk.* relleno *m*.

füllen *v/t.* llenar (*mit* de, con); *Kochk.* rellenar; *Ballon:* inflar, hinchar; *Zähne:* empastar; ~ *in nachar (od.* verter) en; *sich den Magen* ~ hartarse, hincharse (*mit* de); *in Flaschen* ~ embotellar; *in Säcke* ~ ensacar; *in Fässer* ~ embarrilar; entonelar.

Füllen *Zoo. n (-s; -)* potro *m*; *weibliches:* potra *f*, potranca *f*.

Füll...: ~**er** F *m*, ~**feder** *f*, ~**federhalter** *m* (pluma *f*) estilográfica *f*; ~**gewicht** *n* peso *m* al envasar; ~**horn** *n* cuerno *m* de la abundancia, cornucopia *f*; ⛁**ig** *adj.* grueso; F regordete, llenito; ~**masse** *f* masa *f* de relleno; ~**material** *n* material *m* de relleno; ~**öffnung** *f Met.* abertura *f (od.* lumbrera *f)* de carga; ~**sel** *n (-s; -) Kochk.* relleno *m*; *fig.* ripio *m*; ~**stein** △ *m* mampuesto *m*; ~**stoff** *m* relleno *m*; ~**stutzen** *m* tubuladura *f* de relleno; ~**trichter** *m* tolva *f (od.* embudo *m)* de carga; ~**ung** *f* llenado *m*; relleno *m (a. Kochk.)*; *e-s Zahns:* empaste *m*; *e-r Tür, Wand:* panel *m*, entrepaño *m*; *(Ladung)* carga *f*; ~**vorrichtung** *f* dispositivo *m* de carga *bzw.* de llenado; ~**wort** *n* partícula *f* expletiva, ripio *m*.

Fummel F *m* vestido *m* (barato); ⛁**n** F *(-le) v/i.* manosear; manipular.

Fund *m (-¢s; -e)* hallazgo *m*; descubrimiento *m*; *(Fundsache)* objeto *m* hallado *bzw.* perdido.

Funda'ment *n (-¢s; -e)* fundamento *m*; △ *a.* cimentación *f*, cimientos *m/pl.*; *(Sockel)* base *f*; *fig.* fundamento *m*, base *f*; △ *das* ~ *legen* sentar *(od.* echar) los cimientos (*zu* de).

fundamen'tal *adj.* fundamental, básico; ⛁**ta'lismus** *m (-; 0) Pol.* fundamentalismo *m*; ⛁**'talsatz** *m* principio *m* fundamental; ~**'tieren** *(-) v/t.* asentar *(od.* echar) los cimientos (de).

Fund...: ~**büro** *n* oficina *f* de objetos perdidos; ~**gegenstand** *m* objeto *m* hallado; ~**grube** *fig. f* filón *m*, mina *f*, cantera *f*.

fun'dier|en *(-) v/t.* fundamentar, fundar, cimentar; *Schuld:* consolidar; *fundiertes Wissen* conocimientos *m/pl.* sólidos; ⛁**ung** *f* fundamentación *f*; *e-r Schuld:* consolidación *f*.

fündig *adj.*: ~ *werden* 🔨 descubrir (un yacimiento); *fig.* encontrar (lo que se buscaba).

Fund...: ~**ort** *m* lugar *m* del hallazgo; ~**sache** *f* cosa *f* hallada; ~**unterschlagung** *f* apropiación *f* indebida de un objeto hallado.

fünf I. *adj.* cinco; *fig.* ~ *gerade sein lassen* F hacer la vista gorda; *an den* ~ *Fingern abzählen* contar con los dedos de una mano; **II.** ⛁ *f* cinco *m*.

fünf...: ~**aktig** *adj.* en cinco actos; ⛁**eck** ⚝ *n* pentágono *m*; ~**eckig** *adj.* pentagonal; ~**erlei** *adj.* de cinco clases *(od.* especies); ~**fach**, ~**fältig I.** *adj.* quíntuple; **II.** *adv.* cinco veces más; ⛁**flächner** *m* pentaedro *m*; ⛁**ganggetriebe** *Kfz. n* caja *f* de cambios de cinco velocidades; ~**hundert** *adj.* quinientos; ⛁**jahresplan** *m* plan *m* quinquenal; ~**jährig** *adj.* de cinco años; quinquenal; ~**jährlich** *adv.* cada cinco años; ⛁**kampf** *m* pentatlón *m*; ⛁**kämpfer** *m* pentatloniano *m*, pentatleta *m*; ⛁**linge** *m/pl.* quintillizos *m/pl.*; ~**mal** *adv.* cinco veces; ~**malig** *adj.* cinco veces repetido; ⛁**'markstück** *n* moneda *f* de cinco marcos; ~**monatlich** *adv.* cada cinco meses; ⛁**pe'setenstück** *n* duro *m*; ~**prozentig** *adj.* al cinco por ciento; ~**seitig** *adj.* de cinco páginas; ⚝ pentagonal; ⛁**silber** *m*, ~**silbig** *adj.* pentasílabo (*m*); ~**stellig** *adj. Zahl:* de cinco cifras; ~**stöckig** *adj. Haus:* de cinco pisos; ⛁**tagewoche** *f* semana *f* de cinco días, semana *f* inglesa; ~**tägig** *adj.* de cinco días; ~**tausend** *adj.* cinco mil; ~**te** *adj.* quinto; *der (den, am)* ~*(n) Mai* el cinco de mayo; *Karl der* ⛁ *(V.)* Carlos Quinto (Carlos V); ~**tel** *n* quinto *m*; la quinta parte; ~**tens** *adv.* en quinto lugar; ⛁**uhrtee** *m* el té de las cinco; ~**zehn** *adj.* quince; ~**zehnte** *adj.* decimoquinto; ~**zig** *adj.* cincuenta; *in den*

~er *Jahren* en los años cincuenta; ²ziger(in *f*) *m* cincuentón *m*, cincuentona *f*; *in den Fünfzigern sein* haber pasado los cincuenta; ²zig-¹jahrfeier *f* cincuentenario *m*; ~zigjährig *adj.* de cincuenta años; ~zigste *adj.* quincuagésimo; ²zigstel *n* la quincuagésima parte; un cincuentavo.

fun¹gieren (-) *v/i.*: ~ *als* actuar de; hacer (las veces) de; F estar de.

'Funk *m* (-*es*; 0) radio *f*; *durch* ~; *über den* ~ por radio; → *a.* Rundfunk, Radio; ~amateur *m* radioaficionado *m*; ~anlage *f* instalación *f* radiotelegráfica; equipo *m* de radio; ~bake *f* radiobaliza *f*, radiofaro *m*; ~bearbeitung *f* adaptación *f* (*od.* versión *f*) radiofónica; ~bericht *m* radioreportaje *m*; ~bild *n* fotografía *f* radiada, radiofoto *f*, telefoto *f*.

'Fünkchen *n* chispita *f*; *fig.* → Funke.

'Funke *m* (-*ns*; -*n*) chispa *f* (*a. fig.*); *fig.* ápice *m*, pizca *f*; ~ *n sprühen* echar chispas (*a. fig.*), chisporrotear; *kein* ~*n Wahrheit* ni un ápice de verdad; *kein* ~*n Hoffnung* ni un rayo de esperanza; *fig. der* ~(*n*) *springt über* salta la chispa.

'Funk-einrichtung *f* instalación *f* de radio.

'funkeln (-*le*) I. *v/i.* brillar (*a.* Augen), resplandecer; (*glitzern*) relucir; (*sprühen*) chispear; destellar; centellear; II. ² *n* brillo *m*, resplandor *m*; centelleo *m*; fulgor *m*.

'funkel¹nagel¹neu *adj.* flamante.

'funken I. *v/t.* radiar, radiotelegrafiar, transmitir por radio; II. *v/i.* F *fig.* funcionar; F *bei ihm hat es* (*endlich*) *gefunkt* F lo ha captado; III. ² *n* radiotelegrafía *f*.

'Funken *m* → Funke; ~entladung *f* descarga *f* por chispas, ~fänger *m* parachispas *m*; ~flug *m* proyección *f* de chispas; ~induktor *m* inductor *m* de chispas; ~sprühen *n* chisporroteo *m*; ²sprühend *adj.* chispeante; ~strecke *f* distancia *f* explosiva de las chispas.

'Funk...: ²entstört *adj.* protegido contra interferencias; ~entstörung *f* protección *f* antiparasitaria, supresión *f* de interferencias; ~er *m* radiotelegrafista *m*, F radio *m*; ²(fern)gesteuert *adj.* radiodirigido; ~fernschreiber *m* radioteletipo *m*, radioteleimpresor *m*; ~fernsprecher *m* radioteléfono *m*; ~feuer *n* radiofaro *m*; ~gerät *n* aparato *m* de radio; ~haus *n* (*Sendestelle*) estación *f* emisora; radioemisora *f*; ~kompaß *m* radiocompás *m*; ~meldung *f*, ~nachricht *f* → ~spruch; ~meß-anlage *f* instalación *f* de radar; ~navigation *f* radionavegación *f*, ~ortung *f* radiolocalización *f*; ~peil-anlage *f* instalación *f* radiogoniométrica; ~peilgerät *n* radiogoniómetro *m*; ~peilstelle *f* estación *f* radiodetectora; ~peilung *f* radiogoniometría *f*; ~sender *m* radioemisora *f*, ~sendung *f* emisión *f* radiofónica, radioemisión *f*; ~signal *n* señal *f* de radio; ~sprechgerät *n* radioteléfono *m*; radiotransmisor *m*; ~sprechverkehr *m* radiotelefonía *f* (radio)telegráfico), ~spruch *m* mensaje *m* (radio)telegráfico), radiomensaje *m*, radiograma *m*; ~station *f* estación *f* de radio; ~steuerung *f* radiodirec-

ción *f*; ~stille *f* calma *f* de radio; tiempo *m* muerto; ~streife *f* radiopatrulla *f*; ~streifenwagen *m* coche *m* radiopatrulla; ~taxi *n* radiotaxi *m*; ~technik *f* radiotécnica *f*; ~techniker *m* radiotécnico *m*; ²technisch *adj.* radiotécnico; ~telegramm *n* radiotelegrama *m*.

Funkti¹on *f* función *f* (*a.* ⚕); (*Tätigkeit*) *a.* actuación *f*; *in* ~ *treten* entrar en funciones.

funktio¹nal *adj.* funcional.

Funktio¹när *m* (-*s*; -*e*) funcionario *m* (*a.* Pol.).

funktio¹nell *adj.* funcional.

funktio¹nieren I. (-) *v/i.* funcionar; II. ² *n* funcionamiento *m*.

funkti¹ons|gerecht *adj.* funcional; ²störung ⚕ *f* trastorno *m* funcional; ²taste *f* Computer: tecla *f* de función.

'Funk...: ~turm *m* torre *f* portaantenas; ~uhr *f* reloj *m* por radio; ~verbindung *f* comunicación *f* por radio, radiocomunicación *f*; radioenlace *m*; ~verkehr *m* radiocomunicación *f*; ~wagen *m* coche-radio *m*; → *a.* ~streifenwagen; ~werbung *f* publicidad *f* radiada; ~wesen *n* radiotelegrafía *f*; radio(tele)fonía *f*.

'Funzel F *f* (-; -*n*) lámpara *f* que da poca luz.

für I. *prp.* para; (*um ... willen*) por; (*als Ersatz*) a cambio de, por; (*zugunsten von*) a favor de; ~ *dich* para ti; (*um deinetwillen*) por ti; ~ *heute* para hoy; ~ *wen halten Sie mich?* ¿por quién me toma usted?; *ich* ~ *meinen Teil* por mi parte; *ich* ~ *meine Person* por lo que a mí toca; en cuanto a mí; *Mann* ~ *Mann* uno por uno, uno a uno; *Tag* ~ *Tag* día por día; *Punkt* ~ *Punkt* punto por punto; *Schritt* ~ *Schritt* paso a paso; *Wort* ~ *Wort* palabra por palabra; ~ *sein Alter* para (*od.* teniendo en cuenta) su edad, para sus años; ~ *das wenige Geld, das du verdienst* para lo poco que ganas; ~ *j-n sein* estar a favor de alg.; *ich stimme* ~ *ihn* yo voto por él; ~ *m-e Familie tue ich alles* por mi familia soy capaz de todo; *alles spricht* ~ *ihn* todo habla en su favor; ~ *das Vaterland* por la Patria; ~ *10 Mark* por diez marcos; ~ *diesen Preis* a ese precio, por ese precio; *das ist e-e Sache* ~ *sich* esto es cosa aparte, F esto es otro cantar; ~ *sich* (*sprechen usw.*) para sí; *Thea.* aparte; ~ *sich allein vivir* solo (*od.* retirado); ~ *sich allein solo; por sí solo; an und* ~ *sich* de por sí; (*eigentlich*) en el fondo; *das hat viel* ~ *sich* esto es muy plausible; *was* ~ *ein Mensch ist das?* ¿qué clase de persona es?; *was* ~ *e-e Frau!* ¡qué mujer!; II. ² *n*: *das* ~ *und Wider* el pro y el contra.

'Fürbitte *f* intercesión *f* (*für a. od.* en favor de); *Rel.* ruego *m*; *bei j-m* ~ *einlegen* interceder acerca de alg. (*für* a favor de).

'Furche *f* surco *m*; (*Runzel*) *a.* arruga *f*; (*Rinne*) canal *m*; ~*n ziehen* → ²n *v/t.* surcar; *Stirn:* arrugar.

'Furcht *f* (0) miedo *m*, temor *m* (*vor a.*); (*Schrecken*) terror *m*; (*Entsetzen*) espanto *m*; (*Besorgnis*) aprensión *f*; *aus* ~ *vor j-m* por miedo (*od.* miedo) de od. a alg.; *aus* ~, *daß* por temor (*od.* miedo) de que (*subj.*); *j-n in* ~ *versetzen* amedrentar, atemorizar a alg.; *j-m* ~ *einflößen* (*od.* einjagen) infundir (F meter) miedo a alg.; *ohne* ~ *und*

Tadel sin miedo y sin tacha; *umkommen vor* ~ morirse de miedo; *keine* ~! ¡no tema(s) (nada)!; ²bar *adj.* temible; tremendo; (*schrecklich*) terrible, horrible (*beide a. fig.*); *stärker:* atroz; espantoso; horrendo; F (*sehr groß*) enorme; formidable; tremendo; ~barkeit *f* (0) carácter *m* terrible; atrocidad *f*.

'fürchten I. (-*e*-) *v/t. u. v/i.* temer (*für j-n* por alg.); *argwöhnisch:* recelar; *j-n* ~ temer (*od.* tener miedo) a alg; *et.* ~ temer (*od.* tener miedo a) *f*; *sich* ~ tener miedo (*vor dat.* a); *ich fürchte, daß* (me) temo que (*subj.*); *sich* ~ *zu* (*inf.*) tener miedo de (*inf.*); II. ² *n* → Furcht.

'fürchterlich *adj.* → furchtbar.

'furcht|erregend *adj.* que da miedo; → *a.* furchtbar; ~los *adj.* sin temor; sin miedo; (*unerschrocken*) impávido, impertérrito, intrépido; ²losigkeit *f* (0) impavidez *f*; intrepidez *f*; ~sam *adj.* temeroso, medroso, miedoso; pusilánime; (*schüchtern*) tímido; ²samkeit *f* (0) miedo *m*; pusilanimidad *f*; timidez *f*.

'Furchung *Bio. f* segmentación *f*.

für-ei¹nander *adv.* el uno para el otro, unos para otros.

'Furie [-rĭə] *f* (-; -*n*) *Myt. u. fig.* furia *f*.

Fu¹rier ⚔ *m* furriel *m*.

für¹liebnehmen (L) *v/i.*: ~ *mit* contentarse con, darse por satisfecho con.

Fur¹nier *m* (-*s*; -*e*) chapa *f* (*od.* hoja *f*) de madera; enchapado *m*; *v/t.* enchapar, chapear, contrachap(e)ar; ~en *n*, ~ung *f* enchapado *m*; ~holz *n* madera *f* para enchapar.

Fu¹rore *f* (0) furor *m*; ~ *machen* causar sensación, hacer furor.

'Fürsorge *f* (0) solicitud *f*; cuidados *m/pl.*, asistencia *f*; *soziale* (*öffentliche*) ~ asistencia *f* social (pública); ~amt *n* oficina *f* de asistencia social; ~anspruch *m* derecho *m* a asistencia; ~einrichtung *f* institución *f* asistencial; ~r(in *f*) *m* asistente (-a *f*) *m* social; ~wesen *n* sistema *m* asistencial benéfico-social.

'fürsorglich *adj.* cuidadoso; solícito.

'Für|sprache *f* (0) intercesión *f*; ~ *einlegen für* interceder por; ²sprecher *m* intercesor *m*; abogado *m*.

'Fürst *m* (-*en*) príncipe *m*; F *wie ein* ~ *leben* vivir a cuerpo de rey; ~bischof *m* príncipe *m* obispo; ~engeschlecht *n* dinastía *f*; ~entum *n* (-*s*; *~er*) principado *m*; ~in *f* princesa *f*; ²lich *adj.* de príncipe; principesco; *fig. regio;* ~ *bewirten* (*leben*) tratar (vivir) a cuerpo de rey.

Furt *f* (-; -*en*) vado *m*.

Fu¹runkel ⚕ *m*, *n* (-*s*; -) forúnculo *m*, furúnculo *m*, divieso *m*.

furunku¹lös ⚕ *adj.* furunculoso.

Furunku¹lose ⚕ *f* furunculosis *f*.

für¹wahr *adv.* por cierto; realmente.

'Für|witz *m* → Vorwitz; ~wort *Gr. n* pronombre *m*.

Furz V *m* (-*es*; *~e*) pedo *m*; ¹²en (-*t*) V *v/i.* V soltar pedos, peer.

'Fusel F *m* aguardiente *m* malo; ~öl *n* aceite *m* empireumático.

füsi¹lieren (-) ⚔ *v/t.* fusilar, pasar por las armas.

Fusi¹on *f* ⚕, ⚛ fusión *f*.

fusio¹nieren (-) *v/t.* fusionar.

Fuß *m* (-*es*; *~e*) pie *m* (*a.* Maß); *Tier:*

pata f (a. Möbel♀); e-r Bildsäule: basa f; pedestal m; zu ~ a pie; zu ~ gehen ir a pie, andar; gut zu ~ sein ser buen andador (od. andarín); auf gleichem ~ en pie de igualdad; mit dem ~ stoßen dar un puntapié (od. una patada) a; mit dem ~ an et. stoßen dar (od. tropezar) con el pie contra; j-m auf den ~ treten pisar a alg.; dar un pisotón a alg.; fig. ofender a alg.; j-m zu Füßen fallen (od. sinken) caer bzw. echarse a los pies de alg.; auf die Füße fallen caer de pie(s) (a. fig.); auf eigenen Füßen stehen ser independiente, volar con sus propias alas; sich auf eigene Füße stellen hacerse independiente; fig. mit Füßen treten pisotear; hollar; (festen) ~ fassen tomar pie; fig. a. echar raíces; auf schwachen Füßen stehen estar sobre pies de barro; keinen ~ vor die Tür setzen no poner los pies en la calle; j-m auf dem ~e folgen seguir de cerca a alg.; F pisar a alg. los talones; auf großem ~e leben vivir a lo grande; auf freien ~ setzen poner en libertad; auf gleichem ~ stehen estar a la par con, estar a la misma altura que; mit j-m auf gutem (schlechtem) ~ stehen estar en buenos (malos) términos con alg.; F fig. kalte Füße kriegen F agallinarse, P acojonarse.

'Fuß...: ~abdruck m huella f (del pie); ~abstreifer m, ~abtreter m metallener: limpiabarros m; (Fußmatte) limpiapiés m, felpudo m; ~angel f abrojo m; fig. trampa f; ~antrieb ⊕ m mando m a pedal; ~arzt m podólogo m; ~bad n baño m de pies; 🏊 pediluvio m; ~ball m balón m, pelota f (de fútbol), F esférico m; (Spiel) fútbol m, balompié m; ~ spielen jugar al fútbol; ~ballen Anat. m tenar m; ~baller F m → ~ballspieler; ~ballfan(atiker) m entusiasta m del fútbol; F hincha m; ~ballklub m club m de fútbol; ~ballmannschaft f equipo m de fútbol; ~ballmeisterschaft f campeonato m de fútbol; ~ballplatz m campo m de fútbol; Arg. cancha f; ~ballspiel n fútbol m; (Kampf) partido m (od. encuentro m) de fútbol; ~ballspieler m jugador m de fútbol, futbolista m; ~ballstar m as m futbolístico; ~ballstiefel m/pl. botas f/pl. de fútbol; ~balltoto n, m quinielas f/pl.; ~ballverband m federación f de clubs de fútbol; ~ballverein m club m de fútbol; ~ballweltmeisterschaft f campeonato m mundial de fútbol; ~bank f tarima f; banquillo m; ~bekleidung f calzado m; ~boden m suelo m, piso m; (Stein♀,

Fliesen♀) pavimento m; ~bodenbelag m revestimiento m del suelo; pavimento m; ~bodenheizung f calefacción f bajo pavimento; ~breit m: keinen ~ weichen no (retro)ceder ni un palmo; ~bremse f freno m de pie (od. pedal); ~decke f cubrepiés m; ~eisen n grillos m/pl.; (Angel) abrojo m.

'Fussel F f, m mota f; hilacha f; pelusa f; 2ig adj. deshilachado; F fig. sich den Mund ~ reden F gastar saliva en balde; 2n v/i. dejar pelusa.

'fußen (-t) v/i. Jgdw. posarse; fig. estribar, fundarse, basarse, apoyarse (auf dat. en).

'Fuß...: ~ende n des Bettes: pie(s) m(/pl.) de la cama; ~fall m postración f; genuflexión f; e-n ~ vor j-m tun echarse a los pies de alg.; postrarse ante alg.; 2fällig I. adj. postrado; arrodillado; II. adv. de rodillas, de hinojos; postrado; ~fesseln f/pl. grillos m/pl.; ~gänger m peatón m, transeúnte m, viandante m; guter ~ buen andador m; ~gängerbrücke f pasarela f para peatones; ~gängerüberweg m paso m de peatones (od. peatonal); ~gängerverkehr m circulación f (od. tránsito m) de peatones; ~gängerzone f zona f (od. isla f) de peatones (od. peatonal); ~gelenk Anat. n articulación f del pie; ~gestell n pie m; pedestal m; (Bock) caballete m; ~gicht 🎗 f podagra f; ~hebel m pedal m; 2hoch adj. de un pie de altura; ~knöchel Anat. m tobillo m; ~lappen m peal m; ~leiste f rodapié m; zócalo m.

'Füßling m (-s; -e) pie m (de la media); escarpín m.

'Fuß...: ~marsch m marcha f a pie; ~matte f estera f, felpudo m; ~note f nota f (al pie de la página); ~pfad m sendero m, senda f; vereda f; ~pflege f pedicura f; ~pfleger(in f) m pedicuro (-a f) m, callista m/f; ~pilz(erkrankung f) m pie m de atleta; ~punkt Astr. m nadir m; ~raste Kfz. f reposapiés m; ~reflexonenmassage f reflexología f podal; ~reise f viaje m a pie; caminata f; ~sack m folgo m; ~schalter m interruptor m de pedal; ~schemel m escabel m; ~schweiß m sudor m de los pies; ~sohle f planta f del pie; ~soldat ✕ m soldado m de infantería (od. de a pie), infante m; ~spitze f punta f del pie; ~spur f pisada f; huella f (del pie); ~(s)tapfe f → Fußspur; in j-s ~n treten seguir las huellas de alg.; ~steg m pasarela f (para peatones); ~stütze f reposapiés m, descansapiés m, apoyapiés m; ~tritt m puntapié m; F patada f; am Wagen: estribo m; j-m e-n ~ versetzen dar un puntapié (od. F una patada) a alg.; ~truppen ✕ f/pl. infantería f, tropas f/pl. de a pie; ~volk n ✕ infantería f; fig. los de a pie; los del montón; ~wanderung f excursión f a pie; ~wärmer m calientapiés m; ~waschung Rel. f lavatorio m; ~weg m camino m de peatones; (Pfad) sendero m; ~wurzel Anat. f tarso m; ~zeile f Computer: pie m de página.

futsch F adj. perdido; estropeado; ~ gehen F irse al cuerno; er ist ~ ha desaparecido.

'Futter n 1. (-s; 0) (Vieh♀) comida f; alimento m; (Grün♀) pasto m, forraje m; (Trocken♀) pienso m; F (Essen) condumio m; F gut im ~ sein estar gordito; 2. (-s; -) (Kleider♀) forro m (a. ⊕); (Verkleidung) revestimiento m.

Futte'ral n (-s; -e) estuche m; bsd. für Messer usw.: vaina f; für Regenschirme usw.: funda f.

'Futter...: ~bau ✔ m cultivo m forrajero; ~beutel m morral m; ~gerste 🎗 f cebada f forrajera; ~getreide n cereales m/pl. forrajeros; ~kartoffeln f/pl. patatas f/pl. forrajeras; ~krippe f pesebre m; fig. an der ~ sitzen estar bien enchufado; ~mittel n/pl. alimentos m/pl. para animales; forrajes m/pl.; piensos m/pl.; ~mittel-industrie f industria f del pienso; 2n F (-re) v/i. F manducar; F hincar el diente.

'füttern (-re) I. v/t. 1. alimentar (mit con); Kind: dar de comer (a); Tier: echar (od. dar) de comer (a); echar pienso (od. forraje) (a); 2. Kleider: forrar (mit de); mit Watte: guatear, acolchar; ⊕ forrar, revestir, guarnecer; II. 2 n → Fütterung.

'Futter...: ~napf m comedero m; ~neid fig. m envidia f profesional; ~pflanze f planta f forrajera; ~raufe f pesebre m; ~rübe f remolacha f forrajera; ~sack m cebadera f; morral m; ~schneidemaschine f cortadora f de forrajes; ~seide f seda f para forros; ~stoff m tela f para forros; ~stroh n paja f forrajera; ~trog m comedero m.

'Fütterung f des Viehs: alimentación f; ⊕ forro m (a. Kleidung); revestimiento m.

'Futter|wert m valor m forrajero; ~wicke ❦ f algarroba f.

Fu'tur Gr. n (-s; -e) futuro m; zweites ~ futuro m perfecto.

Futu'ris|mus m (-; 0) futurismo m; ~t m (-en), 2tisch adj. futurista (m).

Futuro'lo|ge m (-n) futurólogo m; ~'gie f futurología f.

G

G, g n G, g f; ♪ sol m; *G-Dur* sol mayor; *g-Moll* sol menor.

'**Gabardine** m (-s; 0) gabardina f.

'**Gabe** f (*Geschenk*) regalo m, obsequio m, don m; (*Schenkung*) donativo m; dádiva f; (*Opfer*2) ofrenda f; ✱ (*Arznei*2) dosis f; toma f; *fig.* (*Begabung*) don m; facultad f; talento m; dotes f/pl.; milde ~ limosna f; j-n um e-e milde ~ bitten pedir una limosna a alg.

'**Gabel** f (-; -n) (Eß2) tenedor m; ✓, ⊕ u. *Fahrrad*: horquilla f; ✗ a. horca f; bieldo m; *Tele.* soporte m; ~**bissen** m tapas f/pl.; F piscolabis m; ~**deichsel** f limonera f; vara(s) f(pl.); ~**förmig** adj. ahorquillado; bifurcado; ~**frühstück** n almuerzo m; (*Imbiß*) F tentempié m; ~**gehörn** *Jgdw.* n cerceta f; ~**hirsch** *Jgdw.* m ciervo m de cuatro puntas; 2**ig** ♀ adj. dicótomo; → a. 2**förmig**; 2**n** (*-le*) **I.** v/t. coger con el tenedor bzw. ✗ con la horquilla; **II.** v/refl.: sich ~ bifurcarse; ~**stapler** ⊕ m carretilla f elevadora (de horquilla); ~**stütze** ⊕ f horquilla f de apoyo; ~**ung** f bifurcación f; ♀ dicotomía f; ~**weihe** *Orn.* f milano m; ~**zinke** f diente m, púa f.

'**Gabentisch** m mesa f de regalos.

'**gackern I.** v/i. (-*re*) cacarear (*a. fig.*); **II.** 2 n cacareo m.

'**Gaffel** ⚓ f (-; -n) pico m de cangreja; ~**segel** n (vela f) cangreja f.

'**gaff**|**en** v/i. mirar boquiabierto (*od.* con la boca abierta); F papar moscas; 2**er**(**in** f) m pasmarote m; curioso m; mirón m; F papamoscas m.

Gag [gɛg] m (-s; -s) gag m.

Ga'gat *Min.* m (-es; -e) azabache m.

'**Gage** [-ʒə] *Thea.* f sueldo m; fr. cachet m.

'**gähnen I.** v/i. bostezar; *Abgrund*: abrirse; **II.** 2 n bostezo m; ~**d** adj. *Abgrund*: hondo; F es herrschte ~e *Leere* (*im Saal*) había muy escasa asistencia.

'**Gala** f (0) gala f; *in ~ erscheinen* presentarse vestido de gala (F de tiros largos); *sich in ~ werfen* vestir de gala, F ponerse de punta en blanco; ~**abend** *Thea.* m función f de gala; ~**anzug** m traje m de etiqueta.

Ga'lan m (-s; -e) galán m; galanteador m; cortejador m; 2**t** adj. galante; (*höflich*) cortés; ~**es Abenteuer** aventura f galante; lío m amoroso.

Galante'rie f galantería f; ~**waren** f/pl. artículos m/pl. de fantasía; bisutería f; ~**warenhändler**(**in** f) m bisutero (-a f) m.

'**Gala**|**uniform** f uniforme m de gala; ~**vorstellung** f función f de gala.

Gale'asse ⚓ f galeaza f.

Ga'leere ⚓ f galera f; ~**nsklave**, ~**nsträfling** m galeote m.

Gale'one *Hist.* ⚓ f galeón m.

Gale'rie f *allg.* galería f; *Thea.* a. F paraíso m, gallinero m.

Gale'rist(**in** f) m (-en) galerista m/f.

'**Galgen** m (-s; -) horca f; patíbulo m, cadalso m; *Film*: jirafa f; *j-n an den ~ bringen* llevar a alg. a la horca; *an den ~ kommen* ser ahorcado; ~**frist** f *fig.* respiro m de gracia; plazo m perentorio; ~**gesicht** n cara f patibularia; ~**humor** m humor m macabro; alegría f forzada; ~**strick** m, ~**vogel** m carne f de horca.

Ga'lic|**ien** n (*span. Provinz*) Galicia f; ~**ier**(**in** f) m gallego (-a f) m; 2**isch** adj. gallego.

Gali'lä|**a** n Galilea f; ~**er** m galileo m; 2**isch** adj. galileo.

Gali'on ⚓ n (-s; -s) tajamar m, espolón m; ~**sfigur** f mascarón m de proa.

'**gälisch** adj. gaélico.

Ga'liz|**ien** n (*in Osteuropa*) Galicia f; ~**ier**(**in** f) m galiciano (-a f) m.

'**Gall-apfel** m agalla f.

'**Galle** f *Anat.* (*Organ*) vesícula f biliar; (*Sekret*) bilis f; *der Tiere*: hiel f (*a. fig.*); ♀ agalla f; F *die ~ läuft ihm über* se le exalta la bilis, F el humo se le sube a las narices; *s-e ~ ausschütten* descargar su bilis sobre.

'**gallen**|**bitter** adj. amargo como la hiel; 2**blase** *Anat.* f vesícula f biliar; 2**blasen-entzündung** ✱ f colecistitis f; ~**gang** *Anat.* m conducto m biliar; 2**leiden** n afección f biliar; 2**stein** ✱ m cálculo m biliar; 2**steinkolik** f cólico m hepático; 2**steinkrankheit** f litiasis f biliar.

'**Gallert** n (-es; -e), **Gal'lerte** f gelatina f; jalea f.

'**gallert-artig** adj. gelatinoso.

'**Gallie**|**n** n la Galia f; ~**r**(**in** f) m galo (-a f) m.

'**gallig** adj. ✱ biliar; bilioso; *fig.* atrabiliario; bilioso; P de mala leche.

'**gallisch** adj. galo.

Galli'zismus m (-; -men) galicismo m.

Gal'lone f galón m.

'**Gallwespe** f cínife m.

Ga'lon m (-s; -s), ~**e** f (*Borte*) galón m.

Ga'lopp m (-s; -e *od.* -s) galope m; *im ~ a galope* (*a. fig.*); *in gestrecktem ~ a galope* tendido; *starker* (*versammelter*) ~ galope m largo (reunido); *im ~ reiten* galopar, ir al galope.

galop'pieren I. v/i. (-; sn) galopar; **II.** 2 n (*Gangart*) galope m; (*Reiten*) galopada f; ~**d** adj. a. ✱ u. *fig.* galopante.

Ga'losche f chanclo m; (*Holz*2) zueco m; galocha f.

gal'vanisch adj. galvánico.

Galvani'|seur m (-s; -e) galvanizador m; ~**sieranstalt** f taller m de galvanización; 2**sieren** (-) v/t. galvanizar; ~**sierung** f galvanización f.

Gal|**va'nismus** m (-; 0) galvanismo m; ~**'vano** *Typ.* n (-s; -s) galvano m.

Galvano|**'meter** n galvanómetro m; ~**'plastik** f galvanoplastia f.

Ga'masche f *kurze*: botín m; *bis zum Knie*: polaina f.

'**Gambe** ♪ f (viola f de) gamba f.

Gam'bit n (-s; -s) *Schach*: gambito m.

Ga'met *Bio.* m (-en) gameto m.

'**Gammastrahlen** *Phys.* m/pl. rayos m/pl. gamma.

'**gamm**|**eln** F (-le) v/i. gandulear; 2**ler** F m melenudo m.

Gang m (-es; ⁀e) **1.** marcha f; (*Gangart*) (modo m de) andar m, *Pferd*: paso m, andadura f; **2.** *Kfz.* marcha f, velocidad f; *e-n ~ einschalten* poner una marcha; *den ~ wechseln* cambiar la marcha; *im zweiten ~ fahren* ir en segunda; **3.** (*Spazier*2) paseo m; vuelta f; (*Besorgung*) recado m; *e-n ~ machen* dar un paseo (*od.* una vuelta); hacer un recado; *fig. e-n schweren ~ gehen* pasar un trago amargo; **4.** (*Verlauf*) curso m; *der Ereignisse usw.*: marcha f; (*Entwicklung*) desarrollo m, evolución f; *die Sache geht ihren ~* el asunto sigue su curso; *alles geht s-n gewohnten ~* todo sigue igual; no hay novedad; **5.** (*Durch*2) paso m, pasaje m; pasillo m, corredor m; *zwischen Sitzreihen*: pasillo m; (*unterirdischer*) galería f; (*Weg*) camino m, vía f; (*Allee*) paseo m; avenida f; **6.** *Kochk.* plato m; *erster ~* entrada f; **7.** ⚒ (*Erz*2) filón m, vena f; *Anat.*, ♀ conducto m, canal m; **8.** *Sport*: vuelta f; *Fechtk., Boxen*: asalto m; *Stk.* suerte f; (*Durch*2) manga f; **9.** ⊕ (*Gewinde*2) paso m de filete; *e-r Maschine*: funcionamiento m, marcha f, movimiento m; *toter ~* punto m muerto; *in ~ bringen* (*od.* en movimiento); accionar; *fig.* poner en acción; *Gespräch*: entablar; *in ~ kommen* ponerse en marcha (*od.* en movimiento); *im ~e sein* marchar; estar en marcha; *fig.* es ist et. *im ~e* algo flota en el ambiente; F hay moros en la costa; *in vollem ~ sein* estar en plena marcha; ir a toda marcha; *fig. a.* estar en plena actividad; *in ~ halten* mantener en marcha; *außer ~ setzen* (*anhalten*) parar; *Getriebe*: desembragar.

gang adj.: *das ist ~ und gäbe* es corriente (y moliente); se estila; es costumbre.

'**Gang...**: ~**an-ordnung** *Kfz.* f disposición f de las velocidades (de marchas); ~**art** f (modo m de) andar m; *Pferd*: paso m, andadura f; ⚔ ganga f; ⊕ marcha f; 2**bar** adj. *Weg*: transitable; practicable; *a. fig.* viable; Münze: en curso (*od.* circulación); Ausdruck: corriente; ✠ *Ware*: vendible, de fácil salida; ~barkeit *f* (0) *e-s Weges*: viabilidad *f* (*a. fig.*); *von Münzen*: curso *m*; ✠ *von Waren*: facilidad *f* de venta.

'Gängel|band *n* andadores *m/pl.; fig.* am ~ führen → 2n (-le) v/t. tener a alg. cogido de la oreja; tener a alg. bajo (su) tutela.

'Gang...: ~erz ⚒ *n* mineral *m* con ganga; ~hebel *Kfz. m* palanca *f* de cambio de velocidad (*od.* marcha); ~höhe *f e-r Schraube*: paso *m*.

'gängig *adj. Ausdruck*: (de uso) corriente; *Münze, Ware*: → gangbar.

'Gangli|ensystem [-nliən-] *Anat. n* sistema *m* ganglionar; ~on *n* (-s; -lien) ganglio *m*.

Gan'grän ⚕ *n* (-s; -e) gangrena *f*.

gangrä'nös ⚕ *adj.* gangrenoso.

'Gang...: ~schalter *m*, ~schalthebel *m Kfz.* palanca *f* de cambio de velocidad (*od.* marcha); ~schaltung *f Kfz.* cambio *m* de velocidad (*od.* marcha); *Fahrrad*: cambio *m* de piñón; ~spill ⚓ *n* cabrestante *m*.

'Gangster ['gɛŋstɐ] *m angl.* gán(g)ster *m*; ~bande *f* banda *f* de gán(g)sters; ~tum *n*, ~unwesen *n* gan(g)sterismo *m*.

'Gang|way ['gɛŋveɪ] *f* (-; -s) ⚓ pasarela *f*; ✠ escalerilla *f* (de [des]embarque); ~wechsel *Kfz. m* cambio *m* de velocidad (*od.* de marcha); ~werk *n e-r Uhr*: mecanismo *m*; ~zahl *f Kfz.* número *f* de velocidades; *e-s Gewindes*: número *m* de espiras.

Ga'nove *F m* tunante *m*, truhán *m*; chulo *m*; golfo *m*.

Gans *f* (-; ⸚e) ganso *m*; *weibliche*: gansa *f*, oca *f*; *fig.* dumme ~ *F* pava *f*, pavitonta *f*.

'Gäns·chen *n* gansito *m*.

'Gänse...: ~blümchen *n* margarita *f*, vellorita *f*; ~braten *m* ganso *m* asado; ~brust *f* pechuga *f* de ganso; ~feder *f* pluma *f* de ganso; ~fett *n* grasa *f* de ganso; ~füßchen *F n/pl.* comillas *f/pl.*; in ~ setzen poner entre comillas; ~haut *fig. f* carne *f* de gallina; ich bekomme ~ se me pone carne de gallina; ~kiel *m* pluma *f* de ganso; ~klein *n* menudillos *m/pl.* de ganso; ~leberpastete *f* (paté *m* de) foie-gras *m* (*od.* fuagrás *m*); ~marsch *m*: im ~ gehen ir en fila india; ~rich *m* (-s; -e) ganso *m* (macho), ánsar *m*; ~schmalz *n* grasa *f* de ganso; ~wein *m F hum.* agua *f*.

'ganz **I.** *adj.* todo; (*ungeteilt*) entero; (*unversehrt*) intacto; (*vollständig*) completo; íntegro; (*völlig*) total; die ~e Stadt toda la ciudad; la ciudad entera; die ~e Zeit todo el tiempo; ein ~es Jahr un año entero; den ~en Tag todo el (santo) día; ~e 8 Tage ocho días enteros (*od.* bien contados); ~ Deutschland toda Alemania; Alemania entera; aus ~ Spanien desde toda la geografía española; ⚤ ~e Zahl (número *m*) entero *m*; ♩ ~e Note redonda *f*, semibreve *f*; von ~em Herzen de todo corazón; die ~e Welt el mundo entero; (*alle*) todo el mundo; zwei ~e Stunden dos horas enteras; ein ~er Mann un hombre de pelo en pecho; *Mal.* in ~er Figur de cuerpo entero; ich habe noch ~e drei Mark sólo me quedan tres marcos; wieder ~ machen arreglar; reparar; **II.** *adv.* (*gänzlich*) enteramente, por entero; (*vollständig*) completamente; por completo; del todo; vor *adj. u. adv.*: muy; (*ziemlich*) bastante; ~ gut bastante bien; ~ nett! ¡no está mal!; ~ allein completamente solo; F solito; F ~ groß! (*prima*) ¡estupendo!; ~ besonders muy especialmente; sobre todo; principalmente; nicht ~ no del todo; ~ recht!, ~ richtig! ¡exacto!, ¡exactamente!; ~ wenig un poquito; ~ und gar enteramente; del todo; de arriba abajo; totalmente; ~ und gar nicht de ningún modo; en absoluto; es ist mir ~ gleich lo mismo me da (completamente) igual, lo mismo me da; ~ der Vater el vivo retrato de su padre; ~ Auge und Ohr todo ojos y oídos; ~ oder teilweise en todo o en parte; ~ gleich welcher cualquiera; el que sea; ~ gleich, was du tust cualquier cosa que hagas; hagas lo que hagas; ~aufnahme *f*, 2bild(nis) *n* retrato *m* de cuerpo entero; 2e(s) *m* (*Gesamtbetrag*) total *m*; (*Gesamtheit*) totalidad *f*; conjunto *m*; im 2n en total; en conjunto; en suma; (*in Bausch u. Bogen*) en bloque; en globo; im 2n genommen, im großen (und) 2n considerándolo todo; en conjunto; aufs ~ gehen jugarse el todo por el todo; F ir a por todas; es geht ums ~ está en juego todo; 2heit *f* (0) totalidad *f*; integridad *f*; ~heitsmethode *f* método *m* global (*od.* de globalización); ~jährig *adv.* todo el año; 2lederband *m* encuadernación *f* en piel; 2leinen *n*: in ~ en tela; 2leinenband *m* encuadernación *f* en tela.

'gänzlich **I.** *adj.* entero; total; (*vollständig*) completo; (*absolut*) absoluto; **II.** *adv.* enteramente; por entero; totalmente; (*vollständig*) completamente; por completo; (*absolut*) absolutamente; en absoluto.

'Ganz...: ~metallbauweise *f* construcción *f* (enteramente) metálica; ~sache ✉ *f*, 2seitig *adj.* de página entera, a toda página (*od.* plana); ~stahlkarosserie *f* carrocería *f* (enteramente) de acero; 2tägig *adv.* todo el día; ~tagsarbeit *f* trabajo *m* de jornada entera; ~ton ♩ *m* tono *m* (entero); 2wollen *adj.* todo lana; ~zeug *n Papier*: pasta *f* de papel.

gar **I.** *adj. Speisen*: en su punto; suficientemente cocido *bzw.* asado; (*fertig*) a punto; ~ machen *Leder*: curtir; *Metalle*: refinar; **II.** *adv.* (*sehr*) muy; (*etwa*) acaso; ~ nicht no ... del todo; de ningún modo; das ist ~ nicht leicht esto no es nada fácil; ~ nichts absolutamente nada, nada en absoluto, F nada de nada; ~ zu wenig demasiado poco; ~ nicht übel! ¡no está mal!; ~ viel muchísimo; oder ~ o tal vez, o quizá; cuando no; warum nicht ~! ¡no faltaba más!; ¿por qué no?

Ga'rage [-ʒə] *f* garaje *m*; den Wagen in die ~ stellen encerrar el coche; ~nbesitzer *m* garajista *m*; ~nplatz *m* plaza *f* de garaje.

Ga'rant *m* (-en) garante *m*, fiador *m*.

Garan'tie *f* garantía *f*; ohne ~ sin garantía; auf et. ~ geben garantizar a/c.; die ~ übernehmen asumir la garantía; salir fiador; ~fonds *m* fondo *m* de garantía; 2ren (-) v/t. u. v/i. garantizar; ~ für et. garantizar (*od.* responder de) a/c.; ~preis *m* precio *m* garantizado; ~schein *m* certificado *m* de garantía; ~verpflichtung *f* obligación *f* de garantía; ~versprechen *n* promesa *f* de garantía; ~vertrag *m* contrato *m* (*Pol.* tratado *m*) de garantía; ~wechsel ✠ *m* letra *f* de cambio avalada.

'Garaus *m* (-; 0): den ~ machen *j-m*: rematar, dar el golpe de gracia a alg.; *e-r Sache*: acabar con a/c.

'Garbe *f* ✱ gavilla *f*; ⚔ (*Geschoß*2) ráfaga *f*; ~n binden agavillar; ~nbindemaschine *f* agavilladora *f*.

'Gärbottich *m* tina *f* de fermentación.

'Garde ⚔ *f* guardia *f*; ~korps ⚔ *n* cuerpo *m* de guardia.

Garde'robe *f* (*Kleidung*) ropa *f*, vestidos *m/pl.*; indumentaria *f*; *Thea.* vestuario *m*, guardarropa *m*; (*Kleiderablage*) guardarropa *m*; (*Ankleideraum*) vestuario *m*; *Thea.* camerino *m*; (*Flur*2) perchero *m*; *Neol.* recibidor *m* mural; ~nfrau *f* encargada *f* del guardarropa; ~nmarke *f* ficha *f* (*od.* contraseña *f*) de guardarropa; ~nraum *m* vestuario *m*; guardarropa *m*, *Thea.* guardarropía *f*; ~nschrank *m* guardarropa *m*; ~nständer *m* percha *f*, perchero *m*.

Garderobi'ere *f* → Garderobenfrau.

Gar'dine *f* cortina *f*; *fig.* hinter schwedischen ~n sitzen F estar a la sombra (*od.* en chirona); ~nhalter *m* alzapaño *m*, abrazadera *f* (para cortinas); ~npredigt F *f* bronca *f* (*od.* sermón *m*) conyugal; *j-m* e-e ~ halten echar un sermón a alg.; ~nring *m* anilla *f*; ~nstange *f* riel *m* para cortinas.

Gar'dist ⚔ *m* (-en) soldado *m* de la guardia.

'garen *Kochk. v/t. u. v/i.* cocer a fuego lento.

'gären **I.** *v/i.* fermentar (*a. fig.*); *Teig*: *a.* venirse; *Wein*: hervir; *fig.* es gärt im Volk hay efervescencia (*od.* agitación) en las masas; **II.** 2 *n* → Gärung.

'gär|fähig *adj.* fermentable, fermentescible; 2futter *n* ensilaje *m*, forraje *m* ensilado.

'Garküche *f* casa *f* de comidas.

'Gärmittel *n* fermento *m*.

Garn *n* (-*e*s; -e) hilo *m*; (*Woll*2) estambre *m*; *Jgdw.*, *Fischerei*, *Vogelfang*: red *f*; *fig.* ins ~ gehen caer en la red (*od.* en el lazo *od.* en el garlito); ein ~ spinnen contar patrañas.

Gar'nele *f* gamba *f*; camarón *m*, quisquilla *f*.

gar'nier|en *v/t.* (-) guarnecer (*mit* de) (*a. Kochk.*); adornar (con); 2ung *f* guarnición *f* (*a. Kochk.*).

Garni'son ⚔ *f* (-; -en) guarnición *f*; in ~ (*liegen*) (estar) de guarnición; ~dienst *m* servicio *m* de plaza; 2dienstfähig *adj.* apto para servicio de plaza; ~lazarett *n* hospital *m* militar; ~stadt *f* plaza *f* militar (*od.* fuerte).

Garni'tur *f* (*Besatz*) guarnición *f*; adorno *m*; (*Auswahl*) selección *f*; surtido *m*; (*Satz*) juego *m*; ⚔ uniforme *m*; ~ Bettwäsche juego *m* de cama; *fig.* die erste ~ lo más selecto, lo mejor, F la flor y nata.

'Garn...: ~knäuel *n* ovillo *m*; ~rolle *f*

Garnspule — Gattungsbegriff

carrete *m* (de hilo); ~spule *f* bobina *f*; carrete *m*; ~strähne *f* madeja *f*; ~winde *f* devanadera *f*.
Ga'ronne *Geogr. f* Garona *m*.
'garstig *adj.* (*böse*) malo; antipático; (*häßlich*) feo; (*abstoßend*) repugnante; repulsivo; (*abscheulich*) abominable.
'Gärtchen *n* jardinillo *m*, jardincito *m*; huertecillo *m*.
'Garten *m* (-*s*; ⁀) jardín *m*; vergel *m*; (*Obst*&, *Gemüse*&) huerto *m*; (~*land*) huerta *f*; *botanischer* (*zoologischer*) ~ jardín *m* botánico (zoológico); ~anlage *f* jardines *m/pl.* públicos; zona *f* ajardinada; ~arbeit *f* (trabajo *m* de) jardinería *f*; ~arbeiter *m* jardinero *m*; hortelano *m*; ~architekt *m* arquitecto *m* paisajista; ~bau *m* horticultura *f*; ~bau-ausstellung *f* exposición *f* hortícola; ~baubetrieb *m* explotación *f* hortícola; ~bau-erzeugnis *n* producto *m* hortícola; ~beet *n* tabla *f* de huerta; *viereckiges*: cuadro *m*; *schmales*: arriate *m*; *mit Blumen*: parterre *m*; ~erdbeere *f* fresón *m*; ~erde *f* mantillo *m*; tierra *f* de jardín; ~fest *n* verbena *f*; ~geräte *n/pl.* útiles *m/pl.* (*od.* utensilios *m/pl.*) de jardinería; ~grill *m* barbacoa *f*; ~haus *n* pabellón *m*; (*Hinterhaus*) anexo *m*; ~kunst *f* arte *m* de los jardines; ~land *n* huerta *f*; ~laube *f* cenador *m*, glorieta *f*; ~lokal *n* restaurante *m* bzw. cervecería *f* od. café *m* con jardín; merendero *m*; ~möbel *n/pl.* muebles *m/pl.* de jardín; ~mohn ⚘ *m* adormidera *f*; ~pflanze *f* planta *f* hortense (*od.* horticola); ~schau *f* exposición *f* de horticultura bzw. de floricultura od. jardinería; ~schaukel *f* balancín *m*; ~schere *f* tijeras *f/pl.* de jardinero; ~schirm *m* sombrilla *f* de jardín; ~schlauch *m*, ~spritze *f* manguera *f* (de jardín), manga *f* de riego; ~stadt *f* ciudad-jardín *f*; ~stuhl *m* silla *f* de jardín; ~tisch *m* mesa *f* de jardín; ~wirtschaft *f* → ~lokal; ~zaun *m* cerca *f*, seto *m*; (*Gitter*) verja *f*; ~zwerg *m* enan(it)o *m* de jardín.
'Gärtner *m* jardinero *m*; (*Handels*&) horticultor *m*; hortelano *m*.
Gärtne'rei *f* horticultura *f*; jardinería *f* (*a. Betrieb*).
'Gärtner|in *f* jardinera *f*; hortelana *f*; ~in-art *Kochk. f: nach* ~ a la jardinera; &isch *adj.* de jardinero; &n (-*re*) *v/i.* trabajar en el jardín, *Neol.* jardinear.
'Gärung *f* fermentación *f*; *fig.* efervescencia *f*, agitación *f*; *in* ~ *sein* fermentar; *in* ~ *kommen* entrar en fermentación; &s-erregend *adj.* zimógeno *m*; &sfähig *adj.* fermentable, fermentescible; ~slehre *f* zimología *f*; ~smittel *n* fermento *m*; ~sprozeß *m* proceso *m* de fermentación; ~sverfahren *n* procedimiento *m* de fermentación; &sverhindernd *adj.* antizímico, antifermentativo.
Gas *n* (-*es*; -*e*) gas *m*; *Kfz.* ~ *geben* apretar el acelerador, dar gas; *acelerar*; ~ *wegnehmen* cortar (*od.* quitar) el gas.
'Gas...: ~abwehr ⚔ *f* defensa *f* antigás; ~abzug ⊕ *m* evacuación *f* de los gases; ~alarm *m* alarma *f* de ataque con gases; ~angriff ⚔ *m* ataque *m* con gases; ~anstalt *f* (*Gaswerk*) fábrica *f* de gas; ~anzünder *m* encendedor *m* de gas; ~arbeiter *m* gasista *m*; &artig *adj.* gaseoso; gasiforme; ~austausch *Physiol. m* intercambio *m* gaseoso; ~austritt *m* fuga *f* (*od.* escape *m*) de gas; ~automat *m* contador *m* de gas automático (*od.* de moneda); ~back-ofen *m* horno *m* de gas; ~bade-ofen *m* calentador *m* de gas para baño; ~behälter *m* gasómetro *m*; ~beleuchtung *f* alumbrado *m* de gas; ~bildung *f* gasificación *f*; formación *f* de gases; ~bombe ⚔ *f* bomba *f* de gas; ~brand ⚕ *m* gangrena *f* gaseosa; ~brenner *m* mechero *m* de gas; &dicht *adj.* hermético (*od.* impermeable) a los gases; ~druck *m* presión *f* del gas; ~entwicklung *f* desprendimiento *m* de gases; ~erzeuger *m* → ~generator; ~fernleitung *f* gasoducto *m*; ~feuerzeug *n* encendedor *m* a gas; ~flamme *f* llama *f* de gas; ~flasche *f* bombona *f* de gas; &förmig *adj.* gaseiforme; ~gebläse *n* soplete *m* de gas; ~gemisch *n* mezcla *f* de gases; ~generator *m* generador *m* de gas, gasógeno *m*; ~geruch *m* olor *m* a gas; ~gewinnung *f* producción *f* de gas; ~granate *f* granada *f* de gas; ~hahn *m* llave *f* del gas; &haltig *adj.* gaseoso; ~hebel *Kfz. m* acelerador *m*; ~heizung *f* calefacción *f* de gas; ~herd *m* cocina *f* de gas; ~hülle *f* envoltura *f* gaseosa; ~kammer *f* cámara *f* de gas; ~kessel *m* gasómetro *m*; ~kocher *m* hornillo *m* de gas.
Gas'kogn|e [gas'kɔnə] *f* Gascuña *f*; ~er *m*, &isch *adj.* gascón (*m*).
'Gas...: ~koks *m* coque *m* de gas; ~krieg *m* guerra *f* química; ~lampe *f* lámpara *f* de gas; ~laterne *f* farol *m* (*od.* farola *f*) de gas; ~leitung *f* conducción *f* de gas; tubería *f* (*od.* cañería *f*) de gas; ~licht *n* luz *f* de gas; ~Luft-Gemisch *n* mezcla *f* de aire y gas; ~mann F *m* F hombre *m* del gas; ~maske *f* careta *f* (*od.* máscara *f*) antigás; ~messer *m* gasómetro *m*; ~motor *m* motor *m* de gas; ~ofen *m* estufa *f* de gas; ~öl *n* gasoil *m*, gasóleo *m*.
Gaso'lin *n* (-*s*; 0) gasolina *f*.
Gaso'meter *m* gasómetro *m*.
'Gas...: ~pedal *Kfz. n* (pedal *m* del) acelerador *m*; ~pistole *f* pistola *f* de gas; ~rohr *n* tubo *m* de gas; cañería *f* de gas.
'Gäß-chen *n* callejuela *f*, callejón *m*.
'Gas-schutz *m* protección *f* antigás.
'Gasse *f* calle *f* estrecha; callejón *m*; calleja *f*; *hohle* ~ desfiladero *m*; *fig.* e-e ~ *bilden* hacer (*od.* abrir) calle; ~nhauer *m* canción *f* callejera bzw. de moda; ~njunge *m* golfillo *m*, pilluelo *m*.
'gas-sicher *adj.* protegido contra gases.
Gast *m* (-*es*; ⁀e) huésped *m*; *eingeladener*: invitado *m*; (*Tisch*&) convidado *m*; comensal *m*; (*Stammtisch*&) tertuliano *m*; *e-s Hotels*: cliente *m*; *e-s Restaurants*: *a.* consumidor *m*; (*Besucher*) visitante *m*; turista *m*; *Thea.* actor *m* (*od.* artista *m*) invitado, estrella *f* invitada; *ungebetener* ~ intruso *m*; *zu* ~ *laden* (*od. bitten*) convidar, invitar; *zu* ~ *sein bei j-m* estar invitado en casa de (*od.* ser huésped de) alg.; *wir haben Gäste* tenemos visita (*od.* invitados); ~arbeiter *m* trabajador *m* extranjero; ~dirigent ♪ *m* director *m* invitado; ~dozent *m* → ~professor.
'Gäste|buch *n* álbum *m* de visitantes; ~haus *n*, ~heim *n* residencia *f*; ~zimmer *n* → Gastzimmer.
'gast...: ~frei *adj.* hospitalario; &freiheit *f* hospitalidad *f*; &freundlich *adj.* hospitalario *m*; huésped *m*; &freundschaft *f* hospitalidad *f*; &geber *m* anfitrión *m*; (*Hausherr*) dueño *m* de la casa; &geberin *f* anfitriona *f*; señora *f* de la casa; &haus *n*, &hof *m* fonda *f*, hospedería *f*; casa *f* de huéspedes; posada *f*, hostería *f*; &hörer(in *f*) *m* Uni. (alumno [-a *f*] *m*) oyente *m/f*.
gas'tieren (-) *v/i. Thea.* actuar como actor (*od.* artista) invitado; ser invitado.
'Gast...: ~land *n* país *m* huésped; &lich *adj.* hospitalario; &lichkeit *f* (0) hospitalidad *f*; ~mahl *n* banquete *m*, festín *m*, convite *m*; ~mannschaft *f* *Sport*: equipo *m* visitante; ~professor *m* profesor *m* invitado (*od.* visitante); ~recht *n* derecho *m* de hospitalidad.
'gastrisch ⚕ *adj.* gástrico.
Ga'stritis ⚕ *f* (0) gastritis *f*.
'Gastrolle *Thea. f* papel *m* representado por un actor invitado; *fig.* e-e ~ *geben* estar de paso.
Gastro'nom *m* (-*en*) gastrónomo *m*.
Gastrono'mie *f* (0) gastronomía *f*.
gastro'nomisch *adj.* gastronómico.
'Gast...: ~spiel *Thea. n* actuación *f* de una compañía forastera; ~spielreise *Thea. f* gira *f*, *fr.* tournée *f*; ~stätte *f* restaurante *m*; *amtlich*: establecimiento *m* de restauración; ~stättengewerbe *n* industria *f* gastronómica; ~stube *f* im *Wirtshaus*: comedor *m*.
'Gas-turbine *f* turbina *f* de gas.
'Gast...: ~vorstellung *f* → ~spiel; ~wirt *m* fondista *m*; hostelero *m*; posadero *m*; (*Restaurantbesitzer*) dueño *m* de un restaurante; (*Schankwirt*) tabernero *m*; ~wirtschaft *f* restaurante *m*; *einfache*: casa *f* de comidas; (*Schenke*) taberna *f*; cervecería *f*; ~zimmer *n im Gasthaus*: habitación *f* (para huéspedes); *privat*: cuarto *m* de huéspedes.
'Gas...: ~uhr *f* contador *m* de gas; &vergiftet *adj.* intoxicado por el gas; ~vergiftung *f* intoxicación *f* por gas(es); ~versorgung *f* suministro *m* bzw. servicio *m* de gas; ~werk *n* fábrica *f* bzw. central *f* de gas; ~zähler *m* contador *m* de gas.
Gatt ⚓ *n* (-*es*; -*en od.* -*s*) canalizo *m*.
'Gatte *m* (-*n*) marido *m*, esposo *m*, cónyuge *m*; ~n *pl.* esposos *m/pl.*; cónyuges *m/pl.*; matrimonio *m*; *Liter.* consortes *m/pl.*; ~nliebe *f* amor *m* conyugal; ~nmord *m* conyugicidio *m*; *an der Ehefrau*: uxoricidio *m*; ~nmörder *m* conyugicida *m*, uxoricida *m*.
'Gatter *n* (-*s*; -) verja *f*; (*Gitter*) reja *f*; enrejado *m*; ~säge *f* sierra *f* alternativa (*od.* de hojas múltiples); ~tor *n*, ~tür *f* puerta *f* enrejada; cancela *f*.
'Gattin *f* esposa *f*; F mujer *f*; *Ihre* ~ su señora, su esposa.
'Gattung *f Bio., Liter.* género *m*; *fig.* especie *f*; clase *f*; tipo *m*; ~sbegriff *m* noción *f* genérica; término *m* genéri-

Gattungskauf — gebirgig

co; ~skauf ⚖ m venta f de cosa genérica; ~sname m nombre m genérico (Gr. común od. apelativo).

Gau m (-és; -e) (Bezirk) distrito m; cantón m; (Landschaft) región f, comarca f.

'Gaudi F n od. f, ~um n (-s; 0) alegría f; jolgorio m; diversión f; regocijo m; zum allgemeinen ~ para general regocijo, para diversión de todos.

'Gaukelbild n ilusión f; fantasmagoría f; espejismo m.

Gauke'lei f juego m de manos, prestidigitación f; escamoteo m; (Blendwerk) fantasmagoría f; (Täuschung) charlatanería f.

'gaukel|haft adj. engañoso; ilusorio; fantasmagórico; mágico; ~n (-le) v/i. (flattern) revolotear; (täuschen) embaucar, engañar; (Taschenspielerei treiben) hacer juegos de manos (od. de prestidigitación); ~spiel n, ~werk n → Gaukelei.

'Gaukler m prestidigitador m; jugador m de manos; (Seiltänzer) volatinero m, saltimbanqui m; (Possenreißer) bufón m; Hist. juglar m; (Betrüger) charlatán m.

Gaul m (-és; ⸚e) caballo m; desp. rocín m; penco m, jamelgo m; fig. e-m geschenkten ~ sieht man nicht ins Maul a caballo regalado no hay que mirarle el diente.

'Gaumen m paladar m; den ~ kitzeln raspar el paladar; e-n feinen ~ haben tener buen paladar; ~freuden f/pl. placeres m/pl. del paladar; ~laut m sonido m palatal, palatal f; ~platte f paladar m artificial; ~segel Anat. n velo m palatino (od. del paladar); ~zäpfchen Anat. n úvula f, F campanilla f.

'Gauner|(in f) m estafador(a f) m, timador(a f) m; tunante m, truhán m; (Spitzbube) pícaro m; pillo m, granuja m; (Halunke) bribón m, bribona f; ~bande f banda f de estafadores; pandilla f de bribones.

Gaune'rei f estafa f, timo m; granujada f; bribonada f, truhanería f.

'gauner|haft adj. abribonado, (de) bribón; pícaro; truhanesco; ~n (-re) v/i. estafar, timar; bribonear; ~sprache f germanía f, jerga f del hampa; caló m; ⸰streich m → Gaunerei; ⸰welt f hampa f, gente f de los bajos fondos.

'Gaze [-zə] f gasa f; ~bausch m torunda f de gasa; ~binde f venda f de gasa; ~sieb n tamiz m de gasa.

Ga'zelle Zoo. f gacela f.

Ge'ächtete(r) m proscrito m.

Ge'ächze n (-s; 0) gemidos m/pl., gimoteo m.

Ge'äder n (-s; 0) Zoo., ♀ venación f, nerv(i)ación f; Holz: vetas f/pl.; (Marmorierung) jaspeado m; ⸰t adj. veteado; jaspeado; venoso.

Ge'äst n (-es; 0) ramaje m.

Ge'bäck n (-es; 0) pastelería f, pasteles m/pl.; (Keks) galletas f/pl.; pastas f/pl.; bizcochos m/pl.

Ge'bälk n (-és; 0) maderamen m; viguería f; (Dach⸰) armadura f.

ge'ballt adj. Faust: apretado; Ladung usw.: concentrado.

Ge'bärde f gesto m; además m; ~n machen hacer gestos; heftige: gesticular; ⸰n (-e-; -) v/refl.: sich ~ (com)portarse; conducirse; sich ernst ~ adoptar un aire de seriedad; sich wie ein Kind (od. kindisch) ~ portarse como un niño; F hacer el indio; sich wie toll ~ hacer el loco; ~nspiel n gesticulación f; (Mimik) mímica f; Thea. pantomima f; ~nsprache f lenguaje m mímico.

ge'baren (-) I. v/refl.: sich ~ conducirse, portarse; II. ⸰ n conducta f, ✝ gestión f.

ge'bär|en (L; -) v/t. alumbrar, dar a luz (a. fig.); Zoo. u. F parir; fig. (erzeugen) producir; engendrar; → a. geboren; ⸰en n parto m, alumbramiento m; ⸰ende f parturienta f; ~fähig. adj.: im ~en Alter en edad de tener hijos; ⸰mutter Anat. f matriz f, útero m; ⸰mutterhals Anat. m cuello m uterino; ⸰muttersenkung ♂ f descenso m de la matriz; ⸰muttervorfall ♂ m prolapso m uterino.

Ge'barung ✝ f gestión f.

Ge'bauchpinsel F adj. halagado.

Ge'bäude n (-s; -) edificio m (a. fig.); inmueble m; construcción f, edificación f; fig. sistema m; ~block m, ~komplex m grupo m de edificios; (Straßenblock) manzana f (de casas); Am. cuadra f; ~steuer f contribución f inmobiliaria; ~versicherung f seguro m inmobiliario.

'gebefreudig adj. dadivoso, generoso.

Ge'bein n (-és; -e) huesos m/pl.; ~e pl. osamenta f; (sterbliche Hülle) restos m/pl. mortales.

Ge'bell n (-és; 0) ladrido m.

'geben (L) I. v/t. dar; (aushändigen) a. entregar; (anbieten) ofrecer; (hervorbringen) producir; dar; (gewähren) conceder; (reichen) pasar; (verteilen) repartir, distribuir; (tun, legen) poner; Theaterstück: representar, Film: poner, F dar, echar; Unterricht: dar, impartir; Karten: dar; das Stück (der Film) wurde drei Monate gegeben la obra (la película) estaba tres meses en cartelera; j-m Antwort ~ responder (od. contestar od. dar una respuesta) a alg.; Gott geb's! ¡Dios lo quiera!; ¡ojalá fuera así!; gebe Gott, daß quiera Dios que (subj.); ojalá (subj.); verloren ~ dar por perdido; auf die Post ~ Brief usw.: llevar al correo; echar al correo; viel (wenig) auf et. ~ hacer mucho (poco) caso de a/c., dar mucha (poca) importancia a a/c.; darauf gebe ich nichts poco me importa; ~ Sie her! ¡démelo!, ¡déme eso!, F ¡venga eso!; in Pension ~ Schüler: enviar como interno a un colegio; in die Lehre ~ poner de aprendiz (od. en aprendizaje); j-m die Hand darauf ~ dar a alg. palabra de hacer a/c.; zu tun ~ dar que hacer; von sich ~ Worte: soltar; Flüche: proferir; ♂ vomitar, arrojar; et. auf sich ~ (sich pflegen) cuidarse; zu essen und zu trinken ~ dar de comer y beber; F fig. es j-m ~ decirle a alguien cuatro verdades; F gib's ihm! F ¡dale duro!; F ich gäbe was drum, wenn ich wüßte ... daría cualquier cosa por saber ...; was wird das noch ~? ¿a dónde irá a parar todo esto?; ein Wort gab das andere se trabaron de palabras; II. v/i. Sport: sacar; Kartenspiel: wer gibt? ¿quién da?; ¿quién es mano?; III. v/refl.: sich ~ Gelegenheit: presentarse, darse; (nachlassen) Schmerz: calmarse; Schwierigkeit: allanarse; (sich verhalten) (com)portarse; sich ~ als darse aire(s) de; sich in et. ~ resignarse a a/c.; es wird sich schon ~ ya se arreglará; ya pasará; IV. v/unprs.: es gibt hay; was gibt's? ¿qué hay?; ¿qué pasa?; was gibt's Neues? ¿qué hay de nuevo?; was gibt es zu essen? ¿qué hay de comer?; es wird Regen ~ va a llover; das gibt's (kommt vor) eso pasa; das gibt es nicht no hay tal cosa; no existe; verbietend: ¡eso no!; ¡ni hablar!; F das gibt's doch nicht! ¡no es posible!; ¡parece mentira!; P ¡no me jodas!; F da gibt's nichts! ¡de eso no hay duda!; F es wird noch was ~ habrá ja leo (F hule); V. ⸰ n Kartenspiel: am ~ sein ser mano; ~ ist seliger denn Nehmen más vale dar que tomar.

'Geber(in f) m dador(a f) m; (Spender) donador(a f) m, donante m/f; Tele. transmisor m.

Ge'bet n (-és; -e) oración f, rezo m; (Bittgebet) plegaria f; stilles ~ oración f mental; sein ~ verrichten orar, rezar una oración; fig. j-n ins ~ nehmen llamar a capítulo a alg.; (ermahnen) echar un sermón a alg., F sermonear a alg.; ~buch n devocionario m; (Brevier) breviario m; ~srufer m almuecín m; ~s-teppich m alfombra f de oración.

ge'beugt adj. encorvado; fig. (niedergeschlagen) abatido.

Ge'biet n (-és; -e) territorio m; zona f; región f; comarca f; área f; ⚖ (Zuständigkeit) jurisdicción f; fig. sector m; (Fach⸰) campo m, terreno m, dominio m; auf dem ~ der Physik en materia de od. en el campo de la física; ein weites ~ un vasto campo.

ge'biet|en (L; -) v/t. u. v/i. (befehlen) mandar, ordenar; (verordnen) decretar; (erfordern) requerir; (verfügen) disponer (über ac. de); (herrschen) reinar (über ac.); dominar (ac.); j-m Schweigen ~ imponer silencio a alg.; Ehrfurcht ~ imponer respeto; → geboten; ⸰er m señor m; dueño m, amo m; (Herrscher) soberano m; ⸰erin f señora f; dueña f, ama f; (Herrscherin) soberana f; ~erisch adj. imperioso; autoritario; dictatorial; Ton: categórico.

Ge'biets...: ~abtretung f cesión f territorial; ~anspruch m, ~forderung f reivindicación f (od. reclamación f) territorial; ~erweiterung f aumento m de territorio; ~hoheit f soberanía f territorial; ~körperschaft f corporación f territorial; ~streitigkeiten f/pl. litigios m/pl. territoriales.

Ge'bilde n (-s; -) obra f; creación f; (Erzeugnis) producto m; forma(ción) f; figura f; (Bau, Gefüge) estructura f; fig. complejo m; entidad f.

ge'bildet adj. culto, instruido; ilustrado; sehr ~ de gran cultura.

Ge'bimmel n (-s; 0) repique(teo) m, tintineo m.

Ge'binde n haz m; (Garbe) gavilla f; (Faß) tonel m; (Garn) madeja f; (Blumenstrauß) ramo m; ramillete m; (Kranz) guirnalda f.

Ge'birg|e n montaña f; montes m/pl.; sierra f; ⚒ roca f; ⸰ig adj. montañoso.

Ge'birgs...: ~ausläufer m estribaciones f/pl. (de una montaña); ~bach m torrente m; ~bahn f ferrocarril m de montaña; ~beschreibung f orografía f; ~bewohner(in f) m montañés m, montañesa f; serrano (-a f) m; ~bildung f orogenia f; ~dorf n pueblo m de montaña; ~gegend f región f montañosa; ~grat m cresta f; ~jäger ⚔ m cazador m de montaña; ~kamm m cresta f; ~kette f cadena f de montañas; cordillera f; sierra f; ~kunde f orología f; ~land m país m montañoso; serranía f; ~paß m puerto m, paso m; (Engpaß) desfiladero m; ~pflanze ♀ f planta f de montaña; ~schlucht f garganta f; barranco m; ~stock Geol. m macizo m montañoso; ~straße f carretera f de montaña; ~truppen f/pl. tropas f/pl. de montaña; ~volk n gente f de la montaña, montañeses m/pl.; ~wand f pared f rocosa; ~zug m cordillera f.
Ge'biß n (-sses; -sse) dentadura f; künstliches: dentadura f postiza; prótesis f dental; am Zaum: bocado m.
Ge'bläse n (-s; -) ⊕ soplador m, soplante m; (Blasebalg) fuelles m/pl.; zum Löten: soplete m; (Ventilator) ventilador m.
Ge'blök(e) n (-¢s; 0) der Schafe: balido m; der Rinder: mugido m.
ge'blümt adj. floreado.
Ge'blüt n (-¢s; 0) sangre f; estirpe f; raza f, linaje m; Prinz von ~ príncipe de prosapia (od. de sangre).
ge'bogen adj. curvo, corvo; acodado; arqueado; doblado.
ge'boren adj. nacido (in en); fig. nato; ~ werden nacer, venir al mundo (a. fig.); in Madrid ~ natural de Madrid; ~er Deutscher alemán nativo (od. de nacimiento) bzw. de origen; er ist ~e Künstler nació para (ser) artista; geborene Meyer nacida (od. de soltera) Meyer; sie ist e-e ~e Weber es una hija del señor Weber.
ge'borgen adj. a salvo, salvado; seguro; al abrigo (vor de); 2heit f (0) (Sicherheit) seguridad f; (Zurückgezogenheit) recogimiento m.
Ge'bot n (-¢s; -e) mandamiento m; mandato m; (Befehl) orden f; (Vorschrift) precepto m; (Erlaß) decreto m; moralisches: imperativo m; des Gewissens usw.: dictado m; (Angebot) oferta f; bei Versteigerung: a. postura f; höheres: puja f; Rel. die Zehn ~e el Decálogo, los diez mandamientos; das ~ der Stunde la necesidad del momento; j-m zu ~e stehen estar a la disposición de alg.; Not kennt kein ~ la necesidad carece de ley; 2en od. ~ necesario; (angezeigt) indicado, conveniente; ~ sein imponerse; es ist dringend ~ es urgente; es absolutamente indispensable (od. imprescindible).
Ge'botszeichen Vkw. n señal f preceptiva (od. de obligación).
Ge'bräu n (-¢s; -e) desp. brebaje m, mejunje m.
Ge'brauch m (-¢s; ⸚e) uso m (Verwendung) a. empleo m, utilización f; aplicación f; (Sitte) costumbre f, usanza f; (Gewohnheit) hábito m; (Handhabung) manejo m; zum täglichen ~ para uso diario; für den eigenen ~ para uso personal; ~ machen von usar; utilizar, emplear; hacer uso

de; servirse de; in ~ en uso; en servicio; in ~ kommen generalizarse (el uso); außer ~ sein estar fuera de uso bzw. de servicio; no usarse ya; ser anticuado; außer ~ kommen caer en desuso; in ~ nehmen usar, emplear; servirse de; zu beliebigem ~ para todos los usos; zum inneren (äußeren) ~ para uso interno (externo); vor ~ schütteln agítese antes de usarlo; 2en (-) v/t. usar; utilizar; emplear; hacer uso de; (handhaben) manejar; (Arznei: tomar; ser; Gewalt ~ emplear la fuerza; recurrir a la fuerza; ~ (verwenden) zu emplear (od. utilizar) para; zu ~ sein poder servir para; sich zu allem ~ lassen prestarse (od. ser utilizable) para todo; zu nichts zu ~ sein no servir (od. valer) para nada; äußerlich (innerlich) zu ~! para uso externo (interno); → a. brauchen; gebraucht.
ge'bräuchlich adj. en uso; Wörter usw.: de uso corriente; (üblich) usual; común; consagrado por el uso; (herkömmlich) acostumbrado, habitual; (allgemein) general, corriente; ~ sein estar en uso; estilarse; nicht mehr ~ fuera de uso; caído en desuso; ~ werden hacerse usual; 2keit f (0) empleo m corriente.
Ge'brauchs|anmaßung ⚖ f hurto m de uso; ~anweisung f modo m de empleo; instrucciones f/pl. para el uso; ~artikel m artículo m de primera necesidad; objeto m (od. artículo m) de uso (corriente); ~diebstahl m → ~anmaßung; ~fahrzeug n (vehículo m) utilitario m; 2fertig adj. listo para el uso; dispuesto para el servicio; ~gegenstand m → ~artikel; ~graphik f dibujo m publicitario; Neol. grafismo m; ~graphiker m dibujante m publicitario; Neol. grafista m; ~güter n/pl. artículos m/pl. (od. bienes m/pl.) de consumo duraderos; ~musik f música f de consumo; ~muster n modelo m registrado; modelo m de utilidad (industrial); ~musterschutz m protección f de modelos registrados; ~vorschrift f → ~anweisung; ~wert m valor m útil (od. de utilidad).
ge'braucht adj. usado; ✝ a. de ocasión, de segunda mano, de lance; 2wagen m coche m usado; vehículo m de ocasión; 2wagenhändler m vendedor m de coches usados.
Ge'braus(e) n (-es; 0) fragor m; estrépito m; des Windes, des Meeres: bramido m.
ge'brechen I. v/unprs. (L; -): es gebricht mir an (dat.) carezco de, me falta(n), me hace(n) falta (nom.); necesito (ac.); II. 2 n defecto m (físico); imperfección f física; vicio m (de conformación); die ~ des Alters m achaques de la edad.
ge'brechlich adj. frágil; (schwach) débil; (kränklich) achacoso, enfermizo; (hinfällig) caduco; (alterschwach) decrépito; 2keit f fragilidad f; achacosidad f; debilidad f; caducidad f; decrepitud f.
ge'brochen adj. quebrantado, quebrado (a. fig.); mit ~em Herzen con el corazón desgarrado; con la muerte en el alma; mit ~er Stimme con voz entrecortada; er spricht ~ Deutsch chapurrea el alemán.

Ge'brodel n (-s; 0) borboteo m.
Ge'brüder pl. hermanos m/pl. (a. ✝, Abk. Hnos).
Ge'brüll n (-¢s; 0) Stier: bramido m; Rind: mugido m; Löwe: rugido m; fig. vociferación f; griterío m.
Ge'brumm n → Brummen.
Ge'bühr f derecho(s) m(pl.); tasa f, tarifa f; cuota f; ✉ porte m; für Arzt usw.: honorarios m/pl.; ermäßigte ~ tarifa f reducida; ~ bezahlt porte m pagado; nach ~ debidamente, convenientemente; über ~ más de lo debido; excesivamente; sobremanera.
ge'bühren (-) v/i. u. v/refl.: j-m ~ corresponder a alg.; pertenecer a alg.; sich ~ ser debido, deberse; ser justo; convenir; proceder; wie es sich gebührt como es debido; como procede; das gebührt sich nicht no se hace; 2berechnung f tarificación f; ~d I. adj. debido; correspondiente; conveniente; (anständig) decoroso, decente; (richtig) justo; (verdient) merecido; j-m die ~e Achtung erweisen guardar a (od. tener con) alg. el respeto debido; II. adv. debidamente, como es debido; en debida forma.
Ge'bühren...: ~einheit Tele. f paso m de contador; ~erlaß m exención f de derechos; ~ermäßigung f reducción f de derechos; 2frei adj. exento de derechos; ~freiheit f exención f de derechos; franquicia f; ~nachlaß m → ~ermäßigung; ~ordnung f tarifa f; Zoll, ⚖ arancel m; 2pflichtig adj. sujeto a derechos (od. tasas); Autobahn: de peaje; ~rechnung f Anwalt usw.: minuta f; ~satz m tarifa f; der Ärzte usw.: tarifa f de honorarios; arancel m; ~überhebung ⚖ f concusión f.
ge'bührlich adj. → gebührend.
ge'bunden adj. ligado (a. fig. u. ♪); ♫ combinado; Phys. Wärme: latente; Buch: encuadernado; ✝ Preis: controlado; fig. comprometido; vertraglich ~ obligado por contrato; in ~er Rede en verso; → a. binden; 2heit f (0) obligación f; sujeción f; dependencia f.
Ge'burt f nacimiento m (a. fig.); (Gebären) parto m, alumbramiento m; bei s-r ~ al nacer; von ~ an, seit m-r ~ desde mi nacimiento; schwere ~ parto m laborioso; fig. parto m de los montes; Deutscher von ~ alemán de origen; von vornehmer (od. hoher) ~ de ilustre origen; de noble linaje (od. alcurnia).
Ge'burten...: ~beihilfe f subsidio m de natalidad; ~beschränkung f limitación f de la natalidad (od. de los nacimientos); ~kontrolle f control m de natalidad (od. de nacimientos); ~prämie f premio m de natalidad; ~regelung f regulación f de los nacimientos; ~rückgang m descenso m de la natalidad; 2schwach adj.: ~e Jahrgänge años de baja natalidad; 2stark adj.: ~e Jahrgänge años de alta natalidad; ~überschuß m excedente m de nacimientos (od. de natalidad); ~ziffer f (índice m de) natalidad f; ~zuwachs m aumento m de la natalidad.
ge'bürtig adj. oriundo, natural, nativo (aus de); ~er Deutscher alemán de nacimiento; alemán de origen.
Ge'burts...: ~adel m nobleza f here-

ditaria; ~anzeige f parte m de natalicio; behördlich: declaración f de nacimiento; ~datum n fecha f de nacimiento; ~fehler m defecto m congénito; ~haus n casa f natal; ~helfer m tocólogo m, obstetra m, F partero m; ~helferin f partera f, comadrona f; ~hilfe f asistencia f al parto (od. obstétrica); obstetricia f; ~jahr n año m de nacimiento; ~land n país m natal; ~ort m lugar m de nacimiento; ~register n registro m de nacimientos; ~schein m partida f de nacimiento; ~stadt f ciudad f natal; ~tag m cumpleaños m; natalicio m; aniversario m (a. fig.); ~ haben cumplir años; ~tagsfeier f fiesta f de cumpleaños; ~tagskind n el (od. la) que celebra su cumpleaños; ~urkunde f acta f de nacimiento; ~wehen f/pl. dolores m/pl. del parto; ~zange Chir. f fórceps m.
Ge'büsch n (-es; -e) arbustos m/pl.; (Gestrüpp) matorral m; (Dickicht) espesura f; soto m.
Geck m (-en) fatuo m; F pisaverde m, pinturero m, lechuguino m, narciso m; Arg. compadrito m; 2enhaft adj. fatuo, presumido.
'Gecko Zoo. m (-s; -s) salamanquesa f.
Ge'dächtnis n (-ses; -se) memoria f; retentiva f; (Erinnerung) recuerdo m; (Gedenken) conmemoración f; aus dem ~ behalten conservar (od. retener) a/c. en la memoria; et. aus dem ~ verlieren olvidar a/c.; sich et. ins ~ (zurück)rufen recordar (od. acordarse de) a/c.; rememorar a/c.; j-m et. ins ~ (zurück)rufen recordar a alg. a/c.; hacer recordar a alg. a/c.; aus dem ~ tilgen borrar de la memoria; zum ~ an en memoria de, en conmemoración de; ein gutes (schlechtes) ~ haben tener buena (mala) memoria; ein kurzes ~ haben ser corto de memoria; wenn mein ~ mich nicht trügt si mal no recuerdo; ein ~ wie ein Sieb haben ser flaco de memoria; ~feier f acto m conmemorativo; ~lücke f laguna f en la memoria; 2schwach adj. flaco de memoria, desmemoriado; ~schwäche f flaqueza f de memoria; ~schwund m pérdida f de la memoria, ✱ amnesia f; ~störung f perturbación f de la memoria; ~stütze f ayuda f (m)nemotécnica; ~übung f ejercicio m de memoria; ~verlust m → ~schwund.
ge'dämpft adj. → dämpfen.
Ge'danke m (-ns; -n) pensamiento m; idea f; (Begriff, Vorstellung) concepto m, noción f; (Einfall) ocurrencia f; (Betrachtung) reflexión f; meditación f; consideración f (über ac. sobre); schon der ~, der bloße ~ la sola idea de; con sólo pensarlo; in ~ (im Geiste) mentalmente, (aus Zerstreutheit) por distracción; bei dem ~ al pensar que; in ~n sein estar pensativo; (geistesabwesend) estar ensimismado; in ~n versunken abismado en sus pensamientos; schwarzen (od. trüben) ~n nachhängen entregarse a reflexiones tristes; tener ideas negras; ~n wälzen rumiar (od. dar vueltas a) una idea; et. in ~n tun hacer a/c. sin pensar (od. sin querer); hacer a/c. maquinalmente; s-e ~n nicht beisammen haben estar distraído; wo warst du mit deinen ~n? ¿dónde tenías la cabeza?; mit dem ~n spielen, zu (inf.) acariciar la idea de (inf.); e-n ~n hegen abrigar una idea; sich ~n machen reflexionar (über ac. sobre); (besorgt sein) estar preocupado bzw. inquieto; preocuparse, apurarse (über ac. por); sich s-e ~n machen tener sus ideas; mach dir keine ~n! ¡no te preocupes (od. apures)!, ¡descuida!; sich mit e-m ~n befreunden familiarizarse con (od. hacerse a) una idea; j-s ~n lesen intuir el pensamiento de alg.; wer brachte ihn auf den ~n? ¿quién le sugirió la idea?; wie kommst du auf den ~n? ¿cómo se te ocurre eso?; j-n auf andere ~n bringen distraer a alg.; auf andere ~n kommen distraerse; pensar en otra cosa; auf dumme ~n kommen hacer un disparate; er verfiel auf den ~n, zu (inf.) concibió la idea de; se le ocurrió la idea de; mit dem ~n umgehen, zu (inf.) proyectar, pensar en, proponerse (inf.); kein ~! F ¡ni pensarlo!, ¡ni por pienso!, ¡ni por asomo!; Am. ¡qué esperanza!; die ~n sind (zoll)frei el pensamiento es libre.
Ge'danken...: 2arm adj. pobre de ideas; ~armut f ausencia f de ideas; ~austausch m cambio m de ideas bzw. de impresiones; ~blitz m idea f repentina; geistreicher: ocurrencia f; salida f; ~flug m vuelo m de la fantasía; ~folge f sucesión f de ideas; ~freiheit f libertad f de pensamiento; ~fülle f abundancia f de ideas; ~gang m orden m de las ideas; razonamiento m, raciocinio m; ~gut n ideario m; 2leer adj. sin ideas; vacío (de toda idea); ~leere f ausencia f de ideas; ~lesen n intuición f del pensamiento; ~leser m adivinador m del pensamiento; 2los adj. irreflexivo; aturdido; (zerstreut) distraído, descuidado; (mechanisch) maquinal; ~losigkeit f irreflexión f; (Zerstreutheit) distracción f, descuido m; inadvertencia f; 2reich adj. rico (od. fecundo) en ideas; ~reichtum m riqueza f de pensamiento; abundancia f de ideas; ~strich m guión m; raya f; ~übertragung f transmisión f del pensamiento; telepatía f; ~verbindung f asociación f de ideas; 2verloren adj. ensimismado; 2voll adj. pensativo, meditabundo; preocupado; ~welt f ideología f; ideario m; mundo m de las ideas.
ge'danklich adj. mental; intelectual; ideológico.
Ge'därm n (-¢s; -e), mst. pl. ~e Anat. intestinos m/pl.; F tripas f/pl.
Ge'deck n (-¢s; -e) cubierto m.
Ge'deih m (-¢s; 0): auf ~ und Verderb pase lo que pase, venga lo que viniere; 2en (L; -; sn) v/i. prosperar; criarse bien; florecer; (vorwärtskommen) adelantar, medrar; (wachsen) crecer; ✤ a. darse bien; (sich entwickeln) desarrollarse; dar buen resultado; tener éxito; die Sache ist so weit gediehen, daß las cosas han llegado a tal punto que; ~en n prosperidad f; florecimiento m; crecimiento m; desarrollo m; medro m; progresos m/pl.; 2lich adj. próspero, floreciente; (ersprießlich) fructífero, provechoso; saludable.
ge'denk|en (L; -) v/i. e-r Sache od. Person: pensar en; (sich erinnern) acordarse de, recordar (a/c. od. a alg.); (erwähnen) hacer mención de, mencionar; feierlich: conmemorar; ~ zu (beabsichtigen) proponerse (inf.); pensar (inf.); tener la intención de; 2en n memoria f, recuerdo m; conmemoración f; zu s-m ~ en su memoria; 2feier f conmemoración f; acto m conmemorativo; 2rede f discurso m conmemorativo; 2stein m lápida f conmemorativa; 2tafel f placa f conmemorativa; 2tag m (Jahrestag) aniversario m.
Ge'dicht n (-¢s; -e) poesía f; größeres: poema m; F ein ~ sein estar buenísimo bzw. bellísimo; ~form f: in ~ en verso; ~sammlung f florilegio m (de poesías); antología f.
ge'diegen adj. (rein) puro (a. Min.); (massiv) macizo; sólido; Gold, Silber: de ley; fino; fig. sólido; Charakter: honrado, formal; probo, esmerado; (gut gemacht) bien hecho, esmerado; F (komisch) curioso; extraño; ~e Kenntnisse conocimientos m/pl. sólidos; 2heit f (0) solidez f (a. fig.); Min. pureza f; esmero m; probidad f; honradez f.
Ge'dinge ⚒ n destajo m; im ~ a tanto alzado; a destajo.
Ge'döns F n (-es; 0) aspavientos m/pl.
Ge'dräng|e n (-s; 0) apretura f; agolpamiento m; (Menschen2) gentío m; aglomeración f de gente; Rugby: fr. melée f; fig. aprieto m, apuro m; ins ~ kommen, im ~ sein estar en un aprieto (od. en apuros); 2t I. adj. apretado, comprimido; (dicht) apiñado Stil: conciso, breve; ~e Übersetzt resumen m; resumen m; sinopsis f; II. adv.: ~ voll colmado; atestado; abarrotado; ~ sitzen estar sentado apretadamente; ~theit f (0) compacidad f; des Stils: concisión f; der Ereignisse: sucesión f rápida.
ge'drechselt adj. Stil: pulido.
ge'drückt fig. adj. deprimido; abatido, desanimado; ~e Stimmung desanimación f; 2heit f (0) depresión f; abatimiento m.
ge'drungen adj. compacto; Gestalt: rechoncho, F regordete (untersetzt) achaparrado, chato; 2heit f (0) compacidad f; estatura f gruesa y baja.
Ge'dudel n (-s; 0) cencerreo m; F musiquilla f.
Ge'duld f (0) paciencia f; ~ haben tener paciencia (mit con); die ~ verlieren perder la paciencia, impacientarse; mit (od. in) ~ (er)tragen tomar (soportar od. llevar) con paciencia; j-s ~ erschöpfen agotar la paciencia a alg.; sich mit ~ wappnen armarse de paciencia; mir reißt die ~ se me acaba la paciencia; die ~ auf die Probe stellen poner a prueba (od. probar) la paciencia; F mit ~ u. Spucke con paciencia se gana el cielo; (nur) ~! ¡paciencia!; 2en (-e-; -) v/refl.: sich ~ tener paciencia; (warten) esperar, aguardar; 2ig I. adj. paciente; im Ertragen: sufrido; (nachsichtig) indulgente; II. adv. pacientemente, con paciencia; ~sfaden F m: mir reißt der ~ se me acaba la paciencia; ~s-probe f prueba f de paciencia; j-n auf e-e ~ stellen poner a prueba (od. probar) la paciencia de

alg.; ~sspiel *n* juego *m* de paciencia; rompecabezas *m*.
ge'dungen *adj*.: ~er Mörder asesino *m* a sueldo.
ge'ehrt *adj*. in Briefen: Sehr ~er Herr! Muy señor mío:
ge'eicht *adj*.: auf et. ~ sein ser experto (entendido *od*. versado) en a/c.
ge'eignet *adj*. propio, apropiado, adecuado (*für, zu* para); idóneo, apto (para); (*fähig*) capaz (*zu* de); (*passend*) conveniente, a propósito (*zu* para); im ~en Augenblick en el momento oportuno.
Geest *f*, ¹~land *n* terreno *m* elevado y seco (en Alemania del Norte).
Ge'fahr *f* peligro *m*; (*Wagnis*) riesgo *m*; auf die ~ hin a riesgo de; auf eigene Gefahr a propio riesgo; es ist ~ im Verzug el peligro es inminente; F hay moros en la costa; ~ laufen zu (*inf*.) correr (el) peligro (*od*. riesgo) de, arriesgar (*inf*.); in ~ sein (*od*. schweben*) estar en peligro; peligrar; in ~ geraten, in ~ kommen, sich in ~ begeben exponerse al peligro; in ~ bringen poner en peligro; außer ~ fuera de peligro; a salvo; 2bringend *adj*. peligroso;
ge'fährd|en (-e-; -) *v/t*. poner en peligro; hacer peligrar; *Frieden usw*.: amenazar; (*aufs Spiel setzen*) arriesgar, aventurar, exponer; *Ruf, Stellung*: comprometer; 2ung *f* (0) amenaza *f*.
Ge'fahren|gebiet *n* zona *f* peligrosa; ~herd *Pol. m* foco *m* de conflictos; ~quelle *f* fuente *f* de peligros; ~stelle *f* lugar *m* peligroso; ~zone *f* zona *f* peligrosa; ~zulage *f* plus *m* de peligrosidad.
Ge'fahrguttransport *m* transporte *m* de carga peligrosa.
ge'fährlich *adj*. peligroso; (*gewagt*) arriesgado; expuesto; *Krankheit*: grave, de cuidado; *Alter*: crítico; 2keit *f* peligrosidad *f*; peligro *m*; e-r *Krankheit*: gravedad *f*.
ge'fahr|los *adj*. sin riesgo; (*sicher*) seguro; 2losigkeit *f* (0) ausencia *f* de peligro; (*Sicherheit*) seguridad *f*.
Ge'fährt *n* (-*és*; -e) vehículo *m*.
Ge'fährt|e *m* (-n), ~in *f* compañero (-a *f*) *m*; camarada *m*/*f*.
ge'fahrvoll *adj*. lleno de peligros; (muy) peligroso; arriesgado.
Ge'fälle *n* (-s; -) declive *m*; desnivel *m* (*a. fig*.); inclinación *f*; pendiente *f* (*a. Vkw*.); *e-s Flusses*: salto *m*; ≠ caída *f*; *Phys. a.* gradiente *m*.
ge'fallen I. (L; -) *v/i*., *v/refl. u. v/unprs*. agradar, gustar; dar gusto; *Liter*. placer; convenir; wie gefällt Ihnen ...? ¿le gusta ...?, ¿qué le parece ...?; wie es Ihnen gefällt como usted guste; es gefällt mir hier me agrada (*od*. gusta) este lugar, me encuentro muy bien aquí; sich ~ in (*dat*.) complacerse en; sich et. ~ lassen tolerar a/c.; (*es ertragen*) sufrir, aguantar, soportar a/c.; (*es hinnehmen*) admitir, consentir en, conformarse con a/c.; sich alles ~ lassen consentirlo todo, pasar por todo; doblegarse a todo; sich nichts ~ lassen no tolerar nada; F no sufrir ancas; F *das lasse ich mir* ~! ¡así me gusta!; II. *adj*. ⚔ muerto (en la guerra); caído (en el frente); *Mädchen, Engel*: caído.
Ge'fallen¹ *m* (-s; -) (*Gefälligkeit*) favor *m*; servicio *m*; *j-n um e-n* ~ *bitten* pedir un favor a alg.; *tun Sie mir den* ~, *zu* (*inf*.) hágame el favor (tenga la bondad *od*. amabilidad) de (*inf*.).
Ge'fallen² *n* (-s; 0) placer *m*, gusto *m*, agrado *m*; *an et*. ~ *finden* hallar gusto (*od*. satisfacción) en a/c. *bzw*. en hacer a/c.; aficionarse, tomar gusto (*od*. afición) a a/c.; *an j-m*: simpatizar con alg.; *an et.* ~ *haben* tener placer (*od*. gusto) en a/c.; agradar (*od*. gustar) a/c.; *Ihnen zu* ~ para complacerle a usted; *nach* ~ a discreción, a voluntad; a su gusto.
Ge'falle|nendenkmal *n* monumento *m* a los caídos (en la guerra); ~nenfriedhof *m* cementerio *m* de guerra; ~ne(r) *m* muerto *m* (*od*. caído *m*) en la guerra.
ge'fällig *adj*. amable; complaciente; (*zuvorkommend*) atento, obsequioso; (*angenehm*) agradable; *was ist* ~? ¿en qué puedo servirle?; ¿qué se le ofrece?; ⚔ *Ihrer* ~*en Antwort entgegensehend* en espera de su grata respuesta; *j-m* ~ *sein* complacer a (*od*. ser complaciente con) alg.; *Zigaretten* ~? ¿desea usted cigarrillos?; 2keit *f* amabilidad *f*; complacencia *f*; (*Dienst*) favor *m*; servicio *m*; *j-m e-e* ~ *erweisen* hacer un favor a alg.; prestar un servicio a alg.; *aus* ~ por complacencia; por (hacer un) favor; 2keits-akzept *n*, 2keitswechsel *m* ⚔ letra *f* de favor (*od*. complacencia); 2st *adv*. si usted gusta; *sei* ~ *still!* ¡a ver si te callas!
Ge'fallsucht *f* (0) afán *m* de agradar; *weibliche*: coquetería *f*; 2süchtig *adj*. coqueta; F coquetón.
ge'fangen *adj*. prisionero; cautivo; (*in Haft*) preso, detenido; *sich* ~ *geben darse od*. (*dase entregarse*) prisionero; 2e(r) *m* prisionero *m* (*a.* ⚔); cautivo *m*; (*Häftling*) detenido *m*, preso *m*; 2en-austausch *m* canje *m* de prisioneros; 2enbefreiung ⚖ *f* participación *f* en la evasión de presos; 2enfürsorge *f* asistencia *f* a los prisioneros; 2enlager *m* campo *m* de prisioneros; 2enwagen *m* coche *m* celular; 2enwärter(in *f*) *m* guardián *m* de prisión; celador(a *f*) *m*; prisionero (-a *f*) *m*; ~halten (L) *v/t*. retener en prisión; tener encarcelado (*od*. preso); tener cautivo; 2nahme *f* (0) detención *f*; captura *f* (*a.* ⚔); ~nehmen (L) *v/t*. detener, apresar, prender; capturar (*a.* ⚔); hacer (*od*. coger) prisionero; ⚔ cautivar; 2-schaft *f* (0) ⚖ prisión *f*; ⚔ cautiverio *m*, cautividad *f*; *a.* ⚔ *in* ~ *geraten* caer (*od*. ser hecho) prisionero; *Rückkehr aus der* ~ vuelta *f* del cautiverio; ~setzen (-t) *v/t*. meter en prisión, encarcelar; 2setzung *f* encarcelamiento *m*.
Ge'fängnis *n* (-*ses*; -*se*) cárcel *f*, prisión *f*; *ins* ~ *kommen* ir a la cárcel; *ins* ~ *werfen* meter en la cárcel, encarcelar; *im* ~ *sitzen* estar en la cárcel; *zu drei Monaten* ~ *verurteilen* condenar a tres meses de prisión; ~direktor *m* director *m* de un establecimiento penitenciario (*bzw*. de una cárcel *od*. prisión); ~haft *f* prisión *f*; ~hof *m* patio *m* de la cárcel; ~strafe ⚖ *f* (pena *f* de) prisión *f* (menor) (6 *Monate bis* 6 *Jahre*); arresto *m* mayor (1 *bis* 6 *Monate*); ~wärter(in *f*) *m* →

Gefangenenwärter(in); ~zelle *f* celda *f*.
Ge'fasel *n* (-s; 0) vaniloquio *m*; desatinos *m*/*pl*.; chocheces *f*/*pl*.
Ge'fäß *n* (-es; -e) vasija *f*; recipiente *m*; *Anat. u.* ♀ vaso *m*; *am Degen*: cazoleta *f*; ~bildung *Physiol. f* vascularización *f*; ~chirurgie *f* cirugía *f* vascular; ~erkrankung ♂ *f* angiopatía *f*; ~erweiterung ♂ *f* vasodilatación *f*; ~lehre *f* angiología *f*; ~system *n* sistema *m* vascular; ~verengung ♂ *f* vasoconstricción *f*.
ge'faßt *adj*. (*ruhig*) sereno, tranquilo; con calma; (*ergeben*) resignado; ~ *sein auf* (*ac*.) estar preparado para; *auf alles* (*od*. *das Schlimmste*) ~ preparado para lo peor; *sich auf et*. ~ *machen* prepararse para a/c.; F *du kannst dich auf et*. ~ *machen* verás lo que te va a pasar; 2heit *f* (0) serenidad *f*, tranquilidad *f*; calma *f*; (*Ergebenheit*) resignación *f*.
Ge'fecht *n* (-*és*; -e) combate *m*; encuentro *m*; (*Einsatz*) acción *f*; *außer* ~ *fig*.); *fig. ins* ~ *führen* poner sobre el tapete; ⚓ *klar zum* ~! ¡zafarrancho de combate!; *fig. in der Hitze des* ~*s* en el calor de la disputa; ~s-ausbildung ⚔ *f* entrenamiento *m* para el combate; ~sbereich *m* zona *f* de acción; ~sbereit *adj*. dispuesto para el combate; ~s-einheit *f* unidad *f* táctica; 2sklar ⚓ *adj*. en zafarrancho de combate; ~skopf *m* cabeza *f* (de un cohete); ~slage *f* situación *f* táctica; ~slärm *m* fragor *m* del combate; ~spause *f* calma *f* (momentánea) en el combate; ~sstand ⚔ *m* puesto *m* de mando; ~s-turm ⚓ *m* cúpula *f*; ~s-übung *f* simulacro *m* de combate.
ge'feit *adj*.: ~ *gegen* a prueba de; inmune, invulnerable contra.
Ge'fieder *n* plumaje *m*; 2t *adj*. (em-)plumado; *Pfeil*: con plumas; ⚔ pin(n)ado.
Ge'filde *n* *Poes*. campiña *f*, campos *m*/*pl*.; ~ *der Seligen* los Campos Elíseos.
ge'fingert ♣ *adj*. digitado.
ge'flammt *adj*. flameado.
Ge'flecht *n* (-*és*; -e) trenzado *m*; (*Draht*2) enrejado *m*; tela *f* metálica; (*Maschen*2) malla *f*; (*Weiden*2) zarzo *m*; *Körbe usw*.: mimbre *m*; *Anat*. plexo *m*.
ge'fleckt *adj*. manchado; (*marmoriert*) jaspeado; (*gesprenkelt*) salpicado; ~ *sein* ♠ *Fell*: remendado.
Ge'flenne F *n* lloriqueo *m*.
ge'flissentlich I. *adj*. intencionado; premeditado; II. *adv*. con intención; adrede, a propósito.
Ge'fluche *n* (-s; 0) juramentos *m*/*pl*.; F tacos *m*/*pl*., palabrotas *f*/*pl*.
Ge'flügel *n* (-s; 0) aves *f*/*pl*. de corral; volatería *f*; (*Fleisch*) carne *f* de ave; ~farm *f* granja *f* avícola; ~händler(in *f*) *m* pollero (-a *f*) *m*; ~handlung *f* pollería *f*; ~hof *m* corral *m*; ~klein *n* menudillos *m*/*pl*. de ave; ~stall *m* gallinero *m*.
ge'flügelt *adj*. alado (*a. fig*.); *Poes*. aligero; *fig*. ~es *Wort* frase *f* célebre (*od*. proverbial); sentencia *f*; dicho *m*.
Ge'flügel|zucht *f* cría *f* de aves; avicultura *f*; ~züchter(in *f*) *m* avicultor(a *f*) *m*.

14*

Geflunker — gegenstandslos 212

Ge'flunker n (-s; 0) → Flunkerei.
Ge'flüster n (-s; 0) cuchicheo m; fig. susurro m, murmullo m.
Ge'folg|e n (-s; 0) comitiva f, séquito m; escolta f; (Ehren♀) cortejo m; fig. im ~ haben llevar consigo, conllevar; tener por consecuencia; **~schaft** f Pol. seguidores m/pl.; partidarios m/pl., adeptos m/pl.; im Betrieb: personal m; **~smann** m (-ęs; ⸚er od. -leute) Hist. vasallo m; Pol. secuaz m, seguidor m; partidario m.
ge'fragt adj. buscado; ✝ solicitado.
ge'fräßig adj. voraz (a. fig.), glotón, ⊦ tragón, comilón; **⸗keit** f (0) voracidad f; glotonería f; gula f.
Ge'freite(r) ⚔ m (-n) cabo m.
'Gefrier|anlage f instalación f frigorífica; **~apparat** m aparato m congelador; **~en** (L; -; sn) v/i. helar(se), congelarse; **~en** n congelación f; **~fach** n congelador m; **~fleisch** n carne f congelada; **⸗getrocknet** adj. liofilizado; **~punkt** m Phys. punto m álgido (od. de congelación); Meteo. unter dem ~ bajo cero; **~schiff** n buque m congelador; **~schrank** m congelador m (vertical); **~schutzmittel** n anticongelante m; **~trocknung** f liofilización f; **~truhe** f arcón m congelador, congelador m horizontal.
Ge'frorene(s) n helado m.
Ge'füge n estructura f (a. fig.); Schreinerei: ensambladura f, juntura f, encaje m; Min. (con)textura f (a. fig.); fig. (System) sistema m.
ge'fügig adj. dócil, flexible, manejable; dúctil; sich j-n ~ machen doblar la voluntad de alg.; **⸗keit** f (0) docilidad f; flexibilidad f; ductilidad f.
Ge'fühl n (-ęs; -e) sentimiento m; (Eindruck) impresión f; als Wahrnehmung: sensación f; (Empfindlichkeit) sensibilidad f; (Tastsinn) tacto m; (Verständnis) sentido m; (Vor♀) presentimiento m; ~ haben tener corazón; et. im ~ haben saber a/c. por intuición; ich habe das ~, daß tengo la impresión bzw. el presentimiento de que...; ein ~ haben für ser sensible a; ohne ~ insensible; mit ~ (singen usw.) con expresión; mit gemischten ~en con sentimientos dispares; nada satisfecho; ⊦ das höchste der ~e el no-va-más; j-s ~e verletzen herir (od. ofender) los sentimientos (od. la sensibilidad) de alg.; von s-n ~en überwältigt dominado por sus sentimientos; **⸗los** adj. insensible (a. fig.; gegen a), impasible; (hartherzig) duro, sin corazón, frío; (gleichgültig) apático; **~losigkeit** f insensibilidad f; impasibilidad f; apatía f; dureza f (de corazón); **~s-armut** f sequedad f de corazón; **~s-ausbruch** m efusión f sentimental; **⸗sbetont** adj. sentimental; **~sduse'lei** f sentimentalismo m, sensiblería f; lirismo m; **⸗sduselig** adj. sentimental, sensiblero; **~skälte** f frialdad f; **~sleben** n vida f afectiva (od. sentimental); **⸗smäßig I.** adj. intuitivo, instintivo; **II.** adv. sentimentalmente; por intuición; **~smensch** m hombre m sentimental; **~smoment** n factor m pasional; **~snerv** m nervio m sensitivo (od. sensorial); **~sregung** f emoción f; **~ssache** f cuestión f de sentimiento; **⸗sselig** adj. sentimental; lírico; **~swärme** f

calor m (del sentimiento); ardor m; **~swert** m valor m sentimental; **⸗voll** adj. sentido; afectivo; (empfindsam) sensible; (zärtlich) tierno, delicado; (sentimental) sentimental; (liebevoll) afectuoso; cariñoso.
ge'geben adj. dado (a. ⚕); zu ~er Zeit a su (debido) tiempo; en el momento oportuno; innerhalb e-r ~en Frist dentro de un plazo fijado; unter den ~en Umständen dadas las (od. en estas) circunstancias; **⸗e** n lo que conviene hacer; **~enfalls** adv. dado el caso; si se diera el caso; eventualmente; si hubiere lugar a ello; **⸗heit** f hecho m, realidad f; (Umstand) circunstancia f.
'gegen prp. (ac.) contra; en contra (de); (entgegen) contrario a; Verhalten: con, para con; Richtung: hacia; (ungefähr) bei Zahlen: unos, cerca de; Uhrzeit: hacia, sobre, a eso de; Tausch: a cambio de; contra; por; Vergleich: en comparación con; ~ Ende hacia el fin, al terminar; gut ~ Fieber bueno para (od. contra) la fiebre; ~ et. sein estar en contra de a/c., ser contrario a a/c.; freundlich ~ dich amable para contigo; ~ m-n Willen contra mi voluntad; a pesar mío; ~ mich contra mí, en contra mía; ~ die Vernunft contrario a la razón; ✝ ~ Quittung contra recibo; ~ bar al contado; ich wette 10 ~ eins, daß apuesto diez contra uno a que...
'Gegen...: ~abzug Typ. m contraprueba f; **~aktion** f contramedida f; **~angebot** n contraoferta f; **~angriff** m contraataque m; **~anklage** f recriminación f; **~antrag** m contraproposición f; **~antwort** f réplica f; **~anzeige** ⚕ f contraindicación f; **~befehl** m contraorden f; contraaviso m; **~behauptung** f aseveración f contraria; **~beispiel** n ejemplo m contrario; **~beschuldigung** f → ~anklage; **~bestrebung** f esfuerzo m contrario; **~besuch** m: j-m e-n ~ machen devolver la visita a alg.; **~bewegung** f movimiento m contrario; fig. reacción f; **~beweis** m prueba f de lo contrario; contraprueba f; den ~ antreten probar lo contrario; **~buchung** ✝ f contrapartida f; **~bürgschaft** f caución f subsidiaria.
'Gegend f (-; -en) comarca f, zona f; región f (a. ⚔); (Landschaft) paisaje m; (Stadtviertel) barrio m; (Richtung) dirección f; lado m; (Umgebung) alrededores m/pl., inmediaciones f/pl.; in der ~ von cerca de.
'Gegen...: ~dampf ⊕ m contravapor m; **~demonstration** f contramanifestación f; **~dienst** m servicio m recíproco; desquite m; als ~ en correspondencia (od. reciprocidad) a; e-n ~ leisten devolver un favor; ich bin zu ~en stets bereit siempre estoy a la recíproca; **~druck** m contrapresión f; fig. reacción f; resistencia f.
gegen-ein'ander adv. uno contra otro, uno en contra del otro; (gegenseitig) mutuamente, recíprocamente; **~halten** (L) v/t. (vergleichen) contraponer; comparar, cotejar; confrontar; **~prallen** (sn) v/i. entrechocar(se).
'Gegen...: ~entwurf m contraproyecto m; **~erklärung** f declaración f contraria, contradeclaración f; ~

fahrbahn f carril m contrario; **~forderung** f demanda f recíproca; **~frage** f: eine ~ stellen responder a una pregunta con otra; **~füßler** m antípoda m; **~gerade** f Sport: recta f contraria; **~geschenk** n regalo m de desquite; ein ~ machen corresponder a un regalo con otro; **~gewicht** n contrapeso m (a. fig.); **~gift** n contraveneno m, antídoto m; **~griff** m Ringen: contrapresa f; **~grund** m argumento m opuesto; razón f contraria; **~kandidat** m candidato m de la oposición; allg. rival m; **~klage** ⚖ f reconvención f; ~ erheben reconvenir; **~kläger(in** f) m demandante m/f reconvencional; **~kraft** f fuerza f antagonista; **~leistung** f contraprestación f; contrapartida f (a. ✝); **~licht** n contraluz f; **~lichtaufnahme** Phot. f (fotografía f a) contraluz f; **~liebe** f amor m recíproco; (keine) ~ finden (no) ser correspondido; **~maßnahme** f contramedida f; (Vergeltung) represalia f; **~mittel** ⚕ n antídoto m; **~mutter** ⊕ f contratuerca f; **~offensive** f contraofensiva f; **~papst** Hist. m antipapa m; **~partei** f Pol. (partido m de) oposición f; parte f contraria; **~posten** ✝ m contrapartida f; **~probe** f contraprueba f; **~propaganda** f contrapropaganda f; **~rechnung** f verificación f; (Gegenforderung) cuenta f deudora; **~rede** f réplica f; (Einwand) objeción f; ⚖ excepción f; **~reformation** Hist. f Contrarreforma f; **~revolution** f contrarrevolución f; **~richtung** f sentido m opuesto; **~satz** m oposición f; (Widerspruch) contradicción f; Rhet. antítesis f; (Kontrast) contraste m; im ~ zu al contrario de; contrariamente a; en contraposición a (od. con), en oposición a; im ~ stehen zu contrastar (od. estar en contraste) con; estar en oposición bzw. contradicción con; Gegensätze ziehen sich an los extremos se tocan; **⸗sätzlich** adj. contrario, opuesto; contradictorio; Rhet. antitético; **~sätzlichkeit** f contraste m; divergencia f; **~schlag** m contraataque m; bsd. fig. contragolpe m; **~schrift** f (Widerlegung) refutación f; (Verteidigungsschrift) defensa f; (Antwort) réplica f; **~schuld** ✝ f deuda f pasiva; **~seite** f lado m opuesto; (Rückseite) reverso m; → a. ~partei; **⸗seitig** adj. mutuo; recíproco; (zweiseitig) bilateral; im ~en Einvernehmen de mutuo acuerdo; **~seitigkeit** f (0) mutualidad f, reciprocidad f; Versicherung auf ~ seguro m mutuo; auf ~ beruhen ser recíproco; **~seitigkeitsvertrag** m tratado m de reciprocidad; **~sinn** m: im ~ en sentido contrario; **~spieler** m adversario m, antagonista m; rival m; bei Glücksspielen: punto m; **~spionage** f contraespionaje m; **~sprechanlage** f intercomunicador m; **~sprechverkehr** m intercomunicación f (en dúplex); **~stand** m objeto m (a. fig.); (Thema) asunto m, tema m; materia f; zum ~ haben tener por objeto; **⸗ständig** ♀ adj. opuesto; **⸗ständlich** adj. concreto; material; Kunst: figurativo; Phil. objetivo; **⸗standslos** adj. sin objeto; sin razón de ser; sin interés; (überflüssig) superfluo; Kunst: abstracto; ~stimme f voz f contraria; bei Abstimmungen: voto m en contra; ♪ contraparte f; ~stoß m contragolpe m; ⊕ a. repercusión f; ⚔ contraataque m; ~strich m repelo m; ~strom ⚔ m contracorriente f; ~strömung f contracorriente f (a. fig.); ~strophe f antístrofa f; ~stück n equivalente m; (Pendant) compañero m, pareja f; (Gegensatz) contraste m; das ~ bilden zu hacer juego con, formar pareja con; ~teil n lo contrario; im ~ al contrario, por lo contrario; ganz im ~, genau das ~ todo lo contrario; das genaue (F gerade) ~ exactamente (od. justamente) lo contrario; 2teilig adj. contrario; opuesto; ~e Wirkung efecto m contraproducente; ~tor n Sport: gol m en contra.

gegen'über I. prp. (dat.) enfrente de, frente a; bsd. fig. ante; en presencia de; **II.** adv. enfrente; frente a frente; cara a cara; (verglichen mit) comparado con; mir ~ (in m-r Gegenwart) delante de mí, en mi presencia, bsd. fig. ante mí; feindlich: contra mí; freundlich: para conmigo; sich e-r Aufgabe usw. ~ sehen verse ante; **III.** 2 n: mein ~ quien está en frente de mí; (Nachbar) mi vecino de enfrente; ~liegen (L) v/i. estar situado (od. hallarse) enfrente de; ~liegend adj. opuesto, frontero; ~setzen (-t) v/t.: setzen Sie sich mir gegenüber siéntese usted enfrente de mí; ~stehen (L) v/i. hallarse enfrente de, estar frente a; e-r Gefahr: afrontar; e-r Sache: mirar; wohlwollend ~ ver con buenos ojos; sich ~ estar frente a frente (cara a cara); feindlich: enfrentarse a; oponerse a; ~stellen v/t. oponer; ⚖ carear, confrontar; (vergleichen) comparar, contraponer; 2stellung f oposición f; ⚖ careo m, confrontación f, contraposición f; ~treten (L; sn) v/i. (dat.) presentarse ante; fig. enfrentarse (od. hacer frente) a; feindlich: oponerse a.

'Gegen...: ~unterschrift f refrendo m; ~verkehr m circulación f en sentido contrario; Verkehrsschild: doble circulación f; ~versuch m experimento m de control; ~vormund ⚖ m protutor m; ~vorschlag m contraproposición f, contrapropuesta f; ~wart f (0) presencia f; (Jetztzeit) actualidad f; presente m (a. Gr.), época f actual, tiempo m presente; in m-r ~ en mi presencia, in ~ von (od. gen.) en presencia de; 2wärtig **I.** adj. presente; Zeit: a. actual, de momento; bei et. ~ sein presenciar; estar presente (od. asistir) a a/c.; das ist mir nicht ~ (erinnerlich) no lo tengo presente; **II.** adv. ahora; en la actualidad, actualmente; (heutzutage) hoy (en) día; 2wartsnah adj. actual, de actualidad; ~wehr f defensa f; resistencia f; ~wert m contravalor m; equivalencia f, equivalente m; ~wind m viento m contrario (od. de frente od. de cara); ⚓ viento m de proa; ~winkel ⚙ m ángulo m opuesto; ~wirkung f reacción f; 2zeichnen (-e-) v/t. refrendar; ~zeichner m refrendario m; ~zeichnung f refrendo m; ~zeuge ⚖ m testigo m de descargo bzw. de cargo; ~zug m Spiel: contrajugada f; 🚂 tren m en dirección contraria.

ge'gliedert adj. articulado; ⚘ desglosado (nach por).

'Gegner|(in f) m adversario (-a f) m (a. Sport); in bezug auf Meinung: opositor(a f) m; antagonista m/f; (Feind) enemigo (-a f) m; (Rivale) rival m/f; 2isch adj. contrario, opuesto; de la parte adversaria; Pol. del partido opuesto; de la oposición; ⚔ enemigo; ~schaft f antagonismo m; rivalidad f; enemistad f; oposición f.

ge'grillt Kochk. adj. a la parrilla; 2e(s) n parrillada f.

Ge'habe n (-s; 0) afectación f; rebuscamiento m; (Getue) aspavientos m/pl.; 2n v/refl. (nur im Präsens): sich ~ comportarse; conducirse; gehab dich wohl! ¡adiós!, ¡que lo pases bien!

Ge'hackte(s) Kochk. n carne f picada.

Ge'halt[1] m (-es; -e) contenido m (an en, de); ⚗ a. concentración f; grado m; título m; riqueza f (an dat. en); prozentualer: porcentaje m; fig. valor m; geistiger: sustancia f; fondo m.

Ge'halt[2] n (-es; ~er) sueldo m; haberes m/pl.; paga f; ein festes ~ beziehen tener sueldo fijo.

ge'halt|en adj. (verpflichtet) obligado (zu a); ~los adj. Erz: pobre (an dat. en); fig. sin valor; hueco; fútil, insignificante; (oberflächlich) superficial; 2losigkeit f (0) v. Erzen: pobreza f (an dat. en); fig. insignificancia f, futilidad f; superficialidad f; ~reich adj. Nahrung, Erz: rico (an dat. en); fig. valioso, de gran valor; sustancial, sustancioso.

Ge'halts...: ~abzug m descuento m del sueldo; ~ansprüche m/pl. pretensiones f/pl. económicas; ~aufbesserung f mejora f (od. aumento m) de sueldo; ~empfänger(in f) m perceptor m de haberes; empleado (-a f) m; asalariado (-a f) m; ~erhöhung f aumento m de sueldo; ~forderungen f/pl. → ~ansprüche; ~gruppe f categoría f (de sueldo); grupo m salarial; ~kürzung f reducción f de sueldo; ~liste f nómina f; ~sperre f suspensión f del pago de sueldos; ~stufe f bei Beamten: escalafón m; ~vorschuß m anticipo m de sueldo; ~zahlung f abono m de haberes (od. del sueldo); ~zulage f sobresueldo m; aumento m del sueldo.

ge'haltvoll adj. → gehaltreich.

Ge'hänge n (Blumen2) guirnalda f, festón m; (Ohr2) pendientes m/pl.; (Uhr2) dije m; des Hundes: orejas f/pl.; des Degens: tahalí m.

ge'harnischt adj. en arnés, encorazado; fig. enérgico; ~e Antwort respuesta f tajante.

ge'hässig adj. lleno de odio; resentido; odioso; (feindselig) hostil; 2keit f carácter m odioso, odiosidad f; encono m; hostilidad f; (Handlung) grosería f.

Ge'häuse n (-s; f a. Uhr2); (Etui) estuche m; ⚘ e-r Frucht: corazón m; Zoo. (Schnecken2 usw.) concha f; Kfz. cárter m; ⊕ a. cuerpo m; carcasa f.

'gehbehindert adj. impedido.

Ge'hege n (-s; -) cercado m; (Weide) dehesa f; Jgdw. coto m, vedado m (de caza); fig. j-m ins ~ kommen cazar en vedado ajeno; meter la hoz en mies ajena.

ge'heim adj. secreto; (verborgen) oculto, escondido; (geheimnisvoll) misterioso; (heimlich, unerlaubt) clandestino; (vertraulich) confidencial; reservado; Lehre usw.: esotérico, oculto; (vertraut) privado, íntimo; im ~en en secreto; a escondidas; 2er Rat (Titel) consejero m privado; in ~er Sitzung a puerta cerrada; streng ~! ¡alto secreto!; in ~em Einvernehmen en connivencia; 2abkommen n acuerdo m secreto; 2agent m agente m secreto; 2befehl m orden f secreta; 2bericht m informe m confidencial; 2bund m sociedad f secreta; 2dienst m servicio m secreto; 2diplomatie f diplomacia f secreta; 2fach n secreto m; ~halten (L) v/t. mantener (od. guardar) en secreto; ocultar; (verhehlen) encubrir; (verstecken) esconder (vor j-m de alg.); et. streng ~ mantener a/c. bajo el más estricto secreto; 2haltung f mantenimiento m del secreto; ocultación f; encubrimiento m; 2konto n cuenta f secreta; 2lehre f doctrina f esotérica; 2mittel n remedio m secreto.

Ge'heimnis n (-ses; -se) secreto m; tiefes: misterio m; arcano m; offenes ~ secreto a voces; j-m ein ~ vor j-m haben ocultar a alg. un secreto; tener secretos para alg.; j-n in das ~ einweihen poner a alg. en el secreto; in ein ~ eingeweiht sein estar en el secreto; das ~ bewahren guardar el secreto; ein ~ aus et. machen hacer de a/c. un secreto; kein ~ aus et. machen no hacer ningún secreto de a/c.; ~krämer m secretista m; ~kräme'rei f secreteo m; ~träger m depositario m de un secreto; 2voll adj. misterioso; (rätselhaft) enigmático; ~ tun secretar; andar con secretos; F darse un aire misterioso.

Ge'heim...: ~polizei f policía f secreta; ~polizist m agente m de la policía secreta; ~rat m consejero m privado; ~rats-ecken F f/pl. entradas f/pl.; ~sache f asunto m secreto; Pol., ⚔ asunto m reservado; ~schloß n cerradura f secreta; ~schrift f escritura f cifrada; criptografía f; ~sender m Radio: emisora f clandestina; ~sprache f lenguaje m secreto; ~tinte f tinta f simpática; ~tip m aviso m secreto; indicación f confidencial; ~tue'rei f secreteo m; 2tuerisch adj. secretero; ~tür f puerta f secreta; ~vertrag m tratado m secreto; ~waffe f arma f secreta; ~wissenschaft f ciencia f oculta, ocultismo m; ~zahl f número m secreto.

Ge'heiß n (-es; 0) orden f; mandato m; auf sein ~ por orden suya.

ge'hemmt adj. cohibido; Psych. inhibido; sich ~ fühlen estar violento; 2heit f (0) cohibición f; inhibición f.

'gehen I. (L; sn) v/i. ir; (zu Fuß ~) ir a pie, andar, caminar; marchar; tanzen usw. ~ ir a bailar, etc.; (weg~) irse, marcharse; (verlassen) salir; Zug: salir, partir; (verkehren) circular; Teig: fermentar, F venirse; Gerücht: correr, circular; ⊕ funcionar, marchar; Uhr: andar; marchar; ~ als (verkleidet) ir disfrazado de; e-n Weg ~ tomar un camino; der Wind geht hace viento; *gut* ~ *Ware*: venderse bien; *Geschäft usw.*: marchar bien; *wie geht es Ihnen?* ¿cómo está usted?; *wie geht es dir?* ¿cómo te va?; *wie geht's?* ¿qué tal?; *es geht mir gut* estoy bien; *me va bien*; *es geht!* (*nicht besonders*) así así; regular; F vamos tirando; *es geht mir ebenso a mí me pasa lo mismo*; *es mag* ~, *wie es will* pase lo que pase; *das Gedicht usw.* geht so reza así; *so geht's in der Welt* así va el mundo; *wie geht's damit?* ¿cómo anda el asunto?; ¿qué hay de eso?; *es wird schon* ~ todo se arreglará; F ¡pierda usted cuidado!; *so gut es eben geht* lo mejor que se pueda; *das geht* (*nicht*) (no) puede ser; (no) es posible (*od.* factible); *so geht es nicht* así no puede ser; así no se va a ninguna parte; *so geht es nicht weiter* así no se puede seguir; *das geht nicht anders* no puede ser de otro modo; *j-n* ~ *lassen* dejar salir a alg.; P *e-n* ~ *lassen* P soltar un pedo; *sich's gut* ~ *lassen* pasarlo bien; tratarse bien; *darse buena vida*; *laß es dir gut* ~! ¡que lo pases bien!; ¡a pasarlo bien!; → *a. gehenlassen*; (*früh*) *schlafen* ~ acostarse (temprano); *wir haben noch drei Stunden zu* ~ aun nos quedan tres horas de camino; *bei j-m aus und ein* ~ frecuentar la casa de alg.; *s-e Ansicht geht dahin, daß* él opina que; su opinión es que; *darüber geht nichts* no hay nada mejor que esto; *wenn alles gut geht* si todo sale bien; *m-e Uhr geht falsch* mi reloj anda (*od.* marcha) mal; *zum Arzt* ~ ir al médico; *an die Arbeit* ~ ponerse a trabajar; poner manos a la obra; *geh nicht daran!* ¡no toques eso!; *auf ein Kilo* ~ 5 *Stück* entran cinco piezas en un kilo; *der Preis ging an* ... el premio fue para ...; *auf die Post* ~ ir a correos; *das Fenster geht auf den Garten* la ventana da al jardín; *auf die andere Seite* ~ pasar al otro lado; *es geht auf zehn* van a dar (*od.* son cerca de) las diez; *auf die 50* ~ frisar en (*od.* rondar) los cincuenta (años); *es geht auf den Sommer* está próximo el verano; *das geht auf dich* eso te concierne (*od.* te afecta) a ti; *aus dem Zimmer* ~ salir de la habitación; *das geht mir nicht aus dem Kopf* no se me quita de la cabeza; ~ *durch* (*durchqueren*) pasar por; atravesar, cruzar; *das geht gegen mein Gewissen* eso está en contra de mi conciencia; *in e-e Kirche* ~ entrar en una iglesia; *ins Theater* ~ ir al teatro; *er geht in sein zwanzigstes Jahr* va a cumplir los veinte años; *in die Höhe* ~ subir, aumentar; *es* ~ ... *Personen in diesen Saal* en esta sala caben ... personas; *in die Schule* ~ ir a la escuela *bzw.* al colegio; *in sich* ~ volver sobre sí, (*Reue empfinden*) arrepentirse; *in Schwarz* (*od. Trauer*) ~ ir de luto; *das geht in die Tausende* asciende a varios millares; *mit j-m* ~ ir con alg., (*begleiten*) acompañar a alg.; *mit e-m Mädchen*: mantener relaciones con; *nach* et. ~ (*holen*) ir por (F a por) a/c.; *danach kann man nicht* ~ eso no dice (*od.* significa) nada; *wenn es nach ihm ginge* si por él fuera, si de él dependiera, si en su mano estuviese; *neben j-m* ~ ir al lado de alg.; *um die Stadt* ~ dar una vuelta a la ciudad; *über die Straße* ~ atravesar (*od.* cruzar) la calle; *der Brief geht über München* la carta va vía Munich; *der Zug geht über Sevilla* el tren pasa por Sevilla; *das geht über m-e Kräfte* esto es superior a mis fuerzas; *es geht nichts über* ... no hay nada mejor que ...; *das geht über alle Begriffe* supera todo lo imaginable; *das geht mir über alles* esto me importa más que todo; *es geht um* ... se trata de ...; *von j-m* (*weg*) ~ apartarse de alg.; abandonar (*od.* dejar solo) a alg.; *j-m nicht von der Seite* ~ no apartarse de alg.; *vor sich* ~ (*geschehen*) ocurrir, suceder, pasar; (*stattfinden*) tener lugar; *bis an* et. ~ (*reichen*) llegar hasta; *zu j-m* ~ (*ins Haus*) ir a casa de alg.; ir a ver a alg.; (*auf ihn zu*) ir hacia (*od.* dirigirse) a alg.; *abordar a alg.*; F *er ist gegangen worden* le han despedido (F echado a la calle); F *aber geh!* ¡anda!; **II.** ⚰ *n* marcha f; *Sport*: marcha f atlética; *das* ~ *fällt ihm schwer* le cuesta trabajo andar.

Ge'henkte(r) m ahorcado m.

'gehenlassen v/refl.: *sich* ~ descuidarse, abandonarse.

'Geher m *Sport*: marchador m, Am. andarín m.

ge'hetzt fig. adj. ajetreado.

ge'heuer adj.: *nicht ganz* ~ sospechoso; *es ist hier nicht* ~ no se siente uno aquí muy seguro; *das kommt mir nicht* ~ *vor* aquí hay gato encerrado.

Ge'heul n (-*es*; 0) alarido m; F *Wölfe, Hunde*: aullido m; v. *Kindern*: lloro m; *des Sturmes*: bramido m.

Ge'hilf|e m (-n) ayudante m; asistente m; auxiliar m; *e-s Handwerkers*: oficial m; *e-s Anwalts*: pasante m; (*Handlungs*⚰) dependiente m; ~**in** f ayudanta f; auxiliar f; oficiala f; asistenta f.

Ge'hirn Anat. n (-*es*, -*e*) encéfalo m; cerebro m; F sesos m/pl.; *in Zssgn* → a. Hirn...; ~**blutung** f hemorragia f cerebral; ~**entzündung** f encefalitis f; ~**erschütterung** f conmoción f cerebral; ~**erweichung** f reblandecimiento m cerebral; ~**haut** Anat. f meninge f; ~**hautentzündung** f meningitis f; ~**kasten** F m cholla f, chola f; ~**nerv** m nervio m craneal; ~**rinde** f corteza f cerebral; ~**schale** Anat. f cráneo m; F tapa f de los sesos; ~**schlag** m ataque m cerebral; apoplejía f; ~**tumor** m tumor m cerebral; ~**wäsche** f lavado m de cerebro; ~**windung** f circunvolución f cerebral.

ge'hoben adj. *Posten, Stil*: elevado; *in* ~*er Stimmung* de muy buen humor, F de fiesta.

Ge'höft n (-*es*; -*e*) granja f; finca f; Am. estancia f.

Ge'hölz n (-*es*; -*e*) soto m; bosquecillo m; monte m.

ge'hopst F adj.: *das ist* ~ *wie gesprungen* tanto da lo uno como lo otro; tanto monta.

Ge'hör n (-*es*; 0) oído m; *ein gutes* ~ *haben* tener (buen) oído (a. ♪); *ein scharfes* ~ *haben* tener oído fino; *absolutes* ~ oído m absoluto; *nach dem* ~ *spielen* tocar de oído; ~ *finden* ser escuchado; *kein* ~ *finden* ser desoído; no ser escuchado; F *hallar oídos sordos*; *j-m* ~ *schenken* prestar oídos a alg.; *sich* ~ *verschaffen* hacerse oír (*od.* escuchar); ♪ *zu* ~ *bringen* (*spielen*) tocar, interpretar, (*singen*) cantar.

ge'horchen I. v/i. (-): *j-m* ~ obedecer a alg.; *j-m nicht* ~ desobedecer a alg.; II. ⚰ n obediencia f.

ge'hören (-) I. v/i. 1. ser de, pertenecer a; *es gehört mir* es mío; *zu* et. ~ *als Teil*: formar parte de; *als Mitglied*: a. ser miembro (*od.* socio) de; (*in Verbindung stehen mit*) tener relación con; (*zählen zu*) figurar entre; *das gehört nicht zur Sache* eso no es del caso; eso no viene al caso (*od.* a cuento); *das gehört nicht hierher* eso no corresponde aquí; *das gehört nicht zum Thema* eso cae fuera del tema; *wohin gehört dies?* ¿dónde corresponde esto?; ¿dónde hay que poner (*od.* colocar) esto?; *dieser Stuhl gehört nicht hierher* no es aquí el sitio de esa silla; **2.** (*erforderlich sein*) ser necesario, hacer falta; *dazu gehört viel Geld* para eso se necesita (*od.* hace falta) mucho dinero; *dazu gehört Zeit* eso requiere tiempo; *es gehört Mut dazu* hace falta valor para eso; hay que tener valor para eso; *er gehört ins Gefängnis* deberían meterle en la cárcel; **II.** v/refl.: *sich* ~ convenir, ser conveniente; (*sich schicken*) ser decoroso; *das gehört sich nicht* eso no se hace; *wie es sich gehört* como es debido, con todas las de la ley; F como Dios manda.

Ge'hör|fehler m defecto m del oído (*od.* auditivo); ~**gang** Anat. m conducto m auditivo.

ge'hörig **I.** adj. (*angehörend*) perteneciente a; fig. a. pertinente a; (*passend*) conveniente; (*erforderlich*) requerido; necesario; (*verdient*) merecido; (*gebührend*) debido; (*nicht*) *zur Sache* ~ (no) pertinente al caso; *e-e* ~ *Tracht Prügel* una soberana (*od.* fenomenal) paliza; *in* ~*er Form* en debida forma; **II.** adv. convenientemente; (*gebührend*) debidamente, como es debido; (*tüchtig*) bien; mucho; de firme; de lo lindo.

ge'hörlos adj. sordo; ~**igkeit** f (0) sordera f.

Ge'hörn n (-*es*; -*e*) cornamenta f.

Ge'hörnerv Anat. m nervio m auditivo (*od.* acústico).

ge'hörnt adj. astado; cornudo (a. fig.).

Ge'hör-organ n órgano m auditivo.

ge'horsam **I.** adj. obediente; (*folgsam*) dócil; **II.** ⚰ m (-*es*; 0) obediencia f; ~ *leisten* obedecer; *sich* ~ *verschaffen* hacerse obedecer; *den* ~ *verweigern* desobedecer; ⚰**spflicht** f deber m de obediencia; ⚰**sverweigerung** f desobediencia f; ✕ insubordinación f.

Ge'hör...: ~**sinn** m (sentido m del) oído m; ~**störungen** f/pl. trastornos m/pl. de la audición; ~**verlust** m pérdida f auditiva.

'Gehrock m levita f.

'Gehrung ⊕ f inglete m.

'Geh|steig m acera f; Am. vereda f; ~**störung** f trastorno m de la marcha.

ge'hupft adj. → gehopst.

'Geh|versuch m tentativa f de andar; *die ersten* ~*e machen* Kind u. fig. hacer pinitos; ~**weg** m → ~*steig*; ~**werk** n Uhr: mecanismo m.

'Geier Orn. m buitre m; F *hol's der* ~! ¡que el diablo lo lleve!

¹**Geifer** m (-s; 0) baba f; espumarajo m; ⁂n (-re) v/i. babear; *vor Zorn* ⁓ echar espumarajos; ⁂**nd** adj. baboso.
¹**Geige** f violín m; ⁓ *spielen* tocar el violín; *die erste* ⁓ *spielen* ser el primer violín; *fig.* llevar la batuta (*od.* la voz cantante); *fig. der Himmel hängt ihm voller* ⁓n lo ve todo de color de rosa; ⁂n v/i. tocar el violín.
¹**Geigen...**: ⁓**bau** m violería f; ⁓**bauer** m violero m, luthier m; ⁓**bogen** m arco m de violín; ⁓**harz** n colofonia f; ⁓**kasten** m estuche m (*od.* caja f) de violín; ⁓**spiel** n música f de violín; ⁓**spieler(in** f) m violinista m/f; ⁓**stimme** f parte f de violín.
¹**Geiger(in** f) m violinista m/f; *erster* (*zweiter*) ⁓ primer (segundo) violín.
¹**Geigerzähler** *Phys.* m contador m Geiger.
geil adj. *Boden*: (demasiado) graso; ♀ exuberante; (*wollüstig*) lascivo, lujurioso, voluptuoso; cachondo (*a. Tier*); caliente; *Zoo.* en celo; ¹⁂**heit** f (0) ♀ exuberancia f; (*Wollust*) lascivia f, lujuria f, voluptuosidad f.
¹**Geisel** f (-; -n) rehén m; *als* ⁓ *geben* (*od. stellen*) dar en rehenes; ⁓**nahme** f toma f de rehenes.
¹**Geiser** m géiser m.
Geiß f (-; -en) cabra f; ¹⁓**bart** ♀ m reina f de los prados; ¹⁓**blatt** ♀ n madreselva f; ¹⁓**bock** m macho m cabrío, cabrón m; *Am.* chivo m.
¹**Geißel** f (-; -n) látigo m; flagelo m (*a. Bio.*); *Rel.* disciplina f; *fig.* azote m, plaga f, flagelo m, ⁓**hieb** m latigazo m; azote m; ⁂n (-le) v/t. azotar, dar azotes a; flagelar; fustigar (*a. fig.*); *fig.* castigar; estigmatizar; *Rel. sich* ⁓ disciplinarse; ⁓**tierchen** *Bio.* n/pl. flagelados m/pl.; ⁓**ung** f flagelación f; *Rel.* disciplinas f/pl.; *fig.* fustigación f; estigmatización f.
¹**Geißler** *Rel.* m flagelante m, disciplinante m.
Geist m (-es; -er) espíritu m; (*Sinn*) mente f; (*Verstand*) inteligencia f; (*Genie*) ingenio m; genio m; (*Esprit*) agudeza f mental; (*Witz*) donaire m; gracia f, sal f; (*Gespenst*) fantasma m, espectro m; (*Erscheinung*) aparición f; *es Verstorbenen*: aparecido m; *der Zeit* espíritu de la época; *der böse* ⁓ el demonio, el espíritu maligno (*od.* del mal); *vom bösen* ⁓ *besessen* poseído del demonio; *Rel. der Heilige* ⁓ el Espíritu Santo; *ein großer* ⁓ una mente privilegiada; un genio; *Mann von* ⁓ hombre de ingenio; *im* ⁓e mentalmente, con el pensamiento; *j-s* ⁓e *handeln* obrar según las intenciones de alg.; *wes* ⁓**es** *Kind ist er* ¿qué clase de persona es?; *er ist von allen guten* ⁓**ern** *verlassen* ha perdido la cabeza; *den* ⁓ *aufgeben* entregar el alma (a Dios); *Poes.* exhalar el último suspiro.
¹**Geister...**: ⁓**bahn** f túnel m de los sustos; ⁓**beschwörer** m exorcista m; ⁓**beschwörung** f nigromancia f; *Rel.* exorcismo m; ⁓**erscheinung** f aparición f, visión f; ⁓**fahrer** m conductor m que circula en sentido contrario; ⁓**geschichte** f cuento m de aparecidos; ⁂**haft** adj. fantástico, fantasmal; (*übernatürlich*) sobrenatural; misterioso; *Stimme*: sepulcral, de ultratumba; ⁂n v/i. errar como un fantasma; ⁓**schiff** n buque m fantasma; ⁓**seher** m visionario m; ⁓**stunde** f hora f de los fantasmas; ⁓**welt** f mundo m de los espíritus; mundo m sobrenatural.
¹**Geistes...**: ⁂**abwesend** adj. distraído; ⁓ *sein* estar en la luna (*od.* en Babia *od.* en las nubes); ⁓**abwesenheit** f distracción f; ⁓**anlagen** f/pl. aptitudes f/pl. intelectuales; facultades f/pl. mentales; ⁓**anstrengung** f esfuerzo m mental; ⁓**arbeit** f trabajo m intelectual; ⁓**arbeiter** m (trabajador m) intelectual m; ⁓**armut** f pobreza f de espíritu; ⁓**art** f mentalidad f; ⁓**bildung** f cultura f intelectual; ⁓**blitz** m salida f; rasgo m de ingenio; ⁓**freiheit** f libertad f de pensamiento; ⁓**gabe** f talento m; dotes f/pl. espirituales; ⁓**gegenwart** f presencia f de ánimo; ⁂**gestört** adj. alienado; demente, perturbado (mental); ⁓ *sein* no tener perturbadas sus facultades mentales; ⁓**gestörte(r** m) m/f demente m/f; alienado (-a f) m; ⁓**gestörtheit** f (0) alienación f (*od.* perturbación f) mental; demencia f; ⁓**größe** f genio m; (*Hochherzigkeit*) magnanimidad f; grandeza f de alma; ⁓**haltung** f mentalidad f; ideología f; ⁓**kraft** f facultad f intelectual; ⁂**krank** adj. enfermo mental; ⁓**kranke(r** m) m/f enfermo (-a f) m mental; ⁓**krankheit** f enfermedad f mental; ⁓**leben** n vida f espiritual (*od.* intelectual); ⁓**richtung** f tendencia f espiritual; ⁓**schärfe** f agudeza f de espíritu; ⁂**schwach** adj. deficiente mental; imbécil; ⁓**schwäche** f debilidad f (*od.* deficiencia f) mental; imbecilidad f; ⁓**stärke** f fuerza f de espíritu; agudeza f de ingenio; ⁓**störung** f perturbación f (*od.* desequilibrio m *od.* trastorno m) mental; ⁓**trägheit** f torpeza f del espíritu; pereza f mental; ⁓**verfassung** f mentalidad f; estado m de ánimo; moral f; ⁂**verwandt** adj. congenial; ⁓**verwandtschaft** f afinidad f espiritual; congenialidad f; ⁓**verwirrung** f alienación f (*od.* enajenación f) mental; ⁓**welt** f mundo m intelectual; ⁓**wissenschaften** f/pl. ciencias f/pl. filosóficas; letras f/pl.; ⁓**wissenschaftler** m hombre m de letras; ⁓**zerrüttung** f trastorno m (*od.* perturbación f *od.* desequilibrio m) mental; ⁓**zustand** m estado m mental; *j-n auf s-n* ⁓ *untersuchen* someter a alg. a un examen psiquiátrico.
¹**geistig** adj. (*unkörperlich*) espiritual; inmaterial; (*den Verstand betreffend*) intelectual; mental; ⁓e *Aufgeschlossenheit* amplitud f de espíritu; ⁓e *Einstellung* (*od. Haltung*) mentalidad f; ⁓er *Vorbehalt* reserva f mental; *die* ⁓e *Elite* lo más selecto de la intelectualidad; ⁓es *Eigentum* propiedad f intelectual; ⁓es *Diebstahl* plagio m; *vor dem* ⁓en *Auge* en espíritu; en la imaginación; ⁓e *Getränke* bebidas espirituosas (*od.* alcohólicas); ⁂**keit** f (0) espiritualidad f; intelectualidad f; inmaterialidad f.
¹**geistlich** adj. espiritual; (*zum Klerus gehörig*) clerical; (*kirchlich*) eclesiástico; ⁓er *Orden* orden f religiosa; ⁓er *Stand* sacerdocio m; ⁓e *Musik* música f sagrada (*od.* sacra); ⁂**e(r)** m eclesiástico m, clérigo m; *katholischer*: sacerdote m; cura m; *protestantischer*: pastor m; (*Ordens*⁂) religioso m; (*Gefängnis*⁂, *Schiffs*⁂, *Feld*⁂) capellán m; ⁂**keit** f (0) clero m, clerecía f.
¹**Geist...**: ⁂**los** adj. falto de ingenio; (*fade*) insípido, insulso; banal; (*dumm*) tonto, estúpido; (*langweilig*) aburrido, sin gracia; ⁓**losigkeit** f (0) falta f de ingenio; (*Fadheit*) insipidez f, insulsez f; banalidad f; ⁂**reich** adj. ingenioso, (*witzig*) agudo, chispeante, gracioso; ⁂**tötend** adj. embrutecedor; tedioso, monótono; ⁂**voll** adj. → ⁂**reich**.
Geiz m (-es; 0) avaricia f; (*Knausern*) tacañería f; mezquindad f; ¹⁂**en** (-t) v/i. ser avaro *od.* parco (*mit* de); (*knausern*) tacañear; ¹⁓**hals**, ¹⁓**hammel** m avaro m; avariento m; tacaño m; ¹⁂**ig** adj. avaro, avariento; mezquino; (*knauserig*) tacaño, F agarrado; roñoso; ¹⁓**ige(r** m), ¹⁓**kragen** m → ⁓**hals**; ¹⁓**(trieb)** ♀ m chupón m.
Ge'jammer n (-s; 0) lamentaciones f/pl.; jeremiada f.
Ge'jauchze n (-s; 0) gritos m/pl. de júbilo (*od.* de alegría).
Ge'johle n (-s; 0) gritería f.
Ge'jubel n (-s; 0) gritos m/pl. de júbilo.
Ge'keife n (-s; 0) gritería f; vocinglería f.
Ge'kicher n (-s; 0) risas f/pl. sofocadas.
Ge'kläff n (-*e*s; 0) ladridos m/pl. (agudos); gañido m.
Ge'klapper n (-s; 0) tableteo m; e-s *Wagens*: traqueteo m; (*Geklirr*, *Gerassel*) tintineo m.
Ge'klatsche n (-s; 0) palmoteo m; *fig.* comadrerías f/pl., chismorreo m, cotilleo m.
Ge'klimper n (-s; 0) tecleo m; cencerreo m.
Ge'klingel n (-s; 0) tintineo m; campanilleo m.
Ge'klirr n (-*e*s; 0) tintineo m; estrépito m, F estropicio m.
Ge'knatter n (-s; 0) traqueteo m; *Maschinengewehr usw.*: tableteo m; *Radio*: crepitación f; *Motorrad*: petardeo m.
ge'knickt *fig.* adj. abatido; deprimido; desalentado.
Ge'knister n (-s; 0) crepitación f; *der Seide*: crujido m; *der Funken*: chisporroteo m.
ge'konnt adj. bien hecho, magistral.
ge'körnt adj. granulado.
Ge'krächze n (-s; 0) graznido m.
Ge'kreisch n (-*e*s; 0) chillidos m/pl.; vocinglería f.
Ge'kreuzigte(r) *Rel.* m: *der* ⁓ el Crucificado.
Ge'kritzel n (-s; 0) garabatos m/pl., garrapatos m/pl.
ge'kröpft ⊕ adj. acodado.
Ge'kröse n *Kochk.* asadura f; tripas f/pl., mondongo m; *Anat.* mesenterio m.
ge'künstelt adj. artificial; rebuscado; afectado; amanerado; (*gezwungen*) forzado.
Gel ⚗ n (-s; -e) gel m.
Ge'lächter n (-s; 0) risa f; *lautes* (*od. schallendes*) ⁓ carcajada f; risotada f; *in schallendes* ⁓ *ausbrechen* reír a carcajadas; *zum* ⁓ *werden* ponerse en ridí-

gelackmeiert — Geldnot

culo; *j-n dem* ~ *preisgeben* poner a alg. en ridículo (*od.* en berlina).
ge'lackmeiert F *adj.*: *der ♀e sein* ser el primo.
ge'laden *adj.* cargado (*a. Feuerwaffe, ♀*); *Gast:* invitado; 🕮 citado; F *fig. auf j-n* ~ *sein* estar furioso contra (*od.* enojado con) alg.
Ge'lage *n* banquete *m*; festín *m*; (*Freß♀*) comilona *f*; F francachela *f*, F cuchipanda *f*; *wüstes:* orgía *f*.
ge'lähmt *adj.* impedido (*an dat.* de), imposibilitado, tullido; paralítico; paralizado (*a. fig.*).
Ge'lände *n* terreno *m*; área *f*; (*bsd. Ausstellungs♀*) recinto *m*; (*Gegend*) región *f*; comarca *f*; *offenes* ~ campo *m* raso; *im* ~ sobre el terreno; *das* ~ *erkunden* reconocer (*fig. a.* tantear) el terreno; ~**abschnitt** *m* sección *f* de terreno; ~**aufnahme** *f* alzado *m* topográfico; ~**beschreibung** *f* topografía *f* del terreno; ~**erkundung** *f* reconocimiento *m* del terreno; ~**fahrt** *f angl.* cross-country *m*; ~**fahrzeug** *n* → ~**wagen**; ♀**gängig** *Kfz. adj.* (para) todo terreno; ~**gestaltung** *f* configuración *f* del terreno; ~**hindernis** *n* obstáculo *m* del terreno; ~**karte** *f* carta *f* topográfica; ~**kunde** *f* topografía *f*; ~**lauf** *m Sport:* carrera *f* a campo traviesa (*od.* de campo a través), *angl.* cross(-country) *m*; ~**prüfung** *f Reitsport:* prueba *f* de fondo.
Ge'länder *n* baranda *f*, barandilla *f*; (*Säulen♀*) balaustrada *f*; (*Treppen♀*) pasamano *m*; (*Brücken♀*) pretil *m*.
Ge'lände...: ~**reifen** *Kfz. m* neumático *m* todo terreno; ~**ritt** *m* carrera *f* (a caballo) a campo traviesa; ~**sport** *m* deporte *m* de campo *bzw.* al aire libre; ~**streifen** *m* faja *f* de terreno; ~**übungen** *f/pl.* ejercicios *m/pl.* en campo abierto; ~**wagen** *m* vehículo *m* (para) todo terreno.
ge'langen (-; *sn*) *v/i.:* ~ *an, nach, zu* llegar a; *fig.* alcanzar, lograr, conseguir a/c.; *et. an j-n lassen* hacer llegar a/c. a alg.; *mein Brief ist nicht zu ihm (in s-e Hände) gelangt* mi carta no ha llegado a su poder (*od.* a sus manos); *zu Ruhm* ~ alcanzar la gloria; *zu e-r Absicht* ~ formarse una opinión; *zum Abschluß* ~ llegar a término; *zum Verkauf* ~ ponerse a la venta; *zur Ausführung* ~ ser ejecutado, ser puesto en ejecución; *zur Aufführung* ~ ser representado; ♪ ser ejecutado; *zu Reichtum* ~ hacer fortuna, llegar a ser rico; *zum Ziel* ~ lograr su objetivo. [*sento m*.]
Ge'laß † *n* (-*sses*; -*sse*) pieza *f*, apo-)
ge'lassen *adj.* sereno; tranquilo; plácido; apacible; (*unerschütterlich*) impasible; imperturbable; estoico; (*ergeben*) resignado; ~ *bleiben* guardar su sangre fría; *et.* ~ *(auf)nehmen* tomar a/c. con calma; ♀**heit** *f* (0) calma *f*; placidez *f*; tranquilidad *f*; sosiego *m*, serenidad *f*; impasibilidad *f*; imperturbabilidad *f*; resignación *f*; sangre *f* fría.
Gela'tine [ʒeˈ-] *f* (0) gelatina *f*.
gelati|'nieren [ʒeˈ-] (-) *v/t.* gelatinizar; ~'nös *adj.* gelatinoso.
Ge'laufe *n* (-*s*; *0*) vaivén *m*; idas *f* y venidas *f/pl.*
ge'läufig *adj.* corriente; (*vertraut*) familiar, bien conocido; (*üblich*) usual, acostumbrado; *er spricht* ~ *Spanisch* habla español con soltura (*od.* facilidad); ♀**keit** *f* (0) facilidad *f*; soltura *f*.
ge'launt *adj.* dispuesto (*zu* a); *gut* (*schlecht*) ~ de buen (mal) humor.
Ge'läut(e) *n* (-*s*; -*e*) toque *m bzw.* repique *m* de campanas; campaneo *m*; (*Schellen*) tintineo *m*; *unter dem* ~ *der Glocken* al son de las campanas.
ge'läutert *adj.* purificado.
gelb I. *adj.* amarillo; *Verkehrsampel:* ámbar; ~ *werden* amarillecer, amarillear; ~**e Rübe** zanahoria *f*; ♀**e Seiten** páginas *f/pl.* amarillas; *Anat.* ~**er Fleck** mácula *f* lútea; *Radsport:* ~**es Trikot** maillot *m* amarillo; *das* ♀**e Meer** el mar Amarillo; *der* ♀**e Fluß** el río Amarillo; ~ *vor Neid werden* palidecer de envidia; II. ♀ *n* (-*s*; *0*) (color *m*) amarillo *m*; *das* ~**e** (*vom Ei*) yema *f* de huevo; '♀**braun** *adj.* amarillo oscuro; '♀**buch** *Dipl. n* libro *m* amarillo; '♀**fieber** *n* fiebre *f* amarilla; '♀**filter** *Phot. m* filtro *m* amarillo; '♀**gießer** ⊕ *m* latonero *m*, fundidor *m* de cobre (*od.* bronce); '~**grün** *adj.* amarillo verdoso; ♀**körper** *Physiol. m* cuerpo *m* lúteo; ♀**kreuz(gas)** ⚔ *n* gas *m* cruz amarilla, gas *m* (de) mostaza; '♀**lich** *adj.* amarillento; '♀**licht** *n Verkehrsampel:* luz *f* ámbar; '♀**schnabel** *fig. m* mozalbete *m*, boquirrubio *m*; '♀**sucht** ♂ *f* (0) ictericia *f*; '~**süchtig** ♂ *adj.* ictérico; '♀**wurz(el)** ♣ *f* cúrcuma *f*.
Geld *n* (-*es*; -*er*) dinero *m*; *Am. a.* plata *f*, F cuartos *m/pl.*, pavos *m/pl.*, perras *f/pl.*; (*Mittel*) fondos *m/pl.*; capital *m* (*Währung*) moneda *f*; (*Münzsorten*) especies *f/pl.*; (*Vermögen*) fortuna *f*; *e-e Menge* ~ mucho dinero; F un dineral; F *fig. haufen* ~ dinero *m* caliente (*od.* especulativo); *öffentliche* ~**er** fondos *m/pl.* públicos; *in barem* ~ *bezahlen* pagar en metálico (*od.* en efectivo); *ich habe kein* ~ *bei mir* no llevo dinero encima; F ~ *machen* hacer dinero; *et. aus s-m* ~ *machen* sacarle jugo al dinero; *zu* ~ *kommen* hacer fortuna; *im* ~ *schwimmen* nadar en oro; *ohne* ~ *sein* F estar sin un cuarto (*od.* sin blanca); ~ *haben* (*reich sein*) tener dinero (F cuartos *od.* perras); *kein* ~ *haben* (*knapp bei Kasse sein*) estar (*od.* andar) mal de dinero (*od.* de fondos); *zu* ~ *machen* vender, convertir en dinero; *zu s-m* ~ *kommen* recuperar su dinero; *das geht ins* ~ esto es muy caro; F esto cuesta un dineral; *sich et. viel* ~ *kosten lassen* invertir mucho dinero en a/c.; *um* ~ *spielen* jugar por dinero; *mit* ~ *um sich werfen* (F *schmeißen*) tirar el dinero a manos llenas; F ~ *springen lassen* gastar con rumbo; *von s-m* ~ *leben* vivir de sus rentas; *das ist nicht mit* ~ *zu bezahlen* no hay dinero que lo pague; no se paga con dinero; *das ist sein* ~ *wert* vale la cuesta; *er ist sein* ~ *los* se ha quedado sin dinero; ~ *spielt keine Rolle* el dinero es lo de menos; ~ *regiert die Welt* poderoso caballero es Don Dinero; ~ *macht nicht glücklich* el dinero no hace la felicidad; *wo* ~ *ist, kommt* ~ *zu* dinero llama dinero; *nicht für* ~ *und gute Worte* por nada del mundo; ~ *her oder das Leben!* ¡la bolsa o la vida!
'Geld...: ~**abfindung** *f* indemnización *f* en metálico; ~**abwertung** *f* depreciación *f* (*od.* desvalorización *f*) del dinero; ~**angelegenheit** *f* asunto *m* de dinero; ~**anlage** *f* colocación *f* de dinero; inversión *f*; ~**anleger** *m* inversor *m*; ~**anleihe** *f* empréstito *m* financiero; ~**anweisung** ✉ *f* giro *m* postal; ~**aristokratie** *f* aristocracia *f* dineraria; plutocracia *f*; ♀**arm** *adj.* desprovisto (*od.* escaso) de fondos; ~**armut** *f* penuria *f* de dinero; ~**aufnahme** *f* préstamo *m*; ~**aufwertung** *f* revalorización *f* de la moneda; ~**ausgabe** *f* gasto *m*; desembolso *m*; ~**automat** *m* cajero *m* automático; ~**bedarf** *m* necesidad *f* de dinero (*od.* de fondos); ~**beitrag** *m* aportación *f*, (*Unterstützung*) subvención *f*; ~**belohnung** *f* recompensa *f* en dinero; ~**beschaffung** *f* recaudación *f* de fondos; ~**bestand** *m* disponibilidades *f/pl.* en efectivo, dinero *m* en caja; ~**betrag** *m* suma *f*, cantidad *f*; importe *m*; ~**beutel** *m*, ~**börse** *f* monedero *m*, portamonedas *m*; ~**briefträger** ✉ *m* cartero *m* repartidor de giros; ~**buße** *f* multa *f*; ~**einlage** *f* imposición *f* de dinero, depósito *m*; *in e-e Gesellschaft usw.:* aportación *f* de fondos; ~**einnahme** *f* entrada *f*, ingreso *m*; cobro *m*; recaudación *f*; ~**einnehmer** *m* cobrador *m*; ~**einwurf** *m bei Automaten:* ranura *f* (para echar la moneda); ~**entschädigung** *f* indemnización *f* en metálico; ~**entwertung** *f* depreciación *f* (*od.* desvalorización *f*) monetaria; ~**er** *n/pl.* capital *m*; fondos *m/pl.*; ~**erhebungsvollmacht** *f* poder *m* para retirar fondos; ~**ersparnis** *f* ahorro *m* de dinero; ~**eswert** *m* valor *m* en efectivo; ~**flüssigkeit** *f* liquidez *f*; ~**forderung** *f* crédito *m* (pecuniario); (*Mahnung*) reclamación *f* de pago; ~**frage** *f* cuestión *f* de dinero; ~**geber** *m* capitalista *m*; financiero *m*; *m* aportador *m* de fondos; socio *m* capitalista; ~**geschäft** *n* operación *f* monetaria; transacción *f*; ~**geschenk** *n* regalo *m* en dinero; ~**gier** *f* codicia *f*; afán *m* de dinero; ~**gierig** *adj.* codicioso; ~**heirat** *f* casamiento *m* por interés (*od.* por dinero); ~**herrschaft** *f* plutocracia *f*, capitalismo *m*; ~**hilfe** *f* ayuda *f* financiera; ~**institut** *n* instituto *m* monetario *bzw.* de crédito; ~**karte** *f* tarjeta *f* monedero; ~**kassette** *f* caja *f* de caudales; ~**klemme** *f* dificultad *f* financiera; F apuro *m* de dinero; ~**knappheit** *f* escasez *f* de dinero (*od.* de fondos); (*Geldnot*) penuria *f* de dinero; ~**krise** *f* crisis *f* monetaria; ~**kurs** *m* (*Wechselkurs*) tipo *m* de cambio; (*Nachfrage*) cotización *f* demandada; ~**leistung** *f* prestación *f* en efectivo; ♀**lich** *adj.* de dinero, pecuniario; (*finanziell*) financiero; ~**macht** *f* potencia *f* financiera; ~**makler** *m* agente *m* de cambio; ~**mangel** *m* escasez *f* de dinero; ~**mann** *m* (-*es*; -*leute*) financiero *m*; banquero *m*; capitalista *m*; ~**markt** *m* mercado *m* monetario (*od.* de dinero); ~**menge** *f* masa *f* monetaria; ~**mittel** *n/pl.* recursos *m/pl.* (pecuniarios); fondos *m/pl.*; medios *m/pl.*; ~**münze** *f* moneda *f*; ~**not** *f* penuria *f* de dinero; falta *f* de dinero; *in Geldnöten sein* andar mal de dinero;

~opfer *n* sacrificio *m* pecuniario (*od.* de dinero); ~pacht *f* arrendamiento *m* en metálico; ~politik *f* política *f* monetaria; ~preis *m* (*Gewinn*) premio *m* en metálico; ~quelle *f* fuente *f* de entradas (*od.* de recursos); ~reform *f* reforma *f* monetaria; ~reserve *f* reserva *f* monetaria; reserva *f* de fondos; ~rolle *f* cartucho *m* de moneda; ~sache *f* asunto *m* de dinero; ~sack *m* saca *f* de dinero; F *fig.* ricachón *m*; ~sammlung *f* colecta *f*; cuestación *f*; ~satz *m* tasa *f* monetaria; ~schein *m* billete *m* de banco; ~scheintasche *f* billetero *m*; ~schöpfung *f* creación *f* de dinero; ~schrank *m* caja *f* fuerte (*od.* de caudales); ~schrankknacker *m* reventador *m* de cajas fuertes; ~schuld *f* deuda *f* pecuniaria (*od.* de dinero); ~sendung *f* remesa *f* de dinero; ~sorgen *f/pl.* preocupaciones *f/pl.* de dinero; ~sorten *f/pl.* billetes *m/pl.* y monedas; ~spende *f* donativo *m* (de dinero); ~strafe *f* multa *f*; *mit e-r* ~ *belegen* multar, imponer una multa; ~stück *n* moneda *f*, pieza *f*; ~summe *f* suma *f*, cantidad *f* (de dinero); ~täsch·chen *n* portamonedas *m*; ~tasche *f* (*Brieftasche*) cartera *f*; *im Herrenanzug*: bolsillo *m*; ~theorie *f* teoría *f* monetaria; ~überfluß *m* abundancia *f* de capitales; ~überhang *m* excedente *m* de dinero; ~überweisung *f* transferencia *f* (de fondos); ~umlauf *m* circulación *f* monetaria (*od.* de dinero); ~umsatz *m* movimiento *m* de fondos; ~umstellung *f* reforma *f* monetaria; ~unterschlagung *f* desfalco *m*; malversación *f* de fondos; ~unterstützung *f* ayuda *f* pecuniaria; subvención *f*; subsidio *m*; ~vergütung *f* indemnización *f* en metálico; ~verknappung *f* → ~knappheit; ~verlegenheit *f* dificultades *f/pl.* económicas; *in* ~ *sein* F estar en un apuro de dinero; ~verleiher *m* prestamista *m*; ~verlust *m* pérdida *f* de dinero; ~verschwendung *f* derroche *m* de dinero; ~volumen *n* volumen *m* monetario; ~vorrat *m* existencias *f/pl.* en caja; ~vorteil *m* ventaja *f* pecuniaria; ~wäsche *f* blanqueo *m* de dinero; ~wechsel *m* cambio *m* de moneda; ~wechsler *m* cambista *m*; ~wert *m* valor *m* monetario; ~wesen *n* finanzas *f/pl.*; sistema *m* monetario; ~wirtschaft *f* economía *f* monetaria; ~zähler *m* contador *m* de moneda; ~zeichen *n* signo *m* monetario; ~zufluß *m* afluencia *f* de dinero.

Ge'lee [ʒeˈleː] *n* (-s; -s) jalea *f*.

ge'legen *adj.* **1.** situado, *bsd. Am.* ubicado; *bsd.* ⚡ sito; *nach Süden* ~ mirando (*od.* de cara) al sur; *nach der Straße* ~ dando a la calle; **2.** (*passend*) conveniente, oportuno; *adv.* a propósito, a la medida, F de perilla; *sehr* ~ pintiparado; *das kommt ihm sehr* ~ eso le viene muy a propósito, F eso le viene a pedir de boca (*od.* de perlas); *ihm ist daran* ~, *daß* le interesa que, tiene interés en que (*subj.*); *le importa que* (*subj.*); *es ist ihm nichts daran* ~ no le interesa; *was ist daran* ~? ¿qué importa eso?

Ge'legenheit *f* ocasión *f*; *günstige* ~ oportunidad *f*; *bei* ~ si se presenta la ocasión; *cuando sea*; ~ *haben zu* (*inf.*) tener ocasión de (*inf.*); *bei dieser* ~ en esta ocasión; *con tal* (*od.* este) motivo; *bei der ersten* (*besten*) ~ en la primera ocasión (que se presente); *bei jeder* ~ en toda ocasión; siempre, a cada instante; *bei passender* ~ en el momento oportuno; *die* ~ *ergreifen* (*verpassen*) aprovechar (desaprovechar) la ocasión; *keine* ~ *versäumen* F no perder ripio; ~ *geben zu* dar ocasión (*od.* margen) para; ~ *macht Diebe* la ocasión hace al ladrón.

Ge'legenheits...: ~**arbeit** *f* trabajo *m* eventual (*od.* ocasional); ~**arbeiter** *m* trabajador *m* eventual; ~**dieb** *m* descuidero *m*; ~**gedicht** *n* poesía *f* de circunstancias; ~**job** *m* → ~*arbeit*; ~**kauf** *m* ocasión *f*; F ganga *f*, chollo *m*; ~**verbrecher** ⚡ *m* delincuente *m* ocasional.

ge'legentlich I. *adj.* ocasional; eventual; casual, accidental; **II.** *adv.* en ocasiones; de vez en cuando, a veces; cuando sea; (*beiläufig*) de paso; ~ *s-s Besuches* con ocasión (*od.* con motivo) de su visita; *kommen Sie* ~ *vorbei* venga usted cuando quiera (*od.* cuando tenga ocasión); *es kommt* ~ *vor, daß* ... hay ocasiones en que...

ge'lehrig *adj.* dócil; (*klug*) inteligente; 2**keit** *f* (0) docilidad *f*; inteligencia *f*.

Ge'lehrsamkeit *f* (0) erudición *f*; saber *m*; sabiduría *f*.

ge'lehrt *adj.* sabio; erudito, docto; (*wissenschaftlich*) científico; (*gebildet*) letrado, culto; F *hum.* leído y escribido; F *fig. ein ~es Haus* un pozo de ciencia; 2**e(r)** *m* sabio *m*; erudito *m*; hombre *m* de letras.

Ge'leier *n* salmodia *f*.

Ge'leise *n* (-s; -) (*Wagenspur*) carril *m*, rodada *f*; ⚙ vía *f* (férrea); (*Schiene*) raíl *m*, riel *m*; ⚙ *totes* ~ vía *f* muerta; apartadero *m*; *fig. aus dem* ~ *bringen* desviar (del buen camino), des(en)caminar; *im* (*alten*) ~ *bleiben* seguir la rutina de antes; *no salirse de su cauce*; *aus dem* ~ *kommen* ⚙ descarrilar; *fig.* apartarse del cauce normal; *fig. wieder ins* ~ *kommen* volver a su cauce (*od.* a la normalidad); encarrilarse; *fig. wieder ins* ~ *bringen* devolver las aguas a su cauce; *fig. auf ein totes* ~ *geraten* entrar en vía muerta; → *a. Gleis...*

Ge'leit *n* (-és; -e) (*Begleitung*) acompañamiento *m*; (*Gefolge*) séquito *m*; ✕ escolta *f*; *bsd.* ⚓ convoy *m*; *j-m freies* ~ *geben* dar salvoconducto a alg.; *j-m das* ~ *geben* acompañar a alg.; ✕ *u.* ⚓ escoltar a alg.; *j-m das letzte* ~ *geben* rendir a alg. el último tributo; acompañar a alg. hasta la última morada; ~**brief** *m* salvoconducto *m*; 2**en** (-e-; -) *v/t.* (*führen*) conducir; (*begleiten*) acompañar; ✕ escoltar; ⚓ *a.* convoyar; ~**en** *n* → *Geleit*; ~**flugzeug** *n* avión *m* de escolta; ~**schein** ✝ *m* pasavante *m*, *angl.* navicert *m*; ~**schiff** ⚓ *n* buque *m* (de) escolta; ~**schutz** ✕, ⚓ escolta *f*; ⚓ *a.* convoy *m*; ~ *geben* escoltar; ⚓ *a.* convoyar; ~**wort** *n* prefacio *m*; ~**zug** ⚓ *m* convoy *m*.

Ge'lenk *n* (-és; -e) *Anat.* articulación *f*; ⚡ juntura *f*; ~**band** ⚡ *n* ligamento *m* articular; ⊕ charnela *f*; ~**entzündung** ⚡ *f* artritis *f*; ~**fahrzeug** *n* vehículo *m* articulado; ⚡**ig** *adj.* ⊕ articulado; (*gewandt*) ágil; (*biegsam*) flexible; ~ *verbunden sein* mit articular con; ~**igkeit** *f* (0) (*Gewandtheit*) agilidad *f*, soltura *f*; (*Biegsamkeit*) flexibilidad *f*; ~**kopf** *Anat. m* cóndilo *m*; ~**kupplung** ⊕ *f* acoplamiento *m* articulado; ~**pfanne** *Anat. f* cótila *f*, cavidad *f* cotiloidea; ~**rheumatismus** ⚡ *m* reumatismo *m* articular; ~**schmiere** *Anat. f* sinovia *f*; ~**steife** ⚡ *f* anquilosis *f*; ~**welle** ⊕ *f* árbol *m* cardán.

Ge'lichter *n* (-s; 0) chusma *f*, gentuza *f*, canalla *f*, ralea *f*.

Ge'liebte *f* amada *f*; amante *f*; (*Mätresse*) *a.* querida *f*; *ausgehaltene*: entretenida *f*, mantenida *f*; ~**r** *m* amado *m*; *desp.* amante *m*.

ge'lier|en [ʒeˈ-] (-) *v/i.* gelatinizar (-se); 2**mittel** *n* gelatinizante *m*.

ge'lind(e) *adj.* (*mild*) suave, dulce; (*mäßig*) moderado; *Klima*: benigno; *Kälte*: no muy intenso; *Strafe*: leve; *bei ~em Feuer* a fuego lento; ~*ere Saiten aufziehen* bajar el tono (F el diapasón); ~ *e gesagt* por no decir más; *j-n* ~ *e behandeln* tratar a alg. con indulgencia; ser indulgente con alg.

ge'lingen I. (L; -; *sn*) *v/i.* salir bien, tener éxito; F cuajar; dar (buen) resultado; *es gelingt mir* (*et. zu tun*) consigo (*od.* logro) (hacer a/c.); *es gelingt mir nicht* no acierto a hacerlo; *ihm gelingt alles* todo le sale bien; *lo consigue todo*; *ihm gelingt nichts* todo le sale mal; no consigue nada; *nicht* ~ frustrarse, fracasar; → *a. gelungen*; **II.** 2 *n* éxito *m*, resultado *m* favorable; logro *m*.

Ge'lispel *n* (-s; 0) ceceo *m*.

gell *int.* → *gelt II.*

'**gellen** *v/i.* (*kreischen*) chillar; (*nachhallen*) resonar; ~**d** *adj.* agudo, penetrante; estridente; ~*es Geschrei* chillidos *m/pl.*

ge'loben (-) *v/t.* prometer (solemnemente); hacer voto de; hacer promesa de; *Bib. das Gelobte Land* la Tierra de Promisión (*od.* prometida).

Ge'löbnis *n* (-ses; -se) promesa *f* (solemne); *Rel.* voto *m*.

ge'löst *adj.* (*ungezwungen*) desenvuelto; (*entspannt*) relajado; 2**heit** *f* (0) desenvoltura *f*.

gelt I. *adj.* (*unfruchtbar*) estéril; **II.** *int.:* ~? ¿(no es) verdad?; ¿no es así?

'**gelten** (L) *v/i.* **1.** valer; *das gilt mir viel* esto tiene (*od.* de) mucha importancia para mí; *das gilt nichts bei mir* eso para mí no vale nada; **2.** (*gültig sein*) ser valedero (*od.* válido); *Geld*: tener curso legal; *Gesetz*: estar vigente (*od.* en vigor); (*zählen*) *Fehler, Treffer usw.*: contar; **3.** (*geschätzt sein*) ser estimado; gozar de crédito (*od.* estimación); *er gilt viel* se le tiene en gran estima; *sein Wort gilt viel* su palabra tiene mucho peso; *viel bei j-m* ~ tener influencia sobre alg.; **4.** ~ *als* (*od. für*) (*angesehen werden als*) pasar por; ser considerado como; tener fama de; ~ *von* (*od. für*) (*anzuwenden auf*) ser aplicable a, aplicarse a; valer para; *das gleiche gilt für ihn bzw. von ihm* lo mismo (*od.* otro tanto) puede decirse de él; lo mismo es válido para él; *was für dich gilt, gilt auch für mich* lo que vale para ti, también vale para mí; *das gilt dir* eso va por ti; eso va dirigido contra ti;

geltend — Gemeinwohl

jetzt gilt es dir ahora te toca a ti; *da gilt kein Aber (keine Entschuldigung)* no hay pero (disculpa) que valga; *das gilt nicht* eso no vale; eso no está permitido; et. ~ *lassen* admitir a/c.; dejar pasar; *das lasse ich ~!* ¡muy bien!; ¡eso sí!; **II.** *v/unprs.*: *es gilt, zu (inf.)* se trata de *(inf.)*; *hier gilt es zu kämpfen* aquí hay que luchar; *jetzt gilt's!* ¡ahora es el momento!; *es gilt das Leben* la vida está en juego; *was gilt die Wette?* ¿qué apostamos?; *es gilt!* ¡conforme!, ¡de acuerdo!; ¡trato hecho!; *wenn es gilt* cuando haga falta; cuando se trata de; cuando llega el momento de; **~d** *adj.* válido, valedero; *Gesetz usw.*: vigente, en vigor; *Meinung*: (pre)dominante; ~ *machen* hacer valer, alegar; *sich ~ machen* hacerse notar *(od.* sentir); **⩘dmachung** *f* alegación *f*; invocación *f*.
'Geltung *f (Wert)* valor *m*; *(Wichtigkeit)* importancia *f, fig.* peso *m*; *(Ansehen)* autoridad *f*, respeto *m*; prestigio *m*; crédito *m*; *(Wertschätzung)* estima *f*; *(Gültigkeit)* validez *f*, vigencia *f*; *(Einfluß)* influencia *f*; ~ *haben* ser válido; *(maßgebend sein)* tener autoridad; *(od.* en vigor); *zur ~ bringen* hacer valer; *(hervorheben)* acentuar, poner de relieve; *zur ~ kommen* resaltar; *sich ~ verschaffen* imponerse; hacerse valer; sobresalir; *e-r Sache ~ verschaffen* hacer respetar a/c.; **~sbedürfnis** *n* afán *m (od.* ansia *f)* de notoriedad; **~sbereich** *m* campo *m (od.* ámbito *m)* de aplicación; campo *m* de vigencia; **~sdauer** *f* (plazo *m* de) validez *f*; período *m* de vigencia; **~ssucht** *f* afán *m* de prestigio.
Ge'lübde *n* (-s; -) voto *m*; *ein ~ ablegen* hacer un voto.
ge'lungen *adj.* logrado; acertado; F estupendo; F *(seltsam)* curioso; *(drollig)* gracioso; *es ist gut ~ ha* salido bien.
Ge'lüst *n* (-es; -e) deseo *m*; antojo *m*; *(Anwandlung)* veleidad *f*; *(Verlangen)* apetito *m*; apetencia *f*; **⩘en** (-e-; -) *v/unprs.*: *es gelüstet mich nach* me apetece; se me antoja; siento ganas de.
ge'mach [α:] *adv. (langsam)* despacio, lentamente; *(allmählich)* poco a poco, paulatinamente; *nur ~!* ¡despacio!, F ¡despacito!
Ge'mach [α:] *n* (-*es*; *er*) cuarto *m*, habitación *f*; aposento *m*; *kleineres*: gabinete *m*.
ge'mächlich I. *adj. (ruhig)* sosegado, tranquilo; *(bequem)* cómodo; descansado; *(langsam)* lento, pausado; *Leben*: acomodado; *ein ~es Leben führen* vivir acomodadamente; **II.** *adv.* despacio; cómodamente; poco a poco; **⩘keit** *f* (0) comodidad *f*; sosiego *m*, tranquilidad *f*; lentitud *f*.
ge'macht *p/p. u. adj.* hecho *(aus* de); *(vorgetäuscht)* fingido; artificial; *ein ~er Mann* hombre *m* de fortuna; *(wird) ~!* ¡de acuerdo!; ¡hecho!; *gut ~!* ¡bien hecho!
Ge'mahl *m* (-*es*; -e) esposo *m*; *Ihr Herr ~* su esposo; **⩘in** *f* esposa *f*; *Ihre Frau ~* su señora; *grüßen Sie Ihre Frau ~* mis respetos a su señora.
ge'mahnen (-) *v/t.*: *j-n an et. ~* recordar a/c. a alg.

Ge'mälde *n* (-s; -) cuadro *m*; lienzo *m*; pintura *f*; **~ausstellung** *f* exposición *f* de pinturas; **~galerie** *f* galería *f (od.* museo *m)* de pinturas; pinacoteca *f*; **~sammlung** *f* colección *f* de pinturas *(od.* de cuadros).
Ge'markung *f* (-; -*en*) *(Grenze)* límites *m/pl., Liter.* confines *m/pl.*; *(Bezirk)* término *m*.
ge'masert *adj.* veteado.
ge'mäß I. *adj. (angemessen)* apropiado para; adecuado a *(od.* para); conforme con *(od.* a); **II.** *prp. (dat.) según (ac.)*; de acuerdo con, de conformidad con; con arreglo a; conforme a; *~ den geltenden Bestimmungen* según las disposiciones vigentes; *~ Ihren Anweisungen* de acuerdo con *(od.* según) sus instrucciones; **⩘heit** *f* (0) conformidad *f*; **~igt** *adj.* moderado; *Klima*: templado.
Ge'mäuer *n* murallas *f/pl.*; *altes ~* casa *f* ruinosa; murallas *f/pl.* antiguas.
Ge'mecker *n* (-s; 0) *der Ziege*: balidos *m/pl.*; F *fig.* F critiqueo *m*, murmuraciones *f/pl.*
ge'mein *adj.* común; *(öffentlich)* público; *(gewöhnlich)* vulgar, ordinario; *(niedrig)* bajo; *ruin; (roh)* brutal; *(pöbelhaft)* grosero, soez; plebeyo; *(unanständig)* indecente, indecoroso; obsceno; *(schändlich)* innoble; feo; vil; infame; *~ haben mit* tener en común con; *mit j-m nichts ~ haben* no tener nada en común con alg.; *sich mit j-m ~ machen* hacer causa común con alg.; *der ~e Mann* el hombre de la calle; *das ~e Volk* el vulgo; el común de las gentes; *~er Soldat* soldado *m* raso; *~er Kerl* canalla *m*; P cabrón *m*; *~er Ausdruck* expresión *f* vulgar; ⩘ *~er Bruch* fracción *f* ordinaria *(od.* propia); F *es ist ~ kalt* hace un frío que pela.
Ge'meinde *f (Gemeinschaft)* comunidad *f*; *Verw.* municipio *m*; *Arg.* comuna *f*; *(Einwohnerschaft)* vecindario *m*; *(Pfarr⩘)* parroquia *f*, feligresía *f*; *(Kirchgänger)* congregación *f*; *(Zuhörer⩘)* auditorio *m*; **~abgaben** *f/pl.* impuestos *m/pl.* municipales; **~amt** *n* ayuntamiento *m*; casa *f* consistorial; **~beamte(r)** *m* funcionario *m* municipal; **~behörde** *f* autoridad *f* municipal *(od.* comunal); **~besitz** *m* propios *m/pl.*; **~betrieb** *m* empresa *f* municipal; **~bezirk** *m* término *m* municipal; **~haus** *n (Rathaus)* ayuntamiento *m*, *reg.* casa *f* consistorial, I.P. diaconía *f*; **~haushalt** *m* presupuesto *m* municipal; **~kasse** *f* caja *f* municipal; **~ländereien** *f/pl.* tierras *f/pl.* comunales *(od.* comuneras); **~mitglied** *n* vecino *m*; *Rel.* feligrés *m*; **~ordnung** *f* reglamentación *f* municipal; **~rat** *m* concejo *m* municipal; *reg.* consistorio *m*; *(Person)* concejal *m*; **~schule** *f* escuela *f* municipal; **~schwester** *f* diaconisa *f*; **~steuern** *f/pl.* impuestos *m/pl.* municipales; **~verband** *m* mancomunidad *f*; **~vertreter** *m* delegado *m* municipal, *kirchlich*: delegado *m* parroquial; **~vertretung** *f weltlich*: delegación *f* municipal, *kirchlich*: delegación *f* parroquial; **~verwaltung** *f*, **~vorstand** *m Rel.* junta *f* parroquial; **~vorsteher** *m* alcalde *m* (rural);

~wahlen *f/pl.* elecciones *f/pl.* municipales; **~weide** *f* pastos *m/pl.* comunales; **~zentrum** *n* centro *m* municipal; *(Pfarr⩘)* centro *m* parroquial.
Ge'meine(r) ⚔ *m* soldado *m* raso.
ge'mein...: **⩘eigentum** *n* propiedad *f* colectiva; **~gefährlich** *adj.* que constituye un peligro público; *Verbrecher*: peligroso; **~gültig** *adj.* generalmente admitido; **⩘gut** *n* bien *m* común *(od.* público); *fig.* patrimonio *m* general; *~ werden* llegar a ser del dominio público; *zum ~ machen* vulgarizar, popularizar; **⩘heit** *f* bajeza *f*; infamia *f*, vileza *f*; villanía *f*; *(Handlung)* mala jugada *f*; canallada *f*, P cabronada *f*; **~hin** *adv.* comúnmente, por lo común; en general; vulgarmente; **⩘kosten** *pl.* gastos *m/pl.* generales; **⩘nutz** *m* (-*es*; 0) interés *m* común *(od.* general *od.* público); *~ geht vor Eigennutz* el interés general prevalece sobre el interés particular; **~nützig** *adj.* de interés común *(od.* general *od.* público); *Unternehmen*: de utilidad pública; sin fines lucrativos; **⩘nützigkeit** *f* (0) utilidad *f* pública; **⩘platz** *m* lugar *m* común, tópico *m*; *(Plattheit)* trivialidad *f*; **~rechtlich** *adj.* de derecho común; **~sam I.** *adj.* común; colectivo; *bsd. Pol. Kommuniqué usw.*: conjunto; *~e Sache machen* hacer causa común, solidarizarse *(mit con)*; *der ⩘e Markt* el Mercado Común; *~e Kasse machen* hacer caja *(od.* fondo) común; ⩘ *~er Nenner* común denominador *m (a. fig.)*; **II.** *adv.* en común, juntos; al alimón; *allen ~* común a todos; *~ haften* responder solidariamente; **⩘samkeit** *f* comunidad *f*; *der Anschauungen usw.*: comunión *f*.
Ge'meinschaft *f* comunidad *f*; *(Körperschaft)* colectividad *f*; *(Verbindung)* unión *f*; relación *f*; *eheliche ~* comunidad *f* conyugal; *häusliche ~* vida *f* común; *in ~ mit* junto con; en unión con, en colaboración con; *Rel. ~ der Gläubigen* comunión *f* de los fieles; **⩘lich I.** *adj.* común; colectivo; solidario; **II.** *adv.* en común; → *a. gemeinsam.*
Ge'meinschafts...: **~anschluß** *Tele. m* línea *f* colectiva; **~antenne** *f* antena *f* colectiva; **~arbeit** *f* trabajo *m* en equipo; **~betrieb** *m* empresa *f* colectiva; **~empfang** *m Radio*: recepción *f* colectiva; **~erziehung** *f* coeducación *f*; **~gefühl** *n*, **~geist** *m* (espíritu *m* de) solidaridad *f*; espíritu *m* de cuerpo, compañerismo *m*; **~konto** *n* cuenta *f* conjunta; **~küche** *f* cantina *f*; cocina *f* común; **~kunde** *f* formación *f* cívico-social; **~leben** *n* vida *f* en común; **~produktion** *f* coproducción *f*; **~raum** *m* sala *f* común; **~schule** *f* escuela *f* mixta; **~sendung** *f* emisión *f* colectiva; **~sinn** *m* espíritu *m* colectivo; → *a. ~gefühl*; **~verpflegung** *f* comidas *f/pl.* en común; *bsd.* ⚔ rancho *m*; **~werbung** *f* publicidad *f* colectiva; **~werk** *n* obra *f* común.
Ge'mein...: **~schuldner** ✝ *m* quebrado *m bzw.* concursado *m*; **~sinn** *m* espíritu *m* cívico, civismo *m*; **⩘verständlich** *adj.* fácil de entender; al alcance de todos; popular; *~ darstellen* popularizar, vulgarizar; **~wesen** *n* comunidad *f*; **~wohl** *n* bien *m* común;

interés m público; utilidad f pública.
Ge'meng|e n (-s; -) mezcla f (a. 🎼); Geol. conglomerado m; (Hand²) pelea f; trifulca f; mit j-m ins ~ kommen llegar a las manos.
ge'messen adj. mesurado; comedido; (langsam) acompasado, pausado; (förmlich) formal; (ernst) grave; (reserviert) reservado; (würdig) digno; ~en Schrittes a paso lento; ~ an comparado a (od. con); ²**heit** f (0) mesura f; comedimiento m; gravedad f; reserva f; formalidad f; dignidad f.
Ge'metzel n (-s; -) carnicería f; matanza f; degollina f; gal. masacre f.
Ge'misch n (-es; -e) mezcla f (a. 🎼); Phar. mixtura f.
ge'mischt adj. mezclado; mixto (a. Tennis, Kommission, Chor); mit ~en Gefühlen con sentimientos dispares (od. variados); ~es Gemüse verduras f/pl. variadas; ²**bauweise** f construcción f mixta; ²**warenhändler(in** f) m tendero (-a f) m de ultramarinos; ²**warenhandlung** f tienda f de ultramarinos; colmado m; ~**wirtschaftlich** adj.: ~es Unternehmen empresa f mixta.
'**Gemme** f gema f (a. 🌿); piedra f entallada; (Kamee) camafeo m.
'**Gems|bock** Zoo. m macho m de la gamuza; ~**e** f gamuza; in den Pyrenäen: rebeco m.
Ge'munkel n (-s; 0) (Gerüchte) rumores m/pl.; (Gerede) murmuraciones f/pl., habladurías f/pl.
Ge'murmel n (-s; 0) murmullo m; (Säuseln) susurro m; (Geflüster) cuchicheo m.
Ge'müse n (-s; -) verdura f; hortalizas f/pl., legumbres f/pl.; frisches ~ legumbres f/pl. frescas (od. verdes); F fig. das junge ~ los jóvenes; ~**bau** m cultivo m de hortalizas; ~**eintopf** Kochk. m potaje m; olla f; ~**garten** m huerto m; huerta f; ~**gärtner** m hortelano m; ~**händler(in** f) m verdulero (-a f) m; ~**handlung** f verdulería f; ~**konserven** f/pl. conservas f/pl. vegetales; ~**salat** m macedonia f de legumbres m; ~**suppe** Kochk. f sopa f de verduras, sopa f juliana.
ge'müßigt adv.: sich ~ sehen, zu (inf.) verse obligado a (inf.).
ge'mustert adj. Stoff: con dibujos.
Ge'müt n (-és; -er) alma f; ánimo m; corazón m; (~sart) naturaleza f, disposición f; die ~er los ánimos; los espíritus; viel ~ haben tener buen corazón; kein ~ haben no tener alma; F sich et. zu ~e führen F regalarse con a/c.; ²**lich** adj. **1.** (bequem) cómodo, confortable; (behaglich) agradable, acogedor, íntimo; es sich ~ machen ponerse cómodo; hier ist es ~ aquí se está a sus anchas; aquí uno se siente bien; adv. ganz ~ despacio, F despacito; **2.** Person: (umgänglich) jovial, F campechano; (gutmütig) bondadoso, bonachón; ~**lichkeit** f (0) comodidad f, confort m; e-s Ortes: apacibilidad f; intimidad f; Personen: cordialidad f; jovialidad f; F campechanía f; F da hört die ~ auf! F esto pasa de la raya (od. de castaño oscuro); ¡ya está bien!
ge'müts|..., ~**arm** adj. de corazón seco; ²**art** f carácter m; genio m; temperamento m; naturaleza f, disposición f (natural); ²**bewegung** f emoción f; ~**krank** adj. (geisteskrank) enfermo mental; (schwermütig) melancólico; ²**krankheit** f enfermedad f mental; psicosis f; melancolía f; ²**leben** n vida f afectiva; ²**mensch** m hombre m de corazón; sentimental m; iro. bruto m; ²**ruhe** f serenidad f; tranquilidad f de ánimo; in aller ~ con toda tranquilidad; ²**stimmung** f, ²**verfassung** f, ²**stand** m estado m de ánimo, disposición f anímica.
ge'mütvoll adj. sensible; sentimental; todo corazón.
gen [ε] Poes. prp. (ac.) hacia.
Gen [e:] Bio. n (-s; -e) gen(e) m.
ge'nannt adj. mencionado; bei Spitznamen: alias.
ge'nau I. adj. exacto; preciso; justo; (klar umrissen) definido; (peinlich ~) minucioso; meticuloso; (gewissenhaft) escrupuloso; (ausführlich) detallado; (sorgfältig) esmerado, concienzudo; (pünktlich) puntual; (sparsam) economizador; (streng) estricto; ~ere Angaben más amplios detalles; nichts ²es nada en concreto; **II.** adv. exactamente usw.; ~ wie ich igual que yo; ~ dasselbe exactamente lo mismo; ~ ein Kilo un kilo justo; ~ um Mitternacht al filo de medianoche; ~ um zwei Uhr a las dos en punto; ~ gehen Uhr: andar bien, marcar la hora exacta; ~ passen venir justo; ~ nehmen tomar a la letra (od. al pie de la letra); ser muy escrupuloso (od. concienzudo), F hilar delgado; das darf man nicht so ~ nehmen no hay que tomarlo tan al pie de la letra; nicht so ~ hinsehen hacer la vista gorda; ~ wissen saber a ciencia cierta (od. a punto fijo); ~ kennen conocer a fondo; ~ angeben precisar, puntualizar; especificar; ~ erzählen detallar; contar con todo detalle; hacer un relato detallado de; et. ~ überlegen reflexionar bien sobre a/c.; pensar bien a/c.; j-n ~er kennenlernen conocer mejor a alg.; F ~! ¡exacto!; ¡eso es!; ~**genommen** adv. en rigor; en realidad; bien mirado; estrictamente hablando; ²**igkeit** f exactitud f; precisión f; minuciosidad f; (Richtigkeit) justeza f; (Sorgfalt) esmero m; der Wiedergabe: fidelidad f; (Pünktlichkeit) puntualidad f; ²**igkeitsgrad** m grado m de precisión; ~**so** adv. lo mismo; del mismo modo; ~ ... wie tan ... como; ~ gut wie tan bien como; ~**sogut** adv. igual(mente); → a. ebenso...
'**Genbank** f banco m de genes.
Gen'darm [ʒan-] m (-en) gendarme m; Span. guardia m civil.
Gendarme'rie [ʒan-] f gendarmería f; Span. Guardia f Civil.
Genea|'loge m (-n) genealogista m; ~**lo'gie** f genealogía f; ²**logisch** adj. genealógico.
ge'nehm adj. grato, agradable; aceptable; j-m ~ sein gustar (od. agradar) a alg.; ser del agrado de alg.; wann es Ihnen ~ ist cuando usted guste.
ge'nehmig|en (-) v/t. (bewilligen) conceder; (gutheißen) consentir en; aprobar; (erlauben) permitir; autorizar; amtlich: sancionar; homologar; Vertrag: ratificar; Gesuch: corresponder (od. acceder) a; nicht ~ Bitte: desestimar; Gesuch: desestimar; F sich e-n ~ tomarse una copa, echar un trago; ²**ung** f (Bewilligung) concesión f; (Zustimmung) consentimiento m; (Billigung) aprobación f; (Erlaubnis) autorización f, licencia f; permiso m; e-s Vertrages: ratificación f; nach vorheriger ~ previa autorización; ²**ungsbescheid** m notificación f de concesión; ~**ungspflichtig** adj. sujeto a autorización.
ge'neigt adj. inclinado (a. fig.); en declive; fig. propicio, favorable (a); j-m ~ sein estar bien (od. dispuesto) dispuesto hacia alg.; sentir simpatía hacia alg.; ~ sein zu estar inclinado (od. dispuesto) a; ²**heit** f (0) inclinación f (a. fig.); declive m; (Gunst) benevolencia f; simpatía f.
Gene'ral ✕ m (-s; -e od. ⸚e) general m; kommandierender ~ general en jefe; ~**agent** ✝ m agente m general; ~**agentur** ✝ f agencia f general; ~**amnestie** f amnistía f general; ~**anwalt** m abogado m general; ~**baß** ♪ m bajo m continuo; ~**bevollmächtigte(r)** ✝ m apoderado m general; ~**direktion** f dirección f general; ~**direktor** m director m general; ~'**feldmarschall** ✕ m mariscal m de campo; Span. capitán m general del Ejército; ~**gouverneur** m gobernador m general; ~**inspekteur** ✕ m inspector m general (de los ejércitos); ~**intendant** m intendente m general; Thea. director m artístico.
generali'sieren I. (-) v/t. generalizar; **II.** ² n generalización f.
Genera'lissimus ✕ m (-; -mi) generalísimo m.
Generali'tät ✕ f generalato m; los generales.
Gene'ral...: ~**kommando** ✕ n comandancia f general; mando m en jefe; ~**konsul** m cónsul m general; ~**konsulat** n consulado m general; ~**leutnant** m teniente m general; ~**major** m general m de brigada; ~**oberst** m capitán m general; ~**pause** ♪ f silencio m (od. pausa f) general; ~**police** f póliza f general (od. de abono); ~**probe** Thea., ♪ f ensayo m general; ~**sekretär** m secretario m general; ~**srang** m generalato m; grado m de general; ~'**staatsanwalt** 🏛 m fiscal m general del Estado; procurador m general; ~**stab** ✕ m Estado m Mayor; ~**stäbler** m oficial m de Estado Mayor; ~**stabs-chef** m jefe m del Estado Mayor; ~**stabskarte** f mapa m de Estado Mayor; ~**stabs-offizier** m oficial m del Estado Mayor; ~**stände** Hist. m/pl. Estamentos m/pl.; ~**streik** m huelga f general; ~**swürde** f generalato m; ~**überholung** ⊕ f revisión f general, chequeo m; ~**untersuchung** ✈ f chequeo m (médico); ~**versammlung** f asamblea f bzw. junta f general; ~**vertreter** m representante m general; ~**vollmacht** f pleno poder m; poder m general.
Generati'on f generación f; ~**envertrag** m ✝ contrato m generacional; ~**skonflikt** m conflicto m generacional; ~**swechsel** Bio. m alternación f de generaciones.
Gene'rator ⚡ m (-s; -en) generador m; (Wechselstrom²) alternador m.
gene'rell adj. general.
ge'nerisch adj. genérico.

gene'rös *adj.* (*-est*) generoso.
ge'nesen (*L*; -) *v*/*i.* curarse (*von de*); (*sich erholen*) convalecer; restablecerse; recobrar la salud; ⚥**de**(**r** *m*) *m*/*f* convaleciente *m*/*f.*
'Genesis *Bib. f (0)* Génesis *m.*
Ge'nesung *f* convalecencia *f*; curación *f*; restablecimiento *m*; *auf dem Wege der* ~ *sein* estar en vías de restablecimiento (*od.* de curación); ~**sheim** *n* casa *f* de salud (*od.* de convalecencia); ~**s-urlaub** *m* vacaciones *f*/*pl.* de convalecencia.
Ge'neti|**k** *f (0)* genética *f*; ~**ker** *m* geneti(ci)sta *m*; ⚥**sch** *adj.* genético.
Genf *n* Ginebra *f*; '~**er**(**in** *f*) *m* ginebrino (*-a f*) *m*; *der Genfer See* el lago de Ginebra (*od.* lago Lemán).
'Genforschung *f* investigación *f* genética.
geni'al I. *adj.* genial, de genio; ingenioso; **II.** *adv.* de una manera genial; ⚥**i'tät** *f (0)* genialidad *f*; ingeniosidad *f.*
Ge'nick *n* (*-ęs*; *-e*) nuca *f*, cerviz *f*; cogote *m*; *v. Tieren*: pescuezo *m*; *sich das* ~ *brechen* desnucarse; F romperse la crisma; *fig.* *das brach ihm das* ~ fue su ruina; ~**schlag** *m* golpe *m* a la nuca; ~**schuß** *m* tiro *m* en la nuca; ~**starre** ❦ *f* torticolis *m.*
Ge'nie [ʒeˑ-] *n* (*-s*; *-s*) genio *m*; ingenio *m*; (*Person*) hombre *m* genial, genio *m*; *verkanntes* ~ genio *m* ignorado; F *verbummeltes* ~ bohemio *m.*
ge'nieren [ʒeˑ-] (-) **I.** *v*/*refl.*: *sich* ~ tener vergüenza; *sich* ~, *et. zu tun* tener reparos en (*od.* no atreverse a) hacer a/c.; *sich vor j-m* ~ sentirse cohibido delante de alg.; ~ *Sie sich nicht!* está usted en su casa; **II.** *v*/*t.* (*stören*) molestar, incomodar.
ge'nieß|**bar** *adj.* comestible; (*trinkbar*) potable; F bebestible; *fig.* soportable; ⚥**barkeit** *f (0)* (*Trinkbarkeit*) potabilidad *f*; ~**en** (*L*; -) *v*/*t.* (*essen*) comer, tomar; (*trinken*) beber, tomar; (*kosten von*) probar; *mit Behagen*: saborear, paladear (*a. fig.*); *fig.* disfrutar (con, de), gozar de; *Erziehung*: recibir; *es ist nicht zu* ~ no hay quien coma *bzw.* beba esto; *fig.* nicht zu ~ insoportable, inaguantable; ⚥**er** *m* sibarita *m*; vividor *m*; ~**erisch** *adj.* gozoso; con fruición.
Ge'niestreich [ʒeˑ-] *m* rasgo *m* de ingenio; *iro.* genialidad *f.*
Geni'talien *Anat. pl.* (partes *f*/*pl.*) genitales *m*/*pl.*
'Genitiv *Gr. m* (*-s*; *-e*) genitivo *m.*
Genius *m* (-; *Genien*) genio *m.*
Gen|**manipulation** *f* manipulación *f* genética; ⚥**manipuliert** *adj.* manipulado genéticamente.
ge'normt *adj.* normalizado, estandarizado, standardizado.
Ge'noss|**e** *m* (*-n*), ~**in** *f* compañero (*-a f*) *m*; camarada *m*/*f* (*a. Pol.*); F socio *m*; ⚥ socio *m* (cooperativo); asociado *m*; ⚘ *pl.* ~**n** consortes *m*/*pl.*
Ge'nossenschaft *f* (sociedad *f*) cooperativa *f*; ⚥**lich** *adj.* cooperativo; ~**sbank** *f* banco *m* cooperativo; ~**sbewegung** *f* movimiento *m* cooperativista, cooperativismo *m*; ~**sregister** *n* registro *m* de cooperativas; ~**sverband** *m* unión *f* (*od.* federación *f*) de cooperativas; ~**swesen** *n* cooperativismo *m.*

Genotyp(**us**) *Bio. m* genotipo *m.*
Genre [ˈʒɑ̃:Rə] *n* (*-s*; *-s*) género *m*; especie *f*; índole *f*; ~**bild** *n* cuadro *m* de género; ~**maler** *m* pintor *m* de género; ~**male'rei** *f* pintura *f* de género.
Gent *n* Gante *m.*
Gen|**technik** *f* ingeniería *f* genética; ⚥**technikfrei** *adj.* no manipulado genéticamente, no transgénico; ~**technisch** *adj.* ~ *verändert* modificado genéticamente, transgénico; ~**technologie** *f* → ~**technik**; ~**therapie** *f* terapia *f* génica (*od.* genética), genoterapia *f.*
Gentleman *angl. m* caballero *m*; ~'**s Agreement** *n* pacto *m* entre caballeros.
Genua *m* Génova *f.*
Genu'es|**er** *m* genovés *m*, ~**erin** *f* genovesa *f*; ⚥**isch** *adj.* genovés.
ge'nug *adv.* bastante, suficiente; *Liter.* harto; asaz; ~ *Geld* bastante (*od.* suficiente) dinero; ~ *der Worte!* ¡basta de palabras!; ~ *davon!*, *jetzt ist's aber* ~*!* ¡basta ya!; ~*!* ¡basta!; *mehr als* ~ más que suficiente; *más de lo necesario*; ~ *sein bastar*; ser suficiente (*od.* bastante); *es ist* ~ *für uns da* aquí hay bastante para nosotros; *das beste ist gerade gut* ~ por bueno que sea no lo es bastante; *fig.* ~ *haben von* estar harto de; ~ *zum Leben haben* tener con qué vivir; *sich selbst* ~ *sein* bastarse (a sí mismo); F *er kann nie* ~ *kriegen* nunca tiene bastante; *er ist alt* ~, *um*... tiene suficiente edad para...; *wir sind* ~ somos bastantes, *nicht* ~, *daß er ihn tröstete*, *er half ihm auch* no sólo le consoló sino que además le ayudó.
Ge'nüge *f (0)*: *zur* ~ suficientemente; bastante, lo suficiente; *zur* ~ *bekannt* harto sabido; *e-r Sache* ~ *tun* (*od.* *leisten*) dar abasto a a/c.; *j-m* ~ *tun* satisfacer (*od.* contentar) a alg.; *s-r Pflicht* ~ *tun* cumplir (con) su deber.
ge'nügen (-) *v*/*i.* bastar, ser suficiente; *den Anforderungen usw.*: satisfacer; *das genügt mir* con eso me basta; *e-r Sache* ~ *dar abasto a a/c.*; *um der Nachfrage zu* ~ para satisfacer (*od.* hacer frente a) la demanda; *es genügt, zu sehen* basta con verlo; ~**d** *adj.* suficiente, bastante; (*befriedigend*) satisfactorio; pasable; (*Examensnote*) aprobado.
ge'nügsam *adj.* contentadizo, fácil de contentar; *im Essen*: sobrio; frugal; (*gemäßigt*) moderado; (*bescheiden*) modesto; ~ *sein* contentarse con poco; ⚥**keit** *f (0)* sobriedad *f*; moderación *f*; frugalidad *f*; modestia *f.*
ge'nug|**tun** (*L*) *v*/*i.*: *j-m* ~ satisfacer (*od.* contentar) a alg.; ~**tu-ung** *f (0)* satisfacción *f*; *für e-e Kränkung*: *a.* reparación *f*; ~ *fordern* exigir una satisfacción (*von j-m für et.* a alg. por a/c.); pedir explicaciones; *j-m* ~ *geben* dar satisfacción (*od.* explicaciones) a alg.; desagraviar a alg.; *sich* ~ *verschaffen* tomar satisfacción, desagraviarse; (*sich rächen*) vengarse (*für de*); *zu s-r* ~ *a bzw.* para su satisfacción.
'Genus *Gr. n* (-; *Genera*) género *m.*
Ge'nuß *m* (*-sses*, ~*sse*) gozo *m*, placer *m*, fruición *f*; goce *m*; disfrute *m* (*a.* ⚖); *hoher* ~ delicia *f*, deleite *m* gozada *f*; (*Verzehr*) consumo *m*; ⚖ (*Nutznießung*) usufructo *m*; *in den* ~

e-r Sache kommen entrar en el disfrute de a/c.; *et. mit* ~ *tun* disfrutar haciendo a/c.; *sich dem* ~ *hingeben* entregarse a los placeres; *es war mir ein* ~*!* ha sido un placer.
ge'nüßlich *adv.* con fruición.
Ge'nuß|**mensch** *m* sibarita *m*; epicúreo *m*; hedonista *m*; ~**mittel** *n*/*pl.* estimulantes *m*/*pl.*; ⚥**reich** *adj.* (*angenehm*) agradable, placentero; (*köstlich*) delicioso; ~**schein** ✝ *m* acción *f* de disfrute; ~**sucht** *f* avidez *f* de placeres; sensualidad *f*; ⚥**süchtig** *adj.* entregado (*od.* dado) a los placeres; sensual.
Geo|**dä'sie** *f (0)* geodesia *f*; ~'**dät** *m* (*-en*) geodesta *m*; ⚥'**dätisch** *adj.* geodésico.
Geo|'**graph** *m* (*-en*) geógrafo *m*; ~**gra'phie** *f (0)* geografía *f*; ⚥'**graphisch** *adj.* geográfico.
Geo|'**loge** *m* (*-n*) geólogo *m*; ~**lo'gie** *f (0)* geología *f*; ⚥'**logisch** *adj.* geológico.
Geo|**me'trie** *f* geometría *f*; *analytische* (*darstellende*; *nichteuklidische*) ~ geometría analítica (descriptiva; no euclidiana); ⚥**metrisch** *adj.* geométrico.
Geo|**phy'sik** *f (0)* geofísica *f*; ⚥**physi-'kalisch** *adj.* geofísico.
Geo|**poli'tik** *f (0)* geopolítica *f*; ⚥**po'litisch** *adj.* geopolítico.
ge'ordnet *adj.* ordenado, en orden; (*diszipliniert*) disciplinado; *in* ~*en Verhältnissen leben* vivir con desahogo; → **ordnen**.
Ge'org *m* Jorge *m.*
Ge'päck *n* (*-ęs*; *0*) equipaje *m*; *gl. u.* ✈ bagaje *m*; *sein* ~ *aufgeben* facturar el equipaje; *zum Aufbewahren*: entregar el equipaje en la consigna; ~**abfertigung** *f* facturación *f* de equipajes; ~**anhänger** *Kfz. m* remolque *m* portaequipajes; ~**annahme**(**stelle**) *f* depósito *m* de equipajes; recepción *f* de equipajes; ~**aufbewahrung**(**sstelle**) *f* consigna *f*; ~**aufbewahrungsschein** *m* resguardo *m* de la consigna; ~**ausgabe** *f*, ~**auslieferung** *f* entrega *f* de equipajes; ~**freigrenze** *f* límite *m* de transporte gratuito de equipaje; ~**halter** *m* portaequipajes *m*; *Kfz. a.* baca *f*; ~**karren** *m* carretilla *f* para equipajes; ~**kontrolle** *f* registro *m* (*od.* control *m*) de equipajes; ~**marsch** ✕ *m* marcha *f* con carga; ~**netz** *n* rejilla *f* (para equipajes); ~**raum** *m* consigna *f*; compartim(i)ento *m* para equipajes; ~**schalter** *m* ventanilla *f* de equipajes; ~**schein** *m* talón *m* de equipajes; ~**schließfach** *n* consigna *f* automática; ~**stück** *n* bulto *m*; ~**träger** *m* maletero *m*; mozo *m* (de cuerda), *Arg.* changador *m*; ~ *a.* ~**halter**; ~**versicherung** *f* seguro *m* de equipaje; ~**wagen** *m* furgón *m.*
ge'panzert *adj.* blindado, acorazado.
'Gepard *Zoo. m* (*-s*; *-e*) guepardo *m.*
ge'pfeffert *adj.* picante (*a. fig.*); F *fig. Preis*: exorbitante, por las nubes; *Rechnung*: subido; *Witz*: verde.
Ge'pfeife *f* (*-s*; *0*) silbidos *m*/*pl.*
ge'pflegt *adj.* bien cuidado, (*sauber*) aseado, pulcro; *Stil*: pulido; elegante; *in der Kleidung*: atildado; → **pflegen**.
Ge'pflogenheit *f* costumbre *f.*
ge'plagt *adj.* → **plagen**.

Ge'plänkel n escaramuza f (a. fig.), refriega f; (Schießerei) tiroteo m.
Ge'plapper n (-s; 0) cháchara f, parloteo m.
Ge'plärr n (-és; 0), ~e n (-s; 0) lloriqueo m, gimoteo m; (Schreierei) chillería f, gritería f.
Ge'plätscher n (-s; 0) Poes. murmullo m; des Wassers: chapaleteo m.
Ge'plauder n (-s; 0) charla f, plática f; F palique m, parloteo m.
ge'polstert adj. → polstern.
Ge'polter n (-s; 0) estrépito m, estruendo m; alboroto m; barullo m.
Ge'präge n auf Münzen: cuño m, sello m (beides a. fig.); fig. carácter m, marca f; impronta f, marchamo m.
Ge'pränge n (-s; 0) pompa f; fausto m; boato m.
Ge'prassel n (-s; 0) crepitación f; chisporroteo m; (Krachen) crujido m.
Ge'prellte(r m) m/f estafado (-a f) m, F timado (-a f) m; F primo m.
ge'prüft adj.: staatlich ~ diplomado; fig. (leid~) sufrido.
ge'punktet adj. Kleid: con lunares.
Ge'quake n (-s; 0) croar m.
Ge'quassel n, **Ge'quatsche** F n (-s; 0) F charloteo m, cháchara f.
ge'rade I. adj. recto (a. fig.); derecho (a. fig. u. Körperhaltung); (ohne Umweg) directo; Zahlen: par; Charakter: recto; sincero; franco; auf ~r Strecke en (línea) recta; **II.** adv. (genau) justamente, precisamente; (soeben) ahora mismo; en este momento; Am. recién; ~ gehen andar recto; ~ ein Jahr justamente un año; es ist ~ drei Uhr son las tres en punto; ~ in dem Augenblick, als ... precisamente en el momento en que ...; das fehlte noch! ¡lo que faltaba!; ¡no faltaba más!; das ist mir ~ recht es lo mejor que podría desear, F me viene a pedir de boca; das ist ~ umgekehrt es todo lo contrario; es al revés; das ist nicht ~ billig no es barato que digamos; nun ~ (nicht)! ¡ahora más (menos) que nunca!; er ist ~ angekommen acaba de llegar; ~ dabei sein, et. zu tun estar a punto de hacer a/c.; ~ beim Lesen, Schreiben usw. sein estar leyendo, escribiendo, etc.; ~ recht kommen venir muy a propósito; F venir a pedir de boca; wie es ~ kommt a lo que salga; como caiga; ~ als ob (od. wenn) como si (subj.); ~ gegenüber directamente enfrente; **III.** 2 f (-n; -n) ⚔, Sport: recta f; Boxen: directo; Sport: in die ~ einbiegen entrar en la recta.
gerade'aus adv. (todo) derecho, todo seguido; de frente; gehen Sie immer ~! ¡siga derecho!; 2empfänger m Radio: receptor m (de montaje) directo.
ge'rade|biegen (L) v/t. enderezar (a. fig.); ~halten (L) v/t.: sich ~ (man)tenerse derecho.
gerade-her'aus adv. con toda franqueza, francamente; (ohne Umschweife) sin rodeos; sin cumplidos.
ge'rade|machen v/t., ~richten v/t. enderezar.
ge'rädert adj.: wie ~ sein estar molido, F estar hecho polvo.
ge'rade|sitzen (L) v/i. tenerse derecho; ~so adv. lo mismo, igual; er kommt mir ~ vor wie ... me hace el efecto de; → a. ebenso; ~stehen (L) v/i. estar bzw. tenerse derecho; estar erguido; fig. für et. ~ responder de a/c.

ge'rade(s)wegs adv. directamente; (todo) derecho; (freimütig) sin rodeos; con toda franqueza; (ohne Umstände) sin cumplidos; ~ auf et. losgehen ir derecho al asunto, F ir al grano; no andarse por las ramas.

gerade'zu adv. directamente, derecho; (geradeheraus) con toda franqueza, francamente; (fast) por así decirlo; es ist ~ erstaunlich es realmente sorprendente; das ist ~ Wahnsinn es una verdadera locura.

Ge'rad|flügler Zoo. m/pl. ortópteros m/pl.; ~führung ⊕ f guía f rectilínea; ~heit f (0) e-r Linie: rectitud f, derechura f (beides a. fig.); (Aufrichtigkeit) sinceridad f; (Freimut) franqueza f; 2linig I. adj. recto, rectilíneo; **II.** adv. en línea recta; 2sinnig adj. (aufrichtig) sincero, franco, abierto.

ge'rammelt F adv.: ~ voll repleto; abarrotado, atestado (de gente).
Ge'rangel F n (-s; 0) forcejeo m.
Ge'ranie [-nĭə] ♀ f geranio m.
Ge'rassel n (-s; 0) fragor m; estrépito m; crepitación f.
Ge'rät n (-és; -e) utensilio m; (Werkzeug) herramienta f; útiles m/pl.; Am. utilería f; (Haus2) enseres m/pl.; (Instrument) instrumento m; (Apparat, Turn2) aparato m, Radio: a. receptor m; (Ausrüstung) pertrechos m/pl.; equipo m; ⚒ aperos m/pl.; ~kasten m caja f de herramientas.
ge'raten I. (L; -; sn) v/i. (gelangen, kommen) llegar (nach a); ir a parar a; (gelingen) gut (schlecht) ~ salir bien (mal); dar buen (mal) resultado; (gedeihen) prosperar; an et. (od. j-n) ~ encontrarse (od. dar) con a/c. (od. alg.); außer sich ~ perder los estribos; vor Freude: no caber en sí (de contento); nach j-m ~ (ähneln) salir a alg.; ~ in (ac.) caer en; dar en; bsd. moralisch: incurrir en; in e-n Sturm usw. ~ verse sorprendido por; in j-s Hände ~ caer en manos de alg.; in Angst ~ asustarse; F coger miedo; in Armut ~ caer en la pobreza, empobrecer; in Bestürzung ~ consternarse; in e-e Falle ~ caer en una trampa; in Gefahr ~ verse expuesto a un peligro; in Gefahr ~, zu (inf.) correr el riesgo de (inf.); in Not ~ verse en una situación apurada; in Schulden ~ contraer deudas, F entramparse; in Schwierigkeiten ~ encontrar dificultades; **II.** adj. (ratsam) aconsejable, prudente; indicado, conveniente; gut ~e Kinder niños bien educados; das ~ste wäre lo mejor sería (inf.).
Ge'räte|stecker ⚡ m enchufe m (para aparatos eléctricos); ~turnen n gimnasia f con aparatos; ~übung f ejercicio m con aparatos.
Gerate'wohl n: aufs ~ al azar, a la ventura; a la buena de Dios; F al (buen) tuntún; a lo que salga.
Ge'rätschaften f/pl. utensilios m/pl.; herramientas f/pl.; gal. utillaje m.
ge'raum adj.: ~e Zeit un buen rato; seit ~er Zeit desde hace algún tiempo; vor ~er Zeit hace bastante tiempo.
ge'räumig adj. espacioso; amplio, vasto; 2keit f (0) espaciosidad f;

(vasta) extensión f; (gran) amplitud f.
ge'räumt adj. Straße usw.: expedito.
Ge'raune n (-s; 0) cuchicheo m, bisbiseo m.
Ge'räusch n (-es; -e) ruido m; ~dämpfer m Motorrad: silenciador m; ⊕ amortiguador m de ruidos; ~dämpfung f, ~isolierung f insonorización f; ~kulisse f ruido m de fondo; fondo m sonoro; 2los adj. sin ruido (a. adv.); silencioso; ~losigkeit f (0) ausencia f de ruido; silencio m; ~macher m Thea., Film, Radio: técnico m de ruidos; ~pegel m nivel m de ruido; 2voll adj. ruidoso (a. fig.); alborotado; tumultuoso; estrepitoso.
'gerb|en v/t. curtir; adobar; sämisch ~ agamuzar; weiß ~ adobar en blanco; fig. j-m das Fell ~ F zurrar la badana a alg.; 2en n curtido m, curtimiento m; 2er m curtidor m; adobador m de pieles; (Weiß2) pellejero m.
Gerbe'rei f tenería f, curtiduría f; (Weiß2) pellejería f.
'Gerb|erlohe f corteza f curtiente; ~säure f ácido m tánico; ~stoff m (materia f) curtiente m; ⚕ tanino m.
ge'recht adj. justo; (gerechtigkeitsliebend) justiciero; (billig) equitativo; (gerade) recto; (rechtmäßig) legal; legítimo; (verdient) merecido; die ~e Sache la buena causa; die ~e Strafe el merecido; j-m ~ werden hacer justicia a alg.; e-r Sache ~ werden corresponder a; dar abasto a; cumplir, satisfacer (ac.); j-n ~ behandeln tratar a alg. con equidad; ~er Himmel! ¡cielo santo!; 2e(r) m (hombre m) justo m; den Schlaf des ~n schlafen dormir el sueño de los justos; ~fertigt adj. justificado.
Ge'rechtigkeit f (0) justicia f; (Billigkeit) equidad f; (Unparteilichkeit) imparcialidad f; (Rechtmäßigkeit) legitimidad f; ~ fordern pedir justicia; ~ walten lassen ser justo; proceder con justicia; j-m ~ widerfahren lassen hacer justicia a alg.; ~sliebe f amor m a la justicia; 2sliebend adj. justiciero; ~s-sinn m espíritu m de justicia.
Ge'rechtsame f privilegio m; prerrogativa f.
Ge'rede n (-s; 0) habladurías f/pl.; cuentos m/pl.; (Nachrede) murmuración f; (Geschwätz) chismes m/pl., habillas f/pl.; F comadrerías f/pl.; (Gerücht) rumores m/pl.; das ~ (der Leute) el qué dirán; Anlaß zu ~ geben dar que hablar (a la gente); ins ~ kommen andar en lenguas; j-n ins ~ bringen comprometer a alg.; das ist leeres ~ es hablar por hablar.
ge'regelt adj. arreglado; durch Verordnungen: reglamentado; (reguliert) regulado; (regelmäßig) regular; (ordentlich) ordenado.
ge'reichen (-) v/i.: zu et. ~ contribuir a a/c.; redundar en; j-m zum Nutzen (od. Vorteil) ~ redundar en beneficio (od. provecho) de alg.; j-m zur Ehre ~ honrar (od. hacer honor) a alg.; j-m zur Schande ~ ser una vergüenza para alg.; zum Nachteil (od. Schaden) ~ perjudicar (a alg.).
ge'reizt adj. irritado (a. 🐾); crispado; 2heit f (0) irritación f; crispación f.
ge'reuen (-) v/unprs.: es gereut mich

me arrepiento de ello.
'**Gerhard** m Gerardo m.
Geria'trie ⚥ f geriatría f.
geri'atrisch adj. geriátrico.
Ge'richt[1] n (-$\text{\textit{es}}$; -e) (*Speise*) comida f; (*Gang*) plato m.
Ge'richt[2] ⚖ n (-$\text{\textit{es}}$; -e) tribunal m; audiencia f; Am. corte f; *niederes*: juzgado m; (*Gebäude*) palacio m de justicia; vor ~ judicialmente; von ~s wegen por orden judicial; ~ halten reunirse en sesión (*od.* audiencia), (*Recht sprechen*) administrar justicia; ~ halten über juzgar de; beim ~ verklagen demandar ante los tribunales; vor ~ fordern (*od.* laden) citar ante un tribunal (*bzw.* ante el juez); vor ~ erscheinen comparecer ante el tribunal *bzw.* ante el juez; vor ~ stehen comparecer en juicio; j-n vor ~ laden (*od.* stellen *od.* bringen) llevar a alg. a los tribunales; sich dem ~ stellen presentarse ante el tribunal *bzw.* ante el juez; über j-n zu ~ sitzen juzgar a alg.; *fig.* mit j-m scharf ins ~ gehen juzgar severamente a alg.; F leerle la cartilla a alg.; 2**lich** ⚖ adj. judicial; forense; (*rechtsförmig*) jurídico; ~e Verfolgung acción f judicial; ein ~es Verfahren einleiten incoar una causa; ~e Beglaubigung legalización f judicial; ~e Bestätigung homologación f; j-n ~ belangen entablar una acción judicial contra alg.; demandar judicialmente a alg.; (*strafrechtlich*) querellarse contra alg.; ~ vorgehen proceder judicialmente (gegen contra); ~ geltend machen hacer valer judicialmente.
Ge'richts...: ~**akten** f/pl. autos m/pl.; ~**arzt** m (médico m) forense m; ~**barkeit** f jurisdicción f; ~**beamte(r)** m funcionario m de justicia; (*Richter*) magistrado m; ~**behörde** f autoridad f judicial; ~**beschluß** m decisión f judicial; ~**bezirk** m jurisdicción f; juzgado m; bsd. Span. partido m judicial; ~**diener** m ujier m; alguacil m; ~**dolmetscher** m intérprete m jurado; ~**ferien** pl. vacaciones f/pl. judiciales; ~**gebäude** n palacio m de justicia; audiencia f; juzgado m; ~**gebühren** f/pl. derechos m/pl. judiciales; ~**hof** m tribunal m (de justicia); Am. corte f de justicia; oberster ~ Tribunal m Supremo; ~**kanzlei** f secretaría f judicial; ~**kosten** pl. costas f/pl. judiciales; ~**medizin** f medicina f legal (*od.* forense); ~**mediziner** m → ~**arzt**; 2**medizinisch** adj. médico-legal; ~**ordnung** f reglamento m judicial; ~**person** f → ~**beamter**; ~**saal** m sala f de audiencia; ~**sachverständige(r)** m perito m judicial; jurisperito m; ~**schranke** f barra f; ~**schreiber** m oficial m de juzgado; ~**sitzung** f einzelne: audiencia f, vista f; (*Tagung*) sesión f; ~**stand** m jurisdicción f bzw. tribunal m competente; fuero m; ~**urteil** n resolución f judicial; ~**verfahren** n procedimiento m judicial; ~**verfassung** f organización f judicial; ~**verhandlung** f vista f de una causa; sesión f del tribunal; ~**vollzieher** n agente m ejecutivo; Span. a. alguacil m; ~**wesen** n justicia f; sistema m judicial.
ge'rieben F fig. adj. taimado, astuto, redomado; F zorro; F ein ~er Bursche F un vivo.

Ge'riesel n (-s; 0) chorreo m; (*Nieseln*) llovizna f.
ge'ring adj. pequeño; (*unbedeutend*) insignificante; de poca consideración (*od.* importancia); mínimo; (*dürftig*) exiguo; (*kurz*) corto; (*wenig*) poco; escaso; (*niedrig*) bajo, Preis: a. módico, moderado; von ~er Herkunft de baja extracción; de humilde cuna; von ~em Wert de poco (*od.* escaso) valor; ~e Kenntnisse escasos conocimientos; das ~e Interesse el poco interés; in ~er Entfernung von a poca (*od.* corta) distancia de; mit ~en Ausnahmen con contadas excepciones; ich bin in nicht ~er Verlegenheit estoy en un gran apuro; ~er als menor que; inferior a; ~er werden disminuir; nichts 2eres als nada menos que; kein 2erer als el mismo, el propio; nicht das 2ste ni lo más mínimo; F nada de nada; das 2ste, was er tun kann lo menos que puede hacer; nicht im ~sten de ninguna manera; en absoluto; das ist m-e ~ste Sorge (eso) es lo de menos; beim ~sten Geräusch al menor ruido; nicht der ~ste Zweifel ni la menor duda; nicht die ~ste Ahnung von et. haben no tener ni la menor (*od.* la más remota) idea de a/c.; der 2ste el más humilde; ~**achten** (-e-) v/t. tener en poco, menospreciar; (*verachten*) desdeñar, despreciar; (*unbeachtet lassen*) hacer poco caso de; ~**fügig** adj. insignificante; de poca consideración (*od.* monta); Fehler: ligero; (*nichtig*) fútil, baladí; 2**fügigkeit** f insignificancia f; poca importancia f; bagatela f; futilidad f; ~**haltig** adj. de poco valor; Münzen: de baja ley; ~**schätzen** (-t) v/t. → ~**achten**; ~**schätzig I.** adj. desdeñoso; despreciativo, despectivo; **II.** adv. desdeñosamente, con desdén; con menosprecio; despectivamente; 2**schätzung** f (0) desdén m; menosprecio m; (*Verachtung*) desprecio m; ~**wertig** adj. de poco valor; inferior, ordinario; (*mittelmäßig*) mediocre.
ge'rinn|bar adj. coagulable; 2**barkeit** f (0) coagulabilidad f; 2**e** n canal m de agua; tubería f; ✈ reguera f; e-r Schleuse: conducto m; ~**en** (L; -; sn) v/i. Blut: coagular(se); Milch: cuajarse; cortarse; ~ machen coagular; Milch: cuajar; 2**en** n coagulación f; Milch: cuajadura f; 2**sel** n ⚥ coágulo m; (Rinnsal) reguero m; arroyuelo m; 2**ung** f (0) coagulación f; ~**ungshemmend** adj. anticoagulante.
Ge'rippe n (-s; -) Anat. esqueleto m; osamenta f; △ armazón f, armadura f; ⚓ casco m; fig. esqueleto m, armazón f; ⚘ adj. Stoff: de cañutillo; △ con nervaduras; estriado, acanalado; ♀ nervado.
ge'rissen F adj. astuto, taimado, ladino; F marrajo, zorro; muy ducho; F ein ~er Bursche F ser un vivales; 2**heit** f (0) astucia f, F zorrería f.
ge'ritzt F adj.: die Sache ist ~ la cosa está arreglada; esto está hecho.
Ger'man|e m (-n) germano m; ~**ien** n Germania f; ~**in** f germana f; 2**isch** adj. germánico.
germani'sier|en (-) v/t. germanizar; 2**ung** f germanización f.
Germa'nis|mus m (-; -men) germanismo m; ~**t** m (-en) germanista m;

~**tik** f (0) filología f germánica, germanística f.
'**gern**|(**e**) adv. gustosamente, con mucho gusto; (*bereitwillig*) gustoso; de buen grado, de buena gana; herzlich ~ con sumo gusto, F con mil amores; ich möchte ~ wissen quisiera saber; me gustaría saber; das glaube ich ~! ¡ya lo creo!; ~ oder ungern de buen o mal grado; ~ gesehen sein ser bien visto; et. (nicht) ~ sehen (no) ver con buenos ojos a/c.; ~ sein an e-m Ort: estar con gusto en, gustar; j-n ~ haben (*od.* mögen) querer a alg.; et. ~ haben gustar a/c.; et. ~ tun hacer con gusto a/c.; ich reise ~ me gusta viajar; er sieht es ~, daß... le gusta que (subj.); ~ geschehen! ¡de nada!, ¡no hay de qué!; 2**egroß** m (-; -e) presumido m; F farolero m; ~**haben** v/t.: P er pone mich ~ P ¡que se vaya a la porra!
Ge'röll n (-$\text{\textit{es}}$; -e) cantos m/pl. rodados; (*Kiesel*) guijarros m/pl.; (*Fels*2) rocalla f; ~**halde** f escombrera f; cantizal m.
Gerontolo'gie ⚥ f (0) gerontología f.
'**Gerste** ♀ f (0) cebada f.
'**Gersten...:** ~**feld** n cebadal m, campo m de cebada; ~**graupen** f/pl. cebada f mondada; ~**grütze** f cebada f perlada; ~**korn** n grano m de cebada; ⚥ orzuelo m; ~**malz** n cebada f malteada; ~**mehl** n harina f de cebada; ~**saft** m (Bier) cerveza f.
'**Gerte** f vara f; varilla f; baqueta f; (Reit2) fusta f; 2**nschlank** adj. (muy) esbelto.
Ge'ruch m (-$\text{\textit{es}}$; ~e) olor m; (Sinn) olfato m; (Wohl2) perfume m, aroma m; fig. reputación f, fama f; im ~ der Heiligkeit en olor de santidad; schlechter ~ mal olor m, hedor m, fetidez f; e-n feinen ~ haben tener buen olfato (a. fig.); den ~ beseitigen desodor(iz)ar; 2**beseitigend** adj. desodorante; ~**es Mittel** desodorante m; 2**los** adj. sin olor, inodoro; (*ohne Geruchssinn*) sin olfato; ~ machen desodor(iz)ar; ~**losigkeit** f (0) ausencia f del olfato; ⚥ anosmia f; ~**snerv** m nervio m olfativo (*od.* olfatorio); ~**ssinn** m (sentido m del) olfato m.
Ge'rücht n (-$\text{\textit{es}}$; -e) rumor m; especie f; ein ~ verbreiten (*od.* in Umlauf setzen) difundir (*od.* propalar) un rumor; (hacer) correr la voz; es geht das ~, daß... corre la voz (*od.* corren rumores) de que...; ~**eküche** F f cocina f de rumores; ~**emacher** m alarmista m.
ge'ruchtilgend adj. desodorante.
ge'rüchtweise adv. según el rumor público; ich habe es nur ~ gehört sólo lo sé de oídas.
ge'rufen adj.: das kommt wie ~ esto llega muy a propósito; F esto viene de perilla (*od.* de perlas *od.* como llovido del cielo).
ge'ruhen (-) v/i. bsd. iro.: ~ zu dignarse (*od.* tener a bien) hacer a/c.
ge'rührt adj. emocionado; conmovido.
ge'ruhsam adj. sosegado, tranquilo; 2**keit** f sosiego m, tranquilidad f.
Ge'rumpel n (-s; 0) e-s Wagens: traqueteo m, sacudidas f/pl.
Ge'rümpel n (-s; 0) trastos m/pl.

viejos; *desp.* cachivaches *m/pl.*; balumba *f*; (*Eisenkram*) chatarra *f*.
Ge'rundium *Gr. n* (*-s*; *-ien*) gerundio *m*.
Ge'rüst *n* (*-¢s*; *-e*) (*Bau*⚙) andamio *m*; andamiaje *m*; ⊕ esqueleto *m*; armazón *f* (*beide a. fig.*); (*Gestell*) caballete *m*; (*Schau*⚙) tablado *m*; ~bau *m* construcción *f* de andamios; ~klammer *f* grapón *m* de andamiaje.
Ge'rüttel *n* (*-s*; *0*) *e-s Wagens*: sacudidas *f/pl.*; traqueteo *m*.
Ges ♩ *n* (-; -) sol *m* bemol; ~-Dur *n* sol *m* bemol mayor; ⚙-Moll *n* sol *m* bemol menor.
ge'salzen *adj.* → salzen.
ge'samt *adj.* todo; (*völlig*) total; entero; íntegro; global; (*vollständig*) completo; (*allgemein*) general; (*gemeinsam*) colectivo, en conjunto; *das* ⚙e el todo; la totalidad; el conjunto; *die ~e Bevölkerung* toda la población; ⚖ *zur ~en Hand* pro indiviso; ⚙abrechnung *f* liquidación *f* total; ⚙ansicht *f* vista *f* de conjunto; ⚙auflage *f* tirada *f* global; ⚙ausfuhr ✝ *f* exportación *f* total; ⚙ausgabe *f* edición *f* completa; obras *f/pl.* completas; ⚙bedarf *m* necesidad *f* total; ⚙begriff *m* noción *f* general; término *m* genérico; ⚙bericht *m* informe *m* general; ⚙betrag *m* (importe *m*) total *m*; ⚙bild *n* cuadro *m* de conjunto; aspecto *m* general; ~deutsch *adj.* de toda Alemania; ⚙eigentum *n* propiedad *f* colectiva; ⚙eindruck *m* impresión *f* general (*od.* de conjunto); ⚙einfuhr ✝ *f* importación *f* total; ⚙einnahme *f*, ⚙erlös *m* ingresos *m/pl.* totales; recaudación *f* total; ⚙ergebnis *n* resultado *m* definitivo; *Sport*: clasificación *f* final; ⚙ertrag *m* ✎ rendimiento *m* total; ✝ producto *m* total; ⚙gewicht *n* peso *m* total; ⚙gläubiger *m* acreedor *m* solidario; ⚙haftung *f* solidaridad *f*; ⚙heit *f* (*0*) totalidad *f*; colectividad *f*, conjunto *m*; ⚙hypothek *f* hipoteca *f* conjunta; ⚙kapital *n* capital *m* total; ⚙kosten *pl.* gastos *m/pl.* totales; ⚙lage *f* situación *f* general; ⚙masse *f* masa *f* total; ⚙plan *m* plan *m* general (*od.* de conjunto); ⚙preis *m* precio *m* global; ⚙produkt *m* producto *m* total; ⚙produktion *f* producción *f* total; ⚙prokura *f* procuración *f* colectiva; ⚙rechnung *f*: *volkswirtschaftliche* ~ contabilidad *f* nacional; ⚙schaden *m* totalidad *f* de los daños; ⚙schau *f* vista *f* de conjunto, visión *f* global; ⚙schuld *f* deuda *f* bzw. obligación *f* solidaria; ~schuldnerisch *adj.*: *Haftung* solidaridad *f*; ⚙schule *f* escuela *f* integrada; ⚙strafe ⚖ *f* pena *f* total; ⚙summe *f* suma *f* total; (importe *m*) total *m*; ⚙überblick *m*, ⚙übersicht *f* vista *f* general (*od.* de conjunto); resumen *m* general; ⚙umsatz *m* total *m* de ventas; venta *f* total; ⚙unterricht *m* método *m* global; ⚙verband *m* asociación *f* general; ⚙vermögen *n* totalidad *f* de (los) bienes; ⚙werk *n* obras *f/pl.* completas; ⚙wert *m* valor *m* global (*od.* total); ⚙wirtschaft *f* macroeconomía *f*; ~wirtschaftlich *adj.* macroeconómico; ⚙zahl *f* número *m* total; totalidad *f*.
Ge'sandt|e(r) *m* enviado *m*; *Dipl.*

ministro *m* plenipotenciario; *päpstlicher* ~ nuncio *m* (apostólico); *außerordentlicher* ~ enviado *m* extraordinario; ~schaft *f* legación *f*; *päpstliche* ~ nunciatura *f*; ~schaftsrat *m* consejero *m* de legación.
Ge'sang *m* (*-¢s*; *⸚e*) canto *m*; (*Lied*) canción *f*; (*Epos*) cantar *m*; *Rel.* cántico *m*; ~buch *Rel. n* libro *m* de cánticos; (*Chorbuch*) cantoral *m*; ~lehrer(in *f*) *m* profesor(a *f*) *m* de canto; ~nummer *f*, ~s-einlage *f* cantable *m*; ~skunst *f* arte *f* vocal (*od.* del canto); ~stück *n* pieza *f* vocal (*od.* de canto); ~stunde *f*, ~unterricht *m* lección *f* de canto; ~verein *m* (sociedad *f*) coral *f*; orfeón *m*.
Ge'säß *n* (*-es*; *-e*) trasero *m*, nalgas *f/pl.*; F asentaderas *f/pl.*, posaderas *f/pl.*; F culo *m*; ~muskeln *m/pl.* (músculos *m/pl.*) glúteos *m/pl.*; ~tasche *f* bolsillo *m* trasero.
ge'sättigt *adj.* saciado; 🜛 saturado.
Ge'säusel *n* (*-s*; *0*) murmullo *m*, susurro *m*.
ge'schädigt *adj.* siniestrado; ⚙e(r *m*) *m/f* siniestrado (-a *f*) *m*, damnificado (-a *f*) *m*, perjudicado (-a *f*) *m*.
Ge'schäft *n* (*-¢s*; *-e*) negocio *m*; (*Beschäftigung*) ocupación *f*, trabajo *m*; (*Vorgang*) operación *f*, transacción *f*; (*Laden*) tienda *f*, comercio *m*; (*Firma*) establecimiento *m* (*od.* casa *f od.* empresa *f*) comercial; *dunkle ~e* negocios *m/pl.* turbios; *in ~en* por asuntos de negocio; *s-n ~en nachgehen* seguir sus ocupaciones; ✝ atender sus negocios; *mit j-m ins ~ kommen* entablar relaciones comerciales con *alg.*; *~en sprechen* hablar de negocios; *~e machen* hacer negocios; *ein gutes (schlechtes) ~ machen* hacer un buen (mal) negocio; *ein ~ abschließen* (*od. tätigen*) concertar (*od.* concluir) un negocio; cerrar un trato; *wie geht das ~?* ¿cómo marchan los negocios?; *das ~ geht gut* los negocios van bien; *~ist ~* los negocios son los negocios; F *großes (kleines) ~* aguas *f/pl.* mayores (menores); F *sein ~ verrichten* hacer sus necesidades; ~emacher *m* hombre *m* de negocios; negociante *m*; F un águila *f* para los negocios; ~emache'rei *f* afán *m* mercantilista; ⚙ig *adj.* activo; industrioso, diligente; dinámico; (*eifrig*) solícito; ~igkeit *f* (*0*) actividad *f*; dinamismo *m*; solicitud *f*; ⚙lich *adj.* comercial; de negocios; profesional; *~e Beziehungen* relaciones *f/pl.* comerciales; *in ~er Angelegenheit* por asunto de negocios; *~ tätig sein* estar dedicado a los negocios; *~ verhindert sein* estar impedido por asuntos de negocio; *~ verreist* en viaje de negocios.
Ge'schäfts...: ~abschluß *m* conclusión *f* de un negocio (*od.* una operación); ~angelegenheit *f* asunto *m* de negocio(s); ~anteil *m* participación *f* (en un negocio); ~anzeige *f* anuncio *m* (comercial); ~aufgabe *f* cesación *f* de comercio, liquidación *f* (*od.* cese *m*) de(l) negocio; ~aufsicht ⚖ *f*: *unter ~ stellen* poner bajo vigilancia legal; ~aussichten *f/pl.* perspectivas *f/pl.* de(l) negocio; ~bereich *m* campo *m* de *f/pl.* de actividades; ⚖ *u. Pol.* jurisdicción *f*; *e-s Ministers*: cartera *f*; *ohne ~* sin cartera; ~bericht *m* informe *m* comercial;

bsd. jährlicher: memoria *f*; ~betrieb *m* empresa *f* comercial; ~beziehungen *f/pl.* relaciones *f/pl.* comerciales; ~brief *m* carta *f* comercial (*od.* de negocios); ~bücher *n/pl.* libros *m/pl.* de contabilidad; ~erfahrung *f* experiencia *f* (*od.* práctica *f*) en los negocios; ~eröffnung *f* apertura *f* de una casa comercial *bzw.* de una tienda *usw.*; ~erweiterung *f* ampliación *f* del negocio; ⚙fähig *adj.* capaz de contratar; ~fähigkeit *f* capacidad *f* de contratar; ~freund *m* corresponsal *m*; ⚙führend *adj.* gestor; ~er *Direktor* director-gerente *m*; ~er *Ausschuß* comité *m* ejecutivo; ⚙führer *m* gerente *m*; administrador *m*; ⚖ ~ *ohne Auftrag* gestor *m* sin mandato; ~führung *f* gerencia *f*; gestión *f* (de negocios); administración *f*; ~gang *m* marcha *f* de los negocios; ~gebaren *n* práctica *f* en los negocios; gestión *f*; ~gebäude *n* edificio *m* comercial; ~geheimnis *n* secreto *m* comercial; ~geist *m* espíritu *m* mercantil; ⚙gewandt *adj.* versado en los negocios; ~haus *n* casa *f* comercial (*od.* de comercio); (*Firma*) razón *f* social, firma *f* (comercial); ~inhaber(in *f*) *m* dueño (-a *f*) *m* (de una tienda); jefe *m* (*od.* principal *m*) de un comercio; titular *m* de un negocio; ~jahr *n* ejercicio *m*; ~kapital *n* capital *m* social; ~kosten *pl.* gastos *m/pl.* (generales); ~kreis *m*: *in ~en* (los) círculos comerciales; ⚙kundig *adj.* versado (*od.* experto) en los negocios; ~lage *f* situación *f* de los negocios (*od.* del comercio); ~leben *n* vida *f* comercial; ~leiter *m* gerente *m*; ~leitung *f* dirección *f*; gerencia *f*; ~leute *pl.* los hombres de negocios; ~mann *m* (*-¢s*; *-leute*) hombre *m* de negocios, comerciante *m*; negociante *m*; *kein ~ sein* no entender de negocios; ⚙mäßig *adj.* comercial; *fig.* rutinario; burocrático; ~ordnung *Parl. f* reglamento *m* (interior); *die ~ einhalten* observar el reglamento; *e-n Antrag zur ~ stellen* presentar una moción relativa al reglamento; ~ordnungs-ausschuß *Parl. m* comisión *f* de reglamento; ~papiere *n/pl.* papeles *m/pl.* de negocios; documentos *m/pl.* comerciales; ~raum *m* local *m* comercial; ~reise *f* viaje *m* de negocios; ~reisende(r) *m* viajante *m*; comisionista *m*; ~risiko *n* riesgo *m* de los negocios; ~rückgang *m* retroceso *m* de los negocios; ~schluß *m* cierre *m* (comercial); ~sprache *f* lenguaje *m* comercial; ~stelle *f* agencia *f* (*Büro*) oficina *f*, despacho *m*; secretaría *f*; *Verw.* negociado *m*; ~stille *f* calma *f* en los negocios; ~stockung *f* estancamiento *m* de los negocios; ~straße *f* calle *f* comercial; ~stunden *f/pl.* horas *f/pl.* de oficina (*od.* de despacho); ~tätigkeit *f* actividad *f* comercial; ~träger *Dipl. m* encargado *m* de negocios; ⚙tüchtig *adj.* ducho en los negocios; hábil para el comercio; ~tüchtigkeit *f* habilidad *f* comercial; ⚙unfähig *adj.* incapaz de contratar; ~unkosten *pl.* gastos *m/pl.* (generales); ~unternehmen *n* empresa *f* comercial; ~verbindung *f* relaciones *f/pl.* comerciales; *mit j-m in ~ treten (stehen)* entablar (estar en) re-

Geschäftsverkehr — Geschmeide

laciones comerciales con alg.; ~verkehr *m* movimiento *m* de compras y ventas; transacciones *f/pl.*; ~verlegung *f* traslado *m* de negocio; ~viertel *n* barrio *m* comercial; ~vorgang *m* transacción *f*; operación *f*; ~wagen *m* camioneta *f* de reparto; furgoneta *f*; ~welt *f* mundo *m* comercial (*od.* de los negocios); círculos *m/pl.* comerciales; ~zeichen *n* referencia *f*; ~zeit *f* → ~stunden; ~zentrum *n* centro *m* comercial; ~zimmer *n* oficina *f*, despacho *m*; ~zweig *m* ramo *m* comercial (*od.* de negocios).

Ge'schaukel *n* (-*s*; *0*) balanceo *m*; bamboleo *m*; v. Wagen: traqueteo *m*, sacudidas *f/pl.*

ge'scheh|en (*L*; -; *sn*) *v/i.* suceder, ocurrir, acontecer, pasar; *Liter.* acaecer; (*stattfinden*) tener lugar; (*sich verwirklichen*) realizarse, efectuarse; ~ *lassen* tolerar, consentir; dejar hacer; *was auch* ~ *mag* pase lo que pase; ocurra lo que ocurra; *was ist* ~? ¿qué ha pasado?, ¿qué ha ocurrido? *es ist nun einmal* ~; ~ *ist* ~ lo hecho, hecho está; F *a lo hecho, pecho*; *als ob nichts* ~ *wäre* como si nada; como si tal cosa; *was soll damit* ~? ¿y qué vamos a hacer con esto?; *es muß et.* ~ hay que hacer algo; *das geschieht dir recht* te está bien empleado; bien merecido lo tienes; *es wird ihm nichts* ~ no le pasará nada; *es geschieht viel für die Kranken* se hace mucho por los enfermos; *es ist um mich* ~! ¡estoy perdido!; 2**en** *n* sucesos *m/pl.*; hechos *m/pl.*; 2**ene(s)** *n* lo hecho; 2**nis** *n* (-*ses*; -*se*) acontecimiento *m*, suceso *m*; hecho *m*; evento *m*.

ge'scheit *adj.* (-*est*) inteligente; discreto; (*aufgeweckt*) despabilado; F vivo; (*klug*) listo; prudente; cuerdo; (*vernünftig*) razonable, sensato; (*richtig urteilend*) juicioso; *ein Einfall* buena idea; *er ist nicht recht* ~ no está en su juicio (*od.* en sus cabales); *du bist wohl nicht* ~? ¿estás loco?; *sei doch* ~! ¡no seas tonto!; *et.* ~ *anfangen* proceder con tino; *ich werde daraus nicht* ~ no entiendo nada de esto; F *das ist doch nichts* 2**es** eso no vale nada; *et.* 2**es** *tun* hacer algo positivo; 2**heit** *f* (*0*) inteligencia *f*; buen sentido *m*, sensatez *f*; prudencia *f*.

Ge'schenk *n* (-*es*; -*e*) regalo *m*; obsequio *m*; (*Gabe*) donativo *m*; *ein* ~ *des Himmels* una bendición del cielo; *j-m et. zum* ~ *machen* regalar a/c. a alg.; obsequiar a alg. con a/c.; *zum* ~ *erhalten* recibir como regalo; ~**abonnement** *n* suscripción *f* gratuita; ~**artikel** *m/pl.* artículos *m/pl.* para regalo; ~**gutschein** *m* cheque-regalo *m*; ~**korb** *m* cesta *f* de regalo; ~**packung** *f* embalaje *m* para regalo; presentación *f* de regalo; ~**papier** *n* papel *m* de regalo.

Ge'schicht|e *f* historia *f*; (*Erzählung*) cuento *m*; F (*Angelegenheit*) asunto *m*; *in die* ~ *eingehen* pasar a la historia; F *das sind alles nur* ~*n* son cuentos chinos; *das ist e-e lange* ~ es largo de contar; F *mach keine* ~*n*! ¡déjate de cuentos!; (*Umstände*) ¡déjate de cumplidos!; *iro. das ist e-e schöne* ~*e*!, *da haben wir die* ~! ¡estamos aviados!, ¡estamos frescos!; *das ist e-e dumme* ~! es un fastidio!; *es ist die alte* ~ es lo de siempre; es el cuento (*od.* el cantar) de siempre; *das ist e-e alte* ~ eso ha pasado a la historia; F *die ganze* ~ todo eso; ~**enbuch** *n* libro *m* de cuentos; ~**en-erzähler(in** *f*) *m* cuentista *m/f*; 2**lich** *adj.* histórico; ~**lichkeit** *f* (*0*) historicidad *f*.

Ge'schichts...: ~**bild** *n* concepción *f* de la historia; ~**buch** *n* libro *m* de historia; ~**fälschung** *f* falseamiento *m* de la historia; ~**forscher** *m* historiador *m*; investigador *m* de la historia; ~**forschung** *f* investigación *f* histórica; estudios *m/pl.* históricos; ~**kenntnis** *f* conocimiento *m* de la historia; ~**klitterung** *f* → ~**fälschung**; ~**lehrer** *m* profesor *m* de historia; ~**philosophie** *f* filosofía *f* de la historia; ~**schreiber** *m* historiador *m*; historiógrafo *m*; ~**schreibung** *f* historiografía *f*; ~**studium** *n* estudio(s) *m*(/*pl.*) de la historia; ~**stunde** *f*, ~**unterricht** *m* lección *f* bzw. clase *f* de historia; ~**werk** *n* obra *f* de historia; ~**wissenschaft** *f* ciencia *f* histórica; historia *f*.

Ge'schick *n* (-*es*; -*e*) **1.** (*Schicksal*) destino *m*; suerte *f*; hado *m*; *gutes* (*böses*) ~ buena (mala) estrella; **2.** (*Fertigkeit*) = ~**lichkeit** *f* habilidad *f*; destreza *f*; maña *f*; (*Befähigung*) aptitud *f*; (*geistige Anlage*) talento *m*; disposición *f*; (*Kunstfertigkeit*) arte *m*; ~**lichkeits-prüfung** *f* prueba *f* de habilidad; ~**lichkeitsspiel** *n* juego *m* de habilidad; 2**t I.** *adj.* hábil; diestro; habilidoso; mañoso; *sein* tener maña (*in dat.* para); F tener mano izquierda; **II.** *adv.* hábilmente; con destreza; *sich* ~ *anstellen* darse maña (*um zu* para; *bei* en); ~ *vorgehen* obrar con tino.

Ge'schiebe *Geol. n* cantos *m/pl.* rodados; rocalla *f*.

ge'schieden *adj.* separado; *Eheleute*: divorciado; *Ehe*: disuelto; ~*er Mann* (~*e Frau*) divorciado (-a *f*) *m*; *fig. wir sind* ~*e Leute* hemos roto; todo ha terminado entre nosotros; 2**e(r m)** *m/f* divorciado (-a *f*) *m*.

Ge'schieße *n* (-*s*; *0*) tiroteo *m*.

Ge'schimpfe *n* (-*s*; *0*) F (*Meckerei*) refunfuño *m*.

Ge'schirr *n* (-*es*; -*e*) (*Gefäß*) vasija *f*; (*irdenes*) loza *f*; (*Küchen*2) batería *f* de cocina; (*Tisch*2) vajilla *f* (*de mesa*); (*Kaffee*2, *Tee*2) juego *m*, servicio *m*; (*Pferde*2) arneses *m/pl.*, guarniciones *f/pl.*; ✕ *a.* atalaje *m*; (*Gespann*) tiro *m*; (*das*) ~ *spülen* fregar los platos; *fig. sich ins* ~ *legen* arrimar el hombro; F *dar el callo*; *das* ~ *anlegen e-m Pferd*: aparejar (*ac.*); ~**schrank** *m* aparador *m*; ~**spülmaschine** *f* lavavajillas *m*, lavaplatos *m*; ~**spülmittel** *n* lavavajillas *m*; ~**tuch** *n* paño *m* de cocina.

Ge'schlecht *n* (-*es*; -*er*) sexo *m*; *Gr.* género *m*; (*Abstammung*) estirpe *f*; linaje *m*; raza *f*; familia *f*; (*Generation*) generación *f*; *die kommenden* ~*er las generaciones futuras* (*od.* venideras); *von* ~ *zu* ~ de generación en generación; *aus altem* ~ de rancio abolengo; *das menschliche* ~ el género humano; *das andere* ~ el otro sexo; *das starke* (*schwache*, *schöne*) ~ el sexo fuerte (débil; bello); *beiderlei* ~*s* de uno y otro sexo, de ambos sexos; ~**erfolge** *f* generación *f*; descendencia *f*; sucesión *f*; ~**erkunde** *f* genealogía *f*; 2**lich** *adj.* sexual; *Bio. a.* sexuado; ~**lichkeit** *f* (*0*) sexualidad *f*.

Ge'schlechts...: ~**akt** *m* acto *m* carnal (*od.* sexual), coito *m*; ~**bestimmung** *f* determinación *f* del sexo; ~**beziehungen** *f/pl.* relaciones *f/pl.* sexuales, comercio *m* carnal; ~**genosse** *m* compañero *m* de sexo; ~**hormon** *n* hormona *f* sexual; 2**krank** *adj.* atacado de una enfermedad venérea; ~**krankheit** *f* enfermedad *f* venérea (*od.* transmisible por vía sexual); ~**leben** *n* vida *f* sexual; 2**los** *adj.* asexual; ~**merkmal** *n* carácter *m* sexual (sekundäres secundario); ~**organ** *n* órgano *m* sexual (*od.* genital); 2**reif** *adj.* púber; ~**reife** *f* madurez *f* sexual, pubertad *f*; ~**teile** *m/pl.* genitales *m/pl.*, partes *f/pl.* (sexuales); ~**trieb** *m* instinto *m* sexual; ~**verkehr** *m* relaciones *f/pl.* sexuales (*od.* íntimas), comercio *m* (*od.* acceso *m*) carnal; ~**wort** *Gr. n* artículo *m*.

ge'schliffen *adj. Stein*: tallado; *Glas*: *a.* biselado; *fig. Stil*: pulido, afinado; *Sprache*: terso. *f/pl.*)

Ge'schlinge *n* (*Gekröse*) asaduras *f/pl.*

ge'schlossen *adj.* cerrado (*a. Vokal, Stromkreis*); ~*e Gesellschaft* reunión *f* privada, círculo *m* privado; *ein* ~*es Ganzes* un bloque compacto; un conjunto armonioso; ᘞ *in* ~*er Sitzung* a puerta cerrada; *Thea.* ~! no hay función; *die Sitzung ist* ~ se levanta la sesión; ~ *zurücktreten* dimitir colectivamente (*od.* en bloque); 2**heit** *f* (*0*) unidad *f*; cohesión *f*; solidaridad *f*.

Ge'schluchze *n* (-*s*; *0*) sollozos *m/pl.*

Ge'schmack *m* (-*es*; ~*e od. hum.* ~*er*) gusto *m* (*a. fig.*); sabor *m*; *e-n guten* ~ *haben* tener buen gusto; *für m-n* ~ a mi gusto; *je nach* ~ a gusto; *das ist nicht nach m-m* ~ esto no es de mi gusto; *an et.* (*dat.*) ~ *finden*, *e-r Sache* (*dat.*) ~ *abgewinnen* tomar gusto (*od.* tomar afición *od.* aficionarse) a a/c.; *für et.* ~ *haben* tener gusto para a/c.; *j-n auf den* ~ *bringen* aficionar a alg. a; *auf den* ~ *kommen* tomar gusto a; *den* ~ *an et.* (*dat.*) *verlieren* perder el gusto de a/c.; *e-n bitteren* ~ *im Munde haben* tener la boca amarga; *jeder nach s-m* ~ cada cual a su gusto; *die Geschmäcker sind verschieden*, *über den* ~ *läßt sich nicht streiten* sobre gustos no hay nada escrito; 2**los** *adj.* (-*est*) sin gusto (*od.* sabor); (*fad*) insípido, soso; *fig.* de mal gusto; F cursi; chabacano; ~**losigkeit** *f* insipidez *f*; mal gusto *m*; cursilería *f*; chabacanería *f*; (*Taktlosigkeit*) falta *f* de delicadeza; ~**smuster** *n* modelo *m* estético (*od.* de adorno); ~**snerv** *m* nervio *m* gustativo; ~**s-organ** *n* órgano *m* del gusto; ~**srichtung** *f* (tendencia *f* del) gusto *m*; (*Stil*) estilo *m*; ~(**s**)**sache** *f* cuestión *f* de gusto(s); ~(**s**)**sinn** *m* (sentido *m* del) gusto *m*; ~**stoff** *Kochk. m* aroma *m*, agente *m* aromático; ~**sver-irrung** *f* aberración *f* del gusto; ~**sverstärker** *m* intensificador *m* (*od.* potenciador *m*) del sabor, agente *m* aromatizante; ~**szusatz** *m* ~**stoff**; 2**voll I.** *adj.* de buen gusto; elegante; *sehr* ~ de gusto exquisito (*od.* refinado); **II.** *adv.* con gusto.

Ge'schmeide *n* (-*s*; -) joyas *f/pl.*, alhajas *f/pl.*

ge'schmeidig *adj.* (*weich*) suave; blando; (*biegsam*) flexible; elástico; (*wendig*) ágil; *Metall*: dúctil; (*hämmerbar*) maleable; *fig.* dócil; manejable; ²**keit** *f* (*0*) suavidad *f*; flexibilidad *f*; elasticidad *f*; ductilidad *f*; maleabilidad *f*; agilidad *f*.

Ge'schmeiß *n* (*-es*; *0*) bichos *m/pl.*; sabandijas *f/pl.* (*a. fig.*); *fig.* F canalla *f*, gentuza *f*, chusma *f*.

Ge'schmetter *n* (*-s*; *0*) (*Trompeten*²) sonido *m* de trompetas; *Poes.* clangor *m*.

Ge'schmiere *n* (*-s*; *0*) embadurnamiento *m*; (*Sudelei*) mamarrachada *f*; *Mal.* pintarrajo *m*; (*Gekritzel*) garabatos *m/pl*.

Ge'schmuse *n* (*-s*; *0*) F arrumacos *m/pl*.

Ge'schnarche *n* (*-s*; *0*) ronquidos *m/pl*.

Ge'schnatter *n* (*-s*; *0*) *der Gänse*: graznido *m*; *fig.* parloteo *m*, cacareo *m*.

ge'schniegelt *adj.*: ~ *und gebügelt* acicalado; F emperejilado; de punta en blanco, de veinticinco alfileres.

Ge'schöpf *n* (*-és*; *-e*) criatura *f* (*a. fig.*).

Ge'schoß *n* (*-sses*; *-sse*) proyectil *m*; (*Kugel*) bala *f*; (*Stockwerk*) piso *m*, planta *f*; ~**aufschlag** *m* impacto *m*; ~**bahn** *f* trayectoria *f*; ~**garbe** *f* haz *m* de proyectiles; ráfaga *f*; descarga *f* cerrada; ~**höhe** △ *f* altura *f* del techo; ~**mantel** *m* envoltura *f* de un proyectil; ~**wirkung** *f* eficacia *f* del tiro; efecto *m* del proyectil.

ge'schraubt *fig. adj.* afectado; amanerado, alambicado; ²**heit** *f* (*0*) afectación *f*; amaneramiento *m*.

Ge'schrei *n* (*-és*; *0*) gritos *m/pl.*; voces *f/pl.*; gritería *f*; vocerío *m*; vocinglería *f*; *wirres*: barullo *m*, algarabía *f*; follón *m*; *schrilles*: chillido *m*; *des Esels*: rebuzno *m*; *großes*: ~ *erheben* dar voces (*od.* gritos) vociferar; *fig.* (*sich entrüsten*) F poner el grito en el cielo; F rasgarse las vestiduras; *viel* ~ *um et. machen* hacer muchos aspavientos por a/c.; *viel* ~ *und wenig Wolle* mucho ruido y pocas nueces.

Ge'schreibsel *n* (*-s*; *0*) garrapatos *m/pl.*, garabatos *m/pl*.

Ge'schütz *n* (*-es*; *-e*) cañón *m*, pieza *f* de artillería; boca *f* de fuego; *schweres* (*leichtes*) ~ cañón *m* pesado (ligero), pieza *f* pesada (ligera); *die* ~*e auffahren* emplazar la artillería; *fig.* *schweres* ~ *auffahren* asestar (*od.* poner) toda la artillería; ~**bedienung** *f* artilleros *m/pl.*; servidores *m/pl.* de las piezas; ~**donner** *m* cañoneo *m*; cañonazos *m/pl.*; estampido *m* del cañón; ~**feuer** *n* fuego *m* de artillería; cañoneo *m*; ~**führer** *m* cabo *m* de artillería; cabo *m* de mar (*od.* de cañón); ~**park** *m* parque *m* de artillería; ~**pforte** *f* portañola *f*, tronera *f*, cañonera *f*; ~**rohr** *n* cañón *m*; ~**stand** *m*, ~**stellung** *f* emplazamiento *m*; ~**turm** *m* cúpula *f*.

Ge'schwader *n* (*-s*; *-*) escuadra *f*; *kleines*: escuadrilla *f* (*a.* ✈); ~**führer** *m* jefe *m* (*od.* comandante *m*) de escuadra.

Ge'schwafel F *n* palabrería *f*; F verborrea *f*.

Ge'schwätz *n* (*-es*; *0*) parloteo *m*, cháchara *f*; palique *m*; (*Klatsch*)

habladurías *f/pl.*, chismes *m/pl.*; F comadrerías *f/pl.*; F gallofa *f*; F verborrea *f*; ²**ig** *adj.* locuaz, hablador, F parlanchín; (*wortreich*) verboso; charlatán; (*taktlos*) indiscreto; ~**igkeit** *f* (*0*) locuacidad *f*; F verborrea *f*; charlatanería *f*; (*Taktlosigkeit*) indiscreción *f*.

ge'schweift *adj.* curvado; combado; *Augenbrauen*: arqueado.

ge'schweige *adv. u. cj.*: ~ *denn* ni mucho menos; menos aún; y no hablemos de; y no digamos.

ge'schwind I. *adj.* rápido, veloz; (*behend*) ágil; pronto, presto; **II.** *adv.* de prisa, ligero; rápidamente; ²**igkeit** *f* velocidad *f*; rapidez *f*; prontitud *f*, presteza *f*; *mit hoher* (*od.* *großer*) ~ *a* (*od.* *con*) gran velocidad; *mit e-r* ~ *von a una velocidad de*; *mit voller* ~ (*a. fig.*) a toda marcha, a todo gas; *die* ~ *herabsetzen* reducir la velocidad.

Ge'schwindigkeits...: ~**abfall** *m* pérdida *f* (brusca) de velocidad; ~**anzeiger** *m* → ~**messer**; ~**begrenzung** *f*, ~**beschränkung** *f* limitación *f* de velocidad; ~**grenze** *f* límite *m* de velocidad; ~**kontrolle** *f* control *m* de velocidad; ~**messer** *m* indicador *m* de velocidad; *Kfz.* velocímetro *m*; ⊕ velocímetro *m*; ~**rausch** *m* vértigo *m* de la velocidad; ~**regler** *m* regulador *m* de velocidad; ~**rekord** *m* marca *f* (*od.* record *m*) de velocidad; ~**überschreitung** *f* exceso *m* de velocidad; ~**verlust** *m* pérdida *f* de velocidad.

Ge'schwindschritt *m* paso *m* ligero; *im* ~ a paso ligero.

Ge'schwirr *n* (*-s*; *0*) *v. Insekten*: zumbido *m*; *v. Kugeln*: silbido *m*.

Ge'schwister *pl.* hermanos *m/pl.*; ~**kind** *n* primo *m* (hermano); prima *f* (hermana); (*Neffe*, *Nichte*) sobrino *m*; sobrina *f*; ²**lich** *adj.* fraternal; ~**liebe** *f* amor *m* fraternal; ~**paar** *n* hermanos *m/pl.*; hermano *m* y hermana *f*.

ge'schwollen *adj.* inflado; ✶ hinchado, tumefacto; *fig. Stil usw.*: ampuloso, turgente.

ge'schworen *adj.* jurado; ~**er** *Feind* enemigo *m* jurado (*od.* declarado); ²**e(r)** *m* jurado *m*, miembro *m* del jurado; ²**engericht** *n* jurado *m*; ²**enliste** *f* lista *f* de jurados; ²**enobmann** *m* presidente *m* del jurado; ²**enspruch** *m* veredicto *m* del jurado.

Ge'schwulst ✶ *f* (*-*; ⁻*e*) hinchazón *f*; tumor *m*.

Ge'schwür ✶ *n* (*-és*; *-e*) úlcera *f*; (*Abszeß*) absceso *m*; ~**bildung** *f* ulceración *f*; ²**ig** *adj.* ulceroso; ~ *werden* ulcerarse.

ge'segnet *adj.* → *segnen*.

Ge'selchte(s) *reg.* ≈ carne *f* ahumada.

Ge'selle *m* (*-n*) compañero *m*, camarada *m*; (*Handwerker*) oficial *m*; *ein lustiger* ~ un hombre de buen humor.

ge'sellen (-) *v/refl.*: *sich* ~ *zu* unirse a; asociarse a *od.* con; juntarse (*od.* reunirse) con.

Ge'sellen|prüfung *f* examen *m* de oficial, ~**stück** *n* pieza *f* para el examen de oficial, ~**zeit** *f* (período *m*) de oficialía *f*.

ge'sellig *adj.* sociable; comunicativo; *Tiere*: social; gregario; *das* ~*e Leben* la vida social; ~*er Abend* velada *f*, *ein* ~*es*

Leben führen hacer vida social; ²**keit** *f* (*0*) sociabilidad *f*.

Ge'sellschaft *f* sociedad *f* (*a. Pol. u.* ✝); compañía *f* (*a. Begleitung*); (*Fest*²) reunión *f*; fiesta *f* de sociedad; (*Abend*²) velada *f*; sarao *m*; (*Verein*) sociedad *f*; agrupación *f*; (*Verband*) asociación *f*; (*Klub*) círculo *m*, centro *m*, club *m*; F peña *f*; *in* ~ (*gemeinsam*) en común; en compañía; *in guter* (*schlechter*) ~ en buena (mala) compañía; *die gute* (*od.* *vornehme*) ~ la alta sociedad; ~ *leisten* hacer compañía, acompañar a alg.; *e-e* ~ *geben* dar una velada *bzw.* una reunión; *in die* ~ *einführen* presentar en sociedad; *junges Mädchen a.* poner de largo; *die* ~ *Jesu* la Compañía de Jesús; ✝ *e-e* ~ *gründen* fundar una sociedad; ~ *mit beschränkter Haftung* (*Abk.* G.m.b.H.) sociedad (de responsabilidad) limitada (*Abk.* S.L. *od.* S.R.L., Am. Ltda.); *stille* ~ contrato *m* de cuentas en participación; ~**er** *m* ✝ socio *m*; (*Gefährte*) compañero *m*; (*Begleiter*) acompañante *m*; *guter* ~ hombre *m* divertido *bzw.* sociable; ✝ *stiller* ~ socio *m* tácito; ~**erin** *f* (*Begleiterin*) señora *f* (*od.* dama *f*) *bzw.* señorita *f* de compañía; acompañante *f*; ✝ socia *f*; ~**erversammlung** ✝ *f* junta *f* de socios; ²**lich** *adj.* social; *adv.* en sociedad; ~*e Beziehungen* relaciones *f/pl.* sociales; ~*en Verkehr haben* hacer vida social.

Ge'sellschafts...: ~**abend** *m* reunión *f*; velada *f*; ~**anteil** ✝ *m* participación *f* (social); ~**anzug** *m* traje *m* de etiqueta; ~**bericht** *m* crónica *f* (*in der Zeitung*): ecos *m/pl.* de notas *f/pl.*) de sociedad; ~**dame** *f* señora *f* (*od.* dama *f*) *bzw.* señorita *f* de compañía; ²**fähig** *adj.* presentable; ~**form** *f* forma *f* de sociedad, ~**inseln** *Geogr. f/pl.* Islas *f/pl.* de la Sociedad; ~**kapital** *n* capital *m* social; ~**klasse** *f* clase *f* social; ~**kleid** *n* traje *m* de noche; ~**kritik** *f* crítica *f* social; ~**kritiker** *m* crítico *m* social; ~**lehre** *f* sociología *f*; ~**ordnung** *f* orden *m* social; ²**politisch** *adj.* sociopolítico; ~**raum** *m* salón *m*; ~**recht** *n* derecho *m* de sociedades; ~**reise** *f* viaje *m* colectivo; ~**satzungen** *f/pl.* estatutos *m/pl.*; ~**schicht** *f* capa *f* (*od.* estamento *m* *od.* clase *f*) social; ~**sitz** *m* domicilio *m* social; ~**spiel** *n* juego *m* de sociedad (*od.* de mesa); ~**stück** *Thea. n* comedia *f* de salón; ~**tanz** *m* baile *m* de sociedad (*od.* de salón); ~**vermögen** *n* haber *m* (*od.* patrimonio *m*) social; ~**vertrag** ✝ *m* contrato *m* de sociedad; (*Urkunde*) escritura *f* social; ~**wissenschaft** *f* sociología *f*; ~**zimmer** *n* salón *m* social.

Ge'senk ⊕ *n* (*-es*; *-e*) estampa *f*, matriz *f*; *im* ~ *schmieden* forjar en estampa; ~**hammer** *m* martillo *m* estampador; ~**schmieden** *m* forjador *m* de estampa; ~**schmieden** *n* forjado *m* en estampa; ~**schmiedepresse** *f* prensa-estampa *f*; ~**stahl** *m* acero *m* para matrices.

Ge'setz *n* (*-es*; *-e*) ley *f*; (*Regel*) regla *f*, norma *f*; *im Sinne des* ~*es* en el espíritu de la ley; *nach dem* ~ según la ley; *de acuerdo con la ley*; *im Namen des* ~*es* en nombre de la ley; *ein* ~ *einbringen* (*annehmen od. verabschie-*

Gesetzblatt — Gespräch

den; verkünden; umgehen; außer Kraft setzen) proponer (aprobar; promulgar; eludir; derogar) una ley; *das* ~ verfügt la ley dispone; *unter ein* ~ *fallen* caer bajo el rigor de una ley; ~*e geben* legislar; ~ *werden* hacerse ley; convertirse en ley; *sich et. zum* ~ *machen* imponerse a/c. como obligación; ♀ ~ *von Angebot und Nachfrage* la ley de la oferta y la demanda; ~**blatt** *n* Boletín *m* Oficial; ~**buch** *n* código *m*; ~**entwurf** *m* proyecto *m* de ley.
Ge'setzes...: ~**brecher** *m* violador *m* de la ley; ~**hüter** *m* servidor *m* de la ley; ~**kraft** *f* (0) fuerza *f* legal; ~ *erlangen* erigirse en ley; adquirir fuerza de ley; ~**lücke** *f* laguna *f* de la ley, vacío *m* legal (*od. jurídico*); ~**tafeln** *Bib. f/pl.* Tablas *f/pl.* de la Ley; ~**text** *m* texto *m* legal; ~**übertretung** *f* infracción *f* de la ley; ~**umgehung** *f* fraude *m* a la ley; ~**verletzung** *f* violación *f* de la ley; ~**vorlage** *f* proyecto *m* de ley (*einbringen* proponer; *ablehnen* rechazar); ~**vorschrift** *f* disposición *f* legal.
Ge'setz...: ♀**gebend** *adj.* legislativo; ~*e Gewalt* poder *m* legislativo; ~*e Versammlung* asamblea *f* legislativa; ~**geber** *m* legislador *m*; ~**gebung** *f* legislación *f*; ♀**kundig** *adj.* conocedor de las leyes; ♀**lich I.** *adj.* legal; (*gesetzmäßig*) conforme a la ley; (*rechtmäßig*) legítimo; ~*er Feiertag* fiesta legal; ~*er Vertreter* representante legal; ~*er Erbe* heredero legítimo; **II.** *adv.* legalmente; (*rechtmäßig*) legítimamente; ~ *geschützt* registrado legalmente; patentado; ~ *anerkennen* legitimar; ~**lichkeit** *f* (0) legalidad *f*; legitimidad *f*; ♀**los** *adj.* sin ley; ilegal; anárquico; *Person*: fuera de la ley; ~**losigkeit** *f* (0) ilegalidad *f*; anarquía *f*; ♀**mäßig** *adj.* legal; conforme a la ley; *Anspruch usw.*: legítimo; *fig.* regular; ~**mäßigkeit** *f* legalidad *f*; regularidad *f*; legitimidad *f*; ~**sammlung** *f* recopilación *f* de leyes.
ge'setzt *adj.* (*ruhig*) sosegado, sereno; (*ausgeglichen*) ponderado, sentado; (*ernst*) grave, serio; (*gereift*) maduro; ~ (*den Fall*), *daß* supongamos que; puesto (*od.* pongamos) por caso que (*subj.*); ♀**heit** *f* (0) serenidad *f*; ponderación *f*; gravedad *f*, seriedad *f*; madurez *f*.
Ge'setz...: ♀**widrig** *adj.* ilegal; contrario a la ley; (*unrechtmäßig*) ilegítimo; ~**widrigkeit** *f* ilegalidad *f*; ilegitimidad *f*.
ge'sichert *adj.* seguro, asegurado (*gegen* contra); (*geschützt*) protegido; al abrigo de; a cubierto; *Waffe*: en punto de seguro.
Ge'sicht *n* (-*es*; -*er*) cara *f*; (*Antlitz*) faz *f*, rostro *m*; (*Sehvermögen*) vista *f*; (*Miene*) semblante *m*; aire *m*; (*Erscheinung*) aparición *f*; visión *f*; (*Sinnestäuschung*) alucinación *f*; (*Anblick, Äußeres*) aspecto *m*; *das zweite* ~ la doble (*od.* segunda) vista; *zu* ~ *bekommen* (llegar a) ver; *die Sonne im* ~ *haben* estar de cara al sol; *fig. sein wahres* ~ *zeigen* quitarse la máscara (*od.* la careta); descubrir (*od.* enseñar) la oreja; *das* ~ *verlieren* perder la cara; *das* ~ *wahren* guardar la faz; *aufs* ~ *fallen* caer de bruces; F besar el

suelo; *j-m ins* ~ *sehen* mirar a alg. cara a cara; *den Dingen ins* ~ *sehen* encararse con la realidad; ver las cosas como son; *j-m ins* ~ *lachen* reírse en la cara (*od.* F en las narices) de alg.; *j-m et.* (*glatt*) *ins* ~ *sagen* echar en cara a/c. a alg., dar en rostro a alg. con a/c.; *ein saures* (*grimmiges; finsteres*) ~ *machen* poner cara de vinagre (de perro; de pocos amigos); *ein freundliches* (*böses*) ~ *machen* poner buena (mala) cara; *ein langes* ~ *machen* poner cara larga; F quedar con un palmo de narices; *ein freudestrahlendes* (*trauriges*) ~ *una cara de pascua* (de viernes); *ein* ~ *wie sieben Tage Regenwetter machen* tener gesto hosco; F tener cara fúnebre; *fig. j-m im* ~ *geschrieben stehen* llevarlo escrito en la frente; *man sieht es ihm am* ~ *an* F en la cara se le conoce; ~*er schneiden* hacer muecas (*od.* gestos); hacer visajes; *ein* ~ *ziehen* hacer una mueca; *das steht ihnen gut zu* ~ eso le sienta bien; *das schlägt allen Regeln ins* ~ esto contradice todas las reglas; *j-m ins* ~ *schlagen* cruzar la cara a alg.; F *fig. j-m ins* ~ *springen* F saltar a la cara a alg.; *die Sache bekommt ein anderes* ~ la cosa toma otro cariz; *er ist s-m Vater wie aus dem* ~ *geschnitten* es el vivo retrato de su padre, es su padre clavado; ~**chen** *n*: *hübsches* ~ (*junges Mädchen*) un buen palmito.
Ge'sichts...: ~**ausdruck** *m* fisonomía *f*, expresión *f* facial; aire *m*; ~**creme** *f*, crema *f* facial; ~**farbe** *f* tez *f*; ~**feld** *n* campo *m* visual; ~**haut** *f* cutis *m*; ~**kreis** *m* horizonte *m* (*a. fig.*); ~**maske** *f* mascarilla *f* (*a. ♀ u. Kosmetik*); ~**massage** *f* masaje *m* facial; ~**muskel** *Anat. m* músculo *m* facial; ~**nerv** *Anat. m* nervio *m* facial; ~**neuralgie** ♀ *f* neuralgia *f* facial; ~**pflege** *f* cuidados *m/pl.* del cutis; ~**punkt** *m* punto *m* de vista; ángulo *m*; aspecto *m*; *unter diesem* ~ desde ese punto de vista; ~**rose** ♀ *f* erisipela *f* facial; ~**schnitt** *m* rasgo *m* fisonómico; ~**sinn** *m* sentido *m* de la vista; ~**straffung** *f* lifting *m* facial; ~**wasser** *n* loción *f* facial; ~**winkel** *m* *Anat.* ángulo *m* facial; *Opt.* ángulo *m* visual; *fig.* punto *m* de vista, ángulo *m*; ~**zug** *m* rasgo *m* fisonómico; *pl. a.* facciones *f/pl.*
Ge'sims *n* (-*es*; -*e*) moldura *f*; (*Kranz*♀) cornisa *f*.
Ge'sinde *n* (-*s*; -) servidumbre *f*; (*personal m* de) servicio *m*.
Ge'sindel *n* (-*s*; 0) canalla *f*, chusma *f*, gentuza *f*; (*Gauner*) granujería *f*; (*Unterwelt*) gente *f* del hampa.
ge'sinnt *adj.*: *feindlich* ~ hostil; *j-m gut* (*übel*) ~ *sein* sentir simpatía (antipatía) hacia alg.; *er ist sozialistisch* ~ es socialista; *wie ist er politisch* ~? ¿cuáles son sus ideas políticas?
Ge'sinnung *f* sentimientos *m/pl.*; (*Überzeugung*) convicción *f* (*mst. pl.*); opinión *f*; *Pol.* credo *m*; carácter *m*; (*Denkart*) modo *m* de pensar; mentalidad *f*; *niedrige* ~ bajeza *f* de espíritu; *die* ~ *wechseln* cambiar la chaqueta.
Ge'sinnungs...: ~**genosse** *m Pol.* correligionario *m*; simpatizante *m*; ♀**los** *adj.* sin carácter (*od.* principios); (*treulos*) desleal; ~**losigkeit** *f* (0) falta *f* de carácter (*od.* principios); ♀**treu**

adj. leal; ~**wechsel** *m* cambio *m* de opinión (*od.* de frente).
ge'sitt|et *adj.* civilizado; (*sittlich*) moral; (*anständig*) decente; (*höflich*) cortés, urbano; (*wohlerzogen*) bien educado; ♀**ung** *f* (0) civilización *f*, civilidad *f*; decencia *f*; cortesía *f*, urbanidad *f*.
Ge'socks F *n* → *Gesindel*.
Ge'söff F *n* (-*és*; -*e*) brebaje *m*, mejunje *m*.
ge'sondert I. *adj.* separado, **II.** *adv.* por separado, aparte.
ge'sonnen *adj.*: ~ *sein zu* estar dispuesto a (*inf.*); tener la intención de (*inf.*); proponerse a/c.
Ge'spann *n* (-*es*; -*e*) *Pferd*: tiro *m*, tronco *m*, atelaje *m*; *Ochsen*: yunta *f*; *fig.* pareja *f*, tándem *m*.
ge'spannt *adj.* tenso, tirante (*beides a. fig.*); *fig.* ~*e Aufmerksamkeit* viva atención *f*; ~*e Erwartung* tensa espera *f*; ~ *sein auf* (*ac.*) estar curioso por saber; esperar con impaciencia, estar ansioso de (*inf.*); *du machst mich* ~ me tienes intrigado; ~ *zuhören* escuchar con (viva) atención *bzw.* con gran interés; *mit j-m auf* ~*em Fuße stehen* estar en relaciones tirantes con alg.; estar de uñas con alg.; ♀**heit** *f* (0) tensión *f*, tirantez *f*; (*Neugier*) curiosidad *f*.
Ge'spenst *n* (-*es*; -*er*) fantasma *m*; espectro *m*; (*Geist*) aparecido *m*; ~*er sehen* ver visiones; *überall* ~ *sehen* antojársele a uno los dedos huéspedes; *fig. wie ein* ~ *aussehen* parecer un espectro.
Ge'spenster...: ~**erscheinung** *f* aparición *f* de fantasmas; ~**geschichte** *f* historia *f* de fantasmas; F cuento *m* de miedo; ♀**haft** *adj.* fantástico; espectral; como un fantasma fantasmal; ~**schiff** *n* buque *m* fantasma; ~**stunde** *f* hora *f* de los aparecidos (*od.* fantasmas).
ge'spenstisch *adj.* → *gespensterhaft*.
Ge'sperre ⊕ *n* trinquete *m*.
ge'sperrt *adj.* cerrado; bloqueado; *Typ.* espaciado; *für den Verkehr* ~ cerrado al tráfico; *Straße* ~! no hay paso.
Ge'spiel|e *m* (-*n*) compañero *m* de juego; ~**in** *f* compañera *f* de juego; F amiguita *f*.
Ge'spinst *n* (-*es*; -*e*) hilado *m*; hilaza *f*; (*Gewebe*) tejido *m*; *fig.* trama *f*; ~**faser** *f* fibra *f* textil.
Ge'spött *n* (-*és*; 0) ironía *f*; sarcasmo *m*; burla *f*, mofa *f*; broma *f*; (*Gegenstand des Spottes*) objeto *m* de burla *bzw.* de risa *bzw.* de broma; *zum* ~ *der Leute werden* llegar a ser la irrisión *bzw.* el hazmerreír de la gente; *sich zum* ~ *machen* ponerse en ridículo; *j-n zum* ~ *machen* ridiculizar (*od.* poner en ridículo) a alg.; *mit j-m sein* ~ *treiben* burlarse (*od.* mofarse) de alg.; F tomar el pelo a alg.
Ge'spräch *n* (-*es*; -*e*) conversación *f*; *Liter.* coloquio *m*, plática *f*, *bsd. Pol.* diálogo *m*; (*Plauderei*) charla *f*; *Tele.* conferencia *f*, comunicación *f*, conversación *f* (telefónica), (*Anruf*) llamada *f*; *sich in ein* ~ *mit j-m einlassen*; *mit j-m ins* ~ *kommen* entablar una (*od.* trabar) conversación con alg., F pegar la hebra; *ein* ~ *mit j-m führen* conversar (*od.* sostener una conversación) con alg.; (*plaudern*) platicar

con alg., F charlar con alg.; *j-n ins* ~ *ziehen* dirigir la conversación a alg.; *das* ~ *auf et. bringen (od. lenken)* hacer caer la conversación sobre a/c., sacar a/c. a colación; *das* ~ *der Stadt sein* ser la comidilla de la ciudad; *das* ~ *dreht sich um ...* la conversación trata sobre ...; ²**ig** *adj.* comunicativo, expansivo; *(geschwätzig)* locuaz; hablador, F parlanchín; *j-n* ~ *machen* desatar la lengua a alg.; ~**igkeit** *f (0)* carácter *m* comunicativo; *(Geschwätzigkeit)* locuacidad *f*.
Ge'sprächs...: ~**anmeldung** *Tele. f* petición *f* de conferencia; ~**bereitschaft** *f*: ~ *zeigen* mostrarse dispuesto al diálogo; ~**dauer** *Tele. f* duración *f* de la conferencia; ~**einheit** *Tele. f* paso *m* de contador; ~**form** *f*: *in* ~ *en forma dialogada*; ~**gegenstand** *m* tema *m* de la conversación; F comidilla *f*; *desp.* tópico *m*; ~**partner(in** *f) m* interlocutor(a *f) m*; ~**runde** *f* mesa *f* redonda; ronda *f* de conversaciones; ~**stoff** *m*, ~**thema** *n* → ~**gegenstand**; ²**weise** *adv.* hablando, en la conversación.
ge'spreizt *adj. fig.* afectado, amanerado; *mit* ~*en Beinen* perniabierto, esparrancado; ²**heit** *f* afectación *f*.
ge'sprenkelt *adj.* moteado; *(gefleckt)* salpicado.
Ge'spür *fig. n (-s; 0)* olfato *m*.
Ge'stade *Poes. n (-s; -)* costa *f*; orilla *f*; *e-s Flusses*: ribera *f*.
ge'staffelt *adj.* escalonado.
Ge'stalt *f (-; -en)* forma *f*; figura *f*; *(Wuchs)* talla *f*, estatura *f*; talle *m*; tipo *m*; *(Körper²)* complexión *f*; *(Person)* personaje *m (a. Thea., Liter.)*; *(Anblick, Äußeres)* aspecto *m*, físico *m*; *Geol.* configuración *f*; *in* ~ *von* en forma de; a guisa de; *schön von* ~, *von schöner* ~ de bellas formas; *Rel. das Abendmahl in beiderlei* ~ la comunión bajo las dos especies; *e-m Gedanken* ~ *verleihen* dar forma concreta a una idea; *sich in seiner wahren* ~ *zeigen* quitarse *(od.* dejar caer) la máscara; *fig. (feste)* ~ *annehmen* realizarse, cristalizar; tomar cuerpo; *e-e andere* ~ *annehmen* transformarse, adoptar otra forma; ~ *geben* = ²**en** (*-e-; -*) **I.** *v/t.* formar; estructurar; confeccionar; delinear; *(entwickeln)* desarrollar; *Escul.* modelar; *schöpferisch*: crear; *(organisieren)* organizar; **II.** *v/refl.*: *sich* ~ formarse, tomar forma; desarrollarse; *sich* ~ *zu* transformarse en; *fig.* resultar; *sich anders* ~ tomar otro rumbo; ~**er(in** *f) m* creador(a *f) m*; ⊕ proyectista *m/f*; ²**erisch** *adj.* creador, creativo; ~**lehre** *f* morfología *f*; ²**los** *adj.* amorfo; ~**psychologie** *f* psicología *f* gestáltica *(od.* de la gestalt).
Ge'staltung *f* formación *f*; conformación *f*; configuración *f*; *(Formgebung)* delineación *f*; *(Entwicklung)* desarrollo *m*; *(Anordnung)* disposición *f*; estructuración *f*; *(Aufbau)* contextura *f*; *(Aufmachung)* presentación *f*; *Escul.* modelado *m*, *künstlerische*: creación *f*; realización *f*; ♪ interpretación *f*; ²**fähig** *adj.* plástico; ~**sklage** ⚖ *f* acción *f* constitutiva; ~**skraft** *f* fuerza *f* creadora, creatividad *f*.
Ge'stammel *n (-s; 0)* balbuceo *m*.
gestanden *adj.*: *ein* ~*er Mann* un hombre hecho y derecho; → *a.* **gestehen**.
ge'ständ|ig ⚖ *adj.* confeso; *nicht* ~ inconfeso; ~ *sein* confesar (su culpa), declararse culpable; ²**nis** *n (-ses; -se)* confesión *f (a.* ⚖); *ein* ~ *machen* (⚖ *ablegen)* confesar; *ein* ~ *von j-m erpressen* arrancar a alg. una confesión.
Ge'stänge *n (-s; -)* ⊕ varillas *f/pl.*; varillaje *m*; *Jgdw.* puntas *f/pl.*
Ge'stank *m (-¢s; 0)* hedor *m*, fetidez *f*, mal olor *m*, peste *f*; *mit* ~ *erfüllen* apestar.
ge'statten (*-e-; -*) *v/t.* permitir; autorizar; *(einwilligen)* consentir en; *(dulden)* tolerar; *sich* ~ *zu (inf.)* tomarse la libertad de; ~ *Sie!* con su permiso; ~ *Sie, daß ...* permita usted que ...
¹**Geste** *f* gesto *m (a. fig.)*, ademán *m*.
ge'stehen *(L; -) v/t.* ⚖ confesar; *(zugeben)* reconocer; admitir; *ich muß* ~, *daß* debo reconocer que; *offen gestanden* a decir verdad; hablando francamente.
Ge'stehungs|kosten *pl.* gastos *m/pl. (od.* costes *m/pl.)* de producción; ~**preis** *m* precio *m* de producción.
Ge'stein *n (-¢s; -e)* roca *f*; piedras *f/pl.*; ~**sbohrmaschine** *f* perforadora *f* rotativa de roca; ~**skunde** *f* litología *f*, petrografía *f*; ~**s-probe** *f* muestra *f* de roca.
Ge'stell *n (-¢s; -e)* ⊕ armazón *f*; bastidor *m*; soporte *m*; marco *m*; *(Bock)* caballete *m*; *(Bretter²)* tablado *m*; *(Fuß²)* pedestal *m*; *(Regal)* estante *m*, estantería *f*; *der Brille*: montura *f*; F *hum. langes* ~ espingarda *f*, varal *m*.
Ge'stellung *f* suministro *m*; *Zoll*: presentación *f* (de las mercancías); ~**sbefehl** ⚔ *m* llamamiento *m* a filas.
¹**gestern I.** *adv.* ayer; ~ *früh (od. morgen)* ayer por la mañana; ~ *mittag* ayer a mediodía; ~ *abend* anoche; *von* ~ *de ayer*; ~ *nicht von* ~ *sein* F no haber nacido ayer; *mir ist, als ob es* ~ *wäre* me parece como si hubiera sido ayer; **II.** ² *n (-; 0)*: *das* ~ el pasado, el ayer.
ge'stiefelt *adj.* calzado con botas; F *fig.* ~ *u. gesporrnt* listo para salir; *der ²e Kater* el gato con botas.
ge'stielt *adj.* con mango; *Zoo. u.* ♀ pedunculado; ♀ peciolado.
¹**Gestik** *f* gestos *m/pl.*, ademanes *m/pl.*; ²**u'lieren** (-) *v/i.* gesticular, hacer gestos; ~**u'lieren** *n* gesticulación *f*.
Ge'stirn *n (-¢s; -e)* astro *m*; *(Sternbild)* constelación *f*; ²**t** *adj.* estrellado, lleno de estrellas.
Ge'stöber *n (-s; -)* torbellino *m (od.* remolino *m)* de nieve; ventisca *f*.
Ge'stöhne *n (-s; 0)* gemidos *m/pl.*; gimoteo *m*.
ge'stört *adj. Tele.* interferido; ⚕ perturbado.
Ge'stotter *n (-s; 0)* tartamudeo *m*; *(Gestammel)* balbuceo *m*.
Ge'sträuch *n (-¢s; -e)* arbustos *m/pl.*; matorral *m*; *(Dickicht)* maleza *f*; *(Dornen²)* zarzal *m*.
ge'streift *adj.* rayado, de *(od.* a) rayas, listado; *Zoo.* ♀ estriado.
ge'streng *adj.* severo, riguroso.
ge'streßt *adj.* estresado.
ge'strichen *adj. Maß*: arrasado; *ein* ~*er Eßlöffel* una cucharada rasa; *fig.* ~ *voll* de bote en bote; lleno hasta el borde; → *a.* **frisch**.
¹**gestrig** *adj.* de ayer; *am* ~*en Tage* ayer; en el día de ayer; *am* ~*en Abend* anoche.
Ge'strüpp *n (-¢s; -e)* matorral *m*; broza *f*; maleza *f*; *fig.* maraña *f*; *das* ~ *entfernen* desbrozar.
Ge'stühl *n (-¢s; -e)* sillería *f*.
Ge'stümper F *n (-s; 0)* chapucería *f*, chapuza *f*.
Ge'stüt *n (-¢s; -e)* acaballadero *m*; *Arg.* haras *m*.
Ge'such *n (-¢s; -e)* solicitud *f*, instancia *f*; demanda *f (einreichen* presentar; *hacer*; elevar); *(Bittschrift)* petición *f*; súplica *f*; ~**steller(in** *f) m* solicitante *m/f*; *(Bittsteller)* peticionario (-a *f) m*.
ge'sucht *adj.* buscado; † solicitado, demandado; *(geziert)* rebuscado, afectado; amanerado.
Ge'sudel *n (-s; 0) (Kleckserei)* chafarrinón *m*; *Mal.* pintarrajo *m*, mamarrachada *f*; *(Kritzelei)* garabateo *m*.
Ge'summ(e) *n (-s; 0)* zumbido *m*.
Ge'sums F *n* aspavientos *m/pl.*; F tinglado *m*.
ge'sund *adj.* sano; bien de salud; con buena salud; *(heilsam)* saludable *(a. fig.)*; salubre, salutífero; *Schlaf*: profundo; *Appetit*: bueno; *Unternehmen*: sólido; *geistig* ~ sano de espíritu; ~ *und munter* sano y salvo; F vivito y coleando; ~ *aussehen* tener buen aspecto *(od.* buena cara); *e-e* ~*e Gesichtsfarbe haben* tener la tez fresca; tener buen color; *sich* ~ *erhalten* conservarse sano; *sich* ~ *fühlen* sentirse bien; *nicht ganz* ~ *sein* estar delicado de salud; *j-n* ~ *machen* sanar *(od.* curar) a alg.; *wieder* ~ *werden* sanar; restablecerse; recobrar la salud; ~ *wie ein Fisch im Wasser* sano como un roble; *j-n* ~ *schreiben* dar de alta a alg.; *bleiben Sie* ~! ¡que usted siga bien!; F *fig. das ist ihm ganz* ~ eso es muy saludable para él; ~**beten** (*-e-*) *v/t. Rel.* curar por la oración; *abergläubisch*: ensalmar; ²**beter** *m* saludador *m*; ensalmador *m*; ²**brunnen** *m* fuente *f* salutífera; aguas *f/pl.* minerales; *(Jungbrunnen)* fuente *f* de (eterna) juventud; ~**en** (*-e-; -sn*) *v/i.* curar(se), sanar; restablecerse, recuperar la salud; *allmählich*: convalecer.
Ge'sundheit *f (0)* salud *f*; *(Zuträglichkeit)* salubridad *f*; *bei guter* ~ *sein* tener *(od.* disfrutar de) buena salud; ~! *beim Niesen*: ¡Jesús!; *vor* ~ *strotzen* rebosar salud; *auf j-s* ~ *trinken* beber a la salud de alg.; *wie geht es mit Ihrer* ~? ¿cómo va de salud?; ²**lich** *adj.* sanitario; higiénico.
Ge'sundheits...: ~**amt** *n* delegación *f* de sanidad; ~**apostel** F *m* fanático *m* de la salud; ~**attest** *n* → ~**zeugnis**; ~**dienst** *m* servicio *m* de sanidad pública; ²**förderlich** *adj.* saludable, salubre; salutífero; ~**fürsorge** *f* asistencia *f* sanitaria; ~**gründe** *m/pl.*: *aus* ~*n*, *halber* por motivos *(od.* razones) de salud; ~**lehre** *f* higiene *f*; ~**maßnahme** *f* medida *f* sanitaria; ~**ministerium** *n Span.* ministerio *m* de Sanidad y Seguridad Social; ~**paß** *m* carnet *m* de la salud; *bsd.* patente *f* de sanidad; ~**pflege** *f* higiene *f*; *öffentliche*: higiene *f* pública;

~politik f política f de la salud pública; ~polizei f policía f sanitaria; ~reform f reforma f de la salud pública; ⩲schädlich adj. insalubre, malsano; nocivo para la salud; ~wesen n sanidad f; higiene f pública; ⩲widrig adj. → ⩲schädlich; ~zeugnis n certificado m de sanidad; ~zustand m der Bevölkerung usw.: estado m sanitario; e-s Menschen: estado m de salud.
ge'sundstoßen F v/refl.: sich ~ F hacer su agosto; F ponerse las botas.
Ge'sundung f (0) restablecimiento m; convalecencia f; ✝ saneamiento m.
Ge'täfel n → Täfelung.
Ge'tändel n (-s; 0) jugueteo m; (Liebelei) coqueteo m, flirteo m.
Ge'tier n (-¢s; 0) animales m/pl.; F bichos m/pl.
ge'tigert adj. Fell: atigrado; Marmor: jaspeado, gateado.
Ge'töse n (-s; 0) estrépito m; estruendo m; (Kampf⚔) fragor m; e-r Menge: batahola f, barahúnda f; des Meeres: bramido m.
ge'tragen adj. Kleider: usado; fig. (feierlich) solemne; Melodie: a. lento.
Ge'trampel n (-s; 0) pataleo m.
Ge'tränk n (-¢s; -e) bebida f; bsd. ☕ poción f; ~e-automat m máquina f expendedora (od. automática) de bebidas; ~emarkt m supermercado m de bebidas; ~esteuer f impuesto m sobre (las) bebidas.
Ge'trappel n (-s; 0) trápala f; tropel m.
Ge'tratsch(e) F n (-es; 0) chismorreo m, cotilleo m.
ge'trauen (-) v/refl.: sich ~, et. zu tun atreverse a (od. osar) hacer a/c.
Ge'treide n (-s; -) cereales m/pl.; granos m/pl.; ~bau m cultivo m de cereales, cerealicultura f; ~börse ✝ f bolsa f de cereales; ~brand ✿ m tizón m; carbón m; ~ernte f cosecha f (od recolección f) de cereales; ~feld n campo m de cereales; ~handel m comercio m de cereales (od. de granos); ~händler m tratante m en granos; ~land n tierra f de cereales; país m cerealista; ~markt m mercado m de cereales; ~pflanze f cereal m; ~produkt n producto m de cereales; cereal m; ~reiniger m limpiadora f bzw. aventadora f de cereales; ~rost m roya f; ~silo m silo m para granos; ~sortiermaschine f clasificadora f de granos; ~speicher m granero m.
ge'trennt I. adj. separado; mit ~er Post por separado; ~e Kasse machen pagar cada uno lo suyo; II. adv. separadamente, por separado; aparte; ~ schlafen dormir en cama aparte; ~ leben vivir separados.
ge'treu adj. fiel; leal; ⩲e(r m) m/f fiel compañero (-a f) m; (Parteigänger) partidario m, seguidor m; pl. a. huestes f/pl.; ~lich adv. fielmente, lealmente.
Ge'triebe n (-s; -) 1. ⊕ engranaje m; transmisión f; mecanismo m (a. der Uhr); (Treibrad) rueda f motriz; Kfz. caja f de cambios; 2. fig. agitación f, animación f, movimiento m; ~bremse f freno m sobre el mecanismo; ~gehäuse n, ~kasten m Kfz. caja f de cambios; ~motor m motor m de engranaje; ~rad n rueda f de engranaje; ~welle f árbol m de la caja de velocidades.
ge'trost I. adj. confiado, seguro, lleno de confianza; II. adv. con toda confianza; sin temor.
ge'trösten Poes. (-e-; -) v/refl.: sich ~ esperar a/c. con confianza.
'Getto n (-s; -s) judería f; ghetto m, gueto m (a. fig.).
Ge'tue n (-s; 0) afectación f; aspavientos m/pl.; (Ziererei) remilgos m/pl.; F garambainas f/pl.
Ge'tümmel n barullo m; turbamulta f; tumulto m; F batahola f; F jaleo m; ⚔ pelea f.
ge'tüpfelt adj., ge'tupft adj. moteado; punteado.
Ge'tuschel n (-s; 0) cuchicheo m, F secreteo m.
ge'übt adj. ejercitado; (geschickt) hábil, diestro; ⩲heit f (0) habilidad f; ejercicio m; práctica f; experiencia f.
Ge'vatter † m (-s; -n) padrino m; fig. compadre m. ~in f comadre f.
Ge'viert n (-¢s; -e) cuadrado m; Typ. cuadratín m.
Ge'wächs [ks] n (-es; -e) vegetal m; planta f; ✿ vegetación f, excrecencia f; (Geschwulst) tumor m, neoplasia f; ✿ eigenes ~ de propia cosecha.
ge'wachsen [ks] adj.: gut ~ sein tener buen tipo (od. buena figura); fig. j-m ~ sein poder (competir) con alg.; e-r Sache ~ sein poder hacer frente a a/c.; der Lage ~ sein estar a la altura de la situación; er ist mir ans Herz ~ le he tomado cariño.
Ge'wächshaus n invernadero m, estufa f.
ge'wagt adj. arriesgado, (kühn) osado, audaz; atrevido (a. Kleid, Witz).
ge'wählt adj. escogido, selecto; distinguido; sich ~ ausdrücken expresarse en términos escogidos.
ge'wahr adj.: ~ werden (ac.) apercibirse de; percatarse de; darse cuenta de; notar; descubrir; percibir; in der Ferne: divisar.
Ge'währ f (0) garantía f; fianza f; (Sicherheit) seguridad f; ohne ~ sin garantía, sin compromiso; für et. ~ leisten garantizar a/c.; salir garante de a/c.; responder de a/c.
ge'wahren (-) v/t. → gewahr werden.
ge'währ|en (-) v/t. conceder; otorgar; (geben) dar; ofrecer, Liter. brindar; (verschaffen) facilitar, procurar, proporcionar; (erlauben) permitir; (einwilligen) consentir en; Bitte: acceder a; ~ lassen dejar hacer; j-m Schutz ~ proteger a alg.; j-m Einlaß ~ permitir a alg. entrar (od. la entrada) en; gewährt bekommen obtener; ⩲en n ~ Gewährung f, ⩲frist f plazo m de garantía; ~leisten (-e-; -) v/t. garantizar; responder de; ⩲leistung f garantía f; fianza f.
Ge'wahrsam 1. m (-¢s; -e) custodia f (a. ⚖), guardia f; depósito m; (Haft) arresto m (polizeilicher policíaco); in ~ bringen poner en lugar seguro; in ~ nehmen (geben) tomar (dar) en depósito (od. en custodia); 2. n (-¢s; -e) (Gefängnis) cárcel f; sicheres ~ lugar m seguro; in ~ nehmen detener, arrestar.
Ge'währsmann m (-¢s; ¬er od. -leute) garante m, fiador m; (Informant) informador m, informante m.
Ge'währung f concesión f, otorgamiento m; (Ermächtigung) autorización f, permiso m.
Ge'walt f (-; -en) (Macht) poder m; potencia f; autoridad f; (Stärke) fuerza f; (Heftigkeit) vehemencia f; (Ungestüm) impetuosidad f, ímpetu m; (Zwang) violencia f; (Herrschaft) dominio m, imperio m; control m; öffentliche ~ poder m público; höhere ~ fuerza f mayor; rohe ~ brutalidad f, fuerza f bruta; mit ~ por fuerza, a la fuerza, a (od. por) la brava; mit aller ~ con toda (su) fuerza, a viva fuerza; (um jeden Preis) a todo trance; mit roher ~ brutalmente, por la fuerza bruta; ~ anwenden valerse de la fuerza; emplear la violencia; j-m ~ antun hacer fuerza a alg.; hacer violencia (od. violentar) a alg.; e-r Frau: violar; in j-s ~ stehen estar a merced de alg.; in j-s ~ geraten caer en poder de alg.; in s-e ~ bekommen apoderarse de; in s-r ~ haben dominar; tener en su poder; über j-n ~ haben (moralisch) tener autoridad (od. ascendiente) sobre alg.; sich in die ~ haben ser dueño de sí mismo, dominarse, controlarse; er verlor die ~ über s-n Wagen perdió el control de su coche; ~ geht vor Recht donde la fuerza oprime, la ley se quiebra; ~akt m acto m de violencia; ~androhung f amenaza f de violencia; ~anwendung f empleo m de la fuerza; ohne ~ sin recurrir a la fuerza; ~enteilung f, ~entrennung f Pol. separación f de poderes; ~herrschaft f despotismo m; tiranía f; ~herrscher m déspota m; tirano m; ⩲ig adj. poderoso; (stark) fuerte; (heftig) violento; (ungeheuer) enorme, inmenso; gigantesco, colosal; fenomenal, estupendo; F tremendo; sich ~ irren estar en un gran error; ⩲los adj. u. adv. sin violencia; ~losigkeit f (0) no violencia f; ~marsch m marcha f forzada; ~maßnahme f medida f coercitiva bzw. violenta; ~mensch m hombre m brutal; ~ mißbrauch m abuso m de poder; ⩲sam I. adj. violento; brutal; e-s ~en Todes sterben morir de muerte violenta; II. adv. violentamente, con violencia; a la fuerza, a viva fuerza; ~ öffnen forzar; ~samkeit f violencia f; ~streich m golpe m de fuerza; ~tat f acto m violento (od. de violencia); acto m brutal; atrocidad f; atropello m; ⩲tätig adj. violento; (roh) brutal; ~tätigkeit f violencia f; brutalidad f; ~verbrechen n crimen m violento; ~verbrecher m criminal m peligroso; ~verherrlichung f apología f (od. exaltación f) de la violencia; ~verzicht(s-erklärung f) m (declaración f de) renuncia f a la violencia.
Ge'wand n (-¢s; ¬er) vestido m; bsd. Mal. ropaje m; Rel. u. Poes. vestidura f; fig. presentación f; ~meister Thea. m jefe m de vestuario.
ge'wandt adj. (flink) ágil, ligero; (geschickt) hábil, diestro; listo; (erfahren) versado (in dat. en); Stil: fluido; ~ sein im Umgang: tener don de gentes; im Auftreten: tener mundo; ⩲heit f (0) agilidad f; habilidad f, destreza f; listeza f; des Ausdrucks: fluidez f; soltura f; im Auftreten: mundología f.
ge'wärtig adj.: e-r Sache ~ sein esperar (od. aguardar) a/c.; contar con

a/c.; ~en (-) v/t.: et. ~ esperar a/c.; estar en espera de a/c.; et. zu ~ haben tener que contar con a/c.
Ge'wäsch F n (-es; 0) (Unsinn) desatinos m/pl., disparates m/pl.; (Klatsch) comadrerías f/pl.; chismes m/pl., habladurías f/pl.
Ge'wässer n aguas f/pl.; ~kunde f hidrología f.
Ge'webe n (-s; -) tejido m (a. Bio.); (Stoff) a. tela f; (Webart) textura f; ~lehre Bio. f histología f.
ge'weckt adj. → aufgeweckt.
Ge'wehr n (-és; -e) 1. fusil m; (JagdQ) escopeta f; ⚔ an die ~e! ¡a las armas!; (das) ~ über! ¡al hombro armas!; ~ ab! ¡descansen armas!; präsentiert das ~! ¡presenten armas!; ins ~ treten tomar las armas; ~ bei Fuß (stehen) (estar) en posición de decansen armas; 2. Jgdw. defensas f/pl., colmillos m/pl. (del jabalí); ~**feuer** n (fuego m de) fusilería f; ~**kolben** m culata f (del fusil); ~**kugel** f bala f de fusil; ~**lauf** m cañon m del fusil; ~**pyramide** f pabellón m de armas; ~**riemen** m portafusil m; ~**schaft** m caja f del fusil; ~**schloß** n cerrojo m del fusil; ~**schuß** m disparo m (od. tiro m) de fusil; fusilazo m; escopetazo m; balazo m; ~**ständer** m estante m de armas, armero m.
Ge'weih Jgdw. n (-és; -e) cuerna f, cornamenta f; cuernos m/pl.
ge'weiht adj. sagrado; ~es Wasser agua f bendita; ~e Stätte santuario m.
Ge'werbe n industria f; arte f industrial; (Beruf) oficio m; ein ~ betreiben ejercer un oficio; explotar una industria; ~**aufsicht** f inspección f industrial; ~**ausstellung** f exposición f industrial; ~**bank** f banco m industrial; ~**betrieb** m empresa f industrial; ~**erlaubnis** f licencia f profesional; ~**freiheit** f libertad f industrial (od. de industria); ~**gebiet** n polígono m industrial; ~**kammer** f cámara f industrial; ~**lehrer** m profesor m de formación profesional; ~**ordnung** f código m industrial; ~**recht** n derecho m industrial; ~**schein** m licencia f; patente f (industrial); ~**schule** f escuela f industrial; ~**steuer** f impuesto m industrial; ⚖**steuerpflichtig** adj. sujeto a impuesto industrial; ~**treibende(r)** m industrial m; comerciante m; fabricante m; artesano m; ~**zweig** m ramo m (od. sector m) industrial.
ge'werblich adj. industrial; profesional; ~es Eigentum propiedad f industrial; ~**smäßig I.** adj. profesional; **II.** adv. profesionalmente; como profesión bzw. oficio.
Ge'werkschaft f sindicato m (obrero); Span. a. central f sindical; bergrechtliche ~ sociedad f minera; e-r ~ beitreten sindicarse; ~**(l)er** m sindicalista m; ⚖**lich** adj. sindical(ista); (~ organisiert) sindicado; sich ~ organisieren (od. zusammenschließen) sindicarse.
Ge'werkschafts...: ~**bewegung** f movimiento m sindical; sindicalismo m; ~**bund** m confederación f de sindicatos; ~**führer** m dirigente m (od. líder m) sindical; ~**mitglied** n (trabajador m) sindicado m; ~**organisation** f organización f sindical; ~**politik** f política f sindical; ~**ver-**

band m unión f de sindicatos; ~**wesen** n sindicalismo m.
Ge'wicht n (-és; -e) peso m; fig. a. importancia f; autoridad f; influencia f; e-r Waage, Uhr: pesa f; fehlendes ~ merma f; nach ~ verkaufen vender al peso; volles (gutes; leichtes) ~ geben dar el peso corrido (justo; mermado); es fehlt am ~ está falto de peso; fig. (nicht) ins ~ fallen (no) tener importancia; es fällt schwer ins ~ es muy importante; es de mucho peso; auf et. ~ legen (ac.) dar (od. conceder) importancia a a/c.; e-r Sache ~ beimessen atribuir importancia a a/c.; ~**heben** n Sport: levantamiento m de pesos, halterofilia f; ~**heber** m levantador m de pesos; ⚖**ig** adj. pesado; fig. de (mucho) peso, de relieve; importante; ~**igkeit** f (0) peso m; importancia f.
Ge'wichts...: ~**abnahme** f disminución f (od. pérdida f bzw. merma f) de peso; ~**angabe** f declaración f bzw. indicación f del peso; ~**einheit** f unidad f ponderal (od. de peso); ~**grenze** f límite m de peso; ~**klasse** f Sport: categoría f de pesos; ~**kontrolle** f repeso m; ~**mangel** m deficiencia f (od. falta f) de peso; ~**satz** m juego m de pesas; ~**schwund** m pérdida f de peso; ~**unterschied** m diferencia f de peso; ~**verlagerung** f desplazamiento m de la carga; ~**verlust** m → ~abnahme; ~**verteilung** f reparto m de pesos; ~**zoll** m derecho m por peso; ~**zunahme** f aumento m de peso.
Ge'wichtung f Statistik: ponderación f.
ge'wieft F, **gewiegt** F adj. astuto, ladino; taimado; F vivo, espabilado.
Ge'wieher n (-s; 0) relincho m; (Gelächter) risotada f.
ge'willt adj. ~ sein zu estar dispuesto a; tener la intención (od. el propósito) de.
Ge'wimmel n (-s; 0) hormigueo m; hormiguero m; hervidero m (alles a. fig.).
Ge'wimmer n (-s; 0) gemido m; gimoteo m.
Ge'winde n (-s; -) (BlumenQ) guirnalda f; △ festón m; (Kranz) corona f; ⊕ e-r Schraube: rosca f, filete m; ~ schneiden terrajar, filetear; ~**bohrer** m macho m de roscar; terraja f; ~**bohrmaschine** f roscadora f; ~**bolzen** m perno m roscado; ~**drehbank** f torno m de filetear; ~**gang** m paso m del filete (od. de la rosca); ~**lehre** f calibre m para roscas; ~**schneiden** n terrajado m de filetes; Innengewinde: roscado m; ~**schneidkopf** m cabezal m de terrajar; für Innengewinde: cabezal m de roscar; ~**schneidmaschine** f roscadora f; ~**steigung** f paso m de filete.
Ge'winn m (-és; -e) ganancia f; ⚔ a. beneficio m; lucro m; (Vorteil) provecho m; logro m; (LotterieQ) premio m; ~ aus Beteiligung beneficios m/pl. de participación; entgangener ~ lucro m frustrado; ~ und Verlust ganancias f/pl. y pérdidas; ~ abwerfen (od. bringen) dar ⚔, arrojar) beneficio(s); ser lucrativo; große ~e erzielen obtener grandes ganancias; am ~ beteiligt sein participar en los beneficios; mit (ohne) ~ verkaufen

vender con (sin) ganancia; aus et. ~ ziehen sacar provecho de a/c.; ~**anteil** m participación f en los beneficios; parte f del beneficio; ~**anteilschein** ✝ m cupón m (de dividendo); ~**ausschüttung** f reparto m de beneficios; ~**beteiligung** f participación f en los beneficios; ⚖**bringend** adj. beneficioso; remunerador, lucrativo; provechoso; ventajoso.
ge'winnen (L; -) **I.** v/t. ganar (an dat., bei con, en); (erwerben) adquirir; (erobern) conquistar; (erlangen) obtener; conseguir, alcanzar; lograr; (verdienen) ganar; ⚒ beneficiar, extraer; 🎯 obtener; Preis: ganar; Gunst: ganarse; granjearse; an Ansehen ~ ganar en importancia; adquirir renombre; die Überzeugung ~ llegar a convencerse (od. a persuadirse) de; Einfluß ~ auf adquirir influjo sobre; das Ufer ~ ganar la orilla; j-n zum Freunde ~ ganarse la amistad de alg.; hacerse amigo de alg.; Freunde ~ hacer amistades; j-s Herz ~ ganarse el corazón de alg.; Zeit zu ~ suchen tratar de ganar tiempo; j-n für sich ~ granjearse (od. captarse) la voluntad (od. las simpatías) de alg.; j-n für et. ~ interesar a alg. en a/c.; **II.** v/i. ganar (bei en); in der Lotterie usw.: a. salir agraciado; (besser werden) mejorar (an dat. de); Sport: 3:2 ~ ganar por tres a dos; fig. er hat sehr gewonnen ha ganado mucho; damit ist viel gewonnen ya es una gran ventaja; con eso ya se ha adelantado mucho; gewonnenes Spiel haben tener ganada la partida; wie gewonnen, so zerronnen los dineros del sacristán, cantando se vienen y cantando se van; ⚖ adj. acogedor, simpático; atrayente; Lächeln usw.: cautivador, seductor; ~es Äußeres aspecto m atractivo.
Ge'winn|er(in f) m ganador(a f) m; (Sieger) vencedor(a f) m; bei Preisausschreiben usw.: acertante m/f; agraciado (-a f) m, afortunado (-a f) m; ~**liste** f lista f de premiados; ~**los** n billete m premiado; premio m; ~**nummer** f número m premiado (od. agraciado); ~**spanne** f margen m de beneficios; ~**streben** n afán m de lucro; codicia f; ⚖**süchtig** adj. interesado; ávido de lucro; codicioso; in ~er Absicht con ánimo de lucro; ~**und-Verlust-Rechnung** f cuenta f de pérdidas y ganancias; ~**ung** f (Erwerbung) adquisición f; ⚒ extracción f; explotación f, beneficio m; (Produktion) producción f; preparación f; 🎯 obtención f; ~**verteilung** f reparto m de beneficios; ~**vortrag** ✝ m traslado m de saldo de ganancias; ~**zone** f ✝ zona f de beneficios.
Ge'winsel n (-s; 0) gimoteo m; gemidos m/pl.; Hund: gañido m.
Ge'wirr n (-és; -e) confusión f; embrollo m, enredo m, maraña f; barullo m; laberinto m; F lío m.
ge'wiß (-sser; -ssest) **I.** adj. cierto; seguro; gewisse Leute cierta gente; ciertas personas; ein gewisser Meyer un tal Meyer; ein gewisses Etwas un no sé qué; F ein gewisser Ort retrete m; in gewisser Hinsicht (od. Beziehung) en cierto modo; s-r Sache ~ sein saber a ciencia cierta a/c.; so viel ist ~, daß ... lo cierto es que ...; **II.** adv. por cierto, ciertamente, con certeza; se-

guramente; *ganz* ~ con toda certeza; *aber* ~! ¡claro que sí!; *Am.* ¿cómo no?; ~ *nicht!* no, por cierto; claro que no; desde luego que no.
Ge'wissen *n* (-s; 0) conciencia *f*; *mit gutem* ~ en (buena) conciencia; *vor m-m* ~ ante mi conciencia; *ein reines (ruhiges)* ~ *haben* tener la conciencia limpia (tranquila); *ein gutes (schlechtes)* ~ *haben* tener buena (mala) conciencia; *ein weites* ~ *haben* ser ancho de conciencia; F tener la manga ancha; *et. auf dem* ~ *haben* tener a/c. sobre la conciencia; ser culpable de a/c.; *sein* ~ *entlasten* descargar la conciencia; *sein* ~ *prüfen (od. erforschen)* hacer examen de conciencia; *j-m ins* ~ *reden* apelar a la conciencia de alg.; *sich kein* ~ *aus et. machen* no tener escrúpulos; *um sein* ~ *zu beruhigen* para tranquilizar su conciencia; *das* ~ *schlägt ihm* le remuerde la conciencia; ℨ**haft** *adj.* concienzudo; *stärker*: escrupuloso; *(sorgfältig)* esmerado; ~ *arbeiten* trabajar a conciencia; ~**haftigkeit** *f* (0) escrupulosidad *f*; esmero *m*; ℨ**los** *adj.* (-*est*) sin conciencia; sin escrúpulo(s); ~ *handeln* obrar de mala fe; ~**losigkeit** *f* (0) falta *f* de conciencia *bzw.* de escrúpulos.
Ge'wissens...: ~**bisse** *m*/*pl.* remordimientos *m*/*pl.* (de conciencia); ~**erforschung** *f* examen *m* de conciencia; ~**frage** *f* caso *m* de conciencia; ~**freiheit** *f* libertad *f* de conciencia; ~**konflikt** *m* conflicto *m* de conciencia; ~**not** *f* cargo *m* de conciencia; ~**prüfung** *f* → ~**erforschung**; ~**zwang** *m* obligación *f* moral; ~**zweifel** *m* escrúpulo *m* (de conciencia).
gewisser'maßen *adv.* en cierto modo; hasta cierto punto; por así decirlo.
Ge'wißheit *f* certeza *f*, certidumbre *f*; seguridad *f*; *mit voller* ~ con toda certeza; a ciencia cierta; *zur* ~ *werden* convertirse en realidad; confirmarse; ~ *erlangen* adquirir la certeza de; *sich* ~ *verschaffen* cerciorarse (*über ac.* de).
Ge'witter *n* (-s; -) tormenta *f* (*a. fig.*); *es ist ein* ~ *im Anzug* el tiempo está de tormenta; amenaza tormenta; *ein* ~ *geht nieder (od. bricht los)* se desencadena una tormenta (*über ac.* sobre); ~**bö** *f* ráfaga *f* tormentosa; ~**front** *f* frente *m* tormentoso; ℨ**ig** *adj.* de tormenta, tormentoso; ~**luft** *f* atmósfera *f* cargada; ℨ**n** (-re; -) *v/unprs.*: *es gewittert* hay tormenta; ~**neigung** *f* amenaza *f* de tormenta; ~**regen** *m*, ~**schauer** *m* aguacero *m* tormentoso, chubasco *m*; ℨ**schwül** *adj.* sofocante, bochornoso; ~**schwüle** *f* bochorno *m*; ~**störungen** *f*/*pl. Radio*: perturbaciones *f*/*pl.* atmosféricas; ~**sturm** *m* tempestad *f*; ~**wolke** *f* nube *f* de tormenta, nubarrón *m*.
ge'wittrig *adj.* → *gewitterig.*
ge'witzigt *adj.* escarmentado, escamado.
ge'witzt *adj.* (*schlau*) ladino; listo, avispado.
Ge'woge *n* (-s; 0) ondulación *f*; undulación *f*; (*Menge*) barullo *m*; tropel *m*.
ge'wogen *adj.* favorable, propicio (a); *j-m* ~ *sein* tener afecto a (*od.* simpatía

por) alg.; ℨ**heit** *f* (0) benevolencia *f*; afecto *m*, afección *f*; simpatía *f*; bienquerencia *f*.
ge'wöhnen (-) *v*/*t. u. v*/*refl.* acostumbrar(se) (*an ac.* a); habituar(se) a; (*vertraut machen*) familiarizar(se) (con); hacerse (a, con); *sich an ein Klima* ~ aclimatarse (*a. fig.*); *man gewöhnt sich an alles* se acostumbra uno a todo.
Ge'wohnheit *f* hábito *m*; (*Sitte*) costumbre *f*; (*Brauch*) uso *m*; usanza *f*; (*Routine*) rutina *f*; *e-e alte* ~ una vieja costumbre; *schlechte (od. üble)* ~ vicio *m*; *aus* ~ por costumbre; *e-e* ~ *annehmen* adquirir una costumbre (*od.* un hábito); *die* ~ *haben, zu tener la costumbre de*; acostumbrar (*od.* soler) *inf.*; *sich et. zur* ~ *machen* acostumbrarse (*od.* habituarse) a a/c.; *zur* ~ *werden* convertirse en hábito; *aus der* ~ *kommen* perder la costumbre de; deshabituarse.
Ge'wohnheits...: ℨ**mäßig I.** *adj.* habitual; acostumbrado; rutinario; **II.** *adv.* habitualmente; de costumbre; *desp.* de vicio; ~**mensch** *m* (hombre *m*) rutinero *m*; ~**recht** *n* derecho *n* consuetudinario; ~**tier** F *n* animal *m* de costumbres; ~**trinker(in** *f*) *m* bebedor(a *f*) *m* habitual; ~**verbrecher** *m* delincuente *m* habitual.
ge'wöhnlich I. *adj.* (*alltäglich*) corriente; normal; ordinario; común; (*zur Gewohnheit geworden*) habitual, acostumbrado; (*herkömmlich*) usual; (*mittelmäßig*) mediocre; mediano; (*unfein*) ordinario; vulgar, bajo; (*abgedroschen*) trivial, banal; **II.** *adv.* ordinariamente, de ordinario, habitualmente; (*im allgemeinen*) en general, por regla general; normalmente; comúnmente; *wie* ~ como de costumbre, como siempre; *et.* ~ *tun* acostumbrar (*od.* tener la costumbre de) hacer a/c.; ~ (*vulgär*) *werden* caer en la ordinariez; ℨ**keit** *f* ordinariez *f*; vulgaridad *f*; banalidad *f*.
ge'wohnt *adj.* habitual, acostumbrado; normal; usual; (*vertraut*) familiar; *et.* (*od. an et.*) ~ *sein* estar habituado (*od.* acostumbrado) a a/c.; *in* ~*er Weise* como de costumbre; *zur* ~*en Stunde* a la hora acostumbrada (*od.* habitual); ~**er'maßen** *adv.* acostumbradamente; por costumbre; de costumbre.
Ge'wöhnung *f* habituación *f* (*a.* ⚕); *an ein Klima*: aclimatación *f* (*a. fig.*).
Ge'wölbe *n* (-s; -) bóveda *f* (*a. fig.*); ~**bogen** *m* arco *m* de bóveda; ~**stein** *m* dovela *f*.
ge'wölbt *adj.* abovedado; arqueado; abombado (*a. Stirn*).
Ge'wölk *n* (-¢s; 0) nubes *f*/*pl.*; *dunkles*: nubarrones *m*/*pl.*
ge'wollt *adj.* (*absichtlich*) intencionado; *adv.* adrede; con intención.
Ge'wühl *n* (-¢s; 0) multitud *f*, gentío *m*; apretura *f*; hervidero *m*; (*Durcheinander*) barullo *m*, bulla *f*, F jaleo *m*; *im* ~ *der Schlacht* en el fragor de la batalla.
ge'wunden *adj.* sinuoso; tortuoso (*beide a. fig.*); serpenteante; (*verdreht*) retorcido.
ge'würfelt *adj. Stoff*: a cuadros.
Ge'würm *n* (-¢s; -e) sabandijas *f*/*pl.*; bichos *m*/*pl.*
Ge'würz *n* (-es; -e) especia *f*; (*Zutat*)

condimento *m*; *an et.* ~*e tun* condimentar (*od.* sazonar) a/c.; ~**gurke** *f* pepinillo *m* en vinagre; ~**händler(in** *f*) *m* especiero (-a *f*) *m*; ~**handlung** *f* especiería *f*; ~**kräuter** *n*/*pl.* hierbas *f*/*pl.* aromáticas (*od.* finas); ~**nelke** *f* clavo *m* (de especia), clavillo *m*; ℨ**t** *adj.* condimentado, sazonado; (*aromatisch*) aromático; ~**pflanze** *f* planta *f* condimenticia *bzw.* aromática; ~**waren** *f*/*pl.* especias *f*/*pl.*
ge'zackt, ge'zahnt, ge'zähnt *adj.* ⚜, ⊕ dentado; dentellado; ⊘ danchado; *Briefmarke*: trepado.
Ge'zänk *n* (-¢s; 0), **Ge'zanke** *n* (-s; 0) altercado *m*; disputa *f*; F bronca *f*; pelotera *f*.
Ge'zappel *n* (-s; 0) agitación *f* (nerviosa).
ge'zeichnet *adj.* (*unterschrieben*) firmado; *auf Briefen usw.*: ~ (*Abk.* gez.) firmado (*Abk.* Fdo.); *vom Tode* ~ marcado por la muerte; ~**er Betrag** cantidad *f* suscrita; ✝ *voll* ~ totalmente suscrito.
Ge'zeiten *pl.* marea *f*; flujo *m* y reflujo; ~**kraftwerk** *n* central *f* mareomotriz; ~**strom** *m* corriente *f* de marea; ~**wechsel** *m* cambio *m* de marea.
Ge'zeter *n* (-s; 0) vociferación *f*; vocinglería *f*; griterío *m*; clamoreo *m*.
ge'ziemen (-) *v*/*i., v*/*unprs. u. v*/*refl.* (*gebühren*) corresponder; *sich* ~ convenir; *wie es sich geziemt* convenientemente; como es debido; como debe ser; ~**d** *adj.* conveniente, (*anständig*) decente, decoroso; (*gehörig*) debido; *mit* ~*em Respekt* con el debido respeto.
Ge'zier|e *n* (-s; 0) remilgos *m*/*pl.*; melindres *m*/*pl.*, F dengues *m*/*pl.*; ℨ**t** *adj.* afectado; amanerado; (*zimperlich*) remilgado, melindroso; ~**t-heit** *f* afectación *f*; amaneramiento *m*; remilgo *m*; melindre *m*.
Ge'zisch|(e) *n* (-¢s; 0) silbidos *m*/*pl.*; (*Auszischen*) abucheo *m*; ~**el** *n* (-s; 0) cuchicheo *m*; bisbiseo *m*.
ge'zogen *adj. Gewehrlauf*: rayado.
Ge'zücht *n* (-¢s; -e) *desp.* engendro *m*; (*Sippschaft*) *desp.* ralea *f*.
Ge'zweig *n* (-¢s; 0) ramaje *m*; ramas *f*/*pl.*
Ge'zwitscher *n* (-s; 0) gorjeo *m*.
ge'zwungen *adj.* forzado (*a. fig.*); (*affektiert*) afectado; ~*es Lachen* risa *f* forzada, F risa *f* del conejo; ~ *lachen* reír de dientes afuera; ~**er'maßen** *adv.* forzosamente, a la fuerza; ℨ**heit** *f* (0) afectación *f*.
'**Ghana** *n* Ghana *m*.
'**Ghostwriter** *angl. m* negro *m*.
Gicht[1] *Met. f* (-; -en) tragante *m*, cargadero *m*.
Gicht[2] ⚕ *f* (0) gota *f*; *an* ~ *leidend* gotoso; ~**gas** *Met. n* gas *m* de alto horno; '℥**isch** *adj.* gotoso; '~**knoten** ⚕ *m* nódulo *m* gotoso, tofo *m*; '℥**krank** *adj.* gotoso; '~**kranke(r** *m*) *m*/*f* enfermo (-a *f*) *m* de gota; gotoso (-a *f*) *m*.
'**Giebel** ⚛ *m* (-s; -) frontón *m*; hastial *m*; frontispicio *m*; ~**dach** *n* tejado *m* a dos vertientes; ~**feld** *n* tímpano *m*; ~**seite** *f* frontispicio *m*; ~**wand** *f* hastial *m*.
'**Giekbaum** ⚓ *m* palo *m* de cangrejo.
'**Gier** *f* (0) avidez *f* (*nach de*); afán *m*, ansia *f* (de); (*Hab*℥) codicia *f*;

(*Freß*2) voracidad *f*; glotonería *f*; 2en *v/i.* **1.** *nach et.* ~ anhelar *a/c.*; codiciar *a/c.*; **2.** ⚓ dar guiñadas; 2**ig** *adj.* ávido (*nach* de); (*freß*~) voraz; glotón; (*hab*~) codicioso.

¹Gieß|bach *m* torrente *m*; 2**en** (*L*) **I.** *v/t.* verter; echar (*in ac.* en); (*ver*~) extender, derramar (*auf, über ac.* sobre); ⊕ (*formen*) vaciar, moldear; colar; *Metall, Glas:* fundir; *Blumen:* regar; **II.** *v/i. u. v/unprs.*: es gießt (*in Strömen*) llueve a cántaros, llueve chuzos; está diluviando; ~**en** *n Met.* fundición *f*; colada *f*; *der Blumen:* riego *m*; ~**er** *m* fundidor *m*; (*Former*) vaciador *m*; ~**e¹rei** *f* fundición *f*; ~**form** *f* molde *m* (de fundición); ~**grube** *f* foso *m* de colada; ~**kanne** *f* regadera *f*; ~**kannenprinzip** F *Pol. n* principio *m* de regadera; ~**kelle** *f* cuchara *f* de fundidor; vaciador *m*; ~**maschine** *Typ. f* fundidora *f*; ~**ofen** *m* horno *m* de fundición; ~**pfanne** *f* caldero *m* de colada.

Gift *n* (*-es; -e*) veneno *m* (*a. fig.*); *bsd. Liter.* ponzoña *f*; *bsd.* ☠ tóxico *m*; toxina *f*; *j-m* ~ geben (*ihn vergiften*) envenenar a alg.; ~ nehmen (*sich vergiften*) envenenarse; *fig.* ~ und Galle speien echar vainetas *od.* sapos y culebras; *fig. darauf kannst du* ~ *nehmen* apostaría la cabeza.

¹Gift...: ~**becher** *m* copa *f* de veneno; *Hist.* cicuta *f*; ~**drüse** *Zoo. f* glándula *f* venenosa; 2**en** F *v/refl.: sich* ~ sulfurarse; 2**frei** *adj.* atóxico, exento de sustancias tóxicas; ~**gas** *n* gas *m* tóxico (*od.* asfixiante); 2**grün** *adj.* (verde) cardenillo; 2**ig** *adj.* venenoso (*a. fig.*); *bsd. Liter.* ponzoñoso; ☠ tóxico; *fig.* mordaz; malicioso; ~**e Zunge** lengua *f* viperina; ~**e Ausdünstung** miasma *m*; *fig.* ~ werden sulfurarse; ~**igkeit** *f*(0) venenosidad *f*(a. fig.); ☠ toxicidad *f*; *fig.* mordacidad *f*; malicia *f*; malignidad *f*; ~**kunde** *f* toxicología *f*; ~**mischer(in** *f*) *m* envenenador(a *f*) *m*, emponzoñador(a *f*) *m*; ~**mord** *m* asesinato *m* por envenenamiento; ~**mörder(in** *f*) *m* envenenador(a *f*) *m*; ~**müll** *m* desechos *m/pl.* venenosos; residuos *m/pl.* tóxicos; ~**nudel** F *f* (*Person*) F mal bicho *m*; (*Zigarre*) tagarnina *f*; ⊕ ~**pfeil** *m* flecha *f* envenenada; ~**pflanze** *f* planta *f* venenosa; ~**pilz** *m* hongo *m* venenoso; seta *f* venenosa; ~**schlange** *f Zoo.* serpiente *f* venenosa; F *fig.* víbora *f*; ~**stachel** *Zoo. m* aguijón *m* venenoso; ~**wirkung** *f* efecto *m* tóxico; ~**stoff** *m* tóxico *m*, sustancia *f* tóxica; toxina *f*; ~**zahn** *m* diente *m* venenoso.

Gig ⚓ *f* (*-*) *-s*) *u. n* (*-s; -s*) canoa *f* (ligera); esquife *m*.

Giga¹byte *n* gigabyte *m*.

Gi¹gant *m* (*-en*) gigante *m*; 2**isch** *adj.* gigantesco.

¹Gigolo [ʒi-] *m* (*-s; -s*) gigoló *m*.

Gigue [ʒig] ♪ *f* giga *f*.

¹Gilde *f Hist.* gremio *m* (de artesanos); corporación *f*.

¹Gimpel *m Orn.* camachuelo *m* común; *fig.* tonto *m*, babieca *m*, papanatas *m*; F primo *m*.

Gin [dʒɪn] *m* (*-s; -s*) ginebra *f*.

¹Ginster *m* retama *f*, genista *f*, hiniesta *f*; ~**katze** *f* gineta *f*.

¹Gipfel *m* cumbre *f*, cima *f* (*beide a. fig.*); *e-s Baumes:* copa *f*; *fig.* (*Höhe*-*punkt*) apogeo *m*, culminación *f*; cúspide *f*; cenit *m*, pináculo *m*; (*Übermaß*) colmo *m*; *der* ~ *der Frechheit* el colmo de la desvergüenza; *das ist der* ~! ¡esto es el colmo!; *fig.* den ~ erreicht haben estar en su apogeo; ~**höhe** ✈ *f* techo *m*; ~**konferenz** *f* (conferencia *f* en la) cumbre *f*; 2**n** (*-le*) *v/i.* culminar (*a. fig.*; *in dat.* en); ~**punkt** *m* punto *m* culminante (*a. fig.*); 2**ständig** ♀ *adj.* terminal, apical; ~**treffen** *Pol. n* reunión *f* en la cumbre.

¹Gips *m* (*-es; -e*) yeso *m* (*a.* ♣); (*Stuck*) escayola *f* (*a.* ♣); ♣ *in* ~ *legen* escayolar, enyesar; ~**abdruck** *m*, ~**abguß** *m* vaciado *m* en yeso; ~**arbeit** *f* (obra *f* de) yesería *f*; ~**arbeiter** *m* yesero *m*; estuquista *m*; 2**artig** *adj.* yesoso; ~**bewurf** *m* enyesadura *f*; (~*tünche*) enlucido *m*; ~**brennerei** *f* yesería *f*; ~**bruch** *m* yesera *f*; 2**en** (*-t*) *v/t.* enyesar; (*tünchen*) enlucir; (*stucken*) estucar; ~**en** *n* enyesadura *f*; ~**er** *m* yesero *m*; estuquista *m*; ~**figur** *f* (figura *f* de) yeso *m*; 2**haltig** *adj.* yesoso, yesífero; ~**marmor** *m* estuco *m*; mármol *m* artificial; ~**mehl** *n* yeso *m* en polvo; ~**modell** *n* modelo *m* (*od.* vaciado *m*) en yeso; ~**mörtel** *m* mortero de yeso; ~**ofen** *m* horno *m* para calcinar yeso; ~**stein** *m* piedra *f* yesosa; ~**verband** *Chir. m* vendaje *m* enyesado (*od.* de yeso).

Gi¹raffe *Zoo. f* jirafa *f*.

Gi¹ra|nt [ʒi¹-] *f m* (*-en*) endosante *m*; ~**t** *f m* (*-en*) endosatario *m*.

gi¹rier|bar [ʒi¹-] *f adj.* endosable; ~**en** (*-*) *v/t.* endosar (*auf j-n* a favor de alg.); transferir; *e-n Wechsel auf e-e Bank* ~ endosar una letra a un banco; *blanko* ~ endosar en blanco.

Gir¹lande *f* guirnalda *f*; festón *m*.

¹Giro [ˈʒiːro] *f n* (*-s; -s*) endoso *m*; giro *m*, transferencia *f*; *mit* ~ *versehen* endosar; ~**bank** *f* banco *m* de giro; ~**konto** *n* cuenta *f* corriente (*od.* de giro); ~**überweisung** *f* giro *m* bancario; ~**verband** *m* asociación *f* de bancos de giro; ~**verbindlichkeiten** *f/pl.* pasivo *m* de las cuentas de giros; ~**verkehr** *m* operaciones *f/pl.* de giro; ~**zentrale** *f* central *f* de giro.

¹girren *v/i.* arrullar.

Gis ♪ *n* sol *m* sostenido.

Gischt *m* (*-es; -e*) espuma *f* (de las olas).

Gi¹tar|re *f* guitarra *f*; ~ *spielen* tocar la guitarra; ~**renspieler(in** *f*) *m*, ~**rist(in** *f*) *m* guitarrista *m/f*.

¹Gitter *n* (*-s; -*) reja *f* (*a. am Fenster*); verja *f* (~*werk*) enrejado *m*; (*Tür*2) cancela *f*; (*Kamin*2) guardafuego *m*; (*Geländer*) barand(ill)a *f*; ∳ *u. Radio:* rejilla *f*; (*Rost*) parrilla *f*; *fig. hinter* ~ entre rejas; ~**bett** *n* cama *f* enrejada; ~**brücke** *f* puente *m* de celosía; ~**fenster** *n* ventana *f* enrejada (*od.* de reja); ~**gleichrichter** *m* rectificador *m* de rejilla; ~**kondensator** *m* condensador *m* de rejilla; ~**kreis** *m* circuito *m* de rejilla; ~**mast** *m* poste *m* (*od.* mástil *m*) de celosía; ~**modulation** *f* modulación *f* por rejilla; ~**netz** *n Karte:* cuadrícula *f*, cuadriculado *m*; ~**spannung** *f* tensión *f* de rejilla; ~**stab** *m* barra *f* de verja; barrote *m*; ~**steuerung** *f* modulación *f* de rejilla; ~**tor** *n*, ~**tür** *f* puerta *f* enrejada; ~**werk** *n* enrejado

m; enverjado *m*; celosía *f*; ~**widerstand** *m* resistencia *f* de rejilla; ~**zaun** *m* verja *f*, enverjado *m*; enrejado *m*.

Gla¹céhandschuh [-ˈseː-] *m* guante *m* de cabritilla; *fig. j-n mit* ~**en** *anfassen* tratar a alg. con guante de seda.

Gladi¹ator *m* (*-s; -en*) gladiador *m*.

Gladi¹ole ♀ *f* gladiolo *m*, gladíolo *m*.

Glanz *m* (*-es; 0*) brillo *m*, brillantez *f*, resplandor *m*; fulgor *m* (*alle a. fig.*); (*Politur*) lustre *m*; *fig.* esplendor *m*, magnificencia *f*; lucimiento *m*; (*Gepränge*) pompa *f*, boato *m*; (*Ruhm*) gloria *f*, realce *m*; *mit* ~ brillantemente; ~ *verleihen dar brillo bzw.* lustre, abrillantar; (*polieren*) pulir, *Metallen:* bruñir; *s-n* ~ *verlieren* perder el brillo; deslustrarse, empañarse; ~**bürste** *f* cepillo *m* para dar lustre.

¹glänzen (*-t*) **I.** *v/i.* brillar, resplandecer; lucir; (*schimmern*) relucir, refulgir; (*strahlen*) radiar; (*blitzen*) centellear; *fig.* brillar; descollar, distinguirse, señalarse, destacarse, lucirse (*durch por*); *mit et.* ~ lucir a/c.; **II.** *v/t.* dar brillo (*od.* lustre) a; (*polieren*) pulir; *Metalle:* bruñir; *Papier:* satinar; *Lackleder:* charolar; ~**d I.** *adj.* brillante, rutilante (*a. fig.*), resplandeciente; lustroso; (*schimmernd*) reluciente, refulgente; (*strahlend*) radiante (*a. fig.*); (*prachtvoll*) espléndido, magnífico, soberbio; *Fest usw.:* lucido; *Idee:* luminoso, *a. iro.* genial; **II.** *adv.* brillantemente; *fig.* maravillosamente; divinamente; F estupendamente; ~ *aussehen* tener un magnífico aspecto.

¹Glanz...: ~**farbe** *f* color *m* brillante; ~**garn** *n* hilo *m* satinado; ~**kattun** *m* indiana *f* engomada; ~**kohle** *f* carbón *m* brillante; ~**leder** *n* cuero *m* charolado; charol *m*; ~**leinen** *n* tela *f* engomada; ~**leistung** *f* actuación *f* brillante; *icht n Mal.* realce *m*; *fig.* ein ~ *aufsetzen* poner el broche de oro; 2**los** *adj.* sin brillo, deslucido (*a. fig.*); (*matt*) mate, opaco; (*trübe*) empañado; ~**nummer** *f* atracción *f* principal; F plato *m* fuerte; ~**papier** *n* papel *m* satinado (*od.* cuché); ~**pappe** *f* cartón *m* satinado; ~**periode** *f* época *f* brillante (*od.* rutilante *od.* de esplendor); apogeo *m*; ~**punkt** *m* punto *m* culminante, colmo *m*; ~**rolle** *Thea. f* papel *m* estelar; papel *m* más brillante; ~**stück** *n* pieza *f* maestra; ~**taft** *m* tafetán *m* de lustre, *fr.* glasé *m*; 2**voll** *adj.* esplendoroso; brillante; (*prachtvoll*) espléndido, magnífico, suntuoso; ~**zeit** *f* → ~*periode*.

¹Glas *n* **1.** (*-es; 2er*) cristal *m*; vidrio *m*; (*Trink*2) vaso *m*, *mit Fuß:* copa *f*; (*Spiegel*2) luna *f*; (*Fern*2) gemelos *m/pl.*; prismáticos *m/pl.*; *Vorsicht* ~! ¡frágil!; *aus e-m* ~ *trinken* beber en un vaso; *ein* ~ *Wein* un vaso *bzw.* una copa de vino; 2 *ohne* ~ sin casco; *fig.* gern ins ~ *gucken* F empinar el codo; zu tief ins ~ *gucken* tomar una copa de más; **2.** ⚓ *f* (*-es; -en*) (*halbe Stunde*) media hora *f*; ~**aal** *Zoo. m* angula *f*; ~**arbeiter** *m* vidriero *m*; 2**artig** *adj.* vidrioso; vítreo; *Min.* hialino; ~**auge** *n* ojo *m* artificial (*od.* de cristal); ~**ballon** *m* bombona *f*; (*Korbflasche*) damajuana *f*; ~**bläser** *m* soplador *m*

de vidrio, vidriero m; ~bläse'rei f vidriería f; ~bruchversicherung f → ~versicherung.
'Gläs-chen n vasito m bzw. copita f; ein ~ zuviel una copita de más; ein ~ trinken echar un trago.
'Glasdach n tejado m (od. techo m) de vidrio.
'Glaser m vidriero m; ~arbeiten f/pl. (trabajos m/pl. de) vidriería f; ~diamant m diamante m de vidriero.
Glase'rei f vidriería f.
Glaser|handwerk n vidriería f; ~kitt m masilla f.
'Gläser|klang m choque m de vasos (od. de copas); 2n adj. de vidrio bzw. de cristal; vítreo; vidrioso (a. fig.); Min. hialino; ~tuch n paño m para vasos.
'Glas...: ~fabrik f → ~hütte; ~faser f fibra f de vidrio; ~fenster n vidriera f; ~fiberstab m Sport: pértiga f de fibra de vidrio; ~flasche f botella f de vidrio; (Karaffe) garrafa f; ~fluß m Glashütte: vidrio m en pasta; ~geschirr n vajilla f de cristal, cristalería f; ~glocke f campana f de cristal (a. für Pflanzen); fanal m; 2hart adj. duro como el vidrio; ~haus n (Treibhaus) invernáculo m, invernadero m; ~hütte f vidriería f; fábrica f de vidrios (od. de cristales).
gla'sieren I. (-) v/t. vidriar, vitrificar; Porzellan: barnizar (emaillieren) esmaltar; Kuchen: glasear; Früchte: garapiñar; II. 2 n vidriado m; esmaltado m; glaseado m.
'glasig adj. vidrioso (a. fig.).
'Glas...: ~industrie f industria f cristalera bzw. vidriera (od. del vidrio); ~kasten m vitrina f; ~kirsche f guinda f garrafal; 2klar adj. claro como el cristal; transparente; Liter. diáfano, límpido; ~kolben ⚗ m matraz m; ~körper 👁 m cuerpo m vítreo; ~kugel f bola f de vidrio; hohle: globo m de cristal; ~maler m pintor m sobre cristal; ~malerei f pintura f sobre cristal; ~masse f masa f de vidrio (fundido); ~ofen m horno m de vidriería; ~papier n papel m de lija (od. de vidrio); ~perle f perla f de vidrio, abalorio m; ~platte f placa f de vidrio; ~sand m arena f vitrificable; ~scheibe f cristal m, vidrio m; ~scherbe f casco m de vidrio; ~schleifer m pulidor m de vidrio; ~schneider m (Gerät) cortavidrios m; ~schrank m vitrina f; ~splitter m astilla f (od. esquirla f) de vidrio; ~sturz m campana f (de cristal); ~tür f puerta f vidriera (od. de cristal).
Gla'sur f vidriado m; (Emaille) esmalte m; (Porzellan2) barniz m; Kochk. glaseado m; ~blau n zafre m; ~brand m cocción f (od. fusión f) del esmalte; ~ofen m horno m para esmaltar.
'Glas...: ~veranda f veranda f de cristales; ~versicherung f seguro m contra la rotura de cristales; ~waren f/pl. cristalería f; ~warenhandlung f cristalería f; ~watte f guata f de vidrio; 2weise adv. por vasos; por copas; ~wolle f lana f de vidrio; ~ziegel m ladrillo m vítreo (od. de vidrio).
glatt (-er od. ~er; -est) I. adj. liso (a. Haar); (eben) llano; plano; (geglättet) pulido; (schlüpfrig) resbaladizo; es-

curridizo (a. fig.); (unbehaart) sin pelo; lampiño; imberbe; (kahl) raso; Sieg: neto; Rechnung, Betrag, Geschäft: redondo; Absage: rotundo; Beweis: concluyente; Stil: terso, pulido; Haut: suave; ✈ Landung: perfecto; Reise usw. sin complicaciones; normal; fig. (übertrieben freundlich) empalagoso; meloso; insinuante; ~e Lüge pura mentira; F das hat mich ~e tausend Mark gekostet me ha costado nada menos que mil marcos; II. adv. (ohne Schwierigkeit) sin dificultad; sin obstáculo; (leicht) fácilmente, con facilidad; (rundweg) rotundamente; (offen) francamente; (klar) netamente; (einfach) sencillamente; ~ ablehnen rechazar de plano; ~ anliegen venir justo; estar ceñido; ich habe es ~ vergessen lo he olvidado completamente (od. por completo).
'Glätte f lisura f; (Ebenheit) llanura f; (Weichheit) suavidad f; (Schlüpfrigkeit) estado m resbaladizo; (Politur) pulimento m; Stil: tersura f; fig. maneras f/pl. insinuantes.
'Glatt-eis n superficie f helada; hielo m resbaladizo; fig. j-n aufs ~ führen tender un lazo a alg.; fig. sich aufs ~ begeben pisar terreno resbaladizo; ~gefahr f peligro m de helada.
'glätten I. (-e-) v/t. alisar; (polieren) pulir; (eben machen) aplanar, allanar; nivelar; Stirn, Haut usw.: desarrugar; Falten: desfruncir, desplegar; Tuch: calandrar; Papier: satinar; Metalle: bruñir; Nähte: asentar; fig. pulir, limar; (ausgleichen) suavizar; II. 2 n alisamiento m; pulimento m; aplanamiento m, allanamiento m; bruñido m; satinado m; calandrado m.
'Glätter ⊕ m bruñidor m, pulidor m.
'glatterdings adv. completamente.
'Glatt...: ~feile ⊕ f lima f dulce; 2gehen fig. v/i.: es ist alles glattgegangen todo ha ido perfectamente (od. a pedir de boca); ~haarig adj. de pelo liso; ~hobel m garlopa f; cepillo m; 2hobeln (-le) v/t. acepillar; 2machen v/t. → glätten; fig. saldar; arreglar.
'Glättmaschine f aplanadora f; (Poliermaschine) pulidora f; (Kalander) calandria f; (Satiniermaschine) satinadora f.
'glattrasiert adj. bien afeitado; bien apurado.
'glatt...: ~stellen ✝ v/t. liquidar; ~stellung ✝ f liquidación f; ~streichen (L) v/t. alisar; ~weg adv. rotundamente; sin más ni más; lisa y llanamente.
'Glatz|e f calva f; (Kahlköpfigkeit) calvicie f; e-e ~ bekommen quedar calvo; ~kopf m (Person) calvo m; (Glatze) calva f; 2köpfig adj. calvo; ~köpfigkeit f (0) calvicie f; 👁 alopecia f.
'Glaube m (-ns; 0), ~n m (-s; 0) fe f (an ac. en); (Überzeugung) creencia f (an ac. en); (Bekenntnis) credo m; (Religion) religión f; confesión f; (Zutrauen) confianza f; crédito m; ~ an Gott creencia en Dios; fe en Dios; blinder ~ fe ciega; in gutem ~n handeln obrar de buena fe; ~n schenken dar crédito a; ~n bekennen profesar una fe; s-n ~n wechseln cambiar de

religión; wenn man ihm ~n schenken darf a creerle; si ha de creérsele; der ~ versetzt Berge la fe mueve montañas.
'glauben I. v/t. u. v/i. creer (an et. od. j-n en a/c. od. alg.); (annehmen) suponer; (meinen) pensar, opinar; j-n reich ~ creer rico a alg.; j-n et. ~ machen hacer a alg. creer a/c.; das will ich ~ ya lo creo; ich glaube ja (nein) creo que sí (no); j-m ~ creer (od. dar crédito) a alg.; (vertrauen) confiar en (od. fiarse de) alg.; das können Sie mir ~ bien puede usted creerme; F ¡y tan(to)!; ~ Sie mir! ¡créame usted!; ich glaube es lhnen lo creo; du glaubst ja nicht, wie ... no te puedes imaginar (od. figurar) como ...; ich glaube nicht daran no lo creo; no creo en eso; wenn man ihm ~ darf si ha de creérsele; wie ich glaube según creo; das soll e-r ~ eso que se lo cuenten a otro; F wer's glaubt, wird selig! F ¡cuénteselo a su abuela!; das ist kaum (od. nicht) zu ~ parece mentira, es increíble; das ist schwer zu ~ cuesta trabajo creerlo; wer hätte das geglaubt! ¡quién iba a creerlo!; man könnte ~, daß se diría que; F er mußte dran glauben F tuvo que pagar los vidrios rotos; (sterben) P la dinó.
'Glaubens...: ~abfall m apostasía f; ~änderung f cambio m de religión; ~artikel m artículo m de fe; ~bekenntnis n profesión f de fe; confesión f; credo m (a. Pol.); ~bewegung f movimiento m religioso; ~eifer m celo m religioso; ~feind m enemigo m de la fe; ~frage f cuestión f de fe; ~freiheit f libertad f de religión bzw. cultos; ~gemeinschaft f comunidad f religiosa; ~genosse m, ~genossin f correligionario (-a f) m; ~krieg m guerra f de religión; ~lehre f dogma m (de fe); dogmática f; ~sache f materia f (od. cuestión f) de fe; ~satz m dogma m; ~spaltung f cisma m; 2stark adj. creyente; ~streit m controversia f religiosa; ~zwang m coacción f religiosa; ~zwist m disidencia f religiosa.
'Glaubersalz ⚗ n sulfato m de sosa, sal f de Glauber, glauberita f.
'glaubhaft adj. creíble; digno de fe, fidedigno; digno de crédito; ~ machen acreditar; ~ nachweisen evidenciar; 2igkeit f (0) credibilidad f; (Authentizität) autenticidad f; 2machung f acreditamiento m.
'gläubig adj. Rel. creyente, fiel; fig. confiado; 2e(r m) m/f Rel. creyente m/f, fiel m/f; die Gläubigen a. los feligreses.
'Gläubiger|(in f) m ✝ acreedor(a f) m; die ~ befriedigen satisfacer a los acreedores; ~ausschuß m comisión f de acreedores; ~land n país m acreedor; ~versammlung f junta f de acreedores.
'Gläubigkeit f (0) fe f; religiosidad f; fig. confianza f.
'glaub|lich adj. creíble; (wahrscheinlich) verosímil, probable; das ist kaum ~ es casi increíble; ~würdig adj. digno de crédito, fidedigno, fehaciente; (verbürgt) auténtico; aus ~er Quelle de fuentes solventes (od. fidedignas); 2würdigkeit f (0) credibilidad f; autenticidad f.
gleich I. adj. igual; (Ä = igual a); (ähnlich) parecido, semejante; simi-

lar; (*analog*) análogo; (*identisch*) idéntico; (~*wertig*) equivalente; (~*förmig*) uniforme; *der, die, das* ~*e* el mismo, la misma, lo mismo; *er ist immer der* ~*e* sigue siendo el mismo; *das* ~*e* lo mismo, la misma cosa; *das ist* ~ es igual; es lo mismo; *aufs* ~*e hinauslaufen* venir a ser lo mismo; *aus dem* ~*en Grunde* por la misma razón; *mit* ~*em Recht* con el mismo derecho; *im* ~*en Alter* de la misma edad; *von* ~*er Art* de la misma especie (*od.* clase); *in* ~*er Weise* de la misma manera, de igual modo, igualmente; *auf* ~*er Stufe* (*ebenbürtig*) al mismo nivel de, a la par; *zu* ~*er Zeit* al mismo tiempo; ~*e Ursachen,* ~*e Wirkungen* las mismas causas producen siempre los mismos efectos; *zu* ~*en Teilen* a partes iguales; *in* ~*er Entfernung, in* ~*em Abstand* a igual distancia, equidistante; *mit* ~*en Waffen* con armas iguales; con las mismas armas; *mit* ~*em Maß messen* (*unparteilich sein*) tratar por igual; *mit j-m auf* ~*em Fuße stehen* estar en pie de igualdad con alg.; *das ist ihm* ~ eso le es igual; igual le da; ~ *und* ~ *gesellt sich gern* cada oveja con su pareja; **II.** *adv.* (*augenblicklich*) al instante; en el acto; (*sofort*) inmediatamente, en seguida; (*gerade*) justamente; (*ich komme*) ~! ¡(ya) voy!; *bis* ~! ¡hasta luego!, ¡hasta ahora!; ~ *jetzt* ahora mismo; ~ *hier* aquí mismo; ~ *heute* hoy mismo; ~ *zu Beginn* desde un principio; ya al comienzo; ~ *darauf* acto seguido, a renglón seguido; al poco rato; *ich bin* ~ *wieder da* vuelvo en seguida; *er kommt* ~*, er wird* ~ *kommen* viene en seguida; va a venir ahora; no tardará en venir; ~ *et. tun* ir a hacer a/c.; ~ *bei s-r Ankunft* inmediatamente después de su llegada; a su llegada; ~ *hoch* (*breit*; *tief*) de la misma altura (anchura; profundidad); ~ *groß* del mismo tamaño; *sie sind* ~ *groß* son igual de altos; ~ *gegenüber* directamente enfrente; ~ *weit entfernt* a igual distancia, equidistante; ~ *viel* otro tanto; ~ *als wenn* (*od. ob*) como si (*subj.*), igual que si (*subj.*); *wie heißt er doch* ~? ¿cómo se llama?, ¿cuál es su nombre?; *das dachte ich mir doch* ~! ya me lo había figurado; *das ist* ~ *geschehen* es cosa de un momento; *es ist* ~ *zehn* (*Uhr*) van a dar las diez; **III.** *prp.*: ~ *e-m König* como (*od.* igual que) un rey.
¹**gleich...:** ~**altrig** *adj.* de la misma edad, coetáneo; ~**artig** *adj.* de la misma especie (*od.* naturaleza); homogéneo, similar, semejante; análogo; (*identisch*) idéntico; ²**artigkeit** *f* homogeneidad *f*; similitud *f*, semejanza *f*; identidad *f*; ~**bedeutend** *adj.* idéntico (*mit* a); (*gleichwertig*) equivalente (*mit* a); *Gr.* sinónimo (*mit* de); ²**behandlung** *f* trato *m* igual, igualdad *f* de trato; ~**berechtigt** *adj.* con los mismos derechos; en pie de igualdad; ²**berechtigung** *f* igualdad *f* de derechos; ~**bleiben** (*L*; *sn*) *v/refl.*: *sich* ~ permanecer invariable; quedar igual; no cambiar; *das bleibt sich gleich* viene a ser lo mismo; ~**bleibend** *adj.* invariable, estable; constante; *bsd.* ⚥ estacionario; ~**denkend** *adj.* → ~*gesinnt.*
¹**gleichen** (*L*) *v/i..* *j-m* ~ (*gleichkommen*) igualarse a *od.* con alg. (*in dat.*

en); ser igual que alg.; (*ähneln*) parecerse, asemejarse, semejar(se) a; *sich* ~ parecerse.
¹**gleicher|gestalt,** ~**maßen,** ~**weise** *adv.* de igual forma; de la misma manera, de igual modo; igualmente, al (*od.* por) igual.
¹**gleich...:** ~**falls** *adv.* igualmente; asimismo; *danke,* ~! ¡gracias, igualmente!; ~**farbig** *adj.* del mismo color; ~**förmig** *adj.* uniforme, igual; (*eintönig*) monótono; (*unveränderlich*) invariable, constante; ⊕ homogéneo; ²**förmigkeit** *f* (0) uniformidad *f*; monotonía *f*; invariabilidad *f*; constancia *f*; ⊕ homogeneidad *f*; ~**geschlechtlich** *adj.* del mismo sexo; homosexual; ~**gesinnt** *adj.* congenial; *Pol.* simpatizante; ~**gestellt** *adj.* asimilado (*mit* a); equiparado (*mit* a); al mismo nivel que; (*gleichberechtigt*) con iguales derechos; (*gleichwertig*) equivalente; ~**gestimmt** *adj.* ♪ al unísono; *fig.* → ~*gesinnt;* ²**gewicht** *n* equilibrio *m* (*a. fig.*); *ins* ~ *bringen* equilibrar; *sich im* ~ *befinden* estar en equilibrio; *das* ~ *halten* (*verlieren;* *wiederfinden;* *stören*) mantener (perder; volver a hallar; alterar) el equilibrio; *sich* (*gegenseitig*) *das* ~ *halten* equilibrarse; *aus dem* ~ *bringen* desequilibrar (*a. fig.*); *aus dem* ~ *geraten* desequilibrarse (*a. fig.*); ²**gewichtslage** *f* posición *f* de equilibrio; ²**gewichts-sinn** *m* sentido *m* del equilibrio (*od.* estático); ²**gewichts-störung** *f* perturbación *f* del equilibrio; desequilibrio *m*; ²**gewichts-übung** *f* ejercicio *m* de equilibrio; ²**gewichts-zustand** *m* estado *m* de equilibrio; ~**gültig** *adj.* indiferente (*gegen* a); indolente; (*gefühllos*) insensible (*gegen* a); apático; *das ist ihm* ~ eso le es indiferente (*od.* igual); le tiene sin cuidado; no le interesa; ~, *was du machst* hagas lo que hagas; ²**gültigkeit** *f* indiferencia *f*; falta *f* de interés; indolencia *f*; insensibilidad *f*; apatía *f*; ²**heit** *f* igualdad *f*; (*Identität*) identidad *f*; (*Parität*) paridad *f*; (*Übereinstimmung*) conformidad *f*; (*Gleichförmigkeit*) uniformidad *f*; (*Gleichartigkeit*) homogeneidad *f*; ~ *vor dem Gesetz* igualdad ante la ley; ²**heitszeichen** ⚥ *n* signo *m* de igualdad; ²**klang** *m* consonancia *f* (*a. fig.*); ♪ *a.* unisonancia *f*, unísono *m*; *fig.* armonía *f*; *v. Wörtern:* homonimia *f*; ~**kommen** (*L; sn*) *v/i.* equivaler a (*in dat.* en); *j-m* ~ igualar a alg. (*an, in dat.* en); ²**lauf** ⊕ *m* sincronismo *m*; ~**laufend** *adj.* paralelo; ⊕ síncrono; ~**lautend** *adj. Text:* igual, idéntico; ⚥ conforme; *Wort:* homónimo; *Endung:* consonante; *für* ~*e Abschrift* por copia conforme; ~ *buchen* asentar de conformidad; ~**machen** *v/t.* igualar; (*einebnen*) nivelar; aplanar; allanar; ²**macher** *m* igualador *m*; nivelador *m* (*beide a. fig.*); ²**mache¹rei** *f* (afán *m* de) nivelación *f*; ~**macherisch** *adj.* igualador; igualitario; nivelador; ²**maß** *n* proporción *f* (*justa*), simetría *f*; ~**mäßig** *adj.* proporcionado, simétrico; (*gleichförmig*) uniforme, (*homogen*) homogéneo; (*regelmäßig*) regular; (*gleichbleibend*) constante; ²**mäßigkeit** *f* simetría *f*; proporcionalidad *f*; uniformidad *f*; homogeneidad

f; regularidad *f*; constancia *f*; ²**mut** *m* ecuanimidad *f*; tranquilidad *f* de ánimo; (*Ruhe*) calma *f*; sosiego *m*; serenidad *f*; (*Unerschütterlichkeit*) impasibilidad *f*; estoicismo *m*; ~**mütig** *adj.* ecuánime; sosegado; tranquilo; sereno; impasible; estoico; ~**namig** *adj.* del mismo nombre *bzw.* apellido; ⚥ ~ *machen* reducir a un común denominador; ²**nis** *n* (*-ses, -se*) símil *m*, apólogo *m*; (*Allegorie*) alegoría *f*; (*Metapher*) metáfora *f*; (*Bild*) imagen *f*; *Bib.* parábola *f*; ~**nishaft** *adj.* (*allegorisch*) alegórico; (*symbolisch*) simbólico; (*metaphorisch*) metafórico; *Bib.* parabólico; ~**rangig** *adj.* de la misma categoría; (*gleichwertig*) equivalente; ~**richten** (-*e*-) ⚡ *v/t.* rectificar; ²**richter** ⚡ *m* rectificador *m*; ²**richterröhre** ⚡ *f* válvula *f* rectificadora; ²**richtung** ⚡ *f* rectificación *f*; ~**sam** *adv.* por así decir; como quien dice; en cierto modo; ~ *als ... como si* (*subj.*); ~**schalten** (-*e*-) *v/t.* coordinar (*a. Pol.*); (*vereinheitlichen*) unificar; ⊕ sincronizar (*a. fig.*); ²**schaltung** *f* coordinación *f*; unificación *f*; ⊕ sincronización *f*; ~**schenk(e)lig** ⚥ *adj.* isósceles; ²**schritt** *m* paso *m* acompasado; *im* ~ *marschieren* marchar a compás; ~**sehen** (*L*) *v/i.* parecerse, semejar(se); ~**seitig** ⚥ *adj.* equilátero; ²**seitigkeit** ⚥ *f* igualdad *f* de lados; ~**setzen** equiparar (*mit* a, con); → *a.* ~*stellen;* ²**stand** *m Sport:* empate *m*; ~**stehen** *v/i.* estar al mismo nivel; *Sport:* estar empatado(s); ~**stellen** *v/t.* equiparar; igualar; poner en la misma categoría; poner al mismo nivel; *bsd. Pol.* asimilar (a); (*vergleichen*) comparar; ²**stellung** *f* equiparación *f*; igualación *f*; asimilación *f*; nivelación *f*; ²**strom** ⚡ *m* corriente *f* continua; ²**strommotor** *m* motor *m* de corriente continua; ²**takt** *m* sincronismo *m*; ~**tun** (*L*) *v/t.*: *es j-m* ~ igualar *bzw.* imitar a alg.; competir con alg.; ²**ung** ⚥ *f* ecuación *f*; ~ *ersten* (*zweiten*) *Grades* ecuación de primer (segundo) grado; ~**viel** *adv.* no importa; lo mismo da; ~ *wer* no importa quién; ~ *ob* poco importa que (*subj.*); ~ *wo* dondequiera que sea; ~**wertig** *adj.* equivalente (*mit* a); igual; del mismo valor; ~ *sein* mit equivaler a; ser equivalente a; ²**wertigkeit** *f* equivalencia *f*; ~**wie** *adv.* como; lo mismo que; igual a, al igual de; ~**wink(e)lig** ⚥ *adj.* equiángulo; ~**wohl** *adv.* sin embargo, no obstante; con todo; ~**zeitig I.** *adj.* simultáneo; coincidente; (*zeitgenössisch*) contemporáneo (*mit* a); **II.** *adv.* simultáneamente, al mismo tiempo; ²**zeitigkeit** *f* (0) simultaneidad *f*; sincronismo *m*; coincidencia *f*; contemporaneidad *f*; ~**ziehen** (*L*) *v/i.*: *mit j-m* ~ igualar a alg. (*a. Sport*).
¹**Gleis** *n* (*-es; -e*) → *Geleise;* ~**abschnitt** *m* sector *m* de vía; ~**anlage** *f* (sistema *m* de) vía *f/pl.*; ~**anschluß** *m* vía *f* de empalme; ~**bettung** *f* balastado *m* de la vía; ~**heber** *m* levantacarriles *m*; ~**kette** *Kfz. f* cadena *f* de oruga; ~**kreuzung** *f* cruce *m* de vías.
¹**gleisnerisch** *adj.* hipócrita.

'**gleißen** (-t) v/i. brillar, lucir, resplandecer.
'**Gleisverlegung** f tendido m de vías.
'**Gleit|bahn** f resbaladero m, deslizadero m (a. ⊕); **~boot** ≋ n hidroplano m; **⸗en** (L; sn) v/i. deslizarse; (rutschen) resbalar, dar un resbalón; Kfz. patinar; ≋ planear; die Hand ~ lassen über pasar la mano por; aus den Händen ~ escaparse (od. escurrirse) de las manos; a. fig. irse de las manos; **~en** n deslizamiento m; resbalamiento m; Kfz. patinaje m; **⸗end** adj. movible, móvil; **~e** Arbeitszeit horario m flexible; **~e** Lohnskala escala f móvil de salarios; **~fläche** f superficie f de deslizamiento; **~flug** ≋ m vuelo m planeado, planeo m; **~flugzeug** n planeador m; **~komma** n Rechner: coma f flotante; **~kufe** ≋ f patín m de aterrizaje; **~lager** n cojinete m de deslizamiento; **~schiene** f guía f; raíl m de deslizamiento; **~schutz** Kfz. m antideslizante m; **~schutzkette** f cadena f antideslizante; **~schutzreifen** m Kfz. neumático m antideslizante; **⸗sicher** adj. antideslizante; **~sitz** m asiento m móvil ajustable; **~widerstand** ⊕ m resistencia f al deslizamiento; **~zeit** f horario m flexible; **~zoll** m derecho m móvil.
'**Glencheck** [-tʃ-] m (Stoff) príncipe m de Gales.
'**Gletscher** m (-s; -) glaciar m, helero m; **~bildung** f formación f de glaciares; glaciación f; **~brand** m quemadura f por insolación en un glaciar; **~eis** n hielo m de glaciar; **~kunde** f glaciología f; **~spalte** f grieta f de glaciar; **~tor** n boca f de un glaciar; **~wanderung** f excursión f sobre glaciares.
Glied n (-es; -er) miembro m (a. Anat. u. Mit≋); (Finger≋) falange f; ⚥ término m; miembro m; e-r Kette: eslabón m; (Geschlecht) generación f; ⚔ fila f; línea f; aus dem ~ treten salir de la fila; ins ~ zurücktreten volver a la fila; Anat. männliches ~ pene m, miembro m (viril); künstliches ~ prótesis f, miembro m artificial; an allen **~ern** zittern temblar como un azogado; der Schreck fuhr ihm in die **~er** se llevó un buen susto; die **~er (st)recken** estirarse; bis ins dritte ~ hasta la tercera generación.
'**Glieder...: ~frucht** ≋ f lomento m; **~füßer** Zoo. m/pl. artrópodos m/pl.; **⸗lahm** adj. paralítico, tullido; **~lähmung** ≋ f tullimiento m.
'**gliedern** (-re) v/t. articular; (einteilen) dividir (in ac. en); (verteilen) distribuir, repartir; (unterteilen) subdividir; (ordnen) organizar; disponer, coordinar; (gruppieren) agrupar; clasificar; (aufschlüsseln) desglosar; sich ~ in dividirse en.
'**Glieder...: ~puppe** f (Spielzeug) muñeca f articulada; (Marionette) títere m; marioneta f; (Schneiderpuppe) maniquí m; **~reißen** ≋ n dolores m/pl. en los miembros; **~tiere** Zoo. n/pl. articulados m/pl.; **~ung** f articulación f; (Einteilung) división f; clasificación f; desglose m; (Organisation) organización f, disposición f; ≋ formación f, dispositivo m; (Aufbau) estructura(ción) f; (Verteilung) distribución f; Zoo. segmentación f; **~zucken** ≋ n convulsiones f/pl.; espasmos m/pl.; **~zug** m tren m articulado.
'**Glied|maßen** pl. miembros m/pl., extremidades f/pl.; mit kräftigen ~ membrudo; **⸗weise** ⚔ adv. por filas.
'**glimmen** I. v/i. arder (sin llama); lucir débilmente; fig. arder; **~de** Asche rescoldo m; II. ≋ n combustión f lenta; resplandor m débil; fig. ardor m.
'**Glimm-entladung** ≨ f efluvio m.
'**Glimmer** Min. m mica f; **⸗artig** adj. micáceo; **~schiefer** Min. m esquisto m micáceo.
'**Glimm|lampe** f lámpara f de efluvios; **~stengel** F m F pitillo m.
'**glimpflich** I. adj. (mild) suave; (nachsichtig) indulgente; (gemäßigt) moderado; Strafe: leve; II. adv.: j-n ~ behandeln tratar a alg. con indulgencia; das ist nochmal ~ abgegangen! ¡de buena nos hemos librado!; ~ davonkommen salir bien librado.
'**glitsch|en** F v/i. resbalar; deslizarse sobre; **⸗ig** adj. resbaladizo; Aal usw.: escurridizo.
'**glitzern** I. (-re) v/i. destellar; centellear; Poes. rielar; II. ≋ n destello m; centelleo m.
glo'bal adj. global.
Globali'sierung f (-; -en) ✝ globalización f.
Glo'balkontingent n cupo m global.
'**Globetrotter** m trotamundos m.
Globu'lin Bio. n (-s; -e) globulina f.
'**Globus** m (- od. -ses; Globen od. -se) globo m (terrestre od. terráqueo).
'**Glöckchen** n campanilla f; (Schelle) cascabel m.
'**Glocke** f campana f (a. fig. Glassturz); (Klingel) campanilla f; ⚥ u. am Fahrrad: timbre m (Vieh≋) esquila f; cencerro m; am Degen: cazoleta f; die ~n läuten tocar las campanas; fig. et. an die große ~ hängen cacarear a/c.; pregonar a/c. a los cuatro vientos; wissen, was die ~ geschlagen hat saber a qué atenerse; er wird dir schon sagen, was die ~ geschlagen hat te las cantará bien claras.
'**Glocken...: ~blume** ♀ f campánula f, farolillo m; **⸗förmig** adj. acampanado, en forma de campana; **~geläut(e)** n toque m (od. repique m) de campanas; campaneo m; unter ~ al toque de las campanas; **~gießer** m fundidor m de campanas; **~gieße'rei** f, **~guß** m fundición f de campanas; **~gut** n metal m campanil; bronce m de campana; **⸗hell** adj. argentino; **~hut** m sombrero m acampanado; **~isolator** ⚡ m aislador m de campana; **~klang** m tañido m de campanas; **~klöppel** m badajo m; **~spiel** n carillón m; **~strang** m cuerda f de campana; **~stuhl** m armazón m de campana; **~turm** m campanario m; alleinstehender: campanil m; **~zeichen** n campanada f; (señal f de) timbre m; **~zug** m cordón m de campanilla.
'**Glöckner** m campanero m.
'**Glorie** [-Rɪə] f gloria f; **~nschein** m nimbo m; aureola f.
glorifi'zieren (-) v/t. glorificar.
glori'os, '**glorreich** adj. glorioso.
Glos'sar n (-s; -e) glosario m.
'**Glosse** f glosa f; comentario m; **~n** machen über glosar a/c.; fig. criticar, censurar.
glos'sieren (-) v/t. glosar; comentar; fig. (tadeln) censurar, criticar.
'**Glotz|augen** n/pl. ojos m/pl. saltones (F de besugo); **⸗äugig** adj. de (od. con) ojos saltones; **~e** F f (Fernseher) F caja f tonta (od. idiotizante); **⸗en** (-t) v/i. mirar estúpidamente (od. con ojos saltones); **~kasten** F m → Glotze.
'**Glück** n (-és; 0) felicidad f, dicha f; (Schicksal) fortuna f, suerte f; (buena) ventura f; viel ~! ¡(mucha) suerte!, ¡que tenga(s) suerte!; ~ bringen traer suerte; ~ haben tener suerte, estar de enhorabuena; großes ~ haben tener mucha suerte; kein ~ haben no tener suerte; F tener mala pata; vom ~ begünstigt sein ser afortunado, ser favorecido por la suerte; sein ~ machen hacer fortuna; tener éxito; sein ~ versuchen probar fortuna (od. suerte); das ~ lacht ihm la fortuna le sonríe; (es ist) ein ~, daß ... es una suerte que ...; es ist sein ~, daß ... tiene la suerte de que ...; er kann von ~ reden (od. sagen) es un hombre de suerte; da kann man von ~ reden! ¡eso sí que ha sido suerte!; ¡qué suerte!, ¡vaya suerte!; er hat noch ~ im Unglück aún ha tenido suerte en la desgracia; zum ~ afortunadamente, por fortuna; por suerte; auf gut ~ a la buena de Dios, a lo que salga, a trochemoche, F al (buen) tuntún; viel ~ zum Geburtstag! ¡feliz cumpleaños!; j-m ~ wünschen felicitar a alg.; dar a alg. la enhorabuena; jeder ist s-s ~es Schmied cada cual es artífice de su fortuna; ~ und Glas, wie leicht bricht das del bien al mal no hay ni el canto de un real; mehr ~ als Verstand haben tener más suerte que letras; tener una suerte loca; ~ auf! ¡buena suerte!; Bergleute: ¡buena vuelta!; **⸗bringend** adj. que trae suerte; de buen agüero; venturoso.
'**Glucke** f clueca f; **⸗n** v/i. cloquear; (brüten) empollar.
'**glücken** (sn) v/i. u. v/unprs. salir bien; dar buen resultado; alles glückt ihm todo le sale bien; tiene suerte en todo.
'**gluckern** I. (-re) v/i. Wasser: gloglotear, hacer glogó; II. ≋ n glogó m.
'**glück|lich** I. adj. innerlich: feliz, dichoso; äußerlich: afortunado; (blühend) próspero; (günstig) favorable; (vorteilhaft) ventajoso; Ereignis: fausto; Zukunft: venturoso; **~e** Reise! ¡feliz viaje!, ¡buen viaje!; **~er** Zufall feliz coincidencia f; II. adv. felizmente, bien; con buen pie; ~ machen hacer feliz (od. dichoso); sich ~ fühlen sentirse feliz (od. dichoso); sich ~ schätzen considerarse dichoso; felicitarse; ~ ankommen llegar felizmente (od. bien); F jetzt ist er ~ (endlich) weg por fin se ha ido; F jetzt hat er ~ auch noch s-e Stelle verloren y encima ha perdido su puesto; **⸗liche(r** m) m/f: Sie ~er! ¡felicidades!; ¡qué suerte tiene usted!; **~licher'weise** adv. afortunadamente, por fortuna; **⸗sbringer** m portafortuna m; (Amulett) amuleto m; mascota f; **⸗selig** adj. muy feliz, felicísimo; radiante de felicidad; Rel. bienaventurado;

²'**seligkeit** f felicidad f, dicha f suprema; Rel. bienaventuranza f; beatitud f.
'**glucksen** (-t) v/i. → gluckern.
'**Glücks...: ~fall** m suerte f, golpe m (od. lance m) de fortuna; F ganga f; (Zufall) feliz coincidencia f; **~gefühl** n (sentimiento m de) felicidad f; **~göttin** f Fortuna f; **~güter** n/pl. bienes m/pl. de fortuna; **~kind** n hombre m afortunado; F suertudo m; F niño m de la bola; beim Spiel: chambón m; er ist ein ~ ha nacido de pie; tiene una suerte loca; **~klee** m trébol m de cuatro hojas; **~pilz** m → ~kind; **~rad** n rueda f de la fortuna; **~ritter** m caballero m de industria, cazafortunas m; **~sache** f cuestión f de suerte; **~spiel** n juego m de azar; **~stern** m buena estrella f; **~strähne** f buena racha f; **~tag** m día m afortunado (od. de suerte).
'**glück...: ~strahlend** adj. radiante de felicidad; ²s-**treffer** m golpe m de suerte; beim Spiel: jugada f afortunada (od. F de chiripa); ²s-**umstände** m/pl. circunstancias f/pl. favorables (od. afortunadas); ²s**zahl** f número m de suerte; número m favorecido bzw. premiado; ²s**zufall** m → ~fall; **~verheißend** adj. de buen agüero; ²-**wunsch** m felicitación f; enhorabuena f; parabién m; herzliche Glückwünsche! ¡mi cordial felicitación!, ¡enhorabuena!; j-m s-n ~ aussprechen felicitar a alg.; dar a alg. la enhorabuena (od. el parabién); ²**wunschkarte** f tarjeta f de felicitación; ²-**wunschschreiben** n carta f de felicitación; ²**wunschtelegramm** n telegrama m de felicitación.
'**Glüh|birne** f bombilla f; Am. bombillo m; **~draht** ⚡ m filamento m incandescente; **~en I.** v/i. estar candente (od. en ignición) (weiß~) estar incandescente; fig. arder (vor dat. de); **II.** v/t. enrojecer al fuego, poner al rojo; 🔥 calcinar; Met. recocer; ²**end** adj. ardiente (a. fig.); (weiß~) candente, incandescente; fig. (inbrünstig) fervoroso, ferviente; Gesicht: enrojecido; Hitze: abrasador; Sonne: a. de justicia; Verehrer usw.: apasionado; ~ machen poner al rojo vivo; **~faden** ⚡ m → ~draht; **~hitze** f calor m abrasador (od. tórrido); ⊕ temperatura f de incandescencia; **~kathode** ⚡ f cátodo m incandescente; **~kerze** Kfz. f bujía f incandescente; **~lampe** ⚡ f lámpara f incandescente; **~licht** n luz f de incandescencia; **~ofen** m 🔥 horno m de calcinar; Met. horno m de recocer; **~strumpf** m manguito m (od. camisa f) incandescente; **~wein** m vino m caliente; **~wurm** m, **~würmchen** n Zoo. luciérnaga f.
Glu'kose 🔥 f (0) glucosa f.
'**Glupsch-augen** F n/pl. → Glotzaugen.
Glut f (-; -en) ardor m (a. fig.); incandescencia f; (Hitze) calor m; (Kohlen²) brasa f; ascua f; (Aschen²) rescoldo m; (Herd², Zigarren²) lumbre f; fig. fervor m; fig. in ~ bringen inflamar.
Gluta'min 🔥 n glutamina f; **~säure** f ácido m glutámico.
'**Glut|hauch** m soplo m ardiente; **~hitze** f → Glühhitze; ²**rot** adj. rojo vivo.

Glyko||gen Bio. n (-s; 0) glucógeno m; **~koll** 🔥 n (-s; 0) glicocola f.
Glyze'rin 🔥 n (-s; 0) glicerina f.
Gly'zin(i)e 🔥 f glicina f.
'**Gnade** f (-; -n) gracia f (a. Rel.); (~ngabe) merced f; (Milde) clemencia f; (Barmherzigkeit) misericordia f; (Mitleid) compasión f, piedad f; (Nachsicht) indulgencia f; (Gunst) favor m; von Gottes ~n por la gracia de Dios; e-e ~ erbitten (gewähren) pedir (conceder) una gracia; sich auf ~ oder Ungnade ergeben entregarse a merced; ⚔ rendirse incondicionalmente; um ~ bitten pedir perdón; stärker: pedir misericordia; ⚔ pedir cuartel; bei j-m bzw. vor j-s Augen ~ finden caer en gracia a alg.; ser acogido con simpatía por alg.; ~ für Recht ergehen lassen, ~ walten lassen ser clemente, optar por la clemencia; j-m e-e ~ erweisen hacer (od. otorgar) a alg. un favor bzw. una merced; von j-m wieder in ~n aufgenommen werden volver a gozar del favor de alg.; ohne ~ sin piedad (ni compasión); ⚔ sin cuartel; aus ~ (und Barmherzigkeit) por misericordia; Rel. in der ~ stehen estar en gracia (de Dios); Euer ~n vues(tr)a merced, su señoría; ²n v/i.: dann gnade dir Gott! ¡pobre de tí!
'**Gnaden...: ~akt** m acto m de gracia bzw. de clemencia; **~beweis** m, **~bezeigung** f testimonio m de benevolencia; **~bild** n imagen f milagrosa; **~brot** n pan m de caridad; bei j-m das ~ essen vivir de la caridad de alg.; **~erlaß** Pol. m amnistía f, indulto m; **~frist** f plazo m de gracia; **~gabe** f merced f; **~gesuch** 🔥 n petición f de gracia; recurso m de gracia; ²**los** adj. sin piedad; Kampf: sin cuartel; **~mittel** Theo. n medio m de la gracia; sacramento m; ²**reich** adj. Rel. lleno de gracia; milagroso; **~stoß** m golpe m de gracia (a. fig.); Stk. u. fig. puntilla f; **~tod** m eutanasia f; **~weg** m: auf dem ~ a título de gracia.
'**gnädig I.** adj. graciable; (günstig) propicio, favorable; (mild) clemente; (mitleidig) compasivo; (barmherzig) misericordioso; (herablassend) condescendiente; (nachsichtig) indulgente; (wohlwollend) benévolo, (gütig) benigno; Strafe: leve; Gott sei uns ~! ¡Dios nos libre!; ¡Dios nos tenga de su mano!; **~e Frau!** señora; **~er Herr!** señor; **~es Fräulein!** señorita; **II.** adv. graciosamente; (nachsichtig) con indulgencia; (wohlwollend) benévolamente, con benevolencia; machen Sie es ~! no sea usted demasiado severo; ~ davonkommen salir bien librado; iro. **~st geruhen** dignarse (zu inf.).
Gneis Min. m (-es; -e) gneis m.
Gnom m (-en) (g)nomo m.
'**Gnosis** f (0) gnosis f.
'**Gnost|ik** f (0) gnosticismo m; **~iker** m, ²**isch** adj. gnóstico (m).
Gnosti'zismus m (-; 0) gnosticismo m.
Gnu Zoo. n (-s; -s) ñu m.
Gobe'lin [goˈbəlɛ̃] m (-s; -s) tapiz m, gobelino m.
'**Gockel** F m, **~hahn** m gallo m.
'**Go-Kart** m (-s; -s) (go-)kart m; **~Rennen** n karting m.
'**Golanhöhen** Geogr. f/pl. Altos m/pl. del Golán.

'**Gold** n (-es; 0) oro m; aus ~ de oro; in ~ bezahlen pagar en oro; mit ~ plombieren Zahn: orificar; fig. et. mit ~ aufwiegen comprar bzw. pagar a/c. a peso de oro; das ist ~ wert, das ist nicht mit ~ aufzuwiegen esto no se paga con oro; vale tanto oro como pesa; ein Herz (od. treu) wie ~ un corazón de oro; es ist nicht alles ~, was glänzt no es oro todo lo que reluce; **~abfluß** 💰 m salida f de oro; **~ader** ⚒ f filón m de oro; **~agio** 💰 n prima f del oro; **~ammer** Orn. f escribano m cerillo; **~anleihe** f empréstito m de oro; **~arbeit** f orfebrería f; **~auflage** f chapado m oro; **~barren** m lingote m (od. barra f) de oro; **~barsch** Ict. m gallineta f nórdica; **~bestand** m existencias f/pl. oro; **~blättchen** n hoja f de oro batido; **~blech** n oro m en láminas; **~block(länder** n/pl.) m bloque m del oro; **~borte** f galón m de oro; **~brassen** Ict. m dorada f; **~brokat** m brocado m de oro; **~deckung** 💰 f cobertura f (en) oro; **~devisenstandard** m patrón m oro-divisas; **~dublee** n oro m chapado; ²**durchwirkt** adj. bordado en oro; ²**en** adj. de oro; Liter. áureo; (goldfarbig, vergoldet) dorado; 📖 gualdo; **~e Hochzeit** bodas f/pl. de oro; die **~e Mitte** el justo medio; ein **~es Gemüt** (od. Herz) un corazón de oro; **~e Regel** regla f de oro; der ²**e Schnitt** la sección áurea; das ²**e Zeitalter** la Edad de Oro; das ²**e Horn** el Bósforo; **~faden** m hilo m de oro; ²**farben**, ²**farbig** adj. dorado, de color de oro; **~fasan** m faisán m dorado; **~feder** f pluma f de oro; **~fieber** n fiebre f del oro; **~fisch** m Ict. m pez m dorado; **~glas** n pecera f; **~flitter** m oropel m; lentejuela f de oro; **~fuchs** m alazán m tostado (od. dorado); ²**führend** Min. adj. aurífero; **~füllung** f Zahn: orificación f; empaste m de oro; **~gehalt** m contenido m de oro; Münzen: quilate m; ²**gelb** adj. (amarillo) dorado; amarillo oro; **~glanz** m brillo m del oro; **~gräber** m buscador m de oro; **~grube** ⚒ f mina f de oro; fig. a. filón m, bicoca f; **~grund** m Mal. fondo m de oro; **~haar** n cabellos m/pl. dorados; ²**haltig** adj. aurífero; **~hamster** Zoo. m hámster m dorado; ²**ig** adj. dorado; fig. ein **~es Kind** F un niño muy mono, un encanto (de niño); **~junge** F m hijo m de mi alma; **~käfer** m escarabajo m dorado; **~kernwährung** 💰 f moneda f de núcleo oro; **~kind** n F in der Anrede: rico m, rica f; **~klausel** f cláusula f oro; **~klumpen** Min. m pepita f (de oro); **~krone** f Zahn: corona f (od. funda f) de oro; **~küste** f Geogr. ehm. Costa f de Oro; **~lack** m barniz m de oro; 🌿 alhelí m amarillo; **~legierung** f aleación f de oro; **~mark** f marco m de oro; **~medaille** f medalla f de oro; **~mine** ⚒ f mina f de oro (a. fig.); **~münze** f moneda f de oro; **~papier** n papel m dorado; **~parität** f paridad f oro; ²**plattiert** adj. chapado de oro; **~plombe** f → ~füllung; **~punkt** 💰 m punto m del oro; **~rahmen** m marco m dorado; **~regen** 🌿 m codeso m, citiso m; **~reserve** f reserva f oro; **~sand** Min. m arena f aurífera; **~schaum** ⊕ m oro m en hojas; **~schläger** m batidor m de oro, bati-

hoja *m*; ~schlägerhaut *f* película *f* de batihoja; ~schmied *m* orfebre *m*; ~schmiedearbeit *f* orfebrería *f*; pieza *f* de orfebrería; ~schmiedekunst *f* orfebrería *f*; ~schnitt *m* Buch: corte *m* dorado; ~standard *m* patrón *m* oro; ~staub *m* oro *m* en polvo; ~sticke'rei *f* bordado *m* de oro; ~stück *n* (*Münze*) moneda *f* de oro; F *fig*. (*Person*) tesoro *m*; *du bist ein* ~ eres un sol; ~sucher *m* buscador *m* de oro; ~topas *Min*. *m* topacio *m* oriental; ~tresse *f* galón *m* de oro; ~waage *f* balanza *f* para oro; pesillo *m*; *fig. jedes Wort auf die* ~ *legen* medir sus palabras; ~währung ✝ *f* moneda *f* oro; ~waren *f*/*pl*. orfebrería *f*; joyería *f*; ~wäsche *f* lavado *m* del oro; ~wäscher *m* lavador *m* de oro; ~wäsche'rei *f* lavadero *m* de oro; ~wasser *n*: *Danziger* ~ aguardiente *m* de Danzig; ~wert *m* valor *m* oro; ~zahn *m* diente *m* de oro.
Golf[1] *Geogr*. *m* (-*s*; -*e*) golfo *m*.
'**Golf**[2] *n* (-*s*; 0) golf *m*; ~ball *m* pelota *f* de golf; ~er *m* → *Golfspieler*; ~junge *m* caddy *m*; ~klub *m* club *m* de golf; ~platz *m* campo *m* (*od*. terreno *m*) de golf; ~schläger *m* palo *m* de golf; ~spiel *n* (juego *m* de) golf *m*; ~spieler(in *f*) *m* jugador(a *f*) *m* de golf, golfista *m*/*f*.
'**Golfstrom** *m* corriente *f* del Golfo.
'**Golgatha** *n* Gólgota *m*, Calvario *m*.
Go'morra *n* Gomorra *f*.
'**Gondel** *f* (-; -*n*) góndola *f*; ⚓ barquilla *f*; ~führer *m* gondolero *m*; ~lied *n* barcarola *f*; ~n (-*le*; *sn*) *v*/*t*. pasear (*od*. ir) en góndola; *fig*. ir (*od*. viajar) sin rumbo fijo.
Gondo'liere [-'lie:rə] *m* (-; -*lieri*) gondolero *m*.
Gong *m* (-*s*; -*s*) gong *m*, batintín *m*.
'**gönn|en** *v*/*t*.: *j-m et*. ~ no envidiar a/c. a alg.; *j-m et. nicht* ~ envidiar a/c. a alg.; *sich et*. ~ permitirse a/c.; *ich gönne es lhnen* lo celebro (*od*. me alegro) por usted; *iro*. bien merecido lo tiene; 2**er**(**in** *f*) *m* protector(a *f*) *m*; (*Wohltäter*) bienhechor(a *f*) *m*; (*Künstlers*: mecenas *m*; ~**erhaft** *adj*. altanero; ~e *Miene* → 2**ermiene** *f* aire *m* protector (*od*. de superioridad); 2**erschaft** *f* (0) protección *f*; patronato *m*; mecenazgo *m*.
Gono'kokkus 🦠 *m* (-; -*kokken*) gonococo *m*.
Gonor'rhö(e) [-'Rø:] 🦠 *f* gonorrea *f*, gonococia *f*, blenorragia *f*.
'**Göpel** *m* (-*s*; -) (*Schöpfrad*) noria *f*; ~werk *n* malacate *m*.
'**Gör** *n* (-*ts*; -*en*), ~e *f* chiquillo (-a *f*) *m*, chaval(a *f*) *m*; *desp*. mocoso (-a *f*) *m*.
'**gordisch** *adj*.: *der* ~*e Knoten* el nudo gordiano (*a. fig*.); (*zerhauen* cortar).
Go'rilla *Zoo*. *m* (-*s*; -*s*) gorila *m* (*a*. F *fig. Leibwächter*).
'**Gösch** ⚓ *f* bandera *f* del bauprés.
'**Gosche** F *reg*. *f* boca *f*; *halt die* ~*!* ¡calla la boca!, F ¡cierra el pico!
'**Gosse** *f* arroyo *m* (*a. fig*.); *bedeckte*: alcantarilla *f*; F *fig. aus der* ~ *kommen* salir del arroyo; *in der* ~ *enden* (*od. landen*) acabar mal *bzw*. arruinado; *j-n aus der* ~ *auflesen* recoger a alg. de la calle.
'**Got|e** *m* (-*n*), ~**in** *f* godo (-a *f*) *m*; ~**ik** *f* (0) (estilo *m*) gótico *m*, estilo *m* ojival; 2**isch** *adj*. gótico; ~e *Schrift* (letra *f*) gótica *f*.

Gott *m* (-*ts*; ⸚*er*) *Rel*. Dios *m*; *Myt*. dios *m*; ~ *der Herr* el Señor; ~ *der Allmächtige* el Todopoderoso; ~*es Sohn* el Hijo de Dios; *der liebe* ~ Dios; *Nuestro Señor*; *die Wege* ~*es los* caminos de Dios; *das Wort* ~*es* el Verbo Divino; *an* ~ *glauben* creer en Dios; *mein* ~*!* ¡Dios mío!; ¡por Dios!; *ach* (*du lieber*) ~*!* ¡oh Dios mío!; ¡ay Dios (mío)!; *bei* ~*!* ¡por Dios!; *grüß* ~*!* (*Grußformel*) ¡buenos días!, F ¡hola!; *großer* ~*!* ¡Santo Dios!; *barmherziger* ~*!* ¡Dios misericordioso!; ~ *sei Dank!* ¡gracias a Dios!; *vergelt's* ~*!* ¡Dios se lo pague!; *geh bzw. gehen Sie mit* ~*!*; ~ *befohlen!* ¡véte con Dios!; *mit* ~*es Hilfe* con la ayuda de Dios; *leider* ~*es* por desgracia, desgraciadamente; ~ *sei mit uns!* ¡Dios nos asista!; ~ *steh uns bei!* ¡Dios nos ayude!; ¡Dios nos tenga de su mano!; *in* ~*es Namen* en nombre de Dios; (*meinetwegen*) sea pues; *um* ~*es Willen* por (amor de) Dios; *wolle* ~*!*, ~ *gebe es!* ¡Dios lo haga!; ¡Dios lo quiera!; *gebe* ~, *daß* ... quiera Dios que ... (*subj*.); ¡ojalá ... ! (*subj*.); F *da sei* ~ *vor!* ¡no lo quiera Dios!; *behüt' dich* ~*!* ¡Dios te guarde; ~ *bewahre* (*od*. *behüte*)*!* ¡Dios nos libre!; *weiß* ~*!* ¡bien (lo) sabe Dios!; ~ *weiß* sabe Dios; *das wissen die Götter!* eso sólo Dios lo sabe; *so wahr mir* ~ *helfe!* ¡así Dios me salve!; *das liegt in* ~*es Hand* Dios dirá; *er ist ganz von* ~ *verlassen* está dejado de la mano de Dios; *no está en su cabal juicio*; *er läßt den lieben* ~ *e-n guten Mann sein* no piensa en el mañana; todo deja a la ventura de Dios; *so* ~ *will* si Dios quiere; *Dios mediante*; *wie es* ~ *gefällt* como Dios disponga; *er kennt* ~ *und die Welt* conoce a todo el mundo; *über* ~ *und die Welt reden* hablar de lo divino y lo humano; !⁰**ähnlich** *adj*. hecho a imagen de Dios; semejante a Dios; '⁰**ähnlichkeit** *f* semejanza *f* a Dios; '⁰**begnadet** *adj*. divino; inspirado por la gracia divina.
'**Götter|bild** *n* ídolo *m*; ~**bote** *m* mensajero *m* de los dioses; *Myt*. Mercurio *m*; ~**dämmerung** *f* ocaso *m* (*od*. crepúsculo *m*) de los dioses; ~**gatte** F *m* F maridito *m*.
'**gott-ergeben** *adj*. sumiso a la voluntad de Dios; resignado.
'**Götter...**: 2**gleich** *adj*. semejante a los dioses; ~**lehre** *f* mitología *f*; ~**sage** *f* mito *m*; ~**speise** *f* *Myt*. ambrosía *f*; *Kochk*. gelatina *f* de fruta; ~**trank** *Myt*. *m* néctar *m*; ~**welt** *f* mundo *m* mitológico (*od*. de los dioses).
'**Gottes...**: ~**acker** *m* camposanto *m*, cementerio *m*; ~**anbeterin** *Zoo*. *f* mantis *f* religiosa; ~**dienst** *m* culto *m* (*od*. oficio *m* *od*. servicio *m*) divino; ~ *halten* celebrar los oficios divinos; 2**dienstlich** *adj*. del culto; (*liturgisch*) litúrgico; ~**friede** *Hist*. *m* tregua *f* de Dios; ~**furcht** *f* temor *m* de Dios; (*Frömmigkeit*) piedad *f*; religiosidad *f*; 2**fürchtig** *adj*. temeroso de Dios; timorato; ~**gabe** *f* don *m* divino; regalo *m* de Dios; ~**geißel** *f* azote *m* de Dios; ~**gnadentum** *n* derecho *m* divino; ~**haus** *n* iglesia *f*; templo *m*; ~**lästerer** *m* blasfemo *m*, blasfemador *m*; 2**lästerlich** *adj*. blasfemo, blasfematorio; sacrílego;

~**lästerung** *f* blasfemia *f*; sacrilegio *m*; ~**leugner**(**in** *f*) *m* ateo (-a *f*) *m*; ~**leugnung** *f* ateísmo *m*; ~**lohn** *m* recompensa *f* de Dios; *et. um* ~ *tun* hacer a/c. por amor de Dios; ~**urteil** *Hist*. *n* ordalías *f*/*pl*.; juicio *m* de Dios; ~**verehrung** *f* culto *m* divino.
'**gott...**: ~**gefällig** *adj*. grato a (los ojos de) Dios; *Werk*: pío; *ein* ~*es Leben führen* vivir como Dios manda; ~**geweiht** *adj*. consagrado a Dios; ~**gläubig** *adj*. deísta; 2**hard** *Geogr. m*: *der Sankt* ~ el San Gotardo; 2**heit** *f* divinidad *f*; deidad *f*.
'**Göttin** *f* diosa *f*.
'**göttlich** *adj*. divino (*a*. F *fig*.); de Dios; (*erhaben*) sublime, excelso; *das* 2*e lo divino*; 2**keit** *f* (0) divinidad *f*; naturaleza *f* divina.
'**Gott...**: 2'**lob!** *int*. ¡gracias a Dios!; ¡alabado sea Dios!; 2**los** *adj*. impío; ateo; (*ruchlos*) malvado; ~**lose**(**r** *m*) *m*/*f* ateo (-a *f*) *m*; impío (-a *f*) *m*; ~**losigkeit** *f* ateísmo *m*; impiedad *f*; ~**mensch** *Theo*. *m* Hombre-Dios *m*; ~**sei'beiuns** F *m* diablo *m*; 2'**selig** *adj*. devoto, piadoso; ~'**seligkeit** *f* devoción *f*, piedad *f*; 2**s-erbärmlich** F *adj*. deplorable, lamentable; ~**vater** *m* Dios-Padre; 2**vergessen** *adj*. → 2*los*; 2**verlassen** *adj*. dejado de la mano de Dios; *stärker*: maldito; F (*abgelegen*) perdido, abandonado; ~**vertrauen** *n* confianza *f* en Dios; 2**voll** *adj*. divino (*a. fig*.); F *fig*. delicioso; gracioso.
'**Götze** *m* (-*n*) ídolo *m*; fetiche *m*; *ein* ~ *falso*; ~**nbild** *n* ídolo *m*; ~**ndiener**(**in** *f*) *m* idólatra *m*/*f*; fetichista *m*/*f*; ~**ndienst** *m* idolatría *f*; fetichismo *m*; ~**ntempel** *m* templo *m* pagano.
Gouver|'nante [guv-] *f* institutriz *f*; ~**neur** [-'nø:R] *m* (-*s*; -*e*) gobernador *m*.
Grab *n* (-*ts*; ⸚*er*) tumba *f*; sepultura *f*; fosa *f*; (*mal*) sepulcro *m*; *das Heilige* ~ el Santo Sepulcro; *über das* ~ *hinaus* hasta la eternidad; *zu* ~*e läuten* doblar, tocar a muerto; *zu* ~*e tragen* llevar a enterrar (*al cementerio*); enterrar (*a. fig*.), sepultar; *j-n zu* ~*e geleiten* rendir a alg. el último homenaje; F *mit e-m Bein* (*od. Fuß*) *im* ~ *stehen* estar con un pie en el hoyo; *fig. sein eigenes* ~ *schaufeln* cavar su propia tumba; *mit ins* ~ *nehmen* llevarse a la tumba; *sich im* ~ *umdrehen* revolverse en la sepultura; *verschwiegen wie ein* ~ callado como un muerto; F *fig. er bringt sie noch ins* ~ le está quitando la vida; '~**denkmal** *n* → ~*mal*.
'**graben** (L) **I.** *v*/*i*. cavar (*a*. ✍); (*Gräben ziehen*) zanjar, abrir zanjas; (*ausgraben*) hacer excavaciones; *nach Gold* ~ buscar oro; **II.** *v*/*t*. cavar; *mit der Hacke*: azadonar; (*tiefer machen*) ahondar; *Brunnen, Gräben*: abrir; (*gravieren*) grabar (*a. fig*.); *Kartoffeln*: arrancar.
'**Graben** *m* (-*s*; ⸚) foso *m*; zanja *f*; ⚔ trinchera *f*; (*Straßen*2) cuneta *f*; *e-n* ~ *ziehen* cavar un foso *bzw*. abrir una zanja; ~**bagger** *m* excavadora *f* de zanjas, zanjadora *f*; ~**böschung** ⚔ *f* *äußere*: contraescarpa *f*; *innere*: escarpa *f*; ~**krieg** *m* guerra *f* de trincheras; ~**pflug** ✍ *m* arado *m* abrezanjas;

Grabensohle — Graubündner(in)

~sohle *f* solera *f* de zanja.
'Gräber *m* cavador *m*; ~bauten *pl.* construcciones *f/pl.* tumularias; ~feld *Hist. n* necrópolis *f*; ~fund *m* hallazgo *m* tumulario.
'Grabes...: ~dunkel *n* tinieblas *f/pl.* sepulcrales; ~ruhe *f*, ~stille *f* silencio *m* sepulcral (*od.* de tumba); paz *f* de sepulcro; ~stimme *f* voz *f* sepulcral (*od.* de ultratumba).
'Grab...: ~geläute *n* doble *m*; toque *m* a muerto; ~gesang *m* canto *m* fúnebre; ~gewölbe *n* cripta *f*; ~hügel *m* túmulo *m*; ~inschrift *f* inscripción *f* sepulcral; epitafio *m*; ~kammer *f* cámara *f* funeraria (*od.* sepulcral); ~legung *f* entierro *m*, enterramiento *m*, inhumación *f*; ~mal *n* tumba *f*; monumento *m* fúnebre; ~rede *f* oración *f* fúnebre; ~schändung *f* profanación *f* de sepulturas; ~stätte *f* sepultura *f*, tumba *f*, sepulcro *m*; ~stein *m* lápida *f* (*od.* piedra *f* od. losa *f*) sepulcral; ~stichel ⊕ *m* buril *m*; cincel *m*; punzón *m*; ~urne *f* urna *f* funeraria.
Grad *m* (-*és*; -*e*) grado *m* (*a.* ♈, *Phys.*, *Geogr.*); ~ Celsius grado centígrado; *das Thermometer steht auf 10* ~ *über* (*unter*) *Null* el termómetro marca diez grados sobre (bajo) cero; *bei 12* ~ *Kälte* a doce grados bajo cero; *akademischer* ~ grado *m* académico; *Vetter ersten (zweiten)* ~*es* primo *m* hermano (segundo); *fig. bis zu e-m gewissen* ~*e* hasta cierto punto; *in hohem* ~*e* en alto grado; altamente; *im höchsten* ~*e* sumamente, en sumo grado; en extremo; a más no poder; *in geringerem* ~ en menor grado; *in* ~*e einteilen* graduar; '~abzeichen *n* insignia *f* (de grado); '~bogen *m* arco *m* graduado; '~einteilung *f* graduación *f*; división *f* en grados; (*Skala*) escala *f* (graduada).
Gradi'ent *m* (-*en*) gradiente *m*.
gra'dier|en (-) ⊕ *v/t. Salz:* evaporar; concentrar; ℨung ⊕ *f* evaporación *f*; concentración *f*; ℨwerk ⊕ *n* torre *f* de graduación salina.
'Grad...: ~leiter *f* escala *f* graduada; ℨlinig *adj.* → *geradlinig*; ~messer *m* escala *f* graduada; *fig.* barómetro *m*; ~netz *n* Landkarte: red *f* de coordenadas geográficas; ℨu'ell *adj.* gradual; ℨu'ieren (-) *v/i.* graduar (*a. Uni.*); ~u'ierte(r) *m* graduado *m*; ℨweise *adv.* gradualmente; por grados.
'Graf *m* (-*en*) conde *m*; ~enstand *m* dignidad *f* de conde, condado *m*.
'Grafikkarte *f Computer:* tarjeta *f* gráfica.
'Gräf|in *f* condesa *f*; ℨlich *adj.* condal.
'Grafschaft *f* condado *m*.
Gral *m* (-*s*; *0*): *der Heilige* ~ el Santo Grial; ~sritter *m* caballero *m* del Grial.
Gram *m* (-*és*; *0*) pena *f*, pesar *m*; aflicción *f*; *vor* ~ *sterben* morir de pena.
gram *adj.*: *j-m* ~ *sein* guardar rencor a alg.
'grämen *v/refl.: sich* ~ *über (ac.)* afligirse, entristecerse, apesadumbrarse de; *sich zu Tode* ~ morirse de pena.
'gram|erfüllt *adj.* lleno de aflicción, muy afligido, pesaroso, apenado; ~gebeugt *adj.* agobiado por la pena.

'grämlich *adj.* triste, melancólico; huraño, cetrino; (*schlechtgelaunt*) malhumorado.
Gramm *n* (-*s*; -*e*) gramo *m*.
Gram'matik *f* gramática *f*.
gram|mati'kalisch, ~'matisch *adj.* gramatical, gramático; ℨ'matiker *m* gramático *m*.
'Grammolekül ♈ *n* molécula-gramo *f*.
Grammo'phon *n* (-*s*; -*e*) gramófono *m*; ~nadel *f* aguja *f* de gramófono; ~platte *f* disco *m*.
'gramvoll *adj.* → ~erfüllt.
Gran *n* (-*és*; -*e*) grano *m*; *fig.* pizca *f*.
Gra'nat *Min. m* (-*és*; -*e*) granate *m*; ~apfel ♀ *m* granada *f*; ~apfelbaum *m* granado *m*.
Gra'nate ⚔ *f* granada *f*; obús *m*.
Gra'nat|feuer ⚔ *n* fuego *m* de obuses; ~splitter *m* casco *m* de granada *bzw.* de metralla; ~trichter ⚔ *m* embudo *m* (*od.* cráter *m*) de granada; ~werfer ⚔ *m* lanzagranadas *m*.
Grand *m* (-*és*; *0*) (*Kies*) guijo *m*.
'Grande *m* (-*n*) grande *m*.
Gran'dezza *f* (0) grandeza *f*; señorío *m*; hidalguía *f*.
grandi'os *adj.* (-*est*) grandioso.
Gra'nit *Min. m* (-*s*; -*e*) granito *m*; *fig. auf* ~ *beißen* dar en hueso; ℨartig, ℨen *adj.* granítico; ~felsen *m* roca *f* de granito.
'Granne *f* ♀ barba *f*, arista *f*; raspa *f*; (*Borste*) cerda *f*.
'grantig *reg. adj.* regañón, gruñón, refunfuñador; malhumorado.
Granu'|lat *n* granulado *m*; ℨ'lieren granular; ~'lierung *f* granulación *f*; ~'lom ⚕ *n* (-*s*; -*e*) granuloma *m*.
'Grapefruit ['grɛːpfruːt] *f* (-; -*s*) pomelo *m*.
'Graph|ik *f* artes *f/pl.* gráficas; (*graphische Gestaltung*) grafismo *m*; *Kunst:* grabado *m*; estampa *f*; (*graphische Darstellung*) gráfico *m* (*a. Computer*); ~iker *m* dibujante *m* gráfico, *Neol.* grafista *m*; ℨisch *adj.* gráfico; ~e Darstellung (representación *f*) gráfica *f*, gráfico *m*; diagrama *m*; ~er Betrieb talleres *m/pl.* gráficos; ~es Gewerbe artes *f/pl.* gráficas; industria *f* gráfica; ~ darstellen representar gráficamente.
Gra'phit *Min. m* (-*s*; -*e*) grafito *m*, plombagina *f*; ℨhaltig *adj.* grafitoso, grafítico.
Grapho'loge *m* (-*n*) grafólogo *m*.
Grapholo'gie *f* (*0*) grafología *f*.
grapho'logisch *adj.* grafológico.
'graps(ch)en (-*t*) F *v/t.* atrapar, agarrar (ávidamente).
'Gras *n* (-*es*; ~*er*) hierba *f* (*a.* F *Marihuana*), *bsd. Am.* yerba *f*; ♀ *Gräser pl.* gramíneas *f/pl.*; *sich ins* ~ *legen* echarse sobre la hierba; F *fig. ins* ~ *beißen* morder el polvo; *fig. das* ~ *wachsen hören* sentir nacer (*od.* crecer) la hierba; *fig.* ~ *wachsen lassen über* echar tierra a; *darüber ist längst* ~ *gewachsen* eso está olvidado hace ya largo tiempo; ℨbewachsen *adj.* cubierto de hierba; herboso; ~büschel *n* manojo *m* de hierba; ~decke *f* césped *m*.
'grasen (-*t*) *v/i.* pacer, pastar.
'Gras...: ~fleck *m* auf Kleidern: mancha *f* de hierba; (*mit Gras bewachsene Stelle*) manchón *m* de césped; ℨfressend *adj.*, ~fresser *m* herbívoro (*m*); ~futter *n* herbaje *m*; ℨgrün *adj.* verde hierba; ~halm *m* brizna *f*; (tallo *m* de) hierba *f*; ~hüpfer *m* F (*Heuschrecke*) saltamontes *m*.
'grasig *adj.* cubierto de hierba *bzw.* de césped; herboso.
'Gras...: ~land *n* herbazal *m*; (*Wiesengrund*) pradera *f*; pradería *f*; (*Weide*) pastizal *m*; ~mäher *m*, ~mähmaschine *f* guadañadora *f*; ~mücke *Orn. f* curruca *f*; ~narbe (capa *f* de) césped *m*; ~samen *m* simiente *f* de gramíneas.
gras'sieren (-) *v/i.* reinar; extenderse; (*wüten*) hacer estragos.
'gräßlich *adj.* horrible, horroroso; espantoso; (*ekelhaft*) asqueroso, repulsivo; (*fürchterlich*) tremendo; *Verbrechen: a.* atroz; monstruoso; *wie* ~! ¡qué horror!; ℨkeit *f* horror *m*; atrocidad *f*; monstruosidad *f*.
'Grassteppe *f* estepa *f* herbácea; sabana *f*; *Arg.* pampa *f*.
Grat *m* (-*és*; -*e*) (*Bergkamm*) cresta *f*; arista *f* (*a.* ⊕); ⊕ (*Gußnaht*) rebaba *f*; △ lima *f* tesa.
'Gräte *f* espina *f* (de pescado); ℨnlos *adj.* sin espinas.
Gratifikati'on *f* gratificación *f*.
'grätig *adj.* con (muchas) espinas, espinoso; *fig.* irritable, picajoso.
grati'nier|en *Kochk.* (-) *v/t. gal.* gratinar; ~*t adj.* al horno, *gal.* al gratén, al gratín.
'gratis *adv.* gratis, gratuitamente, F de balde; ℨaktie ✝ *f* acción *f* gratuita; ℨangebot *n* oferta *f* gratuita; ℨbeilage *f* suplemento *m* gratuito; ℨexemplar *n* ejemplar *m* gratuito; ℨprobe ✝ *f* muestra *f* gratuita.
'Grätsch|e *f* posición *f* de piernas abiertas; ℨen *v/i.: die Beine* ~ abrir las piernas, abrirse de piernas; ~sprung *m* salto *m* con las piernas abiertas; ~stellung *f* → Grätsche.
Gratu'lant(in *f*) *m* (-*en*) felicitante *m/f*; congratulante *m/f*.
Gratulati'on *f* felicitación *f*, parabién *m*; congratulaciones *f/pl*.
gratu'lieren (-) *v/i.: j-m zu et.* ~ felicitar a alg. por (*od.* con motivo de) a/c.; dar la enhorabuena a alg. por a/c.; *sich* ~ *können* estar de enhorabuena; (*ich*) *gratuliere!* ¡felicidades!; ¡enhorabuena!
'grau I. *adj.* gris (*a. Himmel u. fig.*); *fig.* (*düster*) sombrío; (*fahl*) lívido; (*eintönig*) monótono; *et.* ~ grisáceo; ~*e Haare* canas *f/pl.*; ~*e Haare haben* peinar canas; *Pol.* ~*e Eminenz* eminencia *f* gris; *Anat.* ~*e Substanz* su(b)stancia *f* gris; ~*er Markt* mercado *m* gris; ~ *machen* agrisar; *fig. alles* ~ *in* ~ *malen* pintar todo de gris; ~ *werden*, *sich* ~*e Haare bekommen* encanecer; *fig. sich* ~*e Haare wachsen lassen* hacerse mala sangre; *fig. darüber lasse ich mir keine* ~*en Haare wachsen* eso no me preocupa; *eso me trae sin cuidado*; *der* ~*e Alltag* la monotonía diaria; el quehacer cotidiano; *seit* ~*er Vorzeit* desde tiempos inmemoriales; II. ℨ *n* (color *m*) gris *m*; ~äugig *adj.* de ojos grises; ℨbart *m* hombre *m* barbicano; F *fig.* viejecito *m*; vejete *m*; ~bärtig *adj.* barbicano; ~blau *adj.* gris azulado; *bsd. Augen:* garzo; ℨbrot *n* pan *m* moreno.
Grau'bünd|en *Geogr. n* cantón *m* de los Grisones; ~ner(in *f*) *m* grisón *m*; grisona *f*.

'grauen¹ I. v/i.: der Tag graut el día apunta, amanece; II. ⩔ n: beim ~ des Tages al amanecer, al rayar el alba.
'grauen² I. v/refl. u. v/unprs.: sich ~ vor (dat.) tener miedo a, de; tener horror a; mir graut (od. es graut mir) vor tengo miedo de; me horroriza (ac.); me espanta (ac.); II. ⩔ n (-s; 0) miedo m; pavor m; horror m, espanto m; j-m ~ einflößen infundir pavor a alg.; von ~ gepackt sein estar horrorizado; ~erregend, ~haft, ~voll adj. horroroso, horrible, espantoso; terrorífico; atroz.
'Grau...: ~gans f ánsar m gris (od. común); ⩔grün adj. verde grisáceo, gris verdoso; ~guß Met. m fundición f gris; ⩔haarig adj. cano(so); ~kopf fig. m anciano m; F vejete m.
'graulen F v/refl. u. v/unprs.: sich ~ vor (dat.) tener miedo de; mir grault vor (dat.) tengo miedo de.
'gräulich adj. grisáceo.
'graumeliert adj. Haar: entrecano.
'Graupe f cebada f mondada (od. perlada).
'Graupeln I. f/pl. granizo m menudo; II. ⩔ v/unprs.: es graupelt graniza, cae granizo.
'Graupensuppe f sopa f de cebada perlada.
Graus m (-es; 0) horror m, espanto m; pavor m; das ist mir ein ~ lo detesto.
'grausam adj. cruel; atroz; (unmenschlich) inhumano; bárbaro; (wild) feroz; ⩔keit f crueldad f; ferocidad f; (Greueltat) atrocidad f; (Unmenschlichkeit) inhumanidad f; barbaridad f.
Grauschimmel m caballo m tordillo (od. tordo m rodado).
'grausen v/unprs.: mir graust tengo horror (vor dat. de); me espanta (ac.); ⩔en n (-s; 0) horror m; espanto m; ~ig adj. espantoso, horroroso, horrible; estremecedor; espeluznante.
'Grau...: ~specht Orn. m pico m ceniciento; ~tier F n asno m, burro m, borrico m; ~werden n der Haare: encanecimiento m.
Gra'veur [gRa'vø:R] m (-s; -e) grabador m.
Gra'vier|anstalt f taller m de grabado; ⩔en (-) v/t. grabar; ⩔end ⩚ adj. agravante; ~e Umstände circunstancias f/pl. agravantes; ~nadel f buril m; ~ung f grabado m.
Gravime'trie f (0) gravimetría f.
'Gravis Gr. m (-; -) acento m grave.
Gravitati'on f (0) gravitación f; ~s-gesetz n ley f de la gravitación.
gravi'tätisch adj. grave; solemne.
'Grazie [-tsiə] f gracia f; donaire m, garbo m, F salero m; Myt. gracia f.
grazi'ös adj. (-est) gracioso, airoso, garboso; F saleroso.
'Green 'Card f (-; -s) Pol., ⩚ tarjeta f verde, visado m de trabajo y residencia.
'Gregor m Gregorio m.
gregori'anisch adj. gregoriano; der ~e Gesang el canto gregoriano (od. llano).
Greif m (-es od. -en; -e od. -en) Myt. u. ⌀ grifo m.
'Greif...: ~backe ⊕ f mordaza f; ~bagger m cubeta-draga f, cuchara-draga f; ⩔bar adj. palpable, tangible (beide a. fig.); (zur Hand) al alcance de la mano; ⩚ (auf Lager) disponible; ~e Gestalt annehmen tomar cuerpo.
'greifen (L) I. v/t. tomar, (nicht in Arg.) coger; (befühlen) palpar; (pakken) asir, agarrar; empuñar; ♪ tocar, pulsar; (fangen) atrapar; Dieb: detener, aprehender; F ich werde ihn mir schon ~! ¡ya le diré cuatro verdades!; fig. mit Händen zu ~ palpable; evidente, manifiesto; II. v/i. ⊕ Räder usw.: agarrar; an et. ~ tocar a/c.; nach et. ~ (extender la mano para) coger bzw. agarrar a/c.; echar mano a a/c.; an den Hut ~ saludar, llevarse la mano al sombrero; in die Tasche ~ meter la mano en el bolsillo; F echar mano a la bolsa; nach dem Schwert ~ poner mano a la espada; ♪ falsch ~ desentonar; fig. um sich ~ propagarse, extenderse; ganar terreno; fig. zu et. ~ recurrir a; echar mano de, usar; zum Äußersten ~ apelar al último recurso; das ist zu hoch gegriffen es exagerado; III. ⩔ n: zum ~ nahe al alcance de la mano.
'Greifer m ⊕ cuchara f (automática); (~kübel) cubeta f; ~kran m grúa f con cuchara; ~schaufel f pala f de agarre.
'Greif...: ~klaue f, ~kralle f garra f; ⊕ garra f de sujeción, uña f; ~organ n órgano m de prensión; ~schwanz m cola f prensil, ~vogel m rapaz f diurna; ~zirkel m compás m de espesor (od. de grueso).
'greinen v/i. lloriquear.
Greis m (-es; -e) anciano m, viejo m.
'Greisen|alter n ancianidad f, vejez f; senectud f; ⩔haft adj. senil, ~haftigkeit f (0) senilidad f.
'Greisin f anciana f, vieja f.
grell adj. Ton: agudo; penetrante; (schrill) estridente; Licht: deslumbrante; Farben: muy vivo, subido; (auffällig) llamativo; chillón (a. Stimme); Gegensatz: violento; ~ abstechen gegen contrastar rudamente con; ~bunt adj. de colores muy llamativos (od. chillones).
'Gremium n (-s; -mien) organismo m; entidad f; cuerpo m; grupo m.
Grena'dier ⩚ m (-s; -e) granadero m.
'Grenz|aufseher m guardia m fronterizo; ~bahnhof m estación f fronteriza; ~befestigung f fortificación f de frontera; ~belastung ⊕ f carga f límite; ~bereinigung f, ~berichtigung f rectificación f de frontera; ~betrieb ⩚ m empresa f marginal; ~bevölkerung f población f fronteriza; ~bewohner m (habitante m) fronterizo m; ~bezirk m distrito m fronterizo; zona f fronteriza.
'Grenze f límite m; (Landes⩔) frontera f; (Rand) borde m; margen m; (Grundstücks⩔) linde m/f; (äußerstes Ende) extremo m; fig. confines m/pl.; an der ~ en la frontera; e-e ~ ziehen (festlegen) trazar (fijar) una frontera; die ~ überschreiten pasar (od. franquear) la frontera; fig. die ~n über-schreiten pasar (od. exceder) los límites, extralimitarse; F pasar de la raya; fig. j-n in s-e ~n verweisen poner a alg. a raya; alles hat s-e ~n todo tiene sus límites; e-r Sache ~n setzen limitar (od. poner límites a) a/c.; sich in ~n halten no salirse de los límites; contenerse; ohne ~n → grenzenlos.
'grenzen (-t) v/i.: ~ an confinar, lindar con; ser contiguo a; ser colindante con; fig. rayar en; frisar en; rozar a/c.; ~d an contiguo a; fig. rayano en.
'grenzenlos adj. sin límites, ilimitado; (unendlich) infinito; fig. inmenso; F enorme; ⩔igkeit f (0) inmensidad f.
'Grenz|er m → ~aufseher; ~erlös ⩚ m ingreso m marginal; ~ertrag ⩚ m productividad f marginal; ~fall m caso m límite bzw. extremo; ~festsetzung f delimitación f de fronteras; ~frequenz ⌀ f frecuencia f límite; ~gänger m trabajador m fronterizo; ~gebiet n región f (od. zona f) fronteriza; ~konflikt m conflicto m fronterizo; ~kontrolle f revisión f de aduana; ~kosten ⩚ pl. coste m marginal; ~krieg m guerra f fronteriza; ~lehre ⊕ f calibre m de tolerancias; ~linie f línea f divisoria (od. fronteriza); Pol. línea f de demarcación; fig. límite m máximo (od. extremo); ~mauer f pared f medianera bzw. divisoria; ~nachbar m colindante m; ~pfahl m poste m fronterizo; ~polizei f policía f de fronteras; ~posten ⩚ m guardia m fronterizo; ~schutz m protección f de la(s) frontera(s); policía f de fronteras; ~situation f situación f límite; ~spannung ⊕ f tensión f límite; ~sperre f cierre m de la frontera; ~stadt f ciudad f fronteriza; ~station ⩚ f estación f fronteriza; ~stein m mojón m (od. hito m) fronterizo; ~streitigkeit f → ~konflikt; ~übergang(sstelle f) m paso m de frontera; puesto m fronterizo; ⩔überschreitend adj. transfronterizo; ~überschreitung f, ~übertritt m paso m de frontera; ~verkehr m tráfico m fronterizo; ~verletzung f violación f de la frontera; ~vertrag m tratado m de fronteras; ~wache f guardia f de fronteras; ~wächter m guardia m fronterizo; Span. carabinero m; ~wert ⩚ m valor m límite; ~winkel m ángulo m límite; ~ziehung f trazado m de fronteras; ~zoll(amt n) m aduana f fronteriza; ~zone f zona f fronteriza; ~zwischenfall m incidente m fronterizo.
'Greuel m (-s; -) horror m; abominación f; (Greueltat) atrocidad f; das ist mir ein ~ me causa horror; er ist mir ein ~ le detesto; le aborrezco; ~märchen n atrocidades f/pl. supuestas; ~propaganda f propaganda f difamatoria; ~tat f atrocidad f; acción f abominable.
'greulich adj. atroz; abominable; execrable; horrible; espantoso.
'Griebe f chicharrón m, chicharro m.
'Griech|e m (-n), ~in f griego (-a f) m; ~enland n Grecia f; ~entum n (-s; 0) helenismo m; ⩔isch adj. griego; das ⩔e el griego; ⩔isch-'ortho'dox adj. ortodoxo griego; ⩔isch-'römisch adj. grecorromano.
'grienen reg. v/t. ~ grinsen.
'Gries|gram m (-es; -e) gruñón m, regañón m, F cascarrabias m, cara f de vinagre; ⩔grämig adj. atrabiliario; malhumorado, gruñón, regañón.
'Grieß m (-es; -e) sémola f; (Sand) arena f gruesa; grava f menuda; ⌀ arenilla f; ~brei m papilla f de sémola; ~klöße m/pl. albóndigas f/pl. de

sémola; ~**kohle** f cisco m; ~**mehl** n sémola f; ~**suppe** f sopa f de sémola.

Griff m (-(e)s; -e) (Greifen) agarro m; Ringen: llave f, presa f; zum Anfassen: asidero m, agarradero m; empuñadura f; cabo m; (Stiel) mango m; (Henkel) asa f (a. Koffer); (Degen2, Stock2) puño m; (Messer2) mango m; an Schubladen: tirador m; an Truhen: aldabón m; Zoo. (Kralle) garra f; uña f; e-n ~ nach et. tun (extender la mano para) coger (od. asir) a/c.; echar mano a a/c.; ✕ ~e üben manejar el arma; fig. e-n guten ~ tun tener buena mano; hacer buena presa; ♪ e-n falschen ~ tun desafinar, desentonar; et. im ~ haben saber manejar a/c.; tener práctica en a/c.; fig. in den ~ bekommen controlar; dominar; mit e-m ~ de un golpe; '2**bereit** adj. al alcance de la mano; '~**brett** ♪ n batidor m.

'**Griffel** m (-s; -) pizarrín m; ♀ pistilo m.

'**griff**|**ig** adj. (handlich) manejable; Stoff: agradable al tacto; (rutschfest) antideslizante; 2**igkeit** f manejabilidad f; v. Reifen usw.: adherencia f; 2**loch** ♪ n agujero m.

Grill m (-s; -s) parrilla f; gril(l) m, asador m; im Freien: barbacoa f; vom ~ a la parrilla.

'**Grille** f (Heimchen) grillo m; (Zikade) cigarra f; fig. capricho m, antojo m; quimera f; F chifladura f; F ~**n fangen** estar melancólico (od. triste); coger grillos; ~**n im Kopf haben** tener sus caprichos; 2**n Kochk.** v/t. asar a la parrilla; 2**nhaft** adj. caprichoso; lunático; quimérico; F chiflado.

'**Grillgericht** Kochk. n parrillada f.

Gri'masse f mueca f, visaje m; gesto m; ~**n machen** (od. schneiden) hacer muecas (od. gestos).

'**Grimm** m (-(e)s; 0) (Wut) furor m, furia f; rabia f, ira f; (Wildheit) ferocidad f; (Erbitterung) saña f, encono m; ~**darm** Anat. m colon m; 2**ig** adj. (wütend) furioso, stärker: furibundo; rabioso; (wild) feroz; (erbittert) enconado; fig. terrible; Kälte: crudo, riguroso; es ist ~ kalt hace un frío que pela.

'**Grind** ✲ m (-(e)s; -e) tiña f; (Schorf) escara f; costra f; 2**ig** adj. tiñoso; costroso.

'**grinsen** I. (-t) v/i. (son)reírse irónicamente (od. maliciosamente); II. 2 n sonrisa f irónica; F risa f del conejo.

grip'**pal** ✲ adj. gripal.

'**Grippe** ✲ f gripe f; F trancazo m; ~**epidemie** f epidemia f de gripe; 2**krank** adj. griposo.

Grips F m (-es; -e) sesos m/pl., F magín m, pesquis m, mollera f; ~ haben F tener dos dedos de frente; s-n ~ anstrengen F estrujarse el magín.

'**grob** adj. (~er; ~st) (stark, dick) grueso; (plump) grosero, (roh) bruto, brutal; (ungeschliffen) tosco (a. Gesichtszüge); basto; Person: a. zafio, rudo; (frech) impertinente, insolente; (bäurisch) patán, palurdo; (unhöflich) descortés, mal educado; (ordinär) chabacano, ordinario; (unwirsch) brusco; (unbearbeitet) en bruto; (annähernd) aproximativo; Stoff: burdo, basto; Arbeit: rudo; Schuhe: ramplón; ~**er Unfug** abuso m grave; ~**e Lüge** solemne mentira f; ~**e Worte**

palabras f/pl. gruesas; ~**e Stimme** voz f bronca; ~**e See** mar f gruesa; ~**er Spaß** broma f de mal gusto; ~**er Irrtum** falta f grave (F garrafal); ~**er craso** error m; fig. in ~**en Zügen** a grandes rasgos; grosso modo; ~**er Kerl** grosero m; palurdo m; j-n ~ anfahren apostrofar a alg.; j-n ~ behandeln tratar groseramente (od. con malos modales) a alg.; tratar con rudeza a alg.; F j-m ~ kommen decir groserías a alg.; aus dem Gröbsten heraussein haber hecho ya lo más difícil; 2**blech** n chapa f gruesa; 2**einstellung** ⊕ f ajuste m aproximativo; ~**faserig** adj. de fibra basta; 2**feile** f lima f gruesa; bastarda f; 2**heit** f grosería f; (Roheit) brutalidad f; (Unhöflichkeit) descortesía f, falta f de educación; (Frechheit) impertinencia f, insolencia f; (Ungeschliffenheit) ordinariez f; tosquedad f; zafiedad f; j-m ~**en sagen** (od. an den Kopf werfen) decir groserías (od. P burradas) a alg.

'**Grobian** m (-(e)s; -e) grosero m; palurdo m, patán m; zafio m.

'**grobkörnig** adj. de grano grueso.

'**gröblich** I. adj. grueso; grosero; II. adv.: ~ **beleidigen** insultar groseramente.

'**grob...**: ~**maschig** adj. de malla gruesa; ~**schlächtig** adj. grosero; tosco; ~**schleifen** v/t. desbastar; 2**schliff** ⊕ m desbaste m; 2**schmied** m herrero m de grueso; 2**schnitt** m (Tabak) picadura f.

Grog m (-s; -s) grog m.

'**groggy** ['grogi] adj. Boxen u. fig. grogui.

'**grölen** F v/i. gritar, chillar; berrear.

'**Groll** m (-(e)s; 0) rencor m; animosidad f; encono m; resentimiento m; ohne ~ sin rencor; auf j-n e-n ~ haben, ~ **gegen** j-n **hegen** guardar rencor a alg.; tener ojeriza a alg.; 2**en** v/i. 1. j-m ~ guardar rencor a alg.; 2. Donner: retumbar; ~**en** n des Donners: retumbo m.

'**Grön**|**land** n Groenlandia f; ~**länder(in** f) m groenlandés m; groenlandesa f; 2**ländisch** adj. groenlandés.

Gros¹ [groː] ✕ n (-; -) grueso m (a. fig.).

Gros² [grɔs] ✝ n (-ses; -se) (12 Dutzend) gruesa f.

'**Groschen** m moneda f de diez pfennigs; keinen ~ haben no tener un céntimo, F no tener ni blanca; F der ~ ist gefallen ahora caigo (en la cuenta); F m-e paar ~ F mis cuatro perras; ~**roman** m novela f de a peseta.

'**groß** (~er; ~t) I. adj. grande (a); (erwachsen) adulto, mayor; (geräumig) espacioso, (dick) grueso, (weit) amplio, extenso, vasto; (lang) largo; (hochgewachsen) alto, (hoch) elevado; (umfangreich) voluminoso, (stark) fuerte, (wichtig) importante; (bedeutend) considerable, notable; (hervorragend) eminente, insigne; (zahlreich) numeroso, nutrido; ~**er Buchstabe** mayúscula f; die ~**e Masse** la masa, el vulgo; ~**e Pause** pausa f larga; ~**er Irrtum** error m de bulto; ~**er Fehler** falta f grave (F garrafal); mein ~**er Bruder** mi hermano mayor; in ~**er Toilette** de gala; (gran) etiqueta f;

Hitze (Kälte) calor m (frío m) intenso; der größere bzw. größte Teil la mayor parte; la mayoría; ~ **und klein** grandes y pequeños; chicos y grandes; todo el mundo; **wenn du einmal** ~ **bist** cuando seas grande; ~**er Mann** hombre m de gran estatura; fig. hombre insigne, un gran hombre; gleich ~ Personen: de la misma talla (od. estatura); Sachen: del mismo tamaño; **wie** ~ **ist er?** ¿qué talla tiene?; e-e größere Summe una cantidad bastante grande (od. considerable); im ~**en** en grande; en gran escala; **im** 2**en wie im Kleinen** tanto en las cosas grandes como en las pequeñas; im ~**en (und)** ganzen en general, en conjunto; en líneas generales; im ~**en und kleinen** verkaufen vender al por mayor y al por menor; die Schuhe sind ihm zu ~ los zapatos le están (od. le vienen) grandes; Friedrich der 2**e** Federico el Grande; die 2**en** los adultos, los mayores; unser 2**er** nuestro hijo mayor; II. adv.: j-n ~ **ansehen** mirar asombrado a alg.; ~ **auftreten** darse aires de gran señor; **bei ihm geht es** ~ **her** en su casa se vive a lo grande; ~ **denken von** j-m tener alta opinión de alg.; F **er kümmert sich nicht** ~ **darum** no le preocupa gran cosa; no hace gran caso de ello; F ganz ~ por todo lo alto; ganz ~**!** F ¡estupendo!, ¡formidable!; ~ **werden Kind:** crecer, hacerse mayor; größer werden Sachen: aumentar, agrandarse; (sich ausdehnen) extenderse; ensancharse; fig. engrandecerse; größer machen hacer más grande, agrandar; aumentar; ampliar, ensanchar; fig. engrandecer; 2**abnehmer** ✝ m comprador m al por mayor; 2**admiral** m gran almirante m; Span. capitán m general de la Armada; 2**aktionär** m gran accionista m; ~**angelegt** adj. en gran escala; de gran envergadura; 2**angriff** ✕ m gran ataque m; ataque m en gran escala; ~**artig** adj. grandioso, imponente; (ausgezeichnet) excelente, magnífico, soberbio; (glänzend) espléndido; brillante; (wunderbar) maravilloso, (erhaben) sublime; majestuoso, (ungeheuer) enorme, fenomenal; F estupendo, formidable, colosal; P de órdago; e-e ~**e Idee** (a. iro.) una idea genial; 2**artigkeit** f (0) grandiosidad f; magnificencia f; sublimidad f; majestuosidad f; 2**aufnahme** f Film: primer plano m; 2**auftrag** ✝ m pedido m importante; 2**betrieb** m gran empresa f; explotación f en gran escala; 2**bildschirm** m pantalla f grande; 2**bri'tannien** n Gran Bretaña f; 2**bri'tannisch** adj. británico, de la Gran Bretaña; 2**buchstabe** m (letra f) mayúscula f; 2**bürgertum** n alta burguesía f.

'**Größe** f grandeza f; Astr. u. fig. magnitud f; (Menge) cantidad f (a. ⚛); (Dicke) grosor m, grueso m; (Ausdehnung) extensión f; dimensión f; (Format) tamaño m, formato m; (Weite) amplitud f; (Rauminhalt) volumen m; e-s Gefäßes: capacidad f; (Aufnahmefähigkeit) cabida f; (Stärke) fuerza f; intensidad f; (Erhabenheit) sublimidad f; majest(uosid)ad f; grandeza f; (Bedeutung) importancia f; e-s Vergehens: gravedad f;

(*Körper*⚮) talla *f* (*a. Kleider*⚮), estatura *f*; *v. Gebäuden usw.*: altura *f*; (*Hemd*⚮, *Schuh*⚮, *Hut*⚮) número *m*; (*Berühmtheit*) celebridad *f*, eminencia *f*; *v. Film, Bühne*: estrella *f*, astro *m*; *v. Sport*: as *m*; *Astr.* **Stern erster** ~ estrella *f* de primera magnitud; *von mittlerer* ~ de tamaño mediano; de talla media; *der* ~ *nach* por orden de estatura (*od.* altura); *der* ~ *nach ordnen* ordenar de mayor a menor; clasificar por tamaños; *in voller* ~ de cuerpo entero.

'**Groß...**: ~**einsatz** *m* operación *f* en gran escala, vasta operación *f*; ~**eltern** *pl.* abuelos *m/pl.*; ~**enkel(in** *f*) *m* bisnieto (-a *f*) *m*.

'**Größen-ordnung** *f* (orden *m* de) magnitud *f*; dimensión *f*.

'**großenteils** *adv.* en gran parte; en general, por lo general.

'**Größen...**: ~**verhältnis** *n* proporción *f*; ~**wahn** *m* delirio *m* de grandezas, megalomanía *f*; ⚮**wahnsinnig** *adj.* megalómano.

'**Größerwerden** *n* crecimiento *m*.

'**Groß...**: ~**fabrikation** *f*, ~**fertigung** *f* fabricación *f* en gran escala; ~**fahndung** *f* persecución *f* a gran escala; ~**feuer** *n* gran incendio *m*, siniestro *m*; ~**flugzeug** *n* avión *m* gigante; ~**folio** *n*: *in* ~ en folio mayor; ~**format** *n* gran formato *m*; tamaño *m* grande; ~**fürst(in** *f*) *m* (-*en*) gran duque (duquesa *f*) *m*; ~**garage** *f* garage *m* colectivo; ~**grundbesitz** *m* latifundio *m*; *Am.* hacienda *f*; *Arg.* estancia *f*; ~**grundbesitzer(in** *f*) *m* (gran) terrateniente *m/f*, latifundista *m/f*; *Am.* hacendado *m*; *Arg.* estanciero *m*; ~**handel** *m* comercio *m* al por mayor; ~**handels-index** *m* índice *m* de precios al por mayor; ~**handelspreis** *m* precio *m* al por mayor; ~**händler(in** *f*) *m* comerciante *m/f* al por mayor, mayorista *m/f*; ~**handlung** *f* almacén *m* al por mayor; ⚮**herzig** *adj.* generoso; magnánimo; ~**herzigkeit** *f* (0) generosidad *f*; magnanimidad *f*; ~**herzog(in** *f*) *m* gran duque (duquesa *f*) *m*; ~**herzogtum** *n* gran ducado *m*; ~**hirn** *Anat. m* cerebro *m*; ~**hirnrinde** *Anat. f* corteza *f* cerebral; ~**industrie** *f* gran industria *f*; ~**industrielle(r)** *m* gran industrial *m*, *Neol.* capitán *m* de industria; ~**inquisitor** *m* inquisidor *m* general.

Gros'sist *m* (-*en*) → **Großhändler.**

'**groß...**: ~**jährig** *adj.* mayor de edad; ⚮**jährigkeit** *f* (0) mayoría *f* de edad; ⚮**kapital** *n* gran capital *m*; ⚮**kapitalismus** *m* gran capitalismo *m*; plutocracia *f*; ⚮**kapitalist** *m* gran capitalista *m*; ⚮**kaufmann** *m* → ~*händler*; ⚮**kopfete(r)** F *reg. m* F pez *m* gordo; ~**kotzig** F *adj.* fanfarrón; bravucón; ⚮**kraftwerk** ⚡ *n* central *f* eléctrica de gran potencia; ⚮**kreuz** *n* e-*s Ordens*: gran cruz *f*; ⚮**kundgebung** *f* manifestación *f* masiva (*od.* multitudinaria); ⚮**lautsprecher** *m* altavoz *m* de gran potencia; ⚮**leinwand** *f* pantalla *f* televisiva; ⚮**loge** *f Freimaurerei*: Gran Oriente *m*; ⚮**macht** *f* gran potencia *f*; ~**mächtig** *adj.* muy potente; muy poderoso; ⚮**machtstellung** *f* situación *f* de gran potencia; ⚮**mama** F *f* abuelita *f*; ⚮**mannssucht** *f* fanfarronería *f*; ⚮**markt** *m*

mercado *m* central; (*Supermarkt*) hipermercado *m*; ⚮**mars** ⚓ *m* cofa *f* mayor; ~**maschig** *adj.* de grandes mallas; ⚮**mast** ⚓ *m* palo *m* mayor; ⚮**maul** F *fig. n* (*Schwätzer*) charlatán *m*, F bocazas *m*; (*Prahler*) jactancioso *m*, fanfarrón *m*, bravucón *m*, F farolero *m*; ~**mäulig** *adj.* charlatán; fanfarrón; F farolero; ⚮**meister** *m* e-*s Ordens*: gran maestre *m*; ⚮**mut** *f* generosidad *f*, magnanimidad *f*; ~**mütig** *adj.* generoso; magnánimo; ⚮**mütigkeit** *f* (0) → ⚮*mut*; ⚮**mutter** *f* abuela *f*; F **erzähl das deiner** ~! ¡cuéntaselo a tu abuela!; ~**mütterlich** *adj.* de (*od.* como) una abuela; ⚮**neffe** *m* sobrino *m* segundo; ⚮**nichte** *f* sobrina *f* segunda; ⚮**oktav** *Typ. n* octavo *m* mayor; ⚮**onkel** *m* tío *m* abuelo; ⚮**papa** F *m* abuelito *m*; ⚮**raum** *m*: *der* ~ *Madrid* el gran Madrid; ⚮**raumflugzeug** *n* avión *m* de gran capacidad; ~**räumig** *adj.* espacioso; *fig.* extenso; ⚮**raumwirtschaft** *f* economía *f* de grandes espacios; ⚮**reinemachen** *n* limpieza *f* general (*od.* a fondo); ⚮**schiffahrtsweg** *m* gran vía *f* de navegación; ⚮**schlächterei** *f* carnicería *f* al por mayor; ⚮**schnauze** P *fig. f*, ~**schnäuzig** P *fig. adj.* → ⚮*maul*, ~*mäulig*; ⚮**schreibung** *f* empleo *m* de mayúsculas; ⚮**segel** ⚓ *n* vela *f* mayor; ⚮**sprecher** *m* → ⚮*maul*; ⚮**spreche'rei** *f* (*Geschwätz*) charlatanería *f*; (*Prahlerei*) fanfarronería *f*, jactancia *f*, F faroleria *f*; ~**sprecherisch** *adj.* ~*mäulig*; ~**spurig** I. *adj.* arrogante; fachendoso; F farolero; II. *adv.*: ~ *tun*, ~ *auftreten* gastar mucha prosopopeya; darse aires de gran señor; darse tono (*od.* importancia); ⚮**stadt** *f* gran ciudad *f*, urbe *f*; metrópoli *f*; ⚮**städter(in** *f*) *m* habitante *m/f* de una gran ciudad; ~**städtisch** *adj.* (propio) de (una) gran ciudad; metropolitano; ⚮**tante** *f* tia *f* abuela; ⚮**tat** *f* hazaña *f*, proeza *f*; ⚮**teil** *m* gran parte.

'**größt|en'teils** *adv.* por (*od.* en) la mayor parte, en su mayoría; por lo general, en general; (*gewöhnlich*) ordinariamente; ⚮**maß** *n* máximum *m*, máximo *m*; ~**möglich** *adj.* lo mayor (*od.* más grande) posible.

'**Groß...**: ~**tuer** *m* jactancioso *m*; arrogante *m*; fanfarrón *m*; bravucón *m*; ⚮**tue'rei** *f* jactancia *f*; arrogancia *f*; ostentación *f*; fanfarronería *f*, bravuconería *f*; ⚮**tun** (*L*) *v/i.* jactarse; fanfarronear; darse tono (*od.* importancia); darse aires de gran señor; (*sich*) *mit et.* ~ jactarse de a/c.; ~**unternehmen** *n* gran empresa *f*; ⚮**unternehmer** *m* gran industrial *m*; ~**vater** *m* abuelo *m*; ⚮**väterlich** *adj.* de (un) abuelo; como (un) abuelo; ~**vaterstuhl** *m* sillón *m* de brazos, poltrona *f*; ⚮**veranstaltung** *f* acto *m* multitudinario; ~**versuch** *m* experimento *m* a gran escala; ~**vieh** *n* ganado *m* mayor; ~**wetterlage** *f* situación *f* meteorológica general; ~**wild** *n* caza *f* mayor; ~**würdenträger** *m* alto dignatario *m*; ⚮**ziehen** (*L*) *v/t.* criar; educar; ⚮**ziehen** *n* cría *f*; ⚮**zügig** *adj.* de miras amplias; de alto vuelo; (*freigebig*) liberal; generoso, desprendido; ⚮**zügigkeit** *f* (0) amplitud *f* de miras; (*Freigebigkeit*) liberalidad *f*; generosidad *f*,

largueza *f*, prodigalidad *f*.

gro'tesk *adj.* (-*est*) grotesco, ridículo; ~*e Figur* adefesio *m*, facha *f*; ⚮**e** *f Thea.* obra *f* grotesca; ⚮(**schrift**) *f* grotesca *f*.

'**Grotte** *f* gruta *f*.

'**Grübchen** *n* hoyuelo *m*.

'**Grube** *f* hoyo *m*; foso *m*, fosa *f*; zanja *f*; ⛏ pozo *m*, mina *f*; (*Aushöhlung*) excavación *f*; ⛏ *in die* ~ *fahren* bajar a la mina; *wer andern e-e* ~ *gräbt, fällt selbst hinein* quien siembra cizaña más tarde le araña.

'**Grübe'lei** *f* cavilación *f*; meditación *f*.

'**grübeln** I. (-*le*) *v/i.* cavilar; meditar; *fig.* rumiar; romperse la cabeza; II. ⚮ *n* → *Grübelei*.

'**Gruben...**: ~**arbeiter** *m* minero *m*; ~**bahn** *f* ferrocarril *m* minero; vía *f* de mina; ~**bau** *m*, ~**betrieb** *m* explotación *f* minera; ~**brand** *m* incendio *m* en una mina; ~**gas** *n* grisú *m*; ~**holz** *n* entibo *m*; ~**lampe** *f*, ~**licht** *n* lámpara *f* de minero; ~**schacht** *m* pozo *m* de mina; ~**stempel** *m* puntal *m* de mina; ~**unglück** *n* accidente *m* minero; catástrofe *f* minera.

'**Grübler|(in** *f*) *m* soñador(a *f*) *m*; sutilizador(a *f*) *m*; ⚮**isch** *adj.* caviloso; pensativo; soñador.

Gruft *f* (-; ~*e*) tumba *f*, sepulcro *m*; (*Höhle*) caverna *f*; '⚮**gewölbe** *n* cripta *f*.

'**Grum(me)t** ⚔ *n* (-*s*; 0) (hierba *f* de) segundo corte *m*.

grün I. *adj.* verde (*a. fig.*); (*frisch*) fresco; (*unerfahren*) novicio, bisoño; F *fig.* ~*er Junge* mozalbete *m*, *Vkw.* ~*e Welle* onda *f* verde; ⚮*er Punkt* el punto verde (*marca oficial de que un material es reciclable*); *fig.* ~*es Licht geben* dar luz verde; *fig. vom* ~*en Tisch aus* de manera abstracta; sin visión de la realidad; burocráticamente; *fig. auf keinen* ~*en Zweig kommen* no medrar; no salir adelante; ~*anstreichen* pintar de verde; ~ *werden* verdear; reverdecer; *mir wird* ~ *und gelb vor den Augen* la cabeza me da vueltas; ~ (*und gelb*) *vor Neid* verde de envidia; *j-n* ~ *und blau schlagen* F moler a alg. a palos; *sich* ~ *und gelb ärgern* reventar de rabia; F *fig. j-m nicht* ~ *sein* guardar rencor a alg.; II. ⚮ *n* (-*s*; 0) verde *m*; *der Natur* ~ *m*, verdura *f*; *mitten im* ~*en* en pleno campo; *ins* ~*e fahren* ir al campo; F *das ist dasselbe in* ~ viene a ser lo mismo; *Vkw.* ~ *haben* tener luz verde; III. *Pol. die* ⚮*en pl.* los ecologistas, los verdes; '⚮**anlage** *f* zona *f* ajardinada; '~**blau** *adj.* verdeazul.

'**Grund** *m* (-*¨es*; ~*e*) fondo *m*; (*Erdboden*) suelo *m*; tierra *f*; terreno *m*; (*Grundlage*) fundamento *m*; base *f*; (*Vernunft*⚮) razón *f*; porqué *m*; (*Beweg*⚮) motivo *m*; móvil *m*; (*Ursache*) causa *f*, razón *f*; (*Anlaß*) motivo *m*; (*Beweis*⚮) argumento *m*; ~ *und Boden* bienes *m/pl.* raíces; *aus diesem* ~*e* por esta razón, por tal motivo; por este motivo; *aus naheliegenden Gründen* por razones obvias (*od.* fáciles de comprender); *aus dem e-n oder andern* ~ por un motivo u otro; por pitos o por flautas; por A o por B; *aus welchem* ~*e auch immer* por los motivos que sean; *aus irgendeinem* ~*e* por cualquier razón (*od.* motivo); *aus welchem* ~*e?* ¿por qué razón (*od.*

motivo)?; ¿a santo de qué?; *und zwar aus gutem* ∼ y con razón; *s-e (guten) Gründe haben* tener sus (fundadas) razones; *ich habe m-e Gründe!* ¡yo me entiendo!; *ohne (jeden)* ∼ sin (ningún) motivo; sin (ninguna) razón; *von* ∼ *aus (od. auf)* a fondo; de raíz; radicalmente; *auf* ∼ *von* a base de; en virtud de; a raíz de; por razón de; *im* ∼*e (genommen)* en el fondo; bien mirado; pensándolo bien; después de todo; *(das ist) ein* ∼ *mehr* razón de más; *(es besteht) kein* ∼ *zur Aufregung* no hay motivo para alterarse; *das Glas bis auf den* ∼ *leeren* apurar el vaso; *a. fig. den* ∼ *zu et. legen* echar los cimientos *(od.* fundamentos) de a/c.; *keinen* ∼ *mehr haben, den* ∼ *verlieren im Wasser*: perder pie; ∼ *haben im Wasser*: tocar fondo, hacer pie; (keinen) ∼ *haben zu* (no) tener motivo para; ∼ *geben zu* dar lugar a; dar pie para; dar motivo a *(od.* para); *e-r Sache auf den* ∼ *gehen* ir al fondo de a/c., examinar a fondo a/c.; profundizar en a/c.; *das wird schon s-n* ∼ *haben* por algo será; ⚓ *auf* ∼ *geraten* encallar, varar; ⚓ *in den* ∼ *bohren* echar a pique, hundir; ∼**akkord** ♩ *m* acorde *m* perfecto; ∼**anschauung** *f* concepción *f* fundamental; ²!**anständig** *adj.* muy honrado; ∼**anstrich** ⊕ *m* capa *f (od.* pintura *f)* de fondo; ∼**ausbildung** *f* formación *f* (⚒ instrucción *f)* básica; ∼**bau** △ *m* fundamentos *m/pl.*; ∼**bedeutung** *f* sentido *m* primitivo *(od.* fundamental; ∼**bedingung** *f* condición *f* fundamental; ∼**begriff** *m* noción *f (od.* concepto *m)* fundamental; ∼*e pl. (Anfangsgründe)* rudimentos *m/pl.*; ∼**besitz** *m* bienes *m/pl.* raíces, propiedad *f* inmobiliaria *(od.* fundiaria); ∼**besitzer** *m* propietario *m* (de bienes raíces); terrateniente *m*; ∼**bestandteil** *m* elemento *m* fundamental; constitutivo *m*; principio *m*; ∼**buch** *n* registro *m* de la propiedad; ∼**buch-amt** *n* (oficina *f* del) registro *m* de la propiedad; ∼**dienstbarkeit** *f* servidumbre *f* real *(od.* inmobiliaria); ²!**ehrlich** *adj.* honrado a carta cabal; ∼**eigentum** *n* → ∼*besitz*; ∼**eigentümer** *m* → ∼*besitzer*; ∼**einstellung** *f* actitud *f* fundamental; ∼**eis** *n* hielo *m* de fondo; F *es geht mir mit* ∼ estoy en un aprieto; tengo mucha prisa.

'**gründeln** (-*le*) *v/i.* Ente *usw.*: zambullirse (en busca de alimento).

'**gründen** (-*e*-) *v/t.* fundar; *(einrichten)* establecer; crear; instituir; *fig. (stützen)* basar, apoyar *(auf ac.* en); *sich* ∼ *auf* fundarse en, apoyarse en; basarse en.

'**Gründer**|(**in** *f*) *m* fundador(a *f*) *m*; creador(a *f*) *m*; ∼**aktie** ✝ *f* acción *f* de fundador; ∼**anteil** *m* parte *f* de fundador; ∼**gesellschaft** *f* sociedad *f* fundadora; ∼**jahre** *n/pl. Hist. in Deutschland nach 1871:* revolución *f* industrial alemana; ∼**versammlung** *f* asamblea *f* constituyente.

'**Grund...**: ∼**erwerb** *m* adquisición *f* de terreno; ∼**erwerbssteuer** *f* impuesto *m* sobre la adquisición de bienes inmuebles; ²!**falsch** *adj.* absolutamente falso; ∼**farbe** *f Opt.* color *m* elemental; *Mal.* color *m* de fondo, *(Grundanstrich)* capa *f (od.* pintura *f)*; ∼**fehler** *m* error

m fundamental *(od.* capital); ∼**feste** *f* fundamento *m*; *fig. in s-n* ∼*n erschüttert* quebrantado hasta la raíz; ∼**fläche** *f* base *f*; ∼**form** *f* forma *f* primitiva; *Gr.* infinitivo *m*; ∼**gebühr** *f* tarifa *f* fija *(od.* base); *Tele.* cuota *f* de abono; ∼**gedanke** *m* idea *f* fundamental; ∼**gehalt** *n* sueldo *m* base; ²**gelehrt** *adj.* muy sabio; muy erudito; ∼ *sein* F ser un pozo de ciencia; ²**gescheit** *adj.* muy inteligente; ∼**gesetz** *n* ley *f* fundamental *(od.* orgánica); ∼**gestein** *n* rocas *f/pl.* primitivas; ∼**gleichung** A͛ *f* ecuación *f* fundamental; ²!**häßlich** *adj.* más feo que Picio; ∼**herr** *m* → ∼*besitzer*; *Hist.* señor *m* feudal.

grun'dier|**en** (-) *v/t.* dar la primera capa *(od.* mano); *Mal.* imprimar; poner fondo; ∼**farbe** *f* pintura *f* de fondo; ²**lack** *m* barniz *m* de fondo; ∼**schicht** *f* capa *f* de fondo; ∼**ung** *f* aplicación *f* de la capa de fondo; *Mal.* imprimación *f*.

'**Grund...**: ∼**industrie** *f* industria *f* básica; ∼**irrtum** *m* error *m* fundamental *(od.* capital); ∼**kapital** *n* capital *m* social; ∼**kenntnisse** *f/pl.* nociones *f/pl.* básicas; ∼**kredit** *m* crédito *m* hipotecario; ∼**kredit-anstalt** *f* banco *m* (de crédito) hipotecario; ∼**lage** *f* base *f*; fundamento *m*; asiento *m*; *e-r Wissenschaft usw.*: fundamentos *m/pl.*, *(Grundsätze)* principios *m/pl.*; *auf der* ∼ *von* sobre la base de; *auf gesetzlicher* ∼ sobre base legal; *jeder* ∼ *entbehren* carecer de todo fundamento; *die* ∼*n schaffen* establecer *(od.* sentar) las bases (für de); *als* ∼ *dienen* servir de base; *auf eine sichere* ∼ *stellen* fundar sobre base segura; ∼**lagenforschung** *f* investigación *f* básica; ²**legend** *adj.* fundamental, básico; ∼**legung** *f* fundación *f*.

'**gründlich** I. *adj.* sólido; *(tief)* profundo; *(sorgfältig)* cuidadoso, esmerado; escrupuloso; *(v. Grund aus)* radical; *(gewissenhaft)* concienzudo; *(vollständig)* completo, exhaustivo; *(eingehend)* detenido, minucioso; ∼*e Kenntnisse* conocimientos *m/pl.* sólidos *(od.* profundos); II. *adv.* a fondo; a conciencia; detenidamente; minuciosamente; cuidadosamente; *j-m* ∼ *die Meinung sagen* decirle a alg. cuatro verdades; F *da hast du dich* ∼ *blamiert!* ¡te has lucido!; ²**keit** *f* (0) solidez *f*; *(Tiefe)* profundidad *f*; *(Sorgfalt)* esmero *m*, cuidado *m*; escrupulosidad *f*; minuciosidad *f*.

'**Gründling** *Ict. m* (-*s*, -*e*) gobio *m*.

'**Grund...**: ∼**linie** *f* base *f*; línea *f* maestra; *Sport:* línea *f* de fondo; ∼**lohn** *m* salario *m* base; ²**los I.** *adj.* sin fondo, insondable; *Weg:* intransitable; *fig.* sin fundamento, infundado; inmotivado; gratuito; **II.** *adv.* sin fundamento, sin razón alguna; sin ningún motivo, inmotivadamente; ∼**losigkeit** *f* (0) profundidad *f* insondable; *fig.* carencia *f* de fundamento; lo infundado de a/c.; ∼**masse** *Geol. f* masa *f* elemental; ∼**mauer** △ *f* cimientos *m/pl.*, muro *m* de cimentación; ∼**metall** *n* metal *m* base; ∼**miete** *f* renta *f* base; ∼**moräne** *Geol. f* mor(r)ena *f* de fondo; ∼**nahrungsmittel** *n* alimento *m* básico *(od.* base).

Grün'donners-tag *m* Jueves *m* Santo.

'**Grund...**: ∼**pfeiler** *m* pilar *m* de fundamento; *fig.* columna *f*; puntal *m*; ∼**platte** ⊕ *f* placa *f* de base; ∼**preis** *m* precio *m* base; *Taxi:* bajada *f* de bandera; ∼**prinzip** *n* principio *m* fundamental; ∼**problem** *n* problema *m* fundamental; ∼**rechnungsarten** *f/pl.: die vier* ∼ las cuatro reglas aritméticas *(od.* operaciones fundamentales); ∼**recht** *n* derecho *m* fundamental; ∼**regel** *f* regla *f* fundamental; ∼**rente** *f* renta *f* del suelo; ∼**riß** *m* plano *m* (horizontal), planta *f*; *(Lehrbuch)* compendio *m*, manual *m*; ∼**satz** *m* principio *m*; *bsd. Phil.* axioma *m*; *(Lebensregel)* máxima *f*; *(Devise)* lema *m*; *ein Mann mit (od. von)* Grundsätzen un hombre de principios; *als* ∼ *haben* tener por principio; ∼**satz-entscheidung** *f* decisión *f* de principio; ∼**satz-erklärung** *f* declaración *f* de principio; ²**sätzlich I.** *adj.* fundamental, básico; de principio; **II.** *adv.* en principio; por principio; ∼**schicht** *f* capa *f* de fondo; ∼**schuld** *f* deuda *f* territorial *(od.* inmobiliaria); ∼**schule** *f* escuela *f* primaria; ∼**schüler** *m* → *Span.* alumno *m* de Primaria; ∼**schullehrer** *m* maestro *m*; *Span.* profesor *m* de Primaria; ∼**schulwesen** *n* enseñanza *f* primaria; ∼**see** *f* mar *f* de fondo; ∼**stein** *m* △ piedra *f* fundamental *(a. fig.)*; *den* ∼ *legen* poner la primera piedra *(zu de)*; *fig.* cimentar las bases (de); ∼**steinlegung** *f* colocación *f* de la primera piedra; ∼**stellung** *f* posición *f* normal; *Boxen:* guardia *f*; ∼**steuer** *f* contribución *f (od.* impuesto *m)* territorial; ∼**stock** *m* base *f*; ∼**stoff** 🜚 *m* elemento *m*, cuerpo *m* simple; *(Rohstoff)* materia *f* prima; ∼*e pl.* materias *f/pl.* básicas; ∼**stoffindustrie** *f* industria *f* básica; ∼**strich** *m* pierna *f* de letra; ∼**stück** *n* ⚖ fundo *m*; inmueble *m*; *allg.* finca *f*; *(Bauplatz)* solar *m*, terreno *m*; ∼**stücksmakler** *m* agente *m* de la propiedad inmobiliaria; corredor *m* de fincas; ∼**stücksverwalter** *m* administrador *m* de fincas; ∼**stücksverwaltung** *f* administración *f* de fincas; ∼**studium** *n* primer ciclo *m* (de los estudios universitarios); ∼**stufe** *f Schule:* grado *m (od.* nivel *m)* elemental; ∼**tarif** *m* tarifa *f* básica; ∼**text** *m* (texto *m*) original *m*; ∼**ton** *m* ♩ tónica *f*, tono *m* fundamental; *Mal.* color *m* fundamental; *fig.* tono *m* general; ∼**übel** *n* vicio *m* capital; fuente *f* de todos los males; ∼**umsatz** *Physiol. m* metabolismo *m* basal.

'**Gründung** *f* fundación *f*; establecimiento *m*; creación *f*; institución *f*.

'**Gründünger** ⚘ *m* abono *m* verde *(od.* sideral).

'**Gründungs...**: ∼**jahr** *n* año *m* de la fundación; ∼**kapital** *n* capital *m* de fundación; ∼**mitglied** *n* miembro *m (od.* socio *m)* fundador; ∼**urkunde** *f*, ∼**vertrag** *m* acta *f* constituyente.

'**Grund...**: ∼**ursache** *f* causa *f* bzw. motivo *m* fundamental *(od.* primordial); ²**verkehrt** *adj.* absolutamente equivocado; ²**verschieden** *adj.* completamente distinto; diametralmente opuesto; ~**wahrheit** f verdad f fundamental; ~**wasser** n aguas f/pl. subterráneas (od. freáticas); ~**wasserspiegel** m nivel m freático; capa f freática; ~**wort** Gr. n radical m; raíz f (etimológica); ~**zahl** f número m cardinal; ~**zins** m renta f del suelo; ~**zug** m rasgo m esencial (od. fundamental); Grundzüge pl. e-r Wissenschaft: elementos m/pl.

'**grünen** v/i. verdecer, verdear; ponerse verde; enverdecer; reverdecer.

'**Grün**...: ~**fink** Orn. m verderón m, verdecillo m; ~**fläche** f espacio m (od. zona f) verde; zona f ajardinada; ~**futter** n forraje m, pasto m verde; ♀**gelb** adj. amarillo verdoso; ~**gürtel** m cinturón m verde; ~**kohl** m col f común (od. verde); ~**land** ♂ n prados m/pl. y pastizales m/pl.; ♀**lich** adj. verdoso; ~**schnabel** fig. m mocoso m; jovenzuelo m; (Neuling) novato m; bisoño m; ~**span** m cardenillo m, verdete m; mit ~ überzogen acardenillado; ~ ansetzen acardenillarse; ~**specht** Orn. m pico m verde; ~**streifen** m in der Stadt: banda f de césped; Autobahn: franja f mediana; ~**werden** n reverdecimiento m; der Bäume: foliación f.

'**grunzen** I. (-t) v/i. gruñir; II. ♀ n gruñido m.

'**Grünzeug** n (-¢s; 0) verdura f.

'**Gruppe** f grupo m (a. ⚔, ♠); agrupación f; (Kreis v. Zuschauern) corro m; (Arbeits♀) equipo m; in ~n en (od. por) grupos; e-e ~ bilden formar un grupo, agruparse; in ~n einteilen dividir en grupos; ~**n-arbeit** f trabajo m en equipo; ~**n-aufnahme** f, ~**nbild** n Phot. (retrato m en) grupo m; ~**nbildung** f agrupación f, formación f de grupos; ~**ndynamik** Psych. f dinámica f de grupo (od. grupal); ~**nführer** ⚔ m jefe m de grupo; ~**nschalter** ∠ m interruptor m de grupos; ~**nsex** m sexualidad f de grupo; ~**ntherapie** f terapia f de grupo; ~**n-unterricht** m enseñanza f colectiva; ~**nversicherung** f seguro m colectivo (od. de grupos); ♀**nweise** adv. por (od. en) grupos.

grup'**pier**|**en** (-¢s) v/t. agrupar; sich ~ agruparse; Sport: alinearse; ♀**ung** f agrupación f, agrupamiento m.

Grus ⚔ m (-¢s; -e) carbonilla f, carbón m menudo, cisco m.

'**Grusel**|**film** m película f de terror (od. de suspense); ♀**ig** adj. horripilante, terrorífico; estremecedor; escalofriante; ♀**n** (-le) v/unprs.: es gruselt mich (od. mir) siento horror; me da miedo; me dan escalofríos.

Gruß [u:] m (-es; ⸚e) saludo m; (Begrüßung) salutación f; freundlichen ~! saludos afectuosos; m-e besten Grüße mis saludos más cordiales (an ac. a); viele Grüße von mir muchos saludos (od. recuerdos) de mi parte; Grüße bestellen dar recuerdos (a); mit herzlichen Grüßen con un cordial saludo.

'**grüßen** (-t) v/t. saludar; ~ Sie ihn (herzlich) von mir salúdele (muy cordialmente) de mi parte; er läßt Sie (schön) ~ le envía (muy afectuosos) recuerdos; F grüß dich! F ¡hola!

'**Gruß**|**formel** f fórmula f de saludo; ~**pflicht** ⚔ f saludo m obligatorio; ~**telegramm** n telegrama m de salutación bzw. de adhesión.

'**Grütz**|**beutel** ⚔ m lobanillo m, ateroma m; ~**brei** m papilla f de avena mondada; ~**e** f sémola f gruesa; (Hafer♀) avena f mondada; F fig. (Verstand) sesos m/pl.

'**G-Saite** ♪ f cuerda f de sol.

'**G-Schlüssel** ♪ m clave f de sol.

Gua'**jakbaum** m guayaco m.

Gu'**ano** m (-s; 0) guano m.

Gu'**asch** Mal. f (-; -en) aguada f, gal. guacha f.

Guate'**mala** n Guatemala f.

Guatemal'**tek**|**e** m (-n), ♀**isch** adj. guatemalteco (m).

'**guck**|**en** v/i. mirar; ~ aus (hervorsehen) asomar; guck (ein)mal! ¡mira!; ♀**fenster** n ventanilla f, ventanillo m; ♀**loch** n mirilla f.

Gue'**rilla** [ge-] f (-; -s) guerrilla f; ~**kämpfer** m guerrillero m; ~**krieg** m guerra f de guerrillas.

Guillo'**ti**|**ne** [gi jo~'ti:nə] f guillotina f; ♀**nieren** (-) v/t. guillotinar.

Gui'**nea** [gi-] n Guinea f.

'**Gulasch** m/n (-¢s; -e) estofado m a la húngara; ~**kanone** ⚔ F f cocina f de campaña; ~**suppe** f sopa f húngara.

'**Gulden** m (-s; -) florín m.

'**Gully** ['guli] m/n (-s; -s) sumidero m.

'**gültig** adj. valedero; ⚖, Paß usw.: válido; (in Kraft) vigente; en vigor; (rechtmäßig) legítimo; (beglaubigt) legalizado; Münze: de curso legal, corriente; ~ machen, für ~ erklären declarar valedero; (con)validar; (für rechtmäßig erklären) legitimar; sancionar; ♀**keit** f (0) validez f; (Gesetzes: vigor m, vigencia f; (Rechtmäßigkeit) legitimidad f; e-r Münze: curso m legal; ♀**keitsdauer** f plazo m (od. tiempo m) de validez; ♀**keits-erklärung** f validación f.

'**Gummi** n/m (-s; -) goma f; -s) goma f, caucho m; (Radier♀) goma f de borrar; ~**absatz** m tacón m de goma; ~**a**'**rabikum** n(-s; 0) goma f arábiga; ♀**artig** adj. elástico, gomoso; ~**ball** m pelota f de goma; ~**band** n cinta f elástica, elástico m, goma f; ~**baum** ♣ m árbol m del caucho (F de goma); ~**belag** m revestimiento m de goma; ~**bereifung** f neumáticos m/pl.; bandaje m de caucho; ~**boot** n bote m neumático; ~**dichtung** ⊕ f junta f de goma; ~**e**'**lastikum** n (-s; 0) goma f elástica; caucho m.

gum'**mier**|**en** (-) v/t. engomar; Stoff: impermeabilizar; ♀**ung** f engomado m; impermeabilización f.

'**Gummi**...: ~**faden** m hilo m de goma; ~**gewebe** n tejido m de caucho; tela f elástica; ~**gutt** ♣ n (-s; 0) goma f guta; gutagamba f; ♀**haltig** adj. gomífero, gomoso; ~**handschuh** m guante m de goma; ~**harz** ♣ n gomorresina f; ~**industrie** f industria f del caucho; ~**knüppel** m porra f (de goma); ~**lack** m goma f laca; ~**linse** Phot. f (objetivo m) zoom m; ~**mantel** m impermeable m; ~**matte** f alfombrilla f de goma; ~**paragraph** F m norma f flexible; ~**puppe** f muñeca f de goma; ~**reifen** m neumático m; ~**ring** m anillo m bzw. arandela f de goma; ~**schlauch** m manguera f bzw. tubo m de goma; ~**schnur** f cordón m de goma; cuerda f elástica; ~**schuhe** m/pl. chanclos m/pl.; ~**schwamm** m esponja f de goma; ~**sohle** f suela f de goma;

~**stempel** m sello m de goma; ~**stiefel** m/pl. botas f/pl. de goma; ~**stöpsel** m tapón m de goma; ~**strumpf** m media f elástica; ~**überzug** ⊕ m revestimiento m de goma; ~**unterlage** f für Säuglinge: impermeable m; ~**walze** f rodillo m de caucho; ~**waren** f/pl. artículos m/pl. de goma; ~**zelle** f celda f acolchada (od. de seguridad); ~**zug** m elástico m.

Gunst f (0) favor m; (Gnade) gracia f; j-m e-e ~ erweisen hacer un favor a alg.; zu j-s ~en (od. a) favor de alg.; sich um j-s ~ bemühen buscar el favor de alg.; j-s ~ erlangen congraciarse con alg.; ganarse (od. granjearse) las simpatías de alg.; bei j-m in ~ stehen, sich j-s ~ erfreuen estar en favor con alg.; gozar de las simpatías de alg.; '~**beweis** m, '~**bezeigung** f (señal f de) favor m; prueba f de simpatía.

'**günstig** adj. favorable; propicio; Augenblick: oportuno; (vorteilhaft) ventajoso; ~ aufnehmen acoger favorablemente; ver con buenos ojos; ~ abschneiden salir airoso; im ~sten Falle en el mejor de los casos; j-m ~ gesinnt sein estar favorablemente dispuesto hacia alg.; bei ~er Witterung si el tiempo lo permite.

'**Günstling** m (-s; -e) favorito m; e-s Fürsten: a. privado m, valido m; (Schützling) protegido m; ~**swirtschaft** f favoritismo m.

'**Gurgel** f (-; -n) garganta f, F gaznate m; j-n an (od. bei) der ~ packen agarrar a alg. por el cuello (F pescuezo); j-m die ~ durchschneiden degollar a alg.; j-m die ~ zudrücken apretar la nuez a alg.; ♀**n** (-le) v/i. gargarizar, hacer gárgaras; Wasser: gargotear; ~**n** gárgara(s) f(pl.); ~**wasser** n gargarismo m.

'**Gurke** f 1. ♣ pepino m; kleine: pepinillo m; saure ~ pepinillo en vinagre; 2. P (Nase) narizota f, napias f/pl.; ~**nsalat** m ensalada f de pepino.

'**gurren** I. v/i. arrullar; II. ♀ n arrullo m.

Gurt m (-¢s; -e) ceñidor m; faja f; correa f (a. ⊕); (Trag♀) tirante m; (Gürtel) cinturón m (a. Kfz.); (Patronen♀) canana f (Sattel♀) cincha f; (Hosen♀) pretina f; (Degen♀) cinto m; '~**band** n cinta f de lona; '~**bogen** △ m arco m toral.

'**Gürtel** m (-s; -) cinturón m (a. fig.); Geogr. zona f; (Absperrung) cordón m; den ~ enger schnallen apretarse el cinturón (a. fig.); ~**linie** f: Schlag unter die ~ golpe m bajo (a. fig.); ~**reifen** m neumático m radial; ~**rose** ⚔ f herpes(s) m, zoster m, zona m; ~**schlaufe** f pasador m de cinturón; ~**schnalle** f, ~**spange** f hebilla f (de cinturón); ~**tier** Zoo. n armadillo m.

'**gürten** (-e-) v/t. ceñir (mit de); sich ~ ceñirse.

'**Gurt**...: ~**förderer** m transportador m de cinta; ~**gewölbe** n bóveda f de arcos en resalto; ~**sims** n moldura f de imposta; ~**ung** △ f puntal m.

'**Guß** m (-sses; ⸚sse) (Regen♀) chaparrón m, aguacero m; (Zucker♀) baño m de azúcar; (Strahl) chorro m; Gießerei: fundición f; colada f; aus e-m ~ de una (sola) pieza, enterizo (a. fig.); ~**asphalt** m asfalto m colado; ~**beton** m hormigón m colado; ~**block** m lingote m; ~**bruch** m desechos m/pl. de fundición; ~eisen n hierro m colado (od. fundido), fundición f (de hierro); 2eisern adj. de hierro colado, de fundición; ~fehler m defecto m de colada; ~form f molde m; lingotera f; ~messing n latón m colado; ~naht f rebaba f; ~stahl m acero m fundido (od. colado); ~stahlwerk n fundición f de acero; ~stück n pieza f de fundición; ~waren f/pl. artículos m/pl. de fundición.

'Gustav m Gustavo m.

gut (besser; best-) I. adj. buen(o); (heilsam) saludable; (gesund) sano; (vorteilhaft) ventajoso; (förderlich) beneficioso; (nützlich) útil, conveniente; (fein, prächtig) espléndido, magnífico; (gütig) bondadoso; (angemessen) adecuado, apropiado; Examensnote: notable; sehr ~ sobresaliente; ~en Morgen!, ~en Tag! ¡buenos días!; ~en Abend! ¡buenas tardes bzw. noches!; ~e Nacht! ¡buenas noches!; ~en Tag wünschen dar los buenos días; ganz ~ bastante bueno bzw. bien; der ~e Hans usw. el bueno de Juan, etc.; ein ~er Mensch un hombre de bien; ~e Stube salón m; aus ~er Familie de buena familia; in ~em Sinne en buen sentido; die ~e Zeit los buenos tiempos pasados; es ist ~es Wetter hace buen tiempo; e-e ~e Stunde una hora larga; e-e ~e Weile un buen rato, un largo rato; gut sein für ser bueno (od. servir) para; ~ zu allem bueno para todo; zu nichts ~ sein no ser bueno (od. no servir) para nada; das e-e ist so ~ wie das andere tan bueno es lo uno como lo otro; zu j-m ~ sein portarse bien con alg.; tratar bien a alg.; j-m ~ sein querer (bien) a alg.; das ist ~! iro. ¡ésta sí que es buena!; F ¡hombre, qué bien!; das ist ~ und schön todo eso está muy bien; seien Sie so ~ und schließen Sie die Tür tenga la bondad (od. haga el favor) de cerrar la puerta; es ist ~ está bien; schon ~! ¡ya está bien!, (das genügt) ¡basta!; lassen wir es ~ sein! no hablemos más de eso; dejemos eso; es ist ~, daß es una suerte que (subj.); hier ist ~ sein aquí se está bien; iro. du bist ~! F ¡qué gracia!; II. adv. bien; ~ schreiben escribir bien; ~ riechen oler bien, tener buen olor; ~ finden hallar apropiado; ~ kennen conocer bien; das schmeckt ~ eso sabe bien, esto tiene buen sabor; das schmeckt mir ~ esto me gusta; es geht ihm ~ está bien, le va bien; für ~ erachten juzgar (od. estimar od. creer) oportuno (od. conveniente); es ist ganz ~ está bastante bien; no está mal; das kann ~ sein; das ist ~ möglich es muy posible; et. ~ aufnehmen tomar a/c. en el buen sentido; ~ aussehen tener buen aspecto, gesundheitlich: tener buena cara; es ~ haben vivir holgadamente (od. con desahogo); pasarlo bien; du hast es ~! ¡qué suerte tienes!; sich ~ gehen lassen tratarse bien; von j-m ~ sprechen hablar bien de alg.; er täte ~ daran, zu gehen haría bien en marcharse; es ~ meinen obrar con buena intención; es ~ mit j-m meinen querer el bien de alg.; von ihm Sie haben ~ reden es muy fácil hablar; sich ~ stehen tener de qué vivir; vivir holgadamente; sich mit j-m ~ stehen estar a

bien con alg.; estar en buenas relaciones con alg.; nicht ~ auf j-n zu sprechen sein F estar de punta con alg.; auf ~ deutsch F hablando en plata; ~! (abgemacht) ¡conforme!, ¡de acuerdo!, ¡hecho!; ¡vale!; mach's ~! ¡buena suerte!; ¡que lo pases bien!; iro. das ist ~! ¡la cosa tiene gracia!; iro. das fängt ja ~ an! ¡bien empieza esto!; ~ pues bien!; auch ~! ¡pues sea!; ¡pase!; also ~! ¡pues nada!; recht ~! no está mal; ~ zwei Jahre dos años y pico; ~ so! está bien (así); F ¡vale!; ~ und gern por lo menos; so ~ wie möglich; so ~ es geht lo mejor posible; en la medida de lo posible; so ~ er kann lo mejor que pueda; so ~ wie unmöglich prácticamente (od. punto menos que) imposible; so ~ wie sicher casi seguro; ~ werden ponerse bien; wieder ~ werden (in Ordnung kommen) arreglarse; Kranker: restablecerse, sanar; Wunde: curar; → a. Gute(s).

Gut n (-es; ~er) bien m; (Eigentum) propiedad f; bienes m/pl.; (Habe) hacienda f; (Vermögen) fortuna f; patrimonio m; (Land2) finca f (rústica); (Farm) granja f; Am. hacienda f, Arg. estancia f; (Ware) mercancía f, Am. mercadería f; Rel. das höchste ~ el bien supremo; ~ und Blut vida y hacienda; unrecht ~ gedeihet nicht bienes mal adquiridos a nadie han enriquecido.

'Gut...: ~achten n (-s; -) dictamen m; informe m; peritaje m; ärztliches ~ informe m médico; gerichtsmedizinisches ~ peritaje m médico forense; von j-m ein ~ einholen pedir el dictamen de alg.; ein ~ abgeben dictaminar sobre; informar (über ac. acerca de); ~achter m perito m, experto m; (Schätzer) tasador m; 2achtlich adj. pericial; informativo; consultivo; sich ~ äußern über (ac.) dictaminar sobre; 2artig adj. de buen natural; benigno; ~artigkeit f buen natural m (od. genio m); ⚕ benignidad f; 2aussehend adj. de buen ver, bien parecido, de buena presencia; 2bringen (L) ✝ v/t. → 2schreiben; 2'bürgerlich adj.: ~e Küche cocina f bzw. comida f casera; ~dünken n (-s; 0) buen parecer m, buen criterio m; arbitrio m; nach ~ a discreción; a voluntad; nach Ihrem ~ como mejor le parezca a usted; ich überlasse es Ihrem ~ lo dejo a su buen criterio (od. a su arbitrio).

'Güte f (0) bondad f; v. Waren: (buena) calidad f; erste ~ primera calidad; haben Sie die ~, zu ... tenga la bondad de (inf.); in (aller) ~ amistosamente; F (ach, du) m-e ~! ¡Dios mío!, ¡Dios santo!; ~klasse f categoría f de calidad.

'Güter...: ~abfertigung f despacho m (od. expedición f) de mercancías; ~abtretung f cesión f de bienes; ~annahme(stelle) f depósito m bzw. expedición f de mercancías; ~ausgabe(stelle) f entrega f de mercancías; ~austausch m intercambio m de mercancías; ~bahnhof m estación f de mercancías; ~beförderung f transporte m de mercancías; ~fernverkehr m transporte m de mercancías a gran distancia; ~gemeinschaft ⚖ f comunidad f de bienes;

~kraftverkehr m transporte m de mercancías por carretera; ~'nahverkehr m transporte m de mercancías a corta distancia; ~recht ⚖ n régimen m de bienes; ~schuppen m, ~speicher m tinglado m; depósito m de mercancías; Am. galpón m de carga; ~stand ⚖ m régimen m de bienes; ~tarif m tarifa f de transporte; ~trennung ⚖ f separación f de bienes; ~verkehr m movimiento m bzw. transporte m (od. tráfico m) de mercancías; ~wagen 🚃 m vagón m de mercancías; ~zug m tren m de mercancías.

'Gute(s) n (0) bueno; bien m; das ~ an der Sache ist lo bueno de esto es que; (j-m) ~s tun hacer bien (a alg.); des ~n zuviel tun exagerar, excederse, propasarse; das ist des ~n zuviel Fes miel sobre hojuelas; nichts ~s erwarten no esperar nada bueno (von de); sich zum ~n wenden tomar un rumbo favorable; alles ~! ¡felicidades!; ¡buena suerte!; im ~n por las buenas; amistosamente; im ~n auseinandergehen separarse como buenos amigos; es hat alles sein ~s no hay mal que por bien no venga.

'Güte...: ~termin ⚖ m juicio m de conciliación; ~verfahren ⚖ n procedimiento m de conciliación; ~verhandlung f → ~termin; ~zeichen n marca f de calidad.

'gut...: ~geartet adj. de buen natural (od. genio); ~gebaut adj. bien construido (od. hecho); F Person: bien plantado; ~gehen (L; sn) v/i. salir bien; das wird nicht ~ esto va a acabar mal; ~gehend adj. floreciente, próspero; ~gelaunt adj. de buen humor; ~gemeint adj. bienintencionado, con buena intención; ~gesinnt adj. bienintencionado; ~gläubig adj. de buena fe; 2gläubigkeit f buena fe f; ~haben ✝ (L) v/t. ser acreedor de; Sie ~ du hast noch zehn Mark bei mir gut aún se le debo diez marcos; 2haben ✝ n haber m, saldo m activo (od. a favor); ~heißen (L) v/t. aprobar; dar por bueno; (bestätigen) sancionar; ratificar; (genehmigen) autorizar; ~herzig adj. de buen corazón; bondadoso; (mildtätig) caritativo; 2herzigkeit f (0) bondad f de corazón; espíritu m caritativo.

'gütig adj. bueno; bondadoso; benévolo; (mild) benigno; (gefällig) complaciente; condescendiente; Sie sind sehr ~ es usted muy amable; mit Ihrer ~en Erlaubnis con su permiso; erlauben Sie ~st permítame.

'gütlich adv. amigablemente, amistosamente; auf ~em Wege por vía amistosa; sich ~ tun regalarse (an dat. con), darse buena vida; sich ~ einigen llegar a un arreglo amistoso; arreglarse por las buenas.

'gut...: ~machen v/t. (wieder~) reparar; Fehler: corregir, enmendar; Unrecht: desagraviar; es ist nicht wieder gutzumachen es irreparable; es irremediable; ~mütig adj. bondadoso; F bonachón; F de buena pasta; ein ~er Mensch F un alma de Dios; un buenazo; 2mütigkeit f (0) bondad f; carácter m bondadoso; ~nachbarlich adj.: ~e Beziehungen relaciones f/pl. de buena vecindad (od. de buenos vecinos); 2punkt m punto m bueno;

~**sagen** v/i. responder (für de); ✝ salir garante (od. fiador) de.
'**Gutsbesitzer**(**in** f) m propietario (-a f) m de una finca (rural); terrateniente m.
'**Gut...**: ~**schein** m vale m; bono m; 2**schreiben** ✝ (L) v/t. abonar, acreditar (en cuenta); ~**schrift** ✝ f abono m (en cuenta); zur ~ auf das Konto para acreditar en cuenta; ~**schrift-anzeige** f aviso m de abono.
'**Guts...**: ~**haus** n casa f de campo; ~**herr**(**in** f) m → ~besitzer(in); ~**hof** m granja f; finca f; Am. hacienda f; Arg. estancia f.
'**gutsituiert** adj. en buena posición social; acomodado.
'**Guts**|**pacht** f arrendamiento m de una explotación; ~**pächter** m arrendatario m de una finca.

'**gutstehen** (L) v/i. → ~sagen.
'**Guts**|**verwalter** m administrador m, mayordomo m; ~**verwaltung** f administración f (de fincas).
Gutta'percha f od. n gutapercha f.
'**guttun** (L) v/i. hacer bien (j-m a alg.); probar bien; das tut e-m gut esto sienta bien; iro. das tut dir gut F te está bien empleado.
guttu'ral adj. gutural; 2**laut** m sonido m gutural.
'**gut-unterrichtet** adj. bien informado.
'**gutwillig** I. adj. voluntario; espontáneo; (gefällig) complaciente; servicial; (gehorsam) dócil; II. adv. de buen grado; de buena voluntad; 2**keit** f (0) buena voluntad f; complacencia f; docilidad f.
Gym'khana [gym'kɑːna] n (-s; -s)

Sport: gymkhana f.
Gymnasi'al|**bildung** f estudios m/pl. secundarios (od. de enseñanza media) bzw. de bachillerato; ~**direktor** m Span. director m de instituto de enseñanza media (od. de bachillerato).
Gymnasi'ast(**in** f) m (-en) estudiante m/f de bachillerato; Am. liceísta m/f.
Gym'nasium n (-s; -sien) Span. instituto m de enseñanza media (od. de bachillerato); Am. colegio m; liceo m.
Gym'nastik f (0) gimnasia f; ~**er** m gimnasta m; ~**institut** n instituto m gimnástico; gimnasio m.
gym'nastisch adj. gimnástico.
Gynäko|'**loge** m (-n) ginecólogo m; ~**lo'gie** f (0) ginecología f; 2'**logisch** adj. ginecológico.
Gyro'**skop** n (-s; -e) giroscopio m; 2**isch** adj. giroscópico.

H

H, h n H, h f; ♪ si m; **H-Dur** si mayor; **h-Moll** si menor.
ha! int. ¡ah!; F ¡jo!
Haag m: Den ~ La Haya; ~**er Abkommen** Convención f de La Haya; ~**er Internationaler Schiedsgerichtshof** Tribunal m Internacional de La Haya.
¹**Haar** n (-*es*; -*e*) pelo m; (*Haupt*²) a. cabello m; cabellera f; (*Körper*²) vello m; (*Roß*²) crin f; *falsche* ~**e** pelo m postizo; *sich die* ~**e** *schneiden lassen* cortarse el pelo; *sich das* ~ *machen* peinarse, arreglarse el pelo; *die* ~**e** *kurz* (*lang*) *tragen* llevar el pelo corto (largo); *um ein* ~ por un pelo; *um ein* ~ *wäre ich gefallen* por poco me caigo; *aufs* ~ exactamente; *sich aufs* ~ *gleichen* parecerse como un huevo a otro; *fig.* ~**e** *auf den Zähnen haben* no tener pelos en la lengua; ~**e** *lassen müssen* quedar desplumado (*od.* pelado); salir perdiendo; sufrir grandes pérdidas; *sich in die* ~**e** *geraten*, *sich in den* ~**en** *liegen* andar a la greña; *j-m kein* ~ *krümmen* no tocar (ni) un pelo a alg.; *kein gutes* ~ *an j-m lassen* no dejar hueso sano a alg.; poner a alg. de vuelta y media; *da stehen e-m die* ~**e** *zu Berge*, *da sträuben sich e-m die* ~**e** se le ponen a uno los pelos de punta; *et. an den* ~**en** *herbeiziehen* traer a/c. por los pelos (*od.* cabellos); (*immer*) *ein* ~ *in der Suppe finden* encontrar pegas *od.* ver inconvenientes (en todo); *um kein* ~ *besser* ni pizca mejor; *an e-m* ~ *hängen* estar pendiente de un cabello, pender de un hilo; ~**e** *spalten* cortar un cabello (*od.* pelo) en el aire; pararse en pelillos; ~**ausfall** m caída f del pelo; ⚕ alopecia f; ~**balg** Anat. m folículo m piloso; ~**band** n cinta f (para el pelo); ~**besen** m escoba f de crines; ~**bürste** f cepillo m de cabello; ~**büschel** n mechón m (de pelo); (*Schopf*) copete m, tupé m; ~**draht** m alambre m finísimo; **2en** v/i. u. v/refl. perder el pelo; pelarse; (*mausern*) pelechar, mudar (el pelo); ~**entferner** m, ~**entfernungsmittel** n depilatorio m; ~**ersatz** m pelo m postizo; ~**esbreite** f (0): *um* ~ (*beinahe*) por un pelo; en un tris; *nicht um* ~ *weichen* no ceder un ápice; ~**farbe** f color m del pelo; ~**färbemittel** n tinte m para el cabello; ~**färben** n tinte m del pelo; **2fein** adj. finísimo; Phys. capilar; fig. sutilísimo; ~**festiger** m fijapelo m, fijador m; ~**filz** m fieltro m de pelo; ~**flechte** f trenza f; **2förmig** adj. capilar; ~**garn** n hilo m de pelo; ~**gefäß** Anat. n vaso m capilar; **2genau** adv. exactamente; ~ *erzählen usw.* contar, etc. con pelos y señales.

haarig adj. peludo; piloso; *am Körper*: velludo, velloso; F fig. (*ärgerlich*) enojoso, molesto; (*heikel*) peliagudo, delicado; escabroso; (*peinlich*) penoso.
¹**Haar...:** ~**institut** n instituto m capilar; ~**klammer** f pinza f, clip m; ~**kleid** Zoo. n pelaje m; **2klein** adv. con todo lujo de detalles, con pelos y señales; ~**klemme** f → ~**klammer**; ~**knoten** m moño m; ~**künstler**(in f) m peluquero (-a f) m; ~**locke** f rizo m; bucle m; **2los** adj. sin pelo; (*kahlköpfig*) calvo; *Männergesicht u.* ⚕ lampiño; ~**losigkeit** f (0) falta f de pelo; (*Kahlköpfigkeit*) calvicie f; ~**mittel** n producto m capilar; ~**mode** f moda f del peinado; ~**nadel** f horquilla f; ~**nadelkurve** Vkw. f curva f en herradura; ~**netz** n redecilla f (para el pelo); *flüssiges*: laca f; spray m; ~**öl** n aceite m para el cabello; ~**pflege** f higiene f capilar; cuidado m del cabello; ~**pflegemittel** n producto m para el cuidado del cabello; ~**pinsel** m pincel m fino (*od.* de pelo); ~**riß** ⊕ m hendidura f (*od.* grieta f) capilar; ~**röhrchen** Phys. n tubo m capilar; ²**scharf I.** adj. afiladísimo, muy cortante; fig. muy exacto (*od.* preciso); agudísimo; **II.** adv. exactamente; con precisión matemática; (*ganz nahe*) rozando; ~**schere** f tijeras f/pl. de peluquero; ~**schleife** f lazo m, cinta f; ~**schmuck** m adorno m para el cabello, (*Kopfputz*) peinado m; tocado m; ~**schneidemaschine** f maquinilla f de cortar el pelo; ~**schneiden** n corte m de pelo; ~**schnitt** m peinado m; corte m de pelo; ~**seite** f *des Leders*: flor f de cuero; ~**sieb** n tamiz m fino (*od.* tupido); ~**spalte'rei** f sutileza f, sutilidad f; ~ *treiben* cortar un pelo en el aire; rizar el rizo; ~**spange** f pasador m; ~**spitze** f punta f del pelo; ~**spray** m laca f, spray m; ~**strähne** f guedeja f; mechón m; *unordentlich*: greña f; ²**sträubend** adj. espeluznante; horripilante; escandaloso; (*unglaublich*) increíble; ~**strich** m sentido m natural del pelo; *Schrift*: perfil m; ~**teil** n bisoñé m, peluquín m; ~**tolle** f copete m; tupé m; ~**tracht** f peinado m, tocado m; ~**trockner** m (*Haube*) secador m; (*Fön*) secador m de mano, secapelos m; ~**waschen** n lavado m de cabeza; ~**waschmittel** n champú m; ~**wasser** n loción f capilar; ~**wickel** m bigudí m, rulo m; ~**wild** Jgdw. n caza f de pelo; ~**wuchs** m crecimiento m del pelo; (*Kopfhaar*) cabellera f; ~**wuchsmittel** n regenerador m del cabello; crecepelo m;

~**wurzel** f raíz f del pelo (*od.* capilar); ~**zopf** m trenza f; coleta f.
¹**Hab:** ~ *und Gut* n toda la hacienda, todos los bienes; ~**e** f (0) propiedad f, bienes m/pl.; fortuna f; hacienda f; (*un*)*bewegliche* ~ bienes m/pl. (in)muebles; *persönliche* ~ efectos m/pl. personales.
¹**haben I.** (L) **1.** *Hilfsverb* + *p/p.*: haber; *ich habe e-n Brief geschrieben* he escrito una carta; **2.** v/t. (*besitzen*) tener; ~ *zu inf.* (*müssen*) haber de, tener que; *was hast du davon?* ¿de qué te sirve eso?; ¿qué provecho sacas de ello?; *nichts auf sich* ~ no tener importancia, no ser nada; *er hat viel von s-m Vater* tiene mucho de su padre; *zu* ~ *sein* *Ware*: estar disponible; estar (*od.* hallarse) a la venta; *Person*: estar libre; (*unverheiratet sein*) ser soltero; *das ist nicht mehr zu* ~ eso ya no se encuentra; *Buch usw.*: está agotado; *zu* ~ *bei* de venta en; *was will er dafür* ~? ¿cuánto pide?; *das hat nichts zu sagen* eso no quiere decir nada; *ich habe zu tun* tengo que hacer; *ich habe zu arbeiten* tengo que trabajar; *den wievielten* ~ *wir?* ¿a cuántos estamos?; *wir* ~ *den 30. Juni* estamos a treinta de junio; *wir* ~ *Winter* estamos en invierno; *woher hast du das?* ¿de dónde sacas (*od.* tienes) esto?; *was hat er?* ¿qué tiene?; ¿qué le pasa?; *er hat es im Hals* le duele la garganta; *das Argument hat viel für sich* el argumento es muy plausible; *die Aufgabe hat es in sich* la tarea es muy difícil; *er hat un trabajo que no se trae*; *sie hatte es mit ihm* F era su ligue; estaba liada con él; *er will es so* ~ quiere que se haga así; quiere que las cosas sean así; *ich habe nichts dagegen* no tengo nada que objetar; no me opongo a ello; *et. gegen j-n* ~ F tener manía a alg.; *was hast du gegen ihn?* ¿qué tienes contra él?; F *hat sich was!* F ¡narices!; P ¡tu padre!; F *und damit hat's sich!* y ¡sanseacabó!; *da* ~ *wir's!* ¡ahí ves!; *ich hab's!* ¡ya lo tengo!; ~ *wollen* querer, desear; *gern* ~ *j-n*: apreciar, estimar a; *et.*: gustar de; *lieber* ~ preferir; *dafür bin ich nicht zu* ~ para eso que no se cuente conmigo; *an j-m e-n Freund* ~ tener en alg. un amigo; *bei sich* ~ llevar consigo (*od.* encima); *j-n*: tener en casa; (*als Begleitung*) ir acompañado de; *j-n über sich* ~ tener como superior a alg.; depender de alg.; *unter sich* ~ estar al frente de; tener bajo su dirección; *die Kasse unter sich* ~ llevar la caja; *vor sich* ~ tener por delante; tener ante sí; *et. hinter sich* ~ haber pasado por a/c.; (*abgeschlossen*) haber terminado a/c.; F *sich* ~ (*angeben*)

Haben — hakig

Haben darse tono; (sich zieren) andar con remilgos; hab dich nicht so! F ¡déjate de pamemas!; **II.** ⚥ ✧ n haber m, crédito m; das Soll und ~ el debe y el haber; el débito y el crédito; ins ~ buchen pasar al crédito.
'**Habenichts** m (- od. -es; -e) F pobretón m, pobre diablo m.
'**Haben|posten** ⚥ m partida f de abono; **~saldo** m saldo m acreedor; **~seite** f lado m del haber; crédito m; **~zinsen** m/pl. intereses m/pl. acreedores.
'**Hab|gier** f (0) codicia f; ⚥**gierig** adj. codicioso; ⚥**haft** adj.: ~ werden (gen.) apoderarse de, lograr coger a; F atrapar (ac.), echar mano a.
'**Habicht** Orn. m (-¢s; -e) azor m; **~skraut** ♀ n vellosilla f; **~snase** f nariz f aguileña.
Habilitati'on Uni. f habilitación f.
habili'tieren (-) v/refl.: sich ~ etwa: ganar una cátedra universitaria.
'**Habitus** m (-; 0) aspecto m exterior; (Haltung) actitud f; porte m; ✧ hábito m.
'**Hab|seligkeiten** f/pl. efectos m/pl. personales; F trastos m/pl., bártulos m/pl., chismes m/pl.; **~sucht** f (0) codicia f; ⚥**süchtig** adj. codicioso.
'**Hachse** f corvejón m, Kochk. (Kalbs⚥) pierna f de ternera; (Schweins⚥) pata f de cerdo; codillo m; F (Bein) pata f.
'**Hack|beil** n hachuela f; **~block** m tajo m, tajadero m; **~braten** m asado m de carne picada; **~brett** n tabla f para picar carne; ♪ tímpano m; **~e¹** f azada f, azadón m; (Jät⚥) almocafre m, escardillo m; (Spitz⚥) pico m.
'**Hacke²** f (-; -n), **~e** m (-s; -) (Ferse) talón m; F j-m auf den **~n** sein F pisarle a alg. los talones; ⚔ die **~n** zusammenschlagen chocar los tacones.
'**hacken** v/t. u. v/i. Fleisch: picar; Holz: partir, cortar; ♂ cavar; azadonar; Vogel: picotear; dar picotazos; Internet: introducirse ilegalmente (en), piratear, hackear.
'**Hackepeter** Kochk. m carne f picada.
'**Hacker** (in f) m Internet: hacker m/f, pirata m/f informático, -a.
'**Hack...**: **~fleisch** n carne f picada; F ~ aus j-m machen hacerle picadillo a alg.; **~früchte** ✧ f/pl. raíces f/pl. y tubérculos m/pl., Am. plantas f/pl. carpidas; **~klotz** m tajo m; **~maschine** f picadora f; ♂ binadora f; **~messer** n tajadera f; machete m; **~ordnung** f Bio. u. fig. orden m de picoteo.
'**Häcksel** m/n (-s; 0) paja f cortada; **~maschine** f cortapajas m; picadora f.
'**Hader** m (-s; 0) (Streit) riña f; querella f, disputa f; altercado m; (Zwietracht) discordia f; ⚥**n** (-re) v/i.: mit j-m ~ reñir, disputar, altercar con alg.; mit dem Schicksal ~ estar descontento con (od. de) su suerte.
'**Hades** m (-; 0) infiernos m/pl.
'**Hafen** m (-s; ⁻) puerto m; fig. a. refugio m, asilo m; fig. im sicheren ~ landen llegar a buen puerto; in den ~ der Ehe einlaufen casarse; **~amt** n administración f del puerto; **~anlagen** f/pl. instalaciones f/pl. portuarias; muelles m/pl.; **~arbeiter** m obrero m portuario; estibador m; (des)cargador m de muelle; **~arbei-**

terstreik m huelga f portuaria; **~bahnhof** m estación f marítima; **~becken** n dársena f; **~behörde** f autoridades f/pl. marítimas bzw. del puerto; capitanía f del puerto; **~damm** m (Mole) muelle m; espigón m; (Ufermauer) malecón m; **~einfahrt** f entrada f (od. boca f) del puerto; enge: gola f; **~gebühren** f/pl. derechos m/pl. portuarios; **~kneipe** f taberna f portuaria; **~kran** m grúa f de muelle; **~lotse** m práctico m del puerto; **~meister** m capitán m de puerto; **~polizei** f policía f del puerto; **~schleuse** f esclusa f de puerto; **~sperre** f cierre m del puerto; für ein Schiff: embargo m; **~stadt** f ciudad f marítima (od. portuaria); puerto m; **~viertel** n barrio m portuario; **~wache** f vigilancia f de muelles; **~wächter** m vigilante m de muelles; **~zoll** m derechos m/pl. portuarios.
'**Hafer** ♀ m (-s; 0) avena f; fig. ihn sticht der ~ es un petulante; F tiene muchos humos; **~brei** m papilla f de avena; **~flocken** f/pl. copos m/pl. de avena; **~grütze** f avena f mondada; **~mehl** n harina f de avena; **~schleim** m crema f de avena.
Haff n (-s; -s od. -e) bahía f.
Haft f (0) arresto m; prisión f; (Verhaftung) detención f; ⚖ (Strafe) arresto m menor; in ~ nehmen detener; arrestar; encarcelar; in ~ halten tener detenido; aus der ~ entlassen poner en libertad; excarcelar; **~anstalt** f centro m penitenciario (od. de reclusión).
'**haft|bar** adj. responsable (für de); ~ machen hacer responsable (j-n für et. a alg. de a/c.); ⚥**barkeit** f (0) responsabilidad f; ⚥**befehl** m orden f de detención; ⚖ auto m de prisión (erlassen dictar); ⚥**beschwerde** ⚖ f recurso m contra el auto de prisión; ⚥**dauer** f duración f del arresto; **~en** (-e-) v/i. **1.** (kleben) pegar; ~ an (dat.) estar adherido (od. pegado od. fijado) a; im Gedächtnis ~ grabarse en la memoria, **2.** ⚖ responder, salir garante (für ac. de); ⚥**en** adherencia f; **~end** adj. adhesivo; ⚖ persönlich ~ personalmente responsable; ⚥**entlassene(r)** m excarcelado m; ⚥**entlassung** f libertad f (bedingte condicional); excarcelación f; ⚥**fähigkeit** f, ⚥**festigkeit** f ⊕ adherencia f; ⚥**gläser** Opt. n/pl. lentes f/pl. de contacto, lentillas f/pl.
'**Häftling** m (-s; -e) detenido m; preso m, recluso m.
'**Haft|pflicht** f responsabilidad f civil; ⚥**pflichtig** adj. responsable; **~pflichtversicherung** f seguro m de responsabilidad civil; **~psychose** f (p)sicosis f carcelaria; **~schalen** f/pl. → **~gläser**; **~strafe** ⚖ f arresto m menor; **~ung** f responsabilidad f; die ~ übernehmen (ablehnen) asumir (declinar) la responsabilidad (für de); aus e-r ~ entlassen eximir de una responsabilidad; (un)beschränkte ~ responsabilidad (i)limitada; **~ungsausschluß** m exención f de responsabilidad; **~ungsgrenze** f límite m del seguro; **~vermögen** ⊕ n adherencia f, adhesión f.
Hag [a:] m (-¢s; -e) (Hecke) seto m; (Eingehegtes) cercado m, coto m; (Hain) bosquecillo m, floresta f.

Hage|buche ♀ f ojaranzo m, carpe m, abedulillo m; **~butte** f escaramujo m, agavanza f; **~dorn** m espino m blanco, majuelo m.
'**Hagel** m (-s; 0) granizo m; grober: pedrisco m, piedra f; fig. lluvia f, granizada f; es droht ~ amenaza granizo; (parece que) va a granizar; ⚥**dicht** adj. como granizo; muy nutrido; **~kanone** f cañón m granífugo; **~korn** n grano m de granizo; ✧ chalazión m; ⚥**n** (-le) v/i. **1.** granizar; es hagelt cae granizo, está granizando, **2.** fig. llover; es hagelte Schläge auf ihn recibió una lluvia de golpes; **~rakete** f cohete m granífugo (od. antigranizo); **~schaden** m daño m causado por el granizo; **~schauer** m granizada f; **~schlag** m pedrisco m; granizada f; **~sturm** m tempestad f de granizo; **~versicherung** f seguro m contra el granizo (od. pedrisco); **~wolke** f nube f (cargada) de granizo.
'**hager** adj. flaco, magro; enjuto, seco; (abgezehrt) macilento; (schmächtig) delgado; ⚥**keit** f (0) flaqueza f.
'**Hagestolz** m (-es; -e) F solterón m (empedernido).
'**Hagio|'graph** m (-en) hagiógrafo m; **~gra'phie** f hagiografía f.
ha'ha! int. ¡ja, ja!
'**Häher** Orn. m (-s; -) arrendajo m.
Hahn m (-¢s; -e) gallo m; (Wetter⚥) veleta f; (Gas⚥) llave f; (Wasser⚥) grifo m, Arg. canilla f; (Faß⚥) espita f, canilla f; (Gewehr⚥) gatillo m, disparador m; fig. ~ im Korbe sein F ser el amo del cotarro; j-m den roten ~ aufs Dach setzen pegar fuego a la casa de alg.; es kräht kein ~ danach nadie hace caso de ello; nadie se da cuenta.
'**Hähnchen** n pollo m; pollito m.
'**Hahnen...**: **~fuß** ♀ m ranúnculo m; **~kamm** m cresta f de gallo; ♀ gallocresta f; **~kampf** m riña f (od. pelea f) de gallos; **~kampfplatz** m gallera f; **~schrei** m canto m del gallo; **~sporn** m espolón m; **~tritt** m im Ei: galladura f; **~trittmuster** n Stoff: pata f de gallo.
'**Hahnrei** F m (-¢s; -e) cornudo m, V cabrón m; F novillo m; j-n zum ~ machen poner cuernos a alg.
Hai m (-¢s; -e), **~fisch** m tiburón m.
Hain m (-¢s; -e) bosquecillo m, floresta f; **~buche** ♀ f → Hagebuche.
Ha'iti n Haití f.
Haiti'an|er m haitiano m; ⚥**isch** adj. haitiano.
'**Häkchen** n ganchillo m; (Kleider⚥) corchete m.
'**Häkel|arbeit** f, **Häke'lei** f (labor f de) ganchillo m; **~garn** n hilo m para ganchillo; **~nadel** f ganchillo m.
'**Haken** m gancho m (a. Boxen); garabato m; garfio m; ⊕ uña f; für Ösen: corchete m; (Kleider⚥) percha f; und Öse broche m; Jgdw. e-n ~ schlagen hurtarse; fig. die Sache hat e-n ~ la cosa tiene su intríngulis; F das ist eben der ~ ahí está el quid; ahí le duele.
'**haken I.** v/t. enganchar; **II.** v/i. estar enganchado, engancharse (an, in dat. a, en); **~förmig** adj. ganchudo, en forma de gancho; ⚥**kreuz** n cruz f gamada, (e)svástica f; **~nagel** m escarpia f; ⚥**nase** f nariz f ganchuda.
'**hakig** adj. ganchudo.

Hala'li *Jdgw. n* (-s; - od. -s) toque *m* de acoso, (h)alalí *m*.

halb I. *adj.* (0) medio (*immer o. art.*); *in Zssgn* semi- *bzw.* hemi-; *das ~e Leben* la mitad de la vida; *♪ ~e Note blanca f*; *♪ ~er Ton* semitono *m*; *♧ ~e Fahrt* media máquina; *⊕ mit ~er Kraft* a media máquina; *~e Wahrheit* verdad a medias; *~es Dutzend* media docena; *~e Maßnahmen* medidas insuficientes; *e-e ~e Stunde* media hora; *~ 11 (Uhr)* las diez y media; *es schlägt ~ da* la media; *auf ~er Höhe* a media altura; *a media cuesta*; *auf ~em Wege* a mitad del camino; *mit ~er Stimme* a media voz; *nur mit ~em Ohr zuhören* entreoír, escuchar a medias; *zum ~en Preis* a mitad de precio; *ein ~es Jahr* medio año, seis meses, un semestre; *das ist nichts ~es und nichts Ganzes* no es carne ni pescado (*od.* ni fu ni fa); **II.** *adv.* a medias; por mitad(es); *~ und ~* mitad y mitad; F *(nicht sehr)* así; F *~e ~e machen* ir a medias; *alles nur ~ machen* hacer todas las cosas a medias; *~ öffnen* entreabrir; *~ angekleidet* a medio vestir; *~ schlafend* medio dormido; *(nicht) ~ soviel* (ni) la mitad; *nicht ~ so groß* ni la mitad de grande; *er ist nicht ~ so gut wie sein Bruder* no vale ni la mitad que su hermano; *nur ~ soviel* la mitad menos; *das ist ~ so wichtig* no hay para tanto; *er hat den Sinn nur ~ verstanden* no ha entendido más que la mitad; sólo ha entendido a medias; *~ bittend, ~ drohend* entre suplicante y amenazador; *sich ~ totlachen* F morirse (*od.* troncharse) de risa.
'**Halb...:** *~achse* ⊕, ⚥ *f* semieje *m*; ²**amtlich** *adj.* oficioso; ²**automatisch** *adj.* semiautomático; *~bildung f* seudocultura *f*; semicultura *f*; *~blut(pferd) n* media sangre *m*; *~bruder m* hermanastro *m*; *väterlicherseits:* hermano *m* consanguíneo; *mütterlicherseits:* hermano *m* uterino; *~dunkel n* claroscuro *m* (*a. Mal.*); penumbra *f*; *im ~* entre dos luces; ²**durchlässig** *adj.* semipermeable; *~edelstein m* piedra *f* semipreciosa.
...halben, 'halber *nachstehende prp.* (*gen.*) a causa de, por razones de; para; en consideración a; *der größeren Genauigkeit halber* para mayor exactitud.
'**Halb...:** ²**erhaben** *Escul. adj.* en bajorrelieve; *~fabrikat n* producto *m* semiacabado *od.* semimanufacturado *od.* semielaborado; semiproducto *m*; ²**fein** *adj.* entrefino; ²**fertig** *adj.* semiacabado; a medio hacer; *~fertigware f → ~fabrikat*; ²**fett** *adj. Typ.* media negrilla; *Käse usw.:* semigraso; *~finale n Sport:* semifinal *f*; *~flugball m Tennis:* media volea *f*; *~flügler Zoo. m/pl.* hemípteros *m/pl.*; ²**flüssig** *adj.* semilíquido; *~franzband m* encuadernación *f* a la holandesa, media pasta *f*; ²**gar** *adj.* medio cocido; a medio cocer; ²**gebildet** *adj.* semiletrado, semiculto; *~gebildete(r) m* seudointelectual *m*, erudito *m* a la violeta; *~gefrorene(s) Kochk. n* helado *m* semifrío; ²**geschlossen** *adj.* entreabierto; *~geschoß △ n* entresuelo *m*; *~geschwister pl.* hermanastros *m/pl.*, medio hermanos *m/pl.*; *~gott m* semidiós

m; *~heit f* insuficiencia *f*; imperfección *f*; *~en pl.* medias tintas *f/pl.*; ²**herzig** *adj.* poco decidido *bzw.* entusiasmado.
hal'bier|en (-) *v/t.* partir (*od.* dividir) en dos (partes iguales), partir por la mitad; ⚥ bisecar; ²**ung** *f* división *f* en dos (partes iguales); ⚥ bisección *f*; ²**ungs-ebene** *f*, ²**ungsfläche** *f* ⚥ plano *m* bisector.
'**Halb...:** *~insel f* península *f*; *~invalide m* medio inválido *m*; *~jahr n* semestre *m*; seis meses *m/pl.*; *~'jahr(e)s...* semestral; ²**jährig** *adj.* de seis meses, semestral; *Alter:* de seis meses (de edad); ²**jährlich I.** *adj.* semestral; **II.** *adv.* cada seis meses; semestralmente; *~konserven f/pl.* semiconservas *f/pl.*; *~kreis m* ⚥ semicírculo *m*; semicircunferencia *f*; (*Raum*) hemiciclo *m*; ²**kreisförmig** *adj.* semicircular; *~kugel f* hemisferio *m*; ²**kugelförmig** *adj.* hemisférico ²**lang** *adj* semilargo; *~er Ärmel* media manga *f*; *~es Haar* media melena *f*; *~ schneiden* cortar a media melena; ²**laut** *adj. u. adv.* a media voz; *~lederband m* (encuadernación *f* de) media pasta *f*; *~leinen n* medio hilo *m*, tela *f* mixta; *~leinenband m* (encuadernación *f* de) media tela *f*; *~leiter m* semiconductor *m*; *~'linke(r) m Fußball:* interior *m* izquierda; ²**mast** *adv.* a media asta; *auf ~ hissen* (*od.* setzen) poner (la bandera) a media asta; *~messer* ⚥ *m* radio *m*; ²**militärisch** *adj.* paramilitar; *~mittelgewicht n Boxen:* peso *m* semiligero; ²**monatlich I.** *adj.* quincenal, bimensual; **II.** *adv.* cada quince días; *~monatsschrift f* revista *f* quincenal (*od.* bimensual); *~mond m* media luna *f*; cuarto *m* creciente *bzw.* menguante; ²**mondförmig** *adj.* lunado, semilunar; ²**nackt** *adj.* medio desnudo, semidesnudo; ²**offen** *adj.* entreabierto, a medio abrir; *Gr.* medio abierto, mediano; *~pacht ✓ f* aparcería *a medias f*; ²**part** *adv.: mit j-m ~ machen* ir a medias con alg.; *~pension f* media pensión *f*; *in ~ sein* en régimen de media pensión; *~'rechte(r) m Fußball:* interior *m* derecha; ²**rechts** *adv.* media a la derecha; ²**reif** *adj.* medio maduro (*a. fig.*); *~relief n* bajorrelieve *m*; *~rock m* media combinación *f*; ²**roh** *adj.* medio crudo; ²**rund** *adj.* semicircular; *~rund n* hemiciclo *m*; *~rundfeile f* lima *f* de media caña; *~schatten m* penumbra *f*; *Mal.* media tinta *f*; *~schlaf m* duermevela *m*; entresueño *m*; *im ~* medio dormido; *~schuh m* zapato *m* (bajo); *~schwergewicht(ler m) n Sport:* peso *m* semipesado; *~schwester f* hermanastra *f*, medio hermana *f*; *~seide f* sedalina *f*; fig. desp. de medio pelo, de tres al cuarto; ²**seitig** *adj. Typ.* de media página; *✍ ~ gelähmt* hemipléjico, paralizado de medio cuerpo; *~ Lähmung* hemiplejía *f*; ²**sitzend** *adj.: ~e Stellung* posición *f* semisentada; *~starke(r) m* gamberro *m*; *~starkentum n* gamberrismo *m*; ²**starr** ✈ *adj.* semirrígido; ²**steif** *adj.: ~er Kragen* cuello *m* semiblando; *~stiefel m* borceguí *m*; botín *m*;

²**stündig** *adj.* de media hora; ²**stündlich** *adj. u. adv.* cada media hora; *~stürmer m Fußball:* interior *m*; *~tag m* medio día *m*; ²**tägig** *adj.* de medio día; *~tags-arbeit f, ~tagsbeschäftigung f* trabajo *m* (*od.* empleo *m*) de media jornada; *~tagsbeschäftigte(r) m* trabajador *m* de media jornada; *~ton ♪ m* semitono *m*; ²**tot** *adj.* medio muerto (*a. fig.*); *~trauer f* medio luto *m*; *~vers m* hemistiquio *m*; *~vokal m* semivocal *f*; ²**voll** *adj.* medio lleno, medio lleno; ²**wach** *adj.* medio despierto; *~wahrheit f* verdad *f* a medias, media verdad *f*; *~waise f* huérfano (-a *f*) *m* de padre *bzw.* de madre; ²**wegs** *adv.* a medio camino; F (*leidlich*) así así; regular; (*ungefähr*) casi; más o menos; *~welt f* mundo *m* galante, *Neol.* semimundo *m*; *~weltdame f* mujer *f* galante; *~wissen n* semicultura *f*; ²**wöchentlich** *adj.* bisemanal; *~wolle f* semilana *f*, media lana *f*; ²**wollen** *adj.* de semilana; ²**wüchsig** *adj.* imberbe; adolescente; *~zeit f Sport:* medio tiempo *m*; *erste (zweite) ~* primer (segundo) tiempo; *~zeitpause f* descanso *m*; *~zeug n → Papier:* semipulpa *f*.
'**Halde** *f* (*Bergabhang*) falda *f*, ladera *f*; ⚒ montón *m* de carbón; (*Schlacken*⚒) escorial *m*; escombrera *f*; *~nbestand* ⚒ *m* existencias *f/pl.* (de carbón) a bocamina.
'**Hälfte** *f* mitad *f*; *zur ~* a mitad; a medias; *um die ~ mehr (weniger)* la mitad más (menos); *bis zur ~* hasta la mitad; *um die ~ teurer* la mitad más caro; *über die ~ größer* más grande en más de la mitad; *die Kosten zur ~ tragen* pagar la mitad de los gastos; ir a medias en los gastos; *zur ~ an et.* (*dat.*) *beteiligt sein* participar por mitad en a/c.; F *m-e bessere ~* F mi costilla; mi cara mitad; mi media naranja.
'**Halfter** *m/n* (-s; -) cabestro *m*, camal *m*, ramal *m*; ²**n** (-re) *v/t.* encabestrar; *~strick* ⚥ *m* ronzal *m*, bozo *m*, Am. bozal *m*.
Hall *m* (-és; -e) son *m*, sonido *m*; (*Wider*²) eco *m*; resonancia *f*.
'**Halle** *f* sala *f*; (*Säulen*²) pórtico *m*; (*Vor*²) atrio *m*; portal *m*; porche *m*; (*Fabrik*²) nave *f*; (*Bahnhofs*²) vestíbulo *m*; *bsd. Hotel:* hall *m*; ⚒ cobertizo *m*; hangar *m*; (*Ausstellungs*²) pabellón *n*.
Halle'luja *n* (-s; -s) aleluya *f*.
'**hallen** *v/i.* resonar; retumbar.
'**Hallen...:** *~bad n* piscina *f* cubierta; *~bahn f* pista *f* cubierta; *~fußball m* fútbol *m* sala; *~meisterschaft f* campeonato *m* en pista cubierta; *~tennis n* tenis *m* en pista (*Am.* cancha) cubierta; *~turnen n* gimnasia *f* de sala; *~wettspiel n* competición *f* en pista cubierta *bzw.* en sala.
'**hallo!** *int.* ¡eh!; ¡oiga! (*a. Tele.*); *Angerufener:* ¡diga!; (*Gruß*) ¡hola!
Hal'lo *n* (-s -s) gritería *f*; griterío *m*; (*wildes Treiben*) alboroto *m*, barullo *m*, F jaleo *m*.
Halluzina|ti'on *f* alucinación *f*; ²**to'risch** *adj.* alucinador.
Halluzino'gen *n* (-s; -e) alucinógeno *m*.
'**Halm** *m* (-és; -e) tallo *m*; (*Gras*²) brizna *f*; (*Stroh*²) paja *f*; *die Ernte auf*

Halmfrüchte — Haltung

dem ~ la mies en pie; ~früchte f/pl. cereales m/pl., granos m/pl.

Halo'gen n (-s; -e) 🞲 halógeno m; ~**lampe** f lámpara f halógena; ~**scheinwerfer** Kfz. m faro m halógeno; ~**strahler** m proyector m halógeno.

Hals m (-es; ⸚e) cuello m (a. ⊕); bsd. v. Tieren: pescuezo m; (Kehle) garganta f; gaznate m; (Kragen) cuello m; (Flaschen2) a. gollete m; ♪ mástil m, mango m; ~ über Kopf precipitadamente, atropelladamente, F de golpe y porrazo; aus vollem ~e a voz en cuello; a grito pelado; aus vollem ~e lachen reír a carcajadas (od. F a mandíbula batiente); es im ~ haben, e-n schlimmen ~ haben tener dolor de garganta; die Worte blieben ihm im ~ stecken se le hizo un nudo en la garganta; fig. et. in den falschen ~ bekommen interpretar mal (od. tomar a mal) a/c.; sich j-m an den ~ werfen (sich aufdrängen) insinuarse; j-m um den ~ fallen abrazar a alg.; echar a alg. los brazos al cuello; fig. sich et. auf den ~ laden echarse a/c. sobre las espaldas; cargar con a/c.; F apechugar con a/c.; fig. et. auf dem ~ haben tener a/c. a cuestas; sich et. (j-n) vom ~ schaffen desembarazarse (od. deshacerse) de a/c. bzw. de alg.; quitarse a/c. bzw. a alg. de encima; bleiben Sie mir damit vom ~e déjeme en paz con eso; das kostet ihn den ~ eso le costará el pellejo; den ~ umdrehen retorcer el cuello bzw. el pescuezo; j-m den ~ abschneiden degollar (od. cortar el cuello) a alg.; j-m den ~ brechen desnucar a alg.; sich den ~ brechen desnucarse, F romperse la crisma; fig. das hat ihm den ~ gebrochen eso le ha hundido; eso ha acabado con él; fig. es hängt (od. wächst) mir zum ~e heraus estoy harto (od. F hasta la coronilla); er kann den ~ nicht voll kriegen nunca tiene bastante; bis an den ~ in Arbeit stecken estar agobiado de trabajo; bis an den ~ in Schulden stecken F estar entrampado hasta las cejas; 🞲 steifer ~ tortícolis f; ~- und Beinbruch! ¡buena suerte!

'**Hals...:** ~**abschneider** fig. m usurero m; ~**abschneide'rei** fig. f usura f; 2**abschneiderisch** adj. usurario; ~**ader** Anat. f vena f yugular; ~**ausschnitt** m escote m; ~**band** n collar m (a. Hunde2); gargantilla f; 2**brecherisch** adj. peligrosísimo, arriesgado; F peliagudo; ~**eisen** Hist. n argolla f; ~**entzündung** 🞲 f faringitis f, inflamación f de la garganta; anginas f/pl.; 2**fern** adj. Kragen: desbocado; ~**kette** f collar m; ~**krause** f gorguera f, gola f, golilla f; ~**länge** f Sport: um (eine) ~ por un cuello (de ventaja); ~**manschette** f collarín m; ~-'**Nasen-'Ohren-Arzt** m otorrinolaringólogo m; ~-'**Nasen-'Ohren-Heilkunde** f otorrinolaringología f; ~**schlagader** Anat. f (arteria f) carótida f; ~**schlinge** Jgdw. f lazo m; ~**schmerzen** m/pl. dolor m de garganta; ich habe ~ me duele la garganta; ~**schmuck** m collar m; hängender: dije m; colgante m; 2**starrig** adj. tozudo, terco, testarudo; F cabezón; ~**starrigkeit** f terquedad f, testarudez f, obstinación f; ~**stück** n Schlächterei: pescuezo m;

~**tuch** n pañuelo m (de cuello); bufanda f; gal. fular m; ~**weh** n → ~**schmerzen**; ~**weite** f medida f del cuello; ~**wirbel** Anat. m vértebra f cervical.

Halt m (-es; -e) **1.** parada f; alto m; ohne ~ (durchfahren usw.) sin pararse; ~ gebieten dar el alto; e-r Sache: contener; poner freno a; **2.** (Stütze) apoyo m, sostén m (beide a. fig.); (innerer ~) consistencia f; fuerza f moral; (Festigkeit) solidez f, firmeza f; ohne ~ inestable; inconstante; sin carácter.

halt I. int.: ~! ¡alto (ahí)!; (genug) ¡basta!; ⚔ ~, wer da? ¡alto! ¿quién vive?; ~ (doch)! ¡un momento! ; **II.** F adv.: das ist ~ der Lauf der Welt pues así va el mundo; er will ~ nicht pues no quiere; (el caso) es que no quiere; das ist ~ so la cosa es así.

'**haltbar** adj. (fest) firme, estable; sólido (a. Farben); consistente; (dauerhaft) duradero, durable; (widerstandsfähig) resistente; Früchte: conservable; machen Lebensmittel: conservar; 2**keit** f (0) conservabilidad f; solidez f; durabilidad f; consistencia f; estabilidad f; 2**machen** n v. Lebensmitteln: conservación f.

'**Halte|bogen** ♪ m ligadura f; ~**leine** f cable m de amarre.

'**halten** (L) **I.** v/t. tener (a. fig.); (an~) detener, parar; (auf~) detener; (ab~) celebrar; (fest~) sujetar, asegurar; (zurück~) retener; contener; (aufrechter~) mantener; conservar; (ein~) observar, guardar; (unter~) entretener; sostener, mantener; (fassen, ent~) contener; (besitzen) tener, poseer; (behandeln) tratar; (erfüllen) cumplir; (stützen) sostener; apoyar; ♪ Ton: sostener; ⚔ defender; mantener; Gebote: observar; Diener, Lehrer: tener; Mahlzeit: tomar; Rede, Vortrag: pronunciar; Versprechen, Wort: cumplir; Vorlesung: explicar; Predigt: predicar; Ball, Schuß: parar; Zeitung: estar suscrito a; in gutem Zustand ~ mantener en buen estado; Schule ~ dar (od. impartir) clase; e-e Stunde ~ dar una lección; ~ von pensar de; opinar de (od. sobre); was ~ Sie davon? ¿qué opina usted de esto? ; ¿qué le parece?; viel von j-m ~ tener en gran aprecio a alg.; viel auf et. ~ dar mucha importancia a a/c.; ich weiß, was ich davon zu ~ habe sé a qué atenerme; ich halte nichts davon no me convence; ~ für creer; tener por; tomar por; für et. gehalten werden pasar (od. ser tomado) por; ser considerado como; für wie alt ~ Sie ihn? ¿qué edad le supone usted?, F ¿cuántos años le echa?; wofür ~ Sie mich? ¿por quién me toma usted?; es mit j-m ~, zu j-m ~ tomar partido por alg.; ser de la opinión de alg.; simpatizar (od. hacer causa común) con alg.; ~ Sie es damit, wie Sie wollen haga usted lo que estime conveniente; F haga usted lo que quiera; P haga usted lo que le dé la gana; wie ~ wir es nun damit? ¿en qué quedamos?; so haben wir es immer gehalten siempre lo hemos hecho así; in der Hand ~ tener en la mano; bei der Hand ~ tener de la mano; gegen das Licht ~ mirar al trasluz; in

die Höhe ~ (zeigen) mostrar en alto; **II.** v/refl.: sich ~ (sich stützen) apoyarse; sostenerse; (Widerstand leisten) resistir, oponer resistencia; in e-r Stellung usw.: seguir en; ⚔ defenderse; Preise, Kurse: mantenerse (firme); fig. sich an j-n ~ acogerse a alg.; (verantwortlich machen) hacer responsable a alg. de a/c; sich an et. ~ (fest~) agarrarse (od. asirse) de; fig. atenerse a; ceñirse a; sich links (rechts) ~ llevar la izquierda (derecha); sich nicht (mehr) ~ können vor (ya) no poder contenerse de; sich (gut) ~ Früchte: conservarse; Person: mantenerse (firme); sie hat sich gut gehalten (ist wenig gealtert) se ha conservado bien; los años no han pasado por ella; **III.** v/i. (festsitzen) quedar fijo; estar fijo; ser sólido (a. Farbe); (dauerhaft sein) durar, ser duradero (od. durable); (Bestand haben) ser consistente; (widerstehen) resistir (a. Eis); (fest sein) ser bzw. estar duro; ser bzw. estar firme; (haltmachen) parar(se), detenerse; hacer alto; an sich ~ contenerse; controlarse; auf et. ~ (achten) cuidar de, vigilar, guardar, Ehre usw.: velar por, (Wert legen auf) conceder valor, dar importancia a; (bestehen auf) insistir en; auf sich ~ cuidar de sí, cuidarse; et. auf sich ~ preciarse; es hält schwer, zu (inf.) es (od. resulta) difícil (inf.); no será fácil (inf.); **IV.** 2 n e-s Versprechens usw.: cumplimiento m; Fußball usw.: parada f; Gebot: observancia f; Kfz., Zug: parada f; v. Tieren: tenencia f; den Wagen zum ~ bringen parar el coche; da gab es für sie kein ~ mehr ya no hubo modo de contenerles.

'**Halte...:** ~**platz** m parada f; ~**punkt** m punto m de apoyo; 🞲 apeadero m; beim Schießen: punto m de mira.

'**Halter** m **1.** ⊕ (Stütze) apoyo m, soporte m; sostén m; (Stiel) mango m; (Griff) asidero m, asa f; agarradero m; am Werkzeug: empuñadura f; (Festklemmer) sujetador m; **2.** (Inhaber) titular m (de un coche, etc.); v. Tieren: dueño m.

'**Halte...:** ~**riemen** m im Bus usw.: asidero m; ~**rung** f dispositivo m fijador; ~**seil** n cable m de retención; ~**signal** n señal f de parada (od. de alto); ~**stelle** f parada f; 🞲 apeadero m; ~**tau** ⚓ n cable m (od. cabo m) de amarre; amarra f; ~**verbot** n prohibición f de parar; estacionamiento m prohibido; ~**zeichen** n → ~**signal**.

'**halt|los** adj. (-est) inconsistente; (unhaltbar) insostenible; (unbegründet) infundado, gratuito; Mensch: sin carácter; Charakter: voluble, inconstante, veleidoso; 2**losigkeit** f (0) inconsistencia f, falta f de consistencia; inestabilidad f; volubilidad f; falta f de carácter; ~**machen** v/i. detenerse, parar(se); hacer (un) alto, hacer una pausa.

'**Haltung** f **1.** (Einstellung) actitud f; (Benehmen) conducta f, comportamiento m; (Körperstellung) postura f, posición f; porte m; (Beherrschung) dominio m de sí (mismo); e-e aufrechte ~ haben mantenerse erguido; e-e ~ einnehmen adoptar una actitud; ~ bewahren mantener una actitud digna; dominarse; die ~ verlieren per-

Haltungsfehler — handeln

der los estribos; ~ annehmen ponerse firme; **2.** *von Tieren:* tenencia *f*; **~sfehler** *m* postura *f* viciosa; trastorno *m* postural.

Ha'lunke *m* (-*n*) bribón *m*; pillo *m*, tunante *m*; granuja *m*; pícaro *m*; **~nstreich** *m* bribonada *f*.

¹Hamburg *n* Hamburgo *m*; **~er** *m* hamburgués *m*; **~erin** *f* hamburguesa *f*; **²isch** *adj.* hamburgués, de Hamburgo.

'hämisch I. *adj.* malicioso; maleante; (*boshaft*)) maligno; (*heimtückisch*) taimado, solapado; **~es** *Lachen* risa *f* maliciosa; **II.** *adv.* con sorna; maliciosamente.

'Hammel *m* (-*s*; -) carnero *m*; F *fig.* zoquete *m*, alcornoque *m*, imbécil *m*; **~braten** *m* asado *m* de carnero; **~fleisch** *n* (carne *f* de) carnero *m*; **~keule** *f* pierna *f* de carnero; **~rippchen** *n* chuleta *f* de carnero; **~rücken** *m* lomo *m* de carnero; **~sprung** *Parl. m* votación *f* por grupos.

'Hammer *m* (-*s*; *")* martillo *m* (a. *Sport, Anat.*); *hölzerner:* mazo *m*; (*Klavier²*) macillo *m*; *fig.* zwischen *~ und Amboß* entre la espada y la pared; *~ und Sichel* la hoz y el martillo; *fig. unter den ~ bringen* (*kommen*) vender (ser vendido, venderse) en subasta.

'hämmerbar *adj.* maleable; **²keit** *f* (0) maleabilidad *f*.

'Hammer|fisch *m*, **~hai** *m* (pez *m*) martillo *m*; **~klavier** *n* piano *m* de macillos.

'hämmern I. (-*re*) *v/t. u. v/i.* martill(e)ar; batir; *Herz, Schläfen:* palpitar; *an die Tür usw.:* golpear; **II.** *² n* martilleo *m*.

'Hammer...: ~schlag *m* martillazo *m*; **~werfen** *n Sport:* lanzamiento *m* de martillo; **~werfer** *m* lanzador *m* de martillo; **~zeh** *⚕ m* dedo *m* en martillo.

Hämoglo'bin *n* (-*s*; 0) hemoglobina *f*.

Hämorrho'iden *⚕ pl.* hemorroides *f/pl.*, almorranas *f/pl.*

'Hampelmann *m* (-*es*; *"er*) títere *m*; fantoche *m* (a. *fig.*).

'Hamster *Zoo. m* (-*s*; -) hámster *m*. **Hamst|e'rei** *f* acaparamiento *m*; **¹~erer** *m* acaparador *m*.

'hamstern I. (-*re*) *v/t.* acaparar; **II.** *² n* acaparamiento *m*.

Hand *f* (-; *"e*) mano *f*; (*Schrift*) letra *f*; *mit der ~* (*machen usw.*) a mano; *zur rechten* (*od. rechter*) *~* a la derecha, a mano derecha; *zur linken* (*od. linker*) *~ a la izquierda*, a mano izquierda; *die öffentliche ~* el sector público; *Politik der starken ~* política *f* enérgica (*od. de mano dura*); *eiserne ~* mano de hierro; *~! Fußball:* ¡mano(s)!; *~ in ~ gehen* ir (cogidos de la mano; *fig.* correr parejas (con); *~ drauf!* ¡chócala!, ¡choca esos cinco!; *Hände hoch!* ¡manos arriba!; *Hände weg!* ¡manos quietas!; ¡no se toque eso!; *kalte* (*warme*) *Hände haben* tener las manos frías (calientes); *an ~ von* a base de; por medio de; en virtud de; *die ~ von et. lassen* mantenerse al margen de a/c.; *j-m die ~ drücken* (*od. schütteln*) estrechar la mano a alg.; *freie ~ haben* tener libertad para; *tener carta blanca; j-m freie ~ lassen* dar carta blanca a alg.; dejar plena

libertad de acción a alg.; *e-e* (*un-*) *glückliche ~ haben* tener buena (mala) mano; *e-e sichere ~ haben* tener una mano segura; *j-m die ~ geben* (*reichen*) dar (tender) la mano a alg.; *j-m an die ~ gehen* ayudar (*od.* prestar ayuda) a alg.; echar una mano a alg.; *die ~ gegen j-n erheben* alzar la mano a alg.; *dafür lege ich m-e ~ ins Feuer* metería (*od.* pondría) las manos en el fuego; *die ~ nicht vor den Augen sehen* F no ver ni gota (*od.* torta); *j-s rechte ~ sein* ser el brazo derecho de alg.; *s-e ~ im Spiel haben* andar metido en el juego; F andar en el ajo; *alle Hände voll zu tun haben* estar agobiado de trabajo; *Rel. die Hände auflegen* imponer las manos; *fig. die ~ auf et. legen* poner mano sobre a/c.; apoderarse de a/c.; incautarse de a/c.; *~ anlegen* (*helfen*) dar (*od.* echar) una mano; arrimar el hombro; *an j-n legen poner* a alg. la mano encima; *~ an et. legen* meter mano a a/c.; *~ an sich legen* atentar contra la propia vida; suicidarse; *die letzte ~ an et.* (*ac.*) *legen* dar la última mano a a/c.; ultimar a/c.; *~ ans Werk legen* poner manos a la obra; *fig. weder ~ noch Fuß haben* no tener pies ni cabeza (*od.* cabo ni cuerda); *die Hände über dem Kopf zusammenschlagen* llevarse las manos a la cabeza; *in der ~, bei der ~, zur ~ haben* tener a mano; *bei der* (*od. an die*) *~ nehmen* tomar (*od.* coger) de la mano; *bei der an*) *der ~ führen* llevar de la mano; *j-m et. an die ~ geben* proporcionar a alg. los medios (*od. auf der ~ liegen* ser evidente (*od.* palmario *od.* patente); *fig. j-n auf Händen tragen* F tener (*od.* traer) a alg. en palmitas; *et. aus der ~ geben* desprenderse (*od.* deshacerse) de a/c.; renunciar a a/c.; *aus der ~ fressen* comer en la mano; *fig. j-m:* obedecer incondicionalmente (a alg.); *von* (*od. aus*) *der ~ in den Mund leben* vivir al día; *aus der ~ lesen* leer en la mano; *aus erster* (*zweiter*) *~ de* primera (segunda) mano; *durch j-s Hände gehen* pasar por (las) manos de alg.; *das liegt in Gottes ~* Dios dirá; *das liegt in s-r ~* está en su mano (*od.* depende; *et. in die ~ nehmen* tomar a/c. en la mano; *fig.* encargarse de (*od.* tomar por su cuenta) a/c.; *et. in der ~ haben* tener en la mano; *sich in der ~ haben* dominarse, controlarse; *die Lage* (*fest*) *in der ~ haben* controlar la situación; *in andere Hände kommen* (*od.* übergehen) pasar (*od.* ir a parar) a otras manos; cambiar de dueño; *j-m in die Hände arbeiten* (*od.* spielen) hacer el juego (*od.* el caldo gordo) a alg.; *in guten Händen* en buenas manos; *in j-s Händen* (*Gewalt*) *sein* en las manos de, en poder de alg.; *fig. j-n in der ~ haben* tener a alg. a su merced; F tener a alg. metido en el bolsillo; *in j-s Hände fallen* dar (*od.* caer) en manos de alg.; *in schlechte Hände geraten* caer en malas manos; *in Händen haben* tener en las manos; (*beherrschen*) dominar, ser dueño de; *a. fig. j-m die Hände binden* atar las manos a alg.; *maniatar* a alg.; *an Händen und Füßen gebunden* atado de pies y manos; *sich mit Händen und Füßen wehren* defenderse con uñas y dientes; *die Hände in den Schoß legen*

cruzarse de brazos; *estar mano sobre mano*; *die Hände lassen von* desistir de; no preocuparse más de; *mit der ~ über et. streichen* pasar la mano por a/c.; *mit starker ~* con mano dura; *mit leeren Händen abziehen* irse con las manos vacías; *mit vollen Händen a manos llenas*; *unter der ~* bajo mano, bajo cuerda, por debajo de cuerda; *von s-r Hände Arbeit leben* vivir (del trabajo) de sus manos; *et. geht ihm leicht von der ~* se da mucha maña para; *et. von der ~ weisen* rechazar a/c.; rehusar a/c.; *fig. von langer ~ con* mucha antelación; *von ~ zu ~ de* mano en mano; *💰 zu Händen von* a la atención de.

'Hand...: ~abzug *Typ. m* impresión *f* manual; **~antrieb** *m* → **~betrieb**; **~arbeit** *f* trabajo *m* manual (*od.* hecho a mano); *weibliche:* labor *f*; *als Fach:* labores *f/pl.*; **²arbeiten** *v/i.* hacer labores; **~arbeiter(in** *f*) *m* obrero (-a *f*) *m*, trabajador(a *f*) *m* manual; **~arbeitslehrerin** *f* profesora *f* de labores; **~atlas** *m* atlas *m* manual (*od.* manual); **~auflegen** *n*, **~auflegung** *f Rel.* imposición *f* de (las) manos; **~ausgabe** *f* edición *f* manual; **~ball** *m Sport:* balonmano *m*; **~ballen** *Anat. m* pulpejo *m* (de la mano), ténar *m*; **~ballspieler** *m* jugador *m* de balonmano, balonmanista *m*; **~bedienung** *f* mando *m bzw.* manejo *m* manual; **~beil** *n* hachuela *f*; **~besen** *m* escobilla *f*; **~betätigung** *f*, **~betrieb** *m* accionamiento *m* manual (*od.* a mano); **~bewegung** *f* movimiento *m* de la mano; ademán *m*; **~bibliothek** *f* biblioteca *f* manual; **~bohrer** *m* barrena *f* de mano; **~bohrmaschine** *f* taladradora *f* portátil (*od.* de mano); **~brause** *f* ducha *f* de mano; **²breit** *adj.* del ancho de una mano; **~breit** *f* palmo *m*; **~bremse** *f* freno *m* de mano; **~buch** *n* manual *m*.

'Händchen *n* manita *f*; *~ halten* hacer manitas.

'Hand|druck *m Stoff:* estampado *m* a mano; **~dusche** *f* ducha *f* manual; **'Hände|druck** *m* apretón *m* de manos; **~klatschen** *n* palmoteo *m*; palmas *f/pl.*; aplauso *m*.

'Handel *m* (-*s*; 0) 🌾 comercio *m*; (*Handelsverkehr*) tráfico *m* (a. *desp.*); (*Geschäft*) negocio *m*; (*Markt*) mercado *m*; (*Tausch²*) intercambio *m*; (*Angelegenheit*) asunto *m*; (*Vereinbarung*) pacto *m*; *elektronischer ~* comercio *m* electrónico; *im ~ tätig sein* dedicarse al comercio; *~ treiben* comerciar (*mit j-m* con alg.); *~ treiben mit* tratar *od.* negociar; *en; unerlaubt: traficar en; im ~ sein* estar en venta; *in den ~ bringen* poner a la venta.

'Händel *m/pl.* pendencia *f*, riña *f*, reyerta *f*; disputa *f*; F camorra *f*; *mit j-m ~ haben* tener una disputa con alg.; *mit j-m ~ suchen* buscar pendencia (F camorra) con alg.

'handeln (-*le*) **I.** *v/i.* 1. actuar, obrar; (*verfahren*) proceder; *ebenso ~ hacer* lo mismo, hacer otro tanto; proceder de igual modo; *er hat nicht gut an mir gehandelt* no se ha portado bien conmigo; **2.** *~ von* (*od.* über) tratar de (*od.* sobre); versar sobre; **3.** 🌾 (*Handel treiben*) comerciar; tratar, negociar (*mit et. en*); *unerlaubt:* traficar; (*feil-*

Handeln — Handramme

schen) regatear; *um den Preis* ~ discutir el precio; *fig. mit sich* ~ *lassen* mostrarse tratable (*od.* dispuesto a tratar); *an der Börse gehandelt werden* negociarse en la Bolsa; **II.** *v/unprs.*: *es handelt sich um* se trata de; *es handelt sich darum, ob ...* falta saber si...; *worum handelt es sich?* ¿de qué se trata?; **III.** ♀ *n* acción *f*; (*Verfahren*) procedimiento *m*; (*Feilschen*) regateo *m*.

'Handels...: ~**abkommen** *n* acuerdo *m* comercial; convenio *m* mercantil; ~**adreßbuch** *n* guía *f* comercial; ~**agent** *m* agente *m* comercial; ~**agentur** *f* agencia *f* comercial; ~**artikel** *m* artículo *m* de consumo; ~**attaché** *m* agregado *m* comercial; ~**austausch** *m* intercambio *m* comercial; ~**bank** *f* banco *m* comercial; ~**bericht** *m* informe *m* comercial; ~**beschränkung** *f* restricción *f* comercial; ~**besprechungen** *f/pl.* negociaciones *f/pl.* comerciales; ~**betrieb** *m* empresa *f* comercial; ~**bezeichnung** *f* denominación *f* comercial; ~**beziehungen** *f/pl.* relaciones *f/pl.* comerciales; ~**bilanz** *f* balanza *f* comercial (*od.* de comercio) (*aktive* excedentaria; *passive* deficitaria); ~**blatt** *n* periódico *m* de información comercial; ~**börse** *f* bolsa *f* de comercio; ~**brauch** *m* uso *m* comercial; ~**bücher** *n/pl.* libros *m/pl.* de comercio *bzw.* de contabilidad; ~**delegation** *f* delegación *f* comercial; ♀**einig, ♀eins** *adv.*: ~ *sein* (*werden*) estar (quedar) de acuerdo; concluir un negocio; convenir (en) el precio; ~**embargo** *n* embargo *m* comercial; ♀**fähig** *adj.* comerciable, negociable; ~**firma** *f* razón *f* social; casa *f* comercial (*od.* de comercio); ~**flagge** ♱ *f* pabellón *m* de la marina mercante; ~**flotte** ♱ *f* flota *f* mercante; ~**freiheit** *f* libertad *f* de comercio; ~**gärtner** *m* horticultor *m*; ~**gärtnerei** *f* empresa *f* horticola; horticultura *f*; ~**geist** *m* espíritu *m* comercial; *m.s.* mercantilismo *m*, espíritu *m* mercantil; ~**genossenschaft** *f* sociedad *f* comercial; ~**gericht** *n* tribunal *m* comercial (*od.* de comercio); ♀**gerichtlich** *adj.*: ~ *eingetragen* inscrito en el registro mercantil; ~**gerichtsbarkeit** *f* jurisdicción *f* comercial; ~**geschäft** *n* operación *f* de comercio; ~**gesellschaft** *f* sociedad (*od.* compañía *f*) mercantil; ~**gesetzbuch** *n* código *m* de comercio; ~**gesetzgebung** *f* legislación *f* comercial; ~**gewerbe** *n* industria *f* mercantil; *ein* ~ *betreiben* ejercer una actividad mercantil; ~**gewicht** *n* peso *m* de comercio; ~**hafen** ♱ *m* puerto *m* comercial; ~**haus** *n* casa *f* de comercio; ~**hindernisse** *n/pl.* trabas *f/pl.* comerciales; ~**hochschule** *f* Escuela *f* de Altos Estudios Mercantiles; ~**kammer** *f* Cámara *f* de Comercio; ~**kauf** *m* compraventa *f* mercantil; ~**klasse** *f* categoría *f*, clase *f*; ~**korrespondenz** *f* correspondencia *f* comercial; ~**kredit** *m* crédito *m* comercial; ~**krieg** *m* guerra *f* comercial; ~**marine** ♱ *f* marina *f* mercante; ~**marke** *f* marca *f* comercial; ~**messe** *f* feria *f* comercial; ~**minister** *m* Ministro *m* de Comercio; ~**ministerium** *n* Ministerio *m* de Comercio; ~**mission** *f* misión *f* comercial; ~**monopol** *n* monopolio *m* comercial; ~**name** *m* nombre *m* comercial; firma *f*; ~**niederlassung** *f* establecimiento *m* comercial; *überseeische*: factoría *f*; ~**platz** *m* plaza *f* comercial; ~**politik** *f* política *f* comercial; ♀**politisch** *adj.* político-económico; ~**recht** *n* derecho *m* mercantil; ~**register** *n* registro *m* mercantil; ~**reisende(r)** *m* → *Handlungsreisende(r)*; ~**richter** *m* juez *m* de un tribunal comercial; ~**schiff** ♱ *n* buque *m* mercante; ~**schiffahrt** *f* navegación *f* mercante; ~**schranken** *f/pl.* barreras *f/pl.* comerciales; ~**schule** *f* escuela *f* de comercio; ~**spanne** *f* margen *m* comercial; ~**sperre** *f* interdicción *f* del comercio; embargo *m*; ~**stadt** *f* ciudad *f* comercial; ~**stand** *m* el comercio; los comerciantes; profesión *f* mercantil; ~**straße** *f* ruta *f* comercial; ~**teil** *m* *e-r Zeitung*: sección *f* económica y financiera; ♀**üblich** *adj.* usual (*od.* de uso corriente) en el comercio.

'Händel...: ~**sucht** *f* carácter *m* pendenciero; ♀**süchtig** *adj.* pendenciero; F camorrista.

'Handels...: ~ **und Zahlungsabkommen** *n* acuerdo *m* comercial y de pagos; ~**unternehmen** *n* empresa *f* comercial (*od.* mercantil); ~**verbindungen** *f/pl.* relaciones *f/pl.* comerciales; ~**verbot** *n* interdicción *f* de comercio; ~**verkehr** *m* tráfico *m* comercial; intercambio *m* comercial; ~**vertrag** *m* tratado *m* comercial (*od.* de comercio); ~**vertreter** *m* representante *m* de comercio; comisionista *m*; ~**vertretung** *f* representación *f* comercial; agencia *f* comercial; ~**volumen** *m* volumen *m* de intercambio; ~**ware** *f* → ~*artikel*; ~**wechsel** *m* efecto *m* de comercio, letra *f* comercial; ~**weg** *m* vía *f* comercial; ~**wert** *m* valor *m* comercial; ~**wissenschaft** *f* ciencia *f* comercial; ~**zeichen** *n* → ~*marke*; ~**zeitung** *f* → ~*blatt*; ~**zentrum** *n* centro *m* comercial; ~**zweig** *m* ramo *m* comercial (*od.* del comercio).

'handeltreibend *adj.* comerciante; mercante; traficante; ♀**e(r)** *m* comerciante *m*.

'händeringend *adj.* retorciendo las manos; (*flehentlich*) suplicante; (*verzweifelt*) desesperado.

'Hand...: ~**exemplar** *n* ejemplar *m* de trabajo; ~**feger** *m* escobilla *f*; ~**fertigkeit** *f* habilidad *f* manual; ~**fesseln** *f/pl.* → ~*schellen*; ♀**fest** *adj.* robusto, vigoroso, fuerte; sólido; ~**feuerlöscher** *m* extintor *m* de mano; ~**feuerwaffe** ✗ *f* arma *f* de fuego portátil; ~**fläche** *f* palma *f* (de la mano); ♀**gearbeitet** *adj.* hecho a mano; ~**gebrauch** *m*: *zum* ~ para uso diario; ♀**gefertigt** *adj.* → ♀*gearbeitet*; ♀**geknüpft** *adj.* anudado a mano; ~**geld** *n* arras *f/pl.*, señal *f*; ✗ prima *f* de enganche; ~**gelenk** *Anat.* ~ muñeca *f*; *et. aus dem* ~ *tun* hacer con mucha soltura a/c.; improvisar a/c.; F *fig. ein loses* (*od.* lockeres) ~ *haben* tener las manos largas; ♀**gemacht** *adj.* → ♀*gearbeitet*; ♀**gemein** *adj.*: ~ *werden* llegar a las manos; ~**gemenge** *n* pelea *f*; riña *f* (cuerpo a cuerpo); ♀**genäht** *adj.* cosido a mano; ~**gepäck** *n* bultos *m/pl.* (*od.* equipaje *m*) de mano; ~**gepäckaufbewahrung** *f* consigna *f*; ♀**gerecht** *adj.* manejable; fácil de manejar; ♀**geschmiedet** *adj.* forjado a mano; ♀**geschöpft** *adj.*: ~*es Papier* papel *m* de tina (*od.* de mano); ♀**geschrieben** *adj.* manuscrito, escrito a mano; ♀**gestickt** *adj.* bordado a mano; ♀**gewebt,** ♀**gewirkt** *adj.* tejido a mano; ~**granate** ✗ *f* granada *f* de mano; ♀**greiflich** *adj.* palpable; evidente, manifiesto, palmario; ~ *werden* llegar a las manos; ~**griff** *m* **1.** *zum Festhalten*: asidero *m*; (*Stiel*) mango *m*; (*Henkel*) asa *f*; (*Knauf*) puño *m*; (*Kurbel*) manivela *f*; **2.** (*Bewegung*) maniobra *f*, manejo *m*; manipulación *f*; ~**habe** *fig. f* motivo *m*, pretexto *m*; ~ *bieten zu dar* motivo (*od.* margen) a; ♀**haben** *v/t.* manejar; manipular; (*gebrauchen*) utilizar, emplear, servirse de; *Gesetze*: aplicar; *leicht zu* ~ de fácil manejo, muy manejable; ~**habung** *f* manejo *m*; manipulación *f*; maniobra *f*; ♱† aplicación *f*; ~**harmonika** *f* acordeón *m*; ~**hebel** *m* palanca *f* manual.

'Handheld *m od. n* (-s; -e) *Computer*: ordenador *m* (personal) de mano (*od.* de palma).

'Handikap ['hɛndiˌkɛp] *n* (-s; -s) handicap *m*.

'Hand...: ~**kantenschlag** *m* golpe *m* con el canto de la mano; ~**karre(n** *m*) *f* carretilla *f* (*od.* carretón *m*) de mano; ~**koffer** *m* maleta *f*; *kleiner*: maletín *m*; ~**korb** *m* cesta *f*; ~**kurbel** *f* manivela *f*; ~**kuß** *m* besamanos *m*; *e-n* ~ *geben* besar la mano; ~**langer** *m* peón *m*; bracero *m*; *fig.* ayuda *m*; (*Helfershelfer*) cómplice *m*; ~**laterne** *f* linterna *f*; farol *m* de mano; ~**leiste** *f am Geländer*: pasamano *m*.

'Händler *m* comerciante *m*, negociante *m*; *bsd. Vieh*: tratante *m*; *desp.* traficante *m*; (*Verkäufer*) vendedor *m*; (*Hausierer*) buhonero *m*; *fliegender* ~ vendedor *m* ambulante: ~**in** *f* vendedora *f*; ~**preis** *m* precio *m* al por mayor; precio *m* para revendedores.

'Hand...: ~**lesekunst** *f* quiromancia *f*; ~**leser(in** *f*) *m* quiromántico (-a *f*) *m*; ~**leuchter** *m* palmatoria *f*; ♀**lich** *adj.* manuable; manejable, fácil de manejar; ♀**lichkeit** *f* (0) manejabilidad *f*; ~**liniendeutung** *f* → ~*lesekunst*.

'Handlung *f* acción *f*; acto *m*, hecho *m*; (*Laden*) tienda *f*, comercio *m*; *e-s Theaterstücks, Romans usw.*: acción *f*; argumento *m*; *Ort der* ~ lugar de la acción.

'Handlungs...: ~**bevollmächtigte(r)** ♱ *m* apoderado *m* (especial); ~**faden** *m* *Thea.* hilo *m* argumental; ~**fähigkeit** *f* capacidad *f* de obrar (*od.* operativa); ♱† capacidad *f* de ejercicio; ~**freiheit** *f* libertad *f* de acción; ~**gehilfe** *m* ♱ dependiente *m*; mancebo *m*; ~**reisende(r)** *m* viajante *m*; ~**verlauf** *Thea. m* desarrollo *m* de la acción; ~**vollmacht** ♱ *f* poder *m* especial; ~**weise** *f* modo *m* de obrar; proceder *m*; procedimiento *m*.

'Hand...: ~**pferd** *n* caballo *m* de mano; ~**pflege** *f* manicura *f*; ~**presse** *Typ. f* prensa *f* de mano; ~**pumpe** *f* bomba *f* manual; ~**puppe** *f* títere *m*; ~**ramme** *f* pisón *m* de mano;

~reichung f ayuda f, asistencia f, servicio m; ~rücken m dorso m de la mano; ~säge f serrucho m; ~satz Typ. m composición f a mano; ~schellen f/pl. esposas f/pl.; j-m ~ anlegen esposar a alg.; ~schlag m apretón m de manos; mit ~ versprechen prometer solemnemente; ~schreiben n carta f autógrafa; ~schrift f escritura f, letra f; (Schriftwerk) manuscrito m; e-e gute ~ haben tener buena letra; ~schriftendeuter m grafólogo m; ~schriftendeutung f grafología f; ~schriftenkunde f paleografía f; 2schriftlich I. adj. escrito a mano, manuscrito; II. adv. por escrito.

'Handschuh m guante m; j-m den ~ hinwerfen arrojar el guante a alg; ~fach Kfz. n guantera f; ~geschäft n guantería f; ~größe f número m (od. medida f) de guante.

'Hand...: ~schutz m guardamano m; ~siegel n sello m (privado); ~spiegel m espejo m de mano; ~stand m Sport: apoyo m invertido; ~ machen hacer el pino; ~standüberschlag m paloma f; ~sticke'rei f bordado m a mano; ~streich m golpe m de mano; ~tasche f bolso m (de mano); Am. cartera f; (Reise2) maletín m; ~teller m palma f de la mano; ~tuch n toalla f; das ~ werfen Boxen u. fig. arrojar la toalla (od. la esponja); ~tuchhalter m, ~tuchständer m toallero m; ~umdrehen n (-s; 0): im ~ en un santiamén, en un abrir y cerrar de ojos; ~voll f (-; -) puñado m; ~waffe f arma f portátil; ~wagen m carro m de mano; 2warm adj. tibio; ~webstuhl m telar m de mano.

'Handwerk n (-¢s; -e) oficio m; als Stand: artesanía f; sein ~ verstehen saber su oficio; fig. j-m das ~ legen poner fin a las actividades bzw. fechorías de alg.; fig. j-m ins ~ pfuschen hacer la competencia a alg.; pisarle el terreno a alg.; ~er m artesano m; weitS. trabajador m manual; ~erstand m artesanado m; 2lich adj. de artesano (de artesanía; artesanal; ~sbetrieb m empresa f artesanal (Werkstatt) taller m de artesanía; ~sbursche m compañero m de oficio; wandernder: menestral m ambulante; ~skammer f cámara f de artesanía; fig. mecánico; ~smeister m maestro m artesano; ~smesse f feria f de artesanía; ~szeug n útiles m/pl., aperos m/pl.; herramientas f/pl. (a. fig.).

'Hand...: ~wörterbuch n diccionario m manual; ~wurzel Anat. f carpo m.

'Handy n (-s; -s) Tele. (teléfono m) móvil m, Am. (teléfono m) celular m.

'Hand...: ~zeichen n marca f; (Signal) señal f con la mano; Parl. Abstimmung durch ~ votación a mano alzada; ~zeichnung f dibujo m a mano; ~zettel m folleto m manual, octavila f.

'hanebüchen adj. inaudito, increíble; escandaloso.

'Hanf ♀ m (-¢s; 0) cáñamo m; ~breche f agramadera f; 2en adj. de cáñamo; ~garn n hilo m de cáñamo; ~leinwand f tela f de cáñamo, cañamazo m.

'Hänfling Orn. m (-s; -e) pardillo m.
'Hanf...: ~öl n aceite m de cañamones; ~samen m cañamón m; ~seil n cuerda f (od. soga f) de cáñamo; ~werg n estopa f de cáñamo.

Hang m (-¢s; ~e) 1. (Abhang) pendiente f; cuesta f; declive m; 2. fig. (Neigung) inclinación f, propensión f (zu a); disposición f; tendencia f; leidenschaftlicher: pasión f (zu por); 3. Turnen: suspensión f.

'Hangar ✈ m (-s; -s) hangar m.
'Hänge|antenne f antena f colgante; ~backe f moflete m; ~bahn f ferrocarril m suspendido (od. colgante); ~bauch 𝄢 m vientre m péndulo; ~boden m △ desván m; zum Trocknen: secadero m; ~brücke f puente m colgante; ~brust 𝄢 f, ~busen m mama f péndula; F pechos m/pl. caídos; ~gerüst △ n andamio m colgado; ~lager ⊕ n soporte m suspendido; ~lampe f lámpara f colgante (od. de suspensión); ~lippe f labio m belfo; ~matte f hamaca f.

'Hangen n: mit ~ u. Bangen con el alma en un hilo.

'hängen I. v/i. (L) colgar, pender (an dat. de); estar colgado od. suspendido (de); (schief stehen) Mauer: estar inclinado; (haften) estar adherido (od. pegado) a; fig. an j-m ~ tener cariño (od. apego) a alg.; estar apegado a; an Sachen: tener afición a; (ab~) depender de; F alles hängt an mir yo tengo que cargar con todo; voll ~ Baum: estar cargado de; II. v/refl. (L): sich an j-n ~ pegarse a alg. (a. Laufsport); no dejar a alg. a sol ni a sombra; (sich anklammern) engancharse a; III. v/t. colgar, suspender (an ac. de, en); (anhaken) enganchar; (heften) pegar, fijar a; Verbrecher: ahorcar; IV. 2 n suspensión f; colgamiento m; (Henken) ahorcamiento m; F mit ~ und Würgen a duras penas; ~bleiben (L; sn) v/i. bei e-r Prüfung: suspender, ser suspendido, Sch. ser cateado; ~ an (dat.) quedar enganchado en; (kleben) quedar pegado (od. adherido) a; F fig. et. bleibt immer hängen siempre queda algo; ~d adj. colgante, pendiente; colgado (an dat. de); ~e Gärten pensiles m/pl., jardines m/pl. colgantes.

'Hangende(s) ⚒ n (techo m) pendiente m.

'hängenlassen (-) v/t. (vergessen) olvidar; die Wäsche ~ dejar la ropa tendida; F fig. j-n ~ dejar a alg. plantado.

'Hänge...: ~ohren n/pl. orejas f/pl. caídas (od. gachas od. colgantes); ~partie f Schach: partida f aplazada; ~säule f pendolón m; ~schloß n candado m; ~schrank m armario m suspendido.

'Hangwind ✈ m corriente f ascendente orográfica.

Hans m Juan m; ~ im Glück F el niño de la bola.

'Hansa f → Hanse.
Hans'dampf F m: ~ in allen Gassen F mequetrefe m; metomentodo m.

'Hanse f (0): die ~ la Hansa (od. Ansa); ~'at m (-en), 2atisch adj. (h)anseático m.

Hänse'lei f burlas f/pl.; F tomadura f de pelo, chungueo m.

'hänseln I. (-le) v/t. burlarse de; F tomar el pelo a; chunguearse de; II. 2 n → Hänselei.

'Hanse-stadt f ciudad f (h)anseática.
'Hanswurst m bufón m; payaso m; Thea. arlequín m; polichinela m; gracioso m.

'Hantel f (-; -n) pesa f, haltera f; 2n (-le) v/i. Sport: hacer ejercicios con pesas.

han'tieren I. (-) v/i.: ~ mit manejar (ac.); manipular; ocuparse en; II. 2 n ocupación f; (Handhabung) manejo m (mit de); manipulación f.

'hapern v/i.: es hapert mit et. hay algo que cojea (od. no va od. no funciona); da hapert es! F ¡ahí está el intríngulis!; es hapert uns an Geld andamos mal de dinero; im Englischen hapert es bei ihm el inglés es su punto flojo; woran hapert es? ¿dónde está el defecto?

'Häppchen n bocadito m.
'Happen m bocado m; (Appetit 2) tapa f; e-n ~ essen tomar un bocado (od. piscolabis).

'happig F adj. (gierig) ávido; glotón; fig. exagerado; Preis: a. exorbitante.

'Härchen n pelillo m.
'Hard 'cover n (-s; -s) libro m de pastas duras.

'Hard|liner m (-s; -) Pol. intransigente m; ~rock m (-od. -s; 0) rock m duro.
'Hardware f Computer: hardware m.

'Harem m (-s; -s) harén m.
'hären adj. de piel de cabra.
'Häre'sie f herejía f.
Hä'ret|iker m hereje m; 2isch adj. herético.

'Harfe f arpa f; die ~ spielen tocar (od. Poes. tañer) el arpa.

Harfe'nist(in f) m (-en) arpista m/f.
'Harfenspiel n música f de arpa; tañido m del arpa; ~spieler(in f) m arpista m/f.

'Harke f ✎ rastro m, rastrillo m; fig. j-m zeigen, was e-e ~ ist decirle a alg. las verdades del barquero, decirle a alg. cuántas son cinco; 2n v/t. rastrillar; ~n n rastrillaje m.

'Harlekin m (-s; -e) arlequín m.
Harleki'nade f arlequinada f.
Harm m (-¢s; 0) (Gram) aflicción f, cuita f; (Kummer) pena f, pesar m; (Kränkung) ofensa f.

'härmen v/refl.: sich ~ afligirse, apenarse, apesadumbrarse (um ac. por).

'harm|los (-est) adj. (unschuldig) inocente; (unschädlich) inofensivo, in(n)ocuo; (arglos) cándido, ingenuo; Tier: manso; ~er Mensch un alma de Dios; II. adv. inocentemente; sin mala intención; ingenuamente; 2losigkeit f inocencia f; carácter m inofensivo; in(n)ocuidad f; candidez f, ingenuidad f.

Harmo'nie f armonía f (a. fig.); ~lehre ♪ f armonía f; 2ren (-) v/i. estar en armonía; concordar (mit con); bsd. Farben: armonizar; mit j-m congeniar (od. entenderse bien) con alg.

Har'monika f (-; -s od. -ken) f (Mund 2) armónica f; (Zieh 2) acordeón m.

har'monisch adj. ♪ armónico; fig. a. armonioso.

harmoni'sieren (-) v/t. armonizar (a. fig.).

Har'monium ♪ n (-s; -nien) armonio m.

'Harn m (-¢s; 0) orina f; ~ lassen

Harnabsonderung — Haube

orinar; ~absonderung f secreción f urinaria; ~analyse f análisis m de orina; ~apparat m aparato m urinario; ~ausscheidung f eliminación f de la orina; ~beschwerden ⚙ f/pl. disuria f; ~blase Anat. f vejiga f (urinaria); ~blasen-entzündung ⚙ f cistitis f; ~drang m necesidad f (F gana f) de orinar; ℘en v/i. orinar; hacer aguas menores; P mear; ~en n micción f; P meada f; ~gang m meato m urinario; ~glas n orinal m; ~grieß ⚙ m arenillas f/pl.
'Harnisch m (-es; -e) arnés m; (Brust℘) coraza f; (Rüstung) armadura f; fig. in ~ bringen exasperar; dar rabia; in ~ geraten exasperarse, indignarse; montar en cólera.
'Harn...: ~lassen n micción f; ~leiter Anat. m uréter m; ~röhre Anat. f uretra f; ~röhren-entzündung f, ~röhrenkatarrh ⚙ m uretritis f; ~röhrensonde f sonda f uretral; catéter m; ~säure 🜨 f ácido m úrico; ~stein ⚙ m cálculo m urinario; ~stoff m urea f; ℘treibend adj. diurético; ~es Mittel diurético m; ~vergiftung f uremia f; ~verhaltung ⚙ f retención f de orina; ~wege Anat. m/pl. vías f/pl. urinarias; ~zwang ⚙ m estranguria f, tenesmo m vesical.
Har'pune f arpón m; fisga f.
Harpu'nier m (-s; -e) arponero m.
harpu'nieren (-) v/t. arponear.
Har'pyie [-'py:jə] Myt. f arpía f.
'harren I. v/i. aguardar, esperar (auf od. gen. a/c.); II. ℘ n (Erwartung) espera f; (Hoffnung) esperanza f; (Geduld) paciencia f; perseverancia f.
'harsch I. adj. duro; áspero, rudo (a. fig.); II. ℘ m → ℘schnee m nieve f helada.
hart (~er, ~est) I. adj. duro (a. Ei, Wasser, Droge, Währung); Arbeit: a. ímprobo; (erhärtet) endurecido; (fest) firme, sólido; (rauh) rudo, áspero (a. fig.); Kampf: encarnizado; (heftig) violento; (streng) riguroso; severo (a. Strafe); (unbeugsam) inflexible; (grausam) cruel; (gefühllos) insensible; (schwierig) difícil, dificultoso; penoso; arduo; ~es Los cruel destino m; ~er Verlust sensible pérdida f; ~e Wahrheit verdad f cruda; ~e Zeiten tiempos m/pl. difíciles (od. duros); ~er Winter invierno m crudo (od. riguroso); ~er Schlag golpe m duro; fig. rudo golpe m; ~es Gesetz ley f severa; e-n ~en Kopf (od. Schädel) haben tener la cabeza dura; F ser cabezón; zu j-m ~ sein ser duro con alg.; ~ im Nehmen sein F encajar bien los golpes; II. adv. (dicht, nah) ~ an (dat.) muy cerca de; fig. ~ grenzen an (ac.) rayar en, rozar (ac.); ~ machen endurecer, solidificar; ~ werden endurecerse, solidificarse; Geol. concrecionarse; (Zement) fraguar; ~ arbeiten trabajar duramente; F trabajar como un negro; ~ bleiben mantenerse inflexible; das kommt ihn ~ an se le hace duro (od. difícil); le cuesta (mucho); es ging ~ auf ~ se luchó a brazo partido (od. a vida o muerte); wenn es ~ auf ~ geht en el peor de los casos; ~ aneinandergeraten tener un choque violento; ~ spielen Sport: jugar duro (od. con dureza); ~ anzufühlen duro al tacto; j-n ~ anfahren increpar, incor-

diar a alg.; j-m ~ zusetzen apremiar a alg.; asediar (od. importunar) a alg.; j-m ~ auf den Fersen sein seguir a alg. muy de cerca; F ir pisando a alg. los talones.
'härtbar ⊕ adj. templable.
'Härte f dureza f (a. fig.); des Stahls: temple m; fig. (Strenge) rigor m, severidad f; des Charakters: rigidez f; austeridad f; rudeza f; (Ausdauer) resistencia f; (Ungerechtigkeit) injusticia f; ~bad ⊕ n baño m de temple; ~fall m caso m extremo; ~grad m grado m de dureza; ~klausel f cláusula f de dureza; ℘n (-e-) v/t. endurecer; Stahl: templar; ~n n endurecimiento m; des Stahls: temple m; ~ofen ⊕ m horno m para templar; ~prüfung f ensayo m de dureza; ~rei ⊕ f taller m de templado; ~riß m grieta f causada por el temple; ~skala f escala f de dureza.
'Hart...: ~faserplatte f plancha f de fibra dura; ~gekocht adj. Ei: duro; ~geld n moneda f metálica; ℘gelötet adj. soldado a fuego; ℘gesotten fig. adj. endurecido; empedernido; obstinado; ~glas n vidrio m templado; ~gummi n ebonita f; ~guß ⊕ m fundición f dura; ~herzig adj. duro (de corazón); ~herzigkeit f (0) dureza f (de corazón); ~holz n madera f dura; ~hörig adj. duro de oído; ~hörigkeit f dureza f de oído; ~käse m queso m duro; ℘leibig ⚙ adj. estreñido; ~leibigkeit ⚙ f (0) estreñimiento m; ~lot n soldadura f fuerte (od. amarilla); ℘löten (-e-) v/t. soldar al fuego; ℘mäulig adj. Pferd: duro de boca; ~meißel m cortafrío m; ~metall n metal m duro; ℘näckig adj. (beharrlich) tenaz, tesonero; (eigensinnig) obstinado; terco, testarudo; Krankheit: pertinaz, persistente; ~ bestehen obstinarse, porfiar (auf dat. en); ~näckigkeit f (0) tenacidad f, tesón m; obstinación f; terquedad f, testarudez f; persistencia f; pertinacia f; ~papier n papel m duro (od. prensado); ℘schalig adj. de cáscara dura; ~spiritus m alcohol m solidificado.
'Härtung f endurecimiento m; Stahl: temple m; ~smittel n agente m solidificante.
'Hart|weizen m trigo m duro (od. semolero); ~wurst f salchichón m.
'Harz[1] Geogr. m: der ~ el Har(t)z.
'Harz[2] n (-es; -e) resina f; ~ abzapfen resinar; ~baum m árbol m resinoso; ℘en (-t) v/t. resinar; ℘haltig adj. resinífero; ℘ig adj. resinoso; ~industrie f industria f resinera.
Ha'sardspiel n juego m de azar.
Hasch F n → Haschisch.
Ha'schee Kochk. n picadillo m (de carne).
'haschen[1] I. v/t. atrapar; (packen) coger (nicht in Arg.), agarrar; (jagen) cazar; Spiel: sich ~ jugar a parar; II. v/i.: ~ nach tratar de coger (od. atrapar) a/c.; fig. ambicionar; perseguir con ahínco; aspirar a.
'haschen[2] F v/i. fumar hachís (F porros).
'Häs-chen n liebrecilla f.
'Häscher m esbirro m; ehm. alguacil m; corchete m.
'Haschisch n (-; 0) hachís m, P chocolate m.

'Hase m (-n) liebre f; junger: lebrato m; Kochk. falscher ~ asado m de carne picada; da liegt der ~ im Pfeffer F ahí está el busilis; ésa es la madre del cordero; fig. ein alter ~ un viejo zorro; wissen, wie der ~ läuft conocer el truco; estar al cabo de la calle; sehen, wie der ~ läuft esperar a ver el cariz que toman las cosas; F mein Name ist ~ no sé nada de nada.
'Hasel 🜨 f (-; -n) avellano m; ~gebüsch 🜨 n avellanar m, avellaneda f; ~huhn Orn. n grévol m; ~maus Zoo. f lirón m enano, muscardino m; ~nuß 🜨 f avellana f; ~rute f varita f de avellano; ~strauch m avellano m.
'Hasen...: ~braten m asado m de liebre; ~fuß m, ~herz fig. n cobarde m, gallina m; ~jagd f caza f de liebres; ~klein n, ~pfeffer m Kochk. estofado m bzw. encebollado m de menudillos de liebre; lebrada f; ~panier n: das ~ ergreifen tomar las de Villadiego; ℘rein adj.: das ist nicht ganz ~ no es muy católico; aquí hay gato encerrado; ~scharte ⚙ f labio m leporino.
'Häsin f liebre f hembra.
'Haspe f (Angel) gozne m; (Fenster℘, Türband) pernio m.
'Haspel f (Garn℘) devanadera f; (Winde) aspa f; ℘n v/t. (-le) devanar, aspar; (empor~) guindar, elevar, ⚓ izar; ~n n devanado m.
Haß m (-sses; 0) odio m (gegen a); aus ~ gegen por odio a; ~ hegen gegen od. haben auf (ac.) tener odio a.
'hassen (-ßt) v/t. odiar; (verabscheuen) aborrecer, detestar; abominar; ~swert adj. aborrecible, detestable; abominable; (verhaßt) odioso.
'haß...: ~erfüllt adj. lleno de odio; ℘gefühle n/pl. sentimientos m/pl. de odio.
'häßlich adj. feo (a. fig.); (mißgestaltet) desfigurado, deforme; monstruoso; fig. (unangenehm) desagradable; (unliebenswürdig) poco amable; desatento; ~ wie die Nacht F más feo que Picio; ~ machen afear; ~ werden ponerse feo; ℘keit f fealdad f; fig. desatención f; falta f de amabilidad; acción f repugnante.
'Haßliebe f amor-odio m.
'Hast f (0) prisa f; precipitación f; mit (od. in) ~ de prisa, con prisa; precipitadamente; ℘en (-e-; sn) v/i. apresurarse, darse prisa, Am. apurarse; (sich überstürzen) precipitarse; ~en n → Hast; ℘ig I. adj. presuroso; precipitado; II. adv. a toda prisa; precipitadamente.
'Hätschelkind n niño m mimado (a. fig.).
'hätscheln I. (-le) v/t. acariciar; (verzärteln) mimar; II. ℘ n caricias f/pl.
'hatschi!, 'hatzi! int. ¡achís!
Hatz f Jgdw. caza f (con galgos); cacería f; fig. (Hetze) prisa(s) f(pl.).
'Häubchen n gorrita f; (Kinder℘) capillo m.
'Haube f cofia f; (Kappe) gorra f; (Käppchen) caperuza f; (Helm) casco m; (Nonnen℘) toca f; (Motor℘) capota f, capó m; (Trocken℘) secador m; ⊕ sombrerete m, casquete m; ⊕ (Schutz℘) cubierta f; 🜨 e-r Retorte: montera f; (Deckel) tapa f; der Vögel: moño m, copete m; der Falken: capirote m; fig. unter die ~ bringen (kom-

men) casar(se); ~**nlerche** *Orn. f* cogujada *f,* galerita *f.*
Hau'bitze ⚔ *f* obús *m.*
'**Haublock** *m* tajo *m.*
'**Hauch** *m* (*-és; -e*) aliento *m*; (*Wind*⚲) soplo *m*; *Poes.* hálito *m*; (*Aushauchung*) expiración *f*; *Gr.* aspiración *f*; *fig.* (*Spur, Anflug*) toque *m*; asomo *m*; F pizca *f*; ⚲**dünn** *adj.* sutil, tenue, finísimo; ⚲**en** *v/i.* soplar; (*aus*~) expirar; exhalar; (*flüstern*) susurrar; *Gr.* aspirar; ~**laut** *m* sonido *m* aspirado; ⚲**zart** *adj.* sutil, grácil, vaporoso; muy delgado.
'**Haudegen** *m* (*Raufbold*) espadachín *m*; *fig.* ein alter ~ un viejo soldado.
'**Haue** *f* (*Hacke*) azada *f*; azadón *m*; (*Spitzhacke*) pico *m*; *doppelte:* zapapico *m*; F (*Prügel*) palos *m/pl.*; zurra *f,* paliza *f,* tunda *f*; ~ bekommen llevarse una paliza (*od.* zurra).
'**hauen** I. *v/i.* (*schlagen*) golpear (*gegen* contra); batir (*ac.*); *nach j-m* ~ acometer a (*od.* arremeter contra) alg.; *um sich* ~ repartir golpes a diestro y siniestro; **II.** *v/t.* (*schlagen*) golpear; batir; (*prügeln*) pegar, golpear; *Weg, Loch:* hacer, abrir; ✦ cavar; ⚒ extraer; ⊕ *Feilen:* tajar; *Holz:* cortar; *Bäume:* a. talar; *Steine:* labrar, tallar; *Escul. in Stein* ~ esculpir en piedra; *mit der Peitsche* ~ dar latigazos; *mit der Faust* ~ dar puñetazos; *et. in Stücke* ~ despedazar (*od.* hacer pedazos) a/c.; *haut ihn!* F ¡dale (duro)!; **III.** *v/refl.: sich* ~ reñir, pelear(se).
'**Hauer** *m* 1. ⚒ picador *m* (de minas); 2. *Zoo.* colmillo *m*, remolón *m.*
'**Häufchen** *n* montoncito *m*; *fig.* puñado *m*; pequeña cantidad *f*; *fig. ein* ~ *Unglück* tanta calamidad.
'**häufeln** I. (*-le*) *v/t. u. v/i.* ✦ aporcar; **II.** ⚲ *n* aporcadura *f.*
'**Haufen** *m* (*-s; -*) montón *m*; *geschichteter:* pila *f*; *fig.* (*Schwarm*) enjambre *m*; nube *f*; multitud *f*; (*Menge*) montón *m*, gran cantidad *f*; (*Volks*⚲) gentío *m*, muchedumbre *f*; tropel *m*, turba *f*; aglomeración *f* (de gente); F *ein* ~ *Geld* F un dineral; *über den* ~ *rennen* tumbar, derribar; F tirar patas arriba; *über den* ~ *werfen fig. Pläne:* desbaratar, echar abajo (*od.* por tierra), *Bedenken usw.:* arrojar por la borda; *über den* ~ *schießen* matar a tiros.
'**häufen** *v/t. u. v/refl.* acumular(se); amontonar(se); apilar(se); *sich* ~ (*zunehmen*) crecer, aumentar; *Fälle usw.:* menudear; *drei gehäufte Teelöffel* tres cucharaditas colmadas.
'**haufen**|**weise** *adv.* a. montones; F a manta, a porrillo; (*scharenweise*) en masa; en tropel; ⚲**wolke** *f* cúmulo *m.*
'**häufig** I. *adj.* frecuente; (*wiederholt*) repetido, reiterado; (*zahlreich*) numeroso; **II.** *adv.* frecuentemente, a menudo, con frecuencia; ~ besuchen frecuentar; ⚲**keit** *f* (0) frecuencia *f.*
'**Häufung** *f* acumulación *f* (*a.* 🜚); cúmulo *m*; amontonamiento *m*; apilamiento *m*; (*Zunahme*) aumento *m*; (*Wiederholung*) repetición *f.*
'**Hauklotz** *m* tajo *m.*
Haupt *n* (*-és;* ⁓*er*) cabeza *f* (*a. fig.*); (*Führer*) jefe *m*; *e-r Verschwörung usw.:* cabecilla *m*; *erhobenen* ~*es con la cabeza levantada; gesenkten* ~*es*

cabizbajo; *gekröntes* ~ *testa f coronada*; *fig. aufs* ~ *schlagen derrotar decisivamente.*
'**Haupt...:** *in Zssgn mst.* principal; ~**agentur** *f* agencia *f* (*od.* representación *f*) general; ~**aktionär** ✝ *m* accionista *m* principal; ~**altar** *m* altar *m* mayor; ~**amt** *n* oficina *f* central; *Tele.* central *f* (de teléfonos); ⚲**amtlich I.** *adj.* profesional, de carrera; **II.** *adv.* profesionalmente; ~**anliegen** *n* objetivo *m* principal; ~**anschluß** *Tele. m* conexión *f* principal; (*Leitung*) línea *f* principal; ~**anteil** *m* mayor parte *f*, F parte *f* del león; ~**arbeit** *f* trabajo *m* principal, parte *f* principal del trabajo; ~**armee** ⚔ *f* ejército *m* principal; grueso *m* del ejército; ~**artikel** ✝ artículo *m* principal; *e-r Zeitung:* artículo *m* de fondo; editorial *m*; ~**augenmerk** *n: sein* ~ *richten auf* (*ac.*) fijarse principalmente en; centrar su atención en; ~**ausschuß** *m* comité *m* central; ~**bahnhof** *m* estación *f* central; ~**beruf** *m* profesión *f* bzw. oficio *m* principal; ⚲**beruflich I.** *adj.* profesional; **II.** *adv.* profesionalmente; ~**beschäftigung** *f* ocupación *f* principal; empleo *m* principal; ~**bestandteil** *m* elemento *m* principal (*od.* constitutivo); parte *f* integrante, componente *f* principal; ~**beweggrund** *m* motivo (*od.* móvil) *m* principal; ~**buch** ✝ *n* libro *m* mayor; ~**darsteller**(**in** *f*) *m* protagonista *m/f*; ~**deck** ⚓ *n* cubierta *f* principal; ~**eigenschaft** *f* cualidad *f* dominante; característica *f* principal; ~**eingang** *m* entrada *f* principal; ~**erbe** (~**erbin** *f*) heredero (*-a f*) *m* principal; ~**erfordernis** *n* condición *f* (*od.* requisito *m*) principal; ~**erzeugnis** *n* producto *m* principal; ~**eslänge** *f: j-n um* ~ *überragen* llevarle a alg. una cabeza; ~**fach** *in Studium:* asignatura *f* (*od.* materia *f*) principal; especialidad *f*; ~**farbe** *f* color *m* (pre)dominante; ~**fehler** *m* defecto *m* principal; ~**feind** *m* enemigo *m* principal; ~**feld** *n Radsport:* grueso *m* del pelotón; ~**feldwebel** ⚔ *m* brigada *m*; ~**figur** *f* figura *f* principal; *Thea.* personaje *m* principal; ~**film** *m* película *f* principal (del programa); ~**gebäude** *n* edificio *m* principal; ~**gedanke** *m* idea *f* principal *bzw.* fundamental; ~**gericht** *n* plato *m* principal (*od.* fuerte); ~**geschäft** *n* ✝ casa *f* central (*od.* matriz); ~**geschäftsstelle** *f* oficina *f* bzw. agencia *f* principal; ~**geschäfts-zeit** *f* horas *f/pl.* punta (*od.* de afluencia); ~**gesichtspunkt** *m* punto *m* de vista principal; ~**gewinn** *m* primer premio *m*, F gordo *m*; ~**gläubiger** *m* acreedor *m* principal; ~**grund** *m* razón *f* principal; ~**haar** *n* cabellos *m/pl.*, cabellera *f*; ~**hahn** *m* grifo *m* bzw. llave *f* principal; ~**inhalt** *m* contenido *m* principal; ~**interesse** *n* interés *m* principal bzw. fundamental; ~**kabel** *n* cable *m* principal; ~**kampf** *m Sport:* encuentro *m* decisivo; ~**kampflinie** ⚔ *f* línea *f* principal de lucha; ~**kasse** *f* caja *f* central; ~**kassierer** *m* cajero *m* principal; ~**leitung** *f* ≠ línea *f* principal.
'**Häuptling** *m* (*-s; -e*) (*Stammes*⚲) jefe *m* de tribu; (*Indianer*⚲) cacique *m*;

e-r Bande: cabecilla *m.*
'**Haupt...:** ~**linie** 🚆*f* línea *f* principal; ~**macht** *f* potencia *f* principal; ⚔ fuerzas *f/pl.* principales; ~**mahlzeit** *f* comida *f* principal; ~**mangel** *m* defecto *m* principal; ~**mann** *m* (*-és; -leute*) ⚔ capitán *m*; *e-r Bande:* cabecilla *m*; ~**markt** *m* mercado *m* central; ~**masse** *f* grueso *m*; ~**mast** ⚓ *m* palo *m* mayor; ~**merkmal** *n* característica *f* principal; rasgo *m* característico; ~**messe** *Rel. f* misa *f* mayor; ~**mieter** *m* inquilino *m* principal; ~**nahrung** *f* alimento *m* básico; ~**nenner** 🜚 *m* denominador *m* común; ~**niederlage** ✝ *f* representación *f* central (*od.* general); ~**niederlassung** *f* casa *f* central, establecimiento *m* principal; ~**person** *f* personaje *m* principal; *Thea. u. fig.* protagonista *m*; ~**post**(**amt** *n*) *f* Central *f* de Correos; ~**posten** ✝ *m* partida *f* principal; ~**probe** *Thea. f* ensayo *m* general; ~**punkt** *m* punto *m* capital (*od.* esencial); ~**quartier** ⚔ *n* cuartel *m* general; ~**regel** *f* regla *f* fundamental bzw. general; ~**register** *n* (*Inhaltsverzeichnis*) índice *m* general; *J e-r Orgel:* registro *m* principal; ~**reisezeit** *f* temporada *f* alta, plena temporada *f*; ~**rohr** *n e-r Leitung:* tubo *m* principal; ~**rolle** *Thea. f* papel *m* principal (*od.* de protagonista) (*a. fig.*); *die* ~ *spielen bei* protagonizar a/c. (*a. fig.*); ~**sache** *f* cosa *f* (*od.* punto *m*) principal; lo esencial; lo principal; lo que (más) importa; *in der* ~ en el fondo, (*besonders*) sobre todo, (*im allgemeinen*) en general; ⚲**sächlich I.** *adj.* principal; esencial; capital; **II.** *adv.* principalmente; ante todo, sobre todo; ~**saison** *f* temporada *f* alta, plena temporada *f*; ~**satz** *Gr. m* oración *f* principal; ~**schalter** ⚡ *m* interruptor *m* principal; ~**schiff** ⛪ *n* nave *f* principal; ~**schlag-ader** *Anat. f* aorta *f*; ~**schlüssel** *m* llave *f* maestra; ~**schriftleiter** *m* redactor *m* jefe; ~**schuld** *f* culpa *f* principal; ✝ deuda *f* principal; ~**schuldige**(**r**) *m* culpable *m* principal; ~**schuldner** ✝ *m* deudor *m* principal; ~**schule** *f* segunda etapa de la enseñanza primaria; ~**schulabschluß** *m etwa:* certificado *m* de escolaridad; ~**sendezeit** *TV f* tiempo *m* (*od.* horas *f/pl.*) de máxima (*od.* mayor) audiencia; ~**sicherung** ⚡ *f* fusible *m* principal; ~**sitz** *m* sede *f* principal; ~**spaß** *m* burla *f* sonada; ~**speicher** *m Computer:* memoria *f* principal (*od.* central); ~**stadt** *f* capital *f*; metrópoli *f*; ⚲**städtisch** *adj.* metropolitano; capitalino, de la capital; ~**straße** *f* carretera *f* principal (*od.* de primer orden); *e-r Stadt:* calle *f* principal; calle *f* mayor; ~**strecke** 🚆 *f* línea *f* principal; ~**stück** *n* parte *f* (*od.* pieza *f*) principal; *Rel.* artículo *m*; ~**studium** *n* segundo ciclo *m* (de los estudios universitarios); ~**stütze** *f* apoyo *m* principal (*a. fig.*); ~**täter** *m* delincuente *m* principal; ~**tätigkeit** *f* ocupación *f* (*od.* actividad *f*) principal; ~**thema** *n* tema *m* dominante; ~**träger** △ *m* viga *f* principal (*od.* maestra); ~**treffer** *m Lotterie:* primer premio *m*, gordo *m*; ~**treppe** *f* escalera *f* de honor; ~**trumpf** *fig. m: s-n ausspie-*

len jugar su mejor baza; ~tugend f Rel. virtud f cardinal; ~unterschied m diferencia f esencial bzw. principal; ~ursache f causa f principal; ~verfahren s/z n plenario m; ~verhandlung s/z f juicio m oral; vista f (de la causa); ~verkehr m tráfico m principal; gran circulación f; ~verkehrsstraße f arteria f principal; calle f de gran circulación; ~verkehrsstunden f/pl., ~verkehrszeit f horas f/pl. punta (od. de mayor tráfico); ~versammlung f asamblea f (✝ junta f) general; ~vertreter m ✝ representante m general; ~verwaltung f administración f central; ~verzeichnis n Computer: directorio m raiz (od. principal); ~vorhang Thea. m telón m de boca; ~weg m camino m principal; ~welle ⊕ f árbol m principal; ~werk n obra f principal (od. más importante); ~wohnsitz m domicilio m principal; ~wort Gr. n (nombre m) sustantivo m; ~zeuge m, ~zeugin f testigo m/f principal; ~ziel n fin m bzw. objetivo m principal; ~zollamt n dirección f general de aduanas; ~zweck m → ~ziel.

Haus n (-es; ⁓er) casa f; (Gebäude) edificio m; inmueble m; (Wohnsitz) domicilio m; (Heim) hogar m; morada f; Parl. Cámara f; (Fürsten2) casa f, dinastía f; (Familie) familia f; (Firma) casa f comercial, firma f; der Schnecke: concha f; Thea. sala f; volles ~ lleno m (total), F llenazo m; F fig. altes ~! ¡chico!; ¡hombre!; fideles ~ hombre m de buen humor; gelehrtes ~ un pozo de ciencia; das ~ Bourbon la Casa de Borbón; ~ und Hof haben, ein eigenes ~ haben tener casa propia; ~ an ~ wohnen vivir (en la casa de) al lado; j-m das ~ verbieten prohibir a alg. la entrada en casa; das ~ führen llevar la casa; fig. ins ~ stehen quedar por resolver; ser inminente, estar al caer; der Herr (die Dame) des ~es el dueño (la señora) de la casa; zu ~e in (wohnhaft) domiciliado en; zu ~e sein estar en casa; viel zu ~e hocken ser muy casero; zu ~e bleiben quedarse en casa; das ~ hüten guardar la casa; zum ~e gehören ser de casa bzw. de la familia; außer ~ sein no estar en casa; estar fuera (od. de viaje); von zu ~e kommen venir de casa; nach ~e kommen volver a casa; kommen Sie gut nach ~e! ¡que le vaya bien!; ¡vaya usted con Dios!; nach ~e gehen ir a (od. para) casa; nach ~e (in s-e Heimat) zurückkehren regresar a su país; j-n nach ~e bringen (od. begleiten) acompañar a alg. a su casa; j-n mit nach ~e nehmen (od. bringen) traer a alg. a casa; nach ~e schicken enviar a casa, mandar para casa; ✝ frei ~ franco (od. puesto a) domicilio; ins ~ liefern entregar a domicilio; vom ~e abholen recoger a domicilio; j-n aus dem ~e werfen echar de casa a alg.; poner a alg. en la puerta (de la calle); von ~ zu ~ gehen ir de casa en casa (od. de puerta en puerta); bei mir zu ~e en mi casa; (in m-r Heimat) en mi país; en mi tierra; wo sind Sie zu ~e? ¿de dónde es usted?; im ~e von en casa de; von ~(e) aus originariamente, de origen; von ~(e) aus reich sein ser de familia rica; aus gutem ~e sein ser de buena familia; außer ~ essen comer

fuera; tun Sie, als ob Sie zu ~e wären! está usted en su casa; F ¡póngase cómodo!; ein offenes ~ haben tener la casa abierta para todos; öffentliches ~ casa f pública, burdel m; ein großes ~ führen llevar un gran tren de vida, vivir a lo grande; fig. in et. zu ~e sein (dat.) estar familiarizado con, ser versado en a/c.; er ist in dieser Sprache zu ~e ese idioma le es familiar; herzliche Grüße von ~ zu ~ cordiales saludos de todos para todos.

'**Haus...**: ~**angestellte** f criada f, sirvienta f, empleada f de hogar; Arg. mucama f; ~**anzug** m traje m de casa; ~**apotheke** f botiquín m; ~**arbeit** f quehaceres m/pl. domésticos; labores f/pl. (od. tareas f/pl.) domésticas; Schule: deberes m/pl.; ~**arrest** m arresto m domiciliario; ~**arzt** m médico m de cabecera (od. de familia); ~**aufgabe(n)** f/(pl.) deberes m/pl.; 2**backen** adj. Person: casero, muy de su casa; fig. prosaico, trivial; ~**ball** m baile m en casa (od. particular); ~**bar** f mueble-bar m; ~**bedarf** m necesidades f/pl. domésticas; für den ~ para uso doméstico; ~**besetzer** m ocupante de casas; ~**besetzung** f ocupación f ilegal de casas; ~**besitzer(in** f) m propietario (-a f) m de una casa; casero (-a f) m; ~**besuch** m des Arztes: visita f (a domicilio); ~**bewohner(in** f) m vecino (-a f) m; (Mieter) inquilino (-a f) m; ~**bibliothek** f biblioteca f particular; ~**boot** m barco m habitable; ~**brand(kohle** f) m carbón m para uso doméstico.

'**Häus-chen** n casita f; (Pförtner2) casilla f; (Bahnwärter2) caseta f; (Schilder2) garita f; (Garten2) pabellón m; (Hütte) cabaña f; F (Klo) retrete m, excusado m; fig. aus dem ~ sein estar fuera de sí; aus dem ~ bringen (geraten) sacar (salir) de quicio (od. de sus casillas); poner a alg. (ponerse) fuera de sí.

'**Haus...**: ~**dame** f dama f de compañía; ~**diener** m criado m, sirviente m; mozo m; ~**drachen** fig. m F marimandona f, F mujer f de armas tomar; ~**eigentümer(in** f) m → ~**besitzer(in**); ~**einrichtung** f mobiliario m, menaje m.

'**hausen** (-t) v/i. 1. (wohnen) vivir, habitar; desp. malvivir; 2. (Unwesen treiben) causar estragos, devastar.

'**Hausen** Ict. m beluga f.

'**Häuser...**: ~**block** m manzana f, Am. a. cuadra f; ~**flucht** f → ~**reihe**; ~**makler** m agente m de la propiedad inmobiliaria; ~**reihe** f hilera f de casas.

'**Haus...**: ~**flur** m vestíbulo m; zaguán m; pasillo m; ~**frau** f ama f de casa; dueña f de la casa; ~**fraulich** adj. de ama de casa; casero; ~**freund** m amigo m de la casa; (Liebhaber) amante m; F chichisbeo m; ~**friede** m paz f doméstica; ~**friedensbruch** s/z m allanamiento m de morada; ~ begehen allanar una morada; ~**garten** m jardín m particular; ~**gebrauch** m: für den ~ para uso doméstico; ~**gehilfin** f → ~**angestellte**; 2**gemacht** adj. casero, de fabricación casera; Inflation: de origen interno; ~**gemeinschaft** f vecinos m/pl. (de una casa), vecindad f; eng S. comunidad f doméstica; ~**genosse** m, ~**genossin** f

convecino (-a f) m; coinquilino (-a f) m; ~**gerät** n enseres m/pl. domésticos; utensilio m doméstico; ~**götter** Myt. m/pl. lares m/pl.; penates m/pl.; ~**halt** m casa f; hogar m; (Staats2) presupuesto m; s-n eigenen ~ haben tener su propia casa; gemeinsamer ~ casa f común; den ~ führen llevar la casa; 2**halten** (L) v/i. economizar (mit et. a/c.); nicht ~ können gastar mucho; ~**hälterin** f ama f de llaves; 2**hälterisch** adj. (sparsam) económico; ahorrativo; ~ mit et. umgehen economizar, ahorrar a/c.

'**Haushalts...**: ~**ansätze** m/pl. estimaciones f/pl. presupuestarios; ~**artikel** m artículo m doméstico (od. de menaje); ~**ausgaben** f/pl. gastos m/pl. presupuestarios; ~**ausgleich** m equilibrio m presupuestario; ~**ausschuß** Parl. m comisión f de presupuestos; ~**beratung** f discusión f del presupuesto; ~**defizit** n déficit m presupuestario; ~**führung** f Pol. gestión f presupuestaria; (Haushaltung) gobierno m de la casa; doppelte ~ sostenimiento simultáneo de dos casas; ~**gegenstände** m/pl. enseres (od. utensilios) m/pl. domésticos; ~**geld** n dinero m para los gastos domésticos; ~**gerät** n aparato m bzw. utensilio m doméstico; elektrisches ~ (aparato m) electrodoméstico m; ~**gesetz** n ley f de presupuestos; ~**jahr** n ejercicio m (od. año m) presupuestario; ~**loch** n ✝ agujero m presupuestario; ~**mittel** n/pl. créditos m/pl. bzw. fondos m/pl. presupuestarios; ~**plan** m presupuesto m; plan m presupuestario; ~**posten** m partida f presupuestaria; ~**recht** n derecho m presupuestario; ~**voranschlag** m previsiones f/pl. presupuestarias; ~**waren** f/pl. → ~**artikel**; ~**wäsche** f ropa f de casa; lencería f.

'**Haushaltung** f gobierno m de la casa; economía f doméstica; ~**sbuch** n libro m de gastos domésticos; ~**skosten** pl. gastos m/pl. domésticos; ~**sliste** f Statistik: hoja f censal; ~**sschule** f escuela f del hogar; ~**svorstand** m cabeza m de familia, jefe m del hogar.

'**Haus...**: ~**Haus-Verkehr** m transporte m de puerta a puerta; ~**herr(in** f) m dueño m (señora f) de la casa; amo (-a f) m de la casa; 2**hoch I.** adj. de la altura de una casa; fig. enorme, descomunal; **II.** adv. fig. enormemente; die Mannschaft ist ~ geschlagen worden el equipo ha sufrido una derrota aplastante; j-m ~ überlegen sein dar cien vueltas a alg.; ~**hofmeister** m mayordomo m; ~**hund** m perro m casero bzw. doméstico.

hau'sier|en (-) v/i. hacer el comercio ambulante; vender por las casas; fig desp. mit et. ~ gehen propalar a/c.; 2**en** n comercio m ambulante; 2**er(in** f) m vendedor(a f) m ambulante; buhonero m, mercachifle m.

'**Haus...**: ~**industrie** f industria f casera (od. doméstica); ~**kapelle** Rel. f oratorio m, capilla f privada; ~**katze** f gato m doméstico; ~**kleid** n vestido m de casa; bata f; ~**knecht** m criado m; mozo m; ~**konzert** n concierto m privado; ~**lehrer** m profesor m particular; preceptor m; ~**lehrerin** f institutriz f.

¹**häuslich I.** *adj.* casero; doméstico; hogareño; (*sparsam*) económico; (*gern zu Hause bleibend*) casero, (muy) de su casa; ~**es Leben** vida *f* hogareña (*od.* doméstica *od.* de familia); ~**er Zwist** querella *f* doméstica; ~**e Angelegenheit** asunto *m* privado; **II.** *adv.*: **sich** ~ **niederlassen** poner casa; F sentar sus reales (*bei j-m* en casa de alg.); ⒉**keit** *f* hogar *m*; intimidad *f* del hogar; (*Familienleben*) vida *f* de familia; (*Liebe zum Heim*) afición *f* a la vida hogareña.

¹**Haus...:** ~**macherart** *f*: **nach** ~ casero; de fabricación casera; ~**mädchen** *n* criada *f*; sirvienta *f*, muchacha *f*; *Arg.* mucama *f*; ~**mann** *m* amo *m* de casa; ~**mannskost** *f* comida *f* *bzw.* cocina *f* casera; ~**marder** *Zoo.* *m* fuina *f*, garduña *f*; ~**marke** *f* marca *f* de la casa; F *weit S.* marca *f* favorita; ~**meister** *m* conserje *m*; portero *m*; *Span. offiziell*: empleado *m* de fincas urbanas; ~**meisterloge** *f* portería *f*; ~**mittel** *n* remedio *m* casero; ~**müll** *m* basuras *f/pl.* domiciliarias; ~**musik** *f* música *f* doméstica (*od.* en casa); ~**mutter** *f* madre *f* de familia; *e-r Pension*: patrona *f*; ⒉**mütterlich** *adj.* de (buena) madre de familia; ~**nummer** *f* número *m* de la casa; ~**ordnung** *f* reglamento *m* (*od.* régimen *m*) interior de la casa; ~**personal** *n* servicio *m* doméstico; ~**pflege** ⚕ *f* asistencia *f* a domicilio; ~**putz** *m* limpieza *f* general; ~**rat** *m* mobiliario *m*; utensilios *m/pl.* (*od.* enseres *m/pl.*) domésticos; menaje *m*; ~**ratversicherung** *f* seguro *m* del hogar; ~**recht** *n* derecho *m* doméstico; *des Hausherrn* derecho *m* de casa (del cabeza de familia); ~**rock** *m* batín *m*; ~**sammlung** *f* cuestación *f* a domicilio; ~**schlachtung** *f* matanza *f* casera (*od.* doméstica); ~**schlüssel** *m* llave *f* de casa; ~**schuhe** *m/pl.* zapatillas *f/pl.*; chinelas *f/pl.*; ~**schwamm** ⚕ *m* hongo *m* destructor, F moho *m*.

¹**Hausse** ['hoːs(ə)] ✝ *f* alza *f*.

¹**Haussegen** *m*: *hum.* **der** ~ **hängt schief** el matrimonio va mal.

¹**Hausse|spekulant** *m* alcista *m*; ~**spekulation** *f* especulación *f* al alza; ~**tendenz** *f* tendencia *f* alcista.

Haus'sier [hoˈsieː] ✝ *m* (-s; -s) alcista *m*.

¹**Haus...:** ~**stand** *m* casa *f*; *e-n eigenen* ~ **gründen** poner casa; fundar una familia; ~**suchung** ⚖ *f* registro *m* domiciliario; ~**suchungsbefehl** *m* orden *f* de registro (domiciliario).

¹**Hau-stein** △ *m* piedra *f* labrada (*od.* de talla).

¹**Haus..:** ~**telefon** *n* teléfono *m* interior, interfono *m*; ~**tier** *n* animal *m* doméstico; ~**tochter** *f* muchacha *f* auxiliar del ama de casa; ~**tor** *n* puerta *f* cochera; ~**tür** *f* puerta *f* de (la) casa *bzw.* de la calle; ~**türgeschäft** *n* venta *f* a domicilio; ~**vater** *m* padre *m* de familia; ~**vermittlung** *Tele. f* centralita *f*; ~**verwalter** *m* administrador *m*; ~**verwaltung** *f* administración *f* de casas (*od.* inmuebles); ~**wart** *m* → ~**meister**; ~**wirt** *m* casero *m*, patrón *m*; ~**wirtin** *f* casera *f*, patrona *f*; ~**wirtschaft** *f* economía *f* doméstica; ~**wirtschaftsschule** *f* escuela *f* del hogar; ~**wirtschafts-unterricht** *m* enseñanza *f* del hogar; ~**zelt** *n* tienda *f* familiar (*od.* chalet); ~**zins** *m* alquiler *m*.

Haut *f* (-; ⸚e) piel *f* (*a. v. Obst*); *v. Tieren*: pellejo *m*, cuero *m*; *auf Flüssigkeiten*: telilla *f*; (*bsd. Gesichts*⒉) cutis *m*; *Bio.* membrana *f*; ♀ túnica *f*; ⚕ **unter der** *bzw.* **die** ~ subcutáneo, hipodérmico; *durchnäßt bis auf die* ~ calado hasta los huesos; *e-m Tier die* ~ **abziehen** desollar; **er ist nur** ~ **und Knochen** está en los huesos; no tiene más que el pellejo; F **ihm ist nicht** (*recht*) **wohl in s-r** ~ se siente incómodo; F *aus der* ~ **fahren** ponerse fuera de sí; F salir de sus casillas; estallar; *s-e* ~ *zu Markte tragen* exponerse a un riesgo; F arriesgar el pellejo; *sich s-r* ~ **wehren** F defender el pellejo; *mit heiler* ~ *davonkommen* salir ileso; F salvar el pellejo; *auf der faulen* ~ *liegen* F tumbarse a la bartola; holgazanear; *ich möchte nicht in s-r* ~ *stecken* F no quisiera estar en su pellejo; *mit* ~ *und Haaren* completamente; F *e-e ehrliche* ~ un hombre honrado (a carta cabal); F *e-e treue* ~ F un alma de Dios; *niemand kann aus s-r* ~ *heraus* la cabra siempre tira al monte; F *fig. unter die* ~ *gehen* calar hondo.

¹**Haut...:** ~**abschürfung** ⚕ *f* excoriación *f*, desolladura *f*; ~**arzt** *m* dermatólogo *m*; ~**atmung** *f* respiración *f* cutánea; ~**ausschlag** ⚕ *m* erupción *f* cutánea, exantema *m*.

¹**Häutchen** *n* película *f*; *Anat.* membrana *f*; *Zoo.*, ♀ túnica *f*; *auf Flüssigkeiten*: telilla *f*.

¹**Haut...:** ~**creme** *f* crema *f* para el cutis; ~**drüse** *Anat. f* glándula *f* cutánea.

Haute Cou'ture *fr.* [oːt kuˈtyːr] *f* alta costura *f*.

¹**häuten** (-e-) *v/t.* desollar, despellejar; quitar la piel *a*; *sich* ~ *Zoo.* mudar la piel; ⚕ descamar(se).

¹**haut|eng** *adj.* muy ceñido; pegado al cuerpo; ⒉**entzündung** ⚕ *f* derm(at)itis *f*, inflación *f* de la piel.

Hautevo'lee *fr.* [oːtvoˈleː] *f* alta sociedad *f*.

¹**Haut|farbe** *f* color *m* de la piel; (*Teint*) tez *f*; ~**flügler** *Zoo. m/pl.* himenópteros *m/pl.*; ⒉**freundlich** *adj.* bueno para la piel; ~**gewebe** *Anat. n* tejido *m* cutáneo.

¹**häutig** *adj. Anat.*, ♀ membranoso.

¹**Haut...:** ~**jucken** *m* picazón *f*, prurito *m*; ~**krankheit** ⚕ *f* dermatosis *f*, dermopatía *f*; ~**krebs** ⚕ *m* cáncer *m* de la piel (*od.* cutáneo); ⒉**pflege** *adj.* muy realista; ~**pflege** *f* cuidado *m* de la piel; ~**pilz** ⚕ *m* dermatófito *m*; ~**reaktion** ⚕ *f* cutirreacción *f*; ~**salbe** *f* pomada *f* (*od.* ungüento *m*) para la piel; ~**transplantation** *f*, ~**übertragung** ⚕ *f* transplantación *f* cutánea, injerto *m* cutáneo.

¹**Häutung** *Zoo. f* muda *f*.

¹**Haut-unreinheit** *f* impureza *f* del cutis.

¹**Hauzahn** *Zoo. m* colmillo *m*; *des Ebers*: remolón *m*.

Ha'vanna *n* la Habana; ~(**zigarre**) *f* (cigarro *m*) habano *m*.

Hava'rie *f* avería *f* (*große común od.* gruesa; *kleine* simple; *besondere* particular); ~ *aufmachen* tasar la avería; ⒉**rt** *adj.* averiado.

Hava'rist *m* (*-en*) dueño *m* de un barco naufragado.

¹**Haxe** *f* *reg.* → **Hachse**.

¹**H-Bombe** *f* bomba *f* H; bomba *f* de hidrógeno.

he! *int.* ¡eh!

¹**Headhunter** *m* (*-s; -*) ✝ cazacerebros *m*, cazatalentos *m*.

¹**Hebamme** *f* comadrona *f*, partera *f*, matrona *f*.

¹**Hebe|baum** *m* palanca *f*, alzaprima *f*; ~**bock** *m* cabria *f*; gato *m*; ~**bühne** *f* plataforma *f* elevadora, elevador *m*.

¹**Hebel** *m* (*-s; -*) palanca *f*; (*Kurbel*) manivela *f*; *e-n* ~ **ansetzen** aplicar una palanca; *fig. alle* ~ *in Bewegung setzen* F tocar todos los resortes (*od.* registros); deshacerse (*um por inf.*); ~**arm** *m* brazo *m* de palanca; ~**kraft** *f*, ~**moment** *n* momento *m* de palanca; ~**waage** *f* báscula *f* de palanca; ~**wirkung** *f* efecto *m* de palanca.

¹**Hebe|maschine** *f* elevador *m*, máquina *f* elevadora *f*; ~**muskel** *Anat. m* (músculo *m*) elevador *m*.

¹**heben I.** (L) *v/t.* levantar, alzar (*beide a. fig.*); *bsd.* ⊕ elevar; *fig.* favorecer; aumentar; (*erhöhen*) realzar, elevar; (*verbessern*) mejorar; *Stimmung*: animar; *das Haupt*: erguir; *Schatz*: desenterrar; *Schiff*: poner a flote; *Farbe*: acentuar; *Arith. Bruch*: simplificar; *fig.* (*schärfer hervortreten lassen*) hacer resaltar, poner de relieve; enaltecer; *sich* ~ levantarse, alzarse; elevarse; *Handel usw.*: *sich wieder* ~ reanimarse, recuperarse; *j-n aufs Pferd* ~ ayudar a alg. a montar a caballo; F *e-n* ~ (*trinken*) echar un trago; empinar el codo; **II.** ⒉ *n* elevación *f*; levantamiento *m* (*a. Sport*); *e-s Schiffes*: puesta *f* a flote; *im Vers*: sílaba *f* tónica.

¹**Heber** *m* (*Saug*⒉) sifón *m*; (*Stech*⒉) bombillo *m*; ⌒ (*Pipette*) pipeta *f*; ⊕ elevador *m*; *Kfz.* gato *m*; *Anat.* (músculo *m*) elevador *m*.

¹**Hebe...:** ~**schiff** *n* buque-grúa *m*; ~**vorrichtung** *f*, ~**werk** *n* elevador *m*, mecanismo *m* de elevación; ~**zeug** *n* aparato *m* elevador; gato *m*; cabria *f*.

He'brä|er(in *f*) *m* hebreo (-a *f*) *m*; ⒉**isch** *adj.* hebreo, *Sprache*: hebraico.

¹**Hebung** *f* levantamiento *m*; elevación *f* (*a. fig.*); *fig.* fomento *m*; aumento *m*; mejora *f*; *e-s Schiffes*: puesta *f* a flote; *im Vers*: sílaba *f* tónica.

¹**Hechel** *f*(-; -*n*) *Spinnerei*: rastrillo *m*; ~**maschine** *f* rastrilladora *f*, peinadora *f*; ⒉**n** (-*le*) **I.** *v/t.* *Spinnerei*: rastrillar, peinar; **II.** *v/i. Hund*: jadear; ~**n** *n* rastrillaje *m*.

¹**Hecht** *Ict. m* (-⒠s; -*e*) lucio *m*; F *fig.* **ein toller** ~ F un tío castizo; F *fig. der* ~ *im Karpfenteich sein* animar el cotarro; ⒉**en** *v/i.* lanzarse en plancha; ~**rolle** *f Turnen*: volteo *m* de tigre; ~**sprung** *m Schwimmen*: salto *m* de carpa; *Turnen*: (salto *m* de tigre) *m*.

¹**Heck** *n* (-⒠s; -*e od.* -*s*) ⚓ popa *f*; ⚓ cola *f*; *Kfz.* parte *f* trasera; ~**antrieb** *m Kfz.* propulsión *f* trasera.

¹**Hecke** *f* ♀ seto *m* (vivo); *Reitsport*: seto *m*; (*Vogel*⒉) nidal *m*; (*Brut*) nidada *f*; (*Zeit des Heckens*) tiempo *m* de empollar.

¹**hecken** v/t. u. v/i. empollar.
¹**Hecken...**: ~**rose** ♀ f escaramujo m, rosa f silvestre; (Blüte) zarzarrosa f; ~**schere** f cizalla f de setos, corta-setos m; ~**schütze** m emboscado m.
¹**Heck...**: ~**flagge** ⚓ f pabellón m de popa; ~**flosse** Kfz. f aleta f trasera; ~**klappe** Kfz. f portón m trasero; ♀**lastig** adj. estibado de popa; ~**licht** ⚓ n farol m (od. luz f) de popa; ~**motor** Kfz. m motor m trasero; ~**scheibe** Kfz. f luna f (od. luneta f) trasera; ~**scheibenwischer** Kfz. m lava-limpialuna m trasero; limpia-parabrisas m trasero.
¹**heda!** int. ¡eh!
¹**Hederich** ♀ m (-s; 0) mostaza f silvestre; rabanillo m.
Hedo'nis|mus m (-; 0) hedonismo m; ~**t** m, ♀**tisch** adj. hedonista (m).
¹**Heer** n (-es; -e) ⚔ ejército m; fig. multitud f; enjambre m, nube f; stehendes ~ ejército permanente; ~**bann** Hist. m llamamiento m de guerra, apellido m.
¹**Heeres...**: ~**abteilung** f cuerpo m de ejército; kleinere: destacamento m; ~**bedarf** m material m de guerra, pertrechos m/pl.; ~**bericht** m parte m de guerra; ~**dienst** m servicio m militar; ~**gruppe** f agrupación f de ejércitos; ~**leitung** f alto mando m; ~**lieferant** m proveedor m del ejército; ~**lieferungen** f/pl. suministros m/pl. para el ejército; ~**macht** f fuerza f armada; ~**zug** m expedición f militar.
¹**Heer...**: ~**führer** m jefe m de un ejército; ~**lager** n campamento m; ~**säule** f columna f; ~**schar** f hueste f, legión f; die himmlischen ~**en** las legiones celestiales; ~**schau** f revista f; desfile m militar; ~**straße** f carretera f estratégica; camino m militar; ~**wesen** n régimen m militar.
¹**Hefe** f levadura f; (Bodensatz) f (a. fig.); ~**pilz** ♀ m blastomiceto m; ~**teig** m masa f con levadura.
¹**Heft** n (-es, -e) (Griff) puño m, empuñadura f; mango m; (Schreib♀) cuaderno m; (Zeitschriften♀) número m; ejemplar m; (Broschüre) folleto m; (Lieferung) entrega f; fascículo m; fig. das ~ in der Hand haben tener la sartén por el mango; bis ans ~ hasta la empuñadura; ~**draht** m hilo m metálico para encuadernar.
¹**heften I.** (-e-) v/t. unir (an ac. a); sujetar, fijar; mit Klammern: grapar; (kleben) pegar; (vornähen) hilvanar; (nähen) coser; Buch: encuadernar en rústica; fig. die Augen (den Blick) ~ auf (ac.) clavar (od. fijar) la mirada en; **II.** v/refl.: sich ~ an pegarse a; quedar adherido a (od. fijado en); **III.** ♀ n e-s Buches: encuadernación f (en rústica).
¹**Heft|er** m 1. (Ordner) clasificador m; 2. → ~**maschine**; ~**faden** m, ~**garn** n hilo m de hilvanar.
¹**heftig** adj. vehemente; violento; (stürmisch) impetuoso; (stark) fuerte, recio; (lebhaft) vivo; (leidenschaftlich) apasionado; (aufbrausend) arrebatado; (reizbar) irascible; (wütend) furioso; Schmerz: agudo; Kampf: encarnizado; Kälte: riguroso; intenso; Schneefall: a. copioso; ~ werden arrebatarse; encolerizarse, irritarse; Wind, Sturm: arreciar; j-n ~ anfahren

increpar, incordiar a alg.; ♀**keit** f (0) vehemencia f; violencia f; ímpetu m, impetuosidad f; fuerza f; viveza f; intensidad f.
¹**Heft...**: ~**klammer** f grapa f; sujetapapeles m, clip m; ~**maschine** f grapadora f, cosedora f; Typ. máquina f de coser; ~**nadel** f Typ. aguja f de encuadernar (Chir. para sutura); ~**naht** f hilván m, basta f; ~**pflaster** ⚕ n esparadrapo m; apósito m adhesivo; ~**stich** m hilván m; ♀**weise** adv. Buch: en fascículos; ~**zwecke** f chincheta f.
¹**Hege** f gdw. f protección f de la caza.
Hegeli'aner m hegeliano m.
Hegemo'nie f hegemonía f.
¹**hegen** v/t. guardar, conservar; cuidar de; (schützen) proteger; Hoffnung usw.: alimentar; albergar; abrigar; Plan: acariciar; ~ und pflegen cuidar con todo cariño; mimar; gegen j-n Haß ~ tener odio a alg.; Zweifel ~ abrigar dudas; Verdacht (od. Argwohn) ~ desconfiar od. sospechar od. tener sospechas (gegen de).
¹**Hehl** n (-es; 0): ohne ~ francamente, con toda franqueza; kein ~ aus et. machen no ocultar (od. no disimular) a/c.; no hacer un secreto de a/c.; ♀**en** ⚖ v/t. encubrir; ~**er(in** f) m encubridor(a f) m, receptador(a f) m, P perista m.
Hehle'rei ⚖ f encubrimiento m, receptación f.
hehr adj. augusto; sublime; majestuoso; venerable.
¹**Heia** F f cama f; in die ~ gehen ir a dormir.
¹**Heide¹** m (-n) pagano m; Bib. die ~**n** los gentiles.
¹**Heide²** f ♀ brezo m; (Landschaft) brezal m; landa f; ~**kraut** ♀ n brezo m.
¹**Heidelbeere** ♀ f arándano m, mirtillo m.
¹**Heidelerche** Orn. f totovía f.
¹**Heiden...**: ~**angst** F f miedo m cerval; e-e ~ haben tener el alma en un hilo; ~**arbeit** f: das ist e-e ~ es un trabajo de mil demonios (od. de chinos); ~**geld** F n: das kostet mich ein ~ esto me cuesta un dineral (od. un ojo de la cara); ~**lärm** F m ruido m infernal; Am. bochinche m; ♀**mäßig** F fig. adj. enorme, formidable, colosal; ~**spaß** m diversión f de primera; e-n ~ haben F pasarlo bomba (od. de rechupete); ~**tum** n (-s; 0) paganismo m.
¹**Heiderös-chen** ♀ n zarzarrosa f.
¹**Heidin** f pagana f.
heidnisch adj. pagano; Bib. gentil; (ungläubig) infiel; fig. bárbaro.
¹**Heidschnucke** Zoo. f oveja f de las landas.
¹**heikel** adj. Sache: delicado, precario; espinoso, escabroso, F peliagudo; Person: exigente; delicado; difícil (de contentar).
heil adj. sano y salvo; (unversehrt) ileso, incólume; indemne; (geheilt) curado; Sache: intacto; entero; ~ davonkommen salir bien librado (od. ileso).
¹**Heil** n (-es; 0) Rel. salvación f (a. fig.); (Wohlergehen) fortuna f, prosperidad f; salud f; ~ dem König! ¡viva el rey!; sein ~ versuchen probar fortuna; es ist zu d-m ~ es para tu bien; im Jahre des

~**s** en el año de gracia; sein ~ in der Flucht suchen darse a la fuga.
¹**Heiland** Rel. m (-es; 0) Salvador m.
¹**Heil...**: ~**anstalt** f sanatorio m, casa f de salud; (Nerven♀) clínica f mental (od. psiquiátrica); ~**bad** n baño m medicinal; (Kurort) balneario m; estación f termal; ♀**bar** adj. curable; ~**barkeit** f (0) curabilidad f; ~**behandlung** f tratamiento m curativo; ♀**bringend** adj. saludable; salutífero; ~**butt** Ict. m hipogloso m, halibut m, fletán m; ♀**en I.** v/t. curar (von de), sanar; (abhelfen) remediar; ⚕ subsanar; **II.** v/i. sanar, curarse; Wunde: a. cicatrizar; ~**en** n curación f; e-r Wunde: a. cicatrización f; ♀**end** adj. curativo; ~**erde** f tierra f medicinal; ♀**froh** adj. contentísimo, muy contento; ~**gehilfe** m auxiliar m de clínica; ~**gymnast(in** f) m fisioterapeuta m/f; ~**gymnastik** f gimnasia f terapéutica, fisioterapia f.
¹**heilig** adj. santo; (geheiligt) sagrado; (geweiht) consagrado; (feierlich) solemne; (unverletzlich) inviolable, sacrosanto; die ♀**e** Schrift la Sagrada Escritura; der ♀**e** Vater el Santo Padre; der ♀**e** Geist el Espíritu Santo; die ♀**en** Drei Könige los Reyes Magos; das ♀**e** Abendmahl la Santa Cena; das ♀**e** Land Tierra Santa; die ♀**en** Stätten los Santos Lugares; das ♀**e** Grab el Santo Sepulcro; der ♀**e** Stuhl la Santa Sede; die ♀**e** Jungfrau la Santísima Virgen; die ♀**e** Dreifaltigkeit la Santísima Trinidad; die ♀**e** Familie la Sagrada Familia; der ~**e** Antonius San Antonio; der ~**e** Thomas Santo Tomás; ~**er** Abend Nochebuena f; hoch und ~ versprechen prometer solemnemente; ~**e** Pflicht deber m sagrado; ihm ist nichts ~ para él no hay nada sagrado; es ist mein ~**er** Ernst lo digo muy en serio; schwören bei allem, was ~ ist jurar por lo más sagrado; ♀**abend** m Nochebuena f; am ~ el día de Nochebuena.
¹**heiligen** v/t. santificar; (weihen) consagrar.
¹**Heiligen...**: ~**bild** n imagen f (de santo); estampa f; ~**geschichte** f leyenda f de santos; ~**schein** m aureola f (a. fig.), nimbo m; mit e-m ~ umgeben aureolar (a. fig.), nimbar; ~**schrein** m camarín m.
¹**Heilige(r** m) m/f santo m, santa f; fig. wunderlicher (od. sonderbarer) ~**r** tipo m raro, extravagante m.
¹**heilig...**: ~**halten** (L) v/t. venerar; den Sonntag: santificar; ♀**haltung** f veneración f; des Sonntags: santificación f; ♀**keit** f (0) santidad f; carácter m sagrado; Seine ~ (der Papst) Su Santidad; ~**sprechen** v/t. canonizar; ♀**sprechung** f canonización f; ♀**tum** n (-es; ~er) santuario m; sagrario m; lugar m bzw. objeto m sagrado; (Reliquie) reliquia f; ♀**ung** f santificación f; (Weihe) consagración f.
¹**Heil...**: ~**kraft** f poder m curativo, virtud f curativa; ♀**kräftig** adj. curativo; saludable, salutífero; ~**kraut** ♀ n hierba f medicinal; ~**kunde** f medicina f, ciencia f médica; terapéutica f; ♀**kundig** adj. versado en medicina; ~**kundige(r)** m médico m; terapeuta m; curandero m; ~**kunst** f arte m médico; ♀**los** fig. adj. (furchtbar) terrible; infernal; desastroso; deses-

perante; (*unglaublich*) increíble, F bárbaro; **~magnetismus** *m* mesmerismo *m*; **~massage** *f* masaje *m* terapéutico; **~methode** *f* método *m* terapéutico (*od.* curativo); **~mittel** *n* remedio *m*; medicina *f*, medicamento *m*; **~mittellehre** *f* farmacología *f*; **~pädagogik** *f* pedagogía *f* terapéutica; **~pflanze** *f* planta *f* medicinal (*od.* oficinal); **~praktiker** *m* curandero *m*; **~quelle** *f* (manantial *m* de) aguas *f*/*pl.* (minero)medicinales; **~salbe** *f* ungüento *m* curativo; ♀**sam** *adj.* sano; saludable, salutífero (*beide a. fig.*); salubre; (*heilend*) curativo; **~s-armee** *f* Ejército *m* de Salvación; **~serum** *n* suero *m* curativo; **~slehre** *Theo. f* doctrina *f* de la gracia; **~stätte** *f* sanatorio *m*; **~trank** *m* poción *f*; **~ und Pflegeanstalt** *f* sanatorio *m* psiquiátrico; **~ung** *f* curación *f*, cura *f*; *e-r Wunde*: *a.* cicatrización *f*; **~ungs-prozeß** *m* proceso *m* curativo; **~verfahren** ⚕ *n* tratamiento *m* terapéutico; terapia *f*; **~wirkung** *f* efecto *m* curativo (*od.* terapéutico).

heim *adv.* a casa; (*in die Heimat*) a mi (tu, *etc.*) país *bzw.* tierra.

'**Heim** *n* (-*es*; -*e*) hogar *m* (*a. Jugend*♀), casa *f*; (*Wohnung*) morada *f*; domicilio *m*; *e-s Klubs usw.*: local *m* social; (*Zufluchtsstätte*) asilo *m*; (*Studenten*♀) residencia *f*; **~arbeit** *f* trabajo *m* a domicilio; **~arbeiter(in** *f*) *m* trabajador(a *f*) *m* a domicilio.

'**Heimat** *f* país *m* natal, tierra *f* (natal); (*Vaterland*) patria *f*; *engere*: patria *f* chica; terruño *m*; *aus der ~ vertreiben* expulsar, expatriar; *in die ~ zurückschicken* repatriar; **~anschrift** *f* dirección *f* habitual (*od.* fija); **~dichter** *m* poeta *m* regional; **~dorf** *n* pueblo *m* natal; **~erde** *f* terruño *m*; suelo *m* patrio; **~hafen** ⚓ *m* puerto *m* de matrícula; **~kunde** *f* (0) geografía *f* regional; **~land** *n* patria *f*; ♀**lich** *adj.* del país (natal); patrio; de la tierra (natal); (*~ anmutend*) que recuerda al país natal; **~liebe** *f* amor *m* a la tierra natal; apego *m* al terruño; ♀**los** *adj.* sin domicilio; sin patria; apátrida; **~lose(r** *m*) *m*/*f* apátrida *m*/*f*; **~ort** *m* lugar *m* de nacimiento (*od.* de origen); **~recht** *n* derecho *m* nacional *bzw.* de domicilio; **~schein** *m* certificado *m* de nacionalidad; **~staat** *m* país *m* de origen; **~stadt** *f* ciudad *f* natal; **~vertriebene(r)** *m* expulsado *m* (de su país).

'**heim...: ~begeben** (*L*) *v*/*refl.*: *sich ~* volver a casa; **~begleiten**, **~bringen** (*L*) *v*/*t.*: *j-n ~* acompañar a alg. a (su) casa; ♀**bügler** *m* planchadora *f* automática.

'**Heimchen** *Zoo. n* grillo *m*.

'**Heimcomputer** *m* ordenador *m* doméstico.

'**heim...: ~eilen** *v*/*i.* apresurarse a volver a casa; **~elig** *adj.* acogedor; íntimo; **~fahren** (*L*; *sn*) *v*/*i.* regresar a casa; ♀**fahrt** *f* (viaje *m* de) regreso *m*, vuelta *f*; *auf der ~* a la vuelta, al regresar; ♀**fall** ⚖ *m* reversión *f*, devolución *f*; **~fallen** ⚖ (*L*; *sn*) *v*/*i.* revertir, recaer (*an j-n* en); **~fällig** ⚖ *adj.* reversible; ♀**fallsrecht** ⚖ *n* derecho *m* de devolución; **~finden** (*L*) *v*/*i.* hallar el camino (para regresar a casa); **~führen** *v*/*t.* acompañar a (su) casa; *Frau*: casarse, contraer matri-

monio con; ♀**gang** *m* regreso *m* (a casa); *fig.* fallecimiento *m*; ♀**gegangene(r** *m*) *m*/*f* difunto (-a *f*) *m*, finado (-a *f*) *m*; **~gehen** (*L*; *sn*) *v*/*i.* volver (*od.* regresar) a casa; *fig.* fallecer; **~holen** *v*/*t.* ir a buscar (*od.* recoger) a alg.; *fig. Gott hat ihn heimgeholt* Dios lo acogió en su seno; ♀**industrie** *f* industria *f* doméstica; **~isch** *adj.* del país, nacional; local; (*eingeboren*) indígena (*a.* ♀), nativo; *Sprache*: vernáculo; *~ sein* (*wohnen*) estar domiciliado (*od.* tener su domicilio) en; *in et. ~ sein* ser versado en una materia; *sich ~ fühlen* estar (*od.* sentirse) como en (su) casa; *~ werden* aclimatarse; familiarizarse (*in* con); ♀**kehr** *f* (0) vuelta *f* (*od.* regreso *m*, *Liter.* retorno *m*) al hogar *bzw.* a casa; regreso *m* a la patria; **~kehren**, **~kommen** (*L*; *sn*) *v*/*i.* volver *od.* regresar (*Liter.* retornar) a casa *bzw.* a la patria; repatriarse; ♀**kehrer** *m* retornado *m*, *bsd. Pol.* repatriado *m*; ♀**kino** *n* cine *m* casero; ♀**kunft** *f* (0) → ♀**kehr**; ♀**leiter(in** *f*) *m* director(a *f*) *m* de una residencia, *etc.*; **~leuchten** F *fig.* (-*e*-) *v*/*i.*: *j-m ~* F enviar a paseo a alg.; soltar cuatro frescas a alg.; ♀**lich I.** *adj.* secreto; (*verborgen*) oculto, escondido; (*unauffällig*) disimulado; (*verschwiegen*) sigiloso; (*unerlaubt*) clandestino; (*verstohlen*) furtivo; subrepticio; **II.** *adv.* en secreto, secretamente; con disimulo; a hurtadillas, a escondidas, de tapadillo; *~ lachen* reír a socapa; *~, still und leise* a la chita callando; *sich ~ entfernen* marcharse disimuladamente; F despedirse a la francesa; ♀**lichkeit** *f* secreto *m*; misterio *m*; disimulo *m*; sigilo *m*; clandestinidad *f*; ♀**lichtuer** *m* F secretista *m*; ♀**lichtue'rei** *f* F tapujo *m*; **~lichtun** (*L*) *v*/*i.* adoptar un aire misterioso; F andar con tapujos; ♀**mannschaft** *f* *Sport*: equipo *m* local; ♀**niederlage** *f* *Sport*: derrota *f* en casa; ♀**reise** *f* → ♀**fahrt**; **~schikken** *v*/*t.* enviar a (su) casa *bzw.* a su patria; ♀**sonne** *f* lámpara *f* bronceadora; ♀**spiel** *n* *Sport*: partido *m* en casa; ♀**stätte** *f* hogar *m*; **~suchen** *v*/*t. Kummer*: afligir, atribular; *Rel.* visitar; (*verwüsten*) devastar, asolar; *Krankheit*: afectar, atacar; *mit Plagen*: plagar; azotar, castigar; *hum. j-n ~* dejarse caer en casa de alg.; ♀**suchung** *f* aflicción *f*, tribulación *f*; azote *m*; plaga *f*; *Rel. ~ Mariä* la Visitación de Nuestra Señora; ♀**trainer** *m* bicicleta *f* de ejercicio; ♀**tücke** *f* ⚖ alevosía *f*; (*Treulosigkeit*) perfidia *f*; (*Hinterhältigkeit*) insidia *f*, asechanza *f*; **~tückisch** *adj.* alevoso; pérfido; traidor; malicioso; insidioso (*a. fig. Krankheit*); **~wärts** *adv.* hacia (su) casa, a casa; hacia la patria; ♀**weg** *m* (camino *m* de) regreso *m*, vuelta *f*; *sich auf dem ~ machen* regresar (*od.* volver) a casa; ♀**weh** *n* nostalgia *f*, añoranza *f*, F morriña *f*; ♀**wehr** *f* milicia *f* nacional; ♀**werken** *n* Neol. bricolaje *m*, bricolage *m*; ♀**werker** *m* Neol. bricolador *m*; **~zahlen** *fig. v*/*t.*: *j-m et. ~* pagar a alg. en la misma moneda; *ich werde es dir ~!* ¡ya me las pagarás!

'**Heini** F *desp. m* F berzotas *m*, majadero *m*

'**Heinrich** *m* Enrique *m*.

'**Heinzelmännchen** *n* trasgo *m*, duende *m*; gnomo *m*.

'**Heirat** *f* casamiento *m*; (*Ehe*) matrimonio *m*; (*Hochzeit*) boda *f*; ♀**en** (-*e*-) **I.** *v*/*t.* casar(se) con, contraer matrimonio con; **II.** *v*/*i.* casarse, contraer matrimonio; *unter s-m Stande ~* casarse con persona de condición inferior; malcasar(se).

'**Heirats...: ~antrag** *m* petición *f* de mano (*od.* en matrimonio); propuesta *f* de matrimonio; *j-m e-n ~ machen* pedir la mano de; pedir en matrimonio a; **~anzeige** *f* participación *f* de boda, (*Ehewunsch*) anuncio *m* matrimonial; **~büro** *n* agencia *f* matrimonial; **~darlehen** *n* préstamo *m* de nupcialidad; ♀**fähig** *adj.* núbil; casadero; *in ~em Alter* en edad de casarse; **~fähigkeit** *f* nubilidad *f*; **~gut** *n* dote *f*, bienes *m*/*pl.* dotales; **~kandidat** *m* pretendiente *m*; ♀**lustig** *adj.* deseoso de casarse; casadero; **~register** *n* registro *m* de matrimonios; **~schwindel** *m* timo *m* del casamiento; **~schwindler** *m* estafador *m* de novias; **~stifter(in** *f*) *m* casamentero (-a *f*) *m*; **~urkunde** *f* acta *f* de matrimonio; **~vermittler(in** *f*) *m* agente *m*/*f* matrimonial; **~vermittlung** *f* agencia *f* matrimonial; **~versprechen** *n* promesa *f* de matrimonio; **~ziffer** *f* nupcialidad *f*.

'**heischen** *v*/*t.* pedir; (*fordern*) exigir; reclamar.

'**heiser** *adj.* ronco, bronco; enronquecido; *sich ~ schreien* desgañitarse; *~ sein* tener carraspera; *~ werden* enronquecer; ♀**keit** *f* (0) ronquera *f*; enronquecimiento *m*; carraspera *f*.

heiß I. *adj.* 1. (muy) caliente; ardiente (*a. fig.*); *Land, Klima*: cálido, *Wetter*: caluroso (*beide a. fig.*); *~e Zone* zona *f* tórrida; *es ist ~* hace calor; *mir ist ~* tengo calor; *~e Quelle* fuente *f* termal; **2.** *fig.* ardiente, ferviente, fervoroso; apasionado; *Kampf*: encarnizado; *~es Blut haben* ser de temperamento ardiente, ser fogoso; *~e Tränen vergießen* llorar amargamente; *~es Eisen* cuestión *f* delicada (*od.* espinosa); *~e Ware* contrabando *m*; **II.** *adv.* ardientemente; con fervor, fervorosamente; apasionadamente; *~ machen* calentar; *~ werden* calentarse; *es ging ~ her* la cosa se puso al rojo vivo; *es wird nichts so ~ gegessen, wie es gekocht wird* no es tan feo el diablo como lo pintan; '**~blütig** *adj.* ardiente, fogoso; apasionado; vehemente; ♀**dampf** ⊕ *m* vapor *m* recalentado.

'**heißen** (*L*) **I.** *v*/*t.* (*nennen*) llamar; nombrar; denominar; (*bezeichnen*) calificar; (*befehlen*) mandar; ordenar; *wer hat Sie das geheißen?* ¿quién le ha mandado (hacer) eso?; *das heiße ich e-e gute Nachricht* esto sí que es una buena noticia; **II.** *v*/*i.* (*sich nennen*) llamarse; tener por nombre, denominarse; *mit Familiennamen*: apellidarse; (*bedeuten*) significar, querer decir; *was soll das ~?* ¿qué quiere decir eso?; *das will et. ~* eso ya es algo; *ahí es nada*; *das will nicht viel ~* eso no es (*od.* no significa) gran cosa; *das will nichts ~* eso no quiere decir nada; *das hieße alles verlieren* eso equivaldría a perderlo todo; *wie heißt das auf spanisch?* ¿cómo se dice eso en español?;

heißersehnt — Helligkeitsmesser 258

wie ~ Sie? ¿cómo se llama usted?, ¿cuál es su nombre?; *das heißt* (*Abk. d. h.*) es decir; esto es; *das heißt also, daß ... es decir, que ...;* o sea que ...; **III.** *v/unprs.*: es heißt, daß se dice que; dicen que; corre el rumor (*od.* hay rumores) de que; *es hieß ausdrücklich* se indicó expresamente; *hier heißt es vorsichtig sein* aquí hay que tener cuidado; *es heißt in der Bibel* en la Biblia se dice; *damit es nicht heißt ...* para que no se diga que ...
'**heiß...**: **~ersehnt** *adj*. vivamente deseado; **~geliebt** *adj*. amado apasionadamente; adorado; **~hunger** *m* hambre *f* canina (*od.* feroz); ♂ bulimia *f*; **~hungrig** *adj*. hambriento (*nach* de); voraz; **~laufen** ⊕ (*L*; *sn*) *v/i*. (re)calentarse; **2laufen** ⊕ *n* (*-e*) calentamiento *m*; **2luft** *f* aire *m* caliente; **2luftherd** *m* horno *m* de aire caliente; **2luftturbine** *f* turbina *f* de aire caliente); **2mangel** *f* calandria *f* (de aire caliente); **2sporn** *m* hombre *m* impulsivo (*od.* arrebatado), exaltado *m*; **~umstritten** *adj*. muy controvertido; **2'wasserbereiter** *m* calentador *m* de agua; **2'wasserheizung** *f* calefacción *f* de agua caliente; **2'wasserspeicher** *m* depósito *m* de agua caliente.
'**heiter** *adj*. sereno, (*fröhlich*) alegre; festivo, jovial; (*gut gelaunt*) de buen humor; (*amüsant*) divertido; (*lachend*) risueño; hilarante; *Himmel*: despejado, claro; *iro. das kann ja ~ werden!* ¡lo que nos espera!; **2keit** *f* (0) serenidad *f*; claridad *f*; alegría *f*; buen humor *m* (*Gelächter*) hilaridad *f*, risas *f/pl.*; **2keits-erfolg** *m* éxito *m* de risa.
'**Heiz|anlage** *f* instalación *f* de calefacción; **~apparat** *m* aparato *m* de calefacción; calefactor *m*; **2bar** *adj*. calentable; *Zimmer*: con calefacción; **~decke** *f* manta *f* eléctrica; **~effekt** *m* efecto *m* calorífico; **2en** (*-t*) **I.** *v/t*. calentar; *bsd.* ⊕ caldear; *Ofen usw.*: encender; **II.** *v/i*. calentar; encender la calefacción; *dieses Zimmer heizt sich gut* esta habitación se calienta en seguida (*od.* es fácil de calentar); **~en** *n* calefacción *f*; ⊕ caldeo *m*; **~er** *m* calefactor *m*; ⚒, ⚓ fogonero *m*; **~faden** *m* filamento *m* incandescente; **~fläche** *f* superficie *f* de calefacción; **~gas** *n* gas *m* de calefacción; **~gerät** *n* calefactor *m*, aparato *m* de calefacción; **~kessel** *m* caldera *f*; **~kissen** *n* almohadilla *f* eléctrica; **~körper** *m* radiador *m*; **~kraft** *f* potencia *f* calorífica, poder *m* calorífico; **~kraftwerk** *m* central *f* de calefacción; **~leistung** *f* rendimiento *m* calorífico; **~lüfter** *m* termoventilador *m*; **~material** *n* combustible(s) *m* (*pl.*); **~ofen** *m* estufa *f*; calefactor *m*; **~öl** *n* fuel(-oil) *m*; **~platte** *f* hornillo *m* (eléctrico); placa *f* calefactora; **~raum** *m* (*Feuerraum*) hogar *m*; (*Kesselraum*) sala *f* de calderas; **~rohr** *n* tubo *m* de calefacción; **~schlange** *f* serpentín *m* de calefacción; **~sonne** *f* radiador *m* eléctrico (*od.* parabólico); **~spannung** *f* Radio: tensión *f* de filamento; **~strom** *m* Radio: corriente *f* de filamento; **~ung** *f* calefacción *f*; ⊕ caldeo *m*; (*Heizkörper*) radiador *m*; **~ungs-anlage** *f* instala-

ción *f* de calefacción; **~ungsmonteur** *m* calefactor *m*; **~wert** *Phys. m* potencia *f* calorífica; poder *m* calorífico; **~widerstand** *m* Radio: resistencia *f* de filamento; reóstato *m* de calefacción.
Heka'tombe *f* hecatombe *f*.
Hek'tar *n* (*-s; -*) hectárea *f*.
'**Hek|tik** *f* ajetreo *m*, trajín *m*; agitación *f*; **2tisch** *adj*. ♂ hé(c)tico; *fig*. febril, inquieto, agitado.
Hekto'graph *m* (*-en*) hectógrafo *m*.
hektogra'phieren (*-*) *v/t*. hectografiar.
'**Hektoliter** *m*, *n* (*-s; -*) hectolitro *m*.
Held *m* (*-en*) héroe *m* (*a. Thea.*); (*Hauptfigur*) protagonista *m*; (*Vorkämpfer*) campeón *m*; *der ~ des Tages* el hombre del día; F *kein ~ in et. sein* no ser una lumbrera en a/c.; F *den ~en spielen* darse tono.
'**Helden...**: **~dichtung** *f* poesía *f* épica; **~gedenktag** *m* Span. Día *m* de los Caídos; **~gedicht** *n* poema *m* épico; epopeya *f*; cantar *m* de gesta; **~gestalt** *f* héroe *m*, figura *f* heroica; **2haft** *adj*. heroico; **~haftigkeit** *f*, **~mut** *m* heroísmo *m*, heroicidad *f*; **2mütig I.** *adj*. heroico; **II.** *adv*. heroicamente; como un héroe; **~mutter** *Thea. f* dueña *f*; **~rolle** *Thea. f* papel *m* de héroe; **~sage** *f* leyenda *f* heroica; **~tat** *f* acción *f* heroica; hazaña *f*, proeza *f* (*beide a. iro.*); **~tenor** *m* tenor *m* dramático; **~tod** *m* muerte *f* heroica; *den ~ sterben* morir por la patria; **~tum** *n* heroísmo *m*; **~vater** *Thea. m* barba *m*.
'**Held|in** *f* heroína *f* (*a. Thea.*); *im Drama, Roman*: *a.* protagonista *f*; **2isch** *adj*. heroico.
'**Helena** *f*, **He'lene** *f* Elena *f*.
'**helfen** (*L*) *v/i*. ayudar (*j-m bei et. a alg. en a/c.*); echar una mano; *in der Not*: auxiliar, socorrer; (*beistehen*) asistir; secundar; (*unterstützen*) apoyar, respaldar; (*nützen*) ser útil (a); servir (para); (*wirken*) surtir efecto; *~ gegen* ser bueno para; *ich helfe ihm in den* (*aus dem*) *Mantel* le ayudo a ponerse (quitarse) el abrigo; *sich selber* (*können*) valerse de sí mismo; ayudarse; F *bastarse y sobrarse*; *sich zu ~ wissen* arreglárselas, apañárselas, ingeniárselas; *sich nicht mehr zu ~ wissen* ya no saber qué hacer; *ich kann mir nicht ~* (*kann nicht umhin*) no puedo menos de (*inf.*); *ich kann mir nicht ~, ich muß lachen* no puedo contener la risa; *was hilft's? ¿qué remedio?*; *was hilft das Klagen? ¿de qué sirve lamentarse?*; *es wird dir nichts ~* de nada te servirá; *es hilft alles nichts, wir müssen gehen* no hay más remedio, tenemos que marcharnos; *nos guste o no, tenemos que irnos*; *ihm ist nicht mehr zu ~* ya no hay remedio para él; *da ist nicht zu ~* nada puede remediarse (*od.* hacerse); esto ya no tiene remedio; *es half alles nichts* todo fue inútil (*od.* en vano); *damit ist mir nicht geholfen* con eso no se me ayuda en nada; *ich werde dir ~! drohend*: ¡ya te daré lo tuyo!; *hilf dir selbst, so hilft dir Gott* ayúdate y Dios te ayudará.
'**Helfer|(in** *f*) *m* ayudante (*-a f*) *m*; asistente *m/f*; auxiliador(a *f*) *m*; (*Mitarbeiter*) colaborador(a *f*) *m*; *~ in*

der Not salvador *m*; **~shelfer(in** *f*) *m* cómplice *m/f*.
'**Helgoland** *n* (isla *f* de) Hel(i)goland.
Helio'graph *m* (*-en*) heliógrafo *m*.
Heliogra'phie *f* (0) heliografía *f*.
Heliogra'vüre *f* heliograbado *m*, fotograbado *m*.
Helio'skop *Astr. n* (*-és; -e*) helioscopio *m*.
Helio'stat *Phys. m* (*-en*) helióstato *m*.
Heliothera'pie *f* helioterapia *f*.
Helio'trop ♀, *Phys. n*, *Min. m* (*-s; -e*) heliotropo *m*.
helio'zentrisch *Astr. adj*. heliocéntrico.
'Helium *n* (*-s; 0*) helio *m*.
hell *adj*. claro; *Farbe*: *a.* vivo; (*erleuchtet*) iluminado; (*leuchtend*) luminoso; (*durchsichtig*) transparente; límpido, diáfano; *Himmel*: despejado, sereno; ♪ agudo; *Bier*: claro, rubio, blanco; *Tabak*: rubio; *fig*. (F *a. ~e*) inteligente; ingenioso; agudo; (*aufgeweckt*) vivo, despierto, espabilado; *~e sein* tener mucho ojo; *~es Gelächter* sonoras carcajadas; *~ auflachen* soltar una carcajada; *~er Jubel* júbilo *m* desbordante; *~e Freude* gran alborozo (*od.* alegría); *s-e ~e Freude an et. haben* (*dat.*) disfrutar mucho con a/c.; *~er Neid* pura envidia *f*; *~er Unsinn* puro disparate *m*; *~er Wahnsinn* gran locura *f*; *~e Augenblicke* momentos *m/pl*. lúcidos; *~er Kopf* espíritu *m* lúcido; *in ~en Scharen* en tropel; en masa; *es ist ~er Tag* ya es de día; *am ~en Tag* en pleno día; *bis in den ~en Tag hinein schlafen* dormir hasta ya bien entrado el día; *in ~er Begeisterung* con gran entusiasmo; *es wird ~* amanece, se hace de día.
'**Hellas** *n* Grecia *f*; la Hélade.
'**hell|blau** *adj*. azul claro; *Augen*: zarco; **~blond** *adj*. rubio claro; **~braun** *adj*. pardusco; moreno claro; *Haar, Augen*: castaño claro; **2dunkel** *n* (0) claridad *f*; luminosidad *f*; claro *m*; **~e** F *adj*. → *hell fig*.
Helle'barde ⚔ *f* alabarda *f*.
Hel'le|ne *m* (*-n*) heleno *m*, griego *m*; **2nisch** *adj*. heleno, helénico, griego.
Helle'nismus *m* (*-*; 0) helenismo *m*.
'**Heller** *m* ardite *m*, maravedí *m*, penique *m* (*alle a. fig.*); *keinen roten ~ haben* no tener ni un céntimo, estar sin un cuarto (*od.* sin blanca); *auf ~ und Pfennig bezahlen* pagar hasta el último céntimo; *keinen ~ wert sein* no valer un céntimo (F un bledo).
'**Helle(s)** *n* (caña *f* de) cerveza *f* rubia.
'**helleuchtend** *adj*. (*bei Trennung*: hell-leuchtend) luminoso.
'**hell...**: **~farbig** *adj*. de color claro; de tono claro; **~gelb** *adj*. amarillo claro; (*strohgelb*) pajizo; **~glänzend** *adj*. brillante, resplandeciente; **~grau** *adj*. gris claro; **~grün** *adj*. verde claro; **~haarig** *adj*. de cabellos rubios; rubio; **~hörig** *adj*. de oído fino; △ de paredes delgadas; *fig. ~ werden* aguzar el oído, (*Verdacht schöpfen*) concebir sospechas; F escamarse; **~icht** (*bei Trennung*: hell-licht) *adj.*: *am ~en Tage* en pleno día; **2igkeit** *f* (0) claridad *f*; *Phot*. luminosidad *f*; **2igkeitsgrad** *m* grado *m* de claridad *bzw*. de luminosidad; **2igkeitsmesser** *m* luxímetro *m*.

'Helling ⚓ f (-; -en od. Helligen) bzw. m (-s; -e) grada f.
'hell...: ⚥sehen n (clari)videncia f; ⚥seher(in f) m, ~seherisch adj. (clari)vidente (m/f); ~sichtig adj. clarividente; ⚥sichtigkeit f clarividencia f; ~wach adj. desvelado.
Helm m (-¢s; -e) casco m; (Ritter⚥) yelmo m; ⚓ cúpula f; ⚓ (caña f del) timón m; '~busch m penacho m; '~dach △ n remate m; cúpula f.
He'lot Hist m (-en) ilota m.
'Hemd n (-¢s; -en) camisa f; im ~ en camisa; fig. j-n bis aufs ~ ausziehen dejar a alg. sin camisa (od. en cueros); s-e Gesinnung (od. Meinung) wie das ~ wechseln cambiar de opinión como de camisa; sein letztes ~ hergeben dar hasta la camisa; das ~ ist mir näher als der Rock primero son mis dientes que mis parientes; fig. kein ~ auf dem Leibe haben no tener ni camisa que ponerse; ser un descamisado; ~**bluse** f blusa f camisera, camisero m; ~**blusenkleid** n (vestido m) camisero m; ~**brust** f pechera f; ~**enfabrik** f, ~**engeschäft** n camisería f; ~**enmacher(in** f) m camisero (-a f) m; ~**enmatz** F m nene m en camisa; ~**hose** f combinación f; ~**kragen** m cuello m (de camisa); ~**s-ärmel** m: in ~n → ⚥**s-ärmelig** adj. en mangas de camisa; fig. informal, desenvuelto.
Hemi'sphär|e f hemisferio m; ⚥isch adj. hemisférico.
'hemmen v/t. (aufhalten) detener, parar; frenar; (hindern) impedir; obstaculizar, poner trabas a; entorpecer; (verzögern) retardar; (einschränken) restringir, limitar; ⚛ inhibir; (zurückhalten) contener; Flut: represar, estancar (a. fig.); Stoß: amortiguar; Rad: engalgar; calzar; (zügeln) refrenar, poner freno a; (unterdrücken) reprimir; → a. gehemmt; ~**d** adj. represivo; obstructor; ⚛ inhibitorio.
'Hemm...: ~**nis** n (-ses; -se) traba f; estorbo m; impedimento m, obstáculo m, óbice m; ~**schuh** m calza f; ⊕ zapata f de freno bzw. de retención; am Rad: galga f; fig. traba f, cortapisa f; ~**ung** f detención f; retardación f; entorpecimiento m; ⚛ inhibición f; fig. cohibición f; moralische: escrúpulo m; Uhr: escape m; 💥 suspensión f (der Verjährung de la prescripción); (Lade⚥) ✕ encasquillamiento m; ~**en** haben sentirse cohibido; tener escrúpulos; ⚥**ungslos** fig. adj. desenfrenado; sin escrúpulos; ~**ungslosigkeit** f (0) desenfreno m; ~**vorrichtung** f am Rad: galga f; (Bremse) freno m.
Hengst m (-es; -e) caballo m entero (od. padre; ⚥ Zucht⚥) semental m; '~**fohlen** n potro m.
'Henkel m asa f; agarradero m; am ~ fassen tomar (od. coger) por el asa; ~**korb** m cesta f de asa; ~**krug** m jarro m (con asa).
'henken I. v/t. ahorcar; II. ⚥ n ahorcamiento m.
'Henker m verdugo m; amtlich: ejecutor m (de la justicia); scher dich zum ~! ¡vete al diablo!; zum ~! ¡qué diablos!, ¡al demonio!; ~**sbeil** n hacha f del verdugo; ~**sfrist** f último plazo m; ~**shand** f (0): durch ~ por mano del verdugo; ~**sknecht** m mozo m del verdugo, sayón m; amtlich: asistente m del ejecutor; ~**smahl** (-zeit f) n última comida f de un condenado a muerte; F fig. comida f de despedida.

'Henna f (-) alheña f.
'Henne f gallina f; junge ~ polla f.
Hepa'titis ⚕ f hepatitis f.
her adv. aquí, acá; por aquí; komm ~! ¡ven aquí!, ¡ven acá!, ¡acércate!; kommen Sie ~! ¡venga usted!; gib ~! ¡trae!; ~ damit! ¡démelo bzw. dámelo!, ¡venga (eso)!; Brot ~! ¡venga pan!, ¡que traigan pan!; ~ zu mir! ¡(para) aquí!; von ... ~ desde; von da ~ de allí, desde allí; von oben (unten) ~ de od. desde arriba (abajo); fig. nicht weit ~ sein no valer gran cosa; (rings) um ihn ~ alrededor de él, en torno suyo, a su alrededor; wie lange ist es ~? ¿cuánto tiempo hace?; es ist ein Jahr ~ hace un año; wo ist er ~? ¿de qué país es?; ¿de dónde procede?; wo kommt er ~? ¿de dónde viene?; wo hat er das ~? ¿de dónde ha sacado eso?
he'rab adv. abajo; hacia (od. para) abajo; von oben ~ de arriba (abajo); fig. con altivez; (con aire) altanero; in Zssgn → a. herunter...; ~**blicken** v/i. mirar hacia abajo; fig. auf j-n ~ mirar a alg. con desprecio (od. por encima del hombro); ~**drücken** v/t. (hacer) bajar; Preis: rebajar, reducir; ~**eilen** (sn) v/i. bajar apresuradamente; ~**fahren** (L; sn) v/i. bajar; descender; ~**fallen** (L; sn) v/i. caer (al suelo); ~**führen** v/t. llevar bzw. conducir abajo; ~**gehen** (L; sn) v/i. bajar (a. Preise); descender; im Preis ~ reducir el precio; ~**gleiten** (L; sn) v/i. ir descendiendo; deslizarse hacia abajo; ~**hängen** (L) v/i. pender, colgar; ~**d** colgante; ~**lassen** (L) I. v/t. bajar, descender; hacer bajar; 🕇 rebajar; II. v/refl.: sich ~ descolgarse (am Seil por una cuerda); fig. sich zu et. ~ condescender en a/c.; sich ~, et. zu tun dignarse hacer a/c.; ~**lassend** adj. condescendiente; (geringschätzig) desdeñoso; altanero; adv. con aire de desprecio; ⚥**lassung** fig. f (0) condescendencia f; ~**laufen** (L; sn) v/i. bajar corriendo; correr abajo; ~**mindern** v/t. reducir; disminuir; ~**nehmen** (L) v/t. bajar; v. Haken: descolgar; v. Kreuz: descender; (wegnehmen) quitar; ~**regnen** v/i. llover (auf ac. sobre); ~**reichen** v/t. alcanzar (von de arriba); ~**schrauben** fig. v/t. reducir, disminuir; ~**schweben** (sn) v/i. descender planeando; ~**sehen** (L) v/t. → ~blicken; ~**setzen** (-t) v/t. 1. bajar; Preis, Geschwindigkeit: rebajar, reducir; zu herabgesetzten Preisen a precio reducido; 2. fig. desacreditar, desprestigiar; denigrar, detractar; ~**setzend** adj. despectivo; denigrante; ⚥**setzung** f disminución f, reducción f; Preis: a. rebaja f; fig. descrédito m, desprestigio m; denigración f, detracción f; ~**sinken** (L; sn) v/i. caer lentamente, ir cayendo; bajar; (absinken) hundirse; ~**springen** (L; sn) v/i. saltar abajo; ~**steigen** v/i. bajar, descender (von de); ~**stoßen** (L) I. v/t. empujar hacia abajo; II. v/i. precipitarse, lanzarse (auf ac. sobre); Raubvögel: abatirse sobre; picar; ~**stürzen** (-t

I. v/t. precipitar (von desde); **II.** (sn) v/i. caer (von de); despeñarse; **III.** v/refl.: sich ~ arrojarse, precipitarse (von desde); despeñarse; ~**tropfen** v/i. gotear; ~**wälzen** (-t) v/t. rodar abajo; ~**würdigen** v/t. degradar; envilecer; sich ~ degradarse; envilecerse; ⚥**würdigung** f degradación f; envilecimiento m; ~**ziehen** (L) v/t. tirar hacia abajo; fig. → ~würdigen.
He'ral|dik f (0) heráldica f; ⚥**disch** adj. heráldico.
he'ran adv. por aquí, por este lado; komm ~! ¡ven acá!, ¡acércate!; ~**arbeiten** (-e-) v/refl.: sich ~ aproximarse lentamente (an ac. a); ~**bilden** v/t. u. v/refl. formar(se); ⚥**bildung** f formación f; ~**bringen** (L) v/t. aproximar, acercar, traer; ~**drängen** v/refl.: sich ~ a (ac.) empujar para llegar a; ~**eilen** (sn) v/i. acudir presuroso; acercarse rápidamente; ~**führen** v/t. conducir hasta; ~**gehen** (L; sn) v/i. acercarse, aproximarse (an ac. a); an e-e Aufgabe: emprender, abordar, F hincar el diente a; ~**holen** v/t. aproximar; traer; ~**kommen** (L; sn) v/i. acercarse, aproximarse; llegar; an et. ~ alcanzar a/c.; fig. er kommt nicht an ihn heran no puede compararse con él; et. an sich ~ lassen aguardar a/c. (con paciencia); es ist nicht an ihn heranzukommen es inaccesible; ~**machen** v/refl.: sich an et. ~ emprender (od. abordar) a/c.; ponerse a hacer a/c.; sich an j-n ~ acercarse (od. abordar) a alg.; schmeichelnd: insinuarse; ~**nahen** v/i. acercarse, aproximarse; bsd. Gefahr: ser inminente; ⚥**nahen** n aproximación f; ~**pirschen** v/refl. → ~schleichen; ~**reichen** v/t. alcanzar (an ac. a); fig. an j-n ~ igualar a alg.; ~**reifen** (sn) v/i. madurar, ir madurando; zum Manne ~ llegar a la edad madura; ~**rücken** I. v/t. arrimar, aproximar, acercar; **II.** (sn) v/i. aproximarse, acercarse; ⚥**rücken** n aproximación f; ~**schleichen** (L; sn) v/i. acercarse furtivamente (od. sigilosamente); ~**schwimmen** (L; sn) v/i. acercarse nadando (a nado); ~**tragen** v/t. traer; llevar; fig. et. an j-n ~ proponer, sugerir a/c. a alg.; ~**treten** (L; sn) v/i. acercarse, aproximarse (an ac. a); an j-n ~ dirigirse (od. abordar) a alg.; ~**wachsen** (L; sn) v/i. crecer, ir creciendo; hacerse mayor; ⚥**wachsen** n crecimiento m; ⚥**wachsende(r)** m adolescente m; ⚥**wagen** v/refl.: sich ~ an osar acercarse a; fig. arriesgarse en a/c. bzw. a hacer a/c.; ~**winken** v/t.: j-n ~ hacer señas a alg. para que se acerque; ~**ziehen** (L) I. v/t. atraer; fig. j-n ~ (interessieren für) interesar a alg. en; (sich berufen auf) referirse a; (aufziehen) criar; educar; (um Rat fragen) consultar, recurrir a; ~ zu llamar a; emplear en; hacer contribuir a; **II.** (sn) v/i. acercarse; avanzar.
he'rauf adv. hacia (F para) arriba; subiendo; von unten ~ de abajo arriba; desde abajo; ✕ von unten ~ dienen pasar por todos los grados; da ~ por allí; ~ und heda (od. hinab) subiendo y bajando; ~**arbeiten** (-e-) v/refl.: sich ~ elevarse por su propio esfuerzo; crearse una posición; ~**beschwören**

heraufbitten — herausstecken

(L; -) v/t. evocar; fig. (verursachen) causar, originar; provocar; ~bitten (L) v/t.: j-n ~ rogar a alg. que suba; ~bringen (L) v/t. llevar arriba; subir; j-n ~ conducir (od. acompañar) a alg. arriba; ~eilen (sn) v/i. subir de prisa; ~führen v/t. llevar od. conducir (hacia) arriba; ~gehen (L; sn) v/i. subir (a); ~helfen (L) v/i. ayudar a subir; ~holen v/t. subir; j-n ~ hacer subir a alg.; ~kommen (L; sn) v/i. subir; llegar arriba; ~laufen (L; sn) v/i. subir corriendo; ~schalten Kfz. v/i. poner una marcha superior; ~schrauben, ~setzen (-t) v/t. Preis: subir, elevar, aumentar; ~steigen (L; sn) v/i. subir (auf ac. a); ~tragen (L) v/t. llevar (od. trasladar od. transportar) arriba; subir; ~ziehen (L) I. v/t. alzar; tirar hacia arriba; II. (sn) v/i. acercarse; Gewitter: amenazar, cernerse.

he'raus adv. fuera; afuera; hacia fuera; ~ damit! ¡venga eso!; ~ mit der Sprache! ¡explíquese!, ¡hable!; P ¡desembucha!; frei ~ francamente, con (toda) franqueza; sin rodeos; (schonungslos) crudamente; von innen ~ desde dentro; nach vorn ~ wohnen habitar en un piso que da a la calle; zum Fenster ~ por la ventana; da ~ (saliendo) por allí; unten ~ por debajo; ~! (F raus) ¡fuera (de aquí)!, F ¡largo de aquí!; ~ (F raus) mit ihm! ¡fuera con él!, ¡echarle!; das ist noch nicht ~ (steht noch nicht fest) todavía no es seguro (od. no se sabe con certeza); das Buch ist noch nicht ~ el libro no ha salido todavía; ~arbeiten (-e-) v/t. cincelar, labrar; Plastik: trabajar en relieve; fig. poner de relieve, realzar, destacar; sich ~ aus salir de; ~beißen (L) v/t. arrancar con los dientes; sich ~ salir de una situación apurada; ~bekommen (L; -) v/t. lograr sacar; Rätsel: adivinar; Aufgabe: resolver, solucionar; Geld: recibir de vuelta; Flecken: quitar; (entdecken) descubrir; averiguar; (erfahren) llegar a saber; (finden) hallar, encontrar; Arith. obtener (como resultado); ~blicken v/i.: aus dem Fenster ~ mirar por la ventana; ~brechen (L) v/t. arrancar; quitar rompiendo; ~bringen (L) v/t. sacar, llevar afuera; ✝ lanzar (al mercado); Buch: publicar, editar; Thea. estrenar; Fleck: quitar, sacar; fig. j-n: lanzar; (erfahren) llegar a saber; (erraten) adivinar; (entdecken) descubrir; Sinn: llegar a comprender; Wort: proferir; decir; kein einziges Wort ~ können no poder decir ni (una sola) palabra; aus j-m nichts ~ no lograr sacarle a alg. ni una palabra; ~drängen v/t. hacer salir apretando (od. empujando); ~dringen (L; sn) v/i. Flüssigkeit, Rauch: salir(se); ~drücken v/t. empujar hacia afuera; exprimir; ~dürfen (L) v/i. tener permiso para salir; ~ekeln (-le) F v/t.: j-n ~ amargar la vida a alg. hasta que se marche; ~eilen (sn) v/i. salir de prisa; ~fahren (L) I. (sn) v/i. salir; fig. Wort: escaparse; II. v/t. Wagen: sacar; ~fallen (L; sn) v/i. caer fuera; ~finden (L) v/t. descubrir; distinguir (aus, zwischen dat. entre); sich ~ encontrar la salida; fig. saber arreglarse (F manejarse); ~fischen v/t. sacar del agua; ~fliegen (L; sn) v/i. salir (volando); ~fließen (L; sn) v/i. derramarse; desbordarse; Quelle: brotar, fluir; ⚥forderer m provocador m; desafiador m, retador m; ~fordern (-re) v/t. Gegenstand: reclamar la devolución; Gefahr usw.: provocar; zum Kampf, Duell: desafiar, retar; ~fordernd adj. provocador; provocativo; desafiante, retador; (anmaßend) arrogante; ⚥forderung f provocación f; desafío m, reto m; ~fühlen v/t. sentir; barruntar; adivinar; ~führen v/t. llevar (od. acompañar) afuera; ⚥gabe f (Auslieferung) entrega f; (Rückerstattung) devolución f, ✝ restitución f; e-s Buches: publicación f; edición f; ~geben (L) v/t. dar; (ausliefern) entregar; (zurückerstatten) devolver, ✝ restituir; Geld: dar la vuelta (od. el cambio); Buch: publicar; editar; dar a luz; können Sie ~? ¿tiene cambio?; ⚥geber m e-s Buches: editor m; e-r Zeitung: director m; ~gehen (L; sn) v/i. salir (aus de); Fenster usw.: dar (auf a); Flecken: irse; aus sich ~ soltarse; beim ♀ al salir, a la salida (aus de); ~greifen (L) v/t. entresacar; (wählen) escoger; ~gucken v/i.: aus der Tasche ~ asomar del bolsillo; aus dem Fenster ~ mirar por la ventana; ~haben (L) v/t. haber descubierto; ich hab's heraus ya lo tengo; ~halten (L) v/t./refl.: sich aus et. ~ mantenerse al margen de a/c.; no mezclarse en a/c.; ~hängen I. (L) v/i. colgar fuera; die Zunge ~ lassen Hund: estar con la lengua fuera; tener la lengua colgando; II. v/t. colgar (fuera); Fahne: arbolar; ~hauen v/t. sacar a golpes; ✂ abrirse paso con las armas; fig. j-n ~ sacar a alg. de un apuro; ~heben (L) v/t. sacar (aus de); fig. realzar, destacar, poner de relieve; ~helfen (L) v/i. ayudar a salir de; beim Aussteigen: ayudar a bajar; fig. j-m (aus der Not) ~ ayudar a alg. a salir de un apuro; ~holen v/t. sacar (aus de); fig. Gewinn: sacar provecho; F Antwort usw.: arrancar; et. aus j-m ~ sacar rendimiento a alg.; das Letzte aus sich ~ hacer un esfuerzo supremo; F poner toda la carne en el asador; ~jagen v/t. echar afuera; ~kehren fig. v/t.: den ... ~ presumir de, F echárselas de; ~kommen (L; sn) v/i. salir (aus de); (entfliehen) escapar de; fig. aus e-r Gefahr: salvarse de; (erscheinen) aparecer; Thea., Film: estrenarse; Buch: aparecer, publicarse, salir (a luz); ✝ Modell usw.: ser lanzado; (entdeckt werden) descubrirse; (bekanntwerden) hacerse público; llegar a saberse; Ergebnis: resultar; mit et. ~ (gestehen) confesar a/c.; F groß ~ Schauspieler usw.: saltar a la fama; tener mucho éxito; was kommt dabei heraus? ¿cuál es el resultado?; ¿qué provecho hay en eso?; auf eins (od. dasselbe) ~ venir a ser lo mismo; dabei kommt nichts heraus no conduce a nada; con eso no se adelanta nada; fig. aus der Verwunderung nicht ~ no salir de su asombro; mit e-m Gewinn ~ salir premiado; ~können v/i. poder salir; ~kriechen (L; sn) v/i. salir arrastrándose; ~kriegen F v/t. → ~bekommen; ~kristallisieren (-) v/refl.: sich ~ cristalizarse (a. fig.); ~lassen (L) v/t. dejar bzw. hacer salir; ~laufen (L; sn) v/i. correr (hacia) afuera; salir corriendo; Flüssigkeit: derramarse; ~legen v/t. poner fuera bzw. aparte; ~lesen (L) v/t. escoger; fig. sacar (aus de); ~locken v/t. atraer hacia fuera; Geheimnis usw.: sonsacar (aus j-m a alg.); ~lügen (L) v/refl.: sich ~ mentir para salir de un apuro; ~machen v/t. Fleck: quitar; F fig. sich ~ desarrollarse bien; medrar; (schön werden) F ponerse guapo; ~nehmbar ⊕ adj. separable; desmontable; de quita y pon; ~nehmen (L) v/t. sacar (aus de); quitar (de); retirar (de); (ausbauen) desmontar; Chir. extirpar; sich (zu)viel ~ excederse; propasarse; ~pauken F v/t.: j-n ~ sacar a alg. de apuros; ~platzen (-t, sn) v/i. mit et. ~ soltar a/c.; salir (od. descolgarse) con; mit Lachen: soltar una carcajada; ~pressen (-ßt) v/t. exprimir; Geld: sacar; Geständnis: arrancar; ~putzen (-t) v/t. engalanar, adornar; sich ~ acicalarse, ataviarse, F emperejilarse; ~quellen (L; sn) v/i. brotar; ~ragen (L) v/i. sobresalir (aus entre); elevarse sobre (od. por encima de); ~reden (-e-) v/refl.: sich ~ buscar pretextos; poner excusas; ~reißen (L) v/t. arrancar; quitar; extraer; extirpar; F fig. j-n ~ sacar a alg. de un apuro; F das hat ihn herausgerissen esto le ha salvado; ⚥reißen n extracción f; extirpación f; ~rücken I. v/i.: F Geld ~ aflojar la bolsa (od. la mosca); F et. wieder ~ devolver a/c.; II. (sn) v/i.: F fig. mit et. ~ (gestehen) confesar a/c.; mit der Sprache ~ hablar claramente; desembuchar; F soltar prenda; ~rufen (L) v/t. j-n ~ llamar a alg. (para que salga); Thea. llamar a escena; ✂ die Wache ~ llamar a las armas; ⚥rufen Thea. n llamada f a escena; ~rutschen (sn) v/i. salirse (aus de); F fig. Wort: escaparse; ~sagen v/t. declarar francamente; (gestehen) confesar; sagen wir es (nur) gleich heraus! digámoslo ya de una vez; ~schaffen v/t. transportar afuera; sacar; hacer salir bzw. desaparecer; (entfernen) quitar; ~schauen v/i. mirar (aus por); asomarse a; ~schießen (L; sn) v/i. Quelle usw.: brotar (aus de); ~schinden F v/t. sacar (aus de); ~schlagen (L) I. v/t. sacar a golpes; fig. sacar (aus de); (gewinnen) ganar, sacar provecho de; s-e Kosten ~ cubrir (los) gastos, resarcirse de los gastos; II. v/i. Flammen: salir (aus dat. de, por); ~schleichen v/refl.: sich ~ salir a hurtadillas; ~schleppen v/t. arrastrar afuera; ~schleudern (-re) v/t. lanzar, arrojar; ~schlüpfen v/i. deslizarse hacia afuera; ~schneiden (L) v/t. cortar; Chir. extirpar; ~schrauben v/t. destornillar; ~sehen (L) v/i. → ~schauen; ~springen (L; sn) v/i. saltar afuera; arrojarse, tirarse (aus de); F fig. producir provecho; was springt für mich dabei heraus? ¿qué saco yo de esto?; ~spritzen (L; sn) v/i. salir a chorro; ~sprudeln (-le; sn) v/i. brotar, manar; wallend: borbotar; ~staffieren F v/refl. → ~putzen; ~stecken v/t. poner (od. colocar)

fuera; ~stellen I. v/t. poner afuera; fig. (hervorheben) poner de relieve, hacer resaltar; destacar, subrayar; II. v/refl.: sich ~ mostrarse, manifestarse, evidenciarse; resultar (als richtig cierto); es hat sich herausgestellt, daß ... se ha comprobado que...; ha resultado (que)...; ~strecken v/t. sacar (a. Zunge); extender; den Kopf ~ asomar la cabeza (zum Fenster a la ventana); ~streichen (L) v/t. borrar; tachar; F fig. (rühmen) alabar, enaltecer, ensalzar; F poner por las nubes; ~strömen (sn) v/i. brotar; Menschenmenge: salir en masa; ~stürmen (sn) v/i. salir precipitadamente; ~stürzen (-t; -sn) v/i. salir precipitadamente (F de estampía); ~suchen v/t. escoger (aus de); ~treten (L; sn) v/i. salir(se) (aus de); ~wachsen (L; sn) v/i. ♀ crecer, brotar (aus de); er ist aus s-n Kleidern herausgewachsen la ropa le ha quedado corta (od. pequeña); ~wagen v/refl.: sich ~ atreverse a salir; sich mit der Sprache ~ atreverse a hablar; ~werfen (L) v/t. arrojar; echar (a)fuera; ~winden (L) v/refl.: sich ~ salir del apuro, F arreglárselas; ~wirtschaften (-e-) v/t. obtener (aus de), sacar (de); ~wollen (L) v/i. querer salir; mit der Sprache nicht ~ no querer hablar; F no querer soltar prenda; ~ziehen (L) v/t. sacar (aus de); extraer (a. 🦷 Zahn); Nagel usw.: arrancar; sacar; ⚔ Truppenteil: retirar; aus Büchern usw.: extractar. herb adj. áspero, acre; (sauer) ácido, agrio; Wein: seco; fig. (bitter) amargo; acerbo; (streng) austero; (rauh) rudo, áspero.
Her'barium n (-s; -rien) herbario m.
'Herbe f → Herbheit.
her'bei adv. aquí, acá; por aquí, por acá; por este lado; hacia aquí; ~! ¡acérquense!; ¡vengan aquí!; ~bringen (L) v/t. traer bzw. llevar; ~eilen (sn) v/i. acudir (de prisa), llegar corriendo; ~fliegen (L; sn) v/i. llegar volando; fig. acudir rápidamente; ~führen v/t. traer; fig. causar; originar; ocasionar; Gelegenheit: proporcionar; ~holen v/t. ir a buscar; ~ lassen enviar a buscar; ~kommen (L; sn) v/i. acercarse; ~lassen (L) v/refl.: sich ~ consentir en; descender en; dignarse hacer a/c.; ~laufen (L; sn) v/i. acudir corriendo; ~rufen (L) v/t. llamar; hacer venir; ~schaffen v/t. traer; aportar; (verschaffen) procurar, proporcionar; (kommen lassen) hacer venir; ~schleppen v/t. arrastrar penosamente; ~sehnen v/t. anhelar la llegada de; ~strömen (sn) v/i. afluir; acudir en masa; ~stürzen (-t; sn) v/i. precipitarse hacia; acudir presurosamente; ~tragen (L) v/t. traer bzw. llevar; ~winken v/t. llamar (por señas); ~wünschen v/t. → ~sehnen; ~ziehen (L) v/t. traer, arrastrar (an dat. por); fig. atraer.
'her...: ~bekommen (L; -) v/t. conseguir; obtener; procurarse; wo soll ich das Geld ~? ¿de dónde voy a sacar el dinero?; ~bemühen (-) v/t.: j-n ~ rogar a alg. que venga; sich ~ tomarse la molestia de venir; ~beordern (-re; -) v/t.; j-n ~ ordenar a alg. que venga.
'Herberg|e f albergue m, hospedería f; posada f; (Hütte) refugio m; (Un-

terkunft) alojamiento m; hospedaje m; aposento m; ~svater m director m de un albergue juvenil.
'her...: ~bestellen (-) v/t. llamar, hacer venir; citar; ~beten (-e-) v/t. recitar maquinalmente.
'Herbheit f (0) aspereza f, acritud f, acrimonia f (alle a. fig.); der Worte: a. rudeza f; (Strenge) austeridad f.
'her...: ~bitten (L) v/t. rogar que vengan; ~bringen (L) v/t. traer.
'Herbst m (-es; -e) otoño m (a. fig.); im ~ en otoño; ~anfang m comienzo m del otoño; ~blume ♀ f flor f otoñal (od. de otoño); ℒe(l)n v/unpers.: es herbstet ya llega el otoño; ~ferien pl. vacaciones f/pl. de otoño; ℒlich adj. otoñal; ~zeitlose ♀ f cólquico m.
Herd m (-es; -e) (Feuerstelle) hogar m (a. fig.); (Koch℁) cocina f, fogón m; fig. u. 🗝 foco m; am häuslichen ~ en su hogar; e-n eigenen ~ gründen fundar un hogar; '~buch n für Zuchtvieh: registro m pecuario.
'Herde f rebaño m (a. fig.); hato m; manada f; fig. tropel m; bsd. Rel. grey f; ~ngeist m gregarismo m, espíritu m gregario; ~nmensch m hombre m gregario; ~ntier n animal m gregario; ~ntrieb m instinto m gregario; gregarismo m; ℒnweise adv. en rebaños (od. manadas); fig. en tropel.
'Herd...: ~frischen Met. n afino m en horno de solera; ~infektion ⚕ f infección f focal; ~platte f placa f; zum Abdecken: tapadera f.
he'rein adv. adentro; hacia adentro, hacia el interior; ~! ¡adelante!, ¡pase!; hier ~! ¡por aquí!; ~begeben (L; -) v/refl.: sich ~ entrar en (od. a); ~bekommen (L; -) v/t. hacer entrar; ♀ recibir; Geld: cobrar; Sender: captar; ~bemühen (-) v/t.: j-n ~ rogar a alg. que entre; sich ~ tomarse la molestia de entrar; ~bitten (L) v/t.: j-n ~ rogar a alg. que entre; ~brechen (L; sn) v/i. irrumpir, hacer irrupción (en); Nacht: caer, cerrar; Unheil: sobrevenir; ~bringen (L) v/t. entrar, introducir; llevar adentro; recoger; ~drängen v/refl.: sich ~ penetrar, introducirse (en un lugar); F colarse; ~dringen (L; sn) v/i. penetrar por la fuerza en; ~fahren (L; sn) v/i. entrar (en); ℒfall m → Reinfall; ~fallen (F ~'reinfallen) (L; sn) v/i. llevarse un chasco; ~ auf dejarse engañar; F caer en la trampa (od. en el garlito); ~führen v/t. hacer pasar (in ac. a); ~holen v/t.: j-n ~ hacer pasar a alg.; et. ~ recoger a/c.; meter adentro a/c.; ~kommen v/i. (L; sn) entrar; pasar; Geld: ingresar en caja; ~kriegen F v/t. → ~bekommen; ~lassen (L) v/t. dejar entrar; hacer pasar; ~legen F v/t.: j-n ~ F tomar el pelo a alg. F chasquear a alg.; ~nehmen (L) v/t. → ~holen; ~platzen (-t; sn) v/i. entrar de improviso (od. de rondón); llegar de sopetón; ~rasseln F v/i. → ~fallen; ~regnen v/unpers.: es regnet herein (aquí) entra la lluvia; hay una gotera; ~reichen v/t. et. ~ pasar a/c. para adentro; ~rufen (L) v/t. llamar; ~schauen v/i. mirar (durchs Fenster por la ventana); fig. (kurz besuchen) pasar por casa de alg.; ~scheinen (L) v/i. penetrar en; ~schleichen (L) v/refl.: sich ~ entrar furtivamente; ~schneien I. v/unpers.

es schneit herein entra la nieve; II. v/i. F fig. llegar de improviso (od. de sopetón); entrar de rondón; ~sehen (L) v/i. mirar (in ac. en); ~strömen (sn) v/i. Wasser: penetrar a chorros; fig. Menschen: acudir en masa; entrar en tropel; ~stürmen (sn) v/i., ~stürzen (-t; sn) v/i. entrar precipitadamente; ~tragen (L) v/t. llevar bzw. transportar adentro; ~treten (L; sn) v/i. entrar; ~ziehen (L) v/t. tirar bzw. arrastrar hacia adentro; fig. → hineinziehen.
'her...: ~fahren (L) I. v/t. traer en coche; Güter: acarrear; II. (sn) v/i. llegar (od. venir) en coche; ℒfahrt f (viaje m de) ida f; auf der ~ viniendo (od. al venir) para aquí; ~fallen (L; sn) v/i.: ~ über (ac.) caer, abalanzarse sobre; fig. atacar, criticar duramente a alg.; ~finden (L) v/i. encontrar el camino; ~führen v/t. traer (aquí); ℒgang m lo ocurrido; curso m de los acontecimientos; marcha f de las cosas; (Umstände) circunstancias f/pl.; detalles m/pl.; den e-r Sache erzählen contar lo que pasó (od. cómo fue la cosa); ~geben (L) v/t. dar; (zurückgeben) devolver; fig. dar de sí; das gibt nichts her de esto no se saca nada; sich ~ zu prestarse a; ~gebracht adj. tradicional; (üblich) usual, corriente; habitual, de costumbre; (offiziell) de rigor, de rúbrica; ~gehen (L; sn) 1. v/i.: hinter j-m ~ seguir a (od. ir detrás de) alg.; neben j-m ~ ir al lado de alg.; vor j-m ~ preceder a (od. ir delante de) alg.; 2. (sich zutragen) ocurrir, suceder, pasar; es geht lustig her nos divertimos mucho; es ging hoch her F hubo mucho jaleo; lo pasamos en grande; es ging hart her la lucha fue encarnizada; es ging wüst her hubo un gran alboroto; P se armó un follón; ~gelaufen adj. no se sabe de se de dónde; desp. ein ~er Kerl un cualquiera; ~halten (L) I. v/t. (darbieten) ofrecer, presentar; tender; II. v/i.: ~ müssen tener que sufrirlo; tener que aguantar (las bromas, etc.); tener que pagar por; F ser el que paga el pato; ~holen v/t. ir a buscar, ir por; fig. weit hergeholt rebuscado; (Gründe) sofístico; ~hören v/i. escuchar.
'Hering m (-s; -e) 1. Ict. arenque m (grüner fresco; marinierter en escabeche); fig. wie die ~e como sardinas en lata (od. banasta); 2. (Zeltpflock) piquete m; 3. F hum. (dünne Person) F espárrago m.
'Herings...: ~fang m pesca f del arenque; ~fänger m pescador m de arenques; ~fangzeit f época f de la pesca del arenque; ~faß n barril m de arenques; ~fischer m → ~fänger; ~fische'rei f ~fang; ~milch f lechecilla f de arenque; ~netz n arenquera f; ~rogen m huevas f/pl. de arenque; ~salat m ensalada f de arenque; ~schwarm m, ~zug m banco m de arenques.
'her...: ~jagen v/t.: j-n vor sich ~ perseguir a alg.; ~kommen (L; sn) v/i. venir (aquí od. acá); acercarse; aproximarse; (herrühren) provenir, venir; (sich herleiten) derivarse, proceder (von de); (hervorgehen) resultar de, ser debido a; komm her! ¡ven acá!, ¡acércate!; wo kommt er her?

Herkommen — herüberbringen 262

¿de dónde viene?; (gebürtig sein) ¿de qué país es?; 2**kommen** n tradición f; (Sitte) uso m, costumbre f; → Herkunft; ~**kömmlich** adj. tradicional; convencional; (üblich) usual, corriente; habitual, de costumbre.
'**Herkules** Myt. m Hércules m; ~**arbeit** f trabajo m de Hércules.
her'**kulisch** adj. herculeo.
'**Herkunft** f (0) origen m; procedencia f (a. ✝); (Abstammung) nacimiento m; origen m; familia f; extracción f; e-s Wortes: derivación f; etimología f; von niederer ~ de baja extracción; ~**sbescheinigung** ✝ f certificado m de origen; ~**sbezeichnung** ✝ f indicación f de origen (od. de procedencia); ~**sland** n país m de origen (od. de procedencia).
'**her...:** ~**laufen** (L; sn) v/i. acudir, venir corriendo; hinter j-m ~ correr tras (od. detrás) de alg.; ~**leiern** (-re) v/t. canturrear; salmodiar; ~**leiten** (-e-) v/t. conducir (od. llevar) hacia; fig. derivar (von de); (folgern) deducir de; sich ~ derivarse (von de); 2**leiten** n, 2**leitung** f derivación f; deducción f; ~**locken** v/t. atraer; ~**machen** v/refl.: sich über et. ~ precipitarse sobre a/c., (in Angriff nehmen) ponerse a hacer a/c., F atacar a/c.; (essen) dar buena cuenta de a/c.; fig. viel von et. (od. j-m) ~ hacer mucho ruido (od. muchos aspavientos) por a/c. (od. alg.); ~ a. ~**fallen**.
'**Hermann** m Germán m; Armando m; Hist. Arminio m.
Herme'lin Zoo. n (-s; -e) armiño m; ~**pelz** m (piel f de) armiño m.
'**Hermes** Myt. m Hermes m.
her'**metisch I.** adj. hermético; **II.** adv. herméticamente; ~ verschlossen cerrado herméticamente.
Her'mine f Herminia f; Armanda f.
her'müssen (L) v/i. tener que venir.
her'nach adv. después, luego; (später) más tarde; posteriormente.
'**hernehmen** (L) v/t. tomar; sacar (aus de); F fig. (schlauchen) hacer sudar (a alg.); wo soll ich das Geld ~? ¿de dónde voy a sacar el dinero?
her'**nieder** Poes. adv. hacia abajo; → herab.
He'ro|des m Herodes m; ~**enkult** m culto m a los héroes.
Hero'in n (-s; 0) heroína f; P caballo m; ~**e** Thea. f heroína f; 2**süchtig** adj., ~**süchtige(r)** m heroinómano (m).
he'roisch adj. heroico.
Hero'ismus m (-; 0) heroísmo m.
'**Herold** m (-¢s; -e) heraldo m.
'**Heros** m (-; Heroen) héroe m.
'**Herpes** ⚚ m herpe(s) m.
'**herplappern** (-re) v/t. recitar maquinalmente.
Herr m (-n; -en) señor m (a. Anrede); caballero m; (Besitzer) dueño m, amo m; (Chef) jefe m, patrón m; (Tanzpartner) pareja f; (Herrscher) soberano m; Anrede vor Vornamen: don m (Abk. D.); ~ García el señor García; Anrede: señor García (Abk. Sr.); ~ und Frau García los señores García; ⚔ ~ Hauptmann! ¡mi capitán!; ~ Präsident (Professor, Graf, Pfarrer) señor presidente (profesor, conde, cura); mein ~! ¡caballero!; meine (Damen und) ~en! (Señoras y) Señores; Sehr geehrter ~! im Brief: Muy señor mío;

gnädiger ~ (Anrede seitens der Dienerschaft) señor; señorito; (für) ~**en Toilette**: caballeros; Sch. alte(r) ~ antiguo estudiante; F mein alter ~ (Vater) mi padre; Ihr ~ Vater su señor padre; Rel. der ~ el Señor; der ~ des Hauses el amo de (la) casa; ~ im Hause sein mandar en su casa; mein ~ und Gebieter mi dueño y señor; sein eigener ~ sein no depender de nadie; ser dueño de sí mismo; ~ über et. sein dominar sobre (od. ser dueño de) a/c.; e-r Sache (gen.) ~ werden dominar a/c.; controlar a/c.; ~ der Lage sein controlar (od. ser dueño de) la situación; sich zum ~n machen über (ac.) apoderarse (od. adueñarse) de; Hist. ~ über Leben und Tod señor de horca y cuchillo; den großen ~n spielen darse aires (od. echárselas) de gran señor; aus aller ~en Länder de todo el mundo; jeder ist ~ in s-m Hause cada cual manda en su casa; niemand kann zwei ~en dienen ninguno puede servir a dos señores; F wie der ~, so's Gescherr cual es el dueño, tal el perro; ~**chen** señorito m; F amo m (del perro).
'**her...:** ~**reichen** v/t. pasar, alcanzar; 2**reise** f → 2**fahrt**; ~**reisen** (-t; sn) v/i. venir aquí.
'**Herren...:** ~**anzug** m traje m de caballero; ~**artikel** m/pl. artículos m/pl. para caballero; ~**bekanntschaft** f relación f amistosa con un hombre; ~**bekleidung** f artículos m/pl. de vestir para caballero; ~**doppel(spiel)** n Tennis: doble m masculino; ~**einzel(spiel)** n Tennis: individual m masculino; ~**fahrer** m automovilista m aficionado; ~**fahrrad** n bicicleta f de hombre; ~**friseur** m peluquero m (de caballeros); ~**gesellschaft** f tertulia f (de caballeros); círculo m; ~**haus** n casa f señorial; mansión f; ~**hemd** n camisa f de caballero; ~**konfektion** f confección f para caballero; ~**leben** n vida f de gran señor; ein ~ führen vivir a lo grande; 2**los** adj. sin dueño; (verlassen) abandonado; (nicht abgeholt) no reclamado; ⚖ es Gut bienes mostrencos; ~**mensch** m hombre m dominador; ~**mode** f moda f masculina; ~**reiter** m jinete m aficionado; ~**schneider** m sastre m (para caballeros); ~**schnitt** m (Damenfrisur) corte m a lo chico; ~**sitz** m casa f señorial (od. solariega); im ~ reiten montar a horcajadas; ~**socken** f/pl. calcetines m/pl.; ~**toilette** f retrete m para caballeros; Aufschrift: caballeros; ~**zimmer** n gabinete m, despacho m.
'**Herrgott** m Dios m; der ~ el Señor; ~**sfrühe**: in aller ~ muy de madrugada; ~**sschnitzer** m tallista m de crucifijos; imaginero m.
'**herrichten** (-e-) v/t. aderezar; adecentar; preparar; Zimmer: arreglar; Bett: hacer; (ordnen) disponer; sich ~ arreglarse.
'**Herrin** f señora f; (Besitzerin) dueña f; ama f; (Herrscherin) soberana f.
'**herrisch** adj. imperioso; autoritario; dominador, F mandón; (hochmütig) altanero; arrogante; (schroff) brusco; seco.
herr'je! int. ¡Dios mío!
'**herrlich I.** adj. magnífico, soberbio, excelente; (köstlich) delicioso; (prunkvoll) suntuoso, lujoso; (präch-

tig) espléndido; (wunderbar) maravilloso; **II.** adv. magníficamente; ~ und in Freuden leben darse (F pegarse) buena vida; 2**keit** f magnificencia f; excelencia f; suntuosidad f; esplendor m; (Erhabenheit) grandeza f, majestad f; Rel. gloria f.
'**Herrschaft** f (Beherrschung) dominación f; dominio m; imperio m (a. fig.); (Macht) poder m; poderío m, señorío m; (Regierung) gobierno m; e-s Fürsten: reinado m; Pol. soberanía f; (Autorität) autoridad f; (Oberbefehl) mando m; die ~en los señores; el señor y la señora; (für die Dienerschaft: los señoritos; m-e ~en! ¡Señores!; die ~ über et. verlieren perder el control sobre a/c.; 2**lich** adj. señorial.
'**herrschen** v/i. dominar (über ac. sobre); mandar; (regieren) gobernar; Monarch u. fig.: reinar; imperar; Seuche usw.: hacer estragos; ~**d** adj. dominante; reinante (a. fig.).
'**Herrscher** m señor m; gobernante m; (Fürst) príncipe m; (Gebieter) señor m; unumschränkter ~ autócrata m; ~**familie** f, ~**geschlecht** n, ~**haus** n dinastía f; ~**gewalt** f poder m soberano, soberanía f; ~**in** f soberana f.
'**Herrsch|sucht** f (0) despotismo m; espíritu m dominador; carácter m autoritario; (Machtgier) ambición f del poder; 2**süchtig** adj. imperioso; dominador; despótico; F mandón.
'**her...:** ~**rufen** (L) v/t. llamar; ~**rühren** v/i.: ~ von (pro)venir (od. proceder od. emanar) de; (abgeleitet werden) derivarse de; (verursacht sein) resultar de; deberse (od. ser debido) a; ~**sagen** v/t. decir; recitar; ~**schaffen** v/t. hacer venir; procurar; (bringen) traer; ~**schicken** v/t. enviar aquí; ~**sehen** v/i. mirar aquí; ~**stammen** v/i. 1. descender de; von e-m Land: ser natural (od. oriundo) de; Wort: derivarse de; 2. → ~**rühren**; ~**stellbar** adj. elaborable; ~**stellen** v/t. poner (od. colocar) aquí; (erzeugen) producir; hacer; elaborar; confeccionar; fabricar, manufacturar; (bauen) construir; (schaffen) crear, realizar; Verbindung: establecer; ⚡ Stromkreis: cerrar; ⚕ preparar; 2**steller** m fabricante m; productor m (a. Film); constructor m; 2**stellerfirma** f empresa f constructora.
'**Herstellung** f fabricación f, manufactura f; producción f (a. Film); elaboración f, confección f; construcción f; establecimiento m.
'**Herstellungs...:** ~**kosten** pl. gastos m/pl. de fabricación (od. de producción); ~**land** n país m productor; ~**preis** m precio m de fábrica (od. de producción); ~**verfahren** n procedimiento m de fabricación.
'**her...:** ~**stürzen** (-t; sn) v/i. aproximarse precipitadamente; über j-n ~ arrojarse (od. abalanzarse) sobre alg.; ~**tragen** (L) v/t. traer; ~**treiben** (L) v/t.: vor sich ~ empujar delante de sí; ~**treten** (L; sn) v/i. acercarse, adelantarse; venir aquí.
Hertz Phys. n (-; -) hertz(io) m; ~**sche Wellen** ondas f/pl. hertzianas.
he'rüber adv. a este lado; hacia aquí (od. acá); ~ und hinüber de un lado a otro; ~**bringen** (L) v/t. traer para

herübergeben — hervorbrechen

aquí; traer acá; *über e-e Grenze usw.*: (hacer) pasar; ⁓**geben** (*L*) *v/t. bei Tisch*: pasar, alcanzar; ⁓**kommen** (*L*; *sn*) *v/i.* venir acá; cruzar, atravesar; ⁓**reichen** *v/t.* → ⁓geben; ⁓**tragen** (*L*) *v/t.* traer acá; ⁓**ziehen** (*L*) *v/t.* tirar (*od.* arrastrar) para aquí; *fig.* j-n zu sich ⁓ ganar a alg. para sí.

he'rum *adv.* alrededor (um de); (rund⁓, rings⁓) en torno (de); *im Kreis* ⁓ a la redonda; *die Reihe* ⁓ por turno; *hier* ⁓ por aquí; *dort* ⁓ por allí; *um Weihnachten* ⁓ hacia (*od.* alrededor de) Navidad; *um 10 (Uhr)* ⁓ hacia las diez; *immer um j-n* ⁓ *sein* estar siempre con alg.; *fig.* deshacerse por alg.; → *a.* ⁓*sein*; ⁓**albern** (*-re*) *v/i.* F hacer el indio; ⁓**ärgern** *v/refl.*: sich ⁓ mit fastidiarse con; ⁓**balgen** *v/refl.*: sich ⁓ pelearse, andar a la greña; ⁓**bekommen** (*L*; -) F *v/t.*: j-n ⁓ hacer a alg. cambiar de opinión, persuadir a alg.; ⁓**blättern** (*-re*) *v/i.*: *in e-m Buch* ⁓ hojear un libro; ⁓**bringen** (*L*) *v/t.* (lograr) doblar; *Zeit*: matar; ⁓**bummeln** (*-le*) *v/i.* callejear; vagar, gandulear; ⁓**doktern** F *v/i.* pretender curar (*an* j-m a alg.); *fig.* tratar de arreglar (*an et.* a/c.); ⁓**drehen** (*-e-*) *v/refl.*: sich ⁓ holgazanear; sich um et. ⁓ zafarse; evadir(se); F escurrir el bulto; ⁓**fahren** (*L*) **I.** (*sn*) *v/i.* ir de un sitio a otro (*od.* de acá para allá); ⁓ *um* dar la vuelta a; *um e-e Ecke (ein Kap)* ⁓ doblar una esquina (un cabo); *in der Welt* ⁓ recorrer el mundo; **II.** *v/t.*: j-n ⁓ pasear a alg. (en coche); ⁓**flattern** (*-re*; *sn*) *v/i.* revolotear; ⁓**fliegen** (*L*; *sn*) *v/i.* ziellos: volar de un lado para otro; *um et.* ⁓ volar alrededor de a/c.; ⁓**fragen** *v/i.* preguntar (*od.* informarse) en todas partes; ⁓**fuchteln** (*-le*) *v/i.*: mit et. ⁓ esgrimir a/c.; → *a. fuchteln*; ⁓**führen I.** *v/t.*: j-n ⁓ acompañar a alg., hacer de guía para alg.; j-n *in der Stadt* ⁓ llevar a alg. por la ciudad; e-e *Mauer um et.* ⁓ levantar un muro alrededor de a/c.; **II.** *v/i.*: *um et.* ⁓ dar la vuelta alrededor de a/c.; ⁓**fummeln** F *v/i.* manosear, sobar (*an et.* a/c.); ⁓**geben** (*L*) *v/t.* hacer circular; repartir; *bei Tisch*: pasar; ⁓**gehen** (*L*; *sn*) *v/i.* circular; *ziellos*: andar de acá para allá (*od.* de un lado a otro); *Zeit*: pasar; ⁓ *um* dar la vuelta a; ⁓ *in* pasearse (*od.* dar una vuelta) por; ⁓ *lassen* hacer circular; *fig. im Kopf* ⁓ rondar la mente; dar vueltas en la cabeza; ⁓**hacken** *fig.* *v/i.* auf j-m ⁓ pinchar a alg. continuamente; ⁓**horchen** *v/i.* curiosear; escuchar aquí y allá; ⁓**huren** V *v/i.* P irse de putas; ⁓**irren** (*sn*) *v/i.* andar errando; ⁓**kommandieren** *v/t.* hacer el mandón; ⁓**kommen** (*L*; *sn*) *v/i.*: weit ⁓ ver mucho mundo; correr (el) mundo; um *die Ecke* ⁓ doblar la esquina; *fig. um et.* ⁓ lograr evitar (*od.* eludir) a/c.; *wir kommen nicht darum herum* no hay remedio; ⁓**kramen** *v/i.* revolver (*in et.* a/c.); trastear; ⁓**kriegen** F → ⁓bekommen; ⁓**laufen** (*L*; *sn*) *v/i.* correr de un lado a otro; *Kind*: corretear; um et. ⁓ correr

alrededor de a/c.; *frei* ⁓ andar suelto; ⁓**liegen** (*L*) *v/i.* estar colocado *bzw.* situado (*um* alrededor de); *unordentlich*: estar (*od.* andar) tirado (por ahí); ⁓**lungern** (*-re*) *v/i.* holgazanear, gandulear; ⁓**reden** (*-e-*) *v/i.*: um et. ⁓ F andarse por las ramas; ⁓**reichen** *v/t.* hacer circular (*od.* pasar de mano en mano); *bei Tisch*: servir; ⁓**reisen** (*-t*; *sn*) *v/i.* ziellos: viajar de un lado a otro; *in e-m Land* ⁓ recorrer (*od.* viajar por) un país; *in der Welt* ⁓ correr mundo; ⁓**reiten** (*L*; *sn*) *v/i.* pasear a caballo (*in dat.* por); *fig. auf et.* ⁓ insistir en a/c.; F volver (siempre) a la misma canción; (*immer*) *auf j-m* ⁓ fastidiar *bzw.* criticar a alg. continuamente; ⁓**rennen** (*L*; *sn*) *v/i.* → ⁓laufen; ⁓**schicken** *v/t.* hacer circular; ⁓**schlagen** (*L*) *v/refl.*: sich ⁓ pelearse, F andar a la greña; F *fig.* tener disgustos (*mit* con); luchar (con); ⁓**schleichen** (*L*; *sn*) *v/i.* um et. ⁓ rondar; ⁓**schlendern** (*-re*; *sn*) *v/i.* callejear; deambular; ⁓**schleppen** *v/t.*: mit sich ⁓ arrastrar consigo; ⁓**schnüffeln** (*-le*) *v/i.* fisgonear, huronear, husmear; F meter las narices en todo; ⁓**schubsen** F *v/t.* → ⁓stoßen; ⁓**sein** *v/i.* (vorbei) haber pasado (*od.* terminado); (verbreitet) haberse propagado; ⁓**setzen** (*-t*) *v/t.*: ⁓ *um* disponer (*od.* colocar) alrededor de; sich *um et.* ⁓ sentarse alrededor (*od.* en torno) de a/c.; ⁓**sitzen** (*L*) *v/i.*: ⁓ *um* estar sentado alrededor de; *untätig*: estar sentado ociosamente; estar sin hacer nada; ⁓**spazieren** (-; *sn*) *v/i.* pasearse, andar paseando; ⁓**spielen** *v/i.*: mit et. ⁓ juguetear con a/c.; ⁓**spionieren** (-) *v/i.* espiar; ⁓**sprechen** (*L*) *v/refl.*: sich ⁓ divulgarse, propalarse; correr la voz; ⁓**stehen** (*L*) *v/i.*: ⁓ *um* estar alrededor de; *um* j-n ⁓ formar corro alrededor de alg.; rodear a alg.; *müßig*: estar ocioso (*od.* F papando moscas); ⁓**stöbern** (*-re*) *v/i.* → ⁓kramen, ⁓schnüffeln; ⁓**stochern** (*-re*) *v/i.* escarbar; ⁓**stoßen** *fig. v/t.* mandar de aquí para allá (*od.* de un sitio a otro); ⁓**streichen** (*L*), ⁓**streifen** *v/i.* vagar, andar vagando por, merodear; ⁓**streiten** (*L*) *v/refl.*: sich ⁓ disputar (*über ac.* sobre); F andar a la greña; ⁓**strolchen** *v/i.* vagabundear; ⁓**tanzen** (*-t*) *v/i.*: ⁓ *um* bailar alrededor de; ⁓**tappen**, ⁓**tasten** (*-e-*) *v/i.* andar a tientas; ⁓**toben** *v/i.* retozar; ⁓**tollen** *v/i.* loquear; ⁓**tragen** (*L*) *v/t. Nachricht*: propalar; *fig. et. mit sich* ⁓ estar preocupado por a/c.; ⁓**treiben** (*L*) *v/refl.*: sich ⁓ vagar; vagabundear; callejear; merodear; F andar de picos pardos; *sich in Cafés* ⁓ andar por los cafés; ♀**treiber** *m* vagabundo *m*; merodeador *m*; (*Nachtschwärmer*) trasnochador *m*; ♀**treiberin** *f* vagabunda *f*, F pindonga *f*; ⁓**trödeln** (*-le*) F *v/i.* perder (*od.* malgastar) el tiempo; ⁓**wälzen** (*-t*) *v/refl.*: sich ⁓ revolcarse (*auf dat.* en); *im Bett*: dar vueltas en la cama; ⁓**werfen** (*L*) *v/t.* esparcir, desparramar (por el suelo); *Boot, Auto*: hacer virar; *das Steuer* ⁓ dar un golpe de timón (*a. fig.*); ⁓**wirtschaften** (*-e-*) F *v/i.* trajinar; ⁓**wühlen** *v/i.* → ⁓kramen; ⁓**zanken** *v/refl.*: sich ⁓ reñir; F andar en dimes y diretes; ⁓**zerren** *v/t.* llevar a tirones por;

⁓**ziehen** (*L*) **I.** *v/t.*: ⁓ *um* trazar *bzw.* levantar *bzw.* hacer alrededor de; *e-n Graben um et.* ⁓ abrir una zanja alrededor de; *die Decke um sich* ⁓ envolverse en la manta; **II.** (*sn*) *v/i.* ziellos: andar de un lugar a otro; vagar, andar vagando; *desp. mit j-m* ⁓ estar (*od.* andar) siempre con alg.; **III.** *v/refl.*: sich ⁓ um extenderse alrededor de; rodear; ⁓**ziehend** *adj. Händler*: ambulante; *Volk*: nómada; *desp.* vagabundo.

he'runter *adv.* abajo; hacia (*od.* para) abajo; desde arriba; ⁓! ¡baje usted!; *vom Berg* ⁓ de lo alto de la montaña; ⁓ *mit ihm!* ¡abajo (con él)!; ⁓ *damit!* ¡quítate eso!; ⁓**bringen** (*L*) *v/t.* bajar, llevar abajo; *fig.* (*zugrunde richten*) arruinar; (*schwächen*) debilitar; ⁓**drücken** *v/t.* apretar hacia abajo; *Preise*: (hacer) bajar; ⁓**fallen** (*L*; *sn*) *v/i.* caer(se); caer al suelo; ⁓**gehen** (*L*; *sn*) *v/i.* bajar (*a. Preise, Temperatur*), descender (*a.* ♔); ⁓**gekommen** *fig. adj.* venido a menos; empobrecido; *gesundheitlich*: debilitado; *sittlich*: depravado; (*verfallen*) decaído; (*schäbig*) harapiento, andrajoso; ⁓**handeln** (*-le*) *v/t.* regatear; ⁓**hauen** (*L*) *v/t.*: F j-m e-e ⁓ dar un bofetón a alg.; F pegarle una torta a alg.; ⁓**holen** *v/t.* ir a buscar arriba; ♔ derribar; *Flagge*: arriar; ⁓**klappbar** abatible; ⁓**klappen** *v/t.* bajar, abatir; ⁓**kommen** (*L*; *sn*) *v/i.* bajar; *fig.* venir a menos; *sittlich*: caer muy bajo; envilecerse, degradarse; (*verfallen*) desmoronarse; deteriorarse; *fig.* decaer, ir en decadencia; *er wird dabei gesundheitlich* ⁓ eso arruinará su salud; → *a.* ⁓gekommen; ⁓**laden** (*L*) *v/t. Internet*: bajar, descargar; ⁓**lassen** (*L*) *v/t.* bajar; *Rolladen, Vorhang*: *a.* correr; sich ⁓ descolgarse; *vom Preis* ⁓ rebajar el precio de a/c.; ⁓**leiern** (*-re*) *v/t.* salmodiar; ⁓**machen** *fig. v/t.*: j-n ⁓ (abkanzeln) poner a alg. como un trapo (*od.* de vuelta y media); (*herabsetzen*) denigrar; F poner por los suelos; ⁓**nehmen** (*L*) *v/t.* bajar; *Bild usw.*: descolgar; ⁓**purzeln** (*-le*; *sn*) *v/i.* caer rodando; ⁓**putzen** (*-t*) F *v/t.* → ⁓machen; ⁓**reißen** (*L*) *v/t.* arrancar; F *fig.* vilipendiar; F poner por los suelos; ⁓**rutschen** (*-t*; *sn*) *v/i.* deslizarse hacia abajo; ⁓**schalten** (*-e-*) *v/t. Kfz.* reducir marchas; *auf den ersten Gang* ⁓ reducir a primera; ⁓**schlagen** (*L*) *v/t.* derribar a golpes; *Früchte*: varear; *Verdeck, Kragen*: bajar; ⁓**schlucken** *v/t.* tragar; ⁓**schrauben** *v/t.* bajar; *fig.* reducir; ⁓**sehen** (*L*) *v/t.* mirar hacia abajo; ⁓**sein** (*L*) F *v/i.* haber venido a menos; andar mal; *gesundheitlich*: estar debilitado *bzw.* agotado; ⁓**setzen** (*-t*) *v/t.* bajar; *Preis*: *a.* reducir; ⁓**spielen** F *fig. v/t.* desdramatizar, minimizar; quitar importancia a; ⁓**tropfen** *v/i.* gotear; ⁓**werfen** (*L*) *v/t.* tirar abajo; ⁓**wirtschaften** (*-e-*) *v/t.* arruinar; ⁓**ziehen** (*L*) *v/t.* tirar hacia abajo; *Vorhang, Verdeck*: bajar.

her'vor *adv.* adelante; hacia adelante; (*heraus*) fuera; *hinter...* ⁓ (por) detrás de; *zwischen...* ⁓ por entre; *unter...* ⁓ debajo de; ⁓**blicken** *v/i.* (*sichtbar werden*) aparecer, mostrarse; entreverse; asomar; ⁓**brechen** (*L*; *sn*) *v/i.*

hervorbringen — Herzlichkeit

salir (con ímpetu), prorrumpir; ⚔ hacer una salida; **~bringen** (L) v/t. (erzeugen) producir; engendrar (a. fig.); dar a luz; (schaffen) crear; (bewirken) causar; Worte: proferir; **2~bringung** f producción f; generación f; engendramiento m; creación f; **~dringen** (L; sn) v/i. salir; surgir; **~gehen** (L; sn) v/i. (entstehen) nacer de; (herrühren) provenir de; proceder de; tener su origen en; ~ aus resultar de; seguirse de; daraus geht hervor, daß de ello resulta (od. se infiere od. se desprende) que; als Sieger ~ salir vencedor (od. victorioso); **~gucken** F v/i. asomar; **~heben** (L) v/t. hacer resaltar, poner de relieve, realzar (a. Mal.), destacar; (betonen) acentuar; subrayar (a. fig.); sich ~ destacar, distinguirse por; **~holen** v/t. sacar (aus de); **~kehren** v/t.: et. ~ hacer alarde de; darse aires de; **~kommen** (L; sn) v/i. salir (aus de); aparecer; mostrarse; **~kriechen** (L; sn) v/i. salir arrastrándose; **~locken** v/t. atraer hacia afuera; sacar con maña; **~quellen** (L; sn) v/i. manar, brotar; **~ragen** v/i. resaltar; sobresalir (a. fig.); (sich erheben) elevarse (über sobre); fig. distinguirse, descollar (aus entre); señalarse (durch por); **~ragend** adj. saliente (a. fig.); fig. sobresaliente, relevante, destacado, descollante; (pre)eminente, prominente; (ausgezeichnet) excelente; **~rufen** (L) v/t. llamar; Thea. llamar a escena; fig. (ins Leben rufen) crear, fundar; (bewirken) causar, provocar (a. ⚔); dar motivo a, motivar, originar; ocasionar; bsd. Streit: promover; suscitar; (erregen) excitar; **~springen** (L; sn) v/i. saltar hacia adelante; (hervorragen) resaltar; **~sprudeln** (-le; sn) v/i. Quelle: brotar (a. fig.); borbotar; **~stechen** (L) fig. v/i. sobresalir, destacar; distinguirse; **~stechend** adj. destacado; saliente; eminente, prominente; (auffallend) llamativo; (vorherrschend) predominante; **~stehen** (L) v/i. salir; **~stehend** adj. saliente; prominente; **~strecken** v/t. extender; sacar; **~stürzen** (-t; sn) v/i. precipitarse (od. lanzarse) hacia adelante; **~treten** (L; sn) v/i. adelantarse; avanzar; ⚔ salir de la fila; (hervorragen) resaltar; (auftauchen) emerger, surgir; fig. distinguirse; destacarse; Umrisse: dibujarse; **~tun** (L) v/refl.: sich ~ distinguirse, descollar; (sich wichtig machen) darse importancia, F darse tono; **~wagen** v/refl.: sich ~ atreverse a salir; **~zaubern** (-re) v/t. hacer aparecer como por encanto; **~ziehen** (L) v/t. sacar (a la tía).

'**her|wagen** v/refl.: sich ~ atreverse a venir (od. a acercarse); **~wärts** adv. hacia aquí; para acá; al venir; **2weg** m: auf dem ~ al venir.

Herz n (-ens; -en) corazón m (a. fig.); Kartenspiel: a. copas f/pl.; (Mut) a. valor m, coraje m; (Seele) alma f; (Gemüt) ánimo m; des Salats: cogollo m; ~ von Stein corazón de piedra; ~ haben tener corazón; ein ~ haben für tener comprensión para; sentir compasión por; ein gutes ~ haben tener buen corazón; kein ~ (im Leibe) haben no tener corazón (od. alma); im Grunde des ~ens, im tiefsten ~en en el fondo del alma; aus tiefstem ~en de todo corazón; del fondo del alma; von ~en de corazón; von ~en gern F con mil amores; von ganzem ~en de todo corazón; con toda el alma; ich bedaure es von ~en lo siento en el alma; lo siento de veras; ein weiches (hartes) ~ haben ser blando (duro) de corazón; schweren ~ens bien a pesar mío; con el corazón en un puño; leichten ~ens contento y feliz; j-s ~ gewinnen ganarse el corazón de alg.; s-m ~en e-n Stoß geben violentarse; F hacer de tripas corazón; sich ein ~ fassen cobrar ánimo; j-s ~ brechen (stehlen) romper (robar) el corazón de alg.; das ~ auf dem rechten Fleck haben tener el corazón en su sitio (od. bien puesto); s-m ~en Luft machen desahogarse; das ~ auf der Zunge haben tener el corazón en la mano; er spricht, wie es ihm ums ~ ist habla con toda franqueza; sie sind ein ~ und e-e Seele son uña y carne; das bricht (zerreißt) ihm das ~ eso le parte (arranca) el alma (od. el corazón); das macht ihm das ~ schwer eso le causa mucha pena (od. le aflige mucho); das ~ blutet ihm se le parte el alma; das greift ihm ans ~ eso le llega al corazón (od. al alma); von ~en kommen salir del alma (od. del corazón); es liegt mir am ~en, zu (inf.) me importa (od. interesa) mucho (inf.); das liegt mir am ~en me preocupa mucho; sich et. zu ~en nehmen tomar a/c. a pecho(s); no echar en saco roto a/c.; zu ~en gehen llegar al alma (od. al corazón); calar hondo; j-m et. ans ~ legen encarecer a alg. a/c.; recomendar encarecidamente a alg. a/c.; poner a/c. en el corazón de alg.; j-n ans ~ drücken estrechar en sus brazos (od. contra su pecho) a alg.; et. auf dem ~en haben tener un pesar; sein ~ an et. hängen poner el corazón en a/c.; j-n in sein ~ geschlossen haben tener gran cariño (od. querer mucho) a alg.; du weißt nicht, wie mir ums ~ ist no sabes como me siento; mir ist leicht (schwer) ums ~ me siento aliviado (oprimido); das ~ fiel ihm in die Hosen F se le cayó el alma a los pies; das ~ lacht ihm im Leibe el corazón le salta de gozo; ein Kind unter dem ~en tragen estar encinta; et. nicht übers ~ bringen no tener valor para; no atreverse a: auf ~ und Nieren prüfen examinar detenidamente; Hand aufs ~! ¡la mano en el pecho!; wes das ~ voll ist, des geht der Mund über de la abundancia del corazón habla la boca; es tut dem ~en wohl conforta el ánimo.

'**herz-allerliebst** adj. (hübsch) precioso, encantador, F muy mono; **2e(r** m) m/f novio (-a f) m.

'**Herz|anfall** m ataque m cardíaco (od. al corazón); **~as** n Kartenspiel: as m de corazones;

'**herzaubern** (-re) v/t. traer por arte de magia (od. por encanto).

'**Herz...: ~beklemmung** f opresión f del corazón; **~beschleunigung** f taquicardia f; **~beschwerden** f/pl. trastornos m/pl. cardíacos; **~beutel** Anat. m pericardio m; **~beutel-entzündung** f pericarditis f; **2bewegend** adj. emocionante; conmovedor; **~blatt** n 🌿 hoja f de retoño; cogollo m; fig. (Liebling) corazón m; **~blut** n fig.: sein ~ hingeben für dar la sangre de sus venas por; **2brechend** adj. desgarrador; **~bube** m Kartenspiel: sota f de corazones; **~chen** F n: mein ~! ¡amor mío!; ¡(mi) corazón!; **~chirurg** ⚔ m cardiocirujano m; **~chirurgie** f cardiocirugía f; **~dame** f Kartenspiel: dama f de corazones.

'**her-zeigen** v/t. mostrar, enseñar.

'**Herzeleid** n pena f, pesar m.

'**herzen** v/t. abrazar; acariciar.

'**Herzens...: ~angelegenheit** f asunto m amoroso; **~angst** fig. f angustia f, congoja f; **~bildung** f nobleza f de corazón; **~brecher** m rompecorazones m, castigador m; **~freude** f gran alegría f; íntima satisfacción f; **2froh** adj. muy alegre od. contento; **~grund** m: aus (tiefstem) ~ con toda el alma, de todo corazón, F con alma y vida; **2gut** adj. muy bondadoso; er ist ein ~er Mensch tiene muy buen corazón; F es un pedazo de pan; **~güte** f bondad f de corazón; **~lust** f: nach ~ a pedir de boca; a sus anchas, a placer; F a gogó; **~wunsch** m deseo m ardiente, vivo deseo m; sueño m dorado.

'**Herz...: ~entzündung** ⚔ f carditis f; **2erfreuend** adj., **2erfrischend** adj. que recrea el ánimo, que alegra el corazón; **2ergreifend** adj. conmovedor; emocionante; **2erquickend** adj. → **2erfreuend**; **2erschütternd** adj. desgarrador; estremecedor; **~erweiterung** ⚔ f dilatación f del corazón; cardiectasia f; **~fehler** ⚔ m defecto m cardíaco; lesión f cardíaca; **2förmig** adj. en forma de corazón; acorazonado, cordiforme; **~gegend** Anat. f (0) región f cardíaca; **~geräusch** ⚔ n soplo m cardíaco; **2haft** adj. (mutig) valiente; (beherzt) intrépido, arrojado; (entschlossen) decidido, resuelto; (kräftig) enérgico, vigoroso; ein ~er Schluck un fuerte trago; **~haftigkeit** f (0) valor m; intrepidez f, arrojo m; resolución f.

'**her-ziehen I.** v/t. atraer; **II.** (sn) v/i. venir a vivir (od. a establecerse) aquí; fig. über j-n ~ hablar mal de alg.; zaherir, denigrar a alg.

'**herzig** adj. mono; ein ~es Kind una monada.

'**Herz|infarkt** m infarto m del miocardio; **~insuffizienz** ⚔ f insuficiencia f cardíaca; **~kammer** Anat. f ventrículo m (del corazón); **~kirsche** 🌿 f guinda f garrafal; **~klappe** Anat. f válvula f cardíaca; **~klappenfehler** ⚔ m lesión f bzw. defecto m valvular; **~klopfen** n palpitaciones f/pl.; mit ~ con el corazón palpitante; **2krank** adj. cardíaco, enfermo del corazón; **~kranke(r** m) m/f cardíaco (-a f) m, enfermo (-a f) m del corazón; **~krankheit** f enfermedad f del corazón, afección f cardíaca, cardiopatía f; **~kranzgefäß** n arteria f coronaria; **~leiden** n → **~krankheit**; **2lich I.** adj. cordial; (liebevoll) afectuoso; cariñoso; (aufrichtig) sincero; Freundschaft: entrañable; ~e Grüße afectuosos saludos; mein ~stes Beileid mi más sentido pésame; **II.** adv. de todo corazón; ~ gern con mucho gusto; es tut mir ~ leid lo siento en el alma; das ist ~ wenig es una miseria; ~ willkommen! ¡bienvenido!; **~lichkeit** f cordialidad f; afectuosidad f; cariño m;

~**liebste(r** *m*) *m/f* amado (-a *f*) *m* de mi corazón; ♀**los** *adj*. sin corazón; insensible; desalmado; cruel; ~**losigkeit** *f* (0) insensibilidad *f*; crueldad *f*; ~**Lungen-Maschine** *f* corazón-pulmón *m* artificial; ~**massage** *f* masaje *m* cardíaco; ~**mittel** *n* cardiotónico *m*, cordial *m*; ~**muschel** *Zoo. f* berberecho *m*; ~**muskel** *Anat. m* miocardio *m*; ~**muskel-entzündung** ✵ *f* miocarditis *f*.
'**Herzog** *m* (-*es*; ⁺*e*) duque *m*; ~**in** *f* duquesa *f*; ♀**lich** *adj*. ducal; ~**tum** *n* (-*s*; ⁺*er*) ducado *m*.
Herz...: ~**rhythmusstörung** ✵ *f* arritmia *f* cardíaca; ~**schlag** ✵ *m* 1. ataque *m* de apoplejía; paro *m* cardíaco; 2. (*Schlagen*) latido *m* cardíaco; ~**schrittmacher** ✵ *m* marcapasos *m*; ~**schwäche** ✵ *f* debilidad *f* cardíaca; ~**spezialist** *m* cardiólogo *m*; ♀**stärkend** *adj*. cordial, cardioestimulante; ~**stärkungsmittel** *n* → ~*mittel*; ~**stillstand** ✵ *m* paro *m* cardíaco; ~**stück** *n* ♥ corazón *m* (de aguja); *fig*. núcleo *m*; ~**tätigkeit** *f* actividad *f* cardíaca; ~**ton** ✵ *m* tono *m* cardíaco; ~**verfettung** ✵ *f* degeneración *f* adiposa del corazón; ~**vergrößerung** ✵ *f* hipertrofia *f* del corazón; dilatación *f* cardíaca; ~**verpflanzung** ✵ *f* trasplante *m* de corazón; ~**versagen** *n* fallo *m* cardíaco; ~**vorhof** *m*, ~**vorkammer** *f* Anat. aurícula *f*; ~**weh** ✵ *n* cardialgia *f*; ♀**zerreißend** *fig. adj*. desgarrador.
Hespe'riden *f/pl.* Hespérides *f/pl.*
'**Hess|en** *n* Hesse *f*; ♀**isch** *adj*. de Hesse.
He'täre *f Hist.* hetera *f*, hetaira *f*; *weit S.* cortesana *f*.
hetero'dox *adj*. heterodoxo.
Heterodo'xie *f* heterodoxia *f*.
hetero'gen *adj*. heterogéneo.
Heterogeni'tät *f* (0) heterogeneidad *f*.
'**Hetz|artikel** *m* artículo *m* incendiario *bzw.* difamatorio; ~**blatt** *n* periódico *m* demagógico *bzw.* difamatorio.
'**Hetze** *f* 1. *Jgdw.* acoso *m*; 2. (*Eile*) prisas *f/pl.*; precipitación *f*; (*viel Arbeit*) ajetreo *m*, trajín *m*; 3. (*Aufhetzung*) instigación *f*; provocación *f*; (*Verunglimpfung*) difamación *f*, calumnia *f*.
'**hetzen** (-*t*) I. *v/t. Hunde:* azuzar (*gegen* contra; *a. fig.*); *Wild:* correr; cazar; acosar (*a. fig.*); (*verfolgen*) perseguir; *j-n* ~ (*antreiben*) dar prisa a alg.; *zu Tode* ~ perseguir a muerte; *den Hund auf j-n* ~ soltar el perro contra alg.; II. *v/i.* 1. (*eilen*) apresurarse; precipitarse; *sich* ~ darse prisa; (*abmühen*) ajetrearse; 2. (*aufwiegeln*) agitar (*od.* excitar) los ánimos (*gegen* contra); *gegen j-n* (*verleumden*) difamar (*od.* denigrar) a alg.; III. ♀ *n* → Hetze 2.
'**Hetze|r** *m Jgdw.* azuzador *m* (*a. fig.*); *fig*. agitador *m*; instigador *m*; demagogo *m*; provocador *m*; (*Verleumder*) calumniador *m*, difamador *m*; ~**'rei** *f* → Hetze 2, 3; ♀**risch** *adj*. provocador; demagógico; subversivo, difamatorio, calumnioso.
'**Hetz...:** ~**hund** *m* perro *m* de caza; (*Hasen*♀) lebrel *m*; ~**jagd** *f* caza *f* de acoso; *fig*. caza *f*; persecución *f*; (*Eile*) precipitación *f*; ~**kampagne** *f*

campaña *f* difamatoria; ~**presse** *f* prensa *f* difamatoria *bzw.* subversiva; ~**rede** *f* discurso *m* incendiario; catilinaria *f*; ~**redner** *m* orador *m* subversivo, agitador *m*; ~**schrift** *f* libelo *m*, escrito *m* infamatorio.
'**Heu** *n* (-*es*; 0) heno *m*; *fig. Geld wie* ~ *haben* F estar forrado de dinero; *Geld wie* ~ *verdienen* F forrarse; ~**boden** *m* henil *m*, henal *m*; ~**bündel** *n* gavilla *f* (*od*. manojo *m*) de heno.
Heuche'lei *f* hipocresía *f*; fariseísmo *m*; (*Verstellung*) disimulo *m*; (*Unaufrichtigkeit*) insinceridad *f*, duplicidad *f*, doblez *f*; (*Falschheit*) falsía *f*; (*Scheinheiligkeit*) mojigatería *f*, santurronería *f*.
'**heucheln** (-*le*) I. *v/i.* ser (un) hipócrita; fingir, (di)simular; II. *v/t.* fingir, simular; aparentar, afectar.
'**Heuchler** *m* hipócrita *m*; tartufo *m*; mojigato *m*; gazmoño *m*; ~**in** *f* hipócrita *f*; santurrona *f*, gazmoña *f*; ♀**isch** *adj*. hipócrita; gazmoño, santurrón; farisaico.
'**heuen** I. *v/i.* henificar; II. ♀ *n* henificación *f*.
'**heuer** *adv.* este año; *Liter.* hogaño.
'**Heuer**[1] ♂ *m* segador *m* de heno.
'**Heuer**[2] ♣ *f* (-; -*n*) paga *f* (de los marineros).
'**heuern** (-*re*) *v/t. Schiff:* fletar; *Matrosen:* contratar, *gal.* enrolar.
'**Heu-ernte** *f* henificación *f*; siega *f* del heno.
'**Heuervertrag** ♣ *m* contrato *m* de trabajo entre patrón y marinero.
'**Heu...:** ~**fieber** ✵ *n* fiebre *f* del heno; ~**gabel** *f* horca *f* de heno; horquilla *f*; *hölzerne*: bieldo *m*; ~**haufen** *m* hacina *f* (*od*. montón *m*) de heno.
'**Heul|boje** ♣ *f* boya *f* sonora (*od*. de sirena); ~**en** *v/i. Hund, Wolf:* aullar; *Wind:* bramar; *Sirene:* ulular; *Motor:* rugir; (*weinen*) llorar; F lloriquear, gimotear; ~**en** *n* aullido *m*; bramido *m*; *der Sirene:* ulular *m*; (*Weinen*) lloro *m*, llanto *m*; F lloriqueo *m*, gimoteo *m*; F *es ist zum* ~ *es para desesperarse*; *und Zähneklappern* (allí será) el llanto y el crujir de dientes; ~**e'rei** F *f* (*Weinen*) lloriqueos *m/pl.*; ~**suse** F *f* (niña *f*) llorona *f*.
'**Heu|pferd** *n* saltamontes *m*; ~**rechen** *m* rastrillo *m* de heno.
'**heurig** *adj*. de este año; ♀**e(r)** *m* vino *m* nuevo (*od*. de la última cosecha).
'**Heu...:** ~**scheuer** *f* → ~*boden*; ~**schnupfen** ✵ *m* rinitis *f* alérgica; polinosis *f*; fiebre *f* del heno; ~**schober** *m* almiar *m* (de heno); ~**schrecke** *f* langosta *f*; *grüne:* saltamontes *m*; ~**schreckenschwarm** *m* enjambre *m* de langostas.
'**heute** I. *adv.* hoy; *bis* ~ hasta hoy; *hasta la fecha*; *noch* ~, ~ *noch* (*gleich heute*) hoy mismo; (*noch immer*) todavía hoy; hoy día; hasta hoy; ~ *morgen* (*nachmittag*; *abend*) esta mañana (tarde; noche), hoy por la mañana (tarde; noche); ~ *mittag* (hoy) a mediodía; ~ *in acht Tagen*, ~ *über acht Tage* de hoy en ocho días; ~ *vor acht Tagen* hace ocho días; *von* ~ *an*, *ab* ~ desde hoy, de hoy en adelante, a partir de hoy; *a. fig. von* ~ *auf morgen* de hoy a mañana; de un día para otro; de la noche a la mañana; *lieber* ~ *als morgen* más vale hoy que

mañana; II. ♀ *n:* das ~ el día de hoy.
'**heutig** *adj*. de hoy; del día; (*gegenwärtig*) actual; moderno; de ahora; *der* ~*e Tag* el día de hoy; *am* ~*en Tage* hoy; en el día de hoy; *bis zum* ~*en Tage* hasta hoy; hasta la fecha; ~**entags** *adv.* → *heutzutage*.
'**heutzutage** *adv.* hoy (en) día; en los tiempos que corren; en nuestros días.
'**Heu|wagen** *m* carro *m* para heno; ~**wender** *m* henificadora *f*.
Hexa'eder *n* hexaedro *m*; ♀**risch** *adj*. hexaédrico.
Hexa'gon *n* (-*s*; -*e*) hexágono *m*; ♀**go'nal** *adj*. hexagonal.
He'xameter *m* hexámetro *m*.
hexa'metrisch *adj*. hexámetro.
'**Hexe** *f* bruja *f* (*a. fig.*); (*Zauberin*) hechicera *f*.
'**hexen** *v/i.* brujear, hacer brujerías; (*zaubern*) hacer sortilegios; *ich kann doch nicht* ~ no puedo hacer milagros (*od*. imposibles); *das geht wie gehext* parece cosa de magia; *wie gehext* como por encanto (*od*. ensalmo).
'**Hexen...:** ~**jagd** *f* caza *f* de brujas (*a. fig.*); ~**kessel** *fig. m* infierno *m*; ~**kunst** *f* brujería *f*; magia *f*; hechicería *f*; ~**meister** *m* brujo *m*; (*Zauberer*) hechicero *m*; mago *m*; ~**prozeß** *m* proceso *m* contra brujas; ~**sabbat** *m* aquelarre *m* (*a. fig.*); ~**schuß** ✵ *m* lumbago *m*; ~**verfolgung** *f* persecución *f* de las brujas.
Hexe'rei *f* brujería *f*; hechicería *f*; magia *f*; *das ist doch keine* ~ no es ninguna cosa de magia.
Hi'atus *Gr. m* hiato *m*.
'**Hickhack** F *m*, *n* der (*das*) ~ el tira y afloja; F los dimes y diretes.
Hieb *m* (-*es*; -*e*) golpe *m*; (*Seiten*♀) indirecta *f*; (*Feilen*♀) corte *m*, picadura *f*; *auf e-n* ~ de un golpe; *fig. auf den ersten* ~ a la primera; *j-m e-n* ~ *versetzen* asestar (*od*. dar) un golpe a alg.; *der* ~ *hat gesessen* (*ist fehlgegangen*) el golpe ha encajado de lleno (ha fallado); ~*e bekommen* recibir (*od*. llevar) golpes (*od*. palos); ~*e austeilen* (*od*. *versetzen*) repartir golpes; *es hat* ~*e gesetzt* ha habido golpes; *fig. das ist ein* ~ *auf mich* eso va por mí.
'**Hieb...:** ♀- *und stichfest* *adj*. invulnerable; *fig*. a toda prueba; ~**er** *Beweis* prueba *f* contundente; ~- *und* '**Stoßwaffe** *f* arma *f* cortante y punzante; arma *f* de punta y filo; ~**waffe** *f* arma *f* cortante; ~**wunde** *f* herida *f* incisa.
hier *adv*. 1. aquí; ✝ en *bzw*. de ésta; en *bzw*. de esta plaza; ♥ ciudad; *bei Aufruf:* ~! ¡presente!; ~ (*nimm*)! ¡toma!, ¡aquí tienes!; ~ *ist* (*sind*) ... aquí está (están) ...; he aquí...; aquí tiene usted ...; ~ *bin ich* aquí estoy; ~ *kommt er* aquí viene, F aquí le tenemos; *der Mann* ~ este hombre; ~ *und da örtlich:* aquí y allá; *zeitlich:* de vez en cuando; ~ *entlang* por aquí; *von* ~ *an* de aquí en adelante; a partir de aquí; ~ *auf Erden* en este mundo; ~ *oben* (*unten*) aquí arriba (abajo); 2. *fig.* (*in diesem Falle*) en este caso; (*bei dieser Gelegenheit*) con tal ocasión; (*diesmal*) esta vez; (*bei diesem Worte*) a este respecto; ♀**an** *adv*. en eso (*od*. ello); ~ *siehst du ahí ves*.
Hierar'chie [hiˑeˑʀaʀˈçiː] *f* jerarquía *f*.

hierarchisch — hin 266

hie'rarchisch *adj.* jerárquico.
'hier...: ~auf *adv.* a (en; sobre) esto (*od.* ello); *zeitlich*: después (de ello; de lo cual); posteriormente, más tarde; luego; (*gleich*) acto seguido; **~aus** *adv.* de aquí; de esto, de ello; ~ *geht hervor* de ello resulta (*od.* se desprende) que; **~behalten** (*L*; -) *v/t.* retener; **~bei** *adv.* en esto; con esto; en esta ocasión; haciendo (*bzw.* diciendo *usw.*) esto; *zeitlich*: al mismo tiempo; **~bleiben** (*L*, *sn*) *v/i.* quedarse aquí; **~durch** *adv.* por (*od.* con) esto; por (*od.* con) ello; por aquí; *fig.* (*dadurch*) por este medio; así; *Brief*: por la presente; **~für** *adv.* por *bzw.* para esto (*od.* ello); **~gegen** *adv.* contra esto (*od.* eso *od.* ello); a esto (*od.* eso *od.* ello); **~her** *adv.* acá; para acá; por *bzw.* para este lado; *bis* ~ hasta aquí; hasta hoy, hasta la fecha; **~hergehören** *fig. v/i.* venir al caso (*od.* a cuento); **~'herkommen** (*L*; *sn*) *v/i.* venir acá; **~herum** *adv.* por aquí, **~hin** *adv.* aquí; hacia aquí. para acá *od.* acá; ~ *und dorthin* por aquí y (por) allá; de un lado para otro; **~in** *adv.* en esto; en ello; *räumlich*: aquí dentro; **~mit** *adv.* con esto (*od.* eso); (*bei diesen Worten*) diciendo esto; (con estas palabras; *Brief*: por la presente) *bescheinige ich, daß* ... *Certifico*: Que ...; **~nach** *adv.* según eso (*od.* esto *od.* ello); *zeitlich*: después de eso (*od.* esto *od.* ello); acto seguido; a continuación; **~neben** *adv.* aquí al lado; cerca de aquí, (por) aquí cerca.
Hiero'glyph|e [hi·e·ro·'gly:fa] *f*, **2̃isch** *adj.* jeroglífico (*m*).
Hie'ronymus *m* Jerónimo *m*.
'hier...: ~orts *adv.* aquí; en esta plaza; **2̃sein** *n* presencia *f*; **~selbst** *adv.* aquí mismo; en esta ciudad; ✝ en ésta; **~über** *adv.* por aquí encima; *Richtung*: por (*bzw.* para *od.* hacia) este lado; por aquí; (*über dieses Thema*) sobre (*od.* de) esto, acerca de esto; **~um** *adv.* alrededor (*od.* en torno) de esto (*od.* ello); **~unter** *adv.* debajo de esto (*od.* ello); entre esto (*od.* ello); ~ *verstehen* entender por; **~von** *adv.* de esto *od.* ello); **~zu** *adv.* a esto, a ello; (*zu diesem Zweck*) para ello; a tal efecto, para tal fin; (*außerdem*) además; (*zu diesem Punkt*) respecto a esto (*od.* eso); ~ *kommt* a ello hay que añadir; **~zulande** *adv.* en este país; (por) aquí.
'hiesig *adj.* de aquí; local; del país; de esta ciudad (*od.* ✝ plaza).
'Hi-Fi-Anlage ['haɪ-] *f* equipo *m* de alta fidelidad.
'Hifthorn 🎵 *n* cuerno *m* (*od.* trompa *f*) de caza.
'Hilfe *f* (*Beistand*) ayuda *f* (*a. Person*); asistencia *f*; (*Hilfeleistung*) auxilio *m*, socorro *m*; (*Unterstützung*) apoyo *m*, respaldo *m*; (*zu*) ~! ¡socorro!, ¡auxilio!; *mit* ~ *von* con ayuda de, *e-r Person*: con la ayuda de; mediante, por medio de; *ohne* ~ (*selbständig*) por sus propios medios; *j-n zu* ~ *rufen* pedir socorro (*od.* auxilio) a alg.; *um* ~ *schreien* dar voces de socorro; *j-n um* ~ *bitten* pedir ayuda a alg.; *j-m* ~ *leisten* socorrer (*od.* auxiliar) a alg.; prestar ayuda a alg.; asistir a alg.; *j-m zu* ~ *kommen* (*eilen*: ir (acudir) en socorro de alg.; *et. zu* ~ *nehmen* recurrir a; valerse de; *Erste* ~ socorrismo *m*; *j-m erste* ~ *leisten* prestar a alg. los primeros auxilios; *bei Verwundeten*: curar de primera intención, hacer la primera cura (*od.* la cura de urgencia); *iro. du bist mir e-e schöne* ~! ¡bonita ayuda tengo en ti!; **2̃flehend** *adj.* suplicante; implorando auxilio; **~leistung** *f* asistencia *f*; prestación *f* de auxilio; *Pflicht zur* ~ obligación *f* de prestar asistencia; **~ruf** *m* grito *m* (*od.* llamada *f*) de socorro (*od.* de auxilio); **~stellung** *f* ayuda *f*; *fig. a.* respaldo *m*; **2̃suchend** *adj.* en busca de socorro; implorando ayuda; *Blick*: suplicante.
'hilf|los *adj.* desamparado; (*mittellos*) sin recursos; (*verlassen*) abandonado; desvalido; (*ungeschickt*) incapaz de valerse; **2̃losigkeit** *f* (*0*) desamparo *m*; abandono *m*; desvalimiento *m*; falta *f* de recursos; **~reich** *adj.* (*wohltätig*) benéfico; caritativo; (*mitleidig*) compasivo; (*hilfsbereit*) servicial; *j-m* ~ *zur Seite stehen* ayudar (*od.* prestar auxilio) a alg.; F echar una mano a alg.
'Hilfs...: ~aktion *f* acción *f* de socorro; **~arbeiter** *m* peón *m*; **~arzt** *m* médico *m* auxiliar; **2̃bedürftig** *adj.* necesitado, menesteroso; desvalido; desamparado; indigente; **~bedürftige(r** *m*) *m/f* necesitado (-a *f*) *m*, menesteroso (-a *f*) *m*; desvalido (-a *f*) *m*; **~bedürftigkeit** *f* necesidad *f* (de ayuda); indigencia *f*; desamparo *m*, desvalimiento *m*; **2̃bereit** *adj.* dispuesto a ayudar; complaciente; servicial; **~bereitschaft** *f* complacencia *f*; altruismo *m*; **~dienst** *m* servicio *m* auxiliar (*od.* de auxilio); (*Notdienst*) servicio *m* de urgencia; **~fonds** *m* fondo *m* de socorro; **~geistliche(r** *m*) coadjutor *m*; **~gelder** *n/pl.* subsidios *m/pl.*; **~kasse** *f* caja *f* de auxilio; **~kraft** *f* auxiliar *m/f*; ayudante *m/f*; **~kreuzer** *m* crucero *m* auxiliar; **~lehrer(in** *f*) *m* profesor(a *f*) *m bzw.* maestro (-a *f*) *m* auxiliar; **~linie** *f* ♭ línea *f* auxiliar; ♪ línea *f* adicional (*od.* suplementaria); **~maßnahme** *f* medida *f* de socorro; **~mittel** *n* medio *m*; remedio *m*; recurso *m*; (*Ausweg*) expediente *m*, arbitrio *m*; **~motor** *m* motor *m* auxiliar; **~organisation** *f* organización *f* de socorro; **~personal** *n* personal *m* auxiliar; **~prediger** *m* I.C. vicario *m*; I.P. pastor *m* adjunto; **~programm** *n* programa *m* de ayuda; **~quelle** *f* recurso *m*; **~schule** *f* → *Sonderschule*; **~schwester** *f* enfermera *f* auxiliar; **~truppen** ⚔ *f/pl.* tropas *f/pl.* auxiliares; **~verb** *Gr.* *n* (verbo *m*) auxiliar *m*; **~ver-ein** *m* asociación *f* de beneficencia; **~werk** *n* obra *f* de caridad (*od.* benéfica *od.* asistencial); **~wissenschaft** *f* ciencia *f* auxiliar; **~zeitwort** *n* → *verb*.
Hi'malaja *m* Himalaya *m*.
'Himbeer|e 🍓 *f* frambuesa *f*; **~saft** *m* zumo *m* de frambuesa; **~strauch** 🍓 *m* frambueso *m*.
'Himmel *m* (-s; -) cielo *m*; (*Himmelsgewölbe*) *a.* firmamento *m*; (*Bett*2̃) colgadura *f* (*od.* cielo *m*) de cama; (*Thron*2̃) dosel *m*; *am* ~ *en* el cielo; ~ *und Erde in Bewegung setzen* mover cielo y tierra; *der* ~ *auf Erden* el paraíso terrenal; *dem* ~ *sei Dank*! ¡gracias a Dios!; ¡alabado sea Dios!; *du lieber* ~! ¡Dios mío!; (*Gott im*) ~! ¡Santo Dios!; ¡cielos!; (*das*) *weiß der* ~ (eso) sólo Dios (*od.* el cielo) lo sabe; *das verhüte der* ~! ¡no lo quiera Dios!; *um* ~ *s willen*! ¡por (el amor de) Dios!; *in den* ~ *kommen* ir al (*od.* ganar el) cielo; *gen* ~ *fahren* subir al cielo; *wie vom* ~ *gefallen* venir como llovido del cielo; *fig. in den* ~ *heben* poner por (*od.* en) las nubes; *er ist im sieb(en)ten* ~ está en el séptimo cielo (*od.* en la gloria); *den* ~ *offen sehen* ver el cielo abierto; *der* ~ *würde einstürzen, wenn* se hundiría el firmamento si; *das schreit* (F *das stinkt*) *zum* ~ esto clama al cielo (*od.* a Dios); *unter freiem* ~ al aire libre; *unter freiem* ~ *schlafen* dormir al raso (*od.* a la intemperie); **2̃'an** *adv.* hacia el cielo; **2̃'angst** F *adj.*: *ihm ist* ~ está muerto de miedo; no le llega la camisa al cuerpo; **~bett** *n* cama *f* con colgadura (*od.* dosel); **2̃blau** *adj.* azul celeste; 🟦 azur; **~fahrt** *Rel. f*: *Christi* ~ Ascensión *f* (del Señor); *Mariä* ~ Asunción *f* (de Nuestra Señora); **~fahrtskommando** ⚔ F *n* misión *f* suicida; **~fahrtsnase** F *f* nariz *f* respingona; **2̃hoch** *adj.* altísimo; **~reich** *n* Rel. reino *m* de los cielos; *fig. des Menschen Wille ist sein* ~ voluntad es vida; **2̃schreiend** *adj.* que clama al cielo; (*empörend*) indignante, escandaloso; (*unerhört*) inaudito.
'Himmels...: ~erscheinung *f* meteoro *m*; **~gegend** *f* región *f* del cielo; **~gewölbe** *n* bóveda *f* celeste; firmamento *m*; **~karte** *f* planisferio *m* celeste; **~königin** Rel. *f* Reina *f* del cielo; **~körper** Astr. *m* cuerpo *m* celeste; **~kugel** *f* globo *m* (*od.* esfera *f*) celeste; **~kunde** *f* astronomía *f*; **~leiter** *f* escala *f* de Jacob; **~reklame** *f* publicidad *f* aérea; **~richtung** *f* punto *m* cardinal; **~schlüssel** ♀ *m* primavera *f*, prímula *f*; **~strich** *m* zona *f*; latitud *f*; región *f*; **2̃stürmend** *adj.* titánico; **~zelt** *n* bóveda *f* celeste.
'himmel...: ~wärts *adv.* hacia el cielo; **~weit** *adj. u. adv.* (*sehr entfernt*) muy lejano; muy lejos; (*sehr groß*) enorme, inmenso; ~ *verschieden* diametralmente opuesto; *es ist ein* ~ *er Unterschied zwischen* hay una enorme diferencia entre.
'himmlisch *adj.* celeste; celestial; (*göttlich*) divino; (*erhaben*) sublime; F (*wunderbar*) divino; magnífico; delicioso.
hin I. *adv.* 1. hacia allí, hacia allá; para allá; *nach Norden* ~ hacia el norte; *nach oben* (*unten*) ~ para arriba (abajo); *an* ... ~ (*entlang*) a lo largo de; *ich will nicht* ~ no quiero ir (allá); *wo ist er* ~? ¿a dónde ha ido?; *nichts wie* ~! ¡vamos allá!; ~ *und her* de un lado para otro; de acá para allá; *et.* ~ *und her überlegen* dar vueltas a a/c.; rumiar a/c.; ~ *und her gehen* ir y venir; (*sich*) ~ *und her bewegen* agitar(se); ~ *und her raten* perderse en conjeturas; ~ *und her andar* en dimes y diretes; ~ *und her schwanken* bambolear(se), tambalearse; *fig.* titubear; *vor sich* ~ para sus adentros; 🚉 ~ *und zurück* ida y vuelta; ~ *und*

wieder a veces, de vez (*od.* de cuando) en cuando; *das ist noch lange* ~ todavía falta mucho; **2.** F (*kaputt*) estropeado; (*verloren*) perdido; (*ruiniert*) arruinado (*a. Person*); (*erschöpft*) F hecho polvo; (*tot*) muerto; (*hingerissen*) entusiasmado; *alles ist* ~ todo está perdido; ~ *ist* ~ lo pasado, pasado; **3.** *auf et.* ~ siguiendo, ateniéndose a; *auf s-n Rat* ~ por su consejo; *auf sein Versprechen* ~ fiándose de su promesa (*od.* palabra); **II.** ⚥ *n: das* ~ *und Her* el vaivén, el ir y venir; *fig.* el tira y afloja; *nach langem* ~ *und Her* tras muchas discusiones *bzw.* dificultades.

hi'nab *adv.* abajo, hacia abajo; *in Zssgn.* → hinunter...

hi'nan *adv.* arriba, hacia arriba.

'**hin-arbeiten** (-e-) *v/i.: auf et.* ~ trabajar con miras a a/c.; proponerse a/c.; aspirar a a/c.

hi'nauf *adv.* arriba, hacia arriba; subiendo; *den Fluß* ~ remontando el río; *aguas arriba; die Treppe (den Berg)* ~ escaleras (cuesta) arriba; **~arbeiten** (-e-) *v/refl.: sich* ~ hacer carrera; abrirse camino; llegar a; **~befördern** (-re) *v/t.* subir; llevar arriba; **~begleiten** (-e-) *v/t.: j-n* ~ acompañar a alg. (hasta) arriba; **~blicken** *v/i.* mirar hacia arriba; mirar a lo alto; **~bringen** (L) *v/t.* subir; llevar arriba; **~fahren** (L) **I.** (sn) *v/i.* subir; *den Fluß* ~ remontar el río; **II.** *v/t.* transportar hacia arriba; **~gehen** (L; sn) *v/i.* subir; *beim* ⚥ subiendo; al subir; **~klettern** (-re; sn) *v/i.* encaramarse (*auf* en); trepar (a); *Berg*: subir, escalar; **~kommen** (L; sn) *v/i.* subir; (*es schaffen*) llegar a la cumbre; alcanzar su objetivo; **~laufen** (L; sn) *v/i.* subir corriendo; **~schaffen** *v/t.* subir; llevar *bzw.* transportar arriba; **~schicken** *v/t.* enviar arriba; **~schnellen** (sn) *v/i. Preise*: dispararse; **~schrauben** *fig. v/t.* aumentar, subir; **~setzen** (-t) *v/t. Preise usw.*: subir, aumentar; **~steigen** (L; sn) *v/i.* subir, ascender; *Berg: a.* escalar; **~tragen** (L) *v/t.* subir; llevar arriba; **~treiben** (L) *v/t. Preise*: hacer subir; **~ziehen** (L) *v/t.* tirar hacia arriba; (*hochwinden*) guindar; aupar; (*hissen*) izar.

hi'naus *adv.* afuera, hacia afuera; ~! ¡salga usted!; ¡fuera de aquí!, F ¡largo de aquí!; ~ *mit ihm!* ¡fuera!, ¡fuera con él!, F ¡que lo echen!; *da* ~ por aquí; por allí; *zum Fenster* ~ por la ventana; *nach vorn (hinten)* ~ *wohnen* vivir en un piso exterior (interior); *auf Monate* ~ por *bzw.* para varios meses; *wo soll das* ~? ¿adónde va a parar eso?; ¿a qué viene eso?; *über et.* ~ más allá de; *fig. ich weiß nicht wo* ~ no sé qué hacer; **~begleiten** (-e-;-) *v/t.: j-n* ~ acompañar a alg. hasta la puerta; **~beugen** *v/refl.: sich* ~ asomarse (*zum Fenster* a la ventana); **~blicken** *v/i.: aus dem Fenster* ~ mirar por la ventana; **~bringen** (L) *v/t.* llevar (*od.* conducir) afuera; *j-n* ~ acompañar a alg. afuera; **~ekeln** *v/t.* → herausekeln; **~fahren** (L; sn) *v/i.* salir; *Schiff*: (*auslaufen*) hacerse a la mar; **~feuern** (-re) F *v/t.* → ~werfen; **~fliegen** (L) F *v/i.* ser echado a la calle; **~führen** *v/t.: j-n* ~ acompañar a alg. hasta la puerta; **~gehen** (L; sn)

v/i. salir (afuera); ~ *auf Fenster*: dar a; *Absicht*: tender a; aspirar a; ~ *über* (*ac.*) exceder (*od.* pasar) de; superar, rebasar (*ac.*); **~geleiten** (-e-; -) *v/t.: j-n* ~ acompañar a alg. hasta la puerta; **~greifen** (L) *v/i.: über et.* ~ (*ac.*) ir más allá de; rebasar; **~jagen** *v/t.* echar fuera; **~kommen** (L; sn) *v/i.* venir afuera; salir; *fig.* → ~ *laufen fig.*; **~komplimentieren** (-) *v/t.* echar a alg. con aparente amabilidad; **~laufen** (L; sn) *v/i.* salir corriendo; *fig.* ~ *auf* (*ac.*) acabar en; ir a parar a; *auf dasselbe (od.* eins) ~ venir a ser lo mismo; **~lehnen** *v/refl.: sich* ~ asomarse; **~müssen** F *v/i.* tener que hacer sus necesidades; **~posaunen** *v/t.* lanzar a los cuatro vientos; **~prügeln** *v/t.* echar a palos; **~ragen** *v/i.: ~ über* (*ac.*) elevarse sobre; descollar entre; sobresalir; **~reichen** *v/i.: ~ über* (*ac.*) exceder de; extenderse (*od.* llegar) más allá de; **~schaffen** *v/t.* transportar afuera; **~schauen** *v/i.* → ~*sehen*; **~schicken** *v/t.* enviar afuera; *j-n* ~ hacer salir a alg.; **~schieben** (L) *v/t.* empujar hacia afuera; *fig.* aplazar, demorar, diferir; **~schleichen** *v/i.* salir a hurtadillas; **~schmeißen** (L) F *v/t.* → ~*werfen*; **~sehen** (L) *v/i.: aus dem Fenster* ~ mirar por la ventana; **~sein** (L) *v/i.: über et.* ~ haber pasado a/c.; estar por encima de; *darüber bin ich hinaus* ya no me toca; **~setzen** (-t) *v/t.: j-n* ~ poner afuera; *Sport*: expulsar; **~stellen** *v/t.* echar a la calle; **~stoßen** (L) *v/t.* empujar hacia afuera; hacer salir a empujones; **~stürzen** (-t; sn) *v/i.* salir precipitadamente; *sich zum Fenster* ~ arrojarse por la ventana; **~wachsen** (L) *v/i.: über sich (selbst)* ~ superarse (a sí mismo); **~wagen** *v/refl.: sich* ~ atreverse a salir; **~weisen** (L) *v/t.* F enseñar la puerta; *j-n* ~ echar a alg. a la calle (*a. fig.*); F poner a alg. de patitas en la calle; F echar a alg. a patadas; *zum Fenster* ~ tirar por la ventana; **~wollen** *v/i.* querer salir; *fig.* ~ *auf* pretender (*od.* aspirar a a/c.; *worauf willst du hinaus?* ¿qué es lo que pretendes?; *ich weiß, worauf du hinauswillst* ya sé por dónde vas; ya te veo venir; *worauf ich hinauswill ist ...* lo que quiero decir es ...; *darauf will ich hinaus* a eso voy; *hoch* ~ tener grandes ambiciones, F picar (muy) alto; **~ziehen** (L) **I.** *v/t.* sacar; *fig.* (*in die Länge ziehen*) retardar, demorar, F dar largas a; **II.** (sn) *v/i.* salir; *aufs Land* irse a vivir al campo; **III.** *v/refl.: sich* ~ prolongarse; retardarse; F eternizarse.

'**hin...: ~begeben** (L; -) *v/refl.: sich* ~ dirigirse a, ir a; **~begleiten** (-e-; -) *v/t.* acompañar (a alguna parte); **~bemühen** (-) **I.** *v/t.: j-n* ~ pedir a alg. que vaya a alguna parte; **II.** *v/refl.: sich* ~ tomarse la molestia de ir a alguna parte; **~bestellen** (-) *v/t.* citar; **~biegen** F *v/t.* arreglar; ²**blick** *m: im* ~ *auf* (*ac.*) considerando que; en atención a; de cara a; con miras a; en vista de; **~blicken** *v/i.* mirar hacia; **~bringen** (L) *v/t.* llevar a; *j-n* ~ conducir (*od.* acompañar) a alguna parte a alg.; F *et.* ~ lograr hacer a/c.; *die Zeit* ~ pasar el tiempo (*od.* el rato); *sein Leben*

kümmerlich ~ ir viviendo, F ir tirando; **~brüten** (-e-) *v/t.: vor sich* ~ estar ensimismado; **~denken** (L) *v/i.: wo denken Sie hin?* ¿qué se ha creído usted?

'**hinderlich** *adj.* contrario; (*lästig*) embarazoso, molesto, engorroso; *j-m* ~ *sein* estorbar a alg.

'**hindern** (-re) *v/t.* impedir (*an et.* hacer a/c.); estorbar; contrariar; (*hemmen*) entorpecer; obstaculizar; (*stören*) embarazar; molestar.

'**Hindernis** *n* (-ses; -se) obstáculo *m* (*a. Sport*); (*Hemmnis*) impedimento *m* (*a.* ⚖); traba *f*, estorbo *m*, cortapisa *f*; óbice *m*; *ein* ~ *nehmen* (*od.* überwinden) salvar (*od.* franquear) un obstáculo; *auf ~se stoßen* chocar con obstáculos; *j-m ein* ~ (*od.* ~*se*) *in den Weg legen* poner obstáculos (*od.* trabas *od.* cortapisas) a alg.; **~bahn** *f* pista *f* de obstáculos; **~lauf** *m*, **~rennen** *n* carrera *f* de obstáculos; **~springen** *n* salto *m* de obstáculos.

'**Hinderung** *f* impedimento *m*; óbice *m*; **~sgrund** *m* impedimento *m*.

'**hindeuten** (-e-) *v/i.: auf et.* ~ indicar, denotar a/c.; señalar (con el dedo) a/c.; *fig.* dar a entender a/c.; aludir (*od.* hacer alusión) a a/c.; hacer prever a/c.; *alles scheint darauf hinzudeuten...* todo parece indicar...

'**Hindin** *Zoo. f* cierva *f*.

'**hindrängen** **I.** *v/t.* empujar hacia; **II.** (sn) *v/i.* afluir (*zu, nach* hacia); *sich* ~ *nach* afluir (*od.* acudir en masa) hacia.

'**Hindu** *m* (-; -s) hindú *m*; ~**'ismus** *m* hinduismo *m*.

hin'durch *adv.* **1.** a través de, atravesando; por; *hier* ~ (pasando) por aquí; *mitten* ~ por en medio de; *ganz* ~ de parte a parte; **2.** *zeitlich*: durante; *die ganze Nacht* ~ (durante) toda la noche; *den ganzen Tag* ~ todo el (F santo) día; *das ganze Jahr* ~ (durante) todo el año; *Jahre* ~ durante años; **~gehen** (L; sn) *v/i.* atravesar, pasar; ~ *zwischen* pasar por entre.

Hindu'stan *n* Indostán *m*.

'**hin...: ~dürfen** (L) *v/i.* tener permiso para ir allá; **~eilen** (sn) *v/i.* acudir (*od.* ir) corriendo.

hi'nein *adv.* (hacia) adentro; para adentro; *in ... ~ en*, dentro; *bis ... ~ hasta; (bis) tief in die Nacht* ~ (hasta) muy entrada la noche; *ins Meer* (*Land*) ~ mar (tierra) adentro; *mitten* ~ en medio de; *hier (dort)* ~ (entrando) por aquí (allí); ~ *ins Wasser!* ¡al agua!; **~arbeiten** (-e-) *v/t.* agregar, intercalar; *sich* ~ penetrar en; *fig.* familiarizarse con a/c.; **~bauen** △ *v/t.* empotrar (*in ac.* en); **~begeben** (L; -) *v/refl.: sich* ~ entrar en; **~bekommen** (L) *v/t.* conseguir meter (*od.* introducir); hacer entrar en; **~bringen** (L) *v/t.* conducir (*od.* llevar) adentro; **~denken** (L) *v/refl.: sich in j-n* (*od. j-s Lage*) ~ ponerse en el lugar (*od.* el caso) de alg.; **~drängen** *v/t.* empujar hacia adentro; *sich* ~ penetrar empujando; **~drücken** *v/t.* hacer entrar (apretando); apretar hacia adentro; **~fallen** (L; sn) *v/i.* caer (*in ac.* en); **~finden** (L) *v/refl.: sich in et.* ~ adaptarse, acomodarse a a/c.; familiarizarse con a/c.; (*sich fügen*) resignarse; **~gehen** (L; sn) *v/i.* entrar (*in ac.* en); *es gehen 100 Personen in*

hineingeraten — hinten 268

den Saal hinein en la sala caben cien personas; ~geraten (L; sn) v/i. ir a dar en, ir a parar en; caer en; ~knien F fig. v/refl.: sich ~ in dedicarse con ahínco bzw. a fondo a; ~kommen (L; sn) entrar; fig. → ~geraten; ~lassen (L) v/t. dejar entrar; ~leben v/i.: in den Tag ~ vivir al día; ~legen v/t. meter; fig. j-n ~ F tomar el pelo a alg.; ~mischen v/t. mezclar; sich ~ → einmischen; ~passen (-βt) v/i. caber (in ac. en); fig. encajar, entonar (con); nicht ~ desentonar (con); estar fuera de lugar; ~reden (-e-) v/i.: j-m ~ interrumpir a alg.; fig. in et. ~ interferir, meterse en a/c.; sich in Zorn ~ acabar por enfurecerse; ~reißen v/t.: j-n in et. ~ arrastrar a alg. a a/c.; ~reiten (L) v/i. F fig.: j-n ~ meter a alg. en un lío; ~riechen F v/i.: in et. ~ echar una mirada a a/c.; hacerse una idea de a/c.; ~schlittern F fig. v/i. → ~geraten; ~schlüpfen (sn) v/i. introducirse furtivamente en, F colarse; ~stecken v/t. meter, introducir en; Geld: invertir en; ~stehlen v/refl. → ~schlüpfen; ~steigern v/refl.: sich ~ in enfrascarse en; acabar por (enfurecerse, etc.); ~tun (L) v/t. meter (od. poner) en; introducir en; e-n Blick ~ in echar una ojeada (od. dar un vistazo) a; ~wachsen (L) fig. v/i. acostumbrarse (in a); familiarizarse (con); ~wagen v/refl.: sich ~ atreverse a entrar; ~werfen (L) v/t. echar (adentro); → a. ~tun; ~wollen (L) v/i. querer entrar; ~ziehen (L) v/t. tirar bzw. arrastrar hacia adentro; fig. j-n ~ (verwickeln) in implicar, envolver, mezclar a alg. en; ~zwängen v/t. hacer entrar a la fuerza.

'hin...: ~fahren (L) I. (sn) v/i. ir (en coche usw.) a; II. v/t. llevar (nach, zu a); j-n: a. conducir; Lasten: transportar; über et. ~ pasar la mano por a/c.; &fahrt f (viaje m de) ida f; auf der ~ a la ida; (Fahrkarte für) Hin- und Rückfahrt (billete de) ida y vuelta; ~fallen (L; sn) v/i. caer(se) (al suelo); ~fällig adj. (gebrechlich) caduco; frágil; débil; (altersschwach) decrépito; fig. (ungültig) caducado; nulo, sin validez; ~ (ungültig) werden caducar (a. ⚖); &fälligkeit f (0) caducidad f (a. fig.); debilidad f; ~finden (L) v/i. encontrar el camino; &flug 🎗 m vuelo m de ida; ~'fort adv. (de aquí od. de ahora) en adelante, en lo sucesivo; &fracht ✝ f flete m de ida; (Ladung) carga f de ida; ~führen v/t. u. v/i. llevar, a conducir a; Wo soll das ~? ¿adónde irá a parar todo esto?; ¿dónde acabará esto?; &gabe f (0) entrega f; abnegación f; devoción f; &gang fig. m (Tod) óbito m, fallecimiento m; ~geben (L) v/t. dar; entregar; (aufgeben) abandonar; (opfern) sacrificar; (abtreten) ceder; sich ~ entregarse a (a. Frau); abandonarse a; (sich widmen) dedicarse a, consagrarse a; e-m Laster: entregarse, darse a; ~gebend adj. devoto; abnegado; (inbrünstig) ferviente; (leidenschaftlich) apasionado; &gebung f → &gabe; ~gebungsvoll adj. → ~gebend; ~'gegen adv. por el contrario; en cambio; ~gehen (L; sn) v/i. ir (allá; allí); Zeit: transcurrir, pasar; fig. et. ~ lassen dejar pasar; F hacer la vista gorda; das mag diesmal noch ~ pase por esta vez; ~gehören (-) v/i. estar en su sitio; pertenecer (zu a); wo gehört das hin? ¿dónde hay que poner esto?; ~geraten (L; -; sn) v/i. caer en; ir a parar a; niemand weiß, wo er ~ ist nadie sabe qué ha sido de él; &gerichtete(r) m ajusticiado m; ~gerissen fig. adj. entusiasmado; embelesado; absorto; fascinado; ~gleiten (L; sn) v/i.: ~ über deslizarse sobre; ~halten (L) v/t. Hand: tender, alargar; Gegenstand: presentar; ofrecer; fig. (verzögern) retardar; demorar, retrasar; F dar largas; (warten lassen) hacer esperar; tener en suspenso; j-n mit Versprechungen ~ entretener con promesas a alg.; ~haltend adj. dilatorio; retardador; ~hauen F (L) I. v/t. Arbeit: chapucear; II. v/i. (klappen) cuajar; das haut hin F esto va que chuta; III. v/refl.: sich ~ tumbarse, (schlafen gehen) P echarse en la piltra; ~horchen v/i., ~hören v/i. escuchar; aguzar el oído.

'hinken I. v/i. cojear (auf e-m Fuß de un pie); ser cojo; fig. claudicar; cojear; F 2 n cojera f; claudicación f; ~d adj. cojo; claudicante; &de(r m) m/f cojo (-a f) m.

'hin...: ~knien v/i. arrodillarse, ponerse de rodillas; ~kommen (L; sn) v/i. 1. llegar; ir; ich komme nirgends hin no voy a ningún sitio; no salgo (de casa); fig. wo kommen wir denn da hin? ¿adónde iremos a parar?; wo ist meine Uhr hingekommen? ¿qué ha sido de mi reloj?; 2. F (auskommen) tener bastante; gerade ~ F ir tirando; ~kriegen F v/t.: das werden wir schon ~ ya lo arreglaremos; ich kriege es nicht hin no me sale; ~langen v/i. → ~reichen; ~länglich I. adj. suficiente, bastante; II. adv. suficientemente, (lo) bastante; ~lassen (L) v/t. dejar ir (zu a); ~laufen (L; sn) v/i. correr (zu a bzw. hacia); ~legen v/t. 1. poner, colocar, depositar; 🗙 ~! ¡echarse!; ja tierra!; sich ~ acostarse, tumbarse, echarse (auf ac. en); tenderse (sobre); 2. F fig. hacer a/c. maravillosamente; ~leiten (-e-), ~lenken v/t. conducir a; dirigir hacia; das Gespräch ~ auf hacer caer la conversación sobre; ~lümmeln (-le) F v/refl.: sich ~ repantigarse, F tumbarse a la bartola; ~metzeln (-le), ~morden (-e-) v/t. asesinar, matar; ~nehmen (L) v/t. tomar; aceptar; fig. (ertragen) soportar; (sich gefallen lassen) aguantar; tolerar, consentir; (zulassen) admitir; Kränkung: tragar(se); et. geduldig (od. ruhig) ~ tomar a/c. con paciencia (od. con calma); ~neigen v/i.: zur et. ~ tender, propender a; sich ~ zu inclinarse hacia.

'hinnen adv.: von ~ gehen irse, marcharse; Poes. (sterben) fallecer.

'hin...: ~opfern (-re) v/t. sacrificar; inmolar; ~pflanzen (-t) F v/refl.: sich ~ F plantarse; ponerse en jarras; ~pfuschen F v/t. chapucear; ~plumpsen F (-t; sn), ~purzeln (-le; sn) v/i. dar en el suelo; dar un batacazo; ~raffen v/t. Tod: segar; arrebatar; ~reichen I. v/t. dar; ofrecer; pasar; die Hand: tender, alargar; II. v/i. alcanzar, llegar; (genügen) bastar, ser suficiente; ~reichend adj. → ~länglich; &reise f (viaje m de) ida f; auf der ~ a la ida; Hin- und Rückreise (viaje de) ida y vuelta; ~reisen (-t; sn) v/i. ir allí; ~reißen (L) fig. v/t. arrebatar, entusiasmar, electrizar; sich ~ lassen arrebatarse; dejarse llevar (von dat. por, de); → a. hingerissen; ~reißend fig. adj. arrebatador; irresistible; fascinante; encantador; ~richten (-e-) v/t. ejecutar, ajusticiar; auf dem elektrischen Stuhl: electrocutar; mit der Würgschraube: dar garrote, agarrotar; &richtung f ejecución f, ajusticiamiento m; auf dem elektrischen Stuhl: electrocución f; ~schaffen v/t. transportar (od. trasladar) allí; ~schauen v/i. → ~sehen; ~scheiden (L; sn) v/i. fallecer, expirar; &scheiden n fallecimiento m, óbito m; ~schicken v/t. enviar a; ~schlachten (-e-) v/t. → ~metzeln; ~schlagen (-; sn) v/t. dar un golpe (gegen contra); fig. caer (al suelo); der Länge nach (od. lang) ~ F caer redondo; ~schleppen v/t. arrastrar; sich ~ arrastrarse; fig. a. prolongarse; ~schludern (-re) F v/t. chapucear; chafallar; ~schmeißen (L) F v/t. echar, arrojar; tirar (al suelo); fig. (aufgeben) abandonar, dejar; ~schmieren v/t. emborronar; schreibend v/t. garrapatear; ~schreiben (L) v/t. escribir; rasch ~ escribir a vuela pluma; ~schwinden (L; sn) v/i. desvanecerse; ir disminuyendo; ~sehen (L) v/i. mirar (hacia); genau ~ fijarse bien; ohne hinzusehen sin mirar; ~sein F v/i. → hin 2; ~setzen (-t) v/t. poner, colocar; sich ~ sentarse, tomar asiento; &sicht f: in dieser ~ a este respecto; in gewisser ~ hasta cierto punto; in cierto modo; in jeder ~ por todos conceptos, a todas luces; in vieler ~ en muchos respectos; in e-r (gen.) (con) respecto a; en lo que toca (od. atañe od. concierne) a; en lo concerniente a; en cuanto a; ~siechen (sn) v/i. languidecer, ir consumiéndose; ~sinken (L; sn) v/i. caer, desplomarse; tot ~ caer muerto; &spiel n Sport: partido m de ida; ~stellen v/t. colocar, poner; sich ~ vor ponerse (F plantarse) delante de; fig. ~ als declarar por; presentar como; (bezeichnen) tachar, tildar de; ~steuern v/i. dirigirse (auf hacia, a); fig. tender (a); aspirar (a); ~streben v/i.: ~ nach tender a; aspirar a; ~strecken v/t. Hand usw.: tender, alargar; (niederstrecken) derribar; sich ~ tenderse; tumbarse, echarse; ~strömen v/i. afluir (nach hacia); acudir en masa; ~stürzen (-t; sn) v/i. (fallen) caer (al suelo); (eilen) precipitarse (nach hacia).

hint'an|setzen, ~stellen v/t. (zurückstellen) postergar, posponer; (vernachlässigen) desatender; dejar a un lado; &setzung f, &stellung f negligencia f, descuido m; mit (od. unter) ~ en menoscabo de; desatendiendo; sin consideración a.

'hinten adv. detrás, atrás; en la parte posterior (od. trasera); (im Hintergrund) al fondo, en el fondo; (am Ende) al final; a la cola; von ~ por detrás; por atrás; nach ~ hacia (od. F para) atrás; hacia el fondo; ⚓ a popa; ~ im Buch al final del libro; sich ~

anschließen ponerse a la cola; ⚔ cerrar la marcha; *nach* ~ *gelegen Zimmer*: que da a la parte trasera; que no da a la calle; *von* ~ *angreifen* atacar por la espalda; *von* ~ *anfangen* comenzar por el final; ~**'an** *adv.* detrás, a (*od.* en) la zaga; a la cola; al fin(al); **~herum** *adv.* por detrás; *fig.* (*heimlich*) clandestinamente; F de estraperlo; (*betrügerisch*) fraudulentamente; ~**'nach** *adv.* → hinterher; ~**'über** *adv.* de espaldas; boca arriba; hacia atrás.
'hinter *prp.* detrás de; tras; *zeitlich*: después de; ~ *et.* (*od. j-m*) her sein en pos de a/c. (*od.* de alg.); ~ *j-m her sein* andar tras alg.; perseguir *bzw.* buscar a alg.; seguirle la pista a alg.; ~ *et. her sein ir* (*od.* andar) tras (*od.* detrás de) a/c.; tratar de conseguir a/c.; *fig. j-n* ~ *sich haben* estar apoyado por alg., contar con el respaldo de alg.; ~ *j-m stehen* estar detrás de alg.; *fig.* apoyar (*od.* respaldar) a alg.; *fig.* ~ *et. kommen* (*ac.*) descubrir a/c.; (*verstehen*) (acabar por) comprender a/c.; ~ *sich lassen* dejar atrás; dejar tras de sí; *fig. j-n*: adelantarse a alg.; aventajar a alg.; dejar rezagado a alg.; *et.* ~ *sich haben* tener tras de sí; (*abgeschlossen haben*) haber terminado a/c.; *das Schlimmste haben wir* ~ *uns* ya hemos pasado lo más difícil (*od.* lo peor); *wir haben schon 10 Kilometer* ~ *uns* ya llevamos diez kilómetros; *fig.* *er ist sehr* ~ *s-n Sachen her* cuida mucho de sus cosas *bzw.* intereses; *die Tür* ~ *sich zumachen* cerrar la puerta tras de sí.
'Hinter...: **~achse** *f* eje *m* trasero; **~ansicht** *f* vista *f* por detrás; **~backe** *f* nalga *f*; **~bänkler** *Parl.* *m* diputado *m* menos importante; **~bein** *n* pata *f* trasera; *sich auf die* ~*e stellen Pferd*: encabritarse; *fig.* enseñar los dientes; ~**'bliebene(r** *m*) *m*/*f* superviviente *m*/*f*; ⚔ supérstite *m*; *pl.* deudos *m*/*pl.*; ~**'bliebenenrente** *f* pensión *f* de(l) superviviente; pensión *f* pagada a los deudos; ²**'bringen** (*L*; -) *v*/*t.*: *j-m et.* ~ informar a alg. secretamente sobre a/c.; denunciar (*od.* delatar) a/c. a alg.; ~**'bringer(in** *f*) *m* denunciante *m*/*f*; delator(a *f*) *m*; **~deck** ⚓ *n* cubierta *f* de popa; ²**'drein** *adv.* → hinterher.
'hintere *adj.* posterior; de atrás; trasero; *die* ~*n Reihen* las últimas filas.
hinter-ein'ander *adv.* uno detrás de otro, uno tras otro; sucesivamente; (*abwechselnd*) por turno; *zeitlich*: uno después de otro; *drei Tage* ~ tres días seguidos (*od.* sucesivos *od.* consecutivos); *sich* ~ *aufstellen* colocarse en fila; ~ *gehen* ir en fila (india); ⊕ ~ *anordnen* disponer en serie (*od.* en tándem); **~schalten** (-ε-) ⚡ *v*/*t.* conectar en serie; ²**schaltung** ⚡ *f* conexión *f* en serie.
'Hinter...: **~eingang** *m* entrada *f* de servicio; **~front** ⚓ *f* fachada *f* posterior; **~fuß** *m* pata *f* trasera; **~gebäude** *n* edificio *m* trasero; **~gedanke** *m* segunda intención *f*; *ohne* ~*n* sin reserva; de buena fe; ²**'gehen** (*L*; -) *v*/*t.* engañar; embaucar; burlar; ~**'gehung** *f* engaño *m*; superchería *f*; burla *f*; **~gestell** *n* F *hum.* > Hintern; **~grund** *m* fondo *m* (*a. Mal.*); *Thea.* foro *m*; *fig.* trasfondo *m*, telón *m* de fondo; *pl. a. causas f/pl.* secretas; *in den* ~ *treten* pasar a segundo término (*od.* plano); perder importancia; *in den* ~ *drängen* relegar a segundo término (*od.* plano); *sich im* ~ *halten* mantenerse en la sombra; *fig. im* ~ *haben* tener en reserva; ²**gründig** *fig. adj.* enigmático; profundo; recóndito; *Humor*: soterrado; ~**grundmusik** *f* música *f* de fondo *bzw.* ambiental, fondo *m* musical; **~halt** *m* emboscada *f*; celada *f*; asechanza *f*; *in e-n* ~ *fallen* caer en una emboscada; *im* ~ *liegen* estar emboscado (*od.* en acecho); *aus dem* ~ a mansalva; *ohne* ~ sin reserva; ²**hältig** *adj.* insidioso; disimulado; reticente; alevoso; **~hältigkeit** *f* insidia *f*; disimulo *m*; alevosía *f*; **~hand** *f Pferd*: cuarto *m* trasero; *Kartenspiel*: *die* ~ *haben* ser trasmano; **~haupt** *Anat. n* occipucio *m*; **~haupt(s)bein** *Anat. n* (hueso *m*) occipital *m*; **~haus** *n* edificio *m* trasero; ²**'her** *adv.* detrás; a la zaga; *zeitlich*: (*a.* ²*her*) después; luego, más tarde; posteriormente; ²**'hergehen** (*L*; *sn*) *v*/*i.* ir detrás; seguir; *als letzter*: ir a la cola, ir en (*od.* a la) zaga; ²**'herkommen** (*L*; *sn*) *v*/*i.* venir detrás; ²**'herlaufen** (*L*; *sn*) *v*/*i.* correr detrás de; perseguir a; ²**'hersein** (*L*; *sn*) *v*/*i.* rezagarse; *fig.* (*achten auf*) cuidar (de); **~hof** *m* patio *m* trasero; **~kopf** *Anat. m* occipucio *m*; **~lader** ⚔ *m* fusil *m* de retrocarga; **~land** ⚓ *f* zona *f* interior, interior *m* del país; *bsd.* Pol. hinterland *m*; ²**'lassen** (*L*; -) *v*/*t.* dejar; *testamentarisch*: legar; *Nachricht* ~ dejar aviso (*od.* recado) de; ~*e Werke* obras *f*/*pl.* póstumas; ~**'lassenschaft** *f* ⚖ bienes *m*/*pl.* relictos; (*Erbteil*) herencia *f*, sucesión *f*; ~**'lassung** *f*: *unter* ~ *großer Schulden* dejando muchas deudas; ²**lastig** *adj.* ✈ pesado de cola; ⚓ pesado de popa; **~lauf** *Jgdw. m* pata *f* trasera; ²**'legen** (-) *v*/*t.* depositar; ⚖ consignar (*a. Gepäck*); *hinterlegter Gegenstand* (*od.* *Betrag*) depósito *m*; *als Pfand* ~ dar en prenda; ~**'leger** *m* depositante *m*; ~**'legung** *f* depósito *m*; consignación *f*; *gegen* ~ contra depósito (*von* de); ~**'legungsschein** *m* resguardo *m* de depósito; **~leib** *Insekten*: abdomen *m*; **~list** *f* insidia *f*; superchería *f*; perfidia *f*; ⚖ alevosía *f*; (*Verschlagenheit*) astucia *f*; ²**listig** *adj.* insidioso; pérfido; traidor; (*tückisch*) alevoso; (*betrügerisch*) engañoso, falso; (*verschlagen*) astuto; artero, ladino; **~mann** *m* el que está detrás; el que sigue; ⚔ soldado *m* que cierra fila; ⚽ endoxador *m* posterior; *Sport*: zaguero *m*, defensa *m*; *fig.* instigador *m* (oculto); maquinador *m*; **~mannschaft** *f Sport*: defensa *f*; ~**'mauerung** ⚒ *f* mampostería *f* de relleno; ~**n** F *m* trasero *m*, P culo *m*; *j-m in den* ~ *treten* dar a alg. una patada en el culo; *sich auf den* ~ *setzen* (*hinfallen*) dar (*od.* caer) de culo; **~pforte** *f* → **~pfote** *f* pata *f* trasera; **~pommern** *n* Pomerania *f* Ulterior; **~rad** *n* rueda *f* trasera; **~rad-antrieb** *m* tracción *f* trasera; **~rad-aufhängung** *f* suspensión *f* trasera; **~radbremse** *f* freno *m* de la rueda trasera; ²**rücks** *adv.* por detrás; por la espalda; *fig.* con alevosía; a traición; **~schiff** ⚓ *n* popa *f*; **~seite** *f* parte *f* trasera (*od.* de atrás); lado *m* posterior; (*Kehrseite*) revés *m*; **~sitz** *m* asiento *m* trasero (*a. Kfz.*); ²**st** *adj.* más lejano; extremo; (*letzter*) último; **~steven** ⚓ *m* codaste *m*; **~teil** *n* parte *f* trasera (*od.* posterior); ⚓ popa *f*; F (*Hintern*) trasero *m*; posaderas *f*/*pl.*; **~treffen** *fig. n: ins* ~ *kommen* (*od. geraten*) perder terreno; ser relegado a un segundo plano; ir a la zaga; ²**'treiben** (*L*; -) *v*/*t.* hacer fracasar, frustrar; torpedear, contrarrestar; **~treppe** *f* escalera *f* de servicio; **~treppenroman** *m* novela *f* rosa; novelón *m*; **~tür** *f* puerta *f* trasera; *a. fig.* puerta *f* de servicio; *fig.* (*puerta f* de) escape *m*, escapatoria *f*; *sich e-e* ~ *offenhalten* prepararse una salida; **~wäldler** *fig. desp. m* provinciano *m*; ²**wärts** *adv.* hacia *bzw.* por detrás; ²**ziehen** (*L*; -) ⚖ *v*/*t.* defraudar; ~**'ziehung** *f* defraudación *f*, fraude *m*; **~zimmer** *n* habitación *f* de atrás; *e-s Ladens*: trastienda *f*.
'hin...: **~tragen** (*L*) *v*/*t.* llevar a; **~träumen** *v*/*i.*: *vor sich* ~ soñar despierto; **~treten** (*L*; *sn*) *v*/*i.*: *vor j-n* ~ presentarse ante alg.; **~tun** (*L*) *v*/*t.* poner, colocar.
hi'nüber *adv.* **1.** al (*od.* hacia el) otro lado; hacia allá; al lado opuesto; *über* ... ~ por encima de; **2.** F (*kaputt*) estropeado; (*tot*) muerto; **~blicken** *v*/*i.* mirar al (*od.* hacia el) otro lado; *zu j-m* ~ dirigir la mirada a alg.; **~bringen** (*L*) *v*/*t.* transportar (*od.* llevar) al otro lado; **~fahren** (*L*) I. *v*/*i.* trasladar (*od.* llevar) a; II. (*sn*) *v*/*i.* pasar al otro lado; **~führen** *v*/*t.* conducir (*od.* llevar) al otro lado; **~gehen** (*L*; *sn*) *v*/*i.* ir (*od.* pasar) al otro lado; (*überqueren*) cruzar, atravesar; **~kommen** (*L*; *sn*) *v*/*i.* pasar al otro lado; (*besuchen*) ir a ver (*od.* a visitar); **~lassen** (*L*) *v*/*t.* dejar pasar al otro lado; **~reichen** I. *v*/*i.* alcanzar (al otro lado); II. *v*/*t.* pasar; **~schaffen** *v*/*t.* (*L*; *sn*) *v*/*i.* cruzar (*od.* atravesar) a nado; **~sein** *v*/*i.* → hinüber 2; **~setzen** (-*t*) I. *v*/*t.* trasladar enfrente; llevar al otro lado; II. *v*/*t.* pasar al otro lado (*od.* trasladarse *od.* pasar) al otro lado; (*überqueren*) cruzar, atravesar; **~springen** (*L*; *sn*) *v*/*i.* saltar por encima de; saltar al otro lado; *über e-n Graben* ~ saltar una zanja; **~steigen** (*L*; *sn*) *v*/*i.* pasar por encima; ~ *subir por encima de; Gebirge*: atravesar; **~tragen** (*L*) *v*/*t.* llevar (*od.* trasladar) al otro lado; **~wechseln** (-*le*) *v*/*i.* pasar al otro lado; **~werfen** (*L*) *v*/*t.* tirar (*od.* arrojar) al otro lado; echar por encima; **~ziehen** (*L*) I. *v*/*t.* tirar hacia el otro lado; II. (*sn*) *v*/*i.* (*od.* trasladarse *od.* pasar) al otro lado.
hin und her → hin.
'Hin- und 'Her|bewegung *f* vaivén *m*; **~gerede** *n*: *das* ~ los dimes y diretes.
hi'nunter *adv.* abajo, hacia (*od.* para) abajo; *da* ~ bajando por allí; *da* ~! ¡baje usted por allí!; *den Fluß* ~ río abajo, bajando el río; *die Straße* ~ bajando la calle, calle abajo; *die Treppe* ~ escalera abajo, bajando la escalera; ~ *mit ihm!* ¡abajo!, ¡fuera con él!; **~blicken** *v*/*i.* mirar (hacia) abajo;

hinunterbringen — hoch

~bringen (L) v/t.: j-n ~ acompañar a alg. (hasta) abajo; et. ~ bajar a/c.; ~fahren (L; sn) v/i. u. v/t. bajar; ~fallen (L; sn) v/i. caer (al suelo od. a tierra); die Treppe ~ caerse por la escalera; ~führen v/t. conducir (od. llevar) abajo; **II.** v/i. Treppe, Weg usw.: conducir a; ~gehen (L; sn) v/i. bajar; ~gießen (L) v/t., F ~kippen v/t. verter; Getränk: beber de un trago, F soplarse (una copa, etc.); ~lassen (L) v/t. bajar; j-n ~ hacer bajar a alg., ~reichen **I.** v/t. tender hacia abajo; **II.** v/i.: ~ bis llegar hasta abajo; ~schauen v/i. mirar hacia abajo; ~schlingen (L) v/t. tragar, engullir, F soplarse; ~schlucken v/t. tragar (a. fig.); ~sehen (L) v/i. → ~schauen; ~steigen (L; sn) v/i. bajar; ~stürzen (-t) **I.** v/t. precipitar; Getränk: → ~gießen; **II.** (sn) v/i. precipitarse, arrojarse por; caer(se); ~tragen (L) v/t. llevar abajo, bajar; ~werfen (L) v/t. tirar, arrojar (hacia abajo).

'hinwagen v/refl.: sich ~ atreverse a ir allá.

'Hinweg m ida f; auf dem ~ a la ida, en el viaje de ida.

hin'weg adv. a lo lejos; ~ mit euch! ¡fuera de aquí!; ¡quitaos de ahí!; ~ mit ihm! ¡fuera con él!, ¡que lo echen!; über et. ~ (ac.) por encima de; fig. ich bin darüber ~ ya no me preocupa eso; ~bringen (L) v/t.: j-n über e-e Schwierigkeit ~ ayudar a alg. a salir de una situación difícil; ~gehen (L; sn) v/i. irse; über et. ~ (ac.) pasar por encima de a/c.; fig. pasar por alto a/c.; ~helfen (L) v/t. j-m ~ bringen; ~kommen (L; sn) v/i.: über et. ~ consolarse de a/c.; er kommt nicht darüber hinweg no lo puede olvidar; ~raffen v/t. arrebatar; segar; ~sehen (L) v/i.: über et. ~ (ac.) mirar por encima de a/c., fig. no hacer caso de a/c., F hacer la vista gorda sobre a/c.; ~setzen (-t) v/refl.: sich ~ über (ac.) no hacer caso de; F echar en saco roto (a/c.); reírse de; Vorschriften usw.: F saltarse a la torera; ~springen (L; sn) v/i.: über et. ~ (ac.) saltar por encima de a/c.; ~täuschen v/refl.: sich über et. ~ llamarse a engaño; hacerse ilusiones.

'Hinweis m (-es; -e) indicación f, dato m; (Anspielung) alusión f; (Warnung) advertencia f; (Bezug) referencia f (auf ac. a); (Richtlinie) instrucción f; unter ~ auf referencia a, refiriéndose a; 2en (L) v/i.: auf et. ~ (ac.) indicar, señalar (ac.); (verweisen) remitir a; (anspielen) aludir a, hacer alusión a; nachdrücklich: hacer hincapié en; j-n auf et. ~ advertir a/c. a alg.; llamar la atención de alg. sobre a/c.; 2end Gr. adj. demostrativo; ~schild n rótulo m indicador; ~zeichen Vkw. n señal f informativa.

'hin|wenden (-e-) v/refl.: sich ~ zu volverse hacia; dirigirse a; ~werfen (L) v/t. echar, arrojar, tirar; Zeichnung: bosquejar, esbozar; Wort: dejar caer; F fig. Arbeit usw.: abandonar; sich ~ echarse al suelo; sich vor j-m ~ tirarse a los pies de alg.; ~'wieder(um) † adv. en cambio; zeitlich: de nuevo; ~wollen (L) v/i. querer ir allá.

Hinz m: ~ und Kunz fulano y zutano.

'hin...: ~zählen v/t. contar; ~zeigen v/i.: auf et. ~ (ac.) señalar, indicar, apuntar a/c. (con el dedo); ~ziehen (L) **I.** v/t. tirar hacia; atraer hacia; zeitlich: demorar, F dar largas a a/c.; **II.** (sn) v/i. (sich niederlassen) ir a establecerse en; ir a vivir en; mudarse a; **III.** v/refl.: sich ~ (erstrecken) extenderse; zeitlich: prolongarse; retardarse; tardar mucho; F ir para largo; ~zielen v/i. fig.: ~ auf poner la mira en, aspirar a; Sache: tender a; estar orientado a.

hin'zu adv. a eso, a ello; (außerdem) además, aparte (od. fuera) de esto (od. ello); ~bekommen (L; -) v/t. recibir además (od. por añadidura); ~denken (L) v/t. añadir mentalmente; sobre(e)ntender; ~dichten (-e-) v/t. inventar; añadir por su cuenta; ~fügen v/t. añadir, agregar (zu a); 2fügung f adición f, añadidura f; ~gehören (-) v/i.: ~ zu pertenecer a; formar parte de; ~gesellen (-) v/refl.: sich ~ juntarse con; ~kommen (L; sn) v/i. juntarse bzw. reunirse con; agregarse a; unvermutet: sobrevenir (a. ✽ Komplikation); es kommt noch hinzu, daß (a ello) hay que añadir que; ~rechnen (-e-) v/t. añadir, agregar (zu a); incluir en; ~setzen (-t) v/t. añadir, agregar (zu a); poner con; ~treten (L; sn) v/i. → ~kommen; ~tun (L) v/t. → ~fügen; 2wahl f cooptación f; ~wählen v/t. cooptar; ~zählen v/t. añadir; incluir en; ~ziehen (L) v/t. (einbeziehen) incluir; Arzt usw.: consultar; 2ziehung f (Einbeziehung) inclusión f; e-s Arztes: consulta f.

'Hiob m Job m; ~sbotschaft f mala noticia f; noticia f funesta.

'Hippe f ✞ podadera f.

'Hippie m (-s; -s) hippie m.

Hippo|'drom m (-s; -e) hipódromo m; 2kratisch ✞ adj.: ~er Eid juramento m hipocrático.

'Hirn n (-es; -e) cerebro m; Kochk. u. fig. sesos m/pl.; → a. Gehirn(...); ~anhang(drüse f) Anat. m hipófisis f, (glándula f) pituitaria f; ~gespinst n quimera f; fantasmagoría f; (Idee) idea f descabellada; ~haut f meninge f; ~hautentzündung ✽ f meningitis f; ~holz ⊕ n madera f frontal (od. de testa); 2los fig. adj. aturdido; destornillado; ~masse Anat. f masa f encefálica, ~schale Anat. f cráneo m; 2verbrannt F adj. disparatado, descabellado; F loco de atar.

'Hirsch m (-es; -e) ciervo m; Kochk. u. weitS. venado m; ~fänger m cuchillo m de monte; ~geweih n cuernos m/pl. (od. cornamenta f) de(l) ciervo; ~hornsalz ? n carbonato m amónico; ~käfer Zoo. m ciervo m volante; ~kalb n cervato m; ~keule f pierna f de venado; ~kuh f cierva f; ~leder n piel f de ciervo (od. venado); ~ziemer m lomo m de venado.

'Hirse f (0) mijo m; ~brei m papilla f (od. gachas f/pl.) de mijo.

Hirt, Poes. 'Ie m (-en) pastor m (a. fig.); Rel. der Gute ~e el Buen Pastor.

'Hirten...: ~amt n funciones f/pl. pastorales; ~brief I.C. m (carta f) pastoral f; ~dichtung f poesía f bucólica; ~flöte f caramillo m; zampoña f; ~gedicht n poema m pastoril;

bucólica f; égloga f; pastorela f; ~knabe m pastorcillo m, Span. zagal m; ~lied n canción f pastoril; ~mädchen n pastorcilla f, Span. zagala f; ~roman m novela f pastoril; ~spiel n pastoral f, drama m bucólico; ~stab m cayado m; Rel. báculo m (pastoral); ~tasche f zurrón m; ~täschel ♀ n bolsa f de pastor; ~volk n pueblo m nómada (od. de pastores).

'Hirtin f pastora f; junge ~ pastorcilla f, Span. zagala f.

His ♪ n si m sostenido.

His'pa|nien n Hist. Hispania f; ~'nist m (-en) hispanista m.

'hissen (-ßt) v/t. izar, enarbolar.

'Hißtau ⊕ n driza f.

Histolo'gie ✽ f (0) histología f.

His'tor|ie [-ɪə] f historia f; ~ienmaler m pintor m de historia; ~iker m historiador m.

Historio'graph m (-en) historiógrafo m.

his'torisch adj. histórico.

Hit m (-s; -s) éxito m, hit m; ✞ éxito m de venta; ~liste f lista f de éxitos; ~parade f hit-parade f.

'Hitze f (0) calor m (a. fig.); (Glut) ardor m (a. fig.); fig. impetuosidad f; fogosidad f; vehemencia f; fig. in der ersten ~ en el primer ímpetu; in ~ geraten acalorarse; j-n in ~ bringen (erregen) irritar a alg.; (aufbringen) enfurecer a alg.; Kochk. bei schwacher ~ a fuego lento; a horno suave; ~ausschlag ✽ m eritema m solar; 2beständig adj. refractario; resistente al calor; ~beständigkeit f resistencia f al calor; ~bläschen n vesícula f eritematosa; 2empfindlich adj. sensible al calor, termosensible; ~empfindlichkeit f sensibilidad f al calor; ~ferien pl. vacaciones f/pl. caniculares; ~grad m grado m de calor; ~schild m Raumfahrzeug: escudo m térmico; ~welle f ola f de calor; ✽ llamarada f (de calor).

'hitzig adj. caliente; (glühend) ardiente (a. fig.); fig. (leidenschaftlich) apasionado; (feurig) fogoso; (ungestüm) impetuoso, vehemente; (jähzornig) colérico, irascible; Diskussion: acalorado, violento; Gefecht, Wettkampf: reñido; ~ sein ser vivo de genio; ~ werden acalorarse; apasionarse; encolerizarse; (nur) nicht so ~! ¡despacito!, ¡no te sulfures!

'Hitz...: ~kopf m (hombre m) colérico m; 2köpfig adj. fogoso; colérico; irascible; ~ sein ser vivo de genio; ~pickel m/pl., ~pocken ✽ f/pl. pústulas f/pl. eritematosas; ~schlag m insolación f.

HIV-|'negativ adj. seronegativo; ~'positiv adj. seropositivo.

hm! int. ¡hum!

'H-Milch f leche f U.H.T.

'Hobby n (-s; -s) hobby m.

'Hobel m (-s; -) cepillo m (de carpintero); ~bank f banco m de carpintero; ~eisen n cuchilla f de cepillo; ~maschine f (a)cepilladora f; ~messer n ~eisen; 2n (-le) v/t. (a)cepillar; fig. pulir, desbastar; ~n n (a)cepilladura f, cepillado m; ~späne m/pl. virutas f/pl., (a)cepilladuras f/pl.

hoch [o:] **I.** adj. alto; elevado; de gran altura; (~gelegen) a gran altura; Ehre: gran(de); Alter: avanzado; ♪ agudo;

fig. eminente, egregio; sublime; *hohe Schuhe* botas *f*/*pl.*; (*Stöckelschuhe*) zapatos *m*/*pl.* de tacón alto; *Hist.* die Hohe Pforte la Sublime Puerta; *das Hohe Mittelalter* la Alta Edad Media; *hohes Spiel* juego *m* fuerte; *hohe Politik* alta política *f*; *hoher Feiertag* alta fiesta *f*; *hohes Fieber* fiebre *f* alta; *Hohe Schule* (*Reitkunst*) alta escuela *f*; *hohe See* alta mar *f*; *auf hoher See* en alta mar; *hohe Geldstrafe* fuerte multa *f*; *bei hoher Strafe* bajo severa pena; *hoher Beamter* alto funcionario *m*; ⚔ *hoher Offizier* alto mando *m*; *Hoher Kommissar* Alto Comisario *m*; *hoher Adel* alta nobleza *f*; F *hohes Tier* F pez *m* gordo; *hohe Denkungsart* sentimientos *m*/*pl.* elevados; *hoher Norden* extremo norte *m*; *hohe Stirn* frente *f* despejada; *hohes Gericht!* ¡Señoría!; *fig.* ~ *und niedrig* grandes y pequeños; ricos y pobres; *zehn Meter* ~ diez metros de alto; *das Haus ist zwei Stockwerke* ~ la casa tiene dos pisos; *es liegt zwei Fuß* ~ *Schnee* hay dos pies de nieve; *wie* ~ *ist ...?* ¿qué altura tiene ...?; *wie* ~ *ist der Preis?* ¿qué precio tiene?; ¿cuánto vale?; *es ist hohe Zeit* ya es hora; *ein hohes Lied singen auf* hacer grandes elogios de; F *das ist mir zu* ~ no lo comprendo; **II.** *adv.* sumamente, altamente; alto; *Hände* ~! ¡manos arriba!; *Kopf* ~! ¡arriba el corazón!; ¡ánimo!; *der König lebe* ~! ¡viva el rey!; *vier Mann* ~ en número de cuatro; *drei Treppen* ~ en el tercer piso; ⚔ *drei* ~ *fünf* tres elevado a cinco (*od.* a la quinta potencia); ~ *oben* en lo alto; ~ *über* (*dat.*) a gran altura sobre; ~ *im Preise stehen* ser muy caro; *Thea. der Vorhang ist* ~ se ha levantado el telón; *es geht* ~ *her* hay gran jolgorio; *die Kurse stehen* ~ la cotización es muy alta; *die See geht* ~ hay marejada; la mar está agitada; ~ *wohnen* vivir (*od.* habitar) en un piso alto; ~ *spielen* jugar fuerte; ~ *gewinnen* ganar una gran suma; *bsd. Sport:* ganar por amplio margen; ~ *verlieren* sufrir una fuerte pérdida *bzw.* una gran derrota; *zu* ~ *bemessen* calcular con gran exceso; ~ *und heilig versprechen* prometer solemnemente; ~ *und heilig schwören* jurar por lo más sagrado; *wenn es* ~ *kommt* a lo sumo, a lo más; todo lo más; *der Schnee liegt* ~ ha caído mucha nieve; 🦅 ~ *fliegen* volar a gran altura; *fig.* ~ *über j-m stehen* ser muy superior a alg.; estar muy por encima de alg. **Hoch** *n* (-s; -s) **1.** viva *m*; (*Trinkspruch*) brindis *m*; *ein* ~ *auf j-n ausbringen* brindar por alg.; beber a la salud de alg.; **2.** *Meteo.* área *f* de alta presión, anticiclón *m*.

¹hoch...: ~**achtbar** *adj.* muy estimable; muy honorable; ~**achten** (-*e*-) *v*/*t.* tener en gran estima, apreciar mucho; respetar; ²**achtung** *f* gran estima *f* (*od.* aprecio *m*); alta consideración *f*; respeto *m*; *mit vorzüglicher* ~ *Briefschluß*: le saluda muy atentamente; *bei aller* ~ *vor* con la debida consideración a; con todo el respeto debido a; ~**achtungsvoll I.** *adj.* respetuoso; **II.** *adv. Briefschluß*: le saluda (muy) atentamente suyo afmo.; ²**adel** *m* alta nobleza *f*; ~**aktuell** *adj.* de gran actualidad; ²**altar** *m* altar *m* mayor; ²**amt** *Rel. n* misa *f* mayor;

misa *f* solemne; *das* ~ *halten* oficiar; ~**angesehen** *adj.* muy apreciado; muy respetado; ²**antenne** *f* antena *f* exterior; ~**arbeiten** (-*e*-) *v*/*refl.*: *sich* ~ hacer carrera (a fuerza de trabajo); ~**aufgeschossen** *adj.* espigado; ~**auflösend** *adj. Bildschirm*: de alta definición; ²**bahn** *f* ferrocarril *m* elevado; ²**bau** *m* construcción *f* alta (*od.* sobre tierra); (*Oberbau*) superestructura *f*; ~**bedeutsam** *adj.* muy importante; trascendental; ~**begabt** *adj.* muy inteligente; de mucho talento; superdotado; ~**beglückt** *adj.* muy feliz; ~**beinig** *adj.* de piernas largas; ~**berühmt** *adj.* celebérrimo; ilustre, eminente; ~**betagt** *adj.* de edad avanzada; muy anciano; muy entrado en años; ²**betrieb** *m* actividad *f* intensa (*od.* febril); gran afluencia *f*; F mucho jaleo *m*; ~**bezahlt** *adj.* muy bien pagado; ~**bringen** (L) *fig. v*/*t.* dar impulso a; (*wieder*~) poner (*od.* sacar) a flote, restablecer; ²**burg** *fig. f* bastión *m*, baluarte *m*; centro *m*; ~**deutsch** *adj.* alto alemán; ²**deutsch** *n* alto alemán *m*; (*Schriftdeutsch*) alemán *m* literario; ²**druck** *m* alta presión *f*; ♨ hipertensión *f*; *Typ.* impresión *f* de relieve; *fig. mit* ~ *arbeiten* trabajar a toda marcha; ²**druckeinfluß** *Meteo. m*: *unter* ~ bajo influjo anticiclónico; ²**druckgebiet** *Meteo. n* área *f* de alta presión (*od.* anticiclónica), anticiclón *m*; ²**druckkeil** *Meteo. m* cuña *f* anticiclónica; ²**druckreiniger** *m* limpiador *m* de alta presión; ²**ebene** *f* meseta *f*, altiplanicie *f*; altiplano *m*; ~**ehrwürdig** *adj.* reverendísimo; ~**elegant** *adj.* muy elegante; ~**empfindlich** *Phot. adj.* suprasensible; ~**entwickelt** *adj.* muy desarrollado; muy adelantado; de alto nivel; ~**entzückt**, ~**erfreut** *adj.* encantado; contentísimo; entusiasmado; ~**explosiv** *adj.* altamente explosivo; ~**fahren** (L; *sn*) *v*/*i.* sobresaltar; *aus dem Schlafe* ~ despertar sobresaltado; ~**fahrend** *fig. adj.* altivo; altanero, arrogante; ~**fein** *adj.* superfino, extrafino; selecto, exquisito; ²**finanz** *f* altas finanzas *f*/*pl.*; ²**fläche** *f* → ²**ebene**; ~**fliegend** *adj.* que vuela a gran altura; *fig.* ambicioso; *Plan*: *a.* de altos vuelos; ²**flut** *f* marea *f* alta, pleamar *f*; *fig.* gran masa *f*; diluvio *m*; ²**form** *f Sport*: *in* ~ *sein* estar en plena forma; ²**format** *n* formato *m* (*od.* tamaño *m*) alto; ~**frequent** *ƒ adj.* de alta frecuencia; ²**frequenz** ⚡ *f* alta frecuencia *f*; ²**frequenzhärtung** ⊕ *f* temple *m* por alta frecuencia; ²**frequenzstrom** ⚡ *m* corriente *f* de alta frecuencia; ²**frequenztechnik** *f* técnica *f* de alta frecuencia; ²**frequenzverstärker** *m* amplificador *m* de alta frecuencia; ²**frisur** *f* peinado *m* alto; ~**geachtet** *adj.* muy estimado; muy respetado; ~**gebildet** *adj.* muy culto, de gran cultura; ²**gebirge** *n* alta montaña *f*; ~**geboren** *adj.* linajudo; ilustre; ~**ge-ehrt** *adj.* muy apreciado; ²**gefühl** *n* sentimiento *m* elevado (*od.* sublime); (*Begeisterung*) entusiasmo *m*; exaltación *f*; ~**gehen** (L; *sn*) *v*/*i. Vorhang*: levantarse; F (*nach oben gehen*) subir (*a. Preise*); (*explodieren*) hacer explosión; *fig.* (*sich erregen*) ponerse furioso; encolerizar-

se, F sulfurarse; F *Betrug usw.*: descubrirse; ~ *lassen Bande usw.*: hacer saltar; ²**gehen** *n der Preise*: subida *f*, ~**gehend** *adj.*: ~*e See* mar *f* gruesa (*od.* alta); ~**geistig** *adj.* muy intelectual; ~**gekämmt** *adj. Haar*: peinado hacia atrás; ~**gelegen** *adj.* alto; elevado; ~**gelehrt** *adj.* muy docto (*od.* erudito); ~**gemut** *adj.* animoso; lleno de confianza; ²**genuß** *m* delicia *f*; gozada *f*; gran placer *m*; ²**gericht** *n Hist.* lugar *m* del suplicio; (*Galgen*) patíbulo *m*; ~**geschätzt** *adj.* muy apreciado; ~**geschlossen** *adj. Kleid*: cerrado (hasta el cuello); ²**geschwindigkeitszug** *m* tren *m* de alta velocidad; *Span.* AVE *m*; ~**gesinnt** *adj.* noble; de sentimientos elevados; ~**gespannt** *adj. Dampf*: de alta presión; ⚡ de alta tensión; *fig.* ~*e Erwartung* gran expectación; ~**gesteckt** *adj. Haar*: recogido; *Ziel*: elevado; ~**gestellt** *adj.* de (alta) categoría; de elevada posición (social); de alto rango (*od.* copete); *Typ.* volado; *EDV*: superíndice; ~**gestimmt** *adj.* eufórico; esperanzado y contento; ~**gestochen** F *adj.* encopetado; ~**gestreift** *adj. Ärmel*: arremangado; ~**gewachsen** *adj.* de gran estatura (*od.* talla); ²**glanz** *m* brillo *m* intenso, alto brillo *m*; *et. auf* ~ *polieren* sacar brillo a alg.; ~**gradig I.** *adj.* de alto grado; intenso; ♨ de alta concentración; **II.** *adv.* en alto grado; ~**halten** (L) *v*/*t.* mantener en alto; *fig.* apreciar mucho, tener en gran estima; *die Preise* ~ mantener elevados los precios; ²**haus** *n* edificio *m* singular; (*Wolkenkratzer*) rascacielos *m*; ~**heben** (L) *v*/*t.* levantar; alzar; ~**heilig** *adj.* sacrosanto; ~**herrschaftlich** *adj. Haus*: señorial; *Wohnung*: lujoso; suntuoso; ~**herzig** *adj.* magnánimo, generoso; ²**herzigkeit** *f* (0) magnanimidad *f*, generosidad *f*; ~**interessant** *adj.* de alto interés; ²**jagd** *f* caza *f* mayor, montería *f*; ~**jagen** *v*/*t. Motor*: embalar; ~**kant** *adv.*: ~ *stellen* poner de canto; ~**kantig** *adj.*: F *j-n* ~ *hinauswerfen* F echar a alg. con cajas destempladas; ~**karätig** *adj.* de alto quilate; ²**kirche** *f* Iglesia *f* episcopal (*od.* anglicana); ~**klappen** *v*/*t.* subir; levantar, alzar; ~**klettern** (-*re*; *sn*) *v*/*i.* trepar; ~**kommen** (L; *sn*) *v*/*i.* (*heraufkommen*) subir; (*aufstehen*) levantarse; (*es zu et. bringen*) tener éxito; abrirse camino; (*sich erholen*) restablecerse; *fig. a.* levantar cabeza; F *es kommt mir hoch* siento náuseas (*a. fig.*); ²**kommissar** *Pol. m* Alto Comisario *m*; ²**konjunktur** ✝ *f* alta coyuntura *f*; (período *m* de) gran prosperidad *f*; ~**konzentriert** *adj.* de alta concentración; ~**krempeln** *v*/*t.* arremangar; ²**kultur** *f* civilización *f* alta; ²**land** *n* tierras *f*/*pl.* altas; ²**länder(in** *f*) *m* montañés, montañesa *f*; serrano (-*a f*) *m*; ~**leben** *v*/*i.*: *j-n* ~ *lassen* brindar por alg.; beber a la salud de alg.; ... *lebe hoch!* ¡viva ...!; ²**leistung** *f* alto rendimiento *m*; *fig.* hazaña *f*, proeza *f*; ²**leistungs...** ⊕ *in Zsgn* de alto rendimiento; de gran potencia (*od.* capacidad); ²**leistungssport** *m* deporte *m* de alta competición; ²**leitung** ⚡ *f* línea *f* aérea; ₂**meister** *m* Gran Maestre *m*; ₂**mittelalter** *n* Alta Edad *f* Media; **~modern** *adj.* ultramoderno, supermoderno; ₂**moor** *n* turbera *f* alta; ₂**mut** *m* soberbia *f*; altanería *f*; orgullo *m*; altivez *f*; arrogancia *f*; **~mütig** *adj.* soberbio; altanero; orgulloso; altivo; arrogante; **~** *werden* ensoberbecerse; **~näsig** F *adj.* encopetado; → *a.* **~mütig**; ₂**nebel** *m* niebla *f* alta; **~nehmen** (L) *v/t.* (*heben*) levantar, alzar; F *fig.* j-n **~** (*hänseln*) F tomar el pelo a alg.; ₂**ofen** *m* alto horno *m*; ₂**parterre** *n* entresuelo *m*; ₂**plateau** *n* altiplanicie *f*; **~prozentig** *adj.* muy concentrado, de alto grado de concentración; *alkoholische Getränke*: de alta (*od.* elevada) graduación; **~qualifiziert** *adj.* muy calificado; **~raffen** *v/t.* alzar; *Rock*: arregazar; (ar)remangar; **~ragend** *adj.* muy elevado; *Fels*: empinado; **~rappeln** *v/refl.*: *sich* **~** reponerse; restablecerse; ₂**rechnung** *f* proyección *f*; (cálculo *m* con) muestras *f/pl.* computerizadas; ₂**reck** *n Turnen*: barra *f* alta; ₂**relief** *n* alto relieve *m*; **~rot** *adj.* rojo vivo; *Gesicht*: rubicundo; ₂**rufe** *m/pl.* vivas *m/pl.*, vítores *m/pl.*; ₂**saison** *f* temporada *f* alta; *in der* **~** *en plena temporada*; **~schätzen** *v/t.* → **~achten**; ₂**schätzung** *f* (0) → ₂**achtung**; **~schlagen** (L) *v/t.* *Kragen*: subir(se); **~schnellen** *v/i.* levantarse de golpe; *Preise*: dispararse; **~schrauben** *v/t.*: *die Ansprüche* **~** poner el listón muy alto; ₂**schulbildung** *f* formación *f* universitaria; ₂**schule** *f* escuela *f* superior; universidad *f*; ₂**schüler** *m* estudiante *m* (universitario); ₂**schullehrer** *m* profesor *m* universitario; (*Ordinarius*) catedrático *m* (de universidad); ₂**schulreife** *f* bachillerato *m*; ₂**schulstudium** *n* estudios *m/pl.* universitarios; ₂**schulwesen** *n* enseñanza *f* superior (*od.* universitaria); **~schwanger** *adj.* en avanzado estado (de embarazo); ₂**seefischerei** *f* pesca *f* de (gran) altura; ₂**seeflotte** ⚓ *f* flota *f* de alta mar; ₂**seeschiffahrt** *f* navegación *f* de altura; ₂**seeschlepper** *m* remolcador *m* de alta mar; ₂**sicherheitsgefängnis** *n*, ₂**sicherheitstrakt** *m* prisión *f* de alta (*od.* máxima) seguridad; ₂**sitz** *Jgdw.* *m* candelecho *m* (de cazador); ₂**sommer** *m* canícula *f*, pleno verano *m*; **~sommerlich** *adj.* canicular, estival; ₂**spannung** ⚡ *f* alta tensión *f*; ₂**spannungsleitung** ⚡ *f* línea *f* de alta tensión; ₂**spannungsmast** *m* poste *m* de alta tensión; ₂**spannungsnetz** *n* red *f* de alta tensión; **~spielen** *v/t.* dramatizar; *Nachricht usw.*: **~** hinchar; ₂**sprache** *f* lenguaje *m* culto; ₂**springer** *m* saltador *m* de altura; ₂**sprung** *m* salto *m* de altura.

höchst I. *adj.* el más alto (*od.* elevado); *fig.* supremo; sumo; (*größt*) el mayor; *Phys.*, ⊕ *u.* ✝ máximo; *im Rang*: de mayor categoría; (*äußerst*) extremo; *der* **~e** *Punkt* el punto culminante (*od.* más elevado); *das* **~e** *Wesen* el Ser Supremo; *Rel. das* **~e** *Gut* el sumo bien; *von* **~er** *Wichtigkeit* de capital (*od.* máxima) importancia; **~e** *Vollkommenheit* suma perfección; *im* **~en** *Grade* en sumo grado, sumamente; *es ist* **~e** *Zeit* ya es hora (*zu inf.* de); el tiempo apremia (*od.* urge); **~es** *Glück* el colmo de la felicidad; **~e** *Not* suma (*od.* extrema) necesidad; *in* **~en** *Tönen von* j-m *reden* hacer grandes elogios de alg.; **II.** *adv.* sumamente, en sumo grado, altamente; extremadamente, en extremo; *das ist* **~** *lächerlich* no puede ser más ridículo; ₂**alter** *n* edad *f* máxima.

'**hoch|stämmig** *adj.* (de tronco) alto; ₂**stape'lei** *f* impostura *f*; estafa *f*; ₂**stapler** *m* impostor *m*; estafador *m*; caballero *m* de industria.

'**Höchst...: ~be-anspruchung** *f* esfuerzo *m* máximo; **~belastung** *f* carga *f* máxima; **~betrag** *m* (importe *m*) máximo *m*, máximum *m*; **~bietende(r)** *m* mejor postor *m*; **~dauer** *f* duración *f* máxima; **~e** *n*: *das* **~** lo más alto; el tope; el colmo; F el no va más; *aufs* ₂ → *höchst* II.

'**hoch|stehend** *adj.* elevado, relevante; de alto nivel; de alto copete; **~steigen** (L; *sn*) *v/i.* subir; elevarse. **höchst'eigenhändig** *adj.* *u. adv.* de su propia mano; de su puño y letra.

'**höchstens** *adv.* a lo sumo, a lo más; *zeitlich*: *a.* a más tardar; **~**, *wenn* **~** menos que, a no ser que.

'**Höchst...: ~fall** *m*: *im* **~** → *höchstens*; **~form** *f Sport*: mejor forma *f*; *in* **~** *sein* estar en su mejor momento; **~gebot** *n bei Auktionen*: mejor postura *f*; **~geschwindigkeit** *f* velocidad *f* máxima; *zulässige* **~** velocidad *f* límite; **~gewicht** *n* peso *m* máximo; **~grenze** *f* límite *m* (máximo), tope *m*.

'**Hochstimmung** *f* euforia *f*; gran entusiasmo *m*.

'**Höchst...: ~kurs** ✝ *m* cotización *f* máxima; **~leistung** *f* rendimiento *m* máximo; *Sport*: récord *m*; **~lohn** *m* salario *m* máximo (*od.* tope); **~maß** *n* máximo *m*; ₂**per'sönlich** *adv.* en persona; **~preis** *m* precio *m* máximo (*od.* límite *od.* tope).

'**Hoch|straße** *f* calle *f* elevada; ₂**strebend** *fig. adj.* ambicioso; *Plan*: de altos vuelos; **~strecke** *f Gewichtheben*: extensión *f* completa.

'**Höchst...: ~satz** *m* tarifa *f* máxima; **~stand** *m* nivel *m* máximo; **~strafe** *f* pena *f* máxima; ₂**wahr'scheinlich** *adv.* muy probablemente; **~wert** *m* (valor *m*) máximo *m*; ₂**zulässig** *adj.* máximo admisible.

'**hoch...: ~tönend** *adj.* altisonante; campanudo, rimbombante; grandilocuente; ₂**tour** *f* excursión *f* alpina; ⊕ *auf* **~en** *a toda marcha* (*a. fig.*); ₂**tourist(in** *f*) *m* alpinista *m/f*, montañero (-a *f*) *m*; **~trabend** (L) *adj.* → **~tönend**; **~treiben** (L) *v/t.* *Preise*: hacer subir; *bei Versteigerungen*: pujar; **~verdient** *adj.* meritísimo; benemérito; **~verehrt** *adj.* → **~geehrt**; ₂**verrat** *m* alta traición *f*; ₂**verräter** *m* reo *m* de alta traición; **~verräterisch** *adj.* de alta traición; **~verzinslich** *adj.* que produce un interés elevado; ₂**wald** *m* monte *m* alto; ₂**wasser** *n* crecida *f*, avenida *f*, riada *f*; inundación *f*; *der See*: marea *f* alta, pleamar *f*; ₂**wassergefahr** *f* peligro *m* de inundación; ₂**wasserhosen** F *f/pl.* pantalones *m/pl.* demasiado cortos; ₂**wasserkatastrophe** *f* ca-
tástrofe *f* causada por las aguas; ₂**wasserschaden** *m* daños *m/pl.* (causados) por inundación; ₂**wasserschutz** *m* protección *f* contra las inundaciones; **~wertig** *adj.* de gran valor; de alta (*od.* primera) calidad; **~wichtig** *adj.* muy importante, de gran importancia; de gran trascendencia; ₂**wild** *Jgdw.* *n* caza *f* mayor; **~willkommen** *adj.* muy oportuno; **~winden** (L) *v/t.* guindar; **~wirksam** *adj.* muy eficaz; muy activo; ₂**würden**: *Euer* (*od. Ew.*) **~** Reverendo (Padre); *bei Bischöfen*: (Su) Ilustrísima, *bei Kardinälen*: (Su) Eminencia; **~würdig** *adj.* reverendo; ₂**zahl** A *f* exponente *m*.

'**Hochzeit 1.** [ɔ] *f* (-; -en) boda(s) *f(pl.)*, nupcias *f/pl.*; (*Trauung*) casamiento *m*, enlace *m* (nupcial); *silberne* (*goldene, diamantene*) **~** bodas *f/pl.* de plata (de oro; de diamante); **~** *halten* (*od. machen*) celebrar la boda (*od.* las bodas); *man kann nicht auf zwei* **~en** *zugleich tanzen* no se puede repicar y andar en la procesión; **2.** [o:] (*Glanzzeit*) apogeo *m*, auge *m*; **~er** *m* novio *m*; ₂**lich** *adj.* nupcial.

'**Hochzeits...: ~essen** *n* banquete *m* de bodas; **~feier(lichkeit)** *f*, **~fest** (*-lichkeit*) *f*) *n* (celebración *f* de la) boda *f*, bodas *f/pl.*; **~flug** *m der Bienen*: vuelo *m* nupcial; **~gast** *m* invitado *m* a la boda; **~gedicht** *n* epitalamio *m*; **~geschenk** *n* regalo *m* de boda; **~gesellschaft** *f* invitados *m/pl.* a la boda; **~kleid** *n* vestido *m* de novia; **~marsch** ♪ *m* marcha *f* nupcial; **~nacht** *f* noche *f* de boda(s); **~reise** *f* viaje *m* de novios (*od.* de bodas); **~tag** *m* día *m* de la boda; *jährlicher*: aniversario *m* de boda; **~zug** *m* cortejo *m* nupcial.

'**hochziehen** (L) *v/t.* subir; elevar; levantar; (*hochwinden*) guindar; (*hissen*) izar; *Augenbrauen*: enarcar; *Hosen*: subir(se).

'**Hock|e** *f* gavilla *f*; *Turnen*: sentadillas *f/pl.*; *Kunstspringen*: encogido *m*; (*Sprung*) salto *m* con las piernas encogidas; *in die* **~** *gehen* acurrucarse; ponerse en cuclillas; acuclillarse; ₂**en** *v/i.* estar en cuclillas; (*kauern*) estar agachado (*od.* acurrucado); F *immer zu Hause* **~** estar siempre metido en casa; ser muy casero; **~er** *m* taburete *m*; escabel *m*.

'**Höcker** *m* (-s; -) *allg.* protuberancia *f*; (*Buckel*) giba *f*, joroba *f*, corcova *f* (*a. Zoo.*); ✿ tuberosidad *f*; (*Erd*₂) eminencia *f*; (*Auswuchs*) excrecencia *f*; (*Beule*) abolladura *f*; ₂**ig** *adj.* (*buckelig*) giboso, jorobado, corcovado; ✿ tuberoso; *Gelände*: accidentado.

'**Hockey** ['hɔke·] *n* (-s; 0) hockey *m* (sobre hierba); **~ball** *m* pelota *f* de hockey; **~schläger** *m* stick *m*; **~spieler(in** *f*) *m* jugador(a *f*) *m* de hockey.

'**Hode** *f* (-; -n), **~n** *m* (-s; -) *Anat.* testículo *m*, P cojón *m* (*mst. pl.*); **~nbruch** ⚕ *m* hernia *f* escrotal; **~n-entzündung** ⚕ *f* orquitis *f*; **~nsack** *Anat.* *m* escroto *m*.

Hof *m* (-*es*; **~e**) patio *m*; (*Bauern*₂) granja *f*, finca *f*; (*Hühner*₂) corral *m*; (*Fürsten*₂) corte *f*; *Astr.* halo *m*; *bei* **~e**, *am* **~e** en la corte; en palacio; *fig.* j-m *den* **~** *machen* hacer la corte (*od.* el amor) a alg., cortejar a alg.

'**Hof...: ~amt** *n* cargo *m* en la corte;

~arzt *m* médico *m* de cámara; ~ball *m* baile *m* de la corte *bzw.* en palacio; ~burg *f* palacio *m* imperial *bzw.* real; ~dame *f* dama *f* de honor; ~etikette *f* etiqueta *f* de palacio; ceremonial *m* de la corte; 2fähig *adj.* admitido en la corte.

'Hoffart *f* (0) soberbia *f*; orgullo *m*; arrogancia *f*; altanería *f*.

'hoffärtig *adj.* soberbio; orgulloso; arrogante; altanero.

'hoffen I. *v/t. u. v/i.* esperar (auf et. a/c.); *zuversichtlich*: contar con; confiar (*od.* tener confianza) en; *auf j-n* ~ confiar en alg.; *ich hoffe* (es), *ich will es* ~ (así) lo espero; confío en que así sea; *ich hoffe nicht, ich will es nicht* ~ espero que no; ~ *wir das Beste* tengamos confianza; *es ist zu* ~ es de esperar; *auf die Zukunft* ~ confiar en el futuro; *auf bessere Zeiten* ~ esperar tiempos mejores; II. 2 *n* → *Hoffnung*; ~tlich *adv.* espero que, confío en que (*subj.*); así lo espero; ~ *nicht* espero que no; ~ *kommt er bald* ojalá venga pronto.

'Hoffnung *f* (*Hoffen*) esperanza *f*; (*Erwartung*) espera *f*; expectativa *f*; (*Zuversicht*) confianza *f*; *in der* ~, *daß* en la esperanza de que, esperando que; ~ *schöpfen* concebir esperanzas; *die* ~ *verlieren* perder la(s) esperanza(s); *die* ~ *aufgeben* abandonar (*od.* renunciar a) toda esperanza; *die* ~ *zerstören* destruir (*od.* echar por tierra) las esperanzas; *j-m die* ~ *nehmen* quitar a alg. la esperanza; desilusionar a alg.; *s-e* ~ *setzen auf* poner (*od.* fundar) su(s) esperanza(s) en; *sich* ~en *auf et. machen* abrigar (*od.* tener) esperanzas de conseguir a/c.; *die* ~ *hegen* abrigar (*od.* acariciar) la esperanza de; *guter* ~ (*schwanger*) *sein* estar en estado de buena esperanza; *j-m* ~en *machen* dar esperanzas a alg.; *sich keine* ~en *machen* no hacerse ilusiones; ~ *auf Erfolg haben* tener esperanzas de éxito; *von bzw. in der* ~ *leben*, vivir en la esperanza de que (*subj.*); *getäuschte* ~ esperanza *f* defraudada; ~ *auf Besserung* esperanza de mejoría.

'Hoffnungs...: ~lauf *m Sport*: repesca *f*; 2los *adj.* sin esperanza; desesperado; ~losigkeit *f* (0) desesperanza *f*; desesperación *f*; ~schimmer *m*, ~strahl *m* rayo *m* de esperanza; 2voll *adj.* lleno de esperanza; (*vielversprechend*) (muy) prometedor, alentador.

'hof|halten *v/i.* tener corte; 2haltung *f* corte *f*; casa *f* real; 2hund *m* mastín *m*; perro *m* de guardia.

ho'fieren (-) *v/t.*: *j-n* ~ hacer la corte (*od.* el amor) a alg.; cortejar a alg.; (*schmeicheln*) adular (*od.* lisonjear) a alg.

'höfisch *adj.* de la corte, cortesano, palaciego, palatino.

'Hof...: ~kapelle *f* capilla *f* de la corte (*a. ♪*); ~kreise *m/pl.* círculos *m/pl.* palatinos; ~leben *n* vida *f* de la corte.

'höflich *adj.* cortés; urbano, fino; *gegen Damen*: galante; (*liebenswürdig*) amable; (*verbindlich*) atento; 2keit *f* cortesía *f*; urbanidad *f*; finura *f*; amabilidad *f*; atención *f*; *gegen Damen*: galantería *f*; *aus* ~ por cortesía; 2keitsbesuch *m* visita *f* de cortesía (*od.* de cumplido); 2keitsbe-

zeigung *f* cumplido *m*; 2keitsformel *f* fórmula *f* de cortesía; 2keitsformen *f/pl.* reglas *f/pl.* de cortesía; etiqueta *f*.

'Hoflieferant *m* proveedor *m* de la Casa Real.

'Höfling *m* (-s; -e) cortesano *m*, palaciego *m*.

'Hof...: ~maler *m* pintor *m* de cámara; ~marschall *m* mayordomo *m* mayor; ~meister *m* mayordomo *m*; ~narr *m* bufón *m*, gracioso *m* (de la corte); ~poet *m* poeta *m* cortesano; ~prediger *m* capellán *m* real; predicador *m* de la corte; ~rat *m* consejero *m* áulico; ~raum *m* patio *m*; *für Vieh*: corral *m*; ~schranze *f* cortesano *m* (servil); ~sitte *f* etiqueta *f* de palacio; ~staat *m* casa *f* real; corte *f*; (*Gefolge*) séquito *m*; ~theater *n* teatro *m* real; ~tor *n* puerta *f* cochera; ~tracht *f* traje *m* de corte; ~trauer *f* luto *m* de la corte.

'Höhe *f* altura *f* (*a. Astr.*, ♈, ♪, ♞); *bsd. Geogr.* altitud *f*; (*Erhebung*) elevación *f*; (*An2*) colina *f*, loma *f*; (*Gipfel*) cima *f*, cumbre *f*; (*Bedeutung, Größe*) importancia *f*, magnitud *f*; (*Niveau*) nivel *m*; *e-r Summe*: cuantía *f*, importe *m*; *in* (*bis zur*) ~ *von* (*Betrag*) por (hasta) el valor (*od.* importe) de; *in 10 Meter* ~ a diez metros de altura; *e-e* ~ *von 2 Metern* dos metros de altura (*od.* de alto); *auf der* ~ *sein* a la altura de; *fig. auf der* ~ *sein* estar al tanto; *körperlich*: estar en buena forma; *nicht auf der* ~ *sein* no sentirse (*od.* encontrarse) bien; *wieder auf der* ~ *sein* ya estar bien otra vez; *auf der* ~ *s-r Zeit sein* estar a la altura de su época; *auf der* ~ *s-s Ruhmes* en el apogeo de su gloria (*od.* fama); *auf gleicher* ~ al (mismo) nivel de; a (la misma) altura de; *aus der* ~ *von* (des)de lo alto de; *in der* ~ arriba; en las alturas; *in die* ~ (hacia) arriba; *fig.* (*wieder*) *in die* ~ *bringen* sacar a flote; *in die* ~ *fahren* (*auffahren*) sobresaltarse; dar un respingo; *in die* ~ *gehen* subir; *Preise*: aumentar; *in die* ~ *treiben Preise*: hacer subir; *in die* ~ *schießen* (*wachsen*) F dar un estirón; *an* ~ *gewinnen* (*verlieren*) ganar (perder) altura; ✈ *in voller* ~ integramente; *fig. die* ~n *u. Tiefen* (*des Lebens*) los altibajos (de la vida); *Das ist die* ~! ¡(esto) es el colmo!; *Ehre sei Gott in der* ~! ¡Gloria a Dios en las alturas!

'Hoheit *f* (*Erhabenheit*) sublimidad *f*, grandeza *f*, majestad *f*; nobleza *f*; *Pol.* soberanía *f*; (*Titel*) Alteza *f*; *Seine* (*Ihre*) *Königliche* ~ Su Alteza Real (*Abk.* S.A.R.).

'Hoheits...: ~akt *m* acto *m* de soberanía; ~gebiet *n* territorio *m* (de soberanía); ~gewässer *n/pl.* aguas *f/pl.* jurisdiccionales (*od.* territoriales); ~recht *n* derecho *m* de soberanía; *Hist.* regalía *f* (de la corona); 2voll *adj.* majestuoso; ~zeichen *n* emblema *m* nacional.

Hohe'lied *Bib. n*: *das* ~ el Cantar de los Cantares.

'Höhen...: ~angabe *f* indicación *f* de la altura; altimetría *f*; ~flosse ✈ *f* estabilizador *m* (de cola); ~flug *m* vuelo *m* de altura; *fig.* altos vuelos *m/pl.*; ~kabine *f* cabina *f* acondicionada *bzw.* presurizada; ~klima *n* clima *m* de alturas; *Am.* puna *f*, soroche *m*; ~kur *f* cura *f* de altitud; ~kur-ort *m* estación *f* (climática) de altura; ~lage *f* altitud *f*; altura *f*; ~linie *f* Landkarte: curva *f* de nivel; ~luft *f* aire *m* de la montaña; ~messer *m* altímetro *m*; ~messung *f* altimetría *f*; hipsometría *f*; ~rekord *m* récord *m* de altura; ~ruder ✈ *n* timón *m* de profundidad; ~schichtlinie *f* → ~linie; ~schreiber *m* barógrafo *m*; ~schwindel *m* vértigo *m* de la altura; ~sonne *f* sol *m* de altitud; ✦ lámpara *f* (de luz) solar; ~steuer ✈ *n* timón *m* de altura (*od.* de profundidad); ~steuerung *f* mando *m* de altura; ~strahlen *m/pl.* rayos *m/pl.* cósmicos; ~strahlung *f* radiación *f* cósmica; ~unterschied *m* desnivel *m*, diferencia *f* de altitud; ~verlust ✈ *m* pérdida *f* de altura; 2verstellbar *adj.* regulable en altura; ~zahl *f Karte*: cota *f*; ~zug *m* cordillera *f*; cadena *f* de colinas; serranía *f*.

Hohe'priester *m* pontífice *m*; *Bib.* sumo sacerdote *m*; ~amt *n*, ~tum *n* pontificado *m*; 2lich *adj.* pontifical.

'Höhepunkt *m* punto *m* culminante (*a. fig.*); (*Gipfel*) cumbre *f*, cima *f*; *Astr.* cenit *m*; *fig.* apogeo *m*; clímax *m*; (*Glanzpunkt*) *e-s Festes usw.*: plato *m* fuerte; *s-n* ~ *erreichen* culminar, alcanzar el punto culminante; *auf dem* ~ *sein* estar en el punto culminante; estar en su apogeo.

'höher I. *adj.* más alto, más elevado; *fig.* superior; ~ *als* más alto que, más elevado que; superior a; *3 Meter* ~ *als* tres metros más alto que; ~*er Beamte*(*r*) funcionario *m* de categoría media; ~*er Blödsinn* solemne tontería *f*; *die* ~*en Klassen* las clases altas; ~*e Schule* instituto *m* de segunda enseñanza (*od.* de enseñanza media); *Span. a.* instituto *m* de bachillerato; *Am.* liceo *m*; *das* ~*e Schulwesen* la segunda enseñanza; la enseñanza media; ~*e Mathematik* matemáticas *f/pl.* superiores; ~*e Gewalt* fuerza *f* mayor; F ~*e Tochter* muchacha *f* bien; *auf* ~*en Befehl* por orden superior; ~*en Orts* en otro lugar; II. *adv.*: ~ *hängen* colgar más alto; ~ *schrauben Preise*: elevar, hacer subir; *immer* ~ cada vez más alto; *fig.* ~ *rücken* avanzar; *das Herz schlägt ihm* ~ el corazón le palpita con más fuerza.

'hohl *adj.* hueco (*a. fig. Kopf*); (*leer*) vacío; (*ausgehöhlt*) ahuecado; excavado; *Opt.* cóncavo; *Wangen, Augen*: hundido; *Stimme*: cavernoso; *Zahn*: cariado; *Worte usw.*: huero; *die* ~*e Hand* el hueco de la mano; ~*e See* mar *f* gruesa; *die See geht* ~ hay marejada; ~ *machen* ahuecar; ~ *werden* ahuecarse; ~ *klingen* sonar hueco; ~äugig *adj.* de ojos hundidos; trasojado; 2bohrer *m* barrena *f* hueca.

'Höhle *f* cueva *f*, caverna *f* (*a. ♘*); (*Grotte*) gruta *f*; antro *m* (*a. fig. elende Behausung*); (*Loch, Grube*) hoyo *m*; *Anat.* cavidad *f*; *von Raubtieren*: guarida *f* (*a. fig. Räuber2*); *von Kaninchen usw.*: madriguera *f*; (*Hohlraum*) hueco *m*; (*Aushöhlung*) excavación *f*; *fig. sich in die* ~ *des Löwen begeben* meterse en la boca del lobo; 2n *v/t.* ahuecar.

'Höhlen...: ~bär *Zoo. m* oso *m* de las cavernas; 2bewohnend *adj.* cavernícola; ~bewohner *m* hombre *m* de las cavernas; troglodita *m*; cavernícola *m*; ~forscher *m* espeleólogo *m*; ~forschung *f*, ~kunde *f* espeleología *f*; ~male'rei *f* pinturas *f/pl*. rupestres; ~mensch *m* → ~bewohner.

'Hohl...: 2erhaben *adj*. cóncavo-convexo; ~fläche *f* concavidad *f*; 2geschliffen *adj*. cóncavo; ~glas *n* vidrio *m* hueco; ~heit *f* oquedad *f*, *fig. a*. nulidad *f*; insignificancia *f*; vanidad *f*; ~kehle ⊕ *f* garganta *f*, media caña *f*, canal *m*/*f*; ~klinge *f* hoja *f* vaciada; ~kopf *m* cabeza *f* hueca, cabeza *f* de chorlito; 2köpfig *adj*. abobado; mentecato; ~körper *m* cuerpo *m* hueco; ~kreuz ✠ *n* lordosis *f*; ~kugel *f* bola *f* hueca; ~maß *n* medida *f* de capacidad; ~meißel ⊕ *m* gubia *f*; ~nadel ✠ *f* aguja *f* hueca; cánula *f*; ~raum *m* cavidad *f*; hueco *m*, vacío *m*; ~saum *m* vainica *f*; calado *m*; ~schliff *m Klinge*: vaciado *m*; ~spiegel *m* espejo *m* cóncavo; ~tiere *Zoo*. *n/pl*. celentéreos *m/pl*.

'Höhlung *f* concavidad *f*; (*Hohlraum*) cavidad *f*; hueco *m*, oquedad *f*; caverna *f* (*a.* ✠); (*Aus*2) excavación *f*.

'Hohl...: ~vene *Anat*. *f* vena *f* cava; 2wangig *adj*. de mejillas hundidas; (de rostro) demacrado; ~weg *m* camino *m* hondo; (*Engpaß*) desfiladero *m*, *bsd. Am*. cañada *f*; ~ziegel *m* ladrillo *m* hueco; (*Dachziegel*) teja *f* hueca; ~zirkel *m* compás *m* de espesor; ~zylinder *m* cilindro *m* hueco.

Hohn *m* (-*es*; 0) (*Verachtung*) desprecio *m*, desdén *m*; befa *f*; (*Spott*) burla *f*, mofa *f*, *stärker*: escarnio *m*; sarcasmo *m*; *j-m* zum ~(e) a despecho de alg.; *zum Spott und ~ werden* (llegar a) ser la irrisión (F el hazmerreír) de la gente.

'höhnen *v/t*. burlarse (*od*. mofarse) de; escarnecer (*ac*.), hacer escarnio de.

'Hohngelächter *n* risa *f* burlona *bzw*. sarcástica; irrisión *f*.

'höhnisch *adj*. burlón; escarnecedor, irónico, sarcástico; (*geringschätzig*) desdeñoso; (*boshaft*) malicioso.

'Hohn...: ~lächeln *n* sonrisa *f* burlona; 2lächeln (-*le*) *v/i*. sonreír burlonamente *bzw*. desdeñosamente (*od*. con desdén); ~lachen *n* risa *f* burlona (*od*. sarcástica); 2lachen *v/i*. reír burlonamente (*od*. sarcásticamente); 2sprechen (*L*) *v/i*. desafiar; insultar, ser un insulto para; *der Vernunft usw*.: ser contrario a.

ho'ho! *int*. ¡caramba!

'Höker *m* buhonero *m*; vendedor *m* ambulante; baratillero *m*; ~handel *m* venta *f* en puestos ambulantes; 2n (-*re*) *v/i*. vender baratijas.

Hokus'pokus *m* (-; 0) juego *m* de manos, escamoteo *m*; arte *m* de birlibirloque; *fig*. charlatanismo *m*.

hold *adj*. 1. favorable, propicio; *j-m ~ sein* sentir afecto hacia alg.; tener cariño (*od*. querer mucho) a alg.; *das Glück ist ihm ~* la fortuna le sonríe; *das Glück war ihm nicht ~* la suerte se le mostró esquivo; 2. (*lieblich*) gracioso, encantador.

'Holder *t m* saúco *m*.

'Holdinggesellschaft ✝ *f* holding *m*.

'holdselig † *adj*. → hold 2.

'holen *v/t*. ir *bzw*. venir a buscar (*od*. en busca de); ir por (F a por); ir *bzw*. venir a recoger; traer; *~ lassen* mandar (*od*. enviar a) buscar; mandar por; *et*. *~ aus* sacar de; *sich e-n Schnupfen ~* pescar (*od*. atrapar) un resfriado; F *dabei ist nichts zu ~* (de ahí) no se saca nada.

'holla! *int*. ¡hola!; ¡eh!

'Holland *n* Holanda *f*.

'Holländ|er *m* 1. holandés *m*; ♪ *der Fliegende ~* El Buque Fantasma; *~ Käse* queso *m* de Holanda (*od*. de bola); 2. ⊕ pila *f* holandesa; ~erin *f* holandesa *f*; 2isch *adj*. holandés, de Holanda.

'Hölle *f* infierno *m* (*a. fig.*); *zur ~ fahren* descender a los infiernos; *in die ~ kommen* ir al infierno; *fig. j-m die ~ heiß machen* fastidiar, atormentar a alg.; *j-m das Leben zur ~ machen* amargar la vida a alg.; llevar a alg. por la calle de la amargura; *da ist die ~ los* esto es el infierno; *der Weg zur ~ ist mit guten Vorsätzen gepflastert* el infierno está lleno de buenas intenciones.

'Höllen...: ~angst *f* angustia *f* mortal; miedo *m* cerval; ~brut *f* engendro *m* infernal; ~fahrt *f* descenso *m* a los infiernos; ~feuer *n* fuego *m* del infierno; fuego *m* eterno; ~fürst *m* Príncipe *m* de las Tinieblas; ~hund *m* (can)cerbero *m*; ~lärm *m* ruido *m* infernal; F ruido *m* de mil demonios; ~maschine *f* máquina *f* infernal; ~pein *f*, ~qual *f* tortura *f* (*od*. suplicio *m*) infernal; sufrimiento *m* atroz; ~stein *m* ✠ nitrato *m* de plata; *Phar.* piedra *f* infernal; ~strafen *f/pl*. penas *f/pl*. eternas (*od*. del infierno); ~tempo *n*: *ein ~ fahren* ir a una velocidad endiablada.

'höllisch *adj*. infernal (*a. fig.*); (*teuflisch*) diabólico; *Schmerzen*: atroz; F *fig*. (*sehr groß*) enorme, tremendo; F de mil demonios; *ein ~er Spektakel* una batahola infernal; un estrépito de todos los diablos; *~ aufpassen* andar con muchísimo cuidado.

Holm *m* (-*es*; -*e*) 1. ⊕, ⚓ larguero *m*; *Turnen*: barra *f*; 2. (*kleine Insel*) islote *m*.

'holp(e)rig I. *adj*. áspero; desigual, fragoso, accidentado; *Straße*: a. lleno de baches; *Stil*: duro; II. *adv*.: *~ lesen* leer con vacilación *bzw*. atropelladamente.

'holpern (-*re*; sn) *v/i*. *Wagen*: dar sacudidas; (*stolpern*) tropezar, trompicar.

'Holschuld ⚖ *f* deuda *f* pagable a domicilio del deudor.

holterdie'polter *adv*. F atropelladamente; de prisa y corriendo.

Ho'lunder ♃ *m* saúco *m*; ~strauch *m* saúco *m*; ~tee *m* infusión *f* de (flor de) saúco.

Holz *n* (-*es*; *-er*) madera *f* (*a.* ♪); *als Material*: *a*. palo *m*; (*Brenn*2) leña *f*; (*Gehölz*) bosque *m*, monte *m*; *Stück ~* leño *m*; ⊕ madero *m*; *astreiches ~* madera *f* ramosa (*od*. nudosa); *astfreies ~* madera *f* sin nudos; *aus ~ de madera; ~ auflegen* echar leña; *~ machen* (*hacken*) hacer (partir) leña; *~ fällen* cortar leña; *fig. hum. ~ sägen* roncar; *fig. aus demselben ~ geschnitzt sein* ser de la misma madera.

'Holz...: ~abfälle *m/pl*. desperdicios *m/pl*. de madera; ~apfel *m* manzana *f* silvestre; ~arbeit *f* trabajo *m* en madera; obra *f* tallada; ~art *f* clase *f* (*od*. especie *f*) de madera; 2artig *adj*. leñoso; ~bau *m* construcción *f* de madera; ~bearbeitung *f* trabajo *m* de madera; ~bearbeitungsmaschine *f* máquina *f* para trabajar la madera; ~bein *n* pierna *f* (F pata *f*) de palo; ~bestand *m* (riqueza *f* en) maderas *f/pl*.; ~bildhauer *m* escultor *m* en madera, tallista *m*; ~bläser ♪ *m* tocador *m* de instrumento de madera; *pl*. *die ~* la madera; ~blas-instrument *n* instrumento *m* (de viento) de madera; ~block *m* tajo *m*; bloque *m* de madera; ~bock *m* ⊕ burro *m*; caballete *m*; tijera *f*; *Zoo*. garrapata *f*; ~boden *m* (*Fußboden*) piso *m* de madera; entarimado *m*; ~bohrer *m* barrena *f*; ~brei *m* pasta *f* de madera; ~brücke *f* puente *m* de madera; ~druck *m* xilografía *f*, impresión *f* xilográfica; ~dübel *m* taco *m* de madera; ~einschlag *m* tala *f*.

'holzen (-*t*) *v/i*. cortar leña; F *Fußball*: jugar duro, F repartir leña.

'hölzern *adj*. de madera; *fig*. seco, áspero; (*steif*) tieso; (*linkisch*) torpe, desmañado; *Stil*: insípido, soso.

'Holz...: ~essig ♋ *m* ácido *m* pirolenoso; vinagre *m* de madera; ~fällen *n* tala *f*; ~fäller *m* leñador *m*; *Arg*. hachero *m*; ~faser *f* fibra *f* leñosa (*od*. de madera); ~faserplatte *f* tablero *m* de fibra de madera; ~faserstoff *m* lignocelulosa *f*; ~feuerung *f* combustión *f* de leña; 2frei *adj*. *Papier*: sin celulosa; 2fressend *adj*. *Tier*: xilófago, lignívoro; ~frevel *m* hurto *m* (*od*. delito *m*) forestal; ~gas *n* gas *m* de madera; ~gasgenerator *m* gasógeno *m* de leña; ~geist *m* alcohol *m* de madera; ~gerechtigkeit *f* derecho *m* de cortar leña; ~hacker *m* leñador *m*; ~häher *Orn*. *m* picamadero *m*; ~hammer *m* mazo *m* (de madera); ~handel *m* comercio *m* de maderas; ~händler *m* comerciante *m* de maderas, maderero *m*; ~handlung *f* almacén *m* de madera, maderería *f*; ~hauer *m* leñador *m*; ~haus *n* casa *f* de madera; ~heizung *f* calefacción *f* con leña; 2ig *adj*. leñoso; ~industrie *f* industria *f* de la madera (*od*. maderera); ~klotz *m* tarugo *m* de madera; tajo *m*; *fig*. zoquete *m*; ~kohle *f* carbón *m* vegetal; ~konstruktion *f* construcción *f* en madera (*Balkenwerk*) maderamen *m*; ~kopf *m* F melón *m*; F zopenco *m*; ~lager(platz *m*) *n* almacén *m* de maderas; leñera *f*; ~male'rei *f* pintura *f* sobre madera; ~masse *f* pasta *f* (*od*. pulpa *f*) de madera; ~nagel *m* clavija *f*; *für Schuhsohlen*: estaquilla *f*; ~pantinen *f/pl*. zuecos *m/pl*.; ~papier *n* papel *m* de celulosa; ~pflanze ♃ *f* planta *f* leñosa; ~pflaster *n* pavimento *m* de madera; ~pflock *m* tarugo *m*, taco *m* de madera; 2reich *adj*. rico en maderas; ~säge *f* sierra *f* para madera; ~scheit *n* leño *m*, trozo *m* de leña; ~schlag *m* tala *f*; ~schliff *m* pasta *f* de madera; ~schneidekunst *f* arte *m* de grabar en madera, xilografía *f*; ~schnitt *m* grabado *m* (*od*. talla *f*) en madera; ~schnitzer *m* grabador *m* en madera; tallista *m*; xilógrafo *m*; *von Heiligenbildern*: imaginero *m*; ~schnitze'rei *f* talla *f*;

escultura *f* en madera; ~**schraube** *f* tornillo *m* para madera; ~**schuh** *m* zueco *m*; ~**schuppen** *m* leñera *f*; ~**schwamm** *m* hupe *f*, hongo *m* de la madera; ~**span** *m* viruta *f* de madera; ~**spanplatte** *f* tablero *m* de virutas (de madera); ~**spiritus** ⚗ *m* → ~*geist*; ~**splitter** *m* astilla *f* de madera; ~**stich** *m* grabado *m* en madera; ~**stift** *m* → ~*nagel*; ~**stoff** *m* pasta *f* de madera; ⚗ lignina *f*; ~**stoß** *m* pila *f* de madera; montón *m* de leña; ~**täfelung** *f* entarimado *m*; friso *m* de madera; ~**taube** *Orn. f* palomo *m* silvestre; ~**teer** *m* alquitrán *m* vegetal; brea *f* de madera; ~**verkleidung** *f* revestimiento *m* de madera; ~**verschalung** *f* encofrado *m* de madera; ~**verschlag** *m* tabique *m* de madera; ~**waren** *f/pl.* artículos *m/pl.* de madera; ~**weg** *m* arrastradero *m*; *fig. auf dem* ~ *sein* estar equivocado; ir por mal camino; ~**wolle** *f* lana *f* de madera; virutas *f/pl.*; ~**wurm** *Zoo. m* carcoma *f*; ~**zellstoff** *m* lignocelulosa *f*.
'**Home|banking** *n* (- *od.* -*s*; *0*) *Internet*: telebanco *m*, banco *m* en casa, homebanking *m*; ~**page** *f* (-; -*s*) *Internet*: página *f* principal, Home Page *f*; *private*: página *f* personal.
Ho'mer *m* Homero *m*; ⚥**isch** *adj.* homérico; ~**es Gelächter** carcajada *f* (*od.* risa *f*) homérica.
'**Homo** F *m* F marica *m*, P maricón *m*.
homo|'gen *adj.* homogéneo; ~**geni'sieren** (-) *v/t.* homogenizar; ~**geni'tät** *f* homogeneidad *f*; ~'**log** *adj.* homólogo; ⚥'**nym** *Gr. n* (-*s*; -*e*) homónimo *m*; ~'**nym** *adj.* homónimo.
Homöo|'path *m* (-*en*) homeópata *m*; ~**pa'thie** *f* (*0*) homeopatía *f*; ⚥'**pathisch** *adj.* homeopático.
Homopho'nie *f* homofonía *f*.
Homo|sexuali'tät *f* homosexualidad *f*; ⚥**sexu'ell** *adj.* homosexual, invertido; F de la acera de enfrente; ~**sexu'elle(r)** *m* homosexual *m*, invertido *m*; P maricón *m*, F marica *m*.
Hon'duras *n* Honduras *f*; *aus* ~ hondureño.
'**Honig** *m* (-*s*; *0*) miel *f* (*a. fig.*); F *fig. j-m* ~ *um den Mund* (*od. um den Bart od. ums Maul*) *schmieren* F dar coba a alg.; F hacer la pelota (*od.* pelotilla) a alg.; ~**bereitung** *f* melificación *f*; ~**biene** *f* abeja *f* melífera; ~**drüse** *f* glándula *f* nectarífera, nectario *m*; ⚥**farben**, ⚥**gelb** *adj.* de color (de) miel, melado; ~**kuchen** *m* pan *m* de miel; ~**lecken** *n*: F *fig. das ist kein* ~ F esto no sabe a rosquillas; ~**mond** *m* luna *f* de miel; ~**pflanze** *f* planta *f* melífera (*od.* apícola); ~**schleuder** *f* extractor *m* de miel; ⚥**süß** *adj.* dulce como la miel; *fig.* melifluo; meloso; ~**wabe** *f* panal *m* de miel; ~**zelle** *f* celdilla *f*, alvéolo *m*.
Hon'neurs [hɔ'nœ:rs] *pl.*: *die* ~ *machen* hacer los honores de la casa.
Hono'rar *n* (-*s*; -*e*) honorarios *m/pl.*; ~**konsul** *m* cónsul *m* honorario; ~**professor** *m* catedrático *m* honorario.
Honora'tioren [-'tsĭo:-] *m/pl.* notables *m/pl.*, notabilidades *f/pl.*
hono'rier|en (-) *v/t.* pagar honorarios; remunerar, retribuir; *Wechsel*: ✝ honrar, atender; *fig.* apreciar; ⚥**ung** *f* remuneración *f*, retribución *f*; ✝ *e-s Wechsels*: aceptación *f*.

ho'norig *adj.* honesto; decente; (*freigebig*) generoso.
'**Hopfen** ♀ *m* (-*s*; -) lúpulo *m*; *fig. an* (*od. bei*) *ihm ist* ~ *und Malz verloren es* (un hombre) incorregible; es un caso perdido; no tiene remedio; ~**bau** *m* cultivo *m* de lúpulo; ~**darre** *f* estufa *f* para secar el lúpulo; ~**mehl** *n* lupulina *f*; ~**stange** *f* rodrigón *m* de lúpulo; F *fig.* varal *m*, espárrago *m*, espingarda *f*.
hopp! *int.* ¡arriba!; ¡aúpa!; ¡upa!; ¡ea!; ~'**eln** *v/i.* brincar; ~'**hopp** F *adv.* de prisa (y corriendo); ~'**la!** *int.* F (*entschuldigend*) ¡perdón!; (*warnend*) ¡cuidado!.
hops F **I.** *adj.* → *hin* 2; **II.** *adv.*: ~ *gehen* perderse, extraviarse; (*verschwinden*) desaparecer; (*sterben*) morir; perecer; P diñarla.
'**hopsa!** *int.* ¡ahí va!; → *hoppla*.
'**hops|en** (-*t*; *sn*) *v/i.* saltar; brincar, dar brincos; ⚥**er** *m* salto *m*, brinco *m*.
'**Hör-apparat** *m* audífono *m*; prótesis *f* acústica.
Ho'raz *m* Horacio *m*.
'**hörbar** *adj.* audible; perceptible (al oído); *kaum* ~ apenas perceptible; ⚥**keit** *f* audibilidad *f*.
'**Hör|bereich** *m* campo *m* (*od.* radio *m*) auditivo; *Sender*: ámbito *m* de audibilidad; ~**bericht** *m* reportaje *m* radiofónico; ~**beteiligung** *f Radio*: índice *m* de audiencia; ~**brille** *f* gafas *f/pl.* acústicas; ⚥**buch** *n* audiolibro *m*, libro *m* sonoro.
'**horch|en** *v/t.* escuchar; estar a la escucha; aguzar el oído; (*spionieren*) espiar; ⚥**er** (*-n f*) *m* escucha *m/f*; curioso (-a *f*) *m*; (*Spion*) espía *m/f*; ⚥**gerät** ✵ *n* aparato *m* de escucha; ⚥**posten** ✵ *m* puesto *m* de escucha; (*Person*) escucha *m*.
'**Horde** *f* 1. horda *f*; (*Bande*) banda *f*, cuadrilla *f*; 2. (*Gestell*) rejilla *f*; estante *m*; ⚥**nweise** *adv.* en tropel, en bandas.
'**hören I.** *v/t. u. v/i.* oír; (*zuhören*) escuchar; (*erfahren*) saber; enterarse (*von por*); *Vorlesung*: asistir a; *wie ich höre* según me han informado; *wie man hört* como se dice; *singen* (*sprechen*) ~ oír cantar (hablar); (*schlecht*) ~ oír bien (mal); *schwer* ~ ser duro de oído; *auf j-n* ~ escuchar (*od.* hacer caso) a alg.; (*j-m gehorchen*) obedecer a alg.; *auf et.* ~ escuchar a/c.; prestar atención a a/c.; *auf den Namen* ... ~ responder por el nombre de ...; *Hund*: a. atender por ...; *sagen* ~ oír decir; *ich habe es von ihm* (*selbst*) *gehört* se lo he oído decir a él (mismo); *ich habe davon gehört* he oído hablar de ello; *von sich* ~ *lassen* dar noticias suyas; *man hörte nie mehr etwas von ihm* nunca ha vuelto a saberse de él; *Sie werden von mir* ~ *ya recibirá usted noticias mías*; (*gar*) *nichts von sich* ~ *lassen* no dar señales de vida; *von et. nichts* ~ *wollen* no querer saber nada de a/c.; *nicht* ~ *wollen* hacerse el sordo; no querer entrar en razón; (*na*), ~ *Sie mal!* ¡(pero) oiga!; ~ *Sie mal zu!* ¡escuche!; *sich* ~ *lassen* hacerse oír; *das läßt sich* ~ ¡así se habla!; esto sí que es algo; estas son palabras mayores; *das hört sich gut an* es agradable oír eso; *iro. von Ihnen hört man ja schöne Dinge!* ¡lindas cosas me cuentan de

usted!; **II.** ⚥ *n* audición *f*; (*Gehör*) oído *m*; *ihm verging* ~ *und Sehen se quedó atónito* (*od.* de una pieza); *da wird dir* ~ *und Sehen vergehen drohend*: las vas a pasar negras; ⚥**sagen** *n*: *nur vom* ~ *wissen* saber sólo de oídas.
'**Hörer|(in** *f*) *m* 1. oyente *m/f*, escucha *m/f* (*a. Radio*); *Uni.* estudiante *m/f*, alumno (-a *f*) *m*; 2. (*Gerät*) *Tele.* receptor *m*; auricular *m*; (*Kopfℏ*) auricular *m*, casco *m*; ~**gabel** *Tele. f* horquilla *f* del teléfono; ~**schaft** *f* (*0*) auditorio *m*; oyentes *m/pl.*
'**Hör...**: ~**fehler** *m* error *m* de audición; ✱ defecto *m* del oído; insuficiencia *f* auditiva; ~**folge** *f* programa *m* de las audiciones; (*Sendereihe*) serial *m* (radiofónico); ~**funk** *m* radio *f*; ~**frequenz** *f* audiofrecuencia *f*; ~**gerät** *n* → ~*apparat*; ~**grenze** *f* límite *m* auditivo.
'**hörig** *adj.* sujeto a; esclavo de (*a. fig.*); *er ist ihr* ~ *es esclavo de su pasión por ella*; ⚥**e(r)** *m* siervo *m*, esclavo *m*; ⚥**keit** *f* servidumbre *f*; *fig.* sujeción *f*.
Hori'zont *m* (-*ƒs*; -*e*) horizonte *m* (*a. fig.*); *am* ~ en el horizonte; *fig. e-n weiten* ~ *haben* ser amplio de miras; *e-n engen* (*od.* beschränkten) ~ *haben* ser corto de alcances; F no ver más allá de sus narices; *s-n* ~ *erweitern* ampliar (*od.* ensanchar) su horizonte mental; *das geht über m-n* ~ *esto está fuera de mis alcances*.
horizon'tal *adj.* horizontal; P ~**es Gewerbe** P profesión *f* horizontal; ⚥**e** ℏ *f* (línea *f*) horizontal *f*; ⚥**ebene** *f* plano *m* horizontal; ⚥**flug** *m* vuelo *m* horizontal.
Hor'mon *n* (-*s*; -*e*) hormona *f*; ~**behandlung** ✱ *f* tratamiento *m* hormonal; hormonoterapia *f*; ~**tätigkeit** *f* actividad *f* hormonal.
'**Hörmuschel** *Tele. f* auricular *m*.
'**Horn** *n* (-*ƒs*; -*er*) cuerno *m* (*a. Stoff*), asta *f*; *Stier*: a. pitón *m*; *Am.* cacho *m*; ♩ trompa *f*; cuerno *m*; *bsd.* ✵ corneta *f*; (*Signalℏ*) clarín *m*; (*Hupe*) bocina *f*; (*Fühler*) antena *f*; (*Bergspitze*) pico *m*; *auf dem* ~ *blasen*, *ins* ~ *stoßen* tocar la trompa *bzw.* la corneta; *mit den Hörnern stoßen* cornear, dar cornadas; *fig. sich die Hörner ablaufen* (*od.* abstoßen) correr sus mocedades; *sentar la cabeza*; *j-m Hörner aufsetzen* poner cuernos a alg.; *in dasselbe* ~ *blasen wie jd.* ir de acuerdo con alg.; hacer coro a alg.; ⚥**artig** *adj.* córneo; corniforme; ~**bläser** ♩ *m* → *Hornist*; ~**blende** *Min. f* hornablenda *f*; ~**brille** *f* gafas *f/pl.* de concha.
'**Hörnchen** *n* (*Gebäck*) media luna *f*; *gal.* croisán *m*.
'**Horn I.** F *v/t.* poner cuernos a; **II.** *v/refl.*: *sich* ~ apitonar.
'**Hörner|klang** *m* son *m* de las trompas *bzw.* trompetas; toque *m* de cornetas; ⚥**n** *adj.* córneo, de cuerno.
'**Hör-nerv** *Anat. m* nervio *m* auditivo.
'**Hornhaut** *f* callosidad *f*; *des Auges*: córnea *f*; ~**entzündung** ✱ *f* queratitis *f*, inflamación *f* de la córnea; ~**geschwür** ✱ *n* úlcera *f* de la córnea; ~**reflex** *m* reflejo *m* corneal; ~**trübung** ✱ *f* opacidad *f* de la córnea; ~**übertragung** *Chir. f* queratoplas-

tia *f*, injerto *m* (*od.* trasplante *m*) de córnea.
'hornig *adj.* córneo.
Hor'nisse *Zoo. f* avispón *m*.
Hor'nist ♩ *m* (-*en*) corneta *m* (*a.* ⚔); cornetín *m*; *im Orchester*: trompa *m*.
'Horn|ochse P *m* estúpido *m*, idiota *m*; ~signal ⚭ *n* toque *m* de corneta; ~spalte *Vet. f* raza *f*; ~stoff *m*, ~substanz *f* queratina *f*; ~stoß *m* cornada *f*.
'Horn|vieh *n* animales *m/pl.* cornudos (*od.* de asta); ~viper *Zoo. f* cerasta *f*.
'Hör-organ *n* órgano *m* auditivo (*od.* de la audición).
Horo'skop *n* (-*és*; -*e*) horóscopo *m*; *j-m das* ~ *stellen* hacer (*od.* sacar) el horóscopo de alg.
'Hörprobe *f* audición *f*.
hor'rend *adj.* horrible, horrendo; *Preis*: exorbitante.
'Hörrohr *n* trompetilla *f* acústica; ☤ estetoscopio *m*.
'Horror *m*: *e-n* ~ *vor et. haben* tener horror a alg.; ~film *m* película *f* de terror.
'Hör...: ~saal *m* aula *f* (universitaria); *stufenförmig ansteigend*: anfiteatro *m*; *großer* ~ paraninfo *m*; ~schärfe *f* agudeza *f* (*od.* acuidad *f*) auditiva; ~schwelle *f* umbral *m* auditivo (*od.* de audibilidad); ~spiel *n Radio*: pieza *f* radiofónica; radiocomedia *f*.
Horst *m* (-*es*; -*e*) (*Gehölz*) bosque *m*; (*Nest*) nido *m*; (*Adler*⚭) aguilera *f*; (*Flieger*⚭) base *f* aérea.
'horsten (-*e*-) *v/i.* anidar, nidificar.
Hort *m* (-*és*; -*e*) (*Schatz*) tesoro *m*; (*Kinder*⚭) guardería *f* (infantil); (*Schutz*) amparo *m*, protección *f*; (*Zuflucht*) refugio *m*, asilo *m*; ⚭*en* (-*e*-) *v/t.* acumular; *Waren*: retener; *Geld*: atesorar; ~en *n* → Hortung.
Hor'tensie ♀ [-ĭə] *f* hortensia *f*.
'Hortung *f* acumulación *f*; *v. Geld*: atesoramiento *m*; *v. Waren*: retención *f*.
'Hör|vermögen *n* capacidad *f* (*od.* facultad *f*) auditiva; ~weite *f* alcance *m* del oído; *in* (*außer*) ~ *al* (fuera del) alcance del oído.
'Hose *f* pantalón *m*; (*Knie*⚭) calzón *m*; *in die* ~(*n*) *machen* ensuciarse; P cagarse (*a. fig. vor Angst* de miedo); F *fig. die* ~ *anhaben* llevar los pantalones; P *die* ~*n* (*gestrichen*) *voll haben* ∨ estar cagado de miedo; *j-m die* ~*n strammziehen* dar una tunda a alg.; F zurrar la badana a alg.
'Hosen...: ~anzug *m* traje *m* pantalón; ~aufschlag *m* vuelta *f* del pantalón; ~bandorden *m* Orden *f* de la Jarretera; ~bein *n* pernera *f* (del pantalón); ~boden *m* fondillos *m/pl.*; F *fig. sich auf den* ~ *setzen* F empollar; F *den* ~ *vollkriegen* recibir una tunda (*od.* paliza); ~bund *m* pretina *f*; ~klammer *f für Radfahrer*: pinza *f*; ~latz *m* bragueta *f*; ~matz F *m* braguillas *m*; ~naht *f* costura *f* del pantalón; ~rock *m* falda-pantalón *f*; ~rolle *Thea. f* papel *m* de hombre (representado por una actriz); ~scheißer P *m* V cagón *m*; *fig.* (*Feigling*) P cagueta *m*; ~schlitz *m* bragueta *f*; ~spanner *m* percha *f* de pantalones; ~steg *m* trabilla *f*; ~tasche *f* bolsillo *m* del pantalón; ~träger *m/pl.* tirantes *m/pl.*

Hosi'anna *n* hosanna *m*.
Hospi'tal *n* (-*s*; ⁰*er od.* -*e*) hospital *m*.
Hospi|'tant(in *f*) *m* (-*en*) (*Gasthörer*) oyente *m*/*f*; ⚭'tieren *v/i.* asistir a un curso como oyente.
Ho'spiz [-'pi:ts] *n* (-*es*; -*e*) hospicio *m*.
Host *m* (- *od.* -*s*; -*s*) *Computer*: host *m*, ordenador *m* central.
'Hostess *f* (-; -*en*) azafata *f* (de relaciones públicas).
'Hostie *Rel.* [-tĭə] *f* hostia *f*; *die geweihte* ~ la santa hostia, la sagrada forma; ~ngefäß *n* copón *m*; ~nteller *m* patena *f*.
Ho'tel *n* (-*s*; -*s*) hotel *m*; ~ *garni* residencia *f*; ~besitzer(in *f*) *m* hotelero (-a *f*) *m*; ~boy *m* botones *m*; ~dieb *m* rata *m* de hotel; ~diener *m* mozo *m* de hotel; ~fach *n* ramo *m* hotelero; ~fachschule *f* Escuela *f* Superior de Hostelería; ~führer *m* (*Buch*) guía *f* de hoteles; ~gewerbe *n* industria *f* hotelera; ~halle *f* vestíbulo *m* (*angl.* hall *m*) del hotel.
Hote'lier [-tɛ'lĭe:] *m* (-*s*; -*s*) hotelero *m*.
Ho'tel...: ~kette *f* cadena *f* hotelera; ~page *m* botones *m*; ~portier *m* portero *m* de hotel; ~ *und Gaststättengewerbe n* hostelería *f*; ~zimmer *n* habitación *f* (de hotel).
'Hotline *f* (-; -*s*) línea *f* caliente, hot-line *f*.
hott! *int.* ¡arre!
Hotten'totte *m* (-*n*) hotentote *m*.
hu! *int.* ¡uf!; ¡bu!
hü! *int.* ¡arre!; *der e-e sagt* ~, *der andere hott* cada uno tira por su lado.
Hub *m* (-*es*; -*e*) elevación *f*; ⊕ *des Kolbens*: carrera *f*; ~brücke *f* puente *m* levadizo.
'hüben *adv.* de (*od.* por) esta parte; ~ *und drüben* por ambos lados; acá y a(cu)llá; ~ *wie drüben* a este lado como al otro; acá como allá.
Hu'bertus *m* Huberto *m*; ~jagd *f* caza *f* de San Huberto.
'Hub...: ~geschwindigkeit *f* velocidad *f* de elevación; *des Kolbens*: velocidad *f* de carrera; ~kraft *f*, ~leistung *f* potencia *f* de elevación; ~pumpe *f* bomba *f* elevadora; ~raum *Kfz. m* cilindrada *f*.
hübsch I. *adj.* bonito (*a. iro. u. fig.*), lindo, precioso, guapo; F mono; *wie* ~! ¡qué bonito!; *e-e* ~ *Summe* una bonita suma; *es ist noch ein* ~*es Stück Wegs* aun falta un buen trecho; F *sich* ~ *machen* arreglarse, F ponerse guapo; II. *adv.* bien; bastante; de lo lindo; *ganz* ~! ¡no está mal!; *sei* ~ *artig!* ¡sé formal!; *das werde ich* ~ *bleibenlassen* me guardaré muy bien de ello; *das wirst du* ~ *sein lassen* no harás semejante cosa; *das macht er ganz* ~ lo hace bastante bien.
'Hub...: ~schrauber *m* helicóptero *m*; ~schrauberlandeplatz *m* helipuerto *m*; ~stapler *m* carretilla *f* elevadora; ~werk *n* mecanismo *m* de elevación.
'Hucke F *f*: *j-m die* ~ *voll hauen* moler a alg. las costillas; ⚭pack *adv.* a cuestas; ~packsystem *n* sistema *m* combinado ferrocarril-carretera.
Hude'lei *f* chapuceo *f*, chapuza *f*.
'hud|eln (-*le*) *v/i.* chapucear; frangollar; ⚭ler *m* chapucero *m*.
Huf *m* (-*és*; -*e*) uña *f*; *Pferd*: casco *m*; ~beschlag *m* herraje *m*; ~eisen *n*

herradura *f*; ~eisenbogen *m* arco *m* de herradura; ⚭eisenförmig *adj.* en forma de herradura; ~eisenmagnet *m* imán *m* en U (*od.* en forma de herradura); ~lattich *f* fárfara *f*, tusílago *m*; ~nagel *m* clavo *m* de herradura; ~schlag *m* coz *f*; (*Geräusch*) ruido *m* de cascos; ~schmied *m* herrador *m*; ~schmiede *f* herrería *f*.
'Hüft...: ~bein *Anat. n* hueso *m* ilíaco (*od.* coxal); ~e *Anat. f* cadera *f*; ~gelenk *Anat. n* articulación *f* de la cadera; ~gelenk-entzündung ☤ *f* coxitis *f*; ~gürtel *m*, ~halter *m* faja *f*.
'Huftiere *Zoo. n/pl.* ungulados *m/pl.*
'Hüft...: ~knochen *m* → ~bein; ⚭lahm *adj.* derrengado; ~nerv *m* nervio *m* ciático; ~schwung *m* *Ringen*: vuelta *f* de cadera; ~verrenkung *f* luxación *f* de la cadera.
'Hügel *m* (-*s*; -) colina *f*; collado *m*; cerro *m*; loma *f*, (*Erhöhung*) eminencia *f*; altura *f*; (*Erd*⚭) terrero *m*; ⚭ig *adj.* montuoso; accidentado; ~kette *f* cadena *f* de colinas; ~land *n* terreno *m bzw.* país *m* montuoso (*od.* ondulado).
Huge'nott|e *m* (-*n*) hugonote *m*; ~in *f* hugonota *f*; ⚭isch *adj.* hugonote.
Huhn *n* (-*és*; ⁰*er*) gallina *f*; *Kochk.* pollo *m*; F *fig. dummes* ~ pavitonta *f*; F *er ist ein verrücktes* ~ tiene vena de loco; F *mit den Hühnern zu Bett gehen* acostarse con las gallinas; F *da lachen ja die Hühner* esto es de risa; *no me hagas reír*.
'Hühnchen *n* pollo *m*; pollito *m*; *fig. mit j-m ein* ~ *zu rupfen haben* tener una cuenta pendiente con alg.
'Hühner...: ~auge ☤ *n* callo *m*; ojo *m* de gallo; ~augenmesser *n* cortacallos *m*; ~augenmittel *n* callicida *f*; ⚭augenpflaster *n* parche *m* para callos; ~brühe *f* caldo *m* de gallina; ~brust *f* pechuga *f* de pollo *bzw.* de gallina; ☤ pecho *m* de pichón (*od.* en quilla); ~ei *n* huevo *m* de gallina; ~farm *f* granja *f* avícola; ~frikassee *n* fricasé *m* de gallina; ~habicht *m* azor *m*; ~hof *m* corral *m* gallinero (*od.* de gallinas); ~hund *m* (perro *m*) perdiguero *m*; ~leiter *f* escalera *f* del gallinero; ~pastete *f* empanada *f* de pollo; ~pest *Vet. f* peste *f* aviar; ~stall *m* gallinero *m*; ~stange *f* percha *f* del gallinero; ~suppe *f* sopa *f* de pollo; ~vögel *m/pl.* gallináceas *f/pl.*; ~zucht *f* cría *f* de gallinas; avicultura *f*; ~züchter *m* avicultor *m*.
hui *int.*: ~! ¡huy!; *in e-m* (*od. im*) ⚭ *en un abrir y cerrar de ojos*; *en un santiamén*.
Huld *f* (0) (*Wohlwollen*) benevolencia *f*; (*Gunst*) favor *m*; (*Gnade*) merced *f*, clemencia *f*; *in j-s* ~ *stehen* gozar del favor de alg.
'huldig|en *v/i.*: *j-m* ~ rendir (*od.* tributar) homenaje a alg.; *durch Beifall*: ovacionar a alg.; *e-r Dame*: hacer la corte a; *e-r Sache*: ser aficionado (*od.* dedicarse) a a/c.; *e-r Ansicht*: sostener; adherirse a; *e-m Laster*: darse a; ⚭ung *f* homenaje *m*; (*Beifall*) ovación *f*; ⚭ungs-eid *m* juramento *m* de fidelidad.
'huld|reich, ~voll *adj.* clemente, gracioso; benévolo; (*herablassend*) condescendiente.
'Hülle *f* envoltura *f*; (*Umschlag*) cu-

bierta *f*; (*Überzug, Schutz*2) funda *f*; (*Futteral*) estuche *m*; (*Schleier*) velo *m*; *Zoo., Anat.* tegumento *m*; ⚕ involucro *m*; *sterbliche* ~ *restos m/pl.* mortales; *in* ~ *und Fülle* en abundancia, en profusión; F a porrillo, a patadas, a manta; *Geld in* ~ *und Fülle haben* nadar en la abundancia; apalear el oro; 2*n v/t.* envolver; cubrir; *sich* ~ cubrirse (*in ac.* de); envolverse en; *fig. sich in Schweigen* ~ guardar silencio; quedar(se) callado; 2**nlos** *adj.* desnudo.

¹**Hülse** *f* ♀ vaina *f*; (*Schale*) cáscara *f*; *des Getreidekorns*: cascabillo *m*; (*Kapsel*) cápsula *f*; *des Füllhalters*: capuchón *m*; (*Futteral*) vaina *f*; ⚔ (*Geschoß*2) cartucho *m*; (*Patronen*2) casquillo *m*; *am Gewehr*: caja *f*; ⊕ manguito *m*; (*Röhre*) tubo *m*; ~**nfrüchte** *f/pl.* legumbres *f/pl.* secas; ~**nfrüchtler** ♀ *m/pl.* leguminosas *f/pl.*

hu'**man** *adj.* humano; 2**biologie** *f* biología *f* humana.

humani'**sieren** *v/t.* humanizar.

Huma'nis|mus *m* (-; 0) humanismo *m*; ~**t** *m* (-*en*) humanista *m*; 2**tisch** *adj.* humanista; ~*e Bildung* educación *f* clásica.

humani'**tär** *adj.* humanitario.

Humani'tät *f* (0) humanidad *f*.

Hu'manwissenschaften *f/pl.* ciencias *f/pl.* humanas, humanidades *f/pl.*

¹**Humbug** *m* (-*s*; 0) patraña *f*, embuste *m, Am.* macana *f*; (*Unsinn*) tonterías *f/pl.*; disparate *m*.

¹**Hummel** *Zoo. f* (-; -*n*) abejorro *m*; F *fig. wilde* ~ muchacha *f* traviesa (*od.* retozona), revoltosa *f*.

¹**Hummer** *Zoo. m* (-*s*; -) bogavante *m*; ~**mayonnaise** *f* mayonesa *f* de langosta; ~**schere** *f* pinza *f*.

Hu'mor *m* (-*s*; 0) humor *m*; humorismo *m*; *er hat (keinen)* ~ (no) tiene sentido del humor.

Humo'reske *f* cuento *m* humorístico; *Thea.* pieza *f* humorística; ♪ humoresca *f*.

hu'**morig** *adj.* jovial; de buen humor.

Humo'rist *m* (-*en*) humorista *m*; 2**isch** *adj.* humorístico; festivo; cómico.

hu'**mor|los** *adj.* sin humor; ~**voll** *adj.* humorístico; *Person*: de buen humor; jovial.

¹**humpeln** (-*le; sn*) *v/i.* cojear.

Humpen *m* (*Becher*) gran copa *f*; vaso *m* grande; *Neol.* tanque *m*.

¹**Humus** *m* (-; 0) humus *m*, mantillo *m*; ~**bildung** *f* humificación *f*; ~**boden** *m*, ~**erde** *f* humus *m*, tierra *f* vegetal; ~**säure** *f* ácido *m* húmico.

Hund *m* (-*¢s*; -*e*) perro *m*, F chucho *m, Liter.* can *m*; ♉ vagoneta *f*; *junger* ~ perrito *m*; cachorro *m; Astr. großer (kleiner)* ~ *Can m Mayor (Menor);* F *fig. ein (gemeiner)* ~ un canalla; *fig. ein armer* ~ un pobre diablo; F *fig. ein dicker* ~ P una cabronada; *wie* ~ *und Katze leben* andar (*od.* estar) como perros y gatos; *er ist bekannt wie ein bunter* ~ le conocen hasta los perros, F es más conocido que el tebeo; es archiconocido; *auf den* ~ *kommen* ir de mal en peor (*od.* de rocín a ruin); *j-n auf den* ~ *bringen* arruinar a alg.; *vor die* ~*e gehen* acabar mal; arruinarse, Γ *mit allen* ~*n gehetzt sein* ⊢

saberlas todas; estar más corrido que un zorro viejo; *j-n wie e-n* ~ *behandeln* tratar a alg. como a un perro; *da liegt der* ~ *begraben* ahí está el quid (*od.* el busilis); *den Letzten beißen die* ~*e* el último mono es el que se ahoga; ~*e, die bellen, beißen nicht* perro ladrador nunca buen (*od.* poco) mordedor.

¹**Hunde...:** ~**abteil** 🚆 *n* perrera *f*; ~**arbeit** F *f* trabajo *m* pesado (*od.* ímprobo); ~**ausstellung** *f* exposición *f* canina; 2**elend** F *adj.: mir ist* ~ me siento muy mal; ~**fänger** *m* perrero *m*; ~**futter** *n* alimento *m* (*od.* comida *f*) para perros; ~**halter** *m* propietario *m* (*od.* dueño *m*) de un perro; ~**hütte** *f* caseta *f* de perro; perrera *f*; ~**kälte** F *f* frío *m* de perros (*od.* que pela) para perros; ~**leben** F *n* vida *f* perra (*od.* de perros); ~**leine** *f* cuerda *f* (*od.* correa *f*) (para atar el perro); ~**liebhaber** *m* canófilo *m*; ~**marke** *f* chapa *f* (de perro); 2**müde** *adj.* cansadísimo; F hecho polvo; ~**rasse** *f* raza *f* canina; ~**rennbahn** *f* canódromo *m*; ~**rennen** *n* carrera *f* de galgos.

¹**hundert I.** *adj.* ciento (*vor su.:* cien); *etwa* (*od. gegen od. rund*) ~ alrededor de cien(to), unos cien; un centenar; ~ *Jahre alt* secular, *Person*: centenario; F *fig. mit* ~ *Sachen fahren* ir (*od.* correr) a cien; **II.** 2 *n* (-*s; -e*) centenar *m*; centena *f*; *vier vom* ~ (*Abk.* 4°/₀) cuatro por ciento; ~*e von* centenares de; *zu* ~*en* a centenares; *unter* ~ *nicht einer* ni uno solo entre ciento; **III.** 2 *f* (*Zahl*) ciento *m*; 2*er m Arith.* centena *f*; (*Geldschein*) billete *m* de cien; ~**erlei** *adv.* de cien clases *od.* especies (distintas); F *fig. mil cosas;* ~**fach**, ~**fältig** *adj.* céntuplo; centuplicado; cien veces más; ~**gradig** *adj.* centígrado; 2**jahrfeier** *f* centenario *m*; ~**jährig** *adj.* centenario, *a. fig.* secular; *es Jubiläum* centenario *m*; 2**jährige(r)** *m* centenario *m*; ~**mal** *adv.* cien veces; 2~'**Meter-Lauf** *m* carrera *f* de (los) cien metros; ~**prozentig** *adj.* ciento por ciento; *fig.* cien por cien; 2**satz** *m* tanto *m* por ciento, porcentaje *m*; 2**schaft** *f Hist.* centuria *f; fig.* compañía *f*; ~**st** *adj.* centésimo; *fig. vom* 2*en ins Tausendste kommen* divagar, irse por las ramas; *perderse in* (mil) detalles; 2**stel** *n* centésima parte *f*, centésimo *m*, centavo *m*; ~**tausend** *adj.* cien mil; 2*e von centenares de miles de*; ~**teilig** *adj.* centesimal; ~**weise** *adv.* a centenares.

¹**Hunde...:** ~**schlitten** *m* trineo *m* de perros; ~**schnauze** *f* hocico *m* de perro; ~**steuer** *f* impuesto *m* sobre los perros; ~**trimmsalon** *m* peluquería *f* canina; ~**wache** ⚓ *f* guardia *f* media; ~**wetter** *n* tiempo *m* de perros; ~**zucht** *f* cría *f* de perros; canicultura *f*; ~**züchter** *m* criador *m* de perros; canicultor *m*; ~**zwinger** *m* perrera *f*.

¹**Hündin** *f* perra *f*.

¹**hündisch** *adj. fig.* (*kriecherisch*) servil; rastrero; (*gemein*) vil, ruin.

¹**Hunds...:** ~**fott** P *m* (-*¢s; -e* od. *-er*) canalla *m*; 2**föttisch**, 2**gemein** *adj.* abyecto; infame; canallesco; ~**gemeinheit** *f* infamia *f*; canallada *f*; P putada *f*; 2**miserabel** F *adj.* malísimo, pési-

mo; ~**stern** *Astr. m* Sirio *m*; ~**tage** *m/pl.* canícula *f*.

¹**Hüne** *m* (-*n*) gigante *m*, hércules *m*; ~**ngestalt** *f* coloso *m*, figura *f* hercúlea; ~**ngrab** *n* monumento *m* megalítico; dolmen *m*; 2**nhaft** *adj.* gigantesco; hercúleo.

¹**Hunger** *m* (-*s*; 0) hambre *f* (*a. fig.*; *nach* de); *fig. a.* ganas *f/pl.*, sed *f*; (*keinen*) ~ *haben* (no) tener hambre; (no) tener gana (de comer); ~ *bekommen* empezar a tener hambre; *großen* ~ *haben* tener mucha hambre, estar hambriento; *e-n* ~ *wie ein Wolf haben* tener un hambre canina; *s-n* ~ *stillen* matar el hambre; ~ *leiden* pasar hambre; ~*s* (*od. vor* ~) *sterben* morir de hambre; ~ *ist der beste Koch* a buen hambre no hay pan duro; ~**jahr** *n* año *m* de hambre; ~**künstler** *m* ayunador *m* profesional; ~**kur** ⚕ *f* dieta *f* absoluta; régimen *m* de hambre; ~**leider** F *m* muerto *m* de hambre; ~**lohn** *m* salario *m* de hambre (*od.* irrisorio); *für e-n* ~ por una miseria; 2*n* (-*re*) *v/i.* tener hambre; (*Hunger leiden*) pasar hambre; *freiwillig*: ayunar; guardar dieta absoluta; *es hungert mich, mich hungert* tengo hambre; *j-n lassen* hacer pasar hambre a alg.; *fig.* ~ *nach* estar hambriento (*od.* ávido) de; ~**ödem** ⚕ *n* edema *m* de hambre (*od.* alimentario); ~**snot** *f* hambre *f; Am.* hambruna *f*; ~**streik** *m* huelga *f* de hambre; ~**tod** *m* muerte *f* por inanición; *den* ~ *sterben* morir de hambre; ~**tuch** *n*: *fig. am* ~ *nagen* morirse de hambre; no tener para vivir ni para morir; F no tener dónde caerse muerto; ~**typhus** ⚕ *m* tifus *m* (exantemático).

¹**hungrig** *adj.* hambriento (*a. fig.*; *nach* de); famélico; *fig.* ávido (*nach* de); *sehr* ~ *sein* estar muerto de hambre, tener un hambre feroz.

¹**Hunne** *m* (-*n*) huno *m*.

¹**Hupe** *Kfz. f* bocina *f*, claxon *m*; 2*n v/i.* tocar (*od.* hacer sonar) la bocina (*od.* el claxon); ~*n n* señal *f* acústica; sonido *m* de claxons; ~**nsignal** *n*, ~**nzeichen** *n* bocinazo *m*; señal *f* acústica (*od.* de bocina).

¹**hüpfen** (*sn*) *v/i.* brincar, saltar (*vor Freude* de alegría); dar brincos (*od.* saltitos); retozar; *auf e-m Bein* ~ saltar a la pata coja.

¹**Hup|konzert** F *n* concierto *m* de bocinas; ~**signal** *n* → ~*ensignal;* ~**verbot** *n* prohibición *f* de señales acústicas.

¹**Hürde** *f* (*Pferch*) aprisco *m*, redil *m*; (*Weideplatz*) dehesa *f*; (*Flechtwerk*) zarzo *m; Sport:* valla *f; fig.* obstáculo *m*; ~**nlauf** *m*, ~**nrennen** *n Sport:* carrera *f* de vallas; ~**nläufer(in** *f) m* corredor(a *f*) *m* de vallas, vallista *m/f*.

¹**Hure** P *f* prostituta *f*, meretriz *f*; fulana *f*, ramera *f*, P furcia *f*, golfa *f*, V puta *f*; 2*n* P *v/i.* fornicar; P ir(se) de putas; *vr. Frauen*: prostituirse; ~**nbock** P *m* putañero *m*, putero *m*; ~**nhaus** *n* burdel *m*, casa *f* pública (*od.* de lenocinio *od.* V de putas).

Hure'rei P *f* prostitución *f*; fornicación *f*.

hur'**ra!** *int.* ¡viva!; ¡hurra!; ~ *rufen* vitorear; dar hurras; 2**patriot** *m* patriotero *m, gal.* chauvinista *m*; 2**patriotismus** *m* patriotería *f, gal.* chauvinismo *m*; 2**ruf** *m* hurra *m*.

'hurtig *adj.* rápido, ligero; *(flink)* ágil; presto; ℒkeit *f (0)* rapidez *f*, ligereza *f*; agilidad *f*, presteza *f*.

Hu'sar *m (-en)* húsar *m*.

'husch! *int. verscheuchend:* ¡oste!, ¡oxte!; ∼, (∼)! *(schnell)* ¡vivo!; ∼en *v/i.* correr ligero; deslizarse *(od. pasar)* rápidamente *(über* por); pasar silencioso.

Hus'sit *m (-en)* husita *m*; ∼enkriege *m/pl.* guerras *f/pl.* husitas.

'hüsteln [y:] I. *(-le) v/i.* toser ligeramente, emitir una tosecilla; II. ℒ *n* tosecilla *f*.

'husten [u:] I. *(-e-) v/i.* toser; F *fig. ich huste darauf* F me importa un bledo; II. *v/t. (aus∼)* expectorar; *Blut* ∼ expectorar *(od.* escupir) sangre; F *fig. ich werde dir (et)was* ∼ ¡narices!; de eso ni hablar.

'Husten *m (-s; 0)* tos *f*; ∼ *haben* tener tos; ∼anfall *m* acceso *m (od.* ataque *m od.* golpe *m)* de tos; ∼bonbons *m/pl.* pastillas *f/pl.* pectorales *(od.* contra la tos); ∼mittel *n* antitusígeno *m*; ∼reiz *m* tos *f* irritativa; irritación *f* bronquial; ∼saft *m* jarabe *m* pectoral; ℒstillend *adj.* antitusivo, béquico.

Hut[1] *f (0) (Obhut, Aufsicht)* guardia *f*, custodia *f*, vigilancia *f*; *(Schutz)* protección *f*; *auf der* ∼ *sein* estar sobre aviso; andar prevenido *(od.* con cuidado); estar ojo alerta *(od.* avizor); *in j-s* ∼ *sein* estar bajo la vigilancia *bzw.* protección de alg.; *in guter* ∼ *sein* estar a buen recaudo.

Hut[2] *m (-¢s; ⁻e)* sombrero *m*; *der Pilze:* sombrerete *m*; ∼ *ab!* ¡descúbra(n)se!, ¡descubrirse!; *fig.* F ¡chapó!; ∼ *ab vor ...* sombrerazo para ...; F *fig. das ist ein alter* ∼ es archiconocido; es lo de siempre; *fig. s-n* ∼ *nehmen* dimitir; *vor j-m den* ∼ *abnehmen (od. ziehen)* descubrirse ante alg., F dar un sombrerazo a alg.; *den* ∼ *in die Stirn drücken* calarse el sombrero; *fig. unter e-n* ∼ *bringen* poner de acuerdo; conciliar; encontrar un denominador común para; F *eins auf den* ∼ *kriegen* recibir una bronca; F *da geht e-m der* ∼ *hoch!* ¡esto ya es demasiado!; ¡esto ya pasa de la raya!; F *das kannst du dir an den* ∼ *stecken* F ni falta que me hace.

'Hut...: ∼ablage *f* percha *f*; ∼band *n* cinta *f* del sombrero;

'hüten *(-e-)* I. *v/t.* guardar *(a. Vieh)*; velar por; *(gut erhalten)* conservar; *(schützen)* proteger, *(bewachen)* custodiar; vigilar, *sorglich:* cuidar (de) *(a. Kind)*; II. *v/refl.:* sich ∼ *vor* guardarse de; preservarse de; andar con cuidado; *sich ∼, et. zu tun* guardarse (muy bien) de hacer a/c.; F *ich werde mich ∼!* ¡ni hablar!; *er soll sich* ∼! ¡que ande con cuidado!; ∼ *Sie sich vor ihm!* ¡tenga cuidado con él!

'Hüter(in *f*) *m* guarda *m/f*; guardián *m*, guardiana *f*; *fig.* protector(a *f*) *m*; *(Vieh*ℒ*)* pastor(a *f*) *m*.

'Hut...: ∼fabrik *f* sombrerería *f*; ∼form *f* horma *f* (de sombrero); ∼futter *n* forro *m* del sombrero; ∼geschäft *n* sombrerería *f*; ∼kopf *m* copa *f* (del sombrero); ∼krempe *f* ala *f* (del sombrero); ∼laden *m* sombrerería *f*; ∼macher(in *f*) *m* sombrerero (-a *f*) *m*; ∼macherei *f* → *fabrik*; ∼nadel *f* alfiler *m* de sombrero, agujón *m*; ∼schachtel *f* sombrerera *f*; ∼schnur *f* cordón *m* del sombrero; F *fig. das geht mir über die* ∼ F esto pasa de castaño oscuro; ∼ständer *m* percha *f* (para sombreros); ∼stumpen *m* horma *f* de sombreros.

'Hütte *f* 1. cabaña *f*; choza *f*, *Am.* bohío *m*; *(Schutz*ℒ*)* refugio *m*, albergue *m* alpino; *(Holz*ℒ*)* barraca *f*; *(Schuppen)* cobertizo *m*; 2. ⊕ *(Eisen*ℒ*)* planta *f* metalúrgica *bzw.* siderúrgica; *(Schmelz*ℒ*)* fundición *f*.

'Hütten...: ∼arbeiter *m* (obrero *m*) siderúrgico *m*; ∼erzeugnis *n* producto *m* siderúrgico; ∼industrie *f* industria *f* metalúrgica *bzw.* siderúrgica; ∼ingenieur *m* ingeniero *m* siderometalúrgico; ∼koks *m* coque *m* metalúrgico; ∼kunde *f* metalurgia *f*; ∼werk *n* → *Hütte* 2; ∼wesen *n* industria *f* siderúrgica *bzw.* metalúrgica; metalurgia *f*.

'hutz(e)lig *adj.* avellanado; arrugado; marchito.

'Hutzucker *m* azúcar *m* en pilones.

Hy'äne [hy'ɛ:-] *Zoo. f* hiena *f*.

Hya'zinth [hy'a˙-] *Min. m* jacinto *m*; ∼e ♀ *f* jacinto *m*.

hy'brid *adj.* híbrido.

Hybridati'on *f* hibridación *f*.

Hy'bride *f/m* (-*n*) híbrido *m*.

Hybridi'tät *f* hibridismo *m*.

'Hydra *Myt. f* hidra *f*.

Hy'drant *m (-en)* boca *f* de riego *bzw.* de incendio.

Hy'drat *⚗ n (-¢s; -e)* hidrato *m*.

Hydratati'on *f* hidratación *f*.

Hy'draul|ik *f (0)* hidráulica *f*; ℒisch *adj.* hidráulico.

Hy'drid *⚗ n (-s; -e)* hidruro *m*.

hy'drier|en (-) *⚗ v/t.* hidrogenar; ∼en *n*, ℒung *f* hidrogenación *f*; ℒwerk *n* instalación *f* de hidrogenación.

Hydro...: ∼biolo'gie *f* hidrobiología *f*; ∼dy'namik *f* hidrodinámica *f*; ℒge'nieren (-) *v/t.* hidrogenar; ∼gra'phie *f (0)* hidrografía *f*; ∼kul'tur *f* hidrocultivo *m*; ∼lo'gie *f* hidrología *f*; ℒ'logisch *adj.* hidrológico; ∼'lyse *f* hidrólisis *f*; ∼'meter *n* hidrómetro *m*; ℒ'phob *adj.* hidrófobo; ∼'ponik *f* hidropónica *f*, cultivo *m* hidropónico; ∼'statik *f* hidrostática *f*; ℒ'statisch *adj.* hidrostático; ∼thera'pie ⚕ *f* hidroterapia *f*; ∼'xyd *n (-¢s; -e)* hidróxido *m*.

Hygi'ene [-'giɛː-] *f (0)* higiene *f*; ∼iker *m* higienista *m*; ℒisch *adj.* higiénico.

Hygro|'meter *Phys. n* higrómetro *m*; ℒ'metrisch *adj.* higrométrico; ∼'skop *Phys. n (-s; -e)* higroscopio *m*; ℒ'skopisch *adj.* higroscópico.

'Hymen *Anat. n* himen *m*.

'Hymn|e *f* himno *m*; ℒisch *adj.* hímnico.

hyperak'tiv *adj.* hiperactivo.

Hy'per|bel *Rhet., ⅋ f (-; -n)* hipérbole *f*; ℒbelhaft, ℒbolisch *adj.* hiperbólico.

'Hyperlink *m Internet:* hipervínculo *m*, hiperenlace *m*.

hypermo'dern *adj.* ultramoderno.

Hypertext *m Internet:* hipertexto *m*.

Hyper|tro'phie *f (0)* hipertrofia *f*; ℒ'trophisch *adj.* hipertrófico.

Hyp'no|se *f* hipnosis *f*; ℒtisch *adj.* hipnótico.

Hypnoti|'seur *m (-s; -e)* hipnotizador *m*; ℒ'sieren (-) *v/t.* hipnotizar; ∼'sieren *n* hipnotización *f*.

Hypno'tismus *m* hipnotismo *m*.

Hypo'chon|der [-'xɔn-] *m* hipocondríaco *m*; ∼'drie *f (0)* hipocondría *f*; ℒdrisch *adj.* hipocondríaco.

Hypo'physe *Anat.* [-'fyː-] *f* hipófisis *f*, glándula *f* pituitaria.

Hypote'nuse ⅋ *f* hipotenusa *f*.

Hypo'thek *f (-; -en)* hipoteca *f (bestellen od. aufnehmen* constituir; *löschen* cancelar; *ablösen od. tilgen* amortizar); *auf* ∼ *leihen* hacer un préstamo sobre hipoteca; *mit e-r* ∼ *belasten* hipotecar, gravar con hipoteca.

hypothe'karisch *adj.* hipotecario; ∼ *belasten* hipotecar; ∼ *sichern* asegurar *(od.* garantizar) con una hipoteca.

Hypo'theken...: ∼anleihe *f* préstamo *m* hipotecario; ∼bank *f* banco *m* hipotecario; ∼bestellung *f* constitución *f* de una hipoteca; ∼brief *m* cédula *f* hipotecaria; ∼buch *n* registro *m* hipotecario; ∼eintragung *f* inscripción *f* hipotecaria; ∼forderung *f* crédito *m* hipotecario; ℒfrei *adj.* sin hipotecas; libre de hipotecas; ∼gläubiger *m* acreedor *m* hipotecario; ∼löschung *f* cancelación *f* de una hipoteca; ∼ordnung *f* régimen *m* hipotecario; ∼pfandbrief *m* cédula *f* hipotecaria; ∼recht *n* derecho *m* hipotecario; ∼schuld *f* deuda *f* hipotecaria; ∼schuldner *m* deudor *m* hipotecario; ∼tilgung *f* amortización *f (od.* purga *f)* de una hipoteca; ∼vorrang *m* prelación *f* de hipotecas; ∼zinsen *pl.* intereses *m/pl.* hipotecarios.

Hypo'the|se *f* hipótesis *f*; suposición *f*; ℒtisch *adj.* hipotético.

Hyste'rie *f* histerismo *m*, histeria *f*.

Hy'ster|iker (in *f*) *m* histérico (-a *f*) *m*; ℒisch *adj.* histérico.

I

I, i n I, i f; fig. der Punkt (od. das Tüpfelchen) auf dem i el punto sobre la i.

i! int. ¡qué asco!; ~ wo! ¡bah!; ¡quiá!, ¡ni hablar!, ¡ni pensarlo!

i'ahen v/i. Esel: rebuznar.

I'ber|er m ibero m; ~**ien** n Iberia f; **2isch** adj. ibero, ibérico; die **2**e Halbinsel la Península Ibérica.

I'beroamerika n Iberoamérica f; **2nisch** adj. iberoamericano.

'Ibis Orn. m (-ses; -se) ibis m.

ich I. pron/pers. yo (vor Verben meist unübersetzt: ~ komme vengo; dagegen betont: yo vengo); hier bin ~ aquí estoy; ich bin es! soy yo; (als Antwort: sind Sie ...?) lo soy; ~, der ~ Sie kenne yo que le conozco a usted; ~ Armer! ¡pobre de mí!; **II. 2** n yo m; mein ganzes ~ todo mi ser; mein anderes (od. zweites) ~ mi otro yo; **'~bezogen** adj. egocéntrico; **2bezogenheit** f (0) egocentrismo m; **'2form** f: in der ~ schreiben escribir en primera persona.

Ich'neumon Zoo. m, n (-s; -e od. -s) icneumón m, rata f de los faraones.

'Ich|roman m novela f escrita en primera persona, ~**sucht** f egoísmo m; **2süchtig** adj. egoísta.

Ichthyo|lo'gie f (0) ictiología f; ~**saurus** Zoo. m (-; -saurier) ictiosaurio m.

'Icon n (-s; -s) Computer: icono m.

ide'al I. adj. ideal; (vorbildlich) modelo; **II. 2** n (-s; -e) ideal m; (Vorbild) modelo m; (Prototyp) prototipo m; **2fall** m caso m ideal.

ideali'sier|en (-) v/t. idealizar; **2en** n, **2ung** f idealización f.

Idea'lis|mus m (-; 0) idealismo m; ~**t(in)** f m (-en) idealista m/f; **2tisch** adj. idealista.

Ideali'tät f (0) idealidad f.

Ide'alkonkurrenz ₤₤ f concurso m ideal, unidad f de delitos.

I'dee f idea f; (Gedanke) pensamiento m; (Begriff) noción f; (Einfall) ocurrencia f; F e-e ~ (ein bißchen) una pizca, un poquitín; keine ~ von et. haben no tener ni la menor idea de a/c.; du machst dir keine ~ ... no te puedes imaginar ...; er kam auf die ~, zu (inf.) se le ocurrió (inf.), tuvo la ocurrencia de (inf.); wer brachte ihn auf die ~? ¿de dónde le sugirió la idea?; was für e-e ~! ¡vaya una idea!; ¡qué ocurrencia!

ide'ell [-e'ɛl] adj. ideal; ideológico.

i'deen|arm adj. pobre de ideas; **2assoziation** f asociación f de ideas; **2lehre** f ideología f; **2reichtum** m abundancia f de ideas; **2welt** f mundo m ideal (od. de las ideas); ideario m; e-s Menschen: ideología f.

'Iden pl.: die ~ des März los idus de marzo.

identifi'zier|bar adj. identificable; ~**en** (-) v/t. identificar; sich ~ identificarse (mit con); **2en** n, **2ung** f identificación f.

i'dentisch adj. idéntico (mit a).

Identi'tät f (0) identidad f; ~**snachweis** m prueba f de identidad.

Ideo|'gramm n (-s; -e) ideograma m; ~**loge** m (-n) ideólogo m; ~**lo'gie** f ideología f; **2'logisch** adj. ideológico.

Idi'om n (-s; -e) idioma m.

idio'matisch adj. idiomático.

Idiosynkra'sie f idiosincrasia f.

Idi'ot m (-en) idiota m (a. fig.).

Idio'tie f idiotez f.

idi'otisch adj. idiota.

Idio'tismus m (-; 0) Gr. idiotismo m; ₤ idiotez f.

I'dol n (-s; -e) ídolo m.

I'dyll n (-s; -e), ~**e** f (-; -n) idilio m; **2isch** adj. idílico.

'Igel Zoo. m (-s; -) erizo m.

'Iglu m (-s; -s) iglú m.

I'gnatius, 'Ignaz m Ignacio m, Iñigo m.

Igno'rant m (-en) ignorante m; ~**ranz** f (0) ignorancia f; **2rieren** (-) v/t.: j-n. ~ fingir no ver (od. conocer) a alg.; no hacer caso a alg.; pasar por alto a alg.; et. ~ desentenderse de a/c.; no darse por enterado de a/c.

ihm pron/pers. le; betont: a él; ich gebe es ~ se lo doy.

ihn pron/pers. le, lo; betont: a él.

'ihnen pron/pers. 1. les; betont: a ellos, a ellas; 2. **2** le, les; betont: a usted, a ustedes.

ihr I. pron/pers. 1. le; betont: a ella; 2. pl. (in Briefen: **2**) vosotros (-as f); **II.** pron/pos. 1. su, pl. ~**e** sus; betont: de él, de ella, (mehrere Besitzer) de ellos, de ellas; e-r ~**er** Brüder uno de sus hermanos; mein und ~ Bruder mi hermano y el suyo; 2. **2**(e) su(s), el (los) ... de usted(es); su(s) ... de usted(es); **III.** '~**er**, '~**e**, '~**es**: der (die, das) '~**e** od. '~**ige** 1. el suyo, la suya, lo suyo; de ella bzw. de ellos bzw. de ellas; 2. **2** de usted(es); '~**er I.** pron/pos. de usted(es); **II.** (gen. v. sie) a) pl. de ella; b) pl. de ellos, de ellas; es waren ~ sechs eran seis.

'ihrer'seits adv. de ~ (od. por) su parte; en cuanto a ella bzw. ellos.

'ihres'gleichen adj. su igual; otro como ella bzw. ellos od. ellas bzw. usted(es).

'ihret'halben, ~'wegen, (um) ~'willen adv. por causa de ella bzw. ellos bzw. ellas bzw. usted(es); por ella bzw. ellos bzw. ellas bzw. usted(es).

I'kone f icono m.

Ikonogra'phie f (0) iconografía f.

Ikono'skop n (-s; -e) iconoscopio m.

Ili'ade f, **'Ilias** f (0) Ilíada f.

'ille|gal adj. ilegal; **2gali'tät** f ilegalidad f.

'illegi|tim adj. ilegítimo; **2timi'tät** f (0) ilegitimidad f.

Illiquidi'tät ✝ f falta f de liquidez.

Illumi|nati'on f iluminación f; **2'nieren** (-) v/t. iluminar; ~'**nierung** f iluminación f.

Illusi'on f ilusión f; sich ~**en** machen (od. hingeben) hacerse (od. forjarse) ilusiones (über sobre); j-m die ~**en** rauben desilusionar (od. quitar las ilusiones) a alg.

illu'sorisch adj. ilusorio.

Illustrati'on f ilustración f.

Illu'strator m (-s; -en) ilustrador m.

illu'strier|en (-) v/t. ilustrar (a. fig.); **2te** f revista f ilustrada.

'Iltis Zoo. m (-ses; -sse) turón m.

'Image ['ɪmɪdʒ] n imagen f (pública).

imagi'när adj. imaginario.

'Imbiß m (-sses; -sse) colación f; refrigerio m; F piscolabis m, tentempié m; ~**halle** f, ~**stube** f cafetería f; (snack)bar m; Am. lonchería f.

Imi|tati'on f imitación f; ~**'tator** m imitador m; **2'tieren** (-) v/t. imitar.

'Imk|er m apicultor m, colmenero m; ~**e'rei** f apicultura f.

imma'nen|t adj. inmanente; **2z** f (0) inmanencia f.

immateri'ell adj. inmaterial.

Immatriku|lati'on f matrícula f; matriculación f; **2'lieren** (-) v/refl.: sich ~ matricularse; inscribirse.

'Imme f abeja f.

im'mens adj. inmenso.

'immer adv. siempre; (unaufhörlich) sin cesar; continuamente; (beständig) constantemente; auf (od. für) ~ para siempre; auf ~ und ewig para toda la eternidad; por siempre jamás; noch ~, ~ noch todavía, aún; er studiert ~ noch sigue estudiando; ~, wenn ... siempre (que, cada vez) que ...; ~ mehr cada vez más; ~ weniger cada vez menos; ~ besser cada vez mejor; ~ schlimmer cada vez peor; de mal en peor; ~ größer cada vez mayor (od. más grande); ~ (und ~) wieder una y otra vez; F erre que erre; wie ~ como siempre, como de costumbre; wer auch ~ quienquiera, sea quien sea; was er auch ~ sagen mag diga lo que diga; was er auch ~ für Gründe haben mag sean cuales fueran sus razones; wo ~ wir sein mögen dondequiera que estemos; iro. das wird ja ~ schöner esto se va poniendo cada vez mejor; ~'fort adv. siempre; continuamente; sin cesar (od. parar); ~**grün** adj. siempreverde, sempervirente; **2grün** ♀ n

immerhin — indonesisch

hierba f doncella; **~'hin** adv. de todos modos, de todas maneras; sea lo que sea; (wenigstens) al (od. por lo) menos; **~!** ¡así y todo!; das ist ~ et. algo es algo; **~während** adj. perpetuo; continuo, permanente; sempiterno; **~'zu** adv. continuamente; sin cesar; sin parar.
Immi'grant(in f) m (-en) inmigrante m/f; **~grati'on** f inmigración f; **♀'grieren** (-) v/i. inmigrar.
immi'nent adj. inminente.
Immissi'on f inmisión f.
Immobili'ar|kredit m crédito m inmobiliario; **~vermögen** n bienes m/pl. raíces (od. inmuebles).
Immo'bilien [-'bi:liən] pl. (bienes m/pl.) inmuebles m/pl.; propiedad f inmobiliaria; fincas f/pl.; **~gesellschaft** f sociedad f inmobiliaria; **~handel** m compraventa f de inmuebles; **~makler** m agente m de la propiedad inmobiliaria.
immobili'sier|en (-) v/t. inmovilizar; **♀ung** f inmovilización f.
Immor'telle ♀ f siempreviva f (mayor), perpetua f.
im'mun adj. inmune (gegen contra); inmunizado contra; Pol. inviolable; ~ machen → **~i'sieren** (-) v/t. inmunizar (gegen contra); **♀i'sierung** f inmunización f.
Immuni'tät f (0) inmunidad f (a. Parl.); die ~ gewähren (aufheben) otorgar (levantar) la inmunidad; diplomatische ~ geniessen gozar de inmunidad diplomática.
Immuno|lo'gie f inmunología f; **♀'logisch** adj. inmunológico.
Im'mun|schwäche f♀ inmunodeficiencia f; **~system** n ♀ sistema m inmunológico.
Im'peachment [-'pi:tʃ-] Pol. n impugnación f.
Impe'danz ♀ f impedancia f.
'Imperativ Gr. m (-s; -e) (modo m) imperativo m; Phil. kategorischer ~ imperativo m categórico; **♀isch** adj. imperativo.
'Imperfekt Gr. n (-s; -e) imperfecto m.
Imperia'lis|mus m (-; 0) imperialismo m; **~t** m (-en) imperialista m; **♀tisch** adj. imperialista.
Im'perium [-rium] n (-s; -rien) imperio m.
imperti'nen|t adj. impertinente; **♀z** f impertinencia f.
'Impf|arzt m (médico m) vacunador m; **♀en** v/t. vacunar; (ein~) inocular; **~en** n → **~ung**; **~gegner** m antivacunista m; **~ling** m (-s; -e) vacunado m; **~pass** m carnet m de vacunado; **~pflicht** f vacunación f obligatoria; **♀pflichtig** adj. sujeto a vacunación obligatoria; **~schein** m certificado m de vacuna(ción); **~stoff** m vacuna f; **~ung** f vacunación f; (Ein♀) inoculación f; **~zwang** m vacunación f obligatoria.
Implan'tat n (-s od. -es; -e) ♀ injerto m; **♀'tieren** (-) v/t. implantar, injertar.
impli'zier|en (-) v/t. implicar; **~t** adj. implícito.
Impondera'bilien [-'bi:liən] n/pl. imponderables m/pl.
impo'nieren (-) v/i. imponer; infundir respeto; impresionar; **~d** adj. imponente, impresionante.

Im'port ♀ m (-es; -e) importación f; in Zssgn → a. Einfuhr...
Impor'teur ♀ m (-s; -e) importador m.
Im'port|firma f casa f importadora; **~geschäft** n coll. operaciones f/pl. de importación.
impor'tieren (-) v/t. importar.
Im'portkaufmann m importador m.
impo'sant adj. imponente, impresionante.
'impoten|t ♀ adj. impotente; **♀z** f (0) impotencia f.
imprä'gnier|en (-) v/t. impregnar; Stoff: impermeabilizar; **♀ung** f impregnación f; impermeabilización f.
Impre'sario [-rio] m (-s; -s) empresario m; bsd. Stk. apoderado m.
Impressio'nis|mus m (-; 0) impresionismo m; **~t** m (-en) impresionista m; **♀tisch** adj. impresionista.
Im'pressum Typ. n (-s; -ssen) pie m de imprenta.
Impri'matur n (-s; 0) permiso m de imprimir, imprimátur m.
Improvi'sati|on f improvisación f; **~'sator** m (-s; -en) improvisador m; **♀'sieren** (-) v/t. improvisar; **~'sieren** n improvisación f.
Im'puls m (-es; -e) impulso m; bsd. ♀ impulsión f; **~geber** m impulsador m.
impul'siv adj. impulsivo.
im'stande adj.: ~ sein zu estar en condiciones de, estar capacitado para; ser capaz de; poder hacer a/c.

in prp. 1. räumlich: (wo? dat.) en; (wohin? ac.) a; im Garten en el jardín; im Orient en Oriente; ~ der Stadt en la ciudad; im Norden al norte; ~ Madrid en Madrid; ~ Spanien en España; ~ die Schule gehen ir a la escuela; 2. zeitlich: en, dentro de; ~ drei Wochen (nach Ablauf von) al cabo de tres semanas; (im Laufe von) en tres semanas; (binnen) dentro de tres semanas; heute ~ acht (vierzehn) Tagen de hoy en ocho (quince) días; ~ der Nacht de noche, por la noche; im Jahre 1969 en (el año) 1969; im Sommer en (el) verano; im Januar en enero; im vorigen Jahr el año pasado; ~ diesen Tagen estos días; ~ der nächsten Woche la semana que viene; 500 Mark im Monat verdienen ganar 500 marcos al mes; 3. F ~ sein estar de moda; F estar en la onda, estar "in".
'in-aktiv adj. inactivo; Offizier: retirado; Beamter: jubilado.
In-akti'vierung f inactivación f.
In-aktivi'tät f (0) inactividad f.
In-'angriffnahme f iniciación f, comienzo m.
In-'anspruchnahme f utilización f (a. e-s Kredits usw.), empleo m; v. Personen: ocupación f; stärker: absorción f; unter ~ (gen.) recurriendo a, mediante.
'in-artikuliert adj. inarticulado.
In-'augenscheinnahme f inspección f.
'Inbegriff m (-s; -e) (quinta)esencia f; su(b)stancia f; suma f; (Verkörperung) encarnación f, personificación f; der ~ der Dummheit el colmo de la imbecilidad.
'inbegriffen adj. incluido, comprendido, inclusive; alles ~ todo incluido.
Inbe'sitznahme f toma f de posesión.

Inbe'trieb|nahme f, **~setzung** f puesta f en marcha (od. en servicio od. en funcionamiento) (a. fig.).
'Inbrunst f (0) ardor m; fervor m; (Leidenschaft) pasión f.
'inbrünstig I. adj. ardiente; ferviente, fervoroso; **II.** adv. con ardor; con fervor.
Inchoa'tiv Gr. n (-s; -e) (verbo m) incoativo m.
in'dem cj. mientras; durante; ~ er arbeitete mientras trabajaba; durante su trabajo; ~ er dies tat (sagte) haciendo (diciendo) esto, al hacer (decir) esto.
Indemni'tät f (0) indemnidad f.
'Inder(in f) m indio (-a f) m; hindú m/f.
in'des, ~sen I. adv. en eso; mientras tanto, entretanto; **II.** cj. (jedoch) sin embargo, no obstante; a pesar de todo, con todo.
'Index m (-[es]; -e u. Indizes) índice m (a. ♀); I.C. Indice m (expurgatorio od. de libros prohibidos); auf den (dem) ~ setzen (stehen) poner (estar) en el Indice (a. fig.); **~lohn** m salario-índice m; **~währung** f moneda-índice f; **~zahl** f, **~ziffer** f (número m) índice m.
Indi'an|er(in f) m indio (-a f) m; **~erhäuptling** m jefe m indio; **♀isch** adj. indio.
'Indien n la India.
'indifferen|t adj. indiferente; **♀z** f indiferencia f.
indi'gniert adj. indignado.
'Indigo m, n (-s; 0) añil m, indigo m; **~blau** n azul m de añil.
Indikati'on ♀ f indicación f.
'Indikativ Gr. m (-s; e) (modo m) indicativo m.
Indi'kator m indicador m.
'Indio m (-s; -s) indio m (de Latinoamérica); **~frau** f india f (de Latinoamérica).
'indirekt adj. indirecto.
'indisch adj. indio; der ♀e Ozean el Océano Indico.
'indiskret adj. indiscreto.
Indiskreti'on f indiscreción f.
'indiskutabel [-bl-] adj. indiscutible.
'indispo|niert [sp] adj. indispuesto; **♀siti'on** f indisposición f.
individu-ali'sieren (-) v/t. individualizar; **♀a'lismus** m (-; 0) individualismo m; **♀a'list(in** f) m (-en) individualista m/f; **♀a'listisch** adj. individualista; **♀ali'tät** f individualidad f; **~'ell** adj. individual.
Indi'viduum [-'vi:duum] n (-s; -duen) individuo m (a. desp.).
In'diz n (-es; -ien) indicio m; **~ienbeweis ♀** m prueba f indiciaria (od. por indicios).
indi'zieren (-) v/t. 1. indicar; 2. poner en el Indice.
Indo'china n Indochina f.
Indochi'nes|e m (-n) indochino m; **~in** f indochina f; **♀isch** adj. indochino.
Indoger'man|e m (-n) indogermano m, indoeuropeo m; **♀isch** adj. indogermánico.
'indolen|t adj. indolente; **♀z** f (0) indolencia f.
Indo'nes|ien n Indonesia f; **~ier(in** f) m indonesio (-a f) m; **♀isch** adj. indonesio.

Indossa'ment ✝ n (-s; -e) endoso m.
Indos'sa|nt m (-en) endosante m; **~t** m (-en), **~'tar** m (-s; -e) endosado m, endosatario m.
indos'sier|bar adj. endosable; **~en** (-) v/t. endosar.
Induk'tanz Phys. f inductancia f.
Indukti'on f inducción f; **~s-apparat** m inductor m; **~s-elektrizität** f electricidad f por inducción; ℒ**sfrei** adj. sin inducción; no inductivo; **~sspule** f bobina f de inducción; **~sstrom** m corriente f inducida (od. de inducción); **~svermögen** n capacidad f de inducción.
induk'tiv adj. inductivo.
Induktivi'tät f (0) inductividad f.
In'duktor m (-s; -en) inductor m.
industriali'sier|en (-) v/i. industrializar; ℒ**ung** f industrialización f.
Indus'trie f industria f; **~abwässer** n/pl. aguas f/pl. industriales; **~aktie** ✝ f acción f industrial; **~anlage** f instalación f (od. planta f) industrial; **große** polígono m industrial; **~arbeiter(in** f) m obrero (-a f) m industrial; **~ausstellung** f exposición f industrial; **~bank** f banco m industrial; **~betrieb** m empresa f industrial; **~erzeugnis** n producto m industrial; **~gebiet** n región f (od. zona f) polígono m industrial; **~gelände** n terreno m industrial; **~gewerkschaft** f sindicato m (obrero) industrial; **~kapitän** m gran industrial m, Neol. capitán m de industria; **~komplex** m complejo m (od. polígono m) industrial; **~kredit** m crédito m industrial; **~land** n país m industrial(izado).
industri'ell adj. industrial; ℒ**e(r)** m industrial m, fabricante m.
Indus'trie|magnat m magnate m de la industria; **~messe** f feria f industrial; **~obligationen** ✝ f/pl. obligaciones f/pl. industriales; **~papiere** ✝ n/pl. valores m/pl. industriales; **~potential** n potencial m industrial; **~produktion** f producción f industrial; **~staat** m Estado m industrial; **~stadt** f ciudad f industrial; **~ und 'Handelskammer** f Cámara f de Comercio y Industria; **~unternehmen** n empresa f industrial; **~verband** m federación f industrial; **~viertel** n barrio m industrial; **~werbung** f (0) publicidad f industrial; **~werte** m/pl. valores m/pl. industriales; **~wirtschaft** f economía f industrial; **~zeitalter** n era f industrial; **~zentrum** n centro m industrial; **~zweig** m ramo m de (la) industria; sector m industrial.
indu'zieren ⚡ u. Phys. (-) v/t. inducir.
in-ein'ander adv. uno en (bzw. dentro de) otro; uno dentro de otros; **~fassen** v/i. ⊕ engranar; **~fließen** v/i. (L) Flüsse: confluir; allg. mezclarse; confundirse; **~fügen** v/t. juntar, (re)unir, encajar, ensamblar; ajustar; ℒ**fügen** n encaje m, ensamblaje m; **~gehen** v/i. Zimmer: comunicar; **~greifen** (L) v/i. ⊕ engranar; enlazar con; fig. encadenarse, entrelazarse; ℒ**greifen** n engranaje m; fig. a. encadenamiento m, entrelazamiento m; **~passen** v/i. encajar; **~schiebbar** adj. telescópico; encajable uno en otro; **~schieben** (L) v/t. encajar (uno con otro); **~schlingen** (L) **~weben** v/t. entrelazar; entretejer.
In-emp'fangnahme f recepción f.
in'fam adj. infame.
Infa'mie f infamia f.
In'fant m (-en) infante m; **~in** f infanta f.
Infante'rie ✖ f infantería f; **~unterstützung** f apoyo m de infantería.
Infante'rist ✖ m (-en) soldado m de infantería, infante m.
infan'til adj. infantil.
Infanti'lismus ✍ m (-; 0) infantilismo m.
In'farkt ✍ m (-es; -e) infarto m.
Infekti'on ✍ f infección f; sich e-e **~** zuziehen contraer una infección; **~sgefahr** f peligro m de infección; **~sherd** m foco m infeccioso; **~skrankheit** f enfermedad f infecciosa.
infekti'ös adj. infeccioso; contagioso.
Inferiori'tät f (0) inferioridad f.
infer'nalisch adj. infernal.
In'ferno n infierno m (a. fig.).
Infil|'trat ✍ n infiltración f; **~trati'on** f infiltración f (a. Pol.); ℒ**'trieren** (-) v/i. u. v/t. infiltrar.
Infinitesi'malrechnung f cálculo m infinitesimal.
Infinitiv Gr. m (-s; -e) (modo m) infinitivo m.
infi'zieren (-) v/t. u. v/refl. infectar (-se); contagiar(se).
Inflati'o|n f inflación f; ℒ**när,** ℒ**'nistisch** adj. inflacionista, inflacionario.
Inflati'ons|erscheinung f síntoma m de inflación; **~gefahr** f peligro m de inflación; **~politik** f inflacionismo m; **~rate** f tasa f (od. índice m) de inflación; **~spirale** f espiral f inflacionaria.
Influ'enz ⚡ f influencia f (eléctrica).
in'folge prp. (gen.) a consecuencia de, debido a; **~'dessen** adv. por consiguiente, por (lo) tanto, en consecuencia.
Infor'mant m (-en) informador m.
Infor'matik f informática f; **~er** m informático m.
Infor|mati'on f información f, informe m (über ac. sobre); zur **~** a título informativo; **~mati'onsbüro** n oficina f de información; agencia f de informes; **~mati'onsgesellschaft** f sociedad f de la información; **~mati'onsgespräch** n coloquio m informativo; **~mati'onsmangel** m desinformación f; **~mati'onsstand** m auf Messen usw.: stand m de información; **~mati'onstechnologie** f tecnología f de la información; **~mati'onstheorie** f teoría f de la información; ℒ**ma'tiv** adj. informativo; ℒ**'mieren** (-) v/t. informar; sich **~** informarse, enterarse (über ac. de, sobre).
infor'mell adj. informal.
Info'tainment n (-s; 0) infotainment m.
'infra|rot adj. infrarrojo; ℒ**rotstrahler** m radiador m infrarrojo; ℒ**schall** m infrasonido m; ℒ**struktur** f infraestructura f.
Infusi'on f infusión f; **~s-tierchen** n/pl., **Infu'sorien** n/pl. Zoo. infusorios m/pl.
In'gangsetzung f puesta f en marcha (od. en funcionamiento).

Ingeni'eur [-ʒe-'niø:R] m (-s; -e) ingeniero m; **~büro** n oficina f técnica; **~schule** f escuela f de ingenieros; **~wesen** n, **~wissenschaft** f ingeniería f.
In'gre|di-ens n (-; -di'enzien), **~di'enz** f ingrediente m.
'Ingwer ♀ m (-s; 0) jengibre m.
'Inhaber m titular m (a. Sport); e-s Geschäfts usw.: propietario m, dueño m; ✝ v. Aktien usw.: tenedor m; e-s Wechsels: portador m; ✝ auf den **~** lautendes Papier efecto al portador; auf den **~** ausstellen emitir al portador; auf den **~** zahlbar pagadero al portador; **~aktie** f acción f al portador; **~papier** ✝ n efecto m (od. título m) al portador; **~scheck** m cheque m al portador; **~schuldverschreibung** f obligación f al portador; **~wechsel** m letra f al portador.
inhaf'tier|en (-) v/t. detener; encarcelar; ℒ**ung** f detención f; arresto m; encarcelamiento m.
In'haftnahme f encarcelamiento m; arresto m.
Inhalati'on f inhalación f; **~s-apparat** m inhalador m.
inha'lieren (-) v/t. inhalar; hacer inhalaciones.
'Inhalt m (-es; -e) contenido m; (Raum ℒ) capacidad f; ⯑ (Flächen ℒ) superficie f, área f; e-s Körpers: volumen m; (Thema) asunto m, tema m; e-r Rede, Schrift usw.: a. tenor m; e-s Films, Buches usw.: argumento m, trama f; wesentlicher **~** su(b)stancia f; **~ und Form** el fondo y la forma; ℒ**lich** adj. en cuanto al contenido; **~s-angabe** f sumario m; resumen m; sinopsis f argumental; declaración f del contenido; **~sbestimmung** ⯑ f determinación f del volumen, cubicación f; **~s-erklärung** f declaración f del contenido; ℒ**sleer,** ℒ**slos** adj. vacío (de contenido); hueco, huero, fig. sin valor, sin fondo; ℒ**sreich,** ℒ**sschwer** adj. su(b)stancial, sustancioso; profundo, trascendental, de gran alcance; **~sverzeichnis** n tabla f de materias, índice m; (Übersicht) sumario m; ℒ**(s)voll** adj. = ℒ**sreich**.
Initi'ale [-'tsɪa-] f (-; -n) (letra f) inicial f.
Initia'tive [-tsɪa-] f iniciativa f; die **~** ergreifen tomar la iniciativa; keine **~** haben carecer de iniciativa; aus eigener **~** por propia iniciativa.
Initi'ator [-'tsɪa:-] m iniciador m.
Injekti'on f inyección f, F pinchazo m; **~snadel** f aguja f hipodérmica; **~sspritze** f jeringuilla f (para inyecciones).
In'jektor ⊕ m (-s; -en) inyector m.
inji'zieren (-) v/t. inyectar.
In'kasso ✝ n (-s; -s) cobro m; cobranza f; zum **~** vorlegen presentar al cobro; **~abteilung** f sección f de cobros; **~auftrag** m orden f de cobro; **~büro** n oficina f de cobros; **~gebühr** f derechos m/pl. de cobro; **~geschäft** n operaciones f/pl. de cobro; **~papier** n efecto m remitido al cobro; **~spesen** pl. gastos m/pl. de cobro; **~vollmacht** f poder m de cobro.
inklu'siv|e adv. incluido, inclusive; ℒ**preis** m precio m global.
in'kognito I. adv. incógnito; **~** reisen

viajar de incógnito; **II.** ⚥ *n* (*-s*; *-s*) incógnito *m*; *das* ~ *wahren* guardar el incógnito.
'**inkompeten|t** *adj.* incompetente; (*sich*) *für* ~ *erklären* declarar(se) incompetente; ⚥ *f* incompetencia *f*.
'**inkongruent** *adj.* incongruente.
'**inkonsequen|t** *adj.* inconsecuente; ⚥ *z f* inconsecuencia *f*.
'**inkorrekt** *adj.* incorrecto; ⚥**heit** *f* incorrección *f*.
In'kraft|setzung *f* puesta *f* en vigor; ~**treten** *n* entrada *f* en vigor.
'**Inkreis** ⚥ *m* círculo *m* inscrito.
inkrimi'nieren (-) *v/t.* incriminar.
Inkubati'on ⚥ *f* incubación *f*; ~**szeit** *f* período *m* de incubación.
Inku'nabel *f* (-; -*n*) incunable *m*.
In'kurssetzung *f* puesta *f* en circulación.
'**Inland** *n* (-*és*; *0*) interior *m* (del país); zona *f* interior; ~**eis** *n* glaciar *m* continental.
'**Inländ|er(in** *f*) *m* habitante *m/f* del país; natural *m/f* (del país), nacional *m*; (*Einheimischer*) nativo *m*, indígena *m*; ⚥**isch** *adj.* del país; interior; nacional; (*einheimisch*) nativo, indígena.
'**Inlands|absatz** *m* venta *f* al interior; ~**auftrag** *m* pedido *m* del interior; ~**bedarf** *m* demanda *f* interior; ~**erzeugung** *f* producción *f* nacional; ~**gebühr** *f* tarifa *f* nacional; ~**handel** *m* comercio *m* interior; ~**markt** *m* mercado *m* interior (*od.* nacional); ~**porto** *n* franqueo *m* interior; ~**preis** *m* precio *m* interior (*od.* en el mercado nacional); ~**verbrauch** *m* consumo *m* interior; ~**wechsel** *m* letra *f* (de cambio) sobre el interior.
'**Inlaut** *Gr. m* (-*és*; -*e*) sonido *m* medial.
'**Inlett** *n* (-*és*; -*e*) funda *f* *bzw.* tela *f* para edredones.
'**inliegend** *adj.* adjunto; incluido.
'**Inlineskates** *n/pl.* patines *m/pl.* de ruedas en línea.
in'mitten *prp.* (*gen.*) en medio de.
'**inne|haben** (*L*) *v/t.* poseer, ostentar; *Amt*: ocupar; desempeñar; *Rekord*: mantener; ~**halten** (*L*) *v/i.* pararse, detenerse; hacer una pausa; *mit der Arbeit* ~ dejar de trabajar, suspender el trabajo.
'**innen** *adv.* dentro, en el interior; *nach* ~ adentro; hacia (a)dentro (*od.* el interior); para (a)dentro; *von* ~ (*heraus*) desde (a)dentro; por dentro; ⚥**abmessung** *f* dimensión *f* interior; ⚥**ansicht** *f* (vista *f*) interior *m*; ⚥**antenne** *f* antena *f* interior; ⚥**architekt** *m* arquitecto *m* decorador *m* de interiores; ⚥**architektur** *f* arquitectura *f* interior; ⚥**aufnahme** *f* *Phot.*, *Film*: interior *m*; ⚥**ausstattung** *f* decoración *f* interior, *Neol.* interiorismo *m*; *Kfz.* acabado *m* interior; ⚥**bahn** *f* *Sport*: calle *f* interior; ⚥**beleuchtung** *f* alumbrado *m* interior; ~**bords** *adv.* intraborda; ⚥**dekorateur** *m* decorador *m* de interiores, *Neol.* interiorista *m*; ⚥**dienst** *m* servicio *m* interno (*od.* de oficina); ⚥**durchmesser** *m* diámetro *m* interior; ⚥**einrichtung** *f* → ⚥**ausstattung**; ⚥**fläche** *f* superficie *f* interior; ⚥**hof** *m* patio *m* (interior); ⚥**leben** *n* vida *f* interior; ⚥**minister** *m* ministro *m* del Interior; ⚥**ministerium** *n* Ministerio *m* del Interior; ⚥**politik** *f* política *f* interior; ~**politisch** *adj.* en materia de política interior; ⚥**raum** *m* (espacio *m*) interior *m*; *Kfz.* habitáculo *m*; ⚥**seite** *f* lado *m* interior; ⚥**stadt** *f* centro *m* (*od.* casco *m*) urbano; ⚥**stürmer** *m* *Fußball*: interior *m*; ⚥**tasche** *f* bolsillo *m* interior; ⚥**welt** *f* mundo *m* interior; ⚥**winkel** ⚥ *m* ángulo *m* interno; ⚥**zimmer** *n* habitación *f* interior.
'**inner** *adj.* interior; interno (*a.* ⚥); (*wesentlich*) intrínseco; *Gedanken*: íntimo, secreto; ~*e Stimme* voz *f* interior; ~*e Angelegenheit* asunto *m* interno; ~*er Wert* valor *m* intrínseco; ~**betrieblich** *adj.* interempresarial.
Inne'reien *f/pl.* asaduras *f/pl.*; *Geflügel*: menudillos *m/pl.*
'**Inner|e(s)** *n* interior *m*; la parte íntima *bzw.* interior; fondo *m*; *fig.* el fuero interno; *im* ~*n* adentro; en el interior; *in m-m* ~*n* en lo íntimo de mi ser; en mi fuero interno; *Minister des* ~*n* ministro del Interior; ⚥**halb I.** *adv.* por dentro; en el interior de; **II.** *prp.* *örtlich* (*gen.*) dentro de; en el seno de; *zeitlich* (*dat. u. gen.*) dentro de, en el plazo de; ~ *24 Stunden* en el plazo (*od.* término) de veinticuatro horas; ⚥**lich** *adj.* interior; íntimo, mental; *Phar.* ~ *anzuwenden* para uso interno; ⚥**lichkeit** *f* profundidad *f* de los sentimientos; ⚥**politisch** *adj.* → **innenpolitisch**; ⚥**st** *adj.* íntimo; lo más profundo; ⚥**staatlich** *adj.* nacional; interno; ~**ste(s)** *n* lo más íntimo; corazón *m*; fondo *m*; *das* ~ *der Erde* las entrañas de la tierra.
'**inne|sein** *v/i.* tener presente; ~**werden** (*L*) *v/i.* darse cuenta de; percatarse de; ~**wohnen** *v/i.* ser inherente a, ser propio de; ~**wohnend** *adj.* inherente.
'**innig** *adj.* íntimo; entrañable; (*herzlich*) cordial; (*zärtlich*) tierno; cariñoso; (*inbrünstig*) fervoroso, ferviente; *Dank*: sincero; *mein* ~*ster Wunsch* mi deseo más ardiente; *mein* ~*es Beileid* mi más sentido pésame; ⚥**keit** *f* (*0*) intimidad *f*; hondo sentimiento *m*; cariño *m*; cordialidad *f*; ternura *f*; ~**lich** *adj.* → **innig**.
'**Innung** *f* corporación *f*; gremio *m*; ~**swesen** *n* sistema *m* gremial; gremios *m/pl.*
'**in-offiziell** *adj.* no oficial; oficioso.
'**in-operabel** ⚥ *adj.* inoperable.
'**in-opportun** *adj.* inoportuno.
Inquisiti'on *Rel. f* inquisición *f*; ~**gericht** *n* (Tribunal *m* de la) Inquisición *f*, Santo Oficio *m*.
Inqui'sitor *m* (-*s*; -*en*) inquisidor *m*.
inquisi'torisch *adj.* inquisitorial; *fig.* inquisidor, inquisitorio.
'**Insass|e** *m* (-*n*), ~**in** *f* *e-s Hauses*: inquilino (-a *f*) *m*, vecino (-a *f*) *m*; *e-s Gefängnisses*: recluso (-a *f*) *m*; *e-s Fahrzeuges*: ocupante *m/f*; viajero (-a *f*) *m*; (*Fahrgast*) pasajero (-a *f*) *m*; ~**enversicherung** *Kfz. f* seguro *m* de ocupantes.
insbe'sondere *adv.* en particular, particularmente; especialmente; principalmente; sobre todo.
'**Inschrift** *f* inscripción *f*; epígrafe *m*; *auf Grabsteinen*: epitafio *m*; *auf Münzen*: leyenda *f*.
In'sekt *n* (-*és*; -*en*) insecto *m*.
In'sekten|forscher *m* entomólogo *m*; ~**fressend** *adj.* insectívoro; ~**fresser** *Zoo. m/pl.* insectívoros *m/pl.*; ~**kunde** *f*, ~**lehre** *f* entomología *f*; ~**pulver** *n* insecticida *m*; ~**stich** *m* picadura *f* de insecto; ~**vertilgung** *f* desinsectación *f*; ~**vertilgungsmittel** *n* insecticida *m*.
'**Insel** *f* (-; -*n*) isla *f*; *kleine*: islote *m*; ~**bewohner(in** *f*) *m* insular *m/f*, isleño (-a *f*) *m*; ~**gruppe** *f* grupo *m* de islas; archipiélago *m*; ~**staat** *m* Estado *m* insular; ~**volk** *n* pueblo *m* insular; ~**welt** *f* archipiélago *m*.
Inse'rat *n* (-*és*; -*e*) anuncio *m*; ~**enteil** *m* *e-r Zeitung* sección *f* de anuncios.
Inse'rent *m* (-*en*) anunciante *m*.
inse'rieren (-) **I.** *v/t.* insertar, poner un anuncio (*in dat.* en); **II.** ⚥ *n* inserción *f*.
ins|ge'heim *adv.* en secreto, secretamente; a escondidas; ~**ge'mein** *adv.* en general; por lo común, comúnmente; ~**ge'samt** *adv.* en total; en conjunto.
In'signien *pl.* insignias *f/pl.*; distintivos *m/pl.*
in'sofern *adv.* en cuanto que, en tanto que (*ind./subj.*); en la medida que; (*unter der Bedingung*) con tal que, siempre que (*subj.*).
'**insolven|t** *adj.* insolvente; ⚥**z** *f* insolvencia *f*.
in'sonderheit *adv.* → **insbesondere**.
in'soweit *adv.* → **insofern**.
Inspek'teur [-spɛk'tøːʀ] *m* (-*s*; -*e*) inspector *m*; ~**ti'on** *f* inspección *f*; (*Überwachung*) vigilancia *f*, control *m*; ~**ti'onsreise** *f* viaje *m* de inspección.
In'spektor [-ʃp-] *m* (-*s*; -*en*) inspector *m*; vigilante *m*.
Inspi'rati'on *f* inspiración *f*; ⚥**rieren** (-) *v/t.* inspirar.
Inspizi'ent *m* (-*en*) *Thea.* traspunte *m*, *Film*: regidor *m*.
inspi'zieren (-) *v/t.* inspeccionar; vigilar; examinar.
Install|a'teur *m* (-*s*; -*e*) instalador *m*; ⚥ electricista *m*, lampista *m*; (*Klempner*) fontanero *m*; ~**ati'on** *f* instalación *f* (*a. Computer*); ~**ati'onsgeschäft** *n* lampistería *f*; fontanería *f*.
instal'lier|en (-) *v/t.* instalar (*a. Computer*); F *sich* ~ instalarse, establecerse; ⚥**en** *n*, ⚥**ung** *f* instalación *f*; establecimiento *m*.
in'stand *adv.*: ~ *halten* entretener, mantener en buen estado; conservar; ~ *setzen* reparar, arreglar, componer; *j-n*: poner en condiciones.
In'standhaltung *f* mantenimiento *m*, entretenimiento *m*; conservación *f*; ~**skosten** *pl.* gastos *m/pl.* de entretenimiento (*od.* conservación).
'**inständig I.** *adj.* urgente; ~*e Bitte* ruego *m* encarecido; **II.** *adv.* encarecidamente, con instancia; *j-n* ~ *bitten* instar, encarecer a alg. (zu *que subj.*).
In'standsetzung *f* arreglo *m*; reparación *f*, compostura *f*; restablecimiento *m*; ~**s-arbeiten** *f/pl.* trabajos *m/pl.* de reparación; ~**s-kosten** *pl.* gastos *m/pl.* de reparación.
In'stanz *f* (-; -*en*) autoridad *f* competente; ⚖ instancia *f*; *in erster* (*letzter*) ~ en primera (última) instancia; *höhere* ~ tribunal *m* superior; ~**enweg** *m* trámite *m*; tramitación *f*; *auf dem* ~ por vías de trámite; ~**enzug** *m* prosecución *f* de instancias; tramitación *f*.

In'stinkt m (-¢s; -e) instinto m; aus ~ por instinto; instintivamente.
instink'tiv, in'stinktmäßig I. adj. instintivo; **II.** adv. instintivamente; por instinto.
Insti'tut n (-¢s; -e) instituto m; centro m; establecimiento m.
Instituti'on f institución f.
institutio'nell adj. institucional.
instru'ieren (-) v/t. instruir, dar instrucciones.
Instrukti'on f instrucción f; (Anweisung) a. directiva f.
instruk'tiv adj. instructivo.
Instru'ment n (-¢s; -e) instrumento m (a. fig.); ein ~ spielen tocar un instrumento.
instrumen'tal adj. instrumental; ♀begleitung f acompañamiento m instrumental.
Instrumenta'list m (-en) instrumentista m.
Instrumen'tal|musik f (0) música f instrumental; **~satz** m composición f instrumental.
Instrumen'tarium n a. ♪ instrumental m, instrumentos m/pl.
Instrumentati'on f instrumentación f; orquestación f.
Instru'menten|brett n ✈, Kfz. tablero m de instrumentos (od. de mando), cuadro m de mando; Kfz. a. salpicadero m; **~flug** ✈ m vuelo m por instrumentos; **~landung** ✈ f aterrizaje m por instrumentos; **~macher** ♪ m fabricante m de instrumentos (musicales).
instrumen'tier|en ♪ (-) v/t. instrumentar; orquestar; ♀en n, ♀ung f instrumentación f; orquestación f.
Insub-ordinati'on f insubordinación f.
'Insuffizienz ✱ f insuficiencia f.
Insu'laner(in f) m isleño (-a f) m, insular m/f.
Insu'lin n (-s; 0) insulina f.
insze'nier|en (-) v/t. Thea. escenificar; poner en escena; montar; fig. orquestar; e-n Skandal ~ armar un escándalo; ♀ung f escenificación f; puesta f en escena.
in'takt adj. intacto; íntegro.
In'tar|sia f, **~sie** [-ziə] f (-; -ien) marquetería f, taracea f.
Inte'gral ⋀ n (-s; -e) integral f; **~rechnung** f cálculo m integral.
Inte'grand ⋀ m integrando m.
Integrati'on f integración f.
inte'grieren (-) v/t. integrar (a. ⋀); integriert Computer: incorporado, integrado; **~d** adj. integrante; **~er Bestandteil** parte f integrante.
Integri'tät f (0) integridad f.
Intel'lekt m (-¢s; 0) intelecto m.
Intellektua'lismus m (-; 0) intelectualismo m.
intellektu'ell adj., ♀e(r) m intelectual (m).
intelli'gen|t adj. inteligente; ♀z f (0) inteligencia f; coll. la intelectualidad, los intelectuales, la intelligentsia; ♀zquotient m cociente m intelectual (od. de inteligencia); ♀ztest m test m de inteligencia.
Inten|'dant m (-en) ✕ intendente m; Thea., Radio: director m artístico; **~dan'tur** f, **~'danz** f intendencia f.
Intensi'tät f (0) intensidad f.
inten'siv adj. intenso; intensivo (a. ♪).

inten|si'vieren (-) v/t. intensificar; ♀si'vierung f intensificación f; ♀'sivkurs m curso m intensivo; ♀'sivstation ✱ f unidad f de cuidados intensivos (od. de vigilancia intensiva).
interak'tiv adj. interactivo.
interameri'kanisch adj. interamericano.
Inter'dikt Rel. n (-¢s; -e) interdicto m; entredicho m.
interdiszipli'när adj. interdisciplinario.
interes'sant I. adj. interesante; **II.** adv. de una manera interesante.
Inte'resse n (-s; -n) interés m; ~ zeigen mostrar interés (für por); ~ nehmen an tomar interés por; in j-s ~ en interés de alg.; im ~ der Allgemeinheit en interés de todos, en interés general; es liegt in Ihrem ~ es de interés para usted; está en su interés; aus ~ por interés; ~ haben tener interés, interesarse (für ac. por; an dat. en); das ~ an et. verlieren desinteresarse de a/c.; j-s ~n vertreten (od. wahrnehmen) defender (od. salvaguardar) los intereses de alg.; j-s ~n wahren velar por los intereses de alg.; ~ erwecken suscitar (od. despertar) interés; **~los** adj. sin interés; indiferente; **~losigkeit** f desinterés m (für por); **~ngebiet** n Pol. esfera f de intereses, zona f de influencia; e-r Person: especialidad f; **~ngemeinschaft** f comunidad f de intereses; **~ngruppe** f Pol. grupo m de presión; **~nsphäre** f → ~ngebiet.
Interes'sent(in f) m (-en) interesado (-a f) m.
interes'sieren (-) v/t. u. v/refl. interesar(se) (für por alg., an a/c.); das interessiert mich nicht no me interesa; ich interessiere mich nicht dafür no tengo interés en eso; an et. interessiert sein (dat.) estar interesado en a/c.; sich nicht mehr ~ für desinteresarse por.
'Interface n (-; -s) Computer: interfaz m od. f, interface m od. f.
Interfe'renz Phys. f interferencia f.
'Interim n (-s; -s) interin m, interimidad f.
interi'mistisch adj. interino; provisional.
'Interims|aktie ✝ f acción f provisional; **~ausschuß** m comisión f interina; **~regierung** f gobierno m provisional (od. interino); **~schein** ✝ m resguardo m (od. talón m) provisional.
Inter|jekti'on Gr. f interjección f; ♀konfessio'nell adj. interconfesional; ♀kontinen'tal adj. intercontinental; **~kontinen'talrakete** f misil m intercontinental; **~'mezzo** [-met-so'] n (-s; -u. -mezzi) intermedio m (a. fig.); ♀mit'tierend adj. intermitente.
in'tern adj. interno.
Inter'nat n (-¢s; -e) internado m, colegio m de internos.
internatio'na|l adj. internacional; ♀le Pol. f: die ~ la Internacional (a. Lied); **~li'sieren** (-) v/t. internacionalizar; ♀li'sierung f internacionalización f; ♀'lismus m (-; 0) internacionalismo m; ♀li'tät f (0) internacionalidad f.
Inter'natsschüler(in f) m (alumno [-a f] m) interno (-a f) m.

In'terne(r m) m/f interno (-a f) m.
'Internet n (-s; 0) Internet f; **~-Adresse** f dirección f en Internet; **~Anschluß** m acceso m a Internet; **~Café** n ciberbar m, cibercafé m; **~Handel** m comercio m en Internet; **~Provider** m proveedor m de Internet; **~Seite** f página f de Internet; **~Sitzung** f sesión f de Internet; **~Surfer(in** f) m internauta m/f, cibernauta m/f, navegante m/f por Internet; **~Zugriff** m acceso m a Internet.
inter'nier|en (-) v/t. internar; ♀te(r m) m/f internado (-a f) m; ♀ung f internación f; ♀ungslager n campo m de internación.
Inter'nist ✱ m (-en) (médico m) internista m.
interparlamen'tarisch adj. interparlamentario; die ♀e Union la Unión Interparlamentaria.
Interpel'lant m (-en) interpelante m.
Interpellati'on f interpelación f.
interpel'lieren (-) v/i. interpelar.
interplane'tarisch adj. interplanetario.
Interpolati'on f interpolación f.
interpo'lieren (-) v/t. interpolar.
Inter'pre|t m (-en) intérprete m (a. ♪); **~tati'on** f interpretación f; ♀'tieren (-) v/t. interpretar (a. ♪); explicar.
inter'punk'tieren (-) Gr. v/t. puntuar, poner la puntuación f; ♀punkti'on Gr. f puntuación f; ♀punkti'onszeichen n signo m de puntuación.
Inter'regnum n (-s; -nen od. -na) interregno m.
Interroga'tivpronomen Gr. n pronombre m interrogativo.
Inter'vall n (-s; -e) intervalo m; **~training** n Sport: entrenamiento m fraccionado.
interve'nieren (-) v/i. intervenir; ♀ti'on f intervención f; ♀tio'nismus m intervencionismo m.
Inter'view [-ta̯'vjuː] n (-s; -s) entrevista f, Neol. intervíu f; ein ~ geben conceder una entrevista; ♀en [-'vjuː-ən] (-) v/t.: j-n ~ tener una entrevista con alg., entrevistar a alg., Neol. interviuar a alg.; **~er** m entrevistador m; **~partner** m interlocutor m.
Inter'zonen|abkommen n acuerdo m interzonal; **~grenze** f frontera f interzonal (od. entre zonas); **~handel** m comercio m interzonal; **~verkehr** m tráfico m interzonal; **~zug** m tren m interzonal.
Inthronisati'on f entronización f.
in'tim [-iː-] adj. íntimo; **~e Beziehungen** relaciones íntimas bzw. sexuales; ♀hygiene f higiene f íntima.
Intimi'tät f intimidad f.
In'tim|sphäre f interioridades f/pl., intimidad f personal; **~spray** m desodorante m íntimo.
'Intimus m (-; -mi) amigo m íntimo.
In'timverkehr m relaciones f/pl. íntimas.
'intoleran|t adj. intolerante; ♀z f intolerancia f.
Intonati'on f entonación f (a. ♪).
into'nieren (-) ♪ v/t. entonar.
intramusku'lär ✱ adj. intramuscular.
'intransitiv Gr. adj. intransitivo.
intrave'nös ✱ adj. intravenoso, endovenoso.

Intri'gant(in) *f) m (-en)* intrigante *m/f;* trapisondista *m/f.*
In'trige *f* intriga *f;* trapisonda *f; bsd. im Drama usw.:* enredo *m;* ~**spiel** *n* enredos *m/pl.,* F tejemaneje *m;* ~**stück** *Thea. n* comedia *f* de enredo(s).
intri'gieren (-) *v/i.* intrigar; F trapichear.
introver'tiert *adj.* introvertido.
Intuiti'on *f* intuición *f.*
intui'tiv *adj.* intuitivo.
'intus F: et. ~ *haben* haber tragado *bzw.* comprendido a/c.
In'umlaufsetzen † *n* puesta *f* en circulación; emisión *f.*
inva'lid|(e) *adj.* inválido; 2e *m (-n)* inválido *m.*
Inva'liden|rente *f* pensión *f* de invalidez; ~**versicherung** *f* seguro *m* de invalidez.
Invalidi'tät *f (0)* invalidez *f.*
Invasi'on *f* invasión *f.*
Inven'tar *n (-s; -e)* inventario *m (aufnehmen* hacer, formar); *(Gegenstände)* equipo *m;* mobiliario *m;* ~**aufnahme** *f* confección *f (od.* levantamiento *m)* del inventario; 2i'**sieren** *v/t.* inventariar; hacer *(od.* establecer, formar) el inventario; ~**stück** *n* objeto *m* inventariado, pieza *f* del inventario; ~**verzeichnis** *n* (especificación *f* del) inventario *m.*
Inven'tur *f (-; -en)* inventario *m;* ~ *machen* inventariar, hacer inventario; ~**ausverkauf** *m* liquidación *f* de saldos, venta *f* posbalance.
Inversi'on *f* inversión *f.*
Inver'zugsetzung ‡ *f* constitución *f* en mora.
inves'tier|en (-) *v/t.* † invertir; *j-n* ~ *mit* investir a alg. de; 2**ung** *f* inversión *f.*
Investiti'on *f* inversión *f;* ~**s-anleihe** *f* préstamo *m* de inversión; ~**sgüter** *n/pl.* bienes *m/pl.* de equipo (*od.* inversión); ~**skredit** *m* crédito *m* de inversión; ~**s-plan** *m* plan *m* de inversión.
Investi'tur *f* investidura *f;* ~**streit** *m Hist.* Guerra *f* de las Investiduras.
In'vestment|fonds *m* fondo *m* de inversión (mobiliaria); ~**gesellschaft** *f* sociedad *f* de inversión (mobiliaria); ~**zertifikat** *n* certificado *m* de participación en fondos de inversión (mobiliaria).
'inwendig I. *adj.* interior, interno; **II.** *adv.* por dentro; en el interior; *in- und auswendig kennen* conocer a/c. a fondo; saberse a/c. al dedillo.
inwie|'fern, ~**'weit** *adv.* hasta qué punto; hasta qué grado; en qué medida.
In'zest *m (-es; -e)* incesto *m.*
'Inzucht *f (0)* cruzamiento *m* consanguíneo; consanguinidad *f.*
in'zwischen *adv.* entretanto, mientras tanto.
I'od *n* → Jod.
I'on [i'o:n] *Phys. n (-s; -en)* ion *m;* ~**en-austausch** *m* intercambio *m* iónico; ~**enstrom** *m* flujo *m* de iones; ~**enwanderung** *f* migración *f* de los iones.
Ionisati'on *f* ionización *f.*
i'onisch *adj.* jonio; △ jónico; *das* 2e *Meer* el Mar Jónico; ~e *Säulenordnung* orden *m* jónico.
ioni'sier|en (-) *v/t.* ionizar; 2**ung** *f* ionización *f.*

Iono'sphäre *f (0)* ionosfera *f.*
Iphi'genie *f* Ifigenia *f.*
'I-Punkt *m* punto *m* sobre la i.
I'rak *m* Irak *m;* ~**er(in** *f) m* iraquí *m,* iraquesa *f;* 2**isch** *adj.* iraqués.
I'ran *m* Irán *m;* ~**er** *m* iraní *m;* 2**isch** *adj.* iranio. [*Geschirr* loza *f.)*
'irden *adj.* de loza; de barro; ~**es**
'irdisch *adj.* terrestre; (*weltlich*) mundano; secular; (*Ggs. himmlisch*) terrenal; (*zeitlich*) temporal; (*sterblich*) mortal, perecedero; 2**e(s)** *n: das* ~ *las cosas de este mundo.*
'Ire ['i:Rə] *m (-n)* irlandés *m.*
'irgend *adv.:* ~ *etwas* algo, alguna cosa, cualquier cosa, lo que sea; ~ *jemand* alguien, cualquier persona; *wenn es* ~ *möglich ist* en lo posible; *ohne* ~ *etwas zu sagen* sin decir nada; ~**ein** algún; *verneint:* ningún; *beliebiger* cualquier, cualquiera; ~**eine(r)** alguno, *verneint:* ninguno; alguien, *verneint:* nadie; *desp.* un cualquiera; ~**einmal** *adv.* alguna vez; ~**'wann** *adv.* algún día; no importa cuándo; en cualquier momento; *wenn ...* ~ si jamás; ~**'was** cualquier cosa; lo que sea; ~**'welche** algunos; *ohne* ~ *Kosten* sin ningún gasto; ~**'wer** alguien; quien sea; ~**'wie** *adv.* de cualquier modo (*od.* manera); sea como sea; no importa cómo; ~**'wo** *adv.* en alguna parte; en cualquier sitio; no importa dónde; ~ *anders* en cualquier otro lugar; ~**wo'her** *adv.* de alguna parte; de cualquier sitio; de dónde sea; ~**wo'hin** *adv.* a alguna parte; a algún sitio (*od.* lugar); a dónde sea.
I'ridium *n (-s; 0)* iridio *m.*
'Irin *f* irlandesa *f.*
'Iris *f (0) Anat.* iris *m;* ♀ lirio *m;* ~**blende** *f* diafragma *m* iris.
'ir|isch *adj.* irlandés; *die* 2e *See* el mar de Irlanda; ~**i'sieren** *v/i.* irisar; ~**i'sierend** *adj.* (a)tornasolado; ~**land** *n* Irlanda *f;* 2**länder(in** *f) m* irlandés *m,* irlandesa *f;* ~**ländisch** *adj.* irlandés.
Iro'nie *f (0)* ironía *f.*
i'ronisch *adj.* irónico.
ironi'sieren (-) *v/t.* ironizar.
irratio'nal *adj.* irracional.
Irratio'nalismus *m (-; 0)* irracionalismo *m.*
'irr|(e) I. (*verwirrt*) desorientado; confuso; ♂ demente, loco, enajenado; F *fig.* (*toll*) loco, de locura; *wie* ~ *arbeiten usw.* como (un) loco; ~ *werden* enloquecer, enajenarse; F perder el juicio, volverse loco (*a. fig.*); *fig.* desconcertarse; no saber a qué atenerse; *Redner usw.:* perder el tino; ~ *werden an (dat.)* perder confianza en; 2**e** *f: in die* ~ *führen* extraviar, descaminar; *fig.* → *irreführen; in die* ~ *gehen* → *irregehen;* 2**e(r)** *m) m/f* loco (-a *f) m,* demente *m/f,* enajenado (-a *f) m;* F *fig. ein armer* ~*r* un pobre mentecato; F *wie ein* ~*r* como un loco.
'irreal *adj.* irreal.
Irreali'tät *f (0)* irrealidad *f.*
'irre|führen *v/t.* extraviar; desviar del camino; *a. fig.* descarriar; *fig.* desorientar; despistar; desnortar; (*täuschen*) engañar; inducir a error; ~**führend** *adj.* engañoso; 2**führung** *f* engaño *m;* ~**gehen** (L) *v/i.* extraviarse, errar (*od.* perder) el camino;

fig. andar descaminado; desorientarse, desnortarse; descarriarse; 2**gehen** *n* extravío *m.*
irregu'lär *adj.* irregular.
'irreleiten (-*e*-) *v/t.* → *irreführen.*
'irrelevant *adj.* de poca importancia, *Neol.* irrelevante.
'irreli|giös *adj.* irreligioso; 2**giosi'tät** *f (0)* irreligiosidad *f.*
'irremachen *v/t.* desconcertar, desorientar; confundir; *er läßt sich nicht* ~ no da su brazo a torcer.
'irren *v/i.* 1. *(sn) (herum~)* errar, vagar, andar errando (*od.* vagando) (*durch* por); 2. (*a. sich* ~) (*im Irrtum sein*) errar, equivocarse, estar equivocado; estar en un error; *Rel.* pecar, caer en (el) pecado; *wenn ich nicht irre* si no me equivoco; *sich* ~ equivocarse (*in der Straße* de calle; *im Datum* en la fecha); 2 *ist menschlich* errar es humano; 2**anstalt** *f* manicomio *m, Am.* loquería *f;* 2**arzt** *m* alienista *m;* 2**haus** *n* → 2*anstalt; fig. a.* casa *f* de locos (*od.* de orates); 2**wärter** *m* loquero *m.*
irrepa'rabel *adj.* irreparable.
'irre|reden (-*e*-) *v/i.* delirar, desvariar; desatinar; 2**reden** *n* delirio *m,* desvarío *m;* desatino *m;* 2**sein** *n* locura *f,* demencia *f,* alienación *f* mental.
'Irr|fahrt *f* odisea *f;* ~**garten** *m* laberinto *m,* dédalo *m;* ~**glaube** *m* heterodoxia *f;* (*Ketzerei*) herejía *f;* 2**gläubig** *adj.* heterodoxo; herético; ~**gläubige(r** *m) m/f* heterodoxo (-a *f) m;* hereje *m/f.*
'irrig *adj.* erróneo, equivocado; inexacto; falso.
Irri'gator ♂ *m (-s; -en)* irrigador *m.*
'irriger'weise *adv.* por error (*od.* equivocación), equivocadamente.
irri'tieren (-) *v/t.* irritar; (*verwirren*) desconcertar; confundir.
'Irr|läufer ⊎ *m* envío *m* extraviado; ~**lehre** *f* doctrina *f* falsa (*od.* errónea); *Rel.* doctrina *f* herética; (*Ketzerei*) herejía *f;* ~**licht** *n* fuego *m* fatuo; *Am.* luz *f* mala; ~**sinn** *m* locura *f* (*a. fig.*), demencia *f,* enajenación *f* mental; 2**sinnig** *adj.* loco, demente, enajenado; ~*e Schmerzen* dolores *m/pl.* atroces; *es ist* ~ *teuer* es carísimo; ~**sinnige(r** *m) m/f* loco (-a *f) m,* demente *m/f;* ~**tum** *n (-es; ~er)* error *m,* yerro *m;* equivocación *f;* ~ *vorbehalten* salvo error (u omisión); *e-n* ~ *begehen* cometer un error; *im* ~ *sein* estar equivocado (*od.* en un error); *s-n* ~ *einsehen* reconocer su error, *coll.* apearse) del burro; 2**tümlich I.** *adj.* erróneo; **II.** *adv.* = 2**tümlicher'weise** *adv.* por error, por equivocación; ~**ung** *f* error *m;* yerro *m;* equivocación *f;* ~**weg** *m* camino *m* falso; *fig.* extravío *m; auf* ~*e geraten* extraviarse, ir por mal camino (*a. fig.*); ~**wisch** *m (-es; -e)* fuego *m* fatuo; *fig.* duende *m.*
'Ischias ['ɪʃias] ♂ *m (a. n od. f) (-; 0)* ciática *f;* ~**nerv** *m* nervio *m* ciático.
ISD'N|-Anschluß *m Tele.* conexión *f* RDSI; ~**Karte** *f Computer:* tarjeta *f* de (*od.* adaptador *m*) RDSI; ~**Nummer** *f Tele.* número *m* de RDSI.
'Is|lam *m (-s; 0)* islam *m,* islamismo *m;* 2**lamisch** *adj.* islámico; ~**la'mit(in** *f) m (-en)* islamita *m/f;* 2**la'mitisch** *adj.* islamita.

'**Island** *n* Islandia *f*.
'**Isländ|er(in** *f*) *m* islandés *m*, islandesa *f*; ⁀**isch** *adj.* islandés.
Iso'bare *f* línea *f* isobárica, isobara *f*.
iso'chron *adj.* isócrono.
Isolati'on *f* aislamiento *m*.
Isolatio'nismus *Pol. m* (-; *0*) aislacionismo *m*.
Iso'lator *m* (-s; -en) aislador *m*.
I'solde *f* Isolda *f*.
Iso'lier|band *n* cinta *f* aislante; ⁀**bar** *adj.* aislable; ⁀**baracke** ⚔ *f* pabellón *m* de aislamiento; ⁀**en** (-) *v/t.* aislar; ⚖ incomunicar; ⁀**haft** *f* incomunicación *f*, prisión *f* incomunicado; *in* ⁀ *sein* estar incomunicado; ⁀**griff** *m* asa *f* aislante; ⁀**lack** *m* barniz *m* aislante; ⁀**material** *n* material *m* aislante; ⁀**schicht** *f* capa *f* aisladora (*od.* aislante); ⁀**schutz** *m* revestimiento *m* aislador; ⁀**stoff** *m* aislante *m*; ⁀**ung** *f* aislamiento *m*; *fig. a.* incomunicación *f*; ⁀**zelle** *f* celda *f* de aislamiento.
iso'mer *adj.* isómero.
iso'morph *adj.* isomorfo.
Iso'therme *f* (línea *f*) isoterma *f*.
Iso'top *n* (-s; -e) isótopo *m*; *radioaktives* ⁀ radioisótopo *m*.

iso'trop *adj.* isotrópico.
'**Isra|el** *n* Israel *m*; ⁀'**eli** *m*, ⁀'**elisch** *adj.* israelí (*m*); ⁀**e'lit(in** *f*) *m* (-*en*) israelita *m/f*; ⁀**e'litisch** *adj.* israelita.
'**Ist|ausgabe** *f* gasto *m* efectivo; ⁀**bestand** *m* saldo *m* efectivo; ⁀**einnahme** *f* ingresos *m/pl.* efectivos.
'**Isthmus** *m* (-; -*men*) istmo *m*.
'**Istrien** *n* Istria *f*.
'**Ist-stärke** ⚔ *f* fuerza *f* efectiva, [efectivo *m* real.
I'talien *n* Italia *f*.
Itali'en|er(in *f*) *m* italiano (-a *f*) *m*; ⁀**isch** *adj.* italiano.
'**I-Tüpfelchen** *n* el punto sobre la *i*.

J

J, j *n* J, j *f*.
ja I. *adv.* sí; *ich sage* ~ yo digo que sí; *ich glaube,* ~ creo que sí; *o* ~*!* ¡oh sí!; *¡que sí!; aber* ~*!* ¡sí hombre!, ¡pues sí!; ~ *doch!* (claro) que sí, por cierto; *Widerspruch:* F ¡te digo que sí!; ¡pues sí!; ~ *freilich* sin duda; desde luego; *Am.* ¡cómo no!; ~ *sogar* y aun, y hasta; incluso; *wenn* ~ si es así; *zu et.* ~ *sagen* consentir en a/c.; *zu allem* ~ *sagen* consentir en todo; decir que sí a todo; *tu das* ~ *nicht!* ¡guárdate de hacer eso!; *ich sagte es dir* ~ ya te lo había dicho yo; *das ist* ~ *unmöglich!* ¡pero esto es imposible!; *das denke* ~ *nicht* no vayas a creerte eso; *Sie wissen* ~, *daß* bien sabe usted que; *kommen Sie* ~ *wieder* no deje usted de volver; *das ist* ~ *sehr leicht* esto es bien fácil; *da ist er* ~*!* ¡ahí viene!; ¡ahí le tenemos!; **II.** ⚥ *n* (-*s*; *0*) el sí; *mit* ~ *antworten* contestar afirmativamente.
¹Jacht ⚓ *f* (-; -*en*) yate *m*; ~**hafen** *m* puerto *m* de recreo; ~**klub** *m* club *m* náutico.
¹Jacke *f* chaqueta *f*, americana *f*, *Am.* saco *m*; (*Joppe*) cazadora *f*; *für Damen:* chaqueta *f*; chaquetón *m*; (*Strick*⚥) cardigan *m*; F *das ist* ~ *wie Hose* igual da una cosa que otra; F *j-m die* ~ *vollhauen* F zurrar la badana a alg.; F sacudir el polvo a alg.; ~**nkleid** *n* traje *m* de chaqueta; dos piezas *m*.
¹Jacketkrone 🦷 *f* corona *f* de chaqueta, funda *f* de porcelana.
Ja'ckett [ʒa'kɛt] *n* (-*s*; -*e u. -s*) chaqueta *f*, americana *f*, *Am.* saco *m*.
¹Jade *Min. m* (-; *0*) jade *m*.
Jagd [jɑːkt] *f* **1.** caza *f* (*a. fig.*); cacería *f*; *Myt. die Wilde* ~ la caza infernal; *auf die* ~ *gehen ir* (*od.* salir) *de caza* (*od.* a cazar); ~ *machen auf* (*ac.*) dar caza a, cazar (*a. fig.*); **2.** → ~*revier*.
¹Jagd...: ~**anzug** *m* traje *m* de caza (-dor); ~**aufseher** *m* guarda *m* de caza; montero *m*; ~**ausflug** *m* cacería *f*, partida *f* de caza; ⚥**bar** *adj.* cazable; ~**berechtigt** *adj.* con derecho a cazar; con licencia de caza; ~**berechtigung** *f* derecho *m* de caza; ~**beute** *f* caza *f*, piezas *f/pl.* cobradas; ~**bomber** *m* cazabombardero *m*; ~**eröffnung** *f* apertura *f* de la temporada de caza; ~**flieger** *m* aviador *m* de caza; ~**fliege'rei** *f* aviación *f* de caza; ~**flinte** *f* escopeta *f* (de caza); ~**flugzeug** *n* (avión *m* de) caza *m*; ~**frevel** *m* delito *m* de caza; ~**gebiet** *n* → ~*revier*; ⚥**gerecht** *adj.* conforme a las reglas de la caza; ~**geschwader** ✈ *n* escuadrón *m* de caza; ~**gewehr** *n* escopeta *f* de caza; rifle *m*; ~**haus** *n* pabellón *m* de caza; ~**horn** *n* trompa *f* (*od.* cuerno *m*) de caza; ~**hund** *m* perro *m* cazador (*od.* de caza); ~**hüter** *m* guarda *m* de caza; ~**hütte** *f* pabellón *m* de caza; ~**messer** *n* cuchillo *m* de monte; ~**munition** *f* munición *f* de caza; ~**pacht** *f* arrendamiento *m* de terreno de caza; ~**pächter** *m* arrendatario *m* de un terreno de caza; ~**patrone** *f* cartucho *m* de caza; ~**recht** *n* derecho *m* de caza; ~**revier** *n* cazadero *m*, coto *m* (de caza); vedado *m*; ~**schein** *m* licencia *f* de caza; ~**schlößchen** *n* pabellón *m* de caza; ~**schutz** 🛡 *m* escolta *f* de cazas; ~**sport** *m* deporte *m* cinegético; ~**staffel** ✈ *f* escuadrilla *f* de caza; ~**tasche** *f* morral *m*; ~**vergehen** *n* delito *m* de caza; ~**wesen** *n* cinegética *f*; cacería *f*; montería *f*; ~**zeit** *f* época *f* de caza, temporada *f* cinegética.
¹jagen I. *v/t.* cazar; *fig. a.* dar caza a, perseguir; *aus dem Hause* ~ echar de casa; *zum Teufel* ~ mandar al diablo; *zu Tode* ~ *Pferd:* reventar; *ein Ereignis jagte das andere* los acontecimientos se sucedieron rápidamente; *ein Unglück jagte das andere* llovió sobre mojado; F *damit kannst du mich* ~ lo aborrezco; me da asco; **II.** *v/i.* cazar, estar de caza; *fig.* (*rasen*) correr a toda velocidad; *Pferd:* ir a galope; *fig.* ~ *nach* correr tras; **III.** ⚥ *n* caza *f* (*nach de*); persecución *f*.
¹Jäger *m* (-*s*; -) cazador *m* (*a.* ✈); montero *m*; ✈ aviador *m* bzw. avión *m* de caza; *Myt. der Wilde* ~ el Cazador Infernal.
Jäge'rei *f* montería *f*; caza *f*, cacería *f*; arte *f* venatoria.
¹Jäger|in *f* cazadora *f*; ~**latein** *n* fanfarronadas *f/pl.* de cazador; ~**smann** *m* (-*s*; -*leute*) cazador *m*; ~**sprache** *f* lenguaje *m* cinegético.
¹Jaguar *Zoo. m* (-*s*; -*e*) jaguar *m*; *Am. a.* onza *f*.
jäh *adj.* (*schnell*) rápido; (*plötzlich*) repentino, súbito; (*ungestüm*) impetuoso; (*überstürzt*) precipitado; (*aufbrausend*) impulsivo, arrebatado; (*unerwartet*) inesperado; (*abschüssig*) escarpado, empinado; *e-s* ~*en Todes sterben* morir repentinamente; **II.** *adv.* → ¹~**lings** *adv.* repentinamente, de repente; súbitamente; precipitadamente.
Jahr *n* (-*es*; -*e*) año *m*; *alle* ~*e* todos los años; *nach* ~*en* después de muchos años; *vor zwei* ~*en* hace dos años; *vor* ~*en* hace años; *nach* ~*en* pasados algunos años; *in e-m* ~ dentro de un año; *in jenen* ~*en* por aquellos años; en aquel entonces; *heute in e-m* ~, *übers* ~ de aquí a un año; *Jahr für Jahr, von* ~ *zu* ~ de año en año; *auf viele* ~*e hinaus* para muchos años; *mit den* ~*en* con los años, andando el tiempo; *seit* ~ *und Tag* desde hace mucho tiempo; *in die* ~*e kommen* entrar en años; *in den besten* ~*en sein* estar en sus mejores años, estar en la flor de la edad; *bei* ~*en* de edad (avanzada), entrado en años; *im* ~*e 1980* en 1980; *mit zehn* ~*en* a los diez años; *er ist zwölf* ~*e (alt)* tiene doce años; *er ist in den dreißiger* ~*en* ha cumplido los treinta; *ein halbes* ~ medio año; seis meses, un semestre; *dieses* ~ este año, *Liter.* hogaño; *voriges* ~ el año pasado; *nächstes* ~ el próximo año, el año que viene; *das ganze* ~ (*hindurch*) (durante) todo el año; *j-m ein gutes neues* ~ *wünschen* desear a alg. un feliz año nuevo; ⚥**aus**, ⚥**ein** *adv.* todos los años, año tras año; ¹~**buch** *n* anuario *m*; almanaque *m*; *pl.* anales *m/pl.*; ⚥**elang I.** *adj.* de muchos años; **II.** *adv.* durante muchos años, F años y años.
¹jähren *v/refl.*: *es jährt sich heute, daß ... hoy hace un año que ...*
¹Jahres...: ~**abonnement** *n* abono *m* (*Zeitung:* suscripción *f*) anual; ~**abschluß** 🧮 *m* cierre *m* de cuentas (*od.* liquidación *f*) anual; balance *m* anual; ~**anfang** *m* comienzo *m* del año; ~**bericht** *m* informe *m* (*od.* memoria *f*) anual; ~**bilanz** *f* balance *m* anual (*od.* de fin de año); ~**durchschnitt** *m* promedio *m* anual; ~**einkommen** *m* renta *f* anual; ~**ertrag** *m* rendimiento *m* anual; ~**frist** *f*: *binnen* ~ dentro de un año; *nach* ~ pasado un año; al cabo de un año; ~**gebühr** *f* anualidad *f*; ~**gehalt** *n* sueldo *m* anual; ~**gewinn** *m* ganancia *f* (*od.* beneficio *m*) anual; ~**produktion** *f* producción *f* anual; ~**rate** *f* anualidad *f*; ~**ring** 🌳 *m* cerco *m* (*od.* anillo *m*) anual; ~**schluß** *m* fin *m* de año; ~**tag** *m* aniversario *m*; ~**umsatz** ✝ *m* cifra *f* anual de ventas bzw. de transacciones; ~**urlaub** *m* vacaciones *f/pl.* anuales; ~**verbrauch** *m* consumo *m* anual; ~**versammlung** *f* asamblea *f* anual; ~**wechsel** *m* año *m* nuevo; *zum* ~ para fin de año; ~**wende** *f* fin *m* de año; ~**zahl** *f* (número *m* del) año *m*; *weitS.* fecha *f*; ~**zahlung** *f* anualidad *f*; ~**zeit** *f* estación *f* (*od.* del año); ⚥**zeitlich** *adj.* estacional, de la temporada; ~**zins** *m* interés *m* anual; *effektiver* ~ tipo *m* anual efectivo (*Abk.* TAE).
¹Jahrgang *m* año *m*; *Wein:* cosecha *f*, añada *f*; 🎓 quinta *f*; *Uni.* promoción *f*; hornada *f*.
Jahr'hundert *n* siglo *m*; ⚥**ealt** *adj.* de muchos siglos, secular; ⚥**elang** *adv.*

durante siglos; ~**feier** *f* (fiesta *f* del) centenario *m*; ~**wende** *f* fin *m* de siglo.

'jährlich I. *adj.* anual; **II.** *adv.* anualmente, cada año; por (*od.* al) año.

'Jahr|markt *m* feria *f*; ~**marktsbude** *f* barraca *f* (*od.* puesto *m*) de feria; ~**'tausend** *n* milenio *m*; ~**'tausendfeier** *f* milenario *m*; ~**'zehnt** *n* decenio *m*, década *f*; 2**'zehntelang I.** *adj.* de muchos decenios; **II.** *adv.* durante decenios.

'Jähzorn *m* (-*s*; *0*) arrebato *m* de cólera; (*Eigenschaft*) irascibilidad *f*, iracundia *f*, mal genio *m*; 2**ig** *adj.* irascible, iracundo, colérico; ~ sein tener mal genio.

Jak *Zoo. m* (-*s*; -*s*) yac(k) *m*, yak *m*.

'Jakob *m* Jacobo *m*; Jaime *m*, Diego *m*, Santiago *m*; *Bib.* Jacob *m*.

Jako'biner *Hist. m* jacobino *m*; ~**mütze** *f* gorro *m* frigio.

'Jakobsleiter *f* ⚓ escala *f* de viento; *Bib.* escala *f* de Jacob.

Jalou'sie *f* celosía *f*; persiana *f*.

Ja'mai|ka *n* Jamaica *f*; ~**'kaner** *m* jamaicano *m*.

'Jamb|e *f* yambo *m*; 2**isch** *adj.* yámbico.

'Jammer *m* (-*s*; *0*) (*Elend*) miseria *f*; (*Wehklage*) lamento *m*, lamentaciones *f*/*pl.*; (*Verzweiflung*) desesperación *f*; (*Kummer*) aflicción *f*, desolación *f*; *es ist ein* ~ es una lástima (*od.* pena); ~**geschrei** *n* clamor *m*; lamentaciones *f*/*pl.*; gritos *m*/*pl.* lastimeros, ~**gestalt** *f* hombre *m* hecho una lástima; triste figura *f*; ~**lappen** F *m* quejica *m*; blandengue *m*; ~**leben** *n* vida *f* miserable.

'jämmerlich *adj.* lastimoso; lastimero; (*elend*) miserable, mísero; (*kläglich*) lamentable, deplorable; (*herzzerreißend*) desgarrador; desconsolador; ~ *schreien* dar gritos lastimeros; ~ *aussehen* estar hecho una lástima; 2**keit** *f* (*0*) miseria *f*; estado *m* deplorable.

'jammern (-*re*) **I.** *v*/*i.* lamentarse, quejarse (*über ac.* de); (*wimmern*) gemir; **II.** *v*/*t.* dar lástima (*od.* pena) a; *er bzw.* es *jammert mich* me da la lástima (*od.* pena); **III.** 2 *n* lamento *m*, lamentaciones *f*/*pl.*; gemido *m*.

'jammer|schade *adj.*: *es ist* ~ *es una verdadera lástima*; ~! ¡qué lástima!; 2**tal** *n* valle *m* de lágrimas; ~**voll** *adj.* → *jämmerlich*.

Jani'tscharenmusik *f* (*0*) música *f* turca *bzw.* de jenízaros.

'Jänner *östr. m* enero *m*.

Janse'nis|mus *m* (-; *0*) jansenismo *m*.

Januar *m* (-*s*; -*e*) enero *m*.

Janus *m* Jano *m*; ~**kopf** *m* cabeza *f* de Jano.

'Japan *n* el Japón.

Ja'pan|er(in *f*) *m* japonés *m*, japonesa *f*; 2**isch** *adj.* japonés; nipón; **'**~**lack** *m* laca *f* japonesa; '~**papier** *n* papel *m* japonés.

'jappen, 'japsen (-*t*) F *v*/*i.* jadear.

Jar'gon [ʒaʀ'ɡɔŋ] *m* (-*s*; -*s*) jerga *f*, jerigonza *f*.

'Jasager *m* hombre *m* servil; F sacristán *m* de amén.

Jas'min ♀ *m* (-*s*; -*e*) jazmín *m*.

'Jaspis *Min. m* (-*ses*; -*se*) jaspe *m*.

'Jastimme *f* voto *m* afirmativo (*od.* positivo *od.* en favor).

'jät|en (-*e*-) 🗡 *v*/*t. u. v*/*i.* escardar; desherbar; *Am.* carpir; 2**en** *n* escarda(dura) *f*; 2**hacke** *f* escardillo *m*, escardador *m*, *Am.* carpidor *m*.

'Jauche *f* estiércol *m* líquido, gal. purín *m*; 🌾 icor *m*, sanies *f*; ~**grube** *f* pozo *m* (*od.* fosa *f*) de purín; ~**wagen** *m* carro-cuba *m* para purín.

'jauchz|en (-*t*) *v*/*i.* lanzar gritos de júbilo; jubilar; 2**en** *n* gritos *m*/*pl.* de alegría (*od.* de júbilo); ~**end** *adj.* jubiloso; 2**er** *m* grito *m* de alegría, exclamación *f* de júbilo.

'jaulen *v*/*i.* gemir; gimotear; *Hund:* aullar.

'Jause *östr. f* merienda *f*; 2**n** (-*t*) *v*/*i.* merendar.

'Java *n* Java *f*.

Ja'van|er(in *f*) *m* javanés *m*, javanesa *f*; 2**isch** *adj.* javanés.

ja'wohl *adv.* sí; ciertamente, sí por cierto; perfectamente.

'Jawort *n* sí *m*; (*Einwilligung*) consentimiento *m*; asentimiento *m*; *das* ~ *geben* dar el sí.

Jazz [jats, dʒɛs] *m* (-; *0*) jazz *m*; ~ *spielen* ~ **'**2**en** *v*/*i.* hacer jazz; '~**fan** (-*atiker*) *m* fanático *m* del jazz; '~**kapelle** *f* orquesta *f* de jazz; jazz-band *m*; '~**musik** *f* música *f* de jazz; '~**musiker** *m* músico *m* de jazz.

je *adv. u. cj.* (*jemals*) jamás, nunca; *hast du* ~ *so etwas gesehen?* ¿has visto jamás cosa parecida?; *seit* ~ (*her*) (de) siempre; *distributiv*: ~ *Person* por persona; ~ *zwei und zwei* dos a dos; ~ *zwei* (*2 zugleich*) de dos en dos; (*zwei von jedem*) dos de cada uno; ~ *ein(er*) sendos *pl.*; *er gab ihnen* ~ *zwei Mark* les dio dos marcos a cada uno; *für* ~ *zehn Wörter* por cada diez palabras; ~ *nach den Umständen* según las circunstancias; ~ *nachdem* según que (*subj.*); eso depende; *als Antwort*: según (y cómo); ~ *mehr ..., desto mehr ...* cuanto más ... (tanto) más ...; ~ *weniger, desto weniger* cuanto menos ... menos ...; ~ *mehr, desto besser* cuanto más, tanto mejor; *mehr als* ~ más que nunca; ~ *eher*, ~ *lieber* cuanto antes mejor; ~ *weiter wir kommen* a medida que avanzamos; *o* ~! ¡por Dios!; ¡cielos!; ~ *nun* pues bien.

Jeans [ʒiːns] *pl.* tejanos *m*/*pl.*; vaqueros *m*/*pl.*

'jedenfalls *adv.* en todo caso; de todos modos; (*wie dem auch sei*) sea como fuera.

'jed|er, ~e, ~es *pron*/*indef.* **1.** *adj.* cada, *allgemeinernd*: todo, todos; *jeden Augenblick* en cualquier momento, en todo (*od.* cada) momento; *de un momento a otro*; *zu jeder Stunde* a todas horas, a cualquier hora; *jedes dritte Wort* cada tres palabras; *jeden Monat* cada mes, todos los meses; *ohne jede Mühe* sin ningún esfuerzo; **2.** *su.* cada uno, cada cual; todo el mundo; *jeder, der ...* cualquiera que ...; *das weiß jeder* eso lo sabe cualquiera (*od.* todo el mundo), eso lo saben todos; *jedem das Seine* a cada cual lo suyo; *jedem uns* cada uno (*od.* cualquiera *f* de nosotros).

'jeder|mann *pron*/*indef.* cada uno, cada cual, todo el mundo; todos; ~**zeit** *adv.* en todo momento, en cualquier momento, siempre; a cualquier hora.

'jedesmal *adv.* cada vez, siempre (*wenn que*).

je'doch *adv.* sin embargo, no obstante; (*immerhin*) con todo; (*aber*) pero, empero, mas.

'jedwede, ~r, ~s, 'jegliche, ~r, ~s *pron*/*indef.* → *jeder*.

Jeep [dʒiːp] *m* (-*s*; -*s*) *angl.* jeep *m*; *Am.* campero *m*.

'jeher *adv.*: *von* ~ (de *od.* desde) siempre; desde tiempos inmemoriales.

Je'hova *m* Jehová *m*; *die Zeugen* ~*s* los testigos de Jehová.

jein *adv.* ni sí ni no.

Je'längerje'lieber ♀ *n* madreselva *f*.

'jemals *adv.* jamás.

'jemand *pron*/*indef.* alguien, *verneint*: nadie; alguno, *verneint*: ninguno; ~ *anders* otra persona, otro; ~ *sonst* (*algún*) otro; *weder er noch sonst* ~ ni él ni nadie; *ist* ~ *da?* ¿hay alguien ahí?; *ich kenne* ~ *en gewissen* 2, *der ...* conozco a cierta persona que ...

'Jemen *m* Yemen *m*.

Jeme'nit|e *m* (-*n*), 2**isch** *adj.* yemenita (*m*), yemení (*m*).

'jemine *int.*: *o* ~! ¡Jesús!; ¡Dios mío!

'jen|er, ~e, ~es *pron*/*indef.* **I.** *adj.* ese, esa, eso; aquel, aquella, aquello; *an jenem Tage* aquel día; **II.** *su.* ése, ésa; aquél, aquélla; *bald dieser, bald jener* ora éste, ora aquél; *wie jener sagte* como decía el otro.

'jenseitig *adj.* del otro lado; *das* ~*e Ufer* la orilla opuesta.

'jenseits I. *prp.* (*gen.*) al otro lado de, del otro lado; *Poes.* allende; ~ *der Alpen* (*Pyrenäen*) transalpino (transpirenaico); ~ *von Gut und Böse* por encima del bien y del mal; **II.** *adv.* del (*od.* al) otro lado; al otro lado; **III.** 2 *n* (-; *0*): *das* ~ el más allá, la otra vida; *aus dem* 2 de ultratumba; F *j-n ins* ~ *befördern* F enviar a alg. al otro mundo (*od.* barrio).

Jere'mias *m* Jeremías *m*; *die Klagelieder Jeremiä* las Lamentaciones de Jeremías.

Je'rusalem *n* Jerusalén *m*.

Jesu'it *m* (-*en*) jesuita *m*; ~**en-orden** *m* Compañía *f* de Jesús; ~**enschule** *f* colegio *m* de jesuitas; 2**isch** *adj.* jesuita; jesuítico.

'Jesus *m* Jesús *m*; ~ *Christus* Jesucristo *m*; ~**kind(lein)** *n* Niño Jesús *m*.

'Jet-set *m* (-*s*; *0*) jet-set *f*.

'jetzig *adj.* de ahora; de hoy; presente, actual; de nuestros días; *in der* ~*en Zeit* en nuestro tiempo; hoy (en) día; en los tiempos que corren; en la actualidad.

jetzt *adv.* ahora; al presente; actualmente; (*heutzutage*) hoy (en) día; *eben* ~ ahora mismo; *gerade* ~ en este instante (*od.* momento); *bis* ~ hasta ahora *bzw.* aquí (*od.* hoy); hasta la fecha; *für* ~ por el momento, por ahora; *von* ~ *ab* (*od.* an) desde ahora, (de hoy *od.* de ahora) en adelante; ~, *wo ... ahora que ...*; *oder nie ahora o nunca*; 2**zeit** *f* actualidad *f*; tiempo *m* (*od.* época *f*) actual; presente *m*.

'jeweil|ig I. *adj.* respectivo, correspondiente; de turno, (*augenblicklich*) actual; (*amtierend*) en funciones; **II.** *adv.* → ~*s adv.* respectivamente; (*jedesmal*) cada vez.

Jiddisch — jünger

'Jiddisch *n* yiddish *m*.
'Jiu-'Jitsu ['dʒi:u'dʒɪtsu·] *n* (-s; 0) jiu-jitsu *m*.
'Joachim *m* Joaquín *m*.
Job [dʒɔb] *m* (-s; -s) trabajo *m*; empleo *m* (provisional); ocupación *f*.
'Jobber ⚇ *m* agiotista *m*.
Joch *n* (-*es*; -e) **1**. yugo *m* (*a. fig.*); ins ~ spannen uncir, enyugar; *fig.* das ~ abschütteln (*od.* abwerfen) sacudir el yugo; *unter das* ~ *bringen* someter al yugo; subyugar; **2**. (*Gespann*) ein ~ Ochsen una yunta de bueyes; **3**. (*Feldmaß*) yugada *f*; (*Berg*⚇) puerto *m*; collado *m*, paso *m*; △ (*Querbalken*) travesaño *m*; (*Tragbalken*) través *m*; '~bein *Anat.* n hueso *m* malar (*od.* cigomático); pómulo *m*; ~bogen *Anat.* m arco *m* cigomático; '~brücke ⊕ *f* puente *m* de pilotes.
'Jock|ei, ~ey ['dʒɔkaɪ, '-ki:] *m* (-s; -s) *angl.* jockey *m*.
Jod ⚗ *n* (-*es*; 0) yodo *m*.
'jodeln (-le) *v/i.* cantar a la tirolesa.
'jodhaltig *adj.* yodado; yodífero.
Jo'did *n* (-*es*; -e) yoduro *m*.
jo'dieren (-) *v/i.* yodar.
'Jodler *m* cantante *m* tirolés.
Jodo'form ⚗ *n* (-s; 0) yodoformo *m*.
'Jod|salz *n* sal *f* yodada; ~tinktur *f* tintura *f* de yodo; ~vergiftung *f* yodismo *m*.
'Joga *m od. n* (-[s], 0) yoga *m*.
'joggen *v/i.* hacer footing (*od.* jogging).
'Jogger (in *f*) *m* persona *f* que hace footing (*od.* jogging).
'Jogging *n* (-s; 0) footing *m*, jogging *m*; ~anzug *m* chándal *m*.
'Joghurt ['jɔ:gʊʀt] *m od. n* (-s; -s) yogur(t) *m*.
'Johann *m* Juan *m*.
Jo'hann|a *f* Juana *f*; ~es *m* Juan *m*; ~ der Täufer San Juan Bautista; ~esevangelium *n* Evangelio *m* de San Juan; ~i(s) *n* (24. *Juni*) San Juan; zu ~ por San Juan.
Jo'hannis|beere ♀ *f* grosella *f*; schwarze ~ casis *m*; ~beerstrauch *m* grosellero *m*; ~brot ♀ *n* algarroba *f*; ~brotbaum ♀ *n* algarrobo *m*; ~feuer *n* hoguera *f* de San Juan; ~käfer *m* luciérnaga *f*, gusano *m* de luz; ~nacht *f* noche *f* de San Juan; ~tag *m* día *m* de San Juan.
Johan'niter *m* caballero *m* de la Orden de San Juan; ~orden *m* Orden *f* de San Juan.
'johlen I. *v/i.* dar voces, gritar (como loco), F armar jaleo; II. ⚇ *n* gritería *f*, vocerío *m*; algazara *f*, F jaleo *m*.
Joint [dʒɔynt] *m* porro *m*.
'Joint 'Venture *f* (- *od.* -s; -s) ⚇ joint-venture *f*.
'Joker *m* (-s; -) *Kartenspiel:* comodín *m*.
'Jolle ⚓ *f* yola *f*.
'Jong'l|eur *m* (-s; -e) malabarista *m*; ⚇ieren (-) *v/i.* hacer juegos malabares (*od.* de equilibrio); *fig.* mit Zahlen ~ barajar cifras.
'Joppe *f* chaqueta *f*; (*Haus*⚇) batín *m*.
'Jordan *m* Jordán *m*.
Jor'dan|ien *n* Jordania *f*; ~ier *m*, ⚇isch *adj.* jordano (*m*).
'Jose|f, ~ph *m* José *m*, F Pepe *m*.
Jo'sepha *f* Josefa *f*, F Pepa *f*, Pepita *f*; ~'phine *f* Josefina *f*.
'Jota *n* jota *f*; *fig.* kein ~ ni una jota.
'Joule ['dʒu:l] *n* (-; -) joule *m*.

Jour'nal [ʒuʀ'nɑ:l] *n* (-s; -e) periódico *m*; revista *f*; ⚇ diario *m*. [mo *m*.]
Journa'lismus *m* (-; 0) periodismo *m*.
Journa'list *m* (-en) periodista *m*; ~enstil *m* estilo *m* periodístico; ~ik *f* (0) periodismo *m*; ~in *f* periodista *f*; ⚇isch *adj.* periodístico.
jovi'al [jo:'vɪɑ:l] *adj.* jovial.
Joviali'tät *f* (0) jovialidad *f*.
'Joystick *m* (-s; -s) *Computer:* joystick *m*, palanca *f* de control.
'Jubel *m* (-s; 0) júbilo *m*; exultación *f*; regocijo *m*; ~fest *n* jubileo *m*; ~geschrei *n* gritos *m/pl.* de júbilo (*od.* alegría); ~jahr *n* I.C. Año *m* Santo, año *m* jubilar (*od.* de jubileo); F alle ~e einmal muy raras veces, F de Pascuas a Ramos; ⚇n (-le) *v/i.* dar gritos de júbilo (*od.* alegría); regocijarse; exultar; (*triumphieren*) cantar victoria; ⚇nd *adj.* jubiloso, lleno de júbilo.
Jubi'lar(in *f*) *m* (-s; -e) homenajeado (-a *f*) *m*.
Jubi'läum *n* (-s; -*läen*) aniversario *m*; fiesta *f* conmemorativa.
jubi'lieren (-) *v/i.* → jubeln.
juch'he! *int.* ¡ole!, ¡olé!
'Juchten *n od.* m (-s; 0), ~leder *n* piel *f* de Rusia.
'juchzen *v/i.* → jauchzen.
'juck|en *v/i.* picar; *stärker:* escocer; es juckt mich am ganzen Körper me pica todo el cuerpo; F *fig.* dich juckt wohl das Fell? ¿quieres una paliza?; *fig.* es juckt mir in den Fingern (*od.* es juckt mich), zu (*inf.*) me muero de ganas por; F sich ~ rascarse; ⚇en *n* picor *m*, comezón *f*, picazón *f*; ⚇ ~end ✿ *adj.* pruriginoso; ⚇pulver *n* polvos *m/pl.* de picapica; ⚇reiz *m* → Jucken.
Ju'däa *n* Judea *f*.
'Judas *m* Judas *m* (*a. fig.*); ~ Ischariot Judas Iscariote; ~kuß *m* beso *m* de Judas; ~lohn *m* paga *f* de Judas.
'Jude *m* (-n) judío *m*; hebreo *m*; der Ewige ~ el judío errante; ~nfeind *m* antisemita *m*; ⚇nfeindlich *adj.* antisemita; ~nhetze *f* propaganda *f* antisemita; ~ntum *n* judaísmo *m*; ~nverfolgung *f* persecución *f* de los judíos; pogrom(o) *m*; ~nviertel *n* barrio *m* judío; judería *f*; ghetto *m*.
'Jüd|in *f* judía *f*; hebrea *f*; ⚇isch *adj.* judío; hebreo; *Rel.* judaico.
'Ju|do *n* (-s; 0) judo *m*; ~'doka *m* (-s; -s) judoca *m*.
'Jugend *f* (0) juventud *f*; (*Kindheit*) infancia *f*; (*Jünglingsalter*) adolescencia *f*, mocedad *f*, años *m/pl.* mozos; *coll.* die ~ la gente joven, los jóvenes; von ~ auf desde niño, desde joven; in früher ~ de muy joven.
'Jugend...: ~alter *n* juventud *f*, edad *f* juvenil; adolescencia *f*; ~amt *n* oficina *f* de protección de menores; ~arbeitslosigkeit *f* paro *m* juvenil; ~arrest ⚖ *m* arresto *m* de menores; ~bewegung *f* movimiento *m* de la juventud; ~buch *n* libro *m* juvenil; ~bücherei *f* biblioteca *f* infantil; ~erinnerung *f* recuerdo *m* de la juventud *bzw.* de (la) infancia; ⚇frei *adj. Film:* apto (para menores); para todos los públicos; ~freizeitheim *n* centro *m* juvenil; ~freund(in *f*) *m* amigo (-a *f*) *m* de la infancia; ~frische *f* brío *m* juvenil; verdor *m*; ~fürsorge *f* protección *f* de meno-

res; asistencia *f* a la juventud; ⚇gefährdend *adj.* corruptor de (*bzw.* peligroso para) la juventud; ~gefährte *m* compañero *m* de la juventud *bzw.* de la infancia; ~gericht *n* tribunal *m* de menores; ~heim *n* hogar *m* (*od.* centro *m*) juvenil; ~herberge *f* albergue *m* juvenil; ~jahre *n/pl.* años *m/pl.* juveniles (*od.* mozos); edad *f* juvenil; ~kriminalität *f* delincuencia *f* juvenil; ~lager *n* campamento *m* juvenil; ⚇lich *adj. allg.* juvenil; (*jung*) joven, mozo; ~er Verbrecher delincuente *m* juvenil (*od.* menor de edad); *Thea.* ~er Liebhaber galán *m* joven, ~e Liebhaberin dama *f* joven; ~ aussehen tener aspecto juvenil; ⚇liche(r *m*) *m/f* menor *m/f* (de edad); (*Halbwüchsiger*) adolescente *m/f*; ~ unter 18 Jahren menores de 18 años; für ~ geeignet apto para menores; ~liebe *f* primeros amores *m/pl.*; (*Person*) primer amor *m*; ~meister *m Sport:* campeón *m* juvenil; ~organisation *f* organización *f* juvenil; ~pflege *f* asistencia *f* a la juventud; ~richter *m* juez *m* de menores; ~schutz *m* protección *f* de menores; ~schutzgesetz *n* ley *f* de protección de menores; ~stil *m* modernismo *m*; ~streich *m* travesura *f* (juvenil); muchachada *f*; ~sünde *f* pecado *m* de la juventud; ~verbot *n* prohibición *f* (de entrada) para menores; ~werk *n* e-s *Dichters:* obra *f* de la juventud; ~zeit *f* juventud *f*; años *m/pl* mozos; ~zeitschrift *f* revista *f* para la juventud.
'Jugo|'slawe *m* (-n) yugoslavo *m*; '~slawien *n* Yugoslavia *f*; '~slawin *f* yugoslava *f*; ⚇'slawisch *adj.* yugoslavo.
'Juli *m* (-[s]; -s) julio *m*.
'Julia *f* Julia *f*.
Juli'an *m* Juliano *m*; ⚇isch *adj.* juliano.
'Julius *m* Julio *m*.
jung (~er; ~st) *adj.* joven; *Wein:* nuevo; *Gemüse:* fresco; ~ und alt mozos y viejos; von ~ auf desde joven (*od.* niño); in ~en Jahren en la juventud; die ~en Leute la juventud, los jóvenes; ~es Volk gente moza; ~ verheiratet recién casado; die ~en Eheleute los recién casados; ~er Mann joven *m*; ~es Mädchen joven *f*; ~ aussehen tener aspecto joven; er hat ~ geheiratet se ha casado joven; (wieder) ~ machen *bzw.* werden rejuvenecer; ⚇akademiker *m* joven universitario *m*; universitario *m* recién titulado; ⚇brunnen *m* fuente *f* de (la eterna) juventud.
'Junge **1**. *m* (-n) muchacho *m*; mozo *m*; chico *m*; kleiner ~ chiquillo *m*; niño *m*; F chaval *m*; *Arg.* F pibe *m*, pebete *m*; grüner ~ mozalbete *m*, mozuelo *m*; dummer ~ mocoso *m*; F alter ~! ¡chico!; F schwerer ~ criminal *m* peligroso; F ~, ~! F ¡jo, tío!; **2**. (-s) *n v. Tieren:* cría *f*; *Hund, Raubtier:* cachorro *m*; *Vogel:* polluelo *m*; ~ werfen, ~s bekommen ⚇n *v/i.* parir; ⚇nhaft *adj.* pueril; *Mädchen:* amuchachado; ~nstreich *m* travesura *f*.
'jünger I. *adj.* (*comp. v.* jung) más joven; mein ~er Bruder mi hermano menor; er ist zwei Jahre ~ als ich es dos años más joven (*od.* tiene dos años

menos) que yo; *sie sieht* ~ *aus, als sie ist* parece más joven de lo que es; no aparenta la edad que tiene; **II.** ⚥ *m* discípulo *m* (*a. Bib.*).

'**Jungfer** ['jʊŋfɐ] *f* (-; -n) *Liter.* doncella *f*; *alte* ~ solterona *f*; *alte* ~ *bleiben* quedar(se) soltera; F quedarse para vestir santos.

'**jüngferlich** *adj.* de doncella; (*keusch*) virginal; (*zimperlich*) melindroso.

'**Jungfern**|**fahrt** ⚓ *f* viaje *m* inaugural, primer viaje *m*; ~**flug** ✈ *m* vuelo *m* inaugural; ⚥**haft** *adj.* → *jüngferlich*; ~**häutchen** *Anat. n* himen *m*; ~**schaft** *f* virginidad *f*.

'**Jung**|**frau** *f* virgen *f*; doncella *f*; *Astr.* Virgo *m*; *die* ~ *von Orleans* Juana de Arco, la Doncella de Orleans; *die heilige* ~ la Santísima Virgen; ⚥**fräulich** *adj.* virginal; virgen; (*keusch*) casto, puro; ~**fräulichkeit** *f* (*0*) virginidad *f*, ~**geselle** *m* (-n) soltero *m*, *Liter.* célibe *m*; *alter* ~ solterón *m*; ~**gesellenabschied**(**sfeier** *f*) *m* despedida *f* de soltero; ~**gesellenleben** *n* vida *f* de soltero; ~**gesellenwohnung** *f* piso *m* de soltero; ~**gesellin** *f* soltera *f*; ~**lehrer**(**in** *f*) *m* maestro (-a *f*) *m* auxiliar.

'**Jüngling** *m* (-s; -e) adolescente *m*; joven *m*, mozo *m*; *Liter.* doncel *m*, mancebo *m*; ~**s-alter** *n* adolescencia *f*.

jüngst I. *adj.* (*sup. v. jung*) (*letzt*) último; (*neu*) reciente; *der* (*die*) ⚥e el (la) más joven; *Geschwister:* el (la) menor; *er ist nicht mehr der* ⚥e ya no es tan joven; *das* ⚥e *Gericht* el juicio final; *der* ⚥e *Tag* el día del juicio; **II.** *adv.* recientemente; últimamente; hace poco.

'**Jung**|**steinzeit** *f* neolítico *m*; ~**stier** *m* novillo *m*; becerro *m*; ⚥**vermählt** *adj.* recién casado; ~**vermählte** *pl.*: *die* ~*n* los recién casados; ~**vieh** *n* ganado *m* joven.

'**Juni** *m* (-[s]; -s) junio *m*; ~**käfer** *m* escarabajo *m* de San Juan.

'**junior I.** *adj.*: *Herr Meier* ~ señor Meier hijo (*od.* júnior); **II.** ⚥ *m* hijo *m*; júnior *m* (*a. Sport*); *e-r Familie:* menor *m*; ⚥**chef** *m* hijo *m* del jefe.

Juni'oren|**klasse** *f* juveniles *m*/*pl.*; ~**rennen** *n* carrera *f* de juveniles.

'**Junker** *m* joven *m* noble; hidalgo *m*; aristócrata *m* rural; *Liter.* doncel *m*; ~**tum** *n* (-s; *0*) aristocracia *f* rural.

'**Junkie** ['dʒaŋki] F *m* (-s; -s) F yonki.

'**Juno** *Myt. f* Juno *f.* *m.*

'**Jupiter** *Myt., Astr. m* Júpiter *m*; ~**lampe** *f Film:* lámpara *f* de arco; reflector *m*.

'**Jura**[1] ⚖ *n*/*pl.*: ~ *studieren* estudiar derecho; ~**student** *m* estudiante *m* de derecho.

'**Jura**[2] *m Geogr.* Jura *m*; *Geol.* jurásico *m*; ~**formation** *Geol. f* formación *f* jurásica.

Jurispru'denz *f* (*0*) jurisprudencia *f*.

Ju'rist *m* (-en) jurista *m*; (*Rechtsgelehrter*) jurisconsulto *m*; ⚥**isch** *adj.* jurídico; ⚥e *Fakultät* Facultad de Derecho; ~e *Person* persona *f* jurídica (*od.* moral). [*m* (calificador).\

Jury [ʒy'Riː, 'ʒyːRiˑ] *f* (-; -s) jurado\
'**just** *adv.* justamente.

jus'tier|**en** (-) *v*/*t.* ajustar; ⚥**schraube** *f* tornillo *m* ajustador (*od.* de ajuste); ⚥**ung** *f* ajuste *m*.

Justiti'ar [-'tsiɑːR] *m* (-s; -e) asesor *m* jurídico; síndico *m*.

Jus'tiz *f* (*0*) justicia *f*; ~**beamte**(**r**) *m* funcionario *m* judicial; *höherer:* magistrado *m*; ~**behörde** *f* autoridad *f* judicial; ~**gebäude** *n* palacio *m* de justicia; ~**irrtum** *m* error *m* judicial; ~**minister** *m* ministro *m* de Justicia; ~**ministerium** *n* Ministerio *m* de Justicia; ~**mord** *m* asesinato *m* judicial (*od.* legal); ~**palast** *m* palacio *m* de justicia; ~**verwaltung** *f* administración *f* de justicia.

'**Jute** *f* (*0*) yute *m*.

'**Jütland** *n* Jutlandia *f*.

Ju'wel *n* (-s; -en) joya *f*, alhaja *f* (*beide a. fig.*).

Ju'welen|**diebstahl** *m* robo *m* de joyas; ~**handel** *m* comercio *m* de joyas; joyería *f*; ~**händler** *m* joyero *m*.

Juwe'lier [-veˈliːR] *m* (-s; -e) joyero *m*; platero *m*; ~**arbeit** *f* obra *f* de joyería *bzw.* de orfebrería; ~**geschäft** *n* joyería *f*; platería *f*; ~**kunst** *f* orfebrería *f*; ~**waren** *f*/*pl.* artículos *m*/*pl.* de joyería *bzw.* de bisutería fina.

Jux F *m* (-es; -e) chanza *f*, broma *f*; F cuchufleta *f*; P cachondeo *m*; *sich e-n* ~ *machen* gastar una broma; *aus* ~ de (*od.* en) broma, P de cachondeo.

K

K, k n K, k f.
Ka'bale f intriga f, maquinación f.
Kaba'rett n (-s; -s u. -e) cabaret m.
Kabaret'tist(in f) m (-en) artista m/f de cabaret, Neol. cabaretero (-a f) m.
'Kabbala f (0) cábala f.
kabba'listisch adj. cabalístico.
Kabbe'lei F f riña f, pendencia f, F pelotera f, gresca f.
'kabbelig ⚓ adj. See: picado; ~n (-le) F v/refl.: sich ~ reñir con alg.
'Kabel n 1. ⊕, ⚡, ⚓ cable m; 2. → ~telegramm; **~auftrag** ⚓ m orden f cablegráfica; **~bericht** m información f cablegráfica; **~fernsehen** n televisión f por cable.
'Kabeljau Ict. m (-s; -e u. -s) bacalao m (fresco), abadejo m.
'Kabel|leger ⚓ m cablero m; **~legung** f colocación f de un cable; **~n** (-le) v/t. u. v/i. cablegrafiar; poner un cable; **~schuh** m terminal m de cable; **~telegramm** n cablegrama m, F cable m; **~trommel** f tambor m de cables; **~überweisung** ⚓ f giro m cablegráfico; **~werk** ⚓ n cordaje m; **~winde** f torno m de cable.
Ka'bine f allg. cabina f; ✈ a. habitáculo m; ⚓ camarote m; (Bade&) caseta f; Fahrstuhl: camarín m; beim Friseur usw.: box m; **~nkoffer** m baúl m de camarote; **~lift** m telecabina m; **~nroller** m motoneta f.
Kabi'nett n (-s; -e) gabinete m (a. Pol.); **~sbeschluß** m decisión f del cabinete; **~skrise** f crisis f ministerial; **~ssitzung** f sesión f (od. reunión f) del consejo de ministros; **~stück** n pieza f selecta; fig. golpe m maestro; **~s-umbildung** f reajuste m ministerial.
Kabrio'lett Kfz. n (-s; -e) descapotable m, Am. convertible m.
Ka'buff F n tugurio m; F chiribitil m.
'Kachel f (-; -n) azulejo m; baldosa f; **~ofen** m estufa f de azulejos.
'Kacke V f P caca f; V mierda f; **~n** V v/i. P cagar; Kinder: hacer caca.
Ka'daver m (-s; -) cadáver m; (Aas) carroña f; **~gehorsam** m obediencia f ciega.
Ka'denz ♪ f (-; -en) cadencia f.
'Kader Pol., ⚔ m (-s; -) cuadro m (de mando).
Ka'dett m (-en) cadete m; **~en-anstalt** f colegio m de cadetes; academia f militar.
'Kadi m (-s; -s) cadí m; fig. juez m.
'Kadmium 🜛 n (-s; 0) cadmio m.
'Käfer m (-s; -) escarabajo m (a. hum. VW); 🜛 coléoptero m; F fig. netter ~ chica f bonita, F bombón m.
Kaff n 1. (-¿s; 0) (Spreu) tamo m, granzas f/pl.; 2. F desp. (-s; -e u. -s) pueblo m de mala muerte, F poblacho m.

'Kaffee m (-s; 0) café m (gemahlener molido; ungemahlener en grano; ungerösteter crudo, sin tostar); e-e Tasse ~ una taza de café; ~ mit Milch café con leche; (mit wenig Milch) cortado m; ~ kochen hacer café; ~ trinken tomar café; j-n zum ~ einladen invitar a alg. a tomar café; F fig. das ist kalter ~ no es nada nuevo; **~automat** m cafetera f automática; **~baum** ⚓ m cafeto m; **~bohne** f grano m de café; **~braun** adj. de color café; **~Ersatz** m sucedáneo m de café; **~filter** m filtro m de café; **~gebäck** n pastas f/pl. (de té); **~geschirr** n servicio m (od. juego m) de café; **~haus** n café m; **~kanne** f cafetera f; **~klatsch** m, **~kränzchen** n reunión f (od. tertulia f) de señoras; **~löffel** m cucharilla f de café; **~maschine** f cafetera f automática (od. eléctrica); **~mühle** f molinillo m de café; **~mütze** f → ~wärmer; **~pflanzer** m cafetalero m, Am. cafetalista m; **~pflanzung** f, **~plantage** f plantación f de café, cafetal m; **~röster** m tostador m de café; **~rösterei** f tostadero m de café; **~satz** m poso m de café; **~service** n → ~geschirr; **~strauch** m cafeto m; **~tante** F f: e-e ~ sein ser muy cafetera; **~tasse** f taza f para café; **~trommel** f tostador m (cilíndrico) de café; **~wärmer** m cubrecafetera m.
'Kaffer m (-n) cafre m (a. fig.).
'Käfig m (-s; -e) jaula f; in e-n ~ sperren enjaular.
'Kaftan m (-s; -e) caftán m.
kahl adj. Kopf: calvo, F pelón; (geschoren) pelado (a. fig. Gegend); (nackt) desnudo; Baum: deshojado, sin hojas; (öde) desolado; (schmucklos) escueto; ~ sein tener calva; ~ werden quedarse calvo; ~ scheren cortar (od. pelar) al rape, rapar; **~geschoren** adj. pelado al rape, rapado; **'2heit** f (0) calvicie f; fig. desnudez f; **'2kopf** m (Glatze) calva f; (Person) calvo m, F pelón m; **'köpfig** adj. calvo, F pelón; **'2köpfigkeit** f (0) calvicie f; **'2schlag** m desmonte m completo; corte m a matarrasa; **'2stelle** f calva f; Wald: calvero m.
Kahm m (-¿s; -e) moho m; auf Flüssigkeiten: telilla f, lapa f; **~ig** adj. mohoso.
Kahn m (-¿s; ⸚e) bote m; barca f; größerer: barco m; (Last&) chalana f; F (Bett) catre m; desp. alter ~ barcucho m, carraca f; ~ fahren ir (od. pasearse) en barca; F in den ~ (schlafen) gehen F irse al catre; **'~bein** Anat. n (hueso m) escafoides m; **'~fahrt** f, **'~partie** f paseo m en barca.
Kai [kaɪ] m (-s; -s) muelle m; franko

~ franco muelle; **'~anlagen** f/pl. muelles m/pl.; **'~arbeiter** m cargador m de muelle, estibador m; **'~gebühr** f, **'~geld** n muellaje m.
'Kaiman Zoo. m (-s; -e) caimán m; Arg. yacaré m.
'Kaimauer f muro m del muelle.
Kain m Caín m; **'~smal** n, **'~szeichen** n estigma m de Caín.
'Kairo n El Cairo.
'Kaiser m emperador m; fig. sich um des ~s Bart streiten F disputar por un quítame allá esas pajas; gebt dem ~, was des ~s ist dad al César lo que es del César; **~adler** Orn. m águila f imperial; **~in** f emperatriz f; **~krone** f corona f imperial (a. ⚘); **2lich** adj. imperial; **~reich** n imperio m; **~schnitt** Chir. m (operación f) cesárea f; **~tum** n (-s; 0) imperio m; **~würde** f dignidad f imperial.
'Kajak ['kaːjak] m (-s; -s) kayac m.
Ka'jüte f camarote m.
'Kakadu Orn. m (-s; -s) cacatúa f.
Ka'kao m (-s; 0) cacao m; F j-n durch den ~ ziehen poner a alg. en ridículo; tomar el pelo a alg.; (schlechtmachen) hablar mal de alg., despellejar a alg.; **~baum** ⚓ m cacao m; **~bohne** f almendra f (od. grano m) de cacao; **~butter** f manteca f de cacao; **~pflanzung** f cacaotal m; **~pulver** n cacao m en polvo.
'Kakerlak m (-s; -en) cucaracha f.
'Kakipflaume f caqui m, kaki m.
'Kaktus ⚘ m (-; -'teen) cactus m, cacto m; F (Kot) caca f; **~feige** f higo m chumbo.
Kalami'tät f calamidad f.
Ka'lander ⊕ m calandria f; **2n** (-re) ⊕ v/t. calandrar.
'Kalauer m retruécano m; **2n** v/i. (-re) hacer retruécanos.
Kalb n (-¿s; ⸚er) ternero m; becerro m; Kochk. ternera f; F fig. pava f; das Goldene ~ anbeten adorar el becerro de oro; **'2en** v/i. parir.
'kalbern, **'kälbern** (-re) F v/i. retozar; tontear, hacer el tonto.
'Kalb|fell n piel f de ternero bzw. de becerro; **~fleisch** n (carne f de) ternera f; **~leder** n (cuero m de) becerro m, vitela f.
'Kalbs...: ~braten m asado m de ternera, ternera f asada; **~brust** f pecho m de ternera; **~frikassee** n fricasé m de ternera; **~fuß** m pata f de ternera; **~hachse** f, **~haxe** f pierna f de ternera; **~kotelett** n chuleta f de ternera; **~leber** f hígado m de ternera; **~lende** f solomillo m de ternera; **~milch** f lechecillas f/pl. de ternera; **~nierenbraten** m riñonada f de ternera; **~ragout** n estofado m de ternera; **~schlegel** m → ~hachse;

~schnitzel n escalope m de ternera.
Kal'daunen f/pl. tripas f/pl.; *Kochk.* callos m/pl.
Kaleidos'kop n (-s; -e) cal(e)idoscopio m.
Ka'lender m calendario m; (*Buch*) almanaque m; (*Abreiß*⌕) (calendario m de) taco m; (*Taschen*⌕) agenda f; *hundertjähriger* ~ calendario m perpetuo; ~**block** m taco m (de calendario); ~**jahr** n año m civil; ~**uhr** f reloj m calendario.
Ka'lesche f calesa f.
Kal'fat|erer ⚓ m calafate(ador) m; ⁝**ern** (-re) v/t. calafatear; ~**ern** n calafateo m.
'**Kali** 🌿 n (-s; 0) potasa f; *kohlensaures* ~ carbonato m de potasa; *schwefelsaures* ~ sulfato m de potasa.
Ka'liber n (-s; -) calibre m (a. *fig.*); ~**maß** n calibre m.
kali'brieren (-) ⊕ v/t. calibrar.
'**Kalidünger** m abono m potásico.
Ka'lif m (-en) califa m.
Kali'fat n (-és; -e) califato m.
Kali'forn|ien n California f; ~**ier** m, ⁝**isch** adj. californiano (m).
'**kalihaltig** adj. potásico.
'**Kaliko** m (-s; -s) calicó m.
'**Kali|lauge** f lejía f de potasa; ~**salpeter** m nitrato m de potasa; ~**salz** n sal f potásica.
'**Kalium** 🌿 n (-s; 0) potasio m; ~**chlorid** n cloruro m de potasio; ~**permanganat** n permanganato m de potasio.
'**Kaliwerk** n fábrica f de potasa.
Kalk m (-és; -e) cal f; *gelöschter* (*ungelöschter*) ~ cal apagada (viva); F *bei ihm rieselt schon der* ~ F está chocho; '~**anstrich** m blanqueo m (con cal); '⁝**artig** adj. calcáreo, calizo; '~**bewurf** m revoque m; '~**brenner** ⊕ m calero m; '~**brennerei** f calería f; fábrica f de cal; '~**bruch** m calera f, calar m; '⁝**en** v/t. encalar (a. ⚒); (*tünchen*) blanquear, enjalbegar; '~**erde** f tierra f caliza; '~**gebirge** *Geol.* n rocas f/pl. calcáreas; '⁝**haltig** adj., '⁝**ig** adj. calcáreo, calizo; '~**mangel** m falta f de cal; ⚕ carencia f de calcio; '~**milch** f lechada f de cal; '~**ofen** m calera f, horno m de cal; '~**putz** △ m revoque m de cal; '~**spat** m calcita f; '~**stein** *Min.* m caliza f; '~**steinbruch** m → ~**bruch**; '~**stickstoff** m cianamida f de calcio; '~**tuff** *Min.* m toba f; '~**tünche** f blanqueo m, encaladura f.
Kalku'lati|on f cálculo m, cómputo m; ~**ationsfehler** m error m de cálculo; ~**lator** m (-s; -en) calculador m; ⁝**a'torisch** adj. calculatorio; ⁝'**lieren** (-) v/t. u. v/i. calcular; ~'**lierung** f cálculo m.
'**Kalkwasser** n agua f de cal.
'**Kalla** ♀ f (-; -s) cala f.
Kalligra'phie f (0) caligrafía f.
kalli'graphisch adj. caligráfico.
'**Kalmar** *Ict.* m (-s; -'*mare*) calamar m.
'**Kalme** f calma f; ~**ngürtel** m zona f de las calmas.
'**Kalmus** ♀ m (-; -se) ácoro m; cálamo m aromático.
Kalo'rie [ka'loːRiː] f caloría f; ⁝**narm** adj. bajo en calorías; hipocalórico; ~**ngehalt** m contenido m calórico; ~**nwert** m valor m calórico (*od.* calorífico).

Kalori'meter n calorímetro m.
kalt (~*er*; ~*est*) adj. frío (a. *fig.*); (*eis*~) helado; *Poes.* frígido; *fig.* impasible, insensible; (*gleichgültig*) indiferente; (*frostig*) frío; seco; *es ist* ~ hace frío; *mir ist* ~ tengo frío; ~*e Hände haben* tener las manos frías; ~ *werden* enfriar(se); *es wird* ~ empieza a hacer frío; *mir wird* ~ empiezo a sentir frío; ~ *essen* comer frío; ~*e Platte* plato m de fiambres (variados); ~ *baden* tomar un baño frío; ~ *stellen* poner al fresco; ~*es Blut bewahren* conservar la sangre fría; '⁝**bearbeitung** ⊕ f trabajo m en frío; '⁝**blüter** *Zoo.* m animal m de sangre fría; '~**blütig I.** adj. de sangre fría; *fig.* sereno; impávido; **II.** adv. a sangre fría; con serenidad; '⁝**blütigkeit** f (0) sangre f fría; serenidad f; impavidez f; '~**brüchig** ⊕ adj. quebradizo en frío.
'**Kälte** f (0) frío m; *fig.* frialdad f; (*Frigidität*) frigidez f; *wir haben 5 Grad* ~ hay cinco grados bajo cero.
'**Kälte...**: ~**anlage** f instalación f frigorífica; ⁝**beständig** adj. resistente al frío; ~**beständigkeit** f resistencia f al frío; ~**einbruch** m descenso m súbito de temperatura; ⁝**empfindlich** adj. sensible al frío; ⁝**erzeugend** adj. frigorífico; ~**gefühl** n sensación f de frío; ~**grad** m grado m de frío (*od.* bajo cero); ~**industrie** f industria f frigorífica (*od.* del frío); ~**leistung** f capacidad f frigorífica; ~**maschine** f máquina f frigorífica; ~**mittel** n agente m frigorífico; ~**schutzmittel** n medio m anticongelante; ~**technik** f técnica f del frío; ~**techniker** m (técnico m) frigorista m; ~**welle** f ola f de frío.
'**Kalt...**: ~**front** *Meteo.* f frente m frío; ⁝**geformt** adj. moldeado en frío; ~**hämmern** n batido m en frío; ⁝**herzig** adj. frío; insensible; ~**herzigkeit** f (0) insensibilidad f; impasibilidad f; ⁝**lächelnd** adj. cínico; ~**lagerung** f almacenamiento m en frío; ⁝**lassen** v/t.: *das läßt mich kalt* me deja frío; me trae sin cuidado; ~**luft** f aire m frío; ~**lufteinbruch** m irrupción f de aire frío; ~**luftfront** f → ⁝**machen** F v/t. liquidar; F despachar; P dejar tieso (*od.* seco); ~**meißel** ⊕ m cortafrío m; ~**schale** f sopa f fría; ~**schmieden** n forja f en frío; ⁝**schnäuzig** F adj. impertinente; frío; ~**start** m *Kfz.* arranque m en frío; ⁝**stellen** *fig.* v/t. privar de toda influencia; eliminar; ⁝**walzen** v/t. laminar en frío; '~**wasserbehandlung** ⚕ f tratamiento m hidroterápico; ~**wasserkur** f cura f hidroterápica; ~**welle** f (*Frisur*) permanente f en frío.
Kal'varienberg m Calvario m.
Kalvi'nis|mus m (-; 0) calvinismo m; ~**t** m (-en), ⁝**tisch** adj. calvinista (m).
kalzi'nier|en (-) v/t. calcinar; ⁝**ung** f calcinación f.
'**Kalzium** 🌿 n (-s; 0) calcio m.
Kama'rilla f (-; -*illen*) camarilla f.
Kam'bodscha n Camboya f.
Kambod'schan|er m, ⁝**isch** adj. camboyano (m).
Ka'mee [ka'meː] f camafeo m.
Ka'mel m (-és; -e) camello m; F *fig.* (*Schimpfwort*) burro m; animal m; ~**führer** m camellero m; ~**haar** n

pelo m de camello; ~**haarmantel** m abrigo m de pelo de camello.
Ka'melie [-lĭə] ♀ f camelia f.
Ka'melkuh f camella f.
Ka'melle F f: *das sind alte* (F *olle*) ~*n* son cuentos viejos (*od.* archisabidos).
Kame'lott m (-s; -e) camelote m.
Ka'mel|stute f camella f; ~**treiber** m camellero m.
'**Kamera** f (-; -s) cámara f (*od.* máquina f) fotográfica; (*Film*⌕) cámara f (cinematográfica), tomavistas m.
Kame'rad m (-en) camarada m/f; compañero (-a f) m.
Kame'radschaft f camaradería f; compañerismo m; ⁝**lich** adj. de camarada; de compañero; ~**sgeist** m espíritu m de compañerismo.
'**Kameramann** m (-és; ~*er u.* -*leute*) operador m, cámara(man) m, cámara m; *bsd. Am.* camerógrafo m.
Kame'run n el Camerún.
Ka'mille ♀ f manzanilla f; ~**ntee** m (infusión f de) manzanilla f.
Ka'min m (-s; -e) chimenea f (a. *Mont.*); *am* ~ al amor de la lumbre; F *fig.* et. *in den* ~ *schreiben* dar a/c. por perdido; ~**feger** m deshollinador m; ~**feuer** n lumbre f de la chimenea; ~**gitter** n guardafuego m; parachispas m; ~**schirm** m pantalla f de chimenea; ~**sims** m *od.* n repisa f de chimenea.
Kamm m (-és; ¨e) peine m (a. *Weberei*); (*Zier*⌕) peineta f; (*Hahnen*⌕, *Wellen*⌕, *Gebirgs*⌕) cresta f; ⊕ carda f; *Schlächterei:* morillo m; *fig.* alles über e-n scheren medirlo todo por el mismo rasero; *fig. ihm schwillt der* ~ alza la cresta; *vor Wut:* monta en cólera; *vor Übermut:* F se pone flamenco.
'**Kammaschine** ⊕ f peinadora f.
'**kämmen I.** v/t. peinar; *Wolle:* a. cardar; *sich* ~ peinarse; darse una peinada; **II.** ⌕ n *der Wolle:* cardado m.
'**Kammer** f (-; -n) cámara f (a. ⊕ *u. Parl.*); (*Zimmer*) aposento m, cuarto m, (*Schlaf*⌕) alcoba f; ⚕ sala f; ✂ depósito m de vestuario; *des Geschützes:* recámara f; ~**diener** m ayuda m de cámara.
Kämme'rei[1] f cardería f.
Kämme'rei[2] f (*Finanzverwaltung*) tesorería f; (*Stadtkasse*) caja f municipal.
'**Kämmerer** m 1. (*Schatzmeister*) tesorero m municipal; 2. → *Kammerherr*.
'**Kammer|flimmern** ⚕ n fibrilación f ventricular; ~**frau** f camarera f; ~**herr** m chambelán m, gentilhombre m de cámara; *päpstlicher:* camarero m; ~**jäger** m especialista m en desinsectación; ~**kätzchen** F n doncella f.
'**Kämmerlein** n camarín m; gabinete m.
'**Kammer|musik** f música f de cámara; ~**orchester** n orquesta f de cámara; ~**sänger(in** f) m cantante m/f de cámara; ~**spiele** n/pl. teatro m de salón; ~**ton** m diapasón m normal; ~**wahlen** f/pl. elecciones f/pl. legislativas; ~**zofe** f camarera f, doncella f.
'**Kamm|garn** n (hilo m de) estambre m; ~**garnstoff** m tejido m de estambre; ~**garnwolle** f lana f estambrera (*od.* peinada); ~(**m**)**acher** m peinero m; ~(**m**)**uschel** f pechina f, venera f; ~**rad** n rueda f dentada; ~**stück** n

Kammwolle — Kap

Schlächterei: cuello *m*, pescuezo *m*; ~**wolle** *f* lana *f* de peine (*od.* larga).
Kam'pagne [-njə] *f* campaña *f*.
'**Kämpe** *m* (*-n*) campeón *m*.
Kampf *m* (*-es*; ⸚*e*) lucha *f* (*a. fig.*); combate *m*; ⚔ *a.* acción *f* (de guerra); contienda *f*; (*Schlacht*) batalla *f*; *Sport*: encuentro *m*, partido *m*; (*Wett*⸚) torneo *m*; campeonato *m*; *Stk.* lidia *f*; *Liter.* lid *f*; *fig.* conflicto *m*; (*Tätlichkeiten*) pelea *f*; riña *f*; ~ *auf Leben und Tod* lucha *f* a muerte; ~ *ums Dasein* lucha *f* por la existencia; ~ *bis aufs Messer* lucha *f* sin cuartel; *in ehrlichem* ~ en buena lid; *j-m den* ~ *ansagen* desafiar (*od.* retar) a alg.; *j-n zum* ~ *stellen* obligar a alg. a combatir; *sich zum* ~ *stellen* aceptar el combate; *hacer frente al adversario*; '~**ansage** *f* desafío *m*; reto *m*; '~**bahn** *f Sport*: estadio *m*; pista *f*; arena *f*; *bsd. Am.* cancha *f*; ⸚**bereit** *adj.* dispuesto para el combate; '~**einheit** ⚔ *f* unidad *f* de combate *bzw.* táctica.
'**kämpfen I.** *v/i.* combatir; *a. fig.* luchar (*gegen* contra; *um, für* por; *mit* con); (*sich schlagen*) pelear; batirse; *Stk.* lidiar; *mit dem Tode* ~ estar en la agonía; **II.** *v/t.*: *e-n Kampf* ~ sostener una lucha (*gegen* contra); **III.** ⸚ *n* combate *m*; lucha *f*; ~**d** *adj.* combatiente; ⸚**de**(**r**) *m* combatiente *m*.
'**Kampfer** *m* (*-s; 0*) alcanfor *m*; *mit* ~ *tränken* alcanforar.
'**Kampfer** *m* combatiente *m*; luchador *m* (*a. fig.*); *fig.* batallador *m*; △ imposta *f*; ⸚**isch** *adj.* combativo; *bsd. Pol.* militante; *fig.* batallador.
'**Kampf...**: ⸚**erprobt** *adj.* aguerrido; ⸚**fähig** *adj.* en condiciones de combatir; apto para la lucha; ~**flieger** ⚔ *m* piloto *m* de combate; ~**flugzeug** ⚔ *n* avión *m* de combate; ~**gas** *n* gas *m* de combate; ~**gebiet** *n* zona *f* de operaciones; ~**gefährte** *m*, ~**genosse** *m* ⚔ compañero *m* de armas; ~**geist** *m* ánimo *m* combativo, espíritu *m* de lucha; ~**gericht** *n Sport*: jurado *m*; jueces *m/pl.*; ~**geschwader** ⚔ *n* escuadra *f* de combate; ⸚**gewohnt** *adj.* aguerrido; ~**gewühl** *n* tumulto *m* de la batalla; *mitten in* ~ en lo más recio del combate; ~**gruppe** *f* grupo *m* de combate; ~**hahn** *m* gallo *m* de pelea; *fig.* camorrista *m*; ~**handlung** *f* operación *f* militar; ~**hubschrauber** *m* helicóptero *m* de combate; ~**hund** *m* perro *m* de pelea; ~**kraft** *f* fuerza *f* combativa; combatividad *f*; ~**linie** ⚔ *f* línea *f* de combate; ⸚**los** *adj. u. adv.* sin disparar un tiro; ~**lust** *f* combatividad *f*; belicosidad *f*; ⸚**lustig** *adj.* combativo; belicoso; ~**maßnahme** *f* medida *f* de lucha; ⸚**müde** *adj.* cansado de combatir; ~**panzer** *m* carro *m* de combate; ~**platz** *m* lugar *m* del combate; arena *f* (*a. fig.*); campo *m* de batalla; *Hist. u. fig.* liza; ~**preis** *m* premio *m* de la lucha; palma *f*; ~**richter** *m* árbitro *m*; juez *m*; ~**schwimmer** ⚔ *m* buceador *m* de combate; hombre-rana *m*; ~**spiel** *n* torneo *m*; ~**sport** *m* deporte *m* de competición; ~**stärke** *f* efectivo *m* de combate; ~**stier** *m* toro *m* bravo (*od.* de lidia); ~**stoff** *m* gas *m* de combate; ~**tätigkeit** *f* hostilidades *f/pl.*; ~**truppe** *f* tropa *f* de combate; ⸚**unfähig** *adj.* incapaz de combatir;

fuera de combate; ~ *machen* poner *fuera de combate*; ~**verband** ⚔ *m* unidad *f bzw.* formación *f* táctica (*od.* de combate); ~**wagen** ⚔ *m* carro *m* de combate; *schwerer*: carro *m* de asalto, tanque *m*.
kam'pieren (-) *v/i.* acampar.
'**Kanada** *n* el Canadá.
Ka'nad|ier(**in** *f*) *m*, ⸚**isch** *adj.* canadiense (*m/f*).
Ka'naille [-'naljə] *f* canalla *m*.
Ka'nake *m* (-*n*) canaco *m*.
Ka'nal *m* (-*s*; ⸚*e*) canal *m* (*a. Funk, TV, Anat. u. fig.*); (*Rinne, Anat. u. fig.*) conducto *m*; (*Bewässerungs*⸚) acequia *f*; (*Abzugs*⸚) alcantarilla *f*; *Geogr. der* ~ el Canal de la Mancha, *P fig. ich habe den* ~ *voll F* estoy hasta la coronilla; ~**arbeiter** *m* pocero *m* de alcantarillas; *hum. Pol.* fontanero *m*; ~**deckel** *m* boca *f* del alcantarillado; ~**inseln** *f/pl.*: *die* ~ las Islas Anglonormandas.
Kanalisati'on *f* canalización *f*; *städtische*: alcantarillado *m*; ~**snetz** *n* red *f* de canalización; red *f* del alcantarillado (*od.* de cloacas).
kanali'sier|bar *adj.* canalizable; ~**en** (-) *v/t.* canalizar (*a. fig.*); *Straße*: alcantarillar; *fig.* encauzar; ⸚**ung** *f* canalización *f*.
Ka'nal|reiniger *m* manobrero *m*; pocero *m*; ~**strahl** *Phys. m* rayo *m* canal; ~**überquerung** *f* travesía *f* del Canal (de la Mancha).
Ka'napee *n* (-*s*; -*s*) canapé *m* (*a. Kochk.*); sofá *m*.
Ka'narien|vogel *Orn. m* canario *m*; ~**zucht** *f* canaricultura *f*.
ka'narisch *adj.*: *die* ⸚*en Inseln* las Islas Canarias.
Kan'dare *f* bocado *m*, freno *m*; *fig. j-n an die* ~ *nehmen* F meter a alg. en cintura; apretar a alg. los tornillos; *j-n an der* ~ *haben* tener a alg. agarrado por las narices.
Kande'laber *m* candelabro *m*.
Kandi|'dat(**in** *f*) *m* (-*en*) candidato (-a *f*) *m*; *bei Prüfungen*: examinando *m*; (*Bewerber*) aspirante *m/f*; opositor (-a *f*) *m*; ~**da'tur** *f* (-, -*en*) candidatura *f*; ⸚**dieren** (-) *v/i.* presentar su candidatura; aspirar a.
kan'dieren (-) *v/t.* escarchar; garapiñar; *kandierte Mandeln* peladillas *f/pl.*
'**Kandis**(**zucker**) *m* azúcar *m* cande.
Ka'neel *m* (-*s*; -*e*) canela *f* (de Ceilán).
'**Kanevas** [-v-] *m* (- *od.* -*ses*; - *u.* -*se*) cañamazo *m*.
'**Känguruh** *Zoo. n* (-*s*; -*s*) canguro *m*.
Ka'ninchen *Zoo. n* conejo *m* (*wildes de monte*); *weibliches* ~ coneja *f*; *junges* ~ gazapo *m*; ~**bau** *m* conejera *f*; ~**fell** *n* piel *f* de conejo; ~**gehege** *n* conejar *m*; ~**stall** *m* conejera *f*; ~**zucht** *f* cunicultura *f*; ~**züchter** *m* cunicultor *m*.
Ka'nister *m* (-*s*; -) lata *f*, bidón *m*.
'**Kanne** *f* jarra *f*; jarro *m*; (*Blech*⸚) lata *f*, bidón *m*; (*Wasser*⸚) cántaro *m*; *es gießt wie mit* ~*n* está lloviendo a cántaros; ⸚**gießer** *fig. m* politicastro *m*; ⸚**gießern** *v/i.* politiquear.
kanne'lier|en (-) *v/t.* acanalar, estriar; ⸚**ung** *f* acanaladura *f*, estriado *m*.
Kanni'bal|e *m* (-*n*) caníbal *m*; antropófago *m*; ⸚**isch I.** *adj.* de caníbal; *fig.* tremendo, espantoso, atroz; **II.** *adv.* F *fig.* F endiabladamente;

Kanniba'lismus *m* (-; *0*) canibalismo *m*; antropofagia *f*.
'**Kannvorschrift** *f* disposición *f* facultativa.
'**Kanon** *m* (-*s*; -*s*) *allg.* canon *m*.
Kano'nade ⚔ *f* cañoneo *m*.
Ka'none *f* ⚔ cañón *m*, pieza *f* de artillería; F *fig.* as *m*; *fig. das ist unter aller* ~ no puede ser peor; es detestable; *mit* ~*n auf Spatzen schießen* matar mosquitos a cañonazos.
Ka'nonen...: ~**boot** ⚓ *n* cañonero *m*; ~**donner** *m* estruendo *m* de los cañones; cañonazos *m/pl.*; ~**feuer** *n* fuego *m* de artillería; cañoneo *m*; ~**futter** *fig. n* carne *f* de cañón; ~**kugel** *f* bala *f* de cañón; ~**lauf** *m* cañón *m*; ~**ofen** *m* estufa *f* de hierro; ~**rohr** *n* cañón *m*; ~**schuß** *m* cañonazo *m*; ~**schußweite** *f* alcance *m* de cañón.
Kano'nier ⚔ *m* (-*s*; -*e*) artillero *m*.
Ka'no|niker *m*, ~**nikus** *m* (-; -*ker*) canónigo *m*; ⸚**nisch** *adj.* canónico; ~*es Recht* derecho *m* canónico.
kanoni'sier|en (-) *v/t.* canonizar; ⸚**ung** *f* canonización *f*.
Kan'tate ♪ *f* cantata *f*.
'**Kante** *f* canto *m*; esquina *f*; arista *f* (*a.* ⊕, ⚹); (*Rand*) borde *m*; (*Einfassung*) orla *f*; (*Web*⸚) orillo *m*, orilla *f*, F *fig. auf die hohe* ~ *legen* ahorrar, hacer economías; ⸚**n** (-*e*-) *v/t.* poner de canto; *Holz, Stein*: escuadrar; (*kippen*) volcar; *nicht* ~*!¡* no volcar!; ~**n** *m* (*Brot*⸚) canto *m*, cantero *m*.
'**Kant|haken** *m* gancho *m*; garfio *m*; ~**holz** ⊕ *n* madera *f* escuadrada.
'**kantig** *adj.* esquinado (*a. fig.*); (*winklig*) angular; *Gesicht*: cuadrado; anguloso; ~ *behauen* escuadrar.
Kanti'lene ♪ *f* cantilena *f*.
Kan'tine *f* cantina *f*; comedor *m* colectivo; ~**nwirt**(**in** *f*) *m* cantinero (-a *f*) *m*.
Kan'ton *m* (-*s*; -*e*) cantón *m*.
kanto'nal *adj.* cantonal.
Kanto'nist F *fig. m* (-*en*): *er ist ein unsicherer* ~ no es de fiar; no se puede contar con él.
Kanto|r *m* (-*s*; -*en*) *ehm.* (so)chantre *m*; director *m* de coro de iglesia; ~'**rei** *f* coro *m* de iglesia.
'**Kanu** *n* (-*s*; -*s*) canoa *f*, piragua *f*; ~**fahren** *n* piragüismo *m*; ~**fahrer**(-**in** *f*) *m* piragüista *m/f*, canoero *m*.
Ka'nüle *f* cánula *f*.
Ka'nute *m* (-*n*) → *Kanufahrer*.
'**Kanzel** *f* (-; -*n*) púlpito *m*; cátedra *f* sagrada; ✈ carlinga *f*; *die* ~ *besteigen* subir al púlpito; *von der* ~ *herab* desde el púlpito; ~**rede** *f* sermón *m*, oración *f* sagrada; ~**redner** *m* predicador *m*; orador *m* sagrado.
Kanz'lei *f* (*Staats*⸚) cancillería *f*; (*Gerichts*⸚) secretaría *f*; (*Büro*) despacho *m*; *e-s Notars*: notaría *f*; *e-s Rechtsanwaltes*: bufete *m*; ~**diener** *m* ordenanza *m*; ~**papier** *n* papel *m* ministro; ~**sekretär** *m* secretario *m* de cancillería; ~**sprache** *f*, ~**stil** *m bzw.* estilo *m* administrativo; *m. s.* estilo *m* curialesco; ~**vorsteher** *m* jefe *m* de despacho.
'**Kanzler** *m* canciller *m*; ~**amt** *n* cancillería *f*.
Kao'lin *m, n* (-*s*; -*e*) caolín *m*.
Kap *n* (-*s*; -*s*) cabo *m*; promontorio *m*; *das* ~ *der Guten Hoffnung* el Cabo de

Buena Esperanza; ~ Ho(o)rn Cabo m de Hornos.
Ka'paun m (-s; -e) capón m.
Kapazi'tät f capacidad f; fig. a. eminencia f, autoridad f; ~**s-auslastung** f aprovechamiento m de la capacidad; ~**sschwund** m pérdida f de capacidad.
Ka'pee F n: schwer von ~ sein F ser duro de mollera.
Ka'pell|e f capilla f; (Haus2) oratorio m; ♪ orquesta f; ⚔ banda f de música; ~**meister** m ♪ director m (de orquesta); Hist. maestro m de capilla.
'Kaper[1] ♀ f (-; -n) alcaparra f.
'Kaper[2] ⚓ m (-s; -) corsario m, pirata m; ~**brief** m patente f de corso.
Kape'rei f corso m; apresamiento m.
'kapern (-re) I. v/t. ⚓ apresar, capturar; F fig. pescar; coger; II. 2 n apresamiento m.
'Kapern|sauce f salsa f alcaparrada; ~**strauch** m alcaparro m.
'Kaperschiff ⚓ n buque m pirata (od. corsario).
ka'pieren (-) F v/t. comprender, F captar, pescar; jetzt kapier' ich ahora caigo; damit du kapierst! ¡para que te enteres!; kapiert? ¿estamos?; ¿entendido?
Kapil'largefäß Anat. n vaso m capilar.
Kapillari'tät f (0) capilaridad f.
Kapi'tal I. n (-s; -ien) capital m (totes inactivo; improductivo; eingezahltes desembolsado; flüssiges líquido, disponible; festliegendes inmovilizado; gezeichnetes suscrito); zum ~ schlagen acumular al capital; capitalizar; fig. ~ aus et. schlagen sacar provecho (od. partido) de a/c.; **II.** 2 adj. magnífico, excelente; Verbrechen, Irrtum: capital.
Kapi'tal...: ~**abfindung** f indemnización f en capital; ~**abwanderung** f evasión f (od. fuga f) de capitales; ~**anlage** f colocación f bzw. inversión f de capital; ~**anlagegesellschaft** f sociedad f de inversión; ~**anteil** m participación f en el capital; ~**aufstockung** f ampliación f de capital; ~**aufwand** m gasto m de capital; ~**bedarf** m necesidades f/pl. de capital; ~**beschaffung** f obtención f de capital; ~**bewegung** f movimiento m de capitales; ~**bildung** f formación f (od. constitución f) de capital; capitalización f.
Kapi'tälchen Typ. n versalita f.
Kapi'tal...: ~**einlage** f aportación f de capital; ~**erhöhung** f ampliación f (od. aumento m) de capital; ~**ertrag** m producto m (od. renta f) del capital; ~**ertrag(s)steuer** f impuesto m sobre la renta del capital; ~**flucht** f evasión f (od. fuga f) de capitales; ~**geber** m capitalista m, inversor m; ~**gesellschaft** f sociedad f (de carácter) capitalista; ~**herabsetzung** f reducción f del capital.
kapitali'sier|bar adj. capitalizable; ~**en** (-) v/t. capitalizar; 2**ung** f capitalización f.
Kapita'lis|mus m (-; 0) capitalismo m; ~**t** m (-en) capitalista m; 2**tisch** adj. capitalista.
Kapi'tal...: ~**knappheit** f escasez f de capitales; 2**kräftig** adj. que dispone de mucho capital; bien provisto de fondos; ~**mangel** m penuria f (od. falta f) de capitales; ~**markt** m mercado m de capitales; ~**steuer** f impuesto m sobre el capital; ~**verbrechen** 🏛 n crimen m capital; ~**verkehr** m circulación f (od. movimientos m/pl.) de capital; ~**vermögen** n capital(es) m(pl.); ~**zins** m interés m del capital; ~**zufluß** m afluencia f de capitales; ~**zusammenlegung** f fusión f (od. agrupamiento m) de capitales.
Kapi'tän m (-s; -e) capitán m (a. Sport); 🏴 comandante m; ~ zur See capitán m de navío; ~**leutnant** m teniente m de navío; ~**s-patent** n patente f de capitán.
Ka'pitel n (-s; -) capítulo m; Rel. a. cabildo m; fig. das ist ein ~ für sich ese es otro cantar; 2**fest** adj.: ~ sein in ser versado en.
Kapi'tell n (-s; -e) capitel m.
Kapi'tol n Capitolio m.
Kapitu'llar Rel. m capitular m; ~**lati'on** f capitulación f, rendición f; 2**lieren** (-) v/i. capitular; rendirse (a. fig.).
Kap'lan m (-s; ~e) capellán m; (Vikar) vicario m; coadjutor m.
Kapo'daster ♪ m cejilla f.
Ka'potthut m capota f.
'Käppchen n casquete m; des Priesters: solideo m.
'Kappe f gorra f; (Strick2, Bade2) gorro m; (Priester2) solideo m; (Mauer2) albardilla f; (äußere Schuh2) puntera f; (hintere Schuh2) talón m, calcañar m; ⊕ capuchón m; casquete m; fig. et. auf s-e ~ nehmen asumir la responsabilidad de a/c.; fig. das geht auf m-e ~ eso corre por mi cuenta.
'kappen v/t. Bäume: desmochar, descabezar; ⚓ Tau, Mast: cortar; Hähne: capar; fig. reducir, recortar.
'Käppi ⚔ n (-s; -s) quepis m; ros m.
'Kappnaht f costura f doble.
Kapri'ole f cabriola f; ~**n machen** dar cabriolas.
kapri'|zieren (-) v/refl.: sich auf et. ~ encapricharse con a/c.; ~**zi'ös** adj. (-est) caprichoso.
'Kapsel f (-; -n) cápsula f (a. ♀, Anat. Phar.); (Etui) estuche m; 2**förmig** adj. capsular; ~**frucht** ♀ f fruto m capsular.
'Kapstadt n Ciudad f del Cabo.
ka'putt F adj. roto; estropeado; destrozado, F hecho trizas; (erschöpft) reventado, molido; F hecho polvo (od. cisco); (ruiniert) arruinado; ~**arbeiten** F v/refl.: sich ~ matarse trabajando; ~**gehen** (L) v/i. romperse; estropearse; cascarse; irse al traste (a. fig.); (zugrunde gehen) arruinarse; (krepieren) reventar; ~**lachen** F v/refl.: sich ~ desternillarse (od. morirse od. troncharse) de risa; ~**machen** v/t. romper; estropear; destrozar, F hacer añicos (od. trizas); dar al traste (con) (ruinieren) arruinar; P cargarse (a alg.); sich ~ matarse (trabajando); ~**schlagen** (L) v/t. romper; hacer pedazos (od. añicos), destrozar.
Ka'puze f capucha f; capuchón m; der Mönche: capilla f.
Kapu'ziner m capuchino m; ~**affe** Zoo. m (mono m) capuchino m; ~**kresse** ♀ f capuchina f; ~**mönch** m capuchino m.

Kapaun — karibisch

Kara'biner ⚔ m carabina f; mosquetón m; ~**haken** ⊕ m mosquetón m.
Ka'racho ⊢ n: mit ~ a toda velocidad, F a todo gas.
Ka'raffe f garrafa f.
Karambo'|lage [-'la:ʒə] f Billard: carambola f; fig. colisión f, choque m; 2**lieren** (-) v/i. Billard: hacer carambola, carambolear; fig. chocar.
Kara'mel m (-s; 0) caramelo m; ~**bonbon** m/n, ~**le** f caramelo m.
Ka'rat n (-(e)s; -e) quilate m.
Ka'ra|te n Sport: karate m; ~**'teka** f karateca m.
...ka'rätig adj. in Zssgn: achtzehnkarätig de dieciocho quilates.
Ka'rausche Icht. f carpa f dorada.
Kara'wane f caravana f; ~**nführer** m caravanero m; ~**nstraße** f camino m de caravanas.
Karawanse'rei f caravasar m.
Kar'bid n (-(e)s; -e) carburo m (de calcio); ~**lampe** f lámpara f de acetileno (od. carburo).
Kar'bol 🜹 n (-s; 0) carbol m, fenol m; ~**säure** f ácido m carbólico (od. fénico); ~**wasser** n agua f fenicada.
Kar'bon Geol. n carbonífero m.
Karbo'nade Kochk. f chuleta f (a la parrilla).
Karbo'nat 🜹 n (-(e)s; -e) carbonato m.
karboni'sieren (-) v/t. carbonizar.
Kar'bonsäure 🜹 f ácido m carboxílico.
Kar'bunkel ✤ m carbunc(l)o m; ántrax m.
karbu'rieren (-) v/t. carburar.
Karda'mom ♀ m, n cardamomo m.
Kar'dan|antrieb ⊕ m transmisión f cardán; ~**aufhängung** f suspensión f cardán; ~**gelenk** n (articulación f) cardán m; ~**welle** f árbol m cardán.
Kar'dätsche f (Striegel) bruza f, almohaza f; 2**n** (-) v/t. (striegeln) almohazar, cardar.
'Karde ♀, ⊕ f cardencha f; 2**n** ⊕ v/t.
Kardi'nal m (-s; ~e) cardenal m; ~**fehler** m error m fundamental; ~**punkt** m punto m cardinal; ~**shut** m capelo m; ~**skollegium** n Sacro Colegio m, Colegio m de Cardenales; ~**swürde** f cardenalato m; ~**tugenden** f/pl. virtudes f/pl. cardinales; ~**zahl** f número m cardinal.
Kardio'|gramm ✤ n cardiograma m; ~**'graph** m (-en) cardiógrafo m.
Ka'renzzeit f tiempo m de carencia; bei Versicherungen: plazo m de espera.
Kar'freitag m Viernes m Santo.
Kar'funkel Min. m carbúnculo m.
karg adj. escaso; raro; (schäbig) mezquino; (armselig) pobre, miserable; Mahl: frugal; Landschaft: árido; ~ sein mit ~ ~**en** v/i. ser parco en; escatimar (ac.); tacañear; 2**heit** f (0) escasez f; carencia f (an dat. de); (Schäbigkeit) mezquindad f; (Armut) pobreza f; e-s Mahls: frugalidad f.
'kärglich adj. escaso, exiguo; (ärmlich) pobre, mísero; ~ leben vivir en la miseria; → a. karg.
'Kargoversicherung f seguro m del cargamento.
ka'ribisch adj. caribe; die 2**en** Inseln las Antillas Menores, las Islas Caribes; das 2**e** Meer el Mar Caribe (od. de las Antillas).

ka'riert *adj. Stoff:* a (*od.* de) cuadros; *Papier*: cuadriculado.

'Karies [-RĪES] ⚕ *f* (0) caries *f.*

Karika|'tur *f* (-; -en) caricatura *f*; ~**tu'rist** *m* (-en) caricaturista *m*; ℒ~**tu'ristisch** *adj.* caricaturesco.

kari'kieren (-) *v/t.* caricaturizar; hacer la caricatura de.

kari'ös ⚕ *adj.* cariado.

karita'tiv *adj.* caritativo.

Karl *m* Carlos *m*; ~ *der Dicke* Carlos el Craso; ~ *der Kühne* Carlos el Temerario; ~ *der Kahle* Carlos el Calvo; ~ *V.* Carlos Quinto; ~ *der Große* Carlomagno.

Karme'liter *m* carmelita *m*; ~**geist** *m* agua *f* del Carmen; ~**in** *f* carmelita *f*; ~**orden** *m* orden *f* del Carmen.

karme'sin(rot) *adj.* carmesí.

Kar'min *n* (-s; 0) carmín *m*; ℒ**farben**, ℒ**rot** *adj.* carmín.

Karne'ol *Min. m* (-s; -e) cornalina *f.*

'Karneval [-V-] *m* (-s; -s u. -e) carnaval *m*; ~**s...** *in Zssgn* → *Fastnachts...*

Kar'nickel F *n* conejo *m*; *fig.* (*Sündenbock*) cabeza *f* de turco.

'Kärnt|en *n* Carintia *f*; ~**ner(in** *f*) *m* carintio (-a *f*) *m*; ℒ**nerisch** *adj.* carintio; de Carintia.

'Karo *n* (-s; -s) cuadrado *m*; *im Stoff:* cuadro *m*; *Kartenspiel:* oros *m/pl.*

Karo'line *f* Carolina *f*; *Geogr.* die ~**n** las (Islas) Carolinas.

'Karoling|er *m/pl.* Carolingios *m/pl.*; ℒ**isch** *adj.* carolingio.

'Karomuster *n* dibujo *m* de cuadros (*od.* cuadritos).

Ka'rosse *f* carroza *f.*

Karosse'rie *f* carrocería *f*; ~**arbeiter** *m* chapista *m*; ~**bau** *m* carrocería *f*; ~**bauer** *m* carrocero *m*; ~**werkstatt** *f* chapistería *f.*

Ka'rotte *f* zanahoria *f.*

Kar'paten *pl.* Cárpatos *m/pl.*

'Karpfen *Ict. m* carpa *f*; ~ *blau* carpa *f* cocida; ~**teich** *m* vivero *m* de carpas.

'Karre *f* → *Karren*; F (*altes Auto*) (viejo) cacharro *m.*

Kar'ree *n* (-s; -s) cuadrado *m.*

'karren *v/t. u. v/i.* acarrear, carretear.

'Karren *m* carro *m*; (*Schub*ℒ) carretilla *f*; (*zweirädriger*) carreta *f*; F *fig.* den ~ *in den Dreck fahren* meterse en un atolladero; *den ~ aus dem Dreck ziehen* sacar a alg. de apuros (*od.* el pie del lodo); *den ~ (einfach) laufen lassen* dejar rodar la bola; ~**gaul** *m* caballo *m* de tiro; ~**ladung** *f* carretada *f.*

Karri'ere [ka'RIE:Rə] *f* carrera *f*; ~ *machen* hacer carrera; ~**macher** *m* arribista *m*; trepador *m.*

Kar'samstag *m* Sábado *m* de Gloria.

Karst[1] ✸ *m* (-es; -e) azada *f*; azadón *m*; *zweizinkiger:* zapapico *m.*

Karst[2] *Geol. m* karst *m.*

Kar'täuser *m* cartujo *m*; ~**kloster** *n* cartuja *f*, convento *m* de cartujos; ~**likör** *m* fr. chartreuse *f.*

'Karte *f* (*Post*ℒ, *Visiten*ℒ) tarjeta *f* (a. *Fußball*ℒ); (*Speise*ℒ) carta *f*; (*Fahr*ℒ) billete *m*; *Am.* boleto *m*; (*Eintritts*ℒ) entrada *f*; (*Land*ℒ) mapa *m*; (*Spiel*ℒ) carta *f*, naipe *m*; (*Kartei*ℒ) ficha *f*; s-e ~ *abgeben* dejar tarjeta; *nach der* ~ *essen* comer a la carta; *die* ~*n legen* (*od.* *schlagen*) echar las cartas; *ein Spiel* ~*n* una baraja; ~*n spielen* jugar a las cartas (*od.* a los naipes); *gute* (*schlechte*) ~*n haben* tener buen (mal) naipe; *s-e* ~*n aufdecken* enseñar (*od.* descubrir) su juego (*a. fig.*); *j-m in die* ~*n sehen* mirar las cartas (*od.* ver el juego) de alg.; *sich nicht in die* ~*n sehen lassen*, *mit verdeckten* ~*n spielen* ocultar el juego; *mit offenen* ~*n spielen* jugar a cartas vistas (*a. fig.*); *fig. die* ~*n auf den Tisch legen* poner las cartas boca arriba; *alles auf e-e* ~ *setzen* jugárselo todo a una carta; *fig. a. jugarse el todo por el todo.*

Kar'tei *f* fichero *m*; ~**karte** *f* ficha *f*; ~**kasten** *m* fichero *m*; ~**schrank** *m* archivador *m*, fichero *m.*

Kar'tell ✝, *Pol. n* (-s; -e) cártel *m*; ~**bildung** *f* formación *f* de cárteles, cartelización *f*; ~**entflechtung** *f* descartelización *f*; ~**gesetz** *n* ley *f* de cárteles.

'Karten...: ~brief ⚓ *m* carta-tarjeta *f*; ~**haus** *n* castillo *m* de naipes (*a. fig.*); ⚓ caseta *f* de derrota; *fig.* wie ein ~ *zusammenstürzen* derrumbarse como un castillo de naipes; ~**kunststück** *n* truco *m* de cartas; ~**legen** *n* cartomancia *f*; ~**leger(in** *f*) *m* echador(a *f*) *m* de cartas, cartomántico (-a *f*) *m*; ~**lesen** ✕ *n* lectura *f* de mapas; ~**spiel** *n* juego *m* de cartas (*od.* de naipes); (*Karten*) baraja *f*; ~**spieler(in** *f*) *m* jugador(a *f*) *m* de cartas; ~**ständer** *m* portamapas *m*; ~**tasche** *f* guardamapas *m*; *für Besuchskarten:* tarjetero *m*; *Kfz.* bolso *m* portadocumentos *m*; ~**verkauf** *m* venta *f* (*od.* despacho *m*) de localidades; ~**verkäufer(in** *f*) *m* taquillero (-a *f*) *m*; ~**vorverkauf** *m* venta *f* anticipada de localidades; ~**werk** *n* atlas *m*; ~**zeichen** *n/pl.* signos *m/pl.* convencionales; ~**zeichner** *m* cartógrafo *m.*

karte|si'anisch *adj.* cartesiano; ℒ**sia'nismus** *m* cartesianismo *m.*

kar'tesisch *adj.* cartesiano.

Kar'thago *n* Cartago *m.*

kar'tieren *v/t.* cartografiar.

Kar'toffel *f* (-; -n) patata *f*; *Am.* papa *f*; F (*dicke Nase*) narizota *f*; F (*Taschenuhr*) patata *f*; F (*Loch im Strumpf*) tomate *m*; ~**anbau** *m* cultivo *m* de la patata; ~**bällchen** *Kochk. n* bocadito *m* de patata; ~**brei** *m* → *püree*; ~**ernte** *f* recolección *f* de la patata; ~**erntemaschine** *f* cosechadora *f* de patatas; ~**feld** *n* patatal *m*, patatar *m*; ~**käfer** *m* escarabajo *m* de la patata, dorífora *m*; ~**krokette** *f* croqueta *f* de patata; ~**mehl** *n* fécula *f* de patata; ~**nase** F *f* narizota *f*; ~**püree** *n* puré *m* de patatas; ~**quetsche** *f* pasapurés *m*; ~**roder** *m* arrancadora *f* de patatas; ~**salat** *m* ensalada *f* de patatas; ~**schalen** *f/pl.* mondaduras *f/pl.* (*od.* peladuras *f/pl.*) de patata; ~**schälmaschine** *f* mondadora *f* de patatas; ~**schälmesser** *n* pelapatatas *m*; ~**stärke** *f* fécula *f* de patata; ~**suppe** *f* sopa *f* de patata.

Karto|'graph *m* (-en) cartógrafo *m*; ~**gra'phie** *f* (0) cartografía *f*; ℒ**'graphisch** *adj.* cartográfico.

Kar'ton [-'tõ] *m* (-s; -s) cartón *m*; *feiner*: cartulina *f*; (*Schachtel*) (caja *f* de) cartón *m.*

Karto'nage [-'nɑ:ʒə] *f* cartonaje *m*; ~**fabrik** *f* cartonería *f*; fábrica *f* de cartonajes; ~**händler** *m* cartonero *m.*

karto'nieren (-) *v/t. Bücher:* encartonar, empastar.

Karto'thek *f* (-; -en) fichero *m.*

Kar'tusche *f* cartucho *m.*

Karus'sell *n* (-s; -s u. -e) tiovivo *m*, caballitos *m/pl.*; *gal.* carrusel *m.*

'Karwoche *f* Semana *f* Santa.

'Karzer *m* (-s; -) calabozo *m.*

karzino'gen ⚕ *adj.* cancerógeno, cancerígeno.

Kar'zi'nom ⚕ *n* (-s; -e) carcinoma *m.*

Kasachs'tan *n* (-s) Kazajstán *m.*

'Kasack *m* (-s; -s) casaca *f.*

Ka'schemme F *f* tabernucho *m*; tugurio *m*; posada *f* de mala muerte.

ka'schieren (-) *v/t.* disimular; tapar, ocultar; escamotear.

'Kaschmir 1. *m* (-s; -e) (*Stoff*) cachemira *f*; **2.** *n Geogr.* Cachemira *f.*

'Käse *m* (-s; -) queso *m*; F (*dummes Zeug*) tonterías *f/pl.*; ~**bereitung** *f* elaboración *f* del queso; ~**blatt** F *n* periodicucho *m*; ~**brot** *n* bocadillo *m* de queso; ~**gebäck** *n* pastas *f/pl.* al queso; ~**geschäft** *n* quesería *f*; ~**glocke** *f* quesera *f*; ~**händler** *m* quesero *m.*

Kase'in *n* (-s; 0) caseína *f.*

'Käse|kuchen *m* tarta *f* de queso; ~**made** *f* gusano *m* del queso.

Kase'matte ✕ *f* casamata *f.*

'Käse|messer ✕ *n* cuchillo *m* para queso; ~**milbe** *f* ácaro *m* del queso; ℒ**n** *v/i.* hacer queso, quesear; ~**platte** *f* plato *m* de queso variado; ~**r** *m* quesero *m*; ~**'rei** *f* quesería *f*; ~**rinde** *f* corteza *f* de queso.

Ka'serne *f* cuartel *m*; ~**ndienst** *m* servicio *m* de cuartel; ~**nhof** *m* patio *m* del cuartel.

kaser'nier|en (-) ✕ *v/t.* acuartelar; ℒ**ung** *f* acuartelamiento *m.*

'Käse|stange *f* palito *m* al queso; ~**stoff** 🜛 *m* caseína *f.*

'käsig *adj.* caseoso; F (*bleich*) pálido, lívido, macilento.

Ka'sino *n* (-s; -s) casino *m*; círculo *m*; ✕ comedor *m* de oficiales, *bsd. Am.* imperio *m.*

Kas'kade *f* cascada *f*; ℒ**n-artig** *adj.* en cascada.

Kaskoversicherung *f* seguro *m* a todo riesgo; ⚓ seguro *m* de casco.

'Kaspar *m* Gaspar *m.*

'Kasper|le *n*, *m* polichinela *m*; ~**letheater** *n* guiñol *m*, teatro *m* de títeres; ℒ**n** F *v/i.* F hacer el indio (*od.* el payaso).

'kaspisch *adj.*: *das* ℒ*e Meer* el Mar Caspio.

'Kassa ✝ *f* (-; *Kassen*): *per* ~ *al contado*; ~**geschäft** *n* operación *f* al contado; ~**preis** *m* precio *m* al contado.

Kassati'on *f* ⚖ casación *f*, anulación *f* (de una sentencia); ~**s-hof** ⚖ *m* tribunal *m* de casación.

'Kasse *f* caja *f*; *Thea. usw.*: taquilla *f*, despacho *m* de localidades; *an der* ~ *en la taquilla*; ✝ *gegen* (*sofortige*) ~, *per* ~ al contado; *netto* ~ neto al contado; *mit der* ~ *durchgehen* fugarse con la caja; *e-n Griff in die* ~ *tun* meter mano a la caja; *die* ~ *führen* (*od.* *unter sich haben*) llevar la caja; ~ *machen* hacer la caja; *ajustar cuentas*; (*gut*) *bei* ~ *sein* andar bien de dinero, estar en fondos; *nicht* (*od.* *schlecht od. knapp*) *bei* ~ *sein* andar mal de fondos (*od.* de dinero); *gemeinsame* (*getrennte*) ~ *machen* hacer caja común (separada); *iro. zur* ~ *bitten* presentar la factura.

¹**Kasseler Rippe(n)speer** *m* chuleta *f* de cerdo ahumada.
¹**Kassen...: ~abschluß** *m* cierre *m* bzw. balance *m* de caja; **~anweisung** *f* bono *m* de caja; orden *f* de caja bzw. de pago; **~arzt** *m* médico *m* del seguro; **~beamte(r)** *m* cajero *m*; **~beleg** *m* comprobante *m* de caja, ticket *m*; **~bestand** *m* existencias *f/pl*. (*od*. efectivo *m od*. dinero *m*) en caja; encaje *m*; **~bilanz** *f* balance *m* de caja; **~block** *m* bloque *m* de caja; **~bote** *m* ordenanza *m*; cobrador *m*; **~buch** *n* libro *m* de caja; **~defizit** *m* déficit *m* de caja; **~diebstahl** *m* desfalco *m*; **~eingang** *m* entrada *f* en caja; **~einnahme** *f* Thea. usw.: (ingreso *m* por) taquilla *f*, taquillaje *m*; **~erfolg** *m* Thea. usw.: éxito *m* de taquilla (*od*. taquillero); **~führer(in** *f*) *m* cajero (-a *f*) *m*; tesorero (-a *f*) *m*; **~konto** *n* cuenta *f* de caja; **~magnet** *m* 1. actor *m* taquillero; 2. → *~schlager*; **~prüfung** *f* control *m* de caja; **~raum** *m* caja *f*; **~rekord** *m* Thea. usw.: récord *m* de taquilla *f/pl*. de caja; taquilla *f*; **~schein** *m* 1. → *~anweisung*; 2. → *~beleg*; **~schlager** *m* película *f* taquillera; atracción *f* de taquilla; **~schrank** *m* caja *f* fuerte (*od*. de caudales); **~stand** *m* situación *f* de caja; **~stunden** *f/pl*. horas *f/pl*. de caja; **~sturz** *m* arqueo *m*; ~ *machen* hacer arqueo; **~überschuß** *m* excedente *m* en caja, superávit *m*; **~umsatz** *m* movimiento *m* de caja; **~wart** *m* cajero *m*; e-s Vereins usw.: tesorero *m*; **~zettel** *m* → *~beleg*.
Kasse'rolle *f* cacerola *f*.
Kas'sette *f* cajita *f*; Phot. chasis *m*; (Geld♀) cofrecillo *m*, caja *f* de caudales; (Schmuck♀) joyero *m*; ♪ cassette *f*, casete *m/f*; △ cuadrícula *f* de artesonado; für Bücher: estuche *m*; **~ndeck** ♪ *n* platina *f* a cassette; **~ndecke** △ *f* artesonado *m*; **~nrecorder** *m* (magnetófono *m* a) cassette *m*; **~nständer** *m* portacassettes *m*.
Kas'siber *m* (-s; -) mensaje *m* clandestino de bzw. a un preso.
kas'sier|en (-) *v/t*. cobrar; ₫₴ anular, casar; F (verhaften) detener; **♀er(in** *f*) *m* cajero (-a *f*) *m*; (Vereins~) tesorero (-a *f*) *m*; (Ein~) cobrador *m*.
Kasta'gnette [-tanˈjɛtə] *f* castañuela *f*.
Kas'tanie [-nɪə] *f* castaña *f*; fig. für j-n die ~*n* aus dem Feuer holen sacarle a alg. las castañas del fuego; **~nbaum** ♀ *m* castaño *m*; **♀nbraun** adj. castaño; **~nverkäufer(in** *f*) *m* castañero (-a *f*) *m*; **~nwald** *m* castañar *m*, castañedo *m*.
¹**Kästchen** *n* cajita *f*; estuche *m*; cofrecillo *m*; auf Formularen usw.: casilla *f*; Papier: cuadrícula *f*.
¹**Kaste** *f* casta *f*.
kas'tei|en (-) *v/t. u. v/refl*. mortificar(se); macerar(se); **♀ung** *f* mortificación *f*; maceración *f*.
Kas'tell *n* (-s; -e) castillo *m*; ciudadela *f*.
Kastel'lan *m* (-s; -e) castellano *m*; (Burgvogt) alcaide *m*.
¹**Kasten** *m* (-s; ⁺) **1.** caja *f*; cofre *m*; (Truhe) arca *f*; (Schublade) cajón *m*; Turnen: plinto *m*; in Zeitungen usw.: recuadro *m*; **2.** F (altes Haus) caserón *m*; casucha *f*; (altes Auto) F cacharro *m*; cafetera *f*; F (Schiff) carraca *f*; F (Gefängnis) chirona *f*, P trena *f*; F et. auf dem ~ haben no chuparse los dedos; F nichts auf dem ~ haben no tener dos dedos de frente; **~brot** *n* pan *m* de molde; **~drachen** *m* cometa *f* celular; **~geist** *m* espíritu *m* de casta; **~kipper** *m*, **~kippwagen** *m* vagón *m* (*od*. carro *m*) basculante; volquete *m*; **~wagen** *m* 🚂 vagón *m* cerrado; furgón *m*; Kfz. furgoneta *f*.
Kas'ti|lien *n* Castilla *f*; **~lier(in** *f*) *n* castellano (-a *f*) *m*; **♀lisch** adj. castellano.
Kas'trat *m* (-en) castrado *m*.
Kastrati'on *f* castración *f*.
kas'trieren (-) *v/t*. castrar, bsd. Tiere: capar.
Kasu'ist *m* (-en) casuista *m*; **~ik** *f* (0) casuística *f*; **♀isch** adj. casuístico.
¹**Kasus** Gr. *m* (-; -) caso *m*.
Kata'falk *m* (-*e*s; -e) catafalco *m*.
Kata'kombe *f* catacumba *f*.
Kata'la|ne *m* (-n) catalán *m*; **♀nisch** adj. catalán.
Kata'log *m* (-*e*s; -e) catálogo *m*; **♀i'sieren** (-) *v/t*. catalogar; **~preis** *m* precio *m* de catálogo.
Kata'lonien *n* Cataluña *f*.
Kata|ly'sator *m* (-s; -en) catalizador *m*; **~'lyse** *f* catálisis *f*; **♀ly'sieren** *v/t*. catalizar; **♀'lytisch** adj. catalítico.
Kata'pult *m*, *n* (-*e*s; -e) catapulta *f*; **~flugzeug** *n* avión *m* de catapulta; **♀'tieren** (-) *v/t*. catapultar (a. fig.); **~tstart** *m* lanzamiento *m* con catapulta.
Kata'rakt *m* (-*e*s; -e) catarata *f* (a. ⚕).
Ka'tarrh ⚕ *m* (-s; -e) catarro *m*.
katar'rhalisch adj. catarral.
Ka'taster *m/n* catastro *m*; **~amt** *n* oficina *f* del catastro; **~register** *n* registro *m* (*od*. lista *f*) catastral.
katastro'phal adj. catastrófico.
Kata'strophe [-ˈstroːfə] *f* catástrofe *f*; cataclismo *m*; **~ngebiet** *n* zona *f* catastrófica; **~nstimmung** *f* catastrofismo *m*.
¹**Kate** *f* cabaña *f*, choza *f*.
Kate'che|se [-ç-] Rel. *f* catequesis *f*; **~t** *m* (-en) catequista *m*.
kate'chi'sieren (-) *v/t*. catequizar; **♀'chismus** (-; -men) catecismo *m*; (Unterricht) a. catequesis *f*, F doctrina *f*.
Katechu'mene *m* (-n) catecúmeno *m*.
Katego'rie *f* categoría *f*; in e-e ~ fallen corresponder a una categoría.
kate'gorisch adj. categórico; terminante.
¹**Kater** *m* (-s; -) gato *m*; F fig. F resaca *f*.
Katha'rina *f* Catalina *f*.
¹**Käthe** *f* Catalina *f*.
Ka'theder *m/n* (-s; -) cátedra *f*; **~weisheit** *f* sabiduría *f* libresca.
Kathe'drale *f* catedral *f*.
Ka'theter ⚕ *m* (-s; -) catéter *m*, sonda *f*; **♀i'sieren** *v/t*. cateterizar; **~i'sieren** *n* cateterización *f*, cateterismo *m*.
Ka'thode *f* cátodo *m*; **~nstrahlen** *m/pl*. rayos *m/pl*. catódicos.
Katho'lik(in *f*) *m* (-en) católico (-a *f*) *m*.
ka'tholisch adj. católico.
Katholi'zismus *m* (-; 0) catolicismo *m*.
Kat'tun *m* (-s; -e) tela *f* de algodón (estampada); cotonada *f*; bedruckter ~ indiana *f*.
¹**katz|balgen** *v/refl*.: sich ~ pelearse, andar a la greña; **~buckeln** (-le) *v/i*.: vor j-m ~ adular a alg.; F dar coba a alg.
¹**Kätzchen** *n* gatito *m*, F minino *m*; ♀ amento *m*, candelilla *f*.
¹**Katze** *f* gato *m*; weibliche: gata *f*; fig. falsche ~ F mosquita *f* muerta; die ~ aus dem Sack lassen descubrir (*od*. enseñar) la baza; die ~ im Sack kaufen comprar a/c. a ciegas; wie die ~ um den heißen Brei herumgehen andar con rodeos; andarse por las ramas; bei Nacht sind alle ~*n* grau de noche todos los gatos son pardos; die ~ läßt das Mausen nicht la cabra siempre tira al monte; fig. der ~ die Schelle umhängen poner el cascabel al gato; F fig. das ist für die Katz es inútil (*od*. para el gato); Katz und Maus spielen jugar al gato y al ratón; wenn die ~ aus dem Haus ist, tanzen die Mäuse cuando el gato está fuera, los ratones se divierten.
¹**Katzen...: ♀artig** adj. felino (a. fig.); gatuno; **~auge** *n* ojo *m* de gato (a. fig.); (Rückstrahler) ⚫ catafoto *m*; **~buckel** *m* lomo *m* enarcado; e-n ~ *machen* enarcar el lomo; fig. → *katzbuckeln*; **♀freundlich** adj. hipócrita; zalamero; **~freundlichkeit** *f* zalamería *f*; **~geschrei** *n* maullido *m*; **~gold** Min. *n* mica *f* amarilla; **♀haft** adj. felino; **~hai** Ict. *m* lija *f*, pintarroja *f*; **~jammer** F *m* modorra *f*; resaca *f*; **~musik** F *f* música *f* ratonera; cencerrada *f*; **~sprung** fig. *m*: es ist nur ein ~ está a dos pasos de aquí; **~tisch** F *m*: am ~ essen comer en una mesa aparte; **~wäsche** F *f*: ~ machen lavarse a lo gato; **~zungen** *f/pl*. (Schokolade) lenguas *f/pl*. de gato.
¹**Kauderwelsch** *n* (-[s]; 0) galimatías *m*; jerga *f*, jerigonza *f*; F guirigay *m*; **♀en** *v/i*. chapurrear.
¹**kauen I.** *v/t. u. v/i*. masticar, mascar; an den Nägeln ~ roerse (*od*. comerse *od*. morderse) las uñas; fig. an et. ~ devanarse los sesos; **II.** ♀ *n* masticación *f*.
¹**kauern** (-re) *v/i. u. v/refl*. acuclillarse, estar en cuclillas; acurrucarse; (sich bücken) agacharse.
Kauf *m* (-*e*s; ⁺e) compra *f*; adquisición *f*; günstiger ~ ganga *f*, F chollo *m*; ~ und Verkauf compraventa *f*; ~ nach Ansicht compra previo examen; ~ auf Probe compra (a título de) prueba; ~ nach Probe compra sobre muestra; ~ auf feste Rechnung compra en firme; zum ~ anbieten poner a la venta; e-n ~ abschließen cerrar (*od*. concluir) una compra; fig. et. in ~ nehmen conformarse con a/c; aceptar a/c; tomar las cosas tal como son; leichten ~es davonkommen salir bien librado; ¹**~abschluß** *m* conclusión *f* de una compra; ¹**~angebot** *n* oferta *f* de compra; ¹**~auftrag** *m* orden *f* de compra; ¹**~bedingungen** *f/pl*. condiciones *f/pl*. de compra; ¹**~brief** *m* contrato *m* de compra bzw. de venta.
¹**kaufen** *v/t. u. v/i*. **1.** comprar (et. von j-m a/c. a alg.); adquirir; bei wem kaufen Sie? ¿dónde compra Vd.?; et. für 100 Peseten ~ comprar a/c. por cien pesetas; im kleinen (großen) ~ comprar al

por menor (mayor); *teuer (billig)* ~ comprar caro (barato); **2.** F *(bestechen)* comprar, sobornar; **3.** F *fig. dafür kann ich mir nichts* ~ no me sirve para nada; F *den werd' ich mir* ~! ¡ya me las pagará!; ¡ya le diré cuatro verdades!; **4.** *Spiel: Karten* ~ robar.

'**Käufer**|(**in** *f*) *m* comprador(a *f*) *m*; *(Kunde)* cliente *m*; *e-n* ~ *finden* encontrar comprador; **~land** *n* país *m* comprador; **~markt** *m* mercado *m* de signo favorable al comprador; **~streik** *m* huelga *f* de compradores.

'**Kauf...**: **~geld** *n* precio *m* de compra *bzw.* de venta; **~halle** *f* bazar *m*; **~haus** *n* grandes almacenes *m*/*pl.*, *Am.* emporio *m*; **~herr** *m ehm.* mercader *m*; **~kraft** *f* poder *m* adquisitivo, capacidad *f* adquisitiva; **~kräftig** *adj.* solvente; adinerado; **~kraftlenkung** *f* dirección *f* (*od.* encauzamiento *m*) del poder adquisitivo; **~kraftüberhang** *m* excedente *m* de poder adquisitivo; *den* ~ *abschöpfen* absorber la capacidad adquisitiva excedente; **~laden** *m* tienda *f*; comercio *m*; **~leute** *pl.* → **~mann**.

'**käuflich I.** *adj.* comprable (*a. fig.*), adquirible; *(verkäuflich)* en venta, vendible; *(bestechlich)* venal, sobornable; **~es** *Mädchen* prostituta *f*; **II.** *adv.*: ~ *erwerben* comprar, adquirir mediante compra; **2keit** *f* (0) venalidad *f*.

'**Kauf**|**lust** *f* deseo *m* de comprar, apetencia *f* de compra; *(Nachfrage)* demanda *f*; *geringe* ~ venta *f* poco animada, **2lustig** *adj.* deseoso de comprar; bien dispuesto a comprar; **~mann** *m* (-*¢s*; -*leute*) comerciante *m*; negociante *m*; *(Krämer)* tendero *m*; *Thea. der* ~ *von Venedig* El Mercader de Venecia; **2männisch** *adj.* comercial; mercantil; **~er** *Angestellter* empleado *m* (*od.* dependiente *m*) de comercio; **~er** *Direktor* director *m* comercial; **~mannsberuf** *m* profesión *f* de comerciante; *in den* ~ *eintreten* dedicarse al comercio, hacerse comerciante; **~mannschaft** *f* comercio *m*, comerciantes *m*/*pl.*; clase *f* comercial; **~preis** *m* precio *m* de compra; **~sache** *¢ž f* cosa *f* vendida; **~vertrag** *m* contrato *m* de compraventa; **~wert** *m* valor *m* de compra; **~wut** *f* furia *f* compradora; **~zwang** *m* obligación *f* de comprar, compra *f* obligatoria; *kein* ~ entrada libre; *ohne* ~ sin compromiso.

'**Kaugummi** *m* goma *f* de mascar, chicle *m*.

Kau'kas|**ier**(**in** *f*) *m* caucasiano (-a *f*) *m*; **2isch** *adj.* caucásico.

'**Kaukasus** *m* Cáucaso *m*.

'**Kaul**|**barsch** *Ict. m* acerina *f*; **~quappe** *Zoo. f* renacuajo *m*.

kaum *adv.* apenas, dificilmente; *ich glaube* ~, *daß* dudo que *(subj.)*, no creo que *(subj.)*; ~ ... *als* no bien ... cuando ... ; *apenas* ... cuando ...; *ich kann es* ~ *glauben* casi no puedo creerlo; ~ *zu glauben!* ¡parece mentira!; *wohl* ~! es improbable; no lo creo.

'**Kau**|**magen** *m der Vögel*: molleja *f*; **~muskel** *Anat. m* músculo *m* masticador.

kau'sal *adj.* causal.

Kausali'tät *f* causalidad *f*; **~s-prinzip** *n* principio *m* de causalidad.

Kau'sal|**satz** *Gr. m* oración *f* causal; **~zusammenhang** *m* relación *f* de causa a efecto, nexo *m* causal.

'**kaustisch** *adj.* cáustico.

'**Kautabak** *m* tabaco *m* de mascar (*od.* para masticar).

Kau'tel *f* precaución *f*, prevención *f*; *ž¶¸* reserva *f*.

Kauti'on [-'tsɪoːn] *f* fianza *f*; caución *f*, garantía *f*; *e-e* ~ *stellen* dar fianza, depositar una fianza; *ž¶¸ gegen* ~ *freilassen* poner en libertad bajo fianza; **2sfähig** *adj.* capaz de dar fianza; **2s-pflichtig** *adj.* sujeto a fianza; **~summe** *f* fianza *f*.

'**Kautschuk** *m* (-*s*; -*e*) caucho *m*; goma *f* elástica; **~baum** ♀ *m* árbol *m* del caucho; **~milch** *f* látex *m*; **~paragraph** *F m* norma *f* flexible.

'**Kauwerkzeuge** *n*/*pl.* órganos *m*/*pl.* masticatorios, aparato *m* de la masticación.

Kauz *Orn. m* (-*es*; -*¨e*) lechuza *f*; mochuelo *m*; *(Wald&)* cárabo *m*; F *fig. komischer* ~ tipo *m* extravagante; F *den* F bicho *m* raro.

Kava'lier [-v-] *m* (-*s*; -*e*) caballero *m*; hombre *m* galante; ~ *am Steuer* caballero *m* del volante; **2mäßig** *adj.* de caballero, caballeroso; noble, digno; **~sdelikt** F *n* pecadillo *m*, F peccata *pl.* minuta.

Kaval'kade [-v-] *f* cabalgata *f*.

Kavalle|**'rie** [kavalə'ʀiː] ⚔ *f* caballería *f* (*schwere* pesada; *leichte* ligera); **~'rist** *m* (-*en*) soldado *m* de caballería.

Ka'ver|**ne** [-v-] *¸ f* caverna *f*; **2nös** *adj.* cavernoso.

Kaviar [-v-] *m* (-*s*; -*e*) caviar *m*.

'**Kebs**|**e** *f*, **~weib** *n* ['keːps-] concubina *f*, manceba *f*; **~ehe** *f* concubinato *m*; amancebamiento *m*.

keck *adj.* audaz; osado, atrevido; *(verwegen)* temerario; *(frech)* descarado, impertinente; F fresco; **2heit** *f* audacia *f*; osadía *f*, atrevimiento *m*; *(Verwegenheit)* temeridad *f*; *(Frechheit)* descaro *m*; impertinencia *f*; frescura *f*.

'**Kefir** *m* (-*s*; 0) kéfir *m*.

'**Kegel** *m* (-*s*; -) *zum Spielen*: bolo *m*; *Berg*: pico *m*; ♉ cono *m* *(abgestumpfter* truncado); *Typ.* cuerpo *m* (*de letra*); ~ *schieben* (*od. spielen*) jugar a los bolos; *die* ~ *aufstellen* colocar los bolos; **~bahn** *f* bolera *f*; *Am.* cancha *f* (*od.* pista *f*) de bolos; **~form** *f* conicidad *f*; **2förmig** *adj.* cónico; conoide; **~kugel** *f* bola *f*; **~kupplung** ⊕ *f* acoplamiento *m* por cono de fricción; **~mantel** ♉ *m* superficie *f* del cono; **2n** (-*le*) *v*/*i*. jugar a los bolos; **~n** *n* juego *m* de bolos; bowling *m*; **~partie** *f* partida *f* de bolos; **~rad** ⊕ *n* rueda *f* cónica; **~radantrieb** *m*, **~radgetriebe** *n* engranaje *m* cónico; **~schnitt** ♉ *m* sección *f* cónica; **~spiel** *n* juego *m* de bolos; bowling *m*; **~spieler** *m* jugador *m* de bolos; **~stumpf** ♉ *m* cono *m* truncado; tronco *m* de cono; **~ventil** *n* válvula *f* cónica (*od.* de asiento cónico).

'**Kegler** *m* jugador *m* de bolos.

'**Kehl**|**deckel** *Anat. m* epiglotis *f*; **~e** *f* garganta *f*; gaznate *m*; △ acanaladura *f*; *aus voller* ~ a voz en cuello; *j-n an der* ~ *packen* agarrar a alg. por el cuello; *j-m die* ~ *zuschnüren* (*durch-*

schneiden) estrangular (degollar) a alg.; *j-m das Messer an die* ~ *setzen* poner a alg. el puñal a la garganta; *e-e trockene* ~ *haben* F tener seco el gaznate; et. *in die falsche* ~ *bekommen* (*sich verschlucken*) atragantarse; *fig.* interpretar torcidamente a/c.; tomar a/c. a mal; **2en** ⊕ *v*/*t.* acanalar; estriar; **~hobel** *m* bocel *m*, acanalador *m*; **2ig** *adj.* gutural; **~kopf** *Anat. m* laringe *f*; **~kopf-entzündung** *♋ f* laringitis *f*; **~kopfkrebs** *♋ m* cáncer *m* de la laringe; **~kopfmikrophon** *n* laringófono *m*; **~kopfschnitt** *Chir. m* laringotomía *f*; **~kopfspiegel** *♋ m* laringoscopio *m*; **~laut** *m* sonido *m* gutural, gutural *f*; **~leiste** △ *f* moldura *f*; (*Doppel2*) talón *m*.

'**Kehr**|**aus** *m* (-; 0) último baile *m*; fin *m* de la fiesta; *den* ~ *machen* dar fin a la fiesta; acabar con todo; **~besen** *m* escoba *f*.

'**Kehre** *f* (*Biegung*) (re)vuelta *f*; recodo *m*; (*Kurve*) curva *f*; viraje *m*; *Turnen*: media vuelta *f* dorsal; ⚜ *über den Flügel*: tonel *m*.

'**kehren**[1] *v*/*t*. (*fegen*) barrer; *Schornstein*: deshollinar.

'**kehren**[2] *v*/*t. u. v*/*i*. (*wenden*) volver, dar vuelta a; *sich* ~ *gegen* volverse contra; *alles zum Besten* ~ tomar las cosas por el lado bueno; *sich nicht* ~ *an* no hacer (ningún) caso de; *sich gekehrt* ensimismado, absorto; abismado en sus pensamientos; ⚔ *rechtsum (linksum) kehrt!* ¡media vuelta a la derecha (izquierda)!

'**Kehricht** *m*/*n* (-*s*; 0) barreduras *f*/*pl.*; (*Müll*) basura *f*; *weit S.* inmundicia *f*; **~eimer** *m* cubo *m* de la basura; **~haufen** *m* montón *m* de barreduras *bzw.* basura.

'**Kehr**|**maschine** *f* barredera *f*; (*Teppich2*) *a.* escoba *f* mecánica; **~reim** *m* estribillo *m*; **~schaufel** *f* pala *f*; **~seite** *f e-s Blattes*: revés *m*; *die* ~ *der Medaille* el reverso de la medalla, la otra cara de la moneda (*a. fig.*); F *j-m s-e* ~ *zuwenden* volver la espalda a alg.

'**kehrt**|**machen** *v*/*i*. (*zurückkehren*) volver atrás, dar la vuelta, volver sobre sus pasos; ⚔ dar media vuelta; **2wendung** *f* media vuelta *f*.

'**Kehrwert** *m* valor *m* recíproco.

'**keif**|**en** (*schreien*) chillar, vociferar; (*schimpfen*) regañar; **2en** *n*, **2erei** *f* chillería *f*; regaño *m*; **2erin** *f* chillona *f*.

Keil *m* (-*¢s*; -*e*) cuña *f* (*a.* ⊕ *u.* △); (*Hemm2*) calza *f*; ⊕ chaveta *f*; *Schneiderei*: ensanche *m*, cuchillo *m*; *fig. e-n* ~ *treiben zwischen* extrañar (a alg. de alg.); *ein* ~ *treibt den anderen* un clavo saca otro clavo; **!absatz** *m* tacón *m* cuña; **!e** F *f* (0) paliza *f*, zurra *f*; **!en** *v*/*t.* ⊕ chavetear; acuñar; (*e-n Keil unterlegen*) calzar; F (*j-n gewinnen*) F enganchar; F *sich* ~ (*prügeln*) pegarse, pelearse; **!er** *Zoo. m* jabalí *m*; **!e'rei** *f* pelea *f*, riña *f*; camorra *f*, trifulca *f*; **2förmig** *adj.* cuneiforme, en forma de cuña; **!hacke** *f*, **!haue** *f* piqueta *f*; **!hose** *f* pantalón *m* abotinado; **!kissen** *n* travesero *m*; **!riemen** *m* correa *f* trapezoidal; **!schrift** *f* escritura *f* cuneiforme; **!stein** △ *m* cuña *f*; **!stück** *n Schreinerei*: coda *f*; **!treiber** ⊕ *m* botador *m* de cuñas.

Keim m (-es; -e) Bio., ⚕ germen m (a. fig.); Zoo., ⚘ embrión m (a. fig.); im ~ en germen; fig. im ~ vorhanden sein estar en estado embrionario; im ~ ersticken sofocar en su origen; ~e treiben germinar; !~**bildung** f germinación f; !~**bläs-chen** n vesícula f germinal; !~**blatt** n ⚘ cotiledón m; Bio. hoja f embrionaria; !~**drüse** Anat. f glándula f genital (od. sexual), gónada f; ℒ**en** v/i. germinar (a. fig.); Kartoffeln: echar tallos; (knospen) retoñar; (treiben) brotar; (entstehen) nacer (a. fig.); (sich entfalten) desarrollarse; !~**en** n germinación f; nacimiento m; !ℒ**end** adj. germinante; fig. naciente, incipiente; !ℒ**fähig** adj. germinativo; !~**fähigkeit** f facultad f germinativa; !ℒ**frei** adj. libre de gérmenes, esterilizado; ⚕ aséptico; ~ machen esterilizar; !~**kraft** f poder m germinativo; !~**ling** m (-s; -e) germen m; embrión m; !~**plasma** Bio. n plasma m germinal; !~**scheibe** Bio. f blastodisco m; !ℒ**tötend** adj. germicida; antiséptico; ~es Mittel germicida m; !~**träger** ⚕ m portador m de gérmenes; !~**ung** f germinación f; !~**zelle** f célula f germinal (od. germinativa); fig. foco m.

kein pron/indef. no; vor su.: (no ...) ningún; hinter su.: (no ...) alguno; ich habe ~ Geld no tengo dinero; er ist ~ Spanier no es español; das ist ~ Baum esto no es un árbol; ~ Mensch nadie; ~ bißchen absolutamente nada; ~ einziges Mal ni una sola vez; du bist ~ Kind mehr ya no eres un niño; ~ anderer als er nadie sino él; ningún otro; das Stück hat gar ~en Erfolg gehabt la pieza no ha tenido ningún éxito (od. no ha tenido el menor éxito); es ist noch ~e 5 Minuten her no hace ni (siquiera) cinco minutos; !~**er**, !~**e**, !~**es** pron/indef. substantivisch: ningún; ninguno; ninguna; nadie; keiner von beiden ninguno de los dos; ni el uno ni el otro; keiner hat es gesagt nadie (od. ninguno) lo ha dicho; als Antwort: ich habe keins no tengo (ninguno); !~**erlei** adj. ningún; de ninguna clase; ich habe ~ Recht darauf no tengo ningún derecho a eso; auf ~ Weise de ningún modo, en modo alguno; !~**esfalls** adv. en ningún caso; de ningún modo; als Antwort: nada de eso; !~**eswegs** adv. de ninguna manera, de ningún modo, en modo alguno; en absoluto; !~**mal** adv. ninguna vez; nunca, jamás.

Keks [ke:ks] m/n (- od. -es; - od. -e) galleta f.

Kelch m (-es; -e) copa f; Rel. u. ⚘ cáliz m; fig. bitterer ~ cáliz de (la) amargura; den ~ bis zur Neige leeren apurar el cáliz hasta las heces; !~**blatt** ⚘ n sépalo m; !ℒ**förmig** adj. caliciforme; !~**glas** n copa f.

!**Kelle** f (Schöpf2) cazo m; cucharón m; (Maurer2) paleta f, Am. cuchara f; zum Glätten: llana f; (Signal2) disco m.

Keller m (-s; -) sótano m; bodega f; (Kellergewölbe) cueva f; ~**assel** f cochinilla f de humedad.

Kelle'rei f bodega f.

!**Keller|falte** f tablón m; ~**fenster** n tragaluz m; ~**geschoß** n sótano m; ~**gewölbe** n cueva f; ~**loch** n respiradero m; ~**lokal** n bodega f; ~**meister** m bodeguero m; bei Hofe: sumiller m de la cava; ~**wechsel** † m letra f ficticia; ~**wohnung** f sótano m (habitable).

!**Kellner** m camarero m, mozo m; ~**in** f camarera f.

!**Kelt|e** m (-n), ~**in** f celta m/f.

!**Kelter** f (-; -n) lagar m.

Kelte'rei f lagar m.

!**keltern** (-re) v/t. pisar bzw. prensar la uva.

!**keltisch** adj. celta.

!**Kenn|buchstabe** m indicativo m; ℒ**en** (L) v/t. conocer (dem Namen nach de nombre; vom Sehen de vista; an der Stimme por la voz); (wissen) saber; gründlich (od. durch und durch) ~ conocer a fondo; sich ~ conocerse; er kennt sich nicht mehr vor Wut está fuera de sí de rabia; ℒ**enlernen** v/t.: j-n ~ (llegar a) conocer a alg.; trabar conocimiento con alg.; sich ~ conocerse; du sollst mich noch ~! drohend: ¡nos veremos las caras!; ~**er**(**in** f) m conocedor(a f) m, entendido (-a f) m; (Fachmann) experto m, perito m; ~**erblick** m mirada f de conocedor; ~**ermiene** f aire m de conocedor; ~**karte** f tarjeta f de identidad; Span. documento m nacional (od. carnet m) de identidad; Am. cédula f personal; ~**linie** f característica f; ~**marke** f chapa f de identidad; ~(**n**)**ummer** f número m indicador.

!**kenntlich** adj. (re)conocible; fácil de (re)conocer; ~ machen marcar; sich ~ machen darse a conocer.

!**Kenntnis** f (-; -se) conocimiento m; (Wissen) saber m; in ~ der Sachlage con conocimiento de causa; von et. ~ haben tener conocimiento de a/c.; estar informado (od. enterado) de a/c.; et. zur ~ nehmen tomar (buena) nota de a/c.; j-n von et. in ~ setzen, j-m et. zur ~ bringen dar conocimiento de a/c. a alg.; enterar (od. informar) a alg. de a/c.; poner a alg. al corriente de a/c.; hacer saber (od. amtlich: notificar) a alg. a/c.; es ist zu m-r ~ gelangt, daß ha llegado a mi conocimiento (od. me he enterado) que; das entzieht sich m-r ~ no estoy enterado de esto; ~**nahme** f (0): zur ~ para información; a título informativo; zu Ihrer ~ para su conocimiento; ℒ**reich** adj. muy instruido, sabio, docto, erudito.

!**Kennwort** n lema m; (Losung) f, consigna f, santo m y seña; Inserat usw.: referencia f; ~**zahl** f número m indicador; índice m; ~**zeichen** m marca f (distintiva), (signo m) distintivo m; señal f; (Abzeichen) insignia f; bsd. fig. característica f; (Anzeichen) índice m; ⚕ u. fig. síntoma m; besondere ~ señas f/pl. particulares; Kfz. polizeiliches ~ (placa f de) matrícula f; ℒ**zeichnen** (-e-) v/t. marcar, señalar; fig. caracterizar; calificar (als de); ℒ**zeichnend** adj. característico, significativo; ~**zeichnung** f señalización f; marcaje m; fig. caracterización f; ~**ziffer** f índice m (a. Å); e-s Logarithmus: característica f; Tele. código m; Inserat usw.: (número m de) referencia f; Statistik: clave f.

Ken'taur Myt. m (-en) centauro m.

!**kentern** ⚓ (-re; sn) v/i. zozobrar.

Ke'ra|mik f cerámica f; ~**miker** m ceramista m; ℒ**misch** adj. cerámico.

!**Kerbe** f muesca f; entalladura f; fig. in dieselbe ~ hauen tirar de la misma cuerda.

!**Kerbel** ⚘ m (-s; 0) perifollo m.

!**kerben** v/t. hacer muescas en; entallar; (auszacken) dentar.

!**Kerb|holz** n tarja f; fig. et. auf dem ~ haben tener algo sobre la conciencia; ~**tier** n insecto m.

!**Kerker** m cárcel f (Verlies) calabozo m; mazmorra f; ~**haft** f prisión f; reclusión f; ~**meister**(**in** f) m carcelero (-a f) m.

Kerl m (-es; -e) F tío m, tipo m; P gachó m; desp. individuo m, sujeto m; ein ganzer ~ todo un hombre, un hombre de pelo en pecho; armer ~ pobre hombre m, pobretón m; elender ~ miserable m; dummer ~ mentecato m, estúpido m, memo m; guter ~ buena persona f; buenazo m; netter ~ buen chico m; feiner ~ gran muchacho m (od. tipo m); ehrlicher ~ hombre m honrado (od. de bien); gemeiner ~ canalla m; grober ~ bruto m, grosero m; junger ~ muchacho m, chico m, mozo m; komischer ~ tipo m raro; sie ist ein lieber ~ es buena chica m; kleiner ~ → !~**chen** n chiquito m, chiquitín m; muchachito m.

Kern m (-es; -e) Bio., Phys. u. fig. núcleo m; Steinobst.: hueso m, Am. carozo m; Kernobst.: pepita f, Am. pepa f; (Nuß2) carne f; (Trauben2) grano m; Melone, Sonnenblume: pipa f; des Kabels, des Geschützes: alma f; fig. su(b)stancia f; esencia f; fondo m; centro m; auf den ~ e-s Problems stoßen tocar el fondo del problema; der ~ der Sache la esencia (od. la médula od. el meollo) de la cuestión.

!**Kern...**: ~**energie** f energía f nuclear; ~**explosion** f explosión f nuclear; ~**forschung** f investigación f nuclear; ~**frage** f cuestión f crucial; ~**frucht** f fruto m de pepita, pomo m; ~**fusion** f fusión f nuclear; ~**gedanke** m idea f esencial (od. central); ~**gehäuse** n e-r Frucht: corazón m; ℒ**gesund** adj. rebosante de salud; ~ sein rebosar de salud, vender salud; ~**holz** n duramen m, cerne m, madera f de corazón; ℒ**ig** adj. ⚘ pepitoso; fig. fuerte, sólido; vigoroso; robusto; ~**kräfte** Phys. f/pl. fuerzas f/pl. nucleares; ~**kraftgegner** m/pl. antinucleares m/pl.; ~**kraftwerk** n central f nuclear; ~**ladung** Phys. f carga f del núcleo; ~**ladungszahl** f número m atómico; ~**leder** n cuero m de calidad selecta; ℒ**los** adj. ⚘ sin pepita, sin grano; Bio. anucleado; ~**obst** n fruta f de pepita; ~**physik** f física f nuclear; ~**physiker** m físico m nuclear; ~**punkt** m punto m esencial (od. clave); ~**reaktion** Phys. f reacción f nuclear; ~**reaktor** m reactor m nuclear; ~**schatten** m sombra f propia; ~**seife** f jabón m duro (od. de piedra); ~**spaltung** f fisión f (od. escisión f) nuclear; ~**spruch** m sentencia f (profunda); ~**strahlung** f radiación f nuclear; ~**stück** n parte f esencial; corazón m; médula f; F plato m fuerte; ~**teilchen** Phys. n nucleón m; ~**teilung** Bio. f división f nuclear;

Kerntruppen — Kind

~truppen ⚔ f/pl. tropas f/pl. selectas; ~umwandlung Phys. f transformación f nuclear; ~verschmelzung Phys., Bio. f fusión f nuclear; ~waffen f/pl. armas f/pl. nucleares; ~wolle f lana f de lomo; ~zerfall Phys. m desintegración f nuclear.
Kero'sin n (-s; 0) queroseno m.
'Kerze f vela f; candela f (Kirchen♀) cirio m; Kfz. bujía f; Turnen: posición f sobre los hombros, F farol m; ♀ngerade adj. derecho como una vela (od. como un huso); ~ngießer m velero m; ~nhalter m portavelas m; ~nleuchter m candelero m; mit Griff: palmatoria f; ~nlicht n, ~nschein m luz f de vela; bei ~ a la luz de la(s) vela(s); ~nstärke f intensidad f luminosa (en bujías).
keß F adj. (frech) fresco; desenvuelto; (flott) garboso, F pimpante.
'Kessel m (-s; -) caldera f; großer: calderón m; kleiner: caldero m; caldereta f; (Wasser♀) hervidor m; (Kochtopf) olla f; marmita f; (Tal♀) valle m cerrado; ⚔ zona f cercada; ~druck m presión f en la caldera; ~flicker m calderero m (ambulante); ~haken m llares f/pl.; ~haus n sala f de calderas; ~jagd f batida f; ~pauke ♪ f timbal m; ~schmied m calderero m; ~schmiede f calderería f; ~stein m incrustaciones f/pl.; den ~ entfernen desincrustar; ~stein(lösungs)mittel n desincrustante m; ~treiben n Jgdw. u. fig. batida f (veranstalten dar); ~voll m calderada f; ~wagen m 🚃 vagón-cisterna m.
'Kettbaum m Weberei: plegador m de urdimbre.
'Kette f cadena f (a. fig.); (Hals♀, Ordens♀) collar m; (Blumen♀) guirnalda f; (Posten♀) cordón m; v. Rebhühnern usw.: bandada f; Weberei: urdimbre f; fig. v. Ereignissen usw.: sucesión f, serie f; an die ~ legen encadenar m, Hund: a. atar; j-n in ~ legen encadenar a alg.; (fesseln) aherrojar; e-e ~ bilden formar cadena; von der ~ lösen desencadenar, Hund: soltar.
'ketteln (-le) v/t. Weberei: remallar.
'ketten (-e-) v/t. encadenar, unir con cadenas; (fesseln) aherrojar; fig. an j-n gekettet sein estar atado a alg.
'Ketten...: ~antrieb m transmisión f (od. accionamiento m) por cadena; ~aufhängung ⊕ f suspensión f de cadena; ~brief m cadena f de la buena suerte; ~bruch ♠ m fracción f continua; ~brücke f puente m colgante de cadenas; ~fahrzeug n vehículo m de orugas; ~förderer ⊕ m transportador m de cadena; ~geschäft ♀ n empresa f con sucursales múltiples; ~gewölbe △ n cadeneta f; ~glied n eslabón m; ~handel m comercio m por intermediarios; ~hund m perro m de cadena; ~linie ♠ f catenaria f; ~panzer m cota f de malla; ~rad ⊕ n rueda f de cadena; ~raucher m fumador m empedernido; ~reaktion f reacción f en cadena; ~regel ♠ f regla f de la cadena; ~schluß m Logik: sorites m; ~schutz m Fahrrad: cubrecadena m; ~stich m (punto m de) cadeneta f.
'Kettfaden m Weberei: hilo m de urdimbre.

'Ketzer m hereje m.
Ketze'rei f herejía f.
'Ketzer|gericht n (tribunal m de la) inquisición f; Span. a. Santo Oficio m; ~in f hereje f; ♀isch adj. herético; ~verbrennung f auto m de fe; ~verfolgung f persecución f de los herejes.
'keuch|en v/i. jadear; ♀en n jadeo m; ~end adj. jadeante; ♀husten 🦠 m tos f ferina.
'Keule f maza f (a. Turngerät); (Knüppel) clava f, porra f; cachiporra f; (Geflügel♀) muslo m; (Hammel♀, Kalbs♀) pierna f; (Wild♀) pernil m; ~nschlag m mazazo m, porrazo m; ~nschwingen n ejercicio m con mazas.
keusch adj. casto; púdico; (enthaltsam) continente; ♀heit f (0) castidad f; pudicicia f; (Enthaltsamkeit) continencia f; ♀heitsgelübde n voto m de castidad; ♀heitsgürtel m cinturón m de castidad.
'Khaki ['kɑːkiː] n (-s; 0) caqui m, kaki m (a. Farbe); ♀(farben) adj. caqui, kaki.
'Kibbuz m (-; -im od. -e) kib(b)utz m.
'Kicher-erbse ♀ f garbanzo m.
'kichern I. (-re) v/i. reír a socapa (od. para sus adentros); **II.** ♀ n risas f/pl. sofocadas; risita f.
'kick|en v/t. Fußball: chutar; ♀er m mst. desp. futbolista m.
Kicks m (-es; -e) Billard: pifia f; ♀en (-t) v/i. Billard, Flöte: pifiar; beim Singen: soltar un gallo; ~er ♪ m gallo m.
'Kickstarter m Motorrad: arranque m de pie.
'kiebig F adj. malhumorado; regañón; desabrido.
'Kiebitz m (-es; -e) Orn. avefría f; fig. beim Spiel: F mirón m; ♀en (-t) v/i. F estar de mirón.
'Kiefer¹ Anat. m (-s; -) maxilar m, mandíbula f; quijada f.
'Kiefer² ♀ f (-; -n) pino m (común).
'Kiefer|höhle Anat. f seno m maxilar; ~knochen Anat. m hueso m maxilar.
'Kiefern|holz n madera f de pino; ~nadel f pinocha f; ~wald m pinar m; ~zapfen m piña f.
'Kiefer|orthopäde 🦷 m ortodoncista m; ~orthopädie 🦷 f ortodoncia f; ~sperre 🦠 f trismo m.
'kiek|en F reg. v/i. mirar; ♀er F m: j-n auf dem ~ haben tener ojeriza (F hincha) a alg.; F tener fichado a alg.
Kiel m (-(e)s; -e) ⚓ quilla f; (Feder♀) cañón m; auf ~ legen poner en grada, poner la quilla (a un barco); '~bogen △ m arco m Tudor; '♀förmig adj. aquillado; '♀holen v/t. ⚓ carenar, dar carena a; '~holen n carena f; '~länge ⚓ f eslora f; '~legung f puesta f en grada; '~linie f línea f de fila; ♀oben adj. con la quilla al aire; '~raum m ⚓ sentina f; '~schwein ⚓ n sobrequilla f, contraquilla f, carlinga f; '~wasser n estela f, aguaje m; fig. in j-s ~ segeln seguir la estela de alg.
'Kieme f branquia f, Ict. agalla f; ~n-atmung f respiración f branquial; ~ndeckel m opérculo m.
Kien m (-(e)s; -e) leña f resinosa; '~apfel m piña f; '~fackel f antorcha f de pino, tea f; '~holz n → Kien;

'~span m astilla f resinosa, tea f.
'Kiepe f capacho m; cuévano m.
Kies m (-es; -e) **1.** grava f; casquijo m; cascajo m; guijo m; feiner: gravilla f; **2.** F (Geld) F tela f, pasta f; P parné m; '~boden m terreno m guijarroso.
'Kiesel m guijarro m, canto m rodado; guija f; ~alge ♀ f diatomea f; ~erde f tierra f silícea; Min. sílice f; ~gur f tierra f de diatomeas, kieselgur m; ♀haltig, ♀sauer adj. silíceo; ~säure ♠ f ácido m silícico; ~stein m → Kiesel.
'Kies|grube f gravera f; cascajar m; ♀haltig, ♀ig adj. guijarreño, guijarroso; ~weg m sendero m de grava.
'kiffen v/i. fumar porros.
Kikeri'ki n (-s; -s) quiquiriquí m.
kille'kille F: ~ machen hacer cosquillas.
'kill|en F v/t. F despachar, P cargarse (a alg.); ♀er m asesino m, matón m.
'Kilo n (-s; - od. -s) kilo(gramo) m; ~byte n kilobyte m; ~'gramm n kilo(gramo) m; ~'hertz n kilociclo m; ~kalo'rie f kilocaloría f.
Kilo'meter m kilómetro m; F ~ fressen tragar kilómetros; ~fresser F m Kfz. devorador m de kilómetros, tragakilómetros m, tragaleguas m, tragamillas m; ~geld n kilometraje m; ~leistung f kilometraje m; ~stand m kilometraje m; ~stein m poste m (od. mojón m) kilométrico; ~zahl f kilómetros m/pl. recorridos, kilometraje m; ~zähler m cuentakilómetros m.
Kilo'watt n kilovatio m; ~stunde f kilovatio-hora m, kw/h.
Kimm ⚓ f (0) horizonte m; '~e f (Kerbe) muesca f, entalladura f; ⚔ am Gewehr: muesca f de mira; '~ung f **1.** (Luftspiegelung) espejismo m; **2.** → Kimm.
Ki'mono m (-s; -s) kimono m; ~ärmel m manga f kimono.
Kind n (-(e)s; -er) niño (-a f) m; F crío (-a f) m; criatura f; kleines ~ chiquillo (-a f) m; F nene m, nena f; coll. die ~er los hijos; la gente menuda; la chiquillería; ~er haben tener hijos (od. familia, F an ~es Statt annehmen adoptar, prohijar; von ~ auf desde niño; als ~ de niño; fig. noch ein ~ sein F ser una criatura; kein mehr sein F haber salido de pañales; F ser ya mayorcito; ein ~ bekommen (F kriegen) a) dar a luz, tener un niño; b) = ein ~ erwarten estar encinta (od. embarazada), hallarse en estado (interesante), esperar un niño; sich wie ein ~ anstellen portarse como niño; sei doch kein ~! ¡no seas niño!; das weiß jedes ~ todo el mundo lo sabe; er ist ein ~ des Todes está perdido; ein ~ s-r Zeit un hombre de su siglo, un hijo de su época; das ~ beim rechten Namen nennen llamar las cosas por su nombre; F llamar al pan, pan y al vino, vino; sich bei j-m lieb ~ machen congraciarse con alg.; F hacer la pelota a alg.; captarse las simpatías de alg.; das ~ mit dem Bade ausschütten condenar por igual a justos y a pecadores; mit ~ und Kegel con toda la familia; con toda la impedimenta; con armas y bagajes; F wir werden das ~ schon schaukeln! ¡ya lo arreglaremos!; gebranntes ~ scheut das Feuer gato escaldado del agua fría huye; ~er und Narren sagen die Wahrheit los

niños y los locos dicen las verdades; *aus ~ern werden Leute* mañana serán hombres; los niños se hacen mayores; '~**bett** n sobreparto m, pos(t)parto m, puerperio m; '~**bettfieber** ⚕ n fiebre f puerperal.
'**Kindchen** n F nene m, nena f.
'**Kinder**...: ~**arbeit** f trabajo m infantil (*od.* de menores); ~**arzt** m pediatra m; ~**beihilfe** f → ~**geld**; ~**bett** n cama f de (*od.* para) niño; ~**brei** m papilla f; ~**buch** n libro m infantil (*od.* para niños); ~**chor** m coro m infantil; ~**dorf** n aldea f infantil.
Kinde'rei f niñada f, niñería f, chiquillada f; puerilidad f; (*Kleinigkeit*) bagatela f.
'**Kinder**...: ~**ermäßigung** f reducción f para niños; ~**erziehung** f educación f de los niños; ~**fahrkarte** f billete m infantil, medio billete m; ~**fahrrad** n bicicleta f de niño; ~**fest** n fiesta f infantil; ~**freund(in** f) m amante m/f de los niños; ~**funk** m emisión f infantil; ~**fürsorge** f patronato m de protección a la infancia; ~**garten** m jardín m de infancia; parvulario m; ~**gärtnerin** f maestra f de párvulos; ~**geld** n subsidio m familiar por hijos, puntos m/pl. por hijos; ~**geschrei** n gritería f de niños; ~**heilkunde** f pediatría f; ~**heim** n sanatorio m para niños; colonia f de vacaciones; ~**hort** m casa-cuna f; guardería f infantil; ~**jahre** n/pl. (años m/pl. de la) infancia f; ~**kleidung** f ropa f para niños; ~**klinik** f clínica f pediátrica; ~**krankenschwester** f enfermera f puericultora; ~**krankheit** f enfermedad f infantil (*od.* de la infancia); ~**krippe** f → ~**hort**; ~**lähmung** ⚕ f polio(mielitis) f, parálisis f infantil; 2**leicht** adj. facilísimo; *das ist ~* esto es un juego de niños; F esto es coser y cantar (*od.* pan comido); F está chupado; 2**lieb** adj. niñero; *~ sein* querer mucho a los niños; amar a los niños; ~**liebe** f amor m a los niños bzw. hijos; ~**lied** n canción f infantil; 2**los** adj. sin hijos; ~**losigkeit** f (0) falta f de hijos; ~**mädchen** n niñera f; ~**nahrung** f alimentos m/pl. infantiles; ~**narr** m, ~**närrin** f gran amante m/f de los niños; ~**pflege** f puericultura f; ~**pflegerin** f puericultora f; ~**pornographie** f pornografía f infantil; 2**reich** adj. con muchos hijos; ~*e Familie* familia f numerosa; ~**schänder** m corruptor m de menores; ~**schar** f chiquillería f; prole f; ~**schreck** m coco m; ~**schuh** m zapatito m de niño; *fig. den ~en entwachsen sein* haber salido de pañales (*od.* mantillas); *noch in den ~en stecken* estar todavía en pañales (*od.* mantillas); *fig.* estar todavía en los comienzos (*od.* F en sus primeros balbuceos); ~**schutz** m protección f de la infancia; ~**schwester** f puericultora f; ~**spiel** n juego m infantil; *fig. das ist ein ~* → 2*leicht*; ~**spielplatz** m parque m infantil; ~**spielzeug** n juguete m; ~**sprache** f lenguaje m infantil; ~**sterblichkeit** f mortalidad f infantil; ~**stimme** f voz f infantil (*od.* de niño); ~**streich** m chiquillada f; ~**stube** f cuarto m de los niños; *e-e gute ~ haben* estar bien educado; tener buenos modales; ~**stuhl** m silla f para niños; ~**vorstellung** f sesión f

infantil; ~**wagen** m cochecito m de niño; ~**zimmer** n cuarto m de los niños; ~**zulage** f, ~**zuschlag** m plus m (*od.* puntos m/pl.) por hijos.
'**Kindes**...: ~**alter** n infancia f; niñez f; ~**aussetzung** f abandono m (*od.* exposición f) de un niño; ~**beine** n/pl.: *von ~n an* desde niño; desde la más tierna infancia; ~**entführer(in** f) m secuestrador(a f) m de un niño; ~**entführung** f secuestro m de un niño; ~**kind** n nieto m, nieta f; ~**liebe** f amor m filial; ~**mord** m infanticidio m; ~**mörder(in** f) m infanticida m/f; ~**pflicht** f deber m filial; ~**raub** m → ~*entführung*; ~**tötung** f → ~*mord*; ~**unterschiebung** f suposición f de parto.
'**Kindheit** f (0) infancia f; niñez f; *von ~ an* desde la más tierna infancia, desde niño.
'**kindisch** adj. pueril; infantil; *Greis:* chocho; *sei nicht ~!* ¡no seas niño!; *~ werden* aniñarse; *Greis:* chochear; *sich ~ benehmen* portarse como una criatura.
'**kindlich** adj. infantil, de niño; *Liebe usw.:* filial; (*unbefangen*) ingenuo; cándido; (*unschuldig*) inocente; *Gesicht:* aniñado; *sich ~ freuen* alegrarse como (un) niño con zapatos nuevos; 2**keit** f (0) candidez f; inocencia f; ingenuidad f.
'**Kinds**|**kopf** F m desp. niño m; tonto m; alma f de cántaro; ~**pech** *Physiol.* n meconio m.
'**Kindtaufe** f bautismo m; (*Fest*) bautizo m.
Ki'net|**ik** *Phys.* f (0) cinética f; 2**isch** adj. cinético.
'**Kinkerlitzchen** F pl. (*Krimskrams*) chismes m/pl.; cachivaches m/pl.; baratijas f/pl.; (*Nichtigkeiten*) bagatelas f/pl., niñerías f/pl.
Kinn n (-*es*, -*e*) barbilla f, mentón m; '~**backe(n** m) f maxilar m, mandíbula f, quijada f; '~**backenkrampf** ⚕ m trismo m; '~**band** n barboquejo m; '~**bart** m perilla f; '~**haken** m *Boxen:* gancho m a la mandíbula; ~**halter** m *Geige:* apoyabarbas m, mentonera f; ~**kette** f *des Pferdes:* barbada f; ~**lade** f → ~*backe*(*n*).
'**Kino** n (-*s*, -*s*) cine m; *ins ~ gehen* ir al cine; ~**besuch** m frecuentación f de los cines; asistencia f al cine; ~**besucher(in** f) m espectador(a f) m de cine; ~**leinwand** f pantalla f; ~**reklame** f publicidad f cinematográfica; ~**saal** m sala f de cine; ~**vorstellung** f sesión f de cine.
'**Kintopp** F m/n (-*s*, -*s od.* ~*e*) F cine m.
Ki'osk m (-*es*, -*e*) kiosko m, kiosco m, quiosco m; ~**besitzer** m quiosquero m.
'**Kipfel** n (*Gebäck*) media luna f, fr. croissant m.
'**Kipp**|**anhänger** *Kfz.* m remolque m basculante (*od.* volquete); 2**bar** adj. basculante; ~**bühne** ⊕ f plataforma f basculante; ~**e** f ⊕ volquete m; *Turnen:* ballesta f; F (*Zigarettenstummel*) colilla f; *auf der ~ stehen* estar a punto de caer; *fig.* estar en peligro (F en un tris); 2**elig** F adj. tambaleante; inseguro; 2**eln** (-*le*) v/i. bambolear, bascular; 2**en I.** (*sn*) v/i. perder el equilibrio; caer; (*um~*) volcar; **II.** v/t. (*um~*) volcar; (*aus~*) verter; *F e-n echar un trago;* F empinar el codo;

~**er** m (camión m de) volquete m, basculador m; ~**fenster** n ventana f basculante bzw. de fuelle; ~**hebel** m palanca f basculante; ~**karren** m volquete m; vagoneta f basculante; ~**lastwagen** m camión m basculante (*od.* de volquete); ~**lore** f vagoneta f basculante; ~**schalter** m interruptor m basculante; 2**sicher** adj. estable, fijo; ~**tür** f puerta f basculante; ~**vorrichtung** f dispositivo m basculante; ~**wagen** m 🚂 vagón m basculante; (*Karren*) volquete m.
'**Kirche** f (*Gebäude*) iglesia f, templo m; (*Einrichtung*) Iglesia f; (*Gottesdienst*) culto m; oficio m divino; *in die ~ gehen* ir a la iglesia bzw. a misa; *fig. wir wollen die ~ im Dorf lassen* no hay que sacar las cosas de quicio.
'**Kirchen**...: ~**älteste(r)** *I.P.* m consejero m parroquial; ~**amt** n ministerio m eclesiástico; sacerdocio m; ~**asyl** n asilo m eclesiástico (*od.* de la iglesia); ~**bann** m excomunión f; entredicho m; ~**behörde** f autoridad f eclesiástica; ~**besuch** m asistencia f a misa; ~**buch** n registro m (*od.* libro m) parroquial; ~**chor** m coro m de iglesia; ~**diebstahl** m robo m sacrílego; ~**diener** m sacristán m; ~**fahne** f gonfalón m; 2**feindlich** adj. anticlerical; ~**fenster** n vidriera f; *großes:* ventanal m; ~**fest** n fiesta f religiosa; ~**fürst** m prelado m; príncipe m de la Iglesia; ~**gemeinde** f parroquia f; ~**gericht** n tribunal m eclesiástico; ~**gesang** m canto m litúrgico; ~**geschichte** f historia f eclesiástica; ~**jahr** n año m eclesiástico; ~**konzert** n concierto m religioso (*od.* de música sacra); ~**lehre** f doctrina f de la Iglesia; dogma m; ~**lehrer** m doctor m de la Iglesia; ~**licht** n: *fig. er ist kein (großes) ~* no es ninguna lumbrera; no tiene dos dedos de frente; ~**lied** n cántico m; ~**maus** f: *fig. arm wie e-e ~* F más pobre que una rata; ~**musik** f música f sacra (*od.* sagrada); ~**rat** m *I.P.* consistorio m; (*Person*) consejero m eclesiástico; miembro m del consistorio; ~**raub** m robo m sacrílego; ~**recht** 🜲 n derecho m eclesiástico (*I.C.* canónico); 2**rechtlich** adj. canónico; ~**schändung** f sacrilegio m; profanación f; ~**schiff** ⚓ n nave f; ~**spaltung** f cisma m; ~**staat** m *Hist.* Estados m/pl. Pontificios; ~**steuer** f impuesto m eclesiástico (*od.* religioso); ~**tag** m *I.C.* Congreso m Católico; *I.P. Deutscher Evangelischer ~* Congreso Sinodal de la Iglesia Evangélica Alemana; ~**vater** m Padre m de la Iglesia; *pl. Hist. die ~väter* los Santos Padres; ~**versammlung** f *I.C.* concilio m; bsd. *I.P.* sínodo m; ~**vorstand** m junta f parroquial; *I.C.* consejo m de fábrica; ~**vorsteher** m consejero m parroquial; *I.C.* mayordomo m de fábrica.
'**Kirch**...: ~**gang** m ida f a misa; ~**gänger(in** f) m feligrés m, feligresa f; ~**hof** m cementerio m; 2**lich** adj. eclesiástico, de la Iglesia; (*geistlich*) espiritual; (*kirchenrechtlich*) canónico; (*Geistliche betreffend*) clerical; *~ gesinnt* religioso; devoto; *~e Trauung* matrimonio m canónico; *sich ~ trauen lassen* casarse por la Iglesia; ~**spiel** n, ~**sprengel** m parroquia f,

feligresía f; ~turm m campanario m; torre f de la iglesia; ~turmpolitik f política f de campanario; ~turmspitze f flecha f del campanario; ~weih(e) f 1. consagración f de una iglesia; 2. → ~weihfest n fiesta f mayor (od. patronal); → a. Kirmes.
Kir'gisien n (-s) Kirguistán m.
'Kirmes f (-; -sen) kermes(se) f; verbena f; (Jahrmarkt) feria f.
'kirre F adj. (zahm) domesticado; manso; fig. dócil, sumiso; ~ machen → ~n v/t. (zähmen) domesticar; fig. doblegar.
Kirsch m (-es; -) kirsch m; '~baum m cerezo m; '~blüte f flor f de cerezo; floración f de los cerezos; '~e f cereza f; fig. mit ihm ist nicht gut ~n essen F tiene malas pulgas; F es de armas tomar; '~kern m hueso m de cereza; '~kuchen m tarta f de cerezas bzw. de guindas; '2rot adj. rojo cereza; '~saft m zumo m de cerezas; '~torte f → ~kuchen; '~stein m → ~kern; '~wasser n kirsch m.
'Kissen n (-s; -) almohada f; (Sofa2) cojín m; almohadón m; ~bezug m funda f.
'Kiste f caja f; cajón m; (Truhe) arca f; F (alte) ~ Kfz. F (viejo) cacharro m (a. ✖); F cafetera f; in ~n packen encajonar.
'Kisten|deckel m tapa f de la caja; ~öffner m abrecajas m.
'Kitsch n (-es; 0) cursilería f; (Bild) mamarracho m; '~film m petardo m; '2ig adj. cursi; de mal gusto, de pacotilla; '~roman m novela f rosa.
Kitt m (-es; -e) (Stein2) cemento m; (Glaser2) masilla f; allg. pegamento m.
'Kittchen F n F chirona f, P trena f; ins ~ stecken poner a la sombra; meter en chirona, enchironar; im ~ sitzen estar a la sombra (od. en chirona).
'Kittel m (-s; -) bata f; (Haus2) a. batín m; (Overall) mono m; (Bauern2) blusa f; ~schürze f bata f.
'kitten (-e-) v/t. enmasillar; weit S. pegar; fig. componer, arreglar.
Kitz n (-es; -e), '~e f (Zicklein) cabrito m; (Rehkalb) corcito m.
'Kitzel m (-s; 0) cosquilleo m; cosquillas f/pl.; (Jucken) comezón m; prurito m (a. fig. Gelüst) fig. (Spannung) suspense m; 2ig adj. cosquilloso; fig. (heikel) escabroso; delicado; espinoso; ~ sein tener cosquillas; 2n (-le) v/t. u. v/unprs. cosquillear, hacer cosquillas; fig. lisonjear; es kitzelt mich tengo cosquillas; a. fig. me hace cosquillas; ~n n cosquilleo m.
'Kitzler Anat. m clitoris m.
'kitzlig adj. → kitzelig.
Kiwi f (-; -s) ⚥ kiwi m.
Kla'bautermann ⚓ m duendecillo m, trasgo m.
klack! int. ¡clac!
Klacks F m (-es; -e) F pizca f; fig. das ist ein ~ Kfz. F está chupado.
'Kladde f borrador m.
kladdera'datsch F I. int. ¡cataplum!; II. ⚥ F m (-es; -e) desbarajuste m, revoltijo m; estropicio m; (Zusammenbruch) fracaso m; catástrofe f; da haben wir den ~! ¡vamos aviados!
'klaffen v/i. estar abierto (od. hendido); estar mal unido; (schlecht schließen) encajar mal; Abgrund: medir; hier klafft ein Widerspruch aquí hay una flagrante contradicción; ~de Wunde herida f (muy) abierta.
'kläffen v/i. ladrar, gañir; fig. chillar, vociferar; 2en n ladrido (agudo) m, gañido m; 2er m perro m ladrador; (Person) vocinglero m.
'Klafter m/n (-s; -) (Längenmaß) braza f; (Holzmaß) cuerda f; 2n (-re) v/t. Holz: medir.
'klagbar adj. acusable; ~ werden entablar demanda.
'Klage f (Beschwerde) queja f; (Jammern) lamentación f; ⚖ demanda f; querella f, acción f; in ~n ausbrechen prorrumpir en lamentaciones; ~ führen über quejarse de; ⚖ ~ erheben gegen j-n demandar a alg.; poner pleito a alg.; e-e ~ einreichen (anstrengen od. anhängig machen) presentar (la) demanda bzw. querella; entablar una acción (judicial) (gegen contra, wegen por); ~abweisung ⚖ f denegación f de una demanda; ~anspruch ⚖ m pretensión f; ~antrag ⚖ m súplica f; ~befugnis ⚖ f legitimación f para recurrir; ~erhebung f presentación f de la demanda; ~geschrei n lamentos m/pl.; ~es m/pl., lamentaciones f/pl.; ~grund ⚖ m fundamento m de la demanda; ~häufung ⚖ f acumulación f de acciones; ~laut m gemido m; quejido m; ~lied n canto m fúnebre, treno m; fig. lamentaciones f/pl., jeremiada f; ~mauer f muro m de las lamentaciones; 2n I. v/i. 1. quejarse (über ac. de); (bedauern) dolerse de a/c.; ich kann nicht ~! ¡no puedo quejarme!; 2. ⚖ demandar (gegen a; auf ac. por); presentar demanda bzw. querella; II. v/t.: j-m et. ~ quejarse a alg. de a/c.; j-m sein Leid ~ confiar sus penas a alg.; ~n n quejas f/pl., quejido m; lamentaciones f/pl.; lastimero, plañidero; quejumbroso; ⚖ ~er Teil → ~partei f parte f demandante (od. actora); ~punkt ⚖ m punto m litigioso; (Beschuldigung) cargo m.
'Kläger|(in) ⚖ m actor(a f) m, demandante m/f; querellante m/f; 2isch adj. (de parte) del demandante.
'Klage|rücknahme ⚖ f desistimiento m de la demanda; ~ruf m grito m lastimero, ~sache f causa f; proceso m; pleito m; ~schrift ⚖ f escrito m de demanda; ~ton m tono m dolorido (od. lastimero); ~weg m: auf dem ~ judicialmente; den ~ beschreiten proceder judicialmente, recurrir a los tribunales; ~weib n plañidera f.
'kläglich adj. (klagend) quejumbroso; lastimero; (beklagenswert) lamentable, lastimoso, deplorable; (erbärmlich) miserable, triste; e-e ~e Rolle spielen hacer un triste papel; 2keit f (0) miseria f, estado m deplorable (od. lamentable).
'klaglos adv. sin quejarse.
Kla'mauk F m (-s; 0) alboroto m; trapatiesta f, algarabía f; barullo m; F jaleo m; ~ machen F armar jaleo.
klamm adj. (erstarrt) rígido, tieso; (feucht) húmedo; F ~ sein andar mal de fondos (od. de dinero).
Klamm f (-; -en) garganta f; barranco m, torrentera f.
'Klammer f (-; -n) ⊕ grapa f (a. Heft2); (Büro2) clip m; Chir. erina f; (Wäsche2) pinza f; Gr., Typ., ⚕ paréntesis m; eckige ~ corchete m; geschweifte ~ abrazadera f, llave f; in ~n setzen poner entre paréntesis; ~affe m F Internet: arroba f; ~beutel m bolsa f de pinzas; 2n (-re) v/t. sujetar con grapas; sich ~ an agarrarse a; abrazarse a; aferrarse a.
'klamm'heimlich F adv. a la chita callando.
Kla'motte F f (Film usw.) rollo m; pl. ~n (Kleider) trapos m/pl.; (Sachen) trastos m/pl., chismes m/pl.; alte ~ cachivaches m/pl.
'Klampe ⚓ f tojino m.
'Klampfe F ♪ f guitarra f.
Klang m (-es; ~e) sonido m; harmonischer: son m; der Stimme: tono m; (Sarge) timbre m; (Widerhall) resonancia f; unter den Klängen von a los acordes de; ♪ e-n guten ~ haben sonar bien, tener buen sonido; fig. sein Name hat e-n guten ~ es muy acreditado, F tiene (buen) cartel.
'Klang...: ~farbe f timbre m; ~fülle f sonoridad f; ~lehre f acústica f; 2lich adj. sonoro; tonal; 2los adj. sordo; Stimme: afónico; Phys. sin sonido; no sonoro; ~losigkeit f (0) afonía f; falta f de voz bzw. de sonoridad; ~regler m regulador m de sonido; ~regelung f regulación f (od. control m) de sonido; 2rein adj. nítido, puro; ~reinheit f pureza f de sonido; ~schönheit f belleza f de sonido; ~treue f fidelidad f; 2voll adj. sonoro; fig. Name: prestigioso; ~wirkung f efecto m musical.
'klapp|bar adj. plegable; nach oben od. unten: abatible; 2bett n cama f plegable; ~brücke f puente m de báscula; puente m basculante; 2deckel m tapa f con charnela.
'Klapp|e f 1. am Tisch: ala f; Schneiderei: (Taschen2) pata f, cartera f; (Revers) solapa f; (Deckel) tapa f; (Fall2) trampa f; (Ventil) válvula f; (Verschluß2) chapaleta f; (Schieber) registro m; ♪ llave f; Film: claqueta f; ⚕, Zoo. valva f; Anat. válvula f. 2. P (Bett) piltra f, catre m; in die ~ gehen irse al catre; 3. P (Mund) F pico m; halt die ~! ¡calla (od. cállate) la boca!, F ¡cierra el pico!; 2en I. v/i. Tür, Laden: tabletear; cerrarse (de golpe); F fig. F cuajar; pitar; das klappt prima F esto va que chuta; es hat geklappt ha salido (od. resultado) bien; wenn alles klappt si todo va bien; es wird schon ~! ¡todo irá (od. saldrá) bien! II. v/t.: in die Höhe ~ alzar, levantar; nach hinten ~ abatir; ~en n F fig. et. zum ~ bringen llevar a/c. a buen fin; ~enhorn n bugle m de llaves; ~entasche f bolsillo m de cartera; ~entext m texto m de presentación; ~enventil n válvula f de charnela; ~enverschluß m cierre m de válvula.
'Klapper f (-; -n) (Schnarre) carraca f; matraca f; (Kinder2) sonajero m; der Schlange: cascabel m; 2'dürr adj. esquelético; F más flaco que un fideo; 2ig adj. Auto usw.: destartalado; Möbel usw.: desvencijado; Person: muy débil; delicado de salud;

Greis: achacoso; ~**kasten** F m, Kfz. a. ~**kiste** f F cacharro m; ⁓**n** (-re) v/i. matraquear; Hufe: chacolotear; Tür, Mühle: tabletear; Storch: castañetear, crotorar; mit den Zähnen ~ castañetear (los dientes), dar diente con diente (vor Kälte de frío); ~**n** n matraqueo m; Tür, Mühle: tableteo m; Zähne, Storch: castañeteo m; Schreibmaschine: tecleo m; ~**schlange** Zoo. f serpiente f de cascabel; crótalo m; ~**storch** F m cigüeña f.

'**Klapp...**: ~(**fahr**)**rad** n bicicleta f plegable; ~**fenster** n ventana f giratoria; ~**leiter** f escalera f plegable; ~**messer** n navaja f de muelle (od. de resorte); ⁓**rig** adj. → klapperig; ~**sitz** m asiento m plegable; Kfz. traspuntín m; ~**stuhl** m silla f plegable (od. de tijera); ~**tisch** m mesa f plegable bzw. abatible; ~**tür** f trampa f; ~**verdeck** n e-s Wagens: capota f; ~**visier** ✗ n visera f; ~**zylinder** n clac m.

Klaps m (-es; -e) cachete m; palmadita f; F sopapo m; F e-n ~ haben estar chiflado (od. tocado de la cabeza); estar majareta; !⁓**en** (-t) v/t. dar palmadas a; dar sopapos; '~**mühle** F f manicomio m.

klar I. adj. claro (a. fig.); (durchsichtig) transparente, diáfano; Poes. límpido; Himmel: despejado; sereno; (rein) puro, limpio; Geist: lúcido; (verständlich) inteligible; (deutlich) neto; distinto; (offenkundig) evidente; Phot. nítido; Ziel usw.: bien definido; ~ werden Flüssigkeiten: clarificarse, Angelegenheit: aclararse, Himmel: despejarse; ~! ¡claro!; ¡naturalmente!; das ist (doch) ~ claro está; es evidente; F na, ~! ¡claro, hombre!; ist das ~? ¿entendido?; ins ~e kommen empezar a ver claro; F aclararse; man muß sich darüber ~ (od. im ~en) sein hay que tener presente (od. en cuenta) que; ich bin mir ~ (od. im ~en) darüber lo veo (perfectamente) claro; lo sé perfectamente; ich bin mir noch nicht ~ estoy indeciso; das ist mir noch nicht ~ no lo he entendido muy bien; ⚓ ~ sein estar pronto (od. listo) para zarpar; **II.** adv. claramente, con claridad; ~ und deutlich bien claro, con toda claridad; ~ denken pensar lógicamente; ~ auf der Hand liegen estar perfectamente claro; ser evidente (od. plausible); ~ zum Ausdruck bringen dejar bien sentado (od. claro); ~ beweisen evidenciar.

'**Klara** f Clara f.

'**Klär|anlage** f estación f (od. planta f) depuradora; ~**becken** n tanque m de sedimentación (od. de decantación).

'**klarblickend** adj. clarividente; (scharfsichtig) perspicaz; sagaz.

'**klären I.** v/t. clarificar; fig. aclarar, dilucidar, esclarecer; poner en claro (od. en su punto); sich ~ (aufklären) clarificarse; aclararse, esclarecerse; **II.** v/i. Sport: despejar; ~**d** adj. aclaratorio.

'**klargehen** F v/i.: das geht klar está bien; está arreglado.

'**Klarheit** f (0) claridad f; (Durchsichtigkeit) transparencia (a. fig.), diafanidad f; (Reinheit) limpidez f; pureza f; (Heiterkeit) serenidad f; Phot. nitidez f; (Augenscheinlichkeit) evidencia f; des Geistes: lucidez f; ~ in et. bringen aclarar (od. esclarecer od. poner en claro) a/c.; sich ~ über et. verschaffen sacar a/c. en claro.

kla'rier|en ⚓ (-) v/t. despachar en la aduana; ⁓**ung** f declaración f de entrada bzw. de salida.

Klari'net|te ♪ f clarinete m; ~'**tist** m (-en) clarinete m; clarinetista m.

'**klar|kommen** F v/i. arreglárselas; mit j-m ~ arreglarse con alg.; ~**legen** v/t. explicar; aclarar, poner en claro; evidenciar j-m et. ~ hacer comprender a alg. a/c.; ~**machen** v/t. 1. j-m et. ~ explicar (od. hacer comprender) a alg. a/c.; sich et. ~ darse cuenta de a/c.; 2. ⚓ zafar; ~ zum Gefecht hacer zafarrancho de combate.

'**Klär|mittel** n clarificador m; ~**schlamm** m lodos m/pl. de depuración (od. de clarificación).

'**klar|sehen** fig. v/i. ver claro; ⁓**sichtfolie** f película f transparente; ⁓**sichtpackung** f embalaje m transparente; ⁓**spülmittel** n abrillantador m; ~**stellen** v/t. aclarar, poner en claro (od. en su punto), puntualizar; ⁓**stellung** f aclaración f; puntualización f; ⁓**text** m texto m abierto (od. no cifrado); fig. im ~ en lenguaje claro.

'**Klärung** f clarificación f; purificación f; fig. aclaración f; esclarecimiento m.

'**klarwerden I.** v/i. explicarse; **II.** v/refl.: sich über et. ~ comprender a/c.; darse cuenta de a/c.

'**Klasse** f 1. allg. clase f (a. Bio.); (Raum) m. aula f; fig. categoría f; in der ~ Schule: en clase; Fahrkarte erster (zweiter) ~ billete m de primera (segunda) (clase); erster (zweiter) ~ fahren ir en primera (segunda); fig. erster ~ de primera clase bzw. categoría (f. fila); in ~n einteilen clasificar; 2. F fig. ~ haben tener clase; das ist ~ es estupendo, P es cojonudo.

'**Klassen...**: ~**arbeit** f examen m; ~**aufsatz** m redacción f; ⁓**bewußt** adj. con conciencia de clase; ~**bewußtsein** n conciencia f de clase; ~**buch** n diario m de clase; ~**einteilung** f clasificación f; ~**erste**(**r**) m Schule: primero m de la clase; ~**geist** m espíritu m de clase (od. de casta); ~**gesellschaft** f sociedad f clasista (od. de clases); ~**haß** m odio m de clases; ~**kamerad**(**in** f) m compañero (-a f) m de clase; ~**kampf** m lucha f de clases; ~**lehrer**(**in** f) m profesor(a f) m de clase; ⁓**los** adj. sin clases; ~**lotterie** f lotería f en series; ~**sprecher** m representante m bzw. portavoz m de la clase; ~**stärke** f número m de alumnos de una clase; ~**unterschiede** m/pl. diferencias f/pl. de clase; ~**zimmer** n (sala f de) clase f; aula f.

klas'sieren (-) v/t. clasificar;

klassifi'zier|en (-) v/t. clasificar; ⁓**ung** f clasificación f.

'**Klassik** f (0) clasicismo m; ~**iker** m (autor m) clásico m; ⁓**isch** adj. clásico.

Klassi'zis|mus m (-; 0) clasicismo m; ⁓**t** m (-en), ⁓**tisch** adj. clasicista (m).

klatsch! int. ¡zas!

Klatsch m (-es; -e) batacazo m; (Geschwätz) chismes m/pl., chismografía f, habladurías f/pl., comadrerías f/pl.; F cotilleo m, comadreo m, chismorreo m; '~**base** F f cotilla f, chismosa f, comadre f, cotorra f; '~**blatt** F n periodicucho m.

'**Klatsche** f 1. (Fliegen⁓) matamoscas m; 2. → Klatschbase.

'**klatschen I.** v/t. tirar violentamente; Beifall ~ aplaudir (j-m a alg.); F j-m e-e ~ pegar una bofetada a alg.; **II.** v/i. 1. gegen od. auf et. ~ (prallen) dar contra; Regen usw.: azotar a/c.; in die Hände ~ dar palmadas, palmotear; 2. F fig. (schwatzen) F cotillear, comadrear, chism(orr)ear; über j-n ~ murmurar de alg.; **III.** ⚓ n (Beifall) aplausos m/pl.; palmas f/pl.; fig. → Klatsch.

Klatsche'rei F f → Klatsch.

'**Klatsch|geschichte** f habladuría f, chisme m, comadrería f; crónica f escandalosa; ⁓**haft** adj. chismoso; ⁓**haftigkeit** f (0) inclinación f bzw. afición f a comadrear; ~**maul** F n chismoso (-a f) m, cotilla m/f; correveidile m; ~**mohn** ♀ m amapola f; ⁓'**naß** adj. F hecho una sopa, calado hasta los huesos; ~**spalte** f columna f de chismografía; F mentidero m; ⁓**süchtig** adj. chismoso; ~**tante** F f, ~**weib** F n → ~base.

'**klauben** v/t. (auslesen) escoger; separar; Kartoffeln: arrancar.

'**Klaue** f allg. uña f; Raubtiere, Raubvögel: garra f; (Huf) pezuña f; (Tatze) zarpa f; pata f; F (Schrift) garrapatos m/pl.; ⊕ (Haken) uña f, garra f; gancho m; in j-s ~n geraten caer en las garras de alg.; F e-e (fürchterliche) ~ haben tener muy mala letra.

'**klauen** F v/t. F mangar, soplar, pispar, birlar.

'**Klauen|fett** n aceite m de pata de buey; ~**kupplung** ⊕ f acoplamiento m bzw. embrague m de garras.

Klaus m Nicolás m.

'**Klause** f (Gebirgspaß) desfiladero m; (Mönchs⁓) celda f; (Einsiedelei) ermita f.

'**Klausel** ⚖️ f (-; -n) cláusula f; estipulación f (particular).

'**Klausner** m eremita m, ermitaño m.

Klaustropho'bie f claustrofobia f.

Klau'sur f (-; -en) Rel. clausura f (auferlegen imponer); Uni. in ~ bajo vigilancia; ~(**arbeit**) f examen m escrito bajo vigilancia.

Klavia'tur [-vīa-] ♪ f (-; -en) teclado m.

Klavi'chord ♪ n (-¢s; -e) clavicordio m.

Kla'vier n (-s; -e) piano m; ~ spielen tocar el piano; ⁓**abend** m recital m de piano; velada f pianística; ~**auszug** m partitura f bzw. reducción f para piano; ~**bauer** m fabricante m de pianos; ~**bearbeitung** f arreglo m de para piano; ~**begleitung** f acompañamiento m de piano; ~**hocker** m taburete m de piano; ~**konzert** n concierto m (od. recital m) de piano; (Stück) concierto m para piano; ~**lehrer**(**in** f) m profesor(a f) m de piano; ~**schule** f (Buch) método m de piano; ~**spiel** n: sein ~ su ejecución en el piano; ~**spieler**(**in** f) m pianista m/f; ~**stimmer** m afinador m de pianos; ~**stück** n pieza f (od. composición f) para piano; ~**stuhl** m → ~**hocker**; ~**stunde** f lección f de

piano; ~unterricht *m* enseñanza *f* del piano; lecciones *f/pl.* de piano.
'Klebe|band *n* cinta *f* (auto)adhesiva; ~ecke *Phot. f* fijafoto *m* autoadhesivo; ~kraft *f* fuerza *f* adhesiva, poder *m* adhesivo; ~mittel *n* adhesivo *m*, aglutinante *m*; 2n I. *v/i.* adherir(se), pegar(se) (*an dat.* a); F *fig.* (*nicht weggehen*) pegársele a alg. el asiento; *fig. an j-m od. et.* ~ tener apego a; *am Buchstaben* ~ atenerse a la letra; *Blut klebt an s-n Händen* tiene las manos manchadas de sangre; **II.** *v/t.* pegar; *mit Leim*: encolar; F *j-m e-e* ~ pegarle un tortazo a alg.; 2nbleiben F *v/i.* F catear un curso; 2nd *adj.* adhesivo; aglutinante; ~pflaster *Phar. n* parche *m* adhesivo; ~presse *f Film*: empalmadora *f*; ~r ♀ *m* gluten *m*; 2rig *adj.* → *klebrig*; ~zettel *m* etiqueta *f* autoadhesiva.
'kleb|rig *adj.* pegajoso; glutinoso; viscoso; 2rigkeit *f (0)* pegajosidad *f*; adhesividad *f*; viscosidad *f* 2stoff *m* pegamento *m*, adhesivo *m*; (*Leim*) cola *f*, 2streifen *m* cinta *f* (auto-)adhesiva.
'klecker|n F (*-re*) *v/i.* hacer una mancha; *auf et.* ~ manchar a/c.; ~weise *adv.* a gotas; poco a poco.
Klecks *m* (*-es*; *-e*) (*Fleck*) mancha *f*; (*Tinten*2) borrón *m*; F (*kleine Portion*) pizca *f*; !2en (*-t*) *v/i.* hacer borrones *bzw.* manchas; *Feder*: echar borrones; F *Maler*: F pintorrear, pintarraj(e)ar; !~er *m* (*Maler*) pintor *m* chapucero; F pintamonas *m*; ~e'rei *f* borrones *m/pl.*; (*schlechtes Bild*) F pintarrajo *m*, mamarracho *m*.
Klee ♀ *m* (*-s*; *0*) trébol *m*; *fig.* j-n *über den grünen* ~ *loben* poner a alg. por las nubes; '~blatt *n* hoja *f* de trébol; *fig.* trío *m*; *vierblättriges* ~ trébol *m* de cuatro hojas; '2blattförmig *adj.* trifoliado; ⌧ trebolado; '~blattbogen ⚠ *m* arco *m* trilobulado; '~salz ♀ₘ *n* sal *f* de acederas; '~säure ♀ₘ *f* ácido *m* oxálico.
'Kleiber *Orn. m* trepatroncos *m*, trepador *m* azul.
Kleid *n* (*-es*; *-er*) (*Damen*2) vestido *m*, traje *m*; (*Ordens*2) hábito *m*; ~er *pl.* ropa *f*; ~er *machen Leute* el hábito hace al monje; '2en (*-e-*) *v/t.* vestir; *sich* ~ vestirse; *sich in schwarz* ~ vestirse de negro; *fig. in Worte* ~ expresar con palabras; *gut* ~ (*stehen*) sentar (*od.* ir) bien.
'Kleider...: ~ablage *f* guardarropa *m*; ~bad *n* lavado *m* en seco; ~bügel *m* percha *f*, colgador *m*; *Am.* gancho *m*; ~bürste *f* cepillo *m* (para ropa); ~haken *m* colgador *m*; ~händler *m* ropero *m*; (*Trödler*) ropavejero *m*; ~hülle *f* funda *f* para ropa; ~kammer *f* guardarropa *m* ropería *f*; ~laus *f* piojo *m* de los vestidos; ~mode *f* moda *f* en el vestir; ~motte *f* polilla *f* (del paño); ~sack *m* ~hülle; ~schrank *m* (armario *m*) ropero *m*, guardarropa *m*; ~ständer *m* perchero *m*; ~stange *f* percha *f*; ~stoff *m* tela *f* para vestidos.
'kleidsam *adj.* que sienta bien; de mucho vestir; elegante; 2keit *f* elegancia *f* (en el vestir).
'Kleidung *f* ropa *f*; vestidos *m/pl.*; indumento *m*, indumentaria *f*, vestuario *m*; ~sstück *n* prenda *f* de vestir.

'Kleie *f* salvado *m*, afrecho *m*; ~nmehl *n* moyuelo *m*.
klein **I.** *adj.* pequeño; F chico; (*knapp*) escaso; (*unbedeutend*) insignificante; (*winzig*) diminuto, minúsculo; menudo; (*geringfügig*) exiguo; (*kurz*) corto; *zeitlich*: breve; *Wuchs*: bajo; ~er *Geist* espíritu *m* estrecho; ~er *Buchstabe* letra *f* minúscula; ~es *Geld* dinero *m* suelto, calderilla *f*; ~er *Finger* (dedo *m*) meñique *m*; ~er *Junge* chico *m*; ~er *Bruder* hermano *m* menor; *fig. der* ~e *Mann* el hombre de la calle; el ciudadano de a pie; *das* ~ere *Übel* el mal menor; *die* ~en *Leute* la gente baja (*od.* de abajo); ~ *und groß* pequeños y grandes, altos y bajos; ♪ ~e *Terz* tercera *f* menor; *ein* (*ganz*) ~ *wenig* un poquito, un poquitín; *aus* ~en *Verhältnissen stammen* ser de origen humilde (*od.* modesto); *von* ~ *auf* desde niño (*od.* pequeño); *im* ~en *pequeño*, en pequeña escala; en miniatura; *im* ~en *verkaufen* vender al por menor; *fig.* ~ *werden* empequeñecerse; ~er *werden* ir disminuyendo, reducirse; hacerse más pequeño; *die* 2en los pequeños, la gente menuda; *es ist mir ein* 2es no es ninguna molestia; *bis ins* ~ste hasta el más pequeño detalle; **II.** *adv.*: ~ *gewachsen* de pequeña estatura, de poca talla, F bajito; ~ *anfangen* empezar modestamente, comenzar con (casi) nada; ~ *beigeben* ceder; doblegarse; F bajar las orejas; ~ *stellen Gas usw.*: bajar; *von j-m* ~ *denken* no tener elevado concepto de alg.; *sich* ~ *machen* (*sich demütigen*) humillarse; achicarse; ~er *machen* reducir; disminuir; *sich* ~er *machen* empequeñecerse; (*sich einziehen*) encogerse.
'Klein...: ~aktionär *m* pequeño accionista *m*; ~anzeige *f* anuncio *m* por palabras, pequeño anuncio *m*; ~arbeit *f* trabajo *m* minucioso (*od.* detallado); trabajo *m* de filigrana; ~asien *n* Asia *f* Menor; ~bahn *f* ferrocarril *m* secundario *bzw.* de vía estrecha; ~bauer *m* pequeño agricultor *m* (*od.* campesino *m*); ~betrieb *m* pequeña empresa *f*; ✏ pequeña explotación *f*; ~bildkamera *f* cámara *f* de tamaño pequeño; ~buchstabe *m* (letra *f*) minúscula *f*; ~bürger *m* pequeño burgués *m*; 2bürgerlich *adj.* pequeñoburgués; ~bürgertum *n* pequeña burguesía *f*; ~bus *m* microbús *m*; ~computer *m* miniordenador *m*, minicomputador *m*; ~e *f*: *die* ~ la pequeña, la pequeñuela, la chica; (*Baby*) la nena; ~e(r) *m*: *der* ~ el pequeño, el pequeñuelo, el chico; (*Baby*) el nene; ~erwerden *n* disminución *f*, reducción *f* progresiva; ~flugzeug *n* avioneta *f*; ~format *n* tamaño *m* (*od.* formate *m*) pequeño; ~garten *m* huerto *m* familiar; ~gärtner *m* jardinero *m* aficionado; ~gebäck *n* pastas *f/pl.*; ~gedruckte(s) *n*: *das* ~ la letra menuda; ~geld *n* (dinero *m*) suelto *m*, calderilla *f* (*Wechselgeld*) cambio *m*; ~gewerbe *n* pequeña industria *f*; ~gewerbetreibende(r) *m* pequeño industrial *m*; 2gläubig *adj.* de poca fe; (*verzagt*) pusilánime; ~gläubigkeit *f* falta *f* de fe; pusilanimidad *f*; 2hacken *v/t.* picar; ~handel *m* comercio *m* al por menor;

~handels-preis *m* precio *m* al por menor; ~händler *m* comerciante *m* al por menor, menorista *m*, detallista *m*; ~heit *f* pequeñez *f* (*a. fig.*); insignificancia *f*; ~hirn *Anat. n* cerebelo *m*; ~holz *n* leña *f* menuda; astillas *f/pl.*
'Kleinigkeit *f* pequeñez *f*, menudencia *f*, bagatela *f*; (*Unbedeutendes*) insignificancia *f*, nimiedad *f*, nadería *f*, futilidad *f*; (*Einzelheit*) detalle *m*; F (*Imbiß*) bocado *m*; *e-e* ~ *un poquito*; *sich bei* ~en *aufhalten* pararse en pequeñeces (*od.* en pelillos); *das ist e-e* ~ *für ihn* no le cuesta nada; *das ist keine* ~! F ¡no es moco de pavo!; *iro. das kostet die* ~ *von ...* F cuesta la friolera de ...; ~skrämer *m* pedante *m*; ~skräme'rei *f* escrupulosidad *f* exagerada; pedantería *f*.
'Klein...: ~industrie *f* pequeña industria *f*; ~kalibergewehr *n* carabina *f* de pequeño calibre; ~kaliberschießen *n* tiro *m* (con armas) de pequeño calibre; 2kariert *adj.* a cuadritos, a cuadros pequeños; *fig.* de miras estrechas; ~kind *n* niño *m* de corta edad; 2körnig *adj.* de grano menudo; ~kraftrad *n* ciclomotor *m*; ~kram *m* nimiedades *f/pl.*; naderías *f/pl.*; menudencias *f/pl.*; ~krieg ⚔ *m* guerra *f* de guerrillas; 2kriegen F *v/t.*: *et.* ~ acabar con a/c.; *j-n* ~ hacer entrar en razón a alg., F bajar los humos a alg.; *er ist nicht kleinzukriegen* no se puede con él; ~kunstbühne *f* cabaret *m* (artístico); ~lastwagen *m* camioneta *f*; 2laut *adj.* apocado; ~ *werden* apocarse; bajar el (*od.* de) tono; ~ *abziehen* F salir (con el) rabo entre piernas; ~lebewesen *n* microorganismo *m*; 2lich *adj.* (*engstirnig*) de miras estrechas; (*geizig*) mezquino, tacaño; (*genau*) minucioso, meticuloso, pedante; (*umständlich*) formalista; ~lichkeit *f* estrechez *f* de miras; mezquindad *f*, tacañería *f*; minuciosidad *f*, meticulosidad *f*, pedantismo *m*; 2machen *v/t.* cortar en trozos pequeños; *Geldschein*: cambiar; ~möbel *n/pl.* muebles *m/pl.* auxiliares; ~mut *m* pusilanimidad *f*; desaliento *m*; 2mütig *adj.* pusilánime, apocado; ~ *werden* perder el ánimo, desalentarse, descorazonarse.
'Kleinod *n* (*-es*; *-e u. -ien*) joya *f*, alhaja *f*; *fig. a.* tesoro *m*.
'Klein...: ~oktav *Typ. n* octavo *m* menor; ~rentner *m* modesto pensionista *m*; 2schneiden *v/t.* cortar en trozos pequeños; ~schreibung *f* empleo *m* de minúsculas; ~sparer *m* pequeño ahorrador *m*; ~staat *m* Estado *m* pequeño; ~staate'rei *f* (*0*) particularismo *m* (de los pequeños Estados); ~stadt *f* villa *f*, pequeña ciudad *f*; ~städter(in *f*) *m* habitante *m/f* de una pequeña ciudad; provinciano (-a *f*) *m*; 2städtisch *adj.* provinciano; ~st-computer *m* microcomputador *m*, microordenador *m*; ~st-kind *n* niño *m* de pecho, bebé *m*; ~tierzucht *f* cría *f* de ganado menor; ~verdiener *m* asalariado *m* modesto; ~verkauf *m* venta *f* al por menor; ~vieh *n* ganado *m* menor; ~wagen *m* coche *m* pequeño; ~wild *n* caza *f* menor.
'Kleister *m* (*-s*, -) engrudo *m*; 2n

(-re) v/t. engrudar, pegar; ~n n engrudamiento m.
Kle'matis ♀ f (-; -) clemátide f.
'Klemens m Clemente m.
Klemen'tine ♀ f clementina f.
'Klemm|e f pinza f; ⚡ borne m; F fig. apuro m, aprieto m; atolladero m, situación f embarazosa; in der ~ sein (od. sitzen) estar en un aprieto (od. apuro od. atolladero); j-m aus der ~ helfen sacar a alg. de un aprieto (od. de un apuro od. atolladero); ⚙en I. v/t. 1. apretar; sujetar; ⊕ enclavar; sich den Finger ~ cogerse el dedo; F fig. sich hinter et. ~ hacer a/c. con ahínco; 2. F (stehlen) hurtar, F birlar, mangar; II. v/i. ⊕ atascarse; Tür usw.: encajar mal, no cerrar bien; ~enspannung ⚡ f tensión f en los bornes; ~schraube ⚡ f borne m con espiga roscada; ⊕ tornillo m de apriete.
'Klempner m hojalatero m; (Installateur) lampista m, fontanero m.
Klempne'rei f hojalatería f; fontanería f, lampistería f.
'Klepper m jaca f; jamelgo m, rocín m, penco m.
Klepto'man|e m (-n) cleptómano m; ~in f cleptómana f.
Klepto'manie f (0) cleptomanía f.
kleri'kal adj. clerical.
Klerika'lismus m (-; 0) clericalismo m.
'Kleriker m clérigo m, eclesiástico m.
'Klerus m (-; 0) clero m.
'Klette f ♀ lampazo m; lapa f; bardana f; fig. sich wie e-e ~ an j-n hängen F pegarse a alg. como una lapa; wie die ~n zusammenhängen ser uña y carne; ~nwurzel-öl n aceite m de bardana.
Klette'rei f escalada f.
'Kletter|eisen n garfio m; Mont. trepador m; ~er m, ~in f escalador(a f) m; ascensionista m/f; ~mast m cucaña f; ⚙n (-re; sn) v/i. subir (a. Preise usw.); ~ auf subir a, trepar a; encaramarse a (od. en); Berg, Mauer: escalar (ac.); ~n n trepa f; (Bergsteigen) alpinismo m, montañismo m; ⚙nd adj. Zoo., ♀ trepador; ~pflanze ♀ f planta f trepadora; ~rose ♀ f rosal m trepador; ~seil n cuerda f de trepar; Turnen: cuerda f lisa; ~stange f Turnen: barra f vertical; cucaña f; ~tour f escalada f; ascensión f; ~vogel m ave f trepadora.
'Klettverschluß m cierre m adhesivo.
klick! int. ¡clic!; ~en v/i. hacer clic; Computer: auf et. ~ hacer clic en (od. sobre) a/c.
Kli'ent(in f) m (-en) cliente m/f.
'Klima n (-s; -s od. -te) clima m; fig. a. ambiente m, atmósfera f; ~anlage f instalación f de climatización (od. de aire acondicionado); mit ~ climatizado, con aire acondicionado.
klimak'terisch ⚚ adj. climatérico.
Klimak'terium ⚚ n (-s; 0) climaterio m, menopausia f.
kli'matisch adj. climático.
klima ti'sieren (-) v/t. climatizar, acondicionar; ⚙tolo'gie f climatología f.
'Klimax f (-; -e) Rhet., Bio. clímax m.
Klim'bim F m (-s; 0) (Rummel) ♀ jaleo m; (Gepränge) boato m; (Kram) trastos m/pl.; der ganze ~ F todo el tinglado.

'klimm|en (sn) v/i. trepar (auf ac. a), subir (trabajosamente); ⚙zug m Turnen: (ejercicio m de) tracción f.
'Klimper|kasten F m pianucho m; ⚙n (-re) v/i. u. v/t. tintinear; F auf dem Klavier: teclear, aporrear (el piano); Gitarre: rasguear; mit dem Geld ~ hacer sonar el dinero; ~n n tintineo m; tecleo m.
'Klinge f hoja f; cuchilla f; (Degen) espada f, Poes. acero m; Fechtk. die ~n kreuzen cruzar las espadas; er schlägt e-e gute ~ es un buen esgrimidor; ✗ u. fig. über die ~ springen lassen pasar a cuchillo (od. por las armas).
'Klingel f (-; -n) timbre m; ~beutel m limosnera f; ~knopf m botón m (od. pulsador m) del timbre; botón m de llamada; ⚙n (-le) I. v/t. tocar el timbre, llamar; Tele. sonar (a. fig. Kasse); Glöckchen: tintinear; es klingelt suena el timbre; llaman; II. v/t.: j-n aus dem Schlaf ~ despertar a alg. a fuerza de tocar el timbre; ~n n tintineo m; campanilleo m; toque m de timbre; ~schnur f cordón m del timbre; ~zeichen n toque m de timbre; ~zug m tirador m.
'klingen (L) v/i. sonar; tintinear; die Ohren ~ ihm le zumban los oídos; die Gläser ~ lassen chocar los vasos (od. las copas); fig. das klingt sonderbar parece muy extraño; fig. das klingt schon anders eso ya es otro cantar; II. ⚙ n tintineo m, (re)tintín m; ~d adj. mit ~er Münze en dinero contante y sonante; ✗ mit ~em Spiel a tambor batiente.
'kling, klang int. tintín, tilín.
'Klin|ik f (-; -en) clínica f; ~iker m, ⚙isch adj. clínico (m).
'Klinke f picaporte m; (Sperr⚙) pestillo m; ⊕ gatillo m, trinquete m; ⚙n v/i. levantar bzw. apretar el picaporte.
'Klinker ⚙ m (-s; -) ladrillo m recocido (od. refractario od. holandés), clinker m.
Klipp m (-s; -s) clip m.
klipp I. adv.: ~ und klar francamente, con toda franqueza; sin tapujos; sin ambages (od. rodeos); II. int.: ~, klapp! ¡clic, clac!
'Klipp|e f peña f, roca f; ⚓ escollo m (a. fig.); fig. e-e ~ umschiffen salvar un escollo; ~er m ⚓, ♃ clíper m; ~fisch Ict. m bacalao m salado.
'klirr|en v/i. Waffen, Sporen: sonar; Ketten: cencerrear; Gläser usw.: tintinear; Fenster: vibrar; ⚙en n tintineo m, (re)tintín m; der Waffen: ruido m, fragor m; ~end adj. ~e Kälte un frío intenso (F que pela); ⚙faktor m coeficiente m de distorsión.
Kli'schee [kli'ʃeː] n (-s; -s) cliché m, clisé m (a. fig.); ⚙'scheehaft fig. adj. estereotipado; ⚙'schieren (-) v/t. clisar; ~'schieren n clisado m.
Klis'tier n (-s; -e) lavativa f, ayuda f, enema m; ~spritze f jeringa f.
'Klitoris Anat. f (-; -) clítoris m.
klitsch int.: ~, klatsch! ¡zis, zas!; ¡clic, clac!; ⚙(e)'naß F adj. calado hasta los huesos, F hecho una sopa; ~ig adj. pastoso.
'klitze'klein F adj. diminuto, pequeñísimo.
Klo F n (-s; -s) retrete m, excusado m, water m; in Zssgn → Klosett.

Klo'ake [-oːˈaː-] f cloaca f (a. Zoo.).
'Klob|en m (-s; -) (Holz) leño m; ⊕ (Rolle) polea f, garrucha f; ⚙ig adj. macizo; fig. torpe; grosero; tosco.
'klonen v/t. clonar.
'klonen F v/i. charlar.
'klopfen I. v/i. golpear, dar golpes (con); Herz: latir; palpitar; Motor: picar; an die Tür: llamar, picar; es klopft llaman (a la puerta); II. v/t. golpear; (schlagen) pegar; Wäsche: batir; Steine: labrar; picar; Teppich: sacudir; III. ⚙ n golpeo m; des Herzens: latido m; palpitación f; des Pulses: pulsación f; des Teppichs: sacudimiento m.
'Klopfer m (Teppich⚙) sacudidor m; (Fleisch⚙) mazo m; (Schlegel) mazo m; (Tür⚙) llamador m, aldaba f; (Entfritter) descohesor m; Tele. resonador m.
'Klopf...: ⚙fest adj. Kfz. antidetonante; ~festigkeit f antidetonancia f; ~zeichen n señal f acústica.
'Klöppel m (-s; -) (Glocken⚙) badajo m; ⚡ am Läutewerk: martillo m, macillo m; (Schlegel) mazo m; (Spitzen⚙) bolillo m; ~arbeit f labor f de encaje (de bolillos); ~kissen n mundillo m; ⚙n v/t. (-le) hacer encajes de bolillo; ~spitze f encaje m de bolillo.
'Klöpplerin f encajera f.
Klops Kochk. m (-es; -e) albóndiga f; albondiguilla f.
Klo'sett n (-s; -s) retrete m, excusado m, water m, inodoro m, servicio(s) m(/pl.); ~becken n (taza f del) inodoro m; ~bürste f escobilla f (de retrete); ~deckel m tapa(dera) f de retrete; ~papier n papel m higiénico; ~sitz m asiento m de retrete.
Kloß [oː] m (-es; -̈e) bola f; (Erd⚙) terrón m; Kochk. albóndiga f; fig. e-n ~ im Halse(e) haben hacérsele a alg. un nudo en la garganta; '~brühe f: F das ist klar wie ~ está más claro que el agua.
'Klößchen Kochk. n albondiguilla f; croqueta f.
'Kloster [oː] n (-s; -̈) convento m; monasterio m; ins ~ gehen Mann: tomar el hábito, F meterse fraile; Frau: tomar el velo, F meterse monja; in ein ~ sperren (od. stecken) enclaustrar, encerrar en un convento; ~bruder m religioso m; fraile m; monje m; ~frau f religiosa f; monja f; ~gelübde n votos m/pl. monásticos; profesión f religiosa; ~kirche f iglesia f conventual; ~leben n vida f monacal (od. monástica od. conventual).
'klösterlich adj. conventual; monacal, monástico; a. fig. claustral.
'Kloster...: ~regel f regla f monacal (od. monástica); ~schule f escuela f conventual; ~zelle f celda f; ~zucht f disciplina f monástica.
Klotz m (-es; -̈e) bloque m (de madera); kleiner: tarugo m, zoquete m; (Kloben) leño m (Baumstamm) tronco m (a. fig.); (Hack⚙) tajo m; (Amboß⚙) cepo m; fig. palurdo m, patán m; zoquete m, zopenco m; fig. e-n ~ am Bein haben no tener libertad de acción; wie ein ~ schlafen dormir como un tronco; auf e-n groben ~ gehört ein grober Keil a pillo, pillo y medio; a tal tronco, tal hacha; '⚙ig I. adj. macizo; fig. grosero; F (gewaltig)

Klub — knicken

enorme; **II.** *adv.*: F ~ *viel* F a porrillo; *er ist* ~ *reich* F está forrado (de dinero).

Klub *m* (-s; -s) club *m*; círculo *m*; '**~haus** *n* → **~lokal**; '**~kampf** *m* competición *f* interclubs; '**~lokal** *n* local *m* del club (*od.* social); '**~mitglied** *n* socio *m* de un club, clubista *m*; '**~sessel** *m* sillón *m* de club, butacón *m*.

Kluft *f* **1.** (-; ⁓e) (*Spalt*) grieta *f*; hendidura *f*; (*Abgrund*) abismo *m* (*a. fig.*); **2.** F (-; -en) (*Kleidung*) uniforme *m*; traje *m*; atuendo *m*.

klug (⁓er; ⁓st) *adj.* inteligente; (*vernünftig*) sensato, cuerdo; (*scharfsinnig*) juicioso, discreto; (*scharfsinnig*) perspicaz, sagaz; (*vorsichtig*) prudente; cauto, (*weise*) sabio; (*schlau*) ingenioso; astuto; listo, avisado; *ich bin so* ~ *wie zuvor* sigo sin entenderlo; *no sé más que antes*; *ich kann nicht daraus* ~ *werden* no acabo de comprender esto; *man wird aus ihm nicht* ~ *de él no se sacará nada en claro*; *ese hombre es un enigma*; *er wird nie* ~ *werden* no aprenderá nunca; *es ist das klügste, zu* (*inf.*) lo más sensato es (*inf.*).

Klüge|'lei *f* sutilezas *f/pl.*, argucias *f/pl.*; **⁓'ln** (-le) *v/i.* sutilizar.

'**klugerweise** *adv.* → **klüglich**.

'**Klugheit** *f* (0) inteligencia *f*; discreción *f*; buen sentido *m*; sensatez *f*; cordura *f*; perspicacia *f*; sagacidad *f*; prudencia *f*; sabiduría *f*; astucia *f*.

'**klüglich** *adv.* prudentemente, por prudencia; sabiamente.

'**klug|reden**, F **~schnacken** *v/i.* presumir de sabio; hacerse el entendido; **⁓redner**, *m*; F **~schnacker** *m*, V **⁓scheißer** *m* F sabelotodo *m*, sabihondo *m*.

Klump F *m* → **Klumpen**; *fig.* (*Kram*) trastos *m/pl.*

'**Klumpatsch** F *m*: *der ganze* ~ F todos estos trastos.

'**Klümpchen** *n* grumo *m*.

'**Klump|en** *m* masa *f* compacta; conglomerado *m*; bola *f*; *Kochk.* grumo *m*; (*Haufen*) montón *m* (*Butter⁓*) pella *f*; (*Erd⁓*) terrón *m*; ~ *Blut* coágulo *m* de sangre; ~ *Gold* pepita *f* de oro; F *fig. in* ~ *hauen* hacer pedazos, F no dejar títere con cabeza; **⁓en** *v/i.* hacerse grumos, grumecerse; **~fuß** *m* pie *m* contrahecho (*od.* zambo); **⁓ig** *adj.* grumoso, apelmazado; ~ *werden* engrumecerse.

'**Klüngel** *m* (-s; -) camarilla *f*; pandilla *f*; F tinglado *m*; **~wirtschaft** *f* clientelismo *m*.

'**Klunker** *reg. f* (-; -n) *od. m* (-s; -) (*Troddel*) borla *f*; (*Klümpchen*) grumo *m*; F *pl.* joyas *f/pl.*

'**Kluppe** ⊕ *f* (*Schneid⁓*) terraja *f*; (*Spann⁓*) mordacilla *f*.

'**Klüse** ⚓ *f* escobén *m*.

'**Klüver** ⚓ *m* foque *m*; **~baum** *m* botalón *m* de foque.

knabbern (-re) *v/i. u. v/t.* mordiscar (*an et. dat.* a/c.); *Maus*: roer (*ac.*).

'**Knabe** *m* (-n) muchacho *m*, chico *m*; *kleiner*: niño *m*; **~n-alter** *n* puericia *f*, muchachez *f*, edad *f* pueril; **~nchor** *m* coro *m* de niños; (*Kirchen⁓*) escolanía *f*; **⁓nhaft** *adj.* aniñado; amuchachado; **~nkraut** ♀ *n* satirión *m*; **~nliebe** *f* pederastia *f*.

knack! *int.* ¡crac!

'**Knäckebrot** *n* pan *m* crujiente.

'**knack|en I.** *v/i.* crujir; restallar; (*knistern*) crepitar; **II.** *v/t. Nüsse usw.*: cascar, partir; F *Geldschrank*: forzar; F *Rätsel*: adivinar; **⁓en** *n* crujido *m*, chasquido *m*; crepitación *f*; **⁓er** F *m* fig.: *alter* ~ viejo *m* decrépito, vejestorio *m*, F carroza *m*; **⁓geräusch** *n* chasquido *m*; *Tele.* crepitación *f*; **⁓ig** F *adj.* (*knusprig*) crujiente; *fig.* apetitoso; **⁓laut** *m* Gr. eyectiva *f*, recursiva *f*; **⁓mandel** *f* almendra *f* mollar; **⁓s** *m* (-es; -e) crac *m*; (*Sprung*) grieta *f*; F *fig.* ligero quebranto *m*; *er hat e-n* ~ *weg gesundheitlich*: tiene la salud quebrantada; **⁓wurst** *f* salchicha *f* (de Francfort).

'**Knall** *m* (-(e)s; -e) estallido *m*; *v. Schüssen usw.*: detonación *f*, estampido *m*; (*Pfropfen⁓*) taponazo *m*; (*Peitschen⁓*) chasquido *m*; *der Tür*: portazo *m*; *fig.* (*auf*) ~ *und Fall* de golpe y porrazo; ¡ni corto ni perezoso!; F *e-n* ~ *haben* F estar chiflado (*od.* tocado de la cabeza); **~bonbon** *m/n* bombón *m* fulminante; **~effekt** *m* golpe *m* de efecto (*od.* de teatro); **⁓en I.** *v/i.* estallar, hacer explosión; detonar; (*schießen*) disparar un tiro; *Schuß*: oírse un disparo; *mit der Peitsche* ~ chasquear el látigo; *mit dem Gewehr* ~ hacer disparos con el fusil; *den Pfropfen* ~ *lassen* hacer saltar el tampón; *ins Schloß* ~ *Tür*: cerrarse de golpe; *es knallt* se oye una detonación *bzw.* un disparo; **II.** F *v/t.* (*werfen*) tirar violentamente; *Tür*: cerrar de golpe; F *j-m e-e* ~ pegarle un tortazo (P una hostia) a alg.; **~erbse** *f* garbanzo *m* de pega; **~e'rei** *f* tiroteo *m*; **~frosch** *m* trabuca *f*; petardo *m*; **~gas** *n* gas *m* detonante; **~gasgebläse** ♂ *n* soplete *m* oxhídrico; **⁓ig** F *adj. Farbe*: chillón, llamativo; **~kopf** F *m* idiota *m*; P gilipollas *m*; **~körper** *m* petardo *m*; **~quecksilber** ♂ *n* fulminato *m* de mercurio; **⁓rot** *adj.* rojo vivo (*od.* subido); ~ *werden* F ponerse como un tomate; **~säure** ♂ *f* ácido *m* fulmínico.

knapp I. *adj.* escaso (*kurz*) corto; (*eng*) estrecho; *Kleid*: *a.* justo, ceñido, ajustado; *Stil*: conciso; sucinto; (*beschränkt*) limitado, reducido; ~e *Mehrheit* escasa mayoría *f*; ~ *zwei Meter* dos metros escasos; *e-e* ~e *Stunde* apenas una hora; ~ *e-e Woche nach ...* a una semana escasa de ...; *mit* ~er *Not* a duras penas, F por los pelos; *sein* ~es *Auskommen haben* tener lo justo para vivir (F para ir tirando); ~ *sein* (*od. werden*) escasear; F *und nicht zu* ~! F ¡y tanto!; **II.** *adv.* (*kaum*) apenas; escasamente; ~ *sitzen Kleid*: ir (*od.* venir) muy justo; ~ *gewinnen* ganar con escaso margen; ~ *vorbeifahren an* (*dat.*) pasar muy cerca de; *m-e Zeit ist* ~ *bemessen* dispongo de muy poco tiempo.

'**Knappe** *m* (-n) *Hist.* doncel *m*; (*Schild⁓*) escudero *m*; ⚒ minero *m*.

'**knapphalten** (L) *v/t.*: *j-n* ~ tratar mezquinamente a alg.; atar corto a alg.

'**Knappheit** *f* (0) escasez *f* (*an de*); (*Enge*) estrechez *f*; *des Geldes*: penuria *f*; *Stil*: concisión *f*.

'**Knappschaft** ⚒ *f* corporación *f* de mineros; **~skasse** *f* caja *f* de enfermedad para mineros; **~sverband** *m* asociación *f* minera.

'**knapsen** F (-t) *v/i.* → **knausern**.

'**Knarre** *f* matraca *f*, carraca *f*; (*Gewehr*) fusil *m*, F chopo *m*; **⁓n** *v/i.* rechinar; *Tür*: *a.* chirriar; *Dielen*, *Schuhe*: crujir; **~de Stimme** voz *f* ronca; **⁓n** *n* rechinamiento *m*; chirrido *m*; crujido *m*.

Knast F *m* (-(e)s; ⁓e) (*Gefängnis*) P trena *f*, F chirona *f*; *im* ~ *sitzen*, ~ *schieben* F estar a la sombra.

'**Knaster** F *m* tabaco *m* malo.

'**knattern** (-re) **I.** *v/i.* crepitar (*a. Schüsse*, *Radio*); *Motor usw.*: petardear; traquetear; *Feuer*: chisporrotear; *Maschinengewehr*: tabletear; **II.** ⁓ *n* crepitación *f*; traqueteo *m*, petardeo *m*; chisporroteo *m*; tableteo *m*.

'**Knäuel** ['knɔyəl] *m/n* (-s; -) ovillo *m*; *fig.* aglomeración *f*; *auf ein(en)* ~ *wickeln* ovillar, hacer un ovillo; *sich zu e-m* ~ *ballen* hacerse un ovillo, aovillarse.

Knauf *m* (-(e)s; ⁓e) puño *m*; *Degen*: pomo *m*; △ capitel *m*.

'**Knause|r** *m* tacaño *m*; cicatero *m*; roñoso *m*; **~'rei** *f* tacañería *f*, cicatería *f*, parsimonia *f*; roñería *f*; **⁓rig** *adj.* tacaño; cicatero, mezquino; F agarrado, roñoso; **⁓rn** (-re) *v/i.* tacañear; F cicatear; *nicht* ~ *mit* no escatimar a/c.

'**knautsch|en I.** *v/t.* chafar, aplastar; arrugar; **II.** *v/i.* arrugarse; **⁓lack** (-**leder**) *n*) *m fr.* ciré *m*; **⁓zone** *Kfz. f* zona *f* de absorción de impactos.

'**Knebel** *m* (-s; ⁓e) garrote *m*; (*Mund⁓*) mordaza *f*; ⚓ cazonete *m*; ⊕ manilla *f*, muletilla *f*; (*Spannholz*) tarabilla *f*; **~bart** *m* bigote *m*; **⁓n** (-*e*) *v/t.* agarrotar; amordazar (*a. fig.*).

Knecht *m* (-(e)s; -e) ✧ mozo *m* (de labranza), gañán *m*; *Am.* peón *m*; *Hist.* siervo *m*; **⁓en** (-*e*-) *v/t.* avasallar, subyugar; esclavizar; tiranizar; **⁓isch** *adj.* servil; '**⁓schaft** *f* servidumbre *f*, esclavitud *f*.

'**kneif|en** (L) **I.** *v/t.* pellizcar (*in den Arm* el brazo); **II.** *v/i.* (*drücken*) Träger *am Kleid usw.*: apretar; F (*sich drücken*) F rajarse; F escurrir el bulto, F salir(se) por la tangente; *Fechten*: hurtar el cuerpo; **⁓en** *n* pellizco *m*; **⁓er** *m* (*Brille*) quevedos *m/pl.*; **⁓zange** *f* tenazas *f/pl.*; alicates *m/pl.*

'**Kneipe** *f* taberna *f*, F tasca *f*; bar *m*; (*Kneipabend*) **⁓n** *v/i.* F empinar el codo; F ir de copeo; **⁓n** *n*, **⁓'rei** F F copeo *m*; francachela *f*; **⁓wirt** *m* tabernero *m*.

'**Kneippkur** ✝ *f* tratamiento *m* hidroterápico según Kneipp.

'**knet|bar** *adj.* amasable; (*plastisch*) plástico, modelable; **⁓e** P *f* (*Geld*) P pasta *f*; **⁓en** (-*e*-) *v/t.* amasar; *Ton usw.*: modelar; (*massieren*) hacer masajes; **⁓en** *n* amasadura *f*; **⁓gummi** *m* goma *f* plástica, plastilina *f*; **⁓maschine** *f* amasadora *f*; **⁓masse** *f* amasijo *m*; masa *f* plástica.

Knick *m* (-(e)s; -e) (*Sprung*) raja *f*, hendidura *f*; (*Biegung*) (re)codo *m*; (*Falte*) pliegue *m*, dobladura *f*; (*Eselsohr*) doblez *m*; '**⁓ei** *n* huevo *m* cascado; **⁓en I.** *v/i.* doblarse; (*brechen*) romperse, quebrarse; **II.** *v/t.* (*brechen*) romper; quebrar; (*falten*)

plegar, doblar; *fig.* (*betrüben*) afligir; desalentar, deprimir; ℅ *nicht* ~! no doblar; '~**er** *m* 1. → *Knauser;* 2. (*Murmel*) canica *f;* '~**erbocker** *pl.* pantalón *m* bombacho, knickers *m/pl.;* '℥**erig** *adj.* → *knauserig;* '~**festigkeit** ⊕ *f* resistencia *f* a la rotura por flexión (*od.* al pandeo); '~**fuß** ⚕ *m* pie *m* valgo.
Knicks *m* (-es; -e) reverencia *f;* '℥**en** *v/i.* hacer una reverencia.
'**Knick**|**stütz** *m* *Turnen:* apoyo *m* sobre los brazos acodados; ℥**ung** ⊕ *f* flexión *f,* pandeo *m.*
Knie [kni:] *n* (-s; -) rodilla *f;* ⊕ cod(ill)o *m; e-s Flusses, Weges:* recodo *m; die* ~ *beugen* doblar la rodilla; *auf* ~*n de rodillas; auf die* ~ *fallen* ponerse (*od.* hincarse) de rodillas (*od.* de hinojos); caer de rodillas (*vor j-m* ante alg.); *auf den* ~*n liegen* estar de rodillas (*od.* de hinojos), estar arrodillado; *fig. j-n in die* ~ *zwingen* hacer a alg. doblar la rodilla; *j-n auf* ~*n bitten* pedir de rodillas a alg. a/c.; *fig. et. übers* ~ *brechen* forzar a/c.; F hacer mangas y capirotes; F *fig. j-n übers* ~ *legen* dar una paliza a alg.; *fig.* *ich habe weiche* ~ me flaquean las piernas.
'**Knie**...: ℥**bedeckt** *adj.* tapando la rodilla; ~**beuge** *f* flexión *f* de rodillas; ~**fall** *m* genuflexión *f; fig.* postración *f; e-n* ~ *tun vor j-m* postrarse (*od.* prosternarse) ante alg.; ℥**fällig** *adj.* de rodillas; ~**flicken** *m* rodillera *f;* ℥**frei** *adj.* con la rodilla descubierta; ~**gelenk** *n* *Anat.* articulación *f* de la rodilla; ⊕ articulación *f* de rótula; ℥**hebel** ⊕ *m* palanca *f* acodada; ℥**hoch** *adj. u. adv.* hasta la(s) rodilla(s); ~**hose** *f* pantalón *m* de media pierna; ~**kehle** *f* corva *f;* ℥**lang** *adj.* hasta la rodilla; ℥**n** *v/i.* arrodillarse, ponerse de rodillas (*od.* de hinojos); (*auf den Knien sein*) estar arrodillado (*od.* de rodillas); ~**riemen** *m* tirapié *m;* ~**rohr** ⊕ *n* tubo *m* acodado; ~**scheibe** *Anat. f* rótula *f;* ~**schützer** *m* rodillera *f;* ~**sehnenreflex** ⚕ *m* reflejo *m* rotuliano; ~**strumpf** *m* media *f* corta (*od.* sport); ~**stück** ⊕ *n* codo *m;* ℥**tief** *adj.* hasta la rodilla; ~**wärmer** *m* rodillera *f.*
Kniff *m* (-*e*s; -e) (*Kneifen*) pellizco *m;* (*Falte*) pliegue *m,* doblez *m; fig.* (*Kunstgriff*) artificio *m,* artilugio *m;* treta *f,* artimaña *f;* truco *m;* ardid *m;* F martingala *f;* '℥**(e)lig** *adj.* (*schwierig*) complicado; (*heikel*) espinoso; delicado; escabroso, peliagudo; '℥**en** *v/t.* plegar, doblar.
Knilch F *m* → Knülch.
'**knips**|**en** (-t) *v/t.* Fahrkarte usw.: picar, perforar; *Phot.* hacer (*od.* sacar) una foto; (*auslösen*) disparar; *mit den Fingern* ~ castañetear los dedos; ℥**zange** *f* pinza *f* picadora.
Knirps *m* (-es; -e) hombrecillo *m;* F enano *m;* (*Kind*) chicuelo *m,* chiquillo *m;* F renacuajo *m.*
'**knirschen I.** *v/i.* crujir; *mit den Zähnen* ~ rechinar los dientes; **II.** ℥ *n* crujido *m;* rechinamiento *m.*
'**knistern** (-re) **I.** *v/i.* crujir; *Feuer:* crepitar; **II.** ℥ *n* crujido *m;* crepitación *f; v. Seide:* frufrú *m.*
'**Knittelvers** *m* verso *m* ramplón; copla *f* de ciego.

'**Knitter**|**falte** *f* pliegue *m,* arruga *f;* ℥**frei** *adj.* inarrugable; ℥**n** (-re) **I.** *v/t.* arrugar; chafar, ajar; **II.** *v/i.* arrugarse.
'**Knobel**|**becher** *m* cubilete *m;* F ⚔ bota *f* (de soldado); ℥**n** (-le) *v/i.* (*würfeln*) jugar a los dados; (*losen*) echar a suertes; *fig.* romperse la cabeza; devanarse los sesos.
'**Knoblauch** ♀ *m* (-*e*s; 0) ajo *m;* ~**zehe** *f* diente *m* de ajo.
'**Knöchel** *Anat. m* (-s; -) (*Finger*℥) nudillo *m;* (*Fuß*℥) tobillo *m,* maléolo *m;* ~**bruch** *f* fractura *f* maleolar; ~**chen** *n* huesecillo *m.*
'**Knochen** *m* (-s; -) hueso *m;* F *fig. das ist mir in die* ~ *gefahren* me ha dado un susto enorme; *fig. mir tun alle* ~ *weh* tengo los huesos molidos; *fig. bis in die* ~ hasta la médula; *naß bis auf die* ~ calado hasta los huesos; ~**arbeit** F *f* trabajo *m* muy pesado; ~**asche** *f* ceniza *f* ósea; ~**bau** *m* estructura *f* ósea; ~**bildung** *f* osificación *f;* ~**bruch** *m* fractura *f* ósea; ~**erweichung** ⚕ *f* osteomalacia *f;* ~**fische** *Zoo. m/pl.* teleósteos *m/pl.;* ~**gerüst** *n* esqueleto *m;* osamenta *f;* ~**gewebe** *n* tejido *m* óseo; ℥'**hart** *adj.* muy duro; ~**haut** *Anat. f* periostio *m;* ~**hautentzündung** ⚕ *f* periostitis *f;* ~**lehre** *f* osteología *f;* ~**leim** *m* cola *f* de huesos; ℥**los** *adj.* sin hueso; deshuesado; ~**mann** F *m* la Muerte; ~**mark** *n* médula *f* ósea, tuétano *m; Arg.* caracú *m;* ~**mark-entzündung** ⚕ *f* osteomielitis *f;* ~**mehl** *n* harina *f* (*od.* polvo *m*) de huesos; ~**säge** *f* osteótomo *m;* ~**splitter** *m* esquirla *f;* ℥**trocken** F *adj.* muy seco, reseco; ~**tuberkulose** ⚕ *f* tuberculosis *f* ósea.
'**knöchern** *adj.* óseo; *fig.* seco; tieso.
'**knochig** [-xɪç] *adj.* huesoso, huesudo; *Gesicht:* descarnado.
Knock-out *m* (*Abk.* K.o.) (-s; -s) *angl.* knockout *m* (*Abk.* k.o.); *j-n* ℥ *schlagen* poner knockout a alg., noquear a alg.; ~**niederlage** *f* derrota *f* por knockout.
'**Knödel** *m* (-s; -) albóndiga *f;* F bola *f,* pelotilla *f.*
'**Knolle** ♀ *f* tubérculo *m;* (*Zwiebel*) bulbo *m,* ~**n** *m* (*Schwellung*) protuberancia *f;* bulto *m;* ℥ tuberosidad *f;* ~**nblätterpilz** ♀ *m* amanita *f;* ~**ngewächs** ♀ *n,* ~**npflanze** *f* planta *f* tuberosa.
'**knollig** *adj.* bulboso; tuberoso.
Knopf *m* (-*e*s; -*e*) botón *m; an e-m Stock:* puño *m;* (*Degen*℥) pomo *m;* (*Griff*) empuñadura *f;* ⚡ (*Drücker*) botón *m,* pulsador *m;* F *fig.* tipejo *m,* tío *m; auf den* ~ *drücken* apretar (*od.* pulsar) el botón.
'**knöpfen** *v/t.* abotonar, abrochar.
'**Knopf**...: ~**fabrik** *f* fábrica *f* de botones, botonería *f;* ~**garnitur** *f* de botonadura *f;* ~**loch** *n* ojal *m;* F *fig. aus allen Knopflöchern platzen* F no caber en el pellejo; ~**lochmaschine** *f* (máquina *f*) ojaladora *f;* ~**macher** *m* botonero *m;* ~**reihe** *f* fila *f* de botones.
'**Knöpfstiefel** *m/pl.* botas *f/pl.* de botones.
'**Knopfzelle** *f* pila *f* botón.
'**knorke** F *adj.* estupendo, P cojonudo.
'**Knorpel** *m* (-s; -) *Anat.* cartílago *m; im Fleisch:* ternilla *f;* ~**haut** *Anat. f* pericondrio *m;* ℥**ig** *adj.* cartilaginoso.
'**Knorr**|**en** *m* (-s; -) tronco *m;* cepo *m; im Holz:* nudo *m;* ℥**ig** *adj.* nudoso; *fig.* (*derb*) rudo, tosco, basto.
'**Knospe** [-sp-] ♀ *f* yema *f,* botón *m;* (*Blüten*℥) capullo *m;* (*Augen*) ojo *m;* (*Brut*℥) gema *f; fig.* tierna flor *f;* ~**n treiben** → ℥**n** *v/i.* echar brotes, brotar; echar botones, abotonar; *fig.* (*sich entfalten*) abrirse en flor; despuntar; ~**nbildung** *f,* ~**ntreiben** *n* gemación *f;* ℥**ntragend** *adj.* gemífero.
'**Knospung** *Bio. f* gemación *f.*
'**Knötchen** *n* nódulo *m;* ⚕ *a.* tubérculo *m.*
'**Knoten I.** *m* (-s; -) nudo *m* (*a.* ♀, ⚓, *im Holz u. fig.*); *Thea.* trama *f* (argumental); nudo *m* argumental; (*Haar*℥) moño *m,* rodete *m;* ⚡ nudosidad *f,* nudo *m; e-n* ~ *ins Taschentuch machen* hacer un nudo en el pañuelo; *den* ~ *durchhauen* cortar el nudo (*a. fig.*); **II.** ℥ (-e) *v/t.* anudar; hacer un nudo; ~**punkt** ⚡ *m* empalme *m;* nudo *m* ferroviario; *Vkw.* nudo *m; Phys.* punto *m* nodal; *fig.* centro *m;* ~**stock** *m* bastón *m* de nudos.
'**Knöterich** ♀ *m* (-s; -e) polígono *m.*
'**knotig** *adj.* nudoso; nodoloso; *fig.* palurdo; zafio, grosero.
Knuff *m* (-*e*s; *e*) empujón *m;* *mit dem Ellenbogen:* codazo *m;* '℥**en** *v/t.* dar empujones *bzw.* codazos.
Knülch F *m* (-s; -e) F tipo *m,* tipejo *m.*
'**knüll**|**en** *v/t.* arrugar, chafar, aplastar; apabullar; ℥**er** F *m* F exitazo *m;* (*Nachricht*) F notición *m,* noticia *f* bomba; (*Ware*) F éxito *m* de venta.
'**Knüpf**|**arbeit** *f* anudado *m;* ℥**n** *v/t.* anudar (*a. Teppich*); (*binden*) atar, ligar; *Knoten, Netz:* hacer; *fig.* enlazar, vincular; *Bündnis:* formar, concertar; *die Bande enger* (*od. fester*) ~ estrechar los lazos (*od.* los vínculos); *Bedingungen* ~ *an* poner por condición; ~**teppich** *m* alfombra *f* de nudo.
'**Knüppel** *m* (-s; -) palo *m;* garrote *m,* tranca *f;* estaca *f;* (*Polizei*℥) porra *f;* ⚔ palanca *f* de mando; ⚕ llantón *m,* paquete *m; j-m e-n* ~ *zwischen die Beine werfen* poner trabas (*od.* cortapisas) a alg.; ~**damm** *m* camino *m* de troncos; ℥'**dick** F *adj.: ich habe es* ~ estoy hasta la coronilla; *jetzt kommt's* ~ llueve sobre mojado; ~**holz** *n* madera *f* de palo; ℥**n** (-le) *v/t.* moler a palos; ~**schaltung** *f* *Kfz.* palanca *f* de mando al suelo; ~**steuerung** ⚔ *f* mando *m* por palanca.
'**knurr**|**en** *v/i. Hund:* gruñir (*a. fig.*); *Person: a.* refunfuñar; *mein Magen knurrt* P me suenan (*od.* me hacen ruido) las tripas; *fig.* tengo mucha hambre; ℥**en** *n* gruñido *m;* refunfuño *m;* ~**ig** *adj.* gruñón, refunfuñador.
'**knusp**|**(e)rig** *adj.* crujiente; bien tostado; F *fig. Mädchen:* primoroso; ~**ern** (-re) *v/t.* cuscurrear, ronzar.
Knust *m* (-es; -e) (*Brotkanten*) cantero *m.*
'**Knute** *f* látigo *m,* Am. rebenque *m; fig. unter j-s* ~ *stehen* estar bajo la férula de alg.
'**knutsche**|**n** F *v/t. u. v/i.* besuquear; (*nur v/t.*) P magrear; ℥'**rei** *f* besuqueo *m;* P magreo *m.*
'**Knüttel** *m* → Knüppel; ~**vers** *m* → Knittelvers.

K.o. *m* → *Knockout*; F *ich bin k.o.* F estoy hecho polvo.
koagu'lieren (-) *v/i.* coagularse.
koa'lieren, ~li'sieren (-) *v/i.* formar una coalición; co(a)ligarse.
Koaliti'on *f* coalición *f*; **~srecht** *n* derecho *m* de asociación; **~sregierung** *f* gobierno *m* coalicionista (*od.* de coalición).
'Kobalt *n* (-*s*; 0) cobalto *m*; **~blau** *n* azul *m* cobalto; **~glanz** *m* cobaltina *f*.
'Koben *m* pocilga *f*.
'Kobold *m* (-*ęs*; -*e*) duende *m*; (g)nomo *m*; trasgo *m*.
Ko'bolz *m*: ~ *schießen* dar una voltereta.
Koch *m* (-*ęs*; ⁓*e*) cocinero *m*; ⚔ ranchero *m*; *viele Köche verderben den Brei* muchas manos en la olla echan el guiso a perder.
'Koch...: ~apfel *m* manzana *f* para compota; **~buch** *n* libro *m* de cocina; **en I.** *v/t.* cocer; *Wasser, Milch usw.*: hervir; *Kaffee, Tee*: hacer; *Speisen*: guisar, cocinar; **II.** *v/i.* cocer; *Wasser, Milch usw.*: hervir, estar hirviendo (*od.* en ebullición); *als Tätigkeit*: cocinar, guisar; *hacer la cocina; gut ~ können* ser buen cocinero *bzw.* buena cocinera; *sie kocht nicht gern* no le gusta la cocina; *langsam ~* (*lassen*) (hacer) cocer a fuego lento; *vor Wut ~* arder de ira; **~en** *n* cocción *f*; (*Sieden*) ebullición *f*; *als Tätigkeit*: cocina *f*; *zum ~ bringen* hacer hervir, llevar a ebullición; **end** *adj.* hirviente, hirviendo, en ebullición; *~ heiß* hirviendo; **~er** *m* hervidor *m* (*a. Topf*); *elektrischer ~* hornillo *m* eléctrico.
'Köcher [ç] *m* carcaj *m*, aljaba *f*.
'Koch...: fertig *adj.* listo para cocinar; **fest** *adj.* resistente a la cocción (*od.* ebullición); *Wäsche*: lavable en agua hirviendo; **~geschirr** *n* batería *f* de cocina; ⚔ gamella *f*, *Am.* marmita *f* de campaña; **~herd** *m* cocina *f*.
'Köchin *f* cocinera *f*.
'Koch...: ~kessel *m* caldera *f*; marmita *f*; olla *f*; **~kiste** *f* marmita *f* noruega; **~kunst** *f* arte *m* culinario; gastronomía *f*; **~kurs(us)** *m* cursillo *m* de cocina; **~löffel** *m* cucharón *m*; **~nische** *f* rincón *m* cocina; **~platte** *f* hornillo *m*; **~rezept** *n* receta *f* de cocina; **~salz** *n* sal *f* común (*od.* de cocina); **~salzlösung** *f* ⚗ solución *f* de cloruro sódico; ⚕ *physiologische ~* solución *f* salina fisiológica; **~topf** *m* olla *f*, marmita *f*, cazuela *f*, cacerola *f*; puchero *m*; *elektrischer ~* marmita *f* eléctrica; **~zeit** *f* (tiempo *m* de) cocción *f*.
'kodderig F *adj.*: *mir ist ~* tengo náuseas; F *no estoy muy católico.*
'Kode *m* → *Code*.
'Köder *m* cebo *m*; (*Fleisch*) carnada *f*; *Jgdw.* (*Lockvogel*) señuelo *m*; *fig.* gancho *m*; aliciente *m*; **n** (-*re*) *v/t.* echar cebo a; *fig.* atraer; engatusar.
'Kodex *m* (- *od.* -*es*; -*e od. Kodizes*) códice *m*; *fig.* código *m*.
kodifi'zier|en (-) *v/t.* codificar; **ung** *f* codificación *f*.
Kodi'zill *n* (-*s*; -*e*) codicilo *m*.
Ko-edukati'on *f* (0) coeducación *f*.
Ko-effizi'ent *m* (-*en*) coeficiente *m*.
ko-exis'ten|t *adj.* coexistente; **z** *f* coexistencia *f*.
ko-exis'tieren (-) *v/i.* coexistir.

Koffe'in *n* (-*s*; 0) cafeína *f*; **frei** *adj.* descafeinado.
'Koffer *m* (-*s*; -) maleta *f*; *kleiner*: maletín *m*; *großer*: baúl *m*; *Am.* valija *f*; *den ~ packen* hacer la maleta (*a. fig.*); **~fernseher** *m* televisor *m* portátil; **~grammophon** *n* gramófono *m* portátil; **~radio** *n* radio *f* portátil; **~raum** *Kfz. m* maletero *m*, *Am.* baúl *m*.
'Kognak ['kɔnjak] *m* (-*s*; -*s*) coñac *m*; **~bohne** *f* bombón *m* (relleno) de coñac; **~schwenker** *m* copa *f* balón.
Kohä'renz *f* coherencia *f*.
Kohäsi'on *f* cohesión *f*; **~skraft** *f* fuerza *f* cohesiva.
Kohl *m* (-*ęs*; -*e*) ⚘ col *f*, berza *f*; repollo *m*; F *fig.* tonterías *f/pl.*; majadería *f*, desatino *m*; *~ reden* disparatar, decir tonterías; *das macht den ~ nicht fett* con eso no se adelanta nada; **'dampf** F *m* hambre *f*, P gazuza *f*; *~ schieben* pasar hambre.
'Kohle *f* carbón *m*; (*Zeichen*) *a.* carboncillo *m*; *weiße ~* hulla *f* blanca; *glühende ~* brasa *f*, ascua *f*; F *fig. ~n* (*Geld*) pasta *f*, perras *f/pl.*; *fig.* (*wie*) *auf glühenden ~n sitzen* estar en (*od.* sobre) ascuas; *glühende ~n auf j-s Haupt sammeln* devolver bien por mal; ⚔ *~ übernehmen* tomar carbón, carbonear; **führend, haltig** *adj.* carbonífero; **~hydrat** ⚗ *n* → *Kohlenhydrat*.
'kohlen I. *v/t. Holz*: carbonear, hacer carbón (de leña); **II.** *v/i.* (*schwelen*) arder sin llama; ⚔ carbonear, tomar carbón; F *fig.* (*schwindeln*) decir mentiras.
'Kohlen...: ~abbau *m* explotación *f* del carbón; **~aufbereitung** *f* preparación *f* del carbón; **~becken** *n* brasero *m*; *Geol.* cuenca *f* carbonífera; **~bergbau** *m* industria *f* carbonera; **~bergwerk** *n* mina *f* de carbón; **~bunker** ⚔ *m* carbonera *f*; **~dampfer** *m* (barco *m*) carbonero *m*; **~dioxyd** ⚗ *n* anhídrido *m* carbónico, dióxido *m* de carbono; **~eimer** *m* cubo *m* para carbón; **~fadenlampe** *f* lámpara *f* de filamento de carbón; **~feuerung** *f* calentamiento *m* por carbón; (*Herd*) hogar *m* para carbón; **~flöz** *n* *Geol.* estrato *m* de carbón, capa *f* carbonífera; **~förderung** *f* extracción *f* de carbón; (*Produktion*) producción *f* carbonera; **~gebiet** *n* cuenca *f* carbonífera; **~glut** *f* brasa *f*, ascuas *f/pl.*; **~grube** ⚒ *f* mina *f* de carbón; **~grus** *m* cisco *m*; carbón *m* menudo; **~halde** *f* montón *m* de carbón; **~händler** *m* carbonero *m*; comerciante *m* de carbones; **~handlung** *f* carbonería *f*; **~heizung** *f* calefacción *f* con carbón; **~herd** *m* cocina *f* económica; fogón *m*; **~hydrat** *n* hidrato *m* de carbono; glúcido *m*; **~industrie** *f* industria *f* carbonera; **~kasten** *m* coquera *f*; **~keller** *m* carbonera *f*; **~knappheit** *f* escasez *f* (*od.* falta *f*) de carbón; **~kraftwerk** *n* central *f* térmica de carbón; **~krise** *f* crisis *f* carbonera; **~lager** *n* almacén *m* de carbones; *Geol.* yacimiento *m* carbonífero; **~meiler** *m* pila *f* de carbón, carbonera *f*; **~'monoxyd** *n* monóxido *m* de carbono; **~oxyd** *n* óxido *m* de carbono; **~produktion** *f* producción *f* carbonera; **~revier** *n* cuenca *f* carbonífera; **sauer** ⚗ *adj.*

carbónico; *kohlensaures Salz* carbonato *m*; *kohlensaures Wasser* agua *f* carbonatada; **~säure** ⚗ *f* ácido *m* carbónico; **~säureschnee** *m* nieve *f* carbónica; **~schaufel** *f* badila *f*; pala *f* para carbón; **~schiff** *n* → **~dampfer**; **~schippe** *f* → **~schaufel**; **~station** ⚔, 🚂 *f* depósito *m* de carbón; **~staub** *m* polvo *m* de carbón; carbonilla *f*; cisco *m*; **~stift** ⊕ *m* lápiz *m* de carbón; **~stoff** ⚗ *m* carbono *m*; **stoffhaltig** *adj.* carbónico; **~syndikat** *n* sindicato *m* carbonero; **~träger** *m* carbonero *m*; **~trimmer** ⚔ *m* (estibador *m*) carbonero *m*; **~versorgung** *f* abastecimiento *m* de carbón; **~wagen** 🚂 *m* vagón *m* carbonero; (*Tender*) ténder *m*; ⚔ vagoneta *f* carbonera; **~wasserstoff** ⚗ *m* hidrocarburo *m*; **~zeche** ⚒ *f* mina *f* de carbón.
'Köhler *m* carbonero *m*.
Köhle'rei *f* carbonería *f*.
'Köhlerglaube *m* fe *f* del carbonero.
'Kohle|stift *Mal. m* carboncillo *m*, carbón *m*; **~zeichnung** *f* dibujo *m* al carbón.
'Kohl...: ~kopf *m* repollo *m*; **~kopp** F *fig. m* F berzotas *m*; **~meise** *Orn. f* carbonero *m*; ⚘ ('**raben**)'**schwarz** *adj.* negro como el carbón (*od.* como un cuervo); **~'rabi** ⚘ *m* (- *od.* -*s*; - *od.* -*s*) colinabo *m*; **~rübe** ⚘ *f* rutabaga *m*, naba *f*; **~strunk** *m* troncho *m* de col; **~weißling** *m* mariposa *f* blanca de la col.
Ko'horte *Hist. f* cohorte *f*.
koi'tieren (-) *v/i.* cohabitar; P follar, V joder.
'Koitus *m* (-; -) coito *m*.
'Koje ⚔ *f* camarote *m*; (*Bett*) litera *f*.
Ko'jote *Zoo. m* (-*n*) coyote *m*.
'Koka ⚘ *f* (-; -) coca *f*.
Koka'in [koka'iːn] *n* (-*s*; 0) cocaína *f*, P coca *f*, nieve *f*; **~sucht** 🎬 *f* cocainomanía *f*; **süchtig** *adj.*, **süchtige(r)** *m* cocainómano (*m*).
Ko'karde *f* escarapela *f*.
Koke'rei *f* coquería *f*.
ko'kett *adj.* coqueta; **e'rie** *f* coquetería *f*.
koket'tieren I. (-) *v/i.* coquetear; **II.** *n* coqueteo *m*.
Ko'kille ⊕ *f* coquilla *f*; lingotera *f*; **~nguß** *m* fundición *f* en coquilla.
'Kokken *Bio. pl.* cocos *m/pl*.
Ko'kon [-kɔŋ] *m* (-*s*; -*s*) capullo *m*.
'Kokos|butter *f* manteca *f* de coco; **~fett** *n* grasa *f* de coco; **~läufer** *m* alfombra *f* de (fibra de) coco; **~matte** *f* estera *f* de (fibra de) coco; **~milch** *f* leche *f* de coco; **~nuß** *f* (nuez *f* de) coco *m*; **~öl** *n* aceite *m* de coco; **~palme** *f* cocotero *m*; **~raspel** *pl.* coco *m* rallado.
Ko'kotte *f* mujer *f* galante, *gal.* cocota *f*.
Koks [koːks] *m* (-*es*; -*e*) coque *m*; P (*Kokain*) coca *f*, nieve *f*; **en** P (-*t*) *v/i.* tomar cocaína; **'~kohle** *f* hulla *f* coquizable; **'~ofen** *m* horno *m* de coque.
'Kolben *m* (-*s*; -) (*Keule*) clava *f*, (*Gewehr*) culata *f*; ⚗ matraz *m*; retorta *f*; alambique *m*; ⚘ espádice *m*; (*Mais*) mazorca *f*; ⊕ émbolo *m*, pistón *m*; **~bolzen** *m* perno *m* de pistón, clavija *f*) de émbolo; **~druck** *m* presión *f* del émbolo; **~hub** ⊕ *m* carrera *f*

f del émbolo; ~**motor** *m* motor *m* de émbolo (*od.* de pistón); ~**ring** *m* segmento *m* de émbolo; ~**schlag** *m*, ~**stoß** *m* ⚔ culatazo *m*; ~**spiel** *n* juego *m* de émbolo; ~**stange** *f* vástago *m* de émbolo; ~**verdichter** *m* compresor *m* de émbolo.
'**Kolchos** *m*, **Kol'chose** *f* koljós *m*, koljoz *m*.
'**Kolibri** *Orn. m* (-s; -s) colibrí *m*, pájaro *m* mosca.
'**Kolik** ⚕ *f* (-; -*en*) cólico *m*.
'**Kolkrabe** *Orn. m* cuervo *m*.
Kollabo'ra'teur *Pol. m* (-s; -e) colaboracionista *m*; ~**rati'on** *f* colaboracionismo *m*; ⚕'**rieren** (-) *v/i.* colaborar (con el enemigo).
'**Kollaps** ⚕ *m* (-es; -e) colapso *m*.
Kol'leg [kɔ'leːk] *n* (-s; -s *u.* -*ien*) **1.** (*Vorlesung*) curso *m*; clase *f*; *ein* ~ *halten* desarrollar (*od.* explicar) un curso; impartir una clase; *ein* ~ *hören* asistir a (*od.* seguir) un curso; *ein* ~ *belegen* matricularse en un curso; **2.** *I.C.* colegio *m*; ~**e** *m* (-n) colega *m*; compañero *m*; *bsd. Pol.* homólogo *m*; ~**gelder** *n/pl.* derechos *m/pl.* de matrícula; ~**heft** *n* cuaderno *m* de apuntes.
kollegi'al *adj.* colegial; de *bzw.* entre colegas; ~ *handeln* portarse como compañero; ~*es Verhältnis* compañerismo *n*; ⚕**gericht** ⚖ *n* tribunal *m* colegial; ⚕**i'tät** *f* (0) compañerismo *m*; solidaridad *f* profesional.
Kol'legin *f* colega *f*, compañera *f*.
Kol'legium *n* (-s; -*gien*) colegio *m*; (*Lehrer*⚕) cuerpo *m* docente; *Uni.* claustro *m* (de profesores).
Kol'legmappe *f* cartera *f*.
Kol'lekte *f* colecta *f*; cuestación *f*.
Kollekti'on *f* colección *f*.
kollek'tiv I. *adj.* colectivo; **II.** ⚕ *n* (-s; -e) colectividad *f*, grupo *m*; mancomunidad *f*; ⚕**delikt** ⚖ *n* delito *m* colectivo; ⚕**eigentum** *n* propiedad *f* colectiva; ⚕**haftung** *f* responsabilidad *f* colectiva.
kollekti'vier|en (-) *v/t.* colectivizar; ⚕**ung** *f* colectivización *f*.
Kollekti'vis|mus *m* (-; 0) colectivismo *m*; ~**t** *m* (-en) ⚕**tisch** *adj.* colectivista (*m*).
Kollek'tiv|schuld *f* culpabilidad *f* colectiva; ~**strafe** *f* pena *f* colectiva; ~**um** *Gr. n* (nombre *m*) colectivo *m*; ~**versicherung** *f* seguro *m* colectivo; ~**vertrag** *m* contrato *m* colectivo; ~**wirtschaft** *f* economía *f* colectiva.
Kol'lektor ⚡ *m* (-s; -*en*) colector *m*.
'**Koller** *m* (-s; -) **1.** acceso *m* de rabia; arrebato *m*, F arrechucho *m*; *e-n* ~ *bekommen* ponerse furioso; **2.** *Vet.* vértigo *m* (de los caballos).
'**Kollergang** *m* molino *m* de muelas verticales.
'**kollern** (-*re*; *sn*) **I.** *v/i.* (*rollen*) rodar; *Truthahn*: hacer gloglo; *Gedärme*: sonar; *fig.* (*rasen*) rabiar; **II.** ⚕ *n des Truthahns*: gloglo *m*; *der Gedärme*: borborigmos *m/pl*.
kolli'dieren (-) *v/i.* chocar (*mit* con, contra); entrar en colisión; *fig.* estar en pugna; *zeitlich*: coincidir (*mit* con).
Kol'lier [kɔ'lieː] *n* (-s; -s) collar *m*.
Kollisi'on *f* colisión *f*; choque *m*.
'**Kollo** ✠ *n* (-s; *Kolli*) bulto *m*, fardo *m*.
Kol'lodium ⚗ *n* (-s; 0) colodión *m*.

kollo'id ⚗ **I.** *adj.* coloidal; **II.** ⚕ *n* (-s; -e) coloide *m*.
Kol'loquium *n* (-s; -*quien*) coloquio *m*.
Kollusi'on ⚖ *f* colusión *f*, connivencia *f*.
Köln *n* Colonia *f*; '~**isch** '**Wasser** *n* agua *f* de Colonia, colonia *f*.
'**Kolon** ['koːlɔn] *n* (-s; *-s od. Kola*) *Gr.* dos puntos *m/pl.*; *Anat.* colón *m*.
Kolo'nel *Typ. f* (-; 0) letra *f* de siete puntos, glosilla *f*.
koloni'al *adj.* colonial.
Koloni'alis|mus *m* (-; 0) colonialismo *m*; ~**t** *m* (-en) colonialista *m*.
Koloni'al|macht *f* potencia *f* colonial; ~**politik** *f* política *f* colonial; ~**reich** *n* imperio *m* colonial; ~**stil** *m* estilo *m* colonial; ~**waren** *f/pl.* ultramarinos *m/pl.*; ~**warengeschäft** *n* tienda *f* de ultramarinos, *Am.* almacén *m*; ~**warenhändler** *m* comerciante *m* de ultramarinos; tendero *m* (de ultramarinos), ~**zeit** *f* época *f* colonial.
Kolo'nie *f* (-; -n) colonia *f*.
Koloni'sati'on *f* colonización *f*; ~**sator** *m* colonizador *m*; ⚕**sieren** (-) *v/t.* colonizar.
Kolo'nist *m* (-en) colono *m*.
Kolon'nade *f* arcadas *f/pl.*
Ko'lonne *f* ⚔, ⚒, *Typ.* columna *f*; ⚒ *v. Fahrzeugen*: convoy *m*; *Kfz.* fila *f*, F caravana *f*; (*Arbeiter*⚕) brigada *f*, cuadrilla *f* (de obreros); *Pol. die fünfte* ~ la quinta columna; ~**nspringer** *m* conductor *m* que se sale de la fila.
Kolo'phonium [-'foːni-] *n* (-s; 0) colofonia *f*.
Kolora'tur ♪ *f* coloratura *f*; ~ *singen* vocalizar; ~**arie** *f* aria *f* de coloratura; ~**sängerin** *f* ⚕**sopran** *m* soprano *f* ligera (*od.* coloratura).
kolo'rier|en (-) *v/t.* colorar, colorear; ⚕**en** *n*, ⚕**ung** *f* coloración *f*.
Kolo'rist *m* (-en) colorista *m*.
Kolo'rit *n* (-*és*; -e) colorido *m*.
Ko'loß *m* (-*sses*; -*sse*) coloso *m*.
kolos'sal *adj.* colosal; F estupendo, formidable; tremendo, fenomenal; *Arg.* macanudo.
Kolos'se·um *n* (-s; *-seen*) Coliseo *m*.
Kolpor'tage [-ʒə] *f* venta *f* ambulante de libros; *fig.* divulgación *f*; ~**tageroman** *m* novela *f* rosa; ⚕**tieren** (-) *v/t.* vender libros por las calles *bzw.* por las casas; *fig.* divulgar.
Kolumbi'an|er *m*, ⚕**isch** *adj.* colombiano (*m*).
Ko'lumbien *n* Colombia *f*.
Ko'lumbus *m* Colón *m*; *das Ei des* ~ el huevo de Colón.
Ko'lumne *Typ. f* columna *f*; ~**ntitel** *m* titulillo *m*; ~**nziffer** *f* folio *m*.
Kolum'nist *m* (-en) columnista *m*.
'**Koma** ⚕ *n* (-s; *-s od. -ta*) coma *m*.
'**Kombi** F *m* → *Kombiwagen*.
Kombi'nat *n* (-*és*; -e) *Pol.* combinado *m*.
Kombinati'on *f allg.* combinación *f* (*a.* ⚗, *Sport u. fig.*); *fig. a.* conjetura *f*; *Mode*: conjunto *m*; coordinado *m*; (*Monteuranzug*) mono *m*; *Schisport*: *alpine* (*nordische*) ~ combinada *f* alpina (nórdica); ~**sgabe** *f* talento *m* de combinación; ~**s-schloß** *n* cerradura *f* de combinación; candado *m* de clave; ~**szange** *f* alicates *m/pl.* universales.

Kombina'torik ⚕ *f* combinatoria *f*.
kombi'nier|bar *adj.* combinable; ~**en** (-) *v/t.* combinar.
'**Kombi|wagen** *m* camioneta *f*, F rubia *f*; ~**zange** *f* alicates *m/pl.* universales.
Kom'büse ⚓ *f* cocina (*f* (de barco).
Ko'met *Astr. m* (-en) cometa *m*; ~**enbahn** *f* órbita *f* del cometa; ~**enschweif** *m* cola *f* (*od.* cabellera *f*) del cometa.
Kom'fort [-ˈfoːʀ] *m* (-s; 0) comodidad *f*, confort *m*; *mit allem* ~ con todas las comodidades, todo confort; ⚕**for'tabel** [-ɔʀ-] *adj.* cómodo, confortable.
'**Kom|ik** *f* (0) comicidad *f*, lo cómico; efecto *m* cómico; ~**iker** *m* (*Schauspieler*) (actor *m*) cómico *m*; (*Humorist*) humorista *m*; ⚕**isch** *adj.* cómico, jocoso; (*drollig*) gracioso; (*sonderbar*) curioso; raro, extraño; F ~*er Kerl* tipo *m* raro (*od.* extravagante); *Thea.* ~*e Alte* característica *f*; ~*e Oper* ópera *f* bufa; ~! ¡es curioso! ¡qué raro!; ⚕**ischer'weise** *adv.* curiosamente.
Komi'tee [ko·mi·'teː] *n* (-s; -s) comité *m*; comisión *f*.
'**Komma** *n* (-s; *-s od. -ta*) coma *f*; *3,6* (*3 Komma 6*) tres coma seis.
Komman|'dant *m* (-en) comandante *m*; ~**dan'tur** *f* comandancia *f*; ~'**deur** [-døːʀ] *m* (-s; -e) ⚔ comandante *m*; jefe *m*; ⚕'**dieren** (-) *v/t. u. v/i.* (co)mandar; tener el mando (*anordnen*) ordenar; (*ab*~) destacar, comisionar (*zu* para); ~*der General* general *m* en jefe, comandante *m* general.
Komman'dit|e ✠ *f* comandita *f*; ~**gesellschaft** *f* sociedad *f* comanditaria (*od.* en comandita) (*auf Aktien* por acciones).
Kommandi'tist ✠ *m* (-en) (socio *m*) comanditario *m*.
Kom'mando ⚔ *n* (-s; -s) mando *m*, *bsd. Am.* comando *m*; (*Befehl*) voz *f* de mando; orden *f*; (*Abteilung*) destacamento *m*, comando *m*; *das* ~ *führen* mandar, tener el mando; *das* ~ *übernehmen* (*niederlegen*) tomar *od.* asumir (entregar) el mando; *unter j-s* ~ al mando de, bajo las órdenes de; ~**brücke** ⚓ *f* puente *m* de mando; ~**gerät** *n* aparato *m* de mando, ~**kapsel** *f Raumfahrt*: cápsula *f* (*od.* módulo *m*) de mando; ~**ruf** *m* voz *f* de mando, ~**stab** *m* bastón *m* de mando; ~**stand** *m* puesto *m* de mando; ~**truppe** *f* comando *m*; ~**turm** ⚓ *m* torre *f* de mando.
'**kommen** (*L*; *sn*) **I.** *v/i.* venir; *vom Sprechenden weg*: ir; (*an*~) llegar; (*eintreten*) entrar; (*näher*~) acercarse, aproximarse; (*herbei*⚕) acudir; (*geschehen*) ocurrir, pasar; ~ *und gehen* ir y venir; (*an*)*gelaufen* ~ llegar corriendo; (*an*)*gefahren* ~ llegar en coche; *geritten* ~ llegar en caballo; (*ich*) *komme schon!* ¡ya voy!; ¡allá voy!; *da kommt er!* ¡ahí viene!; F *na, komm schon!* ¡venga ya!; *es kommt ein Gewitter* va a haber tormenta; *muß es dahin* (*od. so weit*) ~? ¿hasta ahí (*od.* hasta ese extremo) se ha de llegar?; *es kommt davon, daß* la causa de ello es; *also sehen Sie*; *das kommt davon!* ¡ahí tienes la consecuencia!; *schadenfroh*: ¡bien empleado!; *wie es gerade kommt* a lo que

salga; como caiga; *wie es auch* ~ *mag pase lo que pase*, suceda lo que suceda; venga lo que viniere; *komme (od. es mag~), was (da) wolle* ocurra lo que ocurra, suceda lo que quiera; *wie kam das?*, ¿cómo es eso?, ¿cómo se explica eso?, ¿cómo ha ocurrido esto?; *woher (od. wie) kommt es, daß ...?* ¿cómo se explica que ...?, ¿cómo es (posible) que ... *(subj.)*?; *wie komme ich zu dieser Ehre?* ¿a qué debo este honor?; *das kommt davon, wenn man ...* así sucede cuando ...; eso es lo que ocurre *(od. pasa)* cuando ...; *dazu kommt, daß* ... hay que añadir que ...; ~ *lassen* hacer venir; mandar *(od. enviar)* por; *Waren:* pedir, encargar; *es nicht so weit* ~ *lassen* no permitir que las cosas vayan demasiado lejos *(od. que lleguen a tal extremo)*; et. ~ *sehen* ver venir *(od. prever)* a/c., F verlas venir; *er kam und setzte sich neben uns* vino a sentarse junto a nosotros; *j-m grob* ~ portarse groseramente con alg.; *er soll mir nur* ~*!* ¡que venga y se atreva conmigo!; *so lasse ich mir nicht* ~ no me dejo tratar de ese modo; *wenn Sie mir so* ~ si me habla usted en ese tono, F si se pone usted así; ~ *Sie mir nicht damit!* ¡no me venga con eso!; et. *dahin* ~ *lassen* dejar venir las cosas; *dahin* ~*, daß* acabar por *(inf.)*; *wie* ~ *Sie darauf?* ¿por qué dice usted eso?; ¿cómo se le ocurre a usted eso?; *wie* ~ *Sie dazu?* ¿cómo se atreve usted?; an et. ~ *(gelangen)* llegar a; ~ *auf (ac.) Anteil:* tocar a; *(sich belaufen)* elevarse a, ascender a, salir a; *auf et.* ~ ocurrírsele a alg.; *(sich besinnen)* recordar a/c.; acordarse de a/c.; *ich komme nicht auf s-n Namen* no puedo recordar su nombre; *auf et. (zu sprechen)* ~ hablar *(od. tratar)* de un asunto; abordar una cuestión; *um wieder auf unseren Gegenstand zu* ~ volviendo a nuestro asunto; *auf j-n nichts* ~ *lassen* no tolerar que se hable mal de alg.; defender a alg.; *es mußte so* ~ tenía que ser así; no podía ocurrir de otro modo; estaba escrito; *aus dem Englischen* ~ proceder del inglés; *durch e-e Stadt* ~ pasar por *(od. atravesar)* una ciudad; *hinter et.* ~ llegar a saber a/c.; descubrir a/c.; *in deine Hände* ~ pasar a otras manos; *mit dem Flugzeug (Schiff; Zug; Wagen)* ~ venir en avión (barco; tren; coche); *wie weit bist du mit der Arbeit gekommen?* ¿hasta dónde has llegado en tu trabajo?; ¿cómo anda *(od.* cómo va*)* tu trabajo?; *wie komme ich nach ...?* ¿en dónde se va a ...?; *um et.* ~ *(verlieren)* perder a/c.; *(verpassen)* perderse a/c.; quedar privado de a/c.; *von j-m* ~ venir *(bzw.* salir*)* de casa de alg.; *der Wind kommt von Norden* el viento viene del norte; *vor j-m* ~ preceder a alg.; *vor den Richter* ~ comparecer ante el juez; *(wieder) zu sich* ~ volver en sí; *zu j-m* ~ venir a casa de alg.; *zu et.* ~ conseguir *(ac.)*; *(Zeit haben)* tener tiempo para; *zu nichts* ~ no conseguir nada; no llegar a nada; no adelantar; no tener tiempo para nada; *es kam zu Schwierigkeiten* surgieron dificultades; *es kam zu e-m Zwischenfall* se produjo un incidente; *wenn es zum Kriege kommt* si estalla la guerra; **II.** ⚙ *n* venida *f*;

llegada *f*; *das* ~ *und Gehen* el vaivén; las idas y venidas; ~**d** *adj. (künftig)* futuro; venidero; próximo; ~ *von* procedente de; *die* ~*e Woche* la semana próxima *(od.* que viene*)*; *fig. der* ~*e Mann* el hombre de mañana; *die* ~*en Generationen* las generaciones venideras.

Kommen|'**tar** *m* (-s; -e) comentario *m*; ~'**tator** *m* (-s; -en) comentarista *m*; comentador *m*; ⚙**tieren** (-) *v/t.* comentar; glosar.

Kom'mers *m* (-es; -e) reunión *f* de estudiantes; ~**buch** *n* cancionero *m* estudiantil.

kommerziali'sier|en (-) *v/t.* comercializar; ⚙**ung** *f* comercialización *f*.

kommerzi'ell *adj.* comercial.

Kom'merzienrat *m* consejero *m* de comercio.

Kommili'ton|e *m* (-n), ~**in** *f* compañero (-a *f*) *m* de estudios.

Kom'miß ⚔ *m* (-sses; 0) servicio *m* militar; milicia *f*; *beim* ~ F en la mili.

Kommis'sar *m* (-s; -e) comisario *m*; *Am.* comisionado *m*; ~'**i'at** *n* (-*ɛ*s; -e) comisariato *m*, *(Polizei*⚙*)* comisaría *f*; ⚙**isch** *adj.* provisional, interino.

Kom'mißbrot ⚔ *n* pan *m* de munición; F chusco *m*.

Kommissi'on *f* comisión *f (a.* ⚓*)*; *in* ~ *geben* dar en comisión.

Kommissio'när *m* (-s; -e) ⚓ comisionista *m* (en nombre propio); agente *m* de comisión.

Kommissi'ons|gebühr *f* comisión *f*; ~**geschäft** *n* comisión *f* (mercantil), operaciones *f/pl.* de comisión; *(Firma)* casa *f* comisionista; ~**ware** *f* mercancía *f* de comisión; ⚙**weise** *adv.* en comisión.

Kommit'tent *m* (-en) comitente *m*.

Kom'mode *f* cómoda *f*.

Kommo'dore ⚓ *m* (-s; -s *od.* -n) comodoro *m*.

kommu'nal *adj.* comunal; municipal; ⚙**abgaben** *f/pl.* tributos *m/pl.* municipales; ⚙**anleihe** *f* empréstito *m* municipal; ⚙**beamte(r)** *m* funcionario *m* municipal; ⚙**betrieb** *m* empresa *f* municipal.

kommunali'sieren (-) *v/t.* municipalizar.

Kommu'nal|kredit *m* crédito *m* municipal; ~**obligationen** *f/pl.* obligaciones *f/pl.* municipales; ~**politik** *f* política *f* municipal *(od.* comunal*)*; ~**steuer** *f* impuesto *m* municipal; ~**verwaltung** *f* administración *f* municipal; ~**wahlen** *f/pl.* elecciones *f/pl.* municipales.

Kom'mune *f* municipio *m*; *Am.* comuna *f*; *Hist.* Commune *f*; *(Wohngemeinschaft)* comuna *f*.

Kommuni'kant(in *f*) *m* (-en) I.C. comulgante *m/f*.

Kommunikati'on *f* comunicación *f*; ~**smittel** *n/pl.* medios *m/pl.* de comunicación.

Kommuni'on *f* I.C. comunión *f*; *zur* ~ *gehen* hacer la comunión, comulgar.

Kommuni'qué [-'ke:] *n* (-s; -s) comunicado *m* (*gemeinsames* conjunto).

Kommu'nis|mus *m* (-; 0) comunismo *m*; ~**t(in** *f*) *m* (-en) comunista *m/f*; ⚙**tisch** *adj.* comunista.

kommuni'zieren (-) *v/i.* comunicar; *Rel.* recibir la sagrada comunión,

comulgar; ~**d** *adj. Phys.* comunicante; ~**e** *Röhren* vasos *m/pl.* comunicantes.

Kommu|'**tator** ⚡ *m* (-s; -en) conmutador *m*; ⚙'**tieren** ⚡ *v/t.* (-) conmutar; ~'**tierung** *f* conmutación *f*.

Komödi'ant(in *f*) *m* (-en) comediante *m (a. fig.)*; actor *m* cómico; comedianta *f*; actriz *f* cómica; *fig. (Heuchler)* farsante *m/f*.

Ko'mödie [-dĭə] *f* comedia *f (a. fig.)*; *fig.* ~ *spielen* hacer la comedia; ~**ndichter** *m*, ~**nschreiber** *m* autor *m* de comedias, comediógrafo *m*.

Kompa'gnon [-pa'njɔŋ] ⚓ *m* (-s; -s) socio *m*.

kom'pakt *adj.* compacto; ⚙**anlage** *f* equipo *m* compacto; ⚙**heit** *f* compacidad *f*; ⚙**kamera** *Phot. f* cámara *f* (fotográfica) compacta.

Kompa'nie *f* compañía *f (a.* ⚔*)*; ~**chef** *m* jefe *m* de compañía.

'**Komparativ** *Gr. m* (-s; -e) comparativo *m*.

Kom'parse *m* (-n) *Thea.* comparsa *m*, figurante *m*; *Film: a.* extra *m*; ~'**rie** *f* comparsería *f*.

'**Kompaß** *m* (-sses; -sse) brújula *f*; ⚓, ⚔ compás *m*; ~**nadel** *f* aguja *f* de la brújula; ~**peilung** *f* marcación *f*; ~**rose** *f* rosa *f* náutica *(od.* de los vientos*)*.

kompa'tibel *adj. Computer:* compatible.

Kom'pendium *n* (-s; -dien) compendio *m*.

Kompensati'on *f* compensación *f*; ~**sgeschäft** *n* operación *f* de compensación.

Kompen|'**sator** ⚡ *m* (-s; -en) compensador *m*; ⚙**sa'torisch** *adj.* compensador; compensatorio; ⚙'**sieren** (-) *v/t.* compensar.

kompe'tent *adj.* competente.

Kompe'tenz *f* competencia *f*; *(Befugnis)* atribución *f*; ~**konflikt** *m*, ~**streit** *m* conflicto *m* de competencia *(od.* de jurisdicción*)*; ~**überschreitung** *f* extralimitación *f*.

Kompi'lati|on *f* compilación *f*; ~'**lator** *m* (-s; -en) compilador *m*.

Komple'ment *n* (-*ɛ*s; -e) ⚓ *u. Gr.* complemento *m*.

Komplemen'tär ⚓ *m* (-s; -e) socio *m* colectivo; ~**farbe** *f* color *m* complementario.

Komple'mentwinkel ⚓ *m* ángulo *m* complementario.

Kom'plet [-'ple:] *n* (- *od.* -s; -s) *Schneiderei:* conjunto *m*.

kom'plett *adj.* completo, entero.

komplet'tieren (-) *v/t.* completar.

Kom'plex I. *m* (-es; -e) complejo *m (a. Psych.)*; *v. Häusern usw.:* a. conjunto *m*; ~**e bekommen** acomplejarse; ~**e haben** estar acomplejado; *ohne* ~**e** desacomplejado; **II.** ⚙ *adj.* complejo; ~**e Zahl** número *m* complejo.

Kom'plice [-tsə] *m* (-n) cómplice *m*.

Kompli'kation *f* complicación *f*.

Kompli'ment *n* (-*ɛ*s; -e) cumplimiento *m*; *(Artigkeit)* cumplido *m*; cortesía *f*; *an junge Mädchen:* piropo *m*; *mein* ~*!* ¡enhorabuena!

kompli'zier|en (-) *v/t.* complicar; ~**t** *adj.* complicado *(a.* ⚕ *Bruch)*; intrincado; complejo; ⚙**theit** *f* complicación *f*, complejidad *f*.

Kom|'**plott** *n* (-*ɛ*s; -e) complot *m*, confabulación *f*, conspiración *f*; tra-

ma *f*; *ein* ~ *schmieden* → ²**plot'tieren** (-) *v/i.* tramar (*od.* urdir) un complot; conspirar.
Kompo'nente *f* componente *f*.
kompo|'nieren (-) *v/t. u. v/i.* componer; ²**'nist**(**in** *f*) *m* (*-en*) compositor(a *f*) *m*.
Kompositi'on *f* composición *f*.
Kom'positum *Gr. n* (-*s*; -*sita*) palabra *f* compuesta.
Kom'post ✍ *m* (-*es*; -*e*) compost *m*; **~haufen** *m* montón *m* (*od.* pila *f*) de compost.
Kom'pott *n* (-*ęs*; -*e*) compota *f*; **~schale** *f*, **~schüssel** *f* compotera *f*.
kom'preß *Typ. adj.* compacto.
Kom'presse ✚ *f* compresa *f*.
Kompressi'on *f* compresión *f*.
Kom'pressor *m* (-*s*; -*en*) compresor *m*; **~motor** *m* motor *m* con compresor (*od.* sobrealimentación).
kompri'mieren (-) *v/t.* comprimir.
Kompro'miß *m u. n* (-*sses*; -*sse*) compromiso *m*; arreglo *m*; *e*-*n* ~ *schließen* concertar un compromiso; *Pol. a.* pactar, transigir; ²**los** *adj.* intransigente, sin compromiso; **~lösung** *f* solución *f* de compromiso.
kompromit'tieren (-) *v/t.* comprometer; *sich* ~ comprometerse.
Kom'tesse *f* condesa *f* (soltera); hija *f* de un conde; F condesita *f*.
Kom'tur *m* (-*s*; -*e*) comendador *m*.
Konden|'sat 🝣 *n* (-*ęs*; -*e*) condensado *m*; **~sati'on** *f* condensación *f*; **~'sator** *m* (-*s*; -*en*) ⚡, ⊕ condensador *m*; ²**'sieren** (-) *v/t.* condensar.
Kon'dens|milch *f* leche *f* condensada; **~streifen** ✈ *m* estela *f* (de gases condensados); **~wasser** *n* agua *f* de condensación.
Konditi'on *f* condición *f*; *Sport*: *a.* forma *f* física.
Konditio'nal *Gr. m* (-*s*; -*e*) (modo *m*) condicional; **~satz** *m* oración *f* condicional.
konditio'nieren (-) **I.** *v/t.* condicionar; **II.** ² *n* condicionamiento *m*.
Konditi'ons|schwäche *f* baja forma *f* física; **~training** *n* preparación *f* física.
Kon'ditor *m* (-*s*; -*en*) (*Zuckerbäcker*) confitero *m*; (*Kuchenbäcker*) pastelero *m*; repostero *m*.
Kondito'rei *f* confitería *f*; pastelería *f*; repostería *f*.
Kon'ditorwaren *f/pl.* dulces *m/pl.*, confites *m/pl.*; pasteles *m/pl.*
Kondo|'lenz *f* (-; -*en*) condolencia *f*, pésame *m*; **~'lenzbesuch** *m* visita *f* de pésame; **~'lenzbrief** *m* carta *f* de pésame; ²**'lieren** (-) *v/i.* dar el pésame.
Kon'dom *n* (-*s*; -*e*) condón *m*, preservativo *m*, F goma *f*.
Kondo'minium *n* (-*s*; -*ien*) condominio *m*.
'Kondor *Orn. m* (-*s*; -*e*) cóndor *m*.
Konduk'tanz ⚡ *f* (0) conductancia *f*.
Kon'fekt *n* (-*s*; -*e*) dulces *m/pl.*; confites *m/pl.*; bombones *m/pl.*
Konfekti'on *f* confección *f*; ropa *f* hecha; géneros *m/pl.* confeccionados; **~s-anzug** *m* traje *m* hecho (*od.* de confección); **~sgeschäft** *n* tienda *f* de confecciones.
Konfe'renz *f* (-; -*en*) conferencia *f*; mesa *f* redonda; (*Tagung*) reunión *f*; **~beschluß** *m* resolución *f* (*od.* acuerdo *m*) de la conferencia; **~dolmet-**

scher *m* intérprete *m* de conferencias; **~saal** *m* sala *f* de conferencias; **~schaltung** ⚡ *f* conexión *f* colectiva (*od.* múltiple); **~teilnehmer** *m* participante *m* en la conferencia; **~tisch** *m* mesa *f* de conferencias.
konfe'rieren (-) *v/i.* conferenciar, deliberar (*mit j-m über* con alg. sobre); *im Kabarett usw.*: presentar los artistas.
Konfessi'on *f* confesión *f* (religiosa); religión *f*.
konfessio'nell *adj.* confesional.
konfessi'ons|los *adj.* aconfesional, sin religión; ²**losigkeit** *f* aconfesionalidad *f*; ²**schule** *f* escuela *f* confesional.
Kon'fetti *n* confeti *m*.
Konfigu|rati'on *f* (-; -*en*) configuración *f*; ²**'ieren** (-) *v/t.* configurar.
Konfir'mand *I.P. m* (-*en*) confirmando *m*; **~enunterricht** *I.P. m* instrucción *f* religiosa preparatoria de los confirmandos; **~in** *I.P. f* confirmanda *f*.
Konfir'mati'on *I.P. f* confirmación *f*; ²**'mieren** (-) *I.P. v/t.* confirmar.
Konfis|kati'on *f* confiscación *f*; ²**'zierbar** *adj.* confiscable; ²**'zieren** (-) *v/t.* confiscar.
Konfi'türe *f* confitura *f*.
Kon'flikt *m* (-*ęs*; -*e*) conflicto *m*; *in* ~ *geraten* entrar (*od.* verse) en conflicto (*mit* con); ²**reich** *adj.* conflictivo; **~situation** *f* situación *f* conflictiva.
Konföderati'on *f* confederación *f*.
kon'form *adj.* conforme (*mit* con); ~ *gehen* estar (*od.* ir) de acuerdo (*mit j-m* con alg.); estar conforme (con).
Konfor|'mismus *m* conformismo *m*; **~'mist** *m* (-*en*) conformista *m*; **~mi'tät** *f* conformidad *f*.
konfron'tier|en (-) *v/t.* confrontar, enfrentar; ⚖ *a.* carear; ²**ung** *f* confrontación *f*, enfrentamiento *m*; ⚖ *a.* careo *m*.
kon'fus *adj.* confuso; (*außer Fassung*) desconcertado; ~ *machen* confundir; desconcertar.
Konfusi'on *f* confusión *f*.
kongeni'al *adj.* congenial.
Konglome'rat *Geol. n* (-*ęs*; -*e*) conglomerado *m* (*a. fig.*).
'Kongo *m* el Congo.
Kongo'les|e *m* (-*n*), ²**isch** *adj.* congoleño *m*, congolés (*m*).
Kongregati'on *f* congregación *f*.
Kon'greß *m* (-*sses*; -*sse*) congreso *m*; *Pol.* Congreso *m* (de los Diputados); **~teilnehmer(in** *f*) *m* congresista *m/f*.
kongru|'ent *adj.* congruente (*a.* ⬠); ²**'enz** *f* (0) congruencia *f* (*a.* ⬠); **~'ieren** (-) *v/i.* ser congruente.
Koni'feren ♣ *f/pl.* coníferas *f/pl.*
'König *m* (-*s*; -*e*) rey *m* (*a. Spiel, Schach u. fig.*); *die Heiligen Drei* ~ *e* Reyes (Magos); (*Fest*) el día de Reyes; la Epifanía; *j-n zum* ~ *erheben* hacer rey a alg., elevar a alg. al trono; *j-n zum* ~ *wählen* elegir rey a alg.; **~in** *f* reina *f* (*a. Spiel, Zoo. u. fig.*); *Schach: a.* dama *f*; **~inmutter** *f* reina *f* madre; **~inwitwe** *f* reina *f* viuda; ²**lich I.** *adj.* real; regio (*a. fig.*); *von* ~ *em Blute* de sangre real; **II.** *adv.* regiamente; F *sich* ~ *amüsieren* divertirse a lo lindo; pasarlo en grande; *sich* ~ *freuen* alegrarse infinitamente; ~ *bewirten*

tratar a cuerpo de rey; **~reich** *n* reino *m*.
'Königs...: **~adler** *m* águila *f* real; **~blau** *n* azul *m* real; **~haus** *n* casa *f* (*od.* dinastía *f*) real; **~hof** *m* corte *f*; **~kerze** ♣ *f* candelaria *f*, gordolobo *m*; **~krone** *f* corona *f* real; **~mord** *m* regicidio *m*; **~mörder** *m* regicida *m*; **~paar** *n*: *das* ~ los reyes; **~schloß** *n* palacio *m* real; **~tiger** *Zoo. m* tigre *m* real; ²**treu** *adj.* monárquico; legitimista; **~treue** *f* fidelidad *f* al rey; *Pol.* realismo *m*; ²**treue(r)** *m* monárquico *m*; *Pol.* legitimista *m*; **~wasser** 🝣 *n* agua *f* regia; **~würde** *f* (0) dignidad *f* real, realeza *f*; majestad *f*.
'Königtum ['-ıç-] *n* (-*s*; 0) dignidad *f* real, realeza *f*; *weitS.* régimen *m* monárquico, monarquía *f*.
'konisch *adj.* cónico, conforme.
Konju|gati'on *Gr. f* conjugación *f*; ²**'gierbar** *Gr. adj.* conjugable; ²**'gieren** *Gr.* (-) *v/t.* conjugar; *konjugiert werden* conjugarse.
Konjunkti'on *Gr. f* conjunción *f*.
'Konjunktiv *Gr. m* (-*s*; -*e*) (modo *m*) subjuntivo *m*; ²**isch** *Gr. adj.* subjuntivo.
Konjunk'tur *f* (-; -*en*) coyuntura *f*; ✚ situación *f* económica (*od.* del mercado); (**~kreislauf**) ciclo *m* económico; *steigende* (*fallende*) ~ coyuntura *f* alcista (bajista); **~abschwächung** *f* debilitamiento *m* coyuntural; **~aufschwung** *m* auge *m* coyuntural; **~ausgleich** *m* compensación *f* coyuntural; **~barometer** *n* ✚ barómetro *m* de la coyuntura; ²**bedingt** *adj.* coyuntural; **~belebung** *f* reanimación *f* de la coyuntura; **~bericht** *m* informe *m* sobre la situación del mercado.
konjunktu'rell *adj.* coyuntural.
Konjunk'tur...: ²**empfindlich** *adj.* sensible a las fluctuaciones coyunturales; **~forschung** *f* investigación *f* de los ciclos económicos; análisis *m* del mercado; **~lage** *f* situación *f* coyuntural (*od.* del mercado); **~phase** *f* fase *f* coyuntural; **~politik** *f* política *f* coyuntural (*od.* de coyuntura); **~ritter** *m* oportunista *m*; **~rückgang** *m* recesión *f* coyuntural; **~schwankungen** *f/pl.* oscilaciones *f/pl.* (*od.* fluctuaciones *f/pl.*) de la coyuntura; **~überhitzung** *f* auge *m* excesivo de la coyuntura; **~verlauf** *m* evolución *f* de la coyuntura; **~zuschlag** *m* recargo *m* coyuntural; **~zyklus** *m* ciclo *m* económico (*od.* coyuntural).
kon'kav [-'ka:f] *adj.* cóncavo; ²**spiegel** *Phys. m* espejo *m* cóncavo.
Kon'klave *n* cónclave *m*.
Konkor'danz *f* concordancia *f*; **~t** *Rel. n* (-*ęs*; -*e*) concordato *m*.
kon'kret I. *adj.* concreto; ~ *e Formen annehmen* tomar cuerpo *m*; **II.** *adv.* concretamente, en concreto; **~i'sieren** (-) *v/t.* concretar; ²**um** *Gr. n* (-*s*; -*ta*) nombre *m* concreto.
Konku'bi'nat *n* (-*ęs*; -*e*) concubinato *m*; **~'bine** *f* concubina *f*; manceba *f*.
Konkur'rent(in *f*) *m* (-*en*) competidor(a *f*) *m*, rival *m/f*; contrincante *m/f*.
Konkur'renz *f* (-; -*en*) ✚ competencia *f*; (*die Konkurrenten*) competidores *m/pl.*; (*Firma*) casa *f* competidora; *j-m* ~ *machen* hacer la compe-*

tencia a alg.; competir con alg.; *mit j-m in ~ treten* entrar en competencia con alg.; *außer ~* fuera de concurso; ⁀**fähig** *adj.* capaz de competir, competitivo; ⁀**fähigkeit** *f* capacidad *f* competitiva, competitividad *f*; ⁀**firma** *f*, ⁀**geschäft** *n* casa *f* competidora; ⁀**kampf** *m* competición *f*; rivalidad *f*; lucha *f* por la competencia; ⁀**klausel** *f* cláusula *f* de competencia; ⁀**los** *adj.* sin competencia; fuera de toda competencia; ⁀**neid** *m* envidia *f* de los competidores; envidia *f* profesional; ⁀**preis** *m* precio *m* competitivo; ⁀**unternehmen** *n* empresa *f* competidora; ⁀**verbot** *n* prohibición *f* de competencia.

konkur'rieren (-) *v/i.* competir (*mit* con); hacer la competencia (*mit* a); rivalizar (con).

Kon'kurs ✝ *m* (-es; -e) quiebra *f*; *e-s Nichtkaufmanns:* concurso *m*; *~ anmelden* declararse en quiebra; *~ machen, in ~ geraten* quebrar; *den ~ eröffnen* declarar la quiebra; ⁀**antrag** *m* solicitud *f* de quiebra; ⁀**erklärung** *f* declaración *f* de quiebra; ⁀**eröffnung** *f* apertura *f* de la quiebra; ⁀**forderung** *f* crédito *m* de la quiebra; ⁀**gläubiger** *m* acreedor *m* de la quiebra; ⁀**masse** *f* masa *f* activa, masa *f* de la quiebra; ⁀**ordnung** *f* ley *f* sobre la quiebra; ⁀**schuldner** *m* quebrado *m*; ⁀**verfahren** *n* procedimiento *m* de quiebra; ⁀**vergehen** *n* quiebra *f* fraudulenta; ⁀**verwalter** *m* síndico *m* (de la quiebra); ⁀**verwaltung** *f* administración *f* de la quiebra.

'**können** (*L*) **I.** *v/t.* poder; (*fähig sein*) ser capaz de; (*imstande sein*) estar en condiciones de; (*wissen, gelernt haben*) saber; (*dürfen*) tener permiso para; (*Befugnis haben*) estar autorizado (*od.* facultado) para; (*es*) *kann sein* puede ser; es posible; tal vez; *es kann sein, daß ...* es posible que ... (*subj.*); puede ser que ... (*subj.*); *ich kann nichts dafür* no es culpa mía, yo no tengo la culpa; *ich kann nichts dazu tun* no puedo remediarlo; no puedo hacer nada; *ich kann nicht mehr* ya no puedo más; *ich kann nicht anders* no puedo hacer otra cosa; *Sie ~ es mir glauben* puede usted creérmelo; *Spanisch ~ saber español; lesen* (*schwimmen*) *~* saber leer (nadar); *ich kann es Ihnen nicht sagen* no puedo decírselo; *so gut ich kann* lo mejor que pueda; *er schrie, so laut* (*od.* F *was*) *er konnte* gritaba a más no poder; F *der kann was* F sabe un rato (largo) de esto; P *mir kann keiner!* ¡conmigo no hay quien pueda!; P *der kann mich mal!* V ¡que se joda!; **II.** ⁀ *n* poder *m*; (*Wissen*) saber *m*; (*Fähigkeit*) capacidad *f*; facultad *f*; habilidad *f*.

'**Könner** *m* conocedor *m* perfecto de una materia; experto *m*; F *as m*.

Kon'nex *m* (-es; -e) conexión *f*; relación *f*; nexo *m*; F (*Kontakt*) contacto *m*.

Konni'venz ⚖ *f* connivencia *f*.

Konnosse'ment ✝ *n* (-¢s; -e) conocimiento *m* (de embarque).

'**Konrektor** *m* *e-r Schule:* vicedirector *m*.

Konseku'tiv|dolmetschen *n* interpretación *f* consecutiva; ⁀**satz** *Gr. m* oración *f* consecutiva.

Kon'sens *m* (-es; -e) consenso *m* (*bsd. Pol.*), consentimiento *m*; ⁀**u'alvertrag** ⚖ *m* contrato *m* consensual.

konse'quen|t *adj.* consecuente; *~ sein* ser consecuente (consigo mismo); ⁀**z** *f* consecuencia *f*; *die ~en ziehen* (*tragen*) sacar (sufrir) las consecuencias; *~en haben* traer consecuencias (*od.* cola).

konserva|'tiv [-va'ti:f] *adj.*, ⁀**'tive(r)** [-və] *m* conservador (*m*); ⁀**ti'vismus** [v] *m* conservadurismo *m*.

Konser'va|tor *m* (-s; -en) conservador *m*; ⁀**'torium** *n* (-s; -rien) conservatorio *m* (*für Musik* de música).

Kon'serve *f* ⁀ conserva *f*; ⁀**n-büchse** *f*, ⁀**ndose** *f* lata *f* de conservas; ⁀**nfabrik** *f* fábrica *f* de conservas, factoría *f* conservera; ⁀**nglas** *n* tarro *m* de conservas; ⁀**n-industrie** *f* industria *f* conservera; ⁀**nmusik** F *f* F música *f* enlatada.

konser'vier|en [-'vi:-] (-) *v/t.* conservar; ⁀**ung** *f* conservación *f*; ⁀**ungsmittel** *n* agente *m* de conservación; *conservante m*.

Konsig|'nant ✝ *m* (-en) consignador *m*; ⁀**na'tar** ✝ *m* (-¢s; -e) consignatario *m*; ⁀**nati'on** ✝ *f* consignación *f*; ⁀**nati'onsware** *f* mercancía *f* en consignación; ⁀**'nieren** (-) *v/t.* consignar.

Kon'silium *n* (-s; -lien) consejo *m*.

konsis'tent *adj.* consistente; ⁀**z** *f* consistencia *f*.

Konsis'torium *Rel. n* (-s; -rien) consistorio *m*.

Kon'sole *f* consola *f*; △ repisa *f*, ménsula *f*.

konsoli'dier|en (-) *v/t.* consolidar (*a.* ✝); ⁀**ung** *f* consolidación *f*.

Kon'sols ✝ *pl.* (valores *m/pl.*) consolidados *m/pl.*

Konso'nant *Gr. m* (-en) consonante *f*; ⁀**isch** *adj.* de consonante.

Kon'sorten *m/pl. mst. desp.* consortes *m/pl.*

Konsorti'algeschäft [-tsi-] ✝ *n* operación *f* en consorcio.

Kon'sortium [-tsi-] ✝ *n* (-s; -tien) consorcio *m*.

Konspi|rati'on *f* conspiración *f*; ⁀**ra'tiv** *adj.*: *~e Wohnung* piso *m* franco; ⁀**'rieren** (-) *v/i.* conspirar.

kons'tant [-st-] *adj.* constante; ⁀**e** ⚖ *f* constante *f*.

Konstanti'nopel [-st-] *n* Constantinopla *f*.

'**Konstanz** *n* Constanza *f*; ⁀**e** *f* Constancia *f*.

konsta'tier|en (-) comprobar; hacer constar; dejar constancia de; *gal.* constatar; ⁀**ung** *f* comprobación *f*; *gal.* constatación *f*.

Konstellati'on [-st-] *Astr. f* constelación *f* (*a. fig.*).

konster'nier|en [-st-] (-) *v/t.* consternar; ⁀**t** *adj.* consternado.

konstitu'ier|en [-st-] (-) *v/t. u. v/refl.* constituir(se); ⁀**e** *Versammlung* asamblea *f* constituyente; ⁀**ung** *f* constitución *f*.

Konstituti'o|n [-st-] *f* constitución *f* (*a.* ⚕); ⁀**'nell** *adj.* constitucional.

konstru'ieren [-st-] (-) *v/t.* construir.

Konstruk'teur [-st-] *m* (-s; -e) constructor *m*; proyectista *m*.

Konstrukti'on [-st-] *f* construcción *f*.

Konstrukti'ons...: ⁀**büro** *n* oficina *f* técnica; ⁀**fehler** *m* defecto *m* (*od.* vicio *m*) de construcción; ⁀**leiter** *m* ingeniero-jefe *m* de construcción; ⁀**teil** *n*, *m* elemento *m* (*od.* pieza *f*) de construcción; ⁀**zeichner** *m* delineante *m* proyectista; ⁀**zeichnung** *f* dibujo *m* de construcción.

konstruk'tiv [-st-] *adj.* constructivo.

'**Konsul** *m* (-s; -n) cónsul *m*.

Konsu'lar|agent *m* agente *m* consular; ⁀**gerichtsbarkeit** *f* jurisdicción *f* consular; ⁀**isch** *adj.* consular.

Konsu'lat [-'la:t] *n* (-¢s; -e) consulado *m*; ⁀**sdienst** *m* servicio *m* consular; ⁀**sgebühr** *f* derechos *m/pl.* consulares.

Konsul'tati|on *f* consulta *f*; ⁀**'ieren** (-) *v/t.* consultar.

Kon'sum *m* (-s; -e) consumo *m*; F (*mst.* '**Konsum**) economato *m*.

Konsu'ment(in *f*) *m* (-en) consumidor(a *f*) *m*.

Kon'sum|genossenschaft *f* cooperativa *f* de consumo; ⁀**gesellschaft** *f* sociedad *f* de consumo; ⁀**güter** *n/pl.* bienes *m/pl.* de consumo.

konsu'mieren (-) *v/t.* consumir.

Kon'sumverein *m* → ⁀**genossenschaft.**

Kon'takt *m* (-¢s; -e) contacto *m* (*a.* ⚡); *fig. mit j-m ~ aufnehmen* entrar (*od.* ponerse) en contacto con alg.; *Neol.* contactar con alg.; *in ~ stehen mit* estar en contacto con; ⁀**abzug** *Phot. m* prueba *f* por contacto; ⁀**arm** *adj.* con pocas relaciones (sociales); inadaptado; ⁀**aufnahme** *f* toma *f* de contacto; ⁀**en** *v/i. bsd.* ✝ contactar; ⁀**fähigkeit** *f* capacidad *f* de contacto (*od.* de relación); ⁀**fläche** *f* superficie *f* de contacto; ⁀**freudig** *adj.* sociable; ⁀**gift** *n* insecticida *m* (*od.* veneno *m*) de contacto; ⁀**glas** *n*, ⁀**linse** *f* lente *f* de contacto, lentilla *f*; ⁀**mann** *m* contacto *m*.

'**Konten|plan** *m* plan *m* bzw. clasificación *f* de cuentas, ⁀**sparen** *n* ahorro *m* en cuentas.

'**Konter|admiral** ⚓ *m* contr(a)almirante *m*; ⁀**bande** *f* contrabando *m*; ⁀**fei** F *n* (-¢s; -e) retrato *m*; ⁀**feien** F (-) *v/t.* retratar; ⁀**n** *v/i. Boxen:* contragolpear; F *fig.* replicar; contradecir; ⁀**revolution** *f* contrarrevolución *f*.

'**Kontinent** *m* (-¢s; -e) continente *m*.

kontinen'tal *adj.* continental; ⁀**sockel** *m* plataforma *f* continental; ⁀**sperre** *f Hist.* bloqueo *m* continental.

Kontin'gent *n* (-¢s; -e) contingente *m*; ✱ *a.* cupo *m*; ⁀**gen'tieren** (-) *v/t.* contingentar; fijar cupos *pl.*; ⁀**gen'tierung** *f* contingentación *f*; implantación *f* bzw. sistema *m* de cupos.

kontinu|'ierlich *adj.* continuo; continuado; ⁀**i'tät** *f* (0) continuidad *f*.

'**Konto** *n* (-s; *Konti od. Konten*) cuenta *f*; *auf ~ von* a cuenta de; *überzogenes ~* cuenta *f* al descubierto (*od.* rebasada); *auf ein ~ einzahlen* ingresar en una cuenta; *fig. das geht auf dein ~* tú tienes la culpa de ello; *esto corre por tu cuenta*; ⁀**auszug** *m* extracto *m* de cuenta; ⁀**buch** *n* libro *m* de cuentas; ⁀**eröffnung** *f* apertura *f* de (una) cuenta; ⁀**inhaber(in** *f*) *m* titular *m/f* de una cuenta; ⁀**kor'rent** *n* (-¢s; -e) cuenta *f* corriente (*Abk.*

c./c.); ~kor'rentgeschäft n → ~korrentverkehr; ~kor'rentguthaben n haber m (od. saldo m a favor) en cuenta corriente; ~kor'rent-inhaber(in f) m cuentacorrentista m/f; ~kor'rentverkehr m operaciones f/pl. en cuenta corriente; ~nummer f número m de la cuenta.

Kon'tor [kɔn'toːR] n (-s; -e) oficina f, despacho m; F fig. Schlag ins ~ contratiempo m; duro golpe m.

Konto'rist(in f) m (-en) empleado (-a f) m de oficina, oficinista m/f.

'Konto|stand m estado m de la cuenta; ~überziehung f descubierto m.

'kontra I. prp. contra; II. 2 n Kartenspiel: contra f; ~ geben llevar la contra; fig. llevar la contraria; 2baß ♩ m contrabajo m; 2bas'sist ♩ m (-en) contrabajo m, contrabajista m.

Kontra|'hent m (-en) ⚖ parte f contratante; fig. adversario m; 2'hieren (-) v/t. contratar; (zusammenziehen) contraer; (zum Duell fordern) desafiar.

Kon'trakt m (-ɛs; -e) contrato m; in Zssgn → Vertrags...

Kontrak|ti'on f contracción f (a. ♂); ~'tur ♂ f contractura f.

'Kontrapunkt ♩ m (-ɛs; 0) contrapunto m.

kon'trär adj. contrario, opuesto.

Kon'trast m (-ɛs; -e) contraste m; e-n ~ bilden zu contrastar con; estar en contraste con.

kontras'tieren (-) v/i. contrastar (mit con); ~d adj. que contrasta.

Kon'trast|mittel ♂ n medio m de contraste; 2reich adj. rico en contrastes; ~wirkung f efecto m de contraste.

Kon'troll|abschnitt m talón m de comprobación, comprobante m; ~amt n oficina f de intervención; ~ausschuß m comisión f interventora bzw. inspectora; ~beamte(r) m → Kontrolleur; ~e f control m; inspección f; intervención f; fiscalización f; (Durchsicht) revisión f; (Überwachung) vigilancia f; supervisión f; (Nachprüfung) verificación f, comprobación f; Mangel an ~ descontrol m; unter ~ bajo control (od. vigilancia); unter ~ haben controlar; dominar; die ~ verlieren über perder el control de; die Lage ist unter ~ la situación está dominada; e-r ~ unterziehen someter a una inspección bzw. a un control.

Kontrol'leur [-o·'lǿːR] m (-s; -e) inspector m; ⚖ interventor m; (Schaffner) revisor m; (Nachprüfer) verificador m.

Kon'troll|gang m paseo m de inspección; ronda f; ~gerät n aparato m de control; bsd. TV monitor m.

kontrol'lier|bar adj. (feststellbar) comprobable; (nachprüfbar) verificable; ~en (-) v/t. controlar; inspeccionar; revisar; vigilar; supervisar; verificar, comprobar; registrar; (prüfen) examinar; (beherrschen) dominar.

Kon'troll|kasse f (Registrierkasse) caja f registradora; ~(l)ampe f, ~(l)euchte f (lámpara f) piloto m; (luz f) testigo m; ~marke f ficha f (od. contraseña f) de control; ~maßnahme f medida f de control; ~nummer f número m de registro;

~schein m → ~abschnitt; ~stelle f puesto m de control; ~stempel m sello m de control; ~turm ✈ m torre f de control; ~uhr f reloj m de control; ~zettel m comprobante m.

Kontro'verse [-'vɛrzə] f controversia f.

Kon'tu|r f (-; -en) contorno m, perfil m; 2'rieren (-) v/t. trazar los contornos de, contornear.

'Konus m (-; -se) cono m; ~kupplung ⊕ f acoplamiento m cónico.

Konvekti'on Phys. f convección f.

Kon'vent m (-ɛs; -e) asamblea f; (Kloster) convento m; Hist. der ~ la Convención (Nacional).

Konventi'on f 1. convención f; convenio m; die Genfer ~ la Convención de Ginebra; 2. pl. ~en conveniencias f/pl. (sociales), convencionalismos m/pl.

Konventio'nalstrafe ⚖ f sanción f bzw. multa f contractual.

konventio'nell adj. convencional.

konver'|gent adj. convergente; 2'genz f convergencia f; 2genzkriterium n ≠ criterio m de convergencia; ~'gieren (-) v/i. converger.

Konversati'on f conversación f; ~slexikon n enciclopedia f, diccionario m enciclopédico.

Kon'verter ⊕ m (-s; -) convertidor m.

konver'tier|bar ✝ adj. convertible; 2barkeit ✝ f convertibilidad f; ~en (-) v/t. convertir (a. Computer); 2ung f conversión f (a. Computer).

Konver'tit(in f) m (-en) converso (-a f) m.

kon'vex adj. convexo; 2i'tät f convexidad f; 2linse Opt. f lente f convexa.

Kon'vikt n (-ɛs; -e) internado m religioso; seminario m.

Kon'voi [kɔn'vɔy] m (-s; -s) convoy m; escolta f.

Konzen'trat ⚗ m n (-ɛs; -e) concentrado m.

Konzentrati'on f concentración f; ~sfähigkeit f capacidad f de concentración; ~slager (Abk. KZ) n campo m de concentración.

konzen'trieren (-) v/t. u. v/refl. concentrar(se); sich ~ auf a. centrarse en.

kon'zentrisch adj. concéntrico.

Kon'zept n (-ɛs -e) (Entwurf) borrador m; (Urschrift) minuta f; fig. aus dem ~ kommen perder el hilo; desconcertarse, F hacerse un lío; j-n aus dem ~ bringen confundir (od. desconcertar) a alg.; das paßt ihm nicht ins ~ eso no entra en sus planes.

Konzepti'on f concepción f.

Kon'zeptpapier n papel m para borrador.

Kon'zern m (-s; -e) grupo m; consorcio m; konzern m.

Kon'zert ♩ n (-ɛs; -e) concierto m (a. fig.); (Solisten2) recital m; ins ~ gehen ir al concierto; ~abend m velada f musical, recital m; ~agentur f agencia f de conciertos.

konzer'tant ♩ adj. concertante.

Kon'zert|arie f aria f de concierto; ~fassung f versión f de concierto; ~flügel ♩ m piano m de concierto; ~führer m (Buch) guía f de conciertos.

kon'zertier|en (-) ♩ v/i. dar un concierto (Solist: un recital); ~t adj.: ~e Aktion acción f concertada.

Kon'zert|laufbahn f carrera f concertística; ~meister m concertino m; ~pianist m pianista-concertista m, concertista m de piano; ~saal m sala f de conciertos, auditorio m, auditórium m; ~sänger(in f) m concertista m/f; cantante m/f de concierto.

Konzessi'on f concesión f; licencia f; j-m ~en machen hacer concesiones a alg.

Konzessi|o'när m (-s; -e), ~'ons-inhaber m concesionario m.

Konzes'sivsatz Gr. m oración f concesiva.

Kon'zil n (-s; -e od. -ien) concilio m.

konzili'ant adj. conciliador, transigente; afable.

konzi'pieren (-) v/t. concebir; (entwerfen) hacer un borrador, redactar.

Ko-ope'rati'on f cooperación f; 2ra'tiv adj. cooperativo; 2'rieren (-) v/i. cooperar.

Ko-ordi|'nate ⚹ f coordenada f; ~'natensystem ⚹ n sistema m de coordenadas; ~nati'on f coordinación f; 2'nieren (-) v/t. coordinar; ~'nierung f coordinación f; ~'nierungs-ausschuß m comité m de coordinación, comisión f coordinadora.

Ko'pal m (-s; -e), ~harz n copal m.

Ko'peke f copec m.

Kopen'hagen n Copenhague f.

'Köper m (-s; 0) (Stoff) cruzado m, sarga f; 2n (-re) v/t. cruzar.

Kopf m (-ɛs; ⁻e) cabeza f (a. ⊕ u. fig.); e-s Briefes: (Anrede) encabezamiento m; (gedruckt) membrete m; e-r Münze: anverso m, cara f; e-s Geschosses: ojiva f; ~ an pie con pie; von ~ bis Fuß de pies a cabeza; ~ hoch! ¡ánimo!; ~ weg! ¡agua va!; pro ~ por cabeza, F por barba; ~ oder Schrift? ¿cara o cruz?; aus dem ~ de memoria; ein kluger ~ sein tener cabeza; s-n eigenen ~ haben ser testarudo; e-n schweren ~ haben tener la cabeza pesada; mir tut der ~ weh me duele la cabeza, tengo dolor de cabeza; j-m den ~ abschlagen, j-n e-n ~ kürzer machen cortar la cabeza (od. decapitar) a alg.; ich weiß nicht, wo mir der ~ steht F ando (od. voy) de cabeza; fig. sich den ~ zerbrechen F romperse la cabeza, devanarse los sesos; fig. den ~ verlieren perder la cabeza; den ~ oben behalten no perder el ánimo; no desanimarse; den ~ hoch tragen engallarse, F alzar el gallo; ich wette m-n ~, daß... apuesto la cabeza a que...; s-n ~ durchsetzen F salirse con la suya; den ~ hängen lassen abatirse, andar cabizbajo; fig. j-m den ~ zurechtsetzen hacer a alg. entrar en razón, meter a alg. en cintura; j-m den ~ verdrehen hacer perder la cabeza a alg.; fig. j-m den ~ waschen F poner a alg. de vuelta y media; cantarle a alg. las cuarenta; F dar un meneo a alg.; ~ und Kragen riskieren jugarse la vida (od. el pellejo); den ~ kosten costar la cabeza (od. la vida); fig. j-m et. an den ~ werfen echar en cara a/c. a alg.; nicht auf den ~ gefallen sein F no tener pelo de tonto; no chuparse el dedo; tener dos dedos de frente; auf dem ~ stehen estar invertido; Schrift: estar al revés; alles auf den ~ stellen revolver todo, F ponerlo todo patas arriba; auf den ~ fallen caer (od. dar) de cabeza; j-m et. auf

Kopfarbeit — Kornbranntwein

den ~ zusagen decirle a alg. a/c. en la cara; *auf s-m ~ bestehen* F mantenerse (*od.* seguir) en sus trece; e-n *Preis auf j-s ~ setzen* poner precio a la cabeza de alg.; *das geht mir nicht aus dem ~* no se me quita de la cabeza; *sich et. aus dem ~ schlagen* renunciar a (*od.* desistir de) a/c.; quitarse a/c. de la cabeza; *fig. sich et. durch den ~ gehen lassen* reflexionar sobre a/c.; pensarlo bien; *es ging mir durch den ~* se me pasó por la cabeza (*od.* mente); *j-m et. in den ~ setzen* meterle a alg. en la cabeza; *sich et. in den ~ setzen* meterse a/c. en la cabeza; *et. im ~ haben* F tener algo metido en la cabeza; dar vueltas a una idea; *in den* (*od. zu*) *~ steigen* subir(se) a la cabeza (*a. fig.*); *er ist nicht richtig im ~* no está en su juicio; F está tocado (*od.* mal) de la cabeza, P está chalado (*od.* majareta); *mir dreht sich alles im ~* todo me da vueltas en la cabeza; *das will mir nicht in den ~* no me cabe en la cabeza; me cuesta creerlo; *das geht mir im ~ herum* eso me tiene muy preocupado; *was man nicht im ~ hat, muß man in den Beinen haben* cuando no se tiene cabeza hay que tener pies; *den ~ für j-n hinhalten* dar la cara por alg.; *fig. mit dem ~ durch die Wand rennen* (*od. wollen*) dar con la cabeza en las paredes; *fig. j-m über den ~ wachsen* desbordar (*od.* superar) a alg.; *es ist ihm über den ~ gewachsen* es superior a sus fuerzas; *er ist e-n ~ größer als ich* me lleva una cabeza; *fig. j-n vor den ~ stoßen* ofender a alg.; herir la susceptibilidad de alg.; *j-m den ~ heiß machen* calentarle la cabeza (*od.* los cascos) a alg.; *e-n kühlen ~ bewahren* conservar la cabeza fría; *fig. sich an den ~ greifen* llevarse las manos a la cabeza; *fig. den ~ in den Sand stecken* esconder la cabeza en la arena (*od.* bajo el ala); F *Geld auf den ~ hauen* tirar el dinero; *fig. ich bin wie vor den ~ geschlagen* estoy desconcertado (*od.* aturdido), F me he quedado turulato.

'**Kopf...: ~arbeit** *f* trabajo *m* mental (*od.* intelectual); **~arbeiter** *m* trabajador *m* intelectual; **~bahnhof** 🚇 *m* cabeza *f* de línea; estación *f* término (*od.* terminal); **~ball** *m Fußball*: remate *m* de cabeza, cabezazo *m*; **~bedeckung** *f* sombrero *m*.

'**Köpfchen** *n* cabecita *f*; F *fig*. F magín *m*, pesquis *m*; *~ haben* F tener vista (*od.* dos dedos de frente).

'**köpfen I.** *v/t.* decapitar; cortar la cabeza; *Bäume*: descabezar, desmochar; *Fußball*: pasar *bzw.* rematar de cabeza, cabecear; **II.** ⚲ *n* decapitación *f*.

'**Kopf...: ~ende** *n* cabecera *f*; **~füßer** *Zoo. m/pl.* cefalópodos *m/pl.*; **~geld** *n* precio *m* puesto a la cabeza de alg.; talla *f*; **~haar** *n* cabellera *f*; cabellos *m/pl.*, pelo *m*; **~haut** *f* cuero *m* cabelludo; **~hörer** *m* auricular *m*; casco *m*; **~jäger** *m* cazador *m* de cabezas; **~kissen** *n* almohada *f*; **~kissenbezug** *m* funda *f* de almohada; **~kohl** ♀ *m* repollo *m*; **~lage** ⚕ *f Geburt*: presentación *f* cefálica; **~länge** *f Sport*: cabeza *f*; **~lastig** *adj.* con excesivo peso delantero; **~laus** *Zoo. f* piojo *m* de la cabeza; **~lehne** *f* → **~stütze**; **~leiste** *Typ. f* cabecera *f*, viñeta *f*; ⚲**los** *adj.* sin cabeza; acéfalo; *fig.* (*unbesonnen*) aturdido, atolondrado; (*erschreckt*) preso de pánico; **~losigkeit** *fig. f (0)* aturdimiento *m*, atolondramiento *m*; **~nicken** *n* señal *f* afirmativa (con la cabeza); **~nuß** *f* F F cogotazo *m*, coscorrón *m*; **~putz** *m* tocado *m*; peinado *m*; **~rechnen** *n* cálculo *m* mental; **~salat** ♀ *m* lechuga *f* (francesa); ⚲**scheu** *adj. Pferd*: espantadizo; *fig.* desconfiado; *j-n ~ machen* desconcertar (*od.* confundir) a alg.; intimidar a alg.; **~schmerzen** *m/pl.* dolor *m* de cabeza; cefalalgia *f*, cefalea *f*; *ich habe ~* me duele la cabeza; *fig. j-m ~ machen* preocupar a alg.; **~schuß** *m* herida *f* de bala *bzw.* tiro *m* en la cabeza; **~schütteln** *n* cabeceo *m*; movimiento *m* negativo con la cabeza; **~schützer** *m* pasamontañas *m*; **~sprung** *m* zambullida *f*; *e-n ~ machen* dar una zambullida; tirarse de cabeza; **~stand** *m* apoyo *m* sobre la cabeza; ⚡ *capotaje m; e-n ~ machen* ponerse cabeza abajo; ⚡ capotar; ⚲**stehen** *v/i.* estar cabeza abajo; F *fig.* estar fuera de quicio; **~steinpflaster** *n* empedrado *m*; adoquinado *m*; **~steuer** *Hist. f* capitación *f*; **~stimme** ♪ *f* voz *f* de cabeza; *weit S.* falsete *m*; **~stoß** *m Fußball*: cabezazo *m*, testarazo *m*; *Billard*: tacazo *m*, tacada *f*; **~stück** ⊕ *n* cabeza *f*; cabecera *f*; **~stütze** *Kfz. f* reposacabezas *m*; **~tuch** *n* pañuelo *m* (de cabeza); ⚲**über** *adv.* de cabeza; *fig. sich ~ in et. stürzen* meterse de cabeza en a/c.; **~wäsche** *f*, **~waschen** *n* lavado *m* de cabeza; **~wassersucht** ⚕ *f* hidrocefalia *f*; **~weh** *n* → **~schmerzen**; **~wunde** *f* herida *f* en la cabeza; **~zahl** *f* número *m* de personas; **~zeile** *f Computer*: encabezado *m*, cabecera *f*, encabezamiento *m*; **~zerbrechen** *n* quebradero(s) *m(/pl.)* de cabeza; *j-m ~ machen* traer a alg. de cabeza.

Ko'pie *f* copia *f*; *Phot. a.* prueba *f*; *Mal. a.* reproducción *f*; (*Zweitschrift*) duplicado *m*; *fig.* imitación *f*.

Ko'pier|anstalt *f* taller *m* de copias (*od.* de reproducción); ⚲**en** (-) *v/t.* copiar (*a. Computer*); hacer una copia; *Phot. a.* tirar una prueba; *fig.* imitar; **~er** *n fig.* imitación *f*; **~f** *m*, **~gerät** *n* (foto)copiadora *f*; **~papier** *n* papel *m* de copia (*od.* cebolla); *Phot.* papel *m* fotográfico (*od.* sensible); **~presse** *f* prensa *f* copiadora (*od.* de copiar); **~schutz** *m* protección *f* anticopia; **~stift** *m* lápiz *m* (de) tinta.

'**Kopilot** *m* copiloto *m*; segundo piloto *m*.

Ko'pist(in *f*) *m* (-en) copista *m/f*.

'**Koppel**[1] *f* (-; -n). **1.** (*Hunde*) traílla *f*; jauría *f*; (*Paar Tiere*) mancuerna *f*; (*Pferde*) tronco *m*; reata *f*; **2.** (*Einfriedung*) cercado *m*; (*Weide*) dehesa *f*, parcela *f* de pastos.

'**Koppel**[2] ✕ *n* (-s; -) cinturón *m*.

'**kopp|eln** (-le) *v/t*. ⊕ *u.* ⚡ acoplar; *Raumfahrt: a.* ensamblar; 🚂 enganchar; *Hunde*: atraillar; *Pferde, Maultiere*: (*hintereinander*) reatar; (*nebeneinander*) poner en yunta; (*einfrieden*) *Feld*: cercar; ⚲**elriemen** *n* traílla *f*; correa *f* de atar; ⚲**elschloß** *n* broche *m* del cinturón; ⚲**(e)lung** *f* ⊕, ⚡ acoplamiento *m*; ⚲**(e)lungsmanöver** *n Raumfahrt*: maniobra *f* de acoplamiento (*od.* de ensamblaje).

'**Kopra** *f* (0) copra *f*.

'**Koproduktion** *f Film*: coproducción *f*.

'**Kopt|e** *m* (-n), ⚲**isch** *adj.* copto (*m*).

'**Kopula** *Gr. f* cópula *f*.

Kopulati'on *Bio. f* cópula *f*.

kopu'lieren (-) **I.** *v/i. Bio.* copular; **II.** *v/t.* ✂ injertar (a la inglesa).

Ko'ralle *f* coral *m*; **~nbank** *f* banco *m* de coral; **~nkette** *f* collar *m* de corales; **~nriff** *n* arrecife *m* coralino (*od.* de coral); ⚲**nrot** *adj.* coralino; **~ntiere** *Zoo. n/pl.* coralarios *m/pl.*

Ko'ran *m* (-s; -e) Corán *m*.

Korb *m* (-es; ⸚e) *allg.* cesta *f*; *großer*: cesto *m*; *hoher, mit Henkeln*: canasto *m*, *niedriger*: canasta *f*; *groß, länglich*: banasta *m*; *biegsam, mit Henkeln*: capacho *m*; (*Ballon*⚲) barquilla *f*; *Sport*: canasta *f* (*a. Treffer*); *fig.* F *j-m e-n ~ geben* dar calabazas (*od.* un plantón) a alg.; *fig.* F *e-n ~ bekommen* recibir una negativa; llevar(se) calabazas.

'**Korb...: ~ball** *m Sport*: baloncesto *m*; **~ballspieler** *m* jugador *m* de baloncesto, baloncestista *m*; **~blütler** ♀ *m/pl.* compuestas *f/pl.*; **~flasche** *f* bombona *f*; damajuana *f*; **~flechter(in** *f*) *m*, **~macher(in** *f*) *m* cestero (-a *f*) *m*; canastero (-a *f*) *m*; **~macherei** *f* cestería *f*; **~möbel** *n/pl.* muebles *m/pl.* de mimbre; **~sessel** *m* sillón *m* de mimbre; **~waren** *f/pl.* (artículos *m/pl.* de) cestería *f*; **~weide** ♀ *f* mimbre *m*, mimbrera *f*.

Kord *m* (-es; -e) pana *f*.

'**Kordel** *f* (-; -n) cordón *m*.

'**Kordhose** *f* pantalón *m* de pana.

Kordi'lleren *f/pl.* (Cordillera *f* de) los Andes.

Kor'don [-'dɔŋ] *m* (-s; -s *od.* -e) cordón *m*.

Ko'rea *n* Corea *f*.

Kore'a|ner(in *f*) *m* coreano (-a *f*) *m*; ⚲**nisch** *adj.* coreano.

'**kören** *v/t.* seleccionar; certificar.

'**Korfu** *n* Corfú *m*.

Kori'ander ♀ *m* (-s; -) cilantro *m*.

Ko'rinth *n* Corinto *m*; **~er** *m*, ⚲**isch** *adj.* de Corinto, corintio (*m*).

Kork *m* (-es; -e) corcho *m*; 🍾 súber *m*; (*Pfropfen*) → **~en**; **~absatz** *m* tacón *m* de corcho; ⚲**artig** *adj.* corchoso, suberoso; **~eiche** ♀ *f* alcornoque *m*; ⚲**en** *adj.* de corcho; **~en** (-s; -) corcho *m*, tapón *m* (de corcho); **~enzieher** *m* sacacorchos *m*; *Am.* descorchador *m*; (*Locke*) tirabuzón *m*; **~gürtel** *m* cinturón *m* de corcho; ⚲**ig** *adj.* corchoso, suberoso; **~industrie** *f* industria *f* corchera *bzw.* corchotapanera; **~mundstück** *n* boquilla *f* de corcho; **~sohle** *f* plantilla *f* de corcho; **~untersatz** *m* corcho *m*.

Korn *n* (-es; ⸚er) *allg.* grano *m* (*a. Phot.*); (*Samen*⚲) *a.* semilla *f*; (*Getreide*) cereales *m/pl.*, granos *m/pl.*; (*Weizen*) trigo *m*; (*Visier*⚲) (punto *m* de) mira *f*; (*Schnaps*) aguardiente *m* de trigo; ♀ *Körner ansetzen* granar; *aufs ~ nehmen* (*ac.*) apuntar sobre, encañonar; *fig.* no perder de vista (a alg.); fijar su atención en.

'**Korn...: ~ähre** *f* espiga *f*; **~blume** ♀ *f* aciano *m*; ⚲**blumenblau** *adj.* azul violáceo; ⚲**boden** *m* granero *m*; **~branntwein** *m* aguardiente *m* de trigo.

'**Körnchen** *n* granito *m*; gránulo *m*; *fig.* ein ~ Wahrheit un grano de verdad.
Kor'nelkirschbaum ♂ *m* cornejo *m*, corno *m*.
'**körnen** *v*/*t*. granear; (*granulieren*) granular; ⊕ punzonar.
'**Körner** ⊕ *m* punzón *m*; ~**fresser** *Zoo. m* granívoro *m*; ~**futter** *n* granos *m*/*pl.* forrajeros.
Kor'nett (-*és*; -*e od.* -*s*) **1.** ⚔ *m* corneta *m*; **2.** ♪ *n* cornetín *m*.
'**Korn...**: ~**feld** *n* trigal *m*, campo *m* de trigo; ~**früchte** *f*/*pl.* granos *m*/*pl.*, cereales *m*/*pl.*; ~**größe** *f* tamaño *m* de los granos, granulometría *f*.
'**körnig** *adj.* granular; granulado; gran(ul)oso.
'**Korn...**: ~**käfer** *m* gorgojo *m* del trigo; ~**kammer** *f* granero *m* (*a. fig.*); ~**rade** ♀ *f* neguilla *f*; ~**speicher** *m* granero *m*; silo *m*.
'**Körnung** *f* granulado *m*; granulación *f*.
Ko'rona *f* (-; -*nen*) *Astr. u.* ⚡ corona *f*; F *fig.* corro *m*; pandilla *f*.
Koro'nar... ♣ *in Zssg* coronario.
'**Körper** *m* cuerpo *m*; *Phys.*, ⚗ *a.* sólido *m*; ~**bau** *m* constitución *f* corporal (*od.* física); físico *m*; complexión *f*; ~**beherrschung** *f* dominio *m* del cuerpo; ⚗**behindert** *adj.* impedido, minusválido; ~**behinderte(r)** *m* impedido *m*, minusválido *m* (*od.* disminuido *m*) físico; ~**behinderung** *f* disminución *f* (*od.* minusvalía *f*) física; ~**chen** *n* corpúsculo *m*; ~**fülle** *f* corpulencia *f*; ~**gewicht** *n* peso *m* corporal (*od.* del cuerpo); ~**größe** *f* talla *f*, estatura *f*; ~**haltung** *f* postura *f*; porte *m*; ~**inhalt** *m* volumen *m*; ~**kraft** *f* fuerza *f* física; ~**kultur** *f* cultura *f* física; ~**lehre** *f* *Anat.* somatología *f*; ⚗ estereometría *f*; ⚗**lich** *adj.* corporal; corpóreo; (*Ggs. seelisch*) físico; (*stofflich*) material; ♣ somático; *Phys.*, ⚗ sólido; ~**e** *Betätigung* actividad *f* física; ~**e** *Züchtigung* castigo *m* corporal; ⚗**los** *adj.* incorpóreo; inmaterial; ~**maß** *n* *Phys.* medida *f* de sólidos; ~**e** *pl.* medidas *f*/*pl.* antropométricas; ~**messung** *f* *Phys.*, ⚗ medición *f* de sólidos; ~**pflege** *f* higiene *f* del cuerpo, aseo *m* corporal (*od.* personal); ~**pflegemittel** *n* producto *m* de aseo; cosmético *m*; ~**puder** *m* polvos *m*/*pl.* de talco; ~**schaft** *f* corporación *f*; cuerpo *m*; entidad *f*; ~ *des öffentlichen Rechts* corporación (*od.* entidad) *f* de derecho público; *gesetzgebende* ~ cuerpo *m* legislativo; ⚗**schaftlich** *adj.* corporativo; ~**schaftssteuer** *f* impuesto *m* de corporaciones; ~**schulung** *f* ejercicio *m* físico; ~**schwäche** *f* debilidad *f* física; ♣ astenia *f*; ~**teil** *m* parte *f* del cuerpo; ~**temperatur** *f* temperatura *f* corporal (*od.* interna); ~**verletzung** *f* lesión *f* corporal (*mit tödlichem Ausgang* mortal, ♣ con éxito letal); ~**wärme** *f* calor *m* corporal; ~**wuchs** *m* talla *f*, estatura *f*.
Korpo'ral ⚔ *m* (-*s*; -*e*) cabo *m* (de escuadra); ~**schaft** ⚔ *f* escuadra *f*.
Korpora'tion *f* corporación *f* (*a. Uni.*); ⚗'**tiv** *adj.* corporativo.
Korps [koːʀ] *n* (-; -) ⚔ cuerpo *m*; *Uni.* corporación *f* (de estudiantes); *diplomatisches* (*konsularisches*) ~ cuerpo *m* diplomático (consular); '~**geist** *m* espíritu *m* de cuerpo.
korpu'len|t *adj.* corpulento, obeso; ⚗**z** *f* (0) corpulencia *f*, obesidad *f*.
'**Korpus** *m* (-; 0) ♪ caja *f* de resonancia; *Typ.* letra *f* de diez puntos; F (*Körper*) cuerpo *m*; ~ **de'likti** ⚖ *n* cuerpo *m* del delito.
'**Korreferent** *m* (-*en*) segundo ponente *m*.
kor'rekt *adj.* correcto; ⚗**heit** *f* (0) corrección *f*; actitud *f* (*od.* conducta *f*) correcta; ⚗**or** *Typ. m* (-*s*; -*en*) corrector *m* (de pruebas).
Korrek'tur *f* (-; -*en*) corrección *f* (*Typ.* de pruebas); ~ *lesen* corregir las pruebas; ~**abzug** *m*, ~**bogen** *m* *Typ.* prueba *f* (de imprenta); ~**fahne** *Typ. f* galerada *f*; ~**lesen** *Typ. n* corrección *f* de pruebas; ~**taste** *f* *Schreibmaschine*: tecla *f* correctora; ~**zeichen** *n* signo *m* de corrección.
Korre'|lat *n* (-*és*; -*e*) (término *m*) correlativo *m*; ~**lati'on** *f* correlación *f*; ⚗**la'tiv** *adj.* correlativo.
Korrepe'titor ♪ *m* (-*s*; -'*toren*) maestro *m* concertador.
Korrespon'|dent(in *f*) *m* (-*en*) corresponsal *m*; ✝ empleado (-a *f*) *m* de correspondencia; ~'**denz** *f* correspondencia *f*; *die* ~ *führen* (*erledigen*) llevar (despachar) la correspondencia; estar encargado de la correspondencia; *e-e* ~ *unterhalten* sostener correspondencia (*mit* con); ~'**denzbüro** *n* correspondencia *f*; ⚗'**dieren** *v*/*i*.: *mit j-m* ~ estar en (*od.* sostener) correspondencia con alg.; *corresponderse* (F cartearse) con alg.; ~**des** *Mitglied* miembro *m* correspondiente.
'**Korridor** *m* (-*s*; -*e*) corredor *m* (*a. Pol.*), pasillo *m*.
korri'gieren **I.** (-) *v*/*t*. corregir (*a. Typ.*); *allg.* enmendar, rectificar; **II.** ⚗ *n* corrección *f*; enmienda *f*, rectificación *f*.
korro'dieren (-) *v*/*t*. corroer.
Korrosi'|on *f* corrosión *f*; ⚗**sbeständig**, ⚗**sfest** *adj.* resistente a la corrosión, anticorrosivo; ~**sschutz** *m* protección *f* anticorrosiva; ~**sschutzmittel** *n* anticorrosivo *m*.
korrum'pieren (-) *v*/*t*. corromper.
kor'rupt *adj.* corrupto.
Korrupti'on *f* corrupción *f*.
Kor'sar ⚓ *m* (-*en*) corsario *m*, pirata *m*.
'**Korse** *m* (-*n*) corso *m*.
Kor'|sett *n* (-*és*; -*s od.* -*e*) corsé *m*; ~**macherin** *f* corsetera *f*; ~**stange** *f* ballena *f* (de corsé).
'**Kor'sika** *n* Córcega *f*; ~**sin** *f* corsa *f*; ⚗**sisch** *adj.* corso.
'**Korso** *m* (-*s*; -*s*) desfile *m*, corso *m*.
Korti'son *n* (-*s*; 0) cortisona *f*.
Ko'rund *Min. m* (-*és*; -*e*) corindón *m*.
Kor'vette [-v-] ⚓ *f* (-; -*n*) corbeta *f*; ~**nkapitän** *m* capitán *m* de corbeta.
Kory'phäe [koˈʀyˈfɛːə] **1.** *Hist. m* (-*n*) corifeo *m*; **2.** *fig. f* (-; -*n*) eminencia *f*, F as *m*.
Ko'sak *m* (-*en*) cosaco *m*.
Kosche'nille *f* cochinilla *f*, grana *f* (*a. Farbe*).
'**koscher** *adj.*: F *fig. das ist nicht ganz* ~ no está muy católico.
'**Koseform** *f* forma *f* cariñosa, diminutivo *m*.
'**kosen** **I.** (-*t*) *v*/*t*. *u*. *v*/*i*. acariciar, hacer caricias; hacer mimos; **II.** ⚗ *n* caricias *f*/*pl.*; mimo(s) *m*(/*pl.*).
'**Kose|name** *m* nombre *m* cariñoso; ~**wort** *n* palabra *f* cariñosa (*od.* tierna).
'**Kosinus** ♣ *m* (-; - *od.* -*se*) coseno *m*; ~**satz** *m* teorema *m* del coseno.
Kos'me|tik *f* (0) cosmética *f*; ~**tikartikel** *m* → *Kosmetikum*; ~**tiker(in** *f*) *m* esteticista *m*/*f*; ~**tiksalon** *m* salón *m* (*od.* instituto *m*) de belleza; ~**tikum** *n* (-*s*; -*ka*) (producto *m*) cosmético *m*, producto *m* de belleza; ⚗**tisch** *adj.* cosmético.
'**kosmisch** *adj.* cósmico.
Kosmo|lo'gie *f* cosmología *f*; ⚗'**logisch** *adj.* cosmológico; ~'**naut(in** *f*) *m* (-*en*) cosmonauta *m*/*f*; ⚗'**nautisch** *adj.* cosmonáutico.
Kosmopo|'lit(in *f*) *m* (-*en*), ⚗'**litisch** *adj.* cosmopolita (*m*/*f*); ⚗**li'tismus** *m* (-; 0) cosmopolitismo *m*.
'**Kosmos** *m* (-; 0) cosmos *m*, universo *m*.
Kosovo *m od. n* (- *od.* -*s*) Kósovo *m*.
Kost *f* (0) (*Nahrung*) alimento *m*, (*Ernährung*) nutrición *f*; alimentación *f*; dieta *f*; (*Beköstigung*) comida *f*; *freie* ~ *haben* tener comida gratuita; (*freie*) ~ *und Logis* comida y alojamiento (gratuitos); *auf schmale* ~ *setzen* poner a dieta *bzw.* a media ración.
'**kostbar** *adj.* (*teuer*) caro, costoso; (*wertvoll*) valioso, precioso; (*prächtig*) soberbio, magnífico, espléndido; (*luxuriös*) lujoso, suntuoso; ⚗**keit** *f* gran valor *m*; preciosidad *f*; (*Wertvolles*) objeto *m* precioso (*od.* de gran valor).
'**kosten**[1] **I.** (-*e*-) *v*/*t*. *Speisen*: (de)gustar, probar (*a. fig.*); *Getränke*: catar; (*genießen*) paladear, saborear (*a. fig.*); **II.** ⚗ *n* (de)gustación *f*; cata *f*.
'**kosten**[2] (-*e*-) *v*/*i*. costar (*a. fig.*); *valer*; *wieviel* (*od. was*) *kostet das?* ¿cuánto (*od.* qué) cuesta (*od.* vale)?; *es kostet, was es wolle* cueste lo que cueste; *sich et.* ~ *lassen* meterse en gastos; *no reparar en gastos*; *viel Zeit* ~ *requerir mucho tiempo*.
'**Kosten** *pl.* (*Ausgaben*) gastos *m*/*pl.*; (*Preis, Wert*) coste *m*, costos *m*/*pl.*; ⚖ costas *f*/*pl.*; *auf* ~ *von* (*od. gen.*) a costa de; por cuenta de; *fig.* a expensas de; *auf m-e* ~ a costa mía; por mi cuenta; *auf gemeinsame* ~ a cuenta común; *auf j-s* ~ *leben* vivir a costa de alg.; F vivir de gorra; *mit wenig* (*hohen*) ~ a poco (gran) coste; *mit* ~ *verbunden sein*, ~ *verursachen* causar (*od.* ocasionar *od.* suponer) gastos; *die* ~ *bestreiten* (*od. tragen*), *für die* ~ *aufkommen* correr con los gastos; pagar (*od.* sufragar) los gastos; costear (a/c.); *das geht auf m-e* ~ esto corre por mi cuenta; *sich in* ~ *stürzen* meterse en gastos; *e-n Teil der* ~ *übernehmen* contribuir a los gastos; *nicht auf die* ~ *sehen*; *keine* ~ *scheuen* no escatimar (*od.* reparar en) gastos; *auf s-e* ~ *kommen* resarcirse de los gastos; *fig.* pasarlo bien; ⚖ *zu den* ~ *verurteilt werden* ser condenado en costas; ~**anschlag** *m* presupuesto *m* (de gastos); ~**aufstellung** *f* nota *f* de gastos; ~**aufwand** *m* gasto *m*, gastos *m*/*pl.*; desembolso *m*; ~**berechnung** *f* cálculo *m* de los gastos; ⚗**deckend** *adj.* que cubre los gastos; ~**deckung** *f* cobertura *f* de gastos (*od.* costes);

~entscheidung ↯ f condena f en costas; ~ersparnis f ahorro m de gastos; ~erstattung f restitución f de los gastos; ~frage f cuestión f de gastos; 2frei adj. sin gastos, libre de todo gasto, exento de gastos; ~inflation f inflación f de costos; 2los adj. gratuito, gratis; 2pflichtig adj. pagando; ↯ ~ verurteilt condenado en costas; ~preis m precio m de coste; zum ~ a precio de coste; ~punkt m cuestión f del precio; coste m; gastos m/pl.; ~rechnung f cálculo m de costes (↯ de costas); nota f de gastos; 2sparend adj. que ahorra gastos; ~träger m portador m de costes; ~voranschlag m presupuesto m; ~vorschuß m anticipo m para gastos; ↯ pago m adelantado de costas.
'Kost|gänger(in f) m pupilo (-a f) m, huésped m, huéspeda f; ~geld n pupilaje m; pensión f.
'köstlich I. adj. delicioso (a. fig.); Speisen: a. delicado; sabroso (a. fig.); (erlesen) exquisito; (reizend) encantador; II. adv.: sich ~ amüsieren divertirse de lo lindo; 2keit f exquisitez f.
'Kostprobe f degustación f; prueba f; fig. (botón m de) muestra f.
'kostspielig adj. caro, costoso; dispendioso; 2keit f precio m elevado; gasto m excesivo.
Kos'tüm n (-s; -e) allg. traje m; (Damen2) traje m sastre (od. de chaqueta); (Verkleidung) disfraz m; ~ball m baile m de disfraces; ~bildner(in f) m dibujante m/f de figurines, figurinista m/f; ~fest n → ~ball.
kostü'mier|en (-) v/t. vestir; sich ~ als disfrazarse de; 2ung f disfraz m.
Kos'tüm|probe Thea. f ensayo m con vestuario; ~verleih m alquiler m de disfraces.
'Kostverächter m: F er ist kein ~ come de todo; fig. le gusta divertirse.
Kot m (-es; 0) (Straßen2) barro m, lodo m; fango m; (Exkremente) excrementos m/pl.; materias f/pl. fecales; ↯ heces f/pl.; fig. in den ~ ziehen arrastrar por el fango, enfangar.
'Kotangens ♉ m (-; -) cotangente f.
Ko'tau m (-s; -s): ~ machen humillarse.
Kote'lett n (-s; -s) chuleta f; ~en n/pl. (Backenbart) patillas f/pl.
'Köter m F chucho m.
'Kotflügel Kfz. m guardabarros m, Am. guardafangos m.
Ko'thurn m (-s; -e) coturno m.
ko'tieren (-) ♉ v/t. cotizar.
'kotig adj. fangoso; enlodado, embarrado; V merdoso.
Koti'llon m (-s; -s) cotillón m.
'Kotze V f vómito m; 2n (-t) V v/i. vomitar, arrojar; F cambiar la peseta; V es ist zum 2 V es una mierda; es kotzt mich an me da asco.
'Krabbe Zoo. f camarón m, quisquilla f; gamba f; F fig. (Mädchen) chiquilla f.
'krabbeln I. (-le) 1. (sn) v/i. Kinder: andar a gatas, gatear; Käfer: correr; (wimmeln) hormiguear, bullir; (jukken) hormiguear; 2. v/t. (kitzeln) cosquillear; II. 2 n hormigueo m; cosquilleo m.
krach! int. ¡chas!, ¡crac!
Krach m (-es; -e od. -s, F a. ~e) (Lärm) ruido m; alboroto m, bataola f; stärker: estruendo m, estrépito m;

(Knall) estampido m, estallido m; (Streit) altercado m, disputa f; stärker: escándalo m; F bronca f, cisco m; trapatiesta f, marimorena f; ✝ crac m, krach m; ~ machen hacer (od. meter) ruido; F armar jaleo; ~ schlagen armar un escándalo; F armar una bronca; meter bulla; F mit j-m ~ haben estar reñido con alg.; '2en v/i. hacer ruido; (knallen) estallar; (zerkrachen) quebrarse; chascar, restallar; Donner usw.: tronar, retumbar; Holz: crujir; Tür: cerrarse de golpe; '~en n estampido m; estallido m; crujido m, chasquido m; estruendo m, estrépito m; '~mandel f almendra f mollar.
'krächzen I. (-t) v/i. graznar; II. 2 n graznido m.
'Krack|en, ~verfahren n ⊕ cracking m, craqueo m.
Krad ⚙ n F moto f; '~melder ⚙ m enlace m motorizado.
kraft prp. (gen.) en virtud de.
Kraft f (-; ~e) allg. fuerza f (a. Phys., ⊕); (Energie) energía f (a. ⚡ u. fig.); (Macht) poder m; bsd. ~ potencia f; (Rüstigkeit) vigor m; moralische: virtud f; (Wirksamkeit) eficacia f; (Seelenstärke) fortaleza f; (Fähigkeit) capacidad f, facultad f; (Person) ayudante m, asistente m; (Arbeitskräfte) personal m; mano f de obra; erste ~ (Persönlichkeit) capacidad f de primer orden; ⚓ mit voller ~ a toda máquina; mit vereinten Kräften todos juntos (od. unidos); al alimón; mit aller ~ con toda (la) fuerza; con todas las energías; a más no poder; aus eigener ~ por propio esfuerzo; a pulso; nach besten Kräften lo mejor posible; bei Kräften sein tener fuerzas, estar fuerte; alle s-e Kräfte aufbieten poner todo su empeño en; hacer todo lo posible por; Kräfte sammeln hacer acopio de fuerzas; s-n Kräften zuviel zumuten confiar demasiado en sus fuerzas; wieder zu Kräften kommen recobrar las fuerzas, reponerse, F (volver a) levantar cabeza; am Ende s-r ~ sein, mit s-n Kräften am Ende sein haber agotado sus fuerzas; no poder más; das geht über m-e Kräfte esto es superior a mis fuerzas; in ~ sein (treten) estar (entrar) en vigor; (wieder) in ~ setzen (volver a) poner en vigor; außer ~ setzen anular; Gesetz: abolir, abrogar; derogar; Vertrag: rescindir.
'Kraft...: ~anstrengung f esfuerzo m; ~aufwand m despliegue m de fuerzas; ~ausdruck m palabrota f, taco m; ~äußerung f manifestación f de fuerza (od. de energía); ~bedarf m fuerza f (od. potencia f) necesaria; ~brühe f caldo m, consomé m; ~droschke f taxímetro m, F taxi m.
'Kräfte...: ~ausgleich m equilibrio m de fuerzas; ~diagramm n diagrama m de fuerzas; ~dreieck n triángulo m de fuerzas; ~ersparnis f economía f de fuerzas; ~gleichgewicht n equilibrio m de fuerzas; ~n par Phys. n par m de fuerzas; ~parallelogramm n paralelogramo m de fuerzas; ~verfall m marasmo m; ~vergeudung f derroche m de energía; ~verhältnis n proporción f de fuerzas.
'Kraft...: ~fahrer(in f) m automovilista m/f; ~fahrsport m automovilis-

mo m; ~fahrzeug n (vehículo m) automóvil m; ~fahrzeugbrief m carta f de vehículo; ~fahrzeug-industrie f industria f automovilística; ~fahrzeugschein m permiso m de circulación; ~fahrzeugsteuer f impuesto m sobre los vehículos de motor; ~fahrzeugverkehr m circulación f de automóviles; ~fahrzeugversicherung f seguro m de automóviles; ~feld Phys. n campo m de fuerzas; ~fülle f plenitud f de fuerzas; vigor m; ~futter n pienso m concentrado; ~gefühl n sensación f de vigor.
'kräftig adj. fuerte; vigoroso; sólido; robusto, recio; (tat~) enérgico; (mächtig) poderoso; (nahrhaft) sustancioso; ~en v/t. fortificar, fortalecer; robustecer; vigorizar; ⚕ a. tonificar; sich ~ fortalecerse; recuperar fuerzas; ~end adj. fortificante; ⚕ tonificante; (belebend) vivificador; 2keit f (0) fuerza f; vigor m; 2ung f fortalecimiento m; restauración f de las fuerzas; ⚕ 2ungsmittel ⚕ n fortificante m, restituyente m; tónico m.
'Kraft...: ~leistung f esfuerzo m; ⊕ rendimiento m dinámico; ~linie Phys. f línea f de fuerza; 2los adj. sin fuerza; falto de vigor; (schwach) débil, flojo; ⚕ asténico; (entkräftet) debilitado; ↯ (ungültig) nulo, inválido; ~los-erklärung ↯ f invalidación f; ~losigkeit f (0) falta f de fuerza (od. vigor); impotencia f, debilidad f; ⚕ astenia f; ↯ invalidez f, nulidad f; ~maschine ⊕ f máquina f motriz; ~meier F m bravucón m, F perdonavidas m; ~meierei f (0) bravuconada f; fanfarronería f; ~mensch m atleta m; ~messer m dinamómetro m; ~messung f dinamometría f; ~papier n (papel m) kraft m; ~post f, ~postverkehr m servicio m de autocares-correos; ~probe f prueba f (de fuerza); ~protz F m → ~meier; ~quelle f fuente f de energía; ~rad n moto(cicleta) f; ~stoff m combustible m; carburante m; ~stoff-anzeiger m indicador m de gasolina; ~stoffbehälter m depósito m de gasolina; ~stoffgemisch n mezcla f de carburantes; ~stoffverbrauch m consumo m de gasolina; ~strom ⚡ m corriente f de fuerza, F fuerza f; 2strotzend adj. pletórico de energías, pleno de vigor; rebosante de salud; ~überschuß m excedente m de energías; ~übertragung f transmisión f de fuerza; ~verkehr m circulación f automóvil; (Transport) transporte m (de viajeros) por carretera; ~verschwendung f derroche m de energías; 2voll adj. pleno de fuerza; vigoroso; enérgico; ~wagen m automóvil m, coche m; ~wagenbau m construcción f de automóviles; ~wagengüterverkehr m transporte m (de mercancías) por carretera; ~wagenpark m parque m móvil; ~werk ⚡ n central f eléctrica; ~wort n → ~ausdruck.
'Kragen m cuello m; loser (steifer) ~ cuello m postizo (duro); j-n beim ~ nehmen coger a alg. por el cuello; echar la garra a alg.; es geht ihm an den ~ puede costarle la vida (od. el pellejo); F jetzt platzt mir der ~ se me acaba la paciencia; F es el acabóse;

~**knopf** *m* botón *m* para el cuello; ~**weite** *f* medida *f* del cuello.
'**Kragstein** ⚠ *m* ménsula *f*.
'**Krähe** ['krɛːə] *Orn. f* corneja *f*; e-e ~ hackt der anderen kein Auge aus un lobo no muerde a otro lobo; entre sastres no se pagan hechuras; ℘n *v/i*. *Hahn*: cantar; *fig.* chillar; *es kräht kein Hahn danach* nadie se preocupa por eso; ~**n** *n* canto *m* del gallo; ~**nfüße** *m/pl. (Runzeln)* patas *f/pl.* de gallo; ~**nnest** *n* nido *m* de cornejas; ⚓ cofa *f*.
'**Krake** *Zoo. m (-n)* pulpo *m*.
Kra'keel F *m (-s; 0) (Lärm)* alboroto *m*; F jaleo *m*, zambra *f*; F zipizape *m*; *(Zank)* F bronca *f*, camorra *f*, *Am.* bochinche *m*; ℘**en** (-) *v/i.* alborotar; vociferar; *(sich zanken)* F armar bronca *(od.* camorra); ~**er** *m* alborotador *m*; F camorrista *m*, *Am.* bochinchero *m*.
'**krakeln** F *v/i.* garrapatear.
Kral *m (-és; -e)* poblado *m* de hotentotes.
'**Kralle** *f* uña *f*; *der Raubvögel:* garra *f*; *fig. die* ~**n** *zeigen* enseñar *(od.* sacar) las uñas; *j-n in den* ~**n** *haben* tener a alg. en sus garras; ℘n *v/t.* echar le garra *a*; *sich* ~ *an* agarrarse a.
Kram *m (-és; 0) (Schund)* pacotilla *f*, baratijas *f/pl.*; *(Sachen)* trastos *m/pl.*; chismes *m/pl.*; *der ganze* ~ todos los cachivaches; *das paßt ihm nicht in den* ~ eso no le viene a propósito; eso no encaja en sus planes; *den (ganzen)* ~ *hinwerfen* abandonarlo todo; ℘**en** *v/i.* revolver *(in et. a/c.)*; trastear.
'**Krämer** *m* tendero *m*; mercader *m*; *desp.* mercachifle *m*; ~**geist** *m* espíritu *m* mercantil; mentalidad *f* de mercachifle; ~**seele** *f* alma *f* de mercader; mercachifle *m*; ~**volk** *n m.s.* pueblo *m* de mercaderes.
'**Kramladen** *m* tiendecilla *f*; baratillo *m*; *desp.* tenducho *m*.
'**Krampe** ⊕ *f* grapa *f*; abrazadera *f*.
'**Krampf** ⚕ *m (-és; ⸚e)* calambre *m*; espasmo *m*, convulsión *f*; *je nahm e-n* ~ le dio un calambre; F *fig. das ist (alles)* ~ son tonterías *(od.* sandeces); ~**ader** ⚕ *f* variz *f*, varice *f*; ~**aderbruch** *m* varicocele *m*; ~**aderschwür** *n* úlcera *f* varicosa; ~**aderleiden** *n* varicosis *f*; ℘**artig** *adj.* espasmódico, convulsivo; ℘**en** *v/t. u. v/refl.* contraer(se) convulsivamente; crispar(se); *sich* ~ *in*, *um* agarrarse de; ℘**haft** *adj.* convulsivo, espasmódico; ~**es Lachen** risa *f* convulsiva *(od.* forzada); *sich* ~ *halten an* aferrarse a; ~**e Anstrengungen machen** hacer esfuerzos desesperados; ~**husten** *m* tos *f* convulsiva; ℘**lösend**, ℘**stillend** ⚕ *adj.* antiespasmódico; espasmolítico; ~**es Mittel** antiespasmódico *m*.
'**Kran** ⊕ *m (-és; ⸚e)* grúa *f*; *(Zapfhahn)* grifo *m*; ~**arm** *m*, ~**ausleger** *m* brazo *m* de grúa, aguilón *m*, pescante *m*; ~**brücke** *f* puente *m* grúa; ~**führer** *m* conductor *m* de grúa, gruista *m*.
'**kräng|en** ⚓ *v/i.* escorar; ℘**ung** *f* escora *f*.
'**Kranich** *Orn. m (-és; -e)* grulla *f*.
krank *adj. (⸚er; ⸚st)* enfermo *(an dat.* de); malo; *Jgdw.* herido; ~ *werden* enfermar, caer *(od.* ponerse) enfermo, F ponerse malo; ~ *machen* enfermar; poner malo *(a.* F *fig.)*; *sich* ~ *fühlen* sentirse enfermo; *sich* ~ *stellen* simular estar enfermo; *sich* ~ *melden* darse de baja *(por enfermo)*; ~ *schreiben* dar de baja; *sich* ~ *lachen* F troncharse *(od.* desternillarse) de risa; ℘**e(r** *m) m/f* enfermo (-a *f*) *m*; *(Patient)* paciente *m/f*.
'**kränkeln I.** *(-le) v/i.* estar enfermizo; estar achacoso, tener achaques; estar delicado de salud; **II.** ℘ *n* estado *m* achacoso.
'**kranken** *v/i.*: ~ *an (dat.)* adolecer de *(a. fig.)*, padecer de; estar aquejado de.
'**kränken** *v/t.* ofender, herir; *(demütigen)* humillar; *(betrüben)* afligir, mortificar; *es kränkt mich tief (od. sehr)* me ofende mucho; me hiere; *sich* ~ *über* mortificarse por; ~**d** *adj.* hiriente, ofensivo.
'**Kranken...**: ~**anstalt** *f* centro *m* hospitalario; ~**auto** *n* ambulancia *f*; ~**bahre** *f* camilla *f*; ~**bericht** *m* parte *m* facultativo, boletín *m* médico; ~**besuch** *m* visita *f* a un enfermo; ~**bett** *n* lecho *m (od.* cama *f)* de(l) enfermo; *am* ~ *a la cabecera del enfermo; ~**fahrstuhl** *m* coche *m* de inválido; ~**fürsorge** *f* asistencia *f* médica; ~**geld** *n* subsidio *m* de enfermedad; ~**geschichte** ⚕ *f* historia *f* clínica, anamnesia *f*; ~**gymnast(in** *f) m* fisioterapeuta *m/f*; ~**gymnastik** *f* fisioterapia *f*; ~**haus** *n* hospital *m*; clínica *f*; *in ein* ~ *aufnehmen* hospitalizar; *in ein* ~ *bringen (einliefern, einweisen)* ingresar en un hospital, hospitalizar; *Aufnahme in ein* ~ hospitalización *f*, ingreso *m* en un hospital; ~**haus-aufenthalt** *m* estancia *f (od.* permanencia *f)* en un hospital; ~**haus-behandlung** *f* tratamiento *m* estacionario *(od.* en régimen de hospitalización); ~**hauskosten** *pl.* gastos *m/pl.* de hospitalización; ~**kasse** *f* caja *f* de enfermedad; ~**kost** *f* dieta *f*; régimen *m*; ~**lager** *n* ~**bett**; ~**pflege** *f* asistencia *f* a los enfermos; cuidado *m* de enfermos; ~**pfleger(in** *f) m* enfermero (-a *f*) *m*; ~**pflegeschule** *f* escuela *f* de enfermeros; ~**revier** ⚔ *n* enfermería *f*; ~**saal** *m* sala *f* de hospital; enfermería *f*; ~**schein** *m* volante *m* del seguro; ~**schwester** *f* enfermera *f*; ~**stand** *m* morbilidad *f*; ~**stube** *f* habitación *f* del enfermo; ⚔ enfermería *f*; ~**stuhl** *m* silla *f* de ruedas; ~**träger** *m* camillero *m*; ~**urlaub** *m* permiso *m* por enfermedad; ~**versicherung** *f* seguro *m* de enfermedad; *gesetzliche* ~ seguro *m* de enfermedad obligatorio; *private* ~ seguro *m* de enfermedad privado, sanidad *f* privada; ~**wagen** *m* ambulancia *f*; ~**wärter(in** *f) m* enfermero (-a *f*) *m*; ~**zimmer** *n* → ~**stube**.
'**krankfeiern** *v/i.* estar de baja por enfermedad.
'**krankhaft** *adj.* enfermizo, morboso; patológico; ℘**igkeit** *f* morbosidad *f*.
'**Krankheit** *f* enfermedad *f*; *(Leiden)* dolencia *f*, afección *f*; mal *m*; e-e ~ *bekommen, sich e-e* ~ *zuziehen (od. holen)* contraer *(od.* adquirir, F coger) una enfermedad.
'**Krankheits...**: ~**bericht** *m* parte *m* facultativo; boletín *m* médico; ~**bescheinigung** *f* certificado *m* de enfermedad; ~**beschreibung** *f* descripción *f* de una enfermedad; patografía *f*; ~**bild** *n* cuadro *m* clínico; síndrome *m*; ℘**erregend** *adj.* patógeno; ~**erreger** *m* agente *m* patógeno; ~**erscheinung** *f* síntoma *m*; ~**fall** *m* caso *m* de enfermedad; ℘**halber** *adv.* por *(od.* a causa de) enfermedad; ~**herd** *m* foco *m* patógeno; ~**keim** *m* germen *m* patógeno; ~**lehre** *f* patología *f*; ~**übertragung** *f* transmisión *f* de una enfermedad; ~**urlaub** *m* licencia *f (od.* permiso *m)* por enfermedad; ~**ursache** ⚕ *f* etiología *f*, causa *f* de la enfermedad; ~**verlauf** *m* curso *m* de la enfermedad; ~**zeichen** *n* síntoma *m*, signo *m* patológico; ~**ziffer** *f* morbilidad *f*; ~**zustand** *m* estado *m* patológico.
'**kränklich** *adj.* enfermizo; delicado de salud; *(schwächlich)* achacoso, enclenque; ℘**keit** *f (0)* mala salud *f*; estado *m* enfermizo *(od.* achacoso).
'**Krankmeldung** *f* baja *f* por enfermedad.
'**Kränkung** *f* ofensa *f*, agravio *m*; insulto *m*; *(Demütigung)* humillación *f*; *j-m e-e* ~ *zufügen* → **kränken**.
'**Kranwagen** *m* 🚗 vagón *m* grúa; *Kfz.* coche-grúa *m*, grúa *f*.
'**Kranz** *m (-es; ⸚e)* corona *f (a. Kuchen)*; guirnalda *f*; ⚠ *(Gesims)* cornisa *f*; *(Kreis)* círculo *m*; ⊕ *(Rad≈)* llanta *f*; ~**arterie** *Anat. f* arteria *f* coronaria; ~**binder(in** *f) m* ramilletero *(-a f) m*.
'**Kränz|chen** *n* coronita *f*; *fig. (Gesellschaft)* tertulia *f (od.* reunión *f)* de señoras; ℘**en** *v/t.* coronar.
'**Kranz|gefäß** *Anat. n* → ~**arterie**; ~**gesims** ⚠ *n* cornisa *f*; ~**kuchen** *m* corona *f*; ~**niederlegung** *f* depósito *m (solemne)* de una corona.
'**Krapfen** *Kochk. m* bollo *m* de Berlín; buñuelo *m*.
Krapp ♣ *m (-es; 0)* granza *f*, rubia *f*.
kraß *adj. (-sser; -ssest)* craso; *(grob)* grosero; *(auffallend)* llamativo; pronunciado.
'**Krater** *m* cráter *m*; ℘**förmig** *adj.* crateriforme.
'**Kratz|bürste** *f* F *fig.* persona *f* arisca, F erizo *m*; *hum.* e-e kleine ~ una fierecilla; ℘**bürstig** F *fig. adj.* quisquilloso; arisco.
'**Kratze** ⊕ *f* rascador *m*; raspador *m*; *(Spinnerei)* card(ench)a *f*.
'**Krätze** ⚕ *f (0)* sarna *f*; ⊕ *(Abfall)* escoria *f*; desperdicios *m/pl.*
'**Kratz-eisen** *n vor der Tür:* limpiabarros *m*, *(Schabeisen)* raspador *m*; rascador *m*.
'**kratzen I.** *(-t) v/t. u. v/i.* rascar; arañar *(a. Katze)*; rasguñar; *(ver*~*)* rayar; *(schaben)* raspar, raer; *(jucken)* picar; *Feder:* raspear; *(Spinnerei)*: cardar; *sich* ~ rascarse *(am Kopf* la cabeza); *sich hinterm Ohr* ~ rascarse la oreja; *im Hals* ~ irritar la garganta; F *auf der Geige* ~ rascar el violín; *wen's juckt, der kratze sich* el que se pica ajos come; **II.** ℘ *n* rascadura *f*; raspadura *f*; *im Hals:* irritación *f*; *Spinnerei:* cardadura *f*.
'**Kratzer** *m (Schaber)* rascador *m*; raspador *m*; *(Schramme)* arañazo *m*; rasguño *m*; *auf Möbeln usw.:* raya *f*.
'**Krätzer** *m* vino *m* peleón.
'**kratz|fest** *adj.* resistente al rayado; ℘**fuß** F *m* reverencia *f*; ℘**ig** *adj.* que rasca; áspero.
'**krätz|ig** ⚕ *adj.* sarnoso; ℘**milbe** *f* arador *m* de la sarna.

'**Kratzwunde** f arañazo m; rasguño m.
'**krauen** v/t. rascar suavemente; (streicheln) acariciar.
Kraul n (-¢s; 0) crawl m, crol m; ²en I. v/i. nadar a crawl; II. v/t. → krauen; ~en n, ~schwimmen n crawl m, crol m; ~er m, ~schwimmer m crolista m.
kraus adj. (-est) Haar: rizado; rizoso; crespo; Stoff: (gefältelt) fruncido; (zerknautscht) arrugado; fig. (verworren) confuso; (verwickelt) embrollado, intrincado; ~ werden rizarse; fruncirse; arrugarse; die Stirn ~ ziehen fruncir el entrecejo (od. las cejas).
'**Krause** f (Hals²) gola f; gorguera f; F (Dauerwelle) permanente f.
'**Kräusel-eisen** n encrespador m.
'**kräuseln** I. (-le) v/t. Haare: rizar; encrespar (a. Wasser), ensortijar; Stoff, Lippen: fruncir; sich ~ rizarse; encresparse (a. Wasser); fruncirse; II. ² n rizado m; encrespadura f.
'**Kräuselstoff** m crespón m.
'**Krauseminze** ♀ f menta f crespa, hierbabuena f rizada.
'**Kraus|haar** n cabello m rizado (od. crespo); ²**haarig**, ²**köpfig** adj. de cabello rizado (od. crespo); ~**kopf** m persona f de cabello crespo; ⊕ fresa f avellanadora.
Kraut n (-¢s; ⁻er) hierba f; (Kohl) col f, berza f; (Weißkohl) repollo m; F (Tabak) tabaco m; Blätter an Kartoffeln usw.: hojas f/pl.; feine Kräuter finas hierbas; Kräuter sammeln herborizar; ins ~ schießen echar mucha hierba; espigarse; fig. crecer rápidamente; fig. wie ~ und Rüben (durcheinander) F patas arriba; como sapos y culebras; a tontas y a locas; dagegen ist kein ~ gewachsen contra eso no hay remedio; '²**artig** adj. herbáceo.
'**Kräuter...**: ~**bad** n baño m de hierbas; ~**buch** n herbario m; ²**fressend** adj. herbívoro; ~**händler** m herbolario m; ~**handlung** f herboristería f; ~**käse** m queso m de hierbas finas; ~**likör** m licor m de hierbas aromáticas; ~**sammler** m herborizador m; herbolario m, ~**suppe** f sopa f de hierbas finas, sopa f juliana; ~**tee** m tisana f, infusión f (de hierbas); ~**wein** m vino m medicinal (od. de hierbas aromáticas).
'**Kraut...**: ~**garten** m huerto m; ~**junker** desp. m hidalgo m de aldea; ~**kopf** m repollo m.
Kra'wall F m (-¢s; -e) tumulto m; alboroto m, escándalo m, Am. bochinche m; ~ machen F armar un alboroto (od. un escándalo); ~**macher** m alborotador m; camorrista m.
Kra'watte f corbata f; ~**nhalter** m sujetacorbatas m, corbatero m; ~**nadel** f alfiler m de corbata.
'**kraxeln** F (-le) v/i. trepar.
krea'tiv adj. creativo; ²**i'tät** f creatividad f.
Krea'tur f criatura f.
'**Krebs** m (-es; -e) Zoo. cangrejo m; Astr. Cáncer m; ♂ cáncer m; Buchhandel: ~e pl. libros devueltos al editor; ~**angst** ♂ f cancerofobia f; ²**artig** ♂ adj. canceroso; ~**bekämpfung** f lucha f contra el cáncer; ~**bildung** ♂ f cancerización f; degeneración f cancerosa; ²**en** (-t)

v/i. pescar cangrejos; fig. ir tirando; ²**erregend**, ²**fördernd** adj. cancerígeno; ~**forscher** m cancerólogo m; ~**forschung** f cancerología f; ~**gang** m marcha f retrógrada; fig. den ~ gehen ir para atrás; ir de mal en peor; ~**geschwulst** f carcinoma m; tumor m canceroso; ~**geschwür** ♂ n úlcera f cancerosa; ²**krank** adj. canceroso; ~**kranke(r** m) m/f enfermo (-a f) m de cáncer, canceroso (-a f) m; ~**krankheit** f cáncer m; afección f cancerosa; ²**rot** adj. rojo como un cangrejo; ~**schaden** fig. m cáncer m, gangrena f; ~**schale** f caparazón m de cangrejo; ~**schere** f pinza f de cangrejo; ~**suppe** f sopa f de cangrejos; ~**tiere** Zoo. n/pl. crustáceos m/pl.; ~**vorsorge** ♂ f prevención f cancerológica (od. del cáncer); ~**vorsorgeuntersuchung** f ♂ chequeo m oncológico; ~**zelle** f célula f cancerosa.
Kre'denz f (-; -en) aparador m; ²**en** (-t) v/t. ofrecer, servir; (einschenken) escanciar.
Kre'dit ✝ m (-¢s; -e) crédito m (a. fig.); ~ aus öffentlichen Mitteln crédito público; auf ~ kaufen comprar a crédito; e-n ~ in Anspruch nehmen utilizar (od. recurrir a) un crédito; e-n ~ aufnehmen concertar (od. tomar) un crédito; e-n ~ bewilligen (od. gewähren) conceder (od. otorgar) un crédito; zugunsten von j-m e-n ~ bis zur Höhe von ... einräumen (od. eröffnen) abrir un crédito a favor de alg. hasta el límite de ...; ~ haben (od. genießen) tener crédito; ~**abteilung** f departamento m de créditos; ~**anstalt** f establecimiento m (od. instituto m) de crédito; ~**antrag** m solicitud f de crédito; ~**aufnahme** f utilización f de (od. apelación f a) crédito; ~**auftrag** m orden f de crédito; ~**ausweitung** f expansión f crediticia (od. del crédito); ~**bereitstellung** f facilitación f de un crédito; ~**beschränkung** f restricción f de créditos (od. crediticia); ~**brief** m carta f de crédito; ~**erleichterung** f facilidad f de crédito; ~**eröffnung** f apertura f de crédito; ²**fähig** adj. digno de crédito, solvente; ~**fähigkeit** f crédito m, solvencia f; ~**geber** m dador m del crédito; ~**genossenschaft** f cooperativa f de crédito; ~**geschäft** m operación f de crédito; ~**gewährung** f concesión f de un crédito; ~**grenze** f límite m (od. margen m) de crédito; ~**hai** F m usurero m.
kredi'tieren (-) ✝ v/t. u. v/i. acreditar (od. abonar) en cuenta.
Kre'dit...: ~**institut** n instituto m (od. establecimiento m) de crédito; ~**karte** f tarjeta f de crédito; ~**kauf** m compra f a crédito; ~**linie** f línea f de crédito; ~**markt** m mercado m crediticio; ~**mittel** n/pl. fondos m/pl. crediticios; ~**nachfrage** f demanda f de crédito (od. crediticia); ~**nehmer** m tomador m de(l) crédito.
Kre'ditor m acreedor m.
Kredi'torenkonto n cuenta f acreedora.
Kre'dit|politik f política f crediticia (od. de créditos); ~**posten** m partida f acreedora; ~**schöpfung** f creación f de crédito(s); ~**sperre** f suspensión f de créditos; ~**system** n sistema m

crediticio (od. de créditos); ²**un-fähig**, ²**unwürdig** adj. no digno de crédito, insolvente; ~**verknappung** f escasez f de crédito(s); ~**wesen** n (-s; 0) sistema m crediticio, (organización f del) crédito m; ~**wirtschaft** f economía f crediticia; ²**würdig** adj. digno de crédito, solvente; ~**würdigkeit** f solvencia f.
'**Kredo** n (-s; -s) credo m (a. fig.).
'**kregel** F adj. vivo, vivaracho.
'**Kreide** f creta f; greda f; (Schreib²) tiza f; → a. ~**zeit**; F fig. in der ~ stehen tener deudas, F estar entrampado; bei j-m in der ~ stehen adeudar (od. deber) dinero a alg.; ²**artig** adj. gredoso, cretáceo; ²**bleich** adj. → ²**weiß**; ~**boden** m suelo m gredoso; ~**fels** m roca f cretácea; ~**grube** f gredal m; ²**haltig** adj. gredoso, Geol. cretáceo; ~**stift** m lápiz m de tiza m; ²'**weiß** adj. blanco como una sábana (od. la pared); ~**zeichnung** f dibujo m de tiza bzw. a lápiz; ~**zeit** Geol. f cretáceo m.
'**kreidig** adj. gredoso, cretáceo.
kre'ieren [kre'li:-] (-) v/t. crear.
Kreis m (-es; -e) círculo m (a. ♃ u. fig.); cerco m; ⚡ (Strom²) circuito m; Astr. órbita f (Zyklus) ciclo m; (Gruppe) corro m; Verw. distrito m; circunscripción f; fig. medio m; (soziale Schicht) estamento m; Liter. cenáculo m; (Wirkungs²) esfera f; e-n ~ bilden um formar un círculo, hacer (od. formar) corro alrededor de, rodear a, ponerse alrededor de; im ~(e) en círculo; im ~ herum a la redonda; im ~ um et. (j-n) herumgehen rondar a/c. (a alg.); sich im ~(e) drehen girar en torno; e-n ~ um et. (j-n) schließen cercar a/c. (a alg.); im ~e der Familie en el seno de la familia; im engsten ~(e) en la más estricta intimidad; in m-n ~en entre mis conocidos; in unterrichteten ~en en círculos bien informados; in politischen ~en en los círculos políticos; weite ~e der Bevölkerung amplios sectores de la población.
'**Kreis...**: ~**abschnitt** ♃ m segmento m de círculo; ~**arzt** m médico m comarcal (od. del distrito); ~**ausschnitt** ♃ m sector m de círculo; ~**bahn** Astr. f órbita f; ~**behörde** f autoridad f del distrito; ~**bewegung** f movimiento m circular (od. giratorio od. rotatorio); circulación f; ~**bogen** ♃ m arco m de círculo.
'**kreischen** I. v/i. chillar, dar chillidos; vociferar; Säge, Räder: chirriar, rechinar; ~**de Stimme** voz f estridente (od. chillona); II. ² n grito m estridente; chillido m; chirrido m.
'**Kreisel** m (-s; -) (Spielzeug) peón m; peonza f; aus Metall: trompo m; ~**bewegung** Phys. f movimiento m giroscópico; ~**kompaß** m brújula f giroscópica; ²**n** (-le) v/i. dar vueltas; girar (en torno); ~**pumpe** f bomba f centrífuga; ~**wirkung** f efecto m giroscópico.
'**kreisen** I. (-t) v/i. girar (um alrededor de od. en torno a); dar vueltas (a. ♟); (wirbeln) arremolinarse; Blut, Geld: circular; ~ lassen Flasche usw.: hacer circular; II. ² n movimiento m circular bzw. giratorio (od. rotatorio); circulación f; der Gestirne: revolución f.

'Kreis...: ~fläche ⚕ f (área f del) círculo m; ~form f forma f circular (od. de círculo); 2förmig adj. circular; redondo; Astr. orbicular; ~lauf m movimiento m circulatorio; des Blutes: circulación f; (Zyklus) ciclo m (a. Bio.); ~laufstörung ⚕ f trastorno m circulatorio; ~linie f línea f circular; ⚕ circunferencia f; 2rund adj. redondo; circular; orbicular; ~säge ⊕ f sierra f circular.
'kreiß|en (-t) v/i. estar de parto; 2saal m sala f de partos.
'Kreis...: ~stadt f capital f de distrito; cabeza f de partido; ~strom ⚡ m corriente f circular; ~umfang m circunferencia f; ~verkehr m circulación f giratoria; sentido m giratorio; giro m obligatorio.
Krem m/f (-; -s) crema f; → a. Creme.
Krema'torium n (-s; -rien) crematorio m.
'kremig adj. cremoso.
Kreml m: der ~ el Kremlin.
'Krempe f (re)borde m; e-s Hutes: ala f.
'Krempel¹ m (-s; 0) chismes m/pl.; trastos m/pl., cachivaches m/pl.; fig. den ganzen ~ hinschmeißen abandonarlo todo.
'Krempel² ⊕ f (-; -n) carda f, cardadora f; 2n ⊕ (-le) v/t. cardar; ~n ⊕ n cardadura f.
'Kremser m tartana f; jardinera f.
Kren reg. m rábano m picante.
Kre'ol|e m (-n) criollo m; ~in f criolla f; 2isch adj. criollo.
Kreo'sot 🜪 n (-es; 0) creosota f.
kre'pieren (-; sn) v/i. Tier: reventar; ⚔ Geschoß: estallar, hacer explosión; P Mensch: F estirar la pata, P diñarla.
'Krepp m (-s; -s od. -e) crespón m, crepé m; 2n v/t. cresponar; ~flor m crespón m; ~papier n papel m cresponado; ~seide f crespón m de China; ~sohle f suela f de crepé.
'Kresse ⚘ f berro m; (Garten2) mastuerzo m.
'Kreta n Creta f.
'Kreter(in) f m cretense m/f.
'Krethi und 'Plethi pl. fulano, zutano y mengano; desp. la chusma.
Kre'tin [kRe:'tɛ̃:] m (-s; -s) ⚔ u. fig. cretino m.
Kreti'nismus m (-; 0) cretinismo m.
'kretisch adj. cretense.
Kre'tonne f (-) cretona f.
Kreuz I. n (-es; -e) cruz f (a. fig.); liegendes: aspa f; fig. aflicción f, pena f, sufrimiento m; Anat. región f lumbar, F riñones m/pl.; beim Pferd: grupa f, ancas f/pl.; ♩ sostenido m; Kartenspiel: bastos m/pl.; Eisernes ~ Cruz f de Hierro; Rotes ~ Cruz f Roja; Astr. das ~ des Südens la Cruz del Sur; über ~ en cruz; am ~ sterben morir crucificado (en la cruz); ans ~ schlagen crucificar, clavar en la cruz; F j-n aufs ~ legen tumbar a alg.; F fig. engañar a alg.; sich das ~ brechen romperse la crisma; mir tut das ~ weh F me duelen los riñones; fig. sein ~ tragen llevar su cruz; das (od. ein) ~ schlagen persignarse; santiguarse, hacer la señal de la cruz; F fig. zu ~e kriechen darse por vencido; pasar por el aro; F es ist ein ~ mit ihm solo me da disgustos; II. 2 adv.: ~ und quer acá y allá; a diestro y siniestro; en todas las direcciones.
'Kreuz...: ~abnahme f Descendimiento m de la Cruz; ~band n Anat. ligamento m cruzado; 2 unter ~ bajo faja; ~bandsendung ⚕ f envío m bajo faja; ~bein Anat. n (hueso m) sacro m; ~binde Chir. f vendaje m en cruz; ~blütler ⚘ m/pl. crucíferas f/pl.; ~bogen △ m (arco m) crucero m; 2brav adj. honrado a carta cabal; ~dorn ⚘ m cambrón m, espino m cerval.
'kreuzen (-t) I. v/t. allg. cruzar (a. Bio.); Straße: a. atravesar; sich ~ cruzarse; II. v/i. ⚓ cruzar; (lavieren) barloventear, navegar de bolina; III. 2 n cruce m; cruzamiento m.
'Kreuzer m (Münze) cruzado m; ⚓ crucero m.
'Kreuz...: ~erhöhung I.C. f Exaltación f de la Santa Cruz; ~es-tod m crucifixión f; suplicio m de la cruz; ~fahrer Hist. m cruzado m; ~fahrt ⚓ crucero m; Hist. cruzada f; ~feuer ⚔ n fuego m cruzado; ins ~ nehmen coger entre dos fuegos; 2fi'del F adj. alegre como unas pascuas; 2förmig adj. cruciforme, en (forma de) cruz; crucial; ~gang m claustro m; ~gegend Anat. f región f lumbar; ~gelenk ⊕ n articulación f cardán; ~gewölbe △ n bóveda f de arista; ~hacke f zapapico m.
'kreuzig|en v/t. crucificar; 2en n, 2ung f crucifixión f.
'Kreuz...: ~kopf ⊕ m cruseta f; 2lahm adj. derrengado, deslomado; j-n ~ schlagen deslomar a alg.; ~otter Zoo. f víbora f (común); ~rippengewölbe △ n bóveda f de crucería; ~ritter Hist. m (caballero m) cruzado m; ~schmerzen ⚔ m/pl. dolores m/pl. lumbares; F dolor m de riñones; ~schnabel Orn. m piquituerto m; ~schnitt Chir. m incisión f crucial; ~spinne f araña f crucera; ~stich m cruceta f, punto m de cruz; ~träger Rel. m crucero m, crucifero rio m.
'Kreuzung f Vkw. cruce m, intersección f; Bio. cruce m (a. Produkt), cruzamiento m.
'Kreuz...: 2unglücklich F adj. muy desgraciado (od. deprimido); 2ungsfrei Vkw. adj. sin cruces; ~ungspunkt m cruce m; punto m de intersección; ~verhör ⚖ n interrogatorio m contradictorio (od. cruzado); ~weg m encrucijada f, cruce m de caminos; I.C. vía crucis m, calvario m; 2weise adv. en (forma de) cruz; ~ legen disponer en cruz; ~worträtsel n crucigrama m, Arg. palabras f/pl. cruzadas; ~zeichen n señal f de la cruz; ~zug Hist. m cruzada f (a. fig.).
'kribbel|ig F adj. nervioso; impaciente; (reizbar) irritable; ~n (-t; -) (wimmeln) hormiguear; (prickeln, jucken) picar; (kitzeln) cosquillear; es kribbelt mir in der Nase me pica la nariz; es kribbelt mir in den Fingern tengo unas ganas enormes (es zu tun de hacerlo); 2n n hormigueo m; picor m/pl.; picazón m; cosquilleo m.
'Krickel|krakel F n garrapatos m/pl.; 2n F v/i. garrapatear.
'Krick-ente f → Kriekente.
'Kricket n (-s; 0) (juego m de) criquet m (od. cricket m); ~schläger m paleta f de criquet; ~spieler(in f) m jugador(a f) m de criquet.

'kriech|en (L; sn) v/i. arrastrarse; deslizarse (durch por); andar a rastras; Tier, Pflanze: reptar; aus et. ~ salir de; fig. vor j-m ~ humillarse delante de alg.; arrastrarse a los pies de alg.; (schmeicheln) adular a alg.; 2en n reptación f; ~end adj. rastrero (a. fig.); ~er m hombre m servil (od. rastrero); F pelotillero m; V lameculos m; 2e'rei f servilismo m; adulación f servil (od. baja); ~erisch fig. adj. rastrero, servil; aldón; 2gang m Kfz. marcha f ultralenta; 2pflanze f planta f rastrera; 2spur Vkw. f vía f lenta (od. para vehículos lentos); 2strom ⚡ m corriente f de fuga; 2tier Zoo. n reptil m.
Krieg m (-es; -e) guerra f; im ~ en la guerra; kalter (heißer) ~ guerra f fría (caliente); totaler ~ guerra f total; ~ bis aufs Messer guerra f sin cuartel; den ~ erklären declarar la guerra; der ~ bricht aus la guerra estalla; ~ führen gegen (od. mit) hacer la guerra a; estar en (pie de) guerra con; guerrear; ein Land mit ~ überziehen llevar la guerra a un país; in den ~ ziehen marchar (od. ir) a la guerra; sich im ~ befinden estar en guerra.
'kriegen F v/t. (bekommen) obtener; recibir; conseguir; (fangen, fassen) coger; Arg. agarrar, F pescar, atrapar; Krankheit: contraer, F pescar; das werden wir schon ~ ya lo arreglaremos; es mit j-m zu tun ~ habérselas con alg.; ich krieg' ihn schon! ¡ya le atraparé!; ¡ya me las pagará!; F sich ~ acabar casándose; → a. bekommen.
'Krieger m guerrero m; combatiente m; alter ~ veterano m; fig. viejo guerrero m; ~bund m → ~verein; ~denkmal n monumento m a los muertos (od. caídos) de la guerra; 2isch adj. belicoso; guerrero; Aussehen: marcial; ~e Handlung acción f bélica; ~verein m asociación f de excombatientes (od. de veteranos); ~witwe f viuda f de guerra.
'krieg|führend adj. beligerante; Status e-r ~en Macht beligerancia f; 2führende(r) m beligerante m; 2führung f estrategia f; manera f de hacer la guerra; psychologische ~ guerra f psicológica.
'Kriegs...: ~anleihe f empréstito m de guerra; ~ausbruch m comienzo m de la guerra; apertura f de las hostilidades; bei ~ al estallar la guerra; ~ausrüstung f armamento m; ~auszeichnung f condecoración f militar; ~beil n hacha f de guerra; fig. das ~ begraben (ausgraben) enterrar (desenterrar) el hacha de guerra; ~bemalung f F maquillaje m; in ~ Indianer: pintado para la guerra; ~bericht m parte m de guerra; ~berichterstatter m corresponsal m de guerra, ~beschädigte(r) m mutilado m de guerra; ~beute f botín m de guerra; ~blinde(r) m ciego m de guerra; ~dienst m servicio m militar; ~dienstverweigerer m objetor m de conciencia; ~dienstverweigerung f objeción f de conciencia; ~drohung f amenaza f de guerra; ~eintritt m entrada f en (la) guerra; ~ende n fin m de la guerra; ~entschädigung f indemnización f de guerra; ~ereignisse n/pl. acontecimientos m/pl. (od. sucesos m/pl.) de la guerra;

kriegserfahren — Krone

~erfahren adj. aguerrido; **~erfahrung** f experiencia f en la guerra; **~erklärung** f declaración f de guerra; **~fackel** fig. f antorcha f de la guerra; **~fall** m: im ~ en caso de guerra; **~flotte** ⚓ f flota f de guerra; armada f; **~freiwillige(r)** m voluntario m de guerra; **~fuß** m: fig. mit j-m auf ~ stehen estar en pie de guerra con alg.; **~gebiet** n zona f de operaciones; **~gefahr** f peligro m de guerra; **2gefangen** adj., **~gefangene(r)** m prisionero (m) de guerra; **~gefangenenlager** n campo m de prisioneros (de guerra); **~gefangenschaft** f cautiverio m, cautividad f; in ~ geraten caer (od. ser hecho) prisionero; **~gegner** m antibelicista m; **~gericht** n consejo m de guerra; tribunal m militar; vor ein ~ stellen llevar ante un consejo de guerra; **~geschädigte(r)** m damnificado m de guerra; **~geschrei** n grito m de guerra; **~gesetz** n ley f marcial; **~gewinn** n lucro m (od. beneficios m/pl.) de la guerra; **~gewinnler** m loguero m de la guerra; **2gewohnt** adj. aguerrido; **~glück** n suerte f de las armas; fortuna f de la guerra; **~gott** m dios m de la guerra; Myt. Marte m; **~gräber** n/pl. cementerios m/pl. de guerra; **~gräberfürsorge** f (servicio m de) conservación f de los cementerios de guerra; **~greuel** m/pl. atrocidades f/pl. de la guerra; **~hafen** ⚓ m puerto m militar; **~handlung** f acto m de guerra; **~handwerk** n oficio m de las armas; **~held** m héroe m (militar); **~herr** m: oberster ~ jefe m supremo; generalisimo m; **~hetze** f instigación f a la guerra; **~hetzer** m belicista m; **~hinterbliebene(n)** pl. viudas f/pl. y huérfanos de guerra; **~industrie** f industria f de guerra; **~invalide** m mutilado m de guerra; **~kamerad** m compañero m de armas; **~kind** n niño m nacido durante la guerra; **~kosten** pl. gastos m/pl. de guerra; **~kunst** f arte f militar (od. de la guerra); estrategia f; **~lasten** f/pl. cargas f/pl. (od. contribuciones f/pl.) de guerra; **~lied** n canción f de guerra; **~lieferung** f suministros m/pl. (od. abastecimientos m/pl.) militares; **~list** f estratagema f; ardid m de guerra; **~lust** f belicosidad f; belicismo m; **~lustig** adj. belicoso; **~macht** f fuerzas f/pl. militares; potencia f militar; **~marine** ⚓ f marina f de guerra; armada f; **~material** n material m de guerra (od. bélico); **~minister** m ministro m de la Guerra; **~ministerium** n Ministerio m de la Guerra; **2müde** adj. cansado de la guerra; **~not** f calamidades f/pl. de la guerra; **~opfer** n víctima f de la guerra; **~opfersorgung** f asistencia f a las víctimas de la guerra; **~pfad** m senda f de la guerra; **~plan** m plan m estratégico; **~potential** n potencial m de guerra; **~psychose** f psicosis f de guerra; **~rat** m consejo m de guerra; **~recht** n derecho m de guerra; **~ruf** m grito m de guerra; **~rüstung** f armamento m bélico; **~schäden** m/pl. daños m/pl. de guerra; **~schauplatz** m teatro m de guerra (od. de operaciones); escenario m bélico; **~schiff** ⚓ n buque m (od. navío m) de guerra; **~schuld** f responsabilidad f de la guerra; **~schulden** f/pl. deudas f/pl. de guerra; **~schule** f escuela f militar; academia f militar; **~spiel** n juego m bélico (od. de guerra); ✗ simulación f bélica; **~spielzeug** n juguete m bélico; **~stärke** f efectivos m/pl. de guerra; **~tagebuch** n diario m de guerra; **~tanz** m danza f guerrera; **~tat** f hazaña f militar; proeza f bélica; **~teilnehmer** m combatiente m; ehemaliger ~ excombatiente m, veterano m (de la guerra); **~trauung** f matrimonio m de guerra; **~treiber** m belicista m; **~verbrechen** n crimen m de guerra; **~verbrecher** m criminal m de guerra; **~versehrte(r)** m mutilado m de guerra; **2verwendungsfähig** adj. apto para el servicio en el frente; **~waise** f huérfano (-a f) m de guerra; **2wichtig** adj. estratégico; de interés militar; **~wirren** pl. turbulencias f/pl. de la guerra; **~wirtschaft** f economía f de guerra; **~wissenschaft** f ciencia f militar; **~zeit** f: in ~en en tiempos de guerra; **~ziel** n objetivo m de la guerra; **~zug** m expedición f militar; campaña f; **~zulage** ✗ f plus m de campaña; **~zustand** m estado m de guerra; in den ~ versetzen poner en pie de guerra; sich im ~ befinden hallarse en estado de guerra; estar en guerra.

'**Kriek-ente** Orn. f cerceta f.

Krim f Crimea f.

'**Krimi** F m (-s; -s) novela f bzw. película f policíaca.

Krimi'nal|amt n departamento m de investigación criminal; **~be·amte(r)** m, F **~e(r)** m agente m de la policía judicial (od. de la Brigada de Investigación Criminal); **~film** m película f policíaca.

Krimina'list m (-en) criminalista m; (Polizeibeamter) agente m de investigación criminal; **~ik** f (0) criminalística f; **2isch** adj. criminalístico.

Krimi'nal...: ~kommissar m comisario m de investigación criminal; **~polizei** f policía f judicial; Span. Brigada f de Investigación Criminal; **~polizist** m agente m de investigación criminal; **~psychologie** f (p)sicología f criminal; **~roman** m novela f policíaca (Am. policial); **~soziologie** f sociología f criminal; **~statistik** f estadística f de criminalidad; **~stück** Thea. n pieza f policíaca.

krimi'nell adj., **2e(r)** m criminal (m).

Krimino'lo|ge m criminólogo m; **~'gie** f criminología f.

'**Krimkrieg** Hist. m guerra f de Crimea.

'**Krimskrams** F m (- od. -es; 0) chismes m/pl., cachivaches m/pl.

'**Kringel** m (-s; -) (Gebäck) rosquilla f; rosca f; (Schnörkel) garabato m; **2n** v/refl.: sich ~ rizarse; enroscarse; F fig. sich ~ vor Lachen desternillarse de risa.

Krino'line f miriñaque m.

'**Kripo** F f → Kriminalpolizei.

'**Krippe** f (Vieh2) pesebre m; comedero m; (Weihnachts2) belén m, nacimiento m; (Kinder2) guardería f infantil; casa f cuna; fig. an der ~ sitzen F hum. tener asegurado el comedero; F tener bien cubierto el riñón.

'**Kris|e** f, **~is** f (-; -en) crisis f; **2eln** v/unprs.: es kriselt se avecina una crisis; hay crisis (latente); **2enfest** adj. a prueba de crisis; **~enstab** m Estado m mayor de crisis; **~enzeit** f época f (od. tiempos m/pl.) de crisis.

Kris'tall n (-s; 0) u. Min. m (-s; -e) cristal m; **~e bilden** cristalizar; **2artig** adj. cristalino; **~bildung** f cristalización f; **~detektor** m Radio: detector m de galena; **~eis** n hielo m cristalino; **2en** adj. de cristal, cristalino; **~glas** n cristal m (tallado); **2hell** adj cristalino.

kristal'lin(isch) adj. cristalino.

Kristallisati'on f cristalización f.

kristalli'sier|bar adj. cristalizable; **~en** (-) I. v/i. cristalizar; II. v/refl.: sich ~ cristalizarse; **2ung** f cristalización f.

kris'tallklar adj. cristalino.

Kristallogra'phie f (0) cristalografía f.

Kristallo'id n (-es; -e) cristaloide m.

Kris'tall|schleifer m, **~schneider** m cristalero m, biselador m; **~waren** f/pl. artículos m/pl. de cristal; cristalería f; **~zucker** m azúcar m cristalizado.

Kri'terium n (-s; -ien) criterio m.

Kri'tik f (-; -en) crítica f; tadelnd: censura f; v. Büchern: reseña f; ~ üben criticar, censurar; F unter aller ~ malísimo, pésimo; über alle ~ erhaben superior a toda crítica.

Kriti'kaster m criticastro m.

'**Kritiker** m crítico m; tadelnd: censor m, criticador m.

kri'tiklos adj. sin crítica; sin espíritu crítico; **2igkeit** f (0) ausencia f de espíritu crítico.

'**kritisch** adj. crítico; das ~e Alter la edad crítica; ~er Augenblick momento m crítico.

kriti'sieren I. (-) v/t. u. v/i. hacer la crítica de; tadelnd: criticar, censurar; Buch: reseñar; **II.** 2 n crítica f.

Kritte'lei f crítica f rebuscada.

'**kritt|eln** (-le) v/i. critiquizar; **2ler(in** f) m criticón m (criticona f); criticastro m.

Kritze'lei f garabateo m, garrapateo m; garabatos m/pl.

'**kritzel|ig** adj. garabatoso, garrapatoso; **~n** (-le) v/i. garabatear, garrapatear; **2n** n garabateo m, garrapateo m.

Kro'at|e m (-n), **~in** f croata m/f; **~ien** n Croacia f; **2isch** adj. croata.

'**Krocket(spiel)** n (-s; 0) (juego m de) croquet m.

Kro'kant m (-s; 0) crocante m.

Kro'kette Kochk. f croqueta f.

Kroko'dil Zoo. n (-s; -e) cocodrilo m; **~leder** n piel f de cocodrilo; **~s·tränen** fig. f/pl. lágrimas f/pl. de cocodrilo; ~ weinen llorar con un ojo.

'**Krokus** ♀ m (-ses; -se) croco m.

'**Kron|anwärter** m pretendiente m a la corona; **~blatt** ♀ n pétalo m.

'**Krone** f corona f (a. Münze u. Uhr2); (Baum2) copa f; (Blumen2) corola f; (Zahn2) Anat. corona f; künstliche: funda f; (Leuchter) araña f (Mauer2) cresta f; ⚠ coronamiento m (a. fig.); j-m die ~ aufsetzen coronar a alg.; sich die ~ aufsetzen coronarse, ceñirse la corona; das setzt allem die ~ auf! ¡esto es el colmo!; F fig. e-n in der ~ haben F estar achispado; F was ist dir in die ~ gefahren? F ¿qué mosca te ha

picado?; F *es wird dir kein Stein (od. keine Perle) aus der* ~ *fallen* F no te caerán los anillos.
'krönen *v/t.* coronar (*a. fig.*); ⚒ rematar (*a. fig.*); *zum König* ~ coronar rey; *von Erfolg gekrönt* coronado por el éxito; *gekröntes Haupt* testa *f* coronada.
'Kronenkorken *m* tapón *m* corona.
'Kron...: ~erbe *m*, ~erbin *f* heredero (-a *f*) *m* de la corona; ~güter *n/pl.* bienes *m/pl.* de la corona; ~juwelen *n/pl.* joyas *f/pl.* de la corona; ~kolonie *f* colonia *f* de la corona; ~leuchter *m* araña *f*; ~prätendent *m* pretendiente *m* a la corona; ~prinz *m* príncipe *m* heredero; *deutscher* ~ Kronprinz *m*; ~prinzessin *f* princesa *f* real; ~rat *m* consejo *m* de la corona; ~schatz *m* tesoro *m* de la corona.
'Krönung *f* coronación *f* (*a. fig.*); ~sfeierlichkeit *f* (ceremonia *f* de la) coronación *f*.
'Kronzeuge *m* testigo *m* principal.
Kropf *m* (-*es*; *⸚e*) *Zoo.* buche *m*, papo *m*; ⚕ bocio *m*, F papera *f*.
'kröpfen I. *v/t.* ⊕ acodar; II. *v/i. Raubvogel:* comer.
'Kropftaube *Orn. f* palomo *m* buchón.
'Kröpfung ⊕ *f* codillo *m*; acodado *m*.
'Kroppzeug F *n* (*kleine Kinder*) chiquillería *f*.
kroß *adj.* crujiente.
'Krösus *m* (-; -*se*) Creso *m* (*a. fig.*).
'Kröte *Zoo. f* sapo *m*, escuerzo *m*; F *fig. giftige* ~ arpía *f*; *kleine* (*od. freche*) ~ mocosa *f*; F ~*n pl.* (*Geld*) P pasta *f*, pavos *m/pl.*; P *ein paar* ~*n haben* tener cuatro perras.
'Krück|e *f* muleta *f*; ⊕ paleta *f* (*de fundidor*); *an* ~*n gehen* andar con muletas; ~stock *m* muletilla *f*.
Krug *m* (-*es*; *⸚e*) 1. cántaro *m*; jarra *f*; jarro *m*; botijo *m*; botija *f*; *der* ~ *geht so lange zum Brunnen, bis er bricht* tanto va el cántaro a la fuente, que al fin se rompe; 2. (*Dorfschenke*) posada *f*; mesón *m*; ventorro *m*.
'Kruke *f* → Krug 1; F *fig.* birria *f*; adefesio *m*.
'Krume *f* (*Brot⸚*) miga(ja) *f*; ✓ capa *f* arable, tierra *f* de pan llevar.
'Krümel *m* (-*s*; -) miga(ja) *f*; ⸚ig *adj.* desmenuzable; friable; lleno de migas; ⸚n (-*le*) I. *v/t.* desmigajar, hacer migas de; II. *v/i.* desmigajarse; ~struktur *f des Bodens*: estructura *f* grumosa.
krumm *adj.* corvo; ⚒ curvo; (*gebogen*) curvado; (*gewölbt*) arqueado; (*eingebogen*) doblado; (*gewunden*) tortuoso (*a. fig.*); (*hakenförmig*) ganchudo; (*mißgestaltet*) contrahecho, deforme; (*sich schlängelnd*) sinuoso; (*verbogen*) torcido (*a. fig.*); (*verdreht*) retorcido; ~*er Rücken* espalda *f* encorvada; *e-n* ~*en Rücken machen* encorvarse; F *doblar el espinazo*; ~ *werden* arquearse; doblarse; *Person*: encorvarse; ~ *biegen* encorvar, doblar; F *j-n* ~ *und lahm schlagen* moler a uno las costillas a alg.; F ~*e Finger machen* F ser largo de uñas; ~*e Wege gehen* seguir caminos tortuosos (*a. fig.*); '⸚beinig *adj.* patituerto; con las piernas torcidas; '⸚darm *Anat. m* íleon *m*.
'krümm|en *v/t. u. v/refl.* (*biegen*)

encorvar(se); doblar(se); (*wölben*) arquear(se); (*drehen*) torcer(se); *knieförmig:* acodar; *sich* ~ *Holz usw.:* alabearse, combarse; *Fluß:* recodar; *Straße, Wurm:* serpentear; *sich vor Schmerzen* (*vor Lachen*) ~ retorcerse de dolor (de risa); ⸚er ⊕ *m* codo *m*.
'Krumm|holz *n* madera *f* curvada; ⸚legen F *fig. v/refl.:* sich ~ reducir los gastos; vivir modestamente; ⸚linig *adj.* curvilíneo; ⸚nehmen *fig. v/t.:* et. ~ tomar a mal a/c.; ~säbel *m* sable *m* curvo, cimitarra *f*; ~stab *m* cayado *m*; *Rel.* báculo *m*.
'Krümmung *f* curvatura *f*; encorvadura *f*; (*Windung*) sinuosidad *f*; recodo *m*, vuelta *f*; (*Kurve*) curva *f*; ~shalbmesser *m* radio *m* de curvatura.
'krumpeln F *v/i.* arrugarse.
'krumpf|echt *adj. Stoff:* inencogible; ⸚en *v/i.* encoger.
Krupp ⚕ *m* (-*s*; 0) difteria *f* laríngea, crup *m*.
'Kruppe *f* grupa *f*, anca *f*.
'Krüppel *m* (-*s*; -) lisiado *m*; mutilado *m*, inválido *m*; (*Lahmer*) tullido *m*; *zum* ~ *machen* tullir; lisiar; *zum* ~ *werden* tullirse; lisiarse; ⸚haft *adj.* lisiado; tullido; mutilado, inválido.
'Kruste *f* costra *f* (*a.* ⚕); (*Brot⸚, Erd⸚*) corteza *f*; *e-e* ~ *bilden* encostrarse; ~nbildung *f* incrustación *f*; ⚕ escarificación *f*; ~ntiere *Zoo. n/pl.* crustáceos *m/pl.*
'krustig *adj.* costroso.
Kruzi'fix *n* (-*es*; -*e*) crucifijo *m*; cristo *m*.
'Krypta *f* (-; -*ten*) cripta *f*.
Krypto'gamen ♀ *f/pl.* criptógamas *f/pl.*
Kryp'ton 🜂 *n* (-*s*; 0) criptón *m*.
'Kuba *n* Cuba *f*.
Ku'ban|er(in *f*) *m* cubano (-a *f*) *m*; ⸚isch *adj.* cubano.
'Kübel *m* (-*s*; -) artesa *f*; cubeta *f*; (*Eimer*) cubo *m*; (*Bottich*) cuba *f*, tina *f*; (*Pflanzen⸚*) maceta *f*; *es gießt wie aus* ~*n* está lloviendo a cántaros; ~wagen ⚙ *m* vagón-cuba *m*.
ku'bieren ⚒ I. (-) *v/t.* elevar al cubo, cubicar; II. ⚒ *v* n cubicación *f*.
Ku'bik|inhalt *m* volumen *m*; capacidad *f* cúbica; ~inhaltsberechnung *f* cubicación *f*; ~maß *n* medida *f* cúbica; ~meter *n*, *m* metro *m* cúbico; ~wurzel ⚒ *f* raíz *f* cúbica; *die* ~ *ziehen aus* extraer la raíz cúbica de; ~zahl ⚒ *f* cubo *m*; ~zentimeter *n*, *m* centímetro *m* cúbico.
'kubisch ⚒ *adj.* cúbico.
Ku'bis|mus *m* (-; 0) cubismo *m*; ~t *m* (-*en*), ⸚tisch *adj.* cubista *m/f*.
'Kubus ⚒ *m* (-; -*ben*) cubo *m*.
'Küche *f* cocina *f* (*a. Kochkunst*); *bürgerliche* ~ cocina *f* casera; *kalte* ~ platos *m/pl.* fríos; fiambres *m/pl.*; *die* ~ *besorgen* cocinar, hacer la cocina.
'Kuchen *m* pastel *m*; (*Torte*) torta *f*.
'Küchen-abfälle *m/pl.* desperdicios *m/pl.* (*od.* sobras *f/pl.*) de cocina.
'Küchenbäcker *m* pastelero *m*; ~ei *f* pastelería *f*.
'Küchenbenutzung *f* derecho *m* a cocina.
'Kuchenblech *n* bandeja *f* de horno.
'Küchen...: ~bulle ⚔ F *m* ranchero *m*; ~chef *m* jefe *m* de cocina; *fr.* chef *m*; ~dienst ⚔ *m* servicio *m* de cocina.

'Kuchenform *f* molde *m* (para pasteles).
'Küchen...: ~garten *m* huerto *m*; ~gerät *n* utensilios *m/pl.* de cocina; ~geschirr *n* batería *f* de cocina; ~herd *m* cocina *f*; ~junge *m* mozo *m* (*od.* pinche *m*) de cocina; marmitón *m*; ~kräuter *n/pl.* hierbas *f/pl.* culinarias; ~latein *n* latín *m* macarrónico; ~mädchen *n* moza *f* de cocina; *desp.* maritornes *f*; ~meister *m* → ~chef; ~messer *n* cuchillo *m* de cocina; ~möbel *n/pl.* muebles *m/pl.* de cocina; ~personal *n* personal *m* de la cocina; ~regal *n* vasar *m*; ~schabe *f* cucaracha *f*; ~schelle ♀ *f* pulsatila *f*; ~schrank *m* armario *m* de cocina; ~schürze *f* delantal *m* de cocina; ~stuhl *m* silla *f* de cocina.
'Kuchen|teig *m* masa *f* (para pasteles); ~teller *m* plato *m* para postre.
'Küchen...: ~tisch *m* mesa *f* de cocina; ~tuch *n* paño *m* de cocina; ~waage *f* balanza *f* de cocina.
'Küchlein *n* 1. pastelito *m*; 2. → Küken.
'Kuckuck *m* (-*s*; -*e*) *Orn.* cuclillo *m*, cuco *m*; ⚖ *hum.* sello *m* del ejecutor; F *zum* ~*!* ¡al diablo!; P ¡jolines!; (*das*) *weiß der* ~*!* ¡quién demonios va a saberlo!; *der* ~ *soll ihn holen!* ¡que se vaya al diablo!; ~s-ei *n* huevo *m* de cuc(lill)o; ~s-uhr *f* reloj *m* de cuco.
'Kuddelmuddel F *m* embrollo *m*, lío *m*; barullo *m*, desbarajuste *m*; F cacao *m*.
'Kufe *f* 1. cuba *f*; tina *f*; 2. (*Schlitten⸚*) patín *m* (*a.* ⚙); (*Schlittschuh⸚*) cuchilla *f*.
'Küfer *m* tonelero *m*, cubero *m*; (*Kellermeister*) bodeguero *m*.
'Küfe'rei *f* tonelería *f*.
'Kugel *f* (-; -*n*) bola *f*; (⚒ *od. Erd⸚*) globo *m*; ♁ esfera *f*; *Sport:* peso *m*; (*Gewehr⸚, Kanonen⸚*) bala *f*; *sich e-e* ~ *durch den Kopf jagen* (*od.* schießen) pegarse un tiro, F levantarse la tapa de los sesos; *von e-r* ~ *getroffen* herido (*od.* alcanzado) por una bala; *Sport:* die ~ *stoßen* lanzar el peso; ~abschnitt ⚒ *m* segmento *m* de esfera; ~ausschnitt ⚒ *m* sector *m* esférico, coco *m*; ~bakterie *f* bacteria *f* esférica, coco *m*; ~blitz *m* rayo *m* globular (*od.* en bola).
'Kügelchen *n* bolita *f*; glóbulo *m*.
'Kugel...: ~durchmesser ⚒ *m* diámetro *m* de la esfera; ~fang *m* parabalas *m*; ⸚fest *adj.* a prueba de balas; ~fläche *f* superficie *f* esférica; ~form *f* forma *f* esférica; ⸚förmig *adj.* esférico; globular *f* esférica; ⚒ig *adj.* esférico; globular; ~gelenk *n* ⊕, *Anat.* articulación *f* esférica; ~lager ⊕ *n* rodamiento *m* de bolas; ⸚n (-*le*) *v/t. u. v/i.* rodar; F *sich vor Lachen* ~ morirse (*od.* troncharse) de risa; ~regen ⚔ *m* lluvia *f* de balas; ⸚rund *adj.* redondo como una bola; ~schreiber *m* bolígrafo *m*; *Arg.* birome *m*; ~schreibermine *f* mina *f* para bolígrafo; ⸚sicher *adj.* a prueba de balas; ~e Weste chaleco *m* antibalas; ~stoßen *n Sport:* lanzamiento *m* de peso; ~stoßer(in *f*) *m* lanzador(a *f*) *m* de peso; ~ventil *n* válvula *f* esférica.
Kuh *f* (-; ⸚e) vaca *f*; *fig. desp.* dumme ~ estúpida *f*, atontada *f*, pava *f*; '⸚blu-

me ♀ f diente m de león; '~**dorf** F n F poblacho m, pueblo m de mala muerte; '~**euter** n ubre f; '~**fladen** m boñigo m, boñiga f; '~**glocke** f cencerro m; esquila f; '~**handel** fig. m chaleneo m; regateo m; bsd. Pol. (política f de) toma y daca; '~**haut** f piel f (od. cuero m) de vaca; fig. das geht auf keine ~ esto pasa de la raya; '~**hirt**(**in** f) m vaquero (-a f) m.

kühl adj. fresco, F fresquito; fig. frío, seco, reservado; j-n ~ empfangen recibir con frialdad a alg.; acoger fríamente a alg.; ~ werden refrescar; ~ aufbewahren! consérvese en frío (od. en lugar fresco); '²**anlage** f instalación f frigorífica; '²**apparat** m (aparato m) refrigerador m; '²**box** f nevera f portátil; '²**e** f frescura f (Morgen², Abend²) fresca f; fig. frialdad f; in der ~ al fresco; '~**en** v/t. refrescar, enfriar; poner al fresco; refrigerar (a. ⊕); '²**en** n enfriamiento m; refrigeración f; '~**end** adj. refrigerante; (erfrischend) refrescante; '²**er** m Kfz. radiador m ⊕ refrigerador m; '²**erfigur** f mascota f del radiador; '²**ergrill** Kfz. m parrilla f (od. rejilla f) del radiador; '²**erhaube** f capó m; '²**fach** n compartimiento m refrigerador; '²**flüssigkeit** f líquido m refrigerante; '²-**Gefrier-Kombination** f combi m; '²**haus** n almacén m frigorífico; '²**kette** f cadena f (od. red f) del frío; '²**mantel** ⊕ m camisa f refrigerante; '²**mittel** n refrigerante m (a. 🏥); '²**raum** m cámara f frigorífica; '²**rippe** Kfz. f aleta f de refrigeración (od. del radiador); '²**schiff** n buque m frigorífico; '²**schlange** f serpentín m refrigerador; '²**schrank** m frigorífico m, refrigerador m, nevera f, Am. heladera f; '²**tasche** f nevera f portátil; '²**truhe** f mueble m frigorífico; '²**turm** ⊕ m torre f de refrigeración; '²**ung** f refrigeración f (a. Kfz.); (Erfrischung) refrigerio m; '²**wagen** m vagón m frigorífico; '²**wasser** n agua f de refrigeración; Kfz. agua f del radiador; '²**wirkung** f efecto m refrigerante.

Kuh|**milch** f leche f de vaca; ~**mist** m estiércol m de vaca, boñiga f.

kühn adj. atrevido; arrojado, audaz, osado; temerario; intrépido; '²**heit** f audacia f, osadía f, arrojo m; temeridad f; intrepidez f.

'**Kuh**|**pocken** 🏥 f/pl. viruela f vacuna; vacuna f; ~**stall** m establo m (de vacas), vaqueriza f; '²**warm** adj.: ~e Milch leche f recién ordeñada.

'**Küken** n polluelo m, pollito m; F fig. (Mädchen) pollita f.

ku'**lan**|**t** adj. complaciente; servicial; atento; ✝ ~ sein dar facilidades; '²**z** f (0) complacencia f; buena voluntad f.

'**Kuli** m (-s; -s) **1.** culi m; fig. wie ein ~ arbeiten trabajar como un negro; **2.** F bolígrafo m.

kuli'**narisch** adj. culinario.

Ku'**lisse** f Thea. bastidor m; ⊕ corredera f; ✝ bolsa f extraoficial; hinter den ~n entre bastidores (a. fig.); **~n**-**schieber** m tramoyista m.

'**Kuller**|**augen** F n/pl.: ~ machen mirar con asombro; '²**n** (-re; sn) v/i. rodar; mit den Augen ~ revolver los ojos.

Kulminati'**on** f culminación n; ~**spunkt** m punto m culminante; fig. a. apogeo m.

kulmi'**nieren** (-) v/i. culminar.

Kult m (-es; -e) culto m; e-n ~ mit et. treiben rendir culto a a/c.; idolatrar a/c.; '~**figur** f ídolo m; '²**isch** adj. del culto, ritual.

Kulti'**vator** 🌾 m (-s; -en) cultivador m.

kulti'**vier**|**bar** 🌾 adj. cultivable; laborable; ~**en** (-) v/t. cultivar (a. fig.); **~t** adj. cultivado; fig. civilizado; refinado; Person, Sprache: culto.

'**Kultstätte** f lugar m sagrado.

Kul'**tur** f (-; -en) cultura f; (🌾, Bakterien²) cultivo m; e-s Volkes: civilización f; ~**abkommen** n acuerdo m cultural; ~**arbeit** f obra f civilizadora; ~**attaché** Dipl. m agregado m cultural; ~**austausch** m intercambio m cultural; ~**beutel** m neceser m (od. bolsa f) de aseo.

kultu'**rell** adj. cultural.

Kul'**tur...:** ~**erbe** n patrimonio m cultural; '²**fähig** 🌾 adj. cultivable; ~**feindlich** adj. anticultural; hostil a la civilización; ~**film** m documental m; '²**fördernd** adj. civilizador; ~**geschichte** f historia f de la civilización; '²**geschichtlich**, '²**historisch** adj. histórico-cultural; ~**gut** n bienes m/pl. culturales; ~**kampf** Hist. m (lucha entre la Iglesia y el Estado, en Alemania, a fines del siglo XIX); Kulturkampf m; ~**land** 🌾 n tierra f cultivable (od. laborable); fig. país m civilizado; ~**mensch** m hombre m civilizado; ~**pflanze** f planta f cultivada; ~**philosophie** f filosofía f de la cultura; ~**politik** f política f cultural; ~**schande** f vergüenza f para la civilización; ~**stufe** f grado m de civilización; ~**träger** m representante m de la cultura (od. de la civilización); ~**verein** m círculo m cultural; ~**welt** f mundo m civilizado; ~**zentrum** n centro m cultural.

'**Kultus** m (-; -te) culto m; ~**minister** m (~**ministerium** n) ministro m (Ministerio m) de Cultura.

'**Kümmel** ♀ m (-s; 0) comino m; (Schnaps) cúmel m.

'**Kummer** m (-s; 0) pena f; pesar m, pesadumbre f; (Betrübnis) aflicción f; (Sorge) preocupación f; j-m ~ bereiten preocupar (od. causar preocupación) a alg.; ~ haben estar preocupado; sentir pesadumbre (od. pesar); sich ~ machen (wegen) inquietarse, estar preocupado (por); das ist mein größter (geringster) ~ es mi mayor (menor) preocupación; es lo que más (menos) me preocupa (od. inquieta).

'**kümmer**|**lich I.** adj. miserable, mísero; (ärmlich) pobre; mezquino; (verkümmert) desmedrado, raquítico; **II.** adv.: ~ leben, sich ~ durchschlagen vivir con estrechez (od. en la miseria); F ir tirando; '²**ling** m ser m mezquino; **~n I.** v/t.: das kümmert mich nicht eso no me preocupa (od. me tiene sin cuidado); was kümmert Sie das? ¡qué le importa a usted eso?; **II.** v/refl.: sich ~ um cuidar(se) de, mirar por, (pre)ocuparse por; velar por; interesarse por; (sich einmischen) meterse en, mezclarse en; sich nicht ~ um desentenderse de; no hacer caso de; ~ Sie sich um Ihre Angelegenheiten! ¡ocúpese usted de sus asuntos!; F kümmere dich um deinen eigenen Dreck! ¡métete donde te llamen!; er kümmert sich um alles (F um jeden Dreck) se mete en todo; **²nis** f (-; -se) → Kummer.

kummervoll adj. afligido, preocupado; Liter. cuitado; pesaroso, apesadumbrado.

Kum'**pan** m (-s; -e) compañero m; amigote m; compadre m; F u. desp. compinche m.

Kumpa'**nei** f compadreo m.

'**Kumpel** m (-s; -, F -s) ⚒ minero m; F compañero m.

kumula'**tiv** adj. acumulativo.

kumu'**lier**|**en** (-) v/t. acumular; **²en** n, **²ung** f acumulación f.

'**Kumulus**(**wolke** f) m (-; -li) cúmulo m.

'**kündbar** adj. revocable; Vertrag: rescindible; Arbeitnehmer: sujeto a despido.

'**Kunde**[1] f (Nachricht) noticia f, nueva f; (Kenntnis) conocimiento m; j-m ~ geben von informar a alg. de; dar conocimiento de.

'**Kunde**[2] m (-n) cliente m; e-s Ladens: a. parroquiano m; ~n anlocken captar clientes; F fig. ein schlauer ~ un tío muy listo, P un vivales; ein übler ~ un sujeto de cuidado, F un mal elemento.

'**künden** (-e-) v/t. hacer saber; Poes. referir, narrar.

'**Kunden...:** ~**beratung** f asesoramiento m de la clientela; ~**dienst** m servicio m pos(t)venta; asistencia f técnica; ~**fang** m captación f de clientes; '²**freundlich** adj. orientado al cliente; ~**kartei** f fichero m de clientes; ~**kreis** m clientela f; ~**stamm** m clientela f fija; cartera f de clientes; ~**telefon** n teléfono m de atención al cliente; ~**werbung** f atracción f de clientela.

'**kundgeb**|**en** (L) v/t. hacer saber; anunciar, proclamar; dar a conocer; notificar; publicar, hacer público; declarar; (äußern) manifestar; **²ung** f manifestación f (a. v. Gefühlen); Pol. a. mitin m; (Bekanntgabe) proclamación f; publicación f; notificación f.

'**kundig** adj. informado, enterado; versado (en); conocedor (de); experimentado; (sachverständig) experto, perito.

'**kündigen** v/t. u. v/i. Vertrag: rescindir, denunciar; dem Mieter: avisar el desahucio, desahuciar; seitens des Mieters: avisar el desalojamiento; Arbeitnehmer: avisar el cese en el empleo; seitens des Arbeitgebers: avisar el despido, despedir; ✝ Kapital: solicitar el reembolso; j-m die Freundschaft ~ romper con alg.

'**Kündigung** f aviso m (previo); e-s Vertrages: rescisión f; denuncia f; seitens des Arbeitnehmers: aviso m (previo) de cese en el empleo; seitens des Arbeitgebers: despido m; seitens des Mieters: aviso m de desalojamiento; seitens des Vermieters: aviso m de desahucio; mit monatlicher ~ con un mes de aviso (od. de plazo); ~**sfrist** f plazo m de aviso bzw. de rescisión (od. de denuncia); e-s Arbeitnehmers: plazo m previo al despido bzw. al cese en el empleo; monatliche ~ aviso m con un mes de

anticipación; mit ~ Geldeinlage: con plazo de preaviso; ~sschutz m protección f contra el despido; ~s-termin m última fecha f de aviso.
'Kundin f cliente f; e-s Ladens: a. parroquiana f.
'kundmach|en v/t. → kundgeben; ⚯ung f notificación f; publicación f.
'Kundschaft f clientela f; ♱ a. parroquia f; ⚒ reconocimiento m; auf~ gehen = ⚯en (-e-) v/i. hacer un reconocimiento; reconocer el terreno; ~er ⚒ m explorador m; espía m.
'kund|tun (L) v/t. → ~geben; ~werden (L) v/i. divulgarse; hacerse público; Nachricht a. cundir.
'künftig I. adj. venidero, futuro; II. adv. (a. ~hin) (de ahora) en adelante; en lo sucesivo, en lo futuro.
Kunst f (-; ⚯e) arte m (pl. f); die schönen Künste las bellas artes; die freien (bildenden) Künste las artes liberales (plásticas); fig. das ist keine eso lo hace cualquiera; das ist die ganze ~ esto es todo; am Ende s-r Kunst sein ya no saber qué decir bzw. hacer; nach allen Regeln der ~ según las reglas del oficio; F con todas las de la ley.
'Kunst...: ~akademie f academia f (od. escuela f) de Bellas Artes; ~auktion f subasta f de arte; ~ausstellung f exposición f de arte; ~begeisterung f entusiasmo m por el arte; ~blatt m grabado m artístico; lámina f de arte; (Zeitung) revista f de arte; ~druck m impresión f artística; ~druckerei f imprenta f artística; talleres m/pl. gráficos; ~druckpapier n papel m cuché; ~dünger ♂ m abono m químico; fertilizante m artificial; ~eis n hielo m artificial; ~eisbahn f pista f de hielo artificial.
Künste'lei f (Ziererei) afectación f; Stil usw.: amaneramiento m; rebuscamiento m.
'Kunst...: ~erziehung f formación f artística; ~fahrer(in f) m ciclista m/f acróbata; ~fälscher m falsificador m de obras de arte; ~faser f fibra f artificial (od. sintética); ~fehler ♂ m tratamiento m erróneo; intervención f defectuosa; ⚯fertig adj. hábil; diestro; ~fertigkeit f arte m; habilidad f; destreza f; ~flieger(in f) m aviador(a f) m acrobático (-a); piloto m acrobático; ~flug ✈ m vuelo m acrobático; ~freund(in f) m aficionado (-a f) m a las artes; mecenas m; amigo m del arte; ~gärtner m horticultor m; ~gärtnerei f horticultura f; ~gegenstand m objeto m de arte; ⚯gemäß, ⚯gerecht adj. conforme a las reglas del arte; (planmäßig) metódico; ~genuß m placer m estético; ~geschichte f historia f del arte; ⚯geschichtlich adj. relativo a la historia del arte; de historia del arte; ~gewerbe n artes f/pl. industriales; oficio m artístico; ~gewerbeschule f escuela f de artes y oficios; ⚯gewerblich adj. artesanal; ~griff m artificio m, artilugio m; (Kniff) truco m, martingala f; ~handel m comercio m de objetos de arte; ~händler m marchante m de cuadros; comerciante m de objetos de arte; ~handlung f galería f de arte; ~handwerk n artesanía f artística (od. de arte); ~handwerker m artífice m, artesano m; ~harz n resina

f sintética; ~historiker m historiador m del arte; ~hochschule f Escuela f superior de Bellas Artes; ~honig m miel f artificial; ~kenner m experto m en materia de arte, entendido m en arte; ~keramik f cerámica f artística; ~kritik f crítica f de arte; ~kritiker m crítico m de arte; ~lauf m Eissport: patinaje m artístico; ~läufer(in f) m patinador(a f) m artístico (-a); ~leder n cuero m artificial, imitación f de cuero.
'Künstler m artista m; ~atelier n estudio m; ~fest n fiesta f de artistas; ~in f artista f; ⚯isch I. adj. artístico; de artista; II. adv. artísticamente; ~leben n vida f de artista; ~name m nombre m de guerra (od. de artista); ~pech F n F mala pata f; ~tum n genio m artístico; ~werkstatt f estudio m; ~zimmer Thea. n camerino m.
'künstlich I. adj. allg. artificial; (nachgemacht) imitado; facticio; (unecht) falso; Haar, Gebiß: postizo; ⚯ sintético; II. adv. artificialmente; F sich ~ aufregen hacer aspavientos.
'Kunst...: ~licht n luz f artificial; ~liebhaber(in f) m → ~freund(in); ~lied ♪ n lied m; ⚯los adj. sin arte; (einfach) sencillo; (natürlich) natural; ~losigkeit f ausencia f (od. falta f) de arte; sencillez f; naturalidad f; ~maler m pintor m (artista); ~produkt n producto m artificial (od. sintético); ⚯reich adj. → ⚯voll; ~reiter(in f) m artista m/f ecuestre; ~sammlung f colección f de arte; ~schätze m/pl. tesoros m/pl. artísticos (od. de arte); e-s Landes: patrimonio m artístico; ~schlosser m cerrajero m artístico, forjador m; ~schreiner m ebanista m; ~schule f escuela f de bellas artes; ~schwimmen n natación f sincronizada; ~seide f seda f artificial, rayón m; ⚯seiden adj. de seda artificial; ~sinn m sentido m (od. gusto m) artístico; ⚯sinnig adj. de (refinado) gusto artístico; ~springen n Sport: saltos m/pl. de trampolín; ~springer m saltador m de trampolín; ~stoff m materia f plástica (od. sintética); plástico m; ~stoffbahn f Sport: pista f sintética; ~stoffindustrie f industria f de plásticos; ~stopfen v/i. zurcir; ~stopferei f taller m de zurcido invisible; ~stopferin f zurcidora f (de fino); ~stück n muestra f de habilidad; Karten usw.: juego m de manos; juegos m/pl. malabares; F fig. das ist kein ~ eso no tiene ningún mérito; eso lo hace cualquiera; ¡~! así cualquiera; ~tischler m ebanista m; ~tischlerei f ebanistería f; ~turnen n gimnasia f (artística); ~turner(in f) m gimnasta m/f; ~verein m círculo m de bellas artes; sociedad f de amigos de las artes; ~verlag m editorial f de libros de arte; ~verstand m, ~verständnis n entendimiento m en materia de arte; ⚯verständig adj. experto en arte, entendido en (materia de) arte; ~verständige(r) m experto m (od. entendido m) en arte; ⚯voll adj. artístico; hecho con arte; ingenioso; ~werk n obra f de arte; ~wolle f lana f artificial; ~zweig m rama f del arte.
'kunterbunt adj. u. adv. abigarrado,

F variopinto; ~ durcheinander todo revuelto.
'Küpe f Färberei: tina f; ~nfarbstoff m colorante m de tina.
'Kupfer n (-s; 0) cobre m; reines ~ cobre rojo (od. puro); in ~ stechen grabar en cobre; ⚯artig adj. cúprico; ~bergwerk ⚒ n mina f de cobre; ~blech n chapa f de cobre; ~draht m hilo m de cobre; ~druck Typ. m calcotipia f; ~erz n mineral m de cobre, mena f cuprífera; ⚯farben, ⚯farbig adj. cobrizo; ~geld n moneda f de cobre, calderilla f; ~geschirr n (vajilla f de) cobre m; ⚯haltig adj. cuprífero; ~kessel m caldera f de cobre; ~kies m pirita f de cobre, calcopirita f; ~münze f (moneda f de) cobre m; ⚯n adj. de cobre; Farbe: cobrizo; ~platte f lámina f de cobre, plancha f) de cobre; ⚯rot adj. cobrizo; ~schmied m forjador m de cobre; caldero m en cobre; ~stecher m grabador m en cobre; calcógrafo m; ~stechkunst f calcografía f; ~stich m grabado m en cobre; ~stichkabinett n gabinete m de estampas; ~sulfat n sulfato de cobre; ~vitriol ⚗ n vitriolo m (od. caparrosa f) azul; ~waren f/pl. artículos m/pl. de cobre; cobres m/pl.
Ku'pido Myt. m Cupido m.
ku'pieren (-) v/t. cortar.
Ku'pon [ku'pɔŋ] m (-s; -s) cupón m.
'Kuppe f cima f, cumbre f; (Nadel⚯) cabeza f; (Finger⚯) yema f (del dedo).
'Kuppel △ f (-; -n) cúpula f; ~bau △ m cimbo(r)rio m; ~dach n cúpula f.
Kuppe'lei f proxenetismo m, alcahuetería f.
'Kuppelgewölbe △ n bóveda f esférica.
'kuppeln (-le) I. v/i. 1. alcahuetar, hacer de alcahuete; 2. Kfz. embragar; II. v/t. ⊕ acoplar; ⚙ enganchar.
'Kuppler m proxeneta m, alcahuete m; tercero m; ~in f alcahueta f, proxeneta f, celestina f, F trotaconventos f; ⚯isch adj. de alcahuete, de alcahuete; F celestinesco.
Kupplung f ⊕ acoplamiento m; Kfz. embrague m; ⚙ enganche m; die ~ einrücken (lösen) embragar (desembragar); ~sbelag m guarnición f de fricción; ~sbremse f freno m de embrague; ~sfeder f muelle m de embrague; ~shebel m palanca f de embrague; ~s-pedal n pedal m de embrague; ~sscheibe f platillo m de embrague; ~sstange f biela f de acoplamiento.
Kur ♂ f (-; -en) cura f; (Behandlung) tratamiento m; e-e ~ machen someterse a (od. seguir) un tratamiento.
Kür f Sport: ejercicios m/pl. bzw. figuras f/pl. libres.
'Kur|anstalt f sanatorio m; ~arzt m médico m de balneario.
Kü'raß m (-sses; -sse) coraza f.
Küras'sier [-a'si:R] ⚒ m (-s; -e) coracero m.
Kura'tel ⚖ f (-; -en) curatela f, curaduría f; tutela f; unter ~ stehen estar bajo tutela (a. fig.).
Ku'rator m (-s; -'toren) curador m (a. e-s Museums).
Kura'torium n (-s; -rien) consejo m de administración (od. de patronato).

Kur|aufenthalt m cura f; permanencia f en un balneario bzw. sanatorio; ~**bad** n balneario m.

'**Kurbel** f (-; -n) manivela f; manubrio m; cigüeñal m; ~**arm** m brazo m de manivela; ~**gehäuse** Kfz. n cárter m del cigüeñal; ~**getriebe** n mecanismo m de manivela; 2n (-le) v/i. u. v/t. girar (la manivela); dar a la manivela; F Film: rodar; ~**stange** f biela f; ~**welle** f árbol m de manivela; cigüeñal m; ~**zapfen** m botón m de manivela.

'**Kürbis** m (-ses; -se) ♀ calabaza f, Am. zapallo m; F (Kopf) F coco m; ~**flasche** f calabacino m; ~**gewächse** n/pl. cucurbitáceas f/pl.; ~**kern** m pepita f de calabaza; ~**rassel** ♪ f maraca f.

'**Kurd|e** m (-n) curdo m; ~**in** curda f; 2**isch** adj. curdo; ~**istan** n Curdistán m.

'**küren** v/i. elegir.

Kü'rette Chir. f cureta f, cucharilla f.

'**Kurfürst** Hist. m (-en) elector m; der Große ~ el Gran Elector de Brandeburgo; ~**entum** n (-s; ~er) electorado m; ~**in** f electriz f; 2**lich** adj. electoral.

'**Kur|gast** m agüista m; bañista m; ~**haus** n casino m.

'**Kurie** ['ku:RIə] f curia f.

Ku'rier m (-s) correo m.

ku'rieren (-) ♂ v/t. curar, sanar.

Ku'rier|flugzeug n avión m correo; ~**gepäck** n valija f diplomática.

kuri'os adj. curioso; raro, extraño; singular.

Kuriosi'tät f curiosidad f; objeto m raro.

Kuri'osum n (-s; -sa) curiosidad f; cosa f curiosa (od. rara od. singular).

'**kurisch** adj. curlandés; Geogr. das 2e Haff el Haff de Curlandia.

'**Kur|kosten** pl. gastos m/pl. de tratamiento; ~**land** n Geogr. Curlandia f, Kurlandia f.

'**Kürlauf** m Sport: (prueba f de) figuras f/pl. libres, ejercicios m/pl. libres.

'**Kur|orchester** n orquesta f de balneario; ~**ort** m estación f termal bzw. climática; ~**park** m parque m del balneario; ~**pfuscher** m curandero m, charlatán m; ~**pfusche'rei** f curanderismo m, charlatanería f.

Kurs m (-es; -e) 1. (Lehrgang) curso m, cursillo m; 2. ♀ v. Devisen: cambio m; v. Wertpapieren: cotización f; (Umlauf) circulación f; ♀ zum ~ von al cambio de; al tipo de; im ~ **stehen** cotizarse; fig. hoch im ~ stehen estar en el candelero; außer ~ fuera de circulación; außer ~ setzen retirar de la circulación, poner fuera de circulación; 3. ♃, ✈ rumbo m (a. fig.); mit ~ auf con rumbo a; ~ **nehmen** auf hacer rumbo a; den ~ **ändern** cambiar el rumbo; den ~ **halten** mantener el rumbo; vom ~ **abkommen** perder el (od. desnortarse del) rumbo (a. fig.); e-n neuen ~ **einschlagen** tomar otro rumbo (a. fig.); e-n falschen ~ **steuern** seguir una ruta equivocada.

'**Kursaal** m casino m, kursaal m.

'**Kurs...:** ~**abschlag** ♀ m descuento m sobre el cambio; ~**abweichung** ♃, ✈ f desviación f del rumbo; ~**änderung** ♃, ✈ f cambio m de rumbo (a. fig.); ~**anstieg** ♀ m alza f (de las cotizaciones); ~**bericht** ♀ m boletín m de cotizaciones; ~**bildung** ♀ f cotización f; ~**blatt** ♀ n boletín m de Bolsa; ~**buch** ✉ n guía f de ferrocarriles.

Kürschner m peletero m.

Kürschne'rei f peletería f.

'**Kurs...: differenz** ♀ f diferencia f de cambio; ~**einbruch** m caída f brusca de los cambios; ~**entwicklung** f evolución f de los cambios; ~**festsetzung** f fijación f de cambio; ~**gewinn** m ganancia f en el cambio; **kur'sieren** (-) v/i. Geld: circular, estar en circulación; Gerücht usw.: correr.

kur'siv adv. en (letra) cursiva; Typ. en bastardilla (od. itálica); 2**schrift** f (letra f) cursiva f, Typ. (letra f) bastardilla f od. itálica f.

'**Kurs...: korrektur** f ♃ corrección f de derrotero (Rakete usw.: de trayectoria); ~**makler** m ♀ agente m de cambio y bolsa; ~**notierung** f cotización f.

kur'sorisch adj.: ~e Lektüre lectura f seguida.

'**Kurs...: parität** ♀ f cambio m a la par, paridad f del cambio; ~**rückgang** ♀ m retroceso m en el cambio; ~**schwankungen** ♀ f/pl. fluctuaciones f/pl. en los cambios; ~**senkung** ♀ f descenso m de los cambios; ~**stand** ♀ m nivel m del cambio; ~**steigerung** ♀ f alza f del cambio; ~**sturz** ♀ m baja f repentina del cambio; ~**teilnehmer(in** f) m cursillista m/f; ~**treiber** ♀ m alcista m.

'**Kursus** m (-; Kurse) curso m, cursillo m.

'**Kurs...: verlust** ♀ m pérdida f de (od. en el) cambio; ~**wagen** ✉ m coche m (od. vagón m) directo; ~**wechsel** m cambio m de rumbo (a. fig.); ~**wert** ♀ m valor m cotizado; Devisen: tipo m de cambio; ~**zettel** m listín m de Bolsa; lista f de cotizaciones; ~**zuschlag** ♀ m recargo m sobre el cambio.

'**Kurt** m Conrado m.

'**Kurtaxe** f etwa: póliza f de turismo.

Kurti'sane f cortesana f.

'**Kür-übung** f ejercicio m libre.

'**Kurve** [-v-] f allg. curva f (a. F e-r Frau); Kfz., ⚙ viraje m; scharfe (od. enge) ~ curva f cerrada; weite ~ curva f abierta; e-e ~ **nehmen** (schneiden) tomar (cortar) una curva; Kfz., ⚙ in die ~ **gehen** virar, hacer un viraje; F die ~ **kratzen** F largarse (sterben) ?? diñarla; 2n v/i. virar; ~**nbild** n, ~**ndarstellung** f gráfico m, gráfica f; 2**nförmig** adj. curvado; ~**nlage** f Kfz. estabilidad f en las curvas; ~**nlineal** n plantilla f de curvas; regla f curva; ~**nmesser** m curvímetro m; 2**nreich** adj. con muchas curvas.

'**kurz** adj. u. adv. (~er, ~est) corto; zeitlich: a. breve, de corta duración; (~gefaßt) sucinto, breve, conciso, escueto; ~e Hose pantalón m corto; ein ~es Gedächtnis haben ser flaco de memoria; ~e Zusammenfassung, ~e Inhaltsangabe resumen m, sumario m; ~er Blick ojeada f; ~e Silbe (sílaba f) breve f; e-n ~en Atem haben tener la respiración corta, F ser corto de resuello; von ~er Dauer de corta duración; in kürzester Zeit (od. Frist) en el plazo más breve (od. lo más pronto) posible; die ~e Zeit, die ... el poco tiempo que ...; in ~en Worten en pocas palabras, sucintamente; ~ und bündig lacónicamente; en pocas palabras; sin rodeos; ~ darauf poco después, a los pocos momentos, al poco rato; ~ nach zwei a las dos y pico, poco después de las dos; ~ nach s-r Ankunft a poco de llegar; ~ und gut, ~ gesagt en una palabra, en suma; en resumen, en resumidas cuentas; ~ vor Madrid a poca (od. corta) distancia de Madrid, muy cerca de Madrid; binnen ~em dentro de poco, en breve; nach ~er Zeit al poco tiempo, poco después; vor ~em hace poco (tiempo), recientemente; últimamente; bis vor ~em hasta hace poco; ~ vorher, ~ zuvor poco antes, momentos antes; seit ~em desde hace poco; über ~ oder lang a la corta o a la larga; tarde o temprano; fig. ~ angebunden sein ser parco de palabras; no andarse con cumplidos; ~ entschlossen ni corto ni perezoso; sich ~ entschließen decidirse de pronto (od. de golpe); ~ erläutern explicar en pocas palabras; sich ~ fassen ser breve; um mich ~ zu fassen para abreviar; zu ~ dauern durar muy poco; zu ~ **kommen** salir perdiendo; quedarse corto (od. con las ganas); es ~ machen abreviar; um es ~ zu machen para ser breve; en una palabra; ~ schneiden Haar: cortar mucho; alles ~ und klein schlagen hacer pedazos (od. F trizas); F no dejar títere con cabeza; ~ zusammenfassen resumir; fig. den kürzeren ziehen salir perdiendo, llevar las de perder; F tocarle a uno bailar con la más fea; kürzer machen acortar; kürzer werden acortarse; 2**arbeit** f jornada f reducida; ~**arbeiten** v/i. hacer jornada reducida; 2**arbeiter(in** f) m trabajador(a f) m a jornada reducida; ~**ärmelig** adj. de manga corta; ~**armig** adj. de brazos cortos; ~**atmig** adj. corto de respiración, ✈ disneico; 2**atmigkeit** ✈ f (0) disnea f; 2**ausgabe** f edición f resumida; ~**beinig** adj. de piernas cortas; F paticorto.

'**Kürze** f zeitlich: brevedad f; corta duración f; räumlich: corta extensión f; corta distancia f; des Ausdrucks: concisión f; laconismo m; in ~ en breve, dentro de poco; in aller ~ en pocas palabras; der ~ halber para abreviar, para mayor brevedad; in der ~ liegt die Würze lo bueno, si breve, dos veces bueno; ⌐l n (-s; -) Stenographie: abreviatura f; 2n (-t) v/t. acortar, hacer más corto; Text, Rede: abreviar; Film usw.: cortar; (verringern) recortar; reducir; disminuir; 𝒜 simplificar.

'**kurzer'hand** adv. sin vacilar; sin consideración; F sin pararse en barras; sin más ni más.

'**kurz...: faserig** adj. de fibra corta; 2**fassung** f versión f resumida; 2**film** m cortometraje m, F corto m; 2**form** f (Abkürzung) f abreviatura f; ~**fristig** adj. a corto plazo (a. ♀); ~**gefaßt** adj. resumido, sucinto, sumario; conciso; 2**geschichte** f historieta f; relato m corto; ~**geschnitten** adj. Haar: corto; ~**geschoren** adj. Haare: cortado al rape; ~**haarig** adj. de pelo corto; ~**halten** F fig. v/t.

atar corto (a alg.); ~**lebig** *adj.* de corta vida; *fig.* de corta duración; efímero; ²**lebigkeit** *f (0)* brevedad *f* de la vida; *fig.* poca duración *f*; ²**lehrgang** *m* cursillo *m*.

¹**kürzlich** *adv.* hace poco, recientemente, últimamente; el otro día; *Am.* recién; *erst* ~ muy recientemente.

¹**Kurz...**: ~**nachrichten** *f/pl.* noticias *f/pl.* breves; ~**parkzone** *f* zona *f* azul; ~**paß** *m Sport*: pase *m* corto; ~**referat** *n* comunicación *f*; ²**schließen** ⚡ *v/i.* poner en cortocircuito; hacer un puente; ~**schluß** ⚡ *m* cortocircuito *m*; ~**schlußhandlung** *f* acto *m* irreflexivo; ~**schrift** *f* taquigrafía *f*; ²**sichtig** *adj.* miope, corto de vista, F cegato; *fig.* de miras estrechas; de horizontes limitados; ~**sichtigkeit** *f (0)* miopía *f*; *fig. a.* estrechez *f* de miras; ²**stielig** ♀ *adj.* de tallo corto; ~**strecke** *f* trayecto *m* corto; ~**streckenlauf** *m* carrera *f* corta *bzw.* de velocidad; ~**streckenläufer** *m* velocista *m*, sprinter *m*; ~**streckenrakete** *f* cohete *m* de corto alcance; ²**treten** *v/i.* acortar el paso; F *fig.* reducir los gastos; ahorrar fuerzas; ²'**um** *adv.* en una palabra; en fin; en resumidas cuentas.

'**Kürzung** *f* abreviación *f*; acortamiento *m*; (*Streichung*) corte *m*; (*Herabsetzung*) reducción *f*, disminución *f*; ⚡ simplificación *f*; (*Ab*²) abreviatura *f*.

'**Kurz...**: ~**wahltaste** *f Tele.* tecla *f* de marcado rápido; ~**waren** *f/pl.* (artículos *m/pl.* de) mercería *f*; ~**warengeschäft** *n*, ~**warenhandlung** *f* mercería *f*; ~**warenhändler** *m* mercero *m*; ²'**weg** *adv.* sin más ni más; de buenas a primeras; ~**weil** *f (0)* pasatiempo *m*; diversión *f*, distracción *f*; entretenimiento *m*; ²**weilig** *adj.* divertido; entretenido; (*spaßig*) gracioso; ~**welle** *f* ⚡, *Radio*: onda *f* corta; ~**wellenbereich** *m Radio*: gama *f* de ondas cortas; ~**wellenempfänger** *m* receptor *m* de onda corta; ~**wellentherapie** ⚕ *f* terapia *f* de ondas cortas; ~**wellensender** *m* emisora *f* de onda corta.

kusch! *int.* zum Hund: ¡échate!; ¡quito!

¹**kuscheln** *v/refl.*: *sich* ~ acurrucarse.

¹**kuschen** *v/i. Hund*: echarse; F *fig.* obedecer sin rechistar, F achantarse.

Ku'sine *f* prima *f*.

Kuß *m* (-sses; ⁻sse) beso *m*; ¹²**echt** *adj.* indeleble, a prueba de besos.

¹**küssen I.** (-βt) *v/t.* besar; *sich* ~ besarse; *j-n auf den Mund* ~ besar a alg. en la boca; *j-m die Hand* ~ besar la mano a alg.; **II.** ² *n* besos *m/pl.*

¹**kuß...**: ~**fest** *adj.* → ~**echt**; ²**hand** *f*: *e-e* ~ *zuwerfen* echar un beso, lanzar un beso con la punta de los dedos; *fig. mit* ~ con muchísimo gusto.

¹**Küste** *f* costa *f*; orilla *f*; (*Gebiet*) litoral *m*; *an der* ~ *entlangfahren* navegar a lo largo de la costa; costear.

¹**Küsten...**: ~**artillerie** ✗ *f* artillería *f* de costa; ~**befestigungen** ✗ *f/pl.* fortificaciones *f/pl.* costeras; ~**bewohner(in** *f*) *m* costanero (-a *f*) *m*, costeño (-a *f*) *m*; ~**dampfer** *m* vapor *m* de cabotaje; ~**fahrt** *f* cabotaje *m*; navegación *f* costera; ~**fahrzeug** *n* buque *m* de cabotaje; ~**fischerei** *f* pesca *f* de bajura; ~**gebiet** *n* zona *f* costera; litoral *m*; ~**gewässer** *n/pl.* aguas *f/pl.* costeras; ~**handel** *m* comercio *m* costero (*od.* de cabotaje); ~**land** *n* costa *f*; litoral *m*; ~**schiffahrt** *f* cabotaje *m*, navegación *f* costera; ~**schutz** *m* defensa *f* de las costas; ~**stadt** *f* ciudad *f* costeña *bzw.* marítima; ~**streifen** *m*, ~**strich** *m* litoral *m*; región *f* (*od.* franja *f*) costera; ~**wache** *f* vigilancia *f* (*od.* guardia *f*) costera; ~**wachschiff** *n* guardacostas *m*; lancha *f* patrullera de vigilancia costera; ~**zone** *f* zona *f* litoral (*od.* costera).

'**Küster** *Rel. m* sacristán *m*.

Küste'rei *f* sacristanía *f*.

'**Kustos** *m* (-; -¹*stoden*) *e-s Archivs*: archivero *m*; *e-s Museums*: conservador *m*, custodio *m*.

'**Kutsch|bock** *m* pescante *m*; ~**e** *f* coche *m* (de caballos); (*Pracht*²) carroza *f*; (*Post*²) diligencia *f*; ~**enschlag** *m* portezuela *f*; ~**er** *m* cochero *m*.

kut'schieren (-) **I.** *v/i.* ir en coche; **II.** *v/t.* (*lenken*) conducir (un coche).

'**Kutschpferd** *n* caballo *m* de coche *bzw.* de carroza.

'**Kutte** *f* hábito *m*; *mit Kapuze*: congulla *f*.

'**Kutteln** *f/pl.* callos *m/pl.*, mondongo *m*; tripas *f/pl.*

'**Kutter** ⚓ *m* cúter *m*, balandra *f*.

Ku'vert [-'vᴇʀ(t)] *n* (-¢s; -s) (*Gedeck*) cubierto *m*; (*Brief*²) sobre *m*.

Ku'wait *n* Kuwait *m*.

Kux ⚒ *m* (-es; -e) acción *f* de minas.

Kyber'neti|k *f (0)* cibernética *f*; ~**ker** *m*, ²**sch** *adj.* cibernético (*m*).

'**Kyrie** [-ʀɪə] *n* (-; -s) kirie *m*.

ky'rillisch *adj.* cirílico.

L

L, l n L, l f.
Lab [a:] n (-es; -e) cuajo m.
'Laban m Bib. Labán m; F fig. ein langer ~ F un larguirucho, un varal.
'labb(e)rig adj. (schlaff) fofo; (fade) soso; ~e Brühe bazofia f.
'Labe f (0) → Labsal; 2n v/t. (erfrischen) refrescar; (beleben) reanimar; (ergötzen) recrear; sich ~ refrescarse; recrearse, deleitarse (an dat. con); (genießen) saborear (a/c.); 2nd adj. refrescante; 2rn F v/i. F soltar el rollo; ~trunk m refresco m, bebida f refrescante.
'Labferment n renina f
labi'al adj. labial; 2laut m sonido m labial.
la'bil adj. lábil; inestable.
Labili'tät f (0) labilidad f; inestabilidad f.
'Lab|kraut ♀ n cuajaleche m; galio m; ~magen Zoo. m cuajar m, abomaso m.
La'bor F n (-s; -s od. -e) laboratorio m.
Labo'rant(in f) m (-en) ayudante m/f de laboratorio.
Labo|ra'torium n (-s; -rien) laboratorio m; 2'rieren (-) F v/i.: ~ an sufrir de, padecer (de); adolecer (de).
La'bor|techniker m técnico m de laboratorio; ~versuch m experimento m de laboratorio.
'Lab|sal n (-s; -e), ~ung f refresco m, refrigerio m; fig. confortación f; solaz m; (Genuß) delectación f; (Erleichterung) alivio m.
Laby'rinth n (-es; -e) laberinto m (a. Anat.); dédalo m (a. fig.); 2isch adj. laberíntico.
'Lach-anfall m ataque m de risa.
'Lache[1] [a] f (0) (Gelächter) risa f; risotada f; carcajada f.
'Lache[2] [a:] f (Pfütze) charco m.
'lächeln (-le) I. v/i. sonreír; sonreírse (über ac. de); II. 2 n sonrisa f; ~d adj. sonriente, (a. fig. u. Poes.) risueño.
'lachen I. v/i. reír; reírse (über ac. de); höhnisch (od. hämisch) ~ reír burlonamente; laut (od. schallend) ~ soltar una carcajada, reír a carcajadas; das Herz lacht ihm im Leibe el corazón le rebosa de alegría; da gibt es nichts zu ~ no es ninguna broma; ich weiß nicht, was es da zu ~ gibt no le veo la gracia; darüber kann ich nur ~ me da risa; daß ich nicht lache! ¡no me haga(s) reír!; er hat nichts zu ~ él no está echado en un lecho de rosas; iro. Sie haben gut ~ bien puede usted reírse; wer zuletzt lacht, lacht am besten quien ríe último, ríe mejor; al freír será el reír; **II.** 2 n risa f; lautes ~ carcajada f; höhnisches (od. hämisches) ~ risa f sardónica (od. burlona); das ist zum ~ da risa; es para reírse; es ridículo; zum ~ bringen

hacer reír; zum ~ reizen mover a risa; zum ~ herausfordern provocar la risa; in lautes ~ ausbrechen prorrumpir en carcajadas; echarse a reír; sich vor ~ nicht halten können morirse de risa; mir ist nicht zum ~ zumute) no estoy para reír (od. para risas od. para bromas); das ist nicht zum ~ no es ninguna broma; no es cosa de risa; ~d adj. risueño; Himmel: sereno; F Erbe: contento.
'Lach|er m reidor m; die ~ auf s-r Seite haben causar risa a expensas del adversario; ~erfolg m éxito m de risa.
'lächerlich adj. ridículo; (zum Lachen) risible; (unbedeutend) irrisorio; absurdo; ~ machen poner en ridículo; ridiculizar; sich ~ machen hacer el ridículo (F el ridi); poner(se od. quedar) en ridículo (od. en evidencia); 2e(s) n ridículo m; ins ~ ziehen tomar a risa, echar a broma; ridiculizar; 2keit f ridículo m; ridiculez f; der ~ preisgeben poner en ridículo (od. en berlina); ridiculizar.
'Lach...: ~gas 🜋 n gas m hilarante; 2haft adj. → lächerlich; ~krampf ✱ m risa f convulsiva; 2lust f ganas f/pl. de reír; 2lustig adj. alegre; reidor; ~muskel Anat. m músculo m risorio.
Lachs [-ks] Ict. m (-es; -e) salmón m.
'Lach-salve f carcajada f; explosión f de risa.
'Lachs...: ~fang m pesca f del salmón; 2farben adj. asalmonado, de color salmón; ~forelle Ict. f trucha f asalmonada; ~schinken m jamón m asalmonado.
'Lachtaube Orn. f tórtola f collariza doméstica.
'Lack m (-es; -e) laca f; (Firnis) barniz m; (Glanz2) charol m; F und fertig ist der ~! ¡y sanseacabó!; ~affe F m petimetre m, lechuguino m; ~arbeit f (Gegenstand) laca f; ~el F m patán m, palurdo m, paleto m; ~farbe f pintura f de laca bzw. al barniz; 2ieren (-) v/t. barnizar; Leder usw.: charolar; ~ieren, ~ierung f barnizado m; ~ierer m barnizador m; ~ierei f taller m de barnizado; ~ierte(r) F m: der ~ sein F ser el primo; ~leder n charol m; ~mus 🜋 m/n (-; 0) tornasol m; ~muspapier n papel m (de) tornasol; ~schuhe m/pl. zapatos m/pl. de charol.
'Lade f (Truhe) arca f; (Kasten) caja f, cofre m; (Schub2) cajón m; gaveta f; des Webstuhls: batán m; ~aggregat ✱ n grupo m de carga; ~baum m percha f de carga; ~bühne f plataforma f de carga; ~fähigkeit f (0) capacidad f de carga; ~fläche f superficie f de carga; ~gebühr f, ~geld n derechos

m/pl. de carga bzw. de embarque; ~gerät n cargador m; ~gewicht n peso m en carga; ⚓ tonelaje m; ~hemmung ✖ f encasquillamiento m; e-e ~ haben encasquillarse; ~kapazität f → ~fähigkeit; ~kran m grúa f de carga; ~luke ⚓ f escotilla f de carga, ~maschine f cargadora f.
'laden[1] **I.** (L) v/t. cargar (a. ✖, ✍, Computer); blind (scharf) ~ cargar sin (con) bala; fig. et. auf sich ~ cargar sobre si; cargar con a/c.; die Verantwortung auf sich ~ asumir la responsabilidad; Haß auf sich ~ atraer(se) el odio; e-e Schuld auf sich ~ hacerse culpable de una falta; F er hat schwer geladen F está borracho (od. trompa); → a. geladen; **II.** 2 n carga f.
'laden[2] (L) v/t. invitar; convidar; zu e-r Versammlung usw.: convocar; j-n zu Tisch ~ invitar a alg. a comer; ⚖ vor Gericht ~ citar ante el tribunal.
'Laden m (-s; ⁻) tienda f, comercio m; großer ~: almacén m; (Fenster2) persiana f, contraventana f; F fig. tinglado m; F er wird den ~ schon schmeißen él se encargará de todo; er kann den ~ zumachen está arruinado; ~besitzer(in f) m propietario (-a f) m (od. dueño [-a f] m) de una tienda; tendero (-a f) m; ~dieb(in f) m ladrón m (ladrona f) de tiendas; F mechera f; ~diebstahl m robo m (od. ratería f) en tiendas; ~einrichtung f instalación f de una tienda; ~hüter m artículo m invendible; ~inhaber(in f) m → ~besitzer(in); ~kette f cadena f de tiendas; ~mädchen n vendedora f, dependienta f; ~miete f alquiler m de la tienda; ~preis m precio m de venta al público; ~raum m local m (de una tienda); rückwärtiger: trastienda f; ~schild n rótulo m; letrero m; ~schluß m (hora f de) cierre m de los comercios; ~schlußgesetz n ley f de cierre de comercios; ~straße f calle f comercial; ~tisch m mostrador m.
'Lade...: ~platz m ⚓ embarcadero m; cargadero m; ~profil 🚂 n gálibo m de carga; ~r ⚡ m cargador m; ~rampe f rampa f (⚓ muelle m) de carga; ~raum m capacidad f de carga; (Tonnage) tonelaje m; ⚓ bodega f; ~schein m ⚓ certificado m de carga, póliza f de cargamento; ~schütze ✖ m cargador m; ~spannung ⚡ f tensión f de carga; ~station, ~stelle ⚡ f puesto m de carga; ~stock ✖ m baqueta f; ~streifen ✖ m e-s Gewehrs: peine m; e-r Pistole: cargador m; ~strom ⚡ m corriente f de carga; ~trommel f e-s Revolvers: barrilete m; ~vorrichtung f cargador m; a. ✖ dispositivo m de carga.

lä'dieren (-) v/t. deteriorar; estropear; (verwunden) lesionar.

'Ladung f allg. carga f; bsd. ⚓ cargamento m; ⚖ citación f; (Vor²) emplazamiento m; Verw. convocatoria f; ⚓ ~ einnehmen admitir carga; **~sempfänger** ⚓ m consignatario m; **~s-offizier** ⚓ m sobrecargo m; **~verzeichnis** ⚓ n manifiesto m.

La'fette ✕ f cureña f; ohne Räder: afuste m.

'Laffe m (-n) fatuo m; F mequetrefe m; F lechuguino m; F Arg. compadrito m.

'Lage f situación f; (Stellung) posición f (a. ♪); ♪ (Stimm²) tesitura f; (Zustand) estado m; condición f; (Umstände) circunstancias f/pl.; (Körper²) posición f; postura f; ⚥ des Fötus: presentación f; (Konjunktur) coyuntura f; von Gebäuden usw.: emplazamiento m; sitio m; bsd. Am. ubicación f; (Schicht) capa f; △ Ziegelsteine: hilada f; Geol. estrato m; e-e ~ Bier spendieren pagar una ronda de cerveza; bei dieser ~ der Dinge in este estado de cosas; in der ~ sein, zu (inf.) estar en condiciones de (inf.); ser capaz de (inf.); estar capacitado para; ich bin nicht in der ~, zu (inf.) me es imposible de (inf.); j-n in die ~ versetzen, zu (inf.) poner a alg. en condiciones de (inf.); versetzen Sie sich in m-e ~ póngase usted en mi caso (od. lugar); in e-r schwierigen ~ sein estar en apuros (od. en una situación apurada); j-n in e-e schwierige ~ bringen poner a alg. en un apuro; ich möchte nicht in s-r ~ sein no quisiera estar en su lugar (F en su pellejo); **~bericht** m informe m sobre la situación; **~besprechung** f análisis m de la situación; **~nstaffel** f Schwimmen: relevo m de estilos individual; ²**nweise** adv. por capas; **~plan** m plano m (general); △ trazado m general.

'Lager n (-s; -) **1.** (Ruhestätte) yacija f; (Bett) cama f, Poes. lecho m; Jgdw. wilder Tiere: guarida f; cubil m; Hase: madriguera f; ✕ (Feld²) campamento m; (Flüchtlings² usw.) campo m (a. fig. Pol.); **~ aufschlagen** (zelten) acampar; ins andere ~ übergehen (a. fig.) pasarse al campo contrario); **2.** ⚓ almacén m; depósito m; (Vorrat) existencias f/pl., stock m; ab ~ franco (od. puesto en) almacén; auf ~ en almacén; en depósito; auf ~ haben tener en almacén; fig. traer en la manga; auf ~ nehmen tomar en depósito, almacenar; das ~ räumen liquidar las existencias; das ~ auffüllen reponer existencias; **3.** Geol. capa f, yacimiento m (a. ✕); **4.** ⊕ soporte m, asiento m, cojinete m; **~abbau** m reducción f de existencias (od. stocks); **~auffüllung** f reposición f de existencias; **~aufnahme** f inventario m (de existencias); **~aufseher** m guard(a)almacén m; **~bestand** m existencias f/pl. en almacén; **~bier** n cerveza f de fermentación baja; **~bildung** f formación f de stocks; **~buch** ⚓ n libro m de almacén; **~buchse** ⊕ f casquillo m de cojinete; **~feuer** n hoguera f; **~gebühr** f, **~geld** n (derechos m/pl. de) almacenaje m; **~halter** m almacenista m; **~haltung** f almacenaje m; gestión f

de stocks; **~haus** n almacén m; depósito m.

Lage'rist m (-en) almacenero m; empleado m de almacén.

'Lager...: ~kosten pl. (gastos m/pl. de) almacenaje m; **~leben** n vida f de campamento; **~leiter** m jefe m de campamento; **~metall** ⊕ n metal m antifricción; **~miete** f alquiler m de almacén; almacenaje m.

'lagern (-re) **I.** v/i. **1.** (ruhen) reposar, descansar; (liegen) estar echado (od. tendido); (zelten) (a. sich ~) acampar; **2.** ⚓ Waren: estar almacenado (od. en almacén); hallarse en (el) depósito; Wein usw.: estar en bodega; reposar; **II.** v/t. ⚓ almacenar; Wein: embodegar; ⊕ montar sobre cojinetes; bsd. ⚓ acostar, apoyar; fig. dieser Fall ist anders gelagert es un caso distinto.

'Lager...: ~obst n fruta f de guardar; **~platz** m campamento m; sitio m de acampada; für Waren: almacén m; depósito m; **~raum** m depósito m; für Wein: bodega f (a. ⚓); **~schale** f cojinete m; **~schein** ⚓ m resguardo m de depósito; **~schuppen** m tinglado m; cobertizo m; **~statt** f yacija f; (Bett) cama f, Poes. lecho m; **~stätte** f **1.** → platz; **2.** Geol. yacimiento m; **~tank** m tanque m de depósito (od. de almacenamiento); **~umschlag** ⚓ m rotación f de stocks; **~ung** f ⚓ almacenamiento m, almacenaje m; depósito m; ⊕ (Stütze) soporte m, asiento m; **~verwalter** m almacenista m; jefe m de almacén; **~verzeichnis** n inventario m de existencias; **~zapfen** ⊕ m vástago m, muñón m; **~zeit** ⚓ f tiempo m de almacenamiento.

La'gune f laguna f.

'lahm adj. paralizado; ⚕ paralítico; tullido; (hinkend) cojo, Am. a. rengo; fig. (kraftlos) sin fuerza; ineficaz; (schwach) débil; flojo; **~en** v/i. cojear; ser (od. ir) cojo; Am. a. renguear.

'lähmen v/t. paralizar (a. fig.); **~d** adj. paralizador.

'Lahm|e(r m) m/f paralítico (-a f); weit S. cojo (-a f); ²**legen** fig. v/t. paralizar; inmovilizar; ✕ neutralizar; **~legen** m, **~legung** f paralización f; inmovilización f; ✕ neutralización f.

'Lähmung f ⚕ parálisis f; a. fig. paralización f.

Laib m (-(e)s; -e): ~ Brot pan m; hogaza f; ein ~ Käse un pan de queso.

'Laich m (-(e)s; -e) freza f; ²**en** v/i. frezar, desovar, aovar; **~en** n desove m, freza f; **~zeit** f época f de desove, freza f.

'Laie ['laɪə] m (-n) Rel. lego m (a. fig.), seglar m, laico m; (Nichtfachmann) profano m; **~nbruder** Rel. m lego m, converso m; **~ndarsteller** Thea. m actor m no profesional; ²**nhaft** adj. profano; de aficionado; **~npriester** m clérigo m secular; **~nrichter** m juez m lego; **~nschwester** Rel. f lega f, conversa f; **~nspiel** Thea. n teatro m de aficionados; **~nstand** m estado m laical; in den ~ versetzen secularizar; Versetzung f in den ~ secularización f; **~ntheater** n → ~nspiel.

La'kai m (-en) lacayo m (a. fig.); ²**nhaft** adj. lacayuno, servil; **~enseele** f alma f servil (od. rastrera).

'Lake f salmuera f.

'Laken n (-s; -) (Bett²) sábana f.

la'konisch adj. lacónico.

La'kritz|e f regaliz m, orozuz m; **~(en)stange** f barra f de regaliz.

'lallen I. v/i. u. v/t. balbucear, balbucir; (stottern) tartamudear; **II.** ² n balbuceo m; tartamudeo m.

'Lama[1] Zoo. n (-s; -s) llama f.

'Lama[2] Rel. m (-s; -s) lama m.

Lama'is|mus Rel. m (-; 0) lamaísmo m; **~t** m lamaísta m.

La'mé m (-s; -s) lamé m.

La'melle f laminilla f (a. ⚘); ⊕ a. lámina f; arandela f; disco m; segmento m; ⚡ delga f; **~nkühler** Kfz. m radiador m de aletas; **~nkupplung** f embrague m de discos (múltiples).

lamen'tieren (-) v/i. lamentarse, quejarse (über ac. de); poner el grito en el cielo.

La'mento n (-s; -s) lamentación f, lamentaciones f/pl.

La'metta n (-s; 0) cabello m de ángel.

Lami'nat n (-s od. -es; -e), **~boden** m tarima f (flotante).

lami'nieren (-) ⊕ v/t. laminar.

Lamm n (-(e)s; ⸚er) cordero m; das ~ Gottes el Cordero de Dios; **'~braten** m cordero m asado.

'Lämmchen n corderito m, corderillo m.

'lammen v/i. parir.

'Lämmer|geier Orn. m quebrantahuesos m; **~wolke** f cirro m.

'Lamm...: ~fell n piel f de cordero; **~fleisch** n (carne f de) cordero m; ²**'fromm** adj. manso como un cordero; más suave que un guante; **~futter** n in Kleidungsstücken: forro m de borreguillo; **~sgeduld** f paciencia f de Job; **~wolle** f lana f de cordero.

'Lämpchen n lamparita f, lamparilla f.

'Lampe f lámpara f; **~nfassung** f portalámparas m; **~nfieber** n Thea. usw.: miedo m de salir a escena; nerviosidad f al presentarse en público: ~ haben F tener nervios; **~nglocke** f globo m (de lámpara); **~nhändler** m lamparero m; **~nhandlung** f lamparería f; **~nlicht** n luz f de la lámpara; **~nmacher** m lamparero m; **~nputzer** m farolero m; **~nschein** m: bei ~ a la luz de la lámpara; **~nschirm** m pantalla f; **~nsockel** m portalámparas m.

Lampi'on [-'pjɔŋ] m (-s; -s) farolillo m, farol m de papel.

Lam'prete Ict. f lamprea f.

lan'cieren [lɑ̃'siː-] (-) v/t. lanzar (a. fig.).

Land n (-(e)s; ⸚er) tierra f; ⚓ a. suelo m; (Grundstück) terreno m; (Gebiet) territorio m; país m, región f; Pol. país m, nación f; (Staat) Estado m; Pol. in Deutschland: Land m (pl. Länder); (Ggs. Stadt) campo m; festes ~ tierra f firme; aufs ~ gehen ir al campo; über ~ gehen (od. ziehen) hacer una excursión al campo; zu ~e por tierra; ⚓ an ~ gehen desembarcar, ir (od. bajar) a tierra, poner pie en tierra; aus aller Herren Länder(n) de todas las partes del mundo; fig. ins ~ gehen Zeit: pasar, transcurrir; außer ~es gehen expatriarse; außer ~es sein estar en el extranjero; F fig. an ~

Landadel — Landwirt

ziehen F pescar; ⚓ ~ (in Sicht)! ¡tierra (a la vista)!
'**Land...**: ~**adel** m nobleza f rural; ~**arbeit** f faenas f/pl. agrícolas (od. del campo); ~**arbeiter** m trabajador m agrícola (od. del campo); ~**arzt** m médico m rural (od. de pueblo).
'**Landauer** m landó m.
'**Land...**: ~**aufenthalt** m estancia f en el campo; ²**aus** adv.: ~, landein de tierra en tierra, de país en país; ~**bau** m agricultura f; ~**besitz** m fincas f/pl. rústicas; tierras f/pl.; ~**besitzer** m terrateniente m, hacendado m; propietario m rural; ~**bevölkerung** f población f rural; ~**bewohner(in** f) m habitante m/f del campo; campesino (-a f) m; ~**briefträger** m cartero m rural; ~**brot** n pan m de payés; ~**brücke** Geogr. f puente m de tierra; ~**butter** f mantequilla f de granja.
'**Lande...**: ~**bahn** ✈ f pista f de aterrizaje; ~**bahnfeuer** ✈ n alumbrado m de la pista de aterrizaje; ~**bake** ✈ f baliza f de aterrizaje; ~**deck** ✈ n cubierta f de aterrizaje.
'**Land-edelmann** m hidalgo m rural.
'**Landegeschwindigkeit** f velocidad f de aterrizaje.
'**Land-ei** n huevo m campero.
land-'einwärts adv. tierra adentro.
'**Landeklappe** ✈ f alerón m de aterrizaje.
'**landen** (-e-) **I.** v/i. **1.** ⚓ tomar tierra; arribar; atracar; abordar; ✈ aterrizar; tomar tierra; auf dem Wasser: amarar; auf dem Mond ~ alunizar; **2.** F (ankommen) llegar; ir a parar, F recalar; im Gefängnis ~ acabar en la cárcel; Sport: auf dem 3. Platz ~ clasificarse en tercer lugar; F damit kannst du bei ihm nicht ~ con esto no sacarás nada de él; **II.** v/t. ⚓ Passagiere, Truppen: desembarcar; F Schlag: F propinar; **III.** ² n → Landung.
'**Land-enge** f istmo m.
'**Lande...**: ~**piste** f → ~bahn; ~**platz** m ⚓ embarcadero m; desembarcadero m; ✈ campo m de aterrizaje.
Lände'reien f/pl. tierras f/pl.
'**Länder...**: ~**kampf** m Sport: torneo m (od. campeonato m) internacional; ~**kunde** f geografía f; ~**mannschaft** f Sport: equipo m nacional; ~**spiel** n Sport: partido m (od. encuentro m) internacional.
'**Land-erziehungsheim** n hogar-escuela m rural.
'**Landes...**: ~**angehörigkeit** f nacionalidad f; ~**arbeitsamt** n Span. Delegación f Provincial de Trabajo; ~**aufnahme** f levantamiento m topográfico del país; ~**beschreibung** f topografía f; ~**brauch** m costumbre f del país.
'**Landescheinwerfer** ✈ m aerofaro m (de aterrizaje).
'**Landes...**: ~**erzeugnis** n producto m nacional (od. del país); ~**farben** f/pl. colores m/pl. nacionales; ~**flagge** f bandera f nacional; ²**flüchtig** adj. fugitivo; ~**fürst(in** f) m soberano (-a f) m; príncipe m reinante; ~**gebiet** n territorio m nacional; ~**grenze** f frontera f nacional; ~**hauptstadt** f capital f; ~**herr(in** f) m soberano (-a f) m; ~**innere(s)** n: das ~ el interior del país; ~**kind** n súbdito m; hijo m del país; ~**kirche** f iglesia f nacional; ²**kundig** adj. que conoce el país, conocedor del país; ~**meister** m Sport: campeón m nacional; ~**mutter** f soberana f; ~**produkt** n → ~erzeugnis; ~**sitte** f → ~brauch; ~**sprache** f idioma m nacional; (Eingeborenensprache) lengua f indígena (od. vernácula).
'**Lande|steg** m, ~**stelle** f embarcadero m; desembarcadero m.
'**Landes...**: ~**tracht** f traje m regional bzw. nacional; ~**trauer** f luto m nacional.
'**Landes...**: ²**üblich** adj. usual en el país; ~**vater** m soberano m; padre m del pueblo; ~**vermessung** f topografía f; geodesia f; ~**verrat** m traición f (a la patria); alta traición f; ~**verräter** m traidor m a la patria; ~**verteidigung** f defensa f nacional; ~**verwaltung** f administración f pública; ~**verweisung** f expatriación f (forzosa), expulsión f (del país); ²**verwiesen** adj., **verwiesene(r)** m expulsado (m); desterrado (m); ~**währung** f moneda f nacional.
'**Lande...**: ~**verbot** ✈ n prohibición f de aterrizaje; ~**zeichen** n señal f (luminosa) de aterrizaje; ~**zone** f zona f de aterrizaje.
'**Land...**: ~**flucht** f éxodo m (od. emigración f) rural; ²**flüchtig** adj. fugitivo; ~ werden huir de su país; ~**frau** f campesina f, mujer f del campo; ²**fremd** adj. extraño (al país); ~**friede** m paz f pública, orden m público(s); ~**friedensbruch** m ruptura f de la paz pública; ~**funk** m Radio: emisión f agrícola; ~**geistliche(r)** m párroco m rural, cura m de aldea; ~**gemeinde** f Pol. municipio m rural; Rel. parroquia f rural; ~**gericht** n audiencia f provincial; ~**gerichtspräsident** m presidente m de la audiencia provincial; ²**gestützt** adj. Rakete: con base terrestre, basado en tierra; ~**graf** m landgrave m; ~**gräfin** f esposa f del landgrave; ~**grafschaft** f landgraviato m; ~**gut** n finca f rústica (Am. rural); Am. hacienda f; Arg. estancia f; ~**haus** n casa f de campo; quinta f; kleineres: chalet m; ~**heer** ✕ n ejército m de tierra; ~**jugend** f juventud f rural; ~**junker** m ehm. hidalgo m rústico; ~**karte** f mapa m; ~**kreis** m distrito m rural; ~**krieg** m guerra f terrestre; ²**läufig** adj. corriente, común; generalmente aceptado; ~**leben** n vida f rural (od. en el campo).
'**Ländler** ♪ m baile m tirolés.
'**Landleute** pl. gente f del campo; población f rural; campesinos m/pl.
'**ländlich** adj. rural; campesino, del campo; campestre; (einfach, bäuerlich) rústico; desp. de pueblo; pueblerino, aldeano; ²**keit** f (0) carácter m rural; rusticidad f.
'**Land...**: ~**luft** f aire m del campo; ~**mädchen** n joven campesina f; ~**mann** m (-¢s; -leute) campesino m; (Bauer) labrador m, labriego m, Am. paisano m; ~**marke** f (Grenzstein) mojón m; ⚓ marca f; ~**maschine** f máquina f agrícola; ~**messer** m agrimensor m; geodesta m; ~**mine** ✕ f mina f terrestre; ~**partie** f excursión f campestre, jira f (campestre); ~**pfarre(i)** f parroquia f rural; ~**pfarrer** m párroco m rural; ~**plage** f calamidad f pública; azote m; ~**pomeranze** F f moza f de pueblo; desp. provinciana f; ~**rat** m etwa: jefe m de distrito; ~**ratte** ⚓ f hombre m de tierra adentro; hum. marinero m de agua dulce; ~**regen** m lluvia f persistente, F calabobos m; ~**reise** f viaje m por tierra; aufs Land: viaje m al campo; ~**rücken** m loma f.
'**Landschaft** f paisaje m (a. Mal.); (Gegend) comarca f; ²**lich** adj. paisajístico; comarcal.
'**Landschafts...**: ~**bild** n Mal. paisaje m; ~**gärtner** m jardinero m paisajista; ~**maler** m paisajista m; ~**male'rei** f pintura f de paisajes, paisajismo m; ~**pflege** f conservación f del paisaje; ~**planung** f ordenación f paisajística; ~**schutz** m protección f (od. defensa f) del paisaje; ~**verunstaltung** f degradación f paisajística.
'**Land...**: ~**schildkröte** Zoo. f tortuga f terrestre; ~**schinken** m Span. jamón m serrano; ~**schule** f escuela f rural; ~**schulheim** n ~ erziehungsheim; ~**seite** f lado m de tierra; ~**ser** F m soldado m raso; ~**sitz** m residencia f rural; quinta f; mansión f (rural).
'**Lands...**: ~**knecht** ✕ Hist. m lansquenete m; (Söldner) mercenario m; ~**mann** m (-¢s; -leute) compatriota m, paisano m; was ist er für ein ~? ¿de qué país es?; ~**männin** f compatriota f, paisana f; ~**mannschaft** f asociación f de compatriotas.
'**Land...**: ~**spitze** f punta f de tierra; (Vorgebirge) cabo m; ~**stände** m/pl. Hist. Estados m/pl. provinciales; ~**straße** f carretera f; interurbana; ~**streicher(in** f) m vagabundo (-a f) m; vago m; Arg. atorrante m; ~**streiche'rei** f vagabundeo m; ~**streitkräfte** ✕ f/pl. fuerzas f/pl. terrestres; ~**strich** m comarca f, región f; ~**sturm** ✕ m Hist. landsturm m; Span. reserva f territorial; ~**tag** m dieta f; ~**technik** f ingeniería f agrícola (od. rural); ~**tiere** n/pl. animales m/pl. terrestres; ~**transport** m transporte m por tierra; ~**truppen** ✕ f/pl. tropas f/pl. de tierra.
'**Landung** f ⚓ arribada f; (Ausschiffung) desembarque m; ✕ desembarco m; ✈ aterrizaje m; toma f de tierra; auf dem Wasser: amaraje m; auf dem Mond: alunizaje m; ~**sboot** n barcaza f (od. lancha f) de desembarco; ~**sbrücke** f ⚓ desembarcadero m; embarcadero m; e-s Flugzeugträgers: puente m de aterrizaje; ~**sgestell** ✈ n tren m de aterrizaje; ~**s-platz** m, ~**s-stelle** f desembarcadero m; embarcadero m; ✈ campo m de aterrizaje; ~**s-seil** n ⚓ cabo m de amarre (✈ de aterrizaje); ~**s-steg** m pasarela f; ~**s-truppen** ✕ f/pl. tropas f/pl. de desembarco; ~**sversuch** ✕ m intento m de desembarco.
'**Land...**: ~**urlaub** ⚓ m permiso m para ir a tierra; ~**vermessung** f agrimensura f; geodesia f; ~**vogt** m ehm. baile m; corregidor m; ~**vogtei** f bailía f; ~**volk** n ~ leute; ²**wärts** adv. hacia tierra; ~**weg** m: auf dem ~(e) por vía terrestre, por tierra; ~**wehr** ✕ f segunda reserva f; milicia f nacional; ~**wein** m vino m del país; ~**wind** m viento m de tierra (od. terral); ~**wirt** m agricultor m; granjero m; graduierter: perito m agrícola.

Landwirtschaft f agricultura f; agronomía f; (Anwesen) granja f agrícola; ⁁**lich** adj. agrícola, agrario; agronómico; ⁁e Geräte aperos m/pl. agrícolas; ⁁e Maschinen maquinaria f agrícola; ⁁e Erzeugnisse productos m/pl. agrícolas; ⁁er Betrieb explotación f agrícola (od. agraria); ⁁e Hochschule Span. Escuela f de Ingenieros Agrónomos; ⁁s-**ausstellung** f exposición f agrícola; ⁁**skammer** f cámara f agrícola; ⁁**skunde** f, ⁁**slehre** f agronomía f; ⁁**smesse** f feria f agrícola; feria f del campo; ⁁**sminister** m (⁁**sministerium** n) ministro m (Ministerio m) de Agricultura; ⁁**sschule** f escuela f de agricultura.

Landzunge f lengua f de tierra.

lang adj. u. adv. (⁁er; ⁁st) largo; (hoch) alto; ⁁ und breit, des ⁁en und breiten detalladamente, con todo detalle; con todos los pormenores; gleich ⁁ igual de largo, de la misma longitud; F so ⁁ er war cuan largo era; drei Meter ⁁ sein tener tres metros de largo (od. de longitud); den ganzen Tag ⁁ (durante) todo el día; drei Jahre ⁁ durante tres años; vor ⁁en Jahren hace muchos años; auf ⁁e Zeit por largo tiempo; seit ⁁er Zeit desde hace mucho tiempo; vor nicht ⁁er Zeit aun no hace mucho tiempo; die Zeit wird mir ⁁ el tiempo se me hace largo; F hier ⁁ por aquí; F er weiß, wo es ⁁ geht F conoce el paño; → a. lange, länger, längst; ¹⁁**ärmelig** adj. de mangas largas; ¹⁁**armig** adj. de brazos largos; ¹⁁**atmig** fig. adj. prolijo, extenso, muy detallado; ¹⁁**beinig** adj. de piernas largas, largo de piernas, F zanquilargo, zancudo.

¹**lange** adv. largo tiempo, mucho tiempo; wie ⁁? ¿cuánto tiempo?; wie ⁁ noch? ¿hasta cuándo?; er hat mir ⁁ nicht geschrieben hace (mucho) tiempo que no me ha escrito; ich habe ihn ⁁ nicht gesehen hace mucho (tiempo) que no le he visto; er wird es nicht mehr ⁁ machen no llegará muy lejos; ya no vivirá mucho; warten Sie schon ⁁? ¿lleva usted mucho tiempo esperando?; ⁁ brauchen um zu (inf.) tardar mucho en (inf.); ⁁ auf sich warten lassen hacerse esperar largo tiempo; tardar mucho en venir; ⁁ (aus)bleiben tardar mucho en volver; ⁁ halten durar; F da kannst du ⁁ warten F puedes esperar sentado; er fragte nicht ⁁ no se anduvo con preámbulos; ⁁ nicht so alt mucho menos viejo; er ist ⁁ nicht so groß wie du no es ni con mucho tan alto como tú; schon ⁁, seit ⁁m ya hace mucho tiempo; es ist schon ⁁ her hace ya largo (od. bastante) tiempo; so ⁁ tanto tiempo; so ⁁ bis hasta; noch ⁁ nicht (bei weitem nicht) ni con mucho; bien lejos de eso; (zeitlich) falta todavía mucho; no tan pronto; ⁁ bevor mucho antes de (inf.) od. de que (subj.); ⁁ vorher (nachher) mucho tiempo antes (después); nicht ⁁ darauf poco después; ⁁ no poco rato; er ist ⁁ nicht so klug está muy lejos de ser tan inteligente; wie ⁁ lernen Sie schon Spanisch? ¿cuánto tiempo hace que estudia usted español?

¹**Länge** f largo m; largura f; Astr., Geogr., Phys. u. ♈ longitud f; Metrik: larga f; (Dauer) duración f;

⊕ ⁁ über alles longitud f total; von drei Meter ⁁ de tres metros de largo; fig. in die ⁁ ziehen prolongar; dar largas a; sich in die ⁁ ziehen demorarse, prolongarse, eternizarse, ir para largo; der ⁁ nach a lo largo, longitudinalmente; der ganzen ⁁ nach de largo en largo; der ⁁ nach hinfallen caer de plano; F auf die ⁁ a la larga, con el tiempo; Sport: um e-e ⁁ gewinnen ganar por un largo; das Buch hat ⁁n el libro tiene pasajes demasiado prolijos.

¹**längelang** F adv.: ⁁ hinfallen caer de plano; F besar el suelo.

¹**langen** v/i. (ausreichen) bastar, ser suficiente (od. bastante); er wird mit diesem Geld ⁁ le bastará con ese dinero; langt das? ¿basta con esto?; nach et. ⁁ extender (od. alargar) la mano hacia a/c.; in die Tasche ⁁ meter la mano en el bolsillo; F jetzt langt's (mir) aber! F ¡estoy hasta la coronilla!; F ¡apaga y vámonos!; **II.** F v/t. j-m et. ⁁ pasar, alcanzar a/c. a alg.; F j-m e-e (Ohrfeige) ⁁ pegar una bofetada a alg.

¹**längen** v/t. alargar; extender.

¹**Längen...: ⁁einheit** f unidad f de longitud; ⁁**grad** m grado m de longitud; ⁁**kreis** m meridiano m; ⁁**maß** n medida f de longitud.

¹**länger** (comp. v. lang) más largo; zeitlich: más (tiempo); ⁁e Zeit (durante) algún tiempo; ein Jahr ⁁ un año más; zwei Jahre und ⁁ dos y más años; es ist ⁁ als e-n Monat her hace ya más de un mes; wir haben nicht ⁁ Zeit no tenemos más tiempo; wir können nicht ⁁ bleiben no podemos quedarnos más tiempo; wir können nicht ⁁ warten ya no podemos esperar más; je ⁁, je lieber cuanto más tiempo, mejor; ⁁ machen alargar, prolongar, hacer más largo; ⁁ werden alargarse, prolongarse; ⁁e Abwesenheit una prolongada ausencia.

¹**Langeweile** f (0) aburrimiento m; tedio m, hastío m; aus ⁁ por aburrimiento; ⁁ haben aburrirse; vor ⁁ umkommen F aburrirse como una ostra; sich die ⁁ vertreiben distraerse.

¹**Lang...: ⁁finger** F m ratero m, F caco m; ein ⁁ sein ser largo de uñas; ⁁**format** n formato m oblongo; ⁁**fristig** adj. a largo plazo; ⁁**gestreckt** adj. extendido; estirado; ⁁**haarig** adj. de pelo largo; F melenudo; ⁁**halsig** adj. de cuello largo, cuellilargo; ⁁**hobel** m garlopa f; (Maschine) (a)cepilladora f paralela; ⁁**holz** n madera f de hilo; madero m (largo); ⁁**jährig** adj. de muchos (od. largos) años; ⁁e Erfahrung larga experiencia; ⁁er Freund viejo amigo; ⁁**lauf** m Sport: carrera f de fondo (od. de larga distancia); ⁁**läufer** m corredor m de fondo, fondista m/f; ⁁**lebig** adj. de larga vida; longevo; ✝ Güter: durable, duradero; ⊕ de larga duración; ⁁**lebigkeit** f (0) longevidad f.

¹**Lang...: ⁁loch** ⊕ n agujero m oblongo; ⁁**mut** f longanimidad f; (Geduld) paciencia f; (Nachsicht) indulgencia f; ⁁**mütig** adj. paciente; indulgente; ⁁**nasig** adj. de nariz larga, narigudo.

Lango'barde Hist. m (-n) longobardo m.

¹**Lang|ohr** F n burro m, asno m; ⁁**ohrig** adj. de orejas largas, orejudo; ⁁**pferd** n Turnen: caballo m de saltos.

¹**längs** prp. (dat. u. gen.) a lo largo de; ⁁**achse** f eje m longitudinal.

¹**langsam I.** adj. lento; (säumig) tardío; (allmählich) paulatino; (schwerfällig) pesado; geistig: tardo (de entendimiento); **II.** adv. lentamente, despacio; (allmählich) poco a poco; paso a paso; ⁁er gehen acortar el paso; ir más despacio; ⁁er fahren aminorar (od. moderar) la marcha; es wird ⁁ Zeit se va haciendo hora; immer ⁁! ¡sin prisas!, F ¡despacito!; ⁁**keit** f (0) lentitud f.

¹**lang...: ⁁schädelig** adj. dolicocéfalo; ⁁**schäfter** m/pl. botas f/pl. altas; ⁁**schiff** ⚠ n nave f principal; ⁁**schläfer(in** f) m dormilón m, dormilona f; ⁁**schwänzig** Zoo. adj. de cola larga, rabilargo; ⁁**schwelle** 🕮 f larguero m.

¹**längs|gestreift** adj. a rayas longitudinales; ⁁**parken** n estacionamiento m en fila.

¹**Langspielplatte** f microsurco m, elepé m.

¹**Längs|richtung** f sentido m longitudinal; ⁁**schnitt** m corte m (od. sección f) longitudinal; ⁁**seits** ⚓ adv. al costado (de un barco); ⁁**streifen** m raya f longitudinal.

längst adv. desde hace (mucho) tiempo; hace largo tiempo; ich weiß es ⁁ hace tiempo que lo sé; ⁁ nicht ni con mucho; das ist ⁁ nicht so gut está bien lejos de ser tan bueno; ⁁**ens** adv. lo más tarde; a más tardar; (höchstens) a lo sumo.

¹**langstielig** adj. ♀ de tallo largo.

¹**Längs-träger** ⚠ m viga f longitudinal (od. maestra); larguero m.

¹**Langstrecken...: ⁁bomber** ✈ m bombardero m de larga distancia; ⁁**flugzeug** n avión m de larga distancia; ⁁**lauf** m carrera f de fondo (od. de larga distancia); ⁁**läufer(in** f) m corredor(a f) m de fondo, fondista m/f; ⁁**rakete** f cohete m (od. misil m) de largo alcance; ⁁**schwimmer** m nadador m de fondo.

Lan'guste Zoo. f langosta f; ⁁**nfischer** m langostero m.

¹**Lang...: ⁁weilen** v/t. aburrir; fastidiar, hastiar; F dar la lata; sich ⁁ aburrirse; fastidiarse; sich zu Tode ⁁ morirse de aburrimiento, F aburrirse como una ostra; ⁁**weiler** F m F pesado m, latoso m, plomo m; ⁁**weilig** adj. aburrido, pesado; F latoso; fastidioso; wie ⁁! ¡qué aburrimiento!; Rede usw.: F ¡qué lata!, ¡qué rollo!; ein ⁁er Kerl → ⁁weiler; ⁁**welle** f Radio: onda f larga; ⁁**wellenbereich** m gama f de ondas largas; ⁁**wellen-empfänger** m receptor m de onda larga; ⁁**wellensender** m emisora f de onda larga; ⁁**wellig** adj. Radio: de onda larga; ⁁**wierig** adj. largo, de larga duración, (lästig) fastidioso, molesto; ⁁**e Arbeit** trabajo m pesado; ⁁**e Verhandlungen** negociaciones f/pl. laboriosas; ⁁**wierigkeit** f larga duración f; ⁁**zeit-arbeitslos** adj. parado de larga duración; ⁁**zeit-arbeitslose(r** m) m/f parado (-a f) m de larga duración; ⁁**zeit-arbeitslosigkeit** f paro m de larga duración.

Lano'lin n (-s; 0) lanolina f.
'**Lanze** f lanza f; (Stoß♀) pica f; ~n stechen justar; fig. e-e ~ für j-n brechen romper una lanza por alg.; ♀nförmig ♀ adj. lanceolado; ~nreiter ⚔ m lancero m; ~nspitze f punta f de la lanza; moharra f; ~nstechen n justa f; ~nstecher m justador m; ~nstich m, ~nstoß m lanzazo m, lanzada f.
Lan'zett|e Chir. f lanceta f; ♀förmig adj. lanceolado.
'**La|os** n Laos m; ♀'otisch adj. laosiano.
lapi'dar adj. lapidario.
Lapis'lazuli m (-s; -s) lapislázuli m.
Lap'palie [la'paːli̯ə] f (-; -n) bagatela f; pequeñez f; F friolera f; wegen e-r ~ por una tontería.
'**Lappe** m (-n) lapón m.
'**Lapp|en** m (-s; -) (Wisch♀) trapo m; (Fetzen) harapo m; (Flicken) remiendo m; (Fleisch♀, Haut♀) colgajo m; ♀, Anat. lóbulo m; F (Geldschein) billete m, Span. F verde m; F fig. j-m durch die ~ gehen escabullirse, escaparse a alg.; ♀ig adj. (locker) flojo; desmadejado; ♀, Anat. lobulado.
'**läppisch** adj. (kindisch) pueril; (dumm) necio, tonto; (lächerlich) ridículo; ~es Zeug puerilidades f/pl.; tonterías f/pl., necedades f/pl.
'**Lapp|land** n Laponia f; ~länder (in f) m lapón m, lapona f; ♀ländisch adj. lapón.
'**Lapsus** m (-; -) lapsus m, desliz m.
'**Laptop** m (-s; -s) ordenador m portátil, laptop m.
'**Lärche** ♀ f alerce m; lárice m.
Lari'fari n (-s; 0) necedades f/pl.; ♀! ¡tonterías!; ¡pamplinas!
'**Lärm** m (-es; 0) ruido m; (Krach) jaleo m, barahúnda f; (Getöse) estrépito m; estruendo m; (Radau) alboroto m; follón m; (Aufruhr) tumulto m; (Geschrei) griterío m, bulla f; ~ machen hacer (od. F meter) ruido; ~ schlagen dar la alarma; (Radau machen) armar un escándalo; F armar gresca; viel ~ um nichts mucho ruido y pocas nueces; ~bekämpfung f lucha f contra el ruido; ~belästigung f contaminación f sonora; ♀en v/i. hacer (od. F meter) ruido; alborotar; ~en n → Lärm; ♀end adj. ruidoso, estruendoso, estrepitoso; tumultuoso; bullicioso; ~pegel m nivel m de ruido(s); ~schutz m protección f contra el ruido.
'**Larve** [-f-] f Zoo. larva f; (Maske) máscara f; careta f; F e-e hübsche ~ un buen palmito.
'**lasch** adj. laxo, flojo; blando; poco activo; ♀e f (Schuh♀) lengüeta f; 🚂 (Schienen♀) eclisa f; ⊕ cubrejunta f; ♀ennietung ⊕ f remachado m con cubrejunta; ♀heit f (0) laxitud f; falta f de actividad; flojedad f.
'**Laser** ['leiza] m (-s; -) laser m, láser m; ~chirurgie f 🩺 cirugía f con rayos láser; ~drucker m Computer: impresora f láser; ~strahl m rayo m láser.
la'sieren (-) v/t. barnizar (con laca incolora).
'**lassen** (L) v/aux., v/t. u. v/i. dejar; (zu~) permitir; (veran~) hacer; mandar; (nicht tun) no hacer; (nicht mehr tun) dejar de (inf.); (unter~) omitir; (verzichten) renunciar a; (über~) dejar, ceder, (aufgeben, ver~) abandonar; laßt uns beten oremos; laßt uns essen comamos; vamos a comer; laß(t) uns gehen! ¡vámonos!; laß mal sehen! ¡a ver!; ~ Sie sich nicht stören! no se moleste (usted); ~ Sie mich lhnen helfen! ¡deje (od. permítame) que le ayude!; laß ihn nur kommen! ¡(déjale) que venga!; ich lasse ihn bitten! hágale pasar; dígale que pase; ~ wir das! dejemos eso; no hablemos más de ello; wir wollen es dabei ~ dejémoslo (así); laß es dir gesagt sein! date por advertido; laß mich (in Ruhe)! ¡déjame en paz!; laß mich (los)! ¡déjame!; ¡suéltame!; laß (doch)!; ¡déjame!; ¡deja eso!; ¡déjalo!; ~ Sie das doch endlich! ¡deje eso ya de una vez!; ~ Sie mich nur machen! déjeme hacer; laß das Weinen! deja ya de llorar; j-n schlafen ~ dejar dormir a alg.; holen ~ enviar a buscar; kommen ~ hacer venir; geschehen ~ dejar pasar; j-n warten ~ hacer esperar a alg.; j-n eintreten ~ hacer pasar (od. dejar entrar) a alg.; et. fallen ~ dejar caer a/c.; machen ~ mandar hacer; er ließ sich e-n Anzug machen se ha hecho un traje; das Rauchen ~ dejar de fumar; sehen ~ dejar ver, mostrar; merken ~ dejar entender; die Lampe brennen ~ dejar encendida la lámpara; die Leute reden ~ dejar hablar a la gente; vermuten ~ dar motivo para creer, dar lugar a que se crea; niemand zu sich ~ no recibir a nadie; von et. ~ (ablassen) renunciar a a/c.; desistir de a/c.; Poes. j-n ~ (verlassen) abandonar a alg.; nicht von s-r Meinung ~ seguir en sus trece; wo soll ich den Koffer ~? ¿dónde dejo (od. pongo) la maleta?; ich lasse es dir für 100 Peseten te lo dejo por cien pesetas; er ist klug, das muß man ihm ~ es inteligente, hay que reconocerlo; ich lasse ihn grüßen salúdele de mi parte; wenn es sich machen läßt si es posible (hacerlo); er läßt mit sich reden es un hombre tratable (od. con quien se puede hablar); das läßt er sich nicht ausreden no se deja disuadir, F no hay quien se lo quite de la cabeza; tun Sie, was Sie nicht ~ können haga usted lo que mejor le parezca; et. tun oder ~ hacer o dejar de hacer a/c.; sich sehen ~ dejarse ver; das kann sich sehen ~ es muy presentable; sich nichts sagen ~ no querer escuchar a nadie; ~ Sie es sich sagen, daß permítame que le diga que; ich habe mir sagen ~, daß me han dicho que; das läßt sich essen esto puede comerse; der Wein läßt sich trinken este vino es bebestible; no está mal este vino; das läßt sich (schon) machen puede hacerse; das läßt sich nicht übersetzen es intraducible, no puede traducirse; das läßt sich leicht beweisen es fácil de demostrar; puede demostrarse fácilmente; da läßt sich nichts mehr ändern la cosa ya no tiene remedio; darüber läßt sich reden sobre eso puede tratarse; darüber ließe sich viel sagen acerca de eso podrían decirse muchas cosas; es läßt sich nicht leugnen no puede negarse; es innegable; hier läßt es sich gut sein aquí se está bien; aquí se está a gusto; das läßt sich denken eso se comprende; bien puedo imaginármelo; e-e Seite leer ~ dejar una página en blanco; sich (vor Freude) nicht zu ~ wissen no caber en sí (de alegría).
'**lässig** adj. indolente; (träge) perezoso; (gleichgültig) indiferente; (nachlässig) negligente, dejado; (sorglos) despreocupado, desenvuelto; ♀keit f (0) indolencia f; indiferencia f; negligencia f, dejadez f; desidia f; despreocupación f.
'**läßlich** adj.: ~e Sünde pecado m venial (od. leve).
'**Lasso** n od. m (-s; -s) lazo m.
'**Last** f (-; -en) carga f (a. ⚡, ⚓, 🚂 u. fig.); (Schiffs♀) a. cargamento m; (Gewicht, Bürde) peso m; (Steuer♀) gravamen m; ~en pl. (Abgaben) cargas f/pl.; bewegliche (tote; ruhende; zulässige) ~ carga f móvil (muerta; estática; admisible); fig. die ~ tragen llevar el peso; j-m et. zur ~ legen imputar (od. achacar) a/c. a alg.; bsd. 🏛 inculpar a alg. de a/c.; j-m zur ~ fallen ser una carga para alg.; (lästig werden) importunar (od. molestar) a alg.; ✝ zu unseren ~en a nuestro cargo; wir buchen es zu Ihren ~en lo cargamos (od. adeudamos) en su cuenta; zu ~en von j-m gehen correr por cuenta (od. a cargo) de alg.; ~auto F n camión m.
'**lasten** (-e-) v/i. pesar, cargar (auf dat. sobre).
'**Lasten...**: ~aufzug m montacargas m; ~ausgleich m perecuación f (od. compensación f) de cargas; ~ausgleichsfonds m fondo m de compensación de cargas; ♀frei adj. libre (od. exento) de cargas (od. gravámenes); ~heft ✝ n pliego m de condiciones; ~segler m planeador m de transporte.
'**Laster**¹ F m (-s; -) camión m.
'**Laster**² n (-s; -) vicio m; F ein langes ~ un grandullón m, un larguirucho m.
'**Lästerer** m maldiciente m; (Verleumder) difamador m, detractor m, calumniador m; (Gottes♀) blasfemo m.
'**lasterhaft** adj. vicioso; depravado; inmoral; disoluto, licencioso; ♀igkeit f depravación f; inmoralidad f; corrupción f.
'**Laster|höhle** f antro m (de vicio); ~leben n vida f disoluta (od. licenciosa).
'**läster|lich** adj. maldiciente, difamador; calumnioso; (gottes~) blasfemador, blasfemo; ♀maul F n lengua f viperina; mala lengua f.
'**lästern** (-re) I. v/t.: Gott ~ blasfemar contra Dios; II. v/i.: über j-n ~ difamar a alg.; hablar mal de alg.; calumniar a alg.; III. ♀ n → Lästerung.
'**Läster...**: ~schrift f libelo m (infamatorio); ~ung f maledicencia f; difamación f; calumnia f; Rel. blasfemia f; ~zunge F f → ~maul.
'**Lastesel** m burro m de carga (a. fig.); ~fahrzeug n vehículo m de carga.
'**lästig** adj. (aufdringlich) importuno; cargante; (beschwerlich) pesado, engorroso; (unbequem) incómodo, molesto; embarazoso; (unangenehm) desagradable, fastidioso; ~e Aufgabe tarea f fatigosa; ~er Kerl F pelmazo m, paliza m, latoso m, plomo m; j-m ~ fallen (od. werden) importunar, molestar, incomodar a alg.; fastidiar, F incordiar, dar la lata a alg.; ♀keit f

importunidad *f*; incomodidad *f*; pesadez *f*.
'**Last...**: ~**kahn** *m* gabarra *f*; chalana *f*; ~**kraftwagen** *m* camión *m*; ~**kraftwagen-anhänger** *m* remolque *m*.
Last-'Minute-Angebot *n* oferta *f* de última hora.
'**Last...**: ~**pferd** *n* caballo *m* de carga; ~**schiff** *n* barco *m* de carga; carguero *m*; ~**schrift** ✝ *f* adeudo *m*, cargo *m* (en cuenta); ~**schrift-anzeige** ✝ *f* nota *f* (*od.* aviso *m*) de adeudo (*od.* de cargo *od.* de débito); ~**tier** *n* bestia *f* de carga; ~**träger** *m* cargador *m*; mozo *m* de cuerda; ~**wagen** *m* camión *m*; ~**wagen-anhänger** *m* remolque *m*; ~**wagenfahrer** *m* camionero *m*, conductor *m* de camión; ~**zug** *m* camión *m* con remolque; tren *m* de camiones.
La'sur|(farbe) *f* color *m* transparente, veladura *f*; ~**stein** *m* lapislázuli *m*.
las'ziv *adj.* lascivo.
Laszivi'tät *f* (0) lascivia *f*.
La'tein *n* (-*s*; 0) latín *m*; *fig.* mit s-m ~ zu (*od.* am) Ende sein ya no saber qué decir *bzw.* hacer; ~**amerika** *n* América *f* Latina; Iberoamérica *f*; Hispanoamérica *f*; ~**amerikaner** *m*, ♀-**amerikanisch** *adj.* latinoamericano (*m*), iberoamericano (*m*), hispanoamericano (*m*); ~**er** F *m* latino *m*; ♀**isch** *adj.* latino; die ~**e** Sprache, das ♀(e) el latín; ~**e** Buchstaben caracteres *m/pl.* romanos.
la'tent *adj.* latente.
La'tenz *f* (0) latencia *f*; ~**periode** *f*, ~**zeit** *f* período *m* (*od.* tiempo *m*) de latencia.
Late'ranverträge Pol. *m/pl.* pactos *m/pl.* de Letrán.
La'terna 'magica *f* linterna *f* mágica.
La'terne *f* linterna *f*; (*Straßen*♀) farol *m* (*a. tragbare aus Papier usw.*), farola *f*; ⚓ farol *m*, fanal *m*; ~**n-anzünder** *m* farolero *m*; ~**npfahl** *m* poste *m* de farol.
Lati'fundium *n* (-*s*; -*ien*) latifundio *m*.
latini'sieren (-) *v/t.* latinizar.
Lati'nis|mus *m* (-; 0) latinismo *m*; ~**t** *m* (-*en*) latinista *m*.
Latini'tät *f* (0) latinidad *f*.
La'trine *f* letrina *f*.
'**Latsche**[1] ♀ *f* pino *m* mugo.
'**Latsche**[2] *f*, ~**n** *m* (*alter Schuh*) zapato *m* viejo, F (*Hausschuh*) zapatilla *f*, pantuflo *m*; ♀**n** F **I.** *v/i.* arrastrar los pies; (*zu Fuß gehen*) ir andando; **II.** *v/t.*: j-m e-e ~ pegar una bofetada a alg.
'**latschig** F *adj.* arrastrando los pies; (*schlampig*) dejado, descuidado.
'**Latte** *f* listón *m* (*a. Hochsprung*); (*Zaun*♀) ripia *f*; *Fußball*: larguero *m*; F *fig. v. Fragen usw.*: larga lista *f*; *Sport*: die ~ reißen (*überspringen*) tirar (pasar sobre) el listón; F e-e lange ~ un grandullón, un larguirucho; ~**n-kiste** *f* cajón *m* enrejado; jaula *f*; ~**nrost** *m* rejilla *f*; ~**nverschlag** *m* enrejado *m*; ~**nzaun** *m* empalizada *f*, cerca *f* de listones.
'**Lattich** ♀ *m* (-*s*; -*e*) lechuga *f*.
Latz *m* (-*es*; ⁼*e*) (*Brust*♀) peto *m*; (*Hosen*♀) bragueta *f*.
'**Lätzchen** *n* babero *m*.
'**Lathose** *f* pantalón *m* con peto.
lau *adj.* tibio (*a. fig.*); *Wasser*: a.

templado; ~ werden entibiarse (*a. fig.*).
'**Laub** *n* (-*¢s*; 0) follaje *m*; hojas *f/pl.*; *dichtes*: fronda *f*; sich mit ~ bedecken *Bäume*: echar hoja; *frisches* (*dürres*) ~ hojas *f/pl.* verdes (secas); ♀**abwerfend** *adj.* de hoja caduca, caducifolio; ~**baum** *m* árbol *m* frondoso (*od.* de fronda); ~**dach** *n* techo *m* de hojas.
'**Laube** *f* (*Garten*♀) cenador *m*, glorieta *f*; (*Wein*♀) emparrado *m*; (*Hütte*) caseta *f*; △ (*Vorhalle*) porche *m*, vestíbulo *m*; (*Säulengang*) pórtico *m*; (*Bogengang*) arcada *f*, F fertig ist die ~! F ¡ya está!, F ¡y sanseacabó!; ~**ngang** *m* △ pérgola *f*; (*Bogengang*) arcada *f*; ~**nkolonie** *f* colonia *f* de jardines obreros (con casetas).
'**Laub...**: ~**fall** *m* caída *f* de las hojas; ~**frosch** Zoo. *m* rana *f* verde (*od.* común); ~**hüttenfest** *n* Fiesta *f* de los Tabernáculos; ♀**ig** *adj.* cubierto de hojas; frondoso; ♀**los** *adj.* sin hojas; ~**säge** *f* sierra *f* de marquetería; ~**sägearbeit** *f* (trabajo *m* de) marquetería; ~**sägeblatt** *n* segueta *f*; ~**sägekasten** *m* equipo *m* de marquetería; ~**wald** *m* bosque *m* frondoso; ~**werk** *n* follaje *m* (*a.* △); *dichtes*: frondosidad *f*.
Lauch ♀ *m* (-*¢s*; -*e*) puerro *m*.
'**Lauer** *f* (0): *auf der* ~ liegen estar al acecho; *sich auf die* ~ *legen* ponerse al acecho; emboscarse; ♀**n** (-*re*) *v/i.* acechar (*a. Gefahr*); F *fig. auf et.* ~ esperar (*od.* aguardar) a/c. con impaciencia; ♀**nd** *adj.* al acecho; (*argwöhnisch*) receloso.
'**Lauf** *m* (-*¢s*; ⁼*e*) corrida *f*; (*Rennen*) carrera *f*; (*Wasser*♀, *Fluß*♀) curso *m* (*a. Astr.*); (*Ab*♀, *Ver*♀) (trans)curso *m*; ⊕ (*Gang*) marcha *f*; (*Strecke*) recorrido *m*; ♪ escala *f*; (*Gewehr*♀) cañón *m*; Jgdw. (*Bein*) pata *f*; *im* ~*e* von en el (trans)curso de; a lo largo de; *im* ~*e* des Monats (*Jahres*) en el curso del mes (del año); *im* ~*e* der Zeit con el tiempo; andando el tiempo; *das ist der* ~ *der Welt* así va el mundo; *der* ~ *der Dinge* el rumbo de las cosas; *den Dingen ihren* ~ *lassen* dejar que las cosas sigan su curso (*od.* rumbo); *dejar rodar la bola*; *s-n normalen* ~ *nehmen* seguir su vía normal; *freien* ~ *lassen* dar rienda suelta a/c.; ~**achse** ⚙ *f* eje *m* portante; ~**bahn** *f* *Sport*: pista *f*; *fig.* carrera *f*; e-e ~ einschlagen seguir una carrera; ~**brücke** ⚓ *f* pasadizo *m*; pasarela *f*; ~**bursche** *m* chico *m* para recados; *im Hotel*: botones *m*; *im Büro*: ordenanza *m*.
'**laufen** (*L*; *sn*) **I.** *v/i.* correr; F (*zu Fuß gehen*) andar, ir a pie, *Strecke*: recorrer; *Kleinkind*: andar; *Strecke*: recorrer; *Flüssigkeiten*: correr; fluir; *Zeit*: pasar, transcurrir; *Motor*, *Maschine*: marchar, funcionar; *Gefäß*: salirse; *Film*: proyectarse, F echarse; *auf dem Programm*: estar en cartelera; *Blut*: circular, correr; (*sich erstrecken*) extenderse; ir (*von ... bis de ... a*); sich müde ~ cansarse corriendo; ⊕ *sich warm* ~ (re)calentarse; *gelaufen kommen* venir (*od.* llegar) corriendo; *um et.* ~ correr alrededor de a/c.; *nach et.* ~ correr tras de a/c.; *es läuft sich hier gut esta pista es bueno*; *die Sache läuft gut* el asunto marcha bien; *die Sache läuft (noch)* el asunto está pendiente

(de solución); (*wird bearbeitet*) está en trámite (*od.* tramitación); *die Sache ist gelaufen* esto está hecho; *es lief ihm kalt über den Rücken* le dio un escalofrío; *ihm läuft die Nase* le gotea (*od.* moquea) la nariz; ~ lassen *j-n*: dejar marchar; *straflos*: dejar escapar; soltar; ⊕ *Maschine*, *Motor*: poner en marcha (*od.* funcionamiento); *die Dinge* ~ *lassen* dejar que las cosas sigan su curso, dejar correr las cosas; **II.** ♀ *n* carrera *f*; F (*Gehen*) marcha *f*.
'**laufend I.** *adj.* corriente; *fig.* (*ständig*) continuo; *Motor*: en marcha; *Nase*: moqueando; *die* ~*en Arbeiten* el trabajo de todos los días; ⊕ ~*es Band* cinta *f* continua (*od.* sin fin), sinfín *m*; *am* ~*en Band* en serie; *die* ~*en Geschäfte* los asuntos corrientes (*od.* de trámite); ~*e Ausgaben* gastos *m/pl.* ordinarios (*od.* corrientes); ✝ ~*e Zinsen* intereses *m/pl.* corrientes; ~*er Saldo* saldo *m* pendiente; ~*er Wechsel* efecto *m* en circulación; ~*er Kredit* crédito *m* abierto; ~*es Konto*, ~*e Rechnung* cuenta *f* corriente; *im* ~*en Jahr* en el año en curso; (*des*) *im* ~*en Monats del mes corriente* (*od.* en curso); ~*e Nummer* número *m* correlativo (*od.* de orden); *auf dem* ~*en sein* estar al corriente (*od.* al tanto *od.* al día); *auf dem* ~*en halten* poner (*od.* tener) al corriente (*od.* al tanto); **II.** *adv.* regularmente, periódicamente, (*ständig*) continuamente.
'**Läufer** *m* corredor *m*; *Fußball usw.*: medio *m*; *Schach*: alfil *m*; (*Teppich*) alfombrilla *f*; alfombra *f* continua *bzw.* de escalera; ⊕ (*Schieber*) corredera *f*; ♀ rotor *m*; △ soga *f*.
Laufe'rei *f* vaivén *m*; trajín *m*, ajetreo *m*; *ich hatte viel* ~ *damit* me ha causado mucha molestia.
'**Läuferin** *f* corredora *f*.
'**Lauf...**: ~**feuer** *n* reguero *m* de pólvora; *fig. sich wie ein* ~ *verbreiten* propagarse como un reguero de pólvora; ~**fläche** *f* ⊕ superficie *f* de rodamiento; *Reifen*: banda *f* de rodadura; ~**frist** ✝ *f* plazo *m* de circulación; ~**gang** ⚓ *m* escalerilla *f* para subir a bordo; pasarela *f*; ~**gestell** *n* *für Kinder*: andaderas *f/pl.*; ~**gewicht** *n Waage*: pilón *m*; ~**graben** ✠ *m* zanja *f* de aproximación (*od.* de comunicación).
'**läufig** Zoo. *adj.* en celo, cachondo; *sein estar en celo*; ♀**keit** *f* (0) celo *m*.
'**Lauf...**: ~**junge** *m* → ~*bursche*; ~**käfer** *m* cárabo *m*; ~**katze** ⊕ *f* carro *m* (de grúa); ~**kran** *m* puente *m* grúa; grúa *f* corredera; ~**kunde** ✝ *m* cliente *m* de paso; ~**kundschaft** *f* clientela *f* de paso; ~**masche** *f* carrera *f*; *die* ~ *aufnehmen* coger los puntos (de una media); ~**paß** *m*: j-m den ~ geben F mandar a paseo a alg., F dar pasaporte a alg.; ~**rad** *n* rueda *f* portante; *Turbine*: rodete *m*; ~**rolle** *f* roldana *f*; polea *f*; ~**schiene** *f* carril *m*; rail *m* de deslizamiento; riel-guía *m*; ~**schritt** *m Sport*: paso *m* gimnástico *bzw.* de carrera; ✠ paso *m* redoblado; ~**stall** *m* *für Kinder*: parque *m*; ~**steg** *m* pasarela *f*; ~**vogel** *m* ave *f* corredora; ~**werk** *n* mecanismo *m* de rodadura; *Computer*: unidad *f* (de lectura); ~**zeit** *f* ✝ plazo *m* de vencimiento; *a.* ⊕ duración *f*; *Computer*: tiempo *m* de ejecución; *Sport*: tiempo *m* de

Laufzettel — Leben

recorrido; *Film*: duración *f* de la proyección; ~zettel *m* circular *f*; volante *m*.

'**Lauge** *f* lejía *f*; (*Wasch*≳) *a*. colada *f*; 2n *v/t*. poner en lejía, colar; 🡒 lixiviar; ~n *n* colada *f*; 🡒 lixiviación *f*; 2n-artig *adj*. 🡒 alcalino; ~nbad *n* baño *m* de lejía; ~nsalz *n* sal *f* alcalina.

'**Lauheit** *f* (0) tibieza *f*; *fig. a*. indiferencia *f*; *Rel., Pol.* indiferentismo *m*.

'**Laune** *f* humor *m*; talante *m*; (*Grille*) capricho *m*; humorada *f*; (*wetterwendische*) veleidad *f*; (*Gelüst*) antojo *m*; *gute* (*schlechte*) ~ *haben, bei guter* (*schlechter*) ~ *sein* estar de buen (mal) humor; ~n *haben* tener caprichos; (*nicht*) *in der* ~ *sein für et*. (no) estar (de humor) para a/c.; F (no) estar en vena.

'**launenhaft** *adj*. caprichoso; antojadizo; (*wetterwendisch*) veleidoso; 2igkeit *f* (0) caprichos *m/pl*.; carácter *m* caprichoso *bzw*. antojadizo.

'**launig** *adj*. alegre, jovial; (*witzig*) gracioso, divertido.

'**launisch** *adj*. → launenhaft.

Laus *f* (-; ue) piojo *m*; *fig*. *j-m e-e* ~ *in den Pelz setzen* echar a alg. la pulga detrás de la oreja; *dir ist wohl e-e* ~ *über die Leber gelaufen?* ¿qué mosca te ha picado?; '~**bub**(**e**) *m* pilluelo *m*, pillín *m*; '~**bubenstreich** *m* travesura *f*, chiquillada *f*.

'**lausch|en** *v/i*. escuchar (atentamente); *angestrengt*: aguzar el oído; *heimlich*: estar a la escucha, 2er(**in** *f*) *m* escucha *m/f*; 2gerät *n* dispositivo *m* de escucha; ~ig *adj*. ameno; apacible; íntimo; acogedor.

'**Lause|bengel** *m*, ~**junge** *m* pillo *m*; mocoso *m*; ~**kerl** *m* bribón *m*; canalla *m*.

'**Läusemittel** *n* pediculicida *m*, F matapiojos *m*.

'**laus|en** (-*t*) *v/t*. despiojar; espulgar; 2er F *m* → Lausbub(e); ~**ig** F I. *adj*. piojoso; *fig. a*. miserable; **II.** *adv*.: ~ *viel Geld haben* F estar forrado de dinero; *es ist* ~ *kalt* F hace un frío pelón (*od*. que pela).

'**Lausitz** *Geogr. f* Lusacia *f*.

laut¹ **I.** *adj*. (-*est*) alto; (*klar, bestimmt*) claro, distinto; (*stark klingend*) fuerte, intenso; (*lärmend*) ruidoso; *mit* ~*er Stimme* en voz alta; ~*es Gelächter* (sonora) carcajada *f*; risotada *f*; ~*es Geschrei erheben* poner el grito en el cielo; ~ *werden* (*bekannt werden*) divulgarse, hacerse público; *Gerücht*: correr (la voz); ~ *werden lassen* manifestar, expresar; divulgar; **II.** *adv*. en voz alta; ~ *sprechen* hablar alto (*od*. en voz alta); ~*er sprechen* levantar la voz; (*sprechen Sie*) *lauter!* ¡(hable usted) más alto!; ~ *singen* cantar alto; ~ *denken* pensar en voz alta; ~ *aufschreien* dar gritos, gritar; *er schrie so* ~ *er konnte* gritó a más no poder; ~ *lachen* reír a carcajadas.

laut² *prp*. (*gen*.) (*gemäß*) según; de acuerdo con; conforme a; (*kraft*) en virtud de.

Laut *m* (-*¢s*; -*e*) sonido *m*; *er gab keinen* ~ *von sich* no dijo palabra, F no dijo ni pío; ~ *geben Hund*: ladrar; '~**angleichung** *Gr. f* asimilación *f* (de sonidos).

'**lautbar** *adv*.: ~ *werden* divulgarse, hacerse público.

'**Lautbildung** *f* articulación *f* de los sonidos, fonación *f*.

'**Laute** ♪ *f* laúd *m*; *die* ~ *schlagen* tocar el laúd.

'**lauten** (-*e*-) *v/i*. sonar (*a. Gr.*); *Text*: decir, rezar; ~ *auf Paß usw*.: estar expedido a nombre de; *der Brief lautet folgendermaßen* la carta dice así; *wie lautet s-e Antwort?* ¿qué contesta?; *wie lautet sein Name?* ¿cómo es su nombre?, ¿cómo se llama?; *das Urteil lautet auf Tod* ha sido condenado a muerte; ✝ *auf den Inhaber* ~ *Scheck*: ser pagadero al portador; ✝ *auf den Namen* ~*d* nominativo.

'**läuten** (-*e*-) **I.** *v/t. u. v/unprs*. tocar; *Glocken*: *a*. repicar; *zu Grabe*: doblar; (*ertönen*) sonar; *es läutet Klingel*: llaman; *es läutet zur Messe* tocan a misa; *fig. ich habe et*. ~ *hören* he oído algo de eso; **II.** 2 *n* toque *m bzw*. repique *m* (de campanas).

'**Lauten|spiel** *n* tañido *m* de laúd; ~**spieler**(**in** *f*) *m* tañedor(a *f*) *m* de laúd.

'**lauter** *adj*. puro (*a. fig*.); *Flüssigkeit*: claro, límpido; *fig*. sincero; integro; ~*e Absichten* miras *f/pl*. desinteresadas; *das sind* ~ *Lügen* no son más que mentiras; *aus* ~ *Angst* de puro miedo; *vor* ~ *Freude* de pura alegría.

'**Lauterkeit** *f* (0) pureza *f* (*a. fig*.); limpidez *f*; nitidez *f*; *fig*. sinceridad *f*; integridad *f*, desinterés *m*.

'**läutern** (-*re*) *v/t*. purificar (*a. fig*.); 🡒 depurar; *Flüssigkeiten*: clarificar, filtrar; rectificar; *Zucker*: refinar; *Metalle*: afinar, refinar, *a. fig*. acendrar; *im Schmelztiegel*: acrisolar (*a. fig*.).

'**Läuterung** *f* purificación *f*; 🡒 depuración *f*; clarificación *f*; rectificación *f*; refinación *f*; acrisolamiento *m* (*a. fig*.).

'**Läutewerk** *n* timbre *m* eléctrico *bzw*. de alarma.

'**Laut...**: ~**gesetz** *n* ley *f* fonética; 2**getreu** *adj*. de alta fidelidad; fonofónico; 2**hals** *adv*. a voz en cuello (*od*. en grito).

lau'tier|en (-) *v/t*. silabear; 2**methode** *f* método *m* fonético (*od*. de silabeo).

'**Laut...**: ~**lehre** *Gr. f* fonética *f*; 2**lich** *adj*. fonético; 2**los** *adj*. sin (hacer) ruido; ~*e Stille* profundo silencio *m*; ~**losigkeit** *f* (0) silencio *m* absoluto; 2**malend**, 2**malerisch**, 2**nach-ahmend** *adj*. onomatopéyico; ~**male'rei** *f* onomatopeya *f*; ~**schrift** *f* transcripción *f* fonética; ~**sprecher** *m* altavoz *m*; *Am*. altoparlante *m*; ~**sprecher-anschluß** *m Radio*: conexión *f* para altavoz; ~**sprecherbox** *f* caja *f* (*od*. pantalla *f*) acústica, bafle *m*; ~**sprecherwagen** *n* automóvil *m* con altavoz; 2**stark** *adj*. potente, fuerte, intenso; ~**stärke** *f* intensidad *f* de sonido; *Radio*: *a*. volumen *m* (de sonido), potencia *f*; ~**stärkeregler** *m* control *m* (*od*. mando *m*) de volumen; ~**stärkeschwankung** *f Radio*: fluctuaciones *f/pl*. de la intensidad; *angl*. fading *m*; ~**system** *n* sistema *m* fonético; ~**verschiebung** *Gr. f* mutación *f* consonántica; ~**wandel** *Gr. m* cambio *m* fonético; ~**zeichen** *n* signo *m* fonético.

'**lauwarm** *adj*. tibio; templado.

'**Lava** ['lɑ:va] *f* (-; *Laven*) lava *f*; ~**strom** *m* corriente *f* de lava.

La'vendel [v] ♀ *m* espliego *m*, lavanda *f*; ~**wasser** *n* agua *f* de lavanda.

la'vieren *v/i*. ⚓ bordear; barloventear; *fig*. nadar entre dos aguas; F bailar en la cuerda floja.

La'wine *f* alud *m*, avalancha *f* (*beide a. fig*.); 2**n-artig** *adv*. como un alud; ~ *anwachsen* crecer como bola de nieve; ~**ngefahr** *f* peligro *m* (*od*. riesgo *m*) de aludes; 2**ngefährdet** *adj*. expuesto a los aludes.

lax *adj*. laxo (*a. Moral usw*.); relajado; (*schlaff*) flojo; ~*e Sitten* costumbres *f/pl*. relajadas; 2**a'tiv** 🡒 *n* laxante *m*; '2**heit** *f* laxitud *f*; relajamiento *m*, relajación *f*.

Laza'rett *n* (-*¢s*; -*e*) ⚔ hospital *m* militar; *fliegendes* ~ hospital *m* de sangre; ~**flugzeug** *n* avión *m* hospital; ~**schiff** *n* buque *m* hospital; ~**wagen** *m* ambulancia *f*; ~**zug** ⚔ *m* tren *m* hospital.

'**Lazarus** *m* Lázaro *m*.

'**leasen** *v/t*. alquilar con opción a compra.

'**Leasing** *n* (-*s*; -*s*) leasing *m*, alquiler *m* con opción a compra; ~**auto** *n* coche *m* en leasing.

'**Lebe|dame** *f* mujer *f* galante; ~'**hoch** *n* viva *m*; brindis *m*; ~**mann** *m* vividor *m*.

'**leben** *v/i*. vivir; existir; estar vivo (*od*. con vida); (*Leben zeigen*) dar señales de vida; (*wohnen*) vivir; residir; *gut* ~ darse buena vida; *zu* ~ *wissen* saber vivir; *von* ~ vivir de; *bei j-m* ~ vivir en casa de alg.; (*genug*) *zu* ~ *haben* tener de qué vivir; *kümmerlich* ~ pasar la vida; vegetar, F ir tirando; *er wird nicht mehr lange* ~ ya no vivirá mucho; sus días están contados; *gut* (*schlecht*) *zusammen* ~ vivir en armonía (enemistado) con; llevarse bien (mal); *er lebt in Berlin* vive en Berlín; ~ *und* ~ *lassen* vivir y dejar vivir; *j-n lassen* (*nicht töten*) dejar a alg. con vida; *j-n* (*hoch*) ~ *lassen* brindar a la salud de alg.; *er soll* ~! ¡(que) viva!; *so wahr ich lebe!* ¡así Dios me salve!; ¡por vida mía!; ~ *Sie wohl!* ¡adiós!; *es lebe der König!* ¡viva el rey!; *für et*. ~, *e-r Sache* (*dat*.) ~ entregarse por entero a a/c.; *er ist mein Vater wie er leibt und lebt* es mi padre clavado; *sein Leben noch einmal* ~ revivir su vida; *hier lebt es sich gut* aquí da gusto vivir, aquí se vive bien.

'**Leben** *n* (-*s*; -) vida *f*; (*Dasein*) existencia *f*; (*Lebenskraft*) fuerza *f* vital, vigor *m*; (*Lebhaftigkeit*) vivacidad *f*; (*geschäftiges Treiben*) animación *f*, movimiento *m*; (*Lebensweise*) modo *m* (*od*. manera *f*) de vivir; *langes* ~ longevidad *f*, larga vida *f*; *ein ruhiges usw*. ~ *führen* llevar una vida tranquila, *etc*.; *ein gutes* (*od*. *schönes*) ~ *führen* darse buena vida; *sein* (*eigenes*) ~ *leben* vivir su vida; *auf* ~ *und Tod* a vida y muerte; *Kampf*: a muerte; *es geht um* ~ *und Tod* es cuestión de vida o muerte; *zwischen* ~ *und Tod schweben* estar entre la vida y la muerte; *mein* (*ganzes*) ~ *lang*, *zeit m-s* ~*s* (*durante*) toda mi vida; *nie im* ~ (jamás) en mi vida; *das habe ich in m-m* ~ *nicht gesehen* en mi vida he visto cosa igual; *am ~ sein* estar vivo (*od.* con vida); vivir; *am ~ bleiben, mit dem ~ davonkommen* quedar con vida, sobrevivir; salvarse, escapar con vida; *am ~ lassen* dejar con vida; *mit s-m ~ bezahlen* pagar con la vida; *sein ~ für et. lassen* morir por a/c.; dar (*od.* sacrificar) la vida por a/c.; *das ~ genießen* gozar de la vida; *~ in et. bringen* dar animación a (*od.* animar) a/c.; *neues ~ bekommen* reanimarse, avivarse; *j-m das ~ schwer* (*od. sauer*) *machen* amargar la vida a alg.; *sich das ~ schwer machen* complicarse la vida; *voller ~* lleno de vida; *sein ~ einsetzen* (*od. wagen od. aufs Spiel setzen*) arriesgar (*od.* jugarse) la vida, F jugarse el tipo; *das ~ schenken e-m Kind*: dar a luz (una criatura); (*begnadigen*) perdonar la vida, ✕ dar cuartel; *ins ~ treten* nacer; dar los primeros pasos en la vida; *ins ~ rufen* crear, fundar; organizar; *ins ~ zurückbringen* volver a la vida; *zu neuem ~ erwecken* resucitar (*a. fig.*); *zu neuem ~ erwachen* resucitar, renacer; *ein neues ~ anfangen* rehacer su vida; *ums ~ kommen* perder la vida, matarse, resultar muerto; *j-n ums ~ bringen* matar (*od.* quitar la vida) a alg.; *sich ums ~ bringen, sich das ~ nehmen* suicidarse, quitarse la vida; *j-m das ~ retten* salvar la vida a alg.; *j-m nach dem ~ trachten* atentar contra la vida de alg.; *aus dem ~ scheiden* morir(se); *aus dem ~ schöpfen* tomar del natural; *aus dem ~ gegriffen* tomado del natural (*od.* de la vida real); *et. für sein ~ gern tun* desvivirse por hacer a/c.; *ich wüßte für mein ~ gern,* oβ daría cualquier cosa por saber sí; *nach dem ~ malen* pintar del natural; *~ und Treiben* animación *f*, movimiento *m*.

¹**lebend** *adj.* vivo; viviente; *lange ~* vivaz, de larga vida; *~e Sprachen* lenguas *f/pl.* vivas; *~e Bilder* cuadros *m/pl.* vivos (*od.* plásticos); *~es Inventar* bienes *m/pl.* semovientes; *es war kein ~es Wesen zu sehen* no se veía alma viviente; *~e Hecke* seto *m* vivo; ²**e(r** *m) m/f* viviente *m/f*, persona *f* viva; *die ~n und die Toten* los vivos y los muertos; ²**gebären** *Zoo.* ⌐ viviparidad *f*; *~gebärend* *Zoo. adj.* vivíparo; ²**gewicht** *n* peso *m* (en) vivo.

le¹bendig *adj.* viviente; vivo (*a. fig.*); (*belebt*) animado, (*rege*) vivaz, lleno de vida; *bei ~em Leibe verbrannt* (*begraben*) quemado (enterrado) vivo; *fig. ~ erhalten* mantener vivo; *~ werden* animarse; *wieder ~ werden* revivir; reanimarse; *~ machen* animar; vivificar; *mehr tot als ~* más muerto que vivo; ²**keit** *f* (0) vivacidad *f*, viveza *f*; vida *f*; animación *f*.

¹**Lebens...**: *~abend* *m* vejez *f*; ocaso *m* de la vida; *Neol.* tercera edad *f*; *~abriß* *m* nota *f* biográfica; *~abschnitt* *m* período *m* de la vida; *~alter* *n* edad *f*; *~angst* *f* miedo *m* existencial; *~anschauung* *f* concepción *f* de la vida; *~art* *f* modo *m* (*od.* manera *f*) de vivir; (*Benehmen*) modales *m/pl.*, maneras *f/pl.*, F mundología *f*; *~auffassung* *f* concepto *m* de la vida; *~aufgabe* *f* tarea *f* (*od.* trabajo *m*) de toda una vida; *~äußerung* *f* manifestación *f* vital; *~bahn* *f* carrera *f*; *~baum* ♀ *m* árbol *m* de la vida, tuya *f*; *~bedingung* *f* condi-

ción *f* de vida (*od.* de existencia); *~bedürfnisse* *n/pl.* necesidades *f/pl.* vitales; ²**bejahend** *adj.* optimista; *~bejahung* *f* optimismo *m* (ante la vida); *~beschreibung* *f* biografía *f*; *~bild* *n* semblanza *f*; *~dauer* *f* duración *f* de (la) vida; longevidad *f* (*a.* ⊕); ⊕ duración *f*; durabilidad *f*; vida *f* útil; *lange ~* larga vida *f*; *durchschnittliche ~* vida *f* media; ²**echt** *adj.* natural; realista; *~elixier* *n* elixir *m* de la vida; *~ende* *n* término *m* de la vida; *bis an sein ~* hasta su muerte; *~erfahrung* *f* experiencia *f* de la vida; F mundología *f*; *~erinnerungen* *f/pl.* memorias *f/pl.*; *~erwartung* *f* expectativa *f* (*od.* esperanza *f*) de vida; *~faden* *m* hilo *m* de la vida; ²**fähig** *adj.* viable; *~fähigkeit* *f* viabilidad *f*; *~form* *f* forma *f* de vida; *~frage* *f* cuestión *f* vital; ²**fremd** *adj.* ajeno a (las realidades de) la vida; que no conoce la vida; *~freude* *f* alegría *f* de vivir; ²**froh** *adj.* contento de la vida; alegre y optimista; *~führung* *f* manera *f* (*od.* modo *m*) de vivir; (tren *m* de) vida *f*; *~fülle* *f* plenitud *f* de vida; *~funktion* *f* función *f* vital; *~gefahr* *f* peligro *m* de muerte; *in ~ schweben* estar entre la vida y la muerte; *unter ~* con riesgo de su vida; ²**gefährlich** *adj.* muy peligroso; con peligro de muerte; *~gefährte* *m*, *~gefährtin* *f* compañero (-a *f*) *m* de vida; esposo (-a *f*) *m*; *~geister* *m/pl.* espíritus *m/pl.* vitales; *j-s ~ wecken* infundir ánimo a alg.; *~gemeinschaft* *f* comunidad *f* de vida, vida *f* en común; *~geschichte* *f* (historia *f* de la) vida *f*; biografía *f*; ²**groß** *adj.* de tamaño natural; *~größe* *f* tamaño *m* natural; *~haltung* *f* nivel *m* de vida; tren *m* de vida; *~haltungs-index* *m* índice *m* del coste de la vida; *~haltungskosten* *f/pl.* coste *m* de la vida; *~hunger* *m* anhelo *m* de vivir; *~interessen* *n/pl.* intereses *m/pl.* vitales; *~jahr* *n* año *m* (de la vida); *im dreißigsten ~* a los treinta años (de edad); *~kampf* *m* lucha *f* por la vida (*od.* existencia); ²**klug** *adj.* que tiene experiencia de la vida; *~klugheit* *f* experiencia *f* de la vida, F mundología *f*; *~kraft* *f* fuerza *f* (*od.* energía *f*) vital; vitalidad *f*; *~kunde* *f* biología *f*; *~künstler* *m*: *er ist ein ~* sabe vivir; *~lage* *f* situación *f* (de la vida); ²**länglich** *adj.* perpetuo; para toda la vida, de por vida; *Amt, Rente*: vitalicio; ⚖ *~e Zuchthausstrafe* cadena *f* perpetua; *~lauf* *m* curriculum *m* vitae; datos *m/pl.* biográficos; historial *m* (personal); *~licht* *Poes.* *n* vida *f*; *j-m das ~ ausblasen* matar (*od.* quitar la vida) a alg.; *~linie* *f* *der Hand*: línea *f* de vida; *~lust* *f* alegría *f* de vivir; ²**lustig** *adj.* vivo, lleno de vida; vivaracho; *~minimum* *n* mínimo *m* vital; *~mittel* *n/pl.* víveres *m/pl.*; ✕ *a.* vituallas *f/pl.*; (*Eßwaren*) comestibles *m/pl.*, productos *m/pl.* alimenticios; *~mittelgeschäft* *n* colmado *m*; tienda *f* de comestibles (*od.* ultramarinos, *Am.* almacén *m*); *~mittelgesetz* *n* código *m* alimentario; *~mittel-industrie* *f* industria *f* de la alimentación; *~mittelkarte* *f* cartilla *f* de racionamiento; *~mittelknappheit* *f* escasez *f* de víveres;

~mittelmarke *f* cupón *m* alimenticio (*od.* para alimentos); *~mittelversorgung* *f* abastecimiento *m* (de comestibles); ²**müde** *adj.* cansado de la vida (*od.* de vivir); *~mut* *m* valor *m* para afrontar la vida; ánimo *m* para seguir viviendo; ²**nah** *adj.* realista; *~nähe* *f* experiencia *f* práctica; realismo *m*; *~nerv* *fig.* *m* nervio *m* vital; ²**notwendig** *adj.* vital; de primera necesidad; *~notwendigkeit* *f* necesidad *f* vital; *~philosophie* *f* filosofía de la vida *bzw.* práctica; *~qualität* *f* calidad *f* de (la) vida; *~raum* *m* espacio *m* vital; *~regel* *f* regla *f* de conducta; norma *f* de vida; máxima *f*; *~rente* *f* renta *f* vitalicia; *~retter* *m* salvador *m*; socorrista *m*; *~rettungsmedaille* *f* medalla *f* de salvamento; *~spanne* *f* lapso *m* vital; ²**sprühend** *adj.* rebosante (*od.* desbordante *od.* pletórico) de vida; *~standard* *m* nivel *m* de vida; *~stellung* *f* posición *f* social; (*Posten*) cargo *m* vitalicio; empleo *m* permanente; *~stil* *m* estilo *m* de vida; *~trieb* *m* instinto *m* vital; ²**tüchtig** *adj.* dinámico; enérgico; *~überdruß* *m* cansancio *m* (*od.* tedio *m*) de la vida; ²**überdrüssig** *adj.* cansado de vivir; ²**unfähig** *adj.* no viable, inviable; *~unterhalt* *m* subsistencia *f*, sustento *m*; ⚖ alimentos *m/pl.*; *s-n ~ verdienen* (*od. bestreiten*) ganarse la vida; ²**untüchtig** *adj.* inadaptado a la vida; *~verhältnisse* *n/pl.* condiciones *f/pl.* de vida; *~versicherung* *f* seguro *m* de vida; *~versicherungsgesellschaft* *f* compañía *f* de seguros de vida; ²**voll** *adj.* lleno de vida; ²**wahr** *adj.* realista; tomado de la vida (real); *~wandel* *m* conducta *f*; (tren *m* de) vida *f*; *~weg* *m* vida *f* (*Laufbahn*) carrera *f*; *~weise* *f* modo *m* de vivir; ♂ régimen *m*; *gesunde ~* vida *f* sana; *~weisheit* *f* filosofía *f* (práctica); *~werk* *n*: *sein ~* la obra de su vida; ²**wert** *adj.* digno de vivir; ²**wichtig** *adj.* vital (*a.* ⚭); *Betrieb usw.*: de interés vital; *Güter usw.*: de primera necesidad; *~wille* *m* voluntad *f* de vivir; *~zeichen* *n* señal *f* de vida; *kein ~ von sich geben* no dar señal de vida; *~zeit* *f* duración *f* de la vida; *auf ~* → ²*länglich*; *~ziel* *n*, *~zweck* *m* objeto *m* de la vida; finalidad *f* de la existencia.

¹**Leber** *f* (-; -*n*) *Anat., Kochk.* hígado *m*; F *frei* (*od. frisch*) *von der ~ weg reden* hablar sin ambages ni rodeos (*od.* sin tapujos); despacharse a su gusto; *~blümchen* ♀ *n* hepática *f*; *~entzündung* *f* hepatitis *f*; *~fleck* *m* mancha *f* hepática; nevus *m* hepático; (*Muttermal*) lunar *m*; *weitS.* peca *f*; *~haken* *m* *Boxsport*: gancho *m* al hígado; *~kloß* *m*, *~knödel* *m* *Kochk.* albóndiga *f* de hígado; ²**krank**, ²**leidend** *adj.* enfermo del hígado, hepático; *~krankheit* *f*, *~leiden* *n* enfermedad *f* del hígado; ♂ hepatopatía *f*; *~krebs* ♂ *m* cáncer *m* del hígado; *~moose* ♀ *n/pl.* hepáticas *f/pl.*; *~pastete* *f* paté *m* de hígado; *~tran* *m* aceite *m* de hígado de bacalao; *~wurst* *f* embutido *m* de hígado; *~zirrhose* ♂ *f* cirrosis *f* hepática.

¹**Lebe...**: *~welt* *f* vida *f* mundana; (*Halbwelt*) mundo *m* galante; *Bio.*

Lebewesen — Lehnspflicht

mundo *m* viviente; ~**wesen** *n* ser *m* (*od.* organismo *m*) viviente; ~'**wohl** *n* adiós *m*; *j-m* ~ *sagen* decir adiós a alg.; despedirse de alg.
'**lebhaft I.** *adj.* vivo (*a. fig. Farbe usw.*); *Person: a.* vivaz; impulsivo; lleno de vida; (*belebt*) animado (*a.* ✝ *u. Unterhaltung*); activo (*a.* ✝); (*munter*) vivaracho; despierto; *Verkehr*: intenso; ~*er Beifall* nutridos aplausos *m*/*pl.*; ~ *werden* animarse; **II.** *adv.* vivamente; ~ *bedauern* sentir vivamente; *das kann ich mir* ~ *vorstellen!* ¡me lo imagino!; &igkeit *f* (0) viveza *f*; vivacidad *f*; animación *f*; actividad *f*.
'**Lebkuchen** *m* pan *m* de especias.
'**leb...:** ~**los** *adj.* sin vida; inanimado; ✝ inactivo; &**losigkeit** *f* (0) ausencia *f* de vida; falta *f* de animación; ✝ estancamiento *m*; &**tag** *m*: *das habe ich mein* ~ *nicht gesehen* en mi vida lo he visto; &**zeiten** *f*/*pl.*: *zu* (*od. bei*) ~ en vida; *zu m-n* ~ mientras viva; *zu* ~ *m-s Vaters* cuando vivía (*od.* en vida de) mi padre.
'**lechzen** (*-t*) *v*/*i.* tener sed (*nach de*); *fig.* ~ *nach* anhelar a/c.; estar ansioso de; suspirar por; estar sediento de.
Leck I. *n* (*-és*; *-e*) ⚓ vía *f* de agua; (*undichte Stelle*) fuga *f* (*a. fig.*), escape *m*; *im Dach*: gotera *f*; *Faß usw.*: agujero *m*; ⚓ *ein* ~ *bekommen* hacer agua; **II.** & *adj.*: ~ *sein* perder, derramarse; tener fuga; gotear; ⚓ hacer agua.
Le'ckage *f* derrame *m*; (*Gewichtsverlust*) merma *f*.
'**lecken**[1] **I.** *v*/*i.* → *leck sein*; **II.** & *n* derrame *m*.
'**lecken**[2] *v*/*t. u. v*/*i.* lamer (*an et. dat.* a/c.); *fig. sich die Finger nach et.* ~ chuparse los dedos por a/c.; relamerse de a/c.; F *wie geleckt* de punta en blanco; V *leck mich (am Arsch)!* V ¡que te jodas!
'**lecke|r** *adj.* delicado, exquisito; apetitoso; sabroso, rico; F *fig. ein* ~*es Mädchen* un bombón; ~ *aussehen* tener buena pinta; &**rbissen** *m* bocado *m bzw.* plato *m* (*od.* manjar *m*) exquisito (*od.* delicado); &**rei** *f* golosina *f*; &**rmaul** F *n*, &**rmäulchen** F *n* goloso *m*.
'**Leder** *n* (*-s*; -) cuero *m* (*a.* F *Fußball*); *weiches*: piel *f*; (*Lappen*) gamuza *f*; *in* ~ (*gebunden*) (encuadernado) en piel; *vom* ~ *ziehen* desenvainar; *fig.* arremeter contra; F *j-m das* ~ *gerben* zurrar la badana a alg.; ~(**ein**)**band** *m* encuadernación *f* en piel; ~**gürtel** *m* cinturón *m* de cuero; ~**handel** *m* comercio *m* de pieles *bzw.* de cueros; ~**händler** *m* comerciante *m* en pieles *bzw.* de cueros; ~**handschuh** *m* guante *m* de piel; ~**haut** *Anat. f* dermis *f*, corion *m*; *Auge*: esclerótica *f*; ~**hose** *f* pantalón *m* de cuero; ~**jacke** *f* chaquetón *m bzw.* cazadora *f* de cuero; ~**koffer** *m* maleta *f* de cuero; ~**lappen** *m* gamuza *f*; ~**mantel** *m* abrigo *m* de cuero; ~**mappe** *f* cartera *f* de cuero; &*n adj.* de cuero; de piel; *fig.* (*zäh*) coriáceo; (*trocken*) seco; soso; ~**riemen** *m* ⊕ correa *f* de cuero; ⚔ cinturón *m*; ~**rücken** *m Buch*: lomo *m* de piel; ~**schurz** *m*, ~**schürze** *f* mandil *m* de cuero; ~**sessel** *m* sillón *m* de cuero; ~**sohle** *f* suela *f* de cuero; ~**waren** *f*/*pl.* artículos *m*/*pl.* de cuero *bzw.* de piel; marroquinería *f*; ~**zeug** ⚔ *n* correaje *m*.

'**ledig** *adj.* (*unverheiratet*) soltero; *Liter.* célibe; (*frei*) libre (*von* de); ~*e Mutter* madre *f* soltera; ~ *bleiben* quedar soltero; *Mädchen*: quedar soltera, F quedarse para vestir santos; &**enstand** *m* soltería *f*; celibato *m*; ~**lich** *adv.* sólo, solamente; únicamente; meramente.
Lee ⚓ *f* (0) sotavento *m*.
leer *adj.* vacío; (*geleert*) vaciado; (*geräumt*) evacuado; (*hohl*) hueco; (*unbesetzt, unbewohnt*) desocupado; sin ocupar, libre; (*unbeschrieben*) en blanco; *Stelle*: vacante; *fig.* (*bedeutungslos*) insignificante; (*eitel*) vano, huero; (*unbegründet*) sin fundamento, infundado; (*hohl, sinnlos*) sin sentido; ~*e Seite* página *f* en blanco; *mit* ~*en Händen* con las manos vacías; ~*e Drohung* vana amenaza *f*; ~*es Geschwätz* (pura) palabrería *f*; ~*e Worte* palabras *f*/*pl.* hueras; *Thea. vor* ~*em Haus spielen* actuar ante la sala vacía; ⊕ ~ *laufen* marchar en vacío; ~ *machen* vaciar; (*ausräumen*) evacuar; ~ *werden* vaciarse; ~ *ausgehen* quedarse con las ganas; ~ *stehen* estar vacío; *Wohnung*: estar desocupado; '&**darm** *Anat. m* yeyuno *m*; '&**e I.** *f* (0) vacío *m* (*a. Phys.*); (*leerer Raum*) espacio *m* vacío; *fig.* vaciedad *f*; vanidad *f*; **II.** *n*: *ins* ~ *gehen Schlag*: fallar; *ins* ~ *starren* mirar absorto.
'**leeren I.** *v*/*t.* vaciar; *Glas usw.*: *a.* apurar; (*räumen*) evacuar; *den Briefkasten* ~ hacer la recogida, recoger las cartas; *sich* ~ vaciarse; **II.** & *n* → *Leerung.*
'**Leer...:** ~**gewicht** *n* peso *m* en vacío, ✝ tara *f*; ~**gut** *n* envases *m*/*pl.* de vuelta; ~**heit** *f* → ~*e*; ~**hub** *m Kfz.* carrera *f* en vacío; ~**kassette** *f* cassette *f* virgen (*od. en blanco*); ~**lauf** *m* ⊕ marcha *f* en vacío; *a. fig.* punto *m* muerto; *fig.* esfuerzos *m*/*pl.* baldíos (*od.* inútiles); ~**laufen** (*L*; *sn*) *v*/*i. Gefäß*: vaciarse; derramarse; ~**laufspannung** *f* tensión *f* de marcha en vacío; ~**laufstellung** *f* punto *m* muerto; ~**stehend** *adj. Wohnung*: vacío; desocupado, sin ocupar; ~**taste** *f* espaciador *m*; ~**ung** *f* vaciamiento *m*; (*Räumung*) evacuación *f*; 🖂 recogida *f*; ~**zeichen** *n Computer*: espacio *m* en blanco; ~**zug** 🚂 *m* tren *m* vacío.
'**Lee...:** ~**segel** ⚓ *n* boneta *f*; ~**seite** *f* (costado *m* de) sotavento *m*; &**wärts** *adv.* a sotavento.
'**Lefze** *Zoo. f* belfo *m*, befo *m*.
le'gal *adj.* legal.
legali'sier|en (-) *v*/*t.* legalizar; &**ung** *f* legalización *f*.
Legali'tät *f* (0) legalidad *f*.
Legas|the'nie 🙾 *f* dislexia *f*; ~'**theniker** *m* disléxico *m*.
Le'gat[1] *m* (-en) *I.C. u. Hist.* legado *m*.
Le'gat[2] ⚜ *n* (-és; -e) legado *m*.
Lega'tar 🙾 *m* (*-s*; -e) legatario *m*.
Legati'on *f* legación *f*; ~**srat** *m* consejero *m* de legación; ~**s-sekretär** *m* secretario *m* de legación.
'**Legehenne** *f* (gallina *f*) ponedora *f*.
'**legen I.** *v*/*t.* poner (*a. Eier*); colocar; meter; echar; depositar; (*ausbreiten*) extender; *Leitung*: instalar; ⚡ tender; *Karten*: echar; *Wäsche*: doblar; *Kartoffeln usw.*: plantar; *Geld auf die Bank* ~ imponer dinero en el banco; *auf ein Konto* ~ ingresar en una cuenta; *auf die Erde* ~ poner en tierra; *in die Sonne* ~ poner al sol; *zu Bett* ~ acostar (en la cama); **II.** *v*/*refl.*: *sich* ~ ponerse; meterse; colocarse; tenderse, echarse; *fig.* (*nachlassen*) calmarse; apaciguarse; disminuir, ceder; *Fieber usw.*: remitir; (*aufhören*) cesar; *Zorn*: aplacarse; *Wind*: amainar; *sich in die Sonne* ~ tenderse al sol; *sich schlafen* (*od. zu Bett*) ~ ir a la cama, acostarse; *sich ins Bett* ~ *Kranker*: meterse en la cama, encamarse; *sich* ~ *auf* echarse *od.* tumbarse *od.* acostarse) sobre; *fig.* afectar (*a.* 🙾); *fig. sich auf et.* ~ dedicarse a a/c.; especializarse en a/c.; *als Ausweg*: recurrir a a/c.; *sich über et.* ~ (*ausbreiten*) extenderse sobre a/c.; F *das wird sich* ~*!* ¡ya pasará!; **III.** & *n* colocación *f*; *v. Eiern*: puesta *f*, postura *f*.
legen'där *adj.* legendario; ~*e Gestalt* mito *m*.
Le'gende *f* leyenda *f* (*a. auf Münzen usw.*); *fig. a.* mito *m*.
le'ger [-'ʒɛːʀ] *adj.* informal, desenvuelto, desenfadado.
Legezeit *f* época *f* de postura (*od.* puesta).
'**Leggings** *pl.* leggings *m*/*pl.*, mallas *f*/*pl.*
le'gier|en (-) *v*/*t. Metalle*: alear; *Kochk.* espesar; &**ung** *f Met.* aleación *f*.
Legi'on *f* (-; -en) legión *f*; *fig.* ~ *sein* ser legión.
Legio'när *m* (*-s*; -e) legionario *m*.
Legisla'tive *f* (poder *m*) legislativo *m*.
Legisla'turperiode *f* legislatura *f*.
legi'tim *adj.* legítimo.
Legitimati'on *f* legitimación *f*; prueba *f* de identidad; identificación *f*; ~**s-karte** *f* tarjeta *f* de identidad; ~**s-papier** *n* documento *m* de identidad.
legiti'mier|en (-) *v*/*t.* legitimar; *sich* ~ probar su identidad; &**ung** *f* legitimación *f*.
Legiti'mist *m* (-en) legitimista *m*.
Legitimi'tät *f* (0) legitimidad *f*.
'**Leguan** *Zoo. m* (*-s*; -e) iguana *f*.
'**Lehen** *n* (*-s*; -) feudo *m*; *zu* ~ *geben* dar en feudo.
'**Lehm** *m* (*-és*; -e) barro *m*; limo *m*; (*Ton*) arcilla *f*; ~**boden** *m* terreno *m* barroso; suelo *m* limoso *bzw.* arcilloso; ~**erde** *f* tierra *f* arcillosa; ~**grube** *f* barrera *f*; ~**hütte** *f* cabaña *f* de barro; &**ig** *adj.* barroso; limoso; arcilloso; ~**wand** *f* tapia *f*; ~**ziegel** *m* adobe *m*.
'**Lehne** *f* respaldo *m*; (*Stütze*) apoyo *m*; (*Arm*&) brazo *m*; (*Berghang*) falda *f*; vertiente *f*; &*n* **I.** *v*/*i.* estar arrimado (*gegen* contra); **II.** *v*/*t.* reclinar, recostar (*an od. auf ac.* sobre); apoyar (*en*); arrimar (*contra*); **III.** *v*/*refl.*: *sich* ~ apoyarse (*an od. auf ac.* en); reclinarse, recostarse (en); arrimarse (contra); *sich aus dem Fenster* ~ asomarse a la ventana.
'**Lehns...:** ~**dienst** *m* servicio *m* de vasallo; vasallaje *m*; ~**eid** *m* juramento *m* de fidelidad (al señor feudal).
'**Lehnsessel** *m* sillón *m*; butaca *f*; silla *f* de brazos.
'**Lehns...:** ~**gut** *n* feudo *m*; ~**herr** *m* señor *m* feudal; ~**mann** *m* vasallo *m*; ~**pflicht** *f* deber *m* de vasallo; vasallaje *m*.

¹**Lehnstuhl** m → Lehnsessel.
¹**Lehnswesen** n sistema m feudal, feudalismo m.
¹**Lehnwort** Gr. n palabra f advenediza; extranjerismo m.
¹**Lehr|amt** n magisterio m; profesorado m; ~**anstalt** f centro m docente, establecimiento m de enseñanza; höhere: Span. instituto m de segunda enseñanza (od. de bachillerato); ~**auftrag** m encargo m de curso; e-n ~ haben estar encargado de curso; ²**bar** adj. enseñable; ~**beauftragte(r)** m encargado m de curso; ~**befähigung** f aptitud f para la enseñanza; ~**beruf** m profesión f docente; ~**betrieb** ✍ m granja f escuela; ~**brief** m certificado m de aprendizaje; ~**buch** n (Schulbuch) libro m de texto; (Handbuch) manual m.
¹**Lehre** f 1. (Vorschrift) lección f, precepto m; (Unterweisung) instrucción f, enseñanza f; (Warnung) advertencia f; (Abschreckung) escarmiento m; (System) sistema m; Rel. dogma m; doctrina f (a. Phil.); (Theorie) teoría f; (Beispiel) ejemplo m; (Lehrzeit) aprendizaje m; laß dir dies zur ~ dienen (od. e-e ~ sein) que esto te sirva de lección bzw. de escarmiento; ich werde die ~ daraus ziehen esto me servirá de lección; in der ~ sein estar de aprendiz; in die ~ geben poner en aprendizaje; in die ~ gehen (nehmen) entrar (tomar) de aprendiz; 2. ⊕ galga f, calibre m, calibrador m; (Schablone) patrón m.
¹**lehren** I. v/t. enseñar; j-n et. ~ enseñar a alg. a/c.; instruir a alg. en a/c.; j-n lesen ~ enseñar a leer a alg.; die Zukunft wird es ~ vivir para ver; II. ⊕ n enseñanza f.
¹**Lehrer** m allg. profesor m; (Grundschul²) maestro m; bsd. ⚔ instructor m; bsd. Sport: monitor m; ~**bildungs-anstalt** f escuela f de magisterio (od. normal); ~**in** f profesora f; maestra f; ~**kollegium** n profesorado m; cuerpo m docente; claustro m de profesores; ~**konferenz** f reunión f (od. claustro m) de profesores; ~**mangel** m escasez f de maestros bzw. de profesores; ~**schaft** f magisterio m; profesorado m; cuerpo m docente; ~**seminar** n → ~**bildungsanstalt**; ~**zimmer** n sala f de profesores.
¹**Lehr...**: ~**fach** n asignatura f; disciplina f; ~**film** m película f educativa (od. didáctica); ~**freiheit** f libertad f de enseñanza bzw. de cátedra; ~**gang** m curso m, cursillo m; ~**gangsleiter** m instructor m; ~**gangsteilnehmer** m cursillista m; ~**gedicht** n poema m didáctico; ~**geld** n fig.: ~ zahlen escarmentar en cabeza propia; ²**haft** adj. instructivo, didáctico; m. s. pedantesco; ~**herr** m patrono m, maestro m (de aprendices); ~**jahr** n año m de aprendizaje; ~**junge** m aprendiz m; ~**körper** m cuerpo m docente; claustro m de profesores; ~**kraft** f profesor m; ~**ling** m (-s; -e) aprendiz m; ~**mädchen** n aprendiza f; ~**meinung** f teoría f; doctrina f; Rel. dogma m; ~**meister** m maestro m (a. fig.); ~**methode** f método m didáctico (od. de enseñanza); ~**mittel** n/pl. material m didáctico; ~**mittelfreiheit** f gratuidad f del material didáctico; ~**personal** n personal m docente; ~**pfad** m itinerario m didáctico; ~**plan** m plan m (od. programa m) de estudios; Neol. currículo m; ~**probe** f lección f de prueba; ²**reich** adj. instructivo; aleccionador; ~**saal** m clase f; aula f; ~**satz** m tesis f; Rel. dogma m; ⚕ teorema m; proposición f; ~**stelle** f puesto m (od. plaza f) de aprendiz(aje); ~**stoff** m materia f (de enseñanza); ~**stuhl** m cátedra f; ~**stuhl-inhaber** m catedrático m; ~**tätigkeit** f actividad f docente, docencia f; enseñanza f; ~**vertrag** m contrato m de aprendizaje; ~**werk** n obra f didáctica; ~**werkstatt** f taller m de aprendizaje, taller-escuela m; ~**zeit** f (tiempo m de) aprendizaje m (a. fig.).

Leib m (-es; -er) (Körper) cuerpo m; (Bauch) vientre m, abdomen m; F tripa f; bei lebendigem ~e vivo; gesegneten ~es sein estar encinta; fig. kein Hemd auf dem ~e haben no tener dónde caerse muerto; nichts im ~e haben no haber comido nada; estar en ayunas; am ganzen ~e zittern temblar como un azogado; e-r Sache zu ~e gehen atacar a/c.; j-m zu ~e gehen arremeter contra alg.; j-m auf den ~ rücken acosar a alg.; sich j-n vom ~e halten mantener a alg. a distancia; bleib mir vom ~e! ¡déjame en paz!; mit ~ und Seele con cuerpo y alma; con alma y vida; de todo corazón; Rel. der ~ des Herrn la Hostia, la Sagrada Forma; am eigenen ~e erfahren (od. spüren) sentirlo en carne propia (od. en su propia piel); Thea. die Rolle ist ihm auf den ~ geschrieben el papel le viene a la medida.
¹**Leib...**: ~**arzt** m médico m de cámara; ~**binde** f faja f; ~**chen** m corpiño m; justillo m; ²**eigen** adj. siervo; ~**eigene(r** m) m/f siervo (-a f) m; ~**eigenschaft** f (0) servidumbre f.
¹**Leibes...**: ~**erbe** m heredero m natural (od. legítimo); ~**erziehung** f educación f física; ~**frucht** f feto m; Poes. ihre ~ el fruto de su vientre; ⚖ Tötung der ~ feticidio m; ~**fülle** f obesidad f, corpulencia f; ~**kraft** f fuerza f física; vigor m; aus Leibeskräften a más no poder; schreien: como un loco, a voz en cuello; ~**strafe** f castigo m corporal; ~**übung** f ejercicio m físico; ~**en** pl. educación f física; gimnasia f, cultura f física; ~**umfang** m perímetro m abdominal; (Fülle) corpulencia f; ~**visitation** f cacheo m; registro m (corporal); e-r ~ unterziehen cachear.
¹**Leib...**: ~**garde** f guardia f de corps; ~**gardist** m guardia m de corps; ~**gericht** n plato m favorito; ~**gurt** m, ~**gürtel** m cinturón m; ²**haft**, ²'**haftig** adj. personificado, en persona; F de carne y hueso; ~'**haftige** m: der ~ el diablo redivivo; ²**lich** adj. corporal; físico; material; ~**es Wohl** bienestar m; mein ~**er Bruder** mi hermano carnal; mein ~**es Kind** mi propio hijo; ~**regiment** ⚔ n des Königs: regimiento m del rey; ~**rente** f renta f vitalicia; ~**riemen** m cinturón m; ~**rock** m levita f; ~**schmerzen** m/pl. dolor m de vientre (F de barriga); ich habe ~ F me duele la tripa; ~**speise** f → ~**gericht**; ~**ung** △ f intradós m; ~**wache** f → ~**garde**; ~**wächter** m guardaespaldas m, F gorila m; ~**wäsche** f ropa f interior.
¹**Leiche** f cadáver m; cuerpo m muerto; Typ. omisión f; fig. wandelnde ~ cadáver m viviente (od. ambulante); über ~n gehen no detenerse ante nada; no tener escrúpulos.
¹**Leichen...**: ~**ausgrabung** f exhumación f; ~**begängnis** n entierro m; feierlich: funerales m/pl.; exequias f/pl.; ~**beschauer** m médico m forense; ~**bestattung** f entierro m, inhumación f; ~**bittermiene** f cara f de funeral (od. de vinagre); ²**blaß** adj. cadavérico; lívido; pálido como un muerto; ~**blässe** f palidez f mortal bzw. cadavérica; lividez f; ~**fledderer** m desvalijador m de cadáveres; ~**frau** f amortajadora f; ~**geruch** m olor m cadavérico, F olor m a muerto; ~**gift** n (p)tomaína f, cadaverina f; ²**haft** adj. cadavérico; ~**halle** f, ~**haus** n depósito m de cadáveres; ~**hemd** n mortaja f; ~**öffnung** f autopsia f; ~**raub** m robo m de cadáver; ~**rede** f oración f fúnebre; ~**schänder** m profanador m de cadáveres; ~**schändung** f profanación f de cadáveres; violación f de sepulcro; ~**schau** ⚖ f inspección f de cadáveres; ~**schauhaus** n depósito m de cadáveres, gal. morgue f; ~**schmaus** m convite m funeral; ~**starre** ⚕ f rigidez f cadavérica; ~**träger** m sepulturero m; ~**tuch** n mortaja f; sudario m; (Bahrtuch) paño m mortuorio; ~**verbrennung** f cremación f; incineración f; ~**wagen** m coche m fúnebre; ~**zug** m cortejo m (od. comitiva f) fúnebre.
¹**Leichnam** m (-es; -e) cadáver m.

leicht I. adj. (-est) an Gewicht: ligero (a. fig. Essen, Kleidung, Musik, Wein, Hand, Schlaf usw.); bsd. Am. liviano; (nicht schwierig) fácil, sencillo; (flink) ágil; (unbedeutend) leve (a. Krankheit), insignificante; (leichtfertig) ligero; frívolo; ~e Kost comida f ligera; ~er Tabak tabaco m suave; ~es Mädchen chica f de vida alegre; mujer f fácil; ~e Erkältung ligero resfriado m; ~e Lektüre lectura f amena; ~er Wind viento m suave, ⚓ brisa f; ~er Fehler falta f leve; als Gebrechen, Mangel: pequeño defecto m; ~en Schrittes a paso ligero; ✝ en Absatz finden venderse fácilmente; das ist ~ pesa poco; fig. es fácil (od. sencillo); nichts ~er als das nada más fácil (que eso); das ist ihm ein ~es eso es muy fácil para él; no le cuesta nada; II. adv. ligeramente; levemente; (nicht schwierig) fácilmente, con facilidad; (ein bißchen) un poco; ~ verrückt (übertrieben) un poco chalado (exagerado); ~(er) machen facilitar, aligerar; ~ zu machen (zu verstehen) fácil de hacer (de comprender); er macht es sich zu ~ no se esfuerza mucho; se lo toma a la ligera; das geht ganz ~ muy fácil; du hast ~ reden bien puedes hablar; das ist ~ gesagt eso se dice muy pronto; das ist ~er gesagt als getan del dicho al hecho hay un gran trecho; ~ verdaulich fácil de digerir; ~ entzündlich (od. fácilmente) inflamable; er erkältet sich ~ se constipa con facilidad; ~ säuerlich ligeramente acídulo; das kann man sich ~ denken es fácil de imaginar; es ist ~ möglich, daß

Leichtathlet(in) — leise

es fácil que (subj.); das ist ~ möglich bien pudiera ser; es könnte ~ anders kommen bien podría ocurrir otra cosa; es wird ihm ~ (ums Herz) se siente aliviado; das wird nicht so ~ wieder passieren no volverá a pasar tan fácilmente; wie ~ passiert etwas que pronto puede ocurrir algo; '²athlet(in f) m atleta m/f; '²athletik f (0) atletismo m (ligero); '²bau(weise f) m construcción f ligera; '~bekleidet adj. ligero de ropa; '²benzin n bencina f ligera; '~beschädigt adj. ligeramente deteriorado; '²beton m hormigón m ligero; '~bewaffnet adj. ligeramente armado; con armas ligeras; '~beweglich adj. fácil de mover; (muy) movible (od. móvil); '~blütig fig. adj. alegre, ligero; (lebhaft) vivo; '~entzündlich adj. fácilmente inflamable.

'Leichter ⚓ m (-s; -) gabarra f; chalana f; lancha f; ²n ⚓ (-re) v/t. alijar.
'leicht...: ~fallen (L; sn) v/unprs.: es fällt ihm leicht le resulta fácil; no le cuesta (trabajo); ~faßlich adj. fácil de comprender; ~fertig I. adj. ligero; moralisch: frívolo; liviano; (unbedachtsam) imprudente; irreflexivo; irresponsable; descuidado; F ligero de cascos; (unbekümmert) despreocupado; II. adv. a la ligera; ²fertigkeit f (0) ligereza f; frivolidad f; liviandad f; imprudencia f; irreflexión f; despreocupación f; descuido m; ²flugzeug n avión m ligero; ~flüssig adj. fácilmente licuable; ⚗ (muy) fluido; (schmelzbar) muy fusible; ²fuß m (-es; 0) calavera f; chico m atolondrado; ~füßig adj. ligero (de pies); ágil; ~geschürzt fig. adj. ligero de ropa, apenas vestido; ²gewicht n Sport: peso m ligero; ~gläubig adj. crédulo; ²gläubigkeit f credulidad f; ²gut ✝ n mercancías f/pl. de poco peso; ~herzig adj. alegre; despreocupado; ~hin adv. a la ligera; superficialmente.

'Leichtigkeit f (0) poco peso m, a. fig. ligereza f; (Mühelosigkeit) facilidad f; (Behendigkeit) agilidad f.
'leicht...: ²industrie f industria f ligera; ~lebig adj. despreocupado; frívolo; ²lebigkeit f (0) despreocupación f, frivolidad f; ~löslich adj. fácilmente soluble; ²matrose m marinero m de segundo; ²metall n metal m ligero; ²metallbau m construcción f de metal ligero; ~nehmen (L) v/t. tomar a la ligera; ²öl n aceite m ligero; ²sinn m → ²fertigkeit; ~sinnig adj. → ~fertig; ~sinniger-'weise adv. irreflexivamente; ~tun v/refl.: er tut sich leicht damit resulta fácil para él; ~verdaulich adj. fácil de digerir; ~verderblich adj. perecedero; ²verletzte(r) m herido m leve; ~verständlich adj. fácil de comprender; ~verwundet adj. levemente herido; ²verwundete(r) m → ²verletzte(r).

leid adv.: es tut mir ~, daß siento (od. lamento) que (subj.); das tut mir ~ lo siento, lo lamento; so ~ es mir tut mal que me pese; er tut mir ~ me da lástima (od. pena); es tut e-m ~, zu sehen da pena ver; es wird dir (noch) ~ tun lo lamentarás; te arrepentirás; et. ~ werden cansarse de a/c.; et. ~ sein estar harto de a/c.

Leid n (-es; 0) (Schaden) mal m; daño m; (Unglück) desgracia f; (Kummer) aflicción f, pesar m; pena f; tribulación f; (Schmerz) dolor m, sufrimiento m; j-m ein ~ (an)tun causar daño a alg.; sich ein ~(s) antun suicidarse; j-m sein ~ klagen contar sus penas a alg.; ~ tragen um llevar luto por.
'Leideform Gr. f voz f pasiva.
'leiden (L) I. v/i. sufrir (an, unter dat. de), padecer (an de); ⚕ a. estar aquejado (de); a. fig. adolecer (an dat. de); s-e Gesundheit litt stark darunter su salud ha quedado muy quebrantada por ello; an Schwindel ~ sufrir mareos; an den Folgen von et. ~ resentirse de a/c.; der Motor hat stark gelitten el motor ha sufrido serios daños; II. v/t. sufrir; (erdulden) soportar, aguantar; (erlauben, zulassen) permitir, tolerar; j-n ~ können (od. mögen) querer bien a alg.; j-n nicht ~ können sentir antipatía hacia alg.; F no poder tragar a alg.; ich mag ihn (nicht) ~ me cae bien (mal); et. nicht ~ mögen sentir aversión a a/c.; et. ~ mögen tener afición a a/c.; ich mag es ~ me gusta (od. agrada); III. ² n sufrimiento m; padecimiento m; (Schmerz) dolor m; ⚕ afección f, dolencia f; (Kummer) pena f; tribulación f; das ~ Christi la Pasión de Jesucristo; ~d adj. (krank) enfermo; (kränklich) enfermizo; delicado de salud; achacoso.
'Leiden Geogr. n Leiden m; ⚡ -er Flasche botella f de Leiden.
'Leidenschaft f pasión f (für por); fig. a. afición f; in ~ geraten apasionarse (wegen por); sich von s-r ~ fortreißen lassen dejarse llevar de la pasión; ²lich I. adj. apasionado (feurig) ardiente; fogoso; (glühend) fervoroso, ferviente; (heftig) vehemente; ~ werden apasionarse; II. adv. con pasión; ~ lieben amar apasionadamente (od. con pasión); sich ~ in j-n verlieben enamorarse perdidamente de alg.; ~lichkeit f (0) apasionamiento m; vehemencia f; fogosidad f; ²slos adj. desapasionado, sin pasión; (unempfindlich) impasible, frío; (sachlich) imparcial, objetivo; ~slosigkeit f (0) ausencia f de pasión; impasibilidad f.
'Leidens...: ~gefährte m, ~gefährtin f compañero (-a f) m de infortunio; ~geschichte Rel. f Pasión f (de Cristo); ~miene f cara f de sufrimiento; ~station Rel. f estación f del Calvario; ~weg Rel. m calvario m, vía crucis m (beide a. fig.).
'leider adv. desgraciadamente, por desgracia; ~ muß ich gehen lo siento (od. lo lamento) mucho pero tengo que marcharme; ~ (Gottes)! ¡por desgracia!
'leidgeprüft adj. sufrido.
'leidig adj. desagradable; fastidioso, molesto, engorroso; (ärgerlich) enojoso, F iro. dichoso; F (verwünscht) condenado, maldito.
'leidlich I. adj. (erträglich) soportable, tolerable; (mittelmäßig) regular, que puede pasar; (annehmbar) aceptable; II. adv. regular(mente), F así así; es geht mir ~ voy tirando.
'Leid...: ~tragende(r m) m/f el bzw. la que está de luto; die ~n la familia del difunto; fig. der ~ sein ser la víctima;

²voll adj. lleno de dolor; afligido; doloroso; ~wesen n: zu m-m (großen) ~ (muy od. bien) a pesar mío; con gran pesar mío.
'Leier f (-; -n) ♪ lira f; F fig. (es ist) immer die alte ~ siempre la misma canción (od. cantilena); el disco (od. lo) de siempre; ~kasten m organillo m; ~kastenmann m organillero m; ²n (-re) v/i. u. v/t. tocar el organillo; fig. (herunter~) salmodiar; recitar mecánicamente.
'Leih|amt n, ~anstalt f monte m de piedad, Am. montepío m; ~bibliothek f, ~bücherei f biblioteca f circulante; ~e ⚖ f préstamo m (de uso), comodato m; ²en (L) v/t. (aus~) prestar, dejar (j-m et. a/c. a alg.); (ent~) tomar prestado (von j-m de alg.); j-m sein Ohr ~ escuchar a alg.; ~gabe f préstamo m; ~gebühr f alquiler m; ~haus n monte m de piedad; privates: casa f de préstamos; ~schein m papeleta f (od. resguardo m) de empeño; ~vertrag m contrato m de préstamo; ~wagen m coche m de alquiler; ²weise adv. de prestado, a título de préstamo.
Leim m (-es; -e) cola f; pegamento m; (Vogel²) liga f; aus dem ~ gehen desencolarse; Buch: desencuadernarse; allg. deshacerse; fig. j-n auf den ~ führen engañar a alg.; hacer a alg. caer en la trampa; auf den ~ gehen caer en el lazo (od. en la trampa od. F en el garlito); tragar (od. caer en) el anzuelo.
'leimen I. v/t. encolar; pegar; Jgdw. enviscar; F fig. j-n ~ engañar a alg.; II. ² n encolamiento m, encoladura f.
'Leim...: ~farbe f pintura f a la cola; ²ig adj. viscoso; pegajoso, glutinoso; ~rute Jgdw. f vareta f, vara f envisca da; mit ~n fangen cazar con liga; ~topf m cazo m, pote m para cola.
Lein ♃ m (-es; -e) lino m.
'Leine f cuerda f; dünne: cordel m; an der ~ führen Hund: llevar atado; an die ~ nehmen atar; F fig. ~ ziehen F largarse.
'Leinen I. n (-s; -) lino m; (Stoff) a. tela f; (Wäschestoff) lienzo m; (tela f de) hilo m; (Wäsche) ropa f blanca; in ~ gebunden Buch: encuadernado en tela; II. ² adj. de lino; de hilo; ~band m (Buch) encuadernación f en tela; ~garn n hilo m de lino; ~industrie f industria f linera; ~papier n papel m (od. hilo); ~waren f/pl. lencería f; ~wäsche f, ~zeug n ropa f blanca.
'Lein...: ~kraut ♃ n linaria f; ~kuchen m torta(da) f de linaza; ~öl n aceite m de linaza; ~pfad ⚓ m camino m de sirga; ~saat f, ~samen m linaza f, semilla f de lino; ~tuch n tela f, lienzo m; (Bettuch) sábana f; ~wand f (0) lienzo m (a. Mal.), tela f (de lino); Film: pantalla f; auf die ~ bringen llevar a la pantalla; ~weber m tejedor m (de lienzos); ~weberei f tejeduría f de lienzos.
'leise I. adj. bajo; silencioso; quedo; fig. (leicht) ligero; fino; (sanft) suave; (zart) delicado; e-n ~n Schlaf haben tener el sueño ligero; ~r Verdacht vaga sospecha f; mit ~n Schritten con paso quedo; mit ~r Stimme en voz baja; nicht die ~ste Ahnung ni la más remota idea; ~! ¡silencio!; sei ~! ¡no hagas ruido!; II. adv. sin (hacer)

ruido; suavemente; ~ sprechen hablar bajo (od. en voz baja); Am. hablar despacio; ~r sprechen hablar más bajo; bajar la voz; ~ gehen andar silenciosamente; ~(r) stellen Radio: bajar; ~ berühren tocar ligeramente; rozar; ²treter m hipócrita m; F mosca f (od. mosquita f) muerta, mátalas callando m.

¹Leiste f (Holz²) listón m; varilla f; △ filete m, moldura f; listel m; Weberei: orillo m; (Borte) orla f; Typ. filete m; (Vignette) viñeta f; Anat. ingle f.

¹leisten (-e-) I. v/t. allg. efectuar, hacer; (erfüllen) cumplir; (ausführen) ejecutar; realizar; (hervorbringen) producir; ⊕ rendir; producir; Zahlung: efectuar; Arbeit, Dienst, Eid, Hilfe: prestar; in e-m Fach et. ~ ser fuerte en una materia; viel ~ ser muy eficiente (od. capaz); trabajar mucho; gute Arbeit ~ hacer un buen trabajo; ich kann nicht mehr so viel ~ ya no estoy para estos trotes; er leistet nichts (Ordentliches) no hace nada (útil); es un inepto; II. v/refl.: sich et. ~ permitirse a/c.; sich e-n Fehler ~ hacer (od. cometer) una falta; das kann sich jeder ~ está al alcance de todos; das kann ich mir (nicht) ~ (no) puedo permitirme este lujo; iro. da hast du dir ja et. (Schönes) geleistet! ¡te has lucido!

²Leisten m (-s; -) (Schuh²) horma f; auf ~ spannen ahormar, poner en la horma; fig. alles über e-n ~ schlagen medirlo todo por el mismo rasero; ~beuge Anat. f pliegue m inguinal; ~bruch ♂ m hernia f inguinal; ~gegend Anat. f región f inguinal.

¹Leistung f allg. rendimiento m (a. Schule, Sport usw.); (Ausführung) ejecución f, cumplimiento m; (Arbeit) trabajo m (realizado), esfuerzo m; (Großtat) hazaña f; (Errungenschaft) conquista f; ⊕ rendimiento m; efecto m; potencia f (a. ♂); capacidad f; ♀ beneficio m; (Produktion) producción f; (Wirksamkeit) eficacia f, eficiencia f; (Verdienst) mérito m; (Fortschritt) adelanto m, progreso m; (Beitrag) contribución f; (Zahlung) pago m; e-r Versicherung usw.: prestación f; (Erfolg, Ergebnis) resultado m; efecto m; (Dienst²) servicio m, ⚡ prestación f (de servicio); ~en in der Schule rendimiento m escolar; fig. e-e großartige ~ una proeza (a. iro.).

¹Leistungs...: ~abfall ⊕ m disminución f de potencia; ~abgabe f potencia f suministrada; ~anreiz m incentivo m; ~anspruch m Versicherung usw.: derecho m a la prestación; ~anzeiger m indicador m de potencia; ~aufnahme f absorción f de potencia; ~bedarf m potencia f necesaria; ~bereich ⊕ m alcance m de capacidad; ~einheit Phys. f unidad f de potencia; ²fähig adj. productivo, capaz de producir; ⊕ potente f; de gran potencia; (tüchtig) eficiente; eficaz; Physiol. en buena forma física; ~fähigkeit f capacidad f (de rendimiento); potencia f; rendimiento m; eficiencia f; körperliche: (buena) forma f física; ~faktor ⚡ m factor m de potencia; ~gesellschaft f sociedad f de rendimiento (od. competitiva); ~grenze f límite m de capacidad; ~kurve ⊕ f curva f de potencia; ~lohn m salario m por rendimiento; ~messer ⚡ m vatímetro m; ~prämie f prima f de rendimiento; incentivo m; ~prüfung f prueba f de rendimiento (Sport: de resistencia); ~schau f certamen m; ²schwach adj. de bajo rendimiento; ~soll n producción f impuesta; rendimiento m debido; ~sport m deporte m de competición; ~sportler m deportista m de competición; ~stand m resultados m/pl.; ²stark adj. potente; eficaz; de alto rendimiento; ~steigerung f aumento m de rendimiento (od. de potencia); ~system n sistema m competitivo; ~test m test m de rendimiento; ~vermögen n → ~fähigkeit; ~verweigerung f denegación f de la prestación; ~verzug ♀ m demora f de prestación; ~zulage f → ~prämie.

¹Leit|artikel m artículo m de fondo, editorial m; ~artikler m editorialista m; ~bild n ideal m; modelo m; pauta f; ~bündel ♀ n haz m vascular.

¹leiten (-e-) v/t. conducir (a. Phys. u. ⚡); (führen) guiar, (anführen) encabezar; (verwalten) administrar; (regieren) gobernar; Betrieb, Verkehr, Zeitung, Orchester usw.: dirigir; Versammlung: presidir; fig. sich ~ lassen von dejarse guiar por; inspirarse en; ~d adj. conductor (a. ♂); dirigente; director; ~er Angestellter alto empleado m; ~er Ingenieur ingeniero-jefe m; ~e Stellung cargo m directivo; ~e Persönlichkeit dirigente m ~er Gedanke idea f directriz.

¹Leiter¹ m (-s; -) 1. (Führer) guía m; e-s Betriebs: gerente m; (e-s Unternehmens, e-r Schule: director m (a. ♪); (Chef) jefe m; e-r Versammlung: presidente m; e-r kaufmännischer (technischer) ~ director m comercial (técnico); 2. ⚡ conductor m.

¹Leiter² f (-; -n) escalera f (de mano); escala f; (Wagen²) adral m; auf e-e ~ steigen subir por una escalera; ²förmig adj. escalariforme.

¹Leiterin f directora f; jefa f.

¹Leiter...: ~sprosse f escalón m; peldaño m; ~wagen m carro m de adrales.

¹Leit...: ~faden m hilo m conductor; (Buch) manual m; guía f; compendio m; vademécum m; ²fähig adj. conductivo; conductible; ~fähigkeit f conductibilidad f, conductividad f; ~fossil Geol. n fósil m característico; ~gedanke m idea f directriz bzw. dominante; ~hammel m guía m de rebaño; fig. guía m; ~hund Jgdw. m perro m de guía; ~karte f Kartei: (ficha f de) guía f, indicador m; ~kegel Vkw. m cono m; ~linie f Vkw. línea f directiva; ⩘ directiva f; ~motiv ♪ n leitmotiv m (a. fig.); ~planke f Vkw. valla f protectora; ~rolle ⊕ f u. ♻ f polea f (de) guía; ~satz m principio m (orientador); axioma m; directiva f; ~schiene f ⊕ (barra f de) guía f; ♞ contracarril m; ~spruch m lema m; ~stand m puesto m de mando; ~stelle f central m; ~stern fig. m norte m, guía m; ~strahl m rayo m conductor; ⩘ radio m vector; ~tier n animal m conductor, guía m; ~ton ♪ m (nota f) sensible f; ~trieb ♀ m guía f (de árbol), flecha f.

¹Leitung f 1. ⊕ conducción f (a. für Gas, Wasser); ⚡, Tele. línea f; (Stromkreis) circuito m; (Kabel) cable m; als Netz: canalización f; (Kanal) conducto m; (Rohr²) tubería f, cañería f; (Übertragung) transmisión f; Tele. die ~ ist besetzt la línea está ocupada; F fig. e-e lange ~ haben ser tardo de comprensión, F tener malas entendederas; 2. (Führung) dirección f; conducta f; jefatura f; (Geschäfts²) gerencia f; gestión f; (Verwaltung) administración f; (Vorsitz) presidencia f; unter der ~ von bajo la dirección bzw. la presidencia de; ♪ bajo la batuta de; die ~ übernehmen tomar (od. hacerse cargo de) la dirección.

¹Leitungs...: ~draht ⚡ m hilo m (od. alambre m) conductor; ~hahn m grifo m del agua; ~mast m poste m de conducción; ~netz n ⚡ red f de distribución; ⚡ Wasser: canalización f; ~rohr n, ~röhre f conducto m; tubo m; ~schnur ⚡ f cable m, cordón m conductor, flexible m; ~störung f perturbación f de línea; ~vermögen n → Leitfähigkeit; ~wasser n agua f del grifo; ~widerstand ⚡ m resistencia f de línea.

¹Leit...: ~vermerk m indicación f del itinerario; ⚘ encaminamiento m; ~vermögen n → ~fähigkeit; ~werk ✈ n planos m/pl. de estabilización, empenaje m; ~wert ⚡ m conductancia f; ~zins n ✝ interés m básico.

Lekti|on [lɛk'tsiŏːn] f lección f; fig. j-m e-e ~ erteilen dar una lección a alg.

Lektor m (-s; -en) lector m.

Lekto'rat n (-¢s; -e) lectorado m.

Lek'türe f lectura f.

Lende Anat. f lomo m (a. Kochk.); región f lumbar.

Lenden...: ~braten m lomo m asado; solomillo m; ~gegend Anat. f región f lumbar; ²lahm adj. deslomado, derrengado; fig. sin energía, débil; ~schurz m taparrabo m; ~stück n Kochk. lomo m; solomillo m; ~wirbel Anat. m vértebra f lumbar.

¹Lenk|achse ⊕ f eje m conductor (od. de dirección); ²bar adj. dirigible; gobernable; manejable; Person: dúctil; dócil; ~barkeit f (0) dirigibilidad f; manejabilidad f; fig. docilidad f; ductilidad f; ~en v/t. u. v/i. dirigir (a. Wirtschaft); (führen) guiar; conducir (a. Fahrzeug); Staat, Schiff: gobernar; ⚓, Kfz. pilotar; (handhaben) manejar; fig. in e-e bestimmte Richtung: encauzar; das Gespräch ~ auf llevar la conversación a; den Blick ~ auf dirigir la mirada hacia; ~en ~ in dirección f; gobierno m; conducción f; ⚓ pilotaje m; (Handhaben) manejo m; er m 1. conductor m; fig. dirigente m; 2. (Lenkstange) guía f, manillar m; ~erschloß n Kfz. dispositivo m antirrobo; ~rad n volante m; ~radschaltung Kfz. f cambio m en el volante; ²sam adj. fácil de dirigir; dúctil; ~säule Kfz. f columna f de dirección; ~stange f guía f; manillar m; ~ung f dirección f; gobierno m; conducción f (a. Kfz. usw.); manejo m; ~ungsausschuß m comisión f (od. comité m) de dirección; ~waffe f misil m.

Lenz Poes. m (-es; -e) primavera f; sie

zählte 20 ~e era una muchacha de veinte abriles.
'lenz|en ⚓ (-t) v/t. u. v/i. (pumpen) achicar; (vor dem Wind segeln) sotavent(e)arse; ℒpumpe f bomba f de achique (od. de sentina).
'Leo m León m.
Leo'pard Zoo. m (-en) leopardo m.
'Lepra ⚥ f (0) lepra f; ℒkrank adj., ~kranke(r) m leproso (m); ~station f leprosería f.
le'prös ⚥ adj. leproso.
lepto'som Physiol adj. leptosomático.
'Lerche Orn. f alondra f.
'Lern|begier(de) f (0) afán m de aprender; ℒbegierig adj. deseoso de aprender; estudioso, aplicado; ~eifer m aplicación f, estudiosidad f; ℒen v/t. aprender; (studieren) estudiar; (in der Lehre sein) estar de aprendiz; bei j-m ~ aprender con alg; von j-m et. ~ aprender a/c. de alg.; Spanisch ~ aprender (el) español; lesen ~ aprender a leer; Klavier spielen ~ estudiar piano; aprender a tocar el piano; das lernt sich schwer esto es difícil de aprender; daraus ~ wir, daß ... esto no enseña que ...; gelernter Arbeiter trabajador m cualificado; ~en n estudio m; aprendizaje m; das ~ wird ihm schwer le cuesta trabajo estudiar; aprende con dificultad; ~mittel n/pl. material m didáctico (od. escolar); ~mittelfreiheit f gratuidad f del material escolar; ~spiel n juego m didáctico (od. educativo).
'Les|art f versión f; andere ~ variante f; ℒbar adj. legible, leíble; ~barkeit f (0) legibilidad f.
'Les|bierin f lesbia(na) f, P tortillera f; ℒbisch adj. lesbio, lesbiano.
'Lese f recolección f; cosecha f; (Wein℘) vendimia f; ~abend m velada f literaria; ℒbrille f gafas f/pl. para leer; ~buch n libro m de lecturas; (Fibel) cartilla f, abecedario m; ~drama n drama m para lectura (od. no teatral); ~früchte f/pl. trozos m/pl. selectos, crestomatía f; ~gerät n lector m; ℒhungrig adj. ávido de leer; muy aficionado a la lectura; ~kopf m Computer: cabezal m lector (od. de lectura); ~kränzchen n, ~kreis m círculo m de lectura; ~lampe f lámpara f para lectura; ~lupe f lupa f para leer.
'lesen I. (L) v/t. u. v/i. 1. leer; Uni. explicar (una asignatura); dar (od. impartir) un curso bzw. clases (über sobre); Messe: decir, celebrar; dieses Buch liest sich leicht (od. gut) este libro se lee con facilidad; das liest sich wie ein Roman se diría que es una novela; 2. (aus~) escoger; (ernten) recoger; Holz, Beeren: buscar; Trauben: vendimiar; Ähren ~ espigar; II. ℒ n lectura f (a. Computer usw.); Messe: celebración f; (Ernten) recolección f; nach einmaligem ~ después de una simple lectura; ~swert adj. digno de leerse.
'Lese|probe f Thea. lectura f (de una pieza teatral); ~pult n atril m.
'Leser(in f) m lector(a f) m; (Ähren℘) espigador(a f) m; (Wein℘) vendimiador(a f) m.
'Leseratte f lector(a f) m apasionado

(-a); F ratón m de biblioteca.
'Leser...: ~briefe m/pl. Zeitung: cartas f/pl. al director (od. de los lectores); ~kreis m (círculo m de) lectores m/pl.; ℒlich adj. legible; ~lichkeit f (0) legibilidad f; ~schaft f lectores m/pl.; ~zuschriften f/pl. → ~briefe.
'Lese...: ~saal m sala f de lectura; ~stoff m lectura f; ~übung f ejercicio m de lectura; ~zeichen n señal f; registro m; Internet: señalador m, marcador m, bookmark m; ~zimmer n gabinete m de lectura; ~zirkel m círculo m de lectura bzw. de lectores.
'Lesung f lectura f; Parl. in erster (zweiter) ~ en primera (segunda) lectura.
le'tal ⚥ adj. letal; ℒdosis f dosis f letal; ℒi'tät f letalidad f.
Lethar'gie ⚥ f (0) letargo m (a. fig.).
le'thargisch adj. letárgico.
'Lett|e m (-n) letón m; ~in f letona f.
'Letter f (-; -n) Typ. letra f de imprenta (od. de molde); tipo m (de imprenta); ~n pl. caracteres m/pl. de imprenta; ~nkasten m caja f de imprenta; (kleiner) cajetín m; ~nmetall n metal m de imprenta; ~nsetzmaschine f monotipo m.
'lett|isch adj. letón; ℒland n Letonia f.
'Lettner m e-r Kirche: coro m alto.
letzt I. adj. último; Poes. postrer(o); (endgültig) final; (äußerst) extremo, supremo; ~e Nachrichten noticias f/pl. de última hora; in den ~en Jahren (en) estos últimos años; in ~er Zeit últimamente; ~er Termin fecha f tope (od. límite); im ~en Augenblick (od. Moment) en el último momento (od. instante); a última hora; an ~er Stelle en último lugar; das ~e Stündchen la hora suprema; ~en Sonntag el domingo pasado; ~e Woche la semana pasada; zum ~en Mal por última vez; ~en Endes en fin de cuentas; al fin y al cabo; después de todo; bis auf den ~en Platz (voll) (lleno) hasta los topes; bis auf den ~en Mann hasta el último hombre; ~er Schrei último grito m; bis ins ~e a fondo; hasta el último (od. menor) detalle; Rel. die ~en vier Dinge las postrimerías; ~er Versuch último intento m, engS. supremo esfuerzo m; ~er Ausweg último recurso m; ~er Wille última voluntad f; zu guter ℒ a la postre; por último, II. 'ℒe: der ~ el último; die ~a la última; das ~ lo último; als ~r (an)kommen llegar el último; der ℒ des Monats el último día del mes; sein ℒs hergeben dar todo lo que se posee, F dar hasta la camisa; fig. F echar el resto; es geht ums ℒ se juega el todo por el todo; bis zum ℒn a más no poder; iro. das ist das ℒ! ¡es lo último!; F ¡es la caraba!; P ¡es la hostia!; ~enmal adv.: zum ~ por última vez; ~ens, 'hin adv. últimamente; recientemente; (neulich) hace poco; el otro día; '~ere adj.: der ~ esta última f, die ~ esta última f; ~genannt adj. últimamente citado; ~jährig adj. del año pasado; '~lich adv. 1. (letztens) últimamente; recientemente; el otro día; 2. (letzten Endes) al fin y al cabo; después de todo; '~willig adj. testamentario; ~e Verfügung disposición

f de última voluntad, última disposición f.
Leu Poes. m (-en) león m.
'Leucht|bake f baliza f luminosa; ~boje f boya f luminosa; ~bombe f bomba f luminosa; ~diode f diodo m luminoso; ~draht ⚡ m filamento m luminoso; ~e f luz f; lámpara f; fig. lumbrera f; ℒen (-e-) v/i. lucir; (glänzen) brillar (a. Augen), resplandecer; (strahlen) radiar; (funkeln) centellear; Meer: fosforescer; j-m ~ alumbrar (od. dar luz) a alg.; fig. sein Licht ~ lassen lucirse; ~en n luz f; luminosidad f; (Strahlen) radiación f; (Funkeln) centelleo m; (Glanz) brillo m; resplandor m; (Meeres℘) fosforescencia f; ℒend adj. luminoso (a. fig.) (glänzend) brillante; resplandeciente; (strahlend) radiante; (funkelnd) centelleante; Meer: fosforescente; ~er m (Hand℘) palmatoria f; (Kerzen℘) candelabro m; mehrarmiger: candelabro m; (Kron℘) araña f; ~faden ⚡ m filamento m luminoso (od. de lámpara); ~farbe f pintura f luminosa (od. fosforescente); ~feuer n fanal m; ~gas n gas m de alumbrado; ~geschoß ⚔ n proyectil m luminoso; ~käfer m luciérnaga f; ~kompaß m brújula f luminosa; ~körper m cuerpo m luminoso; ~kraft f luminosidad f; intensidad f lumínica; ~kugel ⚔ f bala f luminosa; ~öl n, ~petroleum n petróleo m de alumbrado; ~pistole ⚔ f pistola f lanza-cohetes; ~rakete f cohete m luminoso; ~reklame f anuncio m luminoso; publicidad f luminosa; ~röhre f tubo m fluorescente; ~schiff ⚓ n buque-faro m; ~schild n letrero m luminoso; ~schirm ⚥ m pantalla f fluorescente; ~schrift f escritura f luminosa; ~signal n señal f luminosa; ~skala f escala f luminosa; ~spurgeschoß ⚔ n proyectil m trazador; ~spurmunition ⚔ f munición f trazadora; ~stoffröhre f tubo m fluorescente; ~turm m faro m; ~turmwärter m farero m; ~zeichen n señal f luminosa; ~ziffer f cifra f luminosa; ~zifferblatt n esfera f luminosa (od. fosforescente).
'leugn|en (-e-) v/t. negar; denegar; desmentir; es ist nicht zu ~, daß ... es innegable que ...; no se puede negar que ...; ℒen n negación f; denegación f; desmentida f; ℒer(in f) m negador(a f) m.
Leukä'mie ⚥ f (0) leucemia f.
Leuko'zyten Physiol pl. leucocitos m/pl.
'Leumund m (-es; 0) reputación f; fama f; in schlechten ~ bringen difamar; desacreditar; ~szeugnis n certificado m de buena conducta.
'Leute pl. gente f; seltener: gentes f/pl.; F personal m; (Publikum) público m; (Diener) servidumbre f; ⚔ soldados m/pl.; tropa f; alle ~ toda la gente; rechtschaffene ~ gente f de bien; alte ~ gente f de edad; tercera edad f; die jungen ~ los jóvenes, la gente joven; die kleinen ~ la gente humilde; die armen (bemitleidenswerten) ~ la pobre gente; die armen (nicht reichen) ~ los pobres, los pobres; m-e ~ mi gente; mis hombres; (Familie) mi familia; e-r von unsern ~n uno de los nuestros; vor allen ~n en

público; delante de todo el mundo; unter die ~ gehen ver gente; unter die ~ kommen tratar con la gente; *Gerücht:* correr, divulgarse; *unter die ~ bringen Gerücht:* divulgar, hacer correr; *Geld:* gastar; *es sind ~ bei uns tenemos visita;* s-e ~ kennen conocer a su gente; saber con quien trata; *was werden die ~ dazu sagen?* ¿qué dirá la gente?; **~schinder** m explotador m; negrero m; **~schinde'rei** f explotación f; malos tratos m/pl.
'**Leutnant** ⚔ m (-s; -s) alférez m; segundo teniente m, subteniente m; ~ *zur See* alférez m de fragata.
'**leutselig** *adj.* afable; campechano; (*wohlwollend*) benévolo; (*herablassend*) condescendiente; ⒉**keit** f (0) afabilidad f; benevolencia f; condescendencia f; campechanía f.
Le'vante f Levante m.
Levan'tin|er m, ⒉**isch** *adj.* levantino (m).
Le'vit m (-en) levita m; *fig.* j-m die ~en lesen F echar un sermón (*od.* sermonear) a alg.; F leerle (*od.* cantarle) la cartilla a alg.
Lev'koje [lɛfˈkoːjə] ⚘ f alhelí m.
lexi'kalisch *adj.* léxico.
Lexiko|'graph m (-en) lexicógrafo m; **~gra'phie** f (0) lexicografía f; ⒉**'graphisch** *adj.* lexicográfico.
'**Lexikon** n (-s; -ka) diccionario m; léxico m; (*Konversations*⒉) enciclopedia f; F *fig. wandelndes ~* diccionario m viviente.
Lezi'thin 🜛 n (-s; 0) lecitina f.
Liai'son [-ɛˈzɔŋ] f (-; -s) F lío m (amoroso), enredo m; F ligue m.
Li'ane ⚘ f bejuco m, liana f.
'**Lias** *Geol.* m (-; 0) liásico m; **~formation** f formación f liásica.
Liba'nes|e m (-n) libanés m; **⁓in** f libanesa f, ⒉**isch** *adj.* libanés.
'**Libanon** m Líbano m.
Li'belle f *Zoo.* libélula f, F caballito m del diablo; ⊕ *der Wasserwaage:* burbuja f.
libe'ral *adj.* liberal; (*freizügig*) permisivo; ⒉**e(r)** m liberal m.
liberali'sier|en (-) v/t. liberalizar; ⒉**ung** f liberalización f.
Libera'lis|mus m (-; 0) liberalismo m; ⒉**tisch** *adj.* liberal.
Liberali'tät f (0) liberalidad f.
Li'ber|ia f Liberia f; **~ier** m, ⒉**isch** *adj.* liberiano (m).
'**Libero** m (-s; -s) *Fußball:* líbero m.
libidi'nös *adj.* libidinoso; lujurioso, lascivo.
Li'bido *Psych.* f (0) libido f, líbido f.
Libret'tist m (-en) libretista m.
Li'bretto m (-s; -s od. -tti) libreto m.
'**Liby|en** n Libia f; **~er(in)** f) m libio (-a f) m; ⒉**sch** *adj.* libio.
licht *adj.* (-*es*) (*hell*) claro; luminoso; *Wald, Haare usw.:* ralo; *bei ~em Tage* en pleno día; *fig.* ~*er Augenblick* intervalo m lúcido, momento m de lucidez; *~e Stelle im Wald:* claro m; △ *~e Weite* vano m, luz f; anchura f interior; ~*er Durchmesser* diámetro m interior; *~e Höhe* altura f interior, luz f; (*Durchfahrtshöhe*) altura f de paso (de un puente).
Licht n (-*es*; -*er*) luz f (*a. fig.*); (*Helle*) claro m, claridad f; (*Beleuchtung*) alumbrado m; iluminación f; (*Lampe*) lámpara f; (*Kerze*) vela f, bujía f; (*Laterne*) farol m; *Kfz.* faro m; *Jgdw.*

~*er ojos m/pl.;* *Mal.* ~*er aufsetzen* realzar; *aufgesetztes ~* realce m; ~*er und Schatten* claros y sombras; *fig. ein großes ~* una lumbrera; *fig. kein großes ~ sein* no tener dos dedos de frente; ~ *machen, das ~ anmachen* encender (*od.* dar) la luz; *das ~ ausmachen* apagar la luz; *das ~ ist an* (aus) la luz está encendida (apagada); *bei ~* con luz; *beim ~, im ~e (gen.)* a la luz (de); *das ~ der Welt erblicken* nacer, venir al mundo; *fig.* ver la luz del día; *ein günstiges (ungünstiges) ~ auf et. werfen* presentar a/c. bajo un aspecto favorable (desfavorable); *ein schlechtes ~ auf j-n werfen* poner a alg. en mal lugar; *jetzt geht mir ein ~ auf* empiezo a ver claro; F *ahora caigo; j-m ein ~ aufstecken* abrir los ojos a alg.; *alles im schönsten ~ sehen* verlo todo color de rosa; *ans ~ bringen* sacar a luz; *ans ~ kommen* salir a la luz; (*entdeckt werden*) llegar a descubrirse (*od.* a saberse); *et. bei ~ besehen* examinar de cerca; *bei ~ besehen* (*od.* betrachtet) mirándolo (*od.* considerándolo) bien; al fin y al cabo; *gegen das ~ a contraluz; a trasluz; fig. j-n hinters ~ führen* F tomar el pelo a alg.; *gal.* mistificar a alg.; *fig. in et. ~ bringen* arrojar luz sobre a/c.; *ins ~ rücken* poner a la luz; *et. ins rechte ~ setzen* (*od.* rücken) poner de relieve a/c., hacer resaltar a/c.; *sich in e-m neuen ~ zeigen* mostrarse bajo un nuevo aspecto; *j-m im ~ stehen* quitar la luz a alg.; *geh mir aus dem ~!* ¡no me quites la luz!; *Bib.* es werde ~! ¡hágase la luz!; *wo ~ ist, da ist auch Schatten* no hay medalla sin reverso; *im ~ der Öffentlichkeit* de cara al público.
'**Licht...**: **~anlage** f instalación f de alumbrado; **~bad** n baño m de luz; **~behandlung** ⚕ f fototerapia f; ⒉**beständig** *adj.* resistente a la luz; **~bild** n foto(grafía) f, (*Diapositiv*) diapositiva f; **~bild-auswertung** f fotometría f; **~bildervortrag** m conferencia f con proyecciones *bzw.* diapositivas; ⒉**blau** *adj.* azul claro; **~blick** *fig.* m rayo m de esperanza; **~bogen** ⚡ m arco m voltaico; **~bogenschweißung** f (soldadura f por arco (voltaico); ⒉**brechend** *adj.* refringente; **~brechung** *Phys.* f refracción f de la luz; **~brechungsvermögen** n refringencia f; **~bündel** n haz m luminoso; **~double** n *Film:* doble m de luces; **~druck** m fototipia f, heliograbado m, fotograbado m; ⒉**durchlässig** *adj.* transparente; translúcido; **~durchlässigkeit** f (0) transparencia f; ⒉**echt** *adj.* resistente a la luz; *Farbe:* sólido; ⒉**elektrisch** *adj.* fotoeléctrico; ⒉**empfindlich** *adj.* sensible a la luz, fotosensible; *~ machen* sensibilizar; **~empfindlichkeit** f sensibilidad f a la luz, fotosensibilidad f.
'**lichten** (-*e*-) **I.** v/t. aclarar; *Bäume:* podar; *Wald:* entresacar, aclarar; *fig. Reihen:* diezmar; ⚓ *die Anker ~* levar anclas, zarpar; *sich ~* aclararse; *Haar usw.:* ralear; **II.** ⒉ n poda f; clareo m.
'**lichter|loh** *adv.:* ~ *brennen* arder en llamas; ⒉**meer** n océano m de luz.
'**Licht...**: **~filter** *Phot.* m filtro m de luz; **~geschwindigkeit** f velocidad f de la luz; **~heilverfahren** ⚕ n foto-

terapia f; helioterapia f; **~hof** m patio m de luces; *Phot., Astr.* halo m; ⒉**hoffrei** *Phot. adj.* antihalo; **~hupe** *Kfz.* f bocina f luminosa; **~jahr** n año m luz; **~kegel** m cono m luminoso (*od.* de luz); **~kreis** m círculo m luminoso; **~lehre** f óptica f; **~leitung** ⚡ f línea f de alumbrado; línea f eléctrica; **~maschine** f dínamo f; **~mast** ⚡ m poste m de la luz (*od.* del alumbrado); **~meß** *Rel.* f Candelaria f, Purificación f; **~messer** *Opt.* m fotómetro m; **~messung** f fotometría f; **~netz** n red f de alumbrado; **~orgel** f órgano m de luces; luces f/pl. (p)sicodélicas; **~paus-apparat** m aparato m heliográfico (*od.* de heliocalco); **~pause** f heliografía f, fotocalco m; **~paus-papier** n papel m heliográfico; **~pausverfahren** n procedimiento m heliográfico; **~punkt** m punto m luminoso; *fig.* → **~blick**; **~quant** m fotón m; **~quelle** f fuente f de luz; foco m luminoso; **~raumprofil** 🚂 n gálibo m; **~reklame** f publicidad f luminosa; anuncio m luminoso; **~satz** *Typ.* m fotocomposición f; **~schacht** m patio m de luces; ⚡ pozo m de luz; **~schalter** m interruptor m (de la luz); **~schein** m resplandor m; reflejo m de luz; ⒉**scheu** *adj.* que teme (*od.* huye de) la luz (a. *fig.*); ⚕ fotófobo; **~scheu** ⚕ f fotofobia f; **~schirm** m pantalla f; **~schranke** f barrera f óptica (de la luz); ⒉**schwach** *adj.* poco luminoso; **~seite** f lado m de la luz; *fig.* aspecto m favorable (*od.* positivo), lado m bueno; **~signal** n señal f óptica (*od.* luminosa); **~spielhaus** n, **~spieltheater** n cine m, sala f cinematográfica; ⒉**stark** *adj.* (muy) luminoso; **~stärke** f intensidad f luminosa; luminosidad f; **~strahl** m rayo m de luz (*a. fig.*); *Opt.* rayo m luminoso; luminosidad f; **~strom** ⚡ m corriente f del alumbrado; **~technik** f luminotecnia f; **~ton** m sonido m óptico (*od.* fotográfico); ⒉**undurchlässig** *adj.* opaco; **~ung** f calvero m, claro m; **~welle** *Phys.* f onda f luminosa; **~zeichen** n señal f óptica (*od.* luminosa).
Lid n (-*es*; -*er*) párpado m; '**~(rand)-entzündung** ⚕ f blefaritis f; '**~schatten** m/pl. sombra f de ojos (*od.* párpados).
lieb I. *adj.* (*geliebt*) querido, *Liter.* amado; (*teuer, wert*) caro; (*liebenswürdig*) amable; bueno; (*nett*) simpático; (*liebevoll*) cariñoso; (*angenehm*) agradable; mein ~*er Freund!* ¡querido amigo!; *du ~er Gott!* ¡Dios mío!; *du ~er Himmel!* ¡cielos!; *Ser Brief:* ⒉er Hans, Querido Juan; ⒉er Herr X., Estimado Señor X..; *das ~e Brot* el pan (nuestro) de cada día; *den ~en langen Tag* todo el santo día; *um des ~en Friedens willen* por la paz; para tener paz; *~ sein zu* (*od.* mit) *ser cariñoso con; er ist mir ~ geworden* le he tomado cariño; *seien Sie so ~ und geben Sie mir das Buch* tenga la bondad (*od.* haga el favor) de darme el libro; *es ist mir ~, daß* me agrada (*od.* gusta *od.* complace) que (*subj.*); *es wäre mir ~, wenn* me gustaría que (*subj.*); *wenn dir dein Leben ~ ist* si en algo estimas la vida; → *a.* **lieber, liebst; II.** ⒉ † n querido m; querida f;

liebäugeln — liegen 338

¹⸗äugeln v/i.: mit j-m ⸗ coquetear con alg.; mit e-r Reise ⸗ acariciar la idea de hacer un viaje; ²chen n → Lieb; mein ⸗! ¡mi amor!; ¡amor mío!

¹Liebe f amor m (zu a, por); (Zuneigung) afición f; afecto m, cariño m; (Liebschaft) amorío m; freie ⸗ amor m libre; ⸗ auf den ersten Blick flechazo m; aus ⸗ por amor; aus ⸗ zu por amor a (od. de); por afición a; ⸗ zu j-m (od. für j-n) empfinden sentir amor hacia (od. por) alg.; j-m ⸗ einflößen inspirar amor (od. enamorar) a alg.; et. mit viel ⸗ tun poner mucho cariño en hacer a/c.; e-e ⸗ ist der anderen wert amor con amor se paga; tun Sie mir die ⸗ hágame el favor; ⸗ macht blind el amor es ciego; ⸗ geht durch den Magen el amor pasa por el estómago; ²bedürftig adj. que necesita mucho afecto (od. cariño); ⸗diener m adulador m; ⸗diene'rei f servilismo m; adulación f; ⸗'lei f amorío m; F ligue m; (Flirt) galanteo m, flirteo m; coqueteo m; ²ln (-le) v/i. galantear, flirtear; coquetear.

¹lieben I. v/t. u. v/i. querer, Liter. amar; sexuell: hacer el amor; (Zuneigung haben) sentir afecto (od. cariño) hacia; (gern mögen) gustar; ser aficionado a; ser amigo de; ich liebe es nicht, daß no me gusta que (subj.); sich ⸗ quererse, amarse; II. ⸗ n amor m; ⸗d I. adj. amante; dein dich ⸗er Sohn tu hijo que te quiere; II. adv.: ⸗ gern con muchísimo gusto, con mil amores; ich würde es ⸗ gern tun me gustaría mucho (hacerlo); ²de(r m) m/f amante m/f; enamorado (-a f) m; ⸗swert adj. digno de ser amado; (muy) simpático, encantador; ⸗swürdig adj. amable; afable; das ist sehr ⸗ von Ihnen (es usted) muy amable; ²swürdigkeit f amabilidad f; afabilidad f.

¹lieber 1. (comp. v. lieb, gern); 2. adv. más bien; ⸗ haben (mögen, wollen) preferir; gustar más; ich habe ⸗, es ist mir ⸗, ich ziehe vor me gusta más, prefiero (ac. od. inf.); du solltest ⸗ (inf.) más valdría (od. sería mejor) que (subj.); tu es ⸗! es mejor que lo hagas; ich möchte ⸗ nicht prefiero no hacerlo; ich bleibe ⸗ zu Hause prefiero quedarme en casa.

¹Liebe(r m) m/f: mein ⸗r! ¡amigo mío!; m-e ⸗! ¡querida mía!; m-e ⸗n mi familia, los míos; Anrede: m-e ⸗n! ¡amigos míos!

¹Liebe(s) n: j-m viel ⸗s erweisen hacer mucho bien a alg.

¹Liebes...: ⸗abenteuer n aventura f galante; lance m amoroso; ⸗affaire f lío m amoroso; romance m; F ligue m; ⸗beweis m prueba f de amor; ⸗brief m carta f amorosa (od. de amor); ⸗dienst m favor m; aus Mildtätigkeit: obra f caritativa (od. de caridad); ⸗erklärung f declaración f (de amor); ⸗gabe f donativo m (caritativo); ⸗gabenpaket n paquete-regalo m; ⸗gedicht n poesía f de amor; ⸗geschichte f historia f de amor; Liter. cuento m amatorio; ⸗geständnis n confesión f de amor; ⸗glück n felicidad f de amar (od. del amor); ⸗glut f amor m apasionado, pasión f de(l) amor; ⸗gott Myt. m Amor m; Cupido m; ⸗heirat f casamiento m por amor; ²krank adj. enfermo de amor; ⸗kummer m penas f/pl. de amor; ⸗kunst f arte m amatorio; ⸗leben n vida f amorosa bzw. sexual; ⸗lied n canción f de amor; ⸗mahl n Rel. ágape m; ⸗müh(e) f: verlorene ⸗ trabajos m/pl. de amor perdidos; ⸗nest n nido m de amor; ⸗paar n (pareja f de) enamorados m/pl.; amantes m/pl.; ⸗pärchen n F (pareja f de) tórtolos m/pl.; ⸗pfand n prenda f de amor; ⸗rausch m arrebato m amoroso; ⸗roman m novela f de amor; ⸗schwur m juramento m de amor; ⸗szene Thea. f escena f amorosa; ⸗toll adj. loco de amor; ⸗töter F m/pl. calzoncillos m/pl. largos; ⸗tragödie f drama m pasional; ⸗trank m filtro m, bebedizo m; ⸗verhältnis n relación f amorosa, F lío m amoroso; F ligue m; ⸗werk n obra f de caridad.

¹liebevoll adj. amoroso; cariñoso, afectuoso; tierno.

Lieb'frauenkirche f iglesia f de Nuestra Señora.

¹lieb...: ⸗gewinnen v/t. tomar cariño a, encariñarse con; aficionarse (od. tomar afición) a; ⸗haben v/t. querer; amar; tener cariño (od. afecto) a; ²haber(in f) m amante m/f; Thea. galán m (primera dama f); Kunst, Sport: aficionado (-a f) m; ² (viele) ⸗ finden venderse bien, ser muy solicitado; ²haberausgabe f edición f de lujo; ²haberbühne f teatro m de aficionados; ²habe'rei f afición f; angl. hobby m; aus ⸗ por afición; ²haberpreis m precio m entre aficionados; ²haberwert m valor m entre coleccionistas (od. aficionados); ⸗'kosen (-) v/t. u. v/i. acariciar; ⸗'kosend adj. acariciador; ²'kosung f caricia f; ⸗lich adj. agradable; (bezaubernd) encantador; (anmutig) gracioso; (mild) dulce; suave; (köstlich) delicioso; (schön) hermoso; bonito, lindo; Gegend: ameno; ²lichkeit f (0) encanto m; gracia f; dulzura f; suavidad f; hermosura f; ²ling m (-s; -e) favorito (-a f) m; niño m mimado (a. fig.); mein ⸗ cariño, vida mía, amor mío; ²lingsbeschäftigung f ocupación f favorita; ²lingsdichter m poeta m predilecto; ²lingsgericht n plato m favorito (od. preferido); ⸗los adj. falto de amor; sin amor (od. cariño); (gefühllos) insensible; (hart) seco; duro (de corazón); ²losigkeit f falta f de amor bzw. de cariño; desamor m; sequedad f; insensibilidad f; dureza f (de corazón); ⸗reich adj. afectuoso; cariñoso; tierno; ⸗reiz m atractivo m, encanto m; gracia f; ⸗reizend adj. encantador; atractivo; ²schaft f amores m/pl.; amorío m; F lío m amoroso, ligue m.

liebst sup. v. lieb, gern I. adj. preferido, favorito, predilecto; II. adv.: am ⸗en haben preferir (sobre todo); das habe (tue usw.) ich am ⸗en es lo que más me gusta; am ⸗en würde ich (inf.) lo que me gustaría más es (inf.); ¹²e(r m) m/f querido (-a f) m; ²e(s) n lo más querido; das liebste wäre mir, zu preferiría (inf.).

¹Liebstöckel ♀ m, n levístico m, apio m de monte.

¹Liechtenstein Geogr. n Liechtenstein m.

Lied n (-es; -er) canción f ernstes: canto m; (Kunst₂) lied m; (Kirchen₂) cántico m; (Epos) cantar m; fig. es ist immer dasselbe ⸗ es la eterna canción; es el cantar (od. la cantilena) de siempre; davon kann ich ein ⸗ singen lo sé de sobra (od. por experiencia), F de eso sé yo un rato (largo).

¹Lieder...: ⸗abend m recital m (de canto); ⸗buch m cancionero m; ⸗dichter m poeta m lírico; cancionista m.

¹Liederjan m (-s; -e) persona f desordenada (od. negligente od. desaliñada).

¹Liederkranz m (Gesangverein) (sociedad f) coral f; orfeón m.

¹liederlich adj. (nachlässig) descuidado, negligente; (unordentlich) desordenado; Kleidung: desaliñado; (ausschweifend) licencioso, libertino; crapuloso, disoluto; ein ⸗er Kerl un mal sujeto; ⸗es Frauenzimmer mujer f de mala vida; ⸗e Arbeit trabajo m descuidado (od. chapucero), F chapuza f; ⸗ aussehen vestir con desaliño, F andar hecho un adán; ²keit f (0) descuido m, negligencia f; desorden m; falta f de esmero; desaliño m; (Sittenlosigkeit) vida f licenciosa, libertinaje m; depravación f (de costumbres).

¹Lieder|macher m cantautor m; ⸗sänger(in f) m liederista m/f; ⸗tafel f → ⸗kranz.

Liefe'rant m (-en) proveedor m; suministrador m; abastecedor m; ⸗eneingang m entrada f de servicio.

¹Liefer...: ⸗auftrag m orden f de entrega; ⸗auto n → ⸗wagen; ²bar adj. entregable; disponible; listo para la entrega; sofort ⸗ entrega inmediata; ⸗bedingungen f/pl. condiciones f/pl. de entrega; ⸗firma f casa f proveedora; ⸗frist f plazo m de entrega; ⸗garantie f garantía f de entrega; ²n v/t. u. v/i. (aushändigen) entregar, hacer entrega de; (besorgen) suministrar (a. fig. Beweis usw.); proveer; Schlacht: librar; Spiel: hacer; fig. (verschaffen) proporcionar, facilitar; (erzeugen) producir; ins Haus ⸗ entregar a domicilio; F er ist geliefert está perdido (F apañado); ⸗ort m lugar m de entrega; ⸗preis m precio m convenido (od. de entrega); ⸗schein m talón m (od. nota f) de entrega; ⸗termin m fecha f de entrega; ⸗ung f entrega f; (Sendung) envío m; (Buch) fascículo m; bei ⸗ a la entrega; ⸗ frei Haus entrega (franco) a domicilio; das Werk erscheint in ⸗en la obra se publica por entregas (od. en fascículos); ⸗ungs-angebot n oferta f de suministro; → a. Liefer...; ⸗vertrag m contrato m de entrega bzw. de suministro; ⸗verzögerung f, ⸗verzug m demora f en la entrega; ⸗wagen m camioneta f (de reparto); furgoneta f (de reparto); ⸗werk f publicación f por entregas; ⸗zeit f plazo m de entrega.

¹Liege f cama f plegable; (Gartenmöbel) tumbona f; Arg. reposera f; ⸗gebühren f/pl., ⸗geld ⚓ n derechos m/pl. de estadía; ⸗kur ❋ f cura f de reposo.

¹liegen I. (L.) v/i. Person: estar acostado, tendido od. echado (auf dat. sobre); Sache: estar colocado od.

puesto; *Ort*: estar situado; *Gebäude*: a. estar emplazado, *bsd. Am.* estar ubicado; ⚓ estar estacionado; (*sich befinden*) hallarse, encontrarse; estar; *Grabschrift*: hier liegt aquí yace; *nach dem Hof* ~ dar al patio; ⚓ *im Hafen* ~ estar fondeado en el puerto; *das Dorf liegt 3 km von ...* el pueblo está a tres kilómetros de ...; *Paris liegt an der Seine* París está a orillas del Sena; *es liegt viel Schnee* hay mucha nieve; *der Boden liegt voller Papier* el suelo está cubierto de papeles; *dicht neben (od. an) et.* ~ estar contiguo a; *was liegt daran?* ¿qué importa?; *woran liegt das?* ¿cuál es la causa?, ¿a qué obedece (*od.* se debe)?; *daran soll es nicht* ~ no quedará por eso; *an mir soll es nicht* ~ por mí no ha de quedar; *an wem liegt das?* ¿quién tiene (*od.* de quién es) la culpa?; *es liegt an ihm* depende de él; en su mano está; *Schuld*: él tiene la culpa; *soviel an mir liegt* en lo que de mí dependa; por mi parte; *mir liegt viel daran, daß* me importa (*od.* interesa) mucho que (*subj.*); *mir liegt daran, zu* me importa (*od.* interesa) *inf.*; *daran ist mir nichts gelegen* no concedo importancia a eso; no me importa (*od.* interesa) nada; *das lag nicht in m-r Absicht* no era mi intención; *wie liegt die Sache?* ¿cómo está el asunto?, F ¿cómo anda la cosa?; *wie die Dinge* ~ en estas condiciones (*od.* circunstancias); en tal estado de cosas; *wie die Dinge nun einmal* ~ tal como están (*od.* se presentan) las cosas; *der Ton liegt auf der letzten Silbe* el acento carga sobre la última sílaba; *die Entscheidung liegt bei ...* la decisión corresponde a ...; a quien toca decidir es a ...; *das liegt in ihm* lo lleva en la sangre; es propio de su naturaleza; *er liegt mir me cae* bien; *er liegt mir nicht* no me cae bien, no me va; no es santo de mi devoción; *das liegt mir* se me da bien; es lo mío; *das liegt mir nicht* no es de mi gusto; F no me va; *der Unterschied liegt darin, daß* la diferencia consiste (*od.* reside *od.* estriba) en que; *hier (da) liegt das Buch* aquí (ahí) está el libro; *laß das* ~! ¡déjalo!; ¡no lo toques!; *liegst du gut?* ¿estás cómodo?; **II.** ♀ *n* ⚓ decúbito *m*; *im* ~ en decúbito; ~**bleiben** (*L*; *sn*) *v/i.* quedar; *im Bett*: quedar acostado (*od.* en la cama); *nach e-m Fall*: quedar tendido en el suelo; no poder levantarse; *Arbeit*: suspenderse, quedar interrumpido; quedar sin acabar; † *Ware*: no venderse; *Unerledigtes*: quedar pendiente; *Kfz.* quedar averiado; *Schnee*: cuajar; *unterwegs* ~ quedar (detenido) en el camino; ~**d** *adj.* situado, *bsd. Am.* ubicado; puesto, colocado; acostado; tendido, echado, postrado; ⚓ en decúbito; (*waagerecht*) horizontal; *Statue*: yacente; ♀**de(s)** ⚔ *n* yacente *m*; ~**lassen** (*L*) *v/t.* dejar; (*vergessen*) olvidar; (*aufgeben*) abandonar; ♀**schaften** *f/pl.* bienes *m/pl.* raíces; (bienes *m/pl.*) inmuebles *m/pl.*

'Liege...: ~**platz** *m* ⚓ fondeadero *m*; *am Kai*: atracadero *m*; ⚓ litera *f*; ~**sitz** *m Kfz.* asiento *m* reclinable *bzw.* abatible; ⚔ sillón *m* cama; ~**stuhl** *m* gandula *f*; tumbona *f*; ~**stütz** *m Turnen*: apoyo *m* sobre las manos; ~**terrasse** *f* solarium *m*, solario *m*; ~**wagen** 🚃 *m* vagón *m* de literas; ~**zeit** ⚓ *f* estadía *f*.

Lift[1] *m* (-*es*; -*e od.* -*s*) ascensor *m*; ¹~**boy** *m* ascensorista *m*.

Lift[2] *Chir. m, n* (-*s*; -*s*), ~**ing** *n* lifting *m*.

'Liga *f* (-; -*gen*) liga *f* (*a. Sport*); *die Internationale* ~ *für Menschenrechte* la Liga Internacional de los Derechos del Hombre; ~**spiel** *n* partido *m* de liga.

Liga'tur ♪, ♫ *f* (-; -*en*) ligadura *f*.

light *adj.* ligero, bajo en calorías.

Li'gnin ♣ *n* (-*s*; 0) lignina *f*.

Li'gnit *Min. m* (-*s*; -*e*) lignito *m*.

Li'gurien *n* Liguria *f*.

Li'guster ♣ *m* aligustre *m*, alheña *f*.

li'ier|en [li'iː-] (-) *v/refl.*: *sich* ~ asociarse (*mit con od. a*); aliarse con; F (*Liebespaar*) liarse; ~**t** *adj.*: *er ist mit ihr* ~ está liado con ella; F han ligado.

Li'kör *m* (-*s*; -*e*) licor *m*; ~**fabrikant** *m* fabricante *m* de licores, licorista *m*; ~**flasche** *f* botella *f* de licor; ~**glas** *n* copita *f* para licor.

Lik'törenbündel *n* fasces *f/pl.*

'lila *adj.* lila; ~**farben** *adj.* (color de) lila.

'Lilie ['liːli̯ə] *f* ♀ azucena *f*, lirio *m* blanco; ⌀ flor *f* de lis; ~**ngewächse** ♀ *n/pl.* liliáceas *f/pl.*; ~**nweiß** *adj.* blanco como un lirio (*od.* una azucena).

Liliput'aner(in *f*) *m* liliputiense *m/f*.

'Limit *n* (-*s*; -*s*) límite *m*; ~**auftrag** † *m* orden *f* limitada.

limi'tieren (-) *v/t.* limitar.

'Limo F *f*, ~**nade** *f* limonada *f*; (*Brause*♀) gaseosa *f*.

Li'mone ♀ *f* limón *m*; ~**nbaum** *m* limonero *m*.

Limou'sine *Kfz. f* berlina *f*; limusina *f*.

lind *adj.* suave.

'Linde *f*, ~**nbaum** *m* tilo *m*; ~**nblüte** *f* flor *f* del tilo, tila *f*; ~**nblütentee** *m* (infusión *f* de) tila *f*.

'linder|n (-*re*) *v/t.* (*mildern*) suavizar, mitigar; moderar; (*erleichtern*) aliviar; *Schmerz*: calmar, paliar; ~**nd** *adj.* calmante; paliativo; lenitivo; ♀**ung** *f* suavización *f*; alivio *m*; mitigación *f*; ♀**ungsmittel** ⚕ *n* calmante *m*, sedante *m*; paliativo *m*; lenitivo *m*.

'Lindwurm *m* (-*es*; ⸚*er*) dragón *m*.

Line'al [li'neːˈɑːl] *n* (-*s*; -*e*) regla *f*.

line'ar *adj.* lineal; ♀**zeichnung** *f* dibujo *m* lineal.

Lingu'ist [lɪŋɡu-] *m* (-*en*) lingüista *m*; ~**ik** *f* lingüística *f*; ♀**isch** *adj.* lingüístico.

'Linie ['liːni̯ə] *f* línea *f* (*a.* ⚓, ⚔, ⚔, *Vkw. u. fig.*); *e-s Geschlechtes: a.* rama *f*; *Geogr. a.* ecuador *m*; (*Strich*) raya *f*; *Typ.* filete *m*; *e-e* ~ *ziehen* trazar una línea; *in gerader* ~ en línea recta; *die (schlanke)* ~ *bewahren* (*verlieren*) conservar (perder) la línea; *Verwandtschaft: in gerader* ~ en línea directa; *absteigende (aufsteigende)* ~ línea descendente (ascendente); ⚓ *die* ~ *passieren* pasar la línea (ecuatorial); *fig. in erster* ~ en primer lugar, ante todo, primeramente; *e-e mittlere* ~ *halten* mantenerse en el justo medio; *auf gleicher* ~ *mit* al mismo nivel de; ⚔ *die vordere* ~ la primera línea; *fig. auf der ganzen* ~ en toda la línea; (*sich*) *in e-r* ~ *aufstellen* alinear(se).

'Linien...: ~**blatt** *n* falsilla *f*, pauta *f*; ~**flug** ✈ *m* vuelo *m* regular (*od.* de línea); ~**flugzeug** *n* avión *m* de línea; ~**führung** *f* trazado *m* (de la línea); ~**papier** *n* papel *m* rayado; ~**richter** *m Sport*: juez *m* de línea, linier *m*; ~**schiff** ⚓ *n* buque *m* de línea; ~**schiffahrt** *f* servicio *m* regular; ~**system** ♪ *n* pauta *f*, pentagrama *m*; ♀**treu** *Pol.* fiel a la línea (del partido); ortodoxo.

li'nier|en, lini'ier|en [li·ni'iː-] (-) *v/t.* *Papier*: rayar, reglar; pautar; ♀**ung** *f* rayado *m*.

Link *m Internet*: enlace *m*, vínculo *m*, link *m*.

link *adj.* izquierdo; *Pol. a.* izquierdista; *die* ~*e Hand* la (mano) izquierda (*od.* zurda); ~*er Hand* a la izquierda; *die* ~*e Seite* el lado izquierdo, la izquierda, *Stoff*: revés *m*; *auf der* ~*en Seite* a la izquierda, al lado izquierdo; *Ehe zur* ~*en Hand* matrimonio *m* morganático; *er ist mit dem* ~*en Fuß zuerst aufgestanden* se ha levantado con el pie izquierdo; F *zwei* ~*e Hände haben* ser un manazas; ♀**e** *f*: *die* ~ la (mano) izquierda (*od.* zurda); *Pol.* la izquierda; *zur* ~*n* a la izquierda, a mano izquierda; *zu m-r* ~ a mi izquierda; ¹♀**e(r)** *m Pol.* izquierdista *m*; *Boxen*: izquierdazo *m*; ¹~**erhand** *adv.* a la izquierda; ¹~**isch** *adj.* torpe, desmañado.

links *adv.* a (*od.* por) la izquierda; a mano izquierda; (*verkehrt*) al revés, *Stoff*: por el revés; ~ *von* a la izquierda de; *von* ~ *nach rechts* de izquierda a derecha; ~ *schreiben* escribir con la mano izquierda; *Pol.* ~ *stehen* ser de izquierdas; ~ *fahren* tomar la izquierda; ir (*od.* circular) por la izquierda; *sich* ~ *halten* llevar la izquierda; ~ *abbiegen* torcer (*od.* girar) a la izquierda; ~ *überholen* pasar (*od.* adelantar) por la izquierda; *weder* ~ *noch rechts sehen* andar su camino derecho (*a. fig.*); *fig. j-n* ~ *liegenlassen* no hacer caso de alg.; F ~ *sein* ser zurdo.

'Links...: ~**abbieger** *Kfz. m* vehículo *m* que gira a la izquierda; ¹~**außen** *m Sport*: extremo *m* izquierda; ~**drall** *m* torsión *f* a la izquierda; *Pol.* tendencia *f* izquierdista; ♀**drehend** *adj.* levógiro; ~**drehung** *f* rotación *f* a la izquierda; ~**extremist** *m* extremista *m* de izquierda; ultraizquierdista *m*; ♀**gerichtet** *Pol. adj.* izquierdista *m* de izquierda(s); ~**gewinde** ⊕ *n* filete *m* (con paso) a la izquierda; ~**händer(in** *f*) *m* zurdo (-*a f*) *m*; ♀**händig** *adj.* zurdo; ♀**händigkeit** *f* zurdería *f*; ♀**herum** *adv.* a la izquierda; ~**'innen** *m Sport*: interior *m* izquierda; ~**kurve** *f* viraje *m* (*od.* curva *f*) a la izquierda; ~**partei** *Pol. f* partido *m* de izquierdas; ♀**radikal** *Pol. adj.* de la extrema izquierda; ~**radikale(r)** *m* radical *m* de izquierda; ~**ruck** *m*, ~**rutsch** *Pol. m* giro (*od.* deslizamiento *m*) hacia la izquierda; ~**steuerung** *Kfz. f* conducción *f* a la izquierda; ♀**um!** ⚔ ¡vuelta a la izquierda!; ~**verkehr** *m* circulación *f* por la izquierda.

'Linnen *n* ~ **Leinen**.

Li'nol|eum [li'noːle·ʊm] *n* (-*s*; 0) linóleo *m*; ~**schnitt** *m* grabado *m* en linóleo, linograbado *m*.

Linotype ['laɪnoˑtaɪp] *Typ. f* (-; -s) linotipia *f*; ~**setzer** *m* linotipista *m*.

'**Linse** *f* ⚘ lenteja *f*; *Opt.* lente *f*; *Anat. im Auge*: cristalino *m*; ⸘n F *v/i.* P diquelar; ⸘**nförmig** *adj.* lenticular; ~**ngericht** *n* plato *m* de lentejas; ~**nsuppe** *f* sopa *f* de lentejas.

Li'pom 🜚 *n* (-és; -e) lipoma *m*.

'**Lippe** *f* labio *m*; ⚘ labelo *m*; *an die* ~ *setzen* llevar(se) a los labios; *sich auf die* ~*n beißen* morderse los labios; *fig.* es soll nicht über m-e ~*n kommen* no diré ni una sola palabra; *kein Wort kam über s-e* ~*n* no despegó los labios; *an j-s* ~*n hängen* estar pendiente de los labios de alg.; F e-e ~ *riskieren* F soltar una fresca.

'**Lippen...**: ~**bekenntnis** *n* confesión *f* de labios (afuera); ~**blütler** *m/pl.* ⚘ labiadas *f/pl.*; ⸘**förmig** *adj.* ⚘ labiado; ~**laut** *Gr. m* labial *m/f*; ~**stift** *m* lápiz *m* de labios (*od.* labial), barr(it)a *f* de carmín.

li'quid *adj.* líquido; solvente.

Liqui|dati'on *f* ✝ liquidación *f*; (*Honorar*) honorarios *m/pl.*; *Anwalt*: minuta *f*; ⸘**dator** *m* (-s; -en) liquidador *m*; ⸘**dieren** (-) *v/t.* liquidar (*a. fig.*); ~'**dierung** *f* liquidación *f*.

Liquidi'tät *f* (0) liquidez *f*; ~**sreserven** *f/pl.* reservas *f/pl.* líquidas.

'**Lira** *f* (-; *Lire*) lira *f*.

'**lispeln** (-le) **I.** *v/i.* cecear; (*flüstern*) murmurar, susurrar; **II.** ⸘ *n* ceceo *m*; (*Flüstern*) susurro *m*.

'**Lissabon** *n* Lisboa *f*.

List *f* (-; -en) astucia *f*, (*Kunstgriff*) artificio *m*, (arti)maña *f*; ardid *m*; estratagema *f*; treta *f*; F truco *m*; e-e ~ *anwenden* usar de la astucia; recurrir a artificios.

'**Liste** *f* lista *f*; (*Aufstellung*) relación *f*, cuadro *m*, *detaillierte*: especificación *f*; *amtliche*: registro *m*; (*Namens*⸘) nómina *f*; ✝ (*Katalog*) catálogo *m*; (*Einwohner*⸘) padrón *m*, (*Wähler*⸘) censo *m*; e-e ~ *aufstellen* (*führen*, *anführen*) hacer (llevar; encabezar) una lista; *auf e-e* ~ *setzen poner* (*od.* incluir) en una lista; *auf die schwarze* ~ *setzen* poner en la lista negra; *von e-r* ~ *streichen* tachar de una lista; *auf e-r* ~ *stehen figurar* (*od.* estar) en una lista; *oben auf der* ~ *stehen* encabezar la lista.

'**Listen...**: ~**anführer** *m* cabeza *m* de lista; ~**führer** *m* anotador *m*; ⸘**mäßig** *adv.*: ~ *erfassen* hacer una lista de; ~**preis** ✝ *m* precio *m* de lista (*od.* de catálogo); ⸘**reich** *adj.* lleno de artimañas; muy astuto; ~**wahl** *Parl. f* escrutinio *m* por listas.

'**listig** *adj.* astuto; artero; ladino; sagaz; P zorro; ~**er'weise** *adv.* astutamente, con astucia.

Lita'nei *f Rel.* letanía *f*; *fig. a.* retahíla *f*, sarta *f*.

'**Litau|en** *n* Lituania *f*; ⸘**er(in** *f*) *m*, ⸘**isch** *adj.* lituano (-a *f*) *m*.

'**Liter** *n od. m* (-s; -) litro *m*.

Lite'rar|historiker *m* historiador *m* de la literatura; ⸘**isch** *adj.* literario; ~*gebildet* versado en la literatura.

Lite'rat *m* (-en) literato *m*; hombre *m* de letras.

Litera'tur *f* literatura *f*; ~**angaben** *f/pl.* bibliografía *f*, notas *f/pl.* bibliográficas; ~**beilage** *f* e-r *Zeitung*: suplemento *m* literario; ~**geschichte** *f* historia *f* de la literatura; ~**kritik** *f* crítica *f* literaria; ~**kritiker** *m* crítico *m* literario; ~**nachweis** *m*, ~**verzeichnis** *n* bibliografía *f*; ~**papst** *iro. m* pontífice *m* de la literatura; ~**preis** *m* premio *m* literario; ~**wissenschaft** *f* ciencia *f* literaria; ~**zeitschrift** *f* revista *f* literaria.

'**Liter|flasche** *f* botella *f* de un litro; ⸘**weise** *adv.* por litros.

'**Litfaß-säule** *f* columna *f* anunciadora (*od.* de anuncios).

'**Lithium** 🜚 *n* (-s; 0) litio *m*.

Litho|'graph *m* (-en) litógrafo *m*; ~**gra'phie** *f* litografía *f*; ⸘**gra'phieren** (-) *v/t.* litografiar; ⸘**'graphisch** *adj.* litográfico.

'**Litschi** *f* (-; -s) ⚘ lichi *m*.

Litur'gie *f* liturgia *f*.

li'turgisch *adj.* litúrgico.

'**Litze** *f* (*Schnur*) cordón *m* (*a.* ⚡ *u.* ✍); (*Tresse*) galón *m*; trencilla *f*; (*Borte*) pasamano *m*; (*Paspel*) presilla *f*.

'**Live-Sendung** ['laɪf-] *TV f* emisión *f bzw.* (re)transmisión *f* en directo.

'**Liv|land** *n* Livonia *f*; ~**länder(in** *f*) *m*, ⸘**ländisch** *adj.* livonio (-a *f*) *m*.

Liv'ree [liˑvʀeː] *f* librea *f*.

Lizenti'at [-tsen'tsɪaːt] *m* (-en) licenciado *m*.

Li'zenz *f* (-; -en) licencia *f*; e-e ~ *erteilen* licenciar; ~**geber** *m* concecionista *m*; ~**gebühr** *f* tasa *f* de licencia; royalty *f*; ~**inhaber** *m*, ~**nehmer** *m* concesionario *m*; ~**spieler** *m Fußball*: jugador *m* profesional (con licencia); ~**vertrag** *m* contrato *m* de licencia.

Lob *n* (-és; 0) alabanza *f*, elogio *m*; *Liter.* encomio *m*, loa *f*; (*Beifall*) aplauso *m*; *zu j-s* ~ *en elogio de* alg.; *zum* ~*e Gottes* en loor (*od.* alabanza) de Dios; *des* ~*es voll sein* prodigar alabanzas; *j-m* ~ *spenden* elogiar a alg.; *j-s* ~ *singen* hacer grandes elogios de alg.; ~ *verdienen* merecer elogios, ser digno de elogio; *über alles* ~ *erhaben sein* ser superior a todo elogio; *mit* ~ *überschütten* colmar de elogios, poner por las nubes.

'**Lobby** *f* grupo *m* de presión.

'**lob|en** *v/t.* elogiar; hacer elogios de; (*rühmen*) alabar; encomiar; ponderar; *j-n für* (*od. wegen*) *et.* ~ alabar a alg. por a/c.; F *da lobe ich mir...* yo prefiero...; *Gott sei gelobt!* ¡alabado sea Dios!, ¡loado sea Dios!; *man soll den Tag nicht vor dem Abend* ~ *antes que acabes, no te alabes*; ~**end** *adj.* elogioso; laudatorio; *mit* ~*en Worten en términos elogiosos*; ~**enswert**, ~**enswürdig** *adj.* digno de alabanza (*od.* de elogio); loable; elogiable; encomiable; laudable; ⸘**es-erhebung** *f* alabanza *f*, elogio *m*; (*Rede*) panegírico *m*; ⸘**gesang** *Rel. m* himno *m*; cántico *m*; ⸘**hude'lei** *f* adulación *f*, incienso *m*; ~**hudeln** (-le) *v/t.* adular, incensar.

'**löblich** *adj.* → *lobenswert*.

'**Lob...**: ~**lied** *n Rel.* himno *m*; cántico *m* (de alabanza); *fig. ein* ~ *auf j-n singen* hacer grandes elogios de alg.; ⸘**preisen** (-t) *v/t.* exaltar; glorificar; ~**preisung** *f* exaltación *f*; glorificación *f*; ~**rede** *f* elogio *m*, panegírico *m*; ~**redner** *m* panegirista *m*.

Loch *n* (-és; ⸚*er*) agujero *m*; (*Öffnung*) abertura *f*; orificio *m*; (*Höhlung*) hueco *m*; cavidad *f*; *Golf*: hoyo *m*; *Billard*: bolsa *f*; (*Schlag*⸘, *Luft*⸘) bache *m*; *im Käse*: ojo *m*; F *fig.* (*elende Wohnung*) cuchitril *m*, tugurio *m*, chiribitil *m*; F (*Gefängnis*) cárcel *f*, F chirona *f*; P trena *f*; *im Strumpf*: F tomate *m*; *ein* ~ *in die Wand bohren* hacer un agujero en la pared; (*sich*) *ein* ~ *in die Hose reißen* desgarrarse el pantalón; *fig. ein* ~ *in den Geldbeutel reißen* costar un ojo de la cara; *ein* ~ *stopfen* tapar un agujero; F *auf dem letzten* ~ *pfeifen* estar en las últimas; F *j-m ein* ~ *in den Bauch fragen* atosigar a alg. a preguntas; P *wie ein* ~ *saufen* F beber como un cosaco; ~**eisen** ⨁ *n* punzón *m*; sacabocados *m*; ⸘**en** *v/t.* agujerear; horadar; taladrar, perforar; ⨁ punzonar; *Fahrkarten*: picar; ~**er** *m* punzonador *m*; perforador *m*; *Büro*: taladro *m*; (*Person*) perforista *m*.

'**löcher|ig** *adj.* (*durchlöchert*) agujereado; (*porös*) poroso; ~**n** F *v/t.*: *j-n* ~ atosigar a alg. (a preguntas).

'**Loch...**: ~**karte** *f* tarjeta *f* (*od.* ficha *f*) perforada; ~**kartenmaschine** *f* máquina *f* perforadora; ~**kartensystem** *n* sistema *m* de fichas perforadas; ~**stanze** ⨁ *f* punzonadora *f*; perforadora *f*; ~**stickerei** *f* deshilado *m*; ~**streifen** *m* cinta *f* perforada; ~**ung** *f* perforación *f*; punzonamiento *m*; ~**verstärker** *m* arandela *f*; ~**zange** *f* perforador *m*; sacabocados *m*; ~**ziegel** *m* ladrillo *m* perforado.

'**Locke** *f* rizo *m*; sortija *f*; bucle *m*; (*Ringel*⸘) tirabuzón *m*; *in* ~*n legen* → ~**n¹** *v/t.* rizar; *sich* ~ rizarse.

'**locken²** **I.** *v/t.* ~ *an* atraer (*a. fig.*); *Jgdw.* cazar con reclamo; *Hund*: llamar; *fig.* seducir; (*reizen*) tentar; *j-m Geld aus der Tasche* ~ F sacarle el dinero (*od.* los cuartos) a alg.; **II.** ⸘ *n Jgdw.* reclamo *m*; *fig.* seducción *f*; ~**d** *adj.* atractivo; seductor; tentador; ~**kopf** *er* *m* cabeza *f* (*od.* cabellera *f*) rizada; ⸘**wickel** *m*, ⸘**wickler** *m* bigudí *m*, rulo *m*.

'**locker** *adj.* flojo; aflojado; (*lose*) suelto; (*nicht zusammenhängend*) inconsistente; (*porös*) poroso; (*weich*) blando; *Brot usw.*: esponjoso; ✍ *Boden*: mullido; *fig. Moral usw.*: laxo, relajado; *Leben*: licencioso, libertino, disoluto; ~ *sein Zahn usw.*: moverse; *fig. er Vogel* F calavera *m*; *ein* ~*es Leben führen* vivir licenciosamente; tener costumbres disolutas; ~ *machen* aflojar; ~ *werden* relajarse; *Schraube usw.*: aflojarse; ⸘**heit** *f* (0) flojedad *f*; esponjosidad *f*; *fig.* laxitud *f*; relajación *f*; ~**lassen** *fig. v/i.*: *nicht* ~ no cejar; no ceder; no dar su brazo a torcer; insistir; ~**machen** F *v/t.*: *Geld* ~ F aflojar (*od.* soltar) la mosca; ~**n** *v/t. u. v/refl.* relajar(se); *Schraube usw.*: aflojar(se); *Boden*: mullir(se); (*erweichen*) ablandar(se); ⸘**ung** *f* relajamiento *m*, relajación *f* (*a. der Sitten*); aflojamiento *m*; ablandamiento *m*; ⸘**ungs-übung** *f* ejercicio *m* de relajación.

'**lockig** *adj.* rizado; ensortijado.

'**Lock...**: ~**jagd** *f* caza *f* con reclamo; ~**mittel** *n* (*Köder*) cebo *m*; *Jgdw.* reclamo *m*, señuelo *m* (*beide a. fig.*); *fig.* añagaza *f*, F gancho *m*; (*Anreiz*) atractivo *m*, aliciente *m*; ~**pfeife** *Jgdw. f* reclamo *m*; ~**ruf** *Zoo. m* llamada *f* de atracción; ~**spitzel** *Pol.*

m agente, *m* provocador; ~ung *f* incentivo *m*; atracción *f*; (*Verführung*) seducción *f*; (*Versuchung*) tentación *f*; ~vogel *m* señuelo *m*, reclamo *m* (*a. fig.*); F *fig.* gancho *m*.
'Loden *m* loden *m*, paño *m* tirolés; ~mantel *m* abrigo *m* (de) loden.
'lodern I. (-*re*) *v/i.* llamear, echar llamas, arder (*a. fig.*); II. ♀ *n* llamas *f/pl.*; *fig.* ardor *m*; ~d *adj.* llameante.
'Löffel *m* (-*s*; -) cuchara *f* (*a.* ⊕); *größerer*: cucharón *m*; *kleiner*: cucharita *f*, cucharilla *f*; ♂*gdw.* oreja *f*; *die Weisheit mit* ~*n gegessen haben* F ser un sabihondo; *über den* ~ *barbieren* F tomar el pelo; F *j-m ein paar hinter die* ~ *hauen* pegarle una bofetada a alg.; ~bagger *m* excavadora *f* de cuchara; ~bohrer *m* broca *f* de cuchara; ~ente *Orn. f* pato *m* cuchara; ~kraut ♀ *n* coclearia *f*; ♀*n v/t.* comer con cuchara; ~reiher *Orn. m* espátula *f*, cuchareta *f*; ~voll *m* cucharada *f*; ♀weise *adj.* a cucharadas.
Log ⚓ *n* (-*s*; -) corredera *f*.
Loga'rith|mentafel *f* tabla *f* de logaritmos; ♀misch *adj.* logarítmico; ~mus *n* (-; -*men*) logaritmo *m*.
'Logbuch ⚓ *n* cuaderno *m* de bitácora.
'Loge ['loːʒə] *f Thea.* palco *m*; (*Freimaurer*♀) logia *f*.
'Logen|bruder *m* masón *m*; ~schließer(in *f*) *m Thea.* acomodador(a *f*) *m*.
'loggen ⚓ *v/i.* medir con corredera.
'Loggia ['lɔdʒa] *f* (-; -*ien*) loggia *f*.
Lo'gier|besuch [-'ʒiːR-] *m* huéspedes *m/pl.* (alojados en casa); ♀en (-) *v/i.* hospedarse, alojarse; ~gast *m* huésped *m* (para una noche).
'Logik *f* (0) lógica *f*; *m* lógico *m*.
Lo'gis [lo'ʒiː] *n* (-; -) alojamiento *m*.
'logisch *adj.* lógico; ~er'weise *adv.* lógicamente.
Lo'gisti|k ⚔ *f* (0) logística *f*; ♀sch *adj.* logístico.
'Logleine ⚓ *f* corredera *f*.
'Loh|beize *f*, ~brühe *f* ⊕ jugo *m* de tanino; ~e ['loːə] *f* 1. ⊕ casca *f*, corteza *f* curtiente; 2. (*Flamme*) llamas *f/pl.*, llamarada *f*; ♀en I. *v/t.* curtir; II. *v/i.* llamear, echar llamas; ~gerber *m* curtidor *m*; ~gerbe'rei *f* tenería *f*; curtiduría *f*.
Lohn *m* (-*es*; *⸚e*) salario *m* (*Tages*♀) jornal *m*; (*Monats*♀) sueldo *m*; (*Bezahlung*) paga *f*; (*Vergütung*) retribución *f*; (*Belohnung*) recompensa *f*, premio *m*; *zum* ~ *für* en recompensa por; *iro.* er *hat s-n* ~ *empfangen* ha llevado su merecido.
'Lohn...: ~abbau *m* reducción *f* de salarios; ~abkommen *n* acuerdo *m* sobre salarios; ~abrechnung *f* hoja *f* de paga; (*Vorgang*) cálculo *m* de salarios; ~abzug *m* deducción *f* (*od.* descuento *m*) del salario; ~angleichung *f* reajuste *m* de salarios; ~arbeit *f* trabajo *m* asalariado; ~arbeiter *m* (trabajador *m*) asalariado *m*; (*Tagelöhner*) jornalero *m*; *Am.* peón *m*; ~aufwand *m* gastos *m/pl.* de salarios; ~ausfall *m* pérdida *f* de salario; ~ausgaben *f/pl.* → ~aufwand; ~ausgleich *m* ajuste *m* de salarios; ~auszahlung *f* pago *m* del salario; paga *f*; ~büro *n* oficina *f* de pagos; ~empfänger(in *f*) *m* asalariado (-a *f*); ♀en I. *v/t.* recompensar (*j-m et.* a alg. por a/c.); (*vergelten*) pagar (*mit* con); II. *v/refl.*: *sich* ~ valer la pena; ser rentable (*od.* provechoso); *es lohnt sich nicht* no vale (*od.* no merece) la pena.
'löhnen *v/t.* pagar el salario a.
'lohnend *adj.* que vale la pena; provechoso; (*vorteilhaft*) ventajoso; (*gewinnbringend*) lucrativo, remunerador; rentable.
'Lohn...: ~erhöhung *f* aumento *m* salarial; ~fonds *m* fondo *m* de garantía salarial; ~forderung *f* reivindicación *f* salarial; ~fortzahlung *f* continuación *f* del pago del salario, pago *m* continuado del salario; ~herr *m* patrono *m*; ~höhe *f* nivel *m* de salarios; ~index *m* índice *m* de salarios; ~kampf *m* lucha *f* salarial; ~konto *n* cuenta-salario *f*; ~kosten *pl.* coste *m* salarial; ~kürzung *f* reducción *f* de salario; ~liste *f* nómina *f*; ~nebenkosten *pl.* ✝ costes *m/pl.* no salariales, costes *m/pl.* sociales y parafiscales; ~niveau *n* → ~höhe; ~pfändung *f* embargo *m* del salario; ~politik *f* política *f* salarial; ~Preis-Spirale *f* espiral *f* de precios y salarios; ~skala *f* escala *f* de salarios; *gleitende* ~ escala *f* móvil salarial; ~steuer *f* impuesto *m* sobre salarios; *Span.* impuesto *m* sobre los rendimientos del trabajo personal; ~steuerjahres-ausgleich *m* devolución *f* anual de impuestos sobre salarios; ~steuerkarte *f* tarjeta *f* de impuestos sobre salarios; ~stopp *m* congelación *f* salarial (*od.* de salarios); ~streifen *m* hoja *f* de salario; ~tabelle *f* tabla *f* salarial (*od.* de salarios); ~tag *m* día *m* de paga; ~tarif *m* tarifa *f* de salarios; ~tarifvertrag *m* convenio *m* colectivo (sobre salarios); ~tüte *f* sobre *m* con la paga.
'Löhnung *f* paga *f*; salario *m*.
'Lohn...: ~verhandlungen *f/pl.* negociaciones *f/pl.* salariales; ~zahlung *f* pago *m* del salario; paga *f*; ~zulage *f*, ~zuschlag *m* plus *m*; extra *m*; prima *f*; sobresueldo *m*.
'Loipe ['lɔypə] *f* pista *f* de fondo.
Lok *f* (-; -*s*) → Lokomotive.
Lo'kal I. *n* (-*es*; -*e*) local *m*; sala *f*; (*Gaststätte*) restaurante *m*; café *m*; cafetería *f*; *öffentliches* ~ establecimiento *m* público; II. ♀ *adj.* local; ~anästhesie ✱ *f* anestesia *f* local; ~bahn *f* ferrocarril *m* local; ~berichterstatter *m* reportero *m* local; ~blatt *n* periódico *m* local; ~e(s) *n Zeitung*: crónica *f* local.
lokali'sier|bar *adj.* localizable; *nicht* ~ ilocalizable; ~en (-) *v/t.* localizar; ♀ung *f* localización *f*.
Lokali'tät *f* localidad *f*.
Lo'kal...: ~kolorit *m* colorido *m* local; ~matador *m Sport*: estrella *f* local; ~nachrichten *f/pl. Zeitung*: información *f* local; ~patriotismus *m* patriotismo *m* de campanario; ~sender *m* emisora *f* local; ~teil *m Zeitung*: sección *f* (de información) local; ~termin ⚖ *m* inspección *f* ocular (del lugar del hecho); ~verkehr *m* tráfico *m* local; ~wahlen *f/pl.* elecciones *f/pl.* locales.
'loko ✝ *adv.* en plaza; ♀geschäft ✝ *n* operación *f* en plaza.
Lokomo'tiv|e *f* locomotora *f*, F máquina *f*; ~führer *m* maquinista *m*;

~schuppen *m* depósito *m* de máquinas.
'Loko|preis ✝ *m* precio *m* en plaza; ~ware *f* mercancía *f* disponible (en plaza).
'Lokus F *m* (-; -*se*) retrete *m*, excusado *m*.
'Lombard ✝ *m*, *n* préstamo *m* pignoraticio; ~bank *f* lombardo *m*; ~bestände *m/pl.* títulos *m/pl.* pignorados en un banco; ~darlehen *n* préstamo *m* sobre valores.
Lombar'dei *Geogr. f* Lombardía *f*.
'lombard|fähig *adj.* pignorable; ♀geschäft ✝ *n* operación *f* de pignoración.
lombar'dieren (-) ✝ *v/t.* pignorar; conceder un crédito pignoraticio.
'Lombardkredit *m* crédito *m* de pignoraticio; adelanto *m* sobre valores.
'London *n* Londres *m*; ~er(in *f*) *m* londinense *m/f*.
'Looping ['luː-] ⚔ *n* (-*s*; -*s*) looping *m*; *ein* ~ *machen* rizar el rizo.
'Lorbeer [eː] *m* (-*s*; -*en*) ♀ laurel *m*; *fig. sich auf s-n* ~*en ausruhen* dormirse sobre los laureles; ~en ernten cosechar laureles; ~baum *m* laurel *m*; ~blatt *n* hoja *f* de laurel; ~kranz *m* corona *f* de laurel.
Lord *m* (-*s*; -*s*) lord *m* (*pl.* lores).
'Lore 🚂 *f* vagoneta *f*.
'Lorenz *m* Lorenzo *m*.
Lor'gnette [lɔRnˈjɛtə] *f* impertinentes *m/pl.*
Los [oː] *n* (-*es*; -*e*) (*Schicksal*) suerte *f*, destino *m*; (*Lotterie*♀) billete *m* de lotería; boleto *m* (de rifa); (*Anteil*) lote *m*; *das Große* ~ *gewinnen* (*ziehen*) tocarle a uno (sacar) el primer premio (*od.* F el gordo); *fig. er hat das Große* ~ *gezogen* se ha puesto las botas; *durch das* ~ *entscheiden* echar a suertes; *durch das* ~ *bestimmen* elegir por suerte; designar por sorteo.
los *adj.* suelto; desprendido; (*frei*) libre; *der Knopf ist* ~ el botón se ha caído; *der Hund ist* ~ el perro anda suelto; *was ist* ~? ¿qué pasa?, ¿qué sucede?, ¿qué ocurre?; *es ist et.* ~ algo pasa; F *da ist* (*schwer*) *was* ~ hay jaleo; *Stimmung usw.*: hay mucha animación; *als ob nichts* ~ *wäre* como si no ocurriera (*od.* pasara) nada; *was ist mit ihm* ~? ¿qué le pasa?, ¿qué le ocurre?; *mit ihm ist nicht viel* ~ no sirve para gran cosa; no es una lumbrera precisamente; *sein Geld ist* ~ *se ha* quedado sin blanca; et. ~ *sein haberse librado* (*od.* desembarazado) de a/c.; *eine Sorge* ~ *sein* tener una preocupación menos; *et. od.* ~ *werden* quitarse de encima a/c. *od.* a alg., deshacerse de a/c. *od.* alg.; F *et.* ~ *haben* ser muy entendido en a/c.; ~*!* ¡vamos!, ¡en marcha!, ¡andando!; *mach doch* ~*!* ¡venga ya!; ¡acaba ya de una vez!; *Achtung! fertig!* ~*!* ¡atención!, ¡preparados!, ¡ya!
'lösbar *adj.* (re)soluble (*a. fig.*); ♀keit *f* (0) (re)solubilidad *f*.
'los...: ~bekommen (L; -) *v/t.* lograr separar *bzw.* desprender (*od.* soltar); ~binden (L) *v/t.* desatar; (*freilassen*) soltar; ⚓ desamarrar; ~brechen (L) I. *v/t.* separar; desprender; romper; II. *v/i.* (*sn*) romperse; desprenderse; *fig.* (*ausbrechen*) estallar; *Gewitter usw.*: desatarse, desenca-

denarse (a. fig.); ~bröckeln (-le) v/i. (sn) Mauer: desmoronarse; Kalk: desprenderse, desconcharse.
'Lösch|anlage f instalación f de extinción (für Kalk: de apagado); ~arbeit f trabajo m de extinción (⚓ de descarga); ~blatt n (papel m) secante m; ~eimer m cubo m (para incendio).
'löschen I. v/t. apagar (a. Durst, Licht); Brand: a. extinguir; Schuld, Konto, Hypothek: cancelar; Kalk: apagar, matar; Geschriebenes, Tonband, Rechner: borrar; (streichen) tachar; (ablöschen) secar; ⚓ descargar, alijar; Ladung: desembarcar; II. ♀ n apagamiento m; extinción f; cancelación f; tachadura f; borrado m (a. Tonband); ⚓ descarga f, alijo m; desembarque m.
'Löscher m (Feuer♀) extintor m (de incendios); (Tinten♀) secafirmas m; ⚓ descargador m (de muelle).
'Lösch...: ~fahrzeug n vehículo-bomba m, autobomba f; ~gebühren ⚓ f/pl., ~geld ⚓ n gastos m/pl. de descarga; ~gerät n extintor m; ~hafen ⚓ m puerto m de desembarque (od. de descarga); ~kalk m cal f apagada (od. muerta); ~kopf m Tonband: cabeza f borradora; ~mannschaft f equipo m de bomberos; ~papier n (papel m) secante m; ~platz ⚓ m muelle m de descarga; desembarcadero m; descargadero m; ~taste f Computer: tecla f para borrar; ~ung f → Löschen; ~zug m equipo m de bomberos.
'Löschgeld n rescate m.
'los-eisen (-t) F fig. v/t. u. v/refl. lograr separar(se) od. desprender(se) (von de).
'Lösemittel n ⚗ disolvente m; ✱ expectorante m.
'losen I. (-t) v/i. echar a suertes; sortear; II. ♀ n sorteo m.
'lösen (-t) I. v/t. soltar; Knoten usw.: abrir, deshacer; (losbinden) desatar; (lockern) aflojar; (trennen) separar; (abtrennen) desprender, despegar, desligar; Schraube: destornillar; Bremse: soltar; Schmutz: desincrustar; ⚗ disolver; diluir, desleír; Problem usw.: solventar, resolver, solucionar (a. ⚹); Rätsel: adivinar; Verwickeltes: desenredar, desenlazar; Fahrkarte: sacar; Vertrag: rescindir, anular; Beziehungen: romper; II. v/refl.: sich ~ deshacerse, soltarse; desprenderse; despegarse; (auf~) disolverse; desleírse; Schuß: dispararse; Problem: resolverse; sich von et. ~ separarse de; retirarse de; sich von j-m ~ desapegarse de alg.
'los...: ~fahren (L; sn) v/i. salir; partir; Fahrzeug: ponerse en marcha,

arrancar; auf j-n ~ acometer a, arremeter contra alg.; ~gehen (L; sn) v/i. 1. echar a andar; partir, marcharse, irse; ponerse en marcha; auf j-n ~ arremeter contra (od. acometer a) alg.; (direkt) auf et. ~ ir derecho a a/c.; fig. no andarse por las ramas; 2. Waffe: dispararse, descargarse; nicht ~ encasquillarse; 3. F (anfangen) empezar; es kann ~ podemos empezar; ~gelöst adj. desligado, desprendido (von de); ~haken v/t. Öse: desabrochar; Wagen: desenganchar; ~heulen F v/i. echarse (od. romper) a llorar; ♀kauf m rescate m; ♀⁄♀ redención f; ~kaufen v/t. rescatar; redimir; ~ketten (-e-) v/t. desencadenar; Hund: soltar; ~knüpfen v/t. desanudar; ~kommen (L; sn) v/i. lograr desprenderse (von de); lograr desembarazarse (od. deshacerse) de; (frei werden) quedar libre; aus der Gefangenschaft: ser puesto en libertad; ✈ despegar; fig. ich komme nicht davon los no se me quita de la cabeza; ~koppeln v/t. Hunde: desatraillar; Waggon: desenganchar, desacoplar; ~kriegen F v/t. lograr desprender; ~lachen v/i. echarse (od. romper) a reír; soltar una carcajada; ~lassen v/t. soltar (a. fig.), desasir; dejar caer; Gefangene: poner en libertad; F fig. Brief, Rede: soltar, echar, largar; ~legen F v/t. empezar; (reden) embalarse; leg los! ¡venga ya!, ¡empieza ya de una vez!
'löslich ⚗ adj. soluble (in dat. en); nicht ~ insoluble; ♀keit f (0) solubilidad f.
'los...: ~lösen v/t. desprender; (trennen) separar; sich ~ desprenderse; a. fig. soltarse (von de); ♀lösung f (Trennung) separación f; libert v/t. desoldar; ~machen v/t. desprender; despegar; (losbinden) desatar; (abhaken) desenganchar; (aufknöpfen) desabrochar; ⚓ Schiff, Taue: desamarrar; Segel: largar; sich ~ desprenderse (von de); desembarazarse (von de); (freimachen) emanciparse; ~marschieren v/i. ponerse en marcha; ~platzen v/i. estallar; lachend: soltar una carcajada; ~rasen v/i. F salir disparado (od. de estampía); ~reißen (L) v/t. arrancar; sich ~ desprenderse; soltarse (a. Hund); separarse (von de); Schiff: romper las amarras; ~rennen v/i. echar a correr.
Löß m (-sses; -sse) loess m.
'los...: ~sagen v/refl.: sich ~ von abjurar de; renegar de (a. Rel.); (sich trennen) separarse de; romper con; ♀sagung f abjuración f; separación f; ~schießen v/i. disparar; (rennen) salir de estampía, F embalarse (a. fig.); auf j-n ~ abalanzarse sobre alg.; F fig. schieß los! ¡venga, habla ya!, F ¡desembucha ya! ~schlagen (L) I. v/t. separar (a martillazos od. a golpes); ✝ Ware: vender a cualquier precio (F a precios tirados); II. v/i. ✗ lanzarse al ataque; iniciar las hostilidades; auf j-n ~ golpear a alg.; ~schnallen v/t. desabrochar; Gürtel: desceñir; ~schrauben v/t. des(a)tornillar; ~sprechen v/t. Rel. absolver; ♀sprechung f Rel. absolución f; ~springen I. v/t. volar, hacer saltar; II. v/i. lanzarse al galope; ~springen v/i. lanzarse (auf j-n sobre alg.); (sich

ablösen) desprenderse; ~steuern fig. v/i.: auf et. ~ ir derecho a a/c.; ~stürmen (sn) v/i., ~stürzen (-t; sn) v/i. echar a correr; lanzarse od. precipitarse (auf ac. sobre); ~trennen v/t. separar; deshacer; Genähtes: descoser; ♀trennen n, ♀trennung f separación f; ♀trommel f bombo m.
'Losung f 1. consigna f; santo m y seña; 2. Jgdw. excrementos m/pl., cagarruta f.
'Lösung f solución f (a. ⚗, ⚹); Thea. desenlace m; (Trennung) separación f; e-s Vertrages: rescisión f; anulación f; ⚗ (Vorgang) disolución f (a. fig. Ehe); ~smittel n disolvente m.
'Losungswort ✗ n consigna f, santo m y seña.
'los...: ♀verkäufer m lotero m; ~werden (L) v/t. desembarazarse de; deshacerse de; librarse de; quitarse de encima; ✝ (lograr) vender; sein Geld ~ perder bzw. gastarse todo el dinero; ~ziehen (L; sn) v/i. (fortgehen) irse, marcharse; fig. ~ gegen (od. über ac.) arremeter contra; zaherir a alg.; F tronar contra alg. od. a/c.
Lot [o:] n (-es; e) perpendicular f; ⚓ plomada f; ⚓ sonda f; (Lötmetall) soldadura f; (ehm. Gewicht) media onza f; ⚹ ein ~ fällen trazar una perpendicular; fig. im ~ sein estar en orden (od. en regla); ins ~ bringen arreglar, poner en orden.
'lötbar adj. soldable.
'loten I. (-e-) v/t. ⚓ echar la plomada; ⚓ sondear; II. ♀ n ⚓ sondeo m.
'löten I. (-e-) v/t. soldar; mit Zinn: estañar; II. ♀ n soldadura f.
'Lothar m Lotario m.
'Lothring|en n Lorena f; ~er(in f) m lorenés m, lorenesa f; ♀isch adj. lorenés.
Loti|on [-ts-] f Kosmetik: loción f.
'Löt|kolben m soldador m; ~lampe f lámpara f para soldar, soplete m.
'Lotleine f ⚓ hilo m de la plomada; ⚓ cordel m de la sonda.
'Lotos ['lo:tɔs] ✿ m (-; -) loto m; ~blume f flor f de loto.
'lotrecht adj. a plomo; vertical; perpendicular; ♀e ⚹ f perpendicular f, vertical f.
'Lötrohr ⚗ n soplete m.
'Lotse m (-n) ⚓ práctico m; fig. guía m.
'lotsen I. (-t) v/t. ⚓ pilotar; F fig. llevar, conducir; II. ♀ n pilotaje m; ♀boot n lancha f del práctico; barco m piloto; ♀dienst m servicio m de práctico(s); pilotaje m; ♀gebühr, ♀geld n (derechos m/pl. de) pilotaje m.
'Lötstelle f soldadura f.
'Lotte f Carlota f.
Lotte'rie f lotería f; ~einnehmer m lotero m; ~gewinn m premio m (en la lotería); ~los n billete m de lotería; ~spiel n (juego m de la) lotería f.
'lotterig adj. Person: desaliñado; bohemio; Sache: hecho sin esmero; chapucero.
'Lotter...: ~leben n vida f desordenada bzw. licenciosa; ♀n (-re) v/i. vagar; llevar una vida licenciosa; ~wirtschaft f desorden m; incuria f.
'Lotto n (-s; -s), ~spiel n lotería f.
'Lotung f ⚓ sondeo m.
'Lötung f soldadura f.
'Löt|wasser n agua f para soldar; ~zinn n estaño m para soldar.

¹**Löwe** *Zoo. m* (-n) león *m* (*a. fig.*); *Astr.* Leo *m*.
¹**Löwen...**: ~**anteil** *m* parte *f* del león; ~**bändiger(in** *f) m* domador(a *f) m* de leones; ~**grube** *f* leonera *f*; ~**herz** *n Hist.*: *Richard* ~ Ricardo Corazón de León; ~**jagd** *f* caza *f* del león; ~**maul** ⚕ *n* becerra *f*, dragón *m*; ²**stark** *adj.* fuerte como un león; ~**zahn** ⚕ *m* diente *m* de león; ~**zwinger** *m* leonera *f*.
¹**Löwin** *f* leona *f*.
loyal [loaˈjaːl] *adj.* leal.
Loyalität *f* (0) lealtad *f*.
¹**Luchs** [-ks] *Zoo. m* (-es; -e) lince *m* (*a. fig.*), lobo *m* cerval; *wie ein* ~ *aufpassen* estar ojo avizor; ~**auge** *n: fig.* ~*n haben* tener ojos de lince; ²**en** (-t) *v/i.* avivar los ojos; acechar.
¹**Lücke** *f* vacío *m*, hueco *m* (*beide a. fig.*); *fig.* laguna *f*; (*leere Stelle*) blanco *m*; (*Auslassung*) omisión *f*; (*Bresche*) brecha *f*; ⚔ *e-e* ~ *reißen* abrir (una) brecha; *fig.* dejar un vacío; *e-e* ~ *füllen* llenar (*od.* tapar) un hueco; *fig.* llenar (*od.* cubrir) un vacío.
¹**Lücken...**: ~**büßer** *m* suplente *m*; F suplefaltas *m*, tapaagujeros *m*; ²**haft** *adj.* defectuoso; incompleto; ~**haftigkeit** *f* (0) defectuosidad *f*; ²**los** *adj.* continuo, completo; ininterrumpido.
¹**Lude** P *m* F chulo *m*, P macarra *m*.
¹**Luder** *n* 1. *Jgdw.* carroña *f*; 2. P *fig.* bestia *f*; mal bicho *m*; P zorra *f*; P pájara *f*; F *armes* ~ pobre diablo *m*; *dummes* ~ animal *m*; *kleines* ~ pícaro (-a *f*) *m*; ~**leben** *n* vida *f* de crápula.
¹**Ludwig** *m* Luis *m*.
¹**Lues** ✻ *f* (0) lúes *f*, sífilis *f*.
Luft *f* (-; ⸚e) aire *m*; atmósfera *f*, *fig. a.* ambiente *m*; (*Atem*) respiración *f*; *in frischer* ~ *al aire libre*; *in frischer Luft holen* respirar, tomar aliento; *tief* ~ *holen* respirar hondo; *nach* ~ *schnappen* jadear; *frische* ~ *schöpfen* (*od.* *schnappen*) tomar el aire (*od.* el fresco); despejarse la cabeza; *an die (frische)* ~ *gehen* airearse, orearse; *an die* ~ *hängen (stellen)* airear, (ex)poner al aire; *die* ~ *herauslassen* desinflar; *in der* ~ *schweben* flotar en el aire (*a. fig.*); *in die* ~ *hinein reden* hablar al aire; *fig. in der* ~ *hängen* estar en el aire (*od.* en suspenso); *er ist* ~ *für mich* es para mí como si no existiera; *sich* (*od.* *s-m Herzen*) ~ *machen* desahogarse; *s-m Ärger* ~ *machen* exteriorizar su disgusto; F *fig. sich in* ~ *auflösen* F esfumarse; *keine* ~ *bekommen* tener ahogos, sofocarse; *wieder* ~ *bekommen* recobrar el aliento, volver a respirar; F *fig. jetzt hab' ich wieder* ~ ya puedo respirar; *j-n an die* ~ *setzen* poner a alg. (de patitas) en la calle; *das ist aus der* ~ *gegriffen* eso es pura invención; carece de (todo) fundamento; *fig. in der* ~ *liegen* estar en el aire; *fig. es liegt et. in der* ~ algo flota en el aire; *in die* ~ *sprengen* volar, hacer saltar; *in die* ~ *fliegen* (*od.* *gehen*) volar; hacer explosión; F *fig. in die* ~ *gehen* airarse, F subirse a la parra; F *fig. in die* ~ *gucken* quedarse con las ganas; *von* ~ *und Liebe leben* vivir del aire; F *fig. ist dicke* ~ el aire está de tormenta; *die* ~ *ist rein* no hay peligro, no hay qué temer; F *fig. mir blieb die* ~ *weg* F me quedé de piedra.
¹**Luft...**: ~**abschluß** ⊕ *m* cierre *m* hermético, estanqueidad *f*; ~**abwehr** *f* defensa *f* antiaérea; ~**abzug** ⊕ *m* evacuación *f* de aire; ~**akrobat** *m* acróbata *m* del aire; ~**alarm** *m* alarma *f* aérea; ~**angriff** ⚔ *m* ataque *m* aéreo; incursión *f* aérea; ~**ansicht** *f* vista *f* aérea; ~**aufklärung** ⚔ *f* reconocimiento *m* aéreo; ~**aufnahme** *f* vista *f* aérea, aerofoto *f*; ~**austritt** *m* salida *f* de aire; ~**bad** *n* baño *m* de aire; ~**ballon** *m* für Kinder: globo *m*; ~**basis** *f* base *f* aérea; ~**befeuchter** *m* humidificador *m* de aire; ~**bereifung** *f* neumáticos *m/pl.*; ~**betankung** ⚔ *f* abastecimiento *m* aéreo (*od.* en vuelo); ~**bild** *n* → ~**aufnahme**; ~**blase** *f* burbuja *f* de aire; ~**Boden-Rakete** *f* misil *m* aire-tierra; ~**bremse** *f* freno *m* de aire; ~**brücke** *f* puente *m* aéreo.
¹**Lüftchen** *n* airecillo *m*; soplo *m* (de aire); vientecillo *m*; *es weht kein* ~ no se mueve una hoja.
¹**Luft...**: ²**dicht** *adj.* impermeable al aire; hermético; ~**dichte** *Phys. f* densidad *f* atmosférica; ~**druck** *Phys. m* presión *f* atmosférica; ~**druckbremse** *f* freno *m* de aire comprimido; ~**druckmesser** *Phys. m* barómetro *m*; ~**druckprüfer** *Kfz. m* comprobador *m* de la presión (de los neumáticos); ²**durchlässig** *adj.* permeable al aire; ~**durchlässigkeit** *f* permeabilidad *f* al aire; ~**düse** *f* tobera *f* de aire; ~**einlaß** *m*, ~**eintritt** *m* entrada *f* (*od.* admisión *f*) de aire; ~**elektrizität** *f* electricidad *f* atmosférica; ~**embolie** ✻ *f* embolia *f* aérea.
¹**lüften** (-e-) *v/t.* ventilar; airear; *Kleider: a.* (ex)poner al aire, orear; *den Hut* ~ quitarse el sombrero; *fig. Geheimnis:* revelar, desvelar; ²**r** *m* ventilador *m*.
¹**Luft...**: ~**erneuerung** *f* renovación *f* del aire; ~**fahrt** *f* aviación *f*; navegación *f* aérea, aeronavegación *f*; aeronáutica *f*; ~**fahrtausstellung** *f* exposición *f* aeronáutica; ~**fahrtgesellschaft** *f* compañía *f* de aviación; ~**fahrtindustrie** *f* industria *f* aeronáutica; ~**fahrtingenieur** *m* ingeniero *m* aeronáutico; ~**fahrtminister(ium** *n) m* ministro *m* (Ministerio *m*) del Aire; ~**fahrzeug** *n* aeronave *f*; ~**feuchtigkeit** *f* humedad *f* atmosférica (*od.* del aire); ~**feuchtigkeitsmesser** *m* higrómetro *m*; ~**filter** *m* filtro *m* de aire; ~**flotte** *f* flota *f* aérea; ²**förmig** *adj.* aeriforme; ~**fracht** *f* carga *f* aérea; flete *m* aéreo; ~**frachtbrief** *m* carta *f* de porte aérea; ²**gekühlt** *adj.* refrigerado por aire; ~**geschwader** *n* escuadra *f* aérea; ²**getrocknet** *adj.* secado al aire; ~**gewehr** *n* escopeta *f* (*od.* carabina *f*) de aire comprimido; ~**hauch** *m* soplo *m* (de aire); ~**heizung** *f* calefacción *f* por aire (caliente); ~**herrschaft** *f* dominio *m* del aire; ~**hoheit** *f* soberanía *f* aérea; ~**hülle** *f* atmósfera *f*.
luftig *adj.* aéreo; *Zimmer*: bien ventilado; *Kleid*: (muy) ligero, vaporoso; (*windig*) expuesto al viento.
¹**Luftikus** F *m* (- *od.* -ses; -se) calavera *m*, F tronera *m*.
¹**Luft...**: ~**inspektion** *f* inspección *f* aérea; ~**kabel** ⚡ *n* cable *m* aéreo; ~**kampf** *m* combate *m* aéreo; ~**kissen** *n* almohadilla *f* neumática; ~**kissenboot** *n* aerodeslizador *m*; ~**klappe** ⊕ *f* válvula *f* de aire; △ ventanillo *m* (de aireación); ~**korridor** *m* corredor *m* (*od.* pasillo *m*) aéreo; ²**krank** ⚗ *adj.*: ~ *sein* marearse (en las alturas); ~**krankheit** ⚗ *f* enfermedad *f* (*od.* mal *m*) de los aviadores; ~**krieg** *m* guerra *f* aérea; ~**kühlung** *f* refrigeración *f* por aire; ~**kur** *f* cura *f* (por cambio) de aire; ⚕ aeroterapia *f*; ~**kur-ort** *m* estación *f* climática; ~**landetruppen** ⚔ *f/pl.* tropas *f/pl.* aerotransportadas; ~**landung** ⚔ *f* aterrizaje *m* de tropas aerotransportadas; ²**leer** *adj.* vacío (de aire); *Reifen*: desinflado; ~*er Raum* vacío *m*; ~**leitung** *f* Tele. línea *f* aérea; ~**linie** *f* línea *f* directa; ⚔ línea *f* aérea; ~**loch** △ respiradero *m*; ⊕ ventilación *f*; *Kamin*: ventosa *f*; ⚔ bache *m*, bolsa *f* de aire; ~**Luft-Rakete** *f* misil *m* aire-aire; ~**mangel** *m* falta *f* de aire; ~**matratze** *f* colchón *m* neumático; ~**mine** ⚔ *f* mina *f* aérea; ~**offensive** *f* ofensiva *f* aérea; ~**parade** ⚔ *f* revista *f* de fuerzas aéreas; ~**pirat** *m* pirata *m* aéreo; ~**piraterie** *f* piratería *f* aérea; ~**post** *f* correo *m* aéreo; *durch* (*od. mit*) ~ por avión; ~**postbrief** *m* carta *f* por avión; ~**postdienst** *m* servicio *m* aeropostal; ~**postleichtbrief** *m* aerograma *m*; ~**postpaket** *m* paquete *m* por avión; ~**postpapier** *n* papel *m* de avión; ~**postzuschlag** *m* sobretasa *f* (*od.* sobreporte *m*) aéreo; ~**pumpe** *f* bomba *f* neumática (*od.* de aire); *Kfz., Fahrrad usw.*: bomba *f* de inflar (*od.* hinchar); ~**raum** *m* espacio *m* aéreo; ~**reifen** *m* neumático *m*; ~**reiniger** *m* depurador *m* (*od.* purificador *m*) de aire; ~**reinigung** *f* depuración *f* (*od.* purificación *f*) del aire; ~**reklame** *f* publicidad *f* aérea; ~**röhre** *Anat. f* tráquea *f*; ~**röhrenentzündung** ✻ *f* traqueítis *f*; ~**röhrenschnitt** *Chir. m* traqueotomía *f*; ~**sack** *Kfz. m* → Airbag; ~**schacht** ⚒ *m* pozo *m* de ventilación; ~**schicht** *f* capa *f* atmosférica (*od.* de aire); ~**schiff** *n* aeronave *f*; aeróstato *m*; *lenkbares* ~ dirigible *m*; ~**schiffahrt** *f* navegación *f* aérea; ~**schlacht** *f* batalla *f* aérea; ~**schlange** *f* serpentina *f*; ~**schlauch** *Kfz. m* cámara *f* de aire; ~**schleuse** *f* esclusa *f* de aire; ~**schlitz** *m* ranura *f* de ventilación; ~**schloß** *n* castillo *m* en el aire; *Luftschlösser bauen* hacer castillos en el aire; ~**schlucken** *n* aerofagia *f*; ~**schneise** *f* → ~**korridor**; ~**schraube** *f* hélice *f*; ~**schutz** ⚔ *m* defensa *f* antiaérea; *ziviler* ~ defensa *f* civil; ~**schutzbunker** *m*, ~**schutzkeller** *m* refugio *m* antiaéreo; ~**schutzübung** *f* simulacro *m* de defensa antiaérea; ~**sog** *m* estela *f* de aire; ~**sperrgebiet** *n* zona *f* aérea prohibida; ~**spiegelung** *f* espejismo *m*; ~**sprung** *m* cabriola *f*; salto *m* en el aire; *Luftsprünge machen* dar (*od.* hacer) cabriolas; dar volteretas *bzw.* saltos en el aire; ~**stewardeß** ⚔ *f* azafata *f* de vuelo; ~**stickstoff** *m* nitrógeno *m* atmosférico; ~**strahl** *m* chorro *m* de aire; ~**strahltriebwerk** *n* propulsor *m* por reacción, ~**strategie** *f* estrategia *f* aérea; ~**streitkräfte** *f/pl.*, ~**streitmacht** *f*

Luftstrom — Lustrum

fuerzas f/pl. aéreas; ~strom m, ~strömung f corriente f atmosférica (od. de aire); ~stützpunkt ⚔ m base f aérea; ℒtanken ⚔ v/t. abastecer en vuelo; ~taxi n taxi m aéreo; ~torpedo ⚓ m torpedo m aéreo; ~transport m transporte m aéreo; ℒtrokken adj. secado al aire; ~tüchtigkeit f navegabilidad f aérea; ~überfall m incursión f aérea; raid m; ~überlegenheit f supremacia f aérea.
'**Lüftung** f ventilación f; aireación f; ~s-anlage f instalación f de ventilación; ~srohr n tubo m de ventilación; ~sschacht m pozo m de ventilación.
'**Luft...**: ~veränderung f cambio m de aire(s); ~verbindung f comunicación f aérea; enlace m aéreo; ~verdünnung f rarefacción f del aire; ~verkehr m tráfico m (od. tránsito m) aéreo; ~verkehrsgesellschaft f → ~fahrtgesellschaft; ~verkehrslinie f línea f aérea; aerovía f; ~vermessung f geodesia f aérea; ~verschmutzung f, ~verseuchung f, ~verunreinigung f contaminación f atmosférica; polución f del aire; ~verteidigung f defensa f aérea; ~waffe f ejército m del aire; aviación f militar; ~waffenunterstützung f apoyo m aéreo; ~warndienst m servicio m de alerta aérea; ~warnung f alerta f (od. alarma f) aérea; ~wechsel m cambio m de aires; ~weg m 1. ⚔ vía f (od. ruta f) aérea, aerovía f; auf dem ~e por vía aérea; 2. Anat. pl. ~e tracto m respiratorio, vías f/pl. respiratorias; ~werbung f → ~reklame; ~widerstand m resistencia f del aire; ~wirbel m torbellino m, remolino m de viento; ~wurzel ♀ f raíz f aérea; ~ziegel △ m adobe m; ~zufuhr f provisión f (od. entrada f od. admisión f) de aire; ~zug m corriente f de aire; ⊕ tiro m.
Lug m (-¢s; 0): ~ und Trug patrañas f/pl.
'**Lüge** f mentira f; embuste m; patraña f; j-n ~n strafen desmentir a alg.; ~n haben kurze Beine la mentira no tiene pies; más presto se coge al mentiroso que al cojo.
'**lugen** v/i. mirar; ojear; espiar; ~ aus asomarse a.
'**lügen I.** (L) v/i. mentir; faltar a la verdad; ~ wie gedruckt mentir más que un sacamuelas; **II.** ℒ n mentira f; ℒ**detektor** m detector m de mentiras; ~**feldzug** m campaña f difamatoria; ℒ**geschichte** f cuento m chino; ℒ**gewebe** n sarta f de mentiras (od. de embustes); ~**haft** adj. mentiroso; embustero; Liter. mendaz; (erdichtet) inventado; ℒ**haftigkeit** f (0) afición f bzw. inclinación f a la mentira; carácter m mentiroso; mendacidad f; Nachricht usw.: falsedad f; ℒ**maul** n mentiroso m; embustero m; F bolero m.
'**Lügner|(in** f) m mentiroso (-a f) m; embustero (-a f) m; ℒ**isch** adj. mentiroso; embustero; mendaz.
Lu'ise f Luisa f.
'**Lukas** m Lucas m.
'**Luke** f (Dach ℒ) tragaluz m, claraboya f; ⚓ escotilla f.
lukra'tiv adj. lucrativo.
lu'kullisch adj. Mahl: opíparo.
'**Lulatsch** F m (-¢s; -e): langer ~ grandullón m.

'**lullen** v/t.: in den Schlaf ~ arrullar.
lum'bal adj. lumbar; ℒ**punktion** ✱ f punción f lumbar.
'**Lumen** Phys. n (-s; -mina) lumen m.
'**Lümmel** m (-s; -) bruto m, grosero m, F bestia m, pedazo m de animal; descarado m, mal educado m, F gamberro m.
Lümme'lei f grosería f; gamberrada f.
'**lümmel|haft** adj. grosero; zafio; ~n (-le) v/i. portarse groseramente; sich ~ repantigarse.
Lump m (-en) (Schlingel) bribón m, pícaro m; (Schurke) sinvergüenza m; canalla m; (Strolch) vagabundo m, Arg. atorrante m.
'**lumpen** v/t.: sich nicht ~ lassen no ser mezquino; F ser rumboso.
'**Lumpen** m (-s; -) **1.** harapo m, andrajo m; **2.** reg. (Putz ℒ) bayeta f; trapo m; ~**gesindel** n chusma f, canalla f, gentuza f; ~**handel** m trapería f; ~**händler(in** f) m trapero (-a f) m; ~**hund** m, ~**kerl** m canalla m; ~**pack** n → ~gesindel; ~**papier** n papel m de trapo; ~**proletariat** n lumpenproletariado m, subproletariado m; ~**sammler(in** f) m trapero (-a f) m; F hum. último tranvía m bzw. autobús m de la noche.
Lumpe'rei f bajeza f, infamia f; canallada f; P cochinada f.
'**lumpig** adj. (zerlumpt) andrajoso, harapiento; (armselig) mezquino; miserable; (gemein) vil, bajo, ruin; (geringfügig) baladí; P ~e 10 Peseten P diez cochinas (od. puñeteras) pesetas.
Lunch [lantʃ] m (-s; -s) almuerzo m; ℒ**en** v/i. almorzar; '~**paket** n bolsa f de comida.
'**Lunge** f Anat. pulmón m; Fleischerei: bofes m/pl.; fig. ~n e-r Stadt: respiradero m; ✱ eiserne ~ pulmón m de acero; aus den Hals schreien gritar a pleno pulmón, F desgañitarse; (auf) ~ rauchen tragar el humo; F es auf der ~ haben estar enfermo del pulmón.
'**Lungen...**: ~**arterie** Anat. f arteria f pulmonar; ~**bläs-chen** n alvéolo m pulmonar; ~**embolie** ✱ f embolia f pulmonar; ~**entzündung** ✱ f neumonía f, pulmonía f; ~**flügel** Anat. m lóbulo m pulmonar; ~**haschee** Kochk. n picadillo m de bofes de ternera; ~**heilstätte** f sanatorio m antituberculoso; ℒ**krank** adj. enfermo del pulmón; weit S. tuberculoso, tísico; ~**kranke(r** m) m/f enfermo (-a f) m del pulmón; tuberculoso (-a f) m, F tísico (-a f) m; ~**krankheit** ✱ f afección f (od. enfermedad f) pulmonar; ~**kraut** ♀ n pulmonaria f; ~**krebs** ✱ m cáncer m del pulmón; ~**lappen** Anat. m lóbulo m pulmonar; ℒ**leidend** adj. → ℒkrank; ~**schwindsucht** ✱ f tisis f; ~**spitzentuberkulose** ✱ f tuberculosis f apical; ~**tuberkulose** ✱ f tuberculosis f pulmonar; ~**vene** Anat. f vena f pulmonar.
'**lungern I.** (-re) v/i. holgazanear; **II.** ℒ n holgazanería f.
'**Lunker** Met. m rechupe m.
'**Lunte** f mecha f; F fig. ~ riechen descubrir el pastel; F oler el poste.
'**Lupe** Opt. f lente f de aumento, lupa

f; fig. unter die ~ nehmen examinar de cerca; escrutar; F pasar por el tamiz.
'**lupfen**, '**lüpfen** v/t. alzar ligeramente.
Lu'pine ♀ f altramuz m, lupino m.
'**Lupus** ✱ m (-; - od. -se) lupus m.
'**Lurche** Zoo. m/pl. batracios m/pl.; anfibios m/pl.
'**Lust** f (-; ~e) (Gefallen, Vergnügen) placer m; gusto m, delicia f; (Freude) alegría f, gozo m; (Genuß) goce m, gozada f; deleite m, delectación f; (Verlangen) gana(s) f(/pl); apetito m; (Wunsch) deseo m; (Sinnes ℒ) voluptuosidad f; (Neigung) disposición f; inclinación f; (große) ~ haben zu tener (muchas) ganas de; er hat keine ~ dazu no tiene ganas de eso; schroff: no le da la gana; er hat keine ~ zur Arbeit no tiene ganas de trabajar; ich habe keine rechte ~ dazu no estoy para ello; er hat zu nichts ~ nada le gusta; j-m ~ machen hacer a alg. entrar en ganas (zu de); ich bekomme ~, zu (inf.) me están dando ganas de (inf.); die ~ verlieren zu perder las ganas de; die ~ dazu ist mir vergangen se me han quitado las ganas de ello; j-m die ~ zu et. nehmen quitarle a alg. las ganas de a/c.; wenn Sie ~ dazu haben si le gusta; ganz wie Sie ~ haben; je nach ~ und Laune como usted guste; como más le guste (od. agrade); hast du ~ auszugehen? ¿te gustaría salir? worauf hast du ~? ¿qué te apetece?; mit ~ und Liebe con verdadero placer; con mil amores; ohne ~ und Liebe de mala gana; a disgusto; s-e ~ an et. haben tener placer en (bzw. tomar gusto a) a/c.; es ist e-e ~, ihn arbeiten zu sehen es un verdadero placer (od. da gusto) verle trabajar; s-n Lüsten frönen ser esclavo de sus pasiones; ~**barkeit** f diversión f; espectáculo m (público); F juerga f, Am. farra f, ~**empfindung** f sensación f de placer; deleite m.
'**Lüster** m (Kronleuchter) araña f; (Textil) lustrina f.
'**lüstern** adj. codicioso (nach de); (geil) lascivo, lúbrico; lujurioso; ~ nach et. sein codiciar a/c.; desear (od. ansiar) a/c.; ℒ**heit** f (0) codicia f; (Geilheit) lascivia f, lubricidad f; concupiscencia f; lujuria f.
'**lust|erregend** adj. apetitoso; excitante; ~**garten** m jardín m de recreo; ℒ**gefühl** n → ℒempfindung; ℒ**greis** F m F viejo m verde.
'**lustig** adj. alegre; regocijado; (belustigend) divertido, gracioso; (komisch) cómico; (drollig) regocijante; festivo; (witzig) chistoso; Thea. ~e Person gracioso m; es geht ~ zu se divierte uno de lo lindo; sich ~ machen über (ac.) burlarse de; F pitorrearse de; iro. das kann ja ~ werden vamos a estar divertidos; iro. sehr ~! ¡muy gracioso!; F ~ drauflos a lo que salga; ℒ**keit** f (0) alegría f; buen humor m.
'**Lüstling** m (-s; -e) libertino m.
'**Lust...**: ℒ**los** adj. desanimado, sin animación (a. ✝ Börse); sin ánimos; desganado; ~**losigkeit** f (0) desanimación f (a. ✝); ~**molch** F m libertino m; ~**mord** ⚖ m asesinato m con motivación sexual.
'**Lustrum** n (-s; -tra od. -tren) lustro m.

¹**Lust**...: ~**schloß** n palacio m de recreo; ~**spiel** Thea. n comedia f; ~**spieldichter** m comediógrafo m; ⸰~**wandeln** (-le; sn) v/i. pasearse, (de)ambular.
¹**Luther** m Lutero m.
Luthe'raner m luterano m.
¹**luther|isch** adj. luterano; ⸰**tum** n (-s; 0) luteranismo m.
¹**Lutsch|bonbon** m, n caramelo m; ⸰**en** v/t. chupar; chupetear; ~**er** m caramelo m de palo, pirulí m.
¹**Lüttich** n Lieja f.
¹**Luv** ⚓ f (0) barlovento m; ⸰**en** v/i. orzar; barloventear; ~**seite** f (costado m de) barlovento m; ⸰**wärts** adv. a (od. hacia) barlovento.
Lux Phys. n (-; -) lux m.

¹**Luxemburg** n Luxemburgo m; ~**er** (-**in** f) m luxemburgués m, luxemburguesa f; ⸰**isch** adj. luxemburgués, de Luxemburgo.
luxuri'ös adj. lujoso; suntuoso: de lujo.
¹**Luxus** m (-; 0) lujo m; suntuosidad f; sich den ~ leisten, zu permitirse el lujo de; das ist ~ (überflüssig) eso es un lujo; ~**artikel** m artículo m de lujo; ~**ausführung** f modelo m de lujo; acabado m (od. terminación f) de lujo; ~**ausgabe** f Buch: edición f de lujo; ~**dampfer** m vapor m de lujo; ~**hotel** n hotel m de lujo; ~**kabine** ⚓ f camarote m de lujo; ~**restaurant** n restaurante m de lujo; ~**steuer** f impuesto m suntuario; impuesto m

de lujo; ~**ware** f artículo m de lujo.
Lu'zern n Lucerna f.
Lu'zerne ♀ f alfalfa f.
¹**Luzie** f Lucía f.
¹**Luzifer** m Lucifer m.
lym'phatisch [f] adj. linfático.
¹**Lymph|drüse** Anat. f ganglio m linfático; ~**e** Physiol. f linfa f; ~**gefäß** n vaso m linfático; ~**knoten** m ganglio m linfático.
¹**lynch|en** v/t. linchar; ⸰**en** n, ⸰**justiz** f linchamiento m.
¹**Lyra** f (-; Lyren) lira f; Astr. Lira f.
¹**Lyrik** f (0) (poesía f) lírica f; ~**er** m (poeta m) lírico m.
¹**lyrisch** adj. lírico.
Ly'zeum [-'tseːʊm] n (-s; -zeen) liceo m.

M

M, m *n* M, m *f.*
Mä'ander *m* meandro *m*; (*Zierband*) greca *f.*
Maar *Geol. n* (-*es*; -*e*) lago *m* (de origen) volcánico.
Maas *f* (*Fluß*) Mosa *m.*
Maat ⚓ *m* (-*es*; -*e od.* -*en*) cabo *m* de mar; marinero *m* de primera.
Mach|art *f* tipo *m* (de construcción); estilo *m*; forma *f*; *Kleid*: hechura *f*; **2bar** *adj.* factible, practicable.
Mache F *f* (0) disimulo *m*; apariencia *f* engañosa; (*Getue*) afectación *f*; *das ist doch nur* ~ es pura comedia; es todo teatro; *et. in der* ~ *haben* tener a/c. entre manos.
¹machen I. *v/t.* hacer; (*schaffen*) crear; formar, organizar; (*herstellen*) fabricar, elaborar; confeccionar; (*erzeugen*) producir; (*ausführen*) ejecutar; (*errichten*) edificar, construir; (*verursachen*) causar, dar, producir; *in Verbindung mit adj.* oft: poner, volver; *das macht mich krank* me pone malo; *du machst mich verrückt* me vuelves loco; *Durst* ~ dar sed; *Appetit* ~ abrir el apetito; *das Zimmer* ~ arreglar la habitación; *j-n* (*un-*) *glücklich* ~ hacer feliz (desgraciado) a alg.; *j-n gesund* ~ sanar (*od.* curar) a alg.; *j-n weinen* ~ hacer llorar a alg.; *j-n zum General* (*Minister, Direktor*) ~ nombrar *bzw.* hacer general (ministro, director) a alg.; *den Schiedsrichter* ~ hacer de árbitro; *was macht er?* ¿qué hace?; ¿a qué se dedica?; ¿qué es de él?; *2 mal 2 macht 4* dos por dos son cuatro; *was* (*od. wieviel*) *macht das?* ¿cuánto es?; *das macht zusammen 12 Mark* son doce marcos en total; *das macht man so* esto se hace así; *was soll ich nur* ~? ¿qué voy a hacer?; *das macht das Wetter* es el tiempo; *daraus kann man et.* ~ de esto se puede sacar partido; *so etwas macht man nicht* eso no se hace; *was macht das* (*schon*)! ¿qué importa (eso)?; ¿qué más da?; (*das*) *macht nichts* no importa; no es nada; *das macht ihm nichts* (*aus*) no le importa *bzw.* molesta; le tiene sin cuidado; *was ist da zu* ~?, *was soll man da* ~? ¿qué le vamos a hacer?; ¿qué se le puede hacer?; *da ist nichts zu* ~ (aquí) no se puede hacer nada; no hay nada que hacer; *dagegen kann man nichts* ~ esto no tiene remedio; **II.** *v/refl.: sich* ~ (*vorankommen*) adelantar, progresar, ir prosperando; (*sich arrangieren*) arreglarse, ir arreglándose; (*besser werden*) ir mejorando; *sich gut* ~ *dar* (*od.* causar) buena impresión; producir buen efecto, quedar bien; *bsd. Sachen:* marchar (*od.* ir bien); dar buen resultado; *wie geht's?* F *es macht sich* vamos tirando; *ich mache mir nichts daraus* no me interesa (*od.* importa); me tiene (*od.* trae) sin cuidado; (*es gefällt mir nicht*) no me gusta (mucho); *mach dir nichts daraus!* no te preocupes por eso; no le des importancia a eso; no hagas caso; *sich viel aus et.* ~ dar mucha importancia a a/c.; *das läßt sich* ~ es factible; se puede arreglar; *wenn es sich* ~ *läßt* si es (*od.* a ser) posible; *sich interessant* ~ hacerse el interesante; *sich et.* ~ *lassen* encargar a/c., mandar hacer a/c. (*von j-m* a alg.); *sich an et.* ~ ponerse a hacer a/c.; emprender a/c.; *empezar* a/c., **III.** *v/i.: lange* ~ tardar mucho (*um zu en*) *mach doch* (*endlich*)! ¡acaba ya!; (*beeil dich*) ¡venga ya!; ¡date prisa!; *mach's gut!* ¡adiós!; ¡buena suerte!; ¡que te vaya bien!; ~ *Sie, daß ...* haga usted de modo que (*subj.*); *macht, daß ihr wegkommt!* F ¡largaos de aquí!; ✝ ~ *in comerciar*, tratar en; F *auf vornehm* ~ darse aires de gran señor; echárselas de fino; *j-n* ~ *lassen* dejar a alg. hacer lo que le plazca; *laß mich nur* ~ tú déjame a mí; yo me encargaré de ello; déjalo de mi cuenta; → *a. gemacht*; **2schaften** *f/pl.* maquinaciones *f/pl.*; manejos *m/pl.*; intrigas *f/pl.*
¹Macher F *fig. m* hombre *m* de acción; (*Anstifter*) cerebro *m*; **~lohn** *m* hechura *f.*
machiavel'listisch *adj.* maquiavélico.
¹Macht *f* (-; ⸚e) (*Gewalt*) poder *m*; poderío *m*; (*Staat*) potencia *f*; (*Kraft*) fuerza *f* (*a.* ✵); (*Befugnis*) autoridad *f*; (*Befehlsgewalt*) mando *m*; (*Einfluß*) ascendiente *m*; influjo *m*; *die* ~ *der Gewohnheit* (*des Schicksals*) la fuerza de la costumbre (del destino); *Pol. an der* ~ *sein* estar en el poder; *an die* ~ *kommen* llegar (*od.* subir) al poder; *die* ~ *übernehmen* (*od. ergreifen*) asumir el poder; *aus eigener* ~ por propio impulso, F por sí y ante sí; *mit aller* ~ con todo su poder; con toda energía; *es steht nicht in m-r* ~ no está en mi poder; no depende de mí; *ich tue alles, was in m-r* ~ *steht* hago todo lo posible; **~befugnis** *f* poder *m*; autoridad *f*; **~bereich** *m* esfera *f* de influencia; jurisdicción *f*; competencia *f*; **~ergreifung** *f* acceso *m* (*od.* subida *f*) al poder, toma *f* del poder; **~fülle** *f* plenitud *f* de poderes; **~gier** *f* ansia *f* (*od.* sed *f od.* afán *m*) de poder; **2gierig** *adj.* ávido de poder; **~haber** *m* dirigente *m*; gobernante *m*; (*Potentat*) potentado *m*; (*Diktator*) dictador *m*; **2haberisch** *adj.* autoritario; dictatorial; despótico; **~hunger** *m* → **~gier**.
¹mächtig I. *adj.* poderoso; fuerte; imponente; potente; (*beträchtlich*) considerable; F (*ungeheuer*) enorme, tremendo, inmenso; *seiner* ~ *sein* ser dueño de sí (mismo); *seiner nicht* ~ *sein* no ser dueño de sí (mismo), no poder dominarse; *e-r Sache* ~ *sein* ser dueño de a/c.; *e-r Sprache* ~ *sein* dominar (*od.* poseer) un idioma; **II.** F *adv.* muy *bzw.* mucho; enormemente; ~ *viel* F a porrillo; F *er arbeitet* ~ *trabaja como una fiera*; **2e(r)** *m: die* ~*n los* poderosos; **2keit** ✵ *f* (0) riqueza *f*; espesor *m*; extensión *f.*
¹Macht...: ~kampf *m* lucha *f* por el poder; **2los** *adj.* sin poder; impotente; débil; *dagegen ist man* ~ contra eso no se puede (hacer nada); **~losigkeit** *f* (0) impotencia *f*; debilidad *f*; **~mittel** *n/pl. Pol.* fuerzas *f/pl.* coercitivas; **~politik** *f* política *f* de la fuerza; **~probe** *f* prueba *f* de fuerza; **~spruch** *m* decisión *f* terminante; fallo *m* inapelable; acto *m* de autoridad; **~stellung** *f* poderío *m*; autoridad *f*; **~streben** *n* ambición *f* de poder; **~übernahme** *f* → **~ergreifung**; **~vakuum** *Pol. n* vacío *m* de poder; **2voll** *adj.* poderoso; **~vollkommenheit** *f* poder *m* absoluto; *aus eigener* ~ en ejercicio de su propia autoridad; **~wort** *n* decisión *f* terminante; palabra *f* enérgica; orden *f* perentoria; *ein* ~ *sprechen* imponer su autoridad; hablar con autoridad.
Mach|werk *n* F mamarracho *m*; F chapuza *f*; F birria *f*; **~zahl** *Phys. f* número *m* (de) Mach.
¹Macke F *f: e-e* ~ *haben* F estar chiflado (*od.* chaveta).
Mada'gas|kar *n* Madagascar *m*; **~se** *m*, **2sisch** *adj.* malgache (*m*).
¹Mädchen *n* muchacha *f*, chica *f*; F moza *f*; (*Kind*) niña *f*, F nena *f*; (*Dienst2*) criada *f*, *Arg.* mucama *f*; *kleines* ~ chiquilla *f*; *junges* ~ joven *f*; ~ *für alles* chica *f* para todo; F *fig.* factótum *m*; **2haft** *adj.* de niña; como una niña; (*jugendlich*) juvenil; **~haftigkeit** *f* (0) carácter *m* (*od.* condición *f*) de muchacha; aire *m* juvenil; **~handel** *m* trata *f* de blancas; **~name** *m* nombre *m* de muchacha; *e-r Frau*: apellido *m* de soltera; **~pensionat** *n* colegio *m* de señoritas; **~schule** *f* escuela *f* de niñas; *staatliche*: instituto *m* femenino; **~zimmer** *n* cuarto *m* de la criada.
¹Made *Zoo. f* cresa *f*; F (*Wurm*) gusano *m*; *fig. wie die* ~ *im Speck leben* vivir a sus anchas.
Ma'deira *Geogr. n* (isla *f* de) Madera *f*; **~wein** *m* (vino *m* de) Madera *m.*

'**Mädel** n (-s; - od. F -s) muchacha f, chica f.
'**madig** adj. lleno de cresas; agusanado; F fig. j-n ⁓ machen zaherir (od. desacreditar) a alg.; j-m et. ⁓ machen quitar las ganas a alg.
Ma'donn|a f (-; -nnen) Virgen f; ⁓**enbild** n cuadro m de la Virgen; madona f; ⁓**enhaft** adj. hermoso como la Virgen; como una madona.
Ma'drid n Madrid m; ⁓**er(in** f) m madrileño (-a f) m; aus ⁓ madrileño, Liter. matritense.
Madri'gal n (-s; -e) madrigal m.
'**Ma(f)fia** f mafia f.
Maga'zin n (-s; -e) (Lager) almacén m, depósito m; (Gewehr⁓) cargador m; (Zeitschrift) revista f (ilustrada); ⁓**verwalter** m almacenero m; almacenista m; jefe m de depósito.
Magd [maːkt] f (-; ⁓e) criada f (a. ✶), sirvienta f; Poes. (Jungfer) doncella f.
'**Magen** m (-s; ⁓ u. -) estómago m; der Vögel: molleja f; schwer im ⁓ liegen producir pesadez de estómago; F sentar con un tiro; fig. preocupar mucho; e-n guten ⁓ haben tener buen estómago (a. fig.); e-n schwachen ⁓ haben ser flaco de estómago; sich den ⁓ verderben bzw. überladen indigestarse; auf leeren (od. nüchternen) ⁓ en ayunas; a. fig. a palo seco; nichts im ⁓ haben estar en ayunas; e-n leeren (vollen) ⁓ haben tener el estómago vacío (lleno); mir dreht sich der ⁓ um se me revuelve el estómago; F mir hängt der ⁓ bis auf die Beine F tengo el estómago en los pies; ⁓**ausgang** Anat. m píloro m; ⁓**beschwerden** f/pl. molestias f/pl. de estómago; ⁓**bitter** m estomacal m; ⁓**blutung** ✶ f hemorragia f gástrica; gastrorragia f; ⁓**Darm-Kanal** Anat. m tubo m digestivo; ⁓**Darm-Katarrh** ✶ m gastroenteritis f; ⁓**drücken** ✶ n pesadez f de estómago; ⁓**eingang** Anat. m cardias m; ⁓**erweiterung** ✶ f gastrectasia f, dilatación f de estómago; ⁓**gegend** Anat. f región f epigástrica (od. del estómago); ⁓**geschwür** ✶ n úlcera f gástrica (od. del estómago); ⁓**grube** Anat. f hueco m epigástrico; ⁓**knurren** m ruido m de tripas; borborigmos m/pl.; ⁓**krampf** ✶ m gastrospasmo m; ⁓**krank** adj.: ⁓ sein padecer del estómago, estar enfermo del estómago; ⁓**krankheit** ✶ f gastropatía f, enfermedad f del estómago; ⁓**krebs** ✶ m cáncer m del estómago; ⁓**leiden** ✶ n afección f (od. enfermedad f) del estómago; ⁓**mittel** Phar. n estomacal m; ⁓**mund** m ⁓**eingang**; ⁓**pförtner** m → ⁓ausgang; ⁓**resektion** Chir. f gastrectomía f; ⁓**saft** Physiol. m jugo m gástrico; ⁓**säure** ✶ f acidez f gástrica (od. del estómago); ⁓**schleimhaut-entzündung** ✶ f gastritis f; ⁓**schmerz** ✶ m gastralgia f, dolor m de estómago; ⁓**sonde** f sonda f gástrica; ⁓**spiegelung** ✶ f gastroscopia f; ⁓**spülung** ✶ f lavado m de estómago (od. gástrico); ⁓**stärkend** adj. estomacal; ⁓**verstimmung** ✶ f indigestión f.
'**mager** adj. flaco; Fleisch: magro; (dürr) seco; enjuto (de carnes); ✶ Boden: estéril, árido; (dürftig) pobre, escaso; ⁓ werden enflaquecer; ⁓e Kost comida f frugal; die (sieben) ⁓en Jahre las vacas flacas; ⁓**käse** m queso m magro; ⁓**keit** f (0) flaqueza f; des Bodens: esterilidad f, aridez f; ⁓**kohle** f hulla f seca; ⁓**milch** f leche f desnatada (od. descremada); ⁓**sucht** f ✶ anorexia f (nerviosa).
Ma'gie [-'giː] f (0) magia f (Schwarze negra).
'**Magier** ['maːgiɐ] m mago m.
'**magisch** adj. mágico; ⁓es Auge ojo m mágico.
Ma'gister m Uni. etwa: licenciado (-a f) m; Titel: etwa: licenciatura f.
Magi'strat m (-és; -e) ayuntamiento m; consejo m municipal; ⁓**sbeamte(r)** m funcionario m municipal.
'**Magma** Geol. n (-s; -men) magma m.
Mag'nat m (-en) magnate m.
Mag'nesia ✶ f (0) magnesia f.
Mag'nesium ✶ n (-s; 0) magnesio m; ⁓**haltig** adj. magnésico; ⁓**pulver** n magnesio m pulverizado (od. en polvo).
Mag'net m (-és od. -en; -e od. -en) imán m (a fig.); ⁓**band** n cinta f magnética; ⁓**eisen-erz** n, ⁓**eisenstein** Min. m magnetita f, imán m natural, piedra f imán; ⁓**feld** n campo m magnético; ⁓**isch** adj. magnético; iman(t)ado; ⁓ machen iman(t)ar; ⁓ werden iman(t)arse.
Magneti|'seur m (-s; -e) magnetizador m; ⁓'**sieren** (-) v/t. iman(t)ar; magnetizar (a. fig.); ⁓**'sieren** n, ⁓'**sierung** f iman(t)ación f; magnetización f.
Magne'tismus m (-; 0) magnetismo m.
Mag'net...: ⁓**karte** f tarjeta f magnética; ⁓**kopf** m cabeza f magnética; ⁓**nadel** f aguja f magnética (od. iman[t]ada).
Magneto'meter n magnetómetro m.
Magneto'phon n (-s; -e) magnetófono m, magnetofón m.
Mag'net...: ⁓**pol** m polo m del imán; ⁓**schalter** m conmutador m de magneto; ⁓**spule** f bobina f (od. carrete m) del electroimán; ⁓**stab** m barra f iman(t)ada; ⁓**streifen** m banda f magnética; ⁓**wicklung** f arrollamiento m del electroimán; ⁓**zünder** Kfz. m magneto m; ⁓**zündung** f encendido m magneto-eléctrico.
Mag'nolie [-liə] ♀ f magnolia f.
mäh! int. v. Schafen: ¡be!
Maha'goni n (-s; 0), ⁓**holz** n (madera f de) caoba f.
Maha'radscha m maharajá m.
Mahd ✶ f siega f.
'**Mäh|drescher** ✶ m segadora-trilladora f, cosechadora f; ⁓**en 1.** ✶ v/t. u. v/i. segar (a. fig.); Gras: a. cortar, guadañar; **2.** F v/i. Schaf usw.: berrear; ⁓**en** n ✶ siega f; F des Schafs usw.: berrido m; ⁓**er(in** f) m segador(a f) m.
Mahl n (-és; ⁓er od. -e) comida f; (Fest⁓) banquete m; Liter. ágape m.
'**mahlen I.** v/t. moler; (zerkleinern) triturar; (pulverisieren) pulverizar; **II.** n molienda f, moltura f, trituración f; pulverización f.
'**Mahl...:** ⁓**gang** m juego m de muelas; ⁓**gebühr** f, ⁓**geld** n maquila f; ⁓**zahn** m molar m; ⁓**zeit** f comida f; (gesegnete) ⁓! ¡buen provecho!, ¡que aproveche(n)!; F fig. prost ⁓! F ¡estamos aviados!; ¡nos hemos lucido!
'**Mähmaschine** f segadora f; (Gras⁓) guadañadora f.
'**Mahnbrief** m ✝ carta f de reclamación bzw. de aviso bzw. de apremio; ✝✝ carta f monitoria (od. exhortatoria).
'**Mähne** f Pferd: crines f/pl.; Löwe: melena f (a. fig.).
'**mahn|en** v/t. u. v/i. (er⁓) exhortar (zu a); (auffordern) requerir (et. zu tun para que se haga a/c.); ✝, ✝✝ apremiar; ✝ j-n wegen e-r Schuld ⁓ reclamar (od. exigir) a alg. el pago de una deuda; j-n an et. ⁓ recordar (od. advertir) a/c. a alg.; ⁓**end** adj. monitorio; exhortatorio; ⁓**er** m exhortador m; reclamante m; ⁓**mal** n monumento m conmemorativo; ⁓**ruf** m exhortación f → ⁓**brief**; ⁓**ung** f requerimiento m; monición f; exhortación f; intimación f; advertencia f, aviso m, recordatorio m; ✝, ✝✝ apremio m; ⁓**verfahren** ✝✝ n procedimiento m monitorio; ⁓**wort** n advertencia f; ⁓**zettel** ✝ m boletín m de reclamación; ✝✝ cédula f de apremio.
'**Mähre** f rocín m; F penco m, jamelgo m.
'**Mähr|en** n Moravia f.
'**Mai** m (-és; -e) mayo m; fig. primavera f; ⁓**baum** m (árbol m de) mayo m.
Maid f muchacha f; moza f; Poes. doncella f.
'**Mai...:** ⁓**feier** f Fiesta f del Trabajo; ⁓**glöckchen** ♀ n lirio m de los valles, muguete m; ⁓**käfer** Zoo. m abejorro m.
'**Mailand** n Milán m.
'**Mailänd|er(in** f) m milanés m; milanesa f; ⁓**isch** adj. milanés.
'**Mailbox** f (-; -en) Internet: buzón m electrónico, mail-box f; Tele. buzón m de voz.
'**mailen I.** v/i. mandar un e-mail; **II.** v/t. j-m et. ⁓ mandar a/c. a alg. por correo electrónico.
'**Mailing** n (- od. -s; 0) mailing m.
Main m Main m, Meno m.
Mainz n Maguncia f.
'**Mais** m (-es; 0) maíz m; ⁓**brei** m Am. mazamorra f; ⁓**brot** n pan m de maíz; reg. borona f; Arg. pan m criollo.
'**Maisch|bottich** m cuba f de macerar; ⁓**e** f cebada f macerada; malta f remojada; ⁓**en** v/t. macerar.
'**Mais...:** ⁓**feld** n maizal m; ⁓**fladen** m Am. tortilla f; ⁓**kolben** m mazorca f, panocha f, panoja f; Am. (eßbarer) choclo m; ⁓**mehl** n harina f de maíz; ⁓**stärke** f fécula f de maíz.
Majes'tät f majestad f (a. fig.); Seine (Ihre) ⁓ Su Majestad f; ⁓**isch** adj. majestuoso; ⁓**sbeleidigung** f lesa majestad f; ⁓**sverbrechen** n crimen m de lesa majestad.
Ma'jolika f (-; -ken) mayólica f.
Ma'jor ✕ m (-s; -e) comandante m.
Majo'ran ♀ m (-s; -e) mejorana f.
Majo'rat n (-és; -e) mayorazgo m.
Majori'tät f mayoría f; ⁓**s... in** Zssgn → **Mehrheits...**
Ma'juskel f (-; -n) (letra f) mayúscula f.
ma'kaber adj. macabro.
Maka'dam m (-s; -e) macadán m.
'**Makel** m (-s; -) mácula f, mancha f, manchilla f, tacha f; falta f, defecto m.
Mäke'lei f crítica f mezquina.

mäkelig — Mango 348

'**mäkelig** adj. difícil (de contentar), descontentadizo; criticón.
'**makellos** adj. sin tacha, intachable; sin defecto; inmaculado; ≈**igkeit** f (0) carácter m intachable; pureza f.
'**mäkeln I.** (-le) v/i. criticar (mezquinamente); ∼ **an** (dat.) poner tachas a; an allem ∼ criticarlo (od. encontrar defectos a) todo; **II.** ≈ n crítica f mezquina.
Make'-up [me:k'ap] n (-s; -s) maquillaje m.
Makka'roni pl. macarrones m/pl.
'**Makler** ✝ m corredor m; agente m.
'**Mäkler** m criticastro m, criticón m.
'**Makler|gebühr** f corretaje m; ∼**geschäft** n corretaje m; ∼**vertrag** m contrato m de corretaje bzw. de mediación.
'**Mako** f (-; -s) od. m, n (-s; -s) algodón m de Egipto.
Makra'mee n macramé m, técnica f del anudado.
Ma'krele Ict. f caballa f.
'**Makro** m od. n (-s; -s) Computer: macro f, macroinstrucción f.
makro|bi'otisch adj. macrobiótico; ≈**kosmos** m macrocosmo(s) m.
Ma'krone f macarrón m, mostachón m; (Mandel≈) almendrado m.
Makroöko|no'mie f macroeconomía f; ≈**nomisch** adj. macroeconómico.
Makula'tur f Typ. maculatura f; fig. papel m de desecho; F fig. ∼ reden decir sandeces (od. bobadas).
Mal[1] n (-es; -e u. ∼er) marca f, señal f; (Fleck) tacha f, mancha f; Sport: meta f; (Denk≈) monumento m; (Grenzstein) mojón m, hito m; (Mutter≈) lunar m; (Wund≈) estigma m.
Mal[2] n (-es; -e) vez f; für dieses ∼ por esta vez; das nächste ∼ la próxima vez; voriges ∼, das vorige ∼ la vez pasada; la otra (od. la ultima) vez; manches ∼ alguna vez, a veces; wie manches ∼! ¡cuántas veces!; ein anderes ∼ otra vez; viele ∼e muchas veces; zum ersten (letzten) ∼ por primera (última) vez; zu wiederholten ∼en repetidas veces; mit e-m ∼(e) de repente; von ∼ zu ∼ cada vez.
mal adv. 1. F → einmal; 2. Arith. zwei ∼ zwei ist vier (2 · 2 = 4) dos por dos son cuatro.
Mala'chit Min. m (-s; -e) malaquita f.
Ma'lai|e m (-n), ≈**isch** adj. malayo (m).
Ma'laria ✱ f (0) malaria f, paludismo m; ∼**bekämpfung** f lucha f antipalúdica; ≈**krank** adj. palúdico.
'**Malbuch** n libro m para colorear.
'**malen I.** v/t. pintar (a. fig.); (porträtieren) retratar (j-n a alg.); hacer el retrato (de); sich ∼ lassen hacerse retratar; **II.** ≈ n pintura f.
'**Maler** m pintor m; (Anstreicher) pintor m de brocha gorda; ∼**akademie** f academia f de pintura; ∼**atelier** n estudio m (de pintor).
Male'rei f pintura f; (Gemälde) a. cuadro m; lienzo m.
'**Maler|in** f pintora f; ≈**isch** adj. pictórico; fig. pintoresco; ∼**lehrling** m aprendiz m de pintor; ∼**meister** m maestro m pintor; ∼**schule** f escuela f de pintura; ∼**stock** m tiento m; ∼**werkstatt** f taller m de pintura.
Ma'lheur [-'lø:ʀ] n (-s; -e od. -s) desgracia f; accidente m; percance m.
malizi'ös adj. malicioso.

'**Mal|kasten** m caja f de pinturas; ∼**kunst** f arte m pictórico.
'**malnehmen** (L) v/t. multiplicar.
ma'lochen P v/i. bregar, P currar.
'**Malta** n: (die Insel) ∼ (la Isla de) Malta.
Mal'te|ser(in f) m maltés m; maltesa f; ∼**serkreuz** n cruz f de Malta; ∼**ser-orden** m orden f de Malta; ≈**sisch** adj. maltés, de Malta.
Mal'tose ✱ f (0) maltosa f.
malträ'tieren (-) v/t. maltratar.
'**Malve** ♀ f malva f; ≈**nfarbig** adj. (color de) malva.
'**Malz** n (-es; 0) malta f; ∼**bier** n cerveza f de malta; ∼**bonbon** m caramelo m de malta; ∼**darre** f horno m secador de malta.
'**Malzeichen** Arith. n signo m de multiplicar (od. de multiplicación).
'**malzen**, '**mälzen I.** v/i. maltear; **II.** ≈ n malteo m.
Mälze'rei f maltaje m; maltería f.
'**Malz...**: ∼**extrakt** m extracto m de malta; ∼**kaffee** m (café m de) malta f; ∼**zucker** m maltosa f.
'**Mama**, **Ma'ma** f (-; -s) mamá f.
Mame'luck m (-en) mameluco m.
'**Mam(m)i** F f (-; -s) mamá f, mamaíta f, mamita f.
'**Mammon** m (-s; 0) desp. dinero m; der schnöde ∼ el vil metal; dem ∼ dienen adorar el becerro de oro.
'**Mammut** Zoo. n (-s; -s od. -e) mamut m; ∼**baum** ♀ m secoya f; ∼**unternehmen** n empresa f gigante.
'**mampfen** F v/i. comer (od. mascar) a dos carrillos; manducar.
Mam'sell F f (-; -en od. -s) (Büfett≈) empleada f del mostrador.
man[1] pron/indef. se, uno bzw. una; (die Leute) la gente; ∼ muß es tun hay que hacerlo, es preciso (od. necesario) hacerlo; ∼ riet ihm se le aconsejó; ∼ hat ihn gesehen lo han visto; ∼ fragt sich nun so pregunta; ∼ kann nie wissen nunca se sabe; ∼ spricht Deutsch se habla alemán; ∼ sagt dicen, se dice; wenn ∼ ihn hört, könnte ∼ glauben oyéndole, se creería; in Vorschriften, z. B. ∼ nehme tómese.
man[2] F adv. (Füllwort) = nur; sachte! ¡despacito!; ¡vamos por partes!; denn ∼ los! ¡vamos, pues!; ∼ schnell! ¡venga ya!
Mä'nade Myt. f ménade f, bacante f.
'**Manage|ment** [mɛnɛtʃ-] n (-s; -s) alta dirección f; gerencia f; ≈**n** F v/t. arreglar; manejar; organizar; ∼**r** m manager m, ejecutivo m; Thea. empresario m, apoderado m; (Veranstalter) organizador m; ∼**rkrankheit** f agotamiento m nervioso de los ejecutivos.
manch(er, -e, -es) adj. u. pron/indef. más de uno(s); alguno (que otro); pl. ∼e muchos; varios; algunos; ∼e glauben... hay quien cree...; so ∼es Buch tantos libros; so ∼es Jahr durante tantos años; in ∼em hat er recht en algunas cosas tiene razón; '∼**er'lei** adj. varios; diversos; toda clase de; auf ∼e Art de diversas maneras; '∼**mal** adv. algunas veces, a veces, de vez en cuando (od. cuando) en cuando.
Man'dant(in f) ½ m (-en) mandante m/f, cliente m/f.
Manda'rin m (-s; -e) mandarín m; ∼**e** ♀ f mandarina f.
Man'dat n (-es; -e) mandato m.

Manda'tur m (-s; -e) mandatario m.
Man'dats|gebiet n territorio m bajo mandato; ∼**macht** f potencia f mandataria.
'**Mandel** f (-; -n) 1. ♀ almendra f; gebrannte ∼ almendra f garapiñada; 2. Anat. amígdala f, tonsila f; ✱ die ∼n herausnehmen extirpar las amígdalas; ∼**augen** n/pl. ojos m/pl. rasgados; ∼**baum** ♀ m almendro m; ∼**entfernung** f tonsilectomía f, amigdalectomía f; ∼**entzündung** f amigdalitis f; ≈**förmig** adj. en forma de almendra, almendrado; ∼**kern** m almendra f; ∼**kleie** f pasta f de almendras; ∼**milch** f leche f de almendras, almendrada f; ∼**öl** n aceite m de almendras.
Mando'line f mandolina f; ∼**nspieler(in** f) m mandolinista m/f.
Man'drill Zoo. m (-s; -e) mandril m.
Mandschu'rei f Manchuria f.
man'dschurisch adj. manchú.
Ma'nege [-'ne:ʒə] f pista f de circo.
'**Manen** Myt. pl. manes m/pl.
Man'gan ✱ n (-s; 0) manganeso m.
Manga'nat n (-es; -e) manganato m.
Man'gan...: ∼**eisen** n ferromanganeso m; ∼**erz** n mineral m de manganeso; ≈**haltig** adj. manganesífero.
Manga'nit ✱ n (-es; 0) manganita f.
Man'gan...: ∼**oxyd** n óxido m mangánico; ≈**sauer** adj.: mangansaures Salz manganato m; ∼**säure** f ácido m mangánico; ∼**stahl** m acero m al manganeso.
'**Mangel**[1] f (-; -n) ⊕ calandria f; F fig. j-n in die ∼ nehmen apretar las clavijas a alg.
'**Mangel**[2] m (-s; ∼) (Fehler) defecto m; desperfecto m; imperfección f; bsd. ✝ vicio m; (Fehlen) falta f, ausencia f, a. ✱ carencia f, deficiencia f (an dat. de); (Unzulänglichkeit) insuficiencia f; (Entbehrung) privación f; (Knappheit) escasez f, penuria f; aus ∼ an (dat.) por falta de; daran ist kein ∼ hay bastante; ∼ leiden estar necesitado, pasar privaciones (od. estrecheces); leiden an (dat.) carecer de; estar falto de; ∼**beruf** m profesión f bzw. oficio m en crisis de personal; ∼**erscheinung** ✱ f síntoma m carencial; ≈**haft** adj. defectuoso; vicioso; (unvollkommen) imperfecto, deficiente; (unvollständig) incompleto; (ungenügend) insuficiente; ∼**haftigkeit** f insuficiencia f; imperfección f, deficiencia f, estado m defectuoso; ∼**krankheit** ✱ f enfermedad f carencial (od. por carencia); ∼**lage** f estrechez f, escasez f.
'**mangeln**[1] (-le) v/i. faltar, hacer falta; escasear; es mangelt an (dat.) hay falta (od. escasez) de; es mangelt mir an (dat.) estoy falto de; carezco de; es mangelt ihm an nichts no le (hace) falta nada, tiene de todo.
'**mangeln**[2] **I.** (-le) v/t. ⊕ calandrar; prensar; **II.** ≈ n calandrado m.
'**mangelnd** adj.: wegen ∼er Nachfrage a falta de demanda.
'**Mängelrüge** ✝ f reclamación f por vicios (de la mercancía).
'**mangels** prp. por (od. a) falta de.
'**Mangelware** ✝ f artículo m escaso; ∼ sein escasear.
'**Mango** f (-; -s) ♀ mango m.

¹**Mangold** ♀ m (-¢s; -e) acelga(s) f (pl.).
Ma'nie f manía f.
Ma'nier f (-; -en) **1.** manera f, modo m; Kunst: estilo m; **2.** mst. pl. ⁓en (Benehmen) modales m/pl., maneras f/pl., modos m/pl.; das ist keine ⁓ eso no se hace; eso no es modo de portarse; keine ⁓en haben no saber portarse (debidamente); carecer de modales; tener malos modos.
manie'riert adj. amanerado, afectado; ♀heit f (0) amaneramiento m, afectación f.
ma'nierlich adj. formal, decente, de buenos modales; (höflich) cortés; sich ⁓ betragen portarse bien; ♀keit f (0) buenos modales m/pl., formalidad f; cortesía f.
Mani'fest n (-es; -e) manifiesto m (a. ♃).
Manifestati'on f manifestación f.
manifes'tieren (-) v/t. manifestar; sich ⁓ evidenciarse.
Mani'kür|e f manicura f (a. Person); ♀en (-) v/t. u. v/i. hacer la manicura; ⁓etui n estuche m de manicura.
Ma'nilahanf m abacá m, cáñamo m de Manila.
Manipulati'on f manipulación f.
manipu'lieren (-) v/t. manipular (a. fig.).
¹**manisch** adj. maníaco; ✻ ⁓-depressives Irresein psicosis f (od. locura f) maníacodepresiva.
¹**Manko** ✝ n (-s; -s) merma f; déficit m; F defecto m.
Mann m (-¢s; ⁓er) hombre m (a. ✕ u. ♃); varón m; (Ehe♀) marido m, esposo m, P hombre m; junger ⁓ joven m; alter ⁓ anciano m; viejo m; älterer ⁓ hombre de edad; ⁓ aus dem Volke hombre del pueblo; der ⁓ auf der Straße el hombre de la calle; ⁓ von Welt hombre de mundo; ⁓ des öffentlichen Lebens hombre público; ⁓ der Tat hombre de acción; ein ganzer ⁓ sein ser todo un hombre, F ser hombre de pelo en pecho; er ist ganz (nicht) der ⁓ dazu (no) es el hombre indicado; wie ein ⁓ (geschlossen) como un solo hombre; sich als ⁓ zeigen obrar como (un) hombre; s-n ⁓ werden hacerse hombre, s-n ⁓ stehen estar a la altura de las circunstancias; salir airoso de la prueba; das ist der ⁓, den ich brauche!; das ist mein ⁓! ¡éste es mi hombre!; ⁓s genug sein, et. zu tun atreverse a (od. tener agallas para) hacer a/c.; ser lo bastante hombre para hacer a/c.; an den ⁓ bringen Ware: vender (od. colocar); F Tochter: casar; e-n ⁓ finden (od. bekommen) casarse, encontrar marido; keinen ⁓ finden quedar soltera; F quedarse para vestir santos; j-n zum ⁓ nehmen (haben) tomar (tener) por marido; an den rechten ⁓ kommen; s-n ⁓ finden encontrar su igual; dar con el hombre adecuado; von ⁓ zu ⁓ de hombre a hombre; ⁓ an ⁓ hombro con hombro; ⁓ für ⁓ uno por uno; uno tras otro; ✕ ⁓ gegen ⁓ cuerpo a cuerpo; ♃ alle ⁓ an Deck! ¡todo el mundo a cubierta!; ♃ mit ⁓ und Maus untergehen irse a pique sin salvarse nadie; hundirse con toda la tripulación; ♃ ⁓ über Bord! ¡hombre al agua!; pro ⁓ por persona, F por barba; ein toter ⁓ sein ser hombre

muerto; ein ⁓ von Wort sein ser hombre de palabra; ein ⁓, ein Wort lo prometido es deuda; bis auf den letzten ⁓ hasta el último hombre; selbst ist der ⁓ ayúdate a ti mismo; F (mein lieber) ⁓! ¡hombre!; hum. mit s-n ⁓en con sus huestes.
¹**Manna** f (0) od. n (-s; 0) maná m.
¹**mannbar** adj. púber(o); † Mädchen: núbil; ♀keit f (0) pubertad f; nubilidad f.
¹**Männchen** n hombrecito m, hombrecillo m; Zoo. macho m; ⁓ machen alzarse sobre las patas traseras; Hund: hacer posturas; ⁓ malen pintar monigotes.
¹**Manndeckung** f Sport: marcaje m al hombre.
¹**Mannequin** ['manəkɛ̃·] n (-s; -s) maniquí f, modelo f.
¹**Männer** pl. v. Mann; Abort: (Für) ⁓ caballeros; ⁓chor m coro m de hombres; ⁓gesangverein m sociedad f coral masculina; ⁓stimme f voz f de hombre; ⁓treu ♀ f cardo m corredor.
¹**Mannes|alter** n edad f viril (od. adulta); im besten ⁓ en los mejores años; ⁓kraft f fuerza f viril; Physiol. virilidad f; ⁓stamm m varonía f, descendencia f masculina; ⁓stolz m orgullo m varonil; ⁓wort n palabra f de honor; ⁓würde f dignidad f varonil; ⁓zucht f disciplina f.
¹**mannhaft** adj. viril; varonil; (tatkräftig) enérgico; (entschlossen) resuelto; (tapfer) valiente; ♀igkeit f (0) virilidad f; valentía f, energía f.
¹**Mannheit** f (0) masculinidad f; virilidad f; hombría f.
¹**mannig|fach, ⁓faltig** adj. vario, variado, diverso; múltiple; ♀faltigkeit f variedad f, diversidad f.
¹**männlich** adj. masculino (a. Bio., Gr.); Zoo. macho m; (mannhaft) viril, varonil; Frau: hombruno; Kind ⁓en Geschlechts (hijo m) varón m; ♀keit f (0) masculinidad f; virilidad f; hombría f; ♀keitskult m, ♀keitswahn m machismo m.
¹**Mann|loch** n ⊕ n agujero m de entrada; registro m; ⁓sbild F n F pedazo m de hombre.
¹**Mannschaft** f equipo m (a. Pol., Sport); ✕, ♃ tripulación f; dotación f; ✕ tropa f; ⁓en pl. ✕ soldados m/pl.; ♃ marinería f.
¹**Mannschafts...**: ⁓aufstellung f Sport: alineación f del equipo; ⁓führer m, ⁓kapitän m capitán m (del equipo); ⁓kost ✕ f rancho m; ⁓lauf m, ⁓rennen n Sport: carrera f por equipos; ⁓spiel n juego m de equipo; ⁓sport m deporte m por equipos.
¹**manns...**: ⁓hoch adj. de la altura de un hombre; ♀leute F pl. hombres m/pl.; ♀person F f hombre m; desp. individuo m, sujeto m; ⁓toll adj. ✻ ninfómana; ♀tollheit f ninfomanía f; ♀volk F n hombres m/pl.
¹**Mannweib** n virago f, mujer f hombruna, F marimacho m, machota f.
Mano'meter n manómetro m.
Ma'növer [-v-] n (-s; -) maniobra f; fig. pl. a. maquinaciones f/pl; ⁓gelände n campo m de maniobras.
manö'vrier|en (-) v/i. maniobrar, hacer maniobras (a. Kfz. u. ✈ fig.); ✕ a. evolucionar; ♀en n maniobras f/pl; ⁓fähig adj. maniobrable (a.

Kfz.); ♃ gobernable; ♀fähigkeit f maniobrabilidad f; ⁓unfähig adj. incapaz de maniobrar.
Man'sarde f guardilla f, buhardilla f; bsd. Am. mansarda f; ⁓ndach n techo m aguardillado (od. abuhardillado); ⁓nfenster n buhardilla f; ⁓nwohnung f ático m; ⁓nzimmer n buhardilla f.
Mansch F m (-¢s; 0) mezcolanza f; porquería f; → a. Matsch; ¹⁓en F v/t. mezclar; revolver; ⁓e'rei F f mezcolanza f; revoltijo m.
Man'schette f (Hemd♀) puño m; (Blumentopf♀) cubretiestos m; ⊕ manguito m; F fig. ⁓n haben F tener miedítis (od. canguelo) (vor de); ⁓n bekommen P acojonarse; ⁓nknopf m gemelo m.
¹**Mantel** m (-s; ⁓) abrigo m; leichter: gabardina f; gabán m; (Umhang) capa f; (Ordens♀ usw.) manto m (a. fig.); ✕ capote m; Zoo. manto m, palio m; ♀ superficie f convexa; ⊕ envoltura f; camisa f; ⊕ (Umhüllung) revestimiento m; (Geschoß♀) camisa f (de un proyectil); (Gußform♀) caja f; (Reifen♀) cubierta f; ✝ título m; F fig. den ⁓ nach dem Wind hängen irse al viento que corre; arrimarse al sol que más calienta.
¹**Mäntelchen** n manteleta f; fig. e-r Sache ein ⁓ umhängen paliar (od. disimular) a/c.
¹**Mantel...**: ⁓elektrode f electrodo m revestido; ⁓geschoß ✕ n bala f con camisa; ⁓gesetz Parl. n ley f básica; ⁓linie ♀ f generatriz f; ⁓tarif(vertrag) m convenio m colectivo tipo; ⁓tiere Zoo. n/pl. tunicados m/pl.; ⁓vertrag m contrato m tipo.
Man'tille f mantilla f.
Man'tisse ♀ f mantisa f.
Mantsch M → Mansch.
Manu'al ♪ n (-s; -e) teclado m manual.
manu'ell adj. manual.
Manufak'tur f (-; -en) manufactura f; ⁓waren f/pl. artículos m/pl. manufacturados.
Manu'skript n (-¢s; -e) manuscrito m, Typ. original m.
Mao'ismus Pol. m (-; 0) maoísmo m.
¹**Mappe** f carpeta f; (Akten♀) cartera f; (Schul♀) cartapacio m, vade m.
Mär f (-; -en) cuento m; (Kunde) noticia f.
¹**Marabu** Orn. m (-s; -s) marabú m.
¹**Marathon|lauf** m marat(h)ón m; ⁓läufer m corredor m de marat(h)ón, maratoniano m; ⁓sitzung f sesión f marat(h)oniana.
¹**Märchen** n (-s; -) cuento m (de hadas); fig. cuento m (chino), patraña f; F erzähl doch keine ⁓! ¡déjate de cuentos!; ⁓buch n libro m de cuentos; ⁓erzähler(in f) m narrador(a f) m de cuentos, cuentista m/f; ♀haft adj. maravilloso, fabuloso; ⁓land n país m de las maravillas; ⁓prinz m príncipe m azul (a. fig.); ⁓welt f mundo m maravilloso (od. fantástico).
¹**Marder** Zoo. m (-s; -) marta f; ⁓fell n, ⁓pelz m piel f de marta.
Marga'rete f Margarita f.
Marga'rine f margarina f.
¹**Marge** [-ʒə] ✝ f margen m.
Marge'rite ♀ f margarita f.
Margi'nalie f nota f marginal.

Maria — Märtyrertum 350

Ma'ria f María f; *die heilige Jungfrau* ~ la Santísima Virgen María.
Ma'rien|bild n imagen f de la Virgen, madona f; ~**fäden** m/pl. hilos m/pl. de la Virgen; ~**glas** Min. n piedra f especular; ~**jahr** n año m mariano; ~**käfer** Zoo. m mariquita f; ~**kult** m, ~**verehrung** f culto m mariano, marianismo m.
Marihu'ana n (-s; 0) marihuana f, grifa f.
Ma'rille östr. f albaricoque m.
Mari'nade f escabeche m.
Ma'rine f marina f; ⚓ a. ejército m de mar; *bei der* ~ en la marina; ~**akademie** f Escuela f Naval; ~**artillerie** f artillería f de costa; ~**attaché** m agregado m naval; ⚓**blau** adj. azul marino; ~**flieger** m aviador m de la marina; ~**infanterie** f infantería f de marina; ~**ingenieur** m ingeniero m naval; ~**minister(ium** n) m ministro m (Ministerio m de Marina; ~**museum** n museo m naval; ~**offizier** m oficial m de marina; ~**schule** f Escuela f Naval; ~**soldat** m soldado m de marina; ~**station** f apostadero m; ~**stützpunkt** m base f naval; ~**truppen** f/pl. fuerzas f/pl. navales.
mari'nieren (-) v/t. marinar; escabechar.
Mario'nette f títere m, fantoche m (a. fig.); marioneta f; ~**nregierung** f gobierno m títere (od. marioneta od. fantoche); ~**nspieler** m titiritero m; Neol. marionetista m; ~**ntheater** n teatro m de títeres (od. marionetas).
mari'tim adj. marítimo.
Mark¹ n (-¢s; 0) (Knochen⚓) médula f (a. ⚓), tuétano m, meollo m (alle a. fig.); (Frucht⚓, Zahn⚓) pulpa f; Anat. verlängertes ~ médula f oblonga(da), bulbo m raquídeo; fig. durch und Bein hasta los tuétanos; fig. bis ins ~ treffen herir en carne viva (od. en la médula); fig. kein ~ in den Knochen haben no tener sangre en las venas.
Mark² f (-; -en) (Grenze) límite m, frontera f; (Grenzland) territorio m fronterizo; Hist. marca f; die ~ Brandenburg la Marca de Brandeburgo.
Mark³ ✝ f (-; -) (Münze) marco m.
mar'kant adj. (-est) marcado, destacado, relevante.
Marke f marca f (a. ✝, Sport); señal f; (Spiel⚓) ficha f; (Kontroll⚓) contraseña f; (Lebensmittel⚓) cupón m; (Brief⚓) sello m, Am. estampilla f; (Steuer⚓) timbre m, póliza f; ✝ (Sorte) clase f; (Erkennungs⚓) chapa f; F *das ist 'ne* ~! ¡vaya tío!
Marken...: ~**artikel** ✝ m artículo m de marca; ~**butter** f mantequilla f de calidad; ⚓**frei** adj. u. adv. no racionado; de venta libre; ⚓**pflichtig** adj. racionado; ~**schutz** ✝ m protección f de marcas; ~**ware** f géneros m/pl. de marca; ~**zeichen** n marca f (comercial).
'mark-erschütternd adj. estremecedor; Schrei: desgarrador.
Marke'tender(in f) m vivandero (-a f) m; cantinero (-a f) m.
Marketende'rei f cantina f.
'Marketing ✝ n marketing m.
'Mark|graf m margrave m; ~**gräfin** f margravina f; ~**grafschaft** f margraviato m.
'markhaltig adj. meduloso, con médula.

mar'kier|en (-) v/t. marcar (a. ✝, Computer); señalar, indicar; rotular; (abstecken) jalonar; (vortäuschen) simular, aparentar, fingir; (betonen) acentuar, subrayar; ⚓**stab** m jalón m; ⚓**ung** f marca f; marcación f; señalización f, rotulación f; (Abstecken) jalonamiento m; (Betonung) acentuación f; ⚓**ungsfähnchen** n banderín m de jalonamiento.
'markig fig. adj. su(b)stancioso, enjundioso; (kräftig) enérgico; vigoroso.
'märkisch adj. de la Marca.
Mar'kise f toldo m; marquesina f.
'Mark...: ~**klößchen** n albóndiga f de tuétano; ~**knochen** m hueso m con tuétano; ~**scheide** ⚒ f término m (od. límite m) de una mina; ~**scheider** ⚒ m apeador m de minas; ~**stein** m mojón m, a. fig. hito m; ~**stück** n moneda f de un marco.
Markt m (-¢s; ⁀e) mercado m; (Jahr⚓) feria f; *auf dem* ~ en el mercado; *auf den* ~ *gehen* ir al mercado (od. a la plaza); *auf den* ~ *werfen* (od. bringen) lanzar al mercado; *auf den* ~ *kommen* ser puesto a la venta; *den* ~ *für et.* erschließen abrir mercado a a/c.; *vom* ~ *verdrängen* eliminar del mercado.
'Markt...: ~**analyse** f análisis m del mercado; ~**anteil** m participación f en el mercado; ~**bericht** m boletín m (od. informe m) del mercado; ~**bude** f puesto m; größere: tienda f de mercado; ⚓**fähig** adj. negociable; ~**flecken** m villa f; kleiner: villorrio m, aldehuela f; ~**forschung** f estudio m del mercado; ~**frau** f vendedora f del mercado; ⚓**gängig** adj. vendible, negociable; ~**gebühr** f arbitrios m/pl. de mercado; ~**halle** f mercado m (cubierto); ~**lage** f situación f del mercado; ~**lücke** f hueco m de la demanda; ~**nische** f nicho m de mercado; ~**ordnung** f organización f (od. reglamentación f) del mercado; ~**platz** m plaza f, mercado m; ~**preis** m precio m corriente (od. de mercado); ~**schreier** m charlatán m; voceador m de mercado; ~**schreie'rei** f charlatanismo m; ⚓**schreierisch** adj. charlatán; ~**schwankungen** f/pl. fluctuaciones f/pl. del mercado; ~**studie** f estudio m del mercado; ~**tag** m día m de mercado; ~**verkehr** m movimiento m del mercado; ~**weib** n vendedora f del mercado; fig. desp. rabanera f, verdulera f; ~**wert** m valor m en el mercado; ~**wirtschaft** f economía f de mercado; freie ~ economía f de mercado libre; soziale ~ economía f social del mercado.
'Markus m Marcos m; ~**platz** m plaza f de San Marcos.
'Marmarameer n mar m de Mármara.
Marme'lade f mermelada f.
'Marmor m (-s; -e) mármol m; ~**arbeiter** m marmolista m; ⚓**artig** adj. marmóreo; ~**bild** n (estatua f de) mármol m; ~**block** m bloque m de mármol; ~**bruch** m cantera f de mármol.
marmo'rier|en (-) v/t. jaspear, vetear; ~**t** adj. jaspeado, veteado; ⚓**ung** f jaspeado m.
'Marmor...: ~**industrie** f industria f del mármol; ⚓**n** adj. marmóreo, de mármol; ~**platte** f placa f bzw. losa f

de mármol; ~**säule** f columna f de mármol; ~**schleifer** m marmolista m; ~**schleife'rei** f marmolería f; ~**stein** m (piedra f de) mármol m; ~**tafel** f placa f de mármol.
ma'rode F adj. F molido, hecho polvo.
Maro'|deur m (-s; -e) merodeador m; ⚓'**dieren** (-) v/i. merodear.
Marok'kan|er(in f) m, ⚓**isch** adj. marroquí m/f.
Ma'rokko n Marruecos m.
Ma'rone ♀ f castaña f.
Ma'rotte f capricho m, manía f, F chifladura f.
Mar'quis [-'kiː] m (-; -) marqués m; ~**e** f marquesa f.
Mars¹ ⚓ m (-; -e) cofa f.
Mars² Myt. u. Astr. m Marte m; '~**bewohner** m marciano m.
Marsch¹ f tierras f/pl. aluviales fértiles; estero m; marisma f.
Marsch² m (-es; ⁀e) marcha f (a. ♪); *auf dem* ~ en marcha; *sich in* ~ *setzen* ponerse en marcha; fig. j-m den ~ *blasen* decirle a alg. cuatro verdades (od. cosas); mandar a paseo a alg.
marsch! int. ⚔ ¡marchen!; (pack dich!) ¡largo de aquí!; (mach schnell!) ¡de prisa!, ¡venga!
'Marschall m (-s; ⁀e) mariscal m; ~**stab** m bastón m de mariscal.
'Marsch...: ~**befehl** ⚔ m orden f de marcha; ⚓**bereit** adj. pronto para marchar; listo para salir; ⚓**fähig** adj. apto para la marcha; ~**flugkörper** m misil m (de) crucero; ⚓**formation** f formación f de marcha; ~**gepäck** n equipo m de marcha; ~**geschwindigkeit** f velocidad f de marcha.
mar'schieren (-) v/i. marchar (auf sobre); desfilar.
'Marsch...: ~**kolonne** ⚔ f columna f de marcha; ~**land** n → Marsch¹; ~**leistung** f etapa f recorrida; ~**lied** n canción f de marcha; ⚓**mäßig** adj. en orden bzw. con equipo de marcha; ~**ordnung** f orden m de marcha; ~**pause** f alto m (en la marcha); ~**richtung** f dirección f de la marcha; ~**route** f itinerario m; ~**tempo** m ⚔ paso m; ♪ movimiento m de marcha; ~**verpflegung** ⚔ f ración f de marcha; ~**ziel** n objetivo m de marcha.
Mar'seille n Marsella f.
'Mars|rahe ⚓ f verga f de gavia; ~**segel** ⚓ n gavia f.
'Marstall m (-¢s; ⁀e) caballerizas f/pl. (reales).
'Marter f (-; -n) martirio m (a. fig.); (Folter) tortura f; suplicio m; tormento m (alle a. fig.); ⚓**n** (-re) v/t. martirizar; (foltern) torturar, atormentar (a. fig.); fig. j-n zu Tode ~ matar a alg. a fuego lento; ~**pfahl** m poste m de tormento; ~**tod** m martirio m; ~**werkzeug** n instrumento m de tortura (od. de suplicio).
marti'alisch [-'tsiɑː-] adj. marcial.
'Martin m Martín m.
Mar'tini n fiesta f bzw. día m de San Martín.
'Martins|fest n, ~**tag** m → Martini; ~**gans** f ganso m de San Martín; ~**horn** n sirena f.
'Märtyrer(in f) m mártir m/f; ~**krone** f corona f de mártir, aureola f del martirio; ~**tod** m martirio m; ~**tum** n martirio m.

Mar|ty|rium *n* (-s; -ien) martirio *m* (a. fig.); ~ro¹logium *n* (-s; -ien) martirologio *m*.
Mar¹xis|mus *m* (-; 0) marxismo *m*; ~t(in *f*) *m* (-en) marxista *m*/*f*; ⩗tisch *adj.* marxista.
März *m* (- od. -es; -e) marzo *m*.
Marzi¹pan *n* (-s; -e) mazapán *m*.
¹Masche *f* 1. malla *f*; (Strick⩗, Strumpf⩗) punto *m*; rechte (linke) ~ punto *m* derecho (al revés); 2. F *fig.* truco *m*; er hat die ~ raus se sabe todos los trucos; ~ndraht *m* tela *f* (od. malla *f*) metálica; ⩗nfest *adj.* indesmallable; ~nreihe *f* vuelta *f*.
Ma¹schine *f* máquina *f*; ⚒ aparato *m*; (Gerät) ingenio *m*; coll. ~n maquinaria *f*; (auf od. mit der) ~ schreiben escribir a (od. con) máquina, mecanografiar; ⩗geschrieben *adj.* escrito a máquina, mecanografiado.
maschi¹nell *adj.* mecánico; ~ hergestellt hecho a máquina.
Ma¹schinen...: ~anlage *f* instalación *f* mecánica; ~antrieb *m* accionamiento *m* bzw. mando *m* mecánico; ~arbeit *f* trabajo *m* mecánico (od. a máquina); ~bau *m* construcción *f* mecánica (od. de maquinaria); ~bauer *m* constructor *m* de máquinas; ~bau-ingenieur *m* etwa: ingeniero *m* técnico; ~betrieb *m* explotación *f* mecánica; ~buchhaltung *f* contabilidad *f* mecánica; ~fabrik *f* fábrica *f* de maquinaria; ⩗geschrieben *adj.* escrito a máquina, mecanografiado; ~gewehr ⚔ *n* ametralladora *f*; leichtes: fusil *m* ametrallador; ~gewehrfeuer *n* fuego *m* de ametralladora; unter ~ nehmen ametrallar; ~gewehrschütze *m* ametrallador *m*; ~halle *f*, ~haus *n* sala *f* de máquinas; ~industrie *f* industria *f* mecánica (od. de la maquinaria); ~kunde *f*, ~lehre *f* mecánica *f*; ~kurzschrift *f* estenotipia *f*; ⩗mäßig *adj.* mecánico; ~meister *m* maquinista *m*; jefe *m* de máquinas; Thea. tramoyista *m*; ~näherin *f* costurera *f* (que cose a máquina); ~öl *n* aceite *m* lubri(fi)cante; ~park *m* parque *m* de máquinas, maquinaria *f*; ~pistole *f* pistola *f* ametralladora, metralleta *f*; ~raum *m*, ~saal *m* sala *f* de máquinas; ~satz Typ. *m* composición *f* mecánica (od. a máquina); ~schaden *m* avería *f* (de máquinas); ~schlosser *m* montador *m*; ajustador *m*; (cerrajero *m*) mecánico *m*; ~schreiben *n* mecanografía *f*; ~schreiber(in *f*) *m* mecanógrafo (-a *f*) *m*; ~schrift *f* mecanografía *f*; in ~ = ⩗schriftlich *adj.* mecanografiado, escrito a máquina; ~setzer Typ. *m* linotipista *m*; ~stickerei *f* bordado *m* a máquina; ~teil *n* pieza *f* (od. elemento *m*) de máquina; ~wärter *m* maquinista *m*; ~wechsel 🚂 *m* cambio *m* de locomotora; ~zeit-alter *n* época *f* del maquinismo.
Maschine¹rie *f* maquinaria *f*; mecanismo *m*; Thea. tramoya *f*.
ma¹schineschreiben *v/i.* escribir a máquina.
Maschi¹nist *m* (-en) maquinista *m* (a. Thea.); mecánico *m*; Thea. tramoyista *m*.
¹Maser *f* (-; -n) im Holz: veta *f*; ~holz *n* madera *f* veteada; ⩗ig *adj.* Holz: veteado, con vetas; ~n 🦠 *pl.* sarampión *m*; ⩗n (-re) *v/t.* vetear; ~ung *f* im Holz: vetas *f/pl.*; aguas *f/pl.*, trepa *f*.

¹Maske *f* máscara *f*; (Person) a. enmascarado *m*; (⚔ Schutz⩗, Fecht⩗) careta *f*; bsd. im Fasching: a. antifaz *m*; (Verkleidung) disfraz *m*; (Toten⩗, Kosmetik) mascarilla *f*; Thea. caracterización *f*; fig. j-m die ~ vom Gesicht reißen desenmascarar (od. quitar la máscara) a alg.; die ~ fallen lassen quitarse la máscara (od. la careta); Thea. ~ machen caracterizarse.
¹Masken...: ~ball *m* baile *m* de máscaras (od. de disfraces); ~bildner *m* maquillador *m*; caracterizador *m*; ~kostüm *n* disfraz *m*; ~verleih *m* alquiler *m* de disfraces; ~zug *m* mascarada *f*; desfile *m* de máscaras (od. de disfraces).
Maske¹rade *f* mascarada *f*.
mas¹kieren (-) *v/t.* enmascarar, disfrazar (a. fig. u. ⚔) (als de); sich ~ enmascararse, disfrazarse.
Mas¹kott|chen *n*, ~e *f* mascota *f*.
masku¹lin *adj.* masculino; ⩗um Gr. *n* (-s; -na) género *m* masculino.
Maso¹chis|mus *m* (-; 0) masoquismo *m*; ~t *m* (-en) masoquista *m*; ⩗tisch *adj.* masoquista.
Maß¹ *f* (-; - od. -e): e-e ~ Bier una jarra de cerveza (de un litro).
Maß² *n* (-es; -e) medida *f*; (Aus⩗) proporción *f*; (Ausdehnung) dimensión *f*; extensión *f*; (Grad) grado *m*; fig. (Mäßigung) moderación *f*, mesura *f*; comedimiento *m*; nach ~ a medida; ~ nehmen tomar la medida; in dem ~e wie en la medida que; a medida que; conforme; in dem ~e, daß hasta el punto de; a tal extremo que; in hohem ~e en alto grado; in großem ~e en gran escala; in reichem ~e abundantemente, en abundancia; in vollem ~e plenamente; completamente; in zunehmendem ~e cada vez más; in höchstem ~e en sumo grado, sumamente; in sehr beschränktem ~e en escala muy limitada; mit zweierlei ~ messen medir con distinto rasero; aplicar la ley del embudo; über die (od. alle) ~en sobremanera (nachgestellt); excesivamente, en exceso; extremadamente, en extremo; mit ~en con moderación; mit ~ und Ziel compasadamente; comedidamente; ohne ~ und Ziel desmedidamente; weder ~ noch Ziel haben (od. kennen) excederse; propasarse; ~ halten moderarse; contenerse; das ~ überschreiten (od. übersteigen), über das ~ hinausgehen pasar de la raya; excederse; descomedirse; colmar la medida (a. fig.); das ~ ist voll! ¡esto es demasiado (od. el colmo)!; **¹abteilung** *f* sección *f* de trajes a medida.
Mas¹sage [-ɑːʒə] *f* masaje *m*; ~behandlung *f* masoterapia *f*; ~salon *m* salón *m* de masajes.
Mas¹|saker *n* (-s; -) matanza *f*, carnicería *f*, gal. masacre *f*; ⩗sa¹krieren (-) *v/t.* matar, asesinar, gal. masacrar.
¹Maß...: ~analyse 🧪 *f* análisis *m* volumétrico; ~anzug *m* traje *m* a medida; ~arbeit *f* trabajo *m* a medida; fig. trabajo *m* de precisión; ~band *n* cinta *f* métrica.
¹Masse *f* masa *f* (a. Phys., ✝, ⚖ u.

Anat.); (Paste) pasta *f*; (Substanz) su(b)stancia *f*; von Menschen: multitud *f*, muchedumbre *f*; (Menge) gran cantidad *f*; die breite ~ la (gran) masa; F e-e ~ un montón, una enormidad; in ~n → ⩗nweise.
¹Maß-einheit *f* unidad *f* de medida.
¹Massel P *m* (Glück) suerte *f*, P churra *f*.
¹Massen...: ~absatz *m* venta *f* en gran escala (od. en masa); ~andrang *m* afluencia *f* masiva; ~angriff ⚔ *m* ataque *m* concentrado (od. en masa); ~anziehung Phys. *f* gravitación *f*; ~arbeitslosigkeit *f* desempleo *m* masivo; ~artikel *m* artículo *m* de gran consumo; ~aufgebot *n* llamamiento *m* en masa; ~auflage *f* gran tirada *f*; ~beförderung *f* → ~transport; ~demonstration *f* manifestación *f* en masa (od. multitudinaria od. masiva); ~elend *n* pauperismo *m*; ~entlassung *f* despido *m* en masa (od. masivo); ~erhebung *f* levantamiento *m* en masa; ~erzeugung *f*, ~fabrikation *f* producción *f* (od. fabricación *f*) en gran escala (od. en masa od. en serie); ~exodus *m* éxodo *m* masivo; ~flucht *f* huida *f* en masa; ~grab *n* fosa *f* común; ~güter *n/pl.* mercancías *f/pl.* a granel; ⩗haft *adj. u. adv.* enorme, inmenso; en masa, masivo; en gran cantidad; ~herstellung *f* → ~erzeugung; ~hinrichtung *f* ejecución *f* en masa (od. masiva); ~karambolage Vkw. *f* colisión *f* (od. choque *m*) en cadena (od. múltiple); ~kundgebung *f* → ~demonstration; ~medien *n/pl.* medios *m/pl.* de comunicación social (od. de masas); ~mensch *m* hombre *m* de masa; ~mord *m* matanza *f*; asesinato *m* en masa; ~produktion *f* → ~erzeugung; ~psychologie *f* psicología *f* de las masas; ~psychose *f* psicosis *f* colectiva; ~sterben *m* mortandad *f*; ~suggestion *f* sugestión *f* colectiva; ~tierhaltung *f* cría *f* de animales en gran escala; ~tourismus *m* turismo *m* de masas; ~transport *m* transporte *m* colectivo; ~veranstaltung *f* acto *m* multitudinario; ~verbrauch *m* consumo *m* en gran escala; ~verhaftungen *f/pl.* detenciones *f/pl.* en masa; ~vernichtung(swaffen *f/pl.*) *f* (armas *f/pl.* de) destrucción *f* en masa; ~versammlung *f* mitin *m* (od. concentración *f*) de masas; ⩗weise *adv.* en masa; en grandes cantidades; F a porrillo, a manta; ~zusammenstoß *m* → ~karambolage.
¹Masse...: ~schuld ⚖ *f* deuda *f* de la masa; ~schuldner ⚖ *m* deudor *m* de la masa.
Mas¹seur [maˈsøːʀ] *m* (-s; -e), ~se [-ˈsøːzə] *f* masajista *m/f*.
¹Maß...: ~gabe *f*: nach ~ (gen.) a medida de; conforme a, a tenor de; mit der ~, daß con la reserva de que (subj.); ⩗gebend, ⩗geblich I. *adj.* (bestimmend) determinante; decisivo; (zuständig) competente; Ansicht: autoritativo; Text: auténtico; oficial; ✝ ~e Beteiligung participación *f* preponderante; ~ sein determinar; decidir; marcar la pauta; II. *adv.* de manera decisiva; ⩗gerecht *adj.* ajustado a las medidas prescritas; ⩗geschneidert *adj.* hecho a medida; ⩗halten (L) *v/i.* moderarse;

Maßhaltigkeit — Maulesel 352

contenerse; comedirse; ~haltigkeit ⊕ f estabilidad f dimensional.
mas'sier|en (-) v/t. ♂ dar masaje; ⚔ concentrar; ℒen ♂ n masaje m; ℒung ⚔ f concentración f de tropas.
'massig I. adj. voluminoso, abultado; macizo, compacto; **II.** adv. en masa; F a porrillo, a manta.
'mäßig adj. moderado; im Essen: frugal; (genügsam) sobrio; (mittel~) mediano; desp. regular, mediocre; Preis: módico; Kochk. bei ~er Hitze a horno moderado; **~en** v/t. moderar; (mildern) templar; suavizar, mitigar; Zorn usw.: contener; (vermindern) disminuir, reducir; limitar; bajar; sich ~ moderarse; comedirse; contenerse; controlarse; **~end** adj. moderador; ℒ**keit** f (0) moderación f; templanza f; frugalidad f; sobriedad f; mediocridad f; modicidad f; ℒ**ung** f moderación f; templanza f; contención f; (Verminderung) disminución f, reducción f.
mas'siv [ma'si:f] **I.** adj. macizo; sólido; compacto; fig. (in großen Mengen) masivo; **II.** ℒ n (-s; -e) Geol. macizo m; ℒ**gold** n oro m macizo.
Maß...: ~kleidung f ropa f a medida; **~krug** m jarra f (de un litro); **~liebchen** ♀ n margarita f; maya f; ℒ**los** adj. inmenso, enorme; excesivo; desmesurado, desmedido; inmoderado; **~losigkeit** f inmensidad f; desmesura f, descomedimiento m; exceso m; inmoderación f; **~nahme** f medida f; behördliche: diligencia f; **~n ergreifen** (od. treffen) tomar (od. adoptar) medidas; **~regel** f medida f; ℒ**regeln** (-le) v/t. reprender; llamar al orden; Beamte: castigar disciplinariamente a; **~regelung** f reprensión f; llamada f al orden; medida f disciplinaria; Pol. sanción f; **~schneider** m sastre m (que trabaja) a medida; **~schuhe** m/pl. zapatos m/pl. (hechos) a medida; **~stab** m **1.** regla f graduada; v. Karten: escala f; im ~ 1 : 100 a escala de 1 : 100; in großem (kleinem) ~ en gran (pequeña) escala; in verkleinertem ~ a escala reducida; **2.** fig. escala f, medida f; proporción f; als ~ dienen servir de norma; e-n ~ an et. anlegen aplicar un criterio a a/c.; e-n anderen ~ anlegen medir por otro rasero; Maßstäbe setzen marcar la pauta; ℒ**stabgerecht** adj. u. adv. a escala; ℒ**voll** adj. moderado; comedido, mesurado; **~werk** ⚠ n tracería f; **~zahl** f cota f.
Mast¹ m (-es; -e od. -en) ⚓ mástil m, palo m; (Leitungsℒ) poste m.
Mast² ♂ f (-; -en) engorde m, ceba f, cebadura f.
'Mast|baum ⚓ m palo m, mástil m; **~darm** Anat. m recto m.
'mästen I. (-e-) v/t. cebar, engordar; **II.** ℒ n cebadura f, engorde m.
'Mast|futter n cebo m, ceba f; **~gans** f ganso m cebado; **~hähnchen** n pollo m cebón (od. de engorde).
'Mastix m (-; 0) mástique m, mástic m, almáciga f.
'Mast|korb ⚓ m cofa f; **~kur** ♂ f cura f de engorde (od. de sobrealimentación); **~ochse** m buey m cebón (od. cebado); **~schwein** n cerdo m cebón (od. cebado).
'Mästung f engorde m, ceba(dura) f.

Mastur|bati'on f masturbación f; ℒ²**bieren** (-) v/i. masturbarse.
'Mast|vieh n ganado m cebado (od. cebón) bzw. de engorde; **~werk** ⚓ n arboladura f.
Mata'dor m (-s; -e) Stk. matador m, espada m; fig. personaje m principal.
Match [mɛ:tʃ] n od. m (-ǧs; -s od. -e) Sport: encuentro m, partido m; angl. match m.
'Mate m (Tee) mate m.
'Mater Typ. f (-; -n) matriz f.
Materi'al n (-s; -lien) material m; materia f; (Ausrüstung) equipo m; ⚙ rollendes ~ material m rodante (od. móvil); **~fehler** m defecto m de material.
materiali'sieren (-) v/t. materializar.
Materia'lis|mus m (-; 0) materialismo m; **~t** m (-en), ℒ**tisch** adj. materialista (m).
Materi'al...: ~kosten pl. gastos m/pl. de material; **~prüfung** f ensayo m de materiales; **~schaden** m daño m material; **~schlacht** ⚔ f batalla f de desgaste; **~schuppen** m cobertizo m para materiales.
Ma'terie [-ri̯ə] f materia f.
materi'ell adj. material (a. fig.); (geldlich) financiero, pecuniario.
'Mate-tee m (hierba f od. yerba f) mate m, té m del Paraguay (od. de los jesuitas).
Mathema'tik f (0) matemáticas f/pl.; reine (angewandte) ~ matemáticas puras (aplicadas).
Mathe'ma|tiker m matemático m; ℒ**tisch** adj. matemático; die ~en Wissenschaften las ciencias exactas.
Mati'nee [-'ne:] f función f (Kino: sesión f) matinal.
'Matjeshering m arenque m fresco; arenque m virgen.
Ma'tratze f colchón m.
Mä'tresse f querida f, concubina f, manceba f; favorita f.
matriar|'chalisch adj. matriarcal; ℒ²**chat** n (-ǧs; -e) matriarcado m.
Ma'trikel f (-; -n) matrícula f; in die ~ eintragen matricular.
Ma'trize f matriz f; ⊕ a. molde m; zur Vervielfältigung: clisé m.
Ma'trone f matrona f; ℒ**nhaft** adj. u. adv. como una matrona.
Ma'trose m (-n) marinero m.
Ma'trosen...: ~anzug m traje m marinero; **~bluse** f marinera f; **~kragen** m cuello m marinero; **~mütze** f gorra f de marinero.
'Matsch m (-es; 0), **~e** f (Schlamm) cieno m, lodo m; fango m, barro m; (Brei) pasta f; ℒ**ig** adj. lleno de barro; cenagoso; fangoso; Obst: pachucho; ~ werden Obst: pasarse.
'matt I. adj. (-est) **1.** (müde) cansado, fatigado, agotado; (schwach) débil; flojo; lánguido, laso; decaído, abatido; (gedämpft) amortiguado; Auge, Stimme, Blick: apagado; ♣ Börse: desanimado; Witz: soso, sin gracia; **2.** (glanzlos) mate (a. Phot.); Farbe: a. apagado; (trübe) deslustrado; Glas: empañado, opaco; **3.** Schachspiel: mate; j-n ~ setzen dar mate a alg.; **II.** ℒ n Schach: mate m; **~blau** adj.
'Matte¹ f pradera f alpina; pasto m alpino.
'Matte² f (Fußℒ) estera f; (Türℒ)

esterilla f, felpudo m; Turnen: colchoneta f; Ringen: tapiz m; auf die ~ legen enviar al tapiz; auf die ~ gehen besar la lona (a. fig.).
'Matterhorn Geogr. n Monte m Cervino, Matterhorn m.
'matt...: ~geschliffen adj. esmerilado; ℒ²**glanz** m matidez f; ⊕ acabado m mate; ℒ²**glas** n vidrio m mate bzw. esmerilado; ℒ²**gold** n oro m mate.
Mat'thäus m Mateo m; F mit ihm ist Matthäi am letzten está en las últimas; **~evangelium** n Evangelio m de (od. según) San Mateo, **~passion** f Pasión f según San Mateo.
'Mattheit f (0) (vgl. matt) **1.** cansancio m, fatiga f; debilidad f; lasitud f; languidez f; agotamiento m; abatimiento m; desanimación f; **2.** matidez f; opacidad f; palidez f.
Mat'thias m Matías m.
mat'tieren ⊕ (-) v/t. matear; hacer opaco; esmerilar; deslustrar.
'Mattigkeit f (0) → Mattheit 1.
'Matt...: ~scheibe f Phot. vidrio m (od. cristal m) esmerilado; cristal m mate (od. opaco); F fig. ~ haben tener un despiste; estar aturdido (od. atontado); **~schleifen** n esmerilado m; **~vergoldung** f dorado m mate.
Ma'tura östr. f bachillerato m.
'Mätzchen F n/pl. (Possen) monerías f/pl.; (Kniffe) trucos m/pl.; martingalas f/pl.; (überflüssiges Zeug) ringorrango m; (Getue) aspavientos m/pl.; ~ machen tratar de producir efecto.
mau F adj. malo; flojo; mir ist ~ me siento mal.
'Mauer f (-; -n) muro m; (Stadtℒ) muralla f; (Wand) pared f; (Lehmℒ) tapia f; Sport: barrera f; die ~ (von Berlin) el Muro (de Berlín); **~absatz** ⚠ m resalto m; **~blümchen** F n; sein F comer pavo; **~eidechse** Zoo. f lagarija f (común); ℒ**n** (-re) v/t. levantar una pared bzw. un muro; mampostear; hacer trabajo de albañilería; (vermauern) tapiar; Kartenspiel: no arriesgar nada; Sport: formar una barrera (defensiva); **~öffnung** ⚠ f vano m; **~pfeffer** ♀ m uva f de gato; **~schwalbe** f, **~segler** m Orn. vencejo m; **~vorsprung** ⚠ m resalto m (de la pared); saledizo m; **~werk** n mampostería f, (obra f de) fábrica f; albañilería f; **~ziegel** m ladrillo m; **~zinne** f almena f.
'Mauke Vet. f (0) grapa f.
'Maul n (-ǧs; -er) boca f; morro m; (Schnauze) hocico m (beide a. P v. Menschen); P jeta f; die bösen Mäuler las malas lenguas; P halt's ~! ¡cállate la boca!, ¡cierra el pico!; j-m ums ~ gehen F dar coba a alg.; ein loses ~ haben ser una mala lengua; ein großes ~ haben ser un bocazas; fig. das ~ aufreißen baladronear; fanfarronear; sich das ~ zerreißen chismorrear, comadrear; j-m das ~ stopfen tapar la boca a alg.; viele Mäuler zu stopfen haben tener que mantener muchas bocas; → a. Wendungen mit Mund. **~affe** m: ~n feilhalten estar boquiabierto, F papar moscas; **~beerbaum** ♀ m (schwarzer) moral m; (weißer) morera f; **~beere** ♀ f mora f.
'maulen F v/i. (schmollen) estar de hocico; Kind: F hacer pucheros; (murren) refunfuñar.
'Maul...: ~esel Zoo. m mulo m, macho

m; ⁓**eselin** *f* mula *f*; ⵊ**faul** F *adj*. parco de palabras, callado; ⁓ *sein* no despegar los labios; F no abrir el pico; ⁓**held** F *m* fanfarrón *m*; bravucón *m*; perdonavidas *m*; ⁓**korb** *m* bozal *m*; *e-n* ⁓ *anlegen* abozalar; *fig*. amordazar (a alg.); ⁓**schelle** F *f* bofetón *m*, sopapo *m*, F torta *f*; ⁓**sperre** ⚓ *f* trismo *m*; ⁓**tier** *Zoo*. *n* mulo *m*, macho *m*; *coll*. ⁓**e** ganado *m* mular; ⁓**tiertreiber** *m* muletero *m*, arriero *m*; ⁓**trommel** ♪ *f* birimbao *m*; ⁓**und-'Klauenseuche** *Vet*. *f* glosopeda *f*, fiebre *f* aftosa; ⁓**wurf** *Zoo*. *m* topo *m*; ⁓**wurfsgrille** *Zoo*. *f* grillo *m* topo, grillotalpa *m*, cortón *m*; ⁓**wurfshügel** *m* topera *f*.

'**Maure** *m* (-*n*) moro *m*.

'**Maurer** *m* albañil *m*; F paleta *m*; ⁓**arbeit** *f* (obra *f* de) albañilería *f*; ⁓**geselle** *m* oficial *m* de albañil; ⁓**handwerk** *n* albañilería *f*; oficio *m* de albañil; ⁓**kelle** *f* llana *f*, paleta *f* (de albañil); ⁓**lehrling** *m* aprendiz *m* de albañil; ⁓**meister** *m* maestro *m* albañil; ⁓**polier** *m* capataz *m* de obras.

Maure'tani|en *n* Mauritania *f*; ⁓**er** *m*, ⵊ**sch** *adj*. mauritano (*m*).

'**Maur|in** *f* mora *f*; ⵊ**isch** *adj*. moro, moruno; morisco.

Mau'ritius *m* Mauricio *m*.

Maus *f* (-; -*e*) *Zoo*. ratón *m* (*a. Computer*); *Arg*. laucha *f*; *Anat*. pulpejo *m*; F *pl. Mäuse* (*Geld*) F cuartos *m/pl*., pelas *f/pl*.

'**mauscheln** *fig*. (-*le*) *v/i*. chapurr(e)ar; (*schachern*) cambalachear.

'**Mäus-chen** *n* ratoncito *m*; F (*Mädchen*) nen(it)a *f*; ⵊ**still** *adj*. quietecito, calladito; *es ist* ⁓ no se oye (ni) una mosca.

'**Mäusebussard** *Orn*. *m* águila *f* ratonera, ratonero *m* (común).

'**Mause|falle** *f* ratonera *f* (*a. fig*.); ⁓**loch** *n* agujero *m* de ratón, ratonera *f*.

'**mausen** (-*t*) I. *v/i*. cazar ratones; II. *v/t*. F (*stehlen*) ratear, P mangar.

'**Mauser** *f* (0) muda *f*; ⵊ**n** *v/refl*.: *sich* ⁓ mudar, estar de muda; F *fig*. echar buen pelo (*od*. buena pluma).

'**mause'tot** *adj*. muerto y bien muerto; P patas arriba.

'**mausgrau** *adj*. ceniciento, gris arratonado.

'**mausig** F *fig*. *adj*.: *sich* ⁓ *machen* ponerse fresco (*od*. P chulo).

'**Maus|klick** *m* (-*s*; -*s*) *Computer*: clic *m* con el ratón; ⁓**pad** *n* (-*s*; -*s*) *Computer*: alfombrilla *f* (*od*. sendero *m*) del ratón.

Mauso'leum [-'le:ʊm] *n* (-*s*; -*leen*) mausoleo *m*.

'**Maus|taste** *f* *Computer*: tecla *f* del ratón; ⁓**zeiger** *m* *Computer*: puntero *m*.

Maut *f* peaje *m*; ⁓**straße** *f* carretera *f* de peaje.

Max *m* Máximo *m*; Maximiliano *m*.

maxi'mal I. *adj*. máximo; II. *adv*. a lo sumo, como máximo; ⵊ... *in Zssgn* → *Höchst*...

Ma'xime *f* máxima *f*.

maxi'mieren *v/t*. maximizar.

Maxi'milian *m* Maximiliano *m*.

'**Maximum** *n* (-*s*; -*ima*) máximum *m*, máximo *m*.

'**Maxisingle** *f* (-; -*s*) maxi *m*.

Mayon'naise [ma·ioˈnɛːzə] *f* mahonesa *f*, mayonesa *f*.

Maze'don|ien *n* Macedonia *f*; ⁓**ier** *m*, ⵊ**isch** *adj*. macedonio (*m*), macedónico (*m*).

Mä'zen *m* (-*s*; -*e*) mecenas *m*; patrocinador *m* del arte.

Mäze'natentum *n* (-*s*; 0) mecenazgo *m*.

Ma'zurka *f* (-; -*s*) mazurca *f*.

Me'chan|ik *f* mecánica *f*; ⁓**iker** *m* mecánico *m*; ⵊ**isch** *adj*. mecánico; automático; *fig. a*. maquinal.

mechani'sier|en (-) *v/t*. mecanizar; ⵊ**ung** *f* mecanización *f*.

Mecha'nismus *m* (-; -*men*) mecanismo *m*.

'**Mecker|er** F *m* criticón *m*; refunfuñador *m*; ⵊ**n** *v/i*. *Ziege*: balar; F *fig*. poner reparos a (*od*. criticarlo) todo; ⁓**n** *n* balido *m*; *fig*. crítica *f*.

'Mecklenburg-'Vorpommern *n* (-*s*) Mecklemburgo-Pomerania *m* Occidental.

Me'daille [-'daljə] *f* medalla *f*; ⁓**ngewinner** *m*, ⁓**nträger** *m* ganador *m* de (la) medalla.

Medail'lon [-dalˈjɔŋ] *n* (-*s*; -*s*) medallón *m*.

Medi'ante ♪ *f* mediante *f*.

'**Medien** *n/pl*. medios *m/pl*. informativos (*od*. de comunicación); ⁓**forschung** *f* investigación *f* de medios de comunicación; ⵊ**wirksam** *adj*. mediático.

Medika'ment *n* (-*ɛs*; -*e*) medicamento *m*, fármaco *m*; F medicina *f*; ⁓**enzuzahlung** *f* copago *m* de las medicinas.

medikamen'tös *adj*. medicamentoso.

Medikati'on *f* medicación *f*.

'**Medikus** F *m* (-; *Medizi*) médico *m*, F galeno *m*.

Medi'tati'on *f* meditación *f*; ⵊ**'tieren** (-) *v/i*. meditar (*über* sobre).

mediter'ran *adj*. mediterráneo.

'**Medium** *n* (-*s*; -*dien*) (*Umwelt*) medio *m* (*a. Phys*.); ambiente *m*; spiritistisches: médium *m*.

Medi'zin *f* medicina *f*; (*Arznei*) *a*. medicamento *m*; *Doktor der* ⁓ doctor en medicina; ⁓ *studieren* estudiar medicina; ⁓**ball** *m* balón *m* medicinal; ⁓**er(in** *f*) *m* estudiante *m/f* de medicina; (*Arzt*) médico (-a *f*) *m*; ⵊ**isch** *adj*. (*ärztlich*) médico; (*arzneilich*) medicinal; ⁓**e Fakultät** Facultad *f* de Medicina; ⁓**-technische Assistentin** (*Abk*. MTA) asistente *f* técnico-sanitaria (*Abk*. ATS); ⁓**mann** *m* curandero *m*; ⁓**student** *m* estudiante *m* de medicina; ⁓**studium** *n* estudios *m/pl*. de medicina; carrera *f* de médico.

Me'duse *f* *Myt*. Medusa *f*; *Zoo*. medusa *f*; ⁓**nhaupt** *n* cabeza *f* de Medusa.

'**Meer** *n* (-*ɛs*; -*e*) mar *m* (P, *Poes. u*. ⚓ *a. f*); (*Welt*ⵊ) océano *m*; *am* ⁓ a la orilla del mar; *auf offenem* ⁓ en alta mar; *fig. ein* ⁓ *von* un mar de; *jenseits des* ⁓**s** ultramarino, de ultramar; ⁓**aal** *Ict*. *m* congrio *m*; ⁓**äsche** *Ict*. *f* múgil *m*; ⁓**barbe** *Ict*. *f* salmonete *m*, barbo *m* de mar; ⁓**brassen** *Ict*. *m* besugo *m*; ⁓**busen** *m* golfo *m*; bahía *f*, ensenada *f*; ⁓**enge** *f* estrecho *m*.

'**Meeres...:** ⁓**arm** *m* brazo *m* de mar; ⁓**boden** *m*, ⁓**grund** *m* fondo *m* marino (*od*. del mar); ⁓**höhe** *f* → ⁓**spiegel**; ⁓**kunde** *f* oceanografía *f*; ⁓**kundler**

m oceanógrafo *m*; ⵊ**kundlich** *adj*. oceanográfico; ⁓**küste** *f* costa *f*, litoral *m*; ⁓**leuchten** *n* fosforescencia *f* del mar; ⁓**spiegel** *m* nivel *m* del mar; *über* (*unter*) *dem* ⁓ sobre (bajo) el nivel del mar; ⁓**stille** ⚓ *f* calma *f*; bonanza *f*; ⁓**strand** *m* playa *f*; ⁓**strömung** *f* corriente *f* marítima; ⁓**ufer** *n* orilla *f* del mar; costa *f*; ⁓**verschmutzung** *f* contaminación *f* marina.

'**Meer...:** ⁓**gott** *m* *Myt*. Neptuno *m*, dios *m* de los mares; ⵊ**grün** *adj*. glauco; verde mar; ⁓**jungfrau** *f* sirena *f*; ⁓**katze** *Zoo*. *f* macaco *m*; ⁓**rettich** ♧ *m* rábano *m* picante; ⁓**salz** *n* sal *f* marina; ⁓**schaum** *m* espuma *f* de mar; ⁓**schaumpfeife** *f* pipa *f* de espuma de mar; ⁓**schweinchen** *Zoo*. *n* cobayo *m*, cobaya *f*, conejillo *m* de Indias; ⁓**ungeheuer** *n* monstruo *m* marino; ⁓**wasser** *n* agua *f* de mar; ⁓**wasserentsalzung** *f* desalinización *f* del agua de(l) mar; ⁓**wasser-entsalzungs-anlage** *f* planta *f* desalinizadora.

'**Meeting** ['miːtɪŋ] *n* (-*s*; -*s*) mitin *m*.

Mega'byte *n* megabyte *m*.

'**Megahertz** ⚡ *n* megaciclo *m*.

Mega'lith *m* (-*s*; -*e*) megalito *m*; ⵊ**isch** *adj*. megalítico.

Mega'phon *n* (-*s*; -*e*) megáfono *m*.

Me'gäre *Myt*. *f* Megera *f*; *fig*. furia *f*.

'**Mega|tonne** *f* megatón *m*; ⁓**volt** ⚡ *n* megavoltio *m*; ⁓**watt** ⚡ *n* megavatio *m*.

'**Mehl** *n* (-*ɛs*; 0) harina *f*; *mit* ⁓ *bestreuen* enharinar; ⵊ**artig** *adj*. farináceo; ⁓**brei** *m* papilla *f*; gachas *f/pl*.; ⵊ**haltig** *adj*. farináceo; ⵊ**ig** *adj*. harinoso, farináceo; ⁓**industrie** *f* industria *f* harinera; ⁓**käfer** *Zoo*. *m* tenebrio *m* (*od*. escarabajo *m*) molinero; ⁓**kleister** *m* engrudo *m*; ⁓**sack** *m* saco *m* (*od*. costal *m*) de harina; ⁓**schwitze** *Kochk*. *f* salsa *f* rubia; ⁓**sieb** *n* cedazo *m* harinero; ⁓**speise** *f* alimento *m* farináceo; (*Süßspeise*) (plato *m*) dulce *m*; ⁓**suppe** *f* sopa *f* de harina; ⁓**tau** ♧ *m* echter: oidio *m*; falscher: mildiú *m*; ⁓**wurm** *Zoo*. *m* gusano *m* de la harina.

mehr I. *adv*. más (*als que; bei Zahlen*: de; *vor Verben*: de lo que); *3 Jahre* ⁓ tres años más; *fünfmal* ⁓ cinco veces más; ⁓ *als nötig* más de lo necesario; ⁓ *als 5 Jahre* más de cinco años; ⁓ *als er erwartete* más de lo que esperaba; ⁓ *als alle andern* más que todos los otros; más que nadie; ⁓ *denn je* más que nunca; ⁓ *und* ⁓, *immer* ⁓ más y más; cada vez más; ⁓ *oder weniger* (*od*. *minder*) más o menos; *der e-e* ⁓, *der andere weniger* quien más y quien menos; *nicht* ⁓ *ya no*; *es regnet nicht* ⁓ ya no llueve; *du bist kein Kind* ⁓ ya no eres un niño; *ich werde es nicht* ⁓ *tun* no volveré a hacerlo; *nicht* ⁓! ¡basta!; ¡no más!; *nichts* ⁓ nada más; *ich sage nichts* ⁓ ya no digo más; *nicht* ⁓ *und nicht weniger* ni más ni menos; *niemand* ⁓, *keiner* ⁓ nadie más; *je* ⁓ ... *desto* ..., cuanto más ... tanto más ...; *je* ⁓, *desto besser* cuanto más, mejor; *um so* ⁓ *tanto* más; con mayor razón; *um so* ⁓ *tanto* más cuanto que (*ind*.); *und dergleichen* ⁓ y otras cosas por el estilo; *und anderes* ⁓ y otras cosas más; *und vieles andere* ⁓ y un largo etcétera; *etwas* ⁓ un poco más; *ich kann nicht* ⁓ ya no puedo más; *kein Wort* ⁓ (*davon*)! ¡ni una palabra más!; *das ist nicht ~ als billig esto es justo y nada más; was will er ~? ¿qué más quiere?; er ist ~ reich als arm* es más bien rico que pobre; *ich habe nichts ~* no me queda nada; F *nach ~ schmecken* saber a más; **II.** ² *n (Überschuß)* excedente *m*; superávit *m*.

'**Mehr...: ~arbeit** *f* aumento *m* de trabajo; trabajo *m* adicional; **~aufwand** *m*, **~ausgabe** *f* exceso *m* de gastos; aumento *m* de los gastos; gasto *m* adicional; ²**bändig** *adj.* en varios tomos; **~bedarf** *m* exceso *m bzw.* aumento *m* de consumo; necesidades *f|pl.* suplementarias; **~belastung** *f* sobrecarga *f*; carga *f* suplementaria; **~betrag** *m* excedente *m*; superávit *m*; ²**deutig** *adj.* ambiguo, equívoco; **~deutigkeit** *f* ambigüedad *f*; **~einkommen** *n*, **~einnahme** *f* aumento *m* de ingresos; ingresos *m|pl.* adicionales; ²**en** *v|t. u. v|refl.* aumentar(se); acrecentar(se); ir en aumento; multiplicar(se); ²**ere** *adj. u. pron|indef.* varios; *(verschiedene)* diversos, diferentes; ²**eres** *pron|indef.* varias cosas; ²**erlei** *adj.* de diversas clases; **~erlös** *m* excedente *m* de ingresos; **~ertrag** *m* ingresos *m|pl.* suplementarios; aumento *m* de ingresos; exceso *m* de producción; ²**fach I.** *adj.* múltiple; repetido, reiterado; *in ~er Hinsicht* en muchos respectos; *Sport: ~er Meister* pluricampeón *m*; **II.** *adv.* reiteradas *(od.* repetidas) veces, reiteradamente, repetidamente; **~fache(s)** *n* múltiple *m*; **~fachstecker** ⚿ *m* enchufe *m* múltiple; **~familienhaus** *n* casa *f* de vecindad; **~farbendruck** *m* impresión *f* policroma; policromía *f*; **~farbig** *adj.* de *bzw.* en varios colores; policromo; multicolor; ²**gängig** ⊕ *adj.: mit ~em Gewinde* con filete múltiple; **~gebot** *n Auktion:* puja *f*, mayor postura *f*; **~gewicht** *n* exceso *m* de peso; sobrepeso *m*; ²**gleisig** *adj.* de varias vías; **~heit** *f* mayoría *f*; pluralidad *f*; *absolute (relative, einfache) ~* mayoría absoluta (relativa; simple); *in der ~ sein* estar en mayoría; ²**heitlich** *adj.* mayoritario; **~heits-aktionär** *m* accionista *m* mayoritario; **~heitsbeschluß** *m* acuerdo *m* mayoritario; *durch ~ por* mayoría de votos; **~heitspartei** *f* partido *m* mayoritario; **~heitswahlrecht** *n* sistema *m* mayoritario; ²**jährig** *adj.* de varios años, plurianual; **~kosten** *pl.* gastos *m|pl.* accesorios *(od.* suplementarios); exceso *m* de gastos; **~lader** *m* fusil *m* de repetición; **~leistung** *f* aumento *m* de rendimiento; rendimiento *m* suplementario; ²**malig** *adj.* repetido, reiterado; ²**mals** *adv.* repetidas veces; varias veces; en varias ocasiones; ²**motorig** *adj.* multimotor; **~parteiensystem** *n* pluripartidismo *m*; **~phasenstrom** ⚡ *m* corriente *f* polifásica; ²**phasig** ⚡ *adj.* polifásico; ²**polig** ⚡ *adj.* multipolar; **~porto** *n* franqueo *m* adicional, sobreporte *m*; **~preis** *m* precio *m* adicional; recargo *m*; sobreprecio *m*; ²**reihig** *adj.* de varias filas; ²**schichtig** *adj.* de varias capas; ²**seitig** *adj. bsd. Pol.* multilateral; de varias páginas; ⚂ poligonal; ²**silbig** *adj.* polisílabo; ²**sprachig**

adj. polígloto, políglota; *Text:* multilingüe; **~sprachigkeit** *f* multilingüismo *m*; ²**spurig** *adj. Straße:* de varios carriles; ²**stellig** *adj. Zahl:* de varias cifras; ²**stimmig** *adj. u. adv.* de varias voces; polifónico; ²**stöckig** *adj.* de varios pisos; **~stufenrakete** *f* cohete *m* de varias fases *(od.* etapas); ²**stufig** *adj.* escalonado; ²**stündig** *adj.* de varias horas; ²**tägig** *adj.* de varios días; ²**teilig** *adj.* en varias partes; **~ung** *f* aumento *m*, incremento *m*; **~verbrauch** *m* aumento *m bzw.* exceso *m* de consumo; **~wegflasche** *f* botella *f* retornable *(od.* recuperable); **~wert** *m* plusvalía *f*; ²**wertig** 🠪 *adj.* polivalente; **~wertsteuer** *f* impuesto *m* sobre el valor añadido *(Abk.* I.V.A.); **~zahl** *f* mayoría *f*, mayor parte *f*; *Gr.* plural *m*; ²**zellig** *Bio. adj.* multicelular, pluricelular; **~zweck...** *in Zssgn* de múltiple uso; **~zwecksportanlage** *f* polideportivo *m*.

'**meiden** (L) *v|t.* evitar; huir (j-n a alg.); abstenerse de.

'**Meile** *f* legua *f*; *(See²)* milla *f*; **~nstein** *m* piedra *f* miliar(ia); mojón *m*; *a. fig.* hito *m*; ²**nweit** *adj. u. adv. a* muchas leguas (de distancia); *fig. ~ davon entfernt sein, zu (inf.)* estar muy lejos de *(inf.).*

'**Meiler** *m* carbonera *f*; *(Atom²)* pila *f*; reactor *m*.

mein I. *adj. u. pron|pos.* **1.** *(unbetont)* mi, *pl.* mis; **~e** *Damen und Herren!* ¡Señoras y señores!; **~es** *Wissens que* yo sepa; **2.** *(betont)* mío; **~** *Gott!* ¡Dios mío!; *es ist ~es* mío; *die* ²*n los* míos; *der, die, das ~e* el mío, la mía, lo mío; *~ und dein verwechseln* ser largo de uñas; **II.** *pron. gen. Poes.: er gedenkt ~(er)* se acuerda de mí; **III.** ² *n: das ~ und Dein* lo mío y lo tuyo.

'**Mein-eid** *m* perjurio *m*; *e-n ~ schwören* jurar en falso, perjurar; ²**ig** *adj.*, **~ige(r)** *m* perjuro *(m).*

'**meinen** *v|t.* opinar; entender; estimar; *(sagen wollen)* querer decir; *(glauben)* creer; *(denken)* pensar; *(vermuten)* suponer; sospechar; *(sich denken)* imaginarse, figurarse; *(anspielen auf)* aludir a, referirse a; *ich meine me parece;* tengo entendido; *wie ~ Sie das?, was ~ Sie damit?* ¿qué quiere usted decir con eso?; *was ~ Sie dazu?* ¿qué opina usted de eso?; ¿qué le parece (a usted eso)?; *so war es nicht gemeint* no quería decir eso; *meinst du nicht auch?* ¿no te parece?; *man sollte ~* se diría que; se creería que; *das will ich ~!* ¡ya lo creo!; *Am.* ¡cómo no!; *es ist er gemeint* se refiere a él; F eso va por él; *wen ~ Sie? ¿a* quién se refiere usted?; *es war nicht böse gemeint* lo decía *bzw.* lo hacía sin mala intención; *es war gut gemeint* era *(od.* lo decía) con buena intención; *es gut mit j-m ~* querer el bien de alg.; obrar con buena intención hacia alg.; *wie ~ Sie?* ¿cómo decía usted?; *(ganz) wie Sie ~* como usted quiera; como mejor le parezca a usted; *wenn Sie ~* si le parece (a usted) bien *bzw.* oportuno; *~ Sie (wirklich)?* ¿lo dice en serio?

'**mein|erseits** *adv.* por *(od.* de) mi parte; *ganz ~* el gusto es mío; **~es|gleichen** *pron.* mi(s) igual(es); mis semejantes; gente de mi condi-

ción, **~et|halben**, **~et|wegen** *adv.* por mí; por mi causa; *~ soll er es tun* por mí que lo haga; *~!* ¡sea!; **~et|willen** *adv.: um ~* por mí; **~ige** *pron|pos.:* der, die, das *~* (el) mío, (la) mía, lo mío; *ich werde das ~ tun* haré todo lo que pueda; *die* ²*n* los míos, mi familia.

'**Meinung** *f* opinión *f*, parecer *m*; *(Urteil)* concepto *m*, *kritische:* criterio *m*; *die öffentliche ~* la opinión pública; *was ist Ihre ~?* ¿cuál es su opinión?, ¿qué opina usted? *(über ac.* de); *meiner ~ nach* en mi opinión; a mi parecer; según mi criterio; a mi modo de ver *(od.* entender); *ich bin der ~, daß ...* opino que ...; *ich bin nicht Ihrer ~* no soy de *(od.* no comparto) su opinión; *s-e ~ äußern* dar *(od.* decir *od.* expresar *od.* exponer) su opinión; *j-n von s-r ~ abbringen* hacer a alg. cambiar de opinión *(od.* de criterio); *sich e-e ~ bilden* formarse una opinión *(od.* un concepto); *mit j-m e-r ~ sein* ser de la misma opinión que alg.; *estar conforme (od.* de acuerdo) *con alg.; anderer ~ sein* disentir; discrepar; pensar de otra manera; *entgegengesetzter ~ sein* ser de opinión contraria *(od.* opuesta); *die ~en sind geteilt (od. gehen auseinander)* hay división de opiniones; *verschiedener (od. geteilter) ~ sein über* tener distinta opinión *(od.* no estar de acuerdo) *sobre;* desconformar en; *darüber kann man verschiedener ~ sein* sobre eso puede haber distintas opiniones; *er steht allein mit s-r ~* sólo él opina así; *j-m (gehörig) die ~ sagen* F decirle cuatro verdades a alg.; *e-e gute (od. hohe) ~ haben von* tener buena opinión de; tener un alto concepto de; *e-e schlechte ~ haben von* tener mala opinión de.

'**Meinungs...: ~änderung** *f* cambio *m* de opinión; **~äußerung** *f* (manifestación *f* de una) opinión *f*; **~austausch** *m* cambio *m* de impresiones *(od.* de opiniones); **~befragung** *f* sondeo *m* de opinión, encuesta *f* demoscópica; **~bildung** *f* formación *f* de opinión; **~forscher** *m* encuestador *m*; **~forschung** *f* sondeo *m* de opinión; demoscopia *f*; **~forschungs-institut** *n* instituto *m* demoscópico *(od.* de sondeo); **~freiheit** *f* libertad *f* de opinión; **~macher** *m* creador *m* de opinión; **~umfrage** *f* → **~befragung; ~verschiedenheit** *f* divergencia *f od.* discrepancia *f* (de opiniones); división *f* de pareceres; disentimiento *m*; desacuerdo *m*.

'**Meise** *Orn. f* paro *m*; F *fig.* e-e *~ haben* F estar chiflado *(od.* chalado).

'**Meißel** *m (-s; -) des Bildhauers:* cincel *m*; *des Tischlers:* escoplo *m*; ²**n** *(-le) v|t.* cincelar; escoplear; esculpir.

meist I. *adj.: das ~e* la mayor parte (de); *die ~en* la mayoría *(od.* la mayor parte) (de); *in den ~en Fällen* en la mayoría de los casos; las más de las veces; *die ~en Leute* la mayoría *(od.* mayor parte) de la gente; el común de las gentes; **II.** *adv.: ~, am ~en (lo)* más; → *meistens; was ich am ~en vermisse* lo que más echo de menos.

'**Meist...: ~begünstigung** *f* régimen *m (od.* trato *m)* de nación más favorecida; **~begünstigungsklausel** *f* cláusula *f* de nación más favorecida; ℠**bietend** *adv*.: ~ *versteigern* subastar al mejor postor; **~bietende(r)** *m* mejor postor *m*.

'**meisten|s**, **~teils** *adv*. las más (de las) veces, la mayoría de las veces; en la mayoría de los casos; en (*od*. por regla) general.

'**Meister** *m* maestro *m* (*a. fig*.); (*Chef*) *a*. patrono *m*, *bsd. Am*. patrón *m*; *Sport*: campeón *m*; F s-n ~ *machen* pasar el examen de maestría; *fig*. s-n ~ *finden* F hallar la horma de su zapato; *Übung macht den* ~ la práctica hace al maestro; **~brief** *m* diploma *m* de maestría; ℠**haft I.** *adj*. magistral, de maestro; perfecto; **II.** *adv*. magistralmente, con maestría; a la perfección; **~hand** *fig*. *f* mano *f* maestra; **~in** *f* maestra *f*; *Sport*: campeona *f*; **~leistung** *f* proeza *f*; ℠**lich** *adj*. → ℠**haft**; ℠**n** (-re) *v/t*. dominar; ser dueño de; controlar; (*überwinden*) vencer; superar; **~prüfung** *f* examen *m* de maestría; **~schaft** *f* maestría *f*; (*Überlegenheit*) superioridad *f*; (*Vollkommenheit*) perfección *f*; *Sport*: campeonato *m*; **~schaftskampf** *m*, **~schaftsspiel** *n* (partido *m* de) campeonato *m*; **~schuß** *m* tiro *m* magistral; *fig*. golpe *m* maestro; **~schütze** *m* campeón *m* de tiro; **~singer** *m* maestro *m* cantor; **~stück** *n e-s Gesellen*: pieza *f* de maestría; *fig*. golpe *m* maestro; **~titel** *m Sport*: título *m* de campeón; **~werk** *n* obra *f* maestra (*od*. magistral); **~würde** *f* título *m* de maestro, maestría *f*.

'**Meist|gebot** *n bei Auktionen*: mejor postura *f*; ⚱ mejor oferta *f*; ℠**gekauft** *adj*., ℠**verkauft** *adj*. de mayor venta; ℠**gelesen** *adj*. más leído.

'**Mekka** *n* La Meca.

Melan|cho'lie [-aŋko:-] *f* melancolía *f*; **~'choliker** *m*, ℠**cholisch** *adj*. melancólico (*m*).

Me'lange [-'lãʒə] *f* mezcla *f*; *östr*. café *m* con leche.

Me'lasse *f* melaza *f*.

'**Melde** ⚛ *f* armuelle *m*.

'**Melde|amt** *n* oficina *f* del censo (⚔ de reclutamiento); **~blatt** *n*, **~bogen** *m* hoja *f* (*od*. boletín *m*) de inscripción; **~fahrer** ⚔ *m* enlace *m* (motorizado); **~frist** *f* plazo *m* de inscripción bzw. de presentación; **~gänger** ⚔ *m* enlace *m*; estafeta *f*; **~hund** ⚔ *m* perro *m* mensajero; **~kopf** ⚔ *m* centro *m* de información avanzado; **~liste** *f* padrón *m* municipal; *bsd. Sport*: lista *f* de inscripciones.

'**melden** (-e-) **I.** *v/t. u. v/i.* (*mitteilen*) comunicar, participar, *förmlich*: notificar; (*ankündigen*) anunciar; avisar, dar aviso de; (*berichten*) informar (*j-m* et. a alg. de a/c.); *dienstlich*: dar parte de; (*anzeigen*) denunciar; F *fig. nichts zu* ~ *haben* F no pintar nada; **II.** *v/refl*.: *sich* ~ anunciarse; (*erscheinen, sich vorstellen*) presentarse (*bei* a), personarse; *Tele*. contestar (a la llamada); *Schule*: levantar la mano; (*sich einschreiben*) inscribirse; ⚔ alistarse; (*sich an*~) darse de alta (*a. polizeilich*); (*sich bemerkbar machen*) *Alter usw*.: hacerse sentir; *Person*: dar señales de vida; *sich auf ein Inserat* ~ responder a un anuncio; *sich zu e-m Examen* ~ presentarse a un examen; *sich zu* (*od. für*) et. ~ ofrecerse a (*od*. para) a/c., apuntarse a a/c.; *sich* ~ *lassen* hacerse anunciar, pasar tarjeta; *er wird sich schon* ~ ya dará noticia de sí.

'**Melde...**: **~pflicht** *f* declaración *f* obligatoria (*a*. ⚖); obligación *f* de presentarse; ℠**pflichtig** *adj*. sujeto a declaración; ✝ de declaración obligatoria; **~r** *m* ⊕ avisador *m*; ⚔ estafeta *f*; enlace *m*; **~schluß** *m* cierre *m* de (las) inscripciones, **~stelle** *f* → **~amt**; **~zettel** *m* hoja *f* (*od*. boletín *m*) de inscripción; cédula *f* de registro.

'**Meldung** *f* (*Bericht*) informe *m*; (*Ankündigung*) aviso *m*; (*Mitteilung*) comunicación *f*, *amtlich*: notificación *f*; *Radio usw*.: mensaje *m*; (*Nachricht*) noticia *f*, información *f*; ⚔ parte *m*; (*Anzeige*) denuncia *f*; (*Bewerbung*) solicitud *f*; (*Einschreibung*) inscripción *f*; *bei e-r Behörde*: registro *m*; ~ *machen* dar parte de.

me'liert *adj*. manchado; *Haar*: entrecano.

Melio'rati'on ⚘ *f* mejora *f* del suelo, bonificación *f*; **~'rieren** ⚘ (-) *v/t*. mejorar (*od*. bonificar) el suelo.

Me'lisse ⚛ *f* melisa *f*, toronjil *m*; **~ngeist** *m* agua *f* de melisa.

'**Melk|eimer** *m* cubo *m* de ordeñar, ordeñadero *m*; ℠**en** (L) *v/t*. ordeñar; F *fig*. desplumar; *frisch gemolkene Milch* leche *f* recién ordeñada; F *fig. die* ~*de Kuh sein* F ser la vaca de la boda; **~en** *n* ordeño *m*; **~er**(**in** *f*) *m* ordeñador(a *f*) *m*; **~kuh** *fig. f* vaca *f* lechera; caballo *m* blanco; **~maschine** *f* ordeñadora *f*.

Melo'die ♪ *f* melodía *f*; aire *m*.

me|lodi'ös *adj*. melodioso; **~'lodisch** *adj*. melódico.

Melo|'drama *n* melodrama *m*; ℠**'dramatisch** *adj*. melodramático.

Me'lone ⚛ *f* melón *m*; F (*Hut*) (sombrero *m*) hongo *m*, bombín *m*.

Mem'bran(**e**) *f* membrana *f*; ⊕, ⚘ *a*. diafragma *m*.

'**Memel** *f* (*Fluß*) Niemen *m*.

'**Memme** *f* cobarde *m*, F gallina *m*.

Me'moiren [-mo'ɑː-] *pl*. memorias *f/pl*.

Memo|'randum *n* (-s; -den *od*. -da) memorándum *m*; ℠**'rieren** (-) *v/t*. aprender de memoria, memorizar.

Me'nage [-'naːʒə] *f* (*Essig- u. Ölständer*) vinagreras *f/pl*.; **~'rie** *f* casa *f* de fieras; colección *f* de fieras.

Mende'lismus *Bio. m* mendelismo *m*.

Mene'tekel *n* presagio *m* fatídico.

'**Menge** *f* cantidad *f*; cuantía *f*; multitud *f*, masa *f*; gran número *m*; ⚕ conjunto *m*; (*Haufen*) montón *m*; (*Andrang*) afluencia *f*; (*Menschen*℠) muchedumbre *f*, multitud *f*; gentío *m*; e-e (*ganze*) ~ ... gran número de ...; multitud de ...; F la mar de ...; in (*großen*) ~*n* en gran(des) cantidad(es), en abundancia; F a porrillo, a manta; e-e ~ *Leute* (*Fragen*) un montón de gente (preguntas); e-e ~ *Geld* un dineral; *er versteht e-e* ~ *davon* F sabe un rato (largo) de esto; ℠**n** *v/t*. mezclar; *fig. sich* ~ in mezclarse en, inmiscuirse en, (entre)meterse en.

'**Mengen...**: **~bestimmung** *f* determinación *f* cuantitativa; **~einheit** *f* unidad *f* cuantitativa; **~lehre** ⚕ *f* teoría *f* de conjuntos; **~leistung** ⊕ *f* rendimiento *m* cuantitativo; ℠**mäßig** *adj*. cuantitativo; **~rabatt** *m* bonificación *f* por cantidad; **~verhältnis** *n* relación *f* (*od*. proporción *f*) cuantitativa.

'**Meng|korn** ⚘ *n* tranquillón *m*; **~sel** *n* mezcla *f*; F *fig*. mezcolanza *f*.

'**Menhir** *m* (-s; -e) menhir *m*.

Menin'gitis ⚕ *f* (-; -gi'tiden) meningitis *f*.

Me'niskus *m* (-; -ken) menisco *m*.

'**Mennige** ['-ɡə] *f* (0) minio *m*.

Meno'pause *f* menopausia *f*.

'**Mensa** *f* (-; -s *od*. Mensen) comedor *m* universitario.

Mensch 1. *m* (-en) hombre *m*; ser *m* humano; (*Person*) persona *f*; (*Einzel*℠) individuo *m*; (*Kerl*) sujeto *m*, individuo *m*, F tío *m*; *die* ~ *en* la gente; la humanidad; *los humanos*; *alle* ~*en* todo el mundo; *jeder* ~ todos, todo el mundo; cada cual, cada uno; *kein* ~ nadie; *es ist kein* ~ *zu sehen* no se ve a nadie; no se ve un alma (*od*. alma viviente); *Rel. des* ~*en Sohn* el Hijo del Hombre; Dios hombre; *Rel*. ~ *werden* hacerse hombre, humanarse; *unter* ~*en kommen* hacer vida social, alternar con la gente; *so sind die* ~*en* nun einmal así es la naturaleza humana; *er ist auch nur ein* ~ es un hombre como todos; *ich bin ein anderer* ~ (*geworden*) me siento como nuevo; *ärgere dich nicht* (*Spiel*) parchís *m*; F ~! ¡hombre!; **2.** P *n* mujerzuela *f*, P zorra *f*, V puta *f*.

'**Menschen...**: **~affe** *m* antropoide *m*; ℠**ähnlich** *adj*. antropomorfo, antropoide; **~alter** *n* generación *f*; **~ansammlung** *f* concentración *f* humana; **~feind** *m* misántropo *m*; ℠**feindlich** *adj*. misantrópico; **~fresser** *m* antropófago *m*; *im Märchen*: ogro *m*; **~fresserei** *f* antropofagia *f*, canibalismo *m*; **~freund** *m* filántropo *m*; ℠**freundlich** *adj*. filantrópico; humanitario; **~führung** *f* conducta *f* de hombres; **~gedenken** *n*: *seit* ~ desde tiempos inmemoriales; **~geschlecht** *n* género *m* humano; **~gestalt** *f* figura *f* (*od*. forma *f*) humana; *Rel*. ~ *annehmen* hacerse hombre; **~gewühl** *n* gentío *m*; turbamulta *f*, hervidero *m* de gente; **~handel** *m* trata *f* de seres humanos; **~haß** *m* misantropía *f*; **~jagd** *f* caza *f* al hombre; **~kenner** *m* conocedor *m* de los hombres (*od*. de la naturaleza humana); **~kenntnis** *f* conocimiento *m* de la naturaleza humana (*od*. de los hombres); **~kraft** *f* fuerza *f* humana; **~kunde** *f* antropología *f*; **~leben** *n* vida *f* (humana); ~ *kosten causar víctimas*; ℠**leer** *adj*. despoblado; *Straße*: desierto; **~liebe** *f* filantropía *f*; **~material** *n* material *m* humano; ⚔ (*verfügbares*) ~ hombres *m/pl*. (disponibles); **~menge** *f* multitud *f*, muchedumbre *f*, gentío *m*; (*Pöbel*) turba *f*; ℠**möglich** *adj*. humanamente posible; *das* ~*e tun* hacer lo humanamente posible; **~opfer** *n* víctima *f*; *als Handlung*: sacrificio *m* humano; **~potential** *n* potencial *m* humano; **~raub** *m* secuestro *m*; **~räuber** *m* secuestrador *m*; **~rechte** *n/pl*. derechos *m/pl*. humanos (*od*. del hombre); ℠**scheu** *adj*. (*schüchtern*) tímido; (*ungesellig*) poco sociable; retraído; huraño; **~scheu** *f* timidez *f*;

Menschenschinder — Metallographie 356

insociabilidad *f*; ~**schinder** *m* negrero *m*; desollador *m*; ~**schlag** *m* raza *f* (de hombres); casta *f*; ~**seele** *f* alma *f* humana; *es war keine* ~ *zu sehen* no se veía un alma (*od.* alma viviente); ~**skind** *n*: ~*.!* F ¡hombre!; ~**sohn** *Rel.* *m* Hijo *m* del Hombre; ~**stimme** *f* voz *f* humana; ~**strom** *m* oleada *f* de gente; ⸗**unwürdig** *adj.* indigno de un ser humano; inhumano; ~**verstand** *m*: *der gesunde* ~ el sentido común; el buen sentido; ~**werk** *n* obra *f* humana; ~**würde** *f* dignidad *f* humana; ⸗**würdig** *adj.* humano; digno de un ser humano.
'**Menschheit** *f* (0) humanidad *f*; género *m* humano.
'**menschlich** *adj.* humano; humanitario; *die* ~*e Natur* la naturaleza humana; ~*es Versagen* fallo *m* humano; *nach* ~*em Ermessen, nach* ~*er Voraussicht* según las previsiones humanas; dentro de lo humanamente previsible; ⸗**keit** *f* (0) humanidad *f*; carácter *m* humanitario; *Verbrechen gegen die* ~ crimen *m* contra la humanidad.
'**Menschwerdung** *Theo. f* encarnación *f*.
Menstru|ati'on *f* menstruación *f*, período *m*, regla *f*; ⸗**ieren** (-) *v/i.* menstruar.
Men'sur *f* (-; *-en*) duelo *m* reglamentario entre estudiantes; *Fechten*: distancia *f*; ♪ mensura *f*.
Mentali'tät *f* mentalidad *f*.
Men'talreservation 🕿 *f* reserva *f* mental.
Men'thol *n* (-*s*; 0) mentol *m*.
'**Mentor** *m* (-*s*; *-en*) mentor *m*.
Me'nü *n* (-*s*; *-s*) minuta *f*, menú *m* (*a. Computer*); (*Gedeck*) cubierto *m*.
Menu'ett *n* (-*és*; *-e*) minué *m*, minueto *m*.
me'nü...: ~**gesteuert** *adj. Computer*: dirigido por menú; ⸗**karte** *f* carta *f*; lista *f* de platos; ⸗**leiste** *f*, ⸗**zeile** *f* *Computer*: barra *f* del menú.
Me'phisto *m* Mefistófeles *m*; ⸗'**phelisch** *adj.* mefistofélico.
'**Merchandising** *n* (-*s*; 0) merchandising *m*.
'**Mergel** *m* (-*s*; -) marga *f*.
Meridi'an *m* (-*s*; *-e*), ~**kreis** *m* meridiano *m*.
meridio'nal *adj.* meridional.
Me'rino *m* (-*s*; *-s*), ~**schaf** *n* merino *m*, oveja *f* merina; ~**wolle** *f* lana *f* merina.
Merkanti'lismus *m* (-; 0) mercantilismo *m*.
'**Merk|blatt** *n* hoja *f* informativa (*od.* explicativa *od.* de instrucciones); ⸗**buch** *n* agenda *f*, libreta *f*.
'**merken** *v/t.* fijarse, reparar en; darse cuenta de; enterarse de; (*wahrnehmen*) percibir, advertir, notar, percatarse de; (*fühlen*) sentir; ~ *lassen* hacer notar; dejar traslucir (*od.* entrever); *sich nichts* ~ *lassen* disimular a/c.; *davon ist nichts zu* ~ no se nota nada de eso; *man merkt, daß ...* se ve que ...; *das werde ich mir* ~ tomaré buena nota de ello; *als e-e Lehre*: esto me servirá de lección; ~ *Sie sich das!* ¡no se le olvide!; ¡téngase usted por advertido!; *wohl gemerkt* bien entendido; *sich et.* ~ tomar nota de a/c.; recordar a/c., no olvidar a/c.; F *den werde ich mir* ~! ¡me las pagará!

'**merklich** *adj.* perceptible; sensible; (*beträchtlich*) considerable; notable; apreciable; (*deutlich*) evidente, visible.
'**Merkmal** *n* (-*és*; *-e*) (*Zeichen*) marca *f*, señal *f*; (*Anzeichen*) indicio *m*, síntoma *m*; (*Unterscheidungs*⸗) distintivo *m*; (*Kennzeichen*) rasgo *m* característico; *a. Bio.* carácter *m*, característica *f*; (*Eigenschaft*) atributo *m*, propiedad *f*.
Mer'kur *m* Mercurio *m* (*a. Astr.*); ~**stab** *m* caduceo *m*.
'**merk|würdig** *adj.* curioso, singular; raro, extraño; ~**würdiger'weise** *adv.* curiosamente; es curioso que (*subj.*); ⸗**würdigkeit** *f* curiosidad *f*, singularidad *f*; cosa *f* rara (*od.* curiosa); ⸗**zeichen** *n* marca *f*; señal *f*; (*Hinweis*) referencia *f*.
'**Merowing|er** *m*, ⸗**isch** *adj.* merovingio (*m*).
merzeri'sieren (-) *v/t.* mercerizar.
me'schugge F *adj.* chiflado, tocado (de la cabeza), chalado.
'**Mesner** *m* sacristán *m*.
Mesopo'tamien *n* Mesopotamia *f*.
'**Meß|amt** *Lit. n* misa *f*; oficio *m* divino; ~**apparat** *m* aparato *m* de medición; ~**band** *n* cinta *f* métrica; ⸗**bar** *adj.* (con)mensurable; ~**barkeit** *f* (0) (con)mensurabilidad *f*; ~**becher** *m* vaso-medida *m*; vaso *m* graduado; ~**bereich** *m* alcance *m* de medición; ~**bildverfahren** *n* fotogrametría *f*; ~**brücke** *f* puente *m* de medición; ~**buch** *Rel. n* misal *m*; libro *m* de misa; ~**diener** *Rel. m* acólito *m*, monaguillo *m*.
'**Messe** *f* **1.** ⚛, ✕ comedor *m* bzw. casino *m* de oficiales; **2.** *Rel.*, ♪ misa *f*; *die* ~ *lesen* decir (*od.* celebrar) misa; *die* ~ *hören* oír misa; *die* ~ *besuchen* ir a misa; **3.** 🌿 feria *f*; ~**amt** 🌿 *n* oficina *f* (*od.* secretaría *f*) de una feria; ~**besucher** *m* feriante *m*; ~**gelände** *n* recinto *m* ferial; ~**halle** *f* pabellón *m*, salón *m*.
'**messen** (L) *v/t.* medir (*a. v/i.*); mensurar; calibrar; ♂ (*loten*) sondar; ⚓ apear; *Hohlgefäße*: cubicar; *Schiff*: arquear; *Wassermenge e-s Flusses*: aforar; *nach Metern* ~ medir por metros; 🔥 *die Temperatur* ~ tomar la temperatura; *die Zeit* ~ medir el tiempo; cronometrar; *mit den Augen* ~ calcular a ojo (de buen cubero); *fig. j-n mit Blicken* (*od. mit den Augen*) ~ medir a alg. con la mirada (*od.* con los ojos); mirar a alg. de arriba abajo; *s-e Kräfte mit j-m* ~ medir sus fuerzas con alg.; *sich mit j-m* ~ medirse con alg.; competir (*od.* rivalizar *od.* compararse) con alg.; ~ *gemessen*.
'**Messer** *n* (-*s*; -) cuchillo *m*; (*Maschinen*⸗) cuchilla *f*; (*Klapp*⸗, *Rasier*⸗) navaja *f*; (*Klinge*) hoja *f*; *Chir.* bisturí *m*; *feststehendes* ~ navaja de muelles; *mit dem* ~ *stechen* acuchillar; *fig. Kampf bis aufs* ~ lucha sin cuartel; *j-m das* ~ *an die Kehle setzen* poner a alg. el puñal al pecho; *ihm sitzt das* ~ *an der Kehle* está con el dogal (*od.* el agua *od.* la soga) al cuello; *j-n ans* ~ *liefern* abandonar a alg.; entregar a alg. a sus enemigos; *auf des* ~*s Schneide stehen* estar en el filo de la navaja; ~**bänkchen** *n* soporte *m* de cubiertos; ~**fabrik** *f* cuchillería *f*, fábrica *f* de cuchillos

~**griff** *m*, ~**heft** *n* mango *m* de cuchillo; ~**haarschnitt** *m* corte *m* a navaja; ~**held** *m* navajero *m*; matón *m*; *Am.* cuchillero *m*; ~**klinge** *f* hoja *f* de cuchillo; ~**kontakt** ⚡ *m* contacto *m* de cuchilla; ~**klom** *m* lomo *m* del cuchillo; ⸗**scharf** *adj.* tajante (*a. fig.*); ~**schmied** *m* cuchillero *m*; ~**schneide** *f* filo *m* (*od.* corte *m*) del cuchillo; ~**spitze** *f* punta *f* del cuchillo; ~**spitzevoll** *f*: *e-e* ~ una punta de cuchillo; ~**stecher** *m* navajero *m*; ~**steche'rei** *f* riña *f* a cuchilladas; ~**stich** *m* cuchillada *f*; navajazo *m*, navajada *f*; ~**werfen** *n* lanzamiento *m* de cuchillos.
'**Messe|stand** *m* stand *m*; ~**teilnehmer** *m* expositor *m*.
'**Meß...:** ~**fehler** *m* error *m* de medición; ~**gefäß** *n* ∆ probeta *f* graduada; *Lit.* ~*e pl.* vasos *m/pl.* sagrados; ~**gehilfe** *Rel. m* acólito *m*, monaguillo *m*; ~**gerät** *n* ⊕ instrumento *m* de medición; medidor *m*; registrador *m*; *Lit.* vasos *m/pl.* sagrados; ~**gewand** *Lit. n* casulla *f*; ~**glas** *n* probeta *f* graduada; vaso *m* graduado; ~**hemd** *Lit. n* alba *f*.
Mes'sias *m* Mesías *m*.
'**Messing** *n* (-*s*; 0) latón *m*; ~**blech** *n* latón *m* en hojas; hoja *f* de latón; ~**draht** *m* alambre *m* de latón; ~**gießer** *m* latonero *m*; ~**gieße'rei** *f* fundición *f* de latón, latonería *f*; ~**guß** *m* latón *m* fundido; ~**ware** *f* artículos *m/pl.* de latón, latonería *f*.
'**Meß...:** ~**instrument** *n* instrumento *m* de medición; ~**kännchen** *Lit. n* vinajera *f*; ~**kelch** *Lit. m* cáliz *m*; ~**kolben** *m* ∆ matraz *m* graduado; ~**latte** *f* mira *f* (de nivelación); ~**leine** *f* cuerda *f* (*od.* cinta *f*) de agrimensor; ~**opfer** *Lit. n* (santo) sacrificio *m* de la misa; ~**priester** *Lit. m* celebrante *m*; ~**stab** *m*, ~**stange** *f* vara *f* de medir; *Feldmessung*: jalón *m*; ~**technik** *f* metrología *f*; ~**tisch** *m* plancheta *f*; ~**tischblatt** *n* plano *m* de plancheta; ~**trupp** *m* equipo *m* de agrimensores; ~**tuch** *Lit. n* corporal *m*; ~**uhr** *f* reloj *m* de medición; contador *m*.
'**Messung** *f* medición *f*, medida *f*; mensuración *f*; ⚓ arqueo *m*.
'**Meß...:** ~**wein** *Lit. m* vino *m* de misa; ~**wert** *m* valor *m* de medición, valor *m* registrado; ~**zahl** *f* (número *m*) índice *m*; ~**zylinder** *m* ∆ probeta *f* graduada.
Mes'tiz|e *m* (-*n*), ~**in** *f* mestizo *m*, mestiza *f*.
Met [e:] *m* (-*és*; 0) hidromel *m*.
Me'tall *n* (-*s*; *-e*) metal *m*; ~**ader** *f* filón *m* metalífero; ~**arbeiter** *m* (obrero *m*) metalúrgico *m*; ~**baukasten** *m* mecano *m*; ~**be-arbeitung** *f* trabajo *m* de los metales; ~**beschläge** *m/pl.* chapado *m* metálico; herraje *m*; ~**deckung** *f e-r Währung*: cobertura *f* en metálico; ⸗**en** *adj.* de metal; metálico; ~**folie** *f* hoja *f* de metal; ~**geld** *n* metálico *m*, moneda *f* metálica (*od.* sonante); ~**gießerei** *f* fundición *f* de metales; ~**glanz** *m* brillo *m* metálico; ⸗**haltig** *adj.* metalífero; ~**hütte** *f* fábrica *f* metalúrgica; ~**industrie** *f* industria *f* metalúrgica; ⸗**isch** *adj.* metálico (*a. Stimme*); de metal; ⸗**i'sieren** (-) *v/t.* metalizar; ~**kunde** *f*, ~**ogra'phie** *f* metalografía

f; ~o'id ⚗ n (-*es*; -e) metaloide *m*; ~oxyd ⚗ *n* óxido *m* metálico; ~papier *n* papel *m* metalizado; ~putzmittel *n* limpiametales *m*; ~säge *f* sierra *f* para metales; ~schild *n* placa *f* metálica; ~späne *m/pl.* virutas *f/pl.* metálicas; ~spritzverfahren *n* (procedimiento *m* de) metalización *f* a pistola (*od.* al duco); ~überzug *m* revestimiento *m* metálico; recubrición *f* metálica.
Metal'lur|g(e) *m* (-*en*) metalúrgico *m*, metalurgista *f*; ~'**gie** *f* (0) metalurgia *f*; ²**gisch** *adj.* metalúrgico.
Me'tall...: ²**verarbeitend** *adj.* metalúrgico; ~**verarbeitung** *f* trabajo *m* de los metales; ~**währung** *f* patrón *m* metálico; ~**waren** *f/pl.* artículos *m/pl.* de metal; ~**warenfabrik** *f* fábrica *f* de artículos metálicos.
Metamor'phose *f* metamorfosis *f*.
Me'ta|pher [-'tafɐ] *f* (-; -*n*) metáfora *f*; ²'**phorisch** *adj.* metafórico.
Meta|phy'sik *f* metafísica *f*; ~'**physiker** *m*, ²'**physisch** *adj.* metafísico (*m*).
Metas'tase ⚗ *f* metástasis *f*.
Mete'or *m* (-*s*; -*e*) meteorito *m*; *fig.* meteoro *m*; ~**eisen** *n* hierro *m* meteórico; ²**haft** *fig.*, ²**isch** *adj.* meteórico.
Meteoro'loge *m* (-*n*) meteorologista *m*, meteorólogo *m*; ~**lo'gie** *f* (0) meteorología *f*; ²'**logisch** *adj.* meteorológico.
Mete'orstein *m* meteorito *m*; aerolito *m*, piedra *f* meteórica.
'**Meter** *m*, *n* (-*s*; -) metro *m*; ~**band** *n* cinta *f* métrica; ~**maß** *n* metro *m*; (*Zollstock*) metro *m* (plegable); ~**ware** *f* género *m* al metro; ²**weise** *adv.* por metros; ~**zahl** *f* metraje *m*.
Me'than ⚗ *n* (-*s*; 0) metano *m*.
Me'thod|e *f* método *m*; ~**ik** *f* metodología *f*; ²**isch** *adj.* metódico.
Metho'dis|mus *m* (-; 0) metodismo *m*; ~**t(in** *f*) *m* (-*en*), ²**tisch** *adj.* metodista (*f*).
Methodolo'gie *f* metodología *f*.
Me'thusalem *m* Matusalén *m* (*a. fig.*).
Me'thyl ⚗ *n* (-*s*; 0) metilo *m*; ~**alkohol** *m* alcohol *m* metílico.
Methy'len ⚗ *n* (-*s*; 0) metileno *m*.
Me'tier [-'tie:] F *n* (-*s*; -*s*) oficio *m*; ocupación *f*.
'**Metri|k** *f* (-; -*en*) métrica *f*; ²**sch** *adj.* métrico.
Metro'nom *n* (-*s*; -*e*) metrónomo *m*.
Metro'po|le *f* metrópoli *f*; ~'**lit** *Rel. m* (-*en*) metropolitano *m*.
'**Metrum** *n* (-*s*; -*tren*) metro *m*.
Mett *reg. n* carne *f* de cerdo picada.
'**Mette** *Rel. f* maitines *m/pl.*
Met'teur [-ø:-] *Typ. m* (-*s*; -*e*) ajustador *m*, compaginador *m*.
'**Mettwurst** *f* (especie de butifarra *f* ahumada).
Metze'lei *f* matanza *f*; carnicería *f*; degollina *f*.
'**metzeln** (-*le*) *v/t.* degollar; matar.
'**Metzger(in** *f*) *m* carnicero (-a *f*) *m*.
Metzge'rei *f* carnicería *f*.
'**Meuchel|mord** *m* asesinato *m* alevoso; ~**mörder** *m* asesino *m* (alevoso); ²**mörderisch** *adj.* asesino; ²**n** (-*le*) *v/t.* asesinar.
'**meuch|lerisch** *adj.* alevoso, traidor; ~**lings** *adv.* con alevosía, alevosamente, a traición.
'**Meute** *Jgdw. f* jauría *f*; *fig.* turba *f*.

Meute'rei *f* motín *m*, amotinamiento *m*; sedición *f*.
'**Meuter|er** *m* amotinador *m*; amotinado *m*; sedicioso *m*; ²**isch** *adj.* amotinado; sedicioso; ²**n** (-*re*) *v/i.* amotinarse; F *fig.* protestar, rebelarse.
Mexi'kan|er(in *f*) *m* mejicano (-a *f*) *m*, mexicano (-a *f*) *m*; ²**isch** *adj.* mejicano, mexicano.
'**Mexiko** *n* (*Land*) Méjico *m*, *Am.* México *m*; (*Stadt*) México.
'**Mezzosopran** ['mɛtso-] ♪ *m* mezzosoprano *m*.
mi'auen I. (-) *v/i.* maullar, mayar; **II.** ² *n* maullido *m*.
mich *pron/pers.* (*ac. v. ich*) *unbetont*: me; *betont*: a mí; für ~ para mí; er fragte ~ me preguntó.
'**Michael** *m* Miguel *m*.
Micha'eli(s) *n* día *m* de San Miguel.
'**Michel** *m* Miguel *m*; *der deutsche* ~: (tipo simbólico del alemán cándido y dócil, equivalente al Juan Español)
'**mick(e)rig** F *adj. Sache*: pobre, flojo; *Person*: F canijo; esmirriado; chupado.
'**Mieder** *n* (*Leibchen*) corpiño *m*, justillo *m*; (*Korsett*) corsé *m*; ~**hös-chen** *n* faja-braga *f*; ~**waren** *f/pl.* corsetería *f*.
Mief F *m* (-*es*; 0) aire *m* viciado, F tufo *m*, peste *f*; ²**en** F *v/i.* apestar.
'**Miene** *f* (*Gesicht*) cara *f*, semblante *m*; gesto *m*; (*Aussehen*) aire *m*, aspecto *m*; überlegene (*unschuldsvolle*) ~ aire de superioridad (inocencia); mit strenger ~ con gesto adusto; ~ machen zu hacer como si; disponerse a; hacer ademán de; gute ~ zum bösen Spiel machen poner a mal tiempo buena cara; ohne e-e ~ zu verziehen sin pestañear; sin inmutarse; ~**nspiel** *n* mímica *f*; expresiones *f/pl.* faciales.
'**mies** F *adj.* (-*est*) malo; feo; *mir ist* ~ me siento mal; ²**epeter** F *m* F gruñón *m*; ²**epet(e)rig** *adj.* gruñón; avinagrado; ~**machen** F *v/i.* pintarlo todo negro; criticarlo todo; ²**macher** F *m* derrotista *m*; alarmista *m*; (*Spielverderber*) aguafiestas *m*; ²**mache'rei** F *f* derrotismo *m*; ²**muschel** *Zoo. f* mejillón *m*.
'**Miet|ausfall** *m* pérdida *f* de alquiler; ~**auto** *n* → ~*wagen*; ~**beihilfe** *f* subsidio *m* de alquiler.
'**Miete¹** *f* alquiler *m*; (*Zins*) *a.* renta *f*; ⚖ arriendo *m*; arrendamiento *m*; *Thea.* abono *m*; *gesetzliche* ~ renta *f* legal; *zur* ~ *wohnen* ser inquilino; vivir en una casa *bzw.* un piso de alquiler.
'**Miete²** ⚗ *f* silo *m*; (*Stroh*²) almiar *m*.
'**Miet-einnahme** *f* ingresos *m/pl.* de alquiler.
'**mieten¹ I.** (-*e*-) *v/t.* alquilar, tomar en alquiler *bzw.* en arrendamiento; arrendar; ✈, ⚓ fletar; **II.** ² *n* alquiler *m*, alquilamiento *m*; ✈, ⚓ flete *m*.
'**mieten²** ⚗ (-*e*-) *v/t.* ensilar.
'**Miet-entschädigung** *f* indemnización *f* de alquiler.
'**Mieter(in** *f*) *m* inquilino (-a *f*) *m*; arrendatario *m*; *e-s Schiffes*: fletador *m*.
'**Miet-erhöhung** *f* subida *f* de alquileres; aumento *m* de alquiler (*od.* de renta).
'**Mieter|schaft** *f* (0) inquilinos *m/pl.*;

~**schutz** *m* protección *f* de (*od.* a los) inquilinos.
'**Miet|ertrag** *m* producto *m* del alquiler; ²**frei I.** *adj.* exento de alquiler; **II.** *adv.* sin pagar alquiler; ~**kauf** *m* alquiler-venta *m*; ~**preis** *m* (precio *m* del) alquiler *m*; ~**rückstände** *m/pl.* alquileres *m/pl.* atrasados (*od.* retrasados); atraso *m* de alquileres; ~**senkung** *f* baja *f* de alquileres; ~**shaus** *n* casa *f* de alquiler (*od.* de vecindad); *Arg.* conventillo *m*; ~**skaserne** *f* bloque *m* (*od.* polígono *m*) de viviendas; ~**(s)verhältnis** *n* relación *f* arrendaticia; ~**vertrag** *m* contrato *m* de alquiler *bzw.* de arrendamiento (*Wohnung*: de inquilinato); ~**vorauszahlung** *f* pago *m* del alquiler por anticipado; ~**wagen** *m* coche *m* de alquiler; ~**wagenverleih** *m* alquiler *m* de coches (sin chófer); ²**weise** *adv.* en alquiler; en arrendamiento; ~**wert** *m* valor *m* de la renta; ~**wohnung** *f* piso *m* de alquiler; ~**zins** *m* renta *f*, alquiler *m*.
'**Mieze** *f* gato *m*; F minina *f*, minino *m*; F *fig.* (*Mädchen*) P ninfa *f*.
Mi'gräne ⚕ *f* jaqueca *f*, migraña *f*.
'**Mikro** F *n* (*Mikrophon*) micro *m*.
'**Mikro-analyse** *f* microanálisis *m*.
Mi'krobe *f* microbio *m*.
'**Mikro|biologie** *f* microbiología *f*; ~**chemie** *f* microquímica *f*; ~**computer** *m* microordenador *m*, microcomputador *m*; ~**elektronik** *f* microelectrónica *f*; ~**faser** *f* *Stoff*: microfibra *f*; ~**film** *m* microfilm(e) *m*; ~'**kosmos** *m* microcosmo(s) *m*; ~'**meter** *n* micrómetro *m*; ~'**meterschraube** ⊕ *f* tornillo *m* micrométrico.
'**Mikron** *n* (-*s*; -) micra *f*.
'**Mikro...:** ~**ökonomie** *f* microeconomía *f*; ²**ökonomisch** *adj.* microeconómico; ~**organismus** *m* microorganismo *m*; ~'**phon** *n* (-*s*; -*e*) micrófono *m*; ~**photographie** *f* microfotografía *f*; ~**physik** *f* microfísica *f*; ~**prozessor** *m* microprocesador *m*; ~'**skop** *n* (-*s*; -*e*) microscopio *m*; ~**sko'pie** *f* microscopía *f*; ²**sko'pieren** (-) *v/t.* examinar al microscopio; ²'**skopisch** *adj.* microscópico; ~**waage** *f* microbalanza *f*; ~**wellen** *f/pl.* microondas *f/pl.*; ~**wellenherd** *m* horno *m* microondas.
'**Milbe** *Zoo. f* ácaro *m*; (*Krätz*²) *a.* arador *m*.
'**Milch** *f* (0) leche *f*; *der Fische*: lecha(za) *f*; ~**absonderung** *f* secreción *f* láctea; ~**bar** *f* granja *f*; ~**bart** *m* bozo *m*; barba *f* incipiente; *fig.* boquirrubio *m*, barbilampiño *m*; ~**brei** *m* papilla *f* lactada); ~**brötchen** *n* bollo *m* (de leche); ~**bruder** *m* hermano *m* de leche; ~**diät** *f* régimen *m* lácteo, dieta *f* láctea; ~**drüse** *Anat. f* glándula *f* mamaria; ~**eiweiß** *n* lactalbúmina *f*; ~**er** *Ict. m* pez *m* lechal; ~**erzeugnisse** *n/pl.* productos *m/pl.* lácteos; ~**fieber** *n* fiebre *f* láctea; ~**flasche** *f* botella *f* de leche; *Säugling*: biberón *m*; ~**gebiß** *n* dentadura *f* de leche; ~**geschäft** *n* lechería *f*; ~**gesicht** *n* *fig.* → ~*bart fig.*; ~**glas** *n* vidrio *m* opalino; ²**haltig** *adj.* lactífero; ~**händler(in** *f*) *m* lechero (-a *f*) *m*; ~**hof** *m* central *f* lechera; ²**ig** *adj.* lechoso; lácteo; ✡ lactescente; ~**kaffee** *m* café *m* con leche; ~**kännchen** *n* jarrita *f* para leche; ~**kanne** *f* jarro *m*

Milchkuh — Mineralsammlung 358

para leche; ~kuh f vaca f lechera; ~kur ✱ f régimen m lácteo; ~mädchenrechnung fig. f cuenta f de la lechera; ~mann m lechero m; ~messer m lactodensímetro m; galactómetro m; ~mixgetränk n batido m; ~ner Ict. m → Milcher; ~produkte n/pl. productos m/pl. lácteos; ~produktion f producción f lechera; ~pulver n leche f en polvo; ~reis m arroz m con leche; ~saft m ⚕ látex m; Physiol. quilo m; ~säure ⚗ f ácido m láctico; ~schokolade f chocolate m con leche; ~schorf ⚶ m costra f láctea; ~speise f lacticinio m; ~straße Astr. f Vía f Láctea; ~suppe f sopa f de leche; ~tüte f bolsa f de leche; ~vieh n ganado m lechero; ~waage f galactómetro m; pesaleche m; ~wagen m coche m de reparto (para la leche); ~wirtschaft f industria f lechera; ~zahn Anat. m diente m de leche; ~zentrifuge f desnatadora f; ~zucker ⚗ m lactosa f, azúcar m de leche.
mild(e) I. adj. suave; (sanft) dulce; (gnädig) clemente; (gütig) benigno; (barmherzig) caritativo; (wohlwollend) benévolo; (nachsichtig) indulgente; Strafe: leve; Klima: templado, benigno; Wetter: bonancible, apacible; ~er Winter invierno m suave; ~e Gabe dádiva f; donativo m; limosna f; ~(er) werden suavizarse f; Wetter: ponerse más templado; **II.** adv. ~e beurteilen juzgar con indulgencia; ~e gesagt por no decir más.
'Milde f (0) suavidad f; dulzura f; ternura f; clemencia f; benignidad f; indulgencia f; caridad f; des Klimas: templanza f; des Wetters: apacibilidad f; ~ walten lassen tener clemencia.
'milder|n (-re) v/t. suavizar; templar; (mäßigen) moderar; (lindern) aliviar, mitigar; calmar; (abschwächen) atenuar; Zorn usw.: aplacar; Strafe: ♻ conmutar; ♻ ~de Umstände circunstancias f/pl. atenuantes; **2ung** f suavización f; alivio m, mitigación f; moderación f; atenuación f; ♻ conmutación f; **2ungsgrund** ♻ m circunstancia f atenuante.
'mild...: ~herzig adj. (gütig) bondadoso; (mildtätig) caritativo; **2herzigkeit** f (0) bondad f; caridad f; ~**tätig** adj. caritativo; ~e Zwecke fines m/pl. caritativos; **2tätigkeit** f (0) caridad f.
Mili'eu [-'ljø:] n (-s; -s) (medio m) ambiente m; medio m (a. ♉); ~**bedingt** adj. ambiental; condicionado por el ambiente (od. medio); **2geschädigt** adj. dañado por el medio (social); ~**schilderung** f ambientación f; ~**theorie** f teoría f del medio.
mili'tant adj. militante.
Mili'tär 1. m (-s; -s) militar m; **2.** n (-s; 0) militares m/pl.; soldados m/pl.; tropas f/pl.; (Heer) ejército m; (~wesen) milicia f; (~dienst) servicio m militar; zum ~ gehen hacerse soldado; entrar en filas; **2ähnlich** adj. paramilitar; ~**anwärter** m militar m aspirante a un empleo civil; ~**arzt** m médico m militar; ~**attaché** m agregado m militar; ~**behörde** f autoridad f militar; ~**bündnis** n alianza f militar; ~**dienst** m servicio m militar; ~**dienstpflicht** f → ~pflicht; ~**diktatur** f dictadura f militar; ~**flugzeug** n avión m militar; ~**gefängnis** n prisión f militar; ~**geistliche(r)** m capellán m castrense; ~**gericht** n tribunal m militar; consejo m de guerra; ~**gerichtsbarkeit** f jurisdicción f militar (od. castrense); ~**gouverneur** m gobernador m militar; **2isch** adj. militar; fig. a. marcial.
militari'sier|en (-) v/t. militarizar; **2ung** f militarización f.
Milita'ris|mus m (-; 0) militarismo m; ~**t** m (-en), **2tisch** adj. militarista (m).
Mili'tär...: ~kapelle ♪ f banda f militar; ~**macht** f potencia f militar; ~**marsch** ♪ m marcha f militar; ~**mission** f misión f militar; ~**musik** f música f militar; (Blechinstrumente) charanga f; ~**pakt** m pacto m militar; ~**person** f militar m; ~**personal** n personal m militar; ~**pflicht** f servicio m militar obligatorio; **2pflichtig** adj. sujeto al servicio militar; ~**polizei** f policía f militar; ~**putsch** m golpe m (od. intentona f) militar; pronunciamiento m; ~**regierung** f gobierno m militar; ~**seelsorge** f asistencia f religiosa al ejército; ~**strafgerichtsbarkeit** f jurisdicción f militar; ~**strafgesetzbuch** n código m penal militar; ~**transport** m transporte m militar; ~**verwaltung** f administración f militar; ~**zeit** f tiempo m de servicio militar.
Mi'liz f milicia f; ~**soldat** m miliciano m.
'Mille F n (-; -) mil m.
Mil'lennium n (-s; -nien) milenio m.
Milli-am'pere ⚡ n miliamperio m.
Milliar'där m (-s; -e) multimillonario m.
Milli'arde f mil millones m/pl.
Milli'bar n milibar m; ~'**gramm** n miligramo m; ~'**meter** m, n milímetro m; ~'**meterpapier** n papel m milimetrado.
Milli'on f (-; -en) millón m; zu ~en por millones.
Millio'när(in f) m (-s; -e) millonario (-a f) m; vielfacher ~ multimillonario m.
Milli'onen|erbschaft f herencia f de millones; **2schwer** adj. millonario.
milli'onste adj., **21** n millonésimo (m).
'Milz Anat. f (-; -en) bazo m; ~**brand** Vet. m carbunco m; ~**entzündung** f esplenitis f; ~**vergrößerung** ⚕ f esplenomegalia f.
'Mime m (-n) actor m; **2n** v/t. Thea. interpretar, representar; (nachmachen) imitar; (vorgeben) fingir; den Kranken ~ hacerse el enfermo.
'Mimik f mímica f; ~**er** m mimo m.
'Mimikry f (0) mimetismo m.
'mimisch adj. mímico.
Mi'mose ⚘ f sensitiva f, a. fig. mimosa f; **2nhaft** fig. adj. hipersensible.
Mina'rett n (-(e)s; -e) minarete m, alminar m.
'minder I. adj. menor; (kleiner) más pequeño; (weniger bedeutend) inferior; **II.** adv. menos; **2bedarf** m reducción f del consumo; ~**begabt** adj. menos dotado; ~**bemittelt** adj. económicamente débil; necesitado; F geistig ~ retrasado; corto de alcances; **2betrag** m déficit m; **2bewertung** f depreciación f; **2einnahme** ✝ f, **2ertrag** m menor ingreso m en caja; déficit m (de ingresos); **2gewicht** n falta f de peso; **2heit** f minoría f; in der ~ sein estar en minoría; **2heitenfrage** f problema m de minorías; **2heitenschutz** m protección f de las minorías; **2heitsregierung** f gobierno m minoritario; ~**jährig** adj. menor (de edad); **2jährige(r** m) m/f menor m/f de edad; **2jährigkeit** f (0) minoría f de edad; ~**n** (-re) v/t. disminuir; aminorar; reducir; (mildern) moderar; (herabsetzen) rebajar; (abschwächen) atenuar; **2umsatz** ✝ m disminución f del volumen de ventas; **2ung** f disminución f; aminoración f; reducción f; (Milderung) moderación f; (Herabsetzung) rebaja f; (Abschwächung) atenuación f; **2wert** m menor valor m; minusvalía f; ~**wertig** adj. inferior; de menor valor bzw. calidad; de calidad inferior; de escaso valor; **2wertigkeit** f (0) inferioridad f; mediocridad f; **2wertigkeitsgefühl** n sentimiento m de inferioridad; **2wertigkeitskomplex** m complejo m de inferioridad; **2zahl** f minoría f; in der ~ sein estar en minoría.
'mindest (sup.): der, die ~e el, la menor; das ~e lo menos; nicht das ~e ni lo más mínimo; zum ~en por lo menos; al menos; nicht im ~en de ningún modo; ni en lo más mínimo; en absoluto; **2abstand** Vkw. m distancia f (od. separación f) mínima; **2alter** n edad f mínima; **2arbeitszeit** f jornada f de trabajo mínima; **2betrag** m cantidad f mínima; importe m mínimo; **2einkommen** n ingreso m mínimo; **2einlage** f depósito m mínimo; ~**ens** adv. por lo menos; al menos; como mínimo; **2gebot** n bei Auktionen: postura f mínima; **2gebühr** f tasa f mínima; **2gehalt** n sueldo m mínimo; **2geschwindigkeit** f velocidad f mínima; **2gewicht** n peso m mínimo; **2lohn** m salario m mínimo; **2maß** n mínimo m, mínimum m; auf ein ~ herabsetzen reducir al mínimo; **2preis** m precio m mínimo; **2reserve** f reserva f mínima; **2satz** m tasa f mínima; tipo m mínimo; **2wert** m valor m mínimo; **2zahl** f mínimo m, mínimum m; zur Beschlußfähigkeit: Parl. quórum m.
'Mine ✕, ⚓, ✒ f mina f (a. Kugelschreiber ✎ u. Bleistift ✎); ~n legen colocar minas; auf e-e ~ treten pisar una mina; ✎ auf e-e ~ laufen chocar con una mina; ~n suchen (od. räumen) localizar (⚓ dragar) minas.
'Minen...: ~feld ✕ n campo m minado; ~**legen** n colocación f de minas; ~**leger** ⚓ m minador m; ~**räumboot** n dragaminas m; ~**räumen** ⚓ n dragado m de minas; ~**sperre** f barrera f de minas; ~**suchboot** n buscaminas m; ~**suchen** n localización f de minas; ~**suchgerät** n detector m de minas; **2verseucht** adj. minado; sembrado de minas; ~**werfer** m lanzaminas m.
Mine'ral n (-s; -e u. -ien) mineral m; ~**bad** n baño m de aguas minerales; ~**ienkunde** f mineralogía f; ~**iensammlung** f colección f de minera-

les; ⚙︎**isch** *adj.* mineral; ⚙︎**i'sieren** *v/t.* mineralizar.
Minera|'loge *m* (-*n*) mineralogista *m*; **~lo'gie** *f* (*0*) mineralogía *f*; ⚙︎**'logisch** *adj.* mineralógico.
Mine'ral...: **~öl** *n* aceite *m* mineral; **~ölsteuer** *f* impuesto *m* sobre aceites minerales *bzw.* sobre el petróleo; **~quelle** *f* manantial *m* de aguas minerales; **~reich** *n* reino *m* mineral; **~salz** *n* sal *f* mineral; **~wasser** *n* agua *f* mineral.
Minia'tur *f* (-; -*en*) miniatura *f*; *in* ~ en miniatura; **~ausgabe** *f* edición *f* en miniatura; **~gemälde** *n* miniatura *f*; **~maler** *m* miniaturista *m*; **~malerei** *f* miniatura *f*.
'**Minicomputer** *m* minicomputador *m*, miniordenador *m*.
mi'nieren (-) *v/t.* minar.
'**Mini|golf** *n* golf *m* miniatura, minigolf *m*; **~kleid** *n* minivestido *m*.
mini'mal *adj.* mínimo; *fig.* insignificante; → *a.* **Mindest...**; ⚙︎**betrag** *m* (importe *m*) mínimo *m*; ⚙︎**gehalt** *m* contenido *m* mínimo; ⚙︎**gewicht** *n* peso *m* mínimo.
'**Minimum** *n* (-*s*; -*ma*) mínimum *m*, mínimo *m*; **~thermometer** *n* termómetro *m* de mínima.
'**Minirock** *m* minifalda *f*.
Mi'nister *m* ministro *m*; **~amt** *n* cargo *m* ministerial; cartera *f*; **~bank** *Parl. f Span.* banco *m* azul.
Ministeri'al|ausschuß *m* comisión *f* ministerial; **~beamte(r)** *m* funcionario *m* de un ministerio; **~direktor** *m* director *m* general (de un ministerio); **~dirigent** *m* subdirector *m* general (de un ministerio); **~erlaß** *m* orden *f* ministerial; decreto *m* ministerial; **~rat** *m* consejero *m* ministerial.
ministeri'ell *adj.* ministerial.
Mi'nisterin *f* mujer *f* ministro, ministra *f*.
Minis'terium *n* (-*s*; -*rien*) ministerio *m*.
Mi'nister...: **~konferenz** *f* conferencia *f* de ministros; **~posten** *m* → **~amt**; **~präsident** *m* presidente *m* del consejo (de ministros); primer ministro *m*; **~rat** *m* consejo *m* de ministros; **~sessel** F *m* → **~amt**.
Minis'trant *Rel. m* (-*en*) acólito *m*, monaguillo *m*; ⚙︎**'trieren** (-) *v/i.* ayudar a misa.
'**Minna** *f* (*0*) F *fig.* criada *f*, F chacha *f*; F *grüne* ~ coche *m* celular; F *fig. j-n zur* ~ *machen* poner a alg. como un trapo.
'**Minne** *Poes. f* (*0*) amor *m*; **~lied** *n* canción *f* de amor; **~sang** *m* poesía *f* de los trovadores (alemanes); **~sänger** *m* trovador *m* (alemán), minnesinger *m*; menestral *m*.
Minori'tät *f* minoría *f*.
Mino'taurus *Myt. m* Minotauro *m*.
Minu'end *Arith. m* (-*en*) minuendo *m*.
'**minus I.** *adv.* menos (*a.* ⚡︎); *5 Grad* ~ cinco grados negativos (*od.* bajo cero); **II.** ⚙︎ *n* (-; -) → ⚙︎**betrag** *m* déficit *m*.
Mi'nuskel *f* (-; -*n*) (letra *f*) minúscula *f*.
'**Minus|pol** ⚡︎ *m* polo *m* negativo; **~punkt** *m* punto *m* negativo; **~zeichen** ⚡︎ *n* menos *m*, signo *m* negativo.
Mi'nute *f* minuto *m*; F *auf die* ~ (*genau*) F como un clavo; *in letzter* ~ en el último momento; ⚙︎**nlang I.** *adj.* de varios minutos de duración; **II.** *adv.* durante algunos minutos; **~nzeiger** *m* minutero *m*.
minuzi'ös *adj.* minucioso.
'**Minze** ♣ *f* menta *f*, hierbabuena *f*.
mir *pron/pers.* (*dat. v. ich*) *unbetont*: me; *betont*: a mí; *ein Freund von* ~ un amigo mío; uno de mis amigos; *mit* ~ conmigo; *von* ~ de mí; de mi parte; *von* ~ *aus* (*meinetwegen*) por mí (no hay inconveniente); *wie du* ~, *so du dir* ojo por ojo y diente por diente; *donde las dan las toman*; ~ *nichts, dir nichts* F sin más ni más; de buenas a primeras.
Mira'belle ♣ *f* ciruela *f* amarilla (*od.* mirabel).
Mi'rakel *n* milagro *m*; **~spiel** *n* Liter. misterio *m*.
Misan'thro|p *m* (-*en*) misántropo *m*; **~'pie** *f* (*0*) misantropía *f*; ⚙︎**pisch** *adj.* misantrópico.
'**Misch|apparat** *m* mezclador *m*; **~art** *Zoo. f* especie *f* bastarda (*od.* híbrida); ⚙︎**bar** *adj.* mezclable, miscible; **~barkeit** *f* (*0*) miscibilidad *f*; **~becher** *m* vaso *m* mezclador; *für Getränke*: coctelera *f*; **~ehe** *f* matrimonio *m* mixto; ⚙︎**en** *v/t.* mezclar (*a. Film, Ton, TV*); *Wein*: adulterar; *Gift*: preparar; ♣, combinar; *Karten*: barajar; *Metalle*: alear; *sich in et.* ~ mezclarse en a/c.; (entre)meterse (*od.* inmiscuirse) en a/c.; *sich ins Gespräch* ~ meter baza; ~ *gemischt*; **~er** *m* mezclador *m*; **~farbe** *f* color *m* mixto; *Phys.* color *m* compuesto; **~futter** ✍ *n* forraje *m* mixto; **~gemüse** *n* macedonia *f* de legumbres; **~kultur** ✍ *f* cultivo *m* mixto; **~ling** *m* (-*s*; -*e*) mestizo *m*; *Zoo. u.* ♣ híbrido *m*; bastardo *m*; **~masch** F *m* (-*és*; -*e*) F mescolanza *f*, maremágnum *m*; ensalada *f*; **~maschine** *f* mezcladora *f*; **~pult** *n* pupitre *m* (*od.* mesa *f*) de mezcla; **~rasse** *f* raza *f* mixta; (*Hund*) bastardo *m*; **~ung** *f* mezcla *f*; mixtura *f*; combinación *f*; **~ungsverhältnis** *n* proporción *f* de mezcla; **~wald** *m* bosque *m* mixto; **~wolle** *f* lana *f* mezclada; **~zoll** *m* derecho *m* mixto.
mise'rabel *adj.* miserable; malísimo, pésimo; ~ *aussehen* tener muy mala cara.
Mi'sere *f* miseria *f*; calamidad *f*.
Mise'rere *n Rel.* miserere *m*; ⚕︎ cólico *m* miserere.
'**Mispel** ♣ *f* (-; -*n*) níspero *m*.
miß'achten (-*e*-; -) *v/t.* desestimar; desdeñar, menospreciar; (*nicht beachten*) no respetar; faltar a; desatender; *bsd. Gesetz usw.*: desacatar; '⚙︎**achtung** *f* desestimación *f*; desdén *m*, menosprecio *m*; desacato *m*; *unter* ~ *von* con menosprecio de; '**~behagen** *v/i.* molestar; desagradar; disgustar; '⚙︎**behagen** *n* molestia *f*; (*Unbehagen*) malestar *m*; desazón *f*; (*Unlust*) desagrado *m*; (*Verdruß*) disgusto *m*; '⚙︎**bildung** *f* deformidad *f*, malformación *f*; ~ **'billigen** (-) *v/t.* desaprobar, reprobar; (*tadeln*) censurar, *stärker*: condenar; '⚙︎**billigung** *f* desaprobación *f*; reprobación *f*, *stärker*: censura *f*; condenación *f*; '⚙︎**brauch** *m* abuso *m*; **~'brauchen** (-) *v/t.* abusar de (*a. Frau*); (*unrichtig gebrauchen*) hacer mal uso de; *den Namen Gottes* ~ profanar el nombre de Dios; '**~bräuchlich** *adj.* abusivo; **~'deuten** (-*e*-) *v/t.* interpretar mal (*od.* erróneamente); '⚙︎**deutung** *f* interpretación *f* errónea, falsa interpretación *f*.
'**missen** *v/t.*: *et.* (*j-n*) *nicht* ~ *können* no poder prescindir de a/c. (de alg.); no poder pasar(se) sin a/c. (sin alg.).
'**Miß...**: **~erfolg** *m* fracaso *m*, descalabro *m* (*haben sufrir*); fallo *m*; *ein* ~ *sein* tener mal éxito; fracasar; **~ernte** *f* mala cosecha *f*.
'**Misse|tat** *f* fechoría *f*; delito *m*; *Rel.* pecado *m*; **~täter(in** *f*) *m* malhechor(a *f*) *m*; ⚖︎ delincuente *m/f*; pecador(a *f*) *m*.
'**Miß...**: ⚙︎**'fallen** (*L*; -) *v/i.*: *j-m* ~ desagradar a alg., *stärker*: disgustar a alg.; ⚙︎**'fallen** *n* desagrado *m*; disgusto *m*; ⚙︎**fällig I.** *adj.* desagradable; desfavorable; **II.** *adv.*: *sich* ~ *äußern über et.* criticar a/c.; censurar *bzw.* desaprobar a/c.; hablar mal de a/c.; **~geburt** *f* criatura *f* deforme; *a. fig.* monstruo *m*, engendro *m*, monstruosidad *f*; ⚙︎**gelaunt** *adj.* malhumorado, de mal humor; **~geschick** *n* mala fortuna *f* (*od.* suerte *f*); adversidad *f*, infortunio *m*; contratiempo *m*, percance *m*; (*Unglück*) desgracia *f*, desdicha *f*; **~gestalt** *f* deformidad *f*, monstruosidad *f*; (*Wesen*) monstruo *m*; ⚙︎**gestalt(et)** *adj.* deforme, contrahecho; monstruoso; ⚙︎**gestimmt** *adj.* → ⚙︎**gelaunt**; ⚙︎**'glücken** (-; *sn*) *v/i.* fracasar, malograrse; fallar; frustrarse; salir mal, tener mal resultado; *es ist mir mißglückt* he fracasado; me ha salido mal; no he tenido éxito; ⚙︎**'gönnen** (-) *v/t.*: *j-m et.* ~ envidiar a alg. a/c.; **~griff** *m* desacierto *m*; error *m*, equivocación *f*; F plancha *f*; ~**gunst** *f* envidia *f*; celos *m/pl.*; ⚙︎**günstig** *adj.* envidioso; celoso (*auf ac.* de); ⚙︎**'handeln** (-*le*; -) *v/t.* maltratar, dar malos tratos (a); '**~handlung** *f* malos tratos *m/pl.*; brutalidad *f*; **~heirat** *f* casamiento *m* desigual; F casorio *m*; ⚙︎**hellig** *adj.* discorde; en desacuerdo; **~helligkeit** *f* discordancia *f*, discrepancia *f*; disensión *f*.
Missi'on *f* misión *f* (*a. Dipl., Rel.*); *Rel. Äußere* (*Innere*) ~ misiones en el exterior (interior).
Missio|'nar *m* (-*s*; -*e*) misionero *m*; ⚙︎**'nieren** (-) *v/t. u. v/i.* misionar.
Missi'ons...: **~anstalt** *f* misión *f*; **~chef** *Dipl. m* jefe *m* de misión; **~gesellschaft** *f* sociedad *f* de misiones; **~haus** *Rel. n* misión *f*; **~schule** *f* escuela *f* de las misiones; **~werk** *Rel. n* obra *f* misional; **~wesen** *n* misión *f*, misiones *f/pl.*
'**Miß...**: **~jahr** *n* mal año *m*; mala cosecha *f*; **~klang** *m* ♪ disonancia *f* (*a. fig.*); cacofonía *f*; **~kredit** *m* descrédito *m*; *in* ~ *geraten* caer en descrédito, desacreditarse; *in* ~ *bringen* desacreditar; ⚙︎**lich** *adj.* (*unangenehm*) desagradable; embarazoso; (*heikel*) delicado, escabroso; (*ärgerlich*) molesto, fastidioso; *Lage*: precario, penoso; ⚙︎**liebig** *adj.* mal visto; impopular; *sich bei j-m* ~ *machen* perder las simpatías de alg.; caer en desgracia; **~liebigkeit** *f* impopularidad *f*, falta *f* de simpatías; ⚙︎**'lingen** (*L*; -; *sn*) *v/i.* → ⚙︎**glücken**; ~**'lingen** *n*

→ ⁓erfolg; ⁓mut m mal humor m; ²mutig adj. malhumorado, de mal humor; ²'raten I. (L; -; sn) v/i. salir mal; dar mal resultado; fallar; II. adj.: ⁓es Kind niño m descastado; ⁓stand m inconveniente m; (Lage) situación f penosa; (Fehler) defecto m; anomalía f; e-m ⁓ abhelfen remediar un inconveniente; ⁓stimmung f discordancia f; mal humor m; descontento m; ⁓ton ♪ m tono m disonante (od. falso); a. fig. nota f falsa, disonancia f; ²tönend adj. discordante; desafinado; ²'trauen (-) v/i. desconfiar de; no fiarse de; ⁓trauen n desconfianza f; (Argwohn) recelo m, suspicacia f; F escama f; ⁓ hegen (od. haben) gegen desconfiar de; ⁓trauens-antrag Parl. m moción f de censura; ⁓trauensvotum n voto m de censura; ²trauisch adj. desconfiado; (argwöhnisch) receloso; suspicaz; F escamado; j-n ⁓ machen hacer desconfiar a alg.; despertar la desconfianza de alg.; F escamar a alg.; ⁓vergnügen n desagrado m; descontento m; ²vergnügt adj. descontento; (schlecht gelaunt) de mal humor; ⁓verhältnis n desproporción f; desequilibrio m; incongruencia f; (Ungleichheit) desigualdad f; in e-m ⁓ stehen estar en desproporción; in ein ⁓ bringen desproporcionar; ²verständlich adj. equívoco; que da lugar a interpretaciones erróneas; que se presta a confusión; ⁓verständnis n equivocación f; equívoco m, malentendido m; ²verstehen (L; -) v/t. entender mal, interpretar mal (od. equivocadamente); ⁓weisung Phys. f declinación f; ⁓wirtschaft f mala administración f (od. gestión f), desgobierno m.

Mist m (-es; 0) estiércol m; (Kot) excrementos m/pl.; (Schmutz) basura f; F (Plunder) porquería f; F fig. (Unsinn) tontería f, disparate m; P chorrada f; F das ist nicht auf s-m ⁓ gewachsen eso no es de su propia cosecha; F ese bollo no se ha cocido en su horno; F ⁓ machen chapucear; F ⁓ reden disparatar; F so ein ⁓! P ¡jolines!; V ¡mierda!; **'⁓beet** ⚹ n cama f de estiércol.

'Mistel ♣ f (-; -n) muérdago m.

'misten (-e-) **I.** v/i. estercolar; **II.** v/t. Acker: abonar, estercolar; Stall: limpiar, sacar el estiércol.

'Mist...: ⁓fink F fig. m puerco m, cochino m, marrano m; **⁓gabel** f horquilla f de estiércol; **⁓haufen** m estercolero m, montón m de estiércol; ²ig F adj. sucio; (unangenehm) feo; F cochino; **⁓käfer** Zoo. m geotrupo m.

Mis'tral m (-s; 0) mistral m.

'Mist...: ⁓stück P n, **⁓vieh** P n fig. animal m; canalla m; V mierda m; (Frau) P pájara f; **⁓wagen** m carro m de estiércol.

mit I. prp. (dat.) **1.** allg. con; ⁓ mir conmigo; ⁓ dir contigo; ⁓ sich consigo; ⁓ ihm, ihr, uns con él, con ella, con nosotros; ⁓ s-r Schwester con (od. acompañado de od. en compañía de) su hermana; ⁓ j-m gehen ir con alg.; acompañar a alg.; was ist ⁓ dir? ¿qué te pasa?; **2.** (Mittel) con; por; en; a; mediante, por medio de; ⁓ e-m Stock con un bastón; ⁓ der Post por correo;

⁓ dem Flugzeug (Zug, Auto) en avión (tren, coche); ⁓ Gold zahlen pagar en oro; ⁓ der Maschine (Hand) schreiben escribir a máquina (a mano); **3.** Art u. Weise: con; por; a; en; ⁓ Vergnügen con mucho gusto; ⁓ Absicht con intención; ⁓ Recht con razón; ⁓ Gewalt por (la) fuerza, a viva fuerza; ⁓ lauter Stimme en voz alta; ⁓ e-m Wort en una palabra; **4.** (Eigenschaft) de; ⁓ blauen Augen de ojos azules; **5.** zeitlich: con; a; ⁓ der Zeit con el tiempo; a la larga; ⁓ zehn Jahren a los diez años; **II.** adv.: ⁓ einbegriffen comprendido (od. incluido) en; ⁓ einstimmen hacer coro; ⁓ dazugehören formar parte de; ⁓ anfassen ayudar a hacer a/c.; ⁓ der Beste sein ser uno de los mejores; ²angeklagte(r m) m/f coacusado (-a f) m; ⁓arbeit f colaboración f; cooperación f; unter ⁓ von en colaboración con; ⁓arbeiten (-e-) v/i. colaborar (an, bei dat. en, a), cooperar (en, a); ²arbeiter(in f) m colaborador(a f) m; cooperador(a f) m; ²arbeiterstab m equipo m de colaboradores; ²autor m coautor m; ²begründer(in f) m cofundador(a f) m; ⁓bekommen (L; -) v/t. auf den Weg: llevarse; als Mitgift: recibir en dote; F (verstehen) comprender; enterarse de; F captar; ⁓benutzen (-t; -) v/t. usar en común; ²benutzung f uso m común; ²benutzungsrecht n derecho m de usufructo común; ⁓berechtigt ⚖ adj. copartícipe; ²besitz ⚖ m coposesión f; bsd. Pol. condominio m; ⁓besitzen (L; -) v/t. poseer en común; ²besitzer(in f) m ⚖ coposesor(a f) m; ⁓bestimmen (-) v/i. contribuir a una decisión; Arbeiter: participar en la gestión (de la empresa); ²bestimmung f cogestión f; ²bestimmungsrecht n derecho m de cogestión; ⁓beteiligt adj. interesado; ⁓ sein an participar en; tomar parte en; estar interesado en; ✞ ser consocio; ⚖ ser cómplice; ²beteiligte(r m) m/f ⚖ copartícipe m/f; ²beteiligung f coparticipación f; ⁓bewerben (L; -) v/refl.: sich ⁓ um competir (con alg.) en; ²bewerber(in f) m competidor(a f) m; contrincante m/f; ²bewohner(in f) m convecino (-a f) m, coinquilino (-a f) m; ⁓bringen (L) v/t. traer; in die Ehe usw.: aportar; Zeugen, Unterlagen: presentar; fig. Fähigkeiten usw.: reunir; ²bringsel n pequeño regalo m; ²bürge m cofiador m; ²bürger(in f) m conciudadano (-a f) m; ²eigentum n copropiedad f; ²eigentümer(in f) m copropietario (-a f) m; ⁓ condueño (-a f) m; ⁓ein'ander adv. juntos; uno(s) con otro(s); alle ⁓ todos (juntos); ⁓empfinden (L; -) v/t. ⁓ fühlen; ²erbe m, ²erbin f ⚖ coheredero (-a f) m; ⁓erleben (-) v/t. presenciar (et. a/c.), asistir (a a/c.); participar (en a/c.); ⁓essen v/i. comer con; ²esser ♂ m comedón m, espinilla f; ⁓fahren (L; sn) v/i. ir (con); mit j-m ⁓ acompañar a alg. (en un viaje); ²fahrer(in f) m compañero (-a f) m de viaje; → a. Beifahrer; ⁓freuen v/refl.: sich mit j-m ⁓ compartir la alegría de alg.; ⁓fühlen v/t. u. v/i.: mit j-m ⁓ simpatizar con alg., compartir los sentimientos de alg.;

⁓fühlend adj. compasivo; ⁓führen v/t. llevar bzw. traer (consigo); Fluß usw.: acarrear, arrastrar; ⁓geben (L) v/t. dar; als Mitgift: dar en dote; j-m e-n Führer ⁓ hacer acompañar a alg. por un guía; ²gefangene(r) m compañero m de prisión (✠ de cautiverio); ⚖ codetenido m; ²gefühl n simpatía f; (Mitleid) compasión f; (Beileid) pésame m; j-m sein ⁓ ausdrücken dar a alg. el pésame; ⁓gehen (L; sn) v/i. ir (mit j-m con alg.), acompañar (a alg.); (folgen) seguir (a alg.); fig. Zuhörer usw.: seguir atentamente; F et. ⁓ lassen F mangar, limpiar a/c.; mitgegangen, mitgefangen, mitgehangen F aqui te cojo, aqui te mato; ⁓genommen adj. → ⁓nehmen; ²gift f dote m/f; ²giftjäger m cazadotes m.

'Mitglied n miembro m; bsd. v. Vereinen: socio m; e-r Partei: afiliado m; e-r Akademie: académico m; e-r Gruppe: componente m, integrante m; ⁓erversammlung f junta f general; ⁓sbeitrag m cuota f (de socio); ⁓schaft f (0) calidad f de socio; ⁓skarte f carnet m de socio; ⁓(s)staat m Estado m miembro.

'mit...: ⁓haben v/t. llevar (consigo); ²haftung f responsabilidad f solidaria (od. colectiva); ⁓halten (L) v/i. ser de la partida; participar (L); ⁓helfen (L) v/i. ayudar a; colaborar en; cooperar a; ²helfer(in f) m cooperador(a f) m; m.s. cómplice m/f; ²herausgeber m coeditor m; ²hilfe f ayuda f; asistencia f; cooperación f, colaboración f; m. s. complicidad f; ⁓'hin adv. por consiguiente, por (lo) tanto; F (así) pues; ⁓hören v/t. escuchar; Tele. a. interceptar; ²inhaber(in f) m copropietario (-a f) m; e-r Firma: (con)socio (-a f) m; ⁓kämpfen v/i. tomar parte en un combate (od. una lucha); ²kämpfer m compañero m de armas (od. de lucha); ²kläger(in f) m ⚖ codemandante m/f; coligante m/f; ⁓klingen v/i. resonar; ♪ Saite: resonar bzw. ⁓kommen (L; sn) v/i. ir bzw. venir (mit con); acompañar (a alg.); fig. poder seguir; mit dem Zug ⁓ alcanzar el tren; ⁓können (L) v/i. poder ir bzw. venir con alg.; fig. poder seguir; fig. da kann ich nicht mit esto es superior a mis fuerzas bzw. fuera de mi alcance; ⁓kriegen F v/t. → ⁓bekommen; ⁓lachen v/i. reírse con los otros; ⁓laufen (L; sn) v/i. correr con los demás; Sport: participar (en la carrera); ²läufer Pol. m simpatizante m; secuaz m; coll. die ⁓ las huestes; ⁓laut Gr. m consonante f.

'Mitleid n piedad f; compasión f; conmiseración f; lástima f; mit j-m ⁓ haben tener compasión de alg.; aus ⁓ por compasión; por lástima; ⁓ erregen (od. erwecken) dar lástima (od. pena); ⁓enschaft f (0): in ⁓ ziehen afectar (también); in ⁓ gezogen werden sufrir también las consecuencias de a/c.; ²erregend adj. que mueve a compasión; deplorable; ²ig adj. compasivo; piadoso; caritativo; ²(s)los adj. despiadado; sin compasión (beide a. adv.); ⁓(s)losigkeit f (0) falta f de piedad; ²(s)voll adj. lleno de compasión, compasivo.

¹**mit...: ~lesen** (L) v/t. leer junto con otro; *im Buch*: seguir el texto; **~machen I.** v/i. ser de la partida; hacer como los demás; *ich mache mit!* ¡me apunto!; **II.** v/t. tomar parte en, participar en; *Mode usw.*: seguir; *Kurs usw.*: asistir a; *fig.* (*durchmachen*) sufrir, pasar (por); ℒ**mensch** m prójimo m; **~mischen** F v/i. estar metido en; meter baza; **~nehmen** (L) v/t. llevar (consigo); llevarse; (*mitreißen*) arrastrar (a. ⊕); *Reisende*: recoger; *Gelegenheit*: aprovechar; F *fig. Ort, Museum usw.*: visitar; *fig.* (*schädigen*) afectar; deteriorar; *Gesundheit, Geschäft*: arruinar; (*erschöpfen*) agotar; F hacer polvo; *durch Krankheit*: debilitar, extenuar; *j-n arg ~* dejar malparado a alg.; *das hat ihn sehr mitgenommen* ha sido un rudo golpe para él; *er sieht ganz mitgenommen aus* tiene muy mala cara; **~nehmer** ⊕ m leva f; ℒ**nehmerbolzen** ⊕ m perno m de arrastre; ℒ**nehmerscheibe** ⊕ f disco m de arrastre; **~¹nichten** adv. de ningún modo, de ninguna manera; nada de eso; en absoluto.

¹**Mitra** f (-; -*tren*) mitra f.

¹**mit...: ~rechnen** (-e-) **I.** v/t. incluir (en la cuenta); *nicht mitgerechnet* sin contar; **II.** v/i. contar; **~reden** (-e-) v/i. tomar parte (*od.* intervenir) en la conversación *bzw.* en la discusión; meter baza; *Sie haben hier nichts mitzureden* aquí no tiene usted nada que opinar; *ein Wort* (*od.* *Wörtchen*) *mitzureden haben* tener también algo que decir; tener voz (en un asunto); *überall ~ wollen* F querer meterse en todo; **~reisen** (-t; sn) v/i. viajar junto con; acompañar en el viaje; ℒ**reisende(r** m) m/f compañero (-a f) m de viaje; **~reißen** (L) v/t. arrastrar; *fig.* entusiasmar; arrebatar; electrizar; **~reißend** *fig. adj.* arrebatador; electrizante; **~¹samt** *prp.* (*dat.*) con; en compañía de; junto con; **~schicken** v/t. enviar (*od.* mandar) (junto con; enviar al mismo tiempo; (*beilegen*) incluir; ✝ adjuntar; **~schleifen** v/t. arrastrar; F *fig.* llevar; **~schleppen** v/t. llevar consigo; arrastrar consigo *od.* tras (de) sí; F *fig.* llevar; traer; **~schneiden** (L) v/t. *auf Tonband*: grabar en directo; ℒ**schnitt** m grabación f directa; **~schreiben** (L) v/t. tomar apuntes; escribir al dictado; ℒ**schuld** 🏛 f complicidad f; **~schuldig** 🏛 *adj.* cómplice (*an dat.* de); ℒ**schuldige(r** m) m/f cómplice m/f; ℒ**schuldner** m codeudor m; ℒ**schüler(in** f) m condiscípulo (-a f) m; compañero (-a f) m de clase; **~schwingen** (L; sn) v/i. resonar; vibrar (a. fig.); **~singen** (L) v/i. cantar con; unirse al canto; **~spielen** v/i. u. v/t. participar (*od.* tomar parte) en el juego; jugar con; *Thea.* actuar en; ♪ tocar con (*od.* en); *Sport*: formar parte del equipo; *fig.* entrar en cuenta (*od.* en juego); F *fig. nicht mehr ~* retirarse (del juego); *j-m übel ~* hacer una mala partida (*od.* faena *od.* jugada) a alg.; ℒ**spieler(in** f) m compañero (-a f) m de juego (*Sport*: de equipo); ℒ**spracherecht** n derecho m de intervención; **~sprechen** (L) v/i. u. **~reden** f; *fig.* contar; entrar en cuenta; ℒ**streiter** m → ℒ**kämpfer**.

¹**Mittag** m (-s; -e) mediodía m; *heute* ℒ (*hoy*) a mediodía; *gegen ~* hacia mediodía; *a última hora de la mañana; *zu ~ essen* almorzar, comer; F *~ machen* hacer mediodía; ir a comer; **~essen** n almuerzo m, comida f.

¹**mittäglich** *adj.* del mediodía.

¹**mittags** *adv.* a(l) mediodía; a la hora de comer; *es ist 12 Uhr ~* son las doce de la mañana; ℒ**gast** m convidado m (a comer *od.* a almorzar); ℒ**glut** (, ℒ**hitze** f calor m de mediodía; ℒ**kreis** *Astr.* m meridiano m; ℒ**linie** *Astr.* f línea f meridiana; ℒ**mahl(zeit** f) n almuerzo m; ℒ**pause** f hora f de comer; ℒ**ruhe** f, ℒ**schlaf** m siesta f; *~ halten* hacer (*od.* dormir *od.* echar) la siesta; ℒ**sonne** f sol m de mediodía; ℒ**stunde** f (hora f del) mediodía m; ℒ**tisch** m casa f de comidas; comedor m; ℒ**zeit** f (hora f del) mediodía m; (*Essenszeit*) hora f de comer; *zur ~* a mediodía.

¹**Mittäter|(in** f) m 🏛 cómplice m/f; coautor(a f) m; **~schaft** 🏛 f complicidad f; coautoría f.

¹**Mitte** f medio m; (*Mittelpunkt*) centro m; *des Wegs*: mitad f; *in der ~* en medio; en el centro; *in der ~ stehen* estar en medio; *in der ~ des XIX. Jahrhunderts* a mediados del siglo diecinueve; *~ Dreißig* entre treinta y cuarenta años; *~ März* a mediados de marzo; *in unserer ~* entre nosotros; *aus unserer ~* de nosotros; *in der ~ zwischen* a medio camino entre; *in der ~ durchschneiden* cortar por la mitad; F *ab durch die ~!* ¡fuera!, ¡lárgate!

¹**mitteil|bar** *adj.* comunicable; **~en** v/t. comunicar, participar, hacer saber (*j-m et. a/c.* a alg.); informar, avisar (*j-m et. a alg. de a/c.*); *amtlich*: notificar; *sich j-m ~* confiarse a alg.; desahogarse con alg.; **~sam** *adj.* comunicativo; expansivo; ℒ**samkeit** f carácter m comunicativo; expansión f; ℒ**ung** f comunicación f; participación f; informe m; aviso m; *amtliche*: notificación f; comunicado m; *~ machen → mitteilen*; ℒ**ungsbedürfnis** n deseo m de comunicarse (*od.* explayarse); necesidad f de confiarse a alg.; ℒ**ungsblatt** n boletín m.

¹**Mittel** m (-s; -) medio m; (*Ausweg*) recurso m, arbitrio m, expediente m; (*Hilfs-*) recurso m; (*Heil-*) remedio m (*gegen* contra *od.* para); ⚕ media f; 🜉 agente m; *pl.* (*Gelder*) medios m/pl., recursos m/pl., fondos m/pl.; *~* (*zum Zweck*) medio m; *im ~* (*durchschnittlich*) por término medio; *öffentliche ~* fondos m/pl. públicos; *s-e ~ erlauben es ihm nicht* sus medios no se lo permiten; *er hat die ~ dazu* tiene medios para ello; *sich ins ~ legen* interponerse; intervenir (en un asunto); interceder; mediar; *~ und Wege finden zu* hallar medio para (*od.* de); *mit allen ~n* por todos los medios; *aus eigenen ~n* con medios propios; por propia cuenta; *ihm ist jedes ~ recht* para él todos los medios son buenos.

¹**mittel I.** *adj.* → *mittler*; **II.** F *adv.* (*mäßig*) regular, así así.

¹**Mittel...: ~alter** *Hist.* n Edad f Media, medievo m; ℒ**alterlich** *adj.* de la Edad Media, medieval; **~amerika** n América f Central, Centroamérica f; ℒ**amerikanisch** *adj.* centroamericano; ℒ**bar** *adj.* indirecto; mediato; **~betrieb** m empresa f mediana; **~deutschland** n Alemania f Central; **~ding** n cosa f intermedia; *ein ~ zwischen ... und ...* una cosa entre ... y ...; **~europa** n Europa f Central, Centroeuropa f; ℒ**europäisch** *adj.* centroeuropeo; *~e Zeit* hora f de Europa Central; ℒ**fein** ⚙ entrefino; **~feld** n *Sport*: centro m del campo; **~feldspieler** m centrocampista m; **~finger** m dedo m del corazón; ℒ**fristig** *adj.* a medio plazo; **~fuß** *Anat.* m metatarso m; **~gang** m pasillo m central; **~gebirge** n sistema m montañoso de mediana altura; **~gewicht** n *Sport*: peso m medio; **~glied** n *Anat.* falangina f; ⚕ u. *Logik*: término m medio; ℒ**groß** *adj.* de tamaño medio; *Person*: de estatura mediana; **~größe** f tamaño m medio; estatura f mediana; **~hand** f *Anat.* metacarpo m; *Pferd*: tercio m medio; ℒ**hochdeutsch** *adj.*, **~hochdeutsch** n alto alemán medio (m); **~klasse** ✝ f calidad f media; **~klassewagen** *Kfz.* m coche m de categoría media; **~lage** f posición f central; **~landkanal** m Canal m del Centro; **~läufer** m *Fußball*: medio m centro; **~linie** f línea f central (a. *Sport*); línea f media (a. *Vkw.*); ⚕ mediana f; ℒ**los** *adj.* sin recursos, falto de medios; indigente; **~losigkeit** f (0) falta f de recursos (*od.* de medios); indigencia f; **~mächte** *Pol.* f/pl. potencias f/pl. centrales; **~maß** n medida f regular; *v. Personen*: estatura f mediana (*od.* regular); ℒ**mäßig** *adj.* mediano, regular; *desp.* mediocre; F así así; **~mäßigkeit** f (0) medianía f mediocridad f; adocenamiento m; **~meer** n (Mar m) Mediterráneo m; **~meerländer** n/pl. países m/pl. mediterráneos; **~ohr** *Anat.* n oído m medio; **~ohrentzündung** 🜉 f otitis f media; ℒ**prächtig** F *adj.* regular, que puede pasar; **~punkt** m centro m (a. *fig.*); punto m central; *fig.* corazón m; (*Brennpunkt*) foco m; *im ~ gelegen* central; céntrico; ℒ**s** *prp.* (*gen.*) por medio de; mediante; **~scheitel** m raya f central; **~schiff** 🜉 n nave f central; **~schule** f → *Realschule*; **~smann** m (-*és*; *~er*), **~sperson** f mediador m; intermediario m; **~sorte** ✝ f calidad f media; **~spur** *Vkw.* f carril m central; **~stand** m clase f media; ✝ mediana empresa f; *gehobener ~* clase f media alta; ℒ**ständisch** *adj.* de la clase media; *weitS.* burgués; ✝ *Unternehmen*: mediano; **~stellung** f posición f central *bzw.* media; **~stimme** ♪ f voz f media; **~strecke** f *Sport*: medio fondo m; distancia f media; **~streckenlauf** m carrera f de medio fondo; **~streckenläufer(in** f) m corredor(a f) m de medio fondo; **~streckenrakete** ⚔ f cohete f (*od.* misil m) de alcance medio; **~streifen** m *Autobahn*: (franja f) mediana f; arcén m central; **~stück** ⊕ n pieza f intermedia (*od.* central); *Fleischerei*: falda f; **~stufe** f segundo grado m; *Schule*: grados m/pl. medios; **~stürmer** m *Fußball*: delantero m centro; **~wand** ⚑ f pared f medianera; tabique m; **~weg** *fig.* m término medio; compromiso m; *der goldene ~*

el justo medio; ~welle *f Radio*: onda *f* media; ~wellenbereich *m* gama *f* de ondas medias; ~wellensender *m* emisora *f* de onda media; ~wert *m* valor *m* medio; ⚕ término *m* medio; promedio *m*; ~wort *Gr. n* participio *m.*

'mitten *adv.*: ~ in, an, auf en medio de; en el centro de; ~ unter entre; ~ aus por *bzw.* de en medio de; ~ durch a través de; por en medio de; por entre; ~ im Winter en pleno invierno; ~ am Tage en pleno día; ~ auf der Straße en medio de la calle; ~'drin F *adv.* justamente en el medio; ~'durch *adv.* por en medio de; a través de; ~ schneiden cortar por la mitad.

'Mitter|nacht *f* medianoche; um (gegen) ~ a (hacia) medianoche; 2nächtlich *adj.* de (*od.* a) medianoche; ~nachtssonne *f* sol *m* de medianoche.

'mittig ⊕ *adj.* central; centrado.

'mittler *adj.* medio, del medio; central, del centro; (*dazwischenliegend*) intermedi(ari)o; (*durchschnittlich*) mediano (*a. Qualität, Betrieb*); ~en Alters de mediana edad; von ~er Größe de tamaño mediano; *Person*: de estatura mediana; ~er Beamter funcionario *m* de mediana categoría; 2er Osten Oriente *m* Medio.

'Mittler|(in *f*) *m* mediador(a *f*) *m*; medianero (-a *f*) *m*; intermediario *m*; ~amt *n* buenos oficios *m/pl.*; mediación *f*; 2'weile *adv.* mientras tanto, entretanto.

'mit|tragen (L) *v/t.* llevar (con otros); *fig.* conllevar; compartir; ~trinken (L) *v/t.*: mit j-m ~ beber con alg.

'mitt|schiffs ⚓ *adv.* en el centro del barco; 2sommer *m* pleno verano *m*.

'mittun (L) *v/i. u. v/t.* → ~machen.

'Mittwoch *m* (-s; -e) miércoles *m*; 2s *adv.* los miércoles.

'mit...: ~'unter *adv.* de vez en cuando, a veces, de cuando en cuando; ~unterschreiben (L; -), ~unterzeichnen (-e-, -) *v/t.* firmar en segundo lugar; (*gegenzeichnen*) refrendar; 2unterschrift *f* segunda firma *f*; (*Gegenzeichnung*) refrendo *m*, contrafirma *f*; 2unterzeichner *m* cofirmante *m*; 2ursache *f* causa *f* concomitante, concausa *f*; ~verantwortlich *adj.* igualmente responsable; *Handelsrecht*: solidario (für de); ~ sein compartir la responsabilidad; 2verantwortung *f* responsabilidad *f* común (*od.* conjunta); 2verfasser(in *f*) *m* coautor(a *f*) *m*; 2verschulden ⚖ *n* concurrencia *f* de culpa; 2verschworene(r) *m* conjurado *m*; ~versichern *v/t.* coasegurar; 2versicherung *f* coaseguro *m*; 2welt *f*: die ~ el mundo contemporáneo, los contemporáneos; ~wirken *v/i.* cooperar, colaborar, concurrir, tomar parte, participar (bei en); *Thea.* actuar (en); ~wirkend *adj.* cooperante; concomitante; 2wirkende *m/pl.*; *Thea.* actores *m/pl.*; ♪ ejecutantes *m/pl.*; 2wirkung *f* cooperación *f*; colaboración *f*; concurso *m*; asistencia *f*; participación *f*; unter ~ von con la colaboración de; 2wissen *n* conocimiento *m*; ⚖ complicidad *f*; ohne

mein ~ sin mi conocimiento, sin saberlo yo; unter ~ von a sabiendas de; 2wisser(in *f*) *m* consabidor(a *f*) *m*; (*Vertrauter*) confidente *m/f*; ⚖ cómplice *m/f*; ~zählen I. *v/t.* contar también; incluir (en el número); nicht mitgezählt sin contar; II. *v/i.*: das zählt nicht mit eso no cuenta; ~ziehen (L) I. *v/t.* arrastrar; II. (sn) *v/i.* partir *od.* ir (mit j-m con alg.); marcharse con los demás; F *fig.* seguir el ejemplo.

'Mix|becher *m* coctelera *f*; 2en (-t) *v/t.* mezclar; ~er *m* (*Bar*2) barman *m*; (*Gerät*) batidor *m*, batidora *f*; ~getränk *n* batido *m*; ~'tur *f* (-; -en) mixtura *f*; mezcla *f*.

Mob *m* (-s; 0) populacho *m*; chusma *f*, turba *f*.

'Mobbing *n* (-s; 0) mobbing *m*, acoso *m*.

'Möbel *n* (-s;-) mueble *m*; ungefüges ~ armatoste *m* (*a. fig.*); ~fabrik *f* fábrica *f* de muebles; ~geschäft *n* mueblería *f*, tienda *f* de muebles; ~händler *m* comerciante *m* en muebles, mueblista *m*; ~industrie *f* industria *f* del mueble; ~lager *n* guardamuebles *m*; ~politur *f* pulimento *m* para muebles; ~rolle *f* roldana *f* para muebles; ~schreiner *m*, ~tischler *m* ebanista *m*; ~schreinerei *f*, ~tischlerei *f* ebanistería *f*; ~spediteur *m* agente *m* de mudanzas; ~spedition *f* agencia *f* (*od.* empresa *f*) de mudanzas; ~stück *n* mueble *m*; ~transport *m* mudanza *f*; ~überzug *m* funda *f* de mueble; ~wagen *m* camión *m* de mudanza; gepolsterter: (camión *m*) capitoné *m*.

mo'bil *adj.* móvil; (*flink*) ágil; activo; ⚔ ~ machen movilizar (*a. fig.*).

'Mobile [-le:] *n* (-s; -s) móvil *m*.

Mo'bil(funk)netz *n* Tele. red *f* de telefonía móvil.

Mobili'ar *n* (-s; -e) mobiliario *m*, muebles *m/pl.*, mueblaje *m*; ~vermögen *n* bienes *m/pl.* muebles.

Mo'bilien *pl.* bienes *m/pl.* muebles; valores *m/pl.* mobiliarios.

mobili'sier|en *v/t.* movilizar (*a. fig.*); 2ung *f* movilización *f*.

Mo'bilmachung ⚔ *f* movilización *f*; ~sbefehl *m* orden *f* de movilización.

Mo'biltelefon *n* (teléfono *m*) móvil *m*, *Am.* (teléfono *m*) celular *m*.

mö'blier|en (-) *v/t.* amueblar, *Am.* amoblar; ~t *adj.* amueblado, ~ wohnen vivir en una habitación amueblada *bzw.* en un piso amueblado; möbliert vermieten subarrendar un piso amueblado *bzw.* una habitación amueblada; 2ung *f* mobiliario *m*, mueblaje *m*.

mo'dal *Gr. adj.* modal; 2i'tät *f* modalidad *f*; 2verb *n* verbo *m* modal.

'Mode *f* moda *f*; die neueste ~ la última moda *bzw.* novedad; el último grito; ~ werden ponerse de moda; (in) ~ sein estar de moda, ser (la) moda; estar en boga; *fig. a.* estilarse; in ~ bringen poner de (*od.* en) moda; aus der ~ sein estar pasado de moda; nach der ~ a la moda; die ~ mitmachen, mit der ~ gehen seguir (*od.* ir con) la moda; ~artikel *m* artículo *m* de moda; novedad *f*; ~farbe *f* color *m* de moda (*od.* de actualidad); ~geck *m* → ~narr; ~geschäft *n*, ~haus *n* tienda *f* (*od.* casa *f*) de modas.

Mo'dell *n* (-s; -e) modelo *m*; (*Muster*) patrón *m*; (*Urbild*) prototipo *m*; (*Mannequin*) modelo *f* (*a. Mal.*), maniquí *f*; △ maqueta *f*; ~ stehen servir de modelo; *Mal. a.* posar; ~eisenbahn *f* tren *m* (en) miniatura; ~fall *m* caso *m* modelo; ~flugzeug *n* modelo *m* reducido de avión, aeromodelo *m*.

model'lier|en (-) *v/t.* modelar; amoldar; 2en *n* modelado *m*; 2er *m* modelador *m*; 2masse *f* pasta *f* de modelar; 2ung *f* modelado *m*.

Mo'dell...: ~kleid *n* modelo *m*; ~puppe *f* maniquí *m*; ~schreiner *m*, ~tischler *m* (carpintero *m*) modelista *m*; ~schreinerei *f*, ~tischlerei *f* carpintería *f* modelista; ~zeichner(in *f*) *m* modelista *m/f*; dibujante *m/f* de modelos *bzw.* de figurines.

'modeln (-le) *v/t.* modelar; amoldar.

'Modem *m od. n* (-s; -s) *Internet*: módem *m*.

'Mode|mensch *m* hombre *m* a la moda; ~narr *m* petimetre *m*; figurín *m*; *angl.* dandi *m*; ~nhaus *n* → Modegeschäft; ~nschau *f* desfile *m* de modelos (*od.* de moda).

'Moder *m* (-s; 0) moho *m*; (*Fäulnis*) putrefacción *f*; podredumbre *f*; (*Schlamm*) lodo *m*; fango *m*; nach ~ riechen oler a podrido *bzw.* a moho.

Mode'rati|on TV *f* presentación *f*; ~'rator *m* (-s; -'toren) moderador *m*; TV *a.* presentador *m*; 2'rieren TV (-) *v/t.* moderar; presentar.

'mod|(e)rig *adj.* mohoso; podrido; (*schlammig*) fangoso; ~ern (-re) *v/i.* pudrirse; corromperse.

mo'dern *adj.* moderno; a la moda; actual, de actualidad; (*fortschrittlich*) progresivo; das ist nicht mehr ~ ya ha pasado de moda; *fig.* ya no se estila; 2e *f* (0) modernidad *f*; tendencias *f/pl.* modernas; estilo *m* moderno.

moderni'sier|en (-) *v/t.* modernizar; poner al día; Kleid *usw.*: reformar, adaptar al gusto actual; 2ung *f* modernización *f*.

Moder'nis|mus *m* (-; 0) modernismo *m*.

Moderni'tät *f* modernidad *f*.

'Mode...: ~salon *m* salón *m* de modas (*od.* de alta costura); ~schmuck *m* bisutería *f*; ~schöpfer *m* modista *m*, modisto *m*; creador *m* de alta costura; ~waren *f/pl.* artículos *m/pl.* de moda (*od.* de fantasía); novedades *f/pl.*; ~wort *n* palabra *f* de moda; ~zeichner(in *f*) *m* diseñador(a *f*) *m* de modas; ~zeichnung *f* figurín *m* (de modas); ~zeitschrift *f* revista *f* de modas.

modifi'zier|en (-) *v/t.* modificar; 2ung *f* modificación *f*.

'modisch *adj.* a la moda; de moda; moderno; actual; ~e Neuheiten novedades *f/pl.*

Mo'distin *f* modista *f*.

'Modul *m* (-s; -n) módulo *m*.

Modu'lati|on *f* modulación *f*; ~'lator *m* (-s; -'toren) modulador *m*; 2'lieren (-) *v/t.* modular.

'Modus *m* (-; *Modi*) modo *m* (*a. Gr.*).

'Mofa *n* (-s; -s) velomotor *m*.

Moge'lei F *f* trampa *f*, fullería *f*.

'mogeln (-le) F *v/i.* hacer trampas.

'mögen (L) *v/t. u. v/aux.* (*können, dürfen*) poder; (*wünschen, wollen*) querer; desear; (*gern haben*) querer, apreciar; *a. Speise*: gustar; *lieber* ~ preferir; gustar más; querer más bien; *das mag ich gern* me gusta mucho; *das mag ich nicht* no me gusta; *er mag mich nicht* no me quiere; *ich möchte* quisiera; desearía; *ich möchte gern* me gustaría; *das hätte ich sehen* ~ me hubiera gustado verlo; *was möchten Sie?* ¿qué desea (usted)?; *man möchte meinen* se diría que; *so sehr ich auch möchte* por mucho que quiera; *es mag sein* puede ser; es posible; *du magst sagen, was du willst* puedes decir lo que quieras; digas lo que digas; *mag man wollen oder nicht* quiérase o no; de grado o por fuerza; *er mag 20 Jahre alt sein* tendrá unos veinte años; *er mag krank sein* puede ser (*od.* es posible) que esté enfermo; tal vez esté enfermo; *er mag es tun, wenn er kann* que lo haga si puede; *er mag gehen* que se vaya; puede marcharse; *er mag jetzt nicht gehen* no quiere marcharse ahora; *er mag ruhig warten!* ¡que espere!; *möge er glücklich sein!* ¡que sea feliz!; *was man auch immer sagen mag* dígase lo que se diga; *mag er auch noch so reich sein* por muy rico que sea; *wer er auch sein mag* sea quien sea; sea quien fuere; *wo er wohl sein mag?* ¿dónde estará?, F ¿dónde se habrá metido?; *wo mag das gehört haben?* ¿dónde habrá oído eso?; *was mag das bedeuten?* ¿qué significará eso?

'**Mogler** F *m* tramposo *m*, fullero *m*.

'**möglich** *adj.* posible; (*durchführbar*) factible; hacedero; realizable; (*eventuell*) potencial; *es ist* ~, *daß* ... es posible (*od.* puede ser) que ... (*subj.*); *das ist gut* ~ es muy posible; *nicht* ~! ¡no es posible (de creer)!; ¡no me diga(s)!; F ¿será posible?; *man sollte es nicht für* ~ *halten!* ¡parece mentira!; ¡no te digo!; *wenn* ~ si es posible; *so gut wie* ~ lo mejor posible; *so schnell wie* ~ lo más rápido posible; *soviel wie* ~ todo lo posible; *so oft wie* ~ lo más a menudo posible; con la mayor frecuencia que se pueda; *so bald wie* ~ cuanto antes; lo más pronto posible; a la mayor brevedad; *so wenig wie* ~ lo menos posible; *so wenig Lärm wie* ~ el menor ruido posible; *im Rahmen des* ℒ*en* en la medida de lo posible; dentro de lo que cabe; *alles* ~*e* toda clase de cosas; *alles* ℒ*e tun* hacer todo lo posible; hacer todo lo que se pueda; ~ *machen* hacer posible, posibilitar; facilitar; ~**er'weise** *adv.* posiblemente; a lo mejor; puede que; ℒ**keit** *f* posibilidad *f*; (*möglicher Fall*) eventualidad *f*; contingencia *f*; (*Gelegenheit*) oportunidad *f*; *nach* ~ en lo posible; *es gibt keine* ~ no hay (ninguna) posibilidad; no es posible; no hay manera de (*inf.*); ~**st** *adj. u. adv.*: ~ *viel* lo más posible, el mayor número (*od.* la mayor cantidad) posible; ~ *wenig* lo menos posible; ~ *wenig Fehler* el menor número de faltas posible; ~ *bald* cuanto antes, lo más pronto (*od.* lo antes) posible; ~ *gut* lo mejor posible; *sein* ~*es tun* hacer todo lo posible.

Mo'hair [ɛ:] *m* (-*s*; -*e*) mohair *m*.

'**Mohammed** *m* Mahoma *m*; ~'**daner(in** *f*) *m* mahometano (-a *f*) *m*;

musulmán *m*, musulmana *f*; ℒ'**danisch** *adj.* mahometano; musulmán.

'**Mohn** ♀ *m* (-*¢s*; -*e*) adormidera *f*; (*Klatsch*ℒ) → ~**blume** *f* amapola *f*; ~**kapsel** *f* cabeza *f* de adormidera; ~**öl** *n* aceite *m* de adormidera; ~**samen** *m* semilla *f* (*od.* granos *m/pl.*) de adormidera.

Mohr *m* (-*en*) (*Maure*) moro *m*; (*Neger*) negro *m*.

'**Möhre** ♀ *f* zanahoria *f*.

'**Mohrenkopf** *m* especie de pastel con chocolate.

'**Mohrrübe** ♀ *f* zanahoria *f*.

Moi'ré [moa'Re:] *m od. n* (-*s*; -*s*) moaré *m*, muaré *m*.

moi'rieren (-) *v/t.* hacer ondas.

mo'kant *adj.* burlón.

Mokas'sin *m* (-*s*; -*s od.* -*e*) mocasín *m*.

mo'kieren (-) *v/refl.*: *sich* ~ *über* burlarse de; P choteare de.

'**Mokka** *m* (-*s*; -*s*) (café *m*) moca *m*; ~**tasse** *f* jícara *f*, taza *f* de moca.

Molch *Zoo. m* (-*¢s*; -*e*) salamandra *f*; (*Wasser*ℒ) tritón *m*.

'**Moldau** *f* (*Land*) Moldavia *f*; (*Fluß*) Moldau *m*.

Mol'dawien *n* (-*s*) Moldova *f*.

'**Mole** *f* muelle *m*; (*Hafen*ℒ) malecón *m*.

Mole'kül *n* (-*s*; -*e*) molécula *f*.

moleku'lar *adj.* molecular; ℒ**genetik** *f* genética *f* molecular; ℒ**gewicht** *n* peso *m* molecular.

Mole'külmasse *f* masa *f* molecular.

'**Molke** *f* (0) suero *m* (de la leche).

Molke'rei *f* lechería *f*; central *f* lechera; ~**genossenschaft** *f* cooperativa *f* lechera; ~**produkt** *n* producto *m* lácteo.

Moll ♪ *n* (-; 0) modo *m* menor.

'**mollig** F *adj.* (*weich*) blando, muelle; suave; (*warm*) calentito; *Person*: regordete, rollizo; F metidito en carnes.

'**Mollton|art** ♪ *f* tono *m* menor; ~**leiter** *f* escala *f* menor.

Mol'luske *Zoo. f* molusco *m*.

'**Moloch** *m* Moloc *m* (*a. fig.*).

'**Molotowcocktail** *m* cóctel *m* Molotow.

'**Molton** *m* (-*s*; -*s*) (*Stoff*) muletón *m*.

Mo'lukken *Geogr. pl.* (islas) Molucas *f/pl.*

Molyb'dän ♎ *n* (-*s*; 0) molibdeno *m*.

Mo'ment[1] *m* (-*¢s*; -*e*) momento *m*, instante *m*; *jeden* ~ de un momento a otro; *im* ~ (*gegenwärtig*) por el momento, de momento; *der richtige* ~ el momento oportuno; ~, *bitte!* ¡un momento, por favor!; F ~ *mal!* ¡espera!

Mo'ment[2] *n* (-*¢s*; -*e*) ⊕, *Phys.* momento *m*; (*Umstand*) factor *m*, elemento *m*; (*Anlaß*) motivo *m*.

momen'tan I. *adj.* momentáneo; actual; **II.** *adv.* por el momento, de momento.

Mo'mentaufnahme *Phot. f* instantánea *f*.

Mo'naco *n* Mónaco *m*.

Mo'nade *Phil. f* mónada *f*; ~**nlehre** *f* monadología *f*.

Mo'narch *m* (-*en*) monarca *m*, soberano *m*.

Monar'chie *f* monarquía *f*; *absolute* (*konstitutionelle*) ~ monarquía *f* absoluta (constitucional).

mo'narchisch *adj.* monárquico.

Monar'chis|mus *m* (-; 0) monarquismo *m*; ~**t(in** *f*) *m* (-*en*) monárquico (-a *f*) *m*; ℒ**tisch** *adj.* monárquico.

'**Monat** *m* (-*¢s*; -*e*) mes *m*; *im* ~ *Mai* en el mes de mayo; *am 3. dieses* ~*s* (*Abk. d.M.*) el tres del corriente (*Abk.* cte.); *im* ~ por mes, cada mes, mensualmente; *sie ist im fünften* ~ está en el quinto mes (del embarazo); está embarazada de cinco meses; *im wievielten* ~ *ist sie?* ¿de cuántos meses está?; ℒ**elang** *adv.* (durante) varios meses; durante meses; ℒ**lich I.** *adj.* mensual; **II.** *adv.* mensualmente, todos los meses; cada mes; al mes; *100 Peseten* ~ cien pesetas mensuales.

'**Monats...**: ~**abschluß** † *m* balance *m* mensual; ~**ausweis** † *m* balance *m* mensual; ~**bericht** *m* informe *m* mensual; ~**betrag** *m* mensualidad *f*; ~**binde** *f* compresa *f* higiénica; ~**blutung** *f* menstruación *f*; período *m*, regla *f*, F mes *m*; ~**frist** *f*: *in* ~ en el plazo de un mes; ~**gehalt** *n* sueldo *m* mensual, mensualidad *f*; ~**geld** *n* crédito *m* a un mes de plazo; ~**karte** *f* billete *m* (*od.* abono *m*) mensual; ~**lohn** *m* salario *m* mensual; ~**rate** *f* plazo *m* mensual, mensualidad *f*; ~**schrift** *f* revista *f* mensual; ~**wechsel** *m* *Student*: mensualidad *f*; ℒ**weise** *adv.* por meses; mensualmente; ~**zahlung** *f* mensualidad *f*.

Mönch *m* (-*¢s*; -*e*) monje *m*, religioso *m*, fraile *m*; ~ *werden* hacerse monje, F meterse fraile; '**ℒisch** *adj.* monacal, monástico.

'**Mönchs...**: ~**kloster** *n* monasterio *m*, convento *m* de frailes; ~**kutte** *f* hábito *m* (de monje), cogulla *f*; ~**leben** *n* vida *f* monacal (*od.* monástica); ~**orden** *m* orden *f* monástica; ~**tum** *n* monacato *m*, monaquismo *m*; ~**zelle** *f* celda *f* de monje.

Mond [o:] *m* (-*¢s*; -*e*) luna *f*; *Astr. a.* satélite *m*; *der* ~ *nimmt zu* (*ab*) hay luna creciente (menguante); *der* ~ *scheint* hace luna; *auf dem* ~ *landen* alunizar; F *fig. auf dem* ~ *leben* estar en la luna (*od.* en babia *od.* en la inopia); andar en las nubes; *hinter dem* ~ *leben* vivir atrasado; *vom* ~ *kommen* venir de otro mundo; *den* ~ *anbellen* ladrar a la luna; F *in den* ~ *gucken* quedarse con las ganas (*od.* F a la luna de Valencia).

mon'dän *adj.* elegante; de mucho (*od.* del gran) mundo.

'**Mond...**: ~**aufgang** *m* salida *f* de la luna; ~**bahn** *Astr. f* órbita *f* de la luna; ℒ**beglänzt** *adj.* iluminado (*od.* bañado) por la luna; ~**bewohner** *m* selenita *m*.

'**Mondchen** *Anat. n* lúnula *f*.

'**Mond|fähre** *f* módulo *m* lunar; ~**fahrer** *m* selenauta *m*; ~**finsternis** *f* eclipse *m* lunar (*od.* de luna); ~**fisch** *Ict. m* pez *m* luna; ~**forscher** *m* selenólogo *m*; ~**forschung** *f* selenología *f*; ~**gebirge** *n* montañas *f/pl.* lunares; ℒ**hell** *adj.* iluminado por la luna; *es ist* ~ hace luna clara; ~**jahr** *n* año *m* lunar; ~**kalb** *n* majadero *m*; ~**landung** *f* alunizaje *m* (*weiche* suave); ~**licht** *n* luz *f* de la luna; ~**monat** *m* mes *m* lunar; ~**nacht** *f* noche *f* de luna; ~**phase** *f* fase *f* de la luna; ~**probe** *f* muestra *f* lunar; ~**rakete** *f* cohete *m* lunar; ~**scheibe** *f* disco *m*

Mondschein — Morpheus

lunar (od. de la luna); ~schein m claro m de luna; beim ~ a la luz de la luna; F fig. du kannst mir (mal) im ~ begegnen! F ¡vete a freír espárragos (od. P a hacer puñetas)!; ~sichel creciente m; ~sonde f sonda f lunar; ~stein Min. m piedra f de la luna; ~sucht f sonambulismo m; 2süchtig adj. lunático; sonámbulo; ~süchtige(r m) m/f lunático (-a f) m, sonámbulo (-a f) m; ~viertel n cuarto m de la luna; ~wechsel m cambio m de luna.

Mone'gass|e m (-n), 2isch adj. monegasco (m).

Mo'neten P pl. F monises m/pl., cuartos m/pl., pelas f/pl., pasta f, tela f; P parné m.

Mon'gole m (-n) mongol m.

Mongo'lei f Mongolia f.

mon'golisch adj. mongol, mongólico.

Mongo'lismus ⚤ m (-; 0) mongolismo m; 2lo'id adj. mongoloide.

mo'nieren (-) v/t. (mahnen) reclamar; (tadeln) censurar, criticar.

'Monika f Mónica f.

Mo'nismus Phil. m (-; 0) monismo m.

'Monitor m (-s; -en) monitor m (a. TV).

Mono'chord ♩ n (-s; -e) monocordio m; 2'gam adj. monógamo; ~ga'mie f monogamía f; ~'gramm n monograma m; ~gra'phie f monografía f.

Mo'nokel n (-s; -) monóculo m.

'Mono|kultur ✔ f monocultivo m; ~'lith m (-s; -e od. -en) monolito m; 2'lithisch adj. monolítico; ~'log m (-es; -e) monólogo m; e-n ~ halten monologar; 2'man adj. monomaníaco; ~'mane(r m) m/f monomaníaco (-a f) m; ~'pol n (-s; -e) monopolio m; 2poli'sieren (-) v/t. monopolizar; ~'polstellung f posición f de monopolio; e-e ~ einnehmen monopolizar (el mercado); ~the'ismus m monoteísmo m; ~the'ist m, 2the'istisch adj. monoteísta (m); 2'ton adj. monótono; ~to'nie f monotonía f.

'Monotype Typ. f monotipo m.

'Monroedoktrin Pol. f doctrina f de Monroe, monroísmo m.

'Monster → Monstrum; ~film m superproducción f.

Mon'stranz [-st-] Rel. f custodia f.

mon'str|ös [-st-] adj. monstruoso; 2osi'tät f monstruosidad f.

'Monstrum [-st-] n (-; -tren) monstruo m.

Mon'sun m (-s; -e) monzón m; ~regen m lluvia f monzónica.

'Montag m (-es; -e) lunes m; F blauen ~ machen hacer fiesta (od. puente) el lunes.

Mon'tage [-'taːʒə] ⊕ f montaje m (a. Film); ensamblaje m; ~bahn f, ~band n cadena f de montaje; ~halle f sala f de montaje; ~werk n planta f de montaje (od. de ensamblaje).

'montags adv. los lunes; cada lunes.

Mon'tanindustrie f industria f del carbón y del acero (od. minerosiderúrgica).

Mon'teur [ø:] m (-s; -e) montador m, ajustador m; bsd. Kfz., ⚙ mecánico m; ~anzug m mono m.

mon'tier|en (-) v/t. ⊕ montar; instalar; ajustar; (zusammensetzen) armar; ensamblar; 2ung ⊕ f montaje m; ensamblaje m.

Mon'tur ✖ f uniforme m; equipo m.

Monu'men|t n (-es; -e) monumento m; 2'tal adj. monumental; ~'talbau m construcción f bzw. edificio m monumental; ~'talfilm m superproducción f.

'Moor n (-es; -e) pantano m; ciénaga f, cenagal m; ~bad ♨ n baño m de fango (od. lodo); ~boden m terreno m pantanoso; 2ig adj. pantanoso; cenagoso; ~kultur f cultivo m de terrenos pantanosos; ~kur ♨ f cura f de lodo; ~land n terreno m pantanoso; pantanal m; tierra f cenagosa.

'Moos n (-es; -e) ❦ musgo m; F fig. (Geld) F pasta f, guita f, monises m/pl.; 2bewachsen adj. cubierto de musgo; musgoso; 2grün adj. verde musgo; 2ig adj. musgoso.

Mop m (-s; -s) mopa f.

'Moped n (-s; -s) ciclomotor m.

'Mops m (-es; ~e) (perro m) doguillo m; 2en F (-t) v/t. (stehlen) F birlar, mangar; sich ~ (sich langweilen) aburrirse como una ostra; (sich ärgern) F amoscarse.

Mo'ral f (0) moral f (a. ✖.); (Sittlichkeit) moralidad f; buenas costumbres f/pl.; e-r Fabel: moraleja f; ~ predigen moralizar; ~gesetz n ley f moral; 2isch adj. moral; F fig. e-n 2en haben F tener resaca.

morali'sieren (-) v/i. moralizar.

Mora'list m (-en) moralista m.

Morali'tät f moralidad f.

Mo'ral|philosophie f filosofía f moral; ~prediger m desp. sermoneador m, moralizador m; ~predigt F f F fig. sermón m, homilía f.

Mo'räne Geol. f mor(r)ena f.

Mo'rast m (-es; -e) (Sumpf) pantano m; cenagal m, ciénaga f; (Schlamm) fango m, cieno m, lodo m; im ~ steckenbleiben empantanarse; 2ig adj. pantanoso; cenagoso, fangoso.

Mora'torium ✝ n (-s; -rien) moratoria f.

mor'bid adj. mórbido.

Morbidi'tät f (0) morbidez f.

'Morchel ❦ f (-; -n) colmenilla f, morilla f.

'Mord m (-es; -e) asesinato m; e-n ~ begehen (od. verüben) cometer un asesinato; F fig. es wird ~ und Totschlag geben va a correr sangre; será una catástrofe; ~anklage f: unter ~ stehen estar acusado de asesinato; ~anschlag m atentado m (auf j-n contra la vida de alg.); ~brenner m (asesino m) incendiario m; ~brenne'rei f asesinato m con incendio; 2en (-e-) I. v/t. asesinar; matar; II. v/i. cometer un asesinato; ~en n asesinato m; (Gemetzel) matanza f.

'Mörder|(in f) m asesino (-a f) m; ~grube F f fig.: aus s-m Herzen keine ~ machen F no quedarse con nada en el pecho; 2isch adj. asesino; bsd. 🔥 homicida; (blutig) sangriento; Klima: mortífero; Hitze: asfixiante, sofocante; (fürchterlich) → 2lich adj. horrible; espantoso; F tremendo; ~ schreien gritar como un condenado.

'Mord...: ~gier f instintos m/pl. sanguinarios; sed f de sangre; 2gierig adj. sanguinario; ~kommission f brigada f de homicidios; ~s-angst F f: eine ~ haben tener un miedo cerval; ~s-arbeit f trabajo m de esclavo; 2sdumm F adj. tonto de remate; ~sglück F n F suerte f loca (od. bárbara); 2shäßlich adj. F más feo que Picio; ~shunger F m hambre f canina (od. feroz); ~skerl F m F tío m estupendo; todo un hombre; ~skrach m F broncazo m; es gab e-n ~ F se armó la gorda; ~slärm F m F ruido m infernal (od. de mil demonios); 2smäßig F adj. tremendo, formidable; ~sradau F m → ~slärm; ~sspaß F m gran diversión f; e-n ~ haben F pasarlo de primera; ~sspektakel F m F alboroto m infernal; ~swut F f furor m desbordado; ~tat f asesinato m; ~verdacht m: unter ~ stehen ser sospechoso de asesinato; ~versuch m tentativa f de asesinato; ~waffe f arma f homicida.

'Mores F pl.: j-n ~ lehren enseñar modales a alg.

morga'natisch adj. morganático.

'morgen adv. mañana; ~ früh mañana por la mañana; ~ mittag mañana a mediodía; ~ abend mañana por la noche; heute ~ esta mañana; ~ in acht Tagen de mañana en ocho días; ~ ist auch noch ein Tag mañana es otro día.

'Morgen m (-s; -) mañana f; (früher ~) madrugada f; (Feldmaß) yugada f; am ~ por la mañana; früh am ~ de madrugada; guten ~ muy de mañana; guten ~! ¡buenos días!; j-m e-n guten ~ wünschen dar los buenos días a alg.; am folgenden (od. nächsten) ~ a la mañana siguiente; es wird ~ amanece; ~andacht f maitines m/pl.; ~ausgabe f e-r Zeitung: edición f de la mañana; ~blatt n (periódico m) matutino m; ~dämmerung f crepúsculo m matutino, amanecer m; alba f; 2dlich adj. matutino, matinal; ~frost m escarcha f matinal; ~gabe f ehm. regalo m de tornaboda; ~gebet n oración f matinal; ~grauen n → ~dämmerung; im ~ al amanecer; al despuntar el día; al (rayar el) alba; ~gymnastik f gimnasia f matutina; ~kleid n bata f; (Negligé) salto m de cama; ~land n Oriente m; Levante m; 2ländisch adj. oriental; levantino; ~luft f aire m matinal; fig. ~ wittern oler la ocasión propicia; ~post f correo m de la mañana; ~rock → ~kleid; ~rot n, ~röte f aurora f; arrebol m; 2s adv. por la mañana; de mañana; um sechs Uhr ~ a las seis de la mañana; von ~ bis abends desde la mañana hasta la noche; de sol a sol; ~sonne f sol m de la mañana; ~ständchen n alborada f; ~stern Astr. m estrella f matutina; lucero m del alba; ~stunde f hora f matinal (od. de la mañana); ~ hat Gold im Munde a quien madruga, Dios le ayuda; ~tau m rocío m de la mañana; ~zeitung f (periódico m) matutino m.

'morgig adj. de mañana; der ~e Tag el día de mañana.

'Moritat f (-; -en) (balada popular cantada en las calles y acompañada por un organillo).

'Moritz m Mauricio m.

Mor'mon|e m (-n) mormón m; ~in f mormona f; 2isch adj. mormón(ico).

Mor'phem Gr. n (-s; -e) morfema m.

'Morpheus Myt. m Morfeo m; in ~'

Armen ruhen dormirse en los brazos de Morfeo.
Mor'phi|n *n* (-s; 0) morfina *f*; **~'nismus** *m* (-; 0) morfinismo *m*; **~'nist(in** *f*) *m* (-en) morfinómano (-a *f*) *m*.
'Morphium *n* (-s; 0) morfina *f*; **~sucht** *f* morfinomanía *f*; **süchtig** *adj.* morfinómano; **~süchtige(r** *m*) *m*/*f* morfinómano (-a *f*) *m*; **~vergiftung** *f* morfinismo *m*.
Morpholo'gie *f* (0) morfología *f*.
morpho'logisch *adj.* morfológico.
morsch *adj.* podrido; (*brüchig*) quebradizo; *Haus usw.*: desvencijado; *fig.* caduco.
'Morse|alphabet *n* (alfabeto *m*) morse *m*; **n** (-*t*) *v*/*t. u. v*/*i.* transmitir por señales morse.
'Morser *m* (-s; -) mortero *m* (*a.* ⚔.); (*Gefäß*) *a.* almirez *m*; **~keule** *f* mano *f* de mortero *bzw.* de almirez.
'Morse|schreiber *m* aparato *m* morse, telégrafo *m* morse; **~schrift** *f* escritura *f* morse; **~taster** *m* manipulador *m* morse; **~zeichen** *n*/*pl.* signos *m*/*pl. bzw.* señales *f*/*pl.* morse.
Morta'della *f* (-; -s) mortadela *f*.
'Mörtel *m* (-s; -) mortero *m*; argamasa *f*; *mit* **~** *bewerfen* revocar; **~kelle** *f* llana *f*; **~trog** *m* cuezo *m*.
Mosa'ik *n* (-s; -en) mosaico *m* (*a. fig.*); **~arbeit** *f* mosaico *m*; **~bild** *n* mosaico *m*; **~fußboden** *m* pavimento *m* de mosaico; **~künstler** *m* mosaísta *m* artístico.
mo'sa-isch *adj.* mosaico.
Mo'schee *f* mezquita *f*.
'Moschus *m* (-; 0) almizcle *m*; **~ochse** *Zoo. m* buey *m* almizclado; **~tier** *Zoo. n* almizclero *m*.
'Mosel *f* Mosela *m*; **~wein** *m* vino *m* del Mosela.
'Moses *m* Moisés *m*; *die fünf Bücher Mosis* (*od.* Mose) el Pentateuco.
'Moskau *n* Moscú *m*; **~er(in** *f*) *m*, **isch** *adj.* moscovita (*m*/*f*).
Mos'kito *Zoo. m* (-s; -s) mosquito *m*; **~netz** *n* mosquitero *m*.
Mosko'witer(in *f*) *m* moscovita *m*/*f*.
'Mos|lem *m* (-s; -s) musulmán *m*, muslime *m*; **~'lime** *f* musulmana *f*.
Most *m* (-*es*; -e) mosto *m*; (*Apfel*) sidra *f*.
'Mostrich *m* (-*es*; 0) mostaza *f*.
Motel, Mo'tel *n* (-s; -s) motel *m*.
Mo'tette ♪ *f* motete *m*.
Mo'tiv *n* (-s; -e) motivo *m* (*a. Kunst*); *Liter.* asunto *m*; ♪ tema *m*; (*Beweggrund*) móvil *m*; **~ati'on** *f* motivación *f*.
moti'vier|en (-) *v*/*t.* motivar; **ung** *f* motivación *f*.
'Motor, Mo'tor *m* (-s; -en) motor *m*; *den* **~** *anlassen* (*od.* anwerfen) poner en marcha el motor; arrancar; **~antrieb** *m* impulsión *f* por motor, motopropulsión *f*; **~ausfall** *m* fallo *m* de motor; **~barkasse** *f* barcaza *f* (*od.* lancha *f*) de motor; **~block** *m* bloque *m* (de) motor; **~boot** *n* gasolinera *f*; motolancha *f* (lancha *f* motora *f*); **~bootsport** *m* motonáutica *f*; **~bremse** *f* freno *m* de motor; **~drescher** *m* mototrilladora *f*; **~enbau** *m* construcción *f* de motores; **~enlärm** *m* ruido *m* de motores; **~fahrrad** *n* velomotor *m*; **~fahrzeug** *n* vehículo *m* automóvil (*od.* de motor); **~gehäuse**

n cárter *m* (del motor); **~haube** *f* capó *m*.
Mo'tori|k *Physiol. f* (0) motricidad *f*; **sch** *adj.* motor, motriz; **~er** *Nerv* nervio *m* motor.
motori'sier|en (-) *v*/*t.* motorizar; **ung** *f* motorización *f*.
'Motor...: **~jacht** ⚓ *f* yate *m* de motor; **~leistung** *f* potencia *f* del motor; **~pflug** *m* arado *m* de motor; **~pumpe** *f* motobomba *f*; **~rad** *n* motocicleta *f*, F moto *f*; **~** *fahren* ir en moto(cicleta); **~radfahrer(in** *f*) *m* motociclista *m*/*f*; **~radrennen** *n* carrera *f* de motocicletas; **~radsport** *m* motorismo *m*, motociclismo *m*; **~rasenmäher** *m* cortacésped *m* de motor; **~roller** *m* escúter *m*; **~säge** *f* motosierra *f*; **~schaden** *m* avería *f* del motor; **~schiff** *n* motonave *f*; **~segler** *m* motovelero *m*; **~sport** *m* motorismo *m*; **~spritze** *f* autobomba *f*; **~triebwagen** 🚃 *m* automotor *m*.
'Motte *f* polilla *f*; F *fig.* tipo *m* raro; F *fig. du kriegst die* **~n**! ¡será posible!
'Motten...: **~fraß** *m* apolilladura *f*; **~kiste** *f fig.*: *et. aus der* **~** *holen* desempolvar, desenmohecer a/c.; **~kugel** *f* bola *f* antipolilla; **~loch** *n* → **~fraß**; **~schutzmittel** *n* antipolilla *m*; **sicher** *adj.* apolillado; **zerfressen** *adj.* apolillado.
'Motto *n* (-s; -s) lema *m*, divisa *f*; *im Buch:* epígrafe *m*.
'motzen F (-*t*) *v*/*i.* rezongar; protestar.
'Mountainbike *n* (-s; -s) bicicleta *f* de montaña.
mous'sieren [mu-] (-) *v*/*i.* espumar; **~d** *adj.* espumoso; efervescente.
'Möwe *Orn. f* gaviota *f*.
'Mucke F *f* capricho *m*; antojo *m*; **~n** *haben* tener caprichos; *das hat s-e* **~n** tiene sus pegas.
'Mücke *f* mosquito *m*; *fig. aus e-r* **~** *e-n Elefanten machen* hacer de una pulga un camello; hacer una montaña de un grano de arena.
'Muckefuck F *m* (-s; 0) café *m* flojo (*od.* de recuelo); sucedáneo *m* de café.
'mucken *v*/*i.* (*schmollen*) enfurruñarse, poner hocico; (*murren*) refunfuñar; rezongar; *ohne zu* **~** sin rechistar.
'Mücken|netz *n* mosquitero *m*; **~stich** *m* picadura *f* de mosquito.
'Mucker *m* (*Griesgram*) gruñón *m*, regañón *m*; (*Duckmäuser*) socarrón *m*; hipócrita *m*.
'Mucks *m*: *keinen* **~** *tun* no moverse; *keinen* **~** *sagen* no rechistar; no abrir el pico; F no decir oste ni moste; **en** *v*/*i. u. v*/*refl.* moverse; *sich nicht* **~** no rechistar; no decir esta boca es mía; no decir ni pío; **'mäus-chen'still** *adj.*: *sein* → *sich nicht mucksen*.
'müd|e *adj.* cansado; fatigado; **~** *werden* cansarse; fatigarse; **~** (*schläfrig*) *sein* tener sueño; *e-r Sache* (*gen.*) **~** *sein* estar cansado (*od.* harto) de a/c.; *es* **~** *sein, zu* (*inf.*) estar cansado de (*inf.*); **igkeit** *f* (0) cansancio *m*; fatiga *f*; *vor* **~** *umfallen* no poder tenerse en pie (de fatiga).
Muff *m* (-*es*; -e) **1.** manguito *m*; **2.** (*Modergeruch*) olor *m* a moho; **'~e** ⊕ *f* manguito *m*.
'Muffel[1] 🐗, *Met. f* (-; -n) mufla *f*.
'Muffel[2] F *m* (-s; -) gruñón *m*, **ig** F *adj.* gruñón, refunfuñón; **n** F (-*te*)

v/*i.* (*kauen*) masticar (a boca llena); (*undeutlich reden*) farfullar; (*mürrisch sein*) refunfuñar.
'Muffen|kupplung ⊕ *f* acoplamiento *m* de manguito; **~rohr** *n* tubo *m* de manguito.
'muffig *adj.* **1.** *Luft:* viciado, enrarecido; **~** *riechen Zimmer:* oler a cerrado; **2.** *fig.* gruñón, regañón; malhumorado.
'Mühe *f* (*Arbeit*) trabajo *m*, pena *f*; (*Anstrengung*) esfuerzo *m*; (*Plage*) molestia *f*; (*Schwierigkeit*) dificultad *f*; *mit* **~** *und Not* a duras penas; F a trancas y barrancas; *nach vieler* **~** a costa de muchos (*od.* de grandes) esfuerzos; *das ist verlorene* **~** son esfuerzos baldíos; **~** *kosten* costar trabajo; **~** *machen* ocasionar molestias; *das macht mir keine* **~** no es ninguna molestia; *s-e* **~** *haben mit* tener mucho trabajo con; *keine* **~** *scheuen* no escatimar (*od.* regatear) esfuerzos; *sich* **~** *geben* esforzarse (*zu* por); esmerarse (*bei* en); *sich alle erdenkliche* **~** *geben* hacer todo lo (humanamente) posible; *sich die* **~** *machen zu* tomarse la molestia (*od.* el trabajo) de; molestarse en; *es macht mir* **~** *zu* (*inf.*) me cuesta (trabajo) (*inf.*); *ich habe größte* **~** *zu* (*inf.*) me las veo y me las deseo para (*inf.*); *es ist* (*nicht*) *der* **~** *wert* (no) vale la pena; *geben Sie sich keine* **~**! ¡no se moleste usted!; *iro.* está perdiendo el tiempo; **los** *adv.* sin esfuerzo; fácilmente; **~losigkeit** *f* (0) facilidad *f*; **n** *v*/*refl.*: *sich* **~** trabajar (*um zu* para), esforzarse (*por od.* en); afanarse (*por*).
'muhen I. *v*/*i.* mugir; **II.** **2** *n* mugido *m*.
'mühevoll *adj.* penoso; fatigoso; laborioso; difícil.
'Mühl|bach *m* caz *m* del molino; **~e** *f* molino *m*; F (*altes Auto*) cacharro *m*, cafetera *f*; (*Hand*, *Kaffee*) molinillo *m*; (*Brettspiel*) tres en raya *f*; **~en-industrie** *f* molinería *f*, industria *f* molinera (*od.* harinera); **~enspiel** *n* juego *m* del tres en raya; **~rad** *n* rueda *f* de molino; **~stein** *m* piedra *f* de molino, muela *f*.
'Müh|sal *f* (-; -e) pena *f*; trabajo *m* penoso; fatiga *f*; agobio *m*; **sam, selig I.** *adj.* penoso; laborioso; ímprobo; (*ermüdend*) fatigoso; (*schwer*) arduo; difícil; dificultoso; duro; trabajoso; **II.** *adv.* con dificultad; con mucho trabajo; a duras penas; **~seligkeit** *f* → *Mühsal*.
Mu'latt|e *m* (-n) mulato *m*; **~in** *f* mulata *f*.
'Mulde *f* (*Trog*) artesa *f*; *Geol.* depresión *f* (del terreno); (*Tal*) hondonada *f*; cuenca *f*.
Mull *m* (-*es*; -e) **1.** (*Textil*) muselina *f* fina; (*Verband*) gasa *f*; **2.** (*Humus*) humus *m* (*od.* mantillo *m*) suave.
'Müll *m* (-*es*; 0) basura *f*; inmundicias *f*/*pl.*; (*Abfälle*) desperdicios *m*/*pl.*; **~abfuhr** *f* recogida *f* de basuras; **~abladeplatz** *m* vertedero *m* de basuras, basurero *m*; **~aufbereitungs-anlage** *f* planta *f* transformadora (*od.* procesadora) de basuras; **~beutel** *m* bolsa *f* de basura.
'Mullbinde *f* venda *f* de gasa.
'Müll-eimer *m* cubo *m* de (la) basura.
'Mülle|r(in *f*) *m* molinero (-a *f*) *m*; **'rei** *f* molinería *f*.

'Müll...: ~fahrer m basurero m; ~grube f muladar m; basurero m; ~haufen m montón m de basura; ~kippe f → ~abladeplatz; ~mann m basurero m; ~schaufel f (re)cogedor m; ~schlucker m evacuador m de basuras; ~tonne f bidón m (od. cubo m) de basura; ~trennung f recogida f selectiva de basuras; ~verbrennung f incineración f de basuras; ~verbrennungs-anlage f planta f incineradora de basuras; ~wagen m camión m de la basura.
'mulmig F adj. sospechoso; dudoso; es wird ~ la cosa se pone fea.
multi|kultu'rell adj. multicultural; ~late'ral adj. multilateral; 2'media n (-od. -s; 0) Computer: multimedia m; 'millionär(in f) m multimillonario (-a f) m; ~natio'nal adj. multinacional, Am. trasnacional; ~es Unternehmen (empresa f) multinacional f; 2pli'kand Arith. m (-en) multiplicando m; 2plikati'on Arith. f multiplicación f; 2plikati'onszeichen Arith. n signo m de multiplicar; 2pli'kator Arith. m (-s; -en) multiplicador m; ~pli'zierbar adj. multiplicable; ~pli'zieren (-) v/t. multiplicar.
'Multis F pl. multinacionales f/pl.
Multi|'tasking n (- od. -s; 0) Computer: multitarea f; ~vitaminsaft m zumo m multivitamínico.
'Mumie ['muːmiə] f momia f; 2nhaft adj. como una momia.
mumifi'zier|en (-) v/t. momificar; 2ung f momificación f.
Mumm F m (-s; 0) valor m; coraje m; ~ (in den Knochen) haben tener agallas (od. arrestos od. F hígados).
'Mummel|greis m F vejete m; viejo m chocho; 2n F (-le) v/i. masculiar; sich ~ arrebujarse (in en).
'Mummenschanz m (-es; 0) mascarada f; mojiganga f.
'Mumpitz F m (-es; 0) majadería f, disparates m/pl., sandeces f/pl.
Mumps ℳ m (-; 0) paperas f/pl.
'Münch|en n Munich m; ~(e)ner(in f) m muniqués m, muniquesa f.
'Mund m (-es; ~er) boca f; (Öffnung) a. abertura f, orificio m; von ~ zu ~ gehen andar (od. correr) de boca en boca; mit offenem ~ boquiabierto (a. fig.); ~ und Nase aufsperren quedarse con la boca abierta (od. boquiabierto); den ~ halten callar la boca; F cerrar el pico; fig. den ~ voll nehmen F tener mucho cuento; an j-s ~ hängen estar pendiente de los labios de alg.; nicht auf den ~ gefallen sein F no tener pelos en la lengua; j-m et. in den ~ legen poner a/c. en boca (od. en labios) de alg.; immer im ~e führen traer siempre en la boca; j-m nach dem ~e reden llevarle la corriente a alg.; in aller ~e sein estar en boca de todos; Nachricht: cundir; j-m über den ~ fahren cortar la palabra a alg.; zum ~ führen llevar(se) a la boca (od. a los labios); fig. sich den ~ verbrennen F meter la pata; den ~ nicht auftun (od. aufmachen) no despegar los labios; no decir esta boca es mía; wie aus e-m ~e todos por una boca; ~art f dialecto m; habla f; 2artlich adj. dialectal; ~atmung f respiración f bucal; ~dusche f ducha f bucal.
'Mündel n (-s; -) pupilo m; ~gelder n/pl. capital m pupilar; 2sicher adj. con garantía pupilar; ~e Anlage (Papiere) inversión f (valores m/pl.) con garantía (od. de seguridad) pupilar; ~sicherheit f garantía f de seguridad del pupilo.
'munden (-e-) v/i. saber bien, agradar al paladar; sich et. ~ lassen comer a/c. con buen apetito; saborear a/c.
'münden (-e-) v/i. desembocar (in ac. en) (a. Straße u. fig.); Fluß: a. desaguar (en).
'Mund...: 2faul adj. parco de palabras, callado; ~fäule ℳ f estomatitis f ulcerosa; ~gerecht adj.: j-m et. ~ machen acomodar a/c. al gusto de alg.; ~geruch m mal aliento m; ℳ halitosis f; ~harmonika f armónica f; ~höhle Anat. f cavidad f bucal.
'mündig ℳ adj. mayor de edad; für ~ erklären declarar mayor de edad; emancipar; ~ werden alcanzar (od. llegar a) la mayoría de edad; 2keit f (0) mayoría f de edad, mayoridad f; ~sprechen (L) v/t. emancipar; 2sprechung f emancipación f.
'mündlich I. adj. verbal; oral; ~e Vereinbarung acuerdo m verbal; ~e Prüfung examen m oral; II. adv. verbalmente, de palabra; de viva voz; oralmente.
'Mund...: ~pflege f higiene f de la boca (od.' bucal); ~raub m hurto m famélico; ~schenk m escanciador m; ehm. copero m; ~schutz m Boxen: protector m dental (od. bucal); ~sperre ℳ f trismo m; ~spiegel ℳ m estomatoscopio m, espéculo m bucal; ~stellung f posición f de la boca; ~stück n e-r Zigarette: boquilla f; ♩ a. embocadura f; des Zaumes: bocado m; 2tot adj.: j-n ~ machen obligar a callar a alg.; tapar la boca a alg.; bsd. Presse: amordazar.
'Mündung f (Fluß 2) desembocadura f; breite: estuario m; haffartige: ría f; e-r Feuerwaffe: boca f; (Öffnung) orificio m.
'Mündungs...: ~arm m brazo m de una desembocadura; ~feuer ✕ n fogonazo m; ~gebiet n estuario m.
'Mund...: ~voll m (Bissen) bocado m; (Schluck) bocanada f; ~vorrat m provisiones f/pl. de boca; víveres m/pl.; ~wasser n agua f dentífrica; ~ (bucal); elixir m bucal; ~werk F fig. n: ein gutes ~ haben tener mucha labia (od. mucho pico); ~winkel m comisura f de los labios; ~zu-'Mund-Beatmung f (respiración f de) boca a boca m.
Muniti'on f munición f; s-e ~ verschießen agotar sus municiones; mit ~ versorgen (a)municionar.
Muniti'ons...: ~fabrik f fábrica f de municiones; ~kammer ⚓ f pañol m de municiones, santabárbara f; ~kasten m caja f de municiones; ~kolonne ✕ f convoy m (od. columna f) de municiones; ~lager n depósito m de municiones; ~nachschub m amunicionamiento m; ~versorgung f amunicionamiento m; ~wagen m furgón m (od. carro m) de municiones.
'munkeln I. (-le) v/i. cuchichear; murmurar; secretear; man munkelt, daß ... corren rumores de que ...; corre la voz de que ...; II. 2 n cuchicheo m; secreteo m; chismorreo m.
'Münster n (-s; -) catedral f.
'munter adj. (wach) despierto; (fröhlich) alegre; (lebhaft) vivo; (d)espabilado, avispado; (rüstig) lozano; ℳ wieder ~ restablecido; ~ machen (aufwecken) despertar; ~ werden despertarse, (d)espabilarse; nur ~! ¡ánimo!, ¡adelante!; 2keit f (0) alegría f; viveza f, vivacidad f; lozanía f.
'Münz|amt n, ~anstalt f casa f de la moneda; ~automat m máquina f automática a moneda; ~delikt ℳ n delito m monetario; ~e f moneda f; (Gedenk 2) medalla f; (Anstalt) casa f de la moneda; gängige ~ moneda f corriente (a. fig.); in klingender ~ en moneda contante y sonante; ~n prägen acuñar moneda, amonedar; fig. et. für bare ~ nehmen tomar en serio a/c.; j-m mit gleicher ~ heimzahlen pagar a alg. en la misma moneda; ~einheit f unidad f monetaria; ~einwurf m ranura f (para la moneda); 2en (-t) v/t. acuñar, amonedar; fig. das ist auf mich gemünzt eso va por mí; ~(en)sammler(in f) m coleccionista m/f de monedas, numismático (-a f) m; ~(en)sammlung f colección f numismática (od. de monedas); ~er m monedero m; ~fälscher m falsificador m de moneda; ~fälschung f falsificación f de moneda; ~fernsprecher m teléfono m público de monedas; ~fuß m, ~gehalt m ley f (de la moneda); ~gesetz n ley f monetaria; ~kabinett n monetario m; gabinete m de numismática; ~kunde f numismática f; ~monopol n derecho m exclusivo de acuñar moneda; ~prägung f acuñación f de monedas, amonedación f; ~recht n derecho m de acuñar moneda; ~sammlung f → ~ensammlung; ~sorten f/pl. especies f/pl. (monetarias); ~stätte f Casa f de la Moneda; ~stempel m troquel m, cuño m; ~system n sistema m monetario; ~umlauf m circulación f monetaria; ~verringerung ℳ f cercenamiento m de moneda; ~vertrag m Pol. convención f monetaria; ~waage f peso m; ~wert m valor m real (de una moneda); ~wesen n régimen m monetario; ~zeichen n marca f.
Mu'räne Ict. f morena f, murena f.
'mürb|e adj. (zart) tierno (a. Fleisch); (weich) blando; (gut durchgekocht) bien cocido; (bröckelig) friable; (brüchig) frágil, desmoronadizo; (abgenutzt) desgastado; ~ machen ablandar (a. fig.); Fleisch: batir; fig. (ermüden) cansar; fig. ~ werden cansarse; acabar por ceder; 2eteig m pastaflora f; 2heit f (0) ternura f; friabilidad f.
'Murks F m (-es; 0) chapucería f, chapuza f; 2en (-t) v/i. chapucear, frangollar; ~er m chapucero m.
'Murmel f (-; -n) canica f; 2n v/t. u. v/i. murmurar, musitar; susurrar; fig. in den Bart ~ hablar entre dientes; ~n n murmullo m; susurro m; ~tier Zoo. n marmota f; F wie ein ~ schlafen dormir como un lirón (od. un tronco).
'murren I. v/i. murmurar; gruñir, refunfuñar; rezongar; quejarse (über ac. de); II. 2 n murmuración f; gruñido m; quejas f/pl.; ohne ~ sin rechistar.

'**mürrisch** *adj.* de mal humor; huraño; desabrido; *Gesicht*: hosco; (*brummig*) gruñón.

Mus [u:] *n* (*-es*; *-e*) puré *m*; (*Obst*̱) compota *f*; (*mermelada f*; F *fig. zu* ~ *schlagen* hacer papilla.

'**Muschel** *f* (-; -n) *Zoo.* lamelibranquio *m*; (*Schale*) concha *f*; *eßbare allg.*: marisco *m*; (*Mies*̱) almeja *f*; mejillón *m*; (*Ohr*̱) pabellón *m*; *Tele.* auricular *m*; ̱**förmig** *adj.* en forma de concha, conquiforme; ~**kalk** *m* caliza *f* conchífera; ~**schale** *f* concha *f*; *halbe*: *a.* valva *f*; ~**tier** *Zoo. n* marisco *m*.

'**Muse** *f* musa *f* (*a. fig.*); *leichte* ~ arte *m* frívolo *f*; F *fig. die* ~ *hat ihn geküßt* F le ha soplado la musa.

'**Musel|man** *m* (*-en*), ̱**manisch** *adj.*, ~**mann** *m* musulmán (*m*).

'**Musen|sohn** *m* (*Dichter*) poeta *m*; (*Student*) estudiante *m*; ~**tempel** *fig. m* templo *m* de las musas.

Mu'seum [-!ze:Um] *n* (-s; -*seen*) museo *m*; ~**skunde** *f* museología *f*; ~**sstück** *n* pieza *f* de museo (*a. fig.*).

'**Musical** *angl.* *n* (-s; -s) musical *m*; comedia *f* musical.

Mu'sik *f* (*0*) música *f*; ~ *machen* hacer música; tocar instrumentos musicales; *in* ~ *setzen* poner en música; ~**abend** *m* velada *f* musical; ~**akademie** *f* conservatorio *m* (de música).

Musi'kalien *pl.* (piezas *f/pl.* de) música *f*; ~**händler** *m* comerciante *m* de artículos musicales; ~**handlung** *f* casa *f* de música.

musi'kalisch *adj.* musical; ~ *sein* tener talento musical; ~**er Hintergrund** música *f* ambiental (*od.* de fondo).

Musikali'tät *f* (*0*) musicalidad *f*; sentido *m* de la música.

Musi'kant *m* (*-en*) músico *m*; ~**enknochen** F *fig. m* F hueso *m* de la alegría (*od.* de la risa).

Mu'sik...: ~**aufführung** *f* audición *f* musical; ~**automat** *m*, ~**box** *f* máquina *f* tocadiscos; ~**begleitung** *f* acompañamiento *m* musical; ~**direktor** *m* director *m* de orquesta.

'**Musiker(in** *f*) *m* músico (-a *f*) *m*.

Mu'sik...: ~**fest(spiel)** *n* festival *m* (de música); ~**freund(in** *f*) *m* aficionado (-a *f*) *m* a la música, amante *m/f* de la música; ~**hochschule** *f* Escuela *f* Superior de Música; ~**instrument** *n* instrumento *m* musical (*od.* de música); ~**kapelle** *f* orquesta *f*; banda *f* de música (*a.* ⚔); ~**korps** ⚔ *n* banda *f* militar; ~**kritiker** *m* crítico *m* musical; ~**lehrer(in** *f*) *m* profesor(a *f*) *m* de música; ~**meister** ⚔ *m* músico *m* mayor; ~**narr** *m* melómano *m*; ~**närrin** *f* melómana *f*; ~**pavillon** *m* kiosco *m* (*od.* templete *m*) de la música; ~**schrank** *m* → ~**truhe**; ~**schule** *f* conservatorio *m* (de música); ~**schwärmer** *m* melómano *m*; ~**schwärme'rei** *f* melomanía *f*; ~**stück** *n* pieza *f* de música (*od.* musical); ~**therapie** *f* musicoterapia *f*; ~**truhe** *f* mueble *m* radio, radiogramola *f*; ~**unterricht** *m* lecciones *f/pl.* de música; ~**ver-ein** *m* sociedad *f* filarmónica; ~**verlag** *m* editorial *f* de música; ~**verleger** *m* editor *m* de música; ~**werk** *n* obra *f* musical, composición *f* (musical); ~**wissenschaft** *f* musicología *f*; ~**wissen-**

schaftler *m* musicólogo *m*; ~**zug** *m* banda *f* de música.

'**musisch** *adj.* con sensibilidad artística.

musi'zieren (-) *v/i.* hacer música; cultivar la música.

Mus'kat *m* (*-es*; *-e*) nuez *f* moscada; ~**blüte** *f* macia *f*, macis *m*.

Muska'teller *m* (vino *m* de) moscatel *m*; ~**traube** *f* uva *f* moscatel; ~**wein** *m* (vino *m* de) moscatel *m*.

Mus'katnuß *f* nuez *f* moscada; ~**baum** ♀ *m* miristica *f*.

'**Muskel** *m* (*-s*; *-n*) músculo *m*; ~**band** *Anat. n* ligamento *m* muscular; ~**faser** *Anat. f* fibra *f* muscular; ~**gewebe** *Anat. n* tejido *m* muscular; ~**kater** *m* F agujetas *f/pl.*; ~**kraft** *f* fuerza *f* muscular; ~**krampf** *m* calambre *m*; ~**mensch** *m*, ~**protz** F *m* hombre *m* musculoso; ~**riß** *m* desgarro *m* muscular; ~**schwäche** *f* debilidad *f* muscular, ♂ miastenia *f*; ~**schwund** ♂ *m* atrofia *f* muscular; ~**zerrung** ♂ *f* distensión *f* (F tirón *m*) muscular.

Mus'kete ⚔ *f* mosquete *m*.

Muske'tier ⚔ *m* (*-s*; *-e*) mosquetero *m*.

Muskula'tur *f* (-; *-en*) musculatura *f*.

musku'lös *adj.* musculoso.

Muß *n* (-; *0*) necesidad *f*; '~**bestimmung** *f* → ~**vorschrift**.

'**Muße** [u:] *f* (*0*) ocio *m*; *mit* ~ con toda tranquilidad, con calma.

Musse'lin *m* (*-s*; *-e*) muselina *f*.

'**müssen** (*L*) *v/i. u. v/aux.* deber; tener que; haber de; estar (*od. verse*) obligado a; verse en la necesidad de; tener la obligación de; (*nötig sein*) necesitar, tener necesidad de; *man muß* hay que (*inf.*); *es muß getan werden* es preciso hacerlo; *ich muß* (*brauche*) *nicht hingehen* no necesito ir allá; *ich mußte* (*einfach*) *lachen* no pude menos de reírme; *muß das* (*wirklich*) *sein?* ¿es (realmente) necesario?; *wenn es* (*unbedingt*) *sein muß* si no hay otro remedio; si hay que hacerlo; si es (absolutamente) necesario; *ich muß ihnen sagen* ... permítame que le diga ...; debo (*od.* he de) decirle ...; (*moralische Pflicht*) *er muß kommen* debe venir; *ich muß es tun* tengo que hacerlo, es preciso que lo haga; *wie es sein muß* como es debido; (*Annahme*) *er muß kommen* debe de venir; *er muß zu Hause sein* debe de estar en casa; *er muß es gewesen sein* debe de haber sido él; *er muß verrückt sein* debe de estar loco; *es muß wohl nichts an der Sache sein* parece que la cosa no es cierta; *er ist zu Hause, er müßte denn ausgegangen sein* está en casa a menos que (*od.* a no ser que) haya salido; *kein Mensch muß* ~ nadie está obligado a nada; F *ich muß mal* tengo que ir al water.

'**Muße|stunden** *f/pl.*, ~**zeit** *f* ratos *m/pl.* libres (*od.* de ocio).

'**müßig** [y:] *adj.* ocioso; desocupado; inactivo; (*unnütz*) ocioso, inútil; (*überflüssig*) superfluo; ~**es Gerede** palabras *f/pl.* ociosas; ~**e Frage** pregunta *f* superflua; ̱**gang** *m* (*-es*; *0*) ociosidad *f*; holgazanería *f*; desocupación *f*; vagancia *f*; ~ *ist aller Laster Anfang* la ociosidad es madre de todos los vicios; ̱**gänger** *m* ocioso *m*; holgazán *m*; haragán *m*; vago *m*.

'**Mußvorschrift** *f* disposición *f* imperativa.

'**Muster** *n* (*-s*; -) modelo *m*; (*Beispiel*) ejemplo *m*; botón *m* de muestra; (*Urbild*) (proto)tipo *m*; (*Stoff*̱ *usw.*) dibujo *m*; diseño *m*; (*Schnitt*̱) patrón *m*; (*Probe*) *a.* ✝ muestra *f*; espécimen *f*; *Gr.* paradigma *m*; ✝ ~ *ohne Wert* muestra sin valor; *als* ~ *dienen* servir de modelo; *als* ~ *hinstellen* poner como ejemplo; *nach* ~ según modelo; conforme a la muestra; *das* ~ *e-s Lehrers usw.* un profesor, *etc.* modelo (*od.* ejemplar); ~**beispiel** *n* ejemplo *m* (típico); (*Vorbild*) modelo *m*; ~**betrieb** *m* empresa *f* (✒) explotación *f* modelo (*od.* piloto); ~**bild** *n* modelo *m*; ideal *m*; ~**brief** *m* carta *f* modelo (*od.* tipo); ~**buch** ✝ *n* muestrario *m*; ~**exemplar** *n* ejemplar *m* (de) muestra; F *fig.* modelo *m*; ~**fall** *m* caso *m* tipo; ~**gatte** *m* marido *m* modelo; ̱**gültig**, ̱**haft** *adj.* ejemplar; modelo; ~**gültigkeit** *f*, ~**haftigkeit** *f* ejemplaridad *f*; ~**gut** ✒ *n* granja *f* modelo (*od.* piloto). ~**haus** *n* casa *f* de muestra; ~**karte** ✝ *f* muestrario *m*; tarjeta *f* de muestras; ~**knabe** *m* niño *m* modelo; ~**koffer** ✝ *m* (maleta *f*) muestrario *m*; ~**kollektion** ✝ *f* → ~**sammlung**; ~**messe** ✝ *f* feria *f* de muestras; ̱**n** (*-re*) *v/t.* examinar; mirar de arriba abajo; inspeccionar; ⚔ *Truppen*: revistar, pasar revista de; *Rekruten*: hacer el reconocimiento a; → *a.* **gemustert**; ~**prozeß** ⚖ *m* proceso *m* modelo; ~**sammlung** *f* colección *f* de muestras, muestrario *m*; ~**schüler(in** *f*) *m* alumno (-a *f*) *m* modelo (*od.* ejemplar); ~**schutz** *m* protección *f* de las muestras *bzw.* de los modelos; ~**stück** *n* modelo *m*; (*Probe*) muestra *f*; espécimen *m*; ~**ung** *f* examen *m*; inspección *f*; ⚔ revista *f* (de tropas); *von Rekruten*: revisión *f* médica; ~**ungskommission** ⚔ *f* comisión *f* (*od.* junta *f*) de reclutamiento; ~**vertrag** *m* contrato *m* tipo; ~**zeichner(in** *f*) *m* dibujante *m/f* de modelos *bzw.* de muestras; ~**zeichnung** *f* dibujo *m*.

Mut *m* (-*es*; *0*) valor *m*, coraje *m*; ánimo *m*; denuedo *m*, bravura *f*; (*Schneid*) valentía *f*, arrojo *m*, arrestos *m/pl.*; ~ *fassen* (*od. schöpfen*) cobrar ánimo (*od.* valor); *wieder* ~ *fassen* recobrar el ánimo; *j-m* ~ *machen* infundir ánimo a alg.; animar (*od.* alentar) a alg.; *den* ~ *sinken lassen* (*od. verlieren*) perder el ánimo, desalentarse, desanimarse, desmoralizarse; (*nicht*) *den* ~ *haben, zu* (*inf.*) (no) atreverse a (*inf.*); *es gehört* ~ *dazu* hay que tener valor para eso; *j-m den* ~ *nehmen* desalentar (*od.* desanimar) a alg.; *guten* ~*es sein* estar optimista; estar de buen humor; *nur* ~*!* ¡valor!; ¡ánimo!

Mutati'on *Bio. f* mutación *f*; (*Stimmbruch*) cambio *m* de la voz.

'**Mütchen** *n*: F *sein* ~ *an j-m kühlen* desahogar su cólera (*od.* ensañarse) en alg.

mu'tieren (-) *v/i. Bio.* mutar; *Stimme*: cambiar la voz.

'**mut|ig** *adj.* valiente; animoso; denodado; bravo; arrojado; ~**los** *adj.* desalentado, desanimado, descorazonado; desmoralizado; ~ *machen* desalentar, desanimar; ~ werden desalentarse, desanimarse; descorazonarse; ²losigkeit f (0) desaliento m, desánimo m, falta f de ánimo; ~maßen (-ßt) v/t. presumir, suponer; conjeturar; ~maßlich adj. presunto; supuesto; (wahrscheinlich) probable; ²maßung f presunción f; suposición f; conjetura f; especulación f; (Verdacht) sospecha f; ~en anstellen hacer conjeturas.

'Mutter f 1. (-; ⸚) madre f; die ~ Gottes la Madre de Dios; 2. (-; -n) ⊕ tuerca f.
'Mütterberatung(sstelle) f consultorio m de maternología.
'Mutter...: ~boden m tierra f vegetal; ~brust f seno m materno.
'Mütterchen n madrecita f; altes ~ viejecita f.
'Mutter...: ~erde f → ~boden; fig. tierra f natal; ~freuden pl. alegría f de ser madre; ~gesellschaft ♀ f sociedad f matriz; ~gestein Geol. n roca f madre; ~gewinde ⊕ n filete m matriz; ~'gottes f Nuestra Señora f; ~'gottesbild n imagen f de la Virgen; madona f; ~haus ♱ n casa f matriz (od. central).
'Mütterheim n residencia f materna.
'Mutter...: ~herrschaft f matriarcado m; ~herz n corazón m maternal (od. de madre); ~instinkt m instinto m maternal; ~kirche f iglesia f matriz; ~korn ♀ n cornezuelo m de centeno; ~kuchen Anat. m placenta f; ~land n madre f patria; metrópoli f; ~lauge ⚗ f lejía f

madre; ~leib m seno m (od. claustro m) materno.
'mütterlich I. adj. maternal; materno; II. adv. como una madre; ~erseits adv. por parte (od. de parte) de la madre; (por el lado) materno; ²keit f (0) maternidad f; sentimiento m maternal.
'Mutter...: ~liebe f amor m maternal; ²los adj. huérfano m de madre; sin madre; ~mal n lunar m, ✱ nevo m; ~milch f leche f materna (od. de mujer); fig. et. mit der ~ einsaugen mamar a/c. en la leche; ~mord m matricidio m; ~mörder(in f) m matricida m/f; ~mund Anat. m orificio m uterino; ~pflicht f deber m maternal; ~recht n matriarcado m; ~schaf n oveja f madre; ~schaft f (0) maternidad f; ~schafts-urlaub m vacaciones f/pl. por maternidad; ~schaftsvertretung f suplencia f de (od. por) maternidad; ~schiff n buque m nodriza; ~schoß m seno m materno; ~schutz m protección f de la maternidad (od. a la madre); ~schutzgesetz n ley f de protección a la madre; ~schwein n cerda f (madre); ²seelen-al'lein adj. solito; F solo como un hongo; ~söhnchen n niño m mimado; ~spiegel ✱ m uteroscopio m, espéculo m uterino; ~sprache f lengua f materna; ~stelle f: ~ vertreten bei hacer de madre con; ~tag m Día m de la Madre; ~teil n herencia f de la madre; ⚖ legítima f materna; ~tier n (animal m) madre f;

~witz m gracia f (natural); salero m, chispa f; ~zelle Bio. f célula f madre.
'Mutti F f (-; -s) mamá f, mamaíta f.
'Mutung ⚒ f solicitud f de concesión minera.
'Mut|wille m petulancia f; (Schelmerei) travesura f, diablura f; (Böswilligkeit) malicia f; ²willig I. adj. petulante; (schelmisch) travieso; (böswillig) malicioso; (absichtlich) intencional; II. adv. a propósito, con intención, deliberadamente.
'Mütze f gorra f, gorro m; ~nschirm m visera f.
My'om ✱ n (-s; -e) mioma m.
Myri'ade f miríada f.
'Myrrhe ['myrə] ♀ f mirra f.
'Myrte ♀ f mirto m, arrayán m; ~nkranz m corona f de mirto.
Mys'teri-enspiel Thea. n misterio m.
mysteri'ös adj. misterioso.
Mys'terium n (-s; -rien) misterio m.
Mystifi|kati'on f engaño m, superchería f; burla f; gal. mistificación f; ²zieren (-) v/t. engañar, embaucar; gal. mistificar.
'Mystik f (0) mística f; ~er(in f) m místico (-a f) m.
'mysti|sch adj. místico; ²zismus m (-; 0) misticismo m.
'Myth|e f mito m; ²enhaft, ²isch adj. mítico.
Mytho|'loge m (-n) mitólogo m, mitologista m; ~lo'gie f mitología f; ²'logisch adj. mitológico.
'Mythos m, 'Mythus m (-; -then) mito m.

N

N, n *n* N, n *f*.
na! F *int.* pues; *überrascht, empört:* ¡caramba!, ¡hombre!; *ungläubig:* ¡no me diga!; ~ *also!* ¡ya ve(s)!; ¡pues entonces!; ~, ~! ¡pero hombre!; *begütigend:* ¡vaya!; ~ *los!* ¡vamos!, ¡venga!; ~ *ja!* ¡bueno!; ¡(está) bien!; ~ *so was!* ¡hay que ver!; ¡qué cosa!; ~ *und?* ¿y qué?; ~ *warte!* ¡ya verás!
'**Nabe** ⊕ *f* (*Rad*♀) cubo *m*.
'**Nabel** *m* (-s; -) *Anat.* ombligo *m* (*a. fig.*); ♀ hilo *m*; ~**binde** *f* vendaje *m* umbilical; *für Neugeborene:* ombliguero *m*; ~**bruch** ⚕ *m* hernia *f* umbilical; ~**schau** F *fig. f* introspección *f*; F ombliguismo *m*; ~**schnur** *f*, ~**strang** *m* cordón *m* umbilical.
'**Naben...:** ~**bremse** *f* freno *m* de cubo; ~**haube** *f*, ~**kappe** *f* tapacubo(s) *m*.
'**Nabob** *m* (-s; -s) nabab *m* (*a. fig.*).
nach I. *prp.* (*dat.*) **1.** *Richtung:* a, para; *in Richtung auf:* hacia; ⚓, ⚓ con destino a, para; ~ *Madrid reisen* ir a Madrid; *abreisen* ~ partir (o salir) para; *marcharse a; der Weg* ~ *Toledo* el camino de Toledo; ~ *dieser Seite* hacia este lado; ~ *dem Fluß* (*hin*) hacia el río, en dirección al río; ~ *Norden* hacia el norte; ~ *Norden liegen* estar situado al norte; dar al norte; ~ *dem Arzt schicken* enviar a buscar al médico; ~ *rechts* (*links*) hacia (*od.* a) la derecha (izquierda); **2.** *Reihenfolge, Zeit:* después de, tras; (~ *Ablauf von*) al cabo de; ~ *getaner Arbeit* después de trabajar; una vez hecho (*od.* terminado) el trabajo; ~ *e-r halben Stunde* al cabo de media hora; a la media hora; ~ *3 Uhr* después de las tres; ~ *Tisch* después de comer; ~ *einigen Tagen* pasados (*od.* transcurridos) algunos días; ~ *vielen Mühen* tras muchos esfuerzos; ~ *Ihnen!* ¡Vd. primero!; *e-r* ~ *dem andern* uno tras otro; **3.** (*gemäß*) según, conforme a, con arreglo a; en virtud de; *s-m Aussehen* ~ a juzgar por su aspecto; *s-r Meinung* ~ según él; en su opinión; ~ *dem Gedächtnis* de memoria; ~ *dem Gewicht* según el peso; ~ *Gewicht verkaufen* vender al peso; ~ *spanischer Art* a la española; ~ *deutschem Geld* en moneda alemana; *dem Gesetz* ~ conforme a (*od.* según) la ley; ~ *Maß* a medida; ~ *dem Verfahren von* según el método de; *riechen* (*schmecken*) ~ oler (saber) a; *dem Namen* ~ de nombre; je ~ *den Umständen* según las circunstancias; *s-r Weise* a su manera; *man hat ihn* ~ *mir benannt* se le ha dado mi nombre; **II.** *adv.* ~ *mir!* ¡seguidme!; ~ *und* ~ poco a poco; paulatinamente; ~ *wie vor* ahora (*od.* hoy) como antes; hoy como ayer; *das ist* ~ *wie vor billig* sigue siendo barato.

'**nach|äffen** *v/t.* remedar; imitar ridículamente; ♀**äffe'rei** *f* remedo *m*; imitación *f* ridícula.
'**nach-ahm|en** *v/t.* imitar; copiar; (*fälschen*) falsificar, contrahacer; ~**enswert** *adj.* digno de ser imitado; ejemplar; ♀**er**(**in** *f*) *m* imitador(a *f*) *m*; copiador(a *f*) *m*; (*Fälscher*) falsificador(a *f*) *m*; ♀**ung** *f* imitación *f*; copia *f*; (*Fälschung*) falsificación *f*; *vor* ~**en wird gewarnt** desconfíese de las imitaciones; ♀**ungs-trieb** *m* instinto *m* de imitación.
'**nach|arbeiten** (-e-) *v/t.* (*nachbilden*) imitar; copiar; (*verbessern*) retocar, repasar; *Versäumtes:* recuperar; ~**arten** (-e-; *sn*) *v/i.:* *j-m* ~ parecerse mucho (*od.* salir) a alg.
'**Nachbar** *m* (-n *od.* -s; -n) vecino *m*; ~**dorf** *n* pueblo *m* vecino (*od.* inmediato); ~**haus** *n* casa *f* contigua *bzw.* vecina; ~**in** *f* vecina *f*; ~**land** *n* país *m* vecino; ♀**lich I.** *adj.* vecino; **II.** *adv.* de (*od.* como) vecino; *mit j-m* ~ *verkehren* tener relaciones de buena vecindad con alg.; ~**ort** *m* población *f* vecina; pueblo *m* vecino (*od.* inmediato); ~**schaft** *f* (0) vecindad *f*; (*die Nachbarn*) *a.* vecinos *m/pl.*; vecindario *m*; (*Nähe*) cercanía *f*, proximidad *f*; *in der* ~ cerca de aquí; en la vecindad; *gute* ~ *halten* estar en relaciones de buena vecindad; vivir bien con el vecino; ~**sleute** *pl.* vecinos *m/pl.*; ~**staat** *m* Estado *m* vecino (*od.* limítrofe).
'**nach|bauen** *v/t.* copiar; imitar; ~**behandeln** ⚕ (-*le*; -) *v/t.* tratar ulteriormente; ♀**behandlung** ⚕ *f* tratamiento *m* ulterior (*od.* posterior); ~**berechnen** *v/t.* recargar; ♀**berechnung** *f* recargo *m*; ~**bessern** (-*re*) *v/i.* retocar; ♀**besserung** *f* retoque *m*; ~**bestellen** *v/t.* volver a encargar, hacer un nuevo encargo; † *a.* hacer un pedido suplementario; *im Restaurant:* repetir el plato; ♀**bestellung** *f* nuevo encargo *m*; † nueva orden *f*, pedido *m* suplementario; ~**beten** F *fig.* (-*e*-) *v/t.* repetir maquinalmente; ser el eco de; ♀**beter**(**in** *f*) *m* el *bzw.* la que repite maquinalmente; eco *m*; ~**bewilligen** *v/t.* conceder un suplemento (de crédito); ♀**bewilligung** *f* crédito *m* suplementario; ~**bezahlen** *v/t.* pagar con suplemento; (*nachträglich bezahlen*) pagar posteriormente (*od.* más tarde); ♀**bezahlung** *f* pago *m* suplementario *bzw.* posterior; ♀**bild** *n* copia *f*; *Physiol.* imagen *f* persistente; ~**bilden** (-*e*-) *v/t.* copiar; imitar; reproducir; ♀**bildung** *f* copia *f*; imitación *f*; reproducción *f*; ~**bleiben** (L; *sn*) *v/i.* quedarse atrás (*od.* rezagado); *Uhr:* ir atrasado; *Schule:* quedar retenido en clase; ~**blicken**

v/i.: *j-m* ~ seguir a alg. con la vista; ♀**blutung** ⚕ *f* hemorragia *f* secundaria (*od.* tardía); ~**bohren** F *fig. v/i.* insistir; ♀**börse** † *f* bolsín *m* de última hora; ~**börslich** *adj.* después del cierre; ~**er** *Preis* cotización *f* libre; ♀**bürge** *m* subfiador *m*; ~**datieren** (-) *v/t.* postfechar, poner fecha posterior.
nach'dem I. *cj.* después (de) que; después de (*inf.*); ~ *er gegessen hatte* después de haber comido, una vez (*od.* después) que hubo comido; ~ *sie das gesagt hatte, ging sie* dicho esto se marchó, después de decir esto se fue; ~ *er soviel Geld ausgegeben hat* habiendo gastado tanto dinero; **II.** *adv.:* *je* ~ según (las circunstancias); eso depende; según y conforme; según y cómo.
'**nach|denken** (L) *v/i.* reflexionar (*über ac.* sobre); meditar (sobre); pensar (*ac.*); ♀**denken** *n* reflexión *f*; meditación *f*; ~**denklich** *adj.* pensativo, meditabundo; ensimismado; *j-n* ~ *machen* dar que pensar a alg.; ♀**denklichkeit** *f* ensimismamiento *m*; ♀**dichtung** *f* imitación *f*; versión *f* libre; traducción *f* literaria, adaptación *f*; ~**drängen** *v/i.* empujar desde atrás; ♀**druck** *m* **1.** (-*ɇs*; 0) (*Tatkraft*) energía *f*; vigor *m*; firmeza *f*; (*Betonung*) énfasis *m*; insistencia *f*, ahínco *m*; ~ *legen auf* insistir en; poner énfasis en; hacer hincapié en; **2.** (-*ɇs*; -*e*) *Typ.* reimpresión *f*; reproducción *f*; *ungesetzlicher:* edición *f* clandestina; ~ *verboten* se prohíbe la reproducción; ~**drucken** *v/t. Typ.* reimprimir; reproducir; ~**drücklich I.** *adj.* enérgico; enfático; insistente; **II.** *adv.* con energía; con insistencia (*od.* ahínco); et. ~ *verlangen* reclamar enérgicamente a/c.; *er riet* ~ *davon ab* le aconsejó seriamente que no lo hiciera; et. ~ *empfehlen* recomendar encarecidamente a/c.; *j-m* ~ *auffordern* intimar a alg.; ♀**drucksrecht** *Typ. n* derecho *m* de reproducción; ~**dunkeln** (-*le*) *v/i. Farben:* ponerse oscuro (con el tiempo); ♀**eiferer** *m* emulador *m*, émulo *m*; ~**eifern** (-*re*) *v/i.:* *j-m* ~ emular a alg.; ♀**eiferung** *f* (0) emulación *f*; ~**eilen** (*sn*) *v/i.:* *j-m* ~ correr tras (*od.* detrás de) alg.; ~**ein- ander** *adv.* uno(s) tras otro(s); sucesivamente; *zweimal* ~ dos veces seguidas; *drei Tage* ~ tres días seguidos (*od.* consecutivos); ~**empfinden** (L; -) *v/t.:* *j-m* et. ~ *können* comprender los sentimientos de alg.; sentir lo mismo que alg.
'**Nachen** *m* bote *m*; canoa *f*.
'**Nach|erbe** *m* heredero *m* último; ~**ernte** 🌾 *f* segunda cosecha *f*.
'**nach|erzählen** (-) *v/t.* repetir (una narración); reproducir; adaptar;

⁓erzählung f narración f; adaptación f; ⁓exerzieren (-) v/i. hacer un ejercicio suplementario bzw. de castigo; 2fahr(e) m (-en) descendiente m; ⁓fahren (L; sn) v/i.: j-m ⁓ seguir a alg. (en un vehículo); ⁓färben v/t. reteñir; ⁓fassen v/i. beim Essen: repetir; fig. insistir; 2feier f celebración f posterior; ⁓feilen v/t. retocar con la lima; fig. retocar; 2folge f sucesión f; ⁓ Christi Imitación f de Cristo; j-s ⁓ antreten → ⁓folgen (sn) v/i.: j-m ⁓ seguir a alg., im Amt usw: suceder a alg.; ⁓folgend adj. siguiente; subsiguiente; (aufeinanderfolgend) consecutivo; 2folger(in f) m sucesor(a f) m; 2folgestaat m Estado m sucesor; ⁓fordern (-re) v/t. pedir además; pedir un pago suplementario; Fehlendes: reclamar; 2forderung f petición f adicional; reclamación f (suplementaria); ⁓forschen v/i. investigar, indagar (nach et. a/c.); hacer indagaciones sobre a/c.; bsd. polizeilich: a. pesquisar, hacer pesquisas; 2forschung f investigación f, indagación f; pesquisa f; 2frage f ✝ demanda f (nach de); es herrscht starke (geringe) ⁓ hay mucha (poca) demanda; ⁓fragen v/i. informarse (de); preguntar (por); 2frist f prolongación f del plazo; prórroga f; ⁓fühlen v/t. → ⁓empfinden; ⁓füllbar adj. recargable; ⁓füllen v/t. rellenar; recargar; 2füllpackung f recambio m, repuesto m, carga f; 2füllung f relleno m; 2gang ✝ m: im ⁓ zu referirdonos a; ⁓geben (L) v/i. ceder; ✝ Preise usw.: bajar; (erschlaffen) aflojarse; Stoff: dar de sí; ⊕ ser elástico (od. flexible); fig. ceder, cejar, transigir; claudicar; condescender; (aufgeben) arriar bandera, bajar velas; nicht ⁓ no dar su brazo a torcer; j-m an et. nichts ⁓ no ceder a alg. en a/c.; ⁓geboren adj. póstumo; (jünger) segundogénito; 2gebühr f sobretasa f; 2geburt ✶ f secundinas f/pl.; ⁓gehen (L; sn) v/i. seguir (j-m a alg.), seguir los pasos (de alg.); e-r Sache: andar tras a/c.; ocuparse de a/c.; 2geschäften: dedicarse a, atender a; e-m Vorfall: investigar; tratar de aclarar; Vergnügen: entregarse a; Uhr: ir atrasado; fig. die Sache geht mir nach la cosa me preocupa; ⁓gelassen adj. Werk: póstumo; ⁓gemacht adj. imitado; (künstlich) artificial; (gefälscht) falsificado; ⁓ge-ordnet adj. subordinado; ⁓ge'rade adv. (bereits) ya; (allmählich) poco a poco; (geradezu) realmente; ⁓geraten (L; -; sn) v/i.: j-m ⁓ salir a alg.; 2geschmack m gustillo m, a. fig. dejo m; übler: resabio m; e-n schlechten ⁓ haben dejar mal sabor de boca (a. fig.); ⁓gewiesener'maßen adv. según consta; como queda comprobado; ⁓giebig adj. flexible; elástico; fig. dócil; complaciente, condescendiente; deferente; (nachsichtig) indulgente; transigente; 2giebigkeit f (0) flexibilidad f; elasticidad f; docilidad f; complacencia f, condescendencia f; deferencia f; indulgencia f; transigencia f; ⁓gießen (L) v/t. echar más; llenar de nuevo; ⁓glühen v/i. continuar ardiendo; ⁓grübeln (-le) v/i. cavilar, meditar (über ac. sobre); pensar mucho (en); ⁓gucken F →

⁓sehen; 2hall m resonancia f; eco m; bsd. fig. repercusión f; ⁓hallen v/i. resonar, retumbar; repercutir; ⁓haltig adj. (beständig) duradero, durable; persistente; (hartnäckig) tenaz; (wirkungsvoll) eficaz; 2haltigkeit f (0) duración f; persistencia f; tenacidad f; eficacia f; ⁓hängen (L) v/i.: e-r Sache (dat.) ⁓ añorar a/c.; s-n Gedanken ⁓ estar absorto (od. abismado) en sus pensamientos; ensimismarse; 2'hausegehen n: beim ⁓ al volver a casa; ⁓helfen (L) v/i. echar una mano (j-m a alg.); e-r Sache: acelerar, activar (ac.); ⁓'her adv. después, luego; más tarde; bis ⁓! ¡hasta luego!; ⁓'herig adj. posterior; ulterior; 2hilfe f ayuda f; ⁓hilfelehrer(in f) m profesor(a f) m particular (para repaso de asignaturas); 2hilfestunde f clase f (od. lección f) particular (od. de repaso); ⁓hilfeunterricht m lecciones f/pl. particulares; ⁓hinken fig. (sn) v/i. venir detrás; quedar atrás (od. rezagado); 2holbedarf m necesidades f/pl. de recuperación; ⁓holen v/t. recuperar; 2hut ⚔ f (-; -en) retaguardia f; fig. die ⁓ bilden cerrar la marcha; ir a la zaga; 2hutgefecht ⚔ n combate m a retaguardia; ⁓impfen ✶ v/t. revacunar; 2impfung ✶ f revacunación f; ⁓jagen I. v/i. perseguir, correr detrás de; fgdw. dar caza a; fig. e-r Sache ⁓ andar a caza de a/c.; II. v/t.: j-m e-e Kugel ⁓ disparar sobre alg. que huye; 2klang m resonancia f; eco m; fig. recuerdo m; reminiscencia f; ⁓klingen (L) v/i. resonar (a. fig.); 2komme m (-n) descendiente m; ⁓kommen (L; sn) v/i. llegar después (od. más tarde); j-m ⁓ seguir a alg.; (einholen) alcanzar a alg.; Vorschriften: observar, acatar; e-r Bitte: acceder a, corresponder a; e-r Aufforderung: obedecer; Verpflichtungen: cumplir (con), atender; hacer frente a; nicht ⁓ mit der Arbeit usw.: no dar abasto; 2kommenschaft f descendencia f; 2kömmling m (-s; -e) descendiente m; 2-kriegs... in Zssgn de (la) pos(t)guerra; 2kriegszeit f pos(t)guerra f; 2kur ✶ f tratamiento m ulterior; 2laß m (-sses; -sse od. ⁓sse) e-r Strafe, e-r Forderung: remisión f; (Ermäßigung) reducción f; disminución f; (Rabatt) rebaja f; descuento m; (Erbschaft) ⚖ bienes m/pl. relictos, herencia f; sucesión f (de bienes); (Steuer⁓) desgravación f; literarischer: obras f/pl. póstumas; ⚖ den ⁓ eröffnen abrir la sucesión; ⁓lassen (L) I. v/t. 1. (lockern) aflojar; 2. Strafe, Schuld: remitir; condonar, perdonar; 3. Preis: reducir, rebajar, 100 Peseten ⁓ hacer una rebaja de cien pesetas; 4. (hinterlassen) dejar; letztwillig: legar; II. v/i. (lose werden) relajarse; aflojarse; ceder; (sich vermindern) disminuir, decrecer; ate-nuarse; Kräfte usw.: desfallecer, debilitarse; (milder werden) suavizarse; (aufhören) cesar (a. Regen); (sich erschöpfen) agotarse; Eifer: entibiarse; Sturm, Wind: calmarse; amainar; Fieber: remitir, declinar; Schmerz: ceder; 2lassen n aflojamiento m; disminución f; decrecimiento m; atenuación f; moderación f; remi-

sión f, descenso m; ⁓lassend ✶ adj. remitente; 2laßgegenstand ⚖ m objeto m integrante de la sucesión; 2laßgericht ⚖ n tribunal m sucesorio; 2laßgläubiger ⚖ m acreedor m en herencia; ⁓lässig adj. negligente; descuidado; (gleichgültig) indolente; (lässig) despreocupado; (schlampig) desaliñado; dejado; 2lässigkeit f negligencia f; descuido m; (Schlamperei) desaliño m; dejadez f; incuria f; 2laß-inventar ⚖ n inventario m sucesorio; 2laßpfleger ⚖ m curador m sucesorio; 2laßschuld ⚖ f deuda f sucesoria; 2laßverwalter ⚖ m administrador m de la sucesión; 2laßverwaltung ⚖ f administración f de la sucesión; ⁓laufen (L; sn) v/i.: j-m (et.) ⁓ correr tras alg. (a/c.); perseguir a alg.; fig. (a. Mädchen usw.) andar (od. ir) tras alg. (a/c.); ⁓leben v/i.: j-m ⁓ tomar como ejemplo (od. modelo) a alg.; seguir el ejemplo de alg.; ⁓legen v/t. Kohle usw.: reponer; echar más; 2lese f ✶ rebusca f; (Ähren⁓) a. espigueo m; fig. (Nachtrag) suplemento m; ⁓lesen v/t. halten rebuscar; espigar; ⁓lesen (L) v/t. u. v/i. ✶ rebuscar; espigar; e-e Stelle: volver a leer; (prüfen) verificar; in e-m Buch ⁓ consultar un libro; ⁓liefern (-re) v/t. später: entregar más tarde; ergänzend: completar la entrega; 2lieferung f envío m suplementario; ⁓lösen (-t) v/t. Fahrkarte: pagar un suplemento; 2löseschalter m taquilla f para pago de suplementos; ⁓machen v/t. imitar; copiar; (fälschen) contrahacer; falsificar; 2-mahd ✶ f segunda siega f; ⁓malen v/t. copiar; ⁓malig adj. posterior; ulterior; ⁓mals adv. más tarde, posteriormente; ⁓messen (L) v/t. comprobar la medida; volver a medir; 2mittag m tarde f; am ⁓ por la tarde; heute ⁓ esta tarde, hoy por la tarde; im Laufe des ⁓s en la tarde; am späten ⁓ al atardecer; a última hora de la tarde; ⁓mittags adv. por la tarde; todas las tardes; 2mittagskleid n vestido m de tarde; 2mittagsvorstellung f Thea. función f de la tarde; 2nahme f re(e)mbolso m; gegen ⁓ contra re(e)mbolso; 2nahmegebühr f derechos m/pl. (od. tasa f) de re(e)mbolso; 2nahmesendung f envío m contra re(e)mbolso; ⁓name m apellido m; ⁓nehmen (L) v/t. ✝ re(e)mbolsarse; beim Essen: repetir; ⁓plappern (-re) v/t. repetir maquinalmente; F hablar por boca de ganso; 2porto n sobretasa f; porte m adicional; ⁓prüfbar adj. comprobable; ⁓prüfen v/t. comprobar; revisar; controlar; verificar; 2-prüfung f comprobación f; revisión f; control m; verificación f; ⁓rechnen (-e-) v/t. repasar (una cuenta); comprobar un cálculo; 2rechnen n, 2rechnung f comprobación f de un cálculo bzw. de una cuenta; 2rede e-s Buches: epílogo m; üble ⁓ difamación f, detracción f; j-n in üble ⁓ bringen difamar a alg.; ⁓reden (-e-) v/t. repetir; j-m Böses ⁓ hablar mal de alg.; difamar a alg.; ⁓reichen v/t. Speisen: servir otra vez; Unterlagen: entregar posteriormente; 2reife f postmaduración f; ⁓reifen ✶ v/i. madurar después de ser recogido;

~**reisen** (-*t*; *sn*) *v*/*i*.: *j-m* ~ seguir a alg.; ir a reunirse con alg.; ~**rennen** (*L*; *sn*) *v*/*i*.: *j-m* ~ correr detrás de alg.; perseguir a alg.

'**Nachricht** *f* (-; -*en*) noticia *f*; (*Neuigkeit*) novedad *f*, nueva *f*; (*Mitteilung*) información *f*, comunicación *f*; aviso *m*; (*Botschaft*) mensaje *m*; recado *m*; ~**en** *Radio*: noticiario *m* (radiofónico), diario *m* hablado; *letzte* ~**en** últimas noticias; noticias de última hora; ~ *haben* (*erhalten*) *von* tener (recibir) noticia de; *j-m* ~ *geben von* (*od. über*) informar a alg. de; *ich habe keine* ~ *von ihm* no tengo noticias suyas, estoy sin noticias de él; *e-e* ~ *hinterlassen* dejar un recado.

'**Nachrichten...**: ~**agentur** *f* agencia *f* de noticias; ~**blatt** *n* boletín *m* informativo; ~**büro** *n* oficina *f* de información; ~**dienst** *m* servicio *m* de información (✕ de transmisiones); *geheimer*: servicio *m* de inteligencia; ~**material** *n* material *m* informativo; ~**netz** *n* red *f* de (tele)comunicación; ~**offizier** ✕ *m* oficial *m* del servicio de transmisiones; ~**quelle** *f* fuente *f* de información; ~**satellit** *m* satélite *m* de comunicaciones; ~**sendung** *f* noticiario *m*; *TV a.* (espacio *m*) informativo *m*; ~**sperre** *f* bloqueo *m* informativo; embargo *m* de noticias; ~**stelle** *f* centro *m* de información; ~**technik** *f* técnica *f* de communicaciones; ~**übermittlung** *f* transmisión *f* de informaciones; ~**wesen** *n* comunicaciones *f*/*pl*.; ✕ transmisiones *f*/*pl*.; ~**zentrale** *f* central *f* de información.

'**nach**|**rücken** *v*/*i*. avanzar; *in e-e höhere Stelle*: ascender; 2**ruf** *m* necrología *f*; (*Artikel*) artículo *m* necrológico; ~**rufen** (*L*) *v*/*t*.: *j-m* (*et*.) ~ gritar (a/c.) detrás de alg.; 2**ruhm** *m* gloria *f* póstuma; ~**rühmen** *v*/*t*.: *j-m et*. ~ decir a/c. en honor (*od*. en elogio) de alg.; ~**rüsten** *v*/*t*. *Computer*: equipar posteriormente; 2**rüstung** ✕ *f* rearme *m*; ⊕, *Computer*: ampliación *f* (*od*. extensión *f*) posterior; ~**sagen** *v*/*t*. repetir; *j-m et*. ~ decir a/c. de alg.; atribuir a/c. a alg.; 2**saison** *f* temporada *f* baja; 2**satz** *m Gr*. segundo miembro *m* de la proposición; *in Briefen*: pos(t)data *f*; ~**schauen** *v*/*i*. mirar; *j-m* ~ seguir a alg. con la vista; ~ *ob* asegurarse de si; (ir a) ver si; ~**schicken** *v*/*t*. → ~**senden**; ~**schießen** (*L*) *v*/*t*. *Geld*: hacer un pago suplementario; 2**schlag** *m* ♪ mordente *m bzw*. grupeto *m* final; ✕ ración *f* suplementaria; ~**schlagen** (*L*) **I.** *v*/*t*. *u*. *v*/*i*. consultar (un libro); *Stelle im Buch*: buscar (en un libro); **II.** (*sn*) *v*/*i*.: *j-m* ~ parecerse mucho a alg., salir a alg.; 2**schlagewerk** *n* obra *f* de consulta; ~**schleichen** (*L*; *sn*) *v*/*i*.: *j-m* ~ seguir furtivamente a alg.; *bsd. spähend*: espiar a alg.; ~**schleppen** *v*/*t*. arrastrar (*od*. llevar) tras si; 2**schlüssel** *m* llave *f* falsa; (*Dietrich*) ganzúa *f*; ~**schreiben** (*L*) *v*/*t*. (*abschreiben*) copiar; (*mitschreiben*) tomar apuntes; 2**schrift** *f* copia *f*; *e-r Rede usw.*: apuntes *m*/*pl*.; *in Briefen*: pos(t)data *f*; 2**schub** *m* (-*es*; ⸚*e*) avituallamiento *m*, reabastecimiento *m*; (*Verstärkung*) refuerzos *m*/*pl*.; 2**schubbasis** *f* base *f* logística; 2**schubkolonne** *f* columna *f* de avituallamiento; 2**schub-**

lager ✕ *n* depósito *m* de avituallamiento (*od*. reabastecimiento); 2**schublinie** *f*, 2**schubweg** ✕ *m* línea *f* de reabastecimiento; 2**schubwesen** ✕ *n* logística *f*; ~**schulisch** *adj*. postescolar; 2**schuß** *m Fußball*: remate *m* de rebote; ✝ → 2**schußzahlung** *f* pago *m* adicional; aportación *f* suplementaria; ~**schütten** (-*e*-) *v*/*t*. añadir; echar más; ~**sehen** (*L*) **I.** *v*/*t*.: *j-m* ~ seguir a alg. con la vista (*od*. los ojos); (*sich informieren*) enterarse; ~, *ob* asegurarse de si; ir a ver si; **II.** *v*/*t*. (*prüfen*) comprobar, examinar; revisión *f*; *v. Heften*: corregir; *in e-m Buch* ~ consultar un libro; *j-m et*. ~ disculpar, perdonar, dejar pasar a/c. a alg.; F hacer la vista gorda sobre a/c.; 2**sehen** *n* (*Prüfen*) examen *m*; revisión *f*; *v. Heften*: corrección *f*; *in e-m Buch*: consulta *f*; *das* ~ *haben* quedarse con las ganas (*od*. a la luna de Valencia *od*. con dos palmos de narices); ~**senden** (*L*) *v*/*t*. hacer seguir; reexpedir; 2**sendung** *f* reexpedición *f*; ~**setzen** (-*t*) **I.** *v*/*t*. posponer; (*hinzufügen*) añadir, agregar; **II.** (*sn*) *v*/*i*.: *j-m* ~ salir en persecución de alg., perseguir a alg.; *Jgdw*. dar caza a; 2**sicht** *f* (0) indulgencia *f*; benevolencia *f*; tolerancia *f*; ~ *üben* (*od. haben*) *mit* ser indulgente (para) con; ~**sichtig** *adj*. indulgente; complaciente; tolerante; 2**sichtwechsel** ✝ *m* letra *f* a tantos días vista; 2**silbe** *Gr*. *f* sufijo *m*; ~**sinnen** (*L*) *v*/*i*. reflexionar, meditar (*über ac*. sobre); 2**sinnen** *n* reflexión *f*; meditación *f*; ~**sitzen** *Sch*. (*L*) *v*/*i*. quedar retenido (en clase); 2**sitzen** *Sch*. *n* retención *f* (en clase); 2**sommer** *m* veranillo *m* (de San Martín); 2**sorge** ⚕ *f* atención *f* postoperatoria; ~**spähen** *v*/*i*.: *j-m* ~ espiar a alg.; 2**spann** *m Film*: genéricos *m*/*pl*.; *v*/*i*. fin; 2**speise** *f* postre *m*; 2**spiel** *n Thea*. epílogo *m*; ♪ postludio *m*; *fig*. consecuencias *f*/*pl*.; secuela *f*; *ein* ~ *haben* tener consecuencias, F traer cola; *die Sache wird ein gerichtliches* ~ *haben* el asunto será llevado ante los tribunales; 2**spielkino** *n*, 2**spieltheater** *n* cine *m* de reestreno; ~**spionieren** (-) *v*/*i*.: *j-m* ~ espiar a alg.; ~**sprechen** (*L*) *v*/*t*. *u*. *v*/*i*. repetir; *j-m* ~ repetir lo dicho por alg.; ~**spülen** *v*/*t*. *Wäsche*: aclarar; ~**spüren** *v*/*i*. seguir los pasos (*od*. la pista *od*. el rastro) de; *a. Jgdw*. rastrear; *fig. e-r Sache*: investigar, indagar (a/c.).

nächst I. *adj*. (*sup*. *v*. *nahe*) *Reihenfolge*, *zeitlich*: siguiente; próximo; *Entfernung*: el más próximo (*od*. cercano); *der* ~**e** *Weg* el camino más corto; *die* ~**en** *Verwandten* los parientes más cercanos; *ins* ~**e** *Dorf gehen* ir al pueblo vecino; *im* ~**en** *Augenblick* momentos después; *im* ~**en** *Haus* en la casa de al lado; *bei* ~**er** *Gelegenheit* en la primera ocasión; *es Jahr* el año próximo, el año que viene; ~**en** *Sonntag* el próximo domingo, el domingo que viene; *am* ~**en** *Tag* al día siguiente; *in den* ~**en** *Tagen* uno de estos días; *in* ~**er** *Zeit* próximamente; *das* ~**e** *Mal* la próxima vez; *die* ~**e** *Straße links* la primera calle a la izquierda; **II.** *adv*. *am* ~**en** lo más cerca; *er kommt dem am* ~**en** es el que más se le aproxima;

fürs ~**e** de momento; **III.** *prp*. (*dat*.) muy cerca de, junto a; *Reihenfolge*: después de; ¹~!**best** *adj*.: *der, die* 2**e** el primero *bzw*. la primera que llegue (*od*. que se presente); ¹2**e 1.** *n* lo primero; *fig*. lo más indicado; lo procedente; *das* 2 (*zu tun*) *wäre* ... lo primero (que habría que hacer) sería ...; **2.** *m* (*Mitmensch*) *Rel*. prójimo *m*; *jeder ist sich selbst der* ~ la caridad bien entendida empieza por uno mismo; *der* ~ *bitte!* ¡el siguiente!

'**nach**|**stehen** (*L*) *v*/*i*.: *j-m* ~ ser inferior a alg.; *er steht ihm nicht* (*od. in nichts*) *nach* no le cede en nada; no le va a la zaga; ~**stehend I.** *adj*. siguiente; mencionado abajo; *im* ~**en** → **II.** *adv*. a continuación; en lo que sigue; ~**steigen** F (*L*; *sn*) *v*/*i*. *e-m Mädchen*: correr (*od*. andar) tras; ~**stellbar** *adj*. ajustable; regulable; ~**stellen I.** *v*/*t*. colocar detrás; *Gr*. posponer; *Uhr*: retrasar; ⊕ reajustar; **II.** *v*/*i*.: *j-m* ~ perseguir a alg.; *hinterhältig*: acechar a alg.; tender un lazo a alg.; *e-m Mädchen*: asediar a; 2**stellschraube** ⊕ *f* tornillo *m* de ajuste; 2**stellung** *f* ⊕ ajuste *m*, reglaje *m*; (*Verfolgung*) persecución *f*.

'**Nächstenliebe** *f* (0) amor *m* al prójimo; *christliche* ~ caridad *f*.

'**nächstens** *adv*. próximamente, en breve, dentro de poco; F (*am Ende*) a lo mejor.

'**Nachsteuer** *f* impuesto *m* adicional; recargo *m* impositivo.

'**nächst**|**folgend** *adj*. (sub)siguiente; próximo; ~**liegend** *adj*. el más próximo (*od*. cercano); *das* 2**e** lo primero; *fig*. lo más indicado.

'**Nach**|**stoß** *Fechtk*. *m* parada *f* y a fondo; 2**stoßen** (*L*) *v*/*i*. ✕ perseguir; 2**streben** *v*/*i*. aspirar a (conseguir) a/c.; ambicionar a/c.; *j-m* ~ tomar a alg. por modelo; seguir el ejemplo de alg.; emular a alg.; 2**strömen** *fig*. *v*/*i*. seguir en masa; 2**stürzen** (-*t*; *sn*) *v*/*i*.: *j-m* ~ lanzarse tras alg.; 2**suchen** *v*/*t*. *u*. *v*/*i*. buscar, rebuscar; *um et*. ~ solicitar a/c.; ~**suchen** *n* busca *f*; rebusca *f*; (*Bitte*) solicitud *f*.

Nacht *f* (-; ⸚*e*) noche *f*; *heute* 2 esta noche, hoy por la noche; *gestern* 2 anoche; *vorgestern* 2 anteanoche; *des* ~**s**, *bei* ~, *in der* ~ por la noche; *mitten in der* ~ en plena noche; *tief* (*od. spät*) *in der* ~, *tief in die* ~ *hinein* muy entrada la noche; *bei* ~ *und Nebel* clandestinamente; *im Schutze der* ~ al amparo de la noche; *über* ~ durante la noche; *fig*. de la noche a la mañana; *es wird* ~, *die* ~ *bricht herein* anochece, está anocheciendo, se hace de noche; *es ist* ~ es de noche; *bei Einbruch der* ~ al anochecer; al cerrar la noche; *nach Einbruch der* ~ cerrada la noche; *die ganze* ~ *bleiben*, F *sich die* ~ *um die Ohren schlagen* pasar una noche en blanco; trasnochar; *die* ~ *verbringen in* (*dat*.) pernoctar, pasar la noche en; *e-e gute* (*schlechte*) ~ *verbringen* (*od. haben*) pasar una buena (mala) noche; *die* ~ *bleiben* pasar la noche; *die ganze* ~ *nicht schlafen können* no poder dormir en toda la noche; *die* ~ *zum Tag machen* hacer de la noche día y del día noche; *zu*(*r*) ~ *essen* cenar; *gute* ~! ¡buenas noches!; *iro. na, dann gute* ~!

Nachtangriff — Nadelöhr

¡apaga y vámonos!; *j-m e-e angenehme* ~ *wünschen* desear a alg. (que pase) una buena noche; *in der* ~ *sind alle Katzen grau* de noche todos los gatos son pardos; '~**angriff** ✕ *m* ataque *m* nocturno.

'**nachtanken** *v/i.* echar gasolina, repostar.

'**Nacht...:** ~**arbeit** *f* trabajo *m* nocturno; ~**asyl** *n* asilo *m* (*od.* albergue *m*) nocturno; cotarro *m*; ²**blau** *adj.* azul nocturno; ²**blind** *adj.* hemerálope; ~**blindheit** *f* hemeralopía *f*, ceguera *f* nocturna; ~**bomber** ✕ *m* bombardero *m* nocturno; ~**creme** *f* crema *f* de noche; ~**dienst** *m* servicio *m* nocturno; turno *m* de noche; ~ *haben Arzt usw.:* estar de guardia.

'**Nachteil** *m* desventaja *f*, inconveniente *m*; (*Schaden*) perjuicio *m*; detrimento *m*; *zum* ~ *von* en perjuicio (*od.* detrimento) de; *j-m* ~*e bringen* perjudicar a alg.; *im* ~ *sein, sich im* ~ *befinden* estar en desventaja (*od.* en situación desventajosa); ²**ig** *adj.* desventajoso, desfavorable; perjudicial; contrario; ~ *für j-n ausgehen* resultar en perjuicio (*od.* en detrimento) de alg.

'**Nacht-einsatz** ✕ *m* misión *f* nocturna.

'**nächtelang** *adv.* (durante) noches enteras.

'**Nacht...:** ~**essen** *n* cena *f*; ~**eule** F *fig. f* trasnochador *m*; ~**falter** *m* mariposa *f* nocturna, falena *f*; ~**fernrohr** *n*, ~(**fern**)**glas** *n* prismáticos *m/pl.* nocturnos; ~**flug** *m* vuelo *m* nocturno; ~**frost** *m* helada *f* nocturna; ~**gebühr** *f* tarifa *f* nocturna; ~**gefecht** ✕ *n* combate *m* nocturno; ~**geschirr** *n* orinal *m*; ~**gewand** *n* → ~*hemd*; ~**glocke** *f* timbre *m* de noche; ~**haube** *f* gorro *m* de dormir; ~**hemd** *n* camisón *m*, camisa *f* de noche (*od.* de dormir).

'**Nachtigall** *Orn. f* (-; -en) ruiseñor *m*.

'**nächtigen** *v/i.* pasar la noche, pernoctar (*in dat.* en).

'**Nachtisch** *m* postre *m*.

'**Nacht...:** ~**jäger** ✕ *m* (avión *m* de) caza *m* nocturno; ~**klub** *m* club *m* nocturno; cabaret *m*; ~**lager** *n* campamento *m* nocturno; (*Quartier*) alojamiento *m* para la noche; (*Bett*) yacija *f*; ~**lampe** *f* lamparilla *f*; ~**leben** *n* vida *f* nocturna.

'**nächtlich** *adj.* nocturno.

'**Nacht...:** ~**licht** *n* lamparilla *f*; ~**lokal** *n fr.* boite *f*; club *m* nocturno; cabaret *m*; ~**luft** *f* (aire *m*) fresco *m* de la noche; ~**mahl** *n* cena *f*; ~**marsch** ✕ *m* marcha *f* nocturna; ~**musik** *f* serenada *f*; ~**mütze** *f* gorro *m* de dormir.

'**nachtönen** *v/i.* resonar.

'**Nacht**|**portier** *m* portero *m* de noche (*od.* nocturno); ~**quartier** *n* alojamiento *m* (para la noche).

'**Nach**|**trag** *m* suplemento *m*; (*Anhang*) apéndice *m*; (*Hinzufügung*) adición *f*, aditamento *m*; *im Brief:* pos(t)data *f*; (*Testaments²*) codicilo *m*; ²**tragen** (L) *v/t.* (*hinzufügen*) añadir, agregar; *j-m et.* ~ llevar a/c. detrás de alg.; *fig.* guardar rencor a alg. por a/c.; ²**tragend** *adj.* rencoroso; ²**träglich I.** *adj.* posterior, ulterior; (*zusätzlich*) adicional, suplementario; **II.** *adv.* más tarde, posteriormente; ~**tragshaushalt** *m* presupuesto *m* suplementario.

'**Nachtraubvogel** *m* (ave *f*) rapaz *f* nocturna.

'**nachtrauern** *v/i.* añorar (*j-m* a alg.; *e-r Sache* a/c.); llorar la pérdida de.

'**Nacht...:** ~**ruhe** *f* reposo *m* nocturno; calma *f* nocturna; ²**s** *adv.* de noche; *durante (od.* por) la noche; ~**schatten** ♀ *m* hierba *f* mora, solano *m*; ~**schattengewächse** ♀ *n/pl.* solanáceas *f/pl.*; ~**schicht** *f* equipo *m* (*od.* turno *m*) de noche; ²**schlafend** *adj.: zu* ~*er Zeit* (muy) de noche; ~**schwärmer** F *m* noctámbulo *m*, trasnochador *m*; juerguista *m*; ~**schweiß** ✞ *m* sudores *m/pl.* nocturnos; ~**schwester** *f* enfermera *f* de noche *bzw.* de guardia; ~**sitzung** *f* sesión *f* nocturna; ~**stuhl** *m* sillico *m*; ~**tarif** *m* tarifa *f* nocturna; ~**tisch** *m* mesita *f* de noche; ~**tischlampe** *f* lámpara *f* de cabecera; ~**topf** *m* orinal *m*; F perico *m*; ~**tresor** *m* caja *f* nocturna.

'**nachtun** (L) *v/t.*: *es j-m* ~ seguir el ejemplo de alg.

'**Nacht...:** ~**vogel** *m* ave *f* nocturna; F *fig.* trasnochador *m*; ~**vorstellung** *f Thea., Kino:* función *f* de noche; ~**wache** *f* vigilia *f*; guardia *f* de noche; *am Krankenbett:* vela *f*; ✕ ronda *f*; *bei j-m* ~ *halten* velar a alg.; ~**wächter** *m* vigilante *m* nocturno, sereno *m*; ²**wandeln** (-*le*; *sn*) *v/i.* ser sonámbulo; ~**wandeln** *n* sonambulismo *m*; ~**wandler**(**in**) *f m* sonámbulo (-a *f*) *m*; ²**wandlerisch** *adj.* sonámbulo; *mit* ~*er Sicherheit* infaliblemente; ~**zeit** *f: zur* ~ *de noche, por la noche;* ~**zeug** *n* ropa *f* de noche; ~**zug** 🚂 *m* tren *m* de la noche.

'**Nach**|**untersuchung** ✞ *f* examen *m* (*od.* reconocimiento *m*) ulterior *bzw.* de control; ~**urlaub** *m* prolongación *f* de permiso; ²**verlangen** (-) *v/t.* pedir más; ²**versichern** (-*re*; -) *v/t.* aumentar la cantidad asegurada; ~**versicherung** *f* seguro *m* adicional (*od.* suplementario); ²**wachsen** (L; *sn*) *v/i.* volver a crecer; reproducirse; retoñar, rebrotar; ~**wahl** *f* segunda elección *f*; elección *f* complementaria; ~**wehen** *f/pl.* ✞ dolores *m/pl.* de sobreparto; entuertos *m/pl.* (uterinos); *fig.* consecuencias *f/pl.* (desagradables); ²**weinen** *j-m v/i.* añorar (*j-m* a alg.; *e-r Sache* a/c.).

'**Nachweis** *m* (-*es*; -*e*) prueba *f*; comprobación *f*; justificación *f*; *urkundlicher:* documentación *f*; (*Beleg*) comprobante *m*; justificante *m*; *den* ~ *liefern* (*od.* erbringen) presentar (*od.* dar) la prueba (*für et.* de a/c.); probar, demostrar, acreditar (a/c.); justificar (a/c.); *urkundlich:* documentar (a/c.); *zum* ~ *von* en apoyo de; *como prueba de;* ²**bar** *adj.* demostrable; comprobable; justificable; ²**en** (L) *v/t.* (*beweisen*) probar, demostrar; *Befähigung usw.:* acreditar; (*rechtfertigen*) justificar; *urkundlich:* documentar, *Arbeit usw.:* procurar, proporcionar, facilitar; ²**lich I.** *adj.* → ²*bar;* **II.** *adv.* como puede comprobarse; según se puede probar; según consta.

'**Nach**|**welt** *f* posteridad *f*; ²**wiegen** *v/t.* repesar; comprobar el peso (de); ~**winter** *m* invierno *m* tardío; ²**wirken** *v/i.* seguir obrando (*od.* produciendo efecto) (*auf ac.* sobre); (*rückwirken*) repercutir, tener repercusiones; ~**wirkung** *f* efecto *m* ulterior (*od.* secundario); (*Rückwirkung*) repercusión *f*, reacción *f*; *unter der* ~ *von et.* leiden, (*die*) ~*en von et.* spüren resentirse de a/c.; ~**wort** *n* epílogo *m*; ~**wuchs** *m* descendencia *f*; nueva generación *f*; *bsd. Sport:* cantera *f*; F (*Kinder*) prole *f*; *es fehlt an* ~ *für diesen Beruf* faltan aprendices interesados en este oficio; *den* ~ *heranbilden* formar a los jóvenes; ²**zahlen** *v/t. u. v/i.* completar el pago; pagar un suplemento *bzw.* la diferencia; ²**zählen** *v/t.* recontar; contar de nuevo; (*überprüfen*) repasar; ~**zählen** *n* recuento *m*; ~**zahlung** *f* pago *m* suplementario (*od.* adicional); suplemento *m* de pago; recargo *m*; ²**zeichnen** (-*e*-) *v/t.* copiar; ~**zeichnung** *f* copia *f*; ²**ziehen** (L) **I.** *v/t.* arrastrar (*a. Bein*); llevar tras sí; *Schraube:* apretar; *Striche:* reforzar, repasar; (*markieren*) marcar; **II.** (*sn*) *v/i.: j-m* ~ seguir a (*od.* ir detrás de) alg.; ²**zotteln** F (-*le*; *sn*) *v/i.: j-m* ~ trotar detrás de alg.; ~**zügler**(**in** *f*) *m* rezagado (-a *f*) *m*; ~**zündung** *Kfz. f* encendido *m* retardado.

'**Nackedei** F *m* (-*s*; -*s*) nene *m* desnudo.

'**Nacken** *m* (-*s*; -) nuca *f*, cerviz *f*; cogote *m*; *bsd. v. Tieren:* pescuezo *m*; *fig. j-m den* ~ *steifen* respaldar a alg.; *j-m auf dem* ~ *sitzen* (*bedrängen*) atosigar a alg.; (*verfolgen*) pisar a alg. los talones; *j-n im* ~ *haben* ser perseguido de cerca por alg.; *den* ~ *beugen* doblar (*od.* bajar) la cerviz, doblar el espinazo.

'**nackend** *adj.* → *nackt.*

'**Nacken...:** ~**hebel** *m Ringen:* presa *f* de nuca; ~**schlag** *m* golpe *m* en la nuca, cogotazo *m*; *fig.* revés *m*, contratiempo *m*; ~**schutz** *m* cubrenuca *m*, cogotera *f*.

'**nackt** *adj.* desnudo (*a. fig. Wahrheit, Wand usw.*); F en cueros, en pelota(s); *Vogel:* desplumado; *mit* ~*en Füßen* descalzo; *fig. die* ~*en Tatsachen* los hechos escuetos; *mit* ~*en Worten* a secas; *das* ~*e Leben* nada más que la vida; ~ *baden* bañarse desnudo; *sich* ~ *ausziehen* desnudarse; ²**badestrand** *m* playa *f* nudista; ²**frosch** F *m* niño *m* desnudo; ²**heit** *f* (0) desnudez *f*; ²**kultur** *f* (des)nudismo *m*; *Anhänger der* ~ (des)nudista *m/f*; ²**samer** ♀ *m/pl.* gimnospermas *f/pl.*; ²**schnecke** *Zoo. f* babosa *f*.

'**Nadel** *f* (-; -*n*) aguja *f*; (*Steck²*) alfiler *m*; ♀ pinocha *f*; (*Brosche*) broche *m*, prendedor *m*; *fig. wie auf* ~*n sitzen* estar en (*od.* sobre) ascuas; ~**abweichung** *f Kompaß:* declinación *f* (*od.* desviación *f*) magnética; ~**arbeit** *f* labores *f/pl.* (de aguja); ~**baum** *m* conífera *f*; ~**brief** *m* sobre *m* de alfileres *bzw.* de agujas; ~**büchse** *f* alfiletero *m*; ²**förmig** *adj.* en forma de aguja; ♀, *Min.* acicular; ~**geld** *n* alfileres *m/pl.*; ~**hölzer** ♀ *n/pl.* coníferas *f/pl.*; ~**kissen** *n* acerico *m*; ~**kopf** *m* cabeza *f* de alfiler; ~**lager** ⊕ *n* cojinete *m* de agujas; ²**n** (-*le*) *v/t. Baum:* perder las pinochas; ~**öhr** *n* ojo *m* de la aguja; *Verkehr, fig.* cuello *m* de botella; ~**stich** *m* pinchazo *m* (de aguja); alfilerazo *m* (*a. fig.*); (*Nähstich*) puntada *f*; ~**wald** *m* bosque *m* de coníferas.

'**Nagel** *m* (-s; ⁿ) clavo *m*; hölzerner: clavija *f*, (*Schuh*2) estaquilla *f*; (*Zier*2) tachuela *f*; *Anat.* uña *f*; e-n ~ einschlagen clavar un clavo; *mit Nägeln beschlagen* clavetear; *sich die Nägel schneiden* cortarse las uñas; *die Nägel pflegen* hacerse las uñas; *fig.* den ~ auf den Kopf treffen dar en el clavo; *fig. et. an den ~ hängen* renunciar a a/c.; *bsd. Beruf:* colgar los hábitos; *fig. auf den Nägeln brennen* ser urgente; correr mucha prisa; F *fig. sich et. unter den ~ reißen* F soplar, P mangar a/c.; F *fig. Nägel mit Köpfen machen* tomar una decisión; ~**bett** *Anat. n* matriz *f* de la uña, lecho *m* ungueal; ~**bohrer** ⊕ *m* barrena *f*; ~**bürste** *f* cepillo *m* de uñas; ~**feile** *f* lima *f* para las uñas; ~**geschwür** ♂ *n* panadizo *m*; ~**haut** *f* cutícula *f* (ungueal); ~**lack** *m* esmalte *m* (*od.* laca *f*) para uñas; ~**lack-entferner** *m* quitaesmalte *m*; 2**n** (-le) *v/t.* clavar (*an, auf ac.* en); (*benageln*) clavetear; 2**neu** *adj.* flamante; ~**pflege** *f* cuidado *m* de las uñas, manicura *f*; ~**pflegenecessaire** *n* estuche *m* de manicura; ~**probe** *f: die ~ machen* hacer la prueba; ~**reiniger** *m* limpiaúñas *m*; ~**schere** *f* tijeras *f/pl.* para uñas; ~**schuhe** *m/pl.* zapatos *m/pl.* claveteados; ~**zange** *f* cortaúñas *m*.

'**nag**|**en** *v/t. u. v/i.* roer (*a. fig.*) (*an et. dat.* a/c.); (*zerfressen*) corroer; ~**end** *adj.* roedor; (*fressend, ätzend*) corrosivo; 2**er** *m*, 2**etier** *Zoo.* n roedor *m*.

nah I. (~er; nächst) *adj.* próximo (*a. zeitlich*); cercano; vecino; (*bevorstehend*) inminente; *Freund:* íntimo; *der* 2**e** *Osten* el Próximo Oriente; ~**er** *Verwandter* pariente *m* cercano; *von ~em* de cerca; *ich war ~e daran, zu* (*inf.*) estaba a punto de (*inf.*); *ich war ~e daran zu fallen* por poco me caigo; *es war ~e daran* faltó poco para; *er ist dem Tode ~e* se está muriendo; *der Vollendung ~e* casi terminado, a punto de terminar; **II.** *adv.* cerca; *ganz ~* muy cerca; *~ bei* (*an*) junto a; cerca de; a corta distancia de; *er ist ~e an die Fünfzig* frisa en (*od.* ronda) los cincuenta; ~ *verwandt mit* pariente cercano de; *von ~ und fern* de todas partes; ~e *bevorstehen* ser inminente; *fig. j-m zu ~e treten* propasarse con alg.; herir los sentimientos de alg.

'**Näh-arbeit** *f* costura *f*.

'**Nah**|**aufklärung** ✕ *f* reconocimiento *m* a corta distancia; ~**aufnahme** *f* primer plano *m*; ~**brille** *f* gafas *f/pl.* para cerca.

'**nahe** *adj.* → nah.

'**Nähe** *f* (0) proximidad *f*; cercanía *f*, vecindad *f*; (*Umgebung*) alrededores *m/pl.*, inmediaciones *f/pl.*; *in der ~ von* cerca de, junto a, cercano a; *hier in der ~* cerca de aquí, aquí cerca; *es ist ganz in der ~* está muy cerca de aquí, está a dos pasos; *in unmittelbarer ~* en la inmediata proximidad (*von* de); (*ganz*) *aus der ~* de (muy) cerca; *in s-r ~ cerca* disparar a quemarropa (*od.* a boca de jarro).

'**nahe**|'**bei** *adv.* muy cerca; ~**bringen** (*L*) *v/t.: j-m et. ~* hacer comprender bien a/c. a alg.; iniciar a alg. en a/c.; ~**gehen** (*L; sn*) *v/i.: das geht ihm nahe* le afecta (*od.* aflige) mucho; ~**gelegen** *adj.* cercano; vecino; ~**kommen** (*L; sn*) *v/i.* acercarse a, aproximarse a; *fig.* intimar (*j-m con* alg.); ~**legen** *v/t.: j-m et. ~* insinuar a/c. a alg.; sugerir a/c. a alg.; (*empfehlen*) recomendar a/c. a alg.; ~**liegen** (*L*) *v/i.* ser natural (*od.* lógico); ser obvio (*od.* evidente); ser de suponer; ~**liegend** *adj.* cercano; *fig.* fácil de comprender; lógico; natural; evidente, obvio; *Gründe:* plausible.

'**Nah-empfang** *m Radio:* recepción *f* a corta distancia.

'**nahen** *v/i. u. v/refl.* acercarse, aproximarse.

'**nähen** *v/t.* coser; *Kleid usw.:* hacer; *Chir.* suturar.

'**näher I.** *adj.* (*comp. v. nahe*) más cercano, más próximo; *Weg:* más corto; (*genauer*) más detallado; ~e *Einzelheiten* datos *m/pl.* mayores detalles *m/pl.*; pormenores *m/pl.*; ~e *Auskünfte* informes *m/pl.* más amplios; *bei ~er Betrachtung* mirándolo (*od.* considerándolo) bien; **II.** *adv.* más cerca; más de cerca; ~ *ansehen* mirar de cerca; ~ *ausführen* detallar; pormenorizar; ~ *erklären* puntualizar; ~ *bringen* acercar, aproximar; ~ *kommen,* ~ *rücken,* ~ *treten* acercarse, aproximarse; ~ *liegen* estar más cerca; ~ *kennen* conocer de cerca; *j-n ~ kennenlernen* conocer a alg. mejor (*od.* más a fondo); *sich mit et. ~ befassen* familiarizarse con a/c.; profundizar (en) a/c.; ~ *eingehen auf* entrar en detalles sobre; ~**bringen** *fig. v/t.: j-m et. ~* hacer a alg. comprender mejor a/c.; poner a/c. al alcance de alg.; familiarizar a alg. con a/c.; 2**e**(**s**) *n* detalles *m/pl.* más amplios, pormenores *m/pl.*; *bei* (*siehe*) *...* para más detalles dirigirse a (*véase*) ...

Nähe'rei *f* costura *f*.

'**Näherin** *f* costurera *f*.

'**näher**|**kommen** *fig.* (*L; sn*) *v/i.: j-m ~* conocer mejor a alg.; intimar con alg.; *sich ~* conocerse mejor; ~**liegen** *fig.* (*L*) *v/i.* parecer más indicado *bzw.* lógico; ~**n** (-*re*) *v/t.* aproximar, acercar; *sich ~* aproximarse, acercarse; ~**treten** *fig.* (*L; sn*) *v/i.: j-m ~* entrar en relaciones más íntimas con alg.; *e-r Sache ~* familiarizarse con a/c.

'**Näherung** ℞ *f* aproximación *f*; ~s**verfahren** ℞ *n* método *m* de aproximación; ~**swert** ℞ *m* valor *m* aproximado.

'**nahe**|**stehen** *fig.* (*L*) *v/i.: j-m ~* ser íntimo amigo de alg.; *bsd. Pol.* simpatizar con, estar vinculado a; ~**stehend** *fig. adj.* cercano, próximo; *bsd. Pol.* allegado; *Freund:* íntimo; ~**treten** *fig.* (*L; sn*) *v/i.: j-m ~* entrar en relaciones con alg.; ~'**zu** *adv.* casi.

'**Nähgarn** *n* hilo *m* de coser.

'**Nahkampf** *m* (lucha *f*) cuerpo *m* a cuerpo *m* (*a. Sport*); ~**artillerie** ✕ *f* artillería *f* de apoyo directo; ~**waffe** *f* arma *f* para lucha a corta distancia.

'**Näh**|**kästchen** *n:* F *aus dem ~ plaudern* divulgar secretos; ~**kasten** *m* costurero *m*; ~**korb** *m* canastilla *f* de costura; ~**maschine** *f* máquina *f* de coser; ~**nadel** *f* aguja *f* (de coser).

Nah'ost *m* Próximo Oriente *m*.

'**Nähr**|**boden** *m Bio.* medio *m* de cultivo; *a. fig.* caldo *m* de cultivo; ~**creme** *f* crema *f* nutritiva; 2**en I.** *v/t.* nutrir; *a. fig.* alimentar; *Kind:* amamantar, criar, lactar; *Hoffnung:* nutrir, abrigar; *Haß usw.:* cebar; *sich ~ von* nutrirse de, alimentarse de; vivir de; **II.** *v/i.* ser nutritivo; ~**flüssigkeit** *f* líquido *m* nutritivo.

'**nahrhaft** *adj.* (-*est*) nutritivo; *Essen:* sustancioso; *fig.* productivo, lucrativo; ~**igkeit** *f* (0) valor *m* nutritivo.

'**Nähr...:** ~**hefe** *f* levadura *f* alimenticia; ~**lösung** *Bio. f* solución *f* nutritiva (*od.* de cultivo); ~**mittel** *n* producto *m* alimenticio; *weit S. pl.* (*Teigwaren*) pastas *f/pl.* alimenticias; ~**salz** *n* sal *f* alimenticia; ~**stoff** *m* sustancia *f* nutritiva, nutriente *m*; ~**stoffbedarf** *m* exigencias *f/pl.* nutritivas; ~**stoffgehalt** *m* contenido *m* nutritivo; ~**stoffmangel** *m* deficiencia *f* nutritiva.

'**Nahrung** *f* alimento *m*; (*Kost*) comida *f*; dieta *f*; (*Unterhalt*) sustento *m*; *fig. geistige ~* alimento *m* espiritual; *fig. ~ geben* nutrir, dar pasto a; *~ zu sich nehmen* nutrirse; alimentarse.

'**Nahrungs...:** ~**aufnahme** *f* ingestión *f* de alimentos; ~**mangel** *m* escasez *f* de víveres (*od.* alimentaria); ~**mittel** *n* alimento *m*; producto *m* alimenticio; *pl. a.* víveres *m/pl.*; ~**mittelchemie** *f* química *f* alimenticia; ~**mittelfälschung** *f* adulteración *f* de productos alimenticios; ~**mittel-industrie** *f* industria *f* alimenticia (*od.* de la alimentación); ~**mittelvergiftung** *f* intoxicación *f* alimenticia; ~**sorgen** *f/pl.* preocupación *f* por el pan cotidiano; *~ haben* tener apenas para vivir; ~**stoff** *m* sustancia *f* alimenticia.

'**Nährwert** *m* valor *m* nutritivo.

'**Nahschnellverkehrszug** *m* (tren *m*) semidirecto *m*.

'**Nähseide** *f* seda *f* de coser; torzal *m*.

Naht *f* (-; ⁿe) costura *f*; ⊕ soldadura *f*; ♀, *Chir.* sutura *f*; F *fig. er platzt aus allen Nähten* F no cabe en el pellejo.

'**Näh**|**täschchen** *n* neceser *m* de costura, costurero *m*; ~**tisch** *m*, ~**tischchen** *n* costurero *m*.

'**nahtlos** *adj.* sin costura; ⊕ sin soldadura; *fig.* sin ruptura.

'**Nahverkehr** *m* tráfico *m* a corta distancia; ♔ tráfico *m* de cercanías; ~**szug** *m* tren *m* de cercanías; *Span. a.* (tren *m*) tranvía *m*.

'**Nähzeug** *n* (-*es;* 0) útiles *m/pl.* de costura; neceser *m* de costura.

'**Nahziel** *n* objetivo *m* inmediato.

na'iv [na'i:f] *adj.* ingenuo; cándido, inocente, candoroso; ~e *Malerei* pintura *f* ingenuista (*od.* naif); 2**e** [-və] *Thea. f* ingenua *f*; 2**i'tät** *f* (0) ingenuidad *f*; candidez *f*, inocencia *f*, candor *m*.

Na'jade *Myt. f* náyade *f*.

'**Name** *m* (-ns; -n), ~**n** *m* nombre *m*; (*Benennung*) denominación *f*; (*Ruf*) reputación *f*, fama *f*, renombre *m*; *in j-s ~n* en nombre de alg.; *in mi nombre; auf den ~n (von)* a nombre de; *unter falschem ~n* bajo nombre falso (*od.* supuesto); *unter* *fremdem* ~*n* de incógnito; *voller* ~ nombre completo; nombre y apellidos; *auf den* ~*n lautend* nominativo; *wie ist Ihr* ~*?* ¿cómo se llama usted?; ¿cuál es su nombre?; *mein* ~ *ist X* me llamo X; *s-n* ~*n nennen* dar su nombre; *j-m e-n* ~*n geben* poner nombre a alg.; *j-n beim (od. mit)* ~*n nennen* llamar a alg. por su nombre; *die* ~*n aufrufen* pasar lista; *auf den* ~*n X hören Hund:* atender por X; *dem* ~*n nach (kennen)* (conocer) de nombre; *s-n* ~*n setzen unter (ac.)* poner su nombre bajo; *sich e-n* ~*n machen* hacerse un nombre; adquirir reputación, ganar fama; *ich will keine* ~*n nennen* no quiero citar nombres; *die Dinge (od. das Kind) beim (rechten)* ~*n nennen* llamar las cosas por su nombre; F llamar al pan, pan y al vino, vino.

'**Namen...:** ~**forschung** f onomástica f; ~**gebung** f denominación f; ~**gedächtnis** n memoria f para los nombres; ~**kunde** f onomástica f; ~**liste** f lista f nominal, nómina f; ⟨**los** adj. sin nombre; anónimo; *fig.* indecible, inexpresable.

'**namens I.** adv. llamado, de nombre, denominado; apellidado; **II.** prp. (gen.) en nombre de.

'**Namens...:** ~**aktie** ✝ f acción f nominativa; ~**änderung** f cambio m de nombre; ~**aufruf** m llamamiento m nominal; *Abstimmung durch* ~ votación f nominal; ~**papier** ✝ n título m (od. valor m) nominativo; ~**scheck** m cheque m nominativo; ~**schwester** f tocaya f; ~**stempel** m facsímil(e) m, estampilla f; ~**tag** m onomástica f, (día m del) santo m; ~**verwechslung** f confusión f de nombres *bzw.* de apellidos; ~**vetter** m homónimo m; tocayo m; ~**zug** m firma f; (*Schnörkel*) rúbrica f.

'**namentlich I.** adj. nominal; nominativo; **II.** adv. nominalmente; por el nombre; (*besonders*) particularmente; en especial; sobre todo.

'**Namenverzeichnis** n nómina f; lista f nominativa; índice m onomástico.

'**namhaft** adj. (*berühmt*) notable, renombrado; eminente; (*beträchtlich*) considerable; importante; ~ *machen* nombrar, indicar.

Na'mibia *Geogr.* n Namibia f.

'**nämlich I.** adj.: *der* ~**e** el mismo; *das* ~**e** la misma cosa, lo mismo; **II.** adv. a saber; es decir, esto es, a sea; *begründend:* er war ~ *krank* es que estaba enfermo.

na'nu! F int. ¡hombre!; ¡atiza!; ¡caramba!

'**Napalm** (-s; 0) n napalm m.

Napf m (-es; ~e) escudilla f; cazuela f; '~**kuchen** m pastel m de molde.

'**Naphtha** n (-s; 0) u. f (0) nafta f.

Naphtha'lin n (-s; 0) naftalina f.

Na'poleon m Napoleón m.

napole'onisch adj. napoleónico.

'**Nappa(leder)** n napa m.

'**Narb|e** f cicatriz f (a. *fig.*); (*Pocken*⟨) marca f; (*Leder*⟨) grano m; ✤ estigma m; ✗ capa f vegetal; ⟨**en** v/t. *Leder:* granear; ⟨**enbildend** adj. cicatrizante; ⟨**enbildung** f cicatrización f; ~**enseite** f *Leder:* grano m, flor f; ⟨**ig** adj. señalado (*od.* lleno) de cicatrices; *Leder:* granulado.

'**Narde** ♀ f nardo m.

Nar'kose ✤ f narcosis f, anestesia f; ~**arzt** m (médico m) anestesista m; ~**schwester** f enfermera f anestesista.

Nar'koti|kum n (-s; -ka) narcótico m; ⟨**sch** adj. narcótico; ⟨**sieren** ✤ (-) v/t. narcotizar, anestesiar.

Narr m (-en) loco m; tonto m; (*Spaßmacher*) bufón m; *Thea.* gracioso m; *sei doch kein* ~*!* ¡no seas tonto!; F *e-n* ~**en gefressen haben an** (dat.) estar loco (F chiflado) por; estar encapichado con; *j-n zum* ~**en halten** (*od.* *haben*) → !⟨**en** v/t.: *j-n* ~ burlarse de alg., tomar el pelo a alg.

'**Narren...:** ~**haus** n manicomio m; casa f de locos (*od.* de orates); ~**kappe** f gorro m de bufón; ⟨**sicher** adj. a toda prueba; infalible; ~**(s)possen** f/pl. bufonadas f/pl., arlequinadas f/pl.; ~**streich** m bufonada f, arlequinada f; carnavalada f.

Narr|e'tei f, !~**heit** f locura f; tontería f; payasada f.

'**Närrin** f loca f; tonta f; F chiflada f.

'**närrisch** adj. loco; F chiflado; (*überspannt*) extravagante; (*drollig*) cómico, gracioso.

'**Narwal** *Zoo.* m (-s; -e) narval m.

Nar'ziß *Myt.* m Narciso m.

Nar'zisse ♀ f narciso m.

Nar'zißmus m (-; 0) narcisismo m.

na'sal *Gr.* adj. nasal.

nasa'lier|en *Gr.* (-) v/t. nasalizar; ⟨**en** n, ⟨**ung** f nasalización f.

Na'sal(laut) *Gr.* m (sondo m) nasal f.

'**naschen** v/t. u. v/i. comer golosinas, golosin(e)ar; *gern* ~ ser goloso.

'**Nascher(in** f) m loco (-a f) m.

Nasche'rei f **1.** golosina f; **2.** → *Naschwerk.*

'**naschhaft** adj. goloso; ⟨**igkeit** f (0) golosina f.

'**Nasch|katze** f, ~**maul** n goloso (-a f) m; ~**werk** n golosina f, gollería f, chuchería f.

'**Nase** f nariz f; F napias f/pl.; (*Geruchssinn*) olfato m; ⊕ nariz f; talón m; ✗ morro m; (*Tülle*) pico m, F pitorro m; F *pro* ~ por cabeza, F por barba; *vor m-r* ~ delante de mis narices; F *immer der* ~ *nach* siempre derecho; *sich die* ~ *putzen* sonarse; *aus der* ~ *bluten* sangrar por la nariz; *durch die* ~ *sprechen* ganguear; *auf die* ~ *fallen* caer de narices (*od.* de bruces *od.* F de morros); dar de narices (en el suelo); *die* ~ *hoch tragen* tener mucho copete; P *die* ~ *voll haben* F estar hasta la coronilla (*od.* las narices); *die* ~ *in et. (in alles) stecken* meter las narices en a/c. (en todo); *j-n an der* ~ *herumführen* burlarse de alg.; F tomar el pelo a alg.; *ich sehe es dir an der* ~ *an* te lo noto en la cara; *j-m et. auf die* ~ *binden* revelar a alg. un secreto; *j-m auf der* ~ *herumtanzen* traer a alg. al retortero; manejar a alg. a su antojo; *j-m e-e lange* ~ *machen* hacer las narices a alg.; *mit langer* ~ *abziehen* quedarse con un palmo de narices; *j-n mit der* ~ *auf et. stoßen* meter por las narices a/c. a alg.; *j-m et. unter die* ~ *reiben* echar a alg. en cara a/c.; refregar a alg. a/c. por las narices (P por los hocicos); *fig. nicht weiter als s-e* ~ *sehen* no ver más allá de sus narices; F *fig. auf der* ~ *liegen* estar enfermo; F *j-m et. vor der* ~ *wegschnappen* quitarle a alg. a/c. en sus propias narices; *j-m die Tür vor der* ~ *zuwerfen* dar a alg. con la puerta en las narices (P en los hocicos); F *fig. j-m eins auf die* ~ *geben* F echar un rapapolvo a alg.; *faß dich an deine eigene* ~*!* no te metas en lo que no te importa; *fig. e-e feine* ~ *haben* tener olfato fino; tener buen olfato; ⟨**lang** F adv.: *alle* ~ a cada rato (*od.* instante).

'**näseln I.** (-*le*) v/i. ganguear, hablar por la nariz; **II.** ⟨ n gangueo m; ~**d** adj. gangoso; nasal.

'**Nasen...:** ~**affe** *Zoo.* m násico m; ~**bein** *Anat.* n hueso m nasal; ~**bluten** ✤ n hemorragia f nasal, epistaxis f; ~ *haben* sangrar por la nariz; ~**flügel** m ala f nasal; ~**höhle** *Anat.* f fosa f nasal; ~**keil** ⊕ m chaveta f con talón; ⟨**lang** adv. → *naselang*; ⟨**länge** f: *um e-e* ~ *gewinnen* ganar por media cabeza; ~**laut** m (sonido m) nasal f; ~**loch** *Anat.* n ventana f de la nariz; ~**plastik** *Chir.* f rinoplastia f; ~**'Rachen-Entzündung** ✤ f rinofaringitis f; ~**'Rachen-Raum** m nasofaringe f; ~**ring** m nariguera f; ~**rücken** m dorso m de la nariz; ~**scheidewand** *Anat.* f tabique m nasal; ~**schleim** m moco m; ~**schleimhaut** *Anat.* f mucosa f nasal, pituitaria f; ~**spitze** f punta f de la nariz; *man sieht es ihm an der* ~ *an* se lo ve (*od.* nota) en la cara; ~**stüber** F m soplamocos m, papirotazo m (*od.* capirotazo m) en la nariz; ~**tropfen** m/pl. gotas f/pl. nasales; ~**wurzel** *Anat.* f raíz f nasal.

'**naseweis I.** adj. (*vorlaut*) indiscreto; impertinente; entrometido; (*neugierig*) curioso; **II.** ⟨ m (-es; -e) indiscreto m; entrometido m, F metomentodo m.

'**nas|führen** v/t.: *j-n* ~ tomar el pelo a alg.; dejar a alg. con un palmo de narices; ⟨**horn** *Zoo.* n rinoceronte m; ~**lang** adv. → *naselang.*

naß I. adj. (-sser *od.* ⸚sser; -ssest *od.* ⸚ssest) mojado; (*feucht*) húmedo; (*durchnäßt*) empapado; ~ *machen* mojar; (*befeuchten*) humedecer; *sich* ~ *machen*, ~ *werden* mojarse; *durch und durch (od. bis auf die Haut)* ~ *sein* estar empapado; estar calado hasta los huesos; **II.** ⟨ n líquido m.

'**Nassauer** F m gorrón m; parásito m; ⟨**n** (-*re*) v/i. F vivir de gorra, gorrear, comer la sopa boba.

'**Nässe** f (0) humedad f; *vor* ~ *schützen!* ¡presérvese de la humedad!; ⟨**n** (-ßt) **I.** v/t. mojar; (*befeuchten*) humedecer; **II.** v/i. (*durchsickern*) filtrar; rezumar; *Wunde:* exudar; ~*n e-r Wunde:* exudación f; ⟨**nd** adj. humectante.

'**Naß...:** ~**fäule** f podredumbre f húmeda; ⟨**forsch** F adj. descarado; ⟨**kalt** adj. frío y húmedo; *es ist* ~ hace un frío húmedo; ~**wäsche** f ropa f mojada.

Nati'on f nación f; *die Vereinten* ~**en** las Naciones Unidas.

natio'nal adj. nacional; ⟨**bewußtsein** n conciencia f nacional; ⟨**charakter** m carácter m nacional; ⟨**china** n China f nacional; ⟨**farben** f/pl. colores m/pl. nacionales; ⟨**feiertag** m fiesta f nacional; ⟨**flagge** f bandera f nacional; ⟨**garde** f milicia

f (od. guardia *f)* nacional; ⁲**held** *m* héroe *m* nacional; ⁲**hymne** *f* himno *m* nacional.
nationali'sier|en (-) *v/t.* nacionalizar; ⁲**ung** *f* nacionalización *f.*
Nationa'lis|mus *m* (-; 0) nacionalismo *m;* ⁁**t** *m (-en),* ⁲**tisch** *adj.* nacionalista *(m).*
Nationali'tät *f* nacionalidad *f;* ⁁**enprinzip** *n* principio *m* de la nacionalidad; ⁁**skennzeichen** *Kfz. n* placa *f* de nacionalidad.
Natio'nal...: ⁁**konvent** *Hist. m* Convención *f* (nacional); ⁁**mannschaft** *f Sport:* equipo *m (od.* selección *f)* nacional; ⁁**ökonom** *m* economista *m;* ⁁**ökonomie** *f* economía *f* política; ⁁**park** *m* parque *m* nacional; ⁁**sozialismus** *m* nacionalsocialismo *m;* ⁁**sozialist** *m,* ⁲**sozialistisch** *adj.* nacionalsocialista *(m);* ⁁**spieler** *m Sport:* (jugador *m)* internacional *m;* ⁁**stolz** *m* orgullo *m* nacional; ⁁**versammlung** *f* asamblea *f* nacional.
'**Natrium** 🜹 *n* (-s; 0) sodio *m;* ⁁**chlorid** *n* cloruro *m* de sodio *(od.* sódico).
'**Natron** 🜹 *n* (-s; 0) sosa *f;* F bicarbonato *m* (sódico); *kohlensaures* ⁁ carbonato *m* sódico *(od.* de sosa); ⁁**lauge** *f* sosa *f* alcalina; ⁁**salpeter** *m* nitrato *m* sódico *(od.* de sosa).
'**Natter** *Zoo. f* (-; -n) culebra *f; giftige:* áspid *m; fig.* víbora *f;* e-e ⁁ *am Busen nähren* criar cuervos.
Na'tur *f* (-; -en) naturaleza *f; (Körperbeschaffenheit)* constitución *f* (física), complexión *f; (Veranlagung)* temperamento *m;* carácter *m;* natural *m;* condición *f;* índole *f; nach der* ⁁ *malen* pintar del natural; *von* ⁁ *(aus)* naturalmente, por naturaleza; *s-r* ⁁ *nach* por su naturaleza; *gegen die* ⁁ contra la naturaleza, antinatural; *das liegt in der* ⁁ *der Sache* es propio de su naturaleza; es inherente a su condición; *das liegt in s-r* ⁁ es propio de su condición natural; *j-m zur zweiten* ⁁ *werden* convertirse para alg. en una segunda naturaleza; *e-e starke* ⁁ *haben* tener buena constitución física; *s-e wahre* ⁁ *zeigen* mostrar su verdadero carácter; F enseñar la oreja; *in freier* ⁁ en el campo, en plena naturaleza; ⁲**a:** *in* ⁁ *(leibhaftig)* en persona; ✝ en especie.
Natu'ralbezüge *m/pl.* pago *m (od.* remuneraciones *f/pl.)* en especie.
Natu'ralien *pl.* productos *m/pl.* naturales *bzw.* del suelo; ⁁**kabinett** *n,* ⁁**sammlung** *f* gabinete *m* de historia natural.
naturali'sier|en (-) *v/t.* naturalizar; nacionalizar; *sich* ⁁ *lassen* naturalizarse; ⁲**ung** *f* naturalización *f,* nacionalización *f.*
Natura'lis|mus *m* (-; 0) naturalismo *m;* ⁁**t** *m (-en),* ⁲**tisch** *adj.* naturalista *(m).*
Natu'ral...: ⁁**leistung** *f* remuneración *f bzw.* prestación *f* en especie; ⁁**lohn** *m* salario *m* en especie; ⁁**wert** *m* valor *m* en especie.
Na'tur...: ⁁**anlage** *f* disposición *f* natural; naturaleza *f;* ⁁**arzt** *m* → ⁁**heilkundige(r);** ⁁**beschreibung** *f* descripción *f* de la naturaleza; ⁁**bursche** *m* hijo *m* de la naturaleza; ⁁**denkmal** *n* monumento *m* natural.
Natu'rell *n* (-s; -e) natural *m;* disposición *f* natural.

Na'tur...: ⁁**er-eignis** *n,* ⁁**erscheinung** *f* fenómeno *m* natural; ⁁**erzeugnisse** *n/pl.* productos *m/pl.* naturales; ⁲**farben** *adj.* de color natural; ⁁**forscher** *m* naturalista *m;* ⁁**forschung** *f* estudio *m* de la naturaleza; ⁁**freund** *m* amante *m* de la naturaleza; ⁲**gegeben** *adj.* natural; ⁲**gemäß** *adj.* conforme a la naturaleza *(od.* a las leyes naturales); natural; normal; ⁁**geschichte** *f* historia *f* natural; ⁲**geschichtlich** *adj.* de (la) historia natural; ⁁**gesetz** *n* ley *f* natural *(od.* de la naturaleza); ⁲**getreu I.** *adj.* (copiado del) natural, fiel; **II.** *adv.* al natural; ⁁**heilkunde** *f* medicina *f* naturista *(od.* natural); naturopatía *f;* ⁁**heilkundige(r)** *m* (médico *m)* naturista *m,* naturópata *m;* ⁁**heilverfahren** *n* método *m* terapéutico naturista; medicación *f* naturista; ⁁**katastrophe** *f* catástrofe *f* natural; cataclismo *m;* ⁁**kind** *n* hijo *m* de la naturaleza; *weit S.* ingenuo *m;* alma *f* cándida; ⁁**kost** *f* alimentación *f* natural; ⁁**kostladen** *m* tienda *f* de productos naturales; ⁁**kraft** *f* fuerza *f* natural *(od.* de la naturaleza); ⁁**kunde** *f* ciencias *f/pl.* naturales; ⁁**lehrpfad** *m* itinerario *m* didáctico.
na'türlich I. *adj.* natural *(a. fig.); (unbefangen) a.* ingenuo; cándido; *(einfach)* sencillo; ⁂ ⁁**e** *Zahl* número *m* natural; *es Kind* hijo *m* natural; ⁁**e** *Person* persona *f* natural *(od.* física); *in* ⁁**er** *Größe* de tamaño natural; *e-s* ⁁**en** *Todes sterben* morir de muerte natural; *das geht nicht mit* ⁁**en** *Dingen zu* aquí hay gato encerrado; *es ist ganz* ⁁*,* *daß* es lógico *(od.* muy natural) que; **II.** *adv.* naturalmente; ⁁! ¡claro que sí!, ¡desde luego!, *bsd. Am.* ¡cómo no!; ⁁ *nicht!* ¡claro que no!; ⁲**keit** *f* (0) naturalidad *f.*
Na'tur...: ⁁**mensch** *m* hombre *m* natural; *unzivilisierter:* hombre *m* primitivo; ⁁**produkt** *n* producto *m* natural; ⁁**recht** *n* derecho *m* natural; ⁁**reich** *n* reino *m* de la naturaleza; ⁲**rein** *adj.* natural; puro; ⁁**religion** *f* religión *f* natural; ⁁**schätze** *m/pl.* riquezas *f/pl.* naturales; ⁁**schönheiten** *f/pl.* bellezas *f/pl.* naturales; ⁁**schutz** *m* protección *f* de la naturaleza; ⁁**schützer** *m* protector *m (od.* defensor *m)* de la naturaleza; ⁁**schutzgebiet** *n* reserva *f* natural *(od.* ecológica); ⁁**schutzpark** *m* parque *m* natural; ⁁**treue** *f* fidelidad *f* (natural); ⁁**trieb** *m* instinto *m;* ⁁**volk** *n* pueblo *m* primitivo; ⁲**widrig** *adj.* contrario a la naturaleza; antinatural; contra natura; ⁁**wissenschaften** *f/pl.* ciencias *f/pl.* naturales; ⁁**wissenschaftler** *m* científico *m; Am.* cientista *m;* ⁲**wissenschaftlich** *adj.* de (las) ciencias naturales; ⁁**wunder** *n* maravilla *f* de la naturaleza; ⁁**zustand** *m* estado *m* natural.
'**Nau|tik** ⚓ *f* (0) náutica *f;* ⁁**tilus** *Zoo. m* (-; - *od.* -se) nautilo *m,* argonauto *m;* ⁲**tisch** *adj.* náutico.
Navigati'on [v] *f* navegación *f;* ⁁**skarte** *f* carta *f* de navegación; ⁁**s-offizier** *m* oficial *m* de derrota; ⁁**sraum** *m* caseta *f* de derrota; ⁁**sschule** *f* escuela *f* náutica; ⁁**ssoftware** *f Internet:* software *m* para navegar; ⁁**ssystem** *n Kfz.* sistema *m* de asistencia al conductor;

Internet: sistema *m* para navegar.
Navi|'gator ⚓ *m* (-s; -'*toren)* navegador *m;* ⁲'**gieren** (-) *v/i.* navegar.
'**Nazi** *desp. m* (-s; -s) nazi *m.*
Na'zis|mus *m* (-; 0) nazismo *m;* ⁲**tisch** *adj.* nazi.
Ne'andertaler *m* hombre *m* de Neandertal.
Ne'apel *n* Nápoles *m.*
Neapoli|'taner(in *f) m* napolitano (-a *f) m;* ⁲'**tanisch** *adj.* napolitano.
'**Nebel** *m* (-s; -) niebla *f;* ⚓ bruma *f, leichter:* neblina *f; Astr.* nebulosa *f; der* ⁁ *steigt (löst sich auf)* la niebla se levanta (se disipa); *in* ⁁ *gehüllt* envuelto en *(od.* por) la niebla; ⁁**bank** *f* banco *m* de niebla; ⁁**bombe** *f* bomba *f* fumígena; ⁁**fetzen** *m/pl.* jirones *m/pl.* de niebla; ⁁**fleck** *Astr. m* nebulosa *f;* ⁲**haft** *adj.* nebuloso; *fig. a.* vago; ⁁**haftigkeit** *f* nebulosidad *f (a. fig.);* ⁁**horn** ⚓ *n* sirena *f bzw.* bocina *f* de niebla; ⁲**ig** *adj.* nebuloso *(a. fig.);* brumoso; *es ist* ⁁ hay *(od.* hace) niebla; ⁁**krähe** *Orn. f* corneja *f* cenicienta; ⁲**n** *v/i.: es nebelt* hay niebla; ⁁**scheinwerfer** *m* faro *m* antiniebla; ⁁**schleier** *m* velo *m* de niebla; ⁁**schlußleuchte** *Kfz. f* luz *f* antiniebla trasera; ⁁**wand** *f* cortina *f* de niebla; ⁁**wetter** *n* tiempo *m* nebuloso *(od.* brumoso).
'**neben** *prp.* al lado de, junto a, contiguo a; *(nebst)* además de, con, amén de; *(verglichen mit)* en comparación con; *rechts* ⁁ *der Tür* a la derecha de la puerta; ⁁ *anderen Dingen* entre otras cosas.
'**Neben...:** ⁁**abgabe** *f* tasa *f* complementaria; ⁁**absicht** *f* objeto *m* secundario; *(Hintergedanke)* segunda intención *f;* ⁁**akzent** *m* acento *m* secundario; ⁁**amt** *n* empleo *m (od.* cargo *m)* accesorio; ⁲**amtlich** *adj. u. adv.* como ocupación secundaria; ⁲'**an** *adv.* al lado; *gleich* ⁁ aquí al lado; ⁁**anschluß** *Tele. m* línea *f* suplementaria; ⁁**apparat** *Tele.* supletorio *m;* ⁁**arbeit** *f* trabajo *m* accesorio; ⁁**ausgabe** *f* gasto *m* accesorio *(od.* adicional); ⁁**ausgang** *m* salida *f* lateral; ⁁**bahn** 🚂 *f* línea *f* secundaria; *(Zweigbahn)* ramal *m;* ⁁**bedeutung** *f* significado *m* secundario; ⁲'**bei** *adv. (außerdem)* además; *(gleichzeitig)* al mismo tiempo; *(beiläufig)* entre paréntesis, de paso; ⁁ *bemerkt* dicho sea entre paréntesis; dicho (sea) de paso; ⁁**beruf** *m* profesión *f bzw.* oficio *m* adicional; ⁲**beruflich** *adj. u. adv.* aparte de la profesión *bzw.* del oficio principal; como ocupación secundaria; ⁁**beschäftigung** *f* ocupación *f* accesoria; actividad *f* suplementaria; ⁁**buhler(in** *f) m* rival *m/f;* competidor(a *f) m;* ⁁**dinge** *n/pl.* detalles *m/pl. (od.* cosas *f/pl.)* insignificantes.
nebenein'ander I. *adv.* uno(s) al lado de otro(s); juntos; ⁁ *bestehen* coexistir; **II.** ⁲ *n* coexistencia *f;* ⁁**liegend** *adj. Zimmer:* contiguo; ⁁**schalten** ⚡ (-e-) *v/t.* conectar en paralelo; ⁲**schaltung** *f* conexión *f* en paralelo; ⁁**setzen,** ⁁**stellen** *v/t.* poner uno al lado de otro; yuxtaponer; *fig.* cotejar, comparar; ⁲**stellung** *f* yuxtaposición *f; fig.* comparación *f;* paralelo *m.*
'**Neben...:** ⁁**eingang** *m* entrada *f* late-

Nebeneinkommen — nennen

ral; ~einkommen n, ~einkünfte pl., ~einnahme(n) f (pl.) ingresos m/pl. extraordinarios bzw. adicionales (od. accesorios); obvenciones f/pl.; bei Angestellten: sobresueldo m; ~erscheinung ♃ f síntoma m accesorio; ~erwerb m ganancia f adicional; ~erzeugnis n subproducto m; ⚒ (producto m) derivado m; ~fach in Schule: asignatura f secundaria; ~figur f personaje m secundario; ~fluß m afluente m, tributario m; ~frage f cuestión f secundaria (od. de menor importancia); ~frau f concubina f; ~gebäude n (edificio m) anejo m; dependencia f; ~gebühren f/pl. gastos m/pl. accesorios; derechos m/pl. adicionales; ~gedanke m → ~absicht; ~geräusch n Radio: (ruidos m/pl.) parásitos m/pl.; Tele. crepitación f; ~geschmack m resabio m; gustillo m; ~gewinn m beneficio m adicional; ~gleis ⛟ n apartadero m; ~handlung Thea. f episodio m; ~haus n casa f contigua (od. vecina); → a. ~gebäude; ²'her adv. 1. al lado; 2. → ²bei; ²'hin adv. de paso; ~hoden Anat. m epidídimo m; ~höhle Anat. f seno m (paranasal); ~höhlenentzündung ♃ f sinusitis f; ~klage ⚖ f demanda f; ~kläger m acusador m privado; parte f civil; ~kosten pl. gastos m/pl. adicionales (od. accesorios); ~leistung ✝ f prestación f secundaria; pago m suplementario; ~linie f Herkunft: línea f colateral; 🚂 → ~strecke; ~mann m vecino m; ~nieren Anat. f/pl. glándulas f/pl. (od. cápsulas f/pl.) suprarrenales; ²ordnen v/t. coordinar; ~person f → ~figur; ~produkt n → ~erzeugnis; ~raum m apartadero m; pieza f contigua, ~rolle f papel m secundario (a. fig.); Darsteller von ~n actor m secundario; ~sache f cosa f de poca monta (od. importancia); bagatela f; das ist ~ eso no tiene importancia (od. no importa); eso es lo de menos; ²sächlich adv. secundario, de poca importancia (od. montta); insignificante; ~sächlichkeit f bagatela f, trivialidad f; ~satz Gr. m oración f subordinada; ~schluß ⚡ m derivación f, angl. shunt m; ~schlußmotor m motor m en derivación; ~sinn m → ~bedeutung; ²stehend adj. u. adv. (de) al lado; adyacente, contiguo; (am Rand) al margen; adjunto (al texto); ~stelle f (Filiale) sucursal f; Tele. extensión f; v. Behörden: delegación f; ~strafe ⚖ f pena f accesoria; ~straße f carretera f secundaria; (Seitenstraße) calle f lateral; ~strecke 🚂 f línea f secundaria; (Zweigstrecke) ramal m; ~tätigkeit f ocupación f accesoria; actividad f suplementaria; ~tisch m: am ~ en la mesa de al lado; ~ton Gr. m acento m secundario; ~tür f puerta f lateral; ~umstände m/pl. circunstancias f/pl. accesorias; pormenores m/pl., detalles m/pl.; ~ursache f causa f secundaria bzw. concomitante; ~verdienst m → ~einkommen; ~weg m camino m lateral; fig. (Umweg) rodeo m; (Abkürzungsweg) atajo m; ~winkel ⚗ m ángulo m adyacente; ~wirkung f efecto m secundario (a. ⚗); ~zimmer n habitación f conti-

gua (od. de al lado); e-s Ladens: trastienda f; ~zweck m fin m secundario; ~zweig m rama f lateral (fig. a. accesoria); Stammbaum: línea f colateral.

'neblig adj. → nebelig.

nebst prp. (dat.) con, junto con; acompañado de; (einschließlich) incluido.

Neces'saire [nɛsɛˈsɛːr] n (-s; -s) neceser m.

'necken v/t. embromar; burlarse de; sich ~ bromear, F guasearse.

Neck|e'rei f broma f, burla f; guasa f, F cuchufleta f; ²isch adj. bromista; guasón; (drollig) gracioso; (kokett) coquetón.

nee F adv. no, ni hablar.

'Neffe m (-n) sobrino m.

Negati'on f negación f.

'negativ I. adj. negativo; ~e Antwort negativa f; II. ♀ n (-s; -e) ⚛, Phys., Phot. negativo m.

'Neger|(in f) m negro (-a f) m; ~handel m trata f de negros; ~händler m negrero m; ~kind n negrito m.

ne'gier|en (-) v/t. negar; ²ung f negación f.

Negligé [neˈgliˈʒeː] n (-s; -s) bata f; salto m de cama.

negro'id adj. negroide.

'nehmen (L) I. v/t. tomar; (ergreifen) coger, Arg. nur agarrar; (in Empfang ~) recibir; (an~) aceptar, admitir; (ein~) tomar (a. ✍); (heraus~) sacar; (weg~) quitar; retirar; (einstellen) tomar; Hindernis: salvar, franquear; Bus, Taxi usw.: tomar, coger; (kaufen) quedarse con; beim Essen: servirse; nochmal(s) ~ repetir; j-m et. ~ privar a alg. de a/c.; quitarle a alg. a/c.; et. als (od. für) tomar a/c. por; et. an sich ~ (aufbewahren) guardar a/c.; (behalten) quedarse con a/c.; (einstecken) F embolsarse; alzarse con a/c.; mit sich ~ llevarse; et. auf sich (ac.) ~ tomar sobre sí a/c.; tomar a su cargo a/c., cargar con a/c.; tomar por su cuenta a/c.; et. zu sich ~ (essen) tomar a/c.; j-n zu sich ~ recoger a alg. (en su casa); es sich nicht ~ lassen, zu (inf.) insistir en (inf.); das lasse ich mir nicht ~ nadie me privará de hacerlo; Gott hat ihn zu sich genommen Dios le ha llamado a su lado; está con Dios; man nehme ... Kochbuch: tómese ...; F woher ~ und nicht stehlen? ¿de dónde voy a sacar eso?; bei der Hand ~ tomar (od. coger, Arg. agarrar) de la mano; et. aus der Tasche ~ sacar a/c. del bolsillo; wieviel ~ Sie für ...? (Preis) ¿cuánto cobra (od. pide) usted por ...?; et. vom Tisch ~ quitar bzw. retirar a/c. de la mesa; j-n zu ~ wissen saber (cómo) tratar a alg.; wie man's nimmt según se tome; según (y cómo); eso depende; hier, ~ Sie! ¡tome usted!; alles in allem genommen después de todo; en resumidas cuentas; ~ wir den Fall, daß ... (su)pongamos que ...; pongamos el caso que ...; man muß die Dinge ~, wie sie sind hay que tomar las cosas como caen (od. tal como son); F wenn Sie's so ~ si se lo toma así; II. ♀ n toma f, tomadura f; Boxen u. fig.: er ist hart im ~ encaja bien (los golpes).

'Nehmer m tomador m; (Käufer) comprador m.

'Nehrung Geogr. f lengua f de tierra.

'Neid m (-es; 0) envidia f; aus ~ de bzw. por envidia; vor ~ vergehen (F platzen) morirse (od. comerse de envidia; blaß werden vor ~ palidecer de envidia; j-s ~ erregen dar envidia a alg.; excitar la envidia de alg.; F das muß der ~ ihm lassen hay que reconocerlo; ²en (-e-) v/t.: j-m et. ~ envidiar a/c. a alg.; ~er(in f) m envidioso (-a f) m; ~hammel F m envidioso m; ²isch I. adj. envidioso; auf j-n sein envidiar a alg.; tener envidia de alg.; auf et. (ac.) ~ sein envidiar a/c.; II. adv. con envidia; ²los adj. sin envidia.

'Neige f (Abhang) declive m, pendiente f; (Bodensatz) sedimento m; im Faß: heces f/pl.; im Glas: poso m; zur ~ gehen estar acabándose; ir disminuyendo; tocar a su fin; Tag: declinar; bis zur ~ hasta el fondo (od. la última gota); bis zur ~ leeren apurar hasta las heces (a. fig.); ²n I. v/t. inclinar; bajar; (niederbeugen) doblar; sich ~ inclinarse (vor ante); (abschüssig sein) estar en declive; fig. sich (zum Ende) ~ declinar; tocar a su fin; sich auf die Seite ~ inclinarse hacia un lado, ladearse; Schiff: escorar; II. v/i.: zu et. ~ tender a a/c.; tener inclinación (od. tendencia) a a/c.; propender (od. ser propenso) a a/c.; zu der Auffassung ~, daß tender (od. inclinarse) a creer que; ich bin geneigt, ihn zu unterstützen me inclino a apoyarle; er neigt zu Übertreibungen tiende a exagerar las cosas.

'Neigung f allg. inclinación f (a. fig.); (geneigte Fläche) declive m, pendiente f; rampa f; Straße: rasante f; fig. tendencia f; (Veranlagung) disposición f; propensión f (a. ✍); (Zuneigung) afecto m; inclinación f; (Vorliebe) afición f; ~ fassen für j-n tomar afecto a alg.; s-n ~en leben seguir sus inclinaciones; dedicarse a sus aficiones; wenig ~ haben zu estar poco inclinado (od. dispuesto) a.

'Neigungs...: ~anzeiger 🚂 m indicador m de pendiente (od. rasante); ~ebene f plano m de inclinación; ~ehe f casamiento m por (mutua) inclinación; ~messer m (in)clinómetro m; ~verhältnis n relación f de declive, ~winkel m ángulo m de inclinación.

nein I. adv. no; ~ sagen decir que no; negarse; ach ~!; ~ so (et)was! ¡no me diga(s)!; ~ und abermals ~! ¡no y no!; ¡no y mil veces no!; aber ~! ¡que no!; ich glaube ~ creo que no; II. ♀ n no m; mit (e-m) ~ antworten contestar (od. decir) que no; responder negativamente; ²sager m eterno negador m; ²stimme Parl. f voto m negativo (od. en contra).

Nekro'log m (-es; -e) necrología f.

Ne'kro|se ♃ f necrosis f; ²tisch adj. necrótico.

'Nektar m (-s; 0) néctar m.

Nekta'rine ♀ f nectarina f.

'Nelke ♀ f clavel m; (Gewürz²) clavo m.

'Nemesis Myt. f Némesis f.

'nenn|bar adj. expresable; indicable; ²belastung ⊕ f carga f nominal; ²betrag m importe m nominal.

'nennen (L) v/t. nombrar; (be~) llamar, denominar; (bezeichnen) designar; (erwähnen) mencionar, citar;

(*bezeichnen als*) calificar de; tratar de; *sich* ~ llamarse; nombrarse; *mit Familiennamen*: apellidarse; *Sport*: (*sich melden*) inscribirse; *sich nach j-m* ~ llevar el nombre de alg.; *s-n Namen* ~ decir (*od.* dar) su nombre; *das nenne ich Mut!* ¡eso sí que es valor!; ¡a eso llamo yo valor! → *genannt*; ~**swert** *adj.* digno de mención; apreciable; notable; considerable; estimable.

'**Nenner** ♠ *m* denominador *m*; *auf e-n* (*gemeinsamen*) ~ *bringen* reducir a un común denominador (*a. fig.*).

'**Nenn...**: ~**form** *Gr.* f infinitivo *m*; ~**kapital** *n* capital *m* nominal; ~**leistung** ⊕ f potencia f (*od.* rendimiento *m*) nominal; ~**ung** f mención f; (*Be*2) *Sport*: inscripción f; designación f; *unter* ~ *des Namens* mencionando (*od.* diciendo *od.* dando) el nombre; ~**ungsliste** f *Sport*: lista f de competidores; ~**wert** ♥ *m* valor *m* nominal; ~**wort** *Gr.* n nombre *m*.

Neofa'schismus *m* neofascismo *m*; ~**lo'gismus** *m* (-; -*men*) neologismo *m*.

'**Neon** ⚛ *n* (-*s*; 0) neón *m*; ~**lampe** f lámpara f de neón; ~**röhre** f tubo *m* de neón.

Neo'plasma ⚕ *n* neoplasma *m*, neoplasia f.

'**Nepal** *n* Nepal *m*.

Nepo'tismus *m* (-; 0) nepotismo *m*.

Nepp F *m* F tomadura f de pelo; *des ein* ~ *es un robo* (*od.* timo); '2**en** *v/t.* timar, dar el timo; F clavar, desollar.

Nep'tun *m* *Myt.*, *Astr.* Neptuno *m*.

'**Nero** *m* Nerón *m*.

Nerv [nɛrf] *m* (-*s*; -*en*) *Anat.* nervio *m*; ♀ *a.* nervadura f; *j-m auf die* ~**en** *fallen* (*od.* *gehen*), F *j-m den* ~ *töten* crispar los nervios a alg.; poner a alg. los nervios de punta; F dar la lata a alg.; *gute* ~**en** *haben* tener los nervios bien templados; *schwache* (*eiserne*) ~**en** *haben* tener los nervios irritables (de acero); *die* ~**en** *behalten* conservar la calma; guardar su sangre fría; *die* ~**en** *verlieren* perder los nervios (*od.* los estribos *od.* la cabeza); dejarse llevar de los nervios; *mit den* ~**en** *herunter sein* tener los nervios destrozados (*od.* deshechos); F *Sie haben* ~**en!** ¡pues sí que tiene usted humor!; '2**en** F *v/t.* poner nervioso; enervar; *j-n* ~ F dar la lata a alg.

'**Nerven...**: ~**anfall** *m* ataque *m* de nervios; ~**anspannung** f tensión f nerviosa; ~**arzt** *m* neurólogo *m*; 2**aufreibend** *adj.* enervante; ~**bahn** f vía f nerviosa; ~**bündel** *n* *Anat.* fascículo *m* nervioso; F *fig.* manojo *m* de nervios; ~**entzündung** ⚕ f neuritis f; ~**faser** f fibra f nerviosa; ~**gas** *n* gas *m* nervioso; ~**gift** *n* neurotoxina f; ~**heil-anstalt** f, ~**klinik** f clínica f psiquiátrica (*od.* mental); ~**heilkunde** f neurología f; ~**kitzel** *m* cosquilleo *m* nervioso, suspense *m*; ~**knoten** *Anat.* *m* ganglio *m* nervioso; 2**krank** *adj.* neurópata, neurótico; ~**kranke(r** *m*) *m/f* neurópata *m/f*; ~**krankheit** f afección f nerviosa, neuropatía f; ~**krieg** *m* guerra f de nervios; ~**leiden** *n* → ~*krankheit*; ~**säge** F f f pelma(zo) *m*; F latoso *m*; ~**schmerz** *m* neuralgia f; ~**schock** *m* shock *m*

nervioso; 2**schwach** *adj.* neurasténico; ~**schwäche** f debilidad f nerviosa; neurastenia f; 2**stärkend** *adj.*: ~**es Mittel** tónico *m* nervino, estimulante *m* nervioso; ~**strang** *Anat.* *m* cordón *m* nervioso; ~**system** *n* sistema *m* nervioso; ~**überreizung** f neurosis f; (sobre)excitación f nerviosa; ~**zelle** f célula f nerviosa, neurona f; ~**zentrum** *n* centro *m* nervioso; 2**zerrüttend** *adj.* enervante; ~**zucken** *n* tic *m* nervioso; ~**zusammenbruch** *m* colapso *m* nervioso; depresión f nerviosa.

'**nervig** *adj.* nervioso; nervudo; *fig. a.* vigoroso; ♀ nervado.

'**nervlich** *adj.* nervioso.

ner'vös *adj.* nervioso; crispado; ~ *machen* poner nervioso; crispar (los nervios); ~ *sein* estar nervioso, F tener nervios; ~ *werden* ponerse nervioso.

Nervosi'tät f (0) nerviosidad f, nerviosismo *m*; (*Gereiztheit*) crispación f.

'**nervtötend** F *adj.* enervante.

'**Nerz** *Zoo.* *m* (-*es*; -*e*) visón *m* (*a. Pelz*); ~**mantel** *m* abrigo *m* de visón; ~**stola** f estola f de visón.

'**Nessel** 1. f (-; -*n*) ♀ ortiga f; F *fig. sich in die* ~**n** *setzen* meterse en un berenjenal; *da haben wir uns schön in die* ~**n** *gesetzt!* ¡buena la hemos hecho!; ¡en buena nos hemos metido!; 2. *m* (-*s*; 0) → ~*tuch*; ~**fieber** ⚕ *n* urticaria f; ~**tuch** *n* tejido *m* de ramio.

'**Nest** *n* (-*es*; -*er*) nido *m* (*a. fig.*); F (*kleiner Ort*) poblacho *m*, pueblo *m* de mala muerte; (*s*)*ein* ~ *bauen* nidificar; *ein* ~ *ausnehmen* quitar los huevos *bzw.* las crías del nido; *fig. sein eigenes* ~ *beschmutzen* echar piedras sobre su propio tejado; *fig. sich ins warme* ~ *setzen* hacer buena boda; *F ins* ~ (*Bett*) *gehen* ir a la cama; ~**bau** *m* nidificación f; ~-**ei** *n* nidal *m*; ~**eln** (-*le*) **I.** *v/i.* atar con agujetas (*od.* cintas); **II.** *v/i.*: *an et.* (*dat.*) ~ manosear a/c.; ~**häkchen** *n fig.* benjamín *m*; ~**ling** *m* (-*s*; -*e*) pajarito *m* mientras está en el nido.

'**nett** *adj.* (-*est*) (*hübsch, niedlich*) bonito, lindo, F mono; (*freundlich*) amable; simpático; gentil; (*angenehm*) agradable; *iro.* menudo, valiente; *das ist* ~ *von Ihnen* es usted muy amable; *iro. du bist mir ein* ~**er Freund!** ¡valiente amigo eres!; *iro. das kann ja* ~ *werden* esto se va a poner bueno; ~**er'weise** *adv.* amablemente; 2**igkeit** f amabilidad f, gentileza f.

'**netto** *adj.* neto; 2**betrag** *m* importe *m* neto; 2**einkommen** *n*, 2**einnahmen** f/*pl.* ingresos *m/pl.* netos; ~**ertrag** *m* producto *m* neto (*od.* líquido); rendimiento *m* neto; 2**gewicht** *n* peso *m* neto; 2**gewinn** *m* ganancia f neta, ♥ beneficio *m* neto (*od.* líquido); 2**lohn** *m* salario *m* neto; 2**preis** *m* precio *m* neto; 2**sozialprodukt** *n* producto *m* nacional (*od.* social) neto.

'**Netz** *n* (-*es*; -*e*) red f (*a. Vkw.*, ⚡, *Tele.*, *Internet*, *Sport*, *Jgdw. u. fig.*); (*Haar*2 *usw.*) redecilla f; (*Gepäck*2) rejilla f; (*Spinnen*2) telaraña f; *Anat.* omento *m*; *sich im eigenen* ~ *fangen* caer en sus propias redes; *fig. ins* ~ *gehen* caer en la red (*od.* en el lazo); *fig. s-e* ~**e** *auswerfen* lanzar sus redes; *Sport*:

den Ball ins ~ *jagen* enviar el balón *bzw.* la pelota a la red; *Tennis*: *am* ~ *spielen* jugar junto a la red; ~**adapter** ⚡ *m* adaptador *m* a la red; ~**anschluß** ⚡ *m* conexión f a la red; toma f de red; ~**betrieb** ⚡ *m* alimentación f a la red; 2**artig** *adj.* reticular; reticulado; ~**empfänger** *m* *Radio*: receptor *m* conectable a la red; 2**en** (-*t*) *v/t.* mojar; humedecer; ~**flügler** *Zoo.* *m/pl.* neurópteros *m/pl.*; 2**förmig** *adj.* → 2*artig*; ~**gerät** *n* alimentador *m* a la red; 2**gespeist** *adj.* alimentado a la red; ~**gewölbe** Δ *n* bóveda f reticular; ~**haut** *Anat.* f retina f; ~**haut-ablösung** ⚕ f desprendimiento *m* de la retina; ~**haut-entzündung** ⚕ f retinitis f; ~**hemd** *n* camiseta f de malla; ~**karte** f ⚅ (tarjeta f de) abono *m*; *Computer*: tarjeta f de red; ~**magen** *Zoo.* *m* redecilla f, retículo f; ~**mittel** ⚗ *n* humectante *m*, mojante *m*; ~**spannung** ⚡ f tensión f de la red; ~**stoff** *m* tejido *m* de malla; ~**strom** ⚡ *m* corriente f de la red; ~**strümpfe** *m/pl.* medias f/*pl.* de red (*od.* de rejilla); ~**werk** *n* (obra f de) malla f; *Computer*: red f.

neu **I.** *adj.* nuevo; (~*zeitlich*) moderno; (~*artig*) original; (*angehend*) novel; (*kürzlich geschehen*) reciente; (*frisch*) fresco; (*im Entstehen begriffen*) naciente; *aufs* ~**e**, *von* ~**em** de nuevo; *das ist mir* ~, *das ist mir et.* 2**es** no lo sabía; *das ist mir ganz* (*od.* *völlig*) ~ es la primera noticia; *in et.* (*dat.*) ~ *sein* ser novicio (*od.* novel) en a/c.; *ganz* ~ completamente nuevo; flamante; *wie* ~ *sein* estar como nuevo; *das* ~**e** *Jahr* el año nuevo; ~**e** *Nachrichten* últimas noticias f/*pl.*, noticias f/*pl.* de última hora; ~**er** *Ausdruck* neologismo *m*; *die* ~**ere** *Zeit* los tiempos modernos; *die* ~**ere** *Geschichte* la historia moderna; ~**ere** *Sprachen* lenguas f/*pl.* modernas; *die* 2**e** *Welt* el Nuevo Mundo; *das* 2**e** *Testament* el Nuevo Testamento; *die* ~**este** *Mode* la última moda; ~**eren** *Datums* de fecha reciente; *das* 2**e** *lo* nuevo; lo moderno; *was gibt's* 2**es?** ¿qué hay de nuevo?; *es gibt nichts* 2**es** no hay nada (de) nuevo; no hay (ninguna) novedad; *das ist mir nichts* 2**es** ya lo sabía; *das* 2**este** lo más nuevo; *Zeitung*: las últimas noticias; *Mode*: la última novedad; **II.** *adv.* nuevamente, de nuevo, otra vez; (*kürzlich*) recientemente; recién; ~ *entdeckt* recién descubierto; ~ *machen* volver a hacer; ~ *gestalten* reorganizar; remodelar; ~ *beleben* reanimar; ~ *erbauen* reconstruir; ~ *füllen* rellenar; *Liter.* ~ *bearbeiten* refundir; revisar; *Thea.* ~ *inszenieren* reponer; ♥ ~ *einführen* lanzar.

'**Neu...**: ~**ankömmling** *m* recién llegado *m* (*od.* venido *m*); ~**anschaffung** f nueva adquisición f; 2**artig** *adj.* nuevo; reciente; moderno; ~**artigkeit** f (0) novedad f; modernidad f; 2**aufgelegt** *adj.* reeditado; (*neugedruckt*) reimpreso; ~**auflage** f, ~**ausgabe** f nueva edición f, reedición f; (*Neudruck*) reimpresión f; ~**bau** *m* nueva construcción f; edificio *m* nuevo; casa f (*od.* edificio *m*) de reciente construcción (*od.* de nueva planta); *im Bau*: casa f en construcción; ~bauwohnung f vivienda f de reciente construcción; ~bearbeitung f Buch: edición f refundida (od. revisada); refundición f; ~beginn m nuevo comienzo m; ~bekehrte(r) m converso m; neófito m; ~belebung f reanimación f; ~besetzung f e-s Amtes: nueva designación f; Thea. nuevo reparto m; ~bildung f formación f reciente; Gr. neologismo m; Bio. neoformación f; ✱ neoplasma m; neoplasia f; ~druck m reimpresión f; ~einstellung f nueva contrata f; ~'england Geogr. n Nueva Inglaterra f.

'Neue(r) m nuevo m; recién venido m (od. llegado m).

'neu·erbaut adj. recién construido.

'neuer|'dings adv. últimamente, recientemente, desde hace poco; er m innovador m; ~lich I. adj. reciente; (wiederholt) reiterado; II. adv. → neuerdings; (von neuem) de nuevo, nuevamente.

'Neu|erscheinung f novedad f (literaria); publicación f nueva (od. reciente); erschienen adj. Buch: recién publicado (od. aparecido).

'Neuerung f innovación f; (Änderung) cambio m; (Besserung) reforma f; (Neuheit) novedad f; e-e ~ einführen introducir una innovación; ~ssucht f manía f innovadora; ansia f de renovación; ssüchtig adj. ávido de innovaciones; innovador.

'Neu...: ~erwerbung f nueva adquisición f; ~fassung f nueva versión f; ~'fundland Geogr. n Terranova m; ~'fundländer m (Hund) terranova m; gebacken adj. Brot: tierno; fig. Beamter usw.: recientemente nombrado; Ehemann: recién casado; geboren adj. recién nacido; sich wie ~ fühlen sentirse como nuevo; ~geborene(s) n recién nacido m; gestalten v/t. reorganizar, remodelar; reformar; ~gestaltung f reorganización f; remodelación f; ~gier(de) f (0) curiosidad f; aus ~ por curiosidad; er brennt vor ~ le pica la curiosidad; gierig adj. curioso; ~ sein auf (ac.) tener curiosidad (od. estar curioso) por saber; ich bin ~, ob ... estoy curioso por saber si ...; du machst mich ~ me tienes intrigado; ~gierige(r m) m/f curioso (-a f) m; ~gliederung f reorganización f; gotisch adj. neogótico; griechisch adj. neogriego; ~griechisch(e) n griego m moderno; ~gründung f fundación f nueva; ~gruppierung f reagrupación f; ~gui'nea Geogr. n Nueva Guinea f; ~heit f novedad f; hochdeutsch adj. alto alemán moderno; ~igkeit f novedad f; noticia f, nueva f; ~inszenierung Thea. f reposición f; nueva escenificación f.

'Neujahr n (-¢s; 0) Año m Nuevo; ~s-abend m noche f de San Silvestre, nochevieja f; ~sbotschaft f mensaje m de año nuevo; ~s-tag m día m de Año Nuevo; ~swunsch m felicitación f de año nuevo.

'Neu...: ~konstruktion f construcción f nueva; ~land n tierra f virgen (a. fig.); ✱ ~ erschließen roturar nuevas tierras; fig. abrir nuevos horizontes; ~landgewinnung f puesta f en cultivo de nuevas tierras; lateinisch adj. neolatino; lich adv. últimamente; recientemente; hace poco; el otro día; ~ abends la otra noche; ~ling m (-s; -e) novicio m, novato m, novel m, bisoño m.

'Neume ♩ f neuma m.

Neu-'Mexiko n Nuevo México m.

'neumodisch adj. de última moda; moderno.

'Neumond m luna f nueva; Astr. interlunio m, novilunio m.

'neun I. adj. nueve; II. f (-; -en) nueve m; F ach, du grüne ~e! ¡Dios mío!; F ¡jolín!; ¡adiós!; auge Ict. n lamprea f; eck ⚄ n, ~eckig adj. eneágono (m); ~er'lei adj. de nueve clases; ~fach, ~fältig adj. nueve veces tanto; ~'hundert adj. novecientos; ~jährig adj. de nueve años; ~mal adv. nueve veces; ~malig adj. nueve veces repetido; ~malklug F adj. sabidillo; malkluge(r) m sabelotodo m; den ~n spielen meterse en honduras; ~tägig adj. de nueve días; ~'tausend adj. nueve mil; ~te adj. noveno; vgl. dritte; tel n: ein ~ un noveno; la novena parte; ~tens adv. en noveno lugar; ~zehn adj. diecinueve; ~zehnte adj. decimonoveno; zehntel n diecinueveavo m; ~zig I. adj. noventa; in den ~er Jahren en los años noventa; II. f (número m) noventa m; ~ziger(in f) m nonagenario (-a f) m; noventón m, noventona f; ~zigjährig adj. de noventa años; nonagenario; ~zigste adj. nonagésimo.

'Neu...: ~ordnung f reorganización f; reajuste m; reforma f; ~orientierung f nueva orientación f, reorientación f; ~philologe m, ~philologin f profesor(a f) m bzw. estudiante m/f de lenguas modernas; ~philologie f filología f moderna.

Neural'gie ♀ f neuralgia f.

neu'ralgisch adj. neurálgico (a. fig.).

Neuras|the'nie ✱ f neurastenia f; ~'thenisch adj. neurasténico.

'Neu|regelung f reorganización f; ~reiche(r) m nuevo rico m.

Neu'ritis ♀ f (-; 'tiden) neuritis f.

Neuro|chirur'gie f neurocirujía f; ~'loge m (-n) neurólogo m; ~'lo'gie f neurología f.

Neu'ron Anat. n (-s; -en) neurona f.

Neu'ro|se ♀ f neurosis f; ~tiker(in f) m neurótico (-a f) m; tisch adj. neurótico; vegeta'tiv adj. neurovegetativo.

'Neu...: ~schnee m nieve f recién caída; ~schöpfung f nueva creación f; ~'schottland Geogr. n Nueva Escocia f; ~'seeland Geogr. n Nueva Zelanda f; ~'seeländer m, seeländisch adj. neozelandés (m); ~silber n metal m blanco, alpaca f; sprachlich adj. relativo a las lenguas modernas; ~stadt f barrios m/pl. nuevos; ensanche m; testamentlich adj. del Nuevo Testamento.

neu'tral adj. Gr., Zoo. u. ⚔ neutro; Pol. neutral; für ~ erklären declarar neutral; ~ bleiben permanecer neutral; e(r) m neutral m.

neutrali'sier|en (-) v/t. neutralizar; ung f neutralización f.

Neutra'lis|mus (-; 0) neutralismo m; ~t m (-en), tisch adj. neutralista (m).

Neutrali'tät f (0) neutralidad f; ~s-erklärung f declaración f de neutralidad; ~srecht n derecho m de neutralidad; ~sverletzung f violación f de la neutralidad; ~svertrag m tratado m de neutralidad.

'Neutron Phys. n (-s; -'tronen) neutrón m; ~enbombe f bomba f de neutrones.

'Neutrum Gr. n (-s; -tra od. -tren) neutro m.

'Neu...: vermählt adj. recién casado; die en los novios; los desposados; ~verteilung f redistribución f; ~wahl f nueva elección f; ~wert m valor m de (od. cuando) nuevo; wertig adj. como nuevo; ~wort n neologismo m; ~zeit f Hist. Edad f Moderna; tiempos m/pl. modernos; zeitlich adj. moderno.

'Newsgruppe f Internet: foro m de discusión, newsgroup m.

New 'York n Nueva York f.

Nia'garafälle m/pl. cataratas f/pl. del Niágara.

'Nibelungen m/pl. Nibelungos m/pl.; der Ring der ~ El Anillo de los Nibelungos; ~lied n Cantar m de los Nibelungos.

Nica'ragua n Nicaragua f.

Nicaragu'an|er(in f) m, isch adj. nicaragüense (m/f).

nicht adv. no; ~ ganz no del todo; auch ~ tampoco; (ich auch ~) yo tampoco; ~ (ein)mal ni siquiera; ~ ein einziger ni uno solo; ~ viel no mucho; ~ zu hoch no demasiado alto; ~ mehr ya no; ~ mehr (weniger) als nada más (menos) que; ~ mehr und ~ weniger ni más ni menos; ~ lange darauf poco (tiempo) después; al poco rato; ~ schlecht! no está mal; ~ nur (sondern auch) no sólo (sino también); ~, daß ich wüßte no que yo sepa; ~ wahr? ¿verdad? ¿no es asi?; etwa ~? ¿a que no?; ~ doch! ¡que no!; no hagas eso; F ¡quita!; ¡déjame!; (ganz und) gar ~ billig nada barato; durchaus ~ nada de eso; de ningún modo; warum ~? ¿por qué no?; wieso ~? ¿cómo que no?; wirklich ~ cierto que no; de verdad que no; wenn ~ si no; en caso contrario; komm ~! ¡no vengas!; noch ~ todavía no; das ist ~ besonders gut no es muy bueno que digamos; nur das ~! ¡todo menos eso!

'Nicht...: ~achtung f irreverencia f, irrespetuosidad f, falta f de respeto (vor a); desacato m (bsd. vor Behörden); amtlich adj. no oficial; ~anerkennung f no reconocimiento m; ~angriffs-pakt m pacto m de no agresión; ~annahme f no aceptación f; ~anwendung f no aplicación f; ~anwesenheit f ausencia f; ~ausführung f no ejecución f; ~be-achtung f, ~befolgung f inobservancia f; no observación f; bewirtschaftet adj. no racionado; ~bezahlung f falta f de pago, impago m.

'Nichte f sobrina f.

'Nicht...: ~einhaltung f incumplimiento m; ~einlösung f falta f de pago, impago m; ~einmischung f no intervención f, no injerencia f; ~eisenmetall n metal m no férrico; ~erfüllung f incumplimiento m; ~erscheinen n inasistencia f, ausencia f, ⚖ no comparecencia f, incomparecencia f; aus Widerspenstigkeit: rebeldía f, contumacia f;

~fachmann *m* profano *m*; F lego *m*.
¹nichtig *adj.* vano; fútil; (*ungültig*) sin efecto; inválido; ⚖ nulo; *für ~ erklären* declarar nulo; anular, invalidar; → *null*; **2keit** *f* vanidad *f*; futilidad *f*; (*Wertlosigkeit*) nadería *f*, bagatela *f*; ⚖ nulidad *f*; **2keitsbeschwerde** ⚖ *f* recurso *m* de nulidad; **2keitserklärung** ⚖ *f* declaración *f* de nulidad; anulación *f*; invalidación *f*; **2keitsklage** ⚖ *f* demanda *f* de nulidad.
¹Nicht...: ~kämpfer *m* no combatiente *m*; **~kaufmann** *m* no comerciante *m*; **~konvertierbarkeit** *f* inconvertibilidad *f*; **2kriegführend** *adj.* no beligerante; **~kriegführung** *f* no beligerancia *f*; **2leitend** ⚡ *adj.* no conductor, dieléctrico; aislante; **~leiter** ⚡ *m* cuerpo *m* dieléctrico, aislante *m*; aislador *m*; **~mitglied** *n* no socio *m*; no miembro *m*; **~raucher(in** *f*) *m* no fumador(a *f*) *m*; **~raucher-abteil** *n* compartimiento *m* para no fumadores; **2rostend** *adj.* inoxidable.

nichts **I.** *pron/indef.* nada; **~** *mehr*, **~** *weiter* nada más; (*ganz und*) *gar ~* nada en absoluto; absolutamente nada; F nada de nada; **~** *als* nada más que; **~** *weniger als* nada menos que; *weiter ~?, sonst ~?* ¿nada más?; ¿es todo?; *weiter ~!* ¡nada más!; ¡eso es todo!; *wenn es sonst* (*od. weiter*) *~ ist* si no es más que eso; si eso es todo; *ist das ~?* ¿te parece poco?; **~** *anderes* ninguna otra cosa; **~** *dergleichen* nada parecido; **~** *da!* ¡nada de eso!; *mir ~, dir ~* sin más ni más; de buenas a primeras; *alles oder ~* o todo, o nada; **~** *Neues* nada (de) nuevo; **~** *zu danken!* de nada; no hay de qué; *für ~ (und wieder ~)* en balde; por nada; por amor al arte; *wegen* (*od. um*) **~** por un quítame allá esas pajas; F *wie ~ (schnell)* en menos que nada; *so gut wie ~* poco menos que nada; casi nada; *als wenn ~ geschehen wäre* como si (no hubiera pasado) nada; F como si tal cosa; *das ist so gut wie gar ~* eso y nada todo es lo mismo; *das macht ~* no importa; *als Antwort auf e-e Entschuldigung*: no ha sido nada; (*da ist*) **~** *zu machen* no hay nada que hacer; es inútil; **~** *davon!* ¡no hablemos de eso!; *daraus wird ~* esto no se hará; *davon habe ich ~* esto no me sirve de nada; *das ist ~ für mich* esto no me va; no es lo mío; *das sieht nach ~ aus* parece poca cosa; *zu ~ werden* reducirse a nada; *aus ~ wird ~* de donde nada hay, nada se puede sacar; **II.** **2** *n* nada *f*; (*Leere*) vacío *m*; (*Kleinigkeit*) insignificancia *f*; minucia *f*; nadería *f*; *aus dem ~ schaffen* sacar de la nada; *sich in ~ auflösen* desvanecerse; *fig. a.* frustrarse; quedarse en agua de borrajas; *vor dem ~ stehen* estar (completamente) arruinado.
¹Nichtschwimmer(in *f*) *m* no nadador(a *f*) *m*.
¹nichtsdesto'weniger *adv.* sin embargo, no obstante; con todo.
¹Nichtsein *n* no existencia *f*.
¹Nichts...: ~könner *m* hombre *m* incapaz; nulidad *f*; **~nutz** *m* (*-es*; *-e*) inútil *m*; pillo *m*; **2nutzig** *adj.* no sirve para nada; (*unartig*) travieso; **~nutzigkeit** *f* (0) inutilidad *f*; **2sagend** *adj.* insignificante; (*inhaltlos*) vacuo; *Gesicht*: inexpresivo; *Antwort*: vago; *Redensart*: trivial; (*fade*) insípido; **~tuer** *m* holgazán *m*, haragán *m*; vago *m*, gandul *m*; **~tun** *n* (*Faulheit*) holgazanería *f*; haraganería *f*; gandulería *f*; vagancia *f*; (*Muße*) ociosidad *f*, ocio *m*; **~wisser** *m* ignorante *m*; **2würdig** *adj.* indigno; bajo, infame, vil; abyecto; **~würdigkeit** *f* indignidad *f*; bajeza *f*; infamia *f*.
¹Nicht...: ~übereinstimmung *f* disconformidad *f*, disentimiento *m*; discrepancia *f*; divergencia *f*, disparidad *f*; **~vollstreckung** *f* no ejecución *f*; **~vorhandensein** *n* falta *f*, ausencia *f*; no existencia *f*; *bei ~* en su defecto; **~wähler** *m* abstencionista *m*; **~weiterverbreitung** *Pol. f* no proliferación *f*; **~wissen** *n* ignorancia *f*; **~zahlung** *f* falta *f* de pago, impago *m*; **~zulassung** *f* no admisión *f*; **~zuständigkeit** *f* incompetencia *f*; **~zustellung** *f* no entrega *f*; **~zutreffende(s)** *n*: *~s streichen* táchese lo que no convenga (*od.* proceda).
¹Nickel 🜶 *n* (*-s*; 0) níquel *m*; **~chromstahl** *m* acero *m* al cromoníquel; **~münze** *f* moneda *f* de níquel; **~stahl** *m* acero *m* al níquel.
¹nicken **I.** *v/i.* inclinar la cabeza; *zustimmend*: asentir con la cabeza; *als Gruß*: saludar (con una inclinación de cabeza); (*schlummern*) dar cabezadas; dormitar; **II.** **2** *n* cabezada *f*, cabeceo *m*.
¹Nickerchen F *n* siestecita *f*; *ein ~ machen* F descabezar un sueño.
nie *adv.* nunca, jamás; *~ und nimmer* nunca jamás; *~ mehr* nunca más; *jetzt oder ~* ahora o nunca.
¹nieder **I.** *adj.* bajo; *Rang, Wert*: inferior (*a. Zoo.*, ♀); *fig.* bajo, vil; innoble; *die ~en Klassen* las clases bajas; *von ~er Geburt* (*od. Herkunft*) de origen humilde; **II.** *adv.* abajo; *auf und ~ gehen* subir y bajar; *~ mit...!* ¡abajo ...!; *stärker*: ¡muera(n)...!; **2bayern** *n* la Baja Baviera; **~beugen** *v/t.* doblar, inclinar (hacia abajo); *fig.* abatir; agobiar; *sich ~* doblarse, inclinarse; (al suelo); bajarse; **~blicken** *v/i.* mirar hacia abajo; bajar los ojos; **~brechen** *v/t.* (*L*) derribar, demoler; **~brennen** (*L*) **I.** *v/t.* quemar, reducir a cenizas; **II.** (*sn*) *v/i.* quedar reducido a cenizas; **~bücken** *v/refl.*: *sich ~* bajarse; agacharse; **~deutsch** *adj.* bajo alemán; **~donnern** (*-re*) *v/i.* derrumbarse con gran estrépito; **2druck** ⊕ *m* baja presión *f*; **~drücken** *v/t.* (hacer) bajar; apretar (hacia abajo); oprimir (*a. fig.*); (*zermalmen*) aplastar; *fig.* deprimir; abatir; **~fahren** (*L*; *sn*) *v/i.* bajar, descender; **~fallen** (*L*; *sn*) *v/i.* caer al suelo; *vor j-m ~* echarse (*od.* postrarse) a los pies de alg.; caer de rodillas ante alg.; **2frequenz** ⚡ *f* baja frecuencia *f*; **2gang** *m* descenso *m*; *v. Gestirnen*: ocaso *m* (*a. fig.*); *fig.* decadencia *f*; bajón *m*; **~gedrückt** *fig. adj.* abatido; deprimido; desalentado; **~gehen** (*L*; *sn*) *v/i.* bajar; aterrizar; *Regen*: caer; *Unwetter*: abatirse (*auf sobre*); **~geschlagen** *fig. adj.* abatido; deprimido; cabizbajo; desalentado; desanimado; **2geschlagenheit** *f* (0) abatimiento *m*; depresión *f* (moral); postración *f*; desaliento *m*; **~halten** (*L*) *v/t.* conte-
ner, reprimir, refrenar; **~hauen** (*L*) *v/t.* derribar (a golpes); **~hocken** *v/i.* *u. v/refl.* acurrucarse; agacharse; ponerse en cuclillas; **~holen** *v/t. Flagge*, ⚓ arriar; **2holz** *n* monte *m* bajo; **2jagd** *f* caza *f* menor; **~kämpfen** *v/t.* abatir; vencer; *fig.* contener, reprimir, refrenar; **~kauern** (*-re*; *sn*) *v/i.* → *hocken*; **~knallen** *v/t.* matar a tiros *bzw.* de un tiro; **~knien** (*sn*) *v/i.* arrodillarse, ponerse de rodillas; **~knüppeln** *v/t.* aporrear, F moler a palos; **~kommen** (*L*; *sn*) *v/i. Frau*: alumbrar, dar a luz; **2kunft** *f* (*-*; *-ᵉe*) parto *m*, alumbramiento *m*; **2lage** *f* ✠ (*Lager*) almacén *m*; depósito *m*; (*Filiale*) sucursal *f*; filial *f*; ✕ derrota *f*; *j-m e-e ~ beibringen* (*od.* bereiten) infligir a alg. una derrota; *e-e ~ erleiden* sufrir una derrota; **2lande** *n/pl.* Países *m/pl.* Bajos; **2länder(in** *f*) *m* neerlandés *m*, neerlandesa *f*; **~ländisch** *adj.* neerlandés; **~lassen** (*L*) *v/t.* bajar; *sich ~* establecerse; (*Platz nehmen*) sentarse, tomar asiento; *Vogel*: posarse; *s-n Wohnsitz nehmen*) domiciliarse; establecerse, fijar su residencia (*in dat.* en); *sich als Anwalt* (*Arzt*) *~* abrir bufete (un consultorio); **2lassung** *f* establecimiento *m*; (*Filiale*) sucursal *f*; (*Agentur*) agencia *f*; (*Siedlung*) colonia *f*; **2lassungsfreiheit** *f* libertad *f* de establecimiento; **~legen** **I.** *v/t.* poner en el suelo; posar; *Baum*: derribar; *Gebäude*: *a.* demoler; *Waffen*: rendir; deponer; (*hinterlegen*) depositar (*a. Kranz*); *gerichtlich*: consignar; (*aufgeben*) abandonar; *die Arbeit ~* dejar de trabajar; abandonar el trabajo; *die Krone ~* abdicar la corona; *sein Amt ~* dimitir (el cargo); resignar sus funciones; presentar la dimisión (del cargo); *urkundlich ~* hacer constar en un documento; *schriftlich ~* formular (*od.* poner) por escrito; **II.** *v/refl.*: *sich ~* acostarse; **2legung** *f* (*Amts*2) dimisión *f*; *~ der Arbeit* cesación *f bzw.* abandono *m* del trabajo; *der Krone* abdicación *f* de la corona; **~machen**, **~metzeln** (*-le*) *v/t.* matar, acuchillar; **~mähen** *v/t.* segar (*a. fig.*); **2moor** *n* turbera *f* baja; **2österreich** *n* la Baja Austria; **~prasseln** *v/i.* abatirse (*auf ac.* sobre); *fig.* desencadenarse (sobre); **~reißen** (*L*) *v/t.* echar abajo; derribar; *Gebäude*: *a.* demoler; **2rhein** *m*: *der ~* el Bajo Rin; **~ringen** (*L*) *v/t.* vencer; *fig. a.* sobreponerse a; **2sachsen** *n* la Baja Sajonia; **~schießen** (*L*) **I.** *v/t.* derribar de un tiro; matar a tiros (*od.* a balazos); **II.** (*sn*) *v/i.* precipitarse (*auf ac.* sobre); lanzarse (desde arriba); **2schlag** *m Meteo.* precipitación *f/pl.*; 🜂 precipitado *m*; (*Bodensatz*) sedimento *m*; depósito *m*; *Boxen*: derribo *m*; knock-out *m*; *fig. s-n ~ finden in* (*dat.*) reflejarse (*od.* traducirse *od.* plasmarse) en; **~schlagen** (*L*) **I.** *v/t. j-n*: derribar (a puñetazos); *Boxen*: noquear; *Augen, Kragen*: bajar; *Aufstand usw.*: sofocar; *Untersuchung usw.*: suspender; ⚖ *Verfahren*: anular, suprimir; **II.** *v/refl.*: *sich ~* 🜂: condensarse; *fig.* reflejarse; traducirse (*in dat.* en); **~schlagsarm** *adj.* de escasas precipitaciones; **2-**

schlagsmenge f pluviosidad f; ~**schlagsreich** adj. con abundantes lluvias; ⚟**schlagung** f represión f; ⚟ anulación f, supresión f; ⚟**schlesien** n la Baja Silesia; ~**schmettern** (-re) v/t. derribar; aplastar (a. fig.); fig. fulminar; anonadar, aterrar; ~**schmetternd** adj. deprimente; desconsolador, descorazonador; aterrador; ~**schreiben** (L) v/t. poner por escrito; apuntar; redactar; ~**schreien** (L) v/t. acallar (a gritos); abuchear; ⚟**schrift** f escrito m; redacción f; ⚟ acta f; ~**schweben** (sn) v/i. descender planeando; ~**setzen** (-t) v/t. poner en el suelo; poner (od. colocar) sobre; depositar; sich ~ sentarse; Vogel: posarse; ~**sinken** (L; sn) v/i. caer (od. bajar) lentamente; vor Schwäche: desplomarse; vor j-m: postrarse; ⚟**spannung** ⚡ f baja tensión f; ⚟**spannungsleitung** ⚡ f cable m (od. línea f) de baja tensión; ~**stechen** (L) v/t. mit e-m Dolch: apuñalar; mit e-m Messer: acuchillar; Stk. matar de una estocada; ~**steigen** (L; sn) v/i. bajar, descender; ~**stimmen** Parl. v/t. dejar en la minoría; rechazar por votación; ~**stoßen** (L) **I.** v/t. derribar; echar al suelo; **II.** (sn) v/i. precipitarse (auf ac. sobre); ~**strecken** v/t.: j-n ~ derribar a alg.; j-n mit e-m Schuß ~ derribar (od. matar) de un tiro a alg.; sich ~ tenderse (en el suelo, etc.); ~**stürzen** (-t; sn) v/i. derrumbarse; ~**tracht** f (0) infamia f; bajeza f; ~**trächtig** adj. infame; vil; bajo; abyecto; ⚟**trächtigkeit** f infamia f; bajeza f; vileza f; ~**trampeln** (-le) v/t. pisotear; ~**treten** (L) v/t. hollar; pisar; aplastar; Schuhe: destalonar; torcer los tacones; ~**ung** f tierra f baja; depresión f (del terreno); fig. bajo m fondo; ~**walzen** fig. v/t. aplastar; ~**wärts** adv. hacia abajo; ~**werfen** (L) v/t. derribar; echar al suelo; atropellar; a. fig. derrocar; Gegner: vencer; derrotar; Aufstand: reprimir, sofocar; sich vor j-m ~ arrojarse a los pies de alg.; postrarse ante alg.; fig. von der Krankheit niedergeworfen postrado por la enfermedad; ~**werfung** f derrocamiento m; e-s Aufstandes: represión f; ✕ des Feindes: derrota f; ⚟**wild** Jgdw. n caza f menor; ~**zwingen** (L) v/t. vencer; fig. dominar, subyugar.
'**niedlich** adj. bonito, lindo, F mono; gracioso; iro. das ist ja ~! ¡qué gracia!; ~**keit** f (0) lindeza f; gentileza f; gracia f.
'**Niednagel** ⚜ m respigón m, repelo m, padrastro m (de los dedos).
'**niedrig** adj. bajo (a. fig.); Preis: a. módico, barato; Rang, Wert: inferior; Herkunft: humilde; fig. vil, abyecto, envilecido; zu ~em Preis a bajo precio; ~ sitzen estar (sentado) en un asiento bajo; ~ fliegen volar bajo; ~er hängen bzw. machen bzw. stellen bajar; ~ spielen jugar en pequeñas cantidades; ⚟**keit** f (0) bajeza f (a. fig.); abyección f, vileza f; des Preises: modicidad f, baratura f; ~**stehend** adj. bajo; ⚟**wasser** n bajamar f; v. Flüssen: estiaje m.
'**niemals** adv. nunca, jamás; ~ mehr nunca más.
'**niemand I.** pron/indef. nadie; ninguno; persona alguna; ~ anders, sonst ~ nadie más; ningún otro; ~ als er nadie sino él; es ist ~ da no hay nadie; no está nadie; **II.** ⚟ desp. m don nadie m; ⚟**sland** n tierra f de nadie.
'**Niere** f Anat. riñón m (a. Kochk.); ⚜ künstliche ~ riñón m artificial; F fig. das geht mir an die ~n esto me afecta mucho; me llega al alma.
'**Nieren...:** ~**becken** Anat. n pelvis f renal; ~**becken-entzündung** ⚜ f pielitis f; ~**braten** m riñonada f; ~**entzündung** ⚜ f nefritis f; ⚟**förmig** adj. reniforme; ~**kolik** ⚜ f cólico m nefrítico; ~**kranke(r** m) m/f nefrítico (-a f) m; enfermo (-a f) m del riñón; ~**leiden** ⚜ n nefropatía f, afección f renal; ~**schmerzen** m/pl. dolor m de riñones; ~**schrumpfung** ⚜ f atrofia f renal; ~**stein** ⚜ m cálculo m renal; ~**steinkrankheit** f litiasis f renal.
'**nieseln** v/unprs. lloviznar; ⚟**regen** m llovizna f; F calabobos m/pl.
'**niesen I.** (-t) v/i. estornudar; **II.** ⚟ n estornudo m.
'**Nies-pulver** n polvo m estornutatorio.
'**Nießbrauch** ⚟ m (-es; 0) usufructo m; ~**er(in** f) m usufructuario (-a f) m.
'**Nieswurz** ⚘ f eléboro m.
'**Niet** ⊕ m (-es; -e) remache m, roblón m; ~**bolzen** m perno m remachado.
'**Niete** f Lotterie: billete m no premiado; fig. (Person) fracasado m, inútil m; don nadie m; (Sache) fracaso m; sich als ~ erweisen salir rana (a. Sache); e-e ~ sein ser una calamidad.
'**Niet...:** ~**eisen** n hierro m para remachar; ⚟**en** (-) v/t. remachar, robl(on)ar; ~**(en)hose** f tejanos m/pl.; ~**hammer** m martillo m de remachar; ~**kopf** m cabeza f de remache (od. de roblón); ~**maschine** f remachadora f; ~**naht** f costura f de remaches; ⚟**- und** '**nagelfest** fig. adj. sólido, bien firme; alles mitnehmen, was nicht ~ ist F no dejar clavo ni estaca en la pared; ~**ung** f remachado m.
Ni'**geria** n Nigeria f.
'**Nigger** desp. m negro m.
Nihi'**lismus** m (-; 0) nihilismo m; ~**t** m (-en), ⚟**tisch** adj. nihilista (m).
Nika'**ragua** n → Nicaragua.
'**Nikolaus** m Nicolás m.
Niko'**tin** n (-s; 0) nicotina f; ⚟**arm** adj. de bajo contenido (od. bajo) en nicotina; ⚟**frei** adj. sin nicotina, desnicotinizado; ~**gehalt** m contenido m en nicotina; ⚟**haltig** adj. que contiene nicotina; ~**säure** f ácido m nicotínico; ~**vergiftung** ⚜ f nicoti(ni)smo m, intoxicación f por la nicotina.
Nil m Nilo m; '~**delta** n delta m del Nilo; '~**pferd** Zoo. n hipopótamo m.
'**Nimbus** m (-; -se) nimbo m; aureola f (beide a. fig.); fig. prestigio m; mit e-m ~ umgeben nimbar; aureolar (a. fig.); fig. s-n ~ einbüßen desprestigiarse, perder el prestigio.
'**nimmer** adv. jamás; nie und ~ nunca jamás; ⚟**leins-tag** F m el día que nunca llegará; am (Sankt) ~ cuando las ranas críen pelo; auf den ~verschieben aplazar para las calendas griegas; ~**mehr** adv. nunca más; ya no; ~**müde** adj. incansable, infatigable; ~**satt** m (- od. -s; -e) glotón m,

F comilón m, tragón m; fig. insaciable m; ⚟**wiedersehen** n: auf ~ para siempre; auf ~! ¡adiós para siempre!; ¡hasta nunca!
'**Nimwegen** Geogr. n Nimega f
'**Nippel** ⊕ m (-s; -) boquilla f (roscada).
'**nippen** v/i. beber a sorbos (od. sorbitos); an et. (dat.) ~ probar a/c.
'**Nippes** pl. → Nippsachen.
'**Nipp**|**flut** f pequeña marea f; ~**sachen** f/pl. baratijas f/pl., chucherías f/pl.; bibelots m/pl.
'**nirgend**|**s**, ~**wo** adv. en ninguna parte.
Nir'**wana** n nirvana m.
'**Nische** △ f nicho m; (Wand⚟) hornacina f.
'**Nisse** f liendre f.
'**nist**|**en** (-e-) v/i. anidar (a. fig.), hacer el nido, nidificar; ⚟**en** n construcción f del nido; nidificación f; ⚟**kasten** m nidal m; ⚟**zeit** f tiempo m de nidificación.
Ni'**tr**|**at** ⚗ n (-es; -e) nitrato m; ~**id** n (-es; -e) nitruro m.
ni'**trier**|**en** (-) v/t. nitrar; Stahl: nitrurar; ⚟**härtung** f temple m por nitruración; ~**ung** f nitración f; Stahl: nitruración f.
Nitrifi|**kati**'**on** f nitrificación f; ⚟'**zieren** (-) v/t. nitrificar.
'**Nitro**|**benzol** n nitrobenceno m; ~**glyze**'**rin** n nitroglicerina f; ~**lack** m nitrolaca f; ~**sprengstoff** m explosivo m de nitroglicerina; ~**toluol** n nitrotolueno m; ~**zellu**'**lose** f nitrocelulosa f.
Ni'**veau** [-'vo:] n (-s; -s) nivel m (a. fig.); ~ haben tener categoría; ⚟**los** fig. adj. sin categoría.
nivel'**lier**|**en** (-) v/t. nivelar; ⚟**gerät** n, ⚟**instrument** n nivelador m; ⚟**latte** f mira f de nivelación; ⚟**ung** f nivelación f.
nix F pron. → nichts.
Nix Myt. m (-es; -e) espíritu m de las aguas, genio m acuático; '~**e** f ondina f.
'**Nizza** n Niza f.
'**Noah** m Noé m.
'**nobel** adj. (vornehm) noble; (freigebig) generoso; F rumboso.
No'**belpreis** m premio m Nobel; ~**träger** m (titular m del) premio m Nobel.
noch I. adv. todavía, aún; ~ nicht todavía no; aún no; ~ nie nunca; ~ einmal otra vez; una vez más; de nuevo; ~ einmal soviel el doble; ~ jetzt tanto; ~ heute hoy mismo; heute ~, immer ~ aún hoy (en día); ~ immer todavía; er raucht ~ immer sigue fumando; ~ dazu además de eso; fuera de eso; dazu kommt ~ a ello hay que añadir; ~ einer otro (más); ~ einiges algunas (od. otras) cosas más; ~ etwas (et. anderes) otra cosa; (et. mehr) un poco más; ~ bevor antes de; F ~ und ~ a manta, a porrillo; er hat Geld ~ und ~ F está forrado (de dinero); ~ nicht lange aún no hace mucho (tiempo); das fehlte gerade ~!; auch das ~! ¡lo que faltaba!; er wird schon ~ kommen ya vendrá; jede ~ so kleine Gefälligkeit toda complacencia por pequeña que sea; er sei ~ so reich por rico que sea; wenn er auch ~ so bittet por mucho que suplique; **II.** cj. → weder; '~**malig** adj. reiterado; repetido; '~

mals adv. otra vez, una vez más; de nuevo.

'**Nock** ⚓ n (-*es*; -e) peñol m; ~**en** ⊕ m leva f; ~**enscheibe** f disco m de levas; ~**enwelle** f árbol m de levas.

'**nolens** '**volens** Lt. adv. por las buenas o por las malas.

No'**made** m (-n) nómada m; ⌂**nhaft** adj. nómada; ~**nleben** n vida f nómada; ~**ntum** n nomadismo m; ~**n-volk** n pueblo m nómada.

'**Nomen** Gr. n (-s; -mina) nombre m. **Nomenkla**'**tur** f nomenclatura f.

nomi'**nal** adj. nominal; ⌂**lohn** m salario m nominal; ⌂**wert** m valor m nominal.

'**Nominativ** Gr. m (-s; -e) nominativo m.

nomi'**nell** adj. nominal.

nomi'**nieren** (-) v/t. nombrar; Kandidaten: proponer.

'**No-**'**Name-Produkt** n ✝ producto m de marca blanca (od. sin marca).

Noncha'**lan**|**ce** fr. f desenvoltura f; ⌂**t** adj. desenvuelto.

'**None** f ♪ novena f; Rel. nona f.

'**Nonius** ⊕ m (-; -ien) nonio m; ~**teilung** f escala f de nonio.

Nonkonfor'**mis**|**mus** m inconformismo m; ~**t** m inconformista m, anticonformista m.

'**Nonne** f monja f (a. Zoo.), religiosa f; ~ *werden* meterse monja; tomar el velo; ~**nhaube** f toca f; ~**nkloster** n convento m de monjas; ~**ntracht** f hábito m de religiosa(s).

Nonplus'**ultra** Lt. n non plus ultra m; F no-va-más m.

Non'**stop**|**flug** ✈ m vuelo m sin escala; ~**kino** n cine m de sesión continua.

'**Noppe** f mota f; ⌂**n** v/t. desmotar; ~**nmuster** n dibujo m de motas.

'**Nord** m (-*es*; 0) → ~**en**; ~**wind**; in Zssgn del Norte; septentrional; boreal; ~'**afrika** n Africa f del Norte; ⌂**afri**'**kanisch** adj. norteafricano; ~**a**'**merika** n América f del Norte, Norteamérica f; ~**ameri**'**kaner**(**in** f) m norteamericano (-a f) m; ⌂**ameri**-'**kanisch** adj. norteamericano; yanqui; ~**at**'**lantikpakt** m Tratado m del Atlántico Norte; ~**bahnhof** m estación f del Norte; ⌂**deutsch** adj. del norte de Alemania; de la Alemania del Norte; ~**deutsche**(**r** m) m/f alemán m, alemana f del Norte; ~**deutschland** n Alemania f del Norte; ~**en** m (-s; 0) norte m; nach ~ hacia el norte; im ~ von al norte; nach ~ liegen estar situado al norte; ⌂**isch** adj. nórdico, del norte; Länder: escandinavo; ~**kap** Geogr. n cabo m Norte; ~**ko**'**rea** n Corea f del Norte; ~**küste** f costa f septentrional; ~**länder**(**in** f) m habitante m/f (de los países) del Norte; norteño (-a f) m; ~**landreise** f viaje m a las tierras boreales.

'**nördlich** adj. del norte, septentrional; ~ von al norte de.

'**Nord...**: ~**licht** n aurora f boreal; ~**nordost** m, **nord**-'**west** m nornoroeste m; ~'**ost**(**en**) m nordeste m; ⌂'**östlich** adj. del nordeste; ~-'**Ostsee-Kanal** m Canal m de Kiel; ~'**ostwind** m viento m del nordeste; ~**pol** m polo m norte (od. ártico); ~**polarkreis** m círculo m polar ártico; ~**pol-expedition** f ex-pedición f al polo norte; ~**rhein-West**'**falen** n Renania f del Norte-Westfalia; ~**see** f Mar m del Norte; ~**seite** f lado m norte; ~**staaten** m/pl. Estados m/pl. del Norte; ~**stern** m estrella f polar (od. del Norte); ~**wand** f e-s Berges: pared f norte; ⌂**wärts** adv. hacia el norte; ~'**west** (**-en**) m noroeste m; ⌂'**westlich** adj. del noroeste; ~ von al noroeste de; ~**wind** m viento m del norte; cierzo m; tramontana f; Poes. aquilón m.

Nörg|**e**'**lei** f manía f de criticar; afán m de censurar; ⌂'**eln** (-le) v/i. criticarlo todo; critiquizar; refunfuñar; '~**ler** m criticón m; reparón m; eterno descontento m.

Norm f (-; -en) norma f; pauta f; regla f; als ~ gelten servir de norma; **nor**'**mal** adj. normal; (gewöhnlich) corriente; fig. natural, lógico; F er ist nicht ganz ~ está tocado de la cabeza; no está en sus cabales; ⌂**ausrüstung** f equipo m normal (od. standard); ⌂**e** f normal f; ~**er**'**weise** adv. normalmente; ⌂**fall** m caso m normal; im ~ normalmente; ⌂**film** m película f normal; ⌂**geschwindigkeit** f velocidad f normal; ⌂**größe** f tamaño m normal; Kleidung: talla f corriente; **normali**'**sier**|**en** (-) v/t. normalizar; sich ~ volver a la normalidad; ⌂**ung** f normalización f; vuelta f a la normalidad.

Normali'**tät** f (0) normalidad f.

Nor'**mal...**: ~**lösung** ♀ f solución f standard; ~**maß** n medida f normal; ⊕ patrón m; ~**null** f nivel m medio del mar; ⌂**sichtig** adj. emétrope; ~**sichtigkeit** f emetropía f; ~**spur** ⛧ f vía f (de ancho) normal; ~**uhr** f reloj m regulador; ~**verbraucher** m consumidor m normal; hum. ciudadano m de a pie; ~**verteilung** f Statistik: distribución f normal; ~**zeit** f hora f oficial bzw. legal; ~**zustand** m estado m normal, normalidad f.

Nor'**mann**|**e** m (-n), ⌂**isch** adj. normando (m).

norma'**tiv** adj. normativo.

'**Norm**|**blatt** n hoja f de normas; ⌂**en** v/t. normalizar, estandarizar; ~**en-ausschuß** m comité m de normalización; ⌂**gerecht** adj. según norma; ~**teil** ⊕ n pieza f normal; ~**ung** f normalización f; estandarización f.

'**Norweg**|**en** n Noruega f; ~**er**(**in** f) m noruego (-a f); ⌂**isch** adj. noruego.

Nos|**tal**'**gie** f nostalgia f; ⌂'**talgisch** adj. nostálgico.

Not f (-; ~e) necesidad f; (Mangel) escasez f; penuria f; falta f (an de); (Elend) miseria f; (Armut) pobreza f; indigencia f; (Bedrängnis) apuro m; dificultad f; (~lage) emergencia f, urgencia f; (Mühe) pena f; zur ~ en caso de necesidad (od. de apuro); im geht zur ~ puede pasar; wenn ~ am Mann ist cuando sea necesario; en caso de necesidad (od. de apuro, od. de urgencia); es hat keine ~ no es preciso; (es eilt nicht) no hay (od. corre) prisa; es tut ⌂, daß es necesario (od. es preciso que; hace falta) que (subj.); das tut ihm ⌂ es lo que necesita (od. lo que le hace falta); der ~ gehorchend nor necesidad; s-e (liebe) ~ mit j-m haben tener sus penas con alg.; er wird s-e liebe ~ haben, um le costará (trabajo) (inf.); F se verá negro para (inf.); in ~ geraten caer en la miseria; in ~ sein, ~ leiden estar en la miseria; pasar necesidades (od. privaciones); in (tausend) Nöten sein pasar (grandes) apuros; an et. (dat.) ~ leiden carecer de a/c.; j-m aus der ~ helfen sacar a alg. de un apuro; mit knapper (od. genauer) ~ a duras penas; F por los pelos; aus der ~ e-e Tugend machen hacer de la necesidad virtud; ~ macht erfinderisch hombre pobre todo es trazas; el hambre aguza el ingenio; ~ kennt kein Gebot la necesidad carece de ley; in der ~ frißt der Teufel Fliegen a falta de pan, buenas son tortas.

'**Nota** ✝ f (-; -s) nota f, factura f.

'**Not**|**adresse** f dirección f en caso de necesidad; ~**anker** m ⚓ ancla f de socorro; fig. áncora f de salvación.

No'**tar** m (-s; -e) notario m; Am. a. escribano m (público).

Notari'**at** n (-es; -e) (Büro) notaría f; Am. escribanía f (pública); (Amt) notariado m; ~**sgebühren** f/pl. derechos m/pl. notariales.

notari'**ell I.** adj. notarial; ~**e** Urkunde acta f notarial; **II.** adv. ante notario; ~ beglaubigt notariado.

'**Not...**: ~**arzt** m médico m de urgencia bzw. de guardia; ~**aufnahme** f admisión f de urgencia; ~**ausgang** m, ~**ausstieg** m salida f de emergencia; ~**behelf** m recurso m de urgencia; expediente m; → a. ~**lösung**; ~**beleuchtung** f alumbrado m provisional; luces f/pl. de emergencia; ~**bremse** f freno m de alarma (ziehen accionar); ~**brücke** f puente m provisional; ~**dienst** m servicio m de urgencia (od. de emergencia); ~**durft** f (0) s-e ~ verrichten hacer sus necesidades; ⌂**dürftig** adj. apenas suficiente; (behelfsmäßig) provisional; ~ reparieren parchear.

'**Note** f nota f (a. ♪, Dipl., Schule u. fig.); ✝ (Bank⌂) billete m (de banco); ♪ ganze ~ semibreve f, redonda f; ♪ halbe ~ mínima f, blanca f; nach ~**n** singen cantar con papel; ~**n** pl. música f; ~**n lesen** leer música; fig. besondere ~ nota f particular, personal; ~ toque m personal.

'**Notebook** n (-s; -s) Computer: notebook m, ordenador m portátil.

'**Noten...**: ~**ausgabe** ✝ f emisión f de billetes (de banco); ~**austausch** Dipl. m → ~**wechsel**; ~**bank** ✝ f banco m emisor; ~**blatt** n hoja f de música; ~**buch** n libro m de música; ~**fähnchen** ♪ n rabillo m; ~**hals** ♪ m plica f; ~**heft** n cuaderno m de música; ~**kopf** ♪ m cabeza f (de la nota); ~**lesen** n lectura f musical; ~**linie** ♪ f línea f del pentagrama; die fünf ~**n** el pentagrama; ~**papier** ♪ n papel m de música (od. pautado); ~**pult** n atril m; ~**schlüssel** ♪ m clave f; ~**schrank** m musiquero m; ~**schrift** f notación f musical; ~**ständer** m atril m; ~**system** ♪ n pentagrama m; ~**umlauf** ✝ m circulación f fiduciaria (od. de billetes); ~**wechsel** Dipl. m canje m (od. cambio m) de notas.

'**Not...**: ~**erbe** ⚖ m heredero m forzoso; ~**fall** m caso m de emergencia (od. de urgencia); caso m de apuro; im ~ en caso necesario (od. de necesidad od. de apuro); cuando sea ne-

Notfalldienst — nur

cesario; si llega el caso; si es preciso; si fuera necesario (*od.* menester); *im äußersten* ~ en último extremo; en el último caso; **~falldienst** ⚔ *m* servicio *m* de urgencia; ℒ**falls** *adv.* → *im Notfall*; **~flagge** ⚓ *f* bandera *f* de socorro; **~frist** ⚖ *f* plazo *m* perentorio; ℒ**gedrungen I.** *adj.* forzoso; **II.** *adv.* por necesidad; forzosamente; por fuerza, a la fuerza; **~geld** *n* moneda *f* de urgencia; dinero *m* de emergencia; **~gesetz** *n* ley *f* de emergencia; **~groschen** *m* dinero *m* de reserva; **~hafen** ⚓ *m* puerto *m* de refugio; **~helfer** *m* salvador *m*; **~hilfe** *f* primeros auxilios *m/pl.*

no'tier|en (-) *v/t.* anotar, apuntar; tomar nota de; *an der Börse* ~ cotizar en bolsa; ℒ**ung** *f* Börse: cotización *f*; ♪ apuntación *f*, notación *f* musical.

'**nötig** *adj.* necesario, preciso; *unbedingt* ~ imprescindible; ~ *machen* hacer necesario; ~ *werden* hacerse necesario; ~ *sein* ser necesario (*od.* preciso *od.* menester); hacer falta; *es ist* ~, *zu* (*inf.*) es necesario, hay que (*inf.*); *es ist nicht* ~, *daß du kommst* no hace falta que vengas; *et.* ~ *haben* necesitar (*od.* precisar) a/c.; *er hat es sehr* ~ le hace mucha falta; *es nicht für* ~ *halten*, *zu* (*inf.*) no creer (*od.* no considerar) necesario (*inf.*); ℒ**e(s)** *n* lo necesario; **~en** *v/t.* obligar, forzar (*zu* a); ⚖ compeler, coaccionar; (*drängen*) instar a; (*auffordern*) invitar a; *sich* ~ *lassen* hacerse rogar; *sich gezwungen sehen zu* (*inf.*) verse obligado a (*od.* en la necesidad de); **~enfalls** *adv.* → *im Notfall*; ℒ**ung** *f* ⚖ coacción *f*.

No'tiz *f* (-; *-en*) nota *f*, apunte *m*; anotación *f*; (*Zeitungsℒ*) noticia *f*; *sich* ~*en machen* tomar notas (*od.* apuntes; *von et.* ~ *nehmen* tomar (buena) nota de a/c.; hacer caso de a/c.; fijarse en a/c.; *keine* ~ *nehmen von* no hacer caso de; pasar por alto (a/c.); **~block** *m* bloc *m* de notas; **~buch** *n* libreta *f* (de apuntes); agenda *f*.

'**Not...:** **~lage** *f* apuro *m*; emergencia *f*; situación *f* crítica (*od.* precaria); ℒ**landen** ⚔ *v/i.* hacer un aterrizaje forzoso; **~landung** ⚔ *f* aterrizaje *m* forzoso (*od.* de emergencia); ℒ**leidend** *adj.* necesitado; indigente; *Wechsel:* pendiente de cobro; **~leidende(r)** *m/f* necesitado (-a *f*) *m*; indigente *m/f*; **~leine** *f* cuerda *f* (*od.* ⚓ cable *m*) de socorro; **~lösung** *f* solución *f* de emergencia (*od.* F de paños calientes); **~lüge** *f* mentira *f* inocente *bzw.* piadosa; **~maßnahme** *f* medida *f* de urgencia.

no'torisch *adj.* notorio.

'**Not...:** **~pfennig** *m* → **~groschen**; **~ruf** *m* llamada *f* de socorro; **~rufsäule** *f* poste *m* de socorro; **~quartier** *n* alojamiento *m* provisional; **~schlachtung** *f* sacrificio *m* de urgencia; **~signal** *n* señal *f* de socorro; **~sitz** *m* asiento *m* de reserva; traspuntín *m*; **~stand** *m* Pol. estado *m* de emergencia; ⚖ estado *m* de necesidad; **~stands-arbeiten** *f/pl.* trabajos *m/pl.* de emergencia (*od.* de urgencia); **~standsgebiet** *n* región *f* siniestrada; zona *f* catastrófica (*od.* standsgesetz *n* ley *f* de emergencia; **~stands-plan** *m* plan *m* de emer-

gencia; **~strom-aggregat** *n* grupo *m* electrógeno de emergencia; **~taufe** *f* I.C. agua *f* de socorro; I.P. bautismo *m* de urgencia; **~treppe** *f* escalera *f* de emergencia; **~unterkunft** *f* alojamiento *m* provisional; **~verband** ⚔ *m* vendaje *m* provisional (*od.* de urgencia); **~verkauf** *m* venta *f* forzada; **~verordnung** *f* decreto *m* de urgencia; ℒ**wassern** ⚔ *v/i.* hacer un amaraje forzoso; **~wasserung** ⚔ *f* amaraje *m* forzoso; **~wehr** ⚖ *f*: (*aus*) ~ (en) legítima defensa; ℒ**wendig** *adj.* necesario, preciso; *unbedingt* ~ indispensable, imprescindible; → *a.* nötig; ℒ**wendiger'weise** *adv.* necesariamente; forzosamente; **~wendigkeit** *f* necesidad *f*; *unumgängliche* ~ necesidad *f* absoluta; **~wohnung** *f* vivienda *f* provisional; **~zeichen** *n* señal *f* de alarma *bzw.* de socorro; **~zucht** ⚖ *f* (0) violación *f*; estupro *m*; ℒ**züchtigen** ⚖ *v/t.* violar, forzar.

'**Nougat** ['nuː-] *m*, *n* (-*s*; -*s*) turrón *m* de chocolate.

No'velle [v] *f* Liter. novela *f* corta; *Parl.* ley *f* complementaria *bzw.* modificativa; *Parl.* *e-e* ~ *einbringen* presentar una enmienda de ley.

Novel'list *m* (-*en*) novelista *m*; **~ik** *f* novelística *f*; ℒ**isch** *adj.* novelístico.

No'vember [v] *m* noviembre *m*.

Novi'tät [v] *f* novedad *f*; (*Buch*-) publicación *f* reciente.

No'viz|e [v] *m* (-*n*) novicio *m*; **~i'at** *n* (-*es*; -*e*) noviciado *m*; **~in** *f* novicia *f*.

Nu *m*: *im* ~ en un santiamén; en un abrir y cerrar de ojos; en un instante, en menos que nada.

Nu'ance [nyˈãːsə] *f* matiz *m*.

nuan'cieren (-) *v/t.* matizar.

'**nüchtern** *adj. u. adv.* en ayunas; (*nicht betrunken*) que no está bebido; *fig.* (*mäßig*) sobrio; (*alltäglich*, *unromantisch*) prosaico; (*sachlich*) objetivo; realista, desapasionado; (*vernünftig*) sensato, razonable; *auf* ~*en Magen* en ayunas; con el estómago vacío; *nicht mehr ganz* ~ *sein* F estar achispado (*od.* algo bebido); (*wieder*) ~ *werden* desembriagarse; *fig.* desengañarse, desilusionarse; ~ *machen* desembriagar, desemborrachar; ℒ**heit** *f* (0) sobriedad *f*; prosaísmo *m*; sensatez *f*; desapasionamiento *m*; objetividad *f*.

'**nuckel|n** F (-*le*) *v/i.* chupetear; ℒ**pinne** F *f* (*Auto*) F cacharro *m*, F cafetera *f*.

'**Nudel** *f*: ~*n pl.* pastas *f/pl.* alimenticias; (*Fadenℒ*) fideos *m/pl.*; F *fig.* *e-e ulkige* ~ F un tío gracioso (P cachondo); **~holz** *n* rodillo *m* (para amasar); ℒ**n** (-*le*) *v/t.* cebar; sainar; **~suppe** *f* sopa *f* de fideos.

Nu'dis|mus *m* (-; 0) (des)nudismo *m*; **~t** *m* (-*en*; -*en*) (des)nudista *m*.

'**Nugat** *m*, *n* → Nougat.

nukle'ar *adj.*, ℒ... *in Zssgn* nuclear.

'**Nukleon** *n* (-*s*; -'*onen*) nucleón *m*.

'**null I.** *adj.* cero; *gleich* ~ *nulo*; ~ *Grad* (*Uhr*) cero grados (horas); ~ *und nichtig* nulo y sin valor; *für* ~ *und nichtig erklären* declarar nulo y sin valor; *Sport:* ~ *zu* ~ empate a cero; *zwei zu* ~ dos a cero; **II.** ℒ *f* (-; -*en*) cero *m*; *auf* ~ *stehen* estar a cero; *unter* (*über*) ~ bajo (sobre) cero; *fig.* *e-e* ~ *sein* ser una nulidad; F ser un cero (a la izquierda); F *in* ~ *Komma nichts* (F nix) en un

santiamén; en un dos por tres; ⚔ *die Stunde* ~ la hora cero (*a. fig.*); ℒ**diät** *f* dieta *f* absoluta; ℒ**(l)eiter** ⚡ *m* conductor *m* neutro; ℒ**-Lösung** ⚔ *f* opción *f* cero; ℒ**punkt** *m* (punto *m*) cero *m*; ⚖ *u. fig.* origen *m*; ℒ**spannung** ⚡ *f* tensión *f* nula; ℒ**stellung** *f* posición *f* cero; ℒ**strich** *m* trazo *m* de cero; ℒ**tarif** *m*: *zum* ~ gratis; ℒ**wachstum** ⚓ *n* crecimiento *m* cero.

'**Nulpe** F *f* F cero *m* a la izquierda.

Nume'rale *Gr.* *n* (-*s*; -*lia*) (adjetivo *m*) numeral *m*.

nume'rier|en (-) *v/t.* numerar; ℒ**maschine** *f* numeradora *f*; ℒ**ung** *f* numeración *f*; ℒ**ungsstempel** *m* (sello *m*) numerador *m*.

nu'merisch *adj.* numérico.

'**Numerus** *Gr.* *m* (-; -*ri*) número *m*; *Uni.* ~ *clausus* numerus *m* clausus.

Numis'matik *f* (0) numismática *f*; **~er** *m* numismático *m*.

'**Nummer** *f* (-; -*n*) número *m* (*a.* Zeitung, Schuh usw.); (*Größe*) *a.* talla *f*; *Kfz.* (número *m* de) matrícula *f*; *laufende* ~ número de orden; *Tele.* *die* ~ *wählen* marcar el número; *mit* ~*n versehen* numerar; F *fig.* *e-e tolle* ~ un gran tipo; *auf* ~ *Sicher gehen* ir sobre seguro; F picar de vara larga; *auf* ~ *Sicher sein* F estar en chirona; *e-e gute* ~ *bei j-m haben* F entrar a alg. por el ojo derecho; **~nkonto** *n* cuenta *f* numerada (*od.* cifrada); **~nscheibe** *Tele.* *f* disco *m*; **~nschild** *n* *Kfz.* placa *f* de matrícula; **~nstempel** *m* (sello *m*) numerador *m*.

nun I. *adv.* (*jetzt*) ahora; *überleitend*: ahora bien; pues bien; *einleitend*: pues; *von* ~ *an* desde ahora; (de ahora) en adelante; a partir de ahora; (*seitdem*) desde entonces; ~ *gut!* ¡sea!; ¡pues bien!; ¡está bien!; ¡bueno!; ~ *ja!* ¡pues bien!; ~? ¿qué hay?; ¿bien?; ¿eh?; ~, ~! ¡hombre!, ¡pero hombre!; *und* (*was*) ~? ¿y ahora qué?; ~ *denn!* ¡ea!; ¡vaya!; ~ *aber* ahora bien; *es ist* ~ *einmal so* las cosas son así; **II.** *cj.* ahora que; '~**mehr** *adv.* ahora; (*von jetzt an*) desde ahora; en adelante.

Nuntia'tur *f* (-; -*en*) nunciatura *f*.

'**Nuntius** *m* (-; -*tien*) nuncio *m*.

nur *adv.* sólo, solamente, *Am.* no más; (*lediglich*) simplemente; sencillamente; ~ *noch* (tan) sólo; nada más que; *er hat* ~ *noch 100 Mark* no tiene más que cien marcos; ~ *er* sólo él; nadie sino él; nadie más que él; (*alle*) ~ *er nicht* (todos) excepto él; (todos) menos él; *mit* ~ *wenigen Ausnahmen* con muy pocas excepciones; *ich weiß es* ~ *zu gut* demasiado lo sé; lo sé perfectamente (*od.* muy bien); *wenn er* ~ *wüßte!* ¡si lo supiera!; ~ *ein wenig* un poco nada más; *nicht* ~ ..., *sondern auch* ... no sólo ... sino también ...; *wenn* ~ con tal que (*subj.*); *soviel ich* ~ *kann* todo lo que pueda; *lassen Sie mich* ~ *machen!* ¡usted déjeme a mí!; *wie kommt er* ~ *hierher?* ¿cómo habrá podido venir aquí?; *er braucht es* ~ *zu sagen* no tiene (*od.* no necesita) más que decirlo; ~ *zu!* ¡adelante!; ¡ea!; ¡ánimo!; *warte* ~! ¡espera y verás!; *geh* ~! ¡pues vete!; ¡vete si quieres!; *tue das*, ~ *ja nicht!* ¡guárdate de hacer eso!; *er mag* ~ *kommen!* ¡puede venir si quiere!; *que venga!*; ~ *nicht lügen!* ¡sobre

todo, nada de mentiras!; ~ *aus Eitelkeit* por pura vanidad.
'**Nürnberg** *n* Nuremberg *m*.
'**nuscheln** (*-le*) *v/i.* barbullar; farfullar; mascullar.
'**Nuß** ⚥ *f* (*-*; *˝sse*) nuez *f*; (*Hasel*⚥) avellana *f*; F *fig. das ist e-e harte ~* F es duro de pelar; *j-m e-e harte ~ zu knacken geben* darle a alg. un hueso duro de roer; **~baum** *m* nogal *m*, noguera *f*; **~baumholz** *n* (madera *f* de) nogal *m*; ⚥**braun** *adj.* de color nogal; **~kern** *m* almendra *f* de la nuez; **~knacker** *m* cascanueces *m*, rompenueces *m*; **~schale** *f* cáscara *f* de nuez; **~torte** *f* tarta *f* de nueces.
'**Nüster** *f* (*-*; *-n*) *mst. pl.* ollares *m/pl.*
'**Nut** [u:] *f*, **~e** *f* ⊕ ranura *f*; muesca *f*; **~und Feder** ranura y lengüeta; ⚥**en** (*-e-*) *v/t.* encajar; hacer ranuras; ranurar; **~enfräser** *m* fresa *f* de ranurar.
'**Nutte** P *f* ramera *f*, P zorra *f*, fulana *f*, puta *f*, furcia *f*.
'**nutz I.** *adj.*: *das ist zu nichts ~* no sirve para nada; **II.** ⚥ *m: zu j-s ~ und Frommen* en bien y provecho de alg.; ⚥**anwendung** *f* utilización *f*; aplicación *f* práctica; *e-r Fabel*: moraleja *f*; **~bar** *adj.* utilizable; aprovechable; explotable; *~ machen* utilizar; aprovechar; ⚥**barmachung** *f* utilización *f*; aprovechamiento *m*; **~bringend** *adj.* provechoso; beneficioso; útil; productivo; lucrativo; fructífero; *~ anlegen* hacer producir; invertir productivamente; *~ anwenden* emplear con provecho.
'**nutze,** '**nütze** *adj.* → *nutz.*
'**Nutz-effekt** ⊕ *m* efecto *m* útil.
'**Nutzen** *m* (*-s*; *-*) utilidad *f*; (*Gewinn*) beneficio *m*; ganancia *f*; (*Vorteil*) provecho *m*; ventaja *f*; (*Ertrag*) rendimiento *m*; fruto *m*; *zum ~ von* en beneficio de; *von ~ sein* ser de utilidad; redundar en beneficio de; *aus et. ~ ziehen* sacar provecho (*od.* partido) de a/c.; *j-m ~ bringen* producir beneficio a alg.
'**nutzen,** '**nützen** (*-t*) **I.** *v/t.* utilizar; aprovechar; explotar; **II.** *v/i.* ser útil; servir (*zu* para); *es nützt nichts* es en balde; es inútil; no sirve para nada.
'**Nutz...:** **~fahrzeug** *n* (vehículo *m*) utilitario *m*; vehículo *m* industrial; **~fläche** *f* superficie *f* útil; **~garten** *m* huerto *m*; **~holz** *n* madera *f* útil (*od.* de labrar); **~last** *f* carga *f* útil; **~leistung** *f* rendimiento *m* efectivo; ⊕ potencia *f* útil.
'**nützlich** *adj.* útil; provechoso; (*vorteilhaft*) ventajoso; beneficioso; *sich ~ machen* hacerse útil; echar una mano; ⚥**keit** *f* (0) utilidad *f*; ventajas *f/pl.*; ⚥**keits-prinzip** *n* utilitarismo *m*.
'**Nutz...:** ⚥**los** *adj.* inútil; infructuoso; vano; estéril; **~losigkeit** *f* (0) inutilidad *f*; infructuosidad *f*; esterilidad *f*; **~nießer(in** *f*) *m* beneficiario (-a *f*) *m*; ⚦ usufructuario (-a *f*) *m*; **~nießung** *f* disfrute *m*; ⚦ usufructo *m*; **~pflanze** *f* planta *f* útil; **~raum** *m* espacio *m* útil; **~strom** ⚡ *m* corriente *f* útil; **~tier** *n* animal *m* útil.
'**Nutzung** *f* utilización *f*; aprovechamiento *m*; explotación *f* (*a.* ✈); *fig.* disfrute *m*; **~sdauer** *f* ⊕ duración *f* (útil); **~srecht** *n* derecho *m* de utilización (*od.* de uso); ⚦ derecho *m* de usufructo.
'**Nutz|vieh** *n* ganado *m* de producción (*od.* de renta); **~wert** *m* valor *m* útil.
'**Nylon** ['naɪlɔn] *n* (*-s*; 0) nilón *m*; **~strümpfe** *m/pl.* medias *f/pl.* de nilón.
'**Nymphe** *f* ninfa *f* (*a.* Zool.).
nympho|'man *adj.*, ⚥**manin** *f* ninfómana (*f*); ⚥**ma'nie** *f* (0) ninfomanía *f*.

O

O, o n O, o f.
o! int. ¡oh!; ¡ah!; ~ ja! sí, ciertamente; ~ nein! ¡oh, no!; ~ weh! ¡ay!; ~ doch! ¡oh, ciertamente!; ~ Gott! ¡oh, Dios mío!; ~ daß doch ...! ¡ojalá ... (subj.)!
O'ase f oasis m (a. fig.); ~ des Friedens remanso m de paz.
ob I. cj. si; als ~ como si (subj.); tun, als ~ hacer como si ...; aparentar ...; fingir ...; er tat, als ~ er mich nicht sähe hizo como que no me veía; aparentó no verme; es ist mir, als ~ ... me parece que ...; es ist, als ~ ... se diría que ...; alle, ~ groß, ~ klein todos, grandes y pequeños; (na), und ~! ¡y tan(to)!; ¡y cómo!; ¡claro que sí!; und ~ ich mich daran erinnere! ¡vaya si me acuerdo!; **II.** † prp. **1.** dat. (über) encima de; sobre; **2.** gen. (wegen) por; a causa de, por causa de.
'Obacht f (0) atención f; cuidado m; ~ geben prestar atención; tener cuidado; ~! ¡cuidado!, F ¡ojo!
'Obdach n (-es, 0) albergue m; abrigo m, refugio m; asilo m; j-m ~ gewähren dar albergue (od. cobijo) a alg.; 2**los** adj. sin hogar (od. techo); ~ sein no tener hogar; **~losenasyl** n asilo m nocturno; cotarro m; **~lose(r)** m persona f sin hogar; **~losigkeit** f (0) falta f de albergue.
Obdukti'on ⚕ f autopsia f.
obdu'zieren (-) ⚕ v/t. hacer la autopsia.
'O-Beine n/pl. piernas f/pl. estevadas (od. arqueadas) od. en O.
'O-beinig adj. estevado.
Obe'lisk m (-en) obelisco m.
'oben adv. arriba; en la parte superior; (in der Höhe) en lo alto; (auf der Oberfläche) en la superficie; da (dort) ~ ahí (allí) arriba; nach ~ hacia arriba; nach ~ gehen subir; von ~ de(sde) arriba; von ~ herab de lo alto; fig. despectivo; con altivez; j-n von ~ herab behandeln tratar a alg. por encima del hombro; von ~ bis unten de arriba abajo; fig. de pies a cabeza; weiter ~ más arriba; siehe ~ véase (más) arriba; wie ~ angegeben como arriba se indica; ~ am Tisch en la cabecera de la mesa; ~ auf dem Berge en lo alto de la montaña; auf Seite 10 ~ en la página diez, arriba; F fig. mir steht's bis (hier) ~ F estoy hasta la coronilla; F ~ ohne F con los pechos al aire; **~'an** adv. arriba; en lo (más) alto; fig. a la cabeza; fig. ~ stehen auf e-r Liste: encabezar la lista; **~'auf** adv. (por) encima; (an der Oberfläche) en la superficie; fig., ~ sein estar muy contento bzw. eufórico bzw. en plena forma; **~'drauf** F adv. (por) encima; **~'drein** adv. aparte de ello; además; por añadidura; **~erwähnt, ~genannt**

adj. arriba mencionado (od. indicado); susodicho; antes citado; **'~hin** adv. por encima; superficialmente; someramente; de pasada; a la ligera; **~abtun** pasar por alto; **~hin'aus** adv.: ~ wollen tener grandes aspiraciones; F picar muy alto; **~stehend** adj. → ~erwähnt.
'ober I. adj. superior; alto; más elevado; de arriba; die ~en Klassen las clases superiores bzw. acomodadas; **II.** 2 m (-s; -) **1.** (Kellner) camarero m; **2.** (Spielkarte) caballo m.
'Ober...: ~arm Anat. m brazo m; **~armknochen** Anat. m húmero m; **~arzt** m etwa: médico m adjunto; **~aufseher** m inspector m general; supervisor m; **~aufsicht** f alta inspección f; supervisión f; **~bau** m superestructura f (a. ⛴); **~bayern** Geogr. n la Alta Baviera; **~befehl** ⚔ m alto mando m; mando m supremo; **~befehlshaber** ⚔ m comandante m supremo (od. en jefe); general m en jefe; **~begriff** m término m genérico; concepto m general; **~bekleidung** f ropa f exterior; **~bett** n edredón m; **~bürgermeister** m (primer) alcalde m; **~deck** ⚓ n cubierta f superior; **~deckbus** m autobús m con imperial; **~e(r m) m/f** Rel. superior(a f) m; **~e(s)** n parte f superior; 2**faul** F adj. sumamente perezoso; Sache: de mal cariz; **~feldwebel** ⚔ sargento m primero.
'Oberfläche f superficie f; auf der ~ des Wassers a flor de agua; an die ~ kommen salir a la superficie; an (unter) der ~ en (bajo) la superficie.
'Oberflächen...: 2aktiv adj. tensoactivo; **~bearbeitung** f acabado m de superficies; **~behandlung** f tratamiento m de superficies; **~härtung** f temple m de superficie; **~spannung** f tensión f superficial.
oberflächlich I. adj. superficial (a. fig.); (flüchtig) somero; ligero; **II.** adv. por encima, 2**keit** f superficialidad f; ligereza f.
'Ober...: ~förster m inspector m de montes; **~forstmeister** m inspector m general de montes; **~franken** Geogr. n la Alta Franconia; 2**gärig** adj. Bier: de fermentación alta; **~gefreite(r)** ⚔ m cabo m primero; **~geschoß** △ n piso m alto (od. superior); **~grenze** f tope m; techo m; 2**halb** prp. (gen.) más arriba de; por encima de; **~hand** fig. f (0) superioridad f; supremacía f; die ~ haben prevalecer, (pre)dominar; die ~ gewinnen imponerse; sobreponerse (über ac. a); obtener una ventaja (sobre); **~haupt** n jefe m; bsd. Pol. líder m; e-r Bande: cabecilla m; **~haus** n Pol. Cámara f Alta; England: Cámara f de los Lores;

~haut f epidermis f; **~hemd** n camisa f (de vestir); **~herrschaft** f supremacía f; **~hirt** Rel. m pastor m supremo; **~hoheit** f soberanía f; supremacía f; **~in** f Rel. superiora f; im Krankenhaus: jefe f de enfermeras; **~ingenieur** m ingeniero m jefe; 2**irdisch** adj. de superficie; ✈ aéreo; **~italien** n Italia f del Norte; **~kante** f borde m superior; **~kellner** m jefe m de comedor, maître m (d'hôtel); **~kiefer** Anat. m maxilar m superior; **~'kirchenrat** I.P. m (Behörde) consistorio m supremo; (Person) miembro m del consistorio supremo; **~klasse** f clase f superior; Schule: grado m superior; **~kommandierende(r)** ⚔ m comandante m en jefe; **~kommando** ⚔ n alto mando m; mando m supremo; **~körper** m parte f superior del cuerpo; tronco m; busto m; **~landesgericht** n etwa: audiencia f territorial; **~lauf** m e-s Flusses: curso m superior, cabecera f; **~leder** n pala f, empella f; **~leitung** f dirección f (general); ✝ gerencia f; ⚡ catenaria f; línea f aérea; **~leitungsbus** m trolebús m; **~leutnant** ⚔ m teniente m; ⚓ ~ zur See alférez m de navío; **~licht** n luz f cenital; (Lichtöffnung) claraboya f; lumbrera f; **~lippe** f labio m superior; **~maat** ⚓ F m contramaestre m; **~macher** F m ¿amidamás (?); **~österreich** n la Alta Austria; **~pfalz** Geogr. f el Alto Palatinado; **~'postdirektion** f dirección f general de correos; **~priester** m arcipreste m; **~rabbiner** m gran rabino m; **~rhein** Geogr. m el Alto Rin; 2**rheinisch** adj. del Alto Rin; **~schenkel** Anat. m muslo m; **~schenkelhalsbruch** m fractura f de cuello del fémur; **~schenkelknochen** m fémur m; **~schicht** f capa f superior; der Gesellschaft: clases f/pl. altas; alta sociedad f; **~schlesien** Geogr. n la Alta Silesia; **~schule** f instituto m de enseñanza media (od. de bachillerato); Am. liceo m; **~schüler** m estudiante m de bachillerato; alumno m de enseñanza media; **~schwester** ⚕ f enfermera f jefe, jefe f de enfermeras; **~schwingung** Phys. f vibración f armónica; **~seite** f lado m (od. cara f) superior.
'oberst I. (sup. v. ober) adj. superior; supremo; der (das) ~e el (lo) más alto; ~e Gewalt poder m supremo; 2er Gerichtshof Tribunal m Supremo; das 2e zuunterst kehren volver lo de arriba abajo; revolverlo todo; **II.** 2 ⚔ m coronel m.
'Ober...: ~'staats-anwalt m primer fiscal m; **~'stabs-arzt** ⚔ m coman-

dante *m* médio; ~steiger ⚒ *m* capataz *m* de mina; ~stimme ♪ *f* parte *f* superior; ~st'leutnant ⚔ *m* teniente *m* coronel; ~stübchen *n* F *fig.*: er ist nicht ganz richtig im ~ F está mal de la azotea; ~studiendirektor *m* director *m* de un instituto de segunda enseñanza; ~studienrat *m* catedrático *m* de instituto; ~stufe *f Schule*: grado *m* superior; ~tasse *f* taza *f*; ~teil *n* parte *f* superior; *Kleidung*: cuerpo *m*; ~ton ♪ *m* (sonido *m*) armónico *m*; ~ver'waltungsgericht *n* tribunal *m* administrativo superior; ~wasser *n* aguas *f/pl.* arriba; *fig.* ~ haben llevar ventaja; ~weite *f Schneiderei*: medida *f* de pecho, busto *m*; ~welt *f* tierra *f*.

ob'gleich *cj.* aunque; aun cuando; bien que; si bien; a pesar de que (*subj.*).

'Obhut *f* (0) custodia *f*; protección *f*; tutela *f*; guardia *f*; in s-e ~ nehmen tomar bajo su protección.

'obig *adj.* → obenerwähnt; der ♀e in Briefen: vale.

Ob'jekt *n* (-*es*; -*e*) objeto *m*; *Gr.* complemento *m*; *fig.* proyecto *m*; asunto *m*.

objek'tiv I. *adj.* objetivo, (*unparteiisch*) imparcial; II. ♀ *n* (-*s*; -*e*) *Opt.* objetivo *m*.

objekti'vier|en (-) *v/t. Neol.* objetivar; ♀ung *f* objetivación *f*.

Objektivi'tät *f* (0) objetividad *f*; imparcialidad *f*.

Ob'jekt|tisch *m* platina *f* (microscópica); ~träger *m* portaobjeto(s) *m*.

Ob'late *f* oblea *f*; *Rel.* hostia *f*.

'obliegen (*L*) *v/i.*: *j-m* ~ incumbir a alg.; ser de la incumbencia de alg.; corresponder a alg.; ♀heit *f* obligación *f*; incumbencia *f*.

obli'gat *adj.* obligatorio; indispensable; de rigor; (*unvermeidlich*) inevitable; ♪ obligado.

Obligati'on ♱ *f* obligación *f*; ~s-inhaber *m* obligacionista *m*; ~s-schuld *f* deuda *f* en obligaciones.

obliga'torisch *adj.* obligatorio.

'Obligo ♱ *n* (-*s*; -*s*) obligación *f*; compromiso *m*; ohne ~ sin garantía (ni responsabilidad).

'Obmann *m* (-*es*; ~er *od.* -*leute*) presidente *m*; portavoz *m*; *e-r Partei*: prohombre *m*.

O'boe [o'bo:ə] ♪ *f* oboe *m*.

Obo'ist *m* (-*en*) oboe *m*, oboísta *m*.

'Obolus *m* (-; - *od.* -*se*) óbolo *m*.

'Obrigkeit *f* autoridad *f* (pública); autoridades *f/pl.*; ♀lich *adj.* de la autoridad; ~sstaat *m* Estado *m* autoritario.

ob'schon *cj.* → obgleich.

Observa'torium *n* (-*s*; -*rien*) observatorio *m*.

'obsiegen (-) *v/t.* triunfar (über *ac.* sobre); vencer (a); *fig.* prevalecer (sobre).

obs'kur *adj.* o(b)scuro (*a. fig.*).

'Obst [o:] *n* (-*es*; 0) fruta *f*; ~(an)bau *m* fruticultura *f*; ~bauer *m* fruticultor *m*; ~baum *m* (árbol *m*) frutal *m*; ~ernte *f* cosecha *f* (*od.* recolección *f*) de frutas; ~erzeugung *f* producción *f* frutícola (*od.* frutera); ~garten *m* huerto *m* frutal; ~handel *m* comercio *m* de frutas; ~händler(in *f*) *m* frutero (-a *f*) *m*; ~handlung *f* frutería *f*.

obsti'nat *adj.* obstinado.

'Obst...: ~kern *m* pepita *f*; ~konserven *f/pl.* conservas *f/pl.* de fruta; ~kuchen *m* tarta *f* de frutas; ~kunde *f* pomología *f*; ~markt *m* mercado *m* de frutas; ~messer *n* cuchillo *m* para frutas; ~pflanzung *f* plantación *f* frutal.

Obstrukti'on *f* obstrucción *f*; ~s-politik *f* política *f* obstruccionista, obstruccionismo *m*; ~s-taktik *f* táctica *f* obstruccionista.

'Obst...: ~saft *m* zumo *m* de frutas; ~salat *m* macedonia *f* de frutas; ~schale *f* mondadura *f* de frutas; (*Schüssel*) frutero *m*; ~torte *f* tarta *f* de frutas; ~- und Gemüsebau *m* hortofruticultura *f*; ~wein *m* vino *m* de fruta; ~zucht *f* fruticultura *f*; ~züchter *m* fruticultor *m*.

obs'zön *adj.* obsceno.

Obszöni'tät *f* obscenidad *f*.

'Obus *m* trolebús *m*.

'obwalten (-*e*; -) *v/i.* reinar, imperar; unter den ~den Umständen en las circunstancias imperantes.

ob'wohl *cj.* → obgleich.

Ochs(e) ['ɔks(ə)] *m* (-*n*) buey *m*; F *fig.* estúpido *m*, burro *m*, idiota *m*; wie der ~ vorm Berg dastehen estar completamente desconcertado.

'ochsen (-*t*) F *v/i.* quemarse las cejas; F empollar, P pencar.

'Ochsen...: ~auge ⚘ *n* ojo *m* de buey; ~fleisch *n* carne *f* de buey; ~gespann *n* yunta *f* de bueyes; ~karren *m* carreta *f* de bueyes; ~maulsalat *m* ensalada *f* de morro de buey; ~schwanzsuppe *f* sopa *f* de rabo de buey; ~stall *m* boyera *f*, boyeriza *f*; ~tour F *f* camino *m* espinoso; ardua tarea *f*; ~treiber *m* boyero *m*, boyerizo *m*; ~ziemer *m* vergajo *m*; ~zunge *f* lengua *f* de buey (⚘).

'Ocker *Min. m* ocre *m*; ♀farben *adj.* ocre; ♀haltig *adj.* ocroso.

'Ode ♪ *f* oda *f*.

'öde [ø:] I. *adj.* desierto; (*unbewohnt*) despoblado; inhabitado; (*unbebaut*) inculto; yermo; (*einsam*) solitario; *fig.* aburrido; monótono; II. ♀ *f* desierto *m*; soledad *f*; *fig.* aburrimiento *m*; monotonía *f*; (*Leere*) vacío *m*.

'Odem *Poes. m* (-*s*; 0) hálito *m*; alien-to *m*.

Ö'dem ♰ *n* (-*s*; -*e*) edema *m*; ♀a'tös *adj.* edematoso.

'oder *cj.* o; vor o *u.* ho: u; zwischen Zahlen: ó; (*sonst*) si no; en otro caso; ~ auch, ~ aber o bien.

'Oder *f* Oder *m*.

'Ödipus *m* Edipo *m*; ~komplex *m* complejo *m* de Edipo.

'Ödland *n* terreno *m* baldío (*od.* inculto); yermo *m*; erial *m*.

Odys'see [o·dy'se:] *f* Odisea *f*; *fig.* odisea *f*.

O'dysseus *m* Ulises *m*.

'Ofen *m* (-*s*; ⸚) estufa *f*; (*Back*♀, *Koch*♀, *Schmelz*♀) horno *m*; *fig.* hinterm ~ hocken ser (un) trashoguero; F *fig.* jetzt ist der ~ aus! ¡es el acabóse! ¡se ha terminado!; ~bank *f* asiento *m* adosado a la chimenea; ♀frisch *adj.* recién salido del horno; ~füllung *f* hornada *f*; ~klappe *f* válvula *f* de la estufa; ~loch *n* boca *f* de(l) horno; ~rohr *n* cañón *m* del horno; tubo *m* de estufa; ~rost *m* parrilla *f*, rejilla *f*; ~schirm *m* pantalla *f* (de estufa); ~setzer *m* fumista *m*.

'offen I. *adj.* abierto (*a. Kredit, Brief, Wunde*); (*freiliegend*) descubierto; (*ohne Deckel*) destapado; ♱ (*unverpackt*) a granel; *Rechnung*: sin pagar, pendiente; *Stelle*: vacante; *fig.* (*ungelöst*) en suspenso; pendiente; (*freimütig*) franco, sincero; cándido; ~es Gelände descampado *m*; ~e Frage interrogante *m*; halb ~ *Tür*: entreabierto; (*angelehnt*) entornado; weit ~ de par en par; ~e Feldschlacht batalla *f* campal; ~er Wein vino *m* en garrafa; auf ~er See en alta mar; auf ~er Straße en plena calle; mit ~em Mund boquiabierto, con la boca abierta; ~e Handelsgesellschaft sociedad *f* colectiva; ~ zu j-m sein ser franco con alg.; ~ für et. sein estar abierto a a/c.; II. *adv.* (*freiliegend*) al descubierto; (*öffentlich*) en público; ~ gesagt a decir verdad; hablando con franqueza; ~ heraus sin rodeos; ~ reden hablar abiertamente (*od.* con franqueza); ~ darlegen patentizar; ~ spielen jugar a cartas vistas.

'offenbar I. *adj.* manifiesto; patente, palmario; evidente; obvio; ostensible; (*anscheinend*) aparente; II. *adv.* por lo visto; evidentemente; aparentemente; ~ werden manifestarse; revelarse.

offen'bar|en (-) *v/t.* manifestar; hacer patente; dar a conocer; *Geheimnis usw.*: revelar (*a. Rel.*), descubrir; *Neol.* desvelar; sich ~ manifestarse; revelarse; sich *j-m* ~ confiarse a alg.; abrir su corazón a alg.; ♀ung *f* manifestación *f*; revelación *f* (*a. Rel.*); die ~ des Johannes el Apocalipsis (de San Juan); ♀ungs-eid ⚖ *m* juramento *m* declaratorio.

'offen|bleiben (*L*; sn) *v/i.* quedar abierto; *fig.* quedar pendiente (*od.* en suspenso *od.* en el aire); ~halten (*L*) *v/t.* mantener *bzw.* dejar abierto; *fig.* reservar; dejar libre; ♀heit *f* (0) franqueza *f*; sinceridad *f*; ~herzig *adj.* franco, abierto; sincero; (*treuherzig*) ingenuo; cándido; F *fig. Kleid*: F despechugado; ♀herzigkeit *f* (0) franqueza *f*; sinceridad *f*; candidez *f*; ~kundig *adj.* manifiesto; público; notorio; *Irrtum usw.*: evidente, patente; ♀kundigkeit *f* notoriedad *f*; ~lassen (*L*) *v/t.* dejar abierto; *beim Schreiben*: dejar en blanco; *fig.* dejar pendiente (*od.* en suspenso *od.* en el aire); ~legen *fig. v/t.* revelar, desvelar; patentizar; ♀markt-politik ♱ *f* política *f* de mercado abierto; ♀sichtlich *adj. u. adv.* → ~bar; ♀sichtlichkeit *f* evidencia *f*.

offen'siv *adj.* ofensivo; agresivo; ♀e [v] ⚔ *f* ofensiva *f*; die ~ ergreifen tomar la ofensiva.

'offenstehen (*L*) *v/i.* estar abierto; *Stelle*: estar vacante; *fig.* quedar abierto; es steht Ihnen offen, zu (*inf.*) es usted libre (*od.* dueño) de (*inf.*); ~d *adj.* abierto; ~e Rechnung cuenta *f* pendiente, factura *f* sin pagar.

'öffentlich I. *adj.* público; ~es Recht derecho *m* público; ~e Bekanntmachung aviso *m* público; bando *m*; ~es Eigentum dominio *m* público; Mann des ~en Lebens hombre *m* público; ~e Meinung opinión *f* pública; im ~en Interesse en interés público; II. *adv.* públicamente; en público; ~ reden hablar en público; ~ auftreten presentarse al público; ~ bekanntma-

Öffentlichkeit — Ölfarbe

chen publicar, hacer público; 2keit f (0) publicidad f; (Publikum) público m; in der ~ en público; in aller ~ delante de todo el mundo; a la vista de todos; an die ~ treten presentarse al público; an die ~ bringen, der ~ übergeben publicar; dar a la publicidad; an (od. in) die ~ dringen trascender al público, difundirse; unter Ausschluß der ~ a puerta cerrada; 2keits-arbeit f relaciones f/pl. públicas; ~rechtlich adj. (de derecho) público.
offe'rieren (-) v/t. ofrecer.
Of'ferte f oferta f.
Offizi'alverteidiger ⚖ m defensor m de oficio.
offizi'ell adj. oficial.
Offi'zier [-tsiːr] m (-s; -e) ⚔, ⚓ oficial m; ⚓ erster ~ segundo comandante m; ~ vom Dienst oficial m de servicio; ~s-anwärter m aspirante m a oficial; ~sbursche m asistente m, ordenanza m; ~skasino n casino m militar; ~skorps n cuerpo m de oficiales; oficialidad f; ~slaufbahn f carrera f de oficial; ~smesse f comedor m de oficiales; ⚓ cámara f de oficiales; ~spatent n despacho m de oficial; ~srang m grado m de oficial.
offizi'nell Phar. adj. oficinal.
offizi'ös adj. oficioso, semioficial.
'offline adj. Internet: off-line, fuera de línea, autónomo.
'öff|nen (-e-) v/t. abrir; Flasche: a. descorchar; Zugedecktes: destapar; Zugeknöpftes: desabrochar; Leiche: hacer la autopsia; hier ~! ¡ábrase por este lado!; sich ~ abrirse; 2nen n apertura f; 2ner m abridor m; 2nung f apertura f (a. Pol.); abertura f; orificio m (a. Anat.); (Loch) agujero m, in Wänden: boquete m; (Schlitz) rendija f; hendidura f; (Eingang) boca f (a. ⊕); 2nungszeiten f/pl. horas f/pl. de apertura bzw. de oficina; ⚓ horario m del comercio.
'Offsetdruck Typ. m impresión f offset.
oft adv. a menudo; muchas veces; con frecuencia, frecuentemente; (wiederholt) repetidas veces; so und so ~ tantas (y tantas) veces; wie ~? ¿cuántas veces?; wie ~! ¡cuántas veces!; sehr ~ muy a menudo; nicht ~ pocas veces.
'öfter (comp. v. oft) con más frecuencia; más a menudo; je ~ ich ihn sehe, desto ... cuantas más veces le veo, tanto más ...; F = des ~en ~s adv. con frecuencia; bastante a menudo.
'oftmal|ig adj. repetido, reiterado; frecuente; ~s adv. → oft.
oh! int. ¡oh!
'Oh(ei)m † m tío m.
Ohm ⚡ n (-s; -) ohmio m; ~sches Gesetz ley f de Ohm; ~scher Widerstand resistencia f óhmica; '~meter n ohmiómetro m.
'ohne I. prp. (ac.) sin; (frei von) libre (od. exento) de; desprovisto de; (ungerechnet) sin contar; ~ weiteres sin más; sin reparo, sin inconveniente; sin más ni más; ~ mich! ¡no cuentes conmigo!; es geht auch ~ no hace falta; es geht auch ~ ihn podemos prescindir de él; F das ist nicht (ganz) ~ hay que tener cuidado; F das ist (gar) nicht ~ no está mal; II. cj.: ~ daß ... sin que (subj.); ~ zu ... (inf.) sin ...

(inf.); ~ et. zu sagen sin decir nada; ~'dies, ~'hin adv. de todos modos; ~'gleichen adv. sin igual, sin par; incomparable; único; sin precedente.
Ohn|macht f (-; -en) impotencia f; (Schwäche) debilidad f; ✱ desvanecimiento m, desmayo m, lipotimia f; F soponcio m; patatús m; in ~ fallen ~ ohnmächtig werden; 2mächtig adj. impotente; desmayado, desvanecido; sin sentido, sin conocimiento; ~ werden desmayarse, desfallecer, sufrir un desvanecimiento; perder el sentido (od. el conocimiento); F darle un patatús a alg.
o'ho! int. ¡vaya!; ¡caramba!
Ohr n (-es; -en) (äußeres) oreja f; (inneres) oído m; inneres (äußeres) ~ oído m interno (externo); ein feines ~ haben tener el oído fino; ganz ~ sein ser todo oídos; ihm klingen die ~en le suenan (od. zumban) los oídos; die ~en hängenlassen bajar las orejas; mit hängenden ~en con las orejas gachas; j-m die ~en voll schreien aturdir (od. atronar) a alg. los oídos; tauben ~en predigen predicar en desierto; die ~en spitzen aguzar las orejas (od. los oídos); die ~en aufmachen (od. aufsperren) abrir los oídos; die ~en steifhalten mantenerse firme; j-n am ~ ziehen tirar a alg. de la oreja; dar a alg. un tirón de orejas; ich höre nicht gut auf diesem ~ no oigo bien de este oído; sich aufs ~ legen acostarse; j-m eins hinter die ~en geben dar un bofetón a alg.; sich et. hinter die ~en schreiben F no echar a/c. en saco roto; schreib dir das hinter die ~en! ¡que te sirva de aviso!; ¡quedas por advertido!; noch nicht trocken hinter den ~en sein F estar con la leche en los labios; F er hat es (faustdick) hinter den ~en es un vivo; tiene mucha trastienda; sich hinter den ~en kratzen rascarse la oreja; fig. j-m in den ~en liegen importunar a alg. con incesantes ruegos; F dar la lata a alg.; j-m et. ins ~ sagen (flüstern) decir (susurrar) a alg. a/c. al oído; fig. j-n übers ~ hauen dar gato por liebre a alg.; timar a alg.; bis über die ~en in Schulden stecken estar entrampado hasta las cejas; bis über die ~en rot werden ponerse (colorado) como un tomate; bis über die ~en in j-n verliebt sein estar perdidamente enamorado de alg.; ♪ ins ~ gehen pegarse al oído; j-m et. zu ~en bringen enterar (od. informar) a alg. de a/c.; zum e-n ~ hinein- und zum anderen wieder hinausgehen entrar por un oído y salir por el otro; j-m zu ~en kommen llegar a oídos de alg.; es ist mir zu ~en gekommen, daß ... he oído decir que ...; me han dicho que ...; wer ~en hat, der höre! al buen entendedor, pocas palabras.
Öhr n (-es; -e) (Öse) ojete m; ojal m; (Nadel2) ojo m.
'Ohrclip m clip m.
'Ohren...: ~arzt m otólogo m; ~beichte Rel. f confesión f auricular; 2betäubend adj. ensordecedor, atronador; ~entzündung f inflamación f del oído; otitis f; ~fluß ✱ m supuración f del oído; otorrea f; ~heilkunde f otología f; ~klappe f orejera f; ~klingen n silbido m de los oídos; ~leiden ✱ n enfermedad f del oído, otopatía f; ~sausen ✱ n zumbi-

do m de oídos; ~schmalz n cerumen m; ~schmaus m deleite m (od. regalo m) para el oído; es ist ein ~ da gusto escucharlo; ~schmerz(en pl.) m dolor m de oídos; otalgia f; ~schützer m orejera f; ~sessel m butaca f (od. sillón m) de orejas; ~spezialist m otólogo m; ~spiegel ✱ m espéculo m auricular, otoscopio m; ~zeuge m testigo m auricular.
'Ohr...: ~feige f bofetada f; bofetón m, guantazo m; F sopapo m, torta f; 2feigen v/t. abofetear, dar (od. pegar) una bofetada; ~gehänge n pendientes m/pl.; ~läppchen n lóbulo m de la oreja; ~muschel Anat. f pabellón m de la oreja; ~ring m pendiente m, arete m; ~speicheldrüse Anat. f (glándula f) parótida f; ~trompete Anat. f trompa f de Eustaquio; ~wurm m Zoo. tijereta f; fig. melodía f pegadiza.
o'je(mine)! int. ¡Jesús!
ok'kult adj. oculto.
Okkul'tis|mus m (-; 0) ocultismo m; 2t m, 2tisch adj. ocultista (m).
Öko|'loge m (-n) ecólogo m; ~'logie f (0) ecología f; 2'logisch adj. ecológico.
Ökono'mie f (0) economía f.
öko'nomisch adj. económico.
'Öko|steuer f ♁ ecotasa f, impuesto m ecológico; ~strom m electricidad f ecológica; ~system n ecosistema m.
Okta'eder [eː] ♁ n octaedro m.
Ok'tant ⚓ m (-en) octante m.
Ok'tanzahl Kfz. f indice m (od. número m) de octano, octanaje m.
Ok'tav Typ. n (-s; -e) (tamaño m en) octavo m (Abk. 8°); ~band m tomo m en octavo; ~e [v] ♪ f octava f; ~format n → Oktav.
Ok'tett ♪ n (-es; -e) octeto m.
Ok'tober m octubre m; ~fest n fiesta f de octubre (de Munich).
Oku|lar Opt. n (-s; -e) ocular m; 2'lieren ✿ (-) v/t. injertar; ~'lieren n injerto m; ~'liermesser n navaja f de injertar; ~'lierung f injerto m.
öku'menisch adj. ecuménico; ~es Konzil concilio m ecuménico; ~e Bewegung ecumenismo m.
'Okzident m (-es; 0) Occidente m.
Öl n (-es; -e) aceite m; (Erd2) petróleo m; Rel., Mal. óleo m; in ~ malen pintar al óleo; fig. ~ ins Feuer gießen echar leña (od. aceite) al fuego; ~baum ♧ m olivo m; ~baumkultur f olivicultura f; ~behälter m depósito m de aceite; ~berg Bib. m Monte m de los Olivos; ~bild n → ~gemälde; ~brenner ⊕ m quemador m de aceite bzw. fuel-oil; ~dollar m petrodólar m; ~druck m ⊕ presión f de aceite; Typ. oleografía f; ~druck-anzeiger m indicador m de presión de aceite; ~druckbremse f freno m de aceite hidráulico.
'Oldtimer [-taɪ-] Kfz. m coche m antiguo (od. de época).
Ole'ander ♧ m adelfa f, oleandro m, laurel m rosa.
Ole'in ♎ n (-s; -e) oleína f; ~säure f ácido m oleico.
'ölen I. v/t. aceitar; (schmieren) engrasar; lubri(fi)car; (salben) ungir; fig. es geht wie geölt esto va sobre ruedas; II. 2 n engrase m; lubri(fi)cación f.
'Öl...: ~farbe f pintura f al óleo; des Anstreichers: pintura f al aceite; ~

farbendruck m cromolitografía f; **~feld** n campo m petrolífero; **~feuerung** f combustión f de aceite; **~filter** m filtro m de aceite; **~fläschchen** n aceitera f; **~frucht** f fruto m oleaginoso; **~gas** n gas m de petróleo; **~gemälde** n (cuadro m al) óleo m; **~gemisch** n mezcla f de aceite y gasolina; **~gesellschaft** f compañía f petrolera; **~gewinnung** f producción f de petróleo; **~götze** F m: *wie ein ~ dastehen* estar como un pasmarote; ⧫**haltig** adj. aceitoso; oleoso; ⚕ oleaginoso; (*erd~*) petrolífero; **~haut** f impermeable m; **~heizung** f calefacción f al fuel-oil; **~ig** adj. aceitoso; untuoso; oleoso.

Oli|¹garch m (-en) oligarca m; **~gar¹chie** f oligarquía f; ⧫**¹garchisch** adj. oligárquico.

¹Olim m: *hum. seit ~s Zeiten* desde tiempos inmemoriales; *zu ~s Zeiten* en tiempos de Maricastaña.

O¹live [v] ⚕ f aceituna f, oliva f; **~n-anbau** m olivicultura f; **~nbaum** ⚕ m olivo m; ⧫**nfarben**, ⧫**nfarbig** adj. color aceituna; aceitunado; **~nhain** m olivar m; **~n-öl** n aceite m de oliva; **~npflanzung** f olivar m.

o¹livgrün adj. verde oliva.

¹Öl...: ~kanister m bidón m (*od.* lata f) de aceite; **~ka̋nnchen** n aceitera f; **~kuchen** ✦ m torta f oleaginosa (*od.* de orujo); **~lampe** f lámpara f de aceite; candil m (de aceite); quinqué m; **~leitung** f oleoducto m; **~male¹rei** f pintura f al óleo; **~mühle** f molino m aceitero; almazara f; **~ofen** m estufa f de fuel-oil; **~palme** ⚕ f palma f oleífera; **~papier** n papel m parafinado; **~pest** f marea f negra; **~pflanze** ⚕ f planta f oleaginosa; **~presse** f prensa f de aceite; **~pumpe** f bomba f de aceite *bzw.* de engrase; **~quelle** f pozo m de petróleo; **~raffinerie** f refinería f de aceite *bzw.* de petróleo; **~saaten** ✦ f/pl. semillas f/pl. oleaginosas; **~sardinen** f/pl. sardinas f/pl. en aceite; **~säure** ⚗ f ácido m oleico; **~scheich** *desp.* m jeque m del petróleo; **~schiefer** Geol. m pizarra f bituminosa; **~schmierung** f engrase m con aceite; **~stand** m nivel m del aceite; **~standanzeiger** m indicador m del nivel de aceite; **~tank** m depósito m de aceite; **~tanker** ⚓ m petrolero m; **~teppich** m capa f de aceite; marea f negra; **~tuch** n hule m; encerado m.

¹Ölung f ⊕ engrase m; lubri(fi)cación f; *Rel.* unción f; *die Letzte ~* la extremaunción, los santos óleos.

¹Öl...: ~verschmutzung f contaminación f por hidrocarburos; **~vorkommen** n yacimiento m petrolífero; **~wanne** Kfz. f cárter m; **~wechsel** Kfz. m cambio m de aceite.

O¹lymp m *Myt.* Olimpo m; *Thea.* F paraíso m, gallinero m.

Olympi¹ade f olimpíada f.

O¹lympia|mannschaft f equipo m olímpico; **~sieger(in** f) m campeón m olímpico; campeona f olímpica; **~stadion** n estadio m olímpico.

o¹lympisch adj. olímpico; ⧫*e Spiele* juegos m/pl. olímpicos; *~es Dorf* villa f olímpica.

¹Öl...: ~zeug ⚓ n encerado m; **~zuführung** ⊕ f alimentación f de aceite; **~zweig** m ramo m de olivo.

¹**Oma** F f (-; -s) abuelita f.
¹**Ombudsmann** m defensor m del pueblo.
Ome¹lett n (-s; -s) tortilla f.
¹**Omen** n (-s; - *od.* Omina) presagio m; augurio m; *gutes* (*böses*) *~* buen (mal) agüero.
omi¹nös adj. ominoso; de mal agüero.
¹**Omnibus** m (-ses; -se) (*Stadt*⧫) autobús m; (*Reise*⧫) autocar m; (*Linien*⧫) coche m de línea; **~bahnhof** m terminal f de autobuses; **~fahrer** m conductor m de autobús; **~haltestelle** f parada f de autobuses; **~linie** f línea f de autobuses; **~schaffner** m cobrador m de autobús.
Ona¹nie f (0) onanismo m; masturbación f; **~ren** (-) v/i. masturbarse, P hacerse una paja.
Ondu|lati¹on f ondulación f; ⧫**¹lieren** (-) v/t. ondular.
¹**Onkel** m (-s; - *od.* F -s) tío m.
Onko|¹loge ✦ m (-n) oncólogo m; **~lo¹gie** f oncología f.
¹online adj. *Internet*: online, en línea; ⧫**-Anbieter** m *Internet*: oferente m en línea; ⧫**-Banking** n (- *od.* -s; 0) *Internet*: (sistema m de) banca f online; ⧫**-Dienst** m *Internet*: servicio m en línea (*od.* online).
onomato|po¹etisch Gr. adj. onomatopéyico; ⧫**pö¹ie** f onomatopeya f.
Onto|ge¹nese Bio. f (0) ontogenia f; **~lo¹gie** f (0) ontología f; ⧫**¹logisch** adj. ontológico.
¹**Onyx** Min. m (-es; -e) ónice m, ónix f.
¹**Opa** F m (-s; -s) abuelito m.
O¹pal Min. m (-s; -e) ópalo m; ⧫**artig** adj. opalino, como el ópalo; opalino.
opali¹sierend adj. opalescente; opalino; irisado.
¹**Open-¹Air-Konzert** n concierto m al aire libre.
¹**Oper** f (-; -n) ópera f (a. *Gebäude*); *komische ~* ópera f bufa (*od.* cómica).
ope¹rabel ✦ adj. operable.
Opera¹teur [-¹tø:r] m (-s; -e) ✦ u. *Film*: operador m.
Operati¹on f operación f (a. ✕, ✝); ✦ a. intervención f quirúrgica; **~sbasis** ✕ f base f de operaciones (*od.* operacional); **~sgebiet** ✕ n campo m (*od.* teatro m) de operaciones; **~skittel** m blusa f de operador; **~s-plan** ✕ m plan m de operaciones; **~ssaal** ✦ m quirófano m; **~sschwester** f enfermera f de quirófano; **~s-tisch** m mesa f de operaciones; **~sziel** ✕ n objetivo m de la operación.
opera¹tiv adj. **1.** *Chir.* operatorio; quirúrgico; *~er Eingriff* intervención f quirúrgica; *~ entfernen* extirpar; **2.** ✕ operacional; estratégico.
Ope¹rette f opereta f; ⧫**nhaft** adj. de opereta.
ope¹rier|bar ✦ adj. operable; *nicht ~* inoperable; **~en** (-) **I.** ✦ v/t. operar, intervenir quirúrgicamente; *sich ~ lassen* operarse; *operiert werden* ser operado (*od.* intervenido quirúrgicamente); *er wurde am Magen operiert* fue operado del estómago; **II.** v/i. operar (a. ✕ u. *fig.*); *fig. vorsichtig ~* proceder con cautela.
¹**Opern...: ~arie** f aria f de ópera; **~ball** m baile m de la ópera; **~dichter** m autor m de ópera; libretista m; **~glas** n, **~gucker** m gemelos m/pl.

(de teatro); ⧫**haft** adj. de ópera; operístico; **~haus** n (teatro m de la) ópera; **~musik** f música f de ópera; **~sänger(in** f) m cantante m/f de ópera; **~text** m libreto m (de la ópera).
¹**Opfer** n sacrificio m (a. *fig.*); (*~gabe*) ofrenda f; (*~tier*, *Unfall*⧫ *usw.*) víctima f (a. *fig.*); *ein ~ bringen* hacer un sacrificio (*für por*); *~* (*Menschenleben*) *fordern* causar (*od.* cobrar) víctimas; *das ~ werden*, *zum ~ fallen* ser víctima de; *kein ~ scheuen* no reparar en sacrificios; **~altar** m altar m del sacrificio; ⧫**bereit** adj. → ⧫**willig**; **~bereitschaft** f → **~wille**; ⧫**freudig** adj. → ⧫**willig**; **~gabe** f ofrenda f; **~gefäß** n vaso m sagrado; **~lamm** n *Rel.* Cordero m de Dios; *fig.* víctima f inocente (*od.* propiciatoria); F cabeza f de turco.
¹**opfern** (-re) v/t. u. v/i. sacrificar (a. *fig.*); inmolar; (*spenden*) ofrendar; *sich ~* sacrificarse (für por); *sein Leben ~ für* sacrificar (*od.* dar) su vida por.
¹**Opfer...: ~priester** m (sacerdote m) sacrificador m; inmolador m; **~schale** f copa f de ofrenda; patena f; **~stock** m cepillo m (limosnero); **~tier** n víctima f (a. *fig.*), **~tod** m sacrificio m de la (propia) vida; supremo sacrificio m; **~ung** f sacrificio m; inmolación f; *Lit.* (*Meß*⧫) ofertorio m; **~wille** m abnegación f; espíritu m de sacrificio; ⧫**willig** adj. dispuesto al sacrificio; abnegado; sacrificado; **~willigkeit** f → **~wille**.
Ophthalmo|¹loge m oftalmólogo m; **~lo¹gie** f oftalmología f.
Opi¹ate n/pl. opiáceos m/pl.
¹**Opium** [¹o:pi̯-] n (-s; 0) opio m; ⧫**haltig** adj. opiáceo; opiado; **~handel** m tráfico m de opio; **~höhle** f fumadero m de opio; **~raucher** m fumador m de opio; **~sucht** f opiomanía f; ⧫**süchtig** adj. opiómano; **~süchtige(r** m) m/f opiómano (-a f) m.
O¹possum Zoo. n (-s; -s) zarigüeya f.
Oppo|¹nent m (-en) oponente m; ⧫**¹nieren** (-) v/i. oponerse (gegen a).
oppor¹tun adj. oportuno.
Opportu¹nis|mus m (-; 0) oportunismo m; **~t** (-en) m, ⧫**tisch** adj. oportunista (m).
Oppositi¹on f oposición f (a. *Pol.*).
oppositio¹nell adj. de la oposición.
Oppositi¹ons|führer *Pol.* m jefe m (*od.* líder m) de la oposición; **~partei** *Pol.* f partido m de la oposición.
Op¹tant m (-en) optante f.
¹**Optativ** Gr. m (-s; -e) (modo m) optativo m.
op¹tieren (-) v/i. optar (für por).
¹**Optik** f (0) óptica f; **~er** m óptico m.
opti|¹mal adj. óptimo; **~¹mieren** v/t. optim(iz)ar.
Opti¹mis|mus m (-; 0) optimismo m; **~t** m (-en), ⧫**tisch** adj. optimista (m).
¹**Optimum** n óptimo m.
Opti¹on f opción f; **~sfrist** f plazo m de opción; **~srecht** n derecho m de opción.
¹**optisch** adj. óptico; *Reiz usw.*: visual; *~e Täuschung* ilusión f óptica.
Opto¹meter n optómetro m.
opu¹len|t adj. opulento; *Mahl*: a. opíparo; ⧫**z** f (0) opulencia f.
¹**Opus** n (-; *Opera*) obra f.
O¹rakel n (-s; -), **~spruch** m oráculo

orakelhaft — Originalfassung

m; ⁔**haft** *adj.* enigmático; ⁔**n** (*-le*) *v/i.* vaticinar; hablar en enigmas.

o'**ral** *adj.* oral.

O'**range** [-ˈʀaŋʒə] **I.** *f* naranja *f*; **II.** ⁃ *adj.* → ⁔*farben*.

Oran'geade [-ˈʒaː-] *f* naranjada *f*.

Oran'geat [-ˈʒaːt] *n* (*-s*; *-e*) naranja *f* escarchada (*od.* confitada).

o'**rangefarben** *adj.* (a)naranjado, (de color) naranja.

O'**rangen|baum** ⁃ *m* naranjo *m*; ⁔**blüte** *f* azahar *m*; ⁔**hain** *m* naranjal *m*; ⁔**saft** *m* zumo *m* de naranja; ⁔**schale** *f* cáscara *f* (*od.* piel *f*) de naranja.

'**Orang-'Utan** *Zoo.* *m* (*-s*; *-s*) orangután *m*.

ora'**torisch** *adj.* oratorio.

Ora'torium ♪ *u.* *Rel.* *n* (*-s*; *-rien*) oratorio *m*.

Or'chester [ɔrˈkɛ-] *n* orquesta *f*; ⁔**begleitung** *f* (*0*) acompañamiento *m* de orquesta; ⁔**dirigent** *m* director *m* de orquesta; ⁔**graben** *Thea.* *m* foso *m* orquestal (*od.* de la orquesta); ⁔**loge** *f* palco *m* de proscenio; ⁔**musik** *f* música *f* orquestal; ⁔**musiker** *m* profesor *m* de orquesta; ⁔**raum** *m* → ⁔*graben*; ⁔**sessel** *m* butaca *f* de primera fila; ⁔**stück** *n* pieza *f* (*od.* composición *f*) para orquesta.

orches'trier|en (-) *v/t.* orquestar; ⁃**ung** *f* orquestación *f*.

Orchi'dee ⁃ *f* orquídea *f*.

'**Orden** *m* (*-s*; -) *Rel.* *usw.*: orden *f*; (*Auszeichnung*) condecoración *f*; cruz *f*; *j-m e-n* ⁔ *verleihen* conceder a alg. una condecoración; condecorar a alg.; ⁃**geschmückt** *adj.* condecorado.

'**Ordens...**: ⁔**band** *n* cordón *m* (*od.* cinta *f od.* banda *f*) de una condecoración; ⁔**bruder** *Rel.* *m* fraile *m*, religioso *m*; hermano *m*; *weltlich*: cofrade *m*; ⁔**frau** *f* → ⁔*schwester*; ⁔**geistliche(r)** *m* clérigo *m* regular; ⁔**kleid** *Rel.* *n* hábito *m* religioso; ⁔**regel** *Rel.* *f* regla *f* (de una orden religiosa); ⁔**ritter** *m* caballero *m* de una orden; ⁔**schleife** *f* cinta *f* (de una condecoración); ⁔**schwester** *f* religiosa *f*, monja *f*; ⁔**spange** *f* pasador *m*; ⁔**stern** *m* cruz *f*; estrella *f*; placa *f*; ⁔**träger** *m* condecorado *m*; ⁔**verleihung** *f* concesión *f* de una condecoración.

'**ordentlich** **I.** *adj.* ordenado (*a. Person*); en orden; bien ordenado; *Gericht usw.*: ordinario; (*regulär*) regular; (*sorgfältig*) esmerado; metódico, sistemático; *Benehmen usw.*: decente, formal, como es debido; (*achtbar*) respetable; honrado; *Mitglied*: de número; *Professor*: numerario; titular; F (*reichlich*) abundante, copioso; F (*tüchtig*) fuerte, considerable; *ein* ⁔*er Schluck* un buen trago; *e-e* ⁔*e Tracht Prügel* una soberana paliza; *das ist ganz* ⁔ está bastante bien; no está mal; *nichts* ⁃*es* nada que valga; *ein* ⁔*er Mensch* un hombre de bien; **II.** *adv.* ordenadamente; (*wie es sich gehört*) como es debido; como Dios manda; F (*tüchtig*) de lo lindo; F *es ist* ⁔ *kalt* hace bastante *bzw.* mucho frío; *er macht das sehr* ⁔ lo hace muy bien.

'**Order** (-; -) *f* órden *f*; ⁃ *a.* pedido *m*; *an die* ⁔ *von* a la orden de; *an eigene* ⁔ a orden propia; *an fremde* ⁔ a la orden de un tercero; ⁔**buch** ⁃ *n* libro *m* de pedidos; ⁔**papier** *n* título *m* (*od.* valor *m*) a la orden; ⁔**scheck** ⁃ *m* cheque *m* a la orden.

Ordi'nalzahl *Gr.* *f* número *m* ordinal.

ordi'när *adj.* ordinario; vulgar; corriente; *Ausdruck*: grosero.

Ordinari'at *n* (*-es*; *-e*) *Uni.* cátedra *f* universitaria; *I.C.* obispado *m*, sede *f* episcopal, episcopado *m*.

Ordi'narius *m* (-; *-rien*) *Uni.* catedrático *m* numerario.

Ordi'nate ⁃ *f* ordenada *f*; ⁔**n-achse** *f* eje *m* de ordenadas.

Ordinati'on *f* *Rel.* ordenación *f*; ⁃ (*Verordnung*) prescripción *f*.

ordi'nieren (-) *v/t.* **1.** *Rel.* ordenar; *ordiniert werden* ordenarse; **2.** ⁃ prescribir, recetar.

'**ordnen** (*-e-*) *v/t.* ordenar, poner en orden; arreglar (*a. Haar usw.*); regular; (*aufstellen*) colocar; disponer; (*organisieren*) organizar; (*sortieren*) clasificar; *in Gruppen* ⁔ agrupar; *alphabetisch* (*chronologisch*) ⁔ clasificar por orden alfabético (cronológico).

'**Ordner** *m* ordenador *m*; organizador *m*; *für Akten usw.*: clasificador *m*, archivador *m*.

'**Ordnung** *f* (*Zustand*) orden *m* (*a. Bio.*); (*Handlung*) puesta *f* en orden; (*An*⁃) disposición *f*, colocación *f*; (*System*) sistema *m*; régimen *m*; (*Vorschrift*) ordenamiento *m*; reglamento *m*; öffentliche (gesellschaftliche) ⁔ orden *m* público (social); ⁃ geschlossene ⁔ formación *f* cerrada; *Straße erster* ⁔ carretera *f* de primer orden; *in* ⁔ en orden; bien ordenado; *Zimmer*: arreglado; *Papiere*: en regla; ⊕ en buen estado de funcionamiento; *in* ⁔ *halten* mantener en orden *bzw.* en buen estado; *in* ⁔ *bringen* ordenar; poner en orden; regularizar; normalizar; arreglar; *Maschine usw.*: componer; ⁔ *in net. bringen* poner orden en a/c.; *nicht in* ⁔ *sein* ⊕ no funcionar; estar descompuesto (*od.* averiado); (*gesundheitlich*) no sentirse bien; F estar malucho; F *er ist in* ⁔ es una buena persona; es buen chico; *in* ⁔! ¡está bien!; ¡conforme!; ¡de acuerdo!; *der* ⁔ *halber* para el buen orden; *die* ⁔ (*wieder*)*herstellen* (r)establecer el orden; ⁔ *schaffen, für* ⁔ *sorgen* poner orden; *die* ⁔ *stören* perturbar (*od.* alterar) el orden; *zur* ⁔ *rufen* llamar al orden; *es herrscht* ⁔ reina el orden; *das finde ich nicht in* ⁔ no me parece bien; *alles ist in bester* (*od.* schönster) ⁔ todo está perfectamente (*od.* en perfecto orden).

'**Ordnungs...**: ⁔**dienst** *m* servicio *m* de orden; ⁃**gemäß I.** *adj.* debido; en orden; reglamentario; en regla; en debida forma, como en debida forma; (*gesetzlich*) legal; **II.** *adv.* debidamente; en debida forma; ⁃**halber** *adv.* para el debido orden; ⁔**hüter** *m* guardián *m* del orden; (*Polizist*) agente *m* del orden; ⁔**liebe** *f* amor *m* al orden; ⁃**liebend** *adj.* ordenado; amante del orden; ⁃**mäßig** *adj. u. adv.* → ⁃*gemäß*; ⁔**mäßigkeit** *f* legalidad *f*; ⁔**polizei** *f* policía *f* de orden público; ⁔**prinzip** *n* principio *m* de ordenamiento; ⁔**ruf** *m* llamada *f* (*od.* llamamiento *m*) al orden; ⁔**sinn** *m* sentido *m* del orden; ⁔**strafe** *f* corrección *f* disciplinaria; (*Geldstrafe*) multa *f*; ⁃**widrig** *adj.* contrario al orden; irregular; (*gesetzwidrig*) ilegal; ⁔**widrigkeit** *f* irregularidad *f*; ilegalidad *f*; ⁃**zahl** *f Gr.* número *m* ordinal; *der Atome*: número *m* atómico.

Ordon'nanz ⁃ *f* ordenanza *m*; asistente *m*; ⁔**offizier** *m* oficial *m* en servicio.

Or'gan *n* (*-s*; *-e*) órgano *m* (*a. fig. Stimme, Zeitung*); *fig.* *kein* ⁔ *haben für* no estar interesado en; no tener talento para; ⁔**bank** ⁃ *f* banco *m* de órganos.

Or'gandy *m* (*-s*; *0*) organdí *m*.

Organi'gramm *n* (*-s*; *-e*) organigrama *m*.

Organisati'on *f* organización *f*; ⁔**s-ausschuß** *m*, ⁔**skomitee** *n* comité *m* organizador; ⁔**sfehler** *m* defecto *m* de organización; ⁔**s-plan** *m* organigrama *m*; ⁔**s-talent** *n* talento *m* organizador.

Organi'sator *m* (*-s*; -'*toren*) organizador *m*.

organisa'torisch *adj.* organizador.

or'**ganisch** *adj.* orgánico.

organi'sieren (-) *v/t.* organizar; F (*beschaffen*) proporcionar, facilitar, (*klauen*) F mangar, pispar; (*sich*) gewerkschaftlich ⁔ sindicar(se); (gewerkschaftlich) *organisierter Arbeiter* trabajador *m* sindicado; *organisiertes Verbrechen* crimen *m* organizado.

Orga'nismus *m* (-; *-men*) organismo *m*.

Orga'nist(in *f*) *m* (*-en*) organista *m/f*.

Or'gan|spende ⁃ *f* donación *f* de órganos; ⁔**spender** *m* donante *m* de órganos; ⁔**transplantation** ⁃ *f*, ⁔**verpflanzung** ⁃ *f* trasplante *m* de órganos.

Or'gas|mus *Physiol.* *m* (-; *-men*) orgasmo *m*; ⁃**tisch** *adj.* orgástico.

'**Orgel** ♪ *f* (-; *-n*) órgano *m*; (*die*) ⁔ *spielen* tocar el órgano; ⁔**bau** *m* construcción *f* de órganos, organería *f*; ⁔**bauer** *m* organero *m*; ⁔**konzert** *n* recital *m* de órgano; ⁃**n** (*-le*) *v/i.* tocar el órgano; *Hirsch*: bramar; ⁔**pfeife** *f* tubo *m* (*od.* cañón *m*) de órgano; ⁔**punkt** ♪ *m* nota *f* pedal; ⁔**spieler(in** *f*) *m* organista *m/f*.

orgi'**astisch** *adj.* orgiástico, orgiaco.

'**Orgie** [ˈɔʀɡĭə] *f* orgía *f*.

'**Orient** [ˈoːʀi̯ɛnt] *m* (*-s*; *0*) oriente *m*; *der Vordere* ⁔ el Próximo Oriente.

Orien'tal|e *m* (*-n*), ⁔**in** *f* oriental *m/f*; ⁃**isch** *adj.* oriental.

Orienta'list *m* (*-en*) orientalista *m*.

orien'tier|en (-) *v/t.* orientar; *fig. a.* poner al corriente; *sich* ⁔ *a. fig.* orientarse (*über ac.* sobre *od.* acerca de); (*informieren*) informarse, enterarse (de); ⁃**ung** *f* orientación *f* (*a. fig.*); *zur* ⁔ para (*od. a.* título de) información; *zu Ihrer* ⁔ para su gobierno; *die* ⁔ *verlieren* desorientarse; *fig. a.* desnortarse; ⁔**ungs-punkt** *m* punto *m* de referencia; ⁔**ungssinn** *m* sentido *m* de la orientación.

'**Orientteppich** *m* alfombra *f* oriental (*od.* de Oriente).

Origi'nal I. *n* (*-es*; *-e*) original *m* (*a. fig. Sonderling*); (*Urschrift*) autógrafo *m*; *et. im* ⁔ *lesen* leer a/c. en el (texto) original; **II.** ⁃ *adj.* original; (*echt*) auténtico; ⁔**ausgabe** *f* edición *f* original; ⁔**fassung** *f* versión *f* origi-

nal; ²getreu *adj.* conforme al original; ~handschrift *f* autógrafo *m*.
Originali'tät *f* (0) originalidad *f*; (*Seltsamkeit*) singularidad *f*.
Origi'nal...: ~packung *f* embalaje *m* de origen, envase *m* original; ~text *m* (texto *m*) original; ~ton *m* cita *f* textual; ~übertragung *f* TV, Radio: (re)transmisión *f* en directo.
origi'nell *adj.* original; (*eigenartig*) singular; raro; curioso; *Einfall usw.*: ingenioso; ocurrente.
O'rion *Astr. m* Orión *m*.
Or'kan *m* (-és; -e) huracán *m*; ²artig *adj.* huracanado; ~er Beifall aplausos *m/pl.* atronadores.
'Orkus *Myt. m* (-; 0) orco *m*; *fig. a.* infierno *m*.
Orna|'ment *n* (-és; -e) ornamento *m*; adorno *m*; *mit* ~en verzieren ornamentar; ²men'tal *adj.* ornamental; ~'mentik *f* arte *m* ornamental.
Or'nat *n* (-és; -e) traje *m* de ceremonia; *Rel.* ornamentos *m/pl.* sacerdotales.
Ornitho|'loge *m* (-n) ornitólogo *m*; ~lo'gie *f* (0) ornitología *f*; ²'logisch *adj.* ornitológico.
Ort 1. *m* (-és; -e, ⚓ *u.* ⚒ ~er) lugar *m*, sitio *m*; (*Ortschaft*) lugar *m*; población *f*, poblado *m*, localidad *f*; (*Punkt, Stelle*) puesto *m*, punto *m*; ⚒ geometrischer ~ lugar *m* geométrico; höheren ~es en las altas esferas; *an ~ und Stelle* sobre el terreno; en el mismo lugar; *lt. in situ; sich an ~ und Stelle begeben* (*einfinden*) trasladarse al (encontrarse en el) lugar convenido; *an ~ und Stelle gelangen* llegar a su destino; *von ~ zu ~ ziehen* ir de un lugar a otro; *am hiesigen ~* aquí; en esta localidad; ✝ en esta plaza; en ésta; *am rechten ~* en su sitio (*od.* lugar); *fig. das ist hier nicht der ~ für ...* no es éste el lugar (adecuado) para ...; *Thea. ~ der Handlung ist X.* la acción se desarrolla en X; **2.** ⚒ *m* (-és; ~er) tajo *m* (de mina).
'Örtchen F *n* (*a. stilles ~*) (*Abort*) retrete *m*; excusado *m*.
'orten (-e-) *v/t.* determinar la posición; *Radar, Sender*: localizar.
ortho|chro'matisch [k] *adj.* ortocromático; ~'dox *adj.* ortodoxo; ²do-'xie *f* (0) ortodoxia *f*; ²'drome ⚓ *f* (0) ortodromia *f*; ²gra'phie *f* (0) ortografía *f*; ~'graphisch *adj.* ortográfico; ~er Fehler falta *f* de ortografía; ²'päde *m* (-n) ortopédico *m*, ortopedista *m*; ²pä'die *f* (0) ortopedia *f*; ~'pädisch *adj.* ortopédico.
'örtlich *adj.* local (*a.* ⚕); *Phar.* tópico; ²keit *f* localidad *f*; sitio *m*, lugar *m*; paraje *m*; *Am.* ubicación *f*.
'Orts...: ~angabe *f* indicación *f* del lugar; *auf Briefen*: señas *f/pl.*; ²ansässig *adj.* local; *Person*: residente (en el lugar); vecino (de la localidad); indígena; ~ansässige(r) *m* residente *m*; vecino *m* (de la localidad); ~ansässigkeit *f* vecindad *f*; ~behörde *f* autoridad *f* local; ~beschreibung *f* topografía *f*; ~besichtigung ⚖ *f* inspección *f* ocular; ~bestimmung *f* determinación *f* de la posición; orientación *f*; ⚓ estima *f*; *Radar*: lo-

calización *f*; ²beweglich *adj.* móvil; portátil; transportable.
'Ortschaft *f* población *f*, poblado *m*; localidad *f*; lugar *m*.
'Orts...: ~durchfahrt *f* travesía *f* (de población); ²fest *adj.* esstacionario, fijo; ²fremd *adj.* forastero; ~gespräch *Tele. n* conferencia *f* urbana (*od.* local); ~kenntnis *f* conocimiento *m* del lugar; ~krankenkasse *f* caja *f* local de enfermedad; ²kundig *adj.* conocedor de la localidad; ~name *m* nombre *m* de población, topónimo *m*; ~netz *Tele. n* red *f* (*od.* área *f*) urbana; ~polizei *f* policía *f* local; ~schild *n* señal *f* indicadora de población; ~sender *m* Radio: emisora *f* local; ~sinn *m* sentido *m* de la orientación; ²üblich *adj.* según la costumbre (*od.* el uso) local; ✝ Preise: de la plaza; ~veränderung *f* desplazamiento *m*; ~verkehr *m* tráfico *m* local; *Tele.* servicio *m* urbano (*od.* local); ~zeit *f* hora *f* local; ~zulage *f* subsidio *m* de residencia.
'Ortung *f* orientación *f*; ⚓ (determinación *f* de la) estima *f*; ⚒ navegación *f*; (*Radar*) (radio)localización *f*; ~sgerät *n* aparato *m* localizador de posición; ~s-punkt *m* punto *m* de referencia.
'O-Saft F *m* zumo *m* de naranja.
'Öse *f* corchete *m*; ojal *m*; ojete *m*.
'Oskar *m* Oscar *m*; F frech wie ~ más fresco que una lechuga.
os'manisch *adj.* otomano, turco.
'Osmium ⚛ *n* (-s; 0) osmio *m*.
Os'mo|se *f* (0) ósmosis *f*, osmosis *f*; ²tisch *adj.* osmótico; ~er Druck presión *f* osmótica.
'Ossi *desp. m* (-s; -s) alemán *m* del este.
Ost *m* (-és; 0) este *m*; ~'asien *n* Asia *f* Oriental; ~'Berlin *n* Berlín *m* Este; '~block *m Hist.* bloque *m* oriental; '~blockstaat *m Hist.* Estado *m* del bloque oriental; ²deutsch *adj.* germanooriental, de la Alemania oriental; '~deutsche(r *m*) *m/f* alemán *m* (alemana *f*) del este; '~deutschland *n* Alemania *f* oriental; ~en *m* (-s; 0) *nach ~* hacia el este; *im ~ von od. gen.* al este de; *der Nahe ~* el Próximo Oriente; *der Mittlere ~* el Oriente Medio; *der Ferne ~* el Extremo (*od.* Lejano) Oriente.
ostenta'tiv *adj.* ostentativo; ostensivo; *er verließ ~ den Saal* abandonó la sala en señal de protesta.
'Oster|ei *n* huevo *m* de Pascua; ~ferien *pl.* vacaciones *f/pl.* de Pascua (*od.* de Semana Santa); ~fest *n* (fiesta *f* de) Pascua; ~insel *Geogr. f* Isla *f* de Pascua; ~lamm *n* cordero *m* pascual.
'österlich *adj.* pascual; de Pascua.
'Oster|montag *m* Lunes *m* de Pascua (florida).
'Ostern *n* Pascua *f* (florida *od.* de Resurrección); *zu ~* para Pascua; *fröhliche ~!* ¡Felices Pascuas!
'Österreich *n* Austria *f*; ~er(in *f*) *m* austríaco (-a *f*); ²isch *adj.* austríaco.
Oster|samstag *m* Sábado *m* Santo (*od.* de Gloria); ~'sonntag *m* Do-

mingo *m* de Pascua (*od.* de Resurrección *od.* de Gloria).
'Ost-erweiterung *f Pol.* extensión *f* (*od.* ampliación *f*) hacia el este.
'Oster|woche *f* Semana *f* Santa; ~zeit *f* tiempo *m* pascual (*od.* de Pascua).
'Ost...: ~europa *n* Europa *f* oriental; ~gote *m*, ²gotisch *adj.* ostrogodo (*m*); ~indien *n* Indias *f/pl.* Orientales; ~küste *f* costa *f* oriental (*Span.* de Levante).
'östlich *adj.* oriental; del este; ~ von al este de; ~e Länge longitud *f* este.
'Ost...: ~politik *f* (política *f* de) apertura *f* al Este; ~preuße *m* prusiano *m* oriental; ~preußen *n* Prusia *f* Oriental.
Östro'gen *n* (-s; -e) estrógeno *m*.
'Ost...: ²römisch *adj. Hist.*: das ~e Reich el Imperio Bizantino; ~see *f* (Mar *m*) Báltico *m*; ~sektor *m Hist.* sector *m* oriental; ²wärts *adv.* hacia el este; ~wind *m* viento *m* del este, *Span. a.* Levante *m*; ~zone *f Hist.* zona *f* oriental.
'O-Ton F *m* cita *f* textual.
Oszillati'on *f* oscilación *f*.
Oszil'lator *m* (-s; -en) oscilador *m*.
oszil'lieren (-) *v/i.* oscilar.
Oszillo'graph *m* (-en) oscilógrafo *m*.
'Otter *Zoo.* **1.** *m* (-s; -) nutria *f*; **2.** *f* (-; -n) víbora *f*.
'Otto *m* Otón *m*; ~ der Große Otón el Grande.
'outen *v/refl.* sich ~ dar a conocer públicamente que uno es homosexual; *fig.* mostrar su ignorancia.
'outsourcen *v/t.* ✝ externalizar.
'Outsourcing *n* (- *od.* -s; -s) ✝ outsourcing *m*, externalización *f*.
Ouver'türe [u'vɛr-] ♪ *f* obertura *f*.
o'val [v] **I.** *adj.* oval, ovalado; **II.** ² *n* (-s; -e) óvalo *m*.
O'varium *Anat. n* (-s; -rien) ovario *m*.
Ovati'on *f* ovación *f*; *j-m e-e ~ darbringen* ovacionar a alg.; aclamar a alg.
'Overall *m* mono *m*.
'Overheadprojektor *m* retroproyector *m*.
Ovulati'on *Physiol. f* ovulación *f*; ~shemmer *m* anovulatorio *m*.
O'xalsäure ⚗ *f* ácido *m* oxálico.
'Oxer *m Reitsport*: oxer *m*.
O'xid *n*, **O'xyd** ⚗ *n* (-s; -e) óxido *m*.
Oxydati'on *f* oxidación *f*; ~smittel *n* (agente *m*) oxidante *m*.
oxy'dier|bar ⚗ *adj.* oxidable; *nicht ~* inoxidable; ~en **I.** *v/t.* oxidar; **II.** *v/i.* oxidarse; ²ung *f* oxidación *f*.
O'zean ['o:tseːaːn] *m* (-s; -e) océano *m*; ~dampfer *m* transatlántico *m*.
Oze'an|ien *n* Oceanía *f*; ²isch *adj.* oceánico.
Ozeanogra'phie *f* (0) oceanografía *f*.
O'zeanriese *m* transatlántico *m* gigante.
'Ozelot *Zoo. m* (-s; -e) ocelote *m*.
O'zon ⚗ *m, n* (-s; 0) ozono *m*; ~alarm *m* alerta *f* (*od.* alarma *f*) de (*od.* por) ozono; ²haltig *adj.* ozonífero, ozonizado; ²i'sieren (-) *v/t.* ozon(iz)ar; ~loch *n* agujero *m* (en la capa) de ozono; ²reich *adj.* rico en ozono; ~schicht *f* capa *f* de ozono; ~werte *m/pl.* nivel *m* de ozono.

P

P, p n P, p f

Paar I. n (-¢s; -e) **1.** *Sachen*: par m; ein ~ *Schuhe* un par de zapatos; **2.** *Personen, Tiere*: pareja f; *das junge* ~ los recién casados; *ein* ~ *werden* casarse; **II.** ♀ *adj.* par; ~ *oder unpaar?* ¿par o impar?; ¿pares o nones?; **III.** ♀ *pron/ indef.*: ein ~ *(einige)* algunos, unos (cuantos); *(wenige)* unos pocos; *ein* ~ *hundert* algunos centenares; *ein* ~ *Tage* un par de días; *vor ein* ~ *Tagen* hace algunos *(od.* pocos*)* días.

'**paaren** v/t. emparejar; (a)parear; *Tiere*: acoplar, aparear; *fig.* juntar; unir; asociar; *sich* ~ *(sich begatten)* aparearse, acoplarse; *fig.* asociarse; unirse.

'**Paar...:** ~**hufer** *Zoo.* m/pl. artiodáctilos m/pl.; ♀**ig** *adj.* par; ♀ geminado; ~**lauf(en** n) m *Sport*: patinaje m por parejas; ♀**mal** *adv.*: *ein* ~ algunas *(od.* varias*)* veces; ~**ung** f apareamiento m, acoplamiento m *(beide a. Zoo.)*; emparejamiento m; ~**ungszeit** f época f del apareamiento; ♀**weise** *adv.* a pares; dos a dos; de dos en dos; por parejas; ~ *anordnen* (a)parear; ~**zeher** *Zoo.* m/pl. → ~*hufer*.

'**Pacht** f (-; -en) arriendo m, arrendamiento m *(a.* ~*geld)*; *in* ~ *geben (nehmen)* dar (tomar) en arrendamiento; ~**dauer** f período m de arrendamiento; ♀**en** v/t. arrendar, tomar en arrendamiento.

'**Pächter(in** f) m arrendatario (-a f) m.

'**Pacht...:** ~**geld** n arrendamiento m; ~**grundstück** n tierra f arrendada; terreno m arrendado; ~**gut** n, ~**hof** m finca f arrendada; ~**sache** f cosa f arrendada; ~**ung** f arrendamiento m; ~**vertrag** m contrato m de arrendamiento; ♀**weise** *adv.* en arriendo, en arrendamiento; ~**zins** m renta f *(od.* canon m) de arrendamiento.

Pack 1. m (-¢s; -e) paquete m; bulto m; *(Bündel)* lío m; hato m; *(Ballen)* fardo m; bala f; **2.** *desp.* n (-s; 0) gentuza f; chusma f, canalla f.

'**Päckchen** n paquete m; ⚬ pequeño paquete m; *fig. jeder hat sein* ~ *zu tragen* cada cual tiene su cruz.

'**Pack-eis** n banquisa f, banco m de hielo.

'**Packen** m (-s; -) paquete m (grande); *(Ballen)* fardo m, bala f; *fig.* montón m.

'**packen I.** v/t. **1.** *(ein*♀*)* empaquetar, embalar; envasar; *in Kisten*: encajonar; *in Tonnen*: entonelar; *in Papier*: envolver; *s-n Koffer* ~ hacer la maleta; **2.** *(fassen)* coger *(nicht in Arg.)*, agarrar; asir, *fig.* cautivar, emocionar, conmover; **II.** F v/refl.: *sich* ~ F largarse; *pack' dich!* ¡largo de aquí!; ~**d** *fig. adj.* cautivador; impresionante; conmovedor; emocionante.

'**Packer(in** f) m empaquetador(a f) m; embalador(a f) m; envasador(a f) m.

Packe'rei f (sala f de) embalaje m.

'**Pack...:** ~**esel** m burro m de carga *(a. fig.)*; ~**leinwand** f (h)arpillera f; ~**maschine** f (máquina f) embaladora f; ~**material** n material m de embalaje; ~**papier** n papel m de embalar *(od.* de envolver*)*; *die Papiersorte*: papel m de estraza; ~**raum** m sala f de embalaje; ~**sattel** m albarda f; ~**ung** f paquete m; *(Schachtel)* caja f; cajetilla f; *(Ver*♀*)* envase m, envoltura f; ⊕ guarnición f; empaquetadura f; ⚘ envoltura f; fomento m; ~**ungsbeilage** f *bei Medikamenten*: hoja f informativa, prospecto m; ~**wagen** m furgón m.

Päda'gog|e m (-n) pedagogo m; ~**ik** f (0) pedagogía f; ♀**isch** *adj.* pedagógico; ~**e** *Hochschule* escuela f normal; *Span.* escuela f universitaria del profesorado de E.G.B.

'**Paddel** n (-s; -) canalete m; pagaya f, zagual m; ~**boot** n canoa f, piragua f; ♀**n** v/i. bogar en canoa; ir en piragua; ~**n** n, ~**sport** m piragüismo m.

'**Paddler(in** f) m piragüista m/f, palista m/f.

Päde'rast m (-en) pederasta m; ~**ras'tie** f pederastia f.

paff! *int.* ¡paf!; ¡pum!; ¡zas!

'**paffen** v/i. fumar mucho *bzw.* a grandes bocanadas.

'**Page** [-ʒə] m (-en) paje m; *im Hotel*: botones m; ~**nfrisur** f, ~**nkopf** m peinado m a lo paje; media melena f.

'**Pager** m (-s; -) buscapersonas m, mensáfono m.

pagi'nier|en (-) *Typ.* v/t. paginar; ♀**ung** f paginación f.

Pa'gode f pagoda f.

pah! *int.* ¡bah!; ¡pse!

Pail'letten [pɑːˈjɛt-] f/pl. lentejuelas f/pl.

Pa'ket n (-¢s; -e) paquete m; bulto m; ⚬ paquete m postal; ~**annahme** f recepción f de paquetes; ~**ausgabe** f entrega f de paquetes; ~**bombe** f paquete-bomba m; ~**karte** f boletín m de expedición; ~**post** f servicio m postal de paquetes; ~**zustellung** f entrega f de paquetes a domicilio.

'**Pakistan** n Pakistán m.

Pakis'tan|i m (-s; -s *od.* -; -), ♀**isch** *adj.* pakistaní (m).

Pakt m (-¢s; -e) pacto m; *e-n* ~ *schließen* hacer un pacto *(a. fig.)*.

pak'tieren (-) v/i. pactar.

Paladin *Hist.* m (-s; -e) paladín m.

Pa'lais [-ˈlɛː] n palacio m.

Paläo|'graph m (-en) paleógrafo m; ~**gra'phie** f (0) paleografía f; ♀**gra'phisch** *adj.* paleográfico; ~**lithikum** n, ♀**lithisch** *adj.* paleolítico (m).

Paläonto|'loge m paleontólogo m; ~**lo'gie** f paleontología f; ♀**logisch** *adj.* paleontológico.

Paläo'zoikum n (-s; 0), ♀**isch** *adj.* paleozoico (m).

Pa'last m (-¢s; ¨e) palacio m.

Paläs'ti|na n Palestina f; ~**'nenser** m, ♀**'nensisch,** ♀**nisch** *adj.* palestino (m).

pala'tal *adj.* palatal.

Pa'laver [v] n (-s; -) parloteo m; ♀**n** *(-re)* v/i. parlotear.

'**Paletot** [-lətoː] m (-s; -s) paletó m.

Pa'lette f *Mal.*, ⊕ paleta f; *fig.* abanico m; gama f.

Pali'sade f empalizada f; *mit* ~**n** *umgeben* empalizar; ~**nzaun** m empalizada f; palizada f.

Pali'sander m (-s; 0), ~**holz** n palisandro m; jacarandá m.

Pallia'tiv n (-s; -e) paliativo m.

'**Palm|e** ♀ f palma f; palmera f; *fig. die* ~ *erringen* llevarse la palma; F *fig. j-n auf die* ~ *bringen* sacar a alg. de quicio; ~**enhain** m palmar m; ~**kohl** m palmito m; ~**öl** n aceite m de palma; ~**sonntag** m Domingo m de Ramos.

'**Palmtop** m (-s; -s) *Computer*: ordenador m (personal) de mano *(od.* de palma*)*.

'**Palm|wedel** m → ~*zweig*; ~**wein** m vino m de palma; ~**zweig** m palma f.

'**Pampa** f (-; -s) pampa f.

'**Pampe** F f → *Pamps*.

Pampel'muse f pomelo m.

Pam'phlet [-ˈfleːt] n (-¢s; -e) libelo m, *Neol.* panfleto m.

Pamphle'tist m (-en) libelista m, *Neol.* panfletista m.

'**pampig** F *adj.* descarado, insolente; petulante; F fresco.

Pamps F m *(Brei)* pasta f; papilla f.

Pan *Myt.* m Pan m.

Pa'nade *Kochk.* f rebozo m.

'**Panama** n Panamá m.

Pana'ma-er m panameño m.

'**Panamahut** m jipijapa m, panamá m.

pana'ma-isch *adj.* panameño.

'**Panamakanal** m canal m de Panamá.

pan-ameri'ka|nisch *adj.* panamericano; ♀**e** *Union* Union f Panamericana; ♀**nismus** m panamericanismo m.

'**Panda** *Zoo.* m (-s; -s) panda m.

Pa'neel n (-s; -e) panel m; *(Decken*♀*)* artesonado m.

'**Panelbefragung** [pɛnəl-] f encuesta f (de) panel.

'**Panflöte** f flauta f de Pan, caramillo m.

päng! *int.* ¡zas!

Pa'nier n (-s; -e) fig. lema m.
pa'nier|en (-) v/t. empanar, rebozar; ℒ**mehl** n pan m rallado.
'**Pa|nik** f pánico m; von ~ erfaßt preso de pánico; ~**nikmache** f alarmismo m; ~**nikmacher** m alarmista m; ℒ**nisch** adj. pánico; ~er Schrecken terror m pánico.
'**Panne** f avería f; (Reifen℘) pinchazo m; fig. (Mißgeschick) contratiempo m; (Fehler) F plancha f; e-e ~ haben tener una avería; pinchar; ~**nhilfe** f auxilio m en carretera.
Pa'noptikum n (-s; -ken) gabinete m de figuras de cera.
Pano'rama n (-s; -men) panorama m; ~**aufnahme** Phot. f vista f panorámica.
'**panschen I.** v/i. im Wasser: chapotear; **II.** v/t. adulterar; aguar, F bautizar.
'**Pansen** m panza f.
Pansla'wismus m (-; 0) paneslavismo m.
Panthe'is|mus m (-; 0) panteísmo m; ~**t** m (-en), ℒ**tisch** adj. panteísta (m).
'**Pantheon** n (-s; -s) panteón m.
'**Panther** Zoo. m (-s; -) pantera f.
Pan'tine f zueco m; chanclo m.
Pan'toffel m (-s; -n) zapatilla f; mit Hacken: chinela f; F fig. er steht unter dem ~ es ella la que lleva los pantalones; ~**held** F m Juan m Lanas, calzonazos m, bragazas m; ~**tierchen** Zoo. n paramecio m.
Panto'mim|e 1. f (-; -n) pantomima f; **2.** m (-n; -n) (panto)mimo m; ℒ**isch** adj. pantomímico.
'**pantschen** v/i. u. v/t. → panschen.
'**Panzer** m **1.** (Rüstung) armadura f; coraza f; (Ring℘) cota f de mallas; (Schuppen℘) loriga f; **2.** ⚔ (Kampfwagen) carro m (de combate); schwerer: carro m de asalto; tanque m; leichter: tanqueta f; **3.** Zoo. caparazón m; ~**abwehr** f defensa f antitanque; ~**abwehrkanone** f cañón m antitanque (od. anticarro); ~**abwehrrakete** f misil m contracarro; ~**auto** n coche m blindado; ℒ**brechend** adj. antitanque, anticarro; ~**brigade** f brigada f acorazada; ~**division** f división f acorazada (od. blindado); ~**fahrzeug** n vehículo m blindado; ~**faust** f lanzagranadas m antitanque, bazooka m; ~**flotte** f flota f de acorazados; ~**geschoß** n proyectil m perforante; ~**gewölbe** n Bank: cámara f acorazada; ~**glas** n cristal m antibala; ~**graben** m foso m antitanque; ~**granate** f granada f perforante; ~**grenadier** m soldado m de carros de combate; ~**handschuh** m guantelete m; ~**hemd** n cota f de mallas; ~**jäger** m cazador m de carros de combate; ~**kabel** ⚡ n cable m blindado; ~**kampfwagen** m carro m de combate; ~**korps** n cuerpo m acorazado; ~**kreuzer** ⚓ m acorazado m; ~**mine** f mina f antitanque; ℒ**n** v/t. acorazar; blindar; fig. sich ~ gegen acorazarse contra; ~**platte** f plancha f de blindaje; ~**regiment** n regimiento m blindado; ~**schiff** ⚓ n (buque m) acorazado m; ~**schrank** m caja f fuerte; ~**spähwagen** m carro m blindado de reconocimiento; ~**sperre** f barrera f antitanque; ~**truppen** f/pl. tropas f/pl. acorazadas; ~**turm** m torre f acorazada (od. blindada);
~**ung** f blindaje m; coraza f; ~**verband** m formación f de tropas acorazadas; ~**waffe** f arma f acorazada; ~**wagen** m carro m blindado (od. de combate); schwerer: carro m de asalto, tanque m; ~**zug** m tren m blindado.
Pä'onie ♀ f peonía f.
Pa'pa, '**Papa** F m (-s; -s) papá m.
Papa'gei Orn. m (-s od. -en; -en) papagayo m, a. fig. loro m; schwatzen wie ein ~ hablar más que una cotorra; ~**enkrankheit** f psitacosis f.
Papa'razzo m (-s; -zzi) paparazzo m.
Pa'pier [-iːə] n (-¢s; -e) papel m; † (Wert℘) valor m; título m; pl. ~e (Urkunden) documentos m/pl.; (Ausweise) documentación f (personal); nur auf dem ~ stehen existir solamente sobre el papel; in ~ einschlagen (od. einwickeln) envolver en papel; zu ~ bringen poner por escrito; s-e ~e in Ordnung bringen arreglar sus papeles; ~ ist geduldig el papel todo lo aguanta; ~**blume** f flor f de papel; ~**brei** m pasta f de papel; ℒ**en** adj. de papel; ~**fabrik** f fábrica f de papel; ~**fetzen** m pedazo m de papel; F papelote m; ~**geld** n papel m moneda; ~**gewicht** n Boxen: peso m papel; ~**halter** m Schreibmaschine: soporte m de papel; ~**händler** m papelero m; ~**handlung** f papelería f; ~**industrie** f industria f papelera; ~**korb** m papelera f (a. Computer), cesto m de los papeles; ~**kram** m, ~**krieg** F m papeleo m (burocrático); ~**maché** n (-s; -s) cartón m piedra; ~**masse** f → ~**brei**; ~**messer** n cortapapeles m; ~**mühle** f fábrica f de papel; ~**rolle** f rollo f de papel; Typ. bobina f de papel; ~**schere** f tijeras f/pl. para cortar papel; ~**schlange** f serpentina f; ~**schneidemaschine** f guillotina f; ~**schnitzel** n/m recorte m de papel; ~**serviette** f servilleta f de papel; ~**streifen** m tira f de papel; ~**taschentuch** n pañuelo m de papel; ~**tiger** fig. m tigre m de papel; ~**tüte** f cucurucho m; bolsa f de papel; ~**währung** f moneda f fiduciaria; ~**waren** f/pl. papelería f; ~**zufuhr** f Computer: suministro m (od. alimentación f) de papel.
Pa'pist m (-en), ℒ**isch** adj. papista (m).
Papp F m (Brei) papilla f; (Kleister) pasta f; '~**band** m encuadernación f en cartón; '~**becher** m vaso m de cartón (od. de papel); '~**deckel** m cubierta f (od. tapa f) de cartón.
'**Pappe** f cartón m, feine: cartulina f; F fig. das ist nicht von ~ F no es moco de pavo.
'**Pappel** ♀ f (-; -n) álamo m, chopo m; ~**allee** f alameda f.
'**pappeln** (-le) v/t. dar papilla a; fig. mimar.
'**pappen I.** v/t. pegar; **II.** v/i. pegarse; Schnee: cuajar.
'**Pappen|heimer** F m: s-e ~ kennen conocer su gente; saber de qué pie cojea alg.; ~**stiel** F m: das ist keinen ~ wert eso no vale un comino; für e-n ~ a precio tirado.
papperla'papp! int. ¡pamplinas!
'**pappig** adj. (breiig) pastoso; (klebrig) pegajoso.
'**Papp...**: ~**kamerad** ⚔ m blanco m figurado; ~**karton** m (caja f de) cartón m; ~**maché** n cartón m piedra; ~**schachtel** f (caja f de) cartón m;
~**schnee** m nieve f húmeda; ~**teller** m plato m de cartón; ~**waren** f/pl. cartonaje m; objetos m/pl. de cartón.
'**Paprika** m (-s; -s) ♀ pimiento m; (Pulver) pimentón m; ~**schote** f pimiento m (rote morrón).
Papst m (-es; ⸚e) papa m; Sumo Pontífice m; ~**audienz** f audiencia f pontificia; ~**krone** f tiara f.
'**päpstlich** adj. papal, pontificio; ~er Nuntius nuncio m apostólico; fig. ~er sein als der Papst ser más papista que el papa.
'**Papst|tum** n papado m; pontificado m; ~**wahl** f elección f del papa; ~**würde** f pontificado m; dignidad f papal.
'**Papua** m (-s; -s) papú m.
Pa'pyrus m (-; -ri) papiro m; ~**rolle** f papiro m; ~**staude** ♀ f papiro m.
Pa'rabel f (-; -n) & u. fig. parábola f; ~**kurve** & f curva f parabólica.
Para'bol|antenne f antena f parabólica; ℒ**isch** adj. parabólico; ~**o'id** n (-s; -e) paraboloide m; ~**spiegel** m espejo m parabólico.
Pa'rade f ⚔ desfile m (militar); revista f; Reitsport: parada f; Fechtk. a. quite m; die ~ abnehmen pasar revista a las tropas; fig. j-m in die ~ fahren F echar a rodar los planes de alg.; ~**anzug** m uniforme m de gala; ~**aufstellung** ⚔ f: in ~ en parada; ~**marsch** m desfile m; ~**pferd** n caballo m de regalo; fig. caballo m de batalla; ~**platz** m plaza f de armas; ~**schritt** ⚔ m paso m de parada; ~**uniform** f uniforme m de gala.
para'dieren (-) v/i. ⚔ desfilar; mit et. ~ hacer gala (od. alarde) de a/c.
Para'dies n (-es; -e) paraíso m; fig. a. edén m; ~**apfel** m tomate m; ℒ**isch** adj. paradisíaco; fig. celestial; delicioso; ~**vogel** Orn. m ave f del paraíso.
Para'digma n (-s; -men) paradigma m.
pa|ra'dox I. adj. paradójico; **II.** ℒ n (-es; -e), '**radoxon** n (-s; -xa) paradoja f; ℒ**rado'xie** f paradojismo m.
Paraf'fin 🜲 n (-s; -e) parafina f; ℒ**nieren** (-) v/t. parafinar.
Para'graph m (-en; -en) párrafo m; ⚖ artículo m; ~**enreiter** desp. m leguleyo m; burócrata m; ~**enzeichen** n párrafo m.
Paragu'ay n Paraguay m; ~**er** m, ℒ**isch** adj. paraguayo (m).
paral'la|ktisch Astr. adj. paraláctico; ℒ**xe** f paralaje m.
paral'lel [-a"leːl] **I.** adj. paralelo (mit, zu a); **II.** adv. paralelamente; ~ laufen ser paralelo (zu a); ⚡ ~**geschaltet** conectado en paralelo; ℒ**e** f **1.** ⚡ paralela f; e-e ~ ziehen trazar una paralela; **2.** fig. paralelo m; parangón m; e-e ~ ziehen establecer (od. hacer) un paralelo; hacer un parangón; ℒ**fall** m caso m paralelo.
Paralle'lis|mus m (-; -men), ~**tät** f (0) paralelismo m.
Paral'lel|klasse Sch. f clase f paralela; ~**kreis** Astr. m paralelo m; ℒ**laufend** adj. paralelo.
Parallelo'gramm n (-¢s; -e) paralelogramo m.
paral'lelschalt|en (-e-) ⚡ v/t. conectar en paralelo; ℒ**ung** ⚡ f conexión f en paralelo.
Paral'lelstraße f calle f paralela.

Para|'lyse ✱ *f* parálisis *f*; ⚄**ly'sieren** (-) *v/t.* paralizar (*a. fig.*); ~**'lytiker** *m*, ⚄**'lytisch** *adj.* paralítico (*m*).
Para'meter *m* parámetro *m*.
'paramilitärisch *adj.* paramilitar.
Para'noi|a ✱ *f* paranoia *f*; ~**ker** *m*, ⚄**sch** *adj.* paranoico (*m*).
'Paranuß *f* nuez *f* del Brasil.
para'phier|en (-) *v/t.* rubricar; ⚄**ung** *f* rubricación *f*.
Para'phra|se *f* paráfrasis *f*; ⚄**'sieren** (-) *v/t.* parafrasear.
'Parapsychologie *f* parapsicología *f*.
Para'si|t *m* (-*en*) parásito *m* (*a. fig.*); ⚄**'tär** *adj.*, ⚄**tisch** *adj.* parásito; parasitario.
pa'rat *adj.* preparado, listo.
'Paratyphus ✱ *m* paratifus *m*, paratifoidea *f*.
'Pärchen *n* parejita *f*.
Par'cours [-'kuːr] *m Reitsport:* recorrido *m*.
par'dauz! *int.* ¡cataplum!, ¡zas!
Par'don [-'dɔŋ] *m* (-*s*; *0*) perdón *m*; *keinen* ~ *geben* no dar cuartel; no ir a perdonar nada.
Paren'these *f* paréntesis *m*.
Par'forcejagd [-'fɔRs-] *f* caza *f* de acoso; montería *f*.
Par'füm *n* (-*s*; -*e od.* -*s*) perfume *m* (*a. fig.*); ~**e'rie** *f* perfumería *f*; ~**fläschchen** *n* frasco *m* (*od.* pomo *m*) de perfume.
parfü'mieren (-) *v/t.* perfumar.
Par'fümzerstäuber *m* vaporizador *m*.
'pari ✝ *adv.* a la par; *über* (*unter*) ~ *stehen* estar encima (debajo) de la par.
'Paria *m* (-*s*; -*s*) paria *m*.
pa'rieren (-) **I.** *v/t. Fechtk.* parar (*a. fig.*); *Pferd:* parar (en seco); **II.** *v/i.* (*gehorchen*) obedecer.
'Parikurs ✝ *m* cotización *f* a la par.
Pa'ris *n* París *m*; ~**er(in** *f*) *m* parisiense *m/f*; ⚄**(er)isch** *adj.* parisiense, parisino.
Pari'tät *f* (*0*) paridad *f* (*a.* ✝); ⚄**isch** *adj.* paritario.
'Pariwert ✝ *m* valor *m* a la par.
Park *m* (-*s*, -*s*) parque *m* (*a. Wagen*⚄ *usw.*); **'**~**a** *m* (*Jacke*) parka *m*; **'**~**anlage** *f* zona *f* ajardinada; jardín *m* público; **'**~**aufseher** *m* guarda *m* (de parque).
'parken I. *v/t. u. v/i.* estacionar, aparcar; *Am.* parquear; **II.** ⚄ *n* estacionamiento *m*, aparcamiento *m*; ~ *verboten!* estacionamiento prohibido; ~**d** *adj.* estacionado, aparcado.
Par'kett *n* (-*e̅s*; -*e*) parqué *f*, parquet *m*, entarimado *m*; *Thea.* patio *m* de butacas, platea *f*, *Am.* luneta *f*; *das* ~ *legen* entarimar; ~**(fuß)boden** *m* entarimado *m*, parqué *m*.
parket'tieren (-) *v/t.* entarimar.
Par'kett|legen *n* entarimado *m*; ~**leger** *m* entarimador *m*; ~**loge** *Thea. f* palco *m* de platea; ~**platz** *Thea. m* butaca *f* de patio.
'Park|gebühr *f* tarifa *f* de aparcamiento; ~**haus** *n* garaje *m* de varios pisos.
'Parkinson-Krankheit *f* ✱ enfermedad *f* de Parkinson.
'Park...: ~**licht** *n*, ~**leuchte** *f* luz *f* de estacionamiento; ~**lücke** *f* hueco *m* para aparcar; ~**platz** *m* aparcamiento *m*, aparcadero *m*, parking *m*, *Am.* parqueadero *m*; ~**uhr** *f* parquímetro

m; ~**verbot** *n* prohibición *f* de estacionamiento.
Parla'ment *n* (-*e̅s*; -*e*) parlamento *m*.
Parlamen'tär ✠ *m* (-*s*; -*e*) parlamentario *m*.
Parlamen'ta|rier *m* parlamentario *m*, diputado *m*; ⚄**risch** *adj.* parlamentario; ~**'rismus** *m* (-; *0*) parlamentarismo *m*.
Parla'ments...: ~**abgeordnete(r)** *m* diputado *m* al parlamento; ~**beschluß** *m* decisión *f* parlamentaria; ~**debatte** *f* debate *m* parlamentario; ~**ferien** *pl.* vacaciones *f/pl.* parlamentarias; ~**gebäude** *n* (edificio *m* del) parlamento *m*; ~**mitglied** *n* miembro *m* del parlamento; ~**sitz** *m* escaño *m*; ~**sitzung** *f* sesión *f* parlamentaria; ~**wahlen** *f/pl.* elecciones *f/pl.* legislativas.
par'lieren (-) *v/i.* conversar.
Parme'sankäse *m* (queso *m*) parmesano *m*.
Par'naß *Myt. m* (-*sses*; *0*) Parnaso *m*.
Paro'die *f* parodia *f* (*auf ac.* de); ⚄**ren** (-) *v/t.* parodiar.
Paro'dist *m* (-*en*) parodista *m*; ⚄**isch** *adj.* paródico.
Parodon'tose ✱ *f* parodontosis *f*.
Pa'role *f* ✕ consigna *f* (*ausgeben* dar); santo *m* y seña; *fig.* lema *m*, (e)slogan *m*.
Pa'roli *n* (-*s*; -*s*) póroli *m*; *j-m* ~ *bieten* hacer póroli a alg.; *fig.* enfrentarse con alg.
Part *m* (-*s*; -*s*) parte *f* (*a.* ♪, *Thea.*).
Par'tei *f a. Pol.* partido *m*, 🕮 parte *f*; *bsd. m.s.* facción *f*; bando *m*; (*Miets*⚄) inquilino *m*; *für j-n* (*od. j-s*) ~ *ergreifen* tomar el partido de alg., ponerse de parte de alg.; *gegen j-n* ~ *ergreifen* tomar partido contra alg.; *die streitenden* (*vertragschließenden*) ~**en** las partes litigantes (contratantes); ~**abzeichen** *n* insignia *f* de partido; ~**apparat** *m* aparato *m* partidista; ~**buch** *n* carnet *m* de partido; ~**führer** *m* jefe *m* (*od.* líder *m od.* dirigente *m*) de partido; ~**führung** *f* → *leitung;* ~**gänger** *m* partidario *m*; secuaz *m*, adepto *m*; *m.s.* faccionario *m*; partidismo *m*; ~**geist** *m* espíritu *m* de partido; partidismo *m*; ~**genosse** *m* afiliado *m* a un partido; ⚄**isch I.** *adj.* parcial; **II.** *adv.* con parcialidad; ~**kongreß** *m* congreso *m* del partido; ~**leitung** *f* jefatura *f bzw.* dirección *f bzw.* cuadros *m/pl.* dirigentes del partido; ⚄**lich** *adj.* partidista; del partido; (*parteiisch*) parcial; ~**lichkeit** *f* (*0*) parcialidad *f*; ~**linie** *f* línea *f* del partido; ⚄**los** *adj.* sin partido, *Neol.* apartidista; independiente; ~**lose(r)** *m* independiente *m*, *Neol.* apartidista *m*; ~**losigkeit** *f* independencia *f*, *Neol.* apartidismo *m*; ~**mann** *m* (-*e̅s*; -*leute*) hombre *m* de(l) partido; ~**mitglied** *n* miembro *m* del partido; ~**nahme** *f* inclinación *f* en pro; adhesión *f* (*für* a); ~**politik** *f* política *f* partidista (*od.* de partido); ⚄**politisch** *adj.* político-partidista; de los partidos políticos; ~**programm** *n* programa *m* del partido; ~**tag** *m* congreso *m* del partido; ~**versammlung** *f* asamblea *f* (*od.* mitin *m*) del partido; ~**vorsitzende(r)** *m* presidente *m* del partido; ~**vorstand** *m* junta *f* central *bzw.* comité *m* ejecutivo del partido; ~**wesen** *n* partidismo *m*; ~**zugehörig-**

keit *f* afiliación *f* a un partido.
Par'terre [-'tɛR] *n* (-*s*; -*s*) planta *f* baja; piso *m* bajo; *Thea.* patio *m* (de butacas), platea *f*; ⚄ *wohnen* vivir en un (piso) bajo; ~**loge** *Thea. f* palco *m* de platea; ~**wohnung** *f* piso *m* bajo.
Par'tie [-'tiː] *f* (*Teil*) parte *f*; (*Ausflug*) excursión *f*; *Thea.* papel *m*; ♪ parte *f*; *im Buch:* pasaje *m*; (*Spiel*) partida *f*; *Sport:* partido *m*; *Anat.* región *f*; ✝ partida *f*, lote *m*; (*Heirats*⚄) partido *m*; *er* (*sie*) *ist e-e gute* ~ es un buen partido; *mit von der* ~ *sein* ser también del grupo; participar en a/c.; *ich bin mit von der* ~*!* ¡me apunto!
parti'ell [-'tsiɛl] *adj.* parcial.
Par'tikel [-(-; -*n*) partícula *f*.
Partikula'ris|mus *m* (-; *0*) particularismo *m*; ~**t** *m* (-*en*), ⚄**tisch** *adj.* particularista (*m*).
Parti'san *m* (-*s od.* -*en*; -*en*) guerrillero *m*; partisano *m*; ~**enkrieg** *m* guerra *f* de guerrillas.
parti'tiv *Gr. adj.* partitivo.
Parti'tur ♪ *f* partitura *f*.
Parti'zip *Gr. n* (-*s*; -*pien*) participio *m*; ~ *Präsens* (*Perfekt*) participio *m* activo *od.* presente (pasivo *od.* pasado).
partizipi'al *adj.* participial.
'Partner|(in *f*) *m* (*Gesprächs*⚄) interlocutor(a *f*) *m*; (*Tanz*⚄) pareja *f*; *Thea., Film:* compañero (-a *f*) *m* de reparto, pareja *f*; *im Spiel:* compañero (-a *f*) *m* de juego; (*Ehe*⚄) cónyuge *m/f*; ✝ socio (-a *f*) *m*; ~**schaft** ✝ *f* compañía *f*; participación *f* colaboración *f*; *v. Städten:* hermanamiento *m*; ~**städte** *f/pl.* ciudades *f/pl.* gemelas (*od.* hermanadas); ~**tausch** *m* intercambio *m* de parejas; ~**wahl** *f* elección *f* de pareja.
'Party ['paːrti] *f* (-; -*s od.* -*ties*) guateque *m*, fiesta *f*; ~**service** *m* servicio *m* a domicilio.
Parve'nü [v] *m* (*s*; -*s*) advenedizo *m*; nuevo rico *m*.
'Parze *Myt. f* Parca *f*.
Par'zelle *f* parcela *f*; *Am.* lote *m*.
parzel'lier|en (-) *v/t.* parcelar; *Am.* lotizar; ⚄**ung** *f* parcelación *f*.
Pasch *m* (-*e̅s*; -*e od.* -*e*) *beim Würfeln:* parejas *f/pl.*; *e-n* ~ *werfen* hacer parejas.
'Pascha *m* (-*s*; -*s*) bajá *m*, pachá *m*; *wie ein* ~ *leben* vivir como un pachá.
'Paspel *f* (-; -*n*) ribete *m*, trencilla *f*, cordoncillo *m*; *breite:* galón *m*.
paspe'lieren (-) *v/t.* ribetear; trencillar; galonear.
Paß *m* (-*sses*, ~**sse**) (*Berg*⚄) paso *m*, puerto *m*; (*Eng*⚄) desfiladero *m*, garganta *f*; (*Reise*⚄) pasaporte *m*; *Sport:* pase *m*; ~ *a.* ~**gang**.
pas'sabel *adj.* pasadero; mediano; aceptable; *das ist* ~ puede pasar.
Pas'sage [-'saːʒə] *f allg.* pasaje *m* (*a.* ♪, ♣).
Passa'gier [-a'ʒiːr] *m* (-*e̅s*; -*e*) viajero *m*; 🚂, ♣ pasajero *m*; *coll.* ~ *e a.* pasaje *m*; *blinder* ~ polizón *m*; ~**dampfer** *m* buque *m* de pasaje(ros), paquebote *m*; ~**flugzeug** *n* avión *m* de pasajeros; ~**liste** *f* lista *f* de pasajeros; ~**schiff** *n* → *dampfer*.
Passah(fest) *n* pascua *f*.
'Paß-amt *n* oficina *f* de pasaportes.
Pas'sant(in *f*) *m* (-*en*) transeúnte *m/f*, viandante *m/f*.

Pas'sat(wind) [pa'saːt] m (-és; -e) (viento m) alisio m.
'**Paßbild** n foto(grafía) f de pasaporte.
'**Passe** f am Kleid: canesú m.
pas'sé [-'seː] fr. adj. pasado de moda.
'**passen** (-βt) **I.** v/i. venir (od. ir) bien (zu con); cuadrar (con); encajar (con); Kleidung: sentar (od. ir od. caer) bien; beim Spiel: pasar; (zusammen~) armonizar; (genehm sein) convenir, venir bien; zu et. ~ hacer juego con; zu j-m ~ congeniar con alg.; zueinander ~ hacer buena pareja; hacer buenas migas; in et. ~ caber en; auf et. ~ encajar (a. fig.), ajustarse a; es paßt mir nicht no me conviene; no me viene bien, (es gefällt mir nicht) no me agrada; no me gusta; das paßt mir großartig me viene muy bien; F me viene a la medida (od. a pedir de boca); iro. das könnte dir so ~! ¡qué más quisieras!; ¡que te crees tú eso!; er paßt nicht für diese Arbeit no es el hombre apropiado (od. no sirve) para ese trabajo; das paßt nicht hierher eso no viene (od. no hace) al caso; F auf et. (j-n) ~ estar esperando a/c. (a alg.); fijarse en a/c. (en alg.); **II.** F v/refl.: das paßt (gehört) sich nicht eso no se hace; no conviene; das paßt sich gut eso viene a pedir de boca; **III.** ⊕ v/t. ajustar; encajar; ~**d** adj. (angemessen) conveniente; apropiado, adecuado; (zur Sache gehörig) pertinente; (zutreffend) acertado, (entsprechend) correspondiente; Zeit: oportuno; Kleidung: justo; ajustado; in Farbe usw.: dazu ~ a juego, haciendo juego; bei ~er Gelegenheit en ocasión oportuna; das ~e Wort la palabra apropiada (od. oportuna); beim Zahlen: haben Sie es nicht ~? ¿no lo tiene justo?
Passepar'tout [paspaʀ'tuː] n (-s; -s) (Schlüssel) llave f maestra; (Rahmen) fr. passepartout m.
'**Paß|gang** m des Pferdes: paso m de ambladura, portante m; im ~ gehen amblar; ~**gänger** m (caballo m) amblador m.
pas'sier|bar adj. transitable; franqueable; practicable; ~**en** (-) **I.** v/t. Ort: pasar (por); (überqueren) cruzar, atravesar; Kochk. pasar; colar; **II.** v/i. (sn) (geschehen) pasar, suceder, ocurrir; was ist passiert? ¿qué ha pasado?; es ist nichts passiert no ha sido nada; das kann jedem (mal) ~ eso puede pasar a cualquiera; ~**schein** m salvoconducto m; pase m; Zoll: permiso m de libre tránsito; ⚓ pasavante m.
'**Paßinhaber** m titular m del pasaporte.
Passi'on f pasión f; Rel. Pasión f.
passio'niert adj. apasionado; Trinker usw.: empedernido.
Passi'ons...: ~**blume** ♀ f pasionaria f; ~**spiel** Thea. n Misterio m de la Pasión; ~**woche** f Semana f Santa; ~**zeit** f cuaresma f.
'**passiv I.** adj. pasivo; **II.** ⚥ Gr. n pasivo m; voz f pasiva.
Pas'siv|a [v] pl., ~**en** pl. ✝ pasivo m; ~**bilanz** f balance m pasivo; ~**geschäft** n operación f pasiva.
passi'vieren ✝ v/t. llevar al pasivo.
Passivi'tät f (0) pasividad f.
Pas'siv...: ~**posten** ✝ m partida f (od. asiento m) del pasivo; ~**saldo** m saldo m pasivo; ~**seite** f lado m pasivo.

'**Paß...**: ~**kontrolle** f control m de pasaportes; ~**sitz** ⊕ m asiento m de ajuste; ~**stelle** f oficina f de pasaportes; ~**stück** ⊕ n pieza f de ajuste.
'**Passung** ⊕ f ajuste m.
'**Passus** m (-; -) párrafo m; im Buch: pasaje m.
'**Paß|wesen** n pasaportes m/pl.; ~**wort** n consigna f; Computer: palabra f clave, contraseña f; ~**zwang** m obligación f de llevar pasaporte; pasaporte m obligatorio.
'**Past|a** f (-; -ten), ~**e** f pasta f.
Pas'tell n (-és -e) (Bild, Farbe) pastel m; in ~ malen pintar al pastel; ~**bild** n (cuadro m al) pastel m; ~**farbe** f (color m al) pastel m; ~**maler(in f)** m pastelista m/f; ~**malerei** f pintura f al pastel; ~**stift** m (lápiz m) pastel m; ~**ton** m tono m pastel.
Pas'tete f Kochk. empanada f; pastel m; (Fleisch~) a. paté m; ~**nbäcker** m pastelero m.
Pasteuri|sati'on [-stø-] f paste(u)rización f; ⚥**sieren** (-) v/t. paste(u)rizar.
Pas'tille f pastilla f.
'**Pastor** m (-s; -'toren) pastor m; I.C. cura m.
pasto'ral adj. pastoral; ⚥**e** f pastoral f (a. ♪); Mal. escena f pastoral.
pas|'tos Mal. adj. pastoso; ~'**tös** ✝ adj. pastoso.
Pata'gonien Geogr. n Patagonia f.
'**Pate** m (-n) padrino m; ~ stehen bei ser padrino m, apadrinar a.
Pa'tene Lit. f patena f.
'**Paten|geschenk** n regalo m de bautizo; ~**kind** n ahijado (-a f) m; ~**onkel** m padrino m; ~**schaft** f padrinazgo m; die ~ übernehmen apadrinar (a); ~**stelle** f: ~ vertreten bei apadrinar a.
pa'tent F adj. excelente; (praktisch) (con sentido) práctico; Sache: ingenioso; ein ~er Kerl un chico estupendo, F un gran tipo.
Pa'tent n (-és, -e) patente f; (Erfindungsurkunde) patente f (de invención); F fig. (raffinierte Sache) mecanismo m ingenioso; zum ~ anmelden solicitar la patente; ein ~ eintragen (verwerten; erteilen) registrar (explotar; conceder) una patente; ~**amt** n oficina f de patentes; Span. registro m de la propiedad industrial; ~**anmeldung** f solicitud f de patente; ~**anspruch** m reivindicación f de patente; ~**anwalt** m agente m (oficial) de la propiedad industrial; ~**beschreibung** f descripción f de la patente; ~**erteilung** f concesión f de la patente; ⚥**fähig** adj. patentable; ~**fähigkeit** f patentabilidad f; ~**gebühr** f derechos m/pl. de patente; ~**gegenstand** m objeto m patentado; ~**gesetz** n ley f sobre patentes; **paten'tier|bar** adj. patentable; ⚥**barkeit** f patentabilidad f; ~**en** (-) v/t. patentar; ~**t** adj. patentado; ⚥**ung** f acto m de patentar.
Pa'tent...: ~**inhaber** m tenedor m (od. titular m) de una patente; ~**lösung** fig. f solución f ideal; ~**recht** n derecho m de patentes (od. de la propiedad industrial); ~**register** n, ~**rolle** f registro m de patentes (Span. de la propiedad industrial); ~**schrift** f descripción f de la patente; exposición f del invento; ~**schutz** m protección f de patentes (od. de la propiedad industrial); ~**urkunde** f certificado m de patente; ~**verletzung** f violación f de patente; ~**verschluß** m cierre m patentado bzw. m. de presión; ~**verwertung** f explotación f de una patente.
'**Pater** m (-s; - od. Patres) padre m.
Pater'noster 1. n (-s; -) Rel. Padrenuestro m; **2.** m (-s; -) → ~**aufzug** m (ascensor m en) rosario m; ~**werk** ⊕ n rosario m de cangilones.
pa'thetisch adj. patético.
patho|'gen ⚕ adj. patógeno; ⚥**ge'nese** ⚕ f patogenia f; ~**lo'gie** (⚥) f patología f; ~**logisch** adj. patológico.
'**Pathos** n (-; 0) patetismo m; Rhet. énfasis m; desp. afectación f, grandilocuencia f; prosopopeya f.
Pati'ence [pa'sĩas] f Kartenspiel: solitario m; e-e ~ legen hacer un solitario.
Pati'ent(in f) [-'tsĩ-] m (-en) enfermo (-a f) m; paciente m/f.
'**Patin** f madrina f.
'**Pati|na** f (0) pátina f; ⚥'**nieren** (-) v/t. dar pátina.
Patri'arch [-i-'aʀç] m (-en) patriarca m.
patriar|'chalisch adj. patriarcal; ⚥'**chat** n patriarcado m.
Patri'ot(in f) [-i-'oːt] m (-en) patriota m/f; ⚥**isch** adj. patriótico.
Patrio'tismus m (-; 0) patriotismo m.
Pa'tristik f (0) patrística f, patrología f.
Pa'trize ⊕ f punzón m.
Pa'triz|ier(in f) [-tsĩə-] m patricio (-a f); ⚥**isch** adj. patricio.
Pa'tron(in f) m (-s; -e) patrono (-a f); Rel., ⚓ patrón m; F fig. tío m, tipo m; ein übler ~ un mal sujeto.
Patro'nat n (-és, -e) patronato m (a. Rel.); (Schirmherrschaft) patrocinio m.
Pa'trone f ⚔, Phot. cartucho m; ⊕ (Schablone) patrón m, modelo m; ~**n-auswerfer** m eyector m de cartuchos; ~**ngurt** m portacartuchos m; canana f; ~**nhülse** f vaina f (de cartucho); casquillo m; ~**nlager** m recámara f; ~**nrahmen** m cargador m; ~**nstreifen** m banda f de cartuchos; ~**ntasche** f cartuchera f; ~**ntrommel** f tambor m de cartuchos.
Pa'trouille [-'tʀulja] f patrulla f; (Stadt⚥) ronda f; ~**nboot** n patrullero m.
patrouil'lieren (-; sn) v/i. patrullar; rondar.
patsch! int. ¡zas!; ¡pam!
'**Patsche** F f **1.** (Hand) manecita f, manita f; **2.** fig. aprieto m, apuro m; in der ~ sitzen estar en un atolladero (od. apuro od. aprieto); j-n in der ~ (stecken) lassen dejar a alg. en las astas del toro (od. en la estacada); j-m aus der ~ helfen sacar a alg. del atolladero (od. de un apuro).
'**patschen** v/i. im Wasser: chapotear; in die Hände ~ palmotear.
'**Patsch|hand** f, ~**händchen** n F manecita f, manita f; ⚥'**naß** adj. calado hasta los huesos; hecho una sopa.
'**Patschuli** ♀ n (-s; -s) pachulí m.
Patt I. n (-s; -s) Schach: tablas f/pl. (a. fig.); **II.** ⚥ adj.: ~ bleiben quedar en (od. hacer) tablas.

'Patte f Schneiderei: pata f, cartera f.
'Pattsituation f empate m.
'patz|en F v/i. chapucear; ♪ equivocarse; ℒer F m planchazo m; ⁓ig F adj. insolente; impertinente; F fresco; F respondón.
'Pauke ♪ f bombo m; (Kessel℞) timbal m, atabal m; F fig. mit ⁓n und Trompeten a bombo y platillo; F auf die ⁓ hauen F echar una cana al aire; (angeben) F echarse un farol.
'pauken v/t. 1. ♪ tocar (od. batir) el timbal bzw. el bombo; 2. Uni. (fechten) esgrimir; 3. F Sch. (lernen) F empollar, P pencar; ℒhöhle Anat. f (caja f del) tímpano m; ℒschlag ♪ m golpe m de bombo bzw. de timbal; fig. campanada f; ℒschläger ♪ m timbalero m; bombo m.
'Pauker m 1. ♪ → Paukenschläger; 2. F Sch. F profe m.
Pauke'rei F f Sch. estudio m intenso.
Paul m Pablo m; '⁓a f Paula f.
'Paulus m (Apostel) San Pablo m.
'Paus|backe f moflete m; ℒbäckig adj. mofletudo.
pau'schal I. adj. global; II. adv. en bloque; a tanto alzado; im Hotel usw.: todo incluido; ℒarrangement n Fremdenverkehr: paquete m turístico (od. de estancia); forfait m; ℒbetrag m, ℒe f importe m (od. cantidad f od. suma f) global.
pauscha'lier|en (-) v/t. globalizar; fijar una cantidad global; ℒung f globalización f.
Pau'schal...: ⁓kauf m compra f en conjunto (od. en globo); ⁓police f póliza f global; ⁓preis m precio m global; ⁓reise f viaje m (con) todo incluido; ⁓summe f suma f global; ⁓tarif m tarifa f global (od. a tanto alzado); ⁓versicherung f seguro m global (od. a forfait); ⁓wert m valor m a forfait.
'Pause¹ f pausa f (a. ♪); intervalo m; compás m de espera; ⚔ alto m; (Kampf℞) tregua f (a. fig.); Schule: recreo m; ♪ silencio m; Thea. entreacto m; Konzert, Film: descanso m; ♪ ganze (halbe) ⁓ silencio m de redonda (blanca); e-e ⁓ machen (od. einlegen) → pausieren.
'Pause² f (Durchzeichnung) calco m; ℒn (-t) v/t. calcar.
'pausen|los I. adj. incesante, ininterrumpido; II. adv. sin cesar, incesantemente; sin descanso; sin tregua; ℒzeichen n Radio: indicativo m; sintonía f.
pau'sieren (-) v/i. hacer una pausa; pausar; a. fig. hacer un alto.
'Pauspapier n papel m de calcar.
'Pavian Zoo. m (-s; -e) babuino m.
'Pavillon [-viljɔŋ] m (-s; -s) pabellón m; (Verkaufs℞) quiosco m, kiosco m; ♪ a. templete m.
'Pay-TV n (-; 0) televisión f (privada) de pago.
Pa'zifi|k m (-s; 0) Pacífico m; ℒsch adj.: der ℒe Ozean el (Océano) Pacífico.
Pazi'fis|mus m (-; 0) pacifismo m; ⁓t(in f) m (-en) pacifista m/f; ℒtisch adj. pacifista.
'Pech n (-; 0) pez f; brea f; (Schuster℞) cerote m; (Erd℞) betún m; F fig. mala suerte f; F mala pata f, mala sombra f; mit ⁓ bestreichen empegar; em-

brear; fig. ⁓ haben tener mala suerte; F tener mala sombra (od. mala pata); F fig. wie ⁓ und Schwefel zusammenhalten ser uña y carne; ⁓blende Min. f pec(h)blenda f; ⁓draht m cabo m (od. sedal m) de zapatero; hilo m empegado; ⁓fackel f antorcha f (de resina); ⁓harz n pez f resina; ⁓kohle Min. f azabache m; hulla f pícea; ℒ(raben)schwarz adj. (negro) de azabache; es ist ⁓e Nacht la noche está oscura como boca de lobo; ⁓strähne f mala racha f; ⁓tag m día m aciago; ⁓vogel F m F cenizo m, gafe m; ein ⁓ sein tener mala pata; tener el santo de espaldas.
Pe'dal n (-ɘs; -e) pedal m (a. ♪); in die ⁓e treten pedalear.
Pe'dant m (-en) pedante m; ⁓e'rie f (0) pedantería f; meticulosidad f; ℒisch adj. pedante; meticuloso.
'Peddigrohr n roten m.
Pe'dell m (-s; -e) bedel m.
Pedi'küre f pedicura f (a. Person); ℒn v/t. u. v/i. hacer (la) pedicura.
'Pegasus Myt. m Pegaso m.
'Pegel m (-s; -) ⊕ u. fig. nivel m; (Flutmesser) fluviómetro m; (Wasserstand) → ⁓höhe f, ⁓stand m nivel m de agua.
'Peil|anlage f instalación f radiogoniométrica; ⁓antenne f antena f radiogoniométrica; ⁓empfänger m receptor m radiogoniométrico; ℒen v/t. ⚓ sond(e)ar; (orten) arrumbar; marcar; ⚔ orientarse por radiogoniómetro; F fig. die Lage ⁓ sondear (od. tantear) el terreno; ⁓funk m radiogoniometría f; ⁓gerät n radiogoniómetro m; ⁓kompaß m brújula f de marcación; ⁓station f estación f radiogoniométrica; ⁓ung f ⚓ (Loten) sondeo m; ⚓ orientación f; arrumbamiento m; marcación f; ⚔ orientación f (radio)goniométrica.
Pein f (0) pena f; (Qual) tormento m; suplicio m; tortura f; (Schmerz) dolor m; sufrimiento m.
'peinig|en v/t. hacer sufrir; atormentar; torturar; ℒer m atormentador m; torturador m; ℒung f tormento m; tortura f; mortificación f.
'peinlich adj. (unangenehm) desagradable; molesto; Lage usw.: precario, embarazoso; Frage: delicado, ⁓ genau escrupuloso, minucioso, meticuloso; ⁓ sauber pulcro; ⁓ berühren causar una penosa impresión; es ist mir ⁓ me sabe (muy) mal; lo siento muchísimo; ℒkeit f lo penoso, lo delicado, lo molesto usw. de; (Genauigkeit) escrupulosidad f, minuciosidad f, meticulosidad f.
'Peitsche f látigo m; lange: fusta f; ℒn v/t. u. v/i. azotar (a. fig.); fustigar; ⁓nhieb m latigazo m; fustazo m; ⁓nknall m chasquido m; ⁓nschnur f tralla f, trencilla f; ⁓nstiel m mango m del látigo.
Peki'nese m (-n) (Hund) (perro m) pequinés m.
'Peking n Pekín m.
Pek'tin n pectina f.
pekuni'är adj. pecuniario.
Pele'rine f esclavina f; capa f; gal. pelerina f.
'Pelikan Orn. m (-s; -e) pelícano m, pelicano m.
'Pellagra ⚕ f (-; 0) pelagra f.
'Pell|e f piel f; pellejo m; F fig. j-m auf

der ⁓ liegen molestar (od. importunar) a alg.; F dar la lata a alg.; j-m auf die ⁓ rücken atosigar a alg.; j-m nicht von der ⁓ gehen pegarse a alg.; ℒen v/t. mondar, pelar; ⁓kartoffeln f/pl. patatas f/pl. cocidas sin pelar.
Pelopon'nes m Peloponeso m.
'Pelz m (-es; -e) piel f; am Tier: pellejo m; F j-m auf den ⁓ rücken atosigar a alg.; F j-m eins auf den ⁓ brennen pegarle un tiro a alg.; ⁓besatz m guarnición f de piel; ℒbesetzt adj. guarnecido de piel; ⁓futter n forro m de piel; ℒgefüttert adj. forrado de piel; ⁓geschäft n peletería f; ⁓handel m comercio m de pieles; peletería f; ⁓händler m peletero m; ⁓handschuh m guante m forrado de piel; ℒig adj. (behaart) peludo; ⚔ Zunge: sarroso; ⁓jacke f chaquetón m de piel; ⁓jäger m trampero m; ⁓kragen m cuello m de piel; ⁓mantel m abrigo m de pieles; ⁓mütze f gorra f (od. gorro m) de piel; ⁓stiefel m bota f forrada de piel; ⁓tier n animal m de piel; ⁓tierfarm f granja f de peletería; ⁓waren f/pl., ⁓werk n pieles f/pl.; peletería f.
Pe'naten Myt. pl. penates m/pl.
Pen'dant [pã'dã] n pareja f; réplica f; das ⁓ sein zu hacer juego con.
'Pendel n (-s; -) péndulo m; der Uhr: péndola f; ⁓achse f eje m oscilante; ⁓ausschlag m amplitud f de la oscilación pendular; ⁓bewegung f movimiento m pendular; ℒn (-le) v/i. oscilar; mit dem Körper: balancear; fig. (schwanken) vacilar; Vkw. ir y venir; ⁓n n oscilaciones f/pl.; balanceo m; Vkw. vaivén m; ⁓säge f sierra f de vaivén; ⁓schlag m, ⁓schwingung f oscilación f del péndulo; ⁓tür f puerta f oscilante (od. de vaivén); ⁓uhr f reloj m de péndola; ⁓verkehr m (tráfico m de) vaivén m, servicio m de lanzadera; ⁓zug ⚙ m tren m de vaivén.
'Pendler m trabajador m que viaja diariamente entre su domicilio y su lugar de trabajo.
pene'trant adj. penetrante; F fig. Person: pesado; ⁓er Kerl F pelmazo m.
peng! int. ¡zas!
pe'nibel F adj. escrupuloso; minucioso; meticuloso.
'Penis Anat. m (-; -nisse od. -nes) miembro m (viril), pene m.
Penizil'lin n (-s; 0) penicilina f.
Pen'näler F m colegial m.
'Penn|bruder F m vagabundo m; ⁓e F f F cole m; ℒen F v/i. dormir; ⁓er F m vagabundo m, vago m.
Pension [paŋzi'oːn] f 1. (Fremdenheim) pensión f (a. Kostgeld); casa f de huéspedes; in voller ⁓ con pensión completa; 2. (Ruhegehalt) pensión f; ⚔ retiro m, bsd. Beamte: jubilación f; in ⁓ gehen ⚔ retirarse; Beamter: jubilarse; in ⁓ sein estar retirado bzw. jubilado.
Pensio'när(in f) m (-s; -e) pensionista m/f; (Schüler) a. interno (-a f) m; (Ruheständler) jubilado m; ⚔ retirado m.
Pensio'nat n (-ɘs; -e) pensionado m; colegio m de internos, internado m.
pensio'nier|en (-) v/t. jubilar; sich ⁓ lassen jubilarse, pedir la jubilación; ⚔ retirarse, pedir el retiro; ⁓t adj.

pensionado; jubilado; ⚒ retirado; ²ung f jubilación f; ⚒ retiro m.
Pensi'ons...: ~alter n edad f de jubilación; ~anspruch m → ~berechtigung; ²berechtigt adj. con derecho a jubilación bzw. a retiro; ~berechtigung f derecho m a jubilación bzw. a retiro; ~empfänger(in f) m jubilado (-a f) m; ⚒ retirado m; pensionista m/f; ~fonds m fondo m de pensiones; ~gast m huésped m; ~kasse f caja f de pensiones.
'Pensum n (-s; -sa od. -sen) (Aufgabe) tarea f (asignada); (Lehrstoff) materia f (de enseñanza); lección f.
Penta|gon n (-s; -e) pentágono m; ~'gramm n (-¢s; -e) pentagrama m.
Pen'tameter m pentámetro m.
'Penthaus [-haus] n sobreático m.
Pep F m (- od. -s; 0) ~ haben tener gancho.
Pep'sin ⚗ n (-s; -e) pepsina f.
per [pɛʀ] prp. por; ~ Adresse en casa de; ~ Bahn por ferrocarril; ~ Kassa al contado; ~ pedes a pie; ~ se de por sí; ~ Einschreiben (por correo) certificado; sie sind ~ Du se tutean, se tratan de tú.
peren'nierend ♀ adj. perenne; vivaz.
per'fekt (-est) adj. perfecto; (vollendet) acabado; ✝ ~ machen concluir; er spricht ~ Deutsch habla perfectamente el alemán; habla el alemán a la perfección.
'Perfekt Gr. n (-s; -e) pretérito m perfecto; ~i'on f perfección f; ~io'nismus m perfeccionismo m; ~io'nist m perfeccionista m.
per'fid(e) adj. pérfido.
Perfi'die f perfidia f.
Perforati'on f perforación f (a. ⚗).
perfo'rier|en (-) v/t. perforar; ²maschine f perforadora f.
Perga'ment n (-¢s; -e) pergamino m; ²artig adj. apergaminado; ~band m encuadernación f bzw. tomo m en pergamino; ~papier n papel m pergamino.
'Pergola f (-; -len) pérgola f.
Peri'od|e f período m (a. Astr., Gr., ⚗, Phys.); ⚥ a. menstruación f, regla f; ⌀ período m; ciclo m; ~enzahl ⚡ f número m de períodos; frecuencia f; ²isch adj. periódico; ⚥ ~er Bruch fracción periódica; ⚗ ~es System (der Elemente) sistema m periódico (de los elementos); ~izi'tät f (0) periodicidad f.
peri'phe|r adj. periférico; ²rie f periferia f; e-r Stadt: a. extrarradio m; ²'riegerät n Computer: unidad f periférica, periférico m.
Peri'phrase f perífrasis f.
Peris'kop n (-s; -e) periscopio m.
Peri'staltik Physiol. f peristaltismo m.
Per'kal m (Stoff) percal m.
Perkussi'on f allg. percusión f.
perku'tan Phar. adj. percutáneo; ~'tieren ⚗ v/t. percutir.
'Perle f perla f (a. fig. u. Phar.); (Glas²) abalorio m; (Rosenkranz²) cuenta f; fig. (Person u. Sache) perla f, joya f; fig. ~n vor die Säue werfen echar margaritas a puercos.
'perlen v/i. Getränke: burbujear; (schäumen) espumar; Schweiß: gotear; ²fischer m pescador m de perlas; ²fischerei f pesca f de perlas; ²industrie f industria f perlera; ²-

kette f collar m de perlas; ²-schmuck m aderezo m de perlas; ²stickerei f bordado m de perlas.
'Perl...: ²farben, ²grau adj. gris perla; perlino; ~graupen f/pl. cebada f perlada; ~huhn Orn. n gallina f de Guinea, pintada f; Am. gallineta f; ~muschel f ostra f perlera; madreperla f; ~'mutt n (-s; 0), ~'mutter f (0) nácar m; ²'mutterartig adj. nacarado; ²'muttern adj. de nácar; nacarado; ~schrift Typ. f perla f; ~zwiebel ♀ f rocambola f; cebollita f perla.
Perm Geol. n pérmico m.
perma'nen|t (-est) adj. permanente; ²z f (0) permanencia f.
Permanga'nat ⚗ n (-¢s; -e) permanganato m.
permis'siv adj. permisivo.
Permu|tati'on f permutación f (a. A); ~'tieren (-) v/i. permutar.
perniziös ⚕ adj. pernicioso.
per-o'ral ⚕ adj. por vía oral, peroral.
'Per-oxyd ⚗ n (-¢s; -e) peróxido m.
Perpen'dikel m (-s; -) péndola f; ⌚ perpendículo m. [to m perpetuo.⎫
Per'petuum 'mobile n movimien-⎬
per'plex (-est) adj. perplejo; estupefacto; consternado.
Per'senning f tela f (od. lona f) impermeable.
'Perser|(in f) m persa m/f; ~kriege Hist. m/pl. guerras f/pl. médicas; ~teppich m alfombra f persa.
Persi'aner m astracán m; ~mantel m abrigo m de astracán.
'Persien n Persia f.
Persi|'flage [-'fla:ʒə] f parodia f; ²-'flieren v/t. parodiar.
'persisch adj. persa; der ²e Golf el Golfo Pérsico.
Per'son f (-; -en) persona f (a. Gr.); Thea., Liter. personaje m; in e-r ~ en una sola (od. misma) persona; in (eigener) ~ personalmente; en persona; ich für meine ~ en cuanto a mí, yo personalmente; por mi parte; dritte ~ tercera persona (a. Gr.); tercero m; in der ersten ~ en primera persona; pro ~ por persona; por cabeza; F por barba.
Perso'nal n (-s; 0) personal m; (Bedienstete) a. servidumbre f; ~abbau m reducción f de personal; flexibilización f de plantilla; ~abteilung f sección f (od. departamento m) de personal; ~akte f expediente f personal; hoja f de servicios; ~angaben f/pl. datos m/pl. personales, ~ausgaben f/pl. gastos m/pl. de personal; ~ausweis m Span. documento m nacional (F carnet m) de identidad; Am. cédula f personal; ~bestand m plantilla f (de personal); ⚒ efectivo m; ~büro n oficina f de personal; ~chef m jefe m de personal; ~computer m ordenador m personal; ~eingang m entrada f de servicio; ~führung f gestión f de personal; ~gesellschaft f sociedad f (de carácter) personalista; ~ien pl. datos m/pl. personales (od. de identificación f de filiación); die ~ aufnehmen tomar la filiación; ~kosten pl. → ~ausgaben; ~kredit m crédito m personal; ~mangel m escasez f de personal; ~politik f política f de personal; ~pronomen Gr. n pronombre m personal; ~rat m consejo m del personal;

~steuer f impuesto m personal; ~union f unión f personal; ~vertreter m delegado m (od. representante m) del personal; ~vertretung f representación f del personal.
perso'nell adj. 1. personal; 2. con respecto al personal.
Per'sonen...: ~aufzug m ascensor m; ~beförderung f transporte m de viajeros; ~beschreibung f reseña f; señas f/pl. personales, ~gesellschaft ✝ f sociedad f personalista; ~kraftwagen m (automóvil m de) turismo m; ~kreis m círculo m de personas; ~kult m Pol. culto m a la personalidad; ~schaden m daño m (od. desgracia f) personal; ~stand m estado m civil; ~standsregister n registro m civil; ~verkehr m tráfico m de viajeros; EU: freier ~ libre circulación f de las personas; ~verzeichnis n lista f de personal; Thea. personajes m/pl.; ~waage f báscula f; ~wagen ⚙ coche m de viajeros; Kfz. turismo m; ~zug ⚙ m (Ggs. Güterzug) tren m de viajeros (od. de pasajeros); (Ggs. Schnellzug) tren m tranvía; tren m correo.
Personifi|kati'on f (0) personificación f; ²'zieren (-) v/t. personificar; personalizar (a. Gr.); ²'ziert adj. en persona.
per'sönlich I. adj. personal; individual; (privat) particular; (leibhaftig) en persona; ~e Freiheit libertad f individual; ~e Anspielung alusión f personal; ich ~ en cuanto a mí; yo personalmente; por mi parte; II. adv. en persona; personalmente; bsd. ⚖ a título personal; ~ werden entrar en el terreno personal; ~ personalizar; ~ abgeben entregar personalmente (od. en propia mano); ~ erscheinen personarse; hacer acto de presencia; ~ haften responder personalmente (od. con su persona); ²keit f personalidad f; (bedeutender Mensch) a. personaje m; (Eigenart) individualidad f; ²keitsrecht n derecho m de la personalidad; ²keitsspaltung f desdoblamiento m de la personalidad.
Perspek'tiv|e [-sp-] f perspectiva f (a. fig.); ²isch adj. perspectivo; Mal. ~e Verkürzung escorzo m.
Pe'ru n el Perú.
Peru'an|er(in f) m peruano (-a f) m; ²isch adj. peruano.
Pe'rücke f peluca f; kleine: peluquín m; ~nmacher m peluquero m.
per'vers (-est) adj. perverso; ²i'on f perversión f; ²i'tät f perversidad f.
Pe'sete f (-; -n) peseta f, F pela f.
Pes'sar ⚕ n (-s; -e) pesario m.
Pessi'mis|mus m (-; 0) pesimismo m; ~t m (-en), ²tisch adj. pesimista (m).
'Pest ⚕ f (0) peste f (a. fig.); wie die ~ hassen odiar como a la peste; odiar a muerte; j-n wie die ~ meiden huir de alg. como de la peste; j-m die ~ an den Hals wünschen abominar de alg.; wie die ~ stinken apestar; ²artig adj. pestífero; pestilente; pestilencial; ~beule ⚕ f bubón m pestoso; ~hauch m emanación f pestilencial; miasma m; ~i'lenz f (0) pestilencia f; ~i'zid n pesticida m, plaguicida m; ²krank adj. atacado de la peste; ~kranke(r m) m/f apestado (-a f) m.

Peter *m* Pedro *m*; *Schwarzer* ~ (*Spiel*) juego *m* del tizne; *fig.* j-m den Schwarzen ~ zuschieben F cargar el mochuelo (F el muerto) a alg.
Peter'silie [-liə] ⚥ *f* (*0*) perejil *m*.
Pe'tit *Typ. f (0)* letra *f* de ocho puntos.
Petiti'o|n *f* petición *f*, súplica *f*; solicitud *f*; ⚥**nieren** (-) *v/i.* pedir; solicitar; **~nsrecht** *n* derecho *m* de petición; **~nsweg** *m*: *auf dem* ~ *por vía de* solicitud.
'Petri 'Heil! *int.* ¡buena pesca!
'Petro|chemie *f* petroquímica *f*; **~dollar** *m* petrodólar *m*.
Pe'troleum [-le'um] *n* (*-s; 0*) petróleo *m*; ⚥**haltig** *adj.* petrolífero; **~kocher** *m* infernillo *m* de petróleo; **~lampe** *f* lámpara *f* de petróleo.
'Petrus *m* (*Apostel*) San Pedro *m*.
'Petschaft [ɛ] *n* (*-s; -e*) sello *m*.
'petto: et. *in* ~ *haben* tener a/c. en reserva (*od.* en cartera); traer a/c. en la manga.
Pe'tunie ⚥ *f* petunia *f*.
Petz F *m Meister* ~ oso *m*; **~e** F *f* → *Petzer*; ⚥**en** (*-t*) F *v/i.* F chivar, chivatear; dar el soplo (*od.* chivatazo); **~er** F *m* acusón *m*, soplón *m*, chivato *m*, acusica *m*.
Pfad *m* (*-és; -e*) senda *f*; sendero *m*; *Computer*: path *m*, paso *m*, ruta *f*; *ausgetretener* ~ camino *m* trillado (*a. fig.*); **~finder** *m* explorador *m*, boy-scout *m*; **~finderbewegung** *f* escultismo *m*; **~finderin** *f* exploradora *f*; **~name** *m Computer*: nombre *m* de la ruta (*od.* de la vía de acceso).
'Pfaffe *desp. m* (*-n*) cura *m*; *desp.* clerizonte *m*; **~ntum** *n* (*-s; 0*) clericalismo *m*; *desp.* clerigalla *f*.
'pfäffisch *desp. adj.* clerical.
Pfahl *m* (*-és; ⸚e*) palo *m*; piquete *m*; (*Absteck*⚥) jalón *m*; (*Zaun*⚥) estaca *f*; 🗡 (*Stütz*⚥) rodrigón *m*; △ (*Grund*⚥) pilote *m*; (*Mast*) poste *m*; **~bauten** *Hist. m/pl.* construcciones *f/pl.* (*od.* aldeas *f/pl.*) lacustres; palafitos *m/pl.*; **~brücke** *f* puente *m* sobre pilotes.
'pfählen *v/t. Bäume, Reben*: rodrigar; *als Todesstrafe*: empalar.
Pfahl...: ~muschel *Zoo. f* mejillón *m*; **~ramme** △ *f* martinete *m* para hincar pilotes; **~rost** △ *m* emparrillado *m* de pilotes; **~werk** △ *n* zampeado *m*; estacada *f*, empalizada *f* (*a.* ※); **~wurzel** ⚥ *f* raíz *f* pivotante; **~zaun** *m* estacada *f*, empalizada *f*.
'Pfalz *f Hist.* palacio *m* (imperial); *Geogr.* die ~ el Palatinado; **~graf** *m* conde *m* palatino.
'pfälzisch *adj.* palatino.
Pfand *n* (*-és; ⸚er*) prenda *f* (*a. beim Spiel*); (*Sicherheit*) fianza *f*; garantía *f*; (*Flaschen*⚥) depósito *m*; *in* ~ *geben* (*nehmen*) dar (tomar) en prenda; *als* ~ *für* en prenda de; *auf* ~ *leihen* (*borgen*) prestar (tomar) sobre una prenda.
'pfandbar *adj.* embargable; ⚥**keit** *f* embargabilidad *f*.
'Pfandbrief ✝ *m* cédula *f* hipotecaria.
'pfänden (*-e-*) ⚥ *v/t.* embargar.
'Pfänderspiel *n* juego *m* de prendas.
'Pfand...: ~gläubiger *m* acreedor *m* pignoraticio; **~haus** *n*, **~leihe** *f* monte *m* de piedad; casa *f* de empeño; *Am. a.* prendería *f*; montepío *m*; **~leiher(in)** *f* (*m*) prestamista *m/f*

(sobre prendas); **~recht** *n* derecho *m* prendario; **~sache** *f* prenda *f*; objeto *m* pignorado; **~schein** *m* papeleta *f* de empeño; resguardo *m* de prenda; **~schuld** *f* deuda *f* pignoraticia; **~schuldner(in** *f*) *m* deudor(a *f*) *m* pignoraticio (-a); **~sicherheit** *f* garantía *f* (*od.* seguridad *f*) prendaria.
'Pfändung ⚥⚖ *f* embargo *m*; **~sbefehl** *m* orden *f* de embargo; **~sbeschluß** *m* auto *m* de embargo; ⚥**sfrei** *adj.* inembargable; **~sgläubiger** *m* acreedor *m* embargante; **~sschuldner** *m* (deudor *m*) embargado *m*.
'Pfanne (*Brat*⚥) sartén *f*; ⊕ caldera *f*; (*Dach*⚥) teja *f*; ⚒ (*Zünd*⚥) cazoleta *f*; *Anat.* (*Gelenk*⚥) cavidad *f* cotiloidea, cotila *f*; F *fig.* j-n *in die* ~ *hauen* F cargarse a alg.; hacer polvo a alg.; **~nstiel** *m* mango *m* de la sartén; **~voll** *f* sartenada *f*.
'Pfannkuchen *m* crepe *m*; *Berliner* ~ buñuelo *m* berlinés.
'Pfarr|amt *n* curato *m*; rectoría *f*, parroquia *f*; **~bezirk** *m*, **~e** *f*, **~ei** *f* parroquia *f*; **~er** *m I.C.* cura (*m*) párroco *m*; rector *m*; *I.P.* pastor *m*; **~frau** *f I.P.* esposa *f* del pastor; **~gemeinde** *f* parroquia *f*, feligresía *f*; **~haus** *n* casa *f* rectoral (*od.* parroquial); **~kind** *n* parroquiano *m*, feligrés *m*; **~kirche** *f* iglesia *f* parroquial; **~stelle** *f* curato *m*.
Pfau *Orn. m* (*-és; -en*) pavo *m* real; *fig. sich wie ein* ~ *spreizen* pavonearse.
'Pfauen...: ~auge *n* (*Schmetterling*) pavón *m*; **~feder** *f* pluma *f* de pavo real; **~henne** *f* pava *f* real.
'Pfeffer *m* (*-s; 0*) pimienta *f*; *mit* ~ *und Salz bestreuen* salpimentar; *fig. er soll hingehen, wo der* ~ *wächst* ¡que se vaya al diablo (*od.* al cuerno)!; *ich wollte, er wäre da, wo der* ~ *wächst* desearía verle a cien leguas de aquí; **~büchse** *f* → **~streuer**; **~gurke** *f* pepinillo *m* en vinagre; ⚥**ig** *adj.* pimentado; **~korn** *n* grano *m* de pimienta; **~kuchen** *m* pan *m* de especias; **~minze** ⚥ *f* menta *f*; **~minzpastille** *f*, **~minzplätzchen** *n* pastilla *f* de menta; **~minztee** *m* té *m* (*od.* infusión *f*) de menta; **~mühle** *f* molino *m* de pimienta; ⚥**n** (*-re*) *v/t.* **1.** echar pimienta, condimentar con pimienta; → *gepfeffert*; **2.** F *fig.* tirar (violentamente); **~nuß** *f* panecillo *m* de especias; **~plantage** *f* pimental *m*; **~strauch** ⚥ *m* pimentero *m*.
Pfeife *f* (*Tabaks*⚥) pipa *f*; (*Signal*⚥) pito *m*, silbato *m*; (*Quer*⚥) pífano *m*; (*Orgel*⚥) tubo *m* (de cañón *m*) de órgano; *fig. nach j-s* ~ *tanzen* llevarle la corriente a alg.
'pfeifen I. *v/t.* silbar; F *fig. ich werd' dir was* ~! ¡ni hablar!; F ¡ya puedes esperar sentado!; **II.** *v/i.* silbar (*a. fig. Wind, Kugel usw.*); tocar el pito (*a. Thea. usw.*); F (*petzen*) chivar; F *fig. ich pfeife darauf* F me importa un pito (*od.* un bledo); **III.** ⚥ *n* silbido *m*; toque *m* de silbato; **~d** *adj.* silbador; sibilante (*a.* 🎵).
'Pfeifen...: ~deckel *m* tapa(dera) *f* de la pipa; **~kopf** *m* cabeza *f* de (la) pipa, cazoleta *f*; **~raucher** *m* fumador *m* de pipa; **~reiniger** *m* escobilla *f* limpiapipas; **~spitze** *f* boquilla *f*; **~ständer** *m* portapipas *m*; **~stopfer** *m* cargapipas *m*; **~tabak** *m* tabaco *m* de pipa; *grober*: picadura *f*; **~werk**

♪ *n* cañonería *f*, tubería *f* (del órgano).
'Pfeifer *m* silbador *m*; ♪ (*Quer*⚥) pífano *m*.
'Pfeif|kessel *m* olla *f bzw.* hervidor *m* con silbato; **~konzert** *n* pitadas *f/pl.*; abucheo *m*.
Pfeil *m* (*-és; -e*) flecha *f* (*a. Richtungsweiser*); saeta *f*; (*Wurf*⚥) dardo *m*; e-**~** *abschießen* disparar (*od.* lanzar) una flecha; *fig. wie ein* ~ *losschießen* partir como una flecha; F salir disparado (*od.* de estampía).
'Pfeiler *m* (*-s; -*) pilar *m* (*a. fig.*); (*Stütz*⚥) puntal *m* (*a. fig.*); (*Wand*⚥) pilastra *f*; (*Fenster*⚥, *Tür*⚥) jamba *f*; (*Brücken*⚥) pila *f*; **~spiegel** *m* tremó *m*, tremol *m*.
'Pfeil...: ~flügel ✈ *m* ala *f* en flecha; ⚥**förmig** *adj.* en forma de flecha; sagital; ⚥**gerade** *adj. u. adv.* derecho como una flecha; **~gift** *n* curare *m*; **~höhe** △ *f* flecha *f*, sagita *f*; **~kraut** ⚥ *n* sagitaria *f*; **~richtung** *f* dirección *f* de la flecha; ⚥**schnell** *adj. u. adv.* (rápido) como una flecha; **~schuß** *m* flechazo *m*; **~schütze** *m* arquero *m*; saetero *m*; **~spitze** *f* punta *f* de flecha; **~verzahnung** ⊕ *f* dentado *m* angular; **~wurz(el)** ⚥ *f* arrurruz *m*.
'Pfennig *m* (*-s; -e*) pfennig *m*; *fig.* céntimo *m*; *Am.* centavo *m*; *keinen* ~ *haben* no tener ni un céntimo; *estar sin un cuarto*; *nicht* e-n ~ *wert sein* no valer un céntimo; *mit jedem* ~ *rechnen* (*müssen*) no atar los perros con longanizas; *wer den* ~ *nicht ehrt, ist des Talers nicht wert* muchos pocos hacen un mucho; **~absatz** *m* (*-es; ⸚e*) tacón *m* aguja (*od.* alfiler); **~fuchser** *m* tacaño *m*; cicatero *m*; roñoso *m*; **~fuchserei** *f* tacañería *f*; cicatería *f*; roñería *f*.
Pferch *m* (*-és; -e*) aprisco *m*, redil *m*; majada *f*; ⚥**en** *v/t.* apriscar; *fig.* embanastar; hacinar.
Pferd [e:] *n* (*-és; -e*) caballo *m* (*a. Schach*); (*Turngerät*) potro *m*; *zu* **~**e a caballo; *montado; ein* ~ *reiten* montar un caballo; *zu* ~ *steigen* montar a caballo; *vom* ~ *steigen* desmontar (del caballo); descabalgar; *echar pie a tierra*; F *fig. wie ein* ~ *arbeiten* trabajar como un negro; *aufs falsche* ~ *setzen* errar el tiro; *das* ~ *beim Schwanz aufzäumen* empezar la casa por el tejado; poner el carro delante de los bueyes; tomar el rábano por las hojas; *mit ihm kann man* ~ e *stehlen* es un chico estupendo; *keine zehn* ~ e *brächten mich dazu* por nada del mundo lo haría; *er ist unser bestes* ~ *im Stall* es nuestro mejor hombre.
'Pferde...: ~apfel *m* bosta *f* (*od.* cagajón *m*) de caballo; **~bremse** *Zoo. f* tábano *m*; **~decke** *f* manta *f* para caballos; *verzierte*: gualdrapa *f*; **~dieb** *m* cuatrero *m*; **~droschke** *f* coche *m* de punto; *Am.* victoria *f*; **~fleisch** *n* carne *f* de caballo; **~fuhrwerk** *n* vehículo *m* hipomóvil; carro *m* (con tiro) de caballos; **~fuß** *m Anat.* pie *m* equino; *fig.* inconveniente *m*; *die Sache hat* e-n ~ la cosa tiene su pero; **~futter** *n* forraje *m*; **~geschirr** *n* montura *f*; arnés *m*, arreos *m/pl.*; **~gespann** *n* tiro *m* de caballos; **~handel** *m* comercio *m* en caballos; **~händler** *m* tratante *m* en caballos; chalán *m*; **~huf** *m* casco *m*

de caballo; ~**knecht** *m* mozo *m* de cuadra; ~**koppel** *f* dehesa *f* caballar; ~**kur** *fig. f* cura *f* de caballo; ~**länge** *f Sport*: largo *m* de caballo; *um zwei* ~*n siegen* ganar por dos largos (*od.* cuerpos); ~**markt** *m* mercado *m* de caballerías; ~**metzgerei** *f* carnicería *f* caballar; ~**natur** *f fig.*: e-e ~ *haben* ser fuerte como un roble; ~**pfleger** *m* mozo *m* de caballos; ~**rasse** *f* raza *f* caballar; ~**rennbahn** *f* hipódromo *m*; ~**rennen** *n* carrera *f* de caballos; ~**schwanz** *m* cola *f* de caballos (*a. Frisur*); ~**schwemme** *f* abrevadero *m*; ~**sport** *m* hipismo *m*, deporte *m* hípico; ~**stall** *m* cuadra *f*, caballeriza *f*; ~**stärke** ⊕ *f* (*Abk. PS*) caballo *m* de vapor (*Abk. CV*); ~**striegel** *m* bruza *f*, almohaza *f*; ~**wagen** *m* coche *m* de caballos; ~**wechsel** *m* cambio *m* de tiro; ~**zucht** *f* cría *f* caballar; ~**züchter** *m* criador *m* de caballos.
'**Pferdsprung** *m Turnen*: salto *m* de potro.
Pfiff *m* (-*es*; -*e*) silbido *m*; pitada *f*; pitido *m*; *fig.* truco *m*; artimaña *f*; último toque *m*; *mit* ~ con garbo (*od.* salero); *den* ~ *heraushaben* conocer el truco.
'**Pfifferling** ♀ *m* (-*s*; -*e*) rebozuelo *m*; cantarela *f*; *fig. das ist keinen* ~ *wert* F eso no vale un comino (*od.* un pimiento).
'**pfiffig** *adj.* astuto; ladino; socarrón, F cuco; 2**keit** *f* astucia *f*; socarronería *f*; F cuquería *f*.
'**Pfiffikus** F *m* (-*ses*; -*se*) F vivo *m*, vivales *m*.
'**Pfingst|en** *n*, ~**fest** *n* (Pascua *f* de) Pentecostés *m*; ~**montag** *m* Lunes *m* de Pascua Granada; ~**ochse** F *m*: *wie ein* ~ *aufgeputzt* vestido de tiros largos; adornado como jaca en feria; ~**rose** ♀ *f* peonía *f*.
'**Pfirsich** ♀ *m* (-*es*; -*e*) melocotón *m*; *Am.* durazno *m*; ~**baum** *m* melocotonero *m*; *Am.* duraznero *m*; ~**kern** *m* almendra *f* del melocotón.
'**Pflänzchen** *n* plantita *f*; plantón *m*; *fig.* tipo *m*; *iro. ein nettes* ~! ¡buena alhaja!
'**Pflanze** *f* planta *f*, vegetal *m*; F *fig.* tipo *m*, *n* (-*t*) *v/t.*: plantar; cultivar; F *fig. sich* ~ plantarse; ~**n** *n* plantación *f*.
'**Pflanzen...:** ~**bau** *m* cultivo *m* de plantas; producción *f* vegetal; ~**beschreibung** *f* fitografía *f*; ~**biologie** *f* fitobiología *f*; ~**decke** *f* capa *f* (*od.* cubierta *f*) vegetal; ~**eiweiß** *n* proteína *f* vegetal; ~**faser** *f* fibra *f* vegetal; ~**fett** *n* grasa *f* vegetal; 2**fressend** *adj.* herbívoro, fitófago; ~**fresser** *Zoo. m.* herbívoro, fitófago; ~**geographie** *f* fitogeografía *f*; ~**kost** *f* alimentación *f* vegetal; régimen *m* vegetariano; ~**kunde** *f* botánica *f*; ~**öl** *n* aceite *m* vegetal; ~**reich** *n* reino *m* vegetal; ~**sammler(in** *f*) *m* herbolario (-a *f*) *m*; ~**sammlung** *f* herbario *m*; ~**schädling** *m* parásito *m* de los cultivos; plaga *f* vegetal; ~**schleim** *m* mucílago *m*; ~**schutz** *m* protección *f* de las plantas; ~**schutzmittel** *n* producto *m* antiparasitario (*od.* fitosanitario); ~**tier** *Zoo. n* zoófito *m*; ~**welt** *f* mundo *m* vegetal; ~**wuchs** *m* vegetación *f*; ~**züchter** *m* fitogenetista *f*; ~**züchtung** *f* fitogenética *f*.

'**Pflanz|er** *m* plantador *m*; colono *m*; ~**holz** *n* plantador *m*; ~**kartoffel** *f* patata *f* de siembra; 2**lich** *adj.* vegetal.
'**Pflänzling** *m* (-*s*; -*e*) plantón *m*.
'**Pflanz|maschine** *f* plantadora *f*; ~**schule** *f* plantel *m*; semillero *m*; vivero *m*; ~**stätte** *fig. f* semillero *m*; ~**ung** *f* plantación *f*; plantío *m*.
'**Pflaster** *n* (-*s*; -) **1.** ✚ emplasto *m*; parche *m*; (*Heft*2) esparadrapo *m*; **2.** (*Straßen*2) pavimento *m*; (*Kopfstein*2) empedrado *m*, adoquinado *m*; *fig.* (*das*) ~ *treten* callejear; *fig. Madrid ist ein teures* ~ la vida es cara en Madrid; ~**er** *m* empedrador *m*; 2**n** (-*re*) *v/t.* pavimentar; empedrar, adoquinar; ~**n** *n* empedrado *m*, adoquinado *m*; pavimentación *f*; ~**stein** *m* adoquín *m*; ~**ung** *f* → *Pflastern*.
'**Pflaume** *f* ♀ ciruela *f*; F *fig.* tonto *m*, F melón *m*; (*Witz*) broma *f*, F chunga *f*; 2**n** F *v/i.* bromear, F chungearse.
'**Pflaumen...:** ~**baum** ♀ *m* ciruelo *m*; ~**kompott** *n* compota *f* de ciruelas; ~**kuchen** *m* tarta *f* de ciruelas; ~**marmelade** *f* mermelada *f* de ciruela; ~**mus** *n* dulce *m* de ciruela; 2**weich** *adj.* blando como una ciruela; *fig.* F blandengue.
'**Pflege** *f* (0) cuidado(s) *m*(*/pl.*); (*Kranken*2) asistencia *f*; (*Körper*2) aseo *m*; (*Förderung*) fomento *m*; *der Künste usw.*: cultivo *m*; ⊕ conservación *f*; mantenimiento *m*, entretenimiento *m*; *in* ~ *nehmen* (*geben*) *Kind*: criar (dar a criar); *gute* ~ *haben* estar bien cuidado (*od.* atendido); 2**bedürftig** *adj.* necesitado de cuidados; ~**befohlene(r** *m*) *m/f* persona *f* bajo curatela; (*Mündel*) pupilo (-a *f*) *m*; ~**eltern** *pl.* padres *m/pl.* tutelares; ~**kind** *n* niño *m* bajo curatela; niño *m* acogido; 2**leicht** *adj.* de fácil lavado; ~**mittel** *n* detergente *m*; ~**mutter** *f* ama *f* de cría.
'**pflegen I.** *v/t. u. v/i.* cuidar (j-n a alg.; *et.* de a/c.); atender a; *Kranke*: *a.* asistir a; (*instandhalten*) entretener; (*betreiben*) ejercer; *Kunst, Freundschaft usw.*: cultivar; (*erhalten*) mantener, conservar; *gute Beziehungen* ~ mantener buenas relaciones (*nit* con); ~ *zu* (*inf.*) tener costumbre de, acostumbrar a, soler (*inf.*); *solche Streiche* ~ *schlecht auszugehen* tales bromas suelen acabar mal; **II.** *v/refl.: sich* ~ cuidarse (*a. fig.*); asearse.
'**Pflegepersonal** *n* personal *m* sanitario.
'**Pfleger(in** *f*) *m* ✚ enfermero (-a *f*) *m*; *t*2 curador(a *f*) *m*; (*Denkmal*2 *usw.*) conservador *m*; (*Tier*2 *usw.*) cuidador *m*.
'**Pflegeversicherung** *f* seguro *m* de ayuda a las personas impedidas.
'**pfleg|lich I.** *adj.* cuidadoso; **II.** *adv.* cuidadosamente, con cuidado; 2**ling** *m* → *Pflegebefohlene(r)*; 2**schaft** *t*2 *f* curaduría *f*; curatela *f*.
'**Pflicht** *f* (-; -*en*) deber *m*; (*Verpflichtung*) obligación *f*; ejercicio *m* obligatorio; *s-e* ~ *tun* (*od.* *erfüllen*) cumplir con su deber; *s-e* ~ *versäumen* (*od.* *verletzen*) faltar a su deber; *im Amt*: prevaricar; *es ist m-e* ~, *zu* ... (*inf.*) es mi deber ... (*inf.*); *es sich zur* ~ *machen*, *es als s-e* ~ *betrachten*

considerar como su deber; *das war s-e* ~ *und Schuldigkeit* no ha hecho más que cumplir con su deber; *die* ~ *ruft* el deber me reclama.
'**Pflicht...:** ~**ablieferung** *f* entrega *f* obligatoria; ~**beitrag** *m* cuota *f* obligatoria; 2**bewußt** *adj.* consciente de su deber; formal; ~**bewußtsein** *n* conciencia *f* del deber; formalidad *f*; ~**eifer** *m* celo *m*, empeño *m*; 2**eifrig** *adj.* celoso (de cumplir sus deberes); ~**erfüllung** *f* cumplimiento *m* del deber; ~**exemplar** *n* ejemplar *m* destinado al depósito legal; ~**fach** *Uni. n* asignatura *f* obligatoria; ~**figur** *f Eislauf*: figura *f* obligatoria; ~**gefühl** *n* sentido *m* del deber; 2**gemäß I.** *adj.* debido; obligatorio; prescrito; **II.** *adv.* conforme a su deber, según su obligación; 2**getreu** *adj.* fiel a su deber; fiel cumplidor de sus obligaciones; ~**reserve** *f* reserva *f* obligatoria; 2**schuldig I.** *adj.* debido; **II.** *adv.* debidamente; como es debido; ~**teil** *t*2 *n* legítima *f*; 2**treu** *adj.* fiel a su deber; ~**treue** *f* fiel cumplimiento *m* del deber; ~**übung** *f Sport*: ejercicio *m* obligatorio; 2**vergessen** *adj.* olvidado (*od.* descuidado) de sus deberes; (*treulos*) desleal; *im Amt*: prevaricador; ~ *handeln* faltar a su deber, *im Amt*: prevaricar; ~**vergessenheit** *f* olvido *m* del deber; deslealtad *f*; *im Amt*: prevaricación *f*; ~**verletzung** *f* incumplimiento *m* del deber; *im Amt*: prevaricación *f*; ~**versäumnis** *n* negligencia *f* en el cumplimiento del deber; 2**versichert** *adj.* asegurado obligatoriamente; ~**versicherung** *f* seguro *m* obligatorio; ~**verteidiger** *t*2 *m* defensor *m* de oficio; 2**widrig** *adj.* contrario al deber; ~ *handeln* faltar al deber; obrar en contra de su deber; ~**widrigkeit** *f* deslealtad *f*.
Pflock *m* (-*es*; ⁺*e*) (*Zapfen*) clavija *f*; (*Dübel*) taco *m*; tarugo *m*; (*Zelt*2) estaca *f*, *kleiner*: estaquilla *f*; *zum Abstecken*: jalón *m*.
'**pflöcken** *v/t.* asegurar con clavijas *bzw.* estacas *usw.*
'**pflück|en** *v/t.* coger; 2**er(in** *f*) *m* (re)cogedor(a *f*) *m*; recolector(a *f*) *m*; 2**maschine** *f* recogedora *f* (de frutas); ~**reif** *adj.* cogedero.
Pflug *m* (-*es*; ⁺*e*) arado *m*.
'**pflüg|en** *v/t. u. v/i.* arar; 2**en** *n* aradura *f*; 2**er** *m* arador *m*.
'**Pflug|schar** *f* reja *f* (del arado); ~**sterz** *m* mancera *f*, esteva *f*.
Pfort-ader *Anat. f* vena *f* porta.
'**Pforte** *f* puerta *f*.
'**Pförtner** *m* portero *m*; conserje *m*; *Anat.* píloro *m*; ~**in** *f* portera *f*; *Kloster*: tornera *f*; ~**loge** *f*, ~**stelle** *f*, ~**wohnung** *f* portería *f*.
'**Pfosten** *m* (-*s*; -) poste *m*; (*Fenster*2, *Tür*2) jamba *f*.
'**Pfote** *f* pata *f* (*a.* F = *Hand*).
'**Pfriem** *m* (-*es*; -*e*) punzón *m*; (*Ahle*) lezna *f*.
'**Pfropf** *m* (-*es*; -*e*), ~**en** *m* (-*s*; -) tapón *m*; (*Kork*2) corcho *m*; ✚ (*Ohr*2) tapón *m*; (*Blut*2) trombo *m*; coágulo *m*.
'**pfropfen I.** *v/t.* **1.** taponar; (*vollstopfen*) rellenar; *der Saal war gepfropft voll* la sala estaba atestada (*od.* repleta *od.* hasta los topes);

Pfropfen — Piepen

2. ✓ injertar; **II.** ♀ *n* injerto *m*.
'Pfropf|messer ✓ *n* abridor *m*, navaja *f* de injertar; **~reis** ✓ *n* injerto *m*; púa *f*.
'Pfründ|e *f Rel.* prebenda *f (a. fig.); fig. (fette)* ~ sinecura *f*, canonjía *f*; **~ner** *m Rel.* prebendado *m*.
Pfuhl *m (-¢s; -e)* charca *f*; charco *m*; cenagal *m*; *fig.* cloaca *f*.
pfui! *int.* ¡puah!, ¡puf!; ¡qué asco!; *fig.* ¡qué vergüenza!; *zu Kindern:* das ist ~! ¡caca!; **~ruf** *m* exclamación *f* de desagrado y vergüenza.
Pfund *n (-¢; -e)* libra *f (400 g); ein ~ Salz* medio kilo de sal; ~ *(Sterling)* libra *f* (esterlina); *fig.* mit s-m ~e wuchern aprovechar *(od.* hacer valer) su talento; **'₂ig** F *adj.* estupendo; F de miedo, de aúpa; fenómeno; **'~skerl** F *m: ein ~* un tío *(od.* chico) estupendo; P un tío cojonudo; **'~ssache** F *f* cosa *f* estupenda; **'₂weise** *adv.* por libras.
Pfusch F *m*, **'~arbeit** *f → Pfuscherei*; **'₂en** *v/i.* chapucear; F *(mogeln)* hacer trampas; **'~er(in** *f) m* chapucero (-a *f) m*; **~e'rei** *f* chapucería *f*, chapuza *f*, mamarrachada *f*.
'Pfütze *f* charco *m*.
'Phalanx *f* falange *f (a. fig.).*
'phall|isch *adj.* fálico; **₂us** *m* falo *m*; **₂uskult** *m* falismo *m*.
Phäno'men *n (-s; -e)* fenómeno *m (a. fig.).*
phänome'nal *adj.* fenomenal.
'Phänotyp(us) *Bio. m* fenotipo *m*.
Phanta'sie *f (Einbildungskraft)* imaginación *f*; fantasía *f (a.* ♪); *(Traumbild)* visión *f* (fantástica); **₂begabt** *adj.* imaginativo; **~gebilde** *n* visión *f*; quimera *f*; fantasía *f*; **₂los** *adj.* sin imaginación; *fig.* prosaico; **~losigkeit** *f* falta *f* de imaginación; **~preis** *m* precio *m* exorbitante *(od.* prohibitivo *od.* astronómico); **₂ren** *v/i.* fantasear; *(träumen)* soñar; *(faseln)* desvariar; desatinar; ♪ delirar; ♪ improvisar; **~ren** *n* desvarío *m*, desatino *m*; ♪ delirio *m*; ♪ improvisación *f*; **₂voll** *adj.* lleno de imaginación.
Phantasmago'rie *f* fantasmagoría *f*.
Phan'tast|(in *f) m (-en)* soñador(a *f) m*; iluso (-a *f) m*; visionario (-a *f) m*; **~e'rei** *f* ilusiones *f/pl.*; fantasías *f/pl.*; ideas *f/pl.* fantásticas; quimeras *f/pl.*; **₂isch** *adj. allg.* fantástico; *Preis, Vermögen: a.* fabuloso; F *(großartig)* F *a.* estupendo, de primera.
Phan'tom *n (-s; -e)* fantasma *m*, visión *f*; 𝒮 *(Nachbildung)* modelo *m* anatómico; **~bild** *n* retrato-robot *m*.
'Pharao *Hist. m (-s; -nen)* Faraón *m*.
Phari'sä|er(in *f) m* fariseo (-a *f) m (a. fig.)*; **~ertum** *n* fariseísmo *m*; **₂isch** *adj.* farisaico *(a. fig.).*
Pharmako|'loge *m (-n)* farmacólogo *m*; **~lo'gie** *f (0)* farmacología *f*; **₂'logisch** *adj.* farmacológico.
Pharma'zeut|(in *f) m (-en)* farmacéutico (-a *f) m*; **~ik** *f (0)* farmacia *f*; **₂isch** *adj.* farmacéutico.
Pharma'zie *f (0)* farmacia *f*.
'Phase *f* fase *f; fig. a.* etapa *f*.
'Phasen...: **~diagramm** *n* diagrama *m* de fases; **~differenz** *f* diferencia *f* de fase; **₂gleich** *adj.* en fase; **~verschiebung** *f* desfase *m*, desfase *m* de fases, *Neol.* desfasaje *m*, desfase *m*; **~zahl** *f* número *m* de fases.
Phe'nol 🜊 *n (-s; 0)* fenol *m*.

Phe'nyl 🜊 *n (-s; 0)* fenilo *m*.
Philan|'throp *m (-en)* filántropo *m*; **~thro'pie** *f (0)* filantropía *f*; **₂'thropisch** *adj.* filantrópico.
Philate|'lie *f (0)* filatelia *f*; **'~list** *m (-en)* filatelista *m*, filatélico *m*; **₂'listisch** *adj.* filatélico.
Philhar|mo'nie *f* sociedad *f bzw.* orquesta *f* filarmónica; **₂'monisch** *adj.* filarmónico; **~es Orchester** orquesta *f* filarmónica.
'Philipp *m* Felipe *m*.
Phi'lippika *fig. f (-; -ken)* filípica *f*.
Philip'pin|en *pl.:* die ~ las Filipinas; **₂isch** *adj.* filipino.
Phi'lister *m Bib.* filisteo *m; fig. desp.* burgués *m*; hombre *m* de miras estrechas; **₂haft** *adj.* aburguesado; estrecho de miras; F carca.
Philo|'loge *m (-n)* filólogo *m*; **~lo'gie** *f (0)* filología *f*; **~'login** *f* filóloga *f*; **₂'logisch** *adj.* filológico.
Philo|'soph *m (-en)* filósofo *m*; **~so-'phie** *f* filosofía *f*; **₂so'phieren** *(-)* *v/i.* filosofar *(über ac.* sobre); **~'sophin** *f* filósofa *f*; **₂'sophisch** *adj.* filosófico.
Phi'mose 𝒮 *f* fimosis *f*.
Phi'ole *f* redoma *f*; frasquito *m*; 🜊 matraz *m*.
'Phlegma *n (-s; 0)* flema *f*; calma *f*; F pachorra *f*, cachaza *f*.
Phleg'ma|tiker *m* flemático *m*; **₂tisch** *adj.* flemático; calmoso; F cachazudo, pachorrudo.
Phleg'mone 𝒮 *f* flemón *m*.
Pho'bie 𝒮 *f* fobia *f*.
Phon [o:] *n (-s; -s bzw. -)* fono *m*.
Pho'nem *n (-s; -e)* fonema *m*.
Pho'net|ik *f (0)* fonética *f*; **~iker** *m* fonetista *m*; **₂isch** *adj.* fonético.
'Phönix *Myt. m* Fénix *m (a. fig.); fig.* wie ein ~ aus der Asche erstehen renacer de sus cenizas (como el ave Fénix).
Phö'ni|zien *Hist. n* Fenicia *f*; **~zier** *m*, **₂zisch** *adj.* fenicio *m*.
Phono|'gramm *n* fonograma *m*; **~lo-'gie** *f* fonología *f*; **~'meter** *n* fonómetro *m*; **~me'trie** *f* fonometría *f*; **~'thek** *f* fonoteca *f*.
Phos'gen 🜊 *n (-s; 0)* fosgeno *m*.
Phos'phat *n (-¢s; -e)* fosfato *m*; **₂haltig** *adj.* fosfatado.
'Phosphor 🜊 *m (-s; 0)* fósforo *m*; **~(brand)bombe** *f* bomba *f* (incendiaria) de fósforo.
Phosphores|'zenz *f* fosforescencia *f*; **₂'zieren** *(-) v/i.* fosforescer; **₂'zierend** *adj.* fosforescente.
'Phosphor...: **₂haltig** *adj.* fosfórico; fosforado; **₂ig** *adj.* fosforoso; **₂sauer** 🜊 *adj.* fosfórico; **phosphorsaures Salz** fosfato *m*; **~säure** *f* ácido *m* fosfórico; **~vergiftung** *f* intoxicación *f* por el fósforo, fosforismo *m*.
'Photo F *n (-s; -s) (0)* foto *f*, **~ machen** hacer *(od.* sacar) una foto; **~album** *n* álbum *m* para fotos *(od.* fotográfico); **~apparat** *m* aparato *m* fotográfico, cámara *f (od.* máquina *f)* fotográfica; **~atelier** *n* estudio *m* fotográfico; **~che'mie** *f* fotoquímica *f*; **~ecken** *f/pl.* fijafotos *m/pl.* (autoadhesivos); **~elektrisch** *adj.* fotoeléctrico; **₂'gen** *adj.* fotogénico; **~'gramm** *n* fotograma *m*; **~gramme'trie** *f* fotogrametría *f*; **~'graph(in** *f) m (-en)* fotógrafo (-a *f) m*; **~gra'phie** *f* fotografía *f; (Bild) a.* F foto *f*; **₂gra'phieren** *(-)*

v/t. fotografiar; sacar una foto; *Personen: a.* retratar; **₂'graphisch** *adj.* fotográfico; **~gra'vüre** *f* fotograbado *m*; **~ko'pie** *f* fotocopia *f*; **₂ko'pieren** *(-) v/t.* fotocopiar; **~ko'piergerät** *n* fotocopiadora *f*; **~labor** *n* laboratorio *m* fotográfico; **~lithogra'phie** *f* fotolitografía *f*; **₂me'chanisch** *adj.* fotomecánico; **~'meter** *n* fotómetro *m*; **~me'trie** *f (0)* fotometría *f*; **₂'metrisch** *adj.* fotométrico; **~modell** *n* modelo *m/f*; **~mon'tage** *f* fotomontaje *m*, montaje *m* fotográfico.
Pho'ton *Phys. n (-s; -en)* fotón *m*.
'Photo|papier *n* papel *m* fotográfico; **~rahmen** *m* portafotos *m*; **~safari** *f* safari *m* fotográfico; **~satz** *Typ. m* fotocomposición *f*; **~synthese** *f* fotosíntesis *f*; **~'thek** *f* fototeca *f*; **~zelle** *f* célula *f* fotoeléctrica.
'Phrase *f* frase *f*; ♪ frase *f* (musical); *(abgedroschene Redensart)* tópico *m*; lugar *m* común; leere ~n palabras *f/pl.* hueras; palabrería *f*; **~n dreschen** hacer frases; hablar por hablar; **~n-drescher** *m* palabrero *m*; charlatán *m*; cuentista *m*; **₂nhaft** *adj.* verboso; charlatán; *(schwülstig)* enfático.
Phraseo|lo'gie *f* fraseología *f*; **₂'logisch** *adj.* fraseológico.
phra'sier|en *(-)* ♪ *v/t.* frasear; **₂ung** *f* fraseo *m*.
'Phry|gien *n* Frigia *f*; **~gier** *m* frigio *m*; **₂gisch** *adj.* frigio; **~e Mütze** gorro *m* frigio.
Phyloge'nese *Bio. f* filogénesis *f*, filogenia *f*.
Phy'sik *f (0)* física *f*.
physi'kalisch *adj.* físico.
'Physi|ker(in *f) m* físico (-a *f) m*; **~kum** *n (-s; -ka)* examen *m* preclínico.
Physio|'gnom *m (-en)* fisonomista *m*; **~gno'mie** *f* fisonomía *f*; **₂'gnomisch** *adj.* fisonómico.
Physio|'loge *m (-en)* fisiólogo *m*; **~lo-'gie** *f (0)* fisiología *f*; **₂'logisch** *adj.* fisiológico.
Physiothera|'peut(in *f) m* fisioterapeuta *m/f*; **~'pie** *f* fisioterapia *f*.
'physisch *adj.* físico.
Phyto... *in Zssgn* fito...
Pia'nist(in *f) m (-en)* pianista *m/f*.
Pi'ano *n (-s; -s)* piano *m*.
'picheln *(-le)* F *v/i.* F empinar el codo, copear.
'pichen *v/t.* empegar; embrear.
'Picke *f* pico *m*, zapapico *m*.
'Pickel *m (-s; -)* **1.** pico *m*; *(Eis₂)* piolet *m*; **2.** grano *m*; espinilla *f*; **~haube** 🜊 *f* casco *m* de punta; **₂ig** *adj.* 🜊 lleno de granos, granujiento, granuloso.
'picken *v/i. (hacken)* picar; *Vogel:* picotear.
'Picknick *n (-s; -s od. -e)* merienda *f* campestre, picnic *m*; **₂en** *v/i.* merendar en el campo, hacer picnic.
Piedes'tal *n (-s; -e)* pedestal *m*.
'piek|en *v/t.* picar; **~fein** F *adj.* peripuesto, acicalado; F finolis; de tiros largos, de punta en blanco.
'Piep F *m*: e-n ~ haben estar mal de la cabeza; F estar chalado; *keinen ~ sagen* no decir ni pío; **₂e**, **₂egal** F *adj.*: das ist mir ~ F me importa un pito *(od.* un bledo); **₂en**, F **~s** F *bei dir piept's wohl?* ¿estás loco?; es ist zum **₂!** F es para mondarse de risa; **~en** *n* pío *m*, piada *f*; **~en** F *pl.* F pasta

f, cuartos *m/pl.*; ~**matz** F *m* (-es; ⁻e) pajarillo *m*; ⚥**sen** *v/i.* piar; ~**ser** *m* F busca *m*; ⚥**sig** F *adj. Stimme*: delgado; (*schwächlich*) endeble.
Pier (-s; -e) *m*, ⚓ *a. f* atracadero *m*, desembarcadero *m*; (*Hafendamm*) malecón *m*.
'**Piercing** *n* (-s; -) piercing *m*.
'**piesacken** F *v/t.* importunar; F fastidiar, jorobar.
Pie'**tät** [pi·eˑ-] *f* (0) piedad *f*; reverencia *f*, respeto *m*; ⚥**los** *adj.* irrespetuoso; irreverente; ~**losigkeit** *f* (0) irrespetuosidad *f*; irreverencia *f*; ⚥**voll** *adj.* reverente; piadoso, devoto.
Pie'**tis|mus** *m* (-; 0) pietismo *m*; ~**t**(**in** *f*) *m*, ⚥**tisch** *adj.* pietista (*m/f*).
pi'**ezo|elektrisch** *adj.* piezoeléctrico; ⚥**elektrizität** *f* piezoelectricidad *f*.
Pig'**ment** (-*és*; -e) pigmento *m*; ~**ati**'**on** *f*, ~**bildung** *f* pigmentación *f*.
pigmen'**tier|en** (-) *v/t.* pigmentar; ⚥**ung** *f* pigmentación *f*.
Pik[1] *m* (-s; -e) (*Berg*) pico *m*; F *fig.*: er hat e-n ~ auf mich está de punta conmigo; me tiene ojeriza (F tirria).
Pik[2] *n* (-s; -e) *Kartenspiel*: pique *m*.
pi'**kant** *adj.* (-*est*) picante (*a. fig.*); *Witz usw.*: *a.* verde; ⚥**e**'**rie** *f* cuento *m*, chiste *m etc.* picante (*od.* verde) *bzw.* atrevido.
'**Pik-As** *n Kartenspiel*: as *m* de pique.
'**Pike** *f* pica *f*; *fig.*: von der ~ auf dienen pasar por todos los grados.
Pi'**kee** *m* (-s; -s) piqué *m*.
pi'**kier|en** (-) ↙ *v/t.* trasplantar, replantar; ~**t** (*beleidigt*) picado; F amoscado; ~ *sein* picarse.
'**Pikkolo** *m* (-s; -s) **1.** *Hotel*: botones *m*; **2.** → ~**flöte** *f* flautín *m*.
Pi'**krinsäure** ⚗ *f* ácido *m* pícrico.
Pikto'**gramm** *n* pictograma *m*.
Pi'**laster** △ *m* pilastra *f*.
Pi'**latus** *m* → *Pontius*.
'**Pilger|**(**in** *f*) *m* peregrino (-a *f*) *m*; romero (-a *f*) *m*; ~**fahrt** *f* peregrinación *f*, romería *f*; ~**muschel** *f* venera *f*; ⚥**n** (-*re*; *sn*) *v/i.* peregrinar (*a. fig.*), ir en peregrinación (*nach* a); ~**schaft** *f* peregrinación *f*; ~**stab** *m* bordón *m*.
'**Pille** *f* píldora *f*; *fig.* e-e bittere ~ un trago amargo, un mal trago; *die* (*bittere*) ~ *schlucken* tragar quina; *j-m die* (*bittere*) ~ *versüßen* dorar la píldora a alg.; ~**ndose** *f* pastillero *m*; ~**ndreher** *m hum.* boticario *m*; *Zoo.* escarabajo *m* pelotero; ~**nschachtel** *f* caja *f* de píldoras.
Pi'**lot** *m* (-en) piloto *m*; ~**ballon** *m* globo *m* piloto; ~**enkanzel** ✈ *f* carlinga *f*; cabina *f* del piloto; ~**ensitz** *m* asiento *m* del piloto; ~**in** *f* (mujer *f*) piloto *f*; ~**sendung** *f* programa *m* piloto.
'**Pilz** ♀ *m* (-es; -e) hongo *m*; seta *f*; *fig.* wie ~e aus der Erde (*od.* aus dem Boden) schießen brotar (*od.* crecer) como hongos; proliferar como champiñones; ⚥**förmig** *adj.* fungiforme; ~**krankheit** ♉ *f* micosis *f*; ~**kunde** *f* micología *f*; ⚥**tötend** *adj.* fungicida; ~**es Mittel** fungicida *m*; ~**vergiftung** *f* intoxicación *f* por hongos venenosos, micetismo *m*.
'**pimpelig** F *adj.* (*zimperlich*) melindroso; (*weichlich*) blando, blandengue, delicado; (*wehleidig*) quejumbroso, F quejica.
Pinako'**thek** *f* pinacoteca *f*.
Pi'**nasse** ⚓ *f* pinaza *f*.

'**pingelig** F *adj.* meticuloso, pedante.
'**Pingpong** *n* (-s; -s) ping-pong *m*, tenis *m* de mesa.
'**Pinguin** *Orn. m* (-s; -e) pingüino *m*, pájaro *m* bobo.
'**Pinie** [-ĭə] ♀ *f* pino *m* (piñonero); ~**nkern** *m* piñón *m*; ~**nwald** *m* pinar *m*.
'**Pinke** F *f* F pasta *f*, tela *f*, monises *m/pl.*, P parné *m*.
'**Pinkel** F *m*: *feiner* ~ petimetre *m*; señoritingo *m*; P pijo *m*.
'**pinkeln** (-*le*) P *v/i.* orinar, P mear.
Pinke'**pinke** F *f* → *Pinke*.
'**Pinne** *f* tachuela *f*; (*Zwecke*) chincheta *f*; (*spitzer Stift*) punta *f*; ⚓ caña *f* del timón; (*Ruder*⚥) barra *f*.
PIN-Nummer *f* número *m* de identificación personal.
'**Pinscher** *m Zoo.* pinscher *m*; *fig. desp.* don *m* nadie.
'**Pinsel** *m* (-s; -) pincel *m*; (*Anstreicher*⚥, *Rasier*⚥) brocha *f*; F *fig.* bobo *m*, lelo *m*.
Pinse'**lei** *f desp.* pintarrajo *m*; mamarracho *m*.
'**Pinsel|führung** *f* pincel *m*; ⚥**n** (-*le*) *v/i. u. v/t.* pincelar (*a.* ✍); *Mal.* pintar; *desp.* pintarrajear; ~**strich** *m Mal.* pincelada *f*; toque *m* (de pincel); *des Anstreichers*: brochazo *m*.
'**Pinte** F *desp. f* tabernucho *m*.
Pin-'**up-girl** *n* pin-up *f*.
Pin'**zette** *f* pinzas *f/pl.*
Pio'**nier** *m* (-s; -e) ⚔ zapador *m*; *fig.* pionero *m*, precursor *m*; ~**arbeit** *f fig.*: ~ *leisten* abrir nuevos caminos; ~**bataillon** *n* batallón *m* de (ingenieros) zapadores; ~**korps** *n* cuerpo *m* de (ingenieros) zapadores.
'**Pipeline** ['paɪplaɪn] *f Öl*: oleoducto *m*; *Gas*: gasoducto *m*.
Pi'**pette** *f* pipeta *f*.
'**Pipi** F *n*: ~ *machen* hacer pipí (*od.* pis).
Pips *Vet. m* (-es; 0) pepita *f*.
Pi'**rat** *m* (-en) pirata *m*; ~**enflagge** *f* bandera *f* negra; ~**enschiff** *n* barco *m* pirata; ~**ensender** *m* emisora *f* pirata.
Pirate'**rie** *f* piratería *f*.
Pi'**roge** ⚓ *f* piragua *f*.
Pi'**rol** *Orn. m* (-s; -e) oropéndola *f*.
Pirou'**ette** [-ʀuˈɛta] *f* pirueta *f*.
'**Pirsch** *f* (0) (*caza f* al) rececho *m*, chanteo *m*; *auf die* ~ *gehen* → ⚥**en** *v/i.* recechar, chantear.
'**Pisse** V *f* orina *f*; P meada *f*, pis *m*; ⚥**n** (-*st*) V *v/i.* orinar; P mear, hacer pis.
Pis'**soir** [pɪˈsŏɑːʀ] *n* (-s; -*e od.* -s) urinario *m*, mingitorio *m*.
Pis'**tazie** ♀ *f* pistacho *m*.
'**Piste** *f allg.* pista *f*.
Pis'**tole** *f* pistola *f*; *mit vorgehaltener* ~ *a punta de pistola*; *fig. j-m die* ~ *auf die Brust setzen* poner a alg. entre la espada y la pared; poner a alg. el puñal en el pecho; *wie aus der* ~ *geschossen* al punto; al instante; como un rayo.
Pis'**tolen...**: ~**duell** *n* duelo *m* a pistola; ~**griff** *m* culata *f* (de la pistola); ~**halfter** *f* pistolera *f*; ~**schießen** *n* tiro *m* con pistola; ~**schuß** *m* pistoletazo *m*; ~**schütze** *m* pistolero *m*, tirador *m* de pistola; ~**tasche** *f* pistolera *f*.
'**pitsch**(**e**)**naß** F *adj.* empapado, calado hasta los huesos, hecho una sopa.

pitto'**resk** *adj.* pintoresco.
'**Pius** *m* Pío *m*.
'**Pixel** *n* (- *od.* -s; -) *Computer*: píxel *m*, punto *m* de imagen.
'**Pizza** *f* (-; -s) pizza *f*.
Pizzi'**kato** ♩ *n* (-s; -s) pizzicato *m*.
Pla'**cebo** *Phar. n* (-s; -s) placebo *m*.
pla'**cier|en** [-ˈtsiː-] (-) *v/t.* colocar (*a.* ✝); *Sport*: sich ~ clasificarse; ⚥**ung** *f* ✝ colocación *f*; *Sport*: clasificación *f*.
'**placken** F *v/refl.*: sich ~ afanarse; ajetrearse, bregar.
Placke'**rei** *f* ajetreo *m*, trajín *m*; faena *f*; brega *f*.
plä'**dieren** (-) *v/i.* ✎ informar; *a. fig.* abogar (*für* por); defender una causa.
Plädoyer [-doaˈljeː] ✎ *n* (-s; -s) informe *m*.
Pla'**fond** [-fɔŋ] *m* (-s; -s) techo *m* (*a. fig.*).
'**Plage** *f* molestia *f*; fastidio *m*; tormento *m*; vejación *f*; (*Übel*) mal *m*; (*Schinderei*) trabajo *m* pesado; faena *f*; (*Land*⚥) plaga *f* (*a. Bib.*); azote *m*; calamidad *f*; ~**geist** F *m* F pegote *m*, pesado *m*, latoso *m*; ⚥**n** *v/t.* (*belästigen*) importunar, incomodar, molestar; fastidiar; atormentar, vejar; (*bedrängen*) atosigar; sich ~ afanarse; ajetrearse; matarse trabajando; ⚔ *geplagt von* aquejado de.
Plagi'**at** *n* (-*és*; -e) plagio *m*; ~**or** *m* (-s; -*en*) plagiario *m*.
plagi'**ieren** (-) *v/t.* plagiar; F fusilar.
Pla'**kat** *n* (-*és*; -e) cartel *m*; anuncio *m*; *ein* ~ *anschlagen* fijar un cartel.
plaka'**tier|en I.** *v/t.* anunciar por carteles; **II.** *v/i.* fijar carteles; ⚥**ung** *f* fijación *f* de carteles.
Pla'**kat...**: ~**kleber** *m* cartelero *m*, fijador *m* de carteles; ~**maler** *m* cartelista *m*; ~**säule** *f* columna *f* anunciadora; ~**träger** *m* hombre-anuncio *m*; ~**wand** *f* valla *f* publicitaria; ~**werbung** *f* publicidad *f* por carteles.
Pla'**kette** *f* (*Tafel*) placa *f* (conmemorativa); (*Abzeichen*) distintivo *m*; (*Medaille*) medalla *f*.
Plan I. *m* (-*és*; ⁻e) **1.** plan *m*; programa *m*; (△, *Stadt*⚥) plano *m*; **2.** (*Absicht*) plan *m*; intención *f*, propósito *m*; designio *m*; (*Vorhaben*) proyecto *m*; *e-n* ~ *entwerfen* (*fassen*) trazar (concebir) un plan; *Pläne schmieden* hacer proyectos (*od.* planes); **3.** *auf dem* ~ *erscheinen*, *auf den* ~ *treten* entrar en liza; *weit* S. aparecer (en escena); **II.** ⚥ *adj.* llano, plano; liso; ~**drehbank** *f* torno *m* para refrentar; '⚥**drehen** ⊕ *v/t.* refrentar, tornear al aire.
'**Plane** *f* toldo *m*; lona *f*.
'**planen** *v/i. u. v/t.* proyectar; planear; proponerse; hacer planes (*od.* proyectos); (*organisieren*) planificar; *Komplott*: tramar.
'**Planer** *m* proyectista *m*; planificador *m*.
'**Pläneschmied** *m* proyectista *m*; forjador *m* de planes (*od.* de proyectos).
Pla'**net** *m* (-en) planeta *m*.
plane'**tarisch** *adj.* planetario; ⚥**rium** *n* (-s; -*rien*) planetario *m*.
Pla'**neten...**: ~**bahn** *f* órbita *f* (planetaria); ~**getriebe** ⊕ *n* engranaje *m* planetario; ~**system** *n* sistema *m* planetario.
'**Plan|film** *m* película *f* plana; ~**fräsmaschine** ⊕ *f* fresadora *f* para

plangemäß — Pleite 400

superficies planas; 2gemäß *adj.* → 2mäßig.
pla'nier|en (-) *v/t.* aplanar; nivelar; allanar; 2gerät *n* nivelador *m*; 2raupe *f* niveladora *f*; 2ung *f* aplanamiento *m*; nivelación *f*.
Plani|'meter *n* planímetro *m*; ~me-'trie ⚹ *f* (0) planimetría *f*; 2'metrisch *adj.* planimétrico.
'Planke *f* tabla *f*, tablón *m*.
Plänke'lei ⚹ *f* escaramuza *f*, refriega *f* (*beide a. fig.*); tiroteo *m*.
'Plankton *Bio. n* (-*s*; 0) plancton *m*.
'Plan...: 2los I. *adj.* sin plan; sin método (*od.* sistema); sin orden (ni concierto); II. *adv. a.* al azar, F a la que salga, al tuntún; ~losigkeit *f* (0) falta *f* de método; 2mäßig I. *adj.* metódico, sistemático; *Vkw.* de línea; ~e *Abfahrt* (*Ankunft*) salida *f* (llegada *f*) regular; II. *adv.* metódicamente, con método; sistemáticamente; como estaba previsto; ~mäßigkeit *f* (0) método *m*; orden *m*; regularidad *f*; ~quadrat ⚹ *n* cuadrícula *f*.
'Plansch|becken *n* piscina *f* para niños; 2en *v/i.* chapotear, chapalear; ~e'rei *f* chapoteo *m*.
'Plan...: ~soll *n* cuota *f* obligatoria prevista; ~spiegel *m* espejo *m* plano; ~stärke ⚹ *f* efectivo *m* previsto; ~stelle *f* plaza *f* (*od.* puesto *m*) de plantilla.
Plan'tage [-ʒə] *f* plantación *f*.
'Plan|ung *f* planificación *f*; im *Stadium der* ~ sein estar en proyecto; ~ungs-ausschuß *m* junta *f* planificadora; ~ungs-ingenieur *m* ingeniero *m* de planificación; 2voll *adj.* metódico; sistemático; ~wagen *m* carro *m* de toldo; ~wirtschaft *f* economía *f* dirigida (*od.* planificada); ~zeichnen *n* delineación *f*; ~zeichner *m* delineante *m*; ~zeichnung *f* plano *m*; dibujo *m*.
Plapp|e'rei *f* parloteo *m*; cháchara *f*; cotorreo *m*; '~ermaul *n* parlanchín *m*, hablador *m*; charlatán *m*; '2ern (-*re*) *v/i. u. v/t.* parlotear, charlar; charlatanear; cotorrear.
'plärren F I. *v/i.* chillar; berrear; (*weinen*) lloriquear; II. 2 *n* chillido *m*; berrido *m*; lloriqueo *m*.
'Plasma *n* (-*s*, -*men*) plasma *m*.
'Plastik 1. *f* (-; -*en*) plástica *f*; artes *f/pl.* plásticas; (*Bildwerk*) escultura *f*; ⚹ injerto *m*; *fig. des Stils usw.*: plasticidad *f*; 2. ⊕ *n* (-*s*; -*s*) plástico *m*; ~bombe *f* bomba *f* de plástico; ~einband *Typ. m* sobrecubierta *f* plastificada; ~er *m* escultor *m*.
Plasti'lin *n* (-*s*; 0) plastilina *f*; pasta *f* de modelar.
'plastisch *adj.* plástico; *fig. a.* gráfico; ~e *Chirurgie* cirugía *f* plástica.
Plastizi'tät *f* (0) plasticidad *f*.
Pla'tane ⚹ *f* plátano *m*.
Pla'teau [o:] *n* (-*s*; -*s*) *Geogr.* meseta *f*, altiplanicie *f*; *bsd. Am.* altiplano *m*.
'Platin *n* (-*s*; 0) platino *m*; ~blech *n* lámina *f* de platino; 2blond *adj.* rubio platino; 2haltig *adj.* platinífero.
plati'nieren (-) *v/t.* platinar.
'Plato *Hist. m* Platón *m*.
Pla'to|niker *m*, 2nisch *adj.* platónico (*m*).
platsch! *int.* ¡zas!; ¡plaf!
'plätschern I. (-*re*) *v/i. Bach usw.*: murmurar; *im Wasser* ~ chapotear,

chapalear; II. 2 *n* murmullo *m*; chapale(te)o *m*; chapoteo *m*.
platt I. *adj.* (-*est*) 1. llano; plano; (*abgeplattet*) aplanado; (*plattgedrückt*) aplastado; *Nase*: chato; *Reifen*: desinflado; ~ *drücken* achatar, aplastar; *sich* ~ *hinwerfen* echarse de bruces (*od.* boca abajo); F *Kfz.* e-n 2*en haben* F tener un reventón (*od.* un pinchazo); 2. *fig.* banal, trivial; soso; F (*sprachlos*) perplejo; *ich war* ~ *me quedé boquiabierto* (*od.* de piedra); II. 2 *n* F bajo alemán *m*.
'Plätt|brett *n* tabla *f* de planchar; ~chen *n* plaquita *f*; laminilla *f*.
'Plattdeutsch *n* bajo alemán *m*.
'Platte *f* placa *f* (*a. Phot.*); (*Schall*2) disco *m*; (*Stein*2) losa *f*; (*Fliese*) baldosa *f*; (*Kachel*) azulejo *m*; (*Holz*2) tablero *m*; tabla *f*; (*Metall*2) plancha *f*, *dünne*: chapa *f*; lámina *f*; (*Schüssel*) fuente *f*; (*Tisch*2) tablero *m*; (*Servier*2) bandeja *f*; *Typ.* clisé *m*; (*Glatze*) calva *f*; (*Plateau*) planicie *f*; meseta *f*; *Kochk.* kalte ~ fiambres *m/pl.*; F *fig.* alte ~ F rollo *m*; *a. fig.* e-*e andere* ~ *auflegen* cambiar el disco.
'Plätt|eisen *n* plancha *f*; 2en (-*e*-) *v/t.* planchar; ~en *n* planchado *m*.
'Platten...: ~bau *n* edificio *m* construido con placas de hormigón armado; ~belag *m* embaldosado *m*; ~druck *Typ. m* estereotipia *f*; ~kondensator *m* condensador *m* de placas; ~leger *m* embaldosador *m*; solador *m*; ~schrank *m* discoteca *f*; ~see *Geogr. m* Lago *m* Balatón; ~spieler *m* tocadiscos *m*; ~teller *m* giradiscos *m*; ~wechsler *m* cambiadiscos *m*.
'Platt-erbse ⚹ *f* almorta *f*.
platter|dings *adv.* absolutamente; de todo punto.
'Plätte'rei *f* taller *m* de planchado.
'Plätterin *f* planchadora *f*.
'Platt...: ~fisch *m* pez *m* plano; ~form *f* plataforma *f* (*a. fig.*, *Computer*); ~fuß *m* pie *m* plano; F *Kfz.* reventón *m*, pinchazo *m*; ~fuß-einlage *f* plantilla *f* ortopédica; 2füßig *adj.* con pies planos; ~heit *n* forma *f* plana; *fig.* trivialidad *f*, banalidad *f*; insulsez *f*; chabacanería *f*.
plat'tieren (-) ⊕ I. *v/t.* chapear; II. 2 *n* chapeado *m*.
'Platt|nase *f* nariz *f* chata (*od.* roma); 2nasig *adj.* chato; ~würmer *Zoo. m/pl.* platelmintos *m/pl.*
Platz *m* (-*es*; ~*e*) plaza *f*; (*Sitz*2) asiento *m*, sitio *m*; *a. Thea.* localidad *f*; (*Posten*) puesto *m*; (*Stelle, Ort*) lugar *m*, sitio *m*; *v. Gebäuden*: emplazamiento *m*, *bsd. Am.* ubicación *f*; (*Gelände*) terreno *m*; ⚹ *u.* ✝ plaza *f*; (*Bau*2) solar *m*, terreno *m*; (*Sport*2) campo *m*; *bsd. Am. u. Tennis*: cancha *f*; (*Raum*) espacio *m*; lugar *m*; cabida *f*; ~ *finden* encontrar sitio; (*hineinpassen*) caber; ~ *da!*; ~ *gemacht!* ¡apártense!, ¡dejen paso!; ¡hagan sitio!; *Arg.* ¡cancha!; *auf die Plätze!* ¡a sus puestos!; *j-m e-n* ~ *anweisen* indicar a alg. un asiento; ~ *nehmen* sentarse, tomar asiento; *s-n* ~ *einnehmen* ocupar su asiento *bzw.* su puesto; ~ *lassen* dejar sitio (*für a.* para); ~ *machen* hacer sitio (*für a.* para); (*beiseite treten*) apartarse; hacerse a un lado; ~ *schaffen* abrir paso, *Arg.* hacer cancha; *viel* ~ *einnehmen* ocupar mucho sitio; abultar; *s-n* ~

behalten continuar sentado; *es ist kein* ~ (*mehr*) no hay (*od.* queda) sitio; *Sport*: *vom* ~ *verweisen* expulsar; *fig. j-n an s-n* ~ *verweisen* situar a alg. en el lugar que le corresponde; *an s-m* ~ *sein* estar en su sitio (*od.* lugar); *fig. am* ~*e sein* estar indicado; ser conveniente (*od.* oportuno); *nicht* (*od. fehl*) *am* ~*e sein* estar fuera de lugar; ser impropio; ser inoportuno; *auf s-m* ~*e bleiben* no moverse del sitio; *bis auf den letzten* ~ *besetzt* lleno hasta los topes (*od.* hasta la bandera); '~agent ✝ *m* agente *m* local; '~angst *f* agorafobia *f*; '~anweiser(in *f*) *m* acomodador(a *f*) *m*.
'Plätzchen *n* plazuela *f*; rincón *m*; (*Gebäck*) galleta *f*; pasta *f*; (*Pastille*) pastilla *f*.
'Platzdeckchen *n* mantel *m* individual.
'platzen I. (-*t*) *v/i.* reventar (*a. Reifen*); romperse; *Geschoß*: estallar, hacer explosión, F *fig.* (*scheitern*) fracasar, frustrarse; *Betrug usw.*: descubrirse; *vor Lachen usw.* ~ reventar de risa, *etc.*; *ins Zimmer* ~ irrumpir (*od.* entrar de improviso) en la habitación; II. 2 *n* reventón *m*; estallido *m*; explosión *f*.
'Platz...: ~ersparnis *f* economía *f* de espacio; ~geschäft ✝ *n* operación *f* en plaza; ~gewinn *m* ganancia *f* de espacio; ~halter *m* *Computer*: comodín *m*; ~karte 🚂 *f* reserva *f* de plaza (*od.* asiento); ~kommandant ⚹ *m* comandante *m* de la plaza; ~mangel *m* falta *f* de sitio (*od.* de espacio); ~miete *f* abono *m*; ~nachbar *m Thea. usw.*: vecino *m* de localidad; ~patrone ⚹ *f* cartucho *m* de fogueo (*od.* sin bala); *mit* ~*n schießen* tirar sin bala; 2raubend *adj.* que ocupa mucho sitio; abultado; ~regen *m* aguacero *m*, chaparrón *m*; chubasco *m*; ~reservierung *f* reserva *f* (de asiento); ~scheck *m* cheque *m* sobre plaza; 2sparend *adj.* que no ocupa mucho sitio; ~vertreter ✝ *m* agente *m* (*od.* representante *m*) local; ~verweis *m* *Sport*: expulsión *f*; ~wart *m* guarda *m*; ~wechsel *m* cambio *m* de sitio; ✝ letra *f* de plaza.
Plaude'rei *f* charla *f*; plática *f*.
'Plauder|er *m* conversador *m*; charlista *m*; 2n (-*re*) *v/i.* conversar; charlar; ~n *n* conversación *f*; charla *f*; ~stündchen *n* rato *m* de charla; ~tasche F *f* mujer *f* habladora *od.* parlanchina; *desp.* chismosa *f*, cotilla *f*, cotorra *f*; ~ton *m*: *im* ~ en tono de conversación.
Plausch F *m* charla *f*; '2en F *v/i.* charlar; platicar.
plau'sibel *adj.* plausible; *j-m et.* ~ *machen* hacer a alg. comprender a/c.
plauz! *int.* ¡cataplum!
'Play|-back [pleɪbɛk] *n* playback *m*; ~boy [-bɔy] *m* playboy *m*.
Pla'zenta *Anat. f* (-; -*s od.* -*ten*) placenta *f*.
'Plazet *n*: *sein* ~ *geben* dar su beneplácito.
pla'zieren *v/t.* → placieren.
Ple'bej|er(in *f*) *m* plebeyo (-a *f*) *m*; 2isch *adj.* plebeyo.
Plebis'zit *n* (-*es*; -*e*) plebiscito *m*.
Plebs *m* (0) plebe *f*; populacho *m*.
'Pleite I. *f* quiebra *f*; F *fig.* fracaso *m*;

chasco *m*; ~ **machen** declararse en quiebra; quebrar; **II.** ⚙ *adv.*: ~ **sein** estar en quiebra; F *fig.* F estar sin blanca.
'**Plektron** ♪ *n* (-s; -tren *od.* -tra) púa *f.*
plem'plem F *adj.* tocado de la cabeza; P chalado, chalupa.
Ple'nar|saal *m* sala *f* de plenos; ~**sitzung** *f* sesión *f* plenaria, pleno *m.*
'**Plenum** *n* (-s; 0) pleno *m.*
Pleo'nas|mus *m* (-; -men) pleonasmo *m*; ⚙**tisch** *adj.* pleonástico.
'**Pleuelstange** ⊕ *f* biela *f.*
Pleu'ritis ✱ *f* (-; '*tiden*) pleuritis *f.*
Plis'see *n* (-s; -s) plisado *m*; ~**rock** *m* falda *f* plisada.
plis'sieren (-) *v/t.* plisar.
'**Plockwurst** *f* (especie de) salchichón *m.*
'**Plombe** *f* (*Zoll*⚙) precinto *m*; marchamo *m*; (*Zahn*⚙) empaste *m.*
plom'bieren (-) **I.** *v/t.* precintar; *Zahn*: empastar; *mit Gold*: orificar; **II.** ⚙ *n* precinto *m*; *e-s Zahns*: empaste *m*; orificación *f.*
'**Plötze** *Ict.* *f* gardón *m.*
'**plötzlich I.** *adj.* súbito, repentino; brusco; (*unerwartet*) imprevisto, inesperado; **II.** *adv.* de repente, de pronto; de golpe (y porrazo); de improviso; F *aber et.* ~*!* ¡pero deprisa!; ⚙**keit** *f* (0) lo inesperado.
'**Pluderhose** *f* pantalón *m* bombacho.
Plu'meau [ply'mo:] *n* (-s; -s) edredón *m.*
plump *adj.* grosero; burdo, tosco; (*ungeschickt*) torpe; (*schwerfällig*) pesado; '⚙**heit** *f* (0) grosería *f*; tosquedad *f*; torpeza *f*; pesadez *f.*
plumps! *int.* ¡cataplum!; ¡pum!
Plumps *m* batacazo; ⚙**en** (-t; *sn*) *v/i.* caer pesadamente; dar un batacazo.
'**Plunder** *m* trastos *m/pl.* (viejos), cachivaches *m/pl.*; chirimbolos *m/pl.*; (*Lumpen*) trapos *m/pl.* viejos; *alter* ~ antiguallas *f/pl.*
Plünde'rei *f* saqueo *m*; pillaje *m*; merodeo *m.*
'**Plünder|er** *m* saqueador *m*; pillador *m*; merodeador *m*; ⚙**n** (-re) *v/t. u. v/i.* pillar; saquear; merodear; *fig.* desvalijar; ~**ung** *f* pillaje *m*; saqueo *m*; merodeo *m*; desvalijamiento *m.*
'**Plu|ral** *m* (-s; -e) plural *m*; ~**ral-endung** *f* terminación *f* (*od.* desinencia *f*) del plural; ⚙**ralisch** *adj.* plural; ~**ra'lismus** *m* pluralismo *m*; ⚙**ra'listisch** *adj.* pluralista.
plus I. *adv.* más; *Temperatur*: sobre cero; **II.** ⚙ *n* (0) excedente *m*, ✝ superávit *m*; F ventaja *f*, plus *m.*
Plüsch *m* (-es; -e) felpa *f*; *gal.* peluche *m*; '⚙**artig** *adj.* afelpado; '~**tier** *n* (animal *m* de) peluche *m.*
'**Plus...: ~pol** *m* polo *m* positivo; ~**punkt** *m* punto *m* a favor (*a. fig.*); *e-n* ~ *für sich verbuchen* apuntarse un tanto; ~**quamperfekt** *Gr.* *n* pluscuamperfecto *m.*
'**plustern** [u:] *v/refl.*: *sich* ~ *Vogel*: ahuecar las plumas.
'**Pluszeichen** *n* signo *m* de adición, más *n.*
Pluto|kra'tie *f* plutocracia *f*; ⚙'**kratisch** *adj.* plutocrático.
Plu'tonium ⚛ *n* (-s; 0) plutonio *m.*
Pneu'matik *Phys.* *f* (0) neumática *f*; ⚙**tisch** *adj.* neumático.

Pneumo'thorax ✱ *m* neumotórax *m.*
Po *m* 1. *Geogr.* Po *m*; 2. F → *Popo.*
'**Pöbel** *m* (-s; 0) plebe *f*; populacho *m*, chusma *f*, gentuza *f*; vulgo *m*; ⚙**haft** *adj.* plebeyo; grosero, soez; ~**haftigkeit** *f* (0) plebeyez *f*; grosería *f*; ordinariez *f*; ~**herrschaft** *f* (0) oclocracia *f.*
'**pochen I.** *v/t.* ⚒ triturar, machacar; quebrantar; **II.** *v/i.* golpear; *an die Tür*: llamar; *Herz*: palpitar, latir; *fig. auf et.* ~ insistir en a/c.; reclamar a/c.
po'chieren [ʃ] *Kochk.* *v/t.* escalfar; *pochierte Eier* huevos *m/pl.* escalfados.
'**Poch|spiel** *n* poque *m*; ~**stempel** ⚒ *m* mazo *m* de bocarte; ~**werk** *n* bocarte *m.*
'**Pocke** ✱ *f* grano *m*; pústula *f*; ~**n** *f/pl.* viruela *f*; ~**nkranke(r)** *m* varioloso *m*, virolento *m.*; ~**nnarbe** *f* hoyo *m* de viruela, cacaraña *f*; ⚙**nnarbig** *adj.* picado (*od.* marcado) de viruelas; ~**n(schutz)impfung** *f* vacunación *f* antivariólica.
'**pockig** *adj.* virolento, varioloso.
'**Podagra** ✱ *f* (0) podagra *f.*
Po'dest *n* (-*es*; -*e*) 1. → *Podium*; 2. (*Treppenabsatz*) descansillo *m*, rellano *m.*
'**Podex** *hum.* *m* (-es; -e) F pompis *m.*
'**Podium** *n* (-s; -*dien*) estrado *m*, tarima *f*, entarimado *m*, podio *m*; ~**sgespräch** *n* coloquio *m* (público).
Po'em *n* (-s; -e) poema *m.*
Poe'sie *f* poesía *f.*
Po'et *m* (-en) poeta *m*; ~**ik** *f* (0) poética *f*; *as an auch*, *adj.* ⚙**in** *f* poetisa *f*; ⚙**isch** *adj.* poético.
Po'grom *n, m* (-s; -e) pogrom(o) *m.*
Pointe [po'ɛ̃tə] *f* agudeza *f*; *e-s Witzes*: gracia *f.*
poin'tiert *adj.* (*betont*) acentuado; (*geistreich*) agudo, sutil.
Pointil'lismus *Mal.* *m* puntillismo *m.*
Po'kal *m* (-s; -e) copa *f* (*a. Sport*); ~**endspiel** *n* final *f* de la copa; ~**spiel** *n* partido *m* de copa.
'**Pökel** *m* salmuera *f*; adobo *m*; ~**faß** *n* saladero *m*; ~**fleisch** *n* carne *f* salada; ~**hering** *m* arenque *m* salado; ⚙**n** (-*le*) *v/t.* salar; adobar; ~**n** *n* salazón *f.*
'**Poker** *n* (-s; 0) → ~**spiel**; ~**gesicht** *n* cara *f* de póker; ⚙**n** *v/i.* jugar al póker; ~**spiel** *n* póker *m*, póquer *m.*
Pol *m* (-s; -e) polo *m* (*a.* ⚡ *u. fig.*); *Flug über den* ~ vuelo *m* transpolar.
po'lar *adj.* polar; ⚙**expedition** *f* expedición *f* al polo; ⚙**forscher** *m* explorador *m* de las regiones polares; ⚙**forschung** *f* exploración *f* de las regiones polares; ⚙**front** *Meteor.* *f* frente *m* polar; ⚙**fuchs** *Zoo.* *m* zorro *m* azul; ⚙**hund** *m* perro *m* esquimal.
Polari'meter *n* polarímetro *m*; ~**sation** *f* polarización *f*; ~**sieren** (-) *v/t.* polarizar; ~'**tät** *f* polaridad *f.*
Po'lar...: ~kreis *m* círculo *m* polar (*nördlicher* ártico; *südlicher* antártico); ~**licht** *n* luz *f* polar; ~**stern** ✶ *m* estrella *f* polar; ~**zone** *f* zona *f* glacial.
'**Polder** *m* (-s; -) pólder *m.*
'**Pole** *m* (-*n*) polaco *m.*
Po'lem|ik *f* polémica *f*; ~**iker** *m* polemista *m*; ⚙**isch** *adj.* polémico.

polemi'sieren (-) *v/i.* polemizar.
'**Polen** *n* Polonia *f.*
Po'lente P *f* (0) bofia *f*, poli *f.*
Po'lice [-'li:sə] *f* póliza *f* (de seguro).
Po'lier *m* (-s; -e) capataz *m*; ⚙**en** *v/t.* pulir (*a. fig.*); dar (*od.* sacar) brillo a; *Metall*: *a.* bruñir, pulimentar; *Möbel*: lustrar; ~**en** *n* pulimento *m*; bruñido *m*; ~**er** *m* pulidor *m*; bruñidor *m*; ~**maschine** *f* pulidora *f*; ~**mittel** *n* producto *m* para pulir; ~**scheibe** *f* disco *m* para pulir; ~**stahl** *m* bruñidor *m.*
'**Poliklinik** ✱ *f* policlínica *f*; dispensario *m.*
'**Polin** *f* polaca *f.*
'**Polio** F *f* F polio *f*; ~**mye'litis** *f* poliomielitis *f.*
Po'litbüro *n* politburó *m.*
Poli'tik *f* (0) política *f*; ~ *der Stärke* política *f* de fuerza; ~ *der Öffnung* aperturismo *m*, política *f* aperturista.
Politi'kaster *desp.* *m* politicastro *m.*
Po'li|tiker *m* político *m*; ~**tikerin** *f* (*mujer f*) política *f*; ~**tikum** *n* cuestión *f* política; ~**tikverdrossenheit** *f* desgana *f* política, desencanto *m* político; ~'**tikwissenschaft** *f* ciencias *f/pl.* políticas; ⚙**tisch** *adj.* político; ~ *korrekt* políticamente correcto.
politi'sier|en (-) **I.** *v/i.* hablar de política; *desp.* politiquear; **II.** *v/t.* politizar; ⚙**en** *n* desp. politiqueo *m*; ⚙**ung** *f* politización *f.*
Polito'|loge *m* (-n) politólogo *m*; ~'**gie** *f* ciencias *f/pl.* políticas.
Poli'tur *f* pulimento *m*; bruñido *m*; (*Mittel*) abrillantador *m*; (*Glanz*) brillo *m*, lustre *m.*
Poli'zei *f* (0) policía *f*; ~**aktion** *f* operación *f* policial; ~**aufgebot** *n* despliegue *m* de policía; ~**aufsicht** *f* vigilancia *f* policíaca; *unter* ~ bajo vigilancia (de la policía); ~**beamte(r)** *m* (agente *m* de) policía *m*; ~**behörde** *f* policía *f*; ~**dienst** *m* servicio *m* de policía; ~**direktion** *f* jefatura *f* de policía; ~**gewahrsam** *in* ~ *sein* estar detenido por la policía; ~**gewalt** *f* poder *m* de la policía; ~**hund** *m* perro *m* policía; ~**inspektor** *m* inspector *m* de policía; ~**kommissar** *m* comisario *m* de policía; ⚙**lich I.** *adj.* policiaco, policial, de (la) policía; **II.** *adv.* por (orden de) la policía; ~**präsident** *m* jefe *m* superior de policía; ~**präsidium** *n* jefatura *f* superior de policía; ~**revier** *n* comisaría *f* de policía; ~**spitzel** *m* confidente *m* de la policía; F chivato *m*; ~**staat** *m* Estado *m* policía; ~**streife** *f* patrulla *f* de policía; ~**stunde** *f* hora *f* de cierre; ~**verordnung** *f* ordenanza *f* de policía; ~**wache** *f* puesto *m* de policía; comisaría *f* (de policía); ~**wagen** *m* coche *m* de la policía; *für Häftlinge*: coche *m* celular; ⚙**widrig** *adj.* contrario a las ordenanzas de la policía; *fig.* intolerable.
Poli'zist *m* (-en) (agente *m* de) policía *m*; guardia *m* municipal (*od.* urbano); *desp.* polizonte *m*; ~**in** *f* mujer *f* policía.
'**Polka** *f* (-; -s) polca *f.*
'**Pol-klemme** ⚡ *f* borne *m* (*od.* terminal *m*) de polo.
'**Pollen** ♣ *m* polen *m.*
Polluti'on ✱ *f* polución *f.*

'**polnisch** *adj.* polaco; *fig.* ~e *Wirtschaft* casa *f* de tócame Roque.
'**Polo** *n* → ~**spiel**; ~**hemd** *n* (camisa *f*) polo *m*.
Polo'näse *f* polonesa *f*.
'**Polo|schläger** *m* mazo *m* de polo; ~**spiel** *n* polo *m*; ~**spieler** *m* jugador *m* de polo, polista *m*.
'**Pol-schuh** ⚡ *m* borne *m*, terminal *m*.
'**Polster** *n* (-*s*; -) acolchado *m*; (*Kissen*) cojín *m*; almohadón *m*; (*Bett*♀) colchoneta *f*; (*Füllung*) relleno *m*; *fig.* reserva *f*; ~**er** *m* tapicero *m*; colchonero *m*; ~**garnitur** *f* tresillo *m*; ~**material** *n* material *m* de relleno (para tapicería); ~**möbel** *n*/*pl.* muebles *m*/*pl.* tapizados; ♀*n* *v*/*t.* tapizar; acolchar; F *fig. gut gepolstert* F metido en carnes; ~**sessel** *m* sillón *m* tapizado; ~**stuhl** *m* silla *f* tapizada; ~**ung** *f* acolchado *m*; jaleo *m*; estrépito *m*.
'**Polter|abend** *m* víspera *f* de boda; ~**er** *m* alborotador *m*; F buscarruidos; ~**geist** *m* duende *m*, trasgo *m*; ♀**n** (-*re*) *v*/*i.* alborotar; hacer ruido; F armar jaleo; (*wettern*) echar pestes; *Sache:* caer con estrépito; *an die Tür* ~ golpear (*od.* aporrear) la puerta; ~**n** *n* alboroto *m*; jaleo *m*; estrépito *m*.
Poly|a'mid 🜨 *n* (-*s*; -*e*) poliamida *f*; ~**chro'mie** *f* policromía *f*; ~'**eder** *n* poliedro *m*; ~'**ester** *m* poliéster *m*; ♀'**gam** *adj.* polígamo; ~**ga'mie** *f* poligamia *f*; ~**ga'mist** *m* (-*en*) polígamo *m*; ♀'**glott** *adj.* polígloto; ~'**gon** *n* (-*s*; -*e*) polígono *m*; ♀'**mer** *adj.* polímero; ~**merisati'on** *f* polimerización *f*; ♀**meri'sieren** (-) *v*/*t.* polimerizar; ♀'**morph** *adj.* polimorfo.
Poly'nes|ien *n* Polinesia *f*; ~**ier** *m*, ♀**isch** *adj.* polinesio (*m*).
Po'lyp *m* (-*en*) *Zoo.* pólipo *m* (*a.* 🐙); P *fig.* (*Polizist*) polizonte *m*.
poly|'phon *adj.* polifónico; ♀**pho'nie** *f* (0) polifónico; ♀**sty'rol** *n* poliestirol *n*; ♀'**technikum** *n* politécnico *m*, escuela *f* politécnica; ~'**technisch** *adj.* politécnico.
Polythe'is|mus *m* (-; 0) politeísmo *m*; ~**t** *m* (-*en*), ♀**tisch** *adj.* politeísta (*m*).
Po'mad|e *f* pomada *f*; ♀**ig** F *fig. adj.* flemático; remolón; cachazudo; ♀**i'sieren** *v*/*t.* *Haar:* engomar.
Pome'ranze 🍊 *f* naranja *f* amarga.
'**Pommer|(in** *f*) *m* (-*n*) pomerano (-a *f*) *m*; ♀**isch** *adj.* pomerano; ~**n** *n* Pomerania *f*.
Pommes 'frites [pɔm'frɪt] *pl.* patatas *f*/*pl.* fritas.
Pomp *m* (-*es*; 0) pompa *f*; fausto *m*, suntuosidad *f*; boato *m*; ♀'**haft** *adj.* pomposo; fastuoso, suntuoso.
pom'pös *adj.* ostentoso, aparatoso; espectacular, vistoso; → *pomphaft.*
Pontifi|'kal-amt *n* misa *f* pontifical; ~'**kat** *n* (-*es*; -*e*) pontificado *m*.
'**Pontius** [-ts-] *m*: ~ *Pilatus* Poncio Pilatos; *fig. von* ~ *zu Pilatus laufen* andar de la Ceca a la Meca; ir de Herodes a Pilatos.
Pon'ton [-'tɔŋ] *m* (-*s*; -*s*) pontón *m*; ~**brücke** *f* puente *m* de pontones (*od.* flotante).
'**Pony** *n* (-*s*; -*s*) 1. poney *m*; 2. → ~**frisur** *f* flequillo *m*.
'**Popanz** *m* (-*es*; -*e*) espantajo *m*, coco *m*; *fig.* muñeco *m*.
'**Popcorn** *n* palomitas *f*/*pl.*, *Am.* cancha *f*.

'**Pope** *m* (-*n*) pope *m*.
'**Popel** F *m* (-*s*; -) F albondiguilla *f*; ♀**ig** F *adj.* mezquino; pobre, mísero.
Pope'lin(e *f*) *m* (-*s*; -*e*) popelín *m*.
'**popeln** (-*le*) F *v*/*i.* hurgarse la nariz.
'**Popmusik** *f* música *f* pop.
Po'po F *m* (-*s*; -*s*) F pompis *m*, culito *m*, mapamundi *m*.
popu|'lär *adj.* popular; ~ *machen* → ~**lari'sieren** (-) *v*/*t.* popularizar; divulgar, vulgarizar; ♀**lari'sierung** *f* popularización *f*; divulgación *f*, vulgarización *f*; ♀**lari'tät** *f* (0) popularidad *f*; ♀**lati'on** *Bio.* *f* población *f*; ~'**listisch** *adj. Pol.* populista.
'**Por|e** *f* poro *m*; ♀**ig** *adj.* poroso.
'**Porno** F *m* película *f* bzw. novela *f* pornográfica; ~'**graph** *m* (-*en*) pornógrafo *m*; ~**gra'phie** *f* (0) pornografía *f*; ♀'**graphisch** *adj.* pornográfico.
po'rös *adj.* (-*est*) poroso.
Porosi'tät *f* (0) porosidad *f*.
'**Porphyr** [ˈpɔrfyːʀ] *m* (-*s*; -*e*) pórfido *m*, *gal.* pórfiro *m*.
'**Porree** [ˈpɔʀeː] 🌿 *m* (-*s*; -*s*) puerro *m*.
Por'tal *n* (-*s*; -*e*) portal *m* (*a. Internet*); ~**kran** ⊕ *m* grúa *f* (de) pórtico.
Porte|'feuille [pɔrtˈfœɪ] *n* (-*s*; -*s*) cartera *f* (*a.* ✝); *Minister ohne* ~ ministro *m* sin cartera; ~**mon'naie** [-mɔˈneː] *n* (-*s*; -*s*) portamonedas *m*, monedero *m*.
Por'tier [-'tieː] *m* (-*s*; -*s*) portero *m*, conserje *m*; ~**e** *f* cortina *f*; guardapuerta *f*; ~**sfrau** *f* portera *f*; ~**sloge** *f*, ~**swohnung** *f* portería *f*.
Porti'on *f* porción *f*; ración *f*; F *fig. halbe* ~ poquita cosa *f*.
'**Porto** *n* (-*s*; -*s* *od.* -*ti*) franqueo *m*, porte *m*; ~ *bezahlt* porte pagado; ~ *zahlt der Empfänger* a franquear en destino; ~**auslagen** *f*/*pl.* gastos *m*/*pl.* de franqueo; ♀**frei** *adj.* franco (*od.* exento) de porte; libre de franqueo; ~**freiheit** *f* franquicia *f* postal; ~**gebühr** *f* (tarifa *f* de) franqueo *m*; ~**kasse** *f* caja *f* de portes; ~**kosten** *pl.* → ~**auslagen**; ♀**pflichtig** *adj.* sujeto a franqueo; ~**zuschlag** *m* sobreporte *m*.
Por'trät [-'trɛː] *n* (-*s*; -*s*) retrato *m*.
porträ'tieren (-) *v*/*t.* retratar, hacer un retrato a.
Por'trätmaler *m* retratista *m*.
'**Portugal** *n* Portugal *m*.
Portu'gie|se *m* (-*n*) portugués *m*; ~**sin** *f* portuguesa *f*; ♀**sisch** *adj.* portugués.
'**Portwein** *m* vino *m* de Oporto, oporto *m*.
Porzel'lan *n* (-*s*; -*e*) porcelana *f*; *Meißner* ~ porcelana *f* de Sajonia; ~**erde** *f* caolín *m*; ~**füllung** *f* *Zahn:* empaste *m* de porcelana; ~**geschirr** *n* vajilla *f* de porcelana; ~**industrie** *f* industria *f* de la porcelana; ~**laden** *m* tienda *f* de porcelana; ~**malerei** *f* pintura *f* sobre porcelana; ~**masse** *f* pasta *f* de porcelana; ~**service** *n* → ~**geschirr**; ~**waren** *f*/*pl.* porcelanas *f*/*pl.*; artículos *m*/*pl.* de porcelana.
Posa'menten *pl.* pasamanería *f*.
Posamen'tier (-*s*; -*e* *od.* -*er*) pasamanero *m*; ~**arbeit** *f*, ~**handel** *m*, ~**waren** *f*/*pl.* pasamanería *f*.
Po'saune *f* trombón *m*; *die* ~**n** *des Jüngsten Gerichts* las trompetas del juicio final; ♀**n I.** *v*/*i.* ♪ tocar el trombón; **II.** *fig.* *v*/*t.* pregonar (a los cuatro vientos); ~**nbläser** *m* → **Posaunist**; ~**n-engel** *m* ángel *m* trompetero.
Posau'nist *m* (-*en*) trombón *m*, trombonista *m*.
'**Pose** *f* pose *f*; afectación *f*; *bsd. Mal.* postura *f*.
po'sieren (-) *v*/*i.* posar.
Positi'on *f* *allg.* posición *f*; (*Posten*) partida *f*; ⚓ situación *f*; *e-e gute* ~ *haben* estar en buena posición; ~**s-anzeiger** *m* indicador *m* de situación; ~**slampe** ⚓ *f* luz *f* de situación; ~**slichter** ✈, *Kfz.* *n*/*pl.* luces *f*/*pl.* de posición.
'**positiv I.** *adj.* positivo; (*bejahend*) afirmativo; F seguro; *weißt du das* ~? ¿estás seguro?; **II.** ♀ **1.** *Gr.* *m* (grado *m*) positivo *m*; **2.** *Phot.* *n* positivo *m*; ~**e'lektrisch** *adj.* de carga eléctrica positiva.
Positi'vis|mus *m* (-; 0) positivismo *m*; ~**t** *m* (-*en*), ♀**tisch** *adj.* positivista (*m*).
'**Positron** *Phys.* *n* (-*s*; -*en*) posit(r)ón *m*.
Posi'tur *f* (-; -*en*) posición *f*; postura *f*; *sich in* ~ *setzen* adoptar una actitud afectada.
'**Posse** *Thea.* *f* farsa *f* (*a. fig.*).
'**Possen** *m* (-*s*; -) (*Spaß*) bufonada *f*; (*Streich*) travesura *f*; ~ *reißen* decir (*od.* hacer) bufonadas; *j-m* ~ *spielen* gastar una broma a alg.; ♀**haft** *adj.* burlesco; bufonesco; ~**reißer** *m* bufón *m*; ~**spiel** *Thea.* *n* farsa *f*.
'**possessiv** *Gr.* *adj.* posesivo; ♀**pronomen** *Gr.* *n* pronombre *m* posesivo.
pos'sierlich *adj.* gracioso; cómico; F mono.
Post *f* (0) correo *m*; (~**sachen**) *a.* correspondencia *f*; (~**amt**) (oficina *f* de) correos *m*/*pl.*; *mit der* ~ por correo; *mit gleicher* (*od.* *getrennter*) ~ por (correo) separado; *mit umgehender* ~ a vuelta de correo; *zur* ~ *gehen* ir al correo (*od.* a correos); *auf die* ~ *bringen* echar *bzw.* llevar al correo; *die* ~ *aufgeben* (*erledigen*) expedir (despachar) la correspondencia; *ist* ~ *für mich da?* ¿hay cartas para mí?
pos'talisch *adj.* postal.
Posta'ment *n* (-*es*; -*e*) pedestal *m*.
'**Post...: ~amt** *n* oficina *f* (*od.* estafeta *f*) de correos; ♀**amtlich** *adj.* postal; ~**angestellte(r)** *m* empleado *m* de correos; ~**anschrift** *f* dirección *f* postal; ~**anweisung** *f* giro *m* postal; ~**auftrag** *m* mandato *m* postal; ~**ausgang** *m*, ~**auslauf** *m* salida *f* de correo; ~**beamte(r)** *m*, **beamtin** *f* funcionario (-a *f*) *m* de correos; ~**beförderung** *f* transporte *m* postal; ~**behörde** *f* → ~**verwaltung**; ~**bezirk** *m* distrito *m* postal; ~**bezug** *m* suscripción *f* postal (*od.* por correo); ~**bote** *m* cartero *m*; ~**bus** *m* autocar *m* postal; ~**dampfer** ⚓ *m* vapor *m* correo; ~**dienst** *m* servicio *m* postal (*od.* de correos); ~**direktion** *f* administración *f* de correos; ~**direktor** *m* administrador *m* de correos; ~**eingang** *m* correo *m* recibido; ~**einlieferungsschein** *m* resguardo *m* de entrega.
'**Posten** *m* (-*s*; -) (*Stellung*) puesto *m*; colocación *f*, empleo *m*; destino *m*; (*Amt*) cargo *m*; ✝ partida *f*; lote *m*;

(*Buchhaltung*) asiento *m*; ⚔ puesto *m*; (*Wache*) guardia *f*; (*Person*) centinela *m*; ⚔ ~ *stehen* estar de guardia; *auf* ~ *ziehen* entrar de (*od.* montar la) guardia; *fig. auf dem* ~ *sein* (*aufpassen*) poner atención; estar en guardia; estar (ojo) alerta; *gesundheitlich*: sentirse bien; estar en (buena) forma; *nicht auf dem* ~ *sein* no sentirse bien, F no estar muy católico; *wieder auf dem* ~ *sein* estar restablecido; ~**aufstellung** ⚔ *f* colocación *f* de centinelas; ~**kette** *f*, ~**linie** *f* ⚔ cordón *m* de centinelas; ℨ**weise** † *adv.* en (*od.* por) partidas.

'**Poster** [ˈpɔː-] *n* (-*s*; -) poster *m*, póster *m*.

'**Post...**: ~**fach** *n* apartado *m* de correos; *Am.* casilla *f* postal; ~**flugzeug** *n* avión *m* correo; ~**gebühren** *f/pl.* tarifas *f/pl.* postales; ~**geheimnis** *n* secreto *m* postal; ~**halter** *ehm. m* maestro *m* de postas; ~**horn** *n* corneta *f* de postillón.

postˈhum *adj.* póstumo.

posˈtieren (-) *v/t.* colocar; *a.* ⚔ apostar; *sich* ~ colocarse; apostarse.

'**Postillion** [-ɪliˈ-] *m* (-*s*; -*e*) postillón *m*.

'**Post...**: ~**karte** *f* (tarjeta *f*) postal *f*; ~ *mit Rückantwort* tarjeta *f* postal--respuesta; ~**kutsche** *f* diligencia *f*; ℨ**lagernd** *adv.* lista de correos; ~**leitzahl** *f* código *m* postal; ~**meister** *m* → ~*halter*; ~**minister** *m* (~**ministerium** *n*) ministro *m* (Ministerio *m*) de Comunicaciones; ~**nachnahme** *f* reembolso *m* postal.

postˈnumeˈrando *adv.* posteriormente; a plazo vencido; ~**operaˈtiv** ✱ *adj.* postoperatorio.

'**Post...**: ~**paket** *n* paquete *m* postal; ~**paketdienst** *m* servicio *m* postal de paquetes; ~**sache** *f* objeto *m* postal; ~**sack** *m* saca *f*; ~**schalter** *m* ventanilla *f* (de correos); ~**scheck** *m* cheque *m* postal; ~**scheck-amt** *n* oficina *f* de cheques postales; ~**scheckdienst** *m* servicio *m* de cheques postales; ~**scheckkonto** *n* cuenta *f* corriente postal; ~**scheckverkehr** *m* → ~*scheckdienst*; ~**schiff** *n* buque *m* correo; ~**schließfach** *n* → ~*fach*; ~**sendung** *f* envío *m* postal; ~**skript** (-**um**) *n* pos(t)data *f*; ~**sparbuch** *n* libreta *f* de ahorro postal; ~**sparkasse** *f* caja *f* postal de ahorros; ~**station** *f ehm.* posta *f*; ~**stempel** *m* matasellos *m*; *Datum des* ~*s* fecha del matasellos; ~**tarif** *m* tarifa *f* postal; ~**überweisung** *f* giro *m* (*od.* transferencia *f*) postal.

Postuˈlat *n* (-*s*; -*e*) postulado *m*; ℨ**lieren** (-) *v/t.* postular.

posˈtum *adj.* póstumo.

'**Post...**: ~**verbindung** *f* comunicación *f* postal; ~**ver-ein** *m* unión *f* postal; ~**verkehr** *m* servicio *m* postal; ~**verwaltung** *f* administración *f* de correos; ~**wagen** 🚃 *m* coche *m* correo; ambulancia *f* de correos; ℨ**wendend** *adv.* a vuelta de correo; ~**wertzeichen** *n* sello *m* de correos; *Am.* estampilla *f*; ~**wesen** *n* (servicio *m* de) correos *m/pl.*; ~**wurfsendung** *f* envío *m* colectivo; ~**zug** 🚃 *m* tren *m* correo; ~**zustellung** *f* reparto *m* (de correspondencia).

poˈtent *adj.* potente.

Potenˈtat *m* (-*en*) potentado *m*.

Potentiˈal [-ˈtsɪ̯aːl] *n* (-*s*; -*e*) potencial *m*; ~**abfall** ⚡ *m* caída *f* de potencial; ~**differenz** ⚡ *f* diferencia *f* de potencial; ~**is** *Gr. m* (modo *m*) potencial *m*.

potentiˈell [-ˈtsɪ̯ɛl] *adj.* potencial (*a. Energie*), en potencia; virtual.

Potentioˈmeter *n* potenciómetro *m*.

Poˈtenz ⚕ *f* (-; -*en*) potencia *f* (*a. Physiol.*); *zweite* ~ cuadrado *m*; *dritte* ~ cubo *m*; *vierte* ~ cuarta potencia; *in e-e* ~ *erheben* → ℨˈ**zieren** (-) *v/t.* ⚕ elevar a una potencia; *fig.* potenciar.

'**Potpourri** [ˈpɔtpuʀiˑ] *n* (-*s*; -*s*) ♪ popurrí *m* (*a. fig.*).

Pott *reg. m* (-*s*; ⸚*e*) → *Topf*; ~**asche** 🝕 *f* (0) potasa *f*; ℨ**häßlich** F *adj.* más feo que Pico; ~**wal** *Ict. m* cachalote *m*.

Pouˈlarde [puː-] *f* pularda *f*.

pousˈsieren [puˈsiː-] F *v/i.*: *mit j-m* ~ flirtear (*od.* tontear) con alg.

Präˈambel *f* (-; -*n*) preámbulo *m*.

Pracht *f* (0) magnificencia *f*; (*Prunk*) pompa *f*; fausto *m*, boato *m*; suntuosidad *f*; lujo *m* (*Glanz*) esplendor *m*; *fig. es war e-e* (*wahre*) ~ fue (realmente) magnífico; ~**aufwand** *m* lujo *m*; suntuosidad *f*; ~**ausgabe** *f* edición *f* de lujo; ~**bau** *m* edificio *m* suntuoso; ~**exemplar** *n* (*Buch*) ejemplar *m* de lujo; F *fig.* → ~*kerl*.

'**prächtig** *adj.* magnífico; suntuoso; lujoso; grandioso; soberbio; F *fig.* (*großartig*) excelente; espléndido; F estupendo.

'**Pracht...**: ~**kerl** F *m* buen mozo *m*; gran muchacho *m*; hombre *m* excelente; ~**liebe** *f* magnificencia *f*; ostentación *f*; fastuosidad *f*; ℨ**liebend** *adj.* ostentoso; fastuoso; ~**mensch** *m* hombre *m* admirable; ~**stück** *n* pieza *f* selecta; *iro.* alhaja *f*, joya *f*; ℨ**voll** *adj.* → *prächtig*; ~**werk** *n* (*Buch*) obra *f* de *bzw.* edición *f* de lujo.

Prädestiˈnatiˈon *f* (0) predestinación *f*; ℨˈ**nieren** (-) *v/t.* predestinar (*zu* a).

Prädiˈkat *n* (-*ę*s; -*e*) *Gr.* predicado *m*; (*Zensur*) nota *f*, calificación *f*; (*Titel*) título *m*.

prädikaˈtiv *adj.* predicativo.

Prädiˈkatsnomen *Gr. n* predicado *m* nominal.

prädispoˈnieren (-) *v/t.* predisponer (*für* a, para).

Präˈfekt *m* (-*en*) prefecto *m*.

Präfekˈtur *f* prefectura *f*.

Präˈfix *Gr. n* (-*es*; -*e*) prefijo *m*.

Prag *n* Praga *f*.

'**Präge**(**anstalt**) *f* (casa *f* de la) moneda *f*; ~**druck** *Typ. m* impresión *f* en relieve; ~**form** *f* matriz *f*; ℨ*n v/t.* (*stanzen*) estampar; *Münzen*: acuñar (*a. Wort usw.*); troquelar; *fig.* marcar; grabar; crear; *ins Gedächtnis* ~ grabar en la memoria; ~**n** → *Prägung*; ~**presse** *f* troqueladora *f*; ~**stempel** *m* cuño *m*, troquel *m*.

Pragˈmatiker *m* pragmatista *m*; ℨ**ˈmatisch** *adj.* pragmático; ~**maˈtismus** *m* (0) pragmatismo *m*.

prägˈnant *adj.* (*kurz*) conciso, sucinto; lacónico; (*genau*) preciso, exacto; ℨ*z f* (0) concisión *f*; laconismo *m*; precisión *f*, exactitud *f*.

'**Prägung** *f* (*Stanzen*) estampación *f*, estampado *m*; *v. Münzen*: acuñación *f*; *fig.* creación *f*; (*Gepräge*) cuño *m*, marchamo *m*; corte *m*.

prähiˈstorisch *adj.* prehistórico.

'**prahlen** *v/i.* jactarse, vanagloriarse, alardear (*mit* de); fanfarronear, baladronear; presumir (*de bzw.* con); ℨ**er** *m* jactancioso *m*; fanfarrón *m*.

Prahleˈrei *f* jactancia *f*; fanfarronería *f*; ostentación *f*; presunción *f*; (*prahlende Äußerung*) fanfarronada *f*; baladronada *f*; bravuconada *f*.

'**prahlerisch** *adj.* fanfarrón; jactancioso; (*prunkend*) ostentoso.

'**Prahlˈhans** *m* (-*es*; ⸚*e*) valentón *m*, bravucón *m*, matasiete *m*, perdonavidas *m*; → *a. Prahler*; ~**sucht** *f* manía *f* de jactarse; afán *m* de ostentación.

Prahm ⚓ *m* (-*ę*s; -*e*) gabarra *f*.

Präjuˈˈdiz ⚖ *n* (-*es*; -*e*) prejuicio *m*; ℨ**diˈzieren** (-) *v/t.* prejuzgar.

'**Praktiˈk** *f* práctica *f*; *m.s.* ~**en** *pl.* maquinaciones *f/pl.*; trucos *m/pl.*; manejos *m/pl.* (sucios); ℨˈ**kabel** *adj.* practicable; factible; ~ˈ**kant** *m* (-*en*) practicante *m* (técnico); (*Rechts*ℨ) pasante *m*; ~**ker** *m* 1. práctico *m*; 2. → *praktischer Arzt*; ~**kum** *n* (-*s*; -*ka*) (período *m* de) prácticas *f/pl.*; *des Rechtspraktikanten*: pasantía *f*.

'**praktisch I.** *adj. allg.* práctico; ~**er** *Arzt* médico *m* de medicina general; **II.** *adv.* prácticamente; ~ *durchführbar* practicable; ~ *durchführen* practicar, poner *en* (*od.* llevar a la) práctica; ~ *unmöglich* punto menos que imposible.

praktiˈzieren I. (-) *v/t.* practicar; **II.** *v/i.* practicar, *Arzt*: ejercer; ~**der** *Arzt* médico *m* en ejercicio; ~**der** *Katholik* católico *m* practicante.

Präˈlat *m* (-*en*) prelado *m*.

Präliˈminarien [-ʀɪˑ-] *pl.* preliminares *m/pl.*

Praˈline *f* bombón *m* (de chocolate); ~**nschachtel** *f* caja *f* de bombones.

prall I. *adj.* (*straff*) tenso, tirante; tieso; (*voll*) repleto; relleno; (*eng anliegend*) apretado; *Ballon usw.*: henchido; hinchado; (*rundlich*) F rechoncho; *in der* ~**en** *Sonne* a pleno sol; **II.** ℨ *m* choque *m*; impacto *m*; rebote *m*; 'ℨ**en** (*sn*) *v/i.* (*zurück*~) rebotar; *Sonne*: apretar; *gegen et.* ~ chocar (*od.* dar) contra *a.*; 'ℨ**er**, 'ℨ**triller** ♪ *m* mordente *m* superior; 'ℨ**voll** F *adj.* a tope, de bote en bote.

präˈluˈdieren (-) ♪ *v/i.* preludiar; ℨˈ**ludium** *n* (-*s*; -*dien*) preludio *m*.

'**Prämie** [-mi̯ə] *f* (*Preis*) premio *m*; (*Belohnung*) *a.* recompensa *f*; ✝ prima *f*; ~**n-anleihe** *f* empréstito *m* con prima; ~**n-aufschlag** *m* sobreprima *f*; ~**ngeschäft** *n* operación *f* a (*od.* con) prima; ~**nrückgewähr** *f* reembolso *m* de primas; ~**nsatz** *m* prima *f*; ~**nschein** *m* bono *m* de prima; ~**nsparen** *n* ahorro *m* por primas.

präˈmierˈen, prämiˈerˈen (-) *v/t.* premiar; ℨ**ung** *f* adjudicación *f* del premio; concesión *f* de premios.

Präˈmisse *f* premisa *f*.

'**prangen** *v/i.* (*glänzen*) brillar, resplandecer; lucir; ~ *mit* ostentar (*ac.*); hacer alarde de.

'**Pranger** *m* picota *f*; *an den* ~ *stellen* poner en la picota (*a. fig.*).

'**Pranke** *f* pata *f* (*a.* F *fig. Hand*); garra *f*; zarpa *f*.

pränumeˈrando *adv.* por adelantado (*od.* anticipado).

Präpaˈrat *n* (-*ę*s; -*e*) preparado *m*, preparación *f*; ~ˈ**rator** *m* (-*s*; -ˈ*toren*) preparador *m*; *v. Tieren*: disector *m*;

präparieren — Presseleute

²**'rieren** (-) v/t. preparar; *Tier*: disecar; *sich ~ auf* et. prepararse para a/c.
Präpositi'on *Gr.* f preposición f.
präpositio'nal adj. preposicional.
Prä'rie f pradera f; llano m; **~wolf** *Zoo.* m coyote m.
'Präsens *Gr.* n (-; 0) presente m.
Prä'sent I. n (-s; -e) regalo m; **II.** ⚥ adj. presente.
präsen'tier|en (-) v/t. presentar (*a.* ⚥.); *präsentiert das Gewehr!* ¡presenten armas!; **⚥teller** m bandeja f; *fig. auf dem ~* a la vista de todos; *auf dem ~ überreichen* servir en bandeja (de plata).
Prä'senz f presencia f; **~bibliothek** f biblioteca f de libre consulta; **~liste** f lista f de asistencia; **~stärke** ⚥ f (0) efectivo m.
Präserva'tiv n (-s; -e) preservativo m.
Präsi'dent|(in f) m (-en) presidente (-a f) m; **~enberater** m consejero m presidencial; **~enwahl** f elecciones f/pl. presidenciales; **~schaft** f (0) presidencia f; **~schaftskandidat** m candidato m a la presidencia.
Präsidi'alsystem n régimen m presidencial, presidencialismo m.
präsi'dieren (-) v/i. presidir.
Prä'sidium n (-s; -dien) presidencia f; *das ~ übernehmen* asumir la presidencia.
'prasseln I. (-*le*) v/i. crepitar; *Feuer*: a. chisporrotear; *Regen*: caer con fuerza; **II.** ⚥ n crepitación f; chisporroteo m; estrépito m.
'prass|en (-βt) v/i. vivir a lo loco; entregarse a la disipación (*od.* a la crápula); llevar una vida licenciosa; **⚥er** m disipado(r) m; vividor m.
Prasse'rei f vida f alegre *bzw.* disipada; crápula f; disipación f; F francachela f.
Präten'dent|(in f) m (-en) pretendiente (-a f) m.
prätenti'ös adj. presuntuoso, *gal.* pretencioso; arrogante.
Prä'teritum *Gr.* n (-s; -ta) pretérito m.
'Prätor *Hist.* m (-s; -en) pretor m.
'Pratze f pata f (*a.* F *fig.*).
präven'tiv adj. preventivo; **⚥krieg** m guerra f preventiva; **⚥maßnahme** f medida f preventiva.
Praxis f (-; -*xen*) práctica f; ⚒ consulta f; (*Raum*) consultorio m; 🕱 bufete m; *in die ~ umsetzen* llevar a la (*od.* poner en) práctica; **⚥nah** adj. práctico, ligado a la práctica.
Präze'denzfall m precedente m; *e-n ~ schaffen* crear (*od.* sentar) un precedente.
prä'zis(e) adj. (-est) preciso; exacto.
präzi'sieren (-) v/t. precisar.
Präzisi'on f precisión f; **~s-arbeit** f trabajo m de precisión; **~s-instrument** n instrumento m de precisión; **~swaage** f balanza f de precisión.
'predig|en v/t. u. v/i. predicar; *fig. a.* sermonear, echar un sermón a; **⚥en** n predicación f; **⚥er** m predicador m; *Bib. der ~ Salomo* m el Eclesiastés; **⚥t** f (-; -en) sermón m (*a.* F *fig.*); *kurze ~* plática f; *e-e ~ halten* pronunciar un sermón; F *fig.* echar un sermón (a alg.).
Preis m (-es; -e) precio m; (*Prämie*) premio m; galardón m; (*Belohnung*)

recompensa f; *Poes.* (*Lob*) alabanza f, elogio m; gloria f; *zum ~e von* al precio de; *um jeden ~* a cualquier (*od.* a todo) precio; *fig. a.* a toda costa; a todo trance; cueste lo que cueste; *fig. um keinen ~* por nada (del mundo); de ningún modo; *zum halben ~* a mitad de precio; *zu billigem ~* a bajo precio; *Großer ~* Gran Premio m; *hoch im ~ stehen* tener alto precio; *e-n ~ ausmachen* (*od.* vereinbaren) convenir un precio; *im ~ steigen* subir, aumentar de precio; *e-n ~ festsetzen* fijar un precio; *e-n ~ aussetzen* ofrecer un premio; *e-n ~ erhalten* ser premiado (*od.* galardonado); *den ~ erringen* (*od.* gewinnen) obtener (*od.* ganar) el premio; llevarse la palma; *e-n ~ zuerkennen* conceder (*od.* adjudicar) un premio; *s-n ~ wert sein* valer lo que cuesta; *e-n ~ auf j-s Kopf setzen* poner precio a la cabeza de alg.; **~abbau** m reducción f (progresiva) de precios; **~abkommen** n acuerdo m sobre los precios; **~abschlag** m rebaja f, descuento m; deducción f de precio; **~absprache** f → **~abkommen**; **~abzug** m → **~abschlag**; **~angabe** f indicación f *bzw.* fijación f del precio; **~angebot** n oferta f de precio; **~angleichung** f reajuste m de precios; **~anstieg** m subida f (*od.* alza f) de precios; **~aufgabe** f tema m de concurso; **~aufschlag** m sobreprecio m; recargo m; **~auftrieb** m movimiento m alcista de (los) precios; **~ausschreiben** n concurso m; certamen m; **~auszeichnung** f indicación f del precio; **~berechnung** f cálculo m de precio; **~bewegung** f movimiento m de los precios; **~bildung** f formación f de precios; **~bindung** f acuerdo m sobre precios; limitación f de precios; **~drücker** m bajista m; **~einbruch** m caída f vertical (*od.* derrumbamiento m) de los precios.
'Preiselbeere ♀ f arándano m encarnado.
'Preisempfehlung f: (*unverbindliche*) *~* precio m recomendado (no obligatorio).
'preisen (L) v/t. alabar, elogiar; ensalzar, encomiar; glorificar; (*sich*) *~ glücklich ~* considerar(se) dichoso.
'Preis...: ~entwicklung f evolución f de los precios; **~erhöhung** f aumento m (*od.* subida f *od.* alza f) de los precios; **~ermäßigung** f reducción f (*od.* rebaja f) de precio; **~frage** f 1. cuestión f de precio; 2. → **~aufgabe**; **~gabe** f (0) abandono m; *e-s Geheimnisses*: revelación f; (*Auslieferung*) entrega f; **⚥geben** (L) v/t. abandonar; entregar; *Geheimnis*: revelar; (*opfern*) sacrificar; (*aussetzen*) exponer; *preisgegeben sein estar a merced de; ser presa de*; **⚥gebunden** adj. a precio controlado; **~gefälle** n disparidad f de los precios; **~gefüge** n estructura f de los precios; **~gekrönt** adj. premiado; *Dichter*: laureado; **~gericht** n jurado m (calificador); **~gestaltung** f → **~bildung**; **~grenze** f límite m de precio; *oberste ~* techo m; **⚥günstig** adj. → **~wert**; **~index** m índice m de precios; **~kartell** n cartel m de precios; **~knüller** m F ganga f; **~kontrolle** f control m de precios; **~lage** f: *in dieser ~* a este precio; *in jeder ~* de todos los precios;

~'Leistungs-Verhältnis n ⚥ relación f calidad-precio; **~liste** f lista f de precios; **~nachlaß** m descuento m, rebaja f; **~niveau** n nivel m de precios; **~notierung** f cotización f; **~politik** f política f de precios; **~rätsel** n concurso m; **~regelung** f regulación f de precios; **~richter** m miembro m del jurado; juez m (del concurso); **~rückgang** m disminución f (*od.* retroceso m *od.* descenso m) de los precios; **~schild** n etiqueta f del precio; **~schraube** f espiral f de los precios; **~schwankung** f fluctuación f de precios; **~senkung** f disminución f (*od.* baja f *od.* reducción f) de precios; **~skala** f escala f de precios; *gleitende ~* escala f móvil de precios; **~spanne** f margen m de precios; **~stabilisierung** f estabilización f de los precios; **~stabilität** f estabilidad f de los precios; **~steigerung** f aumento m (*od.* subida f *od.* elevación f) de precios; **~stopp** m congelación f de precios; **~sturz** m caída f brusca (*od.* vertiginosa) de los precios; **~stützung** f apoyo m de los precios; **~tafel** f, **~tabelle** f tabla f (*od.* baremo m) de precios; **~träger(in** f) m premiado (-a f) m; galardonado (-a f) m; agraciado (-a f) m (en el concurso); **~treiberei** f alza f especulativa (*od.* ilícita) de precios; aumento m abusivo de los precios; **~überwachung** f control m (*od.* vigilancia f) de los precios; **~unterbietung** f venta f bajo (*od.* por debajo del) precio; *am Auslandsmarkt*: dumping m; **~unterschied** m diferencia f de precio; **~verfall** m caída f de precios; **~verteilung** f distribución f (*od.* entrega f *od.* reparto m) de premios; **⚥wert I.** adj. barato; que vale lo que cuesta; económico; *~ sein* salir a cuenta; **II.** adv. barato; a precio razonable, a buen precio; **~zuschlag** m sobreprecio m.
pre'kär adj. precario.
'Prell|bock 🕱 m tope m (fijo); parachoques m; *fig.* cabeza f de turco; **⚥en** v/t. 🗡 contusionar; *fig.* (*betrügen*) estafar; F timar, dar el timo; *j-n um et. ~ estafar a alg.* a/c.; **~e'rei** f estafa f, F timo m; **~schuß** m tiro m de rebote; **~stein** m guardacantón m; **~ung** 🗡 f contusión f.
Premi'ere [prə'mİɛ:Rə] f estreno m; **~nkino** n cine m de estreno.
Premi'erminister [-'ǐɛ:-] m primer ministro m.
'Prepaid-Karte f *Tele.* tarjeta f prepago.
'Presby|ter *I.P.* m (-s; -) miembro m del consistorio; **~'terium** *I.P.* n (-s; -rien) consistorio m.
'preschen F v/i. correr, ir corriendo.
'Presse f prensa f (*a.* ⊕); F *fig. Sch.* curso m intensivo; *fig. e-e gute* (*schlechte*) *~ haben* tener buena (mala) prensa; **~agentur** f agencia f de prensa; **~amt** n oficina f de prensa; **~attaché** m agregado m de prensa; **~ausweis** m carnet m de periodista; **~büro** n → **~amt**; **⚥chef** m *Pol.* jefe m de prensa; **~dienst** m servicio m de prensa; **~feldzug** m campaña f de prensa; **~freiheit** f libertad f de prensa; **~gesetz** n ley f de prensa; **~konferenz** f conferencia f (*od.* rueda f) de prensa; **~leute** pl. F chicos

m/pl. de la prensa; ~**meldung** *f* noticia *f* de la prensa.

'**pressen I.** (*-βt*) *v/t.* prensar (*a.* ⊕); (*aus*~) exprimir; (*zusammen*~) apretar; comprimir; (*stanzen*) estampar; *fig.* (*bedrücken*) oprimir; *der Saal war gepreßt voll* la sala estaba repleta de público; *gepreßtes Lachen* risa *f* forzada; **II.** ♀ *n* presión *f*; prensado *m*; compresión *f*; estampación *f*.

'**Presse...:** ~**nachrichten** *f/pl.* noticias *f/pl.* de (la) prensa; ~**photograph** *m* fotógrafo *m* de la prensa; ~**referent** *m* jefe *m* de prensa; ~**schau** *f* resumen *m* de prensa; ~**stelle** *f* → ~**amt**; ~**stimmen** *f/pl.* comentarios *m/pl.* de la prensa; ~**tribüne** *f* tribuna *f* de la prensa; ~**verband** *m* asociación *f* de la prensa; ~**zensur** *f* censura *f* de prensa; ~**zentrum** *n* centro *m* de prensa.

'**Preß|form** ⊕ *f* molde *m*; matriz *f*; ~**glas** *n* vidrio *m* prensado; ~**hefe** *f* levadura *f* prensada.

pres'sieren F *v/i.:* *es pressiert* es urgente, corre prisa.

'**Preß...:** ~**kohle** *f* carbón *m* comprimido; ~**ling** ⊕ *m* (*-s;* *-e*) pieza *f* prensada; ~**luft** *f* aire *m* comprimido; ~**luft-antrieb** *m* accionamiento *m* neumático (*od.* por aire comprimido); ~**luftbohrer** *m* perforador *f* neumático; ~**lufthammer** *m* martillo *m* neumático; ~**stoff** *m* materia *f* prensada.

'**Pressung** *f* presión *f*; prensado *m*; compresión *f*.

'**Preßwalze** *f* cilindro *m* (*od.* rodillo *m*) compresor.

Pres'tige [-tiːʒ(ə)] *n* (*-s;* *0*) prestigio *m*; ~**verlust** *m* desprestigio *m*; pérdida *f* de prestigio.

'**Preuß|e** *m* (*-n*) prusiano *m*; ~**en** *n* Prusia *f*; ~**in** *f* prusiana *f*; ♀**isch** *adj.* prusiano.

'**prickeln I.** (*-le*) *v/i.* picar; *Wein im Glas:* burbujear; *Glieder:* hormiguear; **II.** ♀ *n* picor *m*; burbujeo *m*; hormigueo *m*; ~**d** *adj.* picante (*a. fig.*).

Priem *m* (*-és;* *-e*) pedazo *m* de tabaco para mascar; '♀**en** *v/i.* mascar tabaco; '~**tabak** *m* tabaco *m* para mascar.

'**Priester** *m* sacerdote *m*; cura *m*; eclesiástico *m*, clérigo *m*; ~**amt** *n* sacerdocio *m*; ~**gewand** *n* sotana *f*; vestiduras *f/pl.* sagradas; ~**herrschaft** *f* teocracia *f*; *m.s.* clericalismo *m*; ~**in** *f* sacerdotisa *f*; ~**käppchen** *n* solideo *m*; '~**lich** *adj.* sacerdotal; ~**schaft** *f* clero *m*, clerecía *f*; ~**seminar** *n* seminario *m* (conciliar); ~**stand** *m*, ~**tum** *n* (*-s;* *0*) sacerdocio *m*; estado *m* sacerdotal; ~**weihe** *f* ordenación *f* sacerdotal; *die* ~ *empfangen* recibir las (sagradas) órdenes; ~**würde** *f* dignidad *f* sacerdotal; sacerdocio *m*.

Prim *f* ♪ unisono *m*.

'**Prima I.** *f* (*-;* *-men*) *Schule:* último curso *m* de un colegio de segunda enseñanza; **II.** ♀ *adj.* de primera (calidad); ✝ *a.* superfino; F estupendo, fantástico, de aúpa, de primera; **III.** ♀ *adv.* muy bien; F estupendamente; *wir verstehen uns* ~ nos entendemos perfectamente, nos llevamos muy bien; ~**balle'rina** *f* primera bailarina *f*; ~'**donna** *f* (*-;* *-nen*) primera cantante *f*; diva *f*.

Pri'maner(in *f*) *m* alumno (*-a f*) *m* del último curso.

pri'mär *adj.* primario; elemental; ♀**affekt** ✱ *m* afección *f* primaria; ♀**spannung** ⚡ *f* tensión *f* primaria; ♀**strom** ⚡ *m* corriente *f* primaria.

'**Primas** *I.C. m* (*-;* *-se od.* -'*maten*) primado *m*.

Pri'mat *m u. n* (*-s;* *-e*) primacía *f*; ~**en** *Zoo. m/pl.* primates *m/pl.*

'**Primawechsel** ✝ *m* primera *f* de cambio.

'**Prime** *f* → Prim.

'**Primel** ♃ *f* (*-;* *-n*) primavera *f*, prímula *f*.

primi'tiv *adj.* primitivo; *fig. a.* tosco; rudimentario; ♀**i'tät** *f* primitivismo *m*.

'**Primus** *m* primero *m* (de la clase).

'**Primzahl** *Arith. f* número *m* primo.

'**Printmedien** *n/pl.* medios *m/pl.* impresos.

Prinz *m* (*-en*) príncipe *m*.

Prin'zessin *f* princesa *f*.

'**Prinzgemahl** *m* príncipe *m* consorte.

Prin'zip *n* (*-s;* *-ien*) principio *m*; *im* (*aus*) ~ en (por) principio.

prinzipi'ell I. *adj.* de principio; **II.** *adv.* por principio.

Prin'zipien...: ~**frage** *f* cuestión *f* de principios; ~**reiter** *m* doctrinario *m*; dogmatista *m*; ~**reiterei** *f* doctrinarismo *m*; dogmatismo *m*; ~**streit** *m* disputa *f* sobre principios.

'**prinz|lich** *adj.* principesco, de príncipe; ♀**regent** *m* príncipe *m* regente.

'**Prior** *m* (*-s;* *-en*) prior *m*.

Prio'rat *n* (*-és;* *-e*) priorato *m*.

Pri'orin *f* priora *f*.

Priori'tät *f* prioridad *f*; ~**s-aktie** *f* acción *f* preferente; ~**s-anspruch** *m* derecho *m* de prioridad; ~**sgläubiger** *m* acreedor *m* privilegiado; ~**s-obligation** *f* obligación *f* preferente.

'**Prise** *f* ⚓ presa *f*; buque *m* apresado; *e-e* ~ *Tabak* una toma de rapé; *e-e* ~ *Salz* una pizca de sal; ~**ngeld** ⚓ *n* parte *f* de presa; ~**nrecht** ⚓ *n* derecho *m* de presas marítimas.

'**Pris|ma** *n* (*-s;* *-men*) prisma *m*; ♀'**matisch** *adj.* prismático; ~**menglas** *n* prismáticos *m/pl.*

'**Pritsche** *f* (*Feldbett*) cama *f* de campaña, catre *m*; (*Narren*♀) palmeta *f*; ~**nwagen** *m* camión *m* de plataforma.

pri'vat [-v-] **I.** *adj.* privado; particular; **II.** *adv.* en privado.

Pri'vat...: ~**adresse** *f* dirección *f* particular; ~**angelegenheit** *f* asunto *m* privado (*od.* particular); ~**anleger** *m* inversor *m* particular; ~**audienz** *f* audiencia *f* privada; ~**auto** *n* coche *m* particular; ~**bank** *f* banco *m* privado; ~**besitz** *m* propiedad *f* privada; ~**detektiv** *m* investigador *m* (*od.* detective *m*) privado; ~**dozent** *m etwa:* catedrático *m* no numerario; ~**eigentum** *n* → ~*besitz*; ~**einkommen** *n* ingresos *m/pl.* particulares; ~**fernsehen** *n* (emisora *f* de) televisión *f* privada; ~**gebrauch** *m* uso *m* particular; ~**gelehrte(r)** *m* científico *m* dedicado a la investigación personal; ~**geschäfte** *n/pl.* operaciones *f/pl.* realizadas a título personal; ~**gesellschaft** ✝ *f* sociedad *f* privada; ~**gespräch** *n* conversación *f* (*Tele.* conferencia *f*) particular; ~**haus** *n* casa *f* particular.

pri'vatim *adv.* en privado; (*vertraulich*) confidencialmente.

Pri'vat...: ~**initiative** *f* iniciativa *f* privada; ~**interesse** *n* interés *m* privado.

privati'sier|en (*-*) **I.** *v/t.* privatizar; **II.** *v/i.* vivir de sus rentas; ♀**ung** *f* privatización *f*.

Privat...: ~**klage** ⚖ *f* acusación *f* particular (*od.* privada); acción *f* privada; ~**kläger** ⚖ *m* acusador *m* particular (*od.* privado); ~**klinik** *f* clínica *f* privada; ~**korrespondenz** *f* correspondencia *f* particular; ~**kunde** *m* cliente *m* particular; ~**leben** *n* vida *f* privada; ~**lehrer(in** *f*) *m* profesor(a *f*) *m* particular; ~**mann** *m* (*-és;* *-leute*) particular *m*; ~**patient(in** *f*) *m* paciente *m/f* particular; ~**person** *f* particular *m*; ~**quartier** *n* → *unterkunft*; ~**recht** ⚖ *n* derecho *m* privado; ♀**rechtlich** *adj.* de (*od.* del) derecho privado; ~**sache** *f* asunto *m* particular; ~**schule** *f* colegio *m* particular; escuela *f* privada; ~**sekretär(in** *f*) *m* secretario (*-a f*) *m* particular; ~**stunde** *f* lección *f* (*od.* clase *f*) particular; ~**unterkunft** *f* alojamiento *m* privado (*od.* en casa particular); ~**unternehmen** *n* empresa *f* privada; ~**unterricht** *m* clases *f/pl.* (*od.* lecciones *f/pl.*) particulares; ~**verbrauch** *m* consumo *m* particular; ~**vermögen** *n* bienes *m/pl.* particulares; fortuna *f* privada; ~**versicherung** *f* seguro *m* privado; ~**weg** *m* camino *m* particular; ~**wirtschaft** *f* economía *f* privada; ~**wohnung** *f* domicilio *m* particular.

Privi'leg *n* (*-s;* *-ien*) privilegio *m*.

privile'gieren (*-*) *v/t.* privilegiar; conceder un privilegio.

Pro I. *n* (*-;* *0*) pro *m*; *das* ~ *und Kontra* el pro y el contra; **II.** ♀ *prp.* por; ~ *Kopf* por cabeza, per cápita; ~ *Stück* por (*od.* la) pieza; ~ *forma* por (pura) fórmula; ~ *Jahr* por (*od.* al) año.

pro'bat *adj.* probado; eficaz.

'**Probe** *f* prueba *f* (*a.* ⚗, ⊕); (*Prüfung*) *a.* examen *m*, test *m*; (*Versuch*) ensayo *m* (*a.* ♪, *Thea.*); ✝ muestra *f*; espécimen *m*; *auf* (*od. zur*) ~ a título de ensayo; a (título de) prueba; ✝ como (*od.* para) muestra; *Ehe auf* ~ matrimonio *m* a prueba; *Kauf nach* ~ venta *f* según muestra; ~ *kaufen* comprar a prueba; *e-e* ~ *entnehmen* tomar (*od.* sacar) una muestra; *die* ~ *bestehen* resistir la prueba; *auf die* ~ *stellen* poner (*od.* someter) a prueba; *probar*; *e-e harte* ~ *stellen* poner a una dura prueba (*a. fig.*); *machen wir die* ~ *aufs Exempel!* ¡pongámoslo a prueba!; ~**abdruck** *m*, ~**abzug** *m* *Typ.* prueba *f*; (*Fahne*) galerada *f*; ~**aufnahme** *f* Film: prueba *f* de cámara; *e-e* ~ *drehen* hacer una prueba; ~**auftrag** *m*, ~**bestellung** *f* pedido *m* de prueba; pedido *m* (por vía) de ensayo; ~**belastung** ⊕ *f* carga *f* de prueba; ~**entnahme** *f* toma *f* de muestras; ~**exemplar** *n* (ejemplar *m* de) muestra *f*; espécimen *m*; ~**fahrt** *f* viaje *m* de prueba; ~**flug** *m* vuelo *m* de prueba (*od.* de prácticas); ~**jahr** *n* año *m* de prueba *bzw.* de prácticas; ~**kauf** *m* compra *f* a prueba (*od.* por vía de ensayo); ~**lauf** *m* carrera *f* de

Probemuster — prophezeien

ensayo; ⊕ marcha *f* de ensayo; ~muster ✝ *n* muestra *f* de calidad; ⁑n *v*/*t*. ensayar (*a*. ♪, *Thea*.); ~nummer *f* ejemplar *m* gratuito; ~seite *Typ*. *f* página *f* de muestra; ~sendung ✝ *f* envío *m* de muestra (*od*. prueba); ~stück *n* muestra *f*; espécimen *m*; ⁑weise *adv*. por vía de ensayo; a (título de) prueba; ~zeit *f* período *m* de prueba (*od*. de ensayo); período *m* de prácticas; pasantía *f*.
pro'bier|en (-) *v*/*t*. (*versuchen*) probar; (*prüfen*) *a*. someter a prueba; ensayar (*a*. *Thea*.); *Speisen*, *Getränke*: probar, catar, degustar; ⁑en *n* prueba *f*; ensayo *m*; degustación *f*; ~ *geht über Studieren* la experiencia es madre de la ciencia; ⁑glas ♣ *n* probeta *f*.
Pro'blem *n* (-*s*; -*e*) problema *m*.
Proble'ma|tik *f* (*0*) problemática *f*; ⁑tisch *adj*. problemático.
Pro'blem|kreis *m* problemática *f*; ~stellung *f* planteamiento *m* (*od*. enfoque *m*) del problema.
Pro'dukt *n* (-*és*; -*e*) producto *m* (*a*. ⚗, ⚘); (*Geistes*⁑) producción *f*; (*Ergebnis*) resultado *m*; ~enbörse *f* bolsa *f* de contratación (*od*. de mercancías); lonja *f*; ~enhandel *m* comercio *m* de productos agrícolas; ~enmarkt *m* mercado *m* de abastos.
Produkti'on *f* producción *f*.
Produkti'ons...: ~aufnahme *f* puesta *f* en fabricación; ~ausfall *m* pérdida *f* de producción; ~beschränkung *f* restricción *f* de la producción; ~betrieb *m* empresa *f* productora; ~erhöhung *f* aumento *m* de producción; ~genossenschaft *f* cooperativa *f* de producción; ~güter *n*/*pl*. bienes *m*/*pl*. de producción; ~index *m* índice *m* de producción; ~kapazität *f* capacidad *f* de producción; ~kosten *pl*. gastos *m*/*pl*. de producción; ~leistung *f* rendimiento *m* de producción; ~leiter *m* jefe *m* de producción; *Film*: director *m* de producción; ~mittel *n* medio *m* de producción; ~norm *f* norma *f* de producción; ~rückgang *m* disminución *f* (*od*. retroceso *m*) de la producción; ~soll *n* producción *f* obligada; ~stand *m* nivel *m* de la producción; ~stätte *f* lugar *m* de producción; ~steigerung *f* aumento *m* de (la) producción; ~stufe *f* fase *f* de producción; ~überschuß *m* excedente *m* de producción; ~umfang *m* volumen *m* de la producción; ~verfahren *n* procedimiento *m* de producción; ~zweig *m* ramo *m* de producción.
produk'tiv *adj*. productivo.
Produktivi'tät *f* (*0*) productividad *f*.
Produ|'zent *m* (-*en*) fabricante *m*; (*a*. *Film*); (*Hersteller*) fabricante *m*; ⁑'zieren (-) *v*/*t*. producir; fabricar; *fig*. crear; *sich* ~ presentarse; *desp*. darse tono.
pro'fan *adj*. profano; (*weltlich*) secular; seglar.
profa'nier|en (-) *v*/*t*. profanar; ⁑ung *f* profanación *f*.
Professio|na'lismus *m* profesionalismo *m*; ⁑'nell *adj*. profesional.
Pro'fessor *m* (-*s*; -*en*) profesor *m* (universitario); catedrático *m* (de universidad); (*außer*)*ordentlicher* ~ catedrático *m* (super)numerario.

professo'ral *adj*. profesoral.
Profes'sur *f* (-; -*en*) cátedra *f*.
'Profi F *m* (-*s*; -*s*) profesional *m*.
Pro'fil *n* (-*s*; -*e*) perfil *m* (*a*. ⊕); (*Umriß*) silueta *f*; (*Reifen*⁑) dibujo *m*; ⛵ gálibo *m*; *im* ~ de perfil; *im* ~ *darstellen* perfilar; ~draht *m* alambre *m* perfilado; ~eisen *n* hierro *m* perfilado.
profi'lier|en (-) *v*/*t*. perfilar; *fig*. *sich* ~ destacarse; ⁑t *adj*. perfilado; *fig*. claramente definido; *Persönlichkeit*: relevante; destacado; de acusada personalidad.
Pro'fil...: ~leiste *f* moldura *f*; ~sohle *f* suela *f* acanalada; ~stahl *m* acero *m* perfilado.
Pro'fit *m* (-*es*; -*e*) provecho *m*; lucro *m*; ganancia *f*, beneficio *m*; ⁑fi'tabel *adj*. provechoso; ventajoso; lucrativo; ~'fitgier *f* afán *m* de lucro; ⁑'fitgierig *adj*. ávido de lucro; ⁑fi-'tieren (-) *v*/*t*. ganar (*bei*, *an dat*. *en*); salir ganando (en); beneficiarse (de); sacar provecho (de); ~'fitjäger *m*, ~'fitmacher *m* oportunista *m*; ~'fitmacherei *f* oportunismo *m*.
pro 'forma *adv*. por (pura) fórmula.
Pro'forma-|Rechnung ✝ *f* factura *f* ficticia (*od*. pro forma); ~Verkauf *m* venta *f* simulada (*od*. ficticia); ~Wechsel *m* billete *m* pro forma; efecto *m* de favor.
Prog'nos|e *f* pronóstico *m* (*a*. ⚕); *die* ~ *stellen* → ⁑ti'zieren (-) *v*/*t*. pronosticar.
Pro'gramm *n* (-*s*; -*e*) programa *m* (*a*. *Computer*); (*Zeitplan*) *a*. agenda *f*; (*Blatt*, *Heft*) programa *m* de mano; *TV* (*Kanal*) canal *m*, cadena *f*; e-*r Waschmaschine usw.*: ciclo *m*; F *was steht heute auf dem* ~? ¿qué programa tenemos para hoy?; *das paßt nicht in mein* ~ esto no entra en mis planes; ~direktor *m* director *m* de programación; ⁑gemäß *adv*. según el programa; ~gestalter *m* realizador *m* del programa; ~gestaltung *f* programación *f*.
program'mier|bar *adj*. programable; ~en (-) *v*/*t*. programar (*a*. *Computer*); ⁑er *m* programador *m*; ⁑sprache *f* lenguaje *m* de programación; ⁑ung *f* programación *f*.
Pro'gramm...: ~(m)usik *f* música *f* descriptiva; ~steuerung *f* mando *m* programado; ~taste *TV f* selector *m* de canales; ~vorschau *f* avance *m* de programa; ~wahl *TV f* selección *f* de canal.
Progressi'on *f* progresión *f*.
Progres'sist *m* (-*en*) progresista *m*, F progre *m*.
progres'siv *adj*. progresivo; ⁑steuer *f* impuesto *m* progresivo.
Prohibiti'on *f* prohibición *f*.
prohibi'tiv *adj*. prohibitivo; ⁑zoll *m* derecho *m* (*od*. arancel *m*) prohibitivo.
Pro'jekt *n* (-*es*; -*e*) proyecto *m*; plan *m*; ⁑'tieren (-) *v*/*t*. proyectar; planear; hacer proyectos.
Pro'jektil *n* (-*s*; -*e*) proyectil *m*.
Pro'jekt-ingenieur *m* ingeniero *m* proyectista.
Projekti'on *f* proyección *f*; ~-apparat *m* proyector *m*; ~sbild *n* imagen *f* proyectada; ~s-ebene ⚘ *f* plano *m* de proyección; ~slampe *f* lámpara *f* de proyección; ~sraum *m* sala *f* bzw.

cabina *f* de proyección; ~sschirm *m*, ~swand *f* pantalla *f*.
Pro'jektor *m* (-*s*; -*en*) proyector *m*.
proji'zieren (-) *v*/*t*. proyectar.
Prokla|mati'on *f* proclamación *f*; ⁑'mieren (-) *v*/*t*. proclamar.
Pro-'Kopf-Einkommen *n* renta *f* per cápita.
Pro'ku|ra *f* (-; -*ren*) poder *m* general (mercantil); procuración *f*; *per* ~ por poder (*Abk*. p.p.); *j-m* ~ *erteilen* conceder (*od*. otorgar) poder a alg.; ~'rist *m* (-*en*) apoderado *m* general.
Pro'let *desp*. *m* (-*en*) plebeyo *m*; hombre *m* vulgar.
Prole|tari'at *n* (-*és*; *0*) proletariado *m*; ~'tarier [-'tɑːrɪə] *m*, ⁑'tarisch *adj*. proletario (*m*).
proletari'sier|en (-) *v*/*t*. proletarizar; ⁑ung *f* proletarización *f*.
pro'letenhaft *fig*. *adj*. aplebeyado; plebeyo.
Pro'log *m* (-*es*; -*e*) prólogo *m*.
Prolongati'on [-lɔŋɡaˑ-] ✝ *f* prolongación *f*; prórroga *f*; ~sgebühr *f Börse*: reporte *m*; ~sgeschäft *n Börse*: operación *f* de reporte; ~swechsel *m* letra *f* prolongada *bzw*. prolongable.
prolon'gieren (-) ✝ *v*/*t*. prolongar; prorrogar.
Prome'nade *f* paseo *m*; ~ndeck ⚓ *n* cubierta *f* de paseo; ~nkonzert *n* concierto *m* al aire libre; ~nmischung F *f* perro *m* mestizo (*od*. de raza indefinible).
prome'nieren (-) *v*/*i*. pasearse.
Pro'metheus *Myt*. *m* Prometeo *m*.
Pro'mille *n* tanto *m* por mil; F (*Blutalkohol*) grado *m* de alcoholemia.
promi'nen|t *adj*. prominente; eminente; ⁑te(r) *m* personaje *m* de relieve; prohombre *m*; notabilidad *f*; celebridad *f*; ⁑z *f* (*0*) personas *f*/*pl*. destacadas; personalidades *f*/*pl*.; notabilidades *f*/*pl*.; celebridades *f*/*pl*.; *der Gesellschaft*: alta sociedad *f*.
Promo|ti'on *Uni*. *f* doctorado *m*; ⁑'vieren (-) **I.** *v*/*t*. conferir el grado de doctor; **II.** *v*/*i*. doctorarse.
prompt *adj*. (-*est*) pronto; rápido; inmediato; ⁑heit *f* (*0*) prontitud *f*.
Pro'no|men *Gr*. *n* (-*s*; - *od*. -*mina*) pronombre *m*; ⁑mi'nal *adj*. pronominal.
Propä'deut|ik *f* propedéutica *f*; ⁑isch *adj*. propedéutico.
Propa'ganda *f* (*0*) propaganda *f*; publicidad *f*; ~ *machen* hacer propaganda (*für para*); ~feldzug *m* campaña *f* de propaganda (*od*. publicitaria); ~material *n* (material *m* de) propaganda *f*.
Propa|gan'dist *m* (-*en*), ⁑gan'distisch *adj*. propagandista (*m*); ⁑'gieren (-) *v*/*t*. propagar; hacer propaganda para; ~'gierung *f* propagación *f*.
Pro'pan ⚗ *n* (-*s*; *0*) propano *m*.
Pro'peller *m* hélice *f*; propulsor *m*; ~blatt *n*, ~flügel *m* pala *f* de hélice; ~flugzeug *n* avión *m* de hélice; ~turbine *f* turbopropulsor *m*, turbohélice *f*.
'proper *adj*. aseado; pulcro.
Pro'phet *m* (-*en*) profeta *m*; *der* ~ *gilt nichts in s-m Vaterlande* nadie es profeta en su tierra; ~in *f* profetisa *f*; ⁑isch *adj*. profético.
prophe'zei|en (-) *v*/*t*. profetizar; va-

ticinar, augurar; *weit S.* predecir; *bsd. Wetter:* pronosticar; ung *f* profecía *f*; vaticinio *m*, augurio *m*; *weit S.* predicción *f*.
prophy|'laktisch *adj.* profiláctico; preventivo; '**laxe** *f* profilaxia *f*.
Proporti'on *f* proporción *f*.
proportio'nal *adj.* proporcional; *direkt (umgekehrt)* directamente (inversamente) proporcional; en razón directa (inversa) (*zu* a); e **A** *f* término *m* de una proporción; *mittlere* media *f* proporcional.
Proportio|nali'tät *f* proporcionalidad *f*; '**niert** *adj.* proporcionado.
'**proppen|voll** **F** *adj.* lleno a rebosar; de bote en bote.
Propst [o:] *m* (*-es*; e) *I.C.* preboste *m*; prepósito *m*; *I.P.* primer pastor *m*.
Props'tei *f* prepositura *f*.
'**Prorektor** *m* (*-s*; *-en*) vicerrector *m*.
'**Prosa** *f* (*0*) prosa *f*.
Pro'sa|iker *m* prosista *m*; **isch** *adj.* prosaico (*a. fig.*).
'**Prosaschriftsteller** *m* prosista *m*.
Prose'lyt *m* (*-en*) prosélito *m*; **enmacherei** *f* proselitismo *m*.
'**prosit** [o:] **I.** ! *int. beim Trinken:* ¡(a su) salud!; *beim Niesen:* ¡Jesús!; *Neujahr!* ¡feliz año nuevo!; **II.** *n* (*-; -s*): *ein* *ausbringen* hacer un brindis.
Pros'pekt [-sp-] *m* (*-s*; *-e*) prospecto *m*, folleto *m*; (*Ausblick*) vista *f*, perspectiva *f*; *Thea.* telón *m* de fondo.
prospe'rieren (-) *v/i.* prosperar; **ri'tät** *f* (*0*) prosperidad *f*.
prost! [o:] *int.* → **prosit**; *iro.* *Mahlzeit!* ¡estamos aviados!
'**Prostata** *Anat. f* (*-; -tae*) próstata *f*.
prostitu|'ieren (-) *v/t.* prostituir; *sich* prostituirse; '**ierte** *f* prostituta *f*; **ti'on** *f* (*0*) prostitución *f*.
Pros'zenium *n* (*-s*; *-nien*) proscenio *m*; **sloge** *f* palco *m* de proscenio.
Protago'nist *m* (*-en*) protagonista *m*.
Prote|'gé [-te-'ʒe:] *m* (*-s*; *-s*) protegido *m*; '**gieren** [-'ʒi:-] (-) *v/t.* proteger; apadrinar.
Prote'id *n* (*-s*; *-e*) proteído *m*.
Prote'in *n* (*-s*; *-e*) proteína *f*.
Protekti'o|n *f* protección *f*; **nismus** *m* (-; *0*) proteccionismo *m*; '**nistisch** *adj.* proteccionista.
Pro'tek|tor *m* (*-s*; *-en*) protector *m*; **to'rat** *n* (*-s*; *-e*) *Pol.* protectorado *m*; *allg.* patrocinio *m*.
Pro'test *m* (*-s*; *-e*) protesta *f*; protesto *m*; *erheben* (*od. einlegen*) *gegen* protestar (*od.* elevar una protesta) contra; *unter* bajo protesta; con protesto; *mangels Annahme* (*Zahlung*) protesto por falta de aceptación (pago); *zu* *gehen Wechsel:* ir al protesto; *zu* *gehen lassen* protestar.
Protes'tan|t *m* (*-en*), **tin** *f*, **tisch** *adj.* protestante (*m/f*); '**tismus** *m* (-; *0*) protestantismo *m*.
Pro'test-anzeige *f* notificación *f* de protesto.
protes'tieren (-) *v/i. u. v/t.* protestar (*a. Wechsel*) (*gegen* contra).
Pro'test...: kosten *pl.* gastos *m/pl.* de protesto; **kundgebung** *f* manifestación *f* de protesta; **ler** *m* contestatario *m*; **note** *Pol. f* nota *f* de protesta; **sturm** *m* tempestad *f* de protestas; **urkunde** *f* acta *f* de protesto; **versammlung** *Pol. f*

mitin *m* (*od.* asamblea *f*) de protesta.
Pro'these *f* prótesis *f*.
Proto'koll *n* (*-s*; *-e*) **1.** (*Niederschrift*) acta *f*; protocolo *m*; *Internet:* a. registro *m*; (*das*) führen redactar el acta; *ein* *aufnehmen* levantar acta; *ins* *aufnehmen*, *zu* *nehmen*, *im* *vermerken* hacer constar en el acta; *zu* *geben* hacer constar en actas; **2.** *Dipl.* protocolo *m*; *Chef des* s jefe *m* del protocolo; *Span.* introductor *m* de embajadores.
protokol'larisch *adj.* protocolario.
Proto'koll...: aufnahme *f* redacción *f* del acta; **buch** *n* libro *m* de actas; **chef** *Dipl. m* jefe *m* del protocolo; **führer** *m* redactor *m* del acta; *e-r Sitzung:* secretario *m* (de actas); actuario *m*.
protokol'lier|en (-) *v/t. u. v/i.* redactar el acta; levantar acta; hacer constar en el acta; protocol(iz)ar; **ung** *f* redacción *f* del acta; protocolización *f*.
'**Proton** *Phys. n* (*-s*; -'*tonen*) protón *m*.
Proto'|plasma *n* protoplasma *m*; '**typ** *m* prototipo *m*; '**zo-en** *n/pl.* protozoos *m/pl.*, protozoarios *m/pl.*
Protube'ranz *f* protuberancia *f*.
Protz *desp. m* (*-es od. -en*; *-e od. -en*) fanfarrón *m*, F farolero *m*; *reicher* ricacho *m*, ricachón *m*.
'**protz|en** (-*t*) *v/i.* presumir (de rico); darse aires de gran señor; fanfarronear; *mit* hacer gala (*od.* alarde *od.* ostentación) de; vanagloriarse de; e'**rei** *f* ostentación *f*; '**ig** *adj.* jactancioso; presumido; fanfarrón; *Sache:* ostentoso; aparatoso.
Proveni'enz [-v-] *f* procedencia *f*, origen *m*.
Pro'vence *Geogr. f* Provenza *f*.
Proven'zal|e *m* (*-n*), **isch** *adj.* provenzal (*m*).
Provi'ant [-vi̯a-] *m* (*-s*; *-e*) provisiones *f/pl.*; víveres *m/pl.*; vituallas *f/pl.*; *mit* *versehen* aprovisionar, abastecer; avituallar; **amt** *n* intendencia *f* (de víveres); **ausgabe** *f* distribución *f* de víveres.
Pro'vider *m* (*-s*; -) *Internet, Tele.* proveedor *m*, operador *m*, operadora *f*.
Pro'vinz [-v-] *f* (-; *-en*) provincia *f*; **bewohner** *m* provinciano *m*; **blatt** *n* diario *m* (*od.* periódico *m*) de provincia(s).
Provinzi|'al *Rel. m* provincial *m*; **a-'lismus** *m* (-; *-men*) provincialismo *m*; '**ell** *adj.* provincial; *desp.* provinciano.
Pro'vinz|ler(in *f*) *m* provinciano (-a *f*) *m*; **lerisch** *adj.* provinciano, de provincias; **lertum** *n* provincialismo *m*; **stadt** *f* ciudad *f* de provincia.
Provisi'on [-v-] *f* comisión *f*; *auf* *arbeiten* trabajar a comisión; **sbasis** *f*: *auf* a comisión; **sfrei** *adj.* sin comisión, libre de comisión; **sreisende(r)** *m* comisionista *m*; **ssatz** *m* tipo *m* de comisión; **szahlung** *f* pago *m* de comisión.
provi'so|risch *adj.* provisional; interino; transitorio; **rium** *n* (*-s*; *-rien*) solución *f bzw.* estado *m bzw.* arreglo *m* provisional; F solución *f* de paños calientes.
Provo|ka'teur *m* (*-s*; *-e*) (agente *m*) provocador *m*; **kati'on** *f* provoca-

ción *f*; **ka'torisch** *adj.* provocador; provocante; '**zieren** (-) *v/t.* provocar; '**zierend** *adj.* provocador; provocante.
Proze'dur *f* (-; *-en*) procedimiento *m*; proceso *m*.
Pro'zent *n* (*-s*; *-e*) tanto *m* por ciento; e *pl.* porcentaje *m*; (*Rabatt*) rebaja *f*, descuento *m*; *zu vier* al cuatro por ciento; *zu wieviel* ? ¿a cuánto por ciento?; *zu hohen* *en* a un porcentaje elevado; **rechnung** *f* cálculo *m* porcentual; **satz** *m* porcentaje *m*.
prozentu'al *adj.* al tanto por ciento; *er Anteil* porcentaje *m*.
Pro'zeß *m* (*-sses*; *-sse*) proceso *m*; (*Zivil*) pleito *m*; (*Rechtsstreit*) litigio *m*; causa *f*; (*Vorgang*) proceso *m* (*a.*); procedimiento *m*; operación *f*; *e-n* *führen* litigar; seguir una causa (*gegen* contra); *als Anwalt:* defender una causa *bzw.* un pleito; *als Richter:* entender en una causa; *e-n* *einleiten* instruir una causa; incoar un proceso; *e-n* *anstrengen* entablar (*od.* promover) un pleito (*gegen* contra); poner pleito a; *e-n* *gewinnen* (*verlieren*) ganar (perder) un pleito; *j-m den* *machen* procesar a alg.; *fig.* *kurzen* *machen* no andarse por las ramas; cortar por lo sano; no pararse en barras; **akten** *f/pl.* autos *m/pl.* (del proceso); *Einsicht in die* *haben* tener vista de las actuaciones; **bevollmächtigte(r)** *m* apoderado *m* procesal, procurador *m* (judicial); **fähig** *adj.* capaz para litigar; con capacidad procesal; **fähigkeit** *f* capacidad *f* procesal; **führend** *adj.* litigante; **führung** *f* procedimiento *m* judicial; actuaciones *f/pl.*; **gegner** *m* parte *f* contraria.
prozes'sieren (-) *v/i.* litigar, pleitear; seguir una causa.
Prozessi'on *f* procesión *f*; **sraupe** *f* procesionaria *f*.
Pro'zeßkosten *pl.* costas *f/pl.* procesales.
Pro'zessor *m* procesador *m*.
Pro'zeß...: ordnung *f* ley *f* de enjuiciamiento; **partei** *f* parte *f* (litigante); **recht** *n* derecho *m* procesal; **unfähig** *adj.* sin capacidad procesal; **unfähigkeit** *f* incapacidad *f* procesal; **vollmacht** *f* poder *m* procesal.
'**prüde** *adj.* mojigato, gazmoño; pudibundo; '**rie** *f* mojigatería *f*, gazmoñería *f*.
'**prüfen** *v/t.* examinar (*a. Schule*); (*nach*) *a.* comprobar, verificar; revisar; *amtlich:* inspeccionar, controlar, supervisar; (*erwägen*) considerar; estudiar; (*sondieren*) sondear, tantear; (*erproben*) probar, poner a prueba; ⊕ ensayar; *fig.* *geprüft*; *sich* examinarse; hacer examen de conciencia; **d** *adj. Blick:* escrutador; *j-n* *betrachten* examinar a alg. de pies a cabeza.
'**Prüfer** *m* examinador *m*; revisor *m*; interventor *m*; auditor *m*; ⊕ verificador *m*; *W. Wein usw.:* catador *m*.
'**Prüf...: feld** ⊕ *n* campo *m* de pruebas; sala *f* de ensayos; **gerät** *n* (aparato *m*) comprobador *m*; **lampe** *f* lámpara *f* piloto; **ling** *m* (*-s*; *-e*) examinando *m*; **stand** ⊕ *m* banco *m* de pruebas (*od.* de ensayo); puesto *m*

Prüfstein — Punkt

de ensayo; ~stein *fig. m* piedra *f* de toque.
'Prüfung *f* examen *m* (*a. Schule*); (*Nach*2) comprobación *f*, verificación *f*; revisión *f*; inspección *f*, control *m*; *staatliche*: fiscalización *f*; (*Erwägung*) consideración *f*; estudio *m*; (*Test*) prueba *f* (*a. fig.*), test *m*; *bsd.* ⊕ ensayo *m*; *bei näherer* ~ después de un examen más detenido; *schriftliche* (*mündliche*) ~ examen *m* escrito (oral); *e-e* ~ *machen* (*od. ablegen*) hacer (*od.* pasar) un examen; examinarse.
'Prüfungs...: ~arbeit *f* trabajo *m* escrito; examen *m*; ~aufgabe *f* tema *m* de examen; ejercicio *m*; ~ausschuß *m* tribunal *m* examinador; ⊕ comisión *f* de verificación; ✝ comisión *f* calificadora; ~bericht *m* ⊕ certificado *m* de prueba; ✝ informe *m* de auditoría; ~ergebnis *n* resultado *m* del examen; ~fach *n* materia *f* de examen; ~frage *f* pregunta *f* de examen; ~gebühren *f/pl.* derechos *m/pl.* de examen; ~gegenstand *m* tema *m* de examen; ~kandidat(in *f*) *m* examinando (-a *f*) *m*, candidato (-a *f*) *m*; ~kommission *f* → ~ausschuß *m*; ~note *f* calificación *f*; ~ordnung *f* reglamento *m* de exámenes; ~termin *m* fecha *f* del examen; ~zeugnis *n* diploma *m*; ⊕ certificado *m* de verificación.
'Prügel 1. *m* (*-s*; -) (*Stock*) palo *m*, bastón *m*; 2. *pl.* (*a. Tracht* ~) palos *m/pl.*; paliza *f*, F tunda *f*, zurra *f*; *j-m e-e Tracht* ~ *verabreichen* dar (F propinar) a *alg.* una paliza (*od.* F una zurra); *e-e gehörige Tracht* ~ *bekommen* (*od.* F *kriegen*) llevarse una soberana paliza; ~ *verdienen* merecer palos.
Prüge'lei *f* riña *f*, pendencia *f*; pelea *f*; F camorra *f*, gresca *f*.
'Prügelknabe F *m* cabeza *f* de turco; chivo *m* emisario; *der* ~ *sein* F ser el que paga el pato.
'prügeln (-le) I. *v/t.*: *j-n* ~ pegar a *alg.*; dar (de) palos a *alg.*; apalear (*od.* aporrear) a *alg.*; F sacudir el polvo a *alg.*; II. *v/refl.*: *sich* ~ andar (*od.* liarse) a golpes (*od.* a palos).
'Prügelstrafe *f* castigo *m* corporal.
'Prunk *m* (*-es*; *0*) pompa *f*; fausto *m*, boato *m*; suntuosidad *f*; magnificencia *f*; aparato *m*; ~bett *n* lecho *m* suntuoso; cama *f* imperial; 2en *v/i.* brillar; ~ *mit* ostentar, lucir (*ac.*), hacer alarde de; ~gemach *n* sala *f* suntuosa; 2haft *adj.* pomposo, fastuoso, suntuoso; aparatoso, ostentoso; 2liebend *adj.* amante de la ostentación *bzw.* del lujo; ~sucht *f* afán *m* de ostentación; 2süchtig *adj.* → 2liebend; 2voll *adj.* → 2haft.
'prusten (-e-) *v/i.* resoplar; (*laut niesen*) estornudar con fuerza; *vor Lachen* ~ reventar de risa.
Psal|m *m* (*-s*; -en) salmo *m*; ~'mist *m* (*-en*) salmista *m*; ~mo'die *f* salmodia *f*; 2mo'dieren (-) *v/i.* salmodiar; ~ter *m* salterio *m*.
'Pseudo... *in Zssgn* (p)seudo...
Pseudo'nym I. *n* (*-s*; -e); II. 2 *adj.* (p)seudónimo.
pst! *int.* ¡chist!, ¡chitón!, ¡chito!
'Psyche *f* 2siquis *f*, (p)sique *f*; *Myt.* Psique *f*; 2'delisch *adj.* (p)sicodélico.

Psychi|'ater ♂ *m* (p)siquiatra *m*; ~a-'trie *f* (*0*) (p)siquiatría *f*; 2'atrisch *adj.* (p)siquiátrico.
'psychisch *adj.* (p)síquico.
Psycho...: ~ana'lyse *f* (p)sicoanálisis *m*; ~ana'lytiker *m* (p)sicoanalista *m*; 2ana'lytisch *adj.* (p)sicoanalítico; ~'drama *n* psicodrama *m*; 2'gen *adj.* (p)sicógeno; ~'loge *m* (-*n*) (p)sicólogo *m*; ~'login *f* (p)sicóloga *f*; ~lo-'gie *f* (*0*) (p)sicología *f*; 2'logisch *adj.* (p)sicológico; 2mo'torisch *adj.* (p)sicomotor; ~neu'rose *f* (p)sicone-urosis *f*; ~'path(in *f*) *m* (*-en*) (p)si-cópata *m/f*; 2'pathisch *adj.* (p)sico-pático; ~'pharmakon *n* (*-s*; *-ka*) (p)sicofármaco *m*; ~phy'sik *f* (p)sicofísica *f*; ~physiolo'gie *f* (p)sicofisiología *f*.
Psy'chose *f* (p)sicosis *f*.
Psycho...: ~so'matik *f* (p)sicosomática *f*; 2so'matisch *adj.* (p)sicosomático; ~thera'peut *m* (p)sicoterapeuta *m*; 2thera'peutisch *adj.* (p)sicoterápico; ~thera'pie *f* (p)sicoterapia *f*.
Puber'tät *f* (*0*) pubertad *f*.
Public Re'lations *angl. pl.* relaciones *f/pl.* públicas; ~Manager(in *f*) *m* relaciones públicas *m/f*.
pu'blik *adj.* público; ~ *machen* hacer público, publicar; dar publicidad a; ~ *werden* hacerse público; difundirse.
Publikati'on *f* publicación *f*.
'Publikum *n* (*-s*; *0*) público *m*; concurrencia *f*; auditorio *m*; F respetable *m*; ~s-erfolg *m* éxito *m* de público.
publi|'zieren (-) *v/t.* publicar; 2'zist *m* (*-en*) publicista *m*; 2'zistik *f* (*0*) periodismo *m*; ~'zistisch *adj.* periodístico; ~zi'tät *f* (*0*) publicidad *f*.
'Puddel|eisen *Met. n* hierro *m* pudelado; ~n *n* pudelaje *m*; 2n (*-le*) *v/t.* pudelar; ~ofen *m* horno *m* de pudelar; ~stahl *m* acero *m* pudelado.
'Pudding *m* (*-s*; -*e od.* -*s*) budín *m*, pudín *m*; *bes.* (*Karamel*2) flan *m*.
'Pudel *m* perro *m* de aguas (*od.* de lanas), *gal.* caniche *m*; *fig. das ist des ~s Kern* ahí está el busilis (*od.* el quid); *wie ein begossener* ~ *abziehen* irse con el rabo entre piernas; ~mütze *f* gorra *f* (con borla); 2'nackt *adj.* (*0*) en cueros (vivos); F en pelota(s); 2'naß *adj.* (*0*) calado hasta los huesos; 2'wohl *adj.* (*0*): *sich* ~ *fühlen* estar alegre como unas pascuas; estar como el pez en el agua.
'Puder *m* polvos *m/pl.*; ~dose *f* polvera *f*; 2n (*-re*) *v/t.* empolvar; (*bestäuben*) (es)polvorear; *sich* ~ *darse* (*od.* ponerse) polvos; ~quaste *f* borla *f* de polvos; ~zucker *m* azúcar *m* en polvo (*od.* glas).
puff! *int.* ¡paf!; ¡pum!
'Puff I. 1. *m* (*-es*; *-e*) (*Stoß*) empujón *m*, empellón *m*; golpe *m*; *mit dem Ellbogen*: codazo *m*; F *fig. e-n* ~ *vertragen können* tener buenas espaldas; 2. (*-s*; -e) (*Sitzkissen*) puf *m*; 3. (*-s*; -*s*) P (*Bordell*) burdel *m*, V casa *f* de putas; II. *n* (*-es*; *0*) (*Spiel*) juego *m* del chaquete, *angl.* backgammon *m*; ~ärmel *m* manga *f* de farol (*od.* abombada); ~bohne ♀ *f* haba *f*; 2en I. *v/i.* (*knallen*) estallar; detonar; 2. *v/i.* (*stoßen*) empujar; (*bauschig machen*) ahuecar; ~er *m* 🌀 tope *m*; ⊕ amortiguador *m*; 🍁 *a.*

tampón *m*; ~erlösung 🚂 *f* solución *f* tampón; ~erstaat *m* Estado *m* tapón; ~erung *f* amortiguación *f* (*a.* 🚂); ~erzone *f* zona *f* tope; ~mais *m* palomitas *f/pl.* (de maíz); ~mutter *f* patrona *f* de burdel; ~spiel *n* → *Puff* II.
puh! *int.* ¡puf!; ¡uf!
Pulk *m* (*-s*; *-s*) ✈ formación *f*; *fig.* pelotón *m*.
'Pulle F *f* botella *f*.
'Pulli F *m* (*-s*; *-s*), Pul'lover *m* (*-s*; -) jersey *m*, suéter *m*.
'Puls *m* (*-es*; *-e*) pulso *m*; *j-m den* ~ *fühlen* tomar el pulso a *alg.* (*a. fig.*); ~ader *f* arteria *f*; *sich die* ~ *aufschneiden* cortarse las (venas de las) muñecas; 2en (*-t*) *v/i.* → *pulsieren.*
pul'sieren I. (-) *v/i.* pulsar, latir; palpitar; *fig.* estar animado; II. 2 *n* pulsación *f*, latido *m*; ~d *adj.* pulsátil, pulsativo. [*tor m.*]
'Pulsotriebwerk ✈ *n* pulsorreac-
'Puls...: ~schlag *f* pulsación *f*; pulso *m*; ~stockung ♂ *f* intermisión *f* del pulso; ~wärmer *m* mitón *m*; ~zahl *f* número *m* de pulsaciones.
Pult *n* (*-es*; *-e*) pupitre *m*; (*Noten*2) atril *m*; ~dach *n* tejado *m* de una sola vertiente.
'Pulver *n* (*-s*; -) polvo *m*; (*Schieß*2) pólvora *f*; F (*Geld*) pasta *f*, P parné *m*; *fig. er ist keinen Schuß* ~ *wert* no vale lo que come; *er hat das* ~ *nicht erfunden* no ha inventado la pólvora; *sein* ~ *verschießen* quemar su pólvora; *er hat sein* ~ *umsonst verschossen* ha gastado la pólvora en salvas; 2artig *adj.* pulverulento; ~faß *fig. n* polvorín *m*; *auf e-m* ~ *sitzen* estar sobre un polvorín (*od.* volcán); 2förmig *adj.*; 2ig *adj.* pulverulento.
pulveri'sier|bar *adj.* pulverizable; ~en (-) *v/t.* pulverizar, reducir a polvo; 2ung *f* pulverización *f*.
'Pulver|kammer *f*, ~magazin *n* polvorín *m*; ✡ santabárbara *f*; ~schnee *m* nieve *f* polvo.
'Puma *Zoo. m* (*-s*; *-s*) puma *m*.
'Pummel *F m* niño *m* rollizo; F gordinflón *m*; 2ig F *adj.* rechoncho, rollizo; regordete.
Pump F *m*: *auf* ~ *kaufen* comprar fiado; *auf* ~ *leben* vivir de sablazos.
'Pumpe *f* bomba *f*; 2n *v/t.* 1. dar a la bomba, *Neol.* bombear; 2. F *fig. j-m et.* ~ prestar *a/c.* a *alg.*; *von j-m et.* ~ pedir prestado *a/c.* a *alg.*; *Geld*: F sablear (*od.* dar un sablazo) a *alg.*; ~n *n Neol.* bombeo *m*; ~nschwengel *m* brazo *m* de la bomba.
'Pumpernickel *m* pan *m* negro de Westfalia.
'Pump...: ~hose *f* (pantalones *m/pl.*) bombachos *m/pl.*; ~station *f*, ~werk *n* estación *f* de bombeo.
'punisch *adj.* púnico; *die 2en Kriege* las Guerras Púnicas.
'Punk(er) [paŋk(ər)] *m* (*-s*; *-s* [*bzw.* -]) punk(i) *m*.
'Punkt *m* (*-es*; *-e*) *allg.* punto *m*; *Börse*: *a.* entero *m*; ♪ puntillo *m*; *e-s Vertrages*: cláusula *f*; artículo *m*; *e-r Frage*: extremo *m*, particular *m*; *Tagesordnung*: asunto *m*; (*Angelegenheit*) cuestión *f*, asunto *m*; (*Tupfen*) lunar *m*; 2 *der Anklage*: cargo *m*; *Sport*: tanto *m*; *Boxen*: punto *m*; *nach* ~en *schlagen* (*siegen*; *verlieren*) derrotar (ganar; perder) por puntos;

~ für ~ punto por punto; *bis zu e-m gewissen* ~ hasta cierto punto; *in vielen* ~*en* en muchos aspectos; *in diesem* ~ en este punto; en esta cuestión; sobre ese particular; *wir kommen noch auf diesen* ~ *zurück* volveremos sobre el particular; *in e-m* ~ *einig sein* estar de acuerdo sobre un punto; ~ *fünf Uhr* a las cinco en punto; F *nun mach aber 'n* ~! ¡no me digas!; ¡basta ya!; F *ohne* ~ *und Komma reden* hablar sin parar; ~, *Absatz* punto y aparte; ~, *gleiche Zeile* punto y seguido; ⚥*en* (*-e-*) *v/t.* puntear; ~**feuer** ⚔ *n* fuego *m* convergente; ~**gleichheit** *f Sport*: igualdad *f* de puntos.
punk'tier|en (-) *v/t.* puntear; ♪ poner el puntillo; ✱ puncionar, hacer una punción; ⚥**nadel** *Chir. f* aguja *f* de punción; ~**t** *adj. Linie*: punteado; ♪ *Note*: con puntillo; ⚥**ung** *f* punteado *m*.
Punkti'on ✱ *f* punción *f*.
'**pünktlich I.** *adj.* puntual; (*genau*) exacto; preciso; **II.** *adv.* a la hora (precisa), con puntualidad; con exactitud; ~ *um 2 Uhr* a las dos en punto; ⚥**keit** *f* (*0*) puntualidad *f*; exactitud *f*; precisión *f*.
'**Punkt...**: ~**niederlage** *f Sport*: derrota *f* por puntos; ~**richter** *m* árbitro *m*; ~**schweißen** ⊕ *n* soldadura *f* por puntos; ~**sieg** *m* victoria *f* por puntos; ~**sieger** *m* vencedor *m* por puntos.
'**Punktum** *n*: *und damit* ~! ¡basta ya!; F ¡y sanseacabó!
'**Punkt...**: ~**wertung** *f Sport*: cualificación *f* por puntos, puntuación *f*; ~**zahl** *f Sport*: número *m* de puntos, puntuación *f*; tanteo *m*.
'**Punsch** *m* (*-es; -e*) ponche *m*; ~**bowle** *f* ponchera *f*.
'**Punze** ⊕ *f* punzón *m*; ⚥**n** (*-t*) *v/t.* repujar.
Pup P *m*; '⚥**en** P *v/i.* → *Pups*; ⚥**en.**
Pu'pille *Anat. f* pupila *f*; F niña *f* del ojo; ~**n-abstand** *m* distancia *f* (inter)pupilar; ~**n-erweiterung** *f* dilatación *f* de la pupila; ~**nreflex** *m* reflejo *m* pupilar; ~**nver-engung** *f* contracción *f* de la pupila.
'**Püppchen** *n* muñequita *f*; F *fig.* monada *f*, preciosidad *f*, bombón *m*.
'**Puppe** *f* muñeca *f* (*a. F fig. Mädchen*); (*Marionette*) títere *m*, fantoche *m*; marioneta *f*; (*Schneider*⚥) maniquí *m*; *Zoo*. crisálida *f*; *Neol.* pupa *f*; *bis in die* ~*n schlafen* dormir hasta muy tarde; F pegársela a uno las sábanas; F *die* ~*n tanzen lassen* no dejar piedra para mover; ~**ngesicht** *n* cara *f* de muñeca; ~**nhaus** *n* casa *f* de muñecas; ~**nspiel** *n* (teatro *m* de) guiñol *m*; títeres *m/pl*.; ~**nspieler** *m* titiritero *m*, *Neol.* marionetista *m*; ~**nstube** *f* → ~*nhaus*; ~**nthe-ater** *n* → ~*nspiel*; ~**nwagen** *m* cochecito *m* de muñeca.
'**Pups** P *m* (*-es; -e*) P pedo *m*, V cuesco *m*; ⚥**en** (*-t*) P *v/i.* P soltar pedos; peer.
pur *adj.* puro; *aus* ~*er Neugierde* por pura curiosidad.
Pü'ree *n* (*-s; -s*) puré *m*; ~**presse** *f* pasapurés *m*.
Purga'torium *n* (*-s; 0*) purgatorio *m*.
pur'gier|en (-) ✱ *v/t.* purgar; ~**end** *adj.* purgativo; ⚥**mittel** *n* purgante *m*.
pü'rieren (-) *v/t. Kochk.* hacer puré.
Pu'ris|mus *m* (-; *0*) purismo *m*, casticismo *m*; ~**t** *m* (*-en*), ⚥**tisch** *adj.* purista (*m*), casticista (*m*).
Puri'ta|ner *m*, ⚥**nisch** *adj.* puritano (*m*); ~'**nismus** *m* (-; *0*) puritanismo *m*.
'**Purpur** *m* (*-s; 0*) púrpura *f*; ⚥**farben**, ⚥**farbig** *adj.* purpúreo, purpurino; ~**mantel** *m* manto *m* de púrpura; ⚥**n**, ⚥**rot** *adj.* purpúreo, purpurino; ~**schnecke** *Zoo. f* múrice *m*; púrpura *f*.
'**Purzel|baum** *m* (*-¢s; ⸚e*) voltereta *f*; *e-n* ~ *schlagen* dar una voltereta; ⚥**n** (*-le; sn*) *v/i.* dar volteretas; caer (rodando); resbalar.
'**pusseln** F (*-ßle*) *v/i.* trajinar.
'**Puste** [u:] F *f* (*0*) aliento *m*; *aus der* ~ *kommen* quedar sin aliento; *keine* ~ *mehr haben* no poder más; ~**blume** F *f* diente *m* de león; ~**kuchen!** F *int.* ¡narices!; ¡y un cuerno!
'**Pustel** ✱ *f* (-; *-n*) pústula *f*.
'**pusten** [u:] (*-e-*) F *v/i.* (*keuchen*) jadear; (*blasen*) soplar; F *ich werde dir was* ~! puedes esperar sentado.
puta'tiv ⚖ *adj.* putativo.
'**Put|e** [u:] *f* pava *f*; *fig. dumme* ~ *pava f*; ~**enbraten** *m* pavo *m* asado; ~**er** *m* pavo *m*; ⚥**errot** *adj.* rojo como un tomate; ~ *werden* ponerse como un tomate, F subírsele a uno el pavo.
'**Putsch** *m* (*-¢s; -e*) intentona *f*; golpe *m* (de Estado); ⚥**en** *v/i.* hacer una intentona.
Put'schist *m* (*-en*) golpista *m*.
'**Putschversuch** *m* intento *m* golpista, intentona *f*.
'**Putte** *Mal. f* angelote *m*.
'**Putz** *m* (*-es; 0*) atavío *m*; (*Schmuck*) adorno *m*; ornamento *m*; △ enlucido *m*; revoque *m*; *unter* ~ bajo revoque; F *fig. auf den* ~ *hauen* ir(se) de juerga; ⚥**en** (*-t*) *v/t. u. v/i. allg.* limpiar; (*scheuern*) fregar; *Kerze*: despabilar; *Bäume*: podar; (*schmücken*) adornar; *sich* ~ ataviarse; acicalarse; *sich die Zähne* (*Nase*) ~ limpiarse los dientes (la nariz); ~**en** *n* limpieza *f*; fregado *m*; ~**er** *m* limpiador *m*; ✕ asistente *m*; ~**frau** *f* asistenta *f*; mujer *f* de limpieza (*od.* de faenas); ⚥**ig** F *adj.* gracioso; mono; (*seltsam*) raro, curioso; ~**kolonne** *f* equipo *m* de la limpieza; ~**lappen** *m* trapo *m* (de limpieza); ~**macherin** *f* modista *f*; ~**mittel** *n* producto *m* de limpieza; detergente *m*; ⚥'**munter** F *adj.* F vivito y coleando; ~**sucht** *f* coquetería *f*; ⚥**süchtig** *adj.* coqueta; ~**tuch** *n* → ~*lappen*; ~**waren** *f/pl.* artículos *m/pl.* de moda; ~**wolle** *f* estopa *f*; ~**zeug** *n* utensilios *m/pl.* de limpieza.
'**Puzzle** ['pasəl] *n* (*-s; -s*) rompecabezas *m*, puzzle *m*.
Pyg'mäe *m* (*-n*) pigmeo *m*.
Py'jama [py·'dʒɑːma] *m* (*-s; -s*) pijama *m*.
Pyra'mide *f* pirámide *f*; (*Gewehr*⚥) pabellón *m*; ⚥**nförmig** *adj.* piramidal; ~**nstumpf** *m* tronco *m* de pirámide.
Pyre'nä|en *pl.* Pirineos *m/pl.*; ~**enhalbinsel** *f* Península *f* Ibérica; ⚥**isch** *adj.* pirenaico.
Py'rit *Min. m* (*-s; -e*) pirita *f*.
Pyro|'mane *m* (*-n*) pirómano *m*; ~**ma'nie** *f* (*0*) piromanía *f*; ~'**meter** *n* pirómetro *m*; ~'**technik** *f* pirotecnia *f*; ~'**techniker** *m*, ⚥'**technisch** *adj.* pirotécnico (*m*).
'**Pyrrhus** *Hist. m* Pirro *m*; ~**sieg** *m* victoria *f* pírrica.
pythago're-isch *adj.* pitagórico; ⚔ ~*er Lehrsatz* teorema *m* de Pitágoras.
'**Pythia** *fig. f* pitonisa *f*.
'**Pythonschlange** *Zoo. f* pitón *m*.

Q

Q, q n Q, q f.
'quabbelig adj. fofo; (glitschig) gelatinoso; viscoso.
Quack|e'lei F f (Faselei) chochez f; desatino m; (Unentschlossenheit) titubeo m; **&eln** (-le) F v/i. (faseln) chochear; (zögern) titubear; **~salber** m charlatán m, medicastro m; curandero m; **~salbe'rei** f curanderismo m; charlatanería f; **&salbern** (-re) v/i. hacer de curandero.
Quaddel ♀ f (-; -n) habón m.
'Quader m, **~stein** m sillar m, piedra f de sillería.
Qua'drant m (-en) cuadrante m.
Qua'drat n (-és; -e) cuadrado m; Typ. a. cuadratín m; ♀ im ~ al cuadrado; ins ~ erheben elevar al cuadrado; **&isch** adj. cuadrado; **~e Gleichung** ecuación f de segundo grado; **~kilometer** m kilómetro m cuadrado; **~meile** f milla f cuadrada; **~meter** m od. n metro m cuadrado; **~schädel** F m cabeza f cuadrada.
Quadra'tur f cuadratura f (des Kreises del círculo).
Qua'drat...: ~wurzel ♀ f raíz f cuadrada; **~zahl** ♀ f número m cuadrado; **~zentimeter** m od. n centímetro m cuadrado.
qua'drieren (-) ♀ v/t. elevar al cuadrado.
Qua'driga f (-; -gen) cuadriga f.
Qua'drille [-iljə] f (Tanz) cuadrilla f.
'quaken I. v/i. Frosch: croar; Ente: graznar; II. ♀ n croar m; graznido m.
'quäken v/i. lloriquear, gimotear; Kind: berrear.
'Quäker|(in f) m cuáquero (-a f) m; **~tum** n (-s; 0) cuaquerismo m.
Qual [a:] f (-; -en) pena f; tormento m; suplicio m; martirio m; tortura f.
'quälen v/t. atormentar; torturar; martirizar; Tier: maltratar; (bedrükken) atribular; preocupar, inquietar; (belästigen) importunar, molestar; vejar; mit Fragen usw.: acosar; zu Tode ~ hacer morir a fuego lento; sich ~ atormentarse, torturarse; (sich abmühen) afanarse mucho; matarse trabajando, **~d** adj. atormentador; torturador; vejador; Schmerz: atroz.
Quäle'rei f tormento m; tortura f; martirio m; vejación f.
'Quälgeist F m hombre m importuno; F pegote m, pelmazo m.
Qualifikati'on f calificación f (a. Sport); (Eignung) capacidad f, aptitud f; **~srennen** n carrera f de calificación.
qualifi'zier|bar adj. calificable, **~en** (-) v/t. calificar; (befähigen) habilitar (für para); sich ~ calificarse (a. Sport); acreditarse (als de); **~t** adj. calificado (a. ⚡); apto (als, zu para).

Quali'tät f (Eigenschaft) cualidad f; (Beschaffenheit) calidad f.
qualita'tiv I. adj. cualitativo; **II.** adv. en cuanto a la calidad; ~ überlegen superior en calidad.
Quali'täts...: ~arbeit f trabajo m de alta calidad; **~erzeugnis** n producto m de (alta) calidad; **~kontrolle** f control m de calidad; **~management** n ♀ gestión f de calidad; **~marke** f marca f de calidad; **~sicherung** f ♀ aseguramiento m de calidad; **~steigerung** f ♀ mejora f de la calidad; **~unterschied** m diferencia f de calidad; **~ware** f género m de primera calidad; artículo m de alta calidad; **~zeichen** n signo m de calidad.
'Qualle Zoo. f medusa f.
Qualm m (-és; 0) humo m espeso; humareda f; **&en** v/i. humear, echar humo; F Raucher: fumar (como una chimenea); **&ig** adj. lleno de humo; humeante.
'qualvoll adj. angustioso; penoso; atormentador, torturador; Schmerz: atroz, cruel.
Quant n (-s; -en) Phys. cuanto m; P **~en** pl. (Füße) F patas f/pl., P quesos m/pl.; **&eln** v/i. u. v/t. cuantizar; **~elung** f cuantización f; **~enmechanik** f mecánica f cuántica; **~entheorie** f teoría f cuántica (od. de los cuantos).
Quanti'tät f cantidad f.
quantita'tiv I. adj. cuantitativo; **II.** adv. en cuanto a la cantidad; desde el punto de vista cuantitativo.
Quanti'tätsbestimmung f determinación f cuantitativa.
'Quantum n (-s; -ten) cantidad f; porción f; tanto m.
'Quappe f Ict. lota f; (Kaul&) renacuajo m.
Quaran'täne [ka-] f cuarentena f; unter ~ stellen; in ~ legen poner en cuarentena; **~flagge** f bandera f de cuarentena; **~station** ♀ f lazareto m.
Quark m (-s; 0) requesón m, queso m fresco; F fig. → Quatsch.
Quart 1. n (-s; -e) pinta f; Typ. cuarto m, folio m español; 2. f (-; -en) Fechtk., ♪ cuarta f.
'Quarta f (-; -ten) Sch. tercer curso m (de un instituto de enseñanza media).
Quar'tal n (-s; -e) trimestre m; **~sabrechnung** f liquidación f trimestral; **~s-säufer** m bebedor m periódico; **&(s)weise** adv. por trimestres, trimestralmente; **~szahlung** f pago m trimestral.
Quar'tär Geol. n (-s; 0) cuaternario m.
'Quart|band m tomo m en cuarto; **~blatt** n, **~bogen** m cuartilla f.

'Quarte ♪ f cuarta f.
Quar'tett ♪ n (-és; -e) cuarteto m.
'Quartformat Typ. n formato m en cuarto.
Quar'tier [-'ti:R] n (-s; -e) ✕ cuartel m; acantonamiento m; (Unterkunft) alojamiento m; habitación f; bei j-m ~ nehmen alojarse (od. hospedarse) en casa de alg.; ✕ im ~ liegen estar acuartelado bzw. acantonado (in dat. en); in ~ legen acantonar; ~ beziehen acantonarse; ~ machen aposentar las tropas; **~macher** ✕ m aposentador m; **~schein** m boleta f de alojamiento.
'Quarz Min. m (-és; -e) cuarzo m; **~glas** n vidrio m de cuarzo; **&haltig** adj. cuarcífero; **&ig** adj. cuarzoso; **~lampe** f lámpara f de cuarzo; **~uhr** f reloj m de cuarzo.
'quasi adv. casi; por decirlo así.
Quasse'lei F f palabrería f, F parloteo m.
'quasseln (-ßle) F v/i. decir bobadas; hablar sin ton ni son; hablar por hablar; desbarrar; chochear.
'Quasselstrippe F f hum. teléfono m; (Person) F cotorra f.
'Quaste f borla f.
'Quäs|tor m (-s; -en) Hist. cuestor m; Uni. tesorero m; **~'tur** f Hist. cuestura f; Uni. contaduría f; caja f.
'Quatsch F m (-és; 0) tonterías f/pl., bobadas f/pl., pamplinas f/pl.; P chorrada f; Am. macanas f/pl.; so ein ~! ¡qué tontería!; red keinen ~! ¡no digas tonterías!; ~ machen hacer el tonto (od. F el indio); **&en** F v/i. hablar sin ton ni son; hablar a tontas y a locas; desbarrar; decir bobadas (od. necedades); (plaudern) parlotear; paliquear; **~e'rei** f parloteo m; chismorreo m; **~kopf** F m mentecato m; imbécil m.
'Quecke ♀ f grama f.
'Quecksilber n mercurio m, a. fig. azogue m; **~barometer** n barómetro m de mercurio; **&haltig** adj. mercurial; **&ig** fig. adj. vivaracho; ~ sein F ser un azogue; **~oxyd** ♀ n óxido m mercúrico; **~präparate** Phar. n/pl. mercuriales m/pl.; **~salbe** Phar. f ungüento m (od. pomada f) mercurial; **~säule** Phys. f columna f de mercurio; **~vergiftung** ♀ f hidrargirismo m, mercurialismo m.
'Quell Poes. m (-és; -e) → **~e** f fuente f (a. fig.); manantial m; heiße ~ terma f, fuente f termal; fig. aus bester ~ de primera mano; aus guter (od. sicherer) ~ de fuente segura (od. fidedigna od. solvente), de buena tinta; fig. an der ~ sitzen beber en la fuente.
'quellen I. (L; sn) v/i. (hervor~) brotar, manar; (fließen) fluir; (anschwel-

len) hincharse; *fig.* emanar, proceder, surgir (*aus* de); **II.** *v/t.* hinchar; (*einweichen*) remojar, poner a remojo; ⸚**angabe** *f* indicación *f* de las fuentes; ⸚**erschließung** *f* alumbramiento *m* de aguas; ⸚**forschung** *f* investigación *f* de las fuentes; ⸚**material** *n* documentos *m/pl.*, documentación *f*; fuentes *f/pl.*; ⸚**nachweis** *m* índice *m* de las fuentes; bibliografía *f*; ⸚**steuer** *f* ✞ retenciones *f/pl.* en original, deducciones *f/pl.* en la fuente; ⸚**studium** *n* estudio *m* de las fuentes.

'**Quell...:** ⸚**fluß** *m* fuente *f* (de un río); ⸚**gebiet** *n* fuentes *f/pl.*; ⸚**nymphe** *f* náyade *f*; ⸚**ung** *f* hinchazón *f*, hinchamiento *m*; ⸚**wasser** *n* agua *f* de manantial (*od.* de fuente).

'**Quendel** ♀ *m* serpol *m*; samarilla *f*.

Queng|e'lei F *f* (*lästiges Bitten*) importunación *f* quejumbrosa; (*Nörgelei*) quejas *f/pl.* infundadas; afán *m* criticón; '⸚**elig** F *adj.* quejica, quejumbroso; '⸚**eln** (*-le*) F *v/i.* importunar (con ruegos); quejarse; lloriquear; (*nörgeln*) critiquizar; '⸚**ler** *m* quejica *m*; criticón *m*; eterno descontento *m*.

'**Quentchen** *fig. n* grano *m*, granito *m*; poquito *m*.

quer I. *adj.* transversal; cruzado; **II.** *adv.* a(l) través; de través; ⸚ *durch*, ⸚ *über* a través de; ⸚ *über die Straße gehen* atravesar (*od.* cruzar) la calle; ⸚ *stellen*, ⸚ *übereinanderlegen* cruzar.

'**Quer...:** ⸚**achse** *f* eje *m* transversal; ⸚**balken** *m* ⚓ travesaño *m*; ⌸ barra *f*; ⸚**durch** *adv.* transversalmente, de un extremo a otro.

'**Quere** *f* (*0*) dirección *f* transversal; *in die ⸚, der ⸚ nach* de través; *fig.* j-m *in die ⸚ kommen* contrariar los proyectos de alg.; poner cortapisas a alg.; cruzarse en el camino de alg.; *mir ist et. in die ⸚ gekommen* he tenido un contratiempo.

'**Quer...:** ⸚**feld'ein** *adv.* a campo traviesa; ⸚**feld'einlauf** *m Sport*: carrera *f* a campo traviesa, *angl.* cross-country *m*; ⸚**flöte** *f* flauta *f* travesera; ⸚**format** *Typ. n* formato *m* oblongo; *in ⸚* apaisado; ⸚**gehen** F *fig.* (*L; sn*) *v/i.* salir al revés; ⸚**gestreift** *adj.* a rayas horizontales; *Muskel*: estriado; ⸚**holz** *n*⚓ traviesa *f*; ⸚**kopf** *m* F cabezudo *m*, testarudo *m*; ⸚**köpfig** *adj.* terco, testarudo, obstinado; ⸚**lage** ⚔ *f* presentación *f* transversal; ⸚**lager** ⊕ *n* cojinete *m* transversal; ⸚**latte** *f Fußball*: larguero *m*; ⸚**laufend** *adj.* transversal; ⸚**legen** F *v/refl.*: *sich ⸚* poner cortapisas a; ⸚**parken** *Vkw. n* estacionamiento *m* en batería; ⸚**paß** *m Fußball*: pase *m* cruzado; ⸚**pfeife** *f*, ⸚**pfeifer** *m* pífano *m*; ⸚**rinne** *Vkw. f* badén *m*; ⸚**ruder** ⚓ *n* alerón *m*; ⸚**schießen** F *v/i.* contrariar los planes de alg.; ⸚**schiff** ⚓ *n* nave *f* transversal; ⸚**schiffs** ⚓ *adv.* de babor a estribor; ⸚**schlag** ✗ *m* galería *f* transversal; ⸚**schläger** ✗ *m* impacto *m* de través; tiro *m* de rebote; ⸚**schnitt** *m* sección *f* (*od.* corte *m*) transversal; *fig.* muestra *f* representativa; ⸚**schnittansicht** *f* vista *f* de perfil; ⸚**schnitt(s)gelähmt** ⚔ *adj.* parapléjico (por corte medular); ⸚**schnitt(s)lähmung** ⚔ *f* paraplejia *f* (por corte medular); ⸚**schnittzeichnung** *f* dibujo *m* en sección transversal; ⸚**straße** *f* travesía *f*; calle *f* transversal; ⸚**streifen** *m* banda *f* (*im Stoff*: raya *f*) transversal; ⸚**strich** *m* línea *f* (*od.* raya *f od.* trazo *m*) transversal; *Typ.* barra *f* (transversal); ⸚**summe** *f* suma *f* de las cifras de un número; ⸚**träger** ⚓ *m* traviesa *f*; ⸚**treiben** *v/i.* intrigar; maquinar; ⸚**treiber(in** *f*) *m* intrigante *m/f*; ⸚**treibe'rei** *f* intrigas *f/pl.*; manejos *m/pl.*

Queru|'lant(in *f*) *m* (-en) pleitista *m/f*; criticón *m*; refunfuñador *m*; ⸚'**lieren** (-) *v/i.* quejarse; rezongar.

'**Quer...:** ⸚**verbindung** *f* conexión *f* bzw. comunicación *f* transversal; ⸚**wand** *f* pared *f* transversal.

'**Quetsch|e** *f* prensa *f*; F (*kleiner Betrieb*) finca *f bzw.* tienda *f* pequeña; pequeño taller *m*; ⸚**en** *v/t.* (*zerdrükken*) aplastar; machacar; pisar; (*aus⸚*) exprimir; estrujar; (*hinein⸚*) meter a presión *bzw.* a la fuerza; ⚔ contusionar; magullar; *sich ⸚* apretujarse; ⚔ magullarse, contusionarse; ⸚**falte** *f* tabla *f*; ⸚**kartoffeln** *f/pl.* puré *m* de patatas; ⸚**kommode** F *f* acordeón *m*; ⸚**ung** ⚔ *f* magulladura *f*, contusión *f*; ⸚**wunde** *f* herida *f* contusa.

Queue [kø:] *n* (-*s*; -*s*) *Billard*: taco *m*.

'**quick** *adj.* vivo, rápido; alerta; ágil; ⸚**le'bendig** *adj.* vivito y coleando.

'**quieken I.** *v/i.* chillar, dar gritos estridentes; **II.** ⸚ *n* chillidos *m/pl.*

Quie'tismus [-i·e-] *m* (-; *0*) quietismo *m*; ⸚**t(in** *f*) *m* (*-en*) quietista *m/f*.

'**quietsch|en** *v/i.* chillar; *Tür usw.*: chirriar; rechinar; ⸚**en** *n* chirrido *m*; rechinamiento *m*; ⸚**ver'gnügt** F *adj.* F alegre como unas pascuas (*od.* como unas castañuelas).

'**Quinta** *f* (-; *-ten*) segundo curso *m* (de un instituto de enseñanza media).

'**Quint(e)** *f* ♪, *Fechtk.* quinta *f*.

'**Quint-essenz** *f* quintaesencia *f*.

Quin'tett ♪ *n* (-*es*; -*e*) quinteto *m*.

'**Quirl** *m* (-*s*; -*e*) molinillo *m*; batidor *m*; ♀ verticilo *m*; *fig.* torbellino *m*; ⸚**en** *v/t.* batir; *fig.* remolinear.

quitt *adj.* libre; igual; desquitado; *nun sind wir ⸚* estamos en paz.

'**Quitte** ♀ *f* membrillo *m*; ⸚**nbaum** *m* membrillero *m*; ⸚**nbrot** *n* dulce *m* de membrillo; ⸚**(n)gelb** *adj.* amarillo como un membrillo; ⸚**ngelee** *n* carne *f* de membrillo.

quit'tieren (-) *v/t.* dar recibo de a/c.; extender un recibo por a/c.; *den Dienst ⸚* presentar su dimisión; cesar en el cargo; dimitir; ⚔ retirarse; F *fig. mit e-m Lächeln ⸚* contestar con una sonrisa.

'**Quittung** *f* recibo *m*; *gegen ⸚* contra recibo; e-e ⸚ *ausstellen* extender (*od.* hacer) un recibo; ⸚**sblock** *m* talonario *m* de recibos.

Qui'vive [ki'vi:f] F: *auf dem ⸚ sein* estar (ojo) alerta.

Quiz [kvis] *n* (-; -) concurso *m* radiofónico *bzw.* televisivo; ⸚**master** *m* presentador *m* de concursos; ⸚**sendung** *f* programa-concurso *m*.

'**Quorum** *n* (-*s*; *0*) quórum *m*.

'**Quote** *f* cuota *f*; (*Anteil*) contingente *m*; cupo *m*; ⸚**n-aktie** *f* acción *f* sin valor nominal; ⸚**nfrau** *f* mujer *f* cuota; ⸚**nregelung** *f* reparto *m* por cuotas, normativa *f* de cuotas.

Quoti'ent [-tsi̯-] *m* (*-en*) cociente *m*.

quo'tieren (-) *v/t.* cotizar.

R

R, r n R, r f.
Ra'batt ✢ m (-es; -e) rebaja f; descuento m; (e-n) ~ **geben** (**gewähren**) hacer (conceder) una rebaja.
Ra'batte ✓ f arriate m, tabla f.
Ra'battmarke f sello m de descuento.
Ra'batz F m (-es; 0) jaleo m; alboroto m; ~ **machen** armar jaleo (od. la de San Quintín).
Ra'bauke F m (-n) gamberro m; camorrista m.
'Rab|bi m, **~'biner** m rabino m; **⌀'binisch** adj. rabínico.
'Rabe Orn. m (-n) cuervo m; fig. weißer ~ mirlo m blanco; wie ein ~ stehlen ser largo de uñas; **~n-aas** fig. n bellaco m; **~n-eltern** pl. padres m/pl. desnaturalizados; **~nmutter** f madre f desnaturalizada; **⌀n'schwarz** adj. (0) negro como el azabache.
rabi'at adj. (-est) rabioso, furioso; (grob) brutal.
'Rache f (0) venganza f (für de, por); aus ~ für en venganza de (od. por), para vengarse de; **nach ~ schreien** clamar venganza; ~ **brüten, auf ~ sinnen** abrigar propósitos de venganza; meditar una venganza; an j-m ~ **nehmen** vengarse de alg.; **~akt** m acto m de venganza; **~durst** m sed f de venganza; **~göttin** f divinidad f vengadora.
'Rachen m (-s; -) Anat. faringe f; (Schlund) garganta f; (Maul) boca f; v. Tieren u. fig. fauces f/pl.; F fig. j-m den ~ **stopfen** tapar la boca a alg.; F fig. er kann den ~ nicht voll genug kriegen nunca está satisfecho.
'rächen I. v/t. vengar; **II.** v/refl.: sich ~ vengarse (an j-m de alg.); (sich revanchieren) desquitarse, tomar el desquite; sich an j-m für et. ~ vengarse de a/c. en alg.; es wird sich (noch) ~ habrá de pagarse caro.
Rachen|abstrich ✣ m frotis m faríngeo; **~blütler** ⚥ m/pl. escrofulariáceas f/pl.; **~bräune** ✣ f difteria f, crup m.
'rächend adj. vengador; vengativo.
'Rachen...: ~entzündung ✣ f, **~katarrh** m faringitis f; **~höhle** Anat. f cavidad f faríngea; **~mandel** Anat. f amígdala f (od. tonsila f) faríngea; **~polyp** ✣ m (vegetaciones f/pl.) adenoides f/pl.; **~putzer** F m (Schnaps) F matarratas m; (Wein) vino m peleón; **~spiegel** ✣ m faringoscopio m.
'Rächer(in f) m vengador(a f) m.
'Rach|gier f, **~sucht** f sed f (od. ansias f/pl.) de venganza; **⌀gierig, ⌀süchtig** adj. sediento de venganza; vengativo.
Ra'chi|tis [x] f (0) raquitis f, raquitismo m; **⌀tisch** adj. raquítico.
'Racker F m pícaro m; kleiner ~ granuja m, pilluelo m; **⌀n** (-re) v/i. matarse trabajando, afanarse.
Ra'clette n (-s; -s) raclette f.
'Rad n (-es; ʺer) rueda f; (Fahr⌀) bicicleta f, F bici f; ein ~ **schlagen** Pfau: abrir el abanico; Turnen: hacer la rueda; fig. **das fünfte ~ am Wagen sein** estar de más (od. de sobra); **unter die Räder kommen** ser atropellado; fig. venir a menos; **~achse** f eje m de rueda.
Ra'dar m od. n (-s; 0) radar m; **~anlage** f instalación f de radar; **~ausrüstung** f equipo m radar; **~falle** f control m (de velocidad) por radar (no avisado); **~flugzeug** n avión-radar m; **~gerät** n (equipo m) radar m; **⌀gesteuert** adj. guiado por radar; **~kontrolle** f control m por radar; Vkw. a. velocidad f controlada por radar; **~schirm** m pantalla f de radar; **~station** f estación f de radar; **~techniker** m técnico m de radar, radarista m.
Ra'dau F m (-s; 0) alboroto m, escándalo m; jaleo m, bulla f, F follón m; ~ **machen** armar jaleo (od. la zapatiesta); hacer ruido; **~bruder** m, **~macher** m alborotador m; camorrista m.
'Rad|aufhängung f suspensión f de la rueda; **~bremse** f freno m sobre la rueda.
'Rädchen n ruedecita f; (Sporn⌀)
'Raddampfer m vapor m de ruedas.
'Rade ⚥ f (Korn⌀) neguilla f.
'radebrechen I. v/t. chapurrear; **II.** ⌀ n chapurreo m.
'radeln F (-le; sn) v/i. ir en bicicleta; F pedalear.
'Rädelsführer m cabecilla m.
'rädern I. (-re) v/t. enrodar; fig. → gerädert; **II.** ⌀ n suplicio m de la rueda.
Räder|tierchen Zoo. n/pl. rotíferos m/pl.; **~werk** ⊕ n rodaje m (a. Uhr); engranaje m (a. fig.).
'radfahr|en (L; sn) v/i. ir en bicicleta; F pedalear; **⌀en** n ciclismo m; **⌀er(in** f) m ciclista m/f; **⌀sport** m ciclismo m; **⌀weg** m → Radweg.
radi'al adj. radial; **⌀bohrmaschine** f taladradora f radial.
Radiästhe'sie f radiestesia f.
Ra'dicchio ⚥ m (-s; -cchi) lechuga f roja, achicoria f.
ra'dier|en (-) v/t. mit Messer: raspar; mit Gummi: borrar; Kunst: grabar al agua fuerte; **⌀er** m grabador m al agua fuerte, aguafuertista m; **⌀gummi** m goma f de borrar; **⌀messer** n raspador m; **⌀nadel** f buril m; **⌀ung** f grabado m al agua fuerte; aguafuerte f.
Ra'dies-chen ⚥ n rabanito m.
radi'kal I. adj. radical; Pol. a. extremista; **II.** ⌀ n (-s; -e) 🜨 radical m; **⌀e(r)** m Pol. radical m; extremista m.
radika|li'sieren (-) v/t. radicalizar; **⌀'lismus** m (-; 0) radicalismo m; extremismo m.
Radi|'kalkur 🜨 f cura f radical; **~'kand** 🜨 m (-en) radicando m.
'Radio n (-s; -s) radio f; (Rundfunk) a. radiodifusión f; ~ **hören** escuchar la radio; **durchs ~ übertragen** radiar, transmitir (od. difundir) por (la) radio; → a. Rundfunk(...); **⌀ak'tiv** adj. radiactivo; **~e Niederschläge** precipitaciones f/pl. radiactivas; **~e Strahlung** (**Verseuchung**) radiación f (contaminación f) radiactiva; **~aktivi'tät** f radiactividad f; **~apparat** m aparato m de radio, radiorreceptor m; **~astronomie** f radioastronomía f; **~biologie** f radiobiología f; **~chemie** f radioquímica f; **~durchsage** f mensaje m radiodifundido; **⌀elektrisch** adj. radioeléctrico; **~element** n radioelemento m; **~frequenz** f radiofrecuencia f; **~gerät** n → ~apparat; **~'gramm** n radiograma m; **~händler** m vendedor m de radios; **~isotop** n radioisótopo m, isótopo m radiactivo; **~'loge** m (-n) radiólogo m; **~lo'gie** f (0) radiología f; **~meldung** f noticia f radiada (od. radiodifundida); **~'meter** n radiómetro m; **~programm** n programa m de radio (od. de emisiones radiofónicas); **~recorder** m (-s; -) radiocassette m; **~röhre** f válvula f (od. lámpara f) de radio; **~sko'pie** 🜨 f (0) radioscopia f; **~sonde** f radiosonda f; **~technik** f radiotecnia f; **~techniker** m radiotécnico m; **⌀technisch** adj. radiotécnico; **~telegrafie** f radiotelegrafía f; **~teleskop** n radiotelescopio m; **~übertragung** f (re)transmisión f radiofónica; **~wecker** m radiodespertador m; **~zubehör** n accesorios m/pl. de radio(telefonía).
'Radium 🜨 n (-s; 0) radio m; **~behandlung** f, **~therapie** f radiumterapia f, radioterapia f.
'Radius m (-; -dien) radio m.
'Rad...: ~kappe f tapacubos m; **~kasten** m guardarruedas m; **~körper** m cuerpo m (od. centro m) de la rueda; **~kranz** m llanta f de la rueda; **~länge** f Sport: um e-e ~ **gewinnen** ganar por una rueda; **~ler(in** f) m ciclista m/f; **~nabe** f cubo m (de la rueda); buje m.
'Radon 🜨 n radón m.
'Rad...: ~rennbahn f velódromo m; **~rennen** n carrera f ciclista; **~rennfahrer** m (corredor m) ciclista m; **~schaufel** f paleta f, álabe m; **⌀schlagen** (L) v/i. Turnen: hacer la rueda; **~speiche** f radio m (de rueda); **~sport** m ciclismo m; **~sportler** m ciclista m; **~spur** f rodada f;

~stand *m* distancia *f* entre ejes; paso *m* de rueda; ~tour *f* excursión *f* en bicicleta; ~weg *m* pista *f* para bicicletas; F carril-bici *m*.
'raffen *v/t.* arrebatar; acaparar; *Kleid:* recoger; arremangar; arregazar.
'Raffgier *f* avidez *f*, codicia *f*; ⁀ig *adj.* codicioso, ávido.
Raffi|'nade *f* azúcar *m* refinado; ⁀ne'rie *f* refinería *f*; ~'nesse *f* refinamiento *m*; sofisticación *f*; (*Schlauheit*) astucia *f*; sutilidad *f*; ⁀'nieren (-) *v/t.* refinar; ~'nieren *o* refinación *f*; ⁀'niert *adj.* refinado; *fig. a.* sofisticado; (*schlau*) astuto; perspicaz, sutil; ~'niertheit *f* → *Raffinesse.*
'Rafting *n* (-s; 0) rafting *m*.
'Rage [-ʒə] F *f* (0) rabia *f*, furia *f*; *j-n in* ~ *bringen* poner furioso a alg.
'ragen *v/i.* elevarse; alzarse; erguirse; ~ *über* dominar.
'Raglan-ärmel *m* manga *f* raglán.
Ra'gout [-'guː] *Kochk. n* (-s; -s) guisado *m*, *gal.* ragú *m*.
'Rah(e) ⚓ *f* verga *f*.
Rahm *m* (-s; 0) nata *f*, crema *f*; *fig. den* ~ *abschöpfen* quedarse con la mejor tajada.
'Rahmen I. *m* (-s; -) marco *m* (*a. fig.*); (*Fahrrad⁀*) cuadro *m*; (*Schuh⁀*) vira *f*; (*Stick⁀*) bastidor *m*; *Typ.* rama *f*; *Kfz.* chasis *m*; ⊕ armazón *m*, bastidor *m*; (*Rand*) margen *m*; *fig.* (*Grenze*) límite *m*; (*Bereich*) ámbito *m*; (*Hintergrund*) telón *m* de fondo; *im* ~ *von* (*od. gen.*) dentro del marco de; *im* ~ *des Festes* en el transcurso de la fiesta; *fig. aus dem* ~ *fallen* salir de lo corriente, (*unpassend sein*) estar fuera de lugar; ~ *sprengen* superar los límites (de a/c.); II. ⁀ *v/t.* encuadrar; *Bild: a.* poner en un marco; ~abkommen *n* → ~vertrag; ~antenne *f* antena *f* de cuadro; ~gesetz *n* ley *f* básica (*od.* de bases); ~stickerei *f* bordado *m* de bastidor; ~sucher *Phot. m* visor *m* de visión directa, iconómetro *m*; ~tarif *m* tarifa *f* básica; ~vertrag *m* acuerdo *m* marco (*od.* base).
'rahmig *adj.* cremoso.
'Rahmkäse *m* queso *m* de nata.
'Rahsegel ⚓ *n* vela *f* cuadrada.
'Raimund *m* Ramón *m*.
Rain *m* (-*e*s; -e) lindero *m*; linde *m/f*.
'räkeln → *rekeln.*
Ra'kete *f* cohete *m*; ✕ *a.* misil *m*; *mehrstufige* ~ cohete de escalones múltiples (*od.* de varias fases).
Ra'keten...: ~(abschuß)basis *f* base *f* de lanzamiento de cohetes *bzw.* misiles; ~abschußrampe *f* rampa *f* de lanzamiento de cohetes; ~abwehrrakete *f* misil *m* antimisil; ~antrieb *m* propulsión *f* por cohete; ~flugzeug *n* avión *m* cohete; ~geschoß *n* proyectil *m* cohete; ✕ misil *m*; ~kopf *m* cabeza *f* (de un cohete); ~technik *f* coheteria *f*; ~träger *m* portacohetes *m*, portamisiles *m*; ~triebwerk *n* propulsor *m* de cohetes; ~werfer *m* lanzacohetes *m*, lanzamisiles-*m*.
Ra'kett *n* (-*e*s; -e *od.* -s) raqueta *f*.
'Rallye ['rali] *f* (-; -s) *od. n* (-s; -s) rally(e) *m*.
'Ramm|bär *m*, ~bock *m* ⊕ martillo *m* pilón; *⁀*dösig *adj.* F *adj.* aturdido; ~e ⊕ *f* martinete *m*; ~eln (-le) *v/i.* Zoo. aparearse; → *geram-*

melt; ⁀en *v/t.* ⊕ (*ein*~) hincar, hundir; *Kfz.* embestir; ⚓ abordar; ~klotz *m* mazo *m*; ~ler *m* macho *m* de liebre; conejo *m* macho; ~sporn ⚓ *m* espolón *m*.
'Rampe *f* rampa *f*; (*Verlade⁀*) muelle *m* de carga; *Thea.* proscenio *m*; ~nlicht *n* candilejas *f/pl.*, batería *f*.
rampo'nieren (-) F *v/t.* deteriorar, estropear; romper; averiar.
'Ramsch *m* (-*e*s; 0) (géneros *m/pl.* de) pacotilla *f*; baratillo *m*; cachivaches *m/pl.*; *im* ~ *kaufen* = ⁀en *v/t.* comprar en montón (*od.* en globo); ~laden *m* baratillo *m*; ~ware *f* (articulos *m/pl.* de) pacotilla *f*; ~warenhändler *m* baratillero *m*.
ran F → *heran.*
Rand *m* (-*e*s; ⁀er) borde *m*; *erhöhter:* reborde *m*; (*Saum*) orla *f*; cenefa *f*; (*Wald⁀*) linde *m/f*; (*Buch⁀*, *Tisch⁀*) canto *m*; (*Stadt⁀*) periferia *f*; (*Ufer*) orilla *f*; *e-s Buches usw.*: margen *f*; *e-r Wunde*: labio *m*; *Ränder pl. um die Augen*: ojeras *f/pl.*; *bis an den* ~ hasta el borde; *fig. am* ~*e von* al margen de; *am* ~*e vermerken* anotar al margen; *fig. am* ~*e bemerkt* dicho sea de paso; *das versteht sich am* ~*e* eso cae de su peso; *mit et. zu* ~*e kommen* llegar a realizar a/c.; llevar a cabo a/c.; *mit et. nicht zu* ~*e kommen* no poder con a/c.; *fig. am* ~*e des Grabes stehen* estar con un pie en la sepultura; *am* ~*e des Abgrundes* (*des Verderbens*; *der Verzweiflung*) al borde del abismo (de la perdición; de la desesperación); *außer* ~ *und Band* fuera de quicio; P *halt den* ~! ¡cállate la boca!, F ¡cierra el pico!
randa'lier|en (-) *v/i.* alborotar; F armar jaleo (*od.* escándalo); ⁀er *m* alborotador *m*.
'Rand...: ~auslöser *m Schreibmaschine:* desbloqueador *m* de márgenes; ~bemerkung *f* nota *f* marginal; acotación *f*; apostilla *f*; *fig.* glosa *f*; *mit* ~en *versehen* acotar.
'rändeln ⊕ (-le) *v/t.* bordear; *Münzen:* acordonar.
'rändern (-re) *v/t.* orlar, orillar, ribetear.
'Rand...: ~erscheinung *f* fenómeno *m* secundario; ~gebiet *n* e-r *Stadt*: alrededores *m/pl.*, afueras *f/pl.*; periferia *f*; ~figur *f* personaje *m* secundario; *der Gesellschaft*: marginado *m*; ~glosse *f* → ~*bemerkung*; ~gruppe *f* grupo *m* marginal; *soziale* ~*n* marginados *m/pl.* sociales; ~leiste *f* reborde *m*; ⁀los *adj.*: ~*e Brille* gafas *f/pl.* Truman; ~schärfe *Phot. f* nitidez *f* marginal; ~staat *m* Estado *m* marginal; ~stein *m* bordillo *m*; ~steller *m Schreibmaschine*: marginador *m*; ~stellung *f* soziale *f* marginación *f*; ~streifen *m* cenefa *f*; *Vkw.* arcén *m*; escalón *m* lateral; ~verzierung *f Typ.* viñeta *f*; ⁀voll *adj.* lleno hasta el borde; *fig.* hasta los topes.
Ranft F *m* (-*e*s; ⁀e) cantero *m*.
'Rang *m* (-*e*s; ⁀e) rango *m*; categoría *f*; (*Stand*) clase *f*; condición *f*; (*Stellung*) posición *f*; ✕ grado *m*, graduación *f*; (*Güte*) calidad *f*; *Fußballtoto*: clase *f* de premio; *Thea.* anfiteatro *m*; *erster, zweiter usw.*: primer, segundo, *etc.* piso; *ersten* ~*es* de primer

orden; de primera categoría; *j-m den* ~ *ablaufen* aventajar a alg.; eclipsar a alg.; tomar la delantera a alg.; *j-m den* ~ *streitig machen* competir con alg.; ~abzeichen *n* distintivo *m*; ~älteste(r) *m* ✕ oficial *m* de mayor antigüedad *bzw.* de más alta graduación.
'Range *f* granuja *m*, pilluelo *m*; rapaz *m*; (*Mädchen*) rapaza *f*; chiquilla *f* traviesa.
'rangehen (*L*; *sn*) F *v/i.* abordar (*an* et. a/c.); *tüchtig* ~ arrimar el hombro.
'rangeln F (-le) *v/i.* forcejear.
'Rang|erhöhung *f* ✕ ascenso *m*; ~folge *f* jerarquía *f*.
Ran'gier|bahnhof [Raŋ'ʒ-] 🚂 *m* estación *f* de maniobras (*od.* de clasificación); ⁀en (-) I. *v/t.* 🚂 maniobrar, hacer maniobras; II. *v/i.* figurar; *an erster Stelle* ~ ocupar el primer puesto; figurar en primer lugar; ~en 🚂 *n* maniobras *f/pl.*; ~er *m* enganchador *m* de vagones; ~gleis *n* vía *f* de maniobras; ~lokomotive *f* locomotora *f* de maniobras.
'Rang...: ~liste *f* escalafón *m*; ✕ *a.* escala *f*; *Sport:* clasificación *f*; ~ordnung *f* jerarquía *f*; orden *m* de precedencia; ~stufe *f* grado *m*; escalón *m*; categoría *f*.
'ranhalten (*L*) F *v/refl.*: *sich* ~ darse prisa; menearse, moverse.
rank *adj.* esbelto; grácil.
'Ranke ♣ *f* zarcillo *m*; (*Wein⁀*) sarmiento *m*; pámpano *m*.
'Ränke *m/pl.* intrigas *f/pl.*, maquinaciones *f/pl.*; mañas *f/pl.*; ~ *schmieden* intrigar, maquinar.
'ranken (*a. sich* ~) trepar; ⁀gewächs ♣ *n* planta *f* trepadora; ⁀werk △ *n* ornamentos *m/pl.*; arabescos *m/pl.*; florituras *f/pl.*
'Ränke...: ~schmied *m* intrigante *m*; maquinador *m*; ~spiel *n* intrigas *f/pl.*
'Ranking *n* (-s; -s) ♣ ranking *m*.
'rankriegen F *v/t.*: *j-n* ~ apretar las clavijas a alg.
Ra'nunkel ♣ *f* (-; -n) ranúnculo *m*.
'Ranzen *m* mochila *f*; (*Schul⁀*) cartera *f* mochila; F (*Wanst*) panza *f*, barriga *f*.
'ranzig *adj.* rancio; ~ *werden* enranciarse, ponerse rancio; ~ *riechen* (*schmecken*) oler (saber) a rancio.
Rap *m* (- *od.* -s; -s) rap *m*.
'Raphael *m* Rafael *m*.
ra'pid(e) *adj.* rápido.
Ra'pier *Fechtk. n* (-s; -e) estoque *m*; florete *m*.
'Rapmusik *f* música *f* rap.
'Rappe *m* (-n) caballo *m* negro.
'Rappel F *m* manía *f*; F chifladura *f*; *e-n* ~ *haben* tener vena de loco; F estar chiflado; *e-n* ~ *kriegen* coger un berrinche; ⁀n (-le) *v/i.* hacer ruido; tabletear; F *fig. bei dir rappelt's wohl?* ¿estás loco?
'Rapper *m* rapero *m*, cantante *m* de rap.
Rap'port *m* (-*e*s; -e) informe *m*; ✕ parte *m*.
Raps ♣ *m* (-*e*s; -e) colza *f*; ~öl *n* aceite *m* de colza.
Ra'punzel ♣ *f* (-; -n) rapónchigo *m*.
rar *adj.* raro; escaso; ~ *sein* escasear; *er macht sich* ~ *se deja ver muy raras veces*; F *no se le ve el pelo*; ⁀i'tät *f* rareza *f*; objeto *m* raro, curiosidad *f*.
ra'sant *adj.* (-*est*) *Flugbahn usw.*: ra-

sante; *fig.* impetuoso; rapidísimo; F (*toll*) F estupendo.
rasch I. *adj.* (*-est*) rápido; veloz; pronto; (*flink*) ágil; **II.** *adv.* rápidamente, con rapidez; de prisa; ~! ¡de prisa!, ¡venga!; *mach* ~! ¡date prisa!
'**rascheln I.** (*-le*) *v/i.* crujir (*a. Seide*); *Laub:* susurrar; **II.** 2 *n* crujido *m*; *der Seide: a.* frufrú *m*; susurro *m*.
'**Raschheit** *f* (0) prontitud *f*; rapidez *f*; agilidad *f*.
'**rasen** (*-t*; *sn*) *v/i.* **1.** *vor Zorn:* rabiar; darse a todos los diablos; estar hecho una furia; estar fuera de sí; *Wind, See:* bramar; *Sturm:* desencadenarse; **2.** F ir a toda velocidad; F ir disparado (*od.* como loco); ~ *gegen* estrellarse contra.
'**Rasen** *m* (*-s*; -) césped *m*; *mit* ~ *bedecken* cubrir con césped, encespedar.
'**rasend I.** *adj.* furioso, enfurecido; furibundo; rabioso; *Beifall:* frenético; *Geschwindigkeit:* vertiginoso; *Schmerz:* atroz; ~ *werden* enfurecerse; *j-n* ~ *machen* exasperar, poner furioso, volver loco, poner negro a alg.; **II.** F *adv.:* ~ *verliebt* locamente enamorado; ~ *teuer* por las nubes; et. ~ *gern tun* estar loco por (*od.* con) a/c.
'**Rasen...:** ~**fläche** *f* césped *m*; ~**mäher** *m* cortacésped *m*; ~**platz** *m* → ~*fläche*; ~**schere** *f* cizallas *f/pl.* de césped; ~**sport** *m* deporte *m* sobre hierba; ~**sprenger** *m* aspersor *m* para céspedes; ~**walze** *f* rodillo *m* para césped
Rase'rei *f* furia *f*; rabia *f*; furor *m*; frenesí *m*; *a.* 🞲 paroxismo *m*; *Kfz.* velocidad *f* vertiginosa; exceso *m* de velocidad; *zur* ~ *bringen* poner furioso.
Ra'sier|apparat *m* maquinilla *f* de afeitar; *elektrischer:* máquina *f* de afeitar, rasurador *m*, afeitadora *f*; ~**creme** *f* crema *f* de afeitar; 2**en** (-) *v/t.* afeitar, rasurar; hacer la barba; *sich* ~ afeitarse; ~**en** *n* afeitado *m*; *Am.* afeitada *f*; ~**klinge** *f* hoja *f* de afeitar; ~**messer** *n* navaja *f* de afeitar; ~**pinsel** *m* brocha *f* de afeitar; ~**schaum** *m* espuma *f* de afeitar; ~**seife** *f* jabón *m* de afeitar; ~**spiegel** *m* espejo *m* de afeitar; ~**wasser** *n* loción *f* (para después) del afeitado; ~**zeug** *n* utensilios *m/pl.* para afeitar.
Rä'son [-'zɔŋ] *f* (0): *j-n zur* ~ *bringen* hacer a alg. entrar en razón.
räso'nieren (-) *v/i.* razonar; argüir; (*nörgeln*) critiquizar.
'**Raspel** *f* (-; -*n*) ⊕ lima *f* gruesa, escofina *f*; *Küche:* rallador *m*; 2**n** (*-le*) *v/t.* ⊕ escofinar; (*schaben*) raspar; *Kochk.* rallar.
'**Rasse** *f* raza *f*; ~**hund** *m* perro *m* de casta.
'**Rassel** *f* (-; -*n*) carraca *f*, matraca *f*; (*bsd. Kinder*2) sonajero *m*; ~**bande** *f* pandilla *f* de niños; ~**geräusch** 🞲 *n* estertor *m*; crepitación *f*; 2**n** (-*ßle*) *v/i.* hacer ruido; 🞲 crepitar; *mit et.* ~ hacer sonar a/c.; *mit der Rassel:* F matraquear; F *durchs Examen* ~ F catear un examen; ~**n** *n* ruido *m*; *der Rassel:* matraqueo *m*; 🞲 crepitación *f*; estertor *m*.
'**Rassen...:** ~**diskriminierung** *f* discriminación *f* racial; ~**fanatiker** *m* racista *m*; ~**frage** *f* problema *m* racial; ~**haß** *m* odio *m* de razas; ~**hy**-**giene** *f* eugenesia *f*; 2**hygienisch** *adj.* eugenésico; ~**kampf** *m* lucha *f* de razas; ~**kreuzung** *Bio. f* cruzamiento *m* de razas; ~**lehre** *f* racismo *m*; ~**merkmal** *Bio. n* carácter *m* racial; ~**politik** *f* política *f* racista; ~**schranke** *f* barrera *f* racial; ~**trennung** *f* segregación *f* racial, segregacionismo *m*; *Gegner der* ~ integracionista *m*, *reg.* ~**unruhen** *f/pl.* disturbios *m/pl.* raciales.
'**Rasse|pferd** *n* caballo *m* de casta; 2**rein** *adj.* de raza pura.
'**rass|ig** *adj.* de (buena) casta, castizo; *fig.* de buen ver; que tiene clase; ~**isch** *adj.* racial.
Ras'sis|mus *m* (-; 0) racismo *m*; ~**t** *m* (-*en*), 2**tisch** *adj.* racista (*m*).
'**Rast** *f* (-; -*en*) descanso *m*; pausa *f*; parada *f*; *a.* 🞲 alto *m*; ⊕ (*Hochofen*) etalaje *m*; ~ *machen* descansar; *a.* 🞲 hacer (un) alto; *ohne* ~ *und Ruh*(*e*) sin tregua ni reposo; 2**en** (-*e*-) *v/i.* descansar; 🞲 hacer (un) alto.
'**Raster** *m* (-*s*; -) *Phot.* retículo *m*; *Typ., Opt. a.* retícula *f*; *TV* trama *f*; ~**bild** *TV n* cuadro *m*; ~**druck** *Typ. m* fotograbado *m* a media tinta; 2**n** (-*re*) *v/t.* *TV* explorar; ~**papier** *n* papel *m* reticulado.
'**Rast...:** ~**haus** *n* albergue *m* de carretera; ~**hof** *m* restaurante *m* de carretera; área *f* de servicio; 2**los** *adj.* sin descansar; incesante; (*unermüdlich*) infatigable, incansable; ~**losigkeit** *f* (0) desasosiego *m*; actividad *f* incansable, trabajo *m* infatigable; ~**platz** *m* lugar *m* de descanso *bzw.* de parada; 🞲 etapa *f*; *Autobahn:* área *f* de reposo; ~**stätte** *f* → ~*haus*.
Ra'sur *f* afeitado *m*.
Rat *m* **1.** (-*és*; 0) (~*schlag*) consejo *m*; (*Vorschlag*) recomendación *f*; sugerencia *f*; (*Ausweg*) remedio *m*; expediente *m*; *auf m-n* ~ (*hin*) por mi consejo; ~ *halten* deliberar; celebrar consejo; *j-n um* ~ *fragen*, *bei j-m* ~ *suchen*, *sich bei j-m* ~ *holen* pedir consejo a alg.; consultar a alg.; *j-n* (*od. et.*) *zu* ~*e ziehen* consultar a alg. (*od. a/c.*); *j-m* ~ *geben* dar a alg. un consejo; aconsejar a alg.; *j-s* ~ *befolgen* seguir el consejo de alg.; *auf keinen* ~ *hören* no atender a consejos de nadie; ~ *schaffen* encontrar medio (*od.* remedio); *j-m mit* ~ *und Tat zur Seite stehen* ayudar con su consejo y apoyo a alg.; *er weiß immer* ~ siempre sabe encontrar remedio para todo; *mit sich zu* ~*e gehen* entrar en cuentas consigo; hacer examen de conciencia; *er weiß sich keinen* ~ *mehr* ya no sabe qué hacer; *da ist guter* ~ *teuer* en esto es difícil aconsejar; **2.** (-*és*; ~*e*) (*Kollegium, Behörde*) consejo *m*; (*Stadt*2) concejo *m*; (*Person*) consejero *m*; concejal *m*.
'**Rate** *f* plazo *m*; *monatliche* ~ mensualidad *f*; *auf* ~*n kaufen* comprar a plazos; *in* ~*n zahlen* pagar a plazos.
'**raten** (*L*) *v/i. u. v/t.* **1.** *j-m et.* (*od. zu et.*) ~ aconsejar a alg. a/c.; *sich* ~ *lassen* tomar consejo de; dejarse aconsejar por; *lassen Sie sich* ~! ¡escuche mi consejo!; ¡créame usted!; *hör auf, das rate ich dir!* te lo digo por tu bien; (*es*) *für geraten halten* juzgar procedente (*od.* oportuno); **2.** (*erraten*) adivinar; *richtig* ~ acertar; *das raten Sie nicht!* ¿a que no lo adivina usted?
'**Raten|kauf** *m* compra *f* a plazos; 2**weise** *adv.* a plazos; ~**zahlung** *f* pago *m* a plazos.
'**Räte|regierung** *Pol. f* gobierno *m* soviético (*od.* de los soviets); ~**system** *n* régimen *m* soviético.
'**Rat|geber** *m* consejero *m*; ~**haus** *n* ayuntamiento *m*, *reg.* casa *f* consistorial; *Am.* municipalidad *f*.
Ratifi|kati'on *f* ratificación *f*; ~**kati'ons-urkunde** *f* instrumento de ratificación; 2**'zieren** (-) *v/t.* ratificar; ~**'zierung** *f* ratificación *f*.
Rati'on *f* ración *f*; porción *f*; ⚔ *eiserne* ~ ración *f* de reserva (*od.* de hierro).
ratio'nal *adj.* racional (*a.* A).
rationali'sier|en (-) *v/t.* racionalizar; 2**ung** *f* racionalización *f*.
Ratio'na'lis|mus *m* (-; 0) racionalismo *m*; ~**t** *m* (-*en*), 2**tisch** *adj.* racionalista (*m*).
ratio'nell *adj.* racional; (*sparsam*) económico.
ratio'nier|en (-) *v/t.* racionar; 2**ung** *f* racionamiento *m*.
'**rätisch** *adj.* rético.
'**ratlos** *adj.* perplejo, desconcertado; confuso, desorientado; 2**igkeit** *f* (0) perplejidad *f*, desconcierto *m*; confusión *f*, desorientación *f*.
'**rätoromanisch** *adj.* retorromano; retorrománico.
'**ratsam** *adj.* aconsejable; oportuno; conveniente; adecuado; indicado; procedente; (*zu empfehlen*) recomendable; *nicht* ~ desaconsejable; (*es*) *für* ~ *halten zu creer* oportuno *od.* conveniente *usw.* (*inf.*); 2**keit** *f* (0) oportunidad *f*; conveniencia *f*; procedencia *f*.
ratsch! *int.* ¡zas!; '2**e** *f* matraca *f*, carraca *f*; '~**en** *v/i.* charlar.
'**Rat|schlag** *m* consejo *m*; 2**schlagen** *v/i.* deliberar; ~**schluß** *m* decisión *f*.
'**Rätsel** *n* (-*s*; -) adivinanza *f*, acertijo *m*; *schwieriges:* rompecabezas *m* (*a. fig.*); *fig.* enigma *m*; misterio *m*; *des* ~*s Lösung* la solución del enigma; F la madre del cordero; *ein* ~ *aufgeben* proponer una adivinanza; *ein* ~ *lösen* descifrar un enigma; *ich stehe vor e-m* ~, *es ist mir ein* ~ no me lo explico; 2**haft** *adj.* enigmático; misterioso; (*unverständlich*) incomprensible; inexplicable; ~**haftigkeit** *f* carácter *m* enigmático (*od.* misterioso); 2**n** *v/i.* especular (*über sobre*); ~**raten** *fig. n* conjeturas *f/pl.*; especulaciones *f/pl.*
'**Rats...:** ~**herr** *m* concejal *m*; edil *m*; ~**keller** *m* restaurante *m* (en el sótano) del ayuntamiento; ~**schreiber** *m* secretario *m* del ayuntamiento; ~**sitzung** *f* sesión *f* del ayuntamiento; ~**versammlung** *f* reunión *f* del ayuntamiento.
'**Ratte** *f* rata *f*; ~*n vertilgen* desratizar; ~**nbekämpfung** *f* desratización *f*; ~**nfalle** *f* ratonera *f*; ~**nfänger** *m* cazador *m* de ratas; (*Hund*) perro *m* ratonero *m*; *der* ~ *von Hameln* el Flautista de Hamelín; ~**ngift** *n* raticida *m*, matarratas *m*; ~**nschwanz** *m* *fig.:* *ein ganzer* ~ *von* una sarta de.
'**rattern I.** (*-re*) *v/i.* traquetear; *Gewehrfeuer:* tabletear; **II.** 2 *n* traqueteo *m*; tableteo *m*.
'**ratzekahl** F *adv.* todo, por completo.

Raub *m* (-*és*; *0*) robo *m* (con intimidación); rapiña *f*; (*Überfall*) atraco *m*; asalto *m*; (*Entführung*) rapto *m*; secuestro *m*; (*Beute*) presa *f* (*a. Zoo.*); *des Siegers*: botín *m*; *auf* ~ *ausgehen* buscar su presa; *ein* ~ *der Flammen werden* ser pasto de las llamas; **~bau** *m* ⚒, ⚔ explotación *f* abusiva; ~ *treiben* ⚔ agotar una mina (⚒ las tierras); *fig. mit s-r Gesundheit* ~ *treiben* arruinar su salud; **'~druck** *m* edición *f* pirata (*od.* clandestina).

'rauben *v/t. u. v/i.* robar (*a. fig.*); cometer robos; (*entführen*) raptar; secuestrar; *fig.* (*wegnehmen*) arrebatar, *a. Schlaf*: quitar.

'Räuber *m* ladrón *m*; (*Straßen* ⚒) salteador *m* (de caminos); bandido *m*, bandolero *m*; (*See* ⚒) pirata *m*; *Zoo.* (de)predador *m*; ~ *und Gendarm spielen* jugar a ladrones y policías; **~bande** *f* cuadrilla *f* de ladrones; pandilla *f* de malhechores; **~geschichte** *f* cuento *m* de ladrones; *fig.* patraña *f*, cuento *m* chino; **~hauptmann** *m* capitán *m* de bandoleros; **~höhle** *f* guarida *f* de ladrones, ladronera *f*; **⚒isch** *adj.* rapaz; (de)predador (*a. Zoo.*); **⚒n** (-*re*) *v/i.* cometer robos; pillar; **~pistole** F *f* → **~geschichte**.

'Raub...: **~fisch** *m* pez *m* (de)predador; **~gier** *f* rapacidad *f*; **⚒gierig** *adj.* rapaz; **~kopie** *f Computer*: copia *f* ilegal (*od.* pirata); **~mord** *m* robo *m* con homicidio; **~mörder** *m* ladrón *m* asesino; **~pressung** *f Schallplatte*: impresión *f* clandestina (*od.* pirata); **~ritter** *m Hist.* caballero *m* bandido; **~tier** *n allg.* animal *m* de presa (*od.* de rapiña); fiera *f*; *Zoo.* **~e** *pl.* carniceros *m/pl.*, carnívoros *m/pl.*; **~tierhaus** *n* casa *f* de fieras; **~überfall** *m* atraco *m*, asalto *m* (*bewaffneter* a mano armada); **~vogel** *m* ave *f* de rapiña (*od.* de presa), (ave *f*) rapaz *f*; **~zug** *m* incursión *f* hostil; correría *f*.

'Rauch *m* (-*és*; *0*) humo *m*; *fig. in* ~ *aufgehen* irse (todo) en humo, desvanecerse, quedar en nada; **~abzug** *m* conducto *m* de humo; *Küche*: extractor *m* de humos, campana *f* extractora (de humos); **~bombe** *f* bomba *f* fumígena.

'rauchen I. *v/t.* fumar; *auf Lunge* ~ tragar el humo; **II.** *v/i.* humear; echar (*od.* hacer) humo; *fig. mir raucht der Kopf* me sale humo de la cabeza; **III.** ⚒ *n* hábito *m* de fumar; fumar *m*; ~ *verboten!* prohibido fumar; **~d** *adj.* humeante; 🐾 fumante.

'Rauch...: **~entwicklung** *f* desprendimiento *m* de humo; **~er(in** *f*) *m* fumador(a *f*) *m*.

'Räucher-aal *m* anguila *f* ahumada.

'Raucher-abteil 🚃 *n* compartimiento *m* de fumadores.

'Räucher...: **~hering** *m* arenque *m* ahumado; **~kammer** *f* ahumadero *m*; **~kerze** *f* pebete *m*; sahumerio *m*; **~lachs** *m* salmón *m* ahumado; **~mittel** *n* fumigante *m*; **⚒n** (-*re*) **I.** *v/t.* ahumar; *Fleisch: a.* curar (al humo); ⚕, ⚒ fumigar; **II.** *v/i.* sahumar; incensar; **~n** *n* ahumado *m*; fumigación *f*; **~pulver** *n* polvos *m/pl.* fumigatorios; **~schinken** *m* jamón *m* ahumado.

'Rauch...: **⚒erzeugend** *adj.* fumígeno; **~fahne** *f* penacho *m* de humo; **~fang** *m* (campana *f* de la) chimenea *f*; **~fleisch** *n* carne *f* ahumada; **⚒frei** *adj.* sin humo; **~gas** *n* gas *m* fumígeno; **⚒geschwärzt** *adj.* ennegrecido por el humo; **~glas** *n* vidrio *m* ahumado; **~granate** *f* granada *f* fumígena; **⚒ig** *adj.* lleno de humo, humoso; (*rauchend*) humeante; **⚒los** *adj.* sin humo; **~säule** *f* columna *f* de humo; **~schleier** ⚔ *m* cortina *f* de humo; **⚒schwach** *adj. Pulver*: sin humo; **~schwaden** *m/pl.* nubes *f/pl.* de humo; **~tabak** *m* tabaco *m* para pipa; **~tisch** *m* mesita *f* de fumador; **~verbot** *n* prohibición *f* de fumar; **~vergiftung** *f* intoxicación *f* por el humo; **~verzehrer** *m* fumívoro *m*; **~vorhang** ⚔ *m* cortina *f* de humo; **~waren** *f/pl.* **1.** tabacos *m/pl.*; **2.** (*a.* **~werk** *n*) (*Pelze*) peletería *f*; **~wolke** *f* humareda *f*; **~zeichen** *n* señal *f* de humo; **~zeug** *n* juego *m* de fumar; fumadero *m m* de fumar; fumadero *m*.

'Räud|e *Vet. f* roña *f*, sarna *f*; **⚒ig** *adj.* roñoso, sarnoso.

rauf F = *herauf*(...); *hinauf*(...).

'Rauf|bold *m* (-*és*; -*e*) camorrista *m*, pendenciero *m*; matón *m*; espadachín *m*; **~e** ⚒ *f* pesebre *m*; **⚒en I.** *v/t.* arrancar; **II.** *v/i. u. v/refl.* reñir, pelearse; andar a la greña; *sich die Haare* ~ mesarse los cabellos; **~e'rei** *f* riña *f*, pelea *f*; pendencia *f*, F camorra *f*; **~lust** *f* acometividad *f*; carácter *m* pendenciero; ganas *f/pl.* de pelear; **⚒lustig** *adj.* pendenciero.

'rauh *adj. allg.* áspero (*a. Haut, Stoff*); *Klima*: duro, inclemente; *Winter: a.* riguroso, severo, rudo; *Wetter*: destemplado; *Stimme*: bronco; (*heiser*) ronco; *See*: grueso; *Gegend*: salvaje; *fig.* (*grob*) rudo; grosero, basto; ~*es Leben* vida *f* ruda; ~*e Wirklichkeit* dura realidad *f*; ~*er Ton* tono *m* áspero (*od.* duro); F *in* ~*en Mengen* a porrillo, a manta; **~bein** *n* patán *m*; hombre *m* rudo (*od.* basto); **~beinig** *adj.* de genio áspero; basto.

'Rauheit *f* (*0*) aspereza *f*; rudeza *f*; grosería *f*; dureza *f*; *des Klimas*: destemplanza *f*; rigor *m*; *der Stimme*: bronquedad *f* bzw. ronquera *f*.

'rauhen *v/t. Tuch*: cardar, perchar.

'Rauh|futter *n* pienso *m* grosero; **⚒haarig** *adj.* hirsuto; **~maschine** ⚙ *f* perchadora *f*; **~reif** *m* escarcha *f*.

'Raum *m* (-*és*; ⸚*e*) espacio *m*; *abgegrenzter*: recinto *m*; (*Ausdehnung*) extensión *f*; (*Abteil*) compartimiento *m*; (*Platz*) lugar *m*, sitio *m*; (*Rauminhalt*) volumen *m*, capacidad *f*, cabida *f*; (*Gebiet*) área *f*, región *f*; zona *f*; (*Zimmer*) pieza *f*, habitación *f*, cuarto *m*; (*Räumlichkeit*) local *m*; sala *f*; (*Spiel* ⚒) margen *m*, espacio *m*; ⊕ juego *m*; *Fußball*: libre *f*; *fig.* ~ *geben e-r Bitte*: acceder a; (*nachgeben*) ceder a; *e-m Gedanken usw.*: dar lugar a; ~ *bieten für* tener cabida para, admitir; *viel* ~ *einnehmen* ocupar mucho sitio; abultar; **~akustik** *f* condiciones *f/pl.* acústicas (de una sala); **~analyse** *f* análisis *m* volumétrico; **~anzug** *m* traje *m* espacial; **~aufteilung** *f* distribución *f* del espacio; **~bedarf** *m* espacio *m* requerido; necesario; **~bild** *n* imagen *f* estereoscópica; **~bildmessung** *f* estereofotogrametría *f*.

'Räumboot *n* dragaminas *m*.

'Raum...: **~deckung** *f Sport*: marcaje *m* por zonas; **~dichte** *f* densidad *f* de volumen; **~einheit** *f* unidad *f* de volumen.

'räumen I. *v/t.* (*fortschaffen*) quitar; *Hafen, Fluß, Minen*: dragar; *Wohnung*: desalojar, desocupar; *Saal, Straße*: despejar; ⚔ *Lager*: desocupar, vaciar; liquidar las existencias; *Ort, Gebiet*: evacuar (*a.* ⚔); *Platz*: ceder; *Stellung*: abandonar; (*säubern*) limpiar; ⊕ brochar; *von Schutt* ~ desescombrar; **II.** ⚒ *n* → *Räumung*.

'Raum...: **~entwesung** *f* desinsectación *f*; **~ersparnis** *f* economía *f* de espacio; **~fähre** *f* lanzadera *f* (*od.* transbordador *m*) espacial; **~fahrer(in** *f*) *m* astronauta *m/f*, cosmonauta *m/f*; **~fahrt** *f* astronáutica *f*, cosmonáutica *f*; navegación *f* interplanetaria (*od.* espacial); **~fahrtmedizin** *f* medicina *f* espacial; **~fahrzeug** *n* vehículo *m* espacial; **~flug** *m* vuelo *m* espacial; **~forschung** *f* investigación *f* espacial; **~gehalt** *m* cabida *f*; **~gestalter** *m* decorador *m* de interiores, *Neol.* interiorista *m*; **~gestaltung** *f* decoración *f* de interiores, *Neol.* interiorismo *m*; **~inhalt** *m* volumen *m*, capacidad *f*; **~kapsel** *f* cápsula *f* espacial; **~labor(atorium)** *n* laboratorio *m* espacial.

'räumlich *adj.* espacial; 🎨 volumétrico; *Opt.* estereoscópico; ~ *sehr beengt sein* estar falto de espacio; ~ *begrenzt* localizado; **⚒keit** *f* local *m*.

'Raum...: **~mangel** *m* falta *f* de espacio (*od.* sitio); estrechez *f*; **~maß** *n* medida *f* de capacidad; **~messung** *f* estereometría *f*; **~meter** *m, n* metro *m* cúbico; (*Holzmaß*) estéreo *m*; **~not** *f* → **~mangel**; **~ordnung** *f* ordenación *f* (*od.* planificación *f*) territorial; **~pflegerin** *f* mujer *f* de limpieza; **~schiff** *n* nave *f* espacial, astronave *f*, cosmonave *f*; **~schiffahrt** *f* → **~fahrt**; **~sonde** *f* sonda *f* espacial; **⚒sparend** *adj.* que requiere poco espacio; que ocupa poco sitio; **~spray** *m* ambientador *m* de aire; **~station** *f* estación *f* espacial (*od.* orbital); **~temperatur** *f* temperatura *f* ambiente; **~ton** *m* sonido *m* estereofónico.

'Räumung *f v. Schutt*: descombro *m*; *e-s Hafens, Flusses*: dragado *m* (*a. v. Minen*); *Saal, Straße*: despejo *m*; *e-s Ortes, Gebietes*: evacuación *f* (*a.* ⚔); ⚔ *e-s Lagers*: liquidación *f* de existencias; *e-r Wohnung*: desalojamiento *m*; ⚖ desahucio *m*; (*Aus*)*verkauf* *m* liquidación *f* total; **~sbefehl** ⚖ *m* orden *f* de desahucio; **~sklage** ⚖ *f* demanda *f* de desahucio.

'raunen I. *v/t. u. v/i.* murmurar; musitar; (*flüstern*) cuchichear; susurrar; *man raunt, daß* ... corre la voz que ...; **II.** ⚒ *n* murmullo *m*; cuchicheo *m*; susurro *m*.

'raunzen F *v/i.* refunfuñar; gruñir.

'Raupe *Zoo.*, ⊕ *f* oruga *f*.

'Raupen...: **~antrieb** ⊕ *m* tracción *f* de oruga; **~fahrzeug** *n* vehículo *m* oruga; **~fraß** *m* daño *m* causado por las orugas; **~kette** ⊕ *f*

Raupenschlepper — recht

oruga *f*; ~schlepper *m* tractor *m* oruga.
raus F 1. → heraus(...); hinaus(...); 2. *int.* ~! ¡fuera (de aquí)!, ¡largo (de aquí)!
Rausch *m* (-es; ⸚e) embriaguez *f*, borrachera *f* (*beide a. fig.*); F cogorza *f*, merluza *f*, mona *f*, trompa *f*; *sich e-n* ~ *antrinken* embriagarse, emborracharse; F coger una mona (*od.* una trompa); *e-n* ~ *haben* estar embriagado (*od.* borracho *od.* trompa); *s-n* ~ *ausschlafen* F dormir la mona; *fig. der* ~ *der Geschwindigkeit* la borrachera de la velocidad.
'**rauschen I.** *v/i. Wind, Laub*: susurrar; *Bach*: murmurar; *Wasser*: correr; *Stoff*: crujir; *im Ohr*: zumbar; F *fig. sie rauschte aus dem Zimmer* salió majestuosamente de la habitación; **II.** ⸚ *n* rumor *m*; susurro *m*; murmullo *m*; crujido *m*; *Radio*: ruido *m*; soplido *m*; ⸚**d** *adj.* rumoroso; ruidoso; susurrante; murmurante; crujiente; *Beifall*: atronador, estrepitoso; *Fest*: por todo lo alto.
'**Rauschfilter** *m Radio*: filtro *m* de ruido.
'**Rauschgift** *n* estupefaciente *m*, droga *f*; ~ *nehmen* drogarse; ~**dezernat** *n* brigada *f* de estupefacientes; ~**handel** *m* tráfico *m* de estupefacientes (*od.* de drogas); ~**händler** *m* traficante *m* de estupefacientes (*od.* de drogas); narcotraficante *m*; ~**sucht** *f* toxicomanía *f*, drogadicción *f*; ⸚**süchtig** *adj.* toxicómano, drogadicto; ~**süchtige(r** *m*) *m/f* toxicómano (-a *f*) *m*, drogadicto (-a *f*) *m*.
'**Rausch**...: ~**gold** *n* oropel *m*; *fig. adj.* extático; ~**unterdrückung** *f Radio*: supresión *f* (*od.* reducción *f*) de ruidos.
'**räuspern** (-*re*) *v/refl.: sich* ~ carraspear; aclarar la voz.
'**rausschmeiß|en** F *v/t.* → *hinauswerfen*; ⸚**er** P *m* matón *m*; P apagabroncas *m*; (*Tanz*) último baile *m*.
'**Rausschmiß** F *m* despido *m*.
'**Raute** *f* ♥ ruda *f*; ♠ rombo *m*; ⌧ losange *m*; ~**nfläche** ⊕ *f* faceta *f*; ⸚**nförmig** *adj.* romboidal; ~**ngewächse** ♣ *n/pl.* rutáceas *f/pl.*
Rave *m od. n* (-*od.* -*s*; -*s*) fiesta *f* tecno.
Ravi'oli *Kochk. pl.* ravioli *m/pl.*
'**Razzia** *f* (-; -*zien*) batida *f*; redada *f*.
Re'agens *n* (-; -'*genzien*) → *Reagenz*.
Rea'genz ⚗ *n* (-*es*; -*ien*) reactivo *m*; ~**glas** ⚗ *n* probeta *f*; tubo *m* de ensayo; ~**papier** *n* papel *m* reactivo.
rea'gieren (-) *v/i.* reaccionar (*auf ac.* a); *Bio.*, ⚕ *a.* responder (a); *schnell* ~ tener buenos reflejos.
Reak'tanz ⚡ *f* reactancia *f*.
Reakti'on *f* reacción *f* (*a.* ⚗, ⚙); *auf ac.* a).
reaktio'när *adj.*, ⸚ *m* (-*s*; -*e*) reaccionario (*m*).
Reakti'ons...: ~**fähigkeit** *f* capacidad *f* de reacción; reactividad *f*; ~**geschwindigkeit** *f* velocidad *f* de reacción; ~**kette** *f* cadena *f* de reacciones; ~**mittel** *n* reactivo *m*; ~**zeit** *f* tiempo *m* de reacción.
reakti'vier|en (-) *v/t.* reactivar; ⸚**ung** *f* reactivación *f*.
Re'aktor *m* (-*s*; -'*toren*) reactor *m*.
re'al *adj.* real; efectivo; concreto; (*gegenständlich*) material; ⸚**einkommen** *n* renta *f* real; ⸚**ien** *pl.* realidades *f/pl.*, hechos *m/pl.*
reali'sier|bar *adj.* realizable; ~**en** (-) *v/t.* realizar (*a.* ✝); ⸚**ung** *f* realización *f*.
Rea'lis|mus *m* (-; 0) realismo *m*; ~**t** *m* (-*en*), ⸚**tisch** *adj.* realista (*m*).
Reali'tät *f* realidad *f*.
Re'al...: ~**konkurrenz** ⚖ *f* concurso *m* real, pluralidad *f* de delitos; ~**kredit** *m* crédito *m* real (*od.* inmobiliario); ~**last** *f* carga *f* real; ~**lohn** *m* salario *m* real; ~**politik** *f* política *f* realista; ~**schule** *f* escuela *f* secundaria con seis cursos; ~**union** *f Pol.* unión *f* real; ~**wert** *m* valor *m* real.
'**Rebbach** F *m* → *Reibach*.
'**Rebe** *f* vid *f*; (*Ranke*) sarmiento *m*; pámpano *m*.
Re'bell *m* (-*en*) rebelde *m* (*a. fig.*); *bsd.* ⚔ sublevado *m*.
rebel'lieren (-) *v/i.* rebelarse; sublevarse.
Rebelli'on *f* rebelión *f*; sublevación *f*; → *a. Aufstand*.
re'bellisch *adj.* rebelde (*a. fig.*).
'**Reb**...: ~**huhn** *n* perdiz *f*; *junges* ~ perdigón *m*; ~**laus** *f* filoxera *f*; ~**messer** *n* podadera *f*; ~**pfahl** *m* rodrigón *m*; ~**stock** *m* cepa *f*.
'**Rebus** *n* (-; -*se*) jeroglífico *m*.
'**Rechen I.** *m* ⚙ rastrillo *m*; *Spielbank*: raqueta *f*; **II.** ⸚ *v/t.* rastrillar.
'**Rechen**...: ~**aufgabe** *f*, ~**exempel** *n* problema *m* de aritmética; ~**buch** *n* libro *m* de aritmética; ~**fehler** *m* error *m* de cálculo; ~**kunst** *f* aritmética *f*; ~**künstler** *m* calculista *f*; ~**lehrer|in** *f*) *m* profesor(a *f*) *m* de aritmética; ~**maschine** *f* calculadora *f*.
'**Rechenschaft** *f* (0) cuenta *f*; ~ *ablegen* (*od. geben*) rendir cuentas, dar cuenta (*über ac.* de); *von j-m* ~ *verlangen, j-n zur* ~ *ziehen* pedir cuenta(s) a alg. (*über ac.* de); llamar a alg. a capítulo; *j-m* ~ *schuldig sein* estar obligado a dar cuenta a alg.; ~**bericht** *m* informe *m*; ~**s-pflicht** *f* obligación *f* de rendir cuentas; ⸚**s-pflichtig** *adj.* obligado a rendir cuentas.
'**Rechen**...: ~**schieber** *m*, ~**stab** *m* regla *f* de cálculo; ~**tabelle** *f* baremo *m*; ~**tafel** *f* escala *f* aritmética; tabla *f* de cálculos; ~**unterricht** *m* enseñanza *f* de la aritmética; clase *f* de aritmética; ~**zentrum** *n* centro *m* de cálculo (*od.* de computación).
Re'cher|chen [ʃ] *pl.* pesquisas *f/pl.*; indagaciones *f/pl.*; ⸚**chieren** (-) *v/t. u. v/i.* pesquisar, indagar; hacer pesquisas.
'**rechnen I.** (-*e*-) *v/t. u. v/i.* calcular; computar; hacer cálculos (*od.* números); echar cuentas; (*zählen*) contar (*schätzen*) estimar; *im Kopf* ~ hacer un cálculo mental; ~ *zu* contar entre, incluir en; *fig.* ~ *auf* (*od. mit*) contar con; (*erwarten*) confiar en, esperar (*inf.*); *er kann nicht* ~ (*sparen*) no sabe economizar; no sabe administrar bien su dinero; *alles in allem gerechnet* (contado) en total; *knapp gerechnet, eine Stunde una hora larga*; *hoch gerechnet* a lo sumo; *von heute an gerechnet* a contar de hoy; *die Kosten nicht gerechnet* sin contar los gastos; **II.** ⸚ *n* cálculo *m*; aritmética *f*.
'**Rechner** *m* calculador *m*; aritmético *m*; (*Gerät*) calculadora *f*; *kühler* calculador *m* frío; ⸚**isch** *adj.* aritmético; calculatorio.
'**Rechnung** *f* cálculo *m*; operación *f* aritmética; (*Berechnung*) cómputo *m*; ✝ cuenta *f* (*a. Hotel* ⸚ *usw.*); (*Waren* ⸚) factura *f*; nota *f*; (*Anwalts* ⸚) minuta *f*; *die* ~ *bitte!* ¡la cuenta, por favor!; *auf* ~ *von* por cuenta de; *für fremde* ~ por cuenta ajena; *auf eigene* ~ por cuenta propia; *auf* ~ *kaufen* comprar a crédito; *in* ~ *stellen* poner (*od.* cargar) en cuenta; facturar; *j-m in* ~ *stellen* cargar en la cuenta de alg.; *das geht auf m-e* ~ eso corre de (*od.* por) mi cuenta; *auf Ihre* ~ *und Gefahr* por su cuenta y riesgo; *laufende* (*offene*) ~ cuenta *f* corriente (abierta); *unbezahlte* ~ cuenta *f* pendiente; *übertrieben hohe* ~ cuenta *f* abusiva, F cuentas del Gran Capitán; *e-e* ~ *ausstellen* hacer una cuenta, extender una factura; facturar; ~ *ablegen* rendir cuentas; *fig. auf s-e* ~ *nehmen* tomar por su cuenta; *auf s-e* ~ *kommen* hallar su cuenta; quedar satisfecho; *e-r Sache* ~ *tragen* tener en cuenta a/c.; *e-e alte* ~ *mit j-m zu begleichen haben* tener una cuenta pendiente con alg.; *die* ~ *ohne den Wirt machen* no contar con la huéspeda; *s-e* ~ *ging nicht auf* no le salió la cuenta.
'**Rechnungs**...: ~**abgrenzungsposten** *m* cuenta *f* de orden; ~**abschluß** *m* cierre *m bzw.* saldo *m* de una cuenta; finiquito *m*; ~**auszug** *m* extracto *m* de cuenta; ~**betrag** *m* importe *m* de la factura; ~**buch** *n* libro *m* de cuentas; ~**einheit** *f* unidad *f* de cuenta; ~**führer** *m* contador *m*; ~**führung** *f* contabilidad *f*; ~**hof** *m* Tribunal *m* de Cuentas; ~**jahr** ✝ *n* ejercicio *m*; ~**legung** *f* rendición *f* de cuentas; ~**posten** *m* ✝ asiento *m*; *im Etat*: partida *f*; ~**prüfer** *m* revisor *m* (*od.* censor *m*) de cuentas; auditor *m*; ~**prüfung** *f* revisión *f* de cuentas; auditoría *f* (de cuentas); *bsd. Etat*: fiscalización *f*; ~**rat** *m* consejero *m* del Tribunal de Cuentas; ~**stellung** *f* facturación *f*; ~**wesen** *n* contabilidad *f*.
recht I. *adj.* (*Ggs. link*) derecho; *Liter.* diestro; (*richtig*; *gerecht*) justo, recto; (~*mäßig*) legítimo; (*geeignet*) propio, apropiado, adecuado, conveniente; oportuno; (*echt*) verdadero, auténtico; (*zutreffend*) exacto, preciso; *der* ~**e** *Mann* el hombre apropiado (*od.* indicado); *ein* ~**er** *Narr* un verdadero tonto; *am* ~**en** *Ort* en el lugar debido; ~**e** *Seite* lado *m* derecho, derecha *f*; *Stoff*: cara *f*; *Münze: a.* anverso *m*; *der* ~**e** *Weg* el buen camino; ♠ ~**er** *Winkel* ángulo *m* recto; *das* ~**e** *Wort* la palabra apropiada; *zur* ~**en** *Zeit* a tiempo; en el momento oportuno; a propósito; *das ist* ~ eso está bien; *wenn es Ihnen* ~ *ist* si le parece bien; si usted no tiene inconveniente; *mir ist's* ~ me va bien; me parece bien; *das ist mir nicht* ~ no me gusta; no estoy de acuerdo; *ihm ist alles* ~ *se conforma* (*od.* está de acuerdo) con todo; *das war nicht* ~ *von dir* no has hecho bien, F *alles, was* ~ *ist!* ¡no hay derecho!; *ya está bien!*; *das ist nur* ~ *und billig* no es sino lo justo; es (de) justicia; *was dem e-n* ~ *ist, ist dem andern billig* lo que es justo para uno

debe serlo también para el otro; **II.** *adv. (sehr)* muy; *(ziemlich)* bastante; *(wirklich)* realmente, verdaderamente; *(richtig)* correctamente; *(gehörig)* como es debido; ~ **haben** tener razón; ~ **behalten** acabar teniendo razón; *er hat* ~ *bekommen* le han dado la razón; le han hecho justicia; *j-m* ~ *geben* dar la razón a alg.; ~ *daran tun, zu (inf.)* hacer bien en *(inf.)*; *er hat vollkommen (od. völlig)* ~ tiene muchísima *(od.* toda la*)* razón; *Sie kommen gerade* ~ llega usted muy oportunamente; *das ist mir gerade* ~ me viene muy a propósito (F de perillas); *iro. das kommt mir gerade* ~*!* ¡lo que me faltaba!; *ich kann es ihr nie* ~ *machen* no consigo hacer nada a su gusto; *man kann es nicht allen* ~ *machen* nunca llueve a gusto de todos; *ich weiß nicht* ~ no sé a punto fijo *(od.* a ciencia cierta*)*; *habe ich* ~ *gehört?* ¿he oído bien?; *recht und schlecht* mal que bien; sin pena ni gloria; ~ *gern* con mucho gusto; F de mil amores; ~ *gut* bastante bien, nada mal; *das ist* ~*!,* ~ *so!* ¡eso está bien!; ¡bien hecho!; ¡así me gusta!; *schon* ~*!* ¡ya está bien!; *erst* ~ con mayor razón *(od.* motivo); *nun erst* ~*!* ahora con mayor motivo; ahora más que nunca; *nun erst* ~ *nicht!* ¡ahora menos que nunca!; ¡ahora sí que no!; *ganz* ~*!* ¡eso es!; ¡exactamente!, ¡exacto!

Recht *n (-es; -e)* derecho *m*; *(Berechtigung)* razón *f*; *(Gerechtigkeit)* justicia *f*; *(Billigkeit)* equidad *f*; *(Vor*²*)* privilegio *m*; prerrogativa *f*; *mit gleichen* ~*en und Pflichten* con los mismos derechos y obligaciones; *das* ~ *des Stärkeren* el derecho del más fuerte; *alle* ~*e vorbehalten* reservados todos los derechos; *Typ.* es propiedad; *nach geltendem* ~ según las leyes vigentes; *mit welchem* ~*?* ¿con qué derecho?; ¿a santo de qué?; *mit* ~ con razón; con justo título; *mit* ~ *oder Unrecht* con razón o sin ella; *mit vollem* ~ con pleno derecho; con toda la razón; *mit um so größerem* ~ con mayor razón; ~ *sprechen* administrar justicia; *j-m zu s-m* ~ *verhelfen* hacer justicia a alg.; *zu s-m* ~ *kommen* hallar justicia; *das* ~ *haben, zu (inf.)* tener (el) derecho de *(inf.)*; *ein* ~ *haben auf* tener derecho a; *im* ~ *sein* estar en su derecho; tener razón; *zu* ~ *bestehen* ser legal; estar sancionado por las leyes; *von* ~*s wegen* de derecho *(od.* justicia*)*; conforme a derecho; *(eigentlich)* en realidad, a decir verdad; *das* ~ *auf seiner Seite haben* tener la razón de su parte; *sich selbst* ~ *verschaffen* tomarse la justicia por su mano.

'Rechte 1. *f* (mano *f*) derecha *f*; *Poes.* diestra *f*; *Pol.* derecha *f*; *Boxen:* derechazo *m*; *zu s-r* ~ *n* a su derecha; **2.** ~**(r)** *m Pol.* derechista *m*, hombre *m* de derechas; *iro. du bist mir der* ~*!* ¡valiente amigo eres tú!; *an den* ~*n kommen* encontrar su igual; **3.** ~**(s)** *n* lo justo; *et.* ~*s* algo bueno *(od.* positivo); *algo que vale; nichts* ~*s wissen* no saber gran cosa; *das* ~ *treffen* acertar; *nach dem* ~*n sehen* vigilar a/c.; F ver cómo andan las cosas.

'Recht-eck *n (-es; -e)* rectángulo *m*; ²**ig** *adj.* rectangular.

'rechten *(-e-) v/i.* disputar, discutir; ²**s** *adv.* de derecho.

'recht...: ~**fertigen** *v/t.* justificar; *sich* ~ *justificarse;* exculparse; *(nicht) zu* ~ *(in)justificable;* ²**fertigung** *f* justificación *f*; ²**fertigungsgrund** *m* argumento *m* justificativo; causa *f* de justificación; ²**fertigungsschrift** *f* escrito *m* justificativo; ~**gläubig** *adj.*; ²**gläubige(r)** *m* ortodoxo *(m);* ²**gläubigkeit** *f* ortodoxia *f*; ²**haber(in** *f) m* ergotista *m/f*, disputador(a *f) m*; F respondón *m*; ²**habe'rei** *f (0)* ergotismo *m*; espíritu *m* de contradicción; ~**haberisch** *adj.* ergotista; disputador; F respondón; *er ist sehr* ~ siempre quiere tener razón; ~**lich I.** *adj. (rechtmäßig)* legítimo; *(gesetzlich)* legal; jurídico; **II.** *adv.* jurídicamente; legalmente; ~ *anerkennen* legitimar; legalizar; ²**lichkeit** *f (0)* legitimidad *f*; legalidad *f*; carácter *m* legal; ~**los** *adj.* sin derecho(s); privado de derechos; *(vogelfrei)* fuera de la ley; ²**losigkeit** *f (0)* ausencia *f* de derechos; *(Rechtswidrigkeit)* ilegalidad *f*; ~**mäßig** *adj.* legal; legítimo; *(billig)* justo, equitativo; *für* ~ *erklären* legalizar; legitimar; ²**mäßigkeit** *f (0)* legalidad *f*; legitimidad *f*.

rechts *adv.* a *(od.* por*)* la derecha; a mano derecha; ~ *von* a la derecha de; *Pol.* ~ *stehen* ser de derechas, ser derechista; ~ *fahren (gehen)* circular (ir) por la derecha; *sich* ~ *halten* llevar la derecha; ~ *abbiegen* girar a la derecha; ~ *überholen* adelantar *(od.* pasar*)* por la derecha; *weder* ~ *noch links sehen* no mirar a derecha ni izquierda; seguir (derecho) su camino.

'Rechts...: ~**abbieger** *Kfz.* ~ *m* vehículo *m* que gira a la derecha; ~**abteilung** *f* sección *f* jurídica, departamento *m* jurídico; ~**anspruch** *m* título *m (od.* pretensión *f)* legal; ~ *auf (ac.)* derecho *m* a; ~**anwalt** *m* abogado *m*; letrado *m*; *nicht plädierender:* procurador *m*; ~**anwältin** *f* abogada *f*; ~**anwaltsbüro** *n* bufete *m*; ~**anwaltschaft** *f* abogacía *f*; ~**anwaltskammer** *f* colegio *m* de abogados; ~**ausdruck** *m* término *m* jurídico; ~**auskunft** *f* información *f* jurídica, ~**ausschuß** *m* comisión *f* jurídica; ~**'außen** *m Fußball:* extremo *m* derecha; ~**begehren** *n* conclusiones *f/pl.*; ~**behelf** *m* recurso *m (*jurídico); ~**beistand** *m* asistencia *f* judicial; *(Person)* consultor *m* jurídico; *(Anwalt)* abogado *m*; ~**belehrung** *f der Geschworenen:* instrucción *f (*legal); ~**berater** *m* asesor *m* jurídico; ~**beratungsstelle** *f* asesoría *f* jurídica; ~**beugung** *f* prevaricación *f*; ~**brecher** *m* infractor *m* de la ley; ~**bruch** *m* violación *f* del derecho.

'rechtschaffen *adj.* honrado; honesto; probo, íntegro; leal; justo, recto; *ein* ~*er Mann* un hombre de bien; F ~*en Hunger haben* estar muy hambriento; ~ *müde* sein estar muy cansado; ²**heit** *f (0)* honradez *f*; honestidad *f*; probidad *f*, integridad *f*; lealtad *f*; rectitud *f*.

'Rechtschreib|fehler *m* falta *f* de ortografía; ~**prüfung** *f Computer:* corrector *m* ortográfico, verificación *f* ortográfica; ~**reform** *f* reforma *f* de la ortografía; ~**ung** *f* ortografía *f*.

'Rechts...: ~**drall** *m* torsión *f* a la derecha; *Pol.* tendencia *f* derechista; ²**drehend** *adj.* dextrógiro; ~**drehung** *f* rotación *f (od.* giro *m)* a la derecha; dextrorrotación *f*; ~**einwand** *m* objeción *f*; ~**empfinden** *n* sentido *m* de la justicia; ²**erheblich** *adj.* jurídicamente relevante; ~**extremist** *m* → ~*radikale(r);* ²**fähig** *adj.* con capacidad jurídica; ~ *sein* tener personalidad jurídica; ~**fähigkeit** *f* capacidad *f* jurídica; ~**fall** *m* caso *m* jurídico; ~**folgen** *f/pl.* consecuencias *f/pl.* jurídicas; ~**folgerung** *f* conclusión *f* jurídica; ~**form** *f* forma *f* jurídica; ~**frage** *f* cuestión *f* jurídica *bzw.* de derecho; ~**gang** *m* procedimiento *m* judicial; ~ *marcha f* a la derecha; ²**gängig** ⊕ *adj.* de paso derecho; ~**gefühl** *n* sentido *m* de la justicia; rectitud *f*; ~**gelehrte(r)** *m* jurisconsulto *m*; legista *m*; jurista *m*; letrado *m*; ²**gerichtet** *Pol. adj.* derechista; de derechas; ~**geschäft** *n* negocio *m (od.* acto *m)* jurídico; ~**gewinde** ⊕ *n* filete *m* a la derecha; ~**gleichheit** *f* igualdad *f* ante la ley; ~**grund** *m* fundamento *m* legal *(od.* jurídico*)*; ~**grundlage** *f* base *f* jurídica *(od.* legal*)*; ~**grundsatz** *m* principio *m* jurídico *(od.* de derecho*)*; ²**gültig** *adj.* válido; legal; *Schriftstück:* auténtico; ~**gültigkeit** *f (0)* validez *f* jurídica; *e-s Schriftstückes:* autenticidad *f*; ~**gutachten** *n* dictamen *m* judicial; ~**haken** *m Boxen:* derechazo *m*; ~**handel** *m* litigio *m*; pleito *m*; causa *f*; ~**händer** *m*, ²**händig** *adj.* diestro *(m);* ~**handlung** *f* acto *m* jurídico; ²**hängig** *adj.* pendiente; sub judice; ~**hängigkeit** *f (0)* litispendencia *f*; ²**hänum** *adv.* a la derecha; ~**hilfe** *f* asistencia *f* judicial; ~**hilfe-ersuchen** *n* comisión *f* rogatoria; ~**inhaber** *m* derechohabiente *m*; ~**'innen(stürmer)** *m Fußball:* interior *m* derecha; ~**irrtum** *m* error *m* de derecho; ~**kraft** *f* fuerza *f* de ley; *e-s Urteils:* firmeza *f*; *(Gültigkeit)* validez *f*; ²**kräftig** *adj.* que tiene fuerza de ley; *Urteil:* firme; *(gültig)* válido; ~ *werden* adquirir fuerza de ley; *allg.* entrar en vigor; ~**kunde** *f* jurisprudencia *f*; ²**kundig** *adj.* versado en leyes; ~**kundige(r)** *m* jurisperito *m*, jurisconsulto *m*; ~**kurve** *f* curva *f* a la derecha; ~**lage** *f* situación *f* jurídica; ~**mangel** *m* vicio *m* jurídico; defecto *m* legal; ~**mängelhaftung** *f* saneamiento *m* por evicción; ~**mittel** *n* recurso *m*; *ein* ~ *einlegen* interponer un recurso; ~**mittelbelehrung** *f* indicación *f* del recurso procedente; ~**nachfolge** *f* sucesión *f* en el derecho; ~**nachfolger** *m* causahabiente *m*; ~**norm** *f* norma *f* jurídica; ~**ordnung** *f* orden *m (od.* ordenamiento *m)* jurídico; ²**orientiert** *Pol. adj.* derechista; de derechas; ~**partei** *Pol. f* partido *m* de derechas *(od.* derechista*)*; ~**persönlichkeit** *f* personalidad *f* jurídica; ~**pflege** *f* administración *f* de justicia; ~**philosophie** *f* filosofía *f* del derecho.

'Rechtsprechung *f* administración *f* de justicia; jurisdicción *f*; jurisprudencia *f*.

rechtsradikal *adj.* de la extrema derecha, ultraderechista; ⚲e(**r**) *m* extremista *m* (*od.* radical *m*) de derechas, ultraderechista *m*.

Rechts...: ~ruck *Pol. m* giro *m* hacia la derecha; derechización *f*; **~sache** *f* asunto *m* judicial; expediente *m*; causa *f*; **~schutz** *m* protección *f* jurídica; garantía *f* legal; **~sicherheit** *f* seguridad *f* (*od.* certeza *f*) jurídica; **~sprache** *f* terminología *f* jurídica; **~spruch** *m* sentencia *f*, fallo *m*; *von Geschworenen*: veredicto *m*; **~staat** *m* Estado *m* constitucional (*od.* de derecho); **~stellung** *f* situación *f* (*od.* condición *f*) jurídica; estado *m* legal; **~steuerung** *Kfz. f* conducción *f* a la derecha; **~streit** *m* litigio *m*, pleito *m*; **~titel** *m* título *m* legal; **~träger** *m* titular *m* de un derecho; ⚲**!um** *adv.* ~! ¡(vuelta a la) derecha!; ~ **kehrt!** ¡media vuelta a la derecha!; ⚲**unfähig** *adj.* sin capacidad jurídica; **~unfähigkeit** *f* incapacidad *f* jurídica; ⚲**ungültig** *adj.* ilegal; inválido; nulo; **~ungültigkeit** *f* invalidez *f* jurídica; ⚲**unwirksam** *adj.* nulo (de derecho); sin efectos jurídicos; ⚲**verbindlich** *adj.* obligatorio; legal (y válido); **~verbindlichkeit** *f* obligación *f* legal; obligatoriedad *f* jurídica; **~verdreher** *m* rábula *m*; **~verfahren** *n* procedimiento *m* legal (*od.* judicial; **~verhältnis** *n* relación *f* jurídica; **~verkehr** *Vkw. m* circulación *f* por la derecha; **~verletzung** *f* violación *f* del derecho; **~vermutung** *f* presunción *f* legal; **~verordnung** *f* reglamento *m* jurídico; decreto-reglamento *m*; **~vertreter** *m* representante *m* legal; **~vorgänger** *m* causante *m*; **~weg** *m* vía *f* judicial; *auf dem ~ por* vía judicial; *den ~ beschreiten* proceder judicialmente; tomar medidas judiciales; recurrir a los tribunales; ⚲**widrig** *adj.* ilegal; antijurídico; contrario al derecho; **~widrigkeit** *f* ilegalidad *f*; antijuridicidad *f*; ⚲**wirksam** *adj.* → ⚲*kräftig*; **~wissenschaft** *f* jurisprudencia *f*; **~zustand** *m* situación *f* jurídica; estatuto *m* legal.

'recht...: ~winklig *adj.* rectangular; **~zeitig I.** *adj.* oportuno; **II.** *adv.* oportunamente; a tiempo; con la debida antelación; ⚲**zeitigkeit** *f* (0) oportunidad *f*.

'Reck *n* (*-es*; *-e*) *Turnen*: barra *f* fija; **~e** *m* (*-n*) héroe *m*; ⚲**en** *v/t.* extender, alargar; *Met., Wäsche*: estirar; *den Hals ~* alargar el cuello; *sich ~* estirarse; *beim Aufwachen*: desperezarse; ⚲**enhaft** *adj.* heroico; gallardo; gigantesco; **~stange** *f* barra *f* fija.

re'cycelbar *adj.* reciclable.
Re'cyceln (*-le*; -) *v/t.* reciclar.
Re'cycling *n* (*-s*; *0*) reciclaje *m*, reciclado *m*; **~papier** *n* papel *m* reciclado.

Redak|'teur(in *f*) [*-ø:R*] *m* (*-s*; *-e*) redactor(a *f*) *m*; **~ti'on** *f* redacción *f*; ⚲**ti'onell** *adj.* de redacción; **~ti'onsschluß** *m* cierre *m* de la edición; *nach ~ al cerrar* la edición; *nach ~ eingegangene Nachricht* noticia de última hora; **~ti'onsstab** *m* equipo *m* de redacción.

'Rede *f* (*Äußerung*) palabras *f/pl.*; (*Redeweise*) lenguaje *m*; dicción *f*; modo *m* de hablar; (*Vortrag*) discurso *m*; (*Ansprache*) alocución *f*; arenga *f*; *feierliche*: oración *f*; *Gr.* (*in*)*direkte ~* estilo *m* (in)directo; *e-e ~ halten* (F *schwingen*) pronunciar (F soltar) un discurso; *große ~n führen* F fanfarronear; *wovon ist die ~*? ¿de qué se trata?; *davon ist nicht die ~* no se habla (*od* trata) de eso; *davon kann keine ~ sein* no hay que pensarlo; es imposible; F *keine ~!* ¡ni soñarlo!, ¡ni hablar!; *das ist nicht der ~ wert* no tiene importancia; no es nada; no vale la pena (hablar de ello); *Ihren ~n nach* a juzgar por lo que usted dice; *j-m in die ~ fallen* interrumpir a alg.; cortar la conversación a alg.; *j-m ~ (und Antwort) stehen* dar cuenta a alg. (*wegen de*); *j-n wegen et. zur ~ stellen* pedir explicaciones a alg. de a/c.; pedir a alg. cuenta de a/c.; *seltsame ~n führen* decir cosas raras; *die ~ auf et. bringen* hacer caer la conversación sobre a/c.; sacar a colación a/c.; *die ~ kam auf ...* la conversación cayó sobre ...; *wenn die ~ darauf kommt* si se llega a hablar de eso; si eso sale a colación; *es geht die ~, daß* corre la voz (*od* el rumor) que; se dice que; **~du‑ell** *n* duelo *m* oratorio; **~figur** *f* figura *f* de dicción; metáfora *f*; **~fluß** *m* verbosidad *f*, locuacidad *f*, F verborrea *f*; **~freiheit** *f* libertad *f* de (la) palabra (*od.* de expresión); **~gabe** *f* don *m* de la palabra; talento *m* oratorio; elocuencia *f*; ⚲**gewandt** *adj.* de palabra fácil; diserto; elocuente; **~gewandtheit** *f* facilidad *f* de palabra; elocuencia *f*; **~kunst** *f* arte *m* de hablar; retórica *f*; oratoria *f*; *s-e ganze ~ aufbieten* usar de toda su elocuencia.

'reden I. (*-e-*) *v/i. u. v/t.* hablar (*über ac.* de, sobre); (*sagen*) decir; (*erörtern*) discutir; *ausführlich*: discurrir; (*sich unterhalten*) conversar, platicar; (*plaudern*) charlar; (*e-e Rede halten*) pronunciar un discurso; *über Politik ~* hablar de política; *gut* (*schlecht*) *über j-n ~* hablar bien (mal) de alg.; *mit sich ~ lassen* avenirse (*od.* atender) a razones; ser tratable; *von sich ~ machen* dar lugar a comentarios; llamar la atención; *ich habe mit dir zu ~* tengo que hablar contigo; *sich heiser ~* enronquecer (*od.* ponerse afónico) de tanto hablar; *darüber läßt sich ~* sobre eso podemos llegar a entendernos; *Sie haben gut ~* bien puede hablar usted; **II.** ⚲ *n* modo *m* de hablar; habla *f*; *~ ist Silber, Schweigen ist Gold* en boca cerrada no entran moscas; por la boca muere el pez; ⚲**s-art** *f* locución *f*; dicho *m*; giro *m*, modismo *m*; *das ist so e-e ~* es un decir.

Rede'rei *f* habladurías *f/pl.*; → *a. Gerede.*

'Rede...: ~schwall *m*, **~strom** *m* verbosidad *f*, F verborrea *f*; **~weise** *f* modo *m* (*od.* manera *f*) de hablar; lenguaje *m*; manera *f* de expresarse; **~wendung** *f* giro *m*, locución *f*, modismo *m*; **~zeit** *f* tiempo *m* asignado a cada orador.

redi'gieren I. (-) *v/t.* redactar; **II.** ⚲ *n* redacción *f*.

Redis'kont ✝ *m* redescuento *m*; ⚲**fähig** *adj.* redescontable.

rediskon'tier|en (-) ✝ *v/t. u. v/i.* redescontar; ⚲**ung** *f* redescuento *m*.

'redlich I. *adj.* honrado; probo; leal; recto; sincero; de buena fe; **II.** *adv.*: *sich ~ bemühen* esforzarse de buena fe; *sich ~ plagen* trabajar duro; ⚲**keit** *f* (0) honradez *f*; probidad *f*; lealtad *f*; rectitud *f*; sinceridad *f*; buena fe *f*.

'Redner *m* orador *m*; conferenciante *m*; **~bühne** *f* tribuna *f* (de oradores); **~gabe** *f* talento *m* oratorio; don *m* de la palabra; **~in** *f* oradora *f*; conferenciante *f*; ⚲**isch** *adj.* oratorio; retórico; **~e Begabung** don *m* de la palabra; **~liste** *f* lista *f* de oradores; **~tribüne** *f* → **~bühne**.

'redselig *adj.* hablador, facundo; *stärker*: locuaz, F parlanchín, parlero; (*weitschweifig*) verboso; ⚲**keit** *f* (0) locuacidad *f*; facundia *f*; verbosidad *f*.

Redukti|'on *f* reducción *f*; **~sdiät** ⚕ *f* dieta *f* reductora; **~sgetriebe** ⊕ *n* engranaje *m* reductor; **~smittel** 🜢 *n* (agente *m*) reductor *m*.

Redun'danz *f* redundancia *f*.

redu'zier|bar *adj.* reducible, reductible; ⚲**barkeit** *f* (0) reducibilidad *f*, reductibilidad *f*; **~en** (-) *v/t.* reducir (*auf ac.* a); *sich ~* reducirse; ⚲**ung** *f* reducción *f*.

'Reede ⚓ *f* rada *f*; **~r** *m* armador *m*, naviero *m*; **~'rei** *f* compañía *f* naviera.

re'ell *adj.* real (*a. Zahl*); efectivo; (*redlich*) honrado; leal; (*zuverlässig*) serio, formal; *Preis*: razonable; *Ware*: bueno; *Bedienung*: esmerado; *Angebot*: aceptable; **~e Firma** casa *f* acreditada; firma *f* solvente.

Reep ⚓ *n* (*-es*; *-e*) cable *m*; cabo *m*.

Refek'torium *n* (*-s*; *-rien*) refectorio *m*.

Refe'rat *n* (*-es*; *-e*) ponencia *f*; informe *m*; (*Dienststelle*) negociado *m*, sección *f*; *ein ~ halten* informar (*über ac.* sobre); *Uni.* disertar sobre un tema.

Referen'dar *m* (*-s*; *-e*) **1.** ⚖ etwa: licenciado *m* en derecho aspirante a la magistratura (en período de prácticas); pasante *m*; **2.** → *Studienreferendar*.

Refe'rendum *n* (*-s*; *-da od. -den*) referéndum *m*.

Refe'rent *m* (*-en*) ponente *m*; relator *m*; *Verw.* jefe *m* de negociado.

Refe'renz *f* (-; *-en*) referencia *f*; recomendación *f*; **~en** *pl. a.* informes *m/pl.* (*bsd. Stellenanzeigen*); **~kurs** *m* ✝ tipo *m* de referencia; **~preis** *m* precio *m* de referencia.

refe'rieren (-) *v/i.* relatar, referir; presentar un informe (*über ac.* sobre); *Uni.* disertar sobre un tema.

Reff ⚓ *n* (*-es*; *-s*) rizo *m*; **'~en** *v/t.* arrizar.

Refinan'zierung *f* refinanciación *f*.

Reflek'tant *m* (*-en*) aspirante *m*; interesado *m*; ⚲**tieren** (-) **I.** *v/t. Phys.* reflejar; **II.** *v/i.* (*nachdenken*) reflexionar (*über ac.* sobre); ✝ *u. fig.* **~ auf** interesarse por; *auf e-n Posten usw.*: aspirar a.

Re'flektor *m* (*-s*; *-en*) reflector *m*.
reflek'torisch *adj.* reflexivo.

Re'flex *m* (*-es*; *-e*) reflejo *m* (*a. Physiol.*); *bedingter ~* reflejo *m* condicionado; **~bewegung** *f* movimiento *m* reflejo.

Reflexi'on *f* reflexión *f*; **~swinkel** *m* ángulo *m* de reflexión.

refle'xiv *Gr. adj.* reflexivo; ⚲**pronomen** *Gr. n* pronombre *m* reflexivo.

Re'form f reforma f.
Reformati'on f Hist. Reforma f; ⎷**szeit** f época f de la Reforma.
Refor'mator m (-s; -en) reformador m; bsd. Pol. reformista m.
reforma'torisch adj. reformador; bsd. Pol. reformista.
Re'form|bestrebung f tendencia f reformista; ⎷**er** m reformador m; reformista m; ⎷**haus** n tienda f de productos dietéticos (od. de régimen).
refor'mier|en (-) v/t. reformar; ⎷**t** I.P. adj., ⎷**te(r)** m reformado (m).
Re'form|kost f alimentación f dietética (od. de régimen); ⎷**kurs** m Pol. rumbo m reformista, tendencias f/pl. reformistas; ⎷**maßnahmen** f/pl. reformas f/pl.; ⎷**politik** f reformismo m; ⎷**stau** m Pol. estancamiento m de las reformas pendientes.
Re'frain [Rə'frɛŋ] m (-s; -s) estribillo m.
Refrakti'on Phys. f refracción f; ⎷**smesser** m refractómetro m.
Re'fraktor Astr. m (-s; -'toren) refractor m, telescopio m dióptrico.
Re'gal n (-s; -e) 1. (Gestell) estante m, großes: estantería f; (Bücher 2) a. librería f; 2. (Orgel) órgano m portátil; 3. (Hoheitsrecht; pl. -ien) regalía f.
Re'gatta f (-; -ten) regata f.
'rege adj. (tätig) activo; (lebhaft) vivo; animado; (flink) ágil; Geist: despierto; Verkehr: intenso; fig. ~ werden Wunsch usw.: despertar; hacerse sentir.
'Regel f (-; -n) 1. regla f; (Vorschrift) a. reglamento m; (Norm) norma f; pauta f; in der ~ normalmente, por regla general; von der ~ abweichen apartarse (od. salir) de la regla; es sich zur ~ machen hacer una regla de; 2. Physiol. regla f, período m; 2**bar** adj. regulable; ajustable; ⎷**fall** m caso m normal; ⎷**kreis** ⚡ m circuito m regulador; 2**los** adj. sin regla; (unregelmäßig) irregular; (unordentlich) desordenado; confuso; ⎷**losigkeit** f (0) irregularidad f; desorden m; 2**mäßig I.** adj. regular (a. Gr.); (geregelt) regulado; (geordnet) ordenado; (normal) normal; zeitlich: periódico; in ⎷en Abständen a intervalos regulares; periódicamente; **II.** adv. regularmente; con regularidad; periódicamente; (stets) siempre; 2**mäßigkeit** f (0) regularidad f; periodicidad f; 2**n** (-le) v/t. regular (a. Verkehr); ⊕ a. ajustar; (ordnen) arreglar; regularizar; durch Verordnungen: reglamentar; sich ~ nach regirse por; das wird sich schon ~ ya se arreglará; 2**recht** adj. conforme a la(s) regla(s); en regla; correcto; normal; F fig. verdadero; ⎷**ung** f arreglo m; regularización f; regulación f (a. ⊕); gesetzliche: reglamentación f; ⎷**ventil** n válvula f reguladora; ⎷**verstoß** m Sport: infracción f de las reglas; 2**widrig** adj. contrario a la(s) regla(s); irregular; (anomal) anómalo; ⎷**widrigkeit** f irregularidad f; anomalía f.
'regen v/t. mover; sich ~ moverse (a. fig.); hacer un movimiento; (tätig sein) ser activo; menearse; fig. hacerse sentir; Gefühl: despertarse; nacer; es regt sich kein Lüftchen no se mueve una hoja.

27*

'Regen m lluvia f (a. fig.); feiner ~ llovizna f; F calabobos m; saurer ~ lluvia f ácida; im ~ bajo la lluvia; auf ~ folgt Sonnenschein después de la tempestad (od. la tormenta) viene la calma; vom ~ in die Traufe kommen saltar de la sartén y dar en las brasas; ⎷**anlage** 🖉 f instalación f de riego por aspersión; 2**arm** adj. de escasas lluvias; ⎷**bekleidung** f prendas f/pl. para la lluvia; ⎷**bö** f turbión m; ráfaga f de lluvia; ⎷**bogen** m arco m iris; ⎷**bogenfarben** f/pl. colores m/pl. del arco iris; in allen ~ schillern irisar; 2**bogenfarben** adj. iridescente; irisado; ⎷**bogenforelle** Ict. f trucha f arco iris; ⎷**bogenhaut** Anat. f iris m; ⎷**bogenpresse** F f prensa f del corazón; ⎷**dach** n (Vordach) alero m; aus Tuch: toldo m; 2**dicht** adj. impermeable.
Regene|rati'on f regeneración f; 2**rativ** adj.: ⎷**e Energien** energías f/pl. regenerativas; 2'**rieren** (-) v/t. regenerar.
'Regen...: ⎷**fälle** m/pl. lluvias f/pl.; ⎷**guß** m chubasco m, aguacero m, chaparrón m; ⎷**haut** f impermeable m de plástico; ⎷**mantel** m impermeable m; ⎷**menge** f pluviosidad f; ⎷**messer** m pluviómetro m; ⎷**pfeifer** Orn. m alcaraván m; chorlito m; 2**reich** adj. lluvioso; ⎷**rinne** f gotera f; ⎷**schauer** m chubasco m; ⎷**schirm** m paraguas m; ⎷**schirmständer** m paragüero m.
'Regensburg n Ratisbona f.
Re'gent m (-en) regente m; (Herrscher) soberano m, monarca m.
'Regentag m día m lluvioso (od. de lluvia).
Re'gentin f regenta f; (Herrscherin) soberana f.
'Regentropfen m gota f de lluvia.
Re'gentschaft f regencia f.
'Regen...: ⎷**wahrscheinlichkeit** f probabilidad f de lluvias; ⎷**wald** m bosque m de lluvia, pluvi(o)selva f; ⎷**wasser** n agua f pluvial (od. de lluvia); ⎷**wetter** n tiempo m lluvioso; bei ~ cuando hay lluvia; fig. ein Gesicht wie sieben Tage ~ machen poner cara de vinagre (od. de viernes santo); ⎷**wolke** f nube f (cargada) de lluvia; ⎷**wurm** Zoo. m lombriz f (de tierra); ⎷**zeit** f estación f de las lluvias (od. lluviosa).
Re'gie [-'ʒiː] f (0) (Leitung) administración f; Thea. dirección f artística (od. de escena); Film: dirección f; realización f; ~ **führen** dirigir; unter der ~ von dirigido por; ⎷**assistent** m ayudante m de dirección (Film: a. de realización).
re'gieren I. v/t. gobernar; (lenken, leiten) dirigir; bsd. Gr. regir; **II.** v/i. gobernar; reinar (über ac. sobre); ⎷**d** adj. reinante; die 2**en** los gobernantes.
Re'gierung f gobierno m; Span. a. Administración f; e-s Fürsten: reinado m; unter der ~ von bajo el reinado de; zur ~ gelangen subir al poder (Fürst: al trono); e-e ~ bilden formar gobierno.
Re'gierungs...: ⎷**abkommen** n acuerdo m intergubernamental; ⎷**antritt** m advenimiento m (od. acceso m) al poder; e-s Fürsten: subida f al trono; ⎷**bank** f Span. banco m azul;

⎷**beamte(r)** m funcionario m del gobierno; ⎷**bezirk** m distrito m (administrativo); ⎷**bildung** f formación f del gobierno; ⎷**blatt** n boletín m oficial; ⎷**chef** m jefe m del gobierno; ⎷**erklärung** f declaración f gubernamental; 2**fähig** adj. Pol. capaz de gobernar; 2**feindlich** adj. antigubernamental; ⎷**form** f forma f de gobierno; régimen m (político); 2**freundlich** adj. progubernamental; ⎷**koalition** f coalición f gubernamental; ⎷**kreise** m/pl. círculos m/pl. gubernamentales; ⎷**krise** f crisis f gubernamental (od. ministerial); ⎷**partei** f partido m gubernamental; ⎷**präsident** m Span. etwa: gobernador m civil; ⎷**rat** m consejero m gubernamental; ⎷**sitz** m sede f del gobierno; ⎷**sprecher** m portavoz m del gobierno; ⎷**umbildung** f reorganización f del gobierno, reajuste m (od. remodelación f) gubernamental; ⎷**verantwortung** f: die ~ übernehmen formar gobierno; ⎷**vorlage** f proyecto m gubernamental; ⎷**wechsel** m cambio m de gobierno; ⎷**zeit** f gobierno m; e-s Fürsten: reinado m.
Re'gime [-'ʒiːm] n (-s; - [-mə] od. -s) régimen n.
Regi'ment n 1. ⚔ (-(e)s; -er) regimiento m; 2. (-(e)s; -e) mando m; das ~ führen mandar, F llevar la batuta; cortar el bacalao; Frau: llevar los pantalones; ein strenges ~ führen gobernar con mano dura; ⎷**skommandeur** m jefe m de(l) regimiento; ⎷**sstab** m plana f mayor del regimiento.
Regi'on f región f; F fig. in höheren ⎷**en** schweben estar en las nubes.
regio|'nal adj. regional; 2**na'lismus** m (-; 0) regionalismo m.
Regis'seur [-ʒi-'søːR] m (-s; -e) Thea. director m de escena; Film: director m (artístico), realizador m.
Re'gister n (-s; -) registro m (a. ♪); e-s Buches: índice m; tabla f de materias; im ~ eintragen registrar; fig. alle ~ ziehen tocar todos los registros; ⎷**tonne** ⚓ f tonelada f de arqueo (od. de registro).
Regis'tra|tor m (-s; -en) registrador m; archivero m; ⎷'**tur** f (oficina f de) registro m; archivo m.
Regis'trier|apparat m, ⎷**gerät** n (aparato m) registrador m; ⎷**ballon** m globo m sonda; 2**en** (-) v/t. registrar; ⎷**en** n registro m; ⎷**kasse** f caja f registradora; ⎷**ung** f registro m; inscripción f.
Regle'ment [-ə'mãː] n (-s; -s) reglamento m.
reglemen'tier|en (-) v/t. reglamentar; 2**ung** f reglamentación f.
'Regler m ⊕ regulador m; ⚡ reóstato m.
Re'glette Typ. f regleta f.
'reglos adj. = regungslos.
'regne|n (-e-) v/i. llover (a. fig.); fein: lloviznar; es regnet está lloviendo; llueve; 2**r** 🖉 m aspersor m; ⎷**risch** adj. lluvioso.
Re'greß 🏛 m (-sses; -sse) recurso m; ~ **nehmen gegen** recurrir contra; ⎷**klage** 🏛 f acción f recursoria; ⎷**nehmer** m recurrente m; ⎷**pflicht** f responsabilidad f; 2**pflichtig** adj. responsable civilmente; j-n ~ **machen** recurrir contra alg.
'regsam adj. activo; vivo; despierto;

⁓**keit** f (0) actividad f; vivacidad f.
regu'lär adj. regular; corriente, normal.
Regu'lator m (-s; -en) regulador m.
regu'lier|bar adj. regulable; ajustable; **⁓en** (-) v/t. regular (a. Fluß); regularizar; durch Verordnungen: reglamentar; ⊕ ajustar; ✝ arreglar (las cuentas); ⁓**schraube** f tornillo m de regulación; ⁓**ung** f regulación f; regularización f; arreglo m; durch Verordnungen: reglamentación f; ⊕ ajuste m; reglaje m; ✝ liquidación f; ⁓**ventil** n válvula f reguladora.
'**Regung** f movimiento m; (Gefühls⁓) sentimiento m; emoción f; (Anwandlung) impulso m; arranque m; ⁓**slos** adj. sin movimiento; inmóvil; inerte; ⁓**slosigkeit** f (0) inmovilidad f; inacción f, inercia f.
Reh n (-(e)s; -e) corzo m; weibliches: corza f.
Rehabili|tati'on f, ⁓**tierung** f rehabilitación f (a. ⚕); ⁓**tieren** (-) v/t. rehabilitar (a. ⚕).
'**Reh...:** ⁓**bock** m corzo m; ⁓**braten** m asado m de corzo; ⁓**geiß** f corza f; ⁓**kitz** n corcino m; ⁓**keule** Kochk. f pierna f de corzo; ⁓**rücken** m, ⁓**ziemer** m lomo bzw. solomillo m de corzo.
'**Reibach** F m: s-n ⁓ machen hacer su agosto; F ponerse las botas.
'**Reib|ahle** f escariador m; ⁓**e** f, ⁓**eisen** n rallador m; ⁓**elaut** Gr. m sonido m fricativo, fricativa f.
'**reiben** (L) v/t. u. v/i. frotar; stärker: estregar, restregar, refregar; bsd. ⚕ friccionar; (streifen) rozar; (schaben) raspar; Farben: moler; Kochk. rallar; zu Pulver ⁓ pulverizar; sich die Hände ⁓ frotarse las manos (a. fig.); sich die Augen ⁓ restregarse los ojos (a. fig.); fig. sich an j-m ⁓ buscar pendencia con alg.
Reibe'reien fig. f/pl. roces m/pl., fricciones f/pl.
'**Reib|festigkeit** f resistencia f al roce; ⁓**ung** f frote m, frotamiento m, frotación f; fricción f (a. fig.); roce m, rozamiento m (a. fig.).
'**Reibungs...:** ⁓**elektrizität** f electricidad f por frotamiento; ⁓**fläche** f superficie f de fricción; fig. → ⁓**punkt**; ⁓**ko-effizient** m coeficiente m de fricción; ⁓**kupplung** f acoplamiento m de fricción; ⁓**los** adj. u. adv. sin dificultades; sin obstáculos; ⁓**punkt** fig. m punto m de fricción; ⁓**wärme** f calor m de fricción; ⁓**widerstand** Phys. m resistencia f de fricción; (✗ de rozamiento).
reich adj. rico (an dat. en); (wohlhabend) adinerado, acomodado, acaudalado; (reichlich) abundante, copioso; Mahl: opíparo, suculento; ✝ ⁓e Auswahl amplio surtido m; in ⁓em Maße en abundancia; con profusión; ⁓ und arm ricos y pobres; ⁓ machen (werden) enriquecer(se); ⁓ illustriert profusamente ilustrado.
Reich n (-(e)s; -e) imperio m; (König⁓) reino m (a. Bio. u. fig.); das Deutsche Reich (vor 1918) el Imperio Alemán; (bsd. nach 1918) el Reich; das Dritte ⁓ el Tercer Reich; das ⁓ Gottes el Reino de Dios; Rel. Dein ⁓ komme venga a nos el tu reino.
'**reich|bebildert** adj. profusamente ilustrado; ⁓**begütert** adj. acaudalado; opulento.

'**Reiche(r)** m (hombre m) rico m; F ricacho m; die ⁓n los ricos.
'**reichen I.** v/t. dar; alcanzar, alargar; bsd. bei Tisch: pasar; (darbieten) ofrecer, presentar; Hand: tender; dar; **II.** v/i. llegar, alcanzar (bis hasta); (sich erstrecken) extenderse (hasta); nach oben: elevarse (hasta); nach unten: bajar (hasta); (genügen) bastar, ser suficiente, alcanzar; es reicht für alle hay bastante para todos; an et. ⁓ (berühren) tocar a; mit et. ⁓ alcanzar con a/c.; das reicht! ¡basta!; F jetzt reicht's aber! ¡basta ya!; ¡apaga y vámonos!; F mir reicht's! estoy harto; F estoy hasta la coronilla; soweit das Auge reicht todo lo que la vista abarca; al alcance de la vista.
'**reich...:** ⁓**haltig** adj. abundante, copioso; rico; (ausführlich) amplio; (mannigfaltig) variado; ✝ e-e ⁓e Auswahl haben estar bien surtido; ⁓**haltigkeit** f (0) abundancia f, copiosidad f; riqueza f; gran variedad f; ⁓**lich I.** adj. abundante, copioso; profuso; cuantioso; (umfangreich) amplio; Mahlzeit: opíparo; sein ⁓es Auskommen haben tener para vivir holgadamente; **II.** adv. en abundancia; (genügend) bastante; mehr als ⁓ más que suficiente; con creces; ⁓ vorhanden sein abundar; es ist ⁓ Platz hay sitio de sobra; ⁓ versehen sein mit estar bien provisto de; F das ist ⁓ langweilig es bastante aburrido.
'**Reichs...:** ⁓**adler** m águila f imperial; ⁓**apfel** m globo m imperial; ⁓**kanzlei** f Hist. Cancillería f del Reich; ⁓**kanzler** m Hist. Canciller m del Reich; ⁓**präsident** m Hist. Presidente m del Reich; ⁓**stadt** f ciudad f imperial; freie ⁓ ciudad f libre; ⁓**stände** m/pl. Estados m/pl. del Imperio; ⁓**tag** m Reichstag m; Dieta f Imperial; ⁓'**unmittelbar** adj. dependiente directamente del emperador, inmediato; ⁓**verweser** m vicario m del Imperio; (Regent) regente m.
'**Reichtum** m (-s; ⁓er) riqueza f (an dat. en); (Vermögen) fortuna f; (Fülle) abundancia f (an dat. de); opulencia f; (Vielfalt) gran variedad f.
'**Reichweite** f alcance m (a. fig.); (Aktionsradius) radio m de acción; in ⁓ al alcance (de la mano); außer ⁓ fuera de alcance.
reif adj. maduro (a. fig. u. ⚕); Obst: a. en sazón; ⁓ werden madurar; ⁓ sein für estar maduro para; in ⁓erem Alter en edad madura.
Reif[1] m (-(e)s; -e) (Faß⁓, Spielzeug) aro m; (Ring) anillo m; (Diadem) diadema f.
Reif[2] m (-(e)s; 0) (Rauh⁓) escarcha f; (Frost) helada f blanca.
'**Reife** f (0) madurez f (a. fig.); Obst: a. sazón f; zur ⁓ bringen (hacer) madurar; zur ⁓ kommen llegar a la madurez; höhere (mittlere) ⁓ Span. bachillerato m superior (elemental); ⁓**grad** m grado m de madurez.
'**reifen**[1] **I.** v/i. madurar (a. fig.); Obst: a. sazonar; zum Manne ⁓ llegar a la edad madura; **II.** v/t. (hacer) madurar; **III.** ⚕ ⁓ n maduración f (a. fig.).
'**reifen**[2] v/unprs.: es hat gereift hay escarcha.
'**Reifen** m (Ring) anillo m; (Spielzeug) aro m; (Faß⁓) aro m, cerco m; (Rad⁓) neumático m, Am. a. llanta f; ⁓**decke** f cubierta f de neumático; ⁓**druck** m presión f del neumático (od. de inflado); ⁓**druckmesser** m comprobador m de presión (en los neumáticos); ⁓**heber** m levantaneumáticos m; ⁓**mantel** m → ⁓**decke; ⁓panne** f pinchazo m; reventón m; ⁓**profil** n dibujo m (de la banda de rodadura); ⁓**wechsel** m cambio m de neumático(s).
'**Reife...:** ⁓**prüfung** f examen m de madurez f; Span. examen m de bachillerato (superior); ⁓**zeugnis** n certificado m (od. título m) de bachillerato.
'**reiflich I.** adj. maduro; nach ⁓er Überlegung después de pensarlo bien; **II.** adv.: sich et. ⁓ überlegen considerar detenidamente a/c.; das würde ich mir ⁓ überlegen lo pensaría muy bien.
'**Reifrock** m miriñaque m, crinolina f.
'**Reifung** f (0) maduración f.
'**Reigen** m (-s; -) (Rundtanz) danza f (od. baile m) en rueda (od. en redondo); (Kinder⁓) corro m; im ⁓ en corro; den ⁓ eröffnen comenzar la danza (a. fig.); abrir el baile.
'**Reihe** f allg. fila f (a. ✗, Sitz⁓); Häuser, Bäume, Knöpfe: hilera f; untereinander: columna f; nebeneinander: línea f; (Folge) serie f (a. A, ♩); (Aufeinanderfolge) sucesión f; A progresión f; (Menschenschlange) fila f, F cola f; beim Stricken: vuelta f; fig. v. Veranstaltungen usw.: tanda f; e-e ⁓ von Jahren unos cuantos años; der ⁓ nach por orden; por turno (od. tanda); sucesivamente; uno después de otro; gehen wir der ⁓ nach vayamos por partes; außer der ⁓ fuera de turno; ich bin an der ⁓ me toca a mí; es mi turno; wer ist an der ⁓? ¿a quién le toca?; warten, bis man an die ⁓ kommt esperar su turno; F e-e ganze (od. lange) ⁓ von una retahíla (od. un rosario od. una sarta) de; in der vordersten ⁓ en primera fila; en primer término; in Reih und Glied en fila; ✗ die ⁓n schließen cerrar las filas; ✗ in geschlossenen ⁓n en columna cerrada; in e-e ⁓ stellen disponer en fila; fig. parangonar (mit j-m con alg.); in e-r ⁓ (hintereinander) gehen ir en fila india; ✈ in ⁓ schalten conectar (od. montar) en serie; F fig. aus der ⁓ kommen desarreglarse, quedar en desorden; wieder in die ⁓ bringen arreglar; aus der ⁓ tanzen hacer rancho aparte.
'**reihen** v/t. disponer (od. colocar od. poner) en fila; auf e-e Schnur: ensartar; Näherei: hilvanar; sich ⁓ an seguir inmediatamente a.
'**Reihen...:** ⁓**folge** f serie f, sucesión f; orden m (de sucesión); abwechselnde: turno m; in alphabetischer (chronologischer) ⁓ por orden alfabético (cronológico); ⁓**haus** n chalet m adosado; ⁓**motor** m motor m en línea; ⁓**schalter** ✈ m conmutador m (od. interruptor m) en serie; ⁓**schaltung** f ✈ conexión f en serie; ⁓**untersuchung** ⚕ f: röntgenologische ⁓ fotoseriación f; ⁓**weise** adv. en filas; por filas; en serie.
'**Reiher** Orn. m (-s; -) garza f; ⁓**busch** m airón m; ⁓**feder** f pluma f de garza.
reih'um adv. por turno(s); ⁓ gehen Buch usw.: pasar de mano en mano.
'**Reim** m (-(e)s; -e) rima f; ⁓e schmieden

rimar; versificar; hacer versos; F *fig.* *ich kann mir keinen* ~ *darauf machen* no comprendo nada; no me lo explico; ²**en** *v*/*t.* *u.* *v*/*refl.* rimar (auf con); ²**los** *adj.* sin rima; *Gedicht:* no rimado; ~**er** *Vers verso m* suelto (*od.* blanco); ~**schmied** *hum. m* rimador *m*, versificador *m*.

rein¹ **I.** *adj. allg. u. fig.* puro; *(bloß) a.* mero; *(sauber)* limpio (a. *Gewissen);* *(keusch)* casto; virgen; virginal; *(echt)* auténtico; legítimo, verdadero; *Abstammung usw.*: castizo; *(vollkommen)* perfecto; *(klar)* claro; nítido; *Alkohol*: absoluto; *Gewinn usw.*: neto; ~e *Freude* verdadera alegría *f*; ~e *Mathematik* matemática *f* pura; ~es *Gold* oro *m* fino (*od.* de ley); ~es *Deutsch* alemán *m* puro (*od.* correcto); ~e *Seide* seda *f* pura; *aus* ~em *Mitleid* por pura compasión (*od.* lástima); ~e *Lüge* pura mentira *f*; *die* ~e *Wahrheit* la pura verdad; ~er *Zufall* pura casualidad *f*; F *das ist* ~er *Wahnsinn* es una locura; **II.** *adv.* puramente; meramente; *(gänzlich)* absolutamente; completamente; ~ *gar nichts* absolutamente nada, nada de nada; ~ *unmöglich* de todo punto (*od.* absolutamente) imposible; ~ *halten* conservar limpio; ~ *zufällig* por pura casualidad; F *er ist* ~ *verrückt* está como loco; F *er war* ~ *weg* estaba entusiasmado; **III.** *substantivisch*: *et. ins* ~e *bringen* dilucidar a/c.; arreglar un asunto; *mit et. ins* ~e *kommen* resolver a/c.; poner en claro a/c.; *mit j-m ins* ~e *kommen* arreglarse (*od.* llegar a un arreglo) con alg.; *mit sich im* ~en *sein* saber a qué atenerse; ~e *schreiben* poner (*od.* sacar) en limpio.

rein² F → *herein*(...); *hinein*(...).

¹Reinbetrag *m* importe *m* líquido (*od.* neto).

Reineclaude [Rɛ·nəˈkloːdə] ♀ *f* ciruela *f* claudia.

¹Reinemachen *n* limpieza *f*.

¹Rein...: ~**erlös** *m*, ~**ertrag** *m* rendimiento *m* neto, producto *m* líquido (*od.* neto); ~**fall** F *m* fracaso *m*; desilusión *f*; F chasco *m*; *e-n* ~ *erleben* sufrir un desengaño; F llevarse un chasco; ²**fallen** F *v*/*i.* → *hereinfallen*; ~**gewicht** *n* peso *m* neto; ~**gewinn** *m* beneficio *m* neto, ganancia *f* neta; ²**hauen** F *v*/*i.* *beim Essen:* F tener buen saque.

¹Reinheit *f* (*0*) pureza *f* (a. *fig.*); *(Sauberkeit)* limpieza *f*; *(Klarheit)* claridad *f*; nitidez *f*; *(Keuschheit)* castidad *f*.

¹reinig|en *v*/*t.* limpiar; purificar (a. *fig.*); depurar (a. ⊕, *Blut u. fig.*); ✣ *Wunde:* absterger, deterger; *Darm:* purgar; *Metalle:* acrisolar (a. *fig.*); ♔ rectificar; *Flüssigkeit:* clarificar, depurar; *chemisch* ~ limpiar (*od.* lavar) en seco; *sich von s-n Sünden* ~ purgar sus pecados; *von e-r Schuld* ~ purgar de una culpa; ~**end** *adj.* limpiador; purificador, depurador; ♣ abstergente; detersivo, detergente; depurativo (a. ♣); *(abführend)* purgativo, purgante; ²**ung** *f* limpieza *f*; a. *fig.* purificación *f*, depuración *f*; ♔ rectificación *f*; clarificación *f*; *chemische* ~ lavado *m* (*od.* limpieza *f*) en seco; *(Geschäft)* tintorería *f*, F tinte *m*.

¹Reinigungs...: ~**anstalt** *f* estable-
cimiento *m* para limpieza en seco; tintorería *f*; ~**creme** *f* crema *f* limpiadora (*od.* desmaquilladora); ~**mittel** *n* detergente *m*; producto *m* de limpieza.

¹Reinkultur *f* cultivo *m* puro; F *fig. in* ~ puro.

¹rein|legen F *v*/*t.* → *hereinlegen*; ~**leinen** *adj.* de hilo puro.

¹reinlich *adj.* limpio, aseado; pulcro; ²**keit** *f* (*0*) limpieza *f*, aseo *m*; pulcritud *f*.

¹Rein...: ~**machefrau** *f* mujer *f* de (la) limpieza; ~**machen** *n* limpieza *f*; ²**machen** *v*/*t.* limpiar; hacer la limpieza; ²**rassig** *adj.* de raza pura; de casta; de sangre pura; ~**rassigkeit** *f* pureza *f* de casta; limpieza *f* de sangre; ~¹**schiff** ⚓ *n*: ~ *machen* baldear (la cubierta); ~**schrift** *f* copia *f* en limpio; ²**seiden** *adj.* de seda pura; ²**waschen** *fig. v*/*refl.*: *sich* ~ justificarse; ²**weg** F *adv.* absolutamente, completamente, por completo; ²**wollen** *adj.* de lana pura.

Reis¹ *m* (-*es*; -*er*) ramita *f*, ramilla *f*; (*Schößling*) vástago *m*.

¹Reis² ♀ *m* (-*es*; [-*e*]) arroz *m*; ~(**an**)**bau** *m* cultivo *m* del arroz; ~**bauer** *m* arrocero *m*; ~**brei** *m* papilla *f* de arroz; (*Milchreis*) arroz *m* con leche.

¹Reise *f* viaje *m*; (*Rund*²) circuito *m*; (*Überfahrt*) travesía *f*; *um die Welt machen* hacer un viaje alrededor del mundo; *e-e* ~ *machen* hacer un viaje; *auf* ~*n gehen* ir (*od.* salir) de viaje; *auf* ~*n sein* estar de viaje; *glückliche* ~! ¡feliz viaje!; *gute* ~! ¡buen viaje!; *wohin geht die* ~? ¿a dónde va usted?; ~**andenken** *n* recuerdo *m* de viaje; ~**apotheke** *f* botiquín *m* (de viaje); ~**artikel** *m*/*pl.*, ~**bedarf** *m* artículos *m*/*pl.* de viaje; ~**begleiter**(**in** *f*) *m* **1.** compañero (-a *f*) *m* de viaje; **2.** → ~*leiter*; ~**bericht** *m*, ~**beschreibung** *f* relación *f* (*od.* descripción *f*) de un viaje; ~**büro** *n* agencia *f* de viajes; ~**bus** *m* autocar *m*; autopullman *m*; ~**decke** *f* manta *f* de viaje; ~**eindrücke** *m*/*pl.* impresiones *f*/*pl.* de viaje; ²**fertig** *adj.* preparado (*od.* listo) para el viaje; *sich* ~ *machen* prepararse para partir; hacer las maletas; ~**fieber** *n* nerviosismo *m* ante el viaje; ~**führer** *m* (*Person*) guía *m*; (*Buch*) guía *f*; ~**gefährte** *m* compañero *m* de viaje; ~**gepäck** *n* equipaje *m*; ~**gepäckversicherung** *f* seguro *m* de equipajes; ~**geschwindigkeit** ✈, ⚓, *Kfz.* *f* velocidad *f* de crucero; ~**gesellschaft** *f* viaje *m* colectivo; grupo *m* turístico; ~**koffer** *m* maleta *f*, *kleiner*: maletín *m*; ~**kosten** *pl.* gastos *m*/*pl.* de viaje (*od.* de desplazamiento); ~**kostenvergütung** *f* indemnización *f* por desplazamiento; ~**krankheit** *f* mareo *m*; ~**land** *n* país *m* turístico; ~**leiter** *m* guía *m* (turístico), (guía *m*) acompañante *m*; ~**lektüre** *f* lectura *f* de viaje; ~**lust** *f* afición *f* a viajar; ²**lustig** *adj.* aficionado a viajar.

¹reisen (-*t*; *sn*) *v*/*i.* viajar; hacer un viaje; ~ *nach* ir a; trasladarse a; marcharse a; ~ *durch* pasar por; *in Geschäften* ~ ir en viaje de negocios; hacer un viaje de negocios; *er ist viel gereist* ha viajado mucho; ²**de**(*r*) *m* viajero *m*; (*Fahrgast*) pasajero *m*; ✝ (*Geschäfts*²) viajante *m*; (*Vergnügungs*²) turista *m*.

¹Reise...: ~**necessaire** *n* neceser *m* (de viaje); ~**paß** *m* pasaporte *m*; ~**pläne** *m*/*pl.* proyectos *m*/*pl.* de viaje; ~**route** *f* itinerario *m*; ~**scheck** *m* cheque *m* de viaje; ~**schreibmaschine** *f* máquina *f* de escribir portátil; ~**spesen** *pl.* gastos *m*/*pl.* de viaje; ~**tasche** *f* bolsa *f* de viaje; ~**unfallversicherung** *f* seguro *m* contra accidentes de viaje; ~**unternehmer** *m*, ~**veranstalter** *m* agente *m* de viajes; operador *m* turístico; ~**verkehr** *m* tráfico *m* de viajeros; turismo *m*; ~**wecker** *m* despertador *m* de viaje; ~**zeit** *f* temporada *f* turística; ~**ziel** *n* punto *m* de destino; término *m* del viaje; ~**zuschuß** *m* subvención *f* para gastos de viaje.

¹Reisfeld *n* arrozal *m*.

¹Reisig *n* (*-s*; *0*) leña *f* menuda; ramojo *m*; chasca *f*; ~**besen** *m* escoba *f* de ramas; ~**bündel** *n* haz *m* de leña; ~**feuer** *n* chamarasca *f*.

¹Reis...: ~**mehl** *n* harina *f* de arroz; ~**papier** *n* papel *m* de arroz; ~**puder** *m* polvos *m*/*pl.* de arroz.

Reiß|**aus** F *m*: ~ *nehmen* F tomar las de Villadiego; poner pies en polvorosa; ¹~**brett** *n* tablero *m* de dibujo.

¹reißen (*L*) **I.** *v*/*t.* (*ziehen*) tirar de; (*aus*~) sacar; (*ab*~) arrancar; (*zer*~) romper; rasgar; desgarrar; *ein Loch* ~ hacer un desgarrón; *zu Boden* ~ derribar; *an sich* ~ arrebatar; *fig.* apoderarse de; *Macht:* usurpar; *Unterhaltung,* ✝: monopolizar; *mit sich* ~ arrastrar (a *fig.*); *j-n aus et.* ~ sacar a alg. de a/c. (a. *fig.*); **II.** *v*/*refl.*: *sich an et.* (*dat.*) ~ lastimarse con (*od.* en) a/c.; *sich um et.* ~ disputarse a/c.; *sich um j-n* ~ volcarse con alg.; *ich reiße mich nicht darum* no me entusiasma; **III.** *v*/*i.* *Stoff:* desgarrarse; rasgarse; (*brechen*) romper(se); quebrar(se); resquebrajarse; (*sich spalten*) henderse; *Saite:* saltarse; *Fäden:* romperse; *an et.* (*dat.*) ~ tirar violentamente de a/c.; **IV.** ♀ *n* dolores *m*/*pl.* reumáticos; *Sport*: arrancada *f*; ~**d** *adj.* rápido; raudo; (*heftig*) violento; impetuoso; *Tier*: feroz; *Schmerz*: lancinante; ✝ *das geht* ~ *weg, das findet im Absatz* ~ se vende como el pan.

¹Reißer *m* ✝ éxito *m* de venta; *Thea.* (pieza *f* de) éxito *m* extraordinario; F exitazo *m*; ²**isch** *adj.* chillón; exagerado; ~e *Reklame* F bombo *m*.

¹Reiß...: ~**feder** *f* tiralíneas *m*; ²**fest** *adj.* resistente a la rotura; ~**festigkeit** *f* resistencia *f* a la rotura; ~**kohle** *f* carboncillo *m*; ~**leine** ✈ *f* cuerda *f* de desgarre; ~**nadel** *f* trazador *m*; ~**nagel** *m* chincheta *f*; ~**schiene** *f* regla *f* de dibujo (*od.* en forma de T); ~**verschluß** *m* (cierre *m* de) cremallera *f*; ~**wolf** ⊕ *m* abridor *m* de lana; ~**zahn** *m* (diente *m*) canino *m*; colmillo *m*; ~**zeug** *n* estuche *m* de compases; caja *f* de dibujo; ~**zwecke** *f* chincheta *f*.

¹Reit|**anzug** *m* traje *m* de montar; *für Damen:* vestido *m* de amazona; ~**bahn** *f* picadero *m*; pista *f* de equitación.

¹reiten (*L*) **I.** (*sn*) *v*/*i.* montar (*od.* ir) a caballo; cabalgar; *als Sport*: practicar la equitación; *gut* (*schlecht*) ~ montar bien (mal); ser buen (mal) jinete; *auf e-m Pferd* ~ montar un caballo; *auf j-s Rücken* ~ ir a horca-

jadas sobre alg.; **II.** *v/t. Pferd*: montar; *über den Haufen* ~ atropellar (*od.* derribar) con el caballo; **III.** ⚥ *n* equitación *f*; ~**d** *adj.* montado, a caballo.
'**Reiter** *m* jinete *m*; ⚔ soldado *m* de caballería; ⊕ (*Gestell*) caballete *m*; (*Karten*⚥) guión *m*; ⚔ *spanischer* ~ caballo *m* de frisa.
Reite'rei *f* caballería *f*.
'**Reiterin** *f* amazona *f*.
'**Reiter**|**regiment** *n* regimiento *m* de caballería; ~**smann** *m* jinete *m*; ~**standbild** *n* estatua *f* ecuestre.
'**Reit**|**gerte** *f* fusta *f*; ~**halle** *f* picadero *m* (cubierto); ~**hose** *f* pantalón *m* de montar; ~**knecht** *m* palafrenero *m*; ~**kostüm** *n* (vestido *m* de) amazona *f*; ~**kunst** *f* equitación *f*; ~**lehrer** *m* profesor *m* de equitación; ~**peitsche** *f* látigo *m* (de jinete); ~**pferd** *n* caballo *m* de silla; caballería *f*; ~**schule** *f* escuela *f* de equitación; ~**sport** *m* deporte *m* hípico, hípica *f*; equitación *f*; ~**stall** *m* caballeriza *f*; ~**stiefel** *m* bota *f* de montar; ~**stock** ⊕ *m* contrapunta *f*; ~**tier** *n* animal *m* de silla (*od.* de montar); caballería *f*, cabalgadura *f*; ~**turnier** *n* concurso *m* hípico; ~**unterricht** *m* lecciones *f/pl.* de equitación; ~**weg** *m* camino *m* de herradura; ~**zeug** *n* montura *f*; avíos *m/pl.* de montar.
'**Reiz** *m* (-*es*; -*e*) *Physiol.* estímulo *m* (*a. fig. Antrieb*); (*Erregung*) excitación *f*, *stärker*: irritación *f* (*a.* ⚕); (*An*⚥) aliciente *m*, incentivo *m*; (*Lieb*⚥) atractivo *m*, encanto *m*; (*Kitzel*) prurito *m*; (*Versuchung*) tentación *f*; *weibliche* ~**e** encantos *m/pl.* (de una mujer); *den* ~ *verlieren* perder todo atractivo (*od.* interés); ⚥**bar** *adj.* excitable, irritable (*a.* ⚕, *Physiol.*); sensible; (*jähzornig*) irascible; (*überempfindlich*) susceptible; ~**barkeit** *f* (0) excitabilidad *f*; irritabilidad *f*; sensibilidad *f*; irascibilidad *f*; susceptibilidad *f*; ⚥**en** (-*t*) *v/t. u. v/i.* excitar; irritar (*a.* ⚕); (*anregen*) estimular (*a.* ⚕); (*auf*~) provocar; (*aufhetzen*) incitar; azuzar; (*ärgern*) enojar, irritar; (*anziehen*) atraer; seducir; (*bezaubern*) encantar; (*in Versuchung führen*) tentar; *Appetit usw.*: despertar; *Neugier usw.*: picar; *das würde mich* ~ *me* gustaría; ⚥**end** *adj.* encantador, atractivo; precioso, bonito, delicioso; ⚕ irritante; *das ist* ~ *von dir* eres un encanto; *iro. das ist ja* ~! (la cosa) tiene gracia!; ~**gas** *n* gas *m* irritante; ~**husten** *m* tos *f* irritativa; ~**ker** ♀ *m* mízcalo *m*, rovellón *m*; ~**klima** *n* clima *m* estimulante; ⚥**los** *adj.* sin atractivo (*od.* aliciente), sin gracia, sin garbo; (*fade*) soso, insípido; ~**losigkeit** *f* falta *f* de atractivos; insipidez *f*; ~**mittel** *n* ⚕ excitante *m*; estimulante *m*; *fig.* incentivo *m*; ~**schwelle** *Physiol. f* umbral *m* de estimulación; ~**stoff** *m* su(b)stancia *f* excitante *bzw.* irritante *bzw.* estimulante; ~**ung** *f* irritación *f* (*a. fig.*); *Physiol.* estimulación *f*; ⚥**voll** *adj.* lleno de atractivos; encantador; delicioso; seductor; (*verlockend*) tentador; incitante; sugestivo.
rekapitu'lieren (-) *v/t.* recapitular.
'**rekeln** (-*le*) *v/refl.*: *sich* ~ repantigarse, repanchigarse; (*sich strecken*) estirarse; desperezarse.

Reklamati'on *f* reclamación *f*.
Re'klame *f* propaganda *f*; publicidad *f*; reclamo *m*; (*Anzeige*) anuncio *m* (publicitario); ~ *machen* hacer propaganda; ~**rummel** F *m* F guirigay *m* publicitario; F bombo *m*; ~**schild** *n* cartel *m* publicitario; ~**tafel** *f* valla *f* publicitaria; *in Zssgn* → *a. Werbe*...
rekla'mieren (-) **I.** *v/t.* reclamar; **II.** *v/i.* protestar (*gegen* contra).
rekonstru'ieren (-) *v/t.* reconstruir; ⚥**kti'on** *f* reconstrucción *f*.
Rekonvales'zen|**t**(**in** *f*) *m* (-*en*) convaleciente *m/f*; ~**z** *f* (0) convalecencia *f*.
Re'kord *m* (-*es*; -*e*) récord *m*, marca *f*, plusmarca *f*; *e-n* ~ *aufstellen* (*halten*; *verbessern*; *einstellen*; *brechen od. überbieten*) establecer (conservar *od.* ostentar; mejorar; igualar; superar *od.* batir) una marca; ~**besuch** *m* (número *m*) récord *m* de visitantes; ~**ernte** *f* cosecha *f* récord; ~**halter** *m*, ~**inhaber** *m*, ~**ler** F *m* récordman *m*, plusmarquista *m*; ~**stand** *m* ⚔ récord *m*; ~**versuch** *m* tentativa *f* de superar una marca; ~**zeit** *f* tiempo *m* récord.
Re'krut ⚔ *m* (-*en*) recluta *m*, quinto *m*; ~**en-ausbildung** *f* instrucción *f* de reclutas; ~**en-aushebung** *f* reclutamiento *m*; ~**enjahrgang** *m* quinta *f*.
rekru'tier|**en** (-) **I.** *v/t.* reclutar, *Am.* enrolar; **II.** *v/refl.*: *sich* ~ reclutarse (*aus* de); ⚥**ung** *f* reclutamiento *m*, *Am.* enrolamiento *m*; ⚥**ungsstelle** *f* centro *m* de reclutamiento.
'**Rekta**|**indossament** ⚔ *n* endoso *m* restrictivo; ~**klausel** *f* cláusula *f* nominativa.
rek'tal ⚕ *adj.* rectal.
'**Rekta**|**papiere** ⚔ *n/pl.* títulos *m/pl.* nominativos, valores *m/pl.* intransferibles; ~**scheck** *m* cheque *m* nominativo (*od.* intransferible); ~**wechsel** *m* letra *f* nominativa (*od.* intransferible).
Rektifi|**kati'on** *f* rectificación *f*; ⚥'**zieren** (-) *v/t.* rectificar.
Rekti'on *Gr. f* régimen *m*.
'**Rektor** *m* (-*s*; -*en*) *Uni.* rector *m*; *Schule*: director *m*.
Rekto'rat *n* (-*es*; -*e*) *Uni.* rectorado *m*; *Schule*: dirección *f*; (*Büro*) rectoría *f*.
Rek'torenkonferenz *f* conferencia *f* de rectores.
Rektosko'pie ⚕ *f* rectoscopia *f*.
'**Rektum** *Anat. n* (-*s*; -*ta*) recto *m*.
Re'kurs ⚖ *m* (-*es*; -*e*) recurso *m*.
Re'lais [Rə'lɛː] ⚡ *n* (-; -) relevador *m*, relé *m*; ~**sender** *m* transmisor *m* de repetición; ~**station** *f* repetidor *m*; ~**steuerung** *f* mando *m* por relé.
Relati'on *f* relación *f*.
rela'tiv *adj.* relativo.
relati'vieren (-) *v/t.* relativizar.
Relati'vis|**mus** *Phil. m* (-; 0) relativismo *m*; ⚥**tisch** *adj.* relativista.
Relativi'tät *f* relatividad *f*; ~**s-theorie** *f* teoría *f* de la relatividad.
Rela'tiv|**pronomen** *Gr. n* pronombre *m* relativo; ~**satz** *Gr. m* oración *f* relativa.
Rele|**gati'on** *f* expulsión *f*; ⚥'**gieren** (-) *v/t.* expulsar.
rele'van|**t** *adj.* relevante; ⚥**z** *f* relevancia *f*.
Reli'ef *n* (-*s*; -*s od.* -*e*) relieve *m*; ~**druck** *m* impresión *f* en relieve;

~**karte** *f* mapa *m* en relieve.
Religi'on *f* religión *f*.
Religi'ons...: ~**bekenntnis** *n* confesión *f* (religiosa); ~**eifer** *m* celo *m* religioso; ~**freiheit** *f* libertad *f* religiosa (*od.* de cultos); ~**gemeinschaft** *f* comunidad *f* religiosa; ~**geschichte** *f* historia *f* de las religiones; ~**krieg** *m* guerra *f* de religión; ⚥**los** *adj.* irreligioso; sin religión; ~**losigkeit** *f* (0) irreligiosidad *f*; ~**philosophie** *f* filosofía *f* de la religión; ~**soziologie** *f* sociología *f* religiosa; ~**stifter** *m* fundador *m* de una religión; ~**streit** *m* controversia *f* religiosa; ~**unterricht** *m* enseñanza *f* religiosa; ~**wechsel** *m* conversión *f* religiosa.
religi'ös *adj.* religioso; (*fromm*) piadoso; devoto; ~**e Kunst** arte *m* sacro.
Religiosi'tät *f* (0) religiosidad *f*; sentimiento *m* religioso; (*Frömmigkeit*) piedad *f*; devoción *f*.
Re'likt *n* (-*es*; -*e*) residuo *m*; *Bio.* reliquia *f*.
'**Reling** ⚓ *f* (-; -*s od.* -*e*) borda *f*.
Re'liquie [-kvi̯ə] *f* reliquia *f*; ~**n-schrein** *m* relicario *m*.
Re'make [riː'meɪk] *n* (-*s*; -*s*) *Film*: remake *f*.
Rema'nenz *Phys. f* remanencia *f*.
remilitari'sier|**en** (-) *v/t.* remilitarizar; ⚥**ung** *f* remilitarización *f*.
Reminis'zenz *f* reminiscencia *f*.
Re'mis [-'miː] *n* (-; -) *Schach*: tablas *f/pl.*; ~ *machen* hacer tablas.
Remit|**t'enden** ⚔ *f/pl. Buchhandel*: libros *m/pl.* devueltos; devoluciones *f/pl.*; ~**ent** ⚔ *m* (-*en*) tomador *m* (*od.* tenedor *m*) de una letra; ⚥**ieren** ⚔ (-) *v/t.* remesar, remitir; *Bücher*: devolver.
Remmi'demmi F *n* (-*s*; 0) juerga *f*; bullicio *m*.
Remou'ladensoße *f* salsa *f* tártara.
Rempe'lei F *f* empujón *m*; atropello *m*; *Fußball*: carga *f*.
'**rempeln** (-*le*) F *v/t.* empujar; atropellar; *Fußball*: cargar.
Ren *Zoo. n* (-*s*; -*s*) reno *m*.
Renais'sance [rənɛ'sãːs] *f Hist.* Renacimiento *m*; ~**stil** *m* estilo *m* Renacimiento (*od.* renacentista).
re'nal *Anat. adj.* renal.
Re'nate *f* Renata *f*.
Rendez'vous [Rɑ̃de'vuː] *n* (-; -) cita *f*; *ein* ~ *haben mit* tener una cita con; *zu e-m* ~ *gehen* acudir a una cita; ~**manöver** *n Raumfahrt*: maniobra *f* de encuentro.
Ren'dite ⚔ *f* rédito *m*, rentabilidad *f*.
Rene'gat(**in** *f*) *m* (-*en*) renegado (-a *f*) *m*.
Rene'klode ♀ *f* ciruela *f* claudia.
Re'nette ♀ *f* reineta *f*.
reni'tent *adj.* renitente, recalcitrante.
'**Renn**|**bahn** *f* pista *f* (de carreras); (*Pferde*⚥) hipódromo *m*; *Arg.* cancha *f*; *Kfz.* circuito *m*; ~**boot** *n* bote *m* de carreras.
'**rennen** (L) **I.** (*sn*) *v/i.* correr; ~ *gegen* chocar (*od.* dar) contra; estrellarse contra; *in sein Verderben* ~ correr hacia su perdición; **II.** *v/t.*: *j-n* zu *Boden* ~ (*od. über den Haufen* ~) arrollar (*od.* atropellar) a alg.; *er rannte ihm den Degen in den Leib* le atravesó con la espada; **III.** ⚥ *n* carrera *f*; *totes* ~ carrera *f* ex aequo (*od.* que acaba en empate); *fig. das* ~ *machen* triunfar, salir vencedor; *das* ~ *aufgeben* aban-

donar la carrera (*fig.* la lucha).
'**Renner** *m* 1. → *Rennpferd*; 2. F ✝ éxito *m* de venta.
'**Renn...**: ⁓**fahrer** *m* *Kfz.* corredor *m* (automovilista), piloto *m* (de carreras), F as *m* del volante; *Motorrad*: corredor *m* (motorista); *Fahrrad*: corredor *m* (ciclista); ⁓**jacht** *f* yate *m* de regatas; ⁓**mannschaft** *f* equipo *m* de corredores; ⁓**pferd** *n* caballo *m* de carreras; ⁓**platz** *m* hipódromo *m*; ⁓**rad** *n* bicicleta *f* de carreras; ⁓**reiter** *m* jockey *m*; ⁓**sport** *m* carreras *f/pl.*; ⁓**stall** *m* cuadra *f* de carreras; *Kfz.* escudería *f*; ⁓**strecke** *f* recorrido *m*; pista *f*; *Kfz.* circuito *m*; ⁓**wagen** *m* coche *m* de carreras; F bólido *m*.
Renom'm|ee *n* (*-s*; *-s*) fama *f*; reputación *f*; renombre *m*; 2**ieren** (-) *v/i.* fanfarronear; darse importancia; F darse pisto; ⁓ *mit* jactarse de, presumir de; 2**iert** *adj.* afamado, renombrado; famoso, célebre; ⁓**ist** *m* (*-en*) fanfarrón *m*, jactancioso *m*.
reno'vier|en (-) *v/t.* renovar; restaurar; 2**ung** *f* renovación *f*; restauración *f*.
ren'tabel *adj.* rentable; lucrativo; que rinde (beneficio).
Rentabili'tät *f* (*0*) rentabilidad *f*; rendimiento *m*; ⁓**sberechnung** ✝ *f* cálculo *m* de la rentabilidad; ⁓**sgrenze** ✝ *f* límite *m* de rentabilidad.
'**Rente** *f* *aus Kapital*: renta *f*; (*Alters*2) pensión *f*; *e-e* ⁓ *beziehen* percibir una pensión.
'**Renten...**: ⁓**alter** *n* edad *f* de pensión (*od.* de retiro); ⁓**anspruch** *m* derecho *m* a pensión; ⁓**anstalt** *f* caja *f* de pensiones; ⁓**antrag** *m* solicitud *f* de pensión; ⁓**bank** *f* banco *m* agrícola de crédito (emisor de títulos de renta); ⁓**brief** *m* título *m* de renta fija; ⁓**empfänger(in** *f*) *m* titular *m/f* (*od.* beneficiario [*-a f*] *m*) de una pensión; (*Sozial*2) pensionado *m/f*; ⁓**markt** *m* mercado *m* de renta fija; ⁓**papiere** *n/pl.* títulos *m/pl.* de renta fija; ⁓**reform** *f* reforma *f* de las pensiones; ⁓**versicherung** *f* seguro *m* de pensiones.
'**Rentier** *Zoo.* *n* reno *m*.
ren'tieren (-) *v/refl.*: *sich* ⁓ ser rentable; rentar bien; *fig.* valer la pena.
'**Rentner(in** *f*) *m* pensionista *m/f*.
Re-organi|sati'on *f* reorganización *f*; 2**sieren** (-) *v/t.* reorganizar.
repa'rabel *adj.* reparable.
Reparati'on|en *f/pl.* reparaciones *f/pl.*; ⁓**s-ausschuß** *m* comisión *f* de reparaciones; ⁓**sleistung** *f* prestación *f* a título de reparación; ⁓**szahlung** *f* pago *m* a título de reparación.
Repara'tur *f* (*-*; *-en*) reparación *f*; compostura *f*; arreglo *m*; *in* ⁓ *en* reparación; *in* ⁓ *geben* dar a componer (*od.* a arreglar); 2**bedürftig** *adj.* necesitado de (*od.* que necesita) arreglo (*od.* reparación); 2**fähig** *adj.* reparable; ⁓**kosten** *pl.* gastos *m/pl.* de reparación; ⁓**werkstatt** *f* taller *m* de reparaciones.
repa'rieren (-) *v/t.* reparar; arreglar.
repatri'ier|en (-) *v/t.* repatriar; 2**ung** *f* repatriación *f*.
Reper'toire [-to‑'a:R] *n* (*-s*; *-s*) repertorio *m*.
repe'tier|en (-) *v/t.* repetir; 2**en** *n* repetición *f*; 2**gewehr** *n* fusil *m* de repetición; escopeta *f* repetidora; 2**uhr** *f* reloj *m* de repetición.
Repe'titor *m* (*-s*; *-en*) repetidor *m*.
Repeti'torium *n* (*-s*; *-rien*) clase *f* (*od.* curso *m*) de repetición.
Re'plik *f* réplica *f*.
Re'port *m* (*-es*; *-e*) 1. (*Bericht*) informe *m*; 2. ✝ report *m*.
Repor'tage [-a:ʒə] *f* reportaje *m*.
Re'port|er *m* (*-s*; *-*) reportero *m*, informador *m*; ⁓**geschäft** ✝ *n* operación *f* de report.
Repräsen'tant|(in *f*) *m* (*-en*) representante *m/f*; ⁓**enhaus** *n* Cámara *f* de Representantes.
Repräsentati'on *f* representación *f*; ⁓**skosten** *pl.* gastos *m/pl.* de representación.
repräsenta'tiv *adj.* representativo; 2**system** *Pol.* *n* sistema *m* representativo.
repräsen'tieren (-) *v/t.* representar.
Repres'salien *f/pl.* represalias *f/pl.*; ⁓ *anwenden* tomar represalias.
Re'prise *f* *Thea.*, *Film*: reposición *f*, *fr.* reprise *f*; ♪ repetición *f*, reexposición *f*.
reprivati'sier|en (-) *v/t.* desnacionalizar; 2**ung** *f* desnacionalización *f*.
Reprodu|kti'on *f* reproducción *f*; 2'**zierbar** *adj.* reproducible; 2'**zieren** (-) *v/t.* reproducir.
Rep'til *Zoo.* *n* (*-s*; *-ien*) reptil *m*; ⁓**ienfonds** *Pol.* *m* fondos *m/pl.* secretos, fondo *m* de reptiles.
Repu'blik *f* república *f*.
Republi'kan|er *m*, 2**isch** *adj.* republicano (*m*).
Repulsi'onsmotor *m* motor *m* de repulsión.
Reputati'on *f* reputación *f*.
'**Requiem** ['-kviɛm] *n* (*-s*; *-s*) (misa *f* de) réquiem *m*, misa *f* de difuntos; ♪ réquiem *m*.
requi'rieren (-) ⚔ *v/t.* requisar.
Requi'sit *n* (*-es*; *-en*) requisito *m*; *Thea.*, *Film*: ⁓**en** *pl.* accesorios *m/pl.*, aderezos *m/pl.*, *it.* attrezzo *m*; ⁓**enkammer** *f* cuarto *m* de aderezos; ⁓**enmeister** *m* maestro *m* de aderezos.
Requisi'teur [-'tø:R] *m* (*-s*; *-e*) attrezzista *m*.
Requisiti'on ⚔ *f* requisición *f*, requisa *f*.
resch *reg. adj.* crujiente.
Re'seda ♀ *f* (*-*; *-s*) reseda *f*.
Resekti'on ⚕ *f* resección *f*.
Reser'vat *n* (*-es*; *-e*), ⁓**i'on** *f* reserva *f*.
Re'serve *f* *allg.* reserva *f*; ✝ *stille* ⁓*n* reservas *f/pl.* tácitas (*od.* ocultas); ⁓*n schaffen* acumular reservas; *als* ⁓ *zurücklegen* guardar en reserva; *in* ⁓ *haben* tener en reserva, reservar; *die* ⁓*n angreifen* recurrir a las reservas; ⚔ *zur* ⁓ *abgestellt werden* pasar a la reserva; ⁓**bank** *f Sport*: banquillo *m*; ⁓**fonds** ✝ *m* fondo *m* de reserva; *dem* ⁓ *zuführen* pasar al fondo de reserva; ⁓**kapital** *n* capital *m* de reserva; ⁓**nbildung** ✝ *f* constitución *f* de reservas; ⁓**offizier** *m* oficial *m* de reserva; ⁓**rad** *n* rueda *f* de repuesto (*od.* de recambio); ⁓**spieler** *m Sport*: suplente *m*, reserva *m*; ⁓**tank** *m* depósito *m* de reserva; ⁓**truppen** *f/pl.* tropas *f/pl.* de reserva.
reser'vier|en (-) *v/t.* reservar; ⁓**t** *adj.* reservado (*a. fig.*); *sich* ⁓ *verhalten* guardar reserva (*od.* una actitud reservada); 2**theit** *f* (*0*) actitud *f* reservada; 2**ung** *f* reservación *f*, reserva *f*.
Reser'vist ⚔ *m* (*-en*) reservista *m*.
Reser'voir [-vo‑'a:R] *n* (*-s*; *-e*) depósito *m*; *fig.* reserva *f*.
Resi'denz *f* residencia *f*; *a.* → ⁓**stadt** *f* Corte *f*; capital *f*.
resi'dieren (-) *v/i.* residir.
Resignati'on *f* resignación *f*.
resig'nieren (-) *v/i.* resignarse.
resis'ten|t *adj.* resistente (*gegen* a); 2**z** *f* resistencia *f*.
reso'lut *adj.* resuelto, resoluto; enérgico; decidido.
Resoluti'on *f* resolución *f*.
Reso'nanz *f* resonancia *f*; *fig. a.* eco *m*, repercusión *f*; ⁓**boden** *m* caja *f* de resonancia.
resor'bieren (-) *v/t.* resorber.
Resorpti'on *f* resorción *f*.
resoziali'sier|en (-) *v/t.* reinsertar (en la sociedad); 2**ung** *f* reinserción *f* social, resocialización *f*.
Re'spekt *m* (*-es*; *0*) respeto *m* (*vor dat.* a); ⁓ *haben vor* tener respeto a; respetar (*ac.*); *j-m* ⁓ *einflößen* inspirar respeto a alg.; *sich* ⁓ *verschaffen* hacerse respetar; *mit* ⁓ (*zu sagen*) con todo respeto (sea dicho); con perdón de usted; *allen* ⁓! F ¡chapó!
respek'tabel *adj.* respetable; ⁓**tieren** (-) *v/t.* respetar; ⁓**tierlich** *adj.* respetable; ⁓**tive** *adv.* respectivamente (*nachgestellt*).
re'spekt|los *adj.* irrespetuoso; sin respeto; 2**losigkeit** *f* falta *f* de respeto; 2**s-person** *f* persona *f* de respeto; 2**tage** ✝ *m/pl.* días *m/pl.* de gracia (*od.* de cortesía); ⁓**voll** *adj.* respetuoso; ⁓**widrig** *adj.* irrespetuoso; irreverente; 2**widrigkeit** *f* irreverencia *f*.
Ressenti'ment [Rɛsãti'mã] *n* (*-s*; *-s*) resentimiento *m*.
Res'sort [Rɛ'so:R] *n* (*-s*; *-s*) *Verw.* departamento *m*; negociado *m*; *e-s Ministers*: cartera *f*; (*Zuständigkeit*) incumbencia *f*; *das fällt nicht in mein* ⁓ no es asunto de mi incumbencia.
Rest *m* (*-es*; *-e*) resto *m* (*a. Arith.*); restante *m*; ⚕ residuo *m*; (*Speise*2) sobras *f/pl.*; (*Über*2, *Spur*) vestigio *m*; ✝ (*betrag*) remanente *m*; saldo *m*; (*Stoff*2) retal *m*; *und der ganze* ⁓ y todo lo demás; *die sterblichen* ⁓*e* los restos mortales; *fig. das gab ihm den* ⁓ eso acabó con él; eso le dio el golpe de gracia.
Res'tant ✝ *m* (*-en*) deudor *m* moroso; (*Ware*) ⁓*en pl.* restos *m/pl.*
'**Rest-auflage** *f* resto *m* de edición.
Restau|'rant [-to'Rãŋ] *n* (*-s*; *-s*) restaurante *m*; ⁓**ra'teur** [-to:Ra'tø:R] *m* (*-s*; *-e*) dueño *m* de un restaurante, gastrónomo *m*; ⁓**rati'on** [-taʊ-] *f Pol.*, *Mal.*, 𝚫 restauración *f*; ⁓'**rator** [-taʊ-] *m* (*-s*; *-en*) restaurador *m* de obras de arte; 2'**rieren** [-taʊ-] (-) *v/t.* restaurar; F *sich* ⁓ restaurarse; ⁓'**rierung** *f* restauración *f*.
'**Rest...**: ⁓**bestand** ✝ *m* resto *m*; saldo *m*; (*Waren*) existencias *f/pl.* restantes; ⁓**betrag** *m* remanente *m*, saldo *m*, suma *f* restante; ⁓**forderung** *f* débito *m* restante; ⁓**guthaben** *n* resto *m* a favor.
Restituti'on *f* restitución *f*; ⁓**sklage** ⚖ *f* acción *f* de revisión.
'**Rest...**: ⁓**lager** *n* existencias *f/pl.* res-

restlich — richten

tantes; ⚲lich adj. restante; que sobra; ⚲los I. adj. entero, completo, total; II. adv. enteramente, totalmente; por completo, completamente; ~posten ✞ m partida f restante, restos m/pl.
Restrik|ti'on f restricción f; ⚲'tiv adj. restrictivo.
'Rest...: ~schuld f deuda f restante; ~summe f suma f restante; resto m; ~zahlung f pago m restante (od. del resto).
Resul|'tante ⚭ f resultante f; ~'tat n (-¢s; -e) resultado m; ⚲'tatlos adj. sin resultado; infructuoso; ⚲'tieren (-) v/i. resultar; ~'tierende ⚭ f resultante f.
Resü|'mee n (-s; -s) resumen m; ⚲-'mieren (-) v/t. resumir.
Re'torte ⚘ f retorta f; alambique m; ~nbaby n bebé-probeta m.
Retrospek'tive f retrospectiva f.
'rett|en (-e-) v/t. salvar (vor dat. de); poner en salvo; (befreien) librar; (bergen) rescatar; sich ~ salvarse; librarse; rette sich, wer kann! ¡sálvese quien pueda!; fig. sich vor Arbeit nicht mehr ~ können estar agobiado de trabajo; F fig. bist du noch zu ~? ¿estás loco?; ~end adj. salvador; fig. ~er Engel ángel m salvador; ⚲er m salvador m (a. Rel.).
'Rettich ⚘ m (-s; -e) rábano m.
'Rettung f salvación f (a. Rel.); (Bergung) salvamento m (a. ⚓); rescate m; (Befreiung) liberación f; (Hilfe) socorro m, auxilio m; das war seine ~ eso le salvó; er ist meine einzige ~ él es mi única esperanza; es gibt keine ~ für ihn no tiene salvación.
'Rettungs...: ~aktion f operación f de rescate (od. a. fig. de salvamento); ~anker m áncora f (fig. a. tabla f) de salvación; ~arbeiten f/pl. trabajos m/pl. de rescate (od. de salvamento); ~boje f boya f salvavidas (od. de salvamento); ~boot n bote m salvavidas; ~dienst m servicio m de salvamento; ~floß n balsa f de salvamento; ~gürtel m cinturón m salvavidas; ~leine f cuerda f de salvamento; ⚲los adj. u. adv. sin remedio; er ist ~ verloren no hay remedio (od. salvación) para él; está irremediablemente perdido; ~mannschaft f equipo m de rescate (od. de salvamento); ~medaille f medalla f de salvamento; ~ring m salvavidas m; guíndola f; ~schwimmer m socorrista m; ~station f puesto m de socorro; ~trupp m → ~mannschaft; ~versuch m tentativa f de salvamento; ~wesen n socorrismo m.
Re'turn-Taste f Computer: tecla f de retorno.
Re'tu|sche Phot. f retoque m; ~'scheur [-'ʃoːɐ] m (-s; -e) retocador m; ⚲'schieren (-) v/t. retocar.
'Reue f (0) arrepentimiento m (über de); (Zerknirschung) contrición f (a. Rel.); (Bedauern) pesar m; ~ empfinden arrepentirse (über ac. de); ⚲ tätige ~ arrepentimiento m activo; ~gefühl n sentimiento m de pesar; remordimiento m; ⚲n v/unprs.: es reut mich me arrepiento de ello; lo siento; me pesa; ⚲voll adj. arrepentido; pesaroso; Rel. penitente; (zerknirscht) contrito.
'Reu...: ~geld n prima f de rescate;

⚲ig adj., ⚲mütig adj. → reuevoll.
'Reuse f nasa f; ~n-antenne f antena f en forma de nasa.
Re'vanche [-'vãʃə, -vãːʃə] f desquite m; gal. revancha f; ~kampf m, ~spiel n Sport: partido m (od. encuentro m) de desquite.
revan'chieren (-) v/refl.: sich ~ für desquitarse de; für e-n Dienst usw.: corresponder a, devolver.
Revan'chis|mus m (-; 0) revanchismo m; ~t m (-en), ⚲tisch adj. revanchista (m).
Reve'renz f reverencia f.
Re'vers [-'veːr] n (-; - [-veːrs]) (Rockaufschlag) solapa f.
rever'sibel adj. reversible.
revi'dier|bar adj. revisable; ~en (-) v/t. revisar.
Re'vier [-'viːr] n (-s; -e) (Bezirk) distrito m; (Kohlen⚲) cuenca f; (Polizei⚲) comisaría f; (Jagd⚲) coto m; ✕ enfermería f; Zoo. territorio m; ~förster m guarda m forestal del distrito; ~stube ✕ f enfermería f.
Revire'ment [-'mã] Pol. n (-s; -s) reajuste m ministerial.
Revisi'on f revisión f; Neol. chequeo m; Typ. contraprueba f; (Zoll⚲) registro m; Kfz. puesta f a punto; ⚲ ~ recurso m de casación; ⚖ ~ einlegen interponer recurso de casación.
Revisio'nis|mus Pol. m revisionismo m; ~t m (-en), ⚲tisch adj. revisionista (m).
Revisi'ons...: ~antrag ⚖ m demanda f de casación; ~bogen Typ. m contraprueba f; ~gericht n tribunal m de casación.
Re'visor m (-s; -en) revisor m; inspector m; interventor m; ✞ censor m de cuentas.
Re'volte f revuelta f; motín m.
revol'tieren (-) v/i. amotinarse; rebelarse (a. fig.).
Revoluti'on f revolución f.
revolutio'när adj., ⚲'när m (-s; -e) a. fig. revolucionario (m); ~'nieren (-) v/t. revolucionar (a. fig.).
Re'volver [-v-] m revólver m; ~blatt F n periódico m sensacionalista; F periodicucho m; ~drehbank ⊕ f torno m revólver; ~held m matón m; pistolero m; ~kopf ⊕ m cabezal m revólver; ~presse F f prensa f amarilla (od. sensacionalista); ~schnauze P f F bocazas m.
Re'vue [-'vyː] f Thea. revista f (musical); ~ passieren lassen pasar revista a; ~film m película f de revistas; ~girl n corista m; ~theater n teatro m de revistas.
Rezen|'sent m (-en) crítico m; ⚲'sieren (-) v/t. reseñar, hacer la reseña de; ~si'on f crítica f; reseña f; ~si'ons-exemplar n ejemplar m para reseña.
Re'zept ⚕ , Kochk. n (-¢s; -e) receta f; ~block m talonario m de recetas; ⚲frei adj. sin receta médica.
Rezepti'on f recepción f.
re'zept|pflichtig adj. con receta médica; ⚲sammlung Kochk. f recetario m.
Rezes|si'on ✞ f recesión f; ⚲'siv Bio. adj. recesivo.
rezi'prok adj. recíproco.
Reziprozi'tät f (0) reciprocidad f.
Rezita|ti'on f recitación f; ~'tiv ♪ n (-s; -e) recitado m, recitativo m.

Rezi|'tator m (-s; -'toren) recitador m; ⚲'tieren (-) v/t. recitar; declamar.
R-Gespräch Tele. n conferencia f de cobro revertido.
Rha'barber ⚘ m (-s; 0) ruibarbo m.
Rhapso'die f rapsodia f.
'Rhein m Rin m; ~bund Hist. m Confederación f del Rin; ~fall m salto m del Rin; ~gold n (Oper) El Oro del Rin; ⚲isch adj. renano; ~land n Renania f; ~länder(in f) m renano (-a f) m; ⚲ländisch adj. renano; ~land-'Pfalz n Renania-Palatinado m; ~schiffahrt f navegación f del Rin; ~wein m vino m del Rin.
Rheos'tat ⚡ m (-s; -e) reóstato m.
'Rhesus|affe m macaco m rhesus; ~faktor ⚕ m factor m Rhesus (od. Rh).
Rhe'tor|ik f (0) retórica f; ~iker m retórico m; ⚲isch adj. retórico.
'Rheuma ⚕ n (-s; 0) reuma m; ⚲-krank adj. reumático.
Rheu'ma|tiker(in f) m reumático (-a f) m; ⚲tisch adj. reumático; ~'tismus m (-; 0) reumatismo m; an ~ leidend reumático.
Rhi'nozeros Zoo. n (- od. -ses; -se) rinoceronte m.
Rhodo'dendron ⚘ n (-s; -dren) rododendro m.
'Rhodos Geogr. n Rodas f.
'rhombisch adj. rombal.
Rhombo|'eder ⚭ n (-s; -) romboedro m; ~'id ⚭ n (-s; -e) romboide m; ⚲'id adj. romboidal.
'Rhombus m (-; -ben) ⚭ rombo m; ⌗ losange m.
'Rhone f Ródano m.
'Rhönrad n Turnen: rueda f viviente (od. girante).
'Rhyth|mik f (0) rítmica f; ⚲misch adj. rítmico; ~mus m (-; -men) ritmo m.
'Richard m Ricardo m.
'Richt|antenne f antena f dirigida (od. direccional); ~bake f → ~funkbake; ~beil n hacha f del verdugo; ~blei n plomada f; ~block m tajo m.
'richten (-e-) I. v/t. 1. (zurechtmachen) ordenar, arreglar; (reparieren) reparar, arreglar; (einstellen) ajustar; (gerade⚲) enderezar, poner derecho; (aus⚲) disponer en fila, alinear (a. ✕); (her⚲) disponer; preparar (a. Essen); Tisch: poner; Bett: hacer; Zimmer: arreglar; in die Höhe ~ enderezar, levantar, erguir; sich das Haar ~ arreglarse el pelo; ✕ richt (od. richt't) euch! ¡alinearse!; 2. (lenken, wenden) dirigir (auf, an a; gegen contra); ~ auf Blick: fijar en; Waffe: apuntar sobre; Aufmerksamkeit: (con)centrar (od. fijar od. parar) en; ~ an Bitte, Frage usw.: dirigir a; das ist gegen dich gerichtet eso va por ti; 3. als Richter: juzgar, (verurteilen) sentenciar, condenar; (hin⚲) ejecutar, ajusticiar; II. v/refl.: sich ~ (zurechtmachen) arreglarse; sich ~ nach fijarse a; atenerse a; amoldarse, acomodarse; sujetarse a; guiarse por; (abhängen von) depender de; estar subordinado a; (sich bestimmen nach) estar determinado (od. condicionado) por; (sich orientieren) orientarse por; nach der Mode usw.: seguir (ac.); Preis: regirse por; Gr. concordar con; ser regido por; ich werde mich danach ~ lo tendré presente (od. en

cuenta); *sich nach j-m* ~ tomar (*od.* seguir el) ejemplo de alg.; **III.** *v/i.* juzgar (*über j-n* a alg.).

¹Richter *m* juez *m* (*a. fig.*); magistrado *m*; *sich zum* ~ *aufwerfen* erigirse en juez; ~ *in eigener Sache sein* ser juez y parte; *vor den* ~ *bringen* llevar a los tribunales; **~amt** *n* judicatura *f*; magistratura *f*; **~kollegium** *n* colegio *m* de jueces; **²lich** *adj.* judicial; **~e** *Gewalt* poder *m* judicial; **~spruch** *m* sentencia *f*; fallo *m*; pronunciamiento *m* judicial; **~stand** *m* judicatura *f*; magistratura *f*; **~stuhl** *fig. m* tribunal *m*.

¹Richt...: ~fehler ⚔ *m* error *m* de puntería; **~fest** △ *n* fiesta *f* de cubrir aguas; **~funk** *m* radioenlace *m* dirigido; **~funkbake** *f* radiofaro *m* direccional; **~geschwindigkeit** *f* velocidad *f* máxima aconsejable.

¹richtig I. *adj.* exacto; preciso; correcto; bueno; justo; (*wahr*) verdadero; (*echt*) auténtico; legítimo; genuino; (*geeignet*) apropiado; oportuno; adecuado; (*zutreffend*) acertado; *im* **~en** *Augenblick* en el momento oportuno; *ein* **~er** *Madrider* un madrileño castizo; *sein* **~er** *Name* su nombre verdadero; *das ist nicht* ~ no es cierto (*od.* exacto); eso no está bien; *es war* ~ *von dir, zu* (*inf.*) has hecho bien en (*inf.*); *ich halte es für* ~ lo creo conveniente; lo considero oportuno; F *nicht ganz* ~ *im Kopf sein* no estar en sus cabales; F estar mal de la cabeza; *er ist der* **~e** *Mann* es el hombre apropiado (*od.* que hace falta); F *der ist* ~ es buen chico; F *mit der Sache ist et. nicht* ~ aquí hay algo raro; F aquí hay gato encerrado; ~! ¡exacto!; ¡justo!; ¡eso es!; *ganz* ~! ¡muy bien!; ¡perfectamente!; *so ist's* ~! ¡así está bien!; ¡así me gusta!; ¡bien hecho!; **II.** *adv.* (*gehörig*) debidamente; como es debido; ~ *gehen Uhr*: andar (*od.* marchar) bien; ~ *stellen Uhr*: poner en hora; ~ *liegen* estar en su sitio; *du kommst gerade* ~ vienes muy a propósito (*od.* en el momento oportuno); *das hast du* ~ *gemacht* (lo) has hecho muy bien; ~ *rechnen* (*singen; hören*) calcular (cantar; oír) bien; **~er** *gesagt* mejor dicho; F ~ *gut* (*schlecht usw.*) francamente (*od.* realmente) bien (mal, *etc.*); *er wurde* ~ *böse* estaba realmente enfadado; se enfadó de verdad; **III.** *substantivisch: das* **²e** *treffen* acertar, F dar en el clavo; *das ist das* **~e** *für ihn* eso es lo que le conviene (*od.* hace falta); *iro. du bist mir der* **²e!** ¡estás bueno!; **~gehend** *adj.* *Uhr*: que anda (*od.* marcha) bien; F verdadero; **²keit** *f* (*0*) rectitud *f*; corrección *f*; exactitud *f*; precisión *f*; (*Wahrheit*) veracidad *f*; (*Echtheit*) autenticidad *f*; *s-e* ~ *haben* estar en orden (*od.* en regla); *für die* ~ *der Abschrift* es conforme con la copia; **²keitsbefund** *m* conformidad *f*; *nach* ~ en caso de conformidad; **~liegen** *fig. v/i.* estar en lo cierto; estar en buen camino; **~stellen** *v/t.* rectificar; (*klarstellen*) poner en su punto (*od.* su sitio), puntualizar; **²stellung** *f* rectificación *f*; puntualización *f*.

¹Richt...: ~kanonier ⚔ *m* apuntador *m*; **~keil** *m* cuña *f* de puntería; **~kreis**

⚔ *m am Geschütz*: goniómetro *m*; **~linie** *f* norma *f*, pauta *f*, línea *f* de orientación; ~ *n pl.* (*Anweisungen*) directivas *f/pl.*, directrices *f/pl.*, instrucciones *f/pl.*; **~maß** *n* patrón *m*; norma *f*; **~mikrophon** *n* micrófono *m* direccional; **~platz** *m* patíbulo *m*; lugar *m* del suplicio (*od.* de la ejecución); **~preis** *m* precio *m* de orientación (*od.* indicativo); **~scheit** *n* regla *f*; cartabón *m*; escuadra *f*; △ *der Maurer*: maestra *f*; **~schnur** *f* △ *der Maurer*: tendel *m*; *fig.* pauta *f*; regla *f* de conducta; hilo *m* conductor; *als* ~ *dienen* servir como norma; **~sender** *m* emisora *f* direccional; **~stätte** *f* → **~platz**; **~strahler** *m* antena *f* direccional.

¹Richtung *f* dirección *f*; sentido *m*; (*Kurs*) ⚓ rumbo *m*, derrota *f*, derrotero *m*; ⚔ alineación *f*; *fig.* tendencia *f*; orientación *f*; (*Kunst²*) movimiento *m*, escuela *f*; *in* ~ *nach* en dirección hacia; *in* ~ *auf* con dirección a; *nach allen* **~en** en todas las direcciones; en todos los sentidos (*a. fig.*); *in umgekehrter* ~ en sentido contrario; *in gerader* ~ en línea derecha, (*geradeaus*) todo derecho; ⚓ *Zug aus der* ~ *von ... nach ...* tren procedente de ... con destino a ...; ⚔ ~ *nehmen* alinearse; *e-e andere* ~ *nehmen* tomar otro rumbo (*a. fig.*); *die* ~ *ändern* cambiar de dirección (*a. fig.*); *die* ~ *verlieren a. fig.* desorientarse, desnortarse.

¹Richtungs...: ~änderung *f* cambio *m* de dirección (*od. a. fig.* de rumbo); **~anzeiger** *Kfz. m* indicador *m* de dirección; **~pfeil** *m* flecha *f* (indicadora) de dirección; **~schild** *Vkw. m* señal *f* de orientación (*od.* de dirección).

richtungweisend *adj.* orientador; directivo; normativo; ~ *sein* marcar la pauta.

¹Richt...: ~waage *f* nivel *m* (de agua); **~weg** *m* atajo *m*; **~wert** *m* valor *m* indicativo; **~zahl** *f* coeficiente *m*; ✞ índice *m*.

¹Ricke *Jgdw. f* corza *f*.

¹riechen (L) **I.** *v/i.* oler (*nach* a); *gut* (*schlecht*) ~ oler bien (mal); *an e-r Blume*: oler una flor; *aus dem Mund* ~ tener mal aliento; **II.** *v/t.* oler; (*wittern*) olfatear, husmear; F *j-n nicht* ~ *können* no poder ver a alg. ni pintado; no poder tragar a alg.; F tener hincha a alg.; *das konnte ich doch nicht* ~! ¿cómo iba a adivinarlo?; **III.** **²** *n* (*Geruchssinn*) olfato *m*; olfacción *f*; **~d** *adj.* oliente; (*wohl~*) oloroso, odorante; fragante; (*übel~*) maloliente; fétido.

¹Riecher F *m* nariz *f*; *e-n guten* ~ *haben* tener buen olfato, tener nariz.

¹Riech...: ~fläschchen *n* pomo *m* (de olor); frasquito *m* de perfume; **~nerv** *Anat. m* nervio *m* olfativo (*od.* olfatorio); **~organ** *n* órgano *m* del olfato (*od.* olfatorio); **~salz** *n* sal *f* volátil; **~stoff** *m* sustancia *f* odorante (*od.* olorosa).

Ried *n* (*-es; -e*) cañaveral *m*; (*Schilf*) caña *f*; juncal *m*; (*Moor*) pantano *m*, ciénaga *f*; **¹gras** ♧ *n* carrizo *m*.

¹Riefe *f* estría *f*, acanaladura *f*; **²ln** (*-le*) **²n** *v/t.* estriar; acanalar.

¹Riege *f Turnen:* sección *f*.

¹Riegel *m* cerrojo *m*; (*Fenster²*, *Tür²*)

pasador *m*; *am Schloß*: pestillo *m*; *Schokolade*: barra *f*; *Seife*: pastilla *f*; *den* ~ *vorschieben* echar el cerrojo; *e-r Sache e-n* ~ *vorschieben* poner freno (*od.* coto) a a/c.; **²n** (*-le*) *v/t.* echar el cerrojo; **~stellung** ⚔ *f* posición *f* de barrera.

¹Riemen *m* (*-s; -*) **1.** correa *f* (*a.* ⊕); (*Schnür²*) cordón *m*; (*Gürtel*) cinturón *m*; *fig.* *den* ~ *enger schnallen* apretarse el cinturón; F *fig.* *sich am* ~ *reißen* hacer un esfuerzo; contenerse; **2.** ⚓ remo *m*; *sich in die* ~ *legen* ir a todo remo; *fig.* arrimar el hombro; **~antrieb** *m* impulsión *f* por correa; **~scheibe** *f* polea *f*.

Ries *n* (*-es; -e*): ~ *Papier* resma *f* de papel.

¹Riese *m* (*-n*) gigante *m* (*a. fig.*); *im Märchen*: a. ogro *m*; *fig.* coloso *m*; mastodonte *m*.

¹Riesel|feld ✗ *n* campo *m* regado con aguas residuales; **²n** *v/i.* *Wasser*: correr; (*tropfen*) gotear; *Quelle*: manar; *Bach*: murmurar; *Sand*: pasar (lentamente); *Schweiß*: chorrear; *fig.* *ein Schauder rieselte ihr über den Rücken* tenía escalofríos.

¹Riesen...: ~arbeit *f* trabajo *m* gigantesco; **~erfolg** *m* éxito *m* enorme, F exitazo *m*; **~fehler** *m* error *m* garrafal; **~gebirge** *Geogr. n* Montes *m/pl.* de los Gigantes; **²groß, ²haft** *adj.* gigantesco, enorme; colosal; **~größe, ~haftigkeit** *f* tamaño *m* colosal (*od.* gigantesco); **~kraft** *f* fuerza *f* hercúlea; **~rad** *n Kirmes*: noria *f*; **~schildkröte** *Zoo. f* tortuga *f* gigante; **~schlange** *Zoo. f* boa *f*; **~n** *pl.* *als Familie*: boídidos *m/pl.*; **~schritt** *m*: *mit* **~en** a pasos agigantados; **~slalom** *m* slalom *m* gigante; **²'stark** *adj.* (*0*) de fuerzas hercúleas; de una fuerza extraordinaria; **~stärke** *f* fuerza *f* hercúlea; **~welle** *f Turnen:* molino *m*; **~wuchs** ✠ *m* gigantismo *m*.

¹riesig I. *adj.* gigantesco; *a. fig.* enorme, inmenso; colosal, formidable; **II.** F *adv.*: *ich habe mich* ~ *gefreut* me he alegrado muchísimo; *wir haben uns* ~ *amüsiert* lo hemos pasado en grande; *es war* ~ *nett* estuvo la mar de bien.

¹Riesin *f* giganta *f*.

¹Riester *m* (*Lederflicken*) remiendo *m* de cuero.

Riff ⚓ *n* (*-es; -e*) arrecife *m*; (*Felsklippe*) escollo *m*.

¹Riffel *f* (*-; -n*) *für Flachs*: peine *m* (para desgargolar); **²n** ⊕ (*-le*) *v/t.* estriar; acanalar; *Flachs*: desgargolar; **~ung** *f* estriado *m*; acanalado *m*; **~walze** *f* cilindro *m* estriado (*od.* acanalado).

ri'golen ✗ **I.** (*-*) *v/t.* desfondar; **II.** **²** *n* desfonde *m*.

Rigo|'rismus *m* (*-; 0*) rigorismo *m*; **²ros** *adj.* riguroso; severo; rígido; **~rosum** *n* (*-s; -sa*) *Uni.* examen *m* (oral) de doctorado.

¹Rikscha *f* (*-; -s*) riksha *f*.

¹Rille *f* ranura *f*, estría *f*, acanaladura *f*; ♪ *u. Schallplatte*: surco *m*; **²n** *v/t.* estriar; acanalar.

Ri'messe ✞ *f* remesa *f*.

Rind *n* (*-es; -er*) vacuno *m*, res *f* vacuna, bovino *m*; **~er** *pl. Zoo.* bóvidos *m/pl.*; ♧ ganado *m* vacuno (*od.* bovino).

¹Rinde *f allg.* corteza *f*.

Rinder...: ~**bestand** *m* efectivo *m* (*od.* censo *m*) bovino; ~**braten** *m* asado *m* de buey; ~**filet** *n* solomillo *m* de buey; ~**herde** *f* rebaño *m* de ganado vacuno; *Am.* tropa *f* de ganado); ~**hirt** *m* vaquero *m*; boyero *m*; ~**pest** *Vet. f* peste *f* bovina; ~**talg** *m* sebo *m* de buey; ~**tuberkulose** *Vet. f* tuberculosis *f* bovina; ~**wahn**(**sinn**) *m* enfermedad *f* de las vacas locas; ~**zucht** *f* cría *f* de ganado bovino (*od.* vacuno); ~**zunge** *f* lengua *f* de buey.

'Rind...: ~**fleisch** *n* carne *f* de vaca *bzw.* de buey; ~**skeule** *f* pierna *f* de buey; ~**(s)leder** *n* cuero *m* de vaca *bzw.* de buey; *weiches*: vaqueta *f*; ♀(**s**)**ledern** *adj.* de cuero (de vaca *bzw.* de buey); ~**vieh** *n* ganado *m* bovino (*od.* vacuno); P *fig.* (*Schimpfwort*) animal *m*, pedazo *m* de bruto; imbécil *m*.

Ring *m* (-*es; -e*) *allg.* anillo *m* (*a. Astr.*, ♀, ⚕); (*Finger*♀) *a.* sortija *f*; (*Ehe*♀) alianza *f*; (*Eisen*♀) argolla *f*; (*Reifen*) aro *m*; cerco *m*; (⊕ *u. Vorhang*♀) anilla *f*; (*Hals*♀) collar *m*; (*Kreis*) círculo *m*; *v. Menschen*: corro *m*; *um Gestirne*: halo *m*; aureola *f*; ⊕ abrazadera *f*; (*Spionage*♀, *Verbrecher*♀) red *f*; *Boxen*: ring *m*, cuadrilátero *m*; *Schießsport*: ring *m*, *Vkw.* cinturón *m*; *Turnen*: ~**e** *pl.* anillas *f*/*pl.*; ~**e um die Augen haben** tener ojeras; **'**~**bahn** *f* ferrocarril *m bzw.* línea *f* de circunvalación; **'**~**buch** *n* cuaderno *m* (*od.* carpeta *f*) de anillas.

'Ringel *m* (-*s*; -) rosca *f*; ~**blume** ♀ *f* caléndula *f*, maravilla *f*; ~**locke** *f* bucle *m*; caracol *m*; sortija *f*; rizo *m*, tirabuzón *m*; ♀**n** (-*le*) **I.** *v/t.* anillar; *Haare*: ensortijar; **II.** *v/i. u. v/refl.*: *sich* ~ arrollarse; *Haar*: ensortijarse; *Schlange usw.*: enroscarse; ~**natter** *Zoo. f* culebra *f* de agua; ~**reihen** *m* danza *f* en corro; ~**taube** *Orn. f* paloma *f* torcaz; ~**würmer** *Zoo. m*/*pl.* anélidos *m*/*pl.*

'ringen (*L*) **I.** *v/t.*: *j-m et. aus der Hand* ~ arrebatarle (*od.* quitarle) a alg. a/c. de las manos; *die Hände* ~ retorcer(se) las manos; **II.** *v/i. a. fig. u. Sport*: luchar (*mit con*; *um* por); forcejear; *mit j-m um et.* ~ disputar a/c. a alg.; *mit dem Tode* ~ agonizar; *nach Atem* ~ respirar con dificultad; **III.** ♀ *n* lucha *f* (*a. fig. u. Sport*); forcejeo *m*.

'Ringer *m* luchador *m* (*a. fig. u. Sport*).

'Ring...: ~**feder** *f* muelle *m* (*od.* resorte *m*) anular; ~**finger** *m* (dedo *m*) anular *m*; ♀**förmig** *adj.* anular; circular; ~**heft** *n* → ~**buch**; ~**kampf** *m Sport*: lucha *f*; ~**kämpfer** *m* luchador *m*; ~**mauer** *f* muralla *f*; ~**richter** *m Boxen*: árbitro *m*.

rings *adv.* alrededor (*um* de).

'Ringscheibe *f* disco *m* anular.

'rings|**her'um**, ~**'um**, ~**um'her** *adv.* en torno, en derredor, alrededor; (*im Kreis*) en redondo; (*überall*) por todas partes; *Poes.* por doquier.

'Ringstraße *f* avenida *f* de circunvalación; cinturón *m* (de ronda); ronda *f*.

'Rinne *f* (*Rille*) surco *m*; (*Bewässerungs*♀) reguera *f*, regata *f*; (*Leitungs*♀) conducto *m*, canal *m*; (*Dach*♀) gotera *f*, canalón *m*; ⚠ ranura *f*; estría *f*; acanaladura *f*; ♀**n** (*L*) *v/i.* correr (*a. Tränen*); fluir, manar; (*tröpfeln*) gotear; *Schweiß*: chorrear; (*lecken*) tener fugas; *Topf*: salirse; *Zeit*: pasar, transcurrir.

'Rinn|**sal** *n* (-*ęs; -e*) (*Bächlein*) arroyuelo *m*; regato *m*; *v. Blut usw.*: reguero *m*; ~**stein** *m Straße*: arroyo *m*; *Küche*: sumidero *m*; *fig.* → *Gosse.*

'Rippchen *Kochk. n* costilla *f*.

'Rippe *f Anat.* costilla *f* (*a.* ⊕, ♣, ⚕, ✕); ⚠ nervadura *f*; *Schokolade*: barra *f*; (*Kühl*♀, *Heiz*♀) aleta *f*; *j-m die* ~**n brechen** romperle a alg. las costillas; *man kann bei ihm die* ~**n zählen** está en los huesos; F *ich kann mir's doch nicht aus den* ~**n schneiden** no puedo hacer lo imposible.

'Rippen...: ~**bogen** *Anat. m* arco *m* costal; ~**bruch** *m* fractura *f* de costilla(s); ~**fell** *Anat. n* pleura *f* (costal); ~**fell-entzündung** ⚕ *f* pleuresía *f*; ~**heizkörper** *m*, ~**kühler** *m* radiador *m* de aletas; ~**speer** *Kochk. m* costilla *f* de cerdo; ~**stoß** *m* empujón *m*, empellón *m*; codazo *m*; ~**stück** *Kochk. n* entrecote *m*.

Rips *m* (-*es; -e*) (*Stoff*) reps *m*.

'Risiko *n* (-*s; -s od. -ken*) riesgo *m* (*a.* †); *auf eigenes* ~ por riesgo propio; *ein* ~ *eingehen* correr un riesgo (*od.* un albur); *kein* ~ *eingehen* ir sobre seguro; *das* ~ *übernehmen* hacerse cargo del (*od.* aceptar el) riesgo; ~**ausgleich** *m* compensación *f* de riesgos; ~**erhöhung** *f* agravación *f* del riesgo; ~**faktor** *m* factor *m* de riesgo; ~**minderung** *f* disminución *f* del riesgo; ~**prämie** *f Lebensversicherung*: prima *f* de riesgo; ~**streuung** *f* distribución *f* de los riesgos.

ris'kant *adj.* (*-est*) arriesgado; aventurado; precario.

ris'kieren (-) *v/t.* arriesgar.

'Rispe ♀ *f* panícula *f*; ♀**nförmig** *adj.* paniculado; ~**ngras** ♀ *n* poa *f*.

Riß *m* (-*sses; -sse*) rotura *f*; desgarro *m* (*beide a.* ⚕); *im Stoff*: rasgón *m*, roto *m*, desgarrón *m*; (*Sprung*) raja *f*; resquebrajadura *f*; (*Spalt*) fisura *f* (*a.* ⚕ *Knochen*♀); hendidura *f*; rendija *f*; (*Schramme*) rasguño *m*; *Mauer*, *Haut*: grieta *f*; (*Zeichnung*) plano *m*, trazado *m*; *fig.* ruptura *f*, rompimiento *m*; escisión *f*; *Risse bekommen* → *rissig werden.*

'Rissebildung *f* agrietamiento *m*.

'rissig *adj.* hendido; rajado; *Mauer*, *Haut*: agrietado; *Glas*, *Porzellan*: resquebrajado; ~ *werden* agrietarse; resquebrajarse; henderse, rajarse.

'Rißwunde ⚕ *f* herida *f* con desgarro.

Rist *m* (-*es; -e*) *des Fußes*: garganta *f* del pie; empeine *m*; *der Hand*: dorso *m* de la mano; **'**~**griff** *m Turnen*: presa *f* dorsal.

ritsch! *int.*: ~, ratsch! ¡tris, tras!

Ritt *m* (-*ęs; -e*) paseo *m bzw.* carrera *f* a caballo; cabalgata *f*.

'Ritter *m* caballero *m*; *fahrender* ~ caballero *m* andante; ~ *ohne Furcht und Tadel* caballero *m* sin miedo y sin tacha; ~ *von der traurigen Gestalt* Caballero *m* de la Triste Figura; *zum* ~ *schlagen* armar caballero *m*; *Kochk.* arme ~ torrijas *f*/*pl.*; ~**burg** *f* castillo *m* feudal; ~**gut** *n* señorío *m*; tierra *f* señorial; ~**gutsbesitzer** *m* gran propietario *m* (de tierras); ~**kreuz** *n* cruz *f* de caballero; ♀**lich** *adj.* caballeresco; *Gesinnung*: *a.* caballeroso; *fig. a.* galante; ~**lichkeit** *f* (*0*) caballerosidad *f*; hidalguía *f*; ~**orden** *m* orden *f* de caballería; *Deutscher* ~ Orden *f* Teutónica; ~**roman** *m Liter.* libro *m* de caballerías; ~**saal** *m* sala *f* de los caballeros *bzw.* de ceremonias; ~**schaft** *f* (*0*) caballería *f*; ~**schlag** *m* acolada *f*; espaldarazo *f*; *j-m den* ~ *erteilen* armar caballero a alg.; *den* ~ *empfangen* ser armado caballero; ~**sporn** ♀ *m* (-*s; -e*) espuela *f* de caballero; ~**stand** *m*, ~**tum** *n*, ~**wesen** *n* caballería *f*; ~**zeit** *f* época *f* caballeresca.

'rittlings *adv.* a horcajadas.

'Rittmeister ✕ *m* capitán *m* de caballería.

Ritu'al *n* (-*s; -e od. -ien*) ritual *m*; ~**mord** *m* asesinato *m* ritual.

ritu'ell *adj.* ritual.

'Ritus *m* (-; -*ten*) rito *m*.

'Ritz *m* (-*es; -e*) **1.** (*Kratzer*) rasguño *m*, arañazo *m*; **2.** → ~**e** *f* (*Spalt*) hendidura *f*, rendija *f*; grieta *f*; fisura *f*; ~**el** ⊕ *n* piñón *m*; ♀**en** (-*t*) *v/t.* rajar, rayar; (*kratzen*) arañar, rasguñar; (*schneiden*) cortar, hacer una incisión (en); *sich* ~ rasguñarse; → *geritzt*; ~**er** F *m* rasguño *m*, arañazo *m*.

Ri'val|**e** *m* (-*n*), ~**in** *f* rival *m*/*f*; (*Mitbewerber*) competidor(a *f*) *m*, contrincante *m*/*f*.

rivali'sieren (-) *v/i.* rivalizar; competir; ♀**tät** *f* rivalidad *f*; competencia *f*. [Costa Azul.)

Rivi'era *f*: *die* (*französische*) ~ la *f*

Rizinus-öl *n* aceite *m* de ricino.

'Roastbeef [¹Ro:stbi:f] *n* (-*s; -s*) rosbif *m*.

'Robbe *Zoo. f* foca *f*; ♀**n** ✕ *v/i.* avanzar cuerpo a tierra; ~**nfang** *m* caza *f* de focas.

'Robe [o:] *f* vestido *m* de gala; (*Amtstracht*) toga *f*.

'Robert *m* Roberto *m*.

Ro'binie ♀ *f* robinia *f*, acacia *f* falsa.

'robot|**en** F *v/i.* bregar, F remar; ♀**er** *m* (-*s*; -) autómata *m*, robot *m*.

ro'bust *adj.* (*-est*) robusto; ♀**heit** *f* robustez *f*.

Ro'chade [ʃ] *f Schach*: enroque *m*.

'röcheln I. (-*le*) *v/i.* respirar (b)roncamente; **II.** *n* estertor *m*; respiración *f* ronca; ~**d** *adj.* estertoroso.

'Rochen *Ict. m* raya *f*.

ro'chieren [ʃ] (-) *v/i. Schach*: enrocar.

'Rock *m* **1.** (-*es; -e*) (*Damen*♀) falda *f*, *Arg.* pollera *f*; (*Herrenjacke*) chaqueta *f*, americana *f*, *Am.* saco *m*, ✕ guerrera *f*; *der Geistlichen*: hábito *m*; *der Heilige* ~ La Túnica Sagrada; **2.** ♪ [-(*s*); -(*s*)] rock *m*; ~**aufschlag** *m* solapa *f*.

'Röckchen *n* falda *f* corta; faldita *f*.

'Rocken *m* rueca *f*.

'Rocker *m* roquero *m*.

'Rock...: ~**konzert** *n* concierto *m* roquero (*od.* de rock); ~**musik** *f* música *f* roquera (*od.* [de] rock); ~**schoß** *m* faldón *m*; F *fig. sich an j-s Rockschöße hängen* agarrarse a los faldones de alg.; ~**zipfel** *m* caída *f* de la falda; F *fig. an j-s* ~ *hängen* estar pegado a las faldas de alg.

'Rodel *m* (-*s*; -) → ~**schlitten**; ~**bahn** *f* pista *f* de trineos (*de luge*); ♀**n** (-*le*) *v/i.* ir en trineo; *Sport*: *a. gal.* lugear; ~**schlitten** *m* tobogán *m*, tri-

Rode|maschine f roturadora f; ⚲n (-e-) v/t. desmontar; rozar; (urbar machen) roturar; ~n n desmonte m; roza f; roturación f.
Rodung f → Roden.
Rogen m (-s; -) huevas f/pl.
Rog(e)ner m pez m ovado.
Roggen m centeno m; ~**brot** n pan m de centeno; ~**mehl** n harina f de centeno.
roh adj. (-est) crudo (a. Kochk.); (unbearbeitet) bruto; Tuch: basto, burdo; Wolle: en rama; Stein: tosco, sin labrar; fig. (ungesittet) inculto, stärker: bárbaro; (grob) bruto, grosero, zafio, tosco, rudo; stärker: brutal; torpe; er ist ein ~er Kerl es un bruto (od. un bestia); ⚲**bau** 🜂 m obra f bruta (od. en bruto); ⚲**baumwolle** f algodón m en rama; ⚲**bilanz** ✝ f balance m provisional (od. aproximativo); ⚲**diamant** m diamante m (en) bruto; ⚲**einnahme** ✝ f ingreso m bruto; ⚲**eisen** n hierro m bruto.
Roheit f crudeza f; estado m bruto (od. crudo); fig. rudeza f; grosería f; (Handlung) brutalidad f.
Roh...: ~**entwurf** m borrador m; ~**ertrag** ✝ m producto m bruto; ~**erz** n mineral m bruto; ~**erzeugnis** n producto m bruto; ~**faser** f fibra f bruta (od. cruda); ~**gewicht** n peso m bruto; ~**gewinn** ✝ m beneficio m bruto; ~**gummi** m, n caucho m bruto (od. virgen); ~**guß** m fundición f en bruto; ~**häute** f/pl. pieles f/pl. verdes; cueros m/pl. crudos; ~**kost** f régimen m crudo; ~**köstler** m partidario m del régimen crudo, Neol. crudívoro m; ~**leder** n cuero m bruto (od. sin curtir); ~**leinen** n lino m crudo; ~**ling** m (-s; -e) bruto m; individuo m grosero; ⊕ pieza f bruta; ~**material** n materia f prima; ~**metall** n metal m bruto; ~**öl** n aceite m crudo (od. bruto); (Erdöl)(petroleo m) crudo m; ~**ölmotor** m motor m de aceite pesado; ~**produkt** n producto m bruto.
Rohr n (-es; -e) 1. ♃ (Schilf) caña f; spanisches ~ caña f de Indias (od. de Bengala), junquillo m; fig. wie ein schwankendes ~ sein ser una veleta; 2. ⊕ (Röhre) tubo m; (Leitungs⚲) cañería f; tubería f; ⚔ (Geschütz⚲) cañón m; (Blas⚲) caña f; ~**anschluß** m unión f (od. conexión f) de tubo; ~**blatt** ♪ n lengüeta f, caña f; ~**bruch** m rotura f de tubo (od. de cañería).
Röhrchen n tubito m; (Kanüle) cánula f.
Rohr...: ~**dach** n tejado m encañizado; ~**dommel** Orn. f (-; -n) avetoro m.
Röhre f tubo m (a. TV) (Leitungs⚲) conducto m; tubería f, cañería f; Chir. cánula f; Radio: válvula f, lámpara f; (Back⚲) horno m; Phys. Braunsche ~ tubo m de rayos catódicos; F fig. in die ~ gucken quedarse con las ganas (od. con dos palmos de narices); hum. (fernsehen) ver la televisión.
röhren v/i. Hirsch: bramar.
Röhren...: ~**detektor** m detector m de válvulas (od. de lámparas); ~**empfänger** m receptor m de válvulas (od. de lámparas); ~**fassung** f portaválvula m; ⚲**förmig** adj. tubular; ~**gleichrichter** m rectificador m de válvulas; ~**hosen** f/pl. pantalones m/pl. tubo; ~**knochen** m hueso m largo; caña f, canilla f; ~**leitung** f → Rohrleitung; ~**sender** m emisora f de válvulas (termoiónicas); ~**sockel** m zócalo m de válvula; ~**verstärker** m amplificador m de válvulas; ~**walzwerk** n laminador m de tubos.
Rohr...: ~**flechter** m cañista m; ~**flöte** f flauta f de caña; caramillo m; zampoña f; ~**geflecht** n cañizo m; für Stühle: rejilla f.
Röhricht n (-s; -e) cañaveral m, cañizal m; juncal m, junquera f.
Rohr...: ~**kolben** ♃ m espadaña f; anea f; ~**krümmer** m codo m (de tubo); ~**leger** m montador m de tubos; ~**leitung** f tubería f, cañería f; ~**mast** m poste m tubular; ~**möbel** n/pl. muebles m/pl. de junco; ~**muffe** f manguito m de tubo; ~**netz** n red f (od. sistema m) de tubos; tubería f; cañería f; ~**post** f correo m neumático; ~**postbrief** m carta f neumática; ~**rücklauf** m ⚔ reculada f (od. retroceso m) del cañón; ~**spatz** Orn. m hortelano m; fig. wie ein ~ schimpfen echar pestes; jurar como un carretero; ~**stock** m bastón m (de caña), caña f; ~**stuhl** m silla f de rejilla; ~**stutzen** m empalme m de tubo; tubuladura f; ~**weite** f calibre m; ~**zange** f tenazas f/pl. para tubos; ~**zucker** m azúcar m de caña.
Roh...: ~**seide** f seda f cruda; ~**stahl** m acero m bruto; ~**stoffbedarf** m necesidad f de materias primas; ~**stoffe** m/pl. materias f/pl. primas; ~**stoffmangel** m escasez f de materias primas; ~**stoffmarkt** m mercado m de materias primas; ~**tabak** m tabaco m bruto (od. en rama); ~**wolle** f lana f en bruto (od. en rama); ~**zucker** m azúcar m sin refinar; ~**zustand** m: im ~ en bruto; sin elaborar.
Rokoko n (-s; 0) rococó m; ~**stil** m estilo m rococó.
Roland m Roldán m; ~**slied** n Liter. Canción f de Rolando.
Rolladen m persiana f (enrollable); eiserner: cierre m metálico; bei Möbeln: cierre m corredizo.
Roll|bahn ✈ f pista f de rodadura (od. de rodaje); zum Starten: pista f de despegue; zum Landen: pista f de aterrizaje; ~**bandmaß** n cinta f métrica arrollable; ~**dach** Kfz. n techo m arrollable.
Rolle f rollo m (a. Papier⚲, Draht⚲); (Spule) bobina f; (Garn⚲) a. carrete m; (Geld⚲) cartucho m; (Walze) rodillo m; cilindro m; (Wäsche⚲) calandria f; unter Möbeln: rueda f; roldana f; am Flaschenzug: polea f; (Register) nómina f; lista f; ⚓ rol m; ⚓ tonel m; Turnen: voltereta f; Thea. u. fig. papel m, gal. rol m; ♪ parte f; fig. aus der ~ fallen salirse de tono; F hacer una plancha; e-e ~ spielen Thea. representar (od. hacer) un papel; fig. desempeñar (od. jugar od. hacer) un papel; Sache: ser de importancia; Thea. die ~n besetzen (od. verteilen) hacer el reparto de papeles; fig. die ~n tauschen invertir los papeles; fig. die ~ keine ~, ob ... no importa si ...; Geld spielt keine ~ el dinero es lo de menos.
rollen I. (sn) v/i. rodar; Donner: retumbar; Geld: circular; Tränen, Blut (in den Adern): correr; Schiff: cabecear; balancear(se); die See rollt la mar está agitada (od. brava); F fig. die Sache rollt la cosa marcha; **II.** v/t. hacer rodar bzw. girar; (ein~) llar; (auf~) arrollar; Wäsche: calandrar; die Augen ~ revolver los ojos; **III.** v/refl.: sich ~ arrollarse; enrollarse; Papier: abarquillarse; **IV.** ⚲ n movimiento m giratorio; rotación f; des Donners: el retumbar; des Schiffes: cabeceo m; balanceo m; ins ~ kommen empezar a rodar (fig. a funcionar); fig. die Sache (od. den Stein) ins ~ bringen plantear la cuestión; poner en marcha a/c.; levantar la liebre; ⚲**besetzung** Thea. f reparto m (de papeles); ⚲**d** adj. rodante; 🜚 ~es Material material m rodante; ⚲**fach** Thea. n especialidad f; ⚲**lager** ⊕ n cojinete m de rodillos; ⚲**tausch** m inversión f de papeles (od. de los roles); ⚲**verteilung** f → ⚲besetzung; fig. distribución f (od. reparto m) de los papeles.
Roller m (Spielzeug) patinete m; Kfz. scooter m; ⚓ (Welle) rompiente m.
Roll...: ~**feld** n → ~**bahn**; ~**film** m rollo m (de película); carrete m; ~**fuhrdienst** m acarreo m; ~**fuhrmann** m (-es; -leute) acarreador m; carretero m; ~**fuhr-unternehmen** n empresa f de acarreo; ~**geld** n (gastos m/pl. de) camionaje m bzw. acarreo m; ~**gut** n mercancía f acarreada; ~**handtuch** n toalla f (en rollo giratorio); ~**i** F m cisne m; ~**kommando** n brigada f móvil; ~**kragen** m cuello m cisne (od. alto); ~**kragenpullover** m jersey m de cuello cisne (od. alto), F cisne m; Arg. polera f; ~**l(aden** m → Rolladen; ~**mops** m arenque m enrollado en escabeche; ~**schinken** m jamón m en rollo; ~**schrank** m armario m persiana; ~**schuh** m patín m de ruedas; ~ laufen patinar sobre ruedas; ~**schuhbahn** f pista f para patinaje sobre ruedas; ~**schuhlaufen** n patinaje m sobre ruedas; ~**schuhläufer(in** f) m patinador(a f) m; ~**sitz** m im Ruderboot: asiento m corredizo; ~**splitt** m gravilla f suelta; ~**steig** m tapiz m rodante; ~**stuhl** m sillón m de ruedas; ~**treppe** f escalera f mecánica (od. automática), Am. a. escalador m; ~**verdeck** n → ~dach.
Rom n Roma f; fig. alle (od. viele) Wege führen nach ~ por todas partes se va a Roma; todos los caminos conducen a Roma; Rom wurde auch nicht an einem Tage erbaut no se ganó Zamora en un día.
Ro'man m (-s; -e) novela f.
Roman'cier [-mã'sje:] m (-s; -s) novelista m.
Ro'man|e m (-n) latino m; ~**figur** f personaje m novelesco; ~**form** f forma f novelesca; in ~ bringen novelar; ⚲**haft** adj. novelesco; ⚲**held** m héroe m de novela; ~**ik** f (0) estilo m románico; ⚲**isch** adj. Kunst: románico; Sprache: a. neolatino, romance; Volk: latino.
Roma'nist m (-en) romanista m; ~**ik** f (0) filología f románica.
Ro'man...: ~**kunst** f novelística f; ~**leser(in** f) m lector(a f) m de novelas; ~**literatur** f literatura f nove-

Romanschriftsteller(in) — Rotte 428

lesca; ~schriftsteller(in f) m novelista m/f.
Ro'man|tik f (0) romanticismo m (a. fig.); ~tiker m romántico m (a. fig.); ℒtisch adj. romántico (a. fig.).
Ro'mantsch n (-; 0) romanche m.
Ro'manze f romance m (a. fig.); ♪ romanza f; ~nsammlung f romancero m.
'Römer m 1. romano m; 2. (Weinglas) copa f de cristal; ~in f romana f.
'römisch adj. romano; ~ka'tholisch adj. católico (apostólico) romano.
'Rommé n (-s; -s) (Kartenspiel) angl. rummy m.
'Ronde f ronda f.
Ron'dell n (-s; -e) glorieta f; (Rundbau) rotonda f; ✓ arriate m circular.
'Rondo ♪ n (-s; -s) rondó m.
'röntgen I. v/t. examinar con rayos X; hacer una radiografía, radiografiar; II. ℒ n (Einheit) (unidad f) roentgen m; ℒapparat m aparato m de rayos X; ℒaufnahme f radiografía f; ℒbehandlung ✱ f radioterapia f; tratamiento m con rayos X; ℒbestrahlung f irradiación f con rayos X; ℒbild n → ℒaufnahme; ℒdermatitis ✱ f (0) radiodermatitis f; ℒdiagnose f radiodiagnóstico m; ℒdurchleuchtung f radioscopia f, examen m radioscópico.
Röntgeno|'loge m (-n) radiólogo m; ~lo'gie f (0) radiología f; ℒlogisch adj. radiológico.
'Röntgen|schädigung ✱ f radiolesión f; radiopatía f; ~schirm m pantalla f radioscópica (od. fluoroscópica); ~strahlen m/pl. rayos m/pl. X (od. Roentgen); ~therapie f radioterapia f; ~tiefentherapie f radioterapia f profunda; ~untersuchung f examen m radiológico (od. por rayos X); (Durchleuchtung) examen m radioscópico.
'Rosa I. n color m (de) rosa; II. ℒ adj. → ℒfarben adj. rosa, de color (de) rosa, rosado.
rösch reg. adj. (knusprig) crujiente.
'Rose ✿ rosa f; (Strauch) rosal m; ⚕ rosetón m; (Kompaß℘) rosa f de los vientos; ✱ erisipela f; fig. (nicht) auf ~n gebettet sein (no) estar sobre un lecho de rosas; (no) pasársela en flores; keine ~ ohne Dornen no hay rosa sin espinas.
Ro'sé m (-s; -s) (Wein) clarete m, (vino m) rosado m.
'Rosen...: ℒfarben, ℒfarbig adj. (color de) rosa; ~garten m rosaleda f; ~gewächse ✿ n/pl. rosáceas f/pl.; ~holz n palo m de rosa; ~käfer m cetonia f; ~kavalier m Oper: Der ~ El caballero de la rosa; ~kohl ✿ m col f de Bruselas; ~kranz m guirnalda f de rosas; Rel. rosario m; den ~ beten rezar el rosario; ~kreuzer m/pl. Hist. rosicrucianos m/pl.; ~kriege m/pl. Hist. guerras f/pl. de las Dos Rosas; ~monat m mes m de las rosas, junio m; ~'montag m lunes m de Carnaval; ~öl n esencia f de rosas; ℒrot adj. rosa, color (de) rosa, rosado; ~stock m, ~strauch m rosal m; ~strauß m ramo m de rosas; ~wasser n agua f de rosas; ~zucht f cultivo m de rosas; ~züchter m cultivador m de rosas.
Ro'sette f roseta f; ⚕ rosetón m.
'rosig adj. rosa, de color (de) rosa, rosado; Gesicht: sonrosado; fig. ri-

sueño; alles in ~em Licht sehen verlo todo de color de rosa.
Ro'sine f (uva f) pasa f; fig. große ~n im Kopf haben tener muchos humos; picar muy alto; F fig. die ~n aus dem Kuchen picken llevarse la mejor tajada.
'Röslein n rosita f.
'Rosmarin ✿ m (-s; 0) romero m.
Roß n (-sses; -sse) caballo m; Poes. corcel m; hoch zu ~ (montado) a caballo; fig. auf dem hohen ~ sitzen, sich auch hohe ~ setzen subir(se) de tono; tener muchos humos; '~apfel m cagajón m (de caballo).
'Rösselsprung m Schach, Rätsel: salto m del caballo.
'Roß...: ~haar n crin f (de caballo); ~haarmatratze f colchón m de crin; ~händler m tratante m de caballos, chalán m; ~kastanie ✿ f castaña f (Baum: castaño m) de Indias; ~kur f cura f de caballo; ~schlächterei f despacho m de carne de caballo, carnecería f caballar.
Rost¹ m (-es; 0) 1. herrumbre f, orín m, moho m; ~ ansetzen aherrumbrarse; enmohecerse; oxidarse; von ~ zerfressen herrumbroso; oxidado; 2. ✿ roya f.
Rost² m (-es; -e) ⊕ (Feuer℘) emparrillado m; (Gitter℘) rejilla f; (Brat℘) parrilla f; auf dem ~ braten asar a la parrilla; vom ~ a la parrilla.
'Rost...: ℒbeständig adj. inoxidable; anticorrosivo; ~bildung f formación f de herrumbre; oxidación f; ~braten m asado m a la parrilla; ℒbraun adj. rosado.
'Röstbrot n pan m tostado.
'Röste f (Flachs℘) enriado m; (Ort) alberca f.
'rosten I. (-e-) v/i. oxidarse; aherrumbrarse, enmohecerse; fig. alte Liebe rostet nicht los primeros amores retoñan; II. ℒ n enmohecimiento m; oxidación f.
'rösten I. (-e-) v/t. tostar (a. Kaffee, Brot); auf dem Rost: asar (a la parrilla); in der Pfanne: saltear; Flachs, Hanf: enriar; Met. calcinar; II. ℒ n tostado m, tueste m; v. Kaffee: torrefacción f; v. Flachs, Hanf: enriado m; Met. calcinación f.
'Röster m tostador m.
'Röste'rei f tostadero m.
'Rost...: ℒfarben, ℒfarbig adj. tostado; ~fleck m mancha f de herrumbre (od. de orín); ℒfrei adj. inoxidable.
'röstfrisch adj. recién tostado.
'rostig adj. oxidado; tomado de orín; herrumbroso; ~ werden → rosten.
'Röst...: ~kaffee m café m tostado (od. torrefacto); ~kartoffeln f/pl. patatas f/pl. salteadas; ~ofen Met. m horno m de calcinación f.
'Rostschutz m protección f contra la oxidación f; ~anstrich m, ~farbe f pintura f antioxidante (od. anticorrosiva); ~mittel n (agente m) antioxidante m bzw. anticorrosivo m.
'rostsicher adj. inoxidable; antioxidante; anticorrosivo.
rot (~er, ~est) I. adj. rojo (a. Pol.); colorado; encarnado; Wein: tinto; Gesichtsfarbe: rubicundo; ~e Haare haben ser pelirrojo; das ℒe Kreuz la Cruz Roja; der ℒe Halbmond el Cre-

ciente Rojo; die ℒe Armee el Ejército Rojo; das ℒe Meer el mar Rojo; fig. der ~e Faden el hilo conductor; ~ vor Zorn rojo de cólera; ~ werden enrojecer; im Gesicht: a. ponerse rojo (od. colorado od. encarnado), ruborizarse; vor Scham: sonrojarse; fig. in den ~en Zahlen stehen estar en números rojos; F ~ sehen ponerse furioso; ein Tag (im Kalender) ~ anstreichen marcar en rojo una fecha; II. ℒ n rojo m (a. Vkw.); (Wolken℘) arrebol m; ⊘ gules m/pl.; Schminke: colorete m; ~ auflegen darse (od. ponerse) colorete m; Vkw. bei ~ durchfahren saltarse un semáforo en rojo.
Ro'tarier m rotario m.
Rotati'on f rotación f; ~s-achse f eje m de rotación; ~sdruck Typ. m impresión f rotativa; ~smaschine f, ~s-presse f rotativa f.
'Rot...: ~auge Ict. n escarcho m; ℒ~bäckig adj. de mejillas coloradas; rubicundo; ~barsch Ict. m gallineta f nórdica; ℒbärtig adj. barbirrojo; ℒblond adj. rubicundo; ℒbrassen Ict. m pargo m; ℒbraun adj. pardo rojizo; Pferd: alazán; ℒbrüchig Met. adj. quebradizo en caliente; ~buch Dipl. n libro m rojo; ~buche ✿ f haya f común; ~china n China f roja (od. popular); ~dorn ✿ m espino m de flores rojas.
'Röte f (0) color m rojo; rojez f; der Wolken: arrebol m; der Scham: sonrojo m; rubor m; die ~ stieg ihr ins Gesicht se sonrojó; se ruborizó.
Rote-'Kreuz-Helfer m voluntario m bzw. socorrista m de la Cruz Roja.
'Rötel m 1. Min. almagre m; 2. → ~stift; ~n ✱ pl. rubéola f; ~stift m sanguina f, lápiz m rojo; ~zeichnung f sanguina f.
'röten (-e-) I. v/t. enrojecer; colorear (od. teñir) de rojo; II. v/refl.: sich ~ enrojecerse, ponerse rojo; vor Scham: a. sonrojarse; ruborizarse.
'Rote(r) Pol. m rojo m.
'Rot...: ~feder Ict. f escardino m; ~fuchs m zorro m rojo; (Pferd) alazán m (claro); ℒgelb adj. amarillo rojizo; rojo amarillento; ℒgestreift adj. ~e (od. con) rayas rojas; ℒglühend adj. (rojo) candente; al rojo (vivo); ~glut f calor m rojo; incandescencia f; zur ~ bringen poner al rojo (vivo); ℒgrün adj. Pol. BRD: die ~e Koalition la coalición rojiverde; ℒ~haarig adj. pelirrojo; ~haut f piel roja m/f; ~hirsch m ciervo m (común).
ro'tieren (-) v/i. girar; ~d adj. rotatorio, giratorio.
'Rot...: ~käppchen n Caperucita f Roja; ~kehlchen Orn. n petirrojo m; ~kohl ✿ m, ~kraut n lombarda f; ~kopf m pelirrojo m; ~'kreuzhelfer m → Rote-Kreuz-Helfer; ~lauf Vet. m erisipela f porcina, mal m rojo.
'rötlich adj. rojizo; Gesicht: rubicundo.
'Rot|licht n luz f roja (a. Vkw.); ℒnasig adj. de nariz roja.
'Rotor m (-s; -en) rotor m; ⚡ a. inducido m.
'Rot...: ~schimmel m (caballo m) roano m od. ruano m; ~schwänzchen Orn. n colirrojo m; ~stift m lápiz m rojo; ~tanne ✿ f abeto m rojo, picea f (común).
'Rotte f grupo m; v. Arbeitern: bri-

gada f; cuadrilla f; ⚔ fila f; (Bande) banda f; pandilla f; ~n-arbeiter m peón m (de una brigada); ~nführer m ⚔ cabo m de fila; v. Arbeitern: capataz m; cabo m; ⚖weise adv. por grupos; por brigadas (od. cuadrillas); ⚔ por filas.
'Ro|tunde △ f (Rundbau) rotonda f.
'Rötung f enrojecimiento m; ⚕ rubefacción f; rubicundez f.
'rot...: ~wangig adj. → ~bäckig; ⚖wein m vino m tinto; ⚖welsch n jerga f del hampa, germanía f; Arg. lunfardo m; ⚖wild Jgdw. n venado m, ciervos m/pl.; ⚖wurst f morcilla f.
'Rotz m (-es; 0) Vet. muermo m; P moco m; P ~ und Wasser heulen llorar a moco tendido; ⚖ig adj. Vet. muermoso; P fig. mocoso; ~junge P m, ~nase P f mocoso m.
Rouge [ru:ʒ] fr. n (-s; -s) colorete m; ~ auflegen ponerse colorete.
Rou'lade [uˑ] Kochk. f filete m relleno.
Rou'leau [Ruˈloː] n (-s; -s) cortinilla f; außen: persiana f (enrollable).
Rou'lett [uˑ] n (-és; -e od. -s) ruleta f; ~ spielen jugar a la ruleta.
'Route [uː] f itinerario m, ruta f; recorrido m.
Rou'tine [uˑ] f (0) rutina f (a. Computer); (Praxis) práctica f; experiencia f; ~arbeit f trabajo m rutinario; ⚖mäßig adj. rutinario.
Routi'nier [-nĭˈeː] m (-s; -s) rutinero m; fig. experto m, entendido m.
routi'niert adj. (-est) experimentado, experto; versado, ducho; desp. rutinero.
'Rowdy ['Raudi·] m (-s; -s) bruto m, camorrista m; gamberro m.
Roya'list [Roˈjaˑlˈ-] m (-en), ⚖isch adj. realista (m), monárquico (m).
'Royalty ['rɔyɛlti·] ✝ n (-; -ties) royalty f.
'rubbeln (-le) F v/t. frotar.
'Rübe f 1. ♀ remolacha f; weiße ~ nabo m; gelbe ~ zanahoria f; rote ~ remolacha f colorada; 2. F fig. (Kopf) F coco m, cholla f; F fig. e-e freche ~ un pillín; un granuja.
'Rubel m (-s; -) rublo m.
'Rübenzucker m azúcar m de remolacha.
'rüber F → herüber(...); hinüber(...).
'Rubikon m: den ~ überschreiten pasar el Rubicón (a. fig.).
Ru'bin m (-s; -e) rubí m.
'Rüb-öl n aceite m de colza.
Ru'brik f (-; -en) rúbrica f; e-r Zeitung: sección f; columna f; unter der ~ bajo el título de.
'Rüb|same(n) m, ~sen m ♀ nabina f.
'ruch|bar adj. público, notorio; ~ werden hacerse público; ir cundiendo; trascender; ~los adj. impío; desalmado; malvado; vil; infame; pérfido; Verbrechen: atroz; abominable; ⚖losigkeit f impiedad f; maldad f; vileza f; infamia f; perfidia f; atrocidad f.
Ruck m (-és; -e) arranque m; arrancada f; (Zug) tirón m (an dat. de); am Zügel: sofrenada f; (Stoß) empujón m (a. fig.); sacudida f; auf einen ~ de un golpe; de un tirón; Pol. ~ nach links giro m hacia la izquierda; fig. sich e-n ~ geben hacer un esfuerzo; hacer de tripas corazón; ⚖, zuck en el acto; al instante.
'Rück|ansicht f vista f de atrás; ~ant-

wort f: bezahlte ~ respuesta f pagada; Postkarte (Telegramm) mit ~ tarjeta f postal (telegrama m) con respuesta pagada.
'ruckartig I. adj. brusco; II. adv. a sacudidas; de golpe; ~ anfahren arrancar bruscamente.
'Rück...: ~äußerung f respuesta f, contestación f; ~berufung f v. e-m Amt: deposición f, destitución f; ~bewegung f movimiento m retrógrado; ⚖bezüglich Gr. adj. reflexivo; ~bildung f ⚘, Bio. involución f, regresión f; evolución f regresiva; ~blende f Film: flash-back m; fig. retrospectiva f; ~blick fig. m (ojeada f) retrospectiva f; zusammenfassender: resumen m; ⚖blickend adv. retrospectivamente; ~buchung ✝ f extorno m; ~bürge m fiador m subsidiario; ~bürgschaft f fianza f subsidiaria; retrogarantía f; ⚖datieren (-) v/t. antedatar.
'Rücken m (-s; -) espalda f; (Tier⚖, Buch⚖ u. Kochk.) lomo m; (Rückseite) dorso m; (Berg⚖) loma f; (Stuhl⚖) respaldo m; ~ an ~ espalda con(tra) espalda; den ~ beugen; e-n krummen ~ machen doblar el espinazo (a. fig.); mit gebeugtem ~ cargado de espaldas; fig. e-n breiten ~ haben tener buenas espaldas; ♃ den Wind im ~ haben tener viento en popa (od. de cola); fig. ir viento en popa; auf dem ~ tragen llevar a cuestas; auf den ~ fallen caer(se) (od. dar) de espaldas; fig. caer de espaldas; auf den ~ (schwimmen usw.) (nadar, etc.) de espaldas; auf dem ~ liegend echado de espaldas; boca arriba; en decúbito supino; sich auf den ~ legen tumbarse de espaldas (od. boca arriba); hinter j-s ~ a espaldas de alg. (a. fig.); j-m den ~ kehren volver (od. dar) la(s) espalda(s) a alg. (a. fig.); j-m in den ~ fallen atacar a alg. por la espalda; j-m den ~ stärken respaldar a alg.; j-m den ~ decken cubrir la espalda a alg.; respaldar a alg.; sich den ~ decken guardar las espaldas; sich den ~ frei halten asegurarse la retirada; es lief ihm kalt bzw. heiß über den ~ sintió escalofríos.
'rücken I. v/t. mover; (schieben) empujar; correr; (weg~) apartar, remover, quitar (von de); (näher ~) acercar; et. auf die Seite ~ apartar a un lado a/c.; II. v/i. moverse; (weg~) apartarse; (Platz machen) hacer sitio; correrse; an od. mit et. ~ mover a/c.; remover a/c.; näher ~ aproximarse, acercarse (beide a. zeitlich); arrimarse; vorwärts ~ avanzar; höher ~ subir; fig. ascender; an j-s Stelle ~ ocupar el sitio de alg.; nicht von der Stelle ~ no moverse del sitio.
'Rücken...: ~breite f anchura f de (la) espalda; ~deckung f ⚔ protección f de la retaguardia; fig. respaldo m; sich ~ verschaffen respaldarse; gute ~ haben tener guardadas las espaldas; ~flosse Ict. f aleta f dorsal; ~flug ✈ m vuelo m invertido; ⚖frei adj. que deja la espalda descubierta; ~lage f decúbito m supino; in ~ de espaldas, boca arriba; ~lehne f respaldo m; ~mark Anat. n médula f espinal; ~marks-anästhesie Chir. f raquianestesia f; ~marks-entzündung ⚕ f mielitis f; ~marksnerv Anat.

m nervio m raquídeo; ~marksschwindsucht ⚕ f tabes f dorsal; ~muskel Anat. m músculo m dorsal; ~nummer f Sport: dorsal m; ~schild Zoo. m caparazón m dorsal, espaldar m; ~schmerzen ⚕ m/pl. dolores m/pl. de espalda; ~schwimmen n natación f de espalda; ~schwimmer m espaldista m; ~wind m ♃ viento m en popa; Kfz. viento m de cola (od. por atrás); ~wirbel Anat. m vértebra f dorsal.
'Rück...: ~er-innerung f reminiscencia f; ⚖erstatten (-e-; -) v/t. restituir, devolver; reintegrar; Geld: a. re(e)mbolsar; ~erstattung f restitución f, devolución f; reintegro m; re(e)mbolso m; ~erwerb m readquisición f; recuperación f; ~fahrkarte f, ~fahrschein m billete m de ida y vuelta; ~fahrscheinwerfer Kfz. m luz f de marcha atrás; ~fahrt f viaje m de vuelta (od. de regreso); vuelta f; auf der ~ al volver; ~fall m ⚕ recaída f; recidiva f; ⚖ reincidencia f, reiteración f; ⚕ e-n ~ haben (od. erleiden) tener una recaída, reincidir; ~fallfieber ⚕ n fiebre f recurrente; ⚖fällig adj. ⚕ recidivante; ⚖ reincidente; ⚖ werden reincidir (en un delito); ~fällige(r) ⚖ m reincidente m; ~fenster Kfz. n ventanilla f posterior; ~flug m vuelo m de regreso; ~fluß m reflujo m; ~forderung f reclamación f; ~fracht f cargamento m (♃ flete m) de retorno; ~frage f demanda f de información aclaratoria bzw. de nuevos informes; ⚖fragen v/i. pedir nuevos informes bzw. aclaraciones (bei a); ⚖führen Pol. v/t. repatriar; ~führung f repatriación f; ~gabe f devolución f; restitución f; mit der Bitte um ~ a título devolutivo; se ruega la devolución; ~gaberecht n derecho m de devolución; ~gang fig. m disminución f; retroceso m; regresión f; descenso m; baja f; starker ~ bajón m; ⚖gängig adj. retrógrado; ✝ descendente; en baja; ~ machen anular; Vertrag: a. rescindir; Computer: deshacer; (absagen) cancelar; ~gängigmachung f anulación f; rescisión f; cancelación f; ~gebildet adj. atrofiado; ~gewinnung f recuperación f; ⚖gliedern (-re) v/t. reincorporar; reintegrar; ~gliederung f reincorporación f; reintegración f; ~grat Anat. n columna f vertebral (a. fig.), espina f dorsal, espinazo m; fig. (Stütze) puntal m; fig. ~ haben no dar su brazo a torcer; no doblegarse; kein ~ haben doblegarse servilmente; no tener dignidad; ~gratverkrümmung ⚕ f escoliosis f, desviación f de la columna vertebral; ~griff ⚖ m recurso m; ~griffsrecht n derecho m de recurso; ~halt m respaldo m, apoyo m, sostén m; finanziell: recursos m/pl.; e-n ~ an j-m haben respaldarse en alg.; ⚖haltlos adv. sin reserva; francamente; incondicionalmente; ~hand f Tennis: revés m; ~kauf m readquisición f, nueva compra f; rescate m; ~kaufsrecht ⚖ n derecho m de retroventa; ~kaufswert m valor m de retroventa; ~kehr f (0) regreso m, vuelta f; retorno m; bei m-r ~ a mi regreso; al volver; ⚖koppeln (-le) v/t. Radio: acoplar retro-

activamente (*od.* en reacción); ~**kopp(e)lung** *f a. Bio.* retroacción *f*, realimentación *f*; ~**kunft** *f* → ~**kehr**; ~**ladung** *f* → ~**fracht**; ~**lage** *f* reserva *f*; *gesetzliche (satzungsgemäße)* ~ reserva legal (estatutaria); ~**lauf** *m* reflujo *m*; ⊕ marcha *f* retrógrada (*od.* atrás); *e-s Geschützes:* retroceso *m*, reculada *f*; ~**laufbremse** *f* freno *m* de retroceso; ⟨**läufig** *fig. adj.* retrógrado; regresivo; inverso; ✝ descendente, bajista; ~**e Bewegung** retrogradación *f* (*a. Astr.*); regresión *f*; retroceso *m*; ~**lehne** *f* respaldo *m*; ~**leitung** *f* ⊕ tubería *f* de retorno; ℰ circuito *m* de retorno; ~**licht** *Kfz. n* luz *f* trasera; ~**lieferung** *f* devolución *f*; ⟨**lings** *adv.* hacia atrás; (*von hinten*) por detrás, por la espalda; (*Lage*) de espaldas; boca arriba; ~**marsch** *m* regreso *m*, vuelta *f*; ✕ retirada *f*; ~**nahme** *f* recogida *f*; *e-r Behauptung:* retractación *f*; ⟨ desistimiento *m*; ~**nahmesatz** ✝ *m* tipo *m* de readquisición; ~**porto** *n* porte *m* de vuelta; ~**prall** *m* rebote *m*, rechazo *m*; ~**rechnung** ✝ *f* cuenta *f* de resaca; ~**reise** *f* (viaje *m* de) regreso *m*; vuelta *f*; ~**ruf** *Tele. m* repetición *f* de llamada.

'**Rucksack** *m* mochila *f*.

'**Rück...:** ~**schau** *f* retrospección *f*; retrospectiva *f*; ⟨**schauend** *adv.* retrospectivamente; ~**schlag** *m* contragolpe *m*; (*Rückprall*) rebote *m*; *des Geschützes:* retroceso *m*, reculada *f*; *Bio.* atavismo *m*; *fig.* revés *m*; contratiempo *m*; retroceso *m*; ✝ recesión *f*; ⚹ recaída *f*; ~**schlagventil** ⊕ *n* válvula *f* de retención; ~**schluß** *m* conclusión *f*, deducción *f*; *Rückschlüsse ziehen aus* sacar conclusiones de; ~**schreiben** *n* contestación *f*, respuesta *f*; ~**schritt** *m* paso *m* atrás; *fig.* retroceso *m*; ⟨**schrittlich** *adj.* reaccionario; retrógrado; ~**seite** *f* parte *f* posterior (*od.* trasera *od.* de atrás); trasera *f*; *e-s Blattes usw.:* dorso *m*; vuelta *f*; *v. Münzen:* reverso *m*; *des Mondes usw.:* cara *f* oculta; *des Stoffes:* revés *m*; *auf den* ~ al dorso; *siehe* ~! véase al dorso; ~**sendung** *f* devolución *f*, reexpedición *f*, retorno *m*.

'**Rücksicht** *f* (-; *-en*) consideración *f*; miramiento *m*; respeto *m*; *aus (od. mit)* ~ *auf (ac.)* por consideración a; en atención a; teniendo en cuenta; *auf et.* ~ *nehmen* respetar a/c.; considerar (*od.* tomar en consideración) a/c.; tener presente (*od.* en cuenta) a/c.; *auf j-n* ~ *nehmen* tener consideración con alg.; *ohne* ~ *auf (ac.) Personen:* sin guardar consideraciones a; sin tener ninguna consideración con; sin respetar a; *Sachen:* sin mirar (*ac.*); sin tener en cuenta que; sin reparar en; *ohne jede* ~ sin miramiento alguno; sin ninguna consideración; sin ningún respeto; sin contemplaciones; F *ohne* ~ *auf Verluste* sin pararse en barras; F a lo bestia; ~**nahme** *f* (Ø) consideración *f*; miramiento *m*; contemplaciones *f/pl.*; ⟨**slos I.** *adj.* desconsiderado, inconsiderado; sin miramientos; (*unbekümmert*) despreocupado; (*gefühllos*) insensible; despiadado; brutal; ~**er Fahrer** conductor *m* irresponsable; **II.** *adv.* desconsideradamente,

sin consideración; sin miramientos; F a lo bestia; ~ *handeln* actuar sin contemplaciones; ~ *fahren* conducir a lo loco; ~**slosigkeit** *f* falta *f* de consideración (*od.* de respeto); inconsideración *f*, desconsideración *f*; brutalidad *f*; ⟨**svoll** *adj.* considerado; atento; deferente; (*taktvoll*) discreto; delicado; *j-n* ~ *behandeln* tratar con delicadeza (*od.* con mucho respeto) a alg.

'**Rück...:** ~**sitz** *m* asiento *m* trasero; ~**spiegel** *Kfz. m* (espejo *m*) retrovisor *m*; ~**spiel** *n Sport:* partido *m* de vuelta; ~**sprache** *f* consulta *f*; entrevista *f*; *mit j-m* ~ *nehmen* consultar con alg.; entrevistarse con alg.; ponerse al habla con alg.; ~**stand** *m* 1. ⚗ residuo *m*, resto *m*; (*Bodensatz*) sedimento *m*; **2.** (*Schuld*) atraso *m*; *e-r Rechnung:* remanente *m*; (*Liefer*⟨, *Arbeits*⟨) retraso *m*; *im* ~ *sein* estar atrasado; *mit dem Zahlen:* estar retrasado en el pago; *in* ~ *geraten* atrasarse; ✝ *im* ~ *bleiben* demorar (*od.* retrasar) el pago; *Rückstände* ✝ atrasos *m/pl.*; pagos *m/pl.* atrasados; ⟨**ständig** *adj.* **1.** *Zahlung:* atrasado; pendiente (de pago); *Person, mit der Zahlung:* moroso; ~**e Miete** alquiler *m* vencido (*od.* atrasado); **2.** *fig.* anticuado, F carroza; pasado de moda; *Land:* atrasado; subdesarrollado; ~**ständigkeit** *f* (Ø) atraso *m*; mentalidad *f* atrasada; ~**stau** *m* embalse *m* por reflujo; *Vkw.* retención *f*; ~**stellung** ✝ *f* fondo *m* de previsión; ~**stoß** *m* repulsión *f* (*a. Phys.*); ✕ retroceso *m*; *v. Gewehren:* a. culatazo *m*; ~**strahler** *m* catafoto *m*, catafaro *m*; ojo *m* de gato; ~**strahlung** *f* reflexión *f*; reverberación *f*; ~**strom** ℰ *m* corriente *f* de retorno; ~**taste** *f Schreibmaschine, Computer:* tecla *f* de retroceso; ~**tritt** *m v. Amt:* renuncia *f*; dimisión *f* (*a. Pol.*); *vom Vertrag:* desistimiento *m*; *s-n* ~ *erklären* presentar su dimisión; ~**trittbremse** *f* freno *m* de contrapedal; ~**trittsuch** *n* dimisión *f*; renuncia *f*; ~**trittsrecht** *n* derecho *m* de retracto; ~**trittsschreiben** *n* carta *f* de dimisión; ⟨**übersetzen** (-) *v/t.* retraducir; ~**übersetzung** *f* retraducción *f*; ⟨**vergüten** (-*e-*; -) *v/t.* re(e)mbolsar; ~**vergütung** *f* re(e)mbolso *m*; devolución *f*; reintegro *m*; ⟨**versichern** (-*re*; -) *v/t.* reasegurar; ~**versicherung** *f* reaseguro *m*; ~**wand** *f* pared *f* del fondo; *e-s Gebäudes:* fachada *f* posterior; ~**wanderer** *m* repatriado *m*; ⟨**wärtig** *adj.* trasero, posterior; ✕ de la etapa; ⟨**wärts** *adv.* hacia atrás; para atrás; ~ *gehen* ir hacia atrás, retroceder de espaldas; F andar a reculones; ~ *fahren* dar marcha atrás; ~**wärtsbewegung** *f* movimiento *m* retrógrado (*od.* de retroceso); ~**wärtsgang** *Kfz. m* marcha *f* atrás; ⟨**wärtsgehen** *fig. v/i.* ir decayendo; deteriorarse; ~**wechsel** ✝ *m* letra *f* de resaca; ~**weg** *m* (camino *m* de) vuelta *f*; regreso *m*; *auf dem* ~ a la vuelta, al volver.

'**ruckweise** *adv.* a empujones; a golpes; a sacudidas.

'**Rück...:** ⟨**wirken** *v/i.* repercutir (*auf ac.* en); ⟨**wirkend I.** *adj.* retroactivo; **II.** *adv.* con efecto retroactivo; ~**wirkung** *f* efecto *m* retroactivo; retroac-

tividad *f*; (*Nachwirkung*) repercusión *f*; ⟨**zahlbar** *adj.* re(e)mbolsable, reintegrable; ~**zahlung** *f* re(e)mbolso *m*, reintegro *m*; ~**zieher** *m Fußball:* tijereta *f*; *fig. e-n* ~ *machen* echarse atrás; dar marcha atrás; (*sich widerrufen*) retractarse, desdecirse; ~**zoll** *m angl.* drawback *m*; ~**zollschein** *m* tornaguía *f*; ~**zug** ✕ *m* retirada *f* (*a. fig.*); repliegue *m*; *den* ~ *antreten* emprender la retirada; *a. fig.* retirarse; *zum* ~ *blasen* tocar a retirada; *j-m den* ~ *abschneiden* cortar la retirada a alg. (*a. fig.*); ~**zugsgefecht** *n* combate *m* en retirada; ~**zugslinie** ✕ *f* línea *f* de retirada.

'**Rucola** ♀ *f* rúcola *f*, ruqueta *f*.

'**Rüde** *m* (-*n*) macho *m* (de perro, lobo, *etc.*).

'**rüde** *adj.* rudo; brutal; grosero.

'**Rudel** *n* manada *f*; *fig.* tropel *m*; enjambre *m*; pandilla *f*, cuadrilla *f*; ⟨**weise** *adv.* en manadas; en tropel.

'**Ruder** *n* remo *m*, ⚓, ♂ *u. fig.* timón *m*; *am* ~ *sein* llevar el timón (*a. fig.*); *Pol.* estar en el poder; *ans* ~ *kommen* llegar (*od.* subir) al poder; *das* ~ *herumreißen* dar un golpe de timón (*a. fig.*); ~**bank** *f* banco *m* de remeros, bancada *f*; ~**blatt** *n* pala *f* del remo; ~**boot** *n* barco *m* (*od.* bote *m*) de remos; ~**er** *m* remero *m*; ~**gabel** *f* chumacera *f*; ⟨**gänger** *m*, ~**gast** ⚓ *m* (-*es*; *-en*) timonel *m*; ~**klub** *m* club *m* de regatas (de remo); ⟨**n** (-*re*) *v/i.* remar; bogar; ~**n** *n* → ~**sport**; ~**pinne** *f* (barra *f* del timón); ~**regatta** *f* regata *f* de remo; ~**schlag** *m* golpe *m* de remo, palada *f*; ~**sport** *m* (deporte *m* del) remo *m*; ~**stange** *f* remo *m*; ~**verein** *m* → ~**klub**.

Rudi'**ment** *n* (-*es*; -*e*) rudimento *m*. rudimen'**tär** *adj.* rudimentario.

'**Rudolf** *m* Rodolfo *m*.

Ruf *m* (-*es*, -*e*) **1.** grito *m*; llamada *f*; voz *f* (*a. v. Tieren*); (*Berufung*) llamamiento *m*; (*innere Stimme*) vocación *f*; *Uni. er hat e-n* ~ *nach X erhalten* le ha sido ofrecida una cátedra en X; **2.** *fig.* fama *f*, reputación *f*; ✝ crédito *m*; (*guter* ~) prestigio *m*; ✝ renombre *m*; *e-e Firma von* ~ una casa acreditada; *ein Künstler von* ~ un artista afamado (*od.* de fama); *in gutem* ~ *stehen* tener (*od.* gozar de) buena fama; *von schlechtem* ~ de mala fama (*od.* reputación); *in dem* ~ *stehen* (*gen. od. zu*) tener fama de; *j-n um s-n guten* ~ *bringen* quitar (*od.* hacer perder) a alg. su buena reputación; *j-n in schlechten* ~ *bringen* difamar a alg.; desacreditar a alg.; *sich e-n* ~ *erwerben* adquirir fama; *er ist besser als sein* ~ es mejor de lo que dicen.

'**rufen** (*L*) **I.** *v/i.* llamar (*nach j-m* a alg.); (*schreien*) gritar; dar gritos (*od.* voces); *Liter.* clamar; (*aus*~) exclamar; *hoch* ~ dar vivas; **II.** *v/t.:* *j-n* ~ llamar a alg.; *j-n* ~ *lassen* llamar (*od.* hacer venir) a alg.; mandar por (F a por) alg.; → *gerufen*; **III.** ⟨ *n* gritos *m/pl.*; voces *f/pl.*

'**Rufer** *m* llamador *m*.

'**Rüffel** F *m* (-*s*; -) reprimenda *f*, bronca *f*, F rapapolvo *m*; ⟨**n** (-*le*) F *v/t.* F dar un jabón, echar una bronca (*od.* un rapapolvo) (*j-n* a alg.).

'**Ruf...:** ~**mord** *m* asesinato *m* moral; ~**name** *m* nombre *m* de pila; ~**num-**

mer *Tele. f* número *m* de teléfono; ~**umleitung** *f Tele.* desvío *m* de llamadas; ~**weite** *f* alcance *m* de la voz; ~**zeichen** *Tele. n* señal *f* de llamada.
'**Rugby** ['Ragbiˑ] *n* (-; 0) rugby *m*; ~**mannschaft** *f* equipo *m* de rugby; ~**spieler** *m* jugador *m* de rugby.
'**Rüge** *f* reprimenda *f*, reprensión *f*; *amtlich:* censura *f*; e-e ~ bekommen sufrir una reprimenda; *j-m* e-e ~ *erteilen* reprender a alg. (*wegen* et. a/c.); **2n** *v/t.* reprender (*j-n wegen* et. a alg. a/c.); (*tadeln*) censurar; reprobar.
'**Ruhe** *f* (0) (*Ausruhen*) descanso *m, a.* ⚔ reposo *m*; (*Stille*) calma *f*; tranquilidad *f*; quietud *f*; (*Schweigen*) silencio *m*; (*Friede*) paz *f*; *innere:* sosiego *m*; (*Gelassenheit*) calma *f*; serenidad *f*; tranquilidad *f*; ⊕, *Phys.* in ~ en reposo; *die* (*öffentliche*) ~ *stören* (*wiederherstellen*) alterar *od.* perturbar (restablecer) el orden (público); ~ *vor dem Sturm* la calma que precede a la tormenta; *zur* ~ *bringen* calmar; sosegar; aquietar; apaciguar; ~! ¡silencio!; *immer mit der* ~! ¡calma!; F vamos por partes; *in aller* ~ con calma, con toda tranquilidad; *die ewige* ~ el eterno descanso; F *jetzt hat die liebe Seele Ruh'* ya tiene lo que quería; ya está satisfecho; ~ *halten* guardar silencio; mantenerse tranquilo; (s-e) ~ *bewahren* conservar la calma; *zur* ~ *kommen* tranquilizarse, calmarse; *keine* ~ *haben*; *nicht zur* ~ *kommen* no tener tranquilidad; no tener ni un momento de descanso; *in* ~ *und Frieden leben* vivir en santa paz; *lassen Sie mich in* ~! ¡déjeme en paz!; *lassen Sie mich damit in* ~! no me moleste más con eso; no me hable más de eso; *j-n nicht in* ~ *lassen*; *j-m keine* ~ *lassen* molestar (*od.* importunar) continuamente a alg.; no dejar en paz a alg.; *gib doch endlich* ~! ¡no molestes más!; ¡estáte quieto!; *man hat keine* ~ *vor ihm* no le deja a uno tranquilo; *die* ~ *verlieren* inquietarse; perder la serenidad; *es läßt mir keine* ~ me inquieta; *er läßt sich nicht aus der* ~ *bringen* no se altera por nada; no hay quien le haga perder la calma; F *er hat die* ~ *weg* tiene mucha calma; *sich keine* ~ *gönnen* no darse tregua; *sich zur* ~ *setzen* retirarse; *Beamter:* jubilarse; *sich zur* ~ *begeben* retirarse a descansar; (ira) acostarse; *j-n zur letzten* ~ *betten* dar el último adiós a alg.; *angenehme* ~! ¡buenas noches!; ¡que (usted) descanse!; ~**bank** *f* banco *m* de descanso; **2bedürftig** *adj.* necesitado de reposo; ~**bett** *n* lecho *m*; ~**gehalt** *n* (pensión *f* de) jubilación *f*; ⚔ retiro *m*; ~**geld** *n* pensión *f* de retiro; ~**kissen** *n* almohada *f*; ~**lage** *f* posición *f* de reposo; (*Gleichgewicht*) equilibrio *m*; **2los** *adj.* sin descansar; agitado; inquieto; intranquilo; desasosegado; ~**losigkeit** *f* (0) agitación *f*; inquietud *f*; intranquilidad *f*; desasosiego *m*.
'**ruhen** *v/i.* (*aus*~) descansar (*auf dat.* sobre); reposar (*liegen*) estar acostado; (*stillstehen*) no moverse; estar inmóvil; *Prozeß usw.:* estar suspendido (*od.* en suspenso); *Arbeit, Verkehr:* estar paralizado; *hier ruht* aquí yace; *er ruhe in Frieden!*; *ruhe sanft!* ¡descanse en paz!; ~ *auf*

(*dat.*) apoyarse en; ⚠ estribar en (*a. fig.*); ⊕ descansar sobre; *fig.* (*lasten*) pesar; gravitar sobre; ~ *lassen Arbeit:* suspender; *den Blick* ~ *lassen auf* (*dat.*) fijar la mirada en; *sein Blick ruht auf* tiene la mirada fija en; *laßt die Toten* ~! dejemos en paz a los muertos; *lassen wir das* ~ no toquemos ese asunto; *ich wünsche wohl zu* ~ le(s) deseo muy buenas noches; *nicht* ~ *und rasten* no darse tregua; *er wird nicht eher* ~, *bis ...* no descansará hasta que ... (*subj.*); II. 2 *n* descanso *m*, reposo *m*; *Verkehr usw.:* paralización *f*; 🕆 suspensión *f*.
'**Ruhe...:** ~**pause** *f* descanso *m*, pausa *f*, tregua *f*; *kurze:* respiro *m*; ~**platz** *m*, F ~**plätzchen** *n* lugar *m* de descanso *bzw.* de reposo; ~**posten** *m* sinecura *f*, prebenda *f*; F enchufe *m*; ~**punkt** *m* punto *m* de reposo; ~**stand** *m* jubilación *f*; *bsd.* ⚔ retiro *m*; *j-n in den* ~ *versetzen* jubilar a alg.; *in den* ~ *treten* jubilarse; ⚔ retirarse; *im* ~ (*Abk. i.R.*) jubilado; ⚔ retirado; *Versetzung in den* ~ jubilación *f* (*vorzeitige* anticipada); ~**stätte** *f* sitio *m* de reposo; lugar *m* de descanso; (*Zufluchtsort*) retiro *m*; *letzte* ~ última morada *f*; ~**stellung** *f* posición *f* de reposo (*a.* ⚔); ⚔ acantonamiento *m*; ~**stifter** *m* pacificador *m*; **2störend** *adj.* perturbador; ~**störer** *m* perturbador (del orden público) alborotador *m*; ~**störung** *f* perturbación *f* del orden público; disturbio *m*; *nächtliche* ~ alboroto *m* nocturno; ~**strom** ⚡ *m* corriente *f* de reposo; ~**tag** *m* día *m* de descanso; (día *m* de) asueto *m*; ~**zeit** *f* tiempo *m* de descanso; ~**zustand** *m*: *im* ~ en reposo.
'**ruhig** I. *adj.* tranquilo; quieto; silencioso; (*friedlich*) apacible; pacífico; sosegado; plácido; (*schweigsam*) silencioso, callado; (*gelassen*) reposado; sereno; (*nervenstark*) imperturbable, impasible; *Meer:* en calma; *Farbe:* discreto; *Wetter, Wind,* ✝ *Markt:* encalmado; ⊕ ~*er Gang* marcha *f* suave; ~(*er*) *werden* tranquilizarse; calmarse; sosegarse; ~! ¡silencio!; *sei* ~! ¡estáte quieto!; ¡cállate la boca!; F *nur immer* ~ *Blut!* ¡calma!; ¡serenidad!; *bei* ~*er Überlegung* considerándolo con calma; *keine* ~*e Minute haben* no tener un minuto de descanso; no tener paz ni sosiego; II. *adv.:* ~ *bleiben* permanecer tranquilo; conservar la calma; ~ *schlafen* dormir tranquilo; ~ *verlaufen* transcurrir sin incidentes; *sich* ~ *verhalten* mantenerse tranquilo; *sagen Sie es* ~ dígalo con franqueza; *seien Sie* ~ (*unbesorgt*) no se inquiete usted; pierda usted cuidado; *er kann* ~ *warten* puede esperar tranquilamente; F *iro.* puede esperar sentado; *man kann* ~ *behaupten, daß* ... bien puede afirmarse que ...; *das können Sie* ~ *tun* puede usted hacerlo tranquilamente; *du könntest* ~ *mehr arbeiten* bien podías trabajar un poco más.
'**Ruhm** *m* (-*es;* 0) gloria *f*; (*Ruf*) fama *f*; *sich mit* ~ *bedecken* (F *bekleckern*) cubrirse de gloria; **2bedeckt** *adj.* cubierto de gloria; ~**begier**(**de**) *f* afán *m* de gloria; **2begierig** *adj.* ávido de gloria.
'**rühmen** I. *v/t.* (*loben*) elogiar, alabar; (*preisen*) ensalzar, celebrar;

enaltecer; ~*d hervorheben* mencionar con elogio; *ohne mich* ~ *zu wollen* modestia aparte; *sich e-r Sache* ~ preciarse (*od.* gloriarse) de a/c.; *prahlerisch:* vanagloriarse (*od.* jactarse) de a/c.; II. 2 *n* elogios *m/pl.*; *viel* ~*s machen von* hacer gran alarde de; ~**swert** *adj.* laudable; digno de elogio.
'**Ruhmes**|**blatt** *n* página *f* de gloria; ~**halle** *f* panteón *m*; ~**tat** *f* hecho *m* glorioso; proeza *f*.
'**rühmlich** *adj.* glorioso; (*ehrenvoll*) honroso; (*löblich*) laudable, loable, encomiable; *sich* ~ *hervortun* distinguirse.
'**ruhm...:** ~**los** *adj.* sin gloria; oscuro; vergonzoso; **2losigkeit** *f* (0) ausencia *f* de gloria; oscuridad *f*; ~**redig** *adj.* vanaglorioso; ufano; jactancioso; **2redigkeit** *f* (0) ufanía *f*; jactancia *f*; ~**reich** *adj.* glorioso; **2sucht** *f* afán *m* (*od.* sed *f*) de gloria; vanagloria *f*; ~**süchtig** *adj.* ávido (*od.* sediento) de gloria, vanaglorioso; ~**voll** *adj.* glorioso.
Ruhr[1] ⚕ *f* (0) disentería *f*.
Ruhr[2] *Geogr. f* Ruhr *m*.
'**Rühr**|**apparat** *m* agitador *m*; batidor *m*; ~**ei** *n* huevos *m/pl.* revueltos.
'**rühren** I. *v/i.* tocar (*an dat.* en); ~ *von* proceder de; provenir de; dimanar de; obedecer a; ser debido a; *fig.* *rühren wir nicht daran!* no toquemos ese asunto; hablemos de otra cosa; II. *v/t.* 1. mover; *Kochk.* agitar, remover; *Teig:* batir, amasar; (*ein*~) desleír; *unter ständigem* 2 removiendo continuamente; 2. *fig.* (*ergreifen*) conmover; llegar al alma; enternecer; emocionar; *das rührte ihn wenig* no le impresionó lo más mínimo; F *se quedó tan fresco;* → *gerührt*; III. *v/refl.:* *sich* ~ moverse (*a. fig.*); agitarse; *fig.* (*tätig sein*) menearse; (*sich melden*) *Person:* dar señal de vida; *Gefühl:* hacerse sentir; *sich nicht* ~ *moverse* (*a. fig.*); permanecer inmóvil; *fig.* *er hat sich nicht gerührt* no tengo noticias suyas; no se acuerda de él; ⚔ *rührt euch!* ¡en su lugar descanso!; ¡descansen!; ~*d adj.* conmovedor; emocionante; enternecedor; *das ist* ~ *von dir* eres muy amable.
'**Ruhrgebiet** *n* Cuenca *f* del Ruhr.
'**rührig** *adj.* activo; dinámico; enérgico; (*unternehmend*) emprendedor; (*flink*) ágil; vivo; **2keit** *f* (0) actividad *f*; viveza *f*; espíritu *m* emprendedor; agilidad *f*.
'**Rühr**...: ~**löffel** *m* cucharón *m*; ~**michnichtan** F *n:* *Kräutlein* ~ F mírame y no me toques; **2selig** *adj.* sentimental; sensiblero; lacrimógeno; ~**seligkeit** *f* (0) sentimentalismo *m*; sensiblería *f*; ~**stück** *Thea. n* drama *m* sentimental; melodrama *m*; ~**trommel** *f* redoblante *m*; ~**ung** *f* (0) emoción *f*; enternecimiento *m*; ~**werk** ⊕ *n* agitador *m*.
Ru|'**in** *m* (-*s;* 0) ruina *f*; *fig. a.* perdición *f*; ~**e** *f* ruina *f* (*a. fig.*); ruinas *f/pl.*
rui|'**nieren** (-) *v/t.* arruinar; causar la ruina de; (*verderben*) echar a perder, estropear; ~'**niert** *adj.* arruinado; ~ *sein estar en la ruina;* ~'**nös** *adj.* *bsd.* ✝ ruinoso.
'**Rülps**(**er**) P *m* eructo *m*, regüeldo *m*; **2en** (-*t*) P *v/i.* eructar, regoldar.

rum F → herum(...).
Rum m (-s; -s) ron m.
Ru'män|e m (-n) rumano m; **~ien** f Rumania f; **~in** f rumana f; **2isch** adj. rumano.
'**Rumba** f (-; -s) rumba f; **~kugel** f maraca f.
'**Rummel** F m (-s; 0) (Lärm, Tumult) F jaleo m; tráfago m; follón m; barullo m; batahola f; (Jahrmarkt) feria f; (Plunder) trastos m/pl.; fig. den ~ kennen F conocer el truco (od. el paño); sabérselas todas; **~platz** m feria f; parque m de atracciones.
ru'moren (-) v/i. hacer ruido; fig. es rumort im Volk hay agitación en las masas.
'**Rumpel|kammer** f (cuarto m) trastero m; **~kasten** F m carricoche m; **2n** (-le) v/i. hacer ruido; traquetear; Wagen: dar sacudidas.
Rumpf m (-es; ~e) Anat. tronco m; e-r Statue: torso m; ♣ casco m; ⊁ fuselaje m; **~beuge** f flexión f de tronco; **~drehung** f torsión f de tronco.
'**rümpfen** v/t.: die Nase ~ arrugar la nariz; fig. über et.: mirar con desprecio (a/c.).
'**Rumpsteak** [-ste:k] n filete m de culata.
Run [ran] angl. m (-s; -s) riada f.
'**rund I.** adj. (-est) redondo (a. fig. Summe, Zahl); (kreisförmig) circular; (abgerundet) redondeado; (kugelförmig) esférico; (dicklich) rollizo, regordete; fig. Absage usw.: rotundo; F das war ein ~es Fest la fiesta ha sido un pleno éxito; Konferenz am ~en Tisch mesa f redonda; **II.** adv. (ungefähr) más o menos, alrededor de; ~ gerechnet en números redondos; ~ um die Welt alrededor del mundo; F fig. heute ging es ~ hoy hubo mucho jaleo; **III.** 2 n (-es; -e) redondel m; círculo m; **2bau** ⚠ m rotonda f; edificio m circular; **2blick** m panorama m; vista f panorámica; **2bogen** ⚠ m arco m de medio punto.
'**Runde** f ronda f (a. ⚔, Polizei); (Kreis) círculo m; (Gesellschaft) tertulia f; peña f; corro m; Lauf-, Rennsport: vuelta f; Boxen: asalto m; die ~ machen Polizei: rondar, hacer la ronda; Becher, Nachricht: circular; in der ~ (im Umkreis) a la redonda; (im Kreise) en redondo; F e-e ~ spendieren pagar una ronda, F fig. gerade noch über die ~n kommen conseguir a/c. por los pelos; et. gut über die ~n bringen llevar a/c. a buen fin (od. feliz término).
'**Rund-eisen** ⊕ n hierro m redondo.
'**runden** (-e-) v/t. redondear; sich ~ redondearse; fig. completarse.
'**Rund...: ~erlaß** m circular f; **2erneuern** Kfz. v/t. recauch(ut)ar; **~erneuerung** f recauch(ut)ado m; **~fahrt** f vuelta f (en coche); viaje m circular; circuito m; **~feile** f lima f redonda; **~flug** m vuelta f aérea; **~frage** f encuesta f.
'**Rundfunk** m (-s; 0) radio f; radiodifusión f; im ~ en la radio; durch ~ übertragen radiar, transmitir por la radio; **~ansager(in** f) m → **~sprecher**; **~ansprache** f alocución f radiada; **~bastler** m radioaficionado m; **~empfang** m recepción f radiofónica; **~empfänger** m radiorreceptor m, (aparato m de) radio f; **~gebühr** f tasa f sobre la radio; **~gerät** n → **~empfänger**; **~gesellschaft** f sociedad f de radiodifusión; **~hörer(in** f) m radioyente m/f, radioescucha m/f; **~meldung** f mensaje m radiado; **~netz** n red f de radiodifusión; **~programm** n programa m de radio (od. de emisiones radiofónicas); **~reklame** f → **~werbung**; **~reportage** f reportaje m radiado; **~reporter** m reportero m de la radio; **~sender** m emisora f de radio, radioemisora f; **~sendung** f emisión f radiofónica; **~sprecher(in** f) m locutor(a f) m (radiofónico, -a); **~station** f estación f de radio; emisora f; **~technik** f radiotecnia f; **~techniker** m radiotécnico m; **~übertragung** f (re)transmisión f radiofónica; **~werbung** f publicidad f radiofónica (od. por radio); **~zeitung** f revista f de radio.
'**Rund...: ~gang** m vuelta f; bsd. ⚔ ronda f; e-n ~ machen dar una vuelta; recorrer (la casa, la ciudad, etc.); **~gesang** m ronda f; **~heit** f (0) redondez f; **2he'raus** adv. rotundamente, francamente, con toda franqueza; sin rodeos; **2he'rum** adv. alrededor, en torno; en redondo; a la redonda; **~holz** n rollizo m; rollo m de madera; madera f en rollo; **~kopfschraube** ⊕ f tornillo m de cabeza redonda; **~lauf** m Turnen: pasos m/pl. de gigante; **2lich** adj. redondeado; (dicklich) rollizo, rechoncho, regordete, gordinflón, F llenito; **~lichkeit** f (0) forma f redondeada; **~reise** f circuito m; gira f; ♣ crucero m; ⊁ viaje m circular; **~reisebillett** n, **~reise(fahr)karte** f ⚙ billete m circular; **~schau** f (Zeitschrift) revista f; **~schreiben** n circular f; **~schrift** f (letra f) redondilla f; **~stahl** m redondo m de acero; **~strahler** m antena f omnidireccional; **~tanz** m danza f en corro (od. en redondo); **2um** adv. en torno, alrededor; por todos lados; a la redonda; **~ung** f redondez f; (Kurve) curva f (a. F v. Frauen); **2weg** adv. rotundamente; (en) redondo; de plano; **~zange** f alicates m/pl. (de picos) redondos.
'**Rune** f runa f; **~nschrift** f caracteres m/pl. rúnicos.
'**Runge** f telero m; **~nwagen** ⚙ m vagón m de plataforma (con teleros).
'**Runkelrübe** ♀ f remolacha f forrajera.
'**runter** F → herunter(...); hinunter(...).
'**Runz|el** f (-; -n) arruga f; **~n** bekommen arrugarse; **2(e)lig** adj. arrugado; rugoso; **~** werden arrugarse; **2eln** (-le) v/t. arrugar; fruncir; die Stirn ~ arrugar la frente; fruncir las cejas (od. el entrecejo); sich ~ arrugarse.
'**Rüp|el** m (-s; -) mal educado m; bruto m; grosero m; **~e'lei** f grosería f; **2elhaft** adj. mal educado, grosero; **~elhaftigkeit** f grosería f.
'**rupfen** v/t. (ausreißen) arrancar; Geflügel: desplumar, pelar (beide a. fig.).
'**Rupfen** m (Gewebe) (h)arpillera f.
'**Rupie** [-pIə] f rupia f.
'**ruppig** adj. (grob) grosero; rudo; mal educado; reg. (zerlumpt) harapiento, andrajoso; (struppig) desgreñado.
'**Ruprecht** m Ruperto m; Knecht ~ acompañante de San Nicolás.

'**Rüsche** f frunce m, fruncido m; volante m.
Ruß m (-es; 0) hollín m; tizne m; ⊕ negro m de humo; (Pflanzenkrankheit) tizón m.
'**Russe** m (-n) ruso m.
'**Rüssel** m trompa f (a. Insekten); Schwein: hocico m, F jeta f; V (Nase) narizota f; **~tiere** Zoo. n/pl. proboscidios m/pl.
'**rußen** v/i. producir (od. dejar) hollín; ahumarse, ennegrecerse por el humo.
'**rußig** adj. cubierto de hollín; tiznado; ennegrecido por el humo; ♀ atizonado.
'**Russin** f rusa f.
'**russisch** adj. ruso; **~e** Eier huevos m/pl. a la rusa; **~'deutsch** adj. ruso-germano.
'**Rußland** n Rusia f.
'**rüsten** (-e-) **I.** v/t. (herrichten) preparar, disponer; (aus-) equipar; ⚔ armar; ⚠ ein Haus ~ levantar un andamio; **II.** v/i. hacer preparativos (zu para); zum Kriege ~ hacer preparativos de guerra; preparar la guerra; sich ~ prepararse (zu para), disponerse (a, para); **III.** 2 n → Rüstung 1.
'**Rüster** ♀ f (-; -n) olmo m.
'**rüstig** adj. vigoroso; fuerte; lozano; robusto; (tätig) activo, enérgico; noch ~ für sein Alter bien llevar bien los años; estar bien conservado (para su edad); **2keit** f (0) vigor m; lozanía f; robustez f.
'**Rüst...: ~kammer** f armería f; arsenal m; **~material** ⚠ n material m de andamiaje; **~stange** ⚠ f palo m de andamiaje.
'**Rüstung** f **1.** ⚔ armamento m; **2.** (Harnisch) armadura f.
'**Rüstungs...: ~beschränkung** f limitación f de armamentos; **~betrieb** m, **~fabrik** f fábrica f de armamento; **~industrie** f industria f de armamentos; **~kontrolle** f control m de armamentos; **~wettlauf** m carrera f de armamentos (od. armamentista).
'**Rüstzeug** n (Werkzeug) herramientas f/pl.; equipo m; material m; geistiges ~ bagaje m (intelectual); fig. das nötige ~ haben estar bien preparado (für para).
'**Rute** f vara f; varilla f; (Zucht2) férula f (a. fig.); azote m; Anat. verga f; Jgdw. (Schwanz) cola f; **~nbündel** n Hist. der Liktoren: fasces f/pl.; **~ngänger** m zahorí m.
Ru'thenium ⚗ n (-s; 0) rutenio m.
'**Rutsch** m (-es; -e) deslizamiento m; (Erd2) desprendimiento m de tierras; F (kurze Reise) escapada f; F fig. in e-m ~ de un tirón; guten ~ (ins neue Jahr)! ¡feliz año nuevo!; **~bahn** f deslizadero m; Vergnügungspark: tobogán m; **~e** ⊕ f plano m bzw. vertedor m inclinado; deslizadero m; **2en** (sn) v/i. deslizarse; ⊁ patinar; Erdreich: desprenderse; **~en** n deslizamiento m; resbalamiento m; desprendimiento m; Kfz. patinazo m; ins kommen resbalar; escurrirse; bsd. Kfz. dar un patinazo; **2fest** adj., **2ig** adj. resbaladizo; escurridizo; **~partie** F f: e-e ~ machen deslizarse; **2sicher** adj. antideslizante.

¹**rütteln I.** (*-le*) *v/t. u. v/i.* sacudir; agitar; ⊕ vibrar; trepidar; *Wagen*: traquetear, dar sacudidas; *Raubvögel*: cernerse; *j-n aus dem Schlaf* ~ despertar a alg. sacudiéndole; *an der Tür* ~ sacudir la puerta; *fig. ein gerüttelt Maß an* una medida colmada de; *daran ist nicht zu* ~ es un hecho; **II.** ⁀ *n* sacudidas *f/pl.*; ⊕ vibración *f*; trepidación *f*; *des Wagens*: traqueteo *m*.

¹**Rüttler** ⊕ *m* vibrador *m*.

S

S, s n S, s f.
Saal m (-es; Säle) sala f; salón m; **~bau** m gran salón m; **~diener** m ujier m.
Saar Geogr. f Sarre m; **~'brücken** n Sarrebruck m; **~'gebiet** n territorio m del Sarre; **~land** n Sarre m.
'Saat ✓ f (Säen) siembra f, sementera f; (Same) simiente f, a. fig. semilla f; **die ~ steht gut** los sembrados prometen; **~enstand** m estado m de los sembrados; **~feld** n sembrado m; **~gut** n simientes f/pl., semillas f/pl.; **~kartoffeln** f/pl. patatas f/pl. de siembra; **~korn** n grano m (de semilla); **~krähe** Orn. f grajo m; **~ und Pflanzgut** n simientes f/pl. y plantones; **~zeit** f sementera f, época f de siembra f; **~zucht** f selección f de semillas.
'Sabbat m (-s; -e) sábado m (de los hebreos); **~ruhe** f descanso m sabático.
'sabbern (-re) F v/i. babear; (schwatzen) F parlotear, cotorrear.
'Säbel m sable m; (Türken♀) cimitarra f; **mit dem ~ rasseln** hacer sonar el sable; fig. adoptar una actitud belicosa; **~beine** n/pl. piernas f/pl. estevadas; **♀beinig** adj. (pati)estevado; **~duell** n duelo m a sable; **~fechten** n esgrima f de sable; **~hieb** m sablazo m; **♀n** v/t. (-le) sablear, dar sablazos; weitS. cortar; **~rasseln** n sonar m (od. ruido m) de sables; **~raßler** m F militarote m.
Sa'biner m: **der Raub der ~innen** el rapto de las Sabinas.
Sabo|tage [-'taːʒə] f (0) sabotaje m; **~'tageakt** m acto m de sabotaje; **~'teur** [-'tøːʀ] m (-s; -e) saboteador m; **♀'tieren** (-) v/t. sabotear.
Sa(c)cha'rin [-xa-] n (-s; 0) sacarina f.
'Sach|ausgaben f/pl. gastos m/pl. materiales; **~bearbeiter** m ponente m; encargado m; Ministerium: jefe m de negociado; **~berater** m asesor m técnico; **~beschädigung** f daños m/pl. materiales; **~bezüge** m/pl. remuneración f en especie; **~buch** n libro m de divulgación científica; **♀dienlich** adj. pertinente; (nützlich) útil; **~dienlichkeit** f (0) pertinencia f; utilidad f.
'Sache f cosa f; (Gegenstand) objeto m; materia f; (Angelegenheit) asunto m; (Tat♀) hecho m; (Fall) caso m; (Umstand) circunstancia f; (Ereignis) suceso m; t♀, Pol. causa f; (Punkt) punto m; **~n** (Habseligkeiten) cosas f/pl.; efectos m/pl. (personales); (Kleider) ropa f; (Möbel) muebles m/pl.; (Gepäck) equipaje m; **in eigener ~** en causa propia; **es ist ~ der**

Regierung, zu (inf.) al gobierno corresponde od. incumbe (inf.); **das ist e-e ~ für sich** eso es cosa aparte; **das ist e-e andere ~** es otra cosa; F eso es otro cantar; **das ist s-e ~!** ¡allá él!; ¡con su pan se lo coma!; **das ist nicht deine ~** eso no es asunto tuyo; no es de tu incumbencia; **das ist nicht jedermanns ~** esto no lo hace cualquiera; **das tut nichts zur ~** esto no hace al caso; esto no tiene importancia; **zur ~ kommen** ir al grano; **sofort zur ~ kommen** ir derecho al asunto; **zur ~!** ¡(vamos) al caso!; F ¡al grano!; **zur ~ gehörig** pertinente; **das gehört nicht zur ~** eso no hace al caso; Pol. **zur ~ beitragen** contribuir a la causa; **bei der ~ bleiben** atenerse a los hechos; no divagar; **nicht bei der ~ bleiben** divagar; apartarse del asunto; andarse por las ramas; **ich will wissen, was an der ~ ist** quiero saber lo que haya de cierto en el asunto; (ganz) **bei der ~ sein** estar muy atento a a/c.; **nicht bei der ~ sein** no prestar atención; estar distraído, F en las nubes; **für e-e gute ~ kämpfen** luchar por una buena causa; **die ~ ist die, daß ..., die ~ liegt so, daß ...** el caso es que ...; lo que pasa es que ...; **so wie die ~ steht** tal como están las cosas; en estas circunstancias; **es ist keine große ~** no tiene importancia; no es gran cosa; **s-e ~ verstehen** saber lo que se tiene entre manos; conocer su oficio; et. **von der ~ verstehen** ser del oficio; **s-e ~ gut machen** salir airoso de a/c.; hacer un buen trabajo; **s-r ~ sicher sein** estar seguro de a/c.; **gemeinsame ~ machen mit** hacer causa común con; **das ist (eine) ~!** F ¡eso sí que es bueno!; **~ A gegen B** en la causa A contra B; **mach (doch) keine ~n!** F ¡déjate de tonterías!; **erstaunt:** ¡no me digas!; **s-e ~n packen** hacer la maleta; F liar los bártulos (a. fig.); Kfz. F **mit 100 ~n** a cien kilómetros por hora.
'Sach...: **~einlage** ✝ f aportación f en especie; **~enrecht** t♀ n derecho m de cosas; **~entschädigung** f indemnización f en especie; **~entscheidung** t♀ f decisión f sobre el fondo; **~erklärung** f explicación f de los hechos; t♀ definición f real; **~gebiet** n materia f; campo m; **♀gemäß** adj. apropiado, adecuado; pertinente; **~katalog** m catálogo m de materias; **~kenner** m conocedor m; experto m, perito m; **~kenntnis** f, **~kunde** f conocimiento m de la materia; pericia f; competencia f; **♀kundig** adj. experto, perito; versado; competente; **~kundige(r)** m → **~kenner**; **~lage** f estado m de cosas; circunstancias f/pl.; situación f; **bei dieser ~** en estas

circunstancias; **~leistung** f prestación f bzw. pago m en especie.
'sachlich adj. objetivo, (die Sache betreffend) material; pertinente; (nüchtern) positivo; práctico; realista; (unparteiisch) imparcial; Stil: sobrio.
'sächlich Gr. adj. neutro.
'Sachlichkeit f (0) objetividad f; realismo m; sentido m práctico; pertinencia f; imparcialidad f.
'Sach|mangel m vicio m de la cosa; **~mängelhaftung** f saneamiento m por vicios físicos; **~register** n índice m (od. tabla f) de materias; **~schaden** m daño(s) m(pl.) material(es).
'Sachse ['zaksə] m (-n) sajón m.
'Sachsen Geogr. n Sajonia f; **~-Anhalt** n Sajonia-Anhalt f.
'Sächs|in f sajona f; **♀isch** adj. sajón, de Sajonia.
'Sachspende f donativo m en especie; ayuda f material.
'sacht I. adj. (-est) suave; **II.** adv. (a. **~e**) suavemente; (allmählich) poco a poco; (vorsichtig) con cuidado; con tiento; F pasito a paso; (langsam) despacio; (immer) **~e!** ¡alto ahí!; ¡despacio!; ¡vamos por partes!; (Vorsicht!) ¡cuidado!
'Sach...: **~verhalt** m hechos m/pl.; estado m de cosas; circunstancias f/pl.; **den ~ darlegen** exponer los hechos; **~vermögen** n patrimonio m real (od. material); **~verstand** m → **~kenntnis**; (Verwalter) m **♀kundig**; **~verständigen-ausschuß** m comisión f de expertos; **~verständigengutachten** n informe m (od. dictamen m) pericial, peritaje m; **~verständige(r)** m experto m, perito m; especialista m (en la materia); **~verzeichnis** n → **~register**; **~walter** t♀ m (Anwalt) abogado m (a. fig.); procurador m; (Verwalter) administrador m; (Treuhänder) agente m fiduciario; **~wert** m valor m real; **~e** pl. bienes m/pl. reales; **~wörterbuch** n enciclopedia f; diccionario m enciclopédico.
Sack m (-es; ⁀e) saco m (a. Anat.); (Beutel) bolsa f; (Post♀, Geld♀) saca f; ∨ (Hoden) pl. F pelotas f/pl.; **mit ~ und Pack** con armas y bagajes; **mit ~ und Pack abziehen** F liar los bártulos; **P voll wie ein ~ sein** F estar como una cuba; F **wie ein ~ schlafen** dormir como un tronco; fig. **j-n in den ~ stecken** superar (od. aventajar) a alg.; F **fauler ~** ¡gandul!; **~bahnhof** m estación f terminal.
'Säckel m bolsa f.
'sacken I. v/t. ensacar; **II.** v/i. (sinken) hundirse.
'Sack...: **♀förmig** adj. en forma de

saco; sacciforme; ~füllmaschine f ensacadora f; ~gasse f callejón m sin salida (a. fig.); ~hüpfen n carrera f de sacos; ~karren m carretilla f; ~kleid n vestido m saco; ~leinen n, ~leinwand f (h)arpillera f; ~pfeife ♪ f cornamusa f, gaita f; ~voll m: ein ~ un saco de.

Sa'dismus m (-; 0) sadismo m; ~t m (-en), ℒtisch adj. sádico (m).

'säen ['zɛːən] I. v/t. u. v/i. sembrar (a. fig.); II. ℒ n siembra f.

'Säer m sembrador m; ~in f sembradora f.

Sa'fari f (-; -s) safari m.

'Safe [seːf] m (-s; -s) caja f fuerte (od. de caudales od. de seguridad).

'Saffian m (-s; 0) tafilete m; ~einband m encuadernación f en tafilete.

'Safran m (-s; -e) azafrán m; ℒgelb adj. azafranado, color (de) azafrán.

'Saft m (-es; ⸚e) jugo m (a. Anat.); ♀ u. fig. savia f; (Frucht ℒ) zumo m, eingedickter: jarabe m (a. Phar.); Physiol. (Körper ℒ) humor m; fig. weder ~ noch Kraft haben no tener fuerzas; ~grün n verde m vegetal; ℒig adj. jugoso; Speise: suculento; fig. Witz usw.: picante; verde; (kraftvoll) fuerte; F Preise usw.: exorbitante; ~e Niederlage derrota f aplastante; ~e Ohrfeige sonora bofetada f; ~igkeit f (0) jugosidad f; fig. verdura f; ℒlos adj. sin jugo; sin savia; seco; fig. insípido, sin sabor; ~losigkeit f (0) falta f de jugo bzw. de savia; insípidez f; ~presse f exprimidor m.

'Sage f leyenda f; mito m; fábula f; (Überlieferung) tradición f; fig. es geht die ~ corren rumores de que; se dice que.

'Säge f sierra f; (Hand ℒ) serrucho m; ~blatt n hoja f de sierra; ~bock m tijera f; caballete m, burro m; ~fisch Ict. m pez m sierra; ~maschine f sierra f mecánica; ~mehl m serrín m; ~mühle f aserradero m.

'sagen I. v/t. u. v/i. decir (über ac. de; j-m et. ~ lassen hacer saber a/c. a alg.; ja (nein) ~ decir que sí (no); das kann man wohl ~ bien puede decirse eso; F ¡y tanto!; das würde ich wohl (gerade) ~ no diría yo tanto; das muß man schon ~ eso sí; darf ich auch einmal et. ~? ¿se me permite decir algo también?; ~ wir 100 Peseten digamos cien pesetas; was ich ~ wollte a propósito; was wollte ich ~? ¿qué iba a decir (yo)?; ¿qué quería decir (yo)?; wenn ich so ~ darf que digamos (nachgestellt); man möchte ~ se diría; was man auch ~ mag por más que se diga; dígase lo que se diga; et. zu ~ haben tener algo que decir (bei en); er hat hier nichts zu ~ F no pinta nada aquí; er hat mir nichts zu ~ no es quién para darme órdenes a mí; nichts mehr zu ~ haben ya no tener voz ni voto; wer hat hier zu ~? ¿quién manda aquí?; das hat nichts zu ~ eso no significa (od. no quiere decir) nada; eso no es nada; eso no tiene importancia; dagegen ist nichts zu ~ no hay inconveniente (en ello); haben Sie et. dagegen zu ~? ¿tiene usted algo que objetar?; was ~ Sie dazu? ¿qué le parece (a usted)?; was ~ Sie zu (dat.)? ¿qué me dice de?; ~ Sie mal! ¡diga usted!; ¡dígame!; ~ Sie ihm, er soll kommen dígale que

venga; was Sie nicht ~! ¡no me diga!; ¡qué barbaridad!; das brauchen Sie mir nicht zu ~; wem ~ Sie das? ¡si lo sabré yo!; ¿a quién se lo dice?; Sie können ~, was Sie wollen diga (usted) lo que quiera; was wollen Sie damit ~? ¿qué quiere usted decir con eso?; ¡explíquese!; wie soll ich ~? ¿cómo diría?; ich will nichts gesagt haben no he dicho nada; ich hab's ja (gleich) gesagt! ¡lo que había dicho!; ich weiß, was ich sage yo me entiendo; damit ist alles gesagt con eso está dicho todo; wie gesagt como ya he dicho; como queda dicho; gesagt ist gesagt lo dicho, dicho está; gesagt, getan dicho y hecho; besser gesagt mejor dicho; damit ist nicht gesagt, daß eso no quiere decir que; unter uns gesagt dicho sea entre nosotros; lassen Sie sich das gesagt sein téngaselo por dicho; dése por advertido; sich nichts ~ lassen no atender a razones; no hacer caso de nadie; ich habe mir ~ lassen, daß me han dicho (od. contado) que; was sagten Sie? ¿cómo decía usted?; das sagt man nicht eso no se dice; wie sagt man auf spanisch? ¿cómo se dice en español?; sagt dir das etwas? ¿te dice algo?; ¿te suena (de algo)?; man sagt, er sei tot se dice que ha muerto; wie man so sagt como suele decirse; como quien dice; nun sage noch e-r ... y aun hay quien dice ...; sage und schreibe 1000 Peseten nada menos que (od. F la friolera de mil pesetas); II. ℒ n: das ~ haben mandar; F cortar el bacalao, llevar la voz cantante.

'sägen I. v/t. (a)serrar; II. v/i. F (schnarchen) roncar.

sagen|haft adj. legendario; mítico; F fig. fabuloso, fenomenal; ℒkreis m ciclo m de leyendas; ℒschatz m tesoro m de leyendas; ~umwoben adj. legendario.

'Säge|späne m/pl. serrín m; aserraduras f/pl.; ~werk ⊕ n aserradero m; ~zahn m diente m de sierra.

'Sago m (-s; 0) sagú m; ~palme f sagú m.

Sa'hara Geogr. f Sáhara m.

'Sahne f (0) crema f, nata f; ~ebonbon m caramelo m de nata; ~e-eis n helado m de nata; ~ekännchen n jarrita f para crema; ~ekäse m queso m de nata; ~etorte f torta f de crema; ℒig adj. mantecoso; cremoso.

Sai'son [zɛˈzɔŋ] f (-; -s) temporada f; (Jahreszeit) estación f; época f; stille (od. tote) ~ estación f muerta; ~abhängigkeit f estacionalidad f; ℒal adj. estacional; ~arbeit f trabajo m estacional (od. de temporada); ~arbeiter m (trabajador m) temporero m; ~artikel m artículo m de temporada; ~ausverkauf m liquidación f por fin de temporada; ℒbedingt adj. estacional; ℒbereinigt adj. ✝ corregido de las variaciones estacionales; ~betrieb m empresa f de temporada; ~schwankungen f/pl. fluctuaciones f/pl. estacionales.

'Saite ♪ f cuerda f; leere ~ cuerda f al aire; ♪ e-e ~ aufziehen poner una cuerda; fig. andere ~n aufziehen cambiar de tono; apretar la cuerda; ~n-halter m cordal m; ~n-instrument n instrumento m de cuerda; ~nspiel n son m del harpa bzw. de la lira.

'Sakko m od. n (-s; -s) chaqueta f, americana f, Am. saco m.

sa'kral adj. sagrado; sacro.

Sakra'men|t n (-(e)s; -e) sacramento m; ℒtal adj. sacramental; ~tshäuschen n sagrario m.

Sakri'leg n (-s; -e od. -ien) sacrilegio m; ~s'tan m (-s; -e) sacristán m; ~s'tei f sacristía f.

sakro'sankt adj. sacrosanto (a. fig.).

Säku'larfeier f centenario m.

säkulari'sier|en (-) v/t. secularizar; ℒung f secularización f.

'Säkulum n (-s; -la) siglo m.

Sala'mander Zoo. m salamandra f.

Sa'lami f (-; -s) salami m; ~taktik Pol. f táctica f del salchichón.

Sa'lat m (-(e)s; -e) ensalada f; (Kopf ℒ) lechuga f; F fig. da haben wir den ~! ¡buena la hemos hecho!; ¡nos hemos lucido!; ¡estamos frescos!; P ¡la cagamos!; ~besteck n cubierto m para servir la ensalada; ~kopf m cogollo m de lechuga; ~schüssel f ensaladera f.

sal'badern (-re) v/i. parlotear; F discursear, perorar.

'Salband n (-(e)s; ⸚er) Weberei: orillo m; ⚔ salbanda f.

'Salbe f pomada f, ungüento m.

Sal'bei ♀ m/f (-s; 0) salvia f.

'salben v/t. untar (mit con; de); Rel. ungir; e-n Toten: embalsamar; zum König ~ ungir por rey; der Gesalbte des Herrn el Ungido del Señor.

'Salb-öl Rel. n santo óleo m; crisma m.

'Salbung f untura f; unción f (a. Rel. u. fig.); ungimiento m; ℒsvoll adj. con (od. lleno de) unción.

sal'dier|en (-) ✝ v/t. saldar; ℒung f saldo m; liquidación f.

'Saldo ✝ m (-s; -s, -den, -di) saldo m; per ~ por saldo; ein ~ aufweisen arrojar un saldo (von de); den ~ auf neue Rechnung vortragen pasar el saldo a cuenta nueva; ~ zu unseren (Ihren) Gunsten saldo a nuestro (su) favor; ~guthaben n saldo m activo; ~übertrag m transporte m del saldo a cuenta nueva; ~vortrag m saldo m a cuenta nueva; saldo m anterior; ~wechsel m letra f por saldo (a cuenta).

'Salier Hist. m salio m.

Sa'line f salina f.

'salisch adj. sálico; das ℒe Gesetz la ley sálica.

Sali'zyl ↷ n (-s; 0) salicilo m; ~säure f ácido m salicílico.

Salm Ict. m (-(e)s; -e) salmón m.

'Salmiak [-mǐak] ↷ m (-s; 0) sal f (de) amoníaco; cloruro m amónico; ~geist m amoníaco m (acuoso).

Salmo'nelle f salmonela f; ~n-erkrankung f salmonelosis f.

'Salo|mo m Salomón m; ℒ'monisch adj. salomónico; ~es Urteil juicio m de Salomón (od. salomónico).

Sa'lon [-ˈlɔŋ] m (-s; -s) salón m; ℒfähig adj. presentable; nicht ~ Witz: verde; ~löwe m dandi m, petimetre m; ~musik f música f de salón; ~stück Thea. n comedia f de salón; ~wagen ✦ m coche-salón m.

sa'lopp I. adj. (ungezwungen) desenvuelto, despreocupado; (nachlässig) desaliñado, descuidado (en el vestir); II. adv. a la ligera; muy por encima.

Sal'peter m (-s; 0) salitre m, nitro m;

Salpeterdünger — Randuhr

~dünger ⚥ m abono m nítrico; ~grube f salitral m; salitrera f; ℘haltig adj. salitroso; nitroso; ℘sauer adj. nítrico; salpetersaures Salz nitrato m; ~säure ♁ f ácido m nítrico.
sal'petrig adj.: ~e Säure ácido m nitroso.
'Salto m (-; -s u. -ti) salto m; ~ mortale salto m mortal.
Sa'lut ⚔ m (-¢s; -e) salva f de honor; ~ schießen tirar una salva.
salu'tieren (-)⚔ v/t. saludar; hacer el saludo militar.
Sa'lutschüsse m/pl. salvas f/pl. de reglamento (od. de ordenanza).
Salva|'dor n El Salvador; ~dori'aner m, ℘dori'anisch adj. salvadoreño (m).
'Salve [v] f salva f (a. fig.); e-e ~ abgegeben disparar una salva; ~n-feuer n tiro m de salvas.
'Salweide ♀ f salguera f.
'Salz n (-es; -e) sal f (a. fig.); fig. das ~ der Erde la sal de la tierra; in ~ legen salar, poner en sal; ℘arm adj. pobre en sal; ~e Kost dieta f desclorurada; ~bergwerk n mina f de sal; ~bildung ♁ f salificación f; ~brezel f rosquilla f salada; ~burg Geogr. n Salzburgo m; ℘en (-t) v/t. salar; fig. gesalzene Preise precios m/pl. exorbitantes (od. escandalosos); ~en n (Ein℘) salazón m; ~fabrikant m salinero m; ~faß n salero m; ~fisch m pescado m salado; ~fleisch n carne f salada; ~gehalt m salinidad f; contenido m de sal; ~gewinnung f extracción f de sal; ~grube f mina f de sal; salina f; ~gurke f pepinillo m en salmuera; ℘haltig adj. salino; salífero; salobre; ~haltigkeit f (0) salinidad f; ~hering m arenque m salado bzw. en salmuera; ℘ig adj. salado; salino; salobre; ~industrie f industria f salinera; ~kartoffeln f/pl. patatas f/pl. hervidas; ~korn n grano m de sal; ~lake f salmuera f; ℘los adj. u. adv. sin sal; ~lösung f solución f salina; ~mandeln f/pl. almendras f/pl. saladas; ~pflanzen ♀ f/pl. halófitos m/pl.; ~säule Bib. f estatua f de sal; fig. zur ~ erstarren quedarse de piedra; ~säure ♁ f ácido m clorhídrico; ~see m lago m salado; ~sieder m salinero m; ~siede'rei f salina f; ~sole f salmuera f; ~stange f palito m salado; ~steuer f impuesto m sobre la sal; ehm. gabela f; ~streuer m salero m; ~wasser n agua f salada bzw. salobre; ~werk n salina f; mina f de sal.
'Sämann m (-¢s; ~er) sembrador m.
Sama'riter|(in f) m samaritano (-a f) m; weitS. voluntario m de la Cruz Roja; Bib. der Barmherzige ~ el buen samaritano; ~dienst m servicio m (voluntario) de la Cruz Roja.
'Sämaschine f sembradora f.
'Sambia Geogr. n Zambia f.
'Same m (-ns; -n), ~n m (-s; -) semilla f (a. fig.); (Saat) simiente f; (Korn) grano m; Physiol. semen m, esperma m; in ~n schießen granar.
'Samen...: ~bildung Physiol. f espermatogénesis f; ~bläs-chen Anat. n vesícula f seminal; ~erguß f eyaculación f; ~faden m espermatozoide m, espermatozoo m; ~flüssigkeit f líquido m seminal; ~gang Anat. m conducto m seminal; ~handel m,

~handlung f comercio m de granos y semillas; ~händler m comerciante m en granos y semillas; ~kapsel ♀ f cápsula f seminal; ~korn ♀ n grano m; ~leiter Anat. m conducto m deferente; ~pflanzen ♀ f/pl. espermató)fitos m/pl.; fanerógamas f/pl.; ~strang Anat. m cordón m espermático; ~strang-unterbindung ♂ f vasoligadura f; ℘tragend adj. seminífero; ~zelle Bio. f célula f espermática.
Säme'reien f/pl. semillas f/pl.; granos m/pl.
'sämig adj. espeso; cremoso.
'Sämischleder n (piel f de) gamuza f.
'Sämling ♀ m (-s; -e) planta f de semillero.
'Sammel|aktion f colecta f; cuestación f; ~anschluß Tele. m línea f colectiva; ~band m colección f (en un volumen); ~becken n depósito m (colector); receptáculo m (a. fig.); ~begriff m concepto m colectivo (od. genérico); ~behälter m depósito m (colector); receptáculo m; tanque m; ~bestellung ✝ f pedido m colectivo; ~bezeichnung f nombre f colectivo; ~büchse f hucha f, alcancía f; in der Kirche: cepillo m; ~depot ✝ n depósito m colectivo; ~fahrschein m billete m colectivo; ~güter n/pl. envío m colectivo; → a. ~ladung; ~kasse f Warenhaus: caja f central; ~konto n cuenta f colectiva; ~ladung f cargamento m colectivo; carga f colectiva; consignación f global; ~lager n depósito m colectivo; ~linse f lente f convergente; ~liste f lista f de suscripción; ~mappe f carpeta f.
'sammeln (-le) I. v/t. (zusammenbringen) reunir (a. ℘); (ein~) recoger (a. Daten, Stimmen); Ähren: espigar; (anhäufen) acumular; apilar; amontonar; Reichtümer: a. atesorar; in Gruppen: agrupar; aus Werken: compilar; recopilar; Briefmarken usw.: coleccionar; Geld: recaudar, colectar, reunir; Erfahrungen: adquirir; Kräfte: reponer; hacer acopio de; Pflanzen ~ herborizar; gesammelte Werke obras f/pl. completas; II. v/refl.: sich ~ reunirse, juntarse; congregarse; in Gruppen: agruparse; Strahlen: converger; fig. recogerse; (re)concentrarse; (sich fassen) reponerse; III. v/i. postular, hacer una colecta (od. cuestación); ⚔ ~! ¡reunión!; IV. ♁ n reunión f (a. ⚔); (Ein℘) recogida f; recolección f; (Anhäufen) acumulación f; apilamiento m; amontonamiento m; aus Werken: compilación f; v. Geld: recaudación f; v. Spenden: cuestación f; colecta f; v. Kräften: acopio m.
'Sammel...: ~name m nombre m colectivo; ~nummer Tele. f número m colectivo; ~paß m pasaporte m colectivo; ~platz m, ~punkt m lugar m (od. punto m) de reunión; bsd. ⚔ lugar m de concentración; ~sendung f envío m colectivo; ~stelle f depósito m central (od. general); (Abhol℘) puesto m de recogida; für Flüchtlinge usw.: lugar m de concentración; ~'surium n (-s; -surien) mezcolanza f; revoltijo m; F cajón m de sastre; ~transport m transporte m colec-

tivo; ~wut f manía f (od. furor m) coleccionista.
'Sammler m coleccionista m; ⊕ colector m; ⚡ acumulador m; ~in f coleccionista f.
'Sammlung f 1. (das Sammeln) recolección f; v. Spenden: colecta f, cuestación f; 2. (das Gesammelte) colección f; v. Gedichten: antología f; v. Gesetzen usw.: recopilación f; 3. fig. innere: recogimiento m; (Aufmerksamkeit) concentración f.
Samo'war m (-s; -e) samovar m.
'Sams-tag m (-¢s; -e) sábado m; ℘s adv. los sábados.
samt I. adv.: ~ und sonders (todos) sin excepción; absolutamente todos; II. prp. (dat.) con; acompañado de; incluso; junto con.
'Samt m (-¢s; -e) terciopelo m; ℘artig adj. aterciopelado; ~band n cinta f de terciopelo; ℘en adj. de terciopelo (a. fig.); ~handschuh m guante m de terciopelo; fig. j-n mit ~en anfassen tratar a alg. con guante de seda; ℘ig adj. aterciopelado (a. fig.); ~kleid n vestido m de terciopelo.
'sämtlich I. adj. todo; entero; (vollständig) completo; ~e Werke obras f/pl. completas; II. adv. todos (sin excepción); la totalidad de; todos juntos, en conjunto.
'Samt...: ~pfötchen fig. n patita f de terciopelo; ~ machen retraer (od. esconder) las uñas; ℘weich adj. aterciopelado; suave como una seda.
Sana'torium n (-s; -rien) sanatorio m.
Sand m (-¢s; -e) arena f; mit ~ bestreuen (en)arenar; ⚔ auf ~ laufen enarenarse; fig. j-m ~ in die Augen streuen echar tierra a los ojos de alg.; fig. auf ~ bauen edificar sobre arena; fig. im ~e verlaufen quedar en nada; quedar(se) en agua de borrajas; fig. j-m ~ ins Getriebe streuen meter bastones en las ruedas de alg.; fig. wie ~ am Meer a montones; F a porrillo.
San'dale f sandalia f.
'Sand...: ~bahn f pista f de arena; ~bank ⚓ f banco m de arena; ~blatt n Zigarre: hoja f envolvente; ~boden m terreno m arenoso; ~burg f castillo m de arena; ~dorn ♀ m espino m falso (od. amarillo).
'Sandel|baum m, ~holz n sándalo m.
'Sand...: ℘farben adj. color de arena; ~floh Zoo. m nigua f; ~form f molde m de arena; ~grube f arenal m; ~guß ⊕ m fundición f en (molde de) arena; ~hase m beim Kegeln: pifia f; ~haufen m montón m de arena; ℘ig adj. arenoso; arenisco; (sandhaltig) arenífero; ~kasten m arenero m; für Kinder: cajón m de arena (a. ⚔); ~korn n grano m de arena; ~kuchen m polvorón m; ~mann Poes. m sueño m; ~papier n papel m de lija; ~sack m saco m de arena (a. Boxen); bsd. ⚔ saco m terrero; ~stein m piedra f arenisca; gres m; für Schleifsteine: asperón m; ~steinbruch m cantera f de piedra arenisca (od. de gres); ~strahl ⊕ m chorro m de arena; ~strahlgebläse ⊕ n soplador m de chorro de arena; ~streuer m (Person) arenero m; (Gerät) esparcidor m de arena; ~sturm m tormenta f (od. tempestad f) de arena; ~torte f bizcocho m de Saboya; ~uhr f reloj f de arena.

'**Sandwich** ['sɛnvɪtʃ] *n* (-*es*; -*es*) sandwich *m*; ~**man**(**n**) *m* hombre--anuncio *m*.
'**Sandwüste** *f* desierto *m* arenoso (*od.* de arena).
sanft (-*est*) *adj.* suave; (*mild*) dulce; (*zart*) delicado; tierno; (*freundlich*) amable; afable; (*friedlich*) apacible; (*zahm*) manso; (*leicht*) ligero; (*weich*) blando.
'**Sänfte** *f* silla *f* de manos; litera *f*.
'**Sanft**...: ~**heit** *f* (0) suavidad *f*; blandura *f*; ~**mut** *f* (0) dulzura *f*; afabilidad *f*; mansedumbre *f*; ⚥**mütig** *adj.* dulce; manso; apacible.
Sang *m*: mit ~ und *Klang* cantando y tocando; *fig.* a bombo y platillo; con mucho aparato;⚔ a tambor batiente (*a. fig.*); *fig.* ⚥- *und klanglos* sin pena ni gloria; ⚥**bar** *adj.* cantable.
'**Sänger** *m* cantor *m*; (*Opern*⚥, *Konzert*⚥) cantante *m*; (*Volks*⚥) cantador *m*; (*Dichter*) poeta *m*, vate *m*; *Liter.* bardo *m*; *in e-r Instrumentalgruppe*: vocalista *m*; *Span.* (*Flamenco*⚥) cantaor *m*; ~**bund** *m* asociación *f* coral; orfeón *m*; ~**fest** *n* festival *m* lírico; concurso *m* de orfeones; ~**in** *f* cantora *f*; cantante *f*, cantatriz *f*; vocalista *f*; cantaora *f*; ~**knabe** *m* niño *m* cantor; ~**krieg** *m* certamen *m* lírico.
'**sanges**|**freudig**, ~**lustig** *adj.* cantarín.
'**sanglos** *adv.* → *Sang.*
Sangu'in|**iker** [zaŋgu'iːnɪ-] *m* hombre *m* (de temperamento) sanguíneo; ⚥**isch** *adj.* sanguíneo.
sa'nier|**en** (-) *v*/*t. allg.* sanear; ✝ *a.* reorganizar; *F fig. sich* ~ F hacer su agosto; ponerse las botas; ⚥**ung** *f* saneamiento *m*; ✝ *a.* reorganización *f*; ⚥**ungsmaßnahme** *f* medida *f* de saneamiento; ⚥**ungs-plan** *m* plan *m* de saneamiento; ⚥**ungs-programm** *n* programa *m* de saneamiento.
sani'tär *adj.* sanitario; ~**e** *Einrichtungen* instalaciones *f*/*pl.* sanitarias.
Sani'täter *m* enfermero *m*; socorrista *m*; ⚔ sanitario *m*, camillero *m*.
Sani'täts|**artikel** *m*/*pl.* artículos *m*/*pl.* sanitarios; ~**auto** *n* ambulancia *f*; ~**behörde** *f* *Span.* Inspección *f* de Sanidad; ~**dienst** *m* servicio *m* sanitario (*od.* de sanidad); ~**einheit** *f* unidad *f* sanitaria; ~**flugzeug** *n* avión *m* ambulancia; ~**kasten** *m* botiquín *m*; ~**kolonne** *f* columna *f* de sanidad; ~**korps** ⚔ *n* cuerpo *m* de sanidad militar; ~**offizier** ⚔ *m* oficial *m* médico; oficial *m* de sanidad militar; ~**personal** *n* personal *m* sanitario; ~**wache** *f* casa *f* de socorro; dispensario *m*; ~**wagen** *m* ambulancia *f*; ~**wesen** *n* sanidad *f*; higiene *f* pública; ⚔ sanidad *f* militar; ~**zug** *m* tren *m* ambulancia.
Sankt *adj. vor Eigennamen*: San.
Sankti'o|**n** *f* sanción *f*; ⚥'**nieren** (-) *v*/*t.* sancionar; ⚥'**nierung** *f* sanción *f*.
'**Sansibar** *n* Zanzíbar *m*.
'**Sanskrit** *n* (-s; 0) sánscrito *m*.
'**Saphir** ['zaːfiːʀ] *m* (-s; -*e*) zafiro *m* (*a. am Plattenspieler*).
sapper|'**lot!**, ~'**ment!** *int.* ¡caramba!; ¡caracoles!
'**Sapph**|**o** *f* Safo *f*; ⚥**isch** *adj.* sáfico.
Sara'bande *f* zarabanda *f*.
Sara'ze|**ne** *m* (-*n*), ⚥**nisch** *adj.* sarraceno (*m*).

Sar'delle *f* anchoa *f*; ~**npaste** *f* pasta *f* de anchoas.
Sar'dine *f* sardina *f*; ~**nbüchse** *f* lata *f* de sardinas; ~**nfischer** *m* sardinero *m*, pescador *m* de sardinas.
Sar'din|**ien** *n* Cerdeña *f*; ~**ier** *m*, ⚥**isch** *adj.* sardo (*m*).
sar'donisch *adj.* sardónico.
'**Sarg** *m* (-*s od.* ⚥**e**) ataúd *m*, féretro *m*, caja *f*; ~**deckel** *m* tapa *f* del ataúd; ~**tuch** *n* paño *m* mortuorio.
'**Sari** *m* (-*s od.* -; -*s*) sari *m*.
Sar'kas|**mus** *m* (-; -*men*) sarcasmo *m*; ⚥**tisch** *adj.* sarcástico.
Sar'kom ⚥⚔ *n* (-*s*; -*e*) sarcoma *m*.
Sarko'phag [-'faːk] *m* (-*s*; -*e*) sarcófago *m*.
'**Satan** *m* (-*s*; -*e*) Satán *m*, Satanás *m*; *fig.* demonio *m*.
sa'tanisch *adj.* satánico; diabólico.
'**Satans**|**braten** F *hum. m* pillo *m*; granuja *m*; ~**kerl** *m* diablo *m* (de hombre); *desp.* demonio *m*.
Satel'lit [-ɛ'liːt] *m* (-*en*) satélite *m*; *künstlicher* ~ satélite *m* artificial; ~**enantenne** *f* (antena *f*) parabólica *f*; ~**enbild** *n* foto *f* (*od.* imagen *f*) vía satélite; ~**enfernsehen** *n* televisión *f* vía satélite; ~**enschüssel** F *f* (antena *f*) parabólica *f*; ~**enstaat** *Pol. m* Estado *m* satélite; ~**enstadt** *f* ciudad *f* satélite; ~**enträgerrakete** *f* cohete *m* portasatélites.
Sa'tin [-'tɛ̃ː] *m* (-*s*; -*s*) satén *m*, raso *m*.
sati'nieren (-) I. *v*/*t.* satinar; II. ⚥ *n* satinado *m*.
Sa'ti|**re** *f* sátira *f*; ~**riker** *m* poeta *m* *bzw.* escritor *m* satírico; (hombre *m*) satírico *m*; ⚥**risch** *adj.* satírico.
Satisfakti'on *f* satisfacción *f*.
satt (-*est*) *adj.* satisfecho; *a. fig.* harto; *Farbe*: subido, intenso; ~ *sein* haber comido bastante; estar harto; ~ *machen* hartar; saciar; F llenar; *sich* ~ *essen* comer hasta la saciedad, saciarse; hartarse; *nicht* ~ *werden* quedarse con hambre; *fig.* et. ~ *bekommen* (*od.* F *kriegen*) cansarse (*od.* hastiarse) de a/c.; *et.* ~ *haben* estar harto de a/c.; *estar cansado* (*od.* hastiado *od.* F estar hasta la coronilla) de a/c.; *er kann sich nicht* ~ *daran sehen* no se cansa de contemplar a/c.; no puede apartar la vista de a/c.
'**Sattel** *m* (-*s*; ⚥) silla *f* (de montar); (*Fahrrad*⚥) sillín *m*; (*Pack*⚥) albarda *f*; *Geol.* anticlinal *m*; (*Berg*⚥) collado *m*; ♪ ceja *f*, cejilla *f*; *Schneiderei*: canesú *m*; △ travesaño *m*; *den* ~ *auflegen* (*abnehmen*) ensillar (desensillar) el caballo; *sich in den* ~ *schwingen* subir a caballo; *ohne* ~ *reiten* montar en pelo; *fest im* ~ *sitzen* estar firme sobre los estribos; *fig.* estar bien sentado (*od.* en posición bien asegurada); *j-n aus dem* ~ *heben* desmontar (*od.* descabalgar) a alg.; *fig.* suplantar (*od.* desbancar) a alg.; ~**bogen** *m* arzón *m*; ~**dach** *n* tejado *m* de dos vertientes (*od.* a dos aguas); ~**decke** *f* mantilla *f*; ⚥**fest** *adj.* firme en la silla; *fig. in et.* ~ *sein* ser versado en a/c.; ~**gurt** *m* cincha *f*; ~**knopf** *m* perilla *f* del arzón; ⚥**n** (-*le*) *v*/*t.* ensillar; *Packtier*: enalbardar; ~**nase** *f* nariz *f* en silla de montar; ~**pferd** *n* caballo *m* de silla; ~**schlepper** *m* semirremolque *m*; ~**tasche** *f* alforjas *f*/*pl.*; ~**zeug** *n* arreos *m*/*pl.*; montura *f*.

'**Sattheit** *f* (0) saciedad *f*; *von Farben*: riqueza *f*; intensidad *f*.
'**sättig**|**en** *v*/*t.* saciar; satisfacer; *völlig*: hartar; ⚗, ✝ *Markt*: saturar; *fig.* satisfacer, contentar; ~**end** *adj.* nutritivo, sustancioso; F que llena mucho; ⚥**ung** *f* saciedad *f*; ⚗, ✝ saturación *f*; *fig.* satisfacción *f*; ⚥**ungspunkt** ⚗ *m* punto *m* de saturación.
'**Sattle**|**r** *m* sillero *m*; talabartero *m*; (*Geschirrmacher*) guarnicionero *m*; ~'**rei** *f* talabartería *f*; guarnicionería *f*.
'**sattsam** *adv.* harto, suficientemente; ~ *bekannt* harto conocido.
satu'rieren (-) *v*/*t.* saturar.
Sa'turn *Astr. m* Saturno *m*.
'**Satyr** [y] *Myst. m* (-*s*, -*n*; -, -*e*) sátiro *m*.
'**Satz** *m* (-*es*; ⚥**e**) frase *f*; *Gr.* oración *f*; proposición *f* (*a. Logik u.* ⚥); *Phil.*, ⚥ teorema *m*; *Typ.* composición *f*. *v. Schüsseln*, *Werkzeugen usw.*: juego *m*; *v. Töpfen*: batería *f*; *v. Waren*: surtido *m*; ⊕ (*Schub*) carga *f*; (*Boden*⚥) sedimento *m*; depósito *m*; *Kaffee*: posos *m*/*pl.*; ♪ movimiento *m*, tiempo *m*; *Tennis*: manga *f*, set *m*; (*Tarif*) tipo *m*; tasa *f*; tarifa *f*; (*Sprung*) salto *m*, brinco *m*; e-n ~ *machen* dar un salto; *mit e-m* ~ *de* (*od.* *en*) *un salto*; *Typ. in* ~ *geben* (*gehen*) dar (ir) a las cajas; ~**analyse** *Gr.* *f* análisis *m* sintáctico; ~**aussage** *Gr.* *f* predicado *m*, atributo *m* de la oración; ~**bau** *Gr.* *m* construcción *f* (de la frase); ~**fehler** *Typ.* *m* error *m* de composición; ~**gefüge** *Gr.* *n* período *m*; cláusula *f* compuesta; ~**gegenstand** *Gr.* *m* sujeto *m*; ~**lehre** *Gr.* *f* sintaxis *f*; ~**spiegel** *Typ.* *m* justificación *f*; ~**teil** *Gr.* *m* parte *f* de la oración.
'**Satzung** *f* estatuto(*s*) *m*(*pl.*); reglamento *m*; (*Vorschrift*) precepto *m*; (*Ordens*⚥) regla *f*.
'**Satzungs**...: ~**änderung** *f* modificación *f* de los estatutos *bzw.* del reglamento; ⚥**gemäß** *adj.*, ⚥**mäßig** *adj.* estatutario; reglamentario; conforme a los estatutos *bzw.* al reglamento; ⚥**widrig** *adj.* contrario a los estatutos; antirreglamentario.
'**satz**|**weise** *Gr.* *adv.* frase por frase; ⚥**zeichen** *Gr.* *n* signo *m* de puntuación.
Sau *f* (-; ⚥**e**) cerda *f*, puerca *f*, cochina *f*, gorrina *f*, marrana *f* (*alle a. P fig.*); P *fig.* cerdo *m*, guarro *m*, puerco *m*, marrano *m*, cochino *m*; (*Wild*⚥) jabalina *f*; F *fig. das ist unter aller* ~ es pésimo (*od.* malísimo); P *j-n zur* ~ *machen* poner a alg. como un trapo (*od.* de vuelta y media); *wie e-e gesengte* ~ (*fahren*) (ir) como loco; ~**arbeit** P *f* trabajo *m* de chinos, F paliza *f*; (*Pfuscharbeit*) chapuza *f*.
'**sauber** *adj.* limpio; *bsd. Personen*: a. aseado; pulcro; (*hübsch*) bonito; (*sorgfältig*) esmerado; (*anständig*) decente; *iro.* ein ⚥**es** *Früchtchen* una buena alhaja; *iro.* ein ~**er** *Freund* valiente amigo; ~**!** ¡bien hecho!; *iro.* ¡menuda cosa!; ~**halten** *v*/*t.* mantener limpio; ⚥**keit** *f* (0) limpieza *f*; aseo *m*; pulcritud *f*; *fig.* integridad *f*.
'**säuberlich** I. *adj.* limpio; pulcro;

saubermachen — Sauwut

(*sorgfältig*) esmerado; **II.** *adv.* con esmero.
'**saubermachen** *v/t. u. v/i.* limpiar; hacer la limpieza.
'**säubern** (-*re*) *v/t.* limpiar (*von* de); *bsd. körperlich*: asear; (*freimachen*) librar (*von* de); ⚔ *von Feinden*: limpiar; *Straße usw.*: despejar; *Sprache*: depurar; *Pol.* purgar, depurar.
'**Säuberung** *f* 1. limpieza *f*; aseo *m*; 2. *Pol.* depuración *f*, purga *f*; ⚔ operación *f* de limpieza; *ethnische* ~ depuración *f* étnica; ~**s-aktion** *f* → *Säuberung*.
'**sau|blöd(e)** F *adj.* → ~*dumm*; ⸹*bohne* ⚶ *f* haba *f*.
'**Sau|ce** ['zoːsə] *f* salsa *f*; ~**ci**'**ere** [zoːˈsjɛːrə] *f* salsera *f*.
Saudi-A'**rabien** *n* Arabia *f* Saudita (*od.* Saudí).
'**saudumm** (0) F *adj.* tonto de capirote (*od.* de remate); P gilí; *Sache*: fastidioso; maldito; P puñetero.
'**sauer I.** *adj.* ácido (*a.* ⚗ *Boden*); agrio (*a. Obst, Wein, Milch*); (*herb*) acre; *fig. Arbeit usw.*: penoso, duro, pesado; F (*ärgerlich*) enfadado, F amoscado; ~ *werden* agriarse, ponerse agrio (*a. Wein*); *Milch*: agriarse *bzw.* cuajarse; F *fig.* enfadarse, F amoscarse, picarse; *es sich* ~ *werden lassen* esforzarse mucho; *es wird mir* ~ *zu ... me cuesta* (*inf.*); *ein saures Gesicht machen* poner cara de vinagre; F *gib ihm Saures!* ¡duro con él!; **II.** *adv.*: ~ *verdienen* ganar a costa de mucho bregar; ganar con muchos sudores; *j-m das Leben* ~ *machen* amargarle la vida a alg.; *fig. auf et.* ~ *reagieren* tomar a mal a/c.; reaccionar con frialdad a a/c.
'**Sauer...:** ~**ampfer** ⚶ *m* acedera *f*; ~**braten** *m* carne *f* adobada; ~**brunnen** *m* aguas *f/pl.* minerales acídulas.
Saue'**rei** P *f* cochinada *f*, marranada *f*; porquería *f*; V putada *f*.
'**Sauer|kirsche** *f* guinda *f*; ~**klee** ⚶ *m* acederilla *f*; ~**kohl** *m*, ~**kraut** *n* chucrut *m*, col *f* fermentada.
'**säuer|lich** *adj.* algo ácido; acídulo; agrete; *fig.* agrio, avinagrado; ⸹*ling* *m* (-*s*; -*e*) aguas *f/pl.* minerales acídulas.
'**Sauermilch** *f* leche *f* agria *bzw.* cuajada.
'**säuern** (-*re*) **I.** *v/t.* agriar, acedar; *schwach*: acidular; *Teig*: leudar, hacer fermentar; ⚗ acidificar; **II.** ⸹ *n* ⚗ acidificación *f*.
'**Sauerstoff** ⚗ *m* oxígeno *m*; *mit* ~ *verbinden* (*od.* *anreichern*) oxigenar; ~(**atmungs)gerät** *n* inhalador *m* de oxígeno; ~**aufnahme** *f* absorción *f* de oxígeno; ~**entzug** *m* desoxigenación *f*; ~**flasche** *f* botella *f* de oxígeno; ~**gehalt** *m* contenido *m* de oxígeno; ⸹*haltig* *adj.* oxigenado; ~**mangel** *m* falta *f* (*od.* carencia *f*) de oxígeno; ✠ anoxemia *f*; anoxia *f*; ~**maske** *f* máscara *f* de oxígeno; ~**therapie** *f* oxigenoterapia *f*; ~**zelt** ⚭ *n* tienda *f* (*od.* carpa *f*) de oxígeno; ~**zufuhr** *f* aporte *m* (*od.* suministro *m*) de oxígeno.
'**sauer|süß** *adj.* agridulce (*a. fig.*); ⸹*teig* *m* levadura *f*; ~**töpfisch** *adj.* avinagrado, malhumorado.
'**Säuerung** *f* ⚗ acidificación *f*.
'**Sauf|bold** F *m*, ~**bruder** F *m* → *Säufer*; ⸹*en* (L) *v/t. u. v/i. Tier*: beber; P *Mensch*: beber con exceso, abusar del alcohol; F empinar el codo; ~**en** *n* vicio *m* de la bebida; abuso *m* del alcohol.
'**Säufer** *m* bebedor *m*; *stärker*: borracho *m*, F borrachín *m*, curda *m*.
Saufe'**rei** P *f* borrachera *f*.
'**Säufer...:** ~**nase** *f* nariz *f* de bebedor; ~**stimme** *f* voz *f* aguardentosa; ~**wahnsinn** ✠ *m* delírium *m* tremens.
'**Saufgelage** P *n* borrachera *f*.
'**Saufraß** P *m* bazofia *f*.
'**Saug|apparat** *m* aspirador *m*; ~**bagger** *m* draga *f* de succión; ⸹*en* *v/t. u. v/i.* chupar; *Kind*: mamar; (*an*~) aspirar, succionar, (*auf*~) absorber; *mit dem Staubsauger*: pasar la aspiradora; ~**en** *n* succión *f*; aspiración *f*; absorción *f*.
'**säugen I.** *v/t. Kind*: amamantar, dar de mamar, dar el pecho a, lactar; criar (*a. Tier*); **II.** ⸹ *n* amamantamiento *m*; lactancia *f*, lactación *f*; cría *f*.
'**Sauger** *m für Säuglinge*: chupete *m*; *an der Flasche*: tetina *f*; ⊕ aspirador *m*.
'**Säuge|r** *Zoo. m*, ~**tier** *n* mamífero *m*; ~**zeit** *f* lactancia *f*.
'**Saug...:** ⸹*fähig* *adj.* absorbente; ~**fähigkeit** *f* capacidad *f* de absorción, poder *m* absorbente; ~**ferkel** *n* lechón *m*; ~**flasche** *f* biberón *m*; ~**heber** *m* sifón *m*; ~**hub** *Kfz. m* carrera *f* de aspiración; ~**kraft** *f* fuerza *f* de aspiración; ~**leistung** *f* capacidad *f* de aspiración; ~**leitung** *f* tubería *f* de aspiración.
'**Säugling** *m* (-*s*; -*e*) lactante *m*, niño *m* de pecho; bebé *m*.
'**Säuglings...:** ~**ausstattung** *f* canastilla *f*; ~**heim** *n* casa *f* cuna; ~**pflege** *f* puericultura *f*; ~**pflegerin** *f*, ~**schwester** *f* puericultora *f*; ~**sterblichkeit** *f* mortalidad *f* infantil; ~**waage** *f* pesabebés *m*.
'**Saug...:** ~**luft** *f* aire *m* de aspiración; ~**lüfter** *m* ventilador *m* aspirante; ~**napf** *m* ventosa *f* (*a. Zoo.*); ~**post** *f* papel *m* vergé (*od.* verjurado); ~**pumpe** *f* bomba *f* aspirante.
'**saugrob** P *adj.* muy grosero.
'**Saug...:** ~**rohr** *n* tubo *m* de aspiración; ~**rüssel** *Zoo. m* trompa *f* (chupadora); ~**ventil** *n* válvula *f* de aspiración; ~**vorrichtung** *f* dispositivo *m* aspirador; ~**wirkung** *f* efecto *m* de aspiración; succión *f*.
'**Sau|hatz** *f* caza *f* del jabalí; ~**haufen** P *m* desbarajuste *m*, desmadre *m*; ~**hirt**(**in** *f*) *m* porquerizo (-a *f*) *m*; ~**igel** P *m* cochino *m*; ⸹*igeln* (-*le*) P *v/i.* decir porquerías.
'**säuisch** P *adj.* puerco, cochino, guarro; asqueroso; obsceno.
'**sau|kalt** P *adj.*: *es ist* ~ hace un frío que pela (*od.* ⸹*kälte* F *f* frío *m* pelón (*od.* que pela); ⸹*kerl* P *m* cochino *m*, puerco *m*, cerdo *m*; canalla *m*; ⸹*laune* F *f* humor *m* de mil demonios.
'**Säule** *f allg. u. fig.* columna *f*; (*Pfeiler*) pilar *m* (*a. fig.*); *fig. a.* puntal *m*; *Phys. galvanische* (*voltaische*) ~ pila *f* galvánica (voltaica).
'**Säulen...:** ~**balken** *m* arquitrabe *m*; ~**fuß** *m* basa *f*; *zócalo m*; ~**gang** *m* columnata *f*; arcada *f*; peristilo *m*; ~**halle** *f* salón *m* columnario; (*Vorbau*) pórtico *m*; ~**heilige**(**r**) *m* estilita *m*; ~**knauf** *m*, ~**k**(**n**)**opf** *m* capitel *m*; ~**ordnung** *f* orden *m* arquitectónico; ~**platte** *f* plinto *m*; ~**reihe** *f* columnata *f*; peristilo *m*; ~**schaft** *m* fuste *m*; ~**weite** *f* intercolu(m)nio *m*.
Saum *m* (-*es*; ⸗*e*) (*Kleider*⸹) dobladillo *m*; (*Naht*) bastilla *f*; (*Besatz*) ribete *m*; orla *f*; (*Rand*) borde *m* (*a. fig.*); orilla *f*; (*Waldes*⸹) linde *m/f*.
'**saumäßig** F **I.** *adj.* muy malo, pésimo; P cochino, puerco; **II.** *adv.* mal; pésimamente; terriblemente.
'**säumen**[1] *v/t. Näherei*: hacer un dobladillo; (*einfassen*) orlar, ribetear; *fig.* (*begrenzen*) bordear.
'**säumen**[2] **I.** *v/i.* (*zögern*) tardar; (*zaudern*) vacilar; (*sich aufhalten*) detenerse, demorarse; (*spät kommen*) retrasarse; **II.** ⸹ *n* tardanza *f*; vacilación *f*; retraso *m*; demora *f*.
'**säumig** *adj.* (*langsam*) lento; tardío; (*nachlässig*) negligente; (*verspätet*) atrasado; retrasado; *Schuldner*: moroso; ~ *sein* demorarse; llegar tarde, retrasarse; ⁂ ~ *werden* caer en mora; ~*er Zahler* moroso *m*.
'**Saumnaht** *f* bastilla *f*.
'**Säumnis** *f* (-; -*se*) demora *f*, morosidad *f*; retraso *m*; tardanza *f*; ~**zuschlag** *m* recargo *m* por demora.
'**Saum|pfad** *m* camino *m* de herradura; ~**pferd** *n* caballo *m* de carga; ~**sattel** *m* albarda *f*.
'**saumselig** *adj.* (*langsam*) lento; indolente; moroso; (*trödelnd*) remolón; (*nachlässig*) descuidado, negligente; ⸹*keit* *f* (0) lentitud *f*; indolencia *f*; morosidad *f*; (*Nachlässigkeit*) descuido *m*, negligencia *f*.
'**Saum|stich** *m* punto *m* de festón; ~**tier** *n* bestia *f* de carga; acémila *f*.
'**Sauna** *f* sauna *f*.
'**Säure** *f* acidez *f*; ⚗ ácido *m*; ~**bad** *n* baño *m* de ácido; ~**beständig** *adj.* resistente a los ácidos; acidorresistente; ⸹*bildend* *adj.* acidificante; ~**bildung** *f* acidificación *f*; ~**empfindlich** *adj.* sensible a los ácidos; ⸹*fest* *adj.* → ⸹*beständig*; ⸹*frei* *adj.* exento (*od.* libre) de ácido; ~**gehalt** *m* acidez *f*; ~**grad** *m* grado *m* de acidez.
Saure'**gurkenzeit** F *f* época *f* de calma; estación *f* muerta; temporada *f* baja.
'**säure|haltig** *adj.* acidífero; ácido; ~**löslich** *adj.* soluble en ácido; ⸹~**messer** *m* acidímetro *m*.
'**Saure**(**s**) *n* → *sauer I*.
'**Saurier** [-ĭa] *Zoo. m* saurio *m*.
Saus *m*: *in* ~ *und Braus leben* vivir a todo tren; vivir a lo loco.
'**säuseln** (-*le*) **I.** *v/i.* murmurar, susurrar; **II.** ⸹ *n* murmullo *m*, susurro *m*.
'**sausen I.** (-*t*; *sn*) *v/i.* zumbar; *Geschoß, Wind*: silbar; *Fahrzeug*: pasar (*od.* ir) a toda velocidad; *Person*: correr; *es saust mir in den Ohren* me zumban los oídos; F *fig. et.* ~ *lassen* dejar (correr) a/c.; renunciar a a/c.; F *durchs Examen* ~ F catear un examen; **II.** ⸹ *n* zumbido *m*; silbido *m*.
'**Sausewind** *m* viento *m* impetuoso; F *fig.* cabeza *f* de chorlito.
'**Sau...:** ~**stall** *m* pocilga *f* (*a. fig.*); ~**wetter** F *n* tiempo *m* de perros; ~**wirtschaft** F *f* desbarajuste *m*, F merienda *f* de negros; casa *f* de tócame Roque; ⸹*wohl* F *adv.*: *sich* ~ *fühlen* sentirse magníficamente (*od.* como el pez en el agua); ~**wut** F *f*

rabia f de mil demonios.
Sa'vanne f sabana f.
Sa'voy|en n Saboya f; **2isch** adj. saboyano.
Saxo'pho|n [zakso'foːn] n (-s; -e) saxófono m, saxo(fón) m; **~'nist** m (-en) saxofonista m.
'S-Bahn f ferrocarril m suburbano.
'scannen v/t. Computer: escanear.
'Scanner m (-s; -) Computer: escáner m, scanner m.
'Schab|e Zoo. f cucaracha f; **~efleisch** n carne f cruda picada; **~eisen** n, **~emesser** n raspador m; rascador m; raedera f; der Gerber: chifla f; **2en** v/t. raspar; rascar; raer; Fleisch: picar; Felle: chiflar; **~er** m raspador m, rascador m.
'Schabernack m (-és; -e) travesura f; jugarreta f; broma f; j-m e-n ~ spielen gastar una broma a alg.; aus ~ por pura broma.
'schäbig adj. (abgetragen) raído; gastado, muy usado; (zerlumpt) andrajoso, desastrado; (armselig) miserable; menguado; fig. (geizig) mezquino, sórdido, F roñoso; **2keit** f (0) sordidez f; mezquindad f, roñería f.
Scha'blone f patrón m; modelo m; (Zeichen2) plantilla f; (Lehre) calibre m; des Zimmerers: escantillón m; fig. patrón m; pauta f; rutina f; nach der ~ arbeiten seguir la rutina.
Scha'blonen...: **~drehbank** ⊕ f torno m de copiar; **2haft** adj. maquinal, automático; rutinario; estereotipado; **~zeichnung** f estarcido m.
schablo'nieren (-) v/t. copiar de un patrón; Mal. estarcir.
'Schabmesser n → ~eisen.
Scha'bracke f gualdrapa f.
'Schach n (-s; 0) ajedrez m; ~ spielen jugar al ajedrez; ~ (dem König)! ¡jaque (al rey)!; ~ und matt! ¡jaque mate!; ~ bieten poner en jaque, dar (od. hacer) jaque (a); fig. in ~ halten tener en jaque; mantener a raya; **~aufgabe** f problema m de ajedrez; **~brett** n tablero m de ajedrez; **2brettartig**, **2brettförmig** adj. ajedrezado.
'Schacher m F cambalache m, trapicheo m, chalaneo m; (Feilschen) regateo m; bsd. Pol. chanchullo m.
'Schächer Bib. m ladrón m.
'Schacher|er m chalán m; regatón m; **2n** (-re) v/i. cambalachear; chalanear; (feilschen) regatear; **~n** n → Schacher.
'Schach...: **~feld** n casilla f (del tablero de ajedrez); escaque m; **~figur** f pieza f (de ajedrez); **2'matt** adj. jaque mate; fig. molido, rendido; ~ setzen poner en jaque mate; **~meister** m campeón m de ajedrez; **~meisterschaft** f campeonato m de ajedrez; **~partie** f partida f de ajedrez; **~spiel** n juego m de ajedrez; **~spieler** m jugador m de ajedrez, ajedrecista m.
'Schacht m (-és; ᵘe) allg. pozo m (a. ⚔); ⊕ (Hochofen) cuba f; (Fahrstuhl2, Treppen2) caja f, hueco m; (Einstieg2) registro m; **~abteufung** ⚔ f excavación f de pozos; **~eingang** ⚔ m bocamina f.
'Schachtel f (-; -n) caja f; cartón m; kleine: cajita f; Zigaretten: cajetilla f; F fig. alte ~ vieja f, F carroza f; **~halm** ♀ m cola f de caballo; **~satz** Gr. m frase f intrincada; **2n** (-le) v/t. Sätze: encadenar (los períodos).
'schachten (-e-) ⚔ v/i. abrir un pozo.
'schächt|en (-e-) v/t. degollar una res conforme al rito judío; **2er** m matarife m judío.
'Schacht...: **~förderung** ⚔ f extracción f por pozos; **~ofen** ⊕ m horno m de cuba; **~stoß** ⚔ m pared f del pozo.
'Schach|turnier n torneo m de ajedrez; **~zug** m jugada f; movimiento m de una pieza; fig. ein guter ~ una buena jugada.
'schade adj.: ~, daß lástima que (subj.); es ist ~, daß es una lástima (od. una pena) que (subj.); es ist ~ um ihn es digno de lástima; es ist sehr ~ es una verdadera lástima (od. pena); wie ~! ¡lástima!; ¡qué pena!; dafür ist es zu ~ para eso es demasiado bueno.
'Schädel Anat. m cráneo m; (Toten2) calavera f; F fig. cabeza f, F chola f; j-m den ~ einschlagen F romperle la crisma a alg.; **~basis(bruch** m) f (fractura f de la) base f del cráneo; **~bohrer** Chir. m trépano m; **~bruch** ⚔ m fractura f del cráneo; **~dach** Anat. n bóveda f craneal; **~höhle** Anat. f cavidad f craneal; **~index** m índice m cefálico; **~innendruck** ⚔ m presión f intracraneal; **~knochen** m hueso m craneano; **~lehre** f frenología f; craneología f; **~messer** m craneómetro m; **~messung** f craneometría f; **~stätte** Bib. f Calvario m; Gólgota m; **~verletzung** f traumatismo m craneal.
'schaden (-e-) v/i. dañar; hacer daño; perjudicar; j-m (e-r Sache) ~ causar (od. ocasionar) daño a alg. (a a/c.); das schadet nichts no importa; es igual; das schadet ihm gar nichts le está bien empleado; das könnte nichts ~ no estaría mal; was schadet es? ¿qué importa?
'Schaden m (-s; ᵘ) daño m; (Nachteil) perjuicio m; detrimento m; (Verlust) pérdida(s) f(pl.); schwerer: estragos m/pl.; siniestro m; ⊕ avería f; (Beschädigung) deterioro m, desperfecto m; (Gebrechen) defecto m; (Verletzung) lesión f; seelischer ~ trauma(tismo) m; ~ anrichten (od. verursachen) ocasionar (od. causar) daño(s) m; causar perjuicio; zu s-m ~ en detrimento suyo; en su perjuicio; ~ erleiden, zu ~ kommen, ~ nehmen sufrir (od. hacerse) daño, lastimarse; sufrir perjuicios; resultar perjudicado; nicht zu ~ kommen (bei e-m Unfall) salir ileso; j-m ~ zufügen causar (od. ocasionar) daño bzw. perjuicio a alg.; perjudicar a alg.; mit ~ verkaufen vender con pérdida; es soll dein ~ nicht sein no te arrepentirás; será en provecho tuyo; durch (fremden) ~ klug werden escarmentar (en cabeza ajena); durch ~ wird man klug de los escarmientos nacen los avisados; **~abschätzung** f valoración f de los daños.
'Schaden-ersatz m indemnización f por daños y perjuicios; (Ausgleich) compensación f; ~ beanspruchen reclamar indemnización por daños y perjuicios; auf ~ klagen ⚖ f entablar una acción por daños (y perjuicios); ~ leisten pagar daños; indemnizar (j-m für et. a alg. por a/c.); **~an-**

~spruch m derecho m a indemnización por daños y perjuicios; **~forderung** f reclamación f por daños y perjuicios; **~klage** ⚖ f demanda f (od. acción f) por daños y perjuicios; **~pflicht** f obligación f de indemnización; **2pflichtig** adj. responsable de daños y perjuicios.
'Schaden...: **~freude** f alegría f del mal ajeno; **2froh** adj.: ~ sein regocijarse (od. alegrarse) del mal ajeno.
'Schadens...: **~anzeige** f aviso m de siniestro; **~berechnung** f cómputo m de los daños; **~fall** m (caso m de) siniestro m; **~feststellung** f comprobación f (od. constatación f) de los daños.
'Schadenversicherung f seguro m contra daños.
'schadhaft (-est) adj. (mangelhaft) defectuoso; (beschädigt) deteriorado; estropeado; Waren: en mal estado, en malas condiciones; averiado (a. Motor); Gebäude: ruinoso; Zähne: cariado; ~ werden deteriorarse; gastarse; ✝ averiarse; Zähne: cariarse; **2igkeit** f (0) defectuosidad f, estado m defectuoso; mal estado m; malas condiciones f/pl.
'schädig|en v/t. dañar, perjudicar, causar daño (od. perjuicio) (j-n a alg.); Ruf usw.: menoscabar; **2ung** f daño m; perjuicio m; detrimento m; menoscabo m; lesión f.
'Schad-insekt n insecto m nocivo (od. dañino).
'schädlich adj. nocivo, dañino, perjudicial, deletéreo; (verderblich) pernicioso; (schlecht) malo; (gefährlich) peligroso; **2keit** f (0) nocividad f; carácter m nocivo.
'Schädling m (-s; -e) Zoo. animal m dañino; plaga f animal; parásito m; fig. elemento m antisocial; parásito m; **~sbekämpfung** f lucha f antiparasitaria; control m de plagas; **~sbekämpfungsmittel** n (producto m) antiparasitario m; pesticida m, plaguicida m.
'schadlos adj. sin daño; indemne; sich ~ halten indemnizarse (od. desagraviarse od. resarcirse) (für de); **2haltung** f indemnización f; resarcimiento m.
'Schadstoff m sustancia f nociva (od. perjudicial); poco contaminante; **2geprüft** adj. que no contiene sustancias contaminantes; **2arm** adj.
'Schaf n (-és; -e) oveja f; fig. borrego m, borrico m; fig. schwarzes ~ oveja f negra; **~bock** m carnero m.
'Schäfchen n corderillo m, corderito m; fig. sein ~s ins trockene bringen hacer su agosto; arrimar el ascua a su sardina; **~wolken** f/pl. cirros m/pl.
'Schäfer m pastor m; **~gedicht** n bucólica f; égloga f; **~hund** m perro m pastor; deutscher ~ pastor m alemán; **~hütte** f cabaña f de pastor; **~in** f pastora f; **~roman** m novela f pastoril; **~spiel** n pastoral f; **~stündchen** fig. n horita f de amor; cita f amorosa.
'Schaf-fell n piel f de oveja, vellón m.
'schaffen I. v/t. **1.** (L) (er~) crear; producir; engendrar; hacer; (gründen, ins Leben rufen) organizar; constituir; instituir, establecer; fundar; (ver~) procurar, proveer; proporcionar, facilitar; (bewirken, bereiten)

Schaffen — Schaltrad 440

Ärger usw.: causar, ocasionar; *wie geschaffen sein für estar hecho para; ser a propósito para; fig. wie Gott ihn geschaffen hat(te)* como su madre lo echó al mundo; **2.** *(befördern)* llevar, transportar; *(her~)* aportar; traer; *(weg~)* quitar, apartar; **3.** *mit et. (od. j-m) (nichts) zu ~ haben* (no) tener (nada) que ver con a/c. *(od. alg.); ich will damit nichts zu ~ haben* no quiero mezclarme en eso; me lavo las manos en ese asunto; **4.** *(fertigbringen)* conseguir, lograr; poder hacer; llevar a cabo; *wir werden es ~* lo conseguiremos; saldremos adelante; *er hat es geschafft* ha tenido éxito; *im Leben*: se ha abierto camino; ha hecho carrera; *er schafft es in e-r Stunde* lo hace en una hora; *et. nicht ~* no dar abasto con a/c.; *ich schaffe nicht alles* no puedo con todo; **5.** F *j-n ~* F dejar hecho polvo a alg.; *ich bin geschafft* estoy rendido *(od.* F hecho polvo); **II.** *v/i. (tätig sein)* afanarse; trabajar duro; *reg. (arbeiten)* trabajar; *sich zu ~ machen* ocuparse (mit en); *im Haus usw.*: trajinar; *j-m zu ~ machen (Mühe machen)* dar que hacer a alg.; dar (mucha) guerra a alg.; *(Sorgen machen)* traer de cabeza a alg.; *das Herz macht ihm zu ~* tiene molestias con el corazón; **III.** ⚥ *n* creación *f*; producción *f; (Arbeit)* trabajo *m*; actividad *f*; **~d** *adj. (schöpferisch)* creador; *(produktiv)* productivo; *(arbeitend)* trabajador; ⚥**sdrang** *m* afán *m* creador; *(Arbeitslust)* voluntad *f (od.* afán *m)* de trabajar; ⚥**skraft** *f* fuerza *f* creadora.

'**Schaffer** F *m* trabajador *m* infatigable.

'**Schaf-fleisch** *n* (carne *f* de) cordero *m*.

'**Schaffner** *m* 🚋 revisor *m*; *Straßenbahn, Autobus*: cobrador *m*; **~in** *f* cobradora *f*.

'**Schaffung** *f* creación *f*; producción *f*; establecimiento *m*; fundación *f*; institución *f*; organización *f*.

'**Schaf...: ~garbe** ♣ *f* aquilea *f*, milenrama *f*; **~herde** *f* rebaño *m* de ovejas; **~hirt(in** *f) m* pastor(a *f) m*; **~hürde** *f* aprisco *m*; *für die Nacht*: majada *f*; **~käse** *m* queso *m* de oveja; **~leder** *n* badana *f*; **~milch** *f* leche *f* de oveja.

Scha'fott *n (-es; -e)* patíbulo *m*, cadalso *m*.

'**Schaf...: ~pelz** *m* piel *f* de oveja *bzw*. de cordero; *(Kleidungsstück)* zalea *f*; zamarra *f*; *fig.* Wolf im *~* lobo *m* con piel de cordero; **~pocken** Vet. pl. comalia *f*, morriña *f*; **~scherer** *m* esquilador *m*; **~schermaschine** *f* esquiladora *f*; **~schur** *f* esquileo *m*, esquila *f*; **~skopf** *fig. m* burro *m*; majadero *m*; estúpido *m*; F melón *m*; **~stall** *m* aprisco *m*.

Schaft *m (-es; ⸚e) (Lanzen⚥, Fahnen⚥)* asta *f*; *(Stiefel⚥)* caña *f*; *(Säulen⚥)* fuste *m*; *(Gewehr⚥)* caja *f*; *e-s Werkzeugs*: mango *m*; *e-r Blume*: tallo *m*; *e-s Schlüssels*: tija *f*, astil *m*; *(Griff)* puño *m*; manija *f*.

'**schäften** *(-e-) v/t.* enmangar, poner mango a; *Gewehr*: montar.

'**Schaftstiefel** *m* bota *f* alta.

'**Schaf...: ~weide** *f* pasto *m* de ovejas; **~wolle** *f* lana *f* (de oveja) **~zucht** *f* cría *f* de ovejas *(od.* de ganado lanar);

~züchter *m* criador *m* de ovejas *(od.* de ganado lanar).

Schah *m (-s; -s)* sha *m*.

Scha'kal Zoo. *m (-s; -e)* chacal *m*.

'**Schäke|r** *m* bromista *m*; burlón *m*, guasón *m*; *(Hofmacher)* galanteador *m*; **~'rei** *f* broma *f*, chanza *f*; guasa *f*; galanteo *m*, flirteo *m*, coqueteo *m*; **~rin** *f* coqueta *f*; ⚥**rn** *(-re) v/i.* bromear, chancear; *(tändeln)* galantear, flirtear, coquetear, tontear.

schal *adj. a. fig.* soso; insípido; *Getränk*: flojo; *~ werden* aflojarse.

Schal *m (-s; -s)* chal *m*; bufanda *f*; *gal.* fular *m*; *(Schultertuch)* mantón *m*.

'**Schalbrett** 🔺 *n* tabla *f* de encofrado.

'**Schale** *f* **1.** *v. Eiern, Nüssen usw.*: cáscara *f*; *v. Früchten*: piel *f*, pellejo *m*; *abgeschälte*: *(a. Kartoffel⚥)* mondadura *f*; *(Muschel⚥, Schildkröten⚥)* concha *f*; *(Krebs⚥)* caparazón *m*; *(Hülse)* vaina *f*; F *fig. sich in ~ werfen* (F schmeißen) ponerse de veinticinco alfileres, acicalarse, emperejilarse; **2.** *(Trink⚥)* copa *f*; *(Brunnen⚥, Tasse)* taza *f*; *(Napf)* escudilla *f*, cuenco *m*; *flache*: bandeja *f*; ⊕, ♜, ♣ cubeta *f*; *(Waag⚥)* platillo *m*; *Met. (Guß⚥)* lingotera *f*, coquilla *f*; ⊕ *(Lager⚥)* cojinete *m*, casquillo *m*; *Phys. des Atoms*: capa *f*.

'**schälen I.** *v/t. Obst, Kartoffeln*: pelar, mondar; *v. Früchten*: quitar la cáscara; *Bäume*: descortezar; **II.** *v/refl.: sich ~ Bäume*: descortezarse; *Haut*: descamarse; F pelarse.

'**Schalen...: ~bauweise** *f* construcción *f* monocasco; **~frucht** ♣ *f* fruto *m* de cáscara; **~guß** ⊕ *m* colada *f (od.* fundición *f)* en coquilla; **~gußform** ⊕ *f* coquilla *f*; **~kupplung** ⊕ *f* acoplamiento *m* de cojinetes.

'**Schalheit** *f (0)* insipidez *f (a. fig.)*.

'**Schälhengst** *m* (caballo *m*) semental *m*.

'**Schalk** *m (-es; -e, ⸚e)* pícaro *m*; *(Spaßvogel)* bromista *m*; socarrón *m*; *fig. er hat den ~ im Nacken* siempre está de broma; es un pícaro; ⚥**haft** *adj.* pícaro; travieso *m*; socarrón; **~haftigkeit** *f (0)* picardía *f*.

'**Schall** *m (-es; -e)* sonido *m*, son *m*; *(Lärm)* ruido *m*; *(Widerhall)* eco *m*; resonancia *f*; **~becher** *M* *m* pabellón *m*; **~brechung** *f* refracción *f* del sonido; **~brett** *n* tornavoz *m*; ⚥**dämmend** *adj.* insonorizante; **~dämmung** *f* insonorización *f*; **~dämpfer** *m* amortiguador *m* de ruidos; *Kfz.* silenciador *m*; **~dämpfung** *f* amortiguamiento *m* del ruido; **~deckel** *m →* **~brett**; ⚥**dicht** *adj.* insonoro, insonorizado; *~ machen* insonorizar; **~dose** *f* fonocaptor *m*.

'**schallen** *v/i.* sonar; *(widerhallen)* resonar; *(dröhnen)* retumbar; **~d** *adj.* sonoro; resonante, retumbante *(a. Stimme); ~ lachen* reír(se) a carcajadas; **~es Gelächter** *n* risotada *f*; carcajada *f*; **~e Ohrfeige** *f* sonora bofetada *f*.

'**Schall...: ~fortpflanzung** *f* propagación *f* del sonido; **~geschwindigkeit** *f* velocidad *f* del sonido; ⚥**isoliert** *adj.* aislado contra el ruido; insonorizado; **~isolierung** *f* aislamiento *m* acústico; insonorización *f*; **~(l)ehre** *f* acústica *f*; **~(l)eiter** *m* conductor *m* del sonido; **~(l)och** *n* abertura *f* acústica; ♪ orificio *m* en forma de efe; **~mauer** *f* barrera *f* del sonido; **~messer** *m* fonómetro *m*; **~meß-ortung** *f* localización *f* por el sonido; **~messung** *f* fonometría *f*.

'**Schallplatte** *f* disco *m*; F elepé *m*; *auf ~ aufnehmen* grabar en disco; **~n-archiv** *n* discoteca *f*; **~n-aufnahme** *f* impresión *f (od.* grabación *f)* de discos; **~nmusik** *f* música *f* de discos; *desp.* música *f* en conserva; **~nsammlung** *f* discoteca *f*; **~nschrank** *m* armario *m* para discos; discoteca *f*.

'**Schall...: ~quelle** *f* fuente *f* sonora *(od.* de sonido); ⚥**schluckend** *adj.* fonoabsorbente; **~signal** *n* señal *f* acústica; **~stärke** *f* intensidad *f* del sonido; **~technik** *f* técnica *f* acústica *(od.* del sonido); **~trichter** *m* bocina *f*; **~welle** *f* onda *f* sonora *(od.* acústica); **~wort** *Gr. n* palabra *f* onomatopéyica.

'**Schälmaschine** *f* descortezadora *f*; *für Gemüse*: mondadora *f*.

Schal'mei ♪ *f* chirimía *f*; dulzaina *f*.

'**Schälmesser** *n* descortezador *m*; *für Kartoffeln*: pelapatatas *m*.

Scha'lotte ♣ *f* chalote *m*.

'**Schalt|anlage** *f* instalación *f* de distribución; **~automatik** *Kfz. f* caja *f* de cambios automática, cambio *m* automático; **~bild** *n* diagrama *m* de circuito; **~brett** *n* ⚡ cuadro *m* de distribución; ⊕ cuadro *m* de mando; ⌨ *a.* tablero *m (od.* panel *m)* de instrumentos; **~dose** *f* caja *f* de bornes.

'**schalten** *(-e-) I. v/i.* **1.** mandar; *~ und walten* mandar a capricho; hacer su voluntad; disponer libremente *(mit et.* de a/c.); *j-n ~ und walten lassen* dejar a alg. obrar a su antojo *(od.* a su capricho); **2.** *Kfz.* cambiar de marcha *(od.* de velocidad); *in den zweiten Gang ~* poner la segunda; **3.** F *fig. (begreifen)* caer (en la cuenta); *(reagieren)* reaccionar; **II.** *v/t.* ⚡ conectar; poner en circuito; *(um~)* conmutar; ⊕ acoplar; *(zwischen~)* intercalar; *(bedienen)* accionar, maniobrar; **III.** ⚥ *n* libre disposición *f*; ⚡ conexión *f*; conmutación *f*; ⚡ accionamiento *m*; acoplamiento *m*; *Kfz.* cambio *m* de velocidad *(od.* de marcha).

'**Schalter** *m* **1.** *Post, Bank usw.*: ventanilla *f*; 🚋 *usw.*: taquilla *f*, despacho *m* de billetes, *Am.* boletería *f*; **2.** ⚡ interruptor *m*; conmutador *m*; *(Bedienungsknopf)* botón *m* de) mando *m*; **~beamte(r)** *m* taquillero *m*; *Bank usw.*: empleado *m* de ventanilla, *Am.* boletero *m*; **~dienst** *m* servicio *m* de ventanilla *bzw.* de taquilla; **~halle** *f* sala *f* de ventanillas; **~stunden** *f/pl.* horas *f/pl.* de despacho *bzw.* de taquilla; **~verkehr** *m* operaciones *f/pl.* en ventanilla.

'**Schalt...: ~getriebe** *n Kfz.* caja *f* de cambios; **~hebel** *m allg.* palanca *f* de mando; ⚡ palanca *f* del interruptor; *Kfz.* palanca *f* de cambio de marchas; **~jahr** *n* año *m* bisiesto; **~kasten** *m* ⚡ caja *f* de distribución; **~klinke** ⊕ *f* gatillo *m* de trinquete; **~knopf** *m* (botón *m* de) mando *m*; pulsador *m*; **~plan** ⚡ *m* diagrama *m* de circuito; **~pult** *n* pupitre *m* de mando *(od.* de control); **~rad** *n* volante *m* de maniobra; **~raum** *m* sala *f* de mando (*od.* de control); **~schrank** *m* armario *m* de distribución; **~tafel** *f* → **~brett**; **~tag** *m* día *m* intercalar; **~uhr** *f* interruptor *m* horario; **~ung** *f* ⚡ conexión *f*; puesta *f* en circuito; (*Um*2) conmutación *f*; ⊕ acoplamiento *m*; *Kfz.* (*Bauteil*) caja *f* de cambios; (*Vorgang*) cambio *m* de marcha (*od.* de velocidad); **~vorrichtung** *f* ⚡ dispositivo *m* de conexión *bzw.* de interrupción.

'**Schalung** ⚓ *f* encofrado *m*; revestimiento *m*.

Scha'luppe ⚓ *f* chalupa *f*; lancha *f*.

'**Scham** *f* (0) vergüenza *f*; (*Schamhaftigkeit*) pudor *m*; *Anat.* → **~teile**; *Bib.* desnudez *f*; *s-e* ~ *bedecken* cubrir sus vergüenzas; *falsche* ~ falsa vergüenza *f*; pudibundez *f*; *vor* ~ *erröten* (*vergehen*) enrojecer (morir) de vergüenza; **~bein** *Anat. n* pubis *m*; **~beinfuge** *Anat. f* sínfisis *f* púbica; **~berg** *Anat. m* monte *m* de Venus; **~bogen** *Anat. m* arco *m* del pubis.

'**schämen** *v/refl.*: *sich* ~ tener vergüenza; avergonzarse (*über ac.*, *vor dat.* de); *du solltest dich (was)* ~ *debieras* avergonzarte; debiera darte vergüenza; *ich würde mich zu Tode* ~ me moriría de vergüenza; *er schämt sich in Grund und Boden* se le cae la cara de vergüenza; *schäm dich!* ¡qué vergüenza!; *schämst du dich nicht?* ¿no te da vergüenza?; *ich schäme mich, zu* (*inf.*) me da vergüenza (*inf.*).

'**Scham...**: **~gefühl** *n* vergüenza *f*; (sentido *m* del) pudor *m*; *das* ~ *verletzen* ofender el pudor; **~gegend** *Anat. f* región *f* pubiana; **~haare** *n/pl.* pelos *m/pl.* púbicos, vello *m* pubiano; 2**haft** *adj.* púdico; pudoroso; (*verschämt*) vergonzoso; (*scheu*) recatado; (*prüde*) pudibundo; **~haftigkeit** *f* (0) pudor *m*; (*Scheu*) recato *m*; *übertriebene*: pudibundez *f*; **~lippen** *Anat. f/pl.* labios *m/pl.* de la vulva; 2**los** *adj.* impúdico; inmoral; indecente; (*schändlich*) vergonzoso; (*unverschämt*) desvergonzado, sinvergüenza, descarado; *ein* ~*er Kerl* un sinvergüenza; un desvergonzado; **~losigkeit** *f* (0) falta *f* de vergüenza *bzw.* de pudor; impudor *m*; impudi(ci)cia *f*; indecencia *f*; (*Unverschämtheit*) impudencia *f*, descaro *m*, desvergüenza *f*.

Scha'motte *f* chamota *f*; **~stein** *m* ladrillo *m* de chamota.

Scham|'pun *n* (-*s*) champú *m*; 2**punieren** (-) *v/t.* lavar con champú.

'**Schampus** F *m* champán *m*.

'**scham|rot** *adj.* ruboroso; sonrojado; abochornado; ~ *werden* ruborizarse; sonrojarse; abochornarse; 2**röte** *f* rubor *m*; sonrojo *m*; *j-m die* ~ *ins Gesicht treiben* sacarle a alg. los colores a la cara; 2**teile** *m/pl.* partes *f/pl.* pudendas (*od.* vergonzosas).

'**schandbar** *adj.* → **schändlich**.

'**Schande** *f* (0) vergüenza *f*; (*Unehre*) deshonra *f*; deshonor *m*; (*Schmach*) oprobio *m*; ultraje *m*; afrenta *f*; ignominia *f*; infamia *f*; *ich muß zu m-r* ~ *gestehen* para vergüenza mía (*od.* sonrojo mío) debo confesar (*od.* reconocer); *j-m* ~ *machen* ser la vergüenza de alg.; *j-n in* ~ *bringen* cubrir de vergüenza a alg.; deshonrar a alg.; *es ist e-e* ~! ¡es una vergüenza!

'**schänd|en** (-*e*-) *v/t.* deshonrar; difamar; envilecer; (*beschimpfen*) injuriar; ultrajar; afrentar; (*besudeln*) manchar; (*entweihen*) profanar; (*vergewaltigen*) violar, abusar de, estuprar; (*entstellen*) desfigurar; 2**er** *m* difamador *m*; profanador *m*; *e-r Frau*: violador *m*; estuprador *m*.

'**Schand|fleck** *m* mancha *f*; mancilla *f*; deshonra *f*; sambenito *m*; **~geld** *n* precio *m* escandaloso; *für ein* ~ (*billig*) tirado.

'**schändlich** *adj.* vergonzoso; deshonroso; (*niederträchtig*) ignominioso; infame; innoble; escandaloso; (*abscheulich*) abominable, horrible; 2**keit** *f* ignominia *f*; infamia *f*.

'**Schand...**: **~mal** *n* estigma *m*; marca *f* infamante; padrón *m* de ignominia; **~maul** *n* mala lengua *f*; lengua *f* de víbora; **~pfahl** *m* picota *f*; **~preis** *m* precio *m* escandaloso; **~tat** *f* vileza *f*; infamia *f*; (*Verbrechen*) crimen *m* abominable; F *er ist zu jeder* ~ *bereit* F está dispuesto a cualquier broma.

'**Schändung** *f* deshonra *f*; difamación *f*; (*Entweihung*) profanación *f*; *e-r Frau*: violación *f*; estupro *m*; (*Verunstaltung*) desfiguración *f*.

Schankbier *n* cerveza *f* de barril.

'**Schanker** ♂ *m* chancro *m*.

'**Schank...**: **~erlaubnis** *f*, **~konzession** *f* concesión *f* para expender bebidas alcohólicas; **~steuer** *f* impuesto *m* sobre la venta de bebidas; **~stube** *f* → **~wirtschaft**; **~tisch** *m* mostrador *m*; **~wirt** *m* tabernero *m*; **~wirtschaft** *f* despacho *m* de bebidas; taberna *f*; tasca *f*; bar *m*.

'**Schanz|arbeiten** ⚔ *f/pl.* trabajos *m/pl.* de atrincheramiento *bzw.* de zapa; **~e** *f* ⚔ obra *f* de fortificación; trinchera *f*; ⚓ castillo *m* de proa; *Schisport*: trampolín *m*; *fig. et. in die* ~ *schlagen* arriesgar a/c.; 2**en** (-*t*) *v/i.* ⚔ hacer obras de fortificación; zapar; F *fig.* (*schuften*) bregar, trabajar como un negro; **~entisch** *m* plataforma *f* del trampolín; **~kleid** ⚓ *n* empavesada *f*; **~korb** ⚔ *m* gavión *m*; **~werk** ⚔ *n* atrincheramiento *m*; **~zeug** *n* útiles *m/pl.* de zapador.

Schar *f* (-; -*en*) 1. (*Menge*) multitud *f*; (*Gruppe*) grupo *m*; (*Haufen*) tropa *f*; *tropel m*; (*Bande*) cuadrilla *f*, banda *f*; (*Herde*) rebaño *m* (*a. fig.*); *v. Vögeln*: bandada *f*; *in* ~*en* *scharenweise*; 2. (*Pflug*2) reja *f*.

Scha'rade *f* charada *f*.

'**scharen** *v/t. u. v/refl.* reunir(se); juntar(se); agrupar(se); formar grupos; asociar(se); *sich* ~ *um* reunirse en torno de; **~weise** *adv.* en grupos; en tropel; en masa; *Vögel*: en bandadas.

scharf (~*er*; ~*st*) **I.** *adj.* agudo (*a. fig.*); (*schneidend*) cortante; afilado; (*ätzend*) cáustico, corrosivo; (*streng*) severo, riguroso; (*spitz*) agudo, puntiagudo; (*herb*) agrio; acre; (*rauh*) rudo, áspero; (*abrupt, schroff*) brusco; (*betont, ausgesprochen*) pronunciado, acentuado; *Geschmack, Geruch*: acre; *Speise*: picante; *Blick, Verstand*: agudo, penetrante; *Gehör*: fino; *Stimme, Laut*: estridente; agudo; *Wind*: recio, cortante; *Ball*: duro; *Hund*: mordedor; *Kurve*: cerrado; *Munition*: con bala; *Umriß*: claro, bien definido; *Luft*: frío; *Kälte*: penetrante; *Brille, Essig, Schnaps*: fuerte; *Kampf*: reñido; *Tempo, Licht, Kante*: vivo; *Antwort*: tajante; *Protest*: enérgico; *Phot.* nítido; *Kritik, Ironie*: mordaz, cáustico; *Bleistift, Messer*: afilado; V (*geil*) cachondo; ~*er Gegensatz* fuerte contraste *m*; ~*e Zunge* lengua *f* mordaz; ~*es Gedächtnis* memoria *f* fiel; ~*e Zucht* disciplina *f* severa; ~*e Bewachung* vigilancia *f* estrecha; ~ *sein auf* estar loco por; codiciar (*ac.*); **II.** *adv.*: ~ *machen* afilar; ⚔ *Zünder*: armar; ~ *laden* (*schießen*) cargar (tirar) con bala; ~ *bremsen* dar un frenazo, frenar en seco; ~ *aufpassen* poner mucha atención; aguzar el oído (*od.* la vista); *j-n* ~ *ansehen* mirar fijamente (*od.* de hito en hito) a alg.; *Phot.* ~ *einstellen* enfocar con precisión; *j-n* ~ *anfassen* ser muy severo con alg.; *sich* ~ *äußern gegen* expresarse en términos muy duros contra; ~ *bewachen* vigilar estrechamente (*od.* de cerca); ~ *nachdenken* hacer memoria; ~ *rasieren* apurar el afeitado; '2**abstimmung** *f* Radio: sintonización *f* aguda; '2**blick** *m* perspicacia *f*; penetración *f*; clarividencia *f*; '~**blickend** *adj.* perspicaz; penetrante; clarividente.

'**Schärfe** *f* agudeza *f* (*a. fig.*); *der Sinne*: *a.* acuidad *f*; (*Schneide*) corte *m*, filo *m*; (*Deutlichkeit*) claridad *f*; *Phot.* nitidez *f*; (*Genauigkeit*) precisión *f*; exactitud *f*; (*Feinheit*) fineza *f*; (*Strenge*) severidad *f*, rigor *m*; dureza *f*; (*Rauheit*) rudeza *f*, aspereza *f*; ätzende: causticidad *f*; *der Kritik*: mordacidad *f*; *e-r Speise*: gusto *m* (*od.* sabor *m*) picante; (*Bitterkeit*) acrimonia *f*; acritud *f*; *des Verstandes usw.*: agudeza *f*; perspicacia *f*; sutileza *f*; sagacidad *f*; *fig. die* ~ *nehmen* quitar hierro (*a.*).

'**Scharf-einstellung** *f* enfoque *m* de precisión.

'**schärfen** *v/t. Messer*: afilar; *Rasiermesser*: suavizar; *Säge*: limar; *Bleistift*: sacar punta a; (*wetzen*) aguzar; *Sprengkörper*: armar; *fig. Verstand, Sinne usw.*: aguzar; (*ver*~) agravar; agudizar; intensificar.

'**scharf...**: **~kantig** *adj.* anguloso; de arista(s) viva(s); **~machen** F *f. v/t.* instigar, excitar; azuzar; *sexuell*: poner cachondo; 2**macher** *Pol. m* instigador *m*; agitador *m*; azuzador *m*; 2**mache'rei** *f* instigación *f*; manejos *m/pl.* agitadores; 2**richter** *m* verdugo *m*; ejecutor *m* (de la justicia); 2**schießen** *n* tiro *m* con bala; 2**schütze** *m* tirador *m* de precisión; **~sichtig** *adj.* de vista aguda; perspicaz (*a. fig.*); 2**sichtigkeit** *f* (0) vista *f* aguda; perspicacia (*a. fig.*); *fig.* penetración *f*; 2**sinn** *m* perspicacia *f*; sagacidad *f*; penetración *f*; sutileza *f*; **~sinnig** *adj.* sagaz; sutil; de agudo ingenio.

'**Scharlach** *m* 1. (-*s*; -*e*) (*Farbe*) escarlata *f*; 2. ♂ (-*s*; 0) escarlatina *f*; 2**farben** *adj.*, 2**rot** *adj.* (de color) escarlata.

'**Scharlatan** *m* (-*s*; -*e*) charlatán *m*; **~e'rie** *f* charlatanería *f*.

Schar'mützel ⚔ *n* (-*s*; -) escaramuza *f*; refriega *f*; 2**n** (-*le*) ⚔ *v/i.* escaramuzar.

Schar'nier *n* (-*s*; -*e*) bisagra *f*, charnela *f*; ~**gelenk** *Anat. n* articulación *f* en charnela, ginglimo *m*.

'**Schärpe** *f* banda *f*; faja *f*; fajín *m*.

Schar'pie *f* (0) hilas *f*/*pl*.; ~ *zupfen* hacer hilas.

'**Scharre** *f* raspador *m*; rascador *m*.

'**scharren** *v*/*t. u. v*/*i*. (*kratzen*) raspar; rascar; raer; *bsd. Tiere*: escarbar; *Pferd*: piafar; *Loch*: cavar; abrir; *in die Erde* ~ soterrar; *mit den Füßen* ~ restregar el suelo con los pies.

'**Scharte** *f* (*Kerbe*) mella *f*; *fig.* e-e ~ *auswetzen* desquitarse; sacarse la espina.

Schar'teke *f* (*Buch*) libraco *m*; mamotreto *m*; (*alte Frau*) vejestorio *m*; F carroza *f*.

'**schartig** *adj*. mellado; ~ *machen* mellar.

schar'wenzeln (-*le*) *v*/*i*. lisonjear, F dar coba; *um j-n* ~ rondar a alg.; F hacer la rosca a alg.

'**Schatten** *m* (-*s*; -) sombra *f* (*a. fig.*); *im* ~ a la sombra; *fig. im* ~ *leben* vivir en la sombra; *der* ~ *des Todes* la(s) sombra(s) de la muerte; ~ *werfen* hacer sombra; *fig.* e-n ~ *werfen auf* empañar, oscurecer (a/c.); *fig. im* ~ *stehen* (*bleiben*) estar (quedar) oculto; *j-n in den* ~ *stellen* hacer sombra a alg.; eclipsar a alg.; et. *in den* ~ *stellen* superar a/c.; dejar (muy) atrás a/c.; *j-m wie sein* ~ *folgen* ser la sombra de alg.; *über s-n* ~ *springen* saltar sobre la propia sombra; *niemand kann über s-n* ~ *springen* genio y figura hasta la sepultura; *er ist nur noch ein* ~ (*seiner selbst*) es sólo una sombra de lo que fue; ~**bild** *n* silueta *f*; sombra *f*; ~**dasein** *n*: *ein* ~ *führen* vivir en la sombra; ~**haft** *fig. adj.* vago; ~**kabinett** *Pol. n* gabinete *m* fantasma, gobierno *m* en la sombra; ℒ**los** *adj.* sin sombra; ~**pflanze** ♀ *f* planta *f* de sombra (*od.* esciófila); ~**reich** *adj.* lleno de sombra; muy umbroso; ~**reich** *Myt. n* reino *m* de las sombras; ~**riß** *m* silueta *f*; ~**seite** *f* lado *m* de la sombra; *fig.* reverso *m* de la medalla; (*Nachteil*) inconveniente *m*; pero *m*; ℒ**spendend** *adj.* umbroso; ~**spiel** *n* sombras *f*/*pl.* chinescas; ~**wirtschaft** *f* economía *f* sumergida.

schat'tier|en (-) *v*/*t. Mal.* sombrear; (*nuancieren*) matizar; ℒ**ung** *f Mal.* sombras *f*/*pl.*, sombreado *m*; (*Nuance*) matiz *m* (*a. fig.*).

'**schattig** *adj.* sombrío, sombreado; (*schattenspendend*) sombroso, umbroso; ~*er Platz* sombría *f*.

Scha'tulle *f* cofre *m*, cofrecillo *m*; *e-s Fürsten*: fortuna *f* particular.

'**Schatz** *m* (-*es*, *e*) tesoro *m* (*a. fig.*); (*Geliebte*[*r*]) querido (-*a f*) *m*; *mein* ~! ¡cariño!; ¡mi vida!; *du bist ein* ~! ¡eres un sol!; ~**amt** *n* Tesorería *f*; Tesoro *m*; ~**anweisung** ✝ *f* bono *m* del Tesoro.

'**schätz|bar** *adj.* estimable; apreciable; ℒ**chen** *n* (*Kosewort*) cariño *m*; ~**en** (-*t*) *v*/*t*. (a)preciar; (*ab*~) evaluar, valorar, estimar, tasar (*auf ac. en*); (*hoch*~) apreciar, estimar; (*vermuten*) suponer; opinar; *zu* ~ *wissen* apreciar; *wie alt* ~ *Sie ihn?* ¿cuántos años le encuesta?; *sich glücklich* ~ considerarse feliz; *das schätze ich gar nicht* no me gusta nada; ~**enlernen** *v*/*t.*: *j-n* (et.) ~ llegar a apreciar a alg. (a/c.); ~**ens**-

wert *adj.* estimable, apreciable; digno de aprecio; ℒ**er** *m* tasador *m*.

'**Schatz...**: ~**gräber** *m* buscador *m* de tesoros; ~**insel** *f* isla *f* del tesoro; ~**kammer** *f* (cámara *f* del) tesoro *m*; tesorería *f*; ~**kanzler** *m* canciller *m* de la Tesorería (*England*: del Exchequer); ~**kästchen** *n*, ~**kästlein** *n* joyero *m*, cofrecillo *m* de joyas; ~**meister** *m* tesorero *m*.

'**Schätzung** *f* apreciación *f*; evaluación *f*, valoración *f*, estimación *f*; tasación *f*; *Bib*. censo *m*; (*Hoch*ℒ) estima *f*, aprecio *m*; ~**sfehler** *m* error *m* de apreciación; ℒ**sweise** *adv.* aproximadamente.

'**Schatzwechsel** *m* letra *f* del Tesoro.

'**Schätzwert** *m* valor *m* estimado (*od.* estimativo).

'**Schau** *f* (*Ansicht*) vista *f*; aspecto *m*; *innere*: visión *f*; (*Ausstellung*) exposición *f*; exhibición *f*; (*Besichtigung*) inspección *f*; *Thea.* espectáculo *m*, *angl.* show *m*; *a.* ⚭ revista *f*; *zur* ~ *stellen* a) exponer (a la vista); exhibir; b) = *zur* ~ *tragen* ostentar; hacer gala (*od.* alarde) de; F e-e ~ *abziehen* dar un espectáculo; F *j-m die* ~ *stehlen* robarle la escena (*od.* el espectáculo) a alg.; F *mach keine* ~! ¡menos cuento!; ~**bild** *n* diagrama *m*; gráfica *f*, gráfico *m*; ~**bude** *f* barraca *f* de feria; tenderete *m*; ~**bühne** *f* teatro *m*; escena *f*, tablas *f*/*pl.*

'**Schauder** *m* escalofrío *m*; estremecimiento *m*; (*Entsetzen*) horror *m*; ℒ**erregend** *adj.* escalofriante; horripilante; espantoso; horroroso, horrendo; *Verbrechen*: abominable; atroz; ℒ**n** (-*re*) *v*/*i*. estremecerse (*vor dat.* de); *es schaudert mich* tengo escalofríos; *mir schaudert bei diesem Gedanken* me da horror (*od.* me horroriza) pensarlo; *vor Kälte* ~ tiritar de frío; ℒ**nd** *adj.* horrorizado.

'**schauen** *v*/*t. u. v*/*i*. mirar; (*betrachten*) contemplar; *auf j-n* ~ *nachahmend*: imitar a alg.; *nach j-m* ~ cuidar de alg.; *um sich* ~ mirar en torno (suyo); *aus dem Fenster* ~ asomarse a la ventana; *j-m ins Herz* ~ leer en el corazón de alg.; *schau, schau!* ¡vaya, vaya!

'**Schauer** *m* (*Regen*ℒ) chubasco *m*; aguacero *m*, chaparrón *m*; (*Schauder*) escalofrío *m*; estremecimiento *m*; ℒ**artig** *adj.* chubascoso; ~**drama** *n* dramón *m*; drama *m* espeluznante; ~**film** *m* película *f* de terror *bzw.* de suspense; ~**geschichte** *f* cuento *m* horripilante; ℒ**lich** *adj.* horrible; espantoso; terrorífico; horripilante, espeluznante; ~**mann** ⚓ *m* (-*es*, -*leute*) obrero *m* portuario; cargador *m bzw.* descargador *m* de muelle; estibador *m*; ℒ**n** (-*re*) *v*/*i*. → *schaudern*; ~**roman** *m* novela *f* de terror (*od.* de suspense); novelón *m* truculento.

'**Schaufel** *f* (-; -*n*) pala *f*, *kleine*: paleta *f* (*a. Geweih*ℒ); (*Kamin*ℒ) badila *f*, badil *m*; (*Rad*ℒ) álabe *m*, paleta *f*; ~**bagger** *m* draga *f* de cangilones; ℒ**n** (-*le*) *v*/*t. u. v*/*i*. trabajar *bzw.* mover *bzw.* recoger con la pala; *Grab*: abrir; *Schnee*: quitar; ~**rad** *n* rueda *f* de paletas (*od.* de álabes); ~**voll** *f* palada *f*; paletada *f*.

'**Schaufenster** *n* escaparate *m*; *Am.*

vidriera *f*; ~**beleuchtung** *f* iluminación *f* del escaparate; ~**bummel** *m*: *e-n* ~ *machen* mirar los escaparates; ~**dekorateur** *m* decorador *m* de escaparates, *Neol.* escaparatista *m*; ~**dekoration** *f*, ~**gestaltung** *f* decoración *f* de escaparates, *Neol.* escaparatismo *m*; ~**diebstahl** *m* robo *m* con fractura del escaparate; ~**puppe** *f* maniquí *m*; ~**scheibe** *f* luna *f* (de escaparate); ~**werbung** *f* publicidad *f* en escaparates; ~**wettbewerb** *m* concurso *m* de escaparates.

'**Schaufler** *Zoo. m* paleto *m*.

'**Schau...**: ~**flug** *m* vuelo *m* de exhibición; ~**gerüst** *n* tablado *m*; tribuna *f*; ~**geschäft** *n* mundo *m* del espectáculo (*od.* de la farándula); ~**glas** ⊕ *n* mirilla *f*; ~**haus** *n* (*Leichen*ℒ) depósito *m* de cadáveres; ~**kampf** *m Boxen*: (combate *m* de) exhibición *f*; ~**kasten** *m* vitrina *f*.

'**Schaukel** *f* (-; -*n*) columpio *m*; *Am.* hamaca *f*; (*Garten*ℒ) balancín *m*; (*Wippe*) báscula *f*; ~**bewegung** *f* movimiento *m* basculante; ℒ**n** (-*le*) **I.** *v*/*t*. balancear; *auf e-r Schaukel*: columpiar, *Am.* hamaquear; (*wiegen*) mecer; F *fig.* (*regeln*) arreglar; **II.** *v*/*i*. balancear(se) (*a.* ⚓); columpiarse; mecerse; (*wippen*) bascular; (*schwanken*) bambalear(se), tambalearse; *beim Gehen*: contonearse; ~**n** *n* balanceo *m* (*a.* ⚓); tambaleo *m*; mecedura *f*; ~**pferd** *n* caballo *m* de columpio; ~**politik** *f* política *f* oportunista; ~**reck** *n Turnen*: trapecio *m*; ~**stuhl** *m* mecedora *f*; balancín *m*.

'**Schau...**: ~**laufen** *n Eislauf*: exhibición *f* de patinaje artístico; ~**loch** ⊕ *n* mirilla *f*; ~**lust** *f* curiosidad *f*; ℒ**lustig** *adj.* curioso; ~**lustige**(*r*) *m* curioso *m*.

'**Schaum** *m* (-*es*, *e*) *allg.* espuma *f*; *Kochk. zu* ~ *schlagen Eiweiß*: batir a punto de nieve; *fig.* ~ *schlagen* fanfarronear; *fig. zu* ~ *werden* desvanecerse, esfumarse; quedar en nada; ~**bad** *n* baño *m* de espuma; ~**blase** *f* burbuja *f*.

'**schäumen** *v*/*i*. espumar; hacer (*od.* echar) espuma; *Wellen*: encresparse; *fig. vor Wut* ~ espumajear de rabia; echar chispas; ~**d** *adj.* espumoso; espumante.

'**Schaum...**: ~**gebäck** *n* merengue *m*; ℒ**gebremst** *adj.*: ~*es Waschmittel* detergente *m* de espuma controlada; ~**gold** *n* oropel *m*; ~**gummi** *m*/*n* goma *f* espuma; ℒ**ig** *adj.* espumoso; ~**krone** *f* cresta *f* de espuma; ~**löffel** *m* espumadera *f*; ~**löschgerät** *n* extintor *m* de espuma; ~**schläger** *m* batidor *m*; *fig.* charlatán *m*, cuentista *m*; F cantamañanas *m*; ~**schläge'rei** *f* charlatanería *f*; bambolla *f*; ~**stoff** *m* espuma *f*.

'**Schaumünze** *f* medalla *f*.

'**Schaumwein** *m* vino *m* espumoso.

'**Schau...**: ~**packung** *f* envase *m* sin contenido; embalaje *m* ficticio; ~**platz** *m Thea.* escena *f*; *fig.* escenario *m*; teatro *m*; ~**prozeß** *m* proceso *m* espectacular (*od.* sensacionalista).

'**schaurig** *adj.* horrible; espantoso; horripilante, espeluznante; lúgubre; macabro.

'**Schauspiel** *n* espectáculo *m* (*a. fig.*); *Thea.* pieza *f* de teatro; drama *m*; ~**dichter** *m* autor *m* dramático; dramaturgo *m*; **~dichtung** *f* poesía *f* dramática; **~er** *m* actor *m*; *a. fig.* comediante *m*; *Liter.* histrión *m*; **~e'rei** *fig. f* comedia *f*; **~erin** *f* actriz *f*; *a. fig.* comedianta *f*; 2**erisch** *adj.* teatral; **~es** Talent dotes *f/pl.* histriónicas; 2**ern** (*-re*) *v/i.* hacer teatro; *fig.* afectar; hacer la comedia; **~haus** *n* teatro *m*; **~kunst** *f* arte *m* dramático.

'**Schau...**: **~steller** *m* expositor *m*; *auf Jahrmärkten*: feriante *m*; **~stellung** *f* exposición *f*; exhibición *f*; **~stück** *n* objeto *m* expuesto *bzw.* curioso (*od.* interesante); (*Medaille*) medalla *f*; **~turnen** *n* exhibición *f* gimnástica.

Scheck ✝ *m* (*-s; -s*) cheque *m* (*über ac.* de); F talón *m*; **gekreuzter** (**gesperrter**) **~** cheque *m* cruzado (bloqueado); '**~buch** *n* talonario *m* de cheques; *Am.* chequera *f*.

'**Schecke** *f, m* (*-n*) (caballo *m*) pío *m*.

'**Scheck...**: **~fälscher** *m* falsificador *m* de cheques; **~fälschung** *f* falsificación *f* de cheques; **~formular** *n* talón *m*; **~heft** *n* → **~buch**.

'**scheckig** *adj.* manchado; *Pferd:* pío.

'**Scheck...**: **~inhaber** *m* tenedor *m* (*od.* portador *m*) de un cheque; **~konto** *n* cuenta *f* de cheques; **~verkehr** *m* operaciones *f/pl.* de cheques; **~zahlung** *f* pago *m* con cheque.

'**scheel** *adj.* bizco; bisojo; *fig.* envidioso; *j-n ~* (*od.* mit **~en** Augen) *ansehen* mirar de reojo a alg.; mirar con ojos envidiosos a alg.

'**Scheffel** *m* (*-s; -*) fanega *f*; *fig. sein Licht unter den ~ stellen* poner la luz bajo el celemín; 2**n** (*-le*) *v/i.*: Geld *~* hincharse, F forrarse (de dinero); apalear dinero; 2**weise** *fig. adv.* a montones, F a porrillo.

'**Scheibe** *f* disco *m*; *Brot, Käse*: rebanada *f*; *Fleisch*: tajada *f*; *Wurst, Zitrone*: rodaja *f*; *Melone*: raja *f*; *Schinken, Speck*: lonja *f*; *Honig*: panal *m*; (*Fenster*2) cristal *m*; vidrio *m*; (*Spiegel*2, *Schaufenster*2) luna *f*; (*Schieß*2) blanco *m*; ⊕ disco *m*; *tellerförmig*: plato *m*; platillo *m*; (*Unterleg*2) arandela *f*; (*Töpfer*2) torno *m*; *in ~n schneiden* cortar en rebanadas *bzw.* rodajas *usw.*, *nach der ~ schießen* tirar al blanco; F *fig. da kannst du dir noch e-e ~ abschneiden* podrías aprender mucho de él; podrías seguir su ejemplo.

'**Scheiben...**: **~bremse** *f* freno *m* de discos; 2**förmig** *adj.* en forma de disco, discoidal; **~gardine** *f* visillo *m*; **~honig** *m* miel *m* en panales; F *~!* ¡mecachis!; **~kleister** *fig. m*: P *~!* V ¡me cago en diez!; **~kupplung** *f* acoplamiento *m* de discos; **~rad** *n* rueda *f* de plato (*od.* de disco); **~schießen** *n* tiro *m* al blanco; **~stand** *m* tiro *m*; **~waschanlage** Kfz. *f* lavacristales *m* (eléctrico), lavaparabrisas *m*; 2**weise** *adv.* en rebanadas, tajadas, *etc.*; **~wischer** *Kfz. m* limpiaparabrisas *m*.

Scheich *m* (*-s; -e od. -s*) jeque *m*; F *fig.* tío *m*, tipo *m*.

'**Scheide** *f* (*Trennungslinie*) línea *f* divisoria; (*Grenze*) límite *m*; frontera *f*; (*Futteral*) estuche *m*, funda *f*; (*Degen*2) vaina *f* (*a.* ⚥); *Anat.* vagina *f*; *aus der ~ ziehen Degen*: desenvainar; *in die ~ stecken* envainar; **~erz** ⚥ *n* mineral *m* apartado (*od.* desloddado); **~linie** *f* línea *f* divisoria; **~mauer** *f* pared *f* divisoria; **~münze** *f* moneda *f* fraccionaria.

'**scheiden** (L) **I.** *v/t.* (*trennen*) separar (*a.* ⚗ *u. Erze*); dividir; (*auslesen*) segregar; *Ehe u. fig.* divorciar; *sich ~ lassen* divorciarse (*von* de); **II.** *v/i.* separarse (*von* de); (*weggehen*) irse, marcharse; despedirse; *aus dem Dienst ~* cesar en el cargo; *aus dem Leben ~* morir, fallecer; → *geschieden*; **III.** 2 *n* (*Trennung*) separación *f*; (*Abschied*) despedida *f*; (*Teilung*) división *f*; (*Auslesen*) segregación *f*; 2**ausfluß** ⚥ *m* flujo *m* vaginal; **~d** *adj. aus e-m Amt:* saliente, dimisionario; *das ~e Jahr* el año que acaba; 2**entzündung** ⚥ *f* vaginitis *f*.

'**Scheide...**: **~wand** *f* pared *f* divisoria; tabique *m* (*a. Anat.*); **~wasser** ⚗ *n* agua *f* fuerte; **~weg** *m* encrucijada *f* (*a. fig.*); *fig. am ~ stehen* estar en la encrucijada.

'**Scheidung** *f* separación *f* (*a.* ⚗); división *f*; (*Ehe*2) divorcio *m*; *auf ~ klagen* entablar demanda de divorcio; *die ~ einreichen* pedir el divorcio.

'**Scheidungs...**: **~grund** *m* causa *f* de divorcio; **~klage** *f* demanda *f* de divorcio; **~prozeß** *m* pleito *m* de divorcio; **~urteil** *n* sentencia *f* de divorcio.

'**Schein** *m* 1. (*-es, -e*) (*Bescheinigung*) certificado *m*; (*Quittung*) recibo *m*; (*Beleg*) resguardo *m*; talón *m*; (*Fahr*2, *Geld*2) billete *m*; (*Zettel*) papel *m*, papeleta *f*; (*Formular*) impreso *m*. 2. (*Licht*) luz *f*; (*Helle*) claridad *f*; (*Schimmer*) vislumbre *m*; (*Glanz*) brillo *m*; resplandor *m*; 3. *fig.* (*-es; 0*) (*An*2) apariencia *f*; aspecto *m*; semblante *m*; (*Sinnestäuschung*) ilusión *f*; *dem ~e nach* por (*od.* según) las apariencias; *zum ~* por (pura) fórmula; de boquilla; *unter dem ~* (*gen.*) bajo el manto de; *so pretexto de*; *sich den ~ geben, zu (inf.)* aparentar (*inf.*); fingir (*inf.*); *den ~ wahren* salvar las apariencias; *nach dem ~ urteilen* juzgar por las apariencias; *nach dem ~ zu urteilen* a juzgar por las apariencias; *der ~ trügt* las apariencias engañan; **~angriff** ✕ *m* simulacro *m* de ataque; ataque *m* simulado; **~argument** *n* argumento *m* especioso (*od.* engañoso); 2**bar I.** *adj.* aparente; (*vorgeblich*) ficticio; simulado; (*trügerisch*) engañoso; **II.** *adv.* aparentemente; según parece; en apariencia; **~beweis** *m* prueba *f* especiosa; **~bild** *n* imagen *f* engañosa; simulacro *m*; ilusión *f*; fantasma *m*; **~blüte** ✝ *f* prosperidad *f* aparente; **~ehe** *f* matrimonio *m* ficticio.

'**scheinen** (L) *v/i.* 1. lucir; (*glänzen*) brillar, resplandecer; *der Mond scheint* hay luna (clara); *die Sonne scheint* hace sol; *die Sonne scheint mir ins Gesicht* el sol me da en la cara; 2. *fig.* (*den Anschein haben*) parecer; (*wie et. aussehen*) tener aspecto de; tener aire de; *das scheint mir gut* me parece bien; *wie es scheint* a lo que parece; *según parece*; *es scheint so así parece*; *er scheint müde zu sein* parece estar cansado; *er scheint nicht zu kommen*, F *er kommt scheint's nicht* parece que no viene.

'**Schein...**: **~firma** *f* compañía *f* fantasma; sociedad *f* de fachada; **~frie-**

de *m* paz *f* ficticia; **~gefecht** ✕ *n* simulacro *m* de combate; **~geschäft** *n* negocio *m* ficticio; **~grund** *m* razón *f* aparente; argumento *m* especioso; (*Vorwand*) pretexto *m*; 2**heilig** *adj.* hipócrita; farisaico; (*frömmelnd*) santurrón, gazmoño, mojigato; **~heilige(r)** *m* hipócrita *m*; fariseo *m*; (*Frömmler*) santurrón *m*, gazmoño *m*; mojigato *m*; **~heiligkeit** *f* hipocresía *f*; fariseísmo *m*; (*Frömmelei*) santurronería *f*, gazmoñería *f*, mojigatería *f*; **~kauf** *m* compra *f* ficticia (*od.* simulada); **~selbständigkeit** *f* ✝ independencia *f* laboral ficticia (*od.* aparente); **~tod** *m* muerte *f* aparente; **~verkauf** *m* venta *f* ficticia (*od.* simulada); **~vertrag** *m* contrato *m* ficticio (*od.* simulado); **~welt** *f* mundo *m* aparente (*od.* quimérico); **~werfer** *m* proyector *m*; reflector *m*; *Kfz.* faro *m*, *a. Thea.* foco *m*; **~werferlicht** *Thea. n* luz *f* de los focos; **~widerstand** ⚡ *m* impedancia *f*.

'**Scheiß|(dreck)** V *m* → **~e** V *f* P mierda *f* (*a. fig.*); *in der ~ sitzen* V estar jodido; **~!** P ¡mierda!; V ¡joder!; 2**egal** V *adj.*: *das ist mir ~* me importa una mierda; 2**en** V *v/i.* (L) cagar; *fig. auf et. ~* cagarse en a/c.; **~kerl** V *m* mierda *m*.

Scheit *n* (*-es; -e*) leño *m*.

'**Scheitel** *m* (*-s; -*) coronilla *f*; (*Haar*2) raya *f*; ⯑ vértice *m*; (*höchster Punkt*) cumbre *f*; ápice *m*; *vom ~ bis zur Sohle de pies a cabeza*; **~bein** *Anat. n* (hueso *m*) parietal *m*; **~faktor** ⚡ *m* factor *m* de amplitud; **~kreis** *m* círculo *m* vertical; 2**n** (*-le*) *v/t.*: *das Haar ~* hacer la raya; **~punkt** *m* punto *m* culminante; ⯑ vértice *m*; *Astr.* cenit *m*; **~winkel** ⯑ *m/pl.* ángulos *m/pl.* opuestos por el vértice.

'**Scheiterhaufen** *m* hoguera *f*; pira *f*.

'**scheitern** (*-re*) **I.** *v/i.* ⚓ naufragar (*a. fig.*); zozobrar; *fig.* fracasar; frustrarse, malograrse; **II.** 2 *n* ⚓ naufragio *m* (*a. fig.*); zozobra *f*; *fig.* fracaso *m*; *zum ~ bringen* hacer fracasar; *zum ~ verurteilt* abocado al fracaso; *~ f* continental.

Schelf *Geol. m, n* (*-es; -e*) plataforma *f* continental.

'**Schellack** *m* (*-s; 0*) goma *f* laca.

'**Schelle** *f* cascabel *m*; campanilla *f*; *am Tamburin usw.*: sonaja *f*; ⊕ collar *m*; abrazadera *f*; (*Maul*2) bofetada *f*, F tortazo *m*; *Kartenspiel:* **~n** *pl.* oros *m/pl.*

'**schellen I.** *v/i.* sonar; tocar (la campanilla); *es hat geschellt* han llamado; **II.** 2 *n* toque *m* de campanilla; llamada *f*; 2**baum** ♪ *m* chinesco(s) *m(pl.)*; 2**geläut** *n* cascabeleo *m*; campanilleo *m*; tintineo *m*; 2**kappe** *f* gorro *m* con cascabeles; gorro *m* de bufón; 2**trommel** *f* pandereta *f*.

'**Schellfisch** *m* eglefino *m*.

'**Schelm** *m* (*-es; -e*) (*Schalk*) pícaro *m*; (*Schurke*) bribón *m*; (*Schlingel*) pilluelo *m*; F pillín *m*; **~enroman** *m* novela *f* picaresca; **~enstreich** *m*, **~enstück** *n* picardía *f*; travesura *f*; (*Gemeinheit*) bribonada *f*; canallada *f*; 2**isch** *adj.* pícaro; travieso.

'**Schelt|e** *f* reprimenda *f*; F rapapolvo *m*, bronca *f*; **~ bekommen** sufrir (*od.* llevarse) una reprimenda; 2**en** (L) *v/t. u. v/i.* reprender; regañar; increpar; reñir; F echar una bronca (*j-n a*

Schelten — Schicksal

alg.; wegen por); auf j-n ~ echar pestes contra alg.; ~en n reprimenda f; reprensión f; ~wort n injuria f; invectiva f; denuesto m.

'**Schema** n (-s; -s, -mata od. -men) esquema m; diagrama m; (Muster) modelo m; nach ~ F siempre igual; uniformemente.

sche'ma|tisch adj. esquemático; ~e Darstellung representación f esquemática; ~ti'sieren (-) v/t. esquematizar; ℒ**tismus** m (-; 0) esquematismo m.

'**Schemel** m (-s; -) taburete m; escabel m.

'**Schemen** m (-s; -) sombra f; fantasma m, espectro m; ℒ**haft** adj. espectral, fantasmal, irreal.

'**Schenke** f despacho m de bebidas; taberna f; bar m; F tasca f.

'**Schenkel** m Anat. (Ober℮) muslo m; (Unter℮) pierna f; ⚔ lado m; e-s Zirkels: pierna f; ~**bruch** ⚔ m fractura f del fémur; ~**druck** m (-es; 0) Reitsport: presión f de las piernas; ~**hals** Anat. m cuello m del fémur; ~**knochen** Anat. m fémur m; ~**rohr** ⊕ n tubo m acodado.

'**schenken** v/t. 1. dar; regalar; ofrecer; obsequiar (j-m et. a alg. con a/c.); hacer un regalo (a alg.); 🕂 donar, hacer donación de a/c.; j-m keinen Blick ~ no hacer caso a alg.; 2. (erlassen) perdonar, dispensar (de); Strafe: a. condonar; 3. fig. sich et. ~ dispensarse de a/c.; pasar por alto a/c.; das kannst du dir ~ puedes ahorrarte eso; ich möchte es nicht geschenkt haben no lo quiero ni regalado; † das ist geschenkt es regalado; es una ganga; 4. (ein~) echar.

'**Schenker** 🕂 m donador m, donante m.

'**Schenkung** f (Geschenk) regalo m, obsequio m; (Spende) donativo m; 🕂 donación f; ~ unter Lebenden donación f entre vivos; ~**ssteuer** f impuesto m sobre donaciones; ~**s-urkunde** 🕂 f escritura f (od. acta f) de donación; ~**sversprechen** 🕂 f n promesa f de donación; ~**svertrag** 🕂 m contrato m de donación; ℒ**sweise** adv. a título de donación.

'**scheppern** (-re) F v/i. traquetear; tabletear; tintinear.

'**Scherbe** f fragmento m; pedazo m; casco m; ~**n** pl. a. añicos m/pl.; in ~ gehen romperse en pedazos; hacerse añicos.

'**Scher-beanspruchung** ⊕ f esfuerzo m de cizallamiento.

'**Scherbengericht** Hist. n ostracismo m.

'**Schere** f tijera(s) f(pl.); (Blech℮) cizalla(s) f(pl.); Zoo. (Krebs℮) pinza f; Ringen, Turnen: tijera f (a. fig. Preis℮ usw.).

'**scheren I.** (L) v/t. Haare, Bart, Rasen: cortar; (stutzen) recortar (a. Hecke); Schafe: esquilar; Tuch, Rasen: tundir; Weberei: urdir; **II.** v/refl.: sich um et. ~ ocuparse de a/c.; was schert dich das? ¡qué te importa eso?; das schert mich nicht eso no me preocupa bzw. interesa; sich (weg)~ F largarse; scher dich zum Henker (od. Teufel)! ¡vete al diablo!; ¡vete al cuerno!; ℒ**fernrohr** n telescopio m de tijera; ℒ**schlag** m Fußball: tijereta f; ℒ**schleifer** m afilador m, amolador m; ℒ**schnitt** m silueta f.

Schere'rei f molestia f; fastidio m; engorro m; j-m viel ~en machen causar muchas molestias a alg.

'**Scherfestigkeit** ⊕ f resistencia f al cizallamiento.

'**Scherflein** n óbolo m; sein ~ beitragen contribuir con su óbolo; poner (od. aportar) grano de arena.

'**Scherge** m (-n) esbirro m (a. fig.); alguacil m.

'**Schermaschine** f tundidora f; (Schaf℮) esquiladora f.

'**Scherz** m (-es; -e) broma f, burla f, guasa f, chanza f; chirigota f; (Witz) chiste m; aus ~, im ~, zum ~ en broma; de mentirijillas; halb im ~, halb im Ernst entre bromas y veras; ~ beiseite bromas aparte; ¡hablemos en serio!; laß die ~e! ¡déjate de bromas!; das ist kein ~ no es cosa de broma; esto va en serio; (keinen) ~ verstehen (no) entender de burlas; (s-n) ~ treiben mit j-m gastar una broma a alg.; tomar el pelo a alg.; ~**artikel** m objeto m de pega; artículo m humorístico; ℒ**en** (-t) v/i. bromear; hablar en broma; chancear; Schwabe, F guasearse, chotearse (über ac. de); (tändeln) juguetear; damit ist nicht zu ~ no es cosa de broma; nicht mit sich ~ lassen no entender de burlas; Sie ~ wohl? ¡no hablará en serio!; ¡(eso) lo dirá usted en broma!; er ist nicht zum ℒ aufgelegt no está para bromas (od. fiestas); ~**frage** f adivinanza f (jocosa); ~**gedicht** n poesía f festiva; poema m burlesco; ℒ**haft I.** adj. burlesco; chistoso, festivo, cómico; divertido; (humorvoll) humorístico; jocoso; (tändelnd) juguetón; **II.** adv. en broma; ℒ**haftigkeit** f (0) jocosidad f; ~**name** m apodo m, mote m.

'**Scherzo** ♪ ['skertso:] n (-s; -s od. -zi) scherzo m.

'**scherz|weise** adv. en broma; de burlas; ℒ**wort** n chiste m; palabra f chistosa; gracia f.

scheu I. adj. tímido; (furchtsam) medroso; (zurückhaltend) reservado; retraído; (ungesellig) insociable, huraño; Pferd: espantadizo; ~ machen espantar; ~ werden espantarse; **II.** ℒ f (0) timidez f; temor m; (Menschen℮) insociabilidad f; reserva f; (Abneigung) aversión f; (Ehrfurcht) respeto m; ohne ~ sin temor (vor a); sin respeto.

'**Scheuche** f espantajo m (a. fig.); ℒ**n** v/t. espantar; ahuyentar.

'**scheuen I.** v/i. Pferd: espantarse, desbocarse; **II.** v/refl.: sich ~ vor (dat.) recelarse de a/c.; temer a/c.; sich ~ et. zu tun tener miedo de hacer a/c.; **III.** v/t. temer; rehuir; keine Mühe (Opfer) ~ no regatear (od. escatimar) esfuerzos (sacrificios); keine Kosten ~ no reparar en gastos.

'**Scheuer** f (-; -n) → Scheune; ~**bürste** f cepillo m de fregar; escobilla f; ~**frau** f mujer f de (la) limpieza; desp. fregona f; ~**lappen** m bayeta f; ~**leiste** f zócalo m; ~**mittel** n producto m para fregar suelos; ℒ**n** (-re) **I.** v/t. fregar; ⚓ Deck: baldear; (reiben) frotar; (r)estregar; sich (wund) ~ excoriarse, desollarse; **II.** v/i. Schuhe usw.: rozar; ~**n** n frotamiento m; fregado m; ⚓ baldeo m; ~**pulver** n polvos m/pl. para fregar; ~**sand** m arena f para fregar; ~**tuch** n → lappen.

'**Scheuklappe** f anteojera f.

'**Scheune** f granero m; pajar m; ~**ndrescher** F fig. m: wie ein ~ essen comer a dos carrillos; tener buen saque; F ser un tragón; ~**ntor** fig. n: den Mund wie ein ~ aufreißen abrir una boca como un buzón.

'**Scheusal** n (-s; -e) monstruo m.

'**scheußlich I.** adj. horrible; odioso; terrible; monstruoso; Tat: atroz; abominable, execrable; (abstoßend) repugnante; repulsivo; asqueroso; ein ~es Wetter un tiempo muy desapacible; F un tiempo de perros; **II.** adv.: ~ unangenehm sumamente desagradable; ~ schmecken saber a demonios; es ist ~ kalt hace un frío espantoso; ℒ**keit** f horror m; atrocidad f; monstruosidad f.

Schi m (-s; -er) esquí m; → Ski(...).

'**Schicht** f (-; -en) 1. capa f; Farbe: a. mano f (de pintura); ♦ Steine: hilada f; Holz: pila f; Geol. estrato m; dünne: película f; Phot. emulsión f; (Bodensatz) sedimento m; 2. (Arbeits℮) jornada f; (Arbeitsgang) turno m; tanda f; (Arbeiter) equipo m; cuadrilla f, brigada f (de obreros); in ~en arbeiten trabajar por equipos bzw. por turnos; **3.** fig. (Volks℮) capa f (social); clase f; Neol. estamento m; breite ~en der Bevölkerung vastos sectores de la población; ~**arbeit** f trabajo m por turno(s); ~**arbeiter** m obrero m que trabaja por turno(s); ℒ**en** (-e-) v/t. disponer en capas; Holz usw.: apilar; Geol. estratificar; ⊕ Hochofen: cargar; ⚓ estibar; ~**gestein** Geol. n roca f estratificada; ~**holz** n leña f apilada; ~**linie** f curva f de nivel; ~**seite** Phot. f lado m de la emulsión; ~**ung** f disposición f en capas; apilamiento m; Geol. u. fig. estratificación f; ⚓ estibación f; ~**unterricht** m enseñanza f por turnos; ~**wechsel** m relevo m de equipos; ℒ**weise** adv. en (od. por) capas; por equipos; por turnos; ~**wolke** f estrato m.

Schick I. m (-es; 0) elegancia f; chic m; ~ haben ser muy elegante; **II.** ℒ adj. elegante, chic; a la moda; F (prima) estupendo.

'**schicken I.** v/t. enviar, mandar; remitir; (versenden) expedir, despachar; (übermitteln) transmitir; nach j-m ~ mandar buscar a alg.; enviar por alg.; **II.** v/refl.: **1.** sich in et. ~ conformarse con, resignarse a a/c.; **2.** sich ~ (geziemen) convenir; ser conveniente (od. decente); das schickt sich nicht eso no está bien; eso no se hace; **3.** sich ~ (ergeben) suceder; es hat sich so geschickt, daß se dio el caso que.

Schicke'ria F f: die ~ la gente chic.

'**schicklich** adj. conveniente; apropiado; (anständig) decente, decoroso; de buen tono; ℒ**keit** f (0) conveniencia f; decencia f, decoro m; buen tono m; ℒ**keitsgefühl** n tacto m, tino m.

'**Schicksal** n (-s; -e) (Los) suerte f; fortuna f; (Bestimmung) destino m; sino m, hado m, fatalidad f; j-n s-m ~ überlassen abandonar a alg. a su suerte; es war sein ~ era su destino; das

gleiche ~ *erfahren* correr la misma suerte; ℬ**haft** *adj.* fatal.
¹**Schicksals**...: ~**frage** *f* cuestión *f* fatal; ~**fügung** *f* designio *m* de la Providencia; ~**gefährte** *m*, ~**genosse** *m* compañero *m* de infortunio; ~**gemeinschaft** *f* destino *m* común; ~**glaube** *m* fatalismo *m*; ~**göttinnen** *Myt. f/pl.* Parcas *f/pl.*; ~**prüfung** *f* prueba *f* (del destino); ~**schlag** *m* revés *m* de la fortuna; golpe *m* del destino; ~**stunde** *f* hora *f* fatal; ℬ**verbunden** *adj.* unido por el mismo destino; ~**wende** *f* peripecia *f*.
¹**Schickung** *f* caso *m* providencial; *göttliche* ~ Divina Providencia *f*.
¹**Schiebe|bühne** *f* 🚉 plataforma *f* móvil; ⊕ transbordador *m*; *Thea.* escenario *m* móvil; ~**dach** *Kfz. n* techo *m* corredizo; ~**fenster** *n* ventana *f* corrediza; *senkrecht:* ventana *f* de guillotina.
¹**schieben** (L) I. *v/t.* empujar; mover; (*gleiten lassen*) hacer resbalar; deslizar; *Möbel, Riegel:* correr; *Fahrrad:* empujar; llevar de la mano; *in den Mund (in die Tasche)* ~ meter (*od.* introducir) en la boca (en el bolsillo); *zur Seite* ~ apartar (*od.* correr) a un lado; *in den Ofen* ~ enhornar, meter en el horno; *von e-m Tag auf den andern* ~ aplazar de un día a otro; *fig. et. auf j-n* ~ imputar a/c. a alg.; (in)culpar a alg. de a/c.; *sich (vorwärts)* ~ avanzar empujando; II. *v/i. fig.* (*unredlich verfahren*) F hacer chanchullos; traficar (ilícitamente), F hacer estraperlo.
¹**Schieber** *m* (-*s*; -) 1. ⊕ corredera *f*; distribuidor *m*; cursor *m*; compuerta *f*; registro *m*; (*Riegel*) pasador *m*, cerrojo *m*; 2. *fig.* (*Person*) traficante *m*; chanchullero *m*; F estraperlista *m*; ~**geschäft** *n* tráfico *m* ilegal; chanchullo *m*; F estraperlo *m*; ~**e machen** F hacer estraperlo; ~**ventil** ⊕ *n* válvula *f* de corredera.
¹**Schiebe**...: ~**sitz** *m* asiento *m* corredizo; ~**tür** *f* puerta *f* corrediza (*od.* de corredera); ~**wand** *f* tabique *m* corredizo.
¹**Schiebung** *f* chanchullo *m*; trampa *f*; (*Einverständnis*) arreglo *m* bajo cuerda; *Sport:* tongo *m*; *mit Waren:* tráfico *m* ilegal, F estraperlo *m*.
¹**Schiedsgericht** *n* tribunal *m* arbitral (*od.* de arbitraje); *Sport usw.*: jurado *m* (calificador); *e-m* ~ *unterwerfen* someter a arbitraje; ℬ**lich** *adj.* arbitral; ~**sbarkeit** *f* jurisdicción *f* arbitral; ~**shof** *m*: (*Haager*) *Ständiger* ~ Tribunal *m* Permanente de Arbitraje (de La Haya); ~**sklausel** *f* cláusula *f* de arbitraje; ~**sverfahren** *n* → *Schiedsverfahren*.
¹**Schiedsmann** *m* (-*es*; *er od. Schiedsleute*) árbitro *m*; (*Vermittler*) hombre *m* bueno.
¹**Schiedsrichter** *m* árbitro *m* (*a. Sport*); *Fußball: a.* colegiado *m*, F trencilla *m*; *bei Wettbewerben:* juez *m*; ~**amt** *n* arbitraje *m*; ~**ball** *m* saque *m* neutral; ℬ**lich** *adj.* arbitral; ℬ**n** (-*re*) *v/t.* hacer de árbitro, arbitrar.
¹**Schieds|spruch** *m* fallo *m* (*od.* sentencia *f*) arbitral; laudo *m*; *e-n* ~ *fällen* dictar laudo; ~**stelle** *f* órgano *m* arbitral; ~**verfahren** *n* procedimiento *m* arbitral (*od.* de arbitraje);

~**vertrag** *m* contrato *m* de arbitraje; compromiso *m* arbitral.
schief I. *adj.* oblicuo (*a.* 🅰); (*geneigt*) inclinado; en declive; (*schräg*) ladeado; (*quer*) atravesado; (*krumm*) torcido; *Absätze:* desgastado; *fig.* (*falsch*) falso; equivocado, erróneo (*a. Urteil*); (*zweideutig*) equívoco; ambiguo; *fig.* ~**es Bild** idea *f* falsa; ~ *Ebene* plano *m* inclinado; *fig. auf die* ~**e Ebene** (*od. Bahn*) *geraten* ir por mal camino; descarriarse; *ein* ~**es Gesicht machen** torcer el gesto (F el morro); *in e-r* ~**en Lage sein** estar en una posición equívoca; *in ein* ~**es Licht geraten** dar una impresión equívoca; II. *adv.* oblicuamente; de través; ~ *hängen* colgar torcido; ~ *blicken* (*schielen*) bizcar; *j-n* ~ *ansehen* mirar de soslayo (*od.* de reojo) a alg.; ~ *stehen* estar inclinado *bzw.* ladeado; ~ *stellen* inclinar; ladear; *den Hut* ~ *aufsetzen* poner (ladeado) el sombrero; ~ *gewachsen* deforme.
¹**Schiefe** *f* (0) oblicuidad *f*; inclinación *f*; sesgo *m*; ladeo *m*; *fig.* concepto *m* equivocado.
¹**Schiefer** *m* pizarra *f*; *Geol.* esquisto *m*; *mit* ~ *decken* empizarrar; ℬ**artig** *adj.* pizarroso; esquistoso; ℬ**blau** *adj.* azul apizarrado; ~**bruch** *m* pizarral *m*, pizarrería *f*; ~**dach** *n* tejado *m* de pizarra, empizarrado *m*; ~**decker** *m* pizarrero *m*; ℬ**farben**, ℬ**farbig** *adj.* (de) color de pizarra; ~**gebirge** *n* montaña *f* esquistosa; ℬ**grau** *adj.* gris apizarrado, de color de pizarra; ℬ**haltig**, ℬ**ig** *adj.* esquistoso; pizarroso; ~**öl** *n* aceite *m* de esquisto; ~**platte** *f* plancha *f* de pizarra; ~**stein** *m* roca *f* pizarrosa; ~**stift** *m* pizarrín *m*; ~**tafel** *f* pizarra *f*; ~**ton** *m* arcilla *f* esquistosa.
¹**schief**...: ~**gehen** (L; *sn*) F *fig. v/i.* fracasar; salir mal; malograrse; venirse abajo; *iro. es wird schon* ~! ¡todo se arreglará!; ~**gewickelt** F *adj.* ~ *sein* estar (muy) equivocado; ℬ**heit** *f* → *Schiefe*; ~**lachen** F *v/refl.:* *sich* ~ *desternillarse* (*od.* troncharse) de risa; ~**liegen** (L) F *v/i.* estar equivocado; ~**treten** (L) *v/t. Absätze:* torcer los tacones; ~**wink(e)lig** 🅰 *adj.* oblicuángulo.
¹**schiel|äugig** *adj.* bizco, estrábico; ~**en** *v/i.* bizcar, bizquear, ser bizco; *fig.* ~ *auf* (*od. nach*) mirar de soslayo (*od.* de reojo); (*begehren*) codiciar (a/c.); ℬ**en** *n* estrabismo *m*; vista *f* torcida; ~**end** *adj.* bizco, bisojo; estrábico; ℬ**er(in** *f*) *m* bizco (-*a f*) *m*, estrábico (-*a f*) *m*.
¹**Schienbein** *Anat. n* tibia *f*; espinilla *f*; *des Rindes:* caña *f*; ~**schützer** *m* espinillera *f*.
¹**Schiene** *f* 🚉 *usw.* carril *m*, raíl *m*, (*a. Vorhang*ℬ) riel *m*; ⊕, ⚔ barra *f*; (*Führungs*ℬ) guía *f*; 🩹 tablilla *f*, férula *f*; *aus den* ~**n springen** descarrilar.
¹**schienen** ⚔ *v/t.* entablillar; ℬ**bus** *m* ferrobús *m*; ℬ**fahrzeug** *n* vehículo *m* sobre carriles; ~**gleich** 🅰 *adj.:* ~*er Übergang* paso *m* a nivel; ℬ**netz** *n* red *f* ferroviaria; ℬ**räumer** *m* limpiavías *m*; ℬ**strang** *m* vía *f* férrea; ℬ**verkehr** *m* tráfico *m bzw.* transporte *m* ferroviario; ℬ**weg** *m* vía *f* férrea; *auf dem* ~ por ferrocarril.
schier I. *adj.* puro, ~*es Fleisch* carne *f* sin hueso; II. *adv.* casi; por poco.

¹**Schierling** 🌿 *m* (-*s*; -*e*) cicuta *f*; ~**sbecher** *m* copa *f* de cicuta; *den* ~ *trinken* beber la cicuta.
¹**Schieß|ausbildung** ⚔ *f* instrucción *f* de tiro; ~**baumwolle** *f* algodón *m* pólvora; nitrocelulosa *f*; ~**befehl** *m* orden *f* de tirar; ~**bude** *f* barraca *f* (*od.* caseta *f*) de tiro (al blanco); ~**budenfigur** *fig. f* adefesio *m*; ~**eisen** F *n* pistola *f*, revólver *m*, P fusca *f*.
¹**schießen** (L) I. *v/t.* tirar (*a. Sport, Phot.*); *Wild:* matar; (*werfen*) lanzar, arrojar; *Fußball:* tirar, *angl.* chutar; *sich mit j-m* ~ batirse a pistola con alg.; II. *v/i.* 1. tirar (*a. Sport*), disparar; hacer fuego (*auf j-n* sobre alg.); *gut* ~ *Person:* ser buen tirador; *Gewehr:* tener el tiro justo; 2. (*sausen*) salir disparado; (*sich stürzen*) precipitarse, lanzarse (*sobre*); (*hervor*~) *Blut, Wasser usw.*: brotar, manar (*aus de*); *Salat usw.*: espigarse; *in die Höhe* ~ crecer rápidamente; *Person: a.* espigarse, F dar un estirón; *fig. durch den Kopf* ~ venir a las mientes; *cruzar* (*od. pasar* por) la mente; *das Blut schoß ihm ins Gesicht* se le subió la sangre a la cara; se le puso la cara encendida; 3. P (*Rauschgift spritzen*) inyectarse, chutarse, picarse; III. ℬ *n* tiro *m*; (*Schüsse*) tiros *m/pl.*, disparos *m/pl.*; ⚔ fuego *m*; F *es ist zum* ~ *es* para morirse (*od.* mondarse) de risa; ~**lassen** F *fig. v/t.*: *et.* ~ abandonar a/c.; renunciar a a/c.
Schieße'rei *f* tiroteo *m*.
¹**Schieß**...: ~**gewehr** F *n* fusil *m*; ~**hund** F *fig. m*: *wie ein* ~ *aufpassen* estar muy atento; ~**lehre** *f* balística *f*; ~**platz** ⚔ *m* campo *m* (*od.* polígono *m*) de tiro; ~**prügel** F *m* fusil *m*; ~**pulver** *n* pólvora *f*; ~**scharte** ⚔ *f* aspillera *f*; *für Geschütz:* tronera *f*, barbacana *f*; ~**scheibe** *f* blanco *m*; ~**sport** *m* tiro *m* (deportivo); ~**stand** *m* campo *m* (*od.* polígono *m*) de tiro; ~**übung** *f* ejercicios *m/pl.* (*od.* prácticas *f/pl.*) de tiro.
¹**Schifahren** *n.* → *Skifahren usw.*
Schiff *n* (-*es*; -*e*) barco *m*; buque *m*; embarcación *f*; *a.* ⚓ nave *f*; (*bsd. Kriegs*ℬ) navío *m*; *Typ.* galera *f*; *auf dem* ~ a bordo; *mit dem* ~ *fahren* ir en barco.
¹**Schiffahrt** *f* (0) navegación *f*; (*Seereise*) viaje *m* por mar; ~**s-akte** *f* acta *f* de navegación; ~**sgesellschaft** *f* compañía *f* naviera (*od.* de navegación); ~**skanal** *m* canal *m* navegable (*od.* de navegación); ~**skunde** *f* náutica *f*; navegación *f*; ~**slinie** *f* línea *f* marítima (*od.* de navegación); ~**sstraße** *f* ruta *f* navegable; ~**sweg** *m* vía *f* marítima; ruta *f* de navegación; ℬ**treibend** *adj.* navegante.
¹**schiffbar** *adj.* navegable; ℬ**keit** *f* (0) navegabilidad *f*; ℬ**machung** *f* canalización *f*.
¹**Schiff**...: ~**bau** *m* construcción *f* naval; ~**bauer** *m* constructor *m* naval (*od.* de buques); ~**bau-industrie** *f* industria *f* naviera; ~**bau-ingenieur** *m* ingeniero *m* naval; ~**bruch** *m* naufragio *m*; ~ *erleiden* naufragar (*a. fig.*); ℬ**brüchig** *adj.* náufrago; naufragado; ℬ**brüchige(r)** *m* náufrago *m*; ~**brücke** *f* puente *m* de barcas; pontón *m* flotante.
¹**Schiffchen** *n* (*Web*ℬ, *Nähmaschi-*

schiffen — Schisport 446

nen♀) lanzadera f; ♀ quilla f; zum Spielen: barquito m; ✗ (Mütze) gorro m.

'**schiffen** v/i. navegar; V (harnen) P mear.

'**Schiffer** m navegante m; (Schiffsherr) patrón m; (Matrose) marinero m; (Fluß♀) barquero m; ~**klavier** n acordeón m; ~**knoten** m nudo m marinero; ~**mütze** f gorra f de marino; ~**patent** n patente m de capitán.

'**Schiffs...**: ~**agent** m agente m marítimo; ~**agentur** f agencia f marítima; ~**anlegeplatz** m embarcadero m; ~**arzt** m médico m de a bordo (od. naval); ~**ausrüster** m naviero m, armador m; ~**bau**(...) → Schiffbau(...); ~**bauch** m cala f; ~**befrachter** m fletador m; ~**befrachtung** f fletamento m; ~**besatzung** f tripulación f, dotación f; ~**boden** m fondo m de la cala; ~**breite** f manga f; ~**brücke** f → Schiffbrücke.

'**Schiffschaukel** f columpio m (con lanchas).

'**Schiffs...**: ~**eigentümer** m, ~**eigner** m propietario m del buque; (Reeder) armador m; ~**flagge** f pabellón m; ~**fracht** f flete m; cargamento m; ~**frachtbrief** m póliza f de carga; ~**friedhof** m cementerio m de buques; ~**führer** m patrón m; ~**geschütz** n cañón m de a bordo; ~**hebewerk** n montabarcos m; ~**junge** m grumete m; ~**karte** f pasaje m (marítimo); ~**katastrophe** f siniestro m marítimo; ~**koch** m cocinero m de barco; ~**kompaß** m brújula f; aguja f de marear; ~**körper** m casco m (del barco); ~**kreisel** m estabilizador m giroscópico; ~**küche** f cocina f de a bordo; ~**ladung** f cargamento m; ~**länge** f eslora f; ~**luke** f escotilla f; ~**makler** m corredor m de buques; ~**manifest** n manifiesto m del buque; ~**mannschaft** f tripulación f; ~**meßbrief** m certificado m de arqueo; ~**papiere** n/pl. documentación f del barco; ♀ documentos m/pl. de embarque; ~**passage** f → ~karte; ~**planke** f tablón m; ~**raum** m (Laderaum) bodega f; (Kielraum) cala f; (Tonnage) tonelaje m; ~**reeder** m armador m; naviero m; ~**reise** f crucero m (de placer); viaje m marítimo; ~**rumpf** m casco m; ~**schnabel** m espolón m; ~**schraube** f hélice f; ~**spediteur** m consignatario m de buques; ~**tagebuch** n diario m de a bordo; cuaderno m de bitácora; ~**taufe** f bautizo m de un barco; ~**verkehr** m tráfico m marítimo; ~**vermessung** f arqueo m; ~**wache** f vigía m; (Wachzeit) cuarto m; ~**wand** f costado m; ~**werft** f astillero m; ~**zimmermann** m carpintero m de ribera; calafate m; ~**zwieback** m galleta f (de barco).

Schi'ka|ne f vejación f; pega f, cortapisa f; F triquiñuela f; das sind reine ~n F sólo son ganas de fastidiar; F fig. mit allen ~n con todo lujo; por todo lo alto; ♀**nieren** (-) v/t. vejar; poner trabas (od. cortapisas); F hacer la pascua (j-n a alg.); ♀**nös** adj. vejatorio.

'**Schilaufen** usw. → Ski...

'**Schild 1.** m (-és; -e) escudo m (a. ✗, Zoo. u. fig.); kleiner: broquel m; fig. et. im ~e führen tramar (od. maquinar) a/c.; abrigar malas intenciones; fig. auf den ~ erheben alzar sobre el pavés; **2.** n (-és; -er) letrero m; rótulo m; (Tür♀, Auto♀) placa f; (Plakat) cartel m; (Verkehrs♀) (poste m) indicador m; (Etikett) etiqueta f; (Abzeichen) placa f; chapa f; ~**bürger** fig. m papanatas m; ~**bürgerstreich** m tontada f; ~**drüse** Anat. f (glándula f) tiroides m; ~**drüsenhormon** n hormona f tiroidea; ~**drüsenüberfunktion** f hipertiroidismo m.

'**Schilder|haus** ✗ n garita f; ~**maler** m rotulista m.

'**schilder|n** (-re) v/t. describir, anschaulich: pintar; (darstellen) exponer; caracterizar; retratar; (erzählen) contar, narrar; (berichten) relatar, referir; ♀**ung** f descripción f; pintura f; exposición f; narración f; relación f, relato m.

'**Schild...**: ♀**förmig** adj. en forma de escudo, escutiforme; ~**knappe** m escudero m; ~**kröte** Zoo. f tortuga f; (Süßwasser♀) a. galápago m; ~**krötensuppe** f sopa f de tortuga; ~**laus** Zoo. f cochinilla f; ~**patt** n (-és; 0) carey m, (Panzer) concha f (de tortuga); ~**wache** ✗ f centinela m (Person: m).

'**Schilf** n (-és; -e) ♀ carrizo m; (Rohr) caña f; (Binse) junco m; (Ried) cañaveral m, juncal m; ~**dach** n tejado m encañizado; ♀**ern** v/i. descamarse, exfoliarse; ♀**ig** adj. cubierto de cañas; junceo; ~**matte** f estera f (kleine: esterilla f) de junco; ~**rohr** ♀ n caña f; (Binse) junco m.

'**Schilift** usw. → Ski...

'**Schillerkragen** m cuello m vuelto.

'**schillern** (-re) **I.** v/i. tornasolar; irisar; relucir; bsd. Stoff: hacer visos; **II.** ♀ n tornasol m; viso m; opalescencia f; irisación f; ~**d** adj. tornasolado; irisado; Stoff: cambiante; in tausend Farben ~ matizado de mil colores.

'**Schilling** m (-s; -e) chelín m.

'**schilpen** v/i. Vogel: chirriar.

Schi'mär|e f quimera f; ♀**isch** adj. quimérico.

'**Schimmel** m (-s; -) (Pferd) caballo m blanco; ♀ moho m; ♀**ig** adj. mohoso, enmohecido; ~ werden = ♀**n** (-le) v/i. enmohecer, criar (od. cubrirse de) moho; ~**pilz** m moho m.

'**Schimmer** m (-s; -) luz f tenue, a. fig. vislumbre f; (Glanz) resplandor m, brillo m; (Widerschein) reflejo m; fig. keinen (blassen) ~ von et. haben (nichts argwöhnen) no sospechar nada; (nichts wissen) no tener ni remota (od. la menor) idea de a/c.; F no saber ni jota de a/c.; e-n ~ Hoffnung haben tener un rayo (od. una chispa) de esperanza; ♀**n** (-re) v/i. despedir una luz tenue; (glänzen) resplandecer, brillar; (re)lucir.

Schim'panse Zoo. m (-n) chimpancé m.

'**Schimpf** m (-és; -e) injuria f, afrenta f; insulto m; stärker: ultraje m; (Schande) desdoro m, vergüenza f; oprobio m, ignominia f; j-m e-n ~ antun insultar (od. injuriar) a alg.; mit ~ und Schande ignominiosamente; ♀**en I.** v/i. insultar; increpar; criticar (auf j-n a alg.); echar pestes (od. venablos) contra; lanzar invectivas contra, (keifen) chillar; mit j-m ~ regañar, reñir, F echar una bronca a alg.; **II.** v/t.: j-n e-n Lügner ~ llamar (od. calificar de) embustero a alg.; ~**en** n, ~**e'rei** f insultos m/pl.; denuestos m/pl.; improperios m/pl.; invectivas f/pl.; ~**kanonade** F f sarta f de improperios; ♀**lich** adj. (ehrverletzend) deshonroso, desdoroso; (schmachvoll) vergonzoso, stärker: oprobioso, ignominioso; (beleidigend) injurioso; afrentoso; ~**name** m mote m (od. apodo m) injurioso; ~**wort** n injuria f, palabra f injuriosa; denuesto m; improperio m; (Kraftwort) palabrota f, F taco m.

'**Schind|aas** n carroña f; ~**anger** m desolladero m.

'**Schindel** f (-; -n) ripia f; ~**dach** n tejado m de ripia(s); ♀**n** (-le) v/t. cubrir con ripias.

'**schind|en** (L) v/t. **1.** desollar; fig. maltratar, vejar; (ausbeuten) explotar; sich ~ matarse trabajando; dar el callo; trabajar como un negro; **2.** F fig. (heraus~) F gorrear; Eindruck ~ F darse pisto; F fardar; Zeit ~ ganar tiempo; ♀**er** m desollador m; fig. a. negrero m; explotador m; ♀**e'rei** f vejación f, malos tratos m/pl.; (schwere Arbeit) trabajo m de negros (od. de chinos); F paliza f; ♀**erkarren** m carreta f del desollador; ♀**luder** n carroña f; fig. mit j-m ~ treiben tratar inhumanamente a alg.; (verhöhnen) escarnecer a alg.; ♀**mähre** f rocín m; F penco m, jamelgo m.

'**Schinken** m (-s; -) **1.** jamón m; roher ~ jamón m serrano; gekochter ~ jamón m dulce (od. York); **2.** F (schlechtes Bild) pintarrajo m, mamarracho m; (Buch) F mamotreto m, tostón m; P (Hinterteil) F trasero m; ~**brötchen** n bocadillo m de jamón; ~**scheibe** f lonja f de jamón; ~**wurst** f embutido m de jamón.

'**Schippe** f pala f; F fig. j-n auf die ~ nehmen F tomar el pelo a alg.; e-e ~ machen hacer pucheros; ♀**n** v/t. u. v/i. ~ schaufeln.

'**Schirm** m (-és; -e) allg. (a. TV, Lampen♀, Ofen♀ usw.) pantalla f; (Regen♀) paraguas m; (Sonnen♀) sombrilla f; (spanische Wand) biombo m; (Mützen♀) visera f; fig. (Schutz) protección f; abrigo m; refugio m; amparo m; ~**antenne** f antena f (en) paraguas; ~**bild** n imagen f fluoroscópica bzw. radioscópica; ~**dach** n tejadillo m; alpende m; ♀**en** v/t. proteger; abrigar; resguardar; ~**futteral** n funda f de paraguas; ~**gestell** n varillaje m del paraguas; ~**gitter** n Radio: rejilla f pantalla; ~**gitterröhre** f tetrodo m; ~**herr(in** f) m patrono (-a f) m; protector(a f) m; patrocinador(a f) m; ~**herrschaft** f patronato m; patrocinio m; unter der ~ von bajo la égida (od. los auspicios) de; patrocinado por; ~**hülle** f → ~futteral; ~**mütze** f gorra f de visera; ~**ständer** m paragüero m; ~**stange** f varilla f; ~**wand** f pantalla f; biombo m.

Schi'rokko m (-s; -s) siroco m.

'**schirren** v/t. aparejar; enjaezar.

'**Schis|ma** n (-s; -men) cisma f; ~**matiker** m, ♀**matisch** adj. cismático (m).

'**Schisport** usw. → Ski...

Schiß V *m* (*-sses*; 0) (*Kot*) mierda *f*; *fig.* (*Angst*) P canguelo *m*, cagueta *f*; ~ **haben** P estar cagado (*od.* acojonado); cagarse de miedo; ~ **bekommen** P cagarse, acojonarse.

schizo|'phren ⚕ *adj.* esquizofrénico; ²**phre'nie** ⚕ *f* (0) esquizofrenia *f*.

'**schlabber|ig** *adj.* blanduzco, fofo; ~**n** (*-re*) *v/i. u. v/t.* (*sabbern*) babear; (*schlürfen*) sorber ruidosamente; beber a lengüetadas; (*schwätzen*) parlotear, chacharear.

'**Schlacht** *f* (*-*; *-en*) *a. fig.* batalla *f* (*bei* de); e-e ~ **schlagen** (*od.* **liefern**) librar una batalla; *die* ~ **gewinnen** (*verlieren*) ganar (perder) la batalla; ~**bank** *f* tajo *m* de carnicero; *fig.* *zur* ~ **führen** llevar al matadero; ~**beil** *n* hacha *f* de carnicero; ²**en** (*-e-*) *v/t.* matar, degollar, sacrificar; *Arg.* faenar; *fig.* hacer una matanza (*od.* carnicería); ~**en** *n* matanza *f* (*a. fig.*), sacrificio *m*; *fig.* carnicería *f*, *gal.* masacre *f*; ~**enbummler** *m* aficionado *m* (F hincha *m*) forastero; ~**enlenker** *m* estratega *m*, general *m*; ~**enmaler** *m* pintor *m* de batallas.

'**Schlacht|er** *m*, '**Schlächt|er** *m* carnicero *m*; *im Schlachthof*: matarife *m*; *fig.* (*nur Schlächter*) verdugo *m*; ~**e'rei** *f* carnicería *f*; *fig. a.* matanza *f*; ~**erladen** *m* carnicería *f*, ~**ersfrau** *f* carnicera *f*.

'**Schlacht...**: ~**feld** *n* campo *m* de batalla; *das* ~ **behaupten** quedar dueño del campo (de batalla); ~**fest** *n* fiesta *f* de la matanza (del cerdo); ~**fleisch** *n* carne *f* de matanza *bzw.* de consumo; ~**flotte** *f* escuadra *f* (de combate), armada *f*; ~**flugzeug** *n* avión *m* de combate; ~**geschrei** *n* gritos *m/pl.* del combate; ~**getümmel** *n*, ~**gewühl** *n* fragor *m* del combate; *mitten im* ~ en lo más recio del combate; ~**gewicht** *n* peso *m* muerto *bzw.* en canal; ~**haus** *n*, ~**hof** *m* matadero *m*; ~**kreuzer** *m* crucero *m* de batalla; ~**linie** ✕ *f* línea *f* de batalla; ~**messer** *n* jifero *m*, cuchillo *m* de matarife; ~**opfer** *n* víctima *f*; ~**ordnung** *f* orden *m* de batalla; *in* ~ **aufstellen** (dis)poner en orden de batalla; ~**plan** *m* plan *m* de batalla (*a. fig.*); ~**roß** *n* caballo *m* de batalla; ~**ruf** *m* grito *m* de guerra; ~**schiff** *n* acorazado *m*; ~**ung** *f* matanza *f* (*a. fig.*); ~**vieh** *n* reses *f/pl.* de matadero (*od.* de sacrificio).

'**Schlacke** *f* Met. escoria *f*; *fig.* impureza *f*; ~**n** *pl.* ⚕ residuos *m/pl.*; *Diät*: fibra(s) *f/pl.*; ²**n-arm** *adj.* *Kost*: pobre en fibras; ~**nbildung** *f* escorificación *f*; ²**nfrei** *adj.* exento de escorias; ~**nhalde** *f* escorial *m*; ²**nreich** *adj.* *Kost*: rico en fibras; ~**nstein** *m* ladrillo *m* de escoria.

'**schlack|ern** *v/i.* bambalear; (*zittern*) temblar, temblequear; F *fig. mit den Ohren* ~ quedar(se) boquiabierto; ~**ig** *adj.* escoriáceo; ²**wurst** *f* salchichón *m*; longaniza *f*.

Schlaf *m* (*-es*; 0) sueño *m*; *leichter* (*tiefer*) ~ sueño *m* ligero (profundo); *fig. der ewige* ~ el sueño eterno; *im* ~**e** durmiendo; *fig. et. im* ~ **können** saber al dedillo a/c.; *in tiefem* ~ **liegen** estar profundamente dormido; F estar en siete sueños; *halb im* ~ medio dormido; *in* ~ **sinken** dormirse; *in den* ~ **singen** arrullar; cantar la nana; ~ **finden** conciliar el sueño, dormirse; F *das fällt mir nicht im* ~ **ein**! ¡ni soñarlo!; ¡ni en sueños!; '~**abteil** 🚂 *n* compartim(i)ento *m* de coche-cama(s); '~**anzug** *m* pijama *m*.

'**Schläfchen** *n* sueñecito *m*; siestecita *f*; *ein* ~ **machen** echar un sueñecito (*od.* una siestecita); dar una cabezada, descabezar el sueño.

'**Schlafcouch** *f* sofá-cama *m*.

'**Schläfe** *f* sien *f*.

'**schlafen** (L) *v/i.* dormir; (*übernachten*) pernoctar; hacer (*od.* pasar la) noche; *fig.* (*unaufmerksam sein*) estar durmiendo; *gut* (*schlecht*) ~ dormir bien (mal); ~ **gehen** acostarse, ir a dormir, ir(se) a la cama; *j-n* ~ **legen** acostar a alg.; *sich* ~ **legen** acostarse; *mit j-m* ~ acostarse con alg.; *bei j-m* ~ dormir en casa de alg.; *auswärts* ~ dormir fuera (de casa); *fest* ~ dormir profundamente; *leicht* ~ tener el sueño ligero; *nicht* ~ **können** no poder dormir (*od.* conciliar el sueño); *no poder pegar ojo*; ~ *Sie wohl!* ¡que usted descanse!; ¡que pase usted buena noche!; ~ *Sie darüber* F consúltelo con la almohada.

'**Schläfenbein** *Anat. n* (hueso *m*) temporal *m*.

'**Schlafen|gehen** *n*: *vor dem* ~ antes de acostarse; ~**szeit** *f*: *es ist* ~ es hora de (ir a) dormir (*od.* de acostarse).

'**Schläfer(in** *f*) *m* durmiente *m/f*; (*Lang*²) dormilón *m*; dormilona *f*.

schlaff *adj.* flojo, relajado; (*weich*) blando, fláccido (*a. Haut*); fofo; (*schwach*) débil; sin energía; decaído; (*welk*) marchito, lacio; (*matt*) lánguido; *fig. Moral usw.*: laxo; (*träge*) perezoso; ~ **machen** aflojar, relajar (*a. fig.*); ablandar, debilitar; ~ **werden** aflojarse; relajarse (*a. fig.*); ablandarse; ²**heit** *f* (0) flojedad *f*; relajamiento *m*, relajación *f* (*a. fig.*); blandura *f*; flaccidez *f*; debilidad *f*; falta *f* de energía; flojera *f*; marchitez *f*; laxitud *f*.

'**Schlaf...**: ~**gast** *m* huésped *m* para la noche; ~**gefährte** *m*, ~**genosse** *m* compañero *m* de habitación; ~**gelegenheit** *f* alojamiento *m*; ~**gemach** *n* dormitorio *m*, alcoba *f*.

Schla'fittchen F *n*: *j-n beim* ~ **kriegen** (*od.* **nehmen**) agarrar a alg. por el cogote; echar la garra a alg.

'**Schlaf...**: ~**kabine** ⚓ *f* camarote *m*; ~**kammer** *f* alcoba *f*; ~**koje** ⚓ *f* litera *f*; ~**krankheit** ⚕ *f* enfermedad *f* del sueño; ~**kur** ⚕ *f* cura *f* de sueño; ~**lied** *n* canción *f* de cuna; ²**los** *adj.* insomne; ~**e Nacht** noche *f* en vela (*od.* en blanco *od.* toledana); ²**losigkeit** *f* (0) insomnio *m*; ~**mangel** *m* falta *f* de sueño; ~**mittel** ⚕ *n* somnífero *m*, soporífero *m*, dormitivo *m*; ~**mütze** *f* gorro *m* de dormir; F *fig.* pasmado *m*; dormilón *m*; ²**mützig** F *adj.* dormilón; pasmado; ~**raum** *m* dormitorio *m*.

'**schläfrig** *adj.* soñoliento; medio dormido, adormitado; (*benommen*) amodorrado; *fig.* (*träge*) perezoso; ~ **sein** tener sueño; ~ **machen** adormecer; ~ **werden** adormirse, adormilarse; ²**keit** *f* (0) somnolencia *f*; ganas *f/pl.* de dormir; (*Benommenheit*) modorra *f*; *fig.* indolencia *f*.

'**Schlaf...**: ~**rock** *m* bata *f*; ~**saal** *m* dormitorio *m*; ~**sack** *m* saco *m* de dormir; ~**sessel** *m* sillón-cama *m*; ~**stadt** *f* ciudad *f* dormitorio; ~**stätte** *f*, ~**stelle** *f* alojamiento *m* (para la noche); ~**sucht** ⚕ *f* somnolencia *f*, stärker: letargo *m*; sopor *m*; ²**süchtig** ⚕ *adj.* soñoliento; *stärker*: letárgico; ~**tablette** *f* tableta *f* para dormir; ~**trunk** *m* poción *f* hipnótica (*od.* soporífica; ²**trunken** *adj.* soñoliento; medio dormido; amodorrado; ~**trunkenheit** *f* somnolencia *f*; ~**wagen** 🚂 *m* coche-cama *m*, *Am.* coche *m* dormitorio; ~**wagenabteil** 🚂 *n* → ~**abteil**; ²**wandeln** *v/i.* (*-le*) ser sonámbulo; ~**wandeln** *n* sonambulismo *m*; ~**wandler(in** *f*) *m* sonámbulo (*-a f*) *m*; ~**zimmer** *n* dormitorio *m*; alcoba *f*.

'**Schlag** *m* (*-es*; *⸚e*) golpe *m* (*a. fig.*); ⚕ ataque *m* de apoplejía; (*Herz*²) latido *m*; palpitación *f*; (*Puls*²) pulsación *f*; (*Pendel*²) oscilación *f* (*Wagen*²) portezuela *f*; ⚡ descarga *f* (eléctrica); *im Körper*: sacudida *f*; *calambre m*; (*Glocken*²) campanada *f*; *Forst*: tala *f*; 🪓 hoja *f*; (*Vogelsang*) canto *m*; trino *m*, gorjeo *m*; (*Essen*) ración *f*; (*Treffer*) impacto *m*; *mit dem Stock*: palo *m*; *mit dem Knüppel*: porrazo *m*; estacazo *m*; *mit der Hand*: manotazo *m*, manotada *f*; *mit der flachen Hand*: palmada *f*, (*Faust*²) puñetazo *m*; *mit dem Pferdehuf*: coz *f*; *fig.* (*Art*) especie *f*, clase *f*; *v. Menschen*: raza *f*, casta *f*; *desp.* jaez *m*; calaña *f*, ralea *f*; *vom alten* ~ chapado a la antigua; *vom gleichen* ~ del mismo jaez; ~ *auf* ~ golpe tras golpe; sin cesar; uno tras otro; ~ *auf-kommen Unglück usw.*: llover sobre mojado; *mit e-m* ~ de un solo golpe; (*plötzlich*) de pronto, de repente; de improviso; *vom* ~ *getroffen* ⚕ apoplético; ⚡ electrocutado; *vom* ~ *getroffen werden* ⚕ sufrir un ataque de apoplejía; *mich soll der* ~ *treffen, wenn ...* que me trague la tierra si ...; que me parta un rayo si ...; *ich dachte, mich rührt der* ~! me quedé de piedra; ~ *vier Uhr* las cuatro en punto; *Schläge bekommen* recibir una paliza; *ein* ~ *ins Gesicht* una bofetada (*a. fig.*); *fig. ein* ~ *ins Wasser* un golpe fallido (*od.* al aire); *fig. ein harter* ~ un rudo golpe; *fig. keinen* ~ *tun* no dar golpe; ~**abtausch** *m* Boxen: intercambio *m* de golpes; *fig.* disputa *f*, enfrentamiento *m* verbal; ~**ader** *Anat. f* arteria *f*; ~**anfall** ⚕ *m* (ataque *m* de) apoplejía *f*; *e-n* ~ *bekommen* sufrir un ataque de apoplejía; ²**artig I.** *adj.* brusco; súbito; repentino; **II.** *adv.* de repente, súbitamente; de improviso; de golpe; ~**ball** *m* (juego *m* de) pelota *f*; ~**baß** ♪ *m* contrabajo *m* punteado; ~**baum** *m* barrera *f*; ~**bohrer** ⊕ *m* taladradora *f* de percusión; ~**bolzen** *m* percutor *m*.

'**schlagen** (L) **I.** *v/t.* golpear (*auf ac.*); *gegen* contra); dar golpes (sobre); (*verprügeln*) pegar; (*besiegen*) vencer, derrotar, batir (*a. Sport*); *Brücke*: tender, echar; *Eier*, *Gold*: batir; *Sahne*: *a.* montar; *Wald*, *Baum*: talar; 🦅 *Kreis*: describir, trazar; *Münzen*: acuñar; *Schlacht*: librar; *Wunden*: infligir; ♪ *Laute usw.*: tocar, pulsar, tañer; *Trommel*: tocar; *Stein beim Brettspiel*: comer; *mit der Faust*

Schlagen — Schlauch

(*dem Fuß*) ~ dar un puñetazo (una patada); *j-n ins Gesicht* ~ abofetear (*od.* pegar en la cara) a alg.; *Feuer* ~ sacar chispas; sacar fuego; *j-m et. aus der Hand* ~ quitar a alg. de un golpe a/c. de la mano; *e-n Nagel* ~ *in* clavar un clavo en; *in Papier* ~ envolver en papel; *an die Wand* ~ fijar en la pared; *durch ein Sieb* ~ pasar por el tamiz; *die vollen und die halben Stunden* ~ dar las horas y las medias; *Sport: A schlug B 3 zu 2* A ganó a B por tres (tantos) a dos; **II.** *v/i.* golpear; chocar; *Herz, Puls*: latir; palpitar; *Uhr*: dar la hora; *Pferd*: cocear, dar coces; *Vogel*: cantar, trinar; gorjear; *Motor*: ratear; *Tür usw.*: golpear; ⚓ *Segel*: gualdrapear; *gegen, an od. auf et.* ~ dar (*od.* chocar) contra a/c.; *Regen*: azotar (*ac.*); *nach j-m* ~ dar un golpe a alg.; *fig.* parecerse a, salir a alg.; *um sich* ~ dar golpes a diestro y siniestro; *blind um sich* ~ dar palos de ciego; *mit Händen und Füßen um sich* ~ defenderse a puñetazos y patadas; *in die Höhe* ~ *Flammen*: alzarse; **III.** *v/refl.*: *sich mit j-m* ~ batirse con alg. (*a. im Duell*); (*prügeln*) pelearse con alg.; *sich um et.* ~ disputarse a/c.; *arrancarse a/c. de las manos*; 🗡 *sich auf die Nieren usw.* ~ afectar los riñones, *etc.*; *sich an die Brust* ~ golpearse el pecho; *sich an die Stirn* ~ darse una palmada en la frente; *sich durch den Feind* ~ atravesar (*od.* abrirse paso a través de) las filas enemigas; *sich durchs Leben* ~ ir viviendo (F tirando); *sich zu j-m* (*od. auf j-s Seite*) ~ ponerse del lado de alg.; tomar partido por alg.; *sich zu e-r Partei* ~ afiliarse a un partido; *sich durch die Welt* ~ abrirse camino en la vida; **IV.** *p/p.*: *sich geschlagen geben* darse por vencido (*a. fig.*); *er hat sich gut geschlagen* se ha batido bien (*a. fig.*); *es hat 3 geschlagen* han dado las tres; *s-e Stunde hat geschlagen* ha llegado su hora; *e-e geschlagene Stunde* una hora entera; *ein geschlagener Mann* un hombre arruinado (*od.* perdido); *fig.* *ich war völlig geschlagen* (*erschöpft*) estaba agotado; (*überrascht*) estaba asombrado (*od.* estupefacto); (*entmutigt*) estaba descorazonado; **V.** ⚨ *n* golpeo *m*; *des Herzens*: latido *m*; palpitación *f*; *des Pulses*: pulsación *f*; *der Uhr, der Glocke*: campanada *f*; *der Vögel*: canto *m*; gorjeo *m*, trino *m*; *e-r Brücke*: tendido *m*, construcción *f*; *e-s Waldes*: tala *f*; ~**d** *adj.* contundente, concluyente (*a. Beweis*) convincente; (*unwiderlegbar*) irrefutable; 🗡 ~**e** *Wetter* grisú *m*; *Uni.* ~**e** *Verbindung* asociación estudiantil que practica la esgrima.

'**Schlager** *m* ⚨ (*Verkaufs*⚨) artículo *m* de gran venta; ♪ canción *f* moderna (*od.* de moda); (*canción f de*) éxito *m*; *Thea.* éxito *m* de taquilla, F exitazo *m*.

'**Schläger** *m* (*Raufbold*) matón *m*; pendenciero *m*, camorrista *m*; (*Ball*⚨) *allg.* pala *f*; (*Tennis*⚨) raqueta *f*; (*Hockey*⚨) stick *m*; (*Golf*⚨) palo *m*; *Fechtk.* florete *m*; *Kochk.* batidor *m*.

Schläge'rei *f* reyerta *f*, riña *f*, pelea *f*, pendencia *f*; *e-e* ~ *anfangen* llegar a las manos.

'**Schlager|festival** *n* festival *m* de la canción; ~**komponist** *m* compositor *m* de canciones de moda; ~**melodie** *f* melodía *f* en boga; aire *m* de moda; ~**parade** *f* hit-parade *m*; ~**sänger** *m* intérprete *m* de canciones de moda.

'**Schlägertyp** *m* matón *m*.

'**Schlag...**: ⚨**fertig** *fig. adj.*: ~ *sein* saber replicar; tener buenas salidas; ~**e** *Antwort* réplica *f* aguda; ~ *antworten* replicar con viveza; ~**fertigkeit** *fig. f* prontitud *f* en la réplica; capacidad *f* de réplica; ~**festigkeit** *f* resistencia *f* a los choques (*od.* a los golpes); ~**flügelflugzeug** ✈ *n* ornitóptero *m*; ~**fluß** ⚨ *m* apoplejía *f*; ~**holz** *n Sport*: pala *f*; ~**instrument** ♪ *n* instrumento *m* de percusión; ~**kraft** *f* ⚔ fuerza *f* combativa (*od.* de combate), combatividad *f*; *fig.* energía *f*, vigor *m*; ⚨**kräftig** *adj.* fuerte, potente; (*beweiskräftig*) contundente; ⚔ combativo; ~**licht** *n Mal.* claro *m*; (*Strahl*) rayo *m* de luz (*a. fig.*); *fig. ein* ~ *werfen auf* poner en evidencia; ~**loch** *Vkw. n* bache *m*; ~**rahm** *m* → ~**sahne**; ~**ring** *m* llave *f* americana; ~**sahne** *f* nata *f* batida *bzw.* para montar; ~**schatten** *m Mal.* sombra *f* proyectada; ~**seite** ⚓ *f* escora *f*; ~ *haben* escorar; dar la banda, bandear; F *fig.* estar medio borracho, tambalearse, dar bandazos; ~**serie** *f Boxen*: serie *f* de golpes; ~**stock** *m Polizei*: porra *f*; ~**uhr** *f* reloj *m* de horas; ~**wechsel** *m Boxen*: cambio *m* de golpes; ~**werk** *n Uhr*: juego *m* de campanas; sonería *f*; ~**wetter** ⚒ *n* grisú *m*; ~**wetter-explosion** *f* explosión *f* de grisú; ~**wetterschutz** *m* protección *f* antigrisú; ~**wort** *n* frase *f* hecha; (*Gemeinplatz*) lugar *m* común, tópico *m*; (*Motto*) lema *m*, (*e*)slogan *m*; ~**zeile** *f* titular *m*, cabecera *f*; ~**n machen** saltar a las primeras páginas; ~**zeug** ♪ *n* batería *f*, percusión *f*; ~**zeuger** ♪ *m* batería *m*, baterista *m*, percusionista *m*; ~**zünder** *m* cebo *m* de percusión.

'**Schlaks** F *m* (-*es*; -*e*) F grandullón *m*, larguirucho *m*; ⚨**ig** *adj.* larguirucho; desgarbado.

Schla'massel F *m* (-*s*; -) (*Widerwärtigkeit*) contrariedad *f*; F mala pata *f*; (*Durcheinander*) embrollo *m*; F lío *m*, follón *m*, cacao *m*.

Schlamm *m* (-*es*; -*e*) lodo *m*, fango *m* (*a.* 🗡 *u. fig.*), barro *m*; limo *m*; cieno *m* (*a. fig.*); '~**bad** 🗡 *n* baño *m* de fango (*od.* de lodo); '~**boden** *m* terreno *m* cenagoso.

'**schlämmen** *v/t. Hafen usw.*: dragar; limpiar; *Erze*: lavar, decantar; 🗡 levigar; ⚨ embarrar.

'**schlammig** *adj.* lodoso, fangoso; cenagoso; limoso.

'**Schlämmkreide** *f* creta *f* lavada; blanco *m* de España.

'**Schlamm|loch** *n* lodazal *m*; atascadero *m*; ~**packung** 🗡 *f* envoltura *f* de fango.

'**Schlamp|e** F *f* mujer *f* desaseada; F puerca *f*; ⚨**en** F *v/i.* (*unordentlich sein*) ser desordenado (*od.* descuidado); (*schlampig arbeiten*) chapucear; ~**er** F *m* chapucero *m*; ~**e'rei** F *f* desorden *m*; desaliño *m*, desaseo *m*; (*Nachlässigkeit*) desidia *f*, dejadez *f*; (*Arbeit*) chapuza *f*; ⚨**ig** F *adj.* (*nachlässig*) descuidado, desidioso; desaliñado; desaseado; *Arbeit*: chapucero.

'**Schlange** *f Zoo.* culebra *f*; serpiente *f*; *Poes.* sierpe *f*; ⊕ serpentín *m*; *Astr.* Serpiente *f*; *fig.* víbora *f*, serpiente *f*; (*Menschen*⚨) cola *f*; (*Auto*⚨) caravana *f*; ~ *stehen* hacer (*od.* formar) cola; *e-e* ~ *am Busen nähren* criar cuervos.

'**schlängeln** (-*le*) *v/refl.*: *sich* ~ *Bach, Weg usw.*: serpentear; ondular; *um et.*: enroscarse (en); (*kriechen*) arrastrarse, reptar; ~**d** *adj.* serpenteado, sinuoso; tortuoso.

'**Schlangen...**: ⚨**artig** *adj.* serpentino; (*gewunden*) sinuoso, serpenteado; ~**beschwörer** *m* encantador *m* de serpientes; ~**biß** *m* picadura *f* (*od.* mordedura *f*) de serpiente; ~**brut** *f* nidada *f* de serpientes; *fig.* ralea *f* de víboras (*od.* de sierpes); ~**farm** *f* serpentario *m*; ⚨**förmig** *adj.* → ⚨**artig**; ~**fraß** F *m* bazofia *f*, bodrio *m*; ~**gift** *n* veneno *m* de serpiente; ~**haut** *f* piel *f* de serpiente; ~**kühler** ⊕ *m* serpentín *m* refrigerador; ~**leder** *n* piel *f* de serpiente; ~**linie** *f* línea *f* sinuosa; serpentina *f*; raya *f* ondulada; ~**mensch** *m* contorsionista *m*; F hombre *m* de goma; ~**rohr** *n*, ~**röhre** *f* serpentín *m*; ~**stab** *m Myt.* caduceo *m*; ~**windung** *f* sinuosidad *f*, tortuosidad *f*; *e-s Weges*: serpentina *f*; ~**wurz**(**el**) ♣ *f* serpentaria *f*.

'**schlank** *adj.* delgado; esbelto; ~ *machen*; ~(*er*) *werden* adelgazar; *von* ~**er** *Figur* (*od.* ~**em** *Wuchs*) de esbelta figura; *de talle esbelto*; ⚨**heit** *f* (0) delgadez *f*; esbeltez *f*; ⚨**heitsdiät** *f* régimen *m* adelgazante; ⚨**heitskur** *f* cura *f* de adelgazamiento; ⚨**heitsmittel** *n* producto *m* adelgazante; ~**machend** *adj.* adelgazante; ~**weg** *adv.* rotundamente; sin ceremonias; lisa y llanamente.

'**schlapp** *adj.* flojo; laxo; blando; blanduzco; fofo; *fig.* desmadejado; enervado, sin energía; apagado; ~ *machen* fatigar; enervar; ~ *werden* fatigarse; enervarse; ⚨**e** F *f* revés *m*; fracaso *m*; (*Niederlage*) derrota *f*, descalabro *m*; *e-e* ~ *erleiden* (*od.* einstecken*) sufrir un fracaso *bzw.* una derrota *od.* un descalabro; ~**en I.** *v/i.* (*latschen*) arrastrar los pies; **II.** *v/t.* (*schlürfen*) beber a lengüetadas; ⚨**en** *m* (*Pantoffel*) chancleta *f*; zapatilla *f*; ⚨**heit** *f* (0) flojedad *f*; apatía *f*; dejadez *f*; enervación *f*; ⚨**hut** *m* sombrero *m* flexible (de ala ancha); chambergo *m*; ~**machen** F *v/i.* flaquear, flojear; desmayarse; *nur nicht* ~! ¡ánimo!; ⚨**ohren** *n/pl.* orejas *f/pl.* gachas; ⚨**schuh** *m* → *Schlappen*; ⚨**schwanz** F *m* blandengue *m*, F mandria *m*; bragazas *m*.

Schla'raffen|land *n* (país *m* de) jauja *f*; país *m* de las mil maravillas; ~**leben** *n* vida *f* ociosa (*od.* de canónigo).

schlau *adj.* (-*st od.* -*est*) (*listig*) astuto; avispado; pillo, socarrón; (*klug*) listo; prudente; F *ich werde nicht* ~ *daraus* no comprendo nada; no me aclaro; *er wird nie* ~ no aprenderá nunca; *das ist ein ganz* ⚨**er** *sabe* mucho latín; ⚨**berger** F *m* vivo *m*, cuco *m*, pillo *m*; marrullero *m*.

'**Schlauch** *m* (-*es*; ⚨**e**) **1.** tubo *m* (flexible); *zum Spritzen*: manga *f*, manguera *f*; (*Wein*⚨, *Öl*⚨) odre *m*; *Kfz.*,

Fahrrad: cámara *f* de aire; **2.** F (*Strapaze*) brega *f*; F paliza *f*; ²**artig** *adj.* tubular; ~**boot** *n* bote *m* neumático; ²**en** F *v*/*t. u. v*/*i.* fatigar, cansar; *j-n* ~ hacérselas pasar moradas a alg.; hacerle sudar (la gota gorda) a alg.; ~**leitung** *f* tubería *f* flexible; ²**los** *adj. Reifen*: sin cámara; ~**ventil** *n* válvula *f* de cámara de aire.

'**Schläue** *f* (0) → *Schlauheit.*
'**schlauer**'**weise** *adv.* astutamente; prudentemente.
'**Schlaufe** *f* lazo *m*; (*Knoten*) nudo *m* corredizo; *am Gürtel usw.*: pasador *m*.
'**Schlau**|**heit** *f* (0) astucia *f*; picardía *f*; cuquería *f*, socarronería *f*; (*Klugheit*) prudencia *f*; ~**kopf** *m*, ~**meier** *m* → *Schlauberger*.
Schla'**winer** F *m* pillo *m*; bribón *m*.
'**schlecht** (-*est*) **I.** *adj.* malo; *Kurzform*: mal; (*boshaft*) malvado, malicioso; (*gemein*) vil, ruin; *Trost*: triste; *Zeiten*: duro; difícil; (*verdorben*) podrido, estropeado; *bsd. Obst*: pasado; *Luft*: viciado; ~**e Augen** mala vista; ~**er Ruf** mala fama (*od.* reputación); ~**es Geschäft** mal negocio; ~**e Behandlung** maltrato *m*, malos tratos *m*/*pl.*; *in* ~**er Gesellschaft** en mala compañía; *im* ~**en Sinne** en mal sentido; ~**er Mensch** mala persona; miserable *m*; ~**er Scherz** broma *f* de mal gusto; *es ist* ~**es Wetter** hace mal tiempo; *in* ~**em Zustand** en mal estado; ~ *werden* *Sache*: echarse a perder; estropearse; deteriorarse; ~**er werden** empeorar; *mir ist bzw. wird* ~ me siento mal; *dabei kann ehm* ~ *werden* (es algo que) da náuseas; *nicht* ~! no está mal; **II.** *adv.* mal; ~ *handeln* hacer mal; *an j-m*: portarse mal (con alg.); *auf j-n* ~ *zu sprechen sein* no estar bien dispuesto hacia alg.; F estar de punta con alg.; ~ *zu übersetzen* difícil de traducir; ~ *besucht* poco concurrido; ~ *angeschrieben sein* ser mal visto; ~ *machen Arbeit*: hacer mal (*od.* mal aspecto); ~ *behandeln* tratar mal; (*mißhandeln*) maltratar; *heute geht es* ~ hoy me viene mal; *es wird ihm* ~ *bekommen*! lo pagará caro; *es bekam ihm* ~ le sentó mal (*a. fig.*); *es geht ihm* ~, *es steht* ~ *um ihn wirtschaftlich*: sus negocios van mal; *gesundheitlich*: va mal; ~ *und recht* mal que bien; *mehr* ~ *als recht* con más pena que gloria; *immer* ~**er** de mal en peor; *cada vez peor*; *ich kann es* ~ *vermeiden* no puedo evitarlo; ~**e**(**s**) *n*: *das* ~ lo malo; ~**er**'**dings** *adv.* absolutamente; decididamente; ~ *unmöglich* de todo punto imposible; ²**er-stellung** *f* discriminación *f*; ~**gelaunt** *adj.* malhumorado, de mal humor; ²**heit** *f* (0) → *Schlechtigkeit*; ~'**hin** *adv.* sencillamente; (pura y) simplemente; por antonomasia; (*unumwunden*) lisa y llanamente.
'**Schlechtigkeit** *f* (*Bosheit*) maldad *f*; (*Verderbtheit*) perversidad *f*; depravación *f*; (*Gemeinheit*) vileza *f*; ruindad *f*; bajeza *f*.
'**schlecht**|**machen** *v*/*t.*: *j-n* ~ hablar mal de alg.; dejar mal (*od.* en mal lugar) a alg.; (*verleumden*) calumniar, denigrar a alg.; ~**riechend** *adj.* maloliente; ~**weg** *adv.* → ~**hin**; ²-'**wettergebiet** *n* zona *f* de mal tiem-

po; ²'**wetterperiode** *f* período *m* de mal tiempo.
'**schlecke**|**n** *v*/*t. u. v*/*i.* (re)lamer; (*naschen*) comer golosinas; ²'**rei** *f* golosina *f*; ²**rmaul** *n* goloso *m*.
'**Schlegel** *m* mazo *m*; (*Trommel*²) palillo *m*; baqueta *f*; ⚒ martillo *m* de minero; *Kochk.* pernil *m*; pierna *f*.
'**Schleh**|**dorn** ♣ *m* (-*¢s*; -*e*) endrino *m*; ~**e** *f* endrina *f*.
'**schleich**|**en** (*L*; *sn*) *v*/*i.* (*langsam gehen bzw. fahren*) ir a paso lento; avanzar a paso de tortuga; *auf Zehenspitzen*: andar (*od.* ir) de puntillas; *heimlich*: deslizarse; andar furtivamente; *sich in das bzw. aus dem Haus* ~ introducirse *bzw.* salir furtivamente (*od.* a hurtadillas) en (de) la casa; *geschlichen kommen* acercarse a hurtadillas (*od.* a paso de lobo *od.* sigilosamente); F *schleich dich!* ¡lárgate!; ~**end** *adj.* (*verstohlen*) furtivo; *Gift*: lento; *Krankheit*: latente; (*tückisch*) insidioso, (*chronisch*) crónico; *Inflation*: reptante, latente; ²**er** *fig. m* hipócrita *m*; rastrero *m*; (*Leisetreter*) F mosca (*od.* mosquita *f*) muerta, mátalas callando *m*; ²**e**'**rei** *f* manejos *m*/*pl.* subrepticios; disimulo *m*; rodeos *m*/*pl.*; ²**handel** *m* comercio *m* clandestino, tráfico *m* ilícito; (*Schwarzhandel*) F estraperlo *m*; (*Schmuggel*) contrabando *m*; ²**händler** *m* traficante *m* clandestino; F estraperlista *m*; contrabandista *m*; ²**weg** *m* camino *m* secreto (*a. fig.*); *fig.* medios *m*/*pl.* ocultos; *auf* ~**en** subrepticiamente; clandestinamente; ²**werbung** ✝ *f* publicidad *f* encubierta.
'**Schleie** *Ict. f* tenca *f*.
'**Schleier** *m* velo *m* (*a. Phot. u. fig.*); (*Nebel*², *Dunst*²) cortina *f*; *den* ~ *lüften* quitar (*od.* descorrer) el velo (*a. fig.*); *den* ~ *nehmen Nonne*: tomar el velo; *er* ~ *vor den Augen haben* tener un velo ante los ojos; *unter dem* ~ *der Nächstenliebe* bajo el manto de la caridad; *fig.* e-n ~ *über et. breiten echar* (*bzw.* correr) un velo sobre a/c.; ~**eule** *Orn. f* lechuza *f*; ²**haft** *adj.* misterioso, enigmático; (*unbegreiflich*) incomprensible; *das ist mir ein* ~ no me lo explico; no lo comprendo; ~**tanz** *m* danza *f* de los velos.
'**Schleif**|**bahn** *f* pista *f* de deslizamiento; ~ *f* lazo *m* (*a. Haar*²); (*Knoten*) nudo *m*; (*Band*) cinta *f*; (*Kurve*) curva *f*, viraje *m*; recodo *m*; (*Fluß*²) meandro *m*; ✈ rizo *m*; e-e ~ *fliegen* hacer el rizo.
'**schleifen I.** (*L*) *v*/*t.* **1.** (*schärfen*) afilar, vaciar, amolar; ⊕ rectificar; *Rasiermesser*: suavizar; (*glätten*) pulir; (*schmirgeln*) esmerilar; lijar; *Glas*: tallar; biselar; *Edelsteine*: tallar; abrillantar; **2.** *fig.* *j-n* ~ (*gute Manieren beibringen*) pulir a alg.; (*drillen*) F hacérlas pasar canutas a alg.; **3.** ⚔ *Festung usw.*: arrasar, desmantelar; **4.** (*schleppen*) arrastrar (*a. v*/*i.*); F *j-n* ~ llevar a alg. a rastras; **5.** ♪ ligar; **II.** ² *n* afiladura *f*, vaciado *m*; rectificación *f*; pulimento *m*; tallado *m*; esmerilado *m*; ⚔ *Festung usw.*: desmantelamiento *m*; ♪ ligadura *f*; ²**flug** ✈ *m* vuelo *m* de rizos.
'**Schleifer** *m* afilador *m*, amolador *m*; vaciador *m*; pulidor *m*; rectificador *m*; (*Edelstein*²) tallador *m*; ♪ apoya-

tura *f*, mordente *m*; *fig.* ✕ instructor *m* inhumano, F negrero *m*.
Schleife'**rei** *f* taller *m* de afilador.
'**Schleif-...**: ~**kontakt** ≴ *m* contacto *m* por rozamiento (*od.* fricción); ~**lack** *m* laca *f* para pulir; ~**maschine** *f* afiladora *f*; rectificadora *f*; lijadora *f*; amoladora *f*; ~**mittel** *n* abrasivo *m*; ~**papier** *n* papel *m* de lija (*od.* abrasivo); ~**rad** *n* rueda *f* de afilar; ~**riemen** *m* suavizador *m*; ~**ring** ≴ *m* anillo *m* colector; ~**scheibe** *f* muela *f*; ~**stein** *m* piedra *f* de afilar; *drehbarer*: muela *f*; ~**ung** *f* → *Schleifen*.
'**Schleim** *m* (-¢*s*; -*e*) *Physiol.* mucosidad *f*; (*bsd. Nasen*²) moco *m*; ✱ pituita *f*; flema *f*; ♣ mucílago *m*; *der Schnecke*: baba *f*; *Kochk.* crema *f* (de cereales); ~ *aushusten* expectorar; ~**absonderung** *f* secreción *f* mucosa; ²**artig** *adj.* mucoso; ♣ mucilaginoso; ~**auswurf** *m* expectoración *f*; ~**beutel** *Anat. m* bolsa *f* sinovial; ~**beutel-entzündung** ✱ *f* sinovitis *f*; ~**drüse** *Anat. f* glándula *f* mucosa; ²**en** *v*/*i.* producir mucosidades; ~**er** *desp. m* zalamero *m*; adulón *m*; ~**fluß** ✱ *m* flujo *m* mucoso; ~**haut** *Anat. f* (membrana *f*) mucosa *f*; ²**ig** *adj.* mucoso; ♣ mucilaginoso; ♣ flemoso; (*zähflüssig*) viscoso; *fig. desp.* rastrero, adulador; ²**lösend** *adj.* expectorante; ~**suppe** *f* crema *f* (de cereales).
'**schleißen** (-*t*) *v*/*i.* (des)gastarse.
'**schlemm**|**en** *v*/*i.* comer opíparamente; regalarse; banquetear; F andar de francachela; (*üppig leben*) F darse la gran vida; ²**er** *m* (*Genußmensch*) sibarita *m*; (*Fresser*) glotón *m*; F comilón *m*, tragón *m*; ²**e**'**rei** *f* sibaritismo *m*; (*Gefräßigkeit*) glotonería *f*; (*Gelage*) francachela *f*; comilona *f*; ~**erhaft** *adj.* *Mahl*: opíparo, pantagruélico; *Leben*: sibarítico, de sibarita.
'**schlender**|**n** (-*re*; *sn*) *v*/*i.* pasear lentamente; ir (*od.* andar) paseando (*durch por*); *durch die Straßen* ~ callejear; vagar por las calles.
'**Schlendrian** *m* (-¢*s*; 0) rutina *f*; (*Unachtsamkeit*) descuido *m*; desidia *f*, incuria *f*; *s-n* ~ *gehen* seguir el camino trillado.
'**schlenkern** (-*re*) *v*/*t. u. v*/*i.* bambolear (*die Arme od. mit den Armen* los brazos).
'**Schlepp**|**antenne** *f* antena *f* colgante; ~**dampfer** *m* remolcador *m*; ~**e** *f* e-*s Kleides*: cola *f*; ²**en I.** *v*/*t.* arrastrar; ⚓, ✕, *Kfz.* remolcar; *Netz*: rastrear; F *fig. j-n*: llevar a rastras; **II.** *v*/*refl.*: *sich* ~ arrastrarse; *sich mit et.* ~ cargar con a/c.; *fig.* luchar con a/c.; *Krankheit*: arrastrar, padecer desde hace tiempo; **III.** *v*/*i.* arrastrar; ♪ retrasar; ~**en** *m* arrastre *m*; remolque *m*; ²**end** *adj.* arrastrado; (*langsam*) lento; (*schwerfällig*) pesado; *Börse*: desanimado; *Stimme*: lánguido, cansino; ~**enkleid** *n* vestido *m* de cola; ~**enträger** *m* e-*s Kirchenfürsten*: caudatario *m*; ~**er** *m* ♣ remolcador *m*; ⚙ tractor *m* (*f. Kundenwerber*) gancho *m*; ~**flug** *m* vuelo *m* a remolque; ~**flugzeug** *n* avión *m* remolcador; ~**kahn** ⚓ *m* lancha *f* de remolque; ~**lift** *m* telearrastre *m*; ~**lohn** *m* derechos *m*/*pl.* de remolque; ~**netz** *n* red *f* barredera (*od.* de arrastre);

Schleppnetzfischerei — Schloß

traína f; ~netzfischerei f pesca f de arrastre; ~schiff n (barco m) remolcador m; ~schiffahrt f remolque m; ~seil n ⚓ cable m de remolque (od. de arrastre); ⚔ cuerda f guía; zum Treideln: sirga f; Ballon: arrastradera f; ~start ⚔ m despegue m remolcado; ~tau n → ~seil; ins ~ nehmen llevar a remolque (a. fig.); sich von j-m ins ~ nehmen lassen dejarse arrastrar por alg.; ~zug ⚓ m flotilla f de remolque.

'Schles|ien n Silesia f; ~ier m, ²isch adj. silesiano (m).

'Schleswig-Holstein n Schleswig-Holstein m.

'Schleuder f (; -n) honda f; ⚔ catapulta f; ⊕ centrifuga f, centrifugadora f; (Wäsche²) secadora f centrífuga; für Honig usw.: extractor m; ~gebläse ⊕ n soplante m centrifuga; ~gefahr Vkw. f piso m deslizante; ~honig m miel f extraída; ~kraft f fuerza f centrífuga; ~kreisel m diábolo m; ~maschine f centrifugadora f; ⚔ catapulta f; ²n (-re) I. v/t. (werfen) lanzar, arrojar; ⊕ centrifugar (a. Wäsche); ⚔ lanzar con catapulta, catapultar; Honig: extraer; II. v/i. Kfz. resbalar, patinar, derrapar; ~n n (Werfen) lanzamiento m; Kfz. patinazo m, derrape m; ⚔ lanzamiento m por catapulta; ⊕ centrifugación f; ins ~ geraten dar un patinazo; ~preis ✝ m precio m ruinoso; ~pumpe f bomba f centrifuga; ²sicher adj. antideslizante; ~sitz ⚔ m asiento m catapulta (od. eyectable); ~start ⚔ m lanzamiento m (od. despegue m) por catapulta; ~waffe f arma f arrojadiza; ~ware ✝ f género m a precio tirado; baratijas f/pl.

'schleunig adj. pronto; rápido; apresurado; (überstürzt) precipitado; ~st adv. de prisa, corriendo, a salto de mata; (unverzüglich) sin tardanza, sin demora; lo antes posible, cuanto antes.

'Schleuse f esclusa f; ²n (-t) v/t. hacer pasar por la esclusa; fig. hacer pasar; ~ngeld n derechos m/pl. de esclusa; ~nkammer f cámara f de esclusa; ~nmeister m guarda-esclusa m; ~ntor n puerta f de esclusa; compuerta f; ~nwärter m → ~meister.

'Schliche m/pl. intrigas f/pl., manejos m/pl.; maquinaciones f/pl.; trucos m/pl., mañas f/pl., tretas f/pl., F martingalas f/pl.; hinter j-s ~ kommen, j-m auf die ~ kommen descubrir las intrigas (od. los manejos) de alg.; j-s ~ kennen conocer los trucos (od. las mañas) de alg.

schlicht adj. (-est) (einfach) simple, sencillo; llano; escueto; (glatt) liso; (anspruchslos) modesto; Mahl: frugal; die ~e Wahrheit la verdad escueta; ein ~er Mensch un hombre sencillo; ~ und einfach lisa y llanamente; '²e f Textil: encolante m; '~en (-e-) v/t. 1. Streit: arreglar, componer; zanjar; dirimir; 2. ⊕ (glätten) alisar; allanar, aplanar; Textil: encolar; Tuch: carmenar; '²en n conciliación f; durch Schiedsspruch: arbitraje m; (Glätten) alisadura f; aplanamiento m, allanamiento m; '²er m árbitro m; mediador m; conciliador m; '²feile f lima f dulce; '²hammer m martillo m de alisar; '²heit f (0) sencillez f; llaneza f;

simplicidad f; '²hobel m cepillo m de alisar; '²maschine f encoladora f.

'Schlichtung f conciliación f; mediación f; durch Schiedsspruch: arbitraje m; ~s-ausschuß m comisión f de conciliación bzw. de arbitraje; ~s-versuch m tentativa f de conciliación.

Schlick m (-es; -e) légamo m, cieno m, lodo m; barro m.

'Schliere f im Glas: estría f.

'Schließe f cierre m; (Schnalle) hebilla f.

'schließen (L) I. v/t. cerrar; (ein~) encerrar; (beenden) terminar, acabar, concluir; rematar; (folgern) deducir, inferir, concluir (aus de); Kongreß, Versammlung: clausurar; Bündnis: concertar; Vertrag: concluir; Ehe: contraer; Sitzung: levantar; Debatte: cerrar; Freundschaft: trabar, contraer; in sich ~ encerrar, incluir, entrañar, abarcar, implicar; an et. ~ atar; (ketten) encadenar; fig. añadir; an den Vortrag schloß sich e-e Diskussion a la conferencia siguió una discusión; sich ~ cerrarse (a. Wunde); (vernarben) cicatrizarse; II. v/i. cerrar; (zu Ende gehen) terminarse, acabarse; aus et. ~ deducir (od. inferir) de a/c.; auf et. ~ lassen denotar, indicar, sugerir a/c.; von sich selbst auf andere ~ juzgar a los otros por sí mismo; der Schlüssel schließt nicht la llave no cierra; → geschlossen; III. ²n → Schließung.

'Schließer m llavero m; (Pförtner) portero m; in Gefängnissen: carcelero m.

'Schließfach n ✂ apartado m de correos, Am. casilla f de correo; Bahnhof: consigna f automática; Bank: caja f fuerte (od. de seguridad).

'schließlich adv. finalmente; por fin; por último; en fin de cuentas, al fin y al cabo; en definitiva; ~ et. tun acabar haciendo a/c.

'Schließmuskel Anat. m esfínter m.

'Schließung f cierre m; e-r Ehe: celebración f; e-r Versammlung usw.: clausura f.

Schliff m (-es; -e) (Schleifen) pulimento m; esmerilado m; (Schärfen) afiladura f; Edelsteine: tallado m; (geschliffene Fläche) superficie f pulimentada; e-s Edelsteins: faceta f; e-s Messers: filo m; fig. (Lebensart) urbanidad f, buenos modales m/pl.; ⚔ (Drill) adiestramiento m rudo; j-m ~ beibringen desbastar (od. pulir od. F desasnar) a alg.; e-r Sache den letzten ~ geben dar los últimos toques a a/c.

'schlimm adj. malo, Kurzform u. adv.: mal; (ernst) grave, serio; (ärgerlich) molesto, fastidioso; Zeit: difícil; duro; e-e ~e Sache mala cosa; mal asunto; e-e ~e Wendung nehmen tomar mal rumbo; ein ~es Ende nehmen acabar mal; ~ dran sein estar mal; estar en una situación difícil (od. delicada); es steht ~ mit ihm las cosas van mal para él; va por mal camino; e-n ~en Fuß haben tener un pie enfermo; das ist nicht ~ no ha sido nada; das ist halb (od. nicht so) ~ no es para tanto; er ist nicht so ~, wie er aussieht no es tan malo como parece; F ist es ~, wenn ich nicht komme? ¿te importa si no vengo?; ~er adj. u. adv. peor;

immer ~ cada vez peor; was ~ ist lo que es peor; um so ~ tanto peor; ~ machen bzw. werden empeorar; ~ werden ir cada vez peor; ir de mal en peor; Krankheit: agravarse; es gibt ²es hay cosas peores; ²ste n: das ~ lo peor; auf das ~ gefaßt sein estar preparado para lo peor; esperar lo peor; ~stenfalls adv. en el peor de los casos.

'Schlinge f lazo m (a. Jgdw. u. fig.); (Schlaufe) nudo m corredizo; (Masche) red f; ⚕ cabestrillo m; e-e ~ legen tender un lazo (a. fig.); fig. in die ~ gehen caer en el lazo (od. en la trampa); sich aus der ~ ziehen librarse de un peligro; salir del apuro; den Arm in der ~ tragen llevar el brazo en cabestrillo.

'Schlingel m pilluelo m, F pillín m; granuja m, bribón m.

'schlingen (L) v/t. 1. (ineinander~) enlazar, entrelazar; (binden) anudar; sich um et. ~ arrollarse a a/c.; enroscarse en a/c.; Pflanzen: trepar por a/c.; die Arme um j-n ~ abrazar a alg.; 2. (a. v/i.) deglutir; tragar, engullir, F zampar.

'Schlinger|bewegung f balance m, balanceo m; ²n ⚓ v/i. balancear(se); dar bandazos (a. fig.); ~n ⚓ n → ~bewegung.

'Schlingpflanze f planta f voluble (od. enredadera); bejuco m.

Schlips m (-es; -e) corbata f; F fig. j-m auf den ~ treten ofender a alg.; sich auf den ~ getreten fühlen sentirse ofendido; picarse.

'Schlitten m trineo m; (Rodel²) tobogán m, gal. luge f; ⊕ u. Schreibmaschine: carro m; ⚓ zum Stapellauf: basada f; F (Auto) coche m, desp. cacharro m; ~ fahren ir en trineo; fig. unter den ~ kommen caer muy bajo; ~bahn f pista f de trineos; ²fahren F fig. v/i.: mit j-m ~ tratar muy mal (od. sin contemplaciones) a alg.; ~fahrt f paseo m en trineo; ~kufe f patín m (de trineo); ~lift m teletrineo m.

'Schlitter|bahn f resbaladero m, deslizadero m; ²n (-re; sn) v/i. resbalar (auf dem Eis sobre el hielo); patinar; fig. in et. ~ verse envuelto (od. implicado) en a/c.; ~n n resbalón m; patinazo m.

'Schlittschuh m patín m (para hielo); ~ laufen patinar; ~bahn f patinadero m; pista f de hielo; ~laufen n patinaje m (sobre hielo); ~läufer(in f) m patinador(a f) m (sobre hielo).

'Schlitz m (-es; -e) abertura f estrecha; (Spalt) hendidura f; raja f; rendija f; im Kleid: cuchillada f; (Hosen²) bragueta f; (Einwurf²) ranura f; ~ärmel m manga f acuchillada; ~augen n/pl. ojos m/pl. rasgados; ²äugig adj. de ojos rasgados; ~blende Phot. f diafragma m de hendidura; ²en (-t) v/t. hender, hendir; rajar; Kleid: acuchillar; ~fräser ⊕ m fresa f para ranurar; ~ohr F fig. n zorro m, vivo m; ²ohrig F adj. astuto, taimado, vivo; ~verschluß Phot. m obturador m de cortina.

'schloh'weiß adj. (0) blanco como la nieve.

Schloß n (-sses; ²sser) 1. palacio m; (Burg) castillo m; Span. a. alcázar m; Schlösser im Mond castillos en el aire;

2. (Tür♀) cerradura f; cerrojo m (a. Gewehr♀); (Vorhänge♀) candado m; (Verschluß) cierre m; unter ~ und Riegel a buen recaudo; hinter ~ und Riegel setzen (sitzen) meter (estar) entre rejas (od. F en chirona).
'**Schlößchen** n palacete m.
'**Schloße** f pedrisco m.
'**Schlosser** m cerrajero m.
Schlosse'rei f cerrajería f.
'**Schlosser...**: ~**geselle** m oficial m (de) cerrajero; ~**handwerk** n oficio m de cerrajero; cerrajería f; ~**lehrling** m aprendiz m de cerrajero; ~**meister** m maestro m cerrajero; ♀**n** (-βre) v/i. hacer trabajos de cerrajería; ~**werkstatt** f (taller m de) cerrajería f.
'**Schloß...**: ~**herr(in** f) m castellano (-a f) m; ~**hof** m patio m del castillo; (Ehrenhof) patio m de honor; ~**hund** fig. m: F wie ein ~ heulen llorar a moco tendido; ~**kapelle** f capilla f de palacio; ~**wache** f guardia f de palacio.
'**Schlot** m (-¢s; -e) chimenea f; fig. (Flegel) grosero m; F wie ein ~ rauchen fumar como una chimenea; ~**baron** desp. m capitán m de industria; ~**feger** m deshollinador m.
'**schlott(e)rig** adj. (wankend) vacilante; (zitternd) tembloroso; trémulo; (lose) flotante; suelto; flojo; Kleidung: descuidado; desaliñado; ~ gehen ir con paso vacilante (od. inseguro); ~**ern** (-re) v/i. (wackeln) vacilar; (zittern) temblar, vor Kälte: tiritar; Beine: flaquear; Kleidung: venir ancho; estar muy holgado; mit ~**den Knien** con las rodillas temblantes.
Schlucht f (-; -en) garganta f; cañada f; (Engpaß) desfiladero m; quebrada f; (Wasser♀) barranco m; (Abgrund) abismo m; sima f.
'**schluchzen I.** (-t) v/t. sollozar; **II.** ♀**n** sollozos m/pl.
Schluck m (-¢s; -e) trago m; sorbo m; ein tüchtiger ~ un buen trago; e-n ~ tun echar un trago; mit e-m ~ de un trago; '~**auf** m (-s; 0) hipo m; den ~ haben tener hipo; hipar; '~**beschwerden** pl. dificultad f de tragar; ✝ disfagia f; '♀**en** v/t. u. v/i. tragar (a. fig.); deglutir; fig. Beleidigung usw.: encajar; Geld usw.: absorber; fig. alles ~ (glauben) F comulgar con ruedas de molino; '~**en 1.** n deglución f; 2. m hipo m; den ~ haben tener hipo; '~**er** m: armer ~ pobre hombre m; pobre diablo m, pobretón m; '~**impfung** f vacuna(ción) f oral; '♀**weise** adv. a tragos, a sorbos.
'**Schlud|er-arbeit** f, ~**e'rei** f chapuza f, chapucería f; ♀**(e)rig** adj. chapucero; descuidado; ♀**ern** (-re) v/i. u. v/t. chapucear, frangollar, F chafallar.
'**Schlummer** m sueño m ligero; reposo m; ~**lied** n canción f de cuna; nana f; ♀**n** (-re) v/i. dormitar; dormir; ♀**nd** adj. dormido; fig. latente; potencial; ~**rolle** f travesaño m, almohada f.
'**Schlumpe** f → Schlampe.
'**Schlund** m (-¢s; -e) garganta f, gaznate m; fauces f/pl.; faringe f; fig. (Abgrund) sima f; abismo m; e-s Vulkans: cráter m; (Feuer♀) boca f de cañón; ~**kopf** Anat. m faringe f.

'**Schlunze** F f, ♀**n** (-t) v/i. → Schlampe, schlampen.
Schlupf m (-¢s; ~e) ⊕, ⚡ resbalamiento m.
'**schlüpfen I.** (sn) v/i. (gleiten) deslizarse; escurrirse; in das Kleid usw.: ponerse el vestido, etc.; aus dem Ei ~ salir del huevo, Neol. eclosionar; **II.** ♀ n deslizamiento m; aus dem Ei: eclosión f.
'**Schlüpfer** m braga f.
'**Schlupfloch** n (Versteck) escondrijo m; (Zuflucht) refugio m; abrigo m; guarida f.
'**schlüpfrig** adj. (glatt) resbaladizo; escurridizo; fig. (zweideutig) equívoco; (unanständig) escabroso; lascivo; obsceno; lúbrico; Witz: verde; picante, ♀**keit** f lubricidad f; fig. a. escabrosidad f, lascivia f, obscenidad f.
'**Schlupf|wespe** Zoo. f icneumón m; ~**winkel** m → ~loch.
'**schlurfen** v/i. arrastrar los pies.
'**schlürfen I.** v/t. sorber, beber a sorbos; **II.** v/i. hacer ruido al beber bzw. al comer.
'**Schluß** m (-sses; ~sse) (Ende) fin m, final m, término m; (Schließung) cierre m (a. Börsen♀); e-r Versammlung usw.: clausura f; final m; (Folgerung) conclusión f, deducción f; inferencia f; ~ folgt concluirá (en el próximo número); den ~ e-r Marschkolonne usw. bilden cerrar la marcha; zum ~ para terminar; por fin, por último, finalmente; zum ~ sagte er terminó diciendo; ~! ¡se acabó!, ¡basta!; (und) ~ damit! ¡y asunto concluido!; F ¡y sanseacabó!, ¡y en paz!; ~ mit ...! ¡basta de ...!; ~ machen (beenden) acabar, terminar, finalizar; (Selbstmord verüben) suicidarse; mit et. ~ machen poner fin (od. término) a a/c.; acabar con a/c.; poner punto final a a/c.; mit j-m ~ machen romper con alg.; F acabar con alg.; e-n ~ ziehen deducir, inferir, sacar en consecuencia (aus de); zu dem ~ kommen (od. gelangen), daß llegar a la conclusión de que; ~**abrechnung** ✝ f liquidación f final; ~**akkord** ♪ m acorde m final; ~**akt** m Thea. acto m final (a. fig.); e-r Veranstaltung: acto m de clausura; ~**ansprache** f discurso m de clausura; ~**antrag** ⚖ m conclusión f; ~**bemerkung** f observación f final; engS. epílogo m; ~**bericht** m informe m final; ~**bilanz** f balance m final; ~**effekt** m efecto m final.
'**Schlüssel** m llave f (a. ⊕); (Chiffrier♀, ♪ u. fig.) clave f; ~**bart** m paletón m; ~**bein** Anat. n clavícula f; ~**blume** ♀ f primavera f; ~**brett** n tablero m de llaves; ~**bund** m, n (-¢s; -e) manojo m de llaves; ~**erlebnis** n experiencia f crucial; ♀**fertig** adj. llave en mano; ~**figur** fig. f figura f (od. hombre m) clave; ~**gewalt** ⚖ f poder m de llaves; ~**industrie** f industria f clave; ~**loch** n ojo m de la cerradura; ~**position** f → ~**stellung**; ~**ring** m llavero m; ~**roman** m novela f con clave (f); ~**roman** m à clef; ~**stellung** f posición f (od. puesto m) clave; ~**tasche** f estuche m llavero; ~**wort** n palabra f clave.
'**Schluß...**: ~**ergebnis** n resultado m final; ✝ balance m final; ~**feier** f ceremonia f (od. acto m) de clausura;

~**folge(rung)** f conclusión f; consecuencia f; ~**formel** f fórmula f final.
'**schlüssig** adj. concluyente; Beweis: a. contundente; (folgerichtig) lógico; sich ~ sein estar resuelto (od. decidido); sich ~ werden resolverse (od. decidirse) (et. zu tun a hacer a/c.); tomar una resolución; ♀**keit** f (0) contundencia f.
'**Schluß...**: ~**kommuniqué** n comunicado m final; ~**kurs** ✝ m: cotización m de cierre (od. de última hora); ~**licht** n 🚗 farol m de cola; Kfz. luz f trasera; fig. farolillo m rojo; Sport: a. colista m; F das ~ bilden hacer de (od. ser el) farolillo rojo; ~**notierung** ✝ f → ~kurs; ~**pfiff** m Sport: pitada f (od. pitado m) final; ~**phase** f etapa f final; ~**protokoll** n protocolo m final; ~**prüfung** f examen m final; ~**punkt** m punto m final; ~**rede** f discurso m de clausura; ~**runde** f Sport: vuelta f final; final f; Boxen: último asalto m; ~**satz** m proposición f final; última frase f; e-r Rede: conclusión f; ♪ final m; ~**sitzung** f sesión f de clausura; ~**sprung** m salto m a pies juntillas; ~**stein** ⚖ m clave f de bóveda; ~**strich** fig. m punto m final; e-n ~ unter et. ziehen poner punto final a a/c.; hacer borrón y cuenta nueva; ~**szene** Thea. f escena f final; ~**termin** m fecha f límite (od. tope); ~**verkauf** F m venta f bzw. rebajas f/pl. de fin de temporada; ~**wort** n última palabra f; (Nachwort) epílogo m; ~**zeichen** n señal f del fin.
Schmach f (0) ignominia f; oprobio m; vergüenza f; deshonra f; (Entwürdigung) envilecimiento m; (Demütigung) humillación f.
'**schmacht|en** (-e-) v/i. languidecer (nach por); suspirar (por); (hinsiechen) consumirse; ~**end** adj. lánguido; suspirante; sentimental; ♀**fetzen** F m canción f bzw. película f sentimental.
'**schmächtig** adj. delgado, flaco, enjuto, F delgaducho; (schwächlich) débil, delicado.
'**Schmacht|locke** f rizo m; caracol m; ~**riemen** F m cinturón m; Γ fig. den ~ anziehen apretarse el cinturón.
'**schmachvoll** adj. ignominioso; vergonzoso; humillante.
'**schmackhaft** adj. (-est) sabroso; suculento; apetitoso; Neol. palatable; fig. j-m et. ~ machen hacer apetecible a alg. a/c.; ♀**igkeit** f (0) buen sabor m; Neol. palatabilidad f.
'**schmäh|en** v/t. insultar, injuriar; vituperar; denostar; (verleumden) calumniar; difamar; blasfemar; ~**lich** adj. ignominioso; afrentoso; vergonzoso; denigrante; (schändlich) indigno; deshonroso; ♀**lied** n cantar m injurioso; ♀**rede** f invectiva f; ~**schrift** f libelo m (infamatorio); ♀**panfleto** m; Verfasser e-r ~ libelista m; panfletista m; ♀**sucht** f maledicencia f; ~**süchtig** adj. maldiciente; calumniador; ♀**ung** f insulto m, injuria f; vituperio m; denuesto m; invectiva f; (Verleumdung) calumnia f, difamación f; (Lästerung) blasfemia f; sich in ~**en ergehen** desatarse en improperios (gegen contra); lanzar invectivas (contra); ♀**wort** n palabra f injuriosa.

schmal — schmiegen 452

schmal *adj.* estrecho, angosto; (*dünn*) delgado; esbelto; *Gesicht*: afilado; *fig.* (*gering*) escaso, exiguo; (*armselig*) pobre, mezquino; ~er (*od.* schmäler) machen estrechar; ~er (*od.* schmäler) werden estrecharse; *Person*: adelgazar; '~brüstig *adj.* estrecho de pecho.

'**schmäler|n** (*-re*) *v/t.* reducir, disminuir; mermar, menguar; (*beschränken*) recortar, limitar, restringir; *Ruf*: menoscabar; ℒung *f* reducción *f*, disminución *f*; merma *f*; recorte *m*, restricción *f*, limitación *f*; *des Rufes*: menoscabo *m*.

'**Schmal...:** ~**film** *m* película *f* estrecha (*od.* de paso estrecho); ~**filmkamera** *f* cámara *f* para película estrecha; ~**hans** *m*: *bei ihm ist* ~ *Küchenmeister* no tiene qué llevarse a la boca; ~**heit** *f* (0) estrechez *f*; delgadez *f*; *fig.* escasez *f*; ℒ**lippig** *adj.* de labios delgados; ~**seite** *f* parte *f* estrecha (*od.* angosta); ~**spur** *f* vía *f* estrecha; *Am.* trocha *f* angosta; ~**spur-akademiker** F *m* universitario *m* de vía estrecha *bzw.* a medio camino; ~**spurbahn** 🚂 *f* ferrocarril *m* de vía estrecha (*Am.* de trocha angosta); ℒ**spurig** *adj.* de vía estrecha; ~**tier** *Jgdw. n* cierva *f* de uno a dos años.

'**Schmalz 1.** *n* (*-es*; *-e*) grasa *f* derretida; (*Schweine*ℒ) manteca *f*; **2.** F *fig. m* (*-es*; *0*) sensiblería *f*, sentimentalismo *m*; *in der Stimme*: unción *f*; ℒ**en** (*-t*), **schmälzen** (*-t*) *v/t.* engrasar, untar; poner manteca a; ~**gebäck** *n* mantecado *m*; ℒ**ig** *adj.* mantecoso; grasiento, grasoso; untuoso (*a. fig.*); *fig.* sentimental, empalagoso, meloso.

'**Schmankerl** *reg. n* golosina *f*.

schma'rotzen (*-t*) *v/i. Zoo.* parasitar; *fig.* vivir a costa ajena; F vivir de gorra, gorrear.

Schma'rotzer *m Zoo.*, 🌿 *u. fig.* parásito *m*; *fig.* zángano *m*; F gorrón *m*; ℒ**haft**, ~**isch** *adj.* parasitario, parasítico, parásito; ~**leben** *n* vida *f* de parásito; ~**pflanze** *f* planta *f* parásita; ~**tier** *n* animal *m* parásito; ~**tum** *n* (*-s*; *0*) parasitismo *m*.

'**Schmarre** *f* cuchillada *f*, tajo *m*, chirlo *m*, F jabeque *m*; (*Narbe*) cicatriz *f*; ~**n** *m Kochk.* tortilla *f* a la vienesa; F *fig.* F birria *f*, petardo *m*, mamarracho *m*.

'**Schmatz** F *m* (*-es*; *-e*) beso *m* (sonoro); ℒ**en** (*-t*) *v/t. u. v/i.* (*küssen*) besuquear; besar ruidosamente; (*laut essen*) hacer ruido al comer.

'**schmauchen** *v/t. u. v/i.* fumar con deleite.

'**Schmaus** *m* (*-es*; ~*e*) comida *f* opípara; festín *m*; banquete *m*; F comilona *f*; ℒ**en** (*-t*) *v/i.* comer bien; regalarse; banquetear; ~**en** *n*, ~**e'rei** *f* F comilona *f*; francachela *f*, cuchipanda *f*.

'**schmecken I.** *v/t.* (*kosten*) (de)gustar, probar, catar; saborear, paladear; **II.** *v/i.* saber (*nach* a), tener gusto (*od.* sabor) a; *nach nichts* ~ ser insípido, no saber a nada; *sich et.* ~ *lassen* saborear a/c.; *es sich* ~ *lassen* comer con gana (*od.* buen apetito); *lassen Sie es sich gut* ~*!* ¡buen provecho!, ¡que aproveche!; *gut* (*schlecht*) ~ saber bien (mal); tener buen (mal) sabor (*od.* gusto); *bitter* ~ tener sabor amargo; *wie schmeckt Ihnen der Wein?* ¿qué tal le parece el vino?; *wie schmeckt's?* ¿qué tal sabe?; *schmeckt es* (*dir*)? ¿te gusta?; *das schmeckt mir* (*gut*) me gusta; *es schmeckt ihm nicht* no le gusta; no tiene apetito; F *fig. die Arbeit schmeckt ihm nicht* no tiene ganas de trabajar; **III.** ℒ *Physiol. n* gustación *f*.

Schmeiche'lei *f* halago *m*; lisonja *f*; *vorgespielte*: zalamería *f*; F coba *f*; *niedrige*: adulación *f*; *galante*: piropo *m*; ~**en sagen** echar piropos.

'**schmeichel|haft** *adj.* halagüeño; lisonjero; ℒ**katze** F *f*, ℒ**kätzchen** F *n* zalamera *f*; ~**n** (*-le*) *v/i.* halagar; lisonjear; *desp.* adular; F dar coba (*j-m* a alg.); (*um*~) engatusar; *sich geschmeichelt fühlen* sentirse lisonjeado; *das Bild schmeichelt ihr sehr* el retrato la favorece mucho; ~**nd** *adj.* lisonjero; adulador; zalamero; acariciador.

'**Schmeichler** *m* lisonjeador *m*, lisonjero *m*; zalamero *m*; F cobista *m*, pelotillero *m*; (*Kriecher*) adulador *m*; ℒ**isch** *adj.* lisonjero; zalamero; (*kriecherisch*) adulador.

'**schmeiß|en** F (*L*) *v/t.* lanzar, arrojar; (*weg*~) tirar; echar; *fig. das werden wir schon* ~ ya lo arreglaremos *bzw.* conseguiremos; *e-e Runde* (*Wein*) ~ pagar una ronda (de vino); *Thea. die Vorstellung* ~ hacer fracasar la representación; ℒ**fliege** *Zoo. f* moscarda *f*, mosca *f* de la carne.

'**Schmelz** *m* (*-es*; *-e*) esmalte *m* (*a. Zahn*ℒ); (*Glanz*) brillo *m* (suave); *der Stimme*: encanto *m* melodioso; dulzura *f*; ℒ**bar** *adj.* fusible, fundible; ~**barkeit** *f* (0) fusibilidad *f*; ~**draht** *m* alambre *m* fusible; ~**e** *f* ⊕ fundición *f*; fusión *f*; (*Schmelzhütte*) fundición *f*; (*Schnee*ℒ) deshielo *m*; ℒ**en** (*L*) **I.** (*sn*) *v/i.* fundirse; (*flüssig werden*) derretirse; *Schnee*: *a.* deshelarse; *fig.* (*weich werden*) enternecerse, ablandarse; (*schwinden*) menguar; desvanecerse; **II.** *v/t.* fundir; (*verflüssigen*) licuar, licuefacer; *Butter*, *Wachs usw.*: derretir; ~**en** *n Met.* fundición *f*; fusión *f*; derretimiento *m*; licuación *f*, licuefacción *f*; ℒ**end** *adj. Met.*, *Phys.* fundente; *fig.* dulce, encantador; 🎵 melodioso; (*schmachtend*) lánguido; ~**er** ⊕ *m* fundidor *m*; ~**e'rei** *f* fundición *f*; ~**farbe** *f* color *m* vitrificable (*od.* de esmalte); ~**gut** *n* masa *f* fundida; ~**hütte** *f* fundición *f*; ~**käse** *m* queso *m* fundido; ~**mittel** ⊕ *n* fundente *m*; ~**ofen** *m* horno *m* de fusión; ~**punkt** *Phys. m* punto *m* de fusión; ~**schweißung** *f* soldadura *f* por fusión; ~**sicherung** ⚡ *f* fusible *m*; ~**tiegel** *m* crisol *m* (*a. fig.*); ~**wärme** *f* calor *m* de fusión; ~**wasser** *n* agua *f* de deshielo.

'**Schmerbauch** F *m* panza *f*, barriga *f*; (*Person*) panzudo *m*, barrigón *m*, barrigudo *m*.

'**Schmerle** *Ict. f* locha *f*.

'**Schmerz** *m* (*-es*; *-en*) dolor *m*; *seelischer*: pena *f*; pesar *m*; aflicción *f*; *große* ~**en erleiden** sufrir grandes dolores; *j-m* ~ *bereiten* causar dolor a alg.; *fig.* hacer sufrir (*od.* apenar) a alg.; *tiefen* ~ *empfinden* sentir profundo dolor; *wo haben Sie* ~*en?* ¿dónde le duele?; *fig. mit* ~*en erwarten* esperar con ansia (*od.* con gran impaciencia); *iro. sonst noch* ~*en?* ¿algo más?; ~**ausstrahlung** 🏥 *f* irradiación *f* del dolor; ℒ**betäubend** *adj.* analgésico; ℒ**empfindlich** *adj.* sensible al dolor; ℒ**en** (*-t*) *v/t. u. v/i.* doler; causar dolor (a); hacer sufrir; *fig.* apenar, causar pena; afligir; *mir schmerzt der Fuß* me duele el pie; *fig. es schmerzt mich* me da pena; me aflige mucho; ℒ**end** *adj.* dolorido; → *a.* ℒ**haft**.

'**Schmerzens...:** ~**geld** *n* indemnización *f* por daño personal; ~**lager** *n* lecho *m* del dolor; ~**mann** *Rel. m* eccehomo *m*; ~**schrei** *m* grito *m* de dolor.

'**schmerz...:** ~**erfüllt** *fig. adj.* profundamente afligido; apenado; ~**erregend** *adj.* doloroso; que causa dolor; ~**frei** *adj.* libre de dolor; sin dolores; ℒ**gefühl** *n* sensación *f* dolorosa; ~**haft** *adj.* doloroso; dolorido; ℒ**haftigkeit** *f* (0) dolor *m*; ~**lich** *adj.* doloroso; doliente; penoso; *fig.* penoso; triste; *ein* ~*es Verlangen* un deseo vehemente (*od.* ardiente); *ein* ~*er Verlust* una sensible pérdida; ~ *berühren* causar profunda pena; ~**lindernd** *adj.* → *stillend*; ℒ**linderung** *f* atenuación *f* (*od.* alivio *m*) del dolor; ~**los** *adj.* sin dolor(es); exento de dolor; 🩺 *Eingriff*: indoloro; F *kurz und* ~ rápidamente; sin cumplidos; ℒ**losigkeit** *f* (0) ausencia *f* de dolor; ~**stillend** *adj.* analgésico, calmante, sedativo; ~*es Mittel* analgésico *m*; calmante *m*; ~**unempfindlich** *adj.* insensible al dolor; ℒ**unempfindlichkeit** *f* insensibilidad *f* al dolor; analgesia *f*; ~**voll** *adj.* (muy) doloroso; doliente.

'**Schmetterball** *m Tennis*: *angl.* smash *m*.

'**Schmetterling** *m* (*-s*; *-e*) mariposa *f*; ~**sblütler** ♀ *m/pl.* papilionáceas *f/pl.*; ~**snetz** *n* red(ecilla) *f* para cazar mariposas; ~**s-stil** *m Schwimmen*: estilo *m* mariposa.

'**schmettern** (*-re*) **I.** *v/t.* lanzar (*od.* arrojar) (con violencia); *Lied*: cantar con brío; *zu Boden* ~ arrojar al suelo; F *e-n* ~ (*trinken*) empinar el codo; **II.** *v/i.* (*krachen*) retumbar; *Trompete*: resonar; *Vogel*: gorjear, trinar; ~**d** *adj.* retumbante; resonante.

'**Schmied** *m* (*-es*; *-e*) herrero *m*; (*Huf*ℒ) herrador *m*; *fig.* forjador *m*, artífice *m*; ℒ**bar** *adj.* maleable; ~**barkeit** *f* (0) maleabilidad *f*.

'**Schmiede** *f* herrería *f*; fragua *f*, forja *f*; ~**arbeit** *f* forja *f*; (*Werk*) obra *f* de forja; ~**eisen** *n* hierro *m* forjado; ℒ**eisern** *adj.* de hierro forjado; ~**esse** *f* (*Ofen*ℒ) hornaza *f*; (*Schmiede*) fragua *f*; ~**hammer** *m* martillo *m* de forja; *großer*: macho *m*; ~**handwerk** *n* oficio *m* de herrero; ℒ**n** (*-e-*) *v/t.* **1.** forjar; *kalt* (*warm*) ~ forjar en frío (en caliente); *in Ketten* ~ *Gefangene*: poner grillos a; **2.** *fig.* (*ersinnen*) forjar; (*anzetteln*) fraguar, urdir, tramar; ~**presse** *f* prensa *f* de forjar; ~**stahl** *m* acero *m* forjado; ~**stück** *n* pieza *f* forjada; ~**werkstatt** *f* (taller *m* de) forja *f*.

'**schmiegen** *v/refl.*: *sich* ~ *an die Haut, um den Körper usw.*: amoldarse, ajustarse; *sich an j-n* ~ arrimarse estrechamente *bzw.* ca-

riñosamente a alg.; estrecharse contra alg.
'**schmiegsam** *adj.* flexible, plegable; *fig.* dócil, dúctil; acomodadizo; ♀**keit** *f*(0) flexibilidad *f*; ductilidad *f*; *fig. a.* docilidad *f*.
'**Schmier|apparat** ⊕ *m* engrasador *m*; ⌐**büchse** ⊕ *f* caja *f* de grasa; engrasador *m*, lubri(fi)cador *m*; ⌐**e** *f* 1. grasa *f*; unto *m*; sebo *m*; (*Schmutz*) mugre *f*; suciedad *f*, porquería *f*; 2. *Thea.* teatro *m* de la legua; teatrillo *m* de tercera; 3. F ⌐ **stehen** vigilar mientras otro roba; ♀**en** *v/t.* (*bestreichen*) untar (*mit* de); extender (*auf ac.* sobre); ⊕ lubri(fi)car, engrasar; aceitar; untar; (*a. v/i.*) (*sudeln*) embadurnar; *Maler:* pintarrajear; (*kritzeln*) garabatear; (*schlecht schreiben*) borronear, borrajear; emborronar; F *fig.* j-n ⌐ (*bestechen*) F untar (la mano *od.* el carro) a alg.; F j-m e-e ⌐ dar un tortazo a alg.; F *sich die Kehle* ⌐ remojar el gaznate, lubricar la garganta; *das geht wie geschmiert* F esto va que chuta (*od.* sobre ruedas *od.* como una seda); ⌐**en** *n* ⊕ lubri(fi)cación *f*, engrase *m*; (*Sudeln*) embadurnamiento *m*; (*Kritzeln*) garabateo *m*; ⌐**enkomödiant** *m*, ⌐**enschauspieler** *m* cómico *m* de la legua; comicastro *m*; ⌐**er** *m* ⊕ engrasador *m*; (*Sudler*) embadurnador *m*; (*schlechter Maler*) pintamonas *m*; ⌐**e'rei** *f* embadurnamiento *m*; (*Wand*♀) *Neol.* pintada(s) *f(pl.)*; (*Kritzelei*) garabateo *m*; (*schlechte Malerei*) pintarrajo *m*, mamarrachada *f*; ⌐**fähigkeit** ⊕ *f* poder *m* lubri(fi)cante; ⌐**fett** *n* grasa *f* lubri(fi)cante; ⌐**fink** F *fig. m* F puerco *m*, marrano *m*, cochino *m*; ⌐**geld** (*er pl.*) *n* soborno *m*, unto *m* (de rana); ♀**ig** *adj.* (*schmutzig*) sucio; mugriento; cochambroso; (*a. fig.*) sórdido; (*fettig*) grasiento, grasoso; pringoso, untuoso; (*ölig*) aceitoso; *Person:* (*kriecherisch*) adulador; ⌐**e** *Geschäfte* negocios *m/pl.* sucios; ⌐**kanne** *f* aceitera *f*; ⌐**loch** ⊕ *n* agujero *m* de lubrificación, orificio *m* de engrase; ⌐**mittel** *n* lubri(fi)cante *m*; ⌐**nippel** *m* boquilla *f* de engrase; ⌐**öl** *n* aceite *m* lubri(fi)cante; ⌐**papier** *n* borrador *m*; ⌐**presse** *f* prensa *f* de engrase; ⌐**pumpe** *f* bomba *f* de engrase; ⌐**salbe** *f* ungüento *m*; ⌐**seife** *f* jabón *m* verde (*od.* blando); ⌐**stelle** ⊕ *f* punto *m* de engrase; ⌐**ung** *f* lubri(fi)cación *f*, engrase *m*; ⌐**vorrichtung** ⊕ *f* engrasador *m*.
'**Schmink|e** *f* afeite *m*; maquillaje *m*; ⌐ *auflegen* = ♀**en** *v/t.* pintar (el rostro); *sich* ⌐ pintarse; maquillarse; *Thea. a.* caracterizarse; ⌐**en** *n* maquillaje *m*; ⌐**stift** *m* barrita *f* (*od.* lápiz *m*) de colorete.
'**Schmirgel** *m* esmeril *m*; ⌐**leinwand** *f* tela *f* de esmeril; ♀**en** (*-le*) *v/t.* esmerilar; ⌐**n** *n* esmerilado *m*; ⌐**papier** *n* papel *m* de esmeril (*od.* de lija); ⌐**scheibe** *f* esmeriladora *f*.
Schmiß *m* (*-sses -sse*) (*Hiebwunde*) tajo *m*, F chirlo *m*; *fig.* (*Schwung*) brío *m*; (*Schick*) chic *m*, gracia *f*, elegancia *f*; garbo *m*.
'**schmissig** *adj.* brioso, con brío; F (*schick*) chic, elegante, garboso.
'**Schmöker** *m desp.* libraco *m*, tostón *m*; (*Schundroman*) novelón *m*; novela *f* rosa; ♀**n** (*-re*) *v/i.* leer *bzw.* hojear detenidamente un libro; leer mucho.
'**schmoll|en** *v/i.* poner mala cara; hacer mohínes; estar enfurruñado; F estar de hocico (*od.* de morros); ♀**en** *n* enfado *m*; enfurruñamiento *m*; ♀**mund** F *m* morro *m*, hocico *m*; ♀**winkel** F *m*: *im* ⌐ *sitzen* F estar de morros (*od.* de hocico).
'**Schmor|braten** *m* estofado *m*; ♀**en** **I.** *v/t.* estofar; asar a fuego lento; **II.** *v/i.* cocer a fuego lento; ⚡ quemarse; F *fig. vor Hitze:* asarse; *in der Sonne* ⌐ tostarse al sol; F j-n ⌐ *lassen* dejar a alg. en vilo (*od.* en suspense); ⌐**fleisch** *n* carne *f* estofada; ⌐**topf** *m* estufador *m*; cacerola *f*; cazuela *f*.
Schmu F *m* (*-s; 0*) trampa *f*; *beim Einkauf:* sisa *f*; ⌐ *machen* hacer trampas; sisar.
schmuck *adj.* bonito, guapo; apuesto; (*elegant*) elegante; F pimpante.
Schmuck *m* (*-es -e*) adorno *m*; ornamento *m*; (*Putz*) atavío *m*; (*Juwelen*) joyas *f/pl.*, alhajas *f/pl.*; (*Mode*♀) bisutería *f*; ⌐ *anlegen* (*tragen*) ponerse (llevar) joyas; ⌐**blattelegramm** *n* telegrama *m* de lujo.
'**schmücken** **I.** *v/t.* adornar (*mit* con, de); ornar, ornamentar; decorar; (*putzen*) ataviar; aderezar; (*verschönern*) embellecer, engalanar; *sich* ⌐ ataviarse; engalanarse; **II.** ♀ *n* adorno *m*; ornamentación *f*; embellecimiento *m*; decoración *f*.
'**Schmuck...:** ⌐**feder** *f* pluma *f* de adorno; ⌐**kästchen** *n*, ⌐**kasten** *m* joyero *m*; ♀**los** *adj.* sin adorno; sencillo; austero; desnudo; *Stil:* sobrio; ⌐**losigkeit** *f*(0) ausencia *f* (*od.* falta *f*) de adorno; sencillez *f*; austeridad *f*; ⌐**nadel** *f* alfiler *m* de adorno; (*Brosche*) broche *m*; ⌐**sachen** *f/pl.* joyas *f/pl.*, alhajas *f/pl.*; ⌐**stück** *n* *a. fig.* joya *f*, alhaja *f*; ⌐**waren** *f/pl.* (objetos *m/pl.* de) joyería *f*; bisutería *f*.
'**schmudd(e)lig** F *adj.* mugriento; *Person: a.* deseaseado; descuidado; desaliñado; *Wetter:* lluvioso.
'**Schmuggel** *m* (*-s; 0*), ⌐**e'lei** *f* contrabando *m*; ♀**eln** (*-le*) **I.** *v/i.* hacer contrabando; **II.** *v/t.* pasar (*od.* introducir) de contrabando (*od.* matute); ⌐**eln** *n* contrabando *m*; ⌐**elware** *f* mercancía *f* de contrabando; alijo *m*; matute *m*.
'**Schmuggler|(in** *f*) *m* contrabandista *m/f*; ⌐**bande** *f* banda *f* de contrabandistas; ⌐**ring** *m* red *f* de contrabandistas; ⌐**schiff** *n* barco *m* de contrabandista.
'**schmunzeln** (*-le*) **I.** *v/i.* sonreír(se) satisfecho; **II.** ♀ *n* sonrisa *f* de satisfacción.
'**Schmus** F *m* (*-es; 0*) zalamería *f*, lagotería *f*, F coba *f*; (*Geschwätz*) palabrería *f*, cháchara *f*; ♀**en** (*-t*) F *v/i.* (*schmeicheln*) lagotear; F dar coba, hacer la pelota; (*kosen*) acariciarse; besuquearse; F hacer arrumacos; ⌐**er** F *m* (*Schmeichler*) zalamero *m*; F pelota *m*, F cobista *m*.
'**Schmutz** *m* (*-es; 0*) suciedad *f*; inmundicia *f*; basura *f*; cochambre *f*; F porquería *f*; (*Straßen*♀) barro *m*; lodo *m*; *fig.* j-n *mit* ⌐ *bewerfen* echar barro a alg.; *in den* ⌐ *ziehen* (*od.* *zerren*) arrastrar por los suelos (*od.* por el fango); ⌐**bogen** *Typ. m* maculatura *f*; ⌐**bürste** *f* cepillo *m* para quitar el barro; ♀**en** (*-t*) *v/i.* ensuciar(se); manchar; ⌐**fink** F *m* puerco *m*, marrano *m*, cochino *m*; ⌐**fleck** *m* mancha *f* (de barro); ♀**ig** *adj.* sucio (*a. fig.*); mugriento; inmundo (*a. fig.*); (*unreinlich*) deseaseado, desaliñado; *fig.* (*unanständig*) obsceno; verde; soez; sórdido; (*schweinisch*) puerco, cochino; ⌐**e** *Reden führen* decir obscenidades; ⌐ *machen* manchar, ensuciar; ⌐ *werden bzw. sich* ⌐ *machen* ensuciarse; ⌐**igkeit** *f* suciedad *f*; cochambre *m/f*; desaseo *m*; *fig.* sordidez *f*; obscenidad *f*; ⌐**literatur** *f* literatura *f* pornográfica; ⌐**presse** *f* prensa *f* inmunda; ⌐**stoff** *m* contaminante *m*; impurificante *m*; ⌐**titel** *Typ. m* anteportada *f*; ⌐**zulage** *f* prima *f* por trabajos sucios.
'**Schnabel** *m* (*-s; ⁿ*) pico *m* (*a.* F *Mund*); *e-r Kanne: a.* pitorro *m*; ♪ embocadura *f*; ⚓ (*Schiffs*♀) espolón *m*; F *fig.* *halt den* ⌐! ¡cierra el pico!; *den* ⌐ *aufmachen* (*od. auftun*) abrir el pico; decir esta boca es mía; *er spricht, wie ihm der* ⌐ *gewachsen ist* dice las cosas como le vienen a la boca; F *no tiene pelos en la lengua*; ♀**förmig** *adj.* en forma de pico; rostrado; ⌐**hieb** *m* picotazo *m*.
'**schnäbeln** (*-le*) *v/i.* picotear; *fig.* besuquearse.
'**Schnabel...:** ⌐**schuh** *m* zapato *m* de pico (*od.* de punta); ⌐**tasse** *f* pistero *m*; ⌐**tier** *Zoo. n* ornitorrinco *m*.
schnabu'lieren (-) F *v/i.* comer con buen apetito; regalarse.
'**Schnack** *reg. m* (*-s; 0*) palabrería *f*, parloteo *m*, cháchara *f*; ♀**en** (*-t*) F *v/i. u. v/t.* charlar, F chacharear; (*Unsinn reden*) disparatar, decir disparates.
'**Schnake** *Zoo. f* mosquito *m*.
'**Schnalle** *f* hebilla *f*; broche *m*; ♀**n** *v/t.* abrochar; *mit Riemen:* atar (con correa); *enger* (*weiter*) ⌐ apretar (aflojar); ⌐**ndorn** *m* hebijón *m*, púa *f* de la hebilla; ⌐**nschuh** *m* zapato *m* de hebillas.
'**schnalzen I.** (*-t*) *v/i.*: *mit der Zunge* ⌐ chasquear (*od.* chascar) (con) la lengua; *mit den Fingern* ⌐ castañetear los dedos; **II.** ♀ *n* chasquido *m*; castañeteo *m*.
'**Schnäppchen** F *n* (*-s; -*) F chollo *m*, ganga *f*; ⌐**jäger** F *m* cazaofertas *m*, cazador *m* de gangas.
'**schnappen** **I.** *v/t.* (*erwischen*) atrapar, coger; F pillar, pescar; *sich et.* ⌐ echar mano a a/c.; **II.** *v/i.* *Schloß:* cerrarse; *in die Höhe:* saltar; *nach et.* ⌐ intentar atrapar a/c. (*a. fig.*).
'**Schnäpper** *m* (*Tür*♀) pestillo *m* de golpe (*od.* de muelle); ♪ lanceta *f*.
'**Schnapp...:** ⌐**feder** *f* resorte *m*; ⌐**messer** *n* navaja *f* de muelle(s) (*od.* de resorte); ⌐**schloß** *n* cerradura *f* de golpe (*od.* de resorte); ⌐**schuß** *Phot. m* instantánea *f*.
'**Schnaps** *m* (*-es; ⁿe*) aguardiente *m*; brandy *m*; F balarrasa *f*; ⌐**brenner** *m* destilador *m* (de licores); ⌐**brennerei** *f* destilería *f* de licores; ⌐**bruder** F *m* F borrachín *m*.
'**Schnäps-chen** *n* copita *f* (de aguardiente, *etc.*).
'**schnapsen** (-*t*) *v/i.* tomar una copita; F empinar el codo; ♀**flasche** *f* botella *f* de aguardiente; ♀**glas** *n* copita *f* para licor; ♀**idee** F *f* idea *f* descabellada; ♀**nase** *f* nariz *f* de bebedor.

schnarch|en v/i. roncar; ⩗en n ronquido m; ⩗er n roncador m.
Schnarr|e f carraca f; matraca f; ⩗en v/i. chirriar; rechinar, crujir; roncar; ⩗en n sonido m sordo bzw. estridente; chirrido m; rechinamiento m; ronquido m; ⩗saite ♪ f bordón m.
Schnatter|gans F fig. f, ⩗liese f cotorra f; ⩗n (-re) v/i. Gans, Ente: graznar; F (schwätzen) cotorrear, parlotear; vor Kälte ⩗ tiritar de frío; ⩗n n graznido m; F cotorreo m, parloteo m.
schnauben I. v/i. resollar; resoplar (a. Pferd); bufar; (keuchen) jadear; fig. vor Wut ⩗ bufar de ira; sich (die Nase) ⩗ sonarse; **II.** ⩗ n resuello m; resoplido m; bufido m; jadeo m; ⩗d adj. jadeante.
schnaufen I. v/i. resollar; respirar con dificultad; resoplar; jadear; F (atmen) respirar; **II.** ⩗ n resuello m; respiración f dificultosa; ⩗d adj. jadeante.
Schnauz|bart F m bigote m (grande); mostacho m; ⩗bärtig adj. bigotudo; ⩗e f hocico m; morro m (beide a. P Mund); an Gefäßen: pico m; P e-e große ⩗ haben P ser un bocazas; P j-m in die ⩗ schlagen P darle a alg. en los hocicos; partir (od. hincharle) los morros a alg.; P halt die ⩗! F ¡cierra el pico!; P die ⩗ voll haben F estar hasta las narices (od. la coronilla); P frei nach ⩗ sobre la marcha; ⩗en F (-t) v/i. vocear, vociferar; sargentear; ⩗er m (Hund) grifón m.
Schnecke f Zoo. caracol m; (Nackt⩗) limaza f, babosa f; Anat. cóclea f, caracol m; ⊕ (tornillo m) sinfín m; △, ♪ voluta f; (Frisur) caracoles m/pl.; (Gebäck) rosca f; F j-n zur ⩗ machen f echar una bronca a alg.; ponerle a alg. verde.
Schnecken...: ⩗bohrer m barrena f helicoidal; ⩗förderer ⊕ m transportador m de tornillo sinfín (od. sin fin); ⩗förmig adj. acaracolado; helicoidal; en espiral; en voluta; ⩗gang m ⊕ → ⩗gewinde; fig. → ⩗tempo; ⩗getriebe ⊕ n engranaje m helicoidal (od. de tornillo sin fin); ⩗gewinde ⊕ n filete m helicoidal; ⩗haus n concha f (de caracol); ⩗linie f espiral f; ⩗post f: mit der ⩗ a paso de tortuga; ⩗rad ⊕ n rueda f helicoidal; ⩗tempo n: im ⩗ a paso de tortuga.
Schnee m (-s; 0) 1. nieve f; ewiger ⩗ nieves f/pl. perpetuas (od. eternas); es liegt viel ⩗ hay mucha nieve; 2. Kochk. (Ei⩗) clara f (de huevo) batida; zu ⩗ schlagen batir a punto de nieve; 3. TV u. P (Kokain) nieve f; ⩗ball m bola f de nieve; ⚥ mundillo m; viburno m; ⩗ballen v/refl.: sich ⩗ tirarse bolas de nieve; ⩗ballsystem ✝ n sistema m de la bola de nieve; ⩗bedeckt adj. cubierto de nieve; nevado; ⩗besen Kochk. m batidor m; ⩗blind adj. cegado por la nieve; ⩗blindheit f oftalmía f de las nieves; ⩗brille f gafas f/pl. de esquiador bzw. de alpinista; ⩗decke f capa f de nieve; ⩗fall m nevada f; ⩗feld n, ⩗fläche f campo m nevado (od. cubierto de nieve); ⩗flocke f copo m de nieve; ⩗frei adj. sin nieve; ⩗gestöber n ventisca f; torbellino m de nieve; ⩗glätte f nieve f resbaladiza; ⩗glöckchen ⚥ n campanilla f de las nieves; ⩗grenze f límite m de las nieves; cota f de la nieve; ⩗höhe f espesor m de la nieve; ⩗huhn Orn. n perdiz f blanca; ⩗ig adj. cubierto de nieve; nevado; nevoso; ⩗kette Kfz. f cadena f antideslizante; ⩗könig m: sich wie ein ⩗ freuen estar más alegre que unas pascuas; ⩗kuppe f cima f nevada; pico m nevado; ⩗mann m muñeco m (od. monigote m) de nieve; ⩗matsch m nieve f semiderretida; ⩗mensch m hombre m de las nieves; ⩗pflug m quitanieves m; Schisport: barrenieve m; ⩗regen m aguanieve f; ⩗schaufel f, ⩗schippe f pala f para quitar la nieve; ⩗schläger Kochk. m batidor m; ⩗schmelze f deshielo m; ⩗schuh m raqueta f de nieve; (Schi) esquí m; ⩗sturm m temporal m de nieve; ⩗treiben n ventisca f; ⩗verhältnisse n/pl. condiciones f/pl. de la nieve; ⩗verwehung f remolino m de nieve; acumulación f de nieve; ⩗wächte f cornisa f de nieve; ⩗wasser n aguanieve f; ⩗wehe f nieve f acumulada; ventisquero m; ⩗weiß adj. blanco como la nieve; ⩗wetter n tiempo m nevoso (od. de nieves); ⩗wittchen n Blancanieves f; ⩗wolke f nube f de nieve.
Schneid m (-es; 0) brío m; gallardía f; arrojo m; ⩗ haben tener arrestos (od. agallas); ⩗brenner ⊕ m soplete m cortante (od. de oxicorte); ⩗e f corte m, filo m; cuchilla f; e-s Bohrers: punta f; ⩗ebrett n tajo m; ⩗eisen ⊕ n terraja f; ⩗emaschine f (máquina f) cortadora f; ⩗emühle f aserradero m.
schneiden (L) **I.** v/t. u. v/i. cortar; ⚔ (be⩗) podar; (ab⩗, aus⩗, zu⩗) recortar; (zerteilen) dividir, partir; seccionar; Gewinde: tornear, roscar; Fleisch: tajar; Braten: trinchar; Korn: segar; ⚔ cortar; operar; Film: montar; in Holz usw.: grabar; tallar; fig. j-n ⩗ hacer el vacío a alg.; Vkw. cortar el paso (od. el camino) a alg.; ins Gesicht ⩗ Wind: cortar la cara; das schneidet mir ins Herz me parte el corazón (od. el alma); sich ⩗ cortarse, hacerse un corte; Linien: cruzarse; F fig. sich (gewaltig) ⩗ estar muy equivocado; equivocarse de medio a medio; **II.** ⩗ n corte m; im Leib: dolor m de tripas; F die Luft ist zum ⩗ F el aire se podría cortar, ⩗d adj. cortante (a. Wind); tajante; incisivo (alle a. fig.); Stimme: penetrante; estridente; Hohn usw.: mordaz; sarcástico; ⩗e Kälte un frío que corta (od. F que pela).
Schneider m 1. sastre m; für Damen: modista m; F fig. wie ein ⩗ frieren tiritar de frío; F fig. aus dem ⩗ sein haber salido del apuro; 2. ⊕ (Gerät) cortador m.
Schneide'rei f sastrería f.
Schneider...: ⩗geselle m oficial m de sastre; ⩗handwerk n oficio m de sastre, sastrería f; ⩗in f sastra f; modista f; costurera f; ⩗kostüm n (traje m) sastre m; ⩗kreide f jaboncillo m de sastre; ⩗lohn m hechura f; ⩗meister m maestro m sastre; ⩗n (-re) v/i. hacer vestidos; coser; ejercer de sastre bzw. de modista; **II.** v/t. hacer; confeccionar; ⩗n n costura f; ⩗puppe f maniquí m; ⩗sitz m: im ⩗ con las piernas cruzadas; ⩗werkstatt f (taller m de) sastrería f.
Schneide...: ⩗tisch m Film: mesa f de montaje; ⩗werkzeug n herramienta f cortante; ⩗zahn Anat. m (diente m) incisivo m.
schneidig fig. adj. enérgico; gallardo; brioso; arrojado; F bragado; (fesch) apuesto; ⩗keit f → Schneid.
schneien v/i. u. v/unprs. nevar; es schneit nieva, está nevando; F fig. j-m ins Haus ⩗ dejarse caer por casa de alg.
Schneise f (Wald⩗) vereda f del bosque; (Feuer⩗) cortafuego m; (Flug⩗) pasillo m aéreo.
schnell I. adj. rápido; pronto; veloz; vivo; (plötzlich) repentino, súbito; (beschleunigt) acelerado; (hastig) presuroso; (flink) ágil; (⩗füßig) ligero; ⩗e Erwiderung pronta respuesta f; ⩗e Bedienung servicio m rápido; ein ⩗er Wagen un coche rápido; von ⩗em Entschluß pronto en las decisiones; ⩗e Fortschritte rápidos progresos; in ⩗er Folge en sucesión rápida; ⚔ ⩗e Abteilung grupo m móvil; **II.** adv. pronto; rápidamente; de prisa; (hastig) apresuradamente; so ⩗ wie möglich lo más pronto (od. rápido) posible; tan pronto como sea posible; cuanto antes; lo antes posible; ⩗! ¡venga!; ¡de prisa!; nicht so ⩗! ¡no tan de prisa!; ¡más despacio!; mach ⩗! ¡date prisa!; ⩗ handeln actuar rápidamente (od. sin demora); das ist (aber) ⩗ gegangen esto ha sido rápido; ⩗ beleidigt sein ofenderse fácilmente; ⩗ fahren ir a gran velocidad; ⩗ machen darse prisa; apresurarse; ⩗er werden acelerar; ⩗er gehen avivar (od. aligerar) el paso.
Schnell...: ⩗aufzug Phot. m avance m rápido; ⩗ausbildung f formación f acelerada; ⩗bahn f línea f de gran velocidad; ⩗boot n lancha f rápida; ⩗dampfer m vapor m rápido; ⩗dienst m servicio m rápido; ⩗drehstahl ⊕ m acero m rápido; ⩗e f 1. → Schnelligkeit; F auf die ⩗ a toda prisa; 2. (Strom⩗) rápido m; ⩗en **I.** v/t. lanzar, arrojar; **II.** v/i. saltar, botar; in die Höhe ⩗ sobresaltarse; Preise: dispararse; ⩗feuer ⚔ n tiro m (od. fuego m) rápido; ⩗feuergeschütz n cañón m de tiro rápido; ⩗feuerwaffe f arma f de tiro rápido; ⩗füßig adj. ligero de pies; veloz; ⩗gang Kfz. m superdirecta f; ⩗gaststätte f restaurante m (de servicio) rápido; cafetería f; angl. snack(-bar) m; ⩗gericht n 1. ⚖ tribunal m sumario; 2. Kochk. plato m rápido; ⩗hefter m carpeta f.
Schnelligkeit f (0) rapidez f; velocidad f; prontitud f; ligereza f; celeridad f; ⩗srekord m récord m de velocidad.
Schnell...: ⩗imbiß m 1. plato m rápido; F tentempié m, piscolabis m; 2. → ⩗gaststätte; ⩗imbißstube f → ⩗gaststätte; ⩗kochtopf m olla f exprés (od. a presión); ⩗kraft f elasticidad f; ⩗kurs m cursillo m (od. curso m) acelerado; ⩗(l)auf m carrera f de velocidad; ⩗(l)äufer(in f) m corredor(a f) m; velocista m/f; ⩗presse Typ. f prensa f rápida; ⩗schrift f taquigrafía f; ⩗schritt m paso m acelerado; ⩗segler ⚓ m velero m rápido; ⩗stahl ⊕ m acero m rápido;

~straße f vía f rápida, autovía f; ~triebwagen m automotor m rápido; 2trocknend adj. de secado rápido; ~verband m vendaje m de urgencia (od. rápido); ~verfahren procedimiento m acelerado; juicio m sumarísimo; ⊕ método m rápido; ~verkehr m tráfico m rápido; ~waage f romana f; 2wüchsig adj. de crecimiento rápido; ~zug m (tren m) expreso m; tren m directo; ~zugzuschlag m suplemento m de velocidad.

'**Schnepfe** Orn. f becada f, chocha f.
'**schneuzen** (-t) v/refl.: sich ~ sonarse.
'**Schnickschnack** m (-es; 0) necedades f/pl., sandeces f/pl.
'**schniefen** F v/i. F sorberse los mocos.
'**schniegeln** (-le) v/t. u. v/refl. ataviar(se); acicalar(se); → geschniegelt.
'**schnieke** reg. adj. elegante; chic.
'**Schnippchen** n: fig. j-m ein ~ schlagen burlarse de alg.; dar un chasco a alg.; hacer una jugarreta a alg.
'**Schnippel** m/n recorte m, recortadura f; 2n (-le) v/i. recortar.
'**schnippen** v/i.: mit den Fingern ~ castañetear los dedos.
'**schnippisch** adj. impertinente; arrogante; respondón; F fresco.
'**Schnipsel** m/n, 2n v/i. → Schnippel, schnippeln.
'**Schnitt** m (-es; -e) corte m; a. siega f; der Bäume: poda f; (Wunde) cortadura f; fig. m; Chir. incisión f; (a. Bio. Präparat) sección f; (Kerbe) muesca f; entalladura f; ⚔ intersección f; ⊕ (Zeichnung) sección f; (Durch2) promedio m, término m medio; Kunst: grabado m; Film: montaje m; Buch: corte m, vorderer: canto m; Schneiderei: corte m, hechura f; (~muster) patrón m; nach dem neuesten ~ a la última moda; im ~ por término medio; F s-n ~ machen F hacer su agosto; F ponerse las botas; ~blumen f/pl. flores f/pl. cortadas; ~bohnen f/pl. judías f/pl. verdes, Arg. chauchas f/pl. cortadas; ~breite ⊕ f ancho m (od. anchura f) de corte; ~chen n emparedado m; sandwich m; canapé m; ~e f (Brot) rebanada f; ~er(in) m segador(a f) m; ~fest adj. fuerte; ~fläche f superficie f de corte; ~holz n madera f serradiza (od. de sierra); 2ig adj. de elegante línea bzw. forma; Kfz. a. aerodinámico; ~käse m queso m al corte; ~lauch m cebollino m; ~linie f línea f de intersección; am Kreis: secante f; ~meister(in f) m Film: montador(a f) m (de cine); ~muster n modelo m, patrón m; ~punkt m (punto m de) intersección f; ~stelle f Computer: interfaz m od. f, interface m od. f; ~wunde f cortadura f, corte m, herida f incisa.
'**Schnitz-arbeit** f (obra f de) talla f.
'**Schnitzel** n (-s; -) 1. Kochk. escalope m, escalopa f; 2. (a. m) (Papier2 usw.) pedacito m; recortadura f, recorte m; ~jagd f rallye m con papelillos; 2n (-le) v/t. recortar; Kochk. cortar en trozos pequeños; trocear.
'**schnitz|en** (-t) v/t. u. v/i. tallar (od. esculpir) en madera; ~er m 1. tallista m, escultor m en madera; 2. F fig. desliz m; F gazapo m, pifia f; e-n ~ machen F echar un gazapo; pifiar; 2e'rei f talla f (en madera) (a. Werk); 2kunst f escultura f (od. talla f) en madera, 2messer n cuchillo m de tallar (od. de tallista); 2werk n (obra f de) talla f; escultura f de madera.

'**schnodd(e)rig** F adj. petulante, impertinente; insolente; F fresco; 2keit f petulancia f, impertinencia f; insolencia f; F frescura f.
'**schnöde** adj. indigno; bajo, vil; (geringschätzig) desdeñoso; despectivo; (schäbig) mezquino; ~ behandeln tratar con desprecio; ~r Undank negra ingratitud f; ~r Gewinn vil ganancia f.
'**Schnorchel** m (-s; -) ⚓ esnórquel m; Sporttauchen: a. respirador m.
'**Schnörkel** m (-s; -) ⚜ voluta f; beim Schreiben: rasgo m caligráfico, F ringorrango m; beim Namenszug: rúbrica f; fig. (Verzierung) floreos m/pl., F ringorrango m; 2haft adj. recargado de adornos; a. fig. churrigueresco; 2n (-le) v/t. hacer ringorrangos.
'**schnorr|en** F v/i. F gorrear, sablear, vivir de gorra; 2er F m F gorrón m, sablista m.
'**Schnösel** F m (-s; -) chulo m; gilipollas m, gilí m; 2ig adj. chulo.
Schnüff'e|lei F f husmeo m, F fisgoneo m; 2ln (-le) v/i. (schnuppern) oliscar, olisquear; (wittern) olfatear; husmear; fig. husmear; fisgar, fisgonear, curiosear; '~eln n olisqueo m; husmeo m; fig. fisgoneo m; '~ler m husmeador m; fig. fisgón m; entrometido m.
'**schnull|en** v/i. chupar; 2er m chupete m.
'**Schnulze** F f canción f bzw. película f sentimental (od. empalagosa).
'**schnupf|en** v/i. u. v/t. tomar rapé; Droge: esnifar; 2en m resfriado m, co(n)stipado m; catarro m; e-n ~ haben estar resfriado (od. co[n]stipado); e-n ~ bekommen, sich e-n ~ holen resfriarse, co(n)stiparse; acatarrarse; F pescar (od. pillar) un resfriado; 2er m tomador m de rapé; 2tabak m rapé m; 2tabak(s)dose f tabaquera f; 2tuch n pañuelo m.
'**Schnuppe** f am Licht: pábilo m.
'**schnuppe** F adj.: das ist mir ~ F me importa un comino (od. un pito od. un rábano).
'**schnuppern** (-re) v/i. olfatear; olisquear.
Schnur f (-; ⸚e) cordón m; (Bindfaden) cuerda f, cordel m, bramante m; (Tresse) galón m; trencilla f; ⚔ flexible m; für Perlen: sarta f; F fig. über die ~ hauen pasar de la raya; propasarse.
'**Schnür|band** n Korsett usw.: aguieta f; am Schuh: cordón m; ~boden Thea. m telar m; ~chen n cordoncillo m; fig. et. wie am ~ können saber a/c. al dedillo; das geht wie am ~ esto va a las mil maravillas (od. como una seda); F esto va que chuta; 2en v/t. atar; liar; enlazar; sich ~ ceñirse (el cuerpo).
'**schnur|g(e)'rade** adj. u. adv. (todo) derecho; en línea recta; a cordel; ~keramik f cerámica f acordelada (od. de cordel); ~los adj.: ~es Telefon teléfono m inalámbrico.
'**Schnurr|bart** m bigote m; mostacho m; ~bartbinde f bigotera f; 2bärtig adj. bigotudo.
'**Schnurre** f cuento m divertido; anécdota f chistosa; chascarrillo m; 2n v/i. (summen) zumbar; Katze: ronronear (a. fig. Motor usw.); ~n n zumbido m; ronroneo m.
'**Schnurrhaare** n/pl. vibrisas f/pl.
'**Schnürriemen** m lazo m; agujeta f.
'**schnurrig** adj. burlesco; gracioso, divertido; (seltsam) curioso; raro; (wunderlich) estrafalario; extravagante.
'**Schnür|schuh** m zapato m de cordones; ~senkel m cordón m; lazo m; ~stiefel m borceguí m.
'**schnur'stracks** adv. derecho, derechamente; directamente; (sofort) en el acto; inmediatamente.
schnurz F adj. → schnuppe.
'**Schnute** F f F hocico m, jeta f; e-e ~ ziehen F torcer el hocico, poner morros; hacer pucheros.
'**Schober** m almiar m; pajar m.
'**Schock**[1] n (-es; -e): ein ~ sesenta; una sesentena.
'**Schock**[2] m (-es; -s) ⚕ choque m, angl. shock m; seelischer: trauma m; ⚡ descarga f; e-n ~ versetzen traumatizar; ~behandlung f → ~therapie; 2en v/t. → schockieren.
scho'ckieren (-) v/t. escandalizar; chocar; ~d adj. escandaloso; chocante.
'**Schock|therapie** f tratamiento m por shock; ~wirkung f efecto m de choque.
'**schofel(ig)** F adj. (gemein) ruin; vil; (geizig, ärmelig) mezquino.
'**Schöffe** ⚖ m (-n) escabino m; ~ngericht n tribunal m de escabinos.
Schoko'lade f chocolate m (a. Getränk).
Schoko'laden...: ~eis n helado m de chocolate; ~fabrik f fábrica f de chocolates, chocolatería f; 2farben adj. (de) color chocolate; achocolatado; ~kuchen m tarta f de chocolate; ~seite F fig. f lado m bueno; ~streusel m fideos m/pl. de chocolate; ~tafel f tableta f de chocolate.
Scho'lar Hist. m (-en) escolar m; estudiante m.
Scho'last|ik f (0) escolástica f, escolasticismo m; ~iker, 2isch adj. escolástico (m).
'**Scholle** f 1. gleba f (a. fig.); (Erd2) terrón m; (Eis2) témpano m; fig. terruño m; an der ~ hängen tener apego al terruño; 2. Ict. solla f; ~nbrecher m desterronadora f.
schon adv. ya; heute (morgen) ~ hoy (mañana) mismo; ~ immer siempre; ~ jetzt ahora mismo; ~ am frühen Morgen desde muy temprano; er ist ~ 2 Monate krank lleva ya dos meses enfermo; das ist ~ das dritte Mal ya van tres veces; es ist ~ 12 Uhr ya son las doce; es ist ~ lange her hace (ya) mucho tiempo; es ist ~ zu spät ya es demasiado tarde; ~ von Anfang an desde el primer momento; ya desde el comienzo; hast du ~ mit ihm gesprochen? ¿has hablado ya con él?; er wollte ~ gehen (ya) iba a marcharse; ich komme ~! ¡(ya) voy!; ~ wieder otra vez; was gibt's ~ wieder? ¿qué es lo que pasa ahora?; ich verstehe ~! ¡está bien!; ¡entendido!; ja, ~, aber ... eso desde luego, pero ...; Zeit hätte ich ~, aber ... tiempo sí que tendría, pero ...; er wird ~ kommen ya vendrá; (de) seguro que vendrá; es wird ~

schön — schräg 456

gehen todo se arreglará; ~ gut! ¡ya está (bien)!; ich gebe ~ zu, daß ... no puedo menos de reconocer que ...; das ist ~ wahr, aber ... eso es verdad (od. cierto), pero ...; ~ deshalb sólo por eso; ~ der Gedanke (de) sólo pensarlo; la sola idea de; ~ der Höflichkeit wegen aunque no sea más que por mera cortesía; ~ dadurch allein (tan) sólo por eso; (na), wenn ~! ¿y qué?; ¿qué importa eso?; wenn ~, denn ~! ¡si ha de ser, sea!; ¡a lo hecho, pecho!; das kennen wir ~! F eso ya lo sabemos (de memoria). schön I. adj. hermoso; bello; (hübsch) bonito, lindo; Person: a. guapo; (prächtig) magnífico; excelente; ~e Literatur bellas letras f/pl.; ~e Künste bellas artes f/pl.; das ~e Geschlecht el bello sexo; e-s ~en Tages algún día; el día menos pensado; es ist ~es Wetter hace buen tiempo; e-e ~e Gelegenheit una magnífica ocasión; e-e ~e Summe una cantidad considerable; F una bonita suma; ~e Worte palabras f/pl. huecas; F música f celestial; das ist ~ von dir eres muy amable; das ist nicht ~ von dir no está bien que hagas eso; alles gut und ~, aber ... todo eso está muy bien, pero ...; es kommt noch ~er hay más aún; das wäre ja noch ~er! ¡no faltaría (od. faltaba) más!; iro. da sind wir ~ dran! estamos aviados (od. frescos); iro. von Ihnen hört man ja ~e Dinge! ¡lindas cosas me cuentan de usted!; ~en Dank! ¡muchas gracias!; ~! (zustimmend) ¡de acuerdo!; ¡(está) bien!; Am. ¿cómo no?; iro. du bist mir ein ~er Freund! ¡valiente amigo eres tú!; ¡vaya un amigo que tengo en ti!; II. adv. bien; das klingt~ suena muy bien; fig. parece muy prometedor; er läßt Sie ~ grüßen le manda muchos recuerdos; sich ~ erschrecken llevarse un buen susto; er hat (ganz) ~ gestaunt se ha extrañado mucho; wir mußten ganz ~ arbeiten tuvimos que trabajar de lo lindo; du bist ~ dumm estás muy tonto; ich danke ~ muchas gracias; bitte ~ por favor; haga el favor; sei ~ brav (Kind) sé formalito, sé bueno.
'Schonbezug m funda f (protectora); Kfz. cubreasientos m.
'Schöne f beldad f; F guapa f.
'schonen v/t. tratar bien bzw. con cuidado; cuidar (bien); (schützen) proteger, preservar; Gefühle, Rechte, Eigentum usw.: respetar; Kräfte usw.: economizar, ahorrar; j-n ~ tener consideración con alg.; guardar consideración a alg.; ser indulgente con alg.; sich ~ cuidarse; sich nicht ~ trabajar en exceso.
'schönen v/t. Wein: clarificar.
'schonend I. adj. (rücksichtsvoll) considerado; (nachsichtig) indulgente; (maßvoll) moderado; II. adv.: ~ behandeln tratar cuidadosamente (od. con cuidado); j-n: tratar con miramientos; j-m et. ~ beibringen comunicar con precaución a/c. a alg.
'Schoner m 1. (Schonbezug) funda f; cubierta f; 2. ⚓ goleta f.
'Schöne(s) n: das ~ lo hermoso; lo bello; iro. Sie werden ~ s von mir denken! ¡bonita opinión tendrá usted de mí!; iro. das Schönste ist, daß ... lo bueno es que ...; iro. jetzt kommt das Schönste lo más bonito viene ahora.

'schön|färben fig. v/t. pintarlo todo de color de rosa; 2färber fig. m optimista m; 2färbe'rei fig. f idealización f.
'Schon|frist f plazo m de gracia (od. de respiro); ~gang Kfz. m sobremarcha f.
'Schöngeist m esteta m; ~e'rei esteticismo m; 2ig adj. estético; ~e Literatur bellas letras f/pl.
'Schönheit f belleza f; hermosura f; (Frau) beldad f, belleza f; mujer f hermosa (od. bella).
'Schönheits...: ~chirurgie f cirugía f estética (od. plástica); ~fehler m defecto m exterior; imperfección f; fig. a. lunar m; ~fleck m lunar m; ~ideal n belleza f ideal; patrón m de belleza; ~institut n instituto m de belleza; ~königin f reina f de (la) belleza; ~konkurrenz f → ~wettbewerb; ~mittel n cosmético m; artículo m de belleza; ~pflästerchen n lunar m; ~pflege f cosmética f; ~pflegerin f esteticista f; ~reparatur f reparación f de embellecimiento; ~salon m salón m (od. instituto m) de belleza; ~sinn m sentido m estético; sentimiento m estético (od. de lo bello); ~wettbewerb m concurso m de belleza.
'Schonkost 🍽 f dieta f; comida f de régimen.
'schön|machen I. v/i. Hund: hacer posturas; II. v/refl.: sich ~ arreglarse, engalanarse, F ponerse guapo; 2redner m hablista m; (Schmeichler) adulador m; 2redne'rei f retórica f; (Schmeichelei) adulación f; ~schreiben (L) v/i. caligrafiar; 2schreiben n, 2schrift f caligrafía f; in Schönschrift schreiben caligrafiar; 2tuer m (Schmeichler) lisonjero m, adulador m; F pelota m; cobista m; (Schäker) galanteador m; 2tue'rei f (Schmeichelei) lisonja f, adulación f; (Schäkerei) galanteo m; coqueteo m, flirteo m; ~tun (L) v/i. (schmeicheln) lisonjear, halagar, adular; (schäkern) galantear, F camelar; coquetear; j-m ~ hacerse el simpático con alg.; F hacer la pelota a alg.
'Schonung f 1. (Rücksichtnahme) consideración f, miramiento m; (Sorgfalt) cuidado m; buen trato m; (Erhaltung) conservación f, protección f; (Mäßigung) moderación f; (Nachsicht) indulgencia f; 🌲 reposo m; relajación f; mit ~ behandeln tratar con cuidado bzw. con miramiento (od. consideración); sich ~ auferlegen cuidarse bien; 2. Forst: coto m; vedado m; (Baumschule) plantel m, vivero m; 2sbedürftig adj. necesitado de cuidados bzw. de reposo; convaleciente; 2slos adj. desconsiderado; despiadado; brutal; sin consideración; sin miramiento; sin piedad; ~slosigkeit f (0) falta f de consideración; crueldad f.
'Schonzeit Jgdw. f veda f; fig. plazo m de gracia.
Schopf m (-¢s; ~e) copete m, tupé m; der Vögel: copete m; moño m; penacho m; fig. die Gelegenheit beim ~e fassen coger la ocasión por los cabellos.
'Schöpf|brunnen m pozo m; (Göpelwerk) noria f; ~eimer m cubo m; balde m; ⊕ cangilón m.

'schöpfen v/t. u. v/i. Wasser: sacar; ⊕ achicar; leer ~ vaciar.
'Schöpfer m 1. creador m; autor m; artífice m; Rel. der ~ el Creador; 2. → Schöpfkelle; ~geist m genio m (od. espíritu m) creador; ~hand f mano f creadora; ~in f creadora f; autora f; 2isch adj. creador; creativo; productor; ~kraft f fuerza f creadora, creatividad f.
'Schöpf...: ~kelle f, ~löffel m cazo m; cucharón m; ⊕ vasija f, perol m; ~papier n papel m de tina; ~rad n rueda f elevadora bzw. de cangilones; noria f.
'Schöpfung f creación f (a. Werk); (Weltall) universo m; ~sgeschichte Bib. f Génesis m.
'Schöpfwerk n ⊕ elevador m de agua; rosario m (de cangilones); noria f; ⊕ achicador m.
'Schoppen m (Maß) cuartillo m; ein ~ Wein una copa de vino.
Schöps reg. m (-es, -e) carnero m; fig. tonto m, bobo m.
'Schorf 🩺 m (-¢s; -e) escara f, costra f; ~bildung f escarificación f; 2ig adj. costroso, cubierto de costras.
'Schorle('morle) f vino m con sifón.
'Schornstein m (-¢s; -e) chimenea f; fig. et. in den ~ schreiben dar a/c. por perdido; wie ein ~ rauchen fumar como una chimenea; F fig. zum ~ hinausjagen tirar por la ventana; ~aufsatz m caperuza f (od. sombrerete m) de chimenea; ~feger m deshollinador m, limpiachimeneas m; ~haube f, ~kappe f → ~aufsatz.
Schoß[1] [ʃɔs] ♀ m (-sses; ~sse) retoño m; brote m.
Schoß[2] [ʃoːs] m (-es; ~e) regazo m; seno m (a. fig.); (Rock♀) faldón m; auf den ~ nehmen Kind: poner en el regazo; fig. in den ~ fallen caer del cielo; die Hände in den ~ legen estar mano sobre mano; cruzarse de brazos; in den ~ der Kirche zurückkehren volver al seno de la Iglesia; im ~e der Familie en el seno de la familia; im ~e der Erde en las entrañas de la tierra; ~hund m, ~hündchen n perro m bzw. perrillo m faldero; ~kind n niño m mimado.
'Schößling ♀ m (-s; -e) retoño m, renuevo m, vástago m; brote m.
'Schot(e)[1] ⚓ f escota f.
'Schote[2] ♀ f vaina f; silicua f.
Schott ⚓ n (-¢s; -en), a. ~e f mamparo m.
'Schotte m (-n) escocés m; ~nrock falda f escocesa; ~ntür ⚓ f compuerta f.
'Schotter m guijos m/pl.; (Straßen♀) grava f; gravilla f; 🚂 balasto m; ~decke f Straße: firme m de gravilla; 2n (-re) v/t. cubrir de gravilla (od. de grava); 🚂 balastar; ~ung f capa f de grava; 🚂 balastado m, balasto m.
'Schott|in f escocesa f; 2isch adj. escocés; ~land n Escocia f.
schraf'fier|en (-) v/t. sombrear; rayar; plumear; 2ung f sombreado m; rayado m; plumeado m.
'schräg I. adj. oblicuo; sesgo; soslayado; (geneigt) inclinado; (diagonal) diagonal; (quer hindurchgehend) transversal; F ein ~er Vogel un tío estrafalario; II. adv. oblicuamente; al sesgo; (von der Seite) de soslayo; (abgeschrägt) en declive; (diagonal)

diagonalmente; en diagonal; (quer) de través; ~ gegenüber casi en frente; ~ stellen ladear, sesgar, inclinar; ⎧ansicht f vista f oblicua; ⎧balken ⎕ m banda f; ⎧e f oblicuidad f; sesgo m; inclinación f; ⊕ bisel m; ~en v/t. sesgar, cortar al sesgo; ⊕ cortar en bisel; biselar; ⎧fläche f plano m inclinado; ⎧heit f (0) → Schräge; ⎧kante f bisel m; chaflán m; ~kantig adj. achaflanado; biselado; ⎧lage f inclinación f; posición f oblicua (od. inclinada); ~laufend adj. diagonal; transversal; ⎧parken n aparcamiento m en batería; ⎧paß m Fußball: pase m cruzado; ⎧schliff m biselado m; ⎧schnitt ⊕ m corte m en bisel; ⎧schrift f escritura f oblicua; Typ. letra f bastardilla (od. itálica); ⎧schuß m ⚔ tiro m oblicuo; Fußball: tiro m cruzado; ⎧streifen m diagonal f; ⎧strich m trazo m oblicuo; Computer: barra f diagonal.
'**Schramme** f rozadura f; (Kratzwunde) arañazo m, rasguño m; auf Politur, Schallplatten: raya f; ⎧n v/t. u. v/i. rozar; (kratzen) arañar, rasguñar; auf Politur usw.: rayar.
Schrank m (-es; ⁓e) armario m; (Geschirr⎧) aparador m; (Kleider⎧) ropero m; '~**bett** n cama f abatible; '~**brett** n anaquel m.
'**Schranke** f barrera f (a. ⚙ u. fig.); ⚖ barra f; fig. límite m; fig. in die ⁓n fordern desafiar, retar; in die ⁓n entrar en liza (a. fig.); ⚖ vor die ⁓n fordern demandar ante los tribunales; ~n setzen poner límites (od. coto) a; j-n in ⁓n halten tener a raya a alg.; sich in ⁓n halten contenerse; quedar(se) dentro de los límites; j-n in s-e ⁓n weisen poner a alg. en el lugar que le corresponde; poner a raya a alg.
'**schränken** v/t. cruzar; Säge: triscar.
'**schranken|los** adj. sin límites, ilimitado; (maßlos) desmesurado, desmedido; (zügellos) desenfrenado; ⎧**losigkeit** f (0) descomedimiento m; desenfreno m; ⎧**wärter** 🚂 m guardabarrera m.
'**Schrank|fach** n casilla f; anaquel m; '~**koffer** m maleta-armario m; baúl m; ~**wand** f librería f mural.
'**Schranze** m (-n) (Höfling) cortesano m adulador, palaciego m servil.
'**Schrap'nell** ⚔ n (-s; -e od. -s) granada f (od. proyectil m) de metralla; angl. shrapnel m.
'**schrapp|en** v/t. rascar; ⎧**er** ⊕ m rascador m.
'**Schraubdeckel** m tapa f roscada.
'**Schraube** f tornillo m; ⚓ ⚙ hélice f; Sport: giro m; ~ ohne Ende tornillo sin fin; fig. círculo m vicioso; F cuento m de nunca acabar; F fig. bei ihm ist e-e ~ los (od. locker) le falta un tornillo; fig. die ~n anziehen apretar las clavijas; F fig. e-e alte ~ una vieja chiflada; ⎧n v/t. atornillar; fester (lockerer) ~ apretar (aflojar) los tornillos; fig. in die Höhe ~ hacer subir, F poner por las nubes; → geschraubt.
'**Schrauben...**: ~**bolzen** m perno m roscado; ~**dampfer** m vapor m de hélice; ~**feder** f muelle m helicoidal; ⎧**förmig** adj. helicoidal; ~**gang** m paso m de filete (od. de rosca); ~**gewinde** n filete m (od. rosca f) de tornillo; ~**kopf** m cabeza f de tornillo; ~**lehre** f calibre m para tornillos; ~**mutter** f (-; -n) tuerca f; ~**schlüssel** m llave f de tuercas, Neol. aprietatuercas m; ~**spindel** f husillo m (od. árbol m) roscado; ~**welle** ⚓, ⚙ f árbol m portahélice; ~**winde** f gato m de tornillo; ~**windung** f espira f; filete m de tornillo; ~**zieher** m destornillador m.
'**Schraub|stock** m torno m, tornillo m de banco; ~**verschluß** m cierre m roscado.
'**Schrebergarten** m huerto m familiar.
Schreck m (-es; -e) → Schrecken; F ach, du ~! ¡cielos!; '~**bild** n fantasma m, espectro m; espantajo m.
'**Schrecken I.** m susto m; jäher: sobresalto m; (Furcht) temor m; miedo m; (Entsetzen) espanto m; terror m; pavor m; horror m; (Panik) pánico m; der ~ s-r Feinde el terror de sus enemigos; die ~ des Krieges los horrores de la guerra; ein Ende mit ~ un fin espantoso; von ~ ergriffen atemorizado; espantado; aterrorizado, aterrado; presa del terror bzw. del pánico; ~ erregen horrorizar, causar horror; j-m e-n ~ einjagen asustar (od. dar un susto) a alg.; espantar (od. aterrorizar) a alg.; infundir temor (od. miedo) a alg.; j-m e-n schönen ~ einjagen dar un susto tremendo a alg.; dar un buen susto a alg.; ~ verbreiten hacer cundir el terror; sembrar el pánico; e-n ~ bekommen asustarse, llevarse un susto; mit dem ~ davonkommen no sufrir más que el susto consiguiente; **II.** ⎧ v/t. asustar, dar un susto; stärker: atemorizar, espantar; aterrar; horrorizar; ⎧**erregend** adj. espantoso; terrorífico.
'**Schreckens...**: ⎧**bleich** adj. lívido de espanto; ~**botschaft** f noticia f alarmante (od. terrible); ~**herrschaft** f régimen m de terror; terrorismo m; ~**nachricht** f → ~botschaft; ~**nacht** f noche f de terror; ~**schreie** m/pl. gritos m/pl. de espanto; ~**tat** f atrocidad f.
'**Schreck...**: ⎧**gespenst** n fantasma m, espectro m (beide a. fig.); (Popanz) espantajo m; ⎧**haft** adj. asustadizo; miedoso; espantadizo; ~**haftigkeit** f (0) timidez f; ⎧**lich I.** adj. terrible; espantoso; horrible, horroroso; atroz; F (riesig) tremendo; enorme; formidable; colosal; wie ~! ¡qué horror!, ¡qué espanto!; **II.** adv. F fig. (ungemein) terriblemente; ~**lichkeit** f espanto m; horror m; atrocidad f; ~**nis** n (-sses; -se) horror m; ~**schraube** F fig. F cardo m; ~**schuß** m tiro m al aire; fig. aldabonazo m; falsa alarma f; e-n ~ abgeben disparar un tiro al aire; ~**schußpistole** f pistola f detonadora (od. de fogueo); ~**sekunde** f momento m de(l) susto; Kfz. segundo m de reacción.
Schrei m (-es; -e) grito m; Hahn: canto m; der letzte ~ (Mode) el último grito.
'**Schreib...**: ~**art** f modo m de escribir; estilo m; ~**bedarf** m utensilios m/pl. para escribir; artículos m/pl. de escritorio; ~**block** m bloc m de notas.
'**schreiben I.** (L) v/t. u. v/i. escribir (j-m od. an j-n a alg.); (auf~) apuntar, anotar; ⊕ registrar; richtig (falsch) ~ escribir (in)correctamente; gut (schlecht) ~ escribir bien (mal); Handschrift: tener buena (mala) letra, Stil: ser un buen (mal) escritor; klein (groß) ~ escribir con minúscula (mayúscula); er schreibt klein escribe con letra menuda; an et. ~ estar trabajando en a/c.; über et. ~ Zeitung: hacerse eco de a/c.; auf ein Blatt ~ escribir en una hoja, etc.; an die Tafel ~ escribir en la pizarra; mit Bleistift ~ escribir a (od. con) lápiz; mit Füllfederhalter usw. ~ escribir con estilográfica, etc.; wir ~ das Jahr 1980 estamos en 1980; F sich ~ (korrespondieren) mantener correspondencia con; F cartearse con; wie ~ Sie sich? ¿cómo se escribe su nombre?; die Feder schreibt gut la pluma escribe bien; **II.** ⎧ n escritura f; (Schriftstück) carta f; escrito m; amtliches: oficio m; diplomatisches: nota f; päpstliches: breve m.
'**Schreiber** m (Verfasser) autor m; escritor m; im Büro: escribiente m; amanuense m; (Sekretär) secretario m; ⚖ escribano m; actuario m; (Ab⎧) copista m; ⊕ (aparato m) registrador m.
Schreibe'r|ei f (Papierkrieg) papeleo m; '~**in** f autora f; escritora f; '~**ling** m (-s; -e) escritorzuelo m; F escribidor m; '~**seele** f F chupatintas m.
'**Schreib...**: ~**etui** n plumier m; ⎧**faul** adj. perezoso para escribir; ~**faulheit** f pereza f de escribir; ~**feder** f pluma f; ~**fehler** m falta f de escritura; error m de pluma; ~**gerät** n utensilio m para escribir; ⎧**geschützt** adj. Computer: protegido contra escritura; ~**heft** n cuaderno m; ~**kraft** f mecanógrafo (-a f) m; escribiente m/f; ~**krampf** ⚕ m calambre m de los escribientes; ~**kunst** f arte m de escribir; (Schön⎧) caligrafía f; ⎧**lustig** adj. amigo de escribir; ~**mappe** f carpeta f; ~**maschine** f máquina f de escribir; (mit der) ~ schreiben escribir a máquina; mecanografiar; ~**maschinenpapier** n papel m para máquina de escribir; ~**material** n objetos m/pl. de escritorio; ~**papier** n papel m de escribir; ~**pult** n pupitre m; ~**schrank** m secreter m; ~**stube** ⚔ f oficina f, despacho m; ~**tisch** m mesa f de despacho; escritorio m; ~**tischarbeit** f tarea f de mesa; ~**tischgarnitur** f juego m de escritorio, escribanía f; ~**tischlampe** f lámpara f de escritorio; ~**tischsessel** m sillón m de escritorio; ~**tischtäter** m autor m moral (de un crimen); ~**übung** f ejercicio m de escritura (od. de caligrafía); ~**ung** f grafía f; (Rechtschreibung) ortografía f; ⎧**unkundig** adj. que no sabe escribir; ~**unterlage** f carpeta f; ~**waren** f/pl. artículos m/pl. de escritorio; ~**warenhändler** m papelero m; ~**warenhandlung** f papelería f; ~**weise** f → ~ung; ~**zeug** n recado m de escribir; juego m de escritorio; ~**zimmer** n salón m escritorio.
'**schrei|en** (L) v/t. u. v/i. gritar, dar (od. lanzar) gritos; vocear, dar voces; vociferar; (kreischen) chillar, dar chillidos; Kind: berrear; Eule: ululular; Esel: rebuznar; nach j-m ~ llamar a voces a alg.; nach et. ~ pedir a gritos a/c.; fig. estar pidiendo a voces a/c.;

Schreien — Schuh 458

2en n gritos m/pl.; griterío m; vocerío m, vociferación f; (Kreischen) chillería f, chillido(s) m(pl.); Kind: berrido m; Esel: rebuzno m; F es ist zum ~ F es para morirse de risa; ~end adj. gritando, dando voces; a voz en cuello (od. en grito); (kreischend) chillón (a. Farben); ~es Unrecht injusticia f manifiesta (od. que clama al cielo); 2er m → 2hals; 2e'rei f griterío m; vocerío m; 2hals F m gritón m; chillón m; vocinglero m; vociferador m; (Kind) (niño m) llorón m; 2krampf m gritos m/pl. convulsivos. Schrein m (-és; -e) armario m; (Kasten) cofre m, kleiner: cofrecillo m; (Reliquien2) relicario m.
'Schreiner m carpintero m; (Kunst2) ebanista m; ~arbeit f obra f de carpintería bzw. ebanistería. Schreine'rei f carpintería f; (Kunst2) ebanistería f.
'Schreiner...: ~handwerk n carpintería f; (Kunst2) ebanistería f; ~lehrling m aprendiz m de carpintero; ~meister m maestro m carpintero; 2n (-re) v/i. carpintear; ~werkstatt f carpintería f; (Kunst2) ebanistería f.
'schreiten (L) v/i. andar; caminar; marchar con solemnidad; fig. zu et. ~ proceder (od. pasar) a a/c.; zur Abstimmung ~ proceder a la votación; zur Tat ~ poner manos a la obra.
Schrieb F m (-s; -e) carta f.
'Schrift f (-; -en) escritura f; (Hand2) letra f; Typ. (~zeichen) caracteres m/pl.; tipos m/pl. (de imprenta); (Schriftstück) escrito m; documento m; (Abhandlung) tratado m; (Veröffentlichung) publicación f; (Werk) obra f, kleine: opúsculo m; (Umschrift auf Münzen) leyenda f; sämtliche ~en obras f/pl. completas; Kopf oder ~ cara o cruz; ~art Typ. f tipo m (od. carácter m de imprenta; Computer: tipo m de letra, fuente f; ~auslegung Theo. f exégesis f; ~bild Typ. n ojo m; ~deutsch n alemán m literario; ~deutung f grafología f; ~führer m secretario m; ~gelehrte(r) Bib. m doctor m de la ley; escriba m; ~gießer m fundidor m de tipos de imprenta; ~gießerei f fundición f de tipos; ~grad Typ. m grado m de letra; Computer: tamaño m de fuente, cuerpo m de la letra; ~höhe Typ. f altura f (de la letra), árbol m; ~kasten Typ. m caja f (tipográfica); ~kegel Typ. m cuerpo m (de letra); ~leiter(in f) m redactor(a f) m; ~leitung f redaccción f; 2lich I. adj. escrito; ~e Prüfung examen m escrito; II. adv. por escrito; ~ abfassen poner por escrito; ~ mitteilen comunicar por escrito; ~metall n metal m para tipos de imprenta; ~probe f prueba f de escritura; Typ. espécimen m de fundidor; ausgedruckte: prueba f de tipos; ~sachverständige(r) m grafólogo m; ~satz m ⚡ alegato m; Typ. composición f; (Schriftstück) escrito m; ~setzer Typ. m cajista m; tipógrafo m; ~sprache f lenguaje m literario (od. culto); ~steller m escritor m; autor m; literato m; ~stelle'rei f profesión f de literato; ~stellerin f escritora f; autora f; literata f, 2stellerisch adj. literario; de escritor; de literato; 2stellern (-re) v/i. escribir (obras literarias); ~stellername m seudónimo

m; ~stellerverband m sociedad f de autores; ~stück n escritura f; escrito m; documento m; ~tum n (-s; 0) literatura f; ~vergleich m comparación f de letras; ~verkehr m correspondencia f; Dipl. canje m de notas; ~zeichen n signo m de escritura; Typ. tipo m, letra f, carácter m (de imprenta); ~zug m trazo m, rasgo m (de pluma).
'schrill adj. agudo, penetrante, estridente; ~en v/i. producir un sonido agudo; sonar estridente.
'Schrippe reg. f panecillo m.
'Schritt m (-és; -e) 1. paso m; ~ für ~ paso a paso (a. fig.); mit schnellen ~en con paso acelerado; große ~e machen dar grandes zancadas; im ~ gehen bzw. fahren ir al paso; mit j-m ~ halten llevar el paso a alg.; ir al mismo paso que alg.; fig. mit der Zeit ~ halten mantenerse al día; ir con el tiempo; adaptarse a las exigencias de la época; aus dem ~ kommen perder el paso; den ~ wechseln cambiar el paso; in gleichem ~ und Tritt al mismo paso; auf ~ und Tritt a cada paso; continuamente; j-m auf ~ und Tritt folgen seguir los pasos de alg.; s-e ~e lenken auf encaminar (od. dirigir) sus pasos a (od. hacia); nicht e-n ~ gehen können no poder dar paso; die ersten ~e tun Kind: hacer pinitos (a. fig.); 2. Hose: entrepierna f (pl.); 3. fig. paso m; gestión f; amtlicher: trámite m; tramitación f; (Maßnahme) medida f; den ersten ~ tun dar el primer paso; tomar la iniciativa; den entscheidenden ~ tun dar el paso decisivo; ~e tun (od. unternehmen) hacer gestiones (para); adoptar las medidas oportunas (para); wir sind schon e-n ~ weitergekommen ya se ha dado un paso adelante; ~länge f longitud f del paso; Hose: largo m de la entrepierna; ~macher m Sport: guía m; fig. pionero m; precursor m; ♠ marcapasos m; ~(t)empo n: im ~ al paso; ~wechsel m cambio m de paso; 2weise adv. paso a paso; progresivamente; gradualmente; ~zähler m podómetro m, cuentapasos m.
'schroff adj. Felsen, Berg: escarpado, a. fig. abrupto; fig. brusco; rudo; áspero; (schneidend) tajante; (kurz angebunden) seco; ~e Ablehnung negativa f rotunda; j-n ~ behandeln tratar con aspereza a alg.; 2heit f (0) escarpadura f; fig. brusquedad f; rudeza f, aspereza f; sequedad f.
'schröpfen v/t. ♦ escarificar; sangrar; aplicar ventosas; F fig. j-n ~ desollar vivo a alg.; pelar (od. desplumar od. esquilmar) a alg.; 2en n ♦ escarificación f; sangría f; 2kopf ♠ m ventosa f.
'Schrot m/n (-és; -e) 1. Jgdw. perdigones m/pl., feiner: mostacilla f; (Rehposten) postas f/pl.; 2. ✦ grano m triturado; 3. (Feingehalt) ley f; von echtem ~ und Korn de buena (od. pura) cepa; von altem ~ und Korn chapado a la antigua; ~brot n pan m integral; 2en (-e-) v/t. triturar, desmenuzar; machacar; ~feile f lima f de desbastar; ~flinte f escopeta f de postas; ~korn n trigo m triturado; Jgdw. perdigón m; ~ladung Jgdw. f perdigonada f; ~mehl n harina f gruesa;

~meißel ⊕ m tajadera f; ~mühle f molino m triturador; ~säge f sierra f de tronzar; ~schuß m perdigonada f.
'Schrott m (-és; -e) chatarra f; ~handel m comercio m de chatarra; ~händler m chatarrero m; ~platz m depósito m de chatarra; 2reif adj. para desguace; para el arrastre; ~wert m valor m residual.
'schrubb|en v/t. fregar; ⚓ limpiar (con el lampazo); 2en n fregado m, fregadura f; 2er m escobilla f; escobillón m; ⚓ lampazo m.
'Schrull|e f extravagancia f, rareza f; manía f; capricho m; F chifladura f; F alte ~ (Frau) vieja f chiflada; 2enhaft, 2ig adj. extravagante; caprichoso; maniático; F chiflado.
'schrumpel|ig F adj. Haut: apergaminado, avellanado; (runzelig) rugoso, arrugado; ~n (-le) F v/i. apergaminarse, avellanarse; arrugarse.
'schrumpf|en v/i. encogerse; estrecharse; a. fig. reducirse; bsd. ⊕ contraerse; ♠ atrofiarse; (schrumpeln) arrugarse; fig. disminuir, menguar; 2kopf m cabeza f reducida; 2niere ♠ f riñón m cirrótico; cirrosis f renal; 2ung f encogimiento m; estrechamiento m; bsd. ⊕ u. ✝ contracción f; arrugamiento m; ♠ retracción f; atrofia f; fig. disminución f, reducción f.
'Schrund|e f grieta f (a. in Haut, Lippen): fisura f; 2ig adj. agrietado; rajado, hendido.
'schruppen v/t. 1. ⊕ desbastar; 2. → schrubben.
Schub m (-és; ~e) (Stoß) empujón m, empellón m; v. Menschen usw.: grupo m; Brot: hornada f (a. fig.); ♠ brote m; (~kraft) empuje m; Kegeln: bolada f; ~düse f tobera f de propulsión; '~er m estuche m; '~fach n cajón m; gaveta f; '~fenster n ventana f corrediza; '~lack F m (-s; -s od. -e) canalla f; '~karre(n m) f carretilla f; '~kasten m, '~lade f → ~fach; '~kraft ⊕ f (fuerza f de) empuje m; '~lehre ⊕ f calibre m para medir gruesos; pie m de rey; '~leistung f potencia f de empuje.
Schubs F m (-es; -e), '~er F m empujón m, empellón m; '2en (-t) F v/t.: j-n ~ empujar (od. dar un empujón) a alg.
'Schub|stange ⊕ f biela f; 2weise adv. a empujones, a empellones; beim Backen: a hornadas; (allmählich) poco a poco, paso a paso.
'schüchtern adj. tímido, (ängstlich) apocado, pusilánime; encogido; (verschämt) vergonzoso; 2heit f (0) timidez f; apocamiento m, pusilanimidad f; encogimiento m.
'schuckeln v/i. dar sacudidas.
'schuckern v/i. Motor usw.: dar golpes.
Schuft m (-és; -e) canalla m; bribón m; granuja m; bellaco m; '2en (-e-) F v/i. bregar; trabajar como un negro (od. una mula); matarse trabajando; F pencar; ~e'rei f trabajo m pesado; faena f; '2ig adj. canallesco; vil, ruin; bajo; '~igkeit f canallada f; vileza f; villanía f; bellaquería f.
'Schuh m (-és; -e) zapato m; ⊕ patín m; ⚓ (Anker2) zapata f; sich die ~e anziehen (ausziehen) calzarse (descalzarse); ponerse (quitarse) los zapa-

tos; *fig.* j-m et. *in die* ~*e schieben* imputar a/c. a alg.; cargarle el sambenito (*od.* el mochuelo) a alg.; *er weiß, wo ihn der* ~ *drückt* sabe dónde le aprieta el zapato; *da drückt der* ~*!* ¡ahí le duele!; ~**absatz** *m* tacón *m*; ~**anzieher** *m* calzador *m*; ~**band** *n* cordón *m* (de zapato); ~**bürste** *f* cepillo *m* para el calzado; ~**creme** *f* crema *f* para el calzado, betún *m*; ~**fabrik** *f* fábrica *f* de calzado; ~**geschäft** *n* tienda *f* de calzado, zapatería *f*; ~**größe** *f* tamaño *m* (de zapato); ~ *40 tragen* calzar (d)el cuarenta; *welche* ~ *haben Sie?* ¿qué número calza?; ~**industrie** *f* industria *f* del calzado; ~**leder** *n* cuero *m* para calzado; ~**leisten** *m* horma *f*; ~**löffel** *m* calzador *m*; ~**macher** *m* zapatero *m*; ~**mache'rei** *f* zapatería *f*; ~**plattler** *m* (*Tanz*) zapateado *m* bávaro *bzw.* tirolés; ~**putzer** *m* limpiabotas *m*; ~**putzmittel** *n* → ~*creme*; ~**riemen** *m* → ~*band*; ~**schrank** *m* armario *m* zapatero; ~**sohle** *f* suela *f*; ~**spanner** *m* horma *f*, extendedor *m*; ~**waren** *f*/*pl.*, ~**werk** *n* calzado *m*; ~**wichse** *f* → ~*creme*; ~**zeug** *n* calzado *m*.

'**Schukosteckdose** ⚡ *f* enchufe *m* con derivación a tierra.

'**Schul**|**alter** *n* edad *f* escolar; ~**amt** *n* autoridad *f* escolar; ~**anfang** *m* comienzo *m* del curso escolar; ~**arbeiten** *f*/*pl.* deberes *m*/*pl.*; ~**arzt** *m* médico *m* escolar; ~**aufsicht** *f* inspección *f* de enseñanza; ~**ausflug** *m* excursión *f* escolar; ~**ausgabe** *f* edición *f* escolar; ~**bank** *f* banco *m* de escuela; *die* ~ *drücken* ir a la escuela; ~**behörde** *f* autoridad *f* escolar; ~**beispiel** *n* ejemplo *m* clásico (*od.* típico); ~**besuch** *m* asistencia *f* escolar (*od.* a clase); (*Schulzeit*) escolaridad *f*; ~**bildung** *f* estudios *m*/*pl.*; formación *f* escolar; *höhere* ~ enseñanza *f* secundaria; bachillerato *m*; ~**buch** *n* libro *m* de texto; ~**bücherei** *f* biblioteca *f* escolar; ~**bus** *m* autobús *m* escolar.

'**Schuld** *f* (-; -en) **1.** culpa *f*; (*Fehler*) falta *f*; ⚖ culpabilidad *f*; 2 *haben* ser culpable; *an et.* 2 *sein* tener la culpa de a/c.; *wer hat* 2 (*daran*)?, *wessen ist es?* ¿quién tiene la culpa?; *das ist m-e* ~*, ich bin* 2 *daran* la culpa es mía; yo tengo la culpa, yo soy el culpable de ello; *die* ~ *liegt nicht an ihm* no es culpa suya; él no tiene la culpa; *durch m-e* ~ por mi culpa; por culpa mía; *ohne m-e* ~ sin culpa mía; *j-m die* ~ *geben* atribuir a alg. la culpa (*an et.* de a/c.); inculpar a alg.; imputar a alg. a/c.; *die* ~ *auf j-n schieben* echar la culpa a alg.; *die* ~ *auf sich nehmen* atribuirse la culpa, declararse culpable; *Rel. und vergib uns unsere* ~ *y perdónanos nuestras deudas;* **2.** ✝ deuda *f*; (*Soll*) débito *m*; ~*en haben*, *in* ~*en stecken* tener deudas, estar endeudado; *bei j-m* ~*en haben*, *in j-s* ~ *sein* (*od. stehen*) tener deudas con alg.; *a. fig.* estar en deuda con alg.; *in* ~*en geraten*, ~*en machen*, *sich in* ~*en stürzen* contraer deudas; endeudarse; empeñarse; F entramparse; ~**anerkenntnis** *n* reconocimiento *m* de deuda; ~**ausschließungsgrund** ⚖ *m* (circunstancia *f*) eximente *f*; ~**bekenntnis** *n* confesión *f* (de una culpa); 2**beladen** *adj.* cargado de

culpas; ~**betrag** *m* importe *m* de la deuda; ~**beweis** *m* prueba *f* de culpabilidad; 2**bewußt** *adj.* consciente de su culpabilidad; ~**bewußtsein** *n* conciencia *f* de la culpabilidad; ~**buch** ✝ *n* libro *m* de deudas; (*Staats*2) registro *m* de deudas.

'**schulden** (-e-) *v*/*t*.: *j-m et.* ~ *deber* (✝ *a.* adeudar) a alg. a/c.; *bsd. fig.* estar en deuda con alg. por a/c.

'**Schulden**...: ~**dienst** *m* servicio *m* de deudas; 2**frei** *adj.* libre (*od.* exento) de deudas; ~**last** *f* (carga *f* de) deudas *f*/*pl.*; deudas *f*/*pl.* apremiantes; ~**masse** ✝ *f* masa *f* pasiva; ~**senkung** *f* reducción *f* de las deudas; ~**tilgung** *f* amortización *f* (de deudas); ~**tilgungsfonds** *m* fondo *m* de amortización.

'**Schuld**...: ~**erlaß** *m* remisión *f* de una deuda; ~**forderung** *f* crédito *m*; obligación *f*; deuda *f* activa; ~**frage** *f* cuestión *f* de culpabilidad *bzw.* de responsabilidad; ~**gefühl** *n* sentimiento *m* de culpabilidad; ~**haft** *f* prisión *f* por deudas; 2**haft** *adj.* culpable.

'**Schul**|**diener** *m* bedel *m*; conserje *m*; ~**dienst** *m*: *im* ~ *tätig sein* ejercer de profesor *bzw.* de maestro.

'**schuldig** *adj.* culpable; (*gebührend*) debido; ✝ deudor; *Geld*: debido; *e-s Verbrechens* ~ *sein* (*werden*) ser (hacerse) culpable de un crimen; ~ *sprechen*, *für* ~ *erklären* declarar culpable; *sich* ~ *bekennen* declararse culpable; reconocer su culpa *bzw.* su falta; ~ *geschieden* divorciado como parte culpable; *er ist des Todes* ~ merece la muerte; *j-m et.* ~ *sein* deber a alg. a/c.; *fig. a.* estar en deuda con alg.; *ich bin Ihnen e-e Erklärung* ~ le debo una explicación; *was bin ich Ihnen* ~? ¿qué le debo?; ¿cuánto le debo?; *et.* ~ *bleiben* quedar deudor (*od.* adeudar) a/c.; *fig. j-m nichts* ~ *bleiben* pagar a alg. con la misma moneda; devolver a alg. la pelota; 2**e**(**r** *m*) *m*/*f* culpable *m*/*f*; *Rel.* wie wir vergeben unseren Schuldigern así como nosotros perdonamos a nuestros deudores; 2**keit** *f* (0) deber *m*; obligación *f*; *er hat nur s-e* ~ *getan* no ha hecho más que cumplir con su deber; 2**sprechung** ⚖ *f* veredicto *m bzw.* declaración *f* de culpabilidad.

'**Schuld**...: ~**klage** ⚖ *f* demanda *f* por deudas; ~**komplex** *m* complejo *m* de culpabilidad; ~**konto** ✝ *n* cuenta *f* deudora; 2**los** *adj.* inocente; sin culpa; ~**losigkeit** *f* (0) inocencia *f*; inculpabilidad *f*.

'**Schuldner** *m* deudor *m*; ~**in** *f* deudora *f*; ~**land** *n* país *m* deudor.

'**Schuld**...: ~**posten** ✝ *m* adeudo *m*; asiento *m* deudor; ~**recht** *n* derecho *m* de obligaciones; ~**schein** *m* pagaré *m*; abonaré *m*; ~**spruch** ⚖ *m* veredicto *m* de culpabilidad; ~**übernahme** *f* asunción *f* de deuda; ~**verhältnis** *n* obligación *f*; ~**verschreibung** ⚖ *f* obligación *f*; ~**versprechen** ⚖ *f* n promesa *f* de deuda.

'**Schule** *f* escuela *f* (*a. fig.*); centro *m* escolar; (*bsd. Privat*2) colegio *m*; (*Unterricht*) clase(s) *f*(*pl.*); (*Lehrbuch*) método *m*; *zur* (*od. in die*) ~ *gehen* ir a la escuela; ir a clase; (*keine*) ~ *haben* (no) tener clase; *morgen ist keine* ~ mañana no hay clase; *fig.* ~

machen hacer escuela; sentar cátedra; *Beispiel usw.*: cundir; *aus der* ~ *plaudern* no poder callar la boca; irse de la lengua; *durch e-e harte* ~ *gehen* pasar por un rudo aprendizaje; *ein Diplomat der alten* ~ un diplomático de la vieja escuela.

'**schulen** *v*/*t*. enseñar; instruir; formar; aleccionar; (*einüben*) ejercitar; adiestrar.

'**Schüler** *m* alumno *m*; escolar *m*; colegial *m*; *höherer:* estudiante *m*; *a. fig.* discípulo *m*; ~**austausch** *m* intercambio *m* de alumnos; 2**haft** *adj.* escolar; de colegial; infantil; *fig.* imperfecto; ~**haftigkeit** *f* (0) imperfección *f*; ingenuidad *f*; ~**in** *f* alumna *f*; colegiala *f*; estudiante *f*; ~**lotse** *m* guía *m* escolar de tráfico; ~**schaft** *f* alumnado *m*; ~**zeitung** *f* periódico *m* escolar.

'**Schul**...: ~**erziehung** *f* educación *f* escolar; ~**fach** *n* asignatura *f*; ~**feier** *f*, ~**fest** *n* fiesta *f* escolar; ~**ferien** *pl.* vacaciones *f*/*pl.* escolares; ~**fernsehen** *n* televisión *f* escolar; ~**film** *m* película *f* educativa; ~**flug** ✈ *m* vuelo *m* de entrenamiento; ~**flugzeug** *n* avión-escuela *m*; 2**frei** *adj.*: *heute ist* ~ hoy no hay clase; *der Tag* ~ día *m* no lectivo (*od.* de asueto); ~**freund**(**in** *f*) *m* compañero (-a *f*) *m* de clase; ~**fuchs** F *m* fig. *m* pedante *m*; ~**fuchse'rei** *f* pedantería *f*; ~**funk** *m* emisión *f* escolar; ~**gebäude** *n* edificio *m* escolar; escuela *f*; ~**gebrauch** *m*: *für den* ~ para uso escolar; ~**geld** *n* matrícula *f*; cuota *f* (escolar); ~**geldfreiheit** *f* gratuidad *f* de enseñanza; matrícula *f* gratuita; ~**haus** *n* escuela *f*; ~**heft** *n* cuaderno *m* (de clase); ~**hof** *m* patio *m* escolar; ~**inspektor** *m* inspector *m* de enseñanza; 2**isch** *adj.* escolar; ~*e Leistungen* rendimiento *m* escolar; ~**jahr** *n* año *m* escolar; curso *m* (lectivo); ~**jugend** *f* juventud *f* escolar; alumnos *m*/*pl.*; ~**junge** *m* escolar *m*; ~**kamerad** *m* condiscípulo *m*; compañero *m* de clase; ~**kenntnisse** *f*/*pl.* conocimientos *m*/*pl.* adquiridos en la escuela; ~**kind** *n* escolar *m*; colegial(a *f*) *m*; ~**klasse** *f* clase *f*; (*Raum*) aula *f*; ~**landheim** *n* granja *f* escolar; ~**lehrer**(**in** *f*) *m* maestro (-a *f*) *m* (de escuela); ~**leiter** *m* director *m*; ~**leitung** *f* dirección *f* del colegio; ~**mädchen** *n* alumna *f*; colegiala *f*; ~**mann** *m* pedagogo *m*; ~**mappe** *f* cartera *f*; vade *m*; ~**medizin** *f* medicina *f* oficial (*od.* convencional); ~**meister** *m* maestro *m* de escuela, *desp.* dómine *m*; 2**meisterlich** *m.s. adj.* pedante, pedantesco; 2**meistern** (-*re*) *desp. fig.* v/*t. u.* v/*i.* regentar; poner cátedra; (*kritisieren*) censurar; ~**musik** *f* música *f* escolar; ~**ordnung** *f* reglamento *m* escolar; ~**pferd** *n* caballo *m* amaestrado *bzw.* de picadero; ~**pflicht** *f* enseñanza *f* (*od.* escolarización *f*) obligatoria; 2**pflichtig** *adj.* en edad escolar; ~*e Kinder* población *f* escolar; ~**psychologe** *m* psicólogo *m* escolar; ~**ranzen** *m* cartera *f* mochila *f*; ~**rat** *m* inspector *m* de enseñanza; ~**raum** *m* local *m* escolar; aula *f*; ~**raumnot** *f* carencia *f* de locales escolares; ~**reform** *f* reforma *f* escolar; ~**reife** *f* madurez *f* escolar; ~**reiten** *n* equitación *f* a la

Schulreiter(in) — Schutz 460

alta escuela; ~reiter(in f) m (Artist) artista m/f ecuestre; ~schießen ⚔ n prácticas f/pl. de tiro; ~schiff n buque m escuela; ~schluß m salida f de clase; zu Beginn der Ferien: clausura f del curso; ~speisung f almuerzo m escolar; ~sport m deporte m escolar; ~stunde f lección f; (hora f de) clase f; ~system n sistema m de enseñanza (od. escolar); ~tafel f pizarra f; ~tag m día m lectivo (od. de clase); ~tasche f cartera f; vade m; macuto m.
'**Schulter** f (-; -n) hombro m; Kochk. espalda f; ~ an ~ hombro a hombro; fig. codo a codo; über die ~n gehängt en bandolera; breite ~n haben tener anchas las espaldas; ser ancho de espaldas; die (od. mit den) ~n zucken encogerse de hombros; auf den ~n tragen llevar a hombros (od. cuestas); auf die ~ nehmen cargar (od. echarse) al hombro; j-m auf die ~ klopfen palmotear a alg.; dar a alg. una palmadita en el hombro; Sport: auf die ~ legen (od. zwingen) poner sobre las espaldas; fig. j-n über die ~ ansehen mirar a alg. por encima del hombro; j-m die kalte ~ zeigen dar (od. volver) la espalda a alg.; et. auf die leichte ~ nehmen tomar a la ligera a/c.; echar a/c. en saco roto; die Verantwortung ruht auf s-n ~n la responsabilidad pesa sobre él (od. sobre sus espaldas); ~band n (Orden) banda f; ~blatt Anat. n omóplato m, escápula f; ~breite f anchura f entre los hombros; Schneiderei: tiro m; 2frei adj. Kleid: que deja los hombros descubiertos; ~gegend Anat. f región f escapular; ~gelenk n articulación f escapulohumeral; ~höhe f altura f de la espalda; ~klappe ⚔ f hombrera f; 2lahm adj. Tier: despald(ill)ado; 2n (-re) v/t. echar al hombro; ~polster n hombrera f; ~riemen m bandolera f; ~stand m Turnen: apoyo m sobre hombros; ~stück n ⚔ hombrera f; an Kleidern u. Kochk.: espalda f; ~tasche f bolso m en bandolera; ~tuch n mantilla f; mantón m; ~wehr ⚔ f espaldón m.
'**Schulung** f formación f; instrucción f; adiestramiento m; práctica; entrenamiento m; ~skurs(us) m curso m de adiestramiento; cursillo m de formación; ~slager n campo m de entrenamiento bzw. de adiestramiento bzw. de capacitación.
'**Schul...**: ~unterricht m enseñanza f escolar; clases f/pl.; ~versäumnis n inasistencia f a clase; falta f de asistencia; ~verwaltung f administración f escolar; ~vorstand m junta f directiva del colegio; ~weg m camino m de ida- y vuelta a la escuela; ~weisheit f sabiduría f escolar; ~wesen n enseñanza f; ~wörterbuch n diccionario m para uso escolar; ~zeit f horas f/pl. de clase; (Periode) (tiempo m de) escolaridad f; weitS. años m/pl. escolares; ~zeugnis n notas f/pl.; hoja f (od. boletín m) de calificaciones; ~zimmer n (sala f de) clase f; ~zwang m enseñanza f obligatoria; ~zweck m → ~gebrauch.
Schumme'lei F f engaño m; trampa f; estafa f, F timo m.
'**schummeln** (-le) F v/i. engañar, timar, hacer trampa.

'**schumm(e)rig** adj. crepuscular.
'**Schund** m (-es; 0) baratija f; pacotilla f; F porquería f; ~literatur f literatura f de baja estofa bzw. pornográfica; ~roman m novelón m; ~ware f género m de pacotilla.
'**schunkeln** (-le) v/i. balancearse (cogidos del brazo).
'**Schupo I.** F m (-s; -s) (Abk. für Schutzpolizist) F urbano m, guardia m; **II.** f (0) (Abk. für Schutzpolizei) policía f urbana.
'**Schuppe** f escama f; (Kopf2) caspa f; fig. es fiel ihm wie ~n von den Augen se le cayó la venda de los ojos.
'**Schüppe** reg. f pala f.
'**schuppen** v/t. escamar; sich ~ descamarse, exfoliarse.
'**Schuppen** m (-s; -) cobertizo m; bsd. im Hafen u. F tinglado m; ⚔ hangar m; ~eidechse Zoo. f estinco m; ~fisch m pez m escamoso; ~flechte ⚕ f psoriasis f; 2förmig adj. escamiforme; ~panzer m loriga f; ~tier Zoo. n animal m escamoso.
'**schuppig** adj. escamoso.
Schur f (-; -en) esquileo m.
'**Schür|eisen** n hurgón m; atizador m; 2en v/t. hurgonear; atizar (a. fig.); fig. fomentar, alimentar.
'**schürf|en I.** v/t. (schaben) raspar; (aufkratzen) arañar; ⚒ Haut: escoriar; **II.** v/i. ⚒ excavar, hacer excavaciones; hacer prospecciones; fig. tief ~ ahondar (en); 2ung f ⚒ excoriación f; excavación f; prospección f; exploración f.
'**Schürhaken** m → ~eisen.
'**schurigeln** (-le) F v/t. vejar, fastidiar.
'**Schurk|e** m (-n) canalla m; bribón m; bellaco m; ~enstreich m, ~e'rei f canallada f; bribonada f; 2isch adj. canallesco; vil, infame.
'**Schürloch** n boca f del hogar.
'**Schurwolle** f lana f esquilada; reine ~ pura lana f virgen.
Schurz m (-es; -e) delantal m; mandil m; (Lenden2) taparrabo m.
'**Schürze** f delantal m; F fig. hinter jeder ~ her sein ser mujeriego (od. aficionado a las faldas).
'**Schurzeit** f esquileo m.
'**schürzen** (-t) v/t. arremangar (las faldas); Lippen: fruncir; fig. den Knoten ~ (im Drama usw.) disponer la intriga; 2band n cinta f de delantal; 2jäger m aficionado m a las faldas; hombre m faldero (od. mujeriego); tenorio m.
'**Schuß** m (-sses, ⸚sse) tiro m (a. Sport); disparo m; Fußball: a. chut m; (Knall) detonación f; (Ladung) carga f (explosiva); (Munition) cartucho m; P (Drogen2) chute m, pico m; Weberei: trama f; ein ~ Cognac usw. unas gotas (od. un chorrito) de coñac, etc.; e-n ~ abgeben disparar un tiro, hacer un disparo; es fiel ein ~ se oyó un tiro; F fig. ein ~ tun (schnell machen) F dar un estirón; weit vom ~ en lugar seguro; fuera de peligro; F fig. in ~ en orden; gut in ~ sein estar en perfectas condiciones; estar a punto; Person: estar en buena forma; nicht in ~ sein Person: F estar malucho; in ~ bringen arreglar, componer; poner a punto; in ~ halten mantener en buen estado (od. buenas condiciones); wieder in ~ bekommen (F kriegen) poner a flote; F fig. der ~ ging nach hinten los el tiro

salió por la culata; ~bahn f (Schußlinie) línea f de tiro; (Flugbahn) trayectoria f; ~bereich m alcance m; (Feuerzone) zona f de fuego; 2bereit adj. preparado para tirar, dispuesto a disparar; Phot. listo para disparar.
'**Schussel** F m despistado m; F cabeza f de chorlito.
'**Schüssel** f (-; -n) fuente f; plato m (a. Gericht); (Wasch2) jofaina f, palangana f.
'**schusselig** adj. atolondrado; irreflexivo; distraído; despistado.
'**Schuß...**: ~faden m Weberei: hilo m de trama; ~fahrt f Schi: descenso m en línea recta; ~feld n campo m de tiro; freies ~ haben tener el tiro libre; 2fest adj. → 2sicher; 2gerecht adj. al alcance de la bala; ~kanal ⚕ m trayecto m del proyectil; ~linie f línea f de tiro (od. de mira); 2sicher adj. a prueba de bala; ~stellung f posición f de tiro; ~verletzung f herida f de bala (od. por arma de fuego), balazo m; ~waffe f arma f de fuego; ~weite f alcance m de tiro; auf ~ a tiro; a. fig. außer ~ fuera de alcance (od. de tiro); ~winkel m ángulo m de tiro; ~wunde f → ~verletzung; ~zeit Jgdw. f período m hábil de caza.
'**Schuster** m zapatero m; fig. auf ~s Rappen a pie, andando, F en coche de San Fernando; ~, bleib bei deinen Leisten! ¡zapatero, a tus zapatos!; ~ahle f lezna f; ~draht m hilo m empegado, sedal m; ~junge m aprendiz m de zapatero; 2n v/t. u. v/i. hacer bzw. remendar zapatos; fig. (pfuschen) chapucear, frangollar; ~pech n cerote m, pez f de zapatero; ~werkstatt f zapatería f.
'**Schute** ⚓ f gabarra f; chalana f.
Schutt m (-es; 0) escombros m/pl.; (Bau2) a. cascotes m/pl.; in ~ und Asche legen reducir a cenizas; '~abladeplatz m escombrera f; vertedero m de escombros.
'**Schütt|beton** f hormigón m colado; ~e ⚔ f montón m; pila f; ~ Stroh manojo m de paja.
'**Schüttel|becher** m agitador m; ~frost ⚕ m escalofríos m/pl.; ~lähmung ⚕ f parálisis f agitante; 2n (-le) v/t. sacudir; Gefäß: agitar; den Kopf ~ menear la cabeza; verneinend: (de)negar con la cabeza; j-m die Hand ~ estrechar a alg. la mano; vor Gebrauch ~! agítese antes de usarlo; sich vor Lachen ~ desternillarse de risa; ~n n sacudimiento m; agitación f; ~reim m rima f doble con metátesis; ~rutsche ⊕ f plano m inclinado vibratorio.
'**schütten** (-e-) v/t. echar (al suelo), tirar; (gießen) verter; (ver~) derramar; F es schüttet está diluviando (od. lloviendo a cántaros).
'**schütter** adj. ralo; ~n v/i. temblar; vibrar.
'**Schüttgut** n mercancías f/pl. bzw. carga f a granel.
'**Schutt...**: ~halde f escombrera f; ⚒ escorial m; ~haufen m montón m de escombros; in e-n ~ verwandeln reducir a escombros bzw. a cenizas; ~kegel Geol. m cono m de erupción (de un volcán); ~pflanze ⚘ f planta f ruderal.
Schutz m (-es; 0) protección f (vor,

gegen contra); amparo *m*; (~*herrschaft*) patrocinio *m*; (*Verteidigung*) defensa *f*; (*Bewahren*) preservación *f*; (*Obhut*) custodia *f*; (*Geleit*) salvaguardia *f*; (*Zuflucht*) refugio *m*; asilo *m*; abrigo *m*; im (*od. unter dem*) ~e (*gen.*) protegido por; al amparo (*od.* socaire) de; *sich in j-s* ~ *begeben* ponerse bajo la protección de alg.; *j-n in* ~ *nehmen* tomar la (*od.* salir en) defensa de alg.; *in seinen* ~ *nehmen* tomar bajo su protección; ~ *suchen* buscar refugio; refugiarse; ampararse; *im* ~ *der Nacht* al amparo de la noche.

Schütz *n* (-*es*; -*e*) ⚡ contactor *m*; *e-r Schleuse*: compuerta *f*.

'**Schutz...** ~**anstrich** *m* pintura *f* (*od.* capa *f*) protectora; ⚔ pintura *f* de camuflaje; ~**anzug** *m* traje *m* protector; buzo *m*; ~**aufsicht** ⚡ *f* vigilancia *f* de protección; ²**bedürftig** *adj.* que necesita protección; ~**befohlene**(**r** *m*) *m/f* protegido (-a *f*) *m*; ~**belag** *m* capa *f* protectora; ~**blech** *n* *Kfz.* guardabarros *m*, *Am.* guardafango *m*; *am Fahrrad*: parafango *m*; ~**brief** *m* salvoconducto *m*; ~**brille** *f* gafas *f/pl.* protectoras; ~**bündnis** *Pol. n* alianza *f* defensiva; ~**dach** *n* abrigo *m*; marquesina *f*; *am Haus*: alero *m*; ~**damm** *m* dique *m* de protección (*od.* protector).

'**Schütze** *m* (-*n*) tirador *m*; (*Jäger*, ⚔) cazador *m*; ⚔ (*Grad*) soldado *m* raso; *Fußball*: (*Tor* ²) goleador *m*; *Astr.* Sagitario *m*.

'**schützen** (-*t*) *v/t.* proteger (vor, gegen contra, de); (*verteidigen*) defender (de, contra); (*sichern*) guarecer; abrigar; poner al abrigo de; resguardar de; (*bewahren*) guardar; preservar de; (*vorbeugen*) prevenir contra; *sich* ~ protegerse, *etc.*; *vor Nässe zu* ~ presérvese de la humedad; *geschützt vor* al abrigo de; a cubierto de; *gesetzlich geschützt* protegido por la ley; *patentrechtlich geschützt* patentado; *Gott schütze dich!* ¡Dios te guarde!; ²**bataillon** ⚔ *n* batallón *m* de cazadores; ~**d** *adj.* protector; ²-**fest** *n* concurso *m* de tiro (con fiesta popular); fiesta *f* de tiradores.

'**Schutz-engel** *m* ángel *m* custodio (*od.* de la guarda).

'**Schützen...**: ~**gesellschaft** *f*, ~**gilde** *f* sociedad *f* de tiro; ~**graben** ⚔ *m* trinchera *f*; ~**grabenkrieg** *m* guerra *f* de trincheras; ~**hilfe** *fig. f* respaldo *m*; *j-m* ~ *leisten* respaldar a alg.; ~**könig** *m* rey *m* de los tiradores; campeón *m* de tiro; ~**loch** ⚔ *n* pozo *m* de tirador; ~**panzer** *m* carro *m* de combate; ~**stand** *m* puesto *m* de tiro; ~**steuerung** ⚡ *f* mando *m* por contactores; ~**verein** *m* ~**gesellschaft**.

'**Schützer** *m* protector *m*; defensor *m*.

'**Schutz...**: ²**fähig** *adj.* susceptible de protección; ~**farbe** *f* pintura *f* protectora; ~**färbung** *Zoo. f* coloración *f* protectora; ~**frist** *f* plazo *m* de protección; ~**gebiet** *n* zona *f* protegida; *Pol.* protectorado *m*; ~**gebühr** *f* cuota *f* de protección; ~**geist** *m* genio *m* tutelar; ~**geländer** *n* barandilla *f*; ~**geleit** *n* escolta *f*; ~**gitter** *n* reja *f* (protectora); *Radio*: rejilla *f* protectora; ~**gott** *m* dios *m* tutelar; ~**hafen** *m* puerto *m* de refugio; ~**haft** *f* prisión *f* preventiva; arresto *m* precautorio; ~**handschuh** *m* guante *m* protector; ~**haube** ⊕ *f* cubierta *f* protectora; ~**heilige**(**r** *m*) *m/f* patrono *m*, patrón *m*, patrona *f*; ~**helm** *m* casco *m* protector; ~**herr** *m* protector *m*; patrocinador *m*; ~**herrschaft** *f* protectorado *m*; ~**hülle** *f* envoltura *f* protectora; funda *f*; *Buch*: cubierta *f*; ~**hütte** *f* refugio *m*; ~**impfung** *f* vacunación *f* preventiva; ~**insel** *Vkw. f* refugio *m*; ~**kappe** *f* capuchón *m* protector; ~**leiste** *f* listón *m* protector; *Kfz.* moldura *f* (protectora).

'**Schützling** *m* (-*s*; -*e*) protegido *m*; pupilo *m*.

'**Schutz...**: ²**los** *adj.* sin defensa; indefenso; sin amparo, desamparado; ~**losigkeit** *f* (0) indefensión *f*; desprotección *f*; desamparo *m*; ~**macht** *Pol. f* potencia *f* protectora; ~**mann** *m* (-*ęs*; ⸗*er*, -*leute*) guardia *m* (urbano); agente *m* de policía; ~**marke** *f* marca *f* (*eingetragene registrada*); ~**maske** *f* careta *f* protectora; ~**maßnahme** *f* medida *f* preventiva (*od.* de protección); ~**mauer** *f* muro *m* de defensa; *bei Wasserbauten*: muro *m* de contención; (*Wall*) muralla *f*; ~**mittel** *n* preservativo *m*; ✠ profiláctico *m*; ~**patron**(**in** *f*) *m* → ~*heilige*(*r*); ~**polizei** *f* policía *f* de seguridad; ~**polizist** *m* → ~*mann*; ~**raum** *m* refugio *m*; (*Luft* ²) refugio *m* antiaéreo; ~**schicht** *f* capa *f* protectora; ~**schirm** *m* pantalla *f* protectora; ~**truppe** *f* tropa *f* colonial; ~**überzug** *m* funda *f*; ~**umschlag** *m* *Buch*: sobrecubierta *f*; ~**und**-'**Trutz-Bündnis** *n* alianza *f* ofensiva y defensiva; ~**verband** *m* asociación *f* protectora; ✠ vendaje *m* protector; ~**vorrichtung** *f* dispositivo *m* de protección; defensa *f*; ~**wache** *f* guardia *f*; escolta *f*; ~**waffe** *f* arma *f* defensiva; ~**wall** *m* baluarte *m*, *fig.* baluarte *m*; ~**wand** *f* pantalla *f* protectora; (*spanische Wand*) biombo *m*; ~**wehr** *f* ⚔ defensa *f*, obra *f* de fortificación; (*Bollwerk*) baluarte *m* (*a. fig.*); ~**zaun** *m* valla *f* protectora; ~**zoll** *m* aduana *f* protectora; derechos *m/pl.* protectores; ²**zöllnerisch** *adj.*, ~**zollpolitiker** *m* proteccionista (*m*); ~**zollpolitik** *f*, ~**zollsystem** *n* proteccionismo *m*; política *f* bzw. sistema *m* proteccionista.

'**schwabbel**|**ig** F *adj.* fofo, flác(c)ido; ~**n** (-*le*) F *v/i.* (*wackeln*) bambolearse; (*verschütten*) derramar; (*schwatzen*) parlotear, chacharear, charlotear.

'**Schwabe** *m* (-*n*) suabio *m*.

'**Schwaben** *Geogr. n* Suabia *f*; ~**spiegel** *Hist. m* Código *m* de Suabia; ~**streich** *m* hazaña *f* cómica, proeza *f* grotesca; payasada *f*.

'**Schwäb**|**in** *f* suabia *f*; ²**isch** *adj.* suabio.

schwach *adj.* (⸗*er*, ⸗*st*) *allg.* débil (*a. fig.*); (*kraftlos*) endeble, asténico; *Gesundheit*: frágil; delicado; (*zart*) tenue; (*gebrechlich*) achacoso; (*geschwächt*) debilitado; (*kränklich*) enfermizo; (*hinfällig*) caduco; (*machtlos*) impotente; *Gedächtnis*: flaco; *Nachfrage*: escaso; (*gering*) pequeño; ✝ *Markt, Börse*: *Getränk, Leistung usw.*: flojo; ~*er Besuch* poca asistencia *f*; ~ *besucht* poco concurrido; *ein* ~*er Trost* un pobre consuelo; *ein* ~*er Versuch* un tímido intento; ~*e Seite* (*od. Stelle*) (punto *m*) flaco *m*; ~*e Stunde* momento *m* de flaqueza (*od.* de debilidad); *das* ~*e Geschlecht* el sexo débil; ~*e Augen haben* tener la vista cansada; *ein* ~*es Gedächtnis haben* ser flaco de memoria; *er ist* ~ *in Mathematik* está flojo en matemáticas; ~ *machen* debilitar; ~ *werden* debilitarse; *fig.* ceder (a una tentación); flaquear; *schwächer werden* ir debilitándose; ir perdiendo fuerzas (*od.* energía); flaquear; flojear; *Licht*: atenuarse; *Ton, Stimme*: apagarse; *mir wird* ~ me siento mal; *me mareo*; F *nur nicht* ~ *werden!* ¡ánimo!; F *du machst mich* (*noch*) ~ F me pones negro; *die wirtschaftlich* ²*en* los económicamente débiles.

'**Schwäche** *f* debilidad *f* (*a. fig.*); (*Kraftlosigkeit*) falta *f* de vigor (*od.* de energía); endeblez *f*; ⚕ astenia *f*; (*Zartheit*) tenuidad *f*; delicadeza *f*; fragilidad *f*; (*Hinfälligkeit*) caducidad *f*; (*Machtlosigkeit*) impotencia *f*; (*Schlaffheit*) flojedad *f* (*a.* ✝ *u. fig.*); *fig.* flaqueza *f*; (*schwache Seite*) flaco *m*, punto *m* flaco; *menschliche* ~ flaqueza humana, fragilidad (de la naturaleza) humana; *e-e* ~ *für et. haben* tener debilidad por a/c.; ~**anfall** *m* desvanecimiento *m*, desfallecimiento *m*, desmayo *m*; ~**gefühl** *n* sensación *f* de debilidad; ²**n** *v/t.* debilitar; (*entkräften*) a. extenuar; enervar; (*mildern*) atenuar, suavizar; (*vermindern*) disminuir; reducir; ~**zustand** *m* estado *m* de debilidad; ⚕ astenia *f*.

'**Schwach**|**heit** *f* debilidad *f*; *fig. a.* flaqueza *f*; ²**herzig** *adj.* pusilánime; de carácter débil; ~**kopf** *m* mentecato *m*; imbécil *m*; idiota *m*; ²**köpfig** *adj.* imbécil; tonto; estúpido; *Greis*: chocho.

'**schwächlich** *adj.* débil; (*kraftlos*) sin energía; endeble; (*zart*) tenue; delicado; (*kränklich*) enfermizo; enclenque, F canijo; (*gebrechlich*) achacoso; ²**keit** *f* (0) debilidad *f*; endeblez *f*.

'**Schwächling** *m* (-*s*; -*e*), F **Schwach**-'**matikus** *m* (-; -*se*) hombre *m* débil (*od.* sin energía); F blandengue *m*, mandria *m*, blando *m*.

'**schwach...**: ~**sichtig** *adj.* de vista débil, amblíope; ²**sichtigkeit** *f* (0) debilidad *f* de la vista, ambliopía *f*; ²**sinn** *m* debilidad *f* mental; imbecilidad *f* (*a. fig.*); ~**sinnig** *adj.* deficiente mental; imbécil; ²**sinnige**(**r** *m*) *m/f* imbécil *m/f*; ²**strom** ⚡ *m* corriente *f* de baja intensidad.

'**Schwächung** *f* debilitación *f*.

'**Schwaden** *m* (-*s*; -*e*) **1.** 🌬 hilera *f*; **2.** (*Dampf* ²) vapores *m/pl.* (densos); (*Nebel* ²) velos *m/pl.* de niebla; 🦨 mofeta *f*.

Schwa'dron ⚔ *f* escuadrón *f*.

Schwadro|'**neur** *m* (-*s*; -*e*) charlatán *m*; fanfarrón *m*; F perdonavidas *m*; ²'**nieren** (-) *v/i.* F hablar por los codos; fanfarronear.

Schwafe|'**lei** F *f* disparates *m/pl.*, bobadas *f/pl.*; '²**ln** (-*le*) *v/i.* disparatar, desbarrar, desatinar.

'**Schwager** *m* (-*s*; ⸗) cuñado *m*, hermano *m* político.

'**Schwäger**|**in** *f* cuñada *f*, hermana *f* política; ~**schaft** *f* cuñadía *f*, afinidad *f*.

'**Schwalbe** *Orn. f* golondrina *f*; *fig.*

Schwalbenschwanz — schwarzsehen

e-e ~ macht noch keinen Sommer una golondrina no hace verano; **~n-schwanz** m (Schmetterling) macaón m; ⊕ cola f de milano; F (Frack) frac m.

Schwall m (-¢s; -e) (Wasser²) aluvión m, riada f (beide a. fig. v. Menschen); crecida f, avenida f; v. Worten: torrente m, cascada f.

¹**Schwamm** m (-¢s; ⁻e) esponja f; ⚘ (Pilz) hongo m; seta f; im Holz: hupe f; (Feuer²) yesca f; F fig. ~ drüber! ¡lo pasado, pasado!; ¡borrón y cuenta nueva!; **~erl** reg. n seta f; **~fischer** m pescador m de esponjas; **~fischerei** f pesca f de esponjas; ²**ig** adj. esponjoso; (schlaff) fofo, flác(c)ido; **~tiere** Zoo. n/pl. espongiarios m/pl., poríferos m/pl.

Schwan Orn. m (-¢s; ⁻e) cisne m.

¹**schwanen** v/unprs.: mir schwant et. tengo un vago presentimiento (od. una corazonada); mir schwant nichts Gutes tengo un mal presentimiento; ²**gesang** fig. m canto m del cisne; ²**hals** m cuello m de cisne (a. ⊕ u. fig.); ²**teich** m estanque m con cisnes.

Schwang m: im ~(e) sein estar en boga; estar de moda.

¹**schwanger** adj. embarazada, encinta, preñada, en estado (interesante); ~ werden concebir, quedar embarazada (od. encinta); fig. mit et. ~ gehen Plan usw.: acariciar, concebir; ²**e** f (mujer f) embarazada f, gestante f; ²**enfürsorge** f (0) asistencia f social a las embarazadas.

¹**schwängern** (-re) v/t. embarazar, dejar embarazada (od. encinta); fig. impregnar (mit de).

Schwangerschaft f embarazo m, gravidez f, preñez f, gestación f; **~sgymnastik** f gimnasia f maternal (od. pre-parto); **~s-test** m test m (od. prueba f) de embarazo; **~s-unterbrechung** f interrupción f del embarazo; **~s-urlaub** m vacaciones f/pl. por embarazo; ²**sverhütend** adj. anticoncepcional, anticonceptivo; **~s-verhütung** f contracepción f, anticoncepción f.

¹**Schwängerung** f fecundación f; (Empfängnis) concepción f; fig. impregnación f.

schwank adj. (biegsam) flexible; elástico; Seil: flojo; suelto; fig. vacilante.

Schwank m (-¢s; ⁻e) bufonada f; chascarrillo m; cuento m divertido; Thea. farsa f; juguete m cómico, sainete m.

¹**schwank|en** v/i. oscilar (a. fig. Preise); vacilar; hin und her: balancear (a. ♃); mimbrear; bambolear(se); (taumeln) tambalear(se); dar tumbos; Betrunkener: a. F hacer eses; (zittern) temblar; (sich ändern) cambiar; variar; fig. (zögern) vacilar, titubear; estar indeciso; ⴲ Preise, Kurse: fluctuar; ²**en** n oscilación f; vacilación f; balanceo m, bamboleo m; tambaleo m; variación f, variabilidad f; fig. vacilación f, titubeo m; indecisión f, irresolución f; ⴲ fluctuación f; **~end** adj. oscilante; vacilante; tambaleante; fig. (zögernd) vacilante, titubeante; (unentschlossen) indeciso, irresoluto; (wechselnd) variable; (unbeständig) inconstante; inestable; ⴲ Preis, Kurs: fluctuante; Gesundheit: precario; ²**ung** f → Schwanken; der Erdachse: nutación f; des Mondes: libración f.

Schwanz m (-es; ⁻e) cola f (a. ⚔, Astr.), rabo m; ∨ (Penis) picha f, polla f, rabo m; fig. den ~ bilden ir a la cola; F hacer de farolillo rojo; F fig. den ~ einziehen irse (con el) rabo entre piernas; F fig. j-m auf den ~ treten ofender a alg.; F kein ~ nadie; es war kein ~ da no había alma viviente.

¹**schwänze|ln** (-le) v/i. colear, mover la cola, menear el rabo; fig. um j-n ~ F dar coba a alg.; hacer la pelota a alg.; **~n** (-t) v/t. u. v/i.: die Schule ~ no asistir a clase; Sch. hacer novillos; e-e Stunde bzw. Vorlesung ~ F fumarse una clase; geschwänzt de cola, caudado.

¹**Schwanz...: ~ende** n punta f de rabo (od. de la cola), **~feder** f pluma f caudal; **~fläche** ⚔ f plano m estabilizador de cola; **~flosse** Ict. f aleta f caudal; ²**lastig** ⚔ adj. pesado de cola; ²**los** Zoo. adj. anuro; **~lurche** Zoo. m/pl. urodelos m/pl.; **~riemen** m Pferd: grupera f, baticola f; **~steuer** ⚔ n timón m de cola; **~stück** n Rind: cuarto m trasero.

schwapp int.: ~! ¡zas!; ¹**~en** v/i. (überfließen) derramarse.

¹**Schwär|e** ❀ f úlcera f; ulceración f; absceso m (supurante); ²**en** ❀ v/i. ulcerarse; supurar; **~end** adj. ulceroso; ulcerado.

Schwarm m (-¢s; ⁻e) 1. Bienen: enjambre m; Insekten: nube f; Vögel: bandada f; Fische: banco m, cardumen m; Personen: enjambre m, nube f; (Menge) turba f, tropel m; 2. fig. pasión f; ideal m; sueño m; (Person) ídolo m, adorado -a f) m.

¹**schwärm|en** v/i. 1. Bienen: enjambrar; Menschen: vagar (in dat. por); Vögel: revolotear; ⚔ desplegarse; extenderse; 2. fig. fantasear; für j-n (et.) ~ entusiasmarse por alg. (a/c.); ser entusiasta de (od. sentir entusiasmo por alg. (a/c.); ser un gran admirador de alg. (a/c.); F despepitarse por a/c.; verliebt: adorar a alg.; estar loco (F chalado) por alg.; ²**en** n der Bienen: enjambrazón f; der Vögel: revoloteo m; ⚔ despliegue m; fig. entusiasmo m; exaltación f; fantasías f/pl.; ins ~ geraten extasiarse; ²**er m 1.** entusiasta m; exaltado m; (Träumer) iluso m; visionario m; (Fanatiker) fanático m; ⚔ 2. Zoo. esfinge f; 3. Feuerwerk: buscapiés m; ²**e'rei** f entusiasmo m (für por); exaltación f; éxtasis m; arrebato m; in Worten: lirismo m; sentimentalismo m; (Träumerei) ilusión f; (Fanatismus) fanatismo m; **~erisch** adj. exaltado m; romántico; extático; entusiasta, entusiástico; (fanatisch) fanático m; (überspannt) extravagante.

¹**Schwart|e** f corteza f (de cerdo bzw. tocino); gebratene: chicharrón m; Schreinerei: costero m; F (Buch) mamotreto m; F tostón m; **~enmagen** (especie m de embuchado); ²**ig** adj. cortezudo.

¹**schwarz I.** adj. (⁻er, ⁻est) negro; Brot: a. moreno; (geschwärzt) ennegrecido; fig. (finster) sombrío; (ungesetzlich) ilícito, clandestino; F de estraperlo; das ²**e** Brett el tablón de anuncios; der ²**e** Erdteil el continente negro; das **~e** Gold (Erdöl) el oro negro; **~e** Gedanken ideas f/pl. sombrías; pensamientos m/pl. lúgubres; **~er** Kaffee café m solo; ²**e** Kunst a) arte m de imprimir; b) a. ²**e** Magie nigromancia f, magia f negra; **~er** Mann (Kinderschreck) coco m, bu m; **~er** Markt mercado m negro; F estraperlo m; das ²**e** Meer el Mar Negro; fig. **~e** Seele alma f negra; **~er** Tag día m aciago; **~e** Ware mercancía f de contrabando; fig. auf die **~e** Liste setzen poner en la lista negra; ~ auf weiß por escrito; ~ machen ennegrecer, mit Kohle: tiznar; ~ werden ennegrecer(se), ponerse negro; Kartenspiel: quedar zapatero; F et. ~ kaufen F comprar a/c. de estraperlo; sich ~ ärgern enfadarse mucho, P cabrearse; sich ~ kleiden vestirse de negro; ~ von Menschen plagado de gente; es wurde mir ~ vor Augen perdí el conocimiento; iro. du kannst warten, bis du ~ wirst puedes esperar sentado; **II.** ²**** n (color m) negro m; in ~ gehen ir vestido de negro; Trauer: llevar (od. ir de) luto; ins ~e treffen a. fig. dar en el blanco, hacer (od. dar en la) diana; Schuß ins ~e tiro m en el blanco; ²**arbeit** f trabajo m clandestino; **~arbeiten** (-e-) v/i. trabajar clandestinamente; ²**arbeiter** m trabajador m clandestino; **~äugig** adj. de ojos negros; **~blau** adj. negro azulado; azul negruzco; ²**blech** n chapa f negra; **~braun** adj. castaño oscuro; moreno; Pferd: bayo oscuro; ²**brot** n pan m negro bzw. moreno; ²**drossel** Orn. f mirlo m (común).

¹**Schwärze** f negro m; negrura f; (Drucker²) tinta f de imprenta; ²**n** (-t) v/t. u. v/i. ennegrecer; Typ. entintar; ~ n ennegrecimiento m; Typ. entintado m.

¹**Schwarze(r** m) m/f 1. negro(-a f) m; 2. die ~ la morena, F la morenita; 3. der ~ el Diablo.

¹**schwarz...: ~fahren** (L) v/i. viajar sin billete; Kfz. conducir sin permiso; ²**fahrer** m viajero m sin billete; (blinder Passagier) polizón m; Kfz. conductor m sin permiso; ²**fahrt** f viaje m sin billete; **~gerändert** adj. de borde negro; **~gestreift** adj. con listas (od. rayas) negras; **~haarig** adj. pelinegro, de pelo negro, de cabellos negros; ²**handel** m comercio m (od. tráfico m) clandestino; mercado m negro; F estraperlo m; ~ treiben F estraperl(e)ar, hacer estraperlo; ²**händler** m traficante m clandestino; F estraperlista m; **~hören** v/t. u. v/i. Radio: utilizar un receptor clandestinamente; Uni. asistir a clase sin estar matriculado; ²**hörer** m radioyente m (Uni. oyente m) clandestino.

¹**schwärzlich** adj. negruzco; tirando a negro.

¹**Schwarz...: ²malen** fig. v/i. ser pesimista; pintarlo todo negro; **~markt** m mercado m negro, F estraperlo m; **~pulver** n pólvora f negra; ²**'rot-'gold(en)** adj. negro, rojo y oro; **~sauer** Kochk. n menudillos m/pl. de ganso guisados; ²**schlachten** (-e-) v/t. sacrificar (od. matar) reses clandestinamente; **~schlachtung** f sacrificio m clandestino; ²**sehen** (L) v/i. ser pesimista; verlo todo negro;

TV utilizar clandestinamente un televisor; *ich sehe schwarz für dich* lo veo mal para ti; ~**seher(in** *f*) *m* pesimista *m/f*; *TV* telespectador(a *f*) *m* clandestino (-a); ~**sehe'rei** *f* pesimismo *m*; ~**sender** *m* emisora *f* clandestina (*od.* pirata); ~**wald** *m* Selva *f* Negra; ⚤**'weiß** *adj.* (en) blanco y negro; ~**'weißfilm** *m* película *f* en blanco y negro; ~**'weißfoto** *n* foto (-grafía) *f* en blanco y negro; ~**wild** *n* jabalíes *m/pl.*; ~**wurzel** ⚤ *f* salsifí *m* negro, escorzonera *f*.

'**Schwatz** *m* (-es; -e) charla *f*; parloteo *m*; F palique *m*; ~**base** *f* cotorra *f*; cotilla *f*; ⚤**en** (-t) *v/t. u. v/i.* charlar, chacharear, parlotear, F estar de palique; cotorrear; hablar por los codos; (*ausplaudern*) ser indiscreto, cometer una indiscreción; ~**en** *n* charla *f*; cháchara *f*, parloteo *m*; cotorreo *m*.

'**schwätz**|**en** *v/t. u. v/i.* → *schwatzen*; ⚤**er** *m* hablador *m*; charlatán *m*; parlanchín *m*; F bocazas *m*; ⚤**e'rei** *f* → *Schwatzen*; ~**erin** *f* → *Schwatzbase*.

'**schwatzhaft** *adj.* (-est) hablador; locuaz, F parlanchín, parlero; (*indiskret*) indiscreto; ⚤**igkeit** *f* (0) locuacidad *f*; indiscreción *f*.

'**Schwebe** *f*: *in der* ~ en suspensión; *fig. in der* ~ *sein* estar en suspenso (*od.* en vilo *od.* pendiente); *in der* ~ *lassen* dejar pendiente (*od.* en suspenso); ~**bahn** *f* ferrocarril *m* aéreo (*od.* colgante *od.* suspendido); (*Berg*⚤) teleférico *m*; funicular *m* aéreo; ~**balken** *m* Turnen: barra *f* de equilibrios; ~**flug** ✈ *m* Hubschrauber: vuelo *m* cernido; (*Segelflug*) planeo *m*; ⚤**n** *v/i.* (*hängen*) colgar, estar suspendido (*an dat.* de); (*gleiten*) *bsd.* ✈ planear; *in der Luft usw.*: flotar; *Vogel*: cernerse; *fig.* (*in der Schwebe sein*) estar en suspenso (*od.* en vilo); *a.* 🛈 estar pendiente; *vor Augen* ~ tener ante sí; tener presente; *in Angst* ~ estar con el alma en vilo; *in höheren Regionen* ~ andar por las nubes; *es schwebt mir auf der Zunge* lo tengo en la punta de la lengua; ~**n** *n* suspensión *f*; ✈ planeo *m*; (*Levitation*) levitación *f*; ⚤**nd** *adj.* suspendido; *fig.* en suspenso, en vilo; *a.* 🛈 pendiente; *Schritt*: elástico; *Schuld*: flotante; ~**reck** *n* trapecio *m*; ~**teilchen** *n* partícula *f* en suspensión.

'**Schwed**|**e** *m* (-*n*) sueco *m*; ~**en** *n* Suecia *f*; ~**in** *f* sueca *f*; ⚤**isch** *adj.* sueco.

'**Schwefel** *m* (-*s*; 0) azufre *m*; *mit* ~ *behandeln* azufrar; *mit* ~ *verbinden* sulfurar; ~**äther** 🜚 *m* éter *m* sulfúrico; ~**bad** *n* baño *m* sulfuroso; ~**blume** *f*, ~**blüte** 🜚 *f* flor *f* de azufre; azufre *m* sublimado; ~**dampf** *m* vapor *m* de azufre *bzw.* sulfuroso; ~**eisen** 🜚 *n* sulfuro *m* de hierro; ⚤**gelb** *adj.* azufrado; ~**grube** *f* mina *f* de azufre; ⚤**haltig** *adj.* sulfuroso; ~**hölzchen** *n* fósforo *m*; ⚤**ig** *adj.* sulfuroso; ~**kammer** *f* azufrador *m*; ~**kies** *Min. m* pirita *f* de hierro; ~**'kohlenstoff** *m* sulfuro *m* de carbono; ⚤**n** (-*le*) *v/t.* azufrar, sulfatar (*a.* ✒); 🜚 sulfurar; ~**n** *n* azufrado *m*; sulfuración *f*; ~**quelle** *f* aguas *f/pl.* sulfurosas; ⚤**sauer** 🜚 *adj.* sulfatado; *schwefelsaures Salz* sulfato *m*; ~**säure** 🜚 *f* ácido *m* sulfúrico; ~**ung** *f* → ~*n*; ~**'wasserstoff** 🜚 *m* sulfuro *m* de hidrógeno; hidrógeno *m* sulfurado; ~**'wasserstoffsäure** 🜚 *f* ácido *m* sulfhídrico; ~**'wasserstoffverbindung** 🜚 *f* hidrosulfuro *m*; sulfhidrato *m*.

'**schweflig** *adj.* sulfuroso.

'**Schweif** *m* (-*es*; -*e*) cola *f*; *Komet*: *a.* cabellera *f*; ⚤**en I.** (*sn*) *v/i.* errar; vagar, andar vagando; vagabundear; *in die Ferne* ~ correr mundo; *fig. den Blick* ~ *lassen über* pasear (*od.* dejar vagar) la mirada por; *die Phantasie* ~ *lassen* dar rienda suelta a la fantasía; **II.** *v/t.* (*bogenförmig ausschneiden*) cortar en arco (*od.* en curva); ⊕ contornear; (*wölben*) abombar; ~**säge** *f* sierra *f* de contornear; ⚤**wedeln** (-*le*) *fig. v/i.* → *schwänzeln*.

'**Schweige**|**geld** *n* precio *m* del silencio; ~**marsch** *m* marcha *f* silenciosa (*od.* del silencio); ~**minute** *f* minuto *m* de silencio.

'**schweigen I.** (*L*) *v/i.* callar(se); guardar silencio, permanecer callado; (*aufhören*) callar; *a.* cesar; *von* (*od.* *über*) *et.* ~ callar a/c.; *zu et.* ~ pasar en silencio a/c.; no decir nada a a/c.; *fig.* ~ *können* poder guardar un secreto; *ganz zu* ~ *von* ... por no hablar de ...; ~ *wir darüber* no hablemos de ...; ~ *wer schweigt, stimmt zu* quien calla, otorga; *schweig!* ¡cállate la boca!; ¡silencio!; **II.** ⚤ *n* silencio *m*; mutismo *m*; *das* ~ *brechen* romper el silencio; *zum* ~ *bringen* acallar; hacer callar; reducir al silencio; tapar la boca (a alg.); ~ *ist Gold* el silencio es oro; F en boca cerrada no entran moscas; ~**d I.** *adj.* silencioso; callado; *Pol.* ~**e Mehrheit** mayoría *f* silenciosa; **II.** *adv.* silenciosamente; en silencio; ~ *zuhören* escuchar en silencio.

'**Schweige**|**pflicht** *f* deber *m* de discreción; *berufliche* (*ärztliche*) ~ secreto *m* profesional (médico); ~**r** *m* hombre *m* taciturno (*od.* callado); ~**zone** *Vkw. f* zona *f* de silencio.

'**schweigsam** *adj.* taciturno; silencioso, callado; de pocas palabras; (*verschwiegen*) discreto; ⚤**keit** *f* taciturnidad *f*; silencio *m*; mutismo *m*; discreción *f*.

Schwein *n* (-*es*; -*e*) cerdo *m*; puerco *m*, cochino *m* (*alle a. fig. desp.*); *Am.* chancho *m*; F *desp.* marrano *m*, guarro *m*, gorrino *m*; *coll.* ~*e pl.* ganado *m* porcino; F (*Glück*) suerte *f*; F chiripa *f*, chamba *f*; P churra *f*; F ~ *haben* tener suerte, tener una suerte loca, P tener churra; estar de chamba; F *ein armes* ~ un pobre diablo; P *kein* ~ nadie.

'**Schweine...:** ~**braten** *m* asado *m* de cerdo; ~**fett** *n* grasa *f* de cerdo; ~**filet** *n* solomillo *m* de cerdo; ~**fleisch** *n* carne *f* de cerdo; ~**hirt** *m* porquero *m*, porquerizo *m*; ~**hund** P *m* cerdo *m* asqueroso; canalla *m*; P hijo *m* de perra; *der innere* ~ los bajos instintos; (*Feigheit*) cobardía *f*; ~**koben** *m* pocilga *f*; ~**kotelett** *n* chuleta *f* de cerdo; ~**metzger** *m* tocinero *m*; ~**metzgerei** *f* tocinería *f*, charcutería *f*; ~**pest** *f* peste *f* porcina; ~**'rei** P *f* porquería *f*; (*Schmutz*) *a.* cochambre *m*; (*Gemeinheit*) cochinada *f*; (*Unanständigkeit*) marranada *f*; ~**rippchen** *n* costilla *f* de cerdo; ⚤**rn** *adj.* de cerdo; ~**schlächter** *m* → ~*metzger*; ~**schlächterei** *f* → ~*metzgerei*; ~**schmalz** *n* manteca *f* de cerdo; ~**stall** *m* pocilga *f* (*a. fig.*), cochiquera *f*; *fig.* cuchitril *m*, zahúrda *f*; ~**zucht** *f* cría *f* de cerdos (*od.* porcina); porci(no)cultura *f*; ~**züchter** *m* criador *m* de cerdos, porci(no)cultor *m*.

'**Schwein**|**igel** F *m* puerco *m*, cochino *m*, cerdo *m* (asqueroso); ~**e'lei** *f* cochinada *f*; obscenidad *f*; ⚤**igeln** (-*le*) *v/i.* hacer porquerías; decir *bzw.* contar obscenidades.

'**schweinisch** *adj.* puerco, cochino; obsceno.

'**Schweins...:** → *a. Schweine...*; ~**blase** *f* vejiga *f* de cerdo; ~**borste** *f* cerda *f*; ~**galopp** F *m* F trote *m* cochinero; ~**hachse** *f* pie *m* de cerdo; ~**kopf** *m* cabeza *f* de cerdo; ⚤**ledern** *adj.* de piel (*od.* de cuero) de cerdo; ~**ohr** *n* (*Gebäck*) palmera *f*.

'**Schweiß** *m* (-*es*; 0) sudor *m* (*a. fig.*); transpiración *f*, *leichter*: trasudor *m*; (*Woll*⚤) churre *m*; *Jgdw.* sangre *f*; *in* ~ *gebadet* empapado de sudor; *in* ~ *geraten* empezar a sudar; *das hat viel* ~ *gekostet* ha costado muchos sudores (*od.* esfuerzos); *im* ~ *deines Angesichtes* con el sudor de tu rostro (*od.* frente); ⚤**absondernd** *adj.* sudoríparo; ~**absonderung** *Physiol. f* sudoración *f*, sudación *f*; ~**aggregat** ⊕ *n* grupo *m* de soldadura; ~**apparat** ⊕ *m* aparato *m* de soldadura; ~**ausbruch** *m* sudoración *f* (profusa); ~**band** *n im Hut*: badana *f*; ⚤**bar** *f* soldable; ⚤**bedeckt** *adj.* sudoroso; ~**blatt** *n* sobaquera *f*; ~**brenner** ⊕ *m* soplete *m* para soldar (*od.* oxhídrico); ~**drüse** *Anat. f* glándula *f* sudorípara; ⚤**echt** *adj.* resistente a la transpiración; ⚤**en** (-*t*) **I.** *v/t.* ⊕ soldar; **II.** *v/i. Jgdw.* sangrar; *Metalle*: entrar en fusión; ~**en** ⊕ *n* soldadura *f*; ~**er** ⊕ *m* soldador *m*; ~**e'rei** *f* taller *m* de soldadura; ~**fuchs** *m* (*Pferd*) alazán *m* tostado; ⊕ **füße** *m/pl.* pies *m/pl.* sudorosos; P quesos *m/pl.*; *er hat* ~ *le sudan los pies*; ~**geruch** *m* olor *m* de sudor; ~**hund** *m* sabueso *m*; ⚤**ig** *adj.* sudado; sudoriento; *Jgdw.* sangriento; ensangrentado; ~**leder** *n* → ~*band*; ~**naht** ⊕ *f* (costura *f* de) soldadura *f*; ~**perle** *f* perla *f* de sudor; ~**stahl** ⊕ *m* acero *m* batido (*od.* soldado); ~**stelle** ⊕ *f* soldadura *f*; ~**technik** *f* técnica *f* de la soldadura; ⚤**treibend** ✒ *adj.* sudorífico, diaforético; ~**es Mittel** sudorífico *m*, diaforético *m*; ⚤**triefend** *adj.* empapado de sudor; ~**tropfen** *m* gota *f* de sudor; ~**tuch** *Rel. n* sudario *m*; ~**ung** ⊕ *f* soldadura *f*; ~**wolle** *f* lana *f* sucia.

Schweiz *f*: *die* ~ Suiza *f*.

'**Schweizer** *m* suizo *m*; (*Melker*) ordeñador *m*; *Käse* queso *m* suizo, *fr.* gruyère *m*; ~**deutsch** *n* dialecto *m* suizo-alemánico; ~**garde** *f* päpstliche: Guardia *f* Suiza; ~**haus** *n* chalet *m*; ~**in** *f* suiza *f*; ⚤**isch** *adj.* suizo; helvético.

'**Schwel**|**anlage** ⊕ *f* instalación *f* de destilación (*od.* de carbonización) a baja temperatura; ⚤**en I.** *v/i.* arder sin llama; quemarse lentamente; *fig.* requemar; **II.** *v/t.* quemar lentamente; *Kokerei*: carbonizar a baja temperatura.

'**schwelg**|**en** *v/i.* regalarse; darse la

gran vida; gozarla; *in et.* ~ regodearse (en); entregarse al goce de a/c.; *im Überfluß* ~ nadar en la opulencia (*od.* en la abundancia); ⚑**er** *m* vividor *m*; (*Genießer*) sibarita *m*; (*Fresser*) glotón *m*; ⚑**e¹rei** *f* disipación *f*; *Mahl*: francachela *f*, F comilona *f*; crápula *f*; (*Ausschweifung*) orgía *f*; **~erisch** *adj.* disipado; crapuloso; orgiástico; *Mahl*: opíparo, pantagruélico; (*sinnlich, genießerisch*) sibarita; epicúreo; voluptuoso.

'**Schwell|e** *f* umbral *m* (*a. Psych. u. fig.*); ⚑traviesa *f*; (*obere Tür*⚑) dintel *m*; *an der* ~ *e-r neuen Zeit* en los umbrales de una nueva época; *die* ~ *überschreiten* (*od. betreten*), *den Fuß über die* ~ *setzen* pisar el umbral; *ich werde keinen Fuß über s-e* ~ *setzen* no pondré un pie en su casa; ⚑**en I.** *v/t.* inflar; hinchar; *Brust*: henchir; **II.** (*L*; *sn*) *v/i.* hincharse; *Wasser*: crecer; **~enpreis** *m* precio *m* de umbral; **~enreiz** *m* estímulo *m* liminar (*od.* umbral); **~enwert** *m* valor *m* umbral; **~gewebe** *Anat. n* tejido *m* cavernoso (*od.* eréctil); **~körper** *Anat. m* cuerpo *m* cavernoso; **~ung** *f* hinchazón *f*; ⚔ *a.* tumefacción *f*; bulto *m.*

'**Schwelung** *f* combustión *f* incompleta; *Kokerei*: carbonización *f* a baja temperatura.

'**Schwemm|e** *f* bañadero *m* (de caballos); (*Tränke*) abrevadero *m*; (*Bierkneipe*) cervecería *f* (popular); F tasca *f*; ✝ oferta *f* excesiva; aluvión *m*; ⚑**en** *v/t.* acarrear; (*fort~*) arrastrar; *Holz*: conducir flotando río abajo; *Pferde*: bañar; llevar al agua; **~land** *n* (terreno *m* de) aluvión *m.*

'**Schwengel** *m* (*Glocken*⚑) badajo *m*; (*Brunnen*⚑) cigoñal *m.*

'**Schwenk** *m* (*-es; -s*) giro *m*; *Film*: toma *f* panorámica; **~achse** ⊕ *f* eje *m* oscilante; **~arm** ⊕ *m* brazo *m* orientable *bzw.* movible *bzw.* giratorio; ⚑**bar** *adj.* orientable; giratorio; oscilante; ⚑**en I.** *v/t.* (*schütteln*) agitar; *Stock usw.*: blandir; (*hin und her bewegen*) mover; menear; (*drehen*) girar; (*wenden*) *a.* virar; (*spülen*) enjuagar; *Kochk.* saltear; **II.** *v/i.* cambiar de dirección; girar; ✈, ⚓ virar; ⚔ hacer una conversión; **~kartoffeln** *f/pl.* patatas *f/pl.* salteadas; **~kran** *m* grúa *f* giratoria; **~rad** *n* rueda *f* oscilante; **~ung** *f* cambio *m* de dirección; (*Drehung*) vuelta *f*; *a. fig.* giro *m*; ⚓ virada *f*; ⚔ conversión *f*; evolución *f*; *fig.* cambio *m* de opinión; F de chaqueta.

schwer I. *adj. nach Gewicht*: pesado; (*schwierig*) difícil; dificultoso; (*mühevoll*) penoso; arduo; (*hart*) duro; rudo; (*mühselig*) laborioso; (*bedeutend*) considerable; importante; (*streng*) severo; riguroso; (*massiv*) macizo; compacto; (*schwerfällig*) tardo; lerdo; *Herz*: oprimido; *Tabak, Getränke*: fuerte; *Stoff*: sólido; *Essen*: pesado; indigesto; *Krankheit, Wunde, Verbrechen*: grave; *Strafe*: severo; **~er Boden** terreno *m* pesado; **~e Erkältung** fuerte resfriado *m*; **~er Fehler** falta *f* grave; **~e Geburt** parto *m* laborioso; **~es Geschütz** cañón *m* de grueso calibre; *fig.* **~es Geschütz auffahren** emplear toda la artillería; **~er Irrtum** grave (*od.* craso) error *m*; **~er**

Junge criminal *m* peligroso; **~e Pflicht** deber *m* oneroso; **~es Schicksal** cruel destino *m*; **~er Schlag** golpe *m* duro; *fig. a.* rudo golpe *m*; **~e See** mar *f* gruesa; **~e Stunde** hora *f* difícil; ⚑**~es Wasser** agua *f* pesada; **~e Zeiten** tiempos difíciles (*od.* duros); *zwei Pfund* ~ *sein* pesar dos libras; ~ *von Begriff sein* ser tardo de entendimiento; F ser duro de mollera; F *ein* ~ *es Geld kosten* F costar un riñón; **II.** *adv.*: ~ *arbeiten* trabajar duro (*od.* de firme); ~ *atmen* respirar con dificultad; ~ *beleidigen* ofender gravemente; ~ *beleidigt sein* estar muy ofendido; ~ *bestrafen* castigar severamente; ~ *krank sein* estar gravemente enfermo; *sich* ~ *entschließen* ser tardo de resolución; *es* ~ *haben* estar en una situación difícil; tener grandes dificultades; *ich habe es* ~ *mit ihm* me da mucho que hacer; me da mucha guerra; ~ *zu erlangen, zu sagen usw.* difícil de conseguir, de decir, etc.; ~ *hören* ser duro de oído; *das wird* ~ (*zu machen*) *sein* lo veo muy difícil; ~ *betrunken* completamente borracho; F como una cuba; ~ *enttäuscht* muy *bzw.* cruelmente desilusionado; ~ *reich* muy rico; ~ *verständlich* difícil de comprender; ~ *verwundet* (*od. verletzt*) gravemente herido; ⚑**arbeit** *f* trabajo *m* pesado (*od.* penoso *od.* duro); ⚑**arbeiter** *m* obrero *m* empleado en trabajos duros; ⚑**arbeiterzulage** *f* prima *f* de penosidad; ⚑**athletik** *f* atletismo *m* pesado; **~atmig** *adj.* que respira con dificultad; ⚑**behinderte(r)** *m* gran inválido *m*; minusválido *m* profundo; **~beladen** *adj.* muy cargado; *fig.* abrumado, agobiado; ⚑**benzin** *f* gasolina *f* pesada; ⚑**beschädigte(r)** *m* gran mutilado *m*; **~bewaffnet** *adj.* armado hasta los dientes; **~blütig** *adj.* serio, grave; de carácter melancólico.

'**Schwere** *f* (0) peso *m*; pesantez *f*; pesadez *f* (*a. fig. im Kopf usw.*); *Phys.* gravedad *f*; *des Weines*: cuerpo *m*; *fig.* (*Ernst*) seriedad *f*, gravedad *f* (*a. e-r Krankheit, e-s Verbrechens*); (*Wichtigkeit*) importancia *f*; *e-r Strafe*: severidad *f*; rigor *m*; **~feld** *Phys. n* campo *m* gravitatorio; ⚑**los** *adj.* ingrávido; **~losigkeit** *f* (0) ingravidez *f*; **~nöter** *m* calavera *m*; tenorio *m*, castigador *m.*

'**Schwere(s)** *n*: **~s durchmachen** pasar un trago amargo; F pasarlas negras (*od.* moradas).

'**schwer...: ~erziehbar** *adj.* difícil; inadaptado; **~fallen** (*L*) *v/i.*: *es fällt ihm schwer, zu* (*inf.*) le cuesta (mucho) (*inf.*); **~fällig** *adj.* pesado; torpe; (*langsam, träge*) lento, tardo; *geistig*: lerdo, tardo de entendimiento; **~fälligkeit** *f* (0) pesadez *f*; torpeza *f*; lentitud *f*; ⚑**gewicht** *n Sport*: peso *m* pesado; *fig.* énfasis *m*; *das* ~ *liegt auf ...* el acento está en ...; ⚑**gewichtler** *m* peso *m* pesado; ⚑**gewichtsmeister** *m* campeón *m* de los pesos pesados; ⚑**gut** ✝ *n* mercancía *f* pesada; **~halten** (*L*) *v/i.* ser muy difícil; ser poco probable; **~hörig** *adj.* duro de oído, sordo; **~hörigkeit** *f* (0) dureza *f* de oído, sordera *f*; ⚔ hipoacusia *f*; ⚑**industrie** *f* industria *f* pesada; ⚑**industrielle(r)** *m* gran industrial *m*; ⚑**kraft** *Phys. f* gravita-

ción *f*; fuerza *f* de gravedad; **~krank** *adj.* (0) gravemente enfermo; ⚑**kriegsbeschädigte(r)** *m* gran mutilado *m* de guerra; ⚑**lastwagen** *m* camión *m* pesado (*od.* de gran tonelaje); **~lich** *adv.* difícilmente; *das wird er* ~ *tun* es poco probable que lo haga; **~löslich** *adj.* difícilmente soluble; **~machen** *v/t.*: *j-m et.* ~ poner dificultades a alg.; *es j-m* ~ *amargar* (*od.* complicarle) la vida a alg.; ⚑**metall** *n* metal *m* pesado; ⚑**mut** *f* melancolía *f*; **~mütig** *adj.* melancólico; **~nehmen** *v/t.* tomar a pecho; ⚑**öl** *n* aceite *m* pesado; ⚑**ölmotor** *m* motor *m* de aceite pesado; ⚑**punkt** *m Phys.* centro *m* de gravedad (*a. fig.*); ⚔ punto *m* de concentración; *fig.* punto *m* esencial; ⚑**punktverlagerung** *f* desplazamiento *m* del centro de gravedad; **~reich** F *adj.* muy rico; F forrado (de dinero); ⚑**spat** *Min. m* espato *m* pesado, baritina *f.*

'**Schwert** *n* (*-es; -er*) espada *f*; ⚓ orza *f*; *zum* ~ *greifen* empuñar la espada; **~ertanz** *m* danza *f* de (las) espadas; **~fisch** *Ict. m* pez *m* espada, emperador *m*; ⚑**förmig** *adj.* ensiforme; **~lilie** ⚘ *f* lirio *m*; **~schlucker** *m* tragador *m* de sables; **~streich** *m* golpe *m* de espada; *ohne* ~ sin sacar la espada.

'**Schwer...:** ⚑**tun** *v/refl.*: *sich* ~ tener dificultades (*mit con*); *er hat sich schwergetan* le ha costado mucho; **~verbrecher** *m* criminal *m* peligroso; ⚑**verdaulich** *adj.* difícil de digerir; indigesto (*a. fig.*); **~verkehr** *m* tráfico *m* (*od.* tránsito *m*) pesado; ⚑**verletzt** *adj.* gravemente herido, malherido; **~verletzte(r)** *m/f* herido (-a *f*) *m* grave; ⚑**verständlich** *adj.* difícil de comprender; ⚑**verwundet** *adj.* gravemente herido, malherido; **~verwundete(r)** *m* herido *m* grave; **~wasserre-aktor** *m* reactor *m* de agua pesada; ⚑**wiegend** *fig. adj.* grave; de gravedad; muy serio; de mucho peso.

'**Schwester** *f* (*-; -n*) hermana *f*; (*Ordens*⚑) *a.* religiosa *f*; *Anrede*: sor *f*; (*Kranken*⚑) enfermera *f*; **~chen** *n* hermanita *f*; **~firma** ✝ *f* casa *f* asociada; **~kind** *n* sobrino (-a *f*) *m*; ⚑**lich I.** *adj.* de hermana; **II.** *adv.* como hermana; **~npaar** *n* dos hermanas *f/pl.*; **~nschaft** *f Rel.* comunidad *f* de religiosas; ⚔ cuerpo *m* de enfermeras; **~ntracht** *f* uniforme *m* de enfermera; **~partei** *f Pol.* partido *m* asociado (*od.* socio); **~schiff** *n* buque *m* gemelo; **~unternehmen** ✝ *n* empresa *f* asociada.

'**Schwibbogen** △ *m* arbotante *m.*

'**Schwieger|eltern** *pl.* suegros *m/pl.*, padres *m/pl.* políticos; **~mutter** *f* suegra *f*, madre *f* política; **~sohn** *m* yerno *m*, hijo *m* político; **~tochter** *f* nuera *f*, hija *f* política; **~vater** *m* suegro *m*, padre *m* político.

'**Schwiel|e** *f* callo *m*; callosidad *f*; ⚑**ig** *adj.* calloso.

'**schwierig** *adj.* difícil (*a. Person*); (*mühevoll*) penoso, arduo, dificultoso; laborioso; (*heikel*) delicado, espinoso; escabroso; precario; (*verwickelt*) complicado, intrincado; **~es Gelände** terreno *m* escabroso (*od.* accidentado); ~ *machen* dificultar; *das* ⚑**ste haben wir hinter uns** ya hemos pasado lo más difícil; ⚑**keit** *f* dificul-

Schwierigkeitsgrad — schwungvoll

tad f; (Hindernis) obstáculo m; ohne ~ sin dificultad; auf ~en stoßen encontrar dificultades; ~en mit sich bringen entrañar dificultades; sich in ~en befinden estar en dificultades; hallarse en una situación difícil (od. precaria); ~en machen dificultar, poner dificultades; poner obstáculos (od. trabas od. cortapisas); unnötige ~en machen complicar innecesariamente las cosas; ℒkeitsgrad m grado m (od. coeficiente m) de dificultad.

'Schwimm|anstalt f, ~bad n piscina f; Arg. pileta f; Mex. alberca f; ~bagger m draga f flotante; ~bassin n, ~becken n piscina f; ~blase Ict. f vejiga f natatoria; ~boje f boya f flotante; ~brücke f puente m flotante; ~dock ⚓ n dique m flotante; ℒen (L; sn) v/i. nadar; Gegenstand: flotar; (sehr naß sein) estar inundado; fig. (unsicher sein) estar confundido; perder el hilo; an Land ~ ganar la orilla a nado; über e-n Fluß ~ atravesar (od. cruzar) un río a nado; unter Wasser ~ nadar entre dos aguas; obenauf ~ sobrenadar; wie e-e bleierne Ente ~ nadar como un plomo; fig. in Tränen ~ deshacerse en lágrimas; llorar a lágrima viva; in s-m Blut ~ estar bañado en su sangre; mir schwimmt es vor den Augen se me va la vista; F fig. et. ~ lassen dejar a/c.; renunciar a a/c.; ~en n natación f; zum ~ gehen ir a nadar (od. a bañarsc); ℒend I. adj. flotante; II. adv. a nado; ~er m nadador m; ⊕, ⚓ flotador m; Angel: veleta f; ~erin f nadadora f; ~ernadel f aguja f de flotador; ℒfähig adj. flotable; Schiff: en condiciones de navegar; ~fähigkeit f flotabilidad f; ~flosse f Zoo. aleta f (nadadora); Sport: aleta f (de natación); ~fuß Zoo. m pata f natatoria bzw. palmeada; ~gürtel m corchos m/pl. (para nadar); (Rettungsgürtel) cinturón m salvavidas; ~halle f piscina f cubierta; ~haut Zoo. f membrana f natatoria (od. interdigital); ~hose f bañador m; ~klub m club m de natación; ~körper m flotador m; ~kran ⊕ m grúa f flotante; ~lehrer(in f) m profesor(a f) m de natación; ~(m)eisterschaft f campeonato m de natación; ~sport m natación f; ~stadion n piscina f estadio; ~stil m estilo m natatorio; ~stoß m brazada f; ~verein m → ~klub; ~vögel Orn. m/pl. palmípedas f/pl.; ~weste f chaleco m salvavidas.

'Schwindel m ⚕ vértigo m, vahído m; mareo m; fig. embuste m; chanchullo m; patraña f, F bola f, camelo m; (Vortäuschung) engaño m; superchería f; (Betrug) fraude m; estafa f, F timo m; F den ~ kenne ich conozco el truco; das ist doch alles ~! F todo eso son cuentos (chinos); F der ganze ~ todo el tinglado; ~anfall ⚕ m vahído m; vértigo m; mareo m; e-n ~ haben tener (od. sufrir) un vahído; írsele la cabeza (a alg.).

Schwinde'lei f (Lüge) mentira f; patraña f; embuste m;'(Betrug) fraude m; estafa f.

'Schwindel...: ℒerregend adj. vertiginoso (a. fig.); ~firma f → ~unternehmen; ℒfrei adj. libre de vértigo; que no se marea; ~gefühl ⚕ n sensación f de vértigo; mareo m; ℒhaft adj.

vertiginoso; (betrügerisch) fraudulento; ℒig adj. mareado; mir ist ~ me mareo; se me va la cabeza; das macht mich ~ me da vértigo; leicht ~ werden marearse fácilmente; ℒn (-le) v/i. 1. mir schwindelt me siento mareado; la cabeza me da vueltas; 2. fig. (lügen) mentir; decir embustes; contar patrañas; (betrügen) estafar, timar; (mogeln) hacer trampas; engañar; ℒnd adj. Höhe usw.: vertiginoso; fig. ~e Höhen erreichen Preise: andar por las nubes, dispararse; ~unternehmen n empresa f (od. compañía f) de negocios fraudulentos.

'schwinden I. (L; sn) v/i. (abnehmen) disminuir, ir disminuyendo, decrecer, menguar; (ver~) desaparecer; desvanecerse; (verfallen) decaer; ihm schwand der Mut perdió el ánimo; die Sinne schwanden ihr perdió el conocimiento; se desmayó; ihm ~ die Kräfte le abandonan las fuerzas; jede Hoffnung ~ lassen perder todas las esperanzas; abandonar toda esperanza; II. ℒ n disminución f, decrecimiento m, mengua f; desaparición f; desvanecimiento m; decaimiento m.

'Schwindler m (Lügner) mentiroso m, embustero m; (Betrüger) estafador m, timador m; embaucador m; (Hochstapler) caballero m de industria; (Mogler) tramposo m, fullero m; ~in f mentirosa f, embustera f; estafadora f; embaucadora f; ℒisch adj. (verlogen) mentiroso; (betrügerisch) engañador, falaz; fraudulento.

'schwindlig adj. → schwindelig.

'Schwind...: ~sucht ⚕ f consunción f, tisis f; tuberculosis f (pulmonar); ℒsüchtig ⚕ adj. tísico; tuberculoso; ~süchtige(r m) m/f tísico (-a f) m; tuberculoso (-a f) m.

'Schwing|achse Kfz. f eje m oscilante; ~e f (Flügel) ala f; (Getreide ℒ) bieldo m, aventador m; (Flachs ℒ) espadilla f; ⊕ corredera f; ℒen (L) I. v/t. agitar; mover; Schwert usw.: blandir; esgrimir; Gerte: cimbrar; Fahne: tremolar, agitar; Flügel: batir; Getreide: aventar; Flachs, Hanf: espadar; sich ~ lanzarse; elevarse; sich in den Sattel ~ montar a caballo; sich in die Luft ~ elevarse en el aire; II. v/i. Ton, Saite: vibrar; Pendel: oscilar; (schwanken) balancearse; bambolear; geschwungen arqueado; curvo; ℒend adj. vibrante; oscilante; ~er m Boxen: angl. swing m; ~kreis ⚡ m circuito m oscilante; ~tür f puerta f oscilante; ~ung f vibración f; oscilación f; movimiento m oscilatorio bzw. de vaivén; in ~en versetzen hacer vibrar.

'Schwingungs...: ~dämpfer m amortiguador m de vibraciones; ~dauer f período m de oscilación; ~erzeuger m oscilador m; ℒfrei adj. exento de vibraciones; ~knoten m nodo m de oscilación; ~kreis m circuito m oscilante; ~weite f amplitud f (de la oscilación); ~zahl f número m de oscilaciones.

'Schwippschwager m hermano m del cuñado.

Schwips F m (-es; -e) chispa f; e-n ~ haben estar achispado (od. alegre).

'schwirren I. v/i. Pfeil usw.: silbar; Insekt: zumbar; fig. Gerüchte: circular, correr; mir schwirrt der Kopf la cabeza me da vueltas; F tengo la cabeza como un bombo; II. ℒ n silbido m; zumbido m; aleteo m.

'Schwitz|bad n baño m turco bzw. de vapor; ℒen (-t) I. v/i. sudar; transpirar; leicht: trasudar; Wände: rezumar; am ganzen Körper ~ estar empapado de sudor; II. v/t. fig. Blut (und Wasser) ~ sudar sangre; F sudar la gota gorda; ~en n sudor m; transpiración f; trasudor f; ⚕ diaforesis f; ℒend adj. sudoroso; sudoriento, sudado; ℒig adj. sudoroso; ~kasten m estufa f; ~kur ⚕ f cura f sudorífica (od. diaforética); ~mittel ⚕ n sudorífico m, diaforético m; ~packung ⚕ f envoltura f sudorífica.

Schwof F m (-¢s; -e) baile m (popular); F bailongo m; ℒen F v/i. bailar; bailotear.

'schwören I. (L) v/t. u. v/i. jurar (bei por); afirmar bajo juramento; prestar juramento; j-m Freundschaft (Treue) ~ jurar amistad (fidelidad) a alg.; j-m Rache ~ jurar vengarse de alg.; bei Gott ~ jurar por (el nombre de) Dios; fig. auf et. od. j-n ~ tener absoluta confianza en a/c. od. alg.; ich könnte ~, daß ... juraría que ...; → geschworen; II. ℒ n juramento m, prestación f de juramento.

'schwul V adj. homosexual, invertido; F de la acera de enfrente; ℒe(r) V m homosexual m; F marica m, P maricón m, sarasa m.

'schwül adj. sofocante; bochornoso, cargado; (sinnlich) sensual; voluptuoso; ℒe f (0) calor m sofocante; bochorno m; atmósfera f cargada (od. pesada); (Sinnlichkeit) sensualidad f; voluptuosidad f.

Schwuli'tät F f apuro m, aprieto m; in ~en sein estar en un apuro (od. en un aprieto).

Schwulst m (-es; ~e) pomposidad f; hinchazón f; ampulosidad f.

'schwülstig adj. Stil: hinchado, pomposo, ampuloso; ~ schreiben tener un estilo ampuloso; ℒkeit f ampulosidad f (de estilo); grandilocuencia f.

'Schwulst-stil m culteranismo m.

'schwummerig F adj. → schwindelig.

Schwund m (-¢s; 0) disminución f, merma f; pérdida f; (Schrumpfung) contracción f (a. Währung); ⚕ atrofia f; Radio: angl. fading m.

'Schwung m (-¢s; ~e) (Schwingung) oscilación f; (Antrieb) impulso m, empuje m (a. fig.); fig. arranque m, pujanza f; (Elan) brío m; ímpetu m; dinamismo m; vitalidad f; (Auf ℒ) elevación f; vuelo m; F (Menge) montón m; lote m; grupo m; fig. et. in ~ bringen dar impulso a a/c.; activar a/c.; wieder in ~ bringen reactivar; sacar a flote; bsd. ✈ relanzar; in ~ sein sentirse pleno de energía; desplegar gran actividad; in ~ kommen tomar vuelo; progresar; cobrar impulso; keinen ~ haben estar falto de energía; ~feder f remera f; pena f; ℒhaft adj. vivo, activo; Handel usw.: floreciente; próspero; ~kraft Phys. f fuerza f motriz bzw. centrífuga; fig. ímpetu m; brío m; ~kraft-anlasser Kfz. m arranque m por inercia; ℒlos adj. sin brío; sin entusiasmo; F sin garra; ~rad ⊕ n volante m; ℒvoll adj. lleno de vitalidad (od. de energía); diná-

mico, activo; brioso; vibrante; *Rede usw.*: enfático; de alto vuelo.
schwupp! *int.* ¡zas!
Schwur *m* (-*es*; *⁻e*) juramento *m*; (*Gelübde*) voto *m*; e-n *~ leisten* prestar juramento; **~gericht** *n* jurado *m*; tribunal *m* de jurados.
'Science-fiction *angl.* ['saɪəns-'fɪkʃən] *f* (*0*) ciencia *f* ficción.
'Scriptgirl *n* → *Skriptgirl.*
'scrollen *v/t. Computer*: correr.
Se'bastian *m* Sebastián *m.*
Sebor'rhö(e) *⚕ f* seborrea *f.*
'sechs I. *adj.* seis; **II.** 2 *f* seis *m*; 2**achteltakt** *♩ m* compás *m* de seis por ocho; 2**eck** *Ⓐ n* hexágono *m*; **~eckig** *Ⓐ adj.* hexagonal; 2**ender** *Jgdw. m* venado *m* de seis puntas; **~er'lei** *adj.* de seis especies distintas; seis clases de; **~fach** *adj.* séxtuplo; **~flächig** *adj.* hexaédrico; 2**flächner** *Ⓐ m* hexaedro *m*; **~füßig** *adj.* de seis pies; *Zoo.* hexápodo; **~'hundert** *adj.* seiscientos; **~jährig** *adj.* de seis años (de edad); 2**kant...** ⊕ hexagonal; **~mal** *adv.* seis veces; **~monatig** *adj.* semestral; de seis meses; **~monatlich I.** *adj.* semestral; **II.** *adv.* cada seis meses; por semestres; **~motorig** *adj.* de seis motores; **~phasig** *≠ adj.* hexafásico; **~prozentig** *adj.* del seis por ciento; **~schüssig** *adj. Revolver*: de seis tiros; **~seitig** *adj.* de seis lados; *Ⓐ* hexagonal; **~silbig** *adj. Vers*: hexasílabo; **~sitzig** *adj.* de seis plazas; **~stellig** *adj. Zahl*: de seis cifras (*od.* a) seis voces; **~stimmig** *adj.* de (*od.* a) seis voces; **~stöckig** *adj.* de seis pisos; 2**'tagerennen** *n* carrera *f* (ciclista) de los seis días; **~tägig** *adj.* de seis días; **~'tausend** *adj.* seis mil; **~te** *adj.* sexto; der *~ Mai* el seis de mayo; *Karl der* 2 (*VI.*) Carlos sexto (VI); 2**tel** *n*: ein *~* la sexta parte; un sexto; **~tens** *adv.* en sexto lugar; *bei Aufzählungen*: sexto; 2**zylindermotor** *m* motor *m* de seis cilindros.
'sechzehn *adj.* dieciséis; 2**ender** *Jgdw. m* venado *m* de dieciséis puntas; **~te** *adj.* decimosexto; *Ludwig der* 2 (*XVI.*) Luis dieciséis (XVI); 2**tel** *n* dieciseisavo *m*; 2**telnote** *♩ f* semicorchea *f*; 2**telpause** *♩ f* pausa *f* de semicorchea; **~tens** *adv.* en décimosexto lugar; *bei Aufzählungen*: decimosexto.
'sechzig *adj.* sesenta; *etwa ~* unos sesenta; *in den ~er Jahren* en los años sesenta; 2**er(in)** *f m* sexagenario (-a *f*) *m*, F sesentón *m*, sesentona *f*; *in den ~n sein* haber pasado los sesenta (años); **~jährig** *adj.* de sesenta años; sexagenario; **~ste** *adj.* sexagésimo; 2**stel** *n* sesentavo *m.*
Se'dez *n* (-*es*; *0*), **~format** *n* formato *m* dieciseisavo (*Abk.* 16°).
Sedi'ment *n* (-*és*; -*e*) sedimento *m.*
sedimen'tär *adj.* sedimentario.
Sedi'mentgestein *Geol. n* rocas *f/pl.* sedimentarias.
'See 1. *m* (-*s*; -*n*) lago *m*; (*Teich*) estanque *m*; **2.** *f* (*0*) mar *m/f*; océano *m*; (*Woge*) ola *f*; *an der ~* a la orilla del mar; *an die ~ gehen* ir a la playa; *auf ~* en el mar; *auf hoher ~* en alta mar; *in ~ gehen* (*od. stechen*) zarpar; hacerse a la mar; *Segler: a.* hacerse a la vela; *zur ~ gehen* (*fahren*) hacerse (ser) marino; **~aal** *Ict. m* anguila *f* de mar, congrio *m*; **~adler** *Orn. m* águila *f* marina; **~alpen** *pl.* Alpes *m/pl.* marítimos; **~amt** *n* tribunal *m* marítimo; **~anemone** *Zoo. f* anémona *f* de mar; actinia *f*; **~bad** *n* baño *m* de mar; (*Ort*) playa *f*; balneario *m* marítimo; **~badekur** *⚕ f* talasoterapia *f*, tratamiento *m* con baños de mar; **~bär** *fig. m* lobo *m* de mar; **~barsch** *Ict. m* lubina *f*; **~beben** *n* maremoto *m*; **~brassen** *Ict. m* besugo *m*; **~dienst** *m* servicio *m* naval (*od.* marítimo); **~Elefant** *Zoo. m* elefante *m* marino; 2**fahrend** *adj.* navegante; marítimo; **~fahrer** *m* navegante *m*; **~fahrt** *f* navegación *f*; (*Reise*) viaje *m* por mar; crucero *m*; (*Überfahrt*) travesía *f*; *~ treibendes Volk* nación *f* marítima; pueblo *m* de navegantes; 2**fest** *adj. Schiff*: marinero; en (perfecto) estado de navegar; *Person*: que no se marea; resistente al mareo; **~fisch** *m* pez *m* marino; **~** pescado *m* de mar; **~fischerei** *f* pesca *f* marítima (*od.* de altura); **~flieger** *⚓ m* aviador *m* naval; **~flughafen** *m* base *f* de hidroaviones; **~fracht** *f* flete *m* marítimo; **~frachtbrief** *✝ m* conocimiento *m* (de embarque); **~funkdienst** *m* servicio *m* de radio marítimo; **~gang** *m* oleaje *m*; *leichter ~* marejadilla *f*; *hoher ~* marejada *f*; **~gebiet** *n* dominio *m* marítimo; *in ~ von* en aguas de; **~gefahr** *✝ f* riesgo *m* marítimo; **~gefecht** *n* combate *m* naval; **~geltung** *Pol. f* prestigio *m* naval; **~gras** *n* hierba *f* de mar; *✝* crin *f* vegetal; 2**grün** *adj.* verdemar; **~hafen** *m* puerto *m* marítimo (*od.* de mar); **~handel** *m* comercio *m* marítimo; **~hecht** *Ict. m* merluza *f*; **~herrschaft** *f* dominio *m* de los mares; soberanía *f* marítima; **~hund** *Zoo. m* foca *f*; **~hundsfell** *n* piel *f* de foca; **~igel** *Zoo. m* erizo *m* de mar; **~kabel** *n* cable *m* submarino; **~kadett** *m* guardiamarina *m*; **~kalb** *Zoo. m* vítulo *m* (*od.* becerro *m*) marino; **~karte** *f* carta *f* marina; 2**klar** *adj.* en franquía; listo para zarpar; **~klima** *n* clima *m* marítimo; 2**krank** *adj.* mareado; *~ werden* marearse; **~krankheit** *f* mareo *m*, mal *m* de mar; **~krieg** *m* guerra *f* naval (*od.* marítima); **~kuh** *Zoo. f* manatí *m*, vaca *f* marina; **~küste** *f* costa *f*; litoral *m*; **~lachs** *Ict. m* carbonero *m*; **~land** *n* (*niederländische Provinz*) Zeland(i)a *f.*

'Seele *f* alma *f* (*a.* ⊕, *♩ u. fig.*); *bsd. Rel.* ánima *f*; (*Gemüt*) ánimo *m*; *fig.* (*Herz*) corazón *m*; *bei m-r ~* por mi alma; *e-e treue ~*; *e-e ~ von Mensch* un alma de Dios; una buena (*od.* excelente) persona; *fig. die ~ von et. sein* ser el alma de a/c.; *es war nicht e-e* (*od. keine*) *~ da* no había alma viviente; *mit* (*od. von*) *ganzer ~* con toda el alma; *in tiefster ~* en lo más profundo del corazón (*od.* del alma); *e-e Stadt von 20.000 ~n* una ciudad de veinte mil almas; *zwei ~n und ein Gedanke* los dos piensan igual (*od.* tienen la misma idea); *das liegt mir* (*schwer*) *auf der ~* me preocupa (mucho); *das tut mir in der ~ weh* lo siento (*od.* me duele) en el alma; *das ist ihm in der ~ zuwider* le causa horror; *er spricht mir aus der ~* es exactamente lo que yo pensaba; *sich et. von der ~ reden* desahogarse; *j-m et. auf die ~ binden* recomendar encarecidamente a/c. a alg.; F *fig. sich die ~ aus dem Leib rennen* sacar el hígado por la boca; *sich die ~ aus dem Leib schreien* desgañitarse.
'Seelen...: ~adel *m* nobleza *f* de alma; **~amt** *Lit. n* misa *f* de réquiem (*od.* de difuntos); **~angst** *f* angustia *f*; **~freund** *m* amigo *m* íntimo (*od.* del alma); **~friede(n)** *m* paz *f* interior (*od.* del alma); **~größe** *f* grandeza *f* de alma; magnanimidad *f*; 2**gut** *adj.* muy bueno; F buenazo; **~güte** *f* bondad *f* de alma; **~heil** *n* salvación *f* (del alma); **~heilkunde** *f* (p)siquiatría *f*; **~hirt** *m* pastor *m* de almas; **~kunde** *f* (p)sicología *f*; **~leben** *n* vida *f* interior *bzw.* espiritual; 2**los** *adj.* sin alma; desalmado; **~messe** → *~amt*; **~not** *f*, **~pein** *f*, **~qual** *f* angustia *f*; **~regung** *f* reacción *f* afectiva; emoción *f*; **~ruhe** *f* paz *f* (*od.* tranquilidad *f*) del alma; serenidad *f*; sosiego *m*; 2**ruhig** *adv.* con mucha calma; **~stärke** *f* entereza *f*; **~tröster** F *m* quitapenas *m* (*a.* Alkohol); 2**vergnügt** F *adj.* F contento como unas pascuas; **~verkäufer** *⚓ m* (*schlechtes Schiff*) *desp.* carraca *f*; 2**verwandt** *adj.* de afinidad espiritual; **~verwandtschaft** *f* afinidad *f* espiritual; 2**voll** *adj.* con mucha alma; lleno de vida; (*ausdrucksvoll*) expresivo; **~wanderung** *f* transmigración *f* de las almas, metempsicosis *f*; **~zustand** *m* estado *m* anímico (*od.* del alma).

'Seeleute *pl.* marineros *m/pl.*; marinos *m/pl.*; gente *m* de mar; hombres *m/pl.* de la mar.
'seelisch *adj.* (p)síquico; anímico; del alma; mental; afectivo; *~es Leiden* enfermedad *f* mental, (p)sicopatía *f*; *~e Grausamkeit* crueldad *f* mental; *~es Gleichgewicht* equilibrio *m* mental; *~ bedingt* (p)sicógeno.
'Seelöwe *Zoo. m* león *m* marino.
'Seel|sorge *f* (*0*) cura *f* de almas; **~sorger** *m* padre *m* (*od.* director *m*) espiritual; pastor *m* (de almas); 2**sorgerisch** *adj.* pastoral; *~e Betreuung* dirección *f* espiritual.
'See...: ~luft *f* aire *m* de mar; **~luftstreitkräfte** *f/pl.* fuerzas *f/pl.* aeronavales; **~macht** *f* potencia *f* naval (*od.* marítima); **~mann** *m* (-*és*; -*leute*) marino *m*; marinero *m*; 2**männisch** *adj.* náutico; de marin(er)o; marítimo; **~manns-ausdruck** *m* término *m* náutico; expresión *f* marinera; **~mannsgarn** *fig. n* historias *f/pl.* fantásticas de la gente de mar; **~mannssprache** *f* lenguaje *m* marinero; 2**mäßig** *adj.*: *~e Verpackung* embalaje *m* (para transporte) marítimo; **~meile** *f* milla *f* marina (*od.* náutica; **~mine** *f* mina *f* submarina; **~möwe** *Orn. f* gaviota *f*; **~nkunde** *f* limnología *f*; **~not** *f* peligro *m* marítimo; *in ~* en peligro de naufragar; **~notdienst** *m* servicio *m* de salvamento de náufragos; **~offizier** *m* oficial *m* de marina; **~otter** *Zoo. f* nutria *f* de mar; **~pferdchen** *Zoo. n* caballo *m* marino, hipocampo *m*; **~räuber** *m* pirata *m*; corsario *m*; **~räube'rei** *f* piratería *f*; *~ treiben* piratear; cometer actos de piratería; 2**räuberisch** *adj.* pirata; **~räuberschiff** *n* buque *m* pirata; corsario *m*;

~recht n derecho m marítimo; ~reise f viaje m por mar; crucero m; ~rose ♀ f nenúfar m; ~route f ruta f marítima; ~sack m saco m de marinero; ~schaden m avería f; ~schadensberechnung f liquidación f de la avería; ~schiff n buque m de altura; navío m; ~schiffahrt f navegación f marítima; ~schlacht f batalla f naval; ~schlange f serpiente f de mar; ~sieg m victoria f naval; ~spediteur m agente m de transportes marítimos; ~stadt f ciudad f marítima; ~stern Zoo. m estrellamar f, estrella f de mar, asteria f; ~streitkräfte f/pl. fuerzas f/pl. navales; ~stück Mal. n marina f; ~tang ♀ m algas f/pl. marinas; varec m; ~transport m transporte m marítimo (od. por mar); ⩛tüchtig adj. Schiff: marinero; en perfectas condiciones para navegar; ~tüchtigkeit f cualidades f/pl. marineras; navegabilidad f; ~ungeheuer n monstruo m marino; ⩛untüchtig adj. no apto para navegar; ~verbindung f comunicación f marítima; ~verkehr m tráfico m marítimo; ~versicherung f seguro m marítimo; ~vogel m ave f marina; ~volk n pueblo m navegante; nación f marítima; ~walze Zoo. f holoturia f; ~warte f observatorio m marítimo; ⩛wärts adv. mar adentro; ~wasser n agua f de mar; ~weg m vía f (od. ruta f) marítima; auf dem ~ por mar; por vía marítima; ~wind m viento m bzw. brisa f del mar; ~wurf ♀ m echazón m; ~zeichen n señal f marítima; baliza f; ~zunge Ict. f lenguado m.

'Segel n (-s; -) vela f; Anat. velo m; unter ~ gehen hacerse a la vela; largar las velas; die ~ streichen recoger (od. arriar) velas (a. fig.); fig. darse por vencido; die ~ hissen (od. setzen) poner (od. izar) velas; mit vollen ~n a. fig. a toda(s) vela(s), a velas desplegadas; viento en popa; ~boot n barco m bzw. yate m de vela; velero m; Sport: a. balandro m; ⩛fertig adj. listo para hacerse a la vela; ~fläche f superficie f vélica; ⩛fliegen (nur inf.) v/i. volar en planeador; hacer vuelo a vela; ~fliegen n vuelo m a vela (od. sin motor); ~flieger m aviador m a vela; planeador m; ~fliege'rei f vuelo m a vela; ~fliegerschule f escuela f de vuelo a vela (od. sin motor); ~flug m → ~fliegen; ~fluggelände n terreno m de vuelo a vela; ~flugzeug n planeador m; ~jacht f yate m de vela; ⩛klar adj. → ⩛fertig; ~klub m club m náutico m de vela; ~macher m velero m; ⩛n (-le) v/i. navegar a (la) vela; (ab~) hacerse a la vela (nach para); Sport: practicar el deporte de la vela; fig. (schweben) planear; F durchs Examen ~ F catear un examen; ~n n navegación f a vela; Sport: (deporte m de la) vela f; angl. sailing m; ~regatta f regata f a vela; ~schiff n barco m (od. buque m) de vela, velero m; ~schlitten m trineo m a vela; ~sport m (deporte m de la) vela f; yachting m; ~stange f verga f; ~surfen n surf m a vela; ~tuch n lona f; ~tuchschuhe m/pl. zapatos m/pl. de lona; ~werk n velamen m, velaje m.

'Segen m (-s; -) bendición f; (Gnade) gracia f; (Tischgebet) benedicite m; bendición f de la mesa; fig. prosperidad f; felicidad f; suerte f; (Fülle) abundancia f; riqueza f; j-m den ~ geben (od. erteilen) dar la bendición a alg.; bendecir a alg.; ~ bringen traer suerte; zum ~ der Menschheit para bien de la humanidad; es ist ein ~ (Gottes) es una bendición (de Dios); es ist ein wahrer ~ es una verdadera suerte; es una bendición; F fig. s-n ~ zu et. geben dar su beneplácito a a/c.; iro. m-n ~ hat er por mí que lo haga; ⩛bringend adj., ⩛sreich adj. bienhechor; benéfico; ~spendung f, ~spruch m bendición f; ~wünsche m/pl.: m-e ~ mi felicitación; mi enhorabuena.

'Segler m (Person) aficionado m al deporte de la vela; balandrista m; (Schiff) velero m; barco m de vela.
Seg'ment n (-es; -e) segmento m.
'segn|en (-e-) v/t. bendecir; dar la bendición; (weihen) consagrar; Gott segne dich! ¡Dios te bendiga!; gesegnet bendito; gesegnete Mahlzeit! ¡buen provecho!; ein gesegnetes neues Jahr un feliz y próspero año nuevo; mit Gütern gesegnet colmado de bienes; gesegneten Leibes, in gesegneten Umständen encinta; en estado (interesante); F e-n gesegneten Appetit haben tener un apetito enorme; ⩛ung f bendición f; consagración f; fig. beneficio m.

'Seh|achse f eje m visual (od. óptico); ⩛behindert adj., ~behinderte(r) m deficiente (m) visual; ~beteiligung f TV índice m de audiencia.
'sehen (L) I. v/i. ver; (blicken) mirar; gut (schlecht) ~ ver bien (mal); tener buena (mala) vista; ~ auf mirar (ac.); fijar la mirada en; fig. mirar por; nicht auf den Preis ~ no mirar el precio; das Zimmer sieht auf den Park la habitación da (od. tiene vista) al parque; er sieht nur auf s-n Vorteil no mira más que por sí; darauf ~, daß ... cuidar de que ... (subj.); aus dem Fenster ~ asomarse a la ventana; daraus ist zu ~, daß ... por ello se ve que ...; de ello resulta que ...; ello muestra que ...; in die Sonne ~ mirar el sol; in den Spiegel ~ mirarse en el espejo; nach ~ mirar por; vigilar (ac.); cuidar de; velar por; siehe oben (unten) véase más arriba (abajo); siehe Seite 20 véase la página veinte; sieh mal! ¡mira!; ¡fíjate!; sieh doch! ¡pero fíjate!; F na, siehst du!, siehst du wohl! ¡ya lo ves!; ¡ya te lo decía yo!; F sieh mal e-r an! ¡vaya, vaya!; ¡no me diga!; wie ich sehe por lo que veo; wie man sieht por lo visto; según se ve; ich will ~, daß ... veré si ...; trataré de (inf.); wir werden (schon) ~ ya veremos; vivir para ver; II. v/t. ver; (anblicken) mirar; (wahrnehmen) percibir; (unterscheiden) distinguir; (erkennen) reconocer; (beobachten) observar; (bemerken) notar; flüchtig ~ entrever; zu ~ sein poder verse, ser visible, (hervorlugen) asomar; (ausgestellt sein) estar expuesto; es ist nichts zu ~ no se ve nada; niemand war zu ~ no se veía a nadie; gern (ungern) ~ ver con buenos (malos) ojos; ich sehe es (nicht) gern, wenn ... (no) me gusta que (subj.); gern gesehen sein ser bien visto; ich habe es kommen ~ lo he visto venir; hat man so et. schon gesehen? ¿habrás visto (semejante cosa)?; ich sehe die Sache anders yo veo las cosas de otro modo; ich sah ihn fallen le vi caer; sie kann ihn nicht ~ (leiden) no puede verle; das sieht man ya se ve; eso se ve claramente; sich e-m Problem gegenüber ~ verse ante un problema; ~ lassen dejar ver, (zeigen) mostrar, enseñar; sich ~ lassen mostrarse; aparecer; hacer acto de presencia; mit e-m schönen Kleid usw.: lucir; er hat sich nicht mehr ~ lassen no se le ha vuelto a ver; no se le ha visto el pelo; laß dich nie mehr hier ~! ¡no vuelvas a aparecer por aquí!; damit kannst du dich ~ lassen no está nada mal; sie kann sich ~ lassen no tiene por qué esconderse; III. ♀ n vista f; visión f; vom ~ kennen conocer de vista.
'sehens|wert, ~würdig adj. digno de verse; curioso; notable; ⩛würdigkeit f cosa f digna de verse bzw. de visitarse; ~en pl. monumentos m/pl. artísticos bzw. históricos; curiosidades f/pl. (turísticas).
'Seher m profeta m; (Hell♀) vidente m; ~blick m vista f profética; ~gabe f don m profético; ~in f profetisa f; vidente f; ⩛isch adj. profético.
'Seh...: ~fehler m defecto m visual; ~feld n campo m visual; ~kraft f facultad f (od. potencia f) visual; vista f; ~linie f Opt. visual f.
'Sehne f Anat. tendón m; ⚔ (a. Bogen♀) cuerda f.
'sehnen I. v/refl.: sich nach et. ~ anhelar a/c.; desear ardientemente a/c.; ansiar a/c.; nach Vergangenem, Verlorenem: añorar a/c.; sentir nostalgia de a/c.; sich nach j-m ~ ansiar ver a alg.; suspirar por alg.; II. ♀ n deseo m ardiente; ansias f/pl.; anhelos m/pl.; añoranza f; nostalgia f; ⩛band Anat. n ligamento m (tendinoso); ⩛entzündung ⚕ f tendinitis f; ⩛scheide Anat. f vaina f tendinosa; ⩛scheiden-entzündung ⚕ f tendovaginitis f; ⩛verkürzung ⚕ f retracción f tendinosa; ⩛zerrung ⚕ f distensión f de un tendón.
'Sehnerv Anat. m nervio m óptico.
'sehnig adj. tendinoso; Person: nervudo.
'sehnlich I. adj. ardiente; vehemente; (leidenschaftlich) apasionado; Erwartung: ansioso; II. adv. con ardor; fervorosamente; ~(st) wünschen desear ardientemente; codiciar; ~(st) erwarten esperar con impaciencia.
'Sehn|sucht f deseo m ardiente od. vehemente (nach de); anhelo m, ansia f; nach Vergangenem, Verlorenem: añoranza f; nostalgia f; mit ~ erwarten esperar con impaciencia; ⩛süchtig, ⩛suchtsvoll adj. anheloso, ansioso; con añoranza; nostálgico; (ungeduldig) impaciente; (schmachtend) lánguido.
'Seh|organ n órgano m visual (de la vista); ~probe f, ~prüfung f examen m de la vista.
sehr adv. muy; mucho; bien; ~ gut muy bueno; muy bien; ~ viel mucho; muchísimo; ~ viel Geld mucho dinero; ~ viele Leute mucha gente; ~ viele andere otros muchos; zu ~ demasiado, en extremo; ~ oft muy a menudo; con mucha frecuencia; so ~ tanto; so ~, daß ... hasta el extremo (od. punto) de (inf.); tanto es así que ...; er weiß

Sehrohr — Seite

nicht, wie ~ ... no sabe cuánto ...; *ich würde es* ~ *gern tun* lo haría con mucho gusto; ~ *vermissen* echar mucho de menos.

'**Seh...: ~rohr** *n* periscopio *m*; **~schärfe** *f* agudeza *f* visual; **~schlitz** *m* abertura *f* visual; **~schwäche** *f* debilidad *f* de la vista; 𝑀 ambliopía *f*; **~störung** 𝑀 *f* trastorno *m* visual; **~test** *m* test *m* visual; **~vermögen** *n* facultad *f* (*od.* capacidad *f*) visual; vista *f*; **~weite** *f* alcance *m* de la vista; *Opt.* distancia *f* visual; **~winkel** *m* ángulo *m* visual; **~zentrum** *n* centro *m* visual.

'**seicht** *adj.* (*-est*) poco profundo; vadeable; *fig.* superficial; trivial; soso, insípido, insulso; **~e** *Redensarten* insulseces *f/pl.*; **♀heit** *f* (0), **~igkeit** *f* (0) poca profundidad *f*; *fig.* superficialidad *f*; insulsez *f*; insipidez *f*.

'**Seide** *f* seda *f*; ♀ cuscuta *f*; *reine* ~ seda *f* pura; *künstliche* ~ seda *f* artificial, rayón *m*.

'**Seidel** *n* (*Maß*) cuartillo *m*; (*Bier*♀) jarro *m* para cerveza; **~bast** ♀ *m* torvisco *m*.

'**seiden** *adj.* de seda; (*wie Seide*) sedoso; **~artig** *adj.* sedoso; sedeño; **♀atlas** *m* satén *m*; raso *m* de seda; **♀band** *n* cinta *f* de seda; **♀bau** *m* seri(ci)cultura *f*; **♀fabrik** *f* sedería *f*; **♀garn** *n* hilo *m* de seda; **♀gespinst** *n* capullo *m* de (gusano de) seda; **♀gewebe** *n* tejido *m* de seda; **♀glanz** *m* brillo *m* de seda; lustre *m* sedoso; **♀haar** *n* cabello *m* sedoso; **♀handel** *m* comercio *m* de la seda; sedería *f*; **♀händler** *m* comerciante *m* en sedas; sedero *m*; **♀industrie** *f* industria *f* sedera (*od.* de la seda); **♀papier** *n* papel *m* de seda; **♀raupe** *f* gusano *m* de seda; **♀raupenzucht** *f* seri(ci)cultura *f*; **♀raupenzüchter** *m* seri(ci)cultor *m*; **♀spinner** *m* hilador *m* de seda; *Zoo.* bómbice *m*; **♀spinnerei** *f* hilandería *f* de seda; **♀stickerei** *f* bordado *m* sobre seda; **♀stoff** *m* (tejido *m* de) seda *f*; **♀strumpf** *m* media *f* de seda; **♀waren** *f/pl.* sedería *f*; sedas *f/pl.*; **♀weber** *m* tejedor *m* de sedas; **~weich** *adj.* suave como (la) seda; sedoso; **♀zucht** *f* seri(ci)cultura *f*; **♀züchter** *m* seri(ci)cultor *m*.

'**seidig** *adj.* sedoso (*a. fig.*); sedeño.

'**Seife** *f* jabón *m*; **♀n** *v/t.* (en)jabonar.

'**Seifen...: ~behälter** *m* jabonera *f*; **~bildung** *f* saponificación *f*; **~blase** *f* pompa *f* de jabón; **~dose** *f* jabonera *f*; **~fabrik** *f* jabonería *f*, fábrica *f* de jabones; **~flocken** *f/pl.* copos *m/pl.* de jabón; **~kiste** *f* caja *f* de jabón; **~kraut** ♀ *n* jabonera *f*, saponaria *f*; **~lauge** *f* lejía *f* de jabón; **~oper** *f* TV telenovela *f*, F culebrón *m*; **~pulver** *n* jabón *m* en polvo; **~schale** *f* jabonera *f*; **~schaum** *m* espuma *f* de jabón; **~sieder** *m* jabonero *m*; **~siederei** *f* jabonería *f*; **~spender** *m* distribuidor *m* de jabón; **~wasser** *n* agua *f* jabonosa (*od.* de jabón).

'**seifig** *adj.* jabonoso; saponáceo.

'**seiger|n** (*-re*) *v/t.* Met. licuar; ♀ cavar a plomo; **♀schacht** ♀ *m* pozo *m* vertical.

'**Seih|e** *f* → **~er**; **♀en** *v/t.* filtrar; colar; pasar; **~en** *n* filtración *f*; coladura *f*; **~er** *m* colador *m*; pasador *m*; filtro *m*; **~tuch** *n* filtro *m* de estameña.

'**Seil** *n* (*-es*; *-e*) cuerda *f*; soga *f*; maroma *f*; (*Spring*♀) comba *f*; *der Seiltänzer*: cuerda *f* floja; ⚓ jarcia *f*, (*Tau*) cable *m*, cabo *m*; *auf dem* ~ *tanzen* hacer equilibrios en la cuerda floja; **~bahn** *f* funicular *m*; teleférico *m*; **~bremse** *f* freno *m* por cable; **~brücke** *f* puente *m* funicular *bzw.* suspendido; **~er** *m* cordelero *m*; **~e-'rei** *f* cordelería *f*; **~erwaren** *f/pl.* cordelería *f*; **~fähre** *f* transbordador *m* de tracción por cable; **~rolle** ⊕ *f* roldana *f*; **~schaft** Mont. *f* cordada *f*; **~scheibe** *f* polea *f* de cable; **~schwebebahn** *f* teleférico *m*; (ferrocarril *m*) aéreo *m*; **♀springen** *v/i.* saltar a la comba; **~springen** *n* salto *m* a la comba; **~start** ✈ *m* lanzamiento *m* por cable; **~steuerung** *f* mando *m* por cable; **~tanzen** *n* baile *m* en la cuerda floja; **~tänzer(in** *f*) *m* funámbulo (-a *f*) *m*, equilibrista *m/f*; alambrista *m/f*; **~tänzerstange** *f* balancín *m*; **~trommel** *f* tambor *m* para cable; **~werk** *n* cordaje *m*, cordería *f*; **~winde** *f* torno *m* de cable.

Seim *m* (-*es*; -*e*) mucílago *m*; (*Honig*♀) miel *f* virgen; **'♀ig** *adj.* mucilaginoso; viscoso.

Sein *n* (-*s*; 0) ser *m*; (*Wesenheit*) esencia *f*; (*Dasein*) existencia *f*; ~ *oder Nichtsein* ser o no ser.

sein[1] (*L*) *v/i.* dauernd: ser; *vorübergehend*: estar; *als Hilfsverb*: a. haber; (*vorhanden sein*) haber, existir; (*sich befinden*) encontrarse; (*stattfinden*) tener lugar, celebrarse; *arm* (*alt*) ~ ser pobre (viejo); *krank* (*zufrieden*) ~ estar enfermo (contento); *es ist kalt* (*warm*) hace frío (calor); *die Erde ist rund* la tierra es redonda; *er ist zu Hause* está en casa; *da ist bzw. sind* (aquí) hay; *hier ist es* aquí es; es aquí; *hier bin ich* aquí estoy; *ich bin gewesen* (yo) he sido; *ich bin angekommen* he llegado; *wenn ich nicht gewesen wäre* si no hubiera sido él; *was ist das?* ¿qué es es(t)o?; *ich bin es* soy yo; *sind Sie es?* ¿es usted?; *es wird nicht immer so* ~ no siempre será así; *wenn dem so ist* si es así; en ese caso; *das kann nicht* ~ eso no puede ser; eso no es posible; *was soll das* ~? ¿qué significa eso?; *was ist?* ¿qué hay?; ¿qué pasa (*od.* ocurre)?; *ist es nicht so?* ¿no es así?; *wie wäre es, wenn* ...? ¿qué le parece si ... (*subj.*); *wie ist Ihnen?* ¿cómo se siente usted?; *was ist Ihnen?* ¿qué le pasa a usted?; *mir ist nicht wohl* no me siento bien; *mir ist besser* me siento mejor; *mir ist, ich weiß nicht wie* no sé qué me pasa; *mir ist so, als ob ... me parece como si* ... (*subj.*); estoy como si ... (*subj.*); *mir ist, als höre ich ihn* me parece estar oyéndole; *mir ist nicht nach Arbeiten* no tengo ganas de trabajar; *mir ist nicht danach* no estoy de humor para eso; *es ist nun an dir, zu* (*inf.*) ahora te toca a ti de (*inf.*); *es sei!* ¡sea!; *es mag* ~ puede ser; es posible; *so sei es!* ¡así sea!; *wie dem auch sei* sea como fuere; *es sei denn, daß ... a menos que ...* (*subj.*), no ser que ... (*subj.*); *sei es, daß ...* sea que ...; *sei er auch noch so groß* por grande que sea; *es ist zu hoffen, daß ... es* de esperar que ...; *was ist zu tun?* ¿qué hay que hacer?; *es ist früh* (*spät*) es temprano (tarde); *es ist drei Uhr* son las tres; *es ist ein Jahr her, daß ...* hace (ya) un año que ...; *heute ist Sonntag* hoy es domingo; *er ist Deutscher* (*Rechtsanwalt*; *Katholik*) es alemán (abogado; católico); *verheiratet* (*ledig*) ~ *ser* (*od.* estar) casado (soltero); *er ist aus Madrid* es de Madrid; *wir sind in Sevilla* estamos en Sevilla; *sie ist 20 Jahre alt* tiene veinte años; *2 mal 3 ist 6* dos por tres son seis; *2 und 2 sind 4* dos y dos son cuatro; *gestern abend war ich im Kino* anoche estuve en el cine; *das Dorf ist nicht weit von hier* el pueblo no está lejos de aquí; *heute ist der 20. Mai* hoy estamos a veinte de mayo.

sein[2] *pron/pos. unbetont*: su; *betont*: suyo; ~ *Buch* su libro; *es ist ~s* es suyo; es de él; *einer ~er Freunde* uno de sus amigos; *mein und* ~ *Vater* mi padre y el suyo; *der* ♀(*ig*)*e* el suyo; *die* ♀(*ig*)*e* la suya; *das* ♀(*ig*)*e* lo suyo; *die* ♀*en* los suyos; *das* ♀(*ig*)*e tun* hacer todo lo posible; cumplir (con) su deber; *jedem das* ♀*e* a cada uno (*od.* a cada cual) lo suyo.

'**Seine** [sɛːn] *Geogr. f* Sena *m*.

'**seiner** *pron.* (*gen. v. er*) de él; *ich gedenke* ~ me acuerdo de él; pienso en él; **~'seits** *adv.* por su parte; de su lado (*od.* parte); *en cuanto a él*; **~zeit** *adv.* en su día (*od.* época); aquel entonces.

'**seines'gleichen** *pron.* su igual; sus semejantes; *j-n wie* ~ *behandeln* tratar a alg. de igual a igual; *nicht* ~ *haben* no tener rival (*od.* par); ser único (en su género); *unter* ~ entre iguales.

'**seinet'halben, ~'wegen, um ~'willen** *adv.* por él; por causa suya, a causa de él; por culpa suya; por consideración a él.

'**seinige** *pron/pos.* → *sein*[2].

'**seismisch** *adj.* sísmico.

Seismo'gramm *n* (-*s*; -*e*) sismograma *m*; **~'graph** *m* (*-en*) sismógrafo *m*; **~lo'gie** *f* (0) sismología *f*.

seit I. *prp.* (*dat.*) (*Zeitpunkt*) desde; a partir de; (*Zeitraum*) desde hace; ~ *dem Tage, da ...* desde el día que ...; ~ *damals* desde entonces; ~ *langem* desde hace (mucho) tiempo; ~ *kurzem* desde hace poco; ~ *einiger Zeit* de un tiempo a esta parte; *ich bin* ~ *e-m Jahr hier* hace un año que estoy aquí; **II.** *cj.* desde que.

seit'dem I. *adv.* desde entonces, desde aquel tiempo; **II.** *cj.* desde que.

'**Seite** *f* lado *m* (*a.* ♞ *u. fig.*); costado *m* (*a.* ⚓); ⚓ banda *f*; ⚔ parte *f*; (*Partei*) partido *m*; (*Flanke*) flanco *m* (*a.* ⚔); ♞ *e-r Gleichung*: miembro *m*; *e-s Buches*: página *f*; *e-r Zeitung*: a. plana *f*; (*Blatt*♀) hoja *f*; *e-r Münze, Schallplatte usw.*: cara *f*; (*Richtung*) sentido *m*, dirección *f*; *fig.* aspecto *m*; faceta *f*; *vordere* ~ lado *m* anterior, *e-s Gebäudes*: frente *m*, fachada *f* principal, *e-r Münze*: anverso *m*, cara *f*; *hintere* ~ lado *m* posterior, parte *f* de atrás; *e-r Münze*: reverso *m*, cruz *f*; *e-s Blattes*: dorso *m*; *rechte* (*linke*) ~ derecha *f*, lado *m* derecho (izquierda *f*, lado *m* izquierdo); *e-s Stoffes*: cara *f* (revés *m*); *schwache* (*starke*) ~ flaco *m* (fuerte *m*); *s-e guten* ~*n haben Person*: tener sus buenas cualidades; *Sache*: tener sus ventajas; *jedes Ding hat s-e zwei* ~*n* todas las cosas tienen su lado bueno y su lado malo; *alle* ~ *e-r Frage erwägen* considerar todos los aspectos de una cuestión; *man* *sollte beide ~n hören* debería oírse a las dos partes; ~ *an* ~ lado a lado; *a. fig.* codo a codo; *e-r Sache et. (vergleichend) an die* ~ *stellen* comparar una cosa con otra; *sich j-m an die* ~ *stellen* compararse con alg.; *an j-s* ~ *sitzen (gehen)* estar sentado (ir) al lado de alg.; *auf* ~ 10 en la página diez; *auf dieser (jener)* ~ de este (aquel) lado; *fig. auf der e-n* ~ por un lado, por una parte; *auf der anderen* ~ al (*od.* del) otro lado; *fig.* por otro lado, por otra parte; *auf* (*od.* von) *beiden* ~*n* de ambos lados, de uno y otro lado; *auf j-s* ~ *stehen* (*treten*) estar (ponerse) de parte de alg.; *j-n auf s-r* ~ *haben* tener a alg. de su parte; *j-n auf die* ~ *nehmen* llamar aparte a alg.; *auf die* ~ *schaffen* (*od. bringen*) (*wegnehmen*) hacer desaparecer; hurtar; *j-n:* (*töten*) quitar de en medio; *j-n auf s-e* ~ *bringen* atraer a alg. a su partido (*od.* bando); *auf die* ~ *legen* poner aparte, apartar; (*sparen*) ahorrar; ⚓ *sich auf die* ~ *legen* inclinarse de banda; ponerse de costado; *auf die* (*od. zur*) ~ *treten* (*od. gehen*) apartarse, hacerse a un lado; *die Arme in die* ~*n stemmen* ponerse en jarras; *nach allen* ~*n* (*hin*) hacia todos los lados; en todos los sentidos (*a. fig.*); en todas las direcciones; *von allen* ~*n* de todas partes; *von* ²*n* (*gen.*) de parte de; *von m-r* ~ de mi parte; *von der* ~ de lado; de costado; *von der* ~ *ansehen* mirar de soslayo (*od. fig.* mirar de reojo; *von der* ~ *gesehen* visto de lado, △, *Mal.* visto de perfil; *et. von der guten* ~ *nehmen* ver el lado bueno de a/c.; *von gutunterrichteter* ~ de fuente bien informada; *von dieser* ~ *betrachtet* visto desde este punto; considerado en ese aspecto; *j-m nicht von der* ~ *gehen* no apartarse de alg.; seguir a alg. como la sombra al cuerpo; *sich vor Lachen die* ~*n halten* desternillarse de risa; *fig. j-m zur* ~ *stehen* asistir (*od.* secundar *od.* apoyar) a alg.; *Thea. zur* ~ *sprechen* hablar aparte. ¹**Seiten...:** ~**abweichung** *f e-s Geschosses:* derivación *f;* ~**angriff** ⚔ *m* ataque *m* de flanco; ~**ansicht** *f* vista *f* lateral; perfil *m; Computer:* vista *f* previa; ~**blick** *m* mirada *f* de soslayo (*od.* de reojo); ~**deckung** ⚔ *f* guardia *f* bzw. protección *f* de flanco; ~**druck** *m* presión *f* lateral; ~**eingang** *m* entrada *f* lateral; ~**fenster** *n* ventana *f* (*Kfz.* ventanilla *f*) lateral; ~**fläche** *f* superficie *f* lateral; ~**flosse** ⚓ *f* plano *m* fijo vertical; ~**flügel** △ *m* ala *f* lateral; ~**gang** *m* galería *f* lateral; 🚽 pasillo *m* (lateral); ~**gasse** *f* calleja *f* lateral; ~**gebäude** *n* (edificio *m*) anexo *m;* ~**gewehr** ⚔ *n* bayoneta *f;* ~**halbierende** ⚓ *f* mediana *f;* ~**hieb** *m Fechtk.* golpe *m* de flanco; *fig.* indirecta *f;* ~**kanal** *m* contracanal *m;* ~**kante** *f* arista *f* lateral; ~**lage** *f* posición *f* (⚕ decúbito *m*) lateral; ²**lang** *adj.* de muchas páginas; ~**lehne** *f* brazo *m;* ~**leitwerk** ⚓ *n* timón *m* lateral (*od.* de dirección); ~**linie** *f* línea *f* lateral (*a. Ict.*); 🚽 línea *f* secundaria; ramal *m; Stammbaum:* línea *f* colateral; *Sport:* línea *f* de banda; ~**loge** *Thea. f* palco *m* lateral; ~**moräne** *f* mor(r)ena *f* lateral; ~**rand** *m* margen *m;* ~**ruder** ⚓ *n* timón *m* de dirección; ²**s** *prp.* (*gen.*)

de parte de; ~**scheitel** *m* raya *f* al lado; ~**schiff** △ *n* nave *f* lateral; ~**schlitz** *m am Kleid:* apertura *f* lateral; ~**schritt** *m* paso *m* al lado; ~**sicherung** ⚔ *f* protección *f* del flanco; ~**sprung** *m* salto *m* hacia un lado; *fig.* escapada *f* matrimonial; *e-n* ~ *machen* correrse una aventurilla amorosa; ~**stechen** *n,* ~**stiche** *pl.* ⚕ punzadas *f/pl.* en el costado; ~**steuer** *n* → ~*ruder;* ~**straße** *f* calle *f* lateral; ~**stück** *n* (*Pendant*) pareja *f;* ~**tasche** *f* bolsillo *m* lateral; ~**teil** *n* parte *f* lateral; ~**thema** ♪ *n* segundo tema *m;* ~**tür** *f* puerta *f* lateral; ~**umbruch** *m Computer:* salto *m* de página; ~**verkehrt** *adj.* de lados invertidos; ~**verwandte**(*r m*) *m/f* pariente *m/f* colateral; ~**wagen** *Kfz. m* sidecar *m;* ~**wahl** *f Sport:* sorteo de campos; ~**wand** *f* pared *f* lateral; △ fachada *f* lateral; ~**wechsel** *m Sport:* cambio *m* de campos; ~**weg** *m* camino *m* lateral; atajo *m;* ~**wind** *m* viento *m* de costado; ~**zahl** *f* número *m* de páginas bzw. de la página; *mit* ~*en versehen* paginar.

seit|'**her** *adv.* desde entonces; '~**lich** *adj.* lateral; de lado; ~ *von al lado de;* ²**pferd** *n Turnen:* caballo *m* con arcos; '~**wärts** *adv.* de lado; al lado (*von* de); hacia un lado; lateralmente.

Se'**kante** ⚓ *f* secante *f.*
Se'**kret** *n* (-*és;* -*e*) secreción *f.*
Sekre'**tär** *m* (-*s;* -*e*) (*Person*) secretario *m;* (*Möbel*) secreter *m.*
Sekretari'**at** *n* (-*és;* -*e*) secretaría *f;* secretariado *m.*
Sekre'**tärin** *f* secretaria *f.*
Sekreti'**on** *Physiol. f* secreción *f;* innere (äußere) ~ secreción *f* interna (externa).
Sekt *m* (-*és;* -*e*) champaña *m,* champán *m;* (vino *m* de) cava *m.*
¹**Sekte** *f* secta *f;* ~**nwesen** *n* sectarismo *m.*
¹**Sekt**|**flasche** *f* botella *f* de bzw. para champaña; ~**glas** *n* copa *f* para champaña.
Sek'**tierer**|(**in** *f*) *m* sectario (-a *f*) *m;* ²**isch** *adj.* sectario.
Sekti'**on** *f* (*Abteilung*) sección *f;* ⚕ disección *f;* (*Obduktion*) autopsia *f;* ~**sbefund** *m* resultado *m* de la autopsia; ~**s-chef** *m* jefe *m* de sección bzw. de negociado.
¹**Sekt**|**kellerei** *f* cava *f;* ~**kübel** *m* cubo *m* para enfriar champaña, *Neol.*
¹**Sektor** *m* (-*s;* -*en*) sector *m* (*a.* ⚓, ⚔ *u. fig.*).
Se'**kunda** *Sch. f* (-; -*den*) sexto bzw. séptimo curso *m* de un centro de segunda enseñanza.
Sekun'**dant** *m* (-*en*) *im Duell:* padrino *m.*
sekun'**där** *adj.* secundario; ²**element** ⚡ *n* pila *f* secundaria; ²**infektion** *f* infección *f* secundaria; ²**literatur** *f* literatura *f* crítica.
Se'**kundawechsel** † *m* segunda *f* de cambio.
Se'**kunde** *f* segundo *m;* ♪ segunda *f;* ~**nzeiger** *m* segundero *m.*
sekun'**dieren** (-) *v/i.* secundar; *im Duell:* apadrinar.
¹**selb** *adj.* mismo; *zur* ~*en Zeit* al mismo tiempo; *im* ~*en Augenblick en*

el mismo instante; ~**er** F *pron.* → selbst I; ~**ig** † *pron.* mismo.
¹**selbst I.** *pron.* mismo; personalmente; (*ohne Hilfe*) por sí mismo; *ich* ~ yo mismo; *sie* ~ ella misma; *wir* ~ nosotros mismos; *mir* ~ a mí mismo; *die Sache* ~ la cosa en sí; *er möchte es* ~ *tun* desea hacerlo personalmente (*od.* él mismo); *mit sich* ~ *reden* hablar consigo mismo (*od.* entre sí); *aus sich* ~; *von* ~ de por sí, de suyo; por sí solo, por sí mismo, *Sache:* automáticamente; (*aus eigenem Antrieb*) espontáneamente; por propia iniciativa; *das versteht sich von* ~ eso se entiende por sí solo; F eso cae de su peso; *sie ist von* ~ de un modo espontáneo; *sie ist die Güte* ~ es la bondad personificada (*od.* en persona); ~ *ist der Mann!* ¡ayúdate a ti mismo!; **II.** *adv.* (*sogar*) hasta; aun; incluso; ~ *s-e Freunde* hasta sus (mismos) amigos; ~ *beim besten Willen geht es nicht* aun con la mejor voluntad no es posible; ~ *er él mismo;* ~ *wenn* aun cuando (*subj.*); aun *od.* incluso (*ger.*); **III.** *n* yo *m; sein ganzes* ~ todo su ser; ²**achtung** *f* propia estimación *f;* respeto *m* de sí mismo; ²**analyse** *f* autoanálisis *m.*
¹**selbständig I.** *adj.* independiente; autónomo; *sich* ~ *machen* emanciparse, *Neol.* independizarse, geschäftlich: establecerse por su cuenta; **II.** *adv.* por sí solo (*od.* mismo); por su cuenta; independientemente; (*aus eigenem Antrieb*) por iniciativa propia; ~ *handeln* actuar con independencia; ²**e**(*r m*) *m/f* trabajador(a *f*) *m* autónomo (-a) (*od.* independiente); ²**keit** *f* (0) independencia *f,* autonomía *f.*
¹**Selbst...:** ~**anklage** *f* autoacusación *f;* ~**anlasser** *Kfz. m* (dispositivo *m* de) arranque *m* automático; ~**anschluß** *Tele. m* teléfono *m* automático; ~**ansteckung** ⚕ *f* autoinfección *f;* ~**antrieb** *m* autopropulsión *f; mit* ~ autopropulsado, automotor; ~**anzeige** ⚖ *f* autodenuncia *f;* ²**anzeigend** ⊕ *adj.* autorregistrador; ~**aufgabe** *f* suicidio *m* moral; ~**aufopferung** *f* autosacrificio *m;* ~**auslöser** *Phot. m* disparador *m* automático, autodisparador *m;* ~**ausschalter** ⚡ *m* interruptor *m* automático; ~**aufzug** *m Uhr:* cuerda *f* automática; ~**bedarf** *m* necesidades *f/pl.* personales; consumo *m* propio; ~**bedienung** *f* autoservicio *m;* ~**bedienungsbank** *f* cajero *m* automático; ~**bedienungsladen** *m* (tienda *f* de) autoservicio *m;* ~**befriedigung** *f* masturbación *f;* onanismo *m;* ~**befruchtung** *f* autofecundación *f;* ²**beherrscht** *adj.* dueño de sí; ~**beherrschung** *f* dominio *m* (*od.* control *m*) de sí mismo, autodominio *m,* autocontrol *m;* ~ *verlieren* perder los estribos (*od.* el control); descontrolarse; ~**beköstigung** *f* manutención *f* a costa propia; ~**beobachtung** *f* autoobservación *f;* introspección *f;* ~**bespiegelung** *fig. f* narcisismo *m;* ~**bestäubung** ⚘ *f* autopolinización *f;* ~**bestimmung** *f* autodeterminación *f;* ~**bestimmungsrecht** *Pol. n* derecho *m* de autodeterminación; ~**betrug** *m* ilusión *f,* autoengaño *m;* ~**bewirtschaftung** *f* explotación *f* directa; ²**bewußt** *adj.*

Selbstbewußtsein — Semmel

consciente de sí mismo bzw. de su propia valía; (anmaßend) arrogante, pretencioso; ~bewußtsein n conciencia f de sí (mismo); desp. arrogancia f; presunción f; ~bezichtigung f autoinculpación f; ~bildnis n autorretrato m; ~binder m corbata f; ~biographie f autobiografía f; ~disziplin f autocontrol m; autodisciplina f; ~einschaltung ⊕ f conexión f automática; ~einschätzung f Steuer: declaración f tributaria; ~entladung f descarga f espontánea, ~entzündung f inflamación f espontánea, autoinflamación f; ~erhaltung f conservación f de sí mismo, autoconservación f; ~erhaltungstrieb m instinto m de conservación; ~erkenntnis f conocimiento m de sí mismo; ~erniedrigung f humillación f voluntaria; ~erregung ⊕ f autoexcitación f; ~erziehung f autoeducación f; ⊕fahrend adj. automotor; ~fahrer m Kfz. conductor m propietario; (Rollstuhl) sillón m de ruedas; ~finanzierung f autofinanciación f; ⊕gebacken adj. hecho en casa, de fabricación casera; ~gebrauch m: zum ~ para uso personal; ⊕gefällig I. adj. satisfecho bzw. pagado de sí mismo; (dünkelhaft) vanidoso, ufano, presuntuoso; fatuo; II. adv. con aire de suficiencia; ~gefälligkeit f ufanía f, Neol. autocomplacencia f; ~gefühl n dignidad f personal; (Eigenliebe) amor m propio; ⊕gemacht adj. hecho en casa, de fabricación casera; ⊕genügsam adj. que se basta a sí mismo; ~genügsamkeit f autosuficiencia f; ⊕gerecht adj. infatuado; fariseo; ~gespräch n monólogo m; soliloquio m; ~e führen monologar; ~gezogen ⊕ adj. de cosecha propia; ~heilung ⊕ f curación f espontánea; ⊕herrlich adj. autoritario; arbitrario; ~herrlichkeit f arbitrariedad f; ~herrschaft f autocracia f; ~herrscher m autócrata m; ~hilfe f autoayuda f; (Notwehr) defensa f propia (od. personal); zur ~ greifen tomarse la justicia por su mano; ~induktion ⊕ f autoinducción f; ⊕isch adj. egoísta; ~klebe-etikett n etiqueta f autoadhesiva; ⊕klebend adj. autoadhesivo; ~kosten pl. costes m/pl. propios; ~kostenpreis m: zum ~ a precio de coste; ~kritik f autocrítica f; ~ladegewehr n fusil m automático; ~ladepistole f pistola f automática; ~lader m⊗ arma f automática; ⊕ cargador m automático; ~laut Gr. m vocal f; ~lob n alabanza f propia; F autobombo m; ⊕los adj. desinteresado; desprendido; altruista; abnegado; ~losigkeit f (0) desinterés m; desprendimiento m; altruismo m; abnegación f; ~medikation ⊕ f automedicación f; ~mitleid n autocompasión f; ~mord m suicidio m; ~ begehen suicidarse; ~mörder(in) f m suicida m/f; ⊕mörderisch adj. suicida (a. fig.); ~ e Absichten haben tener intención de suicidarse; ~mordversuch m intento m (od. tentativa f) de suicidio; ~prüfung f examen m de conciencia; ⊕redend F adj. → ⊕verständlich; ~regelung ⊕ f regulación f automática, autorregulación f; ~regierung f

autogobierno m; ~regler m regulador m automático; ⊕reinigend adj. ~reinigung Bio. f autodepuración f; ~schalter ⊕ m interruptor m automático; ⊕schließend adj. de cierre automático; ⊕schmierend adj. autolubricante; ⊕schreibend adj. de registro automático, autoregistrador; ~schutz m autodefensa f, autoprotección f; ⊕sicher adj. seguro de sí mismo; ~sicherheit f seguridad f de sí mismo; aplomo m; ~steuerung ⊕ f mando m bzw. control m automático; ~studium n estudios m/pl. autodidácticos; ~sucht f egoísmo m; ⊕süchtig adj. egoísta; ⊕tätig ⊕ adj. automático; ~tätigkeit ⊕ f automatismo m; ~täuschung f ilusión f, autoengaño m; ~tor n Fußball: autogol m; ⊕tragend ⊕ adj. autoportante; ~überschätzung f alto concepto m de sí mismo; presunción f; ~überwindung f dominio m sobre sí mismo; abnegación f; ~unterricht m instrucción f autodidáctica; ~verachtung f desprecio m de sí mismo; ~verbrauch m consumo m personal; autoconsumo m; ⊕vergessen adj. olvidado de sí mismo; absorto, ensimismado; ~vergessenheit f olvido m de sí mismo; ~vergiftung f autointoxicación f; ~vergötterung f, ~verherrlichung f egolatría f; ~verlag m: im ~ editado por el autor; ~verleugnung f abnegación f; ~vernichtung f autodestrucción f; ~verschluß m cierre m automático; ⊕verschuldet adj. por culpa propia; ~versorger m abastecedor m de sí mismo; (Land) país m autárquico; ~versorgung f autoabastecimiento m; (Autarkie) autarquía f; ⊕verständlich I. adj. natural; evidente; lógico; das ist ~ eso se sobreentiende; eso se entiende por sí mismo; eso se cae de su peso; es ist ~, daß ... queda entendido que ...; huelga decir que ...; II. adv. naturalmente; por supuesto, por descontado; desde luego; claro está; claro (que sí); no faltaba más; Am. ¿cómo no?; ~ nicht! ¡claro que no!; für ~ halten, als ~ hinnehmen dar por descontado (od. por supuesto); ~verständlichkeit f naturalidad f; evidencia f; das ist e-e ~ eso es cosa muy natural; mit der größten ~ como la cosa más natural (del mundo); como si tal cosa; ~verstümmelung f automutilación f; ~verteidigung f autodefensa f; defensa f personal; ~verteidigungsrecht n derecho m de legítima defensa; ~vertrauen n confianza f en sí mismo, autoconfianza f; ~verwaltung f autonomía f administrativa; autogestión f; ~verwirklichung f autorrealización f; ~wähl-anschluß Tele. m teléfono m automático; ~wählbetrieb Tele. m servicio m telefónico automático; ~wählfernverkehr Tele. m servicio m interurbano automático; ~wählnetz Tele. n red f automática; ⊕zerstörerisch adj. autodestructivo; ~zerstörung f autodestrucción f; ~zucht f autodisciplina f; ⊕zufrieden adj. contento (od. satisfecho) de sí mismo; ~zufriedenheit f satisfacción f de sí mismo; ~zündung Kfz. f encendido

m automático, autoencendido m; ~zweck m fin m absoluto; finalidad f en sí.
'selch|en v/t. ahumar; ⊕fleisch n carne f ahumada; cecina f.
Selekti'on f selección f.
selek'tiv adj. selectivo.
Selektivi'tät f (0) selectividad f.
Se'len ⊕ n (-s; 0) selenio m; ~säure ⊕ f ácido m selénico; ~zelle f pila f de selenio.
'Selfmademan ['sɛlfmeˑɪdmɛn] m (-s; -men) hombre m que se ha hecho a sí mismo.
'selig adj. Rel. bienaventurado; (verstorben) difunto; fig. feliz, dichoso; lleno de alegría; encantado; er ist ganz ~ está radiante de alegría; mein ~er Vater mi difunto padre; mi padre, que en paz descanse (Abk. q.e.p.d.); ~en Angedenkens de feliz memoria; ~ entschlafen entregar su alma a Dios, morir en la paz del Señor; Gott hab' ihn ~! Dios le tenga en su gloria; Bib. ~ sind die geistig Armen bienaventurados los pobres de espíritu; Rel. ~ werden salvar el alma; ganar el cielo; ⊕e(r m) m/f Rel. beato (-a f) m; bienaventurado (-a f) m; ⊕keit f Rel. bienaventuranza f; beatitud f; fig. felicidad f, dicha f; gozo m; Rel. die ewige ~ erlangen alcanzar la salvación eterna; ~preisen (L) v/t. glorificar; ⊕preisung f glorificación f; Bib. die ~en las bienaventuranzas; ~sprechen (L) v/t. beatificar; ⊕sprechung f beatificación f.
'Sellerie ⊕ m (-s; -s), a. f (-; -) apio m; ~salat m ensalada f de apio.
'selten I. adj. raro; (außergewöhnlich) a. extraordinario; singular; (knapp, spärlich) escaso, poco abundante; (merkwürdig) curioso, extraño; ~er werden enrarecerse; espaciarse; escasear; das ist nichts ⊕es no tiene nada de extraordinario; II. adv. raras veces; raramente; con poca frecuencia; en contadas ocasiones; ~ sein ser raro; ser poco frecuente; escasear; nicht ~ bastante a menudo, con relativa frecuencia; no pocas veces; ⊕heit f rareza f; escasez f, poca abundancia f; (Sache) cosa f rara; curiosidad f; ⊕heitswert m carácter m de rareza.
'Selterswasser n agua f de Seltz; sifón m; soda f.
'seltsam adj. singular, particular; raro, curioso, extraño; (wunderlich) extravagante, estrambótico; ~erweise adv. curiosamente; ⊕keit f singularidad f; rareza f, extrañeza f; curiosidad f; extravagancia f.
Se'mantik f (0) semántica f; ⊕isch adj. semántico.
Sema'phor n/m (-s; -e) semáforo m.
Se'mester n semestre m; ~ferien pl. vacaciones f/pl. semestrales; ~schluß m fin m del semestre.
'Semifinale n semifinal f.
'Semi'kolon Gr. n (-s; -s od. -la) punto m y coma.
Semi'nar n (-s; -e) Uni. seminario m (a. Priester⊕); instituto m; (Kurs) curso m práctico.
Semina'rist m (-en) Rel. seminarista m.
Se'mit|(in f) m (-en) semita m/f; ⊕isch adj. semita; semítico.
'Semmel f (-; -n) panecillo m; F fig.

wie warme ~*n weggehen* venderse como el pan; 2**blond** *adj.* rubio pálido; ~**brösel** *m/pl.*, ~**mehl** *n* pan *m* rallado.
Se'nat *m* (*-¢s*; *-e*) senado *m*; *Uni.* claustro *m* (de profesores); ɫ͡ɫ sala *f*; ~**or** *m* (*-s*; *-'toren*) senador *m*.
sena'torisch *adj.* senatorial.
Se'nats|ausschuß *m* comisión *f* senatorial; ~**beschluß** *m* decreto *m* del senado; ~**wahlen** *f/pl.* elecciones *f/pl.* senatoriales.
'**Send|bote** *m* emisario *m*; enviado *m*; *Rel.* apóstol *m*; ~**brief** *m* misiva *f*; mensaje *m*.
'**Sende|anlage** *f* (estación *f*) emisora *f*; ~**antenne** *f* antena *f* emisora (*od.* de emisión); ~**bereich** *m* alcance *m* de emisión; ~**folge** *f* programa *m* de emisiones; ~**gerät** *n* emisor *m*; ~**leiter** *m* director *m* de la emisión; ~**mast** *m* torre *f* de antenas; 2**n** (*L*) *v/t. u. v/i.* **1.** enviar; remitir; mandar; *nach j-m* ~ enviar (*od.* mandar) a buscar a alg.; **2.** *Radio, TV:* emitir; (*übertragen*) transmitir; *Radio: a.* radiar, radiodifundir; ~**pause** *f* pausa *f*; ~**plan** *m* **1.** horario *m* de las emisiones; **2.** → ~**programm** *n* programa *m* de emisiones.
'**Sender** *m Radio, TV:* (estación *f*) emisora *f*; (*Gerät*) transmisor *m*; emisor *m*.
'**Sende|raum** *m* estudio *m*; ~**reihe** *f* serie *f* de emisiones, serial *m*.
'**Sender-Emp'fänger** *m* transmisor-receptor *m*.
'**Sende|röhre** *f* válvula *f* emisora (*od.* de emisión); ~**schluß** *m* cierre *m* de las emisiones; ~**station** (estación *f*) emisora *f*; ~**turm** *m* torre *f* de emisión; ~**zeichen** *n* indicativo *m* (de la emisora); ~**zeit** *f* tiempo *m* (*od.* horario *m*) de emisión.
'**Send|schreiben** *n* misiva *f*; mensaje *m*; ~**ung** *f* envío *m* (*a. Gegenstand*); expedición *f*, † *a.* remesa *f*; (*Auftrag*) misión *f*; *Radio, TV:* emisión *f*; *TV a.* espacio *m*; (*Übertragung*) transmisión *f*.
'**Senegal** *Geogr. m* Senegal *m*.
'**Senf** *m* (*-¢s*; *-e*) mostaza *f*; F *fig.* s-n ~ *dazugeben* meter baza en a/c.; echar su cuarto a (*od.* de) espadas; ~**gas** ⚔ *n* gas *m* mostaza; iperita *f*; ~**gurke** *f* pepinillo *m* en vinagre (con mostaza); ~**korn** *n* grano *m* de mostaza; ~**pflaster** ⚕ *n* sinapismo *m*; ~**topf** *m* mostacero *m*; tarro *m* de mostaza.
'**Senge** F *pl.:* ~ *kriegen* recibir una paliza.
'**sengen I.** *v/t.* quemar; chamuscar; *Geflügel usw.:* sollamar; **II.** *v/i. Sonne:* quemar; abrasar; ~ *und brennen* pasar a sangre y fuego; ~**d** *adj.* abrasador.
se'nil *adj.* senil.
Senili'tät *f* (0) senilidad *f*.
'**Senior** ['-nɪ̯or] **I.** *m* (*-s*; *-en*) decano *m*; *Sport:* senior *m* **II.** 2 *adj.:* Herr X ~ (*Abk. sen.*) el señor X padre; ~**chef** *m* jefe *m* de más edad; socio *m* decano.
Seni'oren *m/pl.:* die ~ la tercera edad; ~**heim** *n* residencia *f* para la tercera edad; ~**mannschaft** *f Sport:* equipo *m* senior *bzw.* de veteranos.
'**Senkblei** ⚓ *n* sonda *f*; ⊕ plomada *f*.
'**Senke** *f* depresión *f* (del terreno).
'**Senkel** *m* (*-s*; *-*) cordón *m*.
'**senken** *v/t.* bajar (*a. Stimme, Augen*); *Kopf: a.* inclinar; *Preise:* reducir, (re)bajar; *Fahne:* inclinar; *Brunnen:* profundizar, ahondar; *ins Wasser:* sumergir, hundir; *in die Erde:* (*Pfahl*) hincar; *sich* ~ bajarse; inclinarse; *Gebäude, Boden:* hundirse; *Fundament:* asentarse; *Abend:* caer.
'**Senker** *m* ⚒ acodo *m*; *Reben:* mugrón *m*; ⊕ avellanador *m*.
'**Senk...:** ~**fuß** *m* pie *m* plano; ~**fußeinlage** *f* plantilla *f* ortopédica; ~**grube** *f* △ sumidero *m*; (*Abortgrube*) pozo *m* negro, letrina *f*; ~**kasten** ⊕ *m* cajón *m* sumergible; ~**lot** *n* → ~**blei**; ~**niet** ⊕ *m* remache *m* avellanado; 2**recht** *adj.* vertical; ⊕ *a.* a plomo; *bsd.* ℞ perpendicular (*zu a*.); ~**rechte** *f* (línea *f*) perpendicular *f*; vertical *f*; *e-e* ~ *errichten* levantar una perpendicular; ~**rechtstart** *m* despegue *m* vertical; ~**rechtstarter** *m* ✈ avión *m* de despegue vertical; F *fig.* trepador *m*; ~**schraube** *f* tornillo *m* avellanado.
'**Senkung** *f* inclinación *f*; *im Gelände:* depresión *f*; (*Abschrägung*) declive *m*, pendiente *f*; △ hundimiento *m*; *der Preise:* reducción *f*, disminución *f*, (re)baja *f*; *Metrik:* sílaba *f* no marcada; ⚰ descenso *m*, ptosis *f*; (*Blut*2) sedimentación *f*; ~**sgeschwindigkeit** ⚕ *f* velocidad *f* de sedimentación.
'**Senkwaage** *Phys. f* areómetro *m*.
'**Senn** *m* (*-¢s*, *-e*), ~**e** *m* (*-n*) vaquero *m* alpino; ~**e'rei** *f* vaquería *f bzw.* quesería *f* alpina; ~**erin** *f* vaquera *f* alpina.
'**Sennes|blätter** *n/pl.* hojas *f/pl.* de sen; ~**strauch** ♧ *m* sen *m*.
'**Sennhütte** *f* cabaña *f* alpina.
Sensati'on *f* sensación *f*; hecho *m* sensacional; ~ *erregen* (*od. machen*) causar sensación; F dar la campanada.
sensatio'nell *adj.* sensacional.
Sensati'ons...: ~**bedürfnis** *n* afán *m* de experimentar sensaciones; ~**blatt** *n* periódico *m* sensacionalista; ~**gier** *f*, ~**lust** *f* avidez *f* de sensaciones, *Neol.* sensacionalismo *m*; 2**lüstern** *adj.* ávido de sensaciones, sensacionalista; ~**meldung** *f* noticia *f* sensacional; ~**presse** *f* prensa *f* sensacionalista (*od.* amarilla); ~**prozeß** *m* proceso *m* sensacional; causa *f* célebre; ~**sucht** *f* → ~**gier**.
'**Sense** *f* guadaña *f*; *mit der* ~ *mähen* guadañar; F *fig.* ¡la Muerte. sensa-cabó!; ~**nmann** *fig. m* la Muerte.
sen'sibel *adj.* sensible; (*leicht beleidigt*) susceptible.
sensibili'sieren (*-*) *v/t.* sensibilizar (*a. Phot.*); 2**'sierung** *f* sensibilización *f*; 2**'tät** *f* (0) sensibilidad *f*.
sensi'tiv *adj.* sensitivo.
'**Sensor** *m* (*-s*; *-'soren*) sensor *m*.
sen'sorisch *adj.* sensorial.
Sensua'lis|mus *m* (*-*; 0) sensualismo *m*; ~**t** *m* (*-en*), 2**tisch** *adj.* sensualista (*m*).
Sensuali'tät *f* (0) sensualidad *f*.
sensu'ell *adj.* sensual.
Sen'tenz *f* sentencia *f*; máxima *f*.
sentenzi'ös *adj.* sentencioso.
sentimen'tal *adj.* sentimental; 2**ali'tät** *f* sentimentalismo *m*.
sepa'rat I. *adj.* separado, (*abgesondert*) apartado; (*privat*) particular; *Eingang usw.:* independiente; **II.** *adv.* por separado; aparte; 2(**ab**)**druck** *Typ. m* separata *f*, tirada *f* aparte; 2**eingang** *m* entrada *f* independiente; 2**friede** *m* paz *f* por separado.
Separa'tis|mus *m* (*-*; 0) separatismo *m*; ~**t** *m* (*-en*), 2**tisch** *adj.* separatista (*m*).
Sépa'rée *n* (*-s*; *-s*) reservado *m*.
'**Sepia** *f* (*-*; *-pien*) *Ict.* jibia *f*, sepia *f*; *Mal.* sepia *f*; ~**zeichnung** *f* dibujo *m* en sepia.
'**Sepsis** ⚕ *f* (*-*; *-sen*) septicemia *f*, sepsis *f*.
Sep'tember *m* se(p)tiembre *m*.
Sep'tett ♪ *n* (*-¢s*; *-e*) septeto *m*.
Sep'time ♪ *f* séptima *f*.
'**septisch** ⚕ *adj.* séptico.
Se'quenz *f Lit., Film:* secuencia *f*; (*Reihe*) serie *f*, sucesión *f*.
Se'rail [-'ra:j] *n* (*-s*; *-s*) serrallo *m*.
'**Seraph** *m* (*-s*; *-e u. -im*) serafín *m*.
se'raphisch *adj.* seráfico.
'**Serb|e** *m* (*-n*) serbio *m*; ~**ien** *n* Serbia *f*; ~**in** *f* serbia *f*; 2**isch** *adj.* serbio.
Sere'nade *f* serenata *f*.
'**Serge** ['sɛʁʒ(ə)] *f* (*Stoff*) sarga *f*.
Ser'geant [sɛʁ'ʒant] *m* (*-en*) sargento *m*.
'**Serie** ['zɛːʁi̯ə] *f* serie *f*; *Radio, TV: a.* serial *m*; (*Folge*) sucesión *f*; ⊕ *in* ~ *herstellen* fabricar en serie.
'**Serien...:** ~**artikel** *m* artículo *m* (fabricado) en serie; ~**ausstattung** *f* equipo *m* en serie; ~**bau** *m* construcción *f* cn serie; ~**brief** *m* Computer: carta *f* modelo; ~**fabrikation** *f*, ~**fertigung** *f*, ~**herstellung** *f* fabricación *f* (*od.* producción *f*) en serie; ~**haus** *n* casa *f* prefabricada; 2**mäßig** *adj. u. adv.* en serie; ~ *herstellen* fabricar en serie; ~**schalter** ⚡ *m* conmutador *m* múltiple (*od. en serie*); ~**schaltung** ⚡ *f* conexión *f* (*od.* acoplamiento *m*) en serie; ~**wagen** *m* coche *m* de serie; 2**weise** *adv.* en serie; ~**ziehung** *f* sorteo *m* en series.
seri'ös *adj.* serio; formal; *Firma:* sólido.
Ser'mon *desp. m* (*-s*; *-e*) sermón *m*.
Sero|lo'gie *f* (0) serología *f*, 2**'logisch** *adj.* serológico.
se'rös ⚕ *adj.* seroso.
Serpen'tin *Min. m* (*-s*; *-e*) serpentina *f*; ~**e** *f* serpentina *f*; ~**enstraße** *f* carretera *f* en serpentina.
'**Serum** *n* (*-s*; *-ra od. ren*) suero *m*; ~**behandlung** ⚕ *f* seroterapia *f*; ~**reaktion** *f* serorreacción *f*.
'**Server** *m* (*-s*; *-*) *Computer:* servidor *m*, server *m*.
Service 1. [sɛʁ'viːs] *n* (*-s*; *-*) (*Geschirr*) juego *m* (*od.* servicio *m* de mesa; **2.** ['sœːvis] *m* (*-*; *-*) (*Bedienung*) servicio *m*; (*Kundendienst*) asistencia *f* técnica.
Ser'vier|brett *n* bandeja *f*; 2**en** (*-*) **I.** *v/t.* servir; *es ist serviert* la comida está servida; *los señores están servidos*; **II.** *v/i.* servir (*a la mesa*); ~**tisch** *m* trinchero *m*; ~**wagen** *m* carrito *m* de servicio (*od.* de té).
Ser'viette *f* servilleta *f*; ~**nring** *m* servilletero *m*; ~**ntasche** *f* servilletera *f*.
ser'vil *adj.* servil.
Servili'tät *f* (0) servilismo *m*.
Ser'vitut ⚖ *n* (*-¢s*; *-e*) servidumbre *f*.
'**Servo|bremse** *f* servofreno *m*, freno *m* asistido; ~**lenkung** *f* dirección *f*

Servomotor — Sicherheitsventil 472

asistida, servodirección *f*; ⁓**motor** *m* servomotor *m*.

'**Servus!** F *int.* ¡hola!; *beim Abschied:* ¡adiós!; *Arg.* F ¡chao!

'**Sesam** ♀ *m* (-s; -s) sésamo *m*; *fig.* ⁓, *öffne dich!* ¡ábrete, sésamo!

'**Sessel** *m* sillón *m*; *a. Thea.* butaca *f*; ⁓**lift** *m* telesilla *m*.

'**seßhaft** *adj.* sedentario; (*wohnhaft*) establecido; domiciliado; ⁓ *werden* domiciliarse; avecindarse, establecerse, afincarse (*in dat.* en); ⁓**e Lebensweise** vida *f* sedentaria; ⁓**igkeit** *f* (*0*) vida *f* sedentaria, sedentarismo *m*; ⁓**machung** *f* sedentarización *f*.

Set *n*/*m* (-s; -s) juego *m*; (*Platzdeckchen*) mantel *m* individual.

'**Setz-ei** *Kochk.* *n* huevo *m* al plato.

'**setzen** (-*t*) **I.** *v*/*t.* poner (*auf ac.* en, sobre); colocar, meter; (a)sentar; (*ordnen*) disponer, ordenar; ✗ plantar; *Typ.* componer; *im Spiel:* apostar, poner (*auf sobre*); *Satzzeichen:* poner; *Frist:* fijar, señalar; *Segel:* tender; *Denkmal:* erigir, levantar; *Ofen:* instalar; *in die Zeitung:* insertar, poner; *Jgdw. Junge* ⁓ parir; *alles daran*⁓ hacer todo lo posible (para); (*alles riskieren*) arriesgarlo todo; *an den Mund* (*an die Lippen*) ⁓ llevarse a la boca (a los labios); *auf j-s Rechnung* ⁓ poner (*od.* cargar) en la cuenta de alg.; *et. neben et.* ⁓ poner una cosa junto a (*od.* al lado de) otra; *j-n über j-n* ⁓ subordinar a alg. a otro; *j-n über einen Fluß* ⁓ pasar a alg. a la otra orilla; **II.** *v*/*i.*: *über e-n Fluß* ⁓ cruzar (*od.* atravesar *od.* pasar) un río; *über e-n Graben* ⁓ saltar (*od.* salvar) una zanja; *hoch* (*niedrig*) ⁓ (*im Spiel*) jugar fuerte (bajo); **III.** *v*/*refl.*: *sich* ⁓ sentarse, tomar asiento; *Vogel, Flüssigkeit:* posarse; *Erdreich:* afirmarse; *Gebäude:* asentarse; 𝄽 depositarse; precipitarse; *Staub, Geruch:* pegarse (in a); *sich zu j-m* ⁓ sentarse junto a (*od.* al lado de) alg.; *sich an die Arbeit* ⁓ ponerse a trabajar; ⁓ *Sie sich!* ¡siéntese (usted)!; **IV.** *v*/*unprs.*: F *es wird Schläge* ⁓ habrá palos; *es wird was* ⁓ F habrá hule; → *gesetzt.*

'**Setzer** *m* cajista *m*; (*Maschinen*♀) linotipista *m*; *weit S.* tipógrafo *m*.

Setze'rei *Typ. f* taller *m* de composición; sala *f* de cajas.

'**Setz...**: ⁓**fehler** *Typ. m* error *m* tipográfico; ⁓**kasten** *Typ. m* caja *f* (de imprenta); ⁓**ling** *m* (-s; -e) ✗ plantón *m*; (*Fischbrut*) alevín *m*; ⁓**linie** *Typ. f* regleta *f*; ⁓**maschine** *Typ. f* componedora *f*; ⁓**schiff** *Typ. n* galera *f*; ⁓**tisch** *Typ. m* mesa *f* de composición; ⁓**waage** *f* nivel *m* de albañil.

'**Seuche** *f* epidemia *f*; enfermedad *f* infecciosa (*od.* contagiosa); (*Tier*♀) epizootia *f*; *fig.* plaga *f*.

'**Seuchen...**: ⁓**artig** *adj.* epidémico; ⁓**bekämpfung** *f* lucha *f* contra las epidemias; ⁓**gebiet** *n* región *f* contaminada; ⁓**gefahr** *f* peligro *m* de epidemia; ⁓**herd** *m* foco *m* de la epidemia.

'**seufz|en** (-*t*) *v*/*i.* suspirar (*nach por*); dar un suspiro; (*stöhnen*) gemir; (*jammern*) quejarse (*über ac.* de); ⁓**end** *adj. u. adv.* suspirando, entre suspiros; ⁓**er** *m* suspiro *m*; (*Stöhnen*) gemido *m*; *e-n* ⁓ (*der Erleichterung*) *ausstoßen* dar un suspiro (de satisfacción).

Sex *m* sexo *m*; sexualidad *f*; ⁓**-Ap'peal** [-ə'piːl] *m* atractivo *m* sexual, *angl.* sex-appeal *m*; ⁓ *haben* F tener gancho; ⁓**o'loge** *m* sexólogo *m*; ⁓**olo'gie** *f* sexología *f*; '⁓**symbol** *n* símbolo *m* sexual (*od.* erótico).

Sex'tant *m* (-*en*) sextante *m*.

'**Sexte** ♪ *f* sexta *f*.

Sex'tett ♪ *n* (-*es*; -*e*) sexteto *m*.

Sex'tole ♪ *f* seisillo *m*.

Sexu'al|erziehung *f* educación *f* sexual; ⁓**forscher** *m* sexólogo *m*; ⁓**forschung** *f* sexología *f*; ⁓**hormon** *n* hormona *f* sexual; ⁓**i'tät** *f* (*0*) sexualidad *f*; ⁓**leben** *n* vida *f* sexual; ⁓**verbrechen** *n* delito *m* sexual; ⁓**verbrecher** *m* delincuente *m* sexual; ⁓**wissenschaft** *f* sexología *f*.

sexu'ell *adj.* sexual; ⁓**e Aufklärung** iniciación *f* sexual.

'**Sexus** *m* (-; -) sexo *m*.

'**sexy** *angl. adj.* que tiene atractivo sexual, *angl.* sexy.

Sezessi'on *f* secesión *f*; ⁓**skrieg** *m* guerra *f* de secesión.

Se'zier|besteck ⚕ *n* estuche *m* de disección; ♀**en** (-) *v*/*t.* disecar (*a. fig.*); hacer la autopsia; ⁓**en** *n* disección *f*; ⁓**messer** *n* escalpeo *m*; ⁓**saal** *m* sala *f* de disección.

Sham'poo [ʃam'puː] *n* (-*s*; 0) champú *m*.

'**Shareware** *f* (-; -*s*) *Computer:* (programa *m*) shareware *m*.

'**Sheriff** [ʃ] *m* (-*s*; -*s*) sheriff *m*.

'**Sherry** ['ʃɛrɪ] *m* (-*s*; -*s*) jerez *m*.

'**Shift-Taste** *f* *Computer:* tecla *f* SHIFT, tecla *f* de mayúsculas.

Shorts [ʃɔːts] *pl.* pantalones *m*/*pl.* cortos.

'**Show** [ʃoʊ] *f* (-; -*s*) espectáculo *m*, show *m*; ⁓**busineß** *n* mundo *m* del espectáculo; ⁓**man** *m* showman *m*; ⁓**master** *m* animador *m*.

'**Siam** *n* Siam *m*.

Sia'me|se *m* (-*n*), ♀**sisch** *adj.* siamés (*m*); ⁓**e Zwillinge** hermanos *m*/*pl.* siameses.

Si'bir|ien *n* Siberia *f*; ⁓**ier** *m*, ♀**isch** *adj.* siberiano (*m*).

Si'bylle *Myt. f* sibila *f*.

sibyl'linisch *adj.* sibilino (*a. fig.*).

sich *pron.* sí; *dat.* a sí; ⁓ *selbst* (a) sí mismo; *an* (*und für*) ⁓ en sí; de (por) sí; (*eigentlich*) en realidad; *das Ding an* ⁓ la cosa en sí; *er denkt nur an* ⁓ es muy egoísta; *et. bei* ⁓ *haben* tener (*od.* llevar) a/c. consigo (*od.* encima); *bei* ⁓ *denken* pensar entre (*od.* para) sí; *es hat nichts auf* ⁓ no tiene (ninguna) importancia; no es nada; *für* ⁓ para sí; aparte; *für* ⁓ *allein* por sí (solo); *von* ⁓ *aus* espontáneamente; *hinter* ⁓ *haben* tener detrás de sí; *vor* ⁓ *haben* tener ante sí; *er bat ihn zu* ⁓ le hizo venir; le invitó (a verle); *sie blickte um* ⁓ miró a su alrededor; *er hat et. an* ⁓ tiene un no sé qué; *sie kennen* ⁓ *gut genug* se conocen bastante bien; ⁓ *die Hände waschen* lavarse las manos.

'**Sichel** *f* (-; -*n*) ✗ hoz *f*; (*Mond*♀) creciente *m*; ♀**förmig** *adj.* en forma de hoz, falciforme; ♀**n** (-*le*) *v*/*t.* cortar con la hoz.

'**sicher I.** *adj.* seguro; (*gewiß*) cierto; indudable; (*gesichert*) asegurado; (*fest*) firme; (*treffend*) certero; (*gewährleistet*) garantizado; (*zuverlässig*) fidedigno; positivo; *Gedächtnis:* fiel; ⁓**e Hand** mano *f* segura; ⁓**e Grundlage** base *f* sólida; ⁓**e Existenz** existencia *f* asegurada; ⁓**er Ort** lugar *m* seguro; ⁓**er Schritt** paso *m* firme; ⁓**es Geleit** salvoconducto *m*; *ganz* ⁓ con toda seguridad; sin falta; *aus* ⁓**er Quelle** de fuente fidedigna; ⁓ *vor* (*dat.*) al abrigo de; a cubierto de; asegurado contra; *vor ihm sind Sie* ⁓ no tiene nada que temer de él; *e-r Sache* (*gen.*) ⁓ *sein* estar seguro de a/c.; *s-r Sache* ⁓ *sein* estar seguro de sí; *ich bin mir ganz* ⁓ no me cabe la menor duda; *man ist dort s-s Lebens nicht* ⁓ allí se arriesga (*od.* corre peligro) la vida; ⁓ *ist* ⁓ F hombre precavido vale por dos; *lo seguro es lo seguro; soviel ist* ⁓ al menos eso es cierto; ⁓ *ist, daß er ...* lo cierto es que él ...; *sind Sie* ⁓? ¿está usted seguro?; (*aber*) ⁓! ¡claro (que sí)!; **II.** *adv.* seguramente, ciertamente, con certeza; sin duda, indudablemente; *wissen* saber con seguridad (*od.* con certeza); saber a ciencia cierta; ⁓ *auftreten* tener aplomo; ⁓**gehen** (*L*) *v*/*i.* ir (*od.* andar) sobre seguro; *um sicherzugehen* para estar seguro.

'**Sicherheit** *f* seguridad *f*; (*Gewißheit*) certeza *f*, certidumbre *f*; (*Treff*♀) acierto *m*; (*Festigkeit*) firmeza *f*; estabilidad *f*; ✠ garantía *f*, (*Bürgschaft*) fianza *f*; ⚖ caución *f*; *im Auftreten:* aplomo *m*; *soziale* ⁓ seguridad *f* social; ⁓ *im Verkehr* seguridad *f* del tráfico; ⁓ *auf der Straße* seguridad *f* vial; *zur* ⁓ para mayor seguridad; F *por si acaso*; *in* ⁓ en seguridad; a (*od.* en) salvo; fuera de peligro; (*sich*) *in* ⁓ *bringen* poner(se) a salvo; *mit* ⁓ con seguridad (*od.* certeza); *mit* ⁓ *behaupten* afirmar de modo terminante (*od.* rotundo); sostener con firmeza; afirmar con aplomo; ✠ *als* ⁓ *für* como garantía de; *e-e* ⁓ *leisten* dar una seguridad (*od.* garantía); ⚖ *als* ⁓ *dienen* servir de garantía; *sich in* ⁓ *wiegen* creerse seguro.

'**Sicherheits...**: ⁓**abstand** *Vkw. m* distancia *f* (*od.* intervalo *m*) de seguridad; ⁓**beamte(r)** *m* agente *m* de seguridad; ⁓**behörde** *f* *Span.* Dirección *f* General de Seguridad; ⁓**berater** *Pol. m* consejero *m* de seguridad; ⁓**bindung** *f* *Ski:* fijación *f* de seguridad; ⁓**dienst** *m* servicio *m* de seguridad; ⁓**faktor** *m* factor *m* de seguridad; ⁓**fonds** *m* fondo *m* de garantía; ⁓**glas** *n* vidrio *m* de seguridad; ⁓**gründe** *m*/*pl.*: *aus* ⁓*n* por razones de seguridad; ⁓**gurt** *m* cinturón *m* de seguridad; ♀**halber** *adv.* para mayor seguridad; ⁓**kette** *f* cadena *f* de seguridad (*od.* antirrobo); *am Armband usw.:* fiador *m*; ⁓**klausel** ⚖ *f* cláusula *f* de seguridad (✠ de salvaguardia); ⁓**konferenz** *f* conferencia *f* de seguridad; ⁓**kopie** *f* *Computer:* copia *f* de seguridad; ⁓**lampe** *f* lámpara *f* de seguridad; ⁓**leistung** *f* ✠ garantía *f*; (*Bürgschaft*) fianza *f*; ⚖ *a.* caución *f*; ⁓**maßnahme** *f* medida *f* de seguridad; ⁓**nadel** *f* imperdible *m*; *Am.* prendedor *m*; ⁓**pakt** *Pol. m* pacto *m* de seguridad; ⁓**polizei** *f* cuerpo *m* (*od.* policía *f*) de seguridad; ⁓**rat** *Pol. m* consejo *m* de seguridad; ⁓**schloß** *n* cerradura *f* (*od.* cierre *m*) de seguridad; ⁓**ventil** *n* válvula *f* de seguridad; ~**verschluß** *m* cierre *m* de seguridad; ~**vorrichtung** *f* dispositivo *m* de seguridad; ~**vorschriften** *f/pl.* reglamento *m* bzw. normas *f/pl.* de seguridad; ~**zone** *f* zona *f* de seguridad.

'**sicherlich** *adv.* seguramente; de seguro, de cierto; por cierto; (*zweifellos*) sin duda; ~! ¡claro que sí!; ~ **nicht** seguro que no; no, por cierto; ~ *hat er recht* estoy seguro de que tiene razón; *er wird* ~ *kommen* estoy seguro de que vendrá.

'**sichern** (-re) **I.** *v/t. a. Waffe:* asegurar (*gegen, vor* contra); (*gewährleisten*) garantizar; (*schützen*) proteger, preservar (*vor* de); (*in Sicherheit bringen*) poner a salvo (*od.* en seguridad); poner a cubierto (*vor* de); (*befestigen*) consolidar, afianzar; **II.** *v/refl.: sich* ~ asegurarse (*gegen, vor* contra); preservarse (*vor* de); ponerse a cubierto de (*sich vergewissern*) cerciorarse (de); (*sich in Sicherheit bringen*) ponerse a salvo de; *sich et.* ~ asegurarse a/c.; reservarse a/c.; **III.** *v/i. Jgdw.* tomar el viento; → *a. gesichert.*

'**sicherstell|en** *v/t.* asegurar; poner en seguridad; poner a cubierto; (*beschlagnahmen*) confiscar, embargar; intervenir; incautarse de; (*in Gewahrsam nehmen*) tomar bajo custodia; ✝ garantizar; **2ung** *f* aseguramiento *m*; constitución *f* de garantías; (*Beschlagnahme*) confiscación *f*, embargo *m*, (de)comiso *m*.

'**Sicherung** *f* aseguramiento *m*; protección *f*; salvaguardia *f*; (*Garantie*) garantía *f*; (*Befestigung*) consolidación *f*; afianzamiento *m*; ∉ cortacircuito *m*; fusible *m*; *Schußwaffe:* seguro *m*; ⊕ dispositivo *m* de seguridad.

'**Sicherungs...:** ~**abteilung** ⚔ *f* destacamento *m* de seguridad; ~**diskette** *f Computer:* disquete *m* de seguridad; ~**hypothek** *f* hipoteca *f* de seguridad (*od.* de garantía); ~**kopie** *f Computer:* copia *f* de seguridad; ~**übereignung** 🏛 *f* transmisión *f* en garantía; ~**verwahrung** 🏛 *f* internamiento *m* de seguridad.

'**Sicht** *f* (0) vista *f*; (~*barkeit*) visibilidad *f*; *gute* (*schlechte*) ~ buena (mala) visibilidad; *die* ~ *nehmen* quitar la vista; *in* ~ (*sein*) (estar) a la vista; *außer* ~ fuera del alcance de la vista; *in* ~ *kommen* aparecer; *fig. auf lange* ~ a largo plazo, a la larga; ✝ *auf* ~ a la vista; *auf kurze* (*lange*) ~ a corto (largo) plazo; *a. fig.* a corta (larga) vista; *zahlbar bei* ~ pagadero a la vista; *30 Tage nach* ~ a treinta días vista; ~**anweisung** ✝ *f* libranza *f* a la vista.

'**sichtbar** *adj.* visible; (*wahrnehmbar*) perceptible (a la vista); *fig.* (*offenbar*) evidente; manifiesto, patente; (*auffällig*) ostensible; *ohne* ~ *en Erfolg* sin éxito apreciable; ~ *werden* aparecer; *fig.* manifestarse; hacerse patente; evidenciarse; ~ *machen* mostrar; evidenciar; poner de manifiesto; **2keit** *f* (0) visibilidad *f*; evidencia *f*.

'**Sicht...:** ~**bereich** *m* campo *m* de visibilidad; ~**beton** △ *m* hormigón *m* visto; ~**einlage** ✝ *f* depósito *m* (*od.* imposición *f*) a la vista.

'**sichten** (-*e*-) **I.** *v/t.* **1.** avistar; divisar; distinguir; descubrir; **2.** *fig.* (*prüfen*) examinar; (*sortieren*) escoger; seleccionar; (*ordnen*) ordenar; clasificar; **II.** 2 *n* examen *m*; clasificación *f*.

'**Sicht...:** ~**feld** *n* campo *m* visual; zona *f* de visibilidad; ~**flug** 🛪 *m* vuelo *m* con visibilidad (*od.* visual); ~**geschäft** ✝ *n* operación *f* a la vista; ~**kartei** *f* fichero *m* de fichas visibles; ~**konto** *n* cuenta *f* a la vista; **2lich I.** *adj.* visible; manifiesto, evidente, ostensible; **II.** *adv.* visiblemente; (*zusehends*) a ojos vistas; ~**tage** ✝ *m/pl.* días *m/pl.* de gracia; ~**tratte** ✝ *f* giro *m* a la vista; ~**ung** *f* (*Prüfung*) examen *m*; (*Einteilung*) clasificación *f*; (*Sortierung*) selección *f*; ~**verhältnisse** *n/pl.* (condiciones *f/pl.* de) visibilidad *f*; ~**vermerk** *m* visado *m*; visto *m* bueno; *mit* ~ *versehen* visar; ~**wechsel** ✝ *m* letra *f* a la vista; ~**weite** *f* alcance *m* visual (*od.* de la vista).

'**sicker|n** (-*re*; *sn*) *v/i.* rezumar; filtrarse; caer gota a gota; escurrirse; **2wasser** *n* agua *f* de infiltración.

side'ral, si'derisch *Astr. adj.* sideral, sidéreo.

sie I. *pron.* **1.** *3. Person, f/sg.: nom.* ella, *ac.* la, *betont:* a ella; **2.** *3. Person, pl.:* *a)* *m, nom.* ellos, *ac.* los *od.* les, *betont:* a ellos; *b)* *f, nom.* ellas, *ac.* las, *betont:* a ellas; **II.** 2 *Anrede: sg.* usted (*Abk.* Vd.); *pl.* ustedes (*Abk.* Vds.); *j-n mit* ~ *anreden* tratar a alg. de usted; *ein Er und e-e* ~ un hombre y una mujer; *F* ~ *da!* ¡oiga!

'**Sieb** *n* (-*¢s*; -*e*) *grobes:* criba *f*; *feines:* tamiz *m*; (*Küchen*2) pasador *m*; *für Flüssiges:* colador *m*; *für Mehl usw.:* cedazo *m*; *durchlöchert sie wie ein* ~ estar hecho una criba; **2artig** *adj.* en forma de criba, cribiforme; ~**bein** *Anat. n* (hueso *m*) etmoides *m*; ~**druck** *Typ. m* serigrafía *f*.

'**sieben**[1] **I.** *v/t.* tamizar, pasar por el tamiz; *Flüssigkeiten:* colar; pasar por el colador; *Sand, Kies usw.:* cribar; *Mehl:* cerner; *fig.* (*auswählen*) escoger, seleccionar; **II.** 2 *n* cribado *m*; *fig.* selección *f*.

'**sieben**[2] **I.** *adj.* siete; **II.** 2 *f* siete *m*; 2'**bürgen** *Geogr. n* Transilvania *f*; ~'**bürgisch** *adj.* transilvano; **2eck** *A n* heptágono *m*; ~**eckig** *A adj.* heptagonal; ~**er'lei** *adj.* de siete clases (*od.* especies) diferentes; ~**fach, ~fältig** *adj.* séptuplo; **2gestirn** *Astr. n* Pléyades *f/pl.*; *a.* '**hundert** *adj.* setecientos; ~'**hundertste** *adj.* septingentésimo; ~**jährig** *adj.* de siete años (de edad); *der* 2*e Krieg* la Guerra de los Siete Años; ~**mal** *adv.* siete veces; ~**malig** *adj.* siete veces repetido; 2'**meilenstiefel** *m/pl.* botas *f/pl.* de siete leguas; *mit* ~*n gehen* ir a paso de gigante; 2'**monatskind** *n* sietemesino *m*; ~**prozentig** *adj.* al siete por ciento; 2'**sachen** *f/pl.* trastos *m/pl.*, chismes *m/pl.*, cachivaches *m/pl.*; *s-e* ~ *packen* liar los bártulos (*od.* el petate); 2**schläfer** *m Zoo.* lirón *m*; ~**silbig** *adj.*, 2**silbner** *m* heptasílabo (*m*); ~**stündig** *adj.* de siete horas; ~**tägig** *adj.* de siete días; ~'**tausend** *adj.* siete mil; ~**te** *adj.* séptimo; *der* (*od. den od. am*) ~(*n*) *Juni* el siete de Junio; *Alphons der* 2 (*VII.*) Alfonso séptimo (VII.) 2**tel** *n* séptimo *m*, séptima parte *f*; ~**tens** *adv.* séptimo; en séptimo lugar.

'**Sieb...:** 2**förmig** *adj.* en forma de criba, cribiforme; ~**maschine** *f* cribadora *f*; ~**mehl** *n* moyuelo *m*; ~**röhre** ⚘ *f* tubo *m* criboso.

'**siebte** *adj.* → siebente.

'**siebzehn** *adj.* diecisiete; ~**te** *adj.* décimoséptimo; 2**tel** *n* diecisieteavo *m*; ~**tens** *adv.* décimoséptimo; en décimoséptimo lugar.

'**siebzig** *adj.* setenta; *in den* ~*er Jahren* en los años setenta; 2**er**(**in** *f*) *m* septuagenario (-a *f*) *m*; F setentón *m*, setentona *f*; ~**jährig** *adj.* de setenta años, septuagenario; ~**ste** *adj.* septuagésimo; 2**stel** *n* setentavo *m*.

siech *adj.* enfermizo; doliente; valetudinario; achacoso; ~ *sein v/i.* (*dahin*~) consumirse, extenuarse; (*kränklich sein*) ser enfermizo (*od.* achacoso); 2**tum** *n* (-*s*; *0*) padecimiento *m* crónico; enfermedad *f* larga.

'**Siede|grad** *m* grado *m* de ebullición; ~**hitze** *f* temperatura *f* de ebullición; *fig.* calor *m* tropical; ~**kessel** *m* caldera *f*.

'**siedeln** (-*le*) *v/i.* establecerse, asentarse.

'**sieden** (*L bzw. -e-*) **I.** *v/i.* hervir, estar en ebullición; **II.** *v/t.* (hacer) hervir; *Zucker:* refinar; *Seife, Salz:* hacer; **III.** 2 *n* ebullición *f*; hervor *m*; *v. Zucker:* refinación *f*; ~**d** *adj.* hirviente; en ebullición; *a.* ~ *heiß* hirviendo; *fig. es überlief ihn* ~ *heiß* se sobresaltó.

'**Siedepunkt** *m* punto *m* de ebullición.

'**Siedler** *m* colono *m*; colonizador *m*; poblador *m*.

'**Siedlung** *f* colonización *f*; *Neol.* asentamiento *m*; *bsd. für Touristen:* urbanización *f*; (*Wohn*2) polígono *m* residencial; (*Kolonie*) colonia *f*; ~**sgebiet** *n* zona *f* de colonización; terreno *m* de urbanización; ~**sgesellschaft** *f* sociedad *f* colonizadora; *in Städten:* sociedad *f* urbanizadora.

Sieg *m* (-*¢s*; -*e*) victoria *f*; triunfo *m* (*a. fig.*); *den* ~ *erringen* (*od. davontragen*) alzarse con el triunfo; llevarse la palma (*a. fig.*) → *a.* siegen.

'**Siegel** *n* sello *m*; (*Plombe*) precinto *m*; *unter dem* ~ *der Verschwiegenheit* confidencialmente; bajo (el sello del) secreto; ~**bewahrer** *m* guardasellos *m*; ~**lack** *m* lacre *m*; ~**lackstange** *f* barra *f* de lacre; 2**n** (-*le*) *v/t.* sellar; *mit Plombe:* precintar; *mit Lack:* lacrar; ~**ring** *m* anillo *m* de sello.

'**siegen** *v/i.* vencer (*über j-n* a alg.); triunfar (*über ac.* de, sobre); lograr (*od.* obtener) la victoria, lograr el triunfo; salir vencedor (*od.* triunfante); *bsd. Sport:* ganar; *mit 4 zu 2* ~ *Sport:* ganar por cuatro (tantos) a dos (*über ac.* a).

'**Sieger** *m* vencedor *m* (*a. Sport*); triunfador *m*; ganador *m*; ~**ehrung** *f* ceremonia *f* de entrega de los premios; ~**in** *f* vencedora *f*; triunfadora *f*; ganadora *f*; ~**kranz** *m* corona *f* triunfal; ~**liste** *f* lista *f* de ganadores; *gal.* palmarés *m*; ~**mächte** *f/pl.* potencias *f/pl.* victoriosas (*od.* vencedoras); ~**mannschaft** *f* equipo *m* vencedor (*od.* ganador); ~**podest** *n Sport:* podio *m* de vencedores.

'**Sieges...:** 2**bewußt** *adj.* seguro del

triunfo (*od.* de triunfar); **~denkmal** *n* monumento *m* de la victoria; **~feier** *f*, **~fest** *n* celebración *f* de una victoria; fiesta *f* triunfal; **~geschrei** *n* gritos *m/pl.* de triunfo; **2gewiß** *adj.* → *2bewußt*; **~göttin** *Myt. f* Victoria *f*; **~hymne** *f* himno *m* triunfal; **~lauf** *fig. m* avance *m* triunfal; **~palme** *f* palma *f* de la victoria; **~preis** *m* premio *m*; *fig.* palma *f*; (*Zeichen*) trofeo *m*; **~rausch** *m*, **~taumel** *m* embriaguez *f* del triunfo (*od.* de la victoria); **~säule** *f* columna *f* triunfal; **2trunken** *adj.* ebrio del triunfo (*od.* de la victoria); **~wille(n)** *m* voluntad *f* de vencer; **~zeichen** *n* trofeo *m*; **~zug** *m* marcha *f bzw.* cortejo *m* triunfal; *fig.* → *~lauf.*

'sieg...: **~gewohnt** *adj.* acostumbrado a vencer; **~haft** *adj.* triunfante; **~reich** *adj.* victorioso; triunfante; triunfador; *bsd. Sport*: ganador.

Siel *m/n* (*-es; -e*) (*Deich2*) esclusa *f* (de dique); compuerta *f*.

'Siele *f e-s Pferdes*: petral *m*; **~ngeschirr** *n* arneses *m/pl.*, arreos *m/pl.*

'Siemens-'Martin|-Ofen ⊕ *m* horno *m* (Siemens-)Martin; **~-Stahl** *m* acero *m* Siemens-Martin.

Si'esta *f* (*-; -ten od. -s*) siesta *f*; *~ halten* dormir la siesta.

'siezen (*-t*) *v/t.* tratar (*od.* hablar) de usted.

'Sigel *n* (*-s; -*) sigla *f*.

Sig'nal *n* (*-s; -e*) señal *f*; 🚂 *a.* semáforo *m*; (*Horn2*) toque *m*; *ein ~ geben* dar una señal; (*hupen*) tocar la bocina; *das ~ geben* dar la señal (*zu de*); 🚂 *das ~ auf Fahrt (Halt) stellen* poner la señal de vía libre (de parada); **~anlage** *f* sistema *m* de señalización; **~buch** *n* código *m* de señales.

Sig'nal...: **~feuer** *n* almenara *f*; fogaril *m*; **~flagge** *f* bandera *f* de señales; **~gast** ⚓ *m* señalador *m*, señalero *m*; **~horn** *n* bugle *m*; ⚔ clarín *m*; corneta *f*.

signali'sieren (*-*) *v/t.* señalar, hacer (*od.* dar) señales; señalizar.

Sig'nal...: **~lampe** *f* lámpara *f bzw.* farol *m* de señales; **~mast** *m* semáforo *m*; **~pfeife** *f* silbato *m* de señales; **~rakete** *f* cohete *m* de señales; **2rot** *adj.* rojo señal; **~scheibe** 🚂 *f* disco *m* de señales; **~stange** 🚂 *f* semáforo *m*; **~system** *n* señalización *f*; **~wärter** 🚂 *m* guardaseñales *m*; **~wirkung** *f*: *~ haben* marcar la pauta.

Signa'tarstaaten *m/pl.* Estados *m/pl.* signatarios.

Signa'tur *f* (*-; -en*) signo *m*; seña *f*; número *m* de referencia; *Bücherei, Typ.* signatura *f*; *e-r Letter*: cran *m*; *auf Landkarten*: signos *m/pl.* convencionales; (*Unterschrift*) firma *f*.

Si'gnet [si'nje: *od.* sig'ne:t] *n* (*-s, -s u. -e*) *Typ.* marca *f* de imprenta (*od.* del impresor); ⚜ logotipo *m*.

sig'nieren (*-*) *v/t.* (*unterzeichnen*) firmar; *Bücher*: poner la signatura.

Sikka'tiv *n* (*-s; -e*) secante *m*.

Si'lage [-ʒə] *f* ensilaje *m*.

'Silbe *f* sílaba *f*; *fig. keine ~ sagen* no decir ni una palabra; F no rechistar; *er versteht keine ~ davon* no entiende ni jota de eso; **~nrätsel** *n* charada *f*; **~ntrennung** *f* separación *f* de (las) sílabas; división *f* en sílabas; *Computer*: *automatische ~* división *f* automática en sílabas.

'Silber *n* (*-s; 0*) plata *f* (*a.* F *~gerät*); *aus ~* de plata; **~arbeit** *f* plata *f* labrada; argentería *f*; **2artig** *adj.* argentino; argénteo, argentado; **~barren** *m* barra *f* de plata; **~bergwerk** *n* mina *f* de plata; **~beschlag** *m* guarnición *f* de plata; **~besteck** *n* cubierto *m* de plata; **~blech** *n* chapa *f* (*od.* lámina *f*) de plata; **~blick** F *m* estrabismo *m*; *e-n ~ haben* ser bizco; **~draht** *m* hilo *m* de plata; **~erz** *n* mineral *m* argentífero (*od.* de plata); **2farben, 2farbig** *adj.* plateado; **~fischchen** *n* (*Insekt*) lepisma *f*; **~folie** *f* hoja *f* de plata; **~fuchs** *Zoo. m* zorro *m* plateado; **~gehalt** *m* ley *f* (*od.* título *m*) de plata; **~geld** *n* moneda *f* de plata; **~gerät** *n*, **~geschirr** *n* (vajilla *f* de) plata *f*; platería *f*; **~glanz** *m* brillo *m* de plata; *des Mondes usw.*: reflejos *m/pl.* argénteos; **2grau** *adj.* gris plata (*od.* argentado); *Haar*: plateado: **2haltig** *adj.* argentífero; **2hell** *adj.* argentino, argénteo; **~hochzeit** *f* bodas *f/pl.* de plata; **2ig** *adj.* → *silbern*; **~klang** *m* sonido *m* argentino; **~ling** *Hist. m* (*-s; -e*) denario *m* de plata; **~medaille** *f* medalla *f* de plata; **~münze** *f* moneda *f* de plata; **2n** *adj.* de plata; (*silberhell*) argentino, argénteo; (*versilbert*) plateado, argentado; *~e Hochzeit* bodas *f/pl.* de plata; **~papier** *n* papel *m* de plata; **~pappel** ⚘ *f* álamo *m* blanco; **2plattiert** *adj.* chapado en plata; **~schmied** *m* platero *m*; **~stickerei** *f* bordado *m* en plata; **~streifen** *fig. m*: *~ am Horizont* rayo *m* de esperanza; **~tanne** ⚘ *f* abeto *m* blanco; **~währung** *f* patrón *m* plata; **~waren** *f/pl.* artículos *m/pl.* (*od.* objetos *m/pl.*) de plata; platería *f*; **~weide** ⚘ *f* sauce *m* blanco; **2weiß** *adj.* blanco plateado; **~zeug** *n* → *~gerät.*

'silbrig *adj.* → *silbern.*

Silhou'ette *f* silueta *f*; perfil *m*.

Sili|'kat ⚗ *n* (*-es; -e*) silicato *m*, **~'kose** ⚕ *f* silicosis *f*.

Si'lizium ⚗ *n* (*-s; 0*) silicio *m*.

'Silo *m* (*-s; -s*) silo *m*; *in e-m ~ einlagern* ensilar; **~futter** *n* forraje *m* ensilado, ensilaje *m*.

Si'lur *Geol. n* (*-s; 0*) silúrico *m*; **2isch** *Geol. adj.* silúrico, siluriano.

Sil'vester *m* (*Name*) Silvestre *m*; **~(abend** *m*) *n* víspera *f* de Año Nuevo; **~nacht** *f* noche *f* de San Silvestre; F noche *f* vieja.

Sim'babwe *Geogr. n* Zimbabue *m*.

'Similistein *m* piedra *f* preciosa artificial.

'Simon *m* Simón *m*.

'simpel I. *adj.* (*einfach*) simple; sencillo; (*einfältig*) tonto, bobo; simple; **II.** 2 *m* simple *m*, bobo *m*.

Sims *m/n* (*-es; -e*) moldura *f*; cornisa *f*; (*Wandbrett*) estante *m*; anaquel *m*; (*Kamin2*) repisa *f*; **'~hobel** *m* cepillo *m* de molduras.

Simu|'lant(in *f*) *m* (*-en*) simulador (-a *f*) *m*; **~'lator** ⊕ *m* simulador *m*; **2'lieren** (*-*) *v/t. u. v/i.* simular; fingir; **~'lieren** *n* simulación *f*; fingimiento *m*.

simul'tan *adj.* simultáneo; **2dolmetschen** *n* interpretación *f* simultánea; **2schule** *f* escuela *f* interconfesional; **2spiel** *n Schach*: partida *f* simultánea.

Sine'kure *f* sinecura *f*.

Sinfo'nie ♪ *f* sinfonía *f*; **~konzert** *n* concierto *m* sinfónico; **~orchester** *n* (orquesta *f*) sinfónica *f*.

Sin'foni|ker *m* sinfonista *m*; **2sch** *adj.* sinfónico; *~e Dichtung* poema *m* sinfónico.

'Sing|akademie *f* academia *f* de canto; **2bar** *adj.* cantable; **~drossel** *Orn. f* tordo *m* (*od.* zorzal *m*) común; **2en** (*L*) *v/t. u. v/i.* cantar (*a.* P *verraten*); *falsch ~* desentonar, desafinar; *richtig ~* entonar; cantar bien; *hoch (tief) ~* cantar con voz aguda (grave); *ein Duett ~* cantar a dúo; *laut (leise) ~* cantar en voz alta (a media voz); *vom Blatt ~* repentizar; *vor sich hin ~* canturrear; **~en** *n* canto *m*.

'Single 1. *m* (*- od. -s; -s*) persona *f* que vive sola, soltero, -a *m/f*; **2.** *f* (*-; - od. -s*) ♪ (disco *m*) sencillo *m*.

'Sing|sang *m* salmodia *f*; canto *m* monótono; **~spiel** *n* opereta *f*; *Span.* zarzuela *f*; **~stimme** *f* voz *f* cantante; parte *f* de canto; **~stunde** *f* lección *f* de canto.

'Singular *Gr. m* (*-s; -e*) singular *m*.

singu'lär *adj.* singular; raro.

singu'larisch *Gr. adj.* en singular.

'Singvogel *m* pájaro *m* cantor; ave *f* canora.

'sinken I. (*L; sn*) *v/i.* caer; descender; *Schiff*: hundirse, irse a pique; sumergirse; (*abnehmen*) disminuir; *Tag*: declinar; *Nebel*: ir bajando; *Sonne*: ponerse; *Preise, Kurse*: bajar; *Temperatur*: *a.* descender; *Hoffnung*: desvanecerse; *Stimmung usw.*: decaer; *~ lassen Stimme, Kopf*: bajar; *auf die Knie ~* caer de rodillas; *j-m in die Arme ~* (dejarse) caer en los brazos de alg.; *in Ohnmacht ~* desmayarse; *in tiefen Schlaf ~* caer en profundo sueño; *im Preis ~* caer de precio; *ins Grab ~* bajar al sepulcro; *zu Boden ~* caer al suelo; desplomarse; *in e-n Sessel ~* dejarse caer en un sillón; *fig. er ist tief gesunken* ha caído muy bajo; *er ist in m-r Achtung gesunken* ha perdido mucho en mi estimación; *bei ~der Nacht* al caer la noche, al anochecer; **II.** 2 *n* descenso *m*; caída *f*; (*Verminderung*) disminución *f*; *der Preise*: baja *f*; reducción *f*; *bsd. Schiff*: hundimiento *m*; (*Verfall*) decadencia *f*.

Sinn *m* (*-es; -e*) sentido *m*; (*Bedeutung*) *a.* significación *f*, significado *m*; *e-s Wortes*: *a.* acepción *f*; (*Gefühl*) sentimiento *m*; (*Neigung*) inclinación *f*; gusto *m*, afición *f*; (*Denken*) pensamiento *m*; mente *f*; (*Geist*) espíritu *m*; (*Meinung*) opinión *f*, parecer *m*; (*Ansicht*) manera *f* (*od.* modo *m*) de ver; (*Richtung*) sentido *m*; *~e pl. sexuell*: sexualidad *f*, apetito *m* sexual; *sechster ~* sexto sentido *m*; *die fünf ~e* los cinco sentidos; *s-e fünf ~e beisammen haben* estar en su (sano) juicio; *das hat keinen ~* eso no tiene sentido; es inútil; *ohne ~ und Verstand* sin ton ni son; a tontas y a locas; *weder ~ noch Verstand haben* no tener pies ni cabeza; *e-s ~es mit j-m sein* estar de acuerdo con alg.; *anderen ~es werden* cambiar de opinión, mudar de parecer; *das geht mir nicht aus dem ~, es liegt mir beständig im ~* no se me quita de la cabeza; no dejo de pensar en ello; *sich et. aus dem ~ schlagen* quitarse a/c. de la cabeza; *nicht (recht) bei ~en sein, von ~en sein* no estar en su (sano) juicio; F andar mal de la cabeza; F *bist du von ~en?* ¿estás loco?; *für et. ~ haben* interesarse (od. mostrar interés) por a/c.; tener gusto por a/c.; *er hat ~ für Humor* tiene sentido del humor; *er hat ~ für das Schöne* sabe apreciar lo bello; *dafür habe ich keinen ~* yo no entiendo de esas cosas; *in diesem ~e* en este sentido; *in gewissem ~e* en cierto sentido (od. modo); *im eigentlichen (übertragenen) ~e* en sentido propio (figurado); *im engeren ~e* en sentido estricto; *im weiteren ~e* por extensión; en un sentido más amplio; *im wahrsten ~e des Wortes* en toda la extensión (od. acepción) de la palabra; et. *im ~ haben* tener (la) intención de hacer a/c.; *nichts anderes im ~ haben als ...* no pensar más que en ...; no tener ojos más que para ...; *in j-s ~e handeln* obrar como alg. lo hubiera hecho; *im ~e des Gesetzes* conforme al espíritu de la ley; *das will mir nicht in den ~* no me cabe (od. entra) en la cabeza; *in den ~ kommen* ocurrirse a/c.; venirse a las mientes a/c.; *es ist mir nie in den ~ gekommen* nunca se me ha ocurrido tal cosa; *er äußerte sich im gleichen ~e* se expresó en el mismo sentido; *das ist nicht in m-m ~e* eso no cs de mi agrado (od. de mi gusto); *das ist ganz nach m-m ~* así me gusta; *dem ~e nach* conforme al sentido; *sein ~ steht nach Höherem* aspira a más, F pica más alto.

'**Sinnbild** *n* símbolo *m*; emblema *m*; (*Gleichnis*) alegoría *f*; ²**lich** *adj.* simbólico; alegórico; *~ darstellen* simbolizar.

'**sinnen I.** (*L*) *v/i.* reflexionar, meditar (*über ac.* sobre); *auf et. ~* pensar en a/c.; *m.s.* tramar a/c.; → *gesinnt*; *gesonnen*; **II.** ² *n* reflexiones *f/pl.*, meditaciones *f/pl.*; pensamientos *m/pl.*; (*Träumen*) ensueños *m/pl.*; *all sein ~ und Trachten* todos sus pensamientos; todas sus aspiraciones; *~d adj.* pensativo; meditabundo.

'**Sinnen...:** *~freude f* voluptuosidad *f*; placeres *m/pl.* sensuales, sensualidad *f*; ²**freudig** *adj.*, ²**froh** *adj.* voluptuoso; sensual; *~genuß m*, *~lust f* → *~freude*; *~mensch m* persona *f* sensual; *~rausch m* embriaguez *f* de los sentidos; *~reiz m* excitación *f* sensual; *~taumel m* → *~rausch*.

'**sinn-entstellend** *adj.* que desfigura el sentido.

'**Sinnenwelt** *f* mundo *m* material (od. físico).

'**Sinnes...:** *~änderung f* cambio *m* de opinión; *~art f* mentalidad *f*; *~eindruck m* impresión *f* sensorial; *~empfindung f* sensación *f*; *~nerv m* nervio *m* sensorial (od. sensitivo); *~organ n* órgano *m* sensorial; *~reiz m* estímulo *m* sensorial (od. sensitivo); *~schärfe f* agudeza *f* (od. acuidad *f*) de los sentidos; *~täuschung f* ilusión *f* de los sentidos; alucinación *f*; *~wahrnehmung f* percepción *f* sensorial; *~zelle f* célula *f* sensorial (od. sensitiva).

'**Sinn...:** ²**fällig** *adj.* manifiesto, evidente; patente; *~fälligkeit f* evidencia *f*; *~gebung f* interpretación *f*; *~gedicht n* epigrama *m*; ²**gemäß** *adj.* conforme al sentido; análogo; respectivo; *~ gelten* aplicarse mutatis mutandi; ²**getreu** *adj.* fiel.

sin'nieren (-) *v/i.* cavilar.

'**sinnig** *adj.* sensato; ingenioso; *a. iro.* agudo; (*zart*) delicado; (*passend*) apropiado; oportuno; ²**keit** *f* (0) sensatez *f*; ingeniosidad *f*; delicadeza *f*.

'**sinnlich** *adj.* sensual; *Eindruck usw.*: sensorial; (*Ggs. geistig*) físico; material; (*wollüstig*) voluptuoso; carnal; *die ~e Welt* el mundo material; ²**keit** *f* (0) sensualidad *f*; apetito *m* sensual; voluptuosidad *f*.

'**Sinn...:** ²**los** *adj.* sin sentido; sin razón; absurdo; (*unvernünftig*) insensato; desatinado; (*zwecklos*) inútil; *~ betrunken* F (borracho) como una cuba; *~losigkeit f* falta *f* de sentido; absurdo *m*; insensatez *f*; desatino *m*; ²**reich** *adj.* ingenioso; *~spruch m* sentencia *f*; aforismo *m*; ²**verwandt** *adj.* sinónimo; *~es Wort* sinónimo *m*; ²**voll** *adj.* lleno de sentido; que tiene sentido; (*sinnreich*) ingenioso; (*vernünftig*) razonable; (*zweckmäßig*) oportuno, conveniente; ²**widrig** *adj.* absurdo; improcedente; contraproducente; *~widrigkeit f* absurdo *m*; contrasentido *m*.

Sino|'**loge** *m* (-*n*) sinólogo *m*; *~lo*'*gie f* (0) sinología *f*.

'**Sinter** *m* Min. concreción *f*; Met. escoria *f*; ²**n** (-*re*) *v/i.* Min. concrecionarse; Met. sinterizar; *~ung f* concreción *f*; sinterización *f*.

'**Sintflut** *f* diluvio *m*; F *nach mir die ~* detrás de mí el diluvio; ²**artig** *adj.* diluvial; diluviano.

'**Sinus** ♉ *m* (-; - *od.* -*se*) seno *m* (*a.* Anat.); *~kurve* ♉ *f* curva senoidal, sinusoide *f*.

'**Siphon** [-fɔŋ] *m* (-*s*; -*s*) sifón *m*.

'**Sipp**|**e** *f* Anat. (*a. iro.*), estirpe *f*; (*Verwandtschaft*) parentela *f*; *fig. die ganze ~* toda la pandilla; *~enforschung f* investigación *f* genealógica; genealogía *f*; *~enhaftung* ♉ *f* responsabilidad *f* colectiva de la familia; *~schaft desp. f* clan *m*; ralea *f*, chusma *f*.

Si'rene *Myt.*, ⊕ *f* sirena *f*; *~ngeheul n* ulular *m* de las sirenas; *~ngesang m* canto *m* de las sirenas; ²**nhaft** *adj.* de sirena; seductor; *~nstimme f* voz *f* de sirena (*a. fig.*).

'**Sirius** *Astr. m* Sirio *m*.

'**sirren** *v/i.* zumbar.

'**Sirup** *m* (-*s*; -*e*) jarabe *m*; (*Melasse*) melaza *f*.

'**Sisal**(**hanf**) *m* pita *f*; sisal *m*.

sis'tier|**en** (-) *v/t.* ♉ *Verfahren*: suspender; (*verhaften*) detener; ²**ung** *f* suspensión *f*; detención *f*.

'**Sisyphus-arbeit** *f* trabajo *m* de Sísifo.

Sit-'in *n* sentada *f*.

'**Sitte** *f* costumbre *f*; (*Gewohnheit*) *a.* hábito *m*; (*Brauch*) uso *m*; usanza *f*; (*Sittlichkeit*) moral *f*; *~n und Gebräuche* usos y costumbres; *nach alter ~* a la antigua usanza; *~ sein* ser costumbre, estilarse; *das ist bei uns (nicht) ~* (no) es costumbre entre nosotros; *schlechte ~n* malas costumbres; *gegen die guten ~n verstoßen* atentar a las buenas costumbres; *andere Länder, andere ~n* otros países, otras costumbres; *es ist ~, zu ...* se acostumbra ..., es costumbre ... (*inf.*).

'**Sitten...:** *~bild n*, *~gemälde n* cuadro *m* de costumbres; *~gesetz n* ley *f* moral; *~lehre f* moral *f*; ética *f*; *~lehrer m* moralista *m*; ²**los** *adj.* inmoral; *~losigkeit f* (0) inmoralidad *f*; *~polizei f* brigada *f* contra el vicio; ²**rein** *adj.* de costumbres puras; *~richter m* censor *m*; moralista *m*; *~roman m* novela *f* de costumbres; ²**streng** *adj.* austero; puritano; *~strenge f* austeridad *f*; puritanismo *m*; *~strolch* F *m* delincuente *m* sexual; *~verderbnis f*, *~verfall m* corrupción *f* moral; depravación *f* (*od.* relajación *f*) de las costumbres; degradación *f* de la moral; *~verfeinerung f* refinamiento *m* de las costumbres; ²**widrig** *adj.* inmoral; contrario a las buenas costumbres; *~widrigkeit f* inmoralidad *f*; atentado *m* contra las buenas costumbres.

'**Sittich** *Orn. m* (-*s*; -*e*) cotorra *f*; perico *m*.

'**sittlich** *adj.* moral; ético; (*anständig*) decente.

'**Sittlichkeit** *f* (0) moralidad *f*; moral *f*; (*Anständigkeit*) decencia *f*; honestidad *f*; *Gefährdung der ~* peligro *m* para la moral; *gegen die ~ verstoßen* faltar a la moral; atentar al pudor; *~sdelikt n* → *~sverbrechen*; *~sgefühl n* sentido *m* moral; *~sverbrechen n* delito *m* contra la honestidad; crimen *m* sexual; *~sverbrecher m* delincuente *m* sexual.

'**sittsam** *adj.* honesto; recatado; casto; (*anständig*) decente; (*tugendsam*) virtuoso; (*bescheiden*) modesto; ²**keit** *f* (0) honestidad *f*; recato *m*; castidad *f*; decencia *f*; virtud *f*; modestia *f*.

Situati'**on** *f* situación *f*; *die ~ retten* salvar la situación; → *a. Lage*; *~sstück Thea. n* comedia *f* de situaciones.

situ'**iert** *adj.*: *gut ~ sein* tener una posición acomodada (*od.* desahogada); estar bien situado.

'**Sitz** *m* (-*es*; -*e*) asiento *m*; sitio *m*; (*Ort*) *a.* lugar *m*; (*Amts*², *Bischofs*² *usw.*) sede *f*; (*Wohn*²) domicilio *f*; residencia *f*; (*Geschäfts*²) domicilio *m* social; *Parl.* escaño *m*; *~ und Stimme haben* tener voz y voto; *von den ~en reißen Zuschauer*: levantar de los asientos; electrizar; *e-n guten ~ haben Kleidung*: sentar (*od.* caer) bien; F *fig. auf e-n ~* de una sentada; *~bad n* baño *m* de asiento; *~bank f* banco *m*; *~bein Anat. n* isquion *m*.

'**sitzen I.** (*L*) *v/i.* estar sentado (*auf dat.* en); *Vogel*: estar posado; (*sich befinden*) estar; hallarse; F *im Gefängnis*: F estar a la sombra (en chirona); *e-m Maler*: posar; *Kleidung*: sentar (*od.* caer) bien; *Hieb*, *Schlag*: asestar, dar de lleno; *fig. Bemerkung*: hacer efecto; ✠ *Krankheit*: estar localizado (en); (*e-e Sitzung abhalten*) celebrar una sesión; *fig. Übel usw.*: radicar, estribar; F *fig. das sitzt Gelerntes*: me lo sé bien; *~ bleiben* quedar (*od.* permanecer); *bleib ~!* ¡no te levantes!; ¡no te muevas!; *an et. ~* estar ocupado (*od.* trabajando) en a/c.; *sehr viel ~* llevar una vida sedentaria; *bei Tisch ~* estar a la mesa; estar comiendo; *bei j-m ~* estar sentado junto (*od.* al lado de) alg.; *in e-m*

Ausschuß usw. ~ ser miembro de una comisión, *etc.*; *im Parlament* ~ ser diputado; *(immer) über den Büchern* ~ estar siempre sobre los libros, F quemarse las cejas (estudiando); *j-n* ~ *lassen* ofrecer un *bzw.* su asiento a alg.; F *fig. e-n* ~ *haben* F estar trompa; **II.** ⚥ *n* posición *f* sentada (*od.* sedente); *j-n zum* ~ *nötigen* hacer sentar a alg.; ofrecer un asiento a alg.; *das viele* ~ *schadet der Gesundheit* la vida sedentaria perjudica la salud; ~**bleiben** (*L*; *sn*) *v*/*i. Mädchen*: quedarse soltera, F quedarse para vestir santos; *(keinen Tanzpartner haben)* F *fig.* comer pavo; *Schüler*: suspender un curso; tener que repetir el curso; ✝ *auf e-r Ware*: no encontrar comprador; ~**d** *adj.* sentado; ⚥ sésil; ~**e** *Lebensweise* vida *f* sedentaria, sedentarismo *m*; ~**lassen** (*L*) *v*/*t.* abandonar; F dejar plantado; dar un plantón; *et. auf sich* ~ *tragen(se)* a/c.

'**Sitz...:** ~**fläche** *f* superficie *f* del asiento; *fig. hum.* asentaderas *f*/*pl.*; ~**fleisch** *n* perseverancia *f*; paciencia *f*; *kein* ~ *haben* F ser culo de mal asiento; ~**garnitur** *f* tresillo *m*; ~**gelegenheit** *f* asiento *m*; ~**kissen** *n* cojín *m* (de asiento); *Neol.* puf *m*; ~**ordnung** *f* distribución *f* de los asientos; ~**platz** *m* plaza *f* sentada; (localidad *f* de) asiento *m*; *Thea.* a. butaca *f*; ~**reihe** *f* *Thea.* fila *f* (de butacas); *Stadion*: grada *f*; ~**stange** *f* *Vögel*: percha *f*; ~**streik** *m* huelga *f* de brazos caídos.

'**Sitzung** *f* sesión *f*; junta *f*; reunión *f*; *e-e* ~ *abhalten* celebrar una sesión; *die* ~ *eröffnen (schließen)* abrir (levantar) la sesión; *öffentliche* ~ sesión *f* pública; *die* ~ *ist geschlossen!* se levanta la sesión.

'**Sitzungs...:** ~**bericht** *m* acta *f* de la sesión; protocolo *m*; ~**geld** *n* dietas *f*/*pl.* de asistencia; ~**periode** *Parl. f* legislatura *f*; ~**saal** *m* (*od.* ~**zimmer** *n* salón *m* (*od.* sala *f*) de sesiones; ~**tisch** *m* mesa *f* de juntas.

Sizili'an|er(in *f*) *m* siciliano (-a *f*) *m*; ⚥**isch** *adj.* siciliano.

Si'zilien *n* Sicilia *f*.

'**Skala** *f* (-; *-len od. -s)* escala *f*; ♪ *a.* gama *f* (*beide a. fig.*); *Radio*: cuadrante *m*.

Ska'lar ⚥, *Phys. m* (*-s*; *-e*) escalar *m*; ⚥**e** *Größe* magnitud *f* escalar.

Skalp *m* (*-s*; *-e*) cabellera *f* (arrancada con la piel), escalpo *m*.

Skal'pell ⚕ *n* (*-s*; *-e*) escalpelo *m*.

skal'pieren (-) *v*/*t.* cortar (*od.* arrancar) la piel del cráneo, escalpar.

'**Skalpjäger** *m* cazador *m* de cabelleras.

Skan'dal *m* (*-s*; *-e*) escándalo *m*; (*Schande*) vergüenza *f*; (*Radau*) alboroto *m*; barullo *m*; ~ *machen* armar un escándalo; ~**blatt** *n* periódico *m* sensacionalista; ~**chronik** *f* crónica *f* escandalosa.

skanda'lös *adj.* escandaloso.

Skan'dal|presse *f* prensa *f* sensacionalista; ~**prozeß** *m* proceso *m* ruidoso (*od.* escandaloso).

skan'dieren (-) *v*/*t. Vers*: escandir.

Skandi'nav|ien *n* Escandinavia *f*; ~**ier(in** *f*) *m* escandinavo (-a *f*) *m*; ⚥**isch** *adj.* escandinavo.

Skat *m* (juego de cartas parecido al tresillo).

'**Skateboard** [skeitbɔːd] *angl. n* monopatín *m*.

Ske'lett *n* (*-¢s*; *-e*) esqueleto *m*; *zum* ~ *abgemagert sein* estar en los huesos.

'**Skep|sis** *f* (0) escepticismo *m*; ~**tiker** *m*, ⚥**tisch** *adj.* escéptico (*m*).

Skepti'zismus *m* (-; 0) escepticismo *m*.

Sketch [skɛtʃ] *angl. m* sketch *m*.

'**Ski** [ʃiː] *m* (*-s*; *-er*) esquí *m*; *auf* ~**ern** *con esquís*; ~ *fahren*, ~ *laufen* esquiar; ~**anzug** *m* traje *m* de esquiador; ~**ausrüstung** *f* equipo *m* de esquiar; ~**fahren** *n* (deporte *m* del) esquí *m*; ~**fahrer(in** *f*) *m* esquiador(a *f*) *m*; ~**fliegen** *n* vuelo *m* (de) esquí; ~**gelände** *n* terreno *m* de esquí; ~**haserl** F *n* esquiadora *f* principiante; ~**hose** *f* pantalón *m* de esquiar; ~**hütte** *f* refugio *m* (de esquiadores); ~**kurs** *m* curso *m* de esquí; ~**langlauf** *m* esquí *m* de fondo; ~**laufen** *n* → ~*fahren*; ~**läufer(in** *f*) *m* → ~*fahrer(in)*; ~**lehrer** *m* profesor *m* (*od.* monitor *m*) de esquí; ~**lift** *m* telesquí *m*; remonte *m*.

'**Skinhead** *m* (*-s*; *-s*) cabeza *f* rapada.

'**Ski...:** ~**mütze** *f* gorro *m* de esquiador; ~**sport** *m* (deporte *m* del) esquí *m*; ~**springen** *n* salto *m* de esquís; ~**springer** *m* saltador *m* esquiador; ~**spur** *f* huella *f* de esquí; ~**stiefel** *m*/*pl.* botas *f*/*pl.* de esquiar; ~**stock** *m* bastón *m* de esquí; ~**träger** *Kfz. m* portaesquíes; ~**wachs** *n* cera *f* para esquís.

'**Skizze** *f* bosquejo *m* (*a. fig.*); esbozo *m*; boceto *m*; croquis *m*; ~**nbuch** *n* álbum *m* de dibujos; ⚥**nhaft** *adj.* esbozado; en bosquejo (*od.* croquis).

skiz'zieren (-) *v*/*t.* bosquejar; esbozar.

'**Sklave** *m* (*-n*) esclavo *m* (*a. fig.*); *j-n zum* ~*n machen* esclavizar a alg.; reducir a la esclavitud a alg.; ~ *s-r Arbeit sein* ser esclavo de su trabajo.

'**Sklaven...:** ~**arbeit** *fig. f* F trabajo *m* de negros; ~**handel** *m* tráfico *m* de esclavos; trata *f* de negros; ~**händler** *m* traficante *m* de esclavos; negrero *m*; ~**markt** *m* mercado *m* de esclavos; ~**schiff** *n* barco *m* negrero.

Sklav'e'rei *f* esclavitud *f*; *in* ~ *geraten* caer en la esclavitud; '~**in** *f* esclava *f*; ⚥**isch** *adj.* de esclavo; servil.

Skle'ro|se ⚕ *f* esclerosis *f*; *multiple* ~ esclerosis *f* múltiple (*od. en placa*); ⚥**tisch** *adj.* esclerótico; esclerosado.

skon'tieren ✝ (-) *v*/*t.* descontar.

'**Skonto** ✝ *m*/*n* (*-s*; *-s*) descuento *m*.

skon'trieren ✝ (-) *v*/*t.* compensar.

Skor'but ⚕ *m* (-s; 0) escorbuto *m*; ⚥**isch** *adj.* escorbútico.

Skorpi'on *m* (*-s*; *-e*) *Zoo.* escorpión *m*, alacrán *m*; *Astr.* Escorpión *m*.

Skript *angl. n* (*-s*; *-en*) apuntes *m*/*pl.*; *Film*: guión *m*; ~**girl** *n* secretaria *f* de rodaje, *angl.* script-girl *f*.

'**Skrofel** ⚕ *f* (-; *-n*) escrófula *f*.

skrofu'lös *adj.* escrofuloso; ⚥'**lose** ⚕ *f* escrofulosis *f*.

'**Skrupel** *m* (*-s*; -) escrúpulo *m*; ⚥**los** *adj.* sin escrúpulos; ~**losigkeit** *f* falta *f* de escrúpulos.

'**Skullboot** *n* skull *m*.

Skulp'tur *f* escultura *f*.

Skunk *Zoo. m* (*-s*; *-s*) mofeta *f*.

skur'ril *adj.* burlesco; grotesco.

'**S-Kurve** *f* curva *f* en S.

'**Slalom** *m* (*-s*; *-s*) slalom *m*; ~**läufer** *m* slalomista *m*.

Slang [slɛŋ] *angl. m* (*-s*; *-s*) jerga *f*; slang *m*.

'**Slaw|e** *m* (*-n*) eslavo *m*; ~**in** *f* eslava *f*; ⚥**isch** *adj.* eslavo.

Sla'wist *m* (*-en*) eslavista *m*; ~**ik** *f* (0) eslavística *f*.

Slip *m* (*-s*; *-s*) slip *m*; '~**einlage** *f* salva-slip *m*; '~**per** *m* mocasín *m*.

'**Slogan** *angl. m* (*-s*; *-s*) (e)slogan *m*.

Slo'wa|ke *m* (*-n*) eslovaco *m*; ~'**kei** *f* Eslovaquia *f*; ~**kin** *f* eslovaca *f*; ⚥**kisch** *adj.* eslovaco.

Slo'wen|e *m* (*-n*) esloveno *m*; ~**ien** *n* Eslovenia *f*; ~**in** *f* eslovena *f*; ⚥**isch** *adj.* esloveno.

Slums [slams] *angl. pl.* barrios *m*/*pl.* bajos.

Sma'ragd *m* (*-¢s*; *-e*) esmeralda *f*; ⚥**en** *adj.* de esmeralda; (*Farbe*) de color esmeralda; ⚥**grün** *adj.* verde esmeralda.

'**Smiley** *n* (*-s*; *-s*) *Computer*: carita *f*.

Smog *m* (- *od.* *-s*; *-s*) smog *m*; '~**alarm** *m* alarma *f* por smog.

'**Smoking** *m* (*-s*; *-s*) esmoquin *m*.

'**Snackbar** [snɛk-] *angl. f* cafetería *f*; snack(-bar) *m*.

'**sniffen** *v*/*t. Droge*: esnifar.

Snob *m* (*-s*; *-s*) (e)snob *m*.

Sno'bis|mus *m* (-; *-men*) (e)snobismo *m*; ⚥**tisch** *adj.* esnob.

'**Snowboard** *n* (*-s*; *-s*) snowboard *m*.

so I. *adv.* **1.** (*in dieser Weise*) así; de este modo, de esta manera; de tal suerte; ~ *ist er* (él) es así; ~ *ist es así*; ~ *ist das Leben* así es la vida; ~ *oder* ~ de una manera o de otra; de todos modos; ~ *geht es, wenn ...* así sucede cuando ...; es lo que ocurre cuando ...; *er macht es auch* ~ él hace lo mismo; *wenn dem* ~ *ist* en ese caso; siendo así; **2.** (*solch, derart*) tal, semejante; ~ *ein Mensch* un hombre así; ~ *ein Glück!* ¡qué suerte!; *in* ~ *e-m Falle* en un caso así; en tal caso; *mit* ~ *e-m Hut!* ¡con un sombrero así!; ¡con semejante sombrero!; *in* ~ *e-m Dummkopf!* ¡qué tonto!; ~ *wie er ist* tal como es; tal cual es; ~ *lau*~*n s-e Worte* tales fueron sus palabras; *er spricht bald* ~, *bald* ~ tan pronto dice una cosa como otra; *et. algo así*; algo por el estilo; ~ *et. wie* una especie de; algo así como; F *nein, ~ et*(*was*)*!* ¡parece mentira!; ¡hay que ver!; **3.** (*Grad, Ausmaß*) tan, tanto; ~ *viel*; ~ *sehr* tanto; ~ *viele* tantos; ~ *lange* tanto (tiempo); ~ *eben apenas*; ~ *etwa* poco más o menos; ~ *sehr, daß* tanto que; hasta tal punto que, hasta el extremo de (*inf.*); *es ist* ~ *schön!* ¡es tan hermoso!; *er hat sie* ~ *lieb* la quiere tanto; *er ist (nicht)* ~ *reich wie du* (no) es tan rico como tú; ~ *reich er auch sei* por rico que sea; *wie du mir, ~ ich dir* si haces mal, espera otro tal; ~ *wie ... ~ auch ... así como ... así ...*; **4.** *unübersetzt: wenn er kommt, ~ bleibe ich* si (él) viene, me quedaré; *kaum war ich angekommen, ~ kam er auch* apenas había llegado yo, llegó él también; *wenn du Zeit hast, ~ schreibe mir* si tienes tiempo escríbeme; ~ *höre doch!* ¡escucha pues!; ¡óyeme!; *es ist mir* ~, *als ob ... me* parece que ...; **5.** *int.* ~*? (wirklich)* ¿de veras?; ¿ah, sí?; *(zweifelnd)* ¿es posible?; ¿usted

cree?; ~! ¡ya!; ¡bien!; (abschließend) ¡eso es!; (endlich) ¡por fin!; ~, ~! ¡vaya, vaya!; ach ~! ¡ah, sí!; ¡ah, bueno!; ¡ya comprendo!; ¡(ah,) ya!; ~ seid ihr! ¡así sois!; F ¡hay que ver cómo sois!; **II.** cj.: ~ daß así que; de modo que, de manera que, de forma que; de tal suerte (od. manera) que; ~ Gott will si Dios quiere; und ~ mußte er gehen y así tuvo que marcharse.
so'**bald** cj. tan pronto como; así que; en cuanto.
'**Söckchen** n calcetín m (corto).
'**Socke** f calcetín m; F fig. sich auf die ~n machen marcharse, F largarse; F fig. von den ~n sein F quedarse de piedra (od. de una pieza).
'**Sockel** m (-s; -) ⚡ zócalo m; pedestal m; base f; ⚡ casquillo m; e-r Lampe: portalámparas m.
'**Sockenhalter** m liga f.
'**Soda** f/n (- od. -s; 0) soda f; 🜍 sosa f; carbonato m sódico (od. de sosa).
so'**dann** adv. luego, después; acto seguido.
'**Sodawasser** n soda f; agua f carbonatada.
'**Sodbrennen** 🕱 n acidez f (od. ardor m) de estómago; pirosis f.
'**Sodom** n Sodoma f.
Sodo|'**mie** f sodomía f; ~'**mit** m (-en) sodomita m.
so'**eben** adv. ahora mismo; en este instante; ~ et. getan haben acabar de hacer a/c.; er ist ~ angekommen acaba de llegar; ~ erschienen Buch: acaba de publicarse.
'**Sofa** n (-s; -s) sofá m, canapé m; diván m; ~**kissen** n cojín m, almohadón m (de sofá).
so'**fern** cj. con tal que, siempre que (subj.); en tanto que (subj.); si es que (ind.); ~ nicht a menos que, a no ser que (subj.).
Sof'**fitte** Thea. f bambalina f.
so'**fort** adv. en seguida, al instante, inmediatamente; en el acto; ~ wirkend de efecto instantáneo (od. inmediato); er war ~! tot murió en el acto; (ich komme) ~! ¡(ya) voy!; ⚡**bild** Phot. n foto f de revelado instantáneo; ⚡**bildkamera** f cámara f para fotos al instante; ⚡**hilfe** f (0) ayuda f inmediata; ~**ig** adj. inmediato; instantáneo; mit ~er Wirkung con efecto inmediato; ⚡**maßnahme** f medida f inmediata (od. de urgencia od. de emergencia).
'**Software** f Computer: software m; ~**entwickler** m ingeniero m de software, analista-programador m; ~**paket** n paquete m de software.
Sog m (-es; -e) succión f; ⚓, ✈ remolino m; der Brandung: resaca f; (Kielwasser) estela f; fig. atractivo m, magnetismo m.
so'**gar** adv. hasta, y aun; incluso; ~ wenn aun cuando; ~ der König el mismo (od. el propio) rey; ja, ~ ... es más ...
'**sogenannt** adj. llamado; (angeblich) pretendido.
so'**gleich** adv. → sofort.
'**Sohle** f (Fuß⚡) planta f (del pie); (Schuh⚡) suela f; (Einlege⚡) plantilla f; (Tal⚡, Kanal⚡) fondo m (a. 🞧); ⚡**n** v/t. poner media suela (a); Am. remontar; ~**ngänger** Zoo. m plantígrado m.
Sohn m (-es; ⸚e) hijo m; Bib. der verlorene ~ el hijo pródigo.
'**Söhnchen** n hijito m.
Soi'**ree** [soa're:] f (-; -n) velada f.
'**Soja** ⚡ f soja f; ~**bohne** f haba f de soja; ~**mehl** n harina f de soja; ~**öl** n aceite m de soja; ~**soße** f salsa f de soja.
'**Sokrates** m Sócrates m.
So'**krat**|**iker** m, ⚡**isch** adj. socrático (m).
so'**lange** cj. mientras, en tanto que; ~ bis hasta que; ich werde ~ warten esperaré entretanto.
so'**lar** adj. solar; ⚡**ium** n solario m, solárium m; ⚡**kraftwerk** n central f solar; ⚡**strom** m electricidad f por energía solar; ⚡**technik** f técnica f solar, heliotecnia f; ⚡**zelle** f célula f solar.
'**Solawechsel** ✝ m letra f al propio cargo.
'**Solbad** n baño m de agua salinas; (Ort) balneario m de aguas salinas.
'**solch** pron. tal; semejante; ein ~er (od. ~ ein) Mensch un hombre tal; un hombre así; als ~er como tal; ~e Leute tal gente; semejante gente; gente así; auf ~e Art de tal manera (od. modo), así; ich habe ~e Angst tengo tanto miedo; ~**er-art** adv., ~**ergestalt** adv. de tal modo (od. manera od. suerte); ~**erlei** adj. tales; semejantes.
Sold m (-es; -e) ⚔ sueldo m, soldada f; weit S. sueldo m; fig. in j-s ~ stehen estar al servicio de alg.; estar a sueldo de alg.
Sol'**dat** m (-en) soldado m; militar m; alter ~ veterano m; ~ werden, F unter die ~en gehen hacerse soldado; entrar en el servicio (militar).
Sol'**daten**...: ~**bund** m asociación f de ex combatientes; ~**friedhof** m cementerio m militar (od. de guerra); ~**könig** Hist. ~ m Rey m Sargento; ~**leben** n vida f militar; ~**lied** n canción f militar; ~**sprache** f lenguaje m militar; ~**tum** m (-s; 0) virtudes f/pl. castrenses; tradición f militar.
Solda'**teska** f (-; -ken) soldadesca f.
sol'**datisch** adj. de soldado; militar; castrense.
'**Soldbuch** n libreta f militar.
'**Söldner** m (-s; -) mercenario m; ~**heer** n ejército m de mercenarios; ~**truppen** f/pl. tropas f/pl. mercenarias.
'**Sole** f agua f salina; (Salzlake) salmuera f.
'**Sol-ei** n huevo m cocido y conservado en salmuera.
so'**lid** adj. sólido; (haltbar) robusto; duradero, durable; ✝ Firma: solvente; acreditado; de confianza; Ware: de buena calidad; Preis: razonable; Person: serio, formal; (häuslich) casero; Verhältnisse: ordenado; ~e werden Person: F sentar la cabeza.
Soli'**dar**|**bürgschaft** ✝ f garantía f solidaria; ~**gemeinschaft** f ✝ sociedad f solidaria; ~**haftung** f responsabilidad f solidaria; ⚡**isch** adj. solidario; sich ~ erklären mit → solidarisieren; ~ haften für responder solidariamente de.
solidari'**sieren** (-) v/refl.: sich ~ mit solidarizarse (od. declararse solidario) con; ⚡'**tät** f (0) solidaridad f; ⚡'**täts**-**zuschlag** m ✝ tasa f complementaria de solidaridad.
so'**lide** → solid.

Solidi'**tät** f (0) solidez f; e-r Person: seriedad f, formalidad f; (Achtbarkeit) respetabilidad f; ✝ solvencia f.
So'**list**|(**in** f) m (-en) solista m/f; ⚡**isch** adj. como (od. en calidad de) solista.
Soli'**tär** m (-s; -e) solitario m.
'**Soll** n (-[s]; -[s]) ✝ debe m; activo m; (Liefer⚡, Produktions⚡) cuota f fijada (od. asignada); das ~ erfüllen alcanzar el objetivo fijado; ~ und Haben debe y haber; ~**aufkommen** n rendimiento m exigido (od. previsto); ~**ausgaben** f/pl. gastos m/pl. estimativos (od. previstos); ~**bestand** m efectivo m teórico (od. previsto); ~**einnahme** f ingreso m estimativo.
'**sollen** v/i. Pflicht: deber; du sollst arbeiten debes trabajar; du solltest ihm das Rauchen verbieten deberías prohibirle fumar; du hättest es mir sagen ~ debieras habérmelo dicho; er hätte hingehen ~ debiera haber ido allá; Gebot: Bib. du sollst nicht töten no matarás; Befehl: er soll kommen que venga; du sollst es nicht wieder tun no vuelvas a hacerlo; er soll sich beeilen! ¡que se dé prisa!; es soll nicht wieder vorkommen no volverá a pasar; Vermutung: er soll reich sein dicen (od. se dice) que es rico; er soll in Berlin sein dicen (od. parece ser) que está en Berlin; er soll morgen eintreffen se espera que llegue mañana; es soll viele Opfer gegeben haben dicen (od. parece od. informan) que ha habido muchas víctimas; Notwendigkeit: wenn es sein soll si ha de ser; er soll hingehen es preciso (od. necesario) que vaya; Wunsch: soll ich dir et. mitbringen? ¿quieres que te traiga algo?; er soll (hoch) leben! ¡que viva!; Zweifel: ich weiß nicht, wie ich es ihm sagen ~ no sé cómo decírselo; soll das wahr sein? ¿puede ser cierto eso?; was soll ich dir sagen? ¿qué te diré? ¿qué quieres que te diga?; soll ich kommen? ¿quiere(s) que venga?; sollte ich mich doch geirrt haben? ¿si me habré equivocado?; was soll ich tun? ¿qué he de hacer? ¿qué voy a hacer? ¿qué hago? ¿qué quieres que haga?; was sollte ich tun? ¿qué iba a hacer?; er sollte vielleicht krank sein? ¿acaso estará enfermo?; sollte er das getan haben? ¿es posible que haya hecho eso?; Zumutung: ich sollte das tun? ¿yo hacer eso?; ich soll dich abholen me han encargado que viniera a buscarte; es hat nicht sein ~ Dios no lo ha querido; sollte ich auch dabei zugrunde gehen! aunque fuese mi perdición; er hätte es eigentlich wissen ~ debería saberlo; was soll das? ¿qué significa eso? ¿a qué viene eso?; was soll ich damit? ¿qué hago con esto?; F was soll's! ¡y qué!; das sollst du mir lo tendrás; Sie ~ sehen! ¡ya verá usted!; es sollte ein Scherz sein era en broma; sólo era una broma; ein Jahr sollte verstreichen, bis ... habría de pasar un año hasta que ...; er wußte nicht, ob er lachen oder weinen sollte no sabía si reír o llorar; Sie hätten nur sehen ~! ¡si usted hubiera visto!; nun soll mir einer sagen, daß ... que me vengan ahora diciendo que ...; was soll ich dort? ¿qué he perdido yo allí?; F ¿qué pinto yo allí?; sollten Sie ihn sehen, so grüßen Sie ihn von mir

Söller — sonnig

si le ve salúdele de mi parte; *sollte er kommen* caso que venga; *si viniera, wenn es regnen sollte* si lloviera; *man sollte meinen, daß ... se diría que ...; er sollte lieber heimgehen* mejor sería que se fuera a casa.
'**Söller** *m* (*-s*; -) azotea *f*; terrado *m*.
'**Soll...**: ~**frequenz** ⚡ *f* frecuencia *f* nominal; ~**(l)eistung** *f* rendimiento *m* previsto; ~**posten** ✝ *m* partida *f* deudora (*od.* del debe); ~**saldo** ✝ *m* saldo *m* deudor; ~**seite** ✝ *f* debe *m*; ~**stärke** *f* efectivo *m* previsto; ~**wert** *m* valor *m* nominal *bzw.* requerido (*od.* pedido); ~**zinsen** *m/pl.* intereses *m/pl.* deudores.
'**solo I.** *adv.* sólo; **II.** ♫ *n* (*-s*; *-s od. -li*) ♪ solo *m*; ♫**instrument** *n* instrumento *m* solista; ♫**konzert** *n* recital *m*; ♫**partie** *f* solo *m*; ♫**sänger(in** *f*) *m*, ♫**spieler(in** *f*) *m* solista *m*/*f*; ♫**stimme** *f* solo *m*; ♫**tanz** *m* solo *m* (de baile); ♫**tänzer** *m* bailarín *m* solista; ♫**tänzerin** *f* bailarina *f* solista.
'**Solquelle** *f* manantial *m* de aguas salinas.
sol'ven|t ✝ *adj.* solvente; ♫**z** ✝ *f* solvencia *f*.
so'matisch *adj.* somático.
so'mit *adv.* por consiguiente, por (lo) tanto; así pues; de manera que.
'**Sommer** *m* (*-s*; -) verano *m*; *Liter.* estío *m*; *im* ~ en verano; *mitten im* ~ en pleno verano; ~**abend** *m* tarde *f* de verano; ~**anzug** *m* traje *m* de verano; ~**aufenthalt** *m* veraneo *m*; ~**fahrplan** 🚂 *m* horario *m* de verano; ~**ferien** *pl.* vacaciones *f/pl.* de verano (*od.* estivales); ~**frische** *f* veraneo *m*; *in die* ~ *gehen* ir a veranear, ir de veraneo; *in der* ~ *sein* estar veraneando (*od.* de veraneo); ~**frischler(in** *f*) *m*, ~**gast** *m* veraneante *m/f*; ~**getreide** *n* cereales *m/pl.* de verano; ~**halbjahr** *n* semestre *m* de verano; ~**haus** *n* casa *f* de campo; ~**kleid** *n* vestido *m* de verano; ♫**lich** *adj.* veraniego, estival; de verano; *sich* ~ *kleiden* vestir ropa de verano; ~**monat** *m* mes *m* de verano; ~**nacht** *f* noche *f* de verano; ~**nachts-traum** *m* sueño *m* de una noche de verano; ~**sachen** *f/pl.* ropa *f* de verano; ~**schlaf** *Zoo.* *m* sueño *m* estival, estivación *f*; ~**schlußverkauf** *m* rebajas *f/pl.* de verano; ~**semester** *Uni.* *n* semestre *m* de verano; ~**sitz** *m* residencia *f* veraniega (*od.* estival); ~**sonnenwende** *f* solsticio *m* de verano; ~**spiele** *n/pl.*: *Olympische* ~ Juegos *m/pl.* Olímpicos de Verano; ~**sprosse** *f* peca *f*; ♫**sprossig** *adj.* pecoso; ~**tag** *m* día *m* de verano; ~**weide** *f* agostadero *m*; ~**weizen** *m* trigo *m* marzal; ~**wohnung** *f* vivienda *f* de verano; chalet *m* de verano; ~**zeit** *f* temporada *f* estival (*od.* de verano); verano *m*; *Uhr*: horario *m* de verano.
so'nach *adv.* ~ somit.
So'nar *n* (*-és*; -e) sonar *m*.
So'nate ♪ *f* sonata *f*.
Sona'tine ♪ *f* sonatina *f*.
'**Sonde** *f* allg. sonda *f*.
'**sonder** *prp.* (*ac.*) *Liter.* sin.
'**Sonder...**: ~**abdruck** *Typ.* *m* tirada *f* aparte, separata *f*; ~**abteilung** *f* sección *f* especial; ~**anfertigung** *f* fabricación *f* especial; ~**angebot** ✝ *n* oferta *f* especial; ~**auftrag** *m* misión *f* especial; ~**ausbildung** *f* formación *f* ⚔ instrucción *f*) especial; ~**ausführung** *f* construcción *f* especial; ~**ausgabe** *f* edición *f* especial; *Zeitung*: a. número *m* extraordinario; ~**ausschuß** *m* comisión *f* (*od.* comité *m*) especial; ~**ausstattung** *f* equipo *m* especial; *bsd. Kfz.* extras *m/pl.*
'**sonderbar** *adj.* raro; extraño, curioso; singular; particular; (*wunderlich*) extravagante; estrafalario; ~**erweise** *adv.* por extraña coincidencia; cosa extraña; curiosamente; ♫**keit** *f* rareza *f*; cosa *f* rara (*od.* extraña); singularidad *f*; particularidad *f*.
'**Sonder...**: ~**be-auftragte(r**) *m* representante *m* especial; ~**beilage** *f* *e-r Zeitung usw.*: suplemento *m* (especial); ~**bericht** *m* informe *m* especial; ~**bericht-erstatter** *m* enviado *m* especial; ~**bestimmung** *f* disposición *f* especial; ~**bestrebung** *f* tendencia *f* particularista; ~**botschafter** *m* embajador *m* extraordinario; ~**druck** *m* → ~*abdruck*; ~**einnahmen** *f/pl.* ingresos *m/pl.* extraordinarios; ~**einsatzkommando** ⚔ *n* grupo *m* especial de operaciones; ~**fall** *m* caso *m* especial *bzw.* excepcional; ~**frieden(n** *m* paz *f* separada; ~**gebiet** *n* especialidad *f*; ~**genehmigung** *f* autorización *f* especial; ~**gericht** ✝ *n* tribunal *m* especial; ~**gesetz** *n* ley *f* especial; ♫**gleichen** *adv.* sin igual; sin par; sin precedente; *e-e Frechheit* ~ el colmo de la desvergüenza; ~**größe** *f* talla *f* especial; ~**güter** ✝ *n/pl.* bienes *m/pl.* parafernales; ~**interesse** *n* interés *m* particular; ~**klasse** *f* clase *f* especial; ~**kommando** ⚔ *n* comando *m* especial; ♫**lich I.** *adj.* **1.** (*ungewöhnlich*) extraordinario; singular; (*besonders*) particular; *ich habe kein* ~*es Interesse dafür* no me interesa gran cosa; **2.** ♫**bar; II.** *adv.*: *nicht* ~ no mucho; ~**ling** *m* (*-s*; *-e*) hombre *m* estrafalario, F tipo *m* raro; original *m*; ~**marke** *f* sello *m* *bzw.* emisión *f* especial; ~**meldung** *f* comunicado *m* especial; ~**minister** *m* ministro *m* sin cartera; ~**müll** *m* residuos *m/pl.* peligrosos (*od.* tóxicos).
'**sondern**[1] *cj.* sino; *nicht nur ..., auch ...* no sólo ... sino también ...
'**sondern**[2] (*-re*) *v/t.* separar; poner aparte, apartar; (*auslesen*) seleccionar; → *a. gesondert*.
'**Sonder...**: ~**nummer** *f e-r Zeitung*: edición *f* especial; número *m* extraordinario; ~**preis** *m* precio *m* especial; ~**rabatt** *m* rebaja *f* extraordinaria (*od.* especial); ~**recht** *n* privilegio *m*; prerrogativa *f*; *Span.* fuero *m*; ~**regelung** *f* reglamentación *f* *bzw.* régimen *m* especial.
'**sonders** *adv.*: *samt und* ~ todos sin excepción.
'**Sonder...**: ~**schule** *f* centro *m* de educación especial; ~**schullehrer** *m* educador *m* de enseñanza especial; ~**sitzung** *f* sesión *f* extraordinaria; ~**stahl** *m* acero *m* especial; ~**stellung** *f* posición *f* privilegiada; ~**stempel** *m Briefmarke*: matasellos *m* especial; ~**steuer** *f* impuesto *m* extraordinario; ~**tarif** *m* tarifa *f* especial; ~**ung** *f* separación *f*; selección *f*; ~**urlaub** *m* vacaciones *f/pl.* especiales; ⚔ permiso *m* extraordinario; ~**verband** ⚔ *m* unidad *f* especial; ~**vereinbarung** *f* acuerdo *m* especial; ~**vergütung** *f* gratificación *f* especial; ~**vollmachten** *f/pl.* poderes *m/pl.* especiales; ~**zeichen** *n Computer*: carácter *m* especial; ~**zug** 🚂 *m* tren *m* especial; ~**zulage** *f* suplemento *m* especial; ~**zuteilung** *f* reparto *m* extraordinario.
Son'dier|ballon *m* globo *m* sonda; ♫**en** (-) *v/t.* sondar, sondear (*a.* ⚓, *u. fig.*); explorar; *fig.* tantear; ~**en** *n*, ~**ung** *f* sondeo *m* (*a. fig.*); exploración *f*; *fig.* tanteo *m*.
So'nett *n* (*-és*; -e) soneto *m*.
'**Sonnabend** *m* (-*s*; -e) sábado *m*; ♫**s** *adv.* los sábados.
'**Sonne** *f* sol *m*; *die* ~ *scheint* hace sol; *in der* ~ al sol; *von der* ~ *beschienen* soleado; *fig. ein Platz an der* ~ un lugar al sol; *es gibt nichts Neues unter der* ~ no hay nada nuevo bajo el sol.
'**sonnen** *v/t.* (ex)poner al sol; (a)solear; *sich* ~ (ex)ponerse al sol; tomar el sol; *fig. sich in j-s Gunst* ~ gozar del favor de alg.
'**Sonnen...**: ~**anbeter** *m* adorador *m* del sol; ~**aufgang** *m* salida *f* del sol; ~**bad** *n* baño *m* de sol; *ein* ~ *nehmen* tomar un baño de sol; ♫**baden** *v/i.* tomar el sol *bzw.* un baño de sol; ~**bahn** *f Astr.* órbita *f* del sol; *scheinbare*: eclíptica *f*; ~**ball** *m Astr.* esfera *f* solar; ~**batterie** *f* batería *f* solar; ♫**beschienen** *adj.* soleado; bañado por el sol; ~**bestrahlung** *f* irradiación *f* solar; insolación *f*; ~**blende** *Phot., Kfz.* *f* parasol *m*; ~**blume** ♀ *f* girasol *m*; ~**brand** *m* quemadura *f* del sol; ✱ eritema *m* solar; ~**bräune** *f* bronceado *m*; ~**brille** *f* gafas *f/pl.* de sol; ~**creme** *f* crema *f* solar (*od.* bronceadora); ~**dach** *n* marquesina *f*; toldo *m*; *Kfz.* techo *m* solar; ~**deck** ⚓ *n* cubierta *f* solar; ~**energie** *f* energía *f* solar; ~**ferne** *Astr.* *f* afelio *m*; ~**finsternis** *f* eclipse *m* solar (*od.* de sol); ~**fleck** *m* mancha *f* solar; ♫**gebräunt** *adj.* tostado por el sol; bronceado; ~**glut** *f* ardor *m* del sol; ~**hitze** *f* calor *m* del sol; F solazo *m*; *drückende* ~ bochorno *m*; ~**jahr** *n* año *m* solar; ♫**klar** *fig. adj.* claro como el sol (*od.* el agua); ~**kollektor** *m* panel *m* (*od.* colector *m*) solar; ~**könig** *Hist.* *m* el Rey Sol; ~**kraftwerk** *n* central *f* solar; ~**licht** *n* luz *f* del sol (*od.* solar); ~**milch** *f* leche *f* solar (*od.* bronceadora); ~**monat** *m* mes *m* solar; ~**nähe** *Astr.* *f* perihelio *m*; ~**öl** *n* aceite *m* solar (*od.* bronceador); ~**schein** *m* sol *m*, luz *f* del sol; *im* ~ al sol; ~**schirm** *m* sombrilla *f*, *großer*: parasol *m*; ~**schutzmittel** *n* producto *m* solar, bronceador *m*; ~**segel** *n* toldo *m*; ~**seite** *f* lado *m* expuesto al sol; *fig.* lado *m* alegre de las cosas; ~**spektrum** *n* espectro *m* solar; ~**stich** ✱ *m* insolación *f*; ~**strahl** *m* rayo *m* solar (*od.* de sol); ~**strahlung** *f* radiación *f* solar; ~**system** *n* sistema *m* solar; ~**tag** *m* día *m* de sol; *Astr.* día *m* solar; ~**terrasse** *f* solárium *m*, solario *m*; ~**uhr** *f* reloj *m* de sol; ~**untergang** *m* puesta *f* del sol, ocaso *m*; ♫**verbrannt** *adj.* tostado (*stärker*: quemado) por el sol; atezado; ~**wende** *Astr.* *f* solsticio *m*; ~**zeit** *f* hora *f* solar; ~**zelle** *f* célula *f* solar.
'**sonnig** *adj.* soleado; expuesto al sol;

bañado de sol; *fig.* alegre, risueño; radiante.

'**Sonn|tag** *m* (-s; -e) domingo *m*; *an Sonn- und Feiertagen* los domingos y días festivos; ⦵**täglich I.** *adj.* dominical, dominguero; **II.** *adv.* (todos) los domingos; *sich ~ anziehen* endomingarse; ⦵**tags** *adv.* los domingos.

'**Sonntags...:** ~**anzug** *m* traje *m* de domingo (*od.* de fiesta); F traje *m* dominguero; ~**arbeit** *f* trabajo *m* dominical; ~**ausflügler** *m* dominguero *m*; ~**beilage** *f Zeitung:* suplemento *m* dominical; ~**dienst** *m* servicio *m* dominical; *~ haben* estar de guardia; ~**fahrer** *m desp.* dominguero *m*; ~**jäger** *m* cazador *m* dominguero, *desp.* mal cazador *m*; ~**kind** *n* niño *m* nacido en domingo; *fig. ein ~ sein* haber nacido con buena estrella, F haber nacido de pie(s); ~**kleid** *n* vestido *m* de fiesta, F vestido *m* dominguero; ~**ruhe** *f* descanso *m* dominical; ~**spaziergang** *m* paseo *m* dominical; ~**staat** *m* ropas *f/pl.* de fiesta; *im ~* de fiesta.

Sonnwendfeuer *n* hogueras *f/pl.* de San Juan.

so'nor *adj.* sonoro; *Stimme:* a. campanudo.

'**sonst** *adv.* (*andernfalls, a. drohend*) de lo contrario; si no; de no ser así; en caso contrario; (*bei anderen Gelegenheiten*) otras veces, en otras ocasiones; (*außerdem*) además; (*im übrigen*) por lo demás; (*einst*) antes; en otro tiempo; antiguamente; (*gewöhnlich*) de ordinario; en general, generalmente; *~ überall* en cualquier otro sitio; *~ nirgends* en ninguna otra parte; *~ noch (et)was?* ¿alguna otra cosa?; *was ~ noch?* ¿qué más?, ¿algo más?; ¿otra cosa?; *mehr als ~* más de lo (*od.* más que de) ordinario; *~ nichts* nada más; *wenn es ~ nichts ist* si no es más que eso; si no es otra cosa; *~ jemand* otro; otra persona; *~ noch jemand?* ¿alguien más? *~ niemand* ningún otro, nadie más; *wer ~?* ¿qué otro?; *wer ~ als er?* ¿quién sino él?; *wie ~* como de costumbre, como otras veces; ~**ig** *adj.* otro; demás; (*gewöhnlich*) habitual, acostumbrado; (*ehemalig*) de antes, de otras veces; ~**wie** *adv.* de otra manera; de (cualquier) otro modo; ~**wo** *adv.* en otra parte; en algún otro sitio; dondequiera.

so'oft *cj.* cuando; siempre que; cada vez que; todas las veces que.

So'phie *f* Sofía *f*.

So'phist *m* (-en) sofista *m*.

Sophiste'rei *f* sofistería *f*.

So'phis|tik *f* (0) doctrina *f* sofística; ⦵**tisch** *adj.* sofista, sofístico.

'**Sophokles** *m* Sófocles *m*.

So'pran ♩ *m* (-s; -e) soprano *m*.

Sopra'nist(in *f*) *m* (-en) soprano *m/f*.

So'pranschlüssel *m* clave *f* de soprano (*od.* de do).

'**Sorge** *f* preocupación *f*; (*Kummer*) pena *f*; pesadumbre *f*; (*Unruhe*) inquietud *f*; alarma *f*; (*Für*⦵) cuidado *m*, solicitud *f*; *~n haben* estar preocupado, tener preocupaciones; *ohne (jede) ~* sin preocupaciones; libre de cuidados; *j-m ~n machen* tener preocupación (*od.* causar preocupación) a alg.; *in ~ sein, sich ~n machen* inquietarse, preocuparse, estar preocupado (*um, wegen* por); *sich keine ~n machen* no inquietarse (*od.* preocuparse) por nada; *das ist m-e geringste ~* eso es lo que menos me preocupa; me tiene sin cuidado; *~ tragen für → sorgen*; *andere ~n haben* tener otras cosas en qué pensar; *keine ~!, seien Sie ohne ~!* ¡no se preocupe (usted)!, ¡descuide!; F ¡pierda usted cuidado!; *lassen Sie das m-e ~ sein* yo me encargo de eso; déjelo de mi cuenta.

'**sorgen I.** *v/i.: ~ für* cuidar de, tener cuidado de; (*sich kümmern*) atender a; velar por; ocuparse de; (*beschaffen*) proporcionar, procurar; *für j-n ~ cuidar* a alg.; *dafür ~, daß ...* cuidar de que (*subj.*); procurar que (*subj.*); *dafür werde ich ~* ya cuidaré yo de eso; *dafür ist gesorgt* eso ya está arreglado; *für ihn ist gesorgt* no le faltará nada; está provisto de todo; **II.** *v/refl.:* *sich ~* preocuparse, apenarse, inquietarse, alarmarse (*um* por); ⦵**brecher** F *m* quitapesares *m*, quitapenas *m*; ⦵**falten** *f/pl.* arrugas *f/pl.* de preocupación; ~**frei, ~los** *adj.* sin (*od.* libre de) preocupaciones (*od.* cuidados); con desahogo; ⦵**kind** *n* niño *m* que causa muchas preocupaciones; *mein ~* el hijo de mis desvelos; ~**voll** *adj.* lleno de preocupaciones (*od.* cuidados); (muy) preocupado; (*beunruhigt*) inquieto; alarmado, ansioso.

'**Sorgerecht** ⚖ *n* derecho *m* de guarda; custodia *f* (de los hijos).

'**Sorg|falt** *f* (0) cuidado *m*; *liebevolle:* solicitud *f*; *peinliche:* esmero *m*; (*Aufmerksamkeit*) atención *f*; (*Genauigkeit*) exactitud *f*; (*Gewissenhaftigkeit*) escrupulosidad *f*; *~ verwenden auf* poner cuidado en; esmerarse en; ⦵**fältig** *adj.* cuidadoso, esmerado; (*aufmerksam*) atento; (*genau*) exacto, minucioso; (*gewissenhaft*) concienzudo; escrupuloso; ⦵**lich** *adj.* cuidadoso; ⦵**los** *adj.* (*sorgenfrei*) sin preocupaciones, libre de cuidados; (*unachtsam*) descuidado; negligente; (*leichtfertig*) despreocupado; ~**losigkeit** *f* (0) descuido *m*, negligencia *f*; incuria *f*; despreocupación *f*; ⦵**sam** *adj.* → ⦵**fältig**, ~**samkeit** *f* → ~**falt**.

'**Sorte** *f* clase *f*; especie *f*; género *m*; tipo *m*; (*Qualität*) calidad *f*; ♦ variedad *f*; † *~n pl.* (billetes *m/pl.* y) monedas *f/pl.* extranjeras; ~**ngeschäft** *n* operaciones *f/pl.* de moneda extranjera; ~**nzettel** † *m* relación *f* de clases de moneda.

sor'tier|en (-) *v/t.* (*aus~*) separar; entresacar; (*einordnen*) clasificar; (*ordnen*) ordenar; (*auslesen*) escoger, seleccionar; ⦵**en** *n* → *Sortierung*; ⦵**er** *m* clasificador *m*; ⦵**maschine** *f* (máquina *f*) clasificadora *f*; ⦵**ung** *f* separación *f*; clasificación *f*; selección *f*.

Sorti'ment ✝ *n* (-s; -e) surtido *m*; ~**er** *m*, ~**sbuchhändler** *m* librero *m* comisionista; ~**sbuchhandlung** *f* librería *f* general *bzw.* de depósito.

so'sehr *cj.* por mucho (*od.* más) que; *~ er sich (auch) bemüht hat* por mucho que se ha esforzado.

so'so F *adv.* así así; regular; *~!* ¡vaya, vaya!; *es geht ~ (lala)* F vamos tirando.

SOS-Ruf *m* señal *f bzw.* llamada *f* de socorro.

'**Soße** [o:] *f* salsa *f*; ~**nschüssel** *f* salsera *f*.

Sou'brette [zu·-] *f Oper:* tiple *f* ligera; *Thea.* graciosa *f*.

Souff'lé *fr.* [zu'fle:] *Kochk.* *n* soufflé *m*.

Souff'leur [zu'flœ:r] *m* (-s; -e) apuntador *m*; ~**'leuse** *f* apuntadora *f*; ~'**leurkasten** *m* concha *f* del apuntador; ⦵**'lieren** (-) *v/t. u. v/i.* apuntar.

'**Sound|karte** *f Computer:* tarjeta *f* de sonido; ~**track** *m* (-s; -s) banda *f* sonora.

'**so-undso** *adv.* de tal y tal manera; *~ oft* tantas y tantas veces; *~ viel Mark* tantos marcos; *Herr* ⦵ fulano de tal; *Frau* ⦵ fulana de tal; ~**vielt** *adj.: am ~en* a tantos de.

Sou'tane [zu·-] *f* sotana *f*.

Souter'rain [zu·tɛˈRɛ̃:-] *n* (-s; -s) sótano *m*.

Souve'nir *fr.* [zu·v-] *n* (-s; -s) recuerdo *m*.

souve'rän [zu·və-] **I.** *adj.* soberano; *fig.* (*überlegen*) superior; **II.** *adv.* con superioridad; con superior estilo; **III.** ⦵ *m* (-s; -e) soberano *m*; ⦵**i'tät** *f* (0) soberanía *f*.

so'viel I. *adv.* tanto; *doppelt ~, noch einmal ~* otro tanto; *es steht ~ fest* lo cierto es que ...; *iß, ~ du kannst* come todo lo que puedas; **II.** *cj.: ~ wie* tanto como; *~ ich weiß* que yo sepa; ~'**weit I.** *adv.: bist du ~?* ¿has terminado ya?; ¿estás listo?; *es ist ~* ya está (listo); *du hast ~ recht* hasta cierto punto tienes razón; **II.** *cj.* en cuanto; *~ nicht a menos que*; *~ ich sehe* por lo visto; *~ ich es beurteilen kann* por lo que yo puedo juzgar; ~'**wenig** *adv.* tan poco; ~'**wie** *cj.* así como; (*sobald*) tan pronto como; en cuanto; ~**wie'so** *adv.* en todo caso; de todos modos, de todas formas; F *das ~!* esto desde luego (*od.* por supuesto).

'**Sowjet** [sɔv-] *m* (-s; -s) soviet *m*; *Oberster ~* Soviet *m* Supremo.

sow'jetisch *adj.* soviético.

sowjeti'sier|en (-) *v/t.* sovietizar; ⦵**ung** *f* sovietización *f*.

'**Sowjet|regierung** *f* gobierno *m* soviético; ~**union** *f* Unión *f* Soviética; ~**zone** *f* zona *f* soviética.

so'wohl *cj.: ~ ... als auch ...* no sólo ... sino también ...; tanto ... como ...

'**Sozi** *desp. m* (-s; -s) socialdemócrata *m*.

sozi'al *adj.* social; ~**er Wohnungsbau** construcción *f* de viviendas de protección oficial; ~**e Fürsorge** asistencia *f* social; ⦵**abgaben** *f/pl.* cargas *f/pl.* sociales; ⦵**amt** *n* oficina *f* de asistencia social; ⦵**arbeit** *f* trabajo *m* (*od.* labor *f*) social; ⦵**arbeiter(in** *f*) *m* trabajador(a *f*) *m bzw.* asistente *m/f* social; ⦵**beiträge** *m/pl.* cuotas *f/pl.* de seguridad social; ⦵**demokrat(in** *f*) *m* (-en) socialdemócrata *m/f*; ⦵**demokratie** *f* socialdemocracia *f*; ~**demokratisch** *adj.* socialdemócrata; ⦵**einrichtungen** *f/pl.* servicios *m/pl.* sociales; ⦵**fürsorge** *f* asistencia *f* (*od.* previsión *f*) social; ⦵**gesetzgebung** *f* legislación *f* social; ⦵**hilfe** *f* asistencia *f* pública.

soziali'sier|en (-) *v/t.* socializar; ⦵**ung** *f* socialización *f*.

Sozia'lis|mus *m* (-; 0) socialismo *m*; ~**t(in** *f*) *m* (-en) socialista *m/f*; ⦵**tisch** *adj.* socialista.

Sozi'al...: ~kritik f crítica f social; **~lasten** f/pl. cargas f/pl. sociales; **~leistung** f prestación f social; **~pädagogik** f pedagogía f social; **~partner** m/pl. partes f/pl. (od. interlocutores m/pl.) sociales; **~politik** f política f social; **♀politisch** adj. político--social, sociopolítico; **~prestige** n prestigio m (od. status m) social; **~produkt** n producto m nacional (od. social); **~psychologie** f (p)sicología f social; **~reform** f reforma f social; **~rente** f pensión f del seguro social; **~rentner(in** f) m pensionista m/f (od. beneficiario [-a f] m) del seguro social; **~staat** m Estado m social; **~versicherte(r)** m afiliado m al seguro social; **~versicherung** f seguro m social; seguridad f social; **~wissenschaften** f/pl. ciencias f/pl. sociales; **~wohnung** f vivienda f social (od. de protección oficial).

Sozio|'gramm m sociograma m; **~'loge** m (-n) sociólogo m; **~lo'gie** f (0) sociología f; **♀'logisch** adj. sociológico.

'Sozius m (-; -se) 1. ✝ socio m, asociado m; 2. Motorrad: → **~fahrer** m ocupante m del asiento trasero, F paquete m; **~sitz** m asiento m trasero.

sozu'sagen adv. por decirlo así, por así decir; como quien dice.

'Spachtel m (-s; -) espátula f; **~kitt** m pasta f para emplastecer; **♀n** (-le) v/i. emplastecer.

Spa'gat m, n (-és; -e) spagat m.

Spa'ghetti pl. espaguetis m/pl.

'späh|en v/i. acechar; otear; atisbar; espiar (nach et. a/c.); (beobachten) observar; **♀er** m vigilante m; vigía m; ✗ explorador m; espía m; **♀erblick** m mirada f escrutadora; **♀trupp** ✗ m patrulla f; sección f de reconocimiento; **♀wagen** ✗ m carro m de reconocimiento.

Spa'lier n (-s; -e) ✓ espaldar m; espaldera f; (Wein♀) emparrado m; fig. ~ stehen, ein ~ bilden formar calle; ✗ cubrir la carrera; **~obst** n fruta f de espaldera.

'Spalt m (-és; -e) hendedura f, hendidura f; (Öffnung) abertura f; (Tür♀) resquicio m; (Lücke) intersticio m; (Schlitz) rendija f, ranura f; (Riß) fisura f; raja f; grieta f; (Fels♀) quebradura f; **♀bar** adj. hendible; ↯ disociable; Phys. escindible, fisible, Am. fisionable; **~barkeit** Phys. f fisibilidad f; **~e** f 1. Typ. columna f; 2. → Spalt.

'spalten (-e-) I. v/t. hender; rajar; agrietar; a. Phys. escindir; (teilen) partir (en dos); dividir; separar; ↯ disociar, desdoblar; fig. dividir, desunir, escindir; II. v/refl.: sich ~ henderse; rajarse; dividirse; partirse (en dos); (rissig werden) agrietarse; ↯ disociarse; Phys. escindirse (a. fig.); fig. dividirse; separarse, desunirse; **~lang** adj. de varias columnas; **♀steller** m Schreibmaschine: tabulador m; **~weise** adv. por columnas.

'Spalt...: ~frucht ♀ f esquizocarpo m; **~fuß** Zoo. m pie m bisulco; **~holz** n madera f de raja; **~lampe** ✱ f lámpara f de hendidura; **~material** Phys. n material m escindible (od. fisible); **~pilz** ♀ m esquizomiceto m; **~produkt** n ↯ producto m de disociación (Phys. de fisión); **~ung** f escisión f; Atomphysik: a. fisión f; ↯ disociación f; a. Psych. desdoblamiento m; Bio. segregación f; fig. división f; a. Pol. escisión f; desunión f; Rel. disidencia f; (Kirchen♀) cisma m; **~ungs-produkt** n → Spaltprodukt; **~zunge** Zoo. f lengua f bífida.

Span m (-és; ~e) (Holz♀) astilla f; (Splitter) raja f; (Hobel♀) viruta f; acepilladura f; (Feil♀) limadura f; fig. arbeiten, daß die Späne fliegen F trabajar como una fiera; **'♀abhebend** ⊕ adj. con arranque de viruta; **'~ferkel** n lechón m, cochinillo m.

'Spange f prendedero m; ⊕ abrazadera f; (Schnalle, Schuh♀) hebilla f; (Brosche) broche m; (Arm♀) brazalete m; (Haar♀, Ordens♀) pasador m.

'Span|ien n España f; **~ier(in** f) m español(a f) m; **~iertum** n (-s; 0) hispanidad f; españolismo m.

'spanisch adj. español, hispano, hispánico; Sprache: a. castellano; das ♀e el español, la lengua española, el castellano, **~e Spracheigentümlichkeit** hispanismo m; ♀er Pfeffer pimiento m; ✗ er Reiter caballo m de Fris(i)a; **~e Wand** biombo m; fig. das kommt mir ~ vor eso es chino para mí; (seltsam) me parece una cosa muy rara; **~amerikanisch** adj. hispano--americano; **~sprachig** adj., **~sprechend** adj. de habla española; castellanoparlante.

'Spann Anat. m (-és; -e) empeine m; **~backe** ⊕ f mordaza f de sujeción; **~beton** m hormigón m pretensado; **~bettuch** n sábana f adaptable (od. ajustable); **~draht** ⊕ m alambre m tensor.

'Spanne f (Maß) palmo m; (Zeit♀) espacio m od. lapso m (de tiempo); ✝ margen m.

'spannen I. v/t. tender; (straffen) estirar; (strecken) extender; Bogen f, Feder: armar; Feuerwaffe: a. amartillar; Phot. armar el obturador; Schraube, Riemen, Saite: apretar; Muskeln: contraer; fig. Neugier: excitar; s-e Forderungen zu hoch ~ tener pretensiones exageradas; F picar muy alto; s-e Erwartungen (Hoffnungen) hoch ~ alentar las esperanzas; in den Schraubstock ~ poner en el torno; vor (od. an) den Wagen ~ Pferde: enganchar (al coche); Ochsen: uncir al carro; ♪ die Oktave ~ können poder alcanzar la octava; sich über et. ~ extenderse por encima de a/c.; **II.** v/i. Kleid, Schuhe: apretar, venir demasiado justo; F fig. ~ auf (beobachten) observar atentamente; (erwarten) esperar con impaciencia; → gespannt; **~d** fig. adj. de palpitante interés; cautivador; emocionante; muy interesante; bsd. Film, Buch: de suspense.

'Spanner m ⊕ tensor m; Anat. (músculo m) tensor m; (Schuh♀) horma f, extendedor m; (Hosen♀) estirador m; (Zeitungs♀) sujetador m; **~ für Tennisschläger**: prensarraqueta m; Zoo. falena f; P (Voyeur) mirón m.

'Spann...: ~feder f resorte m tensor; **~futter** ⊕ n mandril m de sujeción; **~kraft** f elasticidad f (a. fig.); fuerza f elástica; Phys. tensión f; e-s Muskels: tonicidad f; fig. energía f; **♀kräftig** adj. elástico; **~muskel** Anat. m (músculo m) tensor m; **~rahmen** m ⊕ bastidor m tensor; **~säge** f sierra f de bastidor; **~schloß** n tensor m; **~schraube** f tornillo m tensor; **~seil** n cable m tensor.

'Spannung f tensión f (a. fig.); ≱ a. voltaje m; ≱ potencial m; (Druck, Gas♀) presión f; △ (Gewölbe♀) abertura f; luz f; fig. tensión f; vivo interés m; viva atención f; (Ungeduld) impaciencia f, ansia f; (Neugier) curiosidad f; (Erwartung) expectación f; (gespanntes Verhältnis) relaciones f/pl. tirantes, tirantez f (de relaciones); (Gegensatz) discrepancia f; Film: suspense m; j-n in ~ versetzen excitar la curiosidad de alg.; j-n in ~ halten tener en vilo (od. en suspense) a alg.

'Spannungs...: ~abfall ≱ m caída f de tensión; **~ausgleich** ≱ m compensación f de potencial (od. de tensión); **♀geladen** fig. adj. cargado de tensión; emocionante; **♀los** ≱ adj. sin tensión; **~messer** ≱ m voltímetro m; **~regler** ≱ m regulador m de tensión (od. de voltaje); **~verlust** ≱ m pérdida f de tensión; **~wandler** ≱ m transformador m de tensión.

'Spann...: ~vorrichtung ⊕ f dispositivo m tensor (od. de sujeción); **~weite** f ≱, Flügel u. fig. envergadura f; (lichte Weite) luz f; abertura f; **~werkzeug** ⊕ n herramienta f de sujeción.

'Spanplatte ⊕ f tablero m de virutas.

Spant ⚓ n (-és; -en) cuaderna f.

'Spar|brenner m quemador m económico (od. de mínimo consumo); **~buch** n libreta f de ahorro; **~büchse** f hucha f, Am. alcancía f; **~einlage** f imposición f (od. depósito m) de ahorro; **♀en I.** v/t. ahorrar, economizar (beide a. fig.); (zurücklegen) reservar; ~ Sie sich die Mühe no se moleste usted; **II.** v/i. ahorrar, economizar; hacer ahorros (od. economías); vivir económicamente; fig. mit Lob usw.: escatimar (a/c.); **~er(in** f) m ahorrador(a f) m; die kleinen ~ el pequeño ahorro; **~flamme** f llama f pequeña; fig. auf ~ a medio gas; **~förderung** f fomento m del ahorro.

'Spargel ♀ m (-s; -) espárrago m; wilder ~ esparrago m triguero; **~beet** n esparraguera f.

'Spargelder pl. ahorros m/pl.; economías f/pl.

'Spargel|kohl ♀ m brécol(es) m(pl.); **~kopf** m, **~spitze** f punta f de espárrago; **~suppe** f sopa f de espárragos.

'Spar|groschen m pequeños ahorros m/pl., F ahorrillos m/pl.; **~guthaben** n ahorro m; **~herd** m cocina f económica; **~kasse** f caja f de ahorros; **~kassenbuch** n → ~buch; **~konto** n cuenta f de ahorro.

'spärlich I. adj. (knapp) poco abundante; escaso, exiguo; (ärmlich) pobre; (selten) raro, poco frecuente; Mahl: frugal; Haar: claro; Bart: ralo; **II.** adv.: ~ bekleidet apenas (ärmlich: pobremente) vestido; ligero de ropa; ~ bevölkert escasamente poblado; **♀keit** f (0) escasez f; pobreza f; rareza f; frugalidad f.

'Spar|maßnahme f medida f de economía; **~packung** f envase m econó-

mico; ~paket n Pol. paquete m de ahorros; ~pfennig m → ~groschen; ~politik f política f de austeridad; ~programm Pol. n programa m de austeridad.
'Sparren m cabrio m; F fig. e-n ~ (zuviel) haben tener vena de loco; estar mal de la cabeza.
'Sparring n Boxen: combate m de entrenamiento; ~s-partner m compañero m de entrenamiento.
'sparsam I. adj. Sache: económico; im Verbrauch: a. de consumo reducido; Person: ahorrativo; poco gastador; (sehr ~) parsimonioso; bsd. fig. parco; II. adv. económicamente con economía; mit et. ~ umgehen economizar a/c.; hacer uso moderado de a/c.; ~ leben gastar poco; ℒkeit f (0) economía f; übertriebene: parsimonia f; strenge: austeridad f; aus ~ por (razones de) economía; ~ am falschen Ende F el chocolate del loro.
'Sparschwein n hucha f.
'Sparta n Esparta f.
Spar'ta|ner m espartano m; ℒnisch adj. espartano (a. fig.); mit ~er Einfachheit con sobriedad espartana; ~e Lebensweise vida f austera.
'Sparte f sección f, sector m; rama f; especialidad f.
'Spar|trieb m instinto m de ahorro; ~ und Darlehenskasse f caja f de ahorros y de préstamos; ~vertrag m contrato m de ahorro.
'spasmisch ⚕ adj., spas'modisch adj. espasmódico.
Spaß [aː] m (-es; ⸚e) broma f; burla f; chanza f, F chunga f, guasa f; chirigota f; P cachondeo m; (Witz) chiste m; (Vergnügen) diversión f; schlechter ~ broma f pesada (od. de mal gusto); ~ beiseite! ¡bromas aparte!, hablando en serio; viel ~! F ¡que te diviertas!; aus ~, zum ~ en broma; de guasa; P cachondeo; para divertirse; ~ machen Person: → spaßen; Sache: dar gusto; hacer gracia; ser divertido; es macht keinen ~ no tiene ninguna gracia; no hace gracia; viel ~ haben divertirse mucho; pasarlo en grande; s-n ~ mit j-m treiben gastar una broma a alg.; burlarse de alg.; F chunguearse de alg.; ~ verstehen no tomar a mal las bromas; aguantar burlas; keinen ~ verstehen (od. vertragen) no entender de bromas; no ser amigo de bromas; no consentir burlas; darin versteht er keinen ~ eso lo toma muy en serio; den ~ verderben aguar la fiesta; das war nur ~ era sólo en broma; das geht über den ~, da hört der ~ auf F eso pasa de castaño oscuro; das ist ein teurer ~ für mich eso me cuesta un ojo de la cara (od. P un riñón); Sie machen mir ~! ¡me hace usted gracia!; sie e-n ~ aus et. machen divertirse con a/c.
'spaß|en (-t) v/i. bromear, chancear; gastar bromas; hablar en broma; F chunguearse of; damit ist nicht zu ~ esto no es para tomárselo a broma; con eso no se juega; er läßt nicht mit sich ~ hay que tener cuidado con él; Sie ~ wohl! ¡no hablará en serio! ~eshalber adv. en broma; ~haft, ~ig adj. divertido; gracioso; chusco; chistoso; jocoso; cómico; ℒmacher, ℒvogel m bromista m; chancero m, burlón m; F guasón m, zumbón m;

payaso m; ℒverderber m aguafiestas m.
'Spast|iker ⚕ m espástico m; ℒisch adj. espástico; espasmódico.
Spat¹ Min. m (-[e]s; -e) espato m.
Spat² Vet. m (-[e]s; 0) esparaván m.
spät I. adj. (-est) tarde; wie ~ ist es? ¿qué hora es?; es ist ~ es tarde; es wird ~ se hace (od. se está haciendo) tarde; bis ~ in die Nacht hasta muy entrada la noche; ~ in der Nacht a altas horas de la noche; zu ~ kommen venir tarde bzw. llegar (demasiado) tarde; retrasarse; ich bin ~ dran se me hace tarde; besser ~ als nie más vale tarde que nunca; II. adj. tardío; (vorgerückt) avanzado; zu ~er Stunde a una hora avanzada; im ~en Sommer a fines del verano; F ~es Mädchen soltera f.
'Spatel m (-s; -) espátula f.
'Spaten m (-s; -) laya f; ~stich m: fig. den ersten ~ tun empezar una obra.
'später I. adj. posterior; ulterior; ~e Geschlechter generaciones f/pl. futuras (od. venideras); II. adv. más tarde, más adelante, posteriormente; e-e Stunde ~ una hora más tarde (od. después); bis ~! ¡hasta luego!
'spätestens adv. a más tardar; lo más tarde.
'Spät...: ~frost m helada f tardía; ~frucht f fruto m tardío; ~geburt f parto m tardío (od. retrasado); ~gotik Δ f gótico m tardío; ~heimkehrer m prisionero m de guerra repatriado muy tarde; ~herbst m fin(es) m(pl.) del otoño; otoño m tardío; ~lese ✍ f rebusca f; ~nachmittag m: am ~ a la última hora de la tarde; a la caída de la tarde; ~obst n fruta f tardía; ℒreif adj. tardío; ~sommer m veranillo m de San Martín; ~wirkung f efecto m tardío.
Spatz Orn. m (-en) gorrión m; fig. das Pfeifen die ~en von den Dächern es un secreto a voces; ein ~ in der Hand ist besser als e-e Taube auf dem Dach más vale pájaro en mano que ciento volando; wie ein ~ essen comer como un pajarito; ~enhirn F n cabeza f de chorlito.
'Spätzündung Kfz. f encendido m retardado.
spa'zieren (-; sn) v/i. pasear(se); ~fahren (L; sn) v/i. pasear(se) en coche, etc.; ~führen v/t. llevar a pasear, sacar de paseo; ~gehen (L; sn) v/i. pasear(se), dar un paseo; ir a pasear; ℒgehen n paseo m.
Spa'zier...: ~fahrt f paseo m en coche, etc.; ~gang m paseo m; kleiner ~ vuelta f; e-n ~ machen dar un paseo; una vuelta; ~gänger(in f) m paseante m/f; ~ritt m paseo m a caballo; ~stock m bastón m; ~weg m paseo m.
Specht Orn. m (-[e]s; -e) pico m, pájaro m carpintero.
Speck m (-[e]s; -e) tocino m; lardo m; geräucherter: bacon m; vom Spicken: mecha f; ~ ansetzen F engordar, echar carnes; Frau: a. ajamonarse; mit ~ fängt man Mäuse más moscas se cazan con miel que con vinagre; F 'ran an den ~! ¡manos a la obra!; ¡al ataque!; ℒig adj. (fett) lardoso, grasiento; (schmierig) pringoso; ~scheibe f lonja f de tocino; ~schwarte f corteza f de tocino; ~seite f hoja f de

tocino; fig. mit der Wurst nach der ~ werfen meter aguja y sacar reja; ~stein Min. m esteatita f.
spe'dieren (-) v/t. expedir, despachar.
Spedi'teur [-'tøːr] m (-s; -e) agente m (od. comisionista m) de transportes.
Spediti'on f 1. expedición f; despacho m; 2. → ~sfirma f, ~sgeschäft n agencia f de transportes; ~sgebühren f/pl., ~skosten pl. gastos m/pl. de expedición.
Speed n (-s; -s) Droge: espid m.
'Speer m (-[e]s; -e) (Spieß) pica f; (Jagd℘) venablo m, dardo m; (Wurf℘) jabalina f (a. Sport); ~werfen n Sport: lanzamiento m de jabalina; ~werfer(in f) m lanzador(a f) m de jabalina.
'Speiche f (Rad℘) rayo m; Anat. radio m.
'Speichel m (-s; 0) saliva f; (Auswurf) ⚕ esputo m; (Geifer) baba f; ~drüse Anat. f glándula f salival; ~fluß m salivación f; ⚕ ptialismo m; ~lecker m adulón m, F pelotillero m, V lameculos m; ~leckerei f adulación f servil; ℒn v/i. salivar.
'Speichenrad n rueda f de rayos.
'Speicher m (Korn℘) granero m; (Lager) almacén m, depósito m; ⚓ a. silo m; (Dachboden) desván m; Computer: memoria f; virtueller ~ memoria f virtual; ℒbar adj. Computer: memorizable; ~erweiterung f Computer: ampliación f de la memoria; ~kraftwerk n central f de acumulación; ℒn (-re) v/t almacenar; ⚓ a. ensilar; ✍ u. fig. acumular; Computer: almacenar, guardar (unter dat. bajo); ~see m embalse m; ~taste f Computer: tecla f de memoria; ~ung f almacenamiento m, almacenaje m; acumulación f; memorización f.
'speien (L) v/t. u. v/i. escupir; expectorar; (sich erbrechen) vomitar; fig. Feuer ~ vomitar fuego.
'Speigatt ⚓ n imbornal m.
Speis Δ m (-es; 0) mortero m.
'Speise f alimento m; comida f; (Gericht) plato m; manjar m; ~ und Trank comida y bebida; kalte ~n fiambres m/pl.; warme ~n platos m/pl. calientes; ~brei Physiol. m quimo m; ~eis n helado m; ~fett n grasa f alimenticia; ~kammer f despensa f; ~karte f lista f de platos, minuta f, gal. menú m; ~kessel m caldera f de alimentación; ~leitung ⚡ f línea f de alimentación.
'speisen (-t) I. v/t. alimentar (a. ⚡, ⊕), dar de comer a; Hochofen: cebar; II. v/i. comer; zu Mittag ~ almorzar, comer; zu Abend ~ cenar; wünsche wohl zu ~! ¡buen provecho!; ℒaufzug m montaplatos m; ℒfolge f menú m.
'Speise...: ~öl n aceite m comestible (od. de mesa); ~pumpe ⊕ f bomba f de alimentación; ~reste pl. restos m/pl. de la comida, sobras f/pl.; ~rohr n tubo m de alimentación; ~röhre Anat. f esófago m; ~saal m comedor m; in Klöstern: refectorio m; ~saft Physiol. m quilo m; ~schrank m despensa f, alacena f; ~wagen ⚙ m coche (od. vagón m) restaurante; ~wasser ⚡ n agua f de alimentación; ~zettel m → ~karte f; ~zimmer n comedor m.
'Speisung f alimentación f (a. ⚡, ⊕);

Speitüte — Spiegelkarpfen

Bib. ~ *der Fünftausend* multiplicación *f* de los panes.

'**Spei|tüte** ⚥ *f* bolsa *f* de papel (para caso de mareo); ⚤übel F *adj.*: *mir ist* ~ tengo ganas de vomitar.

Spek'takel *m* (*-s*; -) ruido *m*, estrépito *m*; escándalo *m*; alboroto *m*, F jaleo *m*, follón *m*.

spektaku'lär *adj.* espectacular.

Spek'tral|analyse *f* análisis *m* espectral; ~**farben** *f/pl.* colores *m/pl.* del espectro.

Spektro|'meter *n* (*-s*; -) espectrómetro *m*; ~'**skop** *n* (*-s*; *-e*) espectroscopio *m*.

'**Spektrum** *n* (*-s*; *-tra od. -tren*) espectro *m* (*a. fig.*).

Speku'lant(in *f*) *m* (*-en*) especulador (*-a f*) *m*; ✝ (*Börsen*⚤) agiotista *m*.

Spekulati'on *f* especulación *f* (*a. fig.*); ~**en anstellen, sich in** ~**en ergehen** especular, hacer especulaciones (*über ac.* sobre).

Spekulati'ons...: ~**geschäft** *n* operación *f* de especulación; ~**gewinn** *m* ganancia *f* obtenida con especulaciones; ~**kauf** *m* compra *f* especulativa; ~**papiere** *n/pl.* valores *m/pl.* de especulación.

spekula'tiv *adj.* especulativo.

speku'lieren (-) *v/i.* especular; ✝ jugar a la Bolsa; *auf Baisse* (*Hausse*) ~ especular a la baja (sobre el alza); F *auf et.* ~ aspirar a a/c.; poner la mira en a/c.

Spelt ⚥ *m* (*-es*; *-e*) → **Spelz**.

Spe'lunke *f* cuchitril *m*; tugurio *m*; (*Kneipe*) tabernucho *m*; tasca *f*; (*Spielhölle*) garito *m*.

'**Spelz** ⚥ *m* (*-es*; *-e*) espelta *f*; ~**e** ⚥ *f* gluma *f*.

spen'dabel F *adj.* liberal, generoso; rumboso.

'**Spende** *f* (*Geschenk*) regalo *m*, obsequio *m*; (*Gabe*) donativo *m*; dádiva *f*; óbolo *m*; (*Schenkung*) donación *f*; (*Almosen*) limosna *f*; *Rel.* ofrenda *f*.

'**spenden** (-*e*-) *v/t.* dar; donar (*a. Blut*); hacer donación de; (*beitragen*) contribuir (*zu* a); (*austeilen*) *Lob usw.*: dispensar (*a. Automat*); *Rel. Sakramente*: administrar.

'**Spender** *m* donador *m*; dador *m*, donante *m* (*a. Blut*⚤); (*Verteiler*) distribuidor *m* (*a. Automat*); dispensador *m*; (*Wohltäter*) bienhechor *m*; ~**in** *f* donadora *f*; donante *f*; bienhechora *f*.

spen'dier|en (-) F *v/t.* (*bezahlen*) pagar; (*schenken*) regalar; dar; ofrecer; ⚤**hosen** F *f/pl.*: *die* ~ *anhaben* ser rumboso.

'**Spendung** *f* → **Spende**; *Rel.* administración *f*.

'**Spengler** *m* → **Klempner**.

'**Spenzer** *m* chaquetilla *f*.

'**Sperber** *Orn.* *m* gavilán *m*, esparaván *m*.

Spe'renzchen F *pl.* F tiquismiquis *m/pl.*; ~ *machen* (*zimperlich tun*) hacer melindres; (*Umstände machen*) gastar cumplidos; (*sich sträuben*) resistirse.

'**Sperling** *Orn.* *m* (*-s*; *-e*) gorrión *m*.

'**Sperma** *Bio. n* (*-s*; *-ta od. -men*) esperma *m*; ~**to'zoon** *n* (*-s*; *-zoen*) espermatozoo *m*, espermatozoide *m*.

'**sperr-angelweit** *adv.*: ~ *offen* (*abierto*) de par en par.

'**Sperr|balken** *m* tranca *f*; ~**ballon** ⚔ *m* globo *m* de barrera; ~**baum** *m* barrera *f*; ~**bezirk** *m* zona *f* prohibida; ~**depot** ✝ *n* depósito *m* bloqueado; ~**druck** *Typ. m* composición *f* espaciada.

'**Sperre** *f* (*das Sperren*) clausura *f*; cierre *m* (*a.* ⊕ *Vorrichtung*); (*Schranke, Schlagbaum, Straßen*⚤) barrera *f* (*a.* ⚔, 🚂); (*Strom*⚤ *usw.*) corte *m*; (*Barrikade*) barricada *f*; (*Verbot*) prohibición *f*, interdicción *f*; *Sport*: (*Spielverbot, Startverbot*) suspensión *f*; (*Embargo*) embargo *m*; (*Boykott*) boicot(eo) *m*; (*Quarantäne*) cuarentena *f*; (*Blockade*) bloqueo *m*; (*Hindernis*) obstáculo *m*.

'**sperren I.** *v/t.* cerrar (*a. Hafen, Grenze*); *Straße*: a. cortar (*für den Verkehr* al tráfico); *durch Absperrmannschaften*: acordonar; (*hindern*) impedir, obstaculizar, poner obstáculos; estorbar; (*ein*~) encerrar; (*ver*~) obstruir, interceptar; (*blockieren*) bloquear (*a.* ⊕, *Computer, Konto, Kredit, Scheck, Zahlungen*); *Konto*: a. congelar; (*verbieten*) prohibir; interdecir; *Sport*: (*behindern*) obstruir; (*Spielverbot*) suspender; *Gas, Licht, Wasser*: cortar; *Typ.* espaciar; *j-n aus dem Haus* ~ cerrar a algn. la puerta de casa; **II.** *v/refl.*: *sich* ~ oponerse, resistir(se) (*gegen* a); protestar (contra); **III.** *v/i.*: *die Tür sperrt* (*klemmt*) la puerta encaja mal *bzw.* está agarrotada; → *gesperrt*; **IV.** ⚤ *n* → *Sperrung*.

'**Sperr...**: ~**feder** ⊕ *f* muelle *m* de trinquete; ~**feuer** ⚔ *n* fuego *m* de barrera; ~**frist** *f* plazo *m* de suspensión *bzw.* de espera; ~**gebiet** *n* zona *f* prohibida; ~**gürtel** *m* ⚔ cordón *m* sanitario; ~**gut** *n* mercancías *f/pl.* voluminosas (*od.* de gran bulto); ~**guthaben** ✝ *n* crédito *m* bloqueado (*od.* congelado); fondos *m/pl.* bloqueados; ~**haken** *m* ⊕ gatillo *m* (de trinquete); *e-r Uhr*: escape *m*; ~**holz** *n* madera *f* contrachapeada (*od.* terciada); ~**holzplatte** *f* tablero *m* contrachapeado; ⚤**ig** *adj.* voluminoso, abultado; de mucho bulto; ~**kette** *f* cadena *f* de barrera; *an der Tür*: cadena *f* de seguridad; (*Postenkette*) cordón *m*; ~**klinke** *f* ⊕ trinquete *m* (de bloqueo); *an Türen*: fiador *m*; ~**konto** ✝ *n* cuenta *f* bloqueada (*od.* congelada); ~**kreis** *m Radio*: circuito *m* filtro (*od.* filtrador *m*. eliminador); ~**mark** *f* marco *m* bloqueado; ~**minorität** ✝ *f* minoría *f* de control; ~**müll** *m* muebles *m/pl.* y enseres domésticos fuera de uso; ~(**r**)**iegel** *m* cerrojo *m* (de seguridad); ~**sitz** *Thea. m* butaca *f* de platea; ~**stunde** *f* hora *f* de cierre; ⚔ toque *m* de queda.

'**Sperrung** *f* cierre *f*; clausura *f*; (*Ver*⚤) obstrucción *f*; intercep(ta)ción *f*; obturación *f*; (*Abschaltung*) interrupción *f*; corte *m*; (*Blockierung*) bloqueo *m* (*a.* ⊕, ✝); *v. Geldern usw.*: congelación *f*; (*Verbot*) prohibición *f*; interdicción *f*; *Sport*: suspensión *f* (*a. des Gehalts*); *Typ.* espaciado *m*.

'**Sperr...**: ~**vermerk** ✝ *m* nota *f* de no negociabilidad; ~**vorrichtung** ⊕ *f* dispositivo *m* de parada (*od.* de detención) *bzw.* de bloqueo; ~**zoll** *m* derecho *m* prohibitivo; ~**zone** *f* zona *f* prohibida.

'**Spesen** *pl.* gastos *m/pl.*; ⚤**frei** *adj.* libre de gastos; ~**rechnung** *f* cuenta *f* (*od.* nota *f*) de gastos; ~**vergütung** *f* reembolso *m* de los gastos.

'**Speyer** *n* Spira *f*, Espira *f*.

Speze'rei † *f* especia *f*.

'**Spezi** F *m* (*-s*; *-s*) amigo *m* íntimo, F amigote *m*.

Spezi'al...: ~**arzt** *m* (médico *m*) especialista *m*; ~**ausführung** *f* construcción *f* especial; ~**fach** *n* especialidad *f*; ~**fahrzeug** *n* vehículo *m* para usos especiales; ~**fall** *m* caso *m* especial (*od.* particular); ~**gebiet** *n* especialidad *f*; ~**geschäft** ✝ *n* comercio *m* del ramo; ~ *für ...* comercio especializado en ...

speziali'sier|en (-) *v/t.* especializar; *sich* ~ especializarse (*für, auf ac.* en); ⚤**ung** *f* especialización *f*.

Spezia'list(in *f*) *m* (*-en*) especialista *m/f* (*a.* 🧚).

Speziali'tät *f* especialidad *f*; ~**enrestaurant** *n* restaurante *m* típico.

Spezi'al|kräfte *pl.* personal *m* especializado; ~**stahl** *m* acero *m* especial.

spezi'ell I. *adj.* especial; particular; F *auf Ihr* ⚤*e*! ¡a su salud!; **II.** *adv.* especialmente, en especial; en particular; *et.* ~ *angeben* especificar a/c., pormenorizar a/c.

'**Spezies** [-tsiɛs] *f* (*-*; -) especie *f*.

Spezifikati'on *f* especificación *f*.

spe'zifisch *adj.* específico; *Phar.* ~**es** *Mittel* específico *m*; *Phys.* ~**es** *Gewicht* peso *m* específico; ~**e** *Wärme* calor *m* específico.

spezifi'zier|en (-) *v/t.* especificar; detallar; ⚤**ung** *f* especificación *f*.

'**Sphär|e** *f* esfera *f* (*a. fig.*); ~**enmusik** *f* música *f* celestial (*od.* de las esferas); ⚤**isch** *adj.* esférico.

Sphäro'id *n* (*-es*; *-e*) esferoide *m*.

Sphinx [sfiŋks] *f* (*-*; *-e*) esfinge *f*.

'**Spick|aal** *m* anguila *f* ahumada; ⚤**en I.** *v/t. Kochk.* mechar; *fig.* erizar, llenar (*mit de*); (*bestechen*) sobornar, F untar la mano (*j-n* a algn.); *gespickt mit* repleto (*od.* erizado) de; *gut gespickte Börse* bolsa bien repleta; **II.** *v/i. Sch.* copiar; ~**gans** *f* ganso *m* ahumado; ~**nadel** *f* aguja *f* mechera (*od.* de mechar); ~**zettel** *m Sch.* chuleta *f*.

'**Spiegel** *m* espejo *m* (*a. Jgdw. u. fig.*); (*Schrank*⚤) luna *f*; 🧚 espéculo *m*; (*Türfüllung*) panel *m*; (*Flüssigkeit*) nivel *m* (*a. Physiol.*); (*Rockaufschlag*) solapa *f*; ⚔ distintivo *m*; *Typ.* (*Satz*⚤) justificación *f*; *der Schießscheibe*: centro *m* del blanco; *fig. sich et. hinter den* ~ *stecken* no olvidar la lección; ~**belag** *m* azogue *m*; ~**bild** *n* imagen *f* reflejada (en un espejo) (*Kehrbild*) imagen *f* invertida; *fig.* reflejo *m*; (*Täuschung*) espejismo *m*; ⚤**blank** *adj.* terso (*od.* limpio) como un espejo; espejado; (*glänzend*) brillante; pulido; ~**ei** *n* huevo *m* frito (*od.* al plato); ~**fechterei** *f* fantasmagoría *f*; finta *f*; disimulo *m*; ~**fernrohr** *n* telescopio *m* catóptrico; ~**folie** *f* azogue *m*; ~**glas** *n* cristal *m* de espejo; ⚤**glatt** *adj.* como un espejo; ⚤**gleich** ⚡ *adj.* simétrico; ~**gleichheit** ⚡ *f* simetría *f*; ~**karpfen** *Ict. m* carpa *f* lisa;

~**mikroskop** *n* microscopio *m* con reflector.
'**spiegeln** (*-le*) **I.** *v/i.* reflejar, espejear; (*glänzen*) relucir, resplandecer; **II.** *v/t.* reflejar; *sich* ~ *a. fig.* reflejarse (*in dat.* en); (*sich im Spiegel betrachten*) mirarse en el espejo.
'**Spiegel...:** ~**reflexkamera** *Phot. f* cámara *f* reflex (*od.* de espejo); ~**saal** *m* Sala *f* de los Espejos; ~**scheibe** *f* luna *f* de espejo; ~**schrank** *m* armario *m* de luna; ~**schrift** *f* escritura *f* invertida (*od.* en espejo); ~**teleskop** *n* telescopio *m* reflector; ~**ung** *f* reflejo *m*; reflexión *f*; (*Luft*2) espejismo *m*.
'**Spiel** *n* (-*¢s*; -*e*) juego *m*; *Thea.* (*Stück*) pieza *f*, (*Vorführung*) representación *f*, *des Darstellers*: interpretación *f*, actuación *f*, ♪ (*Anschlag*) pulsación *f*, (*Vortrag*) ejecución *f*; *Sport*: partido *m*, encuentro *m*; *Schach usw.*: partida *f*; ⊕ juego *m*; ~ *Karten* baraja *f*; *ein* ~ (*e-e Partie*) *machen* jugar una partida; ⊕ ~ *haben* tener juego; *falsches* ~ juego *m* con trampas; *fig.* doble juego; *fig.* *doppeltes* ~ *treiben* jugar con dos barajas; *fig. sein* ~ *mit j-m treiben* jugar con alg.; burlarse de alg.; *fig. leichtes* ~ *haben* no encontrar dificultades; ganar con facilidad; *fig. das ist für mich ein* ~ para mí es un juego de niños (*od.* es coser y cantar); *gewonnenes* ~ *haben* tener ganada la partida; *j-m freies* ~ *lassen* dejar manos libres a alg.; *das* ~ *aufgeben* abandonar la partida; *das* ~ *verloren geben* dar por perdida la partida; resignarse; *j-s* ~ *durchschauen* verle (*od.* conocerle) a alg. el juego; *aufs* ~ *setzen* poner en juego; arriesgar, jugarse; hacer peligrar; *alles aufs* ~ *setzen* jugarse el todo por el todo; *im* ~ *sein*; *auf dem* ~ *stehen* estar en juego; *aus dem* ~ *lassen* dejar de (*od.* a un) lado; no mezclar en el asunto; *ins* ~ *bringen* (*entrar*) en juego; *s-e Hand im* ~ *haben* intervenir (*od.* F estar metido) en un asunto; F *estar* (*od.* andar) en el ajo; *das* ~ *verderben* desbaratar el juego; *fig. a.* aguar la fiesta; *das* ~ *ist aus* se ha terminado el juego; *machen Sie Ihr* ~! ¡hagan juego!; ~**art** *f* variante *f*; *Bio.* variedad *f*; ~**automat** *m* máquina *f* recreativa, F (máquina *f*) tragaperras *m/pl.*; ~**ball** *m* pelota *f*; *fig.* juguete *m*; *ein* ~ *der Wellen sein* estar a merced de las olas; ~**bank** *f* casa *f* de juego; casino *m* (de juego); 2**bar** ♪ *adj.* ejecutable; tocable; ~**bein** *Escul.* *n* pierna *f* desapoyada; ~**brett** *n* tablero *m*; *Damespiel*: damero *m*; ~**dauer** *f Sport*: duración *f* del partido; *Platte*: duración *f* de la audición; ~**dose** *f* caja *f* de música.
'**spielen I.** *v/t. Spiel*: jugar a; *Thea.* representar; *Rolle*: *a.* interpretar; *Film*: proyectar, pasar, F dar; ♪ *Instrument*: tocar; *Stück*: *a.* ejecutar, interpretar; (*vortäuschen*) simular, fingir; *den großen Mann* ~ darse aires (*od.* dárselas) de gran señor; *den Dummen* ~ hacerse el tonto; *fig. was wird hier gespielt?* ¿qué pasa aquí?; **II.** *v/i.* jugar; *Thea. u. fig.* actuar; (*tändeln*) juguetear; (*stattfinden*) pasar, desarrollarse; *hoch* (*niedrig*) ~ jugar fuerte (bajo); *falsch* ~ jugar mal; (*mogeln*) hacer trampas; ♪ des-

afinar; tocar mal; *fig.* ~ *lassen* poner en juego; *s-e Beziehungen* ~ *lassen* tocar todos los resortes; *ins Blaue* ~ *Farbe*: tirar a azul; *in allen Farben* ~ irisar; *j-m et. in die Hände* ~ hacer llegar a/c. a alg.; *mit j-m* ~ jugar con alg. (*a. fig.*); *nicht mit sich* ~ *lassen* no entender de bromas; *mit dem Gedanken* ~, *zu* ... (*inf.*) acariciar la idea de ... (*inf.*); *mit s-r Gesundheit* ~ jugar con la salud; *mit Puppen* ~ jugar a las muñecas; *mit Worten* ~ hacer juegos de palabras; *um et.* ~ jugarse a/c.; (*wetten*) *a.* apostar a/c.; *mit gespielter Gleichgültigkeit* con fingida indiferencia; ~**d** *fig. adv.* fácilmente; sin esfuerzo; ~ *lernen* aprender jugando; *es ist* ~ *leicht* es un juego de niños; F *es coser y cantar* (*od.* pan comido).
'**Spieler** *m* jugador *m*; *Thea.* actor *m*; ♪ ejecutante *m*, instrumentista *m*.
Spiele'rei *f* jugueteo *m*; (*Zeitvertreib*) pasatiempo *m*; divertimiento *m*; (*Leichtigkeit*) juego *m* de niños; (*Kinderei*) niñería *f*; (*Kleinigkeit*) bagatela *f*.
'**Spieler-einkauf** *m Sport*: fichaje *m*.
'**Spiel...:** ~**ergebnis** *n Sport*: resultado *m* (del partido); 2**erisch** *adj.* juguetón; (*tändelnd*) frívolo; ligero; *mit* ~*er Leichtigkeit* (como) jugando; ~**feld** *n Sport*: campo *m* (*od.* terreno *m*) de juego; *Am.* cancha *f*; *Tennis*: pista *f*, cancha *f*; ~**film** *m* película *f* de largo metraje, largometraje *m*; película *f* de argumento; ~**folge** *f* programa *m*; ~**führer** *m Sport*: capitán *m* (del equipo); ~**gefährte** *m* compañero *m* de juegos; ~**geld** *n* **1.** (*Einsatz*) puesta *f*; **2.** → ~**marke**; ~**gewinn** *m* ganancia *f* en el juego; ~**hälfte** *f Sport*: primer *bzw.* segundo tiempo *m*; ~**hölle** *f* garito *m*, guarida *f* de juego; ~**kamerad** *m* → ~**gefährte**; ~**karte** *f* naipe *m*, carta *f*; ~**kasino** *n* casino *m* de juego; ~**klub** *m* club *m* de jugadores; ~**konsole** *f* videoconsola *f*; ~**leidenschaft** *f* pasión *f* del juego; ~**leiter** *m Thea.* director *m* artístico (*od.* de escena); *Film*: director *m*, realizador *m*; *Sport*: árbitro *m*; ~**leitung** *f* dirección *f* (artística); ~**leute** *pl.* músicos *m/pl.*; ~**macher** *m Sport*: cerebro *m* (del equipo); ~**mann** *m* (-*¢s*; -*leute*) *Hist.* ministril *m*; juglar *m*; ~**mannszug** ⚔ *m* banda *f* de música; ~**marke** *f* ficha *f*; ~**plan** *Thea. m* programa *m*; repertorio *m*; cartelera *f*; *auf dem* ~ *stehen* estar en cartel, sich *auf dem* ~ *halten* mantenerse en cartelera; ~**platz** *m* (*Kinder*2) parque *m* infantil; *Sport*: → ~**feld**; ~**raum** *m* espacio *m* (libre); amplitud *f*; *fig.* margen *m* (de tolerancia); libertad *f* de movimiento; ⊕ juego *m*; *fig. freien* ~ *haben* tener campo libre; ~ *lassen* dejar margen para; (*amplio*) vuelo a; ~**regel** *f* regla *f* de juego (*a. fig.*); ~**sachen** *f/pl.* juguetes *m/pl.*; ~**salon** *m* sala *f* recreativa; ~**schuld** *f* deuda *f* de juego; ~**schule** *f* parvulario *m*; ~**sucht** *f* pasión *f* del juego; ~**teufel** *m* demonio *m* del juego; ~**tisch** *m* mesa *f* de juego; tapete *m* verde; ~**trieb** *m* instinto *m* del juego (*od.* lúdico); ~**uhr** *f* reloj *m* de música; ~**verbot** *n Sport*: suspensión *f*; ~**verderber**(**in** *f*) *m* aguafiestas *m/f*; ~**vereinigung** *f* club *m* de-

portivo; ~**verlängerung** *f Sport*: prórroga *f* (del partido); ~**verlust** *m* pérdida *f* en el juego; ~**waren** *f/pl.* juguetes *m/pl.*; ~**warengeschäft** *n*, ~**warenhandlung** *f* juguetería *f*; ~**warenhändler** *m* comerciante *m* en juguetes; ~**waren-industrie** *f* industria *f* del juguete (*od.* juguetera); ~**werk** *n* mecanismo *m* (de una caja de música); ~**wut** *f* → ~**sucht**; ~**zeit** *f Thea.* temporada *f*; *Sport*: duración *f* del partido; *reguläre* ~ tiempo *m* reglamentario; ~**zeug** *n* juguete *m* (*a. fig.*); ~**zeug-eisenbahn** *f* tren *m* de juguete; ~**zimmer** *n* cuarto *m* de juego *bzw.* de los niños.
'**Spiere** ⚓ *f* percha *f*; botalón *m*.
'**Spieß** *m* (-*es*; -*e*) pica *f*; lanza *f*; (*Wurf*2) dardo *m*; venablo *m*; (*Jagd*2) jabalina *f*; (*Brat*2) asador *m*; espetón *m*; P ⚔ F mandamás *m*; *an den* ~ *stecken* espetar; *fig. den* ~ *umkehren* redargüir; devolver la pelota a; *er schreit wie am* ~ grita como un condenado; ~**bürger** *m*, 2**bürgerlich** *adj.* burgués (*m*) (de miras estrechas); ~**bürgertum** *n* espíritu *m* burgués; 2**en** (-*t*) *v/t.* atravesar (*od.* traspasar) con la pica *bzw.* lanza; (*auf*~) clavar; espetar; ~**er** *m Jgdw.* venado *m* de dos años; F → ~**bürger**; ~**geselle** *m* cómplice *m*, F compinche *m*; compañero *m* de fechorías; 2**ig** *adj.* aburguesado; estrecho de miras; ~**rute** *f* baqueta *f*; ~**n laufen** correr baquetas; *fig.* pasar por entre dos filas de curiosos.
'**Spikes** [spaɪks] *m/pl. Kfz.* neumáticos *m/pl.* claveteados; *Sport*: zapatillas *f/pl.* de clavos.
Spill ⚓ *n* (-*es*; -*e*) cabrestante *m*.
spi'nal *adj.*: ~*e Kinderlähmung* 🩺 parálisis *f* infantil, poliomielitis *f*.
Spi'nat ♧ *m* (-*es*; -*e*) espinaca(s) *f*(*pl.*).
Spind *m/n* (-*¢s*; -*e*) armario *m* (estrecho); alacena *f*.
'**Spindel** *f* (-; -*n*) huso *m* (*a. Bio.*); ⊕ (*Schrauben*2) husillo *m*; (*Zapfen*) pivote *m*; (*Wellbaum*) árbol *m* (*a. e-r Wendeltreppe*); ~**beine** F *n/pl.* piernas *f/pl.* largas y flacas; 2**beinig** *adj.* F zanquivano; 2'**dürr** *adj.* enjuto de carnes; F delgado como un fideo; 2**förmig** *adj.* fusiforme, en forma de huso; ~**presse** *f* prensa *f* de husillo; ~**stock** ⊕ *m* cabezal *m* (de husillo).
Spi'nett ♪ *n* (-*¢s*; -*e*) espineta *f*.
'**Spinnaker** ⚓ *m* spinnaker *m*.
'**Spinne** *Zoo. f* araña *f*; 2**feind** *adj.*: *j-m* ~ *sein* estar a matar con alg.
'**spinnen** ♧ **I.** *v/t.* hilar. *Intrigen*: tramar, urdir; **II.** *v/i.* *Katze*: ronronear; (*faseln*) fantasear; F (*verrückt sein*) estar mal de la cabeza; estar chaveta (*od.* majareta); F *du spinnst wohl?* ¿estás loco?; **III.** 2 *n* hilado *m*; *der Katze*: ronroneo *m*; 2**gewebe** *n*, ~**netz** *n* tela *f* de araña, telaraña *f*.
'**Spinner** *m* hilandero *m*; *Zoo.* esfinge *f*, bómbice *m*; F *fig.* majareta *m*; chalado *m*; chiflado *m*.
Spinne'rei *f* hilandería *f*, fábrica *f* de hilados; F *fig.* F chifladura *f*; manías *f/pl.*
'**Spinnerin** *f* hilandera *f*.
'**Spinn...:** ~**faser** *f* fibra *f* textil, ~**gewebe** *n* telaraña *f*, tela *f* de araña *f*; ~**maschine** *f* máquina *f* de hilar, hiladora *f*; ~**rad** *n* torno *m* de hilar; ~**rocken** *m* rueca *f*; ~**stoff** *m* materia

Spinnstube — Sportverband

f textil; **~stube** *f* cuarto *m* de las hilanderas; **~webe** *f* → **~gewebe**.
spinti'sieren (-) *v/i*. (*grübeln*) cavilar; fantasear.
Spi'on [-i'oːn] *m* (-s; -e) espía *m*; (*Spiegel*) espejo *m* móvil de ventana; (*Guckloch*) mirilla *f*.
Spio'nage [-oˈnaːʒə] *f* espionaje *m*; **~abwehr** *f* contraespionaje *m*; **~abwehrdienst** *m* servicio *m* de contraespionaje; **~netz** *n*, **~ring** *m* red *f* de espionaje; **~satellit** *m* satélite *m* espía; **2verdächtig** *adj.* sospechoso de espionaje.
spio'nieren (-) *v/i*. espiar.
Spi'onin *f* espía *f*.
Spi'räe ♀ *f* espirea *f*.
spi'ral *adj.* (en) espiral; **2bohrer** *m* broca *f* espiral; **2e** *f* espiral *f*, hélice *f*; ⚠ voluta *f*; **2feder** *f* resorte *m* espiral (*od.* helicoidal); *Uhr:* espiral *f*; **~förmig** *adj.*, **~ig** *adj.* espiral; helicoidal; **2linie** *f* espiral *f*; **2nebel** *Astr. m* nebulosa *f* espiral.
Spiri'tis|mus *m* (-; 0) espiritismo *m*; **~t(in** *f*) *m* (-en), **2tisch** *adj.* espiritista (*m/f*).
Spiritua'lismus *m* (-; 0) espiritualismo *m*.
Spiritu'osen *pl.* bebidas *f/pl*. espirituosas (*od.* alcohólicas).
'Spiritus *m* (-; -se) alcohol *m*; (*Weingeist*) espíritu *m* de vino; **~kocher** *m* infiernillo *m* (de alcohol); **~lampe** *f* lámpara *f* de alcohol.
Spiro'chäte *Bio. f* espiroqueta *f*.
Spi'tal *n* (-s; ⸚er) hospital *m*; (*Armenhaus*) asilo *m*.
spitz *adj.* (-est) agudo (*a.* ⚔ *Winkel*); puntiagudo; afilado; ♀ acuminado (*dünn*) delgado; *fig.* mordaz, cáustico; acerbo; picante; ~ *auslaufen* terminar en punta.
Spitz *Zoo. m* (-es; -e) lulú *m*; **'~bart** *m* barba *f* en punta (*od.* de chivo); *am Kinn:* pera *f*, perilla *f*; **'~bergen** *Geogr. n* Spitzberg *m*; **'~bogen** △ *m* ojiva *f*, arco *m* ojival; **'2bogig** *adj.* ojival; **'~bube** *m* (*Dieb*) ladrón *m*; ratero *m*, F caco *m*; (*Schelm*) pícaro *m*; pillo *m*; tunante *m*; **~bubensicht** *n* cara *f* de pícaro (*od.* de pillo); **'~bubenstreich** *m*, **~bübe'rei** *f* picardía *f*; bellaquería *f*; granujada *f*; trastada *f*; **'~bübin** *f* pícara *f*; **'2bübisch** *adj.* pícaro; de pillo.
'Spitze *f* **1.** *allg.* punta *f*; (*äußerstes Ende*) extremo *m*; extremidad *f*; cabo *m*; *bsd. Anat., Bio.* ápice *m*; (*Turm*2) aguja *f*; flecha *f*; (*Giebel*2, *Dach*2) remate *m*; (*Berg*2) cima *f*, cumbre *f*; pico *m*; (*Baum*2) cima *f*, copa *f*; (*Zinken*) diente *m*; (*Schuh*2) puntera *f*; ⚔ vértice *m*; (*Zigaretten*2) boquilla *f*; *e-s Unternehmens usw.:* cabeza *f*; dirección *f*; (*Überschuß*) excedente *m*; (*Höchstwert*) tope *m*; *die ~ n der Gesellschaft* la crema de la sociedad; las notabilidades; *an der ~ sein* (*od.* *stehen*) estar a la cabeza (*a. Sport*); *estar al frente* (*von* de); encabezar (*a/c.*); *an der ~ liegen Sport:* ir en cabeza; llevar la delantera; *sich an die ~ setzen* tomar la delantera (*a. Sport*); ponerse a la cabeza (*od.* al frente) (*gen.* de); *die ~ abbrechen* despuntar; *fig.* e-r *Sache die ~ nehmen* (*od.* *abbrechen*) quitar hierro a a/c.; *die ~ bieten* enfrentarse con; hacer frente a; *die Dinge auf die ~ treiben*

extremar (*od.* llevar hasta el extremo) las cosas; exagerar; **2.** (*bissige Bemerkung*) indirecta *f*; *das ist e-e ~ gegen dich* eso va por ti; **3.** (*Textil*) encaje *m*, puntilla *f*; **4.** P *das ist ~!* ¡es estupendo!; P ¡es cojonudo!; F ¡es el no-va-más!
'Spitzel *m* (-s; -) (*Polizei*2) agente *m* de la policía secreta; (*Zwischenträger*) confidente *m*; F soplón *m*; (*Lock*2) agente *m* provocador; (*Spion*) espía *m*; **2n** (-le) *v/i*. espiar.
'spitzen (-t) *v/t*. aguzar; afilar; *Bleistift:* *a.* sacar punta a; *den Mund* (*od.* *die Lippen*) ~ redondear los labios; F *fig. sich auf et. ~* codiciar a/c.; desear con ansia a/c.; contar con a/c.
'Spitzen...: **~belastung** ⚡ *f* carga *f* de punta; **~besatz** *m* guarnición *f* de encajes; **~einsatz** *m* entredós *m* (de encaje); **~erzeugnis** *n*, **~fabrikat** *n* producto *m* de primera calidad; **~geschwindigkeit** *f* velocidad *f* máxima (*od.* punta); **~gruppe** *f Sport:* grupo *m* (*od.* pelotón *m*) de cabeza; **~kandidat** *m* candidato *m* principal; **~klasse** *f* primera calidad *f*; gran clase *f*; **~kleid** *n* vestido *m* (guarnecido) de encajes; **~klöppel** *m* bolillo *m*; **~klöppler(in** *f*) *m* encajero (-a *f*) *m*; **~kragen** *m* cuello *m* de encaje (*od.* de puntilla); **~leistung** *f Sport:* record *m*; ⊕ rendimiento *m* máximo; *e-r Maschine:* potencia *f* máxima; **~lohn** *m* salario *m* máximo; **~organisation** *f* organización *f* central; **~reiter** *m Sport:* favorito *m*; *a. fig.* líder *m*; delantero *m*; *fig.* puntero *m*; **~strom** ⚡ *m* corriente *f* de punta; **~tanz** *m* baile *m* de puntas; **~tänzerin** *f* bailarina *f* de punt(ill)as; **~technologie** *f* tecnología *f* punta; **~verband** *m* asociación *f* central; **~verkehr (szeit** *f*) *m* horas *f/pl*. punta; **~wein** *m* vino *m* selecto; **~wert** *m* valor *m* máximo.
'Spitzer *m* sacapuntas *m*, afilalápices *m*.
'spitz...: **~findig** *adj.* sutil; **2findigkeit** *f* sutileza *f*; sutilidad *f*; argucia *f*; **2hacke** *f*, **2haue** *f* pico *m*; **2hammer** *m* martillo *m* de puntas; **~ig** *adj.* → *spitz*; **~kriegen** F *v/t*. enterarse (de); descubrir (el pastel); **2kühler** *Kfz. m* radiador *m* cortaviento; **2maus** *Zoo. f* musaraña *f*, musgaño *m*; **2name** *m* apodo *m*, mote *m*; **2nase** *f* nariz *f* puntiaguda; **2säule** *f* obelisco *m*; **~wink(e)lig** ⚔ *adj.* acutángulo.
Spleen [splinː] *m* (-s; -s) esplín *m*; F chifladura *f*; excentricidad *f*; **'2ig** *adj.* excéntrico; maniático.
'spleißen (L) *v/t*. hender, rajar; ⚓ *Tau:* ayustar; *Kabel:* empalmar.
'Splint *m* (-*e*s; -e) ⊕ clavija *f*; **~holz** *n* albura *f*.
'splissen (-βt) *v/t*. → *spleißen*.
Splitt *m* (-*e*s; -e) gravilla *f*.
'Splitter *m* (-s; -) (*Holz*2) astilla *f*; *im Finger:* espina *f*; (*Glas*2, *Granat*2, *Stein*2) casco *m*; ⚔ (*Knochen*2) esquirla *f*; (*Bruchstück*) fragmento *m*; *Bib. der ~ im Auge des Nächsten* la paja en el ojo ajeno; **2frei** *adj. Glas:* inastillable; **~gruppe** *Pol. f* grupúsculo *m*; **2n** (-re) *v/i*. saltar en pedazos; astillarse; estrellarse; **2nackt** *adj.* en cueros (vivos), F en pelota; **~partei** *Pol. f* partido *m* minúsculo; micro-

partido *m*; **2sicher** *adj.* ⚔ a prueba de cascos (*od.* de metralla); *Glas:* inastillable; **~wirkung** ⚔ *f* efecto *m* del estallido.
'sponsern *v/t*. patrocinar, esponsorizar.
'Sponsor (in *f*) *m* patrocinador(a *f*) *m*.
spon'tan *adj.* espontáneo; **2(e)i'tät** *f* espontaneidad *f*; **2heilung** ✱ *f* curación *f* espontánea.
spo'radisch *adj.* esporádico.
'Spore ♀ *f* espora *f*.
'Sporn *m* (-*e*s; *Sporen*) espuela *f* (*a.* ♀); *Zoo.*, ⚓, ⊕ espolón *m*; *die Sporen geben* espolear, dar de espuelas a; *fig. sich die Sporen verdienen* hacer méritos; hacer sus primeras armas; **2en** *v/t*. espolear; dar de espuelas a; **~rad** ⚔ *n* rueda *f* de cola; **~rädchen** *n* rodaja *f*, estrella *f* (de la espuela); **2streichs** *adv.* a rienda suelta; a toda prisa; a todo correr; a escape; (*sofort*) acto seguido.
'Sport *m* (-*e*s; 0) deporte *m*; (*Fach*) educación *f* física; ~ *treiben* practicar un deporte; *fig. aus ~* para divertirse; **~abzeichen** *n* insignia *f* deportiva; **~anlage** *f* complejo *m* deportivo, polideportivo *m*; **~anzug** *m* conjunto *m* deportivo; **~arten** *f/pl*. deportes *m/pl*.; **~artikel** *m* artículo *m* de deporte; **~arzt** *m* médico *m* deportivo; **~ausrüstung** *f* equipo *m* deportivo (*od.* de deporte); **2begeistert** *adj.* entusiasta del (*od.* aficionado al) deporte; **~bericht** *m* reportaje *m* deportivo; crónica *f* deportiva; **~berichterstatter** *m* reportero *m* de deportes; **~coupé** *Kfz. n* cupé *m* deportivo; **~dreß** *m* conjunto *m* deportivo; **~er-eignis** *n* acontecimiento *m* deportivo; **~feld** *n* campo *m* de deportes; *Am.* cancha *f*; **~fest** *n* fiesta *f* deportiva; **~flieger** *m* aviador *m* deportista; **~fliegerei** *f* aviación *f* deportiva; **~flugzeug** *n* avioneta *f* (de deporte); **~freund (in** *f*) *m* deportista *m/f*; **~geist** *m* espíritu *m* deportivo; **~gelände** *n* campo *m* (*od.* terreno *m*) de deportes; **~gerät** *n* aparato *m* de deporte; **~geschäft** *n* tienda *f* de artículos de deporte; **~halle** *f* pabellón *m* de deportes (*od.* deportivo); **~hemd** *n* camisa *f* sport; **~jacke** *f* chaqueta *f* sport; **~journalist** *m* periodista *m* deportivo; **~kanone** F *f* as *m* del deporte; **~kleidung** *f* prendas *f/pl*. deportivas; **~klub** *m* club *m* deportivo; **~lehrer(in** *f*) *m* profesor(a *f*) *m* de educación física; **~ler(in** *f*) *m* deportista *m/f*; **2lich** *adj.* deportivo; deportista; **~lichkeit** *f* (0) deportividad *f*; **~medizin** *f* medicina *f* deportiva; **~nachrichten** *f/pl*. noticias *f/pl*. deportivas; **~palast** *m* palacio *m* de los deportes; **~platz** *m* → *feld*; **~redakteur** *m* redactor *m* deportivo; **~reportage** *f* reportaje *m* deportivo; **~schuhe** *m/pl*. zapatos *m/pl*. (de) sport; **~schule** *f* escuela *f* de deportes; **~sendung** *f* emisión *f* deportiva; **~smann** *m* (-*e*s; *-leute*) deportista *m*; **~tauchen** *n* submarinismo *m*, escafandrismo *m*; **~taucher** *m* buceador *m*, submarinista *m*; **~teil** *m e-r Zeitung:* sección *f* deportiva; **2treibend** *adj.* que practica un deporte; **~trikot** *n* maillot *m*; **~unterricht** *m* educación *f* física; **~verband** *m* asociación *f* deportiva; ~

verein m sociedad f deportiva; **~wagen** m Kfz. coche m deportivo; vehículo m sport; (Kinderwagen) cochecito m (plegable); **~welt** f mundo m deportivo (od. de los deportes); **~zeitung** f periódico m deportivo.

¹**Spott** m (-es; 0) burla f; escarnio m; mofa f; beißender: sarcasmo m; verhüllter: ironía f; witziger: sátira f; Rel. blasfemia f; s-n ~ mit j-m treiben burlarse de alg.; hacer befa de alg.; mofarse de alg.; **~bild** n caricatura f; ²**'billig** (0) I. adj. baratísimo; F regalado, tirado, una ganga; II. adv. a precio irrisorio (od. tirado od. regalado); **~drossel** Orn. f sinsonte m.

Spötte'lei f burla f; mofa f; F chunga f; chacota f.

¹**'spötteln** (-le) v/i. burlarse (über ac. de); mofarse de.

¹**'spotten** (-e-) v/i.: ~ über (ac.) burlarse de; reírse de; (lächerlich machen) ridiculizar; (höhnen) hacer mofa de, mofarse de; jeder Beschreibung ~ ser indescriptible.

¹**'Spötter** m burlón m, F guasón m; bissiger: cínico m.

Spötte'rei f → Spott.

¹**'Spott...:** **~figur** f F hazmerreír m; **~gedicht** n sátira f, poema m satírico; **~gelächter** n risa f burlona; **~geld** n: für ein ~ por un precio irrisorio.

¹**'spöttisch** adj. burlón; mofador; sarcástico; irónico; satírico; ~ lächeln sonreír burlonamente; sotorreírse.

¹**'Spott...:** **~lied** n canción f burlona; **~lust** f espíritu m sarcástico; carácter m burlón; ²**lustig** adj. sarcástico; burlón, guasón; **~name** m mote m, apodo m; **~preis** m precio m irrisorio; **~schrift** f sátira f; **~vogel** fig. m burlón m, F guasón m.

¹**'Sprach|atlas** m atlas m lingüístico; **~barriere** f → ~schranke; **~begabung** f don m de lenguas; talento m lingüístico; facilidad f para aprender idiomas; **~denkmal** n monumento m lingüístico bzw. literario.

¹**'Sprache** f lengua f; idioma m; (Redeweise) lenguaje m; e-r Person: manera f de hablar (od. de expresarse); (Sprechfähigkeit) palabra f; habla f; (Stimme) voz f; alte (neuere; lebende; tote; fremde) ~ lengua f antigua (moderna; viva; muerta; extranjera); die ~ verlieren (wiedergewinnen) a. fig. perder (recobrar) el habla; e-e offene ~ reden hablar con franqueza; er spricht jetzt e-e ganz andere ~ ha cambiado de tono; mit der ~ nicht herauswollen no atreverse a hablar; heraus mit der ~! ¡explíquelo!; F ¡desembucha!; zur ~ kommen llegar a discutirse (od. tratarse); zur ~ bringen someter a discusión; poner sobre el tapete; traer a colación; die ~ auf et. bringen hacer caer la conversación sobre a/c.

¹**'Sprach...:** **~eigenheit** f, **~eigentümlichkeit** f idiotismo m, modismo m; **~endienst** m servicio m lingüístico; **~engewirr** n confusión f de lenguas; **~enschule** f escuela f de idiomas; **~erkennung** f Computer: reconocimiento m de la palabra (od. de la voz); **~fehler** m defecto m de lenguaje (od. del habla); Gr. solecismo m; **~forscher** m lingüista m; **~forschung** f lingüística f; **~führer** m manual m de conversación; **~gebiet** n: das spanische ~ los países de habla española; **~gebrauch** m uso m del idioma; **~gefühl** n intuición f lingüística; sentido m del idioma; **~gewalt** f grandilocuencia f; ²**gewaltig** adj. grandilocuente; ²**gewandt** adj. de palabra fácil; Redner: diserto; elocuente; **~gewandtheit** f facilidad f de palabra; dominio m de idiomas; elocuencia f; **~grenze** f frontera f lingüística; **~heilkunde** f logopedia f; **~insel** f islote m lingüístico; **~kenntnisse** pl. conocimientos m/pl. lingüísticos bzw. de idiomas (extranjeros); mit ~n con idiomas; ²**kundig** adv. versado en lingüística; conocedor de (od. experto en) idiomas; polígloto; **~labor** n laboratorio m de idiomas; **~lähmung** ✞ f afasia f; **~lehre** f gramática f; **~lehrer(in** f) m profesor(a f) m de idiomas; ²**lich** adj. lingüístico; relativo al idioma bzw. al lenguaje; ²**los** adj. privado del habla; fig. atónito, estupefacto; ~ sein (od. dastehen) quedar atónito, F quedarse de una pieza; **~losigkeit** f (0) ✞ f afasia f; fig. estupefacción f; **~raum** m → ~gebiet; **~reinheit** f pureza f del idioma; **~reiniger** m purista m; **~rohr** n bocina f; megáfono m; fig. portavoz m; órgano m; **~schatz** m vocabulario m; léxico m; **~schnitzer** m desliz m gramatical; **~schranke** f barrera f lingüística; **~steuerung** f Computer: control m (od. comando m) por voz; **~störung** ✞ f disfasia f; **~studium** n estudio m de lenguas (od. idiomas); **~talent** n → ~begabung; **~unterricht** m enseñanza f de idiomas; ~ erteilen (od. geben) enseñar idiomas; ~ dar clases de idioma; **~vergleichung** f filología f comparada; **~verstoß** m falta f gramatical, solecismo m; ²**widrig** adj. incorrecto; **~widrigkeit** f incorrección f (del idioma); barbarismo m; **~wissenschaft** f lingüística f; filología f; **~wissenschaftler** m lingüista m; filólogo m; ²**wissenschaftlich** adj. lingüístico; filológico.

Spray [sprei] m, n (-s; -s) spray m.

¹**'Sprech|anlage** f interfono m; teléfono m interior; **~art** f manera f (od. modo m) de hablar (od. de expresarse); dicción f; **~blase** f Comic: globito m; **~chor** m coro m hablado; ¹**'sprechen** I. (L) v/t. u. v/i. hablar (über, von sobre, de; mit con; zu a); (sich unterhalten) conversar; charlar; (sagen) decir; (aus~) pronunciar; Vortragender: disertar (über sobre); e-e Sprache ~ hablar un idioma spanisch ~ hablar (en) español, etc.; deutlich ~ pronunciar bien, (klar) hablar claro (od. claramente), F hablar en cristiano, (offen) hablar con franqueza; zu ~ sein recibir; admitir visita; estar visible (für j-n para alg.); für j-n ~ stellvertretend: hablar en lugar bzw. en nombre de alg., zu s-n Gunsten: hablar en favor de alg., intercedar por alg.; für et. ~ hablar en pro, abogar por a/c.; das spricht für sich (selbst) eso habla por sí solo; es evidente; alle Anzeichen ~ dafür, daß ... todo induce a creer que ...; dagegen ~ hablar en contra; das spricht gegen ihn eso va en contra de él; eso le desfavorece; das spricht für s-n Mut es una prueba de su valor; j-n zu ~ wünschen desear hablar con alg.; kann ich Sie kurz ~? ¿podría hablar con usted un momento?; ich muß erst mit m-m Anwalt ~ tengo que consultar (od. hablar) antes con mi abogado; er ist nicht zu ~ no recibe (visita); está ocupado; gut zu ~ sein auf estar bien dispuesto hacia; auf j-n nicht gut zu ~ sein estar enfadado con alg.; tener a alg. atravesado (od. entre ceja y ceja); mit sich selbst ~ hablar entre sí; (nicht) mit sich ~ lassen (no) atender a razones; von j-m gut (schlecht) ~ hablar bien (mal) de alg.; ich spreche von ihm me refiero a él; von et. anderem ~ hablar de otra cosa; cambiar de conversación; wir nicht davon no hablemos de eso; dejemos eso; wir ~ nicht (mehr) miteinander no se hablan; zu ~ kommen auf sacar a colación; wir ~ uns noch! ¡ya nos veremos!; drohend: ¡nos veremos las caras!; die Verzweiflung spricht aus ihm la desesperación le hace hablar así; II. ² n (Sprechvermögen) don m de la palabra; habla f; (Aussprache) pronunciación f; **~d** adj. que habla; fig. expresivo; elocuente; ~ ähnlich sein ser de un parecido sorprendente (od. asombroso).

¹**'Sprecher** m (Wortführer) portavoz m; Am. vocero m; (Redner) orador m; Radio, TV locutor m; Schule: delegado m; **~in** f locutora f.

¹**'Sprech...:** **~fehler** m lt. lapsus m linguae; **~funk** m radiotelefonía f; **~funkgerät** n radioteléfono m; **~gebühr** Tele. f tarifa f telefónica; **~gesang** ♩ m recitado m; **~kapsel** Tele. f cápsula f del micrófono; **~rolle** Thea. f papel m hablado; **~stunde** f horas f/pl. de consulta (a. ✞); **~stundenhilfe** ✞ f auxiliar f de médico, F enfermera f; **~taste** Tele. f botón m de conversación; **~übungen** f/pl. ejercicios m/pl. de conversación bzw. de fonación; **~unterricht** m clases f/pl. de dicción bzw. de declamación; **~weise** f → ~art; **~zelle** Tele. f locutorio m, cabina f telefónica; **~zimmer** n despacho m; e-s Arztes: sala f de consulta, consultorio m; Kloster, Gefängnis: locutorio m.

¹**'spreiten** (-e-) v/t. extender.

¹**'spreiz|beinig** adj. esparrancado; ²**e** f ⊕ puntal m; riostra f; codal m; Turnen: separación f de las piernas; **~en** (-t) v/t. abrir; extender; die Beine ~ abrirse de piernas; F esparrancarse; fig. sich ~ pavonearse; sich ~ gegen oponerse a; → gespreizt; ²**fuß** m pie m espaciado; ²**ring** ⊕ m anillo m extensible.

¹**'Spreng|bombe** f bomba f explosiva, **~el** m distrito m; Rel. diócesis f; (Kirchspiel) parroquia f; ²**en I.** v/t. **1.** (in die Luft ~) volar, hacer saltar; dinamitar; (aufbrechen) hacer estallar (od. reventar); Schloß, Tür: forzar; violentar; Fesseln: romper; Versammlung usw.: disolver; dispersar; **2.** (be~) rociar (a. Wäsche); regar; Weihwasser: asperjar; **II.** (sn) v/i. galopar; lanzarse al galope; **~en** n voladura f; (Be²) riego m; aspersión f; **~er** m (Rasen²) regador m, aspersor m; **~flüssigkeit** f líquido m explosivo; **~geschoß** n proyectil m explosivo; **~kammer** f cámara f de

mina (para voladura); ~kapsel f detonador m, fulminante m; cápsula f explosiva; ~kommando ⚔ n destacamento m de dinamiteros; ~kopf m cabeza f, ojiva f; ~körper m petardo m; (cuerpo m) explosivo m; artefacto m; ~kraft f fuerza f explosiva; ~ladung f carga f explosiva; ~loch ⚔ n agujero m de mina; (Bohrloch) barreno m; ~meister m dinamitero m; barrenero m; ~mittel n explosivo m; ~patrone f cartucho m explosivo; ~satz m carga f explosiva; ~stoff m explosivo m; materia f explosiva; ~stoff-attentat n atentado m con explosivos; ~stoff-attentäter m dinamitero m; ~stück n casco m de granada; ~trichter m cráter m; ~trupp m → ~kommando; ~ und Kehrmaschine f regadora-barredora f; ~ung f voladura f; e-r Versammlung: disolución f; dispersión f; ~wagen m camión m de riego, autorregadora f; ~wedel m hisopo m; ~wirkung f efecto m explosivo bzw. de la explosión.

'Sprenkel m mota f; (Fleck) mancha f; salpicadura f; 2n (-le) v/t. manchar; salpicar; (tüpfeln) motear.

Spreu f (0) tamo m; granzas f/pl.; (Stroh) paja f menuda; die ~ vom Weizen sondern (od. trennen) separar el grano de la paja (a. fig.).

'Sprich|wort n (-es; ⸚er) proverbio m; refrán m; 2wörtlich adj. proverbial (a. fig.); ~wortsammlung f refranero m.

'sprießen (L; sn) v/i. brotar; nacer; crecer; (keimen) germinar; Bart: sombrear.

Spriet ⚓ n (-es; -e) vela f de abanico.

'Springbrunnen m surtidor m; fuente f.

'springen (L; sn) I. v/i. saltar; dar un salto; (hüpfen) brincar; (zer~) estallar; reventar; romperse; partirse; Glas: resquebrajarse, rajarse; Quelle usw.: brotar, manar; surtir; Ball: botar; rebotar; F (laufen) correr; beim Lesen: saltar(se) un renglón; aus dem Bett (Fenster) ~ saltar de la cama (por la ventana); über e-n Graben ~ saltar una zanja; F et. ~ lassen F aflojar la mosca; II. 2 n saltos m/pl.; Reitsport: concurso m de saltos; ~d adj.: fig. der ~e Punkt el punto capital (od. esencial); F el busilis, el quid, el meollo de la cuestión.

'Springer m 1. Sport: saltador m; 2. Schach: caballo m; ~in f saltadora f.

'Spring...: ~flut f marea f viva; ~frucht ♀ f fruto m dehiscente; ~insfeld fig. m (-es; -e) saltabardales m; ~kraft f elasticidad f; ~kraut ♀ n balsamina f; 2lebendig adj. vivaracho; F vivito y coleando; ~maus Zoo. f jerbo m; ~pferd n caballo m saltador; ~prüfung f concurso m de saltos; ~quell(e f) m surtidor m, fuente f, Poes. fontana f; ~reiter m jinete m de salto; ~seil n cuerda f para saltar; comba f.

'Sprinkler m aspersor m.

Sprint m (-s; -s) Sport: (e)sprint m; 2en (-e-; sn) v/i. sprintar; '~er m velocista m, (e)sprínter m.

Sprit m (-es; -e) alcohol m; F (Kraftstoff) gasolina f.

'Spritz|apparat m pulverizador m; ~beton m hormigón m proyectado; ~düse f boquilla f pulverizadora; Kfz. inyector m (de chorro).

'Spritze f (Hand2, Klistier2) jeringa f; ⚕ a. jeringuilla f; (Feuer2) bomba f de incendios; (Garten2) manga f; ⚕ (Einspritzung) inyección f; e-e ~ geben poner una inyección.

'spritzen (-t) I. v/t. mit der Spritze: jeringar; (be~) regar; rociar, asperjar; (herum~) salpicar; bsd. ⚔ pulverizar; ⚕ inyectar; Getränk: mezclar con soda; II. v/i. (heraus~) brotar, surtir; salir a chorro; ⚕ dar (od. poner) una inyección; (herum~) salpicar; Feuerspritze: manejar (la bomba de incendios); F (Rauschgift ~) inyectarse, F chutarse; F (sn) (eilen) salir disparado; III. 2 n jeringazo m; salpicadura f; riego m; rociadura f, aspersión f; pulverización f; ⚕ inyección f; 2haus n depósito m de bombas de incendios.

'Spritzer m salpicadura f; (Tinten2) borrón m; (kleiner Tropfen) chispa f.

'Spritz...: ~fahrt F f (pequeña) excursión f (od. vuelta f); escapada f; ~flasche ⚗ f matraz m de lavado; ~gebackene(s) n churros m/pl.; ~guß ⊕ m moldeo m por inyección; 2ig adj. (geistreich) chispeante; Wein: burbujeante; 2lackieren (-) v/t. pintar con pistola; ~lackierung f barnizado m a pistola; ~pistole f pistola f pulverizadora bzw. para pintar; ~tour F f → ~fahrt; ~vergaser m carburador m de pulverización.

'spröd|e adj. (brüchig) quebradizo, frágil; Metall, Stimme: bronco; Haut: áspero; fig. (abweisend) esquivo; reservado; bsd. Mädchen: melindroso, dengoso; pudibundo; 2igkeit f (0) fragilidad f; bronquedad f; aspereza f; fig. esquivez f; reserva f.

Sproß m (-sses; -sse) ♀ retoño m, vástago m (beide a. fig. Nachkomme); renuevo m.

'Sprosse f (Leiter2) escalón m; peldaño m; Geweih: mogote m; candil m; 2n (-βt; sn) v/i. brotar; retoñar; echar renuevos; (keimen) germinar; ~nwand f Turnen: espaldera f.

'Sprößling m (-s; -e) a. fig. vástago m, retoño m.

'Sprotte Ict. f espadín m.

'Spruch m (-es; ⸚e) (Aus2) dicho m; sentencia f; máxima f; (Sinn2) aforismo m, adagio m; (Bibel2) versículo m; ⚖ sentencia f; fallo m; (Entscheidung) decisión f; der Geschworenen: veredicto m; (Schieds2) laudo m arbitral; die Sprüche Salomonis los Proverbios de Salomón; F (große) Sprüche machen fanfarronear; tener mucho cuento; ~band n pancarta f; ~kammer Hist. Pol. f tribunal m de desnazificación; 2reif adj. ⚖ concluso (od. listo) para sentencia; das ist noch nicht ~ está pendiente (od. en suspenso).

'Sprudel m gaseosa f; agua f mineral; (Quelle) hervidero m; surtidor m (de aguas minerales); 2n (-le) v/i. (hervor~) surtir, brotar a borbotones; (sieden) hervir; borbotar; (perlen) burbujear; fig. (hastig sprechen) hablar a borbotones; farfullar; vor Begeisterung usw.: rebosar de; ~nd n burbujeo m; efervescencia f; 2nd adj. efervescente; fig. chispeante; fogoso.

'Sprüh|dose f spray m; 2en I. v/t. Funken: chisporrotear, echar chispas; Flammen: lanzar; (besprengen) rociar; (a. ⚔) pulverizar; atomizar; II. v/i. Funken: echar chispas; chispear (a. fig. Augen usw.); (glitzern) centellear (a. fig.); (nieseln) chispear, lloviznar; ~en n chisporroteo m (a. fig.); centelleo m (a. fig.); 2end adj. chispeante (a. fig.); centelleante (a. fig.); ~entladung ⚡ f efluvio m en corona; ~gerät n atomizador m; ~nebel m F niebla f meona; ~regen m llovizna f; F calabobos m.

'Sprung m (-es; ⸚e) salto m (a. Sport u. fig.); (Satz) brinco m; (Luft2) cabriola f; ins Wasser: zambullida f; (Riß) resquebrajadura f, grieta f; im Glas: raja f; in e-r Mauer: hendidura f; Zoo. cubrición f, monta f; Sprünge bekommen resquebrajarse, Glas: rajarse, Mauer: henderse; Sprünge machen der saltos (od. brincos); mit e-m ~ de un salto; in Sprüngen a saltos; den ~ ins Ungewisse wagen dar un salto en las tinieblas; auf dem ~ sein, zu ... (inf.) estar a punto de ... (inf.); fig. auf e-n ~ (vorbeikommen) (pasar) sólo un momento; es ist nur ein ~ bis dorthin está a dos pasos de aquí; j-m auf die Sprünge helfen ayudar a alg.; dar una pista a alg.; j-m auf die Sprünge kommen descubrir las intenciones (od. los manejos) de alg.; er kann keine großen Sprünge machen no puede permitirse grandes gastos; no anda muy sobrado de dinero; ~bein n Anat. astrágalo m; Sport: pierna f de impulso; 2bereit adj. preparado para saltar; ~brett n trampolín (a. fig.); ~deckel-uhr f saboneta f; ~feder f muelle m, resorte m; ~federmatratze f colchón m de muelles, gal. somier m; ~gelenk Zoo. n jarrete m; ~grube f Sport: foso m de caída; 2haft I. adj. inconstante; veleidoso; versátil; II. adv.: ~ (an)steigen Preise: dispararse; ~haftigkeit f (0) inconstancia f; versatilidad f; ~lauf m salto m de esquís; ~regreß ✝ m recurso m directo; ~schanze f Skisport: trampolín m (de saltos); ~seil n comba f; ~stab m Sport: pértiga f (de salto); ~tuch n Feuerwehr: tela f salvavidas, paño m de salvamento; ~turm m Schwimmsport: torre f de trampolines; 2weise adv. a saltos.

'Spuck|e f (0) saliva f; esputo m; F ihm blieb die ~ weg se quedó atónito (od. con la boca abierta od. de una pieza); 2en v/t. u. v/i. escupir; (erbrechen) vomitar; (aushusten) expectorar; ~napf m escupidera f.

'Spuk [u:] m (-es; -e) aparición f (de fantasmas); fantasma m, espectro m; 2en v/i. trasguear; andar por la casa; es spukt in diesem Haus en esta casa hay duendes; die Idee spukt in s-m Kopf está obsesionado por la idea; ~geist m duende m; trasgo m; ~geschichte f cuento m de aparecidos; 2haft adj. espectral; fantasmal; ~haus n casa f de duendes.

'Spülbecken n fregadero m; pila f; des Kloketts: taza f.

'Spule f bobina f, carrete m (a. ⚡); (Weber2) canilla f (a. Nähmaschine); 2n v/t. bobinar; devanar; encanillar.

'spülen I. v/t. lavar; Geschirr: a. fregar; Gläser, Mund: enjuagar; Wä-

sche: aclarar; ⚘ irrigar; *ans Ufer, an Land* ~ arrojar a la orilla; **II.** ⚦ *n* lavado *m*; fregado *m*.

'**Spül|erin** *f*, ~**frau** *f* lavaplatos *f*; ~**icht** *n* (-*s*; -*e*) lavazas *f/pl.*; agua *f* de fregar; ~**klosett** *n* wáter *m*, inodoro *m*; ~**lappen** *m* estropajo *m*.

'**Spulmaschine** *f* bobinadora *f*.

'**Spül...**: ~**maschine** *f* lavavajillas *m*, lavaplatos *m*; ⚦**maschinenfest** *adj*. apto para lavavajillas; ~**mittel** *n* detergente *m*; ~**stein** *m* pila *f*, fregadero *m*; ~**ung** *f* lavado *m*; enjuague *m*; ⚘ *Magen, Blase*: lavado *m*; *Darm*: irrigación *f*; *Klosett*: depósito *m* de agua; ~**wasser** *n* agua *f* de fregar (*od.* de lavar); *schmutziges*: aguas *f/pl.* sucias, lavazas *f/pl.*

'**Spulwurm** *Zoo. m* ascáride *f*.

'**Spund** *m* (-*es*; -*e*) **1.** tapón *m* (de cuba), bitoque *m*; **2.** F *junger* ~ jovenzuelo *m*; ⚦**en** (-*e*-) *v/t*. taponar; ⊕ (*falzen*) ensamblar; ~**loch** *n* piquera *f*; canillero *m*.

Spur *f* (-; -*en*) huella *f* (*a. fig.*); ***Jgdw.** u. fig.* rastro *m*; (*Fährte, a. fig.*) pista *f*; *gal.* traza *f*; (*Fuß*⚦) pisada *f*; (*Wagen*⚦) carril *m*; (*Rad*⚦) rodada *f*; ⛵ vía *f*; *Am.* trocha *f*; ⚓ *e-s Schiffes*: estela *f*; ↯, vestigio *m* (*a. fig. Überrest*); (*Tonband*) canal *m*; (*Fahrbahn*) carril *m*; *fig.* (*Anzeichen*) indicio *m*; (*Merkmal*) marca *f*, señal *f*; *fig. j-m auf die* ~ *kommen* descubrir las intenciones de alg.; *e-r Sache*: descubrir el pastel; *auf die* ~ *helfen* (*od. bringen*) dar una pista, poner en la pista; *a. fig. j-s* ~*en folgen* seguir las huellas de alg.; *j-n von der* ~ *abbringen* despistar a alg.; *j-m auf der* ~ *sein* seguir (*od.* estar sobre) la pista de alg.; *e-e* ~ *Salz* una pizca de sal; *fig. keine* (*od. nicht die*) ~ *von* ni sombra de; F *keine* ~! ¡qué va!; ¡ni pensarlo!; ¡ni hablar!

'**spürbar** *adj.* sensible, perceptible, palpable; ~ *werden* hacerse sentir.

'**spuren** *v/i. Skisport*: trazar la pista; *fig.* obedecer; cumplir con su deber; trabajar bien.

'**spüren I.** *v/t.* (*empfinden*) sentir, experimentar; (*wahrnehmen*) percibir, notar; (*wittern*) husmear (*a. fig.*); *Folgen usw.*: resentirse de; **II.** *v/i.* seguir una pista, rastrear; seguir el rastro (de); *fig.* ~ *nach* husmear; hacer indagaciones; buscar.

'**Spuren-element** ↯ *n* elemento *m* traza, oligoelemento *m*.

'**Spürhund** *m* perro *m* rastrero, *a. fig.* sabueso *m*.

'**spurlos** *adv.* sin dejar huella (*od.* rastro); ~ *verschwinden* desaparecer sin dejar huella, F esfumarse.

'**Spür|nase** *f* buen olfato *m* (*a. fig.*); ~**sinn** *m* sagacidad *f*; (buen) olfato *m*.

Spurt *m* (-*es*; -*e*) *Sport*: sprint *m*; *plötzlicher* ~ escapada *f*; ⚦**en** (-*e*-) *v/i.* sprintar; F correr.

'**Spur|wechsel** *Vkw. m* cambio *m* de carril; ~**weite** *f* ancho *m* de vía, *Am.* trocha *f*; *Kfz.* distancia *f* entre ruedas.

'**sputen** (-*e*-) *v/refl.*: *sich* ~ apresurarse, darse prisa; *Am.* apurarse.

'**Sputum** *n* (-*s*; -*ta*) esputo *m*; expectoración *f*.

st! *int.* ¡chist!, ¡chitón!

Staat *m* (-*es*; -*en*) Estado *m*; *weit S.* nación *f*, país *m*; (*Regierung*) gobierno *m*; *Zoo.* sociedad *f*; (*Aufwand*) aparato *m*, ostentación *f*; (*Pracht*) gala *f*, pompa *f*; *in vollem* ~ con todas sus galas; F de tiros largos; *großen* ~ *machen* vivir a lo grande; llevar un gran tren de vida; *mit et.* ~ *machen* hacer alarde (*od.* gala) de a/c.; lucir a/c.

'**staaten|bildend** *Zoo.* *adj.* social; ⚦**bund** *m* confederación *f* de Estados; ~**los** *adj.* apátrida; sin nacionalidad; ⚦**lose(r** *m*) *m/f* apátrida *m/f*.

'**staatlich** *adj.* del Estado, estatal; gubernamental; público; nacional; oficial; ~*e Einrichtung* institución *f* del Estado; ~ *anerkannt* reconocido por el Estado; ~ *geprüft* con diploma oficial; ~ *überwacht* controlado por el Estado.

'**Staats...**: ~**akt** *m* ceremonia *f* oficial; ~**aktion** *fig. f* asunto *m* de Estado; ~**amt** *n* cargo *m* público; ~**angehörige(r** *m*) *m/f* súbdito (-a *f*) *m*; ciudadano (-a *f*) *m*; ~**angehörigkeit** *f* nacionalidad *f*; ciudadanía *f*; *doppelte* ~ doble nacionalidad *f*; ~**angelegenheit** *f* cuestión *f* de Estado; asunto *m* público; ~**anleihe** *f* empréstito *m* del Estado; ~**anwalt** *m* fiscal *m*; ~**anwaltschaft** *f* fiscalía *f*; ministerio *m* público; ~**anzeiger** *m* Boletín *m* Oficial del Estado; ~**apparat** *m* aparato *m* (*od.* maquinaria *f*) estatal; ~**archiv** *n* archivo *m* nacional (*od.* del Estado); ~**aufsicht** *f* inspección *f* del Estado; ~**ausgaben** *f/pl.* gastos *m/pl.* públicos; ~**bank** *f* banco *m* del Estado (*od.* estatal); ~**bankrott** *m* bancarrota *f* nacional; ~**beamte(r)** *m* funcionario *m* público; ~**begräbnis** *n* sepelio *m* nacional; ~**behörde** *f* autoridad *f* estatal; ~**besitz** *m* → ~*eigentum*; ~**besuch** *m* visita *f* oficial; ~**betrieb** *m* empresa *f* estatal; ~**bibliothek** *f* biblioteca *f* nacional; ~**bürger(in** *f*) *m* ciudadano (-a *f*) *m*; ~**bürgerkunde** *f* instrucción *f* (*od.* educación *f*) cívica; ⚦**bürgerlich** *adj.* cívico; ~**bürgerrecht** *n* derecho *m* de ciudadanía; ~**bürgerschaft** *f* → ~*angehörigkeit*; ~**chef** *m* jefe *m* de(l) Estado; ~**dienst** *m* servicio *m* público (*od.* del Estado); ⚦**eigen** *adj.* perteneciente al Estado; ~**eigentum** *n* bienes *m/pl.* nacionales; patrimonio *m* nacional; ~**einkünfte** *pl.* ingresos *m/pl.* del Estado; rentas *f/pl.* públicas (*od.* del Estado); ~**examen** *n* examen *m* de Estado; *Span.* licenciatura *f*; ~**feind** *m* enemigo *m* público; ⚦**feindlich** *adj.* hostil al Estado; ~**form** *f* forma *f* de gobierno; ~**gebiet** *n* territorio *m* nacional; ⚦**gefährdend** *adj.* peligroso para el Estado; subversivo; ~**gefährdung** *f* delito *m* contra la seguridad del Estado; ~**gefangene(r)** *m* prisionero *m* de Estado; ~**gefängnis** *n* prisión *f* estatal; ~**geheimnis** *n* secreto *m* de Estado; F *fig.* gran secreto *m*; ~**gelder** *n/pl.* fondos *m/pl.* públicos; ~**geschäft** *n* asunto *m* del Estado; ~**gewalt** *f* poder *m* del Estado; autoridad *f* pública; ~**haushalt** *m* presupuesto *m* del Estado; ~**hoheit** *f* soberanía *f* (nacional); ~**interesse** *n* interés *m* nacional; ~**kanzlei** *f* cancillería *f*; ~**kasse** *f* Tesoro *m* público; fisco *m*; erario *m*; ~**kirche** *f* Iglesia *f* nacional; ~**kommissar** *m* comisario *m* del Estado; ~**kosten** *pl.*: *auf* ~ *a* expensas del Estado; ~**kunst** *f* política *f*; arte *f* de gobernar; ~**lehre** *f* teoría *f* (*od.* doctrina *f*) del Estado; ~**lotterie** *f* lotería *f* nacional; ~**mann** *m* (-*es*; ⁀*er*) hombre *m* de Estado, estadista *m*; ⚦**männisch** *adj.* político; ~**minister** *m* ministro *m* de Estado; ~**mittel** *n/pl.* fondos *m/pl.* públicos; ~**monopol** *n* monopolio *m* del Estado; ~**oberhaupt** *n* jefe *m* del Estado; *gekröntes*: soberano *m*; ~**organ** *n* órgano *m* del Estado; ~**papiere** ✝ *n/pl.* efectos *m/pl.* (*od.* fondos *m/pl.*) públicos; valores *m/pl.* del Estado; ⚦**politisch** *adj.* político-nacional; ~**polizei** *f*: (*geheime*) ~ policía *f* (secreta) del Estado; ~**präsident** *m* presidente *m* del Estado; ~**prüfung** *f* → ~*examen*; ~**räson** *f* razón *f* de Estado; ~**rat** *m* (*Behörde*) Consejo *m* de Estado; (*Person*) consejero *m* de Estado; ~**recht** *n* derecho *m* público (*od.* político); *eng S.* derecho *m* constitucional; ~**rechtler** *m* especialista *m* en derecho público; ⚦**rechtlich** *adj.* fundado en el derecho público; de derecho público; ~**regierung** *f* gobierno *m* (del Estado); ~**religion** *f* religión *f* (oficial) del Estado; ~**rente** *f* renta *f* pública (*od.* del Estado); ~**ruder** *fig. n* timón *m* del Estado; *das* ~ *in Händen haben* tener las riendas del poder; ~**schiff** *fig. n* nave *f* del Estado; ~**schuld** ✝ *f* deuda *f* pública (*od.* del Estado); ~**schuldverschreibung** ✝ *f* obligación *f* del Estado; ~**sekretär** *m* secretario *m* de Estado; *in Deutschland*: subsecretario *m*; ~**sicherheitsdienst** *m* servicio *m* (secreto) de seguridad del Estado; ~**siegel** *n* sello *m* oficial (*od.* del Estado); ~**straße** *f* carretera *f* nacional; ~**streich** *m* golpe *m* de Estado; ~**trauer** *f* luto *m* nacional; ~**verbrechen** *n* crimen *m* político; ~**verbrecher** *m* criminal *m* político; ~**verfassung** *f* constitución *f*; ~**vertrag** *m* tratado *m* (político); ~**verwaltung** *f* administración *f* pública; ~**wirtschaft(slehre)** *f* economía *f* política; ~**wissenschaften** *f/pl.* ciencias *f/pl.* políticas; ~**wohl** *n* bien *m* público; ~**zuschuß** *m* subvención *f* del Estado.

'**Stab** *m* (-*es*; ⁀*e*) (*Stock*) bastón *m*; (*Stange*) vara *f*; (*bsd. Metall*⚦) barra *f*; *dünner*: varilla *f* (*a. Schirm*⚦, *Fächer*⚦); *Stabhochsprung*: pértiga *f*, *Am.* garrocha *f*; *Staffellauf*: testigo *m*; *e-s Gitters*: barrote *m*; ✝ (*Stütze*) rodrigón *m*; (*Amts*⚦) vara *f* (*Bischofs*⚦) báculo *m* (*Pilger*⚦) bordón *m*; ♪ (*Dirigenten*⚦) batuta *f*; ✖ Estado *m* Mayor; (*Mitarbeiter*⚦) plana *f* mayor; ♪ *den* ~ *führen* dirigir la orquesta; *fig. den* ~ *über j-n brechen* criticar severamente a alg.; ~**antenne** *f* antena *f* de varilla; ~**batterie** ⚡ *f* pila *f* cilíndrica.

'**Stäbchen** *n* bastoncillo *m*; varilla *f*; *Anat.* bastoncillo *m* (retiniano); (*Kragen*⚦) ballena *f*; F (*Zigarette*) pitillo *m*; ~**bakterie** *f* bacilo *m*; ⚦**förmig** *adj.* baciliforme.

'**Stab...**: ~**eisen** *n* hierro *m* en barras; ~**führung** ♪ *f* dirección *f* (de una orquesta); *unter der* ~ *von* bajo la dirección (*od.* batuta) de; ~**hochspringer** *m* *Sport*: saltador *m* de

Stabhochsprung — Stammbuch

pértiga; ~hochsprung *m* salto *m* de pértiga.
sta'bil *adj. allg.* estable; (*fest*) *a.* robusto.
Stabili|'sator *m* (-*s*; -*en*) estabilizador *m*; *Kfz.* barra *f* estabilizadora; ⚓ estabilizante *m*; ℒ'sieren (-) *v/t.* estabilizar; ~'sierung *f* (*0*) estabilización *f*; ~'sierungsfläche ✕ *f*, ~'sierungsflosse *f* plano *m* fijo de estabilización; ~'tät *f* (*0*) estabilidad *f*.
'Stab|lampe *f* linterna *f*; ~magnet *m* barra *f* imantada *bzw.* magnética; ~reim *m* aliteración *f*.
'Stabs...: ~arzt ✕ *m* capitán *m* médico; ~chef *m* jefe *m* de Estado Mayor; ~kompanie *f* compañía *f* del cuartel general; ~offizier *m* oficial *m* del Estado Mayor; oficial *m* superior; ~quartier *n* cuartel *m* general; ~unteroffizier *m* suboficial *m* de Estado Mayor.
'Stab|übergabe *f*, ~wechsel *m* Sport: entrega *f* del testigo.
'Stachel *m* (-*s*; -*n*) pincho *m*; *Zoo.* púa *f*; *Insekten*: aguijón *m* (*a. fig.*); ⚓ espina *f*; *zum Viehtreiben*: aguijada *f*; *am Sporn*: acicate *m* (*a. fig. Anreiz*); *fig.* e-r Sache den ~ nehmen quitar hierro a a/c.; e-n ~ zurücklassen dejar mal sabor; ~beere *f* grosella *f* espinosa; ~beerstrauch ⚓ *m* grosellero *m* espinoso; ~draht *m* alambre *m* espinoso (*od.* de púas); ~drahtverhau *m* alambrado *m* (de púas); ~flosse *Ict. f* aleta *f* espinosa; ~halsband *n für Hunde*: collar *m* de púas, carlanca *f*; ~häuter *Zoo. m/pl.* equinodermos *m/pl.*; ℒig *adj.* erizado; ⚓ espinoso; aguijar, aguijonear (*a. fig.*); *fig.* estimular, incitar; ~rochen *Ict. m* raya *f* espinosa; ~schwein *Zoo. n* puerco *m* espín.
'Stadel *m* granero *m*; cobertizo *m*.
'Stadion *n* (-*s*; -*dien*) estadio *m*.
'Stadium *n* (-*s*; -*dien*) estadio *m*, estado *m*; fase *f*, etapa *f*.
'Stadt *f* (-; ⸚e) ciudad *f*; in die ~ gehen (*einkaufen*) ir de compras; ~anleihe *f* empréstito *m* municipal; ~bahn *f* ferrocarril *m* metropolitano *bzw.* urbano; F metro *m*; ~baumeister *m* arquitecto *m* municipal; ~behörde *f* autoridad *f* municipal; ℒbekannt *adj.* notorio; conocido en toda la ciudad; ~bevölkerung *f* población *f* urbana; ~bewohner(in *f*) *m* → Städter(in); ~bezirk *m* distrito *m* municipal; ~bibliothek *f* biblioteca *f* municipal; ~bild *n* aspecto *m* urbano; fisonomía *f* de la ciudad; ~bummel *m*: e-n ~ machen recorrer las calles, callejear; ~büro *n* terminal *f*.
'Städtchen *n* pequeña ciudad *f*; población *f*; villa *f*.
'Städte|bau *m* urbanismo *m*; ~bauer *m* urbanista *m*; ℒbaulich *adj.* urbanístico; ~ordnung *f* régimen *m* municipal; ~partnerschaft *f*, ~patenschaft *f* gemelación *f* (*od.* hermanamiento *m*) de ciudades; ~r(in *f*) *m* habitante *m/f* de una ciudad; ciudadano (-a *f*) *m*; ~tag *m* congreso *m* de delegados municipales.
'Stadt...: ~garten *m* jardín *m* municipal; ~gas *n* gas *m* ciudad; ~gebiet *n* término *m* municipal; área *f* urbana; ~gemeinde *f* municipio *m* urbano; ~gespräch *n* Tele. llamada *f* urbana; *fig.* ~ sein F ser la comidilla de la ciudad; das ist schon ~ geworden no se habla de otra cosa en la ciudad; ~graben *m* foso *m* de la ciudad; ~guerilla *f* guerrilla *f* urbana.
'städtisch *adj.* urbano; (*groß*⚓) metropolitano; *bsd. Verw.* municipal; ~er Beamter funcionario *m* municipal; die ~en Behörden las autoridades municipales.
'Stadt...: ~kämmerer *m* tesorero *m* municipal; ~kasse *f* caja *f bzw.* contaduría *f* municipal; ~kern *m* centro *m* (de la ciudad); casco *m* urbano; ~kind *n* niño *m* de ciudad; *hum.* rata *f* de la ciudad; ~kommandant ✕ *m* comandante *m* de la plaza; ℒkundig *adj.* que conoce bien la ciudad; → stadtbekannt; ~leben *n* vida *f* de la ciudad; ~leute *pl.* gente *f* de la ciudad; ~licht *Kfz. n* luz *f* de población; ~mauer *f* muralla *f* (de la ciudad); ~mitte *f* centro *m* (de la ciudad); ~müll *m* residuos *m/pl.* (*od.* desperdicios *m/pl.*) urbanos; ~park *m* parque *m* municipal; ~plan *m* plano *m* de la ciudad; ~planung *f* planificación *f* urban(ístic)a; ordenación *f* urbana; urbanismo *m*; ~polizei *f* policía *f* (*od.* guardia *f*) urbana (*od.* municipal); ~polizist *m* (guardia *m*) urbano *m*; ~rand *m* afueras *f/pl.*; (*Person*) concejal *m*; *f*; ~randsiedlung *f* colonia *f* periférica; ~rat *m* (*Behörde*) ayuntamiento *m*, concejo *m*; (*Person*) concejal *m*; ~recht *n Hist.* privilegio *m* de ciudad libre; derecho *m* municipal; ~rundfahrt *f* vuelta *f* por la ciudad; visita *f* de la ciudad; ~staat *m* ciudad-estado *f*; ~teil *m* barrio *m*; barriada *f*; ~theater *n* teatro *m* municipal; ~tor *n* puerta *f* de la ciudad; ~väter *m/pl.* ediles *m/pl.*; ~verkehr *m* circulación *f* urbana, tráfico *m* urbano; ~verordnete(r *m*) *m/f* concejal *m*, concejala *f*; ~verordnetenversammlung *f* concejo *m*; ~verwaltung *f* administración *f* municipal; ayuntamiento *m*; ~viertel *n* barrio *m*; barriada *f*; ~zentrum *n* → ~mitte.
Sta'fette *f* estafeta *f*; *Sport*: relevo *m*; ~nlauf *m* carrera *f* de relevos.
Staf'fage [-'fɑːʒə] *f* accesorios *m/pl.*; adorno *m*; *fig.* F trampantojo *m*.
'Staffel *f* (-; -*n*) (*Stufe*) escalón *m* (*a.* ✕ *u. fig.*); grada *f*; *Sport*: relevo *m*; ✕ escuadrilla *f*; ~aufstellung *f* ✕ formación *f* escalonada.
Staffe'lei *Mal. f* caballete *m*.
'Staffel...: ~feuer ✕ *n* fuego *m* escalonado; ℒförmig *adj.* escalonado; gradual, graduado; ~aufstellen escalonar; ~kapitän ✕ *m* jefe *m* de escuadrilla; ~lauf *m Sport*: (carrera *f* de) relevos *m/pl.*; ~läufer(in *f*) *m* corredor(a *f*) *m* de relevos, relevista *m/f*; ℒn (-*le*) *v/t.* escalonar; graduar; ~stab *m Sport*: testigo *m*; ~tarif *m* tarifa *f* escalonada; ~ung *f* escalonamiento *m*; graduación *f*; ~zinsen *m/pl.* interés *m* escalonado.
Stag ⚓ *n* (-*es*; -*e*[*n*]) estay *m*.
Stagflati'on ⚓ *f* estanflación *f*, stagflación *f*.
Stag|nati'on *f* estancamiento *m*; paralización *f*; ℒ'nieren (-) *v/i.* estancarse; paralizarse; ~'nieren *n*, ~'nierung *f* → Stagnation.
'Stahl *m* (-*es*; ⸚e) acero *m*; (*Wetz*⚓) chaira *f*; *Poes.* (*Schwert*) espada *f*; acero *m*; hierro *m*; ~bad *n* baño *m* ferruginoso; (*Ort*) balneario *m* de aguas ferruginosas; ~band *n* fleje *m* de acero; ~bau *m* construcción *f* metálica; ~beton *m* hormigón *m* armado; ℒblau *adj.* azul acerado; ~blech *n* chapa *f* de acero; ~bürste *f* escobilla *f* metálica; ~draht *m* alambre *m* (*od.* hilo *m*) de acero.
'stählen *v/t. Met.* acerar; *fig.* fortalecer; robustecer; endurecer; templar.
'stählern *adj.* de acero, acerado; *fig.* de hierro, férreo; ~e Nerven nervios *m/pl.* de acero.
'Stahl...: ~fach *n* caja *f* fuerte (*od.* de seguridad); ~feder *f* resorte *m* de acero; (*Schreibfeder*) pluma *f* de acero; ~gerüst *n* armazón *f* de acero *bzw.* metálica; ~beton *m* tubo *m* de acero; ℒgrau *adj.* gris acerado; ~guß *m* acero *m* colado, fundición *f* de acero; ℒ'hart *adj.* acerado, duro como acero; ~helm *m* casco *m* de acero; ~industrie *f* industria *f* del acero; ~kammer *f* e-r Bank: cámara *f* acorazada; ~möbel *n/pl.* muebles *m/pl.* de acero (*od.* metálicos); ~platte *f* plancha *f* de acero; ~quelle *f* fuente *f* ferruginosa; ~rohr *n* tubo *m* de acero; ~rohrmöbel *n/pl.* muebles *m/pl.* tubulares (*od.* de tubo de acero); ~roß F *n* (*Fahrrad*) F caballo *m* de hierro; bici *f*; ~seil *n* cable *m* de acero; ~skelettbau *m* construcción *f* en armazón de acero; ~späne *m/pl.* virutas *f/pl.* de acero; ~stich *m* grabado *m* sobre acero; ~träger △ *m* viga *f* metálica; ~waren *f/pl.* artículos *m/pl.* de acero; cuchillería *f*; ~werk *n* fábrica *f* de acero, acería *f*.
'Staken I. *m* (*Stange*) pértiga *f*; ⚓ bichero *m*; II. ℒ *v/t.* atracar con el bichero.
Sta'ket *n* (-*es*, -*e*) empalizada *f*; estacada *f*.
Stak'kato ♪ *n* (-*s*; -*s od.* -*ti*) staccato *m*.
'staksig F *adj.* desgarbado.
Stalag'mit *Min. m* (-*en*) estalagmita *f*.
Stalak'tit *Min. m* (-*en*) estalactita *f*.
Stali'nis|mus *m* (-; *0*) estalinismo *m*; ~t *m* (-*en*), ℒtisch *adj.* estalinista (*m*).
'Stalin-orgel ✕ *f* lanzacohetes *m* múltiple, órgano *m* de Stalin.
'Stall *m* (-*es*; ⸚e) establo *m*; corral *m*; (*Pferde*ℒ) cuadra *f* (*a. Renn*ℒ); F (*elendes Zimmer*) cuchitril *m*; F *fig.* aus gutem ~ de buena familia; ~bauten *m/pl.* alojamientos *m/pl.* para el ganado; ~fütterung *f*, ~haltung *f* estabulación *f*; ~knecht *m* mozo *m* de cuadra; ~(l)aterne *f* farol *m* de establo; ~meister *m* caballerizo *m*; ~mist *m* estiércol *m* de establo; ~ungen *f/pl.* establos *m/pl.*; → *a.* ~bauten; ~vieh *n* ganado *m* estabulado; ~wache *f* guardia *f* de caballeriza.
'Stamm *m* (-*es*; ⸚e) (*Baum*ℒ) tronco *m* (*a. Anat.*); (*Stengel*) tallo *m*; (*Geschlecht*) estirpe *f*, linaje *m*; (*Rasse*) raza *f*; (*Sippe*) familia *f*; clan *m*; (*Volks*ℒ) tribu *f*; *Bio.* filum *m*, tronco *m*; (*Bakterien*ℒ) cepa *f*; (*Mitarbeiter*ℒ *usw.*) núcleo *m*; (*Kunden*ℒ) clientela *f* fija; *Gr.* radical *m*; ✕ cuadros *m/pl.*; ~aktie ✝ *f* acción *f* ordinaria; ~baum *m* árbol *m* genealógico; *Zoo.* pedigree *m*; ~buch *n*

libro *m* de familia; ~**einlage** ✝ *f* aportación *f* (al capital inicial); participación *f* social.
'**stammeln I.** (*-le*) *v/t. u. v/i.* balbucir, balbucear; (*stottern*) tartamudear; **II.** ⚙ *n* balbuceo *m*; tartamudeo *m.*
'**stammen** *v/i.*: ~ *von* (*ab*~) descender de; (*s-n Ursprung haben in*) proceder de; provenir de; (*sich ableiten*) dimanar de; *a. Gr.* derivarse de; ~ *aus e-r Stadt usw.*: ser oriundo (*od.* natural *od.* originario de; *aus guter Familie* ~ ser de buena familia.
'**Stammes|geschichte** Bio. *f* filogenia *f*; ~**häuptling** *m* jefe *m* de tribu; cacique *m.*
'**Stamm...:** ~**form** *Gr. f* forma *f* radical (*od.* primitiva); ~**gast** *m* cliente *m* habitual, parroquiano *m*; ~**gericht** *n im Gasthaus*: plato *m* del día; ~**halter** *m* primogénito *m*; ~**haus** ✝ *n* casa *f* central (*od.* matriz); ~**holz** *n* madera *f* de tronco.
'**stämmig** *adj.* robusto, fornido; membrudo; (*gedrungen*) rehecho; rechoncho; ⚙**keit** *f* (*0*) robustez *f.*
'**Stamm...:** ~**kapital** ✝ *n* capital *m* social; ~**kneipe** *f* bar *m* habitual; ~**kunde** *m* cliente *m* habitual (*od.* fijo); parroquiano *m*; ~**kundschaft** *f* clientela *f* habitual (*od.* fija); ~**land** *n* patria *f*; país *m* de origen; ~**lokal** *n* restaurante *m* habitual; ~(**m**)**utter** *f* progenitora *f*; ~**personal** *n* personal *m* fijo (*od.* de plantilla); ~**pisón** *m* sitio *m* de costumbre; ~**rolle** *f* ⚔ matrícula *f*; ⚓ rol *m*; ~**silbe** *Gr. f* sílaba *f* radical; ~**sitz** *m* e-s *Adelshauses*: solar *m*, casa *f* solariega; *Thea.* asiento *m* de abono; ~**tafel** *f* tabla *f* genealógica; ~**tisch** *m* mesa *f* de planta; (*Personen*) tertulia *f*, peña *f*; ~**vater** *m* fundador *m* de una familia; progenitor *m*; ⚙**verwandt** *adj.* de la misma raza; del mismo origen (*a. Gr.*); ~**wort** *Gr. n* voz *f* primitiva, radical *m.*
'**Stampf|beton** *m* hormigón *m* apisonado; ~**e** *f* pisón *m*; mazo *m*; (*Stößel*) mano *f* de mortero; ⚙**en I.** *v/i. mit den Füßen*: patear; patalear; dar patadas (en el suelo); *Pferd*: piafar; (*schwer auftreten*) andar pesadamente; ⚓ cabecear, arfar; **II.** *v/t.* (*klein*~) machacar; (*fest*~) apisonar; *a. Trauben*: pisar; *fig. aus dem Boden* ~ sacar de debajo de la tierra (*od.* desde la nada); ~**en** *n* pataleo *m*; *der Trauben*: pisadura *f*; (*Klein*⚙) machaqueo *m*; (*Fest*⚙) apisonamiento *m*; ⚓ cabeceo *m*; ~**er** *m* ⊕ *od.* Stampfe.
Stand *m* (*-és; -e*) **1.** (*Stehen*) posición *f* (*od.* postura *f*) erecta; (~*ort*) sitio *m*, lugar *m*; (*Still*⚙) parada *f*; *im* ~ *de pie*; *Sprung aus dem* ~ salto *m* sin carrerilla; *fig.* e-n *schweren* ~ *haben* estar en una situación difícil (*od.* penosa); tener que luchar; *er hat e-n harten* ~ *mit ihm* se lo pone muy difícil; **2.** (*Stellung*) posición *f* (social); condición *f*; *angl.* status *m*; (*Beruf*) profesión *f*; oficio *m*; (*Rang*) rango *m*; categoría *f*; (*Klasse*) clase *f* (social); *Neol.* estamento *m*; *Hist.* die *Stände* (*Reichsstände*) los Estados del Reino; *Span.* las Cortes; los Estamentos; *die höheren Stände* las clases altas (*od.* elevadas); la alta sociedad; *die niederen Stände* las clases bajas; *in den* ~ *der Ehe treten* tomar estado; **3.** (*Zu*⚙) estado *m*; (*Lage*) situación *f*; posición *f*; (*Niveau, Höhe, a.* ✝ *u. fig.*) nivel *m*; *des Barometers*: altura *f*; *Astr.* situación *f*; *Sport*: (*Spiel*⚙) tanteo *m*; ✝ *der Preise*: cotización *f*; *Kurs*: *a.* cambio *m*; ~ *der Dinge* estado *m* de cosas; *so ist der* ~ *der Dinge* así están las cosas; *bei diesem* ~ *der Dinge* a esas alturas; *gut im* ~ *sein* estar en buenas condiciones; *j-n in den* ~ *setzen, zu ...* (*inf.*) poner a alg. en condiciones de ... (*inf.*); *auf den neuesten* ~ *bringen* poner al día; actualizar; *den höchsten* ~ *erreichen* alcanzar el máximo nivel; **4.** (*Verkaufs*⚙) puesto *m*; tenderete *m*; (*Messe*⚙) stand *m.*
'**Standard** *m* (*-s; -s*) norma *f*; tipo *m*; patrón *m*; standard *m*, estándar *m.*
'**Standard...** *in Zssgn* estándar; *Computer*: *a.* predeterminado, por defecto.
'**Standardabweichung** *f* desviación *f* standard (*od.* tipo).
standardi'sier|en (-) *v/t.* normalizar, estandarizar; ⚙**ung** *f* normalización *f*, estandarización *f.*
'**Standard|modell** *n* modelo *m* standard; ~**typ** *m* tipo *m* normal (*od.* standard); ~**vertrag** *m* contrato *m* tipo; ~**werk** *n* obra *f* modelo.
Stan'darte *f* estandarte *m*; guión *m*; ~**nträger** *m* portaestandarte *m.*
'**Stand|bein** Escul. *n* pierna *f* de apoyo; ~**bild** *n* estatua *f*; (*Photo*) foto *f* fija.
'**Ständchen** *n* (*Abend*⚙) serenata *f*; (*Morgen*⚙) alborada *f*; *j-m ein* ~ *bringen* dar una serenata a alg.
'**Ständer** *m* guión *m*; ⚓ gallardete *m.*
'**Ständer** *m* soporte *m*; montante *m*, pie *m*; (*Gestell*) caballete *m*; (*Pfosten*) poste *m*; estante *m*; ⚡ estator *m*; V picha *f* en erección; ~**lampe** *f* lámpara *f* de pie.
'**Standes...:** ~**amt** *n* registro *m* civil; ⚙**amtlich I.** *adj.*: ~ *e Trauung* matrimonio *m* civil; **II.** *adv.*: ~ *heiraten* casarse por lo civil; ~**beamte**(**r**) *m* oficial *m* del registro civil; ~**bewußtsein** *n* conciencia *f* de clase; ~**dünkel** *m* orgullo *m* de casta; ~**ehre** *f* honor *m* profesional; dignidad *f* (*od.* decoro *m*) profesional; ⚙**gemäß** *adj. u. adv.* conforme a su rango (*od.* posición social); ~ *leben* vivir como corresponde a su posición social (*od.* a su categoría); ~**genosse** *m*: *unsere* ~*n* nuestros iguales; ⚙**mäßig** *adj. u. adv.* → ⚙**gemäß**; ~**person** *f* persona *f* de calidad; notabilidad *f*, notable *m*; ~**register** *n* registro *m* del estado civil; ~**rücksichten** *f/pl.* consideraciones *f/pl.* de clase; ~**unterschied** *m* diferencia *f* de clases; ~**vorurteil** *n* prejuicio *m* de clase (*od.* de casta); ⚙**widrig** *adj.* impropio de su estado.
'**Stand...:** ⚙**fest** *adj.* estable; fijo; ~**festigkeit** *f* estabilidad *f*; ~**geld** *n* *bei Ausstellungen*: derechos *m/pl.* de puesto; ~**gericht** ⚔ *n* consejo *m* de guerra; juicio *m* sumarísimo; ~**glas** ⊕ *n* indicador *m* de nivel.
'**standhaft I.** *adj.* (*-est*) constante, firme; perseverante; imperturbable; **II.** *adv.* con firmeza; ~ *bleiben* mantenerse firme; *in Gefahr*: capear el temporal; ⚙**igkeit** *f* constancia *f*; firmeza *f*; perseverancia *f.*
'**standhalten** (*L*) *v/i.* mantenerse firme; resistir (a); perseverar; *der Kritik* ~ resistir la crítica.
'**ständig I.** *adj.* permanente; (*fortdauernd*) continuo; incesante; perpetuo; *Einkommen, Wohnsitz*: fijo; ~*er Ausschuß* comisión *f* permanente; **II.** *adv.* permanentemente; continuamente; constantemente; sin cesar, incesantemente.
'**ständisch** *adj.* corporativo.
'**Stand...:** ~**leitung** *f* *Internet*: conexión *f* física, hilo *m* físico; ~**licht** *n* luz *f* de población; alumbrado *m* de posición; ~**ort** *m* emplazamiento *m*, *bsd. Am.* ubicación *f*; ⚔ guarnición *f*; ⚓ situación *f*; punto *m*; Bio. residencia *f* ecológica; *fig.* postura *f*; *den* ~ *bestimmen* localizar; ⚓ determinar la situación; ~**ortbestimmung** *f* localización *f*; ⚓ determinación *f* de la situación (*od.* del punto); ~**ortfaktor** *m* ✝ factor *m* sede; ~**ortkommandant** *m* comandante *m* de la plaza; ~**pauke** F *f* rapapolvo *m*; sermón *m*; *j-m e-e* ~ *halten* echar un rapapolvo (*od.* un sermón) a alg.; ~**photo** *n* foto *f* fija; ~**platz** *m* puesto *m*; sitio *m*; *für Taxis*: parada *f*; ~**punkt** *m* puesto *m*; *fig.* punto *m* de vista; opinión *f*; criterio *m*; *den* ~ *vertreten*, *auf den* ~ *stehen*), *daß ...* opinar que ...; sostener el criterio (*od.* la opinión) de que ...; *e-n anderen* ~ *vertreten*, *auf e-m anderen* ~ *stehen* ser de otra opinión; pensar de otro modo; tener otro punto de vista; ~**quartier** *n* ⚔ guarnición *f*; acantonamiento *m*; *fig.* cuartel *m* general; ~**recht** *n* ley *f* marcial; ⚙**rechtlich** *adj.*: ~ *erschießen* pasar por las armas, fusilar; ~**seilbahn** *f* funicular *m*; ⚙**sicher** *adj.* estable; ~**sicherheit** *f* estabilidad *f*; ~**spur** Vkw. *f* carril *m* de aparcamiento; ~**uhr** *f* reloj *m* vertical; reloj *m* de sobremesa; ~**vogel** *m* ave *f* sedentaria; ~**waage** *f* *Sport*: plancha *f* horizontal; ~**wild** *n* caza *f* sedentaria.
'**Stange** *f* palo *m*; vara *f*; *lange*: varal *m*; (*Metall*⚙) barra *f*; (*Sprungstab*) pértiga *f*; (*Kleider*⚙, *Hühner*⚙) percha *f*; (*Fahnen*⚙) asta *f*; (*Gardinen*⚙) varilla *f*; (*Pfosten*) poste *m*, estaca *f*; (*Absteckpfahl*) jalón *m*; (*Mast*) mástil *m*; *für Reben, Bohnen usw.*: rodrigón *m*; (*Korsett*⚙) ballena *f*; (*Geweih*⚙) pitón *m*; (*Wagen*⚙) lanza *f*; (*Zug*⚙) tirante *m*; (*Zigaretten*) cartón *m*; *Anzug von der* ~ traje *m* hecho (*od.* de confección); F *e-e Geld kosten* costar un dineral (*od.* un ojo de la cara); F *fig. bei der* ~ *bleiben* no apartarse del tema; (*standhalten*) mantenerse firme, no cejar; seguir en la brecha; F *fig. j-m die* ~ *halten* ponerse de parte de alg.; respaldar a alg.
'**Stangen...:** ~**bohne** *f* judía *f* de enrame (*od.* trepadora); ~**eisen** *n* hierro *m* en barras; ~**gold** *n* oro *m* en barras; ~**pferd** *n* caballo *m* de varas; ~**spargel** *m* espárrago *m* entero; ~**zirkel** *m* compás *m* de varas.
'**Stänker** F *m* camorrista *m*; buscarruidos *m*; intrigante *m.*
Stänke'rei *f* camorra *f*; pendencia *f*; marimorena *f*; intrigas *f/pl.*
'**stänkern** (*-re*) F *v/i.* buscar camorra; intrigar.
Stanni'ol *n* (*-s; -e*) papel *m* (*od.* hoja *f*) de estaño.

Stanze — Statt

Stanz|e f (Strophe) estancia f; ⊕ estampa f; (Loch2) punzonadora f; 2en (-t) v/t. estampar; (lochen) punzonar; ~en n estampación f, estampado m; punzonado m; ~maschine f punzonadora f; ~presse f prensa f para estampar.

Stapel m montón m; pila f; ⚓ depósito m; ⚓ grada f; ⚓ auf ~ legen poner la quilla; vom ~ lassen ⚓ botar; lanzar al agua; F fig. Rede usw.: soltar; ~faser f fibra f corta; ~holz n madera f de pila (od. apilada); ~karren m carretilla f apiladora bzw. elevadora; ~lauf ⚓ m botadura f; 2n (-le) v/t. apilar; amontonar; (lagern) almacenar; ~platz m (Handelsplatz) emporio m; (Lager) depósito m; ⚓ varadero m; ~stuhl m silla f apilable.

Stapfe f, ~n m huella f, pisada f; 2n v/i. (sn) andar pesadamente bzw. con dificultad.

Star[1] Orn. m (-es; -e) estornino m.

Star[2] ⚕ m (-es; -e): grauer ~ catarata f; grüner ~ glaucoma m; j-m den ~ stechen operar de cataratas a alg.; fig. abrir los ojos a alg.

Star[3] m (-s; -s) estrella f, astro m, figura f estelar, fr. vedette f; (Opern-2) divo m, diva f; Sport: as m; ~allüren f/pl. caprichos m/pl. de diva bzw. divo; ~besetzung f reparto m estelar.

Starbrille ⚕ f gafas f/pl. para operados de cataratas.

stark (~er; ~st) I. adj. fuerte; (kräftig) robusto; vigoroso; (fest) sólido; resistente; (dicht) espeso; (beleibt) gordo, grueso, obeso; (zahlreich) numeroso, nutrido; (umfangreich) voluminoso; (beträchtlich) considerable, (reichlich) abundante, copioso; (massiv) compacto, macizo; (mächtig) poderoso; (heftig) violento; intenso (a. Regen); Kaffee: cargado; Motor: potente; Brille: de alta graduación; Verkehr: intenso; ⚕ Mittel: enérgico; ~e Auflage Zeitung usw.: gran tirada f; ~er Ausdruck expresión f fuerte; ~e Band libro m voluminoso; ~e Erkältung fuerte resfriado m; ~er Esser gran comedor m, F comilón m; ~er Trinker gran bebedor m, bebedor m empedernido; ~er Raucher gran fumador m, fumador m empedernido; ~er Frost helada f fuerte (od. intensa); das ~e Geschlecht el sexo fuerte; Pol. der ~e Mann el hombre fuerte; F den ~en Mann markieren hacerse el hombre; darse aires de valiente; ✝ ~e Nachfrage gran (od. fuerte) demanda f; ~e Nerven nervios m/pl. de acero; fig. ~e Seite fuerte m, punto m fuerte; das ist ein ~es Stück!, das ist ~! ¡no hay derecho!; ¡eso es demasiado!; ¡eso es un poco fuerte!; in et. ~ sein estar fuerte en a/c.; das Buch ist 300 Seiten ~ el libro tiene trescientas páginas; e-e 200 Mann ~e Kompanie una compañía de doscientos hombres; e-e 30 Zentimeter ~e Mauer un muro de treinta centímetros de espesor; ~ werden cobrar fuerzas, fortalecerse, (beleibt werden) engordar, F echar carnes; sich ~ genug fühlen, um sentirse con fuerzas de (inf.); II. adv. muy; mucho; altamente, en alto grado; intensamente; fuertemente; ~ besucht muy frecuen-

tado (od. concurrido); ~ übertrieben muy exagerado; ~ machen fortalecer; ~ regnen llover mucho.

Starkbier n cerveza f fuerte.

Stärke f 1. (Kraft) fuerza f; vigor m; solidez f; robustez f; (Beleibtheit) gordura f; obesidad f; corpulencia f; (Dicke) grosor m, grueso m, espesor m; (Größe) volumen m; ⊕ (Leistung) potencia f; (Durchmesser) diámetro m; (Kaliber) calibre m; ~e-r Lösung: concentración f; (Intensität) intensidad f; (Macht) poder m; potencia f; (Heftigkeit) violencia f; (Anzahl) cantidad f; ⚓ efectivo m; fig. (starke Seite) fuerte m, punto m fuerte; 2. almidón m (a. Wäsche2); (bsd. Kartoffel2) fécula f; ~erzeugnisse n/pl. productos m/pl. amiláceos; ~fabrik f almidonería f; ~grad m (grado m de) intensidad f; 2haltig adj. feculento, amiláceo; ~industrie f industria f feculera; ~mehl m fécula f.

stärken v/t. fortalecer; fortificar; a. tonificar; robustecer; vigorizar; seelisch: confortar; Wäsche: almidonar; sich ~ fortalecerse; (re)cobrar fuerzas; durch Essen: confortarse, repararse; ~d adj. fortalecedor; fortificante; ⚕ tonificante, tónico; analéptico; Schlaf, Speise: reparador; confortante.

Stärkezucker ⚕ m glucosa f.
starkknochig adj. huesudo.
Starkstrom ⚡ m corriente f de alta intensidad; ~kabel n cable m de alta intensidad; ~leitung f línea f de alta intensidad.

Starkult m gal. vedetismo m.

Stärkung f fortalecimiento m; corroboración f; robustecimiento m; consolidación f; (Trost) confortación f; (Imbiß) refrigerio m; ~smittel n tónico m; reconstituyente m.

stark|wandig adj. de pared gruesa; ~wirkend ⚕ adj. de acción enérgica; drástico.

Starlet n (-s; -s) aspirante f a estrella, starlet f.

Star|operation Chir. f operación f de catarata(s); ~parade f lluvia f de estrellas; desfile m estelar.

starr I. adj. rígido (a. ⊕); (steif) tieso; (erstarrt) Glieder: entumecido, (unbeweglich) fijo; inmóvil; (unbeugsam) inflexible; (~sinnig) obstinado, terco, testarudo; Blick: fijo; ~ vor Kälte transido (od. aterido de frío; ~ vor Schrecken pasmado; ~ vor Staunen estupefacto, atónito, pasmado; ~ vor Entsetzen aterrado, petrificado de espanto; II. adv. (hartnäckig) con tesón; ~ werden entesarse, ponerse tieso; ~ ansehen mirar fijamente (od. de hito en hito), !2e f ~ Starrheit.

starren v/i.: auf et. (j-n) ~ mirar fijamente a/c. (a); clavar los ojos en alg.; von et. ~ estar erizado de a/c.; vor (od. von) Schmutz ~ estar lleno de suciedad; von Waffen ~ estar armado hasta los dientes.

Starr...: ~heit f (0) rigidez f; tiesura f; der Glieder: entumecimiento m; (Unbeweglichkeit) inmovilidad f; fijeza f; fig. inflexibilidad f; obstinación f, terquedad f, testarudez f; ~kopf m testarudo m, F cabezota m; 2köpfig adj. obstinado, terco, testarudo, F cabezudo, cabezota; ~köpfigkeit f (0) obstinación f, terquedad

f, testarudez f; ~sinn m, 2sinnig adj. → ~köpfigkeit, 2köpfig.

Start m (-es; -s od. -e) (Beginn) comienzo m, principio m; Sport: salida f; Kfz. arranque m; ⚕ despegue m; Rakete, Raumschiff: lanzamiento m; an den ~ gehen tomar la salida; e-n guten ~ haben hacer una buena salida (⚕ un buen despegue); fig. entrar con buen pie (en a/c.); fliegender (stehender) ~ Sport: salida lanzada (fija od. parada); ⚕ den ~ freigeben autorizar el despegue; ~automatik Kfz. f arranque m automático, autoarranque m; ~bahn ⚕ f pista f de despegue; Flugzeugträger: cubierta f de despegue; 2bereit adj. ⚕ listo para despegar (od. para el despegue); F fig. listo para partir; ~block m bloque m de salida; 2en (-e-) I. v/i. partir; Sport: tomar la salida, salir; ⚕ despegar; Fahrzeug: arrancar; II. v/t. Sport: dar la (señal de) salida; Rakete, Satellit: lanzar; fig. iniciar, poner en marcha, F Rede usw.: soltar; ~er m Sport: juez m de salida; angl. stárter m; Kfz. arrancador m, arranque m; ~erknopf m botón m de arranque; ~erlaubnis ⚕ f autorización f para despegar; ~flagge f Sport: bandera f de salida; ~folge f orden m de salida; 2klar ⚕ adj. listo para emprender el vuelo (od. para despegar); ~linie f línea f de salida; ~loch n hoyo m; ~nummer f número m de salida; ~ordnung f → ~folge; ~pistole f pistola f de salida; ~platz m punto m de salida bzw. partida; ⚕ lugar m de despegue; ~rampe f plataforma f de lanzamiento; ~schleuder f catapulta f; ~schub ⚕ m empuje m de despegue; ~schuß m pistoletazo m de salida; den ~ geben dar la salida; fig. dar luz verde; ~signal n → ~zeichen; ~strecke ⚕ f carrera f de despegue; ~verbot n ⚕ prohibición f de despegue; Sport: suspensión f; ~zeichen n Sport: señal f de salida.

Stasi f (-; 0) Pol. Stasi f (policía secreta de la antigua Alemania del Este); ~Akten f/pl. Pol. informes m/pl. de la Stasi.

Statik f (0) estática f; ~er m △ especialista m en cálculos estáticos.

Stati|on f estación f (a. ⚕); (Haltestelle) parada f; Krankenhaus: departamento m; sección f; ~ machen detenerse.

statio'när adj. estacionario; ⊕ fijo; ⚕ ~e Behandlung tratamiento m clínico.

statio'nier|en (-) v/t. estacionar; 2ung f estacionamiento m; 2ungskosten pl. gastos m/pl. de estacionamiento.

Stati'ons...: ~arzt m (médico m) jefe m de sección; ~schwester f enfermera f jefe de sección; ~vorsteher ⚕ m jefe m de estación.

'statisch adj. estático.

Sta'tist m (-en) Thea. comparsa m, figurante m; Film: extra m; ~ik f estadística f; ~iker m estadístico m; ~in f comparsa f, figuranta f; 2isch adj. estadístico.

Sta'tiv n (-s; -e) soporte m; Phot. trípode m.

'Stator ⚡ m (-s; -en) estator m.

Statt f: an Kindes ~ annehmen adoptar, prohijar; an Zahlungs ~ en lugar (od. concepto) de pago.

statt *prp.* (*gen.*; *zu inf.*) en lugar de, en vez de; ∼ *dessen* en su lugar; ∼ *meiner* en mi lugar; ∼ *zu arbeiten* en vez de trabajar.

'**Stätte** *f* lugar *m*, sitio *m*; paraje *m*; (*Wohn*♀) morada *f*; *die Heiligen* ∼*n* los Santos Lugares; *keine bleibende* ∼ *haben* no tener residencia fija.

'**statt|finden** (*L*) *v/i.* tener lugar; celebrarse, verificarse; realizarse; **∼geben** (*L*) *v/i.* e-m *Gesuch*: dar curso a; e-r *Bitte*: acceder a; e-r *Klage*: estimar; admitir; **∼haft** *adj.* admisible; lícito; permitido; procedente; ♀**halter** *m* gobernador *m*; (*Vizekönig*) virrey *m*; *Christi*: vicario *m*; (*Stellvertreter*) lugarteniente *m*; ♀**halterschaft** *f* lugartenencia *f*; *Hist.* capitanía *f* general.

'**stattlich** *adj.* (*prächtig*) vistoso, magnífico, espléndido; (*eindrucksvoll*) imponente, impresionante; majestuoso; (*bedeutend*) importante; considerable; (*zahlreich*) numeroso (*a. Familie*), nutrido; *Figur*: arrogante; *Aussehen*: apuesto; gallardo; bien parecido; *Frau*: de arrogante figura; *von* ∼*er Erscheinung* de buena (*od.* gallarda) presencia; de apuesta figura; ♀**keit** *f* majestuosidad *f*; importancia *f*; gallardía *f*.

'**Statue** [-uə] *f* estatua *f*; ♀**nhaft** *adj.* estatuario.

Statu'ette *f* figurilla *f*; estatuilla *f*.

statu'ieren (-) *v/t.* estatuir, establecer.

Sta'tur *f* estatura *f*; talla *f*; tipo *m*.

'**Status** *m* (-; -) estado *m* (de cosas); *angl.* status *m*; *sozialer* ∼ posición *f* (*od.* condición *f*) social; ∼ *quo statu quo m*; **∼symbol** *n* signo *m* externo de posición social; **∼zeile** *f* Computer: línea *f* de estado.

Sta'tut *n* (-*es*; -*en*) estatuto *m*; reglamento *m*; ♀**enmäßig** *adj.* estatutario; conforme a los estatutos.

Stau *m* (*s*; -s *od.* -e) → ∼*ung*; '**∼anlage** *f* presa *f*; embalse *m*.

'**Staub** *m* (-*es*; *0*) polvo *m*; *mit* ∼ *bedecken* empolvar; ∼ *aufwirbeln* levantar polvo; *fig.* levantar una polvareda; producir gran revuelo; ∼ *wischen* (*od. putzen*) limpiar (*od.* quitar) el polvo; *fig.* j-n in den ∼ treten hacer morder el polvo a alg.; *im* ∼ *kriechen* arrastrarse por el suelo; *in den* ∼ *zerren* (*od.* ziehen) arrastrar por los suelos; F *sich aus dem* ∼ *machen* poner pies en polvorosa; tomar las de Villadiego; poner tierra en (*od.* por) medio; ♀**bedeckt** *adj.* cubierto de polvo; polvoriento, **∼besen** *m* plumero *m*; **∼beutel** ♀ *m* antera *f*; **∼blatt** *n* → **∼gefäß**; **∼blüte** ♀ *f* flor *f* estaminífera *od.* masculina).

'**Stäubchen** *n* partícula *f* de polvo; polvillo *m*.

'**staubdicht** *adj.* a prueba de polvo; hermético.

'**Staubecken** *n* embalse *m*.

'**stauben** *v/i.* levantar polvo; *es staubt* hay mucho polvo.

'**stäuben I.** *v/t.* (*be*∼) polvorear, *a.* espolvorear; empolvar; (*zer*∼) pulverizar; **II.** ♀ *n* ♂ espolvoreo *m*.

'**Staub...:** **∼faden** ♀ *m* filamento *m* (estaminal); **∼fänger** *m* colector *m* (*od.* captador *m*) de polvo; *fig.* nido *m* de polvo; **∼filter** *m* filtro *m* de polvo; ♀**frei** *adj.* sin polvo; **∼gefäß** ♀ *n* estambre *m*; ♀**ig** *adj.* cubierto de polvo, polvoriento, polvoroso; **∼kamm** *m* caspera *f*; **∼korn** *n* partícula *f* de polvo; polvillo *m*; **∼lappen** *m* → ∼*tuch*; **∼lunge** ♂ *f* neumoconiosis *f*; silicosis *f*; **∼mantel** *m* guardapolvo *m*; ♀**saugen** *v/i.* pasar la aspiradora, limpiar con aspiradora; **∼sauger** *m* aspiradora *f*, aspirador *m*; **∼schicht** *f* capa *f* de polvo; **∼tuch** *n* paño *m* quitapolvo, trapo *m* para limpiar el polvo; gamuza *f*; **∼wedel** *m* plumero *m*; **∼wirbel** *m* remolino *m* de polvo, polvareda *f*; **∼wolke** *f* nube *f* de polvo; tolvanera *f*; **∼zucker** *m* azúcar *m* en polvo (*od.* de lustre).

'**stauchen** *v/t.* comprimir; ⊕ recalcar; *Niete*: aplastar; F *fig.* echar una bronca (a alg.).

'**Staudamm** *m* dique *m* de contención; (muro *m* de) presa *f*.

'**Staude** ♀ *f* planta *f* perenne (*od.* vivaz); mata *f*; (*Strauch*) arbusto *m*.

'**Staudruck** ⊕ *m* presión *f* dinámica; **∼messer** *m* registrador *m* de presión dinámica.

'**stauen I.** *v/t.* *Wasser*: estancar; represar, embalsar; ♣ estibar; **II.** *v/refl.*: *sich* ∼ *Wasser*: estancarse; remansarse; represarse; (*sich anhäufen*) amontonarse; acumularse; *Menschen*: agolparse; *Verkehr*: congestionarse (*a.* ♂); **III.** ♀ ♣ *n* estiba(ción) *f*.

'**Stauer** ♣ *m* estibador *m*.

'**Stauffer|büchse** ⊕ *f* engrasador *m* Stauffer; **∼fett** *n* grasa *f* consistente.

'**Staumauer** *f* muro *m* de contención.

'**staunen I.** *v/i.* asombrarse, admirarse (*über ac.* de); maravillarse (de); quedar (*od.* estar) asombrado (*od.* admirado); *stärker*: quedar pasmado; **II.** ♀ *n* asombro *m*, admiración *f*; extrañeza *f*; *in* ∼ (*ver*)*setzen* asombrar, llenar de asombro; *aus dem* ∼ *nicht herauskommen* no salir de su asombro; **∼d** *adj.* asombrado, admirado; **∼swert** *adj.* asombroso, maravilloso; estupendo.

'**Staupe** *Vet.* *f* moquillo *m*.

'**Stau|see** *m* pantano *m*; embalse *m*; **∼strahltriebwerk** ♂ *n* estatorreactor *m*; **∼stufe** *f* nivel *m* de embalse; **∼ung** *f* (*Ansammlung*) acumulación *f*; *Wasser*: estancamiento *m*; contención *f*; *Verkehr*; ♂ congestión *f*; *Verkehr*: *a.* atasco *m*, embotellamiento *m*; retención *f*; ♣ estiba(ción) *f*; **∼wasser** *n* agua *f* remansada (*od.* represada *od.* embalsada); **∼wehr** *n* presa *f*; **∼werk** *n* presa *f* (de contención).

Steak [ste:k] *n* (-s; -s) bistec *m*; *Am.* bife *m*.

Stea'rin *n* (-s; -e) estearina *f*; **∼kerze** *f* vela *f* de estearina; **∼säure** ♂ *f* ácido *m* esteárico.

'**Stech|apfel** ♀ *m* estramonio *m*; **∼becken** *n* silleta *f*, orinal *m* de cama; **∼beitel**, **∼eisen** *n* formón *m*, (*Locheisen*) escoplo *m*.

'**stechen I.** (*L*) *v/t. u. v/i.* pinchar, punzar; *Sonne*, *Insekten*: picar; *Spargel*, *Rasen*: cortar; *Torf*: extraer; ♂ punzar, dar punzadas; *Chir.* puncionar; *Sport*: desempatar; *Kartenspiel*: matar, fallar; (*ab*∼) *Schlachtvieh*: matar, degollar; *sich in* *den Finger* ∼ pincharse un dedo; *ins Grüne* ∼ tirar a verde; *in Kupfer* ∼ grabar en cobre; *nach j-m* ∼ acuchillar a alg.; *es sticht mich* (*od. mir*) *in der Seite* siento punzadas en el costado; *fig. in die Augen* ∼ saltar a la vista; *llamar la atención*; *wie gestochen schreiben* escribir caligráficamente; **II.** ♀ *n* (*Gravieren*) grabado *m*; (*Schmerz*) punzada *f*, dolor *m* lancinante; *Sport*: desempate *m*, **∼d** *adj.* punzante; *Schmerz*: *a.* lancinante; *Sonne*: ardiente, abrasador; *Blick*, *Geruch*: penetrante.

'**Stecher** *m* (*Person*) grabador *m*; *an der Schußwaffe*: gatillo *m*, disparador *m*; *für Proben*: sonda *f*; pincho *m*.

'**Stech...:** **∼fliege** *f* tábano *m*; **∼ginster** ♀ *m* tojo *m*, aulaga *f*; **∼heber** *m* sifón *m*; pipeta *f*; *zur Weinprobe*: catavino *m*; **∼mücke** *f* mosquito *m*; **∼paddel** *n* canalete *m*; **∼palme** ♀ *f* acebo *m*; **∼rüssel** *m* Insekt: trompa *f* picadora; **∼schritt** ⚔ *m* paso *m* de la oca; **∼uhr** *f* reloj *m* de control *bzw.* para fichar; **∼zirkel** *m* compás *m* de punta seca.

'**Steck|brief** *m* (*carta f*) requisitoria *f*; orden *f* de busca y captura (*erlassen* cursar); (*Signalement*) señas *f/pl.* personales; ♀**brieflich** *adv.* por vía requisitoria; ∼ *gesucht* reclamado por la justicia; **∼dose** ✦ *f* (*caja f* de) enchufe *m*, tomacorriente *m*.

'**Stecken** *m* bastón *m*; varilla *f*.

'**stecken I.** *v/t.* meter, poner, introducir (*in ac.* en); *Pfähle*: hincar; *Pflanzen*: plantar; (*fest*∼) fijar, sujetar; *mit e-r Nadel*: prender; *Ziel*: proponer, fijar, señalar; *Geld in et.* ∼ invertir dinero en a/c.; *an den Finger* ∼ poner en el dedo; *den Kopf aus dem Fenster* ∼ asomarse por la ventana; F *j-m et.* ∼ insinuar (*od.* dar a entender) a alg. a/c.; dar el soplo a alg.; F *es j-m* (*ordentlich*) ∼ F decirle a alg. cuatro verdades; F *fig. sich ihrer* ∼ valerse de alg. **II.** *v/i.* (*sich befinden*) estar, encontrarse, hallarse (metido) en; estar metido en a/c.; (*befestigt sein*) estar fijado *bzw.* (*verborgen sein*) estar escondido (*od.* oculto); *wo steckt er denn?* ¿dónde está metido?; *da steckt er!* ¡aquí está!; *da steckt et. dahinter* aquí hay trampa; F aquí hay gato encerrado; *wer steckt dahinter?* ¿quién está detrás de todo eso?; *in ihm steckt et.* es hombre que promete; vale mucho; *tief in et.* ∼ estar muy metido en a/c.; (*tief*) *in Arbeit* ∼ estar metido (de lleno) en el trabajo; *es steckt viel Arbeit darin* ha costado mucho trabajo; *der Schlüssel steckt* la llave está puesta; *immer zu Hause* ∼ estar siempre metido en casa; F *gesteckt voll* abarrotado (de gente), lleno hasta los topes; **∼bleiben** (*L*; *sn*) *v/i.* quedar detenido; quedarse parado, (*einsinken*) hundirse en; *Nagel usw.*: quedar clavado *bzw.* empotrado; *im Schlamm usw.*: atascarse (*a. fig.*); *in der Rede*: cortarse; perder el hilo; *fig. Verhandlungen usw.*: paralizarse; *in der Kehle* ∼ quedar atravesado en la garganta; **∼lassen** (*L*) *v/t.* dejar (metido); *den Schlüssel* ∼ dejar la llave puesta; ♀**pferd** *n* *für Kinder*: caballito *m* de palo; *fig.* caballo *m* de batalla; violín *m* de Ingres; *angl.* hobby *m*.

'**Stecker** ⚥ *m* clavija *f*, enchufe *m*.

'**Steck...**: ~**kamm** *m* peineta *f*; ~**kissen** *n* *für Säuglinge*: almohada *f*; ~**kontakt** ⚥ *m* enchufe *m*; ~**ling** ♂ *m* (-*s*; -*e*) plantón *m*; ~**nadel** *f* alfiler *m*; *fig.* es hätte keine ~ *zu Boden fallen können* no cabía un alfiler; *man hätte e-e ~ fallen hören können* se hubiera podido oír volar una mosca; *wie e-e ~ suchen* buscar por todas partes; *e-e ~ in e-m Heuhaufen suchen* buscar una aguja en un pajar; ~**nadelkopf** *m* cabeza *f* de alfiler; ~**rübe** ♀ *f* colinabo *m*; ~**schlüssel** *m* llave *f* tubular; ~**schuß** *m* herida *f* de bala sin orificio de salida.

Steg *m* (-*es*, -*e*) (*Pfad*) sendero *m*, senda *f*; vereda *f*; (*Brücke*) pasarela *f*; pasadera *f*; ♣ embarcadero *m*; ♪ puente *m* (*a. Brillen*♀); (*Hosen*♀) trabilla *f*; ⊕ (*Verbindungsstück*) pieza *f* de unión; (*Strebe*) travesaño *m*; *Typ.* regleta *f*.

'**Stegreif** *m* (-*es*; 0): *aus dem ~* sin previa preparación, improvisando; *aus dem ~ sprechen* (*dichten*) improvisar; ♪ *aus dem ~ spielen a.* repentizar; ~**dichter** *m* improvisador *m*; ~**gedicht** *n* poesía *f* improvisada; improvisación *f*; ~**rede** *f* discurso *m* improvisado; ~**spieler** ♪ *m* repentista *m*.

'**Steh|aufmännchen** *n* dominguillo *m*, tentetieso *m*; ~**bierhalle** *f* bar *m*.

'**stehen I.** (L) *v/i.* estar de pie; mantenerse en pie; estar derecho; (*sich befinden*) estar; encontrarse; (*still*~) detenerse, estar *bzw*. quedarse parado; *Uhr*: estar parado; *Verkehr*: *a.* estar paralizado; *Maschine*: no funcionar; *Kleidung*: sentar, ir; (*geschrieben ~*) figurar, constar (*in* en); *fig.* (*fertig sein*) estar terminado; *wie steht's*? ¿cómo va?, ¿qué tal?; *wie steht's mit ihm?* ¿qué pasa con él?; *es steht gut* (*schlecht*) *mit ihm* le va bien (mal); las cosas se presentan bien (mal) para él; *wie steht das Spiel*? ¿cómo va el tanteo?; *wie steht die Sache*? ¿cómo va la cosa?; ¿qué tal anda el asunto?; *so steht es así* están las cosas; *die Sache steht schlecht* las cosas se ponen feas; *so wie er ging und stand* tal como estaba; *die Saat steht gut* la sementera presenta buen aspecto; *das steht und fällt mit ...* depende totalmente de ...; *es steht zu befürchten* es de temer; *es steht zu erwarten, daß ...* es de esperar que ... (*subj.*); *es steht geschrieben* está escrito; *~ bleiben* permanecer (*od.* quedarse) de pie; *er stand am Fenster* estaba asomado a la ventana; *die Aktien ~ auf* las acciones están (*od.* se cotizan) a; *hoch* (*niedrig*) *~ Aktien*: cotizarse alto (bajo); *auf der Liste ~* estar (*od.* figurar) en la lista; *auf dem Scheck steht kein Datum* (*keine Unterschrift*) no tiene fecha (firma), no está fechado (firmado); *das Barometer steht auf Regen* el barómetro anuncia (*od.* señala) lluvia; *das Thermometer steht auf 5 Grad unter Null* el termómetro marca 5 grados bajo cero; *auf Mord steht die Todesstrafe* el asesinato se castiga con pena de muerte; *es steht schwere Strafe darauf* es severamente castigado; F *auf et. ~* estar loco por a/c.; F *auf j-n ~* estar loco por alg., estar colado por alg.; *bei j-m in Arbeit ~* trabajar en casa de alg.; *bei e-r Bank Geld ~ haben* tener dinero (depositado) en un banco; *es steht bei dir* depende de ti; *es steht* (*ganz*) *bei Ihnen, zu* (*inf.*) es usted muy dueño de (*inf.*); *für et.* (*j-n*) *~* responder de a/c. (de alg.); *zu j-m ~* estar de parte de alg.; *zu et. ~* cumplir a/c.; *fig. hinter j-m ~* respaldar a alg.; *wie stehst du dazu*? ¿qué opinas de esto?; ¿qué te parece?; F *es steht mir bis oben* F estoy hasta las narices (*od.* hasta la coronilla); *davon steht nichts im Brief* de eso no se dice nada en la carta; *was steht in den Zeitungen*? ¿qué dicen los periódicos?; *allein ~* estar solo; *du stehst allein mit deiner Meinung* eres el único que opina así; *Gr. der Konjunktiv steht ...* el subjuntivo se emplea ...; *sein Sinn steht nach Ruhm* aspira a la gloria; *über* (*unter*) *j-m ~* ser superior (inferior) a alg.; *fig. über et. ~* estar por encima de a/c.; *zu ~ kommen auf* venir a costar; salir a; *sich gut* (*schlecht*) *~* vivir desahogadamente (en estrechez); *sich bei et. gut* (*schlecht*) *~* (no) tener (*od.* sacar) provecho de a/c.; salir ganando (perdiendo); (*sich*) *gut* (*schlecht*) *mit j-m ~* estar (*od.* llevarse) bien (mal) con alg.; **II.** ⚥ *n* posición *f* (*od.* postura *f*) erecta; (*Halten*) estacionamiento *m*; *zum ~ bringen* parar, detener; *Blut*: restañar; *zum ~ kommen* pararse, detenerse; ~**bleiben** (*L*; *sn*) *v/i.* (*halten*) pararse (*a. Uhr*), detenerse; quedarse parado, estacionarse; *plötzlich ~* pararse en seco; *auf welcher Seite sind wir stehengeblieben*? ¿en qué página hemos quedado?; *nicht ~!* ¡circulen!; ~**d** *adj.* (puesto) en pie; de pie; derecho; (*aufgerichtet*) erguido; *Wasser*: estancado, muerto; (*unbeweglich*) inmóvil; fijo; estable; *Heer*: permanente; ~*e Redewendung* frase *f* hecha; ~*en Fußes* en el acto; ~**lassen** (*L*) *v/t.* dejar (en su sitio); (*im Stich lassen*) abandonar, F dejar plantado; *Fehler*: dejar sin corregir; (*vergessen*) olvidar; (*nicht anrühren*) no tocar; *sich e-n Bart ~* dejarse (*od.* dejar crecer) la barba; *alles stehen- und liegenlassen* dejarlo (*od.* abandonarlo) todo.

'**Steher** *m Sport*: corredor *m* ciclista tras moto, *angl.* stayer *m*; ~**rennen** *n* ciclismo *m bzw.* carrera *f* tras moto.

'**Steh...**: ~**imbiß** *m* tentempié *m*; ~**konvent** F *m* corrillo *m*; ~**kragen** *m* cuello *m* alto; ~**lampe** *f* lámpara *f* de pie; ~**leiter** *f* escalera *f* doble (*od.* de tijera).

'**stehl|en** (*L*) *v/t. u. v/i.* robar; hurtar; (*wegnehmen*) quitar; *j-m die Zeit ~* hacer a alg. perder el tiempo; F *er kann mir gestohlen bleiben* F ¡que se vaya al cuerno (*od.* a la porra)!; F *das kann mir gestohlen bleiben* F me importa un pito; *Bib. du sollst nicht ~!* no hurtarás; *sich ~ in* introducirse furtivamente en; *sich ~ aus* salir a hurtadillas de; ⚥*en n* robo *m*; hurto *m*.

'**Steh...**: ~**platz** *m* localidad *f* (*od.* entrada *f*) de pie; ~**pult** *n* pupitre *m* (para escribir de pie); ~**satz** *Typ. m* composición *f* conservada; ~**vermögen** *n* resistencia *f*; capacidad *f* de aguante.

'**Steier|mark** *Geogr. f* Estiria *f*; ~**märker** *m* estirio *m*.

'**steif** *adj.* rígido; tieso; (*unbiegsam*) inflexible; (*dickflüssig*) espeso; consistente; *Gelenk*: anquilosado; *Glieder*: envarado, entumecido; *Grog, Wind*: fuerte; *fig.* (*linkisch*) torpe, desmañado; (*förmlich*) tieso, ceremonioso, formal, etiquetero; *~ werden* ponerse tieso (*a. männliches Glied*); *Glieder*: envararse, entumecerse; *Gelenke*: anquilosarse; *Kochk.* espesar; *~ vor Kälte* aterido (*od.* transido) de frío; ~*e Finger haben* tener los dedos agarrotados; ⚥ *~er Hals* tortícolis *f*; *~ wie ein Stock* tieso como un ajo; *~ und fest behaupten* afirmar categóricamente; sostener con tesón (*od.* erre que erre); ⚥*e f* → **Steifheit**; (*Stärkemittel*) almidón *m*; ⊕ (*Strebe*) puntal *m*; ~**en** *v/t.* atiesar, entesar; poner tieso; *Wäsche*: almidonar; ⚥**heit** *f* (0) rigidez *f*; tiesura *f*, inflexibilidad *f*; ⚥ anquilosis *f*; *fig. im Benehmen*: formalidad *f*; tiesura *f*, (*Ungewandtheit*) torpeza *f*; ⚥**leinen** *n* entretela *f*.

'**Steig** *m* (-*es*, -*e*) sendero *m*, vereda *f*; ~**bügel** *m* estribo *m* (*a. Anat.*); ~**bügelriemen** *m* ación *f*; ~*e f* (*steiler Pfad*) sendero *m* empinado; (*Verpackung*) banasta *f*; jaula *f*; ~**eisen** *n/pl.* garfios *m/pl.*; *Mont.* trepadores *m/pl.*

'**steigen I.** (*L*, *sn*) *v/i.* (*sich erheben*) alzarse; elevarse; (*hinauf*~) subir; ascender; (*hinab*~, *aus*~) bajar; (*klettern*) trepar (*auf* a); escalar (*a/c.*); *Nebel*: ir subiendo; *Pferd*: (*sich bäumen*) encabritarse; *Wasser*: subir, crecer; *fig.* (*zunehmen*) aumentar; *im Rang*: ascender; *Preise, Barometer, Fieber usw.*: subir; F (*stattfinden*) tener lugar; *auf e-n Berg ~* subir a (*od.* escalar) una montaña; *auf e-n Baum ~* subirse (*od.* trepar) a un árbol; *auf e-e Leiter ~* subirse a una escalera; *aufs Pferd ~* montar a (*od.* subir al) caballo; *auf den Thron ~* subir al trono; *aus dem Bett ~* levantarse de la cama; *aus dem Fenster ~* salir por la ventana; *ins Bad ~* meterse en el baño; F *ins Bett ~* acostarse, meterse en la cama; F *ins Examen ~* examinarse; *im Preis ~* subir (*od.* aumentar) de precio; *in den Wagen usw. ~* subir al coche; *über et.* (*ac.*) *~* saltar *bzw.* pasar por encima de a/c.; *vom Pferd ~* bajar del caballo, echar pie a tierra; **II.** ⚥ *n* subida *f*; ascensión *f*; (*Zunahme*) aumento *m*; crecimiento *m*; *des Wassers*: crecida *f*; *der Preise*: alza *f*, subida *f*; ~**d** *adj.* creciente; ascendente; ~*e Tendenz Börse*: tendencia *f* al alza (*od.* alcista).

'**Steiger** ⚒ *m* capataz *m* de minas.

'**steiger|n** (-*re*) **I.** *v/t.* elevar; alzar; aumentar, acrecentar; *Miete, Preise*: subir; (*verschlimmern*) agravar; (*verstärken*) reforzar; intensificar; (*verteuern*) encarecer; *Gr.* formar el comparativo *bzw. auf e-r Auktion*: pujar; *die Geschwindigkeit ~* forzar (*od.* acelerar *od.* aumentar) la velocidad; **II.** *v/refl.*: *sich ~* aumentar, ir en aumento; acrecentarse; intensificarse; (*sich verbessern*) progresar, mejorar; ⚥**ung** *f* aumento *m*; elevación *f*; intensificación *f*; subida *f*; ✝ *a.* alza *f*; (*Verschlimmerung*) agravación *f*; *Gr.* comparación *f*; *Rhet.* gradación *f*; ♀ung**srate** *f* tasa *f* de incremento; ♀ung**sstufe** *Gr. f* grado *m* de comparación.

'**Steig**...: ~**fähigkeit** *f* ≿ capacidad *f* ascensional; *Kfz.* capacidad *f* de ascensión; ~**geschwindigkeit** ≿ *f* velocidad *f* ascensional; ~**höhe** *f* ≿ techo *m*; *e-s Geschosses:* altura *f* alcanzada; ~**leitung** *f* tubería *f* ascensional; ⚡ línea *f* de subida; ~**rohr** *n* tubo *m* ascensional (*od.* montante); ~**ung** *f* elevación *f*; *Straße:* cuesta *f*, pendiente *f*; (*Gefälle*) declive *m*; (*Rampe*) rampa *f*; ⊕ *e-r Schraube:* paso *m*; ~**ungswinkel** ≿ *m* ángulo *m* de elevación.

'**steil** *adj.* escarpado; empinado; *Küste:* acantilado; *Fels:* abrupto; (*geneigt*) inclinado, en declive; ~ *in die Höhe fliegen* elevarse verticalmente; ♀**feuer** ⚔ *n* tiro *m* curvo; ♀**feuergeschütz** ⚔ *n* cañón *m* de tiro curvo; ♀**flug** ≿ *m* vuelo *m* vertical; ♀**hang** *m* declive *m* escarpado; despeñadero *m*; precipicio *m*; ♀**heit** *f* (0) escarpa *f*, escarpadura *f*; ♀**kurve** ≿ *f* viraje *m* vertical; ♀**küste** *f* acantilado *m*; ♀**paß** *m* *Fußball:* pase *m* en profundidad; ♀**schrift** *f* letra *f* vertical.

'**Stein** *m* (-*es*, -*e*) piedra *f*; canto *m*; (*Kiesel*♀) guijarro *m*; (*Fels*) roca *f*; peña *f*; (*Grab*♀, *Gedenk*♀) lápida *f*; (*Edel*♀) piedra *f* preciosa; (*Domino*♀) ficha *f*; *Damespiel usw.:* pieza *f*, peón *m*; ♟ cálculo *m*; (*Obst*♀) hueso *m*, *Am.* carozo *m*; *Uhr:* rubí *m*; *Feuerzeug:* piedra *f*; *zu ~ werden* petrificarse (*a. fig.*); *fig. nicht aus ~ sein* no ser de piedra; ~ *des Anstoßes* piedra *f* de escándalo; ~ *der Weisen* piedra *f* filosofal; *aus ~* de piedra; *fig. hart wie* ~ duro como una piedra; F *es friert ~ und Bein* está cayendo una fuerte helada; ~ *und Bein schwören* jurar por lo más sagrado (*od.* por todos los santos); *den ~en predigen* predicar en desierto; *keinen ~ auf den anderen lassen* no dejar piedra sobre piedra (*od.* F títere con cabeza); *fig. den ~ ins Rollen bringen* tomar la iniciativa de a/c.; desencadenar a/c.; *j-m ~e in den Weg legen* poner obstáculos (*od.* trabas *od.* cortapisas) a alg.; *fig. bei j-m e-n ~ im Brett haben* gozar del favor (*od.* de la estimación) de alg.; *den ersten ~ werfen* tirar la primera piedra (*nach* a); *mir fällt ein ~ vom Herzen* se me quita un gran peso de encima; *da würde ich lieber ~e klopfen* antes prefiero sacar piedras del río; ~**adler** *Orn. m* águila *f* real; ♀'**alt** *adj.* muy viejo; vetusto; F más viejo que Matusalén; ~**axt** *Hist. f* hacha *f* de sílex; ~**bank** *f* banco *m* de piedra; ~**bau** *m* construcción *f* de piedra; ~**bild** *n* estatua *f* de piedra; ~**bildung** *f* Geol. petrificación *f*; ♀ litiasis *f*; ~**block** *m* bloque *m* de piedra; ~**bock** *m* Zoo. cabra *f* montés; *Astr.* Capricornio *m*; ~**boden** *m* (*Gelände*) suelo *m* pedregoso; △ enlosado *m*; ~**bohrer** *m* barrena *f* para piedras; ~**brech** ♀ *m* saxífraga *f*; ~**brecher** *m* cantero *m*; (*Maschine*) quebrantadora *f*; ~**bruch** *m* cantera *f*; ~**bruch-arbeiter** *m* cantero *m*; ~**butt** *Ict. m* rodaballo *m*; ~**druck** *Typ. m* litografía *f*; ~**drucker** *m* litógrafo *m*; ~**druckerei** *f* (taller *m* de) litografía *f*; ~**eiche** ♀ *f* encina *f*; ♀**ern** *adj.* de piedra; pétreo; ~**es Herz** corazón *m* de piedra; ~**erweichen** *fig. n: zum ~* desgarrador; ~**fliese** *f* (*Kachel*) azulejo *m*; *für Fußboden:* baldosa *f*; ~**frucht** ♀ *f* fruto *m* de hueso, drupa *f*; ~**fußboden** *m* piso *m* de piedra; embaldosado *m*; ~**garten** *m* (jardín *m* de) rocalla *f*; ~**geröll** *n* rocalla *f*; ~**gut** *n* gres *m*; loza *f*; ~**hagel** *m* pedrisco *m*; pedrea *f*; ♀'**hart** *adj.* duro como una piedra; ~**haue** *f* pico *m*; ~**hauer** *m* cantero *m*; ~**huhn** *Orn. n* perdiz *f* griega (*de* mayor); ♀**ig** *adj.* pedregoso; (*felsig*) rocoso; ♀**igen** *v/t.* lapidar; apedrear; ~**igung** *f* lapidación *f*; ~**kauz** *Orn. m* mochuelo *m* común; ~**kitt** *m* litocola *f*; ~**klee** ♀ *m* meliloto *m*; ~**klopfer** *m* picapedrero *m*; ~**kohle** *f* hulla *f*, carbón *m* de piedra; ~**kohlenbecken** *n* cuenca *f* hullera; ~**kohlenbergwerk** ⚒ *n* mina *f* de hulla (*od.* de carbón); ~**kohlen-industrie** *f* industria *f* hullera; ~**kohlenteer** *m* alquitrán *m* de hulla; ~**kohlenzeit** *Geol. f* carbonífero *m*; ~**krankheit** *f*, ~**leiden** *n* litiasis *f*; ~**krug** *m* cántaro *m*; ~**marder** *Zoo. m* garduña *f*; ~**meißel** *m* escoplo *m* de cantería; ~**metz** *m* (-*en*) picapedrero *m*; cantero *m*; ~**obst** *n* fruta *f* de hueso; ~**öl** *n* petróleo *m*, aceite *m* mineral; ~**pflaster** *n* empedrado *m*, adoquinado *m*; ~**pilz** ♀ *m* boleto *m* (comestible); ~**platte** *f* losa *f*; (*Fliese*) baldosa *f*; *mit ~n auslegen* enlosar; embaldosar; ♀'**reich** *fig. adj.* riquísimo; *der Mann* F *ricacho m*, ricachón *m*; ~**salz** *n* sal *f* gema; ~**schlag** *m* caída *f* (*od.* desprendimiento *m*) de piedras; (*Schotter*) grava *f*; 🚧 balasto *m*; ~**schleifer** *m* pulidor *m* de piedras; ~**schleuder** *f* honda *f*, (*Spielzeug*) tirachinas *m*; ~**schneider** *m* lapidario *m*; grabador *m* en piedra; ~**schnitt** *m* grabado *m* en piedra; ♀ litotomía *f*; ~**schotter** *m* grava *f*; 🚧 balasto *m*; ~**setzer** *m* (*Pflasterer*) adoquinador *m*, empedrador *m*; (*Fliesenleger*) solador *m*; ~**tafel** *f* lápida *f*; ~**topf** *m* puchero *m*; orza *f*; ~**wurf** *m* pedrada *f*; *e-n ~ entfernt* a tiro de piedra; ~**zeichnung** *f* litografía *f*; ~**zeit** *f* edad *f* de piedra; *ältere* (*jüngere*) ~ paleolítico *m* (neolítico *m*); ♀**zeitlich** *adj.* de la edad de piedra.

'**Steiß** *m* (-*es*; -*e*) trasero *m*; nalgas *f*/*pl.*; *Anat.* región *f* glútea; ~**bein** *Anat. n* cóccix *m*, coxis *m*; ~(**bein**)-**wirbel** *Anat. n* vértebra *f* coxígea; ~**lage** ♀ *f* presentación *f* de nalgas.

'**Stele** *f* estela *f*.

Stel'lage [-'laːʒə] *f* armazón *m*; (*Regal*) estantería *f*; ~**geschäft** ✝ *n* → *Stellgeschäft*.

'**stellbar** *adj.* ajustable, regulable.

'**Stelldich-ein** *n* (-*s*; -*s*) cita *f* (de amor); *sich ein ~ geben* darse cita; *j-m ein ~ geben* concertar una cita con alg.

'**Stelle** *f* lugar *m*, sitio *m*; (*Platz*) plaza *f*, puesto *m*; (*Punkt*) punto *m*; (*Standort*) emplazamiento *m*, bsd. *Am.* ubicación *f*; (*Behörde*) autoridad *f*; oficina *f*; departamento *m*; centro *m* oficial; servicio *m*; (*Arbeits*♀) empleo *m*, puesto *m*, colocación *f*; destino *m*; (*Amt*) cargo *m*, función *f*; *in e-m Buch:* pasaje *m*; ⅍ *e-r Zahl:* cifra *f*, dígito *m*; *fig.* schwache ~ punto *m* flaco; schadhafte ~ defecto *m*; freie (*od.* unbesetzte) ~ vacante *f*; *an ~ von* en lugar de; en vez de; *an der richtigen* ~ al lugar correspondiente; a la autoridad competente; (*ich*) *an deiner* ~ yo en tu lugar, yo que tú; *ich möchte nicht an deiner* ~ *sein* no quisiera estar en tu lugar (F en tu pellejo); *an erster* ~ en primer lugar; *an erster* ~ *stehen* estar (*od.* figurar) en primer lugar; encabezar (a/c.); ir en cabeza; *e-e* ~ *suchen* buscar (un) empleo; *et.* (*j-n*) *an die* ~ *von et.* (*von j-m*) *setzen* sustituir a/c. (a alg.) por a/c. (por alg.); *an j-s* ~ *treten* reemplazar a alg.; suplir a alg., hacer las veces de alg.; *fig. auf der* ~ sobre el terreno; (*sofort*) en el acto; *er war auf der* ~ *tot* murió en el acto; *auf der* ~ *treten* ⚔ marcar el paso; *fig.* no adelantar; no hacer progresos; *nicht von der* ~ *kommen* no salir del sitio; *fig.* no avanzar, no progresar; *Verhandlungen:* estancarse, estar en un punto muerto; *von der* ~ *bringen* mover (de su sitio); *sich nicht von der* ~ *rühren* no moverse del sitio; *sich zur* ~ *melden* presentarse (*bei j-m* a alg.); *zur* ~ *schaffen* traer; *zur* ~ *sein* estar presente; F estar al pie del cañón.

'**stellen I.** *v/t.* poner, meter; (*aufstellen*) colocar; situar; *ordnend:* disponer, ordenar; (*liefern*) suministrar, proveer, facilitar; (*beisteuern*) contribuir; (*zuweisen*) asignar; (*abfangen*) interceptar; (*in die Enge treiben*) acorralar, acosar; *Bürgen, Zeugen:* presentar; *Problem, Thema:* plantear; *Frage:* hacer; *Antrag:* presentar; *Bedingung:* poner; *Aufgabe:* proponer; *Frist:* fijar, señalar; *Uhr:* poner en hora; ⊕ ajustar; regular, graduar; *kalt* ~ *Getränk:* enfriar, poner a refrescar; *warm* ~ poner a calentar, poner al fuego; *beiseite* ~ apartar, poner a un lado; *vor Augen* ~ poner ante los ojos; **II.** *v/refl.:* *sich* ~ ponerse, meterse; colocarse; situarse; (*erscheinen*) presentarse; *Täter:* entregarse; *zum Militär:* alistarse; *Probleme:* plantearse; ~ *Sie sich hierher!* ¡póngase usted aquí!; *sich gegen et.* ~ oponerse a a/c.; *sich gegen j-n* ~ adoptar una actitud hostil hacia alg.; *fig. sich hinter j-n* ~ ponerse de parte de alg., respaldar a alg.; *fig. sich vor j-n* ~ proteger a alg.; *sich* ~, *als ob* ... aparentar; fingir, simular; hacer como si ...; *sich krank* ~ fingirse enfermo, simular estar enfermo; *sich taub* (*dumm*) ~ hacerse el sordo (tonto); ✝ *sich auf Preis:* ascender a, salir a; *sich mit j-m gut* ~ ponerse a bien con alg.; *sich vor Augen* ~ imaginar(se); *sich e-m Gegner usw.* ~ hacer frente a un adversario, *etc.*; *wie* ~ *Sie sich dazu?* ¿qué opina usted de ello?; ¿qué dice usted a eso?; **III.** *p.p.: gut gestellt sein* tener buena posición; vivir con holgura; *auf sich selbst gestellt sein* tener que defenderse solo; no depender de nadie.

'**Stellen**...: ~**abbau** *m* ✝ reducción *f* (*od.* recorte *m*) de empleo; ~**angebot** *n* oferta *f* de colocación (*od.* de empleo); ~**bewerber** *m* solicitante *m*; ~**gesuch** *n* demanda *f* (*od.* solicitud *f*) de empleo;

stellenlos — Stern

los *adj.* sin colocación, sin empleo; markt *m* bolsa *f* de(l) trabajo; nachweis *m* agencia *f* de colocaciones; plan *m* plantilla *f*; vermittler *m* agente *m* de colocaciones; vermittlung *f*, vermittlungsbüro *n* → nachweis; weise *adv.* aquí y allá; en algunos puntos, en algunas partes; esporádicamente; (*teilweise*) en parte; wert *m* importancia *f* (relativa).

'Stell...: geschäft ✝ *n* operación *f* de doble opción; macher *m* carretero *m*; mache'rei *f* carretería *f*; mutter ⊕ *f* tuerca *f* de ajuste; ring ⊕ *m* anillo *m* de ajuste; schraube *f* tornillo *m* de ajuste; spiegel *m* espejo *m* móvil.

'Stellung *f* posición *f*; (*Körper*) *a.* postura *f*; actitud *f*; (*Anordnung*) colocación *f*, disposición *f*, arreglo *m*; (*Lieferung*) suministro *m*, provisión *f*; *v. Zeugen:* presentación *f*; (*Stand*) estado *m*; condición *f*; (*Rang*) status *m*; rango *m*; posición *f* (*social*); (*Lage*) situación *f*, (*Amt*) colocación *f*, empleo *m*; puesto *m*; (*Amt*) cargo *m*; ⚔ *allg. u. taktisch:* posición *f*; (*Front*) líneas *f/pl.*; *e-s Geschützes:* emplazamiento *m*; (*Ein*) posición *f*, postura *f*; ⚔ *u. fig.* beziehen tomar posición; *die* halten mantener la posición; *fig.* seguir en la brecha; *fig.* führende (*od.* leitende) cargo *m* (*od.* puesto *m*) directivo; *zu et.* nehmen tomar posición sobre a/c.; dar su opinión (*od.* su parecer) sobre a/c.; *für j-n* nehmen abogar por (*od.* en favor) de alg.; defender a alg., nahme *f* toma *f* de posición; opinión *f*, parecer *m*; criterio *m*; (*Bericht*) informe *m*; *an ... mit der Bitte um* pase a informe de ...; sbefehl ⚔ *m* orden *f* de incorporación a filas; skrieg *m* guerra *f* de posiciones (*od.* de trincheras); slos *adj.* sin colocación, sin empleo; s-suchende(r) *m* solicitante *m* de empleo; swechsel *m* ⚔ cambio *m* de posición (✝ de empleo).

'Stell...: vertretend *adj.* suplente; interino; vice...; er Direktor subdirector *m*; er Vorsitzender vicepresidente *m*; vertreter *m* (*Ersatzmann*) suplente *m*, sustituto *m*, (*Vertreter*) representante *m*; delegado *m*; *Rel.* vicario *m*; vertretung *f* suplencia *f*; sustitución *f*; representación *f*; ✝ *in* por poder (*Abk.* p.p.); vorrichtung ⊕ *f* dispositivo *m* de regulación; wand *f* pantalla *f* protectora; werk 🚂 *n* garita *f* de señales; puesto *m* de enclavamiento.

'Stelz|bein *n* pierna *f* (F pata *f*) de palo; beinig *adj.* zancudo; *fig.* espetado; e *f* zanco *m*; F (*langes Bein*) zanca *f*; *auf* n *gehen* = en (-t; sn) *v/i.* andar en zancos; *fig.* dar zancadas; fuß *m* → bein; vogel *Zoo. m* ave *f* zancuda; wurzel 🌱 *f* raíz *f* zanco (*od.* fúlcrea).

'Stemm|bogen *m Ski:* viraje *m* en cuña; eisen *n* escoplo *m*; formón *m*; (*Hebel*) palanqueta *f*; (*Meißel*) cincel *m*; en *v/t.* (*heben*) levantar; apalancar; *Löcher* aguijerear (con el formón); *die Hände in die Seiten* ponerse en jarras; *sich* apoyarse (*gegen contra*); *fig.* oponerse (*gegen* a), resistir(se) a.

'Stempel *m* (-s; -) sello *m* (de goma); (*Abdruck*) sello *m*, timbre *m*; (*Locheisen*) punzón *m*; (*Kolben*) émbolo *m*; (*Münz*) cuño *m*; ⚒ puntal *m*; (*Namens*) estampilla *f*; (*Post*) matasellos *m*; (*Vieh*) hierro *m*; 🌱 pistilo *m*; ✝ *auf Waren:* marca *f*; *fig.* sello *m*; carácter *m*; marchamo *m*; *fig. e-r Sache s-n* aufdrücken imprimir su carácter a a/c.; *den* *des Genies usw. tragen* llevar el sello (*od.* el marchamo) del genio, *etc.*; bogen *m* pliego *m* de papel timbrado (*od.* sellado); farbe *f* tinta *f* para tampón; frei *adj.* exento de (derechos de) timbre; gebühr *f* derechos *m/pl.* de timbre; halter *m* portasellos *m*; kissen *n* tampón *m*, almohadilla *f*; marke *f* timbre *m* (móvil); póliza *f*; maschine *f* máquina *f* de timbrar; matasellos *m* automático; n *v/t.* (-le) sellar; timbrar; estampillar; *Silber usw.:* marcar (*a. fig.*); *Briefmarke:* matasellar, inutilizar; F gehen cobrar subsidio de paro; *weitS.* estar parado (*od.* sin trabajo); *j-n* zu tildar a alg. de; papier *n* papel *m* sellado; pflichtig *adj.* sujeto a timbre; steuer *f* impuesto *m* del timbre; uhr *f* (*Kontrolluhr*) reloj *m* de control *bzw.* para fichar; ung *f* selladura *f*, sellado *m*; estampillado *m*; zeichen *n* sello *m*; marca *f*.

'Stengel 🌱 *m* tallo *m*.

'Steno F *f* → 'graphie; gramm *n* (-s; -e) taquigrama *m*; *ein* aufnehmen taquigrafiar al dictado; 'grammblock *m* bloc *m* para taquigramas; 'graph(in *f*) *m* (-en) taquígrafo (-a *f*) *m*; (*Maschinen*) estenotipista *m/f*; 'graphendienst *m* servicio *m* taquigráfico; gra'phie *f* taquigrafía *f*; gra'phieren *v/t. u. v/i.* (-) taquigrafiar; gra'phiermaschine *f* estenotipia *f*; 'graphisch *adj.* taquigráfico; ty'pie *f* estenotipia *f*; ty'pist *m* (-en) taquimecanógrafo *m*; ty'pistin *f* taquimecanógrafa *f*, F taquimeca *f*.

'Stentorstimme *f* voz *f* estentórea.

Stenz F *m* (-es; -e) golfo *m*; F chulo *m*; (*Geck*) F pijo *m*.

Step *m* (-s; -s) → tanz.

'Stephan *m* Esteban *m*.

Ste'phanie [-nīə] *f* Estefanía *f*.

'Steppdecke *f* colcha *f* guateada; edredón *m*.

'Steppe *f* estepa *f*.

'steppen I. *v/t.* 1. pespunt(e)ar; 2. (*tanzen*) bailar claqué; *Span.* zapatear; II. *n* 1. pespunte *m*; 2. → *Steptanz.*

'Steppenwolf *Zoo. m* lobo *m* de las praderas, coyote *m*.

'Stepp|er(in *f*) *m* 1. pespunteador(a *f*) *m*; 2. → *Steptänzer(in)*; ke F *m* (-s; -s) muchachito *m*, mozuelo *m*; naht *f* pespunte *m*; stich *m* pespunte *m*, punto *m* atrás.

'Step|tanz *m* (baile *m* de) claqué *m*; *Span.* zapateado *m*; tänzer(in *f*) *m* bailador (-a *f*) *m* de claqué; *Span.* zapateador(a *f*) *m*.

'Sterbe|alter *n* edad *f* de defunción; bett *n* lecho *m* de muerte; fall *m* (caso *m* de) muerte *f*; defunción *f*; fallversicherung *f* seguro *m* de decesos; gebet *n* oración *f* de los agonizantes; geld *n* subsidio *m* de sepelio; glocke *f* posa *f*; toque *m* a muerto; haus *n* casa *f* mortuoria; hilfe ⚕ *f* eutanasia *f*; kasse *f* caja *f* de defunción; lager *n* → bett.

'sterben (L; sn) I. *v/i.* morir (*an, vor, aus* de; *für* por); morirse (*a. fig.*); fallecer; expirar; F pasar a mejor vida; (*umkommen*) perecer; perder la vida; *zu früh* malograrse; *e-s natürlichen (gewaltsamen) Todes* morir de muerte natural (violenta); *durch j-s Hand* morir a manos de alg.; *alle Menschen müssen* todos somos mortales; II. *n* muerte *f*; fallecimiento *m*; *im* liegen estar moribundo (*od.* muriéndose); agonizar, estar agonizando (*od.* en la agonía); *wenn es zum* *kommt* a la hora de la muerte; F *zum* *langweilig* para morirse de aburrimiento; d *adj.* moribundo; *a. fig.* agonizante; de(r *m*) *m/f* moribundo (-a *f*) *m*, agonizante *m/f*.

'Sterbens...: angst *f* angustia *f* mortal, ansias *f/pl.* mortales; krank *adj.* (0) enfermo de muerte; moribundo; langweilig *adj.* aburridísimo, soporífero; müde *adj.* muerto de cansancio; wörtchen *n*: *kein* sagen no decir ni una palabra; F no decir ni pío; no abrir el pico.

'Sterbe...: rate *f* índice *m* (*od.* tasa *f*) de mortalidad; register *n* registro *m* de defunciones; sakramente *n/pl.* últimos sacramentos *m/pl.*; viático *m*; stunde *f* hora *f* de (la) muerte (*od.* suprema); trance *m* mortal; tafel *f* tabla *f* de vida (*od.* mortalidad); tag *m* día *m* de la muerte; fecha *f* del fallecimiento; urkunde *f* partida *f* de defunción; ziffer *f* → rate; zimmer *n* cámara *f* mortuoria.

'sterblich *adj.* mortal; verliebt perdidamente enamorado; e(r) *m* mortal *m*; keit *f* (0) mortalidad *f*; keitsziffer *f* → *Sterberate.*

'Stereo F *n* → phonie; anlage *f* equipo *m* estereofónico (F estéreo); aufnahme *f Phot.* estereofotografía *f*; ♪ grabación *f* estereofónica; che'mie *f* estereoquímica *f*; gra'phie *f* estereografía *f*; estereometría *f*; 'metrisch *adj.* estereométrico; 'phon *adj.* estereofónico; pho'nie *f* estereofonía *f*; platte *f* disco *m* estereofónico (F estéreo); 'skop *n* (-s; -e) estereoscopio *m*; 'skopisch *adj.* estereoscópico; ton *m* sonido *m* estereofónico, estereosonido *m*; 'typ *adj.* estereotipado (*a. fig.*); e Redensart cliché *m*; ty'pie *f* estereotipia *f*; ty'pieren *Typ.* (-) *v/t.* estereotipar.

ste'ril *adj.* estéril (*a. fig.*).

Sterili|sati'on *f* esterilización *f*; 'sator *m* (-s; -en) esterilizador *m*; 'sieren (-) *v/t.* esterilizar; 'sierung *f* esterilización *f*; 'tät *f* (0) esterilidad *f* (*a. fig.*).

'Sterling *m* (-s; -e) esterlina *f*; *Pfund* libra *f* esterlina.

'Stern *m* (-*es*; -e) estrella *f*, astro *m* (*beide a. fig.*); *Typ.* asterisco *m*; ⚔ estrella *f*; ⚓ popa *f*; *mit* en besät estrellado; *unter e-m (un)günstigen* *geboren sein* haber nacido con buena (mala) estrella; *an s-n guten* *glauben* tener fe en su buena estrella; *nach den ~en greifen* tener grandes pretensiones; picar muy alto; F *fig. ~e sehen* ver las estrellas; **2besät** *adj.* estrellado; tachonado de estrellas; **~bild** *Astr. n* constelación *f*; **~blume** ♀ *f* aster *m*; **~chen** *n* estrellita *f*; *Typ.* asterisco *m*; *fig.* (*Film2*) aspirante *f* a estrella, starlet *f*; **~deuter** *m* astrólogo *m*; **~deutung** *f* astrología *f*; **~dreieck-anlasser** ⊕ *m* arranque *m* estrella-triángulo.

ˈ**Sternen...:** **~banner** *n* bandera *f* estrellada; **2hell** *adj.* estrellado; **~himmel** *m* cielo *m* estrellado; firmamento *m*; **2klar** *adj.* estrellado; **~licht** *n* luz *f* de las estrellas; *Astr.* luz *f* sideral; **~system** *n* sistema *m* estelar; **~zelt** *n* → *~himmel*.

ˈ**Stern...:** **~fahrt** *f Sport*: rally(e) *m*; **2förmig** *adj.* en forma de estrella, estrellado; **~gucker** *hum. m* astrónomo *m*; **2ˈhagelˈvoll** F *adj.* borracho perdido (*od.* como una cuba); **2hell** *adj.* estrellado; **~jahr** *n* año *m* sideral; **~karte** *f* planisferio *m* celeste; **2klar** *adj.* estrellado; **~kunde** *f* astronomía *f*; **~motor** ⊕ *m* motor *m* radial (*od.* en estrella); **~schaltung** ⚡ *f* conexión *f* en estrella; **~schnuppe** *f* estrella *f* fugaz; **~schnuppenregen** *m* lluvia *f* de estrellas; **~stunde** *fig. f* momento *m* estelar; **~warte** *f* observatorio *m* (astronómico).

Sterz *m* (*-es*; *-e*) (*Pflug2*) mancera *f*, esteva *f*; *der Vögel*: rabadilla *f*, obispillo *m*.

stet *adj.* → *stetig*.

Stethoˈskop ⚕ *n* (*-s*; *-e*) estetoscopio *m*.

ˈ**stetig** [eː] *adj.* continuo (*a.* Ꭿ); permanente; constante; perpetuo; (*gleichmäßig*) igual; **2keit** *f* (*0*) continuidad *f* (*a.* Ꭿ); constancia *f*; firmeza *f*.

stets [eː] *adv.* siempre; continuamente; constantemente.

ˈ**Steuer**[1] *n* (*-s*; *-*) ⚓, ✈ timón *m* (*a. fig.*); *Kfz.* volante *m*; *sich ans ~ setzen* ponerse al volante; *a. fig. am ~ stehen* (*od. sitzen*) llevar el timón; *fig. das ~ übernehmen* tomar el timón; *a. fig. das ~ herumreißen* dar un golpe de timón.

ˈ**Steuer**[2] *f* (*-*; *-n*) impuesto *m*; contribución *f*; derechos *m/pl.*; **~abzug** *m* deducción *f* del impuesto; **~amnestie** *f* amnistía *f* fiscal; **~amt** *n* oficina *f* de recaudación de impuestos; **~aufkommen** *n* recaudación *f* fiscal; ingresos *m/pl.* tributarios (*od.* por impuestos); **~aufschlag** *m* sobretasa *f* fiscal; recargo *m* tributario; **~ausfall** *m* déficit *m* en la recaudación fiscal; **~ausgleich** *m* reajuste *m* impositivo; **2bar** *adj.* (*lenkbar*) gobernable; *Luftschiff*: dirigible; ⚖ imponible; **~be-amte(r)** *m* funcionario *m* de Hacienda; **~befreiung** *f* exención *f* de impuestos; desgravación *f* fiscal; **2begünstigt** *adj.* con privilegio fiscal; **~begünstigung** *f* privilegio *m* fiscal (*od.* tributario); **~behörde** *f* fisco *m*; autoridad *f* fiscal; **~beitreibung** *f* recaudación *f* de impuestos; **~belastung** *f* cargas *f/pl.* fiscales; **~berater** *m* asesor *m* fiscal; **~bescheid** *m* liquidación *f* de impuestos; **~betrag** *m* total *m* del impuesto; **~bilanz** *f* balance *m* fiscal; **~bord** ⚓ *n* estribor *m*; **~druck** *m* presión *f* fiscal; **~eingänge** *m/pl.*, **~einnahme** *f* recaudación *f* tributaria (*od.* de impuestos); ingresos *m/pl.* fiscales; **~einnehmer** *m* recaudador *m* (de contribuciones); **~erhebung** *f* recaudación *f* de impuestos; **~erhöhung** *f* aumento *m* de los impuestos; **~erklärung** *f* declaración *f* de impuestos; **~erlaß** *m* desgravación *f*; **~erleichterung** *f* privilegio *m* fiscal; **~ermäßigung** *f* rebaja *f* (*od.* reducción *f*) de impuestos; **~ersparnis** *f* ahorro *m* de impuestos; **~fahnder** *m* inspector *m* de Hacienda; **~fahndung** *f* pesquisa *f* fiscal; **~fläche** ✈ *f* superficie *f* de control; **~flosse** ✈ *f* aleta *f*; **~flucht** *f* evasión *f* fiscal; **2frei** *adj.* libre (*od.* exento) de impuestos; no imponible; **~freibetrag** *m* importe *m* exento de impuestos; **~freigrenze** *f* límite *m* de exención tributaria; **~freiheit** *f* exención *f* fiscal (*od.* de impuestos); franquicia *f* tributaria; **~geheimnis** *n* secreto *m* fiscal; **~gelder** *n/pl.* fondos *m/pl.* recaudados; **~gesetz** *n* ley *f* tributaria (*od.* fiscal); **~gesetzgebung** *f* legislación *f* fiscal; **~gruppe** *f* categoría *f* fiscal; **~hebel** ⊕ *m* palanca *f* de mando; **~hinterzieher** *m* defraudador *m* (*od.* evasor *m*) fiscal; **~hinterziehung** *f* defraudación *f* (*od.* fraude *m*) fiscal; **~inspektor** *m* inspector *m* de Hacienda; **~jahr** *n* año *m* fiscal; **~karte** *f* tarjeta *f* de impuestos; **~klasse** *f* categoría *f* fiscal (*od.* tributaria); **~knüppel** ✈ *m* palanca *f* de mando; **~kraft** *f* capacidad *f* contributiva; **~last** *f* carga *f* fiscal (*od.* tributaria); **2lich** (*0*) **I.** *adj.* fiscal; tributario; impositivo; *~e Belastung* carga *f* fiscal; gravamen *m*; *in ~er Hinsicht* en materia fiscal; **II.** *adv.*: *~ begünstigt sein* gozar de privilegios fiscales; **~liste** *f* lista *f* de contribuyentes; **~mann** ⚓ *m* (*-¢s*; *˘er*) timonel *m*; **~mannsmaat** ⚓ *m* segundo timonel *m*; **~marke** *f* timbre *m* (fiscal); póliza *f*; **~mittel** *n/pl.* fondos *m/pl.* recaudados.

ˈ**steuern** (*-re*) **I.** *v/t.* ⚓ gobernar; timonear; *als Lotse*: pilotar; *Kfz.* conducir, guiar; *a.* ✈ pilotar; ⊕ mandar; maniobrar; controlar; *fig.* (*leiten*) dirigir; **II.** *v/i.* ⚓ llevar el timón (*a. fig.*); hacer (*od.* navegar) rumbo (*nach* a).

ˈ**Steuer...:** **~nachlaß** *m* desgravación *f* fiscal; **~oase** *f*, **~paradies** *n* paraíso *m* fiscal; **2pflichtig** *adj.* sujeto a tributación (*od.* a contribución); contribuyente; *Sache*: imponible; **~pflichtige(r)** *m* contribuyente *m*; **~politik** *f* política *f* fiscal; **~programm** *n Computer*: programa *m* de control; **~prüfer** *m* inspector *m* tributario; **~prüfung** *f* inspección *f* fiscal, fiscalización *f*; **~pult** ⊕ *n* pupitre *m* de mando; **~quelle** *f* fuente *f* de impuestos; **~rad** *n Kfz.* volante *m* (de dirección); ⚓ rueda *f* del timón; **~recht** *n* derecho *m* fiscal; **~reform** *f* reforma *f* fiscal (*od.* tributaria); **~register** *n* registro *m* tributario; lista *f* de contribuyentes; **~rück-erstattung** *f* devolución *f* de impuestos; **~rückstände** *m/pl.* impuestos *m/pl.* adeudados; **~ruder** ⚓ *n* timón *m*, gobernalle *m*; **~sache** *f*: *in ~n* en materia de impuestos; en asuntos fiscales; **~satz** *m* tasa *f* de impuesto; tipo *m* impositivo (*od.* imponible); **~säule** *f Kfz.* columna *f* de dirección; **~schlupfloch** *n* ⚖ escapatoria *f* (*od.* escondrijo *m*) fiscal; **~schraube** *fig. f*: *die ~ anziehen* aumentar los impuestos; **~schuld** *f* deuda *f* tributaria (*od.* fiscal); *Span.* líquido *m* imponible; **~schuldner** *m* deudor *m* de impuestos; contribuyente *m*; **2schwach** *adj.* de escasa tributación; **~senkung** *f* reducción *f* de impuestos; **~staffelung** *f* progresividad *f* impositiva; **~stundung** *f* moratoria *f* fiscal; **~sünder** *m* defraudador *m* fiscal; **~system** *n* sistema *m* tributario (*od.* fiscal); **~tabelle** *f* tabla *f* impositiva.

ˈ**Steuerung** *f* (*Tätigkeit*) ⚓ gobierno *m*; navegación *f*; ✈ pilotaje *m*; *Kfz.* conducción *f*; ⊕ mando *m*; control *m*; maniobra *f*; (*Vorrichtung*) ⚓, ✈ timón *m*; *Kfz.* (mecanismo *m* de) dirección *f*; ⚡ distribución *f*; *fig.* orientación *f*; (*Leitung*) dirección *f*; (*Bekämpfung*) control *m*; **~s-taste** *f Computer*: (tecla *f*) control *m*.

ˈ**Steuer...:** **~ver-anlagung** *f* estimación *f* (*od.* tasación *f*) de los impuestos; **~vergehen** *n* infracción *f* (*od.* delito *m*) fiscal; **~vergünstigung** *f* privilegio *m* fiscal (*od.* tributario); **~verwaltung** *f* administración *f* fiscal; (*Behörde*) fisco *m*; **~vorteil** *m* ventaja *f* fiscal; **~welle** ⊕ *f* árbol *m* (*od.* eje *m*) de mando; eje *m* de distribución; **~wert** *m* valor *m* imponible; **~wesen** *n* régimen *m* fiscal (*od.* tributario); **~zahler** *m* contribuyente *m*; **~zeichen** *n Computer*: carácter *m* de mando (*od.* de control); **~zuschlag** *m* impuesto *m* adicional; recargo *m* impositivo.

ˈ**Steven** ⚓ *m* roda *f*, estrave *m*.

ˈ**Steward** [ˈstjuːərt] *m* (*-s*; *-s*) ⚓ camarero *m*; ✈ auxiliar *m* de vuelo.

ˈ**Stewardeß** [ˈstjuːərdɛs] *f* (*-*; *-ssen*) ⚓ camarera *f*; ✈ azafata *f*, *Am.* aeromoza *f*.

stiˈbitzen (*-t*; *-*) F *v/t.* escamotear; birlar, F mangar.

Stich *m* (*-¢s*; *-e*) (*Nadel2 usw.*) pinchazo *m*; (*Insekten2*) picadura *f*; *Näherei*: puntada *f*; punto *m* (*a. Chir.*); (*Dolch2*) puñalada *f*; (*Messer2*) cuchillada *f*; (*Degen2*) estocada *f*; (*Lanzen2*) lanzada *f*; *Kartenspiel*: baza *f*; (*Kunstwerk*) grabado *m*; estampa *f*; ⚕ (*Schmerz*) punzada *f*, dolor *m* punzante; *fig.* pinchazo *m*, alfilerazo *m*; indirecta *f*; *e-n ~ bekommen Fleisch*: picarse; *Wein*, *Milch*: agriarse; *e-n ~ haben Person*: F estar tocado (*od.* mal) de la cabeza; *e-n ~ ins Grüne haben* tirar a verde; *e-n ~ machen Kartenspiel*: hacer baza; *im ~ lassen* abandonar; F dejar plantado (*od.* en la estacada *od.* en las astas del toro); *mein Gedächtnis läßt mich im ~* me falla la memoria; *fig. das gab mir e-n ~* me hirió en lo más hondo; ˈ**~bahn** 🚂 *f* ramal *m*; ˈ**~blatt** *n am Degen*: guardamano *m*.

ˈ**Stichel** *m* buril *m*; cincel *m*.

Sticheˈlei *fig. f* pinchazo *m*, pulla *f*; indirecta *f*; (*Neckerei*) zumba *f*.

ˈ**sticheln** (*-le*) *v/t. u. v/i.* (*nähen*) dar puntadas; *fig.* echar indirectas (*od.* pullas).

ˈ**Stich...:** **~entscheid** *m* voto *m* deci-

stichfest — stillschweigend 496

sivo; ⚲**fest** adj. Reifen usw.: imperforable, a prueba de pinchazos; fig. a toda prueba; **~flamme** f llama f viva; (Lötflamme) dardo m de llama; an Gasöfen: piloto m; ⚲**haltig** adj. sólido, fundado; plausible; válido; concluyente; convincente; **~haltigkeit** f (0) solidez f, fundamento m; plausibilidad f; validez f; **~kampf** m Sport: desempate m; **~ling** Ict. m (-s; -e) gasteósteo m; **~probe** f prueba f al azar; muestra f; **~n** machen tomar pruebas al azar; **~säge** f serrucho m de calar; **~tag** m día m fijado; (Fälligkeitsdatum) fecha f de vencimiento; (äußerster Termin) fecha f tope; plazo m límite; **~waffe** f arma f punzante; **~wahl** f votación f de desempate, balotaje m; **~wort** n Thea. entrada m; (Losungswort) santo m y seña; im Wörterbuch: voz f guía; (Schlüsselwort) palabra f clave; **~wortverzeichnis** n índice m (alfabético); **~wunde** f herida f punzante; **~zahl** f número m índice.

'**Stick|arbeit** f bordado m; ⚲**en** v/t. u. v/i. bordar; **~er(in** f) m bordador(a f) m; **~e'rei** f bordado m; **~garn** n hilo m de bordar; **~gas** n gas m asfixiante; **~husten** 🗲 m tos f ferina; ⚲**ig** adj. sofocante; asfixiante; Luft: cargado; **~maschine** f máquina f de bordar; **~muster** n patrón m de bordado; **~nadel** f aguja f de bordar; **~rahmen** m bastidor m (de bordar); **~seide** f seda f de bordar.

'**Stickstoff** 🜊 m (-es; 0) nitrógeno m; ⚲**arm** adj. pobre en nitrógeno; **~dünger** m abono m nitrogenado; ⚲**frei** adj. exento (od. libre) de nitrógeno; ⚲**haltig** adj. nitrogenado; **~kreislauf** m ciclo m del nitrógeno; ⚲**reich** adj. rico en nitrógeno; **~verbindung** f compuesto m nitrogenado.

'**stieben** (L) v/i. Funken: saltar, desprenderse; Menge: dispersarse, disiparse.

'**Stiefbruder** m hermanastro m.

'**Stiefel** m bota f; (Halb⚲) botín m, botina f; F e-n **~** vertragen können tener buen saque.

Stiefe'lette f botín m, botina f.

'**Stiefel...: ~knecht** m sacabotas m, descalzador m de bota; ⚲**n** (-le) v/i. andar a zancadas; F zancajear; **~**a. gestiefelt; **~schaft** m caña f (de la bota); **~spanner** m horma f de bota; **~stulpe** f reborde m de la bota.

'**Stief|eltern** pl. padrastros m/pl.; **~geschwister** pl. hermanastros m/pl.; **~kind** n hijastro (-a f) m; fig. desgraciado m; **~mutter** f madrastra f; **~mütterchen** ♀ n pensamiento m; ⚲**mütterlich I.** adj. de madrastra; **II.** adv. como una madrastra; **~** behandeln tratar con negligencia; von der Natur **~** behandelt poco favorecido por la naturaleza; **~schwester** f hermanastra f; **~sohn** m hijastro m; **~tochter** f hijastra f; **~vater** m padrastro m.

'**Stiege** f escalera f; (20 Stück) veintena f.

'**Stieglitz** Orn. m (-es; -e) jilguero m.

'**Stiel** m (-es; -e) (Handgriff) mango m; (Besen⚲) a. palo m; e-r Axt usw.: astil m; ♀ tallo m; pedúnculo m; e-r Frucht: pezón m, F rabo m; (Blatt⚲) pecíolo m; **~augen** n/pl. ojos m/pl. saltones; Zoo. ojos m/pl. pedunculados; fig. **~** machen F abrir unos ojos como platos; er machte **~** nach ihr se le fueron (od. saltaban) los ojos tras ella; **~brille** f impertinentes m/pl.; **~pfanne** f, **~topf** m cazo m.

stier adj.: **~er** Blick mirada f fija; **~** ansehen mirar fijamente.

Stier m (-es; -e) toro m; F bsd. Stk. cornúpeto m; Astr. Tauro m; fig. den **~** bei den Hörnern packen agarrar al toro por los cuernos (od. las astas).

'**stieren** v/i. mirar fijamente; (glotzen) mirar boquiabierto.

'**Stier...: ~kampf** m corrida f de toros; fiesta f taurina (Span. a. nacional); lidia f; **~kampf-arena** f **~** **~kampfplatz**; **~kämpfer** m torero m; lidiador m; diestro m; (Matador) matador m, espada m; **~kämpfertracht** f traje m de luces; **~kampfplatz** m plaza f de toros; (Arena) arena f, ruedo m; **~nacken** m pescuezo m de toro; ⚲**nackig** adj. cogotudo.

'**Stiesel** F m F paleto m, palurdo m.

Stift[1] m (-es; -e) (Pflock) tarugo m; clavija f; (Nagel) tachuela f; punta f; (Bolzen) perno m; (Zapfen) pivote m; espiga f; (Stäbchen) barrita f; (Blei⚲) lápiz m; (Zahn⚲) espiga f; F (Lehrling) aprendiz m.

Stift[2] n (-es; -e) convento m; capítulo m, cabildo m; (Altersheim) residencia f de ancianos; (Seminar) seminario m.

'**stiften** (-e-) v/t. **1.** (gründen) fundar; (einrichten) crear; establecer, instituir; erigir; (spenden) donar; F (spendieren) regalar; pagar; gestiftet von ... por cortesía de ...; **2.** (verursachen) causar, ocasionar; Unruhe usw.: provocar; Frieden **~** meter paz; Gutes **~** hacer bien; Unheil **~** causar desgracia; **~gehen** F v/i. F largarse, eclipsarse, esfumarse.

'**Stifter(in** f) m fundador(a f) m; (Spender) donador(a f) m, donante m/f.

'**Stifts|dame** f, **~fräulein** f canonesa f; **~herr** m capitular m, canónigo m; **~kirche** f colegiata f.

'**Stiftung** f fundación f; (Schaffung) creación f; institución f; (Schenkung) donación f; milde **~** obra f pía; **~sfeier** f, **~sfest** n aniversario m de la fundación; **~s-urkunde** f acta f de fundación (od. fundacional).

'**Stiftzahn** m diente m de espiga (od. de perno).

'**Stigma** n (-s; -men od. -ta) estigma m (a. Zoo.); ⚲**ti'sieren** (-) v/t. estigmatizar.

Stil m (-es; -e) estilo m; in großem **~** en gran escala; in großem **~** leben vivir a lo grande; '**~art** f estilo m; '**~blüte** f desliz m estilístico; '⚲**echt** adj. de época.

Sti'lett n (-es; -e) estilete m.

'**Stil|fehler** m falta f de estilo; **~gefühl** n sentido m del estilo; ⚲**gerecht** adj. en estilo correcto; conforme (od. ajustado) al estilo; → a. ⚲**echt**.

stili'sieren (-) v/t. estilizar.

Sti'list m (-en) estilista m; **~ik** f (0) estilística f; ⚲**isch** adj. estilístico; in **~er** Hinsicht en cuanto al estilo; desde el punto de vista estilístico.

'**Stil|kleid** n vestido m de época; **~kunde** f estilística f.

'**still** adj. (ruhig) tranquilo; quieto; silencioso; (unbeweglich) inmóvil; (friedlich) pacífico; apacible; plácido; (schweigsam) silencioso, callado; taciturno; mudo; (heimlich) secreto; ✝ (flau) desanimado; flojo; 🜊 tácito; See: en calma; ⚲er Freitag Viernes m Santo; **~es** Gebet oración f mental; **~e** Hoffnung secreta esperanza f; **~es** Leben vida f sosegada; **~e** Liebe amor m secreto; **~e** Messe misa f rezada; ⚲er Ozean (océano m) Pacífico m; **~e** Reserve ✝ reservas f/pl. ocultas; **~e** Übereinkunft acuerdo m tácito; **~er** Vorbehalt reserva f mental; F **~es** Örtchen retrete m, excusado m; **~es** Wasser agua f mansa bzw. estancada; fig. (Person) mosquita f muerta; ein **~es** Wasser sein matarlas callando; **~e** Wasser sind tief no hay que fiarse del agua mansa; **~!** ¡silencio!; ¡chitón!; ¡pst!; sei **~!** F ¡cállate la boca!; Kind: ¡(estáte) quieto!; **~** davon! no hablemos de ello; im **~** en en silencio, calladamente; (heimlich) en secreto, m.s. bajo cuerda; (für sich) para sí; **~** und leise bzw. heimlich F callandito, a la chita callando; sich **~** verhalten mantenerse tranquilo **~** estar(se) quieto; **~** werden sosegarse; calmarse, serenarse, (schweigen) callar(se); es wurde **~** se hizo (od. produjo) un silencio; **~bleiben** (L; sn) v/i. quedarse tranquilo; quedarse quieto; callar(se).

'**Stille** f (0) tranquilidad f; sosiego m; calma f; quietud f; (Friede) paz f; (Schweigen) silencio m; (Meeres⚲) calma f; bonanza f; ✝ estancamiento m; in der **~** en silencio; en secreto; in der **~** der Nacht en el silencio de la noche; in aller **~** en el mayor silencio; fig. en la (más estricta) intimidad; **~** trat ein se hizo el silencio.

'**stille** F adj. → **still**.

'**Stilleben** Mal. n naturaleza f muerta; bodegón m.

'**stilleg|en** v/t. inmovilizar (a. 🗲); Betrieb: cerrar; Maschine usw.: parar, detener; Verkehr usw.: paralizar; Fahrzeug: retirar del servicio; ⚲**ung** f inmovilización f; cierre m; paro m; detención f; paralización f.

'**Stillehre** f estilística f.

'**stillen I.** v/t. Durst: apagar, F matar; Hunger: saciar, F matar; satisfacer (el apetito); Blut: restañar; Blutung: cortar (la hemorragia); Schmerz: calmar, mitigar; Kind: lactar, amamantar; criar; dar de mamar, dar el pecho a; fig. Neugier usw.: satisfacer; **II.** ⚲ n e-s Kindes: amamantamiento m, lactancia f (materna); **~d** adj.: **~e** Mutter madre f lactante.

'**Still...: ~geld** n subsidio m de lactancia; **~halte-abkommen** n (convenio m de) moratoria f; ⚲**halten** (L) v/i. no moverse, quedarse quieto; (anhalten) pararse, detenerse; ⚲**(l)iegen** (L) v/i. estar parado bzw. inmovilizado; Verkehr usw.: estar paralizado.

'**stillos** adj. sin estilo; fig. de mal gusto; cursi.

'**Still...: ~periode** f (período m de) lactancia f; ⚲**schweigen** (L) v/i. callarse, guardar silencio; no decir nada; estar (od. quedar) callado; **~schweigen** n silencio m; mutismo m; **~** bewahren guardar silencio; mit **~** übergehen silenciar, callar, pasar en silencio; ⚲**schweigend I.** adj. calla-

do; *fig.* tácito; implícito; ~e *Übereinkunft* consentimiento *m* tácito; **II.** *adv.* tácitamente; implícitamente; *(im stillen)* en silencio; sin decir palabra; ⁂**sitzen** (*L*) *v/i.* estar *(od.* quedar) quieto; no moverse; *fig.* quedar inactivo; ~**stand** *m* parada *f*; paro *m*; detención *f*; paralización *f*; (*Untätigkeit*) inacción *f*; (*Unterbrechung*) interrupción *f*, suspensión *f*; ⚔ paro *m*; *vorübergehender:* intermitencia *f*; *a.* ✝ *u. fig.* estancamiento *m*; zum ~ bringen parar; detener la marcha; *a. Verkehr:* paralizar; zum ~ kommen detenerse, pararse; paralizarse; *fig. Verhandlungen usw.:* estancarse, llegar a un punto muerto; ⁂**stehen** (*L*) *v/i.* detenerse; pararse; estar inmóvil; quedarse quieto; no moverse (del sitio); *fig.* estar paralizado; *Maschinen usw.:* estar parado; ⚔ cuadrarse; *stillgestanden!* ¡firmes!; *der Verstand stand ihm still* quedó anonadado; ⁂**stehend** *adj.* estacionario; inmóvil; inmovilizado; fijo; *Wasser u. fig.* estancado; ~**ung** *f* tranquilización *f*; apaciguamiento *f*; satisfacción *f*; estancamiento *m*; ⁂**vergnügt** *adj.* contento; con (íntima) satisfacción; ~**zeit** *f* → ~*periode.*
'**Stil...:** ~**mittel** *n/pl.* medios *m/pl.* estilísticos; ~**möbel** *n/pl.* muebles *m/pl.* de estilo *(od.* de época); ~**probe** *f* muestra *f* de estilo; ~**übung** *f* ejercicio *m* de estilo; ⁂**voll** *adj.* de estilo depurado *(od.* refinado); artístico; de buen gusto; ~**wörterbuch** *n* diccionario *m* de estilo.
'**Stimm|abgabe** *f* votación *f*; ~**band** *Anat. n* cuerda *f* vocal; ⁂**berechtigt** *adj.* con derecho a votar *(od.* a voto); ~**berechtigung** *f* derecho *m* de voto; ~**bildung** *f* fonación *f*; ~**bruch** *m* cambio *m* de voz; muda *f*; *im ~ sein* estar de muda, cambiar la voz.
'**Stimme** *f* voz *f*; (*Wahl*⁂) voto *m*, sufragio *m*; ♪ voz *f*; (*Part*) parte *f*; *die ~ des Gewissens (der Vernunft)* la voz de la conciencia (de la razón); ♪ *bei ~ sein* estar bien de voz, estar en voz; *nicht bei ~ sein* estar indispuesto; *e-e gute ~ haben* tener (buena) voz; *s-e ~ abgeben* votar (*für* por; *gegen* contra); depositar su voto; *j-m s-e ~ geben* votar por alg.; dar su voto a alg.; *5 ~n erhalten* obtener cinco votos; *mit 3 gegen 2 ~n* por tres votos contra dos; *mit 5 ~n Mehrheit* con una mayoría de cinco votos; *por cinco votos de mayoría; Volkes ~, Gottes ~* voz del pueblo, voz de Dios.
'**stimmen I.** *v/t.* 1. ♪ afinar; *bsd. v. Gitarre, Laute:* templar; *höher (tiefer) ~* alzar (bajar) de tono; *hoch (tief) gestimmt* alto (bajo) de tono; *gut (schlecht) gestimmt sein* estar bien (mal) afinado; **2.** *fig. j-n für et. ~* (pre)disponer a alg. para a/c.; *j-n gegen et. (j-n) ~* prevenir a alg. contra a/c. (alg.); *j-n traurig ~* entristecer a alg.; *gut (schlecht) gestimmt* de buen (mal) humor; **II.** *v/i. Summe, Abrechnung:* estar bien; cuadrar; ⁂ estar conforme; (*zutreffen*) ser cierto *(od.* exacto); (*übereinst.*) concordar, estar de acuerdo, coincidir con; *Farben usw.:* armonizar; *Pol.* votar (*für* por; *gegen* contra); *stimmt!* ¡exacto!; F ¡eso es!; *das stimmt* (eso) es cierto; es verdad; así es; *das stimmt nicht* no es así; aquí hay un error; eso no es cierto; no es exacto; *da stimmt et. nicht* aquí hay algo que no está claro; F aquí hay gato encerrado; **III.** ⁂ *n* ♪ afinación *f*.
'**Stimmen...:** ~**fang** *m* captación *f (od.* caza *f*) de votos; ~**gewirr** *n* rumor *m* confuso de voces; algarabía *f*; ~**gleichheit** *f* igualdad *f* de votos; empate *m*; ~**kauf** *m* compra *f* de votos; ~**mehrheit** *f* mayoría *f (od.* pluralidad *f*) de votos; *mit ~ por mayoría de votos;* ~**minderheit** *f* minoría *f* de votos; ~**prüfung** *f* escrutinio *m*.
'**Stimm-enthaltung** *f* abstención *f* (del voto).
'**Stimmen|zähler** *m* escrutador *m*; ~**zählung** *f* escrutinio *m*; recuento *m* de votos; *die ~ vornehmen* hacer el escrutinio.
'**Stimm|er** ♪ *m* afinador *m*; ⁂**fähig** *adj.* ~⁂**berechtigt;** ~**gabel** ♪ *f* diapasón *m*; ⁂**gewaltig** *adj.* de voz potente; ~**haft** *adj. Laut:* sonoro; ~**hammer** ♪ *m* afinador *m*; ~**kraft** *f* fuerza *f* vocal; ~**lage** ♪ *f* registro *m*; tesitura *f*; ⁂**lich** *adj.* vocal; de la voz; ⁂**los** *adj.* sin voz; áfono, afónico; *Laut:* sordo; ~**losigkeit** *f* (0) afonía *f*; ~**organ** *Anat. n* órgano *m* vocal *(od.* fonador); ~**recht** *n* derecho *m* de voto *(od.* de sufragio); *allgemeines ~* sufragio *m* universal; *das ~ ausüben* votar, ejercitar el derecho de voto; ~**rechtlerin** *f* sufragista *f*; ~**ritze** *Anat. f* glotis *f*; ~**schlüssel** ♪ *m* afinador *m*; ~**stock** ♪ *m* alma *f*; ~**übung** ♪ *f* vocalización *f*; solfeo *m*; *~en machen* vocalizar; solfear; ~**umfang** ♪ *m* volumen *m* de la voz.
'**Stimmung** *f* ♪ afinación *f*, afinado *m*; *fig.* estado *m* de ánimo; humor *m*; disposición *f* (de ánimo); (*Atmosphäre*) ambiente *m*; (*Ausgelassenheit*) animación *f*; *bsd.* ⚔ moral *f*; espíritu *m*; *Mal.* efecto *m* (íntimo); *Börse:* tendencia *f*; *allgemeine ~* opinión *f* pública; *günstige ~* ambiente *m* favorable; *feindselige ~* animosidad *f*; *~ machen* crear ambiente; *~ machen für* hacer propaganda de; *guter (schlechter) ~ sein* estar de buen (mal) humor; estar bien (mal) dispuesto; *(nicht) in der ~ sein, zu* (no) estar de humor *(od.* en vena) para; *in gedrückter ~ sein* estar deprimido *od.* abatido; *in (gehobener) ~ sein* estar alegre, F estar eufórico; *in ~ bringen* animar; dar alegría *(od.* animación) a; *in ~ kommen* animarse; alegrarse; *die ~ war glänzend* hubo gran animación; *se desbordó la alegría.*
'**Stimmungs...:** ~**barometer** *fig. n* barómetro *m* de la opinión (pública); ~**bild** *n* cuadro *m* de ambiente; impresiones *f/pl.*; ~**kanone** F *f*, ~**macher** *m* animador *m*; ~**mache** *f* propaganda *f*; ~**mensch** *m* hombre *m* veleidoso; F veleta *m/f*; ~**musik** *f* música *f* ambiental *(od.* de fondo); ~**umschwung** *f* cambio *m* de humor *bzw.* de estado de ánimo; ✝ cambio *m* de tendencia *(od.* de signo); ⁂**voll** *adj.* de gran efecto; *Bild:* lleno de ambiente; muy expresivo; *Fest:* muy animado.
'**Stimm...:** ~**vieh** *desp. n* rebaño *m* electoral; ~**wechsel** *m* → ~**bruch;** ~**zählung** → ~**enzählung;** ~**zettel** *m* papeleta *f (Am.* boleto *m)* de votación.
'**Stimulans** ⚕ *n* (-; -'*lanzien*) estimulante *m*.
stimu'**lieren** (-) *v/t.* estimular.
'**Stink|bombe** *f* bomba *f* fétida; ⁂**en** (*L*) *v/i.* oler mal; despedir mal olor, heder; apestar; *hier ~t es* aquí huele mal, aquí hay mal olor; aquí (hay un olor que) apesta; *nach et. ~ heder a; apestar a; wie die Pest ~ apestar,* F oler a demonios; F *das stinkt zum Himmel* esto clama al cielo; F *vor Geld ~* F estar podrido de dinero; F *mir stinkt's!* ¡estoy harto!; ⁂**end, ⁂ig** *adj.* fétido, maloliente; pestífero; apestoso; hediondo; ⁂**faul** *adj.* muy gandul *(od.* vago); *~ sein* no dar golpe; ⁂**langweilig** F *adj.* aburridísimo, soporífero; ~**laune** F *f* humor *m* de perros; ⁂**reich** F *adj.* podrido de dinero; ~**tier** *Zoo. n* mofeta *f*; *Am.* chinga *f*; ~'**wut** F *f* rabia *f* tremenda; *er hat ~e-e ~* F está que echa chispas *(od.* que bufa).
Stint *Ict. m* (-*¢s*; -*e*) eperlano *m*.
Stipendi'at(in *f*) *m* (-*en*) becario *(-a f) m.*
Sti'**pendium** *n* (-*s*; -*dien*) beca *f*; bolsa *f* de estudios.
'**stipp|en** *v/t.* mojar; ⁂**visite** *f* visita *f* corta; F visita *f* de médico.
'**Stirn** *f* frente *f*; *fig. die ~ haben, zu* (*inf.*) atreverse a; tener la desfachatez de; F tener la frescura *(od.* la cara dura) de; *j-m die ~ bieten* hacer frente a alg.; enfrentarse a *(od.* con) alg.; F dar la cara a alg.; *es steht ihm auf der ~ geschrieben* lo lleva escrito en la frente; *se le ve en la cara; sich vor die ~ schlagen* darse una palmada en la frente; ~**ader** *Anat. f* vena *f* frontal; ~**band** *n* cinta *f (para ceñir la frente);* ~**bein** *Anat. n* (hueso *m*) frontal *m*; ~**binde** *f* frontal *m*; ~**falte** *f* arruga *f* de la frente; ~**höhle** *Anat. f* seno *m* frontal; ~**höhlen-entzündung** *f* sinusitis *f*; ~**lage** ⚕ *f des Fötus:* presentación *f* de frente; ~**locke** *f* flequillo *m*, fleco *m*; ⁂ *n* rueda *f* dentada recta; ~**reif** *m* diadema *f*; ~**riemen** *m Pferd:* frontalera *f*; ~**runzeln** *n* ceño *m*; ~**seite** △ *f* frente *m/f*; fachada *f* anterior; frontispicio *m*; ~**wand** *f* pared *f* frontal; ~**wunde** *f* herida *f* en la frente.
'**stöber|n** (-*re*) *v/i.* revolver (in et. a/c.); trastear; *Schnee:* ventiscar; *Hund:* zarcear; *reg.* (*saubermachen*) hacer limpieza general.
'**stochern** (-*re*) *v/i.* hurgar (in et. a/c.); *sich in den Zähnen ~* mondar *(od.* escarbarse) los dientes; *im Essen ~* comer sin apetito.
Stöchiome'**trie** ⚗ *f* estequiometría *f.*
'**Stock** *m* 1. (-*s*; *-¨s*) ✝ capital *m*; fondos *m/pl.*; (*Vorrat*) existencias *f/pl.*, stock *m*; 2. (-*es*; -) (*Stockwerk*) piso *m*, planta *f*; *im ersten ~* en el primer piso; *das Haus ist 5 ~ hoch* la casa tiene cinco pisos, es una casa de cinco plantas. 3. (-*es*; -¨*e*) bastón *m (a. Spazier*⁂, *Ski*⁂); palo *m (a. Schlag*⁂); (*Straf*⁂) férula *f*; (*Billard*⁂) taco *m*; (*Zeige*⁂) puntero *m*; (*Gewehr*⁂) baqueta *f*; (*Rohr*⁂) caña *f*; (*Gebirgs*⁂) macizo *m*; (*Blumen*⁂) planta *f* de flores; (*Reb*⁂) cepa *f*; (*Strunk*) pie *m*; (*Baumstumpf*) tocón *m*; *am ~ gehen*

stockbetrunken — Stoß

andar con (od. apoyado en un) bastón; F *fig*. F pasarlas canutas; *über ~ und Stein* a campo traviesa; 2**be-trunken** *adj*. hecho una cuba; 2'**blind** *adj*. completamente ciego; **degen** *m* bastón *m* de estoque; 2'**dumm** *adj*. tonto de capirote (*od*. de remate); 2'**dunkel** *adj*. muy (*od*. completamente) oscuro; *es ist ~ no se ve ni gota*.
'**Stöckel** F *m* tacón *m* alto; 2n F (*-le*) *v/i*. andar sobre tacones altos; *~schuhe m/pl*. zapatos *m/pl*. de tacón alto.
'**stocken I.** *v/i*. (*haltmachen*) pararse, detenerse; (*unterbrochen werden*) interrumpirse, estar (*od*. quedar) interrumpido; (*aufhören*) cesar; *beim Sprechen*: cortarse, atascarse; (*stagnieren*) estancarse (a. ✝ *u. Gewässer*); *fig. a*. no adelantar, *Verhandlungen*: llegar a un punto muerto, empantanarse; *Flüssigkeiten*: dejar de fluir (*od*. de correr); *reg*. (*gerinnen*) cuajarse; *Blut*: no circular; (*langsamer werden*) retardarse; *Verkehr*: paralizarse; atascarse; *a. ⚘* congestionarse; *Gespräch*: languidecer (*a. ✝*); (*schimmeln*) enmohecerse; **II.** 2 *n → Stockung; ins ~ geraten → stocken*; *~d adj*. entrecortado; *~ sprechen* hablar con la voz entrecortada.
'**Stock...**: *~engländer m* inglés *m* de los cuatro costados; *~ente Zoo*. *f* ánade *m/f* real; 2'**finster** *adj.* → 2*dunkel*; *~fisch m* bacalao *m* (seco), abadejo *m*; *~fleck m* mancha *f* de moho; 2'**heiser** *adj.* afónico; *~hieb m* bastonazo *m*; *~holm n* Estocolmo *m*; 2**ig** *adj*. mohoso; con manchas de humedad; *~konserva'tiv adj*. ultraconservador; *~punkt m Öl*: punto *m* de solidificación; *~rose ❦ f* malva *f* real, malvarrosa *f*; 2'**sauer** F *adj*. muy enfadado; *~schirm m* bastón *m* paraguas; *~schläge m/pl*. bastonazos *m/pl*.; *~schnupfen* ⚕ *m* romadizo *m*; coriza *f* seca; *~spanier m* español *m* castizo (*od*. de los cuatro costados); *~ständer m* bastonera *f*; 2'**steif** *adj. a. fig*. muy rígido (*od*. tieso); 2'**taub** *adj*. F más sordo que una tapia; *~ung f* detención *f*; interrupción *f*; *völlige*: cesación *f*; *a. fig*. paralización *f*; *Verkehr*: *a*. congestión *f*, atasco *m*, embotellamiento *m*; (*Verlangsamung*) Neol. desaceleración *f*; *beim Sprechen*: atasco *m*; *a. ✝* estancamiento *m*; *⚘* estasis *f*; estancación *f*; *~werk n* piso *m*; *das unterste ~* la planta baja; *im ersten ~* en el primer piso; *~werkbett n* litera *f*; *~werk·eigentum n* propiedad *f* por pisos (*od*. horizontal); *~werkgarage f* garaje *m* de pisos; *~zwinge f* contera *f*; regatón *m*.
'**Stoff** *m* (*-és; -e*) materia *f*; (*Gewebe*) tejido *m*; tela *f*; (*Tuch*) paño *m*; (*Material*) material *m*; (*Substanz*) ✝ su(b)stancia *f*; (*Wirk*2) agente *m*; P (*Rauschgift*) polvo *m*; (*Thema*) tema *m*; asunto *m*; objeto *m*; materia *f*; *~ zum Lachen (Gerede) geben dar que reír* (*decir od*. hablar); *~bahn f* ancho *m*; tiro *m*; *~ballen m* bala *f* de tela (*od*. paño); 2**bespannt** *adj*. revestido de tela; *~bespannung f* revestimiento *m* de tela; *~el F m* zopenco *m*, paleto *m*; 2**elig** *adj*. zopenco, paleto; *~handschuh m* guante *m* de hilo;

2**lich** *adj*. material; *~lichkeit f* (0) materialidad *f*; *~muster n* dibujo *m*; (*Probe*) muestra *f* de tela; *~puppe f* muñeca *f* de trapo; *~reste m/pl*. retales *m/pl*.; retazos *m/pl*.; *~tier n* animal *m* de trapo; *~wechsel Physiol*. *m* metabolismo *m*; *~wechselstörungen f/pl*. trastornos *m/pl*. metabólicos.
'**stöhnen I.** *v/i*. gemir; *fig*. quejarse (*über ac*. de); **II.** 2 *n* gemidos *m/pl*.; ayes *m/pl*.
'**Stoiker** *m*, 2**isch** *adj*. estoico (*m*).
Stoi'zismus *m* (*-; 0*) estoicismo *m*.
'**Stola** *f* (*-; -len*) estola *f*.
'**Stollen** *m* 1. ⚒ galería *f*; (*Hufeisen*2) callo *m*; ⚒ abrigo *m*; *am Fußballschuh*: taco *m*; 2. (*Gebäck*) bollo *m* de Navidad; *~bau* ⚒ *m* explotación *f* en galerías.
'**Stolper|draht** *m* alambre *m* para tropezar; alambrada *f* baja; 2n (*-re; sn*) *v/i*. tropezar (*über ac*. con, en); dar un tropezón; dar un traspié; trompicar; *~n n* tropezón *m*; traspié *m*; *~stein fig. m* cortapisa *f*.
stolz I. *adj*. (*-est*) orgulloso; altivo; (*hochmütig*) soberbio; altanero; arrogante; (*eingebildet*) presuntuoso, vanidoso; *fig*. (*prächtig*) soberbio, magnífico; imponente; majestuoso; *~ machen* enorgullecer; *~ werden* enorgullecerse; *~ sein auf (ac.)* estar orgulloso de; **II.** 2 *m* (*-es; 0*) orgullo *m*; altivez *f*; (*Hochmut*) soberbia *f*; altanería *f*; arrogancia *f*; (*Einbildung*) presunción *f*; vanidad *f*; *falscher ~* falso orgullo; *er ist der ~ s-r Mutter es* el orgullo de su madre; *s-n ~ darein setzen, zu* (*inf*.) poner todo su empeño en (*inf*.).
stol'zieren (*-*) *v/i*. pavonearse; F darse postín.
'**Stoma** *Bio. n* estoma *m*; *~'titis ⚕ f* estomatitis *f*; *~tolo'gie f* estomatología *f*.
stop! *int*. ¡alto!; *in Telegrammen*: punto.
'**Stopf|büchse** ⊕ *f* prensaestopa *m*; *~ei n* huevo *m* de zurcir.
'**stopfen I.** *v/t*. (*hinein~*) meter (*in ac*. en *od*. dentro de); (*füllen*) llenar, rellenar (*mit de*); *Pfeife*: cargar; *Wurst*: embutir; embuchar; ♪, *Loch*: tapar; *Geflügel*: (*mästen*) engordar, cebar; (*flicken*) repasar; zurcir; *gestopft voll* abarrotado (*od*. repleto) de gente; **II.** *v/i*. (*sättigen*) saciar, hartar; (*schlingen*) tragar; ⚘ estreñir; **III.** 2 *n* (*Flicken*) repaso *m*; zurcido *m*; *v. Geflügel*: engorde *m*; 2. *m* (*-s; -*) tapón *m*.
'**Stopf...**: *~garn n* hilo *m* de zurcir; *~nadel f* aguja *f* de zurcir; *~pilz m* hongo *m* de zurcir; *~wolle f* lana *f* de zurcir.
Stopp I. *m* (*-s; -s*) parada *f*; ✝ bloqueo *m*, congelación *f*; **II.** *int*.: 2! ¡alto!
'**Stoppel** *f* (*-; -n*) ⚘ rastrojo *m*; (*Bart*2) cañones *m/pl*.; *~bart m* barba *f* de varios días; *~feld n* rastrojo *m*; rastrojera *f*; 2**ig** *adj*. cubierto de rastrojos; *Gesicht*: mal afeitado; 2n (*-le*) *v/t*. ⚘ espigar; rebuscar; *~n n ⚘* espigueo *m*; rebusca *f*, chapuceo *f*, chapucería *f*; *~werk n* chapuza *f*, chapucería *f*.
'**stopp|en** *v/t. u. v/i*. parar (*a. Ball*); detener(se); *Zeit*: cronometrar; 2**er** *m Fußball*: defensa *m* central; 2**licht**

Kfz. n luz *f* de parada; 2**signal** *n* señal *f* de parada (*od*. de stop); 2**straße** *f* calle *f* con obligación de parar; 2**taste** *f Radio usw*.: tecla *f* de parada; 2**uhr** *f* cronómetro *m*.
'**Stöpsel** *m* tapón *m*; ≯ clavija *f*; F *fig*. hombrecillo *m*; chicuelo *m*, *Arg*. pibe *m*; 2n (*-le*) *v/t. u. v/i*. taponar; ≯ enchufar (la clavija).
Stör *Ict. m* (*-és; -e*) esturión *m*.
'**Stör|aktion** *f* acción *f* perturbadora; *~angriff* ⚔ *m* ataque *m* de hostigamiento.
'**Storch** *m* (*-és; ~e*) cigüeña *f*; *junger ~* cigoñino *m*; *~ennest n* nido *m* de cigüeña; *~schnabel m* ♦ pico *m* de cigüeña; geranio *m*; ⊕ pantógrafo *m*.
Store [stoːR] *m* (*-s; -s*) estor *m*; visillo *m*.
'**stören** *v/t*. estorbar; perturbar; (*belästigen*) molestar; importunar; incomodar; (*durcheinanderbringen*) trastornar; revolver; (*unterbrechen*) interrumpir; ⚔ hostigar; hostilizar; *Radio*: interferir, perturbar la audición; *Frieden*: perturbar; *Ordnung*: *a*. alterar; *Pläne*: contrariar; *lassen Sie sich nicht ~!* no se moleste (usted); *stört es Sie, wenn ich rauche?* ¿le molesta que fume?; *→ a. gestört*; *~d adj*. (*unangenehm*) desagradable; (*lästig*) molesto; fastidioso; perturbador; *~fried m* (*-és; -e*) perturbador *m*; entrometido *m*; F aguafiestas *m*.
'**Stör...**: *~faktor m* factor *m* perturbador; *~feuer* ⚔ *n* fuego *m* de hostigamiento (*od*. de perturbación); *~frequenz f Radio*: frecuencia *f* perturbadora; *~geräusche n/pl. Radio*: (ruidos *m/pl*.) parásitos *m/pl*., interferencias *f/pl*.
stor'nier|en (*-*) ✝ *v/t*. rescontrar; *Auftrag*: anular; 2**ung** *f* rescuentro *m*; contrapartida *f*; anulación *f*.
'**Storno** ✝ *n* (*-s; -ni*) → *Stornierung*.
'**Störpegel** *m* nivel *m* de ruidos.
'**störr|ig**, *~isch adj*. (*widerspenstig*) recalcitrante; (*halsstarrig*) obstinado, terco, testarudo, F cabezudo; (*unlenksam*) intratable; inobediente, indócil; 2**igkeit** *f* (0) obstinación *f*, terquedad *f*, testarudez *f*.
'**Stör...**: *~schutz m Radio*: dispositivo *m* antiparásito; *~sender m* emisora *f* interferente; *~sendung f* emisión *f* perturbadora.
'**Störung** *f* perturbación *f*; molestia *f*, estorbo *m*; alteración *f*; *a*. ⚘ trastorno *m*; irregularidad *f*; *Radio*: perturbación *f*; interferencia *f*, parásito *m*; (*Unterbrechung*) interrupción *f*; (*Behinderung*) obstrucción *f*; (*Unordnung*) desorden *m*; desarreglo *m*; (*Fehler, Mangel*) defecto *m*; ⊕ avería *f*; fallo *m*; *atmosphärische ~* perturbación *f* atmosférica; *verzeihen Sie die ~* perdone usted la molestia.
'**Störungs...**: *~dienst m* servicio *m* de averías; 2**frei** *adj*. sin perturbaciones; *~stelle f → ~dienst*; *~trupp m* equipo *m* (*od*. cuadrilla *f*) de reparaciones.
'**Stoß** *m* (*-és; ~e*) 1. empujón *m*, empellón *m*; (*Schlag*) golpe *m*; (*An*2, *Antrieb*) impulso *m*; propulsión *f*; (*Erschütterung*) sacudida *f* (*a. v. Wagen, Motor, Erd*2); (*Schwimm*2) brazada *f*; (*Anprall*) choque *m*; colisión *f*; percusión *f*; *Billard*: tacada *f*, tacazo *m*; (*Wind*2) ráfaga *f*; *mit dem Ellen-*

bogen: codazo *m*; *mit der Faust*: puñetazo *m*; *mit dem Fuß*: puntapié *m*, patada *f*; *mit dem Kopf*: cabezazo *m*; *mit den Hörnern*: cornada *f*; *mit dem Gewehrkolben*: culatazo *m* (*a. beim Abfeuern*); (*Dolch*2) puñalada *f*; *Fechtk*. estocada *f*; e-n ~ versetzen dar un empujón; *fig*. quebrantar; sich e-n ~ geben F hacer de tripas corazón; **2.** ⊕ (*Fuge*) juntura *f*; ⚙ junta *f* (*od*. unión *f*) de carriles; ⚒ frente *m* de galería; **3.** (*Haufen*) montón *m*; pila *f*; *v. Papieren, Akten*: legajo *m*; *v. Banknoten*: fajo *m*; **4.** ♪ *ins Horn usw.*: toque *m*; *Phar*. dosis *f* masiva; *Schneiderei*: refuerzo *m*; dobladillo *m*; 2**artig** *adj*. intermitente (*a*. ⊕, ⚡); esporádico; periódico; → ~ 2*weise*; ~**brigade** *f* brigada *f* de choque; ~**dämpfer** *m* amortiguador *m* (de choques); ~**degen** *m* florete *m*; estoque *m*.
ˈ**Stößel** *m im Mörser*: mano *f* de almirez; (*Rammer*) pisón *m*.
ˈ**stoß-empfindlich** *adj*. sensible a los choques.
ˈ**stoßen** (*L*) **I.** *v/t*. empujar; (*anrempeln*) dar empujones (*od*. empellones); (*rammen*) apisonar; *mit dem Fuß*: dar un puntapié a; (*schlagen*) golpear; *Pfahl*: clavar, hincar; *Kugel*: lanzar; ⊕ impeler; (*klein* ~) triturar, machacar; (*mahlen*) moler; *zu Pulver* ~ pulverizar, reducir a polvo; *fig*. ~ *aus* expulsar de; *j-n aus dem Haus* ~ arrojar (*od*. echar) de casa a alg.; *j-m das Messer in die Brust* ~ clavar (*od*. hundir) el cuchillo a alg. en el pecho; *j-n in die Rippen* ~ dar a alg. un empujón (*od*. un empellón); *mit den Hörnern* ~ topar, topetar, *bsd. Stier*: cornear, dar cornadas a; *j-n von sich* ~ rechazar a alg.; *vom Thron* ~ destronar; **II.** *v/i*. dar un golpe; *Bock*: topar; topetar; *Wagen, Motor*: dar sacudidas; *Fechtk*. dar una estocada; *an* (*od. gegen*) et. ~ (*ac*.) dar con (*od*. contra) a/c., chocar con a/c., *stolpernd*: tropezar con a/c.; *fig. an et*. ~ (*angrenzen*) lindar con a/c.; *star* contiguo a a/c.; ~ *auf* (*ac*.) dar con (*od*. en); tropezar con; *auf Ablehnung, Schwierigkeiten, Widerstand*: *a*. chocar con, encontrar; *Raubvögel*: caer sobre; ♪ *ins Horn* ~ tocar el cuerno; ~ *zu* reunirse con alg.; **III.** *v/refl*.: sich ~ golpearse; darse un golpe; (*sich weh tun*) lastimarse; hacerse daño; *sich an et*. ~ dar con (*od*. contra) a/c.; chocar contra a/c., escandalizarse de a/c.; ofenderse por a/c.; *sich am Kopf* ~ recibir un golpe en la cabeza.
ˈ**Stoß...**: ~**fänger** *m* paragolpes *m*; amortiguador *m* de golpes; 2**fest** *adj*. resistente a los choques; ~**festigkeit** *f* resistencia a los choques; 2**frei** *adj*. sin choques; exento de sacudidas; ~**gebet** *n* jaculatoria *f*; fervorín *m*; ~**kante** *f* reborde *m*; ~**keil** *m* punta *f*; ~**kraft** ⊕ *f* fuerza *f* de propulsión; *a. fig*. empuje *m*, pujanza *f*; ~**kugel** *f Sport*: peso *m*; ~**maschine** ⊕ *f* mortajadora *f*; ~**seufzer** *m* hondo suspiro *m*; 2**sicher** *adj*. a prueba de choques; ~**stange** *Kfz. f* parachoques *m*; ~**trupp** ⚒ *m* grupo *m* de choque; pelotón *m* de asalto; ~**truppen** ⚒ *f/pl*. fuerzas *f/pl*. de choque; ~**verkehr** *m* horas *f/pl*. punta (*od*. de

tráfico intenso); ~**waffe** *f* arma *f* contundente; 2**weise I.** *adj*. intermitente; entrecortado; **II.** *adv*. con intermitencia; periódicamente; esporádicamente; (*ruckweise*) a trompicones, a golpes; por sacudidas; ~**zahn** *m* defensa *f*, colmillo *m*; ~**zeit** *f* horas *f/pl*. punta (*od*. de gran afluencia).
ˈ**Stotter|er** *m* tartamudo *m*; 2**n** (*-re*) *v/i*. tartamudear; (*stammeln*) balbucir, balbucear; ~**n** *n* tartamudeo *m*; tartamudez *f*; balbuceo *m*; F *auf* ~ *kaufen* comprar a plazos.
stracks *adv. räumlich*: derecho; directamente; F derechito; *zeitlich*: inmediatamente; en el acto.
ˈ**Straf|abteilung** ⚒ *f* cuerpo *m* disciplinario; ~**änderung** ⚖ *f* modificación *f* de la pena; ~**androhung** *f* mandato *m* conminatorio; amenaza *f* penal; ~**anstalt** *f* establecimiento *m* (*od*. centro *m*) penitenciario; penitenciaría *f*; penal *m*; ~**antrag** *m* querella *f* penal; instancia *f* de persecución; *des Staatsanwaltes*: petición *f* del fiscal; e-n ~ *stellen* presentar una querella (*gegen* contra); querellarse; ~**antritt** *m* comienzo *m* del encarcelamiento; ~**anzeige** *f* denuncia *f*; ~ *erstatten* presentar una denuncia; ~**arbeit** *f Schule*: (ejercicio *m* de) castigo *m*; ~**aufschub** ⚖ *m* aplazamiento *m* de la ejecución penal; ~**ausschließungsgrund** *m* excusa *f* absolutoria; causa *f* eximente de la penalidad; ~**aussetzung** *f* suspensión *f* de la pena; ~ *zur Bewährung* remisión *f* condicional (de la pena); condena *f* condicional; 2**bar** *adj*. culpable; *Handlung*: punible, sancionable; *stärker*: criminal; delictivo; ~**e** *Handlung* acción *f* punible; hecho *m* delictivo; *sich* ~ *machen* incurrir en una pena; ~**barkeit** *f* punibilidad *f*, penalidad *f*; criminalidad *f*; ~**bataillon** ⚒ *n* batallón *m* disciplinario; ~**befehl** *m* orden *f* penal; ~**befugnis** *f* facultad *f* de castigar; poder *m* correccional; ~**bestimmung** *f* disposición *f* penal.
ˈ**Strafe** *f* castigo *m*; punición *f*; sanción *f*; ⚖ pena *f*; condena *f*; (*Züchtigung*) corrección *f*; *Rel*. penitencia *f*; (*Geld*2) multa *f*; *zur* ~ *für* en castigo de; *bei* ~ *von* bajo pena de; so pena de; ~ *zahlen* pagar una multa; *bei* ~ *verboten* prohibido bajo pena de multa; 2**n** *v/t*. castigar; sancionar; *bsd. Sport*: penalizar; ⚖ penar, imponer una pena; *mit Bußgeld*: multar; (*züchtigen*) castigar; corregir; (*tadeln*) reprender; *mit Verachtung* ~ despreciar; 2**nd** *adj*. punitivo; (*rächend*) vengador, vindicativo; *Blick*: represivo; severo; ~**e** *Gerechtigkeit* justicia *f* punitiva.
ˈ**Straf...**: ~**entlassene(r)** *m* ex penado *m*, ex preso *m*; ~**entlassung** *f*: *bedingte* ~ libertad *f* condicional; ~**erkenntnis** *n* decisión *f* penal; ~**erlaß** *m* remisión *f* de la pena; condonación *f*; *allgemeiner*: amnistía *f*; ~**expedition** *f* expedición *f* punitiva.
straff I. *adj*. (*steif*) rígido, tieso; (*gespannt*) tenso; tirante; *Haltung*: erguido; *fig*. (*streng*) riguroso, severo; rígido, (*energisch*) enérgico; *Stil*: conciso; **II.** *adv*.: ~ *anziehen Schraube*: apretar fuertemente; *Seil*: esti-

rar; ~ *anliegend Kleidung*: ceñido, ajustado.
ˈ**Straf|fall** *m* delito *m* punible; asunto *m* criminal; 2**fällig** *adj*. culpable; ~ *werden* incurrir en un delito *bzw*. en una pena; cometer un acto punible (*od*. delictivo); delinquir.
ˈ**straff|en** *v/t*. poner tieso (*od*. tirante); atiesar; *a*. ⚡ estirar; *fig. Text*: condensar; *sich* ~ ponerse tirante; estirarse; 2**heit** *f* (*0*) rigidez *f*, tiesura *f*; tensión *f*; tirantez *f*; *fig*. (*Strenge*) rigor *m*; severidad *f*; rigidez *f*; *des Stils*: concisión *f*.
ˈ**straffrei** *adj*. impune; exento de castigo; ~ *ausgehen* quedar impune; *für* ~ *erklären Neol*. despenalizar; 2**heit** *f* impunidad *f*; *Neol*. despenalización *f*.
ˈ**Straffung** *f* ⚡ (*Gesichts*2) lifting *m*.
ˈ**Straf...**: ~**gebühr** *f* recargo *m*; (*Geldstrafe*) multa *f*; ~**gefangene(r)** *m* preso *m*; penado *m*; (*Zuchthäusler*) recluso *m*; presidiario *m*; ~**geld** *n* multa *f*; ~**gericht** *n* tribunal *m* de lo criminal (*od*. penal); *fig*. castigo *m*; *göttliches*: juicio *m* de Dios; ~**gerichtsbarkeit** *f* jurisdicción *f* criminal (*od*. penal); ~**gesetz** *n* ley *f* penal; ~**gesetzbuch** *n* código *m* penal; ~**gesetzgebung** *f* legislación *f* penal; ~**gewalt** *f* poder *m* punitivo (*od*. sancionador); ~**justiz** *f* justicia *f* penal (*od*. represiva); ~**kammer** ⚖ *f* sala *f* de lo criminal; ~**klausel** *f* cláusula *f* penal; ~**kolonie** *f* colonia *f* penitenciaria; ~**kompanie** ⚒ *f* compañía *f* disciplinaria; ~**lager** *n* campamento *m* disciplinario (*od*. penitenciario).
ˈ**sträflich** *adj*. punible, castigable, penable; criminal (*a. weitS.*); (*schuldhaft*) culpable; (*tadelnswert*) reprensible; vituperable; (*unverzeihlich*) imperdonable.
ˈ**Sträfling** *m* (*-s*; *-e*) preso *m*; penado *m*; (*Zuchthäusler*) recluso *m*; presidiario *m*; ~**skleidung** *f* ropas *f/pl*. de presidiario.
ˈ**Straf...**: 2**los** *adj*., ~**losigkeit** *f* → 2**frei**, ~**freiheit**; ~**mandat** *n* multa *f*; → *a*. ~**befehl**; ~**maß** *n* extensión *f* (*od*. cuantía *f*) de la pena; ~**maßnahme** *f* medida *f* punitiva (*od*. represiva); sanción *f*; 2**mildernd** *adj*. atenuante; ~**er** *Umstand* (circunstancia *f*) atenuante *f*; ~**milderung** *f* atenuación *f* de la pena; 2**mündig** *adj*. en edad penal; ~**mündigkeit** *f* mayoría *f* de edad penal; ~**porto** ✉ *n* recargo *m* (*od*. sobretasa *f*) de franqueo; ~**predigt** *f* reprensión *f*; F sermón *m*; *j-m e-e* ~ *halten* F echar un sermón a alg.; ~**prozeß** *m* proceso *m* penal; causa *f* (*od*. proceso *m*) criminal; ~**prozeßordnung** *f* ley *f* de enjuiciamiento criminal; ~**prozeßrecht** *n* derecho *m* procesal penal; ~**punkt** *m Sport*: (punto *m* de) penalización *f*; punto *m* de penalty; *mit e-m* ~ *belegen* penalizar; ~**raum** *m Fußball*: área *f* de castigo; ~**recht** *n* derecho *m* penal; ~**rechtler** *m* penalista *m*; criminalista *m*; 2**rechtlich** *adj*. de(l) derecho penal; criminal; ~**e** *Verfolgung* persecución *f* penal; ~ *verfolgen* perseguir por la ley (*od*. la justicia); ~**rechts-pflege** *f* justicia *f* penal (*od*. criminal); ~**rechtsreform** *f* reforma *f* penal; ~**register** *n*

Strafregisterauszug — Straßenseite

registro m de antecedentes penales; historial m delictivo; ~register-auszug m certificado m de penales; ~richter m juez m penal (od. de lo criminal); ~sache f causa f penal; asunto m criminal; Zuständigkeit in ~n jurisdicción f penal; ~stoß m Fußball: penalty m; ~tat f hecho m (od. acto m) delictivo (od. punible); acto m criminal; delito m; infracción f penal; schwere: crimen m; ~täter m delincuente m; ~umwandlung f conmutación f de la pena; 2unmündig adj. menor de edad penal; ~urteil n sentencia f penal (od. condenatoria); ~verfahren n procedimiento m penal; ~verfolgung f persecución f (por vía) penal; procesamiento m penal; ~verfügung f disposición f penal; 2verschärfend adj.: ~er Umstand (circunstancia f) agravante f; ~verschärfung f agravación f de la pena; 2versetzen (-t) v/t. trasladar disciplinariamente; ~versetzung f traslado m forzoso (od. disciplinario); ~verteidiger m abogado m defensor (en causas criminales); ~vollstreckung f ejecución f (od. cumplimiento m de la pena; ~vollstreckungsverjährung f prescripción f de la pena; ~vollzug m → ~vollstreckung; weitS. régimen m penitenciario; offener ~ régimen m de prisión abierto; ~vollzugs-anstalt f centro m penitenciario; 2weise adv. como castigo; 2würdig adj. → 2bar; ~zelle f celda f de castigo; ~zettel m boletín m de denuncia; F multa f; ~zumessung f aplicación f (od. medición f) de la pena.

'Strahl m (-¢s; -en) rayo m (a. Phys. u. fig.); (Wasser2) chorro m; dünner: hilo m; & radio m vector; ~antrieb ⚡ m propulsión f a chorro (od. a reacción); ~düse f eyector m.

'strahlen I. v/i. radiar, emitir rayos; (aus~) irradiar; (glänzen) brillar, resplandecer; relucir; destellar; fig. estar radiante (vor de); II. 2 n ~ Strahlung; 2behandlung ⚡ f radioterapia f; 2belastung f exposición f a radiaciones; carga f de radiación; ~brechend Phys. adj. refractivo, refringente; 2brechung f refracción f (de los rayos); 2bündel n haz m de rayos; ~d adj. radiante (a. fig., vor de); Sonne: a. rutilante; 2detektor m detector m de radiaciones; 2dermatitis ⚡ f radiodermitis f; 2dosis f dosis f de radiación; 2einfall m incidencia f de rayos; 2empfindlichkeit f radiosensibilidad f; ~förmig adj. radial, radiado (a. Zoo. u. ⚡); 2forscher m radiólogo m; 2forschung f radiología f; 2kegel m cono m de rayos; 2krankheit f radiopatía f; 2kranz m, 2krone f aureola f (a. fig.); nimbo m; 2messer m actinómetro m; 2pilz ⚡ m actinomiceto m; 2pilz-erkrankung ⚡ f actinomicosis f; 2schädigung f radiolesión f, lesión f por radiación; 2schutz ⚡ m protección f contra las radiaciones (od. radiológica), radioprotección f; ~sicher adj. a prueba de radiaciones; protegido contra rayos; 2therapie f radioterapia f; 2tierchen Zoo. n/pl. radiolarios m/pl.

'Strahl|er m (Lampe) proyector m; (Wärme2) radiador m; 2ig adj. → strahlenförmig; ~ofen m radiador m; ~pumpe f bomba f inyectora; ~rohr n tubo m de chorro; Feuerwehr: lanza f de incendio; ~triebwerk n reactor m; propulsor m de reacción; ~turbine f turborreactor m.

'Strahlung f radiación f; irradiación f.

'Strahlungs...: ~energie f energía f radiante (od. de radiación); ~menge f cantidad f de radiaciones; ~messer m actinómetro m; ~messung f actinometría f; ~schaden m → Strahlenschädigung; ~wärme f calor m radiante (od. de radiación).

'Strähn|e f (Haar2) mechón m, unordentlich: greña f; (Garn2) madeja f; 2ig adj. desgreñado.

Stra'min m (-s; -e) cañamazo m.

'stramm adj. (straff) tenso, tirante; tieso; (kräftig) robusto; fuerte, vigoroso; (streng) severo; rígido; ~er Bursche buen mozo m; mocetón m; ~es Mädchen real moza f; ~e Haltung porte m marcial; ⚡ ~e Haltung annehmen cuadrarse; ~e Disziplin disciplina f severa; ~ arbeiten trabajar duro; ~ sitzen Kleid usw.: estar (od. venir) justo; ~stehen (L) ⚡ v/i. cuadrarse; ~ziehen (L) v/t. estirar; F j-m die Hosen ~ dar una tunda a alg.

'Strampel|hös-chen n, ~hose f pelele m; 2n (-le) v/i. patalear; F pernear; F (radfahren) pedalear.

'Strand m (-¢s; ~e) playa f; (Ufer2) ribera f, orilla f; (Küste) costa f, litoral m; ⚓ auf ~ laufen (od. geraten) encallar, varar; ~anzug m traje m de playa; ~bad n playa f; ~batterie ⚡ f batería f de costa; ~burg f castillo m de arena; 2en (-e-; sn) encallar, varar; fig. naufragar; fracasar; ~en n encalladura f, varad(ur)a f; ~fischer m pescador m costanero; ~fischerei f pesca f costanera (od. costera); ~gut n despojos m/pl. del mar, objetos m/pl. arrojados por el mar; restos m/pl. de naufragio; ~hafer ⚡ m elimo m arenario; ~hemd n playera f; ~hotel n hotel m de playa; ~kleid n vestido m playero; ~korb m sillón m de mimbre para playa; ~läufer Orn. m sisón m; ~promenade f paseo m marítimo; ~raub m raque m; ~räuber m raquero m; ~recht ⚡ n derecho m de naufragio (od. de averías); ~schuhe m/pl. playeras f/pl.; ~ung ⚓ f encalladura f, varad(ur)a f; ~wache f guardia f de la costa; ~wächter m guardacostas m.

Strang m (-¢s; ~e) (Seil) cuerda f, soga f; Anat. cordón m; zum Anschirren: tirante m; (Garn2) madeja f; (Schienen2) vía f; zum Tode durch den ~ verurteilen condenar a la horca; fig. am gleichen ~ ziehen tirar de la misma cuerda; perseguir el mismo fin; wenn alle Stränge reißen como último recurso; über die Stränge schlagen excederse; propasarse; salirse de madre; F pasar de la raya; '~guß ⊕ m colada f continua.

strangu'lier|en (-) v/t. estrangular; 2ung f estrangulación f.

Stra'paze f fatiga f; (Schufterei) trabajo m penoso.

strapa'zier|en (-) v/t. fatigar; cansar mucho; (abnutzen) gastar; ~fähig adj. Stoff: resistente (al uso).

strapazi'ös adj. (-est) agotador, penoso, fatigoso.

Straps m (-es; -e) liguero m.

Straß m (- od. -sses; -sse) estrás m, strass m.

'Straßburg n Estrasburgo m.

'Straße f calle f; vía f; (Weg) camino m; (Land2) carretera f; (Pracht2) avenida f; paseo m; ⚓ ruta f; 2 Walzwerk: tren m; (Meerenge) estrecho m; der Mann von der ~ el hombre de la calle; el ciudadano de a pie; auf der ~ en la calle; auf offener ~ en plena calle; en la vía pública; auf die ~ gehen salir a la calle; Pol. echarse a la calle; Dirne: prostituirse, echarse a la vida; j-n auf die ~ setzen poner a alg. (de patitas) en la calle; echar a alg. a la calle; fig. auf der ~ sitzen (od. liegen) estar (od. quedarse) en la calle; fig. über die ~ verkaufen usw. para llevar; sein Geld auf die ~ werfen tirar (od. malgastar) el dinero.

'Straßen...: ~anzug m traje m de calle; ~arbeiter m peón m caminero; ~bahn f tranvía m; Am. carro m; ~bahner m tranviario m; ~bahnführer m conductor m de tranvía; ~bahnhaltestelle f parada f del tranvía; ~bahnlinie f línea f de tranvías; ~bahnschaffner m cobrador m de tranvía; ~bahnschiene f carril m de tranvía; ~bahnverkehr m circulación f bzw. servicio m de tranvías; ~bahnwagen m tranvía m; ~bau m construcción f de carreteras; ~bauarbeiten f/pl. obras f/pl. viales; ~baumaschine f máquina f de obras públicas; ~belag m firme m; ~beleuchtung f alumbrado m público; ~benutzungsgebühr f peaje m; ~biegung f esquina f (de una calle); ~brücke f viaducto m; ~decke f firme m, piso m; pavimento m; ~dirne f prostituta f (P puta f) callejera; ~ecke f esquina f; ~einmündung f bocacalle f; ~feger m barrendero m; ~front f fachada f a la calle; ~führung f trazado m (de una carretera); ~glätte f piso m des lizante (od. resbaladizo); ~graben m cuneta f; ~handel m venta f ambulante; ~händler(in f) m vendedor(a f) m ambulante; ~junge m golfillo m; F guripa m; ~kampf m lucha f callejera; ~karte f mapa m de carreteras; ~kehrer m barrendero m; ~kehrmaschine f barredera f; ~kleid n vestido m de calle; ~kreuzer F m F haiga m; ~kreuzung f cruce m (de calles bzw. de carreteras); intersección f; ~lage Kfz. f comportamiento m en carretera; ~laterne f farol m; farola f; ~mädchen n → ~dirne; ~musikant m músico m ambulante (od. callejero); ~netz n red f de carreteras (od. vial od. viario od. arterial); ~pflaster n pavimento m; empedrado m; ~rand m borde m de la carretera; ~raub m atraco m; ~räuber m salteador m de caminos, bandolero m; atracador m; ~reinigung f limpieza f callejera (od. pública); ~reinigungsmaschine f barredera f; ~rennen n carrera f por carretera; ~sammlung f cuestación f pública; ~schild n letrero m (od. rótulo m) de calle; ~schlacht f batalla f campal; ~schuh m zapato m de calle; ~seite f e-s Gebäudes: frente m,

fachada f (a la calle); ~sperre f barrera f; (Barrikade) barricada f; ~sperrung f cierre m de la circulación (od. del tránsito); cierre f de carretera; ~sprengwagen m camión m de riego; (máquina f) regadora f; ~transport m transporte m por carretera; ~tunnel m túnel m de carretera; ~überführung f paso m superior; ~übergang m paso m para peatones; ~unterführung f paso m subterráneo; túnel m; ~verhältnisse n/pl. condiciones f/pl. de las carreteras; ~verkauf m venta f ambulante (od. callejera); ~verkäufer(in f) m vendedor(a f) m ambulante; ~verkehr m tráfico m rodado; circulación f por carretera; ~verkehrs-ordnung f código m de la circulación; ~verstopfung f congestión f del tráfico; atasco m, embotellamiento m; ~verzeichnis n (nomenclátor m) callejero m; ~wacht f asistencia f en carretera; (servicio m de) auxilio m en carreteras; ~walze f apisonadora f; ~zoll m peaje m; ~zustand(s-bericht) m (boletín m sobre el) estado m de las carreteras.
Stra'tege m (-n) estratega m.
Strate'gie f estrategia f.
stra'tegisch adj. estratégico.
Stratos'phäre f estratosfera f; ~nflug m vuelo m estratosférico; ~nflugzeug n avión m estratosférico.
'Stratus(wolke f) m estrato m.
'sträuben I. v/t. erizar; espeluznar; sich ~ Haare: erizarse; a. fig. ponerse de punta; fig. sich gegen et. ~ resistirse u oponerse u obstinarse contra; II. ♀ n erizamiento m; fig. resistencia f; oposición f.
'Strauch m (-¢s; er) arbusto m; mata f; artig adj. arbustivo; dieb m salteador m (de caminos), bandolero m.
'straucheln (-le; sn) v/i. tropezar, dar un tropezón; dar un traspié; fig. tropezar; tener un desliz.
'Strauchwerk n matorral m.
Strauß m (-es; e) 1. (Blumen♀) ramo m, ramillete m; 2. Orn. (a. Vogel) avestruz f; 3. (Kampf) lucha f; pelea f; e-n ~ ausfechten sostener una lucha.
'Sträußchen n ramillete m.
'Straußen|ei n huevo m de avestruz; feder f pluma f de avestruz.
'Strazze ✝ f borrador m.
'Strebe f puntal m; (Quer♀) traviesa f; balken m tornapunta f; puntal m; bogen △ m arbotante m; mauer △ f contrafuerte m.
'streben I. v/i. ambicionar (nach et. a/c.); aspirar (a a/c.); tender (a od. hacia a/c.); tratar de lograr (od. de conseguir) (sich anstrengen) esforzarse; II. ♀ n aspiración f (nach a); tendencia f (hacia a); afán m (de); esfuerzos m/pl. (para; por); ambición f (de).
'Strebepfeiler △ m contrafuerte m.
'Streber m ambicioso m; arribista m; trepador m; Sch. F empollón m; ♀haft adj. ambicioso; tum n (-s; 0) ambición f; arribismo m.
'strebsam adj. (fleißig) aplicado; asiduo; afanoso (ehrgeizig) ambicioso; ♀keit f (0) aplicación f; asiduidad f; afán m; ambición f.
'Streck|apparat ✱ m aparato m de extensión continua; ♀bar adj. extensible; barkeit f (0) extensibilidad f; bett ✱ n cama f ortopédica.
'Strecke f (Entfernung) distancia f; a. Sport: recorrido m; Rennsport: circuito m; (Verkehrslinie) línea f; (Teil♀) trecho m; (Reise♀) trayecto m; itinerario m; ruta f; ⚓ travesía f; ⚔ segmento m de recta; ⚔ galería f; (Jagdbeute) piezas f/pl. cobradas; ⚒ sección f, tramo m; (Gleis) vía f; gerade ~ recta f; auf freier ~ en plena vía; e-e ~ zurücklegen recorrer un trayecto; recorrer (Sport: cubrir) una distancia; e-e gute ~ (Wegs) un buen trecho (de camino); auf der ~ bleiben quedarse en el camino; a. fig. quedar(se) en la estacada; fig. fracasar; zur ~ bringen Jgdw. matar; rematar; fig. Verbrecher: capturar, weit S. Gegner: derrotar.
'strecken I. v/t. estirar; extender; dilatar; Met. estirar; (walzen) laminar; Farbe: extender; Speise, Vorräte: alargar; die Beine (Arme) ~ estirar las piernas (los brazos); j-n zu Boden ~ derribar a alg., (töten) matar a alg., (besiegen) vencer a alg.; II. v/refl.: sich ~ extenderse; alargarse; estirarse; beim Aufwachen: desperezarse; sich ins Gras ~ tenderse sobre el césped; im gestreckten Galopp a galope tendido; ⚔ gestreckter Winkel ángulo m plano (od. de 180 grados); III. ♀ n estiramiento m; alargamiento m; Met. estiraje m; laminado m; ♀arbeiter ⚒ m peón m de vía; ♀bau ⚒ m construcción f de la vía; ♀begehung ⚒ f recorrido m de las vías; ♀länge f largo m del recorrido; ♀tauchen n Sport: natación f bajo el agua; ♀wärter ⚒ m guardavía m; weise adv. a trechos.
'Streck...: hang m Turnen: suspensión f extendida; mittel ⚗ n diluente m; muskel Anat. m músculo m) extensor m; ung f extensión f; ⚒ elongación f; Met. laminado m; verband ✱ m vendaje m extensor; walze Met. f cilindro m laminador.
Streich m (-¢s; -e) 1. (Schlag) golpe m; mit der Hand: manotada f, guantazo m; (Ruten♀) varazo m; (Schwert-♀) cintarazo m; mit der Peitsche: latigazo m, Arg. rebencazo m; j-m e-n ~ versetzen dar un golpe a alg.; mit e-m ~ de un golpe; 2. (Schabernack) travesura f; jugarreta f; schlechter (od. übler) ~ mala jugada f (od. pasada f); toller ~ calaverada f; dummer ~ tontería f, tontada f; majadería f; kindlicher ~ chiquillada f; verrückter ~ quijotada f; locura f; dumme ~e machen hacer tonterías (od. travesuras); j-m e-n ~ spielen hacer a alg. una jugarreta; chasquear (od. dar un chasco) a alg.; j-m e-n bösen (od. üblen) ~ spielen jugar a alg. una mala pasada; hacer a alg. una mala jugada (od. una faena); blech n Pflug: vertedera f.
'streicheln (-le) I. v/t. acariciar; II. ♀ n caricias f/pl.
'streichen (L) I. v/t. pasar (über ac. por); (an) pintar (be) untar; (aus) tachar; borrar; Person: dar de baja; (weg) suprimir; (glätten) alisar; Butter, Käse usw.: extender; poner; Messer: afilar; Rasiermesser: suavizar; Zündholz: estregar; Bart:
acariciar; Wolle: cardar; ⚓ Segel: arriar, Flagge: a. abatir; ✝ Auftrag, Schuld: cancelar, anular; ♪ tocar; von e-r Liste ~ borrar (od. tachar) de una lista; Nichtgewünschtes ist zu ~ táchese lo que no interese; II. v/i. pasar (durch, über por); rozar (an et. a/c.); (herum) vagar; vagabundear; merodear; Vögel: pasar; volar (nach hacia); j-m über die Wange ~ acariciar la mejilla de alg.; mit der Hand ~ über pasar la mano sobre (od. por); durch Feld und Wald ~ correr (por) montes y valles; → a. gestrichen; III. ♀ n (An♀) pintura f; (Aus♀) tachadura f; (Weg♀) supresión f; der Wolle: cardadura f; der Zugvögel: migración f, paso m.
'Streicher ♪ m tocador m de un instrumento de cuerda; pl. instrumentos m/pl. de cuerda; cuerdas f/pl.
'Streich...: ♀fähig adj. Butter usw.: untable; feuer ⚔ n fuego m rasante; garn n hilo m de lana cardada; holz n cerilla f, fósforo m; holzschachtel f caja f de cerillas; instrument ♪ n instrumento m de cuerda (od. de arco); käse m queso m para extender; konzert n concierto m para instrumentos de cuerda; musik f música f para cuerda; orchester n orquesta f de cuerdas; quartett n cuarteto m de cuerda; riemen m suavizador m; ung f cancelación f, anulación f; im Text: tachadura f; supresión f; (Kürzung) (re)corte m; (Wolle) f lana f cardada.
'Streif m (-¢s; -e) → ~en; band n faja f; unter ~ bajo faja; banddepot ✝ n depósito m separado; e f patrulla f; ronda f; auf ~ gehen patrullar.
'Streifen m (-s; -) estría f (a. Geol., Anat., Zoo.); banda f; im Stoff: raya f; lista f; (Linie) línea f; (Tresse) galón m; (Papier♀) tira f; ⚔ (Film) cinta f; (Gelände♀, Licht♀) faja f.
'streifen I. v/t. 1. (mit Streifen versehen) rayar; (rillen) estriar; △ acanalar; ~ a. gestreift; 2. (a. v/i.) (leicht berühren) rozar (a. Kugel); tocar ligeramente (an et. a/c.); fig. Thema: tocar; tratar someramente (od. de pasada); fig. ~ (grenzen) an rozar; rayar en; frisar en; über et. ~ pasar rozando (od. ligeramente) por; den Boden ~ rasar el suelo; pasar a ras del suelo; in die Höhe ~ Ärmel: remangar, arremangar; mit e-m Blick ~ echar una ojeada (a od. sobre); von et. ~ (ab) quitar de; II. (sn) v/i. (wandern) caminar, vagar, andar vagando (od. errante) por; d adj. fig. ~ an rayano en; ♀dienst m servicio m de patrulla; ♀karte Vkw. f tarjeta f multiviaje; ♀muster n dibujo m de rayas; ♀wagen m coche m de patrulla.
'streifig adj. rayado; a rayas; listado; a listas; estriado.
'Streif...: jagd f caza f en mano; licht n reflejo m de luz; luz f escapada; fig. glosa f; er werfen auf ilustrar; ♀schuß m roce m, rozadura f (causada por una bala); ung f rayado m; estriado m, estriación f; zug m correría f; ⚔ incursión f; angl. raid m.
'Streik m (-¢s; -s) huelga f; wilder ~ huelga f salvaje; e-n ~ ausrufen convocar una huelga; in den ~ treten

Streikaufruf — strohfarben

declararse en (od. ir a la) huelga; ~**aufruf** m convocatoria f de huelga; llamamiento m a la huelga; ~**ausschuß** m comité m de huelga; ~**bewegung** f movimiento m huelguístico; ~**brecher** m esquirol m; ⚬**en** v/i. declararse en huelga; ir a la huelga; estar en huelga; F fig. (nicht mitmachen) pasar; Motor usw.: fallar; ~**ende(r** m) m/f huelguista m/f; ~**kasse** f fondo m de huelga; ~**posten** m piquete m (de huelga); ~**recht** n derecho m a la huelga; ~**welle** f ola f de huelgas.

'**Streit** m (-¢s; -e) querella f; (Kampf) lucha f, combate m; contienda f, (Konflikt) conflicto m; (Meinungs⚬) desavenencia f; disensión f, diferencia f; (Wort⚬) disputa f, altercado m; mit Tätlichkeiten: riña f, pelea f; pendencia f, reyerta f; F camorra f; politischer, gelehrter: controversia f; polémica f; ✂ litigio m; mit j-m ~ anfangen (od. suchen) buscar pendencia (F camorra) con alg.; mit j-m in ~ liegen estar enemistado (od. reñido) con alg.; mit j-m in ~ geraten reñir con alg.; F armar camorra (od. gresca) con alg.; ~**axt** f hacha f de armas; fig. die ~ begraben enterrar el hacha de guerra; ⚬**bar** adj. (kriegerisch) belicoso; guerrero; combativo; (streitlustig) agresivo; camorrista.

'**streiten** (L) I. v/i. mit Worten: disputar, debatir, heftig: altercar (con); sostener una controversia bzw. una polémica; handgreiflich: reñir, pelear (um por); (kämpfen) luchar, combatir, lidiar; bsd. fig. batallar; militar (für por); ✂ litigar, poner pleito (a); II. v/refl.: sich ~ reñir (mit j-m con alg.); querellarse; sich über et. ~ disputar sobre a/c.; discutir (od. sostener una discusión) sobre a/c.; sich um et. ~ disputarse a/c.; darüber läßt sich ~ sobre eso puede discutirse; es un caso discutible; ⚬**d** adj. beligerante; bsd. fig. militante; ✂ die ~**en Parteien** las partes litigantes.

'**Streiter** m combatiente m; a. fig. luchador m; militante m; (Vorkämpfer) campeón m; paladín m.

Streite'rei f discusiones f/pl.; querellas f/pl.

'**Streit...**: ~**fall** m diferencia f; bsd. Pol. conflicto m; a. ✂ litigio m; im ~ en caso de litigio; ~**frage** f objeto m de disputa bzw. de controversia; cuestión f discutible; punto m litigioso; ~**gegenstand** ✂ m objeto m del litigio; ~**gespräch** n disputa f; discusión f; ~**hammel** F m pendenciero m; F buscarruidos m; ~**handel** m querella f; litigio m, pleito m; ⚬**ig** adj. (bestreitbar) disputable; discutible; controvertible; (umstritten) discutido; ✂ litigioso; contencioso; j-m et. ~ machen disputar a/c. a alg.; ~**igkeit** f ~ Streit; ~**kräfte** ✂ f/pl. fuerzas f/pl. armadas; ~**lust** f agresividad f; combatividad f; acometividad f; ⚬**lustig** adj. agresivo; combativo; disputador; pendenciero, F camorrista; ~**macht** ✂ f fuerza f armada; ~**objekt** ✂ n objeto m de bzw. en litigio; ~**punkt** m punto m de controversia (od. litigioso); ~**roß** n corcel m; ~**sache** ✂ f pleito m; (asunto m) contencioso m; ~**schrift** f escrito m polémico; diatriba f; ~**sucht** f manía f de disputar; carácter m pendenciero; ⚬**süchtig** adj. disputador; pendenciero, F camorrista; ~**wagen** Hist. m carro m de guerra; ~**wert** ✂ m cuantía f del litigio.

'**streng I.** adj. severo; riguroso; (unnachgiebig) rígido; (hart) duro; (rauh) rudo; (genau) estricto; exacto; Sitte, Stil, Lebensführung: austero; Geschmack: acerbo; áspero; Winter: riguroso; Kälte: a. intenso; Befehl: terminante; ~(st)es Stillschweigen mutismo m absoluto; auf ~e Diät setzen poner a dieta rigurosa; II. adv.: ~ befolgen observar (od. cumplir) estrictamente; j-n ~ behandeln (od. halten) tratar severamente (od. con severidad) a alg.; tratar con dureza a alg.; ~ erziehen educar severamente (od. con mano dura); ~ vorgehen proceder con rigor; ~ überwachen vigilar estrechamente; ~ nach Vorschrift handeln atenerse estrictamente a lo prescrito; ~ vertraulich estrictamente confidencial; ~ verboten terminantemente prohibido; ⚬**e** f (0) severidad f; rigor m (a. Kälte); rigurosidad f; rigidez f; dureza f; exactitud f; (Sitten⚬) austeridad f; ~**genommen** adv. en rigor; en el sentido estricto de la palabra; estrictamente hablando; ~**gläubig** adj. ortodoxo; ⚬**gläubigkeit** f ortodoxia f.

Strepto'|**kokkus** m estreptococo m; ~**my'zin** n estreptomicina f.

Streß ✂ m (-sses; -sse) stress m, estrés m.

'**stressen** (-ßt) v/i. producir estrés.

'**Streu** f cama f (de paja), camada f, ~**büchse** f, ~**dose** f für Salz: salero m; für Zucker: azucarero m; für Pfeffer: pimentero m; ⚬**en** v/t. u. v/i. dispersar (auf, über por); esparcir; echar, diseminar; distribuir; sembrar; ✕, Opt. dispersar; Sand ~ echar arena; Salz (Zucker) auf et. ~ espolvorear con sal (azúcar); Blumen auf den Weg ~ cubrir (od. sembrar) de flores el camino; ~**feld** Phys. n campo m de dispersión; ~**feuer** ✕ n tiro m disperso; ~**gut** n gravilla f.

'**streun**|**en** v/i. vagar; vagabundear; errar; ~**der Hund** perro m vagabundo; ⚬**er** m vagabundo m.

'**Streu...**: ~**pulver** ✍ n polvo m vulnerario; ~**salz** n sal f para derretir la nieve; ~**sand** m arenilla f; ~**sandbüchse** f salvadera f; arenillero m; ~**strahlung** Phys. f radiación f difusa; ~**ung** f allg. dispersión f; ~**zucker** m azúcar m molido.

'**Strich** m (-¢s; -e) trazo m; raya f; línea f; (Quer⚬) barra f; (Streifen) estría f; (Land⚬) región f; comarca f; (Pinsel⚬) pincelada f; (Feder⚬) rasgo m; plumada f; des Tuches: pelo m; der Vögel: paso m; ♪ (Takt⚬) barra f; ♪ (Bogen⚬) arqueada f; beim Rasieren: pasada f; P prostitución f callejera; auf den ~ gehen echarse a la vida; hacer la calle (od. la carrera); mit dem ~ en el sentido del pelo; gegen den ~ a contrapelo; unter dem ~ Zeitung: en el folletín; e-n ~ durch et. machen rayar, tachar a/c. fig. j-m e-n ~ durch die Rechnung machen desbaratar (od. echar a rodar) los proyectos de alg.; e-n ~ unter et. machen subrayar a/c.; fig. poner punto final a a/c.; F hacer borrón y cuenta nueva; fig. j-n auf dem ~ haben F tener a alg. atravesado; no poder tragar a alg.; das geht mir gegen den ~ no me conviene en absoluto; F eso me viene muy a contrapelo; F keinen ~ tun no dar golpe; F er ist nur noch ein ~ F está como un fideo (od. en los huesos); nach ~ und Faden a fondo; ~ drunter! ¡olvidémoslo!; ¡punto y raya!; ~**ätzung** f grabado m de línea(s); ~**einteilung** f graduación f; ⚬**eln** (-le) v/t. plumear; (schraffieren) rayar; **gestrichelte Linie** línea f discontinua; ~**elung** f plumeado m; ⚬**junge** P m prostituto m, F chapero m; ~**kode** m código m de barras; ~**mädchen** P n prostituta f callejera; ~**punkt** Gr. m punto m y coma; ~**regen** m lluvia f local; ~**vogel** m ave f de paso; ⚬**weise** adv. local; por zonas; aquí y allá; ~ **Regen** lluvias f/pl. dispersas; ~**zeichnung** f dibujo m a rayas; ~**zeit** f der Vögel: (tiempo m de) paso m.

'**Strick** m (-¢s; -e) cuerda f; soga f; F fig. (Schelm) pícaro m; granuja m; wenn alle ~e reißen en el peor de los casos; si todo falla; como último recurso; fig. j-m aus et. e-n ~ drehen F echarle (od. cargarle) a alg. el muerto; ~**arbeit** f labor f de punto; ~**beutel** m bolsa f de labores (de punto); ⚬**en** v/t. hacer labores de punto; hacer punto de media; hacer media (od. calceta); Neol. tricotar; ~**en** n punto m de aguja (od. de media), Neol. tricotaje m; ~**er(in** f) m calcetero (-a f) m; ⚬**e'rei** f → Stricken; ~**garn** n hilo m para labores de punto; ~**handschuhe** m/pl. guantes m/pl. de punto; ~**jacke** f chaqueta f de punto; ~**kleid** n vestido m de punto; ~**kleidung** f punto m; ~**leiter** f escala f de cuerda; ~**maschine** f tricotosa f; ~**mütze** f gorro m de punto; ~**nadel** f aguja f para labores de punto; ~**strumpf** m media f de punto; ~**waren** f/pl. géneros m/pl. de punto; ~**weste** f chaleco m de punto; ~**wolle** f lana f de labores; ~**zeug** n avíos m/pl. de labores de punto.

'**Striegel** m almohaza f; ⚬**n** (-le) v/t. almohazar.

'**Striem**|**e** f, ~**en** m cardenal m; roncha f, verdugón m; ⚬**ig** adj. acardenalado.

'**Strie**|**zel** m (Gebäck) bollo m trenzado; ⚬**zen** F (-t) v/t. vejar, F jorobar.

strikt adj. (-est) estricto; ~ **durchführen** cumplir estrictamente.

'**Strippe** F f cordón m; cuerda f; F fig. j-n fest an der ~ haben tener a alg. bien atado (od. sujeto); F dauernd an der ~ hängen telefonear continuamente; estar todo el día colgado del teléfono.

'**Stripperin** F f artista f de strip-tease.

'**Striptease** F ['stripti:z] m (-; 0) strip-tease m; destape m.

'**strittig** adj. → streitig; ~**er Punkt** punto m litigioso.

'**Stroh** n (-¢s; 0) paja f; fig. leeres ~ dreschen hablar sin ton ni son; desatinar; ~ im Kopf haben tener la cabeza vacía (od. llena de aire); ~**ballen** m paca f de paja; ⚬**blond** adj. rubio pajizo; ~**blume** ♀ f siempreviva f; ~**bund** n manojo m de paja; ~**dach** n tejado m de paja; ⚬**dumm** F adj. tonto de remate; ⚬**ern** adj. de paja; pajizo; ⚬**farben** adj. (de color) pajizo; ~feuer n fuego m de paja; fig. humo m de paja; fogonazo m; ~geflecht n trenzado m de paja; 2gelb adj. amarillo pajizo; ~halm m (brizna f de) paja f; zum Trinken: pajita f, paja f; fig. nach e-m ~ greifen, sich an e-n ~ klammern agarrarse a un clavo ardiendo; über e-n ~ stolpern ahogarse en un vaso de agua; ~hut m sombrero m de paja; ~hütte f choza f; 2ig adj. pajoso; fig. seco; ~kopf F fig. m cabeza f hueca; → a. Dummkopf; ~lager n cama f de paja; ~mann fig. m (-es; ̈er) testaferro m; hombre m de paja; ~matte f estera f de paja; ~sack m jergón m de paja; F heiliger ~! ¡caracoles!; ¡Dios mío!; ~schneider m cortapajas m; ~schober m, ~schuppen m pajar m; ~witwe hum. f mujer f cuyo marido está de viaje; ~witwer hum. m F rodríguez m; ich bin ~ estoy de rodríguez.

'Strolch m (-es; -e) vagabundo m; tunante m; Arg. atorrante m; F (Schlingel) F pillo m, pillín m; 2en (sn) v/i. vagabundear, vagar.

'Strom m (-es; ̈e) 1. río m; (Strömung) corriente f; (reißender, Berg2) torrente m; fig. raudal m; (Menschen2) oleada f de gente; ~ von Tränen raudal m de lágrimas; ~ von Worten torrente m de palabras; Ströme von Blut ríos m/pl. de sangre; gegen den ~ schwimmen nadar (fig. a. ir) contra la corriente; mit dem ~ schwimmen dejarse llevar de (fig. a. seguir) la corriente; in Strömen a raudales; es regnet in Strömen está lloviendo a cántaros (od. a mares); 2. ⚡ corriente f (eléctrica); fluido m (eléctrico); unter ~ con corriente, vivo; ~abnehmer m ⚡ trole m; toma f de corriente; colector m; escobilla f; (Verbraucher) abonado m; ~abschaltung f corte m de corriente; 2'ab(wärts) adv. aguas (od. río) abajo; con la corriente; ~aggregat n grupo m electrógeno; 2'auf(wärts) adv. aguas (od. río) arriba; contra la corriente; ~ausfall ⚡ m falta de corriente; apagón m; ~dichte ⚡ f densidad f de corriente; ~einschränkungen f/pl. restricciones f/pl. eléctricas (od. del consumo eléctrico).

'strömen (sn) v/i. correr; fluir; chorrear, salir a chorro(s); Regen: caer a chorros; Menschen: acudir en masa (zu a, nach hacia); afluir (a); ~ aus (in) salir (entrar) en masa; ~der Regen lluvia f torrencial.

'Strom...: ~enge f pasaje m estrecho de un río; ~er F m vagabundo m; 2ern (-re; sn) v/i. vagabundear; vagar (durch por); ~erzeuger ⚡ m generador m; ~erzeugung ⚡ f generación f (od. producción f) de corriente; 2führend ⚡ adj. vivo; con corriente; ~gebiet n cuenca f (de un río); ~kreis ⚡ m circuito m; ~leiter ⚡ m conductor m; ~leitung f conducción f de corriente; ~lieferung f suministro m de corriente; ~linie f línea f aerodinámica; ~linienform f forma f aerodinámica; 2linienförmig adj. aerodinámico; 2los adj. (0) sin corriente; ~messer ⚡ m amperímetro m; ~netz n red f de corriente (od. eléctrica); ~preis m

tarifa f eléctrica; ~quelle ⚡ f fuente f de corriente (eléctrica); ~rechnung f recibo m del consumo de electricidad; ~richter ⚡ m convertidor m de corriente; ~schiene ⚡ f barra f de toma de corriente; ~schnelle f rápido m; ~schwankung ⚡ f fluctuación f de la corriente; ~spannung ⚡ f tensión f (de la corriente); voltaje m; 2sparend adj. economizador de corriente; ~sperre ⚡ f corte m de corriente; ~stärke ⚡ f intensidad f de la corriente; amperaje m; ~stoß ⚡ m impulso m de corriente; descarga f eléctrica.

'Strömung f corriente f (a. fig.); ~sgetriebe n transmisión f hidráulica; ~slehre f aerodinámica f.

'Strom...: ~unterbrecher ⚡ m interruptor m; cortacorriente m; ~unterbrechung f interrupción f (od. corte m) de la corriente; ~verbrauch m consumo m de electricidad (od. de corriente); ~verbraucher m consumidor m de electricidad, abonado m; ~verlust ⚡ m pérdida f de corriente; ~versorgung f suministro m de corriente (od. eléctrico); ~wandler ⚡ m transformador m de intensidad (od. de corriente); ~wender ⚡ m inversor m de corriente; conmutador m; ~zähler ⚡ m contador m de corriente.

'Strontium 🜍 n (-s; 0) estroncio m.
'Strophe f estrofa f.
'strotzen (-t) v/i.: ~ von (od. vor) rebosar ac. od. de (a. fig.); estar lleno de; von Gesundheit ~ rebosar (od. estar rebosante de) salud; von Fehlern ~ estar plagado de faltas; ~d adj.: ~ von rebosante de; pletórico de; exuberante; von Gesundheit ~ rebosante de salud.

'strubbelig adj. Haar: enmarañado, revuelto; desgreñado; 2kopf m cabeza f desgreñada.

'Strudel m (-s; -) torbellino m (a. fig.); v. Wasser, Staub: remolino m; a. fig. vorágine f; (Kuchen) pastel m de hojaldre; 2n (-le; a. sn) v/i. remolinar; bullir.

Struk'tur f estructura f; v. Stoffen: textura f.
Struktura'lis|mus m (-; 0) estructuralismo m; ~t m (-en), 2tisch adj. estructuralista (m).
struk'turbedingt adj. estructural.
struktu'rell adj. estructural.
struktu'rieren (-) v/t. estructurar.
Struk'turwandel m cambio m de estructura.

'Strumpf m (-es; ̈e) media f; (Socke) calcetín m; (Glüh2) manguito m incandescente; F fig. sich auf die Strümpfe machen marcharse, F largarse; ~band n liga f; ~halter(gürtel) m liguero m, portaligas m; ~hose f leotardos m/pl.; (Damen2) panty m; ~waren f/pl. medias f/pl.; ~wirker m calcetero m; ~wirkerei f calcetería f.

Strunk m (-es; ̈e) (Kohl2) troncho m; (Baum2) tocón m.

'struppig adj. Haar: erizado; hirsuto; (zerzaust) desgreñado.

'Struwwel|kopf m pelo m desgreñado; ~peter m Märchen: Pedrito m el Desgreñado.

Strych'nin 🜍 n (-s; 0) estricnina f.
'Stube f habitación f, cuarto m,

pieza f; gute ~ sala f; salón m.
'Stuben...: ~älteste(r) m jefe m de cuarto; ~arrest m arresto m domiciliario; ✕ arresto m en cuartel; prohibición f de salir; ~fliege f mosca f (doméstica); ~gelehrte(r) m sabio m de gabinete; ~hocker m persona f muy casera; ein ~ sein ser muy casero; ~mädchen n camarera f (de habitación); 2rein adj. Hund: limpio, educado.

Stuck 🔷 m (-es; 0) estuco m.
Stück △ m (-es; -e) pieza f (a. Thea., ♪); abgetrenntes: trozo m; pedazo m; abgesprungenes: casco m; im Buch: pasaje m; trozo m; (Teil2) parte f; (Bruch2) fragmento m; (Probe2) muestra f; ejemplar m; ✝ (Wertpapier) título m; ~ Vieh cabeza f de ganado; ~ Land parcela f; lote m de terreno; ~ Weg trecho m; ~ Zucker terrón m de azúcar; ~ Brot pedazo m de pan; ~ Seife pastilla f de jabón; ein hübsches ~ Geld una bonita suma; ein schweres ~ Arbeit una ruda tarea; am (od. im) ~ Käse usw.: en un pedazo (od. trozo); 2 Mark das ~ a dos marcos la pieza; F das ist ein starkes ~ eso ya es demasiado; F eso pasa de la raya; ~ für ~ pieza por pieza; in allen ~en en todos los aspectos (od. puntos); en todo; in vielen ~en en muchos aspectos (od. puntos); aus e-m ~ de una (sola) pieza; aus freien ~en voluntariamente; de buen grado; espontáneamente; in ~e schlagen bzw. reißen hacer pedazos (od. añicos); romper; in ~e schneiden cortar en pedazos (od. en trozos), trocear; in ~e gehen despedazarse, hacerse pedazos; sich große ~e einbilden presumir mucho (auf et. de a/c.); große ~e auf j-n halten apreciar mucho (od. tener en mucho aprecio) a alg.; F fig. er ist ein faules ~ es un gandul; ein freches ~ un sinvergüenza, P un caradura.

'Stuck-arbeit f estucado m.
'Stück-arbeit f trabajo m a destajo.
'Stuck-arbeiter m estuquista m, estucador m.

'Stück...: ~arbeiter(in f) m destajista m/f; ~chen n pedacito m, trocito m; 2eln (-le) v/t. partir en trozos (od. en pedazos); fraccionar (a. ✝); despedazar; (zusammenflicken) remendar; ✝ Börse: dividir en títulos; ~elung f despedazamiento m; ✝ fraccionamiento m; ~gut ✝ n mercancía f en fardos; bultos m/pl. sueltos (od. de detalle); ~kohle f carbón m cribado; galleta f; ~kosten pl. coste m por unidad (od. unitario); ~leistung ⊕ f rendimiento m en piezas-hora; ~liste f lista f detallada (od. de bultos); especificación f; ~lohn m salario m por unidad de obra; ~preis m precio m por unidad; 2weise adv. pedazo por pedazo, a trozos; por piezas; ~werk n obra f imperfecta; F chapucería f, frangollo m; ~zahl f número m de piezas (od. de unidades, ✝ a. de bultos); ~zeit ⊕ f tiempo m de elaboración por pieza; ~zinsen ✝ pl. intereses m/pl. por efecto; ~zoll m derecho m por unidad.

Stu'dent m (-en) estudiante m; universitario m; ~ der Medizin (der Naturwissenschaften, der Philologie, der Rechte) estudiante de medicina (de ciencias, de letras, de derecho).

Stu'denten...: ~austausch m intercambio m de estudiantes; **~ausweis** m carnet m de estudiante; **~futter** n postre m de músico; **~heim** n residencia f de estudiantes; Span. a. Colegio m Mayor; **~jahre** n/pl. años m/pl. de estudiante; **~leben** n vida f estudiantil (od. de estudiante); **~lied** n canción f estudiantil; **~schaft** f estudiantado m, alumnado m universitario; **~sprache** f jerga f estudiantil; **~unruhen** f/pl. disturbios m/pl. estudiantiles; **~verbindung** f asociación f (od. corporación f) de estudiantes; **~werk** n obra f de ayuda estudiantil; **~wohnheim** n → ~heim.
Stu'dent|in f estudiante f; universitaria f; ²**isch** adj. estudiantil; de estudiante.
'**Studie** [-iə] f estudio m; ~n pl. → Studium.
'**Studien...: ~assessor** m etwa: profesor m adjunto de Instituto; **~beihilfe** f subvención f para estudios; ayuda f al estudio; **~berater** m tutor m; **~direktor(in** f) m director(a f) m de Instituto; **~fach** n asignatura f, especialidad f; **~fahrt** f viaje m de estudios; **~gang** m ciclo m de estudios; **~gebühren** f/pl. derechos m/pl. de matrícula; tasas f/pl. universitarias; ²**halber** adv. por razón de estudios; **~jahr** n curso m (académico) ≈ pl. → ~zeit; **~kommission** f comisión f de estudios; **~plan** m plan m bzw. programa m de estudios; currículo m; **~rat** m, **~rätin** f catedrático (-a f) m de Instituto; **~referendar(in** f) m etwa: aspirante m/f al profesorado de enseñanza media; **~reise** f → ~fahrt; **~zeit** f años m/pl. de estudio.
stu'dier|en (-) v/t. u. v/i. estudiar (a. weit S. prüfen); cursar estudios universitarios; estudiar una carrera universitaria; Medizin (Jura; Naturwissenschaften) ~ estudiar medicina (derecho; ciencias); seguir la carrera de medicina (derecho; ciencias); ~ lassen dar carrera; enviar a la universidad; er hat studiert ha estudiado en una universidad; ²**en** n estudio(s) m(pl.); ²**ende(r** m) m/f estudiante m/f; universitario (-a f) m; **~t** adj. letrado; ein ²er un hombre de carrera; ²**zimmer** n estudio m; gabinete m de trabajo.
Studio n (-s; -s) allg. estudio m.
Stu'diosus F m (-; -sen od. -si) estudiante m.
'**Studium** n (-s; -ien) estudio m (a. weit S. Untersuchung); (Universitäts²) estudios m/pl. (universitarios); (Berufs²) carrera f.
'**Stufe** f escalón m (a. fig.); (Treppen²) a. peldaño m; bsd. Amphitheater: grada f; ♪ (Ton²) intervalo m; (Phase) fase f, etapa f; (Raketen²) escalón m, piso m, etapa f; (Niveau, Rang) nivel m; categoría f; grado m; von ~ zu ~ de grado en grado; auf die gleiche ~ stellen equiparar; mit j-m auf gleicher ~ stehen estar al mismo nivel de alg.; ²**n** v/t. escalonar.
'**Stufen...: ~barren** m Turnen: barras f/pl. asimétricas; **~folge** f gradación f; escalonamiento m; ²**förmig** adj. escalonado; fig. a. gradual; ~ anordnen (od. aufstellen) escalonar; **~getriebe** ⊕ n engranaje m escalonado; **~härtung** ⊕ f temple m esca-

lonado; **~leiter** f escala f graduada; fig. escalafón m; escala f social; ²**los** ⊕ adj. sin escalones; continuo, con progresión continua; **~pyramide** f pirámide f escalonada; **~rakete** f cohete m de escalones (od. etapas); **~schalter** ⚡ m interruptor m por grados; **~sitz** m grada f; ²**weise** adv. por grados, gradualmente; en escalones; por etapas; progresivamente.
'**Stuhl** m (-es; -̈e) silla f; (Lehr²) cátedra f; (Kirchen²) banco m; ✻ (Kot) heces f/pl.; → a. ~gang; ~ elektrischer ~ silla f eléctrica; auf dem elektrischen ~ hinrichten electrocutar; der Heilige ~ la Santa Sede; fig. j-m den ~ vor die Tür setzen poner a alg. de patitas en la calle; fig. sich zwischen zwei Stühle setzen desaprovechar por indecisión dos oportunidades simultáneas; F fig. ich bin fast vom ~ gefallen F me quedé de piedra (od. atónito); **~bein** n pata f de silla; **~drang** m necesidad f de defecar; **~flechter(in** f) m sillero (-a f) m; ²**fördernd** ✻ adj. laxante; **~gang** ✻ m defecación f; evacuación f del vientre; deposición f; ~ haben defecar, deponer, evacuar el vientre; keinen ~ haben estar estreñido; **~lehne** f respaldo m; **~untersuchung** ✻ f examen m coprológico; **~verhaltung** ✻ f estreñimiento m; **~zäpfchen** Phar. n supositorio m laxante; **~zwang** ✻ m tenesmo m rectal.
'**Stuka** ✈ m (-s; -s) stuka m.
Stukka|'teur m (-s; -e) estucador m, estuquista m; ~'**tur** f estucado m.
'**Stulle** f bocadillo m, F bocata m.
'**Stulpe** f (Stiefel²) vuelta f; reborde m; (Ärmel²) puño m.
'**stülpen** v/t. (um~) volver; (auf~, über~) poner; Hut: calar.
'**Stulp|enärmel** m manga f con puño; **~enstiefel** m bota f alta con caña vuelta; **~handschuh** m guante m con puño; Fechtk. guante m de esgrima.
'**Stülpnase** f nariz f respingona.
stumm adj. mudo (a. Gr.); (schweigsam) silencioso; taciturno; ~ werden enmudecer, perder el habla; ~es Spiel Thea. pantomima f.
'**Stummel** m Kerze: cabo m; (Zigarette: colilla f; → a. Stumpf; **~pfeife** f pipa f corta; **~sammler** F m colillero m.
'**Stumme(r** m) m/f mudo m, muda f.
'**Stumm|film** m película f muda; coll. cine m mudo; **~heit** f (0) mudez f; (Schweigen) silencio m; mutismo m.
'**Stumpen** m (Hut²) horma f; (Zigarre) cigarro m suizo.
'**Stümper** m chapucero m; F chambón m.
Stümpe'rei f chapucería f, chapuza f.
'**stümper|haft** adj. chapucero; hecho de mala manera; defectuoso; **~n** (-re) v/t. u. v/i. chapucear; frangollar; auf dem Klavier ~ aporrear el piano; ²**n** n chapucería f.
Stumpf m (-es; -̈e) (Baum²) tocón m; e-r Kerze: cabo m; (Zahn²) raigón m; v. Gliedmaßen: muñón m; mit ~ und Stiel ausrotten a. fig. arrancar de cuajo (od. de raíz); erradicar, extirpar radicalmente; Dorf usw.: a. borrar del mapa.
'**stumpf** adj. sin filo; desafilado; sin

punta, romo; embotado; Reim: agudo; ⟁ Kegel, Pyramide: truncado; ⟁ Winkel: obtuso; Nase: romo, chato; fig. geistig: torpe; lerdo; obtuso; Blick: inexpresivo; (teilnahmslos) apático; insensible; indiferente; ~ machen embotar; desafilar; fig. entorpecer, embrutecer; ~ werden embotarse, perder el filo; fig. entorpecerse, embrutecerse; ²**heit** f (0) embotamiento m; fig. a. torpeza f; embrutecimiento m; (Teilnahmslosigkeit) indiferencia f, apatía f; insensibilidad f; ²**nase** f nariz f roma (od. chata); **~nasig** adj. chato; ²**schweißen** ⊕ n soldadura f a tope; ²**sinn** m estupidez f; embrutecimiento m; (Teilnahmslosigkeit) indiferencia f; apatía f; F (Langeweile) tedio m, aburrimiento m; monotonía f; F so ein ~! ¡qué rollo!; **~sinnig** adj. estúpido; embrutecido; obtuso; lerdo; torpe; (teilnahmslos) indiferente, apático; F (langweilig) tedioso, aburrido; monótono; **~wink(e)lig** ⟁ adj. obtusángulo.
'**Stunde** f hora f (a. fig.); (Unterrichts²) lección f, clase f; fig. momento m; ~n geben dar (od. impartir) clases; ~n nehmen tomar lecciones (bei con); in einer ~ en una hora; dentro de una hora; alle zwei ~n cada dos horas; 60 Kilometer in der ~ 60 kilómetros por hora; fig. in einer schwachen ~ en un momento de flaqueza; nach einer ~ al cabo de una hora; von ~ zu ~ de hora en hora; von Stund an desde aquel momento; vor einer ~ hace una hora; in letzter ~ a última hora; zu jeder ~ a cualquier hora; a todas horas; zur ~ por el momento, por ahora; s-e ~ ist gekommen (od. hat geschlagen) ha llegado su hora; s-e ~n sind gezählt tiene sus horas contadas.
'**stunden** (-e-) ✝ v/t. aplazar; j-m die Zahlung ~ conceder a alg. una prórroga para el pago; ²**buch** I.C. n libro m de horas; ²**durchschnitt** m promedio m por hora; ²**gebet** I.C. n hora f canónica; ²**geschwindigkeit** f velocidad f (media) por hora; ²**glas** n reloj f de arena; ampolleta f; ²**hotel** n casa f de citas, meublé m; ²**kilometer** m/pl. kilómetros m/pl. por hora; **~lang** I. adj. interminable; de largas horas; II. adv. horas y horas; ²**leistung** f rendimiento m por hora; ²**lohn** m salario m por hora; ²**plan** m horario m (de clases); ²**schlag** m toque m de la hora; mit dem ~ al dar la hora; **~weise** adv. por horas; ²**zeiger** m horario m.
'**Stünd|lein** n fig.: letztes ~ hora f suprema (od. de la muerte); sein letztes ~ ist gekommen (od. hat geschlagen) ha llegado su última hora; ²**lich** adv. (a) cada hora; de una hora a otra; zweimal ~ dos veces por hora.
'**Stundung** f aplazamiento m (de pago); prórroga f, moratoria f; **~sgesuch** n solicitud f de aplazamiento (od. de moratoria).
'**Stunk** F m (-es; 0) camorra f; gresca f; ~ machen buscar camorra; armar gresca (od. jaleo); es wird ~ geben habrá jaleo (od. hule).
'**Stuntman** [ˈstantmɛn] m Film: especialista m.
stu'pend adj. (-est) estupendo.

stu'pid(e) *adj.* estúpido.
Stupidi'tät *f* estupidez *f*.
'Stups F *m (-es; -e)* empujón *m*; ⚥**en** *(-t)* F *v/t.* empujar; dar un empujón; **~nase** *f* nariz *f* respingona.
'stur *adj. (starrsinnig)* testarudo, terco, tozudo, F cabezón, cabezudo; *(schwerfällig)* torpe; *(geisttötend)* embrutecedor; *(unnachgiebig)* intransigente; ⚥**heit** *f (0)* testarudez *f*, tozudez *f*, terquedad *f*; intransigencia *f*.
'Sturm *m (-¢s; ¨e)* tempestad *f (a. fig.)*; tormenta *f (a. fig.)*, borrasca *f*, temporal *m*; vendaval *m*; *(Windstoß)* ráfaga *f*; *fig.* ímpetu *m*, impetuosidad *f*; fogosidad *f*; *(Tumult)* tumulto *m*; *(Angriff)* ataque *m (a.* ⚔ *u. Sport)*; ⚔ asalto *m*; carga *f*; *Fußball*: delantera *f*; **~** *der Entrüstung* tempestad *f* de indignación; **~** *im Wasserglas* tempestad *f* en un vaso de agua; *Hist.* **~** *und Drang* movimiento de reacción contra la Ilustración; **~** *läuten* tocar a rebato; **~** *laufen gegen* asaltar *(ac.)*; *fig.* protestar contra; *im* **~** *nehmen* tomar por asalto *(a. fig.)*; **~abteilung** ⚔ *f* sección *f* de asalto; **~angriff** ⚔ *m* asalto *m*; carga *f*; **~artillerie** ⚔ *f* artillería *f* de asalto; **~bataillon** ⚔ *f* batallón *m* de asalto; **~bö** *f* ráfaga *f* huracanada; **~bock** *Hist. m* ariete *m*; **~boot** ⚔ *n* lancha *f* de asalto.
'stürmen I. *v/t.* asaltar; tomar al asalto; **II.** *(sn) v/i.* asaltar; dar el asalto; atacar *(a. Sport)*; *(sich stürzen)* lanzarse *(auf ac.* sobre); precipitarse (sobre); *es stürmt* hay tempestad *bzw.* temporal; **III.** ⚥ *n* → *Sturm*.
'Stürmer *m Sport*: delantero *m*; **~reihe** *f* línea *f* delantera.
'Sturm...: ~flut *f* marea *f* viva; ⚥**frei** *adj.*: F **~e** *Bude* cuarto *m* independiente; **~gepäck** ⚔ *n* equipaje *m* de asalto; ⚥**gepeitscht** *adj.* azotado por el viento; **~gewehr** ⚔ *n* fusil *m* de asalto; **~glocke** *f* campana *f* de rebato; **~haube** *Hist. f* celada *f*; morrión *m*.
'stürmisch *adj.* tempestuoso *(a. fig.)*; tormentoso; borrascoso *(a. fig.)*; *fig.* impetuoso; fogoso, brioso; *(tobend)* turbulento, tumultuoso; *(leidenschaftlich)* apasionado; *See*: agitado, *Poes.* proceloso; **~er** *Beifall* aplausos *m/pl.* delirantes *(od.* atronadores *od.* frenéticos); **~e** *Heiterkeit* grandes carcajadas *f/pl.*; **~** *umarmen* abrazar efusivamente; *j-n* **~** *feiern* volcarse con alg.; *nicht so* **~**! ¡vamos despacio!, F ¡despacito!
'Sturm...: ~kolonne ⚔ *f* columna *f* de asalto; **~lauf** *m*, **~laufen** *n* ⚔ asalto *m*; **~leiter** *f* escala *f* de asalto; **~panzer** ⚔ *m* carro *m* de asalto; ⚥**reif** ⚔ *adj.* maduro para el asalto; **~riemen** *m* barboquejo *m*; *am Helm*: carrillera *f*; **~schaden** *m* daños *m/pl.* causados por la tempestad; **~schritt** ⚔ *m* paso *m* de carga; **~segel** *n* vela *f* de fortuna; **~signal** *n* ⚔ señal *f* de ataque; ⚓ señal *f* de tempestad; **~spitze** ⚔ *f Sport*: punta *f* de lanza; **~tief** *Meteo. n* borrasca *f*; **~trupp** ⚔ *m* grupo *m* de asalto; **~vogel** *Orn. m* petrel *m*, ave *f* de las tempestades; **~warnung** ⚓ *f* aviso *m* de tempestad; **~welle** ⚔ *f* oleada *f* de asalto; **~wetter** *n* temporal *m*; tiempo *m*

tempestuoso; **~wind** *m* viento *m* huracanado.
'Sturz *m (-es; ¨e)* caída *f (a. Pol. u.* ✝︎); *(Einz̷)* derrumbamiento *m*; *fig.* descenso *m* (brusco); bajón *m*; *Pol.* derrocamiento *m*; △ *(Fenster z̷, Tür z̷)* dintel *m*; *(Untergang)* ruina *f*; **~acker** *m* campo *m* roturado; **~bach** *m* torrente *m*; **~bomber** *m* bombardero *m* en picado.
'stürzen *(-t)* **I.** *(sn) v/i.* caer, caerse; sufrir una caída; *(einz̷)* derrumbarse; desplomarse; ✶ *zum Angriff*: picar; *(eilen)* precipitarse; *Gelände*: ir en declive; *Pferd*: abatirse; *vom Pferd* **~** caer(se) del caballo; *zu Boden* **~** caer al suelo; dar en el suelo; **~** *auf (ac.) a.* ✶ estrellarse contra; **~** *aus* precipitarse de(sde); *ins Zimmer* **~** entrar precipitadamente (F como una tromba); **II.** *v/refl.*: *sich* **~** arrojarse; precipitarse *(von* desde; *in ac.* a); *sich* **~** *aus dem Fenster* **~** arrojarse (tirarse) por la ventana; *sich in j-s Arme* **~** arrojarse en los brazos de alg.; *sich in sein Schwert* **~** traspasarse con la espada; *sich ins Wasser* **~** arrojarse *(od.* tirarse) al agua; **III.** *v/t. (um z̷)* derribar, hacer caer; tumbar; *(hinabz̷)* arrojar, precipitar, *v. Felsen*: despeñar; *(kippen)* volcar; ✶ *Boden*: roturar; *fig. Regierung usw.*: derrocar, derribar; *j-n ins Elend* **~** arruinar a alg.; hundir a alg. en la miseria; *j-n ins Verderben* **~** perder a alg.; causar la perdición de alg.; *die Kasse* **~** hacer arqueo; *nicht* **~**! ¡no volcar!; **IV.** ⚥ *n* caída *f*; vuelco *m*; derrumbamiento *m*; desplome *m*.
'Sturz...: ~flug ✶ *m* vuelo *m* en picado; **~geburt** *f* parto *m* precipitado; **~güter** ✝︎ *n/pl.* géneros *m/pl.* a granel; **~helm** *m* casco *m* protector; **~kampfflugzeug** *n* avión *m* de combate en picado; **~karren** *m* volquete *m*; **~regen** *m* chaparrón *m*; **~see** *f*, **~welle** *f* marejada *f*; oleada *f*; golpe *m* de mar.
Stuß F *m (-sses; 0)* disparates *m/pl.*, desatinos *m/pl.*, sandeces *f/pl.*; F chorrada *f*.
'Stute *f* yegua *f*; **~n** *m* pan *m* de molde; **~nfohlen** *n*, **~nfüllen** *n* potranca *f*; potra *f*; **~nherde** *f* yeguada *f*; **~rei** *f* acaballadero *m*.
Stütz *m (-es; -e) Turnen*: apoyo *m*; **~balken** *m* puntal *m*.
'Stutzbart *m* barba *f* recortada *bzw.* en punta.
'Stütze *f* apoyo *m*; ⊕, △ soporte *m*; estribo *m*; ✶ rodrigón *m*, tutor *m*; *fig.* sostén *m*, apoyo *m*; puntal *m*; respaldo *m*; *(Hilfe)* ayuda *f*; *der Hausfrau*: asistenta *f*, *(ama f de casa)*; *du bist die* **~** *seines Alters* eres el báculo de su vejez.
'stutzen *(-t)* **I.** *v/t.* cortar; *Flügel, Hecke, Bart, Schwanz*: recortar *(a. fig. kürzen)*; *Baum*: chapodar; desmochar; **II.** *v/i. erstaunt*: sorprenderse; quedar perplejo; quedar suspenso; *verwirrt*: desconcertarse; quedar confundido; *argwöhnisch*: concebir sospechas; *(zögern)* titubear, vacilar; *Pferde*: aguzar las orejas.
'Stutzen *m* ⚔ carabina *f*; ⊕ *(Rohr)*

tubuladura *f*, empalme *m*; *(Strumpf)* calcetín *m* sport.
'stützen *(-t) v/t.* apoyar *(a.* ✝︎ *u. fig.)*, sostener; *(sichern)* afianzar, asegurar; △ apuntalar; ⊕ entibar; ✶ rodrigar, tutorar; *Äste*: ahorquillar; *fig.* respaldar; *sich* **~** *auf (ac.)* apoyarse en, descansar sobre; *fig.* basarse *(od.* fundarse) en; estribar en; *sich mit dem Ellbogen* **~** acodarse; *sich auf die Ellbogen* **~** apoyarse en los codos.
'Stutzer *m* pisaverde *m*, currutaco *m*; dandy *m*; F pinturero *m*; ⚥**haft** *adj.* pinturero; cursilón.
'Stutzflügel ♩ *m* piano *m* de media cola.
'stutzig *adj. (erstaunt)* sorprendido; suspenso; *(verwirrt)* desconcertado; perplejo; confuso; *(argwöhnisch)* suspicaz, F escamado; **~** *machen* desconcertar; dejar perplejo; *(Argwohn wecken)* despertar sospechas, F escamar; **~** *werden* **~** *stutzen* II.
'Stütz...: ~lager ⊕ *n* soporte *m* (de apoyo); contrafuerte *m*; **~mauer** *f* muro *m* de apoyo; **~pfahl** *m* → **~stange**; **~pfeiler** *m* pilar *m* de sostén; puntal *m*; contrafuerte *m*; **~preis** *m* precio *m* subvencionado; **~punkt** *m* punto *m* de apoyo *(a. fig.)*; ⚓, ⚔ base *f*; **~stange** ✶ *f* rodrigón *m*, tutor *m*.
'Stutz-uhr *f* reloj *m* de sobremesa.
'Stütz|ung *f* apoyo *m (a.* ✝︎); **~verband** ✚ *m* vendaje *m* contentivo; **~waage** *f Turnen*: apoyo *m* horizontal.
Styro'por *n (-s; 0)* styropor *m*.
Styx *Myt. m* Estigia *f*.
Su'ad|a *f (-; -den)*, **~e** *f* facundia *f*, locuacidad *f*; verbosidad *f*.
subal'tern *adj.* subalterno; ⚥**beamte(r)** *m* funcionario *m* subalterno.
'Subdominante ♩ *f* subdominante *f*.
Sub'jekt *n (-¢s; -e)* sujeto *m (a. Gr. u. fig. desp.)*; *desp. a.* individuo *m*, F tío *m*; *übles* **~** sujeto *m* de cuidado, tipo *m* peligroso.
subjek'tiv *adj.* subjetivo.
Subjektivi'tät *f (0)* subjetividad *f*.
'Subkontinent *m* subcontinente *m*.
'Subkultur *f* subcultura *f*; *Bio.* subcultivo *m*.
subku'tan ✚ *adj.* subcutáneo, hipodérmico.
sub'lim *adj.* sublime.
Subli'mat ✚ *n (-¢s; -e)* sublimado *m*; ⚥**mieren** *(-) v/t.* sublimar *(a. fig.)*; **~'mierung** *f* sublimación *f*.
Submissi'on ✝︎ *f* concurso-subasta *m*; **~sweg** *m*: *auf dem* **~** en subasta; por (vías de) licitación.
Submit'tent *m (-en)* licitador *m*.
Sub-ordi|nati'on *Gr. f* subordinación *f*; ⚥**'nieren** *(-) v/t.* subordinar.
subsidi'är *adj.* subsidiario.
Sub'sidien *n/pl.* subsidios *m/pl.*
Subskri|'bent *m (-en)* suscriptor *m*; ⚥**'bieren** *(-) v/i.* suscribir.
Subskripti'on *f* suscripción *f*; **~sliste** *f* lista *f* de suscripción; **~preis** *m* precio *m* de suscripción.
substanti'ell *adj.* sustancial.
'Substan|tiv *Gr. n (-s; -e)* sustantivo *m*; ⚥**ti'vieren** *(-) v/t.* sustantivar; ⚥**tivisch I.** *adj.* sustantivo; **II.** *adv.* como sustantivo.
Sub'stanz *f (-; -en)* su(b)stancia *f*; materia *f*; ✝︎ capital *m* efectivo; *von der* **~** *leben (od. zehren)* vivir del

Substanzschwund — Sündenvergebung 506

capital; **~schwund** *m*, **~verlust** *m* pérdida *f* de su(b)stancia.
substi|tu'ieren (-) *v/t.* sustituir; 2**'tut** ✝ *m* (-*en*) sustituto *m*.
Sub'strat *n* (-*és*; -*e*) su(b)strato *m*.
subsu'mieren (-) *v/t.* (*einschließen*) comprender, incluir; (*unterordnen*) subordinar.
sub'til *adj.* sutil; 2**i'tät** *f* sutileza *f*, sutilidad *f*.
Subtra'|hend *Arith. m* (-*en*) sustraendo *m*; 2**'hieren** (-) *v/t.* sustraer, restar; **~kti'on** *f* sustracción *f*, resta *f*; **~kti'onszeichen** *n* signo *m* (de) menos (*od.* de sustracción).
'subtropisch *adj.* subtropical.
Subven|ti'on *f* subvención *f*; 2**tio-'nieren** (-) *v/t.* subvencionar; **~tio-'nierung** *f* subvención *f*.
subver'siv *adj.* subversivo.
'Such|aktion *f* (operación *f* de) busca *f*; búsqueda *f*; **~anzeige** *f* aviso *m* de búsqueda; **~dienst** *m* servicio *m* de búsqueda.
'Suche [uː] *f* (0) busca *f*; búsqueda *f*; *auf der* ~ *nach* en *od.* a la) busca de; *auf die* ~ *gehen, sich auf die* ~ *machen* ir en busca (*nach de*).
'suchen I. *v/t. u. v/i.* buscar; (*erforschen*) investigar; (*eifrig* ~; *nachforschen*) inquirir, indagar; *bsd. polizeilich*: pesquisar, hacer pesquisas; (*ver~*) tratar de; procurar; *Jgdw.* rastrear; *Minen*: detectar; *nach et.* (*j-m*) ~ buscar a/c. (a alg.); *e-e Stelle* ~ buscar empleo; *zu gefallen* ~ querer agradar; *wer sucht, der findet* quien busca, halla; *Bib. suchet, so werdet ihr finden* buscad y hallaréis; *Sie haben hier nichts zu* ~ no tiene nada que buscar aquí; *hier haben wir nichts zu* ~ aquí sobramos; *such! zum Hund*: ¡busca, busca! → *gesucht*; **II.** 2 *n* → *Suche*.
'Sucher *m* buscador *m*; *Phot.* visor *m*; *Opt.* enfocador *m*.
'Such...: ~gerät *n* detector *m*; **~hund** *m* sabueso *m*; **~kartei** *f* fichero *m* de personas desaparecidas (*od.* buscadas); **~maschine** *f Internet*: motor *m* de búsqueda, buscador *m*; **~scheinwerfer** *m* faro *m* móvil; proyector *m* orientable; **~stelle** *f* → *dienst*.
Sucht *f* (-; ⁓*e*) afán *m*; *stärker*: manía *f*; pasión *f*; (*Rauschgift*2 *usw.*) adicción *f*; 1**erzeugend** *adj.* que crea hábito.
'süchtig *adj.* ávido; *nach Rauschgift usw.*: adicto, toxicómano; 2**e(r** *m*) *m/f* adicto (-a *f*), toxicómano (-a *f*); 2**keit** *f* (0) adicción *f*; toxicomanía *f*.
'suckeln *reg. v/i.* chupar.
Sud *m* (-*es*; -*e*) decocción *f*.
'Süd *m* (-*és*; 0) → *~en*; *~wind*; **~'afrika** *n* Africa *f* del Sur, Sudáfrica *f*; **~afri'kaner(in** *f*) *m* sudafricano (-a *f*) *m*; 2**afri'kanisch** *adj.* sudafricano; **~a'merika** *n* América *f* del Sur, Sudamérica *f*; **~ameri'kaner(in** *f*) *m* sudamericano (-a *f*) *m*; 2**ameri-'kanisch** *adj.* sudamericano; de la América del Sur.
Su'dan *m* Sudán *m*.
Suda'ne|se *m* (-*n*), 2**sisch** *adj.* sudanés (*m*).
'süddeutsch *adj.* de la Alemania del Sur; del sur de Alemania; 2**e(r** *m*) *m/f* alemán *m* (alemana *f*) del Sur; 2**land** *n* Alemania *f* del Sur.
Sude'lei *f* F mamarrachada *f*, P por-

queria *f*; (*Pfuscherei*) chapucería *f*, chapuza *f*.
'sudel|ig *adj.* (*schmutzig*) sucio; deaseado; puerco; (*gepfuscht*) chapucero; **~n** (-*le*) *v/t. u. v/i.* (*beschmieren*) embadurnar; ensuciar; (*klecksen*) chafarrinar; (*pfuschen*) chapucear, frangollar; (*manschen*) hacer una mamarrachada.
'Süden *m* (-*s*; 0) Sur *m*, Mediodía *m*; *im* ~ *von* al sur de; *nach* ~ hacia el sur; al sur.
Su'deten *pl.*: *die* ~ los (Montes) Sudetes; **~deutsche(r** *m*) *m/f* alemán *m* (alemana *f*) de los Sudetes.
'Süd...: ~'frankreich *n* (la) Francia meridional; **~früchte** *f/pl.* frutas *f/pl.* (de países) meridionales *bzw.* tropicales; **~ko'rea** *n* Corea *f* del Sur; **~küste** *f* costa *f* meridional; **~lage** *f* orientación *f* al sur (*od.* al mediodía); **~länder(in** *f*) *m* meridional *m/f*, habitante *m/f* (de los países) del sur; *fig.* latino *m*; 2**ländisch** *adj.* meridional.
'Sudler *m* (*Schmierer*) embadurnador *m*; (*Pfuscher*) chapucero *m*.
'südlich *adj.* del sur, meridional; austral; *in* ~*er Richtung* hacia el sur; ~ *von* al sur de; **~e Halbkugel** hemisferio *m* austral; **~e Breite** latitud *f* sur.
'Süd...: ~licht *n* aurora *f* austral; **~'ost(en)** *m* Sudeste *m*; 2**'östlich** *adj.* (situado) al sudeste; ~ *von* al sudeste de; **~pol** *m* polo *m* sur (*od.* antártico *od.* austral); **~polarländer** *n/pl.* tierras *f/pl.* australes; **~polarmeer** *n* Océano *m* Glacial Antártico; **~see** *f* Pacífico *m* meridional; (*Inselwelt*) Oceanía *f*; **~seite** *f* lado *m* (del) sur; **~staaten** *m/pl.* Estados *m/pl.* del sur; **~süd'ost** *m* Sudsudeste *m*; **~süd-'west** *m* Sudsudoeste *m*; 2**wärts** *adv.* hacia el sur; al sur; al mediodía; **~'west(en)** *m* Sudoeste *m*; **~'wester** *m* (*Hut*) sueste *m*; 2**'westlich** *adj.* (situado) al sudoeste; **~'west(wind)** *m* viento *m* sudoeste; **~wind** *m* viento *m* del sur, *Poes.* austro *m*.
'Sueskanal *m*, **'Suezkanal** *m* canal *m* de Suez.
Suff F *m* (-*és*; 0) borrachera *f*; *sich dem* ~ *ergeben* darse a la bebida; *im* ~ borracho, ebrio.
'süff|eln F (-*le*) *v/i. u. v/t.* beber; F empinar el codo; **~ig** F *adj.* de agradable paladar; abocado.
süffi'sant *adj.* presuntuoso; petulante; *mit e-m* ~*en Lächeln* con aire de suficiencia.
Suf'fix *Gr. n* (-*es*; -*e*) sufijo *m*.
Suffra'gette *f* sufragista *f*.
sugge'rieren (-) *v/t.* sugerir; insinuar.
Suggesti'on *f* sugestión *f*; sugerencia *f*, insinuación *f*.
sugges'tiv *adj.* sugestivo; sugerente; 2**frage** *f* pregunta *f* sugestiva.
'Suhle *Jgdw. f* bañadero *m*; revolcadero *m*; 2**n** *v/refl.*: *sich* ~ revolcarse en el fango.
'sühn|bar *adj.* expiable; 2**e** *f* expiación *f*; (*Wiedergutmachung*) reparación *f*; *fig.* conciliación *f*; 2**e-altar** *m* altar *m* expiatorio; 2**emaßnahme** *f* sanción *f*; **~en** *v/t.* expiar; reparar; 2**etermin** *m* plazo *m* de conciliación; 2**everfahren** *n* procedimiento *m* de conciliación; 2**eversuch** *m* intento *m* de conciliación;

2**opfer** *n* holocausto *m*; sacrificio *m* expiatorio.
'Sühnung *f* → *Sühne*.
'Suite ['sviːtə] *f Hotel u.* ♪ suite *f*; (*Gefolge*) comitiva *f*, séquito *m*.
sukzes'siv *adj.* sucesivo, consecutivo; **~e** *adv.* sucesivamente; consecutivamente.
Sul|'fat *n* (-*és*; -*e*) sulfato *m*; **~'fid** *n* (-*és*; -*e*) sulfuro *m*; **~'fit** *n* (-*s*; -*e*) sulfito *m*.
Sulfona'mid *Phar. n* (-*és*; -*e*) sulfamida *f*.
'Sultan *m* (-*s*; -*e*) sultán *m*.
Sulta'nat *n* (-*és*; -*e*) sultanato *m*, sultanía *f*.
Sulta'ninen *f/pl.* pasas *f/pl.* gorronas.
'Sülze *f* gelatina *f*; carne *f* en gelatina.
Sum'ma|nd *Arith. m* (-*en*) sumando *m*; 2**risch** *adj.* sumario; compendiado; sucinto.
'Sümmchen *n*: *ein hübsches* ~ una bonita suma.
'Summe *f* suma *f*; total *m*; cantidad *f*; importe *m*.
'summen I. *v/t. u. v/i. Insekten, Maschine usw.*: zumbar; *Lied*: cantar a boca cerrada; tararear; **II.** 2 *n* zumbido *m*; tarareo *m*.
'Summer *m* vibrador *m*; zumbador *m*.
sum'mier|en (-) *v/t.* sumar, adicionar; *fig.* acumular; *sich* ~ sumarse; *fig.* acumularse; 2**en** *n*, 2**ung** *f* suma *f*, adición *f*; *fig.* acumulación *f*.
'Summton *Tele. m* zumbido *m*.
Sumpf *m* (-*és*; ⁓*e*) pantano *m*; ciénaga *f*; *fig.* ciénaga *f*, cenagal *m*; *in e-n* ~ *geraten* empantanarse; **~boden** *m* suelo *m* pantanoso; **~dotterblume** *f* calta *f*, hierba *f* centella; 2**en** P *v/i.* F ir de juerga (*od.* de parranda); **~fieber** *n* paludismo *m*, fiebre *f* palúdica; **~gas** *n* gas *m* de los pantanos; metano *m*; **~huhn** *n Orn.* polluela *f*; *fig. hum.* juerguista *m*, parrandero *m*; 2**ig** *adj.* pantanoso, cenagoso; **~land** *n* terreno *m* pantanoso; **~loch** *n* cenagal *m*; **~otter** *Zoo. m* visón *m*; **~pflanze** *f* planta *f* palustre; **~schnepfe** *Orn. f* agachadiza *f*; **~wiese** *f* prado *m* pantanoso.
Sums F *m* (-*es*; 0): *großen* ~ *machen* hacer mucho ruido (*od.* muchos aspavientos).
Sund *m* (-*és*; -*e*) estrecho *m*.
'Sunda-inseln *f/pl.* archipiélago *m* de la Sonda.
'Sünde *f* pecado *m*; *kleine* ~ pecadillo *m*; *e-e* ~ *begehen* pecar, cometer un pecado; *fig. es ist e-e* ~ *und Schande* es una verdadera vergüenza; *fig.* ~ *gegen den guten Geschmack* atentado *m* al buen gusto.
'Sünden...: ~bekenntnis *n* confesión *f* de los pecados; **~bock** *m* chivo *m* emisario (*od.* expiatorio); cabeza *f* de turco; **~erlaß** *m* perdón *m* (*od.* remisión *f*) de los pecados; absolución *f*; **~fall** *m* pecado *m* original; caída *f* del primer hombre; **~geld** F *fig. n* F dineral *m*; *es kostet ein* ~ cuesta un riñón; **~last** *f* peso *m* de los pecados; **~leben** *n* vida *f* de pecador; *ein* ~ *führen* vivir en pecado; **~lohn** *m* premio *m* del pecado; 2**los** *adj.* sin pecado; **~pfuhl** *m* cenagal *m* (del vicio); **~register** *n* lista *f* de pecados; **~vergebung** *f* → *~erlaß*.

'Sünd|er (in f) m pecador(a f) m; fig. almer ~ pobre diablo m; ℒhaft adj. pecador; Absicht, Tat: pecaminoso; F fig. ~ teuer carísimo; ~haftigkeit f inclinación f al mal; ℒig adj. pecador; (schuldig) culpable; pecaminoso; ~ werden caer en pecado; ℒigen v/i. pecar; cometer un pecado (gegen contra); an j-m ~ obrar mal con alg.; faltar a alg.; ℒlos adj. → sündenlos.
'super F adj. u. int. estupendo, F de campeonato, P cojonudo; ℒ(benzin) n (gasolina f) super m; ~fein adj. superfino; ℒintendent m superintendente m; ℒkargo ♆ m (-s; -s) sobrecargo m; ~klug f adj. (0) que se pasa de listo; ℒkluge(r) m sabihondo m; ℒlativ Gr. m (-s; -e) superlativo m; ~lativisch adj. superlativo; ℒ-macht Pol. f superpotencia f; ℒ-markt m supermercado m; ℒoxyd ⚛ n peróxido m; ℒphosphat ⚛ n superfosfato m.
Su'pinum Gr. n (-s; -na) supino m.
'Suppe f sopa f; klare: caldo m; consomé m; fig. j-m die ~ versalzen aguar la fiesta a alg.; die ~ auslöffeln pagar los vidrios rotos (od. el pato); sich e-e schöne ~ einbrocken meterse en un atolladero (od. en un lío).
'Suppen...: ~fleisch n carne f para caldo; ~grün n hierbas f/pl. (para el caldo); ~huhn n gallina f para caldo; ~kelle f cucharón m, cazo m; ~kraut n → ~grün; ~löffel m cuchara f sopera; ~schüssel f, ~terrine f sopera f; ~teller m plato m sopero; ~topf m olla f; ~würfel m cubito m de caldo, extracto m de caldo.
Supple'ment n (-¢s; -e) suplemento m; ~band m apéndice m, suplemento m; ~winkel ⚔ m ángulo m suplementario.
'Supra|leitfähigkeit ⚡ f superconductividad f; ℒnatio'nal adj. supranacional.
'Surf|brett ['sœːf-] n tabla f deslizadora (od. de surf); ℒen v/i. practicar el surf; (im Internet) ~ navegar (por Internet od. por la red); ~en m surf(ing) m; ~er(in f) m practicante m/f del surf(ing); Internet: navegante m/f por Internet, internauta m/f, cibernauta m/f.
Surrea'lis|mus m (-; 0) surrealismo m; ~t m (-en); ℒtisch adj. surrealista (m).
'surren I. v/i. zumbar; II. ℒ n zumbido m.
Surro'gat n (-¢s; -e) sucedáneo m.
Su'sanne f Susana f.
'Sushi n (-s; -s) Kochk. sushi m.
sus'pekt adj. sospechoso.
suspen|'dieren (-) v/t. suspender (de sus funciones); ℒ'dierung f, ℒsi'on f suspensión f (a. ⚛); ℒ'sorium ⚕ n (-s; -rien) suspensorio m.
süß [y:] adj. (-est) dulce; (gesüßt) dulcificado, endulzado; azucarado; a. Phar. edulcorado; Duft: fragante; fig. (lieblich) dulce; suave; meloso; bsd. Stimme: melífluo; (reizend) encantador; (niedlich) precioso, bonito, lindo; bsd. Kind: F mono; (zärtlich) cariñoso; (geliebt) querido; widerlich ~ dulzarrón, empalagoso; ~ schmekken ser dulce, tener sabor dulce; ~

klingen halagar el oído; ~ träumen tener dulces sueños.
'Süße f dulzura f; dulzor m; ℒn (-t) v/t. endulzar; dulcificar; a. Phar. edulcorar; mit Zucker: azucarar; Kaffee, Tee: echar azúcar en.
'Süß...: ~holz ♀ n regaliz m, palo m dulce; F fig. ~ raspeln piropear, chicolear, acaramelarse; ~holzraspler F m mariposón m; ~igkeit f (Süße) dulzura f; ~en pl. dulces m/pl.; golosinas f/pl.; ~kartoffel f batata f, boniato m, buniato m; ~kirsche f cereza f (mollar); ~kraft f poder m edulcorante; ℒlich adj. dulzón; fig. a. acaramelado, almibarado, meloso, empalagoso; ~lichkeit f (0) carácter m dulzón; ~most m zumo m de fruta (sin fermentar); ℒ'sauer adj. agridulce (a. fig.); ~speise f (plato m de) dulce m; ~stoff m sacarina f; allg. edulcorante m, dulcificante m; ~waren f/pl. dulces m/pl.; ~warengeschäft n confitería f, dulcería f; ~warenhändler m confitero m; ~wasser n agua f dulce; ~wasserfisch m pez m de agua dulce; ~wein m vino m dulce.
'Sweater ['sveː-] m, 'Sweatshirt n (-s; -s) sudadera f, suéter m.
Swing m (-s; 0) ♪ u. ✢ swing m.
Syllo'gis|mus m (-; -men) silogismo m; ℒtisch adj. silogístico.
'Syl|phe f, ~'phide f sílfide f (a. fig.).
Syl'vester n → Silvester.
Symbi'o|se Bio. f simbiosis f; ℒtisch adj. simbiótico.
Sym'bol n (-s; -e) símbolo m; auf Landkarten usw.: signo m convencional; (Emblem) emblema m; ~ik f (0) carácter m simbólico; simbolismo m; ℒisch adj. simbólico.
symboli'sier|en (-) v/t. simbolizar; ℒen n, ℒung f simbolización f.
Symbo'lis|mus m (-; 0) simbolismo m; ~t m (-en) simbolista m.
Sym'bol|leiste f Computer: barra f de herramientas (od. de trabajo), listón m de símbolos; ℒträchtig adj. muy simbólico, cargado de simbolismo.
Symme'trie f simetría f; ~ebene f plano m de simetría.
sym'metrisch adj. simétrico.
Sympa'thie f simpatía f; ~kundgebung f manifestación f de simpatía; testimonio m de adhesión; ~streik m huelga f de solidaridad.
Sympathi'sant m (-en) simpatizante m.
sym'pathisch adj. simpático; ~es Nervensystem sistema m (nervioso) simpático.
sympathi'sieren (-) v/i. simpatizar (mit con).
Sympho'nie f → Sinfonie.
Sym'posi|on n, ~um n (-s; -sien) simposio m, simposium m.
Symp'tom n (-s; -e) síntoma m.
Sympto|'matik f sintomatología f; ℒ'matisch adj. sintomático.
Syna'goge f sinagoga f.
Synästhe'sie f sinestesia f.
syn'chron adj. sincrónico; ℒblitz Phot. m flash m sincronizado; ℒgetriebe Kfz. n cambio m de velocidades sincronizado.
Synchronisati'on f → Synchronisierung.

synchroni'sier|en (-) v/t. sincronizar; Film: a. doblar; ℒung f sincronización f; doblaje m.
Synchro'nismus m (-; -men) sincronismo m.
Syn'chron|motor m motor m sincrónico; ~sprecher m Film: doblador m, actor m de doblaje.
Synchro'tron n (-s; -e) sincrotrón m.
Syndika'lis|mus m (-; 0) sindicalismo m; ~t m (-en) sindicalista m.
Syndi'kat n (-¢s; -e) sindicato m.
'Syndikus m (-; -se, -diken od. -dizi) síndico m; asesor m jurídico.
Syn'drom ⚕ n (-s; -e) síndrome m.
Syner'gie Physiol. f (0) sinergia f; ~Effekt m ✢ efecto m sinérgico.
'Syn|kope Gr., ~'kope ♪ f sincopa f.
synko'pieren (-) v/t. sincopar.
syn'kopisch adj. sincopado.
syno'dal adj., ℒe m (-n) sinodal (m); ℒverfassung f constitución f del sínodo.
Sy'node f sínodo m.
sy'nodisch adj. sinodal.
Syno'nym I. n (-s; -e) sinónimo m; II. ℒ adj. sinónimo; ~ik f (0) sinonimia f.
Sy'nop|se f sinopsis f; ℒtisch adj. sinóptico.
syn'taktisch Gr. adj. sintáctico.
'Syntax f (0) sintaxis f.
Syn'the|se f síntesis f; ℒtisch adj. sintético; artificial; ~ herstellen sintetizar.
'Syphilis ⚕ f (0) sífilis f.
Syphi'li|tiker m, ℒtisch adj. sifilítico (m).
'Syr|ien n Siria f; ~(i)er m sirio m; ~(i)erin f siria f; ℒisch adj. sirio.
Sys'tem n (-s; -e) sistema m; Pol., ✢ a. régimen m; (Methode) método m; in ein ~ bringen sistematizar; ~analyse f análisis m de sistemas; ~analytiker m analista m (od. ingeniero m) de sistemas.
Syste|'matik f sistemática f; sistematización f; ~iker m hombre m metódico (od. sistemático); espíritu m sistematizador; ℒ'isch I. adj. sistemático; metódico; II. adv. sistemáticamente; con método; de un modo sistemático; ~ ordnen sistematizar; ℒi'sieren (-) v/t. sistematizar; ~i'sierung f sistematización f.
Sy'stem|fehler m Computer: error m de sistema; ℒlos adj. u. adv. sin sistema; sin método; ~steuerung f Computer: panel m de control.
'Systole Physiol. f sístole m.
Sze'nar n (-s; -e), ~ium n (-s; -rien) escenario m.
'Szene f ['stseːnə] f Thea. u. fig. escena f; (Bühne) escenario m; tablas f/pl.; Film: secuencia f; auf offener ~ en escena; hinter der ~ entre bastidores (a. fig.); in ~ setzen llevar a la escena; a. fig. poner en escena; fig. j-m e-e ~ machen hacer una escena a alg.; F armarle a alg. un escándalo; sich in ~ setzen darse de importancia; ~n-aufnahme f Film: toma f, plano m; ~wechsel m cambio m de escena (a. fig.); mutación f.
Szene'rie f escenario m; decorado m; decoraciones f/pl.
'szenisch adj. escénico.

T

T, t n T, t f.

'**Tabak** m (-s; -e) tabaco m; ~ **kauen** mascar tabaco; ~ **schnupfen** tomar rapé; F fig. das ist aber starker ~ F eso ya pasa de la raya; ~**bau** m cultivo m de(l) tabaco; ~**beize** f salsa f de tabaco; ~**fabrik** f fábrica f de tabacos; ~**genuß** ⚔ m tabaquismo m; ~**handel** m comercio m de tabacos; ~**händler**(**in**) m tabaquero (-a f) m; Span. estanquero (-a f) m; ~**industrie** f industria f tabaquera; ~**laden** m tabaquería f; Span. estanco m; expendeduría f de tabaco; ~**monopol** n monopolio m de tabacos; ~**pflanze** f (planta f de) tabaco m; ~**pflanzung** f plantación f de tabaco, tabacal m; ~**qualm** m humo m espeso de tabaco; ~**sbeutel** m petaca f; ~**schnupfer** m tomador m de rapé; ~**sdose** f tabaquera f; ~**s-pfeife** f pipa f (de fumar); ~**steuer** f impuesto m sobre el tabaco; ~**vergiftung** ⚔ f nicotinismo m; tabaquismo m; ~**waren** f/pl. tabacos m/pl.; labores f/pl. (tabaqueras).

Tabati'ere f tabaquera f.

tabel'larisch adj. en forma de tabla (od. de cuadro); sinóptico.

tabellari'sieren (-) v/t. tabular.

Ta'belle f tabla f; cuadro m (sinóptico); ~**nführer** m Sport: líder m; ~**nkalkulation** f Computer: hoja f de cálculo; ~**nletzte**(**r**) m Sport: colista m.

Tabel'liermaschine f tabuladora f.

Taber'nakel n, m tabernáculo m.

Ta'blett n (-es; -e) bandeja f.

Ta'blette Phar. f tableta f; comprimido m; pastilla f; 2**nsüchtig** adj. fármacodependiente.

ta'bu I. adj. tabú; **II.** 2 n (-s; -s) tabú m.

'**Tabula 'rasa** f tabla f rasa; 2 mit et. machen hacer tabla rasa de a/c.

Tabu'lator m (-s; -en) tabulador m (a. Computer); ~**taste** f Computer: tecla f de tabulador.

Tacho'meter m, n taquímetro m, tacómetro m; Kfz. a. velocímetro m.

Tachy|kar'die ⚔ f taquicardia f; ~**meter** n taquímetro m.

'**Tadel** m (-s; -) Rüge) reprimenda f; represión f; (Mißbilligung) desaprobación f, stärker: reprobación f; (Vorwurf) reproche m; (Kritik) crítica f; censura f; Schule: mala nota f; ohne ~, 2**frei**; über jeden ~ **erhaben** por encima de todas las críticas; 2**frei**, 2**los** adj. irreprochable; impecable; bsd. moralisch: intachable, sin tacha; (einwandfrei) esmerado; sin defecto (vollkommen) perfecto; inmejorable; ejemplar; F (ausgezeichnet) excelente, magnífico; F estupendo; ~**losigkeit** f (0) irreprochabili-

dad f; impecabilidad f; perfección f; esmero m.

'**tadeln** (-le) v/t. reprender (wegen por); (mißbilligen) desaprobar; reprobar; (kritisieren) criticar; censurar; vituperar; afear; an j-m et. ~, j-n wegen et. ~ reprochar a/c. a alg.; ~**d** adj. reprobatorio; ~**swert** adj. criticable; censurable; reprobable; vituperable; reprensible; reprochable.

'**Tadels-antrag** Parl. m moción f de censura.

'**Tadel|sucht** f manía f de criticar bzw. de censurar; 2**süchtig** adj. criticador, F criticón.

Tad'schikistan n (-s) Tadyikistán m.

'**Tafel** f (-; -n) (Brett) tabla f; tablero m; (Wand2) encerado m, pizarra f; als Wandverkleidung usw.: panel m; (Stein2, Gedenk2) lápida f; (Schild) letrero m, rótulo m, placa f; (Tabelle) tabla f; cuadro m; (Eßtisch) mesa f; (Fest2) banquete m; Schokolade: tableta f; pastilla f; (Bild2 in Büchern) lámina f; die ~ **aufheben** levantar la mesa; offene ~ **halten** tener mesa franca; ~**aufsatz** m centro m de mesa; ~**butter** f mantequilla f fina; 2**fertig** adj. listo para servir (od. comer); 2**förmig** adj. tabular, en forma de tabla; ~**freuden** f/pl. placeres m/pl. de la mesa; ~**geschirr** n servicio m de mesa; vajilla f; ~**klavier** n piano m cuadrado; ~**land** n meseta f, altiplanicie f; ~**musik** f música f de mesa.

'**tafeln** (-le) v/i. estar a la mesa; (schmausen) banquetear.

'**täfeln I.** (-le) v/t. Wand: revestir de madera, enmaderar; Decke: artesonar; **II.** 2 n → Täfelung.

'**Tafel...: ~obst** n frutas f/pl. de mesa (od. de postre); ~**öl** n aceite m de mesa; ~**runde** f mesa f redonda; f Liter. Tabla f Redonda; ~**salz** n sal f de mesa; ~**silber** n (cubiertos m/pl. de) plata f.

'**Täfelung** f (Wand2) revestimiento m de madera; (Decken2) artesonado m; (Boden2) entarimado m.

'**Tafel|waage** f balanza f de Roberval; ~**wasser** n agua f de mesa bzw. mineral; ~**wein** m vino m de mesa.

Taft m (-es; -e) tafetán m.

Tag m (-es; -e) día m; als Dauer: jornada f; (Datum) fecha f; ~ **der offenen Tür** Día de Puertas abiertas; für ~, um ~ día por día; ~ **um** ~ día tras día; ~ **und Nacht** día y noche; alle ~e todos los días; jeden ~ cada día; todos los días; a diario, diariamente; dieser ~e estos días, (demnächst) uno de estos días, un día de estos, (kürzlich) últimamente; el otro día; e-n ~ **um den anderen**, jeden zweiten ~ un día sí y

otro no; cada dos días; einige ~e später a los pocos días; den ganzen ~ todo el día; den ganzen ~ über de la mañana a la noche; den lieben langen ~ todo el santo día; zwei ~e lang durante dos días; dos días enteros; ganze ~e lang (durante) días enteros; e-s (schönen) ~es (Vergangenheit) un día, cierto día, (künftig) algún día; el día menos pensado; el mejor día; es ist heute ein schöner ~ hoy hace buen día; am ~e de día; am ~e (gen.) el día de; noch an diesem ~e ese mismo día; an e-m dieser ~e un día de estos; am folgenden ~e, am ~e darauf al día siguiente (de); am ~e nach al otro día; am ~e vor la víspera de, el día antes de; auf den ~ genau el día justo; en la fecha exacta; bis auf den heutigen ~ hasta (el día de) hoy; hasta la fecha; auf m-e alten ~e a mis días; bei ~e de día; in unseren ~en en nuestros días; seit dem ~e, an dem ... desde el día que ...; 🟉 über ~e a cielo abierto; al descubierto; 🟉 unter ~e bajo tierra; subterráneo; von ~ **zu** ~ de día en día; de un día a otro; von e-m ~ **auf den anderen** de la noche a la mañana; de un día para otro; vom ersten ~e an desde el primer día; vor einigen ~en hace algunos días; was ist heute für ein ~? ¿a cuántos estamos?; ¿qué día es hoy?; es vergeht kein ~, ohne daß no pasa día sin que (subj.); das ist wie ~ **und Nacht** es (tan diferente) como el día y la noche; s-n guten (schlechten) ~ **haben** estar de buen (mal) humor; an den ~ **bringen** dar a conocer; sacar a la luz, revelar; an den ~ **kommen** salir a la luz, revelarse, descubrirse; an den ~ **legen** manifestar, evidenciar; hacer patente; in den ~ **hinein leben** vivir al día; bis (weit) in den ~ **hinein schlafen** dormir hasta muy entrada la mañana; es wird ~ amanece, se hace de día; es ist (heller) ~ ya es de día; guten ~!; ¡buenos días!, nachmittags: ¡buenas tardes!, bei Verabschiedung: ¡adiós!; j-m guten ~ **sagen** (od. wünschen) dar a alg. los buenos días; sich e-n guten (od. vergnügten) ~ **machen** F ir de juerga; F echar una cana al aire; Arg. farrear; s-e ~e sind gezählt tiene los días contados; F s-e ~e **haben** F estar con el mes.

'**Tag...: ~arbeit** f trabajo m diurno; 2**aus** adv.: ~, tagein día por día; 2**blind** adj. nictálope; ~**blindheit** f nictalopia f.

'**Tage...: ~bau** 🟉 m explotación f a cielo abierto; ~**blatt** n diario m; periódico m; ~**buch** n diario m; ~**dieb** m haragán m; gandul m; ~**geld**(**er** pl.) n dietas f/pl.

tag'ein adv.: tagaus, ~ día por día.
'Tage...: ²**lang** adv. días enteros; días y días; ~**lohn** m jornal m; im ~ arbeiten trabajar a jornal; ~**löhner** m jornalero m.
'tagen v/i. **1.** amanecer; es tagt amanece, está amaneciendo, se hace de día; **2.** celebrar sesión; reunirse (en sesión); (beraten) deliberar.
'Tagereise f jornada f; ⚓ singladura f.
'Tages...: ~**anbruch** m madrugada f, amanecer m; Poes. alba f; vor ~ antes de amanecer; bei ~ al amanecer; al despuntar el día; al (rayar el) alba; ~**angriff** ⚔ m ataque m diurno (od. de día); ~**anzug** m traje m (de) diario; ~**arbeit** f jornada f; ~**ausflug** m excursión f de un día; ~**befehl** ⚔ m orden f del día; ~**bericht** m boletín m del día; ~**creme** f crema f de día; ~**decke** f colcha f; ~**dienst** m servicio m diurno; ~**einnahme** f ingreso m diario; recaudación f del día; ~**ereignis** n acontecimiento m del día; ~**förderung** ⚒ f extracción f diaria; ~**geld** ✝ n dinero m de día a día; ~**gericht** n plato m del día; ~**gespräch** n novedad f del día; ~**helle** f claridad f (od. luz f) del día; ~**karte** f 🎫 billete m de ida y vuelta (válido un solo día); abono m diario; ~**kasse** Thea. f taquilla f; ~**kurs** m ✝ cotización f del día; Devisen: cambio m del día; Schule: clases f/pl. diurnas; ~**lauf** m jornada f; ~**leistung** f rendimiento m por día; producción f diaria; ~**licht** n luz f natural (od. del día); bei ~ a la luz del día; fig. das ~ erblicken nacer, venir al mundo; das ~ scheuen rehuir la luz; ans ~ bringen sacar a la luz; revelar; descubrir; ans ~ kommen salir a la luz; descubrirse; ~**lohn** m jornal m; ~**marsch** m jornada f; ~**meldung** f noticia f del día; ~**nachrichten** f/pl. noticias f/pl. del día; ~**neuigkeit** f novedad f del día; ~**ordnung** f orden m del día (a. fig.); auf die ~ setzen incluir en el orden del día; auf der ~ stehen figurar en el orden del día; von der ~ streichen retirar del orden del día; zur ~ übergehen pasar el orden del día (a. fig.); fig. an der ~ sein estar al orden del día; ser (cosa) corriente; ~(pflege)satz m Krankenhaus: importe m por día de estancia; ~**preis** ✝ m precio m corriente (od. del día); ~**presse** f prensa f diaria; ~**produktion** f producción f diaria; ~**ration** f ración f diaria; ~**schau** TV f telediario m; ~**schicht** f turno m de día; ~**stempel** m sello m fechador; ~**temperatur** f temperatura f diurna; ~**umsatz** ✝ m venta f diaria; ~**verdienst** m ganancia f diaria; ~**zeit** f hora f del día; zu jeder ~ a cualquier hora del día; a toda hora; ~**zeitung** f diario m; ~**ziel** ⚔ n etapa f; ~**zinsen** ✝ pl. intereses m/pl. por día.
'tage|weise adv. por día(s); al día; ²**werk** n tarea f diaria; trabajo m diario; jornada f.
'Tag|falter m mariposa f diurna; ²**hell** adj. claro como el día; es ist ~ ya es de día.
'täglich I. adj. diario, cotidiano; de todos los días; de cada día; diurno; **II.** adv. todos los días, a diario, diariamente; cada día; por día; zweimal ~ dos veces al día (od. por día).
tags adv.: ~ darauf el bzw. al día siguiente, al otro día; ~ zuvor el día antes (od. anterior); la víspera.
'Tag...: ~**schicht** f turno m de día; ²**s-über** adv. de día; durante el día; ²**täglich I.** adj. diario, cotidiano; **II.** adv. todos los días, a diario, diariamente; cada día; ~**traum** m sueño m diurno; ~**und'nachtbetrieb** m servicio m permanente; ~**und'nachtgleiche** f equinoccio m; ~**ung** f reunión f; congreso m; asamblea f; sesión f; jornada f; ~**ungs-teilnehmer(in** f) m congresista m/f; jornadista m/f; asambleísta m/f; ~**vogel** m ave f diurna; ~**wechsel** ✝ m letra f a día fijo; ²**weise** adv. → tageweise.
Ta'hiti n Tahití m.
Tai'fun m (-s; -e) tifón m.
'Taille ['talǐə] f cintura f, talle m; auf ~ gearbeitet entallado; ~**n-umfang** m, ~**nweite** f medida f del talle.
tail'liert adj. entallado; con la cintura marcada.
Take [te:k] n (-s; -s) Film: toma f.
'Takel ⚓ n aparejo m; (Hebezeug) guindaste m.
Take'lage [-əˈlaːʒə] ⚓ f → Takelwerk.
'Takelmeister ⚓ m aparejador m.
'takeln (-le) ⚓ v/t. aparejar.
'Takel|ung f, ~**werk** n ⚓ jarcia f, cordaje m; mit Segeln: aparejo m.
Takt m (-es; -e) ♪ compás m; (Rhythmus) cadencia f; Kfz. tiempo m; fig. tacto m; delicadeza f; discreción f; im ~ acompasado, a compás; den ~ schlagen marcar el compás; den ~ halten, im ~ bleiben llevar el compás; aus dem ~ kommen perder el compás; fig. desconcertarse; j-n aus dem ~ bringen hacer a alg. perder el compás; fig. desconcertar a alg.; fig. ~ haben tener tacto; ¹²**fest** adj. firme en el compás; fig. ducho; ~**gefühl** n sentido m del ritmo; fig. tacto m; delicadeza f; discreción f.
tak'tieren (-) ♪ v/i. llevar (od. marcar) el compás.
'Takt|ik f táctica f (a. fig.); ~**iker** m, ²**isch** adj. táctico (m).
'Takt...: ²**los** adj. (-est) sin tacto; indiscreto; poco delicado; ~**losigkeit** f falta f de tacto (od. de delicadeza) indiscreción f; indelicadeza f; e-e ~ begehen cometer una indiscreción; ²**mäßig** adj. acompasado; cadencioso, rítmico; ~**stock** m batuta f; ~**strich** ♪ m barra f de compás; ²**voll** adj. delicado; discreto; ~ sein tener tacto; proceder con (sumo) tacto.
Tal n (-es; ⁿer) valle m; zu ~ fahren bajar; ²**ab(wärts)** adv. valle abajo.
Ta'lar m (-s; -e) traje m talar; ᵤₙᵢ. toga f; (Priesterrock) sotana f.
tal'auf(wärts) adv. valle arriba; ²**enge** f estrechez f (od. angostura f) de un valle.
Ta'lent n (-es; -e) talento m; dotes f/pl. naturales; disposición f natural; ~ haben für (od. zu) tener talento (od. mucha facilidad) para.
talen'tiert adj. talentoso; de talento; dotado.
ta'lent|los adj. (-est) sin talento; ²**losigkeit** f (0) falta f de talento; ²**sucher** m cazatalentos m; ~**voll** adj. de (gran) talento; muy dotado.
'Taler ehm. m tálero m.

'Talfahrt f bajada f, descenso m; ⚓ navegación f aguas abajo (od. río abajo); fig. bajón m.
'Talg m (-es; -e) sebo m; ²**artig** adj. seboso: sebáceo; ~**drüse** Anat. f glándula f sebácea; ²**ig** adj. seboso; ~**licht** n vela f (od. bujía f) de sebo.
'Talisman m (-s; -e) talismán m.
'Talje ⚓ f polea f; aparejo m.
'Talk m (-es; 0) talco m.
'Talkessel m circo m (de montañas).
'talk|haltig adj., ~**ig** adj. talcoso; ²**puder** m polvos m/pl. de talco.
'Talkshow f TV talk-show m, programa m de entrevistas.
'Talkum n polvos m/pl. de talco.
'Talmi n (-s; 0) similor m; fig. baratija f.
'Tal|mud m (-es; -e) Talmud m; ²**'mudisch** adj. talmúdico; ~**mu'dist** m (-en) talmudista m.
'Talmulde f valle m hondo; hondonada f.
Ta'lon [-'lõ] ✝ m (-s; -s) talón m.
'Tal...: ~**schlucht** f hoz f; garganta f; ~**senke** f vaguada f; ~**sohle** f fondo m del valle; ~**sperre** f presa f; ²**wärts** adv. hacia abajo; bei Flüssen: agua abajo; ~**weg** m camino m del valle; Fluß: vaguada f.
Tama|'rinde ♀ f tamarindo m; ~**'riske** ♀ f tamarisco m, taray m.
'Tambour [-u:] m (-s; -e) tambor m; ~**major** m tambor m mayor.
Tambu'rin n (-s; -e) tamboril m; (Schellen²) pandereta f; pandero m.
Tam'pon [-'põ] ⚕ m (-s; -s) tapón m, tampón m.
tampo'nieren ⚕ **I.** (-) v/t. taponar; **II.** ² n taponamiento m.
Tam'tam n (-s; -s) batintín m, gong m, tantán m; fig. viel ~ machen dar mucho bombo (um et. a a/c.); hacer muchos aspavientos; mit großem ~ a bombo y platillo.
Tand m (-es; 0) (Nichtigkeit) bagatela f, fruslería f; (billiges Zeug) baratijas f/pl.; (Flitterkram) chucherías f/pl.
Tände'lei f juguetéo m; (Liebelei) galanteo m, coqueteo m, amorío m; flirteo m.
'tändeln (-le) v/i. juguetear; galantear, coquetear; flirtear, tontear.
'Tandem n (-s; -s) tándem m; ~**anordnung** ⊕ f disposición f en tándem.
Tang ♀ m (-es; -e) alga f marina; varec m.
'Tangens ∡ m (-; -) tangente f.
Tan'gente ∡ f tangente f.
Tangenti'al-ebene f plano m tangencial.
tan'gieren (-) v/t. tocar; fig. a fectar.
'Tango [-ŋgo·] m (-s; -s) tango m.
Tank m (-s; -s) depósito m, cisterna f; (Wasser²) a. aljibe m; a. ⚔ tanque m; Kfz. depósito m de gasolina; ²**en** v/t. echar gasolina; ~**er** ⚓ m petrolero m; buque m cisterna; ~**erflotte** f flota f petrolera; ~**flugzeug** n avión m cisterna; ~**löschfahrzeug** n autobomba m cisterna; ~**säule** f surtidor m de gasolina; ~**schiff** n → Tanker; ~**stelle** f gasolinera f; surtidor m de gasolina; (Groß²) estación f de servicio; ~**wagen** m camión m cisterna; ⚒ vagón m cisterna; ~**wart** m empleado m de gasolinera, Neol. gasolinero m.

Tanne — tätig

'Tanne ♀ f abeto m; ⁀n adj. de abeto.
'Tannen...: ⁀baum m abeto m; ⁀holz n (madera f de) abeto m; ⁀nadel f aguja f de abeto; weitS. pinocha f; ⁀wald m bosque m de abetos, abetal m; ⁀zapfen m piña f de abeto.
Tan'nin ⁀ n (-s; 0) tanino m.
'Tantal ⁀ n (-s; 0) tantalio m.
'Tantalus Myt. m Tántalo m; ⁀qualen f/pl. suplicio m de Tántalo.
'Tante f tía f (a. F desp.); Kindersprache: tita f.
Tanti'eme [-'tič:-] f ♀ tanto m por ciento; participación f en los beneficios; v. Autoren usw.: derechos m/pl. de autor.
'Tanz m (-es; ⁀e) baile m; danza f (a. ♪); Thea. bailable m; F fig. e-n ⁀ mit j-m haben tener un altercado con alg.; jetzt geht der ⁀ los! ahora empieza el jaleo (od. la danza); ⁀abend m (velada f de) baile m; ⁀bar f salón m de baile; angl. dancing m; ⁀bär m oso m bailador; ⁀bein n: das ⁀ schwingen bailar, F mover el esqueleto; ⁀boden m (⁀fläche) pista f de baile; (Lokal) salón m de baile; ⁀diele f → ⁀bar; ⁀einlage f pieza f de baile; Thea. bailable m.
'tänzeln (-le; sn) v/i. bailotear, contonearse; Pferd: dar escarceos.
'tanzen I. (-t) v/t. u. v/i. bailar; danzar; Schiff: balancearse; (e-n) Walzer ⁀ bailar un vals; II ⁀ n → Tanz.
'Tänzer(in f) m bailador(a f) m; danzante m/f; danzarín m, danzarina f; (Berufs⁀) bailarín m, bailarina f; (Flamenco⁀) bailaor(a f) m.
'Tanz...: ⁀fest n baile m; ⁀fläche f pista f de baile; ⁀gruppe f grupo m de danza; ⁀kapelle f orquesta f de baile; ⁀kunst f arte m de bailar (od. de la danza); ⁀lehrer(in f) m profesor(a f) m de baile; ⁀lokal n salón m (od. sala f) de baile; ⁀lustig adj. bailador; aficionado al baile; ⁀meister m maestro m de baile; Thea. coreógrafo m; ⁀musik f música f de baile; (música f) bailable m; ⁀orchester n orquesta f de baile; ⁀paar n pareja f de baile; ⁀partner(in f) m pareja f; ⁀platte f bailable m; ⁀saal m salón m (od. sala f) de baile; ⁀schritt m paso m de baile (od. de danza); ⁀e pl. a. evoluciones f/pl.; ⁀schuh m zapatilla f de baile; ⁀stunde f lección f de baile; ⁀schule f academia f de baile; ⁀tee m té m de baile, gal. té m dansant; ⁀turnier n concurso m de baile; ⁀unterricht m lecciones f/pl. de baile; ⁀vergnügen n (reunión f de) baile m; F guateque m.
'Tapergreis F m → Tattergreis.
Ta'pet n: et. aufs ⁀ bringen poner a/c. sobre el tapete.
Ta'pete f papel m pintado; gewirkt: tapiz m; ⁀nbahn f tira f de papel pintado; ⁀nmuster n dibujo m (de papel pintado); ⁀ntür f puerta f secreta, falsete m; ⁀nwechsel F fig. m cambio m de ambiente.
tape'zier|en (-) v/t. empapelar; ⁀en m empapelado m; ⁀er m empapelador m; (Polsterer) tapicero m; ⁀nagel m clavo m de tapicería.
'tapfer adj. valiente, valeroso; bravo; (kühn) audaz, osado; intrépido; gallardo; sich ⁀ halten mostrar valentía; resistir valerosamente; ⁀keit f (0) valentía f; bravura f; denuedo m; audacia f, osadía f; intrepidez f; gallardía f; ⁀keitsmedaille f Medalla f Militar.
Tapi'oka f (-; 0) tapioca f.
'Tapir Zoo. m (-s; -e) tapir m.
Tapisse'rie f tapicería f.
'tappen v/i. ir (od. andar) a tientas; im Dunkeln ⁀ andar a tientas; fig. im dunkeln ⁀ a. dar palos de ciego; ⁀d adj. a tiento; a tientas.
'täppisch adj. torpe, desmañado, desgarbado.
'Taps F m (-es; -e) (Schlag) palmada f; (Tolpatsch) persona f torpe; palurdo m; alma f de cántaro; ⁀en (-t; sn) v/i. caminar pesadamente; ⁀ig adj. → täppisch.
'Tara ♀ f (-; -ren) tara f.
Ta'rantel Zoo. f (-; -n) tarántula f; fig. wie von der ⁀ gestochen como atarantado; impetuoso.
Taran'tella ♪ f (-; -s u. -llen) tarantela f.
ta'rieren (-) ♀ v/t. tarar.
Ta'rif m (-s; -e) tarifa f; (Zoll⁀) arancel m; ⁀abkommen n → ⁀vertrag; ⁀bruch m violación f de la tarifa; ⁀erhöhung f aumento m de tarifas; ⁀ermäßigung f reducción f de tarifas; ⁀gestaltung f tarificación f.
tari'fier|en (-) v/t. tarifar; ⁀ung f tarificación f.
Ta'rif...: ⁀lich adj. tarifario; según tarifa; ⁀lohn m salario m según tarifa; ⁀mäßig adj. → ⁀lich; ⁀normen f/pl. normas f/pl. contractuales; ⁀ordnung f baremo m; ⁀partner m/pl. partes f/pl. contratantes de un convenio colectivo; patronos m/pl. y obreros m/pl.; ⁀politik f política f tarifaria; ⁀runde f → ⁀verhandlungen; ⁀satz m tarifa f; ⁀system n sistema m de tarifas; ⁀tabelle f baremo m; ⁀verhandlungen f/pl. negociaciones f/pl. colectivas; negociación f del convenio colectivo; ⁀vertrag m convenio m colectivo; ⁀zone f zona f tarifaria.
'Tarn|anstrich m pintura f de camuflaje; ⁀bezeichnung ⚔ f denominación f convenida; ⁀en v/t. disimular; enmascarar; encubrir; bsd. ⚔ u. fig. camuflar; ⁀kappe f manto m que hace invisible; ⁀netz ⚔ n red f disimuladora (od. de camuflaje); ⁀organisation f tapadera f; ⁀ung f enmascaramiento m, camuflaje m; fig. a. tapadera f, cubierta f.
Ta'rock n, m (-s; -s) tarot m.
'Tasche f in der Kleidung: bolsillo m; (Hand⁀) bolso m; (Beutel, Reise⁀) bolsa f; (Akten⁀) cartera f; in die ⁀ stecken meter(se) en el bolsillo (a. fig. j-n); et. aus s-r eigenen ⁀ bezahlen pagar a/c. de su bolsillo; (tief) in die ⁀ greifen rascarse el bolsillo, alargar la bolsa; in die eigene ⁀ arbeiten trabajar para su bolsillo; fig. j-n (od. et.) in der ⁀ haben tener a alg. (od.) a/c. en el bolsillo (od. F en el bote); fig. j-m auf der ⁀ liegen vivir a expensas (od. a costa) de alg.; fig. j-m Geld aus der ⁀ ziehen sacar dinero de alg.
'Taschen...: ⁀apotheke f botiquín m; ⁀ausgabe f edición f de bolsillo; ⁀buch n libro m de bolsillo; (Notizbuch) agenda f; ⁀dieb m ratero m, carterista m; vor Taschendieben wird gewarnt! ¡cuidado con los rateros!; ⁀diebstahl m ratería f; ⁀feuerzeug n encendedor m de bolsillo; ⁀format n tamaño m de bolsillo; ⁀geld n dinero m para gastos menudos; monatliches: paga f; ⁀kalender m agenda f (de bolsillo); ⁀kamm m peine m de bolsillo; ⁀krebs Zoo. m ermitaño m, paguro m; ⁀lampe f linterna f de bolsillo; ⁀messer n navaja f; ⁀rechner m calculadora f de bolsillo; ⁀schirm m paraguas m plegable (od. de bolsillo); ⁀spiegel m espejo m de bolsillo; ⁀spieler m prestidigitador m; ⁀spielerei f prestidigitación f; juego m de manos; escamoteo m; ⁀tuch n pañuelo m (de bolsillo); ⁀uhr f reloj m de bolsillo; ⁀wörterbuch n diccionario m de bolsillo.
'Tasse f taza f; große: tazón m; F fig. nicht alle ⁀ im Schrank haben estar mal de la cabeza (od. de la azotea); estar majareta; F trübe ⁀ F tío m aburrido.
Tasta'tur f teclado m.
'tast|bar adj. palpable; ⁀e f tecla f; ⁀en (-e-) I. v/t. tocar, tentar; a. ⁀ palpar; Tele. manipular; II. v/i. tantear (a. fig.); nach et. ⁀ tentar a/c.; sich (vorwärts) ⁀ andar a tientas; ⁀en n tanteo m; palpación f; (Berühren) tacto m; ⁀end adj. a tientas; a tiento; ⁀enfeld n teclado m; ⁀en-instrument f n instrumento m de tecla; ⁀entelefon n, ⁀enwahlapparat m teléfono m (od. aparato m) de teclado; ⁀er m ⚡ manipulador m; ⊕ pulsador m; Zoo. palpo m; ⁀erlehre ⊕ f calibre m de compás; ⁀erzirkel m compás m de espesor (od. de grueso); ⁀haar Zoo. n pelo m táctil; ⁀organ n órgano m del tacto; ⁀sinn m (sentido m del) tacto m.
Tat f hecho m; acto m, acción f; (Helden⁀) hazaña f, proeza f; (Straf⁀) crimen m; zur ⁀ schreiten pasar a los hechos (od. a la acción); poner manos a la obra; in die ⁀ umsetzen realizar; llevar a efecto (od. a la práctica); auf frischer ⁀ ertappen sorprender (od. coger) en flagrante (od. in fraganti); F coger con las manos en la masa; in der ⁀ en efecto, efectivamente.
Ta'tar m (-en) tártaro m; ⁀beefsteak n bistec m tártaro.
'Tat...: ⁀bericht m exposición f de los hechos; ⁀bestand m estado m de cosas; ⚖ hechos m/pl.; bsd. Strafrecht: figura f delictiva, tipo m delictivo; ⁀bestands-aufnahme ⚖ f instrucción f del sumario; ⁀beweis m prueba f suministrada por los hechos; prueba f material; ⁀einheit ⚖ f concurso m ideal; unidad f de delitos.
'Taten...: ⁀drang m, ⁀durst m espíritu m de acción (od. emprendedor); dinamismo m; empuje m; ⁀durstig adj. emprendedor; ⁀los (-est) I. adj. inactivo; indolente; II. adv. con los brazos cruzados; ⁀reich adj.: ein ⁀es Leben una vida activa (od. plena de actividad).
'Täter|(in f) m ⚖ autor(a f) m (del hecho); ⁀schaft f autoría f.
'tätig adj. activo (a. Gr.); (wirksam) eficaz; (in aktivem Dienst) en activo; ⁀ sein trabajar; actuar; bei e-r Firma usw.: estar empleado en; trabajar en; als Arzt (Rechtsanwalt) ⁀ sein ejercer

la medicina (la abogacía); e-n ~en *Anteil nehmen an* tomar parte activa en; ~en *v/t.* efectuar; hacer; realizar; ²**keit** *f* actividad *f*; acción *f*; (*Beschäftigung*) ocupación *f*; (*Beruf*) profesión *f*, oficio *m*; (*Funktion*) función *f*; (*Funktionieren*) funcionamiento *m*; *in* ~ en actividad; en acción; *außer* ~ *setzen* ⊕ *Maschine*: parar; *in* ~ *setzen* poner en acción (*od.* en actividad), ⊕ hacer funcionar; poner en marcha (*od.* en movimiento); *in* ~ *treten* entrar en acción; ²**keitsbereich** *m* campo *m* de acción; esfera *f* de actividades; ²**keitsbericht** *m* informe *m* de actividades; ²**keitsfeld** *n* campo *m* de acción (*od.* de actividades); ²**keitsform** *Gr. f* voz *f* activa; ²**keitswort** *Gr. n* verbo *m*.

'**Tat...**: ~**kraft** *f* energía *f*; ²**kräftig** *adj.* enérgico; activo; ~**er** *Mensch* hombre *m* de acción.

'**tätlich** *adj.* de hecho; de obra; ⚖ ~**e** *Beleidigung* injuria *f* de hecho; ~ *mißhandeln* maltratar de obra; ~ *werden* recurrir a la violencia; pasar a las vías de hecho; venir (*od.* llegar) a las manos; ²**keit** *f* (acto *m* de) violencia *f*; ~**en** *pl. a.* vías *f/pl.* de hecho; *es kam zu* ~**en** se llegó a las manos; pasaron a las vías de hecho.

'**Tatmehrheit** ⚖ *f* concurso *m* real; pluralidad *f* de delitos.

'**Tat-ort** *m* lugar *m* del suceso (*od.* del crimen); ⚖ lugar *m* de autos.

täto'wier|en (-) *v/t. u. v/refl.* tatuar(se); ²**en** *n*, ²**ung** *f* tatuaje *m*.

'**Tatsache** *f* hecho *m*; ~ *ist, daß* ... el hecho es que ...; lo cierto es que ...; *angesichts der* ~ ante el hecho; en vista de los hechos; *vollendete* ~ *hecho m consumado*; *j-n vor vollendete* ~**n** *stellen* poner a alg. ante el hecho consumado; *sich auf den Boden der* ~**n** *stellen* atenerse a los hechos; hacer frente a la realidad; ser realista; *das ändert nichts an der* ~, *daß* ... eso no altera en nada el hecho de que ...; *die* ~**n** *sprechen für sich* los hechos hablan por sí solos; F ~! ¡de verdad!; ~**nbericht** *m* relato *m* verídico; ~**n-irrtum** ⚖ *m* error *m* de hecho; ~**nmaterial** *n* hechos *m/pl.* verídicos; ~**nroman** *m* novela-reportaje *f*.

tat'sächlich *I. adj.* real, positivo, efectivo; verdadero; auténtico; ~**er** *Wert* valor *m* real; *in* ~**er** *und rechtlicher Beziehung* de hecho y de derecho; *II. adv.* en efecto; de hecho; realmente; ~? ¿de verdad?

'**tätscheln** (-*le*) *v/t.* dar golpecitos suaves; dar palmaditas cariñosas.

'**Tatter|greis** F *m* viejo *m* decrépito, vejestorio *m*; ~**ich** F *m* (-*és;* 0) temblor *m* (F temblequeo *m*) de las manos; ²**ig** F *adj.* temblequeante; *Greis*: F chocho; ~**sall** *m* (-*s; -s*) picadero *m*.

'**Tat|umstände** *m/pl.* circunstancias *f/pl.* del hecho; ~**verdacht** *m* sospecha *f*; ~**waffe** *f* arma *f* utilizada para el delito.

'**Tatze** *f* zarpa *f*, garra *f*; pata *f* (*a.* F *Hand*); ~**nhieb** *m* zarpazo *m*.

'**Tatzeuge** *m* testigo *m* presencial (*od.* del hecho).

Tau¹ *n* (-*es; -e*) cuerda *f*; cable *m*; soga *f*; maroma *f*; cabo *m*; (*Halte*²) amarra *f*.

Tau² *m* (-*es; 0*) rocío *m*.

taub *adj.* sordo (*a. fig.* gegen *a*); (*schwerhörig*) duro de oído; (*Glieder*: entumecido; *Nuß*: vacío, huero; *Ähre*: hueco; *Gestein*: estéril; *auf e-m Ohr* ~ sordo de un oído; ~ *machen* ensordecer; ~ *werden* ensordecer; quedar sordo; *fig. sich* ~ *stellen* hacerse el sordo; hacer oídos sordos (*od.* de mercader); ~**en** *Ohren predigen* predicar en desierto.

'**Taube** *f* paloma *f* (*a. fig. Pol.*); *junge* ~ pichón *m*; ~**n-ei** *n* huevo *m* de paloma; ~**nhaus** *n* palomar *m*; ~**nmist** *m* palomina *f*; ~**nschießen** *n* tiro *m* de pichón; ~**nschlag** *m* palomar *m*; ~**nzucht** *f* cría *f* de palomas, colombicultura *f*; ~**nzüchter** *m* criador *m* de palomas, colombicultor *m*; ~**nzüchterverein** *m* sociedad *f* colombófila.

'**Taube(r** *m*) *m/f* sordo *m*, sorda *f*.

'**Tauber** *m*, '**Täuber(ich)** *m* palomo *m*.

'**Taub|heit** *f* (0) sordera *f*; *der Glieder*: entumecimiento *m*; *des Gesteins*: esterilidad *f*; ~**nessel** ♀ *f* ortiga *f* muerta; ²**stumm** *adj.* sordomudo; ~**stummen-anstalt** *f* colegio *m* (*od.* asilo *m*) de sordomudos; ~**stumme(r** *m*) *m/f* sordomudo (-*a f*) *m*; ~**stummheit** *f* sordomudez *f*.

'**Tauch|bad** ⊕ *n* baño *m* de sumersión; ~**batterie** ⚡ *f* pila *f* de inmersión; ~**boot** ⚓ *n* sumergible *m*; submarino *m*; ²**en I.** *v/t.* sumergir (*in ac.* en); (*ein*~) mojar en; ⊕ inmergir; *fig. in Licht getaucht* bañado de luz; **II.** (*sn*) *v/i.* sumergirse; zambullirse; *Taucher*: bucear; ~**en** *n* sumersión *f*; inmersión *f*; zambullida *f*; buceo *m*; *als Sport*: *Neol.* escafandrismo *m*.

'**Taucher** *m* buceador *m*; escafandrista *m*; (*Berufs*²) buzo *m*; *Orn.* somorgujo *m*; ~**anzug** *m* traje *m* de buzo; escafandra *f*; ~**ausrüstung** *f* equipo *m* de buzo (*od.* de inmersión); ~**glocke** *f* campana *f* de buzo; ~**helm** *m* casco *m* de buzo; ~**kugel** *f* batisfera *f*.

'**tauch...**: ~**fähig** *adj.* sumergible; ²**fähigkeit** *f* (0) sumergibilidad *f*; ²**gerät** *n* equipo *m* de inmersión; escafandra *f*; (*Tiefsee*²) batiscafo *m*; ~**klar** *adj. U-Boot*: listo para sumergirse; ²**kolben** ⊕ *m* émbolo *m* de inmersión; ²**sieder** *m* calentador *m* de inmersión; ²**sport** *m* submarinismo *m*; ²**verfahren** ⊕ *n* procedimiento *m* de inmersión.

'**tauen**¹ **I.** (*sn*) *v/i.* (*auf*~) deshelarse; *Schnee*: derretirse; *es taut* hay deshielo; **II.** ² *n* deshielo *m*.

'**tauen**² **I.** *v/i.*: *es taut* (*fällt Tau*) está rociando, cae rocío; **II.** ² *n* caída *f* del rocío, rociada *f*.

Tau-ende ⚓ *n* chicote *m*.

'**Tauf|akt** *m* (ceremonia *f* del) bautizo *m*; ~**becken** *n* pila *f* bautismal; ~**buch** *n* registro *m* (*od.* libro *m*) de bautizos; ~**e** *f* (*Sakrament*) bautismo *m*; (*Akt*) bautizo *m*; *die* ~ *empfangen* recibir el bautismo (*od.* las aguas bautismales); ser bautizado; *aus der* ~ *heben* sacar de pila; ser padrino *bzw.* madrina (*a. fig.*); inaugurar; ²**en** *v/t.* bautizar (*a. fig.*); F cristianar; *ist auf den Namen X getauft* su nombre de pila es X; ~**en** *n* bautismo *m*.

'**taufeucht** *adj.* húmedo de rocío, rociado.

'**Tauf|kapelle** *f* baptisterio *m*; ~**kleid** *n* vestido *m* bautismal (*od.* de bautizar).

'**Täufling** *m* (-*s; -e*) (*Kind*) recién bautizado *m*; (*Erwachsener*) neófito *m*.

'**Tauf|name** *m* nombre *m* de pila; ~**pate** *m* padrino *m* (de bautismo); ~**patin** *f* madrina *f* (de bautismo); ~**register** *n* → ~**buch**.

'**taufrisch** *adj.* húmedo de rocío; *fig.* (*fresco*) como una rosa.

'**Tauf|schein** *m* partida *f* de bautismo; ~**stein** *m* pila *f* bautismal; ~**wasser** *n* agua *f* bautismal; ~**zeuge** *m* → ~**pate**.

'**taugen** *v/i.* valer; servir (*zu para*); ser útil *od.* bueno (*zu para*); *bsd. Personen*: ser apto (*zu para*); (*zu*) *nichts* ~ no servir para nada; no valer nada; no ser útil para nada.

'**Taugenichts** *m* (- *u. -es; -e*) inútil *m*; tunante *m*, pillo *m*; bribón *m*; (*Faulpelz*) haragán *m*, holgazán *m*.

'**tauglich** *adj.* útil, bueno (*zu para*); (*geeignet*) apropiado, a propósito; (*befähigt*) apto, idóneo; capacitado; ⚔ apto *od.* útil (para el servicio); ²**keit** *f* (0) aptitud *f*; idoneidad *f*; ⚔ aptitud *f* para el servicio; ²**keitsgrad** *m* grado *m* de aptitud; ²**keitszeugnis** *n* certificado *m* de aptitud.

'**tauig** *adj.* cubierto de rocío.

'**Taumel** *m* (-*s; 0*) (*Schwindel*) vértigo *m*; vahído *m*; *fig.* embriaguez *f*; delirio *m*, paroxismo *m*, frenesí *m*; éxtasis *m*; ²**ig** *adj.* vacilante; tambaleante; *mir ist* ~ siento vértigo; ²**n** *v/i.* (-*le; sn*) vacilar; tambalearse; dar traspiés (*od.* tumbos); (*torkeln*) F hacer eses; (*schwindelig sein*) tener vértigo; ~**n** *n* tambaleo *m*; (*Schwindel*) vértigo *m*; ²**nd** *adj.* tambaleante.

'**Taupunkt** *Phys. m* punto *m* de rocío.

'**Tausch** *m* (-*es; -e*) cambio *m*; trueque *m*; (*Aus*²) intercambio *m*; *e-s Amtes*: permuta *f*; *im* ~ *gegen* a cambio de; a trueque de; *in* ~ *nehmen* (*geben*) recibir *bzw.* aceptar (dar) en cambio; '²**en** *v/t. u. v/i.* cambiar (*gegen, für* por); intercambiar; trocar; canjear; *Amt*: permutar; *ich möchte nicht mit ihm* ~ no quisiera estar en su lugar.

'**täuschen I.** *v/t.* engañar; embaucar; *Erwartungen usw.*: defraudar; frustrar; *Vertrauen*: abusar (de); (*irreführen*) desorientar, despistar; *gal.* mistificar; (*foppen*) embromar; (*überlisten*) burlar; *wenn mich nicht alles täuscht* si mal no recuerdo; **II.** *v/refl.*: *sich* ~ engañarse (*in dat.* en); (*sich irren*) equivocarse, estar equivocado; (*sich et. vormachen*) llamarse a engaño; *sich durch et.* ~ *lassen* dejarse engañar por a/c.; *da* ~ *Sie sich aber!* (en eso) está usted muy equivocado; ~**d** *adj.* engañador, engañoso; (*trügerisch*) ilusorio; ~**e** *Ähnlichkeit* parecido *m* asombroso; *sich* ~ *ähnlich sehen* parecerse como dos gotas de agua; ~ *nachahmen* imitar a la perfección.

'**Tausch...**: ~**geschäft** *n* trueque *m*; ~**handel** *m* (comercio *m* de) trueque *m*; comercio *m* de cambio; ~ *treiben* trocar; hacer cambios (*od.* trueques); ~**mittel** *n* medio *m* de canje; ~**objekt** *n* objeto *m* de canje.

'**Täuschung** *f* engaño *m* (*a.* ⚖); (*Be-*

trug) a. fraude *m*; falacia *f*; *(Einbildung)* ilusión *f*; *(Irreführung)* gal. mistificación *f*; *(Trick)* truco *m*, trampa *f*; *(Irrtum)* error *m*; equivocación *f*; *des Gegners*: finta *f*; *sich ~en hingeben* ilusionarse, hacerse ilusiones; *sich keiner ~ hingeben* no llamarse a engaño; *~s-absicht* f: *mit ~ con ánimo de dolo*; *~s-angriff* *m* ataque *m* simulado; *~smanöver n* maniobra *f* de diversión; *~sversuch m* tentativa *f* de fraude (*a.* de engaño).
'**Tausch...**: *~verkehr m* operaciones *f*/*pl.* de trueque; *~vertrag m* contrato *m* de cambio *bzw.* de canje; 2*weise adv.* en cambio, en trueque; por canje; por permuta; *~wert m* valor *m* de cambio.
'**tausend I.** *adj.* mil; *~ Dank!* ¡un millón de gracias!; *~ und aber ~* miles y miles de; **II.** 2 *f (Zahl)* mil *m*; **III.** 2 *n* millar *m*; *~e von Menschen* miles de personas; *zu ~en* a *(od.* por) millares; *~e und aber ~e* miles y miles de; *millares de; in die ~e gehen* ascender a *(od.* cifrarse en) varios miles; im *~* por mil; 2er *m (Geldschein)* billete *m* de mil; *~er'lei adj.* de mil especies; *~ Dinge* miles de cosas; *~fach, ~fältig* **I.** *adj.* mil veces tanto; **II.** *adv.* de mil modos distintos, de mil maneras diferentes; *~fuß m*, 2*füß(l)er Zoo. m* ciempiés *m*; miriápodo *m*; 2'**güldenkraut** *n* centaur(e)a *f* menor; 2'**jahrfeier** *f* (fiesta *f* del) milenario *m*; *~jährig adj.* milenario; 2*künstler m* hombre *m* hábil para todo; *ein ~ sein* F ser un hacha; *~mal adv.* mil veces; 2'**markschein** *m* billete *m* de mil marcos; 2*sassa m* (-*s*; -*s*) F demonio *m (od.* diablo *m)* de hombre; *(Schwerenöter)* castigador *m*; *~schön(chen)* *n* (-*s*; -*e)* margarita *f*; amaranto *m*; *~ste adj.* milésimo; 2*stel n* milésima *f* (parte *f*); *~und'ein: die Märchen aus* 2*er Nacht* las Mil y una Noches.
Tautolo'gie *f* tautología *f*.
tauto'logisch *adj.* tautológico.
'**Tau...**: *~tropfen m* gota *f* de rocío; *~werk n* cordaje *m*; ⚓ jarcias *f*/*pl.*); *~wetter n* deshielo *m (a. fig. Pol.)*; *wir haben ~* hay deshielo; 2*ziehen n* Sport: prueba *f* de la cuerda; *fig.* tira y afloja *m*; pugna *f*.
Ta'verne *f* taberna *f*.
Taxa'meter *m* taxímetro *m*.
Ta'xator *m* (-*s*; -*en)* tasador *m*.
'**Taxe** *f* **1.** tasa *f*; cuota *f*; *(Abgabe)* contribución *f*, impuesto *m*; derechos *m*/*pl.*; *(Schätzung)* tasación *f*; **2.** → *Taxi*.
'**taxfrei** *adj.* exento de derechos.
'**Taxi** *n* (-*s*; -*s)* taxi *m*; *~chauffeur m* taxista *m*.
ta'xier|en (-) *v*/*t.* tasar; evaluar; estimar; 2*en n*, 2*ung f* tasa *f*; tasación *f*; evaluación *f*; estimación *f*; 2*er m* → *Taxator*.
'**Taxi**|**fahrer** *m* taxista *m*; *~stand m* parada *f* de taxis.
'**Taxus** *m* (-; -) tejo *m*.
'**Taxwert** *m* valor *m* estimativo *(od.* de tasación).
'**Teak**|**baum** [ti:k-] *m*, *~holz n* teca *f*.
'**Team** [ti:m] *angl. n* (-*s*; -*s)* equipo *m*; *~arbeit f (angl. ~work f)* trabajo *m* en equipo; *~geist m* sentido *m* de equipo.
'**Technik** *f* (-; -*en)* técnica *f*; tecnología *f*; *(Verfahren)* técnica *f*; método *m*, procedimiento *m*; *~er m* técnico *m*; perito *m* industrial; *~um n* (-*s*; -*nika od.* -*niken)* escuela *f* técnica.
'**technisch** *adj.* técnico *(mechanisch)* mecánico; *(industriell)* industrial; *~e Abteilung* servicio *m* técnico; *~er Direktor* director *m* técnico; 2*e Hochschule* Escuela *f* Superior Técnica; 2*e Universität* Universidad *f* Técnica; *~er Ausdruck* tecnicismo *m*, término *m* técnico; *~er Leiter* ingeniero-jefe *m*; *~es Personal* personal *m* técnico; *~e Chemie* química *f* industrial.
techni'sier|en (-) *v*/*t.* mecanizar; *Neol.* tecnificar; 2*ung f* mecanización *f*, *Neol.* tecnificación *f*.
'**Techno** *m od. n* (- *od.* -*s*; 0) ♪ bakalao *m*, (música *f*) tecno *m*.
Techno|'**krat** *m* (-*en)* tecnócrata *m*; *~kra'tie f (0)* tecnocracia *f*.
Techno|**lo'gie** *f* tecnología *f*; 2'**logisch** *adj.* tecnológico.
Techtel'mechtel *n* amorío *m*, lío *m* amoroso.
'**Teckel** *m* (perro *m)* pachón *m*.
'**Teddy** ['tɛdi] *m* (-*s*; -*s)*, *~bär m* oso *m* de felpa *(od.* de peluche).
'**Tee** *m* (-*s*; -*s)* té *m*; 🌿 tisana *f*; *(Kräuter*2*)* infusión *f*; *~ trinken* tomar (el) té; F *fig. abwarten und ~ trinken!* ¡paciencia y barajar!; *~beutel m* bolsita *f* de té; *~blatt n* hoja *f* de té; *~büchse f*, *~dose f* bote *m (od.* lata *f)* de té; *~Ei n* bola-colador *f* para té; *~gebäck n* pastas *f*/*pl.* de té; *~geschirr n* juego *m (od.* servicio *m)* de té; *~gesellschaft f* té *m*; *~kanne f*, *~kessel m* tetera *f*; *~löffel m* cucharilla *f* (de té); *ein ~ voll* una cucharadita; *~mischung f* mezcla *f* de té.
'**Teenager** ['ti:nɛdʒɐ] *m* teenager.
'**Teer** *m* (-*s*; -*e)* brea *f*; alquitrán *m*; *~brennerei f* alquitranería *f*; 2*en v*/*t.* embrear; alquitranar; *~en* alquitranado; *~farbstoffe m*/*pl.* colorantes *m*/*pl.* de alquitrán *bzw.* de anilina; 2*ig adj.* embreado; alquitranado; *~maschine f* alquitranadora *f*.
'**Teerose** *f* rosa *f* de té.
'**Teer...**: *~pappe f* cartón *m* embreado *(od.* alquitranado); *~seife f* jabón *m* de brea; *~ung f* alquitranado *m*.
'**Tee...**: *~salon m* salón *m* de té; *~service n* → *~geschirr*; *~sieb n* colador *m* de té; *~strauch* ♣ *m* (planta *f* del) té *m*; *~tasse f* taza *f* para té; *~wagen m* carrito *m* de té *(od.* de servicio); *~wärmer m* cubrete-.
'**Teheran** *n* Teherán *m*. [tera *m*.]
'**Teich** *m* (-*és*; -*e)* estanque *m*; *(Fisch*2*)* vivero *m*; F *fig. über den großen ~ fahren* pasar el charco.
'**Teig** *m* (-*és*; -*e)* masa *f*; pasta *f*; 2*ig adj.* pastoso *(a. fig.)*; *Obst:* pachucho; *~knetmaschine f* amasadora *f*; *~mulde f* artesa *f*; *~rädchen n* rodaja *f* corta-pasta; *~rolle f* rodillo *m* (para amasar); *~waren f*/*pl.* pastas *f*/*pl.* alimenticias.
'**Teil** *m*/*n* (-*és*; -*e)* parte *f* (a.); *(Stück)* pieza *f*; trozo *m*, pedazo *m*; *(An*2*)* porción *f*, cuota *f*; cuota *f*; participación *f*; *(Bruch*2*)* fragmento *m*; fracción *f*; *(Bestand*2*)* elemento *m*; componente *m*; *ein großer ~* gran parte; *das beste ~* la mejor parte *f* tajada; *ein gut ~ von* una buena parte de; gran parte de; no pocos; *ein gut ~ größer* mucho más grande; *beide ~e* *anhören* escuchar a las dos partes; *zu gleichen ~en* a *(od.* en) partes iguales; *zum ~* en parte; parcialmente; *zum großen ~* en gran parte; *zum größten ~* en la mayor parte; en la mayoría; *der größte ~ (gen.)* la mayoría *(od.* la mayor parte) de; *aus allen ~en der Welt* de todas las partes del mundo; *de todo el mundo*; *ich für mein(en) ~* yo por mi parte; en cuanto a mí; por mí; *fig. er wird schon sein ~ bekommen* ya llevará su merecido; *sich sein ~ denken* pensarse lo suyo; *sein(en) ~ beitragen (od. beisteuern)* poner su parte; aportar su granito de arena; *~akzept* † *n* aceptación *f* parcial; *~ansicht f* vista *f* parcial; 2*bar adj.* divisible *(durch* por); *~barkeit f (0)* divisibilidad *f*; *~betrag m* suma *f* parcial; *~chen n* partícula *f*; *~chenbeschleuniger m* acelerador *m* de partículas.
'**teilen** *v*/*t.* dividir *(a.)*; fraccionar; partir; *(ver~)* repartir, distribuir *(in ac.* en; *unter ac.* entre); *fig. compartir (mit j-m* con alg.); *den Gewinn ~* repartir la ganancia; *in zwei Teile ~* dividir en dos (partes); partir por la mitad; *teile und herrsche!* divide y vencerás; *sich ~* dividirse; fraccionarse; partirse; *Partei:* escindirse; *Straße:* bifurcarse; *sich (mit j-m) in et. ~* compartir a/c. (con alg.); *sich in die Kosten ~* repartir los gastos (entre); *sich ~ lassen durch Zahl:* ser divisible por; *geteilt durch* dividido por; *geteilte Arbeitszeit* horario *m* partido.
'**Teiler** *Arith. m* divisor *m*.
'**Teil...**: *~erfolg m* éxito *m* parcial; *~ergebnis n* resultado *m* parcial; *~finsternis Astr. f* eclipse *m* parcial; *~gebiet n* sector *m*; 2*haben (L) v*/*i.* participar *(an dat.* en); tener parte en; *~haber(in f) m* participante *m*/*f*; † socio *m*; *stiller ~* socio *m* tácito; *~haberschaft f (0)* participación *f*; † calidad *f* de socio; 2*haftig adj.* partícipe de; *e-r Sache (gen.) ~ werden* participar en a/c.; *~haftung f* responsabilidad *f* parcial; *~invalidität f* invalidez *f* parcial; *~kaskoversicherung f* seguro *m* contra riesgos parciales; *~lieferung* † *f* entrega *f* parcial; *~menge* A *f* subconjunto *m*; *~möbliert adj.* parcialmente amueblado; *~montage* ⊕ *f* montaje *m* parcial; 2*motorisiert adj.* parcialmente motorizado; *~nahme f (0)* participación *f (an dat.* en); *an e-r Veranstaltung:* asistencia *f* (a); *(Mitarbeit)* colaboración *f*, cooperación *f*; *(Interesse)* interés *m*; *(Mitgefühl)* simpatía *f*; compasión *f*; *(Beileid)* condolencia *f*, pésame *m*; *j-m s-e ~ aussprechen dar* el pésame a alg.; 2*nahmeberechtigt adj.* autorizado a participar; 2*nahmslos adj.* indiferente; indolente; sin interés; apático; *(gefühllos)* insensible; impasible; *(passiv)* pasivo; *~nahmslosigkeit f (0)* indiferencia *f*; indolencia *f*; falta *f* de interés; apatía *f*, insensibilidad *f*; impasibilidad *f*; pasividad *f*; 2*nahmsvoll adj.* compasivo; 2*nehmen (L) v*/*i.* participar *(an dat.* en); tomar parte en; *(mitwirken)* colaborar, cooperar; *(anwesend sein)* asistir a; estar presente en; *(beitragen)* con-

tribuir a; *fig.* interesarse por; estar interesado en; ⚡︎ ser cómplice de; *j-n an et.* ⁓ *lassen* hacer partícipe a alg. de a/c.; ⚡︎**nehmend** *adj.* participante, partícipe; (*interessiert*) interesado; (*mitfühlend*) compasivo; (*anwesend*) presente; ⁓**nehmer(in** *f*) *m* participante *m/f* (*an dat.* en); *an e-r Veranstaltung:* asistente *m/f*, concurrente *m/f*; ✝ socio (-a *f*) *m*; (*Wettkampf*⚡︎) contendiente *m/f*; *an e-m Lehrgang:* cursillista *m/f*; *Tele.* abonado (-a *f*) *m*; (*Mitbewerber*) contrincante *m/f*; *Sport:* ⁓ *an der Schlußrunde* finalista *m/f*; ⁓**nehmerliste** *f*, ⁓**nehmerverzeichnis** *n* lista *f* de participantes; *Tele.* lista *f* de abonados; ⁓**nehmerstaat** *m* Estado *m* participante, ⁓**nehmerzahl** *f* cifra *f* de asistentes; ⁓**pacht** *f* aparcería *f*.
teils *adv.* en parte; ⁓ ..., ⁓ ... medio ..., medio ...; por un lado ... (y) por otro ...; ya ..., ya ...; F ⁓, ⁓ así así.
'**Teil...:** ⁓**schaden** *m* daño *m* (*od.* siniestro *m*) parcial; ⁓**schuldverschreibung** ✝ *f* obligación *f* parcial; ⁓**sendung** ✝ *f* remesa *f* (*od.* envío *m*) parcial; ⁓**strecke** *f* recorrido *m* parcial; *Straßenbahn usw.*: sección *f*; ⁓**streik** *m* huelga *f* parcial; ⁓**strich** *m* marca *f*, división *f*; ⁓**stück** *n* sección *f*; (*Bruchstück*) fragmento *m*.
'**Teilung** *f* división *f* (*a.* ⚡︎, *Bio.*, *Pol.*); partición *f* (*a. Erb*⚡︎ *usw.*); fraccionamiento *m*; (*Ver*⚡︎) reparto *m*, distribución *f*; (*Spaltung*) escisión *f*; *von Land:* parcelación *f*; *e-s Weges:* bifurcación *f*; *e-s Gebietes:* desmembración *f*; (*Gradein*⚡︎) graduación *f*; ⁓**s-artikel** *Gr. m* artículo *m* partitivo; ⁓**smasse** ✝ *f* masa *f* activa; ⁓**szahl** ⚡︎ *f* dividendo *m*; ⁓**szeichen** ⚡︎ *n* signo *m* de división.
'**Teil...:** ⁓**verlust** *m* pérdida *f* parcial; ⚡︎**weise I.** *adj.* parcial; **II.** *adv.* en parte; parcialmente; (*in einzelnen Teilen*) por partes; ⁓**zahl** *Arith. f* cociente *m*; (*Bruchzahl*) número *m* fraccionario; ⁓**zahlung** *f* pago *m* a plazos; *auf* ⁓ *kaufen* (*verkaufen*) comprar (vender) a plazos; ⁓**zahlungssystem** *n* sistema *m* de pagos parciales (*od.* de pagos a plazos); ⁓**zahlungsverkauf** *m* venta *f* a plazos; ⁓**zeit-arbeit** *f*, ⁓**zeitjob** *m* trabajo *m* a tiempo parcial (*od.* de jornada reducida).
Te'in ⚡︎ *n* (-s; 0) teína *f*.
Teint [tɛ̃:] *m* (-s; -s) tez *f*, color *m* del rostro; cutis *m*.
'**T-Eisen** ⊕ *n* hierro *m* en T.
Tek'ton|ik *Geol. f* (0) tectónica *f*; ⚡︎**isch** *adj.* tectónico.
Tele|arbeit *f Internet:* teletrabajo *m*; ⁓**banking** *n* (- *od.* -s; 0) *Internet:* telebanca *f*.
Tele'fax *n* (-; - *od.* -e) (tele)fax *m*.
Tele'fon *n* (-s; -e) teléfono *m*; *Sie werden am* ⁓ *verlangt* te llaman al teléfono; *ans* ⁓ *gehen* (*wenn es klingelt*) coger el teléfono; ⁓**anruf** *m* llamada *f* telefónica; F telefonazo *m*; ⁓**anschluß** *m* conexión *f* telefónica; toma *f* de teléfono; ⁓**apparat** *m* teléfono *m*; aparato *m* telefónico.
Telefo'nat *n* (-[e]s; -e) llamada *f* telefónica; F telefonazo *m*.
Tele'fon...: ⁓**banking** *n* (- *od.* -s; 0) banco *m* por teléfono; ⁓**buch** *n* guía *f* telefónica, listín *m* (de teléfonos); ⁓**gebühr** *f* tarifa *f* telefónica; ⁓**gesellschaft** *f* (compañía *f*) telefónica *f*; ⁓**gespräch** *n* conversación *f* telefónica; (*Ferngespräch*) conferencia *f* telefónica; ⁓**häus-chen** *n* cabina *f* telefónica; ⁓**hörer** *m* auricular *m* (del teléfono).
Telefo'nie *f* (0) telefonía *f*; ⚡︎**ren** (-) *v/i.* telefonear; hablar *bzw.* llamar por teléfono.
tele'fonisch I. *adj.* telefónico; **II.** *adv.* por teléfono; *j-n* ⁓ *erreichen* comunicar por teléfono con alg.; ⁓ *durchsagen* transmitir por teléfono.
Telefo'nist(in *f*) *m* (-en) telefonista *m/f*, operador(a *f*) *m*.
Tele'fon...: ⁓**kabel** *n* cable *m* telefónico; ⁓**karte** *f* tarjeta *f* telefónica; ⁓**leitung** *f* línea *f* telefónica; ⁓**netz** *n* red *f* telefónica; ⁓**nummer** *f* número *m* de teléfono; ⁓**seelsorge** *f* teléfono *m* de la esperanza; ⁓**stecker** *m* clavija *f* de teléfono; ⁓**verbindung** *f* comunicación *f* telefónica; ⁓**zelle** *f* cabina *f* telefónica, locutorio *m* telefónico; ⁓**zentrale** *f* central *f* telefónica.
Tele'graf *m* (-en) telégrafo *m*.
Tele'grafen...: ⁓**amt** *n* oficina *f* de telégrafos; ⁓**leitung** *f* línea *f* telegráfica; ⁓**mast** *m* poste *m* telegráfico (*od.* de telégrafos); ⁓**netz** *n* red *f* telegráfica; ⁓**stange** *f* → ⁓*mast*.
Telegra'fie *f* (0) telegrafía *f*; *drahtlose* ⁓ telegrafía *f* sin hilos (*Abk.* T.S.H.); ⚡︎**ren** (-) *v/t.* telegrafiar.
tele'grafisch I. *adj.* telegráfico; ⁓*e Postanweisung* giro *m* telegráfico; **II.** *adv.* por telégrafo, telegráficamente; ⁓ *überweisen* girar por telégrafo.
Tele'gramm *n* (-s; -e) telegrama *m*; *ein* ⁓ *aufgeben* expedir (*od.* poner) un telegrama; ⁓**adresse** *f* dirección *f* telegráfica; ⁓**annahme** *f* ventanilla *f* para (entrega de) telegramas; ⁓**bote** *m* repartidor *m* de telegramas; ⁓**formular** *n* impreso *m* (*od.* formulario *m*) para telegramas; ⁓**gebühr** *f* tarifa *f* telegráfica; ⁓**schalter** *m* → ⁓*annahme*; ⁓**schlüssel** *m* clave *f* telegráfica; ⁓**stil** *m* estilo *m* telegráfico; *im* ⁓ telegráficamente.
Tele'graph *m* (-en) → *Telegraf*.
Tele|ki'nese *f* telecinesia *f*; ⁓'**matik** *f* telemática *f*; '⁓**objektiv** *n* teleobjetivo *m*.
Teleo|lo'gie *Phil. f* (0) teleología *f*; ⚡︎'**logisch** *adj.* teleológico.
Telepa'thie *f* (0) telepatía *f*; **tele'pathisch** *adj.* telepático.
Tele'phon *n* (*s*; -e) → *Telefon*.
'**Teleshopping** *n* (-s; -e) teletienda *f*, telecompra *f*.
Tele'skop *n* (-s; -e) telescopio *m*; ⁓**gabel** *f Motorrad:* horquilla *f* telescópica; ⚡︎**isch** *adj.* telescópico.
'**Telex** *n* (-; - *od.* -e) telex *m* (*a. Schreiben*).
'**Teller** *m* plato *m*; ⊕ platillo *m*; (*Scheibe*) disco *m*; *am Schistock:* arandela *f*; *flacher* (*tiefer*) ⁓ plato *m* llano (hondo *od.* sopero); *den* ⁓ *herumgehen lassen zum Sammeln:* pasar la bandeja; ⚡︎**förmig** *adj.* en forma de plato; ⁓**gericht** *n* plato *m* combinado; ⁓**mine** ✗ *f* mina *f* de plato; ⁓**mütze** *f* gorra *f* de plato; ⁓**schrank** *m* aparador *m*; ⁓**ventil** ⊕ *n* válvula *f* de disco; ⁓**wärmer** *m* calientaplatos *m*; ⁓**wäscher** *m* lavaplatos *m*, fregaplatos *m*.
Tel'lur ⚡︎ *n* (-s; 0) teluro *m*; ⚡︎**isch** *adj.* telúrico.
'**Tempel** *m* templo *m*; ⁓**herr** *Hist. m* templario *m*, caballero *m* del Temple; ⁓**orden** *m* orden *f* del Temple; ⁓**raub** *m* robo *m* sacrílego; sacrilegio *m*; ⁓**ritter** *m* → ⁓*herr*; ⁓**schänder** *m* sacrílego *m*; ⁓**schändung** *f* sacrilegio *m*; profanación *f* del templo.
'**Tempera|farbe** *f* color *m* al temple; ⁓**malerei** *f* pintura *f* al temple.
Tempera'ment *n* (-[e]s; -e) temperamento *m*; (*Lebhaftigkeit*) vivacidad *f*; genio *m* vivo; fogosidad *f*; ⁓ *haben* tener temperamento; ⚡︎**los** *adj.* sin temperamento; ⁓**losigkeit** *f* (0) falta *f* de temperamento; ⚡︎**voll** *adj.* vivo; vivaz; de genio vivo; (*ungestüm*) impetuoso; vehemente; fogoso; (*leidenschaftlich*) apasionado.
Tempera'tur *f* (-; -en) temperatura *f*; ✱ ⁓ *haben* tener décimas; ⁓**anstieg** *m* elevación *f* (*od.* aumento *m*) de temperatura; ⁓**kurve** *f* curva *f* de temperatura; ⁓**regler** *m* regulador *m* de temperatura; ⁓**rückgang** *m* descenso *m* de temperatura; ⁓**schwankung** *f* fluctuación *f* de temperatura; ⁓**sturz** *m* descenso *m* brusco de temperatura; ⁓**unterschied** *m* diferencia *f* de temperatura.
Tempe'renzler *m* abstemio *m*.
'**Temperguß** *Met. m* fundición *f* maleable.
tempe'rieren (-) *v/t.* templar (*a.* ♪); (a)temperar.
'**Templer** *Hist. m* templario *m*, caballero *m* del Temple.
'**Tempo** *n* (-s; -*s u.* -pi) ritmo *m* (*a. Sport u. fig.*); cadencia *f*; (*Gangart*) marcha *f*; (*Geschwindigkeit*) velocidad *f*; ♪ tiempo *m*; *das* ⁓ *angeben* marcar el ritmo; *mit vollem* ⁓ a toda marcha; *das* ⁓ *steigern* acelerar la marcha; *beim Gehen:* avivar el paso; *ein tolles* ⁓ *vorlegen* ir a una velocidad endiablada; F (*nun aber*) ⁓! ¡venga, de prisa!
Tempo'ralsatz *Gr. m* oración *f* de tiempo.
tempo'rär *adj.* temporal; provisional; interino.
'**Tempus** *Gr. n* (-; -*pora*) tiempo *m*.
Ten'denz *f* tendencia *f* (*zu* a); propensión *f* (*a*); *Börse:* *fallende* (*steigende*) ⁓ tendencia *f* a la baja (al alza).
tendenzi'ös *adj.* tendencioso.
Ten'denz|roman *m* novela *f* de tesis; ⁓**stück** *Thea. n* drama *m* *bzw.* comedia *f* de tesis; ⁓**wende** *f* cambio *m* de signo.
'**Tender** 🚂 *m* ténder *m*; ⚓ aviso *m*; ⁓**maschine** 🚂 *f* locomotora *f* ténder.
ten'dieren (-) *v/i.* tender, tener tendencia, inclinarse (*nach*, *zu* a).
Tene'riffa *n* Tenerife *m*; *aus* ⁓ tinerfeño.
'**Tenne** *f* era *f*.
'**Tennis** *n* (-; 0) tenis *m*; ⁓ *spielen* jugar al tenis; ⁓**ball** *m* pelota *f* de tenis; ⁓**halle** *f* pista *f* (*bsd. Am.* cancha *f*) cubierta; ⁓**klub** *m* club *m* de tenis; ⁓**lehrer** *m* monitor *m* de tenis; ⁓**platz** *m* pista *f* (*bsd. Am.* cancha *f*) de tenis; ⁓**schläger** *m* raqueta *f*; ⁓**schuhe** *m/pl.* zapatos *m/pl.* de tenis; ⁓**spiel** *n* partido *m* (*od.* match *m*) de tenis; *als Sport:* tenis *m*; ⁓**spieler(in**

33 HW Sp II

Tennisspieler(in) — Textilarbeiter(in) 514

f) m jugador(a *f) m* de tenis, tenista *m/f*, raqueta *m/f*; **~turnier** *n* torneo *m bzw.* campeonato *m* de tenis.

'**Tenor**¹ ['tɛːnoːR] *m* (*-s; 0*) (*Wortlaut*) tenor *m*; (*Inhalt*) contenido *m*.

Te'nor² [tɛˈnoːR] ♪ *m* (*-s; ⸚e*) tenor *m*; **~stimme** *f* (voz *f* de) tenor *m*.

'**Teppich** *m* (*-s; -e*) alfombra *f*; *kleiner*: alfombrilla *f*; (*Wand*♀) tapiz *m*; F *fig. unter den ~ kehren* meter debajo de la alfombra; *bleib auf dem ~!* ¡menos cuento!; **~boden** *m* moqueta *f*, *Am.* alfombrado *m*; *mit ~ auslegen* enmoquetar; **~händler** *m* alfombrista *m*; **~kehrmaschine** *f* escoba *f* (od. barredora *f*) mecánica; **~klopfer** *m* sacudidor *m* (de alfombras); **~stange** *f* barra *f* para sacudir alfombras; **~wirker** *m* alfombrero *m*; tapicero *m*; **~wirkerei** *f* fábrica *f* de tapices; tapicería *f*.

Ter'min *m* (*-s; -e*) término *m*; (*Frist*) plazo *m*; (*Erfüllungstag*) vencimiento *m* (del plazo); (*Datum*) fecha *f*; *beim Arzt*: hora *f* (de visita); ⚖ señalamiento *m*; (*Verhandlung*) vista *f*; (*Vorladung*) citación *f*; ⚖ e-n ~ *haben* estar citado (para comparecer); ⚖ *zum ~ laden* citar, emplazar; *zum festgelegten ~* el día señalado; ♱ a plazo fijo; *äußerster ~* fecha *f* límite (*od.* tope); *e-n ~ (fest)setzen* (*od. anberaumen*) fijar un término (*od.* un plazo); ⚖ señalar hora y día; *e-n ~ einhalten* cumplir un término (*od.* un plazo); *um e-n ~ bitten beim Arzt*: pedir hora.

'**Terminal** *n* (*-s; -s*) *Computer*: terminal *m*; ⚡ terminal *f*.

Ter'min...: ~einlage ♱ *f* depósito *m* (*od.* imposición *f*) a plazo; ♀**gemäß**, ♀**gerecht** *adv.* conforme al término fijado; conforme a la fecha fijada; **~geschäft** ♱ *n* operación *f* a plazo (*od.* a término); **~kalender** *m* agenda *f*; calendario *m*; **~kauf** *m* compra *f* a plazo (*od.* a término); **~lieferung** *f* entrega *f* a plazo; **~markt** *m* mercado *m* a término.

Termino|lo'gie *f* terminología *f*; ♀**logisch** *adj.* terminológico.

'**Terminus** *m* (*-; -ni*): *~ technicus* término *m* técnico.

Ter'min...: ~verkauf *m* venta *f* a plazo (*od.* a término); **~verlängerung** *f* prórroga *f* de término (*od.* de plazo); **~zahlung** *f* pago *m* a plazo.

Ter'mite *Zoo. f* termes *m*, termita *f*, comején *m*, *bsd. Am.* hormiga *f* blanca; **~nhügel** *m* termitero *m*, comejenera *f*.

Terpen'tin 🜋 *n* (*-s; -e*) trementina *f*; **~öl** *n* esencia *f* de trementina; aguarrás *m*.

Ter'rain [tɛˈrɛ̃ː] *n* (*-s; -s*) terreno *m* (a. *fig.*); (*Bau*♀) solar *m*; *das ~ sondieren* tantear el terreno; **~darstellung** *f* croquis *m* del terreno; plano *m* figurado del terreno.

Terra'kotta *f* (*-; -tten*) barro *m* cocido, terracota *f*.

Ter'rarium *n* (*-s; -rien*) terrario *m*.

Ter'rasse *f* terraza *f*; (*Dach*♀) azotea *f*, terrado *m*; ♀**nförmig** *adj.* en forma de terraza.

Ter'razzo *m* (*-s; -zzi*) terrazo *m*.

'**Terrier** [-Rî] *Zoo. m* terrier *m*.

Ter'rine [tɛˈRiː] *f* sopera *f*.

territori'al *adj.* territorial; ♀**gewässer** *n/pl.* aguas *f/pl.* territoriales; ♀**i'tät** *f* territorialidad *f*; ♀**i'täts-prinzip** *n* principio *m* de la territorialidad.

Terri'torium *n* (*-s; -torien*) territorio *m*.

'**Terror** *m* (*-s; 0*) terror *m*; terrorismo *m*; **~akt** *m* acto *m* (*od.* acción *f*) terrorista.

terro|ri'sieren (-) *v/t.* aterrorizar; ♀**'rismus** *m* (*-; 0*) terrorismo *m*; ♀**'rist** *m* (*-en*) terrorista *m*; ♀**'risten-bekämpfung** *f* lucha *f* antiterrorista; **~'ristisch** *adj.* terrorista.

'**Terrorwelle** *f* ola *f* de terror.

terti'är I. *adj.* terciario *m*; **II.** ♀ *Geol. n* terciario *m*, era *f* terciaria.

Terz *f* (*-; -en*) ♪, *Fechtk.* tercera *f*; ♪ *große* (*kleine*) *~* tercera *f* mayor (menor).

Ter'zett *n* (*-és; -e*) terceto *m*, trío *m*.

Ter'zine *f* (*Vers*) terceto *m*.

'**Tesching** *n* (*-s; -e od. -s*) escopeta *f* de pequeño calibre.

Tes'sin 1. *m* (*Fluß*) Tesino *m*; **2.** *n* (*Kanton*) Tesino *m*.

Test *m* (*-és; -s od. -e*) prueba *f*, *angl.* test *m*.

Testa'ment *n* (*-és; -e*) testamento *m*; última voluntad *f*; (*s)ein ~ machen* (*od.* errichten) hacer testamento, testar; *vor dem Notar*: otorgar testamento (ante notario); *ohne ~ sterben* morir intestado (*od.* sin hacer testamento); *Bib.* Altes (Neues) ~ Antiguo (Nuevo) Testamento *m*.

testamen'tarisch I. *adj.* testamentario; **II.** *adv.* por testamento; *~ verfügen* disponer por testamento.

Testa'ments...: ~bestimmung *f* disposición *f* testamentaria; **~erbe** *m* heredero *m* testamentario; **~er-öffnung** *f* apertura *f* del testamento; **~errichtung** *f* otorgamiento *m* de testamento; **~nachtrag** *m* codicilo *m*; **~vollstrecker** *m* albacea *m*, (ejecutor *m*) testamentario *m*; **~vollstreckung** *f* ejecución *f* testamentaria, testamentaría *f*; **~zusatz** *m* codicilo *m*.

Tes'tat *n* (*-és; -e*) certificado *m*; **~or** ⚖ *m* (*-s; -en*) testador *m*.

'**Test|bild** *TV n* carta *f* de ajuste; ♀**en** (*-e-*) *v/t.* probar; ensayar; someter a un test; **~fahrer** *Kfz. m* piloto *m* de pruebas.

tes|ti'erén (-) *v/t. u. v/i.* testar, hacer un testamento, (bescheinigen) certificar; **~fähig** ⚖ *adj.* capaz de testar; ♀**fähigkeit** ⚖ *f* capacidad *f* de testar.

Testoste'ron *Physiol. n* (*-s; 0*) testosterona *f*.

'**Testpilot** ✈ *m*, *Kfz. m* piloto *m* de pruebas.

'**Tetanus** ⚕ *m* (*-; 0*) tétanos *m*; **~serum** *n* suero *m* antitetánico.

Tetrachlor'kohlenstoff 🜋 *m* tetracloruro *m* de carbono.

Tetra'eder △ *n* tetraedro *m*.

Tetralo'gie *f* tetralogía *f*.

'**teuer** *adj.* (*teurer; -ste*) caro, costoso; *Preis*: elevado; (*wertvoll*) valioso; precioso; *fig.* querido; *es ist ~* es caro; cuesta caro; *wie ~ ist das?* ¿cuánto cuesta?; ¿cuánto vale?; ¿qué precio tiene?; *~ kaufen* (*verkaufen, bezahlen*) comprar (vender, pagar) caro; *fig. sein Leben ~ verkaufen* vender cara su vida; *~ bzw. teurer werden* encarecerse; subir de precio; *~ zu stehen kommen* costar (*od.* salir) caro; *a. fig. das wird ihn ~ zu stehen kommen* lo pagará (*od.* le costará) caro.

'**Teuerung** *f* carestía *f*; encarecimiento *m*; precios *m/pl.* elevados; **~swelle** *f* ola *f* de carestía; **~szulage** *f* plus *m* por carestía (de vida); **~szuschlag** *m* suplemento *m* de carestía (de vida).

'**Teufe** ⛏ *f* profundidad *f*.

'**Teufel** *m* diablo *m*, demonio *m* (*beide a. fig.*); *der ~* el Diablo, el Demonio, Satanás; el Angel Malo; *fig. armer ~* pobre diablo; infeliz *m*, desgraciado *m*; *wie der ~* como un demonio, como un diablo; *auf ~ komm raus arbeiten usw.* a brazo partido; a más no poder; *bist du des ~s?* ¿estás en tu juicio?; ¿estás loco?; *der ~ ist los* el diablo anda suelto; *er fragt den ~ danach* F eso le importa un rábano (*od.* un pito); *er hat den ~ im Leib, ihn reitet der ~* tiene el diablo en el cuerpo; es el mismísimo demonio; *in* (*des*) *~s Küche kommen* meterse en un gran lío; *j-n in* (*des*) *~s Küche bringen* poner a alg. en las garras del toro; *man soll den ~ nicht an die Wand malen* no hay que tentar al diablo; no llamemos la desgracia; *wenn man vom ~ spricht ... hablando del rey* (*od.* ruin) *de Roma ...*; *das müßte mit dem ~ zugehen* a menos que el diablo lo enrede; *hol' dich der ~!, scher dich zum ~!* ¡vete al diablo!; ¡vete al cuerno!; *hol's der ~!* ¡que se lo lleve el diablo!; *pfui ~!* ¡qué asco!; *zum ~!* ¡al diablo!; ¡demonio!, ¡diablo(s)!; *zum ~ mit ...!* ¡al diablo con ...!; *wer* (*wo; was*) *zum ~?* ¿quién (dónde; qué) demonio(s) (*od.* diablos)?; *zum ~ schicken* (*od. jagen*) mandar al diablo (*od.* a hacer gárgaras); *weiß der ~!* ¡qué sé yo!; *den ~ werd ich tun!* ¡y un jamón!; *sein Vermögen ist zum ~* su fortuna se la ha llevado el diablo.

'**Teufelchen** *n* diablillo *m*.

'**Teufe|lei** *f* acción *f* diabólica; diablura *f*.

'**Teufelin** *f* diabla *f*, F diablesa *f*.

'**Teufels...: ~austreibung** *f*, **~beschwörung** *f* exorcismo *m*; **~beschwörer** *m* exorcista *m*; **~brut** *f* engendro *m* del diablo; ralea *f* infernal; **~kerl** *m* tipo *m* de rompe y rasga; diablo *m* de hombre; **~kreis** *fig. m* círculo *m* vicioso; **~weib** *n* diabla *f*; demonio *m* de mujer; mujer *f* endemoniada; **~werk** *n* obra *f* diabólica.

'**teuflisch** *adj.* diabólico; infernal; satánico; maquiavélico.

Teu'ton|e *m* (*-n*) teutón *m*; ♀**isch** *adj.* teutón, teutónico.

Te'xan|er *m*, ♀**isch** *adj.* tejano (*m*).

'**Texas** *n* Tejas *m*.

'**Text** *m* (*-es; -e*) texto *m* (a. *Bibel*♀ *u. Typ.*); *zu e-r Abbildung*: leyenda *f*; (*Lied*♀) letra *f*; (*Opern*♀) libreto *m*; *fig. aus dem ~ kommen* perder el hilo; desconcertarse; *j-n aus dem ~ bringen* confundir a alg.; desconcertar a alg.; F *weiter im ~!* ¡continúe *bzw.* continuemos!, ¡siga *bzw.* sigamos!; **~analyse** *f* análisis *m* de texto; **~ausgabe** *f* texto *m* sin anotaciones; **~buch** *Thea. n* libreto *m*; **~dichter** *m* libretista *m*; **~er** *m* redactor *m* de textos (publicitarios); ♪ letrista *m*; ♀**gemäß I.** *adj.* textual; **II.** *adv.* textualmente; al pie de la letra.

Tex'til|arbeiter(**in** *f*) *m* obrero (-a *f*)

Textildruck — Tiefkühlkost

m textil; **~druck** *m* estampación *f* textil; **~fabrik** *f* fábrica *f* textil; **~faser** *f* fibra *f* textil; **~ien** *pl.* tejidos *m/pl.*; (productos *m/pl.*) textiles *m/pl.*; **~industrie** *f* industria *f* textil; **~messe** *f* feria *f* de textiles; **~pflanze** *f* planta *f* textil; **~waren** *f/pl.* → Textilien.
'Text|kritik *f* crítica *f* de los textos; 2lich *adj.* textual; **~marker** *m* (-s; - od. -s) rotulador *m* fluorescente; **~schreiber** *m* Thea. libretista *m*; ♩ letrista *m*; **~treue** *f* fidelidad *f* al texto; **~ver-arbeitung** *f* Informatik: tratamiento *m* (od. proceso *m*) de textos; **~ver-arbeitungsprogramm** *n* Computer: procesador *m* de textos, programa *m* de tratamiento de textos.
'Thai|land *n* Tailandia *f*; **~länder** *m*, 2ländisch *adj.* tailandés (*m*).
Tha'lia *Myt. f* Talía *f*.
The'ater *n* (-s; -) teatro *m* (a. Gebäude); (Vorstellung) representación *f* teatral; *fig.* espectáculo *m*; farsa *f*; (Getue) afectación *f*; aspavientos *m/pl.*; zum ~ gehen dedicarse al teatro; hacerse actor *bzw.* actriz; ins ~ gehen ir al teatro; ~ spielen hacer teatro, actuar; *fig.* hacer la comedia; representar la farsa; *fig.* ~ machen (sich zieren) hacer dengues; ein großes ~ machen hacer aspavientos; armar mucho jaleo; mach kein ~! ¡déjate de comedias!; es ist immer dasselbe ~ es el cuento de siempre; es la eterna canción; das ist doch alles ~ no son más que cuentos; **~abend** *m* velada *f* teatral; **~abonnement** *n* abono *m* al teatro; **~agentur** *f* agencia *f* de teatro; **~aufführung** *f* representación *f* teatral; **~besucher(in** *f*) *m* espectador(a *f*) *m*; **~dichter** *m* autor *m* dramático, dramaturgo *m*; **~direktor** *m* director *m* de teatro; **~karte** *f* entrada *f*, localidad *f*; **~kasse** *f* despacho *m* de localidades, taquilla *f*; **~kritik** *f* crítica *f* teatral; **~kritiker** *m* crítico *m* teatral; **~probe** *f* ensayo *m*; **~saal** *m* sala *f* de espectáculos; **~saison** *f* temporada *f* teatral; **~stück** *n* pieza *f* teatral (od. de teatro); **~vorstellung** *f* → ~aufführung; **~zettel** *m* cartel *m* de teatro.
Thea'tral|ik *f* (0) teatralidad *f*; 2isch *adj.* teatral (a. *fig.*).
'Theben *n* Tebas *f*.
The'is|mus *m* (-; 0) teísmo *m*; **~t** *m* (-en), 2tisch *adj.* teísta (*m*).
'Theke *f* mostrador *m*; (Bar) barra *f*; an der ~ en la barra.
'Thema *n* (-s; -men od. -ta) tema *m* (a. ♩); asunto *m*; Thea., Film: argumento *m*; vom ~ abschweifen desviarse (od. apartarse) del tema; F irse por las ramas; beim ~ bleiben no apartarse del tema; das ~ wechseln cambiar de tema.
The'ma|tik *f* temática *f*; 2tisch *adj.* temático.
Themenkreis *m* temario *m*.
'Themse *f* Támesis *m*.
Theodo'lit *m* (-*és*; -e) teodolito *m*.
'Theodor *m* Teodoro *m*.
Theokra'tie *f* teocracia *f*.
theo'kratisch *adj.* teocrático.
Theo'log|e *m* (-n), **~in** *f* teólogo (-a *f*) *m*; (Student) estudiante *m/f* de teología.
Theolo'gie *f* teología *f*.
theo'logisch *adj.* teológico.

Theo'rem *n* (-s; -e) teorema *m*.
Theo'ret|iker *m* teórico *m*; 2isch I. *adj.* teórico; II. *adv.* teóricamente; en teoría; 2i'sieren (-) *v/i.* teorizar.
Theo'rie *f* teoría *f*.
Theo'soph *m* (-en) teósofo *m*.
Theoso'phie *f* teosofía *f*.
theo'sophisch *adj.* teosófico.
Thera|'peut *m* (-en) terapeuta *m*; **~'peutik** *f* (0) terapéutica *f*; 2'peutisch *adj.* terapéutico; **~'pie** *f* terapia *f*, terapéutica *f*.
The'rese *f* Teresa *f*.
Ther'mal|bad *n* baño *m* termal; *pl.* caldas *f/pl.*; (Ort) estación *f* termal; **~quelle** *f* fuente *f* termal; aguas *f/pl.* termales; **~schwimmbad** *n* piscina *f* termal.
'Thermen *f/pl.* termas *f/pl.*; caldas *f/pl.*
'Thermi|k *f* (0) térmica *f*; 2sch *adj.* térmico.
Thermo|che'mie *f* termoquímica *f*; 2'chemisch *adj.* termoquímico; **~'drucker** *m* Rechner: impresora *f* térmica; **~dy'namik** *f* termodinámica *f*; 2e'lektrisch *adj.* termoeléctrico; **~elektrizi'tät** *f* termoelectricidad *f*; **~'element** *n* pila *f* termoeléctrica, elemento *m* termoeléctrico; **~'kauter** ♣ *m* termocauterio *m*.
Thermo'meter *n* termómetro *m*; **~säule** *f* columna *f* termométrica; **~stand** *m* altura *f* del termómetro.
thermo|nukle'ar *adj.* termonuclear; **~'plastisch** *adj.* termoplástico.
'Thermosflasche *f* termo *m*.
Thermo'stat *m* (-*és*; -e u. -en) termóstato *m*.
'These *f* tesis *f*.
Thes'salien *n* Tesalia *f*.
'Thomas *m* Tomás *m*; *fig.* ungläubiger ~ incrédulo *m*; **~schlacke** ⊕ *f* escoria *f* Thomas, escoria *f* fosfórica; **~stahl** ⊕ *m* acero *m* Thomas.
'Thriller [θ] *m* película *f* bzw. novela *f* de suspense.
Throm'bose ♣ *f* trombosis *f*.
'Thrombus ♣ *m* (-; -ben) trombo *m*.
'Thron *m* (-*és*; -e) trono *m*; den ~ besteigen subir al trono; auf den ~ erheben elevar al trono, entronizar; vom ~ stoßen destronar; **~anwärter** *m* pretendiente *m* al trono; **~besteigung** *f* subida *f* (od. advenimiento *m*) al trono; 2en *v/i.* ocupar el trono; (herrschen) reinar (a. *fig.*); **~entsagung** *f* abdicación *f*; **~erbe** *m* heredero *m* del trono; **~erhebung** *f* entronización *f*; **~folge** *f* sucesión *f* al trono; **~folger** *m* sucesor *m* al trono; **~himmel** *m* dosel *m*; baldaquín *m*; **~rede** *f* discurso *m* de la Corona; **~sessel** *m* sitial *m*.
'Thunfisch *m* atún *m*.
'Thüring|en *n* Turingia *f*; **~ger** *m*, 2gisch *adj.* turingense (*m*); Thüringer Wald Selva *f* de Turingia.
'Thymian ♣ *m* (-s; -e) tomillo *m*.
'Thymusdrüse *f* timo *m*.
Ti'ara *f* (-; -ren) tiara *f*.
'Tiber *m* Tíber *m*.
'Tibet *n* Tíbet *m*.
Tibe'tan|er *m*, 2isch *adj.* tibetano (*m*).
Tick *m* (-*és*; -s) ♣ tic *m* (nervioso); *fig.* (Schrulle) chifladura *f*; *fig.* e-n ~ haben estar tocado de la cabeza; tener vena de loco; ¹2en *v/i.* Uhr: hacer tictac; '~tack *n* (-s; 0) tictac *m*.

tief I. *adj.* hondo, profundo (beide a. *fig.*); (niedrig) bajo; ♩ Ton: bajo; Stimme: grave; Farbe: subido, intenso; Geheimnis: absoluto; wie ~ ist es? ¿qué profundidad tiene?; es ist 3 Meter ~ tiene tres metros de profundidad bzw. de fondo; ~e Wunde herida *f* profunda; ~er Schnee nieve *f* alta; ~es Schweigen silencio *m* absoluto; ~ im Lande en el interior del país; ~ in der Nacht a altas horas de la noche; bis ~ in die Nacht hasta muy entrada (od. avanzada) la noche; ~ im Schlamm hundido en el fango; ~ im Wald (Wasser) en el fondo del bosque (del agua); in ~er Trauer (Kleidung) de luto riguroso; (Gefühl) con profundo pesar; aus ~stem Herzen de todo corazón; im ~sten Elend en la extrema miseria; im ~sten Winter en pleno invierno; II. *adv.* profundamente, hondamente; bajo; ~ atmen respirar hondo; ~ seufzen dar un hondo suspiro; sich ~ verbeugen hacer una profunda reverencia; den Hut ~ ins Gesicht drücken calar (od. F encasquetar) el sombrero; ~ ausgeschnitten Kleid: muy escotado; ~ gekränkt (enttäuscht) muy ofendido (decepcionado); sich ~ legen rebajar; ♩ ~er stimmen bajar el tono; e-n Ton ~er singen bajar un tono; III. ♀ *n* (-s; -s) Meteo. depresión *f* atmosférica; (~druckgebiet) zona *f* de baja presión; ⚓ agua *f* profunda; profundidad *f*.
'Tief...: **~bau** *m* construcción *f* de caminos, canales y puertos; obras *f/pl.* públicas; **~bau-ingenieur** *m* ingeniero *m* de caminos, canales y puertos; 2betrübt *adj.* profundamente afligido; 2bewegt *adj.* hondamente (od. profundamente) conmovido; 2blau *adj.* azul oscuro; **~blick** *m* penetración *f*; perspicacia *f*; 2blickend *adj* penetrante; perspicaz; **~druck** *m* Typ. huecograbado *m*; Meteo. baja presión *f*; **~druckgebiet** *n* zona *f* de baja presión.
'Tiefe *f* profundidad *f* (a. *fig.*); fondo *m*; hondura *f*; ♩ gravedad *f*; (Abgrund) abismo *m*; ⚓ e-s Schiffes: puntal *f*.
'Tief|ebene *f* llanura *f*; 2empfunden *adj.* hondamente (od. muy) sentido.
'Tiefen...: **~ausdehnung** *f* extensión *f* en profundidad; **~feuer** ⚔ *n* tiro *m* progresivo (od. escalonado); **~messung** *f* batimetría *f*; **~psychologie** *f* (p)sicología *f* profunda; **~schärfe** *f* Phot. *f* profundidad *f* de campo; **~steuer** ⚓ *n* timón *m* de profundidad; **~therapie** ♣ *f* radioterapia *f* profunda; **~wirkung** *f* efecto *m* en profundidad; Mal. efecto *m* plástico.
'tief...: **~'ernst** *adj.* muy grave; 2flieger *m* avión *m* en vuelo rasante; 2flug *m* vuelo *m* rasante (od. a baja altura); 2gang ⚓ *m* calado *m*; 2garage *f* garaje *m* (od. aparcamiento *m*) subterráneo; **~gebeugt** *adj.* agobiado de pena; **~gefroren** *adj.* (ultra)congelado; **~gehend** *adj.* ⚓ de gran calado; *fig.* hondo, profundo; **~gekühlt** *adj.* (ultra)congelado; **~gestellt** *adj.* EDV: subíndice; **~greifend** *adj.* profundo; **~gründig** *adj.* profundo; abisal; **~kühlen** *v/t.* congelar; refrigerar a baja temperatura; 2kühlfach *n* congelador *m*; 2kühlkost *f* alimentos *m/pl.* con-

gelados; ⚲kühltruhe f arca f congeladora, congelador m horizontal; ⚲lader m remolque m de plataforma baja; ⚲land n tierra(s) f(/pl.) baja(s); ~liegend adj. bajo; de bajo nivel; ~e Augen ojos m/pl. hundidos; ⚲lot ⊕ n sonda f de alta mar; ⚲punkt m punto m más bajo; fig. bache m (de moral); fig. auf den ~ angekommen sein tocar fondo; ⚲schlag m Boxen u. fig. golpe m bajo; ~schürfend adj. profundo; exhaustivo; (gehaltvoll) su(b)stancial; ~schwarz adj. negro intenso; azabachado, negro como el azabache; ⚲see f mar m profundo; aguas f/pl. abisales; ⚲seefauna f fauna f abisal; ~seeforschung f investigación f oceanográfica (od. abisal); ⚲seekabel n cable m de alta mar; ⚲seetauchboot n batiscafo m; ⚲seetauchkugel f batisfera f; ⚲sinn m profundidad f de pensamiento; (Schwermut) melancolía f; ~sinnig adj. profundo, hondo; (nachdenklich) pensativo, meditabundo; ensimismado; (schwermütig) melancólico; ⚲stand m bajo nivel m bzw. nivel m más bajo; ✝ depresión f (a. des Barometers); ⚲stape'lei f declaración f (od. afirmación f) exageradamente modesta; ~stapeln v/i. ser demasiado modesto en sus afirmaciones; ⚲start m Sport: salida f agachada; ~stehend adj. bajo; fig. a. inferior; ⚲stwert m valor m mínimo; ~wurzelnd adj. profundamente arraigado; ~ziehen ⊕ v/t. embutir a profundidad.

'Tiegel m (Topf) cacerola f; ⊕ (Schmelz⚲) crisol m; Typ. platina f; ~druckpresse Typ. f minerva f; ~ofen m horno m de crisol; ~stahl m acero m al crisol (od. acrisolado).

'Tier n (-es; -e) animal m; bestia f; Liter., fig. bruto m; (Raub⚲) fiera f; (Ungeziefer) bicho m; F fig. hohes (od. großes) ~ F pez m gordo; ~art f especie f zoológica (od. animal); ~arzt m veterinario m; ⚲ärztlich adj. veterinario; ⚲e Hochschule Escuela f de Veterinaria; ~bändiger(in f) m domador(a f) m de fieras; ~beschreibung f zoografía f; ~bestand m población f animal; ~chen n animalito m; bicho m; F jedem ~ sein Pläsierchen cada loco con su tema; ~fett n grasa f animal; ~freund(in f) m amigo (-a f) m de los animales; ~garten m parque m (od. jardín f) zoológico; ~halter(in f) m dueño (-a f) m de un animal; ~ ganadero m; ~haltung f tenencia f de animales; ✓ ganadería f; ~heilkunde f veterinaria f; ⚲isch adj. animal; fig. bestial; brutal; ~kadaver m animal m muerto; ~kohle f carbón m animal; ~kreis Astr. m zodíaco m; ~kreiszeichen n signo m del zodíaco; ~kunde f zoología f; ~liebe f amor m a los animales; ~medizin f ~heilkunde; ~park m jardín m (od. parque m) zoológico; ~pfleger m cuidador m de animales; ~psychologie f (p)sicología f animal; ~quäler m atormentador m de animales; ~quäle'rei f maltrato m de los animales; crueldad f con los animales; ⚲reich m reino m animal; ⚲reich adj. rico en animales; ~reichtum m riqueza f zoológica (od. faunística); ~schau f exposición f de fieras; ✓ exposición f (od. feria f) de ganado; ~schutz m protección f de animales; ~schutzgebiet n reserva f zoológica; ~schutzverein m sociedad f protectora de animales; ~versuch m experimento m en animales; ~wärter m cuidador m de animales; ~welt f mundo m animal; e-s bestimmten Gebietes: fauna f; ~zucht f zootecnia f; cría f de animales; ~züchter m zootécnico m; criador m de animales.

'Tiger m tigre m; ~fell n piel f de tigre; ~in f tigresa f; ~katze Zoo. f gato m tigre; ⚲n (-re) I. v/t. atigrar; II. v/i. correr (de un lado a otro).

'Tilde f tilde m/f; (Wiederholungszeichen) signo m de repetición.

'tilg|bar adj. redimible; ✝ amortizable; re(e)mbolsable; nicht ~ irredimible; ~en v/t. (auslöschen) borrar, extinguir; (beseitigen) suprimir; quitar; (streichen) tachar; (aufheben) anular; cancelar; ✝ Schuld: pagar; liquidar, saldar; redimir; Anleihe usw.: amortizar; re(e)mbolsar, reintegrar; 'Tilgung f extinción f; supresión f; tachadura f; (Aufheben) anulación f; cancelación f; ✝ pago m; liquidación f; amortización f; re(e)mbolso m, reintegro m; ~s-anleihe ✝ f empréstito m amortizable; ~sfonds m fondo m de amortización; ~skasse f caja f de amortización; ~s-plan m plan m de amortización; ~squote f, ~srate f cuota f de amortización; ~szeichen Typ. n dele m.

'Tingeltangel m/n café m cantante.
'Tink'tur f tintura f.
'Tinnef F m (-s; 0) (Schund) pacotilla f; baratijas f/pl.; (Unsinn) bobadas f/pl., sandeces f/pl.; F chorradas f/pl.
'Tinte f tinta f; F fig. in der ~ sitzen estar en un gran apuro (od. en un atolladero); das ist klar wie dicke ~ está más claro que el sol.
'Tinten...: ~faß n tintero m; ~fisch Ict. m sepia f; kleiner: chipirón m; weit⚲n calamar m; ~fleck m, ~klecks m mancha f de tinta; ~kleckser F m F escribidor m; chupatintas m; ~stift m lápiz m de tinta; ~strahldrucker m Computer: impresora f de inyección de tinta (od. de chorro de tinta).

Tip m (-s; -s) sugerencia f; indicación f; F pista f; Sport: pronóstico m; (Wink) aviso m, F soplo m; ein guter ~ un buen consejo; j-m e-n ~ geben dar una pista a alg.
'Tippel|bruder F m vagabundo m; ⚲n (-le; sn) v/i. trotar; (kleine Schritte machen) ir F a pasito a paso.
'tipp|en v/t. u. v/i. 1. tocar (ligeramente) (an et. a/c.); 2. (maschineschreiben) escribir a máquina, mecanografiar; F teclear; 3. F (wetten) apostar (auf ac. por), hacer apuestas; Fußball: hacer una quiniela; richtig ~ acertar; ⚲fehler m error m de máquina; ~fräulein F n, ⚲se f desp. f taquimeca f.
'tipp'topp F adj. impecable, perfecto; F de primera; ~ angezogen F de punta en blanco.
'Tippzettel m quiniela f, boleto m.
Ti'rade f tirada f.
tiri'lieren (-) v/i. Vogel: trinar, gorjear.
Ti'rol n Tirol m; ~er(in f) m tirolés m,

tirolesa f; ⚲(er)isch adj. tirolés.
'Tisch m (-es; -e) mesa f; bei ~, zu ~ a la mesa; vor (nach) ~ antes de la comida (después de la comida; de sobremesa); reinen ~ machen hacer tabla rasa (mit et. de a/c.); den ~ decken (abdecken) poner (quitar) la mesa; fig. unter den ~ fallen pasar inadvertido; unter den ~ fallen lassen pasar por alto; fig. j-n unter den ~ trinken ganar a otro bebiendo; vom ~ aufstehen levantarse de la mesa; zu ~ bleiben quedarse a comer; zu ~ gehen ir a comer (od. almorzar); zu ~ laden (od. bitten) invitar a comer; sich zu ~ setzen sentarse a la mesa; bitte zu ~! la mesa está servida; Rel. zum ~e des Herrn gehen ir a comulgar; ~apparat Tele. m teléfono m de mesa; ~aufsatz m centro m de mesa; ~bein n pata f de la mesa; ~besen m recogemigas m; ~chen m mesita f; ~dame f compañera f (od. vecina f) de mesa; ~decke f mantel m; ~ende n: das obere (untere) ~ la cabecera (el extremo) de la mesa; ⚲fertig adj. listo para servir (od. comer); ~fußball m futbolín m; ~gast m convidado m; comensal m; ~gebet n bendición f de la mesa, bendícete m; ~genosse m comensal m; ~gesellschaft f convidados m/pl., comensales m/pl.; ~gespräch n conversación f de mesa; ~glocke f campanilla f de mesa; ~herr m compañero m (od. vecino m) de mesa; ~kante f borde m (od. canto m) de la mesa; ~karte f tarjeta f de mesa; ~klappe f tablero m plegable de mesa; ~klopfen n spiritistisch: mesa f parlante; ~lampe f lámpara f de (sobre)mesa; ~läufer m tapete m.

'Tischler m carpintero m; (Möbel⚲) ebanista m; ~arbeit f obra f de carpintería bzw. de ebanistería.
Tischle'rei f carpintería f; ebanistería f.
'Tischler...: ~geselle m oficial m (de) carpintero bzw. (de) ebanista; ~lehrling m aprendiz m de carpintero bzw. de ebanista; ~leim m cola f fuerte; ~meister m maestro m carpintero bzw. ebanista; ⚲n v/i. carpintear; ~werkstatt f (taller m de) carpintería f bzw. ebanistería f.

'Tisch...: ~lied n canción f de mesa; ~messer n cuchillo m de mesa; ~nachbar(in f) m vecino (-a f) m de mesa; ~ordnung f disposición f de asientos (a la mesa); ~platte f tabla f de la mesa; tablero m (de la mesa) zur Verlängerung: ala f; ~rede f discurso m de sobremesa; (Toast) brindis m; ~rücken n sesión f de espiritismo; mesa f parlante; ~sitten f/pl. comportamiento m (od. modales m/pl.) en la mesa; ~telefon n teléfono m de mesa; ~tennis n tenis m de mesa, ping-pong m; ~tennisschläger m pala f de ping-pong; ~tuch n mantel m; ~tuchklammer f sujetamanteles m; ~wein m vino m de mesa; ~zeit f hora f de comer (od. de almorzar); ~zeug n mantelería f.

Ti'tan 1. m (-en) Myt. titán m; 2. ♱ n (-s; 0) titanio m; ⚲enhaft, ⚲isch adj. titánico; ~säure ♱ f ácido m titánico.

'Titel m (-s; -) allg. título m; (Anrede)

tratamiento *m*; *j-m e-n* ~ verleihen conceder un título a alg.; *den* ~ ... *führen* tener el título de ...; *e-n* ~ *innehaben Sport*: ostentar un título; *das Buch trägt den* ~ ... el libro se titula ..., el título del libro es ...; ~**bewerber** *m Sport*: aspirante *m* al título; ~**bild** *n* (grabado *m* de la) portada *f*; ~**blatt** *n* portada *f*.
Tite'lei *Typ*. *f* títulos *m/pl*.
'**Titel|halter** *m*, ~**inhaber** *m a. Sport*: poseedor *m* (*od*. tenedor *m*) del título; titular *m*; ~**rolle** *Thea*. *f* papel *m* principal (*od*. de protagonista); ~**seite** *f* primera plana *f*, portada *f*; ~**sucht** *f* manía *f* de los títulos; ~**verteidiger** *m Sport*: defensor *m* del título.
'**Titer** ♇ *m* título *m*.
Ti'trier|analyse ♇ *f* análisis *m* volumétrico; ℨ**en** (-) *v/t*. titular; ~**en** *n*, ~**ung** *f* titulación *f*.
'**Titte** P *f* teta *f*.
Titu'lar *m* (-s; -e) titular *m*.
Titula'tur *f* títulos *m/pl*.; (*Anrede*) tratamiento *m*.
titu'lieren (-) *v/t*. titular; poner título; intitular; (*anreden*) tratar de; F (*bezeichnen*) calificar, tildar (*als* de).
'**Toast** [to:st] *m* (*-es; -e u. -s*) **1.** (*Trinkspruch*) brindis *m*; *e-n* ~ *auf j-n ausbringen* brindar por alg.; **2.** (*geröstetes Brot*) tostada *f*; ~**brot** *n* pan *m* tostado *bzw*. para tostar; ℨ**en** (*-e-*) **I.** *v/i*. brindar (*auf ac*. por); **II.** *v/t*. tostar; ~**er** *m*, ~**röster** *m* tostador *m* de pan.
'**Tobak** F *m* (*-¢s; -e*) → **Tabak**; *Anno* ~ el año de la nana (*od*. nanita); F *fig*. *das ist starker* ~! ¡eso es un poco fuerte!
'**toben** *v/i*. *vor Wut*: rabiar, estar furioso, F echar chispas, darse a todos los diablos; *Sturm usw*.: desencadenarse (*a. Schlacht*); bramar, rugir; *See*: embravecerse; *Kinder*: retozar; (*lärmen*) alborotar; (*Zerstörungen anrichten*) hacer estragos; ~**d** *adj*. furioso, enfurecido; frenético (*a. Beifall*); *Elemente*, *Sturm*: desencadenado; *See*: embravecido.
'**Tob...: ~sucht** *f* frenesí *m*; ♣ delirio *m* furioso; ℨ**süchtig** *adj*. frenético, furioso; rabioso; ~**suchts-anfall** *m* acceso *m* de rabia; ♣ ataque *m* de locura; acceso *m* furioso.
'**Tochter** *f* (-; ⁿ) hija *f*; *die* ~ *des Hauses* la señorita.
'**Töchterchen** *n* hijita *f*.
'**Tochter|firma** *f* filial *f*; ~**gesellschaft** ✝ *f* (sociedad *f*) filial *f*; ~**kirche** *f* iglesia *f* filial.
'**töchterlich** *adj*. de hija; filial.
'**Tochtersprache** *f* lengua *f* derivada.
Tod *m* (-¢s; -e) muerte *f* (*a. fig*.); (*Ableben*) fallecimiento *m*; defunción *f*; *Liter*. óbito *m*; *plötzlicher* (*früher*) ~ muerte *f* repentina (prematura); *fig*. (*ein Kind*) *des* ~*es sein* ser presa de la muerte; estar condenado a morir; *den* ~ *finden* hallar la muerte, perecer; *dem* ~*e nahe sein* estar a dos pasos de la muerte; *auf den* ~ *nicht leiden können* odiar a (*od*. de) muerte; tener un odio mortal a; *dem* ~ *mutig ins Auge schauen* afrontar serenamente la muerte; *bis in den* ~ hasta la muerte; *kurz vor s-m* ~*e* poco antes de morir; *mit dem* ~ *ringen* agonizar, estar en la agonía; *nach j-s* ~ *erscheinend, geboren usw*.: póstumo; *j-n vom* ~ *erretten* salvar la vida a alg.; librar de una muerte cierta a alg.; *sich zu* ~*e arbeiten* matarse trabajando; *sich zu* ~*e schämen* morirse de vergüenza; *sich zu* ~*e langweilen* morirse de aburrimiento; F aburrirse como una ostra; (*sich*) *zu* ~*e stürzen* sufrir una caída mortal; *zu* ~*e betrübt* muy afligido; con el corazón destrozado; *zu* ~*e erschrecken* llevarse un susto mortal (*od*. de muerte); *zu* ~*e hetzen Wild*: perseguir a muerte, acosar (*a. fig*.); *Pferd*: reventar; *zu* ~*e quälen* atormentar hasta la muerte; *zum* ~*e verurteilen* condenar (*od*. sentenciar) a muerte; *zwischen* ~ *und Leben schweben* estar entre la vida y la muerte; '**ℨbringend** *adj*. mortal; fatal; mortífero; '**ℨ'ernst I.** *adj*. muy serio; **II.** *adv*. muy en serio.
'**Todes...: ~ahnung** *f* presentimiento *m* de la muerte (próxima); ~**angst** *f* angustia *f* mortal; *fig*. *Todesängste ausstehen* pasar angustias mortales; *estar con el alma en un hilo*; ~**anzeige** *f* esquela *f* de defunción (*od*. mortuoria); ~**art** *f* género *m* (*od*. forma *f*) de muerte; ~**blässe** *f* palidez *f* cadavérica; ~**engel** *m* ángel *m* de la muerte; ~**erklärung** *f* declaración *f* de muerte (*od*. de fallecimiento); ~**fall** *m* muerte *f*; defunción *f*, fallecimiento *m*; *im* ~ *en caso de muerte*; ~**falle** *f* (*Ort*) trampa *f* mortal; ~**fallversicherung** *f* seguro *m* en caso de muerte; ~**furcht** *f* temor *m* a la muerte; ~**gefahr** *f* peligro *m* de muerte; *j-n aus* ~ *retten* salvar la vida a alg.; ~**kampf** *m* agonía *f*; último trance *m*; ~**kandidat** F *m* moribundo *m*; condenado a muerte; ℨ**mutig** *adj*. desafiando la muerte; ~**nachricht** *f* noticia *f* de la muerte; ~**opfer** *n* víctima *f* (mortal); ~**pein** *f*, ~**qualen** *f/pl*. angustias *f/pl*. mortales; ~ *ausstehen* sufrir mil muertes; ~**rate** *f* índice *m* de mortalidad; ~**röcheln** *n* estertor *m* de la agonía; ~**stoß** *m* golpe *m* mortal (*a. fig*.); *j-m den* ~ *geben* dar la puntilla a alg. (*a. fig*.); ~**strafe** *f* pena *f* capital (*od*. de muerte); *bei* ~ bajo pena de muerte; ~**strahlen** *m/pl*. rayos *m/pl*. mortíferos; ~**stunde** *f* hora *f* de la muerte (*od*. suprema); trance *m* mortal; ~**sturz** *m* caída *f* mortal; ~**tag** *m* día *m* de la muerte; (*Jahrestag*) aniversario *m* de la muerte; ~**ursache** *f* causa *f* de la muerte; ~**urteil** *n* sentencia *f* de muerte; ~**verachtung** *f* desprecio *m* de la muerte; *mit* ~ con supremo valor, desdeñando la muerte; F *fig*. haciendo de tripas corazón; ~**wunde** *f* herida *f* mortal; ~**zelle** *f* celda *f* de la muerte.
'**Tod...: ~feind**(**in** *f*) *m* enemigo (-a *f*) *m* mortal (*od*. a muerte); ℨ**'feind** *adj*.: *j-m* ~ *sein* estar a matar con alg.; ~**feindschaft** *f* odio *m* mortal; ~**geweiht** *adj*. señalado por la muerte; ℨ**'krank** *adj*. enfermo de muerte.
'**tödlich I.** *adj*. mortal; (*todbringend*) mortífero; *a*. ♣ letal; *Schlag, Unfall usw*.: fatal; ~*er Ausgang* desenlace *m* fatal; *mit* ~*er Sicherheit behaupten* afirmar con absoluta seguridad; **II.** *adv*. mortalmente; ~ *verunglücken* perecer en un accidente; ~ *verletzen* herir mortalmente (*od*. de muerte); ~ *hassen* odiar a (*od*. de) muerte (*od*. mortalmente); *sich* ~ *langweilen* morirse de aburrimiento; aburrirse soberanamente (*od*. F como una ostra).
'**tod...: ~'müde** *adj*. muerto de sueño; rendido de cansancio; F hecho polvo; ~'**schick** F *adj*. muy elegante, muy chic; ~'**sicher I.** *adj*. segurísimo, absolutamente seguro; infalible; **II.** *adv*. sin falta; (*zweifellos*) sin duda alguna; ℨ**sünde** *Rel*. *f* pecado *m* mortal; ~'**unglücklich** *adj*.: ~ *sein* estar destrozado; ~'**wund** *adj*. mortalmente herido.
'**Toga** *f* (-; *-gen*) toga *f*.
Tohuwa'bohu *n* (*- od. -s; -s*) caos *m*; confusión *f*; F cacao *m*; jaleo *m*, follón *m*.
toi, toi, toi! F *int*. ¡suerte!
Toi'lette [toa'-] *f* **1.** (*Frisiertisch*) tocador *m*; **2.** (*Kleidung*) atuendo *m*, atavío *m*; (*Kleid*) vestido *m*; (*Körperpflege*) aseo *m* (personal); ~ *machen* asearse; arreglarse; *in großer* ~ en traje de gala; F *de tiros largos*; **3.** (*Abort*) retrete *m*, excusado *m*, wáter *m*; lavabo *m*; servicios *m/pl*.
Toi'letten...: ~artikel *m/pl*. artículos *m/pl*. de tocador; ~**frau** *f* encargada *f* de los lavabos; ~**garnitur** *f* juego *m* de tocador; ~**necessaire** *n* estuche *m* de aseo; neceser *m*; ~**papier** *n* papel *m* higiénico; ~**seife** *f* jabón *m* de tocador; ~**spiegel** *m* espejo *m* de tocador; ~**tisch** *m* tocador *m*.
Tok'kata ♪ *f* (-; *-ten*) tocata *f*.
tole|'rant *adj*. (*-est*) tolerante; ℨ'**ranz** *f* tolerancia *f*; ~'**rieren** (-) *v/t*. tolerar.
'**toll I.** *adj*. (*verrückt*) loco, demente; (*rasend*) frenético; (*wütend*) furioso, *Hund*: rabioso, hidrófobo; *fig*. loco, alocado; extravagante; (*unglaublich*) increíble; (*schrecklich*) terrible, F de espanto; (*großartig*) F formidable, estupendo, fabuloso, fenómeno, fantástico, chupi, de miedo; (*unvernünftig*) insensato, descabellado; (*zügellos*) desenfrenado; ~*er Streich* locura *f*; quijotada *f*; barrabasada *f*, calaverada *f*; ~*er Einfall* idea *f* genial; *ein* ~*er Lärm* un ruido infernal (*od*. de mil demonios); *das ist e-e* ~*e Sache* F es una cosa estupenda; es fantástico; *da ist et.* ℨ*es passiert* ha sucedido algo gordo; *e-e* ~*e Wirtschaft* la casa de tócame Roque; *ein* ~*es Leben führen* F vivir a lo loco *bzw*. a lo grande; *das macht mich* ~ me vuelve loco; *das ist zu* ~ eso ya es demasiado; eso ya pasa de la raya (*od*. de castaño oscuro); *ein* ~*es Glück* una suerte loca; *e-e* ~*e Frau* una gran mujer; *ein* ~*er Bursche*, *Kerl* F un gran tipo; un tío estupendo; *bist du* ~? ¿estás loco?; **II.** *adv*.: *wie* ~ locamente, F a lo loco; *es zu* ~ *treiben* ir demasiado lejos, pasarse (*de rosca*); *sich* ~ *amüsieren* F pasarlo bomba; ~ *werden* enloquecer, volverse loco (*a. fig*.); *es ging* ~ *her bei Streit*: se armó la de San Quintín; *iro*. *es kommt noch* ~*er* lo más bonito viene después; ~**dreist** *adj*. arrojado, atrevido; (*unverschämt*) descarado; ℨ*e f* (*Haarschopf*) tupé *m*, copete *m*; ~**en** *v/i*. alborotar; *Kinder*: retozar, corretear; ℨ**haus** *n*: *hier geht es zu wie im* ~ parece una casa de locos (*od*. de orates); ℨ**heit** *f* locura *f* (*a. fig*.), demencia *f*; *fig*. extravagancia *f*; insensatez *f*; ℨ**kirsche** ♣ *f* belladona *f*; ~**kühn** *adj*. temerario; ℨ**kühnheit** *f*

temeridad f; ⚥wut 🗡 f rabia f, hidrofobia f; ~wütig 🗡 adj. rabioso, hidrófobo; ⚥wutserum 🗡 n suero m antirrábico.
'Tolpatsch m (-es; -e), ⚥ig adj. torpe (m), burdo (m).
'Tölpel m zopenco m; zoquete m; palurdo m, patán m; torpe m.
Tölpe'lei f torpeza f; grosería f.
'tölpel|haft adj. zopenco; majadero; palurdo; (ungeschickt) torpe; (grob) grosero; ⚥haftigkeit f → Tölpelei.
To'mate ♀ f tomate m; ~nmark n puré m de tomate; ~nsaft m jugo m de tomate; ~nsalat m ensalada f de tomate; ~nsuppe f sopa f de tomate.
'Tombak m (-s; 0) tumbaga f.
'Tombola f (-; -s od. -len) tómbola f; rifa f.
Ton¹ m (-és; -e) Min. arcilla f; (Töpfer⚥) barro m.
Ton² m (-és; ̈e) ♪ tono m (a. fig.); (Note) nota f; (Klang, Laut) sonido m; (Klangfarbe) timbre m; (Farb⚥) tonalidad f; matiz m; (Betonung) acento m; der gute ~ el buen tono; zum guten ~ gehören ser de buen tono; den ~ angeben dar el tono (a. fig.), entonar; fig. llevar la voz cantante; dar el do de pecho; den ~ nicht halten desentonar, salirse de tono; den ~ treffen entonar bien; e-n anderen ~ anschlagen cambiar de tono; den ~ legen auf acentuar (ac.), a. fig. poner el acento sobre; wenn Sie in diesem ~ reden si habla usted en ese tono; ich verbitte mir diesen ~ le prohibo hablarme en ese tono; in höchsten Tönen loben (od. reden von) hacer grandes elogios de; F poner por las nubes a; F große Töne reden (od. spucken) fanfarronear; darse tono; keinen ~ von sich geben no decir palabra; F no rechistar, no decir ni pío; keinen ~ mehr! ¡ni una palabra más!; F hat man Töne? ¿habráse visto cosa igual?; '~abnehmer m fonocaptor m, pick-up m.
to'nal ♪ adj. tonal; ⚥i'tät f tonalidad f.
'Ton...: ⚥angebend adj. que da el tono; que lleva la voz cantante; ~archiv n archivo m sonoro, fonoteca f; ~arm m brazo m del fonocaptor (od. del pick-up); ~art ♪ f tono m; tonalidad f; modo m; fig. in allen ~en en todos los tonos; e-e andere ~ anschlagen cambiar de tono; ~aufnahme f registro m del sonido (od. sonoro); grabación f sonora; ~band n cinta f magnetofónica; auf ~ aufnehmen grabar en cinta (magnetofónica); ~band-aufnahme f grabación f (en cinta) magnetofónica; ~bandgerät n magnetófono m, magnetofón m; grabadora f; ~blende f regulador m de sonido; ~boden m terreno m (od. suelo m) arcilloso; ~dichter m compositor m; ~dichtung f poema m sinfónico.
'tönen I. v/i. sonar; (widerhallen) resonar; dumpf: retumbar; F fig. fanfarronear; II. v/t. matizar; Haare: dar reflejos a; Phot. virar.
Toner m (-s; -) toner m.
'Ton-erde f tierra f arcillosa; arcilla f; 🝆 alúmina f; essigsaure ~ acetato m de alúmina.
'Toner|kartusche f, ~kassette f cartucho m del toner.

'tönern adj. de arcilla; de barro; fig. auf ~en Füßen stehen estar sobre pies de barro.
'Ton...: ~fall m cadencia f; der Stimme: entonación f; inflexión f (de la voz); acentuación f; dejo m; Arg. tonada f; ~farbe f timbre m; ~film m película f sonora; coll. cine m sonoro; ~fixierbad Phot. n baño m virofijador; ~folge ♪ f serie f (od. sucesión f) de sonidos; ~frequenz f frecuencia f acústica, audiofrecuencia f; ~fülle f sonoridad f; ~gefäß n vasija f de barro; ~geschirr n vajilla f de barro; ~geschlecht ♪ n modo m; ~grube f gredal m; yacimiento m de tierra arcillosa; ⚥haltig adj. arcilloso; ~höhe ♪ f altura f del tono.
'Tonika ♪ f (-; -ken) tónica f.
'Tonikum 🗡 n (-s; -ka) tónico m.
'Ton-ingenieur m ingeniero m del sonido.
'tonisch adj. ♪, 🗡 tónico.
'Ton...: ~kamera f Film: cámara f sonora; ~kopf m cabeza f fonocaptora; ~krug m cántaro m; tinaja f; ~kunst f música f; arte m musical; ~künstler m músico m; (Komponist) compositor m; ~lage f registro m; ~leiter f escala f; gama f; ~n üben hacer escalas; ⚥los adj. sin sonido; (unbetont) átono; sin acentuación; Stimme: áfono; afónico; ~malerei f música f descriptiva; ~meister m ingeniero m del sonido; ~mischer m mezclador m de sonidos; ~mischpult n pupitre m (od. mesa f) de mezcla (de sonidos); ~mischung f mezcla f de sonidos.
Ton'nage [-'na:ʒə] ⚓ f tonelaje m.
'Tonne f (Faß) barril m; tonel m; (Maß) tonelada f (métrica); ⚓ (Boje) boya f; baliza f; F fig. (dicke Person) barrigón m, barrigona f.
'Tonnen...: ~dach △ n tejado m en forma de tonel; ~gehalt ⚓ m tonelaje m; ~gewölbe △ n bóveda f en cañón; ⚥weise adv. por toneladas.
'Ton...: ~pfeife f pipa f de barro; ~projektor m Film: proyector m de películas sonoras; ~schiefer Min. m esquisto m arcilloso; arcilla f esquistosa; ~setzer ♪ m compositor m; ~silbe f sílaba f tónica; ~spur f Film: pista f sonora; ~stärke f intensidad f del sonido; Radio: volumen m; ~streifen m Film: banda f sonora; ~stück n pieza f musical (od. de música); ~stufe ♪ f intervalo m.
Ton'sur f tonsura f; corona f.
'Ton...: ~taube f Sport: plato m (de tiro); ~taubenschießen n Sport: tiro m al plato; ~techniker m técnico m del sonido; ~träger m soporte m del sonido; ~umfang m tesitura f.
'Tönung f (Farbe) colorido m; (Schattierung) matiz m; Haare: reflejos m/pl.; Phot. viraje m.
Tonus 🗡 m (-; 0) tono m, tonicidad f.
'Ton...: ~verstärker m amplificador m del sonido (od. acústico); ~waren f/pl. (objetos m/pl. de) alfarería f; (Steingut) loza f; ~wiedergabe f reproducción f del sonido; ~zeichen ♪ n nota f (musical).
'Toolbox f (-; -en) Computer: caja f de herramientas.
To'pas m (-es; -e) topacio m.
Topf m (-és; ̈e) pote m; tarro m; (Koch⚥) olla f; marmita f; cazuela f;

mit Stiel: cacerola f; (Nacht⚥) orinal m; fig. alles in e-n ~ werfen confundirlo todo, F meterlo todo en el mismo saco.
'Töpfchen n ollita f; (Nacht⚥) orinal m; F perico m.
'Topf|deckel m tapa f, tapadera f; ~en reg. m requesón m.
'Töpfer m alfarero m; (Kunst⚥) ceramista m; ~arbeit f (obra f de) alfarería f.
Töpfe'rei f alfarería f.
'Töpfer...: ~erde f arcilla f (figulina); ~handwerk n alfarería f; oficio m de alfarero; ~scheibe f torno m de alfarero; ~ton m ~erde; ~ware f alfarería f, cacharrería f; loza f; kunstgewerbliche: cerámica f; ~werkstatt f alfarería f.
'Topfgucker fig. m entrometido m.
'top'fit adj. en plena forma; en excelentes condiciones físicas.
'Topf|lappen m agarrador m; ~pflanze f planta f de maceta.
Topo|graph m (-en) topógrafo m; ~gra'phie f topografía f; ⚥'graphisch adj. topográfico.
topp! int. ¡trato hecho!; ¡chócala!
Topp ⚓ m (-s; -e[n] u. -s) tope m; über die ~en flaggen empavesar; ~mast m mastelero m; ~segel n juanete m.
Tor¹ m (-en) tonto m; necio m, mentecato m, estúpido m.
'Tor² n (-és; -e) puerta f; portal m; Fußball: portería f, meta f; erzieltes: gol m, tanto m; ein ~ schießen Sport: marcar un tanto; Fußball: a. marcar (od. meter) un gol; ~bogen m arco m; ~chance f Sport: ocasión f de marcar (od. de gol); ~einfahrt f puerta f cochera.
Torf m (-és; 0) turba f; ~ stechen extraer (od. cortar) la turba; ~boden m tierra f turbosa; ~gewinnung f extracción f de la turba; ~grube f turbera f.
'Torflügel m hoja f de puerta.
'Torf...: ~moor n turbera f; ~mull m serrín m de turba; ~stechen n, ~stich m extracción f de turba; ~stecher m cortador m de turba; ~streu f cama f de turba.
'Tor...: ~halle △ f porche m; pórtico m; ~heit f tontería f; necedad f; estupidez f; (Unvernunft) disparate m; insensatez f; ~hüter m portero m; Fußball: a. (guarda)meta m.
'töricht adj. (-est) tonto; necio; estúpido; (unvernünftig) insensato, disparatado; ~er'weise adv. tontamente.
'Törin f tonta f; necia f, estúpida f; insensata f.
'torkeln (-le) v/i. tambalearse; Betrunkener: zigzaguear, F ir haciendo eses.
'Tor...: ~latte f Sport: larguero m; ~lauf m Ski: slalom m; ~linie f Sport: línea f de meta (od. de gol); ~mann m ~wart.
Tor'nado m (-s; -s) tornado m.
Tor'nister m ⚔ mochila f; (Schul⚥) cartera f mochila.
torpe'dier|en (-) v/t. torpedear (a. fig.); ⚥en f, ⚥ung f torpedeo m.
Tor'pedo m (-s; -s) torpedo m; ~boot n torpedero m; ~bootjäger m cazatorpedero m; ~bootzerstörer m contratorpedero m; ~flugzeug n avión m torpedero; ~kanone f lanza-

torpedos *m*; ⁓**rohr** *n* tubo *m* lanzatorpedos; ⁓**zerstörer** *m* contratorpedero *m*.
'**Tor**...: ⁓**pfosten** *m* Sport: poste *m* (de la portería); ⁓**raum** *m* Fußball: área *f* de gol; ⁓**schluß** *m* (hora *f* del) cierre *m*; *fig*. kurz vor ⁓ en el último momento; ⁓**schlußpanik** F *f* pánico *m* del último minuto; F angustia *f* de quedarse a la luna de Valencia; ⁓**schuß** *m* Sport: tiro *m* a puerta (*od*. a gol); ⁓**schütze** *m* Sport: goleador *m*; autor *m* del gol.
Torsi'on ⊕ *f* torsión *f*; ⁓**sbe-anspruchung** *f* esfuerzo *m* de torsión; ⁓**sfeder** *f* resorte *m* de torsión; ⁓**sfestigkeit** *f* resistencia *f* a la torsión; ⁓**sstab** *m* barra *f* de torsión.
'**Torso** *m* (-s; -s) torso *m* (*a. fig.*).
'**Tor**...: ⁓**stand** *m* Sport: tanteo *m*; ⁓**steher** *m* → ⁓**wart**.
'**Törtchen** *n* tartita *f*.
'**Torte** *f* tarta *f*; ⁓**nform** *f* molde *m* de tarta, tartera *f*; ⁓**nheber** *m* paleta *f* para pasteles; ⁓**nplatte** *f* plato *m* para tartas.
Tor'tur *f* (-; -en) tortura *f* (*a. fig.*).
'**Tor**...: ⁓**verhältnis** *n* Sport: angl. gol average *m*; ⁓**wächter** *m* portero *m*; ⁓**wart** *m* Sport: portero *m*, (guarda)meta *m*, *bsd. Am.* arquero *m*; ⁓**weg** *m* puerta *f* cochera.
'**tosen I.** (-t) *v/i*. (sich entfesseln) desencadenarse; *Wind*, *Meer*: bramar, rugir; ⁓**der Beifall** aplausos *m/pl*. atronadores (*od*. frenéticos), ovación *f* estruendosa; **II.** 2 *n* bramido *m*, rugido *m*; (*Lärm*) estrépito *m*; estruendo *m*.
Tos'kana *f* Toscana *f*.
tot adj. (0) muerto (*a. fig.*); (verstorben) difunto; fallecido, finado; (leblos) sin vida, inanimado, inánime; *fig*. sin animación; (glanzlos) apagado; (erloschen) extinguido; (öde) desolado; desierto; abandonado; ✝ *Kapital*: inactivo, improductivo; *Börse*, *Markt*: desanimado; ⚤ sin corriente; *Sprache*, *Winkel*: muerto; ⚒ ⁓**es** *Gebirge* rocas *f/pl*. estériles; ⁓**es** *Gleis* vía *f* muerta; ⁓**es** *Wissen* conocimientos *m/pl*. inútiles; ⁓**es** *Gewicht* peso *m* muerto; ⚧ ⁓**e** *Hand* mano *f* muerta; *das* 2*e Meer* el Mar Muerto; ⁓**er** *Punkt* ⊕ punto *m* muerto (*a. fig.*); *fig*. an (*od*. auf) e-m ⁓**en** *Punkt* ankommen llegar a un punto muerto; *den* ⁓**en** *Punkt überwinden* salir del punto muerto; ⊕ ⁓**er** *Raum* espacio *m* muerto; ⁓**es** *Rennen* Sport: carrera *f* empatada; ⁓**e** *Zone Radio*: zona *f* de silencio; *für* ⁓ *erklären* declarar muerto; *er war sofort* ⁓ murió en el acto; *den* ⁓**en** *Mann machen Schwimmen*: hacer la plancha; *mehr* ⁓ *als lebendig* más muerto que vivo; ⁓ *umfallen* caer muerto.
to'tal I. adj. total; absoluto; entero, completo; ⁓**er** *Krieg* guerra *f* total; **II.** adv. totalmente; completamente, por completo; ⁓ *verrückt* loco de remate; 2**ansicht** *f* vista *f* total (*od*. panorámica); 2**ausfall** *m* pérdida *f* total; 2**ausverkauf** *m* liquidación *f* (*od*. remate *m*) total; 2**finsternis** *Astr. f* eclipse *m* total.
Totali'sator *m* (-s; -en) totalizador *m*; *Sport*: marcador *m* simultáneo.
totali'tär adj. totalitario.

Totalita'rismus *m* (-; 0) totalitarismo *m*.
Totali'tät *f* (0) totalidad *f*; ⁓**s-prinzip** *n* principio *m* totalitario.
To'tal|schaden *m* daño *m* (*od*. siniestro *m*) total; ⁓**verlust** *m* pérdida *f* total.
'**tot|arbeiten** *v/refl*.: *sich* ⁓ matarse trabajando; ⁓**ärgern** *v/refl*.: *sich* ⁓ reventar de rabia.
'**Totem** *n* (-s; -s) tótem *m*.
Tote'mismus *m* (-; 0) totemismo *m*.
'**Totempfahl** *m* mástil *m* totémico.
'**töten I.** (-e-) *v/t*. matar, dar muerte a; (vernichten) destruir; (morden) asesinar; (hinrichten) ejecutar; ⚕ *Nerv*: desvitalizar; *Bib*. du sollst nicht ⁓ no matarás; *sich* ⁓ matarse; quitarse la vida, suicidarse; **II.** 2 *n* → *Tötung*.
'**Toten**...: ⁓**amt** *n* → ⁓**messe**; ⁓**bahre** *f* féretro *m*; ⁓**beschwörung** *f* nigromancia *f*; ⁓**bett** *n* lecho *m* mortuorio; 2'**blaß**, 2'**bleich** adj. pálido como un muerto; de una palidez mortal; lívido; cadavérico; ⁓**blässe** *f* palidez *f* mortal (*od*. cadavérica); ⁓**feier** *f* funerales *m/pl*.; exequias *f/pl*.; honras *f/pl*. fúnebres; ⁓**geläut** *n* doble *m* (de las campanas), toque *m* a muerto; ⁓**gesang** *m* canto *m* fúnebre; ⁓**glocke** *f* → ⁓**geläut**; *die* ⁓**n** *läuten* doblar (*od*. tocar) a muerto; ⁓**gräber** *m* enterrador *m*, sepulturero *m*; *Zoo*. necróforo *m*; ⁓**gruft** *f* sepulcro *m*; tumba *f*; *in Kirchen*: cripta *f*; ⁓**hemd** *n* mortaja *f*; ⁓**klage** *f* llanto *m* fúnebre; plañido *m*; ⁓**kopf** *m* calavera *f*; ⁓**kranz** *m* corona *f* funeraria; ⁓**liste** *f* lista *f* de defunciones; necrología *f*; ⚔ lista *f* de bajas; ⁓**maske** *f* mascarilla *f*; ⁓**messe** *f* misa *f* de réquiem, oficio *m* de difuntos; ⁓**register** *n* obituario *m*; ⁓**reich** *n* reino *m* de los muertos; ⁓**schädel** *m* calavera *f*; ⁓**schau** *f* necropsia *f*; ⁓**schein** *m* des Arztes: certificado *m* de defunción; standesamtlicher: partida *f* de defunción; ⁓**sonntag** *m* día *m* de difuntos; ⁓**stadt** *f* necrópolis *f*; ⁓**starre** *f* rigidez *f* cadavérica; 2'**still** adj.: *es war* ⁓ reinaba un silencio de muerte; ⁓'**stille** *f* silencio *m* sepulcral (*od*. de muerte); ⁓**tanz** *m* danza *f* macabra; ⁓**wache** *f* vela *f* de un difunto; velatorio *m*; *die* ⁓ *halten* velar a un difunto.
'**Tote(r)** *m* (*f*) muerto (-a *f*) *m*; difunto (-a *f*) *m*; finado (-a *f*); *die* ⁓**n** *soll man ruhen lassen* no hay que remover las cenizas (*od*. profanar el sueño) de los muertos.
'**tot**...: ⁓**fahren** (L) *v/t*. atropellar mortalmente (*od*. causando la muerte); ⁓**geboren** adj. nacido muerto (*od*. sin vida), mortinato; muerto al nacer; *fig*. abortado; ⁓**geburt** *f* niño *m* nacido muerto (*od*. muerto al nacer); *Zahl der* ⁓**en** mortinatalidad *f*; 2**geglaubte(r)** *m* presunto muerto *m*; ⁓**kriegen** F *fig*.: er ist nicht totzukriegen no hay quien pueda con él; ⁓**lachen** *v/refl*.: *sich* ⁓ morirse de risa; es ist zum 2 es para morirse de risa; *das* 2 *kostet ihn das Leben* F morirá a fuerza de reír; ⁓**laufen** *v/refl*.: *sich* ⁓ acabar en nada; ⁓**machen** F *v/t*. matar, dar muerte a.
'**Toto** *n*, *m* (-s; -s) *Rennsport*: totalizador *m*; (*Fußball* 2) quinielas *f/pl*.; apuestas *f/pl*. mutuas deportivo-benéficas; ⁓**gewinner** *m* acertante *m* en las quinielas; ⁓**schein** *m* qui-

niela *f*; boleto *m*; ⁓**spieler** *m* quinielista *m*.
'**Tot**...: 2**prügeln** *v/t*. matar a palos; ⁓**punkt** ⊕ *m* punto *m* muerto (*a. fig.*); 2**schießen** (L) *v/t*. matar de un tiro *bzw*. a tiros; *sich* ⁓ pegarse un tiro, F levantarse la tapa de los sesos; ⁓**schlag** ⚖ *m* homicidio *m*; 2**schlagen** (L) *v/t*. matar; dar muerte a golpes; *fig*. die Zeit ⁓ matar el tiempo; ⁓**schläger** ⚖ *m* homicida *m*; (*Waffe*) rompecabezas *m*; 2**schweigen** (L) *v/t*. callar, silenciar, pasar en silencio; 2**stechen** (L) *v/t*. acuchillar; 2**stellen** *v/refl*.: *sich* ⁓ hacerse el muerto; 2**treten** (L) *v/t*. aplastar con los pies.
'**Tötung** *f* matanza *f*; ⚖ homicidio *m*; ⁓**s-absicht** *f* intención *f* de matar.
'**Touchscreen** *m* (-s; -s) *Computer*: pantalla *f* táctil.
Tou'pet [tu'peː] *n* (-s; -s) bisoñé *m*; peluquín *m*; 2'**pieren** (-) *v/t*. Haar: cardar, crepar.
Tour [-uː-] *f* vuelta *f* (*a. Radrennen*); (*Ausflug*) excursión *f*; (*Route*) itinerario *m*; *Tanz*: figura *f* (de baile); vuelta *f*; (*Wendung*) giro *m*; ⊕ (*Umdrehung*) vuelta *f*, revolución *f*; F *fig*. truco *m*, maña *f*; F *fig*. krumme ⁓**en** caminos *m/pl*. tortuosos; *auf* ⁓**en** *kommen* tomar velocidad; *a. fig*. embalarse; *fig*. tomar vuelo; *auf vollen* ⁓**en** *laufen a. fig*. ir a todo gas (*od*. a toda máquina); F *in e-r* ⁓ sin parar, sin cesar; F *j-m die* ⁓ *vermasseln* desbaratar los planes de alg.
'**Touren**...: ⁓**karte** *f* mapa *m* turístico; ⁓**wagen** *m* coche *m* de turismo; ⁓**zahl** *f* número *m* de revoluciones *bzw*. de vueltas; ⁓**zähler** *m* contador *m* de revoluciones, cuentarrevoluciones *m*.
Tou'ris|mus *m* (-; 0) turismo *m*; ⁓**t(in** *f*) *m* (-en) turista *m/f*; ⁓**tenklasse** *f* clase *f* turista; ⁓**tenstrom** *m* flujo *m* turístico; ⁓**tik** *f* (0) turismo *m*; 2**tisch** adj. turístico.
Tour'nee [-'neː] *f* (-; -s u. -n) gira *f*; *auf* ⁓ *gehen* hacer una gira, salir en gira.
Toxiko|lo'gie *f* (0) toxicología *f*; 2'**logisch** adj. toxicológico.
To'xin *n* (-s; -e) toxina *f*.
Trab *m* (-es; 0) trote *m*; *im* ⁓ al trote; ⁓ *reiten* trotar, ir al trote; *in* ⁓ *setzen Pferd*: hacer trotar; *fig*. *j-n auf* ⁓ *bringen* F hacer trotar (*od*. marchar) a alg.; *j-n in* ⁓ *halten* llevar al trote a alg.
Tra'bant *Astr*. *m* (-en) satélite *m* (*a. fig.*); ⁓**enstadt** *f* ciudad *f* satélite.
'**trab|en** (sn) *v/i*. trotar, ir al trote; 2**en** *n* trote *m*; (*Pferd*) (caballo *m*) trotón *m*; 2**erwagen** *m* angl. sulky *m*; 2**rennbahn** *f* pista *f* para carreras al trote; 2**rennen** *n* carrera *f* al trote.
Tra'chom ⚕ *n* (-s; -e) tracoma *f*.
Tracht *f* (-; -en) (*Kleidung*) vestimenta *f*; indumentaria *f*; (*Schwestern*2 *usw*.) uniforme *m*, (*Volks*2) traje *m* regional; (*Last*) carga *f*; ⁓ *Prügel* paliza *f*, F tunda *f*.
'**trachten I.** (-e-) *v/i*.: *nach* ⁓ aspirar a a/c.; pretender a/c.; anhelar a/c.; ⁓ *zu tratar de* (*inf*.), procurar (*inf*.); *j-m nach dem Leben* ⁓ atentar contra la vida de alg.; **II.** 2 *n* aspiraciones *f/pl*.; esfuerzos *m/pl*.; 2**fest** *n* fiesta *f* regional *bzw*.

folklórico; ≈gruppe f grupo m folklórico.
'trächtig adj. preñada, en gestación; ≈keit f (0) preñez f, gestación f.
Traditi|on f tradición f.
traditio'nell adj. tradicional.
traditi'ons|bewußt adj. tradicionalista; ≈bewußtsein n tradicionalismo m; ≈gebunden adj. tradicional; tradicionalista.
'Trafo F m (-s; -s) transformador m.
'Trag|bahre f camilla f; parihuela f; ≈balken ⚙ m viga f maestra; ≈band n tirante m; 🜚 cabestrillo m; ≈bar adj. portátil; Kleid: llevable, ponible; fig. (annehmbar) aceptable; razonable; (erträglich) soportable, llevadero; (zulässig) admisible; ≈e f andas f/pl.; angarillas f/pl.; → a. ≈bahre.
'träge adj. perezoso; lento; indolente; apático; desidioso; a. Phys. inerte.
'tragen (L) I. v/t. llevar (a. Kleidung); Brille, Bart: a. gastar; (stützen) soportar, apoyar; (ertragen) sufrir, soportar, aguantar; (befördern) portar, transportar; conducir; Kosten: pagar, sufragar; Zinsen usw.: producir; Titel: ostentar; Name: llevar; (hin)≈ zu llevar a; (her)≈ zu traer a; bei sich ≈ llevar encima (od. consigo); am Körper ≈ llevar puesto; Frucht ≈ fructificar, a. fig. dar fruto; fig. producir beneficio; auf dem Arm ≈ llevar en brazos; auf dem Rücken ≈ llevar a cuestas; auf der Schulter ≈ llevar al hombro; in der Hand ≈ llevar en la mano; fig. geduldig ≈ sobrellevar; llevar con paciencia; → a. getragen; II. v/i. Schußwaffe, Stimme: alcanzar; Eis: resistir; Baum: dar fruto, fructificar; Tier: estar preñada; schwer zu ≈ haben soportar una pesada carga; fig. schwer ≈ an estar agobiado (od. abrumado) de; III. v/refl.: sich gut ≈ Stoff: ser sólido; ser durable; durar mucho; sich mit der Absicht ≈, zu tener la intención de (inf.); proponerse (od. pensar hacer) a/c.; sich mit dem Gedanken ≈, zu acariciar (od. abrigar) la idea de; pensar en (hacer) a/c.; IV. ≈ n conducción f; porte m, transporte m; Kleidung: uso m; ≈d adj. Tier: → trächtig; fig. sustentador; fundamental; Thea. ≈e Rolle papel m principal (od. de protagonista).
'Träger m portador m (a. 🜚); ⚙ (Inhaber) titular m; (Gepäck≈) mozo m; ⊕ soporte m, sostén m; △ (Balken) viga f; 🜚 vehículo m (a. fig.); an Kleidungsstücken: tirante m; fig. exponente m; representante m; ≈frequenz ⚡ f frecuencia f portadora; ≈in f portadora f; titular f; ≈kleid n vestido m de tirantes; ≈lohn m porte m; ≈los adj. Kleid: sin tirantes; ≈rakete f cohete m portador (od. lanzador); ≈rock m pichi m; ≈schürze f delantal m con tirantes; ≈welle ⚡ f onda f portadora.
'Tragezeit Zoo. f período m de gestación.
'Trag...: ≈fähig adj. capaz de sostener; sólido, resistente; ✈ productivo; ≈fähigkeit f capacidad f de carga; ⚓ desplazamiento m útil; 🜚 capacidad f de transporte; ✈ productividad f; (Nutzlast) carga f útil;

Baugrund: resistencia f del suelo; ≈fläche 🜚 f, ≈flügel m plano m de sustentación, ala f; ≈flügelboot n hidroala m, hidrofoil m; ≈gestell n andas f/pl.; ≈gurt m tirante m.
'Trägheit f (0) pereza f; lentitud f; indolencia f; desidia f; Phys. inercia f (a. fig.); ≈sgesetz n ley f de la inercia; ≈smoment n momento m de inercia.
'Tragik f (0): die ≈ lo trágico.
tragi'komisch adj. tragicómico.
Tragiko'mödie f tragicomedia f.
'tragisch I. adj. trágico; e-e ≈e Wendung nehmen tomar un rumbo trágico; F fig. es ist nicht so ≈ F no es para tanto; II. adv. trágicamente; et. ≈ nehmen tomar a/c. por lo trágico (od. por la tremenda).
'Trag...: ≈korb m cuévano m; capazo m; ≈kraft f → ≈fähigkeit; ≈last f carga f; ≈lufthalle f carpa f hinchable.
Tra'göd|e m (-n) (actor m) trágico m; actor m dramático; ≈ie [-ɪə] f tragedia f; ≈iendichter m autor m de tragedias, trágico m; ≈in f (actriz f) trágica f; actriz f dramática.
'Trag...: ≈pfeiler △ m pilar m; columna f; soporte m; ≈riemen m correa f portadora; am Gewehr: portafusil m; ≈sattel m albarda f; ≈schrauber 🜚 m autogiro m; ≈seil n cable m portador; ≈sessel m, ≈stuhl m silla f de manos; (Sänfte) litera f; ≈stein △ m ménsula f; ≈tasche f für Babys: portabebés m; ≈tier n animal m (od. bestia f) de carga; ≈tüte f bolsa f; ≈weite f alcance m; fig. a. envergadura f; transcendencia f; gravedad f; ≈werk 🜚 n alas f/pl., planos m/pl. de sustentación.
'Trailer m (-s; -) Film: trailer m.
Train [trɛ̃] 🜚 m (-s; -s) tren m de campaña; bagaje m, impedimenta f.
'Trainer [ɛː, eː] m Sport: entrenador m.
trai'nieren (-) I. v/t. entrenar; II. v/i. entrenarse; III. ≈ n entrenamiento m.
'Training n (-s; -s) entrenamiento m; ≈s-anzug m chandal m; ≈slager n campo m de entrenamiento; ≈sspiel n partido m de entrenamiento.
Trakt m (Gebäude) ala f, sección f; (Straße) tramo m, trecho m.
Trak'tat m/n (-es; -e) (Abhandlung) tratado m; (Flugschrift) folleto m; ≈ieren (-) v/t. tratar (de) (bewirten) obsequiar, agasajar.
'Traktor m (-s; -en) tractor m.
Trakto'rist m (-en) tractorista m.
'trällern I. (-re) v/i. tararear; canturrear; II. ≈ n tarareo m; canturreo m.
'Tram(bahn) reg. f tranvía m.
'Trampel F m/n (-s; -) F atropellaplatos f; maritornes f; ≈n (-le) v/i. patear; patalear; ≈n n pateo m; pataleo m; ≈pfad m sendero m trillado; ≈tier Zoo. n camello m bactriano.
'tram|pen [ɛ] v/i. hacer (od. viajar por) autostop; ≈per m auto(e)stopista m/f.
Trampo'lin n (-s; -e) Sport: cama f elástica.
'Trampschiffahrt f navegación f sin ruta fija.
Tran m (-es; -e) aceite m de ballena bzw. de pescado; F fig. im ≈ sein estar medio dormido.
'Trance [-ãː(ə)] f trance m; sueño m

hipnótico; in ≈ fallen entrar en trance.
'Tranche ['tRã:ʃ(ə)] ✈ f emisión f parcial.
Tran'chier|besteck [tRã'ʃiːʀ-] n cubierto m de trinchar; ≈en (-) v/t. trinchar; ≈gabel f trinchante m; ≈messer n cuchillo m de trinchar; trinchante m.
'Träne f lágrima f; den ≈n nahe sein estar a punto de llorar; contener las lágrimas; ≈n vergießen derramar lágrimas; ≈n lachen llorar de risa; in ≈n aufgelöst anegado en lágrimas; in ≈n zerfließen deshacerse en lágrimas; heiße ≈n weinen llorar a lágrima viva; F llorar a moco tendido; mit ≈n in den Augen, unter ≈n con lágrimas en los ojos; zu ≈n rühren mover a lágrimas; in ≈n ausbrechen romper a llorar.
'tränen I. v/i. lagrimear; ≈de Augen ojos m/pl. lagrimosos; II. ≈ n 🜚 lagrimeo m, epífora f; ≈bein Anat. n hueso m lagrimal; ≈drüse Anat. f glándula f lagrimal; F fig. auf die ≈n drücken ser sentimental; mover a lágrimas; ≈erstickt adj.: mit ≈er Stimme con voz ahogada por las lágrimas; ≈gas n gas m lacrimógeno; ≈gasbombe f bomba f lacrimógena; ≈kanal Anat. m conducto m lagrimal; ≈sack Anat. m saco m lagrimal; ≈strom m raudal m de lágrimas; ≈tal fig. n valle m de lágrimas; ≈überströmt adj. anegado en llanto (od. en lágrimas); con los ojos bañados en lágrimas.
'tranig adj. aceitoso; Geschmack: con gusto a aceite de pescado; F fig. (schwerfällig) flemático, F cachazudo; (dösig) soñoliento; (langweilig) aburrido, soso.
Trank m (-es; ≈e) bebida f; 🜚 poción f; Liter. u. desp. brebaje m; (Zauber≈) bebedizo m, filtro m; (Aufguß) tisana f, infusión f.
'Tränke f abrevadero m; ≈n v/t. dar de beber a; Vieh: a. abrevar; (durch≈) embeber; empapar; impregnar (mit de).
'Trank-opfer n libación f.
Trans-akti'on f transacción f.
trans|al'pin(isch) adj. transalpino; ≈at'lantisch adj. transatlántico.
Trans'fer ✈ m (-s; -s) transferencia f; ≈abkommen n acuerdo m sobre transferencias.
transfe'rier|bar ✈ adj. transferible; ≈en (-) v/t. transferir; ≈en n, ≈ung f transferencia f.
Transfor|mati'on f transformación f; ≈'mator ⚡ m (-s; -en) transformador m; ≈ma'torenstation f estación f transformadora; ≈'mieren (-) v/t. transformar.
Transfusi'on 🜚 f transfusión f.
Tran'sistor ⚡ m (-s; -en) transistor m; ≈i'sieren (-) v/t. transistorizar.
Tran'sit m (-s; -e) tránsito m; ≈ en (od. de) tránsito; ≈gut ✈ n mercancías f/pl. de tránsito; ≈hafen m puerto m de tránsito; ≈handel m comercio m de tránsito.
'transitiv Gr. adj. transitivo.
transi'torisch adj. transitorio.
Tran'sit|verkehr m tráfico m de tránsito; ≈zoll m derechos m/pl. de tránsito.
transkontinen'tal adj. transcontinental.

Transkripti'on *f* transcripción *f*.
Transmissi'on *f* transmisión *f*; **~s-riemen** ⊕ *m* correa *f* de transmisión; **~swelle** ⊕ *f* árbol *m* de transmisión.
trans-oze'anisch *adj.* transoceánico.
transpa'ren|**t** *adj.* transparente (*a. fig.*); ⁀t *n* (-*¢s*; -*e*) transparente *m*; (*Spruchband*) pancarta *f*; ⁀z *f* transparencia *f* (*a. fig.*).
Transpi|**rati'on** *f* transpiración *f*; ⁀'**rieren** (-) *v/i.* transpirar.
Transplan|'**tat** *n* (-*¢s*; -*e*) injerto *m*; **~tati'on** *f* tra(n)splante *m*; injerto *m*; ⁀'**tieren** (-) *v/t.* trasplantar; injertar.
transpo'nieren ♩ **I.** (-) *v/t.* transportar; **II.** ⁀ *n* transporte *m*.
Trans'port *m* (-*¢s*; -*e*) transporte *m*; conducción *f*; *mit Fuhrwerk:* acarreo *m*; ⚔ convoy *m*.
transpor'tabel *adj.* transportable; (*tragbar*) portátil.
Trans'port|**arbeiter** *m* obrero *m* del ramo de transportes; **~band** ⊕ *n* cinta *f* transportadora; **~er** *m* → **~schiff, ~flugzeug**.
Transpor'teur *m* (-*s*; -*e*) transportista *m*; *a.* ⊕, ⚔ transportador *m*.
Trans'port...: ⁀**fähig** *adj.* transportable; *Kranker:* trasladable; **~firma** *f* → **~unternehmen**; **~flugzeug** *n* avión *m* de transporte; **~führer** ⚔ *m* jefe *m* del convoy; **~gesellschaft** *f* compañía *f* de transportes; **~gewerbe** *n* (ramo *m* de) transportes *m*/*pl.*
transpor'tier|**bar** *adj.* transportable; **~en** (-) *v/t.* transportar; conducir; *mit Fuhrwerk:* acarrear; ⁀**en** *n* transporte *m*.
Trans'port...: **~kosten** *pl.* gastos *m*/*pl.* de transporte; **~mittel** *n* medio *m* de transporte; **~schiff** ⚓ *n* (buque *m*) transporte *m*; **~schnecke** ⊕ *f* tornillo *m* transportador; **~unternehmen** *n* empresa *f* bzw. agencia *f* de transportes, *Am.* mensajería *f*; **~unternehmer** *m* transportista *m*; **~versicherung** *f* seguro *m* de transporte; **~wesen** *n* transportes *m*/*pl.*
trans|**si'birisch** *adj.* transiberiano; ⁀**substantiati'on** *Rel. f* (0) transubstanciación *f*.
'Transuse F *f* F tía *f* sosa.
Transves'ti|**smus** *m* (-; 0) travestismo *m*; **~t** *m* (-*en*) travesti *m*, travestí *m*.
transzen|**'dent** *adj.* tra(n)scendente; **~den'tal** *adj.* tra(n)scendental; ⁀**'denz** *f* (0) tra(n)scendencia *f*.
'Trantüte F *f* F tío *m* soso (*od.* aburrido).
Tra'pez ⚔ *n* (-*es*; -*e*) trapecio *m* (*a. Turngerät*); ⁀**förmig** *adj.* trapecial; **~gewinde** ⊕ *n* rosca *f* trapezoidal; **~künstler**(**in** *f*) *m* trapecista *m*/*f*.
Trapezo'id ⚔ *n* (-*es*; -*e*) trapezoide *m*.
'Trappe *Orn. f* avutarda *f*.
'trappeln I. (-*le*) *v/i.* trotar; trapalear; **II.** ⁀ *n* trápala *f*; tropel *m*.
'trappen *v/i.* ⁀ *trapsen*.
'Trapper *m* trampero *m*.
Trap'pist *m* (-*en*) trapense *m*; **~enorden** *m* Trapa *f*.
'trapsen F (-*t*) *v/i.* andar pesadamente.
Tra'ra *n* (-*s*; 0) (*Trompetenklang*) tarará *m*; F *fig.* **~machen** alborotar el cotarro; hacer muchos aspavientos; *mit großem* ⁀ con mucho bombo; a bombo y platillo.

Tras'sa|**nt** ⁂ *m* (-*en*) girador *m*, librador *m*; **~t** ⁂ *m* (-*en*) girado *m*, librado *m*.
'Trasse ⊕ *f* trazado *m*.
tras'sier|**en** (-) *v/t.* ⁂ girar, librar (*auf ac.* contra); ⊕ trazar; ⁀**ung** *f* ⁂ giro *m*, libranza *f*; ⊕ trazado *m*.
Tratsch [a:] *m* (-*es*; 0), **~e'rei** *f* F chismes *m*/*pl.*, chismorreo *m*; habladurías *f*/*pl.*; cotilleo *m*; ⁀**en** F *v/i.* chismorrear; cotillear.
'Tratte ⁂ *f* giro *m*, letra *f* de cambio; **~n-avis** *m* aviso *m* de giro.
'Trau-altar *m* altar *m* nupcial; *zum* ⁀ *führen* llevar al altar.
'Traube ⚕ *f* racimo *m* (*a. fig.*); (*Wein*⁀) uva *f*.
'Trauben...: **~ernte** *f* vendimia *f*; ⁀**förmig** *adj.* uviforme; ⚕ acinoso, aciniforme; **~kamm** *m* escobajo *m*, raspa *f*; **~kern** *m* grano *m* de uva; **~kur** *f* cura *f* de uvas; **~lese** *f* vendimia *f*; **~most** *m* mosto *m* de uva; **~presse** *f* prensa *f* de uvas; **~saft** *m* zumo *m* de uvas; **~säure** *f* ácido *m* racémico; **~zucker** *m* glucosa *f*.
'traubig *adj.* → *traubenförmig*.
'trauen I. *v/i.*: *j-m* (*e-r Sache dat.*) ⁀ fiarse de alg. (de a/c.); confiar (*od.* tener confianza) en alg. (en a/c.); *s-n Augen* (*Ohren*) *nicht* ⁀ no dar crédito a sus ojos (oídos); *ich traue der Sache nicht* me da mala espina; *man kann ihm* ⁀ es de fiar; *sich* ⁀ *zu* atreverse a; **II.** *v/t.* casar; *Rel.* echar la bendición (nupcial) a; *sich* ⁀ *lassen* casarse, contraer matrimonio.
'Trauer *f* (0) tristeza *f*; aflicción *f*; *um Tote:* luto *m*; duelo *m*; *tiefe* ⁀ luto riguroso; *in* ⁀ *sein* estar de luto; ⁀ *tragen* llevar luto (*um* por); *die* ⁀ *ablegen* desenlutarse, quitarse el luto; ⁀ *anlegen* enlutarse, ponerse de luto; vestirse de luto (*um* por); *in* ⁀ *versetzen* (*od. hüllen*) enlutar; **~anzeige** *f* esquela *f* de defunción; **~binde** *f* brazal *m* de luto; **~birke** ⚕ *f* abedul *m* llorón; **~botschaft** *f* noticia *f* del fallecimiento de alg.; *fig.* triste noticia *f* (*od.* nueva *f*); noticia *f* funesta; **~fahne** *f* (*mit Flor*) bandera *f* enlutada; (*auf Halbmast*) bandera *f* a media asta; **~fall** *m* (caso *m* de) defunción *f*; *wegen* ⁀ *geschlossen* cerrado por defunción; **~feier** *f* funerales *m*/*pl.*; honras *f*/*pl.* fúnebres; exequias *f*/*pl.*; ceremonia *f* fúnebre; **~flor** *m* crespón *m* de luto; **~gefolge** *n*, **~geleit** *n* comitiva *f* fúnebre; duelo *m*; **~geläut** *n* doble *m* de las campanas; **~gesang** *m* canto *m* fúnebre; **~gottesdienst** *m* I.C. misa *f* de réquiem; I.P. servicio *m* fúnebre; **~haus** *n* casa *f* mortuoria; **~jahr** *n* año *m* de luto; **~kleid** *n* vestido *m* de luto; **~kleidung** *f* luto *m*; **~kloß** F *fig. m* melancólico *m*; **~marsch** *m* marcha *f* fúnebre; **~musik** *f* música *f* fúnebre; ⁀**n** (-*re*) *v/i.* afligirse (*um* por); *um j-n* ⁀ llorar la muerte de alg.; llevar (estar de) luto por alg.; **~n** *n* → *Trauer*; **~nachricht** *f* → **~botschaft**; **~rand** *m* orla *f* negra; *Briefpapier mit* ⁀ papel de luto; F *Trauerränder an den Fingernägeln haben* tener las uñas sucias; **~rede** *f* oración *f* fúnebre; **~schleier** *m* velo *m* de luto; **~spiel** *n* tragedia *f* (*a. fig.*), **~tag** *m* día *m* de luto; ⁀**voll** *adj.* luctuoso; **~wagen** *m* coche *m* fúnebre; **~weide** ⚕ *f* sauce *m* llorón; **~zeit** *f* (duración *f* del) luto *m*; **~zug** *m* cortejo *m* (*od.* comitiva *f*) fúnebre; duelo *m*.
'Traufe *f* canalón *m*; (*Dachrinne*) gotera *f*.
'träufeln (-*le*) **I.** *v/i.* gotear, caer gota a gota; (*rieseln*) manar; **II.** *v/t.* echar (*od.* verter) gota a gota; ⚕, *Phar.* instilar.
'Trau|**formel** *f* fórmula *f* de bendición nupcial; **~handlung** *f* → **~ung**.
'traulich *adj.* íntimo; familiar; (*gemütlich*) acogedor, confortable; ⁀**keit** *f* (0) intimidad *f*; familiaridad *f*.
Traum *m* (-*es*; -*e*) sueño *m* (*a. fig.*); (*Träumerei*) ensueño *m*; ilusión *f*; *quälender* ⁀ pesadilla *f*; *im* ⁀ *en sueños*; *wie im* ⁀ como en sueños; *nicht im* ⁀! ¡ni soñarlo!; ¡ni en (*od.* por) sueños!; ¡ni por soñación!; F *der* ⁀ *ist aus!* ¡se acabó!; F el gozo en el pozo!; *Träume sind Schäume* los sueños, sueños son.
'Trauma ⚕ *n* (-*s*; -*men u.* -*ta*) trauma *m* (*a. Psych.*), traumatismo *m*.
trau'matisch *adj.* traumático.
'Traum...: **~bild** *n* imagen *f* onírica; visión *f* (de ensueño); ilusión *f*; quimera *f*; **~buch** *n* libro *m* de los sueños; **~deuter**(**in** *f*) *m* intérprete *m*/*f* de (los) sueños; **~deutung** *f* interpretación *f* de los sueños, oniromancia *f*.
'träum|**en** *v/t. u. v/i.* soñar (*von* con, *a. fig.*); *fig.* estar absorto (*od.* en Babia); *mit offenen Augen* ⁀ soñar despierto; *e-n Traum* ⁀ tener un sueño; *es träumte mir, daß ... soñé que ...; fig. das hätte ich mir nie* ⁀ *lassen* nunca lo hubiera imaginado; ⁀**en** *n* sueños *m*/*pl.*; ensueños *m*/*pl.*; ⁀**er**(**in** *f*) *m* soñador (-*a f*) *m*; (*Phantast*) iluso (-*a f*) *m*; visionario (-*a f*) *m*.
Träume'rei *f* sueños *m*/*pl.*; ensueño *m*; fantasía *f*; ilusión *f*.
'träumerisch *adj.* soñador (-*versonnen*) meditabundo; ensimismado.
'Traum...: **~fabrik** F *f* fábrica *f* de ilusiones; **~gebilde** *n* quimera *f*; **~gesicht** *n*, **~gestalt** *f* visión *f*; fantasma *m*; ⁀**haft** *adj.* como un sueño; onírico; *fig.* ⁀ (*schön*) de ensueño, de película; **~haus** *n* casa *f* de ensueño; **~land** *n* país *m* imaginario; **~tänzer** F *m* iluso *m*; ⁀**verloren**, ⁀**versunken** *adj.* absorto en sus sueños; soñador; **~welt** *f* mundo *m* de los ensueños; mundo *m* imaginario (*od.* soñado *od.* fantástico); **~zustand** *m* (*Trance*) trance *m*.
'Trau|**rede** *f* plática *f* (del sacerdote a los contrayentes); **~register** *n* registro *m* de casamientos (*od.* matrimonios).
'traurig *adj.* triste (*a. fig.*); afligido; (*schwermütig*) melancólico; lúgubre; (*unheilvoll*) funesto, trágico; (*beklagenswert*) lamentable; deplorable; *Pflicht usw.:* doloroso; *ein* ⁀ *Ende nehmen* acabar mal; ⁀ *machen* (*od. stimmen*) apenar, entristecer; ⁀ *werden* entristecerse; ⁀**keit** *f* (0) tristeza *f*; aflicción *f*; melancolía *f*.
'Trau|**ring** *m* anillo *m* de boda, alianza *f*; **~schein** *m* acta *f* de matrimonio.
traut *adj.* querido; íntimo; → *a. traulich*.
'Trau|**ung** *f* (celebración *f* del) matrimonio *m*; casamiento *m*; *kirchliche:*

Trauzeuge — Tretboot

bendición f nupcial; ~zeuge m padrino m de boda; ~zeugin f madrina f de boda.
'Travellerscheck ['trɛ-] m cheque m de viaje.
Tra'verse ⚓ f travesaño m.
Traves'tie f parodia f; ⚲ren (-) v/t. parodiar; imitar ridiculizando.
'Trawler ['trɔ:-] ⚓ m bou m.
'Treber pl. orujo m.
'Treck m (-s; -s) (Auszug) éxodo m; (Wagenkolonne) caravana f; convoy m; ⚲en v/i. ir en caravana; ⚓ halar; ~er m tractor m.
Treff 1. n (-s; -s) Kartenspiel: trébol m, Span. bastos m/pl.; 2. F m (-s; -s) cita f.
'treffen (L) I. v/t. u. v/i. (erreichen) alcanzar (a. Schuß; Kugel: dar en; herir; Boxen: castigar; Fechtk. tocar; Mal., Phot. acertar el parecido: (finden; begegnen) encontrar, hallar; zufällig: encontrarse (od. dar od. tropezar) con; (be~) concernir; atañer; afectar; (berühren) tocar; (beleidigen) ofender; das Richtige: acertar; Ziel: dar en el blanco, hacer blanco (a. fig.); nicht ~ Schuß: errar el tiro, no hacer blanco; fig. no acertar; getroffen! (stimmt!) ¡justo!, ¡eso es!; Fechtk. ¡tocado!; das trifft dich eso se refiere a ti, F eso va por ti; dieser Vorwurf trifft mich nicht ese reproche no me atañe; das trifft mich tief me afecta mucho; stärker: me toca en lo (más) vivo; Mal. Sie sind gut getroffen su retrato está muy parecido; es gut ~ llegar en el momento oportuno; (Glück haben) tener suerte; es schlecht ~ llegar en mal momento; tener mala suerte; ~ auf (ac.) dar con; tropezar con; Licht: caer en; das Los traf ihn le tocó a él; wen trifft die Schuld? ¿quién tiene la culpa?; ¿de quién es la culpa?; sich getroffen fühlen darse por aludido; sentirse ofendido; II. v/refl.: sich ~ encontrarse; (sich versammeln) reunirse; (geschehen) suceder, ocurrir; sich mit j-m ~ citarse (od. darse cita) con alg.; verse con alg.; das trifft sich gut! ¡esto es tener buena suerte!; ¡eso viene al dedillo!; es traf sich, daß ... sucedió que ..., zufällig: dio la casualidad que ...; wie es sich gerade trifft a lo que salga; a trochemoche; drohend: wir werden uns noch ~! ¡nos veremos las caras!; III. ⚲ n encuentro m (a. ⚔ u. Sport); ⚔ combate m; acción f; (Zusammenkunft) reunión f; (Verabredung) cita f; (Unterredung) entrevista f; fig. ins ~ führen aducir; alegar; hacer valer; esgrimir; ~d adj. acertado; exacto; preciso; justo; (angemessen) pertinente; apropiado, adecuado; oportuno; das ist ~ gesagt está muy bien dicho.
'Treff|er m golpe m certero (a. Boxen); Fechtk. tocado m; Schießen: impacto m; tiro m certero; blanco m; Fußball: tanto m, gol m; (Gewinnlos) billete m (Toto: boleto m) premiado; fig. gran éxito m, F exitazo m; (Glücks⚲) golpe m afortunado; e-n ~ erzielen Fußball: marcar un tanto, marcar (od. meter) un gol; ~genauigkeit f precisión f (de tiro).
'trefflich I. adj. excelente; perfecto; muy bueno (od. acertado); II. adv. muy bien; con mucho acierto; ⚲keit

f (0) excelencia f; perfección f.
'Treff...: ~punkt m lugar m (od. punto m) de reunión; lugar m de (la) cita; ⚲sicher adj. certero; seguro; exacto; ~sicherheit f precisión f del tiro; fig. certeza f; exactitud f; precisión f.
'Treib|anker ⚓ m ancla f flotante; ~eis n hielos m/pl. flotantes.
'treiben (L) I. v/t. (vorwärts~) propulsar; hacer avanzar; (schieben) empujar; impeler; Vieh: llevar, conducir; Pflanzen: forzar; Ball: driblar; (bewegen) mover; poner en movimiento; (an~) ⊕ impulsar; accionar; hacer funcionar; fig. dar impulso a; estimular; (beschleunigen) acelerar; apresurar; (drängen) apremiar, atosigar; (ver~) expulsar, arrojar, F echar (aus de); (jagen) perseguir; Jgdw. batir; ojear; (be~) ejercitar, practicar; hacer; dedicarse a; ocuparse en; Beruf: ejercer; Künste, Wissenschaften: cultivar; (einschlagen) hincar; clavar en; Metalle: repujar; getriebene Arbeit (labor f de) repujado m; ⚘ Blüten (Knospen, Wurzeln) ~ echar flor (botones; raíces); e-e Politik ~ seguir una política; das Blut ins Gesicht ~ hacer salir los colores a la cara; in die Höhe ~ hacer subir, bei Auktionen: pujar; was treibst du? ¿qué haces?; ¿qué tal te va?; es toll (od. zu weit) ~ ir demasiado lejos; F es mit j-m ~ mantener relaciones sexuales con alg.; es treibt mich dazu me siento impulsado a ello; die Dinge ~ lassen dejar correr las cosas, F dejar rodar la bola; fig. sich ~ lassen ir a la deriva (od. al garete); II. (sn) v/i. im Wasser: flotar; ⚓ ir a la deriva; ir(se) al garete; in der Strömung: ser arrastrado por la corriente; (gären) fermentar; (keimen) germinar; ⚘ Knospen: brotar; Jgdw. batir; ojear; ans Ufer ~ ser arrojado a la orilla; ⚓ vor Anker ~ garr(e)ar; das Eis treibt auf dem Fluß el río lleva (témpanos de) hielo; III. ⚲ n (Bewegung) movimiento m; tráfico m; (Belebtheit) animación f; ir m y venir; (Tun) actividad f; (geschäftiges) trajín m, tráfago m; Jgdw. batida f; ojeo m; ⚘ der Blätter, Blüten: brote m; v. Metallen: repujado m; ~d adj. flotante; ~e Kraft fuerza f motriz (od. impelente); fig. impulsor m; propulsor m.
'Treiber m conductor m; (Vieh⚲) boyero m; Jgdw. batidor m; ojeador m; Computer: driver m.
Treibe'rei f (Hetze) excitaciones f/pl.; instigaciones f/pl.
'Treib...: ~gas n (gas m) propelente m; ~gut n → Strandgut; ~hammer m martillo m de embutir; ~haus n estufa f, invernadero m, invernáculo m; ~haus-effekt m efecto m de invernadero; ~hausgas n gas m (de efecto) invernadero; ~haus-pflanze f planta f de invernadero; ~holz n madera f flotante; ~jagd f batida f; caza f en ojeo; ~kraft f fuerza f motriz; ~ladung f Rakete: carga f propulsora; ~mine f mina f flotante; ~mittel m propelente m; zum Backen: levadura f; ~öl n aceite m pesado; aceite m para motores; ~rad n rueda f motriz; ~riemen m correa f de transmisión; ~sand m arena f movediza; ~satz m Rakete: carga f propulsora; ~schlag m Sport: drive m; ~stoff m carbu-

rante m; combustible m; ~stofflager n depósito m de carburantes.
'treideln (-le) ⚓ I. v/t. sirgar; II. v/i. navegar a la sirga; ⚲pfad m, ⚲weg m camino m de sirga.
'Trema Gr. n (-s; -s u. -ta) diéresis f, crema f.
'Tremolo ♪ n (-s; -s u. -li) trémolo m.
tremu'lieren (-) ♪ v/i. cantar con trémolo.
'Trenchcoat ['trɛntʃkoːt] m (-s; -s) trinchera f.
Trend m (-s; -s) tendencia f (zu a).
'trenn|bar adj. separable; ⚲barkeit f separabilidad f; ~en v/t. separar (a. Ehe); desprender, disociar (a. 🜂); (entzweien) desunir; (auflösen) disolver; (absondern) apartar; aislar; (entwirren) desenredar; (teilen) dividir; Naht: deshacer; descoser; Streitende: separar; Begriffe: distinguir (entre); Tele. cortar; gut ~ Radio: ser selectivo; sich ~ separarse (a. Eheleute); Wege: a. bifurcarse; → a. getrennt; ~end adj. separador; ~scharf adj. Radio: selectivo; ⚲schärfe f selectividad f.
'Trennung f separación f (a. der Ehe); desprendimiento m; desunión f; disolución f; 🜂 disociación f; segregación f; (Absonderung) apartamiento m; aislamiento m; (Teilung) división f; Tele. corte m; ⚖ von Tisch und Bett separación f de cuerpos (od. de mesa y lecho); ~s-entschädigung f compensación f por separación (de la familia); ~slinie f línea f divisoria; ~sschmerz m dolor m de la separación; ~sstrich m guión m; Typ. división f; ~swand f tabique m (de separación); ~szeichen n Typ. división f; (Trema) diéresis f; ~s-zulage f → ~s-entschädigung.
'Trennwand f → Trennungswand.
'Trense f bridón m.
Trepa|nati'on f trepanación f; ⚲'nieren (-) v/t. trepanar.
trepp|'ab adv. escaleras abajo; ~'auf adv. escaleras arriba; ~, treppab escaleras arriba y abajo.
'Treppe f escalera f; ⚓ escala f; e-e ~ hoch en el primer piso; auf der ~ en la escalera; e-e ~ hinaufsteigen (hinuntergehen) subir (bajar) una escalera; ~n ins Haar schneiden hacer escaleras en el pelo; F fig. die ~ hinauffallen ser ascendido.
'Treppen...: ~absatz m descansillo m (de la escalera), rellano m; ~flur m descansillo m; ⚲förmig adj. escalonado; en gradas; 🜂 escaleriforme; ~geländer n barandilla f; baranda f; pasamano m; ~haus n caja f (od. hueco m) de la escalera; ~läufer m alfombra f de la escalera; ~stufe f escalón m, peldaño m; ~witz m majadería f; chiste m trasnochado.
'Tresen m mostrador m; barra f.
Tre'sor m (-s; -e) caja f de caudales; caja f fuerte; (Stahlkammer) cámara f acorazada; ~fach n (Safe) caja f de seguridad.
'Tresse f galón m; mit ~n besetzen galonear.
'Trester pl. orujo m; ~wein m aguapié m, aguachirle m.
'Tret|anlasser Kfz. m arranque m de pie; ~auto n (Spielzeug) auto m de pedales; ~boot n patín m (acuático);

~eimer *m* cubo *m* (de basura) de pedal.

'**treten** (*L*) **I.** (*sn*) *v/i.* (*gehen*) ir; andar, caminar; marchar; (*sich stellen*) ponerse, colocarse (*vor* delante de; *hinter* detrás de; *neben* junto a, al lado de); (*radeln*) pedalear; *Pferd*: cocear; *an et.* (*ac.*) (*heran*)~ aproximarse (*od.* acercarse) a a/c.; *auf et.* ~ pisar en (*od.* sobre) a/c.; poner el pie sobre a/c.; ponerse sobre a/c.; *aus et.* ~ *Raum*: salir de; *gegen et.* ~ dar una patada a/c.; *in et.* ~ entrar en a/c.; *mit dem Fuß*: pisar en; *fig. in ein Amt* ~ asumir un cargo; *die Tränen traten ihm in die Augen* sus ojos se llenaron de lágrimas; *nach j-m* ~ dar un puntapié a alg.; *über et.* ~ pasar por encima de a/c.; *j-m unter die Augen* ~ presentarse ante alg.; *vor j-n* ~ comparecer (*od.* presentarse) ante alg.; *vor den Spiegel* ~ ponerse ante el espejo, mirarse al espejo; *zu j-m* ~ acercarse a alg.; abordar a alg.; ~ *Sie näher!* ¡pase usted!; **II.** *v/t.* pisar; (*nieder*~, *zer*~) pisotear; *Pedal usw.*: accionar con el pie; *Hahn, Trauben*: pisar; *j-n* ~ dar un puntapié (*od.* una patada) a alg.; *fig.* (*drängen*) atosigar a alg.; *den Takt* ~ dar el compás con el pie; *sich e-n Dorn in den Fuß* ~ clavarse una espina en el pie.

'**Tret...:** ~**hebel** *m* pedal *m*; ~**kurbel** *f* manivela *f* de pedal; ~**mine** ✕ *f* mina *f* de contacto; ~**mühle** *fig. f* tráfago *m*, trajín *m* cotidiano; ~**rad** *n* calandria *f*; rueda *f* de pedal; ~**schalter** *m* interruptor *m* de pedal.

treu *adj.* (*-est*) fiel (*a. fig. Gedächtnis usw.*); leal; (*ergeben*) devoto; (*aufrichtig*) sincero; (*zuverlässig*) de confianza; seguro; (*beständig*) constante; (*genau*) exacto; *sich selber* ~ fiel a sí mismo; *s-n Grundsätzen* ~ fiel a sus principios; *zu* ~**en Händen übergeben** poner en manos seguras; *e-e* ~**e Seele** una excelente persona.

'**Treu...:** ~**bruch** *m* violación *f* de la fe jurada; (*Untreue*) infidelidad *f*, deslealtad *f*; (*Verrat*) traición *f*; 2**brüchig** *adj.* infiel, desleal; traidor; ~**e** *f* (0) fidelidad *f*; lealtad *f*; (*Aufrichtigkeit*) sinceridad *f*; (*Beständigkeit*) constancia *f*; (*Genauigkeit*) exactitud *f*; *eheliche* ~ fidelidad *f* conyugal; *j-m die* ~ *halten* seguir fiel a alg., guardar fidelidad a alg.; *die* ~ *brechen* ser infiel; *auf Treu und Glauben* de buena fe; ~**eid** *m* juramento *m* de fidelidad; *der Beamten*: jura *f* del cargo; *der Soldaten*: jura *f* de la bandera; ~**epflicht** *f* obligación *f* de fidelidad; ~**eprämie** *f* prima *f* de fidelidad; 2**ergeben** *adj.* fiel; adicto; 2**gesinnt** *adj.* leal; ~**hand** *f* (0) administración *f* fiduciaria; ~**händer** *m* (agente *m*) fiduciario *m*; 2**händerisch I.** *adj.* fiduciario; **II.** *adv.*: ~ *verwalten* administrar a título fiduciario; ~**handgesellschaft** ✝ *f* sociedad *f* fiduciaria; ~**handvertrag** ✝ *m* contrato *m* fiduciario; 2**herzig** *adj.* (*offen*) sincero; franco; (*naiv*) ingenuo; cándido, candoroso; (*vertrauensvoll*) confiado; ~**herzigkeit** *f* (0) sinceridad *f*; franqueza *f*; ingenuidad *f*; candor *m*; 2**lich** *adv.* fielmente, lealmente; 2**los** *adj.* infiel; desleal; (*heimtückisch*) pérfido; (*verräterisch*) traidor; traicionero; ~**losigkeit** *f* (0) infidelidad *f*; deslealtad *f*; perfidia *f*; traición *f*.

'**Triangel** ['tRi:aŋ-] ♪ *m* (-s; -) triángulo *m*.

'**Trias** *Geol. f* (0) triásico *m*.

Tri'bun *m* (-s *u.* -en; -e[n]) tribuno *m*.

Tribu'nal *n* (-s; -e) tribunal *m*.

Tri'büne *f* tribuna *f*.

Tri'but *m* (-*es*; -*e*) tributo *m* (*a. fig.*); *fig.* ~ *zollen* rendir tributo *m*; 2**pflichtig** *adj.* tributario.

Tri'chine *Zoo. f* triquina *f*; 2**'nös** *adj.* triquinoso; ~'**nose** *f* triquinosis *f*.

'**Trichter** *m* embudo *m*; (*Füll*~) tolva *f*; (*Vulkan*2, *Granat*2) cráter *m*; ♪ pabellón *m*; *Anat.* infundíbulo *m*; F *fig. auf den* ~ *kommen* caer en la cuenta; 2**förmig** *adj.* en forma de embudo; crateriforme; ⚕, *Anat.* infundibuliforme; ~**lautsprecher** *m* altavoz *m* de bocina; ~**mündung** *f Fluß*: estuario *m*; 2**n** (-*re*) *v/t.* transvasar con un embudo; ~**wagen** 🚃 *m* vagón *m* tolva.

'**Trick** *m* (-s *u.* -e) truco *m*; artimaña *f*, F astucia *f*, martingala *f*; *Film*: → ~**aufnahme** *f* trucaje *m*, efecto *m* especial; ~**film** *m* (película *f* de) dibujos *m/pl.* animados; ~**track** *n* (-*s*; -*s*) (*Spiel*) chaquete *m*.

'**Trieb** *m* (-*es*; -*e*) **1.** ♣ brote *m*, retoño *m*; renuevo *m*; **2.** (*Antrieb*) impulso *m*; (*Instinkt*) instinto *m*; *Bio., Psych.* pulsión *f*; (*Neigung*) inclinación *f*; tendencia *f*; propensión *f* (*zu* a; hacia); ~**achse** *f* eje *m* motor; ~**feder** *f* resorte *m*, muelle *m*; *fig.* móvil *m*; 2**haft** *adj.* instintivo; impulsivo; (*sinnlich*) sensual; ~**haftigkeit** *f* (0) carácter *m* impulsivo, impulsividad *f*; ~**handlung** *f* acto *m* instintivo; ~**kraft** *f* fuerza *f* motriz (*a. fig.*); ~**leben** *n* vida *f* instintiva *bzw.* sexual; ~**rad** *n* rueda *f* motriz; ~**sand** *m* arena *f* movediza; ~**täter** *m*, ~**verbrecher** *m* delincuente *m* sexual; ~**wagen** *m* automotor *m*; ~**wagenzug** *m* tren *m* automotor; ~**welle** ⊕ *f* árbol *m* de mando; ~**werk** *n* mecanismo *m* de accionamiento; mecanismo *m* de mando (*od.* de propulsión); *a.* ✈ propulsor *m*.

'**Trief|auge** *n* ojo *m* lagrimoso (*od.* pitarroso *od.* legañoso); 2**äugig** *adj.* pitarroso, legañoso; de ojos legañosos; 2**en** *v/i.* chorrear; estar empapado (*von*, *vor* de); *Nase*: moquear; F *fig. vor Weisheit* ~ ser un pozo de ciencia; 2**end** *adj.* empapado (*von*, *vor* de); chorreando *m*; ~**nase** *f* nariz *f* mocosa; 2**nasig** *adj.* mocoso; 2'**naß** *adj.* chorreando (agua); calado hasta los huesos.

Tri'ent *n* Trento *m*.

Trier *n* Tréveris *m*.

'**triezen** (-*t*) F *v/t.* hostigar; fastidiar, F hacer la pascua a.

'**Trift** *f* (-; -*en*) (*Weide*) pasto *m*; pasturaje *m*; dehesa *f*; (*Weiderecht*) derecho *m* de pastoreo; (*Viehweg*) cañada *f*, vía *f* pecuaria; ⚓ corriente *f* superficial; (*Holz*2) flotación *f*; 2**ig** *adj.* (*wohlbegründet*) bien fundado; sólido; (*überzeugend*) convincente, concluyente; (*einleuchtend*) plausible; ~*er Grund* a. razón *f* fundada; ~**igkeit** *f* (0) carácter *m* concluyente; importancia *f*, plausibilidad *f*; acierto *m*.

Trigono|me'trie *f* (0) trigonometría *f*; 2**'metrisch** *adj.* trigonométrico.

Triko'lore *f* bandera *f* tricolor.

Tri'kot [-'ko:] **1.** *m/n* (-*s*; -*s*) (*Stoff*) tejido *m* de punto; **2.** *n* (-*s*; -*s*) (*Kleidungsstück*) malla *f*, *fr.* maillot *m*, tricot *m*.

Triko'tagen [-'ta:ʒən] *pl.* géneros *m/pl.* de punto.

'**Trikothemd** *n* camiseta *f* de punto (*od.* de malla).

'**Triller** *m* ♪ trino *m* (*a. Vogel*); quiebro *m*; *Vogel*: gorjeo *m*; 2**n** (-*re*) *v/i. u. v/t.* trinar; gorjear; F gorgoritear, hacer gorgoritos; ~**n** *m* gorgoritos *m/pl.*; ~**pfeife** *f* pito *m*.

Tril'li'on *f* trillón *m*.

Trilo'gie *f* trilogía *f*.

Tri'mester *n* trimestre *m*.

'**Trimm** ⚓ *m* (-*es*; 0) asiento *m* (del barco); 2**en** (*stutzen*) acortar; recortar; (*zurechtmachen*) arreglar; *Hund*: asear; ⚡ equilibrar; ⚓ *Kohlen* ~ llevar carbón; F (*trainieren*) entrenar; *sich* ~ mantenerse en forma; ~**er** ⚓ *m* carbonero *m*; ~**pfad** *m* circuito *m* natural.

Trini'tät *Rel. f* (0) trinidad *f*; ~'**tatis**-**Sonntag** ~ (fiesta *f* de) la Trinidad *f*.

Trinitrotolu'ol 🧪 *n* (-*s*; 0) trinitrotolueno *m* (*Abk.* TNT).

'**trink|bar** *adj.* bebedizo, bebedero, F beb(est)ible; *Wasser*: potable; 2**barkeit** *f* (0) potabilidad *f*; 2**becher** *m* vaso *m*; ~**en** (*L*) *v/t. u. v/i.* beber (*aus* en); *Säugling*: mamar; *Kaffee, Tee*: tomar; *auf et.* a/c. ~ brindar por alg. *od.* a/c.; *auf j-s Wohl* ~ ~ *Gesundheit* ~ beber a la salud de alg.; *in kleinen Schlucken* (*in langen Zügen*) ~ beber a sorbos (a grandes tragos); *sich* ~ *lassen* beberse bien; *das Glas leer* ~ apurar el vaso; beberlo todo; *gern* ~ *e-n* ~ F empinar el codo; ser aficionado al trago (*od.* al trinquis); *was* ~ *Sie?* ¿qué toma usted?; 2**en** *n* bebida *f*; (*Trunksucht*) alcoholismo *m*; *sich dem* ~ *angewöhnen* contraer el vicio de la bebida; darse a la bebida; 2**er**(**in** *f*) *m* bebedor(a *f*) *m*; *stärker*: borracho (-a *f*) *m*; beodo (-a *f*) *m*; alcohólico (-a *f*) *m*; 2**erheilanstalt** *f* centro *m* de desintoxicación (para alcohólicos); 2**ernase** *f* nariz *f* de bebedor (F de borrachín); 2**fest** *adj.* capaz de beber mucho; *er ist sehr* ~ resiste muy bien la bebida; 2**gefäß** *n* vaso *m*; 2**gelage** *n* bacanal *m*; borrachera *f*; 2**geld** *n* propina *f*; ~ *inbegriffen* incluido el servicio; 2**glas** *n* vaso *m*; 2**halle** *f im Kurort*: galería *f*; *auf der Straße*: chiringuito *m*, kiosco *m* de bebidas; 2**halm** *m* paja *f*, pajita *f* (para beber); 2**kur** ⚕ *f* cura *f* de aguas (*od.* de bebida); *e-e* ~ *machen* tomar las aguas; 2**lied** *n* canción *f* báquica; 2**milch** *f* leche *f* de consumo; 2**spruch** *m* brindis *m*; *e-n* ~ *auf j-n ausbringen* brindar por alg.; 2**wasser** *n* agua *f* potable; 2**wasseraufbereitungs-anlage** *f* planta *f* potabilizadora; 2**wasserversorgung** *f* abastecimiento *m* de agua potable.

'**Trio** ♪ *n* (-*s*; -*s*) trío *m* (*a. fig.*).

Tri'ode ⚡ *f* triodo *f*.

Tri'ole ♪ *f* tresillo *m*.

Trip *m* (-*s*; -*s*) excursión *f*; escapada *f*; F (*Drogen*2) F viaje *m*.

'**trippeln** (-*le*; *sn*) *v/i.* andar a pasitos cortos y rápidos.

'Tripper ♂ m gonorrea f; blenorragia f; F purgaciones f/pl.
'Triptychon Mal. n (-s; -chen u. -cha) tríptico m.
'Triptyk n (-s; -s) tríptico m.
'Tritt m (-¢s; -e) (Schritt) paso m; (Spur) huella f, pisada f; (Fuß⌕) puntapié m, patada f; ⊕ pedal m; (Stufe) escalón m; (Möbel) taburete m; im ~! ¡al paso!; ~ fassen ponerse al paso; ~ halten llevar el paso; aus dem ~ geraten perder el paso; den ~ wechseln cambiar el paso; j-m e-n ~ versetzen dar un puntapié (od. una patada) a alg.; ~brett n estribo m; ~leiter f escalerilla f; taburete m escalera.
Tri'umph m (-¢s; -e) triunfo m.
trium'phal adj. triunfal.
Trium'phator m (-s; -en) triunfador m.
Tri'umphbogen m arco m triunfal (od. de triunfo).
trium'phieren (-) v/i. triunfar (über ac. de); (frohlocken) echar las campanas al vuelo; ~d adj. triunfante.
Tri'umph|marsch m marcha f triunfal; ~wagen m carro m triunfal; ~zug m marcha f triunfal; (Einzug) entrada f triunfal.
Triumvi'rat n (-¢s; -e) triunvirato m.
trivi'al adj. trivial, banal; 2i'tät f trivialidad f, banalidad f.
'trocken adj. allg. seco (a. fig.); (dürr) árido (a. fig.); Brot: duro; fig. (langweilig) aburrido, soso; ~en Fußes a pie enjuto; ~ werden secarse; ~ aufbewahren conservar en lugar seco; fig. auf dem ~en sitzen estar sin un céntimo (od. sin blanca); im 2en sitzen estar a cubierto de la lluvia; e-e ~e Kehle haben tener seco el gaznate.
'Trocken...: ~anlage f secadero m; ~apparat m secador m; ~bagger m excavadora f; ~batterie ⚡ f pila f seca; ~boden m secadero m; für Wäsche: tendedero m de ropa; ~dock ⚓ n dique m seco; ~ei n huevo m en polvo; ~eis n hielo m seco; ácido m carbónico sólido; ~element ⚡ n pila f seca; ~fäule f podredumbre f seca; ~futter n forraje m seco; pienso m; ~gebiet n zona f árida; ~gehalt m contenido m de materia seca; ~gemüse n verduras f/pl. deshidratadas; hortalizas f/pl. secas; ~gestell n secadero m; für Wäsche: tendedero m (de ropa); ~gewicht n peso m seco; ~haube f secador m; ~hefe f levadura f seca; ~heit f sequedad f (a. fig.); sequía f; (Dürre) a. aridez f (a. fig.); ~kost ♂ f dieta f seca; 2legen v/t. poner a secar; poner en seco; (austrocknen) desecar; Gelände: desaguar; avenar; Teich: vaciar, drenar; Säugling: cambiar los pañales; ~legung f desecación f; desagüe m; avenamiento m; drenaje m; ~masse f materia f seca; ~milch f leche f en polvo; ~mittel n Mal. secante m; ~obst n fruta f seca; ~ofen m estufa f (od. horno m) de secar; ~periode f período m de sequía; ~pflaume f ciruela f pasa; ~platz m secadero m; für Wäsche: tendedero m; ~rasierer m máquina f de afeitar eléctrica, afeitadora f; ~reinigung f lavado m (od. limpieza f) en seco; ~schleuder f secadora f centrífuga; ~schliff ⊕ m rectificado m en seco; ~ständer m

secadero m; Phot. a. escurridor m; für Wäsche: tendedero m; ~substanz f → ~masse; ~trommel f tambor m secador; ~verfahren n procedimiento m de secado bzw. de desecación; ~zeit f (estación f de) sequía f.
'trockn|en (-e-) I. (sn) v/i. secar(se); (aus~) desecarse; II. v/t. secar; (aus~) desecar; (abwischen) enjugar; durch Wasserentzug: deshidratar; 2en n secado m; desecación f; zum ~ aufhängen Wäsche: tender (a secar); ~end adj. Öl: secante; schnell ~ de secado rápido; 2er m secador m; 2ung f → Trocknen.
'Troddel f (-; -n) borla f; (Franse) fleco m.
'Trödel m (-s; 0) (Kram) trastos m/pl. viejos; cachivaches m/pl.; (Schund) baratijas f/pl., chucherías f/pl.
Tröde'lei F f lentitud f; roncería f.
'Trödel...: ~fritze F m (-n) remolón m; ~kram m → Trödel; ~laden m baratillo m; prendería f; ropavejería f; Arg. cambalache m; ~markt m mercadillo m (de viejo); in Madrid: Rastro m; 2n (-le) fig. v/i. perder el tiempo; roncear; obrar con lentitud (od. cachaza); ~ware f → Trödel.
'Trödler(in f) m baratillero (-a f) m; prendero (-a f) m; ropavejero (-a f) m; Arg. cambalachero (-a f) m; fig. remolón m; cachazudo m.
Trog m (-¢s; ⁇e) artesa f; dornajo m; (Wasser⌕) pila f, tina f; (Brunnen⌕) pilón m; (Freß⌕) comedero m.
'T-Rohr ⊕ n tubo m en T.
'Troja n Troya f.
Tro'jan|er m troyano m; 2isch adj. troyano; der 2e Krieg la guerra de Troya; das 2e Pferd el caballo de Troya.
Tro'kar Chir. m (-s; -e u. -s) trocar m.
'trollen v/refl.: sich ~ marcharse, irse; troll dich! F ¡lárgate!
'Trolleybus m trolebús m.
'Trommel f (-; -n) ♩ tambor m (a. ⊕); kleine: caja f; große: bombo m; des Revolvers: barrilete m; die ~ schlagen (od. rühren) tocar el tambor; fig. die ~ für et. rühren hacer propaganda de a/c.; ~fell n parche m (de tambor); Anat. tímpano m; ~feuer ⚔ n fuego m nutrido (od. graneado); 2n (-le) v/i. u. v/t. tocar el tambor; redoblar; batir marcha; a. fig. Regen usw.: tamborilear; mit den Fingern ~ tabalear, tamborear (con los dedos); j-n aus dem Schlaf ~ despertar a alg. bruscamente; ~n n redoble m de (los) tambores; a. fig. tamborileo m; mit den Fingern: tamboreo m, tabaleo m; ~revolver m revólver m de barrilete; ~schlag m toque m de tambor; redoble m de tambor(es); ~schläger m tambor m; ~schlegel m, ~stock m palillo m de tambor; baqueta f; ~waschmaschine f lavadora f de tambor; ~wirbel m redoble m de (tambor); unter ~ a tambor batiente.
'Trommler m tambor m; tamborilero m.
Trom'pete f trompeta f; helle: ⚔ clarín m; corneta f; Anat. trompa f; die (od. auf der) ~ blasen tocar la trompeta; 2n (-e-) v/i. u. v/t. tocar la trompeta bzw. el clarín od. la corneta; F trompetear; fig. tronar; ~ngeschmetter n toque m de trompetas

bzw. de clarines; ~nschall m: bei ~ al son de las trompetas; ~nstoß m toque m de clarín; trompetazo m; ~r m trompeta m, trompetista m.
'Trope Rhet. f tropo m.
'Tropen pl. trópicos m/pl.; países m/pl. tropicales; ~anzug m traje m colonial; 2beständig, 2fest adj. resistente al clima tropical; ~helm m casco m colonial; salacot m; ~hitze f calor m tropical; ~klima n clima m tropical; ~koller ♂ m delirio m de los trópicos; ~krankheit f enfermedad f tropical; ~medizin f medicina f tropical; ~pflanze f planta f tropical; 2tauglich adj. apto para vivir en países tropicales.
Tropf m (-¢s; ⁇e) bobo m, tonto m, necio m, F babieca m; armer ~ pobre diablo m.
'Tröpfchen n gotita f.
'tröpfeln (-le) I. v/i. gotear (a. fig.); caer gota a gota; es tröpfelt Regen: está goteando; II. v/t. echar (od. verter) gota a gota; (einträufeln) instilar; III. 2 n goteo m; instilación f.
'tropfen v/i. gotear.
'Tropfen m gota f (a. ♂); fig. ein guter ~ un vino exquisito; ein ~ auf den heißen Stein una gota de agua en el mar; steter ~ höhlt den Stein la gotera cava la piedra; ~fänger m recogegotas m; 2weise adv. gota a gota, a gotas, a cuentagotas; ~zähler m cuentagotas m; instilador m.
'Tropf...: ~flasche f (frasco m) cuentagotas m; 2naß adj. empapado; chorreando; ~öler m engrasador m cuentagotas; ~stein m hängender: estalactita f; vom Boden aufsteigend: estalagmita f; ~steinhöhle f cueva f (de estalactitas).
Tro'phäe [tro'fɛːə] f trofeo m.
'tropisch adj. tropical.
Tropo'sphäre f troposfera f.
Troß m (-sses; -sse) ⚔ impedimenta f; bagajes m/pl.; tren m de campaña; fig. séquito m; seguidores m/pl., partidarios m/pl.; secuaces m/pl.; huestes f/pl.
'Trosse ⚓ f cable m; amarra f.
'Trost [oː] m (-es; 0) consuelo m; consolación f; confortación f; ein schlechter (od. schwacher) ~ un pobre consuelo; j-m ~ zusprechen consolar a alg.; das ist mir ein ~ eso me consuela (od. es un consuelo para mí); F nicht recht bei ~ sein no estar en su juicio (od. en sus cabales); F estar chiflado; 2bedürftig adj. necesitado de consuelo; 2bringend adj. consolador.
'trösten [øː] (-e-) v/t. consolar; confortar; sich ~ consolarse (mit con); ~d adj. consolador; confortante.
'Tröst|er(in f) m consolador(a f) m; confortador(a f) m; 2lich adj. consolador; confortador; (beruhigend) tranquilizador.
'Trost...: 2los adj. Person: desconsolado; inconsolable; desesperado; Sache: desconsolador; desesperante; (öde) desolado; monótono; (jämmerlich) lamentable; ~losigkeit f (0) desconsuelo m, desolación f; desesperación f; v. Sachen: estado m desconsolador bzw. desesperante; ~preis m premio m de consolación; accésit m; 2reich adj. consolador; confortador; ~rennen n Sport: carrera f de consolación.

'**Tröstung** f consuelo m; consolación f; confortación f.
'**trost**|**voll** adj. → ~reich; ²**wort** n (-¢s; -e) palabra f consoladora (od. de consuelo).
Trott m (-¢s; -e) trote m; fig. der alte bzw. tägliche ~ la rutina cotidiana.
'**Trottel** F m imbécil m, idiota m, cretino m; papanatas m, lelo m, bobalicón m; alter ~ viejo m chocho (od. cretino); ²**ig** F adj. imbécil, estúpido; chocho.
'**trott**|**eln** (-le; sn), ~**en** (-e-; sn) v/i. trotar.
Trot'**toir** [-to'ǫ:R] n (-s; -e od. -s) acera f.
Trotz m (-es; 0) obstinación f, terquedad f; porfía f; testarudez f; (Widerspruchsgeist) espíritu m de contradicción; j-m ~ bieten desafiar a alg.; hacer frente a alg., oponerse a alg.; e-r Gefahr ~ bieten arrostrar (od. afrontar) un peligro; aus ~ por despecho; para fastidiar; j-m zum ~ a despecho (od. a pesar) de alg.
trotz prp. (gen. u. dat.) a pesar de, pese a; a despecho de; no obstante; ~ all(e)dem, ~ allem a pesar de todo; aun así; así y todo; con todo eso; ¹~**dem I.** adv. no obstante; a pesar de ello; sin embargo; con todo; **II.** cj. (a. ~¹**dem**) aunque, a pesar de que (subj.).
'**trotz**|**en** (-t) v/i. desafiar; hacer frente a, afrontar; (Widerstand leisten) oponerse, resistirse a; (standhalten) resistir a; (hartnäckig fordern) porfiar; (schmollen) F estar de morros; ~**ig** adj. (eigensinnig) obstinado, terco; porfiado; testarudo, F cabezudo; (widersetzlich) rebelde; recalcitrante; (unfolgsam) desobediente; Blick: altanero; retador; ²**kopf** m testarudo m, F cabezota m, cabezón m; ~**köpfig** adj. obstinado, terco, testarudo.
Trouba'**dour** [truˑbaˑ'du:r] m (-s; -e u. -s) trovador m.
'**trüb**(**e**) adj. Flüssigkeit: turbio, (flockig) borroso, (glanzlos) deslucido, apagado; Licht: mortecino; Glas: empañado; Wetter: nuboso; Himmel: nublado, cubierto; Tag: gris; fig. (finster) sombrío; lúgubre, tétrico; (traurig) triste; melancólico; ~ werden → sich trüben; fig. es sieht ~ aus las perspectivas no son nada halagüeñas; im ~en fischen pescar en río revuelto (od. en aguas turbias).
'**Trubel** m (-s; 0) bulla f, batahola f; ajetreo m; F barullo m, jaleo m.
'**trüb**|**en** v/t. Flüssigkeit: enturbiar; Glas: empañar; (glanzlos machen) deslustrar; (verdunkeln) oscurecer; Gemüt, Verstand: turbar; fig. enturbiar, anublar; empañar; sich ~ Himmel: nublarse, encapotarse; Flüssigkeit: enturbiarse; Glas: empañarse; (glanzlos werden) deslustrarse; (dunkel werden) oscurecerse; fig. Beziehungen: enturbiarse; Sicht, Sinn: nublarse; ²**heit** f (0) afflicción f; ²**sal** f (-; -e) aflicción f; tribulación f; (Elend) miseria f; calamidad f; (Schwermut) melancolía f; F fig. ~ blasen estar triste (od. deprimido od. melancólico); F estar alicaído; ~**selig** adj. (traurig) triste; afligido; melancólico; (trostlos) desconsolado; (arm-

selig) pobre; mísero; ²**seligkeit** f (0) tristeza f; melancolía f; aflicción f; ²**sinn** m (-¢s; 0) melancolía f; tristeza f; ~**sinnig** adj. melancólico; triste; sombrío; ²**ung** f enturbiamiento m; (Zustand) turbiedad f; Röntgen: opacidad f; fig. ofuscación f, ofuscamiento m (a. des Bewußtseins).
'**trudeln** ✈ **I.** (-le) v/i. barrenar; **II.** ² n barrena f; ins ~ geraten entrar en barrena.
'**Trüffel** f (-; -n) ♀ u. Konfekt: trufa f; ²**n** (-le) v/t. trufar; ~**zucht** f truficultura f.
'**Trug** m (-¢s; 0) engaño m; embuste m; fraude m; der Sinne: ilusión f; ~**bild** n visión f; fantasma m; espejismo m; alucinación f; ~**dolde** ♀ f cima f.
'**trügen** (L) v/t. u. v/i. engañar; ser engañoso; inducir a error; wenn mich nicht alles trügt si no me engaño.
'**trügerisch** adj. engañoso; engañador; falaz; traidor; (imaginär) ilusorio; Grund: capcioso; Wetter, Eis: inseguro; Gedächtnis: infiel.
'**Trug**|**gebilde** n → ~**bild**; ~**schluß** m conclusión f errónea; razonamiento m falso.
'**Truhe** f arca f, große: arcón m; cofre m.
Trumm reg. n pedazo m.
'**Trümmer** pl. ruinas f/pl.; (Schutt) escombros m/pl.; die ~ beseitigen des(es)combrar; in ~ gehen caer en ruina; desmoronarse; in ~ schlagen hacer pedazos (od. F trizas); ~**beseitigung** f des(es)combro m; ~**feld** n campo m de ruinas; ~**gestein** Geol. n aglomerado m; ~**grundstück** n inmueble m en ruinas; ~**haufen** m montón m de escombros; escombrera f; ~**stätte** f ruinas f/pl.
'**Trumpf** m (-¢s; ¨e) Kartenspiel: triunfo m; fig. baza f; was ist ~? ¿qué palo es triunfo?; ~ ~ ausspielen echar un triunfo (a. fig.); fig. alle Trümpfe in der Hand haben tener todos los triunfos (en la mano); llevar todas las de ganar; s-n letzten ~ ausspielen jugar el último triunfo (od. su última baza); ²**en** v/t. matar (od. fallar) con un triunfo; ~**farbe** f palo m del triunfo; ~**karte** f triunfo m.
'**Trunk** m (-¢s; ¨e) (Trank) bebida f; poción f; (Schluck) trago m; (Zug) sorbo m; → a. ~**sucht**; e-n ~ tun echar un trago; dem ~ ergeben dado a la bebida; F aficionado al trago; ²**en** adj. borracho; embriagado, ebrio (beide a. fig.); ~ machen emborrachar, embriagar; ~**enbold** m (-¢s; -e) borracho m, beodo m, F borrachín m; ~**enheit** f (0) embriaguez f, F borrachera f; 🚗 wegen ~ am Steuer por conducir en estado de embriaguez; ~**sucht** ⚕ f alcoholismo m; ²**süchtig** adj. dado a la bebida; ⚕ alcohólico, alcoholizado; ~**süchtige**(**r**) m m/f ⚕.
Trupp m (-s; -s) v. Menschen: grupo m; tropel m; (Arbeits²) brigada f; cuadrilla f; equipo m; ✠ pelotón m; destacamento m.
'**Truppe** ✠ f tropa f; ~**n** pl. a. fuerzas f/pl.; Thea. compañía f (teatral); bsd. Am. elenco m.
'**Truppen**...: ~**ansammlung** f concentración f de tropas; ~**arzt** m médico m militar; ~**aushebung** f reclu-

tamiento m; ~**bewegung** f movimiento m de tropas; ~**entflechtung** f separación f de fuerzas; ~**gattung** f arma f; ~**reduzierung** f reducción f de tropas (od. fuerzas); ~**schau** f revista f (de tropas); desfile m; ~**teil** m unidad f; ~**transport** m transporte m de tropas; ~**transporter** ⚓ m (buque m de) transporte m; ~**übung** f ejercicios m/pl. militares; maniobras f/pl.; ~**übungsplatz** m campo m de maniobras bzw. de instrucción; ~**verband** m formación f; ~**verbandplatz** m hospital m de sangre; ~**verschiebung** f movimiento m de tropas.
'**truppweise** adv. por (od. en) grupos.
Trust [u; a] ✝ m (-¢s; -e) trust m.
'**Trut**|**hahn** m pavo m; ~**henne** f pava f.
Tschad m Chad m.
'**Tschako** ✠ m (-s; -s) chacó m.
Tschech|**e** m (-n) checo m; ~**ien** n (-s) Chequia f, República f Checa; ~**in** f checa f; ²**isch** adj. checo; ~**oslowa**-'**kei** f Hist. Checoslovaquia f; ²**oslo**'**wakisch** adj. Hist. checoslovaco.
Tscher'**kesse** m (-n) circasiano m.
Tsche'**tschenien** n (-s) Chechenia f.
tschüs! F int. ¡adiós!
'**Tsetsefliege** f mosca f tse-tsé.
'**T-Shirt** angl. ['tiːʃœːt] n camiseta f.
'**Tuba** ♪ f (-; -ben) tuba f.
'**Tube** f **1.** tubo m; F Kfz. auf die ~ drücken acelerar; **2.** Anat. trompa f; ~**nligatur** ⚕ f ligamento m de trompas.
Tu'**berkel** ⚕ m tubérculo m; ~**bazillus** m bacilo m de la tuberculosis.
tuberku|'**lös** ⚕ adj. tuberculoso; ²-'**lose** ⚕ f tuberculosis f; ²¹**losebekämpfung** f lucha f antituberculosa; ~¹**loseverdächtig** adj. sospechoso de(padecer) tuberculosis.
Tube'**rose** ♀ f tuberosa f, nardo m.
'**Tuch** n **1.** (-¢s; -e) (Stoff) paño m; tela f; **2.** (-¢s; ¨er) (Taschen², Kopf², Hals²) pañuelo m; (Wisch²) trapo m, gamuza f; das wirkt wie ein rotes ~ auf ihn eso le pone fuera de quicio; er ist ein rotes ~ für mich no puedo verle ni pintado; ~**ballen** m pieza f de paño; ²**en** adj. de paño; ~**fabrik** f fábrica f de paños; ~**fabrikant** m fabricante m de paños; ~**fühlung** f (con)tacto m (od. toque m) de codos; fig. estrecho contacto m; in ~ codo a codo; in ~ bleiben quedar en contacto; ~**handel** m comercio m de paños, pañería f; ~**händler** m comerciante m en paños, pañero m; ~**handlung** f pañería f; ~**industrie** f industria f pañera; ~**laden** m → ~**handlung**; ~**macher** m pañero m; ~**schermaschine** f tundidora f de paños.
'**tüchtig I.** adj. eficiente, capaz; competente; apto; hábil; calificado; (ausgezeichnet) excelente; (geübt, erfahren) experimentado, versado, ducho (in et. en a/c.); F (beträchtlich, gehörig) considerable; fuerte; bueno; enorme; er ist ein ~er Esser tiene buen saque; **II.** adv. (sehr) muy; mucho; (mit Macht) vigorosamente; (wirkungsvoll) eficazmente; ~ arbeiten F trabajar de firme; ~ essen comer abundantemente; ~ schwitzen F sudar la gota gorda; sich ~ amüsieren divertirse de lo lindo; sich ~ blamieren F tirarse una plancha fenomenal;

Tüchtigkeit — Turnanzug

j-n ~ *verprügeln* F propinar a alg. una soberana paliza; 2**keit** *f* (*0*) eficiencia *f*; habilidad *f*; destreza *f*; capacidad *f*; aptitud *f*.

Tuchwaren *f/pl.* paños *m/pl.*, pañería *f*.

Tück|e *f* (*Bosheit*) malicia *f*; (*Hinterlist*) perfidia *f*, insidia *f*; (*Heim*2) alevosía *f*; (*Verschlagenheit*) astucia *f*; malignidad *f*; 2**isch** *adj.* malicioso; malintencionado; pérfido; traidor (*a. Tier*); *Krankheit*: insidioso; (*verräterisch*) traicionero (*a. weit S. Eis usw.*).

Tuff *m* (*-s*; *-e*), ¹**stein** *m* toba *f*.

Tüfte'lei *f* sutileza *f*; sofisticación *f*. '**tüft|elig** *adj.* sutil; *Person*: meticuloso; ~**eln** (*-le*) *v/i.* sutilizar; devanarse los sesos; 2**ler** *m* sutilizador *m*; persona *f* meticulosa.

Tugend *f* (-; *-en*) virtud *f*; ~**bold** *m* (*-és*; *-e*) *iro.* dechado *m* de virtudes; 2**haft** *adj.* virtuoso; ~**haftigkeit** *f* (*0*) virtuosidad *f*; 2**sam** *adj.* virtuoso.

Tüll *m* (*-s*; *-e*) tul *m*.

'**Tülle** *f* pico *m*, pitorro *m*; ⊕ boquilla *f*.

'**Tulpe** ♀ *f* tulipán *m*; ~**nbaum** ♀ *m* tulip(an)ero *m*; ~**nzwiebel** *f* bulbo *m* de tulipán.

'**tummel|n** (*-le*) **I.** *v/t. Pferd*: hacer caracolear; **II.** *v/refl.*: *sich* ~ moverse; *Kinder*: retozar; corretear; (*sich beeilen*) apresurarse, darse prisa; 2-**platz** *m* lugar *m* de recreo; *fig.* campo *m* de acción; palestra *f*.

'**Tümmler** *m* 1. *Ict.* delfín *m* mular; *kleiner* ~ marsopa *f*; 2. *Orn.* paloma *f* volteadora.

'**Tumor** ✱ *m* (*-s*; *-en*) tumor *m*.

'**Tümpel** *m* charco *m*, *großer*: charca *f*.

Tu'mult *m* (*-és*; *-e*) tumulto *m*; (*Lärm*) alboroto *m*; F jaleo *m*; ~**u'ant** *m* (*-en*) (*Aufrührer*) amotinado *m*; (*Lärmmacher*) alborotador *m*; 2**u'a-risch**, 2**u'ös** *adj.* tumultuoso; tumultuario.

tun I. (*L*) *v/t. u. v/i.* hacer; (*handeln*) obrar; trabajar; (*ausführen*) ejecutar; *Schritt, Sprung*: dar; (*setzen, stellen, legen*) poner, meter; (*zufügen*) agregar, añadir; echar; *so* ~, *als ob hacer como si*; fingir, simular; *er tut, als sei er krank* se hace el enfermo; *er tut nur so lo aparenta* nada más; sólo es apariencia; *er tut gelehrt* alardea de sabio; *so* ~, *als hätte man nichts gesehen* F hacer la vista gorda; *das will getan sein* eso tendrá que hacerse; *noch zu* ~ *sein* estar por hacer; *damit ist es noch nicht getan* con eso no basta; *was hat er dir getan?* ¿qué te ha hecho?; *nichts* ~ no hacer nada; *das tut nichts* no es nada; no importa; no tiene importancia; *als Antwort auf eine Entschuldigung*: no hay de qué; no ha sido nada; *das tut ihm nichts* eso no le importa nada; le es indiferente; *es tut sich et.* algo se está tramando; *was tut sich da?* ¿qué pasa aquí?; *das tut man nicht* eso no se hace; *tu doch nicht so!* ¡déjate de cumplidos (od. de pamplinas)!; *was tut das?* ¿qué importa eso?; *was ist zu* ~? ¿qué hay que hacer?; *was soll ich* ~? ¿qué voy a hacer?; ¡qué le vamos a hacer!; *ich kann nichts dazu* ~ no puedo hacer nada; (*viel*) *zu* ~ *haben* tener (mucho) que hacer; estar (muy) ocupado;

nichts zu ~ *haben* no tener nada que hacer; estar desocupado; *Sie haben hier nichts zu* ~ aquí no tiene usted nada que hacer; *schroff abweisend*: aquí está usted de más; *es ist mir nur darum zu* ~, *zu* ... (*inf.*) sólo aspiro a ... (*inf.*); para mí sólo se trata de ... (*inf.*); lo que me importa es ... (*inf.*); *es ist mir darum zu* ~, *daß* ... me importa *bzw.* interesa que ... (*subj.*); *es ist mir sehr darum zu* ~ me importa *bzw.* interesa mucho; *es ist ihm nur um das Geld zu* ~ lo único que le interesa es el dinero; *zu* ~ *haben mit* tener que ver con; *ich will damit nichts zu* ~ *haben* no quiero mezclarme en ese asunto; en eso yo me lavo las manos; *damit habe ich nichts zu* ~ no tengo nada que ver con eso; *das hat damit nichts zu* ~ no tiene nada que ver con eso; eso no hace al caso; *es mit j-m zu* ~ *bekommen* habérselas con alg.; *er kann* ~ *und lassen, was er will* puede hacer lo que quiera; *er tut nichts als arbeiten* no hace más que trabajar; se pasa la vida trabajando; *das läßt sich* ~ puede hacerse; es factible; *es ist um ihn getan* está perdido; **II.** 2 *n* modo *m* de obrar; (*Beschäftigung*) ocupaciones *f/pl.*; actividades *f/pl.*; (*Verhalten*) conducta *f*; *sein* ~ *und Treiben* su conducta; sus acciones; F su vida y milagros.

'**Tünche** *f* blanqueo *m*, jalbegue *m*; *fig.* barniz *m*; ~**n** *v/t.* blanquear, enjalbegar; ~**r** *m* blanqueador *m*.

'**Tundra** *f* (-; *-dren*) tundra *f*.

Tu'nes|ien *n* Túnez *m*; ~**ier**(**in** *f*) *m* tunecino (-a *f*) *m*; 2**isch** *adj.* tunecino.

'**Tunichtgut** *m* (- *u.* -*és*; *-e*) bribón *m*, tunante *m*; pillo *m*.

Tunika *f* (-; *-ken*) túnica *f*.

Tunis *n* Túnez *m*.

Tunke *f* salsa *f*; F moje *m*; 2**n** *v/t.* mojar (en la salsa).

'**tunlich** *adj.* (*ausführbar*) factible, hacedero; viable; (*ratsam*) aconsejable, oportuno; ~**st** *adv.* a ser posible; si las circunstancias lo permiten.

'**Tunnel** *m* túnel *m*.

Tunte P *f* F marica *m*.

Tupf *m* (*-és*; *-e*) → ~**en**.

'**Tüpfel** *m/n* manchita *f*; puntito *m*; (*Stoffmuster*) lunar *m*; ♀ punteadura *f*; ~**chen** *n*: *das* ~ *auf dem i* el punto sobre la i; *keih* ~ *fehlt* no falta ni un ápice; 2**n** *v/t.* (*-le*) puntear; salpicar; motear.

'**tupfen I.** *v/t.* 1. tocar ligeramente; dar (unos ligeros) toques; 2. → *tüpfeln*; **II.** 2 *m* mancha *f*; punto *m*; *Stoff*: lunar *m*.

'**Tupfer** *m* ✱ torunda *f*; (*Flecken*) mancha *f*; (*Punkt*) punto *m*.

Tür *f* (-; *-en*) puerta *f*; (*Wagen*2) portezuela *f*; *fig.* ~ *und Tor öffnen* abrir de par en par las puertas a; *fig.* *offene* ~**en einrennen** pretender demostrar lo evidente; *j-m die* ~ *weisen*, *j-n vor die* ~ *setzen* enseñarle a alg. la puerta (de la calle); echar a la calle a alg.; F poner a alg. de patitas en la calle; *j-m die* ~ *vor der Nase zuschlagen* dar a alg. con la puerta en las narices; *hinter* (*od. bei*) *verschlossenen* ~**en** a puerta cerrada; *von* ~ *zu* ~ *gehen* andar de puerta en puerta; *mit der* ~ *ins Haus fallen* entrar de rondón; *fig.*

descolgarse con a/c.; *vor der* ~ *stehen* estar a (*od.* ante) la puerta; *fig.* estar inminente (*od.* al caer *od.* a la vuelta de la esquina); *fig. vor verschlossenen* ~**en stehen** encontrar todas las puertas cerradas; *kehren Sie vor Ihrer eigenen* ~! ¡no se meta donde no le llaman!; *zwischen* ~ *und Angel* a punto de salir; *fig.* de prisa y corriendo; ¹~**angel** *f* gozne *m*; ¹~**anschlag** *m* tope *m*.

Turban *m* (*-s*; *-e*) turbante *m*.

Tur'bine *f* turbina *f*.

Tur'binen...: ~**dampfer** *m* vapor *m* de turbina(s); ~**halle** *f* sala *f* de turbinas; ~**rad** *n* rueda *f* de turbina; ~**schaufel** *f* álabe *m* de turbina; ~(**strahl**)**triebwerk** *n* turborreactor *m*.

'**Turbo|antrieb** *m* turbopropulsión *f*; ~**gebläse** *n* turbosoplante *m*; ~**generator** *m* turbogenerador *m*; ~**kompressor** *m* turbocompresor *m*; ~**lader** *m* turboalimentador *m*; ~**prop** *m* turbopropulsor *m*; ~**ventilator** *m* turboventilador *m*.

turbu'len|t *adj.* turbulento; 2**z** *f* turbulencia *f*.

'**Tür...**: ~**drücker** *m* picaporte *m*; ~**flügel** *m* hoja *f* (*od.* batiente *m*) de puerta; ~**füllung** *f* entrepaño *m* (de puerta); ~**griff** *m* tirador *m*, puño *m* (de puerta); ~**hüter** *m* portero *m*.

'**Türke** *m* (*-n*) turco *m*.

Tür'kei *f* Turquía *f*.

'**türken** F *v/t.* falsificar; fingir; 2**säbel** *m* cimitarra *f*.

'**Türkette** *f* cadena *f* de seguridad.

'**Türkin** *f* turca *f*.

Tür'kis *Min. m* (*-es*; *-e*) turquesa *f*; 2(**farben**) *adj.* turquí.

'**türkisch** *adj.* turco.

'**Tür|klinke** *f* picaporte *m*; pestillo *m*; ~**klopfer** *m* aldaba *f*, llamador *m*, picaporte *m*; ~**knauf** *m* pomo *m*.

Turm *m* (*-és*; ~**e**) torre *f* (*a. Schach*); (*Glocken*2) campanario *m*; (*Geschütz*2) ✚ cúpula *f* (*Festungs*2) torreón *m*; (*Wacht*2) atalaya *f*; *Schwimmsport*: plataforma *f* alta.

Turma'lin *Min. m* (*-s*; *-e*) turmalina *f*.

'**Türmatte** *f* limpiabarros *m*; felpudo *m*.

'**Turmbau** *m* construcción *f* de una torre; *der* ~ *zu Babel* la torre de Babel.

'**Türmchen** *n* torrecilla *f*.

'**türmen I.** *v/t.* elevar; levantar a gran altura; (*anhäufen*) apilar, amontonar; *sich* ~ elevarse; amontonarse; *Wolken*: cernerse, acumularse; **II.** (*sn*) *v/i.* F (*abhauen*) largarse, poner pies en polvorosa; P najarse, salir de naja.

'**Türmer** *m* torrero *m*; vigía *m*, atalaya *m*.

'**Turm...**: ~**falke** *Orn. m* cernícalo *m*; 2**hoch** *adj.* alto como una torre; gigantesco; altísimo; *j-m* ~ *überlegen sein* ser muy superior a alg.; llevarle mucha ventaja a alg.; ~ *über et. stehen* estar muy por encima de a/c.; ~**schwalbe** *Orn. f* vencejo *m*; ~**spitze** *f* aguja *f*, flecha *f*; ~**springen** *n Schwimmsport*: saltos *m/pl.* de palanca; ~**uhr** *f* reloj *m* de torre; ~**verlies** *n* mazmorra *f*; calabozo *m*; ~**wächter** *m* → *Türmer*.

'**Turn|anstalt** *f* gimnasio *m*; ~**anzug**

m traje *m* de gimnasia; &en *v/i.* hacer gimnasia; ~en *n* gimnasia *f*; ejercicios *m/pl.* gimnásticos; ~er(in *f*) *m* gimnasta *m/f*; &erisch *adj.* gimnástico; ~erschaft *f* gimnastas *m/pl.*; ~fest *n* festival *m* gimnástico; ~gerät *n* aparato *m* gimnástico (*od.* de gimnasia); ~halle *f* sala *f* de gimnasia; gimnasio *m*; ~hemd *n* camiseta *f* de gimnasia; ~hose *f* calzón *m* de gimnasia.

Tur'nier *n* (-s; -e) torneo *m*; *Hist. a.* justa *f*; ~bahn *f*, ~platz *Hist. m* liza *f*, palenque *m.*

'Turn...: ~lehrer(in *f*) *m* profesor(a *f*) *m* de gimnasia; monitor *m*; ~riege *f* sección *f* (de gimnastas); ~schuhe *m/pl.* zapatillas *f/pl.* (deportivas); ~spiele *n/pl.* juegos *m/pl.* gímnicos; ~stunde *f* lección *f* de gimnasia; ~übung *f* ejercicio *m* gimnástico; ~unterricht *m* enseñanza *f* de la gimnasia; educación *f* física.

'Turnus *m* (-; -se) turno *m*; im ~ → &mäßig *adj. u. adv.* por turno(s).

'Turn|verein *m* club *m* gimnástico (*od.* de gimnasia); ~wart *m* monitor *m*; ~zeug *n* ropa *f* deportiva.

'Tür...: ~öffner ⊕ *m* portero *m* automático (*od.* electrónico); ~öffnung △ *f* vano *m* de la puerta; ~pfosten *m* jamba *f*; ~rahmen *m* jambaje *m*, marco *m* de la puerta; ~riegel *m* pasador *m*; (*Längsriegel*) falleba *f*; ~schild *n* placa *f* (de puerta); ~schließer *m* (*Apparat*) cierre *m* (de puertas) automático; ~schloß *n* cerradura *f*; ~schlüssel *m* llave *f* de la puerta; ~schwelle *f* umbral *m*; ~sprech-anlage *f* interfono *m*; ~steher *m* portero *m*; *im Gericht*: ujier *m*; ~sturz △ *m* dintel *m* (de la puerta).

'Turteltaube *Orn. f* tórtola *f.*

'Türvorleger *m* limpiabarros *m*, felpudo *m.*

Tusch *m* (-es; -e) toque *m*; ✕ toque *m* de clarines.

'Tusche *f* tinta *f* china.

'tuscheln **I.** (*-le*) *v/i.* cuchichear; **II.** & *n* cuchicheo *m.*

'tuschen *v/t.* pintar en colores; pintar a la acuarela; *mit Tusche*: lavar (*od.* sombrear) con tinta china.

'Tusch...: ~feder *f* plumilla *f*; ~farben *f/pl.* colores *m/pl.* para aguada; ~kasten *m* caja *f* de pinturas (*od.* de colores); ~pinsel *m* pincel *m*; ~zeichnung *f* aguatinta *f.*

'Tüte *f* cucurucho *m*; bolsa *f* (de papel); F in die ~ blasen *bei Verkehrskontrolle*: F dar el soplo; F *das kommt nicht in die* ~! ¡ni hablar!; ¡narices!

'tuten (-*e*-) *v/i.* (hacer) sonar; tocar la sirena; (*hupen*) tocar la bocina (*od.* el claxón), bocinar; ♪ tocar el cuerno; *von* & *und Blasen keine Ahnung haben* no saber ni jota de a/c.; no saber de la misa la media.

'Tutor *m* (-s; -en) tutor *m* (a. *Uni.*).

'Tüttel *m*, ~chen *n* puntito *m*; *kein* ~ ni jota; ni un ápice.

Tweed [tvi:t] *m* (-s; -s *od.* -e) tweed *m.*

'Twinset *m/n* (-s; -s) conjunto *m.*

Twist *m* 1. (-es; -e) hilo *m* de algodón; 2. (-s; -s) (*Tanz*) twist *m.*

'Tympanon △ *n* (-s; -na) tímpano *m.*

Typ *m* (-s; -en) tipo *m*; ⊕ *a.* modelo *m*; F (*Kerl*) tipo *m*, F tío *m*; *er ist nicht mein* ~ no es mi tipo; no es santo de mi devoción; *er ist nicht der* ~ *dafür* no da el tipo.

'Type *f* *Typ.* tipo *m* (de imprenta), letra *f* de molde; F (*Kauz*) F tipejo *m*, tío *m*; *e-e komische* ~ un tipo (*od.* tío) raro; ~ndruck *Typ. m* impresión *f* tipográfica; ~nhebel *m* Schreibmaschine: palanca *f* portatipos; ~nlehre *f* tipología *f*; ~nrad *n* Schreibmaschine: margarita *f* (impresora).

ty'phös ✱ *adj.* tifoideo, tífico.

'Typhus ✱ *m* (-; 0) tifus *m*, fiebre *f* tifoidea; &artig *adj.* tifoideo; ~bazillus *m*, ~erreger *m* bacilo *m* tífico; ~impfung *f* vacunación *f* antitífica.

'typisch *adj.* típico (*für* de); característico (de).

typi'sier|en (-) *v/t. Neol.* tipificar; &ung *f Neol.* tipificación *f.*

Typo|'graph *m* (-en) tipógrafo *m*; ~gra'phie *f* tipografía *f*; &'graphisch *adj.* tipográfico; ~lo'gie *f* tipología *f*; &'logisch *adj.* tipológico.

'Typus *m* (-; -*pen*) tipo *m.*

Ty'rann *m* (-en) tirano *m* (a. *fig.*).

Tyran'nei *f* tiranía *f.*

Ty'rannen|herrschaft *f* tiranía *f*; despotismo *m*; ~mord *m* tiranicidio *m*; ~mörder(in *f*) *m* tiranicida *m/f.*

ty'ranni|sch *adj.* tiránico; despótico; ~'sieren (-) *v/t.* tiranizar.

tyr'rhenisch *adj.*: *das* & *Meer* el Mar Tirreno.

U

U, u *n* U, u *f*.

'U-Bahn *f* metro *m*, ferrocarril *m* metropolitano; *Arg.* F subte *m*; **~-Station** *f* estación *f* de metro.

'übel I. *adj.* (*übler, übelst*) malo; mal; **~** *dran sein* estar mal; estar en una situación difícil (*od.* delicada); *in e-e üble Geschichte geraten* F meterse en un berenjenal; *üble Laune haben* estar de mal humor; *ein übler Kerl* un mal sujeto; un individuo de cuidado; *ich hätte nicht ~ Lust ...* me gustaría (*inf.*); tengo muchas ganas de ...; *mir ist bzw. wird ~* me siento mal; tengo náuseas; *fig. dabei kann e-m ~ werden* es asqueroso; eso da ganas de vomitar; (*das ist*) *nicht ~!* no está mal; está bastante bien; *kein übler Gedanke* no es mala idea; **II.** *adv.* mal; **~** *aufnehmen* tomar a mal; *es sieht ~ mit ihm aus* está en una situación difícil; las cosas se presentan mal para él; **~** *beraten sein* estar mal aconsejado; **~** *beleumdet sein* tener mala fama (*od.* reputación); **~** *behandeln* tratar mal; **~** *gelaunt sein* estar de mal humor; *es ist ihm ~ bekommen* le ha sentado mal; **~** *riechen* (*schmecken*) oler (saber) mal; **III.** ♀ *n* mal *m*; (*Unglück*) desgracia *f*; calamidad *f*; infortunio *m*; (*Schädliches*) daño *m*, perjuicio *m*; (*Krankheit*) mal *m*; dolencia *f*; *notwendiges ~ mal m* necesario; *das kleinere ~ el mal menor; von zwei ~n das kleinere wählen* del mal, el menos; *von ~ sein* ser malo (*od.* perjudicial); *zu allem ~* para colmo de males (*od.* desgracias); F para mayor (*od.* más) inri.

'Übel...: ~befinden *n* malestar *m*; indisposición *f*; **♀beraten** *adj.* malaconsejado; **♀gelaunt** *adj.* malhumorado, de mal humor; **♀gesinnt** *adj.* malintencionado; **~keit** *f* malestar *m*; náuseas *f/pl.*; **~** *erregend* nauseabundo; **♀launig** *adj.* → **♀gelaunt**; **♀nehmen** (L) *v/t.* tomar a mal, echar a mala parte; *nehmen Sie es mir nicht ~!* ¡no me lo tome a mal!; con perdón de usted; **♀nehmerisch** *adj.* susceptible; quisquilloso; **♀riechend** *adj.* maloliente; fétido; hediondo; **~stand** *m* mal *m*; inconveniente *m*; defecto *m*; **~tat** *f* mala acción *f*; fechoría *f*; **~täter**(**in** *f*) *m* malhechor(a *f*); maleante *m/f*; **♀tun** (L) *v/i.* hacer mal; causar mal; **♀wollen** *v/i.*: *j-m ~* querer mal a alg.; tener mala voluntad a alg.; **~wollen** *n* mala voluntad *f*; malevolencia *f*; malquerencia *f*; **♀wollend** *adj.* malintencionado; malévolo.

'üben I. *v/t.* ejercitar; practicar; ejercer; ♪ estudiar; *Sport*: entrenar; *Gewalt ~* emplear la fuerza; *Geduld ~* ser paciente; tener paciencia; **II.** *v/i.* hacer ejercicios (*od.* prácticas); *bsd. Sport*: entrenarse; ♪ estudiar; *sich ~* ejercitarse (*in dat.* en); → *a.* geübt; **III.** ♀ *n* ejercicio *m*; práctica *f*; *Sport*: entrenamiento *m*.

'über I. *prp.* (wo? *dat.*; wohin? *ac.*): **1.** *örtlich*: (*oberhalb*) sobre, encima de; (*jenseits*) al (*od.* del) otro lado de; más allá de; (*durch*) por; (*~ ... hinweg*) por encima de; *die Straße gehen atravesar* (*od.* cruzar) la calle; *~ den Bergen* al otro lado de la montaña; tras la montaña; *~ München reisen, fahren, kommen* pasar por Munich; *~ Hamburg Vkw.* vía Hamburgo; **2.** *zeitlich*: (*während*) durante; *den ganzen Tag ~* (durante) todo el día; *~s Jahr* en un año; dentro de un año; *heute ~ acht Tage* de hoy en ocho días; *~ Ostern* durante los días de Pascua; *es ist schon ~ e-e Woche her* hace ya más de una semana; **3.** *Maß und Zahl*: (*mehr als*) *das es kostet ~ 20 Mark* cuesta más de veinte marcos; *die Kosten betragen ~ 1000 Mark* los gastos pasan (*od.* exceden) de mil marcos; *ein Scheck ~ 100 Mark* un cheque de (*od.* por valor de) cien marcos; *~ 40* (*Jahre alt*) *sein* haber pasado (*od.* cumplido) los cuarenta (años); *einmal ~ das andere* repetidas (*od.* reiteradas) veces; más de una vez; una y otra vez; *Fehler ~ Fehler* error tras error; falta sobre falta; **4.** *fig.* sobre; referente a; acerca de; a propósito de; *~ j-m stehen* ser superior a alg.; *es geht nichts ~ ...* (no hay) nada mejor que ..., no hay como ...; *das geht mir ~ alles* de lo que más me importa bzw. gusta; **II.** *adv.*: *~ und ~* completamente, por completo, enteramente; del todo; *j-m ~ sein* ser superior a alg.; aventajar a alg.; *es ist mir ~* estoy harto (de); F estoy hasta la coronilla (de).

über'all *adv.* en (*od.* por) todas partes; *Poes.* por doquier(a); **~her** *adv.* de todas partes; **~hin** *adv.* a todas partes; en todas las direcciones.

über'altert *adj.* demasiado viejo; envejecido; *fig.* rancio; anticuado; **♀ung** *f* envejecimiento *m*.

'Über-angebot ♱ *n* oferta *f* excesiva, exceso *m* de oferta; excedente *m*.

'über-ängstlich *adj.* preocupado en exceso.

über'anstreng|en (-) *v/t.* fatigar (*od.* cansar) excesivamente; someter a un esfuerzo excesivo; *Stimme usw.*: forzar; *sich ~* abusar de sus fuerzas; **♀ung** *f* esfuerzo *m* bzw. trabajo *m* excesivo; fatiga *f* excesiva.

über'antwort|en (-e-; -) *v/t.* entregar a; poner en manos de; *dem Gericht ~* poner a disposición judicial; **♀ung** *f* entrega *f*.

über'arbeit|en (-e-; -) **I.** *v/t.* revisar; retocar; perfeccionar; **II.** *v/refl.*: *sich ~* trabajar demasiado; F matarse trabajando; **♀ung** *f* revisión *f*; retoque *m*; (*Überanstrengung*) exceso *m* de trabajo; trabajo *m* excesivo; agotamiento *m*.

'Über-ärmel *m* manguito *m*, mangote *m*.

'über-aus *adv.* sumamente; sobremanera; (*äußerst*) extrema(da)mente, en extremo; *~ freundlich* de lo más cordial.

über'backen I. (-) *v/t.* gratinar; **II.** *adj.* al gratín.

'Über|bau *m* superestructura *f* (*a. fig.*); (*Vorsprung*) saledizo *m*; **♀'bauen** (-) *v/t.* sobreedificar; **♀be-anspruchen** (-) *v/t.* ⊕ someter a un esfuerzo excesivo; *a. fig.* sobrecargar; **~be-anspruchung** *f* sobrecarga *f*; **♀behalten** (L; -) *v/t.* *Kleidungsstück*: dejar puesto; (*übrigbehalten*) tener de sobra; **~bein** ⚕ *n* sobrehueso *m*, exostosis *f*; *Vet.* sobrecaña *f*; **♀bekommen** (L; -) *v/t.*: *et. ~* cansarse (*od.* hartarse) de a/c.; F *eins ~* recibir una paliza; **♀belasten** (-e-; -) *v/t.* sobrecargar; cargar excesivamente; **~belastung** *f* sobrecarga *f*; **~belegt** *adj.* ocupado en exceso; **~belegung** *f* ocupación *f* excesiva; **♀belichten** (-e-; -) *Phot. v/t.* sobreexponer; **~belichtung** *Phot. f* exceso *m* de exposición, sobreexposición *f*; **~beschäftigung** *f* exceso *m* de empleo; **♀betonen** (-) *v/t.* exagerar la importancia de; **♀bewerten** (-e-; -) *v/t.* exagerar el valor de, *Neol.* sobrevalorar, supervalorar; **~bewertung** *f Neol.* sobrevaloración *f*, supervaloración *f*.

über|'bieten (L; -) *v/t. bei Auktionen*: sobrepujar (*a. fig. an dat.* en); *Kartenspiel*: reenvidar; *fig.* superar; *sich gegenseitig ~* rivalizar (*in* en); *nicht zu ~ sein* no tener rival; **♀'bieter** *m* pujador *m*; **♀'bietung** *f* sobrepujamiento *m*; *Kartenspiel*: reenvite *m*.

'über|bleiben F *v/i.* → übrigbleiben; **♀bleibsel** *n* resto *m*; residuo *m*; vestigio *m*; *e-r Mahlzeit*: sobras *f/pl.*; **~blenden** (-e-; -) *v/t. Film*: superponer gradualmente una imagen a la siguiente; **♀blendung** *f Film*: transición *f* gradual de una imagen a otra.

'Über|blick *m a. fig.* vista *f* general (*od.* de conjunto); vista *f* panorámica; *fig.* sinopsis *f*; (*Zusammenfassung*) resumen *m*; sumario *m*; *e-n ~ gewinnen* adquirir (*od.* hacerse) una idea general (*über ac.* de); *den ~ verlieren* perder el control; **♀'blicken**

(-) v/t. abarcar (od. abrazar) con la vista; dominar (a. fig.); fig. darse cuenta de; *Lage usw.*: controlar.
über...: ~**'borden** (-e-; -) v/i. desbordar (a. fig.); ~**'bringen** (L; -) v/t. transmitir; entregar; ℒ**'bringer(in** f) m portador(a f) m; ℒ**'bringerscheck** m cheque m al portador; ℒ**'bringung** f entrega f; transmisión f; ~**'brückbar** adj. superable; franqueable; ~**'brücken** (-) v/t. tender (od. echar) un puente (sobre); fig. *Schwierigkeiten*: superar; zanjar; *Gegensätze*: conciliar; *Entfernung*: salvar; *Abgrund*: franquear; ℒ**'brückung** f construcción f de un puente (sobre); fig. solución f de transición; ℒ**'brückungshilfe** f ayuda f transitoria; ℒ**'brückungskredit** m crédito m transitorio (od. para superar necesidades transitorias); ¹ℒ**buchung** f contratación f excesiva, angl. overbooking m; ~**'bürden** (-e-; -) v/t. recargar de trabajo; sobrecargar; ℒ**'bürdung** f exceso m de trabajo; sobrecarga f; ¹ℒ**dach** n alero m; sobradillo m; ~**'dachen** (-) v/t. techar; cubrir con un techo; ~**'dauern** (-re; -) v/t. durar más tiempo que; sobrevivir a; ¹ℒ**decke** f sobrecubierta f; *auf Tischen*: sobremesa f; ~**'decken** (-) v/t. (re)cubrir (*mit* de); revestir; (*verbergen*) ocultar; ¹~**decken** v/t. extender (sobre); ℒ**'deckung** f superposición f; ⊕ recubrimiento m; revestimiento m; ~**'denken** (L; -) v/t. reflexionar (sobre); recapacitar; ~**'dies** adv. además; aparte de eso; fuera de eso; ¹ℒ**dosis** ♫ f sobredosis f; ¹ℒ**dosierung** ♫ f dosificación f excesiva, exceso m de dosis; ~**'drehen** (-) v/t. *Gewinde usw.*: forzar; torcer; *Uhr*: dar demasiada cuerda; fig. überdreht sobreexcitado.
¹**Überdruck** m ⊕ sobrepresión f; *Typ.* reporte m; ℒ**en** v/t. sobreimprimir; ~**kabine** f cabina f presurizada; ~**ventil** n válvula f de seguridad bzw. de alivio.
¹**Über|druß** m (-sses; 0) fastidio m; hastío m; tedio m; *bis zum* ~ hasta la saciedad; ℒ**drüssig** adj. harto (de); *e-r Sache* ~ werden hartarse (od. cansarse) de a/c.
¹**überdurchschnittlich** adj. superior al promedio; extraordinario; fuera de lo normal.
über'eck adv. diagonalmente, en diagonal; de través.
¹**Über-eifer** m exceso m de celo; ℒ**rig** adj. muy celoso; fanático.
über'eign|en (-e-; -) v/t. transferir, transmitir (la propiedad); *Geschäft*: traspasar; ℒ**ung** f transferencia f; transmisión f (de la propiedad); traspaso m.
über'eil|en (-) v/t.: *et.* ~ precipitar a/c.; *sich* ~ precipitarse; obrar precipitadamente (*od.* con precipitación); apresurarse demasiado; ~**t** adj. precipitado, atropellado; fig. a. prematuro; ℒ**ung** f (0) precipitación f; prisa f excesiva; *nur keine* ~! ¡sin precipitaciones!; ¡vamos por partes!
über-ein'ander adv. uno sobre otro; uno encima de otro; superpuestos; ~**greifen** (L) v/i. cruzarse; ~**legen** v/t. poner uno sobre otro; superponer; ~**schlagen** (L) v/t. *Beine*: cruzar; ~**setzen** (-t), ~**stellen** v/t. → ~*legen*.
über'ein|kommen (L; sn) v/i. ponerse de acuerdo (*über ac.* acerca de; sobre); llegar a un acuerdo (sobre *od.* acerca de); *mit j-m* ~, *daß* convenir con alg. en; *man kam überein, daß* se acordó que; ℒ**kommen** n, ℒ**kunft** f (-; -̈e) acuerdo m; convenio m; arreglo m; compromiso m; *ein* ~ *treffen* hacer un convenio; concluir un acuerdo; ~**stimmen** v/i. coincidir; *mit j-m* ~ estar de acuerdo con alg. (*in dat.* en); *mit et.* ~ estar conforme con; corresponder con; armonizar con; cuadrar con; concordar con (a. *Gr.*); *alle stimmen darin überein* todos están de acuerdo en eso; ~**stimmend I.** adj. correspondiente; concordante; igual; idéntico; (*einstimmig*) unánime; **II.** adv.: ~ *mit* de acuerdo con; conforme con; ℒ**stimmung** f coincidencia f; concordancia f (a. *Gr.*); conformidad f; armonía f; analogía f; identidad f; *in* ~ *mit* de acuerdo con; de conformidad con; en armonía con; *in* ~ *bringen mit* poner de acuerdo con; armonizar (*od.* poner en armonía) con.
¹**über-empfindlich** adj. excesivamente sensible; hipersensible, ♫ hiperestésico; ℒ**keit** f sensibilidad f excesiva; hipersensibilidad f, hipersusceptibilidad f; ♫ hiperestesia f.
¹**über-entwickelt** adj. superdesarrollado, ♫ hipertrófico.
¹**Über-ernährung** f sobrealimentación f.
¹**über-erregbar** adj. hiperexcitable; ℒ**keit** f hiperexcitabilidad f.
über'|essen (L) v/refl.: *sich* ~ comer demasiado; ahitarse, F atracarse, atiborrarse (*mit* de); ¹~**essen** v/t.: *sich* *et.* ~ hartarse de a/c.
¹**über|fahren I.** v/i. (L; sn) atravesar, cruzar; hacer la travesía de; **II.** v/t. conducir (*od.* transportar) al otro lado; ~**fahren** v/t. (L; -) atropellar, a. fig. arrollar; *Signal*: pasar, saltar(se).
¹**Überfahrt** f travesía f; pasaje m; trayecto m; *über e-n Fluß*: paso m.
¹**Über|fall** m ♫ ataque m por sorpresa; asalto m (imprevisto); agresión f; (*Raub*ℒ) atraco m; (*Einfall*) incursión f; ☒ a. raid m; ℒ**fallen** (L; -) v/t. ♫ atacar por sorpresa; asaltar; *räuberisch*: atracar (a. *Bank*); *gewalttätig*: agredir, atacar; acometer; fig. (*überraschen*) sorprender; coger desprevenido (*od.* de sorpresa); *Schrecken usw.*: invadir; *Krankheit*: atacar; *der Schlaf überfiel mich* el sueño se apoderó de mí; *er überfiel mich mit der Frage* me espetó la pregunta; F *j-n* ~ (*besuchen*) dejarse caer (por casa de alg.); ℒ**fällig** adj. retrasado, atrasado, en atraso; ♱ *Wechsel*: vencido (y no pagado); ~**fallkommando** n brigada f volante.
¹**überfein** adj. (0) superfino, fig. demasiado refinado.
¹**Überfischen** n sobrepesca f.
über'fliegen (L; -) v/t. sobrevolar, volar sobre bzw. por encima de; fig. recorrer (con la vista); leer por encima.
¹**überfließen** (L; sn) v/i. desbordarse; derramarse, rebosar, fig. rebosar (*von* de).
über'|flügeln (-*le*; -) v/t. ♫ flanquear (al enemigo); desbordar las alas de; fig. aventajar, sobrepujar; llevar la delantera; dejar atrás.
¹**Überfluß** m abundancia f (*an dat.* de); superabundancia f; (*Fülle*) exuberancia f; profusión f; plétora f; derroche m; *an et.* ~ *haben, et. im* ~ *haben* (super)abundar en a/c.; *im* ~ *en abundancia*; *de sobra*; *im* ~ *vorhanden sein* abundar; *im* ~ *leben* vivir en la opulencia; *zum* ~ a mayor abundamiento; *zu allem* ~ para colmo (de desgracias), F para más inri; ~**gesellschaft** f sociedad f opulenta.
¹**überflüssig** adj. superfluo; (*unnötig*) innecesario; inútil; *Bemerkung usw.*: gratuito; ~ *sein Person*: sobrar, estar de sobra, estar de más; *es ist* ~ *zu sagen, daß* huelga decir que; ~**erweise** adv. sin motivo alguno; sin razón para ello; innecesariamente; ℒ**keit** f (0) superfluidad f.
über'flut|en (-e-; -) v/t. inundar (a. fig.); ℒ**ung** f inundación f.
über'forder|n (-re; -) v/t.: *j-n* ~ pedir (*od.* exigir) demasiado de alg.; hacer a alg. trabajar excesivamente; *damit bin ich überfordert* no puedo con esto; esto es superior a mis fuerzas; ℒ**ung** f esfuerzo m excesivo.
¹**Überfracht** f sobrecarga f; sobreflete m.
über'fragen (-) v/t.: *da bin ich überfragt* no lo sé; no se lo puedo decir.
Über'fremdung f extranjerización f; infiltración f extranjera.
über'fressen (L; -) P v/refl.: *sich* ~ F atracarse, atiborrarse.
¹**über|führen** v/t. trasladar; transferir; ~**führen** (-) v/t. (*befördern*) trasladar, conducir, transportar (*nach* a); *Geldmittel*: transferir; ♱ convencer; probar la culpabilidad de; ¹~**führt** ♱ adj. convicto; ℒ**führung** f traslado m; transporte m; *e-s Toten*: conducción f (del cadáver); ♱ convicción f; 🚌 paso m superior; *Straße*: paso m elevado.
¹**Überfülle** f sobreabundancia f, superabundancia f; exuberancia f, plétora f; profusión f; plenitud f.
über'füll|en (-) v/t. llenar demasiado, sobrellenar; sobrecargar; (*vollstopfen*) abarrotar, atestar; a. *Magen*: atiborrar; ~**t** adj. demasiado lleno, abarrotado, atestado, repleto; *der Saal ist* ~ la sala está repleta de gente (*od.* F de bote en bote); ℒ**ung** f repleción f; *des Magens*: hartazgo m; *der Straße usw.*: congestión f.
¹**Überfunktion** f hiperfunción f.
über'fütter|n (-re; -) v/t. sobrealimentar; ℒ**ung** f exceso m de alimentación; sobrealimentación f.
¹**Übergabe** f transmisión f; transferencia f; (*Auslieferung*) entrega f; ♱ tradición f; ♫ rendición f.
¹**Übergang** m paso m; cruce m; *in anderen Besitz*: traspaso m; *von Gegner*: ♫ deserción f; fig. transición f.
¹**Übergangs...**: ~**bestimmung** f disposición f transitoria; ~**kleid** n vestido m de entretiempo; ~**lösung** f solución f provisional (*od.* transitoria); ~**mantel** m abrigo m de entretiempo; ~**periode** f → ~*zeit*; ~**periode** f periodo m de transición; ~**stadium** n estado m transitorio; ~**stelle** f paso

Übergangszeit — überlaufen

m; pasaje *m*; (*Furt*) vado *m*; ~**zeit** *f* período *m* transitorio (*od.* de transición); época *f* de transición.

über'geben (*L*; -) **I.** *v/t.* entregar; transmitir; remitir; (*anvertrauen*) confiar; encomendar (*od.* dejar) al cuidado de; ✝ *Geschäft*: traspasar; ✕ rendir; *dem Verkehr* ~ abrir a la circulación (*od.* al tráfico); **II.** *v/refl.*: *sich* ~ (*erbrechen*) vomitar.

'**Übergebot** *n bei Auktionen*: puja *f.*

'**übergehen** (*L*; *sn*) *v/i.* pasar (*zu* a); proceder (a); (*sich übertragen*) transmitirse (*auf ac.* a); (*sich verwandeln*) cambiarse, convertirse, transformarse (*in ac.* en); ineinander ~ confundirse; *in j-s Besitz* ~ pasar a (ser) propiedad de alg.; pasar a poder de alg.; *Erbschaft*: recaer en alg.; *in andere Hände* ~ pasar a otras manos; *ins andere Lager* ~, *zur Gegenpartei* ~ cambiar de partido; pasarse al otro bando, F chaquetear, volver la casaca; *zum Angriff* ~ pasar al ataque; *zum Feind* ~ pasarse al enemigo; desertar; *auf ein anderes Thema* ~ cambiar de tema; *die Augen gingen ihm über* sus ojos se llenaron de lágrimas.

über'geh|en (*L*; -) *v/t.* pasar por alto; omitir; hacer caso omiso de; preterir (*a.* ⚖ *Erben*); *bei Beförderung*: postergar; (*vergessen*) olvidar; (*beiseite lassen*) dejar a un lado; relegar; *mit Stillschweigen* ~ pasar en silencio; callar, silenciar; ~**ung** *f* omisión *f*; preterición *f*; olvido *m*; *bei Beförderung*: postergación *f.*

'**übergenug** *adv.* de sobra, sobradamente; más que suficiente.

'**überge·ordnet** *adj.* superior.

'**Übergepäck** *n* exceso de equipaje.

'**übergeschnappt** F *adj.* chiflado; chalado; majareta.

'**Übergewicht** *n* exceso *m* de peso, sobrepeso *m*; *fig.* superioridad *f* (*über ac.* sobre); preponderancia *f*; supremacía *f*; ~ *bekommen* perder el equilibrio; *fig.* prevalecer, preponderar; *fig. das* ~ *haben* llevar la ventaja; predominar.

über'gießen (*L*) *v/t.* verter, derramar; (*umfüllen*) trasvasar, trasegar; ~**gießen** (*L*; -) *v/t.* regar; rociar; *mit Zuckerguß*: escarchar; *fig.* inundar; bañar.

über'glasen (-*t*; -) *v/t.* acristalar.

'**überglücklich** *adj.* muy feliz; loco de alegría; contentísimo.

übergreifen (*L*) *v/i.* traslapar; *fig.* ~ *auf invadir* (*ac.*).; trascender a; *Epidemie, Feuer usw.*: propagarse a, extenderse a.

'**Übergriff** *m* (*Einmischung*) intrusión *f*; (*Mißbrauch*) abuso *m*; extralimitación *f*; *auf fremde Rechte*: usurpación *f.*

'**über|groß** *adj.* demasiado grande; ⚖ hipertrófico; (*gewaltig*) enorme, descomunal; ~**größe** *f Kleidung*: talla *f* grande.

'**überhaben** (*L*) *v/t. Mantel usw.*: llevar puesto; F (*übrig haben*) tener de sobra; *ich habe noch 10 Mark über* me sobran *bzw.* quedan diez marcos; F et. ~ (*satt haben*) estar harto de a/c.; estar hasta la coronilla de a/c.

über'handnehmen I. (*L*) *v/i.* aumentar demasiado; ir en aumento; llegar a ser excesivo; **II.** ॒ *n* aumento *m* excesivo.

'**Über|hang** *m* ⚠ (*Vorsprung*) saledizo *m*, voladizo *m*; (*Abweichung vom Lot*) desplome *m*; (*Vorhang*) cortina *f*; colgadura *f*; *fig.* (*Überschuß*) excedente *m*; exceso *m*; ~**hängen I.** (*L*) *v/i.* pender sobre *bzw.* de; estar colgado sobre *bzw.* de; (*vorspringen*) sobresalir (*über ac.* de); *aus dem Lot sein*: no estar a plomo, estar desplomado; **II.** *v/t.* colgar (sobre); *Mantel usw.*: ponerse (sobre los hombros); ~**hängen** *n* inclinación *f*; ⚠ desplome *m*; ~**hängend** *adj.* (*vorspringend*) sobresaliente; (*herabhängend*) colgante, pendiente (*über ac.* de); ⚠ desplomado.

über'hast|en (-*e*-; -) *v/t.* precipitar; *sich* ~ precipitarse; apresurarse demasiado; atropellarse; ~**et** *adj.* precipitado; apresurado; ~**ung** *f* precipitación *f.*

über'häuf|en (-) *v/t.* colmar (*mit* de); (*überladen*) sobrecargar, recargar; *mit Vorwürfen*: abrumar (con, de); *mit Arbeit*: agobiar (de); ~**ung** *f* exceso *m* (*mit Arbeit* de trabajo).

über'haupt *adv.* (*im allgemeinen*) generalmente, en general; (*eigentlich*) en realidad; (*im ganzen*) en suma; resumiendo, en resumidas cuentas; (*schließlich*) después de todo; en fin; ~ *nicht* de ningún modo, de ninguna manera; en absoluto; ~ *nichts* absolutamente nada; nada en absoluto; nada de nada; *wenn* ~ si es que ...; *gibt es* ~ *e-e Möglichkeit?* ¿existe alguna posibilidad siquiera?; *was willst du* ~? en fin ¿qué es lo que quieres?

über'heb|en (*L*; -) *v/t.*: *j-n e-r Sache* (*gen.*) ~ dispensar (*od.* librar *od.* eximir) a alg. de (hacer) a/c.; *j-n e-r Mühe* ~ ahorrar a alg. un trabajo; *sich* ~ derrengarse (al levantar una carga); *fig.* envanecerse; ensoberbecerse; ~**lich** *adj.* presuntuoso; presumido; arrogante; altanero; ~**lich-keit** *f* presunción *f*; arrogancia *f*; altanería *f.*

über'heizen (-*t*; -) *v/t.* calentar demasiado.

über'hitz|en (-*t*; -) *v/t.* calentar demasiado; ⊕ recalentar; ~**er** *m* recalentador *m*; ~**ung** *f* sobrecalentamiento *m*; ⊕ recalentamiento *m.*

über'höh|en (-) *v/t.* ⚠ peraltar (*a. Straßenkurve usw.*); *Preise*: elevar excesivamente; ~**t** *adj.* ⚠, *Kurve*: peraltado; *Preise*: excesivo; abusivo; prohibitivo; ~**e Geschwindigkeit** exceso *m* de velocidad; ~**ung** *f* ⚠ peralte *m*; *der Preise*: aumento *m* excesivo.

'**überholen I.** *v/t.* llevar *bzw.* transportar de un lado al otro; **II.** *v/i.* ⚓ *Schiff*: escorar, recalcar.

über'hol|en (-) *v/t.* **1.** pasar, adelantar; *a. fig.* tomar la delantera; ⊕ superar, aventajar; *j-n* ~ adelantarse a alg.; dejar atrás a alg.; ~ *wollen* pedir paso; *nicht* ~! ¡prohibido adelantar!; **2.** ⊕ revisar; repasar; poner a punto; ~**en** *n* adelantamiento *m*; ~**manöver** *Vkw. n* maniobra *f* de adelantamiento; ~**spur** *Vkw. f* carril *m* de adelantamiento (*od.* para adelantar); ~**t** *adj.* (*veraltet*) anticuado; pasado de moda; trasnochado; ⊕ *f* revisión *f*; puesta *f* a punto; ~**verbot** *n* prohibición *f* de adelantar.

über'hören (-) *v/t.* no oír; *absichtlich*: desoír, hacerse el desentendido; *j-n* ~ tomar la lección a alg.

'**Über-Ich** *Psych. n* superyó *m.*

'**über-irdisch** *adj.* celestial; sobrenatural; ✝, ≵ aéreo.

'**überkandidelt** F *adj.* excéntrico; extravagante.

'**Überkapazität** *f* supercapacidad *f*; exceso *m* de capacidad.

'**Überkapitalisierung** *f* sobrecapitalización *f.*

über'kippen *v/i. Wagen*: volcar; *Person*: perder el equilibrio.

über'kleben (-) *v/t.* pegar encima; tapar.

über'kleiden (-*e*-; -) *v/t.* recubrir; revestir (*mit* con).

'**Überkleidung** *f* ropa *f* exterior.

'**überklug** *adj.* sabihondo; (*dünkelhaft*) petulante.

'**überkochen** (*sn*) *v/i.* rebosar al hervir; *Milch*: salirse, desbordarse; *fig. vor Wut*: echar chispas.

über'kommen I. (*L*; -) *v/t.* sobrevenir; sobrecoger; *Furcht überkam ihn* cogió miedo; **II.** *adj.* tradicional; convencional, consagrado por el uso.

'**überkonfessionell** *adj.* interconfesional.

'**überkriegen** F *v/t.* → überbekommen.

über'krusten *v/t. Kochk.* gratinar.

über'lad|en I. (-) *v/t.* sobrecargar; *fig.* recargar; *sich den Magen* ~ comer excesivamente; darse un hartazgo (*a. fig.*); **II.** *adj.* sobrecargado; *fig.* recargado; ~**ung** *f* sobrecarga *f*; *des Magens*: repleción *f* del estómago; hartazgo *m* (*a. fig.*); F empacho *m.*

über'lager|n (-*re*; -) *v/t.* superponer; ~**ung** *f* superposición *f*; *Radio*: interferencia *f* (heterodina); ~**ungs-empfänger** *m Radio*: receptor *m* superheterodino.

'**Überland|leitung** ≵ *f* línea *f* de transmisión de larga distancia; ~(**omni**)**bus** *m* autobús *m* interurbano; coche *m* de línea; ~**verkehr** *m* tráfico *m* interurbano; ~**zentrale** ≵ *f* central *f* (eléctrica) interurbana.

'**Überlänge** *f* exceso *m* de longitud.

über'lapp|en (-) *v/t.* superponer; solapar; ~**ung** *f* superposición *f*; ⊕ solapa(dura) *f.*

'**überlassen** (*L*) F *v/t.* → übriglassen.

über'lass|en (*L*; -) *v/t.* (*abtreten*) dejar, ceder; (*preisgeben*) abandonar; (*ausliefern*) entregar; (*anvertrauen*) confiar a; (*übertragen*) transmitir; *käuflich*: vender a; *j-n* ~ *s-n Gefühlen usw.*: entregarse a, abandonarse a; *sich selbst* ~ *sein* estar abandonado a sí mismo; ~ *Sie das mir* déjelo de mi cuenta; dejeme hacer; *das überlasse ich Ihnen* lo dejo a su criterio; usted dirá; *es bleibt ihm* ~, *was er tun will* es muy dueño de hacer lo que le plazca; ~**ung** *f* ⚖ cesión *f*; entrega *f*; transmisión *f.*

'**Überlast** *f* sobrecarga *f.*

über'last|en (-*e*-; -) *v/t.* sobrecargar; *fig.* abrumar, agobiar (*mit* de); ~**ung** *f* sobrecarga *f* (*a. fig.*); exceso *m* de carga; *fig.* agobio *m*; exceso *m* de trabajo.

'**Überlauf** ⊕ *m* rebosadero *m*, rebose *m*; ~**en** (*L*; *sn*) *v/i. Flüssigkeit*: derramarse, rebosar; salirse; desbordarse; ✕ *zum Feind* ~ pasarse al enemigo, desertar (al campo con-

trario); ~en n derrame m; rebosamiento m; desbordamiento m.
über'laufen I. (L; -) v/t. (belästigen) molestar, importunar con visitas; fig. Gefühl: sobrecoger; es überlief mich (heiß und) kalt sentí escalofríos; **II.** adj. muy frecuentado (od. concurrido); Person: muy solicitado; Beruf: muy preferido.
'Überläufer m Pol. tránsfuga m; ⚔ prófugo m; desertor m.
'Überlauf|rohr n tubo m de derrame; ~ventil f válvula f de paso.
'überlaut adj. muy alto; ruidoso; ensordecedor.
über'leb|en (-) v/t. sobrevivir (j-n, et. a alg., a a/c.); das überlebe ich nicht no pasaré de esto; er wird uns alle ~ nos enterrará a todos; sich ~ pasar de moda; ♀en n supervivencia f; ♀en**de(r** m) m/f superviviente m/f; ⚰ supérstite m/f; ♀**ens-chance** f probabilidad f de sobrevivir; **'~ensgroß** adj. de tamaño más que natural; ♀**ensversicherung** f seguro m de supervivencia; ~t adj. anticuado; pasado de moda.
'überlegen v/t. poner sobre bzw. encima; Kind: dar una azotaina.
über'leg|en I. (-) v/t. reflexionar (et. sobre a/c.); meditar, pensar, considerar (a/c.); es sich genau (od. zweimal) ~ pensarlo bien; das wäre zu ~ habría que (od. valdría la pena) pensarlo; ich will (od. werde) es mir ~ lo pensaré; es sich noch einmal ~ reconsiderar a/c.; es sich wieder (od. anders) ~ cambiar de idea (od. de opinión); wenn ich es mir recht überlege pensándolo bien; ~ Sie sich das gut mire bien lo que hace; vorher ~ premeditar; ohne zu ~ sin reflexionar; F a ojos cerrados; **II.** adj.: j-m ~ sein ser superior a alg. (an, in dat. en); aventajar (od. llevar ventaja) a alg.; mit~er Miene con aire de superioridad; ♀**enheit** f (0) superioridad f (über ac. sobre; an, in dat. en); ventaja f; supremacía f; ~t adj. considerado; bien meditado; (absichtlich) premeditado; deliberado; (besonnen) prudente, sensato; circunspecto; ♀**theit** f (0) deliberación f; circunspección f; ♀**ung** f reflexión f; meditación f; consideración f; deliberación f; mit ~ con premeditación; ohne ~ sin reflexión; inconsideradamente.
'überleit|en (-e-) **I.** v/t. conducir (bzw. hacer pasar) de una parte a otra; (übertragen) transmitir; **II.** v/i. pasar (zu a); bei Reden usw.: formar la transición; ♀**ung** f transición f; (Übertragung) transmisión f.
über'lesen (L; -) v/t. leer por encima; recorrer; (übersehen) omitir; saltar.
über'liefer|n (-re; -) v/t. transmitir; der Nachwelt ~ legar a la posteridad; ~t adj. tradicional; ♀**ung** f transmisión f; tradición f.
'Überliege|geld ⚓ n (costo m de) sobre(e)stadía f; ~tage m/pl., ~zeit f sobre(e)stadía f.
über'listen (-e-; -) v/t. engañar; ser más astuto que.
'überm F = über dem.
'Über|macht f superioridad f; ⚔ a. fuerzas f/pl. super.; ♀**mächtig** prepotencia f; predominio m; preponderancia f; der ~ weichen ceder a la fuerza (od. a la superioridad numérica); ♀**mächtig** adj. prepotente; demasiado poderoso (od. fuerte od. potente).

über'mal|en (-) v/t. pintar encima a/c.; repintar; dar otra mano de pintura; ♀**ung** f repinte m.
'übermangan|saure ⚗ adj. permangánico; übermangansaures Kali permanganato m potásico; ♀**säure** ⚗ f ácido m permangánico.
über'mannen (-) v/t. vencer; rendir; vom Schlaf übermannt vencido por el sueño.
'Über|maß n exceso m (an dat. de); (Überfülle) profusión f; im ~ demasiadamente, en demasía; con exceso, excesivamente; bis zum ~ hasta el exceso; ♀**mäßig I.** adj. excesivo; exagerado; bsd. Preis: exorbitante; (unmäßig) inmoderado, desmedido, desmesurado; ♪ aumentado; **II.** adv. demasiado; excesivamente, con exceso; sobremanera; ~ trinken beber con exceso, ~ rauchen fumar demasiado.
'Übermensch m superhombre m; ♀**lich** adj. sobrehumano; (übernatürlich) sobrenatural.
über'mitt|eln (-le; -) v/t. transmitir; enviar; Nachricht usw.: comunicar; ♀(**e)lung** f transmisión f; envío m; comunicación f.
'übermodern adj. ultramoderno.
über'morgen adv. pasado mañana.
über'müd|en (-e-; -) v/t. cansar excesivamente; ~et adj. rendido (de cansancio); F hecho polvo; ♀**ung** f exceso m de fatiga; cansancio m excesivo.
'Über|mut m (Mutwille) travesura f; (Ausgelassenheit) alegría f desbordante; ♀**mütig** adj. (mutwillig) travieso; (ausgelassen) loco de alegría.
'übern F = über den.
'übernächst adj.: am ~en Tag dos días después (od. más tarde); die ~e Ecke la segunda esquina.
über'nachten (-e-; -) v/i. pasar la noche (en); trasnochar; pernoctar; hacer noche (in dat. en); dormir (bei en casa de).
über'nächtig(t) adj. trasnochado; fatigado por pasar la noche en vela; ~ aussehen tener cara de no haber dormido; estar ojeroso (od. trasojado).
Über'nachtung f pernoctación f; ~**smöglichkeit** f alojamiento m.
'Übernahme f toma f; asunción f; (Abnahme) recepción f; e-s Amtes, Besitzes: toma f de posesión; e-s Systems usw.: adopción f; e-r Erbschaft: ⚖ aceptación f; ♀ adquisición f; feindliche ~ toma f hostil; ~**angebot** n oferta f pública de adquisición (Abk. OPA).
'übernational adj. supranacional.
'übernatürlich adj. sobrenatural; fig. a. milagroso.
über'nehmen (L) v/t. Mantel usw.: ponerse; poner sobre los hombros; Gewehr: terciar.
über'nehm|en (L; -) **I.** v/t. tomar, aceptar; (annehmen) recibir; Verantwortung: asumir; Arbeit, Auftrag: encargarse de, tomar a su cargo; Amt, Besitz: tomar posesión de; hacerse cargo de (a. Firma); Führung: asumir, tomar; Erbschaft, Ware: aceptar; System, Methode usw.: adoptar; Radiosendung: retransmitir; die Kosten ~ correr con los gastos;

e-e Bürgschaft ~ constituirse en fiador; ⚔ den Oberbefehl ~ asumir el mando; **II.** v/refl.: sich ~ excederse (bei en); körperlich: abusar de sus fuerzas; hacer un esfuerzo excesivo; fig. meterse en camisa de once varas.
'über-ordnen (-e-) v/t. colocar sobre bzw. antes de; anteponer; → a. übergeordnet.
'überparteilich adj. suprapartidista.
über'pinseln (-le; -) v/t. dar pinceladas; repintar.
'Überpreis m precio m excesivo (od. abusivo).
'Überproduktion f exceso m de producción, sobreproducción f, superproducción f.
über'prüf|en (-) v/t. examinar; revisar; (nachprüfen) comprobar; fiscalizar; Arbeit: supervisar; (kontrollieren) controlar; inspeccionar; Geschriebenes: repasar; ♀**ung** f examen m; revisión f; comprobación f; fiscalización f; control m; inspección f; repaso m.
'überquellen (L; sn) v/i. a. fig. rebosar (von de).
über'quer adv. de través; en diagonal, diagonalmente; ~**en** (-) v/t. cruzar, atravesar, pasar; ♀**ung** f travesía f, cruce m; paso m.
über'ragen (-) v/t. ser más alto que; a. fig. sobresalir (an en); descollar (an en); (beherrschen) dominar; alzarse sobre; fig. sobrepasar, sobrepujar a; ser superior a; ~d adj. sobresaliente (a. fig.); (pre)dominante; fig. eminente; descollante.
über'rasch|en (-) v/t. sorprender; coger de sorpresa (od. de improviso); (erstaunen) asombrar; ich bin angenehm überrascht es para mí una agradable sorpresa; ~**end I.** adj. sorprendente; Am. sorpresivo; (erstaunlich) asombroso; maravilloso; (unerwartet) inesperado; **II.** adv. de improviso; inesperadamente; ♀**ung** f sorpresa f; ♀**ungs-angriff** ⚔ m ataque m por sorpresa; ♀**ungsmoment** n factor m sorpresa.
über'rechnen (-e-; -) v/t. calcular; (nachzählen) recontar.
über'red|en (-e-; -) v/t. persuadir; j-n zu et. ~ persuadir a alg. a hacer a/c.; ♀**ung** f persuasión f; ♀**ungsgabe** f don m de persuasión; dotes f/pl. persuasivas; ♀**ungskraft** f fuerza f persuasiva; ♀**ungskunst** f arte m de la persuasión.
'überregional adj. suprarregional.
'überreich adj. riquísimo; opulento; Liter. ubérrimo; → a. ~lich.
über'reichen (-) v/t. dar, entregar, hacer entrega de; ofrecer; presentar; vom Verfasser überreicht obsequio del autor; ✝ überreicht von ... cortesía de ...
'überreichlich I. adj. sobreabundante, superabundante, abundantísimo; **II.** adv. con sobreabundancia, con profusión, profusamente.
Über'reichung f entrega f; presentación f.
'überreif adj. demasiado maduro; Obst: pasado; ♀**e** f madurez f excesiva.
über'reiz|en (-t; -) v/t. sobreexcitar; ~**t** adj. sobreexcitado; ♀**theit** f (0), ♀**ung** f sobreexcitación f.

über'rennen (L; -) v/t. atropellar corriendo; arrollar (a. ⚔ u. fig.); fig. j-n ~ dejar a alg. fuera de combate.
'Überrest m resto m; ⚡residuo m; ~e pl. v. Essen: sobras f/pl.; Hist. vestigios m/pl.; (Trümmer) ruinas f/pl.; sterbliche ~e restos m/pl. mortales.
über'rieseln (-) fig. v/t.: ein Schauer überrieselte ihn sintió escalofríos.
'Überrock m sobretodo m; ⚔ capote m.
über'rollen (-) ⚔ v/t. arrollar (a. fig.).
über'rumpel|n (-le; -) v/t. sorprender; coger desprevenido bzw. de sorpresa; ⚔ atacar bzw. tomar por sorpresa; 2ung f sorpresa f; ⚔ ataque m por sorpresa; golpe m de mano.
über'runden (-e-; -) v/t. Sport: sacar una vuelta de ventaja; weitS. tomar la delantera (a. fig.); fig. dejar atrás.
'übers F = über das.
über'sät adj. sembrado (mit de); salpicado de; constelado de; mit Sternen ~ estrellado.
'übersatt adj. repleto, ahíto.
über'sättig|en (-) v/t. hartar (a. fig.); ⚡sobresaturar, ~t adj. harto, ahíto (a. fig. von de); ⚡sobresaturado; fig. ~ sein von (dat.) estar más que harto de; 2ung f hartazgo m, repleción f; ⚡sobresaturación f; fig. saciedad f.
über'säuer|n (-re; -) v/t. ⚡hiperacidificar; 2ung f ⚡hiperacidificación f; ⚗ hiperacidez f.
'Überschall m ultrasonido m; ~flugzeug n avión m supersónico; ~geschwindigkeit f velocidad f supersónica; ~knall m bang m (od. estampido m) supersónico.
über'schatten (-e-; -) v/t. sombrear; cubrir de sombra; hacer sombra (a. fig.); fig. eclipsar; (trüben) ensombrecer.
über'schätz|en (-t; -) v/t. sobre(e)stimar; sobrevalorar; atribuir un valor excesivo a; s-e Kräfte ~ confiar demasiado en sus fuerzas; 2ung f estimación f exagerada; sobre(e)stimación f; sobrevaloración f.
über'schau|bar → übersehbar; ~en (-) v/t. → überblicken.
'überschäumen v/i. rebosar (a. fig. vor de); ~d adj. fig. exuberante; rebosante, desbordante (vor de).
'Überschicht f turno m extraordinario.
'über|schießen (L; sn) v/i. (überschüssig sein) ser excedente; ~'schießen (L; -) v/t. Ziel: tirar demasiado alto.
über'schlafen (L; -) v/t. consultar con la almohada.
'Überschlag m vuelco m; beim Rechnen: cálculo m aproximativo; tanteo m; Turnen: vuelta f de campana; paloma f; (Purzelbaum) voltereta f; ⚔ rizo m; (Nähsaum) dobladillo m; ⚡ salto m de chispas.
'überschlagen (L) I. v/t. Mantel usw.: echar los hombros; Beine: cruzar; II. v/i. (sn) Funken: saltar; (purzeln) dar volteretas; fig. convertirse (in en); cambiar bruscamente.
über'schlagen (L; -) I. v/t. (auslassen) pasar por alto, omitir, beim Lesen: saltar(se); (berechnen) calcular; hacer un cálculo aproximado; tantear; II. v/refl.: sich ~ dar un vuelco, a. fig. volcarse; Kfz. capotar;

dar una vuelta de campana; ⚔ hacer el rizo, beim Landen: capotar; fig. Ereignisse: precipitarse; ; s-e Stimme überschlug sich F soltó un gallo; III. adj. (lauwarm) tibio; templado.
'Überschlaglaken n sábana f encimera.
'überschnappen (sn) v/i. mit der Stimme: F soltar un gallo; F (verrückt werden) F chiflarse, chalarse, guillarse; → a. übergeschnappt.
über'schneid|en (L; -) v/refl.: sich ~ cruzarse (mit con); interferir (con); ⚡ cortarse (con); fig. coincidir; 2ung f entrecruzamiento m; ⚡ intersección f; interferencia f; fig. coincidencia f.
über'schreib|en (L; -) v/t. (betiteln) encabezar; titular, intitular; Besitz: transferir; ✞ Auftrag: pasar; Übertrag: trasladar, pasar (a cuenta nueva); Computer: sobreescribir; 2ung f transferencia f; ✞ traslado m.
über'schreien (L; -) v/t.: j-n ~ gritar más fuerte que alg.; acallar a alg. a gritos; sich ~ desgañitarse.
über'schreit|bar adj. franqueable; ~en (L; -) v/t. Straße: atravesar, pasar, cruzar; Anzahl: exceder, sobrepasar, pasar de, superar; Grenzen, Maß, Geschwindigkeit: exceder, rebasar; Gesetz, Gebot: violar, infringir, transgredir; Kredit, Grenzlinie: traspasar; Befugnisse: extralimitarse (en); abusar (de); Hindernisse, Kräfte: superar; 2ung f paso m, cruce m; des Gesetzes: violación f, infracción f, transgresión f; fig. exceso m; ~ der Amtsgewalt bzw. Befugnisse extralimitación f en el poder, abuso m del poder.
'Überschrift f título m; encabezamiento m; Typ. (Kopfzeile) titular m.
'Überschuh m chanclo m.
über'schuld|et adj. cargado de deudas; Person: F entrampado (hasta las cejas); 2ung f endeudamiento m (excesivo), exceso m de deudas.
'Überschuß m excedente m; sobrante m; (Restbetrag) remanente m; (Kassen2) saldo m activo, superávit m; fig. exceso m (an Kraft de fuerzas); ~schußgebiet n región f excedentaria; 2schüssig adj. excedente, sobrante; ~e Kaufkraft exceso m de poder adquisitivo; ~e Kräfte exceso m de fuerzas (od. energías).
'über|schütten (-e-) v/t. derramar; ~'schütten (-e-; -) v/t. cubrir (mit de); llenar de; fig. colmar (mit de).
'Überschwang m (-es; 0) exuberancia f; exaltación f; efusión f.
'überschwappen F v/i. derramarse.
über'schwemm|en (-) v/t. inundar (a. fig. mit de); 2ung f inundación f (a. fig.); 2ungsgebiet n región f inundada.
'überschwenglich adj. exaltado; efusivo; exuberante; 2keit f exaltación f; entusiasmo m.
'Übersee f ultramar m; in ~ en ultramar; nach ~ gehen emigrar a ultramar; ~dampfer m transatlántico m; ~handel m comercio m ultramarino (od. de ultramar); 2isch adj. transatlántico; transoceánico; ultramarino, de ultramar; ~kabel n cable m intercontinental bzw. transatlántico; ~streitkräfte ⚔ f/pl. fuerzas f/pl. de

ultramar; ~verkehr m tráfico m de ultramar.
über'seh|bar adj. al alcance de la vista; fig. apreciable; previsible; ~en (L; -) v/t. 1. abarcar con la vista; dominar (con la vista); Lage usw.: darse cuenta de; (abschätzen) apreciar; 2. (nicht sehen) no ver, absichtlich: pasar por alto; F hacer la vista gorda a; (nicht bemerken) no advertir, no notar, no fijarse en; (auslassen) omitir; (überlesen) saltar(se); (nicht beachten) no hacer caso de; hacer caso omiso de; ~ werden Person: pasar inadvertido (od. desapercibido); das habe ich ~ se me ha escapado.
'übersein F v/i. → über II.
über'send|en (L; -) v/t. enviar, mandar, remitir; ✞ Ware: expedir, despachar; 2er(in f) m remitente m/f; ✞ expedidor m; 2ung f envío m; ✞ remesa f; expedición f, despacho m.
über'setzbar adj. traducible.
'übersetzen (-t) I. v/i. pasar (a la otra orilla); cruzar, atravesar; II. v/t. llevar (od. conducir) a la otra orilla.
über'setz|en (-t; -) v/t. traducir (ins Spanische al español); 2er(in f) m traductor(a f) m; elektronischer ~ traductor m electrónico; 2ung f traducción f; in die Muttersprache: a. versión f; ⊕ transmisión f; am Fahrrad: multiplicación f; 2ungsbüro n oficina f de traducción; 2ungsfehler m error m de traducción; 2ungsgetriebe ⊕ n multiplicador m; 2ungs-programm n Computer: programa m de traducción; 2ungsverhältnis ⊕ n relación f de transmisión.
'Übersicht f vista f general (od. de conjunto); aspecto m general; cuadro m de conjunto; (vista f) panorámica f; panorama m; (Zusammenfassung) resumen m; extracto m; síntesis f; des Inhalts: sumario m; (Tabelle) sinopsis f; cuadro m sinóptico; e-e ~ bekommen obtener una impresión general (über ac. de); orientarse (sobre); die ~ verlieren perder la orientación (od. el control) (über ac. sobre); 2lich adj. fácil de abarcar; (deutlich) claro; (zusammengefaßt) sinóptico; Gelände: abierto; ~ dargestellt claramente dispuesto; ~lichkeit f (0) claridad f; buena disposición f; ~skarte f mapa m sinóptico; ~s-plan m plan m·de conjunto; e-r Stadt: plano m general; ~s-tabelle f, ~s-tafel f cuadro m sinóptico.
übersiedel|n (sn) v/i. trasladarse (nach a); (auswandern) emigrar a; 2ung f traslado m; (Auswanderung) emigración f.
'übersinnlich adj. Phil. transcendental; (übernatürlich) sobrenatural; extrasensorial.
über'spann|en (-) v/t. (bedecken) cubrir, revestir (mit de); (zu stark spannen) estirar demasiado; fig. Forderungen usw.: exagerar; Nerven, Phantasie: sobreexcitar; ~t adj. demasiado tenso (od. tirante); fig. exaltado; exagerado; (überreizt) sobreexcitado; (verschroben) excéntrico; 2theit fig. f exaltación f; exageración f; sobreexcitación f; excentricidad f; 2ung f exageración f; sobreexcitación f.
über'spielen (-) v/t. Tonband: regrabar; Sport: aventajar, dominar; fig. disimular.

über'spitz|en (-t; -) fig. v/t. extremar, llevar al extremo; exagerar; *Stil*: amanerar; ~**t** adj. exagerado; amanerado; ~**ung** f exageración f.
'**über|springen** (L; sn) v/i. *Funke*: saltar; *Epidemie*: extenderse a; *fig.* ~ *auf* pasar a; ~'**springen** (L; -) v/t. saltar (a. fig. *Klasse usw.*); saltar por encima; (*weglassen*) omitir, *beim Lesen*: saltar(se); *bei der Beförderung*: postergar.
'**übersprudeln** (-le; sn) v/i. rebosar (a. *fig. vor de*); ~**d** adj. rebosante (a. *fig.*); *Witz*: chispeante.
'**überstaatlich** adj. superestatal; supranacional.
'**über|stehen** (L) v/i. sobresalir (*über ac.* de); resaltar; ~'**stehen** (L; -) v/t. pasar (a. *Krankheit*); (*überwinden*) vencer; (*ertragen*) soportar, resistir, aguantar; (*überleben*) sobrevivir; *Gefahr*: escapar de, librarse de; *er hat es überstanden* (*er ist tot*) ha pasado a mejor vida; et. *gut*~ resistir bien a/c.; salir bien librado; et. *glücklich* ~ *Prüfung usw.*: salir airoso de.
über'steigen (L; -) v/t. pasar por encima de; *Mauer*: escalar; *Hindernis*: salvar; *fig.* exceder, sobrepasar, pasar de; desbordar; *das übersteigt m-e Kräfte* esto es superior a mis fuerzas.
über'steiger|n (-re; -) v/t. *Preise*: encarecer, subir, aumentar (demasiado); *fig.* exagerar; extremar; ~**t** adj. excesivo; exagerado; ~**ung** f *der Preise*: encarecimiento m excesivo; *fig.* exageración f.
über'stell|en v/t. *Gefangene*: trasladar; ~**ung** f traslado m, traslación f.
über'steuern (-re; -) v/t. recargar; *Radio*: sobremodular.
über'stimmen (-) v/t. vencer por mayoría de votos; *überstimmt werden* quedar en la minoría.
über'strahlen (-) v/t. irradiar sobre; resplandecer sobre; *fig.* eclipsar.
'**überstrapazieren** (-) fig. v/t. *j-s Geduld usw.*: abusar de.
über'streichen (L; -) v/t. cubrir (*mit de*); *mit Farbe*: pintar (con); *mit Firnis*: barnizar.
'**überstreifen** v/t. *Kleidungsstück*: ponerse.
über'strömen (-) v/t. inundar.
'**überströmen** v/i. (sn) desbordarse (a. fig.); *fig.* rebosar (*von de*); *vor Freude* ~ no caber en sí de gozo; ~**d** adj. desbordante (a. fig.); rebosante; exuberante; efusivo.
'**überstülpen** v/t. poner encima bzw. sobre; tapar con.
'**Überstunde** f hora f extraordinaria (F extra); ~**n** *machen* trabajar (*od.* hacer) horas extraordinarias.
über'stürz|en (-t; -) v/t. precipitar; hacer muy de prisa a/c.; *sich* ~ precipitarse (a. fig. *Ereignisse usw.*); atropellarse; ~**t I.** adj. precipitado; **II.** adv. de prisa y corriendo; ~**ung** f precipitación f; prisa(s) f(pl.); *nur keine* ~! ¡sin precipitarse!; ¡vamos por partes!
'**übertariflich** adj. extratarifario.
über'täuben (-) v/t. ensordecer; (*unterdrücken*) acallar.
über'teuer|n (-re; -) v/t. *Preise*: encarecer (con exceso); ~**ung** f encarecimiento m excesivo.

über'tölpeln (-le; -) v/t. engañar (burdamente); F dar el timo (a alg.).
über'tönen (-) v/t. dominar (con la voz); cubrir; *Lärm*: acallar.
'**Übertopf** m portamacetas m.
'**Übertrag** ✝ m (-¢s; ~e) transporte m; v. *der vorhergehenden Seite*: suma f anterior; *auf die nächste Seite*: suma f y sigue; *auf neue Rechnung*: saldo m (od. traslado m) a cuenta nueva.
über'trag|bar adj. transferible; ⚖ cesible; ⚕ contagioso; transmisible; *nicht* ~ intransferible; ⚖**barkeit** f (0) transferibilidad f; transmisibilidad f; ⚕ a. contagiosidad f; ⚖ cesibilidad f; ~**en** (L; -) **I.** v/t. trasladar; transmitir (*auf ac.* a); transferir; ⚖ a. ceder; ✝ (*umbuchen*) pasar a otra cuenta; *Konto*: trasladar; *Wechsel*: endosar; *Summe*: transferir (ac.); *Geschäft*: traspasar (*auf ac.* a); ⚕ transportar; (*übersetzen*) traducir; (*abschreiben*) transcribir (a. *Stenogramm*); *Würde, Vollmachten, Recht*: conferir; *Befugnis*: delegar; ⊕, *Phys.* transmitir; *Amt, Aufgabe*: confiar, encomendar, encargar; ⚕ *Blut*: transfundir; *Krankheit*: contagiar; *erblich*: transmitir; *Chir. Gewebe, Organe*: trasplantar; injertar; *TV*: (re)transmitir; *Radio*: a. radiar; *TV* a. televisar; **II.** v/refl.: *sich* ~ *Krankheit*: contagiarse bzw. transmitirse; a. fig. propagarse (*auf* a); **III.** adj.: ~**e** *Bedeutung* sentido m figurado; ⚖**ung** f transferencia f; traslado m; transmisión f (a. ⊕, *Phys., Bio.*); ⚖ a. cesión f; ✝ (*Umbuchung*) traslado m (a cuenta nueva); v. *Wechsel*: endoso m; *e-s Geschäfts*: traspaso m; (*Übersetzung*) traducción f (a. *Kurzschrift*₂); v. *Befugnissen*: delegación f; ⚕ (*Blut*₂) transfusión f; *e-r Krankheit*: contagio m; transmisión f; v. *Geweben, Organen*: trasplante m; injerto m; *Radio, TV*: (re)transmisión f; ⚖**ungsfehler** m *Internet*: error m de transmisión; ⚖**ungs-urkunde** f documento m de cesión; ⚖**ungsvermerk** ✝ m endoso m; ⚖**ungswagen** m *Radio, TV*: unidad f móvil.
'**übertrainiert** adj. sobr(e)entrenado.
über'treffen (L; -) v/t. exceder, superar, aventajar (*an dat.* en); sobrepasar, sobrepujar; ser superior a, llevar ventaja a; *alle Erwartungen* ~ superar (od. desbordar) todas las previsiones; *sich selbst* ~ superarse a sí mismo.
über'treib|en (L; -) v/t. u. v/i. exagerar; (*übersteigen*) extremar, llevar al extremo; *Bericht usw.*: (re)cargar las tintas; F hinchar (el perro); *Thea.* sobreactuar; ⚖**ung** f exageración f; *Rhet.* hipérbole f; *Thea.* sobreactuación f.
'**übertreten** (L; sn) v/i. *Fluß*: desbordarse; *Sport*: pisar la línea; *fig.* pasar(se) (*zu* a); *zu j-m* ~ tomar partido por alg.; ponerse del lado de alg.; *zum Feind* ~ desertar, pasar al enemigo; desertar; *zum Christentum* ~ convertirse al (od. abrazar el) cristianismo.
über'treten (L; -) v/t. *Gesetz usw.*: contravenir a, infringir, transgredir, violar; *sich den Fuß* ~ dislocarse el pie.
Über'tret|er m contraventor m; in-

fractor m, transgresor m; ~**ung** f contravención f; infracción f, transgresión f; violación f.
über'trieben I. adj. exagerado; *Preis*: excesivo; exorbitante; *Rhet.* hiperbólico; **II.** adv. excesivamente, en exceso.
'**Übertritt** m paso m (*zu* a); *Rel.* conversión f (*zu* a); *Pol.* adhesión f, incorporación f (a un partido).
über'trumpfen (-) v/t. *Kartenspiel*: fallar con triunfo superior; *fig.* superar, sobrepujar, aventajar.
über'tünchen (-) v/t. blanquear, enlucir; *fig.* encubrir; disimular.
'**überversicher|n** (-re; -) v/t. sobreasegurar; ⚖**ung** f sobreseguro m.
über'völker|n (-re; -) v/t. superpoblar; ~**t** adj. superpoblado; ⚖**ung** f superpoblación f.
'**übervoll** adj. demasiado lleno; colmado; repleto; *Gefäß*: desbordante; → *a.* überfüllt.
über'vorteil|en (-) v/t. (*betrügen*) engañar; F dar gato por liebre; *beim Kauf*: cobrar demasiado.
über'wach|en (-) v/t. vigilar; inspeccionar; supervisar; controlar; *heimlich*: espiar; *Tele.* intervenir; ⚖**ung** f vigilancia f; inspección f; supervisión f; control m; ⚖**ungs-ausschuß** m comisión f de control; ⚖**ungsdienst** m servicio m de vigilancia; ⚖**ungsstelle** f oficina f de control; ⚖**ungs-Verein** m: *Technischer* ~ Estación f de Inspección Técnica de Vehículos (*Abk.* ITV).
über'wachsen (L; -) v/t. cubrir (de vegetación).
'**überwallen** v/i. → überkochen; *fig.* rebosar.
über'wältigen (-) v/t. (*besiegen*) vencer; derrotar; domar; (*unterwerfen*) subyugar, someter, sojuzgar; (*beherrschen*) dominar; *Pol.* avasallar; *fig.* abrumar; embargar; (*stark beeindrucken*) fascinar; *vom Schlaf überwältigt* vencido por el sueño; ~**d** adj. avasallador (a. fig.); *fig.* (*großartig*) grandioso; imponente; *Mehrheit*: aplastante, abrumador; *Sieg*: arrollador, aplastante; *Schönheit usw.*: fascinante; fascinador; *iro. nicht gerade* ~ regular; nada del otro mundo.
Über'wasserfahrt ⚓ f *U-Boot*: navegación f en superficie.
'**überwechseln** (-le) v/i. pasar(se) (*zu* a); ponerse del lado de.
über'weis|en (L; -) v/t. transferir; *Geld*: a. girar; (*senden*) remitir; ⚕ *zum Facharzt* ~ mandar al especialista; ⚖**ung** f transferencia f; giro m; remesa f; ⚖**ungs-auftrag** m orden f de giro; ⚖**ungsformular** n impreso m para giro; ⚖**ungsscheck** m cheque m cruzado; ⚖**ungsschein** m ✝ resguardo m de transferencia; ⚕ volante m (para el especialista); ⚖**ungsverkehr** m operaciones f/pl. de giro.
'**überweltlich** adj. ultramundano.
'**über|werfen** (L) v/t. *Mantel usw.*: echarse encima, ponerse sobre los hombros; ~'**werfen** (L; -) v/refl.: *sich mit j-m* ~ enemistarse (od. reñir) con alg.
über'wiegen (L; -) v/i. preponderar; prevalecer (*über ac.* sobre); (*vorherrschen*) predominar; ~**d I.** adj. pre-

überwindbar — um 534

ponderante; predominante; **II.** *adv.* principalmente; por la mayor parte, en su mayoría.

über'wind|bar *adj.* superable; **~en** (L; -) *v/t. Schwierigkeiten usw.*: vencer; sobreponerse a; superar; *Hindernisse*: allanar; salvar; *Gefühle*: dominar, refrenar; *sich ~* (et. *zu tun*) hacer de tripas corazón; **2er** *m* vencedor *m*; **2ung** *f* superación *f*; *es kostete ihn ~*, *zu* (*inf.*) le costó mucho (*od.* un gran esfuerzo) (*inf.*).

über'winter|n (-*re*; -) *v/i.* invernar, pasar el invierno; **2ung** *f* invernación *f*, invernada *f*.

über'wölben (-) *v/t.* abovedar.

über'wuchern (-*re*; -) *v/t.* invadir, cubrir enteramente; sofocar.

über'wunden *adj.* (*überholt*) anticuado.

'Überwurf *m* capa *f*; túnica *f*; mantón *m*; **~mutter** ⊕ *f* tuerca *f* tapón.

'Überzahl *f* superioridad *f* numérica; número *m* superior; *in der ~ sein* estar en mayoría.

über'zählen (-) *v/t.* recontar.

'überzählig *adj.* supernumerario; (*übrig*) excedente, sobrante.

über'zeichnen (-*e*-; -) † *v/t.* cubrir con exceso (una suscripción).

über'zeug|en (-) *v/t.* convencer (*von de*); (*überreden*) persuadir (*von de*); *sich ~ von* convencerse de; cerciorarse de, asegurarse de; *Sie dürfen überzeugt sein, daß* puede usted estar seguro de que; *von sich selbst überzeugt sein* seguro de sí mismo; **~end** *adj.* convincente, persuasivo; *Beweis*: concluyente; contundente; **2ung** *f* convencimiento *m*, convicción *f*; (*Überredung*) persuasión *f*; (*Gewißheit*) certeza *f*; seguridad *f*; *bsd. Pol.* convicciones *f/pl.*; *der festen ~ sein* estar absolutamente (de; firmemente) convencido (de); *zu der ~ gelangen, daß* (llegar a) convencerse de que; **2ungskraft** *f* fuerza *f* persuasiva; **2ungs-täter** 🏛 *m* delincuente *m* por convicción.

'über|ziehen (L) *v/t. Mantel usw.*: ponerse; *Hiebe*: asestar; F *j-m eins ~* dar una paliza a alg.; **~'ziehen** (L; -) *v/t.* (*verkleiden*) revestir, recubrir; guarnecer; forrar (*mit de*); (*bestreichen*) cubrir con una capa de; *Konto*: dejar en descubierto; *Kredit, Zeit*: rebasar; *Möbel*: tapizar; *Kissen*: enfundar, poner una funda a; *das Bett* (*frisch*) *~* mudar la ropa de la cama; *ein Land mit Krieg ~* invadir un país; llevar la guerra a un país; *mit Zucker ~* escarchar; *sich ~ Himmel*: encapotarse.

'Überzieher *m* sobretodo *m*; gabán *m*.

Über'ziehung † *f e-s Kontos*: (giro *m* en) descubierto *m*; **~skredit** *m* crédito *m* en descubierto.

über'zogen *adj. Konto*: en descubierto; F *von sich ~* engreído de sí mismo.

über'zuckern (-*re*; -) *v/t.* espolvorear con azúcar; *mit Zuckerguß*: confitar; bañar con azúcar; (*kandieren*) escarchar; *Mandeln*: garapiñar.

'Überzug *m* (-*es*; *~e*) cubierta *f*, cobertura *f*; (*Verkleidung*) revestimiento *m*; guarnición *f*; forro *m*; (*Hülle*) envoltura *f*; (*Kissen2*, *Möbel2*) funda *f*; (*Bett2*) colcha *f*.

(*Schicht*) capa *f*; *dünner*: película *f*.

'üblich *adj.* usual; consagrado por el uso; en uso; acostumbrado, habitual; (*gewöhnlich*) común, ordinario; normal; (*herkömmlich*) convencional; tradicional; clásico; *allgemein ~* de rigor; de uso general; *das ist so ~* es costumbre; se estila; *wie ~* como de costumbre; *nicht mehr ~* caído en desuso; pasado de moda.

'U-Boot ⚓ *n* submarino *m*; sumergible *m*; **~Abwehr** *f* defensa *f* antisubmarina; **~Bunker** *m* refugio *m* de submarinos; **2ung-gestützt** *adj. Raketen*: basado en submarinos; **~Jäger** *m* cazasubmarinos *m*; **~Krieg** *m* guerra *f* submarina.

'übrig *adj.* (0) sobrante, restante; (*überflüssig*) superfluo, de sobra; *das ~e* el resto, lo que queda; lo demás; *im ~en Deutschland* en el resto de Alemania; *die ~en* los demás; *im ~en* por lo demás; *ein ~es tun* hacer más de lo necesario; *~ haben* tener de sobra; *fig. für j-n et. ~ haben* sentir simpatía por (*od.* hacia) alg.; *dafür habe ich nicht viel ~* no me entusiasma; *~ sein* sobrar; estar de más (*od.* de sobra); *es ist nichts mehr ~* no queda nada; **~behalten** (L; -) *v/t.* tener de sobra; **~bleiben** (L; *sn*) *v/i.* sobrar, quedar (de sobra); (*zuviel sein*) estar de más; *es blieb mir nichts* (*weiter*) *übrig, als no me quedó* (*od.* no tuve) más remedio que; *was bleibt mir anderes übrig?* ¡qué remedio!; **~ens** *adv.* por lo demás; por otra parte; (*außerdem*) además; (*beiläufig*) dicho sea de paso; **~lassen** (L) *v/t.* dejar (de sobra); (*viel*) *zu wünschen ~* dejar (mucho) que desear.

'Übung *f* ejercicio *m* (*a. Turnen*, ♪); (*Praxis*) práctica *f*; (*Training*) entrenamiento *m*; ✕ maniobra *f*; (*Scheingefecht*) simulacro *m*; (*Brauch*) uso *m*, costumbre *f*; *praktische ~en* prácticas *f/pl.*; *aus der ~ kommen* perder la práctica *bzw.* la costumbre; *in der ~ bleiben* no perder la práctica; *~ haben* tener práctica (en).

'Übungs...: ~arbeit *f*, **~aufgabe** *f* ejercicio *m*; **~buch** *n* manual *m* de ejercicios; **~flug** *m* vuelo *m* de prácticas (*od.* de entrenamiento); **~flugzeug** *n* avión *m* de prácticas (*od.* de entrenamiento); **~gelände** *n* *Kfz.* pista *f* de práctica(s); ✕ campo *m* de maniobras; **~heft** *n* cuaderno *m* de ejercicios; **~lager** *n* campo *m* de entrenamiento; **~marsch** ✕ *m* ejercicio *m* de marcha; **~platz** *m* ✕ campo *m* de instrucción; *Sport*: campo *m* de entrenamiento; **~schießen** ✕ *n* prácticas *f/pl.* de tiro; **~spiel** *n Sport*: partido *m* de entrenamiento; **~stück** ♪ *n* estudio *m*, ejercicio *m*.

'Ufer *n* orilla *f*; (*Fluß2*) *a.* ribera *f*; margen *m*; (*Meeresküste*) costa *f*; (*Strand*) playa *f*; *am ~ des Meeres* (*des Rheins*) a orillas del mar (del Rin); *über die ~ treten* desbordarse, salirse de madre; **~bewohner(in** *f*) *m* ribereño (-a *f*); **2los** *fig. adj.* desmesurado; ilimitado, sin límites; *das führt ins ~* así no se llega a ninguna parte; **~mauer** *f* dique *m*; (*Kaiwand*) pared *f* del muelle; **~promenade** *f* paseo *m* marítimo; **~staat** *m* Estado *m* ribereño; **~straße** *f* carretera *f* ribereña (*od.* del litoral).

'Uhr *f* reloj *m*; (*Stunde, Zeit*) hora *f*; *nach der* (*od. auf die*) *~ sehen* mirar la hora; *um wieviel ~?* ¿a qué hora?; *wieviel ~ ist es?* ¿qué hora es?; *es ist ein ~* es la una; *es ist halb zwei ~* es la una y media; *es ist Punkt zwei ~* son las dos en punto; *nach meiner ~ ist es vier* por mi reloj son las cuatro; *um 12 Uhr mittags* (*nachts*) a mediodía (medianoche); *rund um die ~* con horario permanente; las veinticuatro horas del día; *gegen die ~ Sport*: contra reloj; **~armband** *n* pulsera *f* bzw. correa *f* de reloj; **~deckel** *m* tapa *f* de reloj; **~engeschäft** *n* relojería *f*; **~en-industrie** *f* industria *f* relojera; **~feder** *f* muelle *m* de reloj; **~gehäuse** *n* caja *f* de reloj; **~gewicht** *n* pesa *f*; **~glas** *n* cristal *m* de(l) reloj; **~kette** *f* cadena *f* de reloj; **~macher** *m* relojero *m*; **~macherei** *f* relojería *f*; **~pendel** *n* péndola *f*; **~werk** *n* mecanismo *m* de reloj; **~zeiger** *m* manecilla *f* (*od.* aguja *f*) de reloj; **~zeigersinn** *m*: *im ~* en el sentido de las agujas del reloj; **~zeit** *f* hora *f*; *gesetzliche ~* hora *f* oficial.

'Uhu *Orn. m* (-*s*; -*s*) búho *m*.

U'krain|e *f* Ucrania *f*; **~er(in** *f*) *m* ucraniano (-a *f*); **2isch** *adj.* ucraniano.

U'lan ✕ *m* (-*en*) ulano *m*.

'Ulk *m* (-*es*; -*e*) broma *f*, chanza *f*; F guasa *f*; P cachondeo *m*; *aus ~* en broma; P de cachondeo; *~ machen →* **2en** *v/i.* bromear, chancear; **2ig** *adj.* cómico, gracioso; chusco; divertido; (*seltsam*) raro, curioso.

'Ulme ♣ *f* olmo *m*.

Ulti'matum *n* (-*s*; -*ten od.* -*s*) ultimátum *m*; *ein ~ stellen* dar un ultimátum.

'Ultimo † *m* (-*s*; -*s*) fin *m* de mes; *per ~* a fines de (este) mes; **~abrechnung** *f* liquidación *f* mensual (*od.* de fin de mes); **~wechsel** *m* letra *f* con vencimiento a fin de mes.

'Ultra *Pol. m* (-*s*; -*s*) ultra *m*; **~'kurzwelle** *f* onda *f* ultracorta; **~'kurzwellensender** *m* emisora *f* de onda ultracorta; **~linke** *Pol. f* ultraizquierda *f*; **~ma'rin** *n* (-*s*; 0) azul *m* de ultramar; **2mon'tan** *adj.* ultramontano; **~rechte** *Pol. f* ultraderecha *f*; **2rot** *adj.* ultrarrojo; **~schall** *Phys. m* ultrasonido *m*; **~schalltherapie** 🏥 *f* terapia *f* con ondas ultrasónicas; ultrasonoterapia *f*; **~schallwelle** *f* onda *f* ultrasónica; **2violett** *adj.* ultravioleta, ultravioleto; **~e Strahlen** rayos *m/pl.* ultravioletas.

um I. *prp.* (*ac.*) **1.** *örtlich*: *~* (*... herum*) alrededor de; *a. fig.* en torno a; **2.** *zeitlich*: *a*; (*ungefähr*) hacia, sobre, alrededor de, a eso de; *~ fünf Uhr* a las cinco; *genau ~ Mitternacht* al filo de medianoche; *e-r ~ den andern* uno tras otro; (*abwechselnd*) alternando; *Tag ~ Tag* día por día; **3.** *Maß, Preis*: *~ 10 Mark* por (*od.* al precio de) diez marcos; *(etwa)* unos (*od.* cerca de) diez marcos; *~ 10 Prozent steigen* (*sinken*) subir (bajar) en un diez por ciento; *~ ein Jahr älter als* un año mayor que; *~ die Hälfte größer* (*weniger*) la mitad mayor (menos); *~ so ärmer* tanto más pobre; *~ so besser* (*tanto*) mejor, mucho mejor, mejor que mejor; *so schlimmer* tanto peor; *~ so mehr* razón de más; con mayor

razón; ~ so mehr als tanto más cuanto que; ~ so weniger tanto menos; **4.** *Grund*: (*wegen*) por; a causa de; ~ *et. wissen* tener conocimiento de a/c.; estar enterado de a/c.; *schade* ~ *das Geld!* ¡lástima de dinero!; *wie steht es* ~ *ihn?* ¿cómo le va?; *wie steht es* ~ *die Sache?* F ¿cómo anda (*od.* está) el asunto?; *es ist etwas Schönes* ~ *das Leben* la vida es un placer; **II.** *cj.*: ~ *zu* (*inf.*) para (*inf.*); a (*od.* con el) fin de (*inf.*); ~ *zu arbeiten* para trabajar; **III.** *adv.*: ~ *und* ~ por todos lados; de todas partes; (*ganz und gar*) absolutamente; totalmente; (*ringsum*) alrededor; ~ (*vorüber*) *sein* haber pasado; haber transcurrido; haber terminado; *Frist*: haber expirado (*od.* vencido).
um|ackern (-*re*) *v/t.* labrar; arar; **~adressieren** (-) *v/t.* cambiar la dirección; **~ändern** (-*re*) *v/t.* cambiar; modificar; transformar; *Kleid*: arreglar; reformar; **2̃änderung** *f* cambio *m*; modificación *f*; transformación *f*; arreglo *m*; reforma *f*; **~arbeiten** (-*e*-) *v/t.* transformar, remodelar; rehacer; *a. Kleid*: retocar; *Buch*: refundir; *für den Film usw.*: adaptar; **2̃-arbeitung** *f* transformación *f*, remodelación *f*; adaptación *f*; refundición *f*.
um'arm|en (-) *v/t. u. v/refl.* abrazar(se); dar(se) un abrazo; **2̃ung** *f* abrazo *m*.
'Umbau *m* △ reformas *f/pl.*; reconstrucción *f*; (*Änderung*) modificación *f*; transformación *f*; remodelación *f*; *Thea.* cambio *m* de escena; *fig.* reorganización *f*; **2̃en** *v/t.* reconstruir; reformar; modificar; transformar; remodelar; *Thea.* cambiar la escena; *fig.* reorganizar.
um'bauen (-) *v/t.* rodear, cercar (*mit de*); *umbauter Raum* volumen *m* de edificación.
'um|behalten (*L*; -) *v/t. Kleidungsstück*: dejarse puesto; no quitarse; **~benennen** (*L*; -) *v/t.* cambiar el nombre de; **~besetzen** (-*t*; -) *Thea. v/t.*: *die Rollen* ~ cambiar el reparto (de papeles); **2̃besetzung** *Thea. f* cambio *m* del reparto; **~betten** (-*e*-) *v/t.* trasladar a otra cama; **~biegen** (*L*) *v/t.* doblar; (*krümmen*) encorvar; **~bilden** (-*e*-) *v/t.* transformar; reformar; *fig.* reorganizar, remodelar; *Regierung*: *a.* reajustar; **2̃bildung** *f* transformación *f*; reforma *f*; *fig.* reorganización *f*, remodelación *f*; *Pol. a.* reajuste *m*; **~binden** (*L*) *v/t.* atar (alrededor); *Schürze usw.*: ponerse; **~blasen** (*L*) *v/t.* derribar de un soplo; **~blättern** (-*re*-) *v/t. u. v/i.* volver la hoja (de); dar vuelta a las páginas; **~blicken** *v/refl.*: *sich* ~ mirar alrededor (*od.* en torno suyo); (*zurückblicken*) mirar hacia atrás; volver la cabeza; **~brechen** (*L*) **I.** *v/t.* romper, quebrar; ✍ roturar; **II.** (*sn*) *v/i.* romperse (bajo el peso de); **2̃brechen** *n* rotura *f*; ✍ roturación *f*; **~'brechen** (*L*; -) *Typ. v/t.* compaginar; **~bringen** (*L*) *v/t.* matar, quitar la vida a; asesinar; *sich* ~ suicidarse, quitarse la vida; F *fig.* desbordarse (*vor de*); volcarse; matarse (*für por*); **2̃bruch** *m Typ.* compaginación *f*; *fig.* cambio *m* radical; **~buchen** *v/t.* ✝ pasar de una cuenta a otra; *Reise*: cambiar la reserva; **2̃buchung** *f* ✝ cambio *m* de asiento; traslado *m* a otra cuenta; *Reise*: cambio *m* de reserva; **~denken** (*L*) *v/i.* orientar su pensamiento en otro sentido; **~deuten** (-*e*-) *v/t.* dar otra interpretación (*od.* otro sentido) a; **~disponieren** (-) *v/t. u. v/i.* cambiar las disposiciones; disponer (las cosas) de otro modo.
um'drängen (-) *v/t.* apiñarse alrededor de.
'umdrehen I. *v/t.* volver; *Schlüssel usw.*: dar vuelta a; *sich* ~ volverse; volver la cabeza (*nach hacia*); **II.** *v/i.* volver; (*kehrtmachen*) dar media vuelta.
Um'drehung *f* vuelta *f*; *im Kreis*: giro *m*; *um e-e Achse*: rotación *f*; ⊕ revolución *f* (*a. Motor*); **~s-achse** *f* eje *m* de rotación; **~sgeschwindigkeit** *f* velocidad *f* de rotación; **~szahl** *f* número *m* de revoluciones *bzw.* de vueltas; **~szähler** *m* contador *m* de revoluciones, cuentarrevoluciones *m*.
'Umdruck *Typ. m* reimpresión *f*; **2̃en** *Typ. v/t.* reimprimir.
um-ein'ander *adv.* uno en torno de otro.
'um-erzieh|en (*L*; -) *v/t.* reeducar; **2̃ung** *f* reeducación *f*.
'um|fahren (*L*) *v/t.* derribar; *j-n*: atropellar; **~'fahren** (*L*; -) *v/t.* dar la vuelta a; dar una vuelta alrededor de; ⚓ circunnavegar; *Kap*: doblar; **2̃'fahren** *n*, **2̃'fahrung** *f* circunnavegación *f*.
'Umfall F *fig. m* (-*es*; *0*) cambio *m* (brusco) de opinión; *bsd. Pol.* chaqueteo *m*; **2̃en** (*L*; *sn*) *v/i.* caer(se); desplomarse; *Wagen usw.*: volcar; F *fig.* cambiar de opinión; F rajarse; (*nachgeben*) claudicar; *Pol.* F chaquetear; *zum* 2̃ *müde sein* caerse de sueño; estar rendido.
'Um|fang *m* (-*es*; ⊕*e*) circunferencia *f*; (*Umkreis*) periferia *f* (*a.* ⚙); ⚙ perímetro *m*; contorno *m*; *fig.* (*Ausdehnung*) extensión *f*; alcance *m*; envergadura *f*; (*Volumen*) volumen *m* (*a.* ♪); amplitud *f*; *fig.* proporciones *f/pl.*; *in großem* ~ en gran escala; *en grandes proporciones*; *in vollem* ~ en su totalidad; **2̃fangen** (*L*; -) *v/t.* rodear; (*umarmen*) abrazar; **'2̃fangreich** *adj.* voluminoso; abultado; *fig.* (*ausgedehnt*) extenso; amplio; espacioso; vasto.
'umfärben *v/t.* reteñir.
um'fass|en (-*ßt*; -) *v/t.* (*umgeben*) rodear, cercar (*mit de*); (*packen*) empuñar; (*umarmen*) abrazar (*a. fig.*); ✕ envolver; *fig.* (*in sich schließen*) comprender, abarcar; contener; entrañar; implicar; **~end** *adj.* amplio, extenso; vasto; (*vollständig*) completo; **2̃ung** *f* (*Einfriedung*) cercado *m*, cerca *f*; vallado *m*; **2̃ungsbewegung** ✕ *f* movimiento *m* envolvente; **2̃ungsmauer** *f* muro *m* exterior; *e-r Stadt*: muralla *f*.
um|flattern (-*re*-) *v/t.* revolotear alrededor de; **~'fliegen** (*L*; -) *v/t.* volar alrededor de; **'~fliegen** F (*L*) *v/i.* → *~fallen*; **~'fließen** (*L*; -) *v/t.*; **'~flort** *adj.* velado (*a. fig.*); **~'fluten** (-*e*-) *v/t.* → *~fließen*.
'umform|en *v/t.* transformar; remodelar; ⚡ convertir; **2̃er** ⚡ *m* convertidor *m*; **2̃ung** *f* transformación *f*; remodelación *f*; *a.* ⚡ conversión *f*.
'Um|frage *f* encuesta *f*; *e-e* ~ *halten* hacer una encuesta, *Neol.* encuestar; **~'fried(ig)en** (-) *v/t.* cercar (*mit de*); **2̃'fried(ig)ung** *f* cercado *m*; **'~füllen** *v/t.* tra(n)svasar, trasegar; **'2̃füllung** *f* trasiego *m*; tra(n)svase *m*.
'Umgang *m* (-*es*; *0*) (*Rundgang*) ronda *f*, vuelta *f*; *Rel.* procesión *f*; △ galería *f*; *fig.* trato *m* (social); relaciones *f/pl.*; *mit j-m* ~ *haben* (*od. pflegen*) tratar a alg.; tener trato (*od.* relaciones) con alg.; codearse con alg.; *wenig* ~ *haben* tener poco trato social; *schlechter* ~ malas compañías *f/pl.*
'umgänglich *adj.* tratable; de agradable trato, afable; sociable; **2̃keit** *f* (*0*) sociabilidad *f*; amabilidad *f* (en el trato).
'Umgangs|formen *f/pl.* modales *m/pl.*; *gute* ~ *haben* tener buenas maneras (*od.* buenos modales); **~sprache** *f* lenguaje *m* familiar (*od.* coloquial); **2̃sprachlich** *adj.* coloquial.
um|'garnen (-) *fig. v/t.* enredar; engatusar; seducir; **~'gaukeln** (-*le*; -) *v/t.* revolotear alrededor de; **~'geben** (*L*; -) *v/t.* rodear, cercar, circundar (*mit de*); **2̃'gebung** *f* (*Umwelt*) ambiente *m*; entorno *m*; medio *m*; (*Umgegend*) inmediaciones *f/pl.*, cercanías *f/pl.*; *e-r Stadt*: alrededores *m/pl.*; (*Nachbarschaft*) vecindad *f*; (*Gefolge*) séquito *m*; allegados *m/pl.*; **2̃'gebungstemperatur** ⊕ *f* temperatura *f* ambiente; **'2̃gegend** *f* inmediaciones *f/pl.*, cercanías *f/pl.*; *e-r Stadt*: alrededores *m/pl.*; afueras *f/pl.*
'umgehen (*L*; *sn*) *v/i. Gerücht usw.*: correr, circular; *Geister*: andar; (*handhaben*) manejar (*mit et.* a/c.) (*a. Geld*); manipular (*con* a/c.); (*behandeln*) tratar (*mit* a/c.); (*vorhaben*) tener (*od.* abrigar) la intención de hacer a/c.; pensar hacer a/c.; *mit dem Gedanken* ~ acariciar la idea de; *mit et. sparsam* ~ economizar a/c.; escatimar a/c.; *großzügig mit et.* ~ prodigar a/c.; *no escatimar* a/c.; *mit j-m* ~ (*verkehren*) tratar a alg.; tener trato con alg.; *mit j-m hart* ~ tratar con dureza a alg.; *mit j-m umzugehen wissen* saber cómo tratar a alg.; *gut mit Menschen* ~ *können* tener don de gentes.
um'gehen (*L*; -) *v/t.* dar la vuelta alrededor de; contornear; ✕ envolver; *fig.* (*vermeiden*) evitar; esquivar; *Hindernis*: sortear; *Gesetz*, *Schwierigkeit*: eludir; *Verpflichtung*: sustraerse a; rehuir.
'umgehend I. *adj.* inmediato; **II.** *adv.* inmediatamente; sin demora; (*postwendend*) a vuelta de correo.
Um'gehung *f* contorneo *m*; ✕ envolvimiento *f*; *Vkw.* desviación *f*; *fig.* evitación *f*; elusión *f*; *unter* ~ *von* dejando aparte; pasando por alto; evitando; eludiendo; **~sbewegung** ✕ *f* movimiento *m* envolvente; **~straße** *f* carretera *f* de circunvalación; (*Umleitung*) (carretera *f* de) desviación *f*.
'umgekehrt I. *adj.* (*verkehrt*) invertido; puesto al revés; (*entgegen-*

setzt) opuesto; contrario; *in ~er Richtung* en sentido inverso (*od.* contrario); *im ~en Verhältnis zu* en proporción (A *a.* razón) inversa a; *mit ~em Vorzeichen* de signo contrario; *~! ¡al* contrario!; *das ist genau ~!* es todo lo contrario; **II.** *adv.* a la inversa; al revés; por el (*od.* al) contrario; *... und ~ y viceversa*; A *~ proportional* inversamente proporcional.
'**umgestalt|en** (*-e-*; -) *v/t.* transformar; reformar; *fig.* reorganizar; remodelar; **2ung** *f* transformación *f*; reforma *f*; *fig.* reorganización *f*, remodelación *f*.
'**um|gießen** (L) *v/t.* tra(n)svasar; trasegar; *Met.* refundir; *2gießen n* trasiego *m*; tra(n)svase *m*; *Met.* refundición *f*; ~**graben** (L) *v/t.* cavar; remover (la tierra); ~'**grenzen** (*-t*; -) *v/t.* limitar; (*einfrieden*) cercar; vallar; *fig.* delimitar; circunscribir; 2'**grenzung** *f* limitación *f*, cercado *m*; *fig.* delimitación *f*; circunscripción *f*; ~**gruppieren** (-) *v/t.* reagrupar; 2~**gruppierung** *f* reagrupación *f*; ~**gucken** F *v/refl.* → *~sehen*; ~**gürten** (*-e-*), ~'**gürten** (*-e-*; -) *v/t.* ceñir; ~**haben** (L) tener (*od.* llevar) puesto; ~**hacken** *v/t.* cavar; (*fällen*) cortar con hacha; ~'**halsen** (*-t*; -) *v/t.* abrazar; 2**hang** *m* capa *f*; mantón *m*; salida *f* de teatro; ~**hängen** *v/t. Mantel usw.:* ponerse, echarse (sobre los hombros); *Gewehr:* colgar; *über die Schulter:* poner en bandolera; *Bild:* colgar (*od.* colocar) de otro modo; 2**hängetasche** *f* bolso *m* en bandolera; 2**hängetuch** *n* pañoleta *f*; ~**hauen** (L) *v/t.* derribar (a hachazos); *Baum:* cortar, talar; F *fig.* dejar perplejo (*od.* atónito); dejar fuera de combate.
um'**her** *adv.* (*ringsumher*) alrededor; en derredor; (*im Kreis*) en torno; (*nach allen Seiten*) por todas partes; *in Zssgn* → *a. herum...*; ~**blicken** *v/i.* mirar en torno suyo; ~**bummeln** (*-le*) *v/i.* callejear; ~**fahren** (L; *sn*) *v/i.* pasearse en coche; ~**gehen** (L; *sn*) *v/i.* ir de acá para allá; deambular, vagar; ~**irren** (*sn*) *v/i.* errar; vagar (sin rumbo); ~**schleichen** (L; *sn*) *v/i.* merodear; rondar (a/c.); ~**schlendern** (*-re*; *sn*) *v/i.* pasear, callejear; ~**schweifen** *v/i.* vagar, vagabundear; ~**streichen** (L; *sn*) *v/i.*, ~**streifen** (*sn*) *v/i.* vagar; vagabundear; ~**ziehen** (L; *sn*) *v/i.* recorrer (el país, *etc.*); andar de un lugar a otro; ~**ziehend** *adj.* ambulante; nómada; volante.
um'**hin** *adv.:* *ich kann nicht ~, zu* no puedo menos de (*od.* por menos que) (*inf.*).
'**umhören** *v/refl.:* *sich ~ informarse*, enterarse (*nach de*).
um'**hüll|en** (-) *v/t.* envolver (*mit con, en*); revestir, cubrir (*de*); (*verschleiern*) velar; 2**ung** *f* envoltura *f*; envoltorio *m*; revestimiento *m*; *e-s Kabels:* armadura *f*.
um'**jubeln** (*-le*; -) *v/t.* ovacionar, aplaudir entusiásticamente.
um'**kämpft** *adj.* reñido (*a. fig.*).
'**Umkehr** *f* (0) vuelta *f*; (*Rückkehr*) *a.* regreso *m*; ⊕ inversión *f* (*de la marcha*); *fig.* conversión *f*; 2**bar** *adj.* reversible; A convertible; *nicht ~* irreversible; 2**en I.** (*sn*) *v/i.* (*zurück-*

kommen) volver, regresar; (*kehrtmachen*) dar media vuelta; volver sobre sus pasos; *fig.* comenzar una nueva vida; volver al buen camino; **II.** *v/t.* volver, dar vuelta a; ⊕, ⚡, *Gr. Wortfolge:* invertir; (*umstürzen*) volcar; *Tasche usw.:* volver al revés; *alles ~ revolverlo* (*od.* desordenarlo) todo; → *a. umgekehrt*; ~**film** *m* película *f* reversible; ~**motor** ⊕ *m* motor *m* reversible; ~**ung** *f* reversión *f*; inversión *f* (*a.* ⊕, ⚡, ♪ *u. Gr.*).
'**umkippen I.** (*sn*) *v/i.* volcar; perder el equilibrio; ⚓ zozobrar; F desmayarse; *fig.* (*s-e Meinung ändern*) chaquetear; **II.** *v/t.* volcar, tumbar, derribar.
um|'**klammern** (*-re*; -) *v/t.* (*umarmen*) abrazar; estrechar (entre los brazos); ✗ envolver; *sich ~ Boxsport:* tenerse agarrados; 2'**klammerung** *f* abrazo *m*; ✗ envolvimiento *m*; *Boxen: angl.* clinch *m*.
'**umklappbar** *adj.* abatible; *Lehne:* reclinable; ~**klappen** *v/t.* abatir; doblar; 2**kleidekabine** *f* caseta *f* (*de baños*); ~**kleiden** (*-e-*) *v/t.* mudar la ropa a; *sich ~* cambiarse; mudarse de ropa; cambiar de traje *bzw.* de vestido; ~'**kleiden** (*-e-*; -) *v/t.* revestir, forrar (*mit de*); 2**kleideraum** *m* cuarto *m* de vestir; *Sport:* vestuario *m*; 2'**kleidung** ⊕ *f* revestimiento *m*; ~**knicken I.** *v/t.* doblar; *Papier:* a. plegar; (*brechen*) quebrar; **II.** (*sn*) *v/i.:* (*mit dem Fuß*) ~ torcerse el pie; dar un paso en falso; ~**kommen** (L; *sn*) *v/i.* (*sterben*) morir; resultar muerto; perecer; sucumbir; *Lebensmittel:* perderse; desperdiciarse; echarse a perder; F *vor Hitze ~* asfixiarse de calor; ~'**kränzen** (*-t;* -) *v/t.* coronar (*mit de*); 2**kreis** *m* A *círculo m circunscrito*; (*Bereich*) ámbito *m*; circuito *m*; periferia *f*, circunferencia *f*; *im ~ a la redonda*; *in e-m ~ von* en un radio de; ~'**kreisen** (*-t;* -) *v/t.* girar *bzw.* volar alrededor de; *Astr.* a. orbitar; (*umringen*) rodear; ~**krempeln** (*-le*) *v/t.* (*umkehren*) invertir; volver al revés; *Ärmel:* arremangar; *fig.* (*alles*) ~ volver lo de arriba abajo; *Plan usw.:* (*völlig*) ~ cambiar radicalmente (*od.* totalmente); ~**laden** (L) *v/t.* tra(n)sbordar; 2**laden** *n* tra(n)sbordo *m*; 2**ladung** *f* tra(n)sbordo *m*; 2**lage** *f* (*Sonderbeitrag*) contribución *f*; cuota *f* extraordinaria; *v. Steuern, Kosten:* reparto *m*; derrama *f*; ~'**lagern** (*-re*; -) *v/t.* rodear; sitiar, cercar; ~**lagern** (*-re*) *v/t. Waren:* trasladar a otro almacén (*od.* depósito).
'**Umlauf** *m* (*-¢s*; *¨e*) circulación *f* (*a. v. Geld*); ⊕, *Astr.* revolución *f*; ⊕ vuelta *f*; rotación *f*; (*Rundschreiben*) circular *f*; ✱ (*Nagelgeschwür*) panadizo *m*, F uñero *m*; *in ~ sein* circular (*a. Gerücht*), estar en circulación; *in ~ bringen* (*od.* setzen) poner en circulación; hacer circular; *Gerücht:* propagar, hacer correr; *außer ~ setzen* retirar de la circulación; ~**bahn** *Astr. f* órbita *f*; *in e-e ~ bringen* poner (*od.* colocar) en órbita; 2**en** (L) **I.** (*sn*) *v/i.* circular (*a. Geld, Gerücht*); girar; **II.** *v/t.* atropellar (*al correr*).
um'**laufen** (L; -) *v/t.* dar la vuelta a; contornear.
'**Umlauf|geschwindigkeit** *f* veloci-

dad *f* de circulación (⊕ de rotación, *Astr.* de revolución); ~**getriebe** ⊕ *n* engranaje *m* planetario; (*falten*) ~**kapital** *n* capital *m* circulante; ~**schmierung** ⊕ *f* engrase *m* por circulación; ~**schreiben** *n* circular *f*; ~**vermögen** *n* → ~*kapital*; ~**zeit** *f* período *m* de revolución.
'**Umlaut** *Gr. m* metafonía *f* (vocálica); (*Laut*) vocal *f* modificada.
'**Umlege|kragen** *m* cuello *m* vuelto; 2**en** *v/t.* (*anders legen*) colocar (*od.* disponer) de otro modo; (*falten*) doblar; *Decke, Schal usw.:* ponerse; (*verlegen*) trasladar; (*niederreißen*) derribar; (*kippen*) volcarse; 🐎 *Weiche:* cambiar; *Getreide usw.:* acamar; *fig. Kosten usw.:* repartir (*auf entre*); *Termin:* cambiar; aplazar; F (*zu Boden werfen*) tumbar, derribar (*a. Boxen*); P (*töten*) enfriar, dejar tieso, dar el pasaporte (a alg.); V *e-e Frau:* tumbar; ~**ung** *f* cambio *m*; traslado *m*; *v. Kosten usw.:* reparto *m*; *e-s Termins:* aplazamiento *m*.
'**um|leiten** (*-e-*) *v/t. Verkehr:* desviar; 2**leitung** *f* desviación *f*; alteración *f* de tránsito; ~**lenken** *v/t.* volver; desviar; ~**lernen** *v/i.* cambiar de método; reorientarse; readaptarse; ~**liegend** *adj.* (*circun*)vecino; inmediato; *die ~e Gegend* los alrededores; *die ~en Dörfer* los pueblos vecinos.
um|'**manteln** (*-le*) -) ⊕ *v/t.* revestir; 2'**mantelung** ⊕ *f* revestimiento *m*; ~'**mauern** (*-re*; -) *v/t.* murar, cercar con muro; ~**modeln** (*-le*) *v/t.* transformar, remodelar; modificar; '~**münzen** (*-t*) *v/t.* reacuñar; ~'**nachtet** *fig. adj.* demente; perturbado, trastornado; 2'**nachtung** *f: geistige ~* enajenación *f* (*od.* alienación *f*) mental; '~**nähen** *v/t.* hacer un dobladillo; ~'**nähen** (-) *v/t.* orlar, ribetear; ~'**nebeln** (*-le*; -) *v/t.* envolver en nieblas; *Geist:* ofuscar; '~**nehmen** (L) *v/t.* cubrirse de; *Mantel usw.:* ponerse; '~**organisieren** (-) *v/t.* reorganizar; '~**packen** *v/t.* empaquetar de nuevo; *Koffer:* rehacer, volver a hacer; ✝ cambiar el embalaje (*de*); '~**pflanzen** (*-t*) *v/t.* trasplantar; replantar; 2**pflanzen** *n* trasplante *m*; '~**pflügen** *v/t.* labrar, arar; (*umbrechen*) roturar; '~**polen** ⚡ *v/t.* invertir la polaridad; '~**prägen** *v/t. Münzen:* reacuñar; '2**prägung** *f* reacuñación *f*; '~**quartieren** *v/t.* cambiar (*od.* mudar) de alojamiento; (*evakuieren*) evacuar; ~'**rahmen** (-) *v/t.* encuadrar; *fig. a.* flanquear; 2~'**rahmung** *f a. fig.* marco *m*; ~'**randen** (*-e-*; -) *v/t.* perfilar, contornear; (*einfassen*) orlar; ribetear; 2~'**randung** *f* borde *m*; (*Saum*) orla *f*; ~'**ranken** (-) *v/t.* emparrar; *mit Laubwerk:* enramar; cubrir de ramas; *Efeu:* trepar por; '~**räumen** *v/t.* disponer de otro modo; cambiar (*de lugar*); '~**rechnen** (*-e-*) *v/t.* ✝ convertir (*in en*); calcular en otra moneda; '2**rechnung** *f* conversión *f*; '2**rechnungskurs** ✝ *m* tipo *m* de cambio (*od.* de conversión); '2**rechnungs-tabelle** *f* tabla *f* de conversión; ~**reisen** (*-t;* -) *v/t.: die Welt ~* viajar alrededor del mundo; dar la vuelta al mundo; ~**reißen** (L) *v/t.* derribar; demoler; *Person:* atropellar; ~**reißen** (L; -) *v/t.* perfilar;

esbozar; '~reiten (L) v/t. atropellar con el caballo; ~'reiten (L;-) v/t. dar a caballo la vuelta a; '~rennen (L) v/t. atropellar, derribar (al correr); ~'ringen (-) v/t. rodear; ⚔ a. cercar; '℈riß m contorno m; silueta f; (Skizze) esbozo m, bosquejo m; croquis m; fig. in groben Umrissen a grandes rasgos; '℈ritt m cabalgata f; '~rühren v/t. remover; agitar; '~rüsten (-e-) ⚔ v/i. reorganizar el armamento.

ums F = um das.

'um|satteln (-le) I. v/t. Pferd: mudar la silla (al caballo); II. fig. v/i. cambiar de profesión bzw. de carrera; '℈satz ✝ m movimiento m (comercial); volumen m (od. cifra f) de negocios f/pl.; (Absatz) (volumen m de) ventas f/pl.; Börse: negociación f; '℈satzprovision f comisión f sobre la cifra de ventas; '℈satzsteuer f impuesto m sobre la cifra de negocios; Span. impuesto m sobre el tráfico de empresas; '~säumen v/t. hacer un dobladillo; ~'säumen (-) v/t. orlar; fig. a. rodear, flanquear (mit de).

'umschalt|bar adj. conmutable; ~en (-e-) v/t. u. v/i. ⚡ conmutar; Kfz. cambiar de velocidad; Radio: cambiar de onda; F fig. readaptarse; ℈er ⚡ m conmutador m; ℈hebel ⚡ m palanca f de conmutación; ℈taste f Schreibmaschine: tecla f de mayúsculas; Computer: a. tecla f SHIFT; ℈ung ⚡ f conmutación f.

um'schatten (-e-; -) v/t. sombrear.

'Umschau f (0) panorama m; vista f (panorámica); fig. revista f (a. Zeitschrift); ~ halten mirar alrededor (od. en torno suyo); a. fig. pasar revista a; ~ nach et. halten buscar a/c.; ℈en v/refl.: sich ~ mirar alrededor (od. en torno suyo); (zurückschauen) volver la cabeza; sich in der Welt ~ ver mundo.

'umschicht|en (-e-) v/t. apilar de nuevo; fig. reagrupar; modificar la disposición de; ~ig adv. alternativamente; por turno; ℈ung f reagrupación f; soziale ~ cambio m social.

'umschießen (L) v/t. derribar de un tiro.

um'schiff|en (-) ⚓ v/t. circunavegar, navegar alrededor de; Kap: doblar; ℈ung f circunnavegación f.

'Umschlag m 1. (Umschwung) cambio m brusco (od. repentino); 2. (Hülle) envoltura f; (Brief℈) sobre m; (Buch℈) cubierta f; tapa f; (Schutz℈) sobrecubierta f; (Heft℈) forro m; 3. an der Hose: vuelta f; (Saum) dobladillo m; 4. ✝ movimiento m; (Umladen) tra(n)sbordo m; 5. ✱ compresa f; (Brei℈) cataplasma f; '~bahnhof m estación f de transbordo; ℈en (L) I. (sn) v/i. caer; Wagen usw.: volcar; ⚓ a. zozobrar; Wein: agriarse; Wind, Wetter: cambiar (bruscamente) (a. fig. Stimmung, Glück usw.); ins Gegenteil ~ caer en el otro extremo; ~ in convertirse en; II. v/t. (umwenden) dar vuelta a; Seite: volver; (umwerfen) derribar; Saum: doblar; Ärmel: arremangar; (umladen) tra(n)sbordar; ~en n (Wechseln) cambio m brusco (od. súbito od. repentino); e-s Wagens: vuelco m; ✝ (Umladen) tra(n)s-

bordo m; ~(e)tuch n chal m; mantón m; ~hafen m puerto m de tra(n)sbordo; ~platz m, ~stelle f lugar m de tra(n)sbordo; (Handelsplatz) emporio m.

um|'schleichen (L; -) v/t. rondar; ~'schließen (L; -) v/t. rodear; circundar; ⚔ cercar; poner cerco a; fig. encerrar, abarcar; ℈'schließen n, ℈'schließung ⚔ f cerco m; ~'schlingen (L; -) v/t. envolver; entrelazar; (umarmen) abrazar; estrechar entre los brazos; ℈'schlingung f enlazamiento m; abrazo m; '~schmeißen (L) P v/t. derribar; tumbar; → a. ~werfen; '~schmelzen (L) Met. v/t. refundir; '℈schmelzung Met. f refundición f; '~schnallen v/t. ceñir; ponerse; ~'schnüren (-) v/t. atar; ~'schreiben (L; -) v/t. A circunscribir; fig. parafrasear; perifrasear; (abgrenzen) delimitar; '~schreiben (L) v/t. (nochmals schreiben) escribir de nuevo; (abschreiben) transcribir; (umarbeiten) refundir; ✝, ⚖ transferir; ~'schreibend adj. perifrástico; ℈'schreibung f refundición f; transcripción f; ✝, ⚖ transferencia f; ℈'schreibung f Rhet. perífrasis f, circunlocución f; A circunscripción f; ~'schrieben adj. circunscrito; ⚔ a. localizado; '℈schrift f transcripción f (fonética); e-r Münze: leyenda f; '~schulden (-e-) v/t. convertir una deuda; '℈schuldung f conversión f de una deuda; '~schulen v/t. enviar a otra escuela; beruflich: reeducar, readaptar (profesionalmente); '℈schulung f cambio m de escuela; berufliche: reeducación f; readaptación f profesional; '℈schulungskurs m curso m de readaptación profesional; '~schütten (-e-) v/t. derramar; volcar; in ein anderes Gefäß: tra(n)svasar; trasegar; ~'schwärmen (-) v/t. rondar; revolotear alrededor de; fig. ser un(a) gran admirador(a) de; Frau: cortejar; sehr umschwärmt sein tener muchos admiradores; '℈schweife m/pl. (Abschweifungen) digresiones f/pl.; ~ machen andar con rodeos; andarse por las ramas; ohne ~ sin (andarse con) rodeos; sin ambages (ni rodeos); rotundamente; '~schwenken (sn) v/i. girar; ⚓ virar; ⚔ hacer una conversión; fig. cambiar de opinión bzw. de orientación; ~'schwirren (-) v/t. revolotear alrededor de; '℈schwung m Turnen: vuelta f; fig. cambio m (brusco od. repentino); revolución f (Schicksalswende) peripecia f; ~'segeln (-e-) v/t. circunnavegar, navegar alrededor de; Kap: doblar; ℈'seg(e)lung f circunnavegación f; '~sehen (L) v/refl.: sich ~ mirar alrededor; (zurücksehen) mirar (hacia) atrás, volver la cabeza; sich nach j-m ~ volverse para mirar a alg.; sich nach a/c.; sich in der Stadt ~ dar una vuelta por la ciudad; sich in der Welt ~ ver mundo; F du wirst dich noch ~! ¡ya verás lo que es bueno!; im ℈ en un abrir y cerrar los ojos; F en un santiamén; '~sein F v/i. → um III; '~seitig adj. u. adv. al dorso, a la vuelta.

'umsetz|bar adj. ✝ vendible; negociable; Physiol. metabolizable; ~en

(-t) v/t. (anders setzen) cambiar de sitio; trasladar; colocar en otro sitio; ✓ trasplantar; (umwandeln) transformar, convertir (in ac. en); ♪ transportar; ✝ (verkaufen) vender; colocar; Physiol. metabolizar; ℈ung f cambio m (de sitio); traslado m; ✓ trasplante m; (Umwandlung) transformación f, conversión f (in ac. en); ♪ transporte m.

'Umsichgreifen n propagación f; extensión f.

'Umsicht f (0) circunspección f; (Vorsicht) precaución f, cautela f; ℈ig adj. circunspecto; prudente; cauteloso.

'um|siedeln (-le) v/t. reasentar; ℈siedler m persona f reasentada; ℈siedlung f reasentamiento m; ~'sinken (L; sn) v/i. caer (al suelo); desplomarse; (ohnmächtig werden) desvanecerse; vor Müdigkeit ~ caerse de sueño.

um'sonst adv. (vergebens) en vano, en balde; para nada; inútil(mente); (unentgeltlich) gratis, gratuitamente; de balde; alles war ~ todo fue inútil; sich ~ bemühen perder el tiempo; nicht ~ (aus gutem Grund) por algo.

um'sorgen (-) v/t.: j-n ~ cuidar de alg. con solicitud.

'um|spannen v/t. Pferde: mudar de tiro; ⚡ transformar; ~'spannen (-) v/t. rodear; fig. abarcar, comprender; abrazar; '℈spanner ⚡ m transformador m; '℈spannwerk ⚡ n central f transformadora; subestación f de transformación; ~'spielen (-) v/t. Fußball: regatear; ~'spinnen (L; -) v/t. (re)cubrir, revestir (mit de); ♪ Saite: entorchar; ~'springen (L; sn) v/i. Wind: cambiar (bruscamente) de dirección; saltar; fig. mit j-m ~ tratar mal a alg.; ℈'springen n des Windes: cambio m (brusco) de dirección; ~spulen v/t. rebobinar; ~'spülen (-) v/t. bañar (por todos los lados); von den Wellen umspült lamido por las olas.

'Umstand m (-(e)s; ⁓e) circunstancia f; (Einzelheit) detalle m, besonderer: particularidad f; (Tatsache) hecho m; der ~, daß ... el hecho de que ... (subj.).

'Umstände m/pl. circunstancias f/pl.; (Förmlichkeiten) ceremonias f/pl.; cumplidos m/pl.; (Lage) situación f; condiciones f/pl.; den ~n entsprechend circunstancial, de circunstancias; unter ~n si es posible; (notfalls) si las circunstancias lo requieren; si es necesario; (vielleicht) eventualmente; tal vez; unter allen ~n en todo caso; sea como fuere; unter keinen ~n en ningún caso; de ningún modo; bajo ningún concepto; unter diesen (od. solchen) ~n en estas (od. tales) circunstancias; en esas condiciones; infolge unvorhergesehener ~ debido a circunstancias imprevistas; ohne ~ sin ceremonias (od. cumplidos); ~ machen Person: hacer (od. gastar) cumplidos; Sache: causar molestia (od. hacer molestarse); nicht viel ~ machen F no andarse con cumplidos; machen Sie keine ~! ¡no se moleste usted!; F ¡déjese de ceremonias (od. de cumplidos)!; in anderen ~n (schwanger) sein estar encinta (od. embarazada); ℈halber adv. debido a

umständlich — Unabwendbarkeit

(*od.* a causa de) las circunstancias. 'umständlich I. *adj.* (*ausführlich*) circunstanciado; detallado; prolijo; (*sehr genau*) minucioso; pedante; (*verwickelt*) complicado; (*förmlich*) ceremonioso; formalista; (*lästig*) engorroso, pesado; (*beschwerlich*) molesto, incómodo; II. *adv.* detalladamente; con todo detalle; con todo lujo de detalles; ⸗**keit** *f* (0) prolijidad *f*; formalismo *m*; pedantería *f*.
'**Umstands...**: ⸗**bestimmung** *Gr. f* complemento *m* circunstancial; ⸗**kleid** *n* vestido *m* maternal (*od.* para futura mamá); ⸗**krämer** F *m* formalista *m*; pedante *m*; ⸗**wort** *Gr. n* adverbio *m*.
um|stehen (*L*; -) *v/t.* rodear; '⸗**stehend I.** *adj.*: *auf der ⸗en Seite* en la página siguiente *bzw.* anterior; *die ⸗en los circunstantes, los presentes*; **II.** *adv.* al dorso, a la vuelta.
'**Umsteige|bahnhof** *m* estación *f* de tra(n)sbordo; ⸗**fahrschein** *m*, ⸗**karte** *f* billete *m* de correspondencia (*od.* combinado); ⸗**n** (*L; sn*) *v/i.* cambiar de autobús, de tren, *etc.*; F *fig.* pasarse (*auf* a); ⸗**n** *n* tra(n)sbordo *m*.
'**um|stellen** *v/t.* cambiar de lugar (*od.* sitio); colocar en otro sitio; colocar (*od.* disponer) de otro modo; invertir el orden (*a. Gr.*); transponer; ⚔ permutar; ⊕ invertir la marcha; *fig.* reagrupar; reajustar; *Betrieb usw.*: transformar; reorganizar; reorientar; *auf Maschinenbetrieb (Computerbetrieb)* ⸗ mecanizar (computerizar); *fig. sich* ⸗ cambiar de opinión; reorientarse; *sich* ⸗ *auf (re)*adaptarse a; acomodarse a; ⸗'**stellen** (-) *v/t.* rodear (*mit* de); cercar; ⚔ *a.* envolver; ⸗**stellhebel** ⊕ *m* palanca *f* de cambio; ⸗**stellung** *f* cambio *m* (de lugar); modificación *f*; inversión *f* del orden; transposición *f*; ⚔ permutación *f*; *fig.* reagrupación *f*; reajuste *m*; reorientación *f*; reorganización *f*; (*Umwandlung*) conversión *f* (*auf ac.* en); (*Anpassung*) (re)adaptación *f*; ⸗ *auf Maschinenbetrieb (Computerbetrieb)* mecanización *f* (computerización *f*); ⸗**stimmen** *v/t.* ♩ cambiar la afinación de; *fig.* j-n ⸗ hacer a alg. cambiar de opinión (*od.* de idea); persuadir a alg.; ⸗**stoßen** (*L*) *v/t.* volcar; derribar; (*für ungültig erklären*) anular; invalidar; *Plan usw.*: cambiar; echar por tierra; '⸗**strahlen** (-) *v/t.* brillar alrededor de; bañar en luz; ⸗'**stricken** (-) *fig. v/t.* enredar; embaucar; F engatusar; ⸗'**stritten** *adj.* discutido, controvertido; ⸗**strukturieren** (-) *v/t.* reestructurar; ⸗**strukturierung** *f* reestructuración *f*; ⸗**stülpen** *v/t.* volver boca abajo; volver al revés; *Gefäß*: volcar; *Hose, Ärmel*: arremangar; ⸗**sturz** *m* subversión *f*; revolución *f*; derrocamiento *m*; ⸗**sturzbestrebungen** *f/pl.* tendencias *f/pl.* subversivas; ⸗**sturzbewegung** *f* movimiento *m* subversivo *od.* revolucionario); ⸗**stürzen** (-*t*) **I.** *v/t. Wagen, Gefäß*: volcar; (*niederreißen*) derribar, echar abajo; *fig.* subvertir; revolucionar; *Regierung*: derrocar, derribar; **II.** (*sn*) *v/i. Person*: caer (de espaldas); *Sache*: volcar; (*einfallen*) venirse abajo; derrumbarse; ⸗**stürzler** *m* elemento *m* subversivo; revolucionario *m*; ⸗**stürzlerisch** *adj.* subversivo; revolucionario; ⸗**taufen** cambiar el nombre de; *Rel.* rebautizar.

'**Umtausch** *m* cambio *m*; trueque *m*; canje *m* (*a. v. Aktien*); ✝ conversión *f*; ⸗**bar** *adj.* cambiable; canjeable; convertible; ⸗**en** *v/t.* cambiar (*gegen* por); trocar; canjear; ✝ convertir.
'**um|topfen** *v/t. Pflanzen*: cambiar de tiesto *bzw.* de maceta; ⸗**triebe** *pl.* manejos *m/pl.*; intrigas *f/pl.*; maquinaciones *f/pl.*; ⸗**tun** (*L*) F *v/t. Tuch, Mantel usw.*: ponerse; *sich* ⸗ (*sich erkundigen*) informarse (*nach* de); (*suchen*) buscar (*a/c.*); ir en busca (de *a/c.*); ⸗**wallung** *f* (obras *f/pl.* de) circunvalación *f*.
'**umwälz|en** (-*t*) *v/t.* revolver; *fig.* revolucionar; subvertir; ⸗**end** *adj. Erfindung usw.*: revolucionario; ⸗**pumpe** *f* bomba *f* de circulación; ⸗**ung** *f* ⊕ circulación *f*; *fig.* revolución *f*; subversión *f*, movimiento *m* subversivo.
'**umwand|elbar** *adj.* transformable; convertible (*a.* ✝); *Strafe*: conmutable; ⸗**elbarkeit** *f* ✝ convertibilidad *f*; *e-r Strafe*: conmutabilidad *f*; ⸗**eln** (-*le*) *v/t.* transformar, cambiar (*in* en); *a.* ✝ convertir; *Strafe*: conmutar; *er ist wie umgewandelt* parece otro; *Geld* ⚔ ⸗ transformar *m*; ⸗**wandlung** *f* transformación *f*; cambio *m*; *a.* ✝ conversión *f*; *e-r Strafe*: conmutación *f*.
'**um|wechseln** (-*le*) *v/t. Geld*: cambiar; ⸗**wechseln** *n* cambio *m*; ⸗**weg** *m* rodeo *m* (*a. fig.*); *e-n* ⸗ *machen* dar (*od.* hacer) un rodeo; *fig. auf* ⸗*en* indirectamente; *ohne* ⸗*e* directamente; sin rodeos; ⸗**wehen** *v/t.* derribar (de un soplo); ⸗'**wehen** (-) *v/t.* soplar por (*od.* alrededor de).
'**Umwelt** *f* (0) medio *m* ambiente; ambiente *m*; medio *m*, entorno *m*; ⸗**bedingt** *adj.* ambiental; ⸗**bedingungen** *f/pl.* condiciones *f/pl.* ambientales (*od.* del medio); ⸗**bewußt** *adj.* que tiene conciencia ecológica, concienciado por la ecología; ⸗**einflüsse** *m/pl.* influencias *f/pl.* ambientales; ⸗**feindlich** *adj.* contaminante del medio ambiente; ⸗**freundlich** *adj.* no contaminante, ecológico; ⸗**gerecht** *adj.* acorde con el medio ambiente; ⸗**katastrophe** *f* catástrofe *f* ecológica; desastre *m* ecológico; ⸗**kriminalität** *f* delitos *m/pl.* contra el medio ambiente, delincuencia *f* ecológica; ⸗**politik** *f* política *f* del medio ambiente, ecopolítica *f*; ⸗**schaden** *m* daño *m* ambiental; ⸗**schädlich** *adj.* que daña el medio ambiente; ⸗**schutz** *m* protección *f* (*od.* conservación *f*) ambiental (*od.* del medio ambiente); ⸗**schutzbewegung** *f* ecologismo *m*, movimiento *m* ecologista; ⸗**schützer** *m* defensor *m* del medio ambiente; ecologista *m*; ⸗**theorie** *f* teoría *f* del medio; ⸗**verschmutzung** *f* contaminación *f* ambiental; ⸗**verträglich** *adj.* compatible con el medio ambiente; ⸗**verträglichkeitsprüfung** *f* estudio *m* del impacto ambiental (*Abk.* EIA); ⸗**wissenschaft** *f* ciencias *f/pl.* ambientales; ecociencia *f*; ⸗**zeichen** *n* ecoetiqueta *f*.
'**um|wenden** (*L*) *v/t.* volver; dar (la) vuelta a; *sich* ⸗ volverse; volver la cabeza; ⸗'**werben** (*L*; -) *v/t.* cortejar, galantear, hacer la corte a; *sehr umworben* muy solicitado; ⸗**werfen** (*L*) *v/t.* derribar; tumbar; hacer caer; *Wagen*: volcar; *Mantel usw.*: ponerse (sobre los hombros); *fig.* trastornar; *Plan usw.*: echar por tierra; ⸗**werfend** *fig. adj.* arrollador; fabuloso; P acojonante; ⸗**werten** (-*e*-) *v/t.* revalidar, revalorizar; ⸗**wertung** *f* revalidación *f*, revalorización *f*; *Phil.* transmutación *f* de los valores; ⸗'**wickeln** (-*le*; -) *v/t.* envolver (*mit* en); ⚡ recubrir de; ⸗'**winden** (*L*; -) *v/t.* → *wickeln*; (*umkränzen*) coronar (*mit* de); ⸗'**wittert** *adj.* rodeado (*von* de); envuelto (en); ⸗'**wogen** (-) *v/t.* bañar con sus ondas; ⸗'**wölken** (-) *v/refl.*: *sich* ⸗ (a)nublarse (*a. fig.*), cubrirse de nubes; *Himmel*: *a.* encapotarse; *fig.* ofuscarse; ⸗**wühlen** *v/t.* revolver; ⸗'**zäunen** (-) *v/t.* cercar, vallar; ⸗**zäunung** *f* cerca *f* cercado *m*; vallado *m*; ⸗**ziehen** (*L*) **I.** (*sn*) *v/i.* cambiar de domicilio; mudarse (de casa); trasladarse; **II.** *v/t.*: *j-n* ⸗ mudar la ropa a alg.; *sich* ⸗ cambiarse; mudarse de ropa; cambiar de traje *bzw.* de vestido; ⸗'**zingeln** (-; -) *v/t.* rodear; envolver; cercar (*a.* ⚔); ⸗**zing(e)lung** ⚔ *f* cerco *m*; ⸗**zug** *m* cambio *m* de domicilio; mudanza *f*, traslado *m*; (*Festzug*) desfile *m*; cabalgata *f*; *Pol.* manifestación *f*; *Rel.* procesión *f*; ⸗**zugskosten** *pl.* gastos *m/pl.* de mudanza (*od.* de traslado); ⸗**zugsvergütung** *f* compensación *f* por traslado de domicilio.
un-ab'änderlich *adj.* invariable, inalterable, inmutable; (*unwiderruflich*) irrevocable; definitivo; (*unvermeidlich*) inevitable; ⸗**keit** *f* (0) invariabilidad *f*, inalterabilidad *f*, inmutabilidad *f*; irrevocabilidad *f*.
un-ab'dingbar *adj.* indispensable; *Recht*: inalienable; ⸗**keit** *f* (0) inalienabilidad *f*.
'**un-abhängig** *adj.* independiente (*von* de); *Pol.* autónomo; *sich* ⸗ *machen* independizarse; ⸗**keit** *f* (0) independencia *f*; ⸗**keitskrieg** *m* guerra *f* de (la) independencia.
un-ab'kömmlich *adj.* insustituible, indispensable; *ich bin* (*gerade*) ⸗ no puedo ausentarme.
un-ab'lässig I. *adj.* incesante, continuo, constante; **II.** *adv.* sin cesar, sin parar; incesantemente; constantemente; ⸗'**lösbar**, ⸗'**löslich** *adj.* inseparable; ⸗'**sehbar** *adj.* (*ungeheuer*) inmenso; (*unvorhersehbar*) imprevisible, imposible de prever; (*unberechenbar*) incalculable; *in* ⸗*er Ferne* en un futuro lejano; *auf* ⸗*e Zeit* por un tiempo indefinido; ⸗'**sehbarkeit** *f* (0) inmensidad *f*; ⸗'**setzbar** *fig. adj.* inamovible; ⸗'**setzbarkeit** *fig. f* (0) inamovilidad *f*; '⸗**sichtlich I.** *adj.* impremeditado; involuntario; (*zufällig*) casual, fortuito; **II.** *adv.* sin querer(lo); sin intención; '⸗**sichtlichkeit** *f* impremeditación *f*; falta *f* de intención; ⸗'**weisbar**, ⸗'**weislich** *adj.* ineludible; irrecusable; indeclinable; (*dringend*) perentorio; *Grund*: irrefutable; ⸗'**wendbar** *adj.* inevitable; ineludible; fatal; ⸗'**wendbarkeit** *f* (0) necesidad *f* inevitable; fatalidad *f*.

¹**un-a̍chtsam** *adj.* desatento; inadvertido; (*zerstreut*) distraído; (*nachlässig*) descuidado; ♀**keit** *f* (0) falta *f* de atención; distracción *f*; descuido *m*; inadvertencia *f*; *aus* ~ por falta de atención; por inadvertencia.
¹**un-ähnlich** *adj.* desemejante; poco parecido; ♀**keit** *f* (0) desemejanza *f*.
un-an'fechtbar *adj.* incontestable; incontrovertible; indiscutible; *Urteil*: inapelable.
¹**un-an|gebracht** *adj.* inoportuno; inconveniente; improcedente; fuera de lugar; ~**gefochten** *adj.* incontestado; indiscutido; ~ *lassen* dejar en paz; ~**gemeldet** *adv.* sin anunciarse; sin ser anunciado; sin previo aviso; ~**gemessen** *adj.* inadecuado; inoportuno; impropio; (*unschicklich*) inconveniente; ♀**gemessenheit** *f* (0) inoportunidad *f*; inconveniencia *f*; ~**genehm** *adj.* desagradable; (*lästig*) molesto; engorroso; (*ärgerlich*) fastidioso; enojoso; *es wäre mir* ~, *wenn*... me sabría mal que... (*subj.*); ~**getastet** *adj.* intacto; ~'**greifbar** *adj.* inatacable; *fig. a.* intangible; ~'**nehmbar** *adj.* inaceptable; inadmisible; ♀'**nehmbarkeit** *f* (0) inadmisibilidad *f*; ♀**nehmlichkeit** *f* disgusto *m*; contrariedad *f*; inconveniente *m*; molestia *f*.
¹**un-ansehnlich** *adj.* poco vistoso; de poca apariencia; *Person*: desgarbado; *fig.* insignificante; ♀**keit** *f* (0) poca vistosidad *f*, insignificancia *f*; mal aspecto *m*.
¹**un-anständig** *adj.* indecente; indecoroso; inmoral; obsceno; *Witz*: verde; ♀**keit** *f* indecencia *f*; inmoralidad *f*; obscenidad *f*.
un-an'tastbar *adj.* intangible; *a.* ⚖ inviolable; (*geheiligt*) sagrado; ♀**keit** *f* (0) intangibilidad *f*; inviolabilidad *f*.
¹**un-appetitlich** *adj.* poco apetitoso; (*widerlich*) repugnante, asqueroso.
¹**Un-art** *f* mala costumbre *f*; vicio *m*; *v. Kindern*: travesura *f*; (*Unhöflichkeit*) descortesía *f*; falta *f* de consideración; malas maneras *f/pl.*; ♀**ig** *adj. Kind*: travieso, malo; (*unhöflich*) descortés; ~**igkeit** *f* →**Unart**.
¹**un-artikuliert** *adj.* inarticulado.
¹**un-ästhetisch** *adj.* poco estético; antiestético; de mal gusto.
¹**un-auf|dringlich** *adj.* discreto; ~**fällig** *adj.* discreto; disimulado; poco llamativo; ~'**findbar** *adj.* imposible de hallar; *Neol.* ilocalizable; ~**gefordert I.** *adj.* espontáneo; **II.** *adv.* espontáneamente; sin ser llamado (*od.* requerido); ~**geklärt** *adj.* no aclarado (*od.* esclarecido); misterioso; ~'**haltbar,** ~'**haltsam** *adj.* incontenible, irrefrenable, imparable; irresistible; ~'**hörlich I.** *adj.* incesante, continuo; constante, perpetuo; **II.** *adv.* sin cesar; sin parar; continuamente; ~'**lösbar,** ~'**löslich** *adj.* indisoluble (*a.* 🜛 *u.* ⚖); ♀'**lösbarkeit** *f* (0) indisolubilidad *f* (*der Ehe* matrimonial); ~**merksam** *adj.* sin atención, desatento; (*zerstreut*) distraído, F despistado; ♀**merksamkeit** *f* (0) falta *f* de atención, desatención *f*; distracción *f*, F despiste *m*; ~**richtig** *adj.* insincero; falso; ♀**richtigkeit** *f* insinceridad *f*; falta *f* de sinceridad; ~'**schiebbar** *adj.* inaplazable; urgente; ♀'**schiebbarkeit** *f* (0) urgencia *f*.
un-aus|'**bleiblich** *adj.* indefectible; infalible; inevitable; (*schicksalhaft*) fatal; ~'**denkbar** *adj.* inimaginable; ~'**führbar** *adj.* irrealizable; impracticable; imposible (de realizar); '~**gebildet** *adj.* poco desarrollado; sin formación; ♀, *Zoo.* rudimentario; '~**gefüllt** *adj.* sin llenar; *Formular usw.*: en blanco; *fig. Leben usw.*: vacío; '~**geglichen** *adj.* desequilibrado; ♀**geglichenheit** *f* (0) desequilibrio *m*, falta *f* de equilibrio (*a. fig.*); '~**gegoren** *fig. adj.* inmaduro; '~**gesetzt** *adj. u. adv.* → *unaufhörlich*; ~'**löschlich** *adj. a. fig.* imborrable, inextinguible; *Tinte*: indeleble (*a. fig.*); ~'**rottbar** *adj.* inextirpable; ~'**sprechbar** *adj.* impronunciable; ~'**sprechlich** *fig. adj.* inexpresable; indecible; inefable; ~'**stehlich** *adj.* insoportable; inaguantable, intolerable; (*widerwärtig*) detestable; *er ist mir* ~ me es sumamente antipático; ~'**weichlich** *adj.* inevitable, ineluctable; fatal.
¹**unbändig** *adj.* indomable; indómito; desenfrenado; *Haß*: implacable; *Zorn, Freude*: incontenible; *sich* ~ *freuen* estar loco de alegría.
¹**unbarmherzig** *adj.* despiadado; sin compasión; duro; cruel; inhumano; desalmado; implacable; ♀**keit** *f* dureza *f*; crueldad *f*; inhumanidad *f*.
¹**unbe**|**absichtigt I.** *adj.* involuntario; impremeditado; **II.** *adv.* sin querer(lo); sin (mala) intención; ~**achtet** *adj.* inadvertido; ~ *lassen* no hacer caso de; hacer caso omiso de; desatender; ~ *bleiben* pasar inadvertido (*od.* desapercibido); ~**anstandet I.** *adj.*: *et.* ~ *lassen* no poner reparo a a/c.; **II.** *adv.* sin objeción; sin reparo; ~**antwortet** *adj.* sin contestar; ~ *bleiben* quedar sin respuesta; ~**arbeitet** ⊕ *adj.* bruto; crudo; no trabajado; sin manufacturar; ~**aufsichtigt** *adj.* no vigilado, sin vigilancia; ~**baubar** *adj.* incultivable; ~**baut** *adj.* 🟊 no cultivado, inculto, yermo; *Grundstück*: sin edificar; ~**dacht(sam)** *adj.* inconsiderado; irreflexivo; (*unklug*) imprudente; desatinado; falto de juicio; ♀**dachtsamkeit** *f* irreflexión *f*; falta *f* de juicio; imprudencia *f*; ~**darft** F *adj.* ingenuo; torpe; ~**deckt** *adj.* descubierto (*a. Kopf*); (*bloß*) desnudo; ~**denklich I.** *adj.* inofensivo; **II.** *adv.* sin reparo; sin inconveniente; sin objeción; sin vacilar; ♀**denklichkeitsbescheinigung** *f* certificado *m* de no objeción; ~**deutend** *adj.* insignificante; sin importancia; (*geringfügig*) de poca importancia, de poca monta; fútil; ~**dingt I.** *adj.* (*bedingungslos*) incondicional; (*völlig*) absoluto; **II.** *adv.* sin condición; sin restricción (alguna); absolutamente; (*auf jeden Fall*) en todo caso; a todo trance; a toda costa; sin falta; ~ *nötig* absolutamente necesario; imprescindible; indispensable; *nicht* ~ no necesariamente; ~**einflußt** *adj.* no influido (por); insensible a; ⚖ imparcial; ~**einträchtigt I.** *adj.* sin perjuicio de sus intereses; no afectado en sus intereses; **II.** *adv.* sin ser molestado; ~'**fahrbar** *adj.* impracticable; intransitable; ⚓ innavegable; ~**fangen** *adj.* imparcial; sin prejuicios; despreocupado; (*arglos*) ingenuo; cándido; natural; ♀**fangenheit** *f* (0) imparcialidad *f*; despreocupación *f*; ingenuidad *f*; candidez *f*; naturalidad *f*; ~**festigt** *adj.* 🞩 sin fortificar; ~*e Straße* camino *m* de tierra; ~**fleckt** *adj.* sin mancha; *fig.* puro; sin mácula; *Liter.* impoluto; *Rel.* inmaculado; *Rel. die* ♀*e Empfängnis* la Inmaculada Concepción; ~**friedigend** *adj.* poco *bzw.* no satisfactorio; insuficiente; ~**friedigt** *adj.* poco *bzw.* no satisfecho; insatisfecho; descontento; (*enttäuscht*) desengañado; desilusionado; ~**fristet** *adj.* sin plazo señalado; ilimitado; ~**fugt** *adj.* no autorizado; ilícito; ♀*en ist der Eintritt verboten* prohibida la entrada a personas ajenas al servicio *bzw.* a la obra; ~**fugt**-'**weise** *adv.* sin autorización; sin permiso; ~**gabt** *adj.* poco inteligente; de poco *bzw.* sin talento; poco apto (*für* para); ♀**gabtheit** *f* (0) falta *f* de inteligencia *bzw.* de talento; ~**glichen** *adj. Rechnung*: no saldado; por liquidar; sin (*od.* por) pagar; ~'**greiflich** *adj.* inconcebible, incomprensible; (*unerklärlich*) inexplicable; misterioso; *das ist mir* ~ no me lo explico; ♀'**greiflichkeit** *f* incomprensibilidad *f*; ~**grenzt** *adj.* ilimitado, sin límites; ♀**grenztheit** *f* (0) inmensidad *f*; ~**gründet** *adj.* sin fundamento, infundado; gratuito; sin motivo, inmotivado; injustificado; ⚖ improcedente; ~**haart** *adj.* sin pelo; *Kopf*: calvo; ♀**hagen** *n* (-*s*; 0) malestar *m*; desazón *f*, ~**haglich** *adj.* desagradable, incómodo; molesto; *Zimmer*: poco confortable; ~*es Gefühl* (sensación *f* de) malestar *m*; *sich* ~ *fühlen* estar incómodo *bzw.* violento; ♀**haglichkeit** *f* falta *f* de comodidad; incomodidad *f*; ~**hauen** *adj.* tosco; bruto; sin labrar; ~**helligt** *adj.* sin ser molestado; ~ *lassen* dejar tranquilo (*od.* en paz); no molestar; ~**herrscht** *adj.* que no sabe dominarse; ♀**herrschtheit** *f* falta *f* de dominio de sí mismo; ~**hindert** *adj.* sin trabas; libre; ~**holfen** *adj.* torpe; desmañado; poco hábil; ♀**holfenheit** *f* (0) torpeza *f*; ~'**irrbar** *adj.* imperturbable; firme en su propósito; ~'**irrt I.** *adj.* impertérrito; firme; **II.** *adv.* sin turbarse, sin desconcertarse; sin intimidarse; ~**kannt** *adj.* desconocido; (*ruhmlos*) oscuro; (*fremd*) extraño; (*unerforscht*) ignoto, incógnito; ♅ ~*e Größe* incógnita *f*; *ich bin hier* ~ soy forastero (aquí); *er ist mir* ~ no le conozco; *das ist mir* ~ lo ignoro; *es wird Ihnen nicht* ~ *sein, daß* ... no ignorará usted que ...; ~ *verzogen* marchó sin dejar señas; ♀**kannte** *u. fig.* incógnita *f*; ♀**kannte(r** *m*) *m/f* desconocido (-a *f*) *m*; ~**kannter**-'**weise** *adv.* sin ser conocido; *grüßen Sie Ihren Bruder* ~ salude usted a su hermano aunque no tengo el gusto de conocerle; ~**kleidet** *adv.* sin vestir; desnudo; ~**kümmert** *adj.* descuidado; despreocupado; (*gleichgültig*) indiferente; *seien Sie* ~ no se preocupe usted; pierda usted cui-

dado; ℒ'**kümmertheit** *f (0)* descuido *m*; despreocupación *f*; indiferencia *f*; ⌐**laden** *adj.* no cargado; sin carga; ⌐**lastet** *adj.* sin gravamen; *Grundstück*: sin cargas hipotecarias; *fig*. *Person*: libre de cuidados *(od.* de toda preocupación); ⌐**laubt** ♥ *adj.* sin hojas; ⌐**lebt** *adj.* inanimado; sin vida; *Straße*: poco frecuentado; *Börse*: desanimado; ⌐**leckt** *fig. adj.*: *von der Kultur* ⌐ sin vestigio de cultura; sin civilizar; ⌐'**lehrbar** *adj.* incorregible; ⌐**lichtet** *Phot. adj.* sin impresionar; ⌐**liebt** *adj.* que goza de pocas simpatías; impopular; mal visto; ℒ**liebtheit** *f (0)* falta *f* de simpatías; impopularidad *f*; ⌐**lohnt** *adj.* sin recompensa; ⌐**mannt** ⚓, *Raumschiff*: sin tripulación, no tripulado; ⌐'**merkbar** *adj.* imperceptible; ⌐**merkt** *adj.* inadvertido; sin ser visto; ⌐ *bleiben* pasar inadvertido *(od.* desapercibido); ⌐**mittelt** *adj.* sin recursos; indigente; ⌐**nannt** *adj.* sin nombre; innominado; anónimo; ⚗ abstracto; ⌐'**nommen** *adv.*: *es bleibt Ihnen* ⌐, *zu ... (inf.)* es usted muy dueño de ... *(inf.)*; ⌐'**nutzbar** *adj.* inutilizable; ⌐**nutzt** *adj.* no utilizado, sin utilizar; nuevo; ⌐**obachtet** *adj.* inobservado; inadvertido; ⌐**quem** *adj.* incómodo; *(lästig)* molesto; desagradable; ℒ**quemlichkeit** *f* incomodidad *f*, molestia *f*; ⌐'**rechenbar** *adj.* incalculable; imprevisible; *Person*: desconcertante; veleidoso; caprichoso; ⌐*e Umstände* imponderables *m/pl.*; ⌐**rechtigt** *adj.* no autorizado; sin autorización; *Forderung*: injustificado; *(unbegründet)* infundado; inmotivado; *(ungerecht)* injusto; ⌐**rechtigter'weise** *adv.* sin autorización; sin justificación; sin fundamento; ⌐**rücksichtigt** *adj.*: ⌐ *lassen* desatender; no tomar en consideración; no tener en cuenta; ⌐'**rufen I.** *adj.* sin autorización; *(nicht zuständig)* incompetente; **II.** *int.*: ⌐! ¡en buena hora lo diga(s)!; ⌐'**rührbar** *adj.* intangible; intocable; *die* ℒ**en** *(Parias)* los intocables; ℒ'**rührbarkeit** *f (0)* intangibilidad *f*; ⌐**rührt** *adj.* intacto; íntegro; *(jungfräulich)* virgen *(a. fig.)*; *von e-m Gesetz usw.* ⌐ *bleiben* no ser afectado por; ⌐ *lassen* no tocar; *fig. a.* pasar por alto; *j-n*: no afectar; ⌐'**schadet** *prp. (gen.)* sin perjuicio de; sin menoscabo *(od.* detrimento) de; ⌐**schädigt** *adj.* indemne; intacto; sin sufrir daño(s) *(od.* desperfectos);✝ en buenas condiciones; no averiado; ⌐**schäftigt** *adj.* desocupado; sin ocupación; ⌐**scheiden** *adj.* inmodesto; *(frech)* impertinente; *(anspruchsvoll)* exigente; ℒ**scheidenheit** *f (0)* inmodestia *f*; impertinencia *f*; exigencia *f*; ⌐**scholten** *adj.* de buena reputación; íntegro; irreprochable; sin tacha; ⌐ *sin antecedentes penales*; ℒ**scholtenheit** *f (0)* buena reputación *f*; integridad *f*; ⌐**schrankt** *adj.*: ⌐*er Bahnübergang* paso *m* a nivel sin barrera; ⌐**schränkt** *adj.* ilimitado, sin límite(s); sin restricción; *Gewalt usw.*: absoluto; ⌐'**schreiblich** *adj.* indescriptible; indecible; ⌐**schrieben** *adj.* en blanco; ⌐ *lassen* dejar en blanco; *fig. er ist ein* ⌐*es Blatt* es bisoño; *er ist kein* ⌐*es Blatt* ha visto muchas cosas; ⌐**schwert** *fig. adj.* despreocupado; libre (de toda preocupación); *Gewissen*: limpio, puro; ℒ**schwertheit** *f* despreocupación *f*; ⌐**seelt** *adj.* inanimado; sin alma; ⌐'**sehen** *adv.* sin haberlo visto; sin reparo; ⌐**setzt** *adj. Platz*: sin ocupar, desocupado, vacío; *Stelle*: vacante; ⌐'**siegbar** *adj.* invencible, imbatible; ℒ'**siegbarkeit** *f (0)* invencibilidad *f*; ⌐'**siegt** *adj.* invicto, imbatido; ⌐'**soldet** *adj.* no retribuido; sin sueldo; ⌐**sonnen** *adj.* irreflexivo; atolondrado; imprudente; ℒ**sonnenheit** *f* irreflexión *f*; imprudencia *f*; ⌐**sorgt** *adj.* despreocupado, tranquilo; *seien Sie* ⌐*!* ¡descuide!; ¡no se preocupe!; ¡pierda usted cuidado!; ⌐**spielt** *adj. Tonband, Kassette*: virgen, sin grabar; ⌐**ständig** *adj.* inconstante; inestable; *(veränderlich)* variable, *Wetter*: *a.* inseguro; *Person*: versátil; veleidoso; *Phys.* inconsistente; ℒ**ständigkeit** *f (0)* inconstancia *f*, inestabilidad *f*; variabilidad *f*; versatilidad *f*; inconsistencia *f*; ⌐'**stätigt** *adj.* no confirmado; ⌐'**stechlich** *adj.* incorruptible; insobornable; ℒ'**stechlichkeit** *f (0)* incorruptibilidad *f*; integridad *f*; ⌐**steigbar** *adj.* inaccesible; ⌐**stellt** ✓ *adj.* inculto; baldío; ⌐**steuert** *adj.* no gravado con impuestos; ⌐'**stimmbar** *adj.* indeterminable; indefinible; vago; ⌐'**stimmt** *adj.* indeterminado *(a. Gr. u.* ⚗); indefinido *(a. Gr.)*; *(unentschieden)* indeciso; *(unklar)* vago; indistinto; *(unsicher)* incierto; inseguro; *(ungenau)* impreciso; *auf* ⌐*e Zeit* por tiempo indefinido; ℒ**stimmtheit** *f (0)* indeterminación *f*, indecisión *f*; vaguedad *f*; inseguridad *f*; imprecisión *f*; ⌐**straft** *adj.* impune; ⌐'**streitbar** *adj.* incontestable; indiscutible, incuestionable; ⌐'**stritten I.** *adj.* indiscutido; incontestado; **II.** *adv.* indiscutiblemente; sin duda (alguna); ⌐'**teiligt** *adj.* ajeno *(an* a); *(uninteressiert)* desinteresado *(bei* en); *(gleichgültig)* indiferente *(an et.* ⌐ *sein* no tener participación en a/c.; ⌐**tont** *adj.* no acentuado; átono; ⌐'**trächtlich** *adj.* de poca importancia *(od.* monta); insignificante; *nicht* ⌐ considerable. **un'beugsam** *adj.* inflexible; intransigente; inexorable; *Wille*: inquebrantable; ℒ**keit** *f (0)* inflexibilidad *f*; inexorabilidad *f*; intransigencia *f*. '**unbe|wacht** *adj.* no vigilado; sin guarda; *in e-m* ⌐*en Augenblick* en un momento de descuido; ⌐**waffnet** *adj.* sin armas, no armado, desarmado; inerme; ⌐**waldet** *adj.* sin bosques; ⌐**wältigt** *adj.* no superado *(a. fig.)*; ⌐**wandert** *adj.* poco versado *(in dat.* en); poco ducho (en); lego (en); ⌐**weglich** *adj.* inmóvil; inmovible; *a. Kirchenfest*: fijo; *fig.* impasible; inflexible; rígido; ₰₰ ⌐*e Güter* bienes *m/pl.* inmuebles; ℒ**weglichkeit** *f (0)* inmovilidad *f*; *fig.* impasibilidad *f*; inflexibilidad *f*; rigidez *f*; ⌐**wegt** *fig. adj.* impasible; inmutable; ⌐**weibt** *adj.* soltero; célibe; ⌐'**weisbar** *adj.* indemostrable; ⌐**wiesen** *adj.* no probado; no demostrado; ⌐**wirtschaftet** ✝ *adj.* no racionado; de venta libre; ⌐'**wohnbar** *adj.* inhabitable; ⌐**wohnt** *adj.* inhabitado; *Gebäude*: deshabitado; desocupado; *Land*: despoblado; desierto; ⌐**wölkt** *adj.* sin nubes; despejado, sereno; ⌐**wußt I.** *adj.* inconsciente; *(unwillkürlich)* involuntario; *(instinktiv)* instintivo; *mir* ⌐ sin saberlo yo; sin darme cuenta; **II.** *adv.* inconscientemente; sin darse cuenta; ℒ**wußte** *Psych. n*: *das* ⌐ lo inconsciente; ⌐'**zahlbar** *adj.* impagable; *fig.* inapreciable; ⌐ *sein* no tener precio *(a. fig.)*; ⌐**zahlt** *adj.* no pagado, impagado; sin *(od.* por) pagar; ⌐'**zähmbar** *adj.* indomable; *fig.* irresistible; ⌐'**zwingbar,** ⌐'**zwinglich** *adj.* invencible; *Festung*: inexpugnable; *Berg*: inaccesible; ⌐**zwungen** *adj.* invicto, inexpugnado; indomado.

'**unbiegsam** *adj.* inflexible; rígido.

'**Unbild|en** *pl.*: *die* ⌐ *der Witterung* las inclemencias atmosféricas *(od.* del tiempo); la intemperie; ⌐**ung** *f* incultura *f*.

'**Unbill** *f (0)* injusticia *f*, iniquidad *f*; *(Schimpf)* injuria *f*; insulto *m*; ℒ**ig** *adj.* poco equitativo; injusto, inicuo; ⌐**igkeit** *f* injusticia *f*, iniquidad *f*.

'**unblutig I.** *adj.* incruento; **II.** *adv.* sin verter sangre; sin derramamiento de sangre.

'**unbotmäßig** *adj.* insubordinado; ℒ**keit** *f* insubordinación *f*.

'**unbrauchbar** *adj.* inservible, inutilizable; no aprovechable; *Person*: inútil; inepto, incapaz; *Plan usw.*: impracticable; ⌐ *machen* inutilizar; ℒ**keit** *f (0)* inutilidad *f*, ineptitud *f*, incapacidad *f*; ℒ**machung** *f (0)* inutilización *f*.

'**unbußfertig** *adj.* impenitente; ℒ**keit** *f (0)* impenitencia *f*.

'**unchristlich** *adj.* poco cristiano; indigno de un cristiano.

und *cj.* y; *(vor i und nicht diphthongiertem hi...)* e; *Spanien* ⌐ *England* España e Inglaterra; *Kupfer und Eisen* cobre y hierro; *Vater* ⌐ *Sohn* padre e hijo; *kein Brot* ⌐ *kein Geld haben* no tener pan ni dinero; ⌐*?* ¿y qué (más)?; ⌐ *dann?* ¿y después?; F *na* ⌐*?* (bueno), ¿y qué?

'**Undank** *m (-¢s; 0)* ingratitud *f*; desagradecimiento *m*; mit ⌐ *lohnen* desagradecer; ⌐ *ist der Welt Lohn* de ingratos está el mundo lleno; F si te he visto, no me acuerdo; ℒ**bar** *adj.* desagradecido; *a. fig. Arbeit usw.*: ingrato *(gegen* con, *para* con); ⌐**bare**(**r** *m*) *m/f* desagradecido *(-a f) m*, ingrato *(-a f) m*; ⌐**barkeit** *f (0)* ingratitud *f*; desagradecimiento *m*.

'**un|datiert** *adj.* sin fecha; ⌐**definierbar** *adj.* indefinible; ⌐**deklinierbar** *Gr. adj.* indeclinable; ⌐'**denkbar** *adj.* impensable, inimaginable; *(unbegreiflich)* incomprensible; inconcebible; ⌐'**denklich** *adj.*: *seit* ⌐*en Zeiten* desde tiempos inmemoriales; ⌐'**deutlich** *adj.* indistinto; vago; confuso; *(unbestimmt)* indefinido; impreciso; *(schwer zu verstehen)* ininteligible; *Bild*: borroso; *Laut*: inarticulado; *Schrift*: ilegible; ⌐ *sprechen* farfullar; ℒ**deutlichkeit** *f (0)* poca claridad *f*; vaguedad *f*; confusión *f*, imprecisión *f*; ⌐'**dicht** *adj.* permeable; no hermético; *Fuge*: junta mal; que no cierra; *Ventil*: mal ajustado; *(porös)* poroso; ⌐ *sein* tener

un escape; *Gefäß*: salirse; perder (agua, *etc*.); ~*e Stelle* escape *m*, fuga *f*; *im Dach*: gotera *f*; ²'**dine** *Myt. f* ondina *f*; ²**ding** *n* absurdo *m*; ~**diplomatisch** *fig. adj.* poco diplomático; ~**disziplinicrt** *adj.* indisciplinado; ²**disziplinertheit** *f (0)* falta *f* de disciplina, indisciplina *f*; ~**duldsam** *adj.* intolerante; ²**duldsamkeit** *f (0)* intolerancia *f*.
undurch|'dringlich *adj.* impenetrable (*a. fig.*); impermeable; ²'**dringlichkeit** *f (0)* impenetrabilidad *f*; impermeabilidad *f*; ~'**führbar** *adj.* irrealizable, impracticable; inejecutable; '~**lässig** *adj.* impermeable (für a); estanco; hermético; '²**lässigkeit** *f (0)* impermeabilidad *f*; ~'**schaubar** *adj.* inextricable; impenetrable; '~**sichtig** *adj.* opaco; *fig.* turbio; impenetrable; *Lage*: confuso; *Verhalten*: ambiguo; '²**sichtigkeit** *f (0)* opacidad *f*; *fig.* falta *f* de claridad; ambigüedad *f*.
'**un-eben** *adj.* desigual; *Weg*: áspero; *Gelände*: accidentado, escabroso; F *fig. nicht* ~ nada mal; ²**heit** *f* desigualdad *f*; aspereza *f*; escabrosidad *f*; ~*en pl. des Geländes* accidentes *m/pl.* del terreno.
'**un|echt** *adj.* falso; *Schmuck*: a. de imitación; (*gefälscht*) falsificado; (*nachgemacht*) imitado; *Haar, Zähne*: postizo; A *Bruch*: impropio; ²**echtheit** *f (0)* falsedad *f*; ~**edel** *adj.* innoble; indigno; *Metall*: común; ~**ehelich** *adj.* ilegítimo; natural; ²**ehelichkeit** *f (0)* ilegitimidad *f*.
'**Un-ehr|e** *f* deshonor *m*; deshonra *f*; ²**enhaft** *adj.* deshonroso; indigno; ²**erbietig** *adj.* irrespetuoso, irreverente; ~**erbietigkeit** *(0) f* falta *f* de respeto, irreverencia *f*; desacato *m*; ²**lich** *adj.* insincero; falso; (*treulos*) desleal; ~**lichkeit** *f* insinceridad *f*, falta *f* de sinceridad; falsedad *f*; deslealtad *f*.
'**un-eigennützig** *adj.* desinteresado, abnegado; altruista; ²**keit** *f (0)* desinterés *m*, abnegación *f*; altruismo *m*.
un-ein|'bringlich † *adj.* incobrable; '~**gedenk** *prp.* sin acordarse (*gen.* de); sin pensar (en); '~**geladen** *adv.* sin ser invitado *bzw.* llamado; '~**gelöst** † *adj.* sin cobro; no re(e)mbolsado; sin pagar; '~**geschränkt** *adj.* ilimitado; absoluto; '~**gestanden** *adj.* no confesado; '~**geweiht** *adj.* no iniciado; profano; '~**heitlich** *adj.* no uniforme; irregular; '~**ig** *adj.* desunido; desavenido (*mit con*); *mit j-m über et.* ~ *sein* estar en desacuerdo con alg. sobre a/c.; (*sich*) ~ *sein* estar desavenidos; *mit sich selbst* ~ *sein* estar indeciso; ~ *werden* desavenirse; '²**igkeit** *f* desacuerdo *m*; desunión *f*; disensión *f*; desavenencia *f*; (*Zwietracht*) discordia *f*; ~'**nehmbar** *adj.* inconquistable; *Festung*: inexpugnable; '~**s** *adv.* → uneinig.
'**un|elastisch** *adj.* inelástico; ~**elegant** *adj.* poco elegante; ~**empfänglich** *adj.* insensible (für a); poco susceptible (de); ♂ no predispuesto a; ~**empfänglichkeit** *f (0)* insensibilidad *f*; ~**empfindlich** *adj.* insensible (*gegen* a); impasible, apático; (*gleichgültig*) indiferente (*gegen* hacia; a); ♂ anestesiado; ~ *machen* insensibilizar, anestesiar; ²**emp-findlichkeit** *f (0)* insensibilidad *f*; impasibilidad *f*; apatía *f*; indiferencia *f*.
un|'endlich I. *adj.* infinito (*a.* A, *Opt., Phot.*); *fig. a.* inmenso; *Phot. auf „~" einstellen* ajustar al infinito; **II.** *adv.* infinitamente; *fig. a.* inmensamente; ~ *viel* una infinidad de, un sinfín de; ~ *klein* infinitamente pequeño, infinitesimal; ²**e**(**s**) *n* infinito *m* (*a.* A); ²**keit** *f (0)* infinidad *f*; *Phil.* lo infinito; *fig.* inmensidad *f*.
un-ent|'behrlich *adj.* indispensable; imprescindible; ²'**behrlichkeit** *f (0)* necesidad *f* absoluta; indispensabilidad *f*; ~'**geltlich I.** *adj.* gratuito; **II.** *adv.* gratis, gratuitamente, a título gratuito; ²'**geltlichkeit** *f (0)* gratuidad *f*; '~**haltsam** *adj.* incontinente; '²**haltsamkeit** *f (0)* incontinencia *f*; ~'**rinnbar** *adj.* inevitable; ²'**rinnbarkeit** *f (0)* carácter *m* inevitable; '~**schieden** *adj.* indeciso (*a. Person*); (*zweifelhaft*) dudoso; incierto; inseguro; (*noch schwebend*) pendiente; en suspenso; *Sport*: empatado; ~ *spielen* empatar; ~ *stehen* (*enden*) estar (quedar) empatados; '²**schieden** *n Sport*: empate *m*; '²**schiedenheit** *f (0)* indecisión *f*; '~**schlossen** *adj.* irresoluto; indeciso; '²**schlossenheit** *f (0)* irresolución *f*; indecisión *f*; ~'**schuldbar** *adj.* inexcusable; indisculpable; imperdonable; '~**schuldigt** *adj.* sin excusarse; ~'**wegt I.** *adj.* firme; imperturbable, (*unermüdlich*) incansable; **II.** *adv.* sin parar; '~**wickelt** *adj.* poco desarrollado; ~'**wirrbar** *adj.* inextricable; ~'**zifferbar** *adj.* indescifrable; ~'**zündbar** *adj* inninfamable.
un-er|'bittlich *adj.* inexorable; implacable; inflexible; (*erbarmungslos*) sin compasión; sin piedad; ²'**bittlichkeit** *f (0)* inexorabilidad *f*; inflexibilidad *f*; falta *f* de compasión; '~**fahren** *adj.* inexperto, sin experiencia; F novato, novicio bisoño; '²**fahrenheit** *f (0)* inexperiencia *f*, falta *f* de experiencia; impericia *f*; ~'**findlich** *adj.* incomprensible, inconcebible; (*unerklärlich*) inexplicable; *es ist mir* ~, *wieso* ... no me explico cómo ...; ~'**forschlich** *adj.* inexplorable; *fig.* impenetrable; inescrutable; insondable; ²'**forschlichkeit** *fig. f (0)* impenetrabilidad *f*; '~**forscht** *adj.* inexplorado; '~**freulich** *adj.* desagradable; poco satisfactorio; poco agradable; ~'**füllbar** *adj.* irrealizable; imposible de cumplir; '~**füllt** *adj.* no realizado; no cumplido; '~**giebig** *adj.* improductivo, poco lucrativo; '²**giebigkeit** *f (0)* improductividad *f*; ~'**gründlich** *adj.* insondable; *fig. a.* impenetrable, inexcrutable; misterioso; '~**heblich** *adj.* insignificante; de poca monta; irrelevante; '²**heblichkeit** *f* insignificancia *f*; '¹**hört¹** *adj.* inaudito; *Bitte*: desatendido; '¹**hört²** *adj.* (*fabelhaft*) fabuloso; increíble; (*empörend*) indignante, escandaloso; *das ist* ~!; ¡habráse visto!; ¡esto es indignante!; '~**kannt I.** *adj.* desconocido; **II.** *adv.* sin ser reconocido; de incógnito; ~'**kennbar** *adj.* difícil de reconocer; ~'**klärbar**, ~'**klärlich** *adj.* inexplicable; (*rätselhaft*) misterioso; ~'**läßlich** *adj.* indispensable; imprescindible; '~**laubt** *adj.* ilícito; prohibido; '~**ledigt** *adj.* sin despachar; (*noch schwebend*) pendiente, en suspenso; ~'**meßlich** *adj.* inmenso; infinito; inconmensurable; enorme; ²'**meßlichkeit** *f (0)* inmensidad *f*; infinidad *f*; inconmensurabilidad *f*; enormidad *f*; ~'**müdlich** *adj.* incansable, infatigable; ²'**müdlichkeit** *f (0)* esfuerzo *m* infatigable; laboriosidad *f* incansable; '~**örtert** *adj.*: ~ *bleiben* no ser discutido; quedar sobre el tapete; ~ *lassen* no discutir; '~**probt** *adj.* no probado; no sometido a prueba; ~'**quicklich** *adj.* desagradable; poco edificante; (*lästig*) fastidioso; molesto; ~'**reichbar** *adj.* inaccesible; inalcanzable; *fig.* inasequible; ²'**reichbarkeit** *f (0)* inaccesibilidad *f*; ~'**reicht** *fig. adj.* inigualado, sin igual, sin par; ~'**sättlich** *adj.* insaciable (*a. fig.*); ²'**sättlichkeit** *f (0)* insaciabilidad *f*; ~'**schlossen** *adj.* inexplorado; inexplotado; ~'**schöpflich** *adj.* inagotable; '~**schrocken** *adj.* intrépido; denodado; impávido; '²**schrockenheit** *f (0)* intrepidez *f*; denuedo *m*; impavidez *f*; ~'**schütterlich** *adj.* impávido; imperturbable; *Wille*: inquebrantable; firme; ²'**schütterlichkeit** *f (0)* imperturbabilidad *f*; firmeza *f* inquebrantable; ~'**schwinglich** *adj. Preis*: exorbitante; prohibitivo; ~ *sein* F estar por las nubes; *das ist* ~ *für mich* no está al alcance de mis medios; ~'**setzbar**, '**setzlich** *adj.* insustituible; irremplazable; *Verlust, Schaden*: irreparable; ~'**sprießlich** *adj.* poco provechoso, de poco provecho; infructuoso; (*unangenehm*) desagradable; ~'**träglich** *adj.* insoportable, inaguantable (*a. Person*); insufrible; intolerable; '~**wähnt** *adj.* no mencionado; *et.* ~ *lassen* no mencionar a/c.; pasar por alto a/c.; '~**wartet I.** *adj.* inesperado; imprevisto; inopinado, impensado, **II.** *adv.* de improviso; de repente; cuando menos se esperaba; ~ *eintreten Ereignis*: sobrevenir; *das kommt mir* ~ no lo esperaba; esto me coge de sorpresa; '~**widert** *adj. Besuch*: no devuelto; *Brief*: no contestado; *Liebe*: no correspondido; '~**wünscht** *adj.* no deseado; indeseable (*a. Pol. Person*); mal visto; ~'**zogen** *adj.* mal educado; malcriado.
'**unfähig** *adj.* incapaz (*zu* de); (*untauglich*) inapto, no apto, inepto (*zu* para); ²**keit** *f (0)* incapacidad *f*; inaptitud *f*; ineptitud *f*.
'**unfair** [-fɛːR] *adj.* desleal; injusto; *Sport*: sucio.
'**Unfall** *m* accidente *m*; e-n ~ *haben* sufrir un accidente; ~**anzeige** *f* aviso *m* (*od.* denuncia *f*) de accidente; ~**chirurg** *m* traumatólogo *m*; ~**chirurgie** *f* traumatología *f*; ~**flucht** *f* huida *f* en caso de accidente; ~**hilfe** *f* auxilio *m* en caso de accidente; socorrismo *m*; ~**klinik** *f*, ~**krankenhaus** *n* clínica *f* de urgencia; ~**medizin** *f* traumatología *f*; ~**rente** *f* pensión *f* por accidente; ~**schutz** *m* protección *f* contra accidentes; ~**station** *f* puesto *m* de socorro; ~**stelle** *f* lugar *m* del accidente; ~**tod** *m* muerte *f* accidental; ~**verhütung** *f* prevención *f* de accidentes; ~**verletzte**(**r**) *m*

accidentado m; ~versicherung f seguro m de accidentes; ~wagen m 1. ambulancia f; 2. coche m siniestrado (od. accidentado).
un'faß|bar, ~lich adj. incomprensible; inconcebible.
un'fehlbar I. adj. infalible; (unausbleiblich) indefectible; II. adv. infaliblemente; con toda seguridad; (unweigerlich) irremisiblemente; sin falta; ℑkeit f (0) infalibilidad f.
'un|fein adj. indelicado; poco delicado; grosero; ~fern prp. (gen.) no lejos de; a poca distancia de; ~fertig adj. inacabado; sin terminar; incompleto; fig. (unreif) inmaduro; demasiado joven; ℑflat m (-és; 0) suciedad f; porquería f (a. fig.); inmundicia f (a. fig.); obscenidad f; ~flätig adj. sucio; puerco; asqueroso; (zotig) obsceno, soez; ~folgsam adj. desobediente; indócil; ℑfolgsamkeit f (0) desobediencia f; indocilidad f; ~förmig adj. informe, deforme; (unproportioniert) desproporcionado; ℑförmigkeit f (0) informidad f; deformidad f; ~förmlich adj. informal; sin formalidades (od. ceremonias); ~frankiert adj. no franqueado; sin franquear; ~frei adj. que no es libre; (behindert) estorbado; ⚭ (a) porte debido; ℑfreie(r m) m/f esclavo (-a f) m, siervo (-a f) m; ~freiwillig I. adj. involuntario; forzado; forzoso; II. adv. involuntariamente; contra su voluntad; a pesar suyo; ~freundlich adj. poco amable (od. afable); inamistoso; (ungefällig) poco complaciente; (unhöflich) desatento, descortés; (grob) grosero; poco agradable; Wetter: desapacible, destemplado; inclemente; Zimmer: poco acogedor; ~es Gesicht F cara f de vinagre (od. de pocos amigos); ~ antworten contestar desabridamente; j-n ~ empfangen acoger mal a alg.; ℑfreundlichkeit f falta f de amabilidad bzw. de cortesía; desatención f; grosería f; des Wetters: destemplanza f; inclemencia f; ~freundschaftlich adj. poco amigable (od. amistoso); ℑfriede(n) m discordia f; disensión f; ~n stiften sembrar discordia (od. cizaña); ~frisiert adj. sin peinar; ~froh adj. descontento; desgraciado; triste; ~fruchtbar adj. estéril (a. fig.); infecundo; Boden: árido; ~machen esterilizar; ℑfruchtbarkeit f (0) esterilidad f; infecundidad f; aridez f; ℑfug m (-és; 0) (Streich) travesura f; (Unsinn) bobadas f/pl., tonterías f/pl.; ⚖ grober ~ desorden m público (od. grave); ~ treiben cometer abusos; hacer travesuras; ~fügsam adj. indócil; indisciplinado; ~fühlbar adj. impalpable; imperceptible; ~fundiert ✝ adj. no consolidado; flotante; ~galant adj. poco galante; descortés; ~gangbar adj. Weg: impracticable, intransitable.
'Ungar m (-n) húngaro m; ~in f húngara f; ℑisch adj. húngaro; ~n n Hungría f.
'ungastlich adj. inhospitalario; ℑkeit f (0) inhospitalidad f.
'unge|achtet I. adj. poco apreciado (od. respetado); II. prp. (gen.) a pesar de; no obstante; ~ahndet adj. impune; ~ahnt adj. inopinado, inesperado; (unvermutet) insospechado;

imprevisto; ~bärdig adj. rebelde; recalcitrante; ~beten adj. no invitado; sin ser invitado (od. llamado); ~er Gast intruso m; ~beugt fig. adj. indómito; que no se doblega; ~bildet adj. inculto, sin cultura, iletrado; (mit schlechten Manieren) mal educado; ineducado; ~boren adj. aún no nacido; por nacer; ~brannt adj. Backsteine: sin cocer; Kaffee: crudo; ~bräuchlich adj. desusado; poco usado; (ungewöhnlich) inusitado; ~braucht adj. no usado; nuevo; ~brochen fig. adj. inquebrantable; firme.
'Ungebühr f (0) improcedencia f; inconveniencia f; (Unanständigkeit) indecencia f; ℑlich adj. improcedente; inconveniente; irrespetuoso; indebido; injusto; abusivo; (ungehörig) indecente, indecoroso; ~lichkeit f → Ungebühr.
'ungebunden adj. Buch: en rústica; no encuadernado; fig. libre; independiente; in ~er Rede en prosa; ℑheit f (0) libertad f; independencia f.
'unge|dämpft adj. no amortiguado; ~deckt adj. (offen) descubierto; (ohne Deckel) destapado; ✝ (en) descubierto; Scheck: a. sin provisión; Tisch: sin poner; ~druckt adj. inédito; ℑduld f impaciencia f; ~duldig I. adj. impaciente; II. adv. impacientemente, con impaciencia; ~ machen impacientar; ~ werden impacientarse; perder la paciencia; ~eignet adj. impropio, poco apropiado, inadecuado (zu, für para); Person: inepto; incompetente; Zeit: inoportuno; ~fähr I. adj. aproximado; aproximativo; II. adv. aproximadamente; (poco) más o menos; alrededor de; ~ zehn Mark unos diez marcos; ~ um 8 Uhr hacia las ocho; er ist ~ 40 (Jahre alt) anda por los cuarenta; von ~ por casualidad; nicht von ~ por algo, no sin razón; ~fährdet adj. sin peligro; ~fährlich adj. sin peligro; no peligroso; (harmlos) inofensivo; ~fällig adj. poco complaciente; poco atento; Aussehen usw.: poco agradable; desagradable; ℑfälligkeit f (0) falta f de complacencia bzw. de atención, desatención f; ~färbt adj. sin teñir, no teñido; de color natural; ~fragt adv. sin ser preguntado; espontáneamente; ~frühstückt I adv. sin desayunar; ~füge adj. voluminoso, abultado; ~fügig adj. (unfolgsam) indócil; recalcitrante; ~füttert adj. Kleidungsstück: sin forrar; ~gerbt adj. sin curtir; ~goren adj. no fermentado; ~halten adj. disgustado, enfadado, indignado (über ac. con Pers. por); ~ werden enfadarse; enojarse; indignarse; ℑhaltenheit f (0) disgusto m; enfado m, enojo m; ~härtet ⊕ adj. sin templar; ~heißen adv. por su propia cuenta; ~heizt adj. no calentado; Zimmer: sin calefacción; ~hemmt I. adj. libre; (zügellos) desenfrenado; II. adv. sin trabas (od. cortapisas); libremente; ~heuchelt adj. sin hipocresía; (aufrichtig) sincero, franco.
'ungeheuer I. adj. monstruoso; (riesig) a. fig. enorme, colosal; inmenso; ingente; (wunderbar) prodigioso; ~

(toll) fabuloso; tremendo, formidable; II. adv. enormemente; sobremanera; III. 2 n monstruo m; ~lich adj. monstruoso; (empörend) indignante, escandaloso; (furchtbar) terrible, atroz; ℑlichkeit f monstruosidad f; atrocidad f; barbaridad f.
'unge|hindert I. adj. libre; II. adv. libremente; sin trabas; sin impedimento; ~hobelt adj. sin cepillar; en bruto; fig. grosero, basto; rústico; tosco; ~hörig adj. indebido; indecente; impropio, inconveniente; inoportuno; (frech) impertinente, insolente; ℑhörigkeit f inconveniencia f; impertinencia f, insolencia f; ~horsam adj. desobediente; insumiso; bsd. ⚔ insubordinado; ℑhorsam m desobediencia f; insubordinación f; ~hört adj. u. adv. sin ser oído; ~kämmt adj. sin peinar; (zerzaust) desgreñado; ⊕ Wolle: sin cardar; ~klärt adj. no aclarado, sin aclarar; (in der Schwebe) en suspenso; ~ sein estar pendiente (de solución); estar en tela de juicio; ~kocht adj. sin cocer; (roh) crudo; ~künstelt adj. sin afectación; sencillo; natural; ~kürzt adj. Ausgabe: completo; íntegro; ~laden adj. Gast: no invitado; ⚔, Waffe: no cargado; ~läufig adj. poco usual; poco familiar; inusitado; ~legen I. adj. (lästig) importuno, molesto; (unzeitig) inoportuno; intempestivo; II. adv. a destiempo, a deshora; zu ~er Stunde a mala hora; j-m ~ kommen molestar a alg.; no venir a propósito a alg.; ℑlegenheit f importunidad f; contrariedad f; molestia f; j-m ~en machen molestar (od. causar molestias) a alg.; importunar a alg.; ~lehrig adj. indócil; ~lenk(ig) adj. torpe, desmañado; ℑlenkigkeit f torpeza f; ~lernt adj. Arbeiter: no c(u)alificado; ~logen adv. de verdad; sin exagerar; ~löscht adj. no apagado, no extinguido; ~r Kalk cal f viva; ℑmach Liter. n (-és; 0) molestias f/pl.; males m/pl.; fatigas f/pl.; adversidades f/pl.; ~mein I. adj. poco (od. nada) común; enorme; extraordinario; II. adv. muy; extremadamente; altamente; sobremanera; ~ viel muchísimo(s); ~mischt adj. sin mezcla; puro; ~mütlich adj. (unangenehm) desagradable; (unbequem) incómodo; poco confortable; Person: poco simpático; poco tratable; antipático, F (gefährlich) peligroso; Wetter: desapacible; ℑmütlichkeit f (0) falta f de comodidad (od. de confort); ~nannt adj. innominado; anónimo; ~nau adj. inexacto; impreciso; ℑnauigkeit f inexactitud f; imprecisión f; ~niert [-ʒə-] adj. u. adv. desenfadado, desenvuelto; (formlos) sin cumplidos, sin ceremonias; ℑniertheit f (0) desenfado m, desenvoltura f; falta f de cumplidos; ~nießbar adj. Speisen: incomible; incomestible; Getränk: imbebible; fig. Person: insoportable; de mal genio; intratable; ℑnießbarkeit f (0) imposibilidad f de comer bzw. de beber; fig. carácter m desabrido bzw. insoportable; ~nügend adj. insuficiente; (nicht zufriedenstellend) poco satisfactorio; Prüfungsnote:

suspenso; ~nügsam *adj.* difícil de contentar; insaciable; *(anspruchsvoll)* exigente; ℈nügsamkeit *f (0)* insaciabilidad *f*; ~nutzt, ~nützt *adj.* no utilizado; no aprovechado; et. ~ *lassen* no sacar provecho de a/c.; *die Gelegenheit ~ lassen* desaprovechar *(od.* dejar pasar) la ocasión; ~ordnet *adj.* desordenado, en desorden, sin orden; ~pflastert *adj.* sin pavimento; sin empedrado; ~pflegt *adj.* descuidado; poco cuidado; *Person: a.* desaseado, *in der Kleidung:* desaliñado; ~rächt *adj.* impune, sin castigo; sin venganza; ~rade *adj. Zahl:* impar; ~raten *adj. Kind:* avieso; descastado; ~rechnet *adj.* sin contar; no incluido.

'**ungerecht** *adj.* injusto; inicuo; ~fertigt *adj.* injustificado; ℈igkeit *f* injusticia *f*; iniquidad *f.*

'**ungeregelt** *adj.* no arreglado; irregular; *Leben:* desordenado.

'**ungereimt** *adj.* no rimado; *fig.* absurdo; disparatado, desatinado; ~es *Zeug reden* desatinar; ℈heit *fig. f* absurdo *m*; disparate *m*, desatino *m*, despropósito *m.*

'**ungern** *adv.* de mala gana; de mal grado; a disgusto; F a regañadientes; *er sieht (od. hat) es ~* no lo ve con buenos ojos; lo ve con malos ojos; *ich tue es ~* no me gusta hacerlo.

'**unge|rufen** *adv.* sin ser llamado; ~rührt *fig. adj.* insensible; impasible; frío; ~rupft *fig. adj.*: ~ *davonkommen* salir bien librado; ~sagt *adj.*: ~ *lassen* silenciar, pasar en silencio; dejar en el tintero; ~salzen *adj.* sin sal, no salado; ~sattelt I. *adj.* sin silla; desensillado; II. *adv.*: ~ *reiten* montar en pelo; ~sättigt *adj.* no satisfecho; no saciado; ⌢ no saturado, insaturado; ~säuert *adj. Brot:* sin levadura; ázimo; ~säumt I. *adj. Stoff:* sin dobladillo; II. *adv. (sofort)* inmediatamente; ~schehen *adj.*: *als ~ betrachten* considerar como no hecho *(od.* sin efecto); ~ *machen* deshacer lo hecho; *das läßt sich nicht ~ machen* lo hecho, hecho está; F a lo hecho, pecho.

'**Ungeschick** *n (-¢s; 0)*, ~lichkeit *f* falta *f* de habilidad; torpeza *f*; ℈t I. *adj.* torpe, desmañado; poco hábil; II. *adv.* torpemente, con torpeza; con poca habilidad.

'**unge|schlacht** *adj.* enorme; tosco, grosero; zafio; ~schlagen *adj.* imbatido; ~schlechtlich *adj.* asexual, asexuado; ~schliffen *adj.* sin afilar, no afilado; *Edelstein:* sin tallar; en bruto; *fig.* descortés, mal educado; *(grob)* tosco, grosero, bruto; zafio; rústico; ℈schliffenheit *fig. f* falta *f* de educación; tosquedad *f*, grosería *f*; zafiedad *f*; rusticidad *f*; ~schmälert *adj.* entero, íntegro; ~schminkt *adj.* sin maquillaje; *fig.* sincero; *Wahrheit:* puro; crudo; *Bericht:* verídico; auténtico; ~schoren *adj. Schaf:* sin esquilar; *fig. ~ lassen* dejar en paz; no molestar; ~schrieben *adj.* no escrito; *fig. ~es Gesetz* convenio *m* tácito; ~schult *adj.* no instruido; no adiestrado; ~schützt *adj.* no protegido; indefenso, sin protección; *gegen Wind u. Wetter:* expuesto a la intemperie; ~schwächt *adj.* no debilitado; ~sehen *adj.* sin ser visto;

inadvertido; ~sellig *adj.* insociable; poco sociable; *(scheu)* huraño, apartadizo; ℈selligkeit *f (0)* insociabilidad *f*; ~setzlich *adj.* ilegal; *(unrechtmäßig)* ilegítimo; ℈setzlichkeit *f* ilegalidad *f*; ilegitimidad *f*; ~sichert † *adj.* no garantizado; ~sittet *adj.* inculto; indecente; mal educado; ℈sittetheit *f (0)* incivilidad *f*; indecencia *f*; falta *f* de educación; ~stalt *adj.* informe; deforme; ~stempelt *adj.* sin sello, no sellado; ~stillt *adj. Schmerz:* no calmado; *Hunger:* no satisfecho; *Durst:* sin apagar; ~stört *adj. u. adv.* tranquilo; sin ser molestado *(od.* estorbado); en paz; ~straft I. *adj.* impune; II. *adv.* impunemente; sin ser castigado; ~stüm I. *adj.* impetuoso; fogoso, vehemente; II. *adv.* con ímpetu, con vehemencia; ℈stüm *n (-¢s; 0)* ímpetu *m*, impetuosidad *f*; fogosidad *f*, vehemencia *f*; ~sund *adj.* malsano, perjudicial (para la salud); poco saludable; insalubre; *allzuviel ist ~* todos los excesos son malos; ~süßt *adj.* no azucarado; sin azúcar; ~tan *adj.*: ~ *lassen* dejar sin hacer; *nichts ~ lassen* hacer todo lo posible; ~teilt *adj.* no dividido, *bsd.* 🏛 indiviso; *(ganz)* entero *(a. Aufmerksamkeit)*; *fig. (einstimmig)* unánime; ~e *Arbeitszeit* horario *m* continuo *(od.* continuado); ~treu *adj.* infiel; desleal; pérfido; ~trübt *adj.* no turbado; *fig.* inalterable; sereno; *Glück:* puro; ℈tüm *n (-¢s; -e)* monstruo *m*; coloso *m*; *(Möbel usw.)* armatoste *m*; ~übt *adj.* no ejercitado; no adiestrado; que no tiene práctica; *(unerfahren)* inexperto, sin experiencia; ℈übtheit *f (0)* falta *f* de ejercicio *bzw.* de práctica, inexperiencia *f*; ~wandt *adj.* poco ágil; torpe, desmañado; ~waschen *adj.* no lavado, sin lavar.

'**ungewiß** *adj.* incierto; dudoso; *(unsicher)* poco seguro, inseguro; *(noch fraglich)* problemático; *j-n im ungewissen lassen* dejar a alg. en la incertidumbre; ℈heit *f* incertidumbre *f*; duda *f*; indecisión *f*; inseguridad *f.*

'**unge|wöhnlich** *adj.* desacostumbrado, inusitado, insólito; *(außergewöhnlich)* extraordinario; fuera de lo común; poco común; ~wohnt *adj.* desacostumbrado; *es ist mir ~* no estoy acostumbrado (a eso); ℈wohntheit *f (0)* falta *f* de costumbre; ~wollt *adj.* sin querer(lo); sin intención; ~zählt *adj.* innumerable; ~e *Dinge* un sinnúmero de cosas; ~zähmt *adj.* indomado; indómito; *Vieh:* cerril; *fig.* desenfrenado.

'**Ungeziefer** *n (-s; 0)* bichos *m/pl.*; sabandijas *f/pl.*; ~bekämpfung *f* desinsectación *f.*

'**unge|ziemend** *adj.* poco indicado; inconveniente, poco conveniente; poco correcto; ~ziert *adj.* sin afectación; natural; ~zogen *adj.* ineducado; mal educado; *Kind:* malo; travieso; *(frech)* impertinente; insolente; grosero; ℈zogenheit *f* ineducación *f*; grosería *f*; impertinencia *f*; insolencia *f*; ~zügelt *fig. adj.* desenfrenado; ~zwungen *fig. adj.* natural, espontáneo; sin afectación; *(zwanglos)* desenvuelto, desenfadado; informal; sin cumplidos; ℈zwungenheit *f (0)* espontaneidad *f*; naturali-

dad *f*; desenvoltura *f*, desenfado *m*; informalidad *f.*

'**ungiftig** *adj.* no venenoso, no tóxico.

'**Unglaub|e** *m* incredulidad *f*; *Rel. a.* falta *f* de fe; ℈haft *adj.* → ℈würdig.

'**ungläubig** *adj.* incrédulo, descreído; *Rel.* no creyente; infiel; ℈e(**r** *m*) *m/f* incrédulo (-a *f*) *m*; infiel *m/f*; ℈keit *f* incredulidad *f.*

un'glaublich *adj.* increíble; inaudito *(beide a. fig.)*; *(das ist)* ~! ¡es increíble!, ¡parece mentira!, ¡qué barbaridad!

'**unglaubwürdig** *adj.* inverosímil; increíble; *Person:* de poco crédito; no digno de crédito.

'**ungleich I.** *adj.* desigual; diferente; desemejante; dispar; *(unproportioniert)* desproporcionado; *(unregelmäßig)* irregular; variable; **II.** *adv. vor Komparativ:* infinitamente; incomparablemente; ~ *besser* muy superior *(als* a); mucho mejor; ~artig *adj.* diferente; heterogéneo; ℈artigkeit *f* heterogeneidad *f*; ~förmig *adj.* desigual; irregular; asimétrico; ℈förmigkeit *f* desigualdad *f*; irregularidad *f*; asimetría *f*; ℈gewicht *n* desequilibrio *m*; ℈heit *f* desigualdad *f*; disparidad *f*; diferencia *f*; *(Unähnlichkeit)* desemejanza *f*; *(Unregelmäßigkeit)* irregularidad *f*; ~mäßig *adj.* desigual, irregular; desproporcionado; ℈mäßigkeit *f* desigualdad *f*; irregularidad *f*; desproporción *f*; ~seitig ⚥ *adj.* de lados desiguales; *Dreieck:* escaleno; ℈ung ⚥ *f* inecuación *f.*

'**Unglimpf** *m (-¢s; 0) (Ungerechtigkeit)* injusticia *f*; iniquidad *f*; *(Beleidigung)* injuria *f*; insulto *m*; *(Schmach)* oprobio *m*; vilipendio *m*; ℈lich *adj.* injurioso; insultante; oprobioso; vilipendioso; irrespetuoso.

'**Unglück** *n (-¢s; -e)* desgracia *f*; *(Unfall)* accidente *m*; *(Mißgeschick)* infortunio *m*; desventura *f*; desdicha *f*; adversidad *f*; *(Pech)* mala suerte *f*, F mala pata *f*; *schweres:* calamidad *f*; desastre *m*; siniestro *m*; ~ *bringen* traer mala suerte; ser de mal agüero; *j-n ins ~ bringen* hacer desgraciado a alg.; *j-n ins ~ stürzen* causar la ruina de alg.; arruinar *(od.* perder) a alg.; *zum ~* por desgracia; *zu m-m ~* para mi desgracia; *zu allem ~* para colmo de desgracias; *ein ~ kommt selten allein* una desgracia nunca viene sola; bien vengas mal, si vienes solo; ℈lich *adj.* desgraciado; infeliz, desdichado, desventurado; desafortunado; *(verhängnisvoll)* fatal, funesto; aciago; ~e *Liebe* amor *m* desgraciado *bzw.* no correspondido; ~ *enden* acabar mal; salir mal, fracasar; malograrse; ~er *Mensch* desgraciado *m*; infeliz *m*; ℈licher'weise *adv.* desgraciadamente, por desgracia, desafortunadamente; ~sbote *m* portador *m* de malas nuevas; ~sbringer *m* ave *f* de mal agüero; F gafe *m*, cenizo *m*; ℈selig *adj.* desgraciado; *Sache:* fatal, funesto; desastroso; ~sfall *m* accidente *m*; siniestro *m*; ~sgefährte *m* compañero *m* de infortunio; ~s-mensch F *m* calamidad *f*; → ~srabe F *m* infeliz *m*, desgraciado *m*; ~sstern *m* mala estrella *f*; ~s-tag *m*

día *m* aciago; ~**svogel** *m* ave *f* agorera (*od.* de mal agüero); ~**swurm** F *m* → ~*srabe*.
'**Ungnade** *f (0)* desgracia *f*; malevolencia *f*; *in* ~ *fallen* caer en desgracia; *sich j-s* ~ *zuziehen* perder el favor de alg.
'**ungnädig** *adj*. poco amable (*od.* simpático *od.* complaciente); (*übellaunig*) malhumorado, de mal humor; *et.* ~ *aufnehmen* tomar a mal a/c.; acoger mal a/c.
'**ungraziös** *adj.* desgarbado.
'**ungültig** *adj.* no válido, sin validez; ℒ *a.* inválido; *Geld*: sin curso legal; *Paß usw.*: caducado; *Stimme, Sport*: nulo; *für* ~ *erklären* declarar nulo; anular; invalidar; ~ *machen* anular; cancelar; invalidar; ~ *werden* caducar; ℒ**keit** *f (0)* invalidez *f*; nulidad *f*; caducidad *f*; ℒ**keits-erklärung** *f* declaración *f* de nulidad; invalidación *f*; ℒ**machung** *f* anulación *f*; invalidación *f*.
'**Ungunst** *f (0)* disfavor *m*; desgracia *f*; *der Witterung*: inclemencia *f*; *zu j-s* ~*en* en perjuicio de alg.; *zu j-s* ~*en ausfallen* redundar en perjuicio de alg.
'**ungünstig** *adj.* desfavorable (*a. Wetter*); (*nachteilig*) desventajoso; *Geschick*: adverso; *Aussicht*: poco prometedor; *Gelegenheit, Augenblick*: malo.
'**ungut** *adj.*: ~*es Gefühl* mal presentimiento *m*; *nichts für* ~*!* no lo tomes (*bzw.* no lo tome usted) a mal.
'**unhaltbar** *adj.* insostenible (*a. fig.*); ✗ indefendible, imposible de defender; *Versprechen*: imposible de cumplir; *Fußball*: imparable; ℒ**keit** *f (0)* insostenibilidad *f*.
'**unhandlich** *adj.* inmanejable; poco manejable.
'**unharmonisch** *adj.* falto de armonía, inarmónico; *bsd. fig.* discordante; ~*e Ehe* matrimonio *m* mal avenido.
'**Unheil** *n (-és; 0)* mal *m*; desgracia *f*; calamidad *f*; desastre *m*; ~ *anrichten* (*od. stiften*) causar una desgracia; causar graves daños (*od.* mucho daño); ℒ**bar** *adj.* incurable; *fig.* irremediable; irreparable; ~**barkeit** *f (0)* incurabilidad *f*; ℒ**bringend** *adj.* funesto; fatal; *Tag*: aciago; infausto; ℒ**schwanger** *adj.* preñado de desdichas; ~**stifter(in** *f) m* causante *m/f* de muchas desgracias; ℒ**verkündend** *adj.* de mal agüero (*od.* augurio); ominoso; agorero; ℒ**voll** *adj.* funesto; fatal; aciago; siniestro.
'**unheimlich I.** *adj.* intranquilizador; inquietante; *Aussehen*: sospechoso; (*düster*) lúgubre; (*unheilvoll*) siniestro; F *fig.* enorme, tremendo; **II.** *adv.* enormemente; ~ *viel* muchísimo, F una barbaridad de.
'**unhöflich** *adj.* descortés; desatento; incorrecto; mal educado; ℒ**keit** *f* descortesía *f*; desatención *f*; incorrección *f*; falta *f* de educación.
'**Un|hold** *m (-és; -e)* monstruo *m*; *a.* F *fig.* ogro *m*; (*Rohling*) bárbaro *m*; ℒ'**hörbar** *adj.* inaudible, imperceptible (al oído); ℒ**hygiénisch** *adj.* antihigiénico; no higiénico.
u'ni [y'ni:, F 'y:ni·] ✣ *adj. Stoff*: liso, unicolor.
'**Uni** F *f (-; -s)* universidad *f*.

Uni'form I. *f* uniforme *m*; *in großer* ~ *en uniforme de gala*; ~ *tragen* vestir de uniforme; **II.** ℒ *adj.* uniforme.
unifor'mier|en (-) *v/t.* uniformar; (*vereinheitlichen*) *a.* uniformizar; ~**t** *adj.* de uniforme; (*einheitlich*) uniforme.
Uniformi'tät *f* uniformidad *f*.
Uni'kat *n (-és; -e)* ejemplar *m* único.
'**Unikum** *n (-s; -ka od. -s)* ejemplar *m* único; F *fig.* (*Person*) tipo *m* raro, original *m*.
'**un-interess|ant** *adj.* poco interesante; sin interés; ~**iert** *adj.* desinteresado (*an dat.* en); ℒ**iertheit** *f (0)* desinterés *m*, falta *f* de interés.
Uni'on *f* unión *f*.
uni'sono ♪ **I.** *adv.* al unísono; **II.** ℒ *n (-s; -s od. -ni)* unísono *m*.
Uni'tarier *m* unitario *m*.
univer'sal *adj.* universal; ℒ**erbe** *m* heredero *m* universal; ℒ**genie** *n* genio *m* universal.
Universali'tät *f (0)* universalidad *f*.
Univer'sal|mittel *n* remedio *m* universal; panacea *f (a. fig.)*; ~**motor** *m* motor *m* universal; ~**(schrauben)schlüssel** *m* llave *f* universal; ~**spender** ♂ *m* donante *m* universal.
univer'sell *adj.* universal.
Universi'tät *f* universidad *f*; *auf der* ~ *sein* estudiar en la universidad; ~**sdozent** *m* profesor *m* universitario; ~**slaufbahn** *f* carrera *f* universitaria; ~**sprofessor(in** *f) m* catedrático (-a *f*) *m* de universidad; ~**sstadt** *f* ciudad *f* universitaria; ~**sstudium** *n* estudios *m/pl.* universitarios.
Uni'versum *n (-s; 0)* universo *m*.
'**unkameradschaftlich** *adj.* falto de compañerismo; ~*es Verhalten* falta *f* de compañerismo.
'**Unk|e** *f Zoo.* sapo *m*; F *fig.* agorero *m*; ℒ**en** F *fig. v/i.* agorar; presagiar (*od.* profetizar) calamidades.
'**unkennt|lich** *adj.* irreconocible, desconocido; (*entstellt*) desfigurado; (*verkleidet*) disfrazado; ~ *machen* desfigurar; disfrazar; ℒ**lichkeit** *f (0)* desfiguración *f*; ℒ**nis** *f (0)* ignorancia *f*; desconocimiento *m*; ~ *schützt vor Strafe nicht* ignorancia no quita pecado.
'**un|keusch** *adj.* impúdico; deshonesto; impuro; ℒ**keuschheit** *f* impudicia *f*; deshonestidad *f*; impureza *f*; ~**kindlich** *adj.* poco infantil; (*altklug*) precoz; ~**klar** *adj.* poco claro; *Bild*: borroso; (*trüb*) turbio; *fig.* vago; oscuro; (*verworren*) confuso; *im* ~*en sein über* no ver claro en; *j-n im* ~*en lassen über* no dejar a alg. ver claro en; ℒ**klarheit** *f* falta *f* de claridad; vaguedad *f*; oscuridad *f*; confusión *f*; ~**kleidsam** *adj.* que no sienta bien; que no favorece; ~**klug** *adj.* poco inteligente; poco juicioso; (*unvorsichtig*) imprudente; ℒ**klugheit** *f* imprudencia *f*; ~**kollegial** *adj.*: ~*es Verhalten* falta *f* de compañerismo; ~**kompliziert** *adj.* poco complicado; ~**kontrollierbar** *adj.* incontrolable; ~**konventionell** *adj.* informal; ~**konvertierbar** *adj.* no convertible, inconvertible; ~**konzentriert** *adj.* distraído; F desconcentrado; ~**körperlich** *adj.* incorpóreo; inmaterial; ℒ**körperlichkeit** *f (0)* incorporeidad *f*; inmaterialidad *f*; ~**korrekt** *adj.* incorrecto (*a. fig.*); ℒ**korrektheit** *f* incorrección *f*; irregularidad *f*.
'**Unkosten** *pl.* gastos *m/pl.*; *sich in* ~ *stürzen* meterse en gastos; ~**aufstellung** *f* relación *f* de gastos; ~**beitrag** *m* contribución *f* a los gastos; ~**konto** *n* cuenta *f* de gastos; ~**vergütung** *f* reintegro *m* (*od.* reembolso *m*) de los gastos.
'**Unkraut** *n* mala hierba *f*; maleza *f*; *Am.* yuyo *m*; *fig.* ~ *vergeht nicht* mala hierba nunca muere; ~**bekämpfung** *f* lucha *f* contra las malas hierbas; control *m* de malezas; ~**vernichtungsmittel** *n* herbicida *m*.
'**un|kultiviert** *adj.* inculto; *fig. a.* bárbaro; ℒ**kultur** *f* incultura *f*, falta *f* de cultura; ~**kündbar** *adj.* ✣ no reembolsable; *Schuld*: consolidado; *Rente*: perpetuo; *Vertrag*: irrevocable, irrescindible; *Stellung*: permanente; *Mieter*: que no puede ser desahuciado; ~**kundig** *adj.* ignorante; e-r *Sache* ~ *sein* ignorar (*od.* no saber) a/c.; *des Spanischen* ~ *sein* no saber (el) español; ~**künstlerisch** *adj.* poco artístico; ~**längst** *adv.* hace poco, recientemente; últimamente; *Am.* recién; ~**lauter** *adj.* impuro; *Geschäft*: turbio; *sucio*; *Mittel*: ilícito; ~*er Wettbewerb* competencia *f* desleal; ~**legiert** *adj.* no aleado; ~**leidlich** *adj.* insoportable, inaguantable; ~**lenksam** *adj.* indócil; intratable; ℒ**lenksamkeit** *f (0)* indocilidad *f*; ~**leserlich** *adj.* ilegible; indescifrable; ℒ**leserlichkeit** *f (0)* ilegibilidad *f*; ~**leugbar** *adj.* innegable; incontestable; ~**lieb** *adj.* desagradable; (*ungelegen*) inoportuno; *es ist mir nicht* ~ no me viene mal; ~**liebenswürdig** poco amable (*od.* cortés); desabrido; poco complaciente; ~**liebsam** *adj.* desagradable; molesto; ~**liniert** *adj.* sin rayar; ~**logisch** *adj.* ilógico; ~'**lösbar** *adj. Problem usw.*: insoluble; sin solución; ℒ**lösbarkeit** *f (0)* insolubilidad *f*; ~'**löslich** ♐ *adj.* insoluble; ℒ**löslichkeit** ♐ *f (0)* insolubilidad *f*; ℒ**lust** *f (0)* desgana *f*; desagrado *m*; (*Unbehagen*) malestar *m*; (*Abneigung*) repugnancia *f*; aversión *f*; *mit* ~ a disgusto; ~**lustig I.** *adj.* desganado; sin ganas; desanimado; **II.** *adv.* de mala gana; con desgana; ~**manierlich** *adj.* mal educado; de modales groseros; ~**männlich** *adj.* poco varonil; afeminado; (*feig*) cobarde; ℒ**maß** *n (-es; 0)* exceso *m*; ℒ**masse** *f* cantidad *f* enorme; e-e ~ *von* un sinnúmero de, un montón de, F la mar de; ~**maßgeblich** *adj.* incompetente; *nach m-r* ~*en Meinung* en mi humilde opinión; a mi modesto entender; ~**mäßig** *adj.* inmoderado; desmesurado; excesivo; *im Genuß*: intemperante; ℒ**mäßigkeit** *f (0)* inmoderación *f*; intemperancia *f*; exceso *m*; ℒ**menge** *f* → ℒ**masse**; ℒ**mensch** *m* monstruo *m*; bárbaro *m*; hombre *m* desalmado; ~**menschlich** *adj.* inhumano; bárbaro; cruel; despiadado; (*übermenschlich*) sobrehumano; F *fig.* (*ungeheuer*) enorme, F tremendo; ℒ**menschlichkeit** *f* inhumanidad *f*; barbarie *f*; crueldad *f*; ~'**merklich** *adj.* imperceptible, insensible; ~**meßbar** *adj.* inmensurable; ~**methodisch** *adj. u. adv.* sin método; ~**militärisch** *adj.* poco militar; poco marcial; ~**mißverständ**-

unmißverständlich — Unschlüssigkeit

lich I. adj. categórico; inequívoco; **II.** adv. categóricamente; rotundamente; ~**mittelbar I.** adj. inmediato; directo; ~ bevorstehend inminente; **II.** adv. inmediatamente; directamente; ℒ**mittelbarkeit** f (0) carácter m inmediato; inmediatez f; ~**möbliert** adj. sin amueblar; sin muebles; ~**modern,** ~**modisch** adj. pasado de moda; anticuado; ~ werden pasar de moda; anticuarse; ~**möglich** adj. imposible (a. fig.); es ist mir ~, zu (inf.) me es imposible (inf.); zu e-r ~en Stunde a una hora intempestiva (od. imposible); ich kann es ~ tun no puedo hacerlo; me es imposible hacerlo; ~ machen hacer imposible, imposibilitar; fig. sich ~ machen hacerse (socialmente) inaceptable; hacerse imposible; F fig. du siehst ~ aus F estás fatal; ℒ**es leisten** hacer lo imposible; ℒ**es verlangen** pedir la luna; ℒ**möglichkeit** f (0) imposibilidad f; ~**moralisch** adj. inmoral; ~**motiviert** adj. inmotivado, sin motivo; ~**mündig** adj. menor de edad; ℒ**mündige(r** m) m/f menor m/f (de edad); ℒ**mündigkeit** f (0) minoría f de edad; ~**musikalisch** adj. poco musical; Person: ~ sein no tener talento bzw. sentido musical; ℒ**mut** m disgusto m; enfado m; (üble Laune) mal humor m; ~**mutig** adj. malhumorado, de mal humor; disgustado; ~**nach-ahmlich** adj. inimitable; ~**nachgiebig** adj. inflexible; intransigente; ℒ**nachgiebigkeit** f (0) inflexibilidad f; intransigencia f; ~**nachsichtig** adj. severo; riguroso; ℒ**nachsichtigkeit** f (0) severidad f; rigor m; ~'**nahbar** adj. inaccesible; inabordable; ℒ'**nahbarkeit** f (0) inaccesibilidad f; ~**natürlich** adj. poco natural; desnaturalizado; (geziert) afectado; amanerado; (gezwungen) forzado; (widernatürlich) contranatural, antinatural; ℒ**natürlichkeit** f (0) falta f de naturalidad; afectación f; amaneramiento m; ~'**nennbar** adj. innominable; indecible; ~**normal** adj. anormal; ~**notiert** adj. Börse: no cotizado; ~**nötig** adj. innecesario; inútil; (überflüssig) superfluo; das ist ~ no es necesario; no hace falta; ~**nötiger-'weise** adv. sin necesidad, innecesariamente; inútilmente; ~**nütz** adj. inútil, que no sirve para nada; (nutzlos) ocioso; vano; (überflüssig) superfluo; (unartig) travieso; ~**operierbar** ♂ adj. inoperable; ~**ordentlich** adj. desordenado; Sache: a. en desorden; (schlampig) desaliñado; descuidado; ℒ**ordentlichkeit** f (0) falta f de orden; desorden m; ℒ**ordnung** f (0) desorden m; desarreglo m; (Verwirrung) desconcierto m; desorganización f; confusión f; desbarajuste m; embrollo m; in ~ bringen desordenar; poner en desorden; desarreglar; embrollar; Haare: desgreñar; in ~ geraten desordenarse; desarreglarse; desorganizarse; embrollarse; ~**organisch** adj. inorgánico; ~**paar(ig)** adj. impar; ~**pädagogisch** adj. poco pedagógico; ~**parlamentarisch** adj. antiparlamentario; ~**partei-isch I.** adj. imparcial; desinteresado; **II.** adv. con imparcialidad; ℒ**partei-ische(r)** m árbitro m;

35 HW Sp II

ℒ**parteilichkeit** f (0) imparcialidad f; ~**passend** adj. impropio (für de); (unangebracht) inconveniente, poco conveniente; improcedente; (unschicklich) incorrecto; (ungelegen) inoportuno; poco a propósito; Zeit: intempestivo; ~**passierbar** adj. infranqueable; impracticable; ~**päßlich** adj. indispuesto; ℒ**päßlichkeit** f indisposición f; ~**patriotisch** adj. antipatriótico; ~**persönlich** adj. impersonal (a. Gr.); ~**pfändbar** adj. inembargable; ~**politisch** adj. apolítico; fig. poco político; impolítico; ~**populär** adj. impopular; ~**praktisch** adj. poco práctico; Person: poco hábil; ~**produktiv** adj. improductivo; ℒ**produktivität** f (0) improductividad f; ~**proportioniert** adj. desproporcionado, ~**pünktlich** adj. poco puntual; ℒ**pünktlichkeit** f (0) falta f de puntualidad; ~**qualifizierbar** adj. incalificable; ~**quittiert** adj. sin (firmar el) recibo; ~**rasiert** adj. sin afeitar; ℒ**rast** f (0) agitación f; innere: inquietud f; desasosiego m; ℒ**rat** m (-es; 0) inmundicias f/pl., basura f (beide a. fig.); fig. ~ wittern sospechar que hay gato encerrado; ~**rationell** adj. poco racional; irracional; ~**ratsam** adj. desaconsejable; poco recomendable; poco indicado; ~**realistisch** adj. poco realista; sin sentido de la realidad.

'**Unrecht** n (-es; 0) injusticia f; angetanes: agravio m; mit (od. zu) ~ sin razón; injustamente; nicht mit ~ no sin razón; im ~ sein no tener razón; estar equivocado; ~ tun cometer una injusticia; hacer mal; j-m ~ tun ser injusto con alg.; ~ leiden ser víctima de una injusticia; sufrir agravios; es geschieht ihm ~ no lo merece; no se le hace justicia.

'**unrecht I.** adj. (ungerecht) injusto; (unrichtig) equivocado; falso; (übel) malo; mal hecho; (ungeeignet) impropio; (ungelegen) inoportuno; zur ~en Zeit fuera de tiempo; a deshora; ~ haben no tener razón; estar equivocado; da hat er nicht ganz ~ no le falta cierta razón; j-m ~ geben disentir de alg.; desmentir a alg.; in ~e Hände fallen caer en manos ajenas; er hat nichts ℒ**es** gano no ha hecho nada malo; an den ℒ**en** kommen (od. geraten) equivocarse de persona; **II.** adv. (übel) mal; (ungerecht) injustamente, sin razón; (ungelegen) inoportunamente, ~**mäßig** adj. ilegal; ilegítimo; ℒ**mäßigkeit** f ilegalidad f; ilegitimidad f.

'**un|redlich** adj. desleal; ímprobo; Gewinn: fraudulento; ℒ**redlichkeit** f deslealtad f; improbidad f; mala fe f; fraudulencia f; ~**re-ell** adj. de poca confianza; informal; (betrügerisch) fraudulento; ~**regelmäßig** adj. irregular; Leben: desordenado; ℒ**regelmäßigkeit** f irregularidad f; ~**regierbar** adj. ingobernable; ℒ**regierbarkeit** f ingobernabilidad f; ~**reif** adj. no maduro; Früchte: a. verde; a. fig. inmaduro, inmaturo; ℒ**reife** f falta f de madurez; inmadurez f; ~**rein** adj. impuro (a. fig.), (trübe) turbio; ♪ desafinado; ins ~e schreiben escribir en borrador; ℒ**reinheit** f impureza f (a. fig.); suciedad f;

reinlich adj. desaseado, sucio; ℒ**reinlichkeit** f desaseo m; suciedad f; ~**rentabel** adj. no rentable; poco lucrativo; ~'**rettbar** adj. que no tiene salvación, sin salvación; ~ verloren perdido sin remedio; irremediablemente perdido; ~**rhythmisch** adj. arrítmico; ~**richtig** adj. incorrecto; inexacto; falso; (irrig) erróneo; equivocado; ℒ**richtigkeit** f incorrección f; inexactitud f; falsedad f; ~**ritterlich** adj. poco caballeroso.

'**Unruh** f der Uhr: volante m; ~**e** f inquietud f; intranquilidad f; innere: a. desasosiego m; ansiedad f; a. fig. im Volk: agitación f; (Besorgnis) preocupación f; alarma f; (Lärm) alboroto m; tumulto m; bsd. Pol. ~**n** pl. disturbios m/pl., desórdenes m/pl.; j-n in ~ versetzen inquietar bzw. alarmar a alg.; in ~ geraten inquietarse bzw. alarmarse (wegen por); ~**eherd** m foco m de agitación; ~**(e)stifter** m alborotador m, perturbador m; Pol. fautor m de desórdenes; agitador m; ℒ**ig** adj. intranquilo (a. Schlaf); inquieto, desasosegado; Kind: inquieto, revoltoso; (besorgt) preocupado; (bewegt) agitado (a. See); (lärmend) bullicioso; ruidoso; turbulento.

'**unrühmlich I.** adj. poco honroso; deslucido; **II.** adv. sin gloria.

uns pron/pers. nos; betont: a nosotros; ein Freund von ~ un amigo nuestro, uno de nuestros amigos; unter ~ entre nosotros; es gehört ~ es nuestro; von ~ aus por nuestra parte; en cuanto a nosotros.

'**un|sachgemäß** adj. inadecuado; impropio, no apropiado; ~**sachlich** adj. subjetivo; parcial; que no viene al caso; ℒ**sachlichkeit** f (0) subjetividad f; parcialidad f; ~'**sagbar,** ~'**säglich** adj. indecible; inefable; indescriptible; (unermeßlich) inmenso; ~**sanft** adj. poco suave; áspero, rudo; ~'**sauber** adj. poco limpio; desaseado; sucio (a. Spiel, Sport); ℒ**sauberkeit** f suciedad f; desaseo m; ~**schädlich** adj. inofensivo, a. ♂ in(n)ocuo; ~ machen hacer inofensivo; Gift: neutralizar; Mine usw.: desactivar; Person: eliminar; Verbrecher: capturar; ℒ**schädlichkeit** f (0) carácter m inofensivo; in(n)ocuidad f; ~**scharf** adj. Bild: poco nítido, borroso; Phot. a. desenfocado; ~ einstellen desenfocar; ℒ**schärfe** Phot. f falta f de nitidez; borrosidad f; ~'**schätzbar** adj. inapreciable, inestimable; Wert: a. incalculable; ℒ'**schätzbarkeit** f (0) valor m inestimable; ~**scheinbar** adj. (unbedeutend) insignificante; (unauffällig) poco vistoso; de poca apariencia; (zurückhaltend) discreto; sencillo; modesto; ℒ**scheinbarkeit** f (0) insignificancia f; sencillez f; modestia f; ~**schicklich** adj. indecoroso, indecente; deshonesto; (unpassend) impropio; ℒ**schicklichkeit** f indecencia f; deshonestidad f; impropiedad f; ~'**schlagbar** adj. imbatible; ℒ'**schlagbarkeit** f (0) imbatibilidad f; ℒ**schlitt** n (-es; -e) sebo m; ~**schlüssig** adj. irresoluto; indeciso; vacilante; ~ sein vacilar; no saber a qué carta quedarse; ℒ**schlüssigkeit** f irresolución f; indecisión f; vacilación f;

~schmackhaft *adj.* sin sabor; (*schal*) soso, insípido; ~schön *adj.* poco bonito; *a. fig.* feo; desagradable.
'Unschuld *f* (*0*) inocencia *f*; (*Arglosigkeit*) candor *m*; ingenuidad *f*; (*Reinheit*) pureza *f*; (*Jungfernschaft*) virginidad *f*; s-e Hände in ~ waschen lavarse las manos; F *fig.* ~ vom Lande moza *f* ingenua; 2ig *adj.* inocente (*an dat.* de); (*naiv*) cándido; ingenuo; den 2en spielen hacerse el inocente; ~s-engel F *fig. m*: er ist ein ~ parece que nunca ha roto un plato; ~s-miene *f* aire *m* de inocencia; 2svoll *adj.* inocente.
'un|schwer *adv.* fácilmente; sin (la menor) dificultad; 2segen *m* (*Fluch*) maldición *f*; (*Verhängnis*) fatalidad *f*; ~selbständig *adj.* dependiente; *Arbeit*: hecho con ayuda de otros; *fig.* (*unbeholfen*) falto de iniciativa; 2-selbständigkeit *f* (*0*) dependencia *f* (de otros); falta *f* de independencia *bzw.* de iniciativa; ~selig *adj.* funesto; fatal, fatídico; nefasto.
'unser I. *pron./pers.* (*gen.*) de nosotros; *wir waren* ~ *vier* éramos cuatro; er gedenkt ~ se acuerda de nosotros; II. *adj. u. pron/pos.* nuestro(s); nuestra(s); *betont*: de nosotros; de nosotras; *das Haus ist* ~ la casa es nuestra; *der* ~*e od. unsrige* el nuestro; *das 2e od. Unsrige* lo nuestro; *wir haben das 2e od. Unsrige getan* hemos hecho cuanto pudimos; *die 2(e)n od. Unsrigen* los nuestros; nuestra gente; ~einer, ~eins *pron|indef.* uno; nosotros; gente como nosotros; ~(er)'seits *adv.* de nuestra parte; ~(e)s'gleichen *pron|indef.* nuestros semejantes; gente como nosotros; ~t'halben, ~t'wegen, (*um*) ~t'willen *adv.* por nosotros; por causa nuestra; por amor nuestro.
'unsicher *adj.* inseguro, poco seguro; (*ungewiß*) *a.* incierto; (*zweifelhaft*) dudoso; (*schwankend*) vacilante (*a. fig.*); (*unstet*) poco estable; inestable; *Lage*: precario; *Gedächtnis*: infiel; ~ *machen Gegend*: infestar; *Person*: desconcertar, confundir; 2heit *f* inseguridad *f*, incertidumbre *f*; dudas *f/pl.*
'unsichtbar *adj.* invisible; ~ werden desaparecer; desvanecerse; F *fig. sich* ~ *machen* eclipsarse; 2keit *f* (*0*) invisibilidad *f*.
'Unsinn *m* (-*és; 0*) absurdo *m*; desatino *m*; disparate(s) *m*(*pl.*); tonterías *f|pl.*; sandeces *m|pl.*; F chorrada *f*; ~ reden disparatar; desatinar, desbarrar; ~ *machen* hacer el tonto (*od.* el payaso); hacer travesuras, ~! ¡qué tontería!; ¡pamplinas!; *das ist (doch)* ~ es absurdo; 2ig *adj.* absurdo; insensato, desatinado; disparatado; descabellado; 2igkeit *f* (*0*) absurdidad *f*; insensatez *f*.
'Unsitt|e *f* mala costumbre *f*; vicio *m*; 2lich *adj.* inmoral; deshonesto; ~lichkeit *f* inmoralidad *f*.
'un|solid(e) *adj. Person*: poco serio; informal; *Firma*: de poca confianza; *Lebensweise*: desarreglado; disipado; *Arbeit*: mal hecho, chapucero; ~sozial *adj.* antisocial; ~sportlich *adj.* poco deportivo; antideportivo.
'unsrige ~ *unser*.
'un|starr ☒ *adj.* no rígido; ~statt-haft *adj.* inadmisible; ilícito; ☒ improcedente.
un'sterblich *adj.* inmortal; ~ *machen* inmortalizar; F *sich* ~ *blamieren* hacer el ridículo; 2keit *f* (*0*) inmortalidad *f*.
'Un|stern *m* (-*és; 0*) mala estrella *f*; 2stet *adj.* inestable; (*wankelmütig*) inconstante; versátil, voluble; (*ruhelos*) inquieto; (*umherziehend*) errante; vagabundo; nómada; ~stetigkeit *f* (*0*) inestabilidad *f*; inconstancia *f*; versatilidad *f*, volubilidad *f*; inquietud *f*; vida *f* errante.
un'stillbar *adj.* incalmable; *Hunger*: insaciable (*a. fig.*); *Durst*: implacable.
'un|stimmig *adj.* discorde; discrepante; en desacuerdo; 2stimmigkeit *f* desacuerdo *m*; divergencia *f*; discrepancia *f*; ~sträflich (*untadelig*) irreprensible; irreprochable; ~streitig *adj.* incontestable, indiscutible; 2summe *f* suma *f* (*od.* cantidad *f*) enorme; F dineral *m*; ~symmetrisch *adj.* asimétrico; ~sympathisch *adj.* antipático; *er ist mir* ~ no me cae bien; ~systematisch I. *adj.* no sistemático; II. *adv.* sin sistema; ~tadelig *adj.* irreprochable, impecable; irreprensible; 2tat *f* crimen *m* (atroz); fechoría *f*; ~tätig *adj.* inactivo; pasivo; (*müßig*) ocioso; (*unbeschäftigt*) desocupado, sin ocupación; ~ *zusehen* quedarse con los brazos cruzados; ~tätigkeit *f* (*0*) inacción *f*; inactividad *f*; ociosidad *f*; ~tauglich *adj. Person*: inepto, no apto, inhábil (*für para*); incapaz (de); (*nutzlos*) inservible; ☒ no apto, inútil; 2tauglichkeit *f* (*0*) ineptitud *f*, inhabilidad *f*; incapacidad *f*; inutilidad *f*.
un'teilbar *adj.* indivisible; 2keit *f* (*0*) indivisibilidad *f*.
'unten *adv.* abajo; en la parte baja (*od.* inferior); *dort* ~ allá abajo; *hier* ~ aquí abajo; *siehe* ~ véase más abajo (*od.* más adelante); *weiter* ~ más abajo; *nach* ~ hacia abajo; *von* ~ de abajo; (*von*) ~ *herum* por debajo; *von* ~ *nach oben* hacia arriba; de pies a cabeza; *wie* ~ (*angegeben*) como al pie se indica; ~ *durch* (pasando) por debajo; ~ *in* (*dat.*) en el fondo de; ~ *auf der Seite* al pie de la página; *von* ~ *auf* desde abajo; ☒ *von* ~ *auf dienen* pasar por todos los grados; F *fig. er ist bei mir* ~ *durch* ya no quiero saber nada de él; ~'an *adv.* en el último extremo; ~erwähnt, ~genannt, ~stehend *adj.* abajo mencionado.
'unter I. *prp.* (*wo? dat.; wohin? ac.*); debajo de; bajo; (*zwischen*) entre; (*während*) durante; (*weniger*) menos de; ~ ... *hervor* de (*od.* por) debajo de; ~ ... *hindurch* por debajo de; ~ *Wasser* bajo el agua; ~ *dem Tisch* debajo de la mesa; ~ *Freunden* entre amigos; ~ *uns gesagt* dicho sea entre nosotros; *wir sind ganz* ~ *uns* estamos en familia; (*allein*) estamos a solas; e-r ~ *euch* uno de vosotros; *einer* ~ *Tausenden* uno entre miles; ~ *dem heutigen Datum* con esta fecha; con fecha de hoy; ~ *der Regierung Karls III.* bajo el reinado de Carlos III; ~ *zehn* de diez para abajo; ~ *100 Mark* menos de cien marcos; *nicht* ~ *100 Mark* no inferior a cien marcos; de cien marcos arriba; ~ *Preis* (*kaufen*) (comprar) bajo precio;
~ *21 Jahren* menor de veintiún años; ~ *dieser Bedingung* con (*od.* bajo) esta condición; ~ *diesen Umständen* en estas circunstancias; ~ *großem Gelächter* entre grandes carcajadas; II. *adj.*: ~e inferior; bajo; de abajo; de debajo; *Beamter usw.*: subalterno; *der* ~e *Teil* la parte inferior; la parte baja; *die* ~e *Wohnung* el piso de abajo; *die* ~en *Klassen* las clases bajas; *Schule*: los primeros grados, las clases elementales; III. 2 *m Kartenspiel*: sota *f*.
'Unter|abteilung *f* subdivisión *f* (*a. Bio.*); subsección *f*; ~arm *Anat. m* antebrazo *m*; ~art ♀, *Zoo. f* subespecie *f*; *allg.* subclase *f*; ~ausschuß *m* subcomisión *f*; ~bau *m* △ fundamento *m*; ☒ *u. fig.* infraestructura *f*; ~bauch *Anat. m* hipogastrio *m*; 2-'bauen △ *v/t.* (*abstützen*) recalzar; *fig.* cimentar; ~beamte(r) *m* (funcionario *m*) subalterno *m*; ~belegung *f* infrautilización *f*; 2belichten *Phot.* (-*e*-; -) *v/t.* exponer insuficientemente, subexponer; ~belichtung *Phot. f* subexposición *f*; ~beschäftigung *f* subempleo *m*; ~bett *n* colchoneta *f*; 2bevölkert *adj.* subpoblado; 2bewerten (-*e*-; -) *v/t.* infravalorar, subvalorar; subestimar; ~bewertung *f* infravaloración *f*, subvaloración *f*, minusvaloración *f*; subestimación *f*; 2bewußt *adj.* subconsciente; ~bewußtsein *n* subconsciencia *f*; subconsciente *m*; 2-'bieten (*L*; -) *v/t.* ofrecer a menor precio; vender a precio más bajo; *Rekord*: mejorar, batir; ~bilanz ♀ *f* balance *m* pasivo (*od.* deficitario); 2'binden (*L*; -) *v/t.* ☒ ligar; *fig.* detener; atajar; contrarrestar; (*verhindern*) impedir; interrumpir; 'bindung ☒ *f* ligadura *f*; 2'bleiben (*L*; -; *sn*) *v/i.* no tener lugar; no realizarse; (*nicht wieder eintreten*) no repetirse; (*aufhören*) cesar, acabar; *das muß* ~ esto tiene que acabar; ~bodenschutz *Kfz. m* protección *f* anticorrosiva de los bajos; 2'brechen (*L*; -) *v/t.* interrumpir; zeitweilig: suspender; ♀, *Tele.* cortar; ~'brecher ☒ *m* interruptor *m*; ~'brechung *f* interrupción *f*; zeitweilige: suspensión *f*; paréntesis *m*; ☒ corte *m*; 2'breiten (-*e*-; -) *v/t.* someter; *Gesuch*: *a.* presentar; 2breiten (-*e*-) *v/t.* extender por debajo; poner debajo; 2bringen (*L*) *v/t.* colocar (*a.* ♀ *Anleihe*, *Ware u. j-n in e-r Stellung*); (*beherbergen*) alojar, hospedar; *in e-r Anstalt*: internar; *in e-m Krankenhaus*: hospitalizar; ☒ acantonar; (*lagern*) almacenar; ~bringung *f* colocación *f*; acomodo *m*; alojamiento *m*; internamiento *m*; hospitalización *f*; ☒ acantonamiento *m*; almacenamiento *m*; ~deck ⚓ *n* cubierta *f* baja; 2der'hand *adv.* bajo mano; en secreto; (*por*) bajo cuerda; clandestinamente; 2'des(sen) *adv.* (*inzwischen*) entretanto, mientras tanto; en esto; (*seitdem*) desde entonces; ~dominante ♩ *f* subdominante *f*; ~druck ☒ *m* depresión *f*; ☒ hipotensión *f*; 2'drücken (-) *v/t.* suprimir; (*unterjochen*) someter, subyugar; oprimir; *Aufstand*: reprimir; sofocar (*a. Schrei usw.*); *Lachen, Tränen*: contener; *Gähnen*: disimular; ☒ (*verheimlichen*) ocultar; ~'drücker *m*

opresor *m*; ~**druckkammer** *f* cámara *f* de baja presión; ~**druckmesser** *m* vacuómetro *m*; ~'**drükkung** *f* supresión *f*; opresión *f*; represión *f*; contención *f*; ☇ ocultación *f*; ⚖'**durchschnittlich** *adj.* inferior al promedio.
'**untere** *adj.* → *unter* II.
'**unter-ein-ander**[1] *adv.* uno debajo de otro.
unter-ein'ander[2] *adv.* entre sí; entre ellos *bzw.* ellas; entre nosotros *usw.*; (*gegenseitig*) mutuamente, recíprocamente; ~**legen** *v/t.* poner uno encima de otro.
'**Unter-einheit** *f* subunidad *f*.
'**unter-entwick|elt** *adj.* poco desarrollado; subdesarrollado; ⚖**lung** *f* (*0*) subdesarrollo *m*.
'**unter-ernähr|t** *adj.* subalimentado; insuficientemente alimentado; desnutrido; ⚖**ung** *f* (*0*) alimentación *f* insuficiente; subalimentación *f*; hipoalimentación *f*, desnutrición *f*.
'**Unterfamilie** *Bio. f* subfamilia *f*.
unter|'fangen (*L*; -) *v/refl.: sich* ~ *zu* atreverse a, osar (*inf.*); ⚖'**fangen** *v* empresa *f* (audaz); '~**fassen** *v/t.* dar el brazo a; *untergefaßt gehen* ir (cogidos) del brazo, ir de bracete; ~'**fertigen** (-) *v/t.* firmar; ⚖'**fertigte** *m/f* abajo firmante *m/f*; '⚖**führer** ✕ *m* subjefe *m*; ⚖'**führung** *f* paso *m* inferior (*od.* subterráneo); '⚖**funktion** ♂ *f* hipofunción *f*; '⚖**gang** *m Astr.* puesta *f*; ocaso *m* (*a. fig.*); (*Verlust*) pérdida *f*; ⚓ hundimiento *m*, *fig.* ruina *f*; caída *f*; decadencia *f*; '⚖**gattung** *f* subgénero *m* (*a. Bio.*); ⚖'**geben** *adj.*: *j-m* ~ *sein* estar subordinado a alg.; *bsd.* ✕ estar a las órdenes de alg.; ⚖'**gebene**(**r**) *m* subordinado *m*; subalterno *m*; '~**gehen** (*L*; *sn*) *v/i. Astr.* ponerse; *im Wasser*: sumergirse; ⚓ *Schiff*: hundirse, *a. fig.* irse a pique; *fig.* perderse (*a. im Lärm usw.*); ir a la ruina; perecer; extinguirse; '~**ge-ordnet** *adj.* subordinado; subalterno; *Bedeutung*: secundario; inferior; '⚖**ge-ordnete**(**r**) *m* subordinado *m*; subalterno *m*; '⚖**geschoß** *n* piso *m* bajo, bajos *m/pl.*; '⚖**gesenk** ⊕ *n* estampa *f* inferior; '⚖**gestell** *n* (*Stütze*) soporte *m*; pie *m*; '⚖**gewicht** *n* falta *f* de peso; ~'**gliedern** *v/t.* subdividir; desglosar; ⚖'**gliederung** *f* subdivisión *f*; desglose *m*; '~**graben** ⚒ (*L*) *v/t.* enterrar; ~'**graben** (*L*; -) *v/t.* socavar, minar (*beide a. fig.*); ⚖'**grabung** *f* socavación *f*; '⚖**griff** *m Turnen:* presa *f* palmar; '⚖**grund** ⚒ *m* subsuelo *m*; *Mal., Typ.* fondo *m*; *Pol. im* ~ en la clandestinidad; *Wirtschaft im* ~ economía *f* sumergida (*od.* subterránea); '⚖**grundbahn** *f* ferrocarril *m* subterráneo; (*ferrocarril m*) metropolitano *m*, F metro *m*; '⚖**grundbewegung** *Pol. f* movimiento *m* clandestino; '⚖**grundtätigkeit** *Pol. f* actividad *f* clandestina; '⚖**grundwirtschaft** *f* economía *f* sumergida (*od.* subterránea); '⚖**gruppe** *f* subgrupo *m*; '~**haken** *v/t.* → ~*fassen*; '~**halb** *prp.* (*gen.*) (por) debajo de; *v. Flüssen:* más abajo de.
'**Unterhalt** *m* (-*és*; *0*) sustento *m*; mantenimiento *m* (*a. v. Gebäuden usw.*); manutención *f*; sostenimiento *m*; (*Lebens*⚖) subsistencia *f*; ☇ alimentos *m/pl.*; *s-n* ~ *bestreiten* ganarse el sustento (*od.* la vida); mantenerse (*von* de); ☇ ~ *beziehen* percibir alimentos; ⚖**en** (*L*) *v/t.* poner *bzw.* sostener *bzw.*
unter'halt|en (*L*; -) **I.** *v/t.* (*versorgen*) mantener (*a. Beziehungen, Briefwechsel, Feuer*); sostener, sustentar; ☇ alimentar, pagar alimentos (a alg.); (*instand halten*) entretener, conservar, mantener; *Geschäft usw.*: llevar; (*finanzieren*) financiar; costear; (*vergnügen*) divertir; distraer; entretener; **II.** *v/refl.: sich* ~ (*sprechen*) conversar (*mit j-m über et.* con alg. sobre a/c.); hablar (*über* de); (*plaudern*) platicar, F charlar; (*sich vergnügen*) distraerse; divertirse; ~**end**, ~**sam** *adj.* entretenido; divertido; *Lektüre*: ameno; ⚖**er** *m*: *guter* ~ conversador *m* ameno.
'**Unterhalts...**: ~**anspruch** ☇ *m* derecho *m* de alimentos; ⚖**berechtigt** *adj.* con derecho a alimentos; ~**berechtigte**(**r**) *m* alimentista *m*; ~**klage** *f* demanda *f* de alimentos; ~**kosten** *pl.* alimentos *m/pl.*; gastos *m/pl.* de manutención; ~**pflicht** *f* deber *m* de alimentos; ⚖**pflichtig** *adj.* obligado a pagar alimentos; ~**rente** *f* pensión *f* alimenticia; ~**zahlung** *f* pago *m* de alimentos.
Unter'haltung *f* (*Gespräch*) conversación *f*; (*Instandhaltung*) mantenimiento *m*, entretenimiento *m*, conservación *f*; (*Vergnügen*) diversión *f*; distracción *f*, entretenimiento *m*; ~**s-beilage** *f* suplemento *m* literario; folletín *m*; ~**skosten** *pl.* gastos *m/pl.* de conservación (*od.* de mantenimiento); ~**slektüre** *f* lectura *f* amena (*od.* recreativa); ~**sliteratur** *f* literatura *f* amena; ~**smusik** *f* música *f* ligera; ~**s-programm** *n* programa *m* de entretenimiento; ~**sroman** *m* novela *f* amena (*od.* recreativa); ~**s-teil** *m* sección *f* de entretenimiento.
unter|'handeln (-*le*; -) *v/i.* negociar (*über et.* a/c.); ✕ parlamentar; '⚖**händler** *m* negociador *m*; (*Vermittler*) mediador *m*, tercero *m*; ✕ parlamentario *m*; ⚖'**handlung** *f* negociación *f*; *in* ~*en treten* entrar en (*od.* entablar) negociaciones.
'**Unter|haus** *n in England:* Cámara *f* de los Comunes; ~**haut'zellgewebe** *Anat. n* tejido *m* subcutáneo; ~**hemd** *n* camiseta *f*; ⚖'**höhlen** (-) *v/t.* socavar, minar (*beide a. fig.*); ~**holz** *n* monte *m* bajo; ~**hose** *f* calzoncillos *m/pl.*; *kurze: a.* slip *m*; ⚖**irdisch** *adj.* subterráneo; ~**italien** *n* Italia *f* meridional; ~**jacke** *f* → ~*hemd*; ⚖'**jochen** (-) *v/t.* subyugar, sojuzgar; avasallar; esclavizar; ~'**jochung** *f* sojuzgamiento *m*, subyugación *f*; avasallamiento *m*; ~**kiefer** *Anat. m* maxilar *m* (*od.* mandíbula *f*) inferior; ⚖'**kellert** *adj.* con sótano; ~**kleid** *n* → ~*rock*; ~**kleidung** *f* ropa *f* interior; ⚖**kommen** (*L*; *sn*) *v/i.* hallar alojamiento; alojarse; hospedarse; *bei e-r Firma usw.*: colocarse; ⚖**kommen** *n* alojamiento *m*; hospedaje *m*; (*Anstellung*) colocación *f*, empleo *m*; ⚖**kriechen** *v/i.* refugiarse, guarecerse (*bei j-m* en casa de alg.); ⚖**kriegen** F *v/t.* someter; doblegar; *sich nicht* ~ *lassen* mantenerse firme; no doblegarse; F no dar el brazo a torcer;
⚖'**kühlen** (-) ⊕ *v/t.* subenfriar; subfundir; ~'**kühlung** *f* ⊕ subfusión *f*; ⚕ hipotermia *f*; ~**kunft** *f* alojamiento *m*, hospedaje *m*; ✕ acantonamiento *m*; (*Obdach*) abrigo *m*, albergue *m*; ~ *und Verpflegung* pensión *y* alojamiento; ~**kunftsnachweis** *m* guía *f* de alojamiento; ~**lage** *f* 1. base *f* (*a. fig.*); ⊕ soporte *m*; apoyo *m*; asiento *m*; *Geol., Bio.* substrato *m*; (*Bett*⚖) colchoneta *f*; *für Kinderbett:* tela *f* impermeable; (*Schreib*⚖) carpeta *f*; *Ringen:* posición *f* de abajo; 2. (*Urkunde*) documento *m*; (*Beleg*) comprobante *m*; ~*n pl.* documentación *f*; (*Angaben*) datos *m/pl.*; ~**land** *n* país *m* bajo; tierra *f* baja; ~**länge** *f des Buchstabens:* palo *m* hacia abajo; ~**laß** *m*: *ohne* ~ sin parar, sin cesar, incesantemente; ⚖'**lassen** (*L*; -) *v/t.* omitir; descuidar; (*nicht tun*) abstenerse de; dejar; dejarse de; ~'**lassung** *f* omisión *f*; abstención *f*; ~'**lassungsdelikt** *n* ☇ delito *m* de omisión; ~'**lassungsklage** ☇ *f* acción *f* de omisión; ~'**lassungssünde** *Rel. f* pecado *m* de omisión; ~**lauf** *m des Flusses:* curso *m* inferior; ⚖'**laufen I.** (*L*; -; *sn*) *v/i. Fehler usw.*: deslizarse; ocurrir; introducirse; *mir ist ein Fehler* ~ he hecho una falta; **II.** *adj.*: *mit Blut* ~ inyectado de sangre; ⚖**legen** *v/t.* poner (*od.* colocar) debajo; *fig.* atribuir; *e-r Melodie e-n Text* ~ poner letra a una melodía; ⚖'**legen I.** (-) *v/t.* guarnecer, forrar *mit* (**II.** *adj.* inferior (*an dat.* en; *j-m* a alg.); ~'**legene**(**r** *m*) *m/f* vencido (-a *f*) *m*; derrotado (-a *f*) *m*; ~'**legenheit** *f* (*0*) inferioridad *f*; ~'**legscheibe** ⊕ *f* arandela *f*; ~**leib** *Anat. m* bajo vientre *m*, hipogastrio *m*; abdomen *m*; ~**lid** *n* párpado *m* inferior; ~**lieferant** *m* subcontratista *m*; ⚖'**liegen** (*L*; -; *sn*) *v/i.* sucumbir; ser vencido (*od.* derrotado); sufrir una derrota; *fig. e-r Bestimmung usw.*: estar sujeto a; *keinem Zweifel* ~ estar fuera de (toda) duda; no admitir (ninguna) duda; *es unterliegt keinem Zweifel, daß* no cabe duda que; es indudable que; ~**lippe** *f* labio *m* inferior; ~**lizenz** *f* sublicencia *f*; '⚖**m** F = *unter dem*; ⚖'**malen** *v/t. Mal.* poner fondo; *mit Musik* ~ dar fondo musical a; *Film:* sonorizar; ~'**malung** *f Mal.* color *m bzw.* capa *f* de fondo; *musikalische* ~ fondo *m* musical; *Film:* sonorización *f*; ~**mann** *m Artistik:* portor *m*; ⚖'**mauern** (-*re*; -) *v/t.* cimentar; *fig. a.* corroborar; ⚖**mengen**, ⚖'**mengen** (-) *v/t.* (entre)mezclar (*mit con*); ~**menü** *n Computer:* submenú *m*; ~**miete** *f* subarriendo *m*; *in* ~ realquilado; ~**mieter**(**in** *f*) *m* subinquilino (-a *f*) *m*, realquilado (-a *f*) *m*; ⚖**mi'nieren** (-) *v/t.* socavar, minar (*beide a. fig.*); ⚖**mischen**, ⚖'**mischen** (-) *v/t.* → ⚖*mengen*.
'**untern** F = *unter den*.
unter'nehm|en (*L*; -) *v/t.* emprender; hacer; *er unternahm nichts* no hizo nada; *Sie n-s;* -) *empresa f* (*a. fig.*); ✕ *a.* operación *f*; ~**end** *adj.* emprendedor; ⚖**ensberater** *m* asesor *m* de empresas; consejero *m* de gestión; ⚖**ensberatung** *f* asesoramiento *m* de empresas; ⚖**enssteuer** *f* impuesto *m* empresarial (*od.* a las empresas); ⚖**er** *m* empresario *m*; *vertrag-*

licher: contratista *m*; ⚥**erin** *f* mujer *f* empresario, empresaria *f*; ⚥**ertum** *n* (*-s; 0*) empresariado *m*; ⚥**erverband** *m* organización *f* empresarial; ⚥**ung** *f* empresa *f*; ✕ operación *f*; ⚥**ungsgeist** *m* espíritu *m* emprendedor *bzw.* de iniciativa; **~ungslustig** *adj.* emprendedor; activo; (*verwegen*) arrojado.

'**Unter|offizier** *m* suboficial *m*; (*Dienstgrad*) sargento *m*; ⚥**ordnen** (*-e-*) *v/t.* subordinar; *sich ~* subordinarse, someterse; → *a.* ⚥**geordnet**; **~ordnung** *f* subordinación *f*; *Bio.* suborden *m*; **~pacht** *f* subarriendo *m*; **~pächter**(**in** *f*) *m* subarrendatario (*-a f*) *m*; **~pfand** *n* prenda *f* (*a. fig.*); ⚥**pflügen** ✎ *v/t.* enterrar con el arado; **~position** ✞ *f* subpartida *f*; **~produktion** *f* producción *f* insuficiente (*od.* deficitaria); **~programm** *n Computer*: subprograma *m*.

unter'red|en (*-e-; -*) *v/refl.*: *sich mit j-m ~* conversar con alg.; entrevistarse con alg.; ⚥**ung** *f* conversación *f*; conferencia *f*; entrevista *f*.

'**Unterricht** *m* (*-és; 0*) enseñanza *f*; instrucción *f*; (*Stunden*) clases *f/pl.*, lecciones *f/pl.*; *~ nehmen* tomar lecciones (*bei con*); *~ geben* (*od. erteilen*) dar (*od.* impartir) clases; *am ~ teilnehmen* asistir a clase; *morgen ist kein ~ mañana* no hay clase.

unter'richten (*-e-; -*) **I.** *v/t.* enseñar; dar clases (*od.* lecciones); instruir; (*informieren*) informar (*über, von* sobre, de), enterar (de); poner al corriente (de); *unterrichtet sein* estar informado *od.* enterado *od.* al corriente (*über ac.* de); *in unterrichteten Kreisen* en círculos (bien) informados; **II.** *v/refl.*: *sich ~* informarse (*über* de, sobre), enterarse (de), ponerse al corriente de.

'**Unterrichts...**: **~anstalt** *f* centro *m* docente; **~briefe** *m/pl.* lecciones *f/pl.* por correspondencia; **~fach** *n* asignatura *f*; **~film** *m* película *f* educativa; ⚥**frei** *adj.*: *~er Tag* día *m* no lectivo; **~gegenstand** *m* materia *f* (de enseñanza); **~material** *n* material *m* didáctico; **~methode** *f* método *m* didáctico (*od.* de enseñanza); **~raum** *m* (sala *f* de) clase *f*, aula *f*; **~stoff** *m* materia *f* (de enseñanza); **~stunde** *f* lección *f*, clase *f*; **~werk** *n* obra *f* didáctica; **~wesen** *n* enseñanza *f*.

Unter'richtung *f (0)* información *f*; instrucción *f*; *zu Ihrer ~* a título informativo; para su conocimiento.

'**Unter|rock** *m* combinación *f*, enaguas *f/pl.*; ⚥**rühren** *Kochk. v/t.* incorporar.

'**unters** F = *unter das*.

unter'sag|en (*-*) *v/t.* vedar, prohibir; interdecir; ⚥**ung** *f* prohibición *f*; interdicción *f*.

'**Untersatz** *m* base *f*; pie *m*; (*Stütze*) soporte *m*, sostén *m*; △ zócalo *m*, pedestal *m*; *für Töpfe usw.*: platillo *m*; salvamanteles *m*; *für Gläser*: posavasos *m*; *Logik*: menor *f*; *hum. fahrbarer ~* coche *m*.

'**Unterschallgeschwindigkeit** *Phys.* *f* velocidad *f* subsónica.

unter'schätz|en (*-t; -*) subestimar; infravalorar; *fig. a.* tener en poco; menospreciar; ⚥**ung** *f* subestimación *f*; infravaloración *f*.

unter'scheid|bar *adj.* distinguible; discernible; **~en** (*L; -*) *v/t. u. v/i.* distinguir, hacer una distinción (*zwischen dat.* entre); discernir; diferenciar; discriminar; *sich ~* distinguirse, diferenciarse (*von* de; *durch* en, por); **~end** *adj.* distintivo; característico; ⚥**ung** *f* distinción *f*; discernimiento *m*; diferenciación *f*; (*Unterschied*) diferencia *f*; ⚥**ungsmerkmal** *n* señal *f* distintiva; signo *m* (*od.* rasgo *m*) distintivo; característica *f*; ⚥**ungsvermögen** *n* discernimiento *m*; capacidad *f* de discriminación.

'**Unterschenkel** *Anat. m* pierna *f*; **~schicht** *f* capa *f* inferior; (*sozial*) clase *f* baja.

'**unterschieb|en** (*L*) *v/t.* poner (*od.* meter) debajo; *Kind*: su(b)stituir; *fig. j-m et. ~* imputar a alg.; ⚥**ung** *f* su(b)stitución *f*; imputación *f*.

'**Unterschied** *m* (*-és; -e*) diferencia *f*; (*Unterscheidung*) distinción *f*; *feiner ~* matiz *m*; *zum ~ von*, *im ~ zu* a diferencia (*od.* distinción) de; *ohne ~* sin distinción, indistintamente, indiferentemente; *e-n ~ machen* hacer una diferencia (*zwischen dat.* entre); *ohne ~ der Rasse, des Geschlechts usw.* sin distinción de raza, de sexo, etc.; ⚥**lich I.** *adj.* diferente; distinto; (*schwankend*) variable; **II.** *adv.*: *~ behandeln* tratar diferentemente (*od.* de modo distinto); (*diskriminieren*) discriminar; ⚥**slos** *adv.* sin distinción, indistintamente, sin excepción.

'**unterschlagen** (*L*) *v/t. Arme, Beine*: cruzar.

unter'schlag|en (*L; -*) *v/t. Geld*: sustraer; desfalcar; malversar; defraudar; *Testament, Beweisstück*: sustraer; hacer desaparecer; *Brief*: interceptar; (*verheimlichen*) ocultar; ⚥**ung** *f* sustracción *f*; desfalco *m*; malversación *f* (de fondos); defraudación *f*; interceptación *f*; ocultación *f*.

'**Unterschlupf** *m* (*-és; ⚥e*) (*Obdach*) abrigo *m*; refugio *m*; cobijo *m*; (*Versteck*) escondrijo *m*; guarida *f*; ⚥**schlupfen**, ⚥**schlüpfen** (*sn*) *v/i.* cobijarse; refugiarse; buscar abrigo; (*sich verbergen*) esconderse.

unter'|schreiben (*L; -*) *v/t.* firmar; *fig.* suscribir; **~'schreiten** (*L; -*) *v/t.* quedar debajo de; *den Preis ~* ofrecer un precio más bajo (*od.* más barato).

'**Unterschrift** *f* firma *f*; *e-s Bildes*: leyenda *f*; *elektronische ~* firma *f* electrónica; *s-e ~ setzen unter* poner (*od.* estampar) su firma al pie de; **~enmappe** *f* portafirmas *m*; **~sbeglaubigung** *f* legalización *f* de la firma; **~sberechtigt** *adj.* autorizado a firmar; **~s-probe** *f* muestra *f* de la firma; **~s-stempel** *m* estampilla *f*.

'**unterschwellig** *adj.* subliminal.

'**Untersee|boot** *n* submarino *m*; sumergible *m*; *in Zssgn* ⇒ *U-Boot...*; ⚥**isch** *adj.* submarino; **~kabel** *n* cable *m* submarino.

'**Unterseite** *f* parte *f bzw.* lado *m* inferior; ⚥**setzen** (*-t*) *v/t.* poner debajo; **~setzer** *m* platillo *m*; *für Töpfe usw.*: salvamanteles *m*; *für Gläser*: posavasos *m*; ⚥**setzt** *adj. Person*: achaparrado, chato, F regor-
dete; **~'setzung** ⊕ *f* reducción *f*, demultiplicación *f*; **~'setzungsgetriebe** ⊕ *n* engranaje *m* reductor; **~'setzungsverhältnis** ⊕ *n* relación *f* de reducción; ⚥**sinken** (*L; sn*) *v/i.* hundirse, sumergirse; **~spannung** ⚡ *f* subtensión *f*; subvoltaje *m*; ⚥**'spülen** (*-*) *v/t.* derrubiar; socavar; **~'spülen** *n* derrubio *m*.

'**unterst** *adj.* el más bajo; (*letzte*) último; *das ~e Stockwerk* el piso bajo; *das ⚥e zuoberst kehren* volver lo de arriba abajo.

Unter'|staatssekretär *m* subsecretario *m* (de Estado); **~'stadt** *f* barrios *m/pl.* bajos; '**~stand** ✕ *m* abrigo *m*; refugio *m*.

'**unter|stehen** (*L*) *v/i.* estar al abrigo de; **~'stehen** (*L, -*) **I.** *v/i.*: *j-m ~* estar subordinado a alg.; depender de alg.; *bsd.* ✕ estar a (*od.* bajo) las órdenes de; **II.** *v/refl.*: *sich ~*, et. *zu tun* atreverse a hacer a/c.; tener el atrevimiento (*od.* la audacia *od.* la osadía) de hacer a/c.; *was ~ Sie sich!* ¿cómo se atreve usted?; *untersteh dich!* ¡no te atrevas!; **~'stellen** (*-*) *v/t.* subordinar (a), poner bajo el mando (*od.* las órdenes) de; *fig.* (*annehmen*) suponer; (*zuschreiben*) atribuir, imputar (*j-m et.* a/c. a alg.); *unterstellt sein ~ 'stehen*; **~stellen**, *v/t.* poner (*od.* colocar) debajo de; *zum Schutz*: poner al abrigo de; poner a cubierto; *Wagen*: encerrar (en el garaje); *sich ~* ponerse a cubierto; resguardarse (de); refugiarse (en); ⚥**'stellung** *f* imputación *f*; suposición *f*; **~'streichen** (*L; -*) *v/t.* subrayar; *fig. a.* poner de relieve; acentuar; hacer resaltar; ⚥**'streichung** *f* subrayado *m*; ⚥**strömung** *f* corriente *f* de fondo; *fig.* tendencia *f* oculta; ⚥**stufe** *f* primer grado *m*; grado *m* inferior.

unter'stütz|en (*-t; -*) *v/t.* apoyar (*a. fig.*); *fig.* secundar; respaldar; (*helfen*) ayudar, socorrer, asistir (*fördern*) favorecer; fomentar; patrocinar; *mit Geld*: subvencionar; ⚥**ung** *f* apoyo *m*; sostén *m*; respaldo *m*; ayuda *f*, socorro *m*, asistencia *f*; protección *f*; fomento *m*; patrocinio *m*; *finanzielle*: subvención *f*; subsidio *m*; **~ungsbedürftig** *adj.* menesteroso, necesitado de socorro (*od.* de asistencia); ⚥**ungs-empfänger** *m* beneficiario *m* de un subsidio; subsidiado *m*; ⚥**ungsfonds** *m* fondo *m* de socorro (*od.* de asistencia); ⚥**ungsgelder** *n/pl.* subsidios *m/pl.*; ⚥**ungskasse** *f* caja *f* de socorros; ⚥**ungsverein** *m* sociedad *f* de socorros mutuos.

unter'such|en (*-*) *v/t.* examinar; (*erforschen*) explorar; (*prüfen*) estudiar; investigar (*a. wissenschaftlich*); (*nachprüfen*) comprobar, verificar; inspeccionar; 🎤 analizar; *Zoll*: registrar, revisar; 🏥 reconocer, examinar; visitar; explorar; 🔬 indagar, pesquisar; ⚥**ung** *f* examen *m*; investigación *f*; exploración *f*; estudio *m*; comprobación *f*, verificación *f*, inspección *f*; 🎤 análisis *m*; *Zoll*: registro *m*; 🏥 reconocimiento *m* (médico), revisión *f* (médica); visita *f*; examen *m* (médico); exploración *f*; 🔬 indagación *f*, pesquisa *f*; (*Umfrage*) encuesta *f*.

Unter'suchungs...: **~ausschuß** *m*

comisión *f* investigadora; ~**gefangene(r)** *m* → ~*häftling*; ~**gericht** *n* juzgado *m* de instrucción; ~**haft** *f* prisión *f* preventiva (*od.* provisional); ~**häftling** *m* preso *m* preventivo; ~**richter** *m* juez *m* instructor (*od.* de instrucción).
Unter'tage|arbeiter ⚒ *m* minero *m* de fondo; ~**bau** ⚒ *m* explotación *f* subterránea.
'**untertan I.** *adj.* sumiso; sometido; *sich ein Volk* ~ *machen* someter un pueblo; **II.** ⌀ *m* (-*s od.* -*en*; -*en*) súbdito *m*.
'**untertänig** *adj.* sumiso; humilde; ⌀**keit** *f* (0) sumisión *f*.
'**Unter|tasse** *f* platillo *m*; *fliegende* ~ platillo *m* volante; ⌀**tauchen I.** (*sn*) *v/i.* sumergirse; *beim Baden:* zambullirse, dar una zambullida; *fig.* desaparecer; *in der Menge usw.:* perderse; **II.** *v/t.* sumergir; zambullir; ~**tauchen** *n* sumersión *f*; zambullida *f*; ~**teil** *m/n* parte *f* inferior (*od.* baja); ⌀'**teilen** (-) *v/t.* subdividir; desglosar; ~'**teilung** *f* subdivisión *f*; desglose *m*; ~**temperatur** ⚕ *f* hipotermia *f*; ~**titel** *m* subtítulo *m*; ⌀'**titeln** (-) *v/t.* subtitular; ~**ton** ♩ *m* tono *m* concomitante; *fig.* matiz *m*; deje *m*; ⌀'**treiben** (*L*; -) *v/t. u. v/i.* quitar importancia (a a/c.); pecar de modesto; ⌀'**tunneln** (-*le*; -) *v/t.* construir (*od.* abrir) un túnel debajo de; ⌀**vermieten** (-*e*-; -) *v/t.* subarrendar; realquilar; ~**vermieter(in** *f*) *m* subarrendador(a*f*) *m*; ~**vermietung** *f* subarriendo *m*; ⌀**versichern** (-*re*; -) *v/t.* asegurar insuficientemente; ~**versicherung** *f* seguro *m* insuficiente, infraseguro *m*; ~**versorgung** *f* desabastecimiento *m*; ~**vertrag** *m* subcontrato *m*; ~**vertreter** ✝ *m* subagente *m*; ~**verzeichnis** *n* subdirectorio *m*; ⌀'**wandern** (-*re*; -) *v/t.* infiltrarse (en); ~'**wanderung** *f* infiltración *f*; ⌀**wärts** *adv.* hacia abajo; ~**wäsche** *f* ropa *f* interior; ~'**wasserbombe** ⚓ *f* bomba *f* submarina; carga *f* de profundidad; ~'**wasserfahrt** *f* U-*Boot:* marcha *f* en inmersión; ~'**wassergeschwindigkeit** *f* U-*Boot:* velocidad *f* en inmersión; ~'**wasserkamera** *f* tomavistas *m* submarino; ~'**wassermassage** ⚕ *f* masaje *m* subacuático; ~'**wasserortungsgerät** *n* sonar *m*; ~'**wassersport** *m* submarinismo *m*; ⌀'**wegs** *adv.* en (el) camino; durante el viaje; ~ *nach con* rumbo a; camino de; ⌀'**weisen** (*L*; -) *v/t.* instruir; aleccionar; enseñar; ~'**weisung** *f* instrucción *f*; aleccionamiento *m*; enseñanza *f*; ~**welt** *f Myt.* infiernos *m/pl.*; *fig.* (*Verbrecherwelt*) bajos fondos *m/pl.*; mundo *m* del hampa; ⌀'**werfen** (*L*; -) *v/t.* someter; (*unterjochen*) subyugar; avasallar; *sich* ~ someterse *a*; *fig.* sujetarse a a/c.; ~'**werfung** *f* sumisión *f*; subyugación *f*; avasallamiento *m*; sujeción *f* (*unter ac.* a); ⌀'**worfen** *adj.* sometido (a); sujeto (a); *der Mode* ~ *sein* depender de la moda; ⌀'**wühlen** (-) *v/t.* → ⌀**graben**; ⌀'**würfig** *adj.* sumiso; (*kriecherisch*) servil; ~'**würfigkeit** *f* (0) sumisión *f*; servilismo *m*.
unter'zeichn|en (-*e*-; -) *v/t.* firmar; ⌀**er** *m* firmante *m*; *bsd. Pol.* signatario *m*; ⌀**erstaat** *m* Estado *m* signatario; ⌀**ete(r)** *m: der* ~ el que suscribe; *el abajo firmado* (*od.* firmante); el infrascrito; ⌀**ung** *f* firma *f*.
'**Unterzeug** *n* ropa *f* interior.
'**unterziehen** (*L*) *v/t.* poner(se) debajo; *Kochk.* incorporar.
unter'ziehen (*L*; -) *v/t.* someter (a); *sich e-r Sache* (*dat.*) ~ someterse a a/c.; sufrir a/c.; *sich der Mühe* ~ *zu* (*inf.*) tomarse la molestia de (*inf.*).
'**untief** *adj.* poco profundo.
'**Untiefe** *f* ⚓ bajo fondo *m*, bajo *m*, bajío *m*; (*Abgrund*) abismo *m*.
'**Untier** *n* monstruo *m* (*a. fig.*).
un'|tilgbar *adj.* inextinguible; imborrable; indeleble; *Schuld:* no amortizable; *Hypothek:* irredimible; ~'**tragbar** *adj.* insoportable; intolerable; inaguantable; '~**trainiert** *adj.* no entrenado; desentrenado; ~'**trennbar** *adj.* inseparable; ⌀~'**trennbarkeit** *f* inseparabilidad *f*.
'**untreu** *adj.* infiel (*gegen* a); desleal; *fig.* e-r *Sache* ~ *werden* faltar a a/c.; desertar de a/c.; *sich selbst* ~ *werden* apartarse de sus principios; renegar de sí mismo; ⌀**e** *f* infidelidad *f*; deslealtad *f*; ~ *in der Ehe* infidelidad *f* conyugal; ~ *im Amt* prevaricación *f*.
un'|tröstlich *adj.* inconsolable; no consolado; ⌀'**tröstlichkeit** *f* (0) desconsuelo *m*; ~'**trüglich** *adj.* infalible; (*sicher*) seguro, certero; ⌀'**trüglichkeit** *f* (0) infalibilidad *f*; seguridad *f*; certeza *f*; '~**tüchtig** *adj.* incapaz, inútil; '⌀**tüchtigkeit** *f* incapacidad *f*; inutilidad *f*; ⌀'**tugend** *f* vicio *m*; mala costumbre *f*.
un-über'|brückbar *fig. adj.* insuperable; *Gegensatz:* inconciliable; '~**legt** *adj.* inconsiderado; irreflexivo; atolondrado; '⌀**legtheit** *f* inconsideración *f*; irreflexión *f*; ligereza *f*; ~'**prüfbar** *adj.* no comprobable; incontrolable; ~'**schreitbar** *adj.* infranqueable; ~'**sehbar** *adj.* inmenso; incalculable; ⌀'**sehbarkeit** *f* (0) inmensidad *f*; ~'**setzbar** *adj.* intraducible; '~**sichtlich** *adj.* poco claro, confuso; complejo; intrincado; *Kurve:* de visibilidad reducida; *Gelände:* de difícil orientación; ~'**steigbar** *adj.* insuperable (*a. fig.*); infranqueable; ~'**tragbar** *adj.* intransferible; intransmisible; ~'**trefflich** *adj.* insuperable; soberano; incomparable; ~'**troffen** *adj.* sin par; sin rival; inigualado; ~'**windlich** *adj.* invencible; *Schwierigkeit:* insuperable; insalvable; *Gegensatz:* inconciliable; ⌀'**windlichkeit** *f* (0) invencibilidad *f*.
'**un-üblich** *adj.* inusitado; *es ist* ~ no es costumbre; no se estila.
un-um'|gänglich *adj.* indispensable, imprescindible; de rigor; ineludible; ~'**schränkt** *adj.* ilimitado, sin límites; *Pol.* absoluto; ~'**stößlich** *adj.* irrefutable; (*unbestreitbar*) indiscutible, incontestable; (*unwiderruflich*) irrevocable; ~'**stritten** *adj.* indiscutido; '~**wunden I.** *adj.* franco; categórico; **II.** *adv.* con (toda) franqueza; sin reserva; sin rodeos; sin tapujos.
'**un-unterbrochen I.** *adj.* ininterrumpido, continuo; incesante; **II.** *adv.* sin interrupción; continuamente; sin descanso; sin tregua.
'**unver|änderlich** *adj.* invariable (*a. Gr.*); inalterable; inmutable; (*beständig*) estable; constante; ⌀**änderlichkeit** *f* (0) invariabilidad *f*; inalterabilidad *f*; inmutabilidad *f*; ~**ändert I.** *adj.* inalterado; **II.** *adv.* sin cambiar; como siempre; igual que antes; *et.* ~ *lassen* no cambiar nada; ~**antwortlich** *adj.* irresponsable; (*unverzeihlich*) imperdonable; inexcusable; ⌀**antwortlichkeit** *f* (0) irresponsabilidad *f*; ~**arbeitet** *adj.* sin labrar; tosco; bruto; *fig.* sin digerir; no asimilado; ~**äußerlich** *adj.* inalienable; inajenable; ⌀**äußerlichkeit** *f* (0) inalienabilidad *f*; ~**besserlich** *adj.* incorregible; empedernido; ⌀**besserlichkeit** *f* (0) incorregibilidad *f*; ~**bildet** *adj.* sencillo; natural; ~**bindlich I.** *adj.* no obligatorio; (*unfreundlich*) poco amable; poco cortés; **II.** *adv.* sin compromiso; sin obligación; ✝ *Preise:* sujeto a variación; **II.** *adv.* sin compromiso; sin obligación; ~**blümt I.** *adj.* seco; crudo; **II.** *adv.* a secas; de plano; rotundamente; a las claras; sin rodeos; ~**braucht** *fig. adj.* bien conservado; fresco; ~**brennbar** *adj.* incombustible; ~**brüchlich** *adj.* inviolable; *Schweigen:* absoluto; *Gehorsam, Glaube:* ciego; ~**bürgt** *adj.* no garantizado; *Nachricht:* no confirmado; ~**dächtig** *adj.* nada sospechoso; ~**daulich** *adj.* indigesto (*a. fig.*); indigestible; ⌀**daulichkeit** *f* (0) indigestibilidad *f*; ~**daut** *adj.* mal digerido (*a. fig.*); sin digerir; ~**derblich** *adj.* incorruptible; ~**dient I.** *adj.* inmerecido; **II.** *adv.* ~**dienter'maßen**, ~**dienter'weise** *adv.* sin merecerlo; injustamente; ~**dorben** *adj. Ware:* en buen estado; fresco; *fig.* incorrupto; puro; inocente; ⌀**dorbenheit** *f* (0) incorrupción *f* (*a. fig.*); pureza *f*; inocencia *f*; ~**drossen** *adj.* infatigable, incansable, perseverante; (*geduldig*) paciente; ⌀**drossenheit** *f* perseverancia *f*; ~**dünnt** *adj.* no diluido, sin diluir; (*konzentriert*) concentrado; ~**ehelicht** *adj.* soltero; célibe; ~**eidigt** *adj.* no jurado; ~**einbar** *adj.* incompatible (*mit con*); inconciliable; ⌀**einbarkeit** *f* (0) incompatibilidad *f*; ~**fälscht** *adj.* no falsificado; no adulterado; (*echt*) verdadero; genuino; legítimo; auténtico; puro; ⌀**fälschtheit** *f* (0) pureza *f*; autenticidad *f*; ~**fänglich** *adj.* inofensivo; sin segunda intención; ~**froren** *adj.* impertinente; insolente; descarado, desvergonzado, F desfachatado, fresco; ⌀**frorenheit** *f* insolencia *f*; descaro *m*, desvergüenza *f*; F desfachatez *f*, frescura *f*; cara *f* dura; ~**gänglich** *adj.* imperecedero; (*unsterblich*) inmortal; ⌀**gänglichkeit** *f* (0) inmortalidad *f*; ~**gessen** *adj.* inolvidado; ~**geßlich** *adj.* inolvidable; ~**gleichlich** *adj.* incomparable; inigualable; sin par, sin igual; sin rival; ~**hältnismäßig** *adj.* desproporcionado; excesivo; ~**heiratet** *adj.* soltero; ~**hofft I.** *adj.* inesperado; impensado, inopinado; (*unvorhergesehen*) imprevisto; (*plötzlich*) repentino; **II.** *adv.* inesperadamente; de improviso; cuando menos se esperaba; ~**hohlen I.** *adj.* abierto; franco; sincero; **II.** *adv.* abiertamente; con toda franqueza; francamente; sin disimulo; sin tapujos; ~**hüllt** *adj.* sin velo; *fig.* →

~hohlen; ~jährbar ⚡ adj. imprescriptible; ⩘jährbarkeit ⚡ f imprescriptibilidad f; ~käuflich adj. invendible; (nicht feil) no destinado a la venta; fuera de venta; ~kennbar adj. inconfundible; inequívoco; (offensichtlich) evidente, manifiesto, patente; ~langt adj. no pedido; no solicitado; ~letzbar, ~letzlich adj. invulnerable; fig. inviolable; ⩘letzlichkeit f invulnerabilidad f; fig. inviolabilidad f; ~letzt adj. Person: ileso; sano y salvo; weit S. intacto; indemne; ~ bleiben salir ileso; ~lierbar adj. imperdible; ~mählt adj. soltero; ~meidlich adj. inevitable, ineludible, fatal; ~mietet adj. desalquilado; sin alquilar; ~mindert adj. no disminuido, sin disminuir; constante; ~mischt adj. puro, sin mezcla; ~mittelt I. adj. directo; (plötzlich) súbito, repentino; brusco; (unerwartet) inesperado; II. adv. de repente; cuando menos se esperaba; ⩘mögen n (-s; 0) incapacidad f; impotencia f; ~mögend adj. (mittellos) sin recursos, pobre; sin fortuna; ~mutet adj. u. adv. → ~hofft; ⩘nunft f falta f de juicio; insensatez f; (Unklugheit) imprudencia f; ~nünftig adj. irrazonable; insensato; imprudente; ~öffentlich adj. inédito; ~packt adj. sin embalar; a granel; ~richteter'dinge adv. sin haber logrado su propósito; con las manos vacías; ~rückbar adj. inmóvil; fig. firme; fijo; das steht ~ fest es definitivo; ~schämt adj. desvergonzado; impertinente; insolente; descarado, F desfachatado, fresco; F Preis: exorbitante, F escandaloso; ~ lügen mentir descaradamente; ~er Kerl sinvergüenza m; F caradura m, carota m; F ~es Glück suerte f loca; ⩘schämtheit f desvergüenza f; impertinencia f; insolencia f; descaro m, F desfachatez f, frescura f; cara f dura; ~schleiert adj. sin velo; ~schlossen adj. sin cerrar, no cerrado; ~schuldet I. adj. inmerecido; ✝ libre de deudas; II. adv. sin culpa mía, tuya, etc.; sin ser culpable; (unverdient) sin merecerlo; ~sehens adv. de improviso; de repente; de sopetón; ~sehrt adj. ileso; incólume, indemne; sano y salvo; Sache: intacto; ⩘sehrtheit f (0) integridad f (a. fig.); ~sichert adj. no asegurado; ~siegbar, ~sieglich adj. inagotable; ~siegelt adj. sin sello; sin sellar; ~söhnlich adj. irreconciliable; implacable; intransigente; ⩘söhnlichkeit f (0) implacabilidad f; intransigencia f; ~sorgt adj. sin medios (de subsistencia); desamparado; ⩘stand m falta f de juicio; insensatez f; (Dummheit) estupidez f; ~standen adj. incomprendido; ~ständig adj. poco razonable; insensato; imprudente; atolondrado, irreflexivo; ~ständlich adj. incomprensible; ininteligible; das ist mir ~ no me lo explico; ⩘ständlichkeit f (0) incomprensibilidad f; ~stellbar ⊕ adj. no ajustable; fijo; ~steuert adj. libre de impuestos; sin pagar impuestos; ~sucht adj.: nichts ~ lassen, um zu (inf.) no omitir esfuerzos para (inf.); ~träglich adj. Person: insociable; intratable; (streitsüchtig) pendenciero; (unvereinbar) incompatible; ⩘träglichkeit f (0) insociabilidad f; carácter m intratable; incompatibilidad f; Phar. intolerancia f; ~wandt adj. fijo; inmóvil; ~ ansehen mirar fijamente; ~wechselbar adj. inconfundible; ~welklich adj. a. fig. inmarchitable, inmarcesible; ~wendbar adj. inservible; no utilizable; ~weslich adj. incorruptible; imputrescible; ~wischbar adj. imborrable; indeleble; ~wundbar adj. invulnerable; ⩘wundbarkeit f (0) invulnerabilidad f; ~'wüstlich adj. indestructible; muy resistente; fig. imperturbable; Gesundheit: inquebrantable, F a prueba de bomba; Humor: inagotable; ~zagt adj. intrépido, impávido; denodado; ⩘zagtheit f (0) intrepidez f, impavidez f; denuedo m; ~zeihlich adj. imperdonable; ~zinslich ✝ adj. sin interés; ~zollt adj. sin pagar derechos; ~züglich I. adj. inmediato; II. adv. sin demora, sin tardar; inmediatamente; en el acto.

'unvoll|endet adj. inacabado; inconcluso; incompleto; ~kommen adj. imperfecto; defectuoso; ⩘kommenheit f imperfección f; ~ständig adj. incompleto; Verb: defectivo; ⩘ständigkeit f (0) estado m incompleto; ~zählig adj. incompleto.

'unvor|bereitet I. adj. no preparado; improvisado; (unversehens) desprevenido; II. adv. sin estar preparado, sin preparación; ~denklich adj.: seit ~en Zeiten desde tiempos inmemoriales; ~eingenommen adj. imparcial; objetivo; no prevenido; libre de todo prejuicio; ⩘eingenommenheit f (0) imparcialidad f; objetividad f; ~hergesehen adv. imprevisto; fortuito; inesperado; ~e Ausgaben imprevistos m/pl.; ~hersehbar adj. imprevisible; ~schriftsmäßig adj. contrario a las prescripciones bzw. a las reglas; irregular; ~sichtig adj. imprudente; incauto; inconsiderado; ⩘sichtigkeit f descuido m; imprudencia f, inconsideración f; ~'stellbar adj. inimaginable; inconcebible; (unglaublich) increíble; ~teilhaft adj. poco ventajoso; desventajoso; desfavorable; Kleid: nada favorecedor; ~ wirken hacer mal efecto.

un'wägbar adj. imponderable; ~e Dinge imponderables m/pl.; ⩘keit f (0) imponderabilidad f.

'unwahr adj. falso; inexacto; ~haftig adj. insincero; mentiroso; mendaz; ⩘haftigkeit f falta f de veracidad; insinceridad f; ⩘heit f falsedad f; mentira f; die ~ sagen mentir, faltar a la verdad; ~scheinlich adj. poco probable; improbable; inverosímil; F fig. fantástico; increíble; ⩘scheinlichkeit f improbabilidad f; inverosimilitud f.

un'wandelbar adj. inmutable; invariable, constante; inalterable; ⩘keit f inmutabilidad f; invariabilidad f, constancia f; inalterabilidad f.

'unwegsam adj. impracticable; intransitable; sin caminos.

'unweiblich adj. poco femenino; impropio de la mujer.

un'weigerlich I. adj. inevitable, seguro; absoluto; fatal; II. adv. sin falta; infaliblemente.

'unweise adj. poco inteligente; imprudente.

'unweit prp. (gen.) cerca de; a poca distancia de; no lejos de.

'unwert adj. indigno (de).

'Unwesen n (-s; 0) abusos m/pl.; excesos m/pl.; sein ~ treiben hacer de las suyas; an e-m Ort: infestar (un lugar).

'unwesentlich adj. poco importante; irrelevante; insignificante; secundario, accesorio; das ist ~ (eso) no tiene importancia; ⩘keit f insignificancia f.

'Unwetter n temporal m (de viento y lluvia); borrasca f; (Gewitter) tormenta f.

'unwichtig adj. sin importancia; insignificante; de poca monta; das ist ~ (eso) no tiene importancia; ⩘keit f poca importancia f; insignificancia f; ~en pl. futilidades f/pl.; bagatelas f/pl.

unwider|'legbar , ~'leglich adj. irrefutable; Beweis: concluyente; ⩘'legbarkeit f, ⩘'leglichkeit f carácter m irrefutable; ~'ruflich adj. irrevocable; (endgültig) definitivo; ⩘'ruflichkeit f irrevocabilidad f; ~'sprochen adj. no contradicho; ~'stehlich adj. irresistible.

unwieder'bringlich adj. irrecuperable; Verlust: irreparable; ~ verloren perdido para siempre.

'Unwill|e m indignación f; (Ärger) enojo m; irritación f; ⩘ig I. adj. indignado (über ac. de, por); enojado; II. adv. de mala gana; ~ werden indignarse (über j-n con alg.); ⩘kommen adj. indeseable; (ungelegen) inoportuno; intempestivo; ⩘kürlich I. adj. involuntario; espontáneo; instintivo; (mechanisch) maquinal; automático; II. adv. involuntariamente; sin querer; maquinalmente; instintivamente.

'unwirk|lich adj. irreal; ⩘lichkeit f (0) irrealidad f; ~sam adj. ineficaz; inoperante; a. ⚔ inactivo; ⩘samkeit f (0) ineficacia f; inoperancia f; inactividad f.

'unwirsch adj. malhumorado; (schroff) áspero, desabrido; brusco; hosco.

'unwirt|lich adj. inhospitalario, inhóspito; ⩘lichkeit f (0) inhospitalidad f; ~schaftlich adj. antieconómico; poco racional; no rentable.

'unwissen|d adj. ignorante; ⩘heit f (0) ignorancia f; ~schaftlich adj. poco científico; anticientífico; ~tlich adv. sin saberlo; sin querer(lo); inconscientemente.

'unwohl adj. indispuesto; ich fühle mich ~ no me siento bien; Frau: ~ sein tener la regla; ⩘sein n indisposición f; malestar m; der Frau: regla f.

'unwohnlich adj. poco confortable.

'unwürdig adj. indigno; ⩘keit f (0) indignidad f.

'Unzahl f (0) sinnúmero m; sinfín m; infinidad f.

un'zähl|bar, ~ig adj. innumerable, incontable; ~ige Male = ~ige'mal adv. mil veces; infinidad de veces.

un'zähmbar adj. indomable; fig. indómito.

'unzart adj. poco delicado; indelicado; ⩘heit f falta f de delicadeza.

'Unze f onza f.

'**Unzeit** f: zur ~ a destiempo, inoportunamente; a deshora; a mala hora; intempestivamente; ~**gemäß** adj. (unpassend) inoportuno; (altmodisch) pasado de moda; anacrónico.

'**unzer|brechlich** adj. irrompible; inquebrantable; ~**legbar** adj. ⚖ que no puede descomponerse bzw. ⊕ desmontarse; ~**reißbar** adj. irrompible; ~**störbar** adj. indestructible; 2**störbarkeit** f indestructibilidad f; ~**trennlich** adj. inseparable; ~2**trennlichkeit** f inseparabilidad f.

Unzi'al|e f, ~**schrift** Typ. f (escritura f) uncial f.

'**unziem|end**, ~**lich** adj. (ungehörig) inconveniente; impertinente; (unanständig) indecoroso; indecente; 2~**lichkeit** f (0) inconveniencia f; impertinencia f; indecencia f.

'**unzivilisiert** adj. no civilizado; bárbaro.

'**Unzucht** f (0) impudicia f, deshonestidad f; lujuria f; lascivia f; fornicación f; ⚖ abusos m/pl. deshonestos; gewerbsmäßige ~ prostitución f; ~ treiben prostituirse; fornicar.

'**unzüchtig** adj. impúdico, deshonesto; lascivo; obsceno; Schrift: pornográfico; ~**keit** f impudicia f; lascivia f; obscenidad f.

'**unzu|frieden** adj. poco satisfecho; insatisfecho; descontento (mit de, con); 2**friedenheit** f (0) descontento m; insatisfacción f; ~**gänglich** adj. inaccesible; inabordable; fig. a. reservado; 2**gänglichkeit** f (0) inaccesibilidad f; ~**länglich** adj. insuficiente; deficiente; 2**länglichkeit** f insuficiencia f; deficiencia f; ~**lässig** adj. inadmisible; ilícito; ⚖ improcedente; 2**lässigkeit** f (0) ilicitud f; ⚖ improcedencia f; ~**mutbar** adj. que no puede ser exigido (de alg.); irrazonable; inaceptable; ~**rechnungsfähig** adj. irresponsable, no responsable de sus acciones; ⚖ inimputable; 2**rechnungsfähigkeit** f (0) irresponsabilidad f; ⚖ inimputabilidad f; ~**reichend** adj. insuficiente; ~**sammenhängend** adj. incoherente; ~**ständig** adj. incompetente; 2**ständigkeit** f (0) incompetencia f; ~**stellbar** 🕊 adj. de destinatario desconocido; ~er Brief carta f devuelta; ~**träglich** adj. perjudicial a (o de); (ungesund) a. malsano; 2**träglichkeit** f (0) inconveniente m; ~**treffend** adj. inexacto; erróneo; ~**verlässig** adj. poco seguro; a. Wetter: inseguro; dudoso; Person: de poca confianza; poco formal, informal; Gedächtnis: infiel; er ist ~ no es de fiar; 2**verlässigkeit** f (0) inseguridad f; falta f de seriedad (od. formalidad); informalidad f.

'**unzweckmäßig** adj. inadecuado; no apropiado; poco conveniente; poco indicado; 2**keit** f (0) inconveniencia f; inoportunidad f.

'**unzweideutig** adj. inequívoco; claro; preciso.

'**unzweifelhaft** I. adj. indudable; II. adv. sin duda; indudablemente.

'**Update** n (-s;-s), '**Upgrade** n (-s;-s) Computer: versión f actualizada.

'**üppig** adj. ⚘ exuberante (a. fig.); lozano; (~ wuchernd) lujuriante; (reichlich) abundante; copioso; opulento; Mahl: a. opíparo; (schwelge-risch) voluptuoso (a. Figur); (füllig) rollizo; (prächtig) suntuoso, fastuoso; ~ leben vivir a cuerpo de rey; 2**keit** f (0) exuberancia f; lozanía f; abundancia f; copiosidad f; opulencia f; suntuosidad f; voluptuosidad f.

Ur Zoo. m (-es; -e) uro m; '~**abstimmung** f referéndum m; '~**ahn(e)** f m bisabuelo (-a f) m; die ~en los antepasados.

U'ral m (Fluß) Ural m; (Gebirge) Urales m/pl.

'**ur-alt** adj. viejísimo; vetusto; antiquísimo; seit ~en Zeiten desde tiempos inmemoriales.

Urä'mie ⚕ f uremia f.

U'ran ⚛ n (-s; 0) uranio m; ~**anreicherung** f enriquecimiento m de uranio.

'**Ur-anfang** m (primer) origen m.

u'ran|haltig adj. uranífero; 2**pecherz** n uranita f; 2**salz** n sal f de uranio; 2**säure** f ácido m uránico.

'**Uranus** Astr. m Urano m.

U'ranvorkommen n yacimiento m uranífero.

'**ur-aufführ|en** v/t. estrenar; 2**ung** f estreno m absoluto, riguroso estreno m.

Urbani|sati'on f urbanización f; 2'**sieren** (-) v/t. urbanizar; ~'**tät** f (0) urbanidad f.

'**urbar** adj. cultivable; laborable; ~ machen roturar; poner en cultivo; 2**machung** f roturación f; puesta f en cultivo.

'**Ur-**: ~**bedeutung** f significación f primitiva; sentido m original; ~**beginn** m → ~**anfang**; ~**bevölkerung** f, ~**bewohner** m/pl. habitantes m/pl. primitivos; aborígenes m/pl.; población f autóctona; ~**bild** n original m; prototipo m; arquetipo m; 2**deutsch** adj. muy alemán; 2'**eigen** adj. innato; inherente; in Ihrem ~sten Interesse en su propio interés; ~**einwohner** m/pl. → ~**bevölkerung**; ~**enkel(in** f) m bisnieto (-a f) m; ~**fassung** f versión f original; ~**form** f forma f primitiva; 2**ge'mütlich** adj. muy agradable; muy acogedor; ~**geschichte** f prehistoria f; 2**geschichtlich** adj. prehistórico; ~**gestein** Geol. n roca f primitiva; ~**groß-eltern** pl. bisabuelos m/pl.; ~**großmutter** f bisabuela f; ~**großvater** m bisabuelo m.

'**urig** adj. (muy) original; castizo.

U'rin m (-s; -e) orina f; ~**glas** n orinal m.

uri'nieren (-) v/i. orinar.

u'rin|treibend adj. diurético; ~es Mittel diurético m; 2**untersuchung** f uroscopia f.

'**Ur-**: ~**kirche** f Iglesia f primitiva; 2'**komisch** adj. muy cómico; muy divertido (od. gracioso); ~**kraft** f fuerza f primitiva.

Urkund|e f documento m; título m; bsd. Pol. instrumento m; carta f; (Diplom) diploma m (Akte) acta f; notarielle: escritura f; zu Urkund dessen en fe de lo cual; ~**enbeweis** m prueba f documental; ~**enfälscher** m falsificador m de documentos; ~**enfälschung** ⚖ f falsedad f en documentos; falsificación f de documentos; 2**lich** adj. documental; documentado; ~ belegen documentar; ~**sbeamte(r)** m (oficial m) fedatario m; actuario m.

'**Urlaub** m (-es; -e) permiso m; ⚔ a. licencia f; (Ferien) vacaciones f/pl.; ~ nehmen tomar vacaciones; pedir permiso; auf ~ sein estar de vacaciones; ⚔ estar con (od. de) permiso (od. de licencia); in ~ gehen ir de permiso bzw. de vacaciones; bezahlter ~ vacaciones f/pl. retribuidas; ~**er** m turista m; Neol. vacacionista m; (Sommerfrischler) veraneante m; ⚔ soldado m con licencia; ~**s-anspruch** m derecho m a vacaciones; ~**sgeld** n suplemento m por vacaciones; ~**sgesuch** n petición f de licencia; ~**sland** n país m turístico; ~**sreise** f viaje m turístico; ~**sreisende(r)** m turista m; ~**sschein** ⚔ m (hoja f de) permiso bzw. licencia f; ~**s-überschreitung** ⚔ f ausencia f sin permiso; ~**szeit** f tiempo m de permiso.

'**Urmensch** m hombre m primitivo.

'**Urne** f urna f; ~**nhalle** f columbario m.

Uro|'loge m (-n) urólogo m; ~**lo'gie** f (0) urología f; ~'**meter** ⚗ n urómetro m; ~**sko'pie** ⚗ f uroscopia f.

'**Ur...**: 2'**plötzlich** I. adj. repentino, súbito; II. adv. de repente; de improviso; de sopetón; ~**quell** m fuente f primitiva; fig. origen m; ~**sache** f causa f; (Grund) razón f; (Beweggrund) motivo m; (keine) ~ haben zu (no) tener motivo para; alle ~ haben zu tener sobrada razón para; keine ~! ¡de nada!; ¡no hay de qué!; kleine ~, große Wirkung F con pequeña brasa se enciende una casa; 2**sächlich** adj. causal; ~**er Zusammenhang** nexo m causal; ~**sächlichkeit** f (0) causalidad f; ~**schrift** f original m; autógrafo m; 2**schriftlich** adj. en original; ~**sprache** f lengua f primitiva (od. original); ~**sprung** m origen m; (Herkunft) a. procedencia f; (Quelle) fuente f; (Entstehung) nacimiento m; s-n ~ haben in tener su origen en; proceder de; provenir de; deutschen ~s de origen alemán; de procedencia alemana; 2**sprünglich** I. adj. original; originario; primitivo; primordial; (anfänglich) inicial; fig. Person: natural; II. adv. originalmente; primitivamente; (anfangs) al principio; ~**sprünglichkeit** f (0) originalidad f; fig. naturalidad f; ~**sprungsbezeichnung** f denominación f de origen; ~**sprungsland** n país m de origen; ~**sprungsnachweis** m justificación f de origen; ~**sprungsvermerk** m indicación f de origen; ~**sprungszeugnis** n certificado m de origen; ~**stoff** m materia f prima; ⚛ elemento m.

'**Urteil** n (-es; -e) juicio m; ⚖ sentencia f, fallo m; der Geschworenen: veredicto m; e-s Schiedsrichters: laudo m; (Gutachten) dictamen m (pericial); (Entscheidung) decisión f; (Meinung) opinión f, juicio m, parecer m; criterio m; ein ~ fällen (od. abgeben) über (ac.) emitir un juicio sobre; sich ein ~ bilden über (ac.) formarse (od. hacerse) una idea de;

'Urteils...: ~aufhebung f revocación f de sentencia; casación f (od. anulación f) de sentencia; ~begründung f considerandos m/pl.; ~eröffnung f publicación f de la sentencia; ⁀fähig adj. capaz de discernir; competente para juzgar; ~fähigkeit f (0) juicio m; discernimiento m; ~fällung f pronunciamiento m de sentencia; ~kraft f → ~fähigkeit; ~spruch m sentencia f; fallo m; der Geschworenen: veredicto m; ~verkündung f pronunciamiento m (od. publicación f) de la sentencia; ~vermögen n → ~fähigkeit; ~vollstreckung f ejecución f de (la) sentencia.

'Ur...: ~text m texto m original; ~tierchen Zoo. n/pl. protozoarios m/pl.; ⁀tümlich adj. primitivo; ~tümlichkeit f (0) primitivismo m; ~typ(us) m arquetipo m.

'Uruguay n Uruguay m.
Urugu'ay|er m, ⁀isch adj. uruguayo (m).

'Ur...: ~urgroßmutter f tatarabuela f; ~urgroßvater m tatarabuelo m; ~vater m: ~ Adam nuestro primer padre; ⁀verwandt adj. de común origen; ~verwandtschaft f comunidad f de origen; ~volk n pueblo m primitivo; aborígenes m/pl.; ~wahl f elección f primaria; ~wald m selva f virgen; ~welt f mundo m primitivo; ⁀weltlich adj. primitivo; antediluviano; ⁀wüchsig adj. primitivo; original; (bodenständig) autóctono; nativo; (kraftvoll) robusto; fig. natural; de pura cepa; ingenuo; ~wüchsigkeit f (0) robustez f; fig. ingenuidad f; ~zeit f tiempos m/pl. primitivos; seit ~en desde tiempos inmemoriales; desde que el mundo es mundo; ~zelle f célula f primitiva; ~zeugung Bio. f generación f espontánea; ~zustand m estado m primitivo.

U'sance [y'za:s] ✝ f uso m, costumbre f.
Us'bekistan n (-s) Uzbekistán m.
'User(in f) m Computer: usuario (-a f) m.
'Usowechsel ✝ m letra f de vencimiento usual; giro m corriente.
Usur|pati'on f usurpación f; ~'pator m (-s; -'oren) usurpador m; ⁀pa'torisch adj. usurpatorio; ⁀'pieren (-) v/t. usurpar.
'Usus m (-; 0) uso m; costumbre f.
Uten'silien pl. utensilios m/pl.; útiles m/pl.; enseres m/pl.
'Uterus Anat. m (-; -ri) útero m.
Utili|'tarier m utilitario m; ~'ta'rismus m (-; 0) utilitarismo m; ⁀ta'ristisch adj. utilitario.
Uto'pie f utopía f.
u'topisch adj. utópico.
Uto'pist m (-en) utopista m.
'uze|n [u:] (-t) F v/t. embromar; F tomar el pelo; ⁀'rei f bromas f/pl.

V

V, v *n* V, v *f.*
Vaga'bund [v] *m* (*-en*) vagabundo *m*; *Arg.* atorrante *m*; **~enleben** *n* vida *f* vagabunda.
vagabun'dieren I. (-) *v/i.* vagabundear; **II.** ⌾ *n* vagabundeo *m.*
'vag(e) [v] *adj.* vago; incierto.
'Vagina [v] *f* (-; *-nen*) vagina *f.*
va'kan|t [v] *adj.* vacante; **⌾z** *f* (plaza *f*) vacante *f.*
'Vakuum ['vɑːkuːʊm] *n* (-s; *-kua*) vacío *m* (a. *fig.*); **~bremse** ⊕ *f* freno *m* de vacío; **~pumpe** ⊕ *f* bomba *f* de vacío; **~röhre** *f* tubo *m* de vacío; **⌾verpackt** *adj.* envasado al vacío.
Vak'zine [v] ⚕ *f* vacuna *f.*
Va'lenz [v] ⚛ *f* valencia *f.*
Va'luta [v] *f* (-; *-ten*) moneda *f* extranjera; (*Wert*) valor *m*; **~geschäft** *n* operaciones *f/pl.* de divisas; **~klausel** *f* cláusula *f* de reembolso en divisas; **~notierung** *f* cotización *f* de moneda extranjera; **⌾schwach** *adj.* a cambio débil; de cambio depreciado; **⌾stark** *adj.* a cambio elevado.
Vamp [vɛmp] *m* (-s; -s) mujer *f* fatal; vampiresa *f.*
'Vampir [v] *m* (-s; -e) vampiro *m.*
Van'dal|e [v] *m* (-n) vándalo *m* (a. *fig.*); **⌾isch I.** *adj.* vandálico; **II.** *adv.* como vándalos.
Vanda'lismus [v] *m* (-; 0) vandalismo *m.*
Va'nille [vaˈnɪljə] *f* (0) vainilla *f*; **~eis** *n* helado *m* de vainilla; **~zucker** *m* vainilla *f* azucarada.
vari'ab|el [vaˈRiː-] *adj.* variable; **⌾le** ⚙ *f* variable *f.*
Vari'ante [v] *f* variante *f.*
Variati'on [v] *f* variación *f* (a. ♪); **⌾sfähig** *adj.* variable.
Varie'tät [vaˈRiːˈ-] *f* variedad *f.*
Varie'té [vaˈRieˈteː] *n* (-s; -s) teatro *m* de variedades, music-hall *m, Am.* vodevil *m*; **~künstler(in** *f*) *m* artista *m/f* de variedades.
vari'ieren [vaˈRiːˈiː-] (-) *v/t. u. v/i.* variar, cambiar.
Vario'meter [v] *n* variómetro *m.*
Va'sall [v] *m* (*-en*) vasallo *m*; **~enstaat** *m* Estado *m* vasallo; **~entum** *n* vasallaje *m.*
'Vase [v] *f* jarrón *m*; florero *m.*
Vase'lin [v] *n* (*-s; 0*), **~e** *f* (0) vaselina *f.*
'Vater *m* (-s; ⸚) padre *m*; **~freuden** *f/pl.* alegría *f* de ser padre; **~haus** *n* casa *f* paterna; **~land** *n* patria *f*; país *m* natal; **⌾ländisch** *adj.* nacional; patrio; **~** (*gesinnt*) patriótico; patriota.
'Vaterlands...: ~liebe *f* amor *m* a la patria, patriotismo *m*; **⌾liebend** *adj.* patriótico; *Person:* patriota; **⌾los** *adj.* sin patria; **~verräter** *m* traidor *m* a la patria.
'väterlich *adj.* paternal; paterno; ⚖

~e *Gewalt* patria potestad *f*; **~erseits** *adv.* por parte de padre; *Großvater* **~** abuelo *m* paterno.
'Vater...: ~liebe *f* amor *m* paternal; **⌾los** *adj.* sin padre; huérfano de padre; **~mord** *m* parricidio *m*; **~mörder** *m* parricida *m*; F (*hoher Kragen*) marquesota *f*; **~schaft** *f* (0) paternidad *f*; **~schaftsbeweis** ⚖ *m* prueba *f* de la paternidad; **~stadt** *f* ciudad *f* natal; **~stelle** *f*: *bei j-m* **~** vertreten hacer las veces de padre con alg.; **~tag** *m* día *m* del padre; **~'unser** *n* (-s; -) Padrenuestro *m.*
'Vati F *m* (-s; -s) papá *m*; F papi *m.*
Vati'kan [v] *m* (-s; 0) Vaticano *m*; **⌾isch** *adj.* vaticano; **~stadt** *f* (0) Ciudad *f* del Vaticano.
'V-Ausschnitt *m am Pullover:* escote *m* en pico.
Vegeta'bilien [v] *pl.* vegetales *m/pl.*; **⌾isch** *adj.* vegetal.
Vege'tar|ier(in *f*) [v] *m* vegetariano (-a *f*) *m*; **⌾isch** *adj.* vegetariano; **~e** *Lebensweise* vegetarianismo *m.*
Vegeta'rismus *m* (-; 0) vegetarianismo *m.*
Vegetati'on [v] *f* vegetación *f.*
vegeta'tiv [v] *adj.* vegetativo; **~es** *Nervensystem* sistema *m* (nervioso) vegetativo.
vege'tieren [v] (-) *fig. v/i.* vegetar.
vehe'men|t [v] *adj.* vehemente; **⌾z** *f* (0) vehemencia *f.*
Ve'hikel [v] *n* vehículo *m* (a. *fig.*); *desp.* cacharro *m.*
'Veilchen ♀ *n* violeta *f*; **⌾blau** *adj.* de color violeta, violado, violáceo.
'Veits-tanz ⚕ *m* (*-es*; 0) baile *m* de San Vito, corea *f.*
'Vektor [v] ⚙ *m* (-s; *-en*) vector *m*; **⌾i'ell** *adj.* vectorial; **~rechnung** *f* cálculo *m* vectorial.
Ve'lin(papier) [v] *n* papel *m* (de) vitela.
Ve'lours [vəˈluːʀ] *m* terciopelo *m.*
'Vene *Anat.* *f* vena *f.*
Ve'nedig [v] *n* Venecia *f.*
'Venen-entzündung ⚕ *f* flebitis *f.*
ve'nerisch [v] ⚕ *adj.* venéreo.
Venezi'an|er [v] *m*, **⌾isch** *adj.* veneciano (*m*).
Venezo'lan|er(in *f*) *m*, **⌾isch** *adj.* → Venezueler.
Venezu'el|a [v] *n* Venezuela *f*; **~er(in** *f*) *m* venezolano (-a *f*) *m*; **⌾isch** *adj.* venezolano.
ve'nös [v] *adj.* venoso.
Ven'til [v] *n* (-s; -e) válvula *f*; ♪ pistón *m*; *fig.* válvula (*od.* vía *f*) de escape.
Venti'lati'on [v] *f* ventilación *f*; **~lator** *m* (-s; *-en*) ventilador *m*; **⌾lieren** (-) *v/t.* ventilar (a. *fig.*); airear.
Ven'til|klappe *f* chapaleta *f* de válvula; **~kolben** *m* émbolo *m* de vál-

vula; **~posaune** ♪ *f* trombón *m* de pistones.
'Venus [v] *f* *Myt., Astr.* Venus *f*; **~berg** *m Myt., Anat.* monte *m* de Venus.
ver'ab|folgen (-) *v/t.* dar; entregar, **⌾folgung** *f* entrega *f*; **~reden** (-e-; -) *v/t.* convenir (a/c.); concertar (a/c.); (*festlegen*) fijar (a/c.); *wir haben verabredet, daß hemos quedado en que* (*subj.*); *sich mit j-m* **~** citarse (*od.* apalabrarse) con alg.; **~redet** *adj.* convenido; concertado; *zur* **~en** *Zeit* a la hora convenida; *mit j-m* **~** *sein* estar citado (*od.* tener una cita) con alg.; *wie* **~** como estaba convenido; según queda convenido; **⌾redung** *f* convenio *m*, acuerdo *m*; arreglo *m*; (*Treffen*) cita *f*; (*Verpflichtung*) compromiso *m*; e-e **~** haben estar (*od.* quedar) citado; tener un compromiso; **~reichen** (-) *v/t.* dar; ⚔ administrar; *Schläge:* asestar, F propinar; **⌾reichung** ⚔ *f* administración *f*; **~scheuen** (-) *v/t.* detestar, aborrecer; execrar; abominar (*ac. od.* de); **~scheuenswert** *adj.* detestable, aborrecible; execrable; abominable; **⌾scheuung** *f* (0) detestación *f*, aborrecimiento *m*; execración *f*; abominación *f*; **~schieden** (-e-; -) *v/t.* despedir; ⚔ licenciar; *Gesetz, Haushalt:* aprobar, votar; *Beamte:* cesar; *sich* **~** despedirse; **⌾schiedung** *f* despedida *f*; ⚔ licenciamiento *m*; *Parl.* aprobación *f*, votación *f*; *e-s Beamten:* cese *m.*
ver'achten (-e-; -) *v/t.* despreciar, menospreciar; desdeñar; *Gefahr usw.:* arrostrar; F *nicht zu* **~** nada despreciable; **~swert** *adj.* despreciable; desdeñable.
Ver'ächt|er *m* despreciador *m*; **⌾lich** *adj.* despreciable, digno de desprecio; (*geringschätzig*) despectivo; desdeñoso; **~** *machen* desprestigiar, desacreditar; envilecer; **~behandeln** tratar con desprecio (*od.* desdén *m*); vilipendiar.
Ver'achtung *f* (0) desprecio *m*; menosprecio *m*; desdén *m*; *mit* **~** *strafen* despreciar.
ver'albern (-re; -) F *v/t.* F tomar el pelo (a); poner en ridículo.
ver-allge'meiner|n (-re; -) *v/t.* generalizar; **⌾ung** *f* generalización *f.*
ver'alte|n (-e-; -; *sn*) *v/i.* envejecer; anticuarse; pasar de moda; caer en desuso; **~t** *adj.* envejecido; anticuado; pasado de moda; caído en desuso; **~er** *Ausdruck* arcaísmo *m.*
Ve'randa [v] *f* (-; *-den*) veranda *f*, mirador *m.*
ver'änder|lich *adj.* variable (a. ⚙, *Gr. u. Wetter*); mudable; alterable; inconstante; *Charakter:* voluble,

versátil; **lichkeit** f (0) variabilidad f; alterabilidad f; inconstancia f; volubilidad f, versatilidad f; **~n** (-re; -) v/t. cambiar; mudar; transformar; modificar; (abwechseln) variar; nachteilig: alterar; sich ~ cambiar; experimentar un cambio; F (die Stelle wechseln) cambiar de empleo; **ung** f cambio m; transformación f; modificación f; variación f; alteración f.
ver'ängstig|en (-) v/t. intimidar; asustar; amedrentar; azorar; **~t** adj. asustado; azorado.
ver'anker|n (-re; -) v/t. ⚓ anclar (a. ⊕), fondear; amarrar; fig. cimentar; **ung** ⚓ f anclaje m, fondeo m; amarre m.
ver'anlag|en (-) v/t. Steuer: tasar, estimar; **~t** adj. predispuesto (für, zu a); ⚔ a. propenso (a); für et. ~ sein tener talento (od. dotes od. aptitudes) para a/c.; **ung** f (Steuer) tasación f; estimación f; fig. carácter m, índole f; disposición f; (Begabung) don m; dotes f/pl.; talento m; (Neigung) a. ⚔ predisposición f, propensión f (zu a).
ver'anlass|en (-ßt; -) v/t. causar, originar; motivar; ocasionar; dar lugar a; ser motivo de; provocar; (anordnen) disponer, ordenar; j-n zu et. ~ decidir (od. inducir) a alg. a hacer a/c.; hacer a alg. (inf.); das Nötige ~ tomar las medidas oportunas (od. necesarias); sich veranlaßt fühlen (od. sehen) zu (inf.) verse obligado (od. en la necesidad) de (inf.);~, daß hacer que (subj.); disponer que (subj.); **ung** f causa f; motivo m; (Gelegenheit) ocasión f; (Antrieb) impulso m; instigación f; (Anregung) iniciativa f; sugerencia f; auf ~ von por indicación de; por orden de; por iniciativa de; zu et. ~ geben dar ocasión a; dar lugar a; dar margen a que (subj.); ~ haben zu tener motivo para; ohne jede ~ sin ningún motivo; er hat keine ~ zu (inf.) no tiene ninguna razón para (inf.).
ver'anschaulich|en (-) v/t. ilustrar; explicar; mit Beispielen: ejemplificar; **ung** f ilustración f; ejemplificación f.
ver'anschlag|en (-) v/t. evaluar, estimar, tasar (auf ac. en); Kosten: a. presupuestar; **ung** f evaluación f, estimación f; presupuesto m.
ver'anstalt|en (-e-; -) v/t. organizar; dar; Fest: a. celebrar; **er** m organizador m; **ung** f organización f; konkret: acto m; manifestación f; feierliche: ceremonia f; Sport: concurso m; **ungskalender** m calendario m de actos.
ver'antwort|en (-e-; -) v/t. responder (de a/c.); ser responsable (de a/c.); sich ~ justificarse (vor ante; wegen de); **~lich** adj. responsable (für de); machen für hacer responsable de; Neol. responsabilizar de; **~e Stellung** puesto m de responsabilidad; **lich|e(r)** m responsable m; **lichkeit** f (0) responsabilidad f; **ung** f responsabilidad f; auf m-e ~ bajo mi responsabilidad; die ~ übernehmen hacerse responsable (für de), responsabilizarse (de); asumir la responsabilidad (de); die ~ tragen tener la responsabilidad, ser responsable (für de); j-n zur ~ ziehen pedir cuentas a alg.; llamar a alg. a capítulo; **~ungs-**

bewußt adj. consciente de su responsabilidad; **ungsbewußtsein** n, **ungsgefühl** n sentido m de la responsabilidad; **~ungslos** adj. irresponsable; **ungslosigkeit** f (0) irresponsabilidad f; **~ungsvoll** adj. de gran responsabilidad.
ver'äppeln (-le; -) F v/t.: j-n ~ F tomar el pelo a alg.
ver'arbeit|en (-e-; -) v/t. (verwenden) emplear, utilizar; ⊕ elaborar; trabajar; tratar; transformar; (verbrauchen) gastar, consumir; Physiol. u. fig. digerir; asimilar; **~de Industrie** industria f transformadora; **ung** f elaboración f; tratamiento m; transformación f; Physiol. u. fig. digestión f; asimilación f; (Ausführung) acabado m; **ungs-industrie** f industria f transformadora.
ver'argen (-) v/t.: j-m et. ~ tomarle a mal a/c. a alg.; ich kann es dir nicht ~ no puedo censurarte por eso.
ver'ärger|n (-re; -) v/t. disgustar; enfadar; irritar; crispar; **ung** f disgusto m, enfado m; irritación f.
ver'arm|en (-; sn) v/i. empobrecer; venir a menos, **~t** adj. empobrecido; venido a menos; **ung** f empobrecimiento m; depauperación f.
ver'arschen (-) V v/t. F tomar el pelo (j-n a alg.).
ver'arzten (-e-; -) F v/t. tratar; curar; fig. cuidar.
ver'ästel|n (-le; -) v/refl.: sich ~ ramificarse (a. fig.); **ung** f ramificación f.
ver'ätz|en (-t; -) ⚔ v/t. causticar; **ung** f causticación f.
ver'aus|gaben (-) v/t. gastar; sich ~ gastar todo su dinero; apurar sus recursos; fig. agotar sus fuerzas, vaciarse; **~lagen** (-) v/t. desembolsar; (vorstrecken) adelantar (dinero).
ver'äußer|lich adj. enajenable, alienable; **~n** (-re; -) v/t. enajenar, alienar; vender; **ung** f enajenación f, enajenamiento m, alienación f.
Verb [v] n (-s; -en) verbo m.
ver'bal adj. verbal; **adjektiv** Gr. n adjetivo m verbal; **injurie** ⚖ f injuria f de palabra.
ver'ballhornen (-) v/t. desfigurar; mutilar.
Ver'bal|note Dipl. f nota f verbal; **substantiv** Gr. n sustantivo m verbal.
Ver'band m (-es; e) (Vereinigung) asociación f; federación f; unión f; gremio m;⚔ unidad f; ✈ formación f; ⚔ vendaje m; apósito m; **sflug** ✈ m vuelo m en formación; **(s)kasten** m botiquín m; **~(s)mull** m gasa f hidrófila; **~(s)päckchen** n paquete m de curación; **~(s)platz** ⚔ m hospital m de sangre; **~(s)stelle** f puesto m de socorro; **~(s)stoff** ⚔ m material m para vendajes; **~(s)watte** f algodón m hidrófilo; **~(s)zeug** ⚔ n vendajes m/pl.
ver'bann|en (-) v/t. desterrar (a. fig.); proscribir; exiliar; **te(r)** m m/f desterrado (-a f) m; proscrito (-a f) m; exiliado (-a f) m; **ung** f destierro m; proscripción f; exilio m.
verbarrika'dieren (-) v/t. levantar barricadas; Zugang usw.: obstruir, bloquear; sich ~ atrincherarse, hacerse fuerte.
ver'bauen (-) v/t. (versperren) obs-

truir (con edificaciones); Aussicht: quitar; tapar; Geld: gastar en edificar; Material: emplear en construcciones; (falsch bauen) construir (od. edificar) mal; fig. sich den Weg ~ cerrarse el camino.
ver'bauern (-re; -; sn) v/i. enrudecerse.
verbe'amten (-e-; -) v/t. nombrar funcionario; verbeamtet werden ingresar en el funcionariado.
ver'beißen (L; -) v/t. (verbergen) ocultar; disimular; (unterdrücken) contener, reprimir; sich in et. ~ encarnizarse en a/c. (a. fig.); fig. aferrarse a a/c.; obstinarse en a/c.
ver'bergen (L;-) v/t. esconder; ocultar; (verhehlen) disimular; encubrir; sich ~ esconderse; ocultarse; → a. verborgen².
Ver'besser|er m reformador m; v. Fehlern: corrector m; **n** (-βre; -) v/t. mejorar; perfeccionar; reformar; (berichtigen) rectificar; corregir; enmendar; sich ~ perfeccionarse; mejorar; beim Sprechen: corregirse; beruflich: mejorar su situación; **~ung** f mejora f; mejoramiento m; perfeccionamiento m; reforma f; rectificación f; corrección f; enmienda f; **ungsfähig** adj. mejorable; reformable; corregible; susceptible de mejora.
ver'beug|en (-) v/refl.: sich ~ inclinarse (vor j-m ante alg.); hacer una reverencia (vor ante); **ung** f inclinación f, reverencia f.
ver'beulen (-) v/t. abollar.
ver'bieg|en (L; -) v/t. torcer; doblar; encorvar; deformar; sich ~ torcerse; doblarse; encorvarse; deformarse.
ver'biestert F adj. (verstört) consternado; aturrullado; (verärgert) enfadado; irritado.
ver'bieten (L; -) v/t. prohibir; vedar; bsd. Pol. desautorizar; j-m den Mund ~ acallar (od. hacer callar) a alg.; → a. verboten.
ver'bild|en (-e-; -) v/t. deformar; desfigurar; fig. educar mal; **ung** f deformación f; falsa educación f.
ver'billig|en (-) v/t. abaratar; reducir (od. rebajar) el precio de; **ung** f abaratamiento m; reducción f (od. rebaja f) de precio.
ver'bimsen (-t; -) F v/t. pegar; dar una paliza a.
ver'bind|en (L; -) **I.** v/t. unir; (vereinigen) a. reunir, juntar (mit con); a. fig. ligar; asociar a; vincular, aunar; (in Einklang bringen) compaginar (con); ⊕ ensamblar; acoplar; atar; empalmar; **** combinar (mit con); ⚔ conectar; a. Vkw. enlazar; Augen, ⚔ vendar; Wunde: a. curar; Tele. comunicar, poner (en comunicación) (mit con); ~ Sie mich mit ... póngame con ...; falsch verbunden! se ha equivocado usted (de número); verbunden sein mit Zimmer usw.: comunicar con; mit Gefahren verbunden sein entrañar peligros; mit Kosten verbunden sein suponer gastos; j-m sehr verbunden sein estar muy agradecido (od. reconocido od. obligado) a alg.; **II.** v/refl.: sich ~ unirse; reunirse, juntarse; aunarse; asociarse; Pol. aliarse; coligarse; confederarse; **** combinarse; **~end** Gr. adj. copulativo; **~lich** adj. obligatorio; 🕇 Angebot usw.: en firme; (gefällig) compla-

ciente; amable; servicial; cortés; ~st *danken* dar las más expresivas gracias; ~sten *Dank!* ¡muchísimas gracias!; 2**lichkeit** f obligatoriedad f; (*Verpflichtung*) obligación f; (*Gefälligkeit*) cortesía f; amabilidad f; complacencia f; ✝ ~en pl. obligaciones f/pl.; (*Schulden*) pasivo m; débitos m/pl.; e-e ~ *eingehen* contraer una obligación; s-n ~en *nachkommen* cumplir sus obligaciones; 2**ung** f unión f; conexión f; (*Vereinigung*) reunión f; asociación f (a. fig. Ideen2 usw.); (Studenten2) corporación f; (Beziehung) relación f; contacto m; ⚗ compuesto m; combinación f; (Verkehrs2) comunicación f (a. Tele.); servicio m; 📞 empalme m; enlace m; ⊕ unión f; ensambladura f, ensamblaje m; acoplamiento m; (Fuge) juntura f; ⚡ conexión f; a. ⚒ enlace m; *die ~ herstellen (unterbrechen)* establecer (cortar) la comunicación (a. Tele.); *eheliche ~* unión f conyugal; enlace m (matrimonial); *in ~ mit* en cooperación con; junto con; *in ~ treten mit* entrar en relaciones con; *in ~ bleiben* quedar (od. seguir) en contacto; *in ~ bringen* poner en relación bzw. en contacto; a. fig. relacionar (*mit* con); *sich mit j-m in ~ setzen* ponerse en comunicación (od. en contacto) con alg.; Neol. contactar con alg.; *mündlich:* ponerse al habla con alg.; *in ~ stehen mit* (man)tener relaciones con; estar relacionado con; *brieflich:* corresponder (od. mantener correspondencia) con; *Zimmer usw.:* comunicar con; fig. *gute ~en haben* tener buenas relaciones, estar bien relacionado.

Ver'bindungs...: ~**bahn** 🚂 f ferrocarril m de empalme; ~**draht** ⚡ m hilo m de unión; ~**gang** m corredor m, pasillo m; ~**graben** ⚔ m trinchera f de comunicación; ~**kabel** n cable m de unión; ~**klemme** ⚡ f borne m de unión; ~**linie** f línea f de comunicación (od. de unión); ~**mann** m (-es; ~er od. -leute) enlace m (a. ⚔); (*Mittelsmann*) mediador m; intermediario m; ~**offizier** ⚔ m oficial m de enlace; ~**rohr** n tubo m de comunicación (od. de enlace); ~**schnur** ⚡ f cordón m de enlace; ~**stange** ⚡ f barra f de conexión; ~**stecker** ⚡ m clavija f de unión; ~**stelle** f punto m de unión; juntura f; (*Amt*) organismo m de enlace; ~**straße** f carretera f de enlace; ~**stück** ⊕ n pieza f de unión; ~**tür** f puerta f de comunicación; ~**weg** m vía f de comunicación.

ver'bissen I. fig. adj. encarnizado; enconado; ensañado; obstinado; **II.** adv. encarnizadamente; con obstinación; 2**heit** f (0) encarnizamiento m; encono m; ensañamiento m; obstinación f.

ver'bitten (L; -) v/t.: *sich et. ~* no tolerar, no permitir, no consentir a/c.; *das verbitte ich mir!* ¡no lo consiento!

ver'bitter|n (-re; -) **I.** fig. v/t. amargar, acibarar; *das Leben ~* amargar la vida; **II.** v/i. avinagrarse; ~**t** adj. amargado; 2**ung** f (0) amargura f.

ver'blassen (-βt; -; sn) v/i. palidecer; *Stoff:* perder el color, desteñirse; *Farbe:* apagarse; *Erinnerung:* desvanecerse.

ver'blaßt adj. descolorido.

Ver'bleib m (-es; 0) paradero m; 2**en** (L; -; sn) v/i. quedar (a. *übrigbleiben*); seguir; permanecer; *wie ~ wir nun?* ¿en qué quedamos?; *wir sind so verblieben, daß hemos quedado en que;* (*Briefschluß*)... *verbleibe ich hochachtungsvoll* le saluda atentamente.

ver'bleichen (L; -; sn) v/i. → *verblassen.*

ver'bleien (-) ⊕ v/t. emplomar.

ver'blend|en (-e-; -) v/t. ⚒ revestir; fig. deslumbrar; cegar; obcecar, ofuscar; 2**stein** ⚒ m ladrillo m de paramento (od. de revestimiento); 2**ung** f ⚒ revestimiento m; fig. deslumbramiento m; ceguedad f, obcecación f, ofuscación f.

ver'bleuen (-) F v/t. moler a palos.

ver'blichen adj. *Farbe:* descolorido; (*tot*) fallecido, fenecido, extinto; 2**e(r)** m difunto m, fenecido m.

ver'blöd|en (-e-; -) v/i. alelarse; embrutecer(se); entontecer(se); idiotizarse; ~**et** adj. lelo, alelado; imbécil; 2**ung** f (0) alelamiento m; embrutecimiento m; idiotización f.

ver'blüff|en (-) v/t. aturdir, desconcertar; dejar perplejo (od. boquiabierto); pasmar; dejar estupefacto (od. atónito); ~**end** adj. desconcertante; asombroso; chocante; ~**t** adj. aturdido, desconcertado, perplejo; pasmado, estupefacto, atónito; ✝ turulato; 2**ung** f estupefacción f, estupor m; perplejidad f.

ver'blüh|en (-; sn) v/i. desflorecer; marchitarse (a. fig.); ~**t** adj. marchito; ajado; fig. a. talludo.

ver'blümt adj. disimulado; velado.

ver'blut|en (-e-; -) v/i. desangrarse; morir de una hemorragia; 2**ung** f desangramiento m; hemorragia f mortal.

ver'bocken (-) F v/t. estropear, echar a perder.

ver'bohr|en (-) v/refl.: *sich in et. ~* obstinarse (od. empeñarse) en a/c.; aferrarse a a/c.; ~**t** adj. obstinado, testarudo; 2**theit** f (0) obstinación f; testarudez f.

ver'bolzen (-t; -) ⊕ v/t. empernar.

ver'borgen[1] (-) v/t. prestar.

ver'borgen[2] adj. escondido, oculto; (*geheim*) secreto; *Krankheit usw.:* latente; *~ halten* esconder, ocultar (et. vor j-m a/c. a alg.); *sich ~ halten* esconderse, ocultarse (*vor a*); *im ~en* secretamente, en secreto; a escondidas; 2**heit** f (0) clandestinidad f; oscuridad f; (*Zurückgezogenheit*) retiro m; reclusión f.

Ver'bot n (-es; -e) prohibición f; interdicción f; 2**en** adj. prohibido; *Rauchen ~* se prohibe fumar; F *~ aussehen* F estar hecho una birria; ~**sschild** n, ~**szeichen** n señal f de prohibición.

ver'bräm|en (-) v/t. orlar, guarnecer (*mit* de); fig. disimular; velar; 2**ung** f orla f, guarnición f.

Ver'brauch m (-es; 0) consumo m (*an dat.* de); (*Ausgabe*) gasto m; (*Abnutzung*) desgaste m; 2**en** (-) v/t. consumir; gastar; (*erschöpfen*) apurar, agotar; (*abnutzen*) desgastar; ~**er(in** f) m consumidor(a f) m; ~**ergenossenschaft** f cooperativa f de consumo; ~**erpreis** m precio m al consumidor; ~**erschutz** m protección f al (od. defensa f del) consumidor; ~**erverband** m, ~**erzentrale** f asociación f de consumidores; ~**s-artikel** m artículo m de consumo; ~**sgüter** n/pl. bienes m/pl. de consumo; ~**sland** n país m consumidor; ~**slenkung** f orientación f del consumo; ~**ssteuer** f impuesto m sobre el consumo; ~**swirtschaft** f economía f del consumo; 2**t** adj. (des)gastado; *Person:* a. cascado; *Luft:* viciado, cargado.

ver'brechen I. (L; -) v/t. cometer, perpetrar; fig. hum. fabricar; *was hat er verbrochen?* ¿qué mal ha hecho?; *ich habe nichts verbrochen* no he hecho nada malo; **II.** 2 n crimen m (a. fig.).

Ver'brecher m criminal m; delincuente m; (*Übeltäter*) malhechor m; ~**album** n álbum m (od. fichero m) de delincuentes; ~**bande** f banda f de criminales; cuadrilla f de malhechores; ~**gesicht** n cara f patibularia; ~**in** f (*mujer* f) criminal f; malhechora f; delincuente f; 2**isch** adj. criminal; criminoso; delictivo; ~**kolonie** f colonia f penitenciaria; ~**tum** n criminalidad f; delincuencia f; ~**viertel** n barrio m de maleantes.

ver'breit|en (-e-; -) v/t. *Nachricht usw.:* divulgar; propagar; difundir; *Kenntnisse:* vulgarizar; *Geruch:* despedir; *Gerücht:* propagar, hacer circular; *Schrecken usw.:* sembrar; *sich ~ extenderse (über ac. sobre); in e-r Rede:* a. explayarse; 2**er(in** f) m propagador (-a f) m; divulgador(a f) m; ~**ern** (-re; -) v/t. ensanchar; dilatar; ampliar; 2**erung** f ensanche m; dilatación f; ampliación f; ~**et** adj. extendido; *Ansicht:* a. general(izado); corriente; popular; *Zeitung:* de gran circulación; 2**ung** f divulgación f; vulgarización f; propagación f; difusión f; 2**ungsgebiet** Bio. n área f de distribución.

ver'brenn|bar adj. combustible; 2**barkeit** f combustibilidad f; ~**en** (L; -) **I.** v/t. quemar; *Leichen, Müll:* incinerar; (*verbrühen*) escaldar; *sich ~ quemarse; von der Sonne verbrannt* tostado por el sol; **II.** (sn) v/i. quemarse; abrasarse; consumirse (por el fuego); *Person:* morir (od. perecer) abrasado (od. calcinado); 2**ung** f combustión f; (*Leichen*2) cremación f, incineración f; (*Todesstrafe*) suplicio m del fuego; muerte f en la hoguera; ⚕ quemadura f.

Ver'brennungs...: ~**gas** n gas m de combustión; ~**halle** f crematorio m; ~**kammer** Kfz. f cámara f de combustión; ~**motor** m motor m de combustión interna; ~**ofen** m horno m crematorio (od. de incineración); ~**wärme** f calor m de combustión.

ver'brief|en (-) v/t. garantizar por escrito (od. documento); ~**t** adj. documentado.

ver'bringen (L; -) v/t. *Zeit:* pasar; *in e-e Anstalt:* internar.

ver'brüder|n (-re; -) v/refl.: *sich ~* hermanarse; *sich mit j-m ~* fraternizar con alg.; 2**ung** f confraternidad f.

ver'brüh|en (-) v/t. escaldar; *sich ~* escaldarse; 2**ung** f escaldadura f.

ver'buch|en [u:] (-) ✝ v/t. sentar (en los libros); contabilizar; fig. *Erfolg usw.:* apuntarse; 2**ung** f asiento m.

'**Verbum** [v] *Gr. n* (*-s*; *-en od. -ba*) verbo *m*.
ver'bummel|n F (*-le*; *-*) **I.** *v/t.* *Zeit*: desperdiciar, perder; (*vergessen*) olvidar(se); **II.** (*sn*) *v/i.* echarse a perder; ∼**t** *adj.* vago, gandul; ∼**es** *Genie* bohemio *m*.
Ver'bund *m* (*-¢s*; *-e*) interconexión *f*; ℒ**en** → **verbinden** l.
ver'bünden (*-e-*; *-*) *v/refl.*: *sich* ∼ unirse, aliarse (*mit con*); confederarse.
Ver'bundenheit *f* (*0*) solidaridad *f*; compenetración *f*; adhesión *f* (*mit a*); (*Zuneigung*) afecto *m*, apego *m*.
Ver'bündete(r) *m* aliado *m*; confederado *m*; *die* ∼*n* los aliados.
Ver'bund|glas *n* vidrio *m* laminado; ∼**maschine** ⊕ *f* máquina *f* compound; ∼**motor** *m* motor *m* de excitación mixta; ∼**system** *Vkw. n* sistema *m* de billetes combinados; ∼**wirtschaft** ✝ *f* concentración *f* vertical; economía *f* colectiva.
ver'bürgen (*-*) *v/t.* garantizar; *sich* ∼ *für* responder de; salir fiador (*od.* garante) por.
ver'bürgerlich|en (*-*) **I.** *v/t.* aburguesar; **II.** (*sn*) *v/i.* aburguesarse; ∼**t** *adj.* aburguesado; ℒ**ung** *f* aburguesamiento *m*.
ver'bürg|t *adj.* auténtico; de fuente fidedigna; ℒ**ung** *f* garantía *f*.
ver'büßen (*-ßt*; *-*) *v/t.* *Strafe*: cumplir, purgar, expiar.
ver'buttern (*-re*; *-*) F *fig. v/t. Geld*: (mal)gastar, derrochar.
ver'chrom|en [k] (*-*) *v/t.* cromar; ℒ**ung** *f* cromado *m*.
Ver'dacht *m* (*-¢s*; *0*) sospecha *f* (*auf ac.* de); (*Mißtrauen*) recelo *m*; *in* ∼ *kommen* incurrir en sospecha; *hacerse sospechoso*; *j-n in* ∼ *bringen* hacer sospechoso a alg.; *j-n in* ∼ *haben* sospechar de alg.; ∼ *schöpfen* concebir (*od.* entrar en) sospechas; recelar, F escamarse; ∼ *erregen* inspirar sospechas; hacerse sospechoso (de); *im* ∼ *stehen zu* ... estar bajo sospecha de ...
ver'dächtig *adj.* sospechoso; dudoso; (*sich*) ∼ *machen* hacer(se) sospechoso; (*dringend*) ∼ *sein* estar bajo (fundada) sospecha; *das kommt mir* ∼ *vor* me da mala espina; ℒ**e(r)** *m* sospechoso *m*; ∼**en** (*-*) *v/t.* sospechar de; hacer sospechoso; *j-n e-r Sache* (*gen.*) ∼ *imputar* a/c. a alg.; ℒ**ung** *f* sospecha *f* dirigida contra alg.
Ver'dachts...: ∼**gründe** *m/pl.* motivos *m/pl.* de sospecha; ∼**moment** *n* punto *m* sospechoso; ∼**strafe** ⚖ *f* pena *f* indiciaria.
ver'damm|en (*-*) *v/t.* condenar (*zu a*); *Rel. a.* anatematizar; (*verfluchen*) maldecir; (*verwerfen*) reprobar; ∼**enswert** *adj.* condenable; reprobable; ℒ**nis** *Rel. f* (*0*) condenación *f*, perdición *f*; ∼**t** P **I.** *adj.* condenado, maldito; P puñetero; *iro.* dichoso; ∼! P ¡maldita sea!; **II.** *adv.* (*sehr*) muy; muchísimo; *er interessiert sich* ∼ *wenig dafür* F le importa un pito; *das wird* ∼ *schwierig sein* va a ser dificilísimo; ∼ *gut* P acojonante, cojonudo; ℒ**te(r)** *Rel. m* condenado *m*, réprobo *m*; ℒ**ung** *f* condenación *f*.
ver'dampf|en (*-*) **I.** (*sn*) *v/i.* evaporarse, vaporizarse; **II.** *v/t.* evaporar, vaporizar; ℒ**er** *m* evaporador *m*, vaporizador *m*; ℒ**ung** *f* evaporación *f*, vaporización *f*.

ver'danken (*-*) *v/t.*: *j-m et.* ∼ deber a/c. a alg.; tener que agradecer a/c. a alg.
ver'dattert F *adj.*: ∼ *sein* F quedarse turulato (*od.* patitieso *od.* patidifuso *od.* de una pieza).
ver'dau|en (*-*) *v/t.* digerir (*a. fig.*); ∼**lich** *adj.* digestible, digerible; *leicht* ∼ fácil de digerir; *schwer* ∼ de difícil digestión; indigesto; ℒ**lichkeit** *f* (*0*) digestibilidad *f*; ℒ**ung** *f* (*0*) digestión *f*.
Ver'dauungs...: ∼**apparat** *Anat. m* aparato *m* digestivo; ∼**beschwerden** 𝄐 *f/pl.* trastornos *m/pl.* digestivos; indigestión *f*; ℒ**fördernd** *adj.* digestivo; ∼**es** *Mittel* digestivo *m*; ∼**kanal** *Anat. m* tubo *m* digestivo; ∼**organ** *Anat. n* órgano *m* de la digestión; ∼**saft** *Physiol. m* jugo *m* digestivo; ∼**spaziergang** *m* paseo *m* después de las comidas; ∼**störung** 𝄐 *f* trastorno *m* digestivo; indigestión *f*.
Ver'deck *n* (*-¢s*; *-e*) *Kfz.* capota *f*; *auf Omnibussen usw.*: imperial *f*; ⚓ puente *m*; cubierta *f*; (*Plane*) toldo *m*; ℒ**en** (*-*) *v/t.* cubrir; tapar; (*verbergen*) esconder, ocultar; (*verhüllen*) encubrir, velar; (*tarnen*) enmascarar; *fig.* disimular; *mit verdeckten Karten spielen* ocultar su juego.
ver'denken (*L*; *-*) *v/t.* → **verargen**.
Ver'derb *m* (*-¢s*; *0*) deterioro *m*; *fig.* perdición *f*; ruina *f*; ℒ**en** (*L*) **I.** (*sn*) *v/i.* deteriorarse; estropearse; echarse a perder; (*verfaulen*) pudrirse; corromperse (*a. fig.*), descomponerse; **II.** *v/t.* deteriorar; estropear; echar a perder; *sittlich*: corromper; pervertir; depravar; (*zugrunde richten*) perder; arruinar (*a. Gesundheit*); *Luft*: viciar; *Fest*: aguar; *Plan*: desbaratar; *sich die Augen* ∼ estropearse la vista; *sich den Magen* ∼ coger una indigestión; *es mit j-m* ∼ malquistarse (*od.* enemistarse) con alg.; perder las simpatías de alg.; ganarse la enemiga de alg.; *es mit niemandem* ∼ *wollen* nadar entre dos aguas; ℒ**en** *m* perdición *f*; ruina *f*; *j-n ins* ∼ *stürzen* perder a alg.; ser la perdición de alg.; arruinar a (*od.* causar la ruina de) alg.; *ins* (*od. in sein*) ∼ *rennen* ir hacia su perdición; *das wird sein* ∼ *sein* esto será su ruina; ℒ**enbringend** *adj.* fatal, funesto; perjudicial; ℒ**er(in** *f*) *m* corruptor(a *f*) *m*; ℒ**lich** *adj.* nocivo, dañino, pernicioso; ruinoso; (*unheilvoll*) fatal, funesto; *Waren*: perecedero; de fácil deterioro; corruptible; ∼**nis** *f* (*-*; *-se*) corrupción *f*; perversión *f*; depravación *f*; ℒ**t** *adj.* corrompido, corrupto; pervertido; depravado; ∼**theit** *f* (*0*) corrupción *f*; perversidad *f*; depravación *f*.
ver'deutlich|en (*-*) *v/t.* dilucidar, elucidar; aclarar, poner en claro; ilustrar; ℒ**ung** *f* dilucidación *f*, elucidación *f*; aclaración *f*.
ver'deutschen (*-*) *v/t.* traducir al alemán.
ver'dicht|bar *adj.* condensable; ∼**en** (*-e-*; *-*) *v/t.* condensar; densificar; espesar; (*komprimieren*) comprimir, compactar; *Gas usw.*: solidificar, (*konzentrieren*) concentrar (*a. fig.*); *sich* ∼ condensarse (*a. fig.*); *fig.* tomar cuerpo; *Verdacht*: reforzarse; ℒ**er** *m Dampf*: condensador *m*; *Kfz.* compresor *m*; ℒ**ung** *f* condensación *f*; compresión *f*; concentración *f*; ℒ**ungshub** *Kfz. m* carrera *f* de compresión.

ver'dick|en (*-*) *v/t.* espesar; engrosar; ℒ**ung** *f* espesamiento *m*; engrosamiento *m*; (*Schwellung*) hinchazón *f*; bulto *m*; ℒ**ungsmittel** *n* espesante *m*.
ver'dienen (*-*) *v/t.* ganar (*bei en*); *fig.* merecer, ser digno de; *gut* ∼ ganar mucho; *tener* (*od.* ganar) un buen sueldo; *dabei ist nichts zu* ∼ no hay nada de ganar con (*od.* en) esto; → *a. verdient*.
Ver'dienst 1. *m* (*-es*; *-e*) (*Gewinn*) ganancia *f*; beneficio *m*; (*Gehalt*) sueldo *m*; salario *m*; **2.** *n* (*-es*; *-e*) mérito *m*; ∼**e** *um den Staat* servicios prestados al Estado; ∼**ausfall** *m* pérdida *f* de ganancias (*od.* de beneficios); ∼**kreuz** *n* Cruz *f* del Mérito; ℒ**lich** *adj.* meritorio; ∼**medaille** *f* Medalla *f* al Mérito; ∼**möglichkeit** *f* posibilidad *f* de ganancia; ∼**spanne** ✝ *f* margen *m* de ganancia (*od.* de beneficio); ℒ**voll** *adj.* meritorio, de mérito; *Person*: benemérito.
ver'dient *adj. Person*: de gran mérito; benemérito; *Strafe*: merecido; *s-e* ∼**e** *Strafe bekommen* llevar su merecido; *sich* ∼ *machen um* merecer bien de; haber prestado grandes servicios a; *das hat er* ∼ se lo merece; *negativ*: bien merecido lo tiene; *das habe ich nicht um ihn* ∼ esto no lo tengo merecido de él; ∼**er'maßen** *adv.* merecidamente.
Ver'dikt [v] ⚖ *n* (*-¢s*; *-e*) veredicto *m* (*a. fig.*).
ver'dingen (*L*; *-*) *v/refl.*: *sich bei j-m* ∼ entrar al servicio de alg.
ver'dolmetschen (*-*) *v/t.* interpretar; (*übersetzen*) traducir.
ver'donner|n (*-re*; *-*) F *v/t.* condenar (*zu a*); ∼**t** *adj.* perplejo, atónito.
ver'doppel|n (*-le*; *-*) *v/t.* doblar; duplicar; *fig.* redoblar; multiplicar (por dos); *s-e Schritte* ∼ avivar el paso; ℒ**ung** *f* duplicación *f*; reduplicación *f*; *fig.* redoblamiento *m*.
ver'dorben *adj. Luft*: viciado; *Lebensmittel*: podrido; estropeado; *sittlich*: corrompido, corrupto; perverso; pervertido; depravado; *e-n* ∼**en** *Magen haben* tener una indigestión; ℒ**heit** *f* (*0*) corrupción *f*; perversión *f*; perversidad *f*; depravación *f*.
ver'dorren (*-*; *sn*) *v/i.* secarse; resecarse; *durch Sommerhitze*: agostarse.
ver'dräng|en (*-*) *v/t.* empujar (a un lado); (*verjagen*) echar, expulsar (*aus de*); *aus e-r Wohnung usw.*: desalojar; ⚓ desplazar (*a. fig.*); *fig.* desbancar, suplantar (*a. aus e-m Amt usw.*); *Psych.* reprimir; ℒ**ung** *f* expulsión *f*; desalojamiento *m*; desplazamiento *m*; suplantación *f*; *Psych.* represión *f*.
ver'dreck|en (*-*) F *v/t.* ensuciar; ∼**t** *adj.* sucio, lleno de suciedad; cochambroso; P puerco.
ver'dreh|en (*-*) *v/t.* torcer; retorcer; *fig. Wahrheit, Tatsachen*: tergiversar, falsear; desfigurar; *Recht, Gesetz*: torcer; *Sinn*: interpretar torcidamente; *Sinne, Verstand*: trastornar; *fig. j-m den Kopf* ∼ hacer perder la cabeza a alg.; traer (*od.* volver)

loco a alg.; *sich den Arm* ~ torcerse el brazo; ~**t** *adj.* torcido; *fig. Ansicht*: absurdo; descabellado, extravagante; *Person*: F majareta, chiflado, chalado; ⟂**theit** *f* absurdidad *f*; extravagancia *f*; F chifladura *f*; ⟂**ung** *f* torcedura *f*, torcimiento *m*; retorcimiento *m*; *a.* ⊕ torsión *f*; *fig.* tergiversación *f*, falseamiento *m*.

ver'**dreifach|en** (-) *v/t.* triplicar; ⟂**ung** *f* triplicación *f*.

ver'**dreschen** (*L*; -) F *v/t.* vapulear, propinar una paliza.

ver'**drieß|en** (*L*; -) *v/t.* contrariar; disgustar, enfadar; *es sich nicht* ~ *lassen* no desalentarse, no desanimarse; ~**lich** *adj. Person*: disgustado, malhumorado, de mal humor; displicente; *Sache*: fastidioso; enojoso; molesto; *ein* ~*es Gesicht machen* poner cara de vinagre; ⟂**lichkeit** *f* mal humor *m*; (*Unannehmlichkeit*) contrariedad *f*; fastidio *m*; (*Ärger*) disgusto *m*.

ver'**drossen I.** *adj.* malhumorado, de mal humor; disgustado; mohíno; **II.** *adv.* de mala gana; ⟂**heit** *f* (*Überdruß*) tedio *m*; aburrimiento *m*; (*Mißmut*) mal humor *m*.

ver'**drucken** (-) *Typ. v/t.* imprimir defectuosamente.

ver'**drücken** (-) **I.** *v/t.* (*knittern*) arrugar; F (*essen*) tragar; zamparse; **II.** F *v/refl.*: *sich* ~ escabullirse, evaporarse, eclipsarse; despedirse a la francesa.

Ver'druß *m* (-sses, -sse) disgusto *m*; contrariedad *f*; *j-m* ~ *bereiten* (*od. machen*) disgustar (*od.* disgustar) a alg.; *j-m zum* ~ a despecho de alg.

ver'**dübeln** (-le; -) ⊕ *v/t.* enclavijar, empernar.

ver'**duften** (-e-; -) F *v/i.* evaporarse; F esfumarse, salir de naja, najarse; P pirarse.

ver'**dumm|en I.** (*sn*) *v/i.* entontecerse; volverse tonto; abobarse; embrutecerse; **II.** *v/t.* entontecer; abobar; embrutecer; ⟂**ung** *f* (0) entontecimiento *m*; embrutecimiento *m*; (*Volks*⟂) oscurantismo *m*.

ver'**dunkel|n** (-le; -) *v/t.* oscurecer; hacer oscuro; *Luftschutz*: apagar (todas) las luces; *Astr. u. fig.* eclipsar; *Glanz*: deslucir; *Verstand*: ofuscar; ✞ encubrir; ⟂**ung** *f* oscurecimiento *m*; *Luftschutz*: apagón *m* de luz; *Astr. u. fig.* eclipse *m*; ✞ encubrimiento *m*; colusión *f*; ⟂**ungsgefahr** ✞ *f* peligro *m* de entorpecimiento de la acción judicial; peligro *m* de colusión.

ver'**dünn|en** (-) *v/t.* diluir; *Wein*: aguar, F bautizar; *Soße*: aclarar; *Gas, Luft*: enrarecer, rarificar; ✎ *u. fig.* atenuar; ⟂**ung** *f* dilución *f*; enrarecimiento *m*, rarefacción *f*; atenuación *f*; ⟂**ungsmittel** *n* dilu(y)ente *m*.

ver'**dunst|en** (-e-; -; *sn*) *v/i.* evaporarse; vaporizarse; volatilizarse; ⟂**ung** *f* evaporación *f*; vaporización *f*; volatilización *f*.

ver'**dursten** (-e-; -; *sn*) *v/i.* morir(se) de sed.

ver'**düster|n** (-re; -) *v/t.* oscurecer ensombrecer (*a. fig.*); *sich* ~ oscurecerse; *Sonne*: eclipsarse; *Himmel*: nublarse (*a. fig.*); ⟂**ung** *f* oscurecimiento *m*; eclipse *m*.

ver'**dutz|en** (-*t*; -) *v/t.* desconcertar; dejar perplejo (*od.* atónito); ~**t** *adj.* desconcertado; perplejo; atónito; estupefacto; F patidifuso.

ver'**ebben** (-) *fig. v/i.* disminuir; ir disminuyendo; extinguirse.

ver'**edel|n** (-le; -) *v/t.* ennoblecer; (*verbessern*) mejorar; perfeccionar; (*läutern*) purificar; ⊕, *Met.* afinar; refinar (*a. fig.*); *Güter*: elaborar, transformar; ✒ injertar; ⟂**ung** *f* ennoblecimiento *m*; mejoramiento *m*, mejora *f*; perfeccionamiento *m*, purificación *f*; ✒ injerto *m*; ⊕, *Met.* refinación *f*, refino *m*; elaboración *f*, transformación *f*; ⟂**ungs-erzeugnis** *n* producto *m* transformado; ⟂**ungsindustrie** *f* industria *f* transformadora; ⟂**ungsverkehr** *m* operaciones *f/pl.* de transformación.

ver'**ehelich|en** (-) *v/refl.*: *sich* ~ casarse; ⟂**ung** *f* matrimonio *m*.

ver'**ehr|en** (-) *v/t.* respetar; venerar; (*anbeten*) adorar (*a. fig.*); (*bewundern*) admirar; *j-m et.* ~ obsequiar a alg. con a/c.; *Verehrte Anwesende!* ¡Señoras y señores!; ⟂**er** *m* admirador *m*; adorador *m* (*a. fig.*); F *e-s Mädchens*: cortejador *m*, galán *m*; *e-s Stars*: F fan *m*; ⟂**erin** *f* admiradora *f*; adoradora *f*; ⟂**ung** *f* respeto *m*; veneración *f*; admiración *f*; adoración *f*; *der Heiligen*: culto *m*; ~**ungswürdig** *adj.* venerable; adorable.

ver'**eidig|en** (-) *v/t.* tomar juramento (*j-n* a alg.); juramentar (a alg.); ~**t** *adj.* jurado; *Beamter usw.*: jurar el cargo; ⟂**ung** *f* prestación *f* bzw. toma *f* de juramento; *auf ein Amt*: jura *f* del cargo.

Ver'ein *m* (-*e*s; -*e*) unión *f*; sociedad *f*; asociación *f*; *geselliger*: círculo *m*; centro *m*; club *m*; *im* ~ *mit* con el concurso de; en cooperación (*od.* colaboración) con; en unión (*od.* junto) con; **⟂bar** *adj.* compatible (*mit con*), conciliable (*con*); **⟂baren** *v/t.* convenir, concertar (*et.* a/c.); ponerse de acuerdo (*sobre* a/c.); *mündlich*: *a.* apalabrar; *vertraglich*: estipular; (*in Einklang bringen*) compaginar (*mit con*); *sich nicht* ~ *lassen mit* no ser compatible con; ser incompatible con; ~**barkeit** *f* compatibilidad *f*; ⟂**bart** *adj.* convenido; estipulado; *wie* ~ según queda convenido; *wenn nichts anderes* ~ *ist* salvo acuerdo contrario; ~**barung** *f* acuerdo *m*; convenio *m*; concierto *m*; arreglo *m*; *e-e* ~ *treffen* hacer un convenio; tomar un acuerdo; ponerse de acuerdo (*über et.* sobre a/c.); *nach* ~ previo acuerdo; 𝌡 *Sprechstunde nach* ~ horas *f/pl.* convenidas; ⟂**en** (-) → *vereinigen*; *Vereinte Nationen* Naciones *f/pl.* Unidas; *mit vereinten Kräften* todos juntos; todos a una.

ver'**einfachen** (-) *v/t.* simplificar (*a.* 𝔸); ⟂**fachung** *f* simplificación *f*; ~**heitlichen** (-) *v/t.* unificar, uniformar; (*normen*) estandarizar; ⟂**heitlichung** *f* unificación *f*; estandarización *f*.

ver'**einig|en** (-) **I.** *v/t.* unir; reunir (*mit con*); aunar; asociar (a); (*verbinden*) juntar; ligar; enlazar; combinar; (*verbünden*) aliar, confederar; unificar; coligar; (*konzentrieren*) concentrar; centralizar; (*fusionieren*) fusionar; (*zusammenschließen*) integrar (*en*); (*einfügen*) incorporar (a); *Verw.* mancomunar; (*gleichstellen*) coordinar; *Gegensätze*: conciliar; **II.** *v/refl.*: *sich* ~ unirse; juntarse; reunirse; asociarse; ligarse; (*sich verbünden*) aliarse; confederarse; unificarse; coligarse; (*sich konzentrieren*) concentrarse; (*fusionieren*) fusionarse; (*sich zusammenschließen*) integrarse; *Verw.* mancomunarse; *Flüsse*: confluir; *auf sich* ~ *Ämter*: acumular; ~**t** *adj.*: *die* ⟂**en** *Staaten* (*von Amerika*) los Estados Unidos (de América); *die* ⟂**e** *Arabische Republik* la República Árabe Unida; *das* ⟂**e** *Königreich* el Reino Unido; ⟂**ung** *f* unión *f*; reunión *f*; unificación *f*; concentración *f*; (*Bündnis*) alianza *f*; confederación *f*; coalición *f*; (*Fusion*) fusión *f*; (*Verein*) asociación *f*; unión *f*; sociedad *f*; club *m*; agrupación *f*; *v. Flüssen*: confluencia *f*; ⟂**ungspunkt** *m* punto *m* de reunión.

ver'**ein|nahmen** (-) *v/t.* cobrar; F *fig. j-n*: acaparar; ~**samen** (-; *sn*) *v/i.* quedar aislado (*od.* solitario o.; muy solo); ~**samt** *adj.* aislado; solitario; muy solo; ⟂**samung** *f* (0) aislamiento *m*.

Ver'eins...: ⟂**bruder** *m* consocio *m*; ⟂**freiheit** *f* libertad *f* de asociación; ⟂**kamerad** *m* → *bruder m*; ⟂**lokal** *n* local *m* social; ⟂**meierei** F *f* manía *f* de formar asociaciones; ⟂**mitglied** *n* miembro *m* de una asociación; socio *m* de un club; ⟂**recht** *n* derecho *m* de asociación.

ver'**eint** *adj.* → *vereinen*.

ver'**einzel|n** (-le; -) *v/t.* aislar; separar; ✒ aclar(e)ar; entresacar; ~**t** *adj.* aislado; suelto; (~ *auftretend*) esporádico; *Regen*: disperso.

ver'**eis|en** (-) **I.** *v/t.* helar; **II.** *v/i.* (*sn*) helarse; *Straße*: cubrirse de hielo; ~**t** *adj.* helado; cubierto de hielo; ⟂**ung** *f* formación *f* de hielo; *Geol.* glaciación *f*; ⟂**ungsgefahr** ✈ *f* peligro *m* de hielo.

ver'**eitel|n** (-le; -) *v/t.* hacer fracasar; frustrar, abortar; ⟂**ung** *f* frustración *f*.

ver'**eiter|n** (-re; -; *sn*) *v/i.* supurar; ⟂**ung** *f* supuración *f*.

ver'**ekeln** (-le; -) *v/t.*: *j-m et.* ~ quitarle a alg. el gusto (*od.* las ganas) de a/c.

ver'**elend|en** (-e-; -; *sn*) *v/i.* caer en (*od.* verse reducido a) la miseria; ⟂**ung** *f* (0) depauperación *f*; pauperismo *m*.

ver'**enden** (-e-; -; *sn*) *v/i.* morir, perecer; *Tier: a.* reventar.

ver'**enge(r)n** (-re; -) *v/t. u. v/refl.* estrechar(se), hacer(se) más estrecho; (*zusammenziehen*) encoger(se), contraer(se); 𝔐 constreñir; ⟂**(er)ung** *f* estrechamiento *m*; encogimiento *m*, contracción *f*; 𝔐 constricción *f*.

ver'**erb|en** (-) *v/t.* dejar (en herencia); legar (por herencia); 𝔐 transmitir; *Bio.* (*sich*) ~ *auf* transmitir(se) hereditariamente *a*; ~**lich** *adj.* transmisible hereditariamente (*od.* por herencia); ⟂**lichkeit** *f* heredabilidad *f*; ⟂**ung** *f* transmisión *f* hereditaria; herencia *f*; *durch* ~ por herencia; ⟂**ungsgesetz** *n* ley *f* de (la) herencia; ⟂**ungslehre** *f* genética *f*.

verestern — Verfremdung 558

ver'ester|n ⌐ (-re; -) v/t. esterificar; ℒung f esterificación f.

ver'ewig|en (-) v/t. perpetuar; eternizar; (*unsterblich machen*) inmortalizar; F sich ~ in inscribir bzw. grabar su nombre en; ~t adj. (*verstorben*) difunto; ℒung f perpetuación f; inmortalización f.

ver'fahren (L; -) **I.** v/i. proceder; obrar; actuar; mit j-m ~ tratar a alg.; mit j-m schlecht ~ portarse mal con alg.; mit et. schlecht ~ hacer mal uso de a/c.; usar mal a/c.; **II.** v/t. *Geld*: gastar en un viaje; **III.** v/refl.: sich ~ errar el camino (a. *fig.*); extraviarse; F perderse; **IV.** adj. (*verpfuscht*) embrollado, intrincado; de difícil solución.

Ver'fahren n modo m (od. manera f) de obrar; proceder m; método m; sistema m; ⚖, ⊕, ⌐ procedimiento m; j-g ein ~ einleiten gegen proceder judicialmente contra; abrir expediente contra; expedientar (a alg.); **~kosten** ⚖ pl. costas f/pl. procesales; **~smangel** ⚖ m vicio m de procedimiento; **~srecht** ⚖ n derecho m procesal.

Ver'fall m (-*es; 0*) decadencia f (a. fig.); ruina f; (*Niedergang*) declinación f; v. *Gebäuden*: desmoronamiento m; estado m ruinoso; (*Entartung*) degeneración f; (*Kräfte*ℒ) decaimiento m, 𝕱 a. marasmo m; *der Sitten*: corrupción f, depravación f; ✝ *e-r Frist*: vencimiento m; expiración f; *der Gültigkeit*: caducidad f; ✝ bei ~ al (od. a su) vencimiento; in ~ geraten decaer; **~buch** ✝ n libro m de vencimientos; ℒen **I.** (L; -; sn) v/i. decaer (a. *fig. u.* 𝕱); declinar; *Gebäude*: desmoronarse; (*entarten*) degenerar; ✝ (*fällig werden*) vencer; (*ungültig werden*) caducar; (*ablaufen*) expirar; j-m ~ quedar a merced de alg.; ser el esclavo de alg.; e-r *Sache* ~ *bsd. Laster usw.*: entregarse (od. darse) a a/c.; ~ auf (ac.) dar en; er *verfiel darauf*, zu (*inf.*) se le ocurrió (la idea de) (*inf.*); ~ in (ac.) caer en; in e-n *Fehler usw.*: incurrir en; **II.** adj. *Gebäude*: ruinoso; en ruinas; ✝ caduco; decaído; ✝ (*fällig*) vencido; (*ungültig*) caducado; pasado de fecha; (*abgelaufen*) expirado; **~sdatum** n fecha f de caducidad; **~serscheinung** f síntoma m de decadencia; **~(s)tag** m día m de vencimiento; **~(s)zeit** f plazo m de vencimiento.

ver'fälsch|en (-) v/t. falsificar; *Lebensmittel*: adulterar; a. *fig.* alterar; fig. falsear; ℒer m falsificador m; adulterador m; ℒung f falsificación f; adulteración f; falseamiento m; alteración f.

ver'fangen (L; -) **I.** v/i. hacer efecto; obrar; *das verfängt nicht* eso no pega; **II.** v/refl.: sich ~ a. *fig.* enredarse; confundirse; *Wind*: encajonarse.

ver'fänglich adj. *Frage*: capcioso; insidioso; *Lage*: embarazoso.

ver'färben I. v/t. descolorar; sich ~ *Stoff*: desteñirse; *Person*: cambiar de color; demudarse; **II.** v/i. *Jgdw. Wild*: mudar el pelaje.

ver'fass|en (-ßt; -) v/t. componer; escribir; redactar; ℒen n composición f; redacción f; ℒer(in f) m autor(a f) m; ℒerkatalog m catálogo m de autores; ℒerschaft f (0) paternidad f (literaria).

Ver'fassung f (*Zustand*) estado m; condición f; *seelische*: disposición f; estado m de ánimo; *moralische*: moral f; (*Staats*ℒ) constitución f; in guter ~ sein estar en buena forma; ich bin nicht in der ~ zu no estoy con ánimos para; ℒgebend adj.: ~e *Versammlung* asamblea f constituyente.

Ver'fassungs...: ~änderung f enmienda f constitucional; revisión f de la constitución; **~bruch** m violación f de la constitución; **~entwurf** m proyecto m de constitución; ℒ**feindlich** adj. → ℒwidrig; **~gericht** n tribunal m constitucional; ℒ**mäßig** adj. constitucional; **~mäßigkeit** f constitucionalidad f; **~recht** n derecho m constitucional; **~rechtler** m constitucionalista m; **~reform** f reforma f constitucional; **~schutz** m protección f de la constitución; **~urkunde** f carta f constitucional; ℒ**widrig** adj. anticonstitucional; **~widrigkeit** f anticonstitucionalidad f; inconstitucionalidad f.

ver'faulen I. (-; sn) v/i. pudrirse; descomponerse; **II.** ℒ n putrefacción f; descomposición f.

ver'fecht|en (L; -) v/t. propugnar; abogar por; *Meinung*: sostener; *Recht*: defender; j-s *Sache* ~ defender la causa de alg.; ℒer m defensor m (de); ℒung f defensa f (de).

ver'fehl|en (-) equivocar (a. *Beruf*); *Thema usw.*: desacertar, no acertar; *Ziel, Weg*: errar; *Zug*: perder; s-e *Wirkung* ~ fallar; no producir efecto; ~ *Sie nicht, zu* (*inf.*) no deje usted de (*inf.*); sich ~ no encontrarse; ~t adj. equivocado, errado, (*irrig*) erróneo; *Leben*: fracasado; *Plan*: fallido, malogrado; *Thema*: desacertado; ~e *Sache* desacierto m; ℒung f ⚖ falta f; delito m; (*Sünde*) pecado m.

ver'feind|en (-*e*-; -) v/refl.: sich ~ enemistarse, desavenirse; ponerse a mal (mit con); ~et adj. enemistado; desavenido; reñido; ℒung f desavenencia f.

ver'feiner|n (-re; -) v/t. refinar; afinar; pulir (alle a. *fig.*); (*läutern*) depurar; (*verbessern*) mejorar; perfeccionar; ℒung f refinación f, pulimento m; depuración f; perfeccionamiento m.

ver'fem|en (-) v/t. proscribir; colocar fuera de la ley; *gesellschaftlich*: hacer el vacío (a alg.); ℒung f proscripción f.

ver'fertig|en (-) v/t. hacer; elaborar; fabricar, manufacturar; confeccionar; ℒung f elaboración f; confección f; composición f.

ver'festig|en (-) v/t. solidificar; → a. *festigen*; ℒung f solidificación f.

ver'fett|en (-*e*-; -; sn) v/i. echar grasas; ℒung 𝕱 f degeneración f adiposa; adiposis f.

ver'feuern (-re; -) v/t. quemar; *Munition*: gastar, agotar.

ver'film|en (-) v/t. filmar; adaptar al cine, llevar a la pantalla; ℒung f filmación f; adaptación f (od. versión f) cinematográfica.

ver'filz|en (-*t*; -) v/t. *Haare*: enmarañar; *fig. a.* embrollar; ~t *fig.* adj. intrincado.

ver'finster|n (-*re*; -) v/t. oscurecer; ensombrecer (a. *fig.*); *Astr.* eclipsar; sich ~ oscurecerse; ensombrecerse; *Astr.* eclipsarse; ℒung f oscurecimiento m; *Astr.* eclipse m.

ver'flach|en (-) **I.** v/t. aplanar; **II.** (sn) v/i. hacerse menos profundo; *fig.* perderse en trivialidades; ℒung f aplanamiento m.

ver'flecht|en (L; -) v/t. entrelazar (a. *fig.*); entretejer; *fig.* intrincar, enmarañar; entreverar; *fig. verflochten in* complicado (od. implicado) en; ℒung f entrelazamiento m, enlace m; *fig. bsd.* ✝ interdependencia f; concentración f; ~ *von Umständen* (extraña) coincidencia f de circunstancias.

ver'flieg|en (L; -; sn) v/i. ⌐ volatilizarse; evaporarse; *fig.* desvanecerse; disiparse; *Zeit*: pasar volando; volar, huir; 🗲 sich ~ desorientarse, perder el rumbo.

ver'fließen (L; -; sn) v/i. *Zeit*: pasar, transcurrir, correr; (*ineinander* ~) fundirse.

ver'flixt F adj. endiablado; maldito; *iro.* dichoso; ~! ¡caramba!, ¡caray! P ¡maldita sea!; ~ *und zugenäht!* P ¡jolín!, ¡jolines!

ver'flossen adj. pasado; im ~en *Jahr* el año pasado; F *fig.* m-e ℒe mi ex novia f.

ver'fluch|en (-) v/t. maldecir; renegar de; *Rel.* anatematizar; ~t adj. u. adv. → *verdammt*; ℒ**te(r)** m *Rel.* condenado m; réprobo m; ℒung f maldición f; imprecación f; ·*Rel.* anatema m.

ver'flüchtig|en (-) ⌐ v/t. volatilizar; evaporar; sich ~ volatilizarse; evaporarse (*beide a. fig.*); *fig.* desaparecer; eclipsarse; ℒung ⌐ f volatilización f; evaporación f.

ver'flüssig|en (-) v/t. liquidar, licuar, licuefacer; ℒung f liquidación f, licuefacción f, licuación f; ℒ**ungsmittel** n medio m licuefactivo.

Ver'folg m (-*es; 0*) curso m; prosecución f; im ~ (*gen.*) en el curso de; ℒen (-) v/t. perseguir (a. *fig. u.* ⚖); *Wild, Verbrecher*: a. dar caza a; seguir (a. *Spur u. fig.*); (*fortführen*) proseguir, continuar; (*belästigen*) acosar (a. *Jgdw.*); molestar; fastidiar; *Vorgang usw.*: observar; seguir de cerca; *mit den Augen* ~ seguir con la vista; *gerichtlich* ~ perseguir judicialmente; procesar (a); ℒ**er(in** f) m perseguidor(a f) m; ~te(r m) m/f perseguido (-a f) m; ℒ**ung** f persecución f (a. ⚖); *fig.* continuación f, prosecución f; *hartnäckige*: acosamiento m, acoso m; asedio m; ⚖ *gerichtliche* ~ procesamiento m; *strafrechtliche* ~ enjuiciamiento m; ℒ**ungswahn** m manía f persecutoria.

ver'form|bar ⊕ adj. deformable; *warm* ~ termoplástico; ℒen (-) v/t. deformar; ℒung f deformación f.

ver'fracht|en (-*e*-; -) v/t. ⚓ *Schiff*: fletar; ✝ *Ware*: expedir, despachar; F *fig.* j-n ~ meter a alg. (in en); ℒer m ⚓ fletante m; ✝ expedidor m; ℒung f ⚓ fletamento m; ✝ expedición f, despacho m.

ver'franzen (-*t*; -) F 🗲 u. *fig.* v/refl.: sich ~ desorientarse; perderse.

ver'fremd|en (-*e*-; -) *Liter.* v/t. distanciar; ℒung f distanciación f.

ver'fressen P **I.** *adj.* glotón, F tragón; **II.** (*L*; -) *v/t.* gastarse en comida.
ver'froren *adj.* friolero; (*durchkältet*) F pelado de frío.
ver'früh|en (-) *v/refl.*: *sich* ~ adelantarse, anticiparse; llegar antes de tiempo; ~t *adj.* prematuro.
ver'füg|bar *adj.* disponible; **♀barkeit** *f* (0) disponibilidad *f*; ~**en** (-) **I.** *v/t.* disponer; ordenar; decretar; **II.** *v/i.* disponer (*über ac.* de); contar (con); (*ausgestattet sein*) estar provisto (de); **III.** *v/refl.*: *sich* ~ *nach* dirigirse a.
Ver'fügung *f* disposición *f*; (*Anordnung*) orden *f*; decreto *m*; *zu Ihrer* ~ a su disposición, a disposición de usted; *zur* ~ *haben* tener a su disposición; *zur* ~ *stellen* facilitar; poner a disposición; *j-m zur* ~ *stehen* (*stellen*) estar (poner) a la disposición de alg.; **♀sberechtigt** *adj.* autorizado a disponer (*über ac.* de); ~**sbeschränkung** *f* limitación *f* del derecho de (libre) disposición; ~**sgewalt** *f* poder *m* de disposición; ~**srecht** *n* derecho *m* de disposición.
ver'führ|en (-) *v/t.* seducir (*a. sexuell*); (*verlocken*) a. tentar; (*verderben*) corromper; (*verleiten*) inducir (*zu* a); **♀er(in** *f*) *m* seductor(a *f*) *m*; ~**erisch** *adj.* seductor; tentador; **♀ung** *f* seducción *f*; (*Verlockung*) tentación *f*; ⚖ estupro *m*; ~ *Minderjähriger* corrupción *f* de menores; **♀ungskunst** *f* arte *m* de seducir.
ver'fünffachen (-) *v/t.* quintuplicar.
ver'füttern (-*re*; -) *v/t.* dar de comer *bzw.* como pienso (*an* a).
Ver'gabe *f* adjudicación *f*; concesión *f*.
ver'gaffen (-) F *v/refl.*: *sich* ~ *in* encapricharse de (*od.* por); F chiflarse por.
ver'gällen (-) *v/t. Alkohol*: desnaturalizar; *fig.* amargar, aguar.
vergalop'pieren (-) F *fig. v/refl.*: *sich* ~ F meter la pata; (*sich irren*) equivocarse.
ver'gammel|n (-; *sn*) F *v/i.* echarse a perder; *Person*: *a.* descuidarse; ~**t** *adj.* podrido; *Person*: desaliñado, descuidado.
ver'gangen *adj.* pasado; ~*es Jahr* el año pasado; **♀heit** *f* pasado *m*; *Gr.* pretérito *m*; (*Vorleben*) antecedentes *m/pl.*; *lassen wir die* ~ *ruhen* lo pasado, pasado; *der* ~ *angehören* haber pasado a la historia.
ver'gänglich *adj.* pasajero; transitorio; efímero; caduco; perecedero; fugaz; **♀keit** *f* (0) carácter *m* efímero; transitoriedad *f*; caducidad *f*; inconstancia *f*.
ver'gären (-) *v/t.* fermentar.
ver'gas|en (-*t*; -) *v/t.* 🜰 gasificar; *Kfz.* carburar; (*töten*) gasear; **♀er** *m* carburador *m*; 🜰 gasificador *m*; **♀ermotor** *m* motor *m* con carburador; **♀ung** *f* 🜰 gasificación *f*; *Kfz.* carburación *f*; *v. Menschen*: gaseamiento *m*; F *bis zur* ~ a más no poder.
ver'geb|en (*L*; -) *v/t.* **1.** dar; ceder; *Stelle*: proveer; *Amt*: conferir; *Auftrag*: adjudicar; (*verteilen*) distribuir; *Chance*: desaprovechar, desperdiciar; *Karten*: dar mal; *zu* ~ *haben* disponer de; *zu* ~ *sein Stelle*: estar vacante; *nicht* ~ *werden Preis*: quedar desierto; *ich bin schon* ~ tengo un compromiso; **2.** (*verzeihen*) perdonar; *Sünde*: *a.* remitir; *sich et.* ~ comprometer su honor; olvidar su dignidad; *du vergibst dir nichts, wenn* no te caerán los anillos si; ~**ens** *adv.* en vano; en balde; inútilmente; ~**lich I.** *adj.* vano; inútil; (*erfolglos*) infructuoso; estéril; **II.** *adv.* → *vergebens*; **♀lichkeit** *f* (0) inutilidad *f*; infructuosidad *f*; **♀ung** *f* (*Verteilung*) distribución *f*; *e-r Stelle, e-s Amtes*: provisión *f*; *e-s Auftrags*: adjudicación *f*; (*Verzeihung*) perdón *m*; *der Sünden*: *a.* remisión *f*; *j-n um* ~ *bitten* pedir perdón a alg.
ver'gegenständlich|en (-) *v/t.* objetivar; **♀ung** *f* objetivación *f*.
vergegen'wärtigen (-) *v/t.* traer a la memoria; rememorar; *sich et.* ~ imaginarse (*od.* figurarse *od.* representarse) a/c.; tener presente a/c.
ver'gehen (-) **I.** (*sn*) *v/i. Zeit*: pasar, transcurrir; (*nachlassen*) disminuir; ceder; (*verschwinden*) desaparecer; desvanecerse; extinguirse; *fig.* ~ *vor* arder de; consumirse de, morirse de; *vor Sehnsucht usw.*: desvivirse por; *die Lust dazu ist mir vergangen* se me han quitado las ganas; *der Appetit ist mir vergangen* he perdido el apetito; **II.** *v/refl.*: *sich* ~ *faltar* (*gegen* a); pecar (*contra*); *sich an j-m* ~ *tätlich*: maltratar de obra a alg., *unsittlich*: abusar de alg.; *sich gegen das Gesetz* ~ infringir (*od.* violar *od.* transgredir) la ley; **III.** ♀ *n schließen* hacer un arreglo; llegar a falta *f*; ⚖ delito *m*.
ver'geistig|en (-) *v/t.* espiritualizar; **♀ung** *f* (0) espiritualización *f*.
ver'gelt|en (*L*; -) *v/t. Dienste usw.*: devolver; corresponder a; (*belohnen*) recompensar; pagar; (*heimzahlen*) desquitarse (*j-m et.* de a/c. con alg.); *vergelt's Gott!* ¡Dios se lo pague!; **♀ung** *f* (*Revanche*) desquite *m*, revancha *f*; (*Repressalien*) represalias *f/pl.*; (*Belohnung*) recompensa *f*; pago *m*; ~ *üben für* desquitarse de, tomar el desquite (*od.* la revancha) de; *bsd. Pol.* tomar represalias por; **♀ungs-angriff** *m* ataque *m* de represalia; **♀ungsmaßnahme** *f* (media *f* de) represalia *f*; **♀ungsrecht** *n* ley *f* del talión.
verge'sellschaft|en (-*e*-; -) *v/t. Pol.* socializar; ✝ *sich mit j-m* ~ asociarse con alg.; **♀ung** *f* socialización *f*; asociación *f*.
ver'gessen (*L*; -) *v/t.* olvidar; olvidarse (*zu* de); *ich habe* ~, *zu* (*inf.*) se me olvidó (*inf.*); *sich* ~ descomedirse; propasarse; F perder la cabeza; **♀heit** *f* (0) olvido *m*; *in* ~ *geraten* caer en (el) olvido, pasar al olvido.
ver'geßlich *adj.* olvidadizo; distraído, F desmemoriado; **♀keit** *f* (0) falta *f* de memoria; *aus* ~ por olvido.
ver'geud|en (-*e*-; -) *v/t.* prodigar; disipar; *bsd. Geld*: *a.* derrochar, despilfarrar; *Vermögen*: dilapidar; *Zeit, Lebensmittel*: desperdiciar; **♀er** *m* disipador *m*; derrochador *m*, despilfarrador *m*; **♀ung** *f* disipación *f*; derroche *m*, despilfarro *m*; dilapidación *f*; desperdicio *m*.
verge'waltig|en (-) *v/t.* violar, forzar; abusar de; *fig.* violentar, hacer violencia a; **♀ung** *f* violación *f*.

verge'wissern (-*βre*; -) *v/refl.*: *sich* ~ cerciorarse de, asegurarse de.
ver'gießen (*L*; -) *v/t.* verter; derramar (*a. Blut, Tränen*).
ver'gift|en (-*e*-; -) *v/t.* envenenar; emponzoñar (*beide a. fig.*); intoxicar; *sich* ~ envenenarse, tomar veneno; intoxicarse; **♀ung** *f* envenenamiento *m*; intoxicación *f*; **♀ungs-erscheinung** *f* síntoma *m* de intoxicación.
Ver'gil [v] *m* Virgilio *m*.
ver'gilb|en (-; *sn*) *v/i.* amarillear, amarillecer; ~**t** *adj.* amarillento.
Ver'gißmeinnicht ♀ *n* (-*ts*; - *od.* -*e*) miosota *f*, nomeolvides *f*.
ver'gittern (-*re*; -) *v/t.* enrejar; *mit Drahtgitter*: alambrar.
ver'glas|en (-*t*; -) **I.** *v/t. Fenster*: poner vidrios a; acristalar; (*zu Glas verarbeiten*) vitrificar; **II.** (*sn*) *v/i.* vitrificarse; **♀ung** *f* acristalamiento *m*; vitrificación *f*.
Ver'gleich *m* (-*ts*; -*e*) **1.** comparación *f*; parangón *m*; paralelo *m*; (*Wort*♀) símil *m*; (*Gegenüberstellung*) confrontación *f*; *v. Schriftstücken*: cotejo *m*; *im* ~ *zu* en comparación a; comparado con; *e-n* ~ *anstellen* hacer una comparación; establecer un paralelo (*zwischen* entre); *den* ~ *aushalten* poder compararse (*mit* con); resistir la comparación (*mit* con); *das ist kein* ~ *zu* ... no se puede comparar con ...; **2.** ⚖ arreglo *m*, ajuste *m*; acuerdo *m*; conciliación *f*; transacción *f*; *e-n* ~ *schließen* hacer un arreglo; llegar a un acuerdo; *zu e-m* ~ *kommen* llegar a un arreglo, arreglarse; avenirse; **♀bar** *adj.* comparable (*mit* con); *a.* parangonable; ~**en** (*L*; -) **I.** *v/t.* comparar (*mit* con; a); parangonar (*ac.*), hacer un parangón de; (*gegenüberstellen*) confrontar; *Schriftstücke*: cotejar; *vergleiche Seite* ... véase página ...; *das ist nicht zu* ~ no se puede comparar; no tiene comparación; *verglichen mit* comparado con, en comparación a; **II.** *v/refl.*: ⚖ *sich mit j-m* ~ avenirse (*od.* arreglarse) con alg.; llegar a un acuerdo con alg.; **♀end** *adj.* comparativo; *Wissenschaft usw.*: comparado; ~**sjahr** *n* año *m* de referencia; ~**smaßstab** *m* término *m* de comparación; ~**ssumme** *f* suma *f* pagadera en virtud de arreglo; ~**s-tafel** *f* cuadro *m* comparativo; ~**sverfahren** ⚖ *n* acto *m* de conciliación; **♀sweise** *adv.* comparativamente; a título comparativo (*od.* de comparación); ~**swert** *m* valor *m* de comparación; ~**szeit** *f* período *m* de referencia; ~**ung** *f* → *Vergleich*.
ver'gletscher|n (-*re*; -; *sn*) *v/i.* cubrirse de glaciares; **♀ung** *f* glaciación *f*.
ver'glimmen (*L*; -; *sn*), **ver'glühen** (-; *sn*) *v/i.* ir extinguiéndose.
ver'gnüg|en (-) *v/t.* divertir; distraer; *sich* ~ divertirse; distraerse; **♀en** *n* placer *m*; gusto *m*; (*Unterhaltung*) diversión *f*; entretenimiento *m*; distracción *f*; esparcimiento *m*; recreo *m*; (*Kurzweil*) pasatiempo *m*; *mit* ~ con mucho gusto, gustosamente; *aus* ~ por gusto; *nur zum* ~ sólo para divertirse; ~ *an et. finden* hallar placer en a/c.; *sich ein* ~ *machen aus* complacerse en; *es ist ein* ~, *zu* (*inf.*) da gusto (*inf.*); *es war mir ein*

vergnüglich — verhaßt

(wahres) ~ fue un (verdadero) placer para mí; es war kein ~ no fue ningún placer; no fue nada agradable; das ~ haben, zu (inf.) tener el gusto (od. el placer) de (inf.); es macht mir ~ me gusta bzw. divierte; viel ~! ¡que se divierta!, ¡que te diviertas!; ¡que lo pase(s) bien!; ~lich adj. entretenido; divertido; ~t adj. alegre, contento; divertido, de buen humor; sich e-n ~en Tag machen F echar una cana al aire; 2ung f diversión f; distracción f; entretenimiento m; esparcimiento m.
Ver'gnügungs...: ~ausschuß m comisión f (organizadora) de fiestas; ~dampfer m vapor m de recreo; ~industrie f industria f del placer; ~lokal n local m de esparcimiento; sala f de fiestas; ~park m parque m de atracciones; ~reise f viaje m (♠ crucero m) de placer; ~reisende(r m) m/f turista m/f; ~steuer f impuesto m sobre espectáculos; ~sucht f afán m de placeres; 2süchtig adj. ávido de placeres; dado a los placeres; ~viertel n barrio m de diversiones.
ver'gold|en (-e-; -) v/t. dorar (a. fig.); 2ung f dorado m.
ver'gönnen (-) v/t. permitir; conceder; es war mir vergönnt, zu (inf.) tuve el placer de (inf.); es war ihm nicht vergönnt, zu (inf.) no le fue dado (inf.); no logró (inf.).
ver'götter|n (-re; -) v/t. deificar; fig. idolatrar, adorar; 2ung f deificación f; fig. idolatría f, adoración f; amor m ciego.
ver'graben (L; -) v/t. enterrar, soterrar; fig. sich ~ encerrarse; retirarse; sich in et. ~ engolfarse (od. enfrascarse) en a/c.
ver'gräm|en (-) v/t. afligir, apenar; Wild: espantar; ~t adj. acongojado, afligido, apenado.
ver'grätzen (-t; -) F v/t. → verärgern.
ver'greifen (L; -) v/refl.: sich ~ equivocarse (a. ♪); sich an j-m ~ poner la mano en alg.; maltratar (de obra) a alg.; geschlechtlich: abusar de alg.; sich an et. ~ atentar contra la propiedad ajena; robar a/c.; an Heiligem: profanar; sich an der Kasse ~ desfalcar; malversar fondos; sich im Ausdruck ~ confundir las palabras; sich im Ton ~ salirse de tono.
ver'greis|en (-t; -) v/i. ir envejeciendo; ~t adj. senil; 2ung f senescencia f.
ver'griffen adj. Ware, Buch: agotado.
ver'gröbern (-re; -) v/t. hacer más grosero; Person: enrudecer; Sprache usw.: avillanar.
ver'größer|n (-re; -) I. v/t. agrandar; a. fig. engrandecer; a. Opt. aumentar; a. Phot. ampliar; (erweitern) ensanchar; a. Phys. amplificar; (verschlimmern) agravar; II. v/refl.: sich ~ agrandarse; aumentar(se); engrosar; tomar incremento; ampliarse; 2ung f agrandamiento m; aumento m; acrecentamiento m; agravación f; in vergrößertem Maßstab a escala aumentada; 2ungs-apparat Phot. m aparato m de ampliación; (cámara f) ampliadora f; ~ungsfähig adj. aumentable; 2ungsglas n cristal m (od. lente f) de aumento; (Lupe) lupa f.
ver'gucken (-) F v/refl.: sich ~ 1. equivocarse; 2. → vergaffen.
ver'günstig|t adj. Preis: rebajado; 2ung f favor m; ventaja f; privilegio m; (Preis2) rebaja f.
ver'güt|en (-e-; -) v/t. (belohnen) recompensar, remunerar; gratificar; (zurückerstatten) restituir; re(e)embolsar, reintegrar; (entschädigen) indemnizar (j-m et. a alg. de a/c.), resarcir; reparar; Verlust: compensar; ✝ abonar; bonificar; ⊕ Stahl: mejorar; 2ung f recompensa f, remuneración f; gratificación f; restitución f; re(e)mbolso m, reintegro m; indemnización f, resarcimiento m; reparación f, compensación f; ✝ abono m; bonificación f; ⊕ v. Stahl: mejora f.
ver'haft|en (-e-; -) v/t. detener; arrestar; ~et adj.: ~ sein mit Sache: estar arraigado en; Person: estar ligado a; 2ete(r m) m/f detenido (-a f) m; 2ung f detención f; arresto m; 2ungsbefehl ⚖ m orden f de detención.
ver'hageln (-le; -; sn) v/i. apedrearse, quedar destruido por el granizo.
ver'hallen (-; sn) v/i. expirar; extinguirse, perderse a lo lejos.
ver'halten (L; -) I. v/t. contener (a. Atem); reprimir; ⚕ Urin: retener; Groll: refrenar; II. v/refl.: sich ~ (sich benehmen) portarse (gegen j-n con alg.), comportarse, conducirse; sich ruhig ~ quedarse (od. estarse) quieto; ich weiß nicht, wie ich mich ~ soll no sé cómo proceder; no sé qué hacer; ⚖ A verhält sich zu B wie C zu D A es a B como C es a D; es verhält sich mit ... ebenso wie mit ... lo mismo pasa con ... que con ...; die Sache verhält sich so la cosa es así; sich anders ~ ser diferente; wenn es sich so verhält de ser así; siendo así; en este caso; III. adj. contenido; reprimido; IV. 2 n (-s; -) comportamiento m, conducta f (a. Zoo., Psych.); proceder m; (Haltung) actitud f; ⚛ reacción f; 2sforscher m etólogo m; 2sforschung f etología f; ~sgestört adj. inadaptado; 2smuster n patrón m de comportamiento; pauta f de conducta; 2sweise f comportamiento m.
Ver'hältnis n (-ses, -se) 1. proporción f; relación f; im ~ zu en proporción (od. relación) a; en comparación con; im ~ von 1 : 2 en la proporción de 1 por 2; in keinem ~ stehen zu no guardar relación con; (nicht) im ~ stehend mit proporcionado (desproporcionado) a; 2. (Beziehung) relaciones f/pl.; (Liebes2) F lío m amoroso, P ligue m; (Geliebte) querida f, P ligue m; ein ~ mit j-m haben mantener relaciones (P tener un ligue) con alg.; in freundlichem ~ stehen zu mantener (od. estar en) relaciones amistosas con; 3. ~se pl. (Lage) condiciones f/pl.; circunstancias f/pl.; situación f; finanzielle: situación f económica; medios m/pl. (od. recursos m/pl.) económicos; unter diesen ~sen en estas circunstancias (od. condiciones); über s-e ~se leben gastar más de lo que se gana; das geht über m-e ~se no puedo permitirme este lujo; aus kleinen (od. einfachen od. bescheidenen) ~sen stammen ser de origen humilde; sich den ~sen anpassen acomodarse a las circunstancias; in guten ~sen leben vivir desahogadamente (od. con holgura); ~anteil m parte f proporcional; cuota f; 2mäßig I. adj. relativo; proporcional; II. adv. relativamente; proporcionalmente; ~wahl Parl. f representación f proporcional; 2widrig adj. desproporcionado (zu a); ~wort Gr. n preposición f; ~zahl ⚖ f coeficiente m; número m proporcional.
Ver'haltung ⚕ f retención f; ~smaßregel f norma f de conducta; (Vorschrift) instrucción f, prescripción f.
ver'handeln (-le; -) v/i. negociar (über a/c.); discutir (ac. od. sobre); gestionar (ac.), debatir (ac. od. sobre), deliberar (sobre); ⚖ actuar; ver (una causa).
Ver'handlung f negociación f; discusión f; debate m, deliberación f; ⚖ vista f; juicio m (oral); in ~en eintreten entablar negociaciones; in ~(en) stehen estar negociando; estar en tratos (mit con); ~sbasis f plataforma f negociadora; 2sbereit adj. dispuesto a negociar; ~sbericht m acta f, ~sgegenstand m objeto m de las negociaciones; ~s-partner m: die ~s las partes negociadoras; ~sraum m sala f de sesiones; ~srunde f ronda f de negociaciones (od. negociadora); ~s-tag ⚖ m día m de la vista; ~s-termin ⚖ m término m del señalamiento; ~s-tisch m: sich an den ~ setzen sentarse en la mesa de negociaciones; ~sweg m: auf dem ~e por vía de negociaciones.
ver'hangen adj. Himmel: cubierto, encapotado.
ver'häng|en (-) v/t. cubrir, tapar (mit con); (verschleiern) velar; fig. ordenar, decretar; Strafe: imponer, infligir; Belagerungszustand: proclamar, declarar; mit verhängtem Zügel a rienda suelta; 2nis n (-ses; -se) destino m fatal; fatalidad f; das wurde ihm zum ~ eso fue su perdición; ~nisvoll adj. fatal; funesto; (katastrophal) desastroso; 2ung f e-r Strafe: imposición f; des Belagerungszustandes: proclamación f, declaración f.
ver'harmlosen (-) v/t. minimizar; quitar importancia a.
ver'härmt adj. consumido; apesadumbrado; acongojado; pesaroso.
ver'harren I. (-) v/i. permanecer; persistir, perseverar (bei, in dat. en); in Schweigen ~ obstinarse en un mutismo absoluto; bei s-r Meinung ~ aferrarse a su opinión; II. 2 n persistencia f; perseverancia f.
ver'harschen (-; sn) v/i. Wunde: cicatrizarse; Schnee: endurecerse.
ver'härt|en (-e-; -) I. v/t. u. v/i. endurecer; ⚕ Geschwür: indurar; II. v/i. u. v/refl. endurecerse (a. fig.); indurarse; 2ung f endurecimiento m (a. fig.); ⚕ induración f; (Schwiele) callosidad f.
ver'harzen (-t; -) v/i. resinificar.
ver'haspeln (-le; -) F fig. v/refl.: sich ~ atascarse, F hacerse un ovillo.
ver'haßt adj. odioso, odiado (bei de); sich bei j-m ~ machen hacerse odioso a alg.; er ist mir ~ le aborrezco; das ist mir ~ lo detesto.

ver'hätscheln (-le; -) v/t. mimar; dar mimos a.
Ver'hau ⚔ m/n (-es; -e) estacada f; (Draht♀) alambrada f; ♀**en** (L; -) **I.** v/t. (verprügeln) pegar, dar una paliza (od. una zurra) a; F Arbeit: hacer (muy) mal; ich habe die Prüfung ∼ me ha salido mal el examen; **II.** v/refl.: F sich ∼ equivocarse; F tirarse una plancha.
ver'heben (L; -) v/refl.: sich ∼ lastimarse al levantar un peso.
ver'heddern (-re; -) F v/refl.: sich ∼ enredarse (a. fig. beim Sprechen).
ver'heer|en (-) v/t. asolar, desolar; devastar; ∼**end** adj. asolador, desolador; devastador; fig. desastroso; catastrófico; nefasto; F (schrecklich) espantoso; F ∼ aussehen F estar fatal; ♀**ung** f desolación f, asolamiento m; devastación f; a. fig. estrago m; ∼**en** anrichten hacer (od. causar) estragos.
ver'hehl|en (-) v/t. encubrir; disimular; ocultar; recatar; ♀**ung** f disimulo m; ocultación f; encubrimiento m.
ver'heilen (-; sn) v/i. sanar; curarse; Wunde: cerrarse, cicatrizarse.
ver'heimlich|en (-) v/t. ocultar (et. vor j-m a/c. a alg.); disimular; solapar; ♀**ung** f ocultación f; disimulo m.
ver'heirat|en (-e-; -) v/t. casar (mit con); sich ∼ casarse, contraer matrimonio; sich wieder ∼ volver a casarse; contraer segundas nupcias; ∼**et** adj. casado; ♀**ung** f casamiento m, matrimonio m.
ver'heiß|en (L; -) v/t. prometer; ♀**ung** f promesa f; Bib. das Land der ∼ la Tierra de Promisión; ∼**ungsvoll** adj. (muy) prometedor.
ver'heizen (-t; -) v/t. quemar (a. F fig. Person).
ver'helfen (L; -) v/i.: j-m zu et. ∼ ayudar a alg. a conseguir a/c.; proporcionar a/c. a alg.; j-m zu seinem Recht ∼ hacer justicia a alg.
ver'herrlich|en (-) v/t. glorificar; enaltecer, ensalzar; ♀**ung** f glorificación f; enaltecimiento m.
ver'hetz|en (-t; -) v/t. incitar, instigar; soliviantar; ♀**ung** f incitación f, instigación f.
ver'heult adj. lloroso; → a. verweint.
ver'hex|en (-t; -) v/t. embrujar, hechizar; ♀**ung** f embrujamiento m.
ver'himmeln (-le; -) F v/t. F poner por las nubes.
ver'hinder|n (-re; -) v/t. impedir; imposibilitar; (vorbeugen) prevenir; (vermeiden) evitar; ∼**t** adj. impedido; ∼ sein no poder asistir; ♀**ung** f impedimento m; obstáculo m; estorbo m.
ver'hohlen adj. disimulado, encubierto.
ver'höhn|en (-) v/t. burlarse, mofarse de; escarnecer a; ♀**ung** f burla f, mofa f; escarnio m; ofensa f.
ver'hohnepipeln (-le; -) F v/t. burlarse de; poner en ridículo.
ver'hökern (-re; -) F v/t. vender barato.
ver'holen (-) ⚓ v/t. atoar; halar.
Ver'hör ⚖ n (-es; -e) interrogatorio m; j-n ins ∼ nehmen = ♀**en** (L) **I.** v/t. interrogar; tomar declaración a; **II.** v/refl.: sich ∼ entender (od. oír) mal.
ver'hudeln (-le; -) v/t. estropear; echar a perder.
ver'hüll|en (-) v/t. cubrir; tapar; velar (a. fig.); fig. ocultar; disimular;

in verhüllten Worten con palabras veladas; ♀**ung** f ocultación f; disimulo m.
ver'hundertfachen (-) v/t. centuplicar; sich ∼ centuplicarse.
ver'hunger|n (-re; -; sn) v/i. morir(se) de hambre (✠ de inanición); ∼ lassen dejar morir de hambre; ∼**t** adj. hambriento; famélico; ∼ aussehen tener aspecto famélico, F tener cara de hambre.
ver'hunzen (-t; -) F v/t. estropear, echar a perder; F chafallar, chapucear.
ver'hüten (-e-; -) v/t. prevenir; evitar; impedir; precaver; das verhüte Gott! ¡no lo quiera Dios!; ∼**d** adj. preventivo; ✠ profiláctico.
ver'hütt|en (-e-; -) Met. v/t. fundir; ♀**ung** f fundición f.
Ver'hütung f prevención f; ✠ profilaxis f, ∼**smaßnahme** f medida f preventiva; ∼**smittel** ✠ n preservativo m; profiláctico m; (Empfängnis♀) anticonceptivo m.
ver'hutzelt adj. contrahecho; Gesicht: avellanado, arrugado.
ver'innerlich|en (-) v/t. dar un carácter más íntimo a a/c.; Neol. interiorizar; ♀**ung** f (0) introversión f.
ver'irr|en (-) v/refl.: sich ∼ extraviarse; perderse; despistarse; ∼**t** adj. extraviado; perdido; ∼**es** Schaf oveja f descarriada; ∼**e** Kugel bala f perdida; ♀**ung** f extravío m; error m; aberración f.
ver'jag|en (-) v/t. ahuyentar (a. fig.); expulsar, echar; ♀**ung** f (0) expulsión f.
ver'jähr|bar adj. prescriptible; ∼**en** (-; sn) v/i. prescribir; ∼**t** adj. prescrito; ♀**ung** f (0) prescripción f; ♀**ungsfrist** ⚖ f plazo m de prescripción.
ver'jubeln (-le; -) F v/t. Geld: despilfarrar; F fumarse.
ver'jüng|en (-) v/t. rejuvenecer (a. ✠); remozar; Maß: reducir; im verjüngten Maßstab a escala reducida; sich ∼ rejuvenecerse; estrecharse; ♀**ung** f rejuvenecimiento m; e-s Maßes: reducción f; △ disminución f, estrechamiento m; ♀**ungskur** ✠ f cura f de rejuvenecimiento; ♀**ungsmaßstab** m escala f de reducción.
ver'juxen (-t; -) F v/t. → verjubeln.
ver'kabeln (-le; -) F v/t. cablear.
ver'kalk|en (-; sn) v/i. calcificarse (a. Physiol.); F fig. hacerse viejo; ∼**t** adj. calcificado; ✠ escleroso, esclerótico; F fig. Person: chocho, fosilizado; ♀**ung** f calcificación f; ✠ esclerosis f.
verkalku'lieren (-) v/refl.: sich ∼ equivocarse en el cálculo; calcular mal.
ver'kannt adj. no apreciado en su justo valor; ignorado, desconocido.
ver'kanten (-e-; -) v/t. ladear.
ver'kapp|en (-) v/t. disfrazar; enmascarar, camuflar; ∼**t** adj. disfrazado; enmascarado; fig. a. encubierto.
ver'kapsel|n (-le; -) v/t. capsular; sich ∼ ✠ enquistarse; ♀**ung** f enquistamiento m; encapsulación f.
ver'käs|en (-t; -) v/t. caseificar; ♀**ung** f caseificación f.
ver'katert F adj. trasnochado; ∼ sein F tener resaca.
Ver'kauf m (-es; -e) venta f; colocación f; zum ∼ anbieten ofrecer (od.

poner) a la venta; ♀**en** (-) v/t. vender (a. fig.); ✝ realizar; colocar; zu ∼ se vende, en venta; sich ∼ venderse (a. fig.); sich leicht (schwer) ∼ ser de venta fácil (difícil); billig (teuer) ∼ vender barato (caro); sein Leben teuer ∼ vender cara su vida.
Ver'käuf|er(in f) m vendedor(a f) m; dependiente (-a f) m; ♀**lich** adj. vendible; en (od. de) venta; leicht (schwer) ∼ de venta fácil (difícil); fácil (difícil) de vender.
Ver'kaufs...: ∼**abteilung** f departamento m de ventas; ∼**auftrag** m orden f de venta; ∼**automat** m distribuidor m (od. expendedor m) automático; ∼**bedingungen** f/pl. condiciones f/pl. de venta; ∼**buch** n libro m de ventas; ∼**büro** n oficina f de ventas; ∼**erlös** m producto m de la venta; ∼**förderung** f promoción f de ventas; ∼**leiter** m jefe m de ventas; ∼**option** f ✝ opción f de venta; ∼**organisation** f organización f de ventas; ∼**preis** m precio m de venta; ∼**raum** m sala f de ventas; ∼**recht** n derecho m de venta; ∼**schlager** m éxito m de venta; ∼**stand** m puesto m de venta; ∼**stelle** f depósito m de venta; punto m de venta; für Tabak: expendeduría f; ∼**- und Einkaufsgenossenschaft** f cooperativa f de compraventa; ∼**urkunde** ⚖ f escritura f de venta; ∼**wert** m valor m de venta.
Ver'kehr m (-s; 0) tráfico m; tránsito m; circulación f; (Betrieb) servicio m; (Beförderung) transporte(s) m(pl.); (Verbindung) comunicación f; ✝ movimiento m; operaciones f/pl.; (Umgang) trato m; (Geschlechts♀) comercio m carnal; relaciones f/pl. sexuales; in ∼ bringen poner en circulación; ∼ mit j-m haben tratar (od. tener trato) con alg.; keinen ∼ haben (od. pflegen) no tener trato con nadie; no ver a nadie; dem ∼ übergeben Straße: abrir al tráfico (od. a la circulación); 🚇 poner en servicio; Brücke usw.: inaugurar; aus dem ∼ ziehen retirar del servicio; Geld: retirar de la circulación; ♀**en** (-) **I.** v/i. Verkehrsmittel: circular; in e-m Haus ∼ frecuentar una casa; mit j-m ∼ tratarse (od. tener trato) con alg.; tener (od. estar en) relaciones con alg.; geschlechtlich: tener comercio carnal (od. relaciones sexuales) con alg.; in der Gesellschaft ∼ alternar en sociedad; mit niemandem ∼ no tener trato con nadie; no ver a nadie; **II.** v/t. (umkehren) invertir; poner al revés; (umwandeln) convertir, transformar; fig. (verdrehen) tergiversar, torcer; sich ∼ in convertirse en; transformarse en.
Ver'kehrs...: ∼**abwicklung** f desarrollo m de la circulación; ∼**ader** f arteria f (de tráfico); ∼**ampel** f luces f/pl. de tráfico; semáforo m, disco m; ∼**amt** n oficina f de turismo; ♀**arm** adj. poco frecuentado; ∼**betriebe** m/pl. transportes m/pl. públicos; ∼**chaos** n caos m circulatorio; ∼**delikt** n delito m de la circulación; ∼**dichte** f densidad f del tráfico; ∼**disziplin** f disciplina f en la circulación; ∼**erziehung** f educación f vial; ∼**flugzeug** n avión m comercial; ∼**gewerbe** n (ramo m de) transportes

Verkehrshindernis — verkürzen

m/pl.; **~hindernis** *n* obstáculo *m* a la circulación; **~insel** *f* refugio *m* (de peatones), burladero *m*; **~knotenpunkt** *m* nudo *m* de comunicaciones; **~luftfahrt** *f* aviación *f* comercial (*od.* civil); **~minister(ium** *n*) *m* ministro *m* (Ministerio *m*) de Transportes; **~mittel** *n* medio *m* de transporte; *öffentliche ~ pl.* transporte *m* colectivo, transportes *m/pl.* públicos; **~netz** *n* red *f* de comunicaciones; **~opfer** *n* víctima *f* de la circulación; **~ordnung** *f* reglamento *m* de la circulación (*od.* del tráfico); **~polizei** *f* policía *f* de tráfico; **~polizist** *m* agente *m* (*od.* policía *m*) de tráfico; **~regel** *f* norma *f* de circulación; **~regelung** *f* regulación *f* del tráfico; **2reich** *adj.* de mucho tráfico; muy frecuentado; **~schild** *n* señal *f* indicadora (*od.* de tráfico); rótulo *m* circulatorio; **2schwach** *adj.* poco frecuentado (*od.* concurrido); *Straße*: de poca circulación; **~sicherheit** *f* seguridad *f* vial; **~spitze** *f* horas *f/pl.* punta; **2stark** *adj.*: *~e Zeit →* **~spitze**; **~stärke** *f* intensidad *f* del tráfico; **~stauung** *f* congestión *f* del tráfico; embotellamiento *m*, atasco *m*; **~steuer** *f* impuesto *m* sobre transacciones; **~stockung** *f →* **~stauung**; **~störung** *f* interrupción *f* del tráfico (*od.* de la circulación); **~straße** *f* vía *f* de comunicación; **~sünder** *m* infractor *m* de las normas de circulación; **~teilnehmer** *m* usuario *m* de la vía pública; **~tote(r** *m*) *m/f* muerto (-a *f*) *m* en accidente de circulación; **~unfall** *m* accidente *m* de circulación (*od.* de tráfico); **~unterricht** *m* enseñanza *f* de tráfico; **~verbindung** *f* comunicación *f*; **~verein** *m* oficina *f* de turismo; **~verbot** *n* circulación *f* prohibida; **~verhältnisse** *n/pl.* condiciones *f/pl.* del tráfico; **~vorschriften** *f/pl. →* **~ordnung**; **~weg** *m* vía *f* de comunicación; **~wert** *m* valor *m* comercial (*od.* corriente); **~wesen** *n* (servicio *m* de) comunicaciones *f/pl.*; transportes *m/pl.*; **2widrig** *adj.* antirreglamentario; **~zählung** *f* censo *m* del tráfico; **~zeichen** *n* señal *f* de tráfico.

ver'**kehr|t** *adj.* (*umgekehrt*) invertido; al revés (*a. adv.*); (*falsch*) equivocado, erróneo, falso; (*unsinnig*) absurdo; *fig.* trastornado; *die ~e Seite* el revés; *die ~e Welt* el mundo al revés; *et. ~ auffassen* entender a/c. al revés; *et. ~ machen* hacer a/c. al revés *bzw.* mal; *et. ~ anfangen* F empezar la casa por el tejado; **2theit** *f* absurdidad *f*; **2ung** *f* inversión *f*.

ver'**keilen** (-) *v/t.* 1. ⊕ acuñar, asegurar con cuñas; 2. F → **verprügeln**.

ver'**kenn|en** (L; -) *v/t.* desconocer, ignorar; no apreciar (en su justo valor); juzgar mal; (*unterschätzen*) subestimar; *es ist nicht zu ~, daß* salta a la vista que; **2ung** *f* (0) desconocimiento *m*; *in ~ der Tatsachen* juzgando mal los hechos.

ver'**kett|en** (-e-; -) *v/t.* encadenar; eslabonar; *fig.* concadenar, concatenar; engarzar; **2ung** *f* encadenamiento *m*; *fig.* concatenación *f*.

ver'**ketzer|n** (-re; -) *fig. v/t.* difamar; calumniar; **2ung** *f* difamación *f*; calumnia *f*.

ver'**kitten** (-e-; -) *v/t.* enmasillar.

ver'**klag|en** (-) ⚖ *v/t.*: *j-n ~* demandar a alg., entablar demanda contra alg.; querellarse contra alg.

ver'**klär|en** (-) *v/t.* Rel. u. *fig.* transfigurar; *fig.* iluminar; *~t adj.* transfigurado; *fig. a.* radiante; **2ung** *f* Rel. u. *fig.* transfiguración *f*.

ver'**klatschen** (-) F *v/t.* denunciar, delatar.

ver**klausu'lieren** (-) *v/t.* poner cláusulas a.

ver'**kleben** (-) *v/t.* pegar; tapar; empastar; *bsd. Chir.* conglutinar.

ver'**kleid|en** (-e-; -) *v/t.* disfrazar; ⊕ revestir (*mit dat.* de); *innen*: forrar; *mit Holz*: enmaderar; *sich ~ als* disfrazarse de; **2ung** *f* disfraz *m*; ⊕ revestimiento *m*; forro *m*.

ver'**kleiner|n** (-re; -) *v/t.* empequeñecer (*a. fig.*); achicar; reducir (*a.* Å); disminuir; rebajar; *fig.* minimizar; quitar méritos a; *sich ~* disminuir; reducirse; **~nd** *Gr. adj.* diminutivo; **2ung** *f* disminución *f*; empequeñecimiento *m*; reducción *f*; **2ungsmaßstab** *m* escala *f* de reducción; **2ungssilbe** *Gr. f* desinencia *f* diminutiva; **2ungswort** *Gr. n* diminutivo *m*.

ver'**kleistern** (-re; -) *v/t.* pegar con engrudo, engrudar.

ver'**klemm|en** (-) *v/refl.*: *sich ~* atascarse; *~t adj.* atascado; *fig.* reprimido.

ver'**klingen** (L; -; sn) *v/i.* ir extinguiéndose; perderse.

ver'**kloppen** (-) F *v/t.* 1. → **verprügeln**; 2. (*verkaufen*) vender.

ver'**klumpen** (-; sn) *v/i.* formar grumos.

ver'**knacken** (-) F *v/t.* condenar.

ver'**knacksen** (-t; -) F *v/t.*: *sich den Fuß ~* torcerse el tobillo.

ver'**knall|en** (-) F *v/refl.*: *sich in j-n ~* F chalarse por alg.; *~t* F *adj.*: *in j-n ~ sein* estar loco (*od.* F chalado) por alg.

ver'**knapp|en** (-; sn) *v/i.* escasear; **2ung** *f* (0) escasez *f* (*an dat.* de).

ver'**knautschen** (-) F *v/t.* arrugar; estrujar.

ver'**kneifen** (L; -) *v/t.* reprimir, contener; *sich et. ~* comerse las ganas; *verkniffenes Gesicht* gesto *m* forzado.

ver'**knittern** (-re; -) *v/t. →* **verknautschen**.

ver'**knöcher|n** (-re; -; sn) *v/i.* osificarse; *fig.* anquilosarse; fosilizarse; *~t fig. adj.* anquilosado; fosilizado; **2ung** *f* osificación *f*; *fig.* fosilización *f*.

ver'**knorpel|n** (-le; -; sn) *v/i.* condrificarse; **2ung** *f* condrificación *f*.

ver'**knoten** (-e-; -) *v/t.* anudar.

ver'**knüpf|en** (-) *v/t.* ligar, atar; enlazar; *fig.* unir, vincular; relacionar; *Ideen*: asociar; *mit Kosten verknüpft sein* suponer gastos; **2ung** *f* ligadura *f*, atadura *f*; enlace *m*; *fig.* unión *f*, nexo *m*, vinculación *f*; asociación *f*.

ver'**knusen** (-t; -) F *v/t.*: *j-n nicht ~ können* no poder ver a alg. ni pintado.

ver'**kochen** (-) *v/t.* cocer demasiado; recocer.

ver'**kohl|en** (-) I. *v/t.* carbonizar, reducir a carbón; F *fig. j-n ~* tomar el pelo a alg.; II. (sn) *v/i.* carbonizarse; **2ung** *f* carbonización *f*.

ver'**kok|en** (-) *v/t.* coquizar; **2ung** *f* coquización *f*, coquefacción *f*.

ver'**kommen** I. (L; -; sn) *v/i.* decaer, echarse a perder; degenerar; *Person*: degradarse; depravarse, pervertirse; envilecerse, encanallarse; II. *adj. Person*: degradado; depravado, pervertido; envilecido, encanallado; corrupto; **2heit** *f* (0) degradación *f*; depravación *f*, perversión *f*; envilecimiento *m*, encanallamiento *m*; corrupción *f*.

ver**konsu'mieren** (-) F *v/t.* tragar(se), soplarse.

ver'**koppeln** (-le; -) *v/t.* acoplar.

ver'**korken** (-) *v/t.* encorchar, taponar con corcho.

ver'**korksen** (-t; -) F *v/t.* echar a perder; estropear; *sich den Magen ~* indigestarse.

ver'**körper|n** (-re; -) *v/t.* personificar; encarnar; *Thea.* representar; interpretar; **2ung** *f* personificación *f*; encarnación *f*; *Thea.* representación *f*; interpretación *f*.

ver'**köstig|en** (-) *v/t.* alimentar; **2ung** *f* (0) alimentación *f*; comida *f*.

ver'**krach|en** (-) *v/refl.*: *sich mit j-m ~* enemistarse (*od.* reñir) con alg.; *~t adj.* fracasado; F tronado; ✝ *Firma*: quebrado, en quiebra; *~e Existenz* fracasado *m*.

ver'**kraften** (-e-; -) *v/t.* poder con; resistir; digerir.

ver'**kramen** (-) *v/t.* extraviar; *Papiere*: traspapelar.

ver'**krampf|en** (-) *v/refl.*: *sich ~* crisparse (*a. fig.*); *~t adj.* convulso; crispado (*a. fig.*); *Lachen*: forzado; *geistig*: tenso; **2ung** *f* Neol. crispación *f* (*a. fig.*).

ver'**kriechen** (L; -) *v/refl.*: *sich ~* esconderse; ocultarse.

ver'**krümeln** (-le; -) F *v/refl.*: *sich ~* largarse, eclipsarse.

ver'**krümm|en** (-) *v/t.* deformar; torcer; encorvar; *sich ~* deformarse; *Wirbelsäule*: desviarse; *Holz*: combarse; **2ung** *f* deformación *f*; encorvadura *f*; desviación *f*; combadura *f*.

ver'**krüppel|n** (-le; -) **I.** *v/t.* deformar; mutilar; **II.** (sn) *v/i.* estroperase; ⚕ achapararse; *~t adj.* estropeado; 💀 lisiado; *Fuß*: contrahecho; deforme.

ver'**krust|en** (-e-; -; sn) *v/i.* incrustarse; encostrar, formar costra; **2ung** *f* incrustación *f*.

ver'**kühl|en** (-) *v/refl.*: *sich ~* resfriarse, coger un resfriado; **2ung** *f* resfriado *m*, enfriamiento *m*.

ver'**kümmer|n** (-re; -; sn) *v/i.* desmedrar, ir a menos; *fig.* languidecer; 💀 atrofiarse (*a. fig.*); ⚕ marchitarse; *~t adj.* desmedrado; 💀 atrofiado; *Bio.* rudimentario; **2ung** *f* desmedro *m*; 💀 atrofia *f*.

ver'**künd(ig)|en** (-) *v/t.* anunciar; publicar; hacer saber; pregonar; *amtlich*: proclamar; *Urteil*: pronunciar; *Gesetz*: promulgar; *Evangelium*: predicar; ⚖ *er fig. m* pregonero *m*; heraldo *m*; **2ung** *f* anunciación *f*; publicación *f*; proclamación *f*; pronunciamiento *m*; promulgación *f*; *Rel. Mariä Verkündigung* la Anunciación de Nuestra Señora.

ver'**kupfer|n** (-re; -) *v/t.* encobrar; **2ung** *f* encobrado *m*.

ver'**kuppeln** (-le; -) *v/t.* 1. ⊕ acoplar; 2. *j-n ~* alcahuetear, servir de alcahuete a alg.; prostituir a alg.

ver'**kürz|en** (-t; -) *v/t.* acortar; (*ab-*

kürzen) abreviar; (*vermindern*) reducir, disminuir; *Mal.* escorzar; *sich die Zeit* ~ distraerse; matar el tiempo; *verkürzte Arbeitszeit* jornada *f* reducida; ⸰**ung** *f* acortamiento *m*; abreviación *f*; reducción *f*, disminución *f*; *Mal.* escorzo *m*.
ver'lachen (-) *v/t.* reírse de; burlarse de.
Ver'lade|bahnhof *m* estación *f* de carga; **~brücke** *f* puente *m* transbordador (*od.* de carga); **~hafen** *m* puerto *m* de embarque (*od.* de carga); **~kran** *m* grúa *f* de carga; ⸰**n** (*L*; -) *v/t.* cargar; ⚓ embarcar; (*verfrachten*) expedir; **~n** *n* → *Verladung*; **~platz** *m* cargadero *m*; ⚓ embarcadero *m*; muelle *m*; **~r** *m* cargador *m*; ⚓ embarcador *m*; **~rampe** *f* rampa *f* de carga (⚓ de embarque); **~stelle** *f* lugar *m* de carga (⚓ de embarque).
Ver'ladung *f* carga *f*; ⚓ *v. Waren*: embarque *m*; *v. Passagieren*: embarco *m*; (*Verfrachtung*) expedición *f*; **~skosten** *pl.* gastos *m/pl.* de carga (⚓ de embarque); **~s-papiere** *n/pl.* ⚓ documentos *m/pl.* de embarque; **~sschein** *m* recibo *m* de carga (⚓ de embarque).
Ver'lag *m* (-*es*, -*e*) editorial *f*, casa *f* editora; *im* ~... *erschienen* publicado por ...
ver'lager|n (-*re*; -) *v/t.* cambiar (*a. fig.*); cambiar de sitio; *Geol.* dislocar; (*verlegen*) trasladar; transferir; (*evakuieren*) evacuar; ⸰**ung** *f* cambio *m* (*a. fig.*); *Geol.* dislocación *f*; traslado *m*; transferencia *f*; evacuación *f*.
Ver'lags...: **~anstalt** *f* editorial *f*, casa *f* editora; **~buchhändler** *m* librero *m* editor; **~buchhandlung** *f* librería *f* editorial; **~haus** *n* → **~anstalt**; **~katalog** *m* catálogo *m* de libros publicados; **~kosten** *pl.* gastos *m/pl.* de publicación; **~recht** *n* derecho *m* editorial; **~vertrag** *m* contrato *m* editorial; **~werk** *n* publicación *f*.
Ver'landung *f* aterramiento *m*.
ver'langen (-) **I.** *v/t.* pedir (*von j-m a* alg.); solicitar; exigir; reclamar; (*erfordern*) requerir; (*wünschen*) desear; querer; *was* ~ *Sie dafür?* ¿cuánto pide usted?; *das ist zuviel verlangt* eso es pedir demasiado (*od.* más de la cuenta); *Sie werden am Telefon verlangt* le llaman al teléfono; **II.** *v/i.*: *nach et.* ~ desear a/c.; (*sich sehnen*) ansiar a/c.; anhelar a/c.; *nach j-m* ~ desear (*od.* querer) ver a alg.; **III.** ⸰ *n* deseo *m*; (*Sehnsucht*) anhelo *m*; (*Forderung*) exigencia *f*; demanda *f*; pretensión *f*; *auf* ~ (*von*) a petición (de), a requerimiento (de); *auf allgemeines* ~ a petición general; *nach et.* ~ *haben* tener el deseo de a/c.; apetecer a/c.; anhelar a/c.; *kein* ~ *haben, zu* (*inf.*) no tener ganas (*od.* deseos) de (*inf.*); **~d** *adj.* deseoso; anheloso.
ver'länger|n (-*re*; -) *v/t.* alargar; extender; prolongar (*a. zeitlich*); *Paß usw.*: renovar; *Frist*: prorrogar; *Soße*: aclarar; ⸰**ung** *f* alargamiento *m*; prolongación *f*, prórroga *f* (*a. Sport, Spiel*⸰); *stillschweigende* ~ reconducción *f* tácita; ⸰**ungsschnur** *⚡ f* prolongador *m*, (cordón *m* de) prolongación *f*; ⸰**ungsstück** ⊕ *n* pieza *f* de prolongación; ⸰**ungswoche** *f* semana *f* de prórroga.
ver'langsam|en (-) *v/t.* retardar;

Neol. desacelerar; *Geschwindigkeit*: reducir, aminorar; ⸰**ung** *f* retardación *f*; desaceleración *f*.
ver'läppern (-*re*; -) F *v/t.* malgastar; desperdiciar; derrochar.
Ver'laß *m* (-*sses*; 0): *es ist kein* ~ *auf ihn* no se puede contar con él; no puede uno fiarse de él.
ver'lassen I. (*L.*; -) *v/t.* dejar; *e-n Ort*: salir de, abandonar; *Platz, Wohnung*: desocupar; *Stadt, Land*: ausentarse de; (*im Stich lassen*) abandonar; desamparar; *sich* ~ *auf* (*ac.*) contar con; fiarse de; confiar en; *auf ihn kann man sich nicht* ~ no puede uno fiarse de él; F *verlaß dich drauf!* ¡tenlo por seguro!; **II.** *adj.* abandonado; (*hilflos*) desamparado; desvalido; (*vereinsamt*) aislado; (*verödet*) desierto; (*unbewohnt*) deshabitado; *Wohnung*: desocupado; *von Gott* ~ dejado de la mano de Dios; ⸰**heit** *f* (0) abandono *m*; desamparo *m*; aislamiento *m*.
ver'läßlich *adj.* seguro; (digno) de confianza; fiable; formal; ⸰**keit** *f* (0) seguridad *f*; fiabilidad *f*; formalidad *f*.
Ver'laub *m*: *mit* ~ con su permiso, con permiso (*od.* perdón) de usted; *mit* ~ *zu sagen* dicho sea con permiso (*od.* salvando todos los respetos).
Ver'lauf *m* (-*es*; *⸚e*) *der Zeit*: curso *m*, transcurso *m*, decurso *m*; *e-r Angelegenheit*: marcha *f*; rumbo *m*; desarrollo *m*; *e-r Krankheit*: proceso *m*; evolución *f*; curso *m*; *im* ~ *von* (*a. gen.*) en el curso de; en el transcurso de; *nach* ~ *von* al cabo de; después de; *transcurrido* ...; *s-n* ~ *nehmen* seguir su curso; *e-n normalen* ~ *nehmen* seguir su curso normal; *e-n guten* (*schlimmen*) ~ *nehmen* tomar un rumbo favorable (desfavorable); *im weiteren* ~ a continuación; más tarde; ⸰**en** (*L.*; -) **I.** (*sn*) *v/i. Zeit*: pasar, transcurrir; *Grenze usw.*: correr; extenderse; *Angelegenheit*: tomar un rumbo *m*, marcha *f*; desarrollarse; **II.** *v/refl.*: *sich* ~ *Menge*: dispersarse; *Gewässer*: decrecer; (*sich verirren*) extraviarse, perderse, perder (*od.* equivocar) el camino.
ver'laust *adj.* piojoso; lleno de piojos.
ver'lautbar|en (-) *v/t.* publicar; notificar, comunicar; ⸰**ung** *f* publicación *f*; notificación *f*; *amtliche* ~ comunicado *m* oficial.
ver'lauten (-*e*-; -) *v/i.*: *es verlautet, daß* se dice que; corre la voz que; se sabe que; ~ *lassen* manifestar; hacer saber; *wie verlautet* según se dice (*od.* se rumorea); *nichts davon* ~ *lassen* guardar el secreto; no dejar traslucir a/c.
ver'leb|en (-) *v/t.* pasar; **~t** *fig. adj.* (des)gastado; decrépito.
ver'legen I. (-) *v/t.* trasladar (*nach a*) (*a. Wohnsitz*); transferir; desplazar; cambiar de sitio; (*evakuieren*) evacuar; (*verlieren*) extraviar; *Papiere*: traspapelar; *zeitlich*: aplazar (*auf ac.* para); *Weg*: (*versperren*) cortar; barrear; *Bücher*: editar, publicar; *Handlung*: situar (*in ac.* en); ⊕ *Kabel usw.*: tender; colocar; *sich* ~ *auf* entregarse a; dedicarse a; *aufs Bitten usw.*: recurrir a; **II.** *adj.* tímido; cohibido; vergonzoso; (*verwirrt*) confuso; desconcertado; ~ *machen*

Neol. desacelerar; *Geschwindigkeit*: desconcertar; confundir, dejar confuso; ~ *werden* desconcertarse; turbarse; cortarse; *um et.* ~ *sein* necesitar a/c.; *um Geld* ~ *sein* andar mal de dinero; *nie um e-e Antwort* ~ *sein* tener respuesta para todo; saber replicar; ⸰**heit** *f* (0) timidez *f*; confusión *f*; turbación *f*; (*mißliche Lage*) situación *f* embarazosa; dilema *m*; apuro *m*; aprieto *m*; *in* ~ *bringen* confundir; poner en un apuro (*od.* aprieto); *in* ~ *kommen* verse en un apuro; *in* ~ *geraten* (*od. kommen*) verse en un apuro; *j-m aus der* ~ *helfen* sacar a alg. de apuros (*od.* del atolladero).
Ver'leger *m* editor *m*; ⸰**isch** *adj.* editorial.
Ver'legung *f* traslado *m*; transferencia *f*; desplazamiento *m*; evacuación *f*; *zeitliche*: aplazamiento *m*; ⊕ tendido *m*; colocación *f*.
ver'leiden (-*e*-; -) *v/t.*: *j-m et.* ~ quitar a alg. el gusto (*od.* las ganas) de a/c.
Ver'leih *m* (-*es*; -*e*) servicio *m* de préstamo; (*Film*⸰) distribución *f*; *v. Autos usw.*: alquiler *m*; ⸰**en** (*L.*; -) *v/t.* prestar; (*vermieten*) alquilar; (*gewähren*) conceder; otorgar; *Titel*: *a.* conferir; *Würde*: investir de; **~er** *m* prestador *m*; alquilador *m*; *Film*: distribuidor *m*; ⸰**ung** *f* préstamo *m*; alquiler *m*; (*Gewährung*) concesión *f*; otorgamiento *m*; *e-r Würde*: investidura *f*.
ver'leit|en (-*e*-; -) *v/t.* inducir (*zu a*); (*verführen*) seducir (*a*); ⸰**ung** *f* inducción *f*; seducción *f*.
ver'lernen (-) *v/t.* desaprender; olvidar; perder la práctica de.
ver'les|en (*L.*; -) *v/t.* leer; dar lectura a; (*aussondern*) escoger; *Gemüse*: mondar, limpiar; *sich* ~ equivocarse (al leer); ⸰**ung** *f* lectura *f*.
ver'letz|bar *adj.* vulnerable; (*empfindlich*) susceptible; ⸰**barkeit** *f* (0) vulnerabilidad *f*; susceptibilidad *f*; **~en** (-*t*; -) *v/t.* herir (*a. fig. Gefühle*); lesionar (*a. Interessen*); lastimar; *fig.* (*kränken*) ofender; vulnerar; 🏛 violar; conculcar; *Gesetz*: *a.* infringir; *Pflicht usw.*: faltar a; *Rechte*: atentar contra; *s-e Amtspflicht* ~ prevaricar; *leicht* (*schwer; tödlich*) ~ herir levemente (gravemente; mortalmente *od.* de muerte); *sich* ~ herirse; lesionarse; lastimarse, hacerse daño; **~end** *adj.* hiriente, ofensivo; **~lich** *adj.* → **~bar**; ⸰**te**(**r**) *m* herido *m*; lesionado *m*; ⸰**ung** *f* lesión *f*; herida *f*, *fig.* ofensa *f*; (*Verletzen*) violación *f*; falta *f* a; infracción *f*; ~ *s-r Amtspflichten* prevaricación *f*.
ver'leugn|en (-*e*-; -) *v/t.* negar; desmentir; *Rel. Glauben*: renegar de; *j-n*: no reconocer, desconocer; *sich nicht* ~ mostrarse claramente; *sich selbst* ~ desdecir de sí mismo; *sich* ~ *lassen* mandar decir que uno no está en casa; negarse (a recibir visitas); *et. nicht* ~ *können* no poder disimular a/c.; ⸰**ung** *f* negación *f*; desmentida *f*.
ver'leumd|en (-*e*-; -) *v/t.* calumniar; difamar, denigrar; ⸰**er**(**in** *f*) *m* calumniador(a *f*); difamador(a *f*); detractor(a *f*); **~erisch** *adj.* calumnioso; difamatorio, denigrante; ⸰**ung** *f* calumnia *f*; difamación *f*, denigración *f*; ⸰**ungsfeldzug** *m* campaña *f* difamatoria;

Verleumdungsklage — Vermögensbestand 564

~ungsklage ᵢᵗᵢ f querella f por calumnia.
ver'lieb|en (-) v/refl.: sich ~ in enamorarse de; prendarse de; ~t adj. enamorado (in ac. de); F fig. in et. ~ sein F estar chiflado por a/c.; ~theit f (0) enamoramiento m; amor m a; pasión f por.
ver'lier|en (L; -) I. v/t. perder (a. v/i. fig.); nichts zu ~ haben no tener nada que perder; → a. verloren; II. v/refl.: sich ~ perderse; (verschwinden) desaparecer; Menge: dispersarse; sich in Einzelheiten ~ perderse en detalles; ~er(in f) m perdedor(a f) m; ein guter (schlechter) ~ un buen (mal) perdedor.
Ver'lies n (-es; -e) calabozo m; mazmorra f.
ver'loben (-) v/refl.: sich ~ prometerse (mit con).
Ver'löbnis n (-ses; -se) → Verlobung.
ver'lobt adj. prometido; ~e f prometida f; ~e(r) m prometido m.
Ver'lobung f esponsales m/pl.; compromiso m matrimonial; ~s-anzeige f anuncio m de esponsales; ~sring m anillo m de compromiso (od. de prometido).
ver'lock|en (-) v/t. seducir; tentar; ~end adj. seductor; tentador; ~ung f seducción f; tentación f.
ver'logen adj. Person: mentiroso, embustero; mendaz; Sache: engañoso; falaz; ~heit f (0) mendacidad f, carácter m mentiroso.
ver'loren (L; -) adj. u. p/p. perdido; extraviado; (vergeblich) inútil, vano; ✝ Zuschuß usw.: a fondo perdido; ~e Eier huevos m/pl. escalfados; ~ geben dar por perdido; ich gebe das Spiel ~ me doy por vencido; auf ~em Posten stehen defender una causa perdida; fig. noch ist nicht alles ~ no todo se ha perdido todavía; F was hast du hier ~? ¿qué se te ha perdido aquí?; hier haben wir nichts ~ aquí sobramos; ~gehen (L; sn) v/i. perderse, extraviarse; F an ihm ist ein Maler verlorengegangen tiene vena de pintor.
ver'löschen (L; -; sn) v/i. irse extinguiendo, apagarse (lentamente).
ver'los|en (-t; -) v/t. sortear; rifar; ~ung f sorteo m; rifa f.
ver'löt|en (-e-; -) v/t. soldar; ~ung f soldadura f.
ver'lotter|n (-re; -; sn) v/i. Person: desmoralizarse; encanallarse; degradarse; Sache: arruinarse (por abandono); echarse a perder; ~t adj. desmoralizado; encanallado; (zerlumpt) astroso, desastrado.
Ver'lust m (-es; -e) pérdida f; (Abgang) merma f; (Defizit) déficit m; (Schaden) daño m; ~e pl. ✗ bajas f/pl.; ein schwerer ~ una gran pérdida; ~e beibringen ocasionar pérdidas, ✗ causar bajas; mit ~ con pérdida; F ohne Rücksicht auf ~e sin pararse en barras; ~anzeige f denuncia f de pérdida; ~betrieb m empresa f deficitaria (od. en pérdida); ~bilanz f ✝ balance m deficitario; ~bringend adj. deficitario; ~geschäft n negocio m ruinoso; venta f con pérdida; ~ig adj.: e-r Sache ~ gehen perder a/c.; quedar (od. ser) privado de a/c.; ~jahr n año m bzw. ejercicio m deficitario; ~konto n cuenta f de pérdidas; fig. auf das ~ setzen dar por perdido; ~liste ✗ f lista f de bajas; ~rechnung f → ~konto; ~reich adj. Kampf: sangriento; ✝ deficitario; ~zone f ✝ zona f de pérdidas.
ver'machen (-) v/t. legar.
Ver'mächtnis n (-ses; -se) legado m (a. fig.); manda f; ~nehmer m legatario m.
ver'mahlen (-) v/t. Korn: moler, molturar.
ver'mähl|en (-) v/t. casar; desposar; sich ~ casarse (mit con); desposarse; ~ung f casamiento m, enlace m; boda f.
ver'mahn|en (-) v/t. exhortar; ~ung f exhortación f.
vermale'dei|en (-) v/t. maldecir; ~t adj. maldito.
ver'männlich|en (-) v/t. masculinizar; ~ung f masculinización f.
ver'manschen (-) F v/t. mezclar.
ver'mark|en (-) v/t. amojonar; ~ung f amojonamiento m.
ver'markt|en (-e-; -) v/t. comercializar; ~ung f comercialización f.
ver'masseln (-ßle, -) P v/t. echar a perder (od. a rodar); estropear.
Ver'massung f (0) masificación f.
ver'mauern (-re; -) v/t. tapiar; Tür, Fenster: a. condenar, cegar.
ver'mehr|en (-) I. v/t. aumentar, incrementar; engrosar; acrecentar; multiplicar; II. v/refl.: sich ~ aumentar, acrecentarse; crecer, tomar incremento; a. Bio. multiplicarse; (sich fortpflanzen) propagarse; ~ung f (0) aumento m, acrecentamiento m; incremento m; multiplicación f (a. Bio.); (Fortpflanzung) propagación f.
ver'meid|bar adj. evitable; ~en (L; -) v/t. evitar; huir (de); (umgehen) eludir; esquivar; evadir; das läßt sich nicht ~ es inevitable; ~ung f (0) evitación f.
ver'mein|en (-) v/t. creer, suponer; imaginarse; ~tlich adj. supuesto; presunto; Vater usw.: putativo; (eingebildet) imaginario.
ver'melden (-e-; -) fig. v/t.: nichts zu ~ haben F no pintar nada.
ver'meng|en (-) v/t. mezclar (mit con); (verwechseln) confundir; ~ung f mezcla f.
ver'menschlich|en (-) v/t. humanizar; ~ung f (0) antropomorfismo m; humanización f.
Ver'merk m (-es; -e) nota f, anotación f; mención f; apunte m; observación f; advertencia f; ~en (-) v/t. anotar; apuntar; observar; advertir; tomar nota de; im Protokoll ~ hacer constar en acta; vermerkt sein in constar en; übel ~ tomar a mal.
ver'messen (L; -) I. v/t. medir; Schiff: arquear; Land: apear; II. v/refl.: sich ~ equivocarse (al medir); sich ~, zu atreverse a ; tener el atrevimiento (od. la osadía) de; III. adj. (tollkühn) audaz, osado; temerario; (anmaßend) presuntuoso; presumido, vanidoso; (unverschämt) atrevido; insolente, descarado; ~heit f (0) audacia f, osadía f; temeridad f; (Anmaßung) presunción f.
Ver'mess|er m agrimensor m; ~ung f medición f; (Land²) agrimensura f; ✠ arqueo m; ~ungs-amt n oficina f topográfica; ~ungs-ingenieur m geodesta m; ~ungskunde f geodesia f; ~ungs-trupp ✗ m sección f topográfica.
ver'miesen (-t; -) F v/t. estropear; aguar (la fiesta).
ver'miet|bar adj. alquilable; ~en (-e-; -) v/t. alquilar; arrendar; ⚓ fletar; zu ~ (Schild) se alquila; ~er m alquilador m; arrendatario m; (Hauswirt) dueño m de la casa, patrón m; ~ung f alquiler m; arrendamiento m.
ver'minder|n (-re; -) v/t. disminuir (a. ♩); reducir; aminorar; (einschränken) restringir, limitar; Preise: rebajar; sich ~ disminuir; decrecer; ~ung f (0) disminución f; reducción f; restricción f.
ver'minen (-) v/t. minar.
ver'misch|en (-) v/t. mezclar; entremezclar; sich ~ mezclarse; ~t adj. mezclado; ~e Nachrichten noticias f/pl. varias; ~e Schriften miscelánea f literaria; ~te(s) n miscelánea f; ~ung f mezcla f.
ver'missen (-ßt; -) v/t. echar de menos; echar en falta; sentir la ausencia de; bsd. Am. extrañar; ich vermisse ... me falta ...
ver'mißt adj., ~e(r) m a. ✗ desaparecido (m); ~en-anzeige f denuncia f por desaparición.
ver'mitt|eln (-le; -) I. v/t. (beschaffen) procurar, proporcionar, facilitar; (arrangieren) arreglar; amtlich: gestionar; (aushandeln) negociar; Bild, Eindruck usw.: dar; Wissen: transmitir; II. v/i. mediar, servir (od. actuar) de mediador (od. de intermediario) (zwischen dat. entre); intervenir (in dat. en); ~elnd adj. mediador; intermediario; conciliador; ~ eingreifen → vermitteln II; ~els(t) prp. (gen.) mediante; por medio de; ~ler m mediador m; ᵢᵗᵢ a. amigable componedor m; bsd. ✝ intermediario m; (Schlichter) conciliador m.
Ver'mittlung f mediación f; intercesión f; intervención f; negociación f; (Schlichtung) conciliación f; arreglo m; (Beschaffung) facilitación f; Tele. central f; durch ~ von (od. gen.) por mediación de; s-e ~ anbieten ofrecer sus buenos oficios; ~s-amt Tele. n central f; ~s-ausschuß m comisión f de conciliación; ~sbüro n agencia f de colocaciones; ~sgebühr ✝ f comisión f; corretaje m.
ver'möbeln (-le; -) F v/t.: j-n ~ propinar una paliza, sacudir el polvo a alg.
ver'moder|n (-re; -; sn) v/i. pudrirse, corromperse, descomponerse; ~t adj. podrido; ~ung f(0) putrefacción f, descomposición f.
ver'möge prp. (gen.) en virtud de; mediante; ~n (L; -) v/t. poder; ser capaz de; estar en condiciones de; alles über j-n (od. bei j-m) ~ tener plena autoridad sobre alg.; ~n n 1. (Können) poder m; facultad f; capacidad f; 2. (Besitz) fortuna f; bienes m/pl.; patrimonio m; ✝ capital m; ~ haben tener fortuna, tener bienes; F das kostet mich ein ~ me cuesta un dineral (F un riñón); ~nd adj. acaudalado, adinerado, pudiente.
Ver'mögens...: ~anlage f inversión f de fondos; ~aufnahme f tasación f de bienes; ~beschlagnahme f incautación f de bienes; ~bestand m estado m de fortuna; ✝ activo m;

Vermögensbildung — verpfuscht

~**bildung** f formación f de capital; ~**einkünfte** pl. rentas f/pl. patrimoniales bzw. de capital; ~**haftung** ⚖ f responsabilidad f patrimonial; ~**lage** f situación f económica (od. financiera od. patrimonial); ~**masse** f masa f de los bienes; ~**recht** n derecho m patrimonial; ~**rechtlich** adj. jurídico-patrimonial; ~**stand** m → ~lage; ~**steuer** f impuesto m sobre el patrimonio; ~**übertragung** f transmisión f de bienes; ~**verhältnisse** n/pl. → ~lage; ~**verwalter** m administrador m de bienes; ~**verwaltung** f administración f de bienes; gestión f de patrimonios; ~**verzeichnis** n inventario m total del patrimonio; ~**wert** m valor m patrimonial; ~e pl. bienes m/pl.; ~**zuwachssteuer** f impuesto m sobre el aumento del capital.
ver'mottet adj. apolillado.
ver'mumm|en (-) v/t. (einhüllen) embozar; (verkleiden) disfrazar; enmascarar; ~**t** adj. Verbrecher: encapuchado; 2**ung** f disfraz m.
ver'murksen (-t; -) F v/t. echar a perder; estropear.
ver'mut|en (-e-; -) v/t. suponer; barruntar; presumir; conjeturar; (argwöhnen) sospechar; ~**lich I.** adj. presumible; presuntivo; (wahrscheinlich) probable; Täter: presunto; **II.** adv. probablemente; einleitend: es de suponer que ...; 2**ung** f suposición f; supuesto m; bsd. ⚖ presunción f; conjetura f; sospecha f; especulación f; ~**en anstellen** conjeturar; hacer conjeturas (über ac. sobre).
ver'nachlässig|en (-) v/t. descuidar; desatender; sich ~ abandonarse; ~**t** adj. descuidado; desaliñado; (verwahrlost) abandonado; 2**ung** f (0) descuido m; negligencia f; desaliño m; abandono m.
ver'nagel|n (-le; -) v/t. clavar; ~**t** fig. adj. (beschränkt, borniert) obtuso, corto de alcances.
ver'nähen (-) v/t. coser.
ver'narb|en (-; sn) v/i. cicatrizar(se); 2**ung** f cicatrización f.
ver'narr|en (-) v/refl.: sich ~ in, vernarrt sein in estar (od. andar) loco por; P estar chiflado (od. chalado) por; 2**theit** f (0) locura f (de amor); P chifladura f.
ver'naschen (-) v/t. gastar en golosinas; P Frau: tirarse, zumbarse.
ver'nebel|n (-le; -) v/t. cubrir con niebla artificial; fig. ofuscar; 2**ung** f cortina f de niebla bzw. de humo; fig. ofuscación f.
ver'nehm|bar adj. perceptible; audible; 2**barkeit** f (0) perceptibilidad f; audibilidad f; ~**en** (L; -) v/t. percibir, oír; (erfahren) (llegar a) saber; enterarse de; ⚖ interrogar; tomar declaración a; Zeugen: a. oír; 2**en** n: dem ~ nach según (od. a juzgar por) lo que dicen; según consta; ~**lich** adj. perceptible; (deutlich) claro, distinto; inteligible; 2**ung** ⚖ f toma f de declaración; interrogatorio m; 2**ungsbeamte(r)** m interrogador m; ~**ungsfähig** adj. en condiciones para prestar declaración; en estado de declarar.
ver'neig|en (-) v/refl.: sich ~ inclinarse (vor ante); hacer una reverencia; sich tief ~ hacer una profunda reverencia; 2**ung** f inclinación f; reverencia f.
ver'nein|en (-) v/t. negar; decir que no; contestar (od. responder) negativamente; ~**end** adj. negativo; Gr. f (Verweigerung) negativa f; Gr. negación f; 2**ungsfall** m: im ~ en caso de (respuesta) negativa; 2**ungssatz** Gr. m oración f negativa; 2**ungswort** Gr. n partícula f negativa, negación f.
ver'netz|en (-) v/t. Computer: conectar a la bzw. en red; 2**ung** f Computer: conexión f a la bzw. en red.
ver'nichten (-e-; -) v/t. destruir; aniquilar; anonadar; reducir a la nada; (ausrotten) exterminar; ~**d** adj. aniquilador; destructor; exterminador; Blick: fulminante; Niederlage: aplastante; Kritik: demoledor.
Ver'nichtung f destrucción f; aniquilación f, aniquilamiento m; anonadamiento m; exterminio m; ~**s-krieg** m guerra f de exterminio; ~**slager** n campo m de exterminio; ~**sschlacht** f batalla f de aniquilamiento.
ver'nickel|n (-le; -) v/t. niquelar; 2**ung** f niquelado m.
ver'niedlichen (-) v/t. minimizar.
ver'niet|en (-e-; -) v/t. remachar, roblonar; 2**ung** f remachado m, roblonado m.
Ver'nunft f (0) razón f; (Begriffsvermögen) entendimiento m, (Urteilskraft) juicio m; (gesunder Menschenverstand) sentido m común; buen sentido m; zur ~ bringen hacer entrar en razón; meter en cintura; wieder zur ~ kommen recobrar el juicio; volver a la razón; ~ annehmen entrar en razón; sentar la cabeza; nimm doch ~ an! ¡sé razonable!; 2**begabt** adj. dotado de razón; racional; ~**ehe** f matrimonio m de conveniencia.
ver'nunft|gemäß adj. racional; razonable; lógico; 2**glaube** m racionalismo m; 2**grund** m argumentos m/pl. racionales; 2**heirat** f → ~ehe.
ver'nünftig adj. razonable; sensato; cuerdo; prudente; (folgerichtig) lógico; (auf Vernunft gegründet) racional; (verständig) juicioso (a. Kind); werden sentar la cabeza; ~**er'weise** adv. con buen sentido; razonablemente; 2**keit** f (0) buen sentido m; sensatez f.
ver'nunft|los (-) adj. privado (od. falto) de razón; irrazonable; 2**losigkeit** f (0) falta f de razón; ~**mäßig** adj. racional; 2**mäßigkeit** f racionalidad f; 2**schluß** m silogismo m; 2**wesen** n ser m racional; ~**widrig** adj. contrario a la razón bzw. al sentido común; irracional; ilógico; absurdo; 2**widrigkeit** f irracionalidad f; absurdidad f.
ver'nuten (-e-; -) ⊕ v/t. ranurar.
ver'öd|en (-e-; -) **I.** v/t. dejar desierto; ⚕ obliterar; **II.** (sn) v/i. quedar desierto; despoblarse, quedar despoblado; ~**et** adj. desierto; despoblado; 2**ung** f devastación f; desolación f; despoblación f; ⚕ obliteración f.
ver'öffentlich|en (-) v/t. publicar; Gesetz: promulgar; 2**ung** f publicación f; promulgación f.
Ve'ronika [v] f Verónica f.
ver'ordn|en (-e-; -) v/t. mandar, ordenar; decretar; disponer; ⚕ prescribir; recetar; 2**ung** f orden f; ordenanza f, reglamento m; decreto m; ⚕ prescripción f; receta f; nach ärztlicher ~ según prescripción facultativa; 2**ungsblatt** n boletín m oficial; 2**ungsweg** m: auf dem ~ por disposición oficial.
ver'pachten (-e-; -) v/t. arrendar, dar en arriendo.
Ver'pächter(in f) m arrendador(a f) m.
Ver'pachtung f arrendamiento m.
ver'pack|en (-) v/t. embalar; envasar; empaquetar; 2**ung** f embalaje m; envase m; envoltorio m; 2**ungsgewicht** n tara f; 2**ungskosten** pl. gastos m/pl. de embalaje; 2**ungsmaschine** f empaquetadora f; 2**ungsmaterial** n material m de embalaje.
ver'päppeln (-le; -) F v/t. mimar (con exceso).
ver'passen (-ßt; -) v/t. Gelegenheit usw.: desaprovechar, dejar escapar; desperdiciar; Zug usw.: perder; Person: no encontrar; F (verabfolgen) atizar, arrear; endilgar; F j-m eins ~ atizar (od. arrear) un golpe a alg.; pegar una bofetada a alg.
ver'patzen (-t; -) F v/t. echar a perder; estropear.
ver'pest|en (-e-; -) v/t. apestar; infestar; ~**end** adj. apestoso; pestilente, pestífero; 2**ung** f infestación f; polución f.
ver'petzen (-t; -) F v/t. delatar; F soplar.
ver'pfänd|en (-e-; -) v/t. empeñar (a. fig. sein Wort su palabra), pignorar; 2**ung** f empeño m, pignoración f.
ver'pfeifen (L; -) P v/t. delatar; F dar el soplo.
ver'pflanz|en (-t; -) v/t. trasplantar (in ac. a); ⚕ a. injertar; 2**ung** f trasplante m; ⚕ injerto m.
ver'pfleg|en (-) v/t. alimentar; dar de comer a; abastecer; a. ⚔ aprovisionar, avituallar; 2**ung** f (0) alimentación f, comida f; abastecimiento m; ⚔ aprovisionamiento m, avituallamiento m; (Proviant) provisiones f/pl.; bsd. ⚔ víveres m/pl., vituallas f/pl.; mit ~ con pensión.
Ver'pflegungs...: ~**amt** ⚔ n intendencia f de víveres; ~**kosten** pl. gastos m/pl. de manutención; ~**lage** f estado m del abastecimiento; ~**lager** ⚔ n depósito m de víveres; ~**satz** m ración f; ~**stärke** ⚔ f efectivo m de raciones; ~**station** f centro m bzw. puesto m de avituallamiento.
ver'pflicht|en (-e-; -) v/t. obligar (zu a); comprometer (zu a); Sport, e-n Spieler: fichar; Thea. contratar; sich ~ zu obligarse a; comprometerse a; ~**end** adj. obligatorio; ~**et** adj. obligado (zu a); j-m (zu Dank) ~ sein estar obligado a alg.; estar en deuda con alg.; ich bin ihm sehr ~ le estoy muy obligado, le debo mucho; 2**ung** f compromiso m; (Pflicht) deber m, obligación f; ~**en** pl. a. atenciones f/pl.; Sport: fichaje m; Thea. contratación f; e-e ~ eingehen contraer un compromiso; s-n ~**en** (nicht) nachkommen cumplir (faltar a) sus obligaciones.
ver'pfusch|en (-) F v/t. chapucear; estropear; ~**t** adj.: ein ~**es Leben** una vida fracasada (od. mal empleada).

ver'pichen (-) v/t. empegar, empecinar; embrear.
ver'pimpeln (-le; -) F v/t. mimar (excesivamente); F criar entre algodones.
ver'planen (-) v/t. 1. incluir en la planificación; 2. (falsch planen) planificar mal.
ver'plappern (-re; -) v/refl.: sich ~ irse de la lengua.
ver'plaudern (-re; -) v/t.: die Zeit ~ pasarse las horas charlando.
ver'plempern (-re; -) F v/t. despilfarrar; desperdiciar; malgastar; (verschütten) derramar.
ver'plomben (-) v/t. precintar.
ver'pön|en (-) v/t. desaprobar; ~t adj. mal visto.
ver'prass|en (-ßt; -) v/t. disipar (en orgías); derrochar.
verproletari'sieren (-) v/t. proletarizar.
verprovian'tier|en (-) v/t. u. v/refl. aprovisionar(se), abastecer(se), a. ✕ avituallar(se), proveer(se) de víveres; 2ung f (0) aprovisionamiento m, abastecimiento m, a. ✕ avituallamiento m; provisión f de víveres.
ver'prügeln (-le; -) v/t. dar una paliza (od. tunda) a; F moler a palos, apalear, aporrear.
ver'puffen (-; sn) v/i. deflagrar; detonar; fig. irse en humo; perderse.
ver'pulvern (-re; -) F v/t. malgastar, derrochar, F gastar a lo loco.
ver'pumpen (-) F v/t. prestar.
ver'pupp|en (-) v/refl.: sich ~ transformarse en crisálida (od. pupa); 2ung f pupación f; ninfosis f.
ver'pusten [u:] (-e; -) F v/refl.: sich ~ tomar aliento.
Ver'putz ⚠ m (-es; 0) enlucido m, revoque m; 2en (-t; -) v/t. enlucir, revocar; F Geld: gastar; F (essen) tragar(se); opíparo.
ver'qualmt adj. lleno de humo.
ver'quatschen (-) F v/t. → verplaudern; sich ~ irse de la lengua.
ver'quer adv. de través; F es geht mir alles ~ todo me sale mal.
ver'quick|en (-) v/t. (entre)mezclar; amalgamar; 2ung f mezcla f; amalgamamiento m.
ver'quollen adj. hinchado.
ver'rammeln (-le; -) v/t. barrear; Tür: atrancar; verrammelt und verriegelt cerrado a cal y canto.
ver'ramschen (-) F v/t. baratear, malvender.
ver'rannt adj.: ~ sein in aferrarse a; obstinarse en; estar empeñado en.
Ver'rat m (-¢s; 0) traición f; (Treulosigkeit) deslealtad f; perfidia f; felonía f; ~ üben (od. begehen) cometer una traición; e-n ~ an j-m begehen traicionar a alg.; 2en (L; -) v/t. traicionar, hacer traición a; (denunzieren) denunciar, delatar; Geheimnis: revelar, descubrir; (erkennen lassen) denotar; acusar; sich ~ irse de la lengua; enseñar la oreja; fig. ~ und verkauft sein estar perdido; estar vendido; F können Sie mir ~ ...? ¿puede usted decirme ...?; nicht ~! ¡no diga(s) nada!
Ver'räter|(in f) m traidor(a f) m; 2isch adj. traidor; traicionero; (treulos) desleal; pérfido; felón; fig. revelador.
ver'rauchen (-) I. (sn) v/i. disiparse,

evaporarse (a. fig.); II. v/t. Geld: gastar en tabaco.
ver'räucher|n (-re; -) v/t. llenar de humo; ~t adj. lleno de humo; ahumado; ennegrecido por el humo.
ver'rauschen (-; sn) fig. v/i. pasar; disiparse; evaporarse; Beifall: apagarse.
ver'rechn|en (-e-; -) I. v/t. saldar; liquidar; compensar; (gutschreiben) abonar en cuenta; II. v/refl.: sich ~ equivocarse en el cálculo; descontarse; fig. equivocarse; F pillarse los dedos; da hast du dich gewaltig verrechnet me estás muy equivocado; sich um 10 Mark ~ equivocarse en diez marcos; 2ung f compensación f; abono m en cuenta; im Verrechnungsverkehr: angl. clearing m; ✝ nur zur ~ Scheck: para abonar en cuenta.
Ver'rechnungs...: ~abkommen n acuerdo m de compensación; ~konto n cuenta f de compensación; ~kurs m cambio m de cuenta; ~posten m partida f de compensación; ~scheck m cheque m cruzado (od. barrado) bzw. para abonar en cuenta; ~stelle f cámara f de compensación; ~verkehr m operaciones f/pl. de compensación; angl. clearing m.
ver'recken (-; sn) P v/i. reventar; P estirar la pata, diñarla; fig. nicht ums 2 ni a tiros.
ver'regn|en (-e-; -; sn) v/i. echarse a perder con la lluvia; no celebrarse (od. suspenderse) a causa de la lluvia; F aguarse; ~et adj. deslucido por la lluvia; ~er Sommer verano m lluvioso (od. F pasado por agua).
ver'reiben (L; -) v/t. Salbe: extender (frotando); (zerreiben) triturar; pulverizar.
ver'reis|en (-t; -; sn) v/i. irse (od. salir) de viaje (nach a); ausentarse; ~t adj.: ~ sein estar de viaje.
ver'reißen (L; -) F v/t. (kritisieren) criticar duramente; F poner verde a; no decir hueso sano a.
ver'renk|en (-) v/t. ✱ torcer; (ausrenken) dislocar, luxar; sich ~ contorcerse, contorsionarse; sich den Arm ~ dislocarse el brazo; 2ung f ✱ torcedura f; contorsión f; (Ausrenkung) dislocación f, luxación f.
ver'rennen (L; -) v/refl.: sich ~ atrancarse; meterse en un callejón sin salida; → a. verrannt.
ver'richt|en (-e-; -) v/t. hacer; realizar; ejecutar; cumplir; 2ung f ejecución f; cumplimiento m; operación f; trabajo m; faena f; häusliche ~en quehaceres m/pl. domésticos.
ver'riegeln (-le; -) v/t. cerrar con cerrojo; echar el cerrojo; mit Querriegel: atrancar.
ver'ringer|n (-re; -) v/t. disminuir; aminorar; rebajar; reducir; die Geschwindigkeit ~ reducir la velocidad; aminorar la marcha; den Abstand ~ acortar distancias (a. fig.); sich ~ disminuir, bajar; 2ung f disminución f; aminoración f; rebaja f; reducción f.
ver'rinnen (L; -; sn) v/i. correr; Zeit: a. pasar, transcurrir.
Ver'riß F m (-sses; -sse) crítica f muy dura.
ver'roh|en (-; sn) v/i. enrudecerse; embrutecerse; 2ung f (0) embrutecimiento m.

ver'rost|en (-e-; -; sn) v/i. oxidarse; corroerse; enmohecerse; ~et adj. oxidado; herrumbroso; 2ung f oxidación f; corrosión f; enmohecimiento m.
ver'rott|en (-e-; -; sn) v/i. pudrirse; descomponerse; corromperse (a. fig.); ~et adj. podrido; fig. corrupto.
ver'rucht [u:] adj. infame; malvado; abyecto; impío; 2heit f (0) infamia f; maldad f.
ver'rück|en (-) v/t. cambiar de sitio; desplazar; remover; (verschieben) correr; ~t adj. loco, alocado; demente, alienado; (unsinnig) disparatado, desatinado; descabellado; absurdo; Person: F majareta, chaveta, tocado, chalado, chiflado, guillado; fig. ~ sein nach (od. auf) estar loco por; ~e Idee locura f; idea f descabellada; j-n ~ machen volver loco a alg.; sacar a alg. de quicio; ~ werden volverse loco, perder el juicio; F ~ spielen ponerse tonto; total (od. völlig) ~ loco de remate; wie ~ como (un) loco; 2te(r) m loco m; maníatico m; 2theit f locura f; der Mode usw.: extravagancia f; 2twerden n: es ist zum ~ es para volverse loco.
Ver'ruf m (-¢s; 0): in ~ kommen caer en descrédito; in ~ bringen desacreditar, poner en descrédito; 2en adj. desacreditado; de mala reputación (od. fama); sospechoso.
ver'rühren (-) v/t. mezclar; revolver, remover.
ver'ruß|en (-ßt; -; sn) v/i. cubrirse de hollín; tiznarse.
ver'rutschen (-; sn) v/i. correrse.
Vers m (-es; -e) verso m; (Strophe) estrofa f; (Bibel2) versículo m; in ~e bringen poner en verso; ~e schmieden hacer versos, versificar; fig. ich kann mir keinen ~ darauf machen no me lo explico; no acierto a comprenderlo.
ver'sachlichen (-) v/t. objetivar.
ver'sacken (-; sn) v/i. 1. hundirse; ⚓ a. irse a pique; 2. F fig. → versumpfen.
ver'sag|en (-) I. v/t. rehusar; (c.)negar; sich et. ~ renunciar a a/c.; sich nichts ~ no privarse de nada; ich kann es mir nicht ~, zu (inf.) no puedo menos de (inf.); II. v/i. fallar (a. Waffe); ⊕ a. no funcionar; Stimme, Kräfte, Gedächtnis: faltar; Person: fracasar; die Beine versagten mir den Dienst me flaquearon las piernas; 2en n fallo m; ⊕ a. avería f; 2er m a. beim Schießen: fallo m; fig. fracaso m; (Person) fracasado m; 2ung f denegación f; negativa f.
Ver'salien [v] Typ. m/pl. versales f/pl.
ver'salz|en (-t; -) v/t. salar demasiado; Flüsse usw.: salinizar; fig. turbar; aguar; estropear; 2ung f salinización f.
ver'samm|eln (-le; -) v/t. juntar; reunir (a. Pferd); congregar; (einberufen) convocar; sich ~ reunirse; 2lung f asamblea f; junta f (a. ✝); reunión f; Pol. mitin m; 2lungsfreiheit f libertad f de reunión; 2lungs-ort m punto m de reunión; 2lungsraum m sala f de reunión; 2lungsrecht n derecho m de reunión.
Ver'sand m (-¢s; 0) envío m; expedición f, despacho m; ~abteilung f (departamento m de) expedición f;

Versandanzeige — Verschlimmerung

~anzeige ✝ f aviso m de envío; ~artikel m artículo m de exportación; ~bedingungen f/pl. condiciones f/pl. de envío; ²bereit adj. listo para el envío bzw. embarque; ²en (-e-; -; sn) v/i. cubrirse de arena; Brunnen usw.: cegarse; fig. empantanarse; ~erklärung f nota f de envío; ²fertig adj. → ²bereit; ~geschäft n, ~handel m venta f por correspondencia (od. correo); ~haus n empresa f de venta(s) por correspondencia (od. correo); ~kosten pl. gastos m/pl. de envío; ~rechnung f factura f de expedición; ~schein m talón m de envío; ~ung f enarenamiento m; ~wechsel m letra f sobre otra plaza. Ver'satz|amt n casa f de empeños; monte m de piedad; ~stück Thea. n decorado m (od. trasto m) móvil.
ver'sauen (-) P v/t. (verderben) echar a perder; estropear; (besudeln) ensuciar, poner perdido.
ver'sauern (-re; -; sn) v/i. agriarse; fig. vegetar, llevar una vida aburrida.
ver'saufen (L; -) P v/t. gastar en bebidas.
ver'säum|en (-) v/t. Schule usw.: no asistir, faltar a; Gelegenheit: perder, desaprovechar, dejar escapar; Zug usw.: perder; Pflicht: faltar a; nicht~, zu (inf.) no dejar de (inf.); da hast du nichts versäumt no te has perdido nada; Versäumtes nachholen recuperar lo perdido; ²nis n (-ses; -se) pérdida f; falta f; (Vernachlässigung) negligencia f; descuido m; (Unterlassung) omisión f; Schule usw.: inasistencia f, no asistencia f a; ²nis-urteil ⚖ n sentencia f en rebeldía; ²ung f → Versäumnis.
'Versbau m versificación f.
ver'schachern (-re; -) F v/t. vender (caro).
ver'schachtelt adj. Satz: intrincado.
ver'schaffen (-) v/t. procurar, proporcionar, facilitar; sich et. ~ conseguir a/c.; sich Respekt ~ hacerse respetar; sich Recht ~ hacerse justicia; sich e-n Vorteil ~ conseguir una ventaja.
ver'schal|en (-) v/t. encofrar; ²ung f encofrado m.
ver'schämt adj. vergonzoso; avergonzado; (schüchtern) tímido; ²heit f (0) vergüenza f; timidez f.
ver'schandel|n (-le; -) v/t. estropear; afear; a. Landschaft: deteriorar; degradar; Sprache: maltratar; ²ung f deterioro m; degradación f.
ver'schanz|en (-t; -) v/refl.: sich ~ atrincherarse; parapetarse (a. fig.); fortificarse; hacerse fuerte; fig. sich ~ hinter escudarse en (od. con); ²ung f atrincheramiento m; parapeto m.
ver'schärf|en (-) v/t. agravar; agudizar; recrudecer; intensificar; Tempo: acelerar; sich ~ agravarse, agudizarse; ²ung f agravación f; agudización f; recrudecimiento m; des Tempos: aceleración f.
ver'scharren (-) v/t. soterrar; enterrar.
ver'schätzen (-t; -) v/i. equivocarse en la estimación (od. evaluación) f.
ver'schaukeln (-le; -) F v/t. engañar, timar.
ver'scheiden I. (L; -; sn) v/i. fallecer, expirar; II. ² n fallecimiento m; óbito m.

ver'schenken (-) v/t. dar; regalar, dar de regalo.
ver'scherbeln (-le; -) v/t. vender (barato).
ver'scherzen (-t; -) v/t. u. sich ~ perder (por ligereza); (sich) j-s Gunst ~ perder las simpatías de alg.
ver'scheuchen (-) v/t. ahuyentar (a. fig.); espantar; fig. disipar.
ver'scheuern (-re; -) F v/t. vender (barato).
ver'schick|en (-) v/t. enviar, mandar; expedir; remitir; strafweise: deportar; (evakuieren) evacuar; ²ung f envío m; expedición f; remisión f; deportación f; evacuación f.
ver'schieb|bar adj. corredizo; deslizable; (beweglich) movible, móvil; ²bahnhof m estación f de maniobras; ~en (L; -) v/t. cambiar de sitio; remover; desplazar; Möbel: a. correr; desviar; zeitlich: aplazar, diferir (auf ac. para); diferir; 🚂 hacer maniobras; ✝ Ware: vender bajo mano; sich ~ cambiar de sitio; desviarse; correrse; ²ung f cambio m de sitio; desplazamiento m; desviación f; a. fig. desfase m; aplazamiento m; ✝ venta f clandestina.
ver'schieden adj. 1. diferente, distinto; (divers) diverso, vario; (unähnlich) desigual; desemejante; ~ sein diferenciarse (en); diferir; divergir; variar; ser distinto (od. diferente); zu ~en Malen varias veces; repetidas (od. reiteradas) veces; das ist ~ eso depende; 2. (tot) difunto, fallecido, fenecido; ~artig adj. distinto; (mannigfaltig) variado; heterogéneo; (nicht zusammenpassend) desigual; dispar; ²artigkeit f (0) diferencia f; diversidad f; heterogeneidad f; (Mannigfaltigkeit) variedad f; (Ungleichheit) disparidad f; ~er'lei adj. de varias clases; ~ Art de diferentes maneras; ²e(s) n varias cosas f/pl.; als Zeitungsrubrik: varios m/pl.; Tagesordnung: cuestiones f/pl. diversas; ~farbig adj. de varios colores; ²heit f diferencia f; diversidad f; (Unähnlichkeit) desigualdad f; desemejanza f; disparidad f; der Meinungen: divergencia f; ~tlich I. adj. repetido, reiterado; II. adv. repetidas (od. reiteradas) veces; más de una vez; en diferentes ocasiones.
ver'schieß|en (L; -) I. v/t. Munition: agotar; Pfeile: disparar; Fußball: fallar; F fig. sich in j-n ~ F chalarse por alg.; II. (sn) v/i. Stoff: perder el color; desteñirse; → a. verschossen.
ver'schiff|en (-) v/t. embarcar; ²ung f embarque m; ²ungshafen m puerto m de embarque; ²ungs-papiere n/pl. documentos m/pl. de embarque.
ver'schimmeln (-le; -; sn) v/i. enmohecerse.
ver'schlack|en (-; sn) v/i. escorificarse; ²ung f escorificación f.
ver'schlafen I. (L; -) v/t. pasar durmiendo; (verpassen) perder por dormir excesivamente; sich ~ levantarse bzw. despertarse demasiado tarde; F pegársele a uno las sábanas; II. adj. soñoliento; medio dormido, F adormilado; ²heit f (0) somnolencia f.
Ver'schlag m (-es; ⸚e) apartadizo; cobertizo m; (Latten²) enrejado m de listones; ²en (L; -) I. v/t. revestir de

bzw. cerrar con tablas; (vernageln) clavar, enclavar; Buchseite, Ball: perder; in e-e Stadt usw. ~ werden ir a parar a; es verschlug ihm die Sprache se quedó con la boca abierta (od. F de una pieza); II. v/i.: das verschlägt nicht(s) no da resultado; no hace efecto; III. adj. Person: astuto, taimado, ladino; socarrón; solapado; F zorro; Wasser: tibio; templado; ~enheit f (0) astucia f; socarronería f.
ver'schlamm|en (-; sn) v/i. encenagarse; embarrarse; ²ung f encenagamiento m.
ver'schlamp|en (-) F I. v/t. perder, extraviar; ~ lassen descuidar; II. (sn) v/i. descuidarse; ~t adj. descuidado; Person: a. desaliñado.
ver'schlechter|n (-re; -) v/t. deteriorar; degradar; desmejorar; (verschlimmern) empeorar; agravar; sich ~ deteriorarse; empeorar(se) (a. Wetter); agravarse; ²ung f deterioro m; degradación f; empeoramiento m; agravación f.
ver'schleier|n (-re; -) v/t. velar (a. fig.); fig. encubrir; disimular; a. Bilanz: ocultar; sich ~ velarse; ~t adj. velado (a. Blick, Stimme usw.); Himmel: brumoso; ²ung fig. f encubrimiento m; disimulo m.
ver'schleim|en (-) 🎿 v/t. obstruir con pituita (od. flema); ²ung f obstrucción f con pituita (od. flema).
Ver'schleiß m (-es; -e) desgaste m; ⊕ a. abrasión f; östr. (Verkauf) venta f al menudeo (Verbrauch) consumo m; ²en (L; -) I. v/t. (des)gastar; (verkaufen) vender al menudeo; II. (sn) v/i. (des)gastarse; ²fest adj. resistente al desgaste; ~festigkeit f resistencia f al desgaste.
ver'schlemmen (-) v/t. disipar, gastar en orgías.
ver'schlepp|en (-) v/t. Pol. deportar, Neol. desplazar; (entführen) secuestrar; (verlegen) extraviar; zeitlich: retardar, retrasar; dar largas a; Parl. obstruir; 🎿 Seuche: propagar, transmitir; Krankheit: descuidar; curar mal; ²te(r) m persona f desplazada; ²ung f deportación f, Neol. desplazamiento m (colectivo); secuestro m; zeitliche: retardo m, dilación f; Parl. obstrucción f; 🎿 e-r Seuche: propagación f, transmisión f; e-r Krankheit: descuido m; ²ungs-taktik Pol. f táctica f dilatoria (od. obstruccionista); obstruccionismo m; ²ungs-taktiker m obstruccionista m.
ver'schleuder|n (-re; -) v/t. malgastar, desperdiciar; dilapidar, disipar; ✝ malvender, malbaratar, F vender a precio tirado; ²ung f desperdicio m; dilapidación f, disipación f; ✝ venta f a precios ruinosos; im Ausland: angl. dumping m.
ver'schließ|bar adj. con cerradura; cerradizo; ~en (L; -) v/t. cerrar; tapar; mit e-m Schlüssel: cerrar con llave; (einschließen) encerrar; (verkorken) taponar; die Augen ~ vor cerrar los ojos a; sich e-r Sache bzw. vor j-m ~ cerrarse a; no querer saber nada de; → a. verschlossen.
ver'schlimmer|n (-re; -) v/t. empeorar; agravar; sich ~ empeorarse; agravarse; recrudecerse; ²ung f empeoramiento m; agravación f; recrudecimiento m.

ver'schling|en (L; -) v/t. **1.** enlazar; entrelazar; *sich ~ enredarse*; → *a. verschlungen*; **2.** (*schlucken*) tragar(se) (*a. fig. Nacht, Erde*); *gierig*: devorar (*a. fig. Buch*); engullir, zamparse; *fig. mit den Augen ~* devorar (*od.* comerse) con los ojos; *viel Geld ~* costar un dineral; ℒung *f* enlace *m*; (*Verwicklung*) enredo *m*.

ver'schlissen *adj.* gastado (por el uso); desgastado; usado; raído.

ver'schlossen *adj.* cerrado (*a. fig.*); encerrado; *Person*: reservado; poco comunicativo; taciturno; ℒheit *f* (0) reserva *f*; taciturnidad *f*; retraimiento *m*.

ver'schlucken (-) v/t. tragar(se) (*a. fig.*); *fig. Wort usw.*: comerse; *sich ~* atragantarse (*an dat.* con).

ver'schludern (*-re*; -) F v/t. u. v/i. → *verschlampen.*

ver'schlungen *adj.* en(tre)lazado; *fig.* tortuoso (*a. Weg*).

Ver'schluß *m* (*-sses*; *¨sse*) cierre *m*; (*Schloß*) cerradura *f*; *Phot.* obturador *m*; *am Gewehr*: cerrojo *m*; (*Stöpsel*) tapón *m*; (*Zollplombe*) precinto *m*; ℒ oclusión *f*; *unter ~ halten* guardar bajo llave.

ver'schlüssel|n (*-le*; -) v/t. cifrar; codificar; *Computer*: *a.* encriptar; ℒung *f* cifrado *m*; codificación *f*; *Computer*: *a.* encriptación *f*.

Ver'schluß|kappe *f* capuchón *m*; **~laut** *Gr. m* (consonante *f*) oclusiva *f*; **~zeit** *Phot. f* velocidad *f* de obturación.

ver'schmachten (-*e*-; -; sn) v/i. languidecer; consumirse (*vor* de); *vor Durst ~* morir(se) de sed.

ver'schmäh|en (-) v/t. (*zurückweisen*) rechazar; rehusar; no aceptar; (*verachten*) desdeñar; despreciar; ℒung *f* (0) desdén *m*, desprecio *m*.

ver'schmelz|en (L; -) **I.** v/t. fundir; fusionar; *fig. a.* amalgamar; **II.** (sn) v/i. fundirse; fusionarse (*a.* ✝ *u. fig.*); amalgamarse; ℒung *f* fundición *f*; fusión *f* (*a.* ✝ *u. fig.*); *fig.* amalgamamiento *m*.

ver'schmerzen (-*t*; -) v/t.: *et. ~* consolarse de a/c.; olvidar a/c.

ver'schmieren (-) v/t. *Loch, Fugen*: tapar; (*beschmutzen*) ensuciar; engrasar; embadurnar; *Papier*: emborronar.

ver'schmitzt *adj.* pícaro; ladino; socarrón; ℒheit *f* (0) picardía *f*; socarronería *f*.

ver'schmoren (-; sn) v/i. cocer demasiado; ⚡ *Sicherung*: fundirse.

ver'schmutz|en (-*t*; -) **I.** v/t. ensuciar; *Luft, Wasser*: contaminar; polucionar; **II.** (sn) v/i. ensuciarse; **~t** *adj.* sucio; ℒung *f* ensuciamiento *m*; contaminación *f*; polución *f*.

ver'schnauf|en (-) v/refl.: *sich ~* tomar aliento; descansar un poco; ℒpause *f* respiro *m*.

ver'schneiden (L;-) v/t. *Bäume usw.*: recortar; podar; *Stoff*: cortar mal; *Tiere*: castrar, capar; *Wein*: mezclar.

ver'schneit *adj.* nevado, cubierto de nieve.

Ver'schnitt *m* (*-és*; 0) mezcla *f*; ℒen *adj.* mezclado; **~ene(r)** *m* castrado *m*, eunuco *m*.

ver'schnörkel|n (*-le*; -) v/t. adornar con arabescos; **~t** *adj.* florido (*a. Stil*).

ver'schnupft *adj.*: *~ sein* estar resfriado; F *fig.* estar picado.

ver'schnür|en (-) v/t. atar (con una cuerda); encordelar; ℒung *f* atadura *f*.

ver'schollen *adj.* desaparecido; 🜨 ausente; ℒe(r) *m* desaparecido *m*; ℒheits-erklärung 🜨 *f* declaración *f* de ausencia.

ver'schonen (-) v/t. respetar; *j-n ~* (*nicht töten*) perdonar la vida a alg.; *j-n mit et. ~* ahorrar a alg. a/c.; no molestar a alg. con a/c.; *von et. verschont bleiben* quedar libre (*od.* exento) de a/c.; ahorrarse a/c.

ver'schöner|n (*-re*; -) v/t. embellecer, hermosear; *Fest usw.*: amenizar; ℒung *f* embellecimiento *m*, hermoseamiento *m*.

ver'schorfen (-; sn) v/i. formar costra(s).

ver'schossen *adj. Stoff*: descolorido; desteñido; F *fig. in j-n ~ sein* F estar chalado por alg.

ver'schränk|en (-) v/t. *Arme*: cruzar; **~t** *adj.*: *mit ~en Armen* cruzado de brazos; con los brazos cruzados.

ver'schraub|en (-) v/t. atornillar; ℒung *f* atornilladura *f*.

ver'schreib|en (L; -) v/t. 🜨 prescribir, recetar; *Papier*: gastar; 🜨 (*vermachen*) legar; *sich ~* equivocarse (al escribir); *fig. sich e-r Sache ~* entregarse (*od.* consagrarse) a a/c.; *sich dem Teufel ~* vender su alma al diablo; ℒung *f* 🜨 prescripción *f* (facultativa).

ver'schrien *adj.* desacreditado; mal reputado, de mala fama; *~ sein als* tener fama de.

ver'schroben *adj.* excéntrico, extravagante; estrafalario; ℒheit *f* excentricidad *f*; extravagancia *f*.

ver'schrott|en (-*e*-;-) v/t. aprovechar como chatarra; ⚓, *Auto usw.*: desguazar; ℒung *f* desguace *m*.

ver'schrumpeln (-*le*; -; sn) v/i. arrugarse, encogerse; *Haut*: apergaminarse.

ver'schüchter|n (*-re*; -) v/t. intimidar; **~t** *adj.* tímido; apocado.

ver'schuld|en (-*e*-; -) v/t. tener la culpa de; ser culpable de; (*verursachen*) causar; ser causa de; ser el causante de; ℒen *n* culpa *f*; falta *f*; (*Ursache*) causa *f*; *ohne mein ~* sin culpa mía; **~et** *adj.* lleno de deudas, endeudado; F entrampado; ℒung *f* deudas *f*/*pl.*; endeudamiento *m*.

ver'schütt|en (-*e*-; -) v/t. *Flüssigkeit*: verter, derramar; (*zuschütten*) llenar con tierra; *Brunnen*: cegar; (*begraben*) soterrar; enterrar; (*versperren*) obstruir; **~et** *adj.*: *~ werden* quedar enterrado (*od.* sepultado); **~gehen** (L; sn) F v/i. perderse; extraviarse.

ver'schwäger|n (*-re*; -) v/refl.: *sich ~* emparentar (por matrimonio); entroncar (*mit* con); **~t** *adj.* emparentado; pariente por afinidad; ℒung *f* parentesco *m* por afinidad.

ver'schwatzen (-*t*;-) v/t.: *die Zeit ~* pasar el tiempo charlando.

ver'schweig|en (L; -) v/t. callar, silenciar, pasar en silencio; *j-m et. ~* ocultar a/c. a alg.; ℒen *n*, ℒung *f* (0) silencio *m*; reticencia *f*; ocultación *f*.

ver'schweißen (-*ßt*; -) v/t. soldar.

ver'schwend|en (-*e*-; -) v/t. prodigar; disipar; derrochar; despilfarrar; F gastar a manos llenas; dilapidar; *Zeit*: perder, desperdiciar; ℒer *m* pródigo *m*; derrochador *m*; dilapidador *m*, disipador *m*; F manirroto *m*; **~erisch I.** *adj.* pródigo; derrochador; F manirroto; dilapidador; disipador; (*prachtvoll*) suntuoso; lujoso; **II.** *adv.* pródigamente; con profusión; ℒung *f* prodigalidad *f*, derroche *m*; despilfarro *m*; dilapidación *f*, disipación *f*; (*Überfluß*) profusión *f* (*an* de); ℒungssucht *f* prodigalidad *f*.

ver'schwiegen *adj.* discreto; reservado; (*schweigsam*) callado; taciturno; *fig. Ort*: retirado; secreto; ℒheit *f* (0) discreción *f*; reserva *f*; sigilo *m*.

ver'schwimmen (L; sn) v/i. desdibujarse; esfumarse; confundirse; → *a. verschwommen.*

ver'schwinden I. (L; -; sn) v/i. desaparecer; desvanecerse; F (*weggehen*) F esfumarse, eclipsarse; despedirse a la francesa; F *fig. ich muß mal ~* tengo que ir a un sitio; *~ lassen* escamotear; F *verschwinde!* F ¡lárgate!, ¡largo de aquí!; **II.** ℒ *n* desaparición *f*; **~d** *adj.*: *~ klein* diminuto; microscópico; minúsculo.

ver'schwistert *adj.*: *~ sein* ser hermanos.

ver'schwitzen (-*t*; -) v/t. sudar, empapar de sudor; F *fig.* olvidar, olvidarse de.

ver'schwollen *adj.* hinchado; 🜨 *a.* tumefacto.

ver'schwommen *adj.* vago; impreciso; confuso; difuso; nebuloso; *Bild*: borroso; *Umriß*: difuminado; ℒheit *f* (0) vaguedad *f*; nebulosidad *f*; borrosidad *f*.

ver'schwör|en (L; -) v/refl.: *sich ~* conjurarse, conspirar (*gegen* contra); confabularse, conchabarse; *alles hat sich gegen mich verschworen* todo se ha puesto en contra mío; ℒer(in *f*) *m* conjurado (-a *f*) *m*; conspirador(a *f*) *m*; ℒung *f* conjuración *f*; conspiración *f*; complot *m*.

ver'sehen (L; -) **I.** v/t. *Amt usw.*: desempeñar, ejercer; *Haushalt, Geschäfte*: tener a su cargo; cuidar de; *~ mit* dotar de, proveer de; equipar con; *mit Vorräten ~* abastecer; aprovisionar; ✝ *mit Akzept ~* aceptar; *mit e-m Giro ~* endosar; *mit s-r Unterschrift ~* firmar; *mit dem Datum ~* fechar; **II.** v/refl.: *sich ~* (*sich irren*) equivocarse; *sich ~ mit* proveerse de; abastecerse de; aprovisionarse de; *ehe man sich's versieht* cuando menos se piensa; (*im Nu*) en un santiamén, en un abrir y cerrar de ojos; **III.** *p/p.*: *~ sein mit* estar provisto de; *ich bin mit allem ~* no me falta nada; **IV.** ℒ *n* equivocación *f*; error *m*; (*Unachtsamkeit*) inadvertencia *f*; descuido *m*; *aus ~* → **~tlich** *adv.* por inadvertencia; por descuido; sin querer.

ver'sehrt *adj.*, ℒe(r) *m* mutilado (*m*); inválido (*m*); ℒenrente *f* pensión *f* de invalidez; ℒheit *f* (0) invalidez *f*.

ver'seif|en (-) 🜪 v/t. saponificar; ℒung *f* saponificación *f*.

ver'selbständigen (-) v/refl.: *sich ~* independizarse, emanciparse.

'Versemacher *m* versificador *m*.

ver'send|en (L; -) v/t. enviar; remi-

tir; expedir, despachar; ℒer *m* expedidor *m*; remitente *m*; ℒung *f* envío *m*; expedición *f*.
ver'sengen (-) *v/t*. quemar; chamuscar; abrasar.
ver'senk|bar *adj*. sumergible; ⊕ escamoteable; ~en (-) *v/t*. sumergir; *Schiff:* echar a pique, hundir; ⊕ *Niet usw.:* avellanar; *fig. sich in et.* ~ enfrascarse, abismarse en a/c.; ℒung *f* hundimiento *m*; sumersión *f*; inmersión *f*; *Thea. (Boden)* foso *m*; *(Klappe)* escotillón *m*; *fig. in der* ~ *verschwinden* desaparecer (como tragado por la tierra); caer en (el) olvido.
'Verseschmied *desp. m desp.* poetastro *m*.
ver'sessen *adj.*: ~ *auf* loco por; encaprichado por; empeñado en; ℒheit *f* (0) manía *f*; obsesión *f*.
ver'setz|en (-*t*; -) *v/t*. cambiar de sitio; desplazar; *a. Beamte u. fig.*: trasladar; ⚔, *Beamte:* destinar (*nach* a); ✱ trasplantar; (*entgegnen*) reponer; replicar; (*verpfänden*) empeñar, pignorar; (*vermischen*) mezclar (*mit* con); *Schlag usw.:* asestar, propinar; *in e-e Lage usw.:* poner en; *Schüler:* hacer pasar al curso siguiente; *nicht versetzt werden* tener que repetir el curso; F *fig.* j-n ~ F dar esquinazo a alg.; F dar un plantón a alg.; j-n in *Angst* ~ causar miedo a alg.; ℒung *f* traslado *m*; cambio *m* de lugar; desplazamiento *m*; ✱ trasplante *m*; (*Verpfändung*) empeño *m*, pignoración *f*; (*Vermischung*) mezcla *f*; *Schule:* paso *m* al curso siguiente; ℒungszeichen ♪ *n* accidente *m*.
ver'seuch|en (-) *v/t*. infestar, contaminar (*beide a. fig.*); ℒung *f* infestación *f*; contaminación *f*.
'Versfuß *m* pie *m*.
ver'sicher|bar *adj*. asegurable; ℒer *m* asegurador *m*; ~n (-*re*; -) *v/t*. asegurar; (*behaupten*) a. aseverar, afirmar; *das versichere ich dir* te lo aseguro; *seien Sie dessen versichert* tenga usted la seguridad de ello; *sich* ~ asegurarse (*gegen* contra); hacer (*od.* contratar) un seguro (*de bzw.* contra); *sich e-r Sache* ~ asegurarse (*od.* cerciorarse de a/c.; *sich j-s* ~ asegurarse de alg.; ℒte(r) *m* asegurado *m*; ℒung *f* ✝ seguro *m*; (*Behauptung*) aseveración *f*, afirmación *f*; (*Sicherheit*) seguridad *f*; garantía *f*; ~ *auf Gegenseitigkeit* seguro *m* mutuo; mutualidad *f*; ~ *mit Gewinnbeteiligung* seguro *m* con participación en los beneficios; e-e ~ *abschließen* contratar (*od.* efectuar) un seguro.
Ver'sicherungs...: ~abschluß *m* contratación *f* de un seguro; ~agent *m* agente *m* de seguros; ~agentur *f* agencia *f* de seguros; ~anspruch *m* reclamación *f* de seguros; ~anstalt *f* compañía *f* de seguros; ~beitrag *m* cuota *f* (de seguro); ~betrag *m* suma *f* asegurada; ~betrug *m* estafa *f* en seguros; ℒfähig *adj*. asegurable; ~fall *m* ocurrencia *f* del riesgo; ~geber *m* asegurador *m*; ~gegenstand *m* objeto *m* del seguro; ~gesellschaft *f* compañía *f* de seguros; ~höhe *f* importe *m* asegurado; ~leistung *f* prestación *f* del seguro; ~makler *m* corredor *m* de seguros; ~mathematik *f* ciencia *f* actuarial; ~mathe-

matiker *m* actuario *m* de seguros; ~nehmer *m* asegurado *m*; contratante *m* (del seguro); ~pflicht *f* obligatoriedad *f* del seguro; ℒpflichtig *adj*. sujeto al seguro obligatorio; ~police *f* póliza *f* de seguro; ~prämie *f* prima *f*; ~schein *m* → ~police; ~statistiker *m* actuario *m* de seguros; ~summe *f* suma *f* asegurada; ~träger *m* asegurador *m*; ~unternehmen *n* empresa *f* aseguradora; ~vertrag *m* contrato *m* de seguro; ~vertreter *m* agente *m* de seguros; ~wert *m* valor *m* asegurado; ~wesen *n* seguros *m/pl.*; ~zeit *f* período *m* de seguro; ~zwang *m* seguro *m* obligatorio.
ver'sickern (-*re*; -; *sn*) *v/i*. rezumar(se); filtrarse.
ver'sieben (-) F *v/t.: et.* ~ olvidar a/c.; olvidarse de hacer a/c.; → *a. vermasseln*.
ver'siegel|n (-*le*; -) *v/t*. sellar (*a.* ⊕); *mit Lack:* lacrar; ⚖ precintar; ℒung *f* selladura *f*, sellado *m*; precintado *m*.
ver'siegen (-; *sn*) *v/i*. secarse; *a. fig.* agotarse.
ver'siert [v] *adj*. versado (*in dat.* en).
ver'silber|n (-*re*; -) *v/t*. platear; F *fig.* vender, hacer dinero de; ℒung *f* plateado *m*, plateadura *f*.
ver'sinken (L; -; *sn*) *v/i*. sumergirse; *Schiff:* hundirse, irse a pique; *fig.* abismarse, perderse (*in ac.* en); *in Gedanken* ~ ensimismarse, abstraerse; → *a. versunken*.
ver'sinnbildlich|en (-) *v/t*. simbolizar; ℒung *f* simbolización *f*.
Versi'on [v] *f* versión *f*.
ver'sippt *adj*. unido por parentesco; emparentado.
ver'sklav|en (-) *v/t*. esclavizar (*a. fig.*); ℒung *f* esclavización *f*.
'Vers|kunst *f* (0) versificación *f*; ~lehre *f* métrica *f*; ~maß *n* metro *m*.
ver'snobt *adj*. (e)snob.
ver'soffen P *adj*. borracho; borrachín; *Stimme:* aguardentoso.
ver'sohlen (-) F *fig. v/t*. apalear, moler a palos; dar una zurra.
ver'söhn|en (-) *v/t*. reconciliar (*mit* con); (*beruhigen*) apaciguar; aplacar; *sich* ~ reconciliarse; hacer las paces; ~lich *adj*. conciliante; conciliador; aplacable; ℒlichkeit *f* (0) espíritu *m* de conciliación; carácter *m* conciliable; ℒung *f* reconciliación *f*.
ver'sonnen *adj*. meditabundo; ensimismado; soñador.
ver'sorg|en (-) *v/t*. abastecer, proveer, aprovisionar (*mit* de); ✝ surtir (de); (*unterhalten*) mantener, sustentar; (*sorgen für*) cuidar (de); atender a; ocuparse de; *sich* ~ *mit* proveerse de, abastecerse de; ✝ surtirse de; *sich selbst* ~ cuidar de sí mismo; autoabastecerse; j-n zu ~ haben tener a alg. a su cargo; ℒer *m der Familie:* sostén *m* (de la familia); ~t *adj*. provisto (*mit* de); *Gesicht:* preocupado; *gut* ~ *sein* tener el futuro asegurado; ℒung *f* (0) provisión *f*; aprovisionamiento *m*; abastecimiento *m*; abasto *m*; suministro *m*; (*Unterhalt*) sostenimiento *m*; sustento *m*, manutención *f*; subsistencia *f*; (*Betreuung*) cuidados *m/pl.*; *ärztliche* ~ asistencia *f* (*od.* atención *f*) médica.
Ver'sorgungs...: ~amt *n Span.* Instituto *m* de Previsión; ~anspruch *m*

derecho *m* a manutención *bzw.* a pensión; ℒberechtigt *adj*. con derecho a manutención *bzw.* a pensión; ~betrieb *m* empresa *f* de servicios públicos; ~lage *f* situación *f* del abastecimiento; ~lücke *f* desabastecimiento *m*; ~schiff ⚓ *n* buque *m* de abastecimiento *bzw.* de apoyo logístico; ~staat *m* Estado-providencia *m*; ~wesen ⚔ *n* logística *f*.
ver'spann|en (-) ⊕ *v/t*. asegurar con cables tensores; arriostrar; ~t *adj*. rígido; tenso.
ver'spät|en (-*e*-; -) *v/refl.*: *sich* ~ retrasarse, atrasarse; llegar tarde; *Zug:* traer (*od.* llevar) retraso; ℒung *f* (*od.* con retraso; (*spätreif*) tardío; ℒung *f* retraso *m*; *der Zug hat e-e Stunde* ~ *el* tren lleva una hora de retraso; *mit* ~ *ankommen* llegar con retraso.
ver'speisen (-*t*; -) *v/t*. comer(se); consumir.
verspeku'lieren (-) *v/refl.*: *sich* ~ perder en especulaciones; *fig.* equivocarse (en sus cálculos).
ver'sperr|en (-) *v/t*. obstruir; bloquear; cortar; (*verschließen*) cerrar (con llave); *Tür: a.* atrancar; *Aussicht:* quitar; j-m *den Weg* ~ cerrar el paso a alg.; ℒung *f* obstrucción *f*; bloqueo *m*.
ver'spiel|en (-) I. *v/t*. *Geld usw.:* perder en el juego; II. *v/t.* perder (el juego); *fig er hat bei mir verspielt* no quiero saber nada más de él; ~t *adj*. juguetón.
ver'sponnen *adj*. meditabundo.
ver'spott|en (-*e*-; -) *v/t*. burlarse, mofarse (de); *verletzend:* escarnecer, hacer escarnio de; (*lächerlich machen*) ridiculizar; ℒung *f* burla *f*, mofa *f*; escarnio *m*.
ver'sprech|en (L; -) *v/t*. prometer; *das Wetter verspricht gut zu werden* el tiempo es prometedor; *er hält nicht, was er verspricht* no da lo que promete; *sich* ~ equivocarse (al hablar); cometer un lapsus linguae; F trabucarse; *sich viel* ~ *von* esperar mucho de; ℒen *n* promesa *f*; *im Reden:* lapsus linguae *m*; *sein* ~ *halten* (*nicht halten*) cumplir (faltar a) su promesa; j-m *ein* ~ *abnehmen* hacer a alg. prometer a/c.; ~ *und Halten ist zweierlei* del dicho al hecho hay un gran trecho; ℒung *f* promesa *f*; *große* ~*en machen* prometer el oro y el moro.
ver'spreng|en (-) *v/t*. dispersar (*a.* ⚔); *Wasser:* esparcir; ~t *adj.*, ℒte(r) ⚔ *m* disperso (*m*).
ver'spritzen (-*t*; -) *v/t*. esparcir; pulverizar; salpicar; (*verschütten*) derramar (*a. Blut*).
ver'sprochener'maßen *adv*. conforme a su promesa; como (lo) había prometido.
ver'sprühen (-) *v/t*. pulverizar, nebulizar; atomizar.
ver'spüren (-) *v/t*. sentir; experimentar; *Folgen:* resentirse de.
ver'staatlich|en (-) *v/t*. nacionalizar, *Neol.* estatificar; socializar; ℒung *f* nacionalización *f*, *Neol.* estatificación *f*; socialización *f*.
ver'städter|n (-*re*; -) *v/t*. urbanizar; ℒung *f* urbanización *f*.
ver'stähl|en (-) ⊕ *v/t*. acerar; ℒung *f* aceración *f*, acerado *m*.
Ver'stand *m* (-*es*; 0) inteligencia *f*; intelecto *m*; mente *f*; entendimiento

m; (*Vernunft*) razón f; (*Urteilsfähigkeit*) juicio m; discernimiento m; e-n klaren ~ haben tener una mente clara; den ~ verlieren perder la razón (*od.* el juicio), volverse loco; *bei vollem ~ sein* estar en su (cabal) juicio; *mit ~ con sentido*; F et. *mit ~ essen* saborear a/c.; *ohne ~ reden* disparatar; desvariar; desbarrar; ✝ *bei ~ bleiben* conservar sus facultades mentales; *das geht über m-n ~* esto está fuera de mi alcance; esto no me entra; *j-n um den ~ bringen* volver loco a alg.; sacar de quicio a alg.; *zu ~ kommen* llegar al uso de la razón; entrar en razón; *s-n ganzen ~ zusammennehmen* poner sus cinco sentidos; *er ist nicht recht bei ~* no está en sus cabales (*od.* en su juicio); *da steht e-m der ~ still* se queda uno parado.
Ver'standes...: ~kraft f facultad f intelectual; 2mäßig adj. intelectual; racional; ~mensch m hombre m cerebral; intelectual m; ~schärfe f penetración f; perspicacia f; lucidez f (mental); sagacidad f.
ver'ständig adj. (*vernünftig*) razonable; sensato; juicioso (*a. Kind*) (*klug*) inteligente; *das ~e Alter* la edad de la razón; ~en (-) v/t.: j-n ~ avisar a alg.; j-n von et. ~ enterar, informar a alg. de a/c.; comunicar, *amtlich*: notificar a alg. a/c.; *sich ~ entenderse* (*mit j-m* con alg.); comunicarse (*übereinkommen*) ponerse de acuerdo (*mit j-m* con alg.; *über ac.* sobre); llegar a un acuerdo (con alg.); 2keit f (0) sensatez f; buen sentido m; discreción f; prudencia f.
Ver'ständigung f (*Benachrichtigung*) información f; notificación f; (*Einvernehmen*) inteligencia f; (*Übereinkunft*) acuerdo m; arreglo m; (*Aussöhnung*) reconciliación f; *Tele. usw.*: comunicación f; (*Empfang*) (calidad f de la) recepción f; ~s-politik f política f de acercamiento (*od.* de aproximación).
ver'ständlich adj. inteligible; (*begreiflich*) comprensible; (*klar*) claro; *leicht* (*schwer*) ~ fácil (difícil) de comprender; *j-m et. ~ machen* explicar a alg. a/c.; hacer a alg. entender a/c.; *sich ~ machen* hacerse entender; comunicarse; 2keit f (0) inteligibilidad f; comprensibilidad f; claridad f.
Ver'ständnis n (-*ses*; 0) comprensión f (*für* por); sentido m (por); inteligencia f; entendimiento m; *für et.* (*od. j-n*) ~ haben comprender a/c. (*od.* a alg.); *er hat kein ~ dafür* no lo comprende; no tiene comprensión para ello; *j-m ~ entgegenbringen* mostrar comprensión para alg.; 2innig adj. *Blick*: de complicidad; de inteligencia; 2los adj. incomprensivo, sin comprensión; sin comprender (nada); (*ohne Mitgefühl*) insensible (*für* a); ~losigkeit f (0) incomprensión f; 2voll adj. comprensivo; lleno de comprensión; inteligente; ~er *Blick* mirada f de inteligencia.
ver'stänkern (-*re*; -) F v/t. apestar.
ver'stärk|en (-) v/t. reforzar (*a.* ⊕, ⚔ *u. Phot.*); (*kräftigen*) fortalecer; fortificar (*a.* ⚔ *Stellung*); (*steigern*) aumentar, acrecentar, incrementar; intensificar; ♪, *Radio*: amplificar; *sich ~ reforzarse*; intensificarse; aumentar; *Wind*: arreciar; *Eindruck*, *Verdacht*: acentuarse; 2er m ♣, *Radio*: amplificador m; *Phot.* reforzador m; 2erröhre f válvula f amplificadora; 2erstufe f etapa f de amplificación; 2ung f refuerzo m (*a.* ⚔, ⊕); fortificación f; (*Steigerung*) incremento m, aumento m; intensificación f; ♪, *Radio*: amplificación f.
ver'staub|en (-; *sn*) v/i. cubrirse de polvo, empolvarse; ~t adj. cubierto de polvo, polvoriento; empolvado.
ver'stauch|en (-) v/t.: *sich den Fuß ~* torcerse el pie; 2ung f torcedura f, distorsión f; esguince m.
ver'stau|en (-) v/t. colocar; guardar; ⚓ estibar; arrumar; 2en n, 2ung f ⚓ estiba f.
Ver'steck n (-*es*; -*e*) escondite m, escondrijo m; v. *Verbrechern*: guarida f; (*Hinterhalt*) emboscada f; ~ spielen jugar al escondite (*a. fig. mit j-m* con alg.); 2en (-) v/t. esconder (*vor* de); (*verbergen*) ocultar (*vor* a); *sich ~ esconderse* (*vor j-m* de alg.); *fig. sich hinter j-m* (*od.* et.) ~ *escudarse* (*od. a/c.*); *fig. sich vor* (*od. neben*) *j-m ~ müssen* (*od. können*) no poder compararse (*od.* rivalizar) con alg.; ~spiel n juego m del escondite; 2t adj. escondido; oculto; *fig. Drohung, Anspielung usw.*: velado.
ver'stehen (L; -) I. v/t. entender (*von* de; *unter* por); (*begreifen*) a. comprender; concebir; F captar; (*können*) saber (*a. Sprache*); *falsch ~ entender* (*od.* comprender) mal; *fig. tomar a mal* (*od.* a mala parte); *es ~, zu* (*inf.*) saber (*inf.*); *zu ~ geben* dar a entender; *wie ~ Sie diesen Satz?* ¿cómo interpreta usted esta frase?; *nichts ~ von* no entender nada de, no tener idea de; *viel von et. ~* saber un rato largo de a/c.; *s-e Sache ~* saber lo que se trae entre manos; *et. nicht ~ wollen* hacerse el desentendido (*od.* F el sueco); *jetzt verstehe ich ahora* comprendo; F ahora caigo; *ich verstehe* (*schon*) (ya) comprendo (*od.* entiendo); *verstanden?* ¿comprendido?, ¿entendido? ¿estamos?; ¿me explico?; *wenn ich recht verstanden habe* si he entendido bien; si no estoy equivocado; II. v/refl.: *sich ~ entenderse* (*mit* con); *sich ~ auf* (*ac.*) entender de; ser experto en; *sich ~ zu* consentir en; prestarse a; *sich* (*gut*) *mit j-m ~ entenderse* (bien) con alg.; F hacer buenas migas con alg.; *~ wir uns recht!* ¡entendámonos!; (*das*) *versteht sich!* ¡claro que sí!; ¡por supuesto!; *Am.* ¿cómo no?; *das versteht sich von selbst* eso se sobrentiende; ✝ *die Preise ~ sich ...* los precios se entienden ...
ver'steif|en (-) v/t. entesar, atiesar; ⊕ reforzar; atirantar; apuntalar; *sich ~ ponerse tieso*; ✝ *a.* anquilosarse; *fig. endurecerse*; *fig. sich ~ auf* obstinarse en; aferrarse a/c.; empeñarse en; 2ung f ⊕ refuerzo m; ✝ anquilosis f; *fig.* obstinación f; endurecimiento m; rigidez f.
ver'steig|en (L; -) v/refl.: *sich ~ Mont.* extraviarse en la montaña; *fig. sich ~ zu* atreverse a, tener el atrevimiento de; llegar incluso a.
Ver'steiger|er m subastador m, rematador m, *Am.* licitador m, *Arg.* martillero m; 2n (-*re*; -) v/t. subastar;

vender en subasta pública; *Am.* rematar, licitar; ~ung f subasta f; *Am.* remate m, licitación f.
ver'steiner|n (-*re*; -) I. v/t. petrificar; II. (*sn*) v/i. petrificarse (*a. fig.*); fosilizarse; ~t adj. petrificado (*a. fig.*); 2ung f petrificación f; fósil m.
ver'stell|bar adj. ajustable; regulable; graduable; orientable; ~en (-) v/t. cambiar (de sitio); trasladar; remover; (*versperren*) obstruir; bloquear; cerrar (den Weg al paso); *Stimme, Handschrift*: desfigurar; ⊕ (*einstellen*) ajustar; (*regulieren*) regular; graduar; *sich ~ disimular*; simular, fingir; 2ung f cambio m de sitio; traslado m; ⊕ ajuste m; regulación f; graduación f; *fig.* desfiguración f; disimulo m; simulación f, fingimiento m; 2ungskunst f arte m de disimular.
ver'stepp|en (-; *sn*) v/i. transformarse en estepa; 2ung f transformación f en estepa, *Neol.* estepización f.
ver'steuer|n (-*re*; -) v/t. pagar impuestos por; 2ung f pago m de impuestos; gravamen m.
ver'stiegen *fig. adj.* extravagante; excéntrico; 2heit f (0) extravagancia f; excentricidad f.
ver'stimm|en (-) v/t. ♪ desafinar; destemplar; *fig.* disgustar; contrariar; poner de mal humor; ~t adj. ♪ desafinado; destemplado; *fig.* disgustado; malhumorado; ~ *sein* estar de mal humor; *e-n ~en Magen haben* tener una indigestión; 2ung f ♪ desafinación f; *fig.* mal humor m; desavenencia f; disonancia f.
ver'stockt *fig. adj.* obstinado; incorregible; *Sünder*: empedernido; impenitente; 2heit f (0) endurecimiento m; obstinación f; impenitencia f.
ver'stofflichen (-) v/t. materializar.
ver'stohlen I. adj. furtivo (*a. Blick*); subrepticio; clandestino; disimulado; II. adv. furtivamente, a hurtadillas; subrepticiamente; con disimulo; ~ *ansehen* mirar de reojo.
ver'stopf|en (-) v/t. obstruir; obturar; ocluir; cegar; ⚓ calafatear; *Loch*: tapar; taponar; *Rohr*, *Abfluß*: atascar; *Straße*: congestionar; obstruir; ✝ estreñir; *sich ~ obstruirse*; *Rohr*: a. atascarse; *sich die Ohren ~ taparse los oídos*; *verstopfte Nase* nariz f taponada; 2ung f obstrucción f, obturación f; atascamiento m, atasco m; calafateo m; taponamiento m; *Verkehr*: congestión f; embotellamiento m, atasco m; ✝ estreñimiento m.
ver'storben adj. fallecido, difunto, finado; *m-e ~e Mutter* mi difunta madre; mi madre, que en paz descanse; 2e(r) m difunto m, finado m.
ver'stört adj. turbado, conturbado, trastornado; aturdido, consternado; *Gesicht*: alterado, descompuesto, demudado; 2heit f (0) turbación f, conturbación f; sobresalto m; alteración f; consternación f.
Ver'stoß m falta f (*gegen* a); infracción f (de); contravención f (a *od.* de); *~ gegen die guten Sitten* atentado m a las buenas costumbres; 2en (L; -) I. v/t. rechazar; expulsar; echar; *Frau*: repudiar; II. v/i.: *~ gegen* faltar a; contravenir a; infringir (a/c.); *gegen Sitten usw.*: atentar a; *Rel.* pecar

contra; ~ung f expulsión f; repudio m.
ver'streb|en (-) ⊕ v/t. apuntalar; ♌ung f apuntalamiento m.
ver'streichen (L; -) I. (sn) v/i. Zeit: pasar, transcurrir; Termin: vencer, expirar; II. v/t. Butter, Salbe: extender; untar; Fugen usw.: tapar.
ver'streu|en (-) v/t. dispersar (a. fig.); diseminar; desparramar; esparcir; ~t adj. disperso.
ver'stricken (-) v/t. Wolle: gastar en labores de punto; fig. j-n in et. ~ implicar a alg. en a/c.; sich ~ enredarse (in ac. en).
ver'stümmel|n (-le; -) v/t. mutilar (a. fig.); sich ~ mutilarse; ♌ung f mutilación f.
ver'stummen I. (-; sn) v/i. enmudecer; callar(se); Lärm: cesar (de repente); II. ♌ n mutismo m.
Ver'such m (-es; -e) ensayo m; prueba f; wissenschaftlicher: a. experimento m; experiencia f; (Absicht) intento m; a. ⚔ tentativa f; conato m; e-n ~ machen hacer un ensayo bzw. una prueba bzw. un experimento; ~e anstellen hacer experimentos; experimentar; machen Sie den ~! ¡haga la prueba!, ¡pruebe a ver!; das käme auf e-n ~ an habría que probarlo; ♌en (-) v/t. probar (a. Kochk.); ensayar; a. ⚔ intentar; (verlocken) tentar; ~ zu intentar (inf.), probar a; procurar, tratar de; alles (mögliche) ~ hacer todo lo posible; poner todos los medios; sich ~ an ensayarse, hacer ensayos en; sich ~ als hacer sus pinitos de; es mit j-m (et.) ~ hacer una prueba con alg. (a/c.); ⚔ versuchter Diebstahl tentativa f de robo; ~er m tentador m (a. Rel.).
Ver'suchs...: ~anlage f planta f de experimentación; instalación f piloto; ~anordnung f disposición f del ensayo; dispositivo m experimental; ~anstalt f estación f experimental; ~ballon m globo m sonda (a. fig.); fig. e-n ~ loslassen lanzar un globo sonda; ~bohrung f sondeo m de exploración; ~bühne f teatro m de ensayo; ~ergebnis n resultado m experimental; ~fahrt f viaje m de prueba; prueba f en carretera; ~feld n campo m experimental; ~gelände n terreno m de experimentación; polígono m de pruebas; ~kaninchen n conejillo m de Indias (a. fig.); ~labor(atorium) n laboratorio m experimental; ~person f sujeto m (de experimentación); ~reaktor m reactor m de experimentación; ~reihe f serie f experimental (od. de ensayos); ~stadium n fase f experimental; período m de prueba; ~stand m banco m de pruebas; ~station f estación f experimental; ~strecke f pista f de pruebas; ~tier n animal m de experimentación (a. experimental); ♌weise adv. a modo (od. título) de prueba; a título de ensayo; experimentalmente; ~zweck m: zu ~en para (fines de) experimentación; para ensayos.
Ver'suchung f tentación f; in ~ führen tentar; im Vaterunser: führe uns nicht in ~ no nos dejes caer en la tentación; in ~ geraten (od. kommen) caer en la tentación de.
ver'sumpf|en (-; sn) v/i. empanta-

narse; fig. encenagarse; encanallarse; ♌ung f empantanamiento m.
ver'sündig|en (-) v/refl.: sich ~ an (dat.) pecar contra; sich an Gott ~ ofender a Dios; ♌ung f pecado m (an dat. contra); ~ an Gott ofensa f a Dios.
ver'sunken fig. adj.: ~ in (ac.) absorto en; abstraído en; abismado en; in tiefen Schlaf ~ sumido en profundo sueño; in sich ~ ensimismado; ♌heit f (0) absorción f; ensimismamiento m.
ver'süßen (-βt; -) v/t. endulzar, dulcificar (beide a. fig.); Phar. edulcorar.
ver'tag|en (-) v/t. aplazar (auf ac. hasta); Parl. a. prorrogar; ♌ung f aplazamiento m; prórroga f.
ver'tändeln (-le; -) v/t. desperdiciar; perder en naderías.
ver'täuen (-) ⚓ v/t. amarrar.
ver'tausch|bar adj. (inter)cambiable; a. ⚛ permutable; ~en (-) v/t. cambiar (für, gegen, mit por); sustituir (por); trocar; canjear; (verwechseln) confundir (mit con); die Rollen ~ invertir los papeles; ♌ung f cambio m; trueque m; canje m; (Verwechslung) confusión f.
ver'teidig|en (-) v/t. defender (a. ⚔ u. Sport; These: a. sostener; j-n ~ tomar la (od. salir en) defensa de alg.; sich ~ defenderse (gegen contra, de); (sich rechtfertigen) justificarse; ♌er m defensor m; ⚔ (abogado m) defensor m; Fußball: defensa m; ♌ung f defensa f (a. ⚔, ⚔, Sport); (Rechtfertigung) justificación f; zur ~ von (od. gen.) en defensa de; zu s-r ~ en su defensa; ⚔ in die ~ drängen obligar a ponerse a la defensiva.
Ver'teidigungs...: ~ausgaben f/pl. gastos m/pl. militares (od. para la defensa); ~beitrag m contribución f a la defensa; ~bündnis n alianza f defensiva; ~gemeinschaft f comunidad f defensiva (od. de defensa); ~krieg m guerra f defensiva; ~minister m (~ministerium n) ministro m (Ministerio m) de Defensa; ~rede ⚔ f informe m de la defensa; ~schlacht f batalla f defensiva; ~schrift f defensorio m; apología f; ~stellung ⚔ f posición f defensiva; in ~ a la defensiva; ~system n sistema m defensivo; ~waffe f arma f defensiva; ~werke ⚔ n/pl. obras f/pl. de defensa; defensas f/pl.
ver'teil|bar adj. repartible; ~en (-) v/t. distribuir, repartir (auf, unter ac. entre); (zerstreuen) dispersar; sich ~ distribuirse; quedar repartido (über ac. entre); (sich ausbreiten) extenderse (auf ac. sobre); (sich zerstreuen) dispersarse; ⚔ im Gelände: desplegarse; ♌er m repartidor m; ⊕ distribuidor m; ♌erkasten ⚡ m caja f de distribución; ♌ernetz n red f de distribución.
Ver'teilung f distribución f, reparto m (a. Thea. der Rollen); repartición f; (Zerstreuung) dispersión f; ⚔ despliegue m; ~schlüssel m cuadro m de distribución.
ver'teuer|n (-re; -) v/t. encarecer; ♌ung f encarecimiento m.
ver'teufel|n (-le; -) v/t. satanizar; ~t I. adj. endemoniado, endiablado; II. adv. F de espanto; endiabladamente; endemoniadamente.
ver'tief|en (-) v/t. ahondar, profun-

dizar (beide a. fig.); fig. a. intensificar; sich ~ ahondarse; fig. sich ~ in abismarse, absorberse en; engolfarse, enfrascarse en; ~t adj.: ~ in sumido en; ♌ung f ahondamiento m; (Tiefe) profundidad f; (Höhlung) hueco m, cavidad f; concavidad f; im Gelände: depresión f; hondonada f; hoyo m.
ver'tier|en (-; sn) v/i. embrutecerse; bestializarse; ~t adj. embrutecido; ♌ung f embrutecimiento m.
verti'kal [v] adj. vertical; ♌e f (línea f) vertical f.
ver'tilg|en (-) v/t. exterminar (a. Ungeziefer); destruir; extirpar (a. Unkraut); extinguir; F (aufessen) comerse; ♌ung f exterminio m, exterminación f; extirpación f; destrucción f; extinción f.
ver'tippen (-) v/refl.: sich ~ equivocarse (al escribir a máquina).
ver'ton|en (-) v/t. poner en música, poner música a, Neol. musicar; ♌ung f puesta f en música.
ver'trackt F adj. (verwickelt) complicado, embrollado; (verwünscht) condenado, maldito.
Ver'trag m (-es; -e) contrato m; Pol. tratado m; (Abkommen) acuerdo m; convenio m; pacto m; e-n ~ (ab-)schließen hacer (od. concluir od. concertar) un contrato; unter ~ nehmen contratar; ♌en (L; -) I. v/t. (aushalten) resistir, aguantar; (erdulden) soportar; sufrir; (geschehen lassen) tolerar; viel ~ können tener mucho aguante; tener capacidad de encaje; Wein usw.: resistir bien la bebida; gut (schlecht) ~ Speisen: sentar bien (mal); II. v/refl.: sich ~ Personen: entenderse (bien); avenirse; congeniar; armonizar, vivir en armonía; Sachen: cuadrar, armonizar, hacer juego con; ir bien con; ser compatible con; F pegar con; sich gut (schlecht) mit j-m ~ llevarse bien (mal) con alg.; hacer buenas (malas) migas con alg.; sich wieder ~ reconciliarse; hacer las paces; F echar pelillos a la mar; ♌lich I. adj. contractual; II. adv. contractualmente; por contrato; sich ~ verpflichten obligarse contractualmente (od. por contrato); ~ festlegen estipular.
ver'träglich adj. conciliador, conciliante; pacífico; (umgänglich) tratable, sociable; Sache: compatible (mit con); Speise: digerible; Phar. bien tolerado; sociabilidad f; v. Sachen: compatibilidad f; Phar. tolerancia f.
Ver'trags...: ~abschluß m conclusión f (od. celebración f) de un contrato bzw. tratado; ~bestimmungen f/pl. condiciones f/pl. contractuales; estipulaciones f/pl.; ~bruch m ruptura f (od. violación f) de contrato; ♌brüchig adj.: ~ werden infringir (od. romper od. violar) un contrato.
ver'tragschließend adj. contratante; ♌e(r) m contratante m; parte f contratante.
Ver'trags...: ~dauer f duración f del contrato; ~entwurf m proyecto m de contrato; ~fähigkeit f capacidad f contractual; ~freiheit f libertad f contractual; ~gegenstand m objeto m del contrato; ♌gemäß adj. con-

tractual; convencional; estipulado contractualmente; de acuerdo con el (*od.* conforme al) contrato; ~händler *m* concesionario *m* oficial; ~hotel *n* hotel *m* contratado; ~klage ⚖ *f* acción *f* contractual; ~leistung *f* prestación *f* contractual; ♀mäßig *adj.* → ♀gemäß; ~partei *f* parte *f* contratante; ~partner *m* contratante *m*; parte *f* contratante; ~preis *m* precio *m* contractual; ~recht *n* derecho *m* contractual; ~spieler *m* Fußball: jugador *m* bajo contrato; ~strafe *f* pena *f* contractual (*od.* convencional); ~tarif *m* tarifa *f* convencional; ~treue *f* fidelidad *f* al contrato; ~urkunde *f* escritura *f*; ~verhältnis *n* relación *f* contractual; ♀widrig *adj.* contrario al contrato *bzw.* al tratado; ~zölle *m/pl.* aduanas *f/pl.* (*od.* derechos *m/pl.*) convencionales.

ver'trauen (-) *v/i.*: *j-m* ~ tener confianza en alg.; fiarse de alg.; ~ *auf* confiar (*od.* tener confianza) en; poner su confianza en; fiarse de.

Ver'trauen *n* (-s; 0) confianza *f* (*auf en*); *im* ~ en confianza, confidencialmente; *im* ~ *gesagt* dicho sea entre nosotros; *im* ~ *auf* confiando en; ~ *haben* tener confianza (*zu* en); tener fe (en); fiarse (de); *sein* ~ *setzen auf* (*od. in*) poner su confianza en; *j-m sein* ~ *schenken* fiarse de alg.; *j-s* ~ *gewinnen* (*verlieren*) ganarse (perder) la confianza de alg.; *das* ~ *verlieren* perder la confianza (*od.* la fe) (*zu* en); ~ *einflößen* (*od. erwecken*) inspirar confianza; *j-s* ~ *genießen* gozar de la confianza de alg.; *Parl. das* ~ *aussprechen* votar la confianza; *j-n ins* ~ *ziehen* confiar a alg. el secreto; hacer a alg. confidente (de); ♀erweckend *adj.* que inspira confianza; *wenig* ~ sospechoso.

Ver'trauens...: ~antrag *Parl. m* moción *f* de confianza; ~arzt *m* médico *m* consultor; ~beweis *m* prueba *f* de confianza; ~bruch *m* abuso *m* de confianza; ~frage *f* Pol. cuestión *f* de confianza (*stellen* plantear); ~mann *m* hombre *m* de confianza; *Gewerkschaft:* enlace *m* (sindical); ~person *f* persona *f* de confianza; ~posten *m* puesto *m* de confianza; ~sache *f* cuestión *f* de confianza; asunto *m* confidencial; ~selig *adj.* demasiado confiado; crédulo; ~seligkeit *f* confianza *f* ciega; credulidad *f*; ~stellung *f* → ~posten; ♀voll *adj.* confiado; lleno de confianza; ~votum *n* voto *m* de confianza; ♀würdig *adj.* (digno) de confianza.

ver'trauern (-*re*; -) *v/t.* pasar entre tristezas; pasar en pena.

ver'traulich I. *adj.* confidencial; (*familiär*) familiar; íntimo; ~*e Mitteilung* confidencia *f*; *j-m* ~*e Mitteilungen machen* hacer confidencias a alg.; (*streng*) ~! (estrictamente) confidencial; (altamente) reservado; II. *adv.* confidencialmente; en confianza; *plump* ~ con demasiada (*od.* excesiva) confianza; ♀keit *f* confidencia *f*; carácter *m* confidencial; familiaridad *f*; intimidad *f*; *sich* ~*en herausnehmen* tomarse confianzas, permitirse familiaridades (*mit j-m con* alg.).

ver'träum|en (-) *v/t.*: *die Zeit* ~ pasar(se) el tiempo soñando; ~t *adj.* soñador; *Ort:* muy tranquilo.

ver'traut *adj.* familiar; íntimo; *mit j-m auf* ~*em Fuß stehen* ser íntimo amigo de alg.; tener mucha confianza con alg.; *mit et.* ~ *sein* estar familiarizado con a/c.; estar (bien) enterado de a/c.; estar versado en a/c.; *das ist mir* ~ me es familiar; *sich mit et.* ~ *machen* familiarizarse con a/c.; ponerse al corriente de a/c.; *sich mit dem Gedanken* ~ *machen* hacerse a la idea; *mit j-m* ~ *werden* intimar con alg.; ♀e(r *m*) *m/f* confidente *m/f*; ♀heit *f* familiaridad *f* (*mit con*); intimidad *f*; (*gute Kenntnis*) profundo conocimiento *m* (de).

ver'treib|en (*L*; -) *v/t.* echar (*aus* de); expulsar (de); *aus dem Haus usw.:* desalojar; (*verbannen*) desterrar (*a. fig.*); (*verscheuchen*) ahuyentar (*a. fig. Sorgen usw.*); ✝ *Ware:* vender; *Sorgen usw.:* quitar; hacer desaparecer; *Wolken:* disipar (*a. fig. Zweifel*); ♀ung *f* expulsión *f*; desalojamiento *m*; *Pol.* destierro *m*.

ver'tret|bar *adj.* justificable; *Standpunkt:* defendible; ⚖ *Sachen:* fungible; ~en (*L*; -) I. *v/t.* representar (*a. Pol. u.* ✝); (*ersetzen*) sustituir; re(e)mplazar; suplir, hacer las veces de; (*rechtfertigen*) justificar; (*verteidigen*) defender; (*einstehen für*) responder de; *Meinung:* sostener, sustentar; *Interessen:* velar por; *die Ansicht* ~, *daß* opinar que; *j-s Sache* ~ defender la causa de alg.; abogar por alg.; *j-m den Weg* ~ cerrar el paso a alg.; interponerse en el camino de alg.; *sich den Fuß* ~ torcerse el pie; *sich die Beine* ~ desentumecerse (F estirar) las piernas; II. *p/p.*: ~ *sein* estar representado (*durch* por); *nicht* ~ *sein* (*fehlen*) faltar; no figurar en (*od. entre*); ♀er *m* representante *m*; ✝ *a.* agente *m*; (*Stell*♀) sustituto *m*; suplente *m*; (*Verteidiger*) defensor *m*; *fig.* paladín *m*; exponente *m*.

Ver'tretung *f* representación *f*; *Pol. a.* delegación *f*; (*Stell*♀) sustitución *f*; suplencia *f*; ✝ representación *f*; agencia *f*; *in* ~ en representación (*von od. gen.* de); por delegación; ~sbefugnis *f* poder *m* de representación; ~sberechtigt *adj.* autorizado para representar; ♀sweise *adv.* en representación de; en reemplazo de; como (*od.* a título de) suplente.

Ver'trieb ✝ *m* (-*ɭs*; -*e*) venta *f*; distribución *f*.

Ver'triebene(r *m*) *m/f* expulsado (-a *f*) *m*.

Ver'triebs...: ~abteilung *f* sección *f* de ventas; ~gesellschaft *f* compañía *f* (*od.* sociedad *f*) distribuidora; ~kosten *pl.* gastos *m/pl.* de distribución; ~leiter *m* jefe *m* de ventas; ~recht *n* derecho *m* de venta.

ver'trimmen (-) F *v/t.* → *verprügeln*.

ver'trinken (*L*; -) *v/t.* gastar en bebidas.

ver'trocknen (-*e*-; -; *sn*) *v/i.* secarse.

ver'trödeln (-*le*; -) *v/t.*: *die Zeit* ~ perder el tiempo.

ver'tröst|en (-*e*-; -) *v/t.*: *j-n* ~ *dar* esperanzas a alg.; (*hinhalten*) entretener a alg. con (vanas) promesas; ♀ung *f* promesa *f* vana; buenas palabras *f/pl.*

ver'trusten (*u od. a*) (-*e*-; -) ✝ *v/t.* formar un trust de, *Neol.* trustificar.

ver'tun (*L*; -) *v/t.* malgastar, disipar; desperdiciar; F *sich* ~ equivocarse.

ver'tuschen (-) *v/t.* disimular; encubrir, ocultar, tapar; (*beschönigen*) paliar; maquillar.

ver'übeln (-*le*; -) *v/t.* tomar a mal (*j-m et.* a/c. a alg.).

ver'üb|en (-) *v/t.* cometer, perpetrar; ♀ung *f* comisión *f*, perpetración *f*.

ver'ulken (-) *v/t.* burlarse, mofarse de, F tomar el pelo a.

ver'un|glimpfen (-) *v/t.* difamar, denigrar; calumniar; ♀glimpfung *f* difamación *f*, denigración *f*; calumnia *f*; ~glücken (-; *sn*) *v/i.* tener (*od.* sufrir) un accidente; ser víctima de un accidente; F (*mißglücken*) malograrse; fracasar; salir mal; ♀glückte(r *m*) *m/f* víctima *f* (de un accidente), accidentado (-a *f*) *m*; ~krautet *adj.* invadido por las malas hierbas; ~reinigen (-) *v/t.* manchar, ensuciar; *Wasser:* impurificar (*a. fig.*); *bsd. Umwelt:* contaminar; *Luft: a.* viciar; *a.* ✾ infectar; ♀reinigung *f* suciedad *f*; ensuciamiento *m*; impureza *f*; impurificación *f*; ✾ infección *f*; *bsd. Umwelt:* contaminación *f*; ~sichern (-*re*; -) *v/t.* confundir; desconcertar; ~stalten (-*e*-; -) *v/t.* desfigurar; deformar; afear; ~staltet *adj.* deforme; contrahecho; ♀staltung *f* deformación *f*; desfiguración *f*; afeamiento *m*; ~treuen (-) *v/t.* desfalcar; malversar; defraudar; ♀treuung *f* desfalco *m*; malversación *f*; defraudación *f*; ~zieren (-) *v/t.* afear; deslucir.

ver'ur|sachen (-) *v/t.* causar, motivar; originar, ocasionar; producir; provocar; ~teilen (-) *v/t.* condenar (*a. fig.*); ⚖ *a.* sentenciar (*zu* a); ♀teilte(r *m*) *m* condenado *m*; ♀teilung *f* condena *f*.

'Verve ['vɛrvə] *f* (0) brío *m*; entusiasmo *m*.

ver'vielfach|en (-) *v/t.* multiplicar; ♀ung *f* multiplicación *f*.

ver'vielfältig|en (-) *v/t.* multiplicar; *Phot., Typ.* reproducir; (*abziehen*) multicopiar, hectografiar; *Am.* mimeografiar; ♀ung *f* multiplicación *f*; reproducción *f*; copia *f*; ♀ungsapparat *m* multicopista *f*, *Am.* mimeógrafo *m*; ♀ungsrecht *n* derecho *m* de reproducción.

ver'vierfachen (-) *v/t.* cuadruplicar.

ver'vollkommn|en (-*e*-; -) *v/t.* perfeccionar; ♀ung *f* perfeccionamiento *m*; ~ungsfähig *adj.* perfectible; ♀ungsfähigkeit *f* perfectibilidad *f*.

ver'vollständig|en (-) *v/t.* completar; ♀ung *f* completamiento *m*.

ver'wachs|en I. (*L*; -; *sn*) *v/i. Wunde:* cerrarse, cicatrizarse; *Knochen:* soldarse; *fig.* unirse estrechamente; *mit j-m* ~ compenetrarse con alg.; II. *adj.* contrahecho, deforme; (*bucklig*) jorobado; (*dicht* ~) *Wald usw.:* espeso; intrincado; ~ *mit* ~ adherente a; *fig.* profundamente arraigado a; *mit j-m* ~ *sein* estar íntimamente unido a alg.; estar compenetrado con alg.; ♀ung *f* deformidad *f*; ✾ adherencia *f*.

ver'wackelt *Phot. adj.* movido.

ver'wähl|en (-) *v/refl.*: *sich* ~ *Tele.* marcar mal.

ver'wahr|en (-) *v/t.* guardar; custodiar; tener *bzw.* poner a buen recaudo; F *Kinder:* cuidar de; *fig. sich gegen et.* ~ protestar contra a/c.; ℒ**er** *m* depositario *m*; **~losen** (-; *sn*) *v/i.* quedar desatendido *bzw.* abandonado; degradarse; ~ *lassen* dejar abandonado; descuidar; **~lost** *adj.* abandonado; descuidado; degradado; *(zerlumpt)* desastrado, astroso; *Gebäude:* destartalado; ℒ**losung** *f (0)* abandono *m*; descuido *m*, falta *f* de cuidado; ℒ**ung** *f* custodia *f*; depósito *m*; *(Einspruch)* protesta *f*; *in e-r Anstalt:* internamiento *m*; *in ~ geben* dar en depósito *(od.* en custodia); depositar; *in ~ nehmen* tomar en depósito; poner a buen recaudo; *in ~ haben* tener en depósito; guardar; tener bajo su custodia; ~ *einlegen* protestar *(gegen contra)*; ℒ**ungs-ort** *m* depósito *m*; ℒ**ungsvertrag** *m* contrato *m* de depósito.

ver'wais|en (-*t*; -; *sn*) *v/i.* quedar huérfano; *fig.* quedar abandonado; **~t** *adj.* huérfano; *fig.* abandonado; ℒ**ung** *f* orfandad *f*; *fig.* abandono *m*.

ver'walken (-) F *v/t.* moler a palos; dar una zurra.

ver'walt|en (-*e-*; -) *v/t.* administrar; *Amt:* ejercer; desempeñar; ℒ**er** *m* administrador *m*; *(Geschäfts*ℒ*)* gerente *m*; ℒ**ung** *f* administración *f*; gerencia *f*; *e-s Amtes:* ejercicio *m*; desempeño *m*.

Ver'waltungs...: ~abteilung *f* sección *f* administrativa; **~akt** *m* acto *m* administrativo; **~angestellte(r)** *m* (empleado *m*) administrativo *m*; **~apparat** *m* aparato *m* administrativo; **~ausgaben** *f/pl.* gastos *m/pl.* administrativos *(od.* de administración); **~ausschuß** *m* comisión *f* administrativa; **~be-amte(r)** *m* funcionario *m* administrativo; **~behörde** *f* autoridad *f* administrativa; administración *f*; **~bezirk** *m* distrito *m*; circunscripción *f* (administrativa); **~dienst** *m* servicio *m* administrativo; **~direktor** *m* director *m* administrativo; **~gebäude** *n* (edificio *m* de la) administración *f*; **~gebühren** *f/pl.* derechos *m/pl.* administrativos; **~gericht** ⚖ *n* tribunal *m* contencioso-administrativo; **~kosten** *pl.* → **~ausgaben**; **~rat** *m* consejo *m* de administración; **~recht** *n* derecho *m* administrativo; **~rechtler** *m* administrativista *m*; ℒ**rechtlich** *adj.* jurídico-administrativo; **~reform** *f* reforma *f* administrativa; **~strafrecht** ⚖ *n* derecho *m* penal administrativo; **~streitverfahren** ⚖ *n* procedimiento *m* contencioso-administrativo; **~weg** *m: auf dem ~ por* vía administrativa; **~wesen** *n* administración *f*.

ver'wandel|bar *adj.* transformable, convertible *(a.* ⚛*)*; transmutable; **~n** (-*le*; -) *v/t.* cambiar, transformar, convertir *(in en) (a.* ⚛*)*; transmutar; *Myt.* metamorfosear; transfigurar *(a. Rel.)*; *sich ~ in* transformarse en; convertirse en; quedar reducido a.

Ver'wandlung *f* cambio *m*; transformación *f*; conversión *f*; transmutación *f*; *Myt.*, 🎭 metamorfosis *f*; transfiguración *f*; *Rel.* transu(b)stanciación *f*; *Thea.* mutación *f*; cambio *m* de escena; **~skünstler** *m* transformista *m*.

ver'wandt *adj.* pariente *(mit de)*; unido por parentesco; *fig.* afín *(a.* ⚛*)*; semejante *(mit a)*, similar; análogo *a*; *er ist mit mir ~ es* pariente mío; somos parientes; ℒ**e** *f* parienta *f*; ℒ**en-ehe** *f* matrimonio *m* entre parientes; ℒ**enmord** ⚖ *m* parricidio *m*; ℒ**er** *m* pariente *m*; *(naher (entfernter)) ~r* pariente *m* cercano *od.* próximo (lejano); ℒ**schaft** *f* parentesco *m*; entronque *m*; *(die Verwandten)* parentela *f*, los parientes; *fig.* semejanza *f*; analogía *f*; afinidad *f (a.* ⚛*)*; **~schaftlich** *adj.* de pariente; *~e Beziehungen* relaciones *f/pl.* de parentesco; ℒ**schaftsgrad** *m* grado *m* de parentesco; ℒ**schaftsverhältnis** *n* relación *f* de parentesco.

ver'wanzt *adj.* lleno de chinches.

ver'warn|en (-) *v/t.* amonestar *(a. Sport)*; advertir; ℒ**ung** *f* amonestación *f*, admonición *f*; advertencia *f*; *gebührenpflichtige ~ multa f*.

ver'waschen *adj.* descolorido, deslavado; *fig.* borroso; vago; desvaído.

ver'wässern (-*re*; -) *v/t.* aguar; *fig.* diluir.

ver'weben (-) *v/t.* entretejer *(mit, in ac.* en*)*; *fig.* unir estrechamente.

ver'wechsel|n (-*le*; -) *v/t.* confundir *(mit* con); *j-n mit e-m andern ~ tomar* a alg. por otro; *sie sehen sich zum* ℒ *ähnlich* tienen un parecido asombroso; se parecen como dos gotas de agua; ℒ**ung** *f* confusión *f*; equivocación *f*.

ver'wegen *adj.* temerario; audaz; osado; atrevido; arrojado; ℒ**heit** *f (0)* temeridad *f*; audacia *f*; osadía *f*; atrevimiento *m*; arrojo *m*.

ver'weh|en (-) **I.** *v/t. (zerstreuen)* dispersar; disipar; llevarse (el viento); *Spuren:* borrar; *mit Schnee ~ cubrir* de nieve; **II.** *(sn)* dispersarse; *vom Winde verweht* arrastrado *(od.* llevado) por el viento; ℒ**ung** *f* remolinos *m/pl.* (de nieve, *etc.*).

ver'wehren (-) *v/t.: j-m et. ~ impedir* a alg. hacer a/c.; prohibir a alg. a/c.

ver'weichlich|en (-) **I.** *v/t.* enervar; afeminar; *(verzärteln)* mimar *(con exceso)*; **II.** *(sn)* enervarse, afeminarse; **~t** *adj.* afeminado; blandengue; ℒ**ung** *f (0)* molicie *f*; enervación *f*; afeminación *f*.

ver'weiger|n (-*re*; -) *v/t.* rehusar *(a. Zahlung, Annahme)*; no aceptar; negar; denegar; *j-m den Gehorsam ~ desobedecer* a alg.; *den Wehrdienst ~ ser* objetor de conciencia; ℒ**ung** *f* no aceptación *f*; negación *f*; denegación *f*; ℒ**ungsfall** *m: im ~ en* caso negativo.

Ver'weil|dauer *f im Krankenhaus:* estancia *f*; ℒ**en** *(bleiben)* permanecer; quedarse; *(sich aufhalten)* detenerse *(bei* con, en); demorarse; **~en** *n* permanencia *f*, pausa *f*.

ver'weint *adj.* lloroso; *~ aussehen, ~e Augen haben* tener los ojos llorosos *(od.* de haber llorado).

Ver'weis *m (-es; -e)* reprimenda *f*; reprensión *f*; *(Verwarnung)* amonestación *f*; advertencia *f*; *(Hinweis)* remisión *f*; *j-m e-n ~ erteilen* reprender a alg. *(wegen* por); dar una reprimenda a alg.; ℒ**en** *(L, -)* *v/t. (tadeln)* reprender; *(hinweisen)* remitir *(an, auf ac.* a); *(ausweisen)* expulsar; *des Landes (von den Schule) ~ expulsar* del país (de la escuela); ℒ**ung** *f (Hinweis)* referencia *f (auf, an* a); *im Text:* remisión *f*; *(Ausweisung)* expulsión *f*; **~ungszeichen** *Typ. n* llamada *f*.

ver'welk|en (-; *sn*) *v/i.* marchitarse; ajarse; **~t** *adj.* marchito; ajado *(beide a. fig.).*

ver'weltlich|en (-) *v/t.* secularizar; ℒ**ung** *f* secularización *f*.

ver'wend|bar *adj.* utilizable, aprovechable *(für* para); aplicable *(a)*; ℒ**barkeit** *f (0)* utilidad *f* (práctica); aplicabilidad *f*; **~en** *(-e- od. L, -)* *v/t.* emplear *(auf, für, zu* en; para); usar; aplicar; *(nützlich ~)* utilizar; aprovechar; *(aufwenden)* gastar *(für, auf ac.* en); *Summe:* dedicar a; invertir en; *Sorgfalt, Zeit, Mühe:* consagrar, dedicar *(auf ac.* a); *sich für j-n ~ interceder* por *(od.* en favor de) alg.; ℒ**ung** *f* empleo *m*; uso *m*; utilización *f*; aplicación *f*; *(Fürsprache)* intercesión *f*; *für et. keine ~ haben* no tener empleo para a/c.; no saber qué hacer con a/c.; ℒ**ungszweck** *m* uso *m* (previsto); destino *m*.

ver'werf|en *(L, -)* **I.** *v/t. (zurückweisen)* rechazar; desechar; recusar; *(mißbilligen)* reprobar; *Rel.* condenar; ⚖ *Urteil:* casar, anular; *Antrag usw.:* desestimar; *sich ~ Holz:* alabearse, combarse; *Geol.* dislocarse; **II.** *v/i. Vet.* abortar; **~lich** *adj.* reprensible; reprochable; reprobable; condenable; *(abscheulich)* abominable; vituperable; abyecto; ℒ**lichkeit** *f (0)* bajeza *f*; abyección *f*; ℒ**ung** *f* rechazo *m*; reprobación *f*; condenación *f*; ⚖ recusación *f*; *des Holzes:* alabeo *m*; *Geol.* dislocación *f*; falla *f*.

ver'wert|bar *adj.* utilizable, aprovechable; ✝ realizable; explotable; **~en** *(-e-; -)* *v/t.* utilizar, emplear; servirse de; aprovechar; ✝ realizar; *Patent usw.:* explotar; ℒ**ung** *f* utilización *f*, empleo *m*; aprovechamiento *m*; ✝ realización *f*; explotación *f*.

ver'wes|en (-*t*; -; *sn*) *v/i.* pudrirse, descomponerse, corromperse; *stark verwest Leiche:* en avanzado estado de descomposición; ℒ**er** *m* administrador *m*; regente *m*; **~lich** *adj.* corruptible, putrescible; ℒ**ung** *f (0)* putrefacción *f*, descomposición *f*; *in ~ übergehen* descomponerse.

ver'wetten (-*e-*; -) *v/t. (einsetzen)* apostar *(für* por); *(verlieren)* perder en apuestas.

ver'wichsen (-*t*; -) F *v/t.* → *verprügeln.*

ver'wick|eln (-*le*; -) *v/t.* enredar, enmarañar, embrollar, intrincar; *fig. a.* complicar; *j-n in et. ~ enredar (od.* envolver *od.* implicar) a alg. en a/c.; *sich in et. ~ enredarse* en a/c. *(a. fig.),*; **~elt** *adj.* enredado, enmarañado; intrincado; confuso, embrollado; *fig. a.* complicado; complejo; *in et. ~ sein* estar envuelto *(od.* mezclado *od.* implicado) en a/c.; ℒ**lung** *f* enredo *m (a. im Drama usw.)*; confusión *f*, embrollo *m*; complicación *f*; ⚖ implicación *f*.

ver'wilder|n (-*re*; -; *sn*) *v/i.* volver al estado primitivo *bzw.* salvaje *bzw.* silvestre; *Garten usw.:* cubrirse de maleza; *fig.* embrutecerse; *Sitten:* degenerar; pervertirse; *~ lassen* abandonar, dejar abandonado, *Kinder:* descuidar la educación *(de)*; **~t** *adj.* salvaje; inculto; abandonado;

Verwilderung — verzögernd

Kinder: indisciplinado; ung *f* retorno *m* al estado silvestre, *Neol.* asilvestramiento *m*; *a. fig.* abandono *m*.

ver'wind|en (*L*; -) *v/t.* consolarse de; sobreponerse a; *Schaden*: resarcirse de; ⊕ torcer; ung ⊕ *f* torsión *f*; retorcimiento *m*.

ver'wirken (-) *v/t.* perder; *moralisch*: hacerse indigno de; *Strafe*: incurrir en; *sein Leben verwirkt haben* merecer la muerte.

ver'wirklich|en (-) *v/t.* realizar; poner en práctica; llevar a efecto (*od.* a cabo); *sich* ~ realizarse, materializarse, llegar a ser realidad (*od.* a ser un hecho); ung *f* realización *f*; puesta *f* en práctica.

ver'wirr|en (-) *v/t.* enredar, enmarañar; *fig. et.*: *a.* embrollar; complicar; *j-n*: confundir; desconcertar; desorientar; *sich* ~ enredarse, enmarañarse; *fig. a.* embrollarse; ~**end** *adj.* desconcertante; ~**t** *adj.* enredado, enmarañado; embrollado; *fig.* confuso, confundido; desconcertado; desorientado; (*benommen*) aturdido; ung *f* enredo *m*, maraña *f*; embrollo *m*; *fig. a.* desconcierto *m*; desorientación *f*; confusión *f*; *j-n in* ~ *bringen* confundir, desconcertar a alg.; *et. in* ~ *bringen* enredar (*od.* embrollar) a/c.; desordenar (*od.* desarreglar) a/c.; *in* ~ *geraten* confundirse, desconcertarse; turbarse.

ver'wirtschaften (-e-; -) *v/t.* malgastar; desbaratar.

ver'wisch|en (-) *v/t.* borrar (*a. fig. Spuren usw.*); *Mal. u. fig.* difuminar, esfum(in)ar; (*verschmieren*) emborronar; *sich* ~ desdibujarse, ~**t** *adj.* borroso, confuso, desdibujado.

ver'witter|n (-*re*; -; *sn*) *v/i.* descomponerse, desagregarse, corroerse; *Mauer*: desmoronarse; ~**t** *adj.* corroído (por la intemperie); *Haut*: curtido; *Gesicht*: apergaminado; ung *f* descomposición *f*, desagregación *f*; desmoronamiento *m*.

ver'witwet *adj.* viudo *bzw.* viuda.

ver'wöhn|en (-) *v/t.* mimar; ~**t** *adj.* mimado; *Kind*: *a.* consentido; *Geschmack*: refinado; (*anspruchsvoll*) exigente, difícil de contentar; ung *f* (0) mimo(s) *m/pl.*).

ver'worfen *adj.* abyecto, vil; infame; depravado; *Rel.* réprobo; heit *f* (0) abyección *f*, vileza *f*; infamia *f*; depravación *f*.

ver'worren *adj.* enredado, embrollado; confuso; intrincado; heit *f* (0) embrollo *m*; confusión *f*.

ver'wund|bar *adj.* vulnerable (*a. fig.*); barkeit *f* (0) vulnerabilidad *f*; ~**en** (-*e*-; -) *v/t.* herir; *fig. a.* vulnerar; schwer ~ malherir.

ver'wunder|lich *adj.* sorprendente; extraño; *es ist* ~, *daß* es curioso que (*subj.*); *es ist nicht* ~, *daß* no es de extrañar que; ~**n** (-*re*; -) *v/t.* sorprender, extrañar; maravillar; ~**t** *adj.* sorprendido; admirado; asombrado, maravillado; ung *f* (0) admiración *f*; asombro *m*; sorpresa *f*; *in* ~ *geraten* asombrarse, maravillarse (*über ac.* de); sorprenderse (de).

Ver'wund|ete(r) *m* herido *m*; ~**etenabzeichen** ⚔ *n Span.* Medalla *f* de Sufrimientos por la Patria; ~**ung** *f* herida *f*.

ver'wunschen *adj.* encantado.

ver'wünsch|en (-) *v/t.* (*verfluchen*) maldecir, imprecar; (*verzaubern*) encantar; hechizar, embrujar; ~**t** *adj.* maldito; ~! ¡maldición!, ¡maldita sea!; ung *f* maldición *f*, imprecación *f*; ~*en ausstoßen gegen j-n* lanzar imprecaciones contra alg.; desatarse en improperios contra alg.

ver'wursteln (-*le*; -) F *v/t.* embrollar.

ver'wurzel|n (-*le*; -; *sn*) *v/i.* arraigar(se), echar raíces (*beide a. fig.*); ~**t** *adj.* arraigado; *fest* ~ *sein* in estar profundamente arraigado en; tener honda raigambre en; ung *f* arraigo *m*; *fig. a.* raigambre *f*.

ver'wüst|en (-*e*-; -) *v/t.* devastar; desolar, asolar; ung *f* devastación *f*; desolación *f*, asolamiento *m*; estragos *m/pl.* (*a. fig.*).

ver'zag|en (-; *sn*) *v/i.* desalentarse, desanimarse, perder el ánimo; acobardarse; en *n* desaliento *m*, desánimo *m*; ~**t** *adj.* desalentado; acobardado; apocado; pusilánime; theit *f* (0) desaliento *m*, desánimo *m*; pusilanimidad *f*.

ver'zählen (-) *v/refl.*: *sich* ~ contar mal, equivocarse al contar; *sich um* ~ *zwei* ~ equivocarse en dos.

ver'zahn|en (-) *v/t.* ⊕ (en)dentar; *miteinander*: engranar (*a. fig.*); ung *f* ⊕ engranaje *m* (*a. fig.*); dentado *m*; *fig.* interdependencia *f*.

ver'zankt *p/p.*: *sich* ~ *haben*, ~ *sein* estar reñidos (*od.* peleados).

ver'zapf|en (-) *v/t.* *Getränke*: expender, despachar; *Balken usw.*: ensamblar; espigar; F *fig. Unsinn* ~ disparatar, desbarrar; *e-e Rede* ~ F soltar un discurso; ung *f* ensamble *m* de espiga.

ver'zärtel|n (-*le*; -) *v/t.* mimar (con exceso); F criar entre algodones; ~**t** *adj.* blandengue; afeminado; ung *f* (0) mimos *m/pl.*; exceso *m* de cuidados.

ver'zauber|n (-*re*; -) *v/t.* encantar, hechizar; embrujar; ~ *in* (*ac.*) transformar en; ~**t** *adj.* encantado; ung *f* (0) hechizo *m*; embrujo *m*; encantamiento *m*; transformación *f*.

ver'zechen (-) *v/t.* *Geld*: gastar en bebida.

ver'zehnfachen (-) *v/t.* decupl(ic)ar.

Ver'zehr *m* (-*¢s*; 0) consumo *m*; gasto *m*; *im Restaurant usw.*: consumición *f*; en (-) *v/t.* consumir (*a. fig.*); tomar una consumición; gastar; (*aufessen*) comer(se); *sich* ~ *nach* suspirar por; *sich vor Gram* ~ consumirse de pena; end *fig. adj.* ardiente; *Feuer*: voraz, devorador; ~**ung** *f* → *Verzehr*; ~**zwang** *m* obligación *f* de tomar una consumición.

ver'zeich|nen (-*e*-; -) *v/t.* 1. anotar, apuntar; registrar; hacer constar; *in e-r Liste*: inscribir (en); *im einzelnen* ~ especificar; detallar; *e-n Erfolg, Sieg usw.* ~ können apuntarse, obtener; 2. (*falsch zeichnen*) dibujar mal; (*entstellen*) desfigurar, deformar; ~**net** *adj.* *Bild*: mal dibujado, desdibujado; ~ *sein auf e-r Liste usw.*: constar (in en); figurar (en); nis *n* (-*ses*, -*se*) lista *f*; relación *f*; registro *m*; inventario *m*; índice *m*; *namentliches*: nómina *f*; *Computer*: directorio *m*; (*Katalog*) catálogo *m*; (*Übersicht*) cuadro *m*; *detailliertes*: especificación *f*; nung *f* anotación *f*; (*Entstellung*) desfiguración *f*, deformación *f*; *Opt.* distorsión *f*.

ver'zeih|en (-) *v/t.* perdonar; disculpar; ~ *Sie!* ¡perdone (usted)!, ¡disculpe!, ¡perdón!; ~**lich** *adj.* perdonable; excusable; ung *f* (0) perdón *m*; *j-n um* ~ *bitten* pedir perdón a alg.; ~! ¡perdón!; ¡dispense!

ver'zerr|en (-) *v/t.* (*entstellen*) desfigurar, deformar; distorsionar (*a. Ton, Bild*); *fig. a.* caricaturizar; *Gesicht*: demudar; *Mund*: torcer; *das Gesicht* ~ hacer muecas; *sich* ~ *Gesicht*: desencajarse; demudarse; ✱ *sich den Knöchel usw.* ~ distorsionarse el tobillo, *etc.*; *mit verzerrtem Gesicht* con el rostro descompuesto (*od.* desencajado); ung *f* distorsión *f* (*a.* ✱, *Ton u. fig.*); desfiguración *f*, deformación *f*.

ver'zettel|n (-*le*; -) *v/t.* dispersar; malgastar; desperdiciar; (*auf Zettel schreiben*) poner en fichas; *sich* ~ malgastar sus energías; dispersar (*od.* disipar) sus fuerzas.

Ver'zicht *m* (-*¢s*; -*e*) renuncia *f* (*auf ac. a.*); abandono *m*; desistimiento *m*; *unter* ~ *auf* bajo renuncia a, renunciando a; ~ *leisten* = en (-*e*-; -) *v/i.* renunciar (*auf a.*); hacer renuncia (de); desistir (de); ~**erklärung** *f* declaración *f* de renuncia; ~**leistung** *f* → *Verzicht*.

ver'ziehen (*L*; -) I. *v/t.* 1. (*verzerren*) desfigurar, deformar; torcer; *das Gesicht* ~ hacer una mueca, torcer el gesto; *den Mund* ~ fruncir los labios; torcer la boca; 2. *Kind*: mimar demasiado; malcriar; educar mal; 3. ♂ aclar(e)ar; entresacar; II. (*sn*) *v/i.* (*umziehen*) mudarse (de casa); cambiar de domicilio; trasladarse (*nach a*.); → *a. verzogen*; III. *v/refl.*: *sich* ~ (*sich verbiegen*) torcerse; *Holz*: alabearse; *Gesicht*: demudarse; *Kleidung*: arrugarse, *Nebel*, *Wolken*: disiparse; *Menschen*: dispersarse, *Sturm*, *Gewitter*: pasar; F (*weggehen*) F largarse, esfumarse.

ver'zier|en (-) *v/t.* adornar; decorar; ornamentar; (*verschönern*) embellecer, engalanar; *durch Besatz*: guarnecer (*mit con*, de); ung *f* adorno *m*; decoración *f*; ornamento *m*; (*Besatz*) guarnición *f*; ♪ floritura *f*.

ver'zink|en (-) *v/t.* zincar, cincar; ⚡ galvanizar; en *n*, ung *f* cincado *m*; galvanización *f*.

ver'zinn|en (-) *v/t.* estañar; en *n*, ung *f* estañadura *f*, estañado *m*; er *m* estañador *m*.

ver'zins|bar *adj.* → ~**lich**; ~**en** (-*t*; -) *v/t.* pagar intereses; *sich* ~ dar (*od.* producir *od.* devengar) intereses; *sich mit 3*°/₀ ~ devengar (*od.* producir) un interés del tres por ciento; ~**lich** *adj.* a interés; con devengo de interés; ~ *mit 4*°/₀ con un interés del cuatro por ciento; ~ *anlegen* poner a rédito; ung *f* interés *m*; rédito *m*; intereses *m/pl.* devengados.

ver'zogen *adj.* *Kind*: mimado; maleducado, malcriado; ⚐ *unbekannt* ~ marchó sin dejar señas.

ver'zöger|n (-*re*; -) *v/t.* retardar, demorar; retrasar; diferir; (*hinziehen*) dilatar; F dar largas a; (*verlangsamen*) desacelerar; *sich* ~ retrasarse; tardar; hacerse esperar; ~**nd** *adj.* dilatorio;

⊕ retardatario; ℒung f retraso m; demora f; tardanza f; retardo m; de(sa)celeración f; retardo m; in ~ geraten retrasarse; ℒungstaktik f táctica f dilatoria; ℒungszünder ✗ m espoleta f de retardo.
ver'zoll|bar adj. sujeto a (derechos de) aduana; ~en (-) v/t. aduanar; pagar aduana; haben Sie et. zu ~? ¿tiene usted algo que declarar?; ℒung f pago m de (los derechos de) aduana; despacho m en la aduana.
ver'zücken (-) v/t. arrobar; extasiar.
ver'zuckern (-re; -) v/t. azucarar; ⚕ sacarificar.
verzück|t adj. arrobado; extático; ℒung f arrobamiento m; arrebato m; éxtasis m; embeleso m; in ~ geraten arrobarse; embelesarse; extasiarse.
Ver'zug m (-es; 0) retraso m; retardo m; demora f; tardanza f; ⚖ mora f; ohne ~ sin demora; sin tardar; in ~ sein estar en retraso; in ~ geraten retrasarse; ⚖ constituirse (od. incurrir) en mora; ohne weiteren ~ sin más dilaciones; ~s-strafe f multa f de mora; ~s-tage ✝ m/pl. días m/pl. de gracia (od. de respiro); ~szinsen m/pl. intereses m/pl. moratorios.
ver'zweif|eln (-le; -; sn) v/i. desesperar (an dat. de); desesperarse; es ist zum ℒ es para desesperarse; es desesperante; ~elt adj. desesperado; F ~ wenig una miseria; ℒung f (0) desesperación f; zur ~ bringen desesperar; in ~ geraten desesperarse; F du bringst mich zur ~! me vuelves loco; me sacas de quicio.
ver'zweig|en (-) v/refl.: sich ~ ramificarse; bifurcarse; ℒung f ramificación f; bifurcación f.
ver'zwickt adj. embrollado, enredado; intrincado; complicado.
'Vesper f (-; -n) 1. I.C. vísperas f/pl.; 2. → ~brot n merienda f; ℒn (-re; -) v/i. merendar.
Ves'talin [v] f vestal f.
Vesti'bül [v] n (-s; -e) vestíbulo m.
Ve'suv m Vesubio m.
Vete'ran [v] m (-en) veterano m.
Veteri'när [v] m (-s; -e) veterinario m; ~medizin f (medicina f) veterinaria f.
'Veto [v] n (-s; -s) veto m; ein ~ einlegen gegen poner veto a, vetar (a/c.); ~recht n derecho de veto.
'Vettel f (-; -n): alte ~ bruja f, arpía f.
'Vetter m (-s; -n) primo m; ~nwirtschaft f (0) nepotismo m.
Ve'xier|bild [v] n dibujo m rompecabezas; acertijo m gráfico; ~spiegel m espejo m grotesco.
'via [vi:a] prp. vía.
Via'dukt [v] m (-es; -e) viaducto m.
Vibra'pho|n [v] ♪ n (-s; -e) vibrafón m; ~'nist m (-en) vibrafonista m.
Vibrati'on [v] f vibración f; ~smassage ✻ f masaje m vibratorio.
Vi'brat|o [v] ♪ n (-s; -s) vibrato m; ~or ⊕ m (-s; -'oren) vibrador m.
vi'brieren [v] I. (-) v/i. vibrar; II. ℒ n vibración f.
'Video|aufzeichnung [v] f grabación f en vídeo; ~clip m (-s; -s) videoclip m, vídeo-clip m; ~kamera f videocámara f, ~kassette f videocassette f; ~konferenz f Internet: videoconferencia f, conferencia f por vídeo; ~platte f videodisco m; ~recorder m videocassette m; F

vídeo m; ~spiel n videojuego m; ~text m teletexto m; ~'thek f videoteca f.
Viech F n (-es; -er) F bicho m; bicharraco m; fig. bestia f; ~e'rei F f infamia f; V cabronada f.
'Vieh n (-es; 0) ganado m; Arg. a hacienda f; fig. bruto, bestia f; Stück ~ res f; cabeza f de ganado; ~ausstellung f exposición f de ganado (od. ganadera); ~bestand m censo m ganadero; efectivo m pecuario; ~futter n forraje m; pienso m; ~handel m comercio m de ganado; ~händler m tratante m de ganado; ~herde f rebaño m (de ganado); ℒisch adj. brutal; bestial; ~markt m feria f de ganado; ~salz n sal f común bruta; ~seuche f epizootia f; ~tränke f abrevadero m; ~treiber m boyero m; Arg. tropero m; ~wagen 🚂 m vagón m para ganado; ~wirtschaft f economía f pecuaria; ~zählung f censo m de ganado; ~zeug F n bichos m/pl.; ~zucht f ganadería f, cría f de ganado; ~ treiben dedicarse a la cría de ganado; ~züchter m ganadero m; Arg. estanciero m; ℒzuchttreibend adj. ganadero.
'viel adj. u. adv. (mehr; meist) mucho; sehr ~ muchísimo; sehr ~e muchísimos; gran número de; ~e andere otros muchos; s-e ~en Freunde sus muchos (od. numerosos) amigos; diese ~en Bücher todos estos libros; ziemlich ~ bastante; durch ~ Arbeit a fuerza de trabajar; ~e hundert centenares de; ~e tausend millares de; in ~em en muchos aspectos; nicht ~ poco; no mucho, no gran cosa; das will nicht ~ sagen eso no dice (od. no significa) gran cosa; ich habe Ihnen ~ zu sagen tengo que decirle muchas cosas (interesantes); e-r von ~en uno de tantos; ein bißchen ~ un poco demasiado; un poco excesivo; gleich ~ la misma cantidad; otro tanto; recht ~ bastante; so ~ tanto; so ~, daß ... tanto que ...; so ~e Male wie nötig todas las veces que haga falta (od. que sea necesario); zu ~ demasiado; excesivo; ~ zuviel demasiado; ~ zuwenig demasiado poco; ~ zu klein demasiado pequeño; ~bändig adj. de muchos volúmenes (od. tomos); ~begehrt adj. muy solicitado; ~beschäftigt adj. muy ocupado (od. atareado); ~besprochen adj. muy comentado; ~deutig adj. equívoco, ambiguo; ℒdeutigkeit f ambigüedad f; ~eck ♁ n polígono m; ~eckig ♁ adj. poligonal; ℒehe f poligamia f; ~er'lei adj. múltiple; variado; de muchas clases; auf ~ Arten de diversas maneras; de distintos modos; ~er'orts adv. en muchos sitios (od. lugares); ~fach I. adj. múltiple; (wiederholt) repetido, reiterado; (häufig) frecuente; ~er Millionär multimillonario m; II. adv. a menudo; con frecuencia, frecuentemente; muchas bzw. reiteradas veces; ℒfache(s) n múltiplo m; um ein ~s muchas veces más; ℒfachschalter m interruptor m múltiple; ℒfachschaltung ⚡ f conexión f múltiple; ℒfalt f (0) → ℒfältigkeit; ~fältig adj. múltiple; variado; diverso; ℒfältigkeit f (0) multiplicidad f; variedad f; diversidad f; ~farbig adj. polícromo, multicolor; ℒfarbigkeit f policro-

mía f; ~flächig ♁ adj. poliédrico; ℒflächner ♁ m poliedro m; ~flieger(in f) m pasajero (-a f) m habitual; ℒfraß m (-es; -e) glotón m (a. Zoo.); comilón m; ~geliebt adj. queridísimo; ~genannt adj. citado con frecuencia; (berühmt) renombrado; ~gepriesen adj.: iro. cacareado; ~gereist adj. que ha viajado mucho; ~gestaltig adj. multiforme; polimorfo; fig. vario, variado; ℒgestaltigkeit f (0) polimorfismo m; ℒgötte'rei f (0) politeísmo m; ℒheit f (0) multiplicidad f; pluralidad f; (Menge) multitud f, gran número de (de); (Fülle) profusión f (de); ~jährig adj. de muchos años; ~köpfig adj. de muchas cabezas; 📱 multicéfalo; fig. numeroso.
viel'leicht adv. quizá(s), tal vez; a lo mejor; acaso; (etwa) por casualidad; ~ ja puede que sí; F das ist ~ e-e Freude! ¡vaya una alegría!; desp. ist er ~ der Chef? ¿acaso es él el jefe?
'viel...: ~malig adj. repetido, reiterado; frecuente; ~mals adv. muchas veces; danke ~! ¡muchísimas gracias!; ¡mil gracias!; ich bitte ~ um Entschuldigung le ruego me perdone; er läßt Sie ~ grüßen le envía muchos recuerdos (od. saludos); muchos saludos de su parte; ℒmänne'rei f (0) poliandria f; ~mehr adv. más bien; antes bien; mejor dicho; ~phasig ⚡ adj. polifásico; ~polig ⚡ adj. multipolar; ~sagend adj. expresivo; significativo; Blick: elocuente; ~schichtig adj. de muchas capas; fig. complejo; ~seitig adj. de muchas caras; polifacético (a. Person); ♁ poligonal; multilátero; fig. variado; vasto; universal; Pers. ⊕ polivalente; ~er Schriftsteller de vasta erudición; polígrafo m; ~ verwendbar de múltiple uso; auf ~en Wunsch a petición general; ℒseitigkeit f (0) universalidad f; polifacetismo m; variedad f; bsd. ⊕ versatilidad f; ℒseitigkeitsprüfung f Sport: prueba f combinada; ~silbig adj. polisílabo; ~sprachig adj. polígloto; ~stimmig ♪ adj. de varias voces; polifónico; ℒstimmigkeit ♪ f (0) polifonía f; ~umworben adj. muy solicitado; ~verheißend, ~versprechend adj. muy prometedor; ℒvölkerstaat m multinacional f; ℒweibe'rei f poligamia f; ℒzahl f (0) multitud f, gran número (de); ~zellig Bio. adj. multicelular; ℒzweck... in Zssgn de múltiple uso; de múltiples aplicaciones.
'vier I. adj. cuatro; unter ~ Augen a solas; F auf allen ~en gehen andar a gatas (od. a cuatro patas); F alle ~e von sich strecken desperezarse (sterben) F estirar la pata; II. ℒ f cuatro m; ℒbeiner m cuadrúpedo m; ~beinig adj. de cuatro patas; Zoo. cuadrúpedo; ~blätt(e)rig adj. de cuatro hojas; 🜍 cuadrifoli(ad)o; ~dimensional adj. de cuatro dimensiones; ℒeck ♁ n cuadrilátero m; ~eckig adj. cuadrangular; F cuadrado.
'Vierer ♣ m bote m de cuatro remos; ~bob m bob(sleigh) m de cuatro (asientos); ~konferenz f conferencia f cuatripartita; ℒ'lei adj. de cuatro especies (od. clases) diferentes; ~reihe f: in ~n en filas de a cuatro;

~takt ♪ m compás m de cuatro tiempos.
'vier...: ~fach adj. cuádruple, cuádruplo; ℒfache(s) n cuádruplo m; ℒ'farbendruck m cuatricromía f; ~farbig adj. de cuatro colores; ℒ'felderwirtschaft ✔ f rotación f cuadrienal; ~flächig adj. tetraédrico; ~füßig adj. cuadrúpedo; ℒfüß(l)er m cuadrúpedo m; ℒganggetriebe Kfz. n caja f de cuatro velocidades; ℒgespann n tiro m de cuatro caballos; Hist. cuadriga f; ~händig adj. Zoo. cuadrumano; ♪ a cuatro manos; ~'hundert adj. cuatrocientos; ~jährig adj. de cuatro años; cuadrienal; ℒkant ⊕ m (-és; -e) cuadrado m; ℒkant-eisen n hierro m cuadrado; ℒkantholz n madera f escuadrada; ~kantig adj. cuadrangular; cuadrado; ~ behauen (od. schneiden) Holz: escuadrar; ℒkantschlüssel m llave f cuadrada; ℒkantstahl m acero m cuadrado; ℒlinge m/pl. cuatrillizos m/pl.; ℒ'mächtekonferenz f ~ Viererkonferenz; ~mal adv. cuatro veces; ~malig adj. cuatro veces repetido; cuadruplicado; ~motorig adj. cuatrimotor, tetramotor; ~polig ≱ adj. tetrapolar; ~prozentig adj. al cuatro por ciento; ℒrad-antrieb m tracción f a cuatro ruedas; ℒradbremse f freno m sobre las cuatro ruedas; ~räd(e)rig adj. de cuatro ruedas; ~saitig ♪ adj. de cuatro cuerdas; ~schrötig adj. rechoncho; robusto; (plump) grosero; ~seitig adj. de cuatro lados; ⅋ cuadrilátero; ~silbig adj. cuatrisílabo, tetrasílabo; ℒsitzer m coche m de cuatro plazas (od. asientos); ~sitzig adj. de cuatro plazas (od. asientos); ℒspänner m coche m de cuatro caballos; ~spännig adj. de (od. tirado por) cuatro caballos; ~sprachig adj. en cuatro idiomas, cuatrilingüe; ~spurig adj. Straße: de cuatro carriles; ~stellig adj. Zahl: de cuatro cifras (od. dígitos); ~stimmig ♪ adj. a cuatro voces; ~stöckig adj. de cuatro pisos; ~stufig ⊕ adj. de cuatro escalones; ~tägig adj. de cuatro días; ℒtaktmotor m motor m de cuatro tiempos; ~'tausend adj. cuatro mil; ~te adj. cuarto; am ~n Juni el cuatro de junio; Heinrich IV. (der ℒ) Enrique IV (cuarto); ~teilen v/t. dividir en cuatro partes, cuartear; Hist. descuartizar.
'Viertel ['fɪʀ-] n cuarto m (a. Mondℒ); cuarta parte f; (Stadtℒ) barrio m; ein ~ Meter (Kilo) un cuarto de metro (de kilo); (ein) ~ nach eins la una y cuarto; drei ~ (od. ~ vor) vier las cuatro menos cuarto; drei ~ las tres cuartas partes; ~finale n Sport: cuarto m de final; ~jahr n tres meses m/pl., trimestre m; ~'jahresschrift f revista f trimestral; ℒjährig adj. de tres meses; ℒjährlich I. adj. trimestral; II. adv. cada tres meses; por trimestre(s); ~kreis m cuadrante m; ℒn (-le) v/t. dividir en cuatro partes; ~note ♪ f semínima f, negra f; ~pause ♪ f pausa f de semínima; ~'pfund n cuarto m de libra; ~'stunde f cuarto m de hora; ℒstündig adj. de un cuarto de hora; ℒstündlich adv. cada cuarto de hora; ~ton ♪ m cuarto m de tono.

'viertens adv. en cuarto lugar; bei Aufzählungen: cuarto.
'viertürig adj. de cuatro puertas.
Vierund'sechzigstel ♪ n, ~note f semifusa f.
'Vierung ⚠ f intersección f de la nave.
Vier'vierteltakt ♪ m compasillo m, compás m de cuatro por cuatro.
Vier'waldstätter 'See m lago m de los Cuatro Cantones.
'vierwöch|entlich adv. cada cuatro semanas; ~ig adj. de cuatro semanas.
'vierzehn ['fɪʀ-] adj. catorce; ~ Tage quince días; etwa ~ Tage unos quince días, una quincena; ~tägig adj. quincenal; de quince días; ~te adj. decimocuarto; der (den, am) ~(n) April el catorce de abril; Ludwig XIV. (der ℒ) Luis XIV (catorce); ℒtel n: ein ~ la décimacuarta parte; Bruch: un catorceavo.
'Vierzeiler m cuarteta f; redondilla f.
'vierzig ['fɪʀ-] I. adj. cuarenta; etwa ~ unos cuarenta, una cuarentena; in den ~er Jahren en los años cuarenta; II. ℒ f cuarenta m; ℒer m cuarentón m; in den ~n sein haber pasado los cuarenta (años); ℒerin f cuarentona f; ~jährig adj. de cuarenta años, cuadragenario; ~ste adj. cuadragésimo; ℒstel n: ein ~ un cuarentavo; ℒ'stundenwoche f semana f de cuarenta horas.
'Vierzylindermotor m motor m de cuatro cilindros.
Viet'nam [vɪɛt'nam] n Vietnam m.
Vietna'mes|e m (-n), ℒisch adj. vietnamés m.
Vi'gnette [vɪ'njɛta] Typ. f viñeta f; Kfz. pegatina f de(l) peaje.
Vi'kar [v] m (-s; -e) vicario m; ~i'at n (-és; -e) vicariato m; vicaria f.
'Vik|tor [v] m Víctor m; ~'toria f Victoria f.
'Villa [v] f (-; -llen) torre f; villa f; chalet m.
'Villen|kolonie f ciudad f jardín; urbanización f; ~viertel n barrio m residencial.
'Vinzenz [v] m Vicente m.
Vi'ola [v] ♪ f (-; -len) viola f.
vio'lett [v] I. adj. violeta; violado; violáceo; II. ℒ n violeta m.
Vio'line [v] f violín m.
Violi'nist(in f) [v] m (-en) violinista m/f.
Vio'lin|konzert n concierto m de violín; ~schlüssel m clave f de sol.
Violon|cel'list(in f) [vi·o·lɔn't∫ɛ-] m (-en) violoncelista m/f; ~'cello n (-s; -s od. -celli) violoncelo m.
'Viper [v] Zoo. f (-; -n) víbora f.
'Viren|programm n Computer: programa m antivirus (od. cazavirus); ~scanner n escaneador m de virus; ~schutz m protección f antivirus.
vi'ril [v] adj. viril; ℒi'tät f (0) virilidad f.
Viro'lo|ge [v] m (-n) virólogo m; ~'gie f virología f.
virtu'ell [v] adj. virtual; ~e Realität f realidad f virtual.
virtu'os [v] adj. virtuoso; ℒe m (-n), ℒin f virtuoso (-a f) m; ℒentum n (-s; 0), ℒi'tät f (0) virtuosismo m.
viru'len|t [v] ℊ adj. virulento; ℒz f (0) virulencia f.
'Virus [v] ℊ n, F m (-; -ren) virus m; Computer: virus m (del ordenador od.

informático); ~erkennung f detección f de virus; ~forscher m virólogo m; ~forschung f virología f; ~grippe f gripe f viral; ~krankheit f enfermedad f vírica, virosis f.
Vi'sage [vɪ'za:ʒə] desp. f F facha f.
Vi'sier [v] n (-s; -e) am Helm: visera f; am Gewehr: mira f; alza f; fig. mit offenem ~ con toda franqueza; ~einrichtung f dispositivo m de mira; ℒen (-) v/t. Paß: visar (a. fig.); (eichen) aforar; (zielen) apuntar; ~fernrohr n anteojo m de puntería; ~linie f línea f de mira.
Visi'on [v] f visión f.
Visio'när [v] m (-s; -e), ℒ adj. visionario (m).
Visitati'on [v] f (Durchsuchung) registro m; (Besichtigung) (visita f de) inspección f.
Vi'site [v] f visita f (a. ✱); ~nkarte f tarjeta f (de visita).
visi'tieren [v] (-) v/t. (durchsuchen) registrar; (besichtigen) inspeccionar; visitar.
vis'kos [v] adj. viscoso; ℒe f (0) viscosa f; ℒi'tät f (0) viscosidad f.
visu'ell [v] adj. visual.
'Visum [v] n (-s; -sa od. -sen) visado m.
vi'tal [v] adj. vital.
Vita'lismus [v] m (-; 0) vitalismo m.
Vitali'tät [v] f (0) vitalidad f.
Vita'min [v] n (-s; -e) vitamina f; mit ~en anreichern vitaminar; ℒarm adj. pobre en vitaminas; ℒhaltig adj. que contiene vitaminas; ℒ(i's)ieren (-) v/t. vitaminar; ~mangel m carencia f (od. deficiencia f) vitamínica; ~mangelkrankheit f avitaminosis f; ℒreich adj. rico en vitaminas; ~stoß m aporte m masivo de vitaminas.
Vi'trine [v] n f vitrina f.
Vitri'ol [v] n (-s; 0) vitriolo m, caparrosa f; ℒartig adj. vitriólico.
Vivisekti'on [v] n f vivisección f.
'Vize|admiral m vicealmirante m; ~kanzler m vicecanciller m; ~könig m virrey m; ~konsul m vicecónsul m; ~präsident m vicepresidente m.
Vlies n (-es; -e) vellón m; das Goldene Myt. el vellocino de oro; (Orden) el Toisón de Oro.
'V-Mann m confidente m, informante m; enlace m.
'Vogel m (-s; ⸚) ave f; kleinerer: pájaro m; F fig. lockerer ~ calavera m; loser ~ pícaro m; komischer ~ tipo m raro (od. extravagante); fig. den ~ abschießen llevarse la palma; F fig. e-n ~ haben estar tocado (od. chiflado od. majareta); ~bauer n/m jaula f; ~beerbaum ⅋ m serbal m; ~beere ⅋ f serba f; ~fang m caza f de pájaros; ~fänger m pajarero m; ℒfrei adj. fuera de la ley; für ~ erklären poner fuera de la ley; ~futter n comida f para pájaros; weit S. alpiste m; ~gesang m canto m de los pájaros; ~händler m pajarero m; ~handlung f pajarería f; ~haus n pajarera f; ~käfig m jaula f; ~kenner m ornitólogo m; ~kirsche ⅋ f cereza f silvestre; Baum: cerezo m silvestre; ~kunde f (0) ornitología f; ~kundige(r) m ornitólogo m; ℒmiere ⅋ f pamplina f, hierba f pajarera.
'vögeln V v/t. u. v/i. V joder.
'Vogel...: ~nest n nido m (de pájaro), ~perspektive f: aus der ~ a vista de

pájaro; ~schau f → ~perspektive; ~scheuche f espantajo m (a. fig.); espantapájaros m; ~schutz m protección f de los pájaros; ~schutzgebiet n reserva f ornitológica; ~steller m pajarero m; ~-'Strauß-Politik f política f de avestruz; ~strich m paso m de las aves; ~warte f estación f ornitológica; ~welt f avifauna f; ~zucht f cría f de pájaros; ~züchter m pajarero m; ~zug m migración f de las aves.
Vo'gesen [v] pl. Vosgos m/pl.
'Vöglein n pajarito m, pajarillo m.
Vogt m (-és; ~e) Hist. corregidor m; baile m; (Burg2) alcaide m.
'Voicebox f (-; -en) Tele. buzón m de voz.
Voile [vŏal] m (-; -s) (Stoff) velo m.
Vo'kabel [v] f (-; -n) vocablo m; palabra f; voz f; ~schatz m léxico m.
Vokabu'lar [v] n (-s; -e) vocabulario m.
Vo'kal I. m (-s; -e) vocal f; II. 2 ♪ adj. vocal; 2isch adj. vocálico; 2i'sieren (-) v/t. vocalizar; ~i'sierung f vocalización f; ~musik f música f vocal.
'Vokativ [v] Gr. m (-s; -e) vocativo m.
Vo'lant [voˈlɑ̃] m (-s; -s) volante m.
Volk n (-és; ~er) pueblo m; (Nation) nación f; (Leute) gente f; desp. vulgo m; (Menge) muchedumbre f; Vögel: bandada f; Bienen: colmena f; das gemeine ~ la plebe; la gente baja; der Mann aus dem ~ el hombre de la calle; el ciudadano de a pie; viel ~ mucha gente; beim ~e beliebt popular; et. unters ~ bringen divulgar a/c.; popularizar a/c.; ¹arm adj. poco poblado.
'Völker...: ~bund Hist. m Sociedad f de Naciones; ~gemeinschaft f comunidad f de naciones; ~kunde f etnología f; ~kundler m etnólogo m; 2kundlich adj. etnológico; ~mord m genocidio m; ~recht n derecho m internacional (público); derecho m de gentes; ~rechtler m internacionalista m; 2rechtlich adj. del derecho internacional; ~schaft f pueblo m; (Stamm) tribu f; ~schlacht Hist. f batalla f de las Naciones; ~verständigung f aproximación f entre los pueblos; ~wanderung f migración f de los pueblos; Hist. Invasión f de los Bárbaros.
'völkisch adj. nacional; Pol. racista; populista; ~e Bewegung racismo m.
'volkreich adj. populoso.
'Volks...: ~abstimmung f plebiscito m; referéndum m; ~aktie f acción f popular; ~aufstand m levantamiento m (od. insurrección f) popular; ~ausgabe f edición f popular; ~bank f banco m popular; ~befragung f consulta f popular; ~begehren n iniciativa f popular; ~belustigungen f/pl. festejos m/pl. populares; ~bewegung f movimiento m popular; ~bildung f educación f nacional; ~bücherei f biblioteca f popular; ~charakter m mentalidad f (od. carácter m) nacional; ~demokratie f democracia f popular; ~dichter m poeta m popular; 2eigen adj. nacionalizado; ~er Betrieb empresa f de propiedad colectiva; ~eigentum n propiedad f nacional; ins ~ überführen nacionalizar; ~einkommen n renta f nacional; ~entscheid m plebiscito m; ~er-hebung f → ~aufstand; ~feind m enemigo m público (od. del pueblo); 2feindlich adj. antipatriótico; ~fest n fiesta f popular; ~front Pol. f Frente m Popular; ~führer Pol. m líder m popular; conductor m de masas; ~gemeinschaft f comunidad f nacional; ~genosse m, ~genossin f compatriota m/f; conciudadano (-a f) m; ~gericht n tribunal m popular; ~gerichtshof Hist. m Tribunal m del Pueblo; ~gesundheit f higiene f (od. sanidad f) pública; ~glaube m creencia f popular; ~gruppe f grupo m étnico; etnia f; ~gunst f popularidad f; ~herrschaft f democracia f; ~hochschule f universidad f popular; ~kammer f Cámara f del Pueblo; ~küche f comedor m popular; ~kunde f (0) folklore m; ~kundler m folklorista m; 2kundlich adj. folklórico; ~kunst f (0) arte m popular; ~lied n canción f popular; 2mäßig adj. popular; ~meinung f opinión f pública; ~menge f multitud f, muchedumbre f; gentío m; desp. populacho m, plebe f; ~mund m: im ~ en el lenguaje popular; vulgarmente; ~musik f música f popular; ~partei Pol. f partido m populista; ~polizei f Policía f Popular; ~polizist m policía m popular; ~redner m orador m popular; tribuno m; ~republik f república f popular; ~sage f leyenda f popular; ~schicht f capa f (od. estrato m od. estamento m od. clase f) social; ~schule f → Grundschule; ~schul... → Grundschul...; ~sitte f costumbre f nacional; ~sprache f lenguaje m popular; ~staat m Estado m popular; ~stamm m tribu f; ~stimme f voz f del pueblo; ~stück n Thea. comedia f popular; ~tanz m danza f popular; ~tracht f traje m nacional bzw. regional; ~trauertag m día m de duelo nacional; ~tribun m tribuno m (del pueblo); ~tum n (-s; 0) nacionalidad f; características f/pl. nacionales; weitS. folklore m; 2tümlich adj. popular; ~tümlichkeit f (0) popularidad f; ~verbundenheit f solidaridad f con el pueblo; ~vermögen f patrimonio m nacional; bienes m/pl. nacionales; ~versammlung f Parl. asamblea f nacional; (Kundgebung) mitin m; manifestación f popular; ~vertreter m representante m del pueblo; Parl. diputado m; ~vertretung f representación f nacional; Span. Cortes f/pl.; ~weise ♪ f aire m popular; ~wirtschaft f economía f política bzw. nacional; ~wirt(schaftler) m economista m; 2wirtschaftlich adj. (político-)económico; ~wirtschaftslehre f economía f política; ~wohl n bien m público; ~zählung f censo m de población (od. demográfico).
'voll I. adj. lleno (von de); fig. pleno de; (völlig) completo; entero, íntegro; total; (bedeckt) cubierto (de); (beladen) cargado (de); (besetzt) popu-pleto; ⊕ (massiv) macizo; (satt) lleno; harto; (rundlich) rollizo, regordete; F llenito; Busen, Gesicht: lleno; (üppig) opulento; F (betrunken) borracho; bis oben (hin) ~ repleto (de); a tope, hasta los topes; ein ~er Erfolg un éxito completo; un acierto total; ein ~es Jahr un año entero; ~e 20 Jahre veinte años cumplidos; den ~en Fahrpreis bezahlen pagar billete entero; die ~e Summe la suma total; die ~e Wahrheit toda la verdad; war es sehr ~? ¿había mucha gente?; das Theater war ganz ~ hubo un lleno total; Thea. ~es Haus haben llenar la sala; representarse a teatro lleno; fig. ganz ~ von et. sein no hablar de otra cosa; aus ~em Herzen con toda el alma; de todo corazón; aus dem ~en schöpfen disponer de amplios recursos; tener abundancia de; bei ~er Besinnung con todo el conocimiento; II. adv.: ~ (und ganz) enteramente, completamente; plenamente; ✝ ~ einbezahlt Aktie: totalmente liberado; ~ schlagen Uhr: dar la hora; ~ bezahlen pagar totalmente; (nicht) für ~ nehmen (no) tomar en serio; 2aktie ✝ f acción f totalmente liberada; ~auf adv. completamente; en abundancia; ~ genug más que suficiente; ~automatisch adj. completamente (od. totalmente) automático; 2bad n baño m (de cuerpo) entero, baño m completo; 2bart m barba f corrida; ~belastet ⊕ adj. a plena carga; ~berechtigt adj. con pleno poder; de pleno derecho; ~beschäftigt adj.: ~ sein trabajar en jornada completa; 2beschäftigung f (0) pleno empleo m; 2besitz m plenitud f; im ~ (gen.) en plena posesión (de); en pleno uso (de); 2bier n cerveza f fuerte; 2blut n (caballo m de) pura sangre m; 2blut... fig. in Zssgn de cuerpo entero; ~blütig adj. de pura sangre; ♂ pletórico; 2blütigkeit ♂ f (0) plétora f; 2blutpferd n → 2blut; 2bremsung Kfz. f frenazo m violento; e-e ~ machen frenar en seco; ~'bringen (L; -) v/t. (beenden) terminar, acabar, concluir; (ausführen) ejecutar, realizar; llevar a cabo; 2'bringung f (0) cumplimiento m; conclusión f; ejecución f, realización f; ~busig adj. F pechugona; 2dampf m: mit ~ a todo vapor; a toda máquina; fig. a. a todo gas; a toda marcha.
'Völlegefühl n sensación f de plenitud.
'Voll...: ~eigentum n plena propiedad f; 2eingezahlt ✝ adj. totalmente desembolsado; ~einzahlung f desembolso m (Aktie: liberación f) total; 2'enden (-e-; -) v/t. (beenden) terminar, acabar, ultimar, concluir; (vervollständigen) completar; (vervollkommnen) perfeccionar; Lebensjahr: cumplir; 🕱, Rel. consumar; 2'endet adj. acabado; cumplido; (vollkommen) perfecto; consumado (a. 🕱); 2ends adv. completamente, por completo, enteramente; del todo; ~ da, ~ wenn sobre todo cuando; das hat ihn ~ zugrunde gerichtet esto acabó de arruinarle; ~'endung f (0) acabamiento m; conclusión f; consumación f (a. 🕱); (Vollkommenheit) perfección f; mit (od. nach) ~ des 60. Lebensjahres al cumplir (od. cumplidos) los sesenta años.
'voller I. comp. v. voll; II. mit gen. (= voll von) lleno de.
Völle'rei f (0) gula f; glotonería f.
'Volleyball [v] m voleibol m, balonvolea m.
'voll|fressen (L) P v/refl.: sich ~ ahi-

vollführen — voraus

tarse, F atracarse, darse un atracón, hincharse de comer; ~**führen** (-) v/t. ejecutar; realizar; llevar a cabo; ~**füllen** v/t. llenar (mit de); ⁀**gas** n: mit ~ a. fig. a todo gas, a toda marcha; ~ **geben** pisar a fondo; mit ~ fahren ir a toda velocidad; ⁀**gefühl** n: im ~ (gen.) en plena conciencia de; plenamente consciente de; ⁀**genuß** m pleno goce m; ~**gepfropft**, ~**gestopft** adj. repleto (mit de); atestado; abarrotado; ⁀**gewicht** n peso m exigido; ~**gießen** (L) v/t. llenar hasta el borde; ⁀**gültig** adj. perfectamente válido; ⁀**gummireifen** m bandaje m macizo; ⁀**idiot** F m tonto m de remate.

'**völlig I.** adj. (0) entero; total; íntegro; completo; absoluto; **II.** adv. enteramente; totalmente; del todo; íntegramente; absolutamente; completamente, por completo; ~ unmöglich de todo punto imposible; das ist ~ genug es más que suficiente.

'**voll**|**inhaltlich** adj. en todo su contenido; ⁀**invalide** m inválido m total; ⁀**invalidität** f invalidez f total.

'**volljährig** adj. mayor de edad; ⁀**keit** f (0) mayoría f de edad.

'**Vollkaskoversicherung** f seguro m contra (od. a) todo riesgo.

voll'**kommen I.** adj. perfecto; consumado; Macht usw.: absoluto; **II.** adv. F → völlig; ⁀**heit** f (0) perfección f.

'**Voll...**: ~**kornbrot** n pan m integral; ~**kraft** f (0) pleno vigor m; in der ~ s-r Jahre en la flor de sus años; ~**(l)ast** ⚓ f plena carga f; ⁀**(l)aufen** (L; sn) v/i. llenarse; F fig. sich ~ lassen emborracharse; ⁀**machen** v/t. llenar; Maß: colmar; Summe: completar; P (beschmutzen) ensuciar; sich ~ hacerse encima; ensuciarse; um das Unglück vollzumachen para colmo de desgracias; ~**macht** f (-; -en) poder m; autorización f; plenos poderes m/pl.; unbeschränkte ~ pleno poder m, poder m general; plenipotencia f; fig. carta f blanca; j-m ~ erteilen dar (od. conferir) poder(es) a alg.; apoderar a alg.; ~**macht-erteilung** f otorgamiento m de poder(es); ~**machtgeber** m poderdante m, otorgante m; ~**matrose** m marinero m de primera; ~**milch** f leche f entera; ~**mitglied** n miembro m de pleno derecho; ~**mond** m luna f llena, plenilunio m; wir haben ~, es ist ~ hay luna llena; ~**mondgesicht** F n cara f de luna llena; ⁀**motorisiert** adj. totalmente motorizado; ⁀**mundig** adj. Wein: de mucho cuerpo; ⁀**packen** v/t. llenar completamente (mit de); ~**pension** f pensión f completa; ⁀**pfropfen** v/t. atestar (mit de); abarrotar (de); ~**rausch** m embriaguez f total (od. plena); ⁀**reif** adj. bien maduro; ⁀**saufen** (L) P v/refl.: sich ~ (beber hasta) emborracharse; ⁀**saugen** v/refl.: sich ~ empaparse; ⁀**schenken** v/t. llenar hasta el borde; ⁀**schlagen** (L) F v/t.: sich den Bauch ~ F atiborrarse, hincharse; ⁀**schlank** adj. metido (F metidito) en carnes; F llenito; ⁀**schmieren** v/t. embadurnar; Papier: emborronar; ⁀**schreiben** (L) v/t. llenar; ~**spur** 🚗 f vía f normal; ⁀**ständig I.** adj. completo; entero; total; íntegro; **II.** adv. completamente, por completo; enteramente;

del todo; totalmente; íntegramente; de medio a medio; ~ machen completar; ~**ständigkeit** f (0) integridad f; totalidad f; ⁀**stopfen** v/t. atestar (mit de); abarrotar (de); sich ~ F atiborrarse (mit de), atracarse de.

voll'**streck**|**bar** adj. ejecutable; 🏛 ejecutorio; ⁀**barkeit** 🏛 f (0) ejecutoriedad f; ~**en** v/t. ejecutar; ⁀**er** m ejecutor m; ⁀**ung** f ejecución f; ⁀**ungsbeamte(r)** m agente m ejecutor; ⁀**ungsbefehl** 🏛 m orden f de ejecución; ejecutoria f.

'**voll**|**tanken** v/t. llenar el depósito; ⁀**text** m Internet: texto m completo; ⁀**textsuche** f Internet: búsqueda f en el texto completo; ~**tönend** adj. sonoro; ⁀**treffer** m impacto m completo (a. fig.); ~**trunken** adj. completamente borracho; ⁀**trunkenheit** f embriaguez f embriaguez f plena; ⁀**versammlung** f asamblea f plenaria, pleno m; ⁀**version** f Computer: versión f completa; ⁀**waise** f huérfano (-a f) m de padre y madre (od. total); ~**wertig** adj. perfectamente válido; de valor integral; ~**zählig** adj. completo; ~ machen completar; ~ sein estar todos; estar al completo; ⁀**zähligkeit** f (0) número m completo.

voll'**zieh**|**en** (L; -) v/t. ejecutar; (ausführen) efectuar; hacer efectivo; llevar a cabo; cumplir; Ehe: consumar; ~**de Gewalt** (poder m) ejecutivo m; sich ~ efectuarse; tener lugar; realizarse; ⁀**ung** f ejecución f; cumplimiento m; e-r Ehe: consumación f; ⁀**ungsbeamte(r)** 🏛 m agente m ejecutor.

Voll'**zug** m (-és; 0) → Vollziehung; ~**sgewalt** f poder m ejecutivo; ~**smeldung** f notificación f de ejecución.

Volon|**tär** [v] m (-s; -e) practicante m; ✝ meritorio m; ⁀**tieren** (-) v/i. trabajar de practicante.

Volt [v] ⚡ n (- od. -és; -) voltio m.

vol'**ta**-**isch** [v] ⚡ adj. voltaico.

Volt-am'**pere** [v] ⚡ n voltamperio m.

'**Volte** [v] f Reiten: vuelta f.

volti'**gieren** [-'ʒiː-] (-) v/i. voltear.

'**Voltmeter** [v] ⚡ n voltímetro m.

Vo'**lu**|**men** [v] n (-s; - od. -mina) volumen m; ⁀'**metrisch** adj. volumétrico.

Vo'**lumgewicht** n peso m específico.

volumi'**nös** [v] adj. voluminoso.

Vo'**lute** [v] f voluta f.

vom = von dem; → von.

von (prp. (dat.) **1.** räumlich: de; ~ Berlin kommen venir de Berlín; ich komme ~ m-m Vater vengo de casa de mi padre; ~ ab; ~ ... an desde ...; ~ ... bis de ... a, desde ... hasta; ~ Stadt zu Stadt de ciudad en ciudad; **2.** zeitlich: de; desde; a partir de; ~ Montag bis Freitag de lunes a viernes; desde el lunes hasta el viernes; ~ heute an desde hoy, de hoy en adelante, a partir de hoy; ~ nun an desde ahora; de ahora en adelante; ~ da an desde entonces; **3.** Urheberschaft, Herkunft: de; por; ein Gedicht ~ Schiller un poema de Schiller; ~ mir aus por mí; was willst du ~ mir? ¿qué quieres de mí?; ~ m-m Freund ~ (parte de) mi amigo; **4.** Passiv: mst. por; er wurde ~ s-m Bruder gerufen fue llamado por su hermano; **5.** Eigenschaft, Maß, Stoff: de; ~ Holz de madera;

klein ~ Gestalt de poca estatura; ein Kind ~ 5 Jahren un niño de cinco años; ~ 10 Jahren an de diez años arriba; ein Betrag ~ 100 Mark una suma de cien marcos; ein Mann ~ Bildung un hombre de cultura; **6.** Teil, statt gen.: de; die Einfuhr ~ Weizen la importación de trigo; ein Freund ~ mir un amigo mío, uno de mis amigos; e-r ~ uns uno de nosotros; e-r ~ vielen uno entre muchos; **7.** Adelsbezeichnung: de; Herr ~ X el señor de X; der Herzog ~ Alba el duque de Alba; ~**ein**'**ander** adv. uno(s) de otro(s); ~'**nöten** adj. necesario; ~'**statten** adv.: ~ gehen tener lugar; efectuarse; verificarse; gut ~ gehen marchar bien.

vor I. prp. (wo?, wann? dat.; wohin? ac.): **1.** örtlich: delante de; a. fig. ante; ~ der Tür delante de la puerta; ~ mir ante mí; en mi presencia; ~ dem Richter ante el juez; ~ sich haben tener delante (de sí); ~ sich gehen tener lugar; suceder, ocurrir; **2.** zeitlich: antes de; con anterioridad a; (Zeitraum) hace; ~ der Abreise antes de partir; ~ acht Tagen hace ocho días; e-n Tag ~ un día antes de; am Tage ~ la víspera de; 10 Minuten ~ 12 las doce menos diez; **3.** Vorzug: ~ allem sobre todo; ~ allen Dingen ante todo; antes que nada, **4.** Ursache: ~ Freude de alegría; aus Achtung ~ por respeto (od. consideración) a; **II.** adv.: nach wie ~ ahora como antes; igual que antes; ~'**ab** adv. ante todo; primero; ¹²**ab**-**druck** m avance m editorial; ¹²**abend** m víspera f; am ~ (gen.) en vísperas de; ¹²**absprache** f acuerdo m previo; ¹²**ahnung** f presentimiento m; premonición f; corazonada f; ¹²**alarm** ⚔ m prealerta f; ¹²**alpen** f/pl. Prealpes m/pl.

vo'**ran** adv. delante; adelante; (an der Spitze) al frente de; a la cabeza de; F immer langsam ~! ¡vayamos por partes!; ~**gehen** (L; sn) v/i. ir delante; ir al frente (od. a la cabeza) de; adelantarse; tomar la delantera; a. zeitlich: preceder a; gut ~ hacer progresos, avanzar; j-m ~ preceder a alg.; ir delante de alg.; gehen Sie voran! pase adelante; usted primero; ~**gehend** adj. precedente; previo; ~**kommen** (L; sn) v/i. adelantar; avanzar; fig. a. hacer progresos; progresar.

'**Vor-an**|**kündigung** f aviso m previo; preaviso m; ~**meldung** Tele. f preaviso m; ~**schlag** m presupuesto m.

vo'**ran**|**schreiten** (L; sn) v/i. → ~**gehen**; ~**stellen** v/t. anteponer, poner delante; (vorweg bemerken) anticipar; ⁀**stellung** f anteposición f; ~**treiben** (L) v/t. activar; llevar adelante; agilizar.

'**Vor-anzeige** f previo aviso m; advertencia f previa (od. preliminar); Film, TV: avance m (de programa).

'**Vor-arbeit** f trabajo m preparatorio (od. preliminar); (Vorbereitungen) preparativos m/pl.; ⁀**en** (-e-) **I.** v/t. preparar; **II.** v/i. preparar el terreno; hacer los trabajos preparatorios para; (im voraus arbeiten) hacer (un trabajo, etc.) por adelantado; **III.** v/refl.: sich ~ abrirse camino; ganar terreno; ~**er** m capataz m.

vo'**rauf** adv. → voran; voraus.

vo'**raus** adv. hacia adelante; j-m ~ sein llevar ventaja a alg.; aventajar a alg;

adelantarse a alg. (*a. fig. s-r Zeit usw.*); *im* ~ de antemano; con anticipación (*od.* antelación); por adelantado; *vielen Dank im* ~ con gracias anticipadas; 2**abteilung** ✗ *f* destacamento *m* avanzado; ~**ahnen** *v/t.* presentir; ~**bedingen** (-) *v/t.* estipular de antemano; ~**berechnen** (-e-; -) *v/t.* calcular previamente (*od.* de antemano); 2**berechnung** *f* cálculo *m* previo; ~**bestellen** (-) *v/t.* → *vorbestellen*; ~**bestimmen** (-) *v/t.* predestinar; predeterminar, determinar (*od.* fijar) de antemano; ~**bezahlen** (-) *v/t.* pagar por adelantado; 2**bezahlung** *f* pago *m* (por) adelantado (*od.* anticipado); ~**datieren** (-) *v/t.* → *vordatieren*; ~**eilen** (*sn*) *v/i.* adelantarse; tomar la delantera; ~**gehen** (L; *sn*) *v/i.* ir delante; adelantarse; *a. fig.* preceder (a); ~**haben** (L) *v/t.*: *j-m et.* ~ aventajar a alg. en a/c.; llevarle ventaja a alg.; 2**kritik** *f* antecrítica *f*; ~**laufen** (L; *sn*) *v/i.* adelantarse corriendo; *j-m* ~ correr delante de alg.; ~**sage** *f* predicción *f*; pronóstico *m* (*a. Wetter*2); ~**sagen** *v/t.* predecir; pronosticar; augurar, vaticinar; 2**schau** *f* previsión *f*; proyección *f*; ~**schauen** *v/i.* prever; ~**schauend** *adj.* previsor; ~**schicken** *v/t.* enviar (hacia) adelante; enviar con anticipación; *fig. et.* ~ hacer una observación previa; *ich muß* ~, *daß* ... primero he de manifestar que ...; debo anticipar que ...; ~**sehbar** *adj.* previsible; ~**sehen** (L) *v/t.* prever; *das war vorauszusehen era de suponer* (*od.* prever); ~**setzen** (-t) *v/t.* presuponer, suponer; *vorausgesetzt, daß* suponiendo (*od.* supuesto) que (*subj.*); siempre que, con tal que (*subj.*); 2**setzung** *f* suposición *f*; presuposición *f*; supuesto *m*; (*Vorbedingung*) condición *f* previa; *notwendige* ~ requisito *m* (indispensable); *unter der* ~, *daß* bajo la condición de que (*subj.*); 2**sicht** *f* previsión *f*; *aller* ~ *nach* según todos los indicios; con toda probabilidad; ~**sichtlich I.** *adj.* probable; previsible; **II.** *adv.* probablemente; 2**vermächtnis** ⚖ *n* prelegado *m*.

'**Vor-auswahl** *f* selección *f* previa, preselección *f*.

vo'raus|wissen (L) *v/t.* saber de antemano; ~**zahlen** *v/t.* pagar por adelantado (*od.* por anticipado); 2**zahlung** *f* pago *m* (por) adelantado (*od.* anticipado).

'**Vorbau** ⚠ *m* saledizo *m*; voladizo *m*; 2**en I.** ⚠ *v/t.* edificar en saliente; **II.** *fig. v/i.* tomar sus precauciones; curarse en salud.

'**Vorbe|dacht** *m* premeditación *f*; *mit* ~ con premeditación; deliberadamente; 2**dacht** *adj.* premeditado; ~**deutung** *f* presagio *m*; agüero *m*, augurio *m*; ~**dingung** *f* condición *f* previa; premisa *f*.

'**Vorbehalt** *m* (-*s*; -*e*) reserva *f*; restricción *f*; salvedad *f*; *geistiger* (*od.* *geheimer*) ~ reserva *f* mental; *mit* (*od.* *unter*) ~ con reserva; *ohne* ~ sin reservas; sin restricción; *unter dem* ~, *daß* a reserva de que; con la salvedad de que (*subj.*); ✝ *unter üblichem* ~ salvo buen fin (*Abk.* s.b.f.); 2**en** (L; -) *v/t.* reservar; *sich das Recht* ~ reservarse el derecho (*zu* de); *alle Rechte* ~

derechos reservadas; es propiedad; 2**lich** *prp.* (*gen.*) salvo (*ac.*); a (*od.* bajo) reserva de; 2**los** *adj.* sin reservas (*a. adv.*); incondicional; ~**sgut** ⚖ *n* bienes *m/pl.* reservados; *der Frau*: bienes *m/pl.* parafernales; ~**sklausel** *f* cláusula *f* de reserva.

'**vorbehand|eln** (-*le*; -) *v/t.* tratar previamente; 2**lung** *f* tratamiento *m* previo, pretratamiento *m*.

vor'bei *adv.* örtlich: (por) delante (*an dat.* de); junto a; cerca de; *zeitlich*: pasado; acabado, terminado; (*gefehlt*) errado; *fig.* frustrado; *ich kann nicht* ~ no puedo pasar; ~ *ist* ~ lo pasado, pasado (está); *es ist* ~ ya pasó; *es ist alles* ~ todo se acabó; *es ist* ~ *mit ihm* está acabado; *es ist drei Uhr* ~ ya han dado las tres; ~**benehmen** (L; -) *v/refl.*: *sich* ~ portarse mal; F meter la pata; ~**fahren** (L; *sn*) *v/i.* pasar (*an, vor dat.* por delante de); (*ohne zu halten*) pasar de largo; *aneinander* ~ cruzarse; *im* 2 *al pasar*; ~**flitzen** (-*t*; *sn*) F *v/i.* pasar como un bólido (*od.* como un rayo); ~**gehen** (L; *sn*) *v/i.* pasar (*an, bei, vor dat.* por, delante de; cerca de; junto a); *bei j-m* ~ pasar por casa de alg.; (*aufhören*) pasar; *Schuß*: errar el blanco; *fig. an et.* ~ *lassen* dejar pasar; *Gelegenheit*: desaprovechar, dejar escapar; *im* 2 *al pasar*; ~**kommen** (L; *sn*) *v/i.* pasar (*an, bei dat.* por, delante de); *bei j-m* ~ pasar (F dejarse caer) por casa de alg.; ~**lassen** (L) *v/t.* dejar pasar; 2**marsch** *m* desfile *m*; ~**marschieren** (-) *v/i.* desfilar (*an, vor dat.* ante); ~**reden** (-*e*-) *v/i.*: *aneinander* ~ hablar sin entenderse; no hablar el mismo idioma; *an et.* ~ andarse por las ramas; ~**sausen** (-*t*; *sn*) *v/i.* → *flitzen*; ~**schießen** (L) *v/i.* **1.** errar el blanco (*od.* el tiro); **2.** → *flitzen*; ~**ziehen** (L; *sn*) *v/i.* pasar (*vor, an dat.* delante de); desfilar (ante).

'**vorbelastet** *adj.*: ~ *sein* ⚖ tener antecedentes; *erblich*: llevar una tara hereditaria.

'**Vorbemerkung** *f* advertencia *f* (preliminar).

'**vorbereit|en** (-*e*-; -) preparar; *sich* ~ prepararse (*auf ac.* a, para); *auf et.* ~ *vorbereitet sein* estar preparado para a/c.; ~**end** *adj.* preparatorio; 2**ung** *f* preparación *f*; ~*en treffen* hacer preparativos; 2**ungskurs** *m* curso *m* preparatorio; 2**ungszeit** *f* período *m* preparatorio.

'**Vor|berge** *m/pl.* estribaciones *f/pl.*; ~**bericht** *m* informe *m* preliminar; ~**bescheid** *m* decisión *f* preliminar; ~**besitzer**(**in** *f*) *m* propietario (-a *f*) *m* anterior; ~**besprechung** *f* conferencia *f* preliminar; 2**bestellen** (-) *v/t.* encargar con antelación (*od.* anticipación); *Platz, Zimmer*: reservar; ~**bestellung** *f* encargo *m* anticipado; reserva *f*; 2**bestraft** *adj.* con antecedentes penales; *nicht* ~ sin antecedentes penales; ~**bestrafte**(**r**) *m* persona *f* con antecedentes penales.

'**vorbeug|en I.** *v/i. a.* ⚕ prevenir (*e-r Sache* a/c.); precaver (a/c.); curarse en salud; **II.** *v/refl.*: *sich* ~ inclinarse hacia adelante; ~**end** *adj.* preventivo; ⚕ *a.* profiláctico; 2**ung** *f* prevención *f*; ⚕ *a.* profilaxis *f*; 2**ungshaft** ⚖ *f* prisión *f* preventiva; 2**ungs-**

maßnahme *f* medida *f* preventiva (⚕ *a.* profiláctica); 2**ungsmittel** *n* preventivo *m*; ⚕ profiláctico *m*.

'**Vorbild** *n* modelo *m*; ejemplo *m*; (*Urbild*) prototipo *m*; (*Ideal*) ideal *m*; *als* ~ *dienen* servir de modelo; *zum* ~ *nehmen* tomar por modelo (*od.* como ejemplo); *nach dem* ~ *von* según el ejemplo de; siguiendo el ejemplo de; imitando a; 2**en** (-*e*-; -) *v/t.* preformar; preparar; 2**lich** *adj.* modelo; ejemplar; ideal; ~**lichkeit** *f* (*0*) ejemplaridad *f*; ~**ung** *f* formación *f* previa; preparación *f*.

'**vor'binden** (L) *v/t. Schürze*: poner(se); 2**börse** ✝ *f* bolsín *m* (de la mañana); 2**bote** *fig. m* precursor *m*; presagio *m*; indicio *m*; amago *m*; ~**bringen** (L) *v/t.* decir, manifestar; exponer, expresar; formular; *Plan*: proponer; *Gründe*: aducir, alegar; *Beweise*: presentar; 2**bühne** *Thea. f* proscenio *m*; ~**christlich** *adj.* precristiano; 2**dach** *n* alero *m*; colgadizo *m*; ~**datieren** (-) *v/t.* antedatar; antefechar; ~**dem** *adv.* antiguamente; antaño.

'**Vorder**...: ~**achse** *f* eje *m* delantero; ~**ansicht** *f* vista *f* frontal (*od.* de frente); ~**arm** *Anat. m* antebrazo *m*; ~'**asien** *n* el Próximo Oriente; ~**bein** *n* pata *f* delantera; ⚓ **deck** ⚓ *n* cubierta *f* de proa; 2**e** *adj.* delantero, de delante; anterior; *die* ~**n** *Reihen* las primeras filas; ~**front** ⚠ *f* fachada *f*; ~**fuß** *m Tier*: pata *f* delantera; ~**grund** *m a. fig.* primer plano *m*, primer término *m*; *fig. im* ~ *stehen* ocupar el primer plano (de la actualidad); estar en primer plano; *fig. in den* ~ *stellen* hacer resaltar, poner de relieve; poner en primer plano; *fig. in den* ~ *treten* ponerse en el primer plano; 2**gründig** *adj.* ostensible; exterior; ~**hand** *f* (*0*) *des Pferdes*: mano *f*; 2**hand** *adv.* por lo (*od.* de) pronto; de momento, por el momento; ~**lader** *m* fusil *m* de baqueta; 2**lastig** ✈ *adj.* pesado de testa; ⚓ pesado de proa; ~**lauf** *Jgdw. m* pata *f* delantera; ~**mann** *m* (-*¢s*; "*er*) el que precede (*od.* está delante); ✗ cabo *m* de fila; guía *m*; F *fig. j-n auf* ~ *bringen* meter en cintura a alg.; ~**mast** ⚓ *m* (palo *m* de) trinquete *m*; ~**pfote** *f* pata *f* delantera; ~**rad** *n* rueda *f* delantera; ~**rad-antrieb** *Kfz. m* tracción *f* delantera; ~**radbremse** *f* freno *m* delantero; ~**reihe** *f* primera fila *f*; *Thea.* delantera *f*; ~**satz** *m Logik*: premisa *f*; ~**seite** *f* parte *f* anterior (*od.* delantera); ⚠ fachada *f* anterior, frente *m*; frontispicio *m*; *e-r Münze*: cara *f*, anverso *m*; *Typ.* recto *m*; ~**sitz** *m* asiento *m* delantero; 2**st**: *der* ~ *e* el primero; el más avanzado; ~**steven** ⚓ *m* estrave *m*, roda *f*; ~**teil** *m*/*n* (parte *f*) delantera *f*; parte *f* anterior; ~**tür** *f* puerta *f* principal *bzw.* de entrada; ~**zahn** *m* diente *m* anterior; ~**zimmer** *n* habitación *f* exterior (*od.* que da a la calle).

'**vor'dränge(l)n** *v/refl.*: *sich* ~ abrirse paso a codazos; F colarse; *fig.* darse importancia (*od.* tono); ~**dringen** (L; *sn*) *v/i.* avanzar; ganar terreno (*a.* ✗); *in ein Land*: penetrar en; internarse en; 2**dringen** *n* avance *m* (*a.* ✗ *u. fig.*); *Pol.* expansión *f*; penetración

vordringlich — Vorkenntnisse 580

f; ~**dringlich** *adj.* urgente; de máxima urgencia; de alta prioridad; ~e *Aufgabe* tarea *f* primordial; et. ~ *behandeln* dar prioridad a a/c.; 2**dringlichkeit** *f* carácter *m* urgente; prioridad *f*; 2**druck** *m* impreso *m*, formulario *m*; ~**ehelich** *adj.* prenupcial, prematrimonial; ~**eilig I.** *adj.* precipitado; (*verfrüht*) prematuro; (*unbedacht*) inconsiderado; **II.** *adv.* con precipitación, precipitadamente; a la ligera; ~ *urteilen* juzgar con ligereza (*od.* a la ligera); ~ *handeln* obrar precipitadamente (*od.* sin reflexión); 2**eiligkeit** *f* precipitación *f*; inconsideración *f*.
vor·ein'ander *adv.* uno de otro.
'**vor·eingenommen** *adj.* prevenido (*für* en favor de; *gegen* contra); lleno de prejuicios; parcial; 2**heit** *f* (0) prevención *f* (*gegen* contra); parcialidad *f*; prejuicio *m*.
'**Vor|einstellung** *f Computer*: valor *m* por defecto (*od.* predeterminado); selección *f* por defecto (*od.* predeterminada); 2**enthalten** (*L*;-) *v/t.* retener; j-m et. ~ ocultar *bzw.* escatimar a/c. a alg.; privar a alg. de a/c.; ~**enthaltung** *f* retención *f*; 🕀 detentación *f*; ~**entscheidung** *f* decisión *f* (*od.* resolución *f*) previa; ~**entwurf** *m* anteproyecto *m*; ~**erbe** *m* primer heredero *m*, heredero *m* previo; 2**erst** *adv.* por de (*od.* lo) pronto; por el momento, de momento; por ahora; 2**erwähnt** *adj.* precitado, antedicho, susodicho; arriba mencionado; ~**examen** *n* examen *m* previo.
'**Vorfahr** *m* (-*en*) antepasado *m*, antecesor *m*; 2**en** (*L*; *sn*) *v/i.* (*weiter* ~) avanzar; (*überholen*) pasar, adelantar (a); ~ *vor* parar delante (*od.* a la puerta) de; j-n ~ *lassen* ceder el paso (*od.* dejar pasar) a alg.; ~**t** *f* prioridad *f* (de paso); preferencia *f* (de paso); ~ *haben* tener la preferencia; ~ *beachten!* ceda el paso; j-m die ~ *lassen* ceder el paso a alg.; ~**t(s)recht** *n* → ~**t**; ~**t(s)straße** *f* calle *f* de prioridad; ~**t(s)zeichen** *n* señal *f* de prioridad (*od.* de preferencia) de paso.
'**Vor|fall** *m* suceso *m*; incidente *m*; 🕈 prolapso *m*; 2**fallen** (*L*; *sn*) *v/i.* ocurrir, suceder, pasar, acontecer; 🕈 prolapsarse; ~**feier** *f* preludio *m* de una fiesta; ~**feld** *n* glacis *m*; avanzadas *f/pl.*; 2**fertigen** 🕀 *v/t.* prefabricar; ~**fertigung** 🕀 *f* prefabricación *f*; ~**film** *m* corto(metraje) *m*; ~**finanzierung** *f* prefinanciación *f*; 2**finden** (*L*) *v/t.* encontrar (al llegar); 2**flunkern** (-*re*) F *v/i.* contar cuentos chinos; ~**frage** *f* cuestión *f* preliminar (*od.* previa); 🕼 *a.* cuestión *f* prejudicial; ~**freude** *f* alegría *f* anticipada; ~**frühling** *m* comienzo *m* de (la) primavera; 2**fühlen** *fig. v/i.* tantear el terreno.
'**Vorführ|dame** *f* maniquí *f*; 2**en** *v/t.* exhibir; presentar; *Gerät usw.*: demostrar; *Film*: proyectar, pasar; *dem Richter* ~ llevar ante el juez; ~**er** *m* demostrador *m*; (*Film*2) operador *m*; ~**raum** *m* (*Film*2) sala *f* de proyecciones; *eng S.* cabina *f* del operador; ~**ung** *f* exhibición *f*; presentación *f*; demostración *f*; *Film*: proyección *f*; ~**ungsbefehl** 🕼 *m* orden *f* de comparecencia; ~**ungsmodell** 🕀 *n* modelo *m* para demostraciones.

'**Vor|gabe** *f Sport*: ventaja *f*, handicap *m*; ~**gang** *m* (*Hergang*) curso *m*; marcha *f*; (*Ereignis*) suceso *m*, acontecimiento *m*; (*Angelegenheit*) asunto *m*; hechos *m/pl.*; (*Akte*) expediente *m*; 🕀, 🕼 🞋 proceso *m*; 🕀 *a.* procedimiento *m*; operación *f* (*a.* 🕈); (*Natur*2) fenómeno *m*; 2**gänger** (*in*) *m* predecesor(a *f*) *m*; antecesor(a *f*) *m*; ~**garten** *m* jardín *m* delantero; antejardín *m*; 2**gaukeln** (-*le*) *v/t.*: j-m et. ~ engañar a alg. con falsas apariencias; 2**geben** (*L*) *v/t.* **1.** (*behaupten*) pretender; (*vorschützen*) pretextar; (*heucheln*) fingir, aparentar; *Zeit usw.*: fijar; **2.** *Sport*: dar (una) ventaja; *drei Punkte* ~ dar tres puntos de ventaja; ~**gebirge** *n* cabo *m*; promontorio *m*; 2**geblich** *adj.* pretendido, presunto; supuesto; 2**geburtlich** *adj.* prenatal; 2**gefaßt** *adj.* preconcebido; ~*e Meinung* opinión *f* preconcebida; prejuicio *m*; 2**gefertigt** *adj.* prefabricado; ~**gefühl** *n* presentimiento *m*; premonición *f*; 2**gehen** (*L*; *sn*) *v/i.* pasar adelante; tomar la delantera; (*vorangehen*) ir delante; (*vorausgehen*) adelantarse; (*vorwärtsgehen*) avanzar (*a.* 🕢); *Uhr*: adelantar, ir adelantado; (*den Vorrang haben*) tener preferencia; ser más urgente *bzw.* importante; tener (la) prioridad sobre; (*geschehen*) suceder, ocurrir, pasar; (*handeln*) actuar; obrar; proceder; 🕼 *gerichtlich* ~ *gegen* proceder judicialmente contra; *j-n* ~ *lassen* ceder el paso a alg.; *bitte, gehen Sie vor!* ¡(pase) usted primero!; *geh schon vor!* ¡adelántate ya!; *die Arbeit geht vor!* ¡lo primero, (es) el trabajo!; ~**gehen** *n* avance *m*; (*Handlungsweise*) (forma *f* de) proceder *m*; manera *f* de obrar; procedimiento *m*; acción *f*; *gemeinschaftliches* ~ acción *f* concertada (*od.* conjunta); 2**gelagert** *adj.* situado delante; ~**gelände** 🞋 *n* →*feld*; ~**gelege** 🕀 *n* transmisión *f* intermedia; contramarcha *f*; 2**genannt** *adj* → 2**erwähnt**; ~**gericht** *Kochk. n* entrada *f*; entremeses *m/pl.*; 2**gerückt** *adj.* → 2**rücken**; ~**geschichte** *f* prehistoria *f*; *fig.* antecedentes *m/pl.*; 🞋 anamnesia *f*; 2**geschichtlich** *adj.* prehistórico; ~**geschmack** *fig. m* anticipo *m*; muestra *f*, prueba *f*; 2**geschoben** 🞋 *adj.* avanzado; 2**geschrieben** *adj.*: ~ *sein* ser de rigor; ser obligatorio; estar prescrito; 2**geschritten** *adj.* avanzado; adelantado; *in* ~*em Stadium* en estad(i)o avanzado; *in* ~*em Alter de bzw.* en edad avanzada; 2**gesehen** *adj.* previsto; 2**gesetzte(r)** *m* superior *m*; jefe *m*; 2**gestern** *adv.* anteayer; ~ *abend* anteanoche; *fig. von* ~ anticuado; 2**gestrig** *adj.* de anteayer; 2**greifen** (*L*) *v/i.* anticiparse, adelantarse (*j-m od. e-r Sache* a alg. *od.* a a/c.); ~**griff** *m* anticipación *f*; 2**gucken** F *v/i. Unterkleid usw.*: asomar; 2**haben** (*L*) *v/t.* **1.** (*beabsichtigen*) proponerse; pensar hacer; proyectar; tener la intención de; planear; *für den Abend et.* ~ tener un compromiso para la noche; *was haben Sie heute vor?* ¿qué piensa hacer hoy?; ¿qué planes tiene para hoy?; **2.** F *Schürze usw.*: tener puesto; ~**haben** *n* intención *f*, propósito *m*; plan *m*, proyecto *m*; ~**hafen** ⚓ *m* antepuerto *m*; ~**halle** *f* vestíbulo *m*; *angl.* hall *m*; △ (*Säulen*2) pórtico *m*; (*Kirchen*2) atrio *m*; ~**halt** 🎵 interpelación *f*; 2**halten** (*L*) **I.** *v/t.* poner delante; *fig. j-m et.* ~ reprochar a/c. a alg.; **II.** *v/i. Vorrat usw.*: durar; ~**haltung** *f* reproche *m*; *j-m* ~*en machen* reprochar a/c. a alg.; ~**hand** *f* (0) *Pferd*: tercio *m* anterior; 🕈 primera opción *f*; *Tennis*: golpe *m* de derecha; *Kartenspiel*: *die* ~ *haben* ser mano.
vor'handen *adj.* existente; presente; (*verfügbar*) disponible; ~ *sein* existir; estar disponible; estar presente; 🕈 *davon ist nichts mehr* ~ se ha agotado (*od.* terminado); 2**sein** *n* existencia *f*; presencia *f*; disponibilidad *f*.
'**Vor|handschlag** *m Tennis*: golpe *m* de derecha; ~**hang** *m* cortina *f*; *Thea.* telón *m*; 2**hängen** *v/t.* colgar delante; poner; ~**hängeschloß** *n* candado *m*; ~**hangschiene** *f* carril *m* (de cortinaje); ~**haut** *Anat. f* prepucio *m*; ~**hemd** *n* pechera *f*.
'**vorher** *adv.* antes; (*im voraus*) de antemano; previamente; por adelantado; con antelación (*od.* anticipación); *kurz* ~ poco antes; *lang* ~ mucho antes; *wie* ~ como antes; *der bzw. am Tag* ~ la víspera, el día antes.
vor'her...: ~**bestimmen** (-) *v/t.* determinar de antemano; prefijar; predeterminar; *a. Theo.* predestinar; 2**bestimmung** *f* predestinación *f*; ~**gehen** (*L*; *sn*) *v/i.* preceder, anteceder; ~**gehend** *adj.* precedente; anterior; ~**ig** *adj.* anterior; precedente; previo; (*ehemalig*) antiguo.
'**Vorherr|schaft** *f* predominio *m*; preponderancia *f*; predominación *f*; supremacía *f*; *bsd. Pol.* hegemonía *f*; 2**schen** *v/i.* predominar; prevalecer; 2**schend** *adj.* preponderante, predominante.
Vor'her|sage *f* → *Voraussage*; 2**sagen** *v/t.* → *voraussagen*; 2**sehbar** *adj.* previsible; 2**sehen** (*L*) *v/t.* prever.
vor'hin *adv.* hace un momento (*od.* un rato); '~**ein** *adv.*: *im* ~ de antemano.
'**Vor|hof** *m* antepatio *m*; atrio *m*; *Anat. des Ohres*: vestíbulo *m*; *des Herzens*: aurícula *f*; atrio *m*; ~**hölle** *f* limbo *m*; ~**hut** ⚔ *f* vanguardia *f*; avanzada *f*; *fig.* avanzadilla *f*; 2**ig** *adj.* anterior, precedente; (*vergangen*) pasado; último; ~*es Jahr* el año pasado; *das* ~*e Mal* la última vez; 2**industriell** *adj.* preindustrial; ~**instanz** 🕼 *f* primera instancia *f*; ~**jahr** *n* año *m* anterior (*od.* pasado *od.* precedente); 2**jährig** *adj.* del año pasado; 2**jammern** (-*re*) *v/t.*: j-m et. ~ lamentarse delante de alg.; ~**kammer** *f Anat.* aurícula *f*, atrio *m*; *des Motors*: cámara *f* de precombustión; ~**kämpfer** *m* adalid *m*; paladín *m*; pionero *m*; precursor *m*; 2**kauen** *v/t.*: *fig. j-m et.* ~ darlo mascado a alg.; ~**kauf** *m* compra *f* anticipada; ~**käufer** *m* retrayente *m*; ~**kaufsrecht** 🕼 *n* derecho *m* de preferencia; derecho *m* de retracto; ~**kehrung** *f* precaución *f*; medida *f*; disposición *f*; ~*en treffen* tomar precauciones; tomar (*od.* adoptar) medidas; hacer preparativos; ~**kenntnisse** *f/pl.*

conocimientos *m/pl.* previos; nociones *f/pl.* preliminares; ⒉**klassisch** *adj.* preclásico; ⒉**klinisch** *adj.* preclínico; ⒉**knöpfen** F *v/t.*: *sich j-n* ~ llamar a alg. a capítulo; F echar una bronca a alg.; ~**kommando** ⚔ *n* destacamento *m* precursor; ⒉**kommen** (*L*; *sn*) *v/i.* (*sich ereignen*) pasar, ocurrir, suceder; acontecer, acaecer; (*erscheinen*) aparecer; figurar (en); (*scheinen*) parecer; (*sich finden*) encontrarse, hallarse; existir; (*nach vorn kommen*) salir; *selten* ~ ser raro; *häufig* ~ ser frecuente; menudear; *das kommt bei ihm nicht* ~ eso no le pasa a él; *so et. kommt vor* son cosas que suelen ocurrir (*od.* que pasan); *so et. ist mir noch nicht vorgekommen* no he visto cosa igual; esto es algo inaudito; *daß mir das nicht noch einmal vorkommt!* ¡que no vuelva a repetirse esto!; *es kommt mir so vor, als ob ... me parece que ...*; se me antoja que ...; *ich weiß nicht, wie Sie mir* ~ no sé qué pensar de usted; *er kommt mir bekannt vor* me parece que le conozco; creo haberle visto alguna vez; *das kommt mir bekannt vor* me suena (de algo); *es kommt mir merkwürdig vor* me parece muy extraño; *sich klug usw.* ~ creerse inteligente, etc.; *ich komme mir vor wie ein ...* tengo la sensación de ser un ...; *das kommt dir nur so vor* eso son figuraciones tuyas; ~**kommen** *n* existencia *f*; presencia *f*; (*Auftreten*) incidencia *f*; *Geol.*, ⚒ yacimiento *m*; ~**kommnis** *n* (*-ses*; *-se*) suceso *m*; acontecimiento *m*, acaecimiento *m*; (*Zwischenfall*) incidente *m*.
'**Vorkriegs-**...: *in Zssgn* de antes de la guerra, de (la) anteguerra; ~**zeit** *f* época *f* de preguerra, anteguerra *f*.
'**vor**|**kühlen** *v/t.* refrigerar previamente; ⒉**kühlung** *f* refrigeración *f* previa; ~**laden** (*L*) ⚖ *v/t.* citar; emplazar; ~**ladung** ⚖ *f* citación *f*; emplazamiento *m*; ⒉**lage** *f* (*Muster*) modelo *m*; (*Schablone*) patrón *m*; (*Gesetzes*⒉) proyecto *m* (de ley); (*Vorlegung*) presentación *f*; (*Matte*) → *Vorleger*; *Fußball*: pase *m*; *Schi*: inclinación *f* del cuerpo hacia adelante; *bei* (*gegen*) ~ a la (contra) presentación; ~**lassen** (*L*) *v/t.* dejar pasar; ceder el paso a; *j-n* ~ (*empfangen*) recibir a alg.; ⒉**lauf** *m Sport*: carrera *f* eliminatoria; ~**laufen** (*L*; *sn*) *v/i.* adelantarse, tomar la delantera; ⒉**läufer** *m* precursor *m*; ~**läufig** **I.** *adj.* provisional; temporal, interino; **II.** *adv.* provisionalmente; temporalmente; (*fürs erste*) de momento, por el momento, por ahora; ~**laut** *adj.* petulante; resabido, sabidillo; F fresco; ⒉**leben** *n* vida *f* anterior; antecedentes *m/pl.*
'**Vorlege**|**besteck** *n* juego *m* de trinchantes; ~**frist** ⚖ *f* plazo *m* de presentación; ~**gabel** *f* tenedor *m* de trinchar, trinchante *m*; ~**löffel** *m* cucharón *m*; ~**messer** *n* cuchillo *m* de trinchar, trinchante *m*; ⒉**n** *v/t.* poner (*od.* colocar) delante; (*zeigen*) enseñar, mostrar; exhibir; (*unterbreiten*) someter; *Dokumente*: presentar; *Speisen*: servir; *Frage*: dirigir; plantear; *Fußball*: hacer un pase adelantado; *Schloß*: poner; *zur Unterschrift* ~ someter (*od.* poner) a la firma; *zur Zahlung* ~ presentar al pago (*od.* al cobro); F *ein tolles Tempo* ~ ir a una velocidad endiablada; *sich* ~ inclinarse hacia adelante; ~**r** *m* alfombrilla *f*; (*Matte*) esterilla *f*, felpudo *m*; ~**schloß** *n* candado *m*.
'**Vorlegung** *f* presentación *f*.
'**Vorleistung** ✝ *f* anticipo *m*, pago *m* adelantado; *fig.* concesión *f* anticipada.
'**vorles**|**en** (*L*) *v/t.* leer en voz alta; *j-m et.* ~ leer a/c. a alg.; ⒉**en** *n* lectura *f*; ⒉**er**(**in** *f*) *m* lector(a *f*) *m*; ⒉**ung** *f* lectura *f*; *Uni.* curso *m*; *einzelne*: lección *f* (académica); clase *f*; *e-e* ~ *halten* dar (*od.* explicar) un curso *bzw.* una clase (*über ac.* de); *e-e* ~ *besuchen* (*hören*) asistir a un curso *bzw.* una clase; ⒉**ungsverzeichnis** *n* programa *m* (de cursos).
'**vorletzt** *adj.* penúltimo; ~**e Nacht** anteanoche.
'**Vorliebe** *f* predilección *f* (*für* por); preferencia *f*.
vor'**liebnehmen** (*L*) *v/i.*: ~ *mit* contentarse con; darse por contento (*od.* por satisfecho) con.
'**vor**|**liegen** (*L*) *v/i.* (*vorhanden sein*) existir; haber; (*sich vorfinden*) hallarse, encontrarse; *j-m* ~ tener ante sí; *mir liegt ein Bericht vor* tengo a la vista un informe; *was liegt vor?* ¿qué hay?; *es liegt nichts vor* no hay nada; *was liegt gegen ihn vor?* ¿qué hay contra él?; ¿de qué se le acusa?; *es liegen keine Gründe vor, um zu* (*inf.*) no hay ningún motivo para (*inf.*); *da muß ein Irrtum* ~ aquí tiene que haber un error; ~**liegend** *adj.* presente; en cuestión; *im* ~**en Fall** en el presente caso; *laut* ~**en Meldungen** según las noticias recibidas; ⒉**lügen** *v/t.*: *j-m et.* ~ mentir a alg.; ~**machen** *v/t.*: *j-m et.* ~ enseñar a alg. cómo se hace a/c.; *fig.* (*vortäuschen*) hacer creer a/c. a alg.; engañar a alg.; *sich* (*selbst*) *et.* ~ engañarse (a sí mismo); *machen wir uns nichts vor!* ¡no nos llamemos a engaño!; *mach dir doch nichts vor!* ¡desengáñate!; ⒉**macht**(**stellung**) *f* preponderancia *f*; supremacía *f*; hegemonía *f*; ~**malig** *adj.* anterior; antiguo; ~**mals** *adv.* antes; antiguamente; ⒉**mann** *m* (*-és*; *≈er*) (*Vorgänger*) predecesor *m*, antecesor *m*; ✝ endosante *m* anterior; ⒉**marsch** *m* avance *m*; *auf dem* ~ *sein* avanzar; ⒉**mast** ⚓ *m* (palo *m* de) trinquete *m*; ⒉**mensch** *m* hombre *m* primitivo; ~**merken** *v/t.* anotar, apuntar, tomar nota de; *sich* ~ *lassen für* inscribirse (*od.* apuntarse) para; hacer la reserva de; ⒉**merkung** *f* nota *f*; inscripción *f*; reserva *f*; ~**militärisch** *adj.*: ~**e Ausbildung** instrucción *f* premilitar; ⒉**mittag** *m* mañana *f*; *am* ~ por la mañana; *heute* ⒉ hoy por la mañana; *gestern* ⒉ ayer por la mañana; *morgen* ⒉ mañana por la mañana; ~**mittags** *adv.* por la mañana; *8 Uhr* ~ las ocho de la mañana; ⒉**mittags-unterricht** *m* clases *f/pl.* matinales (*od.* de la mañana); ⒉**mittagsvorstellung** *f* función *f* matinal; ⒉**monat** *m* mes *m* anterior.
'**Vormund** *m* (*-és*; *-e od.* ~**er**) tutor *m*; *e-n* ~ *bestellen* nombrar tutor; ~**schaft** *f* tutela *f*; *unter* ~ *stehen* (*stellen*) estar (poner) bajo tutela; ⒉**schaftlich** *adj.* tutelar; ~**schaftsgericht** *n* tribunal *m* tutelar (de menores); tribunal *m* de tutelas; ~**schaftsrichter** *m* juez *m* tutelar.
vorn *adv.* delante; adelante; por delante; (*an der Spitze*) a la cabeza de, al frente de; *von* ~ por delante; de frente, de cara; (*noch einmal*) de nuevo, otra vez; (*von Anfang an*) desde el principio; *von* ~ (*von neuem*) *anfangen* volver a hacer; *weiter* ~ más adelante; ~ *und hinten* delante y detrás; *von vorn bis hinten* de un extremo al otro; de cabo a rabo; ~ *sitzen* estar sentado en la primera fila (*od.* en la parte delantera); *nach* ~ *liegen Räume*: dar a la calle; F *fig.* *es reicht* (*od.* *langt*) *nicht* ~ *und nicht hinten* si alcanza no llega.
'**Vornahme** *f* ejecución *f*.
'**Vorname** *m* nombre *m* (de pila).
vorn'**an** *adv.* en primer lugar; a la (*od.* en) cabeza.
'**vorne** F → *vorn*.
'**vornehm** *adj.* distinguido; de alto rango; (*elegant*) elegante; (*edel*) noble; ~**es Wesen** distinción *f*; aire *m* distinguido; *die* ~**e Welt** la alta sociedad; *el mundo elegante*; *el gran mundo*; *die* ~**ste Pflicht** el deber primordial; ~ *tun* darse aires de gran señor(a); ~**en** *v/t.* *Schürze usw.*: ponerse; *fig.* (*beginnen*) proceder a; emprender; ponerse a; ocuparse en; dedicarse a; (*ausführen*) hacer, efectuar; practicar; *sich et.* ~ proponerse a/c.; F *fig.* *sich j-n* ~ reprender a alg.; F llamar a capítulo a alg.; ⒉**heit** *f* (*0*) distinción *f*; señorío *m*; elegancia *f*; *der Gesinnung*: nobleza *f*; *der Erscheinung*: porte *m* (*od.* aire *m*) distinguido; ~**lich** *adv.* particularmente, en particular; sobre (*od.* ante) todo; ⒉**tue**'**rei** *f* (*0*) afectación *f*; cursilería *f*.
'**vornherein** *adv.*: *von* ~ desde un principio, a priori.
vorn|'**über** *adv.* hacia adelante; ~ *fallen* caer de bruces (*od.* de cabeza); ~'**weg** *adv.* delante; a la cabeza.
'**Vor-ordner** *m* carpeta *f* clasificadora.
'**Vor-ort** *m* suburbio *m*, arrabal *m*; barrio *m* periférico; ~**bahn** *f* ferrocarril *m* suburbano; ~**verkehr** *m* tráfico *m* suburbano; ~**zug** *m* tren *m* local (*od.* suburbano).
'**Vor**|**platz** *m* explanada *f*; entrada *f*; (*Flur*) vestíbulo *m*; ~**posten** ⚔ *m* puesto *m* avanzado (*od.* de avanzada); ~**postenkette** *f* línea *f* de avanzadas; ~**programm** *n* anteprograma *m*; ⒉**programmiert** *adj.* preprogramado; ~**projekt** *n* anteproyecto *m*; ~**prüfung** *f* examen *m* previo; ⒉**quellen** (*sn*) *v/i. Augen usw*: salir; ~**de Augen** *ojos m/pl.* saltones; ⒉**ragen** (-) *v/i.* resaltar, sobresalir; ~**rang** *m* primacía *f* (*vor dat.* sobre); prelación *f*; precedencia *f*; preferencia *f*; (*Vordringlichkeit*) prioridad *f*; *den* ~ *haben* tener la precedencia (*od.* la preferencia (vor sobre); tener prioridad (sobre); primar (sobre); *den* ~ *geben* anteponer; dar trato preferente a; ⒉**rangig** *adj.*: ~ *sein* tener prioridad; ~**rangstellung** *f* primacía *f*; preeminencia *f*; precedencia *f*; ~**rat** *m* (*-és*; *≈e*) provisión *f*, acopio *m*; reserva *f*; ✝ existencias *f/pl.*; stock *m*; *auf* ~ *kaufen* comprar

para almacenar; acaparar; ßich e-n ~ von et. anlegen hacer acopio de a/c.; ✝ almacenar a/c.; solange der ~ reicht hasta que se agoten (od. mientras duren) las existencias; ²rätig adj. disponible; ✝ en almacén, en stock.
'Vorrats...: ~behälter m depósito m; ~kammer f despensa f; ⚓ pañol m (de víveres); ~lager n, ~raum m depósito m; almacén m (para provisiones); ~schrank m despensa f.
'Vorraum m antecámara f; vestíbulo m.
'vor|rechnen (-e-) v/t.: j-m et. ~ hacer a alg. el cálculo (od. la cuenta) de a/c.; ²recht n privilegio m; prerrogativa f; ²rede f discurso m preliminar; palabras f/pl. introductorias; preámbulo m; proemio m; in Büchern: prólogo m; prefacio m; ²redner(in f) m orador(a f) m anterior (od. precedente); ²reiter m delantero m; ~richten (-e-) v/t. preparar; disponer; ²richtung f dispositivo m; aparato m; mecanismo m; ~rücken I. v/i. avanzar; II. (sn) v/i. adelantarse; avanzar (a. ⚔ u. Zeit); im Rang: ascender; in vorgerücktem Alter de edad avanzada; entrado en años; zu vorgerückter Stunde a altas horas de la noche; ²rücken n avance m; ²runde f Sport: primera vuelta f; eliminatoria f; ²saal m antesala f, antecámara f; vestíbulo m; (Wartesaal) sala f de espera; ~sagen v/t. soplar; ²saison f temporada f baja; pretemporada f; ²sänger m primer cantor m; entonador m; ²satz m (Vorbedacht) premeditación f (a. ♟); (Absicht) intención f, designio m, propósito m; ♟ dolo m; mit ~ → vorsätzlich; mit dem ~, zu con la intención de (inf.); con el propósito de (inf.); den ~ fassen, zu proponerse (inf.); gute Vorsätze buenas intenciones; ²satzblatt Typ. n (hoja f de) guarda f; ²satzgerät ⚡ n adaptador m; ~sätzlich I. adj. premeditado, preconcebido; ♟ doloso; II. adv. con intención; deliberadamente; de propósito; ♟ con premeditación; dolosamente; con (ánimo de) dolo; ²satzlinse f lente f adicional; ~schalten (-e-) ⚡ v/t. intercalar, conectar en serie; ²schaltwiderstand ⚡ m resistencia f en serie; ²schau f previsión f; orientación f (auf ac. sobre); Computer: vista f previa; Film, TV: avance m (de programa); angl. trailer m; Am. sinopsis f; ²schein m: zum ~ bringen sacar a luz; poner de manifiesto; descubrir; zum ~ kommen salir a luz; aparecer; surgir; manifestarse; ~ schicken v/t. enviar (hacia) adelante; ⚔ hacer avanzar; ²schieben (L) v/t. empujar hacia adelante; Riegel: echar; ⚔ hacer avanzar; fig. als Entschuldigung, Grund usw.: pretextar; escudarse en; j-n ~ tomar a alg. de testaferro; ~schießen (L) I. v/t. Geld: anticipar, adelantar; II. (sn) v/i. lanzarse hacia adelante; salir disparado; ²schiff ⚓ n proa f.
'Vorschlag m proposición f; propuesta f; (Empfehlung) recomendación f; (Anregung) sugerencia f; ♪ apoyatura f; auf ~ von a propuesta de; e-n ~ machen hacer una proposición bzw. una propuesta; in ~ bringen =

²en (L) v/t. proponer; für ein Amt: a. presentar; (empfehlen) recomendar; (anregen) sugerir; ~hammer m martillo m a dos manos; macho m de fragua; ~sliste f lista f de candidatos; ~srecht n derecho m de presentación.
'vor|schleifen (L) v/t. desbastar; ²schliff m desbaste m; ²schlußrunde f Sport: semifinal f; ~schmecken v/i. predominar; ~schneiden (L) v/t. Braten: trinchar; ~schnell adj. → ~eilig; ~schreiben (L) v/t. (ins unreine) escribir en borrador; fig. prescribir (a. ♟); preceptuar; ordenar; fijar; indicar; ich lasse mir nichts ~ no tengo por qué recibir órdenes de nadie; → ~geschrieben; ~schreiten (L; sn) v/i. avanzar; fig. a. adelantar, progresar; → a. ~geschritten.
'Vorschrift f prescripción f; precepto m; (Anweisung) instrucción f (mst. pl.); (Bestimmung) reglamento m; ordenanza f; norma f; gesetzliche: disposición f; (Befehl) orden f; ♟ ärztliche ~ prescripción f facultativa; ~ sein ser de rigor; ich lasse mir keine ~en machen no admito órdenes de nadie; ²smäßig I. adj. reglamentario, de reglamento; de rigor; II. adv. conforme a lo prescrito; en (su) debida forma; en regla; ²swidrig adj. antirreglamentario, contrario a lo prescrito bzw. al reglamento.
'Vor|schub m ⊕ avance m; fig. j-m od. e-r Sache ~ leisten favorecer a alg. od. a/c.; ~schule f escuela f preparatoria; parvulario m; ~schul-erziehung f educación f preescolar; ²schulisch adj. preescolar.
'Vorschuß m anticipo m; adelanto m; ~ auf den Lohn anticipo m de sueldo; ~dividende ✝ f dividendo m a cuenta; ~lorbeeren m/pl. alabanzas f/pl. anticipadas; ²weise adv. a título de anticipo; ²zahlung f anticipo m.
'vor|schützen (-t) v/t. pretextar, dar por (od. como) pretexto; escudarse en; alegar; sein Alter ~ disculparse con la edad; Unwissenheit ~ aparentar (od. fingir) ignorancia; ~schwärmen v/t. u. v/i.: j-m (von) et. ~ hablar a alg. entusiásticamente (de a/c.); ~schweben v/i.: mir schwebt et. vor tengo una vaga idea de a/c.; wie es mir vorschwebt tal como yo me lo imagino; ~schwindeln (-le) v/t.: j-m et. ~ hacer creer a alg. a/c.; mentir a alg.; ²segel ⚓ n (vela f de) trinquete m; ~sehen (L) I. v/t. prever; II. v/refl.: sich ~ precaverse, guardarse (vor dat. de); ponerse en guardia (contra); tomar precauciones (contra); ²sehung f (0) Providencia f; die göttliche ~ la Divina Providencia; ~setzen (-t) v/t. poner delante, colocar delante de; anteponer; (vorrücken) avanzar; (anbieten) ofrecer; Speisen: a. servir; sich et. ~ proponerse a/c.
'Vorsicht f (0) precaución f; cautela f; (Behutsamkeit) cuidado m; (Umsicht) circunspección f; prudencia f; discreción f; ~! ¡cuidado!, ¡atención!, F ¡ojo!; aus (mit) ~ por (con) precaución; ~ ist besser als Nachsicht más vale prevenir que curar; ~ ist die Mutter der Weisheit (od. F der Porzellankiste) hombre prevenido vale por dos; F er ist mit ~ zu genießen hay que tratarle con guante blanco; es de

cuidado; ²ig adj. prudente; precavido; cauto; cauteloso; (behutsam) cuidadoso; (umsichtig) circunspecto; ~ sein tener (od. andar con) cuidado; proceder con cautela; poner cuidado; man kann nie ~ genug sein toda precaución es poca; ~ behandeln tratar con cuidado; ²shalber adv. por precaución; por si acaso, F por si las moscas; ~smaßregel f medida f precautoria; ~n treffen tomar (sus) precauciones.
'Vor|signal 🚦 n señal f de aviso; ~silbe Gr. f prefijo m; ²singen (L) I. v/t.: j-m et. ~ cantar a/c. a alg.; II. v/i. pasar una audición; ²sintflutlich adj. antediluviano (a. fig.); ~sitz m presidencia f; unter dem ~ von bajo la presidencia de; den ~ übernehmen ocupar (od. hacerse cargo de) la presidencia; den ~ führen über → ²sitzen (L) v/i. e-r Verhandlung usw.: presidir a/c.; ~sitzende f presidenta f; ~sitzende(r) m presidente m; stellvertretender ~r vicepresidente m; ~sommer m principios m/pl. del verano; ²sommerlich adj. preveraniego; ~sorge f (0) previsión f; (Vorsicht) precaución f; ~ treffen tomar precauciones; ~sorgemedizin f medicina f preventiva; ²sorgen v/i. tomar (sus) precauciones bzw. las medidas necesarias; prevenirse de lo necesario; ~sorge-untersuchung ♟ f chequeo m preventivo; ²sorglich I. adj. previsor; II. adv. por precaución; ~spann m (-es, -e) 1. tiro m delantero; 2. Film: títulos m/pl. de crédito, genéricos m/pl.; ²spannen v/t. Pferde: enganchar; ~speise f entrada f; entremeses m/pl.; ²spiegeln (-le) v/t. aparentar, fingir; simular; j-m et. ~ hacer creer a/c. a alg.; engañar a alg. con falsas apariencias; ~spiegelung f simulación f; impostura f; fingimiento m; (Trugbild) ilusión f; ♟ wegen ~ falscher Tatsachen por falsedad; ~spiel n ♪ preludio m (a. fig.); Oper: obertura f; Thea. prólogo m; ²spielen v/t.: j-m et. ~ tocar a/c. para alg.; ~spielen n audición f; ~spielkabine f cabina f de audición; ~spinnmaschine f mechera f; ²sprechen (L) I. v/t. decir para que otro lo repita; Thea. recitar; II. v/i.: bei j-m ~ ir a visitar a alg.; pasar por casa de alg.; ²springen (L; sn) v/i. lanzarse hacia adelante; ▲ resaltar, resalir; ~ über rebasar (a/c.), sobresalir de; ²springend adj. saliente, ▲ a. saledizo; voladizo; Kinn, Nase: prominente; ~sprung m ▲ saliente m, resalto m; saledizo m; fig. u. Sport: ventaja f (vor dat. sobre); e-n ~ gewinnen sacar ventaja (vor j-m a alg.); adelantarse (a alg.); tomar la delantera; e-n ~ haben vor llevar ventaja a (od. sobre); mit großem ~ con amplio margen; ~stadt f surburbio m; arrabal m; ~städter m suburbano m; arrabalero m; ²städtisch adj. suburbano; a. desp. arrabalero; ~stadtkino n cine m de barrio.
'Vorstand m (-es, -̈e) 1. junta f directiva; comité m bzw. consejo m de dirección; 2. (Person) director m; jefe m; ~smitglied n miembro m de la junta directiva; ~ssitzung f sesión f bzw. reunión f de la junta directiva;

~s-tisch *m* mesa *f* presidencial; ~s-wahl *f* elección *f* de junta directiva.
'vorsteck|en *v/t*. *Blume, Brosche usw.*: poner(se); *Kopf*: asomar; *fig. das vorgesteckte Ziel* la meta fijada; 2nadel *f* prendedor *m*; alfiler *m*; broche *m*.
'vorsteh|en (L) *v/i*. ⚠ resaltar, resalir; *e-r Sache*: presidir (*ac.*); dirigir (*ac.*); ser director (*od.* jefe) de; estar al frente de; regentar (*ac.*); *dem Haushalt* ~ llevar la casa; ~**end** *adj*. saliente; prominente; (*vorhergehend*) precedente; antes citado; *aus dem* 2*en ist zu ersehen* de lo que antecede resulta; *wie* ~ como (más) arriba se indica *bzw*. se expresa; 2**er(in** *f*) *m* director(a *f*) *m*; jefe *m*; *Rel.* superior(a *f*) *m*; 2**erdrüse** *Anat. f* próstata *f*; 2**hund** *Jgdw. m* perro *m* de muestra.
'vorstell|bar *adj*. imaginable, concebible; ~**en** *v/t*. 1. (*vor et. stellen*) poner (*od.* colocar) delante; (*vorrücken*) avanzar; *Uhr*: adelantar; 2. (*bedeuten*) significar; (*darstellen*) representar (*a. Thea.*); *was soll das* ~? ¿qué significa *bzw*. representa esto?; *F er stellt et. vor* hace buena figura; es un hombre que vale; 3. (*bekanntmachen*) presentar (*j-n j-m alg.* a *alg.*); *darf ich Ihnen Herrn X* ~? permítame presentarle al señor X; tengo el gusto de presentarle al señor X; *sich j-m* ~ presentarse a *alg.*; 4. *sich et.* ~ figurarse, imaginarse *a/c.*; *das kann ich mir nicht* ~ no lo concibo; no puedo creerlo; *das hätte ich mir nicht vorgestellt* no lo hubiera imaginado; *stell dir (m-e Überraschung) vor!* ¡imagínate (mi sorpresa)!; *stell dir das nicht so leicht vor* no te creas que la cosa es tan fácil; ~**ig** *adj*.: *bei j-m* ~ *werden* hacer representaciones a *alg.*; presentar una queja a; hacer una reclamación a; protestar (*od.* reclamar) ante *alg.*; 2**ung** *f* 1. presentación *f*; 2. *Thea.* representación *f*, función *f*; *Film*: sesión *f*; *keine* ~! descanso; 3. (*Begriff*) idea *f*, noción *f*; concepto *m*; *falsche* ~ idea *f* equivocada; *sich e-e* ~ *machen* hacerse (*od.* formarse) una idea (*von de*); *du machst dir keine* ~! ¡no tienes idea!; *das geht über alle* ~ esto supera todo lo imaginable; 4. (*Vorhaltung*) advertencia *f*; protesta *f*; *j-m* ~**en machen** reconvenir a *alg.*; 2**ungskraft** *f*, 2**ungsvermögen** *n* imaginación *f*, fantasía *f*.
'Vorstopper *m Fußball*: defensa *m* central.
'Vor|stoß *m* avance *m*; ⚔ *a.* ataque *m* (*a. Sport*); *Schneiderei*: pestaña *f*; *fig.* intento *m*; iniciativa *f*; 2**stoßen** (L) I. *v/t*. empujar hacia adelante; II. (*sn*) *v/i*. atacar (*a. Sport*); avanzar (*a.* ✗); ~ *in* penetrar en; ~**strafe** ✗ *f* antecedente *m* penal; ~**strafenregister** ✗ *n* registro *m* de antecedentes penales; 2**strecken** *v/t*. extender hacia adelante; *Kopf*: asomar; *Zunge*: sacar; *Geld*: adelantar, anticipar; ~**studien** *f/pl*. estudios *m/pl*. preparatorios *bzw*. preliminares; ~**stufe** *f* primer grado *m*; (*Lehrgang*) curso *m* elemental; 2**stürmen** (*sn*), 2**stürzen** (-*t; sn*) *v/i*. avanzar impetuosamente; salir disparado; ~**tag** *m* día *m* anterior; víspera *f*; ~**tänzer** *m* primer bailarín *m*; ~**tänzerin** *f* primera bailarina *f*; 2**täuschen** *v/t*. fingir, aparentar; simular; ~**täuschung** *f* simulación *f*, fingimiento *m*.

'Vorteil *m* (-*es*; -*e*) ventaja *f*; (*Nutzen*) provecho *m*, beneficio *m*; *e-n* ~ *haben von* beneficiarse de; *aus et.* ~ *ziehen* sacar ventaja (*od.* provecho *od.* partido) de *a/c.*; *die Vor- und Nachteile e-r Sache* erwägen considerar las ventajas y los inconvenientes (*od.* el pro y el contra) de *a/c.*; *s-e Vor- und Nachteile haben* tener sus más y sus menos; *auf s-n* ~ *bedacht sein* F barrer para (a)dentro; arrimar el ascua a su sardina; *im* ~ *sein* llevar ventaja (*vor dat.* sobre); *zu j-s* ~ en provecho de *alg.*; en interés de *alg.*; *sich zu s-m* ~ *verändern* mejorar; 2**haft** I. *adj*. ventajoso; provechoso, beneficioso; (*günstig*) favorable; *Frisur usw.*: favorecedor; II. *adv*. con provecho; ~ *wirken* producir buen efecto; ~ *aussehen* hacer buena figura; *sie ist* ~ *gekleidet* el vestido la favorece mucho.

'Vortrag *m* (-*es*; ⸚*e*) conferencia *f* (*halten dar*, pronunciar, dictar; *über ac.* sobre); *zwangloser*: charla *f*; (*Abhandlung*) disertación *f*; (*Bericht*) informe *m*; *e-r Dichtung*: recitación *f*, declamación *f*; ♪ ejecución *f*; interpretación *f*; (*sweise*) dicción *f*; elocución *f*; ✝ suma *f* anterior; ✝ ~ *auf neue Rechnung* transporte *m* a cuenta nueva; 2**en** (L) *v/t*. exponer; (*berichten*) presentar un informe sobre; *Rede*: pronunciar; *Gedicht*: recitar; declamar; ♪ ejecutar; interpretar; *Lied*: cantar; ✗ *Angriff*: lanzar; ✝ *auf neue Rechnung* ~ pasar a cuenta nueva; ~**ende(r)** *m* conferenciante *m*, *Am*. conferencista *m*; disertante *m*; ♪ ejecutante *m*.

'Vortrags...: ~**abend** *m* velada *f* (artística); *a.* ♪ recital *m*; ~**art** *f* dicción *f*; elocución *f*; ~**folge** *f* programa *m*; ~**kunst** *f* arte *m* de recitar; ~**künstler(in** *f*) *m* recitador(a *f*) *m*; ~**reihe** *f* ciclo *m* de conferencias; ~**saal** *m* sala *f* de conferencias; ~**zeichen** ♪ *n* signo *m* de expresión.

vor'trefflich I. *adj*. excelente; exquisito; superior; perfecto; inmejorable; magnífico; II. *adv*. perfectamente, a la perfección; maravillosamente; 2**keit** *f* (0) excelencia *f*; exquisitez *f*; perfección *f*; primor *m*.

'vor|treiben (L) *v/t*. empujar hacia adelante; hacer avanzar; ⚒ *Stollen*: abrir; 2**treppe** *f* escalinata *f*; ~**treten** (L; *sn*) *v/i*. adelantarse; ⚔ salir de la fila; ~**tritt** *m* (-*es*; 0) precedencia *f*; *den* ~ *vor j-m haben* preceder a *alg.*; tener la precedencia sobre *alg.*; *j-m den* ~ *lassen* ceder el paso a *alg.*; 2**trupp** ⚔ *m* avanzadilla *f*; ~**turnen** *v/i*. enseñar los ejercicios gimnásticos; 2**turner(in** *f*) *m* monitor(a *f*) *m*.

vo'rüber *adv*. cerca; delante; acabado; pasado; *der Regen ist* ~ ha cesado la lluvia; ~**gehen** (L; *sn*) *v/i*. pasar (*an dat.* delante *od. a. fig. achtlos*: pasar de largo (*an et. a/c.*); *fig.* pasar; *im* 2 *al pasar; a. fig.* de paso; ~**gehend** *adj*. pasajero; (*provisorisch*) provisional; interino; transitorio; temporal; 2**gehende(r)** *m* transeúnte *m*; ~**ziehen** (L; *sn*) *v/i*. pasar (*an dat.* delante).

'Vor|übung *f* ejercicio *m* preparatorio; ~**untersuchung** ✗ *f* instrucción *f* previa, preinstrucción *f*; sumario *m*.

'Vor-urteil *n* prejuicio *m*; 2**sfrei**, 2**slos** *adj*. sin prejuicios, libre de prejuicios; desaprensivo; ~**slosigkeit** *f* (0) objetividad *f*; imparcialidad *f*.

'Vor|väter *m/pl*. antepasados *m/pl*.; ~**verbrennung** *f Motor*: precombustión *f*; 2**verdichten** (-*e-*; -) ⊕ *v/t*. sobrecargar; ~**verfahren** ✗ *n* procedimiento *m* previo, ~**vergangenheit** *Gr. f* pluscuamperfecto *m*; pretérito *m* anterior; ~**verhandlungen** ✗ *f/pl*. preliminares *f/pl*.; ~**verkauf** *m Thea.*, ✝ venta *f* anticipada; ~**verkaufskasse** *Thea. f* taquilla *f*; 2**verlegen** *v/t*. *Termin*: anticipar, adelantar; ✗ *das Feuer* ~ alargar el tiro; ~**verstärker** *m* preamplificador *m*; ~**vertrag** *m* precontrato *m*; contrato *m* provisional; 2**vorgestern** *adv*. trasanteayer; hace tres días; 2**vorig**, 2**vorletzt** *adj*. antepenúltimo; 2**wagen** *v/refl*.: *sich* ~ atreverse a avanzar; *fig.* aventurarse; ~**wahl** *f Pol.* elección *f* preliminar; ⚡ preselección *f*; *Tele.*: → ~**wählnummer**; ~**wähler** ⚡, ⊕ *m* preselector *m*; ~**wählnummer** *Tele. f* prefijo *m*; código *m* territorial; ~**wand** *m* (-*es*; ⸚*e*) pretexto *m*; subterfugio *m*; *unter dem* ~ *con el pretexto* (*von od. gen.* de); so capa de; pretextando (*daß que*); 2**wärmen** ⊕ *v/t*. precalentar; ~**wärmen** ⊕ *n* calentamiento *m* previo, precalentamiento *m*; ~**wärmer** ⊕ *m* precalentador *m*; ~**warnung** *f* ✗ alarma *f* preventiva; prealerta *f*; *fig.* aviso *m* previo.

'vorwärts *adv*. (hacia) adelante; ~! ¡adelante!; ¡vamos!, ¡andando!; ⚓ ¡avante!; ~ **gehen** marchar (*od.* ir) adelante; ~ **kommen**; *sich* ~ **bewegen** avanzar; 2**bewegung** *f* ⊕ marcha *f* adelante; ✗ avance *m*; ~**bringen** (L) *fig. v/t*. llevar (*od.* sacar) adelante; 2**gang** ⊕ *m* marcha *f* adelante; ~**gehen** (L; *sn*) *fig. v/i*. seguir adelante; avanzar, adelantar, progresar; ~**kommen** (L; *sn*) *fig. v/i*. progresar, hacer progresos; adelantar; salir adelante; *im Leben*: abrirse camino (*od.* paso); 2**kommen** *n* avance *m*.

'Vorwäsche *f* prelavado *m*.

vor'weg *adv*. anticipadamente, con anticipación; por anticipado; de antemano; 2**nahme** *f* (0) antelación *f*; anticipación *f*; ~**nehmen** (L) *v/t*. anticipar.

'vor...: 2**wegweiser** *Vkw. m* señal *f* croquis (*od.* de preseñalización); ~**weisen** (L) *v/t*. enseñar, exhibir; presentar; 2**welt** *f* mundo *m* primitivo; (*vergangene Zeit*) tiempos *m/pl*. pasados; ~**weltlich** *adj*. del mundo primitivo; *fig.* antediluviano; ~**werfen** (L) *v/t*. echar (*a bzw.* delante de); *fig. j-m et.* ~ reprochar *a/c.* a *alg.*; echar en cara; afear (*a/c.* a *alg.*); *ich habe mir nichts vorzuwerfen* no tengo nada que reprocharme; *sie haben einander nichts vorzuwerfen* tan malo es el uno como el otro; 2**werk** *n* dependencia *f* de una granja; ✗ obra *f* avanzada; ~**wiegen** (L) *v/i*. predominar; preponderar; prevalecer; ~**wiegend** I. *adj*. predominante; preponderante; II. *adv*. predominantemente; principalmente; en su mayoría; en la mayor parte; ⚬**wissen** n conocimiento m previo; *Phil.* presciencia f; ⚬**witz** m indiscreción f; (*Frechheit*) impertinencia f; petulancia f; ⸺**witzig** adj. indiscreto; curioso; impertinente; petulante; ⸺**wölben** v/refl.: sich ⸺ abombarse; ⚬**wort** n prólogo m; prefacio m; ein ⸺ zu e-m Buch schreiben prologar un libro; ⚬**wurf** m reproche m; (*Thema*) asunto m, tema m; sujeto m; j-m et. zum ⸺ machen reprochar a/c. a alg.; echar en cara a/c. a alg.; ⸺**wurfsvoll** adj. lleno de reproches; in ⸺em Ton en tono de reproche; ⸺**zählen** v/t. contar (delante de alg.); (*aufzählen*) enumerar; ⚬**zeichen** n ♄ signo m; ♪ accidente m; (*Omen*) presagio m; augurio m; (*Anzeichen*) señal f, indicio m; ⚕ síntoma m precursor; pródromo m; mit umgekehrtem ⸺ de signo contrario (*a. fig.*); ⚬**zeichnen** (-e-) v/t. dibujar; trazar; *fig.* indicar, señalar; trazar; ⸺**zeigbar** adj. presentable; ⸺**zeigen** v/t. mostrar, enseñar; hacer bzw. dejar ver; *Fahrkarte, Wechsel:* presentar; *Urkunde usw.:* exhibir; ⚬**zeigen** n presenta-

ción f; exhibición f; ⸺**zeit** f pasado m; tiempos m/pl. pasados; antigüedad f; in grauer ⸺ en tiempos remotos; ⸺'**zeiten** adv. antiguamente; en otros tiempos, antaño; ⸺**zeitig I.** adj. anticipado; prematuro; **II.** adv. con anticipación (*od.* antelación); prematuramente, antes de tiempo; ⚬**zensur** f censura f previa; ⸺**ziehen** (*L*) v/t. tirar hacia adelante; avanzar; *Vorhänge:* correr; *Wahlen, Ruhestand usw.:* anticipar, adelantar; *fig.* preferir; es ist vorzuziehen es preferible; ⚬**zimmer** n antesala f; antedespacho m; recibidor m; im ⸺ warten hacer antesala.

'**Vorzug** m (-es; ⸗e) 1. preferencia f; prioridad f; (*Vorteil*) ventaja f; (*Vorrecht*) privilegio m; (*Verdienst*) mérito m; virtud f; den ⸺ haben, zu tener la ventaja de (*inf.*); den ⸺ geben dar (la) preferencia a; preferir (*ac.*); 2. ⚒ tren m precedente bzw. suplementario.

vor'züglich adj. superior; excelente; exquisito; admirable; de primer orden; ⚬**keit** f (0) calidad f superior; superioridad f; excelencia f.

'**Vorzugs**...: ⸺**aktie** ✝ f acción f preferente; ⸺**behandlung** f trato m preferente; ⸺**gläubiger** m acreedor m privilegiado; ⸺**milch** f leche f certificada; ⸺**preis** m precio m de favor; ⸺**rabatt** m rebaja f de favor; ⸺**recht** n derecho m de prelación; ⸺**tarif** m tarifa f preferencial; ⚬**weise** adv. de (*od.* con) preferencia; preferentemente; ⸺**zölle** m/pl. aranceles m/pl. (*od.* derechos m/pl.) preferenciales.

'**Vorzündung** Kfz. f avance m del encendido; preignición f.

Vo'tiv|bild [v] n, ⸺**tafel** f exvoto m.

'**Votum** [v] n (-s; -ten od. -ta) voto m; sein ⸺ abgeben votar.

Voy'eur [vɔa'jø:ʀ] fr. m mirón m.

vul'gär [v] adj. vulgar; ordinario; ⚬**latein** n latín m vulgar; ⚬**sprache** f lenguaje m vulgar.

Vul'kan [v] m (-s; -e) volcán m (*a. fig.*); *Myt.* Vulcano m; ⸺**ausbruch** m erupción f volcánica; ⸺**fiber** ⊕ f fibra f vulcanizada; ⚬**isch** adj. volcánico; *Geol. a.* eruptivo.

vulkani'sier|en [v] (-) ⊕ v/t. vulcanizar; ⚬**ung** f vulcanización f.

Vulka'nismus m (-; 0) volcanismo m.

W

W, w n W, w f.
Waadt Geogr. n Vaud m.
'Waage f balanza f; (Brücken²) báscula f; Astr. Libra f; Turnen: plancha f (horizontal); fig. sich die ~ halten equilibrarse, igualarse; **~balken** m astil m; cruz f de la balanza; **²recht** adj. horizontal; **~rechte** f horizontal f.
'Waagschale f platillo m (de la balanza); fig. sein ganzes Ansehen usw. in die ~ werfen hacer valer toda su autoridad, etc.; fig. schwer in die ~ fallen pesar mucho.
'wabb(e)lig F adj. fofo; blanduzco.
'Wabe f panal m; **~nhonig** m miel f en panales; **~nkühler** Kfz. m radiador m de panal.
wach adj. despierto; fig. a. (d)espabilado, F vivo; (wachend) en vela; ~ sein estar despierto; velar; ~ werden despertarse; a. fig. despabilarse; ~ halten mantener despierto (od. en vela); desvelar.
'Wach...: ~ablösung ⚔ f relevo m de la guardia; **~bataillon** n batallón m de la guardia; **~boot** n patrullero m; **~dienst** m servicio m de vigilancia ⚔ de guardia).
'Wache f guardia f; (Schild²) centinela m; (Person) centinela m; (Polizei²) puesto m de policía; comisaría f, (Wachlokal) puesto m de guardia; (Mannschaft) cuerpo m de guardia; (Wachzeit) ⚔ guardia f; ♄ cuarto m; vigía f; bei Kranken: vela f; ~ haben, ~ stehen (F schieben) estar de guardia; ⚔ auf ~ ziehen montar la guardia; ~ raus! ¡guardia, formar!; j-n auf die ~ bringen llevar a alg. a la comisaría; bei e-m Kranken ~ halten velar a un enfermo; **²n** v/i. velar; (wach sein) estar despierto, ~ über (ac.) vigilar (ac.); velar sobre (od. por); cuidar de; ~n n vela f; vigilia f; **²nd** adj. despierto; en vela.
'Wach...: ~feuer ⚔ n fuego m de campamento; **²habend** adj. de guardia; **~habende(r)** m cabo m de guardia; **²halten** (L) fig. v/t. conservar vivo; **~hund** m perro m guardián; **~lokal** n puesto m de guardia; **~mann** m guarda m; **~mannschaft** f cuerpo m de guardia.
Wa'cholder ♃ m enebro m; **~beere** f enebrina f; **~branntwein** m ginebra f; **~strauch** m enebro m, junípero m.
'Wach...: ~parade ⚔ f parada f de la guardia; **~posten** m guarda m; ⚔ centinela m; **²rufen** (L) fig. v/t. despertar; Erinnerung usw.: evocar; **²rütteln** (-le) fig. v/t. despertar.
Wachs [ks] n (-es; -e) cera f; fig. ~ in j-s Händen sein ser un muñeco en las manos f de alg.; **'~abdruck** m impresión f en cera.

'wachsam adj. vigilante; alerta; ~ sein estar (ojo) alerta; ein ~es Auge haben auf vigilar (a/c.); velar por; **²keit** f (0) vigilancia f; atención f.
'Wachschiff n → Wachtschiff.
'wachsen[1] [ks] **I.** (L; sn) v/i. crecer; fig. aumentar; ir en aumento; acrecentarse; incrementarse; (sich ausdehnen) extenderse; → a. gewachsen; **II.** ² n → Wachstum.
'wachsen[2] (-t) **I.** v/t. encerar (a. Ski); **II.** ² n encerado m.
'wachsend [ks] adj. creciente.
'wächsern [ks] adj. céreo; de cera.
'Wachs...: ~figur f figura f de cera; **~figurenkabinett** n museo m (od. gabinete m) de figuras de cera; **²gelb** adj. amarillo céreo; **~kerze** f vela f (de cera); in Kirchen: cirio m; **~matrize** f papel m clisé para máquina de escribir; angl. esténcil m; **~papier** n papel m encerado; **~salbe** Phar. f cerato m; **~stock** m cerillo m; **~streichholz** n cerilla f.
'Wachstube f puesto m de guardia.
'Wachs-tuch n tela f encerada; hule m.
'Wachstum n (-s; 0) crecimiento m (a. fig.); Wein: cosecha f; fig. aumento m, incremento m; desarrollo m; **²sfördernd** adj. favorecedor del crecimiento; **~shemmend** adj. inhibidor del crecimiento; **~shormon** n hormona f del crecimiento; **~srate** f tasa f (od. índice m) de crecimiento (a. ♄).
'wachs|weich adj. blando como la cera; **²zieher** m cerero m.
Wacht f guardia f.
'Wächte f cornisa f de nieve.
'Wachtel Orn. f (-; -n) codorniz f; **~hund** m perro m perdiguero.
'Wächter m guarda m; vigilante m; guardián m; vigía m; **~häus-chen** n garita f; ⚔ f guardia f; guardiana f; bei Kranken usw.: veladora f.
'Wacht|meister ⚔ m sargento m primero; (Polizei²) guardia m; agente m de policía; **~parade** ⚔ f parada f de la guardia; **~posten** m guarda m; ⚔ centinela m.
'Wach-traum fig. m sueño m diurno; e-n ~ haben soñar despierto.
'Wacht|schiff n buque m de vigilancia; (Küsten²) guardacostas m; **~turm** m atalaya f, vigía f.
'Wach- und 'Schließgesellschaft f sociedad f de vigilancia de inmuebles.
'wackel|ig adj. tambaleante; inseguro, vacilante (beide a. fig.); Tisch, Stuhl: cojo; alte Möbel usw.: desvencijado; ≠ Kontakt: flojo, intermitente; Zahn: movedizo; fig. ~ stehen ofrecer poca seguridad; Sch. estar muy flojo; **²kontakt** ≠ m contacto m flojo (od. intermitente); **~n** (-le) v/i. tambalearse (a. fig.); moverse (a. Zahn); Möbel: cojear; Tisch: a. bailar; mit den Hüften ~ contonearse; mit dem Stuhl ~ balancearse en la silla; mit dem Kopf ~ cabecear.
'wacker adj. (rechtschaffen) honrado, honesto; (tapfer) esforzado; gallardo; sich ~ halten mantenerse firme; resistir bien.
'Wade Anat. f pantorrilla f; **~nbein** Anat. n peroné m; **~nkrampf** ♂ m calambre m en la pierna.
'Waffe f arma f (a. fig.); in ~n en armas; ⚔ unter den ~n stehen estar en pie de guerra; estar sobre las armas; mit der ~ in der Hand arma en mano; zu den ~n rufen llamar a filas; zu den ~n greifen tomar (od. recurrir a) las armas; Volk: alzarse en armas; die ~n strecken rendir (las) armas; fig. j-n mit s-n eigenen ~n schlagen volver contra alg. sus propios argumentos.
'Waffel f (-; -n) barquillo m; **~eisen** n barquillero m.
'Waffen...: ~besitz m: (unerlaubter) ~ tenencia f (ilícita) de armas; **~bruder** m compañero m de armas; **~dienst** m servicio m militar; **~fabrik** f fábrica f de armas; **~fabrikant** m fabricante m de armas; **²fähig** adj. capaz de llevar armas; útil para el servicio (militar); **~gattung** f arma f; **~geklirr** n, **~getöse** n fragor m de las armas; **~gewalt** f fuerza f de las armas; mit ~ a mano armada; **~glück** n fortuna f de las armas; **~handel** m comercio m (illegal: tráfico m) de armas; **~händler** m armero m; illegal: traficante m de armas; **~handlung** f armería f; **~kammer** f armería f; **~lager** n depósito m de armas; **²los** adj. sin armas, desarmado; Poes. inerme; **~meister** m maestro m armero; **~pflege** f cuidado m de las armas; **~rock** m guerrera f; **~ruhe** f tregua f; suspensión f de las hostilidades; alto m el fuego; **~ruhm** m gloria f militar; **~sammlung** f colección f de armas; panoplia f; **~schein** m licencia f (od. permiso m) de armas; **~schmiede** f armería f; **~schmuggel** m contrabando m de armas; **~stillstand** m armisticio m; tregua f; **~stillstandsvertrag** m tratado m de armisticio; **~tat** f hecho m de armas; **~übung** f ejercicio m militar.
'wägbar adj. ponderable; **²keit** f ponderabilidad f.
'Wage|hals m temerario m; **~mut** m temeridad f; audacia f; osadía f, atrevimiento m; arrojo m; **²mutig** adj. temerario; audaz; osado, atrevido; arrojado.

wagen v/t. (*aufs Spiel setzen*) arriesgar, aventurar; (*sich getrauen*; *a. sich erdreisten*) atreverse a, osar (*inf.*); alles ~ jugar el todo por el todo; es ~ aventurarse a; *sich an et.* ~ (atreverse a) emprender a/c.; *es mit et.* (*od. j-m*) ~ hacer un ensayo con a/c. (*od.* alg.); *wer nicht wagt, der nicht gewinnt* F el que no se arriesga no pasa la mar; *er wagte sich nicht aus dem Haus* no se atrevió a salir de casa; → *a. gewagt.*

Wagen m (-s; -) coche m; carruaje m; (*Karren*) carro m (*a. der Schreibmaschine*); (*Kraft*♀) coche m, auto m, Am. carro m; (*Fahrzeug*) vehículo m; 🚃 coche m, vagón m; *Astr. der Große* (*Kleine*) ~ la Osa Mayor (Menor), el Carro Mayor (Menor); *zu* ~ *fahren* ofender a alg.; ~**aufbau** m carrocería f; ~**bauer** m carrocero m; carretero m; ~**burg** f barrera f de carros; ~**führer** m conductor m (*a. Straßenbahn*); *Kfz. a.* chófer m; (*Kutscher*) cochero m; ~**gestell** n chasis m; ~**halle** f cochera f; ~**heber** m gato m, cric m; ~**kasten** m caja f; ~**kolonne** f caravana f de coches; ~**ladung** f carga f; carretada f; ~**leitern** f/pl. adrales m/pl.; ~**lenker** m conductor m del coche; *Hist.* auriga m; ~**park** m parque m móvil (*od.* de vehículos); 🅱 material m rodante; ~**plane** f toldo m; ~**reihe** f fila f de coches; ~**rennen** n *Hist.* carrera f de carros; ~**schlag** m portezuela f; ~**schlange** f caravana f de coches; ~**schmiere** f unto m para coches *bzw.* carros; ~**schuppen** m cochera f; ~**spur** f rodada f; ~**tür** f portezuela f; ~**wäsche** f lavado m de coches; ~**wäscher** m lavacoches m.

Wag'gon f(-; -s) vagón m; ✝ *frei* ~ puesto sobre vagón, franco (sobre) vagón; ~**ladung** ✝ f vagonada f.

waghalsig *adj.* temerario; *Unternehmen: a.* aventurado, arriesgado; azaroso; ♀**keit** f (0) temeridad f; osadía f.

Wagner m carrocero m; carretero m.

Wagneri'aner m wagneriano m.

Wagnis n (-ses; -se) riesgo m; empresa f aventurada (*od.* arriesgada).

Wahl f (-; -en) elección f (*a. Pol.*); pl. a. comicios m/pl.; *zwischen zweien*: alternativa f, disyuntiva f; opción f; (*Auslese*) selección f; ✝ *erste* ~ primera calidad f; *nach* ~ a elección, a voluntad, a discreción; *die* ~ *haben* tener la elección *bzw.* la opción; *keine* ~ *haben* no tener alternativa; *es bleibt keine (andere)* ~ no hay otra solución; *e-e gute (schlechte)* ~ *treffen* elegir bien (mal); *j-m die* ~ *lassen* dejar la elección a voluntad de alg.; *die* ~ *steht dir frei* puedes elegir libremente (*od.* a tu gusto); *das Mädchen seiner* ~ la elegida de su corazón; *Pol.* ~*en abhalten* celebrar elecciones; *zur* ~ *gehen* acudir a las urnas; ~**akt** m elección f; ~**alter** n edad f legal para participar en las elecciones; ~**ausschuß** m comité m (*od.* junta f) electoral.

'wählbar *adj.* elegible; ♀**keit** f (0) elegibilidad f.

'Wahl...: ~**be-einflussung** f coacción f electoral; ♀**berechtigt** *adj.* con derecho a votar; ~ *sein* tener derecho de voto; ~**berechtigte(r)** m votante m inscrito en el censo electoral; ~**berechtigung** f derecho m de voto; ~**beteiligung** f participación f electoral, asistencia f a las urnas; ~**bezirk** m distrito m electoral.

'wählen v/t. u. v/i. **1.** elegir; (*aus*~) escoger; seleccionar; optar (por); (*abstimmen*) votar; ~ (*gehen*) acudir a las urnas; *zum König usw.* ~ elegir rey, etc.; **2.** *Tele. Nummer:* marcar (el número); → *a. gewählt.*

'Wähler m elector m; votante m; ⚡ selector m.

'Wahl-ergebnis n resultado m de las elecciones.

'Wählerin f electora f; votante f.

'wählerisch *adj.* difícil de contentar, descontentadizo; (*anspruchsvoll*) exigente; *im Essen:* delicado; *fig. er ist in seinen Mitteln nicht gerade* ~ no es muy escrupuloso en sus métodos.

'Wähler...: ~**liste** f censo m electoral; ~**schaft** f electorado m; ~**scheibe** f *Tele.* f disco m (de marcar).

'Wahl...: ~**fach** n asignatura f facultativa; materia f optativa; ♀**fähig** *adj.* con derecho de voto; (*wählbar*) elegible; ~**fälschung** f fraude m electoral; ~**feldzug** m campaña f electoral; ♀**frei** *adj. Schule:* facultativo, optativo; ~**gang** m escrutinio m; *erster (zweiter)* ~ primera (segunda) vuelta f; ~**geheimnis** n secreto m de voto; ~**geschenk** n regalo m electoral; ~**gesetz** n ley f electoral; ~**heimat** f patria f adoptiva; ~**kampagne** f → ~*feldzug*; ~**kampf** m lucha f electoral; ~**kreis** m distrito m electoral; ~**leiter** m presidente m de la mesa electoral; ~**liste** f censo m electoral; ~**lokal** n colegio m electoral; ♀**los I.** *adj.* confuso; **II.** *adv.* sin orden ni concierto; al azar, F a la buena de Dios; ~**mann** m (pl. ⸚er) compromisario m; ~**niederlage** f derrota f electoral; ~**pflicht** f obligación f de votar; ~**pflichtfach** n asignatura f optativa obligatoria; ~**plakat** n cartel m de propaganda electoral; ~**programm** n programa m electoral; ~**propaganda** f propaganda f electoral; ~**prüfer** m interventor m; ~**prüfung** f escrutinio m; ~**recht** n *subjektives:* derecho m de sufragio (*od.* de voto); *objektives:* derecho m electoral; *allgemeines* ~ sufragio m universal; ~**rede** f discurso m electoral; ~**redner** m orador m electoral; ~**reform** f reforma f electoral; ~**schein** m → ~*zettel*; ~**schlacht** f batalla f electoral; ~**sieg** m victoria f electoral; ~**sieger** m ganador m de las elecciones; ~**spende** f ayuda f electoral; ~**spruch** m lema m, divisa f; ~**stimme** f voto m; sufragio m; ~**system** n sistema m electoral; ~**tag** m día m de las elecciones; jornada f electoral; ~**urne** f urna f electoral; ~**verfahren** n procedimiento m electoral; ~**versammlung** f mitin m electoral; ~**versprechungen** f/pl. promesas f/pl. (hechas) a los electores; ~**verwandtschaft** 🧬 f afinidad f electiva (*a. fig.*); ~**vorstand** m mesa f electoral; ~**vorsteher** m presidente m de la mesa electoral; ♀**weise** *adj.* opcional; ~**wiederholung** f: *automatische* ~ *Tele.* repetición f automática de marcar, rellamada f; ~**zelle** f cabina f electoral; ~**zettel** m papeleta f de votación; *Am.* boleta f.

Wahn m (-es; 0) ilusión f; (*Verblendung*) obcecación f; (*Wahnsinn*) locura f, demencia f; (*Besessenheit*) manía f; delirio m; **'**~**bild** n quimera f; fantasma m; alucinación f.

'wähnen v/t. u. v/i. creer (erróneamente); pensar (*daß* que); (*sich einbilden*) imaginarse, figurarse.

'Wahn...: ~**idee** f idea f fija; obsesión f; manía f; ~**sinn** m (-es; 0) locura f (*a. fig.*); 🅂 demencia f, enajenación f (*od.* alienación f) mental; (*Manie*) manía f; *es wäre heller* ~, *zu* (*inf.*) sería una locura (*inf.*); ♀**sinnig I.** *adj.* loco (*a. fig.*); 🅂 demente, alienado; enajenado; maníaco; F *fig.* F tremendo; de locura; *fig.* ~ *machen* volver (*od.* traer) loco; ~ *werden* volverse loco (*a. fig.*), enloquecer; ~*e Schmerzen* dolores m/pl. atroces; **II.** *adv.* locamente; ~ *verliebt* perdidamente (*od.* locamente) enamorado; ~ *teuer* carísimo; ~ *viel zu tun haben* tener muchísimo que hacer; ~**sinnige** f loca f; 🅂 demente f, alienada f; ~**sinnige(r)** m loco m; orate m; 🅂 demente m, alienado m; ~**vorstellung** f alucinación f; idea f fija; ~**witz** m desvarío m; idea f descabellada; locura f; ♀**witzig** *adj.* desvariado; absurdo; descabellado; loco.

wahr *adj.* verdadero, (*wirklich*) real, efectivo m; (*aufrichtig*) sincero, veraz; (*echt*) auténtico; legítimo; genuino; *Tat, Bericht:* verídico; (*getreu*) fiel; *nicht* ~? ¿verdad?; ¿no es así?; *ist das* ~? ¿es verdad?, ¿es cierto eso?; *das ist (nicht)* ~ eso (no) es cierto (*od.* verdad); *ein* ~*er Künstler* un auténtico artista; un artista de verdad; ~*e Liebe* amor m verdadero; *es ist kein* ~*es Wort daran* no hay una sola verdad en todo ello; *et. für* ~ *halten* dar por cierta una cosa; ~ *machen* realizar; cumplir; hacer bueno; ~ *werden* realizarse; cumplirse; *was an der Sache* ~ *ist* lo que hay de cierto en ello; *et.* ♀*es wird schon dran sein* algo (*od.* un grano) de verdad habrá en ello; F *cuando el río suena, agua lleva*; *so* ~ *ich ... heiße* como me llaman ...

'wahren v/t. guardar; velar por, cuidar de; preservar; (*erhalten*) mantener, conservar; *Rechte, Interessen:* defender.

'währen v/i. durar; continuar; prolongarse.

'während I. *prp.* (gen., F *a.* dat.) durante; en el (trans)curso de; **II.** *cj.* mientras; en tanto que; *Gegensatz:* mientras que; ~**'dem,** ~**'des(sen)** *adv.* entretanto, mientras tanto.

'wahrhaben (*nur inf.*) v/t.: *et. nicht* ~ *wollen* no querer reconocer (*od.* admitir) a/c.

'wahrhaft *adj.* verdadero; cierto; veraz; sincero; verídico; real.

wahr'haftig I. *adj.* → ~*haft*; **II.** *adv.* verdaderamente; ciertamente; realmente; en verdad; ~! ¡de veras!; ¡de verdad!; ~? ¿de veras?; *ich verstehe es* ~ *nicht* francamente (*od.* la verdad), no lo entiendo; ♀**keit** f (0) veracidad f; sinceridad f.

'Wahrheit f verdad f; *die* ~ *sagen, bei der* ~ *bleiben* decir (*od.* no apartarse de) la verdad; *um die* ~ *zu sagen* a decir verdad; F *fig. j-m die* ~ *sagen* decirle a alg. cuatro verdades; *in* ~ en realidad; die volle ~ sagen decir toda la verdad; ~sbeweis m prueba f de la verdad; ~sfindung ⚖ f esclarecimiento m de la verdad; ²sgemäß, ²sgetreu adj. conforme a la verdad (a. adv.); verídico; ~sliebe f amor m a la verdad; veracidad f; ²sliebend adj. veraz; sincero.

'wahrlich adv. realmente; ciertamente; en efecto; de veras; Bib. ~, ich sage euch ... en verdad os digo ...

'wahrnehm|bar adj. perceptible; (hörbar) audible; (sichtbar) visible; ²barkeit f (0) perceptibilidad f; ~en (L) v/t. percibir; (bemerken) notar, observar, darse cuenta de; Amt: desempeñar; ejercer; Gelegenheit: aprovechar; Interessen: defender; cuidar de, velar por; Geschäfte: atender a; Rechte: hacer valer; ²ung f percepción f; observación f; v. Interessen: salvaguardia f; defensa f; ²ungsvermögen n facultad f perceptiva (od. de percepción), perceptibilidad f.

'wahrsag|en v/t. u. v/i. decir la buenaventura; (voraussagen) profetizar; vaticinar; aus den Karten ~ echar las cartas; aus der Hand ~ leer en las rayas de la mano; ²er(in f) m adivino (-a f) m; aus den Karten: cartomántico (-a f) m, echador(a f) m de cartas; aus der Hand: quiromántico (-a f) m; ²e'rei f adivinación f; sortilegio m; ²ung f profecía f; vaticinio m; adivinación f.

wahr'scheinlich I. adj. probable; verosímil; II. adv. probablemente; er wird ~ (nicht) kommen (no) es probable que venga; ²keit f probabilidad f; verosimilitud f; aller ~ nach con mucha probabilidad; ²keitsrechnung f cálculo m de probabilidades.

'Wahr|spruch ⚖ m veredicto m; ~ung f (0) salvaguardia f; protección f; defensa f; zur ~ m-r Interessen en salvaguardia de mis intereses; unter ~ m-r Rechte sin perjuicio de mis derechos.

'Währung f moneda f; harte (weiche) ~ moneda f fuerte (débil).

'Währungs...: ~abkommen n acuerdo m monetario; ~angleichung f ajuste m monetario; ~ausgleich m compensación f de cambios; ~einheit f unidad f monetaria; ~fonds m: Internationaler ~ Fondo m Monetario Internacional; ~gebiet n área f (od. zona f) monetaria; ~gesetz n ley f monetaria; ~krise f crisis f monetaria; ~parität f paridad f monetaria; ~politik f política f monetaria; ²politisch adj. político-monetario; ~reform f reforma f monetaria; ~reserve f reserva f monetaria; ~schlange f serpiente f monetaria (od. de flotación); ~schrumpfung f contracción f monetaria; ~stabilisierung f estabilización f monetaria; ~stabilität f estabilidad f monetaria; ~standard m patrón m monetario; ~system n sistema m monetario; ~umstellung f conversión f de la moneda; reforma f monetaria; ~verfall m depreciación f monetaria; ~vergehen n delito m monetario; ~union f unión f monetaria.

'Wahrzeichen n marca f característica; símbolo m; emblema m; e-r Stadt: monumento m característico.

'Waise f huérfano (-a f) m; ~ngeld n subsidio m de orfandad; ~nhaus n orfanato m, orfelinato m, asilo m de huérfanos; ~nkind n → Waise; ~nknabe m huérfano m; F fig. er ist ein ~ gegen ihn no puede compararse con él, F no le llega a la suela del zapato; ~nrente f pensión f de orfandad.

Wal Zoo. m (-¢s; -e) ballena f; junger ~ ballenato m; Zoo. ~e coll. cetáceos m/pl.

'Wald m (-¢s; ⁻er) bosque m (a. fig.); monte m; großer: selva f; fig. er sieht den ~ vor lauter Bäumen nicht los árboles le impiden ver el bosque; wie man in den ~ hineinruft, so schallt's heraus cuál la pregunta, tal la respuesta; ~ameise f hormiga f roja; ~arbeiter m obrero m forestal; ²arm adj. pobre en bosques; ~bau m silvicultura f; ~beere ♀ f arándano m, mirtilo m; ~bestand m recursos m/pl. forestales; ~brand m incendio m forestal.

'Wäldchen n bosquecillo m; floresta f; soto m.

'Wald...: ~erdbeere ♀ f fresa f (de los bosques); ~frevel m delito m forestal; ~gebiet n región f forestal; ~gott Myt. m silvano m; ~grenze f límite m del bosque; ~horn ♪ n cuerno m (od. trompa f) de caza); ~hüter m guardabosque m; guarda m forestal; ²ig adj. boscoso; selvático; ~kauz Orn. m cárabo m (común); ~land n terreno m boscoso; ~lauf m Sport: carrera f a través de bosque; angl. cross-country m; ~lichtung f claro m; ~maus Zoo. f ratón m de bosque; ~meister ♀ m asperilla f, aspérula f; ~nymphe Myt. f ninfa f de los bosques, dríada f, dríade f; ~pflanze f planta f selvática; ~rand m linde m del bosque; ²reich adj. rico en bosques; boscoso; ~reichtum m riqueza f forestal; ~schnepfe Orn. f becada f, chocha f; ~sterben n muerte f lenta de los bosques; ~ung f (región f de) bosques m/pl.; ~weg m camino m (od. pista f) forestal; ~wirtschaft f economía f forestal.

'Wales Geogr. n (país m de) Gales m.

'Wal...: ~fang m pesca f de la ballena; ~fangboot n (barco m) ballenero m; ~fänger m ballenero m (a. Schiff); ~fisch m ballena f.

'Walk|e f batán m; ²en v/t. abatanar; F fig. batanear; ~en n batanadura f; ~er m batanero m.

'Walkman m (-s; -men) walkman m.

'Walkmühle f batán m.

Wal'küre Myt. f valquiria f.

Wall m (-¢s; ⁻e) muralla f; ⚔ baluarte m (a. fig.); (Damm) terraplén m.

'Wallach m (-¢s; -e) caballo m capón (od. castrado).

wallen I. v/i. (flattern) ondear, ondular; flotar; (sieden) hervir, bullir (beide a. fig.); ~der Bart barba f fluente; II. ² n ondeo m; hervor m.

'Wall|fahrer m peregrino m, romero m; ~fahrt f peregrinación f; romería f; ²fahr(t)en v/i. peregrinar, ir en peregrinación a; ~fahrts-ort m lugar m de peregrinación; ~graben m⟩

'Wallis Geogr. n Valais m. [foso m.⟨

Wal'lon|e m (-n), ²isch adj. valón (m).

'Wallung f hervor m; ebullición f; efervescencia f (a. fig.); ☆ congestión f; sofoco m; acaloramiento m; fig. efusión f; agitación f; fig. in ~ bringen agitar; requemar; in ~ kommen (od. geraten) emocionarse; agitarse.

'Walmdach △ n tejado m de copete.

'Walnuß f nuez f; ~baum m nogal m.

Wal'purgisnacht f noche f de Walpurgis.

'Wal|rat m/n (-¢s; 0) esperma f de ballena; ~roß Zoo. n morsa f.

'Walstatt Poes. f campo m de batalla.

'walten I. (-e-) v/i. gobernar (über a/c.); reinar; (wirken) obrar; actuar; s-s Amtes ~ cumplir con su deber; Gnade ~ lassen usar clemencia; ser clemente con; das walte Gott! ¡Dios lo quiera!; unter den ~den Umständen en las actuales circunstancias; II. ² n gobierno m; acción f.

'Walter m Gualterio m.

'Waltran m aceite m de ballena.

'Walz|blech n chapa f laminada; ~e f cilindro m; rodillo m (a. Typ.), ⚙ a. rulo m; rollo m; (Trommel) tambor m; F fig. auf der ~ sein rodar (por el) mundo; correr mundo; ~eisen n hierro m laminado; ²en (-t) I. v/t. cilindrar; aplanar, allanar; Straße: apisonar; Met. laminar; ✓ pasar el rodillo; II. (sn) v/i. (tanzen) valsar, bailar el vals, ~en n aplanamiento m; Met. laminación f, laminado m.

'wälzen (-t) v/t. hacer rodar; arrollar; Bücher: hojear; Gedanken, Probleme: dar vueltas a; rumiar; sich ~ revolcarse (in en); sich schlaflos im Bett ~ dar vueltas en la cama; et. von sich ~ quitarse de encima a/c.; descargarse de a/c.; die Schuld auf j-n ~ cargar la culpa a alg.; F echarle el muerto a alg.; Kochk. in Mehl ~ enharinar; F sich vor Lachen ~ retorcerse de risa; F das ist ja zum ² es para morirse de risa.

'walzenförmig adj. cilíndrico.

'Walzer m vals m.

'Wälzer F m libro m voluminoso; F mamotreto m.

'Wälzlager ⊕ n rodamiento m, cojinete m antifricción.

'Walz|maschine f laminadora f; ~stahl m acero m laminado; ~straße f tren m de laminación; ~werk n laminador m; taller m de laminación.

'Wamme f, 'Wampe f (Kehlfalte) papada f; papo m; (Bauchfleisch) panceta f; F (dicker Bauch) panza f, barriga f, P tripa f.

Wams n (-es; ⁻er) jubón m.

Wand f (-; ⁻e) pared f (a. Mont.); (Mauer) muro m; (Lehm²) tapia f; (Trenn²) tabique m; fig. barrera f; ~ an ~ wohnen vivir pared por medio; in m-n vier Wänden en mi casa; entre mis cuatro paredes; fig. j-n an die ~ drücken arrinconar a alg.; eliminar a alg.; Thea. j-n an die ~ spielen robarle la escena a alg.; j-n an die ~ stellen (erschießen) poner al paredón a alg.; die Wände haben Ohren las paredes oyen; es ist, um an den Wänden hochzugehen es como para subirse por las paredes; weiß wie e-e ~ werden ponerse más blanco que la pared.

Wan'dale m → Vandale.

'Wand...: ~anstrich m pintura f; ~arm m ⊕ brazo m mural; soporte m de pared; (Lampe) brazo m (de luz); aplique m; ~behang m tapicería f; colgadura f; ~bild n → ~gemälde; ~brett n estante m; ~dekoration f decoración *f* mural; **~durchführung** ⚡ *f* pasamuros *m*.

'**Wandel** *m* (*Änderung*) cambio *m*; transformación *f*; (*Lebens*♀) (modo *m* de) vida *f*; conducta *f*; **~** schaffen introducir modificaciones (en a/c.); **~anleihe** ✝ *f* empréstito *m* convertible; ♀**bar** *adj.* variable; (*unbeständig*) inconstante, voluble, versátil; **~barkeit** *f* variabilidad *f*; carácter *m* variable; inconstancia *f*; carácter *m* voluble (*od.* versátil); **~gang** *m*, **~halle** *f* galería *f*; *Parl. usw.* pasillo *m*; *Thea.* salón *m* de descanso; foyer *m*; ♀n (-*le*) **I.** (*sn*) *v/i.* deambular; andar, caminar; **II.** *v/t.* cambiar (*in ac.* en); convertir en; transformar; *sich* **~** *in* transformarse en; **~obligation** ✝ *f* obligación *f* convertible; **~stern** *m* planeta *m*.

'**Wander|arbeiter** *m* trabajador *m* migratorio; **~ausrüstung** *f* equipo *m* de excursionista; **~ausstellung** *f* exposición *f* ambulante; **~bücherei** *f* biblioteca *f* circulante; **~bühne** *f* teatro *m* ambulante (*od.* itinerante); **~düne** *f* duna *f* movediza; **~er** *m* caminante *m*; excursionista *m*; **~falke** *Orn.* halcón *m* peregrino; **~gewerbe** *n* comercio *m* ambulante; **~gewerbeschein** *m* licencia *f* de venta ambulante; **~herde** *f* rebaño *m* trashumante; **~heuschrecke** *Zoo.* *f* langosta *f* migratoria; **~jahre** *n/pl.* años *m/pl.* de peregrinaje; **~karte** *f* mapa *m* de turismo; carta-itinerario *f* de excursiones; **~leben** *n* vida *f* nómada (*od.* errante); **~lust** *f* afición *f* al excursionismo; deseo *m* de viajar; ♀n (-*re*; *sn*) *v/i.* caminar; viajar a pie; hacer excursiones (a pie); peregrinar; *Völker, Tiere:* migrar; *Herden:* trashumar; *Dünen:* ser movedizo; *fig. in den Papierkorb usw.:* ir a parar a; **~** *durch* recorrer a/c.; *s-e Blicke* **~** *lassen* dejar vagar su mirada; **~n** *n* excursionismo *m* a pie; turismo *m* pedestre; *Sport:* pedestrismo *m*; ♀**nd** *adj.* migratorio (*a. Zoo.*); *Herde:* trashumante; (*umherziehend*) ambulante; (*nomadisch*) nómada; **~niere** ⚕ *f* riñón *m* flotante; **~pokal** *m* copa *f* ambulante; **~prediger** *m* predicador *m* ambulante; **~preis** *m* *Sport:* trofeo *m* ambulante; **~ratte** *Zoo.* *f* rata *f* parda (*od.* de alcantarilla); **~schaft** *f* viaje *m* a pie; peregrinaje *m*; *auf die* **~** *gehen* ir a correr mundo; *auf* **~** *sein* estar de excursión; **~smann** *m* (-*es*; -*leute*) → *Wanderer*; **~sport** *m* pedestrismo *m*; **~stab** *m* bastón *m* (de viaje); *fig. den* **~** *ergreifen* irse de viaje; **~trieb** *Bio.* *m* instinto *m* migratorio; **~truppe** *Thea.* *f* → *bühne*; **~ung** *f* excursión *f* (a pie); caminata *f*; *v. Völkern, Tieren:* migración *f*; **~ungsbewegung** *f* movimiento *m* migratorio; **~verein** *m* asociación *f* excursionista; **~volk** *n* pueblo *m* nómada; **~welle** *Phys.* *f* onda *f* progresiva; **~zirkus** *m* circo *m* ambulante.

'**Wand...: ~garderobe** *f* recibidor *m* mural; **~gemälde** *n* pintura *f* mural; (cuadro *m*) mural *m*; **~kalender** *m* calendario *m* de pared; **~karte** *f* mapa *m* mural; **~lampe** *f* lámpara *f* de pared, aplique *m*.

'**Wandler** ⚡ *m* convertidor *m*; transformador *m*.

'**Wandlung** *f* cambio *m*; transformación *f*; metamorfosis *f*; *Rel.* transubstanciación *f*; ⚡ redhibición *f*; ♀**sfähig** *adj.* transformable; *Künstler:* versátil; **~sklage** ⚖ *f* acción *f* redhibitoria.

'**Wand...: ~malerei** *f* pintura *f* mural; **~pfeiler** *m* pilastra *f*; **~schirm** *m* pantalla *f*; (*spanische Wand*) biombo *m*; **~schmiererei** *f* pintada *f*; **~schrank** *m* armario *m* empotrado, alacena *f*; **~spiegel** *m* espejo *m* de pared; **~tafel** *f* pizarra *f*; **~teller** *m* plato *m* decorativo; **~teppich** *m* tapiz *m*; **~uhr** *f* reloj *m* de pared; **~ung** *f* pared *f*; **~verkleidung** *f* recubrimiento *m* (*od.* revestimiento *m*) mural; **~zeitung** *f* periódico *m* mural.

'**Wange** *f* mejilla *f*; ⊕ parte *f* lateral; △ *e-r Treppe:* alma *f*; **~nbein** *Anat.* *n* hueso *m* malar.

'**Wankel|mut** *m*, **~mütigkeit** *f* versatilidad *f*; inconstancia *f*, veleidad *f*; ♀**mütig** *adj.* versátil, inconstante, veleidoso; tornadizo.

'**wanken** *v/i.* vacilar; titubear; tambalearse (*alle a. fig.*); (*schwankend gehen*) caminar con paso inseguro; *fig.* flaquear; claudicar; *ihm wankten die Knie* le flaquearon las piernas; *nicht* **~** *und nicht weichen* mantenerse firme (como una roca); no cejar; no ceder (un ápice); *ins* ♀ *bringen* hacer vacilar (*od.* tambalear); *bsd. Pol. Neol.* desestabilizar; *ins* ♀ *geraten* vacilar; *a. fig.* tambalear; *fig. der Boden wankt ihm unter den Füßen* su posición es insegura; **~d** *adj.* vacilante, indeciso; poco seguro.

wann *adv.* cuando; **~** *? ¿cuándo?; seit* **~** *? ¿desde cuándo?; bis* **~** *? ¿hasta cuándo?*

'**Wanne** *f* tina *f*, cuba *f*; pila *f*; (*Bade*♀) bañera *f*; **~nbad** *n* baño *m* en bañera (*od.* de pila).

Wanst *m* (-*es*; *⸚e*) panza *f*, barriga *f*, P tripa *f*.

Want ⚓ *f* (-; -*en*) obenque *m*.

'**Wanze** *f* chinche *f*; F (*Abhörmikrophon*) micro-espía *m*.

'**Wappen** *n* (-*s*; -) armas *f/pl.*; blasón *m*; (**~***schild*) escudo *m*; *im* **~** *führen* llevar en sus armas; **~bild** *n* blasón *m*; **~feld** *n* cuartel *m*; **~kunde** *f* heráldica *f*; blasón *m*; **~schild** *m*, *n* escudo *m* de armas; **~spruch** *m* divisa *f*, lema *m*; **~tier** *n* animal *m* heráldico.

'**wappnen** (-*e*-) *v/t.* armar; *a. fig. sich* **~** armarse (*mit* de).

'**Ware** *f* mercancía *f*, *Am.* mercadería *f*; artículo *m*; género *m*; *e-e* **~** *führen* tener un artículo.

'**Waren...: ~absatz** *m* salida *f* de mercancías; venta *f*; **~ausfuhr** *f* exportación *f* de mercancías; **~ausgang** *m* salida *f* de mercancías; **~ausgangsbuch** *n* registro *m* de salidas; **~aus-tausch** *m* intercambio *m* de mercancías; **~automat** *m* expendedor *m* automático; **~bestand** *m* existencias *f/pl.*, stock *m*; **~bezeichnung** *f* designación *f* de la mercancía; **~börse** *f* bolsa *f* de contratación (*od.* de mercancías); lonja *f*; **~einfuhr** *f* importación *f* de mercancías; **~eingang** *m* entrada *f* de mercancías; **~eingangsbuch** *n* registro *m* de entradas; **~empfänger** *m* consignatario *m*; **~forderungen** *f/pl.* créditos *m/pl.* sobre mercancías; **~gattung** *f* clase *f* de mercancía; **~haus** *n* grandes almacenes *m/pl.*, *Am.* emporio *m*; **~konto** *n* cuenta *f* de mercancías; **~korb** *m* *Statistik:* cesta *f* de la compra; **~kredit** *m* crédito *m* comercial; **~kunde** *f* mercología *f*; **~lager** *n* depósito *m* de mercancías; almacén *m*; (*Bestände*) existencias *f/pl.*, stock *m*; **~niederlage** *f* almacén *m*; depósito *m* de mercancías; **~probe** *f* muestra *f*; espécimen *m*; **~rechnung** *f* factura *f* comercial; **~schuld** *f* deuda *f* comercial; **~sendung** *f* envío *m* (de mercancías); **~verkehr** *m* tráfico *m* de mercancías; **~verzeichnis** *n* lista *f* (*od.* especificación *f*) de las mercancías; **~vorrat** *m* existencias *f/pl.*, stock *m*; **~wechsel** *m* efecto *m* de comercio, letra *f* comercial; **~zeichen** *n* marca *f* (de fábrica); *eingetragenes* **~** marca *f* registrada.

warm *adj.* (**~***er*, **~***st*) caliente; *Wetter:* caluroso (*a. fig.*); *Klima, Farbe:* cálido (*a. fig.*); *Kleidung:* de abrigo; **~***er Empfang* calurosa acogida *f*; **~***e Worte* palabras *f/pl.* sentidas; *es ist* **~** hace calor; *mir ist* **~** tengo calor; **~** *machen* calentar; **~** *werden* calentarse; entrar en calor; acalorarse; *fig.* animarse; tomar confianza; salir de su reserva; *fig. mit ihm wird man nicht* **~** es difícil ganarse su confianza; **~** *essen* comer caliente; **~** *stellen* poner a calentar; **~** *halten* conservar caliente; *sich* **~** *halten* abrigarse; *sich* **~** *anziehen* abrigarse, ponerse ropa de abrigo; *sich* **~** *laufen* calentarse corriendo; **~** *baden* tomar un baño caliente; *die Sonne scheint* **~** el sol calienta mucho; **~** (*wärmstens*) *empfehlen* recomendar mucho (encarecidamente); !♀**bad** *n* baño *m* caliente; !♀**blüter** *n* animal *m* de sangre caliente; !**~blütig** *adj.* de sangre caliente.

'**Wärme** *f* (0) calor *m* (*a. fig.*); *fig. mit* **~** calurosamente; *zehn Grad* **~** diez grados sobre cero; **~abgabe** *f* emisión *f* (*od.* desprendimiento *m*) de calor; **~äquivalent** *n* equivalente *m* térmico; **~aufnahme** *f* absorción *f* de calor; **~ausdehnung** *f* dilatación *f* térmica; **~ausstrahlung** *f* radiación *f* térmica; **~aus-tausch** *m* intercambio *m* de calor; **~behandlung** *f* tratamiento *m* térmico; ⚕ termoterapia *f*; ♀**beständig** *adj.* resistente al calor; termoestable; **~beständigkeit** *f* resistencia *f* al calor; termoestabilidad *f*; ♀**dämmend** *adj.* termoaislante; **~dämmung** *f* aislamiento *m* térmico; **~einheit** *f* unidad *f* calorífica (*od.* de calor); **~elektrizität** *f* termoelectricidad *f*; ♀**erzeugend** *adj.* calorífico; **~erzeugung** *f* producción *f* de calor; termogénesis *f*; *Physiol.* calorificación *f*; **~grad** *m* grado *m* de calor *bzw.* de temperatura; ♀**isolierend** *adj.* calorífugo; termoaislante; **~isolierung** *f* aislamiento *m* térmico; **~kapazität** *f* capacidad *f* térmica; **~kraftwerk** *n* central *f* térmica, **~lehre** *f* termología *f*; **~leiter** *m* conductor *m* térmico; **~leitfähigkeit** *f* conductibilidad *f* calorífica, conductividad *f* térmica; **~leitung** *f* conducción *f* calorífica (*od.* del calor); **~messer** *m* termómetro *m*; calorímetro *m*; **~messung** *f* calorimetría *f*; ♀**n** *v/t. u. v/i.* calentar; *Kleidung:* a.

abrigar; *sich die Füße* ~ calentarse los pies; ~**platte** *f* calientaplatos *m*; placa *f* calefactora; ~**pumpe** *f* bomba *f* de calor (*od.* térmica); ~**regelung** *f* termorregulación *f*; ~**regler** *m* termorregulador *m*; termóstato *m*; ~**schutz** *m* aislamiento *m* térmico; ~**schutzfenster** *n* acristalamiento *m* aislante; ~**speicher** *m* acumulador *m* de calor, termoacumulador *m*; ~**technik** *f* termotécnica *f*; ~**verlust** *m* pérdida *f* de calor; ~**wert** *m* valor *m* térmico; ~**wirkung** *f* efecto *m* calorífico.

'**Wärmflasche** *f* calentador *m*; *aus Gummi*: bolsa *f* de agua caliente.

'**Warm**|**front** *Meteo. f* frente *m* cálido; 2**halten** (*L*) *fig. v/t.*: *sich j-n* ~ conservar las simpatías de alg.; 2~**herzig** *adj.* caluroso; efusivo; 2~**laufen** ⊕ *v/i.* (re)calentarse; ~**laufen** ⊕ *n* (re)calentamiento *m*; ~**luft** *f* aire *m* caliente; ~**luftheizung** *f* calefacción *f* por aire caliente.

'**Wärmplatte** *f* → *Wärmeplatte*.

Warm|**wasser**|**bereiter** *m* calentador *m* de agua; termo(sifón) *m*; ~**heizung** *f* calefacción *f* por agua caliente; ~**leitung** *f* tubería *f* de agua caliente; ~**speicher** *m* depósito *m* de agua caliente; ~**versorgung** *f* abastecimiento *m* de agua caliente.

'**Warn**|**anlage** *f* sistema *m* (*od.* dispositivo *m*) de alarma; ~**boje** ⚓ *f* boya *f* de aviso; ~**dienst** *m* servicio *m* de vigilancia; ~**dreieck** *n* triángulo *m* de emergencia; 2**en** *v/t.* advertir; prevenir (*vor* contra); avisar (de); poner sobre aviso; *gewarnt sein estar sobre aviso; vor ... wird gewarnt!* ¡cuidado con ...!; *ich warne Sie davor* se lo advierto; ~**er** *m* amonestador *m*; monitor *m*; ~**leuchte** *f*, ~**licht** *n* luz *f* de advertencia (*od.* de aviso); ~**ruf** *m* grito *m* de alarma; ~**schild** *n* señal *f* (*od.* rótulo *m*) de aviso; ~**schuß** *m* tiro *m* intimidatorio *bzw.* al aire; ~**signal** *n* señal *f* de aviso; ~**streik** *m* huelga *f* de advertencia (*od.* de aviso); ~**ung** *f* advertencia *f*; aviso *m*; *abschreckende*: escarmiento *m*; *ohne (vorherige)* ~ sin previo aviso; *lassen Sie sich das zur* ~ *dienen que esto le sirva de aviso (od.* de lección *od.* de escarmiento); ~**zeichen** *n* señal *f* de aviso; *Vkw.* señal *f* de peligro.

War'**rant** ✝ *m* (-*s*; -*s*) certificado *m* de depósito; *angl.* warrant *m*.

War'**schau** *n* Varsovia *f*.

'**Warte** *f* puesto *m* de observación; observatorio *m*; (*Wachtturm*) atalaya *f*; *fig. von hoher* ~ *aus* desde un punto de vista elevado; ~**geld** *n* excedencia *f*; cesantía *f*; ※ media paga *f*; ~**liste** *f* lista *f* de espera.

'**warten** (-*e*-) **I.** *v/i.* esperar (*auf j-n* a alg.; *auf et.* a/c.); aguardar; estar a la espera (de); *j-n* ~ *lassen* hacer esperar a alg.; (*nicht*) *auf sich* ~ *lassen* (no) hacerse esperar; (no) tardar mucho (en llegar); *lange* ~ esperar largo tiempo; *warte mal!* ¡espera un momento!; *na, warte!* ¡ya verás!; *da kannst du lange* ~ puedes esperar sentado; **II.** *v/t.* cuidar (*j-n* a *bzw.* de alg.); (*instand halten*) entretener, mantener, conservar en buen estado; **III.** 2 *n* espera *f*; *nach langem* ~ después de larga espera (*od.* de esperar mucho tiempo).

'**Wärter** *m* guarda *m*; guardián *m*; (*Pfleger*) cuidador *m*; ✚ enfermero *m*.

'**Warteraum** *m* sala *f* de espera.

'**Wärterhäus**-**chen** 🏠 *n* garita *f* de guardabarrera.

'**Wärterin** *f* guarda *f*; guardiana *f*; (*Pflegerin*) cuidadora *f*; ✚ enfermera *f*.

'**Warte**|**saal** *m* sala *f* de espera; ~**schlange** *f* cola *f* (de espera) (*a. Computer*); *Drucker*: cola *f* de impresión; ~**zeit** *f* período *m* de espera (*Versicherung*: de carencia); ~**zimmer** *n* sala *f* de espera.

'**Wartung** *f* cuidado *m*; ⊕ entretenimiento *m*, mantenimiento *f*; conservación *f*.

wa'**rum** *adv.* ¿por qué?; ¿por qué razón?, ¿por qué motivo?; (*wozu*) ¿para qué?; ¿con qué objeto?, ¿con qué fin?; ~ *nicht*? ¿por qué no?; *ich weiß nicht* ~ no sé por qué.

'**Warz**|**e** *f* verruga *f*; ~**enhof** *Anat. m* aréola *f* (del pezón); ~**enschwein** *Zoo. n* facóquero *m*; 2**ig** *adj.* verrugoso.

was I. *pron*/*int.* ~? ¿qué? (*a.* F *für wie bitte?*); F (*nicht wahr?*) ¿eh?; ¿verdad?; ~! ¡cómo!; ~ *sagt er*? ¿qué dice?; ~ *ist (los)?*, ~ *gibt es*? ¿qué pasa?, ¿qué hay?; ~ *ist das*? ¿qué es esto?; ~ *ist (mit) dir*? ¿qué te pasa?; ~ *ist dein Vater*? ¿qué es (*od.* qué oficio tiene) tu padre?; ~ *lachst du*? ¿de qué te ríes?; ~ *haben wir gelacht*! ¡lo que nos hemos reído!; ~ *gibt es Besseres als ...*? ¿hay algo mejor que ...?; ~ *hast du dich verändert*! ¡cómo has cambiado!; F (*warum*) *brauchte er zu lügen*? ¿por qué había de mentir?; ~ *für (ein) ...*? ¿qué ...?; ~ *für einer*? ¿cuál?; ~ *für ein Buch brauchst du*? ¿qué libro necesitas?; ~ *für ein Lärm*! ¡qué ruido!; ~ *für ein schöner Garten*! ¡qué jardín más hermoso!; ~ *für Leute waren da*? ¿qué (clase de) gente había allí?; **II.** *pron/rel.* que; *das*, ~ *lo que*; *ich weiß,* ~ *du willst* sé lo que quieres; *alles,* ~ *du willst* todo lo que quieres; *und* ~ *noch schlimmer ist* y lo que es peor; *er tut,* ~ *er kann* hace lo que puede; *er lief,* ~ *er konnte* corrió a más no poder; ~ *auch immer* por mucho que; por más que; ~ *er auch immer tut* haga lo que haga; ~ *auch das Ergebnis sei* sea cual fuere el resultado; ..., ~ *nicht wahr ist* lo cual no es verdad; **III.** F *pron/indef.* (*etwas*) algo; *das ist* ~ *anderes* eso es otra cosa; ~ *Neues*? ¿algo nuevo?; *ich will dir* ~ *sagen* voy a decirte una cosa; *vgl. a. etwas.*

'**Wasch**|**anlage** *f* ⊕, 🛁 lavadero *m*; *Kfz.* tren *m* de lavado; ~**anleitung** *f* instrucciones *f/pl.* para el lavado; ~**anstalt** *f* lavandería *f*; ~**automat** *m* lavadora *f* automática; 2**bar** *adj.* lavable; ~**bär** *Zoo. m* mapache *m*; ~**becken** *n* lavabo *m*; ~**benzin** *n* bencina *f*; ~**blau** *n* azulete *m*; ~**brett** *n* tabla *f* de lavar.

'**Wäsche** (*Waschen*) lavado *m* (*a.* ⊕); (*zu waschende od. gewaschene*) colada *f*; (*Zeug*) ropa *f*; *große* ~ *haben* hacer la colada; *tener día de lavado*; *in die* ~ *geben* dar a lavar; *saubere* ~ *anziehen* ponerse ropa limpia; ~ *zum Wechseln* muda *f* (de recambio); *fig.*

s-e schmutzige ~ *in der Öffentlichkeit waschen* sacar los trapos sucios a relucir; ~**beutel** *m* saco *m* para la ropa sucia.

'**wasch**-**echt** *adj.* lavable; resistente al lavado; *Farbe*: sólido; *fig.* de pura cepa; castizo; por los cuatro costados.

'**Wäsche**...: ~**fabrik** *f* fábrica *f* de ropa blanca; ~**geschäft** *n* lencería *f*; (*Herren*2) camisería *f*; ~**klammer** *f* pinza *f* (para la ropa); ~**korb** *m* cesta *f* para la ropa; ~**leine** *f* cuerda *f* para tender ropa; ~**mangel** *f* calandria *f*.

'**waschen I.** (*L*) *v/t.* lavar (*a.* ⊕, 🕮); *Teller usw.*: *a.* fregar; *sich* ~ lavarse; *fig. e-e Hand wäscht die andere* una mano con otra se lava; *amor con amor se paga*; F *fig. e-e Ohrfeige usw.*, *die sich gewaschen hat* F *una bofetada, etc.* de padre y muy señor mío; *die Arbeit hat sich gewaschen* es un trabajo que se trae; **II.** 2 *n* lavado *m*; lavadura *f*; ⊕ *v. Wolle*: lavaje *m*.

'**Wäscher** *m* lavandero *m*; ⊕, 🕮 lavador *m*.

Wäsche'**rei** *f* lavandería *f*.

'**Wäscherin** *f* lavandera *f*.

'**Wäsche**...: ~**schleuder** *f* secadora *f* centrífuga; ~**schrank** *m* armario *m* de las lencerías; ~**spinne** *f* tendedero *m* (de ropa); ~**tinte** *f* tinta *f* de marcar; ~**trockenplatz** *m*, ~**trockenständer** *m* tendedero *m* (de ropa); ~**truhe** *f* arca *f* para ropa.

'**Wasch**...: ~**frau** *f* lavandera *f*; ~**handschuh** *m* manopla *f* para baño; ~**kessel** *m* caldera *f* para hacer la colada; ~**kleid** *n* vestido *m* lavable; ~**korb** *m* cesta *f* para la ropa; ~**küche** *f* lavadero *m*; F *fig.* (*dichter Nebel*) puré *m* de guisantes; ~**lappen** *m* manopla *f* para baño; F *fig.* Juan Lanas *m*, calzonazos *m*, mandria *m*; ~**lauge** *f* lejía *f*; colada *f*; ~**leder** *n* gamuza *f*; ~**maschine** *f* lavadora *f*; 2**maschinenfest** *a.* lavable en lavadora; ~**mittel** *n*, ~**pulver** *n* detergente *m*; ~**raum** *m* (cuarto *m* de) aseo *m*; lavabo *m*; ~**salon** *m* lavandería *f*; ~**schüssel** *f* jofaina *f*, palangana *f*; ~**seide** *f* seda *f* lavable; ~**straße** *Kfz. f* tren *m* (*od.* túnel *m*) de lavado; ~**tag** *m* día *m* de colada (*od.* de lavado); ~**tisch** *m* palanganero *m*, lavabo *m*; ~**ung** *f* lavado *m*; *Rel.* lavatorio *m*; *a.* ✚ ablución *f*; ~**wanne** *f* artesa *f*; tina *f*; ~**wasser** *n* agua *f* de lavar; ~**weib** *fig. desp. n* comadre *f*; cotilla *f*; ~**zettel** *m fig. Buchhandel*: texto *m bzw.* solapa *f* de presentación; ~**zeug** *n* utensilios *m/pl.* de tocador (*od.* de aseo); ~**zuber** *m* → ~**wanne**.

'**Wasser** *n* agua *f*; *Kosmetik*: loción *f*; (*Urin*) aguas *f/pl.* menores; ~ *lassen, sein* ~ *abschlagen* orinar, hacer aguas; *fig. das ist* ~ *auf s-e Mühle* eso es agua para su molino; *fig. j-m nicht das* ~ *reichen können* no llegarle a alg. a los talones (*od.* a la suela del zapato); *da läuft mir das* ~ *im Munde zusammen* se me hace la boca agua; ⚓ *zu* ~ *gehen* amarar; ⚓, 🚢 *fassen (od. nehmen)* hacer aguada; ⚓ *ziehen* (*lecken*) hacer agua; *bei* ~ *und Brot sitzen* estar a pan y agua; *ins* ~ *fallen* caer al agua; *fig.* hacerse agua (de borrajas); *irse al agua; ins* ~ *gehen (springen)* entrar (lanzarse) al agua; F *fig. wie aus dem* ~

Wasserabfluß — Webereierzeugnis

gezogen F hecho una sopa; *fig. mit allen ~n gewaschen sein* sabérselas todas; *ser más corrido que un zorro viejo*; *sich über ~ halten* mantenerse a flote (*a. fig.*); *fig. das ~ steht ihm bis zum Hals* está con el agua (*od.* la soga) al cuello; *fig. sie hat nahe ans ~ gebaut es muy llorona*; *unter ~ setzen* inundar, anegar; sumergir; *unter ~ stehen* estar inundado; ⚓ *zu ~ bringen* botar; *zu ~ und zu Lande* por mar y por tierra; *fig. es wird überall (nur) mit ~ gekocht* en todas partes cuecen habas; *fig. reinsten ~s* de pura cepa; por los cuatro costados.

'Wasser...: ~abfluß *m* desagüe *m*; ⁀abstoßend *adj.* hidrófugo; ~ader *f* vena *f* de agua; ~anschluß *m* acometida *f* (*od.* toma *f*) de agua; ~anziehend *adj.* higroscópico; hidrófilo; ⁀arm *adj.* falto de agua; árido; ~armut *f* falta *f* (*od.* escasez *f*) de agua; aridez *f*; ~bad ⊕, 🛁 *Kochk.* *n* baño *m* María; ~ball(spiel *n*) *m angl.* waterpolo *m*; ~ballspieler *m* waterpolista *m*; ~bau *m* construcción *f* hidráulica; ~bauingenieur *m* ingeniero *m* hidráulico; ~becken *n* pila *f*; *des Springbrunnens*: *a.* taza *f*; *im Garten*: estanque *m*; ~bedarf *m* necesidades *f/pl.* de agua; exigencias *f/pl.* hídricas; ~behälter *m* depósito *m* de agua; tanque *m*; cisterna *f*; ~bett *n* cama *f* de agua; ⁀bewohnend *Zoo. adj.* acuático, acuícola; ~blase *f* burbuja *f*; ~ ampolla *f*; ~bombe *f* bomba *f* (*od.* carga *f*) de profundidad; ~bruch 🜨 *m* hidrocele *m*; ~büffel *Zoo.* *m* búfalo *m* indio, arni *m*.

'Wässerchen *fig. n*: *er sieht aus, als könnte er kein ~ trüben* parece una mosquita muerta; *parece que nunca ha roto un plato*.

'Wasser...: ~dampf *m* vapor *m* de agua; ⁀dicht *adj.* impermeable; ⚓ estanco; ~ machen impermeabilizar; ~druck *m* presión *f* hidráulica; ⁀durchlässig *adj.* permeable al agua; ~eimer *m* cubo *m*; ~enthärter *m* reblandecedor *m* de agua; ~enthärtung *f* ablandamiento *m* (*od.* desendurecimiento *m*) del agua; ⁀entziehend *adj.* deshidratante; ~entzug *m* deshidratación *f*; ~fahrzeug *n* embarcación *f*; ~fall *m* salto *m* de agua; cascada *f*; *größer*: catarata *f*; F *fig. wie ein ~ reden* hablar más que una cotorra; ~farbe *f* aguada *f*; color *m* para acuarela; ~flasche *f* garrafa *f*; ~floh *Zoo. m* pulga *f* acuática (*od.* de agua); ~flughafen *m* base *f* de hidroaviones; ~flugzeug *n* hidroavión *m*; ~flut *f* inundación *f*, *stärker*: diluvio *m*; avenida *f* (de las aguas); ~fracht *f* flete *m* marítima *bzw.* fluvial; ⁀frei 🜁 *adj.* anhidro; ⁀führend *adj.* acuífero; ~führung *f* *e-s Flusses*: caudal *m*; ~gehalt *m* contenido *m* de agua (*od.* hídrico); ⁀gekühlt *adj.* refrigerado por agua; ~glas *n* vaso *m* para agua; 🝛 vidrio *m* soluble; silicato *m* de sodio *bzw.* de potasio; ~graben *m* 🞋 acequia *f*; 🞋 cuneta *f*; *Sport*: ría *f*; ~hahn *m* grifo *m* (de agua); *Am.* canilla *f*; ⁀haltig *adj.* acuoso; ~haushalt *m* economía *f* hídrica (*a. Physiol.*); ~heilkunde *f* hidroterapia *f*; ~hose *f* tromba *f*, man-

ga *f* (de agua); ~huhn *Orn. n* foja *f*, focha *f*.

'wässerig *adj.* acuoso; 🌿 seroso; *fig. j-m den Mund ~ machen* dar dentera a alg.; poner los dientes largos a alg.; *das macht mir den Mund ~* se me hace la boca agua.

'Wasser...: ~jungfer *Zoo. f* libélula *f*; F caballito *m* del diablo; ~kanne *f* jarro *m* para agua; ~kasten *m* depósito *m* de agua; ~kessel *m* hervidor *m*; ⊕ caldera *f*; ~klosett *m* inodoro *m*, water *m*; ~kocher *m*: (*elektrischer*) ~ termo *m*, hervidor *m* (eléctrico) de agua; ~kopf 🜍 *m* hidrocefalia *f*; (*Person*) hidrocéfalo *m*; ⁀köpfig 🜍 *adj.* hidrocéfalo; ~kraft *f* fuerza *f* (*od.* energía *f*) hidráulica; ~kraftwerk *n* central *f* hidroeléctrica; ~krug *m* cántaro *m*; jarra *f*; ~kühlung *f* refrigeración *f* por agua; ~kunde *f* hidrología *f*; ~kunst *f* juego *m* de aguas; fuentes *f/pl.* artificiales; ~kur 🜍 *f* tratamiento *m* hidroterápico; ~lache *f* charco *m*; ~landung *f* amaraje *m*, amerizaje *m*; ~lassen *n* micción *f*; ~lauf *m* corriente *f* (*od.* curso *m*) de agua; ~leitung *f* conducción *f* de agua; *im Haus*: tubería *f* (*od.* tubería *f*) de agua; ~lilie 🌸 *f* nenúfar *m*; ~linie ⚓ *f* línea *f* de flotación; ~linse 🌸 *f* lenteja *f* acuática (*od.* de agua); ⁀löslich *adj.* soluble en agua, hidrosoluble; ~mangel *m* escasez *f* (*od.* falta *f*) de agua; ~mann *m Astr.* Acuario *m*; 🌿~sche Reaktion reacción de Wassermann; ~mantel ⊕ *m* camisa *f* de agua; ~massage *f* hidromasaje *m*; ~masse *f* aguas *f/pl.*; ~melone 🌿 *f* sandía *f*; ~messer *m* hidrómetro *m*; ~mühle *f* molino *m* de agua; aceña *f*.

'wassern I. (-*re*) ✈ *v/i.* amarar, amerizar; II. ⚲ *n* amaraje *m*, amerizaje *m*.

'wässern I. (-*re*) *v/t.* (*be~*) regar; (*ver~*) aguar; *Kochk.* poner en remojo; *Phot.* lavar; II. ⚲ *n* riego *m*; remojo *m*; *Phot.* lavado *m*.

'Wasser...: ~nixe *Myt. f* ondina *f*; ~pfeife *f* narguile *m*; ~pflanze 🌿 *f* planta *f* acuática; ~pistole *f* pistola *f* de agua; ~polizei *f* policía *f* (*od.* brigada *f*) fluvial; ~pumpe *f* bomba *f* de agua; ~rad ⊕ *f* rueda *f* hidráulica; ~ratte *Zoo. f* rata *f* de agua; *fig.* entusiasta *f* de la natación; ⁀reich *adj.* abundante en agua; *Fluß*: caudaloso; ~reinigung *f* depuración *f* del agua; ~reinigungs-anlage *f* (planta *f*) depuradora *f*; ~reserven *f/pl.* recursos *m/pl.* acuáticos; reserva *f* hídrica; ~rinne *f* canal *m*; reguero *m*; ~rohr *n* tubo *m* de agua; ~rohrbruch *m* rotura *f* de cañerías de agua; ~säule *f* columna *f* de agua; ~schaden *m* daño *m* (causado) por el agua; ~schaufel ⚓ *f* achicador *m*; ~scheide *f* (línea *f*) divisoria *f* de aguas; ~scheu *adj.* que tiene miedo al agua; 🌿 hidrófobo; ~scheu *f* aversión *f* al agua; 🌿 hidrofobia *f*; ~schi *m* esquí *m* náutico (*od.* acuático); ~schlange *Zoo. f* serpiente *f* de agua; *Astr.* Hidra *f*; ~schlauch *m* manga *f*; manguera *f*; ~schnecke ⊕ *f* tornillo *m* de Arquímedes; ~speicher *m* depósito *m* de agua; ~speier 🜂 *m* gárgola *f*; ~spiegel *m* nivel *m* *bzw.* superficie *f*

del agua; ~spiele *n/pl.* juegos *m/pl.* de agua; ~sport *m* deporte *m* náutico (*od.* acuático), náutica *f*; ~sportler *m* deportista *m* náutico; ~spülung *f* *Klosett*: sifón *m*; ~stand *m* nivel *m* del agua; ~stands-anzeiger *m* indicador *m* de nivel (del agua); ~standsmesser *m* fluviómetro *m*; ~stelle *f* aguada *f*; ~stoff 🝧 *m* hidrógeno *m*; *schwerer ~* hidrógeno *m* pesado; deuterio *m*; ⁀stoffblond *adj. Haar*: oxigenado; ~stoffbombe *f* bomba *f* de hidrógeno (*od.* H); ⁀stoffhaltig *adj.* hidrogenado; ~stoffperoxyd 🝧 *n* agua *f* oxigenada; ~strahl *m* chorro *m* de agua; ~straße *f* vía *f* fluvial (*od.* navegable *od.* de navegación); ~straßennetz *n* red *f* de vías fluviales; ~sucht *f* 🜍 hidropesía *f*; ⁀süchtig *adj.* hidrópico; ~suppe *f desp.* calducho *m*; ~tier *n* animal *m* acuático; ~träger *m* aguador *m*; ~transport *m* transporte *m* por agua *bzw.* fluvial; ~tropfen *m* gota *f* de agua; ~turbine *f* turbina *f* hidráulica; ~turm *m* arca *f* de agua; cambija *f*; ~uhr *f* contador *m* de agua; ⁀undurchlässig *adj.* impermeable; ~rung *f* → ~landung.

'Wässerung *f* → *Wässern*.

'Wasser...: ⁀unlöslich *adj.* insoluble en agua; ~verbrauch *m* consumo *m* de agua; ~verdrängung ⚓ *f* desplazamiento *m*; ~verschmutzung *f* contaminación *f* del agua; ~versorgung *f* abastecimiento *m* (*od.* suministro *m*) de agua; ~vogel *m* ave *f* acuática; ~vorräte *m/pl.* → *reserven*; ~waage *f* nivel *m* de agua; ~weg *m*: *auf dem ~* por vía fluvial; ~welle *f* (*Frisur*) ondulación *f*; marcado *m*; ~werfer *m* cañón *m* de agua; ~werk *n* central *f bzw.* servicio *m* de abastecimiento *f* de aguas; ~wirtschaft *f* régimen *m* de aguas; ~zähler *m* → ~uhr; ~zeichen *n* filigrana *f*, marca *f* de agua; ~zufuhr *f* traída *f* de agua.

'waten (-*e-*; *sn*) *v/i.* vadear (*durch* a/c.); caminar (*in* por).

'Watsche [a:] *reg. f* bofetada *f*.

'Watschel|gang *m* patoso andar *m*; ⁀ig *adj.* patoso; ⁀n (-*le*; *sn*) *v/i.* contonearse como un pato; anadear; ~n *n* → ~gang.

Watt¹ *n* (-*es*; -*en*) → Wattenmeer.
Watt² 🝧 *n* (-*s*; -) vatio *m*.
'Watte *f* algodón *m* (hidrófilo); F *fig. j-n in ~ packen* tener a alg. entre algodones; ⁀artig *adj.* algodonoso; ~bausch *m* torunda *f* de algodón.
'Wattenmeer *n* aguas *f/pl.* bajas (de la costa).
'Wattestäbchen *n* bastoncillo *m* de algodón.
wat'tieren (-) *v/t.* enguatar; acolchar.
'Watt...: ~leistung 🝧 *f* potencia *f* medida en vatios; ~meter *n* vatímetro *m*; ~stunde 🝧 *f* vatio-hora *m*.
wau! *int. Hund*: ¡guau!; ⚲'wau *m Kindersprache*: perrito *m*.
Web *n* (- *od. -s*; 0) *Internet*: web *f*, telaraña *f*, Malla *f* Mundial.
'Web|art *f* tejedura *f*; ⚲n *v/t.* tejer; ~en *n* tejedura *f*, tejido *m*.
'Weber *m* tejedor *m*; ~baum *m* enjullo *m*, enjulio *m*.
Webe'rei *f* tejeduría *f* (*a. Fabrik*); (*Gewebe*) tejido *m*; ~erzeugnis *n* producto *m* textil.

'Weber|in *f* tejedora *f*; ~kamm *m* peine *m* para telares; ~knecht *Zoo. m* segador *m*, falangio *m*; ~knoten *m* nudo *m* de tejedor; ~schiffchen *n* lanzadera *f* (de tejedor); ~vogel *Orn. m* tejedor *m*.
'Web|fehler *m* falla *f* en el tejido; ~kante *f* orillo *m*.
'Web-Seite *f Internet*: página *f* Web, web *f*.
'Web|stuhl *m* telar *m*; ~waren *f/pl*. tejidos *m/pl*.
'Wechsel *m* (*-s*; -) 1. cambio *m* (*a. Geld*2); muda *f*; mudanza *f*; (*Abwandlung*) variación *f*; (*Glücks*2) vicisitud *f*; *regelmäßiger*: alternación *f*; *Sport*: relevo *m*; *Jgdw*. paso *m*; (*Schwankung*) fluctuación *f*; *im* ~ *mit* alternando con; 2. (*monatliche Zuwendung*) mensualidad *f*; ✝ letra *f* de cambio; *eigener* (*od. trockener*) ~ letra *f* al propio cargo, *Span.* pagaré *m*; *zweiter* ~ segunda *f* de cambio; *gezogener* ~ giro *m*; *offener* ~ carta *f* de crédito; *e-n* ~ *ausstellen* girar (*od.* librar) una letra (*auf j-n contra alg.*); ~abteilung *f* servicio *m* de cambio; ~agent *m* agente *m* de cambio; ~agio *n* cambio *m*; agio *m*; ~akzept *n* aceptación *f* de una letra (de cambio); letra *f* aceptada; ~aussteller *m* librador *m*, girador *m*; ~bad ♂ *n* baño *m* alterno; ~balg *m* niño *m* suplantado; (*Mißgeburt*) monstruo *m*; ~bank *f* banco *m* de descuento; casa *f* de cambio; ~bestand *m* efectos *m/pl*. en cartera; cartera *f* de efectos; ~bewegung *f* movimiento *m* recíproco; ~beziehung *f* correlación *f*; relación *f* recíproca; reciprocidad *f*; ~bürge *m* avalista *m*; fiador *m* (de la letra); ~bürgschaft *f* aval *m*; *e-e* ~ *leisten* avalar; ~diskont *m* descuento *m* de una letra; 2fähig *adj*. autorizado para librar una letra; ~fälle *m/pl*. vicisitudes *f/pl*.; altibajos *m/pl*.; reveses *m/pl*. de la fortuna; ~fälscher *m* falsificador *m* de letras (de cambio); ~fälschung *f* falsificación *f* de letras (de cambio); ~fieber ♂ *n* fiebre *f* intermitente, paludismo *m*; ~forderungen *f/pl*. efectos *m/pl*. a cobrar; ~frist *f* días *m/pl*. de gracia; ~geber *m* → ~aussteller; ~geld *n* vuelta *f*; cambio *m*; ~gesang *m* canto *m* antifonal (*od.* alterno); ~geschäft *n* operaciones *f/pl*. cambiarias; negociación *f* de efectos; ~getriebe *Kfz. n* engranaje *m* de cambio de velocidades; ~gläubiger *m* acreedor *m* cambiario; 2haft *adj*. cambiante; *bsd. Wetter*: inestable, variable; *fig.* versátil, tornadizo; ~inhaber *m* portador *m* (*od.* tenedor *m*) de una letra; ~inkasso *n* cobro *m* de letras; ~jahre *Physiol. n/pl*. climaterio *m*, menopausia *f*; ~klage ⚖ *f* demanda *f* (judicial) en asunto de cambio; ~kredit *m* crédito *m* cambiario; ~kurs *m* tipo *m* de cambio; ~kursschwankungen *f/pl*. ✝ variaciones *f/pl*. del tipo de cambio; ~makler *m* corredor *m* de letras.
'wechseln (-*le*) *v/t. u. v/i. allg.* cambiar (*a. Geld u. fig. Blicke usw.*); *Wäsche, Farbe, Stimme*: *a.* mudar; (*variieren*) variar; (*ab*~) alternar; (*eintauschen*) cambiar (*gegen* por), trocar (por); *Jgdw*. pasar; *den Platz*, *die Stellung usw.* ~ cambiar de sitio, de empleo, *etc.*; *die Wohnung* ~ mudarse de casa, cambiar de domicilio; *können Sie* ~? ¿tiene (usted) cambio?; *ich kann nicht* ~ no tengo cambio; ~d *adj*. cambiante; variable; (*ab*~) alternativo; alternando; *mit* ~*em Glück* con diversa fortuna, con suerte alterna.
'Wechsel...: ~nehmer *m* tomador *m* de una letra; ~pari *n* cambio *m* a la par; ~protest *m* protesto *m* de una letra; ~prozeß ⚖ *m* proceso *m* cambiario; ~recht *n* derecho *m* cambiario; ~reim *m* rima *f* alterna; ~reiter *m* girador *m* fraudulento; ~reite'rei *f* libramiento *m* de letras cruzadas; ~richter ⚖ *m* ondulador *m*; ~schalter ⚡ *m* commutador *m* inversor; ~schuld *f* obligación *f* cambial; ~schuldner *m* deudor *m* cambiario; 2seitig *adj*. mutuo, recíproco; ~seitigkeit *f* mutualidad *f*, reciprocidad *f*; 2ständig ⚘ *adj*. alterno; ~steuer *f* impuesto *m* del timbre sobre letras; ~strom ⚡ *m* corriente *f* alterna; ~stromgenerator *m* alternador *m*; ~strommotor *m* motor *m* de corriente alterna; ~stube *f* oficina *f* (*od.* casa *f*) de cambio; ~summe *f* valor *m* de la letra; ~tierchen *Zoo. n* amiba *f*; ~verbindlichkeit *f* obligación *f* cambiaria; *pl.* ~*en* efectos *m/pl*. a pagar; ~verkehr *m* transacciones *f/pl*. cambiarias; 2voll *adj*. variable; variado; lleno de vicisitudes; (*bewegt*) movido; accidentado; 2weise *adv*. por turno; alternativamente; alternando; ~winkel ⚭ *m* ángulo *m* alterno; ~wirkung *f* acción *f* recíproca, interacción *f*; ~wirtschaft ⚘ *f* rotación *f* de cultivos; cultivo *m* alterno.
'Wechsler ✝ *m* agente *m* de cambio; cambista *m*.
'Weck *m* (-*ts*; -*e*), ~e *f*, ~en bollo *m*; panecillo *m*; ~dienst *Tele. m* servicio *m* de despertador; 2en *v/t.* despertar (*a. fig.*); F llamar; *fig.* evocar; ~en *n* (toque *m* de) diana *f*; *j-m auf den* ~ *fallen* F dar la lata a alg.; crispar los nervios a alg.; ~glas *n* tarro *m*; ~ruf ⚔ *m* toque *m* de diana.
'Wedel *m* ⚘ fronda *f*, fronde *f*; (*Fliegen*2) mosqueador *m*; (*Staub*2) plumero *m*; (*Schwanz*) cola *f*; 2n (-*le*) *v/t. u. v/i*. agitar, menear (*mit et. a/c.*); *mit dem Fächer* ~ abanicar; *mit dem Schwanz* ~ colear, mover (*od.* menear) la cola; *Staub* ~ quitar el polvo.
'weder *cj.*: ~ ... *noch* ni ... ni; ~ *du noch ich* ni tú ni yo; ~ *der eine noch der andere* ni uno ni otro.
Weg [*e:*] *m* (-*ts*, -*e*) camino *m* (*a. fig.*); *bsd. fig.* vía *f* (*a. Anat.*, ⚘); (*Pfad*) sendero *m*, senda *f* (*a. fig.*); (*Durchgang*) paso *m*; (*Reise*2) itinerario *m*; ruta *f* ⚓; derrotero *m* (*a. fig.*); (*Strecke*) trayecto *m*; recorrido *m*; *fig.* (*Art und Weise*) modo *m*, manera *f*; ⊕ carrera *f*; *der* ~ *nach* ... *el camino de* ...; *Stück* ~ trecho *m* (de camino); *den kürzesten* ~ *nehmen* tomar el camino más corto; *a. fig.* echar por el atajo; *e-n* ~ (*Besorgung*) *machen* hacer un recado; *j-m den* ~ *ebnen* allanar el camino a alg.; *s-n* ~ *gehen* seguir su camino (*a. fig.*); *fig. s-n* ~ *machen* abrirse camino (en la vida); *wohin des* ~*s*? ¿adónde vas *bzw.* va usted?; *am* ~*e al lado* (*od.* al borde) del camino; *auf diplomatischem* (*gesetzlichem*; *gerichtlichem*) ~*e* por vía diplomática (legal; judicial); *auf gütlichem* ~*e* amistosamente, F por las buenas; *auf dem* ~*e nach* camino de; *auf dem* ~*e* (*unterwegs*) sein estar en camino; *fig. auf dem* ~*e zu* en vías de; *auf dem* ~*e der Besserung sein* ir mejorando; *fig. auf schnellstem* ~*e* lo más pronto posible; *fig. auf den rechten* ~ *bringen* encauzar por buen camino; *fig. auf dem richtigen* ~*e sein* ir por buen camino; *auf dem falschen* ~*e sein* ir descaminado (*od.* por mal camino); *fig. andere* ~*e gehen* ir por otros derroteros; *fig. neue* ~*e gehen* abrir nuevos caminos; *sich auf den* ~ *machen* ponerse en camino (*nach* para); *aus dem* ~ *gehen* dar paso a; hacerse a un lado; *fig.* evitar; *e-r Frage usw.*: eludir; *aus dem* ~*e räumen* *od.* *schaffen*) *a. fig.* quitar de en medio; *et. in die* ~*e leiten* encauzar, encarrilar; *amtlich*: tramitar, gestionar; *j-m in den* ~ *laufen* cruzar el camino de alg.; *fig. j-m et. in den* ~ *legen* poner trabas (*od.* cortapisas) a alg.; *j-m im* ~*e stehen* estorbar a alg.; ser un estorbo (*od.* obstáculo) para alg.; *dem steht nichts im* ~*e* nada se opone a ello; no hay (ningún) inconveniente; *fig. sich selbst im* ~*e stehen* perjudicarse a sí mismo; *sich j-m in den* ~ *stellen* cerrar el paso a alg.; *fig.* interponerse en el camino de alg.; *fig. j-m nicht über den* ~ *trauen* no tener ninguna confianza en alg.; no fiarse en absoluto de alg.
weg [ε] *adv.* (*abwesend*) ausente; fuera; (*verloren*) perdido; *er ist* ~ se ha ido (*od.* marchado); ha salido; F *ich muß* ~ tengo que marcharme; *mein Buch ist* ~ he perdido *bzw.* extraviado el libro; *weit* ~ muy lejos, muy distante; *der Fleck ist* ~ la mancha ha desaparecido; F *ganz* ~ *sein* no caber en sí (*vor Freude* de alegría); (*verblüfft sein*) estar pasmado (*od.* F patidifuso); ~ *da*! ¡quítate!, ¡fuera de aquí!, ¡largo (de ahí)!; *Kopf* ~! ¡cuidado con la cabeza!; ~ *damit*! ¡fuera con eso!; ~ *mit dir*! ¡vete al diablo!, ¡vete a la porra! → *a.* hinweg, !*~bekommen* (*L*; -) *v/t.*: *et.* ~ conseguir quitar a/c.; *Last*: poder llevar, F (*verstehen*) F caer.
'Wegbereiter [*e:*] *m* precursor *m*; pionero *m*.
'weg...: ~blasen (*L*) *v/t.* soplar, quitar soplando; ~bleiben (*L*; *sn*) *v/i.* no acudir; no venir; faltar; *Sache*: (*ausgelassen werden*) ser omitido; *Motor*: fallar; *das kann* ~ esto se puede suprimir; *lange* ~ tardar (en volver); ~blicken (*L*) *v/i.* apartar la vista, mirar hacia otro lado; ~bringen (*L*) *v/t.* llevar, conducir, trasladar; alejar; llevar a otra parte; (*beiseite schaffen*) apartar; quitar de en medio; *Flecken*: quitar; ~denken (*L*) *v/t.* prescindir de; abstraer (*od.* hacer abstracción); *dies ist aus dem Erziehungswesen nicht wegzudenken* la educación no es concebible (*od.* imaginable) sin esto; ~drängen *v/t.* repeler; empujar (a un lado), ~dürfen *v/i.* tener permiso para irse (*od.* marcharse).
'Wege...: ~bau *m* construcción *f* de

caminos; ~baumeister *m* ingeniero *m* de caminos; ~geld *n* peaje *m*; ~lagerer *m* salteador *m* de caminos; bandolero *m*.

'wegen *prp.* (*gen.*, F *dat.*) por, a (*od.* por) causa de; (*aus Anlaß*) con motivo de; (*infolge*) a consecuencia de; debido a; (*in betreff*) respecto a (*od.* de); en lo que se refiere a; (*um ... willen*) por amor de; F *von* ~! ¡ni hablar!; F ¡y un jamón!

'Wege|netz *n* red *f* de caminos; red *f* vial; ~recht *n* servidumbre *f* de paso.

'Wegerich ♀ *m* (-*s*; -*e*) llantén *m*.

'weg...: ~essen (*L*) *v/t*. comérselo todo; F dejar el plato limpio; ~fahren (*L*) **I.** (*sn*) *v/i*. irse, marcharse, salir (*nach para*); **II.** *v/t*. llevar; transportar; ⚙fahrsperre *f*: elektronischer ~ *Kfz*. inmovilizador *m* antirrobo; ⚙fall *m* supresión *f*; (*Auslassung*) omisión *f*; (*Aufhören*) cesación *f*; (*Abschaffung*) abolición *f*; eliminación *f*; ~fallen (*L*; *sn*) *v/i*. (*ausgelassen werden*) omitirse; (*abgeschafft werden*) ser (*od.* quedar) suprimido *bzw.* abolido; suprimirse; (*ausfallen*) no tener lugar; (*aufhören*) cesar, acabar; ~ lassen suprimir; eliminar; omitir; ~fegen *v/t*. barrer; ~fliegen (*L*; *sn*) *v/i*. levantar el vuelo; *Person*: partir en avión; *Sache*: ser llevado por el viento; ~fließen (*L*; *sn*) *v/i*. derramarse; ~führen *v/t*. llevar consigo; ⚙gang *m* partida *f*; salida *f*; *beim* ~ *al partir*; al salir (*aus de*); ~geben (*L*) *v/t*. dar; deshacerse de; ~gehen (*L*; *sn*) *v/i*. irse, marcharse; salir (*a. fig. Fleck*); ✝ *Ware*: venderse; ~ *über pasar por encima* (*a. fig.*), *geh weg!* ¡lárgate!; ¡fuera!

'Weggenosse [:] *m* compañero *m* de camino (*od.* de viaje).

'weg...: ~gießen (*L*) *v/t*. tirar; ~haben (*L*) F *v/t*. haber recibido (su parte); *s-e Strafe* ~ tener su merecido; F *fig. et.* ~ saberse a/c. al dedillo; F captar a/c.; F *e-n* ~ haber bebido más de la cuenta; (*verrückt sein*) tener flojos los tornillos; ~hängen *v/t*. colgar en otro lugar; *Kleider*: guardar; ~helfen (*L*) *v/i*.: *j-m* ~ *über* ayudar a alg. a pasar a/c.; ~holen *v/t*. *ir bzw.* venir a buscar; (*wegschaffen*) llevar consigo; trasladar a otro lugar; F *sich* ~ *Krankheit*: coger, F pillar; ~jagen *v/t*. ahuyentar; expulsar; echar a la calle; ~kehren *v/t*. barrer; ~kommen (*L*; *sn*) *v/i*. salir; irse, marcharse; lograr salir; (*verlorengehen*) perderse, extraviarse; *fig. bei et. gut* (*schlecht*) ~ salir bien (mal) librado de a/c.; *über et.* ~ consolarse de a/c.; superar a/c.; *mach, daß du wegkommst!* ¡lárgate!; ¡fuera de aquí!; ~können *v/i*. poder salir *bzw.* ausentarse *bzw.* marcharse; ~kriechen (*L*; *sn*) *v/i*. alejarse a rastras; ~kriegen F *v/t*. → *bekommen*; ~lassen (*L*) *v/t*. dejar salir; (*auslassen*) omitir; (*wegstreichen*) suprimir; ⚙lassung *f* omisión *f*; supresión *f*; ~laufen (*L*; *sn*) *v/i*. irse corriendo; (*davonlaufen*) escaparse; marcharse; *das läuft mir nicht weg* eso no corre prisa; ~legen *v/t*. poner aparte; poner a un lado; (*verwahren*) guardar; *Akten*: archivar; ~locken *v/t*. atraer; ~machen *v/t*. quitar; hacer desaparecer; F *sich* ~ marcharse; escabullirse; eclipsarse.

'Weg|markierung [:] *f* señalización *f* (de un itinerario); ~messer *m* odómetro *m*.

'weg...: ~müssen (*L*) *v/i*. tener que salir *bzw.* marcharse; *das muß weg* esto hay que quitarlo; ⚙nahme *f* toma *f* (*a.* ✕); (*Entwendung*) hurto *m*, sustracción *f*; (*Beschlagnahme*) incautación *f*; aprehensión *f*; ~nehmen (*L*) *v/t*. quitar; retirar; *mit Gewalt*: arrebatar; (*entwenden*) hurtar, sustraer; (*beschlagnahmen*) incautarse de; aprehender; *Raum*: ocupar; *Zeit*: consumir; ~packen *v/t*. recoger; guardar; F *sich* ~ F largarse; ~putzen *v/t*. limpiar, quitar (con un trapo); F *fig. alles* ~ comérselo todo; ~radieren (-) *v/t*. borrar; ~raffen *v/t*. arrebatar.

'Wegrand [:] *m*: *am* ~ *al borde del* camino.

'weg...: ~räumen *v/t*. recoger; guardar; *Schutt*: descombrar; *Hindernis*: remover, quitar (de en medio); ~reisen (*sn*) *v/i*. salir (*od.* marchar) de viaje; ~reißen (*L*) *v/t*. arrancar, quitar (por la fuerza); arrebatar; ~rennen (*L*; *sn*) *v/i*. salir corriendo; huir; ~rücken **I.** *v/t*. apartar; retirar, quitar; remover, **II.** (*sn*) *v/i*. hacer sitio; correrse; ~rufen (*L*) *v/t*. llamar.

'wegsam [:] *adj*. transitable, practicable.

'weg...: ~schaffen *v/t*. llevarse; apartar; quitar; ~schaufeln (-*le*) *v/t*. quitar con la pala.

'Wegscheide [:] *f* cruce *m* de caminos; (*Gabelung*) bifurcación *f*.

'weg...: ~schenken *v/t*. dar, regalar; ~scheren F *v/refl*.: *sich* ~ F largarse, salir pitando; *scher dich weg!* ¡lárgate!; ~scheuchen *v/t*. ahuyentar; ~schicken *v/t*. enviar; *Waren*: *a.* expedir, despachar; *Person*: despedir, despachar; ~schieben (*L*) *v/t*. empujar (a un lado); apartar; ~schießen (*L*) *v/t*. derribar de un tiro; ~schleichen (*L*) *v/refl*.: *sich* ~ escabullirse, marcharse a hurtadillas; ~schleppen *v/t*. arrastrar; llevar a rastras; (*mitnehmen*) llevarse; ~schleudern (-*re*) *v/t*. lanzar, arrojar; ~schließen (*L*) *v/t*. encerrar, guardar bajo llave; ~schmeißen (*L*) F *v/t*. tirar; ~schnappen *v/t*.: *j-m et.* ~ F birlar (*od.* mangar) a/c. a alg.; ~schneiden (*L*) *v/t*. (re)cortar; ~schütten (-*e*-) *v/t*. tirar; ~schwemmen *v/t*. llevarse, arrastrar; ~schwimmen (*L*; *sn*) *v/i*. ser arrastrado por la corriente; *Person*: alejarse nadando; ~sehen (*L*) *v/i*. apartar la vista; *fig.* ~ *über* no hacer caso de; F hacer la vista gorda; ~setzen (-*t*) *v/t*. apartar, poner aparte (*od.* a un lado); *sich* ~ ponerse en otro sitio; ~spülen *v/t*. arrastrar; llevarse; *Erdreich*: derrubiar; ~stecken *v/t*. quitar; (*verbergen*) esconder; ~stehlen *v/refl*.: *sich* ~ marcharse a hurtadillas; ~stellen *v/t*. poner a un lado (*od.* en otro lugar); ~sterben (*L*; *sn*) *v/i*. morirse; ~stoßen (*L*) *v/t*. apartar de un empujón.

'Wegstrecke [:] *f* recorrido *m*; trayecto *m*.

'wegstreichen (*L*) *v/t*. suprimir; tachar; borrar.

'Wegstunde [:] *f* legua *f*.

'weg...: ~tragen (*L*) *v/t*. llevarse; ~treiben (*L*) **I.** *v/t*. expulsar; **II.** (*sn*) *v/i*. ser arrastrado por la corriente; ~treten (*L*; *sn*) *v/i*. retirarse; ✕ romper filas; *weggetreten!* ¡rompan filas!; ~tun (*L*) *v/t*. quitar; retirar; (*wegwerfen*) tirar; (*beiseite tun*) poner a un lado; guardar; ~wehen *v/t*. llevarse (el viento).

'Wegweiser [:] *m* indicador *m* (de camino); poste *m* indicador.

'weg...: ~wenden (*L*) *v/t*. desviar, apartar; volver; *den Blick* ~ apartar la vista; ⚙werf-artikel *m* producto *m* de usar y tirar; ~werfen (*L*) *v/t*. tirar (*a. Geld*); *fig. sich* ~ rebajarse, degradarse; envilecerse; prostituirse; ~werfend *adj*. desdeñoso; despectivo; ⚙werfflasche *f* botella *f* no recuperable (*od.* sin retorno); ⚙werfgesellschaft *f* sociedad *f* del desipilfarro; ⚙werfhandtuch *n* toalla *f* desechable; ~wischen (*L*) *v/t*. quitar (con un trapo); borrar; ~zaubern (-*re*) *v/t*. hacer desaparecer como por encanto; escamotear.

'Weg|zehrung [:] *f* provisiones *f/pl.* (para el viaje); *Rel. letzte* ~ viático *m*, ~zeichen *n* señal *f* indicadora (de camino).

'weg...: ~zerren *v/t*. llevar arrastrando (*od.* a rastras); ~ziehen (*L*) **I.** *v/t*. quitar, retirar; *Vorhang*: descorrer; **II.** (*sn*) *v/i*. irse, marcharse; *aus der Wohnung*: mudarse (de casa); ⚙zug *m* partida *f*; marcha *f*; *aus der Wohnung*: mudanza *f*.

Weh **I.** *n* (-*és*; -*e*) mal *m*; dolor *m*; *seelisch*: pena *f*, aflicción *f*; *mit* ~ *und Ach* a duras penas; **II.** ⚙ *adj*. malo; dolorido; doloroso; *e-n* ~*en Finger haben* tener un dedo malo; ~ *tun doler*; *j-m* ~ *tun* hacer daño a alg.; causar dolor a alg.; *seelisch*: apenar (*od.* afligir *od.* contristar) a alg.; *wo tut es dir* ~? ¿dónde te duele?; *es ist mir* ~ *ums Herz* estoy muy apenado; *der Hals tut mir* ~ me duele la garganta; *sich* ~ *tun* hacerse daño, lastimarse; **III.** ⚙, ⚙ *int.*: ~!, *au* ~! ¡ay!; *o* ~! ¡ay, Dios mío!; *ay mir!* ¡ay de mí!; ¡pobre de mí!; ~ *den Besiegten!* ¡ay de los vencidos!

'Wehe *f* (*Schnee*⚙) duna *f* de nieve.

'Wehen *f/pl*. dolores *m/pl*. de parto, contracciones *f/pl*. uterinas; *in den* ~ *liegen* estar con dolores.

'wehen **I.** *v/i*. *Wind*: soplar; *Fahne usw.*: ondear, flotar; ~ *lassen* dejar flotar (en el aire); **II.** ⚙ *n* soplo *m*; ondeo *m*.

'Weh...: ~geschrei *n* lamentos *m/pl.*; gritos *m/pl*. de dolor; ayes *m/pl.*; ~klage *f* lamento *m*; queja *f*; gemido *m*; ⚙klagen *v/i*. lamentarse; quejarse; gemir; ⚙leidig *adj*. quejumbroso, quejica; ~mut *f* (dulce) melancolía *f*; nostalgia *f*; ⚙mütig *adj*. melancólico; nostálgico.

Wehr[1] *n* (-*és*, -*e*) (*Damm*) dique *m*; (*Stau*⚙) presa *f*.

'Wehr[2] *f* (-; -*en*) defensa *f*; resistencia *f*; *sich zur* ~ *setzen* defenderse; oponer resistencia; ~be-auftragte(r) *m* comisario *m* de las fuerzas armadas; ~beitrag *m* contribución *f* a la defensa; ~bereich *m* región *f* militar; ~bezirk *m* distrito *m* militar; ~dienst *m* servicio *m* militar;

~dienstverweigerer *m* objetor *m* de conciencia; ~dienstverweigerung *f* objeción *f* de conciencia.
'wehren I. *v*/*refl.*: sich ~ defenderse (gegen contra); oponer resistencia (a); resistirse (a); II. *v*/*i.*: e-r Sache ~ oponerse a a/c.; e-m Übel ~ evitar (*od.* precaver) un mal; wer will es ihm ~? ¿quién va a impedírselo?
'Wehr...: ~ersatz *m* reemplazo *m*; ~ersatz-amt *n* caja *f* de recluta; ~ersatzdienst *m* servicio *m* sustitutorio (del servicio militar); ~ertüchtigung *f* preparación *f* militar; ~etat *m* presupuesto *m* de defensa; ⚥fähig *adj.* apto (útil) para el servicio militar; ~gang *m* adarve *m*; ~gehänge *n* talabarte *m*; tahalí *m*; ⚥haft *adj.* capaz de defenderse (*od.* de luchar); (*tapfer*) valiente, arrojado; ~hoheit *f* soberanía *f* militar; ~kraft *f* fuerza *f* defensiva; ~kraftzersetzung *f* desmoralización *f* de las tropas; ~kreis *m* región *f* militar; ⚥los *adj.* indefenso, sin defensa; inerme; ~ machen desarmar; ~losigkeit *f* indefensión *f*; imposibilidad *f* de defenderse; ~macht *f* fuerzas *f*/*pl.* armadas; ~melde-amt *n* caja *f* de recluta; ~paß *m* cartilla *f* militar; ~pflicht *f* servicio *m* militar obligatorio; ⚥pflichtig *adj.* sujeto al servicio militar; ~ sein estar en caja; ~pflichtige(r) *m* recluta *m*; mozo *m*; ~sold *m* paga *f*, soldada *f*; ~stammrolle *f* lista *f* de reclutamiento.
Weh'weh(chen) F *n* F pupa *f*.
Weib *n* (-*es*, -*er*) mujer *f*; hembra *f*; altes ~ vieja *f*; '~chen *n* Zoo. hembra *f*; F mujercita *f*.
'Weiber...: ~art *f* modo *m* propio de las mujeres; ~feind *m* misógino *m*; ~geschichten *f*/*pl.* cosas *f*/*pl.* de faldas; ~geschwätz *n* F comadreo *m*, cotorreo *m*; ~held *m* hombre *m* mujeriego (*od.* aficionado a las faldas); F tenorio *m*; ~herrschaft *f* ginecocracia *f*, gobierno *m* de las mujeres; ~laune *f* capricho *m* de mujer; ~list *f* astucia *f* femenina; ⚥toll *adj.* mujeriego; ~volk *n* mujerío *m*.
'weib|isch *adj.* afeminado; mujeril; ~lich *adj.* femenino (*a. Gr.*); femenil; mujeril; ~es Tier hembra *f*; F ~es Wesen F fémina *f*; ⚥lichkeit *f* (0) femin(e)idad *f*; die holde ~ el bello sexo.
'Weibs|bild *n*, ~person *f* hembra *f*; *desp.* mujerzuela *f*; F tía *f*; ~leute *desp. pl.* mujeres *f*/*pl.*; mujerío *m*; ~stück *desp. n* F tía *f*; arpía *f*.
weich *adj.* blando (*a. Wasser, Währung, Droge u. fig.*); (*zart*) delicado; (*sanft*) suave; (*mürbe*) tierno (*a. Brot, Fleisch*); (~gepolstert) muelle; (*biegsam*) flexible (*a. Hut*); (~herzig) sensible; impresionable; (*schlaff*) flác(c)ido; *Haar*: sedoso; *Farbtöne*: suave; tenue; *Eisen*: dulce; *Ei*: pasado por agua; ~ machen ablandar; reblandecer; suavizar; ~ werden ablandarse (*a. fig.*); reblandecerse, ponerse blando; *fig.* enternecerse; (*nachgeben*) ceder, claudicar; die Knie wurden mir ~ me flaquearon las piernas; sich ~ anfühlen ser blando al tacto; '⚥bild *n* término *m* municipal.
'Weiche *f* 1. Anat. ijada *f*, flanco *m*; 2. 🢒 aguja *f*; die ~n stellen cambiar las agujas; *fig.* encauzar (a/c.).

'weichen¹ I. *v*/*t.* remojar, poner en remojo; II. *v*/*i.* quedar en remojo.
'weichen² (*L*; *sn*) *v*/*i. a. fig.* ceder (*vor dat.* ante); retroceder; recular; retirarse (*a.* ⚔); j-m nicht von der Seite ~ no apartarse del lado de alg.; von j-m ~ abandonar (*od.* dejar solo) a alg.; nicht von der Stelle ~ no moverse del sitio.
'Weichen...: ~signal 🢒 *n* señal *f* de cambio de vía; ~steller *m*, ~wärter *m* guardagujas *m*; ~stellung *f* maniobra *f* bzw. cambio *m* de agujas; ~stellwerk *n* puesto *m* de maniobra de agujas.
'weich...: ~gekocht *adj. Ei*: pasado por agua; ⚥heit *f* (0) blandura *f*; flexibilidad *f*; *a. fig.* ternura *f*; suavidad *f*; *fig.* delicadeza *f*; dulzura *f*; sensibilidad *f*; ~herzig *adj.* blando (*od.* tierno) de corazón; ⚥herzigkeit *f* ternura *f* de corazón; ⚥holz *n* madera *f* blanda; ⚥käse *m* queso *m* blando; ~lich *adj.* blando (*a. fig.*); flojo; F blanducho; *Person*: blandengue; muelle; afeminado; ⚥lichkeit *f* blandura *f*, molicie *f*; flojedad *f*; ⚥ling *m* (-s; -e) hombre *m* afeminado; blandengue *m*, blando *m*; ~machen F *fig. v*/*t.* ablandar; ⚥macher ⊕ *m* plastificante *m*; für Wäsche: suavizante *m*.
'Weichsel [ks] *f* 1. (*Fluß*) Vístula *m*; 2. ♀ *f* (-; -*n*), ~kirsche *f* guinda *f*; (*Baum*) guindo *m*.
'Weich|spüler *m* suavizante *m*; ~teile Anat. *m*/*pl.* partes *f*/*pl.* blandas; ~tiere Zoo. *n*/*pl.* moluscos *m*/*pl.*
'Weide *f* 1. ♀ sauce *m*; 2. ✍ pasto *m*; pastizal *m*; dehesa *f*; auf die ~ führen (*od.* treiben) llevar a pastar (*od.* a pacer); ~land *n* pastos *m*/*pl.*; tierra *f* de pastoreo.
'weiden (-*e*-) I. *v*/*i.* pacer, pastar; II. *v*/*t.* apacentar, pastar; pastorear; llevar a pacer; *fig.* sich an et. ~ deleitarse en a/c.; refocilarse con a/c.; *schadenfroh*: regodearse en a/c.; III. ⚥ *n* pastoreo *m*; apacentamiento *m*.
'Weiden...: ~baum *m* sauce *m*; ~gebüsch *n* saucedal *m*; ~geflecht *n* tejido *m* del sauce; ~kätzchen ♀ *n* flor *f* del sauce; ~korb *m* cesta *f* de mimbre; ~rute *f* mimbre *m*.
'Weide...: ~platz *m* pasto *m*; pastizal *m*; dehesa *f*; ~recht *n* derecho *m* de pastoreo; ~wirtschaft *f* pasticultura *f*.
'weid|gerecht *Jgdw. adj.* de buen cazador; conforme a las reglas de la caza; ~lich *adv.* (*gehörig*) mucho; soberanamente; F de lo lindo; ~mann *m* (-*es*; ~*er*) cazador *m*; montero *m*; ~männisch *adj.* de (*adv.* como) buen cazador; ⚥manns'heil *n*: ~! ¡buena caza!; ⚥messer *n* cuchillo *m* de monte; ⚥werk *n* montería *f*; caza *f*; ~wund *Jgdw. adj.* herido.
'weiger|n (-*re*) *v*/*refl.*: sich ~ negarse (et. zu tun a hacer a/c.); resistirse (a hacer a/c.); ⚥ung *f* negativa *f*; ⚥ungsfall *m*: im ~e en caso de negativa.
Weih Orn. *m* (-*es*, -*e*) milano *m*.
'Weih|altar *m* altar *m* consagrado; ~becken *n* pila *f* de agua bendita; ~bischof *m* obispo *m* auxiliar.
'Weihe¹ Orn. *f* milano *m*.
'Weihe² *f* consagración *f*; bendición *f*;

e-s Priesters: ordenación *f*; *fig.* solemnidad *f*; e-r Sache die rechte ~ verleihen solemnizar un acto; die ~n erteilen (empfangen) ordenar (ordenarse); höhere (niedere) ~n órdenes *f*/*pl.* mayores (menores); ⚥n *v*/*t.* consagrar; bendecir; *fig.* dedicar; consagrar; j-n zum Priester ~ ordenar sacerdote a alg., conferir las (sagradas) órdenes a alg.; sich e-r Sache ~ consagrarse (*od.* dedicarse) a a/c.
'Weiher *m* estanque *m*.
'Weihe|stätte *f* santuario *m*; ~stunde *f* hora *f* bzw. acto *m* solemne; ⚥voll *adj.* solemne.
'Weih|gabe *f*, ~geschenk *n* ofrenda *f*; exvoto *m*.
'Weihnacht *f*, ~en *n* Navidad *f*; navidades *f*/*pl.*; zu ~ para Navidad; um ~ por Navidad; fröhliche ~! ¡felices pascuas!; ¡felices Navidades!; ⚥lich *adj.* navideño.
'Weihnachts...: ~abend *m* Nochebuena *f*; ~baum *m* árbol *m* de Navidad; ~bescherung *f* distribución *f* de los regalos de Navidad; ~feier *f* celebración *f* de la Navidad; ~fest *n* (fiesta *f* de) Navidad *f*; fiesta *f* navideña; ~geschenk *n* regalo *m* de Navidad; ~gratifikation *f* gratificación *f* de Navidad; ~lied *n* canción *f* navideña; *Span.* villancico *m*; ~mann *m* Papá *m* Noel; ~markt *m* feria *f* de Navidad; mercado *m* navideño; ~stern ♀ *m* pascua *f*, estrella *f* de navidad; ~tag *m* día *m* de Navidad; zweiter ~ día *m* de San Esteban; ~zeit *f* tiempo *m* de Navidad; época *f* navideña.
'Weih|rauch *m* incienso *m*; ~rauchfaß *n* incensario *f*; ~wasser *n* agua *f* bendita; ~wasserbecken *n* pila *f* de agua bendita; ~wedel *m* hisopo *m*.
weil *cj.* porque; como; (da ja) ya que; puesto que.
'Weil|chen *n* F momentito *m*; ratito *m*; ~e *f* (0) espacio *m* de tiempo; lapso *m*; rato *m*; (*Augenblick*) instante *m*, momento *m*; e-e ganze ~ un buen rato; es ist schon e-e (gute) ~ her, daß hace ya un (buen) rato que; vor e-r ~ hace un rato; hace un(os) momento(s); nach e-r ~ momentos después; al poco rato; al cabo de un rato; damit hat es gute ~ no hay (*od.* corre) prisa; mit ~ despacio; ⚥en Poes. *v*/*i.* permanecer; detenerse; er weilt nicht mehr unter uns ya no está entre nosotros; ha pasado a mejor vida.
'Weiler *m* caserío *m*; aldea *f*.
'Wein *m* (-*es*, -*e*) vino *m*; ♀ vid *f*; *pl. a.* caldos *m*/*pl.*; wilder ~ vid *f* silvestre; *fig.* j-m reinen ~ einschenken decir a alg. la cruda verdad; ⚥artig *adj.* vinoso; ~ausschank *m* despacho *m* de vinos; ~bau *m* viticultura *f*; ~bauer *m* viticultor *m*, viñador *m*, *Arg.* viñatero *m*; (viti)vinicultor *m*; ~baugebiet *n* región *f* vitícola (*od.* vinícola); ~beere *f* (grano *m* de) uva *f*; ~bereitung *f* vinificación *f*; ~berg *m* viña *f*; viñedo *m*; ~bergschnecke Zoo. *f* caracol *m* (de Borgoña); ~blatt *n* hoja *f* de parra; ~brand *m* brandy *m*, brandi *m*.
'wein|en *v*/*i. u. v*/*t.* llorar (vor de; um por); um j-n ~ llorar la muerte de alg.; heftig ~ llorar a lágrima viva; bittere Tränen ~ llorar amargamente; ⚥en *n* llanto *m*; j-n zum ~ bringen hacer

llorar a alg.; dem ~ nahe sein estar a punto de llorar; es ist zum ~ es para (echarse a) llorar; **~erlich** adj. llorón; Stimme, Ton: lloroso.

'**Wein**...: **~ernte** f vendimia f; **~erzeuger** m (viti)vinicultor m; **~erzeugung** f vinicultura f; producción f vitivinícola; **~essig** m vinagre m de vino; **~faß** n tonel m; pipa f; cuba f; **~flasche** f botella f de vino; **~garten** m viña f; viñedo m; **~gärtner** m viñador m; **~gegend** f región f vitícola (od. vinícola); **~geist** m espíritu m de vino; alcohol m; **~glas** n vaso m bzw. copa f para vino; **~handel** m comercio m de vinos; **~händler** m negociante m en vinos; vinatero m; **~handlung** f vinatería f; bodega f; **~heber** m catavino m; **~hefe** f heces f/pl. de vino; **~jahr** n: gutes ~ año m abundante en vinos; **~kanne** f jarro m para vino; **~karte** f carta f (od. lista f) de vinos; **~keller** m bodega f; **~kelter** f lagar m; **~kenner** m conocedor m de vinos; **~krampf** ♣ m llanto m convulsivo; **~krug** m cántaro m para vino; **~kühler** m champañero m; **~lager** n depósito m (od. almacén m) de vinos; bodega f; **~land** n país m vinícola; **~laub** n hojas f/pl. de parra; **~laube** f parral m, emparrado m; **~lese** f vendimia f; **~leser**(in f) m vendimiador(a f) m; **~lokal** n taberna f, F tasca f; **~presse** f prensa f de uvas; **~probe** f degustación f (od. cata f) de vinos; **~prüfer** m catavinos m; **~ranke** f pámpano m; **~rebe** f vid f; ²**rot** adj. rojo vinoso; **~säure** ♣ f ácido m tartárico; **~schlauch** m odre m; ²**selig** adj. F achispado; **~stein** ♣ m tártaro m; **~steinsäure** ♣ f → ~säure; **~steuer** f impuesto m sobre los vinos; **~stock** m cepa f; **~stube** f → ~lokal; **~traube** f racimo m de uvas; einzelne: uva f; **~treber** m/pl., **~trester** m/pl. orujo m (de la uva); **~zwang** m obligación f de tomar vino.

'**weise** adj. sabio; (vorsichtig) prudente.

'**Weise** f manera f, modo m; forma f; método m; ♪ aire m, melodía f; auf diese ~ de este modo, de esta manera; auf die e-e oder andere ~ de uno u otro modo; auf die gleiche ~ del mismo modo, de la misma manera; auf jede ~ de todos modos, de todas (las) maneras; auf keine ~ de ningún modo, de ninguna manera, en modo alguno, en manera alguna; auf m-e ~ a mi manera, a mi modo; in der ~, daß de modo (od. manera) que; jeder nach s-r ~ cada cual a su manera (od. a su gusto).

'**Weisel** m abeja f reina.

'**weisen** (L) **I.** v/t. (zeigen) mostrar, enseñar; señalar, indicar; (verweisen) remitir (an ac. a); (entfernen) expulsar (aus, von de); j-m die Tür ~ echar a alg. a la calle; von der Hand (od. von sich) ~ rechazar; **II.** v/i.: auf et. (j-n) ~ señalar a/c. (a alg.).

'**Weise**(**r**) m sabio m; die ~ aus dem Morgenland los Reyes Magos.

'**Weisheit** f sabiduría f; saber m; der ~ letzter Schluß el último recurso; mit s-r ~ zu Ende sein ya no saber qué hacer; F die ~ mit Löffeln gegessen haben ser un pozo de ciencia; er hat die ~ nicht mit Löffeln gegessen no ha inventado la pólvora; behalte deine ~(en) für dich! ¡no te metas donde no te llaman!; Bib. das Buch der ~ (el Libro de) la Sapiencia, el Libro de la Sabiduría; **~szahn** Anat. m muela f del juicio.

'**weis**|**lich** adv. sabiamente; prudentemente; cuerdamente; **~machen** v/t.: j-m et. ~ hacer creer a/c. a alg.; machen Sie das e-m andern weis! ¡a otro perro con ese hueso!; ¡cuénteselo a su abuela!; sich et. ~ lassen comulgar con ruedas de molino; laß dir nichts ~! ¡no te dejes engañar!

weiß I. adj. (-est) blanco; ~ machen blanquear, emblanquecer; ~ werden ponerse blanco (a. Person); blanquear, emblanquecer; ~ anstreichen (kleiden) pintar (vestir) de blanco; ~es Haar cana f; ✢ ²e Woche semana f blanca; das ²e Haus la Casa Blanca; ~e Kohle hulla f blanca; ~er Sport deporte m blanco; ²er Sonntag Domingo m de Cuasimodo; ~e Weihnachten Navidades f/pl. blancas; **II.** ² n blanco m, color m blanco: blanco f; in ~ (gekleidet) (vestido) de blanco; das ~e im Auge el blanco del ojo.

'**weissag**|**en** v/t. predecir; presagiar; vaticinar, pronosticar, augurar; profetizar; ²**er** m profeta m; adivino m; ²**erin** f profetisa f; adivina f; ²**ung** f predicción f; presagio m; vaticinio m, augurio m; profecía f.

'**Weiß**...: **~bier** n cerveza f de trigo; **~blech** n hojalata f; **~bluten** n: bis zum ~ a más no poder; **~brot** n pan m blanco; **~buch** Pol. n Libro m Blanco; **~buche** ♀ f ojaranzo m, carpe m; **~dorn** ♀ m espino m blanco; **~e** f blancura f, blancor m; **~e**(**r**) m blanco m, hombre m blanco (od. de raza blanca); **~e-'Kragen-Kriminalität** f delincuencia f de cuello blanco; ²**en** (-t) v/t. blanquear; (tünchen) enjalbegar; encalar; **~en** n blanqueo m; **~fisch** m albur m; **~fluß** ♣ m flujo m blanco, leucorrea f; ²**gekleidet** adj. vestido de blanco; ²**gelb** adj. blanco amarillento; **~gerber** m curtidor m en blanco; **~gerbe**'**rei** f curtido m en blanco; ²**glühend** adj. candente, calentado al (rojo) blanco; incandescente; **~glut** f candencia f blanca; incandescencia f; rojo m blanco; zur ~ bringen poner al (rojo) blanco; fig. sacar de quicio; **~gold** n oro m blanco; ²**grau** adj. gris pálido; ²**haarig** adj. de pelo blanco; cano; **~käse** m (Quark) requesón m; **~kohl** m, **~kraut** n repollo m; ²**lich** adj. blanquecino; blancuzco; **~ling** m (-s; -e) mariposa f blanca; Ict. merlán m; **~mehl** n harina f blanca; **~metall** n metal m blanco; **~näherin** f costurera f de ropa blanca; **~pappel** ♀ f álamo m blanco; **~russe**, ²**russisch** adj. ruso (m) blanco, bielorruso (m); **~rußland** n Rusia F Blanca, Bielorrusia f; **~tanne** ♀ f abeto m blanco, pinabete m; **~waren** f/pl. lencería f; ²**waschen** fig. v/t.: j-n ~ limpiar a alg. de culpas; **~wein** m vino m blanco; **~zeug** n ropa f blanca; lencería f.

'**Weisung** f instrucción f; directiva f; orden f; **~en** befolgen seguir órdenes; ²**sgemäß** adv. conforme a las instrucciones.

weit I. adj. (-est) (ausgedehnt) extenso, vasto; dilatado; (geräumig) espacioso, amplio, ancho; (entfernt) lejano, alejado; distante; Kleid: ancho; holgado; Weg, Reise: largo; Entfernung: grande; im ~esten Sinne des Wortes en el más amplio sentido de la palabra; ein ~er Unterschied una gran diferencia; **II.** adv. lejos; vor comp. (con) mucho; ~ entfernt (muy) lejos; alejado, lejano; ~ von hier lejos de aquí; 5 Kilometer ~ entfernt a cinco kilómetros de distancia; ~ gefehlt! ¡ni remotamente!; ~ mehr (besser) mucho más (mejor); ~ und breit a la redonda; por todas partes, por doquier; so gut ~ hasta aquí todo va bien; ~ verbreitet muy extendido; ~ zurückliegend lejano; remoto; ~ fortgeschritten muy avanzado (a. ♣); ~ übertreffen superar en mucho, ~ gehen ir lejos (a. fig.); zu ~ gehen ir demasiado lejos (a. fig.); fig. (pro)pasarse, extralimitarse, excederse; so ~ gehen, daß llegar hasta el extremo que; das geht zu ~ esto ya es demasiado; F esto pasa de la raya (od. de castaño oscuro); fig. er wird nicht sehr ~ damit kommen con eso no llegará muy lejos; er ist ~ gekommen, er hat es ~ gebracht ha hecho fortuna bzw. carrera; ha triunfado en la vida; so ~ ist es mit ihm gekommen hasta ese extremo ha llegado; ~ sehen ver lejos; fig. damit ist es nicht ~ her no es (ninguna) cosa del otro mundo; F no es para tanto; es ist nicht ~ her mit ihm no es ninguna lumbrera; er ist ~ über 40 pasa con mucho de los cuarenta; so ~ ist es noch nicht todavía no se ha llegado a eso; so ~ ist es nun gekommen? ¿hasta eso se ha llegado?; so ~ bin ich noch nicht todavía me falta algo; aún no he terminado; so ~ wie möglich lo más lejos posible; wie ~? ¿a qué distancia?; ¿hasta dónde?; wie ~ bist du? ¿a dónde has llegado?; wie ~ bist du mit deiner Arbeit? ¿cómo anda tu trabajo?; ist es noch ~? ¿falta mucho?; ist es ~ (bis dahin)? ¿queda lejos?; wie ~ ist es von hier nach ...? ¿qué distancia hay de aquí a ...?; fig. wie ~ will er gehen? ¿a dónde pretende llegar?; bei ~em (nicht) (ni) con mucho; bei ~em nicht vollständig sein estar lejos de ser completo; von ~em de lejos, desde lejos; '**~ab** adv. muy lejos; lejos de aquí; '**~aus** adv. con mucho; ~ besser mucho mejor; stärker: infinitamente mejor; '**~bekannt** adj. conocidísimo; '²**blick** m (-es; 0) amplitud f de miras; visión f de futuro; perspicacia f; '**~blickend** adj. perspicaz; (voraussehend) previsor.

'**Weite 1.** f (Breite) ancho m, anchura f; (Ausdehnung) extensión f; (Geräumigkeit) amplitud f (a. fig.); (Entfernung) distancia f; (Ferne) lejanía f; (weiter Raum) vastedad f (a. fig. der Kenntnisse); (Durchmesser) diámetro m; ⊕ calibre m; (Spann²) envergadura f (a. fig.); **2.** n: fig. das ~ suchen F tomar las de Villadiego; poner pies en polvorosa.

'**weiten** (-e-) v/t. ensanchar; dilatar; sich ~ ensancharse; dilatarse.

'**weiter** adj. comp. más lejano, más extenso usw.; zeitlich: ulterior; (zusätzlich) adicional, suplementario; (außerdem) además; (darauf) luego, después; ~ weg más allá; ~e Fragen otras cuestiones; des ~en además; bis auf ~es hasta nuevo aviso; hasta nueva orden; (zunächst) por ahora; de momento; im ~en Sinne en sentido más amplio; Gr. por extensión; das 2e lo demás; el resto; alles 2e todo lo demás; ohne ~es sin más (ni más); das kann man ohne ~es tun no hay inconveniente en hacerlo; ~ oben (unten) más arriba (abajo); und so ~ y así sucesivamente; etcétera (Abk. etc.); wer ~? ¿quién más?; ~ niemand nadie más; ~ nichts? ¿nada más?; ¿eso es todo?; nichts ~! nada más; eso es todo; was ~?, und ~? ¿y qué más?; wenn's ~ nichts ist si no es más que eso; ~ machen (erweitern) ensanchar; ~ werden ensancharse; dilatarse; hacerse más ancho; ~ et. tun continuar (od. seguir) haciendo a/c. (od. con a/c.); ~!, nur ~! ¡siga!, ¡continúe!; nicht ~! ¡basta!; das hat ~ nichts zu sagen, das ist ~ nichts eso no tiene importancia; eso no es nada; er hat ~ nichts zu tun als (inf.) no tiene más que (inf.); was willst du noch ~? ¿qué más quieres?; das ist ~ kein Unglück no es ninguna desgracia; no es nada; ~arbeiten (-e-) v/i. seguir trabajando; ~befördern (-re; -) v/t. reexpedir; 2beförderung f reexpedición f; ~behandeln (-le; -) v/t. 2 continuar tratando (od. el tratamiento); 2behandlung f tratamiento m ulterior; 2bestand m subsistencia f; continuación f; continuidad f; ~bestehen (L; -) v/i. subsistir; continuar existiendo; mantenerse; ~bilden (-e-) v/t. perfeccionar; sich ~ perfeccionarse; ampliar sus conocimientos; 2bildung f perfeccionamiento m; ampliación f de estudios; ~bringen (L) v/t. hacer avanzar; das bringt mich nicht weiter con esto no gano nada; ~denken (L) v/t. pensar en el futuro; ~empfehlen (L; -) v/t. recomendar; ~entwickeln (-le; -) v/t. perfeccionar; 2entwicklung f desarrollo m ulterior; perfeccionamiento m; ~erzählen (-) v/t. contar a otros; (hacer) correr la voz; 2e(s) n → weiter; ~fahren (L; sn) v/i. seguir (od. continuar) el viaje; 2fahrt f continuación f del viaje; 2flug m continuación f del vuelo; ~führen v/t. continuar; 2führung f continuación f; 2gabe f transmisión f; ~geben (L) v/t. transmitir; (herumreichen) hacer circular; pasar (an a.); ~gehen (L; sn) v/i. avanzar; seguir su camino; fig. seguir (su curso), continuar; ~ (/ ¡circulen!; so kann es nicht ~ esto no puede seguir (od. continuar) así; ~helfen (L) v/i. ayudar; ~hin adv. en adelante; en el futuro; ulteriormente; (ferner) además; et. ~ tun continuar (od. seguir) haciendo a/c. (od. con a/c.); ~kämpfen v/i. seguir luchando; ~kommen (L; sn) v/i. avanzar; fig. a. adelantar; hacer progresos; nicht ~ estacionarse; estancarse; so kommen wir nicht weiter así no vamos (od. llegamos) a ninguna parte; 2kommen n avance m; ~können (L) v/i. nicht ~ no poder seguir (od. continuar); ich kann nicht mehr weiter (mit m-n Kräften) ya no puedo más; ~leben v/i. seguir viviendo; sobrevivir; 2leben n supervivencia f; ~leiten (-e-) v/t. transmitir (an ac. a); reexpedir; Gesuch usw.: cursar, dar curso a; 2leitung f transmisión f; reexpedición f; ~lesen (L) v/t. seguir (od. continuar) leyendo; ~machen I. v/t. seguir, continuar haciendo a/c.; II. v/i. seguir, continuar; ~reichen v/t. → ~geben; 2reise f continuación f del viaje; ~reisen (-t; sn) v/i. continuar (od. seguir) el viaje; ~sagen v/t. divulgar; decir (od. contar) a otros; (hacer) correr la voz; bitte, sagen Sie es nicht weiter! ¡por favor, no se lo diga usted a nadie!; et. nicht ~ guardar discreción sobre a/c.; ~senden (L) v/t. (re)expedir; 2ver-arbeitung f tratamiento m (od. elaboración f) ulterior; ~verbreiten (-e-; -) v/t. difundir, propagar; divulgar; ~verfolgen v/t. perseguir; 2verkauf m reventa f; ~verkaufen (-) v/t. revender; ~vermieten (-e-; -) v/t. subarrendar; 2vermietung f subarriendo m; ~ziehen (L; sn) v/i. seguir su camino.

'weit...: ~gehend I. adj. extenso, vasto; considerable; (~reichend) de gran alcance (od. trascendencia); Vollmacht: amplio; II. adv. en gran parte; ~gereist adj. que ha viajado mucho; ~gesteckt adj.: ~e Ziele haben tener grandes aspiraciones; F picar muy alto; ~greifend adj. trascendental; de gran alcance; ~'her adv. de(sde) lejos; ~herzig adj. generoso; liberal; (zu) ~ sein tener manga ancha; 2herzigkeit f generosidad f; liberalidad f; ~'hin adv. a lo lejos; fig. en gran parte; ~läufig I. adj. amplio; extenso; vasto, espacioso; (ausführlich) detallado; circunstanciado; (weitschweifig) prolijo; Verwandter: lejano; II. adv. (ausführlich) detalladamente; con todo detalle; ~ verwandt mit pariente lejano de; 2läufigkeit f amplitud f; extensión f (Weitschweifigkeit) prolijidad f; ~maschig adj. de grandes mallas; ~reichend adj. extenso; de gran alcance (a. Geschütz); 2schuß m tiro m largo; ~schweifig adj. prolijo; verboso; 2schweifigkeit f prolijidad f; verbosidad f; 2sicht f → 2blick; ~sichtig adj. ℱ (übersichtig) hipermétrope; (alters~) présbita; fig. → ~blickend; 2sichtigkeit f (Übersichtigkeit) hipermetropía f; (Alters2) presbicia f; 2sprung m salto m de longitud; ~spurig ⛓ adj. de vía (Am. trocha) ancha; ~tragend adj. de gran alcance (a. Geschütz); fig. a. trascendental; ~verbreitet adj. muy extendido (od. frecuente od. generalizado); Zeitung: de gran tirada; ~verzweigt de vasta ramificación; 2winkel-objektiv Phot. n objetivo m gran angular.

'Weizen m (-s; 0) trigo m; fig. sein ~ blüht sus negocios prosperan (od. van viento en popa); F se está poniendo las botas; ~brot n pan m de trigo (m. candeal); ~feld n trigal m, campo m de trigo; ~mehl n harina f de trigo.

welch pron.: ~ (ein) ...! ¡qué ...!, F ¡vaya (un) ...!; ~ ein Glück! ¡qué suerte!; ~ e-e Überraschung! ¡vaya sorpresa!; I. pron/interr. ¿qué?; ¿cuál?; ¿~r von beiden? ¿cuál (de los dos)?; auf ~ Weise? ¿de qué manera?; II. pron/rel. el cual, la cual, lo cual; jd. a. quien; derjenige, ~r el que; quien; aus ~m del que; del que; in ~m en que; en el cual; von ~m del cual; del que; de quien; ~ (~r, ~s) auch immer cualquiera que (subj.); pl. cualesquiera que (subj.); ~ Fehler du auch haben magst cualesquiera que sean tus defectos; III. pron/indef. (einige) algunos; es gibt ~, die sagen hay algunos que dicen; hay quienes dicen; es sind noch ~ da quedan algunos (od. unos cuantos); haben Sie Geld? — ja, ich habe ~s sí, tengo (algo); '~er'art, '~erge'stalt adv. de qué manera; en qué forma; ~ sie auch seien sean como sean; sean los que sean; ~ auch s-e Gründe sein mögen sean cuales sean sus motivos; '~er'lei adv. qué clase de ...; in ~ Form es auch sei en cualquier forma; sea cual fuere la forma.

'Welf|e Hist. m (-n), 2isch adj. güelfo (m).

welk adj. marchito; ajado; mustio (alle a. fig.); (schlaff) flác(c)ido; ~e Schönheit belleza f marchita; ~ werden = '~en (sn) v/i. marchitarse; ajarse; '2en n marchitamiento m; '2heit f (0) marchitez f.

'Wellblech n chapa f ondulada.

'Welle f ola f (a. fig.); onda f (a. Phys., Radio); fig. oleada f; Haar: ondulación f; Turnen: molinete m; ⚙ árbol m, eje m; fig. die neue ~ la nueva ola; ~n schlagen ondear; fig. hacer sensación; levantar ampollas; 2n v/t. ondular; sich ~ ondularse; gewelltes Gelände (Haar) terreno m (pelo m) ondulado.

'Wellen...: ~anzeiger m Radio: detector m de ondas; 2artig adj. → 2förmig; ~bad n piscina f de olas; ~band n Radio: banda f de ondas; ~bereich m Radio: gama f de ondas; banda f de frecuencia; ~berg m cima f de una ola; Phys. cúspide f de onda; ~bewegung f movimiento m ondulatorio; ondulación f; ~brecher ⚓ m rompeolas m; 2förmig adj. ondulatorio; ondulado, ondeado; ~e Bewegung movimiento m ondulatorio; ondulación f; ~gang m oleaje m; ~kamm m cresta f de la ola; ~kupplung ⊕ f acoplamiento m axial; ~länge f Radio: longitud f de onda; ~linie f línea f ondulada; ~mechanik f mecánica f ondulatoria; ~messer m ondímetro m; ~reiten n surf m; ~schlag m embate m de las olas; ~schreiber ℱ m ondógrafo m; ~sittich Orn. m periquito m; ~strom ℱ m corriente f ondulatoria; ~tal n concavidad f de la onda; ~theorie f teoría f ondulatoria; ~zapfen ⊕ m pivote m del árbol.

'Well|fleisch n carne f de cerdo cocida; 2ig adj. ondulado (a. Haar); Gelände: a. accidentado; ~pappe f cartón m ondulado.

'Welpe m cachorro m.

'Wels Ict. m (-es; -e) siluro m.

welsch adj. romano; latino; (fremdländisch) extranjero.

'Welt f (-; -en) mundo m (a. fig.); (Weltall) universo m; fig. (Bereich) mundillo m; die Alte (Neue) ~ el Viejo (Nuevo) Mundo; Pol. die Freie ~ el mundo libre; die große ~ el gran mundo; la alta sociedad; alle ~ todo el mundo; die ganze ~ el mundo entero; *vor aller* ~ delante de todos; a los ojos de todo el mundo; *was in aller* ~ ...! ¡qué diablo ...!; *um alles in der* ~! ¡por lo que más quieras!; *um nichts in der* ~ por nada del mundo; *in alle* ~ *zerstreut* disperso por todo el mundo; *auf der* ~ en el mundo; *auf die* ~ *kommen* venir al mundo; *zur* ~ *bringen* dar a luz; *in die* ~ *setzen* echar al mundo (*a. fig.*); *aus der* ~ *schaffen* deshacerse (*od.* desembarazarse) de; hacer desaparecer; acabar con; *Schwierigkeiten usw.*: zanjar, allanar; *aus der* ~ (*entlegen*) *sein* estar muy lejos; *aus der* ~ *scheiden* morir; e-e *Reise um die* ~ *machen* hacer un viaje alrededor del mundo; *um die* ~ *gehen Nachricht usw.*: dar la vuelta al mundo; *fig. die* ~ *kennen* tener (mucho) mundo; *er ist viel in der* ~ *herumgekommen* ha corrido mucho mundo; *fig. das kann nicht die* ~ *kosten* no puede costar mucho; *durch die* ~ *ziehen* correr (por el) mundo; andar por esos mundos de Dios; *am Ende der* ~ *wohnen* vivir en el fin del mundo; F vivir donde Cristo dio las tres voces; *bis ans Ende der* ~ hasta el fin del mundo; *solange die* ~ (*be*)*steht* desde que el mundo es mundo; *fig. die* ~ *ist klein* (*od. ein Dorf*) F el mundo es un pañuelo; *das Getriebe der* ~ el mundanal ruido; ²**abgeschieden** *adj.* retirado, aislado; *Ort*: remoto; ²**abgewandt** *adj.* apartado del mundo; ~**all** *n* universo *m*; orbe *m*; ~**anschaulich** *adj.* ideológico; ~**anschauung** *f* concepción *f* del mundo; *Neol.* cosmovisión *f*; (*Ideologie*) ideología *f*; ~**ausstellung** *f* exposición *f* universal; ~**bank** *f* Banco *m* Mundial; ²**bekannt** *adj.* universalmente conocido; conocido en el mundo entero; ²**berühmt** *adj.* mundialmente famoso; de fama mundial; de renombre universal; ~**bestleistung** *f* marca *f* (*od.* record *m*) mundial; ²**bewegend** *adj.* revolucionario; ~**bild** *n* concepto *m* (*od.* visión *f*) del mundo; ~**brand** *m* conflagración *f* mundial; ~**bund** *m* unión *f* internacional; ~**bürger** *m* ciudadano *m* del mundo; cosmopolita *m*; ²**bürgerlich** *adj.* cosmopolita; ~**bürgertum** *n* cosmopolitismo *m*; ~**entrückt** *adj.* abstraído, F en las nubes; ~**ereignis** *n* acontecimiento *m* mundial; ²**erfahren** *adj.* conocedor del mundo; de mucho mundo; ~**erfahrung** *f* conocimiento *m* (*od.* experiencia *f*) del mundo; F mundología *f*.

'**Weltergewicht**(**ler** *m*) *n Boxen*: peso *m* welter.

Welt...: ²**erschütternd** *adj.* de repercusión (*od.* trascendencia) mundial; F *fig. das ist nichts* ²*es* no es nada del otro mundo; ~**firma** *f* casa *f* de renombre mundial; ~**flucht** *f* huida *f* del mundo; ²**fremd** *adj.* ajeno al mundo; de poco mundo, desconocedor del mundo; apartado de la realidad; ~ *sein* F andar por las nubes; ~**friede**(**n**) *m* paz *f* mundial; ~**gebäude** *n* universo *m*; ~**geistliche**(**r**) *m* sacerdote *m* secular; ~**geltung** *f* prestigio *m* internacional; influencia *f* mundial; ~**gericht** *n* juicio *m* final; ~**geschichte** *f* historia *f* universal; F *fig. in der* ~ *herumfahren* andar por esos mundos de Dios; ²**geschichtlich** *adj.* de la historia universal; *Ereignis*: de transcendencia mundial; ~**gesundheitsorganisation** *f* Organización *f* Mundial de la Salud (*Abk.* O.M.S.); ²**gewandt** *adj.* mundano; de mundo; ~**gewandtheit** *f* mundología *f*; ~**gewerkschaftsbund** *m* Federación *f* Sindical Mundial; ~**handel** *m* comercio *m* mundial (*od.* internacional); ~**herrschaft** *f* hegemonía *f* mundial; dominio *m* del mundo; ~**karte** *f* mapamundi *m*; ~**kenntnis** *f* conocimiento *m* (*od.* experiencia *f*) del mundo; F mundología *f*; ~**kind** *f* persona *f* mundana; ~**kirchenrat** *m* Consejo *m* Mundial de las Iglesias; ~**klasse** *f Sport*: clase *f* mundial; ~**kongreß** *m* congreso *m* mundial; ~**krieg** *m* guerra *f* mundial; *der erste* (*zweite*) ~ la primera (segunda) guerra mundial; ~**kugel** *f* globo *m* terrestre (*od.* terráqueo); ~**lage** *f* situación *f* mundial (*od.* internacional); ~**lauf** *m* curso *m* del mundo; ²**lich** *adj.* del mundo; mundano; mundanal; (*irdisch*) terrenal; temporal; (*nicht kirchlich*) profano; seglar; *Priester*: secular; *Schule usw.*: laico; ~**lichkeit** *f* mundanalidad *f*; *v. Priestern*: estado *m* secular; laicismo *m*; ~**literatur** *f* literatura *f* universal (*od.* mundial); ~**macht** *f* potencia *f* mundial; ~**machtpolitik** *f* política *f* imperialista; imperialismo *m*; ~**mann** *m* (-*es*, *-er*) hombre *m* de mundo *bzw.* mundano; ²**männisch** *adj.* de hombre de mundo; distinguido; ~**markt** *m* mercado *m* internacional; ~**marktpreise** *m*/*pl.* precios *m*/*pl.* del mercado internacional; ~**meer** *n* océano *m*; ~**meister**(**in** *f*) *m* campeón *m*, (campeona *f*) mundial (*od.* del mundo); ~**meisterschaft** *f* campeonato *m* mundial (*od.* del mundo); ~**ordnung** *f* orden *m* mundial; ~**organisation** *f* organización *f* mundial; ~**politik** *f* política *f* internacional; ~**postverein** *m* Unión *f* Postal Universal; ~**produktion** *f* producción *f* mundial; ~**raum** *m* espacio *m* interplanetario (*od.* sideral *od.* interestelar); ~**raum...** *in Zssgn* → *a.* Raum...; ~**raummüll** *m* basura *f* del espacio; ~**raumrakete** *f* cohete *m* interplanetario (*od.* espacial); ~**reich** *n* imperio *m* (universal); ~**reise** *f* vuelta *f* al mundo; viaje *m* alrededor del mundo; ~**reisende**(**r**) *m* trotamundos *m*; ~**rekord** *m* (plus)marca *f* (*od.* record *m*) mundial; ~**rekordinhaber** *m*, ~**rekordler** *m* plusmarquista *m* (*od.* recordman *m*) mundial; ~**rekordlerin** *f* recordwoman *f* mundial; ~**rekordmann** *m* → ~*rekordinhaber*; ~**ruf** *m*, ~**ruhm** *m* fama *f* (*od.* renombre *m*) mundial; ~**schmerz** *m* (melancolía *f* motivada por los) desengaños *m*/*pl.* de la vida; pesimismo *m* (romántico); ~**spartag** *m* Día *m* Universal del Ahorro; ~**sprache** *f* lengua *f* universal; ~**stadt** *f* metrópoli *f*; gran urbe *f*; ²**städtisch** *adj.* metropolitano; cosmopolita; ~**stellung** *f* posición *f* en el mundo; prestigio *m* internacional; ~**teil** *m* parte *f* del mundo; (*Erdteil*) continente *m*; ²**umfassend** *adj.* universal; ~**umseg**(**e**)**lung** *f* circunnavegación *f* del mundo; vuelta *f* al mundo; ~**umsegler** *m* circunnavegador *m* del mundo; ²**umspannend** *adj.* universal; ~**untergang** *m* fin *m* del mundo; ~**untergangsstimmung** *f* catastrofismo *m*; ~**verbesserer** *m* reformador *m* del mundo; ²**weit** *adj.* universal; ~**wirtschaft** *f* economía *f* internacional (*od.* mundial); ~**wirtschaftskonferenz** *f* conferencia *f* económica internacional; ~**wirtschaftskrise** *f* crisis *f* económica mundial; ~**wunder** *n* maravilla *f* del mundo.

wem *dat. v.* wer; a quién; ~? ¿a quién?; *mit* ~? ¿con quién?; *von* ~? ¿de quién?; ~?; *bei* ~? ¿con quién?; ¿en casa de quién?; '²**fall** *Gr. m* dativo *m*.

wen *ac. v.* wer; a quién; ~?; *an* ~? ¿a quién?

'**Wende** *f* vuelta *f*; *Sport*: viraje *m*; *Turnen*: vuelta *f* facial; *fig.* momento *m* crucial; cambio *m*; *die* ~ *Hist.* los acontecimientos de 1989 en la antigua Alemania del Este; *an der* ~ *des Jahrhunderts* en las postrimerías del siglo; *a fines de*(*l*) *siglo*; ~**getriebe** ⊕ *n* mecanismo *m* de inversión (de marcha); ~**hals** *Orn. m* torcecuello *m*; ~**kreis** *m* 1. *Geogr.* trópico *m* (*des Krebses* de Cáncer; *des Steinbocks* de Capricornio); 2. *Kfz.* radio *m* de giro.

'**Wendeltreppe** *f* escalera *f* de caracol.

'**Wendemantel** *m* abrigo *m* reversible.

'**wenden** (*L u. -e-*) **I.** *v*/*t.* volver (*a. fig.*); dar (la) vuelta a; ✠, ⚓, *Kfz.* virar; ⚡ invertir; (*umkehren*) poner al revés; *Mühe, Zeit* ~ *auf* (*od. an*) emplear en; dedicar a; ~ (*richten*) *nach* (*od. auf*) dirigir a; *bitte* ~! véase al dorso; **II.** *v*/*i.* ⚓, *Kfz.* virar; **III.** *v*/*refl.*: *sich* ~ volverse; tomar otro rumbo (*a. fig.*); *fig.* cambiar (*a. Wind, Wetter*); *sich an j-n* ~ dirigirse a alg.; *hilfesuchend*: acudir a alg.; recurrir a alg.; *sich* ~ *gegen* volverse contra; *sich von j-m* ~ apartarse de alg.; *sich zum Guten* ~ tomar un giro favorable.

'**Wende**|**pol** ⚡ *m* polo *m* de conmutación; ~**punkt** ⚘ *m* punto *m* de inflexión; *Astr.* punto *m* solsticial; *fig.* momento *m* crítico (*od.* crucial); comienzo *m* de una nueva época.

'**wendig** *adj.* manejable; fácil de manejar; *Fahrzeug*: maniobrable; *Person*: ágil; flexible; versátil; ²**keit** *f* (0) manejabilidad *f*; maniobrabilidad *f*; *fig.* agilidad *f*; versatilidad *f*.

'**Wendung** *f* vuelta *f*; (*Drehung*) giro *m*; ✂ conversión *f*; evolución *f*; *Kfz.* viraje *m* (*a. fig.*); ⚓ virada *f*; *fig.* cambio *m*; (*Rede*²) giro *m*; locución *f*; modismo *m*; *fig.* e-e *gute* (*od. günstige*) ~ *nehmen* tomar un giro favorable; e-e *schlechte* ~ *nehmen* tomar mal cariz; *dem Gespräch* e-e *andere* ~ *geben* dar otro rumbo a la conversación; e-e *andere* ~ *nehmen* tomar otro rumbo (*od.* cariz); e-e ~ *zum Besseren* (*Schlechteren*) *nehmen* cambiar a mejor (peor).

'**Wenfall** *Gr. m* acusativo *m*.

'**wenig** *adj.* poco (*a. adv.*); (*spärlich*) escaso; (*selten*) raro; *ein* ~ un poco; *ein* ~ *Geld* un poco de dinero; ~*e Leute* poca gente; *ein klein* ~ un poquito; *sei es auch noch so* ~ por poco que sea; *das* ~*e lo poco*; *das* ~*e Geld* el poco dinero; *wie es nur* ~*e gibt* como hay pocos; *einige* ~*e* unos pocos; *nur* ~*e Schritte von hier* a pocos pasos de aquí; *in* ~*en Worten* en pocas palabras; *ein* ~ *schneller* uno poco más de prisa; *in* ~*en Tagen* en (*od.* dentro de) pocos días; ~ *angenehm* poco agradable; ~**er** *adv.* menos (*a.* A͡); *viel* ~ mucho menos; ~ *als* menos que (*bei Zahlen*: de); ~ *als du denkst* menos de lo que crees; *nicht* ~ *als* no menos de; *nichts* ~ *als* nada menos que; *je* ~, *desto besser* cuanto menos mejor; *je* ~ ..., *um so mehr* ... cuanto menos ... tanto más ...; *um so* ~, *als* ... tanto menos cuanto que ...; *er ist nichts* ~ *als reich* no es rico ni mucho menos; *in* ~ *als* en menos de; *immer* ~ cada vez menos; ~ *denn je* menos que nunca; ~ *werden* disminuir; *ir a menos*, F *er wird immer* ~ está cada vez más delgado; ⑨**keit** *f* poquedad *f*; (*Kleinigkeit*) nimiedad *f*, pequeñez *f*; F *m-e* ~ un servidor; ~**st** *sup.*: *das* ~*e*; *am* ~*en* lo menos; *das ist das* ~*e* eso es lo de menos; *das ist das* ~*e* (*was Sie tun können*) es lo menos (que usted puede hacer); *als man* ~ *am* ~*en erwartete* cuando menos se esperaba; *die* ~*en* muy pocos; ~**stens** *adv.* por lo menos, al menos; *nachgestellt*: cuando menos.

wenn I. *cj. zeitlich*: cuando; *bedingend*: si; (*falls*) (en) caso de que (*subj.*); (*vorausgesetzt*) siempre que; *jedesmal* ~ cada vez que; siempre que; todas las veces que; ~ *dem* (*od.* es) *so ist* siendo así; ~ *nicht* de no ser así; en otro caso; a menos que; ~ *nicht* ..., *so doch* ... si no ..., al menos ...; ~ *er nicht gewesen wäre* si no hubiera sido por él; ~ *man ihn hört, sollte man glauben* oyéndole se creería que; ~ *nur* con tal que (*subj.*), siempre que (*subj.*); *als* ~, F *wie* ~ como si; ~ *anders* con tal que; *außer* ~ excepto si; salvo que (*subj.*); a no ser que (*subj.*); ~ *bloß* (*od. doch od. nur*) si al menos; ~ *einmal* si jamás; ~ *du* (*erst*) *einmal dort bist* una vez que estés allí; *selbst* ~ aun cuando (*subj.*); aun (*ger.*); ~ *ich das gewußt hätte* si lo hubiera sabido; ~ *er auch mein Freund ist* aun siendo (*od.* aunque sea) mi amigo; ~ *er auch noch so reich ist* por (muy) rico que sea; ~ *er doch käme!* ¡ojalá viniera!; ~ *Sie doch früher gekommen wären!* si hubiera venido usted antes; **II.** ⑨ *n: ohne* ~ *und Aber!* ¡no hay pero que valga!; *nach vielem* ~ *und Aber* después de poner muchos peros (*od.* reparos); ~**'gleich** *cj.* si bien; aunque (*subj.*); (*selbst wenn*) aun cuando (*subj.*) ; '~**schon** F *adv.* → schon.

Wenzel *m* (*Karte*) sota *f*.

wer I. *pron/int.*: ~*?* ¿quién?; ~ *von beiden?* ¿cuál de los dos?; ~ *anders als er?* ¿quién sino él?; ~ *ist da?* ¿quién está ahí?; ⚔ *da?* ¿quién vive?; **II.** *pron/rel.* quien; el que; ~ *auch immer* quienquiera; ~ *er auch sei* quienquiera que sea; sea quien sea; sea quien fuera.

'**Werbe|abteilung** *f* sección *f* de publicidad (*od.* de propaganda); ~**agent** *m* agente *m* de publicidad; ~**agentur** *f* agencia *f* de publicidad (*od.* publicitaria); ~**aktion** *f* → ~feld-

zug; ~**antwort** & *f* respuesta *f* comercial; ~**artikel** *m* artículo *m* de propaganda; ~**aufwand** *m* aparato *m* publicitario; ~**berater** *m* consejero *m* publicitario; ~**brief** *m* circular *f* de propaganda; ~**büro** *n* → ~agentur; ~**drucksache** *f* impreso *m* de propaganda; ~**fachmann** *m* técnico *m* publicitario; especialista *m* en publicidad; ~**feldzug** *m* campaña *f* publicitaria (*od.* de propaganda); ~**fernsehen** *n* publicidad *f* televisiva; televisión *f* comercial; ~**film** *m* película *f* publicitaria (*od.* de propaganda); ~**fläche** *f* cartelera *f*; ~**funk** *m* guía *f* comercial; emisiones *f/pl.* publicitarias; ~**geschenk** *n* regalo *m* publicitario (*od.* promocional); ~**graphik** *f* dibujo *m* publicitario; grafismo *m*; ~**graphiker** *m* grafista *m* publicitario; ~**kosten** *pl.* gastos *m/pl.* de publicidad; ~**leiter** *m* jefe *m* de publicidad; ~**material** *n* (material *m* de) propaganda *f*; ~**mittel** *n* medio *m* publicitario (*od.* de propaganda).

'**werben** (*L*) **I.** *v/t.* ⚔ enganchar, alistar, reclutar; *Am.* enrolar; *Arbeiter*: reclutar; *Kunden*: captar; *Anhänger*: ganar; **II.** *v/i.* hacer publicidad (*od.* propaganda) (*für* para); *um j-s Gunst* ~ tratar de granjearse (*od.* ganarse) las simpatías de alg.; F cortejar a alg.; *um ein Mädchen* ~ pretender *bzw.* cortejar a una joven; **III.** ⑨ *n* → Werbung.

'**Werbe|pause** *f* interrupción *f* para publicidad; ~**plakat** *n* cartel *m* publicitario; valla *f* publicitaria; ~**preis** *m* precio *m* publicitario.

'**Werber** *m* enganchador *m*; ⚔ *a.* reclutador *m*.

'**Werbe|schild** *n* cartel *m* publicitario; ~**schrift** *f* folleto *m* de propaganda; ~**sendung** *f* Radio, TV emisión *f* publicitaria; ~**spot** *m* TV anuncio *m* publicitario (*od.* comercial); spot *m* publicitario, cuña *f* publicitaria; ~**spruch** *m* slogan *m* (publicitario); ~**texter** *m* redactor *m* publicitario; ~**trick** *m* camelo *m* publicitario; ~**trommel** *f*: *fig. die* ~ *rühren* hacer propaganda (für por); F hacer mucho bombo; ~**unterbrechung** *f* interrupción *f* para publicidad; ~**verkauf** *m* venta *f* publicitaria; ~**wirksam** *adj.* de eficacia publicitaria; ~**wirksamkeit** *f* eficacia *f* publicitaria; ~**zeichner** *m* dibujante *m* publicitario; ~**zwecke** *m/pl.* fines *m/pl.* publicitarios (*od.* de propaganda).

'**Werbung** *f* ⚔ reclutamiento *m* (*a. v. Arbeitern*), recluta *f*; *um ein Mädchen*: cortejo *m*; petición *f* de mano; ✝ propaganda *f*; publicidad *f*; ~**skosten** *pl.* gastos *m/pl.* de publicidad; *steuerlich*: cargas *f/pl.* profesionales (deducibles).

'**Werdegang** *m* desarrollo *m*; evolución *f*; *beruflicher*: historial *m* (profesional); ⊕ proceso *m* de elaboración.

'**werden** (*L*; *sn*) **I.** *v/aux.* **1.** *Futur*: *wir* ~ *ausgehen* saldremos; *vamos a salir*; *es wird* (*gleich*) *regnen* va a llover; *er wird es nicht gesehen haben* no lo habrá visto; **2.** *Passiv*: ser; quedar; resultar; *geliebt* ~ ser amado; *er ist geschlagen worden* ha sido derrotado; *er wurde zum Rektor ernannt* fue nombrado rector; *er wurde verwundet* re-

sultó herido; *das Haus wurde zerstört* la casa fue (*od.* quedó) destruida; *das wird kalt getrunken* esto se bebe (*od.* se toma) frío; *es ist uns gesagt worden* se nos ha dicho; **II.** *v/i.* llegar a ser; convertirse (*zu* en); *allmählich*: hacerse; *plötzlich*: ponerse; *Phil.* devenir; *Arzt* ~ hacerse médico; *er will Rechtsanwalt* ~ quiere ser abogado; *zum Dieb* (*Verräter*) ~ convertirse en ladrón (traidor); *schwieriger* ~ hacerse (cada vez) más difícil; *verrückt* ~ volverse loco; *es wird kalt* empieza a hacer frío; *er wurde nachdenklich* se quedó pensativo; *er wurde rot* se puso colorado; *das muß anders* ~ esto tiene que cambiar; esto no puede seguir (*od.* continuar) así; *was soll aus ihm werden?* ¿qué será (*od.* va a ser) de él?; *aus ihm wird etwas* hará carrera; llegará a ser algo (en la vida); *und was wird mit dir?* y tú ¿qué harás?; *was wird nun?*, *was soll nun* ~? ¿qué pasará ahora?; *was soll daraus* ~? ¿cómo acabará esto?; *daraus wird nichts!* ¡de eso, ni hablar!; *es ist nichts daraus geworden* todo se quedó en nada; esto fracasó; *was ist aus ihm geworden?* ¿qué ha sido de él?; (*na*,) *wird's bald?* ¿acabas ya?; ¡date prisa!; *es wird schon* ~! ¡ya se arreglará!; *es will nicht* ~ no me sale; F *er wird schon wieder* ~ se pondrá bien; **III.** ⑨ *n* desarrollo *m*; evolución *f*; (*Entstehen*) nacimiento *m*; formación *f*; *Phil.* devenir *m*; (*noch*) *im* ~ *sein* estar en pleno desarrollo, estar en gestación; estarse preparando; ~**d** *adj.* naciente; *in cierne(s)*; ~*e Mutter* futura mamá *f*.

'**Werder** *m* islote *m*.

'**Werfall** Gr. *m* nominativo *m*.

'**werf|en** (*L*) *v/t.* tirar; echar; (*schleudern*) arrojar, lanzar (*a.* ⚔ *Bomben*); *Blicke, Sport*: lanzar; *Lichtbild, Schatten*: proyectar; *Zoo.* parir; *nach j-m* ~ tirar (*od.* arrojar) a/c. a alg.; *j-n* ~ *aus* echar a alg. de; *fig. et. von sich* ~ deshacerse de a/c.; *fig. um sich* ~ *mit* (*prahlen*) hacer alarde de; *aufs Papier* ~ esbozar; ⚔ *aus e-r Stellung* ~ desalojar de una posición; *sich* ~ tirarse, lanzarse; *Holz*: alabearse, combarse; *sich auf et.* (*od. j-n*) ~ abalanzarse (*od.* precipitarse *od.* echarse) sobre a/c. (*od.* alg.); *fig.* dedicarse (de lleno) a a/c.; *sich et. um die Schultern* ~ echarse a/c. sobre los hombros; *sich in* ~*e Kleider* ~ vestirse de prisa; *sich vor den Zug* ~ tirarse al tren; ⑨**en** *n* lanzamiento *m* (*a. Sport*); ⑨**er** *m* Zoo. lanzador *m*.

'**Werft** ⚓ *f* (-; -*en*) astillero(s) *m*(*pl.*); ~**arbeiter** *m* obrero *m* de la construcción naval.

Werg *n* (-*es*; 0) estopa *f*.

'**Werk** *n* (-*es*, -*e*) obra *f* (*a.* Liter., ♪); (*Arbeit*) *a.* trabajo *m*; (*Aufgabe*) tarea *f*; (*Handlung*) acción *f*; acto *m*; (*Getriebe*) mecanismo *m*; ⚙ central *f*; (*Unternehmung*) empresa *f*; (*Fabrik*) fábrica *f*, factoría *f*; talleres *m/pl.*; planta *f* (industrial); ✝ *ab* ~ puesto en fábrica; *ein gutes* ~ *tun* hacer una buena obra; *es war das* ~ *weniger Sekunden* fue cuestión de segundos; *ans* ~! ¡manos a la obra!; *ans* ~ *gehen*, *sich ans* ~ *machen* poner manos a la obra; ponerse a trabajar; *am* ~ *sein* estar trabajando; *es ist et. im* ~*e se* está tramando algo; ins ~ setzen poner en obra bzw. en marcha; organizar; realizar; vorsichtig zu ~e gehen obrar con precaución; proceder con tino; ~anlage f planta f (industrial); ~arzt m médico m de empresa; ~bahn f ferrocarril m industrial; ~bank f banco m de trabajo; ~chen n opúsculo m; ℒeln reg. (-le) v/i. trajinar; ℒen v/i. trabajar; eifrig: afanarse; trajinar; ~en n → ~unterricht; ~halle f nave f (industrial); ~meister m capataz m; jefe m de taller; ~s-angehörige(r) m empleado m de la empresa; ℒs-eigen adj. de la empresa; ~(s)kantine f cantina f de empresa; comedor m obrero; ~spionage f espionaje m industrial; ~statt f, ~stätte f taller m; ~stattwagen 🚃 m vagón-taller m; ~stattzeichnung f dibujo m de taller; ~stein m piedra f tallada; ~stoff m material m; (Rohstoff) materia f prima; ~stoff-ermüdung f fatiga f del material; ~stoffprüfung f prueba f de materiales; ~stück n pieza f de trabajo; bearbeitetes: pieza f labrada; rohes: pieza f en bruto; ~student(in f) m (-en) estudiante m/f obrero (-a f); ~(s)wohnung f vivienda f de la empresa; ~tag m día m laborable; 🕒 día m hábil; an ~en = ℒtags adv. los (od. en) días laborables (od. de semana); ℒtätig adj. trabajador; obrero; die ~e Bevölkerung la población activa; ~tisch m mesa f de trabajo; ~treue f fidelidad f al original; ~unterricht m trabajos m/pl. manuales; ~vertrag m contrato m de obra.

'Werkzeug n (-¢s; -e) herramienta f; (Gerät) instrumento m (a. fig.); coll. utillaje m; ~halter m portaherramientas m; ~kasten m caja f de herramientas; ~maschine f máquina-herramienta f; ~satz m juego m de herramientas; ~schrank m armario m para herramientas; ~stahl m acero m para herramientas; ~tasche f estuche m de herramientas.

'Wermut m (-¢s; 0) 🌿 absintio m, ajenjo m; (Wein) vermut m, vermú m; ~s-tropfen f fig. m gota f de hiel (od. de amargura).

wert adj. (-est) estimado; apreciado; (würdig) digno; merecedor; ~ sein valer; viel ~ sein valer mucho; das ist schon viel ~ eso ya es mucho; das ist nichts (nicht viel) ~ no vale nada (gran cosa); das Buch ist ~, daß man es liest el libro es digno de (od. merece) ser leido; er ist es ~ se lo merece; er ist nicht ~, daß man no merece que (subj.); F ich bin heute nichts ~ estoy en baja forma.

'Wert m (-¢s; -e) valor m (a. ♞, ⊕, ♦, Phys.); (Preis) precio m; (Verdienst) mérito m; valía f; ~e pl. ♦ valores m/pl.; innerer ~ valor m intrínseco; im ~e von por valor de; von geringem ~e de escaso valor; im ~ sinken (steigen) disminuir (aumentar) de valor; an ~ verlieren depreciarse; (großen) ~ legen auf dar (od. atribuir) (gran) importancia a; ich lege (keinen) ~ darauf, zu (no) me interesa (inf.); ♦ ~ erhalten valor recibido; F das hat keinen ~ no tiene sentido; no sirve de nada; ~angabe 🖊 f declaración f de valor; mit ~ como valor declarado; ~arbeit f trabajo m de calidad; ~berich-

tigung ♦ f reajuste m de valor; ℒbeständig adj. (de valor) estable; ~beständigkeit f estabilidad f; ~bestimmung f estimación f, evaluación f, valoración f; tasación f; ~brief m carta f con valor(es) declarado(s); ~einheit f unidad f de valor; ℒen (-e-) v/t. estimar, evaluar, valorar; tasar; nach Kategorien: clasificar; Sport: calificar (nach por); Fußball: ein Tor nicht ~ anular un tanto; ~gegenstand m objeto m de valor; ℒhalten (L) v/t. → ℒschätzen; ~igkeit 🧪 f valencia f; ℒlos adj. sin valor; (nichtig) nulo; fig. fútil; ~ sein carecer de (todo) valor; no tener ningún valor; fig. no servir de nada; ~losigkeit f falta f (od. carencia f) de valor; poco valor m; nulidad f; fig. futilidad f; ~marke f bono m; vale m; ℒmäßig adj. en cuanto al valor; ~maß-stab m, ~messer m pauta f; criterio m; ~minderung f disminución f de valor; depreciación f; desvalorización f; ~paket n paquete m con valor declarado; ~papier ♦ n valor m; efecto m (negociable); título m; ~papier-anlage f inversión f en valores; ~papierbestand m cartera f de valores; ~papierbörse f bolsa f de valores; ~papiermarkt m mercado m de valores; ~sachen f/pl. objetos m/pl. de valor; ℒschätzen (-t) v/t. apreciar, estimar; tener en gran aprecio (od. estima); ~schätzung f aprecio m, estima f, estimación f; ~sendung 🖃 f envío m con valor declarado; valores m/pl. declarados; ~steigerung f plusvalía f; aumento m (od. incremento m) de valor; ~stoff m residuo m (od. desecho m) reciclable; ~stoffhof m estación f de selección de residuos reciclables; ~ung f valoración f; evaluación f; tasación f; Sport: calificación f; puntuación f; ~ungs-tabelle f Sport: tabla f de puntuación; ~urteil n juicio m de valor (od. apreciativo); ~verlust m pérdida f de valor; ℒvoll adj. valioso; precioso; Person: que vale; sehr ~ de gran (od. mucho) valor; ~zoll m derecho m ad valorem; ~zuwachs m plusvalía f; ~zuwachssteuer f impuesto m de plusvalía.

'Werwolf Myt. m hombre m lobo.

'Wesen n (-s; -) ser m (a. Lebeℒ); Phil. ente m; (Geschöpf) criatura f; (Wesenskern) su(b)stancia f; esencia f; (Art) naturaleza f; carácter m; genio m; modo m (od. manera f) de ser; (Eigentümlichkeit) idiosincrasia f; mentalidad f; (Benehmen) modales m/pl.; in Zssgn oft: régimen m, sistema m; F armes ~ pobre criatura f; es war kein lebendes ~ zu sehen no se veía alma viviente; zum ~ e-r Sache gehören ser esencial de a/c.; ser consu(b)stancial con a/c.; es gehört zum ~ des Menschen es propio de la naturaleza humana; viel ~(s) von et. machen hacer mucho ruido (od. aspavientos) a propósito de a/c.; nicht viel ~(s) mit j-m machen F no andarse con cumplidos con alg.; ℒhaft adj. real; su(b)stancial; esencial; ~heit f esencia f; Phil. entidad f; ℒlos adj. sin realidad, irreal; insu(b)stancial; inmaterial; ~losigkeit f irrealidad f; insu(b)stancialidad f; inmaterialidad f.

'Wesens...: ~art f carácter m; naturaleza f; mentalidad f; modo m (od. manera f) de ser; ℒeigen adj. característico; ℒfremd adj. ajeno a la naturaleza (od. al carácter) (de); incompatible (con); ℒgleich adj. idéntico; ~gleichheit f identidad f; Theo. consu(b)stancialidad f; ~zug m rasgo m característico; característica f.

'wesentlich I. adj. esencial; su(b)stancial; constitutivo; integrante; (beträchtlich) considerable; (wichtig) importante; (unerläßlich) vital; (grundlegend) fundamental; im ~en en lo esencial, esencialmente; kein ~er Unterschied ninguna diferencia apreciable; das ℒe lo esencial; lo principal; nichts ℒes nada importante (od. de importancia). II. adv. esencialmente; ~ verschieden muy diferente; ~ besser mucho mejor.

'Wesfall Gr. m genitivo m.

wes'halb I. adv. fragend: ¿por qué?; II. cj. por lo que, por lo cual.

We'sir Hist. m (-s; -e) visir m.

'Wespe f avispa f; ~nnest n avispero m; fig. in ein ~ stechen meterse en un avispero; ~nstich m picadura f de avispa; ~ntaille f talle m (od. cintura f) de avispa.

'wessen I. gen. v. wer u. was: ~ Sohn ist er? ¿de quién es hijo?; ~ Mantel ist das? ¿de quién es este abrigo?; ~ Schuld ist es? ¿de quién es la culpa?; ¿quién tiene la culpa?; ~ klagt man dich an? ¿de qué se te acusa?; II. pron/rel. cuyo.

'Wessi desp. m (-s; -s) alemán m del oeste.

'West m (-ens; 0) oeste m; ~-Berlin n Berlín m Oeste; ℒdeutsch adj. de la Alemania Occidental, germano-occidental; ~deutschland n Alemania f Occidental.

'Weste f chaleco m; fig. e-e weiße (od. reine) ~ haben tener las manos limpias.

'Westen m (-s; 0) oeste m; poniente m; (Abendland) Occidente m; von ~ al oeste de; der Wilde ~ el Salvaje (od. Lejano) Oeste; ~tasche f bolsillo m del chaleco; fig. wie s-e ~ kennen conocer como la palma de la mano.

'Western angl. m (- od. -s; -) western m, película f de Oeste.

'West...: ~europa n Europa f Occidental; ℒeuropäisch adj. de (la) Europa Occidental; ~fale m (-n) westfaliano m; ~'falen n Westfalia f; ~fälin f westfaliana f; ℒfälisch adj. westfaliano; Hist. der ℒe Friede los Tratados de Westfalia; ~gote m, ℒgotisch adj. visigodo (m); ~indien n Indias f/pl. Occidentales; ℒlich adj. occidental; ~ von al oeste de; ~mächte f/pl. potencias f/pl. occidentales; ~nordwest m oesnoroeste m; ~preußen n Prusia f Occidental; ℒrömisch adj.: Hist. das ℒe Reich el Imperio de Occidente; ~seite f lado m oeste; ~südwest m oessudoeste m; ℒwärts adv. hacia el oeste; ~wind m viento m (del) oeste, oeste m, poniente m.

wes'wegen → weshalb.

wett adj.: wir sind ~ estamos en paz.

'Wett-annahme f despacho m de apuestas mutuas.

'Wettbewerb m (-¢s; -e) concurso m;

Sport: competición *f*; prueba *f*; ✝ competencia *f*; *freier* ~ libre competencia; *außer* ~ fuera de concurso; *in* ~ *treten mit* competir con; *mit j-m in* ~ *stehen* competir con alg.; ✝ hacer la competencia a alg.; **~er(in** *f*) *m* competidor(a *f*) *m*; concursante *m*/*f*; **~sbedingungen** *f*/*pl*. condiciones *f*/*pl*. de competencia; bases *f*/*pl*. del concurso; **~sbeschränkung** *f* restricción *f* competitiva; **2sfähig** *adj.* capaz de competir, competitivo; **~sfähigkeit** *f* capacidad *f* de competir, competitividad *f*; **~s-teilnehmer** *m* → **~er**; **~sverbot** *n* prohibición *f* de competencia.

'**Wett|büro** *n* → **~annahme**; **~e** *f* apuesta *f*; *e-e* ~ *abschließen* (*od.* eingehen) hacer una apuesta; *was gilt die* ~? ¿qué apostamos?; *ich gehe jede* ~ *ein, daß* apuesto cualquier cosa a que; *um die* ~ a porfía; *a cuál mejor* (*od.* más); *um die* ~ *laufen* competir a quién corre más; **~eifer** *m* emulación *f*; rivalidad *f*; **2eifern** (*-re*) *v*/*i*. emular; rivalizar, competir (*mit* con; *um* por); **2en** (*-e-*) *v*/*i*. apostar (*auf ac.* por; *daß* a que); *um et.* ~ apostar a/c.; (*um*) 10 *Mark* ~ apostar diez marcos; *ich wette darauf!* ¡apuesto que sí!, F ¡a que sí!; (*wollen wir*) ~? ¿te apuestas algo?; ~, *daß er es nicht weiß?* ¡a que no lo sabe!; *fig.* **so haben wir nicht gewettet** eso no es lo convenido; **~er**[1] *m* apostador *m*.

'**Wetter**[2] *n* (*-s*; -) tiempo *m*; (*Un*2) tempestad *f*; temporal *m*; *wie ist das* ~? ¿qué tiempo hace?; *es ist schönes* (*schlechtes*) ~ hace buen (mal) tiempo; *bei schönem* ~ con buen tiempo; haciendo buen tiempo; *bei günstigem* ~ si el tiempo lo permite; *alle* ~! ¡caramba!; **~amt** *n* instituto *m* meteorológico; **~aussichten** *f*/*pl*. tiempo *m* probable; previsiones *f*/*pl*. meteorológicas; **~bedingungen** *f*/*pl*. condiciones *f*/*pl*. meteorológicas; **~beobachtung** *f* observación *f* meteorológica; **~bericht** *m* boletín *m* (*od.* parte *m*) meteorológico; **~besserung** *f* mejoría *f* del tiempo; **2beständig** *adj.* resistente a la intemperie (*od.* a los agentes atmosféricos); **~beständigkeit** *f* resistencia *f* a la intemperie (*od.* a los agentes atmosféricos); **~dach** *n* sobradillo *m*; alero *m*; **~dienst** *m* servicio *m* meteorológico; **~fahne** *f* veleta *f* (*a. fig.*); **2fest** *adj.* a prueba de intemperie; *Kleidung*: impermeable; **~forschung** *f* meteorología *f*; **~frosch** F *m* hombre *m* del tiempo; **2fühlig** *adj.* sensible a los cambios del tiempo; **~führung** ⚒ *f* ventilación *f*; **2geschützt** *adj.* protegido (*od.* al abrigo) de la intemperie; **~hahn** *m* veleta *f*; **~häus-chen** *n* higroscopio *m*; **~karte** *f* mapa *m* meteorológico; **~kunde** *f* meteorología *f*; **~lage** *f* estado *m* del tiempo; situación *f* meteorológica, **2leuchten** (*-e-*) *v*/*unprs.*: *es wetterleuchtet* relampaguea; **~leuchten** *n* relámpagos *m*/*pl*.; relampagueo *m*; **~mantel** *m* impermeable *m*; trinchera *f*; chubasquero *m*; **~meldung** *f* información *f* meteorológica; **2n I.** *v*/*unprs.*: *es wettert* hay tormenta; hay temporal; **II.** (*-re*) *v*/*i*. (*schimpfen*) tronar (*gegen* contra); echar pestes (contra); desatarse en improperios (contra); **~prognose** *f* → **~vorhersage**; **~prophet** *m* pronosticador *m* del tiempo; **~satellit** *m* satélite *m* meteorológico; **~schacht** ⚒ *m* pozo *m* de ventilación; **~schaden** *m* daños *m*/*pl*. causados por el temporal *bzw.* por una tormenta; **~scheide** *f* divisoria *f* meteorológica; **~schutz** *m* protección *f* contra los agentes atmosféricos; **~seite** *f* lado *m* del viento *bzw.* de la lluvia; **~sturz** *m* descenso *m* brusco de temperatura; **~umschlag** *m* cambio *m* (brusco) del tiempo; **~verhältnisse** *n*/*pl*. condiciones *f*/*pl*. meteorológicas (*od.* atmosféricas); **~verschlechterung** *f* empeoramiento *m* del tiempo; **~vorhersage** *f* pronóstico *m* del tiempo; previsión *f* meteorológica; tiempo *m* probable; **~warte** *f* observatorio *m* meteorológico; estación *f* meteorológica; **~wechsel** *m* cambio *m* de tiempo; **2wendisch** *fig. adj.* voluble, veleidoso; versátil; tornadizo; ~ *sein* ser una veleta; **~wolke** *f* nube *f* tormentosa; nubarrón *m*.

'**Wett...: ~fahrt** *f* carrera *f*; ⚓ regata *f*; **~gehen** *n* marcha *f* atlética; **~kampf** *m* lucha *f*, combate *m*; concurso *m*; *Sport*: competición *f*; *um die Meisterschaft*: campeonato *m*; (*Spiel*) encuentro *m*; **~kämpfer(in** *f*) *m* competidor(a *f*) *m*; atleta *m*/*f*; **~kampfsport** *m* deporte *m* competitivo; **~lauf** *m*, **~laufen** *n* carrera *f*; **~läufer(in** *f*) *m* corredor(a *f*) *m*; **2machen** *v*/*t*. desquitar; reparar; compensar; *Verlust*: resarcirse de; *Versäumnis*: recuperar; **~rennen** *n* carrera *f*; **~rudern** *n* regata *f* de remo; **~rüsten** ⚔ *n* carrera *f* de armamentos (*od.* armamentista); **~schwimmen** *n* concurso *m* de natación; **~schwimmer** *m* nadador *m* de competición; **~segeln** *n* regata *f* (de balandros); **~spiel** *n* partido *m*, encuentro *m*; **~streit** *m* lucha *f*, concurso *m*; competición *f*; *bsd. Liter.* certamen *m*; *fig.* emulación *f*; rivalidad *f*.

'**wetz|en** (*-t*) **I.** *v*/*t*. aguzar; afilar; amolar; **II.** F *v*/*i*. (*rennen*) ir muy de prisa; correr; **2en** *n* aguzadura *f*; afiladura *f*; amoladura *f*; **2stahl** *m* afilador *m* (de acero); chaira *f*; **2stein** *m* piedra *f* de afilar (*od.* de amolar).

'**Whisky** ['vɪski] *m* (-*s*; -*s*) whisky *m*, güisqui *m*.

'**Wichs** [ks] *m* (-*es*; -*e*) uniforme *m* de gala; *in vollem* ~ de (gran) gala; **~e** *f* betún *m* (*od.* crema *f*) para el calzado; F (*Prügel*) paliza *f*; **2en** (-*t*) **I.** *v*/*t*. *Boden*: encerar, dar cera a; *Schuhe*: embetunar, lustrar; **II.** P *v*/*i*. masturbarse, P hacerse una paja.

Wicht *m* (-*ɇs*; -*e*) duende *m*; *desp.* sujeto *m*, individuo *m*, tipo *m*; *armer* ~ infeliz *m*; pobre diablo *m*; *kleiner* ~ hombrecillo *m*; (*Kind*) criatura *f*; *elender* ~ miserable *m*; granuja *m*.

'**Wichte** ⊕ *f* peso *m* específico.

'**Wichtelmännchen** *n* duende *m*; gnomo *m*.

'**wichtig** *adj.* importante, de importancia; (*erheblich*) considerable; (*wesentlich*) esencial; *höchst* ~ de la mayor (*od.* suma) importancia; importantísimo; ~ *sein* importar, ser importante; *das ist mir sehr* ~ me importa mucho; ~ *nehmen* tomar en serio; dar importancia a; ~ *tun, sich* ~ *machen* darse importancia, F darse tono (*od.* pisto); *das* 2*ste* lo más importante; lo esencial; **2keit** *f* importancia *f*; trascendencia *f*; alcance *m*; **2tu-er** *m* presumido *m*, presuntuoso *m*; jactancioso *m*; F farolero *m*; **2tu-e'rei** *f* presunción *f*; jactancia *f*; F faroleo *m*; **~tu-erisch** *adj.* presumido, F farolero.

'**Wicke** ♣ *f* arveja *f*, veza *f*.

'**Wickel** *m* (*Knäuel*) ovillo *m*; (*Haar*2) rulo *m*; ⚙ (*Umschlag*) compresa *f*; F *j-n beim* ~ *kriegen* agarrar a alg. por el cogote; (*tadeln*) llamar a alg. a capítulo; **~gamasche** *f* bandas *f*/*pl*.; **~kind** *n* niño *m* de pecho, F bebé *m*, nene *m*; **~kommode** *f* envolvedor *m*, envolvedero *m*; **~maschine** ⚙ *f* bobinadora *f*; *Spinnerei*: reunidora *f*; **2n** (*-le*) *v*/*t*. (*rollen*) arrollar; enrollar; (*ein*~) envolver (*in ac.* en); *Garn*: devanar, ovillar; *Haar*: poner rulos; *Kind*: envolver en pañales; cambiar (los pañales); ⚙ bobinar; ~ *um* volver alrededor de; *sich* ~ envolverse (*in ac.* en); **~tuch** *n* pañal *m*; fajero *m*.

'**Wicklung** ⚙ *f* bobinado *m*.

'**Widder** *Zoo. m* carnero *m* (padre), morueco *m*; *Astr.* Aries *m*; ⚔ *ehm.* (*Sturmbock*) ariete *m*.

'**wider** *prp.* (*ac.*) contra; **~borstig** *adj.* recalcitrante; **~'fahren** (*L*; -; *sn*) *v*/*i*. pasar, ocurrir, suceder; *j-m Gerechtigkeit* ~ *lassen* hacer justicia a alg.; **2haken** *m* garfio *m*; gancho *m*; **2hall** *m* eco *m*; resonancia *f* (*beide a. fig.*); *fig. keinen* ~ *finden* no tener repercusión; **~hallen** *v*/*i*. resonar; *dröhnend*: retumbar; *fig.* repercutir; **2halt** *m* apoyo *m*; sostén *m*; **2klage** ⚖ *f* reconvención *f*; **2lager** △ *n* contrafuerte *m*; machón *m*; *e-r Brücke*: espolón *m*; ⊕ apoyo *m*; **~'legbar** *adj.* refutable, rebatible; **~'legen** *v*/*t*. refutar, rebatir; desvirtuar; desmentir; **2'legung** *f* refutación *f*; desmentida *f*; **~lich** *adj.* repugnante; repulsivo; asqueroso; *Geruch usw.*: nauseabundo; (*unangenehm*) desagradable; fastidioso; **2lichkeit** *f*: *die* ~ *des ... lo* repugnante, lo repulsivo de ...; **~natürlich** *adj.* contranatural, antinatural; perverso; contra natura; ⚖ *-e Unzucht* abuso *m* deshonesto contra natura; **2part** *m* adversario *m*; contrario *m*; **~'raten** (*L*; -) *v*/*t*.: *j-m et.* ~ desaconsejar a alg. a/c.; disuadir a alg. de a/c.; **~rechtlich** *adj.* contrario a la ley; ilegal, ilegítimo; ilícito; (*mißbräuchlich*) abusivo; (*willkürlich*) arbitrario; *sich et.* ~ *aneignen* usurpar a/c.; **2rechtlichkeit** *f* ilegalidad *f*, carácter *m* ilegal; **2rede** *f* contradicción *f*; réplica *f*; *ohne* ~ sin protestar, F sin rechistar; *keine* ~! no hay pero que valga; **2rist** *Vet. m* cruz *f*; **2ruf** *m* revocación *f*, retractación *f*; *e-r Nachricht*: desmentida *f*; *e-s Befehls usw.*: anulación *f*; *bis auf* ~ hasta nueva orden; **~'rufbar** *adj.* revocable; retractable; **2'rufbarkeit** *f* revocabilidad *f*; **~'rufen** (*L*; -) *v*/*t*. revocar; retractarse, desdecirse (et. de a/c.); *Nachricht*: desmentir; *Auftrag*: anular; *Befehl*: dar contraorden; **~'ruflich** *adj.* revocable; retractable; anulable; ²**ruflichkeit** f revocabilidad f; ²**sacher(in** f) m adversario (-a f) m; antagonista m/f; rival m/f; ²**schein** m reflejo m; reflexión f; reverberación f; ~**scheinen** (L) v/i. reflejar(se); reverberar; ~'**setzen** (-t) v/refl.: sich ~ oponerse (a); oponer resistencia, resistir (a); resistirse contra; (nicht gehorchen) desobedecer (a); ~'**setzlich** adj. insubordinado; recalcitrante; desobediente; ²'**setzlichkeit** f insubordinación f; desobediencia f; ²**sinn** m absurdidad f; absurdo m; contrasentido m; paradoja f; ~**sinnig** adj. absurdo; paradójico; ²**sinnigkeit** f → ²sinn; ~**spenstig** adj. renitente, reacio; insubordinado, insumiso; díscolo; rebelde (a. Haar); (halsstarrig) obstinado, terco; recalcitrante; ²**spenstigkeit** f renitencia f; rebeldía f; obstinación f, terquedad f; desobediencia f; insubordinación f; ~**spiegeln** (-le) v/t. reflejar (a. fig.); sich ~ reflejarse; ~'**sprechen** (L; -) v/i. contradecir (ac. bzw. a alg.); j-m: a. llevar la contraria (a alg.); e-m Vorschlag: oponerse a; (protestieren) protestar contra; sich ~ contradecirse; ~'**sprechend** adj. contradictorio; ²**spruch** m contradicción f; Logik: antinomia f; (Protest) protesta f; (Einspruch) oposición f; (Entgegnung) réplica f; ~ erheben protestar; im ~ stehen zu estar en contradicción con; estar en pugna con; ohne ~ sin protestar, F sin rechistar; sich in Widersprüche verwickeln incurrir en contradicciones; in offenem ~ zu en flagrante (od. abierta) contradicción con; ~**sprüchlich** adj. contradictorio; ²**spruchsgeist** m espíritu m de contradicción; (Person) F respondón m, contestón m; ~**spruchslos** adv. sin réplica; sin objeción; F sin rechistar; ~**spruchsvoll** adj. lleno de contradicciones; contradictorio.

'**Widerstand** m (-es, ⁓e) resistencia f (a. Phys., ⚡ u. a. ⚡); oposición f; ~ spezifischer ~ resistividad f; ~ leisten oponer (od. hacer) resistencia; resistir; resistirse (gegen a); hacer frente (a); ~ finden, auf ~ stoßen encontrar resistencia; allen Widerständen zum Trotz contra viento y marea; ⚡ gegen die Staatsgewalt resistencia f al poder estatal.

'**Widerstands...**: ~**bewegung** f (movimiento m de) resistencia f; ²**fähig** adj. resistente; sólido; robusto; ~**fähigkeit** f (capacidad f de) resistencia f; ~**kämpfer** m miembro m de la resistencia; ~**kraft** f fuerza f de resistencia; ²**los** adv. sin (oponer) resistencia; sin resistir; ~**messer** ⚡ m óhmetro m, ohmiómetro m; ~**nest** ✕ n nido m de resistencia.

'**wider...**: ~'**stehen** (L; -) v/i. resistir; oponerse, oponer resistencia a; (zuwider sein) repugnar; ~'**streben** (-) v/i. resistirse a; oponerse a; (zuwider sein) repugnar; es widerstrebt mir, zu (inf.) me repugna (inf.); ²'**streben** n resistencia f; oposición f; repugnancia f; mit → ~'**strebend** adv. con repugnancia, de mala gana; a disgusto; F a regañadientes; ²**streit** m conflicto m; antagonismo m; (Widerspruch) contradicción f; ~'**streiten** (L; -) v/i. ser contrario a; oponerse a; estar en contradicción (od. en pugna) con; ~'**streitend** adj. opuesto; contradictorio; antagónico; divergente; ~**wärtig** adj. (unangenehm) enojoso, fastidioso; Person: antipático; odioso; (abstoßend) repugnante; repulsivo; asqueroso; ²**wärtigkeit** f contrariedad f; adversidad f; contratiempo m; percance m; ²**wille** m repugnancia f; aversión f; antipatía f; (Ekel) asco m; e-n ~n gegen et. haben tener aversión a a/c; mit ~n → ~**willig** adv. con repugnancia; a disgusto; de mala gana; F a regañadientes.

'**widm|en** (-e-) v/t. dedicar (a. Buch); Zeit: consagrar; sich e-r Sache ~ dedicarse (od. consagrarse) a una cosa; ²**ung** f dedicatoria f; mit e-r ~ versehen dedicar.

'**widrig** adj. contrario; opuesto; Geschick usw.: adverso; ~**enfalls** adv. de lo contrario; en caso contrario; de no ser así; ²**keit** f → Widerwärtigkeit.

wie I. adv. 1. fragend: cómo; de qué manera (od. modo); ~ geht es Ihnen? ¿cómo está usted?; ~ alt sind Sie? ¿qué edad tiene usted?; ¿cuántos años tiene usted?; ~ breit ist das? ¿qué anchura (od. ancho) tiene?; ~ lange ist er hier? ¿desde cuándo está aquí?; ~ cuánto (tiempo) hace que está aquí?; ~ lange sollen wir noch warten? ¿cuánto hemos de esperar todavía?; ~ oft? ¿cuántas veces?; ~ spät ist es? ¿qué hora es?; ~ wäre es, wenn ...? ¿qué le bzw. te parece si (subj.)?; ~ (bitte)?, ~ sagten Sie? ¿cómo?; ~ dice (od. decía) (usted)?; 2. Ausruf: ~! ¡cómo!; und ~! ¡y tanto!; ¡y cómo!; ¡ya lo creo!; ~ schön! ¡qué bonito!; ~ freue ich mich! ¡cuánto me alegro!; ~ glücklich ich bin! ¡qué feliz soy!; ~ erstaunt war ich! ¡cuál no sería mi asombro!; ~ gut, daß ...! ¡menos mal que ...!; ~ sehr ...! ¡cuánto ...!; ~ mancher ...! ¡cuántos (hay que) ...!; ~ oft! ¡cuántas veces!; II. cj. 3. Vergleich: como; er denkt ~ du piensa como (od. igual que) tú; ein Mann ~ er un hombre como él; ~ ein Freund como un amigo; ~ neu casi nuevo; F ~ wenn (als ob) como si; schlau ~ er ist con lo listo que es; ich weiß, ~ das ist ya sé lo que es eso; ~ ich glaube según creo; como yo creo; ~ ich sehe según veo; por lo que veo; ~ man mir gesagt hat como (od. según) me han dicho; er sieht nicht ~ 60 (Jahre alt) aus no aparenta tener sesenta años; ~ du mir, so ich dir F donde las dan las toman; 4. zeitlich: ~ ich hinausging cuando salía; al salir; ich sah, ~ er aufstand le vi levantar; ich hörte, ~ er es sagte le oí decirlo; 5. einräumend: ~ dem auch sei sea como fuere; sea como sea; ~ reich er auch sein mag por (muy) rico que sea; III. ⚡ n: auf das ~ kommt es an depende de cómo (od. de la forma en que) se haga (od. diga); das ~ und Warum (Wann) el cómo y el porqué (el cuándo).

'**Wiedehopf** Orn. m (-es, -e) abubilla f.

'**wieder** adv. nuevamente, de nuevo; otra vez; oft Umschreibung durch: volver a (inf.); (andererseits) en cambio; ~ aufmachen, einschlafen usw. volver a abrir, a dormirse, etc.; ich bin gleich ~ da vuelvo en seguida; da bin ich ~ aquí estoy; ya estoy de vuelta; ~ und ~ una y otra vez; ~ ist ein Tag vergangen ya ha pasado otro día; ²'**abdruck** Typ. m reimpresión f; ²'**abtretung** ⚡ f retrocesión f; ²**anfang** m → ~**beginn**, ~**anknüpfen** v/t. reanudar; ²**anlage** ✝ f reinversión f; ²'**annäherung** Pol. f aproximación f; ²'**anpassung** f readaptación f; ²'**aufarbeitung** f → ~'**aufbereitung**; ²'**aufbau** m reconstrucción f; reedificación f; ~'**aufbauen** v/t. reconstruir; reedificar; ²'**aufbauprogramm** n programa m de reconstrucción; ~'**aufbereiten** (-) v/t. Neol. reciclar; reprocesar; ²'**aufbereitung** f Neol. reciclado m, reciclaje m; reprocesamiento m; ~'**aufblühen** (sn) v/i. volver a florecer; renacer; fig. resurgir; ²'**aufblühen** n nuevo florecimiento m; fig. renacimiento m; resurgimiento m; ~'**auf-erstehen** (L; -; sn) v/i. resucitar; volver a la vida; ²'**auf-erstehung** f resurrección f; ~'**aufflakkern** (re; sn) v/i. reavivarse; ⚡ exacerbarse; reactivarse; ~'**aufforsten** (-e-) v/t. repoblar, bsd. Am. reforestar; ²'**aufforstung** f repoblación f forestal, bsd. Am. reforestación f; ~'**aufführen** Thea. v/t. reponer; reestrenar (a. Film); ²'**aufführung** f reposición f; reestreno m; ~'**aufkommen** (L; sn) v/i. Mode usw.: volver; Kranke: restablecerse; fig. revivir; resucitar; reaparecer; ²'**aufkommen** n restablecimiento m; fig. renacimiento m; resurrección f; reaparición f; ~'**aufladen** (L; -) v/t. Batterie usw.: recargar; ²'**aufleben** (sn) v/i. revivir (a. fig.); renacer a la vida; resucitar; fig. reanimarse; resurgir; ²'**aufleben** n renacimiento m; resurgimiento m; ²'**aufnahme** f reanudación f; als Mitglied: readmisión f; ⚡ (des Verfahrens) revisión f; ²'**aufnahme-antrag** ⚡ m recurso m de revisión; ²'**aufnahmeverfahren** ⚡ n revisión f (de una causa); ~'**aufnehmen** (L) v/t. reanudar; als Mitglied: readmitir; ~'**aufrichten** (-e) v/t. levantar; ~'**aufrüsten** (-e-) v/t. rearmar; ²'**aufrüstung** f rearme m; ²'**aufstieg** m resurgimiento m; ~'**auftauchen** (sn) v/i. reaparecer; ~'**auftreten** (L; sn) v/i. reaparecer; ²'**auftreten** n reaparición f; ~'**aufwerten** (-e-) v/t. revalorizar; ²'**aufwertung** f revalorización f; ²'**ausfuhr** f reexportación f; ~'**ausführen** v/t. reexportar; ²'**aussöhnung** f reconciliación f; ²'**begegnung** f reencuentro m; ²'**beginn** m nuevo comienzo m; reanudación f; reapertura f; ~**bekommen** (L; -) v/t. recobrar; recuperar; ~'**beleben** (-) v/t. reanimar, reavivar (beide a. fig.); Wirtschaft: relanzar, reactivar; ²'**belebung** f reanimación f; der Wirtschaft: relanzamiento m, reactivación f (económica); ²**belebungsversuch** m intento m de reanimación; ~**beschaffen** (-) v/t. recuperar; ²**beschaffung** f recuperación f; ~**besetzen** (-t; -) v/t. Stelle: proveer de nuevo; ~**bewaffnen** (-e-; -) v/t. rearmar; ²**bewaffnung** f rearme m; ~**bringen** (L) v/t. devolver; restituir; ~'**einbringen** (L) v/t. recuperar; Verlust: resarcirse de;

²'**einbürgerung** f renacionalización f; ~'**einfallen** v/i. volver a la memoria; ²'**einfuhr** f reimportación f; ~'**einführen** v/t.-restablecer; renovar; ✝ reimportar; ²'**einführung** f restablecimiento m; renovación f; ✝ reimportación f; ~'**eingliedern** v/t. reintegrar; reincorporar; ²'**eingliederung** f reintegración f; reincorporación f; ~'**einlösen** (-t) v/t. Pfand: desempeñar; ²'**einnahme** ⚔ f reconquista f; ~'**einnehmen** (L) ⚔ v/t. volver a tomar; reconquistar; ²'**einreise-erlaubnis** f permiso m de reingreso; ~'**einschiffen** v/t. reembarcar; ~'**einsetzen** (-t) v/t. restablecer; reponer; in ein Amt: reinstalar; in Rechte, Besitz: restituir; rehabilitar; ²'**einsetzung** f restablecimiento m; reposición f; restitución f; rehabilitación f; ~'**einstellen** v/t. Arbeiter: volver a emplear, reemplear, readmitir; ²'**einstellung** f readmisión f, reempleo m; ~'**eintreten** (L; sn) v/i. reintegrarse; reincorporarse (a. ⚔); reingresar; ²'**eintritt** m reincorporación f; reingreso m; ²~**entdeckung** f redescubrimiento m; ~**ergreifen** (L) v/t. Flüchtige: (volver a) capturar; ~**erhalten** (L; -) v/t. recobrar, recuperar; ~**er-innern** (-) v/refl.: sich ~ acordarse (an dat. de); recordar (a/c.); ~**erkennen** (L; -) v/t. reconocer; sich ~ reconocerse; ~**erlangen** (-) v/t. recobrar, recuperar; ²**erlangung** f recobro m, recuperación f; ~**er-obern** (-re; -) v/t. reconquistar; ²**er-oberung** f reconquista f; ~**er-öffnen** (-e-; -) v/t. volver a abrir; ²**er-öffnung** f reapertura f; ~**erscheinen** (L; -; sn) v/i. reaparecer; ²**erscheinen** n reaparición f; ~**erstatten** (-e-; -) v/t. restituir; reintegrar; Geld: re(e)mbolsar; ²**erstattung** f restitución f; reintegro m; re(e)mbolso m; ~**erstehen** (L; -; sn) v/i. Stadt usw.: reedificarse; fig. renacer; revivir; resucitar; ~**erwachen** (-; sn) v/i. despertar; fig. reanimarse; resurgir; ²**erwachen** fig. n resurgimiento m; ~**erwecken** (-) v/t. despertar; reanimar; reavivar; resucitar; ~**erzählen** (-) v/t. repetir; contar a; ~**finden** (-) v/t. (volver a) encontrar, hallar; ~'**flottmachen** v/t. ⚓ poner a flote (a. fig.); ²**gabe** f in Bild, Ton: reproducción f; ♪ interpretación f; ejecución f; ²~**gabetreue** f fidelidad f; ~**geben** (L) v/t. (zurückgeben) devolver; restituir; (nachbilden) reproducir; ♪ interpretar; ejecutar; (übersetzen) traducir (a. fig. Gedanken usw.); (zitieren) citar; (widerspiegeln) reflejar; ~**geboren** adj.: ~ werden renacer; ²~**geburt** f renacimiento m; fig. a. regeneración f; ²**genesung** f convalecencia f; restablecimiento m; ~**gewinnen** (L; -) v/t. recobrar; recuperar (a. ⊕); ²**gewinnung** f recuperación f (a. ⊕); ~**grüßen** (-ßt) v/t. devolver el saludo; ~'**gutmachen** v/t. reparar; Fehler: subsanar; nicht wiedergutzumachen irreparable; ²~'**gutmachung** f reparación f (a. Pol.); ~**haben** (L) v/t. recobrar, recuperar; er will das Buch ~ quiere que le devuelva el libro; ~'**herstellen** v/t. restablecer (a. Verbindung, ✚); Computer: a. recuperar; restaurar (a. 🏛, Gemälde, Kräfte u. Pol.); reparar (a. Kräfte u. fig.); reconstruir; restituir; ✐ wiederhergestellt restablecido; ²'**herstellung** f restablecimiento m; restauración f; reparación f; reconstrucción f; restitución f; ~'**holbar** adj. repetible; ~**holen** v/t. ir a buscar; recoger; ~'**holen** (-) v/t. repetir; reiterar; Gelerntes: repasar; recapitular; Thea., ♪ (als Zugabe) bisar; sich ~ repetirse; reiterarse; ~'**holend** adj. reiterativo; ~'**holt** I. adj. repetido; reiterado; II. adv. repetidas (od. reiteradas) veces; en reiteradas ocasiones; ²'**holung** f repetición f; reiteración f; e-r Lektion usw.: repaso m; recapitulación f; ²'**holungsfall** m: im ~(e) (en) caso que se repita; ⚖ en caso de reincidencia; ²'**holungszeichen** ♪ n signo m de repetición; ²**hören** v/t.: auf ~! Tele. ¡adiós!; ²**impfung** ✚ f revacunación f; ²**inbe'triebnahme** f vuelta f al servicio; ²**in'gangsetzung** f nueva puesta f en marcha; ²**in'kraftsetzung** f restablecimiento m; ~ **in'stand setzen** (-t) v/t. reparar, componer; restaurar; ²**in-'standsetzung** f reparación f, compostura f; restauración f; ~**käuen** v/t. rumiar; fig. repetir, F machacar; ²**käuen** n rumia f; fig. repetición f, F machaconería f; ²**käuer** Zoo. m rumiante m; ²**kauf** m readquisición f; ~**kauf** v/t. readquirir; ²**kaufsrecht** ⚖ n derecho m de retracto; ²**kehr** f (0) vuelta f; retorno m; regreso m; (Jahrestag) aniversario m; regelmäßige ~ periodicidad f; ~**kehren** (sn) v/i. volver; retornar; regresar; (sich wiederholen) repetirse; reproducirse; ~**kehrend** adj. (regelmäßig ~) periódico; ✚ recidivante; ~**kommen** (L; sn) v/i. volver; regresar; (sich wiederholen) repetirse; ~**kriegen** F v/t. → ~**bekommen**; ²**kunft** f vuelta f; regreso m; Rel. segunda venida f; ~**sagen** (L) v/t. et. ~ contar a/c. a alg.; ~**sehen** (L) v/t. volver a ver; ²**sehen** n reencuentro m; auf ~! ¡adiós!; ¡hasta la vista!; ²**täufer** m anabaptista m; ~**tun** (L) v/t. rehacer; volver a hacer; repetir; ~**um** adv. (nochmals) otra vez; nuevamente, de nuevo; (andererseits) por otra parte; en cambio; ~**ver-einigen** (-) v/t. reunir; Pol. reunificar; ²**ver-einigung** f reunión f; Pol. reunificación f; ~**vergelten** (L; -) v/t. recompensar; devolver; m.s. pagar; ²**vergeltung** f recompensa f; pago m; ~**verheiraten** (-e-; -) v/refl.: sich ~ volver a casarse; contraer segundas nupcias; ²**verheiratung** f segundo matrimonio m; segundas nupcias f/pl.; ²**verkauf** m reventa f; ~**verkaufen** (-) v/t. revender; ²**verkäufer**(in f) m revendedor(a f) m; ²~**verkaufswert** m valor m de reventa; ~**verpflichten** (-e-; -) ⚔ v/t. reenganchar; sich ~ reengancharse; ²~**verpflichtung** ⚔ f reenganche m; ²**versöhnung** f reconciliación f; ²~**verwendbar** adj. reutilizable; ²**ver-wendung** f nueva utilización f; reutilización f; ~**verwerten** (-e-; -) v/t. recuperar, Neol. reciclar; ²**ver-wertung** f recuperación f, Neol. reciclado m, reciclaje m; ²~**wahl** f reelección f; ~**wählbar** adj. reelegible; ²**wählbarkeit** f reelegibilidad f; ~- **wählen** v/t. reelegir; ~'**zulassen** (L) v/t. readmitir; ²'**zulassung** f readmisión f; ~**zu'sammentreten** (L; sn) v/i. reunirse.

'**Wiege** f cuna f (a. fig.); von der ~ an desde la cuna; von der ~ bis zur Bahre desde la cuna hasta la sepultura; das ist ihm nicht an der ~ gesungen worden nadie hubiera esperado que llegase a eso; ~**messer** n tajadera f.

'**wiegen**¹ (L) I. v/t. u. v/i. pesar; schwer ~ pesar mucho; fig. ser de peso; II. ⚔ n Sport: pesaje m.

'**wiegen**² I. v/t. Kind: mecer; (schaukeln) balancear; Kochk. picar; in den Schlaf ~ adormecer meciendo; sich ~ mecerse; balancearse; e-n ~**den Gang haben** contonearse; andar contoneándose; sich in Hoffnungen ~ alimentar vanas esperanzas; II. ℒ n mecedura f; balanceo m.

'**Wiegen-...**: ~**druck** Typ. m incunable m; ~**fest** n natalicio m; cumpleaños m; ~**kind** n niño m en la cuna; F rorro m; ~**lied** n canción f de cuna; F nana f.

'**wiehern** I. (-re) v/i. relinchar; F fig. reir a carcajadas; ~**des Gelächter** carcajadas f/pl.; risotadas f/pl.; II. ℒ n relincho m.

Wien n Viena f; '~**er** m vienés m; ~ **Schnitzel** escalopa f a la vienesa; ~ **Würstchen** salchicha f de Viena; '~**erin** f vienesa f; ²**erisch** adj. vienés.

'**wienern** (-re) F v/t. lustrar; sacar brillo.

'**Wiese** f prado m; pradera f.

'**Wiesel** Zoo. n (-s; -) comadreja f.

'**Wiesen-...**: ~**bau** m praticultura f; ~**grund** m pradera f; ~**klee** ♀ m trébol m común (od. rojo); ~**land** n pradería f; ~**pflanze** f planta f pratense; ~**schaumkraut** ♀ n cardamina f.

wie|'so? adv. ¿cómo?; ~ denn? ¿por qué?; ¿pues cómo?; ~ nicht? ¿cómo que no?; ~ weißt du das? ¿cómo lo sabes?; ~'**viel** adv. fragend: ¿cuánto?; ausrufend: cuánto!; ¡qué de...!; ~ **Bücher?** ¿cuántos libros?; ~(e) **Personen?** ¿cuántas personas?; ~ **Bücher!** ¡cuántos (od. qué de) libros!; ~ **Uhr** ist es? ¿qué hora es?; ~'**vielmal** adv. cuántas veces; ~'**vielte:** der ~? ¿cuál?; den ~ haben wir? ¿a cuántos estamos?; der ~ Band? ¿qué tomo?; zum ~ Mal(e) cuántas veces; ~'**weit** adv. → inwieweit; ~'**wohl** cj. (obwohl) aunque; bien que; si bien.

'**Wiking** (-s; -er) m vikingo m.

wild adj. (-est) salvaje; Zoo., ♀ a. silvestre; bsd. Am. cimarrón; Tier: a. montés; Stier, Meer: bravo; Volk: sin civilizar; bárbaro; (heftig) violento; impetuoso; tempestuoso; fogoso; (turbulent) turbulento; (zügellos) desenfrenado; desbocado; (wütend) furioso; furibundo; (grimmig) feroz; (wirr) desordenado; Haar: desgreñado; F inculto; Kind: discolo; travieso; Handel: ilicito, clandestino; Gerüchte usw.: fantástico; ~**es Fleisch** bezo m; carne f granulación f; ~ **machen** enfurecer, poner furioso; Tier: espantar; ~ **werden** enfurecerse, ponerse furioso; F sein auf et. estar loco por a/c.; rabiar por a/c.; ♂ ~ **wachsen** crecer espontáneamente; F den ~**en Mann**

Wild — Windlade

spielen hacerse el loco; *seid nicht so ~!* ¡no hagáis tanto ruido!; F *das ist halb so ~* no es para tanto; no es tan feo el diablo como le pintan.

'**Wild** *n* (-*es*; 0) *Jgdw.* caza *f* (a. *Kochk.*); (*RotQ*) venado *m*; **~bach** *m* torrente *m*; **~bahn** *f* coto *m* de caza; *in freier ~* en libertad; **~braten** *m* asado *m* de venado; **~bret** *n* (-*s*; 0) caza *f*; venado *m*; **~dieb** *m* cazador *m* furtivo; **~diebe'rei** *f* caza *f* furtiva; **~ente** *f* pato *m* silvestre; **~e(r)** *m* salvaje *m*; *fig. wie ein ~r* como un loco; **~erer** *m* → **~dieb**; **~ern** (-*re*) *v/i.* cazar en vedado; hacer caza furtiva; **~ern** *n* → **~dieberei*;* **~fang** *fig. m* niño *m* travieso; diablillo *m*; **~fleisch** *n* caza *f*; venado *m*; **Qfremd** *adj.* completamente desconocido; **~gans** *f* oca *f* silvestre; **~gehege** *n* coto *m* de caza; **~geschmack** *m* sabor *m* a salvajina; **~heit** *f* carácter *m bzw.* estado *m* salvaje; barbarie *f*; ferocidad *f*; braveza *f*; impetuosidad *f*; fogosidad *f*; furor *m*; **~hüter** *m* guardabosque(s) *m*; **~katze** *f* gato *m* montés; **~leder** *n* (piel *f* de) gamuza *f*; ante *m*; **~lederschuh** *m* zapato *m* de ante; **~ling** *m* (-*s*; -*e*) ♂ patrón *m*; *fig.* → **~fang;* **~nis** *f* (-; -*se*) desierto *m*; región *f* despoblada; selva *f*; **~park** *m* reserva *f* de caza; *Qreich adj.* abundante en caza; **~reservat** *n* → **~schutzgebiet*;* **Qromantisch** F *adj.* muy romántico; **~sau** *f* jabalina *f*; **~schaden** *m* daños *m/pl.* causados por los animales de caza; **~schütz** *m* cazador *m* furtivo; **~schutzgebiet** *n* reserva *f* de caza (*od.* cinegética); **~schwein** *n* jabalí *m*; **Qwachsend** *adj.* silvestre; de crecimiento espontáneo; **~wasser** *n* aguas *f/pl.* bravas; **~wechsel** *m* paso *m*; *Vkw.* cruce *m* de ganado; **~'west** *m* el Salvaje (*od.* Lejano) Oeste; **~'westfilm** *m* película *f* del Oeste, *angl.* western *m*.

'**Wilhel|m** *m* Guillermo *m*; **~'mine** *f* Guillermina *f*.

'**Wille** *m* (-*ns*; -*n*), **~n** *m* (-*s*; -) voluntad *f*; (*Wollen*) querer *m*; (*Absicht*) intención *f*; designio *m*; (*Zustimmung*) consentimiento *m*; (*Entschlossenheit*) determinación *f*; (*firme*) resolución *f*; *freier ~* libre albedrío *m*; *aus freiem ~n* de (buen) grado; por propia voluntad; espontáneamente; *guter (böser) ~* buena (mala) voluntad *f*; *guten ~n zeigen* mostrar buena voluntad; *voll guten ~ns sein, den besten ~n haben* estar animado de la mejor voluntad (*od.* de los mejores deseos); ⚖ *letzter ~* última voluntad *f*; *der ~ zur Macht* la voluntad de poder; *wider ~n* de mala gana; (*unabsichtlich*) sin querer(lo); *gegen m-n ~n* contra mi voluntad; a pesar mío; *mit ~n* expresamente, ex profeso; *ich habe den festen ~n* tengo el firme propósito; *sein ~ geschehe!* ¡hágase su voluntad!; *j-m zu ~n sein* cumplir la voluntad de alg.; obedecer a alg.; complacer a alg.; *als Frau*: entregarse; *j-m s-n ~n lassen* dejar a alg. obrar a su voluntad (*od.* a su arbitrio *od.* a su capricho); *er soll s-n ~n haben* que haga lo que quiera; *s-n ~n durchsetzen* imponer su voluntad; F salirse con la suya; *ich kann es beim besten ~n nicht tun* me es de todo punto imposible; *wenn es nach s-m ~n ginge* si por su gusto fuera; *wo ein ~ ist, ist auch ein Weg* querer es poder; donde hay gana, hay maña.

'**willen** *prp.* (*gen.*): *um ... ~* por; en aras de; **~los** *adj.* sin voluntad (propia); abúlico; (*unentschlossen*) indeciso; (*schwach*) débil; sin energía; *~es Werkzeug* instrumento *m* dócil; *j-m ~ ausgeliefert sein* estar a la merced de alg.; **~losigkeit** *f* (0) falta *f* de voluntad; abulia *f*; indecisión *f*; debilidad *f*; falta *f* de energía.

'**willens** *adj.*: *~ sein zu* tener (la) intención de; estar dispuesto (*od.* resuelto) a.

'**Willens...:** **~akt** *m* acto *m* de voluntad; *Phil.* volición *f*; **~anstrengung** *f* esfuerzo *m* de voluntad; **~äußerung** *f* volición *f*; **~erklärung** ⚖ *f* declaración *f* de voluntad; **~freiheit** *f* libre voluntad *f*; libertad *f* volitiva; *Phil.* libre albedrío *m*; **~kraft** *f* fuerza *f* de voluntad, energía *f*; **~kundgebung** *f* manifestación *f* de la voluntad; **Q-schwach** *adj.* falto de voluntad *bzw.* energía; abúlico; **~schwäche** *f* falta *f* de voluntad; abulia *f*; **Qstark** *adj.* voluntarioso, enérgico; **~stärke** *f* energía *f*; fuerza *f* de voluntad.

'**willentlich** *adv.* ex profeso; con intención, intencionadamente; aposta, adrede.

will|'fahren (L; -) *v/i.* complacer (*j-m* a alg.); *j-s Bitte usw. ~* acceder al ruego, a los deseos, *etc.* de alg.; **'~fährig** *adj.* complaciente, condescendiente, deferente; (*gefügig*) dócil; **'Qfährigkeit** *f* complacencia *f*; condescendencia *f*; deferencia *f*; docilidad *f*; '**~ig I.** *adj.* obediente; dócil; dispuesto (a hacer lo que se le pide); servicial; **II.** *adv.* de buena voluntad; de buen grado; '**~igen** *v/i.* → *einwilligen*; **Qkomm** *m,* **Q'kommen** *n/m* bienvenida *f*; **~'kommen** *adj.* bienvenido; bien visto; *Nachricht, Gelegenheit*: bueno, agradable; *seien Sie (mir) ~!* ¡sea usted bienvenido!; *j-n ~ heißen* dar la bienvenida a alg.; *das ist mir sehr (od. hoch) ~* me viene muy bien (*od.* muy a propósito).

'**Willkür** *f* (0) arbitrariedad *f*; *j-s ~ preisgegeben sein* estar a la merced de alg.; **~akt** *m* acto *m* arbitrario; **~herrschaft** *f* régimen *m* arbitrario; despotismo *m*; **Qlich** *adj.* arbitrario; *~ auswählen* escoger al azar; **~lichkeit** *f* arbitrariedad *f*; carácter *m* arbitrario.

'**wimmeln** (-*le*) *v/i.* hormiguear; pulular; *~ von* estar plagado de (a. *fig. v. Fehlern usw.*); rebosar de.

'**wimmern I.** (-*re*) *v/i.* gemir; lloriquear, gimotear; **II. Q** *n* gemidos *m/pl.*; lloriqueo *m*, gimoteo *m*.

'**Wimpel** *m* banderola *f*; banderín *m*; ⚓ gallardete *m*, grímpola *f*.

'**Wimper** *f* (-; -*n*) pestaña *f*; *Zoo.*, ♋ cilio *m*; *ohne mit der ~ zu zucken* sin pestañear; sin inmutarse; **~ntusche** *f* rímel *m*, máscara *f*; **~tierchen** *n/pl.* ciliados *m/pl.*

'**Wind** *m* (-*es*; -*e*) viento *m*; *Jgdw.* (*Witterung*) *a.* husmeo *m*; (*Blähung*) flato *m*; ventosidad *f*; *im ~e al viento*; *beim ~e segeln* navegar de bolina; *bei ~ und Wetter* por mal tiempo que haga; *fig.* contra viento y marea; *gegen den ~ segeln* navegar contra el viento; ⚓ *orzar,* navegar a orza; *den ~ gegen sich haben* tener viento de cara (*od.* de frente); *guten ~ haben*; *den ~ im Rücken haben* tener viento de popa; *mit dem ~ segeln* navegar según el viento; *vor dem ~ segeln* navegar viento en popa; *in alle ~e zerstreuen* dispersar a los cuatro vientos; F *fig. ~ machen* hacer aspavientos; *fig. merken, woher der ~ weht* ver de donde sopla el viento (*od.* de donde vienen los tiros); *fig. j-m den ~ aus den Segeln nehmen* quitar a alg. el viento de las velas; abatir el pabellón a alg.; *fig. in den ~ reden* hablar al aire; *et. in den ~ schlagen* no hacer caso de a/c.; desechar a/c.; desoir los consejos de alg.; *fig. er hat sich den ~ um die Nase wehen lassen* ha corrido mucho mundo; *von et. ~ bekommen* enterarse confidencialmente de a/c.; *fig. jetzt weht ein neuer ~* ahora soplan otros vientos; las cosas han cambiado radicalmente; *wer ~ sät, wird Sturm ernten* quien siembra vientos, recoge tempestades; **~beutel** *m* (*Gebäck*) buñuelo *m* de viento; F (*Person*) calavera *m*; casquivano *m*; **~beute'lei** *f* fanfarronada *f*; fantochada *f*; charlatanería *f*; **~bruch** *m* ramas *f/pl.* derribadas por el viento; **~büchse** *f* escopeta *f* de aire comprimido.

'**Winde** *f* ♀ enredadera *f*; (*GarnQ*) devanadera *f*; ⊕ torno *m*; cabrestante *m*; cric *m*.

'**Windel** *f* (-; -*n*) pañal *m*; F *fig. noch in den ~n stecken* estar todavía en mantillas (*od.* en pañales); **~hose** *f* pañal *m* braguita, braga-pañal *f*; **Qn** *v/t.* envolver en pañales; fajar; **Qweich** F *adj.*: *j-n ~ schlagen* moler a palos a alg.

'**winden** (L) **I.** *v/t.* torcer; retorcer; *Garn*: devanar; *in Spirale*: enroscar; *Kränze*: hacer; tejer; *in die Höhe*: izar; guindar; *j-m et. aus den Händen ~* arrebatar (*od.* arrancar) de las manos a/c. a alg.; *um die Stirn ~* ceñir la frente; **II.** *v/refl.*: *sich ~* torcerse; retorcerse (*vor Schmerz* de dolor); *Schlange, Pflanze*: enroscarse (*um en*); *Pflanze*: *a.* enredarse (*por*); *Bach, Weg*: serpentear; *fig.* buscar pretextos *bzw.* una evasiva; *sich ~ durch* deslizarse por entre (*od.* a través de); *sich wie ein Aal ~* ser escurridizo como una anguila; → *a. gewunden*; **III.** *v/unprs.*: *es windet* hace (mucho) viento.

'**Windenergie** *f* energía *f* eólica.

'**Windes-eile** *f*: *mit ~* con la rapidez del viento; de prisa y corriendo; *sich mit ~ ausbreiten* propagarse (*od.* difundirse) como un reguero de pólvora.

'**Wind...:** **~fahne** *f* veleta *f*; giraldilla *f*; ⚓ caraviento *m*; **~fang** *m* cancel *m*; **Qgeschützt** *adj.* al abrigo (*od.* protegido) del viento; **~harfe** *f* arpa *f* eólica; **~hauch** *m* soplo *m* de viento; **~hose** *f* manga *f* de viento; **~hund** *m* galgo *m*; lebrel *m*; F *fig.* calavera *m*; **~hundrennen** *n* carrera *f* de galgos; **Qig** *adj.* ventoso; F *fig.* dudoso; *Ausrede*: fútil; *es ist ~* hace (*od.* hay) viento; **~jacke** *f* cazadora *f*; anorak *m*; **~kanal** *m* túnel *m* aerodinámico (*od.* de viento); **~kasten** *m Orgel*: caja *f* de viento; **~kraftanlage** *f* aerogenerador *m*; **~lade** *f Orgel*: secre-

Windladen — Wirkung

to m; ~laden m contraventana f; ~licht n farol m; linterna f; (Kerze) vela f inextinguible; ~macher f/g. m fanfarrón m; ~messer m anemómetro m; ~messung f anemometría f; ~motor m motor m eólico; ~mühle f molino m de viento; (Spielzeug) molinete m; fig. gegen~n kämpfen luchar contra un enemigo imaginario; ~mühlenflügel m aspa f; ~pocken f/pl. varicela f; ~rad n rueda f eólica (od. de viento); ~richtung f dirección f (od. rumbo m) del viento; ~rös-chen ♀ n anemona f, anemone f; ~rose ⚓ f rosa f náutica (od. de los vientos); ~sack ✈ m manga f de aire; ~sbraut Poes., ⚓ f borrasca f; ~schäden m/pl. daños m/pl. (stärker: estragos m/pl.) causados por el viento; ~schatten ⚓ m sotavento m; ⚓schief adj. inclinado, ladeado; torcido; ⚓schlüpfig, ⚓schnittig adj. aerodinámico; ~schlüpfigkeit K/z. f penetración f aerodinámica; ~schreiber m anemógrafo m; ~schutz m protección f contra el viento; ✈ cortavientos m; ~schutzscheibe K/z. f parabrisas m; ~seite f lado m expuesto al viento; ⚓ barlovento m; ~spiel n galgo m; ~stärke f fuerza f (od. intensidad f) del viento; ⚓still adj. en calma, tranquilo; ~stille f calma f; völlige ~ calma f chicha; ~stoß m ráfaga f de viento; racha f; ~surfbrett n tabla f a vela; ~surfen n, ~surfing n surf m a vela, windsurf(ing) m; ~surfen v/i. practicar el surf a vela; ~surfer m practicante m del surf a vela, surfista m a vela.

'**Windung** f (-; -en) vuelta f; giro m; torsión f; e-r Spirale, Schraube, Schnecke: espira f; e-s Weges: sinuosidad f, tortuosidad f; e-s Flusses: a. meandro m; Anat. (Gehirn⚓) circunvolución f; ~szahl ⊕ f número m de espiras.

Wink m (-⟨e⟩s; -e) (Zeichen) seña f; señal f; mit den Augen: guiño m; fig. indicación f; (Warnung) advertencia f; aviso m (confidencial), F soplo m; ~ mit dem Zaunpfahl indirecta f; auf e-n ~ a una señal; j-m e-n ~ geben hacer una seña a alg.; fig. avisar, advertir, F dar el soplo a alg.

'**Winkel** m (-s; -) a. ⚓ ángulo m; ⊕ (Gerät) cartabón m, escuadra f; ✂ (Abzeichen) galón m; (Ecke) rincón m (a. fig. stiller ~); F rinconcito m; ~abstand ⚓ m distancia f angular; ~advokat m abogadillo m; picapleitos m, leguleyo m; Am. tinterillo m; ~eisen ⊕ n hierro m angular; escuadra f de hierro; ⚓förmig adj. angular; ~funktion ⚓ f función f angular (od. goniométrica); ~haken m Typ. componedor m; F (Riß) siete m; ~halbierende ⚓ f bisectriz f; ⚓ig adj. anguloso; (gewunden) sinuoso, tortuoso; ~makler m corredor m clandestino; zurupeto m; ~maß n escuadra f; cartabón m; ~messer m ⚓ transportador m; Landmessung: grafómetro m; ⚓, ✈ goniómetro m; ~messung f goniometría f; ~prisma n escuadra f prismática; ⚓recht adj. rectangular; en ángulo recto; en rectángulo; ~züge m/pl. rodeos m/pl.; subterfugios m/pl.; tergiversaciones f/pl.; recovecos m/pl.; ~ machen andar con rodeos; buscar pre-

textos; tergiversar; F salirse por la tangente.

'**wink|en** v/i. hacer señas (con la mano); ✗, ⚓ hacer señales; mit et. ~ agitar a/c.; j-m mit den Augen ~ guiñar un ojo (od. hacer un guiño) a alg.; j-n zu sich ~ hacer seña a alg. para que venga; fig. ihm winkt e-e Belohnung le espera una recompensa; ihm winkt das Glück la fortuna le sonríe; ⚓er m ⚓ señalador m; K/z. indicador m de dirección; flecha f; ⚓erflagge f bandera f de señales; ⚓zeichen n señal f con banderas.

'**winklig** adj. → winkelig.

'**winseln I.** (-le) v/i. gemir; gimotear; lloriquear; Hund: ladrar lastimeramente; **II.** ⚓ n gemidos m/pl.; gimoteo m; lloriqueo m; Hund: ladridos m/pl. lastimeros.

'**Winter** m invierno m; ~anzug m traje m de invierno bzw. de abrigo; ~aufenthalt m residencia f de invierno; ~bestellung ✗ f labores f/pl. invernales; ~fahrplan 🚂 m horario m de invierno; ~feldzug ✗ m campaña f de invierno; ⚓fest adj. resistente al frío (invernal); ~frische f → ~kurort; ~garten m jardín m de invierno, invernadero m; ~getreide n cereales m/pl. de invierno bzw. de otoño; ~hafen m puerto m de invernada; ~halbjahr n semestre m de invierno; ⚓hart adj. → ⚓fest; ~kälte f frío m invernal (od. del invierno); ~kleid n vestido m de invierno; Zoo. plumaje m bzw. pelaje m de invierno; ~kurgast m invernante m; ~kurort m estación f invernal; ~landschaft f paisaje m de invierno; ⚓lich adj. invernal; de invierno; ~mantel m abrigo m de invierno; ~mode f moda f de invierno; ⚓n v/unprs.: es wintert hace tiempo de invierno; ~obst n fruta f de invierno; ~olympiade f olimpiada f de invierno (od. blanca); ~quartier n cuartel m de invierno (Zoo. a. de invernada); ~saat f siembra f de otoño; ~sachen f/pl. ropa f de invierno; ~schlaf m hibernación f; ~ halten hibernar; ~schläfer m (animal m) hibernante m; ~schlußverkauf m rebajas f/pl. de enero; ~semester n semestre m de invierno; ~sonnenwende f solsticio m de invierno; ~spiele n/pl.: Olympische ~ juegos m/pl. olímpicos de invierno; ~sport m deporte m de invierno (od. de nieve od. blanco); ~szeit f invierno m; estación f invernal; ~wetter n tiempo m invernal (de invierno); ~zeit f Uhr: hora f de invierno.

'**Winzer** m viñador m; viticultor m; ~fest n fiesta f de la vendimia; ~genossenschaft f cooperativa f vinícola; ~messer n podadera f.

'**winzig** adj. diminuto; minúsculo; microscópico; F chiquitín, chiquitito; (unbedeutend) insignificante; ⚓keit f pequeñez f (extrema); exigüidad f; insignificancia f.

'**Wipfel** m (-s; -) cima f.

'**Wippe** f báscula f; ⚓n I. v/t. balancear; **II.** v/i. balancearse; mit dem Schwanz ~ menear la cola; ~en n balanceo m.

wir pron/pers. nosotros (-as); vor Verb unübersetzt: ~ sehen vamos; betont: nosotros vamos; ~ Deutsche(n) (nosotros) los alemanes.

'**Wirbel** m torbellino m (a. fig.); remolino m; vórtice m (a. fig.); (Haar⚓) coronilla f, remolino m; Anat. vértebra f; an Saiteninstrumenten: clavija f; (Trommel⚓) redoble m; F (Trubel) F jaleo m; vom ~ bis zur Zehe de pies a cabeza; F fig. viel ~ machen hacer muchos aspavientos; ~bildung ⊕ f turbulencia f; ⚓ig adj. remolinante; turbulento (a. fig.); fig. (schwindelig) vertiginoso; ~kasten ♪ m clavijero m; ⚓los Zoo. adj. invertebrado; ⚓n (-le) **I.** v/t. remolin(e)ar; Trommel: redoblar; **II.** v/i. (sn) arremolinarse; formar remolinos; girar vertiginosamente; fig. mir wirbelt der Kopf la cabeza me da vueltas; ~n n torbellino m; remolino m; auf der Trommel: redoble m; ~säule Anat. f columna f vertebral; F espina f dorsal; ~sturm m ciclón m; tornado m; ~tier Zoo. n vertebrado m; ~wind m torbellino m (a. fig.).

'**wirk|en I.** v/t. producir; obrar; hacer; (weben) tejer; Gutes ~ hacer bien; **II.** v/i. a. Phar. actuar, obrar (auf ac. sobre); ⊕ accionar (auf sobre); (wirksam sein) ser eficaz; hacer (od. producir od. surtir) efecto (auf ac. sobre); (Eindruck machen) causar (od. hacer od. producir) impresión; impresionar (auf j-n a alg.); (den Zweck erreichen) tener éxito; ~ wie hacer (od. producir) el efecto de; auf j-n (et.) ~ influir (od. sobrar) alg. (a/c.); gegen et. ~ obrar contra a/c.; contrarrestar a/c.; gut (schlecht) ~ hacer buen (mal) efecto; quedar bien (mal); alt ~ tener aspecto de viejo; parecer viejo; beruhigend ~ tener efecto calmante (od. sedante); schädlich ~ ser nocivo (od. perjudicial); als servir de; ⊕ funcionar como; Person: hacer las veces de; (tätig sein) actuar de; estar de; ejercer las funciones de; als Arzt ~ ejercer la medicina; ser médico; ⚓en f en actuación f; actividad f; (Weben) tejeduría f; ~end adj. activo; operante; sofort ~ de efecto inmediato; jugendlich ~ de aspecto juvenil; ✈ stark ~ drástico; ⚓er m tejedor m; ⚓rei f tejeduría f; ⚓leistung ⚡ f potencia f activa.

'**wirklich I.** adj. real, positivo; efectivo; (echt) auténtico; verdadero; **II.** adv. realmente; positivamente; verdaderamente; de veras; efectivamente, en efecto; ~? ¿de veras?; ~! ¡de verdad!; ⚓keit f realidad f; in ~ en realidad; ⚓keitsform Gr. f (modo m) indicativo m; ⚓keitsfremd adj. ajeno (od. de espaldas) a la realidad; poco realista; ~keitsnah adj. realista; ⚓keitsnähe f realismo m; ⚓keitssinn m realismo m; sentido m de la realidad.

'**Wirkmaschine** f tricotosa f.

'**wirksam** adj. eficaz (a. Phar.); eficiente; (wirkend) activo, operante; (eindrucksvoll) impresionante; (in Kraft) vigente; ~ sein ser eficaz; producir (od. surtir) efecto; Gesetz usw. estar en vigor; ~ werden (empezar a) surtir efecto; Gesetz: entrar en vigor; ⚓keit f eficacia f; eficiencia f; (Gültigkeit) vigencia f; validez f.

'**Wirkstoff** m su(b)stancia f activa, principio m activo.

'**Wirkung** f efecto m, acción f (beide a. ✈); (Eindruck) impresión f; stärker:

impacto *m*; (*Einfluß*) influjo *m*; influencia *f*; (*Folge*) consecuencia *f*; (*Ergebnis*) resultado *m*; (*Reaktion*) reacción *f*; *mit* ~ *vom* con efectos (a partir de) del; *mit sofortiger* ~ con efecto inmediato; s-e ~ *tun* producir (*od.* surtir) su efecto; *auf j-n* (et.) ~ *ausüben* influir en alg. (a/c.); *gute* ~ *haben* dar buen resultado; *auf* ~ *bedacht* efectista; *keine* ~ *haben, ohne* ~ *bleiben* no producir ningún efecto; *nicht zur* ~ *kommen* no llegar a surtir efecto; *keine* ~ *ohne Ursache* no hay efecto sin causa.

'Wirkungs...: ~bereich *m* esfera *f* (*od.* radio *m*) de acción; ✗ alcance *m*; ~dauer *f* duración *f* del efecto; ~feld *n* campo *m* de acción (*od.* de actividad); ~grad *m* eficiencia *f*; ⊕, ⚡ rendimiento *m*; ~kraft *f* eficacia *f*; eficiencia *f*; ~kreis *m* esfera *f* de acción; campo *m* de acción (*od.* de actividad); 2los *adj.* ineficaz; sin efecto; inoperante; ~losigkeit *f* ineficacia *f*; inoperancia *f*; 2voll I. *adj.* eficaz; (*eindrucksvoll*) impresionante; II. *adv.* con eficacia, eficazmente; ~weise *f* modo *m* de acción (*od.* funcionamiento).

'Wirk|waren *f/pl.* géneros *m/pl.* de punto; ~zeit *f* tiempo *m* de reacción.

wirr *adj.* confuso; *geistig*: *a.* trastornado; (*verwickelt*) embrollado, enredado, enmarañado; (*durcheinander*) desordenado, caótico; *Rede*: incoherente; *Haar*: revuelto; desgreñado; ~es *Durcheinander* desbarajuste *m*; embrollo *m*; revoltijo *m*; caos *m*; ~ *durcheinander* sin orden ni concierto; *mir ist ganz* ~ *im Kopf* la cabeza me da vueltas; ~es *Zeug reden* desbarrar; 2en *pl. a. Pol.* desórdenes *m/pl.*, disturbios *m/pl.*, turbulencias *f/pl.*; 2kopf *m* embrollador *m*; cabeza *f* de chorlito; 2nis *f* (-; -se), ~sal *n* (-*es*; -*e*) *u. f* (-; -*e*) confusión *f*; embrollo *m*; enredo *m*; 2warr *n* (-*s*; 0) desorden *m*; confusión *f*; desbarajuste *m*; caos *m*; F babel *m/f*; barullo *m*.

'Wirsing *m* (-*s*; 0), ~kohl *m* col *f* rizada; berza *f* de Saboya.

'Wirt *m* (-*és*; -*e*) (*Gast*2) dueño *m* (de un restaurante, *etc.*); tabernero *m*; hospedero *m*; (*Gastgeber*) anfitrión *m*; (*Haus*2) patrón *m*, casero *m*; dueño *m* (de la casa); *Bio.* huésped *m*, hospedante *m*; ~in *f* dueña *f*; anfitriona *f*; tabernera *f*; patrona *f*, casera *f*; 2lich *adj.* hospitalario.

'Wirtschaft *f* **1.** economía *f*; gelenkte (*gewerbliche*) ~ economía *f* dirigida (industrial); **2.** ✗ explotación *f*; granja *f*; (*Gast*2) restaurante *m*; taberna *f*; cervecería *f*; bar *m*; **3.** (*Hauswesen*) economía *f* doméstica; (*Haushaltung*) (gobierno *m* de la) casa *f*; *die* ~ *führen* llevar la casa; **4.** F *fig.* (*Durcheinander*) confusión *f*, desorden *m*; desbarajuste *m*, (*Lärm*) alboroto *m*; bulla *f*, jaleo *m*; 2en (-*es*-) *v/i.* (*verwalten*) administrar; (*Haushalt führen*) llevar (*od.* gobernar) la casa; ✗ explotar (una finca); (*sparen*) economizar, ahorrar; hacer economías; *gut* (*schlecht*) ~ llevar bien (mal) la casa (✝ los negocios); *zu* ~ *verstehen* ser económico; ~er *m* administrador *m*; mayordomo *m*; ~erin *f* ama *f* de gobierno (*od.* de

llaves); ~ler *m* economista *m*; 2lich *adj.* económico (*a. sparsam*); (*haushälterisch*) ahorrativo; economizador; (*rentabel*) productivo; rentable; ~lichkeit *f* (0) economía *f*; rentabilidad *f*; productividad *f*.

'Wirtschafts...: ~abkommen *n* acuerdo *m* económico; ~ablauf *m* proceso *m* económico; ~aufschwung *m* auge *m* económico; ~ausweitung *f* expansión *f* económica; ~barometer *n* barómetro *m* de la economía; ~belebung *f* reactivación *f* económica; ~berater *m* asesor *m* económico; ~bereich *m* sector *m* económico; ~beziehungen *f/pl.* relaciones *f/pl.* económicas; ~buch *n* libro *m* de gastos (de la casa); ~depression *f* depresión *f* económica; ~einheit *f* unidad *f* económica; ~experte *m* experto *m* en asuntos económicos; economista *m*; 2feindlich *adj.* antieconómico; ~flüchtling *m* refugiado (-a *f*) *m* económico (-a); ~form *f* sistema *m* económico (✗ de explotación); ~frage *f* problema *m* económico; ~führer *m* gran industrial *m*; ~gebäude ✗ *n/pl.* edificios *m/pl.* de explotación; ~gefüge *n* estructura *f* económica; ~geld *n* dinero *m* para gastos (de la casa); ~gemeinschaft *f*: *Europäische* ~ (*Abk.* EWG) Comunidad *f* Económica Europea (*Abk.* CEE); ~geographie *f* geografía *f* económica; ~güter *n/pl.* bienes *m/pl.* económicos; ~hilfe *f* ayuda *f* económica; ~jahr *n* año *m* económico; ~kommission *f* comisión *f* económica; ~konferenz *f* conferencia *f* económica; ~kontrolle *f* control *m* económico; ~korrespondent *m* corresponsal *m* económico; ~kreise *m/pl.* círculos *m/pl.* económicos; ~krieg *m* guerra *f* económica; ~kriminalität *f* delincuencia *f* económica (F de cuello blanco); ~krise *f* crisis *f* económica; ~lage *f* situación *f* económica; ~leben *n* vida *f* económica; ~lehre *f* doctrina *f* económica; *als Wissenschaft*: ciencias *f/pl.* económicas; ~lenkung *f* dirigismo *m* económico; ~minister *m* (~ministerium *n*) ministro *m* (Ministerio *m*) de Economía; ~ordnung *f* orden *m* económico; ~organisation *f* organización *f* económica; ~plan *m* plan *m* económico; ~planung *f* planificación *f* económica; ~politik *f* política *f* económica; 2politisch *adj.* político-económico; ~potential *n* potencial *m* económico; ~prüfer *m* revisor *m* de cuentas; interventor *m*; auditor *m*; *Am.* contador *m* público; ~rat *m* consejo *m* económico; *Europäischer* ~ Organización *f* Europea de Cooperación Económica (*Abk.* O.E.C.D.); ~sachverständige(r) *m* ~experte; ~sanktionen *f/pl.* sanciones *f/pl.* económicas; ~system *n* sistema *m* (*od.* régimen *m*) económico; ~tätigkeit *f* actividad *f* económica; ~teil *m* e-r *Zeitung*: sección *f* económica; ~theoretiker *m* teorizante *m* de la economía; ~theorie *f* teoría *f* económica; ~union *f* unión *f* económica; ~unternehmen *n* empresa *f* económica; ~verband *m* consorcio *m* económico; ~vergehen *n* delito *m* económico; ~wachstum *n* creci-

miento *m* económico; ~wissenschaft *f* ciencias *f/pl.* económicas; ~wissenschaftler *m* economista *m*; ~wunder *n* milagro *m* económico; ~zweig *m* sector *m* económico.

'Wirts...: ~haus *n* restaurante *m*; taberna *f*; cervecería *f*; fonda *f*; ~leute *pl.* patrones *m/pl.*; dueños *m/pl.*; ~pflanze *f* planta *f* huésped; ~tier *Bio. n* animal *m* huésped.

'Wisch *m* (-*és*; -*e*) *desp.* (*Zettel*) papelucho *m*, papelote *m*; 2en *v/t.* (*putzen*) fregar; (*reiben*) frotar, (r)estregar; (*ab*~) limpiar; *Mal.* difuminar; *mit der Hand über et.* ~ pasar la mano por a/c.; (*sich*) *den Schweiß von der Stirn* ~ limpiar (*od.* secar) el sudor de la frente; *sich den Mund* ~ secarse la boca; limpiarse los labios; ~er *m Mal.* esfumino *m*, difumino *m*; (*Geschütz*2) escobillón *m*; (*Scheiben*2) limpiaparabrisas *m*; ~erblatt *Kfz. n* escobilla *f*; ~lappen *m*, ~tuch *n* rodilla *f*; bayeta *f*; trapo *m*.

'Wisent *m* (-*s*; -*e*) bisonte *m* (europeo).

'Wismut 🜾 *n* (-*és*; 0) bismuto *m*.

'wispern (-*re*) I. *v/i.* cuchichear, *Poes.* murmurar; II. ♀ *n* cuchicheo *m*; *Poes.* murmullo *m*.

'Wiß|begier(de) *f* afán *m* de saber; deseo *m* de aprender; curiosidad *f* (intelectual); 2begierig *adj.* ávido de saber (*od.* de aprender); (*neugierig*) curioso.

'wissen I. (L) *v/t.* saber; (*kennen*) conocer; ~ *von* (*od.* *über*) *a.* tener conocimiento de; *nicht* ~ no saber, ignorar; desconocer; *nicht* ~, *woran man ist* no saber a qué atenerse; *sehr wohl* ~ saber muy bien; no ignorar; saber perfectamente; ~ *zu* (*inf.*) saber cómo (*inf.*); saber (*inf.*); *j-n et.* ~ *lassen* hacer saber a/c. a alg.; enterar (*od.* informar) a alg. de a/c.; *ich möchte gern* ~ desearía saber; quisiera saber; *Sie* ~ *doch wohl, daß*... usted no ignora que ...; *Sie müssen* ~, *daß*... sepa usted que ...; *das mußt du selbst* ~ es cosa tuya; allá tú; *man kann nie* ~ nunca se sabe; *ich will nichts davon* ~ no quiero saber nada de eso; no me interesa eso; *ich will nichts mehr von ihm* ~ no quiero saber nada más de él; *woher weißt du das?* ¿cómo lo sabes?; ¿quién te lo ha dicho?; *daß du es nur weißt!* ¡para que lo sepas!; *das weiß ja jedes Kind* eso lo sabe todo el mundo; *ich weiß schon ya* lo sé; *ich weiß nicht recht* no estoy muy seguro; *ich weiß nichts davon* no sé nada de eso; *weißt du noch?* ¿te acuerdas?; *das weiß er am besten* nadie mejor que él puede saberlo; *das weiß ich nur zu gut* lo sé de sobra; *gut, daß ich es weiß* bueno es saberlo; *soviel ich weiß* que yo sepa; *por* (*od.* a) *lo que yo sé*; *wer weiß!* ¡quién sabe?; *was weiß ich!* ¡qué sé yo!; *wer soll das* ~! ¡vete a saber!; *was weißt du denn* (*davon*)! ¡qué sabes tú!; *als ob er was weiß was gekostet hätte* como si hubiera costado una fortuna; *was ich nicht weiß, macht mich nicht heiß* ojos que no ven, corazón que no siente; *nicht, daß ich wüßte* no que yo sepa; *ich wüßte niemand, der es besser machen könnte* no sé de nadie que pudiera hacerlo mejor; *so tun, als wüßte man nichts* hacerse el desentendido; aparentar no saber nada; **II.** 2 *n* saber *m*; (*Kenntnisse*) conocimientos *m/pl.*; ciencia *f*; (*Weisheit*) sabiduría *f*; erudición *f*; *m-s ~s por lo que yo sé; que yo sepa*; *nach bestem ~ und Gewissen* según mi leal saber y entender; de buena fe; *ohne mein ~* sin conocimiento mío; sin saberlo yo; *mit m-m ~* con conocimiento mío; sabiéndolo yo; *wider besseres ~* contra su propia convicción; *~ ist Macht* saber es poder; *~d adj. Blick:* de complicidad; *die 2en los iniciados*.

'**Wissenschaft** *f* ciencia *f*; F *das ist e-e ~ für sich* eso es bastante complicado; *~ler m* hombre *m* de ciencia; científico *m*; sabio *m*; erudito *m*; (*Forscher*) investigador *m*; 2**lich** *adj.* científico; *~lichkeit f (0)* carácter *m* científico.

'**Wissens...:** *~***drang** *m*, *~***durst** *m* afán *m* de saber; deseo *m* de instruirse; 2**durstig** *adj.* ávido de saber; deseoso de instruirse; *~***gebiet** *n* rama *f* del saber; disciplina *f* (científica); 2**wert** *adj.* digno de saberse; interesante; *~***zweig** *m* → *~gebiet*.

'**wissentlich I.** *adj.* premeditado; deliberado; (*absichtlich*) intencionado; **II.** *adv.* a sabiendas; con conocimiento de causa; deliberadamente; (*absichtlich*) intencionadamente; adrede; a ciencia y conciencia.

'**wittern** (-re) *v/t.* husmear, olfatear (*a. fig.*); *Jgdw. a.* ventear; *fig. Gefahr usw.*: barruntar.

'**Witterung** *f* 1. *Jgdw.* husmeo *m*; olfato *m*; viento *m*; *~* **aufnehmen** tomar el viento; *a. fig.* e-e gute *~* haben tener buen olfato; 2. (*Wetter*) tiempo *m*; *bei jeder ~*, con bueno mal tiempo; *~s-einflüsse m/pl.* influencias *f/pl.* atmosféricas; agentes *m/pl.* atmosféricos; *~s-umschlag m* cambio *m* (brusco) de tiempo; *~sverhältnisse n/pl.* condiciones *f/pl.* atmosféricas (*od.* meteorológicas).

'**Witwe** *f* viuda *f*.

'**Witwen...:** *~***geld** *n* subsidio *m* de viudedad; *~***kasse** *f* caja *f* de viudedad; *~***rente** *f* (pensión *f* de) viudedad *f*; *~***stand** *m* viudez *f*, viudedad *f*.

'**Witwer** *m* viudo *m*.

'**Witz** *m* (-es; -e) gracia *f*; donaire *m*; gracejo *m*; salero *m*; (*witziger Einfall*) salida *f*; ocurrencia *f*; (*Witzwort*) chiste *m*; (*Scherz*) broma *f*; chanza *f*; (*Geist*) ingenio *m*; *~e erzählen* (*od. reißen*) decir (*od.* contar) chistes; *~e machen* gastar bromas, bromear; F *das ist der ~ der Sache* ése es el quid (del asunto); F ahí está el busilis; F *mach keine ~e!* ¡no hablarás en serio!; F *ist das nicht ein ~?* ¿no es curioso?; *~***blatt** *n* revista *f* humorística; *~***bold** *m* (-*es*; -*e*) bromista *m*; gracioso *m*; F guasón *m*; dicharachero *m*; *~e'lei* *f* broma *f*, chanza *f*; F chunga *f*; *~***eln** (-*le*) *v/i.* bromear; dárselas de gracioso; *~ über* burlarse de; F chunguearse de; 2**ig** *adj.* chistoso; gracioso; divertido; ocurrente; *~ sein* tener gracia; *~er Einfall* salida *f*, ocurrencia *f*; *iro. sehr ~!* ¡muy gracioso!; ¡vaya gracia!; 2**los** *adj.* sin gracia; F *fig.* (*sinnlos*) inútil; *das ist doch ~* no tiene sentido.

wo *adv.* 1. *fragend*: *~?* ¿dónde?; *von ~?* ¿de dónde?; 2. *relativisch*: donde; en

donde; por donde; *von ~* de donde; *~* (*auch*) *immer*; *überall ~* dondequiera que (*subj.*); 3. *zeitlich*: zu e-r Zeit, *~* en un tiempo en que; *heute, ~ ich Zeit habe* hoy que tengo tiempo; *der Tag, ~* el día (en) que; 4. *ausrufend*: ach *~*! ¡qué va!; ¡tonterias!; *~ werd' ich (denn)!* ¡ni hablar!; ¡ni pensarlo!; *~***'anders** *adv.* en otro sitio; en otra parte; *~***'andershin** *adv.* a otro sitio; a otra parte; *~***'bei** *adv.* a lo cual; con lo cual; en lo cual; por lo cual; *Kanzleistil:* a cuyo efecto; *~ es unerläßlich ist, daß* siendo imprescindible que (*subj.*); *~ bist du gerade?* ¿qué es lo que estás haciendo?

'**Woche** *f* semana *f*; *vor einigen ~n* hace algunas semanas; semanas atrás; *in e-r ~* dentro de una semana; *heute in e-r ~* de hoy en ocho días; F *unter der ~* entre semana.

'**Wochen...:** *~***bericht** *m* informe *m* semanal; *~***bett** *n* sobreparto *m*; puerperio *m*; *~***bettfieber** ♣ *n* fiebre *f* puerperal; *~***blatt** *n* semanario *m*; *~***endbeilage** *f Zeitung:* suplemento *m* de fin de semana; *~***ende** *n* fin *m* de semana; *am ~* a fin de semana; *~***endhaus** *n* casa *f* para pasar el fin de semana; *~***endseminar** *n* seminario *m* (*od.* cursillo *m*) de fin de semana; *~***karte** *Vkw. f* billete *m* (*od.* abono *m*) semanal; 2**lang I.** *adj.* que dura semanas enteras; **II.** *adv.* semanas enteras; durante semanas; *~***lohn** *m* salario *m* semanal; *~***markt** *m* mercado *m* semanal; *~***schau** *f Film:* actualidades *f/pl.*; noticiario *m*; TV crónica *f* de la semana; *~***schrift** *f* publicación *f* semanal; *~***tag** *m* día *m* de (la) semana; (*Werktag*) día *m* laborable; 2**tags** *adv.* los días laborables.

'**wöchentlich I.** *adj.* semanal; de cada semana; **II.** *adv.* semanalmente; cada semana, todas las semanas; *dreimal ~* tres veces por semana.

'**Wochen...:** *~***übersicht** *f* resumen *m* semanal; 2**weise** *adv.* por semanas; *~***zeitschrift** *f* revista *f* semanal; *~***zeitung** *f* semanario *m*; periódico *m* semanal.

'**Wöchnerin** *f* parturienta *f*; (recién) parida *f*, puérpera *f*; *~***nenheim** *n* (casa *f* de) maternidad *f*; *~***nenhilfe** *f* → *Wochenhilfe*.

'**Wodka** *m* (-s; -s) vodka *m/f*.

wo**'durch** *adv.* 1. *fragend*: *~?* ¿por qué medio?; ¿por medio de qué?; ¿cómo?; 2. *relativ*: por lo que; por lo cual; por donde; por cuyo motivo; *~***'fern** *cj.* con tal que, siempre que (*subj.*); si es que (*ind.*); *~ nicht* a menos que; a no ser que (*subj.*); si no es que (*ind.*); *~***'für** *adv.* 1. *fragend*: *~?* ¿para qué?; *~ ist das gut?* ¿para qué sirve eso?; *~ halten Sie mich?* ¿por quién me toma usted?; 2. *relativ*: por *bzw.* para lo cual; *Kanzleistil*: a cuyo efecto; *er ist nicht das, ~ er sich ausgibt*

'**Woge** *f* ola *f* (*a. fig.*); onda *f*; *fig. die ~n glätten* calmar los ánimos; *die ~n haben sich geglättet* las aguas han vuelto a su cauce.

wo**'gegen** *adv.* 1. *fragend*: *~?* ¿contra qué?; 2. *relativ*: contra lo cual; a cambio de lo cual.

'**wogen I.** *v/i.* ondear; flotar; *Meer:* estar agitado; *Busen:* palpitar; *Menschenmenge*: agitarse; **II.** 2 *n* ondulación *f*; agitación *f*; *~***d** *adj.* ondulante; *Meer:* agitado; proceloso.

wo**'her** *adv.* 1. *fragend*: *~?* ¿de dónde?; ¿de qué lado?; ¿de qué parte?; *~ kommt es, daß ...?* ¿cómo es que ...?; *~ weißt du das?* F ¡qué va!; *~***'hin** *adv.* 1. *fragend*: *~?* ¿adónde?; ¿hacia (*od.* para) dónde?; *~ willst du?* ¿adónde vas?; *ich weiß nicht, ~ damit* no sé dónde ponerlo; *~ auch* (immer) dondequiera; 2. *relativ*: adonde; *~***hin'gegen** *cj.* mientras que.

'**wohl I.** *adv.* 1. *bien*; *~ aussehen* tener buen aspecto; *~ riechen* oler bien; *sich ~ fühlen* sentirse bien; *fig.* estar a sus anchas; *ich fühle mich sehr ~ hier* estoy muy bien aquí; *mir ist nicht ~* no me siento bien; estoy mal (*od.* indispuesto); me siento mal; *es sich ~ sein lassen* regalarse, F darse buena vida; *ich bin mir dessen ~ bewußt* estoy perfectamente consciente de esto; *das lasse ich ~ bleiben* me guardaré bien de ello; *nun ~!* ¡pues bien!; *~ dem, der ...!* ¡dichoso aquél que ...!; *~ oder übel* de grado o por fuerza; por las buenas o por las malas; *wir müssen es ~ oder übel tun* no hay más remedio, tenemos que hacerlo; *das habe ich mir ~ gedacht* me lo suponía; *~ daran tun, zu* (*inf.*) hacer bien en (*inf.*); 2. *vermutend, einräumend*: *das ist ~ möglich*; *das kann ~ sein* es muy posible; *das ist ~ nicht möglich* no creo que sea posible; no me parece posible; *es ist ~ so* bien pudiera ser así; todo parece indicar que es así; *er ist ~ krank* parece estar enfermo; *ob er ~ kommen wird?* a ver si viene; *er kommt ~ morgen* probablemente vendrá mañana; *er könnte ~ noch kommen* aún podría venir; *~ hundertmal* lo menos cien veces; *~ 50 Jahre* unos cincuenta años; *ich kann ~ schwimmen, aber ...* nadar sí que puedo, pero ...; *~ kaum* difícilmente; apenas; **II.** 2 *n* (-*és*; *0*) bien *m*; (*Wohlergehen*) bienestar *m*; (*Gedeihen*) prosperidad *f*; (*Heil*) salud *f*; *das öffentliche ~* el bien público; *auf j-s ~ trinken* beber por (*od.* a la salud de) alg.; *auf Ihr ~!*, *zum ~!* ¡(a su) salud!; *~***'an!** *int.* ¡ea!; ¡adelante!; ¡pues bien!; ¡vamos (pues)!; ¡venga!; *~***angebracht** *adj.* muy oportuno; *~***anständig** *adj.* (muy) decente; decoroso; *~***'auf I.** *adv.*: *~ sein* estar bien (de salud); **II.** *int.* *~!* → *~an!*; *~***bedacht** *adj.* bien pensado (*od.* considerado), hecho con reflexión; 2**befinden** *n* (-*s*; *0*) bienestar *m*; buen estado *m* de salud; *~***begründet** *adj.* bien fundado; 2**behagen** *n* bienestar *m*; comodidad *f*; *~***behalten** *adj.* sano y salvo; *Sache:* en buen estado; en buenas condiciones; *~***bekannt** *adj.* bien conocido; *m.s.* notorio; *~***bekömmlich** *adj.* saludable; que sienta (*od.* prueba) bien; *~***beleibt** *adj.* obeso; (muy) gordo; *~***bestallt** *adj.* bien colocado; en buena posición; *~***erfahren** *adj.* muy versado (*in dat.*); 2**ergehen** *n* bienestar *m*; prosperidad *f*; *~***erwogen** *adj.* bien meditado (*od.* considerado); ponderado; *~***erzogen** *adj.*

'**Wohlfahrt** *f* (*0*) prosperidad *f*; (öffentliche) *~* beneficencia *f* pública; asistencia *f* social.

Wohlfahrtsamt — wollen

'Wohlfahrts...: ~amt n servicio m de beneficencia pública; ~einrichtung f institución f benéfica (od. benéfico-social); ~fonds m fondo m de asistencia benéfico-social bzw. de previsión social; ~marke f sello m de beneficencia; ~organisation f organización f benéfica; ~pflege f asistencia f social; ~pfleger(in f) m asistente m/f social; ~staat m Estado m providencia; ~unterstützung f auxilio m benéfico-social.

'wohl...: ~feil adj. barato, económico; ~ge-artet adj. de buen natural; bien dispuesto; 2gefallen n placer m; agrado m, complacencia f; satisfacción f; sein ~ an et. haben complacerse en a/c.; ver con agrado a/c.; hum. sich in ~ auflösen desvanecerse; evaporarse; quedar en nada; (kaputtgehen) romperse; ~gefällig I. adj. placentero; grato; (zufrieden) satisfecho; II. adv. con agrado; con placer; con satisfacción; ~geformt adj. bien formado; 2gefühl n sensación f de bienestar; ~gelitten adj. bien visto; ~gemeint adj. bienintencionado; Rat: amistoso; ~gemerkt! int. bien entendido; ~gemut adj. alegre; de buen humor; ~genährt adj. bien alimentado (od. nutrido); ~geraten adj. bien educado; Sache: bien hecho; 2geruch m olor m agradable; aroma m; fragancia f; perfume m; 2geschmack m sabor m (od. gusto m) agradable; ~gesetzt adj. Worte: bien elegido; Rede: elegante; bien formulado; ~gesinnt adj. bienintencionado; j-m ~ sein estar bien dispuesto hacia alg.; ~gesittet adj. de buenas maneras, de buenos modales; ~gestalt(et) adj. bien formado; bien proporcionado; de buen tipo; ~getan adj. bien hecho; ~habend adj. acomodado; pudiente; adinerado; acaudalado; 2habenheit f (0) bienestar m; prosperidad f; ~ig adj. agradable; cómodo; 2klang m armonía f; Gr. eufonía f; ~klingend adj. armonioso; melodioso; agradable al oído; Gr. eufónico m; ~laut m → 2klang; 2leben n vida f regalada (od. holgada); buena vida f; ~meinend adj. bienintencionado; amistoso; ~proportioniert adj. bien proporcionado; ~riechend adj. aromático; perfumado; fragante; de olor agradable; oloroso; ~schmeckend adj. sabroso; 2sein n bienestar m; (zum) ~! ¡(a su) salud!; 2stand m bienestar m; prosperidad f; opulencia f; im ~ leben vivir con desahogo (od. en la opulencia); 2standsgesellschaft f sociedad f opulenta (od. de bienestar); 2tat f beneficio m; favor m; buena acción f; obra f de caridad; fig. alivio m; 2täter(in f) m bienhechor(a f) m; ~tätig adj. benéfico; caritativo; 2tätigkeit f beneficencia f; caridad f; 2tätigkeitsfest n, 2tätigkeitsveranstaltung f fiesta f bzw. función f benéfica (od. de beneficencia); 2tätigkeitsverein m sociedad f benéfica (od. de beneficencia); ~tuend adj. que hace (od. sienta) bien; bienhechor; benéfico; agradable; (lindernd) que alivia; ~tun (L) v/i. hacer bien; ser agradable; (lindern) aliviar; du würdest wohl daran tun zu (inf.) harías bien en (inf.); ~überlegt adj. bien pensado (od. considerado); ponderado; bien meditado; ~unterrichtet adj. bien informado; bien enterado; ~verdient adj. bien merecido; 2verhalten n buena conducta f; ~verstanden adj. bien entendido; ~verwahrt adj. bien guardado; ~weislich adv. prudentemente; con buen motivo; ~wollen (L) v/i.: j-m ~ querer bien a alg.; querer (od. desear) el bien de alg.; 2wollen n (-s; 0) benevolencia f; (Zuneigung) afecto m; (Gunst) favor m; sich j-s ~ erwerben granjearse las simpatías de alg.; ~wollend adj. benévolo; favorable; e-r Sache ~ gegenüberstehen ver con buenos ojos a/c.

'Wohn...: ~anlage f complejo m (od. polígono m) residencial; ~bevölkerung f población f residente; ~block m bloque m de viviendas; 2en v/i. vivir; habitar; amtlich: estar domiciliado (in en); vorübergehend: estar alojado (en); ~fläche f superficie f habitable; ~gebäude n edificio m para vivienda; casa f (de pisos); amtlich: finca f urbana; ✍ edificio m de habitación; ~gebiet n, ~gegend f zona f residencial; ~geld n → ~ungsgeld; ~gelegenheit f alojamiento m; ~gemeinschaft f comunidad f de inquilinos; (Kommune) comuna f; 2haft adj. domiciliado (en); residente (en); ~haus n → ~gebäude; ~heim n residencia f; ~küche f cocina f comedor; ~kultur f interiorismo m; 2lich adj. cómodo; confortable; acogedor; ~mobil n vehículo--vivienda m, Neol. autocaravana f; ~ort m (lugar m de) residencia f; domicilio m; ~raum m cuarto m, habitación f (Größe) espacio m habitable; ~raumbewirtschaftung f control m de viviendas; ~recht n derecho m de habitación; ~schlafzimmer n sala f de estar-dormitorio; ~siedlung f polígono m (od. conjunto m) residencial; urbanización f; ~silo m silo-viviendas m; ~sitz m residencia f; domicilio m; zweiter ~ segundo domicilio m; mit ~ in domiciliado (od. con domicilio) en; ohne festen ~ sin domicilio fijo; ~sitzwechsel m cambio m de domicilio (od. de residencia); ~stätte f vivienda f; hogar m, morada f; ~stube → ~zimmer.

'Wohnung f vivienda f, casa f; (Unterkunft) alojamiento m; (Heim) hogar m; morada f; (Etage2) piso m; apartamento m; ~ nehmen bei alojarse en casa de.

'Wohnungs...: ~amt n oficina f de la vivienda; ~bau m construcción f de viviendas; sozialer ~ construcción f de viviendas protegidas; staatlich geförderter ~ construcción f de viviendas de protección oficial; ~eigentum n propiedad f horizontal; ~einbruch m robo m en un piso; ~einrichtung f mobiliario m; ~geld n subsidio m de vivienda; plus m de residencia; ~inhaber(in f) m dueño (-a f) m de la vivienda; (Mieter) inquilino (-a f) m; 2los adj. sin casa; sin domicilio; ~mangel m escasez f de viviendas; ~markt m mercado m de la vivienda; ~nachweis m oficina f de alojamientos; ~not f → ~mangel; ~suche f búsqueda f de alojamiento; busca f de piso; ~tausch m permuta f de pisos (od. de viviendas); ~wechsel m cambio m de domicilio.

'Wohn...: ~verhältnisse n/pl. condiciones f/pl. de vivienda bzw. de habitabilidad; ~viertel n barrio m residencial; ~wagen m, ~wagen-anhänger m caravana f, gal. roulotte f; ~wagenfahrer m Neol. caravanista m; ~wagentourismus m Neol. caravaning m; ~zimmer n cuarto m de estar; salón m; angl. living m.

'wölb|en v/t. △ abovedar; arquear; (ausbauchen) abombar; (krümmen) encorvar; sich ~ arquearse; abombarse; encorvarse; 2ung f △ bóveda f; arco m; cintra f; curvatura f; abombamiento m.

Wolf m (-(e)s; ⁻e) Zoo. lobo m; Astr. Lobo m; (Fleisch2) picadora f de carne; ✲ intertrigo m; junger ~ lobezno m; hungrig wie ein ~ sein tener un hambre canina; durch den ~ drehen Fleisch: picar; fig. mit den Wölfen heulen bailar al son que le tocan.

'Wölfin Zoo. f loba f.

'Wolfram ⚛ n (-s; 0) volframio m, wolframio m, tungsteno m; ~stahl m acero m al tungsteno.

'Wolfs...: ~barsch Ict. m lubina f, róbalo m; ~hund m perro m lobo; ~hunger m: e-n ~ haben tener un hambre canina; ~milch ♃ f euforbia f; lechetrezna f; ~rachen ✲ m paladar m hendido; ~rudel n manada f de lobos.

'Wolga f Volga m.

'Wolke f nube f (a. fig.); fig. aus allen ~n fallen quedar(se) perplejo (od. muy sorprendido); fig. in den ~n sein (od. schweben) estar en la luna (od. en las nubes od. en Babia).

'Wolken...: ~bank f banco m de nubes; ~bildung f formación f de nubes; ~bruch m chaparrón m, aguacero m; 2bruchartig adj.: ~er Regen lluvia f torrencial; ~decke f capa f de nubes; ~fetzen m/pl. jirones m/pl. de nubes; ~himmel m cielo m nuboso (od. nublado); ~höhe f techo m (de nubes); ~kratzer m rascacielos m; ~kuckucksheim n castillos m/pl. en el aire; 2los adj. sin nubes; despejado; ~meer n mar m de nubes; ~schicht f capa f de nubes; ~wand f cerrazón f; ~zug m paso m de las nubes.

'wolkig adj. nuboso; nublado; nublo; cubierto de nubes.

'Woll|abfälle m/pl. desperdicios m/pl. de lana; ~atlas m satén m de lana; ~decke f manta f de lana; ~e f lana f; in der ~ gefärbt teñido en la propia lana; F sich in die ~ geraten F andar a la greña.

'wollen¹ adj. de lana.

'wollen² I. (L) v/t. u. v/i. querer; (wünschen) desear; (verlangen) pedir; exigir; (beabsichtigen) tener la intención de; proponerse; (bereit sein zu) estar dispuesto a; (behaupten) pretender; (im Begriff sein) ir a; pensar (hacer); estar a punto de; lieber ~ preferir; ~ Sie bitte ... haga el favor de ...; ich wollte, er wäre hier! ¡ojalá estuviera aquí!; er will nach Deutschland quiere ir bzw. piensa irse a Alemania; ich will Ihnen etwas sagen permítame decirle (od. que le diga) una cosa; voy a decirle una cosa; *ganz wie Sie* ~ como usted quiera; como usted guste (*od.* prefiera); *was* ~ *Sie von mir*? ¿qué quiere usted de mí?; *was willst du noch mehr*? ¿qué más quieres?; *er weiß nicht, was er will* no sabe lo que quiere; *mach was du willst* haz lo que quieras (*od.* lo que te dé la gana) *zu wem* ~ *Sie*? ¿por quién pregunta usted?; ¿con quién desea usted hablar?; ¿a quién busca usted?; *man will Sie sprechen* desean hablarle; *dem sei, wie ihm wolle* sea como fuere; *man mag* ~ *oder nicht* quiérase o no; *du hast es so gewollt* así lo has querido; te lo has buscado; *wir* ~ *gehen* vámonos; *ohne es zu* ~ *sin querer*(lo); sin intención; *mir will scheinen, daß* me parece que; *das will nichts sagen* (*od.* bedeuten *od.* heißen) eso no quiere decir nada; eso no tiene importancia; *ich will es nicht gehört haben* lo doy por no oído; *er will es gesehen haben* pretende *bzw.* afirma haberlo visto; *das will vorsichtig gemacht werden* esto requiere mucho cuidado; *das will überlegt* (*getan*) *sein* hay que pensarlo (hacerlo); F *m-e Beine* ~ *nicht mehr* me fallan las piernas; *wir* ~ *sehen* vamos a ver; ya veremos; *hier ist nichts zu* ~ aquí no hay nada que hacer; de aquí no se saca nada; → *a. gewollt*; **II.** ⚥ *n* querer *m*; voluntad *f*; *Phil.* volición *f*.

'**Woll...**: ~**faser** fibra *f* de lana; ~**fett** *n* grasa *f* de lana; suarda *f*; ~**garn** *n* estambre *m*; (hilo *m* de) lana *f*; ~**gras** ⚥ *n* eriófero *m*; ~**haar** *n* cabello *m* crespo; *des Fetus*: lanugo *m*; ~**handel** *m* comercio *m* lanero; ~**händler** *m* lanero *m*; comerciante *m* en lanas; 2**ig** *adj.* lanudo, lanoso; velloso; *Haar*: crespo; ~**industrie** *f* industria *f* lanera; ~**jacke** *f* chaqueta *f* de punto *bzw.* de lana; ~**kamm** *m* carda *f*; ~**kämmer** *m* cardador *m*; ~**kämme'rei** *f* cardería *f*; ~**kleid** *n* vestido *m* de lana; ~**markt** *m* mercado *m* lanero (*od.* de lanas); ~**produktion** *f* producción *f* lanera; ~**sachen** *f/pl.* prendas *f/pl.* (*od.* ropa *f*) de lana; ~**siegel** ⚥ *n* certificado *m* lana; ~**spinne'rei** *f* hilatura *f* de lana; (*Fabrik*) hilandería *f* de lana; ~**staub** *m* borra *f*; ~**stoff** *m* tejido *m* de lana.

'**Wol**|**lust** *f* (*0*) voluptuosidad *f*; (*Geilheit*) lujuria *f*; lascivia *f*; 2**lüstig** *adj.* voluptuoso; lujurioso; lascivo.

'**Woll...**: ~**waren** *f/pl.* lanas *f/pl.*; artículos *m/pl.* (*od.* géneros *m/pl.*) de lana; ~**warenhändler** *m* lanero *m*; ~**warenhandlung** *f* lanería *f*; ~**wäsche'rei** *f* lavadero *m* de lanas; ~**weste** *f* chaleco *m* de lana.

wo|'**mit** *adv.* 1. *fragend*: ~? ¿con qué?; ¿en qué? ~ *kann ich Ihnen dienen*? ¿en qué puedo servirle?; 2. *relativ*: con (lo) que; con lo cual; *Kanzleistil*: a cuyo efecto; ~ *ich nicht sagen will* con lo cual (*od.* lo que) no quiero decir; ~'**möglich** *adv.* si es posible; a ser posible; si cabe; (*vielleicht sogar*) a lo mejor; ~'**nach** *adv.* 1. *fragend*: ~? ¿por qué?; ¿a qué?; (*gemäß*) ¿según qué?; *fragt er*? ¿qué (es lo que) pregunta?; ~ *soll ich mich richten*? ¿a qué debo atenerme?; ~ *schmeckt* (*riecht*) *das*? ¿a qué sabe (huele) esto?; 2. *relativ*: a lo que, lo cual; por lo que, por lo

cual; sobre lo cual; *zeitlich*: después de lo cual; (*gemäß*) según lo cual.

'**Wonne** *f* delicia(s) *f(pl.)*; (*Genuß*) goce *m*, deleite *m*; *stärker*: gozada *f*; (*Vergnügen*) placer *m*, gozo *m*; alegría *f*; (*Entzücken*) embeleso *m*, encanto *m*; *mit* ~ con gran placer; muy gozoso; ~**gefühl** *n* sensación *f* deliciosa; ~**monat** *m*, ~**mond** *m* (mes *m* de) mayo *m*; ~**proppen** F *hum. m* monada *f*; 2**trunken** *adj.* ebrio de placer; extasiado; embelesado; 2**voll** *adj.* lleno de delicias; deleitoso.

'**wonnig** *adj.* delicioso; deleitoso.

wo|'**ran** *adv.* 1. *fragend*: ~? ¿en qué?; ¿a qué?; ~ *denkst du*? ¿(en) qué piensas?; 2. *relativ*: en que; a que; al que, al cual; donde, en donde; *ich weiß nicht,* ~ *ich* (*mit ihm*) *bin* no sé a qué atenerme (con él); ~ *liegt es, daß*? ¿a qué se debe que? ~'**rauf** *adv.* 1. *fragend*: ~? ¿sobre qué?; ¿a qué?; ~ *wartest du*? ¿a qué esperas?; 2. *relativ*: a lo que; sobre lo que, sobre lo cual; *zeitlich*: después de lo cual; hecho lo cual. ~'**raus** *adv.* 1. *fragend*: ~? ¿de qué?; ¿de dónde?; 2. *relativ*: de lo cual; del cual; de donde; ~'**rein** *adv.* 1. *fragend*: ~? ¿en qué?; ¿en dónde?; ~'**dónde**?; 2. *relativ*: en que; en el cual, donde.

'**worfeln** (-*le*) 🗡 *v/t.* aventar, apalear.

Worka'**holic** *m* (-*s*; -*s*) adicto (-a *f*) *m* al trabajo.

'**Workshop** *m* (-*s*; -*s*) taller *m*.

wo|'**rin** *adv.* 1. *fragend*: ~? ¿en qué?; ¿(en) dónde?; 2. *relativ*: donde; en que; en el cual.

'**Wort** *n* (-*es*; ⁾*er u.* -*e*) palabra *f*; (*Ausdruck*) expresión *f*, término *m*; (*Vokabel*) voz *f*; vocablo *m*; (*Ausspruch*) sentencia *f*; frase *f*; *Rel.* Verbo *m*; *in* ~*en bei Zahlenangaben*: en letra; ~ *für* ~ palabra por palabra; *ein paar* ~*e od.* (cuatro) palabras; *das sind nur* ~*e*! ¡no son más que palabras!; *schöne* (*leere*) ~*e* palabras vanas; F música celestial; *genug der* ~*e*! ¡basta (ya) de palabras!; *kein* ~ *mehr*! ¡ni una palabra más!; *ein Mann von* ~ *sein* ser hombre de palabra; *ein Mann, ein* ~! ¡palabra de honor!; *das ist mein letztes* ~ es mi última palabra; *das letzte* ~ *haben* decir la última palabra; *ein gutes* ~ *einlegen für* interceder en favor de; *das* ~ *entziehen* (*ergreifen*; *erteilen*) retirar (tomar *od.* hacer uso de; conceder) la palabra; *das* ~ *führen* llevar la palabra; *das große* ~ *führen* F llevar la voz cantante; *das* ~ *haben* tener la palabra; *j-m das* ~ *aus dem Mund nehmen* quitarle a alg. la palabra de la boca; *j-m das* ~ *im Munde* (*her*)*umdrehen* desfigurar las palabras de alg.; *sein* ~ *geben dar* (*od.* empeñar) su palabra; *sein* ~ *halten, zu s-m* ~ *stehen* cumplir su palabra; *sein* ~ *brechen* faltar a su palabra; *nicht viele* ~*e machen* no ser parco de palabras; ser de pocas palabras; *j-m* (*e-r Sache*) *das* ~ *reden* hablar en favor de alg. (de a/c.); *mit j-m ein ernstes* ~ *reden* a alg. cuatro palabras; *kein* ~ *sagen* no decir ni palabra; *ohne ein* ~ *zu sagen* sin decir palabra, sin decir nada, F sin decir ni pío; *mit wenigen* ~*en* in pocas palabras; *auf ein* ~! ¡una palabra!; *auf mein* ~! ¡palabra de honor!;

F ¡palabra!; *mit diesen* ~*en* diciendo esto; con estas palabras; *bei diesen* ~*en* a esas palabras; *aufs* ~ *gehorchen* obedecer ciegamente (*od.* F sin rechistar); *j-m aufs* ~ *glauben* creer a alg. a pie juntillas; *bei s-m* ~ *bleiben* mantener su promesa; *j-n beim* ~ *nehmen* tomar (*od.* coger) la palabra a alg.; *in* ~ *und Bild* con texto e ilustraciones; *in* ~ *und Tat* con palabras y con hechos; *j-m ins* ~ *fallen* cortar la palabra a alg.; interrumpir a alg.; *in* ~*e fassen* formular; *mit e-m* ~ en una palabra; en resumen; *mit anderen* ~*en* con otras palabras; dicho de otro modo; *j-n mit s-n eigenen* ~*en schlagen* redargüir a alg.; volver contra alg. sus propios argumentos; *darüber braucht man kein* ~ *zu verlieren* esto cae de su peso; *ums* ~ *bitten, sich zum* ~ *melden* pedir la palabra; *nicht zu* ~ *kommen* no llegar a hablar; no tener ocasión de hablar; *nicht zu* ~ *kommen lassen* no dejar hablar; F no dejar meter baza; *ein* ~ *gab das andere* una palabra dio otra; se trabó una disputa; *ich verstehe kein* ~ *davon* no entiendo ni (una) palabra; *mir fehlen die* ~*e* me faltan palabras; F *hat man* (*od. der Mensch*) ~*e*? ¿habráse visto semejante cosa?; F ¿será posible?; ~**akzent** *m* acento *m* tónico; 2**arm** *adj.* pobre de léxico; ~**armut** *f* pobreza *f* de léxico; ~**art** *f* clase *f* de palabra; parte *f* de la oración; ~**aufwand** *m* verbosidad *f*; *mit großem* ~ con mucha palabrería; ~**bedeutungslehre** *f* semántica *f*; ~**bruch** *m* falta *f* de palabra; 2**brüchig** *adj.* que falta a su palabra; ~ *werden* faltar a su palabra.

'**Wörtchen** *n* palabrita *f*.

'**Wörter**|**buch** *n* diccionario *m*; léxico *m*; ~**verzeichnis** *n* vocabulario *m*; glosario *m*.

'**Wort...**: ~**familie** *Gr. f* familia *f* de palabras; ~**feld** *Gr. n* campo *m* semántico; ~**folge** *f* orden *m* de (las) palabras; ~**führer** *m* portavoz *m*, *bsd. Am.* vocero *m*; ~**fülle** *f* → ~**reichtum**; ~**gebühr** 📞 *f* tarifa *f* por palabra; ~**gefecht** *n* disputa *f*; enfrentamiento *m* verbal; ~**geklingel** *n* hueca palabrería; ~**gepränge** *n* lenguaje *m* altisonante; ampulosidad *f*; rimbombancia *f*; 2**getreu I.** *adj.* *Übersetzung*: literal, fiel; *Zitat*: textual; **II.** *adv.* literalmente; a la letra, al pie de la letra; 2**gewandt** *adj.* de palabra fácil; (*beredt*) diserto; elocuente; ~**gewandtheit** *f* facilidad *f* de palabra; fluidez *f* verbal; 2**karg** *adj.* lacónico; parco en palabras; (*schweigsam*) taciturno; ~**kargheit** *f* parquedad *f* en palabras; taciturnidad *f*; ~**klasse** *f* → ~**art**; ~**klauber** *m* verbalista *m*; ergotista *m*; ~**klaube'rei** *f* verbalismo *m*; ergotismo *m*; ~**laut** *m* texto *m*; tenor *m*; *im* ~ textualmente; *e-e Note folgenden* ~*s* una nota que dice (*od.* reza) así; *nach dem* ~ (*gen.*) según los términos de.

'**wörtlich I.** *adj.* literal; textual; **II.** *adv.* literalmente; textualmente; al pie de la letra, a la letra; palabra por palabra.

'**Wort...**: ~**los I.** *adj.* (*0*) mudo; silencioso; **II.** *adv.* en silencio; sin decir nada, sin decir (ni) una palabra; ~meldung f intervención f; es liegt keine ~ vor nadie pide la palabra; ~rätsel n logogrifo m; 2reich adj. verboso; elocuente; *Sprache:* de rico léxico; *Stil:* ampuloso; ~reichtum m riqueza f de léxico; elocuencia f; verbosidad f; ampulosidad f; ~schatz m léxico m; vocabulario m; ~schwall m verbosidad f, F verborrea f; redundancia f; cascada f de palabras; ~spiel n juego m de palabras; retruécano m; ~stamm Gr. m radical m; ~stellung f orden m de (las) palabras; ~streit m → ~gefecht; ~verdreher m tergiversador m; ~verdrehung f tergiversación f; ~wechsel m discusión f viva; disputa f; altercado m; 2wörtlich adv. al pie de la letra; palabra por palabra.

wo|'rüber adv. 1. *fragend:* ~? ¿de qué?; sobre qué?; ~ *lachst du?* ¿de qué te ríes?; 2. *relativ:* sobre el que; sobre lo cual; de lo cual; de lo que; ~'rum adv. 1. *fragend:* ~? ¿de qué?; ¿sobre qué?; ~ *handelt es sich?* ¿de qué se trata?; 2. *relativ:* de (lo) que; ~'runter adv. 1. *fragend:* ~? ¿debajo de qué?; ¿bajo qué? ¿entre qué?; 2. *relativ:* bajo lo cual; entre los que; entre los cuales; entre quienes; ~'selbst adv. (en) donde; ~'von adv. 1. *fragend:* ~? ¿de qué?; 2. *relativ:* de (lo) que; de lo cual; de donde; ~'vor adv. 1. *fragend:* ~? ¿(de) qué?; ¿delante de qué?; ~ *fürchtest du dich?* ¿qué (es lo que) temes?; 2. *relativ:* ante el cual; delante del cual; ~'zu adv. 1. *fragend:* ~? ¿a qué?; ¿por qué?; ¿para qué?, ¿con qué fin?; ¿con qué objeto?; 2. *relativ:* a que; al que; a lo cual; para que; ~ *kommt, daß* a lo cual hay que añadir que; et., ~ *ich Ihnen nicht rate* cosa que no le aconsejo.

'Wrack n (-*es*; -s) barco m naufragado; *fig.* (*Person*) ruina f; piltrafa f humana; ~gut n derrelicto m.

'wringen (L) v/t. *Wäsche:* torcer; escurrir.

'Wucher m (-s; 0) usura f; ~ *treiben* usur(e)ar; ~er m usurero m; logrero m; ~gesetz n ley f contra la usura; ~gewinn m ganancia f usuraria; ~handel m comercio m usurario; 2isch adj. usurario; ~kredit m crédito m usurario; ~miete f alquiler m usurario (*od.* abusivo); 2n (-*re*) v/i. multiplicarse rápidamente; ♀ crecer con exuberancia *bzw.* excesivamente; ✱ *u. fig.* proliferar; ✝ practicar la usura; usur(e)ar; ~n m multiplicación f; ♀ crecimiento m exuberante; ✱ *u. fig.* proliferación f; ✝ usura f; ~preis m precio m usurario (*od.* abusivo); ~ung ✱ f excrecencia f; proliferación f; *bsd. in Nase und Rachen:* vegetación f; ~zins(en) m(pl.) interés m usurario (*od.* de usura); *zu* ~en *leihen* prestar a usura (*od.* a interés usurario).

Wuchs [vu:ks] m (-*es*; 0) crecimiento m; (*Gestalt*) talla f, estatura f.

Wucht f (0) (*Gewicht*) peso m; (*Schwung*) ímpetu m; pujanza f; empuje m; (*Kraft*) fuerza f, P (*Prügel*) paliza f; *mit voller* ~ con toda fuerza; con todo su peso; F *fig. das ist 'ne* ~ es estupendo (*od.* F bárbaro *od.* P cojonudo); 2en (-*e*-) I. v/i. pesar mucho (*auf* sobre); F *fig.* (*schuften*) trabajar como un negro; bregar; II. v/t. (*heben*) levantar con gran esfuerzo; 2ig adj. (*schwer*) pesado; *a. Gestalt:* macizo; *Schlag:* violento.

'Wühl|arbeit *fig.* f actividades f/pl. subversivas; 2en v/i. excavar (la tierra); *Schwein:* hozar; *a. fig.* hurgar (in en); *in Papieren usw.:* revolver (a/c.); *Schmerz:* roer; *Pol.* (*aufwiegeln*) agitar los ánimos; F *fig.* (*schuften*) trabajar como un negro; bregar; ~er m *Pol.* agitador m; agente m provocador; ~e'rei f *Pol.* → ~arbeit; 2erisch adj. *Pol.* agitador; subversivo; ~maus *Zoo.* f campañol m.

'Wulst m (-*es*; ⁻e) *od.* f (-; ⁻e) (*Ausbauchung*) abombamiento m; (*Verdickung*) bulto m; abultamiento m; (*Haar*2) rodete m; moño m; *Kfz.* (*Reifen*2) talón m; ⚙ bocel m; toro m; ✱ protuberancia f; ~felge f llanta f de talón; 2ig adj. abombado; abultado; hinchado; *Lippe:* grueso; ~lippen f/pl. labios m/pl. gruesos; ~reifen *Kfz.* m neumático m con talón.

'wummern F v/i. retumbar; resonar.

'wund adj. (*wundgerieben*) excoriado, desollado, escocido; ✱ *durch Liegen:* decentado; (*verwundet*) herido (*a. fig.*); ~ *reiben* excoriarse, desollarse; *sich die Füße* ~ *laufen* desollarse los pies; ~*e Stelle* excoriación f, desolladura f; *fig.* ~*er Punkt* punto m débil (*od.* delicado *od.* neurálgico); *den* ~*en Punkt berühren* dar (*od.* tocar) en la herida; 2*arzt* ✝ m cirujano m; ~benzin n bencina f; 2brand ✱ m gangrena f; 2e f herida f (*a. fig.*); llaga f (*a. fig.*); *fig. tiefe* ~*n schlagen* causar grandes estragos; *fig. alte* ~*n wieder aufreißen* abrir viejas heridas; reavivar viejos resentimientos; *fig. in e-r* ~ *wühlen* profundizar (*od.* hurgar) en la herida; *die Zeit heilt alle* ~*n* el tiempo todo lo cura.

'Wunder n (-s; -) milagro m (*a. Rel.*); maravilla f; *a. Person:* portento m, prodigio m; *ein* ~ *an* un prodigio de; *ein* ~ *der Technik* una maravilla (de la) técnica; *wie durch ein* ~ como por milagro (*od.* por arte de magia), milagrosamente; ~ *wirken* (*od.* *tun*) hacer milagros (*a. Rel.*); *an ein* ~ *grenzen* rayar en lo milagroso, rozar el milagro; *sein blaues* ~ *erleben* llevarse la sorpresa de su vida; *das ist kein* ~ no tiene nada de particular (*od.* de extraño); no es de extrañar; *ich dachte* 2 *was das wäre* yo esperaba algo extraordinario; *er glaubt* 2, *er getan hat* cree haber hecho un prodigio; *er bildet sich* 2 *was darauf ein* está muy ufano de ello; *kein (od. was)* ~, *daß* no es de extrañar que (*subj.*); *wenn nicht ein* ~ *geschieht, sind wir verloren* sólo un milagro puede salvarnos; 2bar I. adj. milagroso; maravilloso; portentoso; prodigioso; asombroso; (*großartig*) estupendo; F fenomenal, formidable, fantástico; II. adv. maravillosamente; a maravilla; admirablemente; a las mil maravillas; 2barer'weise adv. como por milagro; milagrosamente; ~ding n prodigio m; ~doktor m curandero m; ~glaube m creencia f en los milagros; 2gläubig adj. creyente (*od.* que cree) en los milagros; ~heiler m sanador m (milagroso); ~heilung f cura f milagrosa; 2'hübsch adj. (0) encantador; muy bonito; ~kerze f bengala f (para el árbol de Navidad); ~kind n niño m prodigio; ~knabe m muchacho m maravilla; ~lampe f linterna f mágica; ~land n país m de las maravillas; 2lich adj. singular; raro; extravagante; estrafalario; extraño; curioso; ~*er Kauz* tipo m raro (*od.* original); ~lichkeit f singularidad f; rareza f; extravagancia f; extrañeza f; ~mittel n remedio m milagroso; panacea f; 2n (-*re*) v/t. sorprender; asombrar; extrañar; *sich* ~ *über* (ac.) estar (*od.* quedar) sorprendido de; asombrarse de; maravillarse de; extrañarse de; *das wundert mich* me sorprende; me extraña; *es sollte mich nicht* ~, *wenn* no me extrañaría nada que (*subj.*); *du wirst dich noch* ~! ¡te llevarás una sorpresa!; F *ich muß mich doch sehr* ~! ¡me sorprendes!; 2nehmen v/t.: *es nimmt mich wunder, daß* me sorprende que (*subj.*); 2sam adj. maravilloso; (*seltsam*) extraño; raro; 2'schön I. adj. (0) hermosísimo; encantador; maravilloso; II. adv. magníficamente; a maravilla; ~tat f milagro m; hecho m milagroso; ~täter m taumaturgo m; 2tätig adj. milagroso; ~tier F *fig.* n prodigio m; fenómeno m; 2voll adj. maravilloso; magnífico; admirable; ~welt f mundo m encantado; ~werk n maravilla f; 2wirkend adj. milagroso.

'Wund...: ~fieber ✱ n fiebre f traumática; 2gelaufen adj. despeado; ~heilung f cicatrización f; 2liegen ✱ (L) v/refl.: *sich* ~ decentarse; ~liegen n úlcera f por decúbito; ~mal n (-*es*; -*e*) (*Narbe*) cicatriz f; *Rel.* estigma m; ~mittel ✱ n vulnerario m; ~naht f sutura f de la herida; ~pflaster n emplasto m adhesivo; ~rand m borde m (*od.* labio m) de la herida; ~rose f erisipela f traumática; ~salbe f ungüento m vulnerario; ~star ✱ m catarata f traumática; ~starrkrampf ✱ m tétanos m.

Wunsch m (-*es*; ⁻e) deseo m; (*Verlangen*) anhelo m; (*Streben*) aspiración f; *auf* ~ a petición, a ruegos (*von* de); *auf j-s* ~ a petición de alg.; accediendo al (*od.* cumpliendo el) deseo de alg.; *auf allgemeinen* ~ a petición general; *nach* ~ a su gusto; según su deseo; a voluntad; *ihm geht alles nach* ~ logra todo lo que desea; todo le sale bien (*od.* a medida de sus deseos); *es ging alles nach* ~ todo salió a pedir de boca; *mit den besten Wünschen con* los mejores deseos; *von dem* ~ *beseelt, zu* animado por el deseo de; *deseoso de; haben Sie noch e-n* ~? ¿desea algo más?; *hum. dein* ~ *ist mir Befehl!* ¡no hay más que desear!; ~bild n ideal m.

'Wünschelrute f varilla f adivinatoria (*od.* de zahorí); ~ngänger m zahorí m.

'wünschen v/t. desear; (*begehren*) anhelar; (*wollen*) querer; *ich wünsche mir* desearía (tener); quisiera (tener); *ich wünschte, ich ... desearía (od.* quisiera) *inf.*; daría cualquier cosa por (*inf.*); *es wäre zu* ~ sería de desear; *j-m Glück bzw. alles Gute* ~ desear (buena) suerte a alg.; *ich wünsche, wohl geruht zu haben* espero que usted haya pasado una buena noche;

wie Sie ~ como usted quiera; F usted manda; *was* ~ *Sie?* ¿qué desea?; ¿qué se le ofrece?; ~ *Sie sonst noch etwas?* ¿desea algo más (*od.* alguna otra cosa)?; *ich wünsche es Ihnen von ganzem Herzen* se lo deseo de todo corazón; ~**swert** *adj.* deseable, de desear.

'**Wunsch...:** ~**form** *Gr.* f modo m optativo; ℒ**gemäß** *adv.* conforme a (*od.* de acuerdo con) los deseos de; ~**kind** *n* hijo *m* deseado; ~**konzert** *n Radio*: concierto m de piezas solicitadas por los radioyentes; ℒ**los** *adj.*: ~ *glücklich* completamente feliz; ~**satz** *Gr.* m oración f optativa; ~**traum** *m* ideal *m*; ilusión *f*; sueño *m* dorado; ~**zettel** *m* lista f de regalos deseados; desiderata *f*; *zu Weihnachten* : *Span.* carta *f* a los Reyes (Magos).

wupp! *int.* ¡zas!

'**Würde** *f* (-; -n) dignidad *f*; (*Titel*) d. titulo *m*; (*Hoheit*) majestad *f*; gravedad *f*; decoro *m*; (*Rang*) categoría *f*, rango *m*; *akademische* ~ titulo *m* académico; grado *m* universitario; *ich halte es für unter m-r* ~ lo considero indigno de mí; es incompatible con mi dignidad; yo no me rebajo a eso; *unter aller* ~ despreciable; malísimo; ℒ**los** *adj.* sin dignidad, indigno; indecoroso; ~**nträger** *m* dignitario *m*; ℒ**voll I.** *adj.* digno; majestuoso; grave; solemne; **II.** *adv.* con dignidad, dignamente.

'**würdig** *adj.* digno (*gen.* de); (*verdient*) merecedor (*gen.* de); (*achtbar*) venerable; respetable; *sich e-r Sache* ~ *erweisen* hacerse digno de a/c.; merecer a/c.; *für* ~ *erachten* juzgar digno de; ~**en** *v/t.* apreciar; valorar; (*loben*) encomiar, ensalzar; *j-n keines Blickes* (*Wortes*) ~ no dignarse mirar (hablar) a alg.; *er würdigte mich keiner Antwort* no se dignó contestarme; *j-s Verdienste* ~ encomiar los méritos de alg.; *er kann solche Dinge nicht recht* ~ no sabe apreciar debidamente esas cosas; ~**ung** *f* apreciación *f*; valoración *f*; *in* ~ *s-r Verdienste* en reconocimiento de sus méritos.

Wurf *m* (-*e*s; *e*) tiro *m*; *Phys.*, ⊕ proyección *f*; (*Speer*ℒ, *Hammer*ℒ, *Diskus*ℒ, *Bomben*ℒ) lanzamiento *m*; *Ringen*: volteo *m*; *beim Würfeln*: jugada *f*; lance *m*; *Zoo.* camada *f*; *ein großer* ~ un gran éxito, F un exitazo; un golpe maestro; *e-n guten* ~ *tun* tener suerte; hacer una buena jugada; *auf e-n* ~ de un tirón; *alles auf e-n* ~ *setzen* jugar el todo por el todo; jugarlo todo a una carta; '~**anker** *m* ancla de leva; '~**bahn** *f* trayectoria *f*. '**Würfel** *m* (-*s*; -) (*Spiel*ℒ) dado *m*; ⚀ cubo *m*; *auf Stoffen*: cuadro *m*; (*Eis*ℒ *usw.*) cubito *m*; (*Käse*ℒ, *Schinken*ℒ) taco *m*, dado *m*; ~ *spielen* jugar a los dados; *Kochk*. *in* ~ *schneiden* cortar en dados; *fig.* *die* ~ *sind gefallen* la suerte está echada; ~**becher** *m* cubilete *m*; ~**form** *f* forma *f* cúbica; ℒ**förmig** *adj.* cúbico, en forma de cubo; ℒ**ig** *adj.* cúbico; *Stoff*: a cuadros; ~**muster** *n* dibujo *m* de cuadros; ~**n** (-*le*) **I.** *v/i.* jugar a los dados; echar los dados; *um et.* ~ echarse a/c. a dados; **II.** *v/t. Kochk.* cortar en dados; *Stoff*: cuadricular; estampar a cuadros; ~**n** *n* = ~**spiel** *n* juego *m* de dados; ~**spieler** *m* jugador *m* de dados; ~**zucker** *m* azúcar *m* en terrones.

'**Wurf...:** ~**geschoß** *n* proyectil *m*; ~**granate** *f* granada *f* de mortero; ~**kreis** *m Sport*: círculo *m* de lanzamiento; ~**leine** ⚓ *f* cabo *m* de amarre; ~**linie** *f* trayectoria *f*; ~**netz** *n* esparavel *m*; ~**scheibe** *f* disco *m*; ~**sendung** 📧 *f* envío *m* colectivo; ~**speer** *m* jabalina *f* (*a. Sport*); ~**spieß** *m* venablo *m*; dardo *m*; ~**taube** *f Sport*: plato *m*; ~**waffe** *f* arma *f* arrojadiza; ~**weite** *f* alcance *m*.

würg|en I. *v/t.* ahogar, sofocar; estrangular; **II.** *v/i.* atragantarse; *an et.* ~ no poder tragar, tragar con dificultad a/c.; *fig.* F sudar la gota gorda; ℒ**en** *n* estrangulación *f*; *beim Erbrechen*: bascas f/pl.; (*Schlucken*) atragantamiento *m*; ℒ**engel** *Bib. m* ángel *m* exterminador; ℒ**er** *m* estrangulador *m*; *Orn.* alcaudón *m*; ℒ**schraube** *f* garrote *m*.

Wurm (-*e*s; *~er*) 1. *m* gusano *m* (*a. fig.*); (*Made*) coco *m*; *pl.* Würmer ⚕ helmintos m/pl.; (*Kind*) pobre niño *m*; tener lombrices; *fig.* j*-m die Würmer aus der Nase ziehen* tirar de la lengua a alg.; F *fig. da ist der* ~ *drin* aquí hay gato encerrado; **2.** F *fig.* criatura *f*; *das arme* ~! ¡pobre criatura!; '**ab- treibend** *adj.* vermífugo; '℔**artig** *adj.* vermicular.

'**Würmchen** *n* gusanillo *m*; *fig.* → **Wurm** 2.

'**wurmen** F *v/t.*: *das wurmt mich* me sabe mal; me da rabia.

'**wurm...:** ℒ**farn** ⚕ *m* doradilla *f*; ~**förmig** *adj.* vermiforme, vermicular; ℒ**fortsatz** *Anat.* m apéndice m vermiforme; ℒ**fraß** *m* carcoma *f*; ~**ig** *adj. Obst*: agusanado; ~**krank** *adj.* F que tiene lombrices; ℒ**krankheit** ⚕ *f* helmintiasis *f*; ℒ**kur** ⚕ *f* cura *f* vermífuga; ℒ**mittel** ⚕ *n* vermífugo m, antihelmíntico *m*; ℒ**stich** *m im Obst*: picadura *f* de gusano; *im Holz*: carcoma *f*; ~**stichig** *adj. Obst*: agusanado; *Holz*: carcomido; ~ *werden Obst*: agusanarse; *Holz*: carcomerse; ~**treibend** *adj.* vermífugo.

Wurst *f* (-; *~e*) embutido *m*; (*Dauer*ℒ) salchichón *m*; *frische*, *dünne*: salchicha *f*; F *fig. das ist mir* ~ F me importa un rábano (*od.* un pito o un pepino); F *jetzt geht es um die* ~ ha llegado el momento decisivo; F ~ *wider* ~ donde las dan las toman; *fig. mit der* ~ *nach der Speckseite werfen* meter aguja y sacar reja.

'**Würstchen** *n* salchicha *f*; F *fig.* hombrecillo *m*; *armes* ~ pobre diablo *m*, infeliz *m*; *heiße* (*od. warme*) ~ perros *m/pl.* calientes.

Wurst|e'lei *f* chapucería *f*; (*Durcheinander*) desbarajuste *m*; embrollo *m*; ℒ**eln** (-*le*) F *v/i.* chapucear; (*die Dinge laufen lassen*) F dejar rodar la bola; ℒ**en** (-*e*-) *v/i.* embutir, hacer embutidos; '~**fabrik** *f* fábrica *f* de embutidos; '~**händler** *m* salchichero *m*; ℒ**ig** *adj.* indiferente; indolente; despreocupado; '~**igkeit** *f* (0) indiferencia *f*; indolencia *f*; '~**pelle** *f* pellejo *m* de salchicha; '~**scheibe** *f* loncha *f* de salchichón; '~**vergiftung** ⚕ *f* botulismo *m*; '~**waren** *f/pl.* embutidos m/pl.; fiambres m/pl.; charcutería *f*; '~**warengeschäft** *n* salchichería *f*, charcutería *f*; '~**zipfel** *m* punta *f* de salchicha *bzw.* salchichón.

'**Württemberg** *n* Wurtemberg *m*; ~**er** *m*, ℒ**isch** *adj.* wurtemburgués (*m*).

'**Würze** *f* condimento *m*; especia *f*; aliño *m*; (*Aroma*) aroma *m*; (*Bier*ℒ) mosto m de cerveza; *fig.* sal *f*; gracia *f*; salsa *f*.

'**Wurzel** *f* (-; -*n*) raíz *f* (*a.* ⚕, *Anat. u. fig.*); *Gr. a.* radical *m*; (*Möhre*) zanahoria *f*; ⚕ *die* ~ *ziehen* una extraer (*od.* sacar) la raíz de; *die* ~ *des Übels* la raíz del mal; *fig. mit der* ~ *ausrotten* arrancar de raíz (*od.* de cuajo); desarraigar; ~(*n*) *schlagen* (*od. fassen*) echar raíces, arraigar (*beide a. fig.*); ~**behandlung** 🦷 *f* tratamiento *m* de la raíz; ~**bildung** *f* radicación *f*; ℒ**echt** 🌱 *adj.* franco de pie; ~**exponent** 🔢 *m* índice *m* de la raíz; ~**füllung** *f* empaste *m* radicular; ~**füßer** *Zoo.* m/pl. rizópodos m/pl.; ~**haar** 🌱 *n* pelo *m* radicular; ~**haut** *Anat. f* periodonto *m*; ~**haut- entzündung** *f* periodontitis *f*; ~**keim** 🌱 *m* radícula *f*; ~**knolle** *f* tubérculo *m* radicular; ℒ**los** *adj.* sin raíz, ⚕ arrizo; *fig.* desarraigado; ℒ**n** (-*e*-) *v/i.* radicar; arraigar, echar raíces (*alle a. fig.*); *fig. in et.* ~ radicar (*od.* tener sus raíces) en a/c.; ~**schößling** 🌱 *m* retoño *m*, vástago *m*, renuevo *m* de la raíz; ~**stock** 🌱 *m* rizoma *m*; ~**trieb** *m* → schößling; ~**werk** *n* raigambre *f*; ~**zahl** *f* raíz *f*; ~**zeichen** 🔢 *n* radical *m*; ~**ziehen** 🔢, 🔢 *n* extracción *f* de la raíz.

würz|en (-*t*) *v/t.* condimentar; sazonar (*a. fig.*); aliñar, aderezar; aromatizar; *fig.* salpicar (*mit* de); ℒ**en** *n* condimentación *f*; aromatización *f*; ~**ig** *adj.* sabroso; bien condimentado; aromático; ℒ**kräuter** *n/pl.* hierbas *f/pl.* aromáticas; ℒ**los** *adj.* sin condimento; soso, insípido (*a. fig.*); ℒ**stoff** *m* condimento *m*; ℒ**wein** *m* vino *m* aromático.

'**wuschel|ig** *adj.* desgreñado; con el pelo revuelto; ℒ**kopf** *m* cabellera *f* rizada; pelambrera *f*.

Wust [u:] *m* (-*s*; 0) fárrago *m*; mezcolanza *f*; F lío *m*.

'**wüst** *adj.* (-*est*) (*öde*) desierto; despoblado; desolado; yermo; inculto; (*unordentlich*) desordenado (*a. Leben*), desarreglado; caótico; (*ausschweifend*) licencioso, disipado; libertino; (*grob*) grosero; rudo; zafio; (*wild*) salvaje; brutal; (*lärmend*) tumultuoso; escandaloso; ~**es** *Durcheinander* F follón *m*; *ein* ~**es** *Leben führen* llevar una vida licenciosa; vivir entregado a los vicios; F *du siehst ja* ~ *aus!* ¡vaya pinta que tienes!; ℒ**e** *f* desierto *m*; *zur* ~ *machen* devastar, asolar; *fig.* *in die* ~ *schicken* privar a alg. de toda influencia; *fig. in der* ~ *predigen* predicar en desierto; ~**en** (-*e*-) *v/i.*: *mit dem Gelde* ~ derrochar (*od.* despilfarrar) el dinero; *mit s-r Gesundheit* ~ arruinar su salud; ~**enbewohnend** *adj.* desertícola; ℒ**e'nei** *f* desierto *m*; ℒ**enlandschaft** *f* paisaje *m* desértico; ℒ**enschiff** (*Kamel*) nave *f* del desierto; ℒ**ling** *m* (-*s*; -*e*) libertino *m*, F calavera *m*.

Wut *f* (0) furor *m*; enfurecimiento *m*; rabia *f*; furia *f*; cólera *f*; ira *f*; (*blinde*

~) saña f; in ~ geraten enfurecerse, ponerse furioso (od. rabioso); montar en cólera; j-n in ~ bringen enfurecer (od. poner furioso) a alg.; vor ~ platzen reventar de rabia; s-e ~ an j-m auslassen desfogarse (od. ensañarse) en (od. con) alg.; F er kocht vor ~ está que echa chispas; está que arde; '~anfall m, '~ausbruch m acceso m (od. ataque m) de rabia (od. de cólera); launischer: rabieta f; e-n ~ kriegen F coger un berrinche.
'wüten (-e-) v/i. estar furioso; rabiar, estar rabioso; (toben, rasen) enfurecerse; Sturm: desencadenarse (con furia); Feuer, Seuche: causar estragos; ~d adj. furioso, enfurecido; furibundo; encolerizado; rabioso; F hecho una furia; ~ werden → in Wut geraten; ~ machen enfurecer, poner furioso; hacer rabiar; das macht mich ~ me da rabia; ich bin ~ auf ihn le tengo rabia; estoy furioso con él.
'wut|entbrannt, ~erfüllt adj. furibundo; furioso.
'Wüterich m (-s; -e) hombre m furioso bzw. feroz; fiera f (humana); tirano m (sanguinario).
'Wutgeschrei n gritos m/pl. de rabia.
'wütig adj. → wütend.
'wutschnaubend adj. espumajeante de ira (od. de rabia).

X

X, x n X, x, f; j-m ein X für ein U vormachen F dar a alg. gato por liebre; F hacer a alg. comulgar con ruedas de molino; Herr X fulano m.
'x-Achse ♀ f eje m de las x (od. de abscisas).
Xan'thippe f Jantipa f; fig. arpia f.
'Xaver m Javier m.
'X|-Beine n/pl. piernas f/pl. en X; ~ haben ser patizambo; ~beinig adj. (pati)zambo; ♀-beliebig adj. cualquier(a); ein ~es Buch un libro cualquiera, cualquier libro; ~beliebige(r m) m/f cualquiera, no importa quién.
Xero|gra'phie f xerografia f; ~ko'pie f xerocopia f.
'x-mal adv. infinidad de veces; mil veces.
'x-te adj.: zum ~n Male por enésima vez.
Xylo|'graph m (-en) xilógrafo m; ~gra'phie f xilografia f; ♀'graphisch adj. xilográfico.
Xylo'phon ♩ n (-s; -e) xilófono m, xilofón m.

Y

Y, y n Y, y f.
'y-Achse ♀ f eje m de las y (od. de ordenadas).
Yacht ⚓ f yate m.
Yak Zoo. m (-s; -s) yac m, yak m.
'Yamswurzel ♀ f ñame m.
'Yankee ['jɛŋki'] m (-s; -s) yanqui m.
Yard [jɑːd] n (-s; -s) Yarda f.
'Ypsilon n i f griega.
'Ysop ['iːzɔp] ♀ m (-s; -e) hisopo m.
'Yucca ♀ f (-; -s) yuca f.

Z

Z, z n Z, z f.
zack! int. ¡zas!
'**Zack** m: F auf ~ sein ser muy eficiente bzw. (d)espabilado; ~**e** f, ~**en** m (Spitze) punta f; (Zahn, Felsen⸗, ⊕) diente m; (Zinke) púa f; F iro. du wirst dir keinen ~n aus der Krone brechen no te caerán los anillos; ⸗**en** v/t. dentar; endentar; Kleid: festonear; ~**enbarsch** Ict. m mero m; ⸗**ig** adj. dentado (a. ⊕ u. ⌀); dentellado; ⌀ endentado; guarnecido de puntas; con púas; ⚘ Blatt: recortado; F fig. (schneidig) arrojado, atrevido; resuelto.
'**zag|en** v/i. tener miedo; acobardarse; amedrentarse; (zaudern) vacilar; titubear; ⸗**en** n miedo m; acobardamiento m; (Zaudern) vacilación f; titubeo m; ~**haft** adj. (-est) vacilante; titubeante; (furchtsam) temeroso; medroso; (schüchtern) tímido; (kleinmütig) pusilánime; apocado; ⸗**haftigkeit** f (0) timidez f; pusilanimidad f; apocamiento m.
'**zäh** adj. tenaz (a. Met.); (widerstandsfähig) resistente; Fleisch: correoso; duro; (~flüssig) viscoso; espeso; fig. (ausdauernd) tenaz; pertinaz; (hartnäckig) obstinado, terco; ~**flüssig** adj. viscoso; espeso; Verkehr: que apenas fluye; ⸗**flüssigkeit** f (0) viscosidad f; ⸗**igkeit** f (0) tenacidad f; pertinacia f, resistencia f; dureza f (alle a. fig.); (Zähflüssigkeit) viscosidad f.
'**Zahl** f (-; -en) número m; (Ziffer) cifra f; guarismo m; zehn an der ~ en número de diez; e-e große ~ von gran número de; in großer ~ en gran número; en gran cantidad; ohne ~ sin número, innumerable.
'**Zähl-apparat** m contador m (automático).
'**zahlbar** adj. pagadero; abonable; ~ stellen hacer pagadero; Wechsel: domiciliar.
'**zählbar** adj. contadero; contable; computable; numerable.
'**Zahlbarstellung** f Wechsel: domiciliación f.
'**zählebig** adj. resistente; que tiene siete vidas (como los gatos).
'**zahlen** v/t. pagar; satisfacer; abonar; ~ bitte! ¡la cuenta, por favor!; was habe ich zu ~? ¿cuánto es?; ¿qué (le) debo?
'**zählen** v/t. u. v/i. contar (a. fig.); Bevölkerung: hacer el censo (de); die Stimmen ~ bei Wahlen: escrutar, hacer el escrutinio; 10 Jahre ~ tener la edad. contar; diez años (de edad); ~ auf contar con; ~ zu contar (od. figurar) entre; das zählt nicht eso no cuenta.
'**Zahlen...:** ~**angaben** f/pl. datos m/pl. numéricos; ~**beispiel** n ejemplo m numérico; ~**folge** f serie f numérica

(od. de números); ~**gedächtnis** n facilidad f para recordar números bzw. fechas; ~**größe** ⚘ f cantidad f numérica; ⸗**mäßig** adj. numérico; ~ überlegen sein ser superior en número; ser numéricamente superior; ~**material** n → ~angaben; ~**reihe** f → ~folge; ~**schloß** n candado m de combinación; ~**system** n sistema m aritmético; ~**verhältnis** n proporción f (od. relación f) numérica; ~**wert** m valor m numérico.
'**Zahler(in** f) m pagador(a f) m; pünktlicher (säumiger) ~ pagador m puntual (moroso).
'**Zähler** m ⊕, ⚡ contador m; Arith. numerador m; ~**ablesung** f lectura f del contador.
'**Zahl...:** ~**grenze** Vkw. f límite m de zona bzw. de tarifa; ~**karte** ✉ f impreso m para giro postal; ~**kellner** m camarero m cobrador; ⸗**los** adj. innumerable, sin número; ~**meister** m pagador m; ⚔ (oficial m) contador m; habilitado m; ⚓ sobrecargo m; ~**meiste'rei** f pagaduría f; habilitación f; ⸗**reich I.** adj. numeroso; cuantioso; **II.** adv. en gran número; en abundancia; ~**stelle** f pagaduría f; contaduría f; (Schalter) ventanilla f de pagos; Autobahn: estación f de peaje; ~**tag** m día m de pago bzw. de paga; ~**ung** f pago m; abono m; gegen ~ contra pago; previo pago; e-e ~ leisten hacer (od. efectuar) un pago; in ~ nehmen tomar (od. aceptar) en pago; in ~ geben dar en pago.
'**Zählung** f acto m de contar; numeración f; (Volks⸗) censo m; v. Stimmen, Blutkörperchen usw.: recuento m.
'**Zahlungs...:** ~**abkommen** n acuerdo m de pagos; ~**anweisung** f orden f de pago; ~**art** f forma f (od. modo m) de pago; ~**aufforderung** f requerimiento m (od. notificación f) de pago; ~**aufschub** m prórroga f (del pago); moratoria f; ~**auftrag** m orden f de pago; ~**ausgleich** m compensación f de pagos; liquidación f; pago m; ~**bedingungen** f/pl. condiciones f/pl. de pago; ~**befehl** m mandamiento m de pago; ~**beleg** m justificante m del pago; ~**bestätigung** f confirmación f de pago; ~**bilanz** f balanza f de pagos; ~**eingang** m entrada f en caja; ~**einstellung** f suspensión f de pagos; ~**empfänger** m beneficiario m del pago; ~**erleichterungen** f/pl. facilidades f/pl. de pago; ⸗**fähig** adj. solvente; ~**fähigkeit** f (0) solvencia f; ~**frist** f plazo m de pago; ~**mittel** n medio m de pago; gesetzliches ~ moneda f legal; ~**ort** m lugar m de pago; bei Wechseln: domicilio m de pago; ~**plan** m plan m de pago; Tilgung: plan m de amortización;

~**rückstände** m/pl. pagos m/pl. atrasados; ~**schwierigkeiten** f/pl. dificultades f/pl. de pago; ~**sperre** f bloqueo m (od. congelación f) de pagos; ~**system** n sistema m de pagos; ~**termin** m plazo m bzw. fecha f de pago; ⸗**unfähig** adj. insolvente; ~**unfähigkeit** f (0) insolvencia f; ~**union** f: Europäische ~ Unión f Europea de Pagos; ~**verkehr** m servicio m de pagos; elektronischer ~ ✝ movimiento m electrónico de pagos; ~**verpflichtung** f obligación f (od. compromiso m) de pago; ~**versprechen** n promesa f de pago; ~**verweigerung** f negación f de pago; rehuso m del pago; ~**verzug** m demora f (od. retraso m) en el pago; ~**weise** f forma f (od. modo m) de pago.
'**Zählwerk** ⊕ n (mecanismo m) contador m.
'**Zahl|wort** Gr. n (adjetivo m) numeral m; ~**zeichen** n cifra f.
zahm adj. manso; Haustier: doméstico; domesticado; fig. Person: dócil; tratable; apacible; ~ machen → zähmen; ~ werden amansarse.
'**zähm|bar** adj. domesticable; domable; ~**en** v/t. amansar; domar (a. fig.); domesticar; fig. reprimir, contener, refrenar; sich ~ contenerse.
'**Zahmheit** f (0) mansedumbre f (a. fig.); domesticidad f.
'**Zähmung** f amansamiento m; doma f, domadura f; domesticación f; fig. represión f, refrenamiento m.
'**Zahn** m (-¿s; ¿e) diente m (a. ⊕); (Backen⸗) muela f; das ist für den hohlen ~ con eso no hay para un diente; schöne Zähne haben tener una hermosa dentadura; fig. der ~ der Zeit los estragos del tiempo; Zähne bekommen Kinder: estar con la dentición, F echar (los) dientes; sich die Zähne in Ordnung bringen lassen arreglarse la dentadura (od. la boca); fig. j-m auf den ~ fühlen tomar el pulso a alg.; fig. j-m die Zähne zeigen enseñar los dientes a alg.; F e-n ~ drauf haben ir a una velocidad endiablada; ~**arzt** m odontólogo m, dentista m; ~**ärztin** f odontóloga f, dentista f; ⸗**ärztlich** adj. odontológico; dental; ~**arztpraxis** f consultorio m odontológico; ~**ausfall** m caída f de los dientes; ~**behandlung** f tratamiento m odontológico; ~**bein** Anat. n dentina f; ~**belag** m sarro m; ~**bildung** f dentificación f; ~**bürste** f cepillo m de dientes; ~**chirurgie** f cirugía f dental; ~**creme** f crema f dental; ~**durchbruch** m dentición f.
'**Zähne...:** ~**fletschen** n Hund: regañamiento m de dientes; ~**klappern** n castañeteo m de los dientes; ~**knirschen** n rechinamiento m de (los)

dientes; ⚲knirschend adv. rechinando los dientes; fig. a regañadientes.
'zahnen I. v/i. endentecer, dentar, echar (los) dientes; estar con la dentición; II. v/t. ⊕ (en)dentar; III. ⚲ n dentición f.
'zähnen ⊕ v/t. (en)dentar.
'Zahn...: ~ersatz m dientes m/pl. artificiales; (Prothese) dentadura f postiza; prótesis f dental; ~fach Anat. n alvéolo m dentario; ~fäule ✱ f caries f (dental); ~fistel ✱ f fístula f dental; ~fleisch Anat. n encía(s) f(pl.); ~fleischbluten n sangrado m de las encías, ⚕ gingivorragia f, ~fleischentzündung f gingivitis f, inflamación f de las encías; ~formel f fórmula f dental; ~füllung f empaste m (dental); obturación f; ~geschwür n absceso m dental; ~hals m cuello m del diente; ~heilkunde f odontología f; ~kitt m cemento m dentario; ~klammer f → ~spange; ~klinik f clínica f odontológica (od. dental); ~kranz ⊕ m corona f dentada; ~krone f corona f dental; ✱ a. funda f; ~labor n laboratorio m dental; ~laut Gr. m (sonido m) dental m; ⚲los adj. sin dientes, a. Zoo. desdentado; ~lücke f mella f (⚲n la dentadura); ⊕ intradente m; ~mark Anat. n pulpa f dentaria; ~medizin f odontología f; ~mediziner m odontólogo m; ~nerv Anat. m nervio m dentario; ~pasta f, ~paste f pasta f dentífrica, dentífrico m; ~pflege f higiene f dental; ~pflegemittel n dentífrico m; ~plombe f empaste m; ~prothese f prótesis f dental; dentadura f postiza; ~pulver n polvos m/pl. dentífricos.
'Zahnrad n rueda f dentada); kleines: piñón m; ~antrieb m accionamiento m por ruedas dentadas; ~bahn f ferrocarril m de cremallera; ~getriebe n engranaje m; ~übersetzung f transmisión f por engranaje.
'Zahn...: ~reihe f hilera f de dientes; ⚲reinigend adj. dentífrico; ~reinigungsmittel n dentífrico m; ~schmelz m esmalte m dental; ~schmerzen m/pl. dolor m de muelas; ✱ odontalgia f; ~schutz m Boxen: protector m dental; ~seide f seda f dental; ~spange f aparato m ortodóncico; ~spiegel m espejo m (od. espéculo m) dental; ~stange ⊕ f cremallera f; ~stangenlenkung Kfz. f dirección f de cremallera; ~stein ✱ m sarro m (dentario), toba f, tártaro m dental; ~stein-entfernung ✱ f tartrectomía f; ~stocher m mondadientes m, palillo m de dientes; ~stocherbehälter m palillero m; ~techniker m protésico m dental; mecánico m dentista.
'Zähnung ⊕ n dentado m; engranaje m.
'Zahn...: ~wasser n agua f dentífrica; ~wechsel m segunda dentición f; ~weh n → ~schmerzen; ~werk ⊕ n engranaje m; ~wurzel f raíz f dentaria, raigón m; ~zange f gatillo m; ~ziehen n extracción f dental; ~zwischenräume m/pl. espacios m/pl. interdentales.
'Zähre Poes. f lágrima f.
'Zander Ict. m lucioperca f.
'Zange f tenazas f/pl.; (Flach⚲) alicates m/pl.; Zoo., ✱ pinzas f/pl.; (Geburts⚲) fórceps m; fig. j-n in die ~ nehmen poner a alg. en un aprieto; coger a alg. en tenaza; ~nbewegung ✱ f movimiento m tenaza; ~ngeburt ✱ f parto m con fórceps bzw. instrumental.
'Zank m (-¢s; 0) (Wortwechsel) disputa f; altercado m; (Streit) riña f; reyerta f, pendencia f; F camorra f, gresca f; ~ suchen F buscar camorra; ~apfel m manzana f de la discordia; ⚲en v/i. disputar; altercar; reñir; sich ~ pelearse (mit con); reñir (mit con); sich um et. ~ disputarse a/c.
'Zänker m altercador m; pendenciero m; camorrista m.
Zanke'rei f peleas f/pl.
Zänk|e'rei f querella f; rencilla f; ⚲isch adj. altercador; pendenciero; camorrista.
'Zank|sucht f carácter m pendenciero; afán m de reñir; ⚲süchtig adj. pendenciero; camorrista.
'Zäpfchen n Anat. úvula f, F campanilla f; Phar. supositorio m.
'zapfen I. v/t. sacar (vino, gasolina, etc.); II. ⚲ m (-s; -) (Stöpsel) tapón m; (Faß⚲) espita f, canilla f; (Dübel) taco m; tarugo m; (Bolzen) perno m; (Dreh⚲) pivote m; (Stift) espiga f; clavija f; (Rad⚲) gorrón m; (Achs⚲) muñón m; (Splint) pasador m; ♀ estróbilo m; cono m (a. Anat. Netzhaut⚲); ⚲bohrer ⊕ m broca f de punto; ~förmig adj. coniforme; ⚲lager ⊕ n soporte m de muñones; für Achsen: chumacera f; ~loch n Zimmerei: mortaja f; ⚲streich ✗ m retreta f; den ~ blasen tocar retreta; ~tragend ♀ adj. conífero.
'Zapf|hahn m espita f, canilla f; ~loch n am Faß: piquera f; ~säule Kfz. f surtidor m (de gasolina); ~stelle f für Wasser: toma f de agua.
'zapp|(e)lig adj. agitado; inquieto, desasosegado; nervioso; ~eln (-le) v/i. agitarse; fig. j-n ~ lassen tener a alg. en suspenso; mantener a alg. en vilo; ⚲elphilipp F m (-s; -e) azogue m, zarandillo m.
'zappen v/i. canalear, zapear, hacer zapping.
'zappen'duster F adj.: jetzt wird's ~! F ¡es el. acábose!
Zar m (-en) zar m; '~entum n (-s; 0) zarismo m.
Za'rewitsch m (-¢s; -e) zarevitz m.
'Zarge f ⊕ cerco m; (Rahmen) bastidor m; marco m; e-s Saiteninstruments: aro m, costado m.
'Zarin f zarina f.
za'ristisch adj. zarista.
'zart adj. (-est) tierno (a. Fleisch, Alter); Haut, Gesundheit: delicado; (fein) fino; delgado; tenue; sutil; (empfindlich) sensible; (sanft) suave; (zerbrechlich) frágil; ~besaitet fig. adj. sensible, sensitivo; susceptible; tierno de corazón; ~fühlend adj. delicado; de exquisito tacto; ⚲gefühl n delicadeza f; tacto m; ⚲heit f (0) ternura f; delicadeza f; finura f; tenuidad f; fragilidad f.
'zärtlich adj. tierno, afectuoso; cariñoso; ⚲keit f ternura f; afectuosidad f; cariño m; (Liebkosung) caricia f; ⚲keitsbedürfnis n necesidad f (od. sed f) de cariño.
Zaster P m (-s; 0) (Geld) P monises
m/pl.; pasta f, calé m, tela f; perras f/pl., cuartos m/pl.
Zä'sur f cesura f; fig. a. paréntesis m; inciso m.
'Zauber m encanto m (a. fig.); hechizo m (a. fig.); (Bezauberung) encantamiento m; (~kunst) magia f; den ~ lösen romper el encanto; wie durch ~ como por arte de magia (od. de birlibirloque); como por encanto; F fauler ~ patraña f; embuste m, engaño m; ~bann m encanto m; hechizo m; ~buch n libro m de magia.
Zaube|'rei f encantamiento m; hechicería f; (Kunst) (arte m de) magia f; sortilegio m; (Taschenspielerei) prestidigitación f; '~rer m encantador m; hechicero m; (Künstler) mago m (a. fig. Könner); ilusionista m; (Taschenspieler) prestidigitador m.
'Zauber...: ~flöte f: die ~ (Oper) La Flauta Mágica; ~formel f fórmula f mágica; conjuro m, ensalmo m; ⚲haft (-est), ⚲isch adj. encantador; hechicero (beide a. fig.); mágico; ~ sein ser un encanto; ~in f hechicera f; (Hexe) bruja f; ~kasten m (Spielzeug) caja f de magia; ~kraft f virtud f mágica, poder m mágico; ~kunst f (arte m de) magia f; ilusionismo m; prestidigitación f; ~künstler m mago m; prestidigitador m; ilusionista m; ~kunststück n juego m de manos; truco m de prestidigitación; ~lehrling m aprendiz m de brujo; ~mittel n hechizo m; ⚲n (-re) I. v/i. practicar la magia; hacer juegos de manos (od. de prestidigitación); F fig. ich kann doch nicht ~ no puedo hacer milagros; II. v/t. producir bzw. trasladar por arte de magia; ~reich n país m encantado; reino m de las hadas; ~ring n anillo m mágico; ~schloß n castillo m encantado; ~spiegel m espejo m mágico; ~spruch m → ~formel; ~stab m varita f mágica; ~stück n obra f de magia; Thea. comedia f de magia; ~trank m filtro m (mágico); ~werk n encantamiento m; hechicería f; ~wort n palabra f mágica.
'Zauder|er m (hombre m) irresoluto m (-re) v/i. vacilar, titubear (et. zu tun en hacer a/c.); permanecer indeciso; ~n n irresolución f; vacilación f, titubeo m.
Zaum m (-¢s; ⸚e) brida f; freno m (a. fig.); fig. im ~ halten contener, reprimir; j-n im ~ halten atar corto a alg.; die Zunge im ~ halten refrenar la lengua; sich im ~ halten contenerse, refrenarse.
'zäumen v/t. embridar, poner la brida a; enfrenar.
'Zaumzeug n arreos m/pl.
'Zaun m (-¢s; ⸚e) cercado m; cerca f; valla f, vallado m; seto m; fig. e-n Krieg vom ~ brechen desencadenar una guerra; e-n Streit vom ~ brechen F buscar camorra; ~gast m espectador m de gorra; ~ sein estar de mirón; ~könig Orn. m reyezuelo m; ~pfahl m estaca f; e-n Wink mit dem ~ geben echar una indirecta.
'zausen (-t) v/t. sacudir; Haar: desgreñar; fig. vapulear; j-n bei den Haaren ~ tirar del pelo a alg.
'Zebra Zoo. n (-s; -s) cebra f; ~streifen Vkw. m paso m cebra.
'Zebu Zoo. m, n (-s; -s) cebú m.

'Zech|bruder *m* compañero *m* de copeo; (*Trinker*) bebedor *m*, borrachín *m*; ⁓e *f* 1. (*Rechnung*) cuenta *f*; (*Verzehr*) consumición *f*; die ⁓ prellen irse sin pagar; F *fig.* die ⁓ bezahlen (müssen) ser el pagano; pagar el pato; pagar los vidrios (*od.* platos) rotos; 2. ⚔ mina *f*; 2en *v*/*i*. beber (copiosamente); F copear, empinar el codo, soplar; ⁓er *m* bebedor *m*; borrachín *m*; ⁓gelage *n* francachela *f*; bacanal *f*; ⁓kumpan *m* compañero *m* de copeo; ⁓preller *m* cliente *m* que se va sin pagar; ⁓prelle'rei *f* estafa *f* de consumición.

'Zecke *Zoo. f* garrapata *f*.

Ze'dent(in *f*) *m* (*-en*) ✝ cedente *m*/*f*; ✝ e-s *Wechsels*: endosante *m*/*f*.

'Zeder ♀ *f* (*-; -n*), ⁓nholz *n* cedro *m*.

ze'dieren (-) *v*/*t*. ceder, hacer cesión de; *Wechsel*: endosar.

'Zeh *m* (*-és; -en*), ⁓e *f* 1. dedo *m* del pie; *der große* ⁓ el dedo gordo (del pie); *auf den* ⁓en *gehen* ir de puntillas; *sich auf die* ⁓en *stellen* ponerse de puntillas; *fig.* j-m *auf die* ⁓en *treten* ofender a alg.; 2. (*Knoblauchzehe*) diente *m* (de ajo); ⁓engänger *Zoo.* *m*/*pl.* digitígrados *m*/*pl.*; ⁓enspitze *f* punta *f* del pie; *auf* ⁓n de puntillas.

'zehn I. *adj.* diez; *etwa* ⁓ unos diez; una decena; II. 2 *f* diez *m*; 2eck ⚔ *n* decágono *m*; ⁓eckig ⚔ *adj.* decagonal; 2ender ⚔ *m.* ciervo *m* de diez puntas; 2er *m* decena *f*; moneda *f* de diez (pfennigs); ⁓er'lei *adj.* de diez clases diferentes; ⁓fach, ⁓fältig *adj.* décuplo, diez veces más; *das* 2e el décuplo; 2'fingersystem *n* Maschinenschreiben: escritura *f* con todos los dedos; ⁓flächig ⚔ *adj.* decaédrico; 2flächner ⚔ *m* decaedro *m*; 2'jahres-plan *m* plan *m* decenal; 2jährig *adj.* de diez años; decenal; 2kampf *m* decat(h)lón *m*; 2kämpfer *m* decat(h)loniano *m*; ⁓mal *adj.* diez veces; ⁓malig *adj.* diez veces; 2'pfennigstück *n* moneda *f* de diez pfennigs; ⁓prozentig *adj.* al diez por ciento; ⁓silbig *adj.*, 2silber *m* decasílabo (*m*); ⁓stündig *adj.* de diez horas; ⁓täglig *adj.* de diez días; ⁓'tausend *adj.* diez mil; *die oberen* 2 la alta (*od.* la crema de la) sociedad; F la gente gorda; ⁓'tausendste *adj.* diezmilésimo; 2'tausendstel *n* diezmilésima parte *f*; ⁓te *adj.* décimo; *der* (*den, am*) ⁓n *Dezember* el diez de diciembre; *Alphons der* 2 (*Abk.* X.) Alfonso Décimo (*Abk.* X); 2te *Hist. m* diezmo *m*; 2tel *n* décima parte *f*; décimo *m*; ⁓tens *adv.* en décimo lugar; *bei Aufzählungen*: décimo.

'zehr|en *v*/*i.* alimentarse (*von* de); *a. fig.* vivir (de); (*schwächen*) enflaquecer; *fig. von s-m Ruhme* ⁓ dormirse sobre los laureles; *fig.* ⁓ *an* (*nagen*) consumir, minar, roer (*a/c.*).

'Zeichen *n* (*-s; -*) signo *m* (*a.* ⚔, *Gr.*, *Rel.*, *Astr.*, ♪ *u. Typ.*); (*Signal*) señal *f* (*a. Vkw.*); (*Kenn*2) marca *f*; seña *f*; (*An*2) indicio *m, bsd.* ✠ síntoma *m*; (*Symbol*) símbolo *m*; (*Ab*2) insignia *f*; emblema *m*; (*Akten*2) referencia *f*; (*Warnung*) aviso *m*; (*Vor*2) presagio *m*; (*Beweis*) prueba *f*; testimonio *m*; *pl. auf Landkarten usw.*: signos *m*/*pl.* convencionales; ✝ Ihr ⁓ su referencia; *das* ⁓ *des Kreuzes* la señal de la cruz; *das* ⁓ *zur Abfahrt* la señal de salida; *ein* ⁓ *geben* hacer una señal; *das* ⁓ *geben dar la señal* (*zu* de); *j-m* ⁓ *geben* hacer señas a alg.; *ein* ⁓ *machen an* (*dat.*) marcar (*ac.*); *auf ein* ⁓ *von* a una señal de; *sich durch* ⁓ *verständigen* entenderse por señas; *im* ⁓ (*gen.*) bajo el signo de (*a. Astr.*); *als* ⁓, *zum* ⁓ (*gen.*) en señal de; en prueba de; en testimonio de; *s-s* ⁓ *s* (*von Beruf*) de oficio; *das ist ein gutes* (*schlechtes*) ⁓ es una buena (mala) señal; es un buen (mal) síntoma; *das ist ein* ⁓ *der Zeit* es un signo de la época; *Gr.* ⁓ *setzen* poner los signos de puntuación; ⁓block *m* bloc *m* de dibujo; ⁓brett *n* tablero *m* de dibujo; ⁓büro *n* oficina *f* de dibujo; ⁓deuter *m* adivino *m*; ⁓dreieck *n* escuadra *f*; ⁓erklärung *f* explicación *f* de los signos; leyenda *f*; *auf Landkarten usw.*: signos *m*/*pl.* convencionales; ⁓feder *f* pluma *f* de dibujo; ⁓gebung *f* señalización *f*; ⁓heft *n* cuaderno *m* de dibujo; ⁓kohle *f* carboncillo *m*; ⁓kreide *f* creta *f* (*od.* tiza *f*) de dibujo; ⁓kunst *f* arte *m* de dibujar; dibujo *m*; ⁓lehrer(in *f*) *m* profesor(a *f*) *m* de dibujo; ⁓mappe *f* carpeta *f* de dibujo; ⁓papier *n* papel *m* de dibujo; ⁓saal *m* sala *f* de dibujo; ⁓satz *m Computer*: juego *m* de caracteres; ⁓schutz ✝ *m* protección *f* de las marcas; ⁓setzung *Gr. f* puntuación *f*; ⁓sprache *f* lenguaje *m* por señas; ⁓stift *m* lápiz *m* de dibujo; ⁓stunde *f* lección *f* (*od.* clase *f*) de dibujo; ⁓tisch *m* mesa *f* de dibujo; ⁓trickfilm *m* película *f* de animación, dibujos *m*/*pl.* animados; ⁓unterricht *m* enseñanza *f* del dibujo; ⁓vorlage *f* modelo *m* de dibujo.

'zeichnen (*-e-*) *v*/*t.* dibujar (*a. fig.*); *flüchtig*: bosquejar, esbozar (*a. fig.*); (*kenn*⁓) marcar; (*unter*⁓) firmar; *Plan usw.*: delinear; *Linie usw.*: trazar; ✝ *Anleihe usw.*: suscribir; *e-n Betrag von 100 Mark* ⁓ suscribirse con (una suma de) cien marcos; → *a. gezeichnet*; 2en *n* dibujo *m*; *technisches* ⁓ delineación *f*; dibujo *m* industrial; 2er *m* dibujante *m*; (*Graphiker*) grafista *m*; ✝ *e-r Anleihe usw.*: suscriptor *m*; *technischer*⁓ delineante *m*; ⁓erisch *adj.* gráfico; ⁓e *Darstellung* representación *f* gráfica; ⁓e *Begabung* dotes *f*/*pl.* para el dibujo.

'Zeichnung *f* dibujo *m* (*a. Muster*); (*Skizze*) croquis *m*, esquema *m*; (*Kenn*2) marcación *f*; (*Bau*2) plano *m*; *e-r Linie usw.*: trazado *m*; (*Unter*2) firma *f*; ✝ suscripción *f* (*a. Beitrags*2); ✝ *zur* ⁓ *auflegen* ofrecer a suscripción; ⁓s-angebot ✝ *n* oferta *f* de suscripción; 2sberechtigt *adj.* autorizado para firmar; ⁓sbetrag *m* cantidad *f* suscrita; ⁓sfrist ✝ *f* plazo *m* de suscripción; ⁓sliste *f* lista *f* de suscriptores; ⁓svollmacht *f* poder *m* para firmar; ⁓swert ✝ *m* valor *m* de emisión.

'Zeigefinger *m* (dedo *m*) índice *m*.

'zeigen I. *v*/*t. u. v*/*i.* mostrar, enseñar; hacer ver; (*zur Schau stellen*) exhibir; (*an*⁓) indicar; señalar; marcar; (*aufweisen*) acusar; manifestar; (*beweisen*) demostrar, probar; evidenciar; *Film*: proyectar, pasar; ⁓ *auf* señalar (*ac.*); apuntar a; F *drohend*: *dir werd' ich's* ⁓! ¡ya te enseñaré!; *zeig mal!* ¡déjame ver!, ¡a ver!; II. *v*/*refl.*: *sich* ⁓ presentarse, mostrarse, personarse; *offiziell*: hacer acto de presencia; (*sich offenbaren*) manifestarse, evidenciarse; *sich am Fenster* ⁓ asomarse a la ventana; *sich* ⁓ *als* mostrarse amable; *sich* ⁓ *als* mostrarse ser; mostrarse (*nom.*); *es zeigt sich, daß* se ve que; es *wird sich ja* ⁓ eso ya se verá; ya veremos; el tiempo lo dirá.

'Zeiger *m* indicador *m*; aguja *f*; (*Uhr*2) *a.* manecilla *f*; ⊕ índice *m*; ⁓ausschlag *m* desviación *f* de la aguja.

'Zeigestock *m* puntero *m*.

'zeihen (*L*) *v*/*t.*: *j-n e-r Sache* ⁓ acusar (*od.* inculpar) a alg. de a/c.

'Zeile *f* línea *f* (*a. TV*); renglón *m*; (*Reihe*) fila *f*; hilera *f*; *neue* ⁓! punto y aparte; *gleiche* ⁓! punto y seguido; *j-m ein paar* ⁓n *schreiben* poner a alg. cuatro letras; ⁓n *schinden* F hinchar el perro; *nach* ⁓n *bezahlen* pagar por línea; *fig. zwischen den* ⁓n *lesen* leer entre líneas.

'Zeilen...: ⁓abstand *m Schreibmaschine*: interlínea *f*; espacio *m* interlineal (*od.* entre líneas); *mit einfachem* (*doppeltem*) ⁓ a un (a doble) espacio; ⁓abtastung *TV f* exploración *f* de líneas; ⁓honorar *n* remuneración *f* por línea; ⁓länge *Typ. f* justificación *f*; ⁓schalthebel *m Schreibmaschine*: palanca *f* de interlineado; ⁓setzmaschine *Typ. f* linotipia *f*; ⁓sprungverfahren *TV n* entrelazamiento *m* de líneas; ⁓umbruch *m Computer*: salto *m* de línea; ⁓vorschub *m Computer*: avance *m* de línea(s); 2weise *adv.* por línea; ⁓zahl *f* número *m* de líneas; ⁓zwischenraum *m* espacio *m* entre líneas; interlínea *f*.

'Zeisig *m* (*-s; -e*) *Orn.* lugano *m*; F *fig. lockerer* ⁓ F calavera *m*.

'Zeit *f* (*-; -en*) tiempo *m* (*a. Gr. u. Sport*); (⁓raum) período *m*; espacio *m* (de tiempo); lapso *m*; (⁓alter) edad *f*; época *f*; siglo *m*; era *f*; (⁓punkt) momento *m*, instante *m*; punto *m*; (*Frist*) plazo *m*; término *m*; (*Phase*) fase *f*, etapa *f*; (*Uhr*2) hora *f*; (*Jahres*2) estación *f*; (*Saison*) temporada *f*; época *f*; *freie* ⁓ tiempo libre; (ratos de) ocio *m*; *die gute alte* ⁓ los buenos tiempos (pasados); *die neue* ⁓ los tiempos modernos (*od.* actuales); *schlechte* ⁓en malos tiempos; tiempos duros (*od.* difíciles); *du liebe* ⁓! ¡Dios mío!; *außer der* ⁓ fuera de tiempo; a deshora; *die ganze* ⁓ *über* (durante) todo ese tiempo; *er hat es die ganze* ⁓ (*über*) gewußt lo ha sabido siempre (*od.* desde el primer momento); ⁓ *gewinnen* ganar tiempo; (*keine*) ⁓ *haben* (no) tener tiempo (*zu* para; de *inf.*); *wir haben genug* ⁓ tenemos bastante tiempo (*od.* tiempo de sobra); *das hat noch* ⁓ (eso) no corre prisa; *das hat noch* ⁓ *bis morgen* eso puede dejarse (*od.* quedar) para mañana; *viel* ⁓ *kosten* (*od. in Anspruch nehmen*) llevar (*od.* requerir) mucho tiempo; *j-m* ⁓ *lassen* (*od.* geben) dar tiempo a alg.; *sich* ⁓ *lassen* (*od.* nehmen) tardar en hacer a/c.; no tener prisa; no precipitarse; (*abwarten*) dar tiempo al tiempo; *sich die* ⁓ *vertreiben* hacer tiempo; distraerse, entretenerse (*mit con*); pasar (F matar) el tiempo (con); j-m die ~ vertreiben (od. verkürzen) entretener (od. distraer) a alg.; Sport: die ~ nehmen cronometrar; Sport: auf ~ spielen perder tiempo; auf ~ fahren ir contra del reloj; (die) ~ verlieren perder (el) tiempo; es ist keine ~ zu verlieren no hay tiempo que perder; es ist nur e-e Frage der ~ es sólo cuestión de tiempo; es ist (höchste) ~ ya es hora (zu de inf.; daß que subj.); es ist genug ~ hay bastante tiempo; es wird allmählich ~ ya va siendo hora; es ist an der ~, zu ha llegado la hora (od. el momento) de (inf.); die ~ ist um ya es la hora; (Termin) ya ha expirado el plazo; ~ auf ~ a plazo; a término (fijo); auf (od. für) einige ~ por algún tiempo; für kurze ~ por poco tiempo; für alle ~en para siempre; der beste aller ~en el mejor de todos los tiempos; für längere ~ por mucho tiempo; in der ~ von ... bis ... desde ... hasta ...; in der tiempo comprendido entre ... y ...; in früheren ~en en otros tiempos; en tiempos pasados; in kurzer ~ en corto (od. poco) tiempo; en breve; dentro de poco (tiempo); in kürzester ~ a la mayor brevedad; in unserer ~ en nuestros tiempos (od. días); hoy (en) día; mit der ~ gehen ir con el tiempo; nach einiger ~ después (od. al cabo) de algún tiempo; seit der ~; von der ~ an desde entonces; seit einiger ~ desde hace algún tiempo; um welche ~? ¿a qué hora?; um die ~ der Ernte en el tiempo de la recolección; von ~ zu ~ de vez (od. de cuando) en cuando; de tiempo en tiempo; vor der ~ antes de tiempo; prematuramente; demasiado pronto; (🞲 gebären) antes del término; vor ~en en otros tiempos; antiguamente; en tiempos pasados; vor einiger ~ hace algún tiempo; vor kurzer (langer) ~ hace poco (mucho) tiempo; zu jener ~ en aquella época; en aquellos tiempos; en aquel entonces; a la sazón; zur ~ actualmente; de (od. por el) momento; zur ~ (gen.) en tiempos de; en la época de; zu allen ~en en todos los tiempos; en todas las épocas; siempre; en todo tiempo; zur gleichen ~ en la misma época; (gleichzeitig) al mismo tiempo; simultáneamente; zu jeder ~ en todo momento; siempre, a todas horas; a cualquier hora; zu s-r ~ a su hora; (zu s-n Lebzeiten) en sus tiempos; alles zu s-r ~ cada cosa a su tiempo; zu keiner ~ en ninguna época; en ningún momento; nunca; zur festgesetzten ~ a la hora convenida (od. fijada); ~ ist Geld el tiempo es oro; kommt ~, kommt Rat con el tiempo maduran las uvas; es werden bessere ~en kommen ya vendrán tiempos mejores.

'**Zeit**...: ~**ablauf** m (trans)curso m (od. decurso m) del tiempo; ~**abnahme** f Sport: cronometraje m; ~**abschnitt** m período m; época f; tiempo m; ~**abstand** m intervalo m; in regelmäßigen Zeitabständen periódicamente; a intervalos regulares; ~**adverb** Gr. n adverbio m de tiempo; ~**alter** n edad f; época f; era f; siglo m; ~**angabe** f (Datum) fecha f; Radio: hora f (exacta); señal f horaria; ~**ansage** Tele. f información f horaria; ~**arbeit** f trabajo m temporal; ~**arbeitsfirma** f empresa f de trabajo temporal (Abk. ETT); ~**aufwand** m inversión f bzw. consumo m de tiempo; tiempo m invertido; ²be**dingt** adj. debido a las circunstancias (actuales); ~**begriff** m concepto m del tiempo; ~**bombe** f bomba f de relojería (a. fig.); ~**dauer** f duración f; tiempo m; ~**dokument** n documento m de la época bzw. de nuestro tiempo; ~**druck** m premura f de tiempo; ~**einheit** f unidad f de tiempo; ~**enfolge** Gr. f concordancia f de los tiempos; ~**ersparnis** f ahorro m (od. economía f) de tiempo; ~**fahren** n Sport: carrera f contra reloj; ~**faktor** m factor m tiempo; ~**folge** f orden m cronológico; cronología f; ~**form** Gr. f tiempo m; ~**frage** f cuestión f de tiempo; ~**funk** m crónica f de actualidad; ~**geber** ⊕ m sincronizador m del tiempo; ²ge**bunden** adj. mudable con los tiempos; sujeto a la moda; ~**gefühl** n sentido m del tiempo; ~**geist** m espíritu m de la época; ²**gemäß** adj. conforme a la época; moderno; actual, de actualidad; nicht mehr ~ pasado de moda; ~**genosse** m, ~**genossin** f contemporáneo (-a f) m; ²**genössisch** adj. contemporáneo; coetáneo; ~**geschäft** 🞲 n operación f a plazo; ~**geschehen** n actualidades f/pl.; ~**geschichte** f historia f contemporánea; ~**geschmack** m gusto m de la época; ~**gewinn** m ganancia f de tiempo; ²**ig** I. adj. temprano; II. adv. a tiempo, en el momento oportuno; (früh~) temprano; ²**igen** v/t. (hervorbringen) producir; originar; Folgen: acarrear; ~**karte** Vkw. f abono m; ~**karten-inhaber**(in f) m abonado (-a f) m; ~**konstante** f constante f de tiempo; ~**lang** f: e-e ~ durante cierto (od. algún) tiempo; por algún tiempo; ~**läufte** m/pl.: die ~ los tiempos que corren; ²**lebens** adv. durante toda mi (tu, etc.) vida; para toda la vida; ²**lich** adj. temporal; (irdisch) terrenal, de este mundo; (vergänglich) pasajero, transitorio; (chronologisch) cronológico; ~ zu**sammenfallen** coincidir (mit con); das ²e genen entregar el alma (a Dios). **lichkeit** f (0) temporalidad f; vida f terrenal; ~**lohn** m salario m por (unidad de) tiempo; ²**los** adj. intemporal; independiente de la época; Gr. atemporal; ~**lupe** f cámara f lenta; in ~ a cámara lenta, gal. al ralenti; ~**lupen-aufnahme** f secuencia f a cámara lenta; ~**lupentempo** n: fig. im ~ a paso de tortuga; ~**mangel** m: aus ~ por falta de tiempo; ~**maß** ♩ n compás m, tiempo m; ~**messer** m cronómetro m; ~**messung** f medición f del tiempo, cronometría f; Sport: a. cronometraje m; ²**nah(e)** adj. actual, de actualidad; al día; ~**nahme** f Sport: cronometraje m; ~**nehmer** m Sport: cronometrador m; ~**not** f falta f de tiempo; → a. ~druck; ~**pacht** 🞲 f arrendamiento m a plazo fijo; ~**plan** m horario m; calendario m; ~**punkt** m momento m, instante m; época f; tiempo m; (Datum) fecha f; zu diesem ~ a esta (s) altura(s); ~**raffer** m acelerador m, cámara f rápida; ~**raffer-aufnahme** f película f a cámara rápida; ²**raubend** adj. que requiere mucho tiempo; muy lento; (lästig) engorroso; ~**raum** m período m; espacio m (od. lapso m) de tiempo; ~**rechnung** f cronología f; christliche ~ era f cristiana; vor unserer ~ antes de nuestra era; ~**relais** ⊁ n relé m de acción diferida; ~**schalter** ⊁ m interruptor m horario; ~**schrift** f revista f; ~**sichtwechsel** 🞲 m letra f a tantos días vista; ~**sinn** m sentido m del tiempo; ~**spanne** f lapso m de tiempo; período m; ²**sparend** adj. que ahorra tiempo; ~**stempel** m cronosellador m automático; ~**stil** m estilo m de época; ~**studie** f estudio m de tiempos; ~**tafel** f tabla f cronológica; ~**takt** Tele. m paso m de contador; ~**umstände** m/pl. circunstancias f/pl.; coyuntura f.

'**Zeitung** f periódico m; rotativo m; (Tages²) diario m; in die ~ setzen insertar.

'**Zeitungs**...: ~**abonnement** n suscripción f a un periódico; ~**anzeige** f anuncio m (en un periódico); ~**artikel** m artículo m periodístico (od. de periódico); ~**ausschnitt** m recorte m de periódico; ~**austräger**(in f) m repartidor(a f) m de periódicos; ~**beilage** f suplemento m; ~**berichterstatter** m reportero m; informador m de prensa; ~**ente** f (od. de un periódico); ~**frau** f repartidora f bzw. vendedora f de periódicos; ~**halter** m portaperiódicos m; ~**händler** m vendedor m de prensa; ~**inserat** n → ~anzeige; ~**junge** m repartidor m de periódicos; ~**kiosk** m kiosco m (od. quiosco m od. puesto m) de periódicos; ~**korrespondent** m corresponsal m (de prensa); ~**leser** m lector m (de prensa); ~**mann** m repartidor m de periódicos; ~**notiz** f noticia f de prensa; ~**papier** n papel m de periódico; papel m prensa; ~**redakteur** m redactor m de prensa (od. de un periódico); ~**reklame** f propaganda f periodística; ~**roman** m folletín m; ~**schreiber**(in f) m periodista m/f; ~**stand** m → ~kiosk; ~**ständer** m revistero m, porta-revistas m; ~**stil** m estilo m periodístico; ~**verkäufer**(in f) m vendedor(a f) m de periódicos (od. de prensa); ~**verleger** m editor m de un periódico; ~**werbung** f publicidad f periodística; ~**wesen** n periodismo m; prensa f; ~**wissenschaft** f periodismo m.

'**Zeit**...: ~**unterschied** m diferencia f de la hora; ~**vergeudung** f desperdicio m de tiempo; ~**verlust** m pérdida f de tiempo; rémora f; ~**verschwendung** f → ~vergeudung; ~**vertreib** m pasatiempo m; zum ~ para pasar el rato; para distraerse; ²**weilig** I. adj. temporal; provisional; (vorübergehend) transitorio; interino; (mit Unterbrechungen) intermitente; II. adv. → ²**weise** adv. (e-e Zeitlang) por algún tiempo; por momentos; (von Zeit zu Zeit) a veces; de vez en cuando, de cuando en cuando; ~**wende** f época f de transición; ~**wert** ⊁ m valor m actual; ~**wort** Gr. n verbo m; ~**zeichen** n Radio: señal f horaria; ~**zünder** ⚔ m espoleta f retardada; detonador m de mecha lenta; ~**zündschnur** f mecha f lenta.

Zele∥**brant** Lit. m (-en) celebrante m;

²'brieren (-) v/t. celebrar.
'Zell-atmung f respiración f celular.
'Zelle f Bio., Pol., ⚡, ⚒ célula f; der Bienenwabe: celdilla f, alvéolo m; ⚒ (Batterie²) elemento m; (Raum) celda f; (Kabine) cabina f (a. Tele.).
'Zellen...: ~bauweise △ f construcción f celular; ²förmig adj. celular, celulado; alveolar; ~genosse m compañero m de celda; ~kühler Kfz. m radiador m de panal; ~lehre Bio. f citología f.
'Zell...: ~gewebe Anat. n tejido m celular; ~gewebs-entzündung f flemón m; ~haut Anat. f → ~membran; ²ig adj. celular; ~kern Anat. m núcleo m celular; ~membran f membrana f celular.
Zello'phan n (-s; 0) celofán m.
'Zell...: ~stoff m celulosa f; ~stoffwechsel Bio. m metabolismo m celular; ~tätigkeit Physiol. f actividad f celular; ~teilung Bio. f división f celular.
Zellu'litis ⚒ f (; -li'tiden) celulitis f; ~'loid [-'lɔyt] n (-es; 0) celuloide m; ~'lose f celulosa f.
'Zell...: ~wand Anat. f pared f celular; ~wolle f viscosilla f.
'Zelt n (-es; -e) tienda f (de campaña); (Zirkus², Fest²) entoldado m, bsd. Am. carpa f; fig. s-e ~e abbrechen marcharse; ~ausrüstung f equipo m de camping; ~bahn f hoja f de tienda; ~dach n toldo m; ²en (-e-) v/i. acampar, hacer camping; ~en n acampamento m, camping m.
'Zelter m (Pferd) palafrén m.
'Zelt...: ~lager n campamento m (de tiendas); ~leine f cuerda f (para tienda); ~ler m acampador m, campista m; ~pfahl m, ~pflock m estaca f; ~plane f lona f; ~platz m (terreno m de) camping m; ~stadt f ciudad-campamento f; ~stange f palo m de tienda, espárrago m.
Ze'ment m (-es; -e) cemento m; ²artig adj. cementoso; ~beton m hormigón m de cemento; ~fabrik f fábrica f de cemento; ~fußboden m suelo m cementado.
zemen'tier|en (-) v/t. cementar (a. Met.); fig. cimentar; ²ung f cementación f (a. Met.).
Ze'nit m (-es; 0) cenit m (a. fig.); im ~ stehen estar en el cenit.
zen'sieren (-) v/t. censurar; someter a censura; Schule: calificar.
'Zensor m (-s; -'soren) censor m.
Zen'sur f (-; -en) censura f; Schule: calificación f, nota f; ~behörde f censura f; ~vermerk m visado m de la censura.
Zen'taur Myt. m (-en) centauro m.
zentesi'mal adj. centesimal; ²waage f balanza f (od. báscula f) centesimal.
Zenti|'gramm n centigramo m; ~'liter m, n centilitro m; ~'meter m, f centímetro m; ~'metermaß n cinta f métrica.
'Zentner m quintal m; ~last fig. f peso m abrumador; ²schwer fig. adj. (0) abrumador, agobiador.
zen'tral adj. central; ~ gelegen céntrico; ~afrikanisch adj.: ²e Republik República f Centroafricana; ²amerika n Centroamérica f, América f Central; ²asien n Asia f Central; ²bank f banco m central; ²bank-

präsident(in f) m Presidente (-a f) m del Banco Central; ²behörde f autoridad f central; ²e f central f (a. Tele. u. ⚡); oficina f central; Tele. (Haus²) centralita f; ~einheit f Computer: unidad f central (de procesamiento); ²gewalt Pol. f poder m central; ²heizung f calefacción f central.
zentrali|'sieren (-) v/t. centralizar; ²'sierung f centralización f.
Zentra'lismus Pol. m (-; 0) centralismo m.
Zen'tral...: ~komitee n comité m central; ~nervensystem Anat. n sistema m nervioso central; ~rechner m Computer: ordenador m central, unidad f principal; ~schmierung Kfz. f engrase m central; ~stelle f organismo m bzw. oficina f central; centro m; ~verband m federación f (od. asociación f) central; ~verriegelung f Kfz. cierre m centralizado.
zen'trier|en (-) ⊕ v/t. centrar; ²ung f centrado m.
zentrifu'gal adj. centrífugo; ²kraft f fuerza f centrífuga.
Zentri|'fuge f centrifugadora f; ²fu-'gieren (-) v/t. centrifugar; ²pe'tal adj. centrípeto; ~pe'talkraft f fuerza f centrípeta.
'zentrisch adj. céntrico; central.
'Zentrum n (-s; -tren) centro m.
'Zephir ['tseːfɪr] m (-s; -e) céfiro m.
'Zeppelin m (-s; -e) zepelín m, dirigible m.
'Zepter n (-s; -) cetro m; fig. das ~ führen (od. schwingen) llevar la voz cantante.
zer|'beißen (L; -) v/t. romper con los dientes; ~'bersten (L; -; sn) v/i. reventar; estallar.
'Zerberus Myt. m Cerbero m, Cancerbero m (a. fig.).
zer|'beulen (-) v/t. abollar; ~'brechen (L; -) I. v/t. romper; quebrar; quebrantar; hacer pedazos; II. (sn) v/i. romperse; quebrarse; deshacerse; fig. sucumbir; ~'brechlich adj. quebradizo; frágil; ~! ¡frágil!; ²'brechlichkeit f (0) fragilidad f; ~'bröckeln (-le) I. v/t. desmenuzar; Brot: desmiga(ja)r; II. (sn) v/i. desmigajarse; a. Mauer: desmoronarse; ²'bröckeln n desmoronamiento m; ~'deppern F (-re; -) v/t. F hacer añicos (od. trizas); ~'drücken (-) v/t. aplastar, machacar; a. Kartoffeln usw.: chafar; Kleider: arrugar; ²'drücken n aplastamiento m.
Zere'alien f/pl. cereales m/pl.
zere'bral adj. cerebral.
Zere'mo'nie f ceremonia f; ~moni'ell n (-s; -e) ceremonial m; ²moni'ell adj. ceremonioso; ~'monienmeister m maestro m de ceremonias; ²moni'ös adj. (-est) ceremonioso.
zer'fahren adj. Weg: gastado, picado; fig. Person: atolondrado; confuso; incoherente; (zerstreut) distraído; F despistado; ~heit f (0) atolondramiento m; distracción f, F despiste m; incoherencia f.
Zer'fall m (-es; 0) ruina f; desmoronamiento m; decadencia f (a. fig.); Phys. desintegración f; ⚛ descomposición f; disgregación f; ²en (L; -; sn) v/i. arruinarse; desmoronarse (a. Mauer); decaer (a. fig.); desintegrarse; deshacerse; ⚛

descomponerse; disgregarse; disociarse; ~ in dividirse en; fig. mit j-m ~ desavenirse con alg.; enemistarse con alg.; mit sich selbst ~ sein estar descontento de sí mismo; ~s-produkt n producto m de descomposición.
zer...: ~'fasert adj. deshilachado; ~'fetzen (-t; -) v/t. desgarrar; despedazar; hacer jirones bzw. trizas; schlitzend: acuchillar; ~'fetzt, F ~'fleddert adj. desgarrado; hecho trizas; ~'fleischen v/t. dilacerar; a. fig. despedazar; ~'fließen (L; -; sn) v/i. deshacerse (a. fig.); (schmelzen) fundirse; derretirse; Farbe, Tinte: correrse; ~'fressen (L; -) v/t. roer; ⚛ corroer; Würmer: carcomer; F comerse; ~'furcht adj. Gesicht: arrugado; surcado de arrugas; ~'gehen (L; -; sn) v/i. deshacerse; derretirse; in Flüssigkeit: desleírse; ~'gliedern (-re; -) v/t. desmembrar; descomponer; fig. analizar; desglosar; ²'gliederung f desmembración f; descomposición f; fig. análisis m; desglose m; ~'hacken v/t. cortar en trozos; despedazar, hacer pedazos; ganz fein: desmenuzar, picar; Holz: partir; cortar; ~'hauen (L; -) v/t. cortar en trozos; partir; Schlächterei: tajar; cortar; ~'kauen (-) v/t. masticar (bien); triturar; ~'kleinern (-re; -) v/t. desmenuzar; reducir a trocitos; (zermahlen) triturar; moler; Fleisch: picar; Holz: partir; hacer astillas; Stein: machacar; ²'kleinerung f desmenuzamiento m; trituración f; ~'klopfen (-) v/t. quebrantar; romper (od. quebrar) a golpes; Steine: picar; machacar; ~'klüftet adj. (gespalten) hendido; Gelände: escabroso; abrupto, accidentado; ~'knallen (-; sn) v/i. estallar, explotar; detonar; reventar; ~'knautschen F (-) v/t. estrujar; arrugar; ~'knirscht adj. compungido; contrito; (reuig) arrepentido; ²'knirschung f (0) contrición f; compunción f; ~'knittern (-re; -), ~'knüllen (-) v/t. estrujar; arrugar; chafar; ~'kochen (-) I. v/t. (hacer) cocer demasiado; II. (sn) v/i. cocer demasiado; deshacerse cociendo; ~'kratzen (-t; -) v/t. Haut: arañar; rasguñar; Sachen: a. rascar, rayar; ~'krümeln (-le; -) v/t. desmigajar; ~'lassen (L; -) v/t. derretir; ~'laufen (L; -; sn) v/i. derretirse.
zer'leg|bar adj. ⊕ desmontable; plegable; ⚒ descomponible; ⚒ divisible; ~en (-) v/t. descomponer (a. ⚛ u. ⚒); ⊕ desmontar; desarmar; (zerteilen) fraccionar; partir en trozos; Licht: dispersar; Schlächterei: descuartizar; Braten: trinchar; cortar; Huhn: despedazar; fig. analizar; ²en n, ²ung f descomposición f; desmontaje m; división f; fraccionamiento m; Schlächterei: descuartizamiento m; fig. análisis m.
zer...: ~'lesen adj. Buch: gastado, manoseado; ~'löchern (-re; -) v/t. agujerear; ~'lumpt adj. andrajoso, harapiento, desharrapado; ~'mahlen (-) v/t. moler; triturar; pulverizar; ~'malmen (-) v/t. aplastar (a. fig.); triturar; quebrantar; a. fig. aniquilar; ~'martern (-re; -) v/t. atormentar; sich den Kopf (od. das Hirn) ~ deva-

zermürben — Zeug

narse los sesos; ~'**mürben** (-) v/t. cansar; fatigar; agotar; desmoralizar; ~'**mürbend** adj. agotador; ℨ'**mürbung** f fatiga f; agotamiento m; desmoralización f; desgaste m; ℨ'**mürbungskrieg** m guerra f de desgaste; ~'**nagen** (-) v/t. roer; corroer; ~'**pflücken** (-) v/t. Blume: deshojar; fig. desmenuzar; examinar minuciosamente; ~'**platzen** (-t; -) v/i. reventar; estallar; ~'**quetschen** (-) v/t. aplastar; (zerstampfen) machacar, chafar; ~'**raufen** (-) v/t. Haar: desgreñar.
'**Zerrbild** n caricatura f.
zer'reib|en (L; -) v/t. triturar; moler; pulverizar; ℨ**ung** f trituración f; pulverización f.
zer'reiß|bar adj. fácil de rasgar; poco consistente; ~**en** (L; -) **I.** v/t. romper; rasgar; desgarrar (a. fig.); (zerfetzen) dilacerar; in Stücke: romper en pedazos, despedazar; F fig. j-n (in der Luft) ~ F desollarle a alg. vivo; F fig. sich für j-n ~ desvivirse por alg.; fig. das zerreißt mir das Herz esto me parte el alma (od. me desgarra el corazón); **II.** (sn) v/i. romperse; rasgarse; desgarrarse; → a. zerrissen; ℨ**festigkeit** f resistencia f a la rotura; ℨ**probe** ⊕ f prueba f de rotura; fig. dura prueba f; prueba f de nervios; ℨ**ung** f rotura f (a. 🎯); rasgadura f; desgarramiento m (a. 🎯); dilaceración f; despedazamiento m.
'**zerren** v/t. tirar violentamente (an dat. de); dar un tirón (de); (schleppen) arrastrar; 🎯 distender; aus dem Bett ~ sacar de la cama; j-n vor Gericht ~ llevar a alg. a los tribunales.
zer'rinnen (L; -; sn) v/i. deshacerse; derretirse; fundirse; fig. desvanecerse, disiparse; in nichts ~ quedar en nada; das Geld zerrinnt ihm zwischen den Fingern (od. unter den Händen) el dinero se le escapa (od. se le va) entre los dedos.
zer'rissen adj. roto; fig. dividido; (innerlich ~) descontento de sí mismo (y de la vida); ℨ**heit** fig. f (0) desunión f; discordia f; división f.
'**Zerrspiegel** m espejo m deformador (od. grotesco).
'**Zerrung** 🎯 f distensión f.
zer'rupfen (-) v/t. → zerpflücken.
zer'rütt|en (-e-; -) v/t. desordenar, descomponer, desarreglar; desorganizar; Geist: perturbar; trastornar (a. Nerven); Gesundheit: quebrantar; arruinar; Ehe: desunir; ~**et** adj. Ehe: desunido, desavenido; ℨ**ung** f desorden m, descomposición f, desarreglo m; trastorno m, perturbación f; desorganización f; quebrantamiento m; ruina f; der Ehe: (profunda) desavenencia f; quiebra f de la convivencia.
zer...: ~'**sägen** (-) v/t. serrar; cortar con la sierra; ~'**schellen** (-; sn) v/i. estrellarse (an dat. contra); ~'**schlagen I.** (L; -) v/t. romper (a golpes); hacer pedazos; bsd. Glas, Porzellan: hacer añicos; Spionagering usw.: desarticular, desmantelar; fig. sich ~ Plan: fracasar; frustrarse; quedar en nada; Verlobung: romperse; Hoffnungen: desvanecerse; **II.** adj. roto; destrozado; hecho pedazos; fig. wie (od. ganz) ~ sein estar rendido de fatiga, F estar molido (od. hecho

polvo); ℨ'**schlagenheit** f (0) gran cansancio m; agotamiento m (físico); ~'**schleißen** (L; -) v/t. desgastar; ~'**schlissen** adj. desgastado; ~'**schmeißen** (L; -) F v/t. hacer pedazos; ~'**schmelzen** (L; -; sn) v/i. derretirse; fundirse; ~'**schmettern** (-re; -) v/t. destrozar (a. fig.); romper; estrellar; fig. aniquilar; ~'**schneiden** (L; -) v/t. cortar (en trozos); partir (en dos); Fleisch: tajar; Braten: trinchar; ~'**schossen** adj. destruido a cañonazos; acribillado a balazos; ~'**schrammen** (-) v/t. arañar; rasguñar; Möbel usw.: rayar; ~'**setzen** (-t; -) v/t. descomponer; disgregar (a. fig.); desagregar; desintegrar; fig. minar; sittlich: desmoralizar; sich ~ descomponerse, disgregarse; desagregarse; desintegrarse; ~'**setzend** fig. adj. desmoralizador; ℨ'**setzung** f descomposición f; disgregación f; desagregación f; desintegración f; desmoralización f; ℨ'**setzungsprodukt** n producto m de descomposición; ~'**spalten** (-e-; -) v/t. hender; partir; ~'**splittern** (-re; -) **I.** v/t. hacer astillas bzw. pedazos; a. fig. atomizar, fragmentar (a. Grundbesitz); Truppen: dispersar; Kräf:e: disipar; sich ~ disipar sus energías; **II.** (sn) v/i. hacerse astillas; romperse (od. saltar) en pedazos; Glas, Porzellan: a. hacerse añicos; ~'**splittert** adj. fig. desunido; 🗡 Truppen: disperso; ℨ'**splitterung** f dispersión f; disipación f de esfuerzos bzw. energías; v. Grundbesitz usw.: atomización f, fragmentación f; ~'**sprengen** (-) v/t. hacer estallar; 🗡, Menge: dispersar; ~'**springen** (L; -; sn) v/i. reventar; estallar; Glas: romperse; ~'**stampfen** (-) v/t. triturar; machacar; mit den Füßen: pisar; pisotear.
zer'stäub|en (-) v/t. pulverizar; vaporizar; atomizar; ℨ**er** m pulverizador m; vaporizador m (a. für Parfüm); atomizador m; ℨ**erdüse** ⊕ f tobera f pulverizadora; ℨ**ung** f pulverización f; atomización f; vaporización f.
zer...: ~'**stechen** (L; -) v/t. Insekten: picar; ganz zerstochen sein estar lleno (od. cubierto) de picaduras; ~'**stieben** (L; -; sn) v/i. deshacerse en polvo; Menge: dispersarse; disiparse.
zer'stör|bar adj. destructible; ~**en** (-) v/t. destruir, destrozar (a. fig.); estropear; Gebautes: demoler, derribar; (verwüsten) asolar, devastar; Gesundheit usw.: arruinar; ~**end** adj. destructor, destructivo; demoledor; ℨ**er** m destructor m (a. ⚓); ℨ**ung** f destrucción f; destrozo m; demolición f, derribo m; asolamiento m; devastación f; aniquilamiento m; ruina f; ℨ**ungsfeuer** 🗡 n fuego m de destrucción; ℨ**ungskraft** f fuerza f destructiva; ℨ**ungs-trieb** m impulso m de destrucción; ℨ**ungswerk** n obra f de destrucción; destrozos m/pl.; a. fig. estragos m/pl.; ℨ**ungs-wut** f vandalismo m, salvajismo m; furia f destructora.
zer'stoßen (L; -) v/t. triturar; machacar (a. im Mörser); zu Pulver: pulverizar.
zer'streu|en (-) v/t. dispersar (a. 🗡);

(ausstreuen) a. esparcir; diseminar; desparramar; fig. Bedenken: desvanecer, disipar; (unterhalten) divertir; distraer; sich ~ Menge: dispersarse; fig. desvanecerse, disiparse; (sich belustigen) divertirse; distraerse; ~**t** adj. disperso; esparcido; diseminado; Licht: difuso; fig. distraído, F despistado; ℨ**theit** f (0) distracción f, F despiste m; ℨ**ung** f dispersión f (a. Phys. u. 🗡); diseminación f; des Lichts: difusión f; fig. disipación f; (Belustigung) diversión f; distracción f; esparcimiento m; ℨ**ungslinse** Opt. f lente f divergente.
zer'stück|eln (-le; -) v/t. despedazar, hacer pedazos; partir en trozos; desmenuzar; a. Vieh: descuartizar; Körper, Land: desmembrar; (parzellieren) parcelar; ℨ**ung** f despedazamiento m; descuartizamiento m; desmembramiento m; parcelación f (excesiva).
zer'teil|bar adj. divisible; ~**en** (-) v/t. dividir; partir; (trennen) separar; desunir; Land: desmembrar; Poes. die Wogen: hender; sich ~ dividirse; separarse; desunirse; (sich gabeln) bifurcarse; ramificarse; Nebel, Wolken: disiparse; ℨ**ung** f división f; separación f; desunión f; desmembramiento m; disipación f.
Zertifi'kat n (-és; -e) certificado m.
zer...: ~'**trampeln** (-le; -) v/t. pisotear; aplastar; ~'**trennen** (-) v/t. separar; desunir; Naht: descoser; ℨ'**trennung** f separación f; desunión f; ~'**treten** (L; -) v/t. pisar; aplastar (con el pie); pisotear; hollar (a. fig.); ~'**trümmern** (-re; -) v/t. destrozar; romper; destruir; demoler; triturar; Stadt: reducir a escombros (od. ruinas); Atom: desintegrar; ℨ'**trümmerung** f destrozo m; destrucción f; demolición f; Atom: desintegración f.
Zerve'latwurst f etwa: salchichón m ahumado.
zervi'kal Anat. adj. cervical.
zer...: ~'**wühlen** v/t. Erdboden: revolver (a. Haar); remover; Bett: desarreglar, desordenar; ℨ'**würfnis** n (-ses; -se) desavenencia f, disensión f; desacuerdo m; discordia f; ~'**zausen** (-t; -) v/t. Haare: desgreñar, desmelenar; desordenar; ~'**zaust** adj. Haare: desgreñado, desmelenado; despeinado; ~'**zupfen** v/t. deshilachar; deshilar.
Zessi'on f cesión f.
Zessio'nar m (-s; -e) cesionario m.
'**Zeter** n: ~ und Mordio schreien dar grandes gritos; poner el grito en el cielo; ~**geschrei** n clamor m; ℨ**n** (-re) v/i. clamar (al cielo); F poner el grito en el cielo.
'**Zettel** m (-s; -) (pedazo m de) papel m; papeleta f; (kurze Mitteilung) nota f; volante m; e-r Kartei: ficha f; (Klebeℨ, Anhängerℨ) etiqueta f, rótulo m; Weberei: urdimbre f; ~**kasten** m fichero m; ~**katalog** m catálogo m de fichas.
Zeug n (-és; 0) (Ausrüstung) equipo m; (Gerät) utensilios m/pl.; enseres m/pl.; útiles m/pl.; instrumentos m/pl.; (Sachen) cosas f/pl.; (Kram) trastos m/pl., F chismes m/pl.; cachivaches m/pl.; (Stoff) tejido m; tela f; paño m; (Kleidung) ropa f; vestidos

m/pl.; fig. dummes ~ tonterías *f/pl.*; bobadas *f/pl.; fig. das* ~ *zu et. haben* tener madera (*od.* talla) de a/c.; F *was das* ~ *hält* a más no poder; *j-m et. am* ~ *flicken* enmendar la plana a alg.; *sich ins* ~ *legen* arrimar el hombro; *sich für j-n ins* ~ *legen* F volcarse por alg.; ¹~**amt** ⚔ *n* arsenal *m*; ¹~**druck** *m* estampación *f* (*od.* estampado *m*) de telas.

'Zeuge *m* (-*n*) testigo *m* (*a. fig.*); *vor* ~*n ante testigos; als* ~*n anrufen* poner por testigo; ~ *sein von* (*od. gen.*) ser testigo de; presenciar a/c.; ~ *der Anklage* testigo *m* de la acusación (*od.* de cargo); ~*n Jehovas* Testigos *m/pl.* de Jehová.

'zeugen¹ *v/t.* procrear; engendrar, generar (*a. fig.*).

'zeugen² *v/i.* dar testimonio (de); ⚖ deponer, declarar (como testigo); *fig. von et.* ~ evidenciar, demostrar, poner de manifiesto a/c.

'Zeugen...: ~**ablehnung** ⚖ *f* tacha *f* del testigo; ~**aufruf** ⚖ *m* llamamiento *m* de los testigos; ~**aussage** ⚖ *f* deposición *f* testifical, declaración *f* testimonial; ~**bank** *f* banco *m* de los testigos; ~**be-einflussung** *f* presión *f* ejercida sobre los testigos; ~**beweis** ⚖ *m* prueba *f* testifical (*od.* testimonial); ~**eid** *m* juramento *m* del testigo; ~**gebühren** *f/pl.* dietas *f/pl.* de testigos; ~**stand** *m* estrado *m* de testigos; ~**verhör** *n*, ~**vernehmung** *f* interrogatorio *m* (*od.* audición *f* testifical (*od.* información *f* testifical.

'Zeughaus ⚔ *n* arsenal *m*; armería *f*.

'Zeugin *f* testigo *f*.

'Zeugnis *n* (-*ses*; -*se*) ⚖ testimonio *m* (*a. fig.*); (*Bescheinigung*) certificado *m*; certificación *f*; (*Schul*♀) notas *f/pl.*, calificaciones *f/pl.*; *a.* ~**heft**; (*Diplom*) diploma *m*; título *m*; *für Hausangestellte usw.:* referencias *f/pl.*; *zum* ~ *von* (*od. gen.*) en testimonio de; *zum* ~ *dessen* en testimonio (*od.* en fe) de lo cual; ~ *ablegen von* dar fe (*od.* testimonio) de; testimoniar a/c.; testificar a/c.; ♀**fähig** ⚖ *adj.* testable; ~**heft** *n* boletín *m* (*od.* cartilla *f*) de calificaciones; ~**pflicht** ⚖ *f* obligación *f* de testificar; ~**verweigerung** ⚖ *f* recusación *f* de testimonio.

'Zeugung *f* procreación *f*; engendramiento *m*, generación *f*.

'Zeugungs...: ~**akt** *m* acto *m* generador; ♀**fähig** *adj.* capaz de engendrar; apto para la procreación; potente; ~**fähigkeit** *f*, ~**kraft** *f* potencia *f* (generadora); fuerza *f* (*od.* facultad *f*) procreadora; ~**trieb** *m* instinto *m* genésico; ♀**unfähig** *adj.* impotente (para la procreación); ~**unfähigkeit** *f* impotencia *f* (para la procreación).

'Zibet *m* (-*s*; 0) algalia *f*; ~**katze** *f* civeta *f*.

Zi'borium *Rel. n* (-*s*; -*rien*) ciborio *m*.

Zi'chorie [-'ço:Rɪǝ] ♀ *f* achicoria *f*.

'Zick|e *f* cabra *f* (*a.* F *desp.*); F *fig.* ~*n pl.* tonterías *f/pl.*; caprichos *m/pl.*; *mach keine* ~*n!* ¡déjate de tonterías!; ♀**ig** F *adj.*: ~ *sein* F estar como una cabra; ~**lein** *n* cabrito *m*, chivo *m*, choto *m*.

'Zickzack *m* (-*ts*; -*e*) zigzag *m*; *im* ~ *gehen* zigzaguear, andar en zigzag; *Betrunkener: a.* ir haciendo eses; ♀**förmig** *adj.* en zigzag; ~**kurs** *Pol.*

m política *f* en zigzag; ~**linie** *f* (línea *f* en) zigzag *m*.

'Zider *m* (-*s*; 0) sidra *f*.

'Ziege *f* cabra *f* (*a.* F *desp.*).

'Ziegel *m* (-*s*; -) ladrillo *m*; (*Dach*♀) teja *f*; ~**bau** △ *m* construcción *f* en ladrillo; ~**brenner** *m* ladrillero *m*; (*Dach*♀) tejero *m*; ~**brenne'rei** *f* → Ziegelei; ~**dach** *n* tejado *m*; techumbre *f* de tejas.

Ziege'lei *f* ladrillar *m*; (*Dach*♀) tejar *m*, tejer(í)a *f*; fábrica *f* de tejas y ladrillos.

'Ziegel...: ~**erde** *f* barro *m* (*od.* arcilla *f*) para ladrillos; ~**ofen** *m* horno *m* de ladrillos *bzw.* de tejar; ♀**rot** *adj.* rojo de ladrillo; ~**stein** *m* ladrillo *m*.

'Ziegen...: ~**bart** *m* barba(s) *f(pl.)* de chivo (*a. fig.*); ~**bock** *m* macho *m* cabrío, cabrón *m*; ~**fell** *n* piel *f* de cabra; ~**hirt(in** *f*) *m* (-*en*) cabrero (-a *f*) *m*; ~**käse** *m* queso *m* (de leche) de cabra; ~**lamm** *n* → Zicklein; ~**leder** *n* (piel *f* de) cabritilla *f*; ~**milch** *f* leche *f* de cabra; ~**peter** ♂ *m* paperas *f/pl.*; ~**stall** *m* cabrerizo *f*, cabreriza *f*.

'Ziehbrunnen *m* pozo *m* de garrucha.

'ziehen (L) I. *v/t.* tirar; (*schleppen*) arrastrar, ⚓, remolcar, llevar a remolque; (*heraus*~) sacar (*aus* de); *Zahn: a.* extraer; *Degen: a.* desenvainar; *Linie:* trazar; *Kreis:* describir; *Kerzen:* hacer, fabricar; *Graben:* abrir; *Röhren, Seil, Draht:* estirar; *Draht: a.* tirar; *durch e-e Öffnung:* pasar (durch por); *Pflanzen:* cultivar; *Vieh:* criar; *Mauer:* alzar, levantar; *Spielfigur:* mover; *Los:* sacar; ♰ *Wechsel:* girar, librar (*auf ac.* contra); *Hut:* quitarse; *j-n am Arm* (*an den Haaren; am Ohr*) ~ tirar del brazo (del pelo, de la oreja) a alg.; *et. an bzw. auf sich* ~ atraerse a/c.; *nach sich* ~ arrastrar; *fig.* tener como consecuencia; acarrear; conllevar; II. *v/i. Ofen, Pfeife, Zigarre, Auto:* tirar; *Vögel:* migrar; pasar (*a.* Wolken); *Schach usw.:* jugar; (*gehen, wandern*) caminar; marchar; ir (*nach* a); F (*wirken*) *Maßnahme usw.:* surtir efecto; (*zugkräftig sein*) *Film usw.:* atraer mucho público; *a. Ware:* tener mucho éxito; *das zieht nicht* F eso no pega; *das zieht bei mir nicht* eso no vale conmigo; eso no me impresiona; ~ *lassen Tee:* dejar reposar (*od.* en reposo); *an et.* ~ tirar de a/c.; *zu j-m* ~ ir(se) a vivir en casa de alg.; *aufs Land* (*in die Stadt*) ~ ir(se) a vivir en el campo (en la ciudad); *in e-e Wohnung* ~ mudarse a (*od.* ir a vivir *bzw.* instalarse en) una casa (*od.* vivienda); *ich bin hierher gezogen* me he venido a vivir aquí; *durch ein Dorf usw.* ~ atravesar (*od.* pasar por) un pueblo, *etc.*; *übers Meer* ~ cruzar la mar; *es zieht mich nach Hause* tengo ganas de volver a casa; *es zieht mich ans Meer* el mar me atrae; *es zieht hay corriente*, corre (mucho) aire; III. *v/refl.: sich* ~ *Holz:* alabearse; *Flüssigkeit:* ahilarse; (*sich dehnen*) estirarse; (*sich erstrecken*) extenderse (*über ac.* sobre; *durch ac.* a través de); IV. ♀ *n* tracción *f*; ⚓, *Kfz.* remolque *m*; ♀ cultivo *m*; *v. Vieh:* cría *f*, crianza *f*; *v. Vögeln:* migración *f*; paso *m*; *e-s Zahns*, ⚕ *e-r Wurzel:* extracción *f*; ♂ (*Schmerz*) tirantez *f*.

'Zieh...: ~**harmonika** *f* acordeón *m*;

~**kind** *n* hijo *m* adoptivo; ~**mutter** *f* madre *f* adoptiva; ~**ung** *f der Lotterie:* sorteo *m*; ♰ *e-s Wechsels:* giro *m*.

'Ziel *n* (-*es*; -*e*) meta *f* (*a. Sport u. fig.*); (*Bestimmung*) destino *m* (*a. Reise*♀); (*Zweck*) fin *m*; finalidad *f*; objeto *m*; *a.* ⚔ objetivo *m*; (~*scheibe*) blanco *m* (*a. fig.*); ♰ plazo *m*, término *m*; *auf* ~ a plazo; *gegen drei Monate* ~ a tres meses plazo; *das* ~ *erreichen* llegar a la meta; *durchs* ~ *gehen* cruzar la meta; *sein* ~ *erreichen, zum* ~ *gelangen* llegar a la meta; alcanzar el fin propuesto; conseguir (*od.* lograr) su propósito (*od.* su fin); *als erster durchs* ~ *gehen* ser el primero en llegar a la meta; cruzar vencedor la meta; *das* ~ *treffen* dar en el blanco; hacer blanco; *das* ~ *verfehlen* errar (*od.* no dar en) el blanco; *ein* ~ *verfolgen* perseguir un fin; ⚔ *das* ~ *ansprechen* fijar el objetivo; *sich ein* ~ *setzen* (*od.* *stecken*) proponerse un fin; *sich et. zum* ~ *setzen* proponerse a/c.; fijarse a/c. como meta; *sich ein hohes* ~ *stecken* poner el listón muy alto, F picar muy alto; (*direkt*) *aufs* ~ *lossteuern* ir derecho al fin propuesto; *fig. über das* ~ *hinausschießen* excederse, propasarse; *zum* ~ *führen* tener éxito; *nicht zum* ~ *führen* fracasar; no tener éxito; no lograr su propósito; *zum* ~ *haben* tener por fin (*od.* finalidad *od.* objeto); *ich bin am* ~ *m-r Wünsche* he conseguido todo lo que quería; ~**ansprache** ⚔ *f* designación *f* del objetivo; ~**band** *n Sport:* cinta *f* de llegada (a la meta); ♀**bewußt** *adj.* que sabe lo que quiere (*od.* adonde va); que va derecho a su objetivo; (*entschlossen*) voluntarioso, enérgico; resuelto; ♀**en** *v/i.* apuntar (*auf ac.* a); *fig.* visar (*auf* a); (*tendieren*) tender (*auf* a); *fig. das zielt auf dich* eso va por ti; *gezielt Maßnahme:* encauzado; bien calculado; ~**en** *n* puntería *f*; ~**fehler** *m* error *m* de puntería; ~**fernrohr** *n* anteojo *m* de puntería; mira *f* telescópica; ~**genauigkeit** *f* precisión *f* de puntería; ~**gerät** *n* aparato *m* de puntería; ~**gruppe** *fig. f* grupo *m* de destino; ~**kamera** *f Sport:* cámara *f* fotográfica de llegada; ~**landung** ✈ *f* aterrizaje *m* de precisión; ~**linie** *f Sport:* línea *f* de llegada (*od.* meta); ♀**los** *adj.* indeciso, vago; *a. adv.* sin rumbo fijo; ~**photo** *Sport:* foto *f* de llegada, *angl.* foto *f* finish; ~**punkt** *m* punto *m* de mira; *in der Scheibe:* diana *f*; *fig.* punto *m* final, destino *m*; ~**richter** *m Sport:* juez *m* de llegada (*od.* de meta); ~**scheibe** *f* blanco *m* (*a. fig.*); ~**schiff** ⚓ *n* buque-blanco *m*; ~**setzung** *f* fijación *f* de un fin (*od.* objetivo); finalidad *f*; ♀**strebig I.** *adj.* perseverante; voluntarioso; → *a.* ♀**bewußt**; II. *adv.* con perseverancia; ~**strebigkeit** *f* perseverancia *f*; firme voluntad *f*; ~**vorrichtung** *f* → ~*gerät*.

'ziemen *v/i. u. v/refl.* → geziemen.

'Ziemer *m* (*Wildrücken*) lomo *m bzw.* solomillo *m* de ciervo; (*Peitsche*) vergajo *m*.

'ziemlich I. *adj.* bastante grande; (*beträchtlich*) considerable; *e-e* ~*e Weile* un buen rato; II. *adv.* bastante; (*beträchtlich*) considerablemente; (*ungefähr*) (poco) más o menos; casi;

~ *gut* regular; bastante bien; ~ *oft* bastante a menudo; con cierta (*od.* relativa) frecuencia; ~ *viel Geld* no poco dinero; ~ *viele Leute* un buen número de personas; F *so* ~ casi casi; *so* ~ *dasselbe* más o menos la misma cosa.

'**ziepen** F *v/i.* **1.** *Vogel:* piar; **2.** (*schmerzen*) hacer daño; (*zupfen*) tirar (*an den Haaren* de los cabellos).

Zier *f* (0) → *Zierde;* '~**at** *m* (*ès;* -*e*) adorno *m;* ornamento *m;* decoración *f;* '~**de** *f* adorno *m;* ornamento *m;* decoración *f; fig.* honor *m;* gala *f;* gloria *f;* ^{2}**en** *v/t.* adornar; ornar; decorar; (*verschönern*) embellecer; (*garnieren*) guarnecer; *sich* ~ hacer remilgos (*od.* melindres *od.* dengues); (*Umstände machen*) hacer cumplidos; → *a.* geziert; ~**e'rei** *f* afectación *f;* maneras *f/pl.* afectadas; remilgos *m/pl.,* melindres *m/pl.;* dengues *m/pl.;* '~**fisch** *m* pez *m* ornamental (*od.* de adorno); '~**garten** *m* jardín *m* de recreo; '~**lampe** *f* lámpara *f* de adorno; '~**kappe** *Kfz. f* embellecedor *m;* '~**leiste** *f* moldura *f* (decorativa); *Typ.* viñeta *f;* '^{2}**lich** *adj.* grácil; (*anmutig*) gracioso; (*zart*) delicado; fino; (*schlank*) esbelto, delgado; '~**lichkeit** *f* (0) gracilidad *f;* gracia *f;* delicadeza *f;* finura *f;* '~**nagel** *m* tachón *m;* '~**pflanze** *f* planta *f* ornamental (*od.* de adorno); '~**schrift** *Typ. f* letra *f* de adorno; '~**strauch** *m* arbusto *m* ornamental (*od.* de adorno).

'**Ziffer** *f* (-; -*n*) cifra *f,* guarismo *m;* (*Zahl*) número *m;* (*Aktenzeichen*) rúbrica *f; in* ~*n* (*schreiben*) (escribir) en cifras; ~**blatt** *n der Uhr:* esfera *f;* ^{2}**nmäßig** *adj.* numérico; ~**schrift** *f* escritura *f* cifrada; cifra *f.*

-**zig** (*od.* **zig**) F *adj.* miles de.

Ziga'rette *f* cigarrillo *m,* F pitillo *m.*

Ziga'retten...: ~**automat** *m* máquina *f* expendedora de cigarrillos; ~**etui** *n* pitillera *f;* ~**packung** *f,* ~**schachtel** *f* cajetilla *f;* paquete *m* de cigarrillos; ~**papier** *n* papel *m* de fumar; ~**spitze** *f* boquilla *f;* ~**stummel** *m* colilla *f.*

Ziga'rillo [-'rɪ(l)jo·] *m, n* (-*s;* -*s*) purito *m.*

Zi'garre *f* cigarro *m,* puro *m;* F *fig. j*-*m e*-*e* ~ *verpassen* F echar un rapapolvo a alg.

Zi'garren...: ~**abschneider** *m* cortacigarros *m,* cortapuros *m;* ~**etui** *n* cigarrera *f;* petaca *f;* ~**kiste** *f* caja *f* de puros; ~**laden** *m* tienda *f* de tabacos, tabaquería *f;* ~**spitze** *f* boquilla *f* para cigarros; ~**stummel** *m* colilla *f* de cigarro.

Zi'geuner *m* gitano *m* (*a. fig.*); *bsd. mitteleuropäischer:* cíngaro *m;* ^{2}**haft** *adj.* agitanado; ~**in** *f* gitana *f;* cingara *f;* ~**isch** *adj.* gitano; gitanesco; ~**kapelle** *f* orquesta *f* de cíngaros; ~**lager** *n* campamento *m* de gitanos; ~**leben** *n* vida *f* de gitano(s); *fig.* vida *f* de bohemia *bzw.* nómada; ~**mädchen** *n* gitanilla *f;* ~**musik** *f* música *f* cíngara; ~**primas** *m* director *m* de una orquesta cíngara; ~**sprache** *f* caló *m;* ~**wagen** *m* carro-vivienda *m,* carromato *m.*

'**zigmal** F *adv.* F mil veces; más de una vez; ~**ste** *adj.* enésimo.

Zi'kade *f* cigarra *f,* chicharra *f.*

'**Zille** ⚓ *f* gabarra *f;* chalana *f.*

'**Zimbel** ♪ *f* (-; -*n*) címbalo *m.*

'**Zimmer** *n* habitación *f,* cuarto *m;* pieza *f; das* ~ *hüten* no salir de su habitación; ~**antenne** *f* antena *f* interior; ~**arbeit** *f* (trabajo *m* de) carpintería *f;* ~**bestellung** *f* reserva *f* de habitación; ~**decke** *f* techo *m;* cielo *m* raso; ~**einrichtung** *f* mobiliario *m,* mueblaje *m;* ~**er** *m* carpintero *m;* ~**flucht** *f* serie *f* de habitaciones; ~**genosse** *m* compañero *m* de habitación; ~**geselle** *m* oficial *m* (de) carpintero; ~**handwerk** *n* oficio *m* de carpintero; carpintería *f;* ~**herr** *m* realquilado *m;* ~**kellner** *m* camarero *m* (de piso); ~**lautstärke** *f Radio:* oír ~ *stellen* bajar la radio; ~**mädchen** *n* camarera *f* (de piso); ~**mann** *m* (-*es;* -*leute*) carpintero *m;* ^{2}**n** (-*re*) *v/t.* construir, hacer; carpintear (*a. v/i.*); *fig.* forjar; ~**n** *n* carpintería *f;* ~**nachweis** *m* guía *f* de alojamiento; ~**pflanze** *f* planta *f* de interior; ~**temperatur** *f* temperatura *f* ambiente; ~**theater** *n* teatro *m* de bolsillo; ~**ung** *f* carpintería *f;* ~**werkstatt** *f* (taller *m* de) carpintería *f.*

'**zimperlich** *adj.* (*überempfindlich*) hipersensible; (*geziert*) afectado; melindroso; remilgado; (*wehleidig*) quejumbroso; *beim Essen:* difícil (de contentar); ~ *tun* hacer remilgos, hacer dengues; ~ *sein* andar con remilgos; F *sei nicht so* ~*!* ¡déjate de remilgos!; ^{2}**keit** *f* (0) hipersensibilidad *f;* afectación *f;* melindres *m/pl.;* remilgos *m/pl.;* dengues *m/pl.*

Zimt *m* (-*ès;* -*e*) canela *f;* F *fig. der ganze* ~ todo el tinglado (*od.* chisme); ~**baum** ♀ *m* canelo *m;* ^{2}**farben** *adj.* (a)canelado; de color canela; '~**stange** *f* canela *f* en rama.

'**Zink** *n* (-*ès;* 0) cinc *m,* zinc *m;* ~**arbeiter** *m* cinquero *m;* ~**ätzung** *f* cincograbado *m;* ~**blech** *n* chapa *f* de cinc; ~**blende** *Min. f* blenda *f* de cinc; ~**druck** *m* cincografía *f.*

'**Zinke** *f* diente *m;* púa *f;* ~**n** *m* (-*s;* -) **1.** → *Zinke;* **2.** F (*Nase*) narizota *f,* napias *f/pl.;* **3.** P (*Zeichen*) marca *f* (secreta).

'**zinken** P *v/t. Karten:* marcar.

'**zink|haltig** *adj.* cincífero; ^{2}**hütte** *f* cinquería *f;* ^{2}**ogra'phie** *f* cincografía *f;* ^{2}**salbe** *Phar. f* pomada *f* de (óxido de) cinc; ^{2}**weiß** *n* blanco *m* (*od.* óxido *m*) de cinc.

Zinn *n* (-*ès;* 0) estaño *m.*

'**Zinne** *f* △ pináculo *m;* (*Mauer*^{2}) almena *f;* mit ~*n besetzt* almenado.

'**zinn|e(r)n** *adj.* de estaño; ^{2}**folie** *f* hoja *f* de estaño; ^{2}**geschirr** *n* vajilla *f* de estaño *bzw.* de peltre; ^{2}**gießer** *m* estañero *m;* ~**haltig** *adj.* estañífero; ^{2}**krug** *m* pichel *m.*

Zin'nober *m Min.* cinabrio *m;* (*Farbe*) bermellón *m;* F *fig.* tonterías *f/pl.,* bobadas *f/pl.; der ganze* ~ todo el chisme; ^{2}**rot** *adj.* (0) bermellón.

'**Zinn|soldat** *m* soldado *m* de plomo; ~**teller** *m* plato *m* de estaño.

Zins *m* (-*es;* -*en*) (*Abgabe*) tributo *m; Hist.* censo *m;* ✝ (*mst. pl.*) interés *m,* intereses *m/pl.,* rédito *m,* renta *f;* ~*en auf* ~ interés, a rédito; *Aktien mit 4 %* ~*en* acciones al cuatro por ciento; *zu hohen* ~*en a un* (un tipo de) interés elevado; ~*en bringen* (*od. tragen*) producir (*od.* devengar) intereses; dar rédito; *von s-n* ~*en leben* vivir de sus rentas; *fig. mit* ~*en* (*od. mit* ~ *und* **Zinseszinsen**) *heimzahlen* pagar (*od.* devolver) con creces; '~**abschnitt** *m* cupón *m* (de intereses); '~**bogen** *m* hoja *f* (*od.* pliego *m*) de cupones; '^{2}**bringend** *adj.* que produce intereses; ~ *anlegen* poner a rédito; '~**enausfall** *m* pérdida *f* de intereses; '~**erhöhung** *f* aumento *m* del tipo de interés; '~**ermäßigung** *f* reducción *f* del tipo de interés; '~**ertrag** *m* rédito *m;* intereses *m/pl.* devengados.

'**Zinseszins** *m* interés *m* compuesto.

'**zins...:** ~**frei** *adj.* libre de intereses; sin interés, exento del pago de intereses; ^{2}**fuß** *m* → ^{2}*satz;* ^{2}**gefälle** *n* diferencia *f* de intereses; ^{2}**gutschrift** *f* abono *m* de intereses; ^{2}**kupon** *m* → ^{2}*abschnitt;* ^{2}**last** *f* cargo *m* de intereses; ~**los** *adj.* (0) sin interés; libre de intereses; ^{2}**marge** *f* margen *m* de intereses; ~**pflichtig** *adj.* (0) tributario; ^{2}**politik** *f* ✝ política *f* de tipos de interés; ^{2}**rechnung** *f* cálculo *m* (*od.* cómputo *m*) de intereses; ~**rückstände** *m/pl.* intereses *m/pl.* atrasados; ^{2}**satz** *m* tipo *m* de interés; *mit niedrigem* ~ a bajo (tipo de) interés; ^{2}**schein** *m* cupón *m* (de intereses); ^{2}**senkung** *f* → ^{2}*ermäßigung;* ^{2}**spanne** *f* → ^{2}*marge;* ^{2}**termin** *m* vencimiento *m* de intereses; ~**tragend** *adj.* → ~*bringend;* ^{2}**verlust** *m* pérdida *f* de intereses; ^{2}**wucher** *m* interés *m* usurario; ^{2}**zahlung** *f* pago *m* de los intereses.

Zio'nis|mus *m* (-; 0) sionismo *m;* ~**t** *m* (-*en*), ^{2}**tisch** *adj.* sionista (*m*).

'**ZIP-Diskette** *f Computer:* soporte *m* ZIP.

'**Zipfel** *m* punta *f,* cabo *m;* extremo *m;* (*Rock*^{2}) caída *f;* ^{2}**ig** *adj. Rock usw.:* desigual.

'**ZIP-Laufwerk** *n Computer:* unidad *f* (*od.* disquetera *f*) ZIP.

'**Zipfel|mütze** *f* gorro *m* con borla; ^{2}**n** *v/i. Rock:* ser desigual.

'**zippen** *v/t. Computer:* comprimir.

'**Zipperlein** F 🐾 *n* gota *f.*

'**Zirbel|drüse** *Anat. f* glándula *f* pineal, epífisis *f;* ~**kiefer** ♀ *f* pino *m* cembra (*od.* de los Alpes).

'**zirka** *adv.* aproximadamente; cerca de; (poco) más o menos.

'**Zirkel** *m* (-*s;* -) (*Kreis*) círculo *m* (*a. fig.*); (*Instrument*) compás *m;* ~**kasten** *m* caja *f* de compases; ^{2}**n** (-*le*) *v/t.* compasar, medir con el compás; ~**schluß** *Phil. m* círculo *m* vicioso.

Zir'kon *Min. m* (-*s;* -*e*) circón *m;* ~**ium** 🜛 *n* (-*s;* 0) zirconio *m,* circonio *m.*

Zirku'lar *n* (-*s;* -*e*) circular *f;* ~**lati'on** *f* circulación *f;* ^{2}**lieren** (-) *v/i.* circular; ~ *lassen* hacer circular; poner en circulación.

Zirkum'flex *Gr. m* (-*es;* -*e*) (acento *m*) circunflejo *m.*

'**Zirkus** *m* (-; -*se*) circo *m;* F *fig.* (*Getue*) aspavientos *m/pl.;* (*Durcheinander*) F follón *m;* ~**reiter(in** *f*) *m* caballista *m/f* de circo; ~**zelt** *n* carpa *f.*

'**zirpen I.** *v/i. Grille:* cantar; chirriar; 🐞 estridular; **II.** ♀ *n* canto *m;* chirrido *m;* estridulación *f.*

Zir'rhose *f* cirrosis *f.*

'**Zirruswolke** *f* cirro *m.*

'**zisch|eln** (-*le*) *v/i.* cuchichear; secretear; ^{2}**eln** *n* cuchicheo *m;* secreteo *m;* ~**en** *v/i. allg.* silbar; *Thea. a.* sisear; F

e-n ~ echar un trago; F empinar el codo; ℒen n silbido m; silbo m; Thea. siseo m; ℒlaut Gr. m sibilante f.
Zise¦'leur m (-s; -e) cincelador m; ~'lierarbeit f, ~'lieren n cincelado m, cinceladura f; ℒ'lieren (-) v/t. cincelar.
Zis'terne f cisterna f.
Zisterzi'enser m cisterciense m; ~orden m (orden f del) Cister m.
Zita'delle f ciudadela f.
Zi'tat n (-és; -e) cita f.
'Zither f (-; -n) cítara f; ~spieler(in f) m citarista m/f.
zi'tieren I. (-) v/t. citar (a. 🜨); II. ℒ n citación f (a. 🜨).
Zi'trat 🝞 n (-és; -e) citrato m.
Zitro'nat n (-és; -e) acitrón m, cidra f confitada.
Zi'trone f limón m.
Zi'tronen...: ~baum m limonero m; ~falter Zoo. m limoncillo m; ℒgelb adj. (0) amarillo limón; ~limonade f limonada f; ~presse f exprimidor m; ~saft m zumo m de limón; ~säure 🝞 f ácido m cítrico; ~schale f cáscara f de limón; ~sprudel m gaseosa f de limón; ~wasser n limonada f.
'Zitrus|früchte f/pl. agrios m/pl., cítricos m/pl.; ~presse f exprimidor m.
'Zitter|aal Ict. m gimnoto m; ~gras 🝞 n cedacillo m; ℒig adj. tembloroso; trémulo; temblón, temblequeante; ℒn (-re) v/i. a. Erde: temblar (vor dat. de); temblequear; (frösteln) tiritar (vor Kälte de frío); (flackern) titilar (a. Licht); (beben) trepidar; (vibrieren) vibrar; ~n n temblor m (a. Erdstoß); temblequeo m; tiritón m; titilación f; trepidación f; vibración f; ~pappel 🝞 f álamo m temblón; ~rochen Ict. m torpedo m.
'Zitze f teta f; pezón m.
'Zivi F m (-s; -s) objetor m de conciencia (que presta su servicio social).
zi'vil [v] I. adj. civil; Ggs. militärisch: a. paisano; Preis: módico, razonable; II. ℒ n (0) (Anzug) traje m de paisano; in ~ (de paisano); ~ tragen vestir de paisano (od. de civil); ℒangestellte(r) m empleado m civil; ℒanzug m traje m de paisano; ℒbehörde f autoridad f civil; ℒberuf m: im ~ en la vida civil (od. ordinaria); ℒbevölkerung f población f civil; ℒcourage f valor m cívico; ℒdienst m prestación f social sustitutoria; ℒdienstleistende(r) m objetor m de conciencia (que presta su servicio social); ℒehe f matrimonio m civil; ℒgericht n tribunal m civil; ℒgerichtsbarkeit f jurisdicción f civil; ℒgesetzbuch n código m civil.
Zivilisati'on f civilización f; ~krankheit f enfermedad f de (la) civilización.
zivili|sa'torisch adj. civilizador; ~'sieren (-) v/t. civilizar.
Zivi'list m (-en) paisano m, bsd. Am. civil m.
Zi'vil...: ~kammer 🜨 f sala f de lo civil; ~klage 🜨 f acción f civil; ~kleidung f traje m de paisano; ~liste f lista f civil; ~luftfahrt f aviación f civil; ~person f → ~ist; ~prozeß 🜨 m causa f civil; ~prozeßordnung 🜨 f ley f de enjuiciamiento civil; ~prozeßrecht n derecho m procesal civil; ~recht 🜨 n derecho m civil; ~rechtler m civilista m; ℒ-

rechtlich adj. de(l) derecho civil; j-n ~ verfolgen perseguir a alg. civilmente; ~sache 🜨 f causa f civil; ~schutz m protección f civil; ~trauung f matrimonio m civil; ~verteidigung f defensa f civil; ~verwaltung f gobierno m civil.
'Zobel Zoo. m (-s; -) (marta f) cebellina f; ~pelz m (piel f de) cebellina f.
Zodia'kallicht n luz f zodiacal.
Zo'diakus Astr. m (-; 0) zodíaco m.
'Zofe f doncella f.
'zögern I. (-re) v/i. (schwanken) vacilar, titubear (zu inf. en); (säumen) tardar (mit en); II. ℒ n vacilación f, titubeo m; tardanza f; ohne ~ sin vacilar; sin demora; ~d adj. vacilante, titubeante; (säumig) tardo.
'Zögling m (-s; -e) pupilo m; alumno m; educando m.
Zöli'bat n, Theo. m (-és; 0) celibato m; im ~ lebend célibe.
Zoll¹ m (-és; -) (Maß) pulgada f.
'Zoll² m (-és; ⸚e) aduana f (a. Behörde); derechos m/pl. (de aduana); (Straßen ℒ) peaje m; fig. tributo m; ~abbau m desarme m arancelario; ~abfertigung f trámites m/pl. aduaneros; despacho m aduanero; ~abfertigungsstelle f aduana f; ~abkommen n acuerdo m aduanero; ~amt n (oficina f de) aduana f; ℒamtlich adj. aduanero; unter ~em Verschluß bajo precinto (de aduana); ~ verschlossen precintado; ~ versiegeln precintar; ~ abfertigen despachar en la aduana; ~anmeldung f declaración f de aduana; ~anschluß m enclave m aduanero; ~beamte(r) m funcionario m de aduanas; ~begleitschein m guía f de tránsito (od. de circulación); ~behörde f administración f de aduanas; ~beschau f registro m aduanero; ~breit m: fig. keinen ~ weichen no retroceder un ápice; ~einnahme f recaudación f aduanera, ingresos m/pl. de aduana; ℒen fig. v/t. tributar; Achtung ~ rendir homenaje a; j-m Beifall ~ aplaudir a alg.; ~erhebung f recaudación f de aduana; ~erklärung f declaración f de aduana; ~ermäßigung f reducción f de derechos aduaneros; ~fahndungs(stelle) f (servicio m de) investigación f aduanera; ~formalitäten f/pl. formalidades f/pl. aduaneras (od. de aduana); trámites m/pl. aduaneros; ℒfrei adj. exento de derechos (aduaneros); en franquicia aduanera; ~freiheit f franquicia f aduanera; ~gebiet n territorio m aduanero; ~gebühren f/pl. derechos m/pl. de aduana; ~grenze f frontera f aduanera; ~gut n mercancía f sujeta a control aduanero; ~haus n aduana f; ~hinterziehung f defraudación f de aduanas; ~inhalts-erklärung f declaración f de aduana; ~inland n territorio m aduanero interior; ~inspektor m inspector m de aduanas; ~kontrolle f control m aduanero; inspección f aduanera; ~krieg m guerra f de tarifas bzw. aduanera; ~(l)ager n depósito m (od. almacén m) de aduana; ~marke f marchamo m.
'Zöllner m aduanero m; Bib. publicano m.
'Zoll...: ~papiere n/pl. documentos m/pl. de aduana; ℒpflichtig adj. su-

jeto a aduana; ~plombe f precinto m de aduana; marchamo m; ~politik f política f arancelaria; ~revision f revisión f aduanera; ~rückvergütung f devolución f de derechos aduaneros; ~satz m tipo m arancelario (od. de aduana); ~schein m guía m (od. certificado m) de aduana; ~schranke f barrera f aduanera (od. arancelaria; Abbau der ~n desarme m arancelario; ~schutz m protección f aduanera; ~senkung f reducción f de aduana; rebaja f arancelaria; ~speicher m almacén m (od. depósito m) de la aduana; ~stelle f aduana f; ~stock m metro m plegable (od. de carpintero); ~tarif m tarifa f aduanera; arancel m (de aduana); ~union f, ~verein m unión f aduanera; ~vergehen n delito m aduanero; ~verschluß m: unter ~ bajo precinto de aduana; precintado; ~vertrag m convenio m aduanero; ~vorschrift f reglamento m de aduanas; ~wert m valor m en aduana.
'Zone f zona f; (Gegend) región f; ~ngrenze Pol. f frontera f interzonal; ~ntarif m tarifa f por zonas.
Zoo m (-s; -s) zoo m; ~'loge [tsoˑoˑ-] m (-n) zoólogo m; ~lo'gie f (0) zoología f; ℒ'logisch adj. zoológico.
Zoom n (-s; -s) zoom m (a. Computer).
'zoomen v/t. enfocar con el zoom; Computer: aumentar.
Zoowärter m guardián m de jardín zoológico.
Zopf m (-és; ⸚e) trenza f; Stk. coleta f; (Gebäck) bollo m trenzado; fig. alter ~ costumbre f anticuada (od. rancia); in Zöpfe flechten trenzar, hacer trenzas; ~band n cinta f de trenza; ℒig fig. adj. (altmodisch) rancio, anticuado; (steif) pedante(sco); '~stil m estilo m rococó (tardío).
Zorn m (-és; 0) cólera f; ira f; enojo m; in ~ geraten encolerizarse; enojarse; enfurecerse; montar en cólera; ponerse furioso; ~ bringen encolerizar; enojar; enfurecer; '~ausbruch m acceso m de cólera; ~entbrannt adj. encendido de ira; rojo de cólera; 'ℒig adj. encolerizado; airado; enojado; furioso; colérico; ~ machen (werden) → in Zorn bringen (geraten).
'Zot|e f obscenidad f; chiste m obsceno (od. verde); ~n reißen decir obscenidades; contar (od. hacer) chistes verdes; ℒenhaft, ℒig adj. obsceno; soez; sucio; ~enreißer m persona f que dice obscenidades bzw. que cuenta chistes verdes.
'Zott|e Anat. f vellosidad f; ~el f (-; -n) (Haarbüschel) mechón m; (Trodel) borla f; ~elbart m barba f hirsuta; ℒelig adj. → ℒig; ℒeln (-le) f v/i. trotar; andar despacito; (trödeln) remolonear; ℒig adj. velloso, velludo; (stark behaar) peludo; (struppig) hirsuto.
zu I. prp. (dat.) 1. Richtung; örtlich: ~r Stadt (Schule) a la ciudad (al colegio); ~m Arzt al médico; ~ m-n Eltern a casa de mis padres; ~r Tür hinaus por la puerta; ~ Köln en Colonia; der Weg ~m Bahnhof el camino de la estación; sich ~ j-m setzen sentarse junto a (od. al lado de) alg.; 2. zeitlich: ~ Ostern para Pascua; ~ m-m Geburtstag para mi cumpleaños; ~r gleichen Zeit al mismo tiempo; ~ Anfang al principio;

~ *Mittag* a mediodía; **3.** *Art und Weise*: ~m *Teil* en parte; ~ *deutsch* en alemán; ~m *Scherz* en broma; ~r *See* por mar; ~ *m-r vollen Zufriedenheit* a mi entera satisfacción; ~ *m-m großen Erstaunen* con gran asombro mío; ~ *Fuß* a pie; ~ *Pferde* a caballo; ~ *Schiff* en barco; **4.** *Ziel, Zweck*: *Wasser* ~m *Trinken* agua para beber; *Papier* ~m *Schreiben* papel de escribir; ~ *deinem Besten* por tu bien; *Wein* ~m *Essen trinken* tomar vino con las comidas; **5.** *Verhältnis, Zahlenangaben*: 3 ~ 1 *Sport*: tres a uno; 2 ~ 3 *Meter* dos por tres metros; ~ *dreien* de a tres; tres a tres; *de tres en tres*; ~ 5 *Mark das Stück* (*Dutzend*) a cinco marcos la pieza (docena); **6.** *vor Infinitiv*: *es ist leicht* ~ *übersetzen* es fácil de traducir; *es ist* ~ *hoffen* es de esperar; *ich habe* ~ *arbeiten* (*tun*) tengo que trabajar (hacer); *ein Zimmer* ~ *vermieten* haben tener una habitación para alquilar; *et.* ~ *essen haben* tener algo para comer; *ich wünsche ihn* ~ *sprechen* deseo hablarle; *es ist* ~ *vermeiden* no se puede evitar; **7.** *unübersetzt*: *er wurde* ~m *Präsidenten gewählt* fue elegido presidente; ~m *König krönen* coronar rey; ~m *Direktor ernennen* nombrar director; ~m *Obersten befördern* ascender a coronel; ~m *Dichter geboren sein* haber nacido (para) poeta; **II.** *adv.*: *nach Süden* ~ hacia el sur; *auf Berlin* ~ en dirección a Berlín; ~ *groß* demasiado grande; ~ *sehr*; ~ *viel* demasiado; mucho; muy; *die Tür ist* ~ *la* puerta está cerrada; *Tür* ~! ¡cerrar la puerta!; *nur* ~! ¡ánimo!; ¡adelante!

zu'aller|erst *adv.* en primer lugar; ante todo; ~**letzt** *adv.* en último lugar.

'zubauen *v/t.* cerrar con muros *bzw.* con construcciones; (*die Aussicht versperren*) quitar la vista a.

'Zubehör ⊕ *n*/*m* (-*(e)s*, -*e*) accesorios *m*/*pl.*; ~**teil** ⊕ *n* accesorio *m*.

'zubeißen (-*e*-) *v/i*. morder; clavar (*od.* hincar) los dientes en.

'zubekommen (L; -) *v/t.* *Tür usw.*: lograr cerrar; ✝ *bei Kauf*: recibir por añadidura.

'Zuber *m* tina *f*; cubeta *f*.

'zubereit|en (-*e*-; -) preparar; *Speise*: *a.* aderezar; ≳**ung** *f* preparación *f*; aderezo *m*.

Zu'bettgehen *n*: *beim* (*vor dem*) ~ *al* (antes de) acostarse.

'zu|billigen *v/t.* conceder; ≳**billigung** *f* concesión *f*; ~**binden** (L) *v/t.* ligar; atar; *Augen*: vendar; ~**bleiben** (L; *sn*) *v/i.* quedar cerrado; ~**blinzeln** (-*le*) *v/i*. guiñar un ojo, hacer guiños (*j-m* a alg.).

'zubring|en (L) *v/t.* llevar; F lograr cerrar; ⊕ alimentar; ⚙ aportar; *Zeit*: pasar (*mit* con); ≳**er** *m* ⊕ alimentador *m*; *e-r Feuerwaffe*: elevador *m*; ≳**erdienst** *m* servicio *m* de enlace; *zum Flugplatz*: servicio *m* de autobuses *bzw.* autocares; ≳**erstraße** *f* vía *f* de acceso.

'zubuttern F (-*re*) *v/t.* pagar de su bolsillo.

Zu'cchini [tsu'ki:-] *f* (-; -) calabacín *m*.

Zucht *f* (-; -*en*) *v. Tieren*: cría *f*; (*Rasse*) raza *f*; ♀, *Bio.* cultivo *m* (*a. v. Perlen*); (*Disziplin*) disciplina *f*; *an* ~ gewöhnen disciplinar; *in* ~ halten hacer observar *bzw.* mantener la disciplina; '~**buch** *n* libro *m* genealógico; registro *m* pecuario; '~**bulle** *m* toro *m* semental; '~**eber** *m* verraco *m* (semental).

'**züchten** (-*e*-) *v/t.* *Tiere*: criar; ⚘ cultivar (*a. Bakterien, Perlen*); ≳**en** *n* cría *f*; ⚘ cultivo *m*; ≳**er** *m* criador *m*; ⚘ cultivador *m*.

'**Zucht...**: ~**haus** *n* presidio *m*; penitenciaría *f*; ~**häusler** *m* presidiario *m*; ~**hausstrafe** *f* (pena *f* de) presidio *m*; pena *f* de reclusión; ~**hengst** *m* caballo *m* semental.

'**züchtig** *adj.* honesto, recatado, púdico; casto; ~**en** *v/t.* azotar; castigar (corporalmente); ≳**ung** *f* castigo *m* (*körperliche* corporal *od.* físico); ≳**ungsrecht** ⚖ *n* derecho *m* de corrección.

'**Zucht...**: ~**los** *adj.* indisciplinado; ~**losigkeit** *f* (0) indisciplina *f*, falta *f* de disciplina; ~**perle** *f* perla *f* cultivada (*od.* de cultivo); ~**sau** *f* cerda *f* de cría (*od.* de reproducción); ~**schaf** *n* oveja *f* de reproducción; ~**stier** *m* → ~**bulle**; ~**stute** *f* yegua *f* de cría (*od.* de vientre); ~**tier** *n* animal *m* reproductor; semental *m*.

'**Züchtung** *f* *v. Tieren*: cría *f*; ⚘ cultivo *m* (*a. v. Bakterien*); selección *f*.

'**Zucht...**: ~**vieh** *n* ganado *m* de cría; ~**wahl** *f* selección *f* (*natürliche* natural).

'**zuckeln** (-*le*) F *v/i.* avanzar lentamente.

'**zucken I.** *v/i.* hacer un movimiento brusco; *krampfhaft*: contraerse (convulsivamente); convulsionarse; *Herz*: palpitar; *Flamme*: titilar; *Blitz*: caer; **II.** ≳ *n* movimiento *m* brusco *bzw.* convulsivo; palpitación *f*; ✚ *nervöses* ~ tic *m* nervioso.

'**zücken** *v/t.* sacar; *Schwert*: *a.* desenvainar.

zuckend *adj.* palpitante; convulsivo.

'**Zucker** *m* azúcar *m*/*f*; ✚ F *er hat* ~ tiene diabetes; es diabético; ~**bäcker** *m* confitero *m*; pastelero *m*; ~**bäckerei** *f* confitería *f*, pastelería *f*; ~**bildung** *f* ⚘ sacarificación *f*; ~**dose** *f* azucarero *m*, azucarera *f*; ~**fabrik** *f* azucarera *f*; fábrica *f* de azúcar; ~**guß** *m* baño *m* de azúcar; ≳**haltig** *adj.* que contiene azúcar; sacarífero; ~**harnen** ⚚ *n* glucosuria *f*; ~**hut** *m* pilón *m* (*od.* pan *m*) de azúcar; ≳**ig** *adj.* azucarado; ~**industrie** *f* industria *f* azucarera; ≳**krank** *adj.* diabético; ~**kranke(r)** *f*/*m* diabético *m*/*f*; ~**krankheit** ⚚ *f* diabetes *f*; ~**messer** *m* sacarímetro *m*; ~**messung** *f* sacarimetría *f*; ≳**n** (-*re*) *v/t.* azucarar; ~**raffinerie** *f* refinería *f* de azúcar; ~**rohr** ⚘ *n* caña *f* de azúcar; ~**rohr-ernte** *f* zafra *f*; ~**rübe** ⚘ *f* remolacha *f* azucarera; ~**säure** ⚘ *f* ácido *m* sacárico; ~**spiegel** ⚚ *m des Blutes*: glucemia *f*, glicemia *f*; ~**stoffwechsel** *m* metabolismo *m* de los azúcares, glucometabolismo *m*; ~**streuer** *m* azucarero *m*; ≳**süß** *adj.* azucarado; *fig.* meloso; melifluo; acaramelado; ~**waren** *f*/*pl.* ~**werk** *n* dulces *m*/*pl.*; ~**wasser** *n* agua *f* azucarada; ~**watte** *f* algodón *m* azucarado; ~**zange** *f* tenacillas *f*/*pl.* para azúcar.

'**Zuckung** *f* movimiento *m* brusco; sacudida *f*; contracción *f*; *krampfhafte*: espasmo *m*; convulsión *f*; palpitación *f*.

'**zudecken** *v/t.* cubrir (*mit* con); tapar; *sich* ~ cubrirse; *im Bett*: abrigarse, arroparse.

zu'dem *adv.* además; fuera (*od.* aparte) de eso.

'**zu|denken** (L) *v/t.*: *j-m et.* ~ destinar a/c. a (*od.* para) alg.; reservar a/c. para alg.; ~**diktieren** (-) *v/t.* *Strafe*: imponer; infligir; ≳**drang** *m* afluencia *f*; concurrencia *f*; ~**drehen** *v/t.* *Hahn usw.*: cerrar; *j-m den Rücken* ~ volver la espalda a alg.

'**zudringlich** *adj.* importuno; impertinente; indiscreto; entrometido; F pesado; ~ *werden* importunar; *e-m Mädchen gegenüber* ~ propasarse; ≳**keit** *f* importunidad *f*; impertinencia *f*; indiscreción *f*; entrometimiento *m*.

'**zudrücken** *v/t.* cerrar.

'**zu-eign|en** (-*e*-) *v/t.* (*widmen*) dedicar; ⚖ apropiar; ≳**ung** *f* dedicatoria *f*; ⚖ apropiación *f*.

'**zu-eilen** (*sn*) *v/i.*: *auf j-n* ~ correr hacia alg.

zu-ei'nander *adv.* uno(s) con otro(s); uno(s) a otro(s); ~ *kommen* (ir a) reunirse; juntarse.

'**zu-erkenn|en** (L; -) *v/t.* atribuir; otorgar; reconocer; ⚖ adjudicar; *Preis*: conceder; otorgar; *Würde*: conferir; *Strafe*: imponer; ≳**ung** *f* atribución *f*; otorgamiento *m*; adjudicación *f*; *e-s Preises*: concesión *f*; *e-r Strafe*: imposición *f*.

zu'-erst *adv.* (*als erster*) el primero; (*an erster Stelle*) primero, primeramente, en primer lugar; (*vor allem*) ante todo; (*anfangs*) al principio; *er kam* ~ *an* fue el primero en llegar; ~ *et. tun* empezar por hacer a/c.; *fig. wer* ~ *kommt, mahlt* ~ el primer venido, primer servido.

'**zu-erteil|en** (-) *v/t.* adjudicar; ≳**ung** *f* adjudicación *f*.

'**zufächeln** (-*le*) *v/t.*: *sich Luft* ~ abanicarse.

'**zufahr|en** (L; *sn*) *v/i.*: *auf et.* ~ dirigirse (*od.* ir en dirección) hacia; ≳**t** *f* acceso *m*; ≳**tsstraße** *f* vía *f* de acceso.

'**Zufall** *m* (-*(e)s*; *¨e*) casualidad *f*; azar *m*, acaso *m*; (*Zusammentreffen*) coincidencia *f*; *durch* ~ por (pura) casualidad; *glücklicher* (*unglücklicher*) ~ feliz (trágica) coincidencia *f*; *dem* ~ *überlassen* dejar al azar; *der* ~ *wollte es, daß* dio la casualidad que.

'**zufallen** (L; *sn*) *v/i.* *Tür*: cerrarse de golpe; *fig. j-m* ~ (*obliegen*) corresponder, incumbir a alg.; ser de la incumbencia de alg.; *Pflicht*: tocar a alg.; *durch Zuteilung*: ser adjudicado a alg. (*a. Preis*); *Erbschaft*: recaer en alg.; *die Augen fallen ihm zu* está cayéndose de sueño.

'**zufällig I.** *adj.* casual; accidental; fortuito; ocasional; aleatorio; **II.** *adv.* = ~**er'weise** *adv.* por casualidad; casualmente; *wenn* ~ si por acaso; *er ging* ~ *vorüber* quiso el azar (*od.* dio la casualidad) que pasara por allí; ≳**keit** *f* casualidad *f*; contingencia *f*.

'**Zufalls|auswahl** *f* selección *f* aleatoria (*od.* al azar); ≳**bedingt** *adj.*

aleatorio; fortuito; ~**stichprobe** *f* muestra *f* al azar (*od.* aleatoria); ~**treffer** *m* Fußball: gol *m* de suerte (F de chamba).

'**zu|fassen** (-*ßt*) *v/i.* coger, agarrar; (*helfen*) echar una mano; *fig.* aprovechar la ocasión; ~**fliegen** (*L*; *sn*) *v/i. Tür:* cerrarse bruscamente (*od.* de golpe); ~ *auf od. dat.* volar hacia; *fig.* es fliegt ihm alles zu todo es fácil para él; lo coge (F pesca) todo al vuelo; *ihm fliegen alle Herzen zu* se gana todas las simpatías; ~**fließen** (*L*; *sn*) *v/i.* fluir (*od.* correr) hacia; *fig. Gewinn usw.*: ser destinado a; ~ *lassen* destinar (a).

'**Zuflucht** *f* (*0*) refugio *m*; asilo *m*; abrigo *m*; *fig.* recurso *m*; *bei j-m* ~ *suchen bzw.* finden refugiarse en casa de alg.; *fig.* acogerse a la protección de alg.; *s-e* ~ *zu et. nehmen* recurrir a a/c.; acogerse a a/c.; ~**shafen** *m* puerto *m* de salvación (*od.* de refugio); ~**s-ort** *m*, ~**sstätte** *f* refugio *m*.

'**Zufluß** *m* (-sses; -sse) afluencia *f* (a. *fig.*); aflujo *m*; ⊕ admisión *f*, entrada *f*; (*Nebenfluß*) afluente *m*.

'**zuflüstern** (-*re*) *v/t.: j-m et.* ~ decir a alg. a/c. al oído.

zu'folge *prp.* (*gen.*; *nachgestellt dat.*) según; conforme a, en conformidad con; con arreglo a, (*kraft*) en virtud de.

zu'frieden *adj.* contento, satisfecho (*mit* con; de); (*angenehm berührt*) complacido; *nicht* ~ descontento, insatisfecho; *ich bin es* ~ me conformo; estoy de acuerdo; ~ *sein mit* estar contento de (*od.* con); contentarse con; ~**geben** (*L*) *v/refl.*: *sich* ~ *mit* darse por satisfecho (*od.* contento) con; contentarse con; ℒ**heit** *f* (*0*) contento *m*; satisfacción *f*; *zur vollen* ~ a plena satisfacción; *zu m-r* ~ para (*od.* a) mi satisfacción; ~**lassen** (*L*) *v/t.: j-n* ~ dejar en paz (*od.* tranquilo) a alg.; ~**stellen** *v/t.* satisfacer; contentar; *dar* satisfecho (*od.* contento); complacer; *leicht* (*schwer*) *zufriedenzustellen* fácil (difícil) de contentar; (*des*)contentadizo; ~**stellend** *adj.* satisfactorio.

'**zu|frieren** (*L*; *sn*) *v/i.* helarse (completamente); ~**fügen** *v/t.* agregar, añadir; *Schaden:* ocasionar, causar; *Niederlage:* infligir.

'**Zufuhr** *f* (*Transport*) transporte *m*; acarreo *m*; (*Versorgung*) abastecimiento *m*; aprovisionamiento *m*; suministro *m*; *Meteo.* afluencia *f*; ⊕ entrada *f*, alimentación *f*; *die* ~ *abschneiden* cortar el abastecimiento (*od.* suministro).

'**zuführ|en I.** *v/t.* llevar, conducir; (*transportieren*) transportar; acarrear; (*versorgen*) suministrar (*a.* ⊕); abastecer; ⊕, ⚡ alimentar con; *j-m e-e Person* ~ presentar a alg. a otra persona; *s-r Bestimmung* ~ conducir a su destino; *s-r Bestrafung* ~ castigar; *j-m Nahrung* ~ alimentar (*od.* proveer de alimentos) a alg.; **II.** *v/i.*: ~ *auf Straße usw.*: conducir (*od.* llevar) a; ~**end** *adj.* ⊕, ⚡ conductor; *Anat.* aferente; ℒ**ung** *f* conducción *f*; ⊕, ⚡ alimentación *f*; ✢ abastecimiento *m*; aprovisionamiento *m*.

'**Zuführungs-...: ~draht** ⚡ *m* hilo *m* conductor; ~**kabel** *n* cable *m* de alimentación; ~**leitung** *f* tubería *f* de entrada; ~**rohr** *n* tubo *m* de alimentación (*od.* conductor).

'**zufüllen** *v/t.* (*hinzufügen*) añadir; (*zuschütten*) llenar, colmar.

Zug *m* (-*es*; -*e*) 🚂 tren *m*; (*Ziehen*) tirada *f*, tiro *m*; (*Ruck*) tirón *m* (*a. Gewichtheben*); *a.* ⊕ tracción *f*; (*Feder*ℒ) rasgo *f*; *beim Spiel:* jugada *f*, movimiento *m*; *beim Schwimmen:* brazada *f*; ♪ (*Posaune*ℒ) vara *f*; (*Orgel*ℒ) registro *m*; *Ofen:* tiro *m*; (*Luft*ℒ) corriente *f* (de aire); *Wolken:* paso *m*; (*Marsch*) marcha *f* (*durch por*; *a través de*); ⚔ (*Einheit*) sección *f*, *kleiner:* pelotón *m*; (*Geleit*ℒ *usw.*) séquito *m*; comitiva *f*; (*Fest*ℒ) cortejo *m*, *Rel.* procesión *f*; (*Um*ℒ) desfile *m*; *v. Fahrzeugen, Schiffen:* convoy *m*; (*Demonstrations*ℒ) manifestación *f*; (*Expedition*) expedición *f*; *Schule:* (*Zweig*) sección *f*; *v. Vögeln:* (*Gruppe*) bandada *f*, (*Wanderung*) migración *f*, paso *m*; (*Fisch*ℒ) redada *f*; (*Gespann*) tiro *m*; (*Gummi*ℒ) elástico *m*; (*Griff*) tirador *m*; *an Feuerwaffen:* rayado *m*; *beim Rauchen:* chupada *f*; (*Schluck*) trago *m*; (*Charakter*ℒ) rasgo *m* (característico); (*Gesichts*ℒ) rasgo *m*, *pl. a.* facciones *f/pl.*; (*Geste, fig.*) gesto *m*, rasgo *m*; (*Neigung, Hang*) inclinación *f* (*zu* a); tendencia *f* (*zu* a); *ein* ~ *unserer Zeit* una corriente de nuestra época; ~ *des Herzens* voz *f* interior; *dem* ~ *s-s Herzens folgen* seguir los impulsos de su corazón; *in e-m* ~, *auf e-n* ~ de un tirón; de un golpe; ~ *um* ~ sin interrupción; *fig.* ~ *um* ~ *kommen* entrar en acción (*od.* en juego); *nicht zum* ~ *e kommen* no tener ocasión de hacer a/c.; *j-n nicht zum* ~ *e kommen lassen* no dejar a alg. entrar en juego (*od.* dar pie con bola); *da ist kein* ~ (*Schwung*) *drin* F ahí falta nervio; *im besten* ~ *e sein* estar en plena actividad; F viento en popa; *im* ~ *e der Neugestaltung* en el curso de la reorganización; *in großen Zügen* a grandes rasgos; en líneas generales; *in langen Zügen trinken* beber a grandes tragos; *e-n* (*kräftigen*) ~ *tun* echar un (buen) trago; *e-n guten* ~ *haben* F tener buen saque; *in kurzen Zügen* en pocas palabras; *in den letzten Zügen liegen* estar agonizando; F estar en las últimas; *in vollen Zügen* (*ein*)*atmen* respirar a pleno pulmón; *et. in vollen Zügen genießen* disfrutar plenamente de a/c.; *Spiel: jetzt sind Sie am* ~ usted juega, F le toca a usted; *der Kamin hat keinen* ~ la chimenea no tira.

'**Zugabe** *f* añadidura *f*; aditamento *m*; suplemento *m*; extra *m*, plus *m*; ♪ *bis m*, adición *f* (*od.* añadido *m*) al programa.

'**Zugang** *m* (-*es*; -*e*) *a. fig.* acceso *m* (*zu* a); (*Tür*) entrada *f*; paso *m*; (*Weg*) camino *m* de acceso; (*Waren*ℒ) llegada *f*; *in e-r Bücherei:* libros *m/pl.* recibidos; *freier* ~ libre acceso; ~ *finden* (*haben*) hallar (tener) acceso (*zu* a).

'**zugänglich** *adj. a. fig.* accesible (*für* a); *Person:* tratable; afable; abordable; *e-m Rat usw.*: abierto a; *allgemein* ~ asequible a todos; al alcance de todos; *leicht* (*schwer*) ~ de fácil (difícil) acceso (*a. fig.*); *der Allgemeinheit* ~ abierto al público; *der* breiten Öffentlichkeit ~ *machen* poner al alcance de todos; vulgarizar; popularizar; ℒ**keit** *f* (*0*) accesibilidad *f*; asequibilidad *f*.

'**Zugangsweg** *m* (camino *m* de) acceso *m*.

'**Zug-...: ~artikel** ✢ *m* artículo *m* de gran aceptación; ~**balken** △ *m*, ~**band** *n* tirante *m*; ~**be-anspruchung** ⊕ *f* esfuerzo *m* de tracción; ~**brücke** *f* puente *m* levadizo; ~**dichte** 🚂 *f* densidad *f* de tráfico ferroviario; frecuencia *f* de los trenes.

'**zugeben** (*L*) *v/t.* (*hinzufügen*) añadir; agregar; ✢ dar de más (*od.* encima *od.* de añadidura); (*erlauben*) permitir; (*eingestehen*) confesar; reconocer; (*einräumen*) conceder; admitir; ♪ dar un bis; *zugegeben, daß* hay que admitir que.

'**zugedacht** *p/p.: j-m* ~ *sein* estar destinado a (*od.* para) alg.

zu'gegen *adv.*: ~ *sein* estar presente (*bei* en), asistir a; presenciar (*ac.*).

'**zugeh|en** (*L*; *sn*) *v/i.* **1.** (*sich schließen*) cerrar(se); **2.** ~ *auf* (*od.* *ir.* dirigirse) hacia; *auf j-n* ~ acercarse a alg.; dirigirse a alg.; *es geht dem Sommer zu* el verano está cerca; *dem Ende* ~ acercarse al fin; estar a punto de terminar; tocar a su fin; *hier geht es lebhaft zu* aquí hay mucha animación; *spitz* ~ terminar en punta; *j-m et.* ~ *lassen* enviar (*od.* remitir) a/c. a alg.; **3.** *fig.* (*geschehen*) ocurrir, pasar, suceder; *wie ist das zugegangen?* ¿cómo ha sido eso?; ¿cómo ha ocurrido eso?; *wie geht es zu, daß ...?* ¿cómo es posible que (*subj.*)?; ℒ**frau** *f* mujer *f* de la limpieza (*od.* de faenas); asistenta *f*.

'**zugehör|en** (*L*) *v/i.* pertenecer (*a*); ser de; formar parte de; ~**ig** *adj.* que pertenece (*a*); perteneciente (*a*); correspondiente (*a*); (*begleitend*) anejo, anexo (*a*); (*e-r Sache eigen*) inherente (*a*); ℒ**igkeit** *f* (*0*) pertinencia *f* (*zu* a); *zu e-m Verein, e-r Partei:* afiliación *f*.

'**zugeknöpft** *fig. adj.* huraño; reservado; poco comunicativo; ~ *sein* no soltar prenda.

'**Zügel** *m* rienda *f* (*a. fig.*); brida *f*; freno *m* (*a. fig.*); *die* ~ *anlegen* embridar, poner la brida a; *fig.* poner freno a; *am* ~ *führen* llevar de la rienda; *die* ~ *in der Hand haben* llevar (*od.* tener) las riendas (*a. fig.*); *die* ~ *in die Hand nehmen* tomar (*od.* coger) las riendas (*a. fig.*); *die* ~ *lockern* aflojar las riendas (*a. fig.*); *die* ~ *kurz halten* sujetar la rienda; *fig.* atar corto; *die* ~ *schießen lassen* soltar las riendas; *fig. a.* dar rienda suelta; *in die* ~ *fallen* sujetar por la brida; *fig.* poner freno a, refrenar (*ac.*); ℒ**los** *adj. fig.* desenfrenado(s); desenfrenado (*a. fig.*); *fig.* desencadenado; (*ausschweifend*) licencioso, disoluto; *Leben:* desordenado, relajado; *adv.* a rienda suelta; ~**losigkeit** *f* (*0*) desenfreno *m*; licencia *f*, libertinaje *m*; ℒ**n** (-*le*) *v/t.* enfrenar; *fig.* (re)frenar; reprimir, contener; poner freno a.

'**Zugereiste(r)** *m* advenedizo *m*; forastero *m*.

'**zugesellen** (-) *v/refl.*: *sich* ~ agregarse; *sich j-m* ~ reunirse con alg.; juntarse a alg.; asociarse con alg.

'zugestandener|maßen *adv.* manifiestamente; por propia confesión.
'Zugeständnis *n* (-ses; -se) concesión *f*; *j-m* ~e *machen* hacer concesiones a alg.
'zugestehen (*L*; -) *v/t.* (*bewilligen*) conceder; (*einräumen*) admitir.
'zugetan *adj.* afecto a; adicto a; aficionado a; *j-m* ~ *sein* tener afecto (*od.* cariño) a alg.; sentir simpatía por alg.
'Zugewinn *m* ganancias *f/pl.*; **~gemeinschaft** *f* régimen *m* de partición de ganancias.
'Zug...: **~feder** ⊕ *f* muelle *m* de tensión (*od.* de tracción); **~festigkeit** ⊕ *f* resistencia *f* a la tracción; **~folge** *f* frecuencia *f* de los trenes; **~führer** *m* ✕ cabo *m* de sección; jefe *m* de tren; **~griff** *m* tirador *m*; **~haken** *m* gancho *m* de tracción
'zugießen (*L*) *v/t.* echar más.
'zugig *adj.* expuesto a las corrientes de aire.
'zügig I. *adj.* (*schnell*) rápido; (*leicht, ungehindert*) fácil; *Stil, Verkehr:* fluido; (*ununterbrochen*) ininterrumpido; II. *adv.* (*schnell*) a buen paso; (*leicht*) con soltura; (*ungehindert*) sin dificultad; (*ununterbrochen*) seguidamente, sin interrupción; 2keit *f* (*0*) rapidez *f*; *des Verkehrs:* fluidez *f*.
'Zug...: **~kette** ⊕ *f* cadena *f* de tracción; **~klappe** *f am Schornstein:* registro *m*; **~kraft** *f* ⊕ fuerza *f* de tracción; *fig.* fuerza *f* atractiva (*od.* de atracción); atractivo *m*, F gancho *m*, garra *f*; 2**kräftig** *fig. adj.* atractivo; que atrae al público; ✝ de gran venta *bzw.* aceptación; *Thea., Film:* de mucho éxito, taquillero.
zu'gleich *adv.* al mismo tiempo; a la vez; simultáneamente; ~ *mit mir* al mismo tiempo que yo; *alle* ~ todos a la vez, todos a una.
'Zug...: **~leine** *f* cuerda *f* de tracción (*od.* de tiro); *am Wagen:* tirante *m*; (*Schleppseil*) cable *m* de remolque; **~leistung** *f* potencia *f* de tracción; **~luft** *f* corriente *f* de aire; **~maschine** *f* tractor *m*; **~meldedienst** *m* servicio *m* de señalización; **~meldewesen** *n* (sistema *m* de) señalización *f* ferroviaria; **~mittel** *fig. n* atractivo *m*; aliciente *m*; reclamo *n*; F gancho *m*; **~nummer** *fig. f* atracción *f* (del programa); F plato *m* fuerte; **~ochse** *m* buey *m* de labor (*od.* de tiro); **~personal** *n* personal *m* del tren; **~pferd** *n* caballo *m* de tiro; **~pflaster** *Phar. n* vejigatorio *m*; emplasto *m* vesicante (*od.* epispástico); **~posaune** ♩ *f* trombón *m* de varas; **~regler** ⊕ *m für Feuerungen:* regulador *m* de tiro.
'zugreifen (*L*) *v/i.* coger, agarrar; echar mano a; *bei Tisch:* servirse; *helfend:* echar una mano; *Polizei:* intervenir; *fig.* (*die Gelegenheit ergreifen*) aprovechar la ocasión (*od.* la oportunidad; *mit beiden Händen* ~ no hacerse (de) rogar.
'Zugriemen *m* ⊕ correa *f* de tracción; *am Wagen:* tirante *m*.
'Zugriff *m* (*Ergreifen*) asimiento *m*; *Computer:* acceso *m*; *fig.* golpe *m* inesperado; (*Einschreiten*) intervención *f*; *sich dem* ~ *der Polizei entziehen* escapar a la detención; sustraerse a la captura; **~szeit** *f Computer:* tiempo *m* de acceso.

zu'grunde *adv.:* ~ *gehen* perecer; sucumbir; arruinarse, ir a la ruina; ~ *legen* tomar por base; basar en; ~ *liegen* basarse en; servir de base; ~ *richten* arruinar; destruir; echar a perder; *sich* ~ *richten* arruinarse; ir a su ruina; 2**legung** *f: unter* ~ (*gen. od.* *von*) tomando por base; **~liegend** *adj.* que sirve de base; que motiva.
'Zug...: **~salbe** *f* ungüento *m* vesicante; **~schaffner** *m* revisor *m*; **~schalter** *m* interruptor *m* de cordón; **~seil** *n* cable *m* de tracción; **~stange** *f* ⊕ tirante *m*; barra *f* de tracción; **~stück** *Thea. n* éxito *m* de taquilla; pieza *f* taquillera; **~tier** *n* animal *m* de tiro (*od.* de tracción).
'zugucken F *v/i.* → *zuschauen.*
'Zug-unglück *n* accidente *m* ferroviario.
zu|'gunsten *prp.* (*gen.*) a (*od.* en) favor de; en beneficio de; ~'**gute** *adv.: j-m* et. ~ *halten* tener en cuenta a/c. a alg.; *j-m* ~ *kommen* favorecer (*od.* beneficiar) a alg.; redundar en provecho (*od.* en beneficio) de alg.; *sich* et. ~ *tun auf* presumir (*od.* hacer alarde) de a/c.
'Zug...: **~verbindung** *f* comunicación *f* ferroviaria; enlace *m* (de trenes); **~verkehr** *m* tráfico *m* ferroviario; servicio *m* de trenes; **~vogel** *m* ave *f* migratoria (*od.* de paso); **~zwang** *m: in* ~ *geraten* verse obligado a actuar.
'zulhaben *v/i. Geschäft usw.:* estar cerrado; **~haken** *v/t.* abrochar; **~halten** (*L*) I. *v/t.* (man)tener cerrado (*od.* tapado); cubrir (*od.* tapar) con la mano; *sich die Ohren* ~ taparse los oídos; II. *v/i.:* ~ *auf* hacer rumbo a; dirigirse hacia; 2**hälter** *m* rufián *m*; proxeneta *m*; F chulo *m*; 2**hälte'rei** *f* rufianismo *m*; proxenetismo *m*; 2**haltung** *f am Schloß:* gacheta *f*; **~hängen** (*L*) *v/t.* cubrir con una cortina; encortinar; **~hauen** (*L*) I. *v/t. Holz:* desbastar; *Stein:* labrar, tallar; II. *v/i.* pegar (fuerte); (*um sich schlagen*) dar palos de ciego.
zu'hauf *adv.* a montones; en masa.
Zu'hause *n* (-; 0) hogar *m*; casa *f*.
'zuheilen (*sn*) *v/i.* curar(se); cerrarse; (*vernarben*) cicatrizarse.
Zu'hilfenahme *f: unter* ~ *von* con ayuda de; *ohne* ~ *von* sin recurrir a.
zu'hinterst *adv.* en último lugar; en el fondo.
'zuhör|en *v/i.* escuchar (*j-m* a alg.; e-r *Sache* a/c.); F *hör mal zu!* ¡escucha!; 2**er(in)** *f m* oyente *m/f*; 2**erraum** *m* auditorio *m*; 2**erschaft** *f* auditorio *m*.
zu'innerst *adv.* en lo más hondo (*od.* íntimo) de su ser.
'zu|jauchzen (-*t*) *v/i.*, **~jubeln** (-*le*) *v/i.* aclamar, vitorear, ovacionar (*j-m* a alg.); **~kaufen** *v/t.* comprar además (*zu* de); **~kehren** *v/t.* volver hacia; *j-m das Gesicht* ~ volver la cara hacia alg.; *j-m den Rücken* ~ volver la espalda a alg.; **~klappen** I. *v/t.* cerrar de golpe; II. *v/i.* cerrarse de golpe; **~kleben** *v/t.* pegar; *Umschlag:* a. cerrar; **~klinken** *v/t.* cerrar con picaporte; **~knallen** *v/t.* cerrar de golpe; *Tür:* a. dar un portazo a; **~knöpfen** *v/t.* abotonar, abrochar; → *a. zugeknöpft;* **~kommen** (*L; sn*) *v/i.:* ~ *auf* ir hacia; ir al encuentro de; acercarse a; *fig. auf j-n*

~ (*bevorstehen*) esperar a alg.; *j-m* ~ (*gebühren*) corresponder a alg.; (*zuteil werden*) caer en suerte a alg.; tocar a alg.; *das kommt ihm nicht zu* no tiene derecho a eso; no es de su competencia *bzw.* incumbencia; *j-m* et. ~ *lassen* procurar (*od.* proporcionar) a/c. a alg., (*zusenden*) enviar a/c. a alg.; hacer llegar a/c. a manos de alg.; (*schenken*) dar (*od.* regalar) a/c. a alg.; et. *auf sich* ~ *lassen* esperar con calma a/c.; **~korken** *v/t.* encorchar; **~kriegen** F *v/t.* → *bekommen*.
'Zukunft *f* (*0*) porvenir *m*; futuro *m* (*a. Gr.*); *in* ~ en el futuro; en lo sucesivo; (de ahora) en adelante; *in naher* (*ferner*) ~ en un futuro próximo (lejano); *ein Mann mit* ~ un hombre de porvenir (*od.* que promete); ~ *haben* tener porvenir; *die* ~ *wird es lehren* el tiempo lo dirá.
'zukünftig I. *adj.* futuro; venidero; F *meine* 2e mi futura (esposa); *mein* 2er mi futuro (esposo); II. *adv.* → *in Zukunft.*
'Zukunfts...: **~aussichten** *f/pl.* perspectivas *f/pl.* del futuro; **~forscher** *m Neol.* futurólogo *m*; **~forschung** *f Neol.* futurología *f*; **~musik** *fig. f* música *f* del futuro; **~pläne** *m/pl.* planes *m/pl.* para el futuro; 2**reich** *adj.* de gran porvenir; prometedor; **~roman** *m* novela *f* de ciencia ficción; 2**trächtig** *adj.* → 2*reich*.
'zulächeln (-*le*) *v/i.: j-m* ~ sonreír a alg.
'Zulage *f* suplemento *m*; plus *m*; extra *m*; prima *f*; puntos *m/pl.*; sobresueldo *m*; sobrepaga *f*.
zu'lande *adv.: bei uns* ~ en nuestro país; *hier* ~ aquí, en este país.
'zu|langen *v/i.* 1. *bei Tisch:* servirse; *tüchtig* ~ hacer honor a la comida; F tener buen saque; 2. (*genügen*) bastar, ser suficiente; alcanzar; **~länglich** *adj.* suficiente; 2**länglichkeit** *f* (*0*) suficiencia *f*.
'zulassen (*L*) *v/t. Person:* admitir (*a. Zweifel, Deutung usw.*); (*gestatten*) permitir; tolerar, consentir; *Tür usw.:* dejar cerrado; *Kfz.* autorizar la circulación; (*anmelden*) matricular; *wieder* ~ readmitir.
'zulässig *adj.* admisible, permisible; permitido; lícito; autorizado; (*duldbar*) tolerable; ~*e Belastung* carga *f* admisible; ~*es Höchstgewicht* peso *m* máximo autorizado; 2**keit** *f* (*0*) admisibilidad *f*; licitud *f*.
'Zulassung *f* admisión *f* (*a. zum Studium, zur Börse usw.*); permiso *m*; autorización *f*; *Kfz.* permiso *m* de circulación *f*; (*Anmeldung*) matriculación *f*.
'Zulassungs...: **~antrag** *m* solicitud *f* de admisión; **~bedingungen** *f/pl.* condiciones *f/pl.* de admisión; **~nummer** *Kfz. f* (número *m* de) matrícula *f*; **~prüfung** *f* examen *m* (*od.* prueba *f*) de admisión; **~schein** *Kfz. m* permiso *m* de circulación.
'Zulauf *m* (-*es*; *0*) afluencia *f*; concurso *m*; concurrencia *f*; *großen* ~ *haben Arzt, Anwalt:* tener numerosa clientela; *Veranstaltung:* ser muy concurrido; tener mucha clientela; *Thea. usw.:* atraer al público; *Redner:* tener gran auditorio; 2**en** (*L; sn*) *v/i.* correr (*auf* hacia); *in Scharen:* acudir en masa; *spitz* ~

acabar (od. rematar) en punta; F *lauf zu!* ¡date prisa!; *zugelaufener Hund* perro m extraviado.

'zulegen v/t. (bedecken) tapar; cubrir (mit con); (hinzufügen) agregar, añadir; F sich et. ~ comprarse a/c.; sich e-e Geliebte ~ F echarse una querida.

zu'leide adv.: j-m et. ~ tun hacer daño bzw. mal a alg.

'zuleit|en (-e-) v/t. a. ⊕ conducir (a); enviar, remitir; dirigir a; (weitergeben) transmitir; ⊕ (beschicken) alimentar; 2ung f conducción f (a. ⊕); envío m; transmisión f; ⊕ alimentación f; (Rohr) tubo m bzw. tubería f de alimentación; 2ungsdraht ⚡ m hilo m conductor; 2ungskabel ⚡ n cable m de alimentación bzw. conductor; 2ungsrohr n tubo m conductor bzw. de alimentación.

'zulernen F v/t. aprender además bzw. algo nuevo.

zu'letzt adv. en último lugar; (schließlich) finalmente, por último; por fin; al fin (y al cabo); *er kommt immer* ~ siempre llega el último; *als ich ihn* ~ *sah* cuando le vi la última vez; *nicht* ~ no en último término.

zu'liebe adv.: j-m ~ por amor de (od. a) alg.; por complacer a alg.; *tun Sie es mir* ~ hágalo por mí.

'Zuliefer|er m abastecedor m; proveedor m; 2n (-re) v/t. abastecer; proveer; ~ung f abastecimiento m; provisión f.

'Zulu m (-[s]; -[s]) zulú m.

zum = zu dem.

'zumachen I. v/t. cerrar; *Loch:* tapar; *Jacke usw.:* abotonar, abrochar; II. v/i. *Geschäft:* cerrar; F (sich beeilen) darse prisa.

zu'mal cj. sobre todo; especialmente; ~ *da* cuanto más que.

'zumauern (-re) v/t. tapiar; *Tür, Fenster: a.* condenar.

zu'meist adv. la mayoría de las veces, las más (de las) veces; en la mayoría de los casos; casi siempre.

'zumessen (L) v/t. medir; *Frist:* fijar, señalar; *Strafe:* imponer, infligir; j-m s-n Teil ~ dar (od. asignar) a alg. lo que le corresponde.

zu'mindest adv. por lo menos; al menos; cuando menos.

'zumutbar adj. razonable; que se puede exigir (perfectamente).

zu'mute adv.: mir ist (nicht) wohl ~ (no) me siento muy bien; *wie ist Ihnen* ~? ¿cómo se siente usted?; *mir ist nicht danach* ~ no estoy de humor para eso; *mir ist nicht zum Lachen* ~ no estoy para bromas.

'zumut|en (-e-) v/t.: j-m et. ~ exigir a/c. de alg.; j-m zuviel ~ pedir demasiado a alg.; *sich zuviel* ~ excederse; F meterse en camisa once varas; 2ung f exigencia f desconsiderada (od. exagerada); (Unverschämtheit) atrevimiento m, F frescura f.

zu'nächst I. prp. (dat.) muy cerca de; ~ *gelegen* inmediato a; próximo a; II. adv. (zuerst) ante todo; primero; en primer lugar, (vorläufig) por de pronto; de momento, por el momento; por ahora.

'zu|nageln (-le) v/t. clavar; ~nähen v/t. coser; (stopfen) zurcir; 2nahme f aumento m; incremento m; crecimiento m; (Anstieg) subida f; m.s. agravación f; recrudecimiento m;

2name m apellido m; (Beiname) sobrenombre m; (Spitzname) apodo m, mote m.

'Zünd|blättchen n fulminante m de papel; ~einstellung f ajuste m del encendido; 2en (-e-) I. v/i. *Funke:* prender; (entflammen) inflamarse, encenderse; *Motor:* hacer explosión; fig. enardecer, entusiasmar, electrizar; II. v/t. encender; inflamar; 2end fig. adj. *Rede:* vibrante; enardecedor.

'Zunder m yesca f; ⚔ P fuego m cerrado; F *fig. es wird* ~ *geben!* F habrá hule (od. leña).

'Zünder m (Lunte) mecha f; ⚔ espoleta f; *für Sprengstoff:* fulminante m; detonador m.

'Zünd...: ~flamme f piloto m; ~folge f orden m de encendido; ~funke m chispa f de encendido; ~holz n, ~hölzchen n cerilla f, fósforo m; ~holzschachtel f caja f de cerillas; ~hütchen n pistón m; fulminante m; ~kabel n cable m de encendido; ~kapsel f cápsula f (od. cápsulo f) fulminante m; ~kerze *Kfz.* f bujía f; ~loch ⚔ n fogón m (de cañón); ~magnet m magneto f (de encendido); ~nadelgewehr n fusil m de aguja; ~patrone f cartucho m fulminante; ~punkt m punto m de encendido (od. de ignición); ~punkt-einstellung f ajuste m del punto de encendido; ~satz m composición f fulminante; ~schalter m interruptor m de encendido; ~schlüssel m llave f de contacto; *den* ~ *abziehen* quitar el contacto; ~schnur f mecha f; ~spule f bobina f de encendido; ~stoff m materia f inflamable; fig. motivo m de conflicto; ~ung f encendido m; ignición f; ~verteiler m distribuidor m de encendido; ~vorrichtung f dispositivo m de encendido.

'zunehmen (L) v/i. aumentar (an ac. de); acrecentarse, ir en aumento, incrementarse; (sich verstärken) intensificarse; recrudecerse; *an Gewicht:* aumentar de peso; engordar; *Tage, Mond, Hochwasser:* crecer; *Wind:* arreciar; *Übel:* agravarse, empeorar; *beim Stricken:* aumentar; *an Alter* ~ avanzar en edad; *an Wert* ~ aumentar de valor; *an Zahl* ~ aumentar en número; *an Kräften* ~ ir cobrando fuerzas, fortalecerse; *die Tage (Nächte) nehmen zu* los días (las noches) se van alargando; ~d *adj.* creciente; (fortschreitend) progresivo; ~er *Mond* cuarto m creciente; *wir haben* ~en *Mond* la luna está en creciente; *mit* ~em *Alter* con los años, a medida que avanzan (od. pasan) los años; *in im Maße cada vez más; es wird* ~ *dunkler* va oscureciendo (cada vez más).

'zuneig|en v/t. u. v/refl. inclinar(se) hacia (a. fig.); *sich dem Ende* ~ *ir* acabando; tocar a su fin; declinar; *der Tag neigte sich dem Ende zu* declinaba la tarde; 2ung f inclinación f; afecto m; simpatía f; cariño m; ~ *zu j-m fassen* tomarle cariño a alg.; sentir simpatía hacia alg.

Zunft f (-; ⸚e) gremio m; corporación f (de artesanos); *fig. m. s.* pandilla f; *von der* ~ *sein* ser del oficio; '~geist m espíritu m de cuerpo; '2gemäß adj.

gremial, del gremio; '~genosse m gremial m.

'zünftig *fig. adj. (kunstgerecht)* competente; experto; (echt) verdadero; castizo; F como es debido; *ein* ~er *Schluck* un buen trago; ~ *feiern* celebrarlo por todo lo alto; F *j-n* ~ *verprügeln* propinar a alg. una soberana paliza.

'Zunftwesen n régimen m gremial.

'Zunge f lengua f; (Sprache) a. habla f; ♪, *am Schuh, an der Waage:* lengüeta f; *deutscher* ~ de habla alemana; *böse* ~ (Person) lenguaraz m; e-e böse ~ haben tener una lengua viperina; e-e scharfe ~ (od. spitze) ~ haben ser mordaz; e-e lose ~ haben ser un deslenguado; e-e schwere ~ haben tener la lengua gorda; e-e feine ~ haben tener un paladar muy fino; e-e freche ~ haben ser lenguaraz (od. largo de lengua); *fig. mit hängender* ~ con la lengua fuera; *j-m die* ~ *herausstrecken* sacar la lengua a alg.; *sich auf die* ~ *beißen* morderse la lengua (a. fig.); *es liegt mir auf der* ~ lo tengo en la punta de la lengua; *auf der* ~ *zergehen* hacerse agua en la boca; *fig. er hat sich die* ~ *verbrannt* se le fue la lengua, se le ha ido de la lengua; *s-e* ~ *hüten* cuidar su lengua.

'züngeln (-le) v/i. *Schlange:* mover la lengua; *Feuer:* llamear; echar llamaradas.

'Zungen...: ~band *Anat.* n frenillo m de la lengua; ~bein *Anat.* n (hueso m) hioides m; ~belag ⚕ m saburra f lingual; ~brecher *fig.* m trabalenguas m; 2fertig *adj.* de fácil palabra; F de mucha labia; ~fertigkeit f facilidad f de palabra; desparpajo m; F labia f; 2förmig *adj.* lingüiforme; ~krebs ⚕ m cáncer m de la lengua; ~laut *Gr.* m (sonido m) lingual m; ~schlag m lengüetada f; (Sprachstörung) tartamudeo m; ~spitze f punta f de la lengua; ~(spitzen)-R *Gr.* n r f apical.

'Zünglein n lengüeta f; *an der Waage:* a. fiel; *fig. das* ~ *an der Waage sein* ser el fiel de la balanza.

zu'nichte adv.: ~ *machen* aniquilar; destruir; desbaratar; dar al traste con; echar por tierra (od. por los suelos); *Hoffnungen:* frustrar, desvanecer; ~ *werden* reducirse a nada; venirse abajo; desbaratarse; frustrarse, desvanecerse.

'zunicken v/i.: j-m ~ hacer seña bzw. saludar a alg. con la cabeza.

zu'nutze adv.: *sich et.* ~ *machen* aprovecharse (od. sacar provecho de) a/c.; utilizar a/c.

zu'oberst adv. en lo más alto; encima de todo.

'zu|ordnen (-e-) v/t. adjuntar; agregar; coordinar; 2ordnung f coordinación f; ~packen v/i. → *zugreifen.*

zu'paß adv.: ~ *kommen* venir a propósito.

'zupf|en v/t. tirar (an dat. de); *Fasern, Wolle:* deshila(cha)r; ♪ puntear; *j-n am Ärmel* ~ tirar de la manga a alg.; 2en n deshiladura f; ♪ punteo m; 2instrument ♪ n instrumento m punteado.

'zu|pfropfen v/t. taponar; ~prosten (-e-) v/i.: j-m ~ beber a la salud de alg.; brindar por alg.

zur = zu der.

'zu|raten I. (*L*) *v/t.*: j-m ~ aconsejar (*od.* recomendar) a alg. (hacer) a/c.; II. 2 *n*: *auf mein* ~ siguiendo mi consejo; ~raunen *v/t.* → *zuflüstern*.
'zurechn|en (-e-) *v/t.* incluir en (*od.* añadir a) la cuenta; *fig.* atribuir; imputar; achacar; 2ung *f* inclusión *f*; *fig.* atribución *f*; imputación *f*; ~ungsfähig *adj.* responsable de sus actos; 🙵 *voll* ~ *sein* estar en pleno uso de sus facultades mentales; 2ungsfähigkeit 🙵 *f* imputabilidad *f* (*verminderte* disminuida).
zu'recht|biegen *v/t.* enderezar; *fig.* arreglar; ~bringen (*L*) *v/t.* arreglar; poner en orden; (*erreichen*) lograr, conseguir; ~finden (*L*) *v/refl.*: *sich* ~ orientarse; hallar su camino; *fig.* arreglárselas, componérselas; *sich nicht* ~ perderse; ~kommen (*L*; *sn*) *v/i.* llegar oportunamente (*od.* a tiempo); *fig.* arreglársela (*mit j-m od. et. con alg. od. a/c.*); entenderse (*mit j-m con alg.*); lograr hacer (*mit et. a/c.*); ~legen *v/t.* arreglar, poner en orden; disponer; preparar; *fig. sich et.* ~ imaginarse a/c.; (*erklären*) explicarse a/c.; *sich e-e Ausrede* ~ tener preparada una excusa; ~machen *v/t.* preparar, aprestar; arreglar; disponer; *Zimmer usw.*: a. adecentar; *Bett*: hacer; *sich* ~ arreglarse; ~rücken *v/t.* enderezar; arreglar; ~setzen (-*t*) *v/t.* ordenar; disponer; arreglar; poner en su sitio; poner bien; *fig. j-m den Kopf* ~ hacer a alg. entrar en razón; F hacer a alg. sentar la cabeza; ~stellen *v/t.* → ~setzen; ~stutzen (-*t*) *v/t.* dar la forma conveniente a; *Baum*: podar; *Hecke*: recortar; ~weisen (*L*) *v/t.*: j-n ~ reprender, sermonear, echar una reprimenda a alg.; 2weisung *f* reprimenda *f*; represión *f*.
'zureden I. (-e-) *v/i.*: j-m ~ tratar de persuadir (*od.* convencer) a alg.; j-m (*gut*) ~ animar (*od.* alentar) a alg.; II. 2 *n* persuasión *f*; instancias *f/pl.*; *auf* ~ *von* a instancias de; *trotz allen* ~s a pesar de todas las exhortaciones.
'zureichen I. *v/i.* bastar, ser suficiente, alcanzar; II. *v/t.* alargar; *bei Tisch*: pasar; ~d *adj.* suficiente.
'zureit|en (*L*) I. *v/t. Pferd*: desbravar, domar; amaestrar; II. (*sn*) *v/i.*: ~ *auf* cabalgar hacia; 2en *n* doma *f*; 2er *m* desbravador *m*; picador *m*.
'Zürich *n* Zurich *m*.
'zuricht|en (-e-) *v/t.* preparar; aderezar; disponer; acondicionar; *Holz*, *Stein*: labrar; ⊕ ajustar; *Leder*: adobar; *übel* ~ *j-n*: maltratar; dejar maltrecho (*od.* malparado od. hecho una lástima (a alg.); *et.*: estropear, echar a perder (a/c.); 2er *m* adobador *m*; ajustador *m*; 2ung *f* preparación *f*; disposición *f*; aderezo *m*; acondicionamiento *m*; ajuste *m*; adobo *m*.
'zuriegeln (-*le*) *v/t.* cerrar con cerrojo; echar el cerrojo a.
'zürnen *v/i.* estar enojado (j-m con alg.; *wegen et.* por a/c.); guardar rencor (a alg.); tener rabia (a alg.).
'zurren *v/t.* amarrar, atar.
Zur'schaustellung *f* exhibición *f*; *fig. a.* ostentación *f*; alarde *m*.
zu'rück *adv.* atrás; (*rückwärts*) hacia atrás; (*hinten*) detrás; (*im Rückstand*) atrasado, retrasado (*a. geistig usw.*); ~ *von* (*od. aus*) de regreso de; ~ *sein* estar de regreso (*od.* de vuelta); *fig.* ir retrasado; estar atrasado; *ich bin bald* ~ vuelvo pronto (*od.* en seguida); *ich will* ~ quiero volver; *hier haben Sie zwei Mark* ~ aquí tiene usted dos marcos de vuelta; ~ *an den Absender* devuélvase al remitente (*od.* a su procedencia); ~! ¡atrás!; *es gibt kein* 2 *mehr* no es posible retroceder (*a. fig.*); ~begeben (*L*; -) *v/refl.*: *sich* ~ volver, regresar (*nach* a); ~begleiten (-e-; -) *v/t.* acompañar (a casa, *etc.*); ~behalten (*L*; -) *v/t.* retener; *zu Unrecht*: detentar; 2behaltung *f* retención *f*; detentación *f*; 2behaltungsrecht 🙵 *n* derecho *m* de retención; ~bekommen (*L*; -) *v/t.* recobrar, recuperar; *Wechselgeld*: recibir de vuelta; *ich habe das Buch* ~ me han devuelto el libro; ~berufen (*L*; -) *v/t.* llamar (*nach* a); (*absetzen*) retirar *bzw.* separar de su puesto; 2berufung *f* llamamiento *m*; orden *f* de regreso; llamada *f*; retirada *f bzw.* separación *f* del puesto; ~beugen *v/t.* doblar *bzw.* inclinar hacia atrás; *sich* ~ reclinarse (hacia atrás); ~bezahlen (-) *v/t.* re(e)mbolsar, reintegrar; devolver; 2bezahlung *f* re(e)mbolso *m*, reintegro *m*; devolución *f*; ~biegen (*L*) *v/t.* doblar hacia atrás; ~bleiben (*L*; *sn*) *v/i.* quedar(se) atrás; rezagarse; ir a la zaga (*a. fig. hinter j-m* de alg.); (*übrigbleiben*) quedar; (*dableiben*) quedarse; *mit der Arbeit usw.*: quedar retrasado; *weit* ~ quedarse muy atrás (*od.* muy rezagado); *fig. hinter s-r Zeit* ~ no marchar con los tiempos; *hinter den Erwartungen* ~ defraudar (*od.* no corresponder a) las esperanzas; *zurückgebliebenen geistig*: retrasado; subnormal; ~blicken *v/i.* mirar atrás; *a. fig.* volver la vista atrás; ~bringen (*L*) *v/t.* (*zurückgeben*) devolver; restituir; *Person*: acompañar a casa; ~datieren (-) *v/t.* antedatar; ~denken (*L*) *v/i.* recordar el pasado; ~ *an* recordar (ac.); ~drängen *v/t.* hacer retroceder; *fig.* contener; reprimir; ~drehen *v/t.* volver (hacia) atrás; ~dürfen (*L*) *v/i.* tener permiso para regresar (*od.* volver); ~eilen (*sn*) *v/i.* volver rápidamente; correr (hacia) atrás; ~erbitten (*L*; -) *v/t.* pedir la devolución de; ~erhalten (*L*; -) ~bekommen; ~er-innern (-*re*; -) *v/refl.*: *sich* ~ → ~denken; ~er-obern (-*re*; -) *v/t.* reconquistar; ~erstatten (-*e-*; -) *v/t.* devolver; restituir; re(e)mbolsar, reintegrar; 2erstattung *f* devolución *f*; restitución *f*; re(e)mbolso *m*, reintegro *m*; ~fahren (*L*) I. (*sn*) *v/i.* volver, regresar; (*rückwärts fahren*) hacer marcha atrás; *fig.* retroceder (asustado); II. *v/t.*: j-n ~ llevar a alg. a casa; ~fallen (*L*; *sn*) *v/i.* caer hacia atrás *bzw.* de espaldas; (*zurückbleiben*) rezagarse; quedar atrás (*a. fig.*); *Strahlen*: reflejarse (*auf ac.* en); 🙵 *an j-n* ~ recaer en alg.; *an den Staat* ~ revertir al Estado; *fig. auf j-n* ~ recaer sobre alg.; ~ *in Fehler usw.*: recaer en, reincidir en; ~finden (*L*) *v/i. u. v/refl.* encontrar el camino (de vuelta); ~fliegen (*L*; *sn*) *v/i. Flugzeug*: volver; *Person*: volver (*od.* regresar) en avión; ~fließen (*L*; *sn*), ~fluten (-*e-*; *sn*) *v/i.* refluir; ~fordern (-*re*) *v/t.* exigir la devolución de; reclamar; *Recht*: reivindicar; 2forderung *f* reclamación *f*; reivindicación *f*; ~führen *v/t.* llevar, acompañar (a); *in die Heimat*: repatriar; *fig.* ~ *auf* reducir a; (*zuschreiben*) atribuir a; *zurückzuführen auf* debido a; ~geben (*L*) *v/t.* devolver; restituir; *Wechselgeld*: dar la vuelta; ~gehen (*L*; *sn*) *v/i.* 1. volver (al punto de partida); *denselben Weg*: volver a sus pasos; (*rückwärts gehen*) ir para atrás; (*zurückweichen*) retroceder; ~ *lassen Sendung*: devolver (*an* a); 2. (*abnehmen*) disminuir, ir disminuyendo; reducirse; (*verfallen*) decaer, ir a menos; *Preise*, *Kurse*, *Wasser*: bajar; *Krankheit*: declinar; remitir; *Fieber*: *a.* ceder; 3. *fig.* ~ *auf* basarse en, fundarse en; tener su origen en; ser debido a; ser motivado por; *auf die Quellen*, *den Ursprung usw.*: remontarse a; 2gehen *n* → *Rückgang*; ~gehend *adj.* (*rückläufig*) retrógrado; ~geleiten (-*e-*; -) *v/t.* acompañar *bzw.* conducir (a casa, *etc.*); ~getreten *adj. vom Amt*: dimisionario; ~gewinnen (*L*; -) *v/t.* recuperar; recobrar; ~gezogen *adj.* retirado; retraído; solitario; *ein Leben führen*, ~ *leben* hacer vida retirada; 2gezogenheit *f* (0) vida *f* retirada; retraimiento *m*; retiro *m*, recogimiento *m*; soledad *f*; ~greifen (*L*) *v/i.* recurrir (*auf* a); *in e-r Erzählung usw.*: remontarse a; ~haben (*L*) *v/t.*: *et.* ~ wollen reclamar a/c.; ~halten (*L*) I. *v/t.* retener; *zu Unrecht*: detentar; (*aufhalten*) detener; (*verbergen*) ocultar; *Gefühle*: contener (*a. Tränen*); reprimir, refrenar; j-n ~ contener a alg.; mantener a raya a alg.; *et. für j-n* ~ reservar (*od.* tener reservado) a/c. para alg.; II. *v/refl.*: *sich* ~ contenerse; reportarse, moderarse; mantenerse reservado; III. *v/i.*: *mit et.* ~ disimular a/c.; abstenerse de a/c.; (*verheimlichen*) ocultar a/c.; *mit Lob nicht* ~ no escatimar elogios; *mit s-r Meinung* ~ reservarse su opinión; ~haltend *adj.* reservado; (*schweigsam*) poco comunicativo, retraído; (*vorsichtig*) cauto; discreto; circunspecto; (*gemäßigt*) moderado; (*nüchtern*) sobrio; 2haltung *f* retención *f*; *fig.* reserva *f*; cautela *f*; discreción *f*; circunspección *f*; moderación *f*; ~holen *v/t.* ir a buscar; ~kämmen *v/t.* peinar para atrás; ~kaufen *v/t.* volver a comprar; readquirir; *Pfand*: rescatar; ~kehren (*sn*) *v/i.* volver, regresar; retornar; *auf s-n Posten* ~ reintegrarse a su puesto; ~klappen *v/t.* replegar; abatir; ~kommen (*L*; *sn*) *v/i.* volver, regresar; *fig. auf et.* ~ volver sobre a/c.; ✝ *wir kommen zurück auf Ihr Schreiben* refiriéndonos a su carta; ~können (*L*) *v/i.* poder volver (*od.* regresar); *fig.* poder retractarse (*od.* echarse atrás); ~kriegen F *v/t.* → ~bekommen; ~lassen (*L*) *v/t.* (*hinterlassen*) dejar (*a. Angehörige*) dejar tras de sí; (*verlassen*) abandonar; (*überholen*) dejar atrás; (*Rückkehr erlauben*) permitir regresar, dejar volver; ~laufen (*L*; *sn*) *v/i.* volver corriendo; *Wasser*: refluir; ~legen *v/t.* volver a poner en su sitio; (*beiseite legen*) poner aparte (*od.* a un lado); (*reservieren*) reservar; *Geld*: ahorrar; *Kopf*: reclinar; *Weg*: andar;

recorrer; *Strecke, Entfernung*: recorrer, cubrir; *zurückgelegte Strecke* recorrido *m*; ~**lehnen** *v/refl.*: sich ~ reclinarse; recostarse; ~**leiten** (-e-) *v/t.* devolver; ~**lenken** *v/t.*: s-e *Schritte* ~ volver sobre sus pasos; ~**liegen** (L) *v/i. zeitlich*: datar de; *das liegt zehn Jahre zurück* han pasado diez años desde entonces; ~**melden** (-e-) I. *v/t.*: j-n ~ avisar el regreso de alg.; II. *v/refl.*: sich ~ avisar su regreso; *bsd.* ✕ presentarse a; ~**müssen** (L) *v/i.* tener que volver (*od.* regresar); ⚳**nahme** *f* recogida *f*; ✕ repliegue *m*; retirada *f*; *e-r Äußerung*: retractación *f*; *e-r Verordnung*: revocación *f*; ✝ (*Abbestellung*) anulación *f* (del pedido); ⚖ *der Klage*: desistimiento *m*; ~**nehmen** (L) *v/t.* recoger; volver a tomar; ✕ replegar; retirar; *Äußerung*: retractarse (de); *Verordnung*: revocar; *Kandidatur*: retirar; ✝ *Ware*: admitir la devolución de; ⚖ *Klage*: desistir (de); *ein Versprechen* (*od. sein Wort*) ~ retirar su promesa, F volverse atrás; ~**prallen** (*sn*) *Ball, Geschoß*: rebotar; resaltar; *fig.* sobresaltarse; retroceder (*vor Schreck de espanto*); ~**prallen** *n* rebote *m*; ~**reichen** I. *v/t.* devolver; II. *v/i. fig.* remontarse a; ~**reisen** (-t; *sn*) *v/i.* volver, regresar (*nach* a); ~**rufen** (L) I. *v/t.* llamar; hacer volver; ✝ *Wechsel*: retirar; *fig.* evocar; recordar (*a/c.*); *ins Leben* ~ volver a la vida; II. *v/i. Tele.* volver a llamar; ~**schaffen** *v/t.* → ~**bringen**; ~**schallen** *v/i.* resonar; ~**schalten** (-e-) *v/t. Kfz.* cambiar a una marcha inferior; reducir marchas; *Rundfunk*: *wir schalten zurück nach* ... devolvemos la conexión a ...; ~**schaudern** (-re; *sn*) *v/i.* retroceder de espanto; estremecerse de horror; ~**schauen** *v/i.* → ~**blicken**; ~**scheuen** *v/i.* arredrarse, acobardarse (*vor ante*); *vor nichts* ~ no asustarse de nada; ~**schicken** *v/t. Person*: hacer volver; *Sendung*: devolver; ~**schieben** (L) *v/t.* empujar hacia atrás; ~**schlagen** (L) I. *v/t.* echar hacia atrás; ✕ *Angriff*: rechazar, repeler; *Vorhang*: abrir, descorrer; *Ball*: devolver; *Kapuze, Schleier*: levantar; *Decke*: apartar; II. *v/i.* devolver el golpe; ~**schnellen** (*sn*) *v/i.* rebotar; *Feder*: recobrar bruscamente su posición inicial; ~**schrauben** *fig. v/t.* (*einschränken*) reducir; limitar; ~**schrecken** I. *v/t.* espantar; intimidar; asustar; II. (*sn*) *v/i.*: ~ *vor* retroceder ante; acobardarse (*od.* arredrarse) ante; *vor nichts* ~ no dejarse intimidar por nada; no asustarse de nada; ~**schreiben** (L) *v/t.* contestar (por escrito); ~**schwimmen** (L; *sn*) *v/i.* volver a nado; ~**sehen** (L) *v/t.* mirar atrás; ~**sehnen** *v/refl.*: sich ~ *nach* añorar a/c.; sentir la ausencia de alg.; echar de menos a/c. *bzw.* a alg.; ~**sein** (L) *v/i.* → *zurück*; ~**senden** (L) *v/t.* → ~**schicken**; ~**setzen** (-t) *v/t.* volver a poner en su sitio; (*nach hinten*) colocar (*od.* poner) detrás; *Preise*: rebajar, reducir; *fig.* j-n ~ postergar a alg.; ⚳**setzung** *f der Preise*: rebaja *f*, reducción *f*; *fig.* postergación *f*; ~**sinken** (L; *sn*) *v/i.* caer (para) atrás; *fig.* ~ *in* recaer en; reincidir en; ~**spiegeln** (-le) *v/t.* reflejar; ~**spielen** *v/t. Fußball*: hacer un pase atrás; ~**springen** (L; *sn*) *v/i.* dar un salto atrás; (*abprallen*) rebotar; ~**stecken** *fig. v/i.* moderarse; bajar velas; ~**stehen** (L) *v/i.* estar atrás; ~ *hinter* ser inferior a; ser postergado; ~ *müssen* tener que renunciar; *Sache*: tener que esperar; ~**stellen** *v/t.* poner (*od.* colocar) atrás; (*an s-n Platz*) (volver a) poner en su sitio; (*aufschieben*) diferir, aplazar, dejar para más tarde; *Interessen usw.*: posponer; *Uhr*: atrasar; *Ware*: reservar, poner aparte; ✕ declarar inútil temporal; *sich* ~ *lassen* pedir prórroga; ⚳**stellung** *f* ✕ baja *f* provisional; prórroga *f*; ~**stoßen** (L) I. *v/t.* empujar hacia atrás; *fig.* repeler; rechazar, repulsar; II. *v/i. Kfz.* dar marcha atrás, echar atrás; ~**strahlen** I. *v/t.* reflejar, reverberar; II. *v/i.* reflejarse, ser reflejado; ⚳**strahlung** *f* reflejo *m*; reverberación *f*; ~**streichen** (L) *v/t. Haare*: alisar; ~**streifen** *v/t. Ärmel usw.*: arremangar; ~**strömen** (*sn*) *v/i.* refluir; ~**taumeln** (-le; *sn*) *v/i.* retroceder tambaleando; ~**telegrafieren** (-) *v/t. u. v/i.* contestar por telegrama; ~**tragen** (L) *v/t.* volver a poner en su lugar; ~**treiben** (L) *v/t.* hacer retroceder; ✕ repeler, rechazar; ~**treten** (L; *sn*) *v/i.* retroceder; dar un paso atrás; *vor j-m*: dejar pasar (a alg.); △ entrar; *Gewässer*: ir bajando (*od.* descendiendo); retroceder; *fig.* (*verzichten*) renunciar (a); ⚖ desistir (de); (*zweitrangig sein*) pasar a segundo término; ~ *von* retirarse de; *von e-m Vorhaben usw.*: desistir de; *vom Amt*: dimitir, presentar la dimisión; renunciar al (*od.* cesar en el) cargo; ~ *müssen Pläne usw.*: tener que esperar; ~! ¡atrás!; ~**tun** (L) *v/t.*: e-n *Schritt* ~ dar un paso atrás, retroceder un paso; ~**übersetzen** (-t; -) *v/t.* retraducir; ~**verfolgen** (-) *v/t. Weg*: desandar; *fig.* remontar hasta los orígenes; ~**vergüten** (-e-; -) *v/t.* re(e)mbolsar; reintegrar; ~**verlangen** (-) *v/t.* reclamar la devolución (de); ~**verlegen** (-) *v/t.* postergar; ✕ replegar; ~**versetzen** (-t; -) *v/t.* reponer; *Schüler*: hacer repetir el curso; *fig. sich* ~ *in Neol.* retrotraerse a; ~**verweisen** (L; -) *v/t.* remitir (en a); ~**weichen** (L; *sn*) *v/i.* retroceder, recular; dar un paso atrás; (*sich zurückziehen*) retirarse (*a.* ✕); ceder terreno (*a. fig.*); *fig.* (*nachgeben*) ceder; ⚳**weichen** *n* retroceso *m*; retirada *f*; ~**weisen** (L) *v/t.* rechazar; *Geschenk usw.*: rehusar, no aceptar; *Einladung*: declinar; ⚖ recusar; *Gesuch, Antrag*: desestimar; denegar; ✝ *Wechsel*: no aceptar; ✕ *Angriff*: rechazar, repeler; ~**weisung** *f* rechazo *m*; ⚖ recusación *f*; desestimación *f*; denegación *f*; ~**wenden** (L) *v/refl.*: sich ~ volverse; ~**werfen** (L) *v/t.* echar (hacia) atrás; ✕ *Feind*: rechazar, repeler; *Licht*: reflejar; reverberar; *Schall*: reflejar; repercutir; *Ball*: devolver; *fig. in der Arbeit usw.*: poner en retraso; ~**wirken** *v/i.* reaccionar (*auf ac.* sobre); repercutir (en); ~**wollen** (L) *v/i.* querer volver (*nach* a); ~**wünschen** (L) *v/t.* desear el regreso de; *sich* ~ *nach* desear volver (*od.* regresar a); ~**zahlen** *v/t.* devolver; re(e)mbolsar; *Hypothek*: redimir; *Schuld*: pagar; saldar; ⚳**zahlung** *f* devolución *f*; pago *m*; re(e)mbolso *m*; ~**ziehen** (L) I. *v/t. allg.* retirar; (*widerrufen*) revocar; *Behauptung*: retractarse; desdecirse (de); ⚖ desistir (de); *Vorhang*: descorrer; *Truppen*; replegar; retirar; ✝ *Auftrag*: anular; II. *v/refl.*: sich ~ retirarse (*von* de); ✕ *a.* replegarse; (*weichen*) retroceder; *v. der Welt*: retraerse; recluirse; *sich vom Geschäft* (*zur Beratung*) ~ retirarse de los negocios (a deliberar); *sich von et.* ~ (*aufgeben*) retirarse, abandonar (*a. Sport*); *sich in sich selbst* ~ encerrarse en sí mismo; → *a.* ~**gezogen**; ⚳**ziehung** *f* retirada *f*; revocación *f*; retractación *f*.

'**Zuruf** *m* (-*es*; -*e*) llamada *f*; voz *f*, grito *m*; (*Beifalls*⚳) aclamación *f* (*a. Parl.*); *durch* ~ *wählen* elegir por aclamación; ⚳**en** (L) *v/t.*: j-m et. ~ gritar a alg.

'**zurüsten** (-e-) *v/t.* preparar; aprestar; equipar; ⚳**ung** *f* preparativos *m/pl.*; aprestos *m/pl.*; equipamiento *m.*

'**Zusage** *f* (*Versprechen*) promesa *f*; palabra *f*; (*bejahende Antwort*) contestación *f* afirmativa, confirmación *f*; (*Einwilligung*) consentimiento *m*; asentimiento *m*; (*Billigung*) aprobación *f*; *auf e-e Einladung*: aceptación *f*; ⚳**n** I. *v/t.* prometer (j-m et. a/c. a alg.); j-m et. *auf den Kopf* ~ decirle a alg. a/c. en la cara; II. *v/i.* contestar afirmativamente; confirmar; (*einwilligen*) dar su asentimiento a; (*die Einladung annehmen*) aceptar la invitación; (*sich verpflichten*) comprometerse a; (*gefallen*) agradar, gustar, ser del agrado de; (*passen*) convenir; ⚳**nd** *adj. Antwort*: afirmativo; positivo.

zu'**sammen** *adv.* juntos; (con)juntamente; (*im ganzen*) todo junto; en conjunto; en suma, en total; ~ *mit* en unión con; junto con, conjuntamente con; en compañía (*od.* acompañado) de; en colaboración con; (*gleichzeitig*) al mismo tiempo; *wir haben 20 Mark* ~ tenemos veinte marcos entre todos; ~**arbeit** *f* colaboración *f*; cooperación *f*; ~**arbeiten** (-e-) *v/i.* trabajar juntos, colaborar; cooperar; ~**ballen** *v/t.* aglomerar; apiñar; amontonar; apelotonar; concentrar; *Faust*: apretar; *sich* ~ aglomerarse; apiñarse; amontonarse; apelotonarse; concentrarse (*a.* ✕); *Phys.* conglomerarse; *Gewitter*: cernerse; ⚳**ballung** *f* aglomeración *f*; amontonamiento *m*; apelotonamiento *m*; concentración *f*; *Phys.* conglomeración *f*; ⚳**bau** ⊕ *m* montaje *m*; ensamblaje *m*; ~**bauen** ⊕ *v/t.* montar; ensamblar; ~**beißen** (L) *v/t. Zähne*: apretar; ~**bekommen** (L; -) *v/t.* lograr reunir (*a. Geld*); ~**betteln** (-le) *v/t.* reunir mendigando; ~**binden** (L) *v/t.* atar (juntos); juntar; liar; ~**bleiben** (L; *sn*) *v/i.* seguir *bzw.* quedar unidos (*od.* juntos); ~**brauen** *v/t.* mezclar, F hacer una mezcolanza; *fig. es braut sich et. zusammen* algo se está tramando; ~**brechen** (L; *sn*) *v/i.* derrumbarse, venirse abajo, hundirse; desmoronarse (*alle a. fig.*); *Firma*: *a.* quebrar; *Verkehr*: quedar colapsado; *Person*: desplomarse; desmayarse; sufrir un colapso; ~bringen (*L*) *v*/*t*. acumular; reunir (*a. Geld*), juntar; *Personen*: poner en contacto; *wieder* ~ (*versöhnen*) reconciliar, lograr la reconciliación de; 2bruch *m* derrumbamiento *m*; hundimiento *m* (*beide a. fig.*); desplome *m*; ✝ quiebra *f*, bancarrota *f*; ⚔ *u. Pol.* derrota *f*; *fig.* cataclismo *m*; desastre *m*; ruina *f*; ⚙ colapso *m* (*a. des Verkehrs usw.*); ~drängen *v*/*t*. apretar; aglomerar; (*verdichten*) comprimir; condensar (*a. fig.*); concentrar; *Personen*: apiñar; *sich* ~ *Personen*: aglomerarse, apiñarse; apretujarse; arremolinarse; ~drückbar *adj.* compresible, comprimible; ~drücken *v*/*t*. apretar; comprimir; aplastar; ~fahren (*L*) **I.** (*sn*) *v*/*i*. (~*stoßen*) chocar (*mit con*); *fig.* sobrecogerse; sobresaltarse; estremecerse; **II.** *v*/*t*. *Auto usw.*: destrozar; ~fallen (*L*; *sn*) *v*/*i*. derrumbarse, venirse abajo, hundirse, desmoronarse; *Person*: debilitarse; *Aufgeblähtes*: desinflarse; *zeitlich*: coincidir (*mit con*); 2fallen *n* derrumbamiento *m*, hundimiento *m*, desmoronamiento *m* (*alle a. fig.*); *zeitliches*: coincidencia *f*; ~faltbar *adj.* plegable; ~falten (-*e*-) *v*/*t*. plegar, doblar; ~fassen (-*βt*) *v*/*t*. reunir; aunar; agrupar; *a.* ⚔ concentrar; (*zentralisieren*) centralizar; (*kurz* ~) resumir, hacer un resumen de; recapitular; *Schriftwerke*: condensar; compendiar; ~fassend **I.** *adj.* sumario; resumido; **II.** *adv.* sumariamente; en resumen; 2fassung *f* unión *f*; agrupación *f*; concentración *f*; centralización *f*; *kurze*: sumario *m*; resumen *m*; compendio *m*; síntesis *f*; recapitulación *f*; ~fegen *v*/*t*. recoger con la escoba; ~finden (*L*) *v*/*refl*.: *sich* ~ reunirse, juntarse; ~flicken *v*/*t*. remendar; ~fließen (*L*; *sn*) *v*/*i*. (re)unirse; *Flüsse*: confluir; *Farben*: confundirse; mezclarse; 2fluß *m* confluencia *f*; ~fügen *v*/*t*. unir; reunir, juntar; ⊕ *a*. ensamblar, encajar; *sich* ~ (re)unirse, juntarse; 2fügung *f* (re)unión *f*; ensambladura *f*, ensamblaje *m*; ~führen *v*/*t*. reunir; *Pol. Familie*: reagrupar; *wieder* ~ (*versöhnen*) reconciliar; 2führung *f* reunión *f*; reagrupación *f*; reconciliación *f*; ~geben (*L*) *v*/*t*. unir en matrimonio; ~gehen (*L*; *sn*) *v*/*i*. ir juntos; *fig.* hacer causa común; (*schrumpfen*) encogerse; ~gehören (-) *v*/*i*. pertenecer al (*od.* ser del) mismo grupo; formar un conjunto; ir juntos; (*ein Paar bilden*) hacer pareja; *Sachen*: hacer juego; ~gehörig *adj.* correspondiente; congénere; del mismo grupo; afín; (*gleichartig*) homogéneo; 2gehörigkeit *f* (0) correspondencia *f*; unión *f*; homogeneidad *f*; 2gehörigkeitsgefühl *n* (espíritu *m* de) compañerismo *m*; solidaridad *f*; espíritu *m* de cuerpo; ~gesetzt *adj.* compuesto; ~gewürfelt *fig. adj.* abigarrado; heterogéneo; ~gießen (*L*) *v*/*t*. mezclar; ~haben *v*/*t*. tener (reunido); 2halt *m* consistencia *f*; *a. fig.* cohesión *f*; *a. Phys.* coherencia *f*; *fig.* solidaridad *f*; compañerismo *m*; ~halten (*L*) **I.** *v*/*t*. mantener juntos *bzw.* unidos; *ver-gleichend*: comparar; cotejar; confrontar; *Geld*: administrar con tino; evitar gastos; ahorrar; *s-e Gedanken* ~ concentrarse; **II.** *v*/*i*. pegar; mantenerse unidos (*a. fig.*); *Personen*: estar compenetrados; ayudarse mutuamente; obrar de común acuerdo; ser solidarios; 2hang *m* conexión *f* (*mit* con); nexo *m*; (*Beziehung*) relación *f*; (*Kontinuität*) continuidad *f*; *e-s Textes*: contexto *m*; *v. Ideen*: asociación *f*; *Phys.* cohesión *f*; coherencia *f*; *ohne* ~ sin relación; sin conexión, incoherente; *im* ~ *mit* in relación con; *in diesem* ~ a este respecto; en este orden de ideas; *in anderem* ~ en otro orden de cosas; *aus dem* ~ *kommen beim Sprechen*: perder el hilo; *aus dem* ~ *reißen* separar del contexto; *in* ~ *bringen mit* relacionar (*od.* poner en relación) con; *im* (*od. in*) ~ *stehen mit* estar relacionado (*od.* en relación) con; ~hängen (*L*) **I.** *v*/*i*. estar unido (*mit* a); tener comunicación; *Phys.* tener coherencia, ser coherente; (*in Beziehung stehen*) estar relacionado (*od.* en relación) con; guardar relación con; *das hängt damit nicht zusammen* no hay ninguna relación entre ambas cosas; F eso no tiene nada que ver con ello; **II.** *v*/*t*. colgar juntos; ~hängend *adj.* coherente (*a. Gedanken, Rede*); conexo; (*fortlaufend*) continuo, seguido; sin interrupción; ~hang(s)los *adj.* incoherente; sin relación; 2hang(s)losigkeit *f* (0) incoherencia *f*; ~hauen (*L*) *v*/*t*. hacer pedazos; destrozar; F *j-n* ~ moler a palos a alg.; F *fig. et.* ~ hacer una chapuza; ~häufen *v*/*t*. acumular; amontonar; apilar; ~heften (-*e*-) *v*/*t*. coser; *Schneiderei*: hilvanar; *Buch*: encuadernar (en rústica); ~heilen (*sn*) *v*/*i*. *Wunde*: cerrarse; cicatrizarse; ~holen *v*/*t*. recoger en todas partes; reunir; ~kauern (-*re*) *v*/*refl*.: *sich* ~ acurrucarse; agazaparse; agacharse; ~kaufen *v*/*t*. comprar poco a poco; (*hamstern*) acaparar; ~ketten (-*e*-) *v*/*t*. encadenar (juntos); ~kitten (-*e*-) *v*/*t*. pegar; 2klang *m* ♪ acorde *m*; (*Gleichklang*) consonancia *f*; (*Einklang*) armonía *f*, concierto *m*; ~klappbar *adj.* plegable; ~klappen **I.** *v*/*t*. plegar; *Buch, Messer*: cerrar; **II.** F *fig.* (*sn*) *v*/*i*. desplomarse, sufrir un colapso; ~kleben **I.** *v*/*t*. pegar; **II.** (*sn*) *v*/*i*. pegar(se); estar pegado; conglutinarse; ~klingen (*L*) *v*/*i*. consonar; ~knäueln *v*/*refl*.: *sich* ~ apelotonarse; ~kneifen (*L*) *v*/*t*. apretar; *Augen*: entrecerrar, achicar; ~knüllen *v*/*t*. arrugar; estrujar; ~kommen (*L*; *sn*) *v*/*i*. reunirse; juntarse, unirse; (*sich treffen*) encontrarse; verse; *zu e-r Besprechung*: entrevistarse; *zeitlich*: coincidir; *Umstände*: concurrir; *Geld*: ser recaudado; ~koppeln (-*le*) *v*/*t*. acoplar; *Raumschiff*: *a.* ensamblar; ~krachen (*sn*) F *v*/*i*. derrumbarse (*a. fig.*); ~krampfen *v*/*refl*.: *sich* ~ contraerse (convulsivamente); crisparse; ~kratzen (-*t*) F *fig. v*/*t*. *Geld*: reunir penosamente; 2kunft *f* (-; *-e*) reunión *f*; asamblea *f*; *v. zwei Personen*: entrevista *f*; (*Treffen*) cita *f*; encuentro *m*; (*Konferenz*) conferencia *f*; ~läppern (-*re*) F *v*/*refl*.: *sich* ~ ir acumulándose (poco a poco); ~laufen (*L*; *sn*) *v*/*i*. *Menge*: acudir en masa; aglomerarse, apiñarse; *Farben*: confundirse; *Straßen, Linien*: converger; *Stoff*: encogerse; *Milch*: cuajarse; 2leben *n* vida *f* en común; convivencia *f*; cohabitación *f*; ~leben *v*/*i*. vivir juntos; (con)vivir (*mit j-m* con alg.); cohabitar (con alg.); *in wilder Ehe*: hacer vida marital; ~legbar *adj.* plegable; ~legen *v*/*t*. poner juntos (*od.* en común); (*falten*) plegar, doblar; (*vereinigen*) (re)unir; combinar; agrupar; centralizar; concentrar; *Firmen*: fusionar; *Geld*: reunir; hacer caja común; 2legung *f* unión *f*; reunión *f*; centralización *f*; concentración *f*; *v. Firmen*: fusión *f*; ~leimen *v*/*t*. pegar (con cola); ~lügen (*L*) F *v*/*t*.: *das lügt er sich alles zusammen* miente más que habla; ~nageln (-*le*) *v*/*t*. clavar, unir con clavos; ~nähen *v*/*t*. coser (*mit* a); ~nehmen (*L*) **I.** *v*/*t*. reunir, juntar; *s-e Gedanken* ~ concentrarse; *s-e Kräfte* ~ concentrar sus fuerzas; *s-n Mut* ~ hacer acopio de valor; *alles zusammengenommen* en total, en suma; en conjunto; considerándolo todo; **II.** *v*/*refl*.: *sich* ~ hacer un esfuerzo; (*sich fassen*) serenarse, calmarse; (*sich beherrschen*) dominarse, controlarse; contenerse, moderarse; ~packen *v*/*t*. empaquetar; recoger; hacer un paquete con todo; ~passen (-*βt*) **I.** *v*/*i*. *Personen*: armonizar; congeniar; *Brautpaar*: hacer buena pareja; *Sachen*: ir bien, cuadrar, encajar (con); hacer juego; armonizar; **II.** *v*/*t*. ajustar; adaptar; ~pferchen *v*/*t*. *Vieh*: acorralar; *fig.* apiñar, hacinar; 2prall *m* (-*es*; -*e*) colisión *f*; encontronazo *m*; choque *m*; ~prallen (*sn*) *v*/*i*. chocar, colisionar; ~pressen (-*βt*) *v*/*t*. comprimir; apretar; prensar; ~raffen *v*/*t*. acumular; acaparar; (*schnell* ~) recoger (*od.* juntar) a toda prisa; *sich* ~ hacer un esfuerzo supremo; animarse; ~rechnen (-*e*-) *v*/*t*. sumar; totalizar; F hacer números; *alles zusammengerechnet* en total; *fig.* teniéndolo todo en cuenta; ~reimen *v*/*t*.: *sich* ~ atar cabos; *wie reimt sich das zusammen?* ¿cómo se explica eso?; ~reißen F (*L*) *v*/*refl*.: *sich* ~ hacer un esfuerzo; dominarse; ~rollen *v*/*t*. enrollar, arrollar; *sich* ~ enrollarse, apelotonarse; ~rotten (-*e*-) *v*/*refl*.: *sich* ~ agruparse; *Aufrührer*: amotinarse; 2rottung *f* agrupación *f*; amotinamiento *m*; motín *m*; ~rücken **I.** *v*/*t*. aproximar, acercar; **II.** (*sn*) *v*/*i*. estrecharse, juntarse; hacer sitio; *fig.* cerrar filas; ~rufen (*L*) *v*/*t*. convocar; reunir; ~sacken (*sn*) *v*/*i*. desplomarse, sufrir un colapso; 2sacken *n* desplome *m*; ~scharen *v*/*refl*.: *sich* ~ agruparse; formar grupos; reunirse; ~scharren (-*e*-) *v*/*t*. reunir (penosamente); 2schau *f* (0) visión *f* de conjunto; sinopsis *f*; ~schiebbar *adj.* telescópico; ~schieben (*L*) *v*/*t*. aproximar; juntar; ⊕ encajar; ~schießen (*L*) *v*/*t*. derribar a tiros *bzw.* cañonazos; *Person*: matar a tiros; ~schlagen (*L*) **I.** *v*/*t*. (*falten*) replegar, doblar; (*zerschlagen*) romper (a golpes); hacer pedazos; destrozar; *j-n* ~ F medir las costillas a alg.; moler a palos a alg.;

II. (sn) v/i. (aneinanderschlagen) golpear contra; chocar con; entrechocar; *die Wellen schlugen über ihm zusammen* quedó sepultado bajo las olas; ~**schließen** (L) v/t. unir; juntar; ✝, Pol. fusionar; *sich* ~ unirse; agruparse; asociarse; ✝, Pol. fusionarse; *Gemeinden*: mancomunarse; *im Bündnis*: aliarse; ꝫ**schluß** *m* (re)unión *f*; ✝, Pol. fusión *f*; asociación *f*; federación *f*; agrupación *f*; *bsd.* ✝ concentración *f*; ~**schmelzen** (L) **I.** v/t. fundir; **II.** (sn) v/i. fundirse; *fig.* menguar, disminuir; ir disminuyendo; desvanecerse; ~**schmieden** (-e-) *fig.* v/t. soldar; ~**schmieren** *fig.* v/t. *Buch usw.*: compilar atropelladamente; ~**schnüren** v/t. atar; *fig. das Herz* ~ oprimir el corazón; *die Kehle* ~ hacérsele a alg. un nudo en la garganta; ~**schrauben** v/t. atornillar; sujetar con tornillos; ~**schrecken** (sn) v/i. estremecerse; ~**schreiben** (L) v/t. escribir en una palabra; (*zusammenstellen*) compilar; recopilar; *desp.* → ~*schmieren*; *sich ein Vermögen* ~ enriquecerse escribiendo; ~**schrumpfen** (sn) v/i. encogerse; contraerse; (*runzelig werden*) arrugarse; avellanarse; *Haut: a.* apergaminarse; *fig.* menguar, disminuir; venir a menos; ~**schustern** (-re) F *fig.* v/t. hacer una chapuza; ~**schütten** (-e-) v/t. juntar; mezclar; ~**schweißen** (-ßt) v/t. soldar; *fig. a.* aglutinar; ꝫ**sein** *n* reunión *f*; (*Zusammenleben*) convivencia *f*; ~**setzen** (-t) **I.** v/t. poner (*od.* colocar) juntos; *zu e-m Ganzen*: componer; (*aneinanderfügen*) juntar; (re)unir; ⊕ montar; armar; ensamblar; ⚙ combinar; **II.** v/refl.: *sich* ~ sentarse juntos (*od.* uno al lado del otro); *sich* ~ *aus* componerse de; estar integrado por; constar de; ꝫ**setzspiel** *n* rompecabezas *m*, puzzle *m*; ꝫ**setzung** *f* composición *f*; unión *f*; ⊕ montaje *m*; ensamblaje *m*; ⚙ combinación *f*; (*Struktur*) estructura *f*; *bsd.* ⚙ *Phar.* compuesto *m*; ~**sinken** (L; sn) v/i. desplomarse (*a. Person*); (*einstürzen*) hundirse; derrumbarse; venirse abajo; ~**sitzen** (L; sn) v/i. estar sentados juntos; ~**sparen** v/t. reunir ahorrando; ~**sperren** v/t. encerrar juntos; ꝫ**spiel** *n* juego *m* de conjunto; *Sport*: *a.* juego *m* de equipo; *Fußball*: combinación *f*; *fig.* concierto *m*; cooperación *f*; ~**stauchen** F v/t.: *j-n* ~ F echar una bronca (*od.* un rapapolvo) a alg.; ~**stecken I.** v/t. juntar; poner (*od.* colocar) juntos; *mit Nadeln*: prender con alfileres; *fig. die Köpfe* ~ cuchichear; secretear; **II.** F *fig.* v/i.: *immer* ~ estar siempre juntos; ser inseparables; ~**stehen** (L) v/i. hacer causa común; ayudarse mutuamente; ser solidarios; ~**stellen** v/t. colocar juntos; componer; *Zug: a.* formar; juntar, reunir; (*anordnen*) ordenar, disponer, arreglar; organizar; *nach Gruppen*: agrupar; *nach Klassen*: clasificar; *nach Farben usw.*: combinar; *Daten, Text usw.*: compilar; *Mannschaft*: seleccionar; *Truppen, Unterlagen*: reunir; *Liste*: hacer, confeccionar; ꝫ**stellung** *f* composición *f*; *Zug: a.* formación *f*; (re)unión *f*; ordenación *f*; agrupación *f*;

agrupación *f*; clasificación *f*; combinación *f*; compilación *f*; (*Liste*) lista *f*; relación *f*; (*Tabelle*) tabla *f*; (*Übersicht*) sinopsis *f*; cuadro *m* sinóptico; ~**stimmen** v/t. concordar; armonizar; *nicht* ~ desentonar; ~**stoppeln** (-le) v/t. reunir sin método; compilar atropelladamente; ꝫ**stoß** *m* colisión *f*, choque *m* (*beide a. fig.*); atropello *m*; encuentro *m* (*a.* ⚔); encontronazo *m*; *fig.* (*Wortwechsel*) altercado *m*; disputa *f*; ~**stoßen** (L; sn) v/i. *Kfz. usw.*: chocar (*a. fig.*); entrar en colisión; *Neol.* colisionar; entrechocarse; ~ *mit* chocar contra; tropezar con(tra); dar contra; topar con; (*aneinandergrenzen*) estar contiguo(s); (*sich berühren*) tocarse; *fig. mit j-m* ~ tener un altercado con alg.; ~**streichen** (L) v/t. abreviar; acortar; reducir; ~**strömen** (sn) v/i. *Flüsse*: confluir; *Menschen*: afluir; concurrir *bzw.* acudir en masa; ꝫ**sturz** *m* hundimiento *m*; derrumbamiento *m*; desplome *m*; ~**stürzen** (-t; sn) v/i. hundirse; derrumbarse; venirse abajo; ~**suchen** v/t. recoger de todas partes; rebuscar (*a. fig.*); ~**tragen** (L) v/t. reunir; *Daten usw.*: *a.* compilar; recopilar; ~**treffen** (L; sn) v/i. encontrarse (*mit j-m* con alg.); entrevistarse (*mit j-m* con alg.); *Umstände*: concurrir; *zeitlich*: coincidir; ꝫ**treffen** *n* encuentro *m* (*a. feindliches*); entrevista *f*; *zeitlich*: coincidencia *f*; *von Umständen*: concurso *m*, concurrencia *f*; ~**treiben** (L) v/t. recoger; reunir, juntar; *Jgdw.* batir; ~**treten** (L; sn) v/i. reunirse; celebrar una asamblea *bzw.* una reunión; ꝫ**tritt** *m* reunión *f*; junta *f*; ~**trommeln** F *fig.* (-le) v/t. llamar, reunir, convocar; ~**tun** (L) v/t. juntar, poner juntos; (re)unir; asociar; *sich* ~ unirse, asociarse; aliarse; ~**wachsen** (L; sn) v/i. crecer adheridos; ⚕ *Knochen*: soldarse; *fig.* amalgamarse; fusionarse; ꝫ**wachsen** *n* adherencia *f*; ♃ concrescencia *f*; ~**wehen** v/t. amontonar; ~**werfen** (L) v/t. amontonar desordenadamente; echar en un montón; ~**wickeln** (-le) v/t. enrollar; envolver; ~**wirken** v/i. cooperar; colaborar; *Umstände*: concurrir; coincidir (con); ꝫ**wirken** *n* acción *f* conjunta (*od.* combinada); cooperación *f*; colaboración *f*; concomitancia *f*; *v. Umständen*: concurrencia *f*, concurso *m*; coincidencia *f*; *Physiol.* sinergia *f*; ~**wirkend** *adj.* concurrente; concomitante; ~**wohnen** v/i. vivir juntos; cohabitar; ~**würfeln** *fig.* (-le) v/t. reunir al azar; mezclar; → *a.* ~*gewürfelt*; ~**zählen** v/t. → ~*rechnen*; ꝫ**ziehbar** *adj.* contráctil; ~**ziehen** (L) **I.** v/t. contraer (*a. Phys., Physiol. u. Gr.*); (*sammeln*) reunir (*a.* ⚔ *Truppen*); (*konzentrieren*) concentrar (*a.* ⚔ *Truppen*); (*zentralisieren*) centralizar; (*kürzen*) reducir, acortar; condensar (*a. Text*); (*verengen*) estrechar; apretar; ✝ astringir; *Zahlen*: sumar, adicionar; *Augenbrauen*: fruncir; **II.** v/refl.: *sich* ~ contraerse; acortarse; estrecharse; *Wolken*: acumularse; *Gewitter*: cernerse (*a. fig.*); *Stoff*: encogerse; **III.** (sn) v/i. ir a

vivir juntos; ~**ziehend** ✝ *adj.* astringente; ꝫ**ziehung** *f* contracción *f* (*a. Gr.*); reunión *f*; concentración *f* (*a.* ⚔); centralización *f*; reducción *f*; acortamiento *m*; estrechamiento *m*; ✝ astringencia *f*; ~**zucken** v/i. estremecerse; sobresaltarse (*vor de*).

'**Zusatz** *m* (-es; "e) adición *f*; aditamento *m*; añadidura *f*; *bsd. zu Lebensmitteln*: aditivo *m*; (*Nachtrag*) suplemento *m*; (*Anhang*) apéndice *m*; (*Nachschrift*) pos(t)data *f*; 🕮 *zu e-m Testament*: codicilo *m*; (*Anmerkung*) nota *f* adicional; ~**abkommen** *n* convenio *m* adicional; ~**aggregat** ⊕ *n* grupo *m* adicional; ~**antrag** *Parl. m* enmienda *f*; ~**ausrüstung** *f* equipo *m* adicional; ~**batterie** ⚡ *f* batería *f* auxiliar; ~**bericht** *m* informe *m* adicional (*od.* suplementario); ~**bestimmung** *f* disposición *f* suplementaria; ~**budget** *n* presupuesto *m* suplementario; ~**gerät** *n* aparato *m* adicional (*od.* suplementario); ~**klausel** *f* cláusula *f* adicional.

'**zusätzlich I.** *adj.* adicional; suplementario; complementario; auxiliar; **II.** *adv.* además; por añadidura.

'**Zusatz|nahrung** *f* alimentación *f* suplementaria; ~**patent** *n* patente *f* adicional (*od.* complementaria); ~**prämie** *f* prima *f* adicional, sobreprima *f*; ~**stoff** *m* aditivo *m*; ~**strafe** 🕮 *f* pena *f* adicional; ~**vereinbarung** *f* acuerdo *m* complementario *bzw.* adicional; ~**versicherung** *f* seguro *m* complementario; ~**versorgung** *f* aprovisionamiento *m* suplementario; ~**vertrag** *m* contrato *m* adicional.

zu'**schanden** *adv.*: ~ *werden* frustrarse, quedar en nada; arruinarse; fracasar; ~ *machen* destruir (*a. Hoffnungen*) arruinar; echar a perder; *Plan*: desbaratar; frustrar; F echar a rodar; *ein Pferd* ~ *reiten* derrengar (*od.* deslomar) un caballo.

'**zu**|**schanzen** (-t) F v/t.: *j-m et.* ~ procurar, proporcionar, facilitar a/c. a alg.; ~**scharren** v/t. soterrar; enterrar.

'**zuschau**|**en** v/i. estar mirando; presenciar; asistir (a); ser espectador (*bei* de); (*beobachten*) observar; *j-m* (*bei et.*) ~ mirar cómo alg. hace a/c.; ꝫ**er**(**in** *f*) *m* espectador(a *f*) *m*; *neugieriger*: curioso (-a *f*) *m*, mirón *m*; *pl.* público *m*; ꝫ**erränge** *m*/*pl. Stadion*: gradas *f*/*pl.*; graderías *f*/*pl.*; ꝫ**erraum** *m* sala *f* (de espectadores); ꝫ**errekord** *m* récord *m* de asistencia; ꝫ**ertribüne** *f* tribuna *f* (del público).

'**zu**|**schaufeln** (-le) v/t. cubrir de tierra; ~**schicken** v/t. enviar, mandar, remitir; ~**schieben** (L) v/t. *Schublade usw.*: cerrar; *Riegel*: correr, echar; *j-m et.* ~ pasar a alg. a/c.; *fig. Arbeit usw.*: endosar a alg. a/c.; *j-m die Schuld an et.* ~ imputar (*od.* achacar *od.* echar) a alg. la culpa de a/c.; *j-m die Verantwortung* ~ cargar sobre alg. la responsabilidad; ~**schießen** (L) **I.** v/t. *Geld*: contribuir (con dinero); dar dinero; **II.** (sn) v/i.: ~ *auf* lanzarse (*od.* abalanzarse) sobre.

'**Zuschlag** *m* (-*e*s; "e) suplemento *m* (*a.* 🚉); recargo *m*; sobretasa *f*, 🏪 *a.* sobreporte *m*; *Met.* fundente *m*; *bei Ausschreibungen*: adjudicación *f*; *bei*

zuschlagen — zuträglich

Auktionen: *a*. remate *m*; den ~ erteilen an adjudicar a; ⎨en (*L*) **I**. *v/t*. *Buch*: cerrar; *Tür*: cerrar de golpe (*od*. con violencia); dar un portazo; *Ball*: lanzar, tirar; (*hinzufügen*) adicionar; añadir, agregar; sumar; *bei e-r Ausschreibung*, *Versteigerung*: adjudicar; *Auktionator*: rematar; **II**. *v/i*. golpear, pegar; *Tür usw*.: cerrarse violentamente (*od*. de golpe); ⎨**frei** *adj*. sin recargo *bzw*. suplemento; **~karte** 📮 *f* billete *m* suplementario (*od*. complementario); ⎨**pflichtig** *adj*. sujeto a sobretasa *bzw*. suplemento; **~(s)gebühr** *f* recargo *m*; suplemento *m* (*a*. 📮); sobretasa *f*; **~(s)porto** 📮 *n* sobreporte *m*, sobretasa *f*; **~(s)prämie** ✈ *f* sobreprima *f*.
'**zu|schließen** (*L*) *v/t*. *Tür usw*.: cerrar con llave; *Augen*: cerrar; **~schmeißen** (*L*) F *v/t*. → **~werfen**; **~schmieren** *v/t*. tapar (con yeso, etc.); **~schnallen** *v/t*. enhebillar; abrochar; **~schnappen** *v/i*. *Schloß*: cerrarse de golpe; *Hund*: dar un mordisco.
'**zuschneid|en** (*L*) *v/t*. cortar; *Holz*: escuadrar; *fig*. adaptar; ajustar; ⎨**en** *n* corte *m*, Neol. patronaje *m*; ⎨**er(in** *f*) *m* cortador(a *f*) *m*.
'**zu|schneien** (*sn*) *v/i*. cubrirse de nieve; ⎨**schnitt** *m* corte *m* (*a*. *fig*.); **~schnüren** *v/t*. atar (con cordones); *fig*. die Kehle war ihm wie zugeschnürt se le hizo un nudo en la garganta; **~schrauben** *v/t*. atornillar; *Glas usw*.: cerrar; **~schreiben** (*L*) *v/t*.: j-m et. ~ atribuir (*m.s*. imputar *od*. achacar) a alg. a/c.; *er hat es sich selbst zuzuschreiben* es culpa suya; *es ist dem Umstand zuzuschreiben*, *daß* es debido a que; ✈ e-m Konto ~ abonar en cuenta; **~schreien** (*L*) *v/t*.: j-m et. ~ gritarle a alg. a/c.; **~schreiten** (*L*; *sn*) *v/i*.: ~ *auf* avanzar hacia; ⎨**schrift** *f* carta *f*; *amtliche*: comunicación *f*.
zu'schulden *adv*.: sich et. ~ kommen lassen incurrir en (*od*. cometer una) falta; hacerse culpable de a/c.
'**Zuschuß** *m* (-sses, ⁻e) subvención *f*; subsidio *m*; ayuda *f* (financiera); prestación *f* económica; (*Zuschlag*) suplemento *m*; *Typ*. perdido *m*; **~betrieb** *m* empresa *f* subvencionada *bzw*. deficitaria; **~bogen** *Typ*. *m* hoja *f* supernumeraria; **~gebiet** *n* región *f* deficitaria.
'**zu|schustern** F (-re) *v/t*. → **~schanzen**; **~schütten** (-e-) *v/t*. rellenar; colmar; *Graben usw*.: cegar; (*hinzufügen*) añadir; echar más; **~sehen** (*L*) *v/i*. estar mirando; ser espectador *bzw*. testigo (de); *j-m bei et*. ~ ver (*od*. mirar *od*. observar) cómo alg. hace a/c.; *fig*. ~, *daß* (*sorgen*) tener cuidado de que (*subj*.); procurar que; *soll er selbst* ~ *!* él se las entienda; eso es asunto suyo; *allá él*; *ich kann nicht länger* ~ no puedo soportar (*od*. aguantar) esto más tiempo; *ruhig* ~, *wie tolerar* (*od*. permitir *od*. consentir) que; *bei genauerem* ⎨ mirando bien las cosas; **~sehends** *adv*. visiblemente; a ojos vistas; **~senden** (*L*) *v/t*. enviar, mandar, remitir; ⎨**sendung** *f* envío *m*; **~setzen** (-t) **I**. *v/t*. (*hinzufügen*) añadir, agregar, adicionar; *Geld*: perder; sacrificar; F *et*. *zuzusetzen haben* disponer de reservas; **II**. *v/i*.: j-m ~ *drängend*, *mahnend*: apremiar, atosigar a alg.; (*belästigen*) molestar, importunar, F dar la lata, fastidiar a alg.; *mit Bitten*, *Fragen*: asediar, acosar a alg.; *j-m hart* ~ F apretarle a alg. las clavijas; **~sichern** (-re) *v/t*. asegurar, garantizar; (*versprechen*) prometer; ⎨**sicherung** *f* seguridad *f*; garantía *f*; promesa *f*; ⎨'**spätkommende(r)** *m* retrasado *m*; rezagado *m*; **~sperren** *v/t*. cerrar (con llave); barrear; ⎨**spiel** *n* *Sport*: pase *m*; **~spielen** *v/t*. *Ball*: pasar; *fig*. *j-m et*. ~ hacer llegar a/c. a manos de alg.; **~spitzen** (-t) *v/t*. afilar, aguzar, sacar punta a; *fig*. *sich* ~ hacerse crítico; agravarse, agudizarse; ⎨**spitzung** *fig*. *f* agravación *f*, agudización *f*; **~sprechen** (*L*) **I**. *v/t*. *Telegramm*: transmitir por teléfono; (*zuerteilen*) adjudicar; *Preis*: *a*. conceder, otorgar; *Kind*: (*z. B*. *bei Scheidung*) dejar a la custodia de; *j-m Mut* ~ animar (*od*. dar ánimos) a; alentar a alg.; *j-m Trost* ~ confortar (*od*. consolar) a alg.; **II**. *v/i*.: j-m gut ~ animar *bzw*. consolar *bzw*. tranquilizar a alg.; *dem Essen tüchtig* ~ comer con mucho apetito; *dem Wein fleißig* ~ beber mucho vino; **~springen** (*L*; *sn*) *v/i*. *Tür usw*.: cerrarse de golpe; *auf j-n* ~ lanzarse (*od*. precipitarse) sobre alg.; ⎨**spruch** *m* (-*ʦ*; 0) (*Beistand*) asistencia *f*; buenos consejos *m/pl*.; (*Ermunterung*) aliento *m*; (*Trost*) consuelo *m*; (*Zulauf*) afluencia *f*; *viel* ~ *haben*, *großen* ~ *finden* *Arzt usw*.: tener mucha clientela, *Veranstaltung*: estar muy concurrido, *Geschäft*: estar muy acreditado; tener mucha parroquia; *sich e-s großen* ~ *erfreuen* ser muy solicitado; ⎨**stand** *m* estado *m* (*a*. *Phys*., ⚡); (*Lage*) situación *f*; posición *f*; (*Beschaffenheit*) condición *f*; *in gutem* (*schlechtem*) ~ en buen (mal) estado; en buenas (malas) condiciones; F *das ist doch kein* ~*!* esto no puede continuar así; F *Zustände kriegen* ponerse histérico; *da kann man ja Zustände kriegen*! es para volverse loco.
zu'stande *adv*.: ~ *bringen* llevar a cabo; realizar; lograr; efectuar, llevar a efecto; ~ *kommen* llevarse a cabo; realizarse; efectuarse; verificarse; tener lugar; *nicht* ~ *kommen* no llegar a realizarse; malograrse; no tener lugar; fracasar; frustrarse; quedar en nada; ⎨**bringen** *n*, ⎨**kommen** *n* realización *f*; puesta *f* en práctica.
'**zuständig** *adj*. competente (*für para*); *dafür bin ich nicht* ~ no es de mi competencia *bzw*. incumbencia; **~keit** *f* competencia *f*; atribuciones *f/pl*.; incumbencia *f*; *bsd*. ⚖ jurisdicción *f*; *in j-s* ~ *liegen* ser de la competencia *bzw*. incumbencia de alg.; ⎨**keitsbereich** *m* jurisdicción *f*; **~keitshalber** *adv*. en razón de competencia.
zu'statten *adv*.: j-m ~ kommen beneficiar a alg.; redundar en beneficio de alg.; (*gelegen kommen*) venir a propósito; F venir de perillas.
'**zu|stecken** *v/t*. cerrar con un alfiler *bzw*. con alfileres; *j-m et*. ~ darle a alg. a/c. disimuladamente (*od*. a escondidas); deslizarle a alg. a/c. en la mano; **~stehen** (*L*) *v/i*.: j-m ~ corresponder a alg.; tener derecho a; competer a alg.; (*obliegen*) incumbir a alg; **~steigen** (*L*; *sn*) *v/i*. subir (al tren, *etc*.).
'**Zustell|bezirk** 📮 *m* zona *f* de reparto; distrito *m* postal; **~dienst** *m* servicio *m* de reparto (a domicilio); ⎨**en** *v/t*. **1**. entregar; hacer entrega de; (*zuschicken*) enviar, mandar, remitir; 📮 repartir; ⚖ notificar; **2**. (*versperren*) obstruir; barrear; bloquear; **~ung** *f* entrega *f*; envío *m*, ✉ remesa *f*; 📮 reparto *m*; ⚖ notificación *f*; **~ungsgebühr** *f* gastos *m/pl*. de entrega; **~ungs-urkunde** ⚖ *f* acta *f* de notificación.
'**zusteuern** (-re) **I**. *v/t*. contribuir (*zu a*); **II**. (*sn*) *v/i*.: ~ *auf* dirigirse a (*od*. hacia); ⚓ hacer rumbo a.
'**zustimm|en** *v/i*.: j-m ~ estar de acuerdo con alg.; *e-r Sache* ~ aprobar a/c.; consentir en a/c.; asentir, dar su beneplácito a a/c.; estar conforme con a/c.; ⎨**end I**. *adj*. aprobatorio, aprobativo; afirmativo; **II**. *adv*. afirmativamente; en sentido afirmativo; ~ *nicken* asentir con la cabeza; ⎨**ung** *f* aprobación *f*; consentimiento *m*, aquiescencia *f*; asentimiento *m*; beneplácito *m*; conformidad *f*.
'**zu|stopfen** *v/t*. *Loch*: tapar; obturar; obstruir; **~stöpseln** (-*le*) *v/t*. taponar; **~stoßen** (*L*) **I**. *v/t*. *Tür*: cerrar de un portazo; **II**. *v/i*. dar una estocada *bzw*. puñalada; (*widerfahren*) suceder, pasar, ocurrir; *ihm ist et*. *zugestoßen* ha sufrido un accidente; ha tenido una desgracia; **~streben** (*sn*) *v/i*. dirigirse (*auf a*, *hacia*); *fig*. aspirar (*a*); *Sache*: tender (*a*); ⎨**strom** *m* afluencia *f*; ⚡ concurrencia *f*; *Meteo*. *v*. *Kaltluft usw*.: invasión *f*; **~strömen** (*sn*) *v/i*. afluir; *Menschen*: *a*. acudir en masa; **~stürzen** (-*t*; *sn*) *v/i*.: *auf j-n* ~ arrojarse (*od*. precipitarse *od*. abalanzarse) sobre alg.
zu'tage *adv*.: ~ *fördern* ⚒ extraer; *fig*. (*a*. ~ *bringen*) sacar a (la) luz; poner de manifiesto; revelar; hacer patente; ~ *kommen*, ~ *treten* salir a luz; revelarse; manifestarse, *Neol*. evidenciarse; ~ *liegen* ⚒ aflorar, estar en suerte (*od*. patente); estar de manifiesto.
'**Zutaten** *f/pl*. *Kochk*. ingredientes *m/pl*.; *Schneiderei*: forros *m/pl*.; accesorios *m/pl*.
zu'teil *adv*.: ~ *werden* caer (*od*. tocar) en suerte; ~ *werden lassen* deparar; *ihm wurde e-e freundliche Aufnahme* ~ se le dispensó una cordial acogida.
'**zuteil|en** *v/t*. (*austeilen*) distribuir, repartir (*a*. *Aktien*); (*anweisen*) asignar; destinar; adjudicar; *Beamte usw*.: adscribir (*a*); zugeteilt *Beamter*: agregado, adscrito (zu a); ⎨**ung** *f* distribución *f*, reparto *m*; asignación *f*; adjudicación *f*; (*Kontingent*) cupo *m*; contingente *m*; ración *f*.
zu'tiefst *adv*. hondamente, profundamente, en lo más hondo.
'**zutragen** (*L*) **I**. *v/t*. llevar; traer; *fig*. (*erzählen*) contar; *m.s*. delatar; F soplar; **II**. *v/refl*.: *sich* ~ pasar, ocurrir; suceder; acaecer.
'**Zuträg|er** *m* delator *m*, F soplón *m*, chivato *m*; **~e'rei** *f* denunciación *f*, delación *f*; F soplonería *f*; ⎨**lich** *adj*. ventajoso; provechoso; beneficioso;

propicio; favorable; (*gesund*) saludable, salubre; **~lichkeit** *f* (*0*) provecho *m*; utilidad *f*; salubridad *f*.
'**zutrau|en** *v/t.*: *j-m et.* ~ creer a alg. capaz de (hacer) a/c.; *j-m viel* ~ tener un buen concepto de alg.; *sich (nicht) viel* ~ confiar en (desconfiar de) sus fuerzas; *sich zuviel* ~ excederse; confiar excesivamente en sus fuerzas; *das ist ihm zuzutrauen!* ¡tiene cara de eso!; **℔en** *n* confianza *f* (*zu* en); *ich habe kein* ~ *zu ihm* no le tengo confianza; **~lich** *adj*. confiado; lleno de confianza; *Kind*: cariñoso; *Tier*: manso; **℔lichkeit** *f* (*0*) confianza *f*.
'**zutreffen** (*L*) *v/i*. ser justo; ser exacto; ser verdad; ser cierto; corresponder a la realidad; ~ *auf* ser aplicable a; poder aplicarse a; **~d** *adj*. justo; exacto; verdadero; cierto; (*treffend*) acertado; atinado; (*anwendbar*) aplicable; **~den'falls** *adv*. en caso afirmativo.
'**zu|treiben** (*L*; *sn*) *v/i*. ⚓ ser llevado por la corriente (*auf ac*. a); **~trinken** (*L*) *v/i*.: *j-m* ~ beber a la salud de alg.; brindar por alg.; **℔tritt** *m* (*-és*; *0*) acceso *m* (*zu* a); entrada *f*; admisión *f*; ~ *verboten!*, *kein* ~! se prohíbe la entrada; *freier* ~ entrada libre (*od*. gratuita); *freien* ~ *haben* tener libre acceso; **~tun** (*L*) *v/t*. (*schließen*) cerrar; (*hinzufügen*) añadir; → *a*. *zugetan*; **℔tun** *n*: *ohne mein* ~ sin mi intervención; F sin comerlo ni beberlo; **~tu(n)lich** *adj*. → *zutraulich*.
zu|'ungunsten *prp*. (*gen*.) en perjuicio de; **~'unterst** *adv*. abajo del todo; debajo de todo.
'**zuverlässig** *adj*. seguro; *Person*: *a*. formal, de confianza, fiel, leal; cumplidor; *Nachricht*: fidedigno, fiable; *Arbeit*: concienzudo, hecho a conciencia; (*erprobt*) probado; a toda prueba; ⊕ (con)fiable; *Mittel*: eficaz, de probada eficacia; *aus* **~er** *Quelle* de fuente fidedigna (*od*. solvente); *er ist nicht* ~ no es de confianza (*od*. de fiar), no puede uno fiarse de él; no tiene formalidad; **℔keit** *f* (*0*) seguridad *f*; formalidad *f*; fidelidad *f*; fiabilidad *f*; autenticidad *f*; ⊕ (con)fiabilidad *f*; *e-r Quelle*: solvencia *f*; **℔keitsfahrt** *Kfz*. *f*, **℔keits-prüfung** ⊕ *f* prueba *f* de resistencia.
'**Zuversicht** *f* (*0*) (absoluta) confianza *f*; (firme) esperanza *f*; *die* ~ *haben*, *daß* confiar en que (*subj*.); **℔lich I.** *adj*. confiado; esperanzado; lleno de confianza *bzw*. esperanza; **II.** *adv*. con toda confianza; **~lichkeit** *f* (*0*) confianza *f bzw*. esperanza *f*.
zu|'viel *adv*. demasiado; en exceso; en demasía; *einer* ~ uno de más; *viel* ~ un exceso de; ~ *berechnen* pedir más de la cuenta; F *was* ~ *ist, ist* ~! ¡esto ya es demasiado!; F *es wird mir (alles)* ~ ya no puedo más; no doy abasto; **℔'viel** *n* exceso *m* (*an* de); **~'vor** *adv*. antes; previamente; (*zunächst*) ante todo; primero; *kurz* ~ poco antes; *wie* ~ como antes; **~'vorderst**, **'vorderst** (*ganz vorn*) a la cabeza; **~'vörderst** † *adv*. (*zuerst*) primero, primeramente; en primer lugar; ante todo.
zu|'vor|kommen (*L*; *sn*) *v/i*.: *j-m* ~ adelantarse, anticiparse a alg.; tomar la delantera a alg.; *e-r Sache* ~ prevenir a/c.; **~kommend I.** *adj*. com-

placiente; cortés; solícito; atento; obsequioso; **II.** *adv*. con mucha atención; solícitamente; **℔kommenheit** *f* (*0*) (*Liebenswürdigkeit*) amabilidad *f*; (*Höflichkeit*) cortesía *f*; atención *f*; deferencia *f*; **~tun** (*L*) *v/t*.: *es j-m* ~ superar (*od*. aventajar) a alg.
'**Zuwachs** *m* (*-es*; *0*) aumento *m*, incremento *m* (*an dat*. de); (*Wachstum*) crecimiento *m*; ⚖ accesión *f*; *auf* ~ *berechnet Kleidung*: crecedero; F ~ *bekommen* estar esperando familia; **℔en** (*L*; *sn*) *v/i*. cerrarse; *Wunde*: *a*. cicatrizarse; *fig*. *j-m* ~ caer (*od*. tocar) a alg. en suerte; **~rate** *f* tasa *f* de incremento.
'**Zuwander|er** *m* inmigrante *m*; **℔n** (*-re*; *sn*) *v/i*. inmigrar; **~ung** *f* inmigración *f*.
'**zuwarten** (*-e-*) F *v/i*. esperar (pacientemente).
zu'wege *adv*.: *et*. ~ *bringen* conseguir a/c.; (*lograr*) realizar a/c.; llevar a cabo a/c.; *gut* ~ *sein* sentirse bien; disfrutar de buena salud.
'**zuwehen** *v/t*. *mit Schnee usw*.: bloquear.
zu'weilen *adv*. a veces; de vez en cuando; de cuando en cuando.
'**zu|weisen** (*L*) *v/t*. asignar; señalar; destinar; (*zuteilen*) adjudicar; **℔weisung** *f* asignación *f*; adjudicación *f*; **~wenden** (*L*) **I.** *v/t*. volver *bzw*. dirigir hacia; *j-m das Gesicht* ~ volver la cara hacia alg.; *j-m den Rücken* ~ volver la espalda a alg.; *fig*. *j-m et*. ~ dar a/c. a alg.; obsequiar a alg. con a/c.; *Geld usw*.: asignar *bzw*. donar a/c. a alg.; *s-e Aufmerksamkeit* ~ poner (*od*. fijar *od*. centrar) su atención en; **II.** *v/refl*.: *sich j-m* ~ volverse a (*od*. hacia) alg.; *e-m Ort*: encaminarse (*od*. dirigirse) hacia; *e-r Sache*: dedicarse (*od*. consagrarse) a a/c.; proceder a a/c. *bzw*. a/c.; interesarse por a/c.; **℔wendung** *f* ayuda *f*, subvención *f*; subsidio *m*; (*Gabe*) donativo *m*; obsequio *m*; ⚖ donación *f*.
zu'wenig *adv*. demasiado poco; *es sind 3 Mark* ~ faltan tres marcos.
'**zuwerfen** (*L*) *v/t*. tirar (*j-m et*. a/c. a alg.); *Blicke*: echar, lanzar; *Tür*: cerrar de golpe; con un portazo; *Grube usw*.: cubrir; cerrar.
zu'wider *prp*. (*dat*., *nachgestellt*) contra; contrario a; *es ist mir* ~ me repugna; lo detesto; *er ist mir* ~ me es antipático; le tengo antipatía; **~handeln** (*-le-*) *v/i*. *e-r Vorschrift*: transgredir, contravenir, infringir; *e-m Gesetz*: *a*. violar; *e-m Vertrag*, *Befehl*: faltar a; **℔handelnde(r)** *m* transgresor *m*, contraventor *m*; infractor *m*; **℔handlung** *f* transgresión *f*, contravención *f*, infracción *f*; ~ *laufen* (*L*; *sn*) *v/i*. ser contrario a; ir contra (*ac*.).
'**zu|winken** *v/i*.: *j-m* ~ hacer señas a alg. (*con la mano*); **~zahlen** *v/t*. pagar un recargo *bzw*. un suplemento; **~zählen** *v/t*. (*hinzurechnen*) añadir, agregar; (*einbeziehen*) incluir; **℔zahlung** *f* pago *m* adicional *bzw*. suplementario; suplemento *m*.
zu'zeiten *adv*. a veces.
'**zuzieh|en I.** *v/t*. *Knoten*: apretar; *Vorhang*: correr; *fig*. *j-n*: llamar, hacer venir; *Arzt usw*.: consultar; *j-n zu et*. ~ invitar a alg. a tomar parte en

(*od*. asistir a) a/c.; *sich et*. ~ atraerse (*od*. atraer sobre sí) a/c.; *Strafe*: incurrir en; *Krankheit*: contraer, coger; *das zog mir viele Unannehmlichkeiten zu* eso me causó (*od*. trajo) bastantes disgustos; **II.** (*sn*) *v/i*. venir a vivir en; establecerse en; (*einwandern*) inmigrar; **℔ung** *f* (*0*): *unter* ~ *von* (*od*. *gen*.) asistido por, con la asistencia de; consultando.
'**Zu|zug** *m* (*-és*; *⁻e*) llegada *f*; (*Einwanderung*) inmigración *f*; (*Zustrom*) afluencia *f*; ⚔ refuerzos *m/pl*.; **℔züglich** *prp*.: ~ *der Kosten* más (*od*. no incluidos) los gastos; **~zugsgenehmigung** *f* permiso *m* de residencia; **℔zwinkern** (*-re*) *v/i*.: *j-m* ~ guiñar un ojo (*od*. hacer guiños) a alg.
'**zwacken** *v/t*. pellizcar; *fig*. vejar; F fastidiar.
Zwang *m* (*-és*; *⁻e*) *bsd*. *moralischer*: obligación *f*; (*Gewalt*) violencia *f*; fuerza *f*; (*Druck*) presión *f*; ⚖ coacción *f*; coerción *f*; compulsión *f*; *aus* ~ por obligación *bzw*. necesidad; ~ *anwenden* usar de la fuerza; *j-m* ~ *antun* violentar (*od*. hacer violencia) a alg.; *sich* ~ *antun* violentarse; *sich keinen* ~ *antun* no tener reparos (en hacer a/c.); no tener vergüenza; no hacer (*od*. F no andarse con) cumplidos; *tun Sie sich keinen* ~ *an!* ¡haga usted como si estuviera en su casa!; *unter dem* ~ *der Verhältnisse* obligado por las circunstancias.
'**zwängen** *v/t*. comprimir; apretar; *durch et*. ~ hacer pasar a la fuerza por; ~ *in* meter (*od*. hacer entrar) por fuerza en.
'**zwanglos** *adj*. desahogado; desembarazado; desenvuelto; natural, informal; *a*. *adv*. sin ceremonia; sin cumplidos; sin compromiso; *es Beisammensein* reunión *f* informal; **℔igkeit** *f* (*0*) naturalidad *f*; desembarazo *m*; desenvoltura *f*; soltura *f*.
'**Zwangs...**: **~aktion** *f* acción *f* coercitiva; **~anleihe** *f* empréstito *m* forzoso; **~arbeit** *f* trabajos *m/pl*. forzados; **~aufenthalt** ⚖ *m* confinamiento *m*; **~aushebung** ⚔ *f* conscripción *f* militar obligatoria; **~beitreibung** *f* cobro *m* ejecutivo; **~enteignung** *f* expropiación *f* forzosa; **℔ernähren** *v/t*. alimentar por la fuerza; **~erziehung** *f* educación *f* correccional; **~handlung** *f* acto *m* obsesivo; **~herrschaft** *f* despotismo *m*; **~jacke** *f* camisa *f* de fuerza; **~kauf** *m* compra *f* forzosa; **~kurs** ✝ *m* curso *m* forzoso; **~lage** *f* situación *f* embarazosa; aprieto *m*; *in e-r* ~ *sein zu verse* obligado (*od*. en la necesidad de); *sich in e-r* ~ *befinden* estar ante un dilema; F estar entre la espada y la pared; **℔läufig I.** *adj*. forzado; forzoso; obligatorio; (*notwendig*) necesario, preciso; inevitable; **II.** *adv*. forzosamente; de por sí; por (la) fuerza; necesariamente; inevitablemente; automáticamente; **~läufigkeit** *f* (*0*) curso *m* inevitable de las cosas; **~liquidation** *f* liquidación *f* forzosa; **~maßnahme** *f* medida *f* coercitiva; **~mittel** *n* medio *m* coactivo (*od*. de coacción *od*. coercitivo); **~neurose** ⚕ *f* neurosis *f* obsesiva; **~pensionierung** *f* jubilación *f* for-

zosa; ~räumung ⚙ f desahucio m; ~sparen n ahorro m forzoso; ~umlauf m circulación f forzosa; ~umtausch m cambio m obligatorio (de divisas); ~unterbringung f in e-r Anstalt: confinamiento m; ~verfahren ⚙ n: im ~ por vía de apremio; ~vergleich ⚙ m convenio m forzoso (od. obligatorio); ~verkauf m venta f forzosa; ~versetzung f traslado m forzoso; ~versicherung f seguro m obligatorio; ~versteigerung f subasta f forzosa; ~verwalter ⚙ m administrador m judicial; ~verwaltung ⚙ f administración f (judicial) forzosa; ~vollstreckung ⚙ f ejecución f forzosa; ~vorstellung f obsesión f; idea f obsesiva; ⚘weise adv. forzosamente; a la fuerza; por (la) fuerza; por vía de apremio; ~wirtschaft f economía f dirigida.

'zwanzig I. adj. veinte; etwa ~ una veintena; unos veinte; in den ~er Jahren en los años veinte; II. ⚘ f veinte m; ⚘er(in f) m joven m/f de veinte años; ~fach, ~fältig adv. veinte veces más; ~jährig adj. de veinte años; ~mal adv. veinte veces; ⚘'markschein m billete m de veinte marcos; ~ste adj. vigésimo; der (den, am) ~(n) April el veinte de abril; ⚘stel n vigésimo m, vigésima parte f; veintavo m; ~stens adv. en vigésimo lugar; bei Aufzählungen: vigésimo.

zwar adv. en verdad; a decir verdad; (bien) es verdad que; por cierto; und ~ y eso (que); es decir; o sea; bei Aufzählungen: a saber; der Anzug gefällt mir ~, aber ... el traje sí que me gusta, pero ...

'Zweck m (-¢s; -e) fin m; finalidad f; (Ziel) a. objeto m; objetivo m; (Absicht) intención f; propósito m, designio m; zu welchem ~? ¿con qué fin? ¿con qué objeto?; zu diesem ~ con este fin; con tal fin, a tal fin; a este (od. al) efecto; zu friedlichen ~en para fines pacíficos; welchen ~ hat es, zu (inf.)? ¿de qué sirve (inf.)?; das hat keinen ~ eso no conduce a nada; (eso) es inútil; no sirve de nada; e-n ~ verfolgen perseguir un fin; s-n ~ erreichen lograr su propósito, F salirse con la suya; s-n ~ verfehlen no lograr su objeto; s-n ~ erfüllen cumplir su finalidad (od. su cometido); den ~ haben zu (inf.) tener por objeto (inf.); servir para (inf.); das wird wenig ~ haben eso servirá de poco; der ~ heiligt die Mittel el fin justifica los medios; ~bau ⚙ m edificio m funcional; ⚘bestimmt adj. adecuado al fin propuesto; funcional; ~bestimmung f finalidad f; aplicación f; asignación f; v. Geldern: a. afectación f; ⚘betont adj. utilitario; funcional; ⚘dienlich adj. apropiado, adecuado; oportuno; ⚙ pertinente; ~dienlichkeit f (0) utilidad f; adecuación f; pertinencia f; ~e f (Reiß⚘) chincheta f; (Nagel) tachuela f; ⚘entfremdet adj. usado para fines extraños; ⚘entsprechend adj. ~los I. adj. inútil; II. adv. inútilmente; ⚘gebunden adj. destinado para un fin especial; para fines específicos; Gelder: a. afectado m (inf.); ⚘los adj. inútil; vano; es ist ~, zu (inf.) es inútil (inf.); no conduce a nada (inf.); ~losigkeit f (0) inutilidad f; ⚘mäßig adj. conveniente; apropiado, adecuado; procedente; oportuno; (ratsam) aconsejable; (nützlich) útil; ⊕ funcional; ~mäßigkeit f (0) conveniencia f; utilidad f; oportunidad f; ⊕ funcionalidad f; ~möbel n/pl. muebles m/pl. funcionales; ⚘s prp. (gen.) con el fin de; con (el) objeto de; a fin de, para (inf.); en aras de; ~sparen n ahorro m para un fin determinado; ~verband m asociación f con un fin determinado; mancomunidad f; ⚘voll adj. → ⚘mäßig; ⚘widrig adj. contraproducente; no apropiado; inadecuado; inoportuno.

'zwei I. adj. dos; zu ~en de dos en dos; dos a dos; de uno en uno; II. ⚘ f dos m; ⚘achser Kfz. m vehículo m de dos ejes; ~achsig adj. ⊕ biaxial; Kfz. de cuatro ruedas; ~armig adj. de dos brazos; ~atomig ⚛ adj. biatómico; ~bändig adj. de bzw. en dos tomos; ~basisch ⚛ adj. bibásico; ~beinig adj de dos pies bzw. patas; Zoo. bípedo; ⚘bettzimmer n habitación f de dos camas; ~blättrig ⚘ adj. de dos hojas, bifolio; ⚘decker ⚘ m biplano m; ~deutig adj. ambiguo; equívoco; de doble sentido; Witz usw.: atrevido; picante; ⚘deutigkeit f ambigüedad f; equívoco m; doble sentido m; Gr. anfibología f; ~dimensional adj. de dos dimensiones, bidimensional; ⚘draht-antenne f antena f bifilar; ⚘'drittelmehrheit f mayoría f de dos tercios (od. de las dos terceras partes); ~eiig Bio. adj. dicigótico, biovular; Zwillinge: a. fraternos; ⚘er ⚓ m bote m de dos (remeros); ⚘erbeziehung f relación f de pareja; ⚘erbob m bob m a dos; ~er'lei adj. de dos especies (od. clases) diferentes; das ist ~ son dos cosas distintas; auf ~ Art de dos maneras diferentes; ⚘ertakt ♪ m compás m binario (od. de dos tiempos); ~fach adj. doble; duplicado; in ~er Ausfertigung por duplicado; ~fa'milienhaus n casa f de dos viviendas; ⚘farbendruck m bicromía f; ~farbig adj. de dos colores, bicolor; Typ. a dos tintas.

'Zweifel m (-s; -) duda f; (Bedenken) escrúpulo m; keinen ~ zulassen no dejar lugar a dudas; es besteht kein ~ no hay (od. no cabe) duda; (sich) im ~ sein estar en duda; dudar (über de); im ~ lassen dejar en la duda bzw. incertidumbre; in ~ ziehen poner en duda (od. en entredicho); mir kommen ~ me vienen dudas; s-e ~ haben tener sus dudas; ohne ~ sin duda; indudablemente; ohne jeden ~ sin duda alguna, sin ninguna duda; außer (allem) ~ fuera de (toda) duda; das ist über jeden ~ erhaben eso está fuera de toda duda; j-s ~ beheben sacar de dudas a alg.

Zwei'felderwirtschaft ⚘ f rotación f bienal.

'Zweifel...: ⚘haft adj. dudoso; incierto; (fraglich) problemático; discutible; (verdächtig) sospechoso; ⚘los I. adj. indudable; II. adv. indudablemente; sin duda (alguna); ⚘n (-le) v/i. dudar (an dat. de); ich zweifle daran lo dudo; ⚘nd adj. escéptico; ~sfall m caso m de duda; im ~ en caso de duda; ⚘s'ohne adv. indudablemente; sin duda alguna.

'Zweifler|(in f) m escéptico (-a f) m; ⚘isch adj. escéptico.

'zwei...: ~flügelig adj. de dos alas; Tür: de dos hojas; Insekt: díptero; ⚘flügler Zoo. m díptero m; ⚘'frontenkrieg m guerra f en dos frentes; ⚘füßer m, ~füßig adj. bípedo (m).

Zweig m (-¢s; -e) ramo m; rama f (beide a. fig.).

'Zwei'ganggetriebe n caja f de dos velocidades; ⚘gängig adj. Gewinde: de dos pasos.

'Zweig...: ~anstalt f sucursal f; ~bahn ⚙ f ramal m; vía f secundaria; ~bank f sucursal f.

'zwei...: ~geschlechtig adj. bisexual; hermafrodita; ⚘geschlechtigkeit f (0) bisexualidad f; ~gespalten adj. bífido; ⚘gespann n tiro m de dos caballos; F fig. (Personen) tándem m; ~geteilt adj. bipartido.

'Zweig...: ~geschäft n sucursal f; ~gesellschaft f sociedad f afiliada.

'Zwei...: ~'gitterröhre f Radio: válvula f de dos rejillas; ⚘'gleisig adj. de vía (Am. de trocha) doble.

'Zweig...: ~leitung ⚡ f derivación f; ~linie f → ~bahn; ~niederlassung f sucursal f; ~stelle f ✉ sucursal f; agencia f (urbana); v. Behörden: delegación f.

'zwei...: ~händig adj. ambidextro; Zoo. bimano; Klavierstück: a dos manos; ~häusig ⚘ adj. dioico; ⚘heit f (0) dualidad f; ~höckerig adj. de dos gibas; ~hörnig adj. bicorne; ⚘hufer Zoo. m, ~hufig adj. bisulco (m); ~'hundert adj. doscientos; ⚘hundert'jahrfeier f bicentenario m; ⚘'jahresplan m plan m bienal; ~jährig adj. de dos años, ♀, Amt usw.: bienal; ~jährlich adj. bienal; ⚘'kammersystem Pol. n sistema m bicameral, bicameralismo m; ⚘kampf m duelo m; ~keimblättrig ⚘ adj. dicotiledóneo; ~klappig Zoo. adj. bivalvo; ~köpfig adj. bicéfalo (⚑); ⚘'kreisbremse f freno m de doble circuito; ~lappig ⚘ adj. bilobulado; ⚘'leiterkabel ⚡ n cable m de dos conductores; ~mal adv. dos veces; ~ monatlich (wöchentlich) erscheinend bimensual od. quincenal (bisemanal); ~ täglich (jährlich) dos veces al día (al año); es sich nicht ~ sagen lassen no dejarse decir las cosas dos veces; no hacerse (de) rogar; ~malig adj. doble, (dos veces) repetido; ⚘'markstück n moneda f de dos marcos; ⚘master ⚓ m barco m bzw. velero m de dos palos; ~monatig adj. de dos meses; ~monatlich adj. bimestral; bimensual; ~motorig adj. bimotor; ⚘par'teiensystem Pol. n bipartidismo m; ~phasig ⚡ adj. bifásico; ~polig ⚡ adj. bipolar; ⚘rad n bicicleta f; ~räd(e)rig adj. de dos ruedas; ⚘reiher m traje m cruzado; ~reihig adj. de dos filas; Anzug: cruzado; ⚘'röhren-empfänger m Radio: receptor m de dos válvulas; ~schläf(e)rig adj. Bett: doble bzw. de matrimonio; ~schneidig adj. de dos filos (a. fig. Schwert arma); ~seitig adj. de dos caras; Vertrag usw.: bilateral; Stoff: reversible, doble faz; ~silbig adj. de dos sílabas, bisílabo; ⚘sitzer m coche m bzw. avión m de dos plazas (od. asientos); (Fahrrad) tándem m; ~sit-

zig *adj.* de dos plazas (*od.* asientos); **~spaltig** *Typ. adj.* en dos columnas; **2spänner** *m* coche *m* de dos caballos; **2spitz** *m* sombrero *m* de dos picos, bicornio *m*; **~sprachig** *adj.* bilingüe; **2sprachigkeit** *f* (*O*) bilingüismo *m*; **~spurig** *adj.* de doble vía; *Straße:* de dos carriles; **2'stärkenglas** *Ópt. n* lente *f* bifocal; **~stellig** *adj. Zahl:* de dos dígitos (*od.* cifras); **~stimmig** ♪ *adj.* a bzw. de dos voces; **~stöckig** *adj.* de dos pisos; **~stufig** *adj.* de dos escalones; **~stündig** *adj.* de dos horas; **~stündlich** *adj. u. adv.* cada dos horas.
zweit *adv.:* zu ~ dos a dos; de dos en dos; *wir sind zu* ~ somos dos; → a. ~e.
'zwei...: ~tägig *adj.* de dos días; **2taktgemisch** *n* mezcla *f* para dos tiempos; **2taktmotor** *m* motor *m* de dos tiempos; **2takt-öl** *n* aceite *m* para dos tiempos.
'zweit-ältest *adj.*, **2e(r)** *m* segundo (*m*) en edad.
'zwei'tausend *adj.* dos mil.
'Zweit|ausfertigung *f* duplicado *m*; copia *f*; **2best** *adj.* segundo (mejor); **~beste(r)** *m* segundo *m* (mejor).
'zweite *adj.* segundo; *am* ~*n April* el dos de Abril; *jeden* ~*n Tag* un día sí y otro no; *ein* ~*r Stelle; in* ~*r Linie* en segundo lugar; ~*r Direktor* subdirector *m*; *fig.* ~*r Vorsitzender* vicepresidente *m*; *fig. wie kein* ~*r* como nadie; *fig. die* ~ *Rolle* (*od. Geige*) *spielen* hacer un papel secundario.
'zweiteil|ig *adj.* de dos partes; *a. Kleid:* de dos piezas; **2ung** *f* bipartición *f*.
'zweitens *adv.* en segundo lugar; *bei Aufzählungen:* segundo.
'zweit...: ~geboren *adj.* segundogénito; segundo (en altura); **~höchst** *adj.* segundo (en altura); **~jüngst** *adj.* penúltimo; **~klassig** *adj.* de segunda (clase); de clase inferior; **~letzt** *adj.* penúltimo; **~rangig** *adj.* secundario; de menor importancia; **2schrift** *f* duplicado *m*; copia *f*; **2wagen** *m* segundo coche *m*; **2wohnung** *f* segundo domicilio *m*.
Zwei|und'dreißigstelnote ♪ *f* fusa *f*; **~'viertelktakt** ♪ *m* compás *m* de dos por cuatro; **~wegehahn** *m* llave *f* de dos vías; **'2wertig** 🜨 *adj.* bivalente; **'~wertigkeit** 🜨 *f* bivalencia *f*; **'~zack** *m* bidente *m*; **'2zackig**, **2zinkig** *adj.* de dos púas (*od.* dientes); **'~zeiler** *Poes.* m. dístico *m*; **'2zeilig** *adj.* de dos líneas; **~'zimmerwohnung** *f* apartamento *m* de dos habitaciones; **'~zylindermotor** *m* motor *m* de dos cilindros.
'Zwerchfell *Anat. n* (-*ţs*; -*e*) diafragma *m*; **2erschütternd** *adj.* hilarante; ʠue hace reír a carcajadas; F que es para mondarse de risa.
'Zwerg *m* (-*ţs*; -*e*) enano *m* (*a. fig.*), *im Märchen:* a. enanito *m*; pigmeo *m* (*a. fig.*); **~baum** *m* árbol *m* enano; **~betrieb** *f m* minifundio *m*; **2enhaft** *adj.* enano, pigmeo (*a. fig.*); **~in** *f* enana *f*; pigmea *f*; **~palme** ♠ *f* palmera *f* enana; palmito *m*; **~volk** *n* pueblo *m* de pigmeos; **~wuchs** *m* (e)nanismo *m*.
'Zwetsch(g)e ♠ *f* ciruela *f*; **~nbaum** *m* ciruelo *m*; **~nmus** *n* confitura *f* de ciruela; **~nschnaps** *m*, **~nwasser** *n* aguardiente *m* de ciruelas.
'Zwickel *m Schneiderei:* cuadradillo *m*, cuchillo *m*; (*Hosen*2) entrepierna *f*; *an Strumpfhosen:* rombo *m*; △ pechina *f*.
'zwick|en *v/t.* pellizcar; *mit Zangen:* atenacear; *fig.* punzar; F *Kleidungsstück usw.:* apretar; **2en** *n* pellizco *m*; (*Schmerz*) punzada *f*; **2er** *m* quevedos *m/pl*, binóculo *m*; **2mühle** *f* posición *f* de vaivén (en el juego de tres en raya); *fig.* situación *f* apurada; dilema *m*; *in e-r* ~ *sein* estar ante un dilema (*od.* en un aprieto); F estar entre la espada y la pared.
'Zwieback *m* (-*ţs*; -*e od.* ¨*e*) bizcocho *m*.
'Zwiebel *f* (-; -*n*) cebolla *f*; 🌱 (*Knolle*) a. bulbo *m*; F (*Taschenuhr*) patata *f*; **2artig** *adj.* bulboso; **~beet** *n*, **~feld** *n* cebollar *m*; **~fisch** *Typ. m* pastel *m*; **2förmig** *adj.* bulbiforme; **~gewächs** *n* planta *f* bulbosa; **~muster** *n auf Porzellan:* modelo *m* cebolla; **2n** F (-*le*) *v/t.* hacer sudar (tinta); fastidiar; **~schale** *f* cáscara *f* de cebolla; **~suppe** *f* sopa *f* de cebolla; **~turm** *m* torre *f* bulbiforme (*od.* en forma de cebolla).
'zwie|fach, **~fältig** *adj.* doble; **2gespräch** *n* diálogo *m*; coloquio *m*; **2licht** *n* luz *f* crepuscular; media luz *f*; *im* ~ *entre los dos luces;* **~lichtig** *fig. adj.* sospechoso, dudoso; turbio; **2spalt** *m* desunión *f*; desacuerdo *m*; disensión *f*; desavenencia *f*; división *f*; discrepancia *f*; *in e-m* ~ *sein* estar en un dilema (*od.* conflicto); **~spältig** *adj.* discrepante; disonante; en desacuerdo; **2sprache** *f* diálogo *m*; ~ *halten mit* dialogar con; **2tracht** *f* (*O*) discordia *f*; ~ *säen* (*od. stiften*) sembrar discordia (*od.* cizaña).
'Zwil(l)ch *m* (-*ţs*; -*e*) cotí *m*, cutí *m*.
'Zwilling *m* (-*s*; -*e*) gemelo *m*, mellizo *m*; (*Doppelflinte*) escopeta *f* de dos cañones; *Astr.* ~*e pl.* Géminis *m*.
'Zwillings...: ~bereifung *Kfz. f* neumáticos *m/pl.* gemelos; **~bruder** *m* hermano *m* gemelo; **~geburt** *f* parto *m* gemelar; **~geschwister** *pl.* hermanos *m/pl.* gemelos (*od.* mellizos); **~reifen** *m/pl.* → *~bereifung;* **~schwester** *f* hermana *f* gemela.
'Zwing|burg *f* castillo *m* feudal; **~e** *f* ⊕ abrazadera *f*; casquillo *m* (*a. Stock*2); virola *f*; (*Schraub*2) prensatornillo *m*; (*Tischlerei:* gatillo *m*, cárcel *f*; **2en** (*L*) *v/t.* obligar (*zu* a); forzar (a); constreñir (a); *fig. (bewältigen)* poder con; conseguir; *sich* ~ *zu* forzarse a; hacer un esfuerzo para; *ich mußte mich dazu* ~ me costó un gran esfuerzo; *sich gezwungen sehen*, *zu* verse obligado (*od.* forzado) a; verse en la necesidad de; → *a. gezwungen;* **2end** *adj.* obligatorio; forzoso; (*dringend*) apremiante; urgente; ⚖ coercitivo; *Beweis:* concluyente; irrefutable; *Notwendigkeit:* imperioso, imperativo; *aus Umstände* fuerza *f* mayor; **~er** *m* (*Hunde*2) perrera *f*; (*Käfig*) jaula *f*; (*Löwen*2) leonera *f*; (*Bären*2) osera *f*; (*Hof*2) ronda *f*; **~herr** *m* déspota *m*; **~herrschaft** *f* despotismo *m*.
'zwinkern I. (-*re*) *v/i.* parpadear, pestañear; *mit den Augen* ~ hacer guiños, guiñar los ojos; **II.** *n* pestañeo *m*; guiño(s) *m*(*pl.*).
'zwirbeln (-*le*) *v/t.* retorcer.
'Zwirn *m* (-*ţs*; -*e*) hilo *m* (retorcido); (*Seiden*2) torzal *m*; **2en** *v/t.* (re)torcer; **~handschuh** *m* guante *m* de hilo; **~maschine** *f* (máquina *f*) retorcedora *f*; **~sfaden** *m* hilo *m*.
'zwischen *prp.* (*wo? dat.;* *wohin? ac.*) entre; en medio de.
'Zwischen...: ~abkommen *n* acuerdo *m* interino; **~ablage** *f Computer:* portapapeles *m*; **~abschluß** *† m* balance *m* provisional; **~akt** *Thea. m* entreacto *m*; intermedio *m*; **~aktmusik** *f* música *f* de entreacto; **~bemerkung** *f* observación *f* incidental; paréntesis *m*; **~bericht** *m* informe *m* provisional *bzw.* parcial; **~bescheid** *m* respuesta *f* provisional; ⚖ resolución *f* interlocutoria; **~bilanz** *f* → *~abschluß;* **~deck** ⚓ *n* entrepuente *m*, entrecubierta *f*; **~ding** *n* cosa *f* intermedia; término *m* medio; **2'drin** F *adv.* en medio; **2'durch** *adv.* (*inzwischen*) entretanto; en el ínterin; entremedias; (*gleichzeitig*) a la vez; (*et.*) ~ *essen* comer entre horas; **~eiszeit** *f* período *m* interglacial; **~entscheidung** ⚖ *f* auto *m* interlocutorio; **~ergebnis** *n* resultado *m* provisional; **~fall** *m* incidente *m*; **~farbe** *f* tono *m* intermedio; media tinta *f*; **~finanzierung** *f* financiación *f* interina (*od.* temporal); **~form** *f* forma *f* intermedia; **~frage** *f* cuestión *f* (*od.* pregunta *f*) incidental; interrupción *f*; **~frequenz** ⚡ *f* frecuencia *f* intermedia; **~frucht** ⚘ *f* cultivo *m* intermedio (*od.* intercalado); **~futter** *n* entretela *f*; **~gericht** *n* entremés *m*; **~geschoß △** *n* entresuelo *m*; **~glied** *m* miembro *m* intermedio; pieza *f* intermedia; **~größe** 🜨 *f* talla *f* intermedia; **~hafen** ⚓ *m* puerto *m* de escala; *e-n* ~ *anlaufen* hacer escala; **~handel** *m* comercio *m* intermediario; **~händler** *m* intermediario *m*; **~handlung** *Thea. f* episodio *m*; **~hirn** *Anat. n* diencéfalo *m*, cerebro *m* intermedio; **~kiefer(knochen)** *Anat. m* (hueso *m*) intermaxilar *m*; **~kredit** *m* crédito *m* interino (*od.* temporal); **2landen** (-*e*-; *sn*) 🜨 *v/i.* hacer escala; **~landung** *f* escala *f*; **2liegend** *adj.* intermedio; interpuesto; intercalado; **~lösung** *f* solución *f* provisional; **~mahlzeit** *f* comida *f* entre horas; **~mauer** *f* pared *f* medianera; medianería *f*; **2menschlich** *adj.*: ~*e Beziehungen* relaciones *f/pl.* interpersonales; **~pause** *f* intervalo *m*; **~produkt** *n* producto *m* intermedio; **~prüfung** *f* examen *m* parcial; **~raum** *m* espacio *m* (*a. zwischen Zeilen u. Notenlinien*); espacio *m* intermedio; *a. Anat.* intersticio *m*; *bsd. zeitlich:* intervalo *m*; **~regelung** *f* regulación *f* provisional; **~regierung** *f* interregno *m*; **~rippen...** intercostal; **~ruf** *m* interrupción *f*; grito *m* (espontáneo); **~runde** *f Sport:* semifinal *f*; **~satz** *Gr. m* paréntesis *m*; **2schalten** ⊕, ⚡ *v/t.* intercalar; **~schaltung** *f* intercalación *f*; interpolación *f*; **~schein** ⚓ *m* resguardo *m* provisional; **~schicht** *f* capa *f* intermedia; **~sender** *m* estación *f* repetidora; **~speicher** *m*

Computer: caché *m*, memoria *f* intermedia; ~**spiel** *n Thea.* intermedio *m*; ♪ interludio *m (beide a. fig.)*; ⚲**staatlich** *adj.* internacional; interestatal; intergubernamental; ~**stadium** *n* fase *f* intermedia; ~**station** ⚕ *f* estación *f* intermedia; ~**stecker** ⚡ *m* enchufe *m* intermedio; ~**stock** △ *m* entresuelo *m*; ~**stück** *n* pieza *f* intermedia; *Thea.* entremés *m*; ~**stufe** *f* grado *m* intermedio; ~**summe** *f* suma *f* parcial; subtotal *m*; ~**träger** *m* → *Zuträger*; ~**urteil** ⚖ *n* sentencia *f* interlocutoria; ~**verkauf** ✝ *m*: ~ vorbehalten salvo venta; ~**vorhang** *Thea. m* telón *m* de foro; ~**wand** *f* tabique *m*; ~**wirbel**... intervertebral; ~**wirt** *Bio. m* huésped *m* intermedio; ~**zeile** *f* interlínea *f*; ⚲**zeilig** *adj.* interlineal; ~**zeit** *f* intervalo *m*; tiempo *m* intermedio; *Sport:* tiempo *m* parcial; *in der* ~ entretanto; mientras tanto; ⚲**zeitlich** *adj.* interino; provisional.

Zwist *m (-es; -e)*, ¹~**igkeit** *f* discordia *f*; desavenencia *f*; controversia *f*; *(Streit)* querella *f*; disputa *f*; *(Feindschaft)* enemistad *f*.

¹**zwitschern** *(-re)* **I.** *v/i.* gorjear, trinar; **II.** *v/t.*: F e-n ~ echar un trago; empinar el codo; **III.** ⚲ *n* gorjeo *m*, trinar *m*.

¹**Zwitter** *m (-s; -)* hermafrodita *m*; *fig.* híbrido *m*; ~**bildung** *f* hermafroditismo *m*; ~**blüte** ⚘ *f* flor *f* hermafrodita; ~**ding** *n* producto *m* híbrido; ⚲**haft**, ⚲**ig** *adj.* hermafrodita; ~**haftigkeit** *fig. f* carácter *m* híbrido; ~**stellung** *fig. f* posición *f* ambigua; ~**tum** *n* hermafroditismo *m*.

zwo F → *zwei*.

¹**zwölf I.** *adj.* doce; *um* ~ *(Uhr)* a las doce, *mittags:* a mediodía, *nachts:* a medianoche; **II.** ⚲ *f* doce *m*; ⚲**eck** *n*, ~**eckig** *adj.* dodecágono *(m)*; ⚲**ender** *Jgdw. m* ciervo *m* de doce puntas; ~**er'lei** *adj.* de doce especies diferentes; ~**fach** *adj. u. adv.* doce veces tanto; *das* ⚲**e** el duodécuplo; ⚲¹**fingerdarm** *Anat. m* duodeno *m*; ⚲¹**fingerdarmgeschwür** *n* úlcera *f* duodenal; ~**flächig** ⚚ *adj.* dodecaédrico, de doce caras; ⚲**flächner** ⚚ *m* dodecaedro *m*; ~**jährig** *adj.* de doce años; ~**mal** *adv.* doce veces; ~**malig** *adj.* doce veces repetido; ~**silbig** *adj.*, ~**silbner** *m* dodecasílabo *(m)*; ~**stündig** *adj.* de doce horas; ~**tägig** *adj.* de doce días; ~**te** *adj.* duodécimo; *Datum, König, Papst, Jahrhundert:* doce; ⚲**tel** *n* duodécimo *m*, dozavo *m*, duodécima parte *f*; ~**tens** *adv.* en duodécimo lugar; *bei Aufzählungen:* duodécimo; ⚲**tonmusik** *f* dodecafonía *f*, música *f* dodecafónica; ⚲**tonsystem** *n* dodecafonismo *m*.

Zy¹an ⚗ *n (-s; 0)* cianógeno *m*.

Zya¹nid ⚗ *n (-s; -e)* cianuro *m*.

Zyan¹kali ⚗ *n (-s; 0)* cianuro *m* potásico.

Zya¹nose ⚚ *f* cianosis *f*.

Zy¹gote *Bio. f* cigoto *m*.

¹**zyklisch** *adj.* cíclico.

Zy¹klon *m (-s; -e)* ciclón *m*.

Zy¹klop *Myt. m (-en)* cíclope *m*; ⚲**isch** *adj.* ciclópeo.

Zyklo¹tron *n (-s; -e)* ciclotrón *m*.

¹**Zyklus** *m (-; -klen)* ciclo *m*; *Thea.*, ♪ *a.* serie *f*.

Zy¹linder [tsi-] *m (-s; -)* ⚚, ⊕ cilindro *m*; *(Lampen*⚲*)* tubo *m*; *(Hut)* → ~**hut**; ~**block** ⊕ *m* monobloque *m*, bloque *m* de culata; ~**hut** *m* sombrero *m* de copa; F chistera *f*; ~**inhalt** *Kfz. m* cilindrada *f*; ~**kopf** *Kfz. m* culata *f*.

zy¹lindrisch *adj.* cilíndrico.

Zy¹mase *f (0)* zimasa *f*.

¹**Zyniker** *m*, ⚲**isch** *adj.* cínico *(m)*.

Zy¹nismus *m (-; -men)* cinismo *m*.

¹**Zypern** *n* Chipre *m*.

Zy¹presse ⚘ *f* ciprés *m*; ~**nhain** *m* cipresal *m*.

Zypri¹ot *m (-en)*, ⚲**isch** *adj.* chipriota *(m)*.

¹**Zyste** ⚚ *f* quiste *m*.

Zysto¹**skop** ⚚ *n (-s; -e)* cistoscopio *m*; ~**sko¹pie** ⚚ *f* cistoscopia *f*.

Zyto|**lo¹gie** *Bio. f (0)* citología *f*; ⚲¹**logisch** *adj.* citológico; ~¹**plasma** *Bio. n* citoplasma *m*.

Lista alfabética de los verbos alemanes irregulares

pres. = Presente; *impf.* = Imperfecto; *subj.* = Imperfecto de subjuntivo; *imp.* = Imperativo; *part.* = Participio pasivo.

backen *pres.* backe, bäckst (backst), bäckt (backt); *impf.* backte (buk); *subj.* backte (büke); *imp.* back(e); *part.* gebacken.
befehlen *pres.* befehle, befiehlst, befiehlt; *impf.* befahl; *subj.* beföhle (befähle); *imp.* befiehl; *part.* befohlen.
beginnen *pres.* beginne, beginnst, beginnt; *impf.* begann; *subj.* begänne (begönne); *imp.* beginn(e); *part.* begonnen.
beißen *pres.* beiße, beißt, beißt; *impf.* biß, bissest; *subj.* bisse; *imp.* beiß(e); *part.* gebissen.
bergen *pres.* berge, birgst, birgt; *impf.* barg; *subj.* bärge; *imp.* birg; *part.* geborgen.
bersten *pres.* berste, birst (berstest), birst (berstet); *impf.* barst, barstest; *subj.* bärste; *imp.* birst; *part.* geborsten.
bewegen *pres.* bewege, bewegst, bewegt; *impf.* bewegte (*fig.* bewog); *subj. fig.* bewöge; *imp.* beweg(e); *part.* bewegt (*fig.* bewogen).
biegen *pres.* biege, biegst, biegt; *impf.* bog; *subj.* böge; *imp.* bieg(e); *part.* gebogen.
bieten *pres.* biete, bietest, bietet; *impf.* bot, bot(e)st; *subj.* böte; *imp.* biet(e); *part.* geboten.
binden *pres.* binde, bindest, bindet; *impf.* band, band(e)st; *subj.* bände; *imp.* bind(e); *part.* gebunden.
bitten *pres.* bitte, bittest, bittet; *impf.* bat, bat(e)st; *subj.* bäte; *imp.* bitte; *part.* gebeten.
blasen *pres.* blase, bläst, bläst; *impf.* blies, bliesest; *subj.* bliese; *imp.* blas(e); *part.* geblasen.
bleiben *pres.* bleibe, bleibst, bleibt; *impf.* blieb, bliebst; *subj.* bliebe; *imp.* bleib(e); *part.* geblieben.
braten *pres.* brate, brätst, brät; *impf.* briet, briet(e)st; *subj.* briete; *imp.* brat(e); *part.* gebraten.
brechen *pres.* breche, brichst, bricht; *impf.* brach; *subj.* bräche; *imp.* brich; *part.* gebrochen.
brennen *pres.* brenne, brennst, brennt; *impf.* brannte; *subj.* brennte; *imp.* brenn(e); *part.* gebrannt.
bringen *pres.* bringe, bringst, bringt; *impf.* brachte; *subj.* brächte; *imp.* bring(e); *part.* gebracht.
denken *pres.* denke, denkst, denkt; *impf.* dachte; *subj.* dächte; *imp.* denk(e); *part.* gedacht.
dingen → dringen; *impf.* dingte (dang); *part.* gedungen (gedingt).
dreschen *pres.* dresche, drischst, drischt; *impf.* drosch, drosch(e)st; *subj.* drösche; *imp.* drisch; *part.* gedroschen.
dringen *pres.* dringe, dringst, dringt; *impf.* drang; *subj.* dränge; *imp.* dring(e); *part.* gedrungen.
dürfen *pres.* darf, darfst, darf; dürfen; *impf.* durfte; *subj.* dürfte; *imp.* —; *part.* gedurft.
empfangen → fangen; *part.* empfangen.
empfehlen *pres.* empfehle, empfiehlst, empfiehlt; *impf.* empfahl; *subj.* empföhle (empfähle); *imp.* empfiehl; *part.* empfohlen.
empfinden → finden; *part.* empfunden.
erkiesen *impf.* erkor; *subj.* erköre; *part.* erkoren.
erlöschen *pres.* erlösche, erlischst, erlischt; *impf.* erlosch, erlosch(e)st; *subj.* erlösche; *imp.* erlisch; *part.* erloschen.
erschaffen → schaffen; *part.* erschaffen.
erschrecken *v/i. pres.* erschrecke, erschrickst, erschrickt; *impf.* erschrak; *cong.* erschräke; *imp.* erschrick; *part.* erschrocken.
erwägen *pres.* erwäge, erwägst, erwägt; *impf.* erwog; *subj.* erwöge; *imp.* erwäg(e); *part.* erwogen.
essen *pres.* esse, ißt (issest), ißt; *impf.* aß, aßest; *subj.* äße; *imp.* iß; *part.* gegessen.
fahren *pres.* fahre, fährst, fährt; *impf.* fuhr, fuhrst; *subj.* führe; *imp.* fahr(e); *part.* gefahren.
fallen *pres.* falle, fällst, fällt; *impf.* fiel; *subj.* fiele; *imp.* fall(e); *part.* gefallen.
fangen *pres.* fange, fängst, fängt; *impf.* fing, fingst; *subj.* finge; *imp.* fang(e); *part.* gefangen.
fechten *pres.* fechte, fichtst, ficht; *impf.* focht, fochtest; *subj.* föchte; *imp.* ficht; *part.* gefochten.
finden *pres.* finde, findest, findet; *impf.* fand, fand(e)st; *subj.* fände; *imp.* find(e); *part.* gefunden.
flechten *pres.* flechte, flichtst, flicht; *impf.* flocht, flochtest; *subj.* flöchte; *imp.* flicht; *part.* geflochten.
fliegen *pres.* fliege, fliegst, fliegt; *impf.* flog, flogst; *subj.* flöge; *imp.* flieg(e); *part.* geflogen.
fliehen *pres.* fliehe, fliehst, flieht; *impf.* floh, flohst; *subj.* flöhe; *imp.* flieh(e); *part.* geflohen.
fließen *pres.* fließe, fließt, fließt; *impf.* floß, flossest; *subj.* flösse; *imp.* fließ(e); *part.* geflossen.
fressen *pres.* fresse, frißt, frißt; *impf.* fraß, fraßest; *subj.* fräße; *imp.* friß; *part.* gefressen.
frieren *pres.* friere, frierst, friert; *impf.* fror, frorst; *subj.* fröre; *imp.* frier(e); *part.* gefroren.
gären *pres.* es gärt; *impf.* es gor (*fig.* gärte); *subj.* es göre (gärte); *imp.* gär(e); *part.* gegoren (gegärt).
gebären *pres.* gebäre, gebärst (gebierst), gebärt (gebiert); *impf.* gebar; *subj.* gebäre; *imp.* gebär(e) (gebier); *part.* geboren.
geben *pres.* gebe, gibst, gibt; *impf.* gab; *subj.* gäbe; *imp.* gib; *part.* gegeben.
gedeihen *pres.* gedeihe, gedeihst, gedeiht; *impf.* gedieh; *subj.* gediehe; *imp.* gedeih(e); *part.* gediehen.
geh(e)n *pres.* gehe, gehst, geht; *impf.* ging; *subj.* ginge; *imp.* geh(e); *part.* gegangen.
gelingen *pres.* es gelingt; *impf.* es gelang; *subj.* es gelänge; *imp.* geling(e); *part.* gelungen.
gelten *pres.* gelte, giltst, gilt; *impf.* galt, galt(e)st; *subj.* gälte (gölte); *imp.* gilt; *part.* gegolten.
genesen *pres.* genese, genesest (genest), genest; *impf.* genas, genasest; *subj.* genäse; *imp.* genese; *part.* genesen.
genießen *pres.* genieße, genießt, genießt; *impf.* genoß, genossest; *subj.* genösse; *imp.* genieß(e); *part.* genossen.
geschehen *pres.* es geschieht; *impf.* es geschah; *subj.* es geschähe; *imp.* —; *part.* geschehen.
gewinnen *pres.* gewinne, gewinnst, gewinnt; *impf.* gewann, gewannst; *subj.* gewönne (gewänne); *imp.* gewinn(e); *part.* gewonnen.
gießen *pres.* gieße, gießt, gießt; *impf.* goß, gossest; *subj.* gösse; *imp.* gieß(e); *part.* gegossen.
gleichen *pres.* gleiche, gleichst, gleicht; *impf.* glich, glichst; *subj.* gliche; *imp.* gleich(e); *part.* geglichen.
gleiten *pres.* gleite, gleitest, gleitet; *impf.* glitt, glitt(e)st; *subj.* glitte; *imp.* gleit(e); *part.* geglitten.
glimmen *pres.* es glimmt; *impf.* es glomm (glimmte); *subj.* es glömme (glimmte); *imp.* glimm(e); *part.* geglommen (geglimmt).
graben *pres.* grabe, gräbst, gräbt; *impf.* grub, grubst; *subj.* grübe; *imp.* grab(e); *part.* gegraben.
greifen *pres.* greife, greifst, greift; *impf.* griff, griffst; *subj.* griffe; *imp.* greif(e); *part.* gegriffen.

haben *pres.* habe, hast, hat; *impf.* hatte; *subj.* hätte; *imp.* hab(e); *part.* gehabt.
halten *pres.* halte, hältst, hält; *impf.* hielt, hielt(e)st; *subj.* hielte; *imp.* halt(e); *part.* gehalten.
hängen *v/i. pres.* hänge, hängst, hängt; *impf.* hing; *subj.* hinge; *imp.* häng(e); *part.* gehangen.
hauen *pres.* haue, haust, haut; *impf.* haute (hieb); *subj.* haute (hiebe); *imp.* hau(e); *part.* gehauen.
heben *pres.* hebe, hebst, hebt; *impf.* hob, hobst; *subj.* höbe; *imp.* heb(e); *part.* gehoben.
heißen *pres.* heiße, heißt, heißt; *impf.* hieß, hießest; *subj.* hieße; *imp.* heiß(e); *part.* geheißen.
helfen *pres.* helfe, hilfst, hilft; *impf.* half, halfst; *subj.* hülfe (hälfe); *imp.* hilf; *part.* geholfen.
kennen *pres.* kenne, kennst, kennt; *impf.* kannte; *subj.* kennte; *imp.* kenn(e); *part.* gekannt.
klimmen *pres.* klimme, klimmst, klimmt; *impf.* klomm (klimmte); *subj.* klömme (klimmte); *imp.* klimm(e); *part.* geklommen (geklimmt).
klingen *pres.* klinge, klingst, klingt; *impf.* klang, klangst; *subj.* klänge; *imp.* kling(e); *part.* geklungen.
kneifen *pres.* kneife, kneifst, kneift; *impf.* kniff, kniffst; *subj.* kniffe; *imp.* kneif(e); *part.* gekniffen.
kommen *pres.* komme, kommst, kommt; *impf.* kam; *subj.* käme; *imp.* komm(e); *part.* gekommen.
können *pres.* kann, kannst, kann; können; *impf.* konnte; *subj.* könnte; *imp.* —; *part.* gekonnt.
kriechen *pres.* krieche, kriechst, kriecht; *impf.* kroch; *subj.* kröche; *imp.* kriech(e); *part.* gekrochen.
laden *pres.* lade, lädst, lädt; *impf.* lud, lud(e)st; *subj.* lüde; *imp.* lad(e); *part.* geladen.
lassen *pres.* lasse, läßt, läßt; *impf.* ließ, ließest; *subj.* ließe; *imp.* laß (lasse); *part.* gelassen.
laufen *pres.* laufe, läufst, läuft; *impf.* lief, liefst; *subj.* liefe; *imp.* lauf(e); *part.* gelaufen.
leiden *pres.* leide, leidest, leidet; *impf.* litt, litt(e)st; *subj.* litte; *imp.* leid(e); *part.* gelitten.
leihen *pres.* leihe, leihst, leiht; *impf.* lieh, liehst; *subj.* liehe; *imp.* leih(e); *part.* geliehen.
lesen *pres.* lese, liest, liest; *impf.* las, lasest; *subj.* läse; *imp.* lies; *part.* gelesen.
liegen *pres.* liege, liegst, liegt; *impf.* lag, lagst; *subj.* läge; *imp.* lieg(e); *part.* gelegen.
lügen *pres.* lüge, lügst, lügt; *impf.* log, logst; *subj.* löge; *imp.* lüg(e); *part.* gelogen.
mahlen *part.* gemahlen.
meiden *pres.* meide, meidest, meidet; *impf.* mied, mied(e)st; *subj.* miede; *imp.* meid(e); *part.* gemieden.
melken *pres.* melke, melkst, melkt; *impf.* melkte (molk); *subj.* mölke; *imp.* melk(e); *part.* gemolken (gemelkt).
messen *pres.* messe, mißt, mißt; *impf.* maß, maßest; *subj.* mäße; *imp.* miß; *part.* gemessen.
mißlingen *pres.* es mißlingt; *impf.* es mißlang; *subj.* es mißlänge; *imp.* —; *part.* mißlungen.
mögen *pres.* mag, magst, mag; mögen; *impf.* mochte; *subj.* möchte; *imp.* —; *part.* gemocht.
müssen *pres.* muß, mußt, muß; müssen, müßt, müssen; *impf.* mußte; *subj.* müßte; *imp.* müsse; *part.* gemußt.
nehmen *pres.* nehme, nimmst, nimmt; *impf.* nahm, nahmst; *subj.* nähme; *imp.* nimm; *part.* genommen.
nennen *pres.* nenne, nennst, nennt; *impf.* nannte; *subj.* nennte; *imp.* nenn(e); *part.* genannt.
pfeifen *pres.* pfeife, pfeifst, pfeift; *impf.* pfiff, pfiffst; *subj.* pfiffe; *imp.* pfeif(e); *part.* gepfiffen.
preisen *pres.* preise, preist, preist; *impf.* pries, priesest; *subj.* priese; *imp.* preis(e); *part.* gepriesen.
quellen *v/i. pres.* quelle, quillst, quillt; *impf.* quoll; *subj.* quölle; *imp.* quill; *part.* gequollen.
raten *pres.* rate, rätst, rät; *impf.* riet, riet(e)st; *subj.* riete; *imp.* rat(e); *part.* geraten.
reiben *pres.* reibe, reibst, reibt; *impf.* rieb, riebst; *subj.* riebe; *imp.* reib(e); *part.* gerieben.
reißen *pres.* reiße, reißt, reißt; *impf.* riß, rissest; *subj.* risse; *imp.* reiß(e); *part.* gerissen.
reiten *pres.* reite, reitest, reitet; *impf.* ritt, ritt(e)st; *subj.* ritte; *imp.* reit(e); *part.* geritten.
rennen *pres.* renne, rennst, rennt; *impf.* rannte; *subj.* rennte; *imp.* renn(e); *part.* gerannt.
riechen *pres.* rieche, riechst, riecht; *impf.* roch, rochst; *subj.* röche; *imp.* riech(e); *part.* gerochen.
ringen *pres.* ringe, ringst, ringt; *impf.* rang; *subj.* ränge; *imp.* ring(e); *part.* gerungen.
rinnen *pres.* es rinnt; *impf.* es rann; *subj.* es ränne (rönne); *imp.* rinn(e); *part.* geronnen.
rufen *pres.* rufe, rufst, ruft; *impf.* rief, riefst; *subj.* riefe; *imp.* ruf(e); *part.* gerufen.
saufen *pres.* saufe, säufst, säuft; *impf.* soff, soffst; *subj.* söffe; *imp.* sauf(e); *part.* gesoffen.
saugen *pres.* sauge, saugst, saugt; *impf.* saugte (sog); *subj.* söge; *imp.* saug(e); *part.* gesaugt (gesogen).
schaffen (er~) *pres.* schaffe, schaffst, schafft; *impf.* schuf, schufst; *subj.* schüfe; *imp.* schaff(e); *part.* geschaffen.
scheiden *pres.* scheide, scheidet; *impf.* schied, schied(e)st; *subj.* schiede; *imp.* scheid(e); *part.* geschieden.
scheinen *pres.* scheine, scheinst, scheint; *impf.* schien, schienst; *subj.* schiene; *imp.* schein(e); *part.* geschienen.
scheißen V *pres.* scheiße, scheißt; *impf.* schiß, schissest; *subj.* schisse; *imp.* scheiß(e); *part.* geschissen.
schelten *pres.* schelte, schiltst, schilt; *impf.* schalt, schalt(e)st; *subj.* schölte; *imp.* schilt; *part.* gescholten.
scheren *pres.* schere, scherst, schert; *impf.* schor, schorst; *subj.* schöre; *imp.* scher(e); *part.* geschoren.
schieben *pres.* schiebe, schiebst, schiebt; *impf.* schob, schobst; *subj.* schöbe; *imp.* schieb(e); *part.* geschoben.
schießen *pres.* schieße, schießt; *impf.* schoß, schossest; *subj.* schösse; *imp.* schieß(e); *part.* geschossen.
schinden *pres.* schinde, schindest, schindet; *part.* geschunden.
schlafen *pres.* schlafe, schläfst, schläft; *impf.* schlief, schliefst; *subj.* schliefe; *imp.* schlaf(e); *part.* geschlafen.
schlagen *pres.* schlage, schlägst, schlägt; *impf.* schlug, schlugst; *subj.* schlüge; *imp.* schlag(e); *part.* geschlagen.
schleichen *pres.* schleiche, schleichst, schleicht; *impf.* schlich, schlichst; *subj.* schliche; *imp.* schleich(e); *part.* geschlichen.
schleifen *pres.* schleife, schleifst, schleift; *impf.*: 1. u. 2. schliff, 3. u. 4. schleifte; *subj.* schliffe bzw. schleife; *imp.* schleif(e); *part.*: 1. u. 2. geschliffen, 3. u. 4. geschleift.
schleißen *pres.* schleiße, schleißt; *impf.* schliß (schleißte), schlissest (schleißtest); *subj.* schlisse; *imp.* schleiß(e); *part.* geschlissen (geschleißt).
schließen *pres.* schließe, schließt; schließt; *impf.* schloß, schlossest; *subj.* schlösse; *imp.* schließ(e); *part.* geschlossen.
schlingen *pres.* schlinge, schlingst, schlingt; *impf.* schlang, schlangst; *subj.* schlänge; *imp.* schling(e); *part.* geschlungen.
schmeißen *pres.* schmeiße, schmeißt; *impf.* schmiß, schmissest; *subj.* schmisse; *imp.* schmeiß(e); *part.* geschmissen.
schmelzen *pres.* schmelze, schmilzt; *impf.* schmolz, schmolzest; *subj.* schmölze; *imp.* schmilz; *part.* geschmolzen.
schneiden *pres.* schneide, schneidest, schneidet; *impf.* schnitt, schnitt(e)st; *subj.* schnitte; *imp.* schneid(e); *part.* geschnitten.
schreiben *pres.* schreibe, schreibst, schreibt; *impf.* schrieb, schriebst; *subj.* schriebe; *imp.* schreib(e); *part.* geschrieben.
schreien *pres.* schreie, schreist, schreit; *impf.* schrie, schriest; *subj.* schriee; *imp.* schrei(e); *part.* geschrie(e)n.
schreiten *pres.* schreite, schreitest, schreitet; *impf.* schritt, schritt(e)st; *subj.* schritte; *imp.* schreit(e); *part.* geschritten.
schweigen *pres.* schweige, schweigst, schweigt; *impf.* schwieg, schwiegst; *subj.* schwiege; *imp.* schweig(e); *part.* geschwiegen.
schwellen *v/i. pres.* schwelle, schwillst, schwillt; *impf.* schwoll, schwollst; *subj.* schwölle; *imp.* schwill; *part.* geschwollen.
schwimmen *pres.* schwimme, schwimmst, schwimmt; *impf.* schwamm; *subj.* schwömme (schwämme); *imp.* schwimm(e); *part.* geschwommen.
schwinden *pres.* schwinde, schwindest, schwindet; *impf.* schwand, schwand(e)st; *subj.* schwände; *imp.*

schwind(e); *part.* geschwunden.
schwingen *pres.* schwinge, schwingst, schwingt; *impf.* schwang; *subj.* schwänge; *imp.* schwing(e); *part.* geschwungen.
schwören *pres.* schwöre, schwörst, schwört; *impf.* schwor (schwur); *subj.* schwüre; *imp.* schwör(e); *part.* geschworen.
sehen *pres.* sehe, siehst, sieht; *impf.* sah; *subj.* sähe; *imp.* sieh; *part.* gesehen.
sein *pres.* bin, bist, ist; sind, seid, sind; *subj. pres.* sei, sei(e)st, sei; seien, seiet, seien; *impf.* war, warst, war; waren; *subj.* wäre; *imp.* sei, seid; *part.* gewesen.
senden *pres.* sende, sendest, sendet; *impf.* sandte (sendete*); *subj.* sendete; *imp.* send(e); *part.* gesandt (gesendet*).
sieden *pres.* siede, siedest, siedet; *impf.* sott (siedete); *subj.* sötte (siedete); *imp.* sied(e); *part.* gesotten (gesiedet).
singen *pres.* singe, singst, singt; *impf.* sang, sangst; *subj.* sänge; *imp.* sing(e); *part.* gesungen.
sinken *pres.* sinke, sinkst, sinkt; *impf.* sank, sankst; *subj.* sänke; *imp.* sink(e); *part.* gesunken.
sinnen *pres.* sinne, sinnst, sinnt; *impf.* sann, sannst; *subj.* sänne (sönne); *imp.* sinn(e); *part.* gesonnen.
sitzen *pres.* sitze, sitzt, sitzt; *impf.* saß, saßest; *subj.* säße; *imp.* sitz(e); *part.* gesessen.
sollen *pres.* soll, sollst, soll; *impf.* sollte; *subj.* sollte; *imp.* —; *part.* gesollt.
speien *pres.* speie, speist, speit; *impf.* spie; *subj.* spiee; *imp.* spei(e); *part.* gespie(e)n.
spinnen *pres.* spinne, spinnst, spinnt; *impf.* spann; *subj.* spönne (spänne); *imp.* spinn(e); *part.* gesponnen.
spleißen *pres.* spleiße, spleißt, spleißt; *impf.* spliß, splissest; *subj.* splisse; *imp.* spleiß(e); *part.* gesplissen.
sprechen *pres.* spreche, sprichst, spricht; *impf.* sprach, sprachst; *subj.* spräche; *imp.* sprich; *part.* gesprochen.
sprießen *pres.* sprieße, sprieß(es)t, sprießt; *impf.* sproß, sprossest; *subj.* sprösse; *imp.* sprieß(e); *part.* gesprossen.
springen *pres.* springe, springst, springt; *impf.* sprang, sprangst; *subj.*

*) Radio.

spränge; *imp.* spring(e); *part.* gesprungen.
stechen *pres.* steche, stichst, sticht; *impf.* stach, stachst; *subj.* stäche; *imp.* stich; *part.* gestochen.
steh(e)n *pres.* stehe, stehst, steht; *impf.* stand, stand(e)st; *subj.* stünde (stände); *imp.* steh(e); *part.* gestanden.
stehlen *pres.* stehle, stiehlst, stiehlt; *impf.* stahl; *subj.* stähle; *imp.* stiehl; *part.* gestohlen.
steigen *pres.* steige, steigst, steigt; *impf.* stieg, stiegst; *subj.* stiege; *imp.* steig(e); *part.* gestiegen.
sterben *pres.* sterbe, stirbst, stirbt; *impf.* starb; *subj.* stürbe; *imp.* stirb; *part.* gestorben.
stieben *pres.* stiebe, stiebst, stiebt; *impf.* stob (stiebte); *subj.* stöbe (stiebte); *imp.* stieb(e); *part.* gestoben (gestiebt).
stinken *pres.* stinke, stinkst, stinkt; *impf.* stank, stankst; *subj.* stänke; *imp.* stink(e); *part.* gestunken.
stoßen *pres.* stoße, stößt, stößt; *impf.* stieß, stießest; *subj.* stieße; *imp.* stoß(e); *part.* gestoßen.
streichen *pres.* streiche, streichst, streicht; *impf.* strich, strichst; *subj.* striche; *imp.* streich(e); *part.* gestrichen.
streiten *pres.* streite, streitest, streitet; *impf.* stritt, stritt(e)st; *subj.* stritte; *imp.* streit(e); *part.* gestritten.
tragen *pres.* trage, trägst, trägt; *impf.* trug, trugst; *subj.* trüge; *imp.* trag(e); *part.* getragen.
treffen *pres.* treffe, triffst, trifft; *impf.* traf, trafst; *subj.* träfe; *imp.* triff; *part.* getroffen.
treiben *pres.* treibe, treibst, treibt; *impf.* trieb; *subj.* triebe; *imp.* treib(e); *part.* getrieben.
treten *pres.* trete, trittst, tritt; *impf.* trat, trat(e)st; *subj.* träte; *imp.* tritt; *part.* getreten.
trinken *pres.* trinke, trinkst, trinkt; *impf.* trank, trankst; *subj.* tränke; *imp.* trink(e); *part.* getrunken.
trügen *pres.* trüge, trügst, trügt; *impf.* trog, trogst; *subj.* tröge; *imp.* trüg(e); *part.* getrogen.
tun *pres.* tue, tust, tut; tun, tut, tun; *impf.* tat, tat(e)st; *subj.* täte; *imp.* tu(e), tut; *part.* getan.
verderben *pres.* verderbe, verdirbst, verdirbt; *impf.* verdarb; *subj.* verdürbe; *imp.* verdirb; *part.* verdorben.
verdrießen *pres.* verdrieße, verdrießt, verdrießt; *impf.* verdroß, verdrossest; *subj.* verdrösse; *imp.* verdrieß(e); *part.* verdrossen.

vergessen *pres.* vergesse, vergißt, vergißt; *impf.* vergaß, vergaßest; *subj.* vergäße; *imp.* vergiß; *part.* vergessen.
verlieren *pres.* verliere, verlierst, verliert; *impf.* verlor; *subj.* verlöre; *imp.* verlier(e); *part.* verloren.
verlöschen → erlöschen.
wachsen[1] *pres.* wachse, wächst, wächst; *impf.* wuchs, wuchsest; *subj.* wüchse; *imp.* wachs(e); *part.* gewachsen.
waschen *pres.* wasche, wäschst, wäscht; *impf.* wusch, wuschest; *subj.* wüsche; *imp.* wasch(e); *part.* gewaschen.
weichen[2] *pres.* weiche, weichst, weicht; *impf.* wich, wichst; *subj.* wiche; *imp.* weich(e); *part.* gewichen.
weisen *pres.* weise, weist, weist; *impf.* wies, wiesest; *subj.* wiese; *imp.* weis(e); *part.* gewiesen.
wenden *pres.* wende, wendest, wendet; *impf.* wandte (wendete); *subj.* wendete; *imp.* wende; *part.* gewandt (gewendet).
werben *pres.* werbe, wirbst, wirbt; *impf.* warb; *subj.* würbe; *imp.* wirb; *part.* geworben.
werden *pres.* werde, wirst, wird; *impf.* wurde, wurde; *subj.* werde; *part.* geworden (worden**).
werfen *pres.* werfe, wirfst, wirft; *impf.* warf, warfst; *subj.* würfe; *imp.* wirf; *part.* geworfen.
wiegen[1] *pres.* wiege, wiegst, wiegt; *impf.* wog, wogst; *subj.* wöge; *imp.* wieg(e); *part.* gewogen.
winden *pres.* winde, windest, windet; *impf.* wand, wandest; *subj.* wände; *imp.* wind(e); *part.* gewunden.
wissen *pres.* weiß, weißt, weiß; wissen, wißt, wissen; *impf.* wußte; *subj.* wüßte; *imp.* wisse; *part.* gewußt.
wollen *pres.* will, willst, will; wollen; *impf.* wollte; *subj.* wollte; *imp.* wolle; *part.* gewollt.
wringen → ringen.
zeihen (ver∼) *pres.* zeihe, zeihst, zeiht; *impf.* zieh, zieh(e)st; *subj.* ziehe; *imp.* zeih(e); *part.* geziehen.
ziehen *pres.* ziehe, ziehst, zieht; *impf.* zog, zogst; *subj.* zöge; *imp.* zieh(e); *part.* gezogen.
zwingen *pres.* zwinge, zwingst, zwingt; *impf.* zwang, zwangst; *subj.* zwänge; *imp.* zwing(e); *part.* gezwungen.

**) Construido con el *part.* de otros verbos.

Gebräuchliche Abkürzungen der deutschen Sprache
Abreviaturas más usuales de la lengua alemana

A

a *Ar* área.
A *Ampere* amperio.
AA *Auswärtiges Amt* Ministerio de Asuntos Exteriores.
Abb. *Abbildung* figura.
Abf. *Abfahrt* salida.
Abg. *Abgeordneter* diputado.
Abk. *Abkürzung* abreviatura.
ABM *Arbeitsbeschaffungsmaßnahme* plan de empleo.
ABS *Antiblockiersystem* Sistema Antibloqueo de Frenos (*ABS*).
Abs. *Absatz* párrafo; *Absender* remitente.
Abt. *Abteilung* sección; departamento.
a. Chr. (n.) *ante Christum (natum)* antes de Jesucristo.
a. d. *an der (bei Ortsnamen)* del.
a. D. *außer Dienst* jubilado; retirado.
ADAC *Allgemeiner Deutscher Automobil-Club* Automóvil Club General de Alemania.
Adr. *Adresse* dirección.
AG *Aktiengesellschaft* Sociedad Anónima; *Arbeitsgruppe* grupo de trabajo.
AKW *Atomkraftwerk* central nuclear.
allg. *allgemein* general(mente).
a. M. *am Main* del Meno.
Anh. *Anhang* apéndice.
Ank. *Ankunft* llegada.
Anl. *Anlage (im Brief)* anejo.
Anm. *Anmerkung* observación; nota.
AOK *Allgemeine Ortskrankenkasse* caja local del seguro de enfermedad.
a. o. Prof. *außerordentlicher Professor* catedrático supernumerario.
App. *Apparat* aparato.
ARD *Arbeitsgemeinschaft der öffentlich-rechtlichen Rundfunkanstalten der Bundesrepublik Deutschland* asociación de las estaciones de radiodifusión de la República Federal de Alemania.
a. Rh. *am Rhein* del Rin.
Art. *Artikel* artículo.
AStA *Allgemeiner Studentenausschuß* Asociación General de Estudiantes.
ASU *Abgassonderuntersuchung* → *AU*.
A. T. *Altes Testament* Antiguo Testamento.
AU *Abgasuntersuchung* control de gases de combustión.
Aufl. *Auflage* edición; tirada.
Ausg. *Ausgabe* edición.
AvD *Automobilclub von Deutschland* Automóvil Club de Alemania.
Az. *Aktenzeichen* referencia.

B

b. *bei (bei Ortsangaben)* cerca de.
B *Bundesstraße* carretera federal.
Bd. *Band* tomo; volumen.
Bde. *Bände* tomos; volúmenes.
BDI *Bundesverband der Deutschen Industrie* Unión Federal de la Industria Alemania.
beil. *beiliegend* adjunto.
bes. *besonders* especialmente; en particular.
Best.-Nr. *Bestellnummer* número de pedido.
betr. *betreffend, betreffs* concerniente a; con respecto a.
Betr. *Betreff* referencia; objeto.
bez. *bezahlt* pagado.
Bez. *Bezeichnung* denominación; *Bezirk* distrito.
BGB *Bürgerliches Gesetzbuch* Código civil.
BGH *Bundesgerichtshof* Tribunal Federal Supremo.
BGS *Bundesgrenzschutz* policía de fronteras de Alemania.
Bhf. *Bahnhof* estación.
BIP *Bruttoinlandsprodukt* Producto Interior Bruto (*PIB*).
BIZ *Bank für Internationalen Zahlungsausgleich* Banco Internacional de Pagos.
Bl. *Blatt* hoja.
BLZ *Bankleitzahl* clave bancaria.
BND *Bundesnachrichtendienst* Servicio Federal de Inteligencia.
BR *Bayerischer Rundfunk* Radio de Baviera.
BRD *Bundesrepublik Deutschland* República Federal de Alemania.
BRT *Bruttoregistertonne* tonelada de registro bruto.
BSE *Bovine Spongiforme Enzephalopathie, Rinderwahnsinn* Encefalopatía Espongiforme Bovina (*EEB*).
BSP *Bruttosozialprodukt* Producto Nacional Bruto (*PNB*).
b. w. *bitte wenden* véase al dorso.
bzw. *beziehungsweise* respectivamente.

C

C *Celsius* centígrado; Celsio.
ca. *circa, ungefähr, etwa* aproximadamente; *vor Zahlen*: unos.
ccm *veraltet*: *Kubikzentimeter* centímetro cúbico.
CDU *Christlich-Demokratische Union* Unión Cristiano-Demócrata.
cl *Zentiliter* centilitro.
cm *Zentimeter* centímetro.
cm² *Quadratzentimeter* centímetro cuadrado.
cm³ *Kubikzentimeter* centímetro cúbico.
Co. *veraltet*: *Companie* compañía.
COMECON *Rat für gegenseitige Wirtschaftshilfe* Consejo de Asistencia Económica Mutua.
CSU *Christlich-Soziale Union* Unión Social-Cristiana.
c. t. *cum tempore* un cuarto de hora más tarde.
CT *Computertomographie* Tomografía Axial Computerizada (*TAC*).
CVJM *Christlicher Verein junger Menschen* Asociación Cristiana de Jóvenes.

D

D *Durchgangszug* (tren) expreso.
d. Ä. *der Ältere* el Mayor.
DAAD *Deutscher Akademischer Austauschdienst* Servicio de Intercambio Académico.
DAX *Deutscher Aktienindex* índice alemán de acciones.
DB *Deutsche Bundesbahn* Ferrocarriles Federales Alemanes.
DBB *Deutscher Beamtenbund* Unión de Funcionarios Alemanes.
DBP *Deutsches Bundespatent* Patente Federal Alemán.
DDR *Hist. Deutsche Demokratische Republik* República Democrática Alemana (*RDA*).
DER *Deutsches Reisebüro* Agencia Alemana de Viajes.
desgl. *desgleichen* ídem.
DFB *Deutscher Fußball-Bund* Federación Alemana de Fútbol.
DGB *Deutscher Gewerkschaftsbund* Confederación de Sindicatos Alemanes.
dgl. *dergleichen* tal; semejante; análogo.
d. Gr. *der Große* el Grande.
d. h. *das heißt* es decir; o sea.
d. i. *das ist* esto es.
DIN *Deutsche Industrie-Norm* norma industrial alemana.
Dipl. *Diplom* diploma.
Dipl.-Ing. *Diplomingenieur* ingeniero diplomado.
Diss. *Dissertation* tesis doctoral.
d. J. *dieses Jahres* de este año; *der Jüngere* el Joven.
DKP *Deutsche Kommunistische Partei* Partido Comunista Alemán.
dl *Deziliter* decilitro.
DLG *Deutsche Landwirtschafts-Gesellschaft* Sociedad Alemana de Agricultura.
DM *Deutsche Mark* marco alemán.
d. M. *dieses Monats* de este mes.
DNA *Deutscher Normenausschuß* Comisión Alemana de Normalización.
DNS *Desoxyribonukleinsäure* ácido desoxirribonucleico (*ADN*).
d. O. *der Obige* el susodicho; el arriba mencionado.
DOK *Deutsches Olympisches Komitee* Comité Olímpico Alemán.
Doz. *Dozent* profesor.
dpa *Deutsche Presse-Agentur* Agencia Alemana de Prensa.
Dr. *Doktor* doctor.
d. R. *der Reserve* de la reserva.
Dr. h. c. *Doktor honoris causa* Doctor honoris causa.
Dr. jur. *Doktor der Rechte* doctor en derecho.
DRK *Deutsches Rotes Kreuz* Cruz Roja Alemana.
Dr. med. *Doktor der Medizin* doctor en medicina.
Dr. phil. *Doktor der Philosophie* doctor en filosofía (y letras).

Dr. rer. nat. *Doktor der Naturwissenschaften* doctor en ciencias naturales.
Dr. rer. pol. *Doktor der Staatswissenschaften* doctor en ciencias políticas.
Dr. theol. *Doktor der Theologie* doctor en teología.
dt. *deutsch* alemán, alemana.
dto. *dito* ídem.
DTP *Desktop-Publishing* tratamiento avanzado de texto.
Dtz(d). *Dutzend* docena.
d. Vf. *der Verfasser* el autor.

E

EC *Eurocheque* eurocheque; *Eurocity* Eurocity.
Ed. *Edition, Ausgabe* edición.
EDV *Elektronische Datenverarbeitung* proceso electrónico de datos.
EEG *Elektroenzephalogramm* electroencefalograma.
EFTA *Europäische Freihandelszone* Asociación Europea de Libre Comercio (*AELC*).
EG *Hist. Europäische Gemeinschaft* Comunidad Europea.
ehem., ehm. *ehemals* antes; antiguamente.
EIB *Europäische Investitionsbank* Banco Europeo de Inversiones (*BEI*).
eig., eigtl. *eigentlich* propiamente.
einschl. *einschließlich* inclusive.
EKD *Evangelische Kirche in Deutschland* Iglesia Protestante en Alemania.
EKG *Elektrokardiogramm* electrocardiograma.
entspr. *entsprechend* correspondiente.
EP *Europäisches Parlament* Parlamento Europeo.
erl. *erledigt* despachado.
EU *Europäische Union* Unión Europea (*UE*).
EuGH *Europäischer Gerichtshof* Tribunal Europeo de Justicia.
EUR *Euro* euro.
EURATOM *Europäische Atomgemeinschaft* Comunidad Europea de Energía Atómica.
ev. *evangelisch* protestante.
e. V. *eingetragener Verein* asociación registrada.
evtl. *eventuell* eventualmente.
EWA *Europäisches Währungsabkommen* Acuerdo Monetario Europeo (*AME*).
EWG *Hist. Europäische Wirtschaftsgemeinschaft* Comunidad Económica Europea (*CEE*).
EWI *Europäisches Währungsinstitut* Instituto Monetario Europeo (*IME*).
EWR *Europäischer Wirtschaftsraum* Espacio Económico Europeo (*EEE*).
EWS *Europäisches Währungssystem* Sistema Monetario Europeo (*SME*).
EWU *Europäische Währungsunion* Unión Monetaria Europea (*UME*).
exkl. *exklusive* excluido; excepto.
Expl. *Exemplar* ejemplar.
Exz. *Exzellenz* Excelencia.
EZB *Europäische Zentralbank* Banco Central Europeo (*BCE*).
EZU *Europäische Zahlungsunion* Unión Europea de Pagos.

F

F *Fahrenheit* Fahrenheit.
f. *folgende (Seite)* (página) siguiente; *für* para.
Fa *Firma* casa; razón social.
FC *Fußballclub* Club de Fútbol.
FCKW *Fluorkohlenwasserstoff* clorofluorocarbonados (*CFC*).
FDGB *Hist. Freier Deutscher Gewerkschaftsbund* (*DDR*) Federación Libre de los Sindicatos Alemanes.
FDJ *Hist. Freie Deutsche Jugend* (*DDR*) Juventud Libre Alemana.
FDP *Freie Demokratische Partei* Partido Liberal Demócrata.
f. d. R. *für die Richtigkeit* comprobado y conforme.
ff. *folgende Seiten* páginas siguientes.
FKK *Freikörperkultur* (des)nudismo.
FM *Frequenzmodulation* frecuencia modulada.
Forts. *Fortsetzung* continuación.
FPÖ *Freiheitliche Partei Österreichs* Partido Austríaco de la Libertad.
Fr. *Frau* señora.
fr. *frei* franco, libre.
frdl. *freundlich* amable.
Frl. *Fräulein* señorita.
frz. *französisch* francés.
FU *Freie Universität* (*Berlin*) Universidad Libre (*Berlin*).

G

g *Gramm* gramo.
GAU *größter anzunehmender Unfall* máximo accidente previsible.
GB *Gigabyte(s)* gigabyte.
geb. *geboren* nacido; *gebunden* encuadernado.
Gebr. *Gebrüder* hermanos.
gegr. *gegründet* fundado.
geh. *geheftet* en rústica.
gek. *gekürzt* abreviado.
GEMA *Gesellschaft für musikalische Aufführungs- und mechanische Vervielfältigungsrechte* Sociedad alemana de Autores, Compositores y Editores de Música.
Ges. *Gesellschaft* sociedad; *Gesetz* ley.
gesch. *geschieden* divorciado.
ges. gesch. *gesetzlich geschützt* registrado legalmente; patentado.
gest. *gestorben* difunto; fallecido.
gez. *gezeichnet* firmado.
GG *Grundgesetz* ley fundamental.
ggf. *gegebenenfalls* dado el caso.
GmbH *Gesellschaft mit beschränkter Haftung* sociedad de responsabilidad limitada.
GUS *Gemeinschaft unabhängiger Staaten* Comunidad de Estados Independientes (*CEI*).

H

h *Stunde* hora.
ha *Hektar* hectárea.
Hbf. *Hauptbahnhof* estación central.
h. c. *honoris causa* honoris causa.
hg. *herausgegeben* editado.
HGB *Handelsgesetzbuch* Código de Comercio.
Hi-Fi *High Fidelity* alta fidelidad.
HIV *human immune deficiency virus* Virus de Inmunodeficiencia Humana (*VIH*).
hl. *heilig* santo.
hl *Hektoliter* hectolitro.
HP *Halbpension* media pensión.
HR *Hessischer Rundfunk* Radio de Hesse.
Hr(n). *Herr(n)* señor.
hrsg. *herausgegeben* editado.
Hrsg. *Herausgeber* editor.
Hz *Hertz* Hertz(io).

I

i. *in, im* en.
i. A. *im Auftrag* por orden.
IAO *Internationale Arbeitsorganisation* Organización Internacional de Trabajo (*OIT*).
ib., ibd. *ibidem, ebenda* ibídem.
IC *Intercity* tren Intercity.
ICE *InterCityExpress* tren de alta velocidad.
IG *Interessengemeinschaft* comunidad de intereses; *Industriegewerkschaft* sindicato industrial.
IHK *Industrie- und Handelskammer* Cámara de Industria y Comercio.
i. J. *im Jahre* en el año.
Ing. *Ingenieur* ingeniero.
Inh. *Inhaber* propietario; *Inhalt* contenido.
inkl. *inklusive* inclusive.
insb. *insbesondere* en particular.
INTERPOL *Internationale Kriminalpolizeiliche Organisation* Policía Internacional de Investigación Criminal.
IOK *Internationales Olympisches Komitee* Comité Olímpico Internacional.
IQ *Intelligenzquotient* coeficiente intelectual (*CI*).
i. R. *im Ruhestand* jubilado, retirado.
IRK *Internationales Rotes Kreuz* Cruz Roja Internacional.
ISDN *integrated services digital network* Red Digital de Servicios Integrados (*RDSI*).
i. V. *in Vertretung* por autorización.
IWF *Internationaler Währungsfonds* Fondo Monetario Internacional.

J

J. *Jahr* año.
Jg. *Jahrgang* año.
JH *Jugendherberge* albergue juvenil.
Jh. *Jahrhundert* siglo.
jr., jun. *junior* hijo.

K

Kap. *Kapitel* capítulo.
kart. *kartoniert* encartonado.
kath. *katholisch* católico.
KB *Kilobyte(s)* kilobyte.
Kfm. *Kaufmann* comerciante.
kfm *kaufmännisch* comercial.
Kfz. *Kraftfahrzeug* automóvil.
kg *Kilogramm* kilogramo.
KG *Kommanditgesellschaft* sociedad en comandita (*od*. comanditaria).
kgl. *königlich* real.
kHz *Kilohertz* kilociclo.
KJ *Kilojoule* kilojulio.
Kl. *Klasse* clase.
km *Kilometer* kilómetro.
km/h, km/st *Stundenkilometer* kilómetros por hora.
KP *Kommunistische Partei* Partido Comunista.
Kr(s). *Kreis* distrito.
Kripo *Kriminalpolizei* policía de investigación criminal.
KSZE *Konferenz über Sicherheit und Zusammenarbeit in Europa* Conferencia de Seguridad y Cooperación en Europa (*CSCE*).

Kto. *Konto* cuenta.
KW *Kurzwelle* onda corta.
kW *Kilowatt* kilovatio.
kWh *Kilowattstunde* kilovatio-hora.
KZ *Konzentrationslager* campo de concentración.

L

l *Liter* litro.
landw. *landwirtschaftlich* agrícola.
led. *ledig* soltero.
lfd. *laufend* corriente.
Lfg. *Lieferung* entrega.
Lic. *Lizentiat* licenciado.
Lit. *Literatur* literatura.
Lkw *Lastkraftwagen* camión.
log *Logarithmus* logaritmo.
LPG *Hist. Landwirtschaftliche Produktionsgenossenschaft (DDR)* Cooperativa de producción agrícola.
lt. *laut* según.
luth. *lutherisch* luterano.
LW *Langwelle* onda larga.

M

m *Meter* metro.
m² *Quadratmeter* metro cuadrado.
m³ *Kubikmeter* metro cúbico.
mA *Milliampere* miliamperio.
MA. *Mittelalter* Edad Media.
MAD *Militärischer Abschirmdienst* Servicio Militar de Contraespionaje.
mb *Millibar* milibario.
MB *Megabyte(s)* megabyte.
MdB, M.d.B. *Mitglied des Bundestags* Miembro del Bundestag.
MdL, M.d.L. *Mitglied des Landtags* Miembro del Landtag.
m.E. *meines Erachtens* a mi parecer.
MEZ *Mitteleuropäische Zeit* hora de la Europa Central.
mg *Milligramm* miligramo.
MG *Maschinengewehr* ametralladora.
MHz *Megahertz* megaciclo.
Mill. *Million(en)* millón, millones.
Min., min *Minute* minuto.
Mio. *Million(en)* millón, millones.
MKS *Maul- und Klauenseuche* fiebre aftosa.
mm *Millimeter* milímetro.
m(ö)bl. *möbliert* amueblado.
MP *Militärpolizei* policía militar; *Maschinenpistole* pistola ametralladora.
Mrd. *Milliarde(n)* mil millones.
Ms., Mskr. *Manuskript* manuscrito.
m/sec *Meter pro Sekunde* metros por segundo.
MTA *medizinisch-technische Assistentin* ayudante técnico-sanitaria *(ATS).*
mtl. *monatlich* mensual.
MW *Mittelwelle* onda media.
MwSt. *Mehrwertsteuer* impuesto sobre el valor añadido *(IVA).*

N

N *Norden* norte.
N(a)chf. *Nachfolger* sucesor.
nachm. *nachmittags* por la tarde.
NATO *Nordatlantikpakt-Organisation* Organización del Tratado del Atlántico Norte *(OTAN).*
n.Chr. *nach Christus* después de Jesucristo.
NDR *Norddeutscher Rundfunk* Radio de la Alemania del Norte.
N.N. *Name unbekannt* (un señor) X.
NO *Nordosten* nordeste.
No., Nr. *Nummer* número.
NPD *Nationaldemokratische Partei Deutschlands* Partido Nacional-Demócrata de Alemania.
NS *Nachschrift* posdata; *Nationalsozialismus* nacionalsocialismo.
N.T. *Neues Testament* Nuevo Testamento.
NW *Nordwesten* noroeste.

O

O *Osten* este.
o. *oben* arriba; *ohne* sin.
OAS *Organisation der Amerikanischen Staaten* Organización de los Estados Americanos *(OEA).*
OB *Oberbürgermeister* primer alcalde.
o.B. ✱ *ohne Befund* sin hallazgo.
ÖBB *Österreichische Bundesbahnen* Ferrocarriles Federales Austríacos.
od. *oder* o.
OECD *Organisation für wirtschaftliche Zusammenarbeit und Entwicklung* Organización de Cooperación y Desarrollo Económico *(OCDE).*
OEZ *Osteuropäische Zeit* hora de la Europa oriental.
OHG *Offene Handelsgesellschaft* sociedad colectiva.
o.J. *ohne Jahr* sin fecha.
OLG *Oberlandesgericht etwa:* audencia territorial.
OP *Operationssaal* quirófano.
op. ♪ *Opus, Werk* obra.
o.P(rof). *ordentlicher Professor* catedrático numerario.
ÖTV *Hist. Öffentliche Dienste, Transport und Verkehr (Gewerkschaft) (Sindicato de)* Servicios públicos y transportes.
ÖVP *Österreichische Volkspartei* Partido Popular Austríaco.

P

p.A. *per Adresse* en casa de.
PC *Personalcomputer* ordenador personal.
PDS *Partei des Demokratischen Sozialismus* partido del socialismo democrático.
Pf *Pfennig* pfennig.
Pfd. *Pfund* libra.
PH *Pädagogische Hochschule* Escuela Normal Superior.
PIN *persönliche Identifikationsnummer* número de identificación personal.
Pkt. *Punkt* punto.
Pkw, PKW *Personenkraftwagen* automóvil.
PLZ *Postleitzahl* código postal.
pp., ppa. *per procura* por poder.
PR *Public Relations* relaciones públicas.
Prof. *Professor* catedrático; profesor.
PS *Pferdestärke* caballo de vapor *(CV)*; *Postskriptum* postdata.

R

rd. *rund* alrededor de.
Reg.-Bez. *Regierungsbezirk* distrito administrativo.
Rel. *Religion* religión.
resp. *respektive* respectivamente.
rh *Rhesusfaktor* factor Rh.
RK *Rotes Kreuz* Cruz Roja.
RT *Registertonne* tonelada de registro.

S

S *Süden* sur; *Schilling* chelín.
S. *Seite* página.
s. *siehe* véase.
s.a. *siehe auch* véase también.
SBB *Schweizer Bundesbahnen* Ferrocarriles Federales Suizos.
SDR *Süddeutscher Rundfunk* Radio de la Alemania del Sur.
sec *Sekunde* segundo.
SED *Hist. Sozialistische Einheitspartei Deutschlands (DDR)* Partido Socialista Unificado de Alemania.
Sek., sek. *Sekunde* segundo.
sen. *senior* padre.
SFB *Sender Freies Berlin* Radio del Berlín Libre.
sfr., sFr. *Schweizer Franken* franco suizo.
SO *Südosten* sudeste.
s.o. *siehe oben* véase más arriba.
sog. *sogenannt* llamado.
SPD *Sozialdemokratische Partei Deutschlands* Partido Socialdemócrata de Alemania.
SPÖ *Sozialistische Partei Österreichs* Partido Socialista de Austria.
SS *Sommersemester* semestre de verano.
St. *Sankt* san(to).
St., Std. *Stunde* hora.
StGB *Strafgesetzbuch* Código penal.
StPO *Strafprozeßordnung* Ley de enjuiciamiento criminal.
Str. *Straße* calle.
StVO *Straßenverkehrsordnung* Código de la circulación.
s.u. *siehe unten* véase más abajo.
SW *Südwesten* sudoeste.
SWF *Südwestfunk* Radio del Sudoeste (de Alemania).

T

t *Tonne* tonelada.
Tb(c) *Tuberkulose* tuberculosis.
Tel. *Telefon* teléfono.
TH *Technische Hochschule* Escuela Superior Técnica.
Tsd. *tausend* mil.
TU *Technische Universität* Universidad Técnica.
TÜV *Technischer Überwachungsverein* Estación de Inspección Técnica.
TV *Turnverein* club gimnástico; *Television* televisión.

U

u. *und* y.
u.a. *unter anderem* entre otras cosas; *unter anderen* entre otros; *und andere(s)* y otro(s).
u.ä. *und ähnliche(s)* y cosas semejantes.
u.A.w.g. *um Antwort wird gebeten* se ruega contestación.
u.d.M. *unter dem Meeresspiegel* bajo el nivel del mar.
ü.d.M. *über dem Meeresspiegel* sobre el nivel del mar.
UdSSR *Hist. Union der Sozialistischen Sowjetrepubliken* Unión de Repúblicas Socialistas Soviéticas *(URSS).*
UFO *unbekanntes Flugobjekt* objeto volante no identificado *(OVNI).*
UKW *Ultrakurzwelle* onda ultracorta.
U/min *Umdrehungen pro Minute* revoluciones por minuto.

Uni(v). *Universität* universidad.
UNO *Organisation der Vereinten Nationen* Organización de las Naciones Unidas (*ONU*).
urspr. *ursprünglich* originalmente.
USA *Vereinigte Staaten von Nordamerika* Estados Unidos de América (*EE.UU.*).
usf. *und so fort* y así sucesivamente; etcétera.
usw. *und so weiter* etcétera.
u.U. *unter Umständen* según las circunstancias.
UV *ultraviolett* ultravioleta.
UVP *Umweltverträglichkeitsprüfung* estudio del impacto ambiental (*EIA*).
u.v.a.m. *uns viele(s) andere mehr* y un largo etcétera.

V

v. *von* de.
V *Volt* voltio; *Volumen* volumen.
V. *Vers* verso.
v.Chr. *vor Christus* antes de Jesucristo.
VEB *Hist. Volkseigener Betrieb* (*DDR*) empresa de propiedad colectiva.
ver.di *Vereinte Dienstleistungsgewerkschaft* sindicato alemán del sector terciario.
Verf., Vf. *Verfasser* autor.
verh. *verheiratet* casado.
Verl. *Verlag* editorial.
verw. *verwitwet* viudo.
vgl. *vergleiche* compárese.
v.H. *vom Hundert* por ciento.
v.o. *von oben* de arriba.
vorm. *vormittags* por la mañana.
Vors. *Vorsitzender* presidente.
VP *Vollpension* pensión completa.
v.T. *vom Tausend* por mil.
v.u. *von unten* de abajo.

W

W *Westen* oeste; *Watt* vatio.
WAA *Wiederaufbereitungsanlage* planta de reprocesamiento.
WDR *Westdeutscher Rundfunk* Radio de la Alemania del Oeste.
WEU *Westeuropäische Union* Unión Europea Occidental (*UEO*).
WEZ *Westeuropäische Zeit* hora de la Europa Occidental.
WG *Wohngemeinschaft* piso compartido.
WGB *Weltgewerkschaftsbund* Federación Sindical Mundial.
WM *Weltmeisterschaft* campeonato mundial.
w.o. *wie oben* como arriba.
WS *Wintersemester* semestre de invierno.
WWF *World Wide Fund for Nature* Fondo Mundial para la Naturaleza.

Z

Z. *Zahl* cifra.
z.B. *zum Beispiel* por ejemplo.
ZDF *Zweites Deutsches Fernsehen* segundo canal de la televisión alemana.
z.H(d). *zu Händen von* a la atención de.
ZPO *Zivilprozeßordnung* Ley de enjuiciamiento civil.
z.T. *zum Teil* en parte.
zus. *zusammen* junto.
zw. *zwischen* entre.
z.Z. *zur Zeit* actualmente.

Deutsche Maße und Gewichte

Medidas y pesos alemanes

Längenmaße
Medidas de longitud

1 mm	Millimeter	*milímetro*
1 cm	Zentimeter	*centímetro*
1 dm	Dezimeter	*decímetro*
1 m	Meter	*metro*
1 km	Kilometer	*kilómetro*
1 sm	Seemeile	*milla marina = 1852 metros*

Flächenmaße
Medidas de superficie

1 mm²	Quadratmillimeter	*milímetro cuadrado*
1 cm²	Quadratzentimeter	*centímetro cuadrado*
1 dm²	Quadratdezimeter	*decímetro cuadrado*
1 m²	Quadratmeter	*metro cuadrado*
1 a	Ar	*área*
1 ha	Hektar	*hectárea*
1 km²	Quadratkilometer	*kilómetro cuadrado*
1 Morgen		*yugada*

Hohlmaße
Medidas de capacidad

1 ml	Milliliter	*mililitro*
1 cl	Zentiliter	*centilitro*
1 dl	Deziliter	*decilitro*
1 l	Liter	*litro*
1 hl	Hektoliter	*hectolitro*

Raummaße
Medidas de volumen

1 mm³	Kubikmillimeter	*milímetro cúbico*
1 cm³	Kubikzentimeter	*centímetro cúbico*
1 dm³	Kubikdezimeter	*decímetro cúbico*
1 m³	Kubikmeter	*metro cúbico*
1 rm	Raummeter	*metro cúbico*
1 fm	Festmeter	*metro cúbico*
1 BRT	Bruttoregistertonne	*tonelada de registro bruto*

Gewichte
Pesos

1 mg	Milligramm	*miligramo*
1 cg	Zentigramm	*centigramo*
1 dg	Dezigramm	*decigramo*
1 g	Gramm	*gramo*
1 Pfd.	Pfund	*libra = ½ kilogramo*
1 kg	Kilogramm	*kilogramo*
1 Ztr.	Zentner	*quintal = 50 kilogramos*
1 dz	Doppelzentner	*quintal métrico = 100 kilogramos*
1 t	Tonne	*tonelada = 1000 kilogramos*

Zahlwörter
Adjetivos numerales

Grundzahlen
Números cardinales

0 null *cero*
1 eins *uno* (Kurzform: *un*), *una*
2 zwei *dos*
3 drei *tres*
4 vier *cuatro*
5 fünf *cinco*
6 sechs *seis*
7 sieben *siete*
8 acht *ocho*
9 neun *nueve*
10 zehn *diez*
11 elf *once*
12 zwölf *doce*
13 dreizehn *trece*
14 vierzehn *catorce*
15 fünfzehn *quince*
16 sechzehn *dieciséis*
17 siebzehn *diecisiete*
18 achtzehn *dieciocho*
19 neunzehn *diecinueve*
20 zwanzig *veinte*
21 einundzwanzig *veintiuno* (Kurzform: *veintiún*)
22 zweiundzwanzig *veintidós*
23 dreiundzwanzig *veintitrés*
24 vierundzwanzig *veinticuatro*
25 fünfundzwanzig *veinticinco*
26 sechsundzwanzig *veintiséis*
27 siebenundzwanzig *veintisiete*
28 achtundzwanzig *veintiocho*
29 neunundzwanzig *veintinueve*
30 dreißig *treinta*
31 einunddreißig *treinta y uno*
32 zweiunddreißig *treinta y dos*
33 dreiunddreißig *treinta y tres*
40 vierzig *cuarenta*
41 einundvierzig *cuarenta y uno*
50 fünfzig *cincuenta*
51 einundfünfzig *cincuenta y uno*
60 sechzig *sesenta*
61 einundsechzig *sesenta y uno*
70 siebzig *setenta*
80 achtzig *ochenta*
90 neunzig *noventa*
100 hundert *ciento* (Kurzform: *cien*)
101 hunderteins *ciento uno* (Kurzform: *ciento un*)
200 zweihundert *doscientos, -as*
300 dreihundert *trescientos, -as*
400 vierhundert *cuatrocientos, -as*
500 fünfhundert *quinientos, -as*
600 sechshundert *seiscientos, -as*
700 siebenhundert *setecientos, -as*
800 achthundert *ochocientos, -as*
900 neunhundert *novecientos, -as*
1000 tausend *mil*
1001 eintausendeins *mil uno*
1002 eintausendzwei *mil dos*
1100 eintausendeinhundert *mil ciento* (Kurzform: *mil cien*)
2000 zweitausend *dos mil*
3000 dreitausend *tres mil*
100 000 hunderttausend *cien mil*
500 000 fünfhunderttausend *quinientos mil*
1 000 000 eine Million *un millón*
2 000 000 zwei Millionen *dos millones*
1 000 000 000 eine Milliarde *mil millones*

Ordnungszahlen
Números ordinales

1. erste *primero* (Kurzform: *primer*)
2. zweite *segundo*
3. dritte *tercero* (Kurzform: *tercer*)
4. vierte *cuarto*
5. fünfte *quinto*
6. sechste *sexto*
7. siebente *séptimo*
8. achte *octavo*
9. neunte *noveno*
10. zehnte *décimo*
11. elfte *undécimo, décimo primero*
12. zwölfte *duodécimo, décimo segundo*
13. dreizehnte *décimo tercero*
14. vierzehnte *décimo cuarto*
15. fünfzehnte *décimo quinto*
16. sechzehnte *décimo sexto*
17. siebzehnte *décimo séptimo*
18. achtzehnte *décimo octavo*
19. neunzehnte *décimo noveno, décimo nono*
20. zwanzigste *vigésimo*
21. einundzwanzigste *vigésimo primero*
22. zweiundzwanzigste *vigésimo segundo*
30. dreißigste *trigésimo*
31. einunddreißigste *trigésimo primero*
32. zweiunddreißigste *trigésimo segundo*
40. vierzigste *cuadragésimo*
50. fünfzigste *quincuagésimo*
60. sechzigste *sexagésimo*
70. siebzigste *septuagésimo*
80. achtzigste *octogésimo*
90. neunzigste *nonagésimo*
100. hundertste *centésimo*
101. hunderterste *centésimo primero*
200. zweihundertste *ducentésimo*
300. dreihundertste *trecentésimo*
400. vierhundertste *cuadringentésimo*
500. fünfhundertste *quingentésimo*
600. sechshundertste *sexcentésimo*
700. siebenhundertste *septingentésimo*
800. achthundertste *octingentésimo*
900. neunhundertste *noningentésimo*
1000. tausendste *milésimo*
2000. zweitausendste *dos milésimo*
100 000. hunderttausendste *cien milésimo*
1 000 000. millionste *millonésimo*

Bruchzahlen
Fracciones

¹/₂ ein halb *medio, media*
    die Hälfte *la mitad*
¹/₃ ein Drittel *un tercio*
²/₃ zwei Drittel *dos tercios*
¹/₄ ein Viertel *un cuarto*
³/₄ drei Viertel *tres cuartos*
¹/₅ ein Fünftel *un quinto*
³/₅ drei Fünftel *tres quintos*
⁵/₆ fünf Sechstel *cinco sextos*
²/₇ zwei Siebentel *dos séptimos*
⁵/₈ fünf Achtel *cinco octavos*
⁷/₉ sieben Neuntel *siete novenos*
³/₁₀ drei Zehntel *tres décimos*
¹/₁₁ ein Elftel *un onzavo*
⁵/₁₂ fünf Zwölftel *cinco dozavos*
⁶/₁₃ sechs Dreizehntel *seis trezavos*
⁷/₁₉ sieben Neunzehntel *siete diecinueveavos*
0,3 null Komma drei *cero coma tres*
2,5 zwei Komma fünf *dos coma cinco*

Vervielfältigungszahlen
Números proporcionales

einfach *simple*
zweifach *doble, duplo*
dreifach *triple*
vierfach *cuádruple, cuádruplo*
fünffach *quíntuplo*
sechsfach *usw. séxtuplo etc.*
hundertfach *céntuplo*

einmal *una vez*
zweimal *dos veces*
dreimal usw. *tres veces etc.*
zweimal soviel *dos veces más*
zwanzigmal mehr *veinte veces más*
5 + 7 = 12 fünf und sieben ist zwölf
    cinco y siete son doce
10 − 3 = 7 zehn weniger drei ist sieben *diez menos tres son siete*
5 × 4 = 20 fünf mal vier ist zwanzig
    cinco por cuatro son veinte
12:2 = 6 zwölf geteilt durch zwei ist sechs *doce dividido por dos son seis*

Musterbriefe

Briefe einer Privatperson (spanisch-deutsch)

I. Briefe privaten Inhalts

1 Mitteilung einer Geburt an einen Freund 642
2 Glückwunsch zur Geburt eines Kindes an Freunde 642
3 Dank für Glückwünsche zur Geburt eines Kindes 643
4 Mitteilung einer Taufe an Bekannte 643
5 Mitteilung einer Hochzeit an Verwandte 644
6 Glückwünsche zur Hochzeit einer Bekannten 644
7 Dank für Glückwünsche zur Hochzeit an einen Bekannten 645
8 Mitteilung eines Todesfalles an einen Freund 645
9 Kondolenzbrief an einen Freund 646
10 Kondolenzbrief an eine Bekannte 646
11 Dank für Beileidsbezeigung eines Bekannten 647
12 Glückwünsche zum Geburtstag eines Freundes 647
13 Glückwünsche zu Weihnachten und Neujahr an Freunde 648
14 Glückwünsche zu Weihnachten auf Weihnachtskarten 648
15 Dank für ein Geschenk von einer Bekannten 649
16 Dank für Gastfreundschaft von Bekannten 649
17 Bitte um die Adresse einer gemeinsamen Freundin 650
18 Bewerbung um eine Au-Pair-Stellung 651

II. Briefe geschäftlichen Inhalts

19 Stellung als Sekretärin gesucht 652
20 Bewerbung um eine inserierte Stellung als Auslandskorrespondentin 653
21 Lebenslauf 654
22 Tabellarischer Lebenslauf 655
23 Empfehlung für einen jungen Mann, der eine Stellung in Spanien sucht 655
24 Bitte um Auskunft an das Verkehrsamt 656
25 An ein Hotel 657
26 Mieten einer Wohnung 657
27 Bitte um Auskunft über Zeitungsabonnement 658
28 Zeitungsabonnement 658
29 Schadenregulierung bei Verkehrsunfall 658
30 Anfrage bei Versicherung wegen Verkehrsunfall 659

III. Briefe an Behörden

31 Bitte um Aufenthaltserlaubnis 660
32 Universitätszulassung 661

Geschäftsbriefe in spanischer Sprache

1 Bitte um Übersendung eines Katalogs und Preisangabe 662
2 Anfrage nach Industrieausrüstungen 663
3 Angebot für Olivenöl 664
4 Auftrag über Olivenöl 666
5 Auftragsbestätigung per Fax 667
6 Verschiffungsanzeige und Dokumentenversand 668
7 Übersendung eines Kontoauszugs 669
8 Zahlung durch Scheck 670
9 Bitte um Fristverlängerung 671
10 Mahnung wegen Nichtzahlung 672
11 Reklamation wegen Abweichung vom Muster 673
12 Annahme der Reklamation 674
13 Reklamation wegen Lieferverzug 675
14 Ankündigung der Eröffnung eines neuen Geschäfts 676
15 Änderung der Anschrift 677
16 Börsenbericht per Telefax 678
17 Musterfax 679
18 Muster einer E-Mail 680

Briefe einer Privatperson

I. Briefe privaten Inhalts

1 Mitteilung einer Geburt an einen Freund

Querido Carlos:

Te escribo hoy para darte una buena noticia: desde el martes pasado somos uno más. Se llama Julio, y ha nacido sano y fuerte. Desde que lo tenemos en casa no hacemos otra cosa que estar pendientes de él. ¡Ya te puedes imaginar lo contentos y atareados que estamos todos ahora!

Nos gustaría mucho que vinieras a visitarnos para conocer al nuevo miembro de la familia.

Desde aquí, niños y adultos te mandamos un saludo.

¡Hasta pronto!

Lieber Carlos,

heute schreibe ich dir, um dir eine gute Nachricht mitzuteilen: Seit vergangenem Dienstag sind wir einer mehr. Er heißt Julio und ist gesund und kräftig. Seit wir ihn bei uns zu Hause haben, tun wir nichts anderes, als uns um ihn zu kümmern. Du kannst dir bestimmt gut vorstellen, wie zufrieden und beschäftigt wir alle zurzeit hier sind.

Wir würden uns sehr freuen, wenn du uns besuchen würdest, um das neue Familienmitglied kennen zu lernen.

Wir senden dir alle, klein und groß, viele Grüße.

Bis bald

2 Glückwunsch zur Geburt eines Kindes an Freunde

Queridos amigos:

Me ha alegrado mucho recibir la noticia del nacimiento de vuestra hija Marisa. Me imagino que estaréis muy contentos. Espero que todo haya ido bien durante el parto y que tanto la madre como la niña se encuentren perfectamente.

Tengo la intención de visitaros en cuanto esté de vuelta en Valencia. Me gustaría mucho pasar un buen rato con vosotros y poder conocer así a vuestra hija.

Entre tanto, dadle la enhorabuena a los recién estrenados abuelos de mi parte, y recibid un abrazo muy fuerte de vuestro amigo,

Liebe Freunde,

die Nachricht über die Geburt eurer Tochter Marisa hat mich sehr gefreut. Ich denke, ihr seid sehr glücklich. Ich hoffe, dass während der Geburt alles problemlos verlaufen ist und dass sowohl Mutter wie Kind wohlauf sind.

Ich habe die Absicht euch zu besuchen, sobald ich wieder zurück in Valencia bin. Ich würde sehr gern ein paar angenehme Stunden mit euch verbringen, um eure Tochter kennen zu lernen.

Bis dahin richtet den neuen Großeltern meine besten Glückwünsche aus und seid herzlichst gegrüßt von eurem alten Freund.

3 Dank für Glückwünsche zur Geburt eines Kindes

Querido Ignacio:

Te quedo muy agradecido por tu carta y por tus buenos deseos. Naturalmente, estamos entusiasmados con nuestra hija, ¡aunque haya conseguido poner todo patas arriba en casa! A Nina y a mí nos gustaría que Ana y tú pudierais venir a verla. Si tenéis ocasión de acercaros a Barcelona, no dejéis de llamarnos por teléfono. ¡Nos alegraría mucho volver a veros!

Con nuestros mejores deseos para los dos, recibid un saludo cariñoso de,

Lieber Ignacio,

ich bin dir für deinen Brief und deine Glückwünsche zu großem Dank verpflichtet.

Selbstverständlich sind wir von unserer Tochter begeistert, obwohl sie es schon geschafft hat, die ganze Wohnung in Unordnung zu bringen. Nina und ich wären sehr erfreut, wenn Ana und du uns besuchen kommen könntet. Wenn ihr die Möglichkeit habt, nach Barcelona zu kommen, ruft uns auf alle Fälle an. Wir würden euch sehr gerne wieder sehen.

Mit den allerbesten Grüßen für euch beide verabschieden sich liebevoll

4 Mitteilung einer Taufe an Bekannte

Queridos amigos:

Tenemos el placer de comunicaros que el próximo 25 de abril será bautizado nuestro hijo a las 16.30 en la iglesia de Santiago. Nos alegraría mucho contar con vuestra presencia tanto en la ceremonia religiosa como en la celebración posterior en nuestra casa.

Hasta entonces, recibid un fuerte abrazo.

Liebe Freunde,

wir haben die Freude euch mitzuteilen, dass unser Sohn am kommenden 25. April um 16.30 Uhr in der Santiago-Kirche getauft werden wird. Wir würden uns sehr freuen, mit eurer Anwesenheit sowohl während der kirchlichen Zeremonie als auch während der anschließenden Feier bei uns zu Hause rechnen zu können.

Bis dahin seid herzlichst gegrüßt!

Musterbriefe

5 Mitteilung einer Hochzeit an Verwandte

Queridos tíos María y Miguel:

Me imagino que desde hace tiempo os estaréis preguntando cuándo voy a decidirme por fin a cambiar mi estado civil. Pues bien, parece que ya me ha llegado el momento, porque el mes pasado pusimos fecha a nuestra boda. Será el 3 de julio a las 18.30, aquí en Madrid, en la iglesia de Santo Tomás.

Sobra que os diga que vosotros no podéis faltar. Ya sé lo que os alegráis de esta noticia; yo también estoy muy contenta con la decisión y de momento muy ocupada con los preparativos. Hablaremos por teléfono antes del gran día.

Hasta entonces, os mando un montón de besos.

Liebe Tante Maria, lieber Onkel Miguel,

ich denke, dass ihr euch schon seit langem fragt, wann ich endlich meinen Familienstand wechseln werde. Es scheint, dass der Moment gekommen ist. Im vergangenen Monat haben wir den Termin unserer Hochzeit festgesetzt: am 3. Juli um 18.30 Uhr in der Santo-Tomás-Kirche in Madrid.

Es erübrigt sich wohl zu erwähnen, dass ihr dabei nicht fehlen dürft. Ich weiß genau, wie sehr ihr euch über diese Nachricht freut. Auch ich bin mit der Entscheidung sehr zufrieden, bin jedoch zurzeit sehr mit den Vorbereitungen beschäftigt. Wir hören vor dem großen Tag noch voneinander.

Bis dahin sende ich euch viele herzliche Grüße

6 Glückwünsche zur Hochzeit einer Bekannten

Estimada Laura:

Con motivo de tu boda, recibe la felicitación más cordial y los mejores deseos para el futuro en compañía de tu marido.

Encantado asistiría a tu boda si me fuera posible, pero precisamente ese día tengo que viajar a Alemania por cuestiones de trabajo.

A mi regreso, prometo ponerme en contacto contigo y hacerte una visita para darte la enhorabuena personalmente y tener la oportunidad de conocer a tu marido.

Con el mayor afecto.

Liebe Laura,

zu deiner Hochzeit übermittle ich dir die herzlichsten Glückwünsche und wünsche dir das Beste für die Zukunft an der Seite deines Mannes.

Liebend gerne würde ich an deiner Hochzeit teilnehmen, wenn ich nur könnte. Aber ausgerechnet an diesem Tag muss ich aus geschäftlichen Gründen nach Deutschland reisen.

Ich verspreche dir, dass ich mich nach meiner Rückkehr mit dir in Verbindung setzen und dich besuchen werde, um dir meine Glückwünsche persönlich übermitteln zu können und die Gelegenheit zu haben, deinen Mann kennen zu lernen.

Von ganzem Herzen grüßt dich

7 Dank für Glückwünsche zur Hochzeit an einen Bekannten

Estimado Marco:

Mi esposo y yo queremos agradecerte sinceramente tu cordial felicitación con motivo de nuestra boda. Sentí mucho que no pudieras estar presente en ese día tan señalado para mí, pero por supuesto entiendo que hay compromisos profesionales que son ineludibles.

La ceremonia resultó muy bonita, además tenemos la impresión de que todos nuestros invitados disfrutaron mucho de la celebración. Sobra decirte que tanto mi marido como yo estaremos encantados de que nos visites a tu regreso y así poder enseñarte las fotos de la boda.

Espero que tu estancia en Alemania haya sido productiva y agradable, y que encontremos pronto una fecha que te venga bien para invitarte a comer a nuestra nueva casa.

Recibe un afectuoso saludo.

Lieber Marco,

ich möchte mich zusammen mit meinem Mann vielmals für deine herzlichen Hochzeitswünsche bei dir bedanken. Es tat mir sehr Leid, dass du an diesem für mich so wichtigen Tag nicht anwesend sein konntest, doch habe ich natürlich Verständnis dafür, dass es unvermeidliche berufliche Verpflichtungen gibt.

Es war eine sehr schöne kirchliche Trauung. Darüber hinaus haben wir den Eindruck, dass sich all unsere Gäste während der Feier gut amüsierten. Es erübrigt sich wohl dir zu sagen, dass sich mein Mann und ich sehr darüber freuen würden, wenn du uns nach deiner Rückkehr besuchen würdest, denn dann könnten wir dir auch die Hochzeitsfotos zeigen.

Ich hoffe, du hast einen angenehmen und produktiven Aufenthalt in Deutschland gehabt, und würde mir wünschen, dass wir bald einen Termin finden könnten, der dir gelegen kommt, damit wir dich in unsere neue Wohnung zum Essen einladen können.

Es sendet dir die herzlichsten Grüße

8 Mitteilung eines Todesfalles an einen Freund

Querido Manolo:

Siento tener que darte la noticia del fallecimiento de mi madre. Como sabes, llevaba ya varios meses enferma, sin esperanza de mejorar. La pobre ha sufrido mucho en los últimos momentos, y en medio de la tristeza que todos sentimos, nos queda el consuelo de que por fin sus dolores han terminado. …/2

Lieber Manolo,

leider muss ich dir den Tod meiner Mutter mitteilen. Wie du ja weißt, war sie schon seit ein paar Monaten ohne Hoffnung auf Besserung krank. Die Arme hat zum Ende hin sehr leiden müssen. Bei all unserer Trauer bleibt uns der Trost, dass ihr Leiden nun endlich beendet ist.

/2

El entierro tendrá lugar el próximo jueves, a las 16.30, en el cementerio del Oeste. El funeral se celebrará el viernes a las 11 en la parroquia de San Miguel.

Te mando un abrazo.

Die Beerdigung findet am nächsten Donnerstag, um 16.30 Uhr, auf dem Westfriedhof statt. Die Trauerfeierlichkeit ist am Freitag, um 11.00 Uhr, in der San-Miguel-Kirche.

Viele Grüße

9 Kondolenzbrief an einen Freund

Querido Julio:

La noticia de la muerte de tu madre me ha dejado profundamente triste. Lamento mucho que te haya tocado vivir una experiencia tan dura como ésta. Me imagino el dolor que sentirás, pues el vacío que ella ha dejado lo sentimos todos, pero especialmente tú y tus hermanos.

No sé qué más decirte. Únicamente que en estos difíciles momentos comparto tu dolor.

Ya sabes que me tienes a tu disposición siempre que me necesites.

Te mando un abrazo muy fuerte.

Lieber Julio,

die Nachricht vom Tod deiner Mutter hat mich in tiefe Trauer versetzt. Ich bedauere es sehr, dass du eine so tragische Erfahrung machen musstest. Ich kann mir deinen Schmerz gut vorstellen, denn die Leere, die ihr Ableben hinterlassen hat, bedauern wir alle, doch du und deine Geschwister wohl am meisten.

Ich weiß nicht, was ich noch sagen soll. Nur dies: In diesem so schwierigen Moment teile ich deinen Schmerz. Du weißt, dass du immer mit mir rechnen kannst, wann immer du mich brauchst.

Es grüßt dich von ganzem Herzen

10 Kondolenzbrief an eine Bekannte

Estimada Sra. de Iríbar:

Tras conocer la noticia del fallecimiento de su marido, queremos expresarle nuestra más sincera condolencia por tan grave pérdida. El señor Iríbar deja un profundo vacío entre los que tuvimos la suerte de haberle conocido; su recuerdo estará siempre presente entre nosotros.   .../2

Sehr geehrte Frau de Iríbar,

nachdem wir von dem Ableben Ihres Mannes erfahren haben, möchten wir Ihnen nun unser tiefstes Beileid über den schweren Verlust aussprechen. Herr Iríbar hinterlässt eine große Leere bei all denjenigen, die das Glück hatten, ihn kennen zu lernen, und er wird für immer in unserer Erinnerung bleiben.

De todo corazón le deseamos fuerzas para sobreponerse a tan dura prueba y la acompañamos en su sentimiento.

Reciba un saludo muy cordial.

Wir wünschen Ihnen von ganzem Herzen die Kraft, diese schwere Prüfung zu meistern, und begleiten Sie mit unserem Mitgefühl.

Es grüßen Sie herzlichst

11 Dank für Beileidsbezeigung eines Bekannten

Estimados Sres. de Massó:

En estos momentos tan difíciles para mí, es muy reconfortante recibir el apoyo de quienes estuvieron cerca de mi marido y le apreciaron. Les agradezco profundamente su muestra de cariño y solidaridad, que sin duda contribuye a aliviar el dolor y la soledad que ahora siento.

Muy cordialmente,

Sehr geehrte Frau Massó,
sehr geehrter Herr Massó,

in einem so schwierigen Moment wie diesem ist es für mich sehr aufbauend, die Unterstützung derer zu bekommen, die meinem Mann nahe waren und ihn schätzten. Ich danke Ihnen von ganzem Herzen für Ihre Zuneigung und Anteilnahme, was sicher dazu beiträgt, den Schmerz und die Einsamkeit, die ich zurzeit verspüre, zu lindern.

Mit herzlichem Gruß

12 Glückwünsche zum Geburtstag eines Freundes

¡Hola, Pepe!

La fecha de tu cumpleaños no la paso por alto, ¡qué más quisieras...! Parece que fue ayer cuando íbamos juntos al colegio, y sin embargo han pasado ya casi treinta años desde entonces. En fin, a este paso nos hacemos viejos sin enterarnos. Pero como decía aquel optimista, no somos cada vez más viejos, sino más maduros. Cada uno se consuela como puede, ¿no?

.../2

Hallo Pepe,

deinen Geburtstag vergesse ich nicht! Was willst du mehr! Es kommt mir vor, als wären wir noch gestern gemeinsam in die Schule gegangen, und trotzdem sind jetzt schon fast dreißig Jahre vergangen. Na ja, so schnell werden wir älter, ohne es zu merken. Aber wie sagt doch der Optimist so schön: Wir werden nicht älter, wir werden reifer. Ein jeder tröstet sich, womit er kann.

/2

Bueno, chico, no quiero seguir filosofando. Que lo celebres como es de rigor, y que sea por muchos años más. Te prometo brindar en tu honor; lo que siento es no poder hacerlo contigo. Pero pronto nos veremos, y entonces celebraremos tu cumpleaños y el mío, que está también al caer.

Un abrazo muy fuerte.

Aber genug philosophiert! Feiere diesen Geburtstag, wie es sich gehört, und am besten noch viele mehr. Ich verspreche dir, auf dein Wohl anzustoßen, leider nicht mit dir zusammen. Aber wir werden uns bestimmt bald sehen und dann feiern wir deinen und meinen Geburtstag, denn der steht auch bald an.

Einen ganz lieben Gruß sendet dir

13 Glückwünsche zu Weihnachten und Neujahr an Freunde

Queridos amigos:

Ya sabéis lo que me cuesta encontrar el momento para sentarme a escribir. Pero hay ocasiones que no pueden dejarse pasar, y ésta es una de ellas.

Aunque me acuerdo mucho de vosotros durante todo el año, es especialmente en estas fechas cuando uno echa más en falta a los buenos amigos.

Puesto que la distancia nos obliga a celebrar estas Navidades por separado, no me queda otro remedio que desearos por carta que lo paséis muy bien durante las fiestas en compañía de vuestra familia y que en el Año Nuevo se cumplan todos vuestros deseos. Dadles un saludo muy especial a vuestros padres de mi parte. Y para vosotros, un fuerte abrazo.

Meine lieben Freunde,

es ist euch ja schon bekannt, wie schwer es mir fällt, die Zeit zu finden, um mich hinzusetzen und zu schreiben. Aber es gibt Momente, die man nicht verpassen sollte, und dies ist einer davon.

Auch wenn ich das ganze Jahr über viel an euch denke, vermisst man doch gerade in dieser Jahreszeit die guten Freunde sehr. Da uns die Entfernung dazu zwingt, das Weihnachtsfest getrennt zu verbringen, bleibt mir nichts anderes übrig, als euch mit diesem Brief ein fröhliches Weihnachtsfest im Kreis eurer Familie zu wünschen, auf dass all eure Erwartungen für das neue Jahr sich erfüllen mögen. Grüßt ganz besonders eure Eltern von mir.

Es grüßt euch von ganzem Herzen

14 Glückwünsche zu Weihnachten auf Weihnachtskarten

(Standard)
Les deseamos felices Fiestas y próspero Año Nuevo.

.../2

Wir wünschen Ihnen frohe Weihnachten und ein erfolgreiches neues Jahr.

(an Bekannte)

Con mis mejores deseos de paz, amor y prosperidad para la Navidad y el Año Nuevo.

Meine besten Glückwünsche für ein frohes Weihnachtsfest und ein erfolgreiches neues Jahr in Liebe und Frieden

15 Dank für ein Geschenk von einer Bekannten

Querida Margarita:

Estamos muy agradecidos por el detalle que has tenido con nosotros. Nos ha gustado mucho, no sólo por ser un estupendo recuerdo tuyo, sino porque has acertado plenamente con la elección. De nuevo, muchas gracias.

Recibe todo nuestro afecto.

Liebe Margarita,

wir danken dir sehr für die Aufmerksamkeit, die du uns hast zukommen lassen. Sie hat uns sehr gut gefallen, nicht nur weil es eine wunderbare Erinnerung an dich ist, sondern auch weil du voll unseren Geschmack getroffen hast. Nochmals vielen Dank.

Wir grüßen dich aufs Allerherzlichste

16 Dank für Gastfreundschaft von Bekannten

Estimada Sra. de Calderón:

Entre tanto, me encuentro de nuevo en mi casa de Berlín, y le escribo cuanto antes para agradecerle la amabilidad y la hospitalidad que me dispensó durante mi estancia en Sevilla. Para mí, fue una gran alegría el verme recibida por una familia tan amable, en vez de tener que contentarme con las atenciones dispensadas a los congresistas por el comité organizador, por muy buenas que éstas puedan ser.

…/2

Sehr geehrte Frau Calderón,

in der Zwischenzeit bin ich wieder bei mir zu Hause in Berlin angekommen und ich schreibe Ihnen sofort, um mich bei Ihnen für Ihre Freundlichkeit und Gastfreundschaft zu bedanken, die Sie mir während meines Aufenthalts in Sevilla zukommen ließen.

Für mich war es eine große Freude, von einer so freundlichen Familie empfangen zu werden, statt mich „nur" mit der Aufmerksamkeit begnügen zu müssen, die das Organisationskomitee den Teilnehmern zukommen ließ, so gut diese auch gewesen war.

/2

Espero que alguna vez venga a Alemania, a fin de poder mostrarle un poco de mi país. Tal vez el libro de fotografías que incluyo le anime a visitar esta hermosa ciudad en que yo vivo.

Le envío los saludos más cordiales, y nuevamente, muchas gracias por todo.

Ich hoffe, dass Sie irgendwann einmal nach Deutschland kommen werden, um Ihnen ein wenig von meinem Land zeigen zu können.

Vielleicht kann der beigefügte Fotoband Sie dazu anregen, diese schöne Stadt, in der ich lebe, zu besuchen.

Ich sende Ihnen die herzlichsten Grüße und sage Ihnen nochmals vielen Dank für alles.

17 Bitte um die Adresse einer gemeinsamen Freundin

¡Hola, Mar!

¿Como estás? Espero que igual de bien que la última vez que nos vimos. Por aquí no hay novedad, todo está más o menos como lo dejaste hace unas semanas, excepto que empieza a hacer frío. Se nota que ha llegado ya el otoño.

Pero no te escribo hoy para contarte cómo está el tiempo por estas tierras, sino para pedirte un favor. Se trata de la dirección de Natalia: llevo unos días buscándola por todas partes y no consigo encontrarla. Me temo que la he perdido definitivamente. También he intentado contactar con ella por teléfono pero no contesta nadie en su casa, supongo que estará de viaje.

El caso es que desde hace tiempo quiero mandarle por correo unos libros que tengo para ella, y ya me estoy demorando demasiado por no tener su dirección. Sé que tú tienes que tenerla. Por eso te pido que me la mandes en cuanto puedas, pues me gustaría que le llegaran los libros cuanto antes.

.../2

Hallo Mar,

wie geht es dir? Ich hoffe, genauso gut wie bei unserem letzten Zusammentreffen. Hier gibt es nichts Neues, es ist noch alles mehr oder weniger so wie vor ein paar Wochen, als du weggingst, mit der Ausnahme, dass es jetzt schon anfängt kalt zu werden. Man merkt eben, dass der Herbst schon da ist.

Heute schreibe ich dir jedoch nicht, um vom Wetter in diesen Breitengraden zu erzählen, sondern um dich um einen Gefallen zu bitten. Es handelt sich um die Adresse von Natalia: Seit ein paar Tagen suche ich sie jetzt schon überall und kann sie nicht finden. Ich glaube, ich habe sie tatsächlich verloren. Ich habe auch versucht Natalia anzurufen, aber niemand antwortet bei ihr zu Hause. Ich nehme an, sie ist verreist.

Ich will ihr nämlich seit langem ein paar Bücher, die ich für sie habe, per Post schicken, und ich habe es jetzt schon zu lange hinausgeschoben, nur

/2

¿Cuándo vas a poder volver por aquí? No hace tanto que te fuiste y, sin embargo, ya empezamos a echarte de menos.

Me despido por hoy. Da muchos saludos en casa y gracias por tu ayuda.

Besos.

weil ich ihre Adresse nicht habe. Du müsstest sie eigentlich haben. Deshalb bitte ich dich, sie mir so bald du kannst zu schicken, denn ich möchte ihr so bald wie möglich die Bücher zukommen lassen.

Wann wirst du wieder einmal hier vorbeikommen? Es ist noch gar nicht so lange her, dass du von hier weg bist, und wir vermissen dich schon.

Für heute verabschiede ich mich von dir. Grüße alle bei dir zu Hause von mir und danke für deine Hilfe!

Herzlichst

deine

18 Bewerbung um eine Au-pair-Stellung

Estimados señores:

Permítanme que me dirija a Vds. en relación con el puesto "au pair" que anunciaron en el "Die Welt" de ayer.

Soy hija de un industrial de Hamburgo y tengo 19 años de edad. Hace dos años terminé el bachillerato y en la actualidad estoy estudiando español, inglés y ruso en una academia. Desearía pasar una temporada en España para perfeccionar mi español y familiarizarme con la vida española.

Me ofrezco a encargarme de los niños y a ayudar en las tareas domésticas a cambio de la remuneración que Vds. mencionan en el anuncio, con la condición de tener un margen fijo de tiempo libre para poder asistir a cursos de español y conocer Madrid y los alrededores.

…/2

Sehr geehrte Damen und Herren,

erlauben Sie mir, dass ich mich bezüglich der Au-pair-Stelle, die Sie in „Die Welt" von gestern ausgeschrieben haben, an Sie wende.

Ich bin die Tochter eines Hamburger Industriellen und bin 19 Jahre alt. Vor zwei Jahren beendete ich meine Ausbildung mit der mittleren Reife und zurzeit lerne ich Spanisch, Englisch und Russisch in einer Sprachenschule. Ich möchte gerne längere Zeit in Spanien verbringen, um mein Spanisch zu vervollkommnen und mich mit der spanischen Lebensart vertraut zu machen. Ich würde mich gerne um die Kinder kümmern und im Haushalt helfen gegen das Entgelt, das Sie erwähnen, und unter der Bedingung, ein bestimmtes Maß an Freizeit zu haben, um Spanischkurse besuchen zu können und Madrid und seine Umgebung kennen zu lernen.

/2

En el caso de que les interese mi solicitud, y si el puesto está aún libre, les rogaría me lo comunicaran para ponernos en contacto y conocernos al menos por carta. Me interesaría que Vds. me indicaran la fecha exacta en que debería estar en su casa.

En espera de sus noticias, les saluda atentamente,

Wenn Sie meine Bewerbung interessiert und die Stelle noch frei ist, würde ich Sie bitten, mir das mitzuteilen, damit wir uns in Verbindung setzen können und uns wenigstens per Brief kennen lernen. Mich würde das genaue Datum interessieren, an dem ich in Ihrem Hause sein müsste.

In der Hoffnung auf baldige Antwort verbleibe ich

mit freundlichen Grüßen

II. Briefe geschäftlichen Inhalts

19 Stellung als Sekretärin gesucht

Muy Sres. míos:

Acabo de concluir mi formación de secretaria y tendría gran interés en trabajar en el extranjero, especialmente en España. Me gustaría saber si en su empresa hay en la actualidad algún puesto vacante o si podría haberlo en un futuro próximo.

Como anexo, les envío un resumen de mi formación escolar y profesional y copias de mis certificados en taquigrafía, mecanografía e informática, así como en español, inglés y francés.

Lamento que la distancia me haga difícil presentarme personalmente a ustedes, pero estaría dispuesta en todo momento a enviarles certificados, indicar mis referencias y proporcionarles cualquier información que consideren necesaria.

Muy atentamente,

Sehr geehrte Damen und Herren,

ich habe kürzlich meine Ausbildung als Sekretärin beendet und würde sehr gern im Ausland, vorzugsweise in Spanien, arbeiten. Ich wüsste gern, ob es in Ihrer Firma zurzeit eine freie Stelle gibt oder ob es in naher Zukunft eventuell eine geben wird.

Eine Übersicht über meine Schul- und Berufsausbildung und Kopien meiner Zeugnisse für Kurzschrift, Maschineschreiben, Informatik sowie Spanisch, Englisch und Französisch füge ich bei.

Ich bedaure, dass es aufgrund der Entfernung schwierig ist, mich persönlich zu einem Gespräch einzufinden, aber ich bin jederzeit bereit, Zeugnisse vorzulegen, meine Referenzen anzugeben und jede andere Auskunft zu erteilen, die Sie für erforderlich halten.

Mit freundlichen Grüßen

20 Bewerbung um eine inserierte Stellung als Auslandskorrespondentin

Muy Sres. míos:

Estaría interesada en el puesto de secretaria con idiomas que anuncian hoy en "La Vanguardia".

Tengo 24 años, y desde hace tres trabajo en la empresa Müller und Meier GmbH de Stuttgart. En ella soy responsable de las facturas y documentos de aduana y de la totalidad de la correspondencia en francés y en español, y tendría extraordinario interés en ampliar ahora mi experiencia en este sector en España.

Adjunto a esta carta informes sobre mis estudios y mi actividad anterior, así como dos copias de certificados. Mi jefe, el Sr. Helmut Müller, está al corriente de mis deseos de obtener un cambio de situación y me ha permitido citarle como referencia.

En el caso de que mi cualificación corresponda a sus exigencias, les quedaría muy agradecida si tuvieran la amabilidad de informarme lo más exactamente posible sobre el trabajo, el sueldo ofrecido y las posibilidades de promoción interna.

Con mucho gusto me entrevistaría con Vds. en la fecha y hora que más les convenga.

Esperando que tomen en consideración mi solicitud, aprovecho para saludarles atte.

Sehr geehrte Damen und Herren,

ich interessiere mich für die Stelle als Fremdsprachenkorrespondentin, die heute in der „Vanguardia" ausgeschrieben war.

Ich bin 24 Jahre alt und seit drei Jahren bei der Firma Müller und Meier GmbH, Stuttgart, beschäftigt. Dort bin ich für Rechnungen und Zolldokumente und für alle Korrespondenz in Französisch und Spanisch verantwortlich und würde jetzt gern meine Erfahrung auf diesem Arbeitsgebiet in Spanien erweitern.

Angaben über meine Ausbildung und frühere Tätigkeit sowie zwei Zeugnisabschriften füge ich diesem Brief bei. Mein Arbeitgeber, Herr Helmut Müller, weiß, dass ich gern einen Wechsel vornehmen möchte, und hat mir gestattet, ihn als Referenten anzugeben.

Wenn meine Qualifikation Ihren Anforderungen entspricht, möchte ich Sie bitten, mir Näheres über die Arbeit, das gebotene Gehalt und die Aufstiegsmöglichkeiten mitzuteilen.

Ich würde gern zu jedem Ihnen angenehmen Zeitpunkt zu einem Gespräch kommen.

In der Hoffnung, dass Sie meine Bewerbung berücksichtigen, verbleibe ich

mit freundlichen Grüßen

21 Lebenslauf

Curriculum vitae
Nombre: Bauer, Ernst
Dirección: Friedenstraße, 15
81671 Múnich

Alemania

Nací el 8 de enero de 1971 en Rosenheim de padre abogado. Allí viví hasta los 5 años de edad, luego mi familia se trasladó a Múnich. En esta ciudad cursé la primera enseñanza de 1977 a 1981, a continuación pasé al Wittelsbachgymnasium, donde en 1989 terminé el bachillerato con nota de "sobresaliente". Continué mis estudios en la Universidad de Múnich, donde entre 1989 y 1994 estudié Sociología, Economía y Ciencias de la Información, concluyendo la carrera con el título de "Diplom-Soziologe" en el verano de 1994. Durante mis estudios, hice prácticas en el periódico "Süddeutsche Zeitung" y en la Caja de Ahorros de Múnich; además, pasé dos temporadas en España para perfeccionar mis conocimientos de español, trabajando en un banco de Sevilla.

Las personas mencionadas a continuación se han mostrado dispuestas a informar sobre mi carácter y cualificación:

. . . . .
. . . . .
. . . . .

(Fecha)   *(Firma)*

Muy atentamente,

Name: Bauer, Ernst
Anschrift: Friedenstraße 15
81671 München

Deutschland

Ich wurde am 8. Januar 1971 in Rosenheim als Sohn eines Anwalts geboren. Dort lebte ich bis zu meinem 5. Lebensjahr, danach zog meine Familie nach München. In dieser Stadt besuchte ich von 1977 bis 1981 die Grundschule, danach wechselte ich auf das Wittelsbachgymnasium über, wo ich 1989 mein Abitur mit der Note „sehr gut" abschloss. Anschließend ging ich auf die Universität München, wo ich von 1989 bis 1994 Soziologie, Wirtschaftswissenschaften und Informationswissenschaft studierte und im Sommer 1994 mit dem Titel „Diplomsoziologe" meine Berufsausbildung abschloss. Während meines Studiums leistete ich Praktika bei der „Süddeutschen Zeitung" und bei der Stadtsparkasse München ab; außerdem war ich zweimal in Spanien und konnte dort meine Spanischkenntnisse vervollkommnen, indem ich in einer Bank in Sevilla gearbeitet habe.

Die folgenden Personen sind bereit, über meinen Charakter und meine Qualifikationen Aussagen zu machen:

. . . . .
. . . . .
. . . . .

(Datum)   *(Unterschrift)*

22 Tabellarischer Lebenslauf

Datos personales:
Nombre: ...
Apellidos: ...
Dirección: ...
Teléfono:
   Particular: ... / Trabajo: ...
Lugar de nacimiento: ...
Fecha de nacimiento: ...
Nacionalidad: ...

Formación escolar: ...
Formación universitaria: ...
Estudios: ...
Experiencia profesional: ...
Otros conocimientos: ...
Referencias: ...

Persönliche Daten:
Name: ...
Familienname: ...
Anschrift: ...
Telefonnummer: ...
   Privat: ... / Tagsüber: ...
Geburtsort: ...
Geburtsdatum: ...
Staatsangehörigkeit: ...

Schulbildung: ...
Studium: ...
Ausbildung: ...
Praktika und Berufserfahrung: ...
Besondere Kenntnisse: ...
Referenzen: ...

23 Empfehlung für einen jungen Mann, der eine Stellung in Spanien sucht

A quienes concierna:

El Sr. Weder me ha pedido una carta de recomendación, que gustosamente expido.

Conozco al Sr. Weder desde hace bastante tiempo, y ha estado a mis órdenes desde hace año y medio. Es una persona de excelente carácter, cumplidor de su deber y en el que se puede depositar plena confianza. A nivel profesional debo elogiar especialmente su compañerismo y su interés incondicional por la empresa. Es de encomiar además su iniciativa personal y disposición a abordar cualquier clase de problemas, para los que en todo momento ha hallado soluciones muy positivas. Como nota personal me es grato destacar también sus dotes de mando, combinadas con su incondicional adaptación a las directivas de la empresa.

Bescheinigung:

Herr Weder hat mich um ein Referenzschreiben gebeten, das ich gerne ausstelle.

Ich kenne Herrn Weder schon ziemlich lange, er ist seit eineinhalb Jahren bei mir angestellt. Er besitzt ausgezeichnete Charaktereigenschaften, erfüllt stets seine Pflichten und man kann ihm vollstes Vertrauen entgegenbringen. Seine Kollegialität war stets löblich und er hat jederzeit sein uneingeschränktes Interesse für die Firma gezeigt. Seine Eigeninitiative ist lobenswert, ebenso seine Bereitschaft, mit allen Problemen fertig zu werden, für die er zu jeder Zeit positive Lösungen gefunden hat. Als persönliche Anmerkung freut es mich, seine Führungsqualitäten hervorzuheben, verbunden mit seiner uneingeschränkten Anpassung an die Richtlinien der Firma.

.../2

Musterbriefe

/2

Siento tener que renunciar a un colaborador tan altamente cualificado, y me es grato recomendar al Sr. Weder, deseándole lo mejor para su futuro profesional.

(Firma)

(oder, bei Bewerbung um eine bestimmte Stelle)

El Sr. Ulli Weder me ha comunicado que se interesa por el puesto de ..., solicitando que le expida una carta de recomendación, lo que hago con sumo gusto.

(wie oben)

Ich bedauere es, auf einen so hochqualifizierten Mitarbeiter verzichten zu müssen, freue mich aber, Herrn Weder weiterempfehlen zu können, indem ich ihm nur das Beste für seine berufliche Zukunft wünsche.

(Unterschrift)

Herr Ulli Weder hat mir mitgeteilt, dass er sich für die Stelle eines ... interessiert und mich gebeten, ihm eine persönliche Referenz auszustellen, was ich sehr gerne tue.

24 Bitte um Auskunft an das Verkehrsamt
(wegen Ferienhaus)

Oficina de Turismo
Gerona

Muy Sres. míos:

Desearía pasar las vacaciones de agosto de este año con mi familia en algún lugar de la Costa Brava. Les quedaría por ello muy agradecido si tuvieran la bondad de comunicarme si, para esa época, hay aún apartamentos amueblados o bungalows libres. Nos gustaría hospedarnos junto al mar, y necesitamos como mínimo dos habitaciones dobles. También tendríamos necesidad de ropa de cama, cubiertos, etc.

Dado que dispongan de algo que pueda interesarnos, ¿serían tan amables en comunicarnos las condiciones de alquiler y si es necesario abonar algo por adelantado?

Muy agradecido de antemano, les saluda atte.

An das
Verkehrsamt
Gerona

Sehr geehrte Damen und Herren,

ich würde gern im August dieses Jahres mit meiner Familie den Urlaub an der Costa Brava verbringen und wäre Ihnen dankbar, wenn Sie mir mitteilen könnten, ob zu dieser Zeit möblierte Apartments oder Bungalows frei sind. Wir wären gern nahe am Meer und bräuchten wenigstens zwei Doppelzimmer; Bettwäsche, Essbesteck usw. müssten vorhanden sein.

Wären Sie so freundlich, uns die Bedingungen mitzuteilen und ob eine Anzahlung erforderlich ist, wenn Sie etwas anzubieten haben, das uns interessieren könnte.

Ich danke Ihnen im Voraus und verbleibe

mit freundlichen Grüßen

25 An ein Hotel
(Zimmerbestellung)

Muy Sr. mío:

Muchas gracias por su carta del 16 del corriente, así como por el folleto anexo.

Le ruego me reserve del 6 al 28 de agosto próximos, ambos inclusive, la habitación doble n° 25 con baño, que da al parque, así como la habitación doble n° 34, con vistas a la ría.

Pensamos desayunar en el hotel y cenar en su restaurante la mayor parte de los días.

Llegaremos en coche el 6 de agosto, entre las 9 y las 12 de la mañana.

Entretanto, le saluda atentamente,

Sehr geehrter Herr,

ich danke Ihnen für Ihren Brief vom 16. d. M. und die Broschüre. Ich bitte Sie, mir vom 6. bis einschließlich 28. August d. J. das Doppelzimmer Nr. 25 mit Bad, das auf den Park geht, und das Doppelzimmer Nr. 34, mit Blick auf die Bucht, zu reservieren.

Wir frühstücken im Hotel und haben vor, an den meisten Tagen in Ihrem Restaurant zu Abend zu essen.

Wir werden am 6. August zwischen 9 und 12 Uhr vormittags mit dem Auto ankommen.

Bis dahin verbleibe ich

mit freundlichen Grüßen

26 Mieten einer Wohnung

Inmobiliaria Mediterráneo
Alicante, 28
Villajoyosa

Muy Sres. míos:

Desearía pasar una temporada en esa localidad durante la primavera próxima, y con tal motivo quisiera alquilar una vivienda (piso o chalet) para un matrimonio con dos niños de 3 y 5 años de edad. Les ruego tengan la amabilidad de informarme sobre los alojamientos posibles, sus precios y su equipamiento (agua caliente, calefacción etc.).

Agradeciéndoles de antemano su amabilidad, les saluda atentamente,

Sehr geehrte Damen und Herren,

ich möchte im nächsten Frühjahr einige Zeit in Ihrem Ort verbringen und würde deshalb gerne eine Unterkunft (Wohnung oder Haus) für eine Familie mit zwei Kindern von 3 und 5 Jahren mieten. Ich bitte Sie, mich freundlicherweise über Ihr Angebot (Preise und Ausstattung: warmes Wasser, Heizung etc.) zu informieren.

Mit bestem Dank und freundlichen Grüßen

27 Bitte um Auskunft über Zeitungsabonnement

Estimados Sres.:

Desearía suscribirme a su *revista / periódico,* por lo que les agradecería que me comunicaran el importe de la suscripción trimestral, semestral y anual incluidos los gastos de envío (por avión) a Alemania. Por favor, indíquenme también cómo debe efectuarse el pago y si es posible hacerlo a través de un banco alemán.

Muy atentamente,

Sehr geehrte Damen und Herren,

ich möchte Ihre *Zeitschrift / Zeitung* abonnieren und würde mich freuen, wenn Sie mir mitteilten, wie viel ein Vierteljahres-, Halbjahres- und Jahresabonnement einschließlich (Luftpost-) Porto nach Deutschland kostet. Bitte teilen Sie mir auch mit, wie die Bezahlung erfolgen soll und ob sie über eine deutsche Bank vorgenommen werden kann.

Mit freundlichen Grüßen

28 Zeitungsabonnement

Muy Sres. míos:

Desearía suscribirme a su *revista / periódico* por *un año / 6 meses.* Adjunto un cheque por valor de DM 240,–, para cubrir el importe de la suscripción del próximo trimestre.

Atentamente,

Sehr geehrte Damen und Herren,

ich würde gern Ihre *Zeitschrift / Zeitung* für ein *Jahr / halbes Jahr* abonnieren und füge zur Deckung der Kosten für das nächste Vierteljahr einen Scheck über DM 240,– bei.

Mit freundlichen Grüßen

29 Schadenregulierung bei Verkehrsunfall

Muy Sr. mío:

Como Vd. sabe, su coche chocó el jueves, 15 de marzo, en la Plaza Mayor, con el mío. Seguramente recordará Vd. que, en dicha circunstancia, reconoció su responsabilidad y me dijo que prefería abonar Vd. mismo los gastos antes que recurrir a su compañía aseguradora. Por tal motivo, le envié el 20 de marzo la factura pagada de las reparaciones. Desde entonces, no he vuelto a tener noticias suyas. Es-

.../2

Sehr geehrter Herr,

wie Ihnen bekannt ist, waren Ihr und mein Wagen am Donnerstag, dem 15. März, an einem Zusammenstoß an der Plaza Mayor beteiligt. Sie werden sich erinnern, dass Sie damals zugaben, verantwortlich zu sein, und mir sagten, Sie würden die Kosten lieber selbst tragen als Ihre Versicherung heranzuziehen. Daher übersandte ich Ihnen am 20. März die quittierte Rechnung für meine Reparaturen. Seitdem

pero que, de acuerdo con lo que concertamos, se sirva enviarme un cheque en concepto de pago. De no tener respuesta de su parte antes del 16 de abril, remitiré el asunto a su seguro.

Atentamente,

habe ich nichts mehr von Ihnen gehört. Ich hoffe, in Übereinstimmung mit unserer Abmachung von Ihnen einen Scheck als Zahlung zu erhalten. Sollte ich bis zum 16. April nichts von Ihnen hören, werde ich die Angelegenheit Ihrer Versicherung übergeben.

Hochachtungsvoll

30 Anfrage bei Versicherung wegen Verkehrsunfall

Compañía de Seguros
"La Fortuna"
Calle del Prado, 50
Badajoz

Muy Sres. míos:

Ayer, en una ligera colisión, quedó mi coche averiado. El automovilista que chocó conmigo me ha dado su nombre, su dirección y el nombre de su Compañía de Seguros. Sin embargo, como soy extranjero, no estoy al tanto de la manera de proceder. ¿Me sería posible reparar el coche en un taller y enviar la factura a su Compañía? ¿O tengo que pagar yo la cuenta y esperar a un rembolso posterior? ¿O debo tal vez esperar a que el Seguro calcule los costes, antes de que me reparen el coche?

Soy miembro del Club Automovilístico Alemán (n°...), y espero tengan la amabilidad de asesorarme.

Con mi agradecimiento de antemano, le saluda atentamente,

Versicherungsgesellschaft
„La Fortuna"
Calle del Prado, 50
Badajoz

Sehr geehrte Damen und Herren,

gestern wurde mein Wagen bei einem leichten Zusammenstoß beschädigt. Der andere Fahrer gab mir seinen Namen, seine Anschrift und den Namen Ihrer Versicherungsgesellschaft. Da ich jedoch Ausländer bin, bin ich nicht sicher, wie ich jetzt vorgehen soll. Kann ich meinen Wagen in einer Werkstatt reparieren lassen und die Rechnung an die Versicherung schicken? Oder muss ich die Rechnung selbst bezahlen und auf spätere Wiedererstattung hoffen? Oder muss ich darauf warten, dass die Versicherung die Kosten veranschlagt, ehe ich meinen Wagen überhaupt reparieren lasse?

Ich bin Mitglied des deutschen Automobilclubs (meine Mitgliedsnummer ist ...), und ich hoffe, Sie sind so freundlich, mich zu beraten.

Mit bestem Dank im Voraus verbleibe ich

mit freundlichen Grüßen

III. Briefe an Behörden

31 Bitte um Aufenthaltserlaubnis

Ministerio del Interior
Paseo de la Castellana, 5
28071 Madrid

Muy Sres. míos:

Desearía prolongar mi permiso de residencia en España hasta el 31 de diciembre del año en curso.

Soy ciudadano de la República Federal de Alemania, y en la actualidad me encuentro en España para asistir a cursos de Lengua y Literatura españolas en la Universidad Complutense de Madrid. En un principio había proyectado un cursillo de verano en Santander, pero veo que prolongando mi estancia en España podría concluir mis estudios con el certificado del Instituto Cervantes, cuyos exámenes tienen lugar en el mes de diciembre.

Les quedaría muy agradecido si tuvieran la amabilidad de facilitarme los formularios precisos e indicarme los pasos que hay que dar para obtener la prolongación del permiso de residencia hasta la fecha indicada.

Reciban un atento saludo de,

Innenministerium
Paseo de la Castellana, 5
28071 Madrid

Sehr geehrte Damen und Herren,

ich möchte meine ständige Aufenthaltsgenehmigung in Spanien bis zum 31. Dezember des laufenden Jahres verlängern.

Ich bin Bürger der Bundesrepublik Deutschland und befinde mich zurzeit in Spanien, um an Kursen zur spanischen Sprache und Literatur an der Universität Complutense von Madrid teilzunehmen. Ich hatte ursprünglich einen Sommerkurs in Santander geplant, aber ich habe festgestellt, dass ich, wenn ich meinen Aufenthalt in Spanien verlängere, mein Studium mit einem Zertifikat des Cervantes-Instituts abschließen kann, dessen Prüfungen im Dezember stattfinden.

Ich wäre Ihnen sehr dankbar, wenn Sie so freundlich wären, mir die entsprechenden Formulare zuzuschicken und mir die Maßnahmen zu nennen, die nötig sind, um die Verlängerung der Aufenthaltsgenehmigung bis zum genannten Zeitpunkt zu erhalten.

Hochachtungsvoll

32 Universitätszulassung

Sr. Secretario de la
Universidad de Oviedo

Muy Sr. mío:

Soy estudiante de Derecho de la Universidad de Augsburgo y tendría mucho interés en hacer uno o dos cursos en la Facultad de Derecho de su Universidad. Mis conocimientos de español me permiten seguir las clases sin dificultad, pues previamente estudié tres años en el Departamento de Idiomas de esta Universidad.

Dado que ignoro los requisitos necesarios para matricularme en Oviedo, les ruego que me faciliten la información necesaria al respecto. No tengo intención de graduarme en su universidad, sino únicamente preparar mi especialización en Derecho Comparado.

También me interesaría saber si existe algún tipo de ayudas a estudiantes extranjeros, en forma de becas, por ejemplo. Igualmente desearía saber si es posible obtener plaza en alguna residencia universitaria, y, naturalmente, le agradecería también que me informara sobre las tasas académicas. En fin, cualquier información que Vd. considere oportuna sería muy bien recibida. De antemano le quedo muy agradecido por su ayuda.

Muy atentamente,

Sehr geehrter Herr,

ich bin Jurastudent an der Universität Augsburg und hätte ein sehr großes Interesse daran, einen oder zwei Kurse (1 Kurs = 2 Semester) an der juristischen Fakultät Ihrer Universität zu absolvieren. Meine Spanischkenntnisse erlauben es mir, den Vorlesungen ohne Schwierigkeiten zu folgen, da ich zuvor drei Jahre am Sprachenzentrum dieser Universität studiert habe.

Da ich die nötigen Zulassungsvoraussetzungen für eine Einschreibung in Oviedo nicht kenne, wäre ich Ihnen sehr dankbar, wenn Sie mir die entsprechenden notwendigen Informationen zukommen lassen könnten. Ich habe nicht die Absicht, an Ihrer Universität einen akademischen Grad zu erwerben, sondern ich möchte lediglich meine Spezialisierung auf dem Gebiet des vergleichenden Rechts vorbereiten.

Ich würde auch gern erfahren, ob es irgendeine Art von Unterstützung für ausländische Studenten gibt, z. B. in Form von Stipendien. Ebenso möchte ich gerne wissen, ob es möglich ist, einen Platz in einem Studentenheim zu bekommen, und selbstverständlich wäre ich Ihnen auch dankbar, wenn Sie mich über die Studiengebühren informieren würden. Also, jegliche Information, die Sie für nötig halten, sind mir willkommen. Im Voraus besten Dank für Ihr Entgegenkommen.

Mit freundlichen Grüßen

Geschäftsbriefe in spanischer Sprache

1 Bitte um Übersendung eines Katalogs und Preisangabe
Petición de catálogo y precios

Karl Neumann
Optische Geräte GmbH
Eschersheimer Landstr. 102

D-60322 Frankfurt/M.

Señores:

Por el anuario alemán «Quién suministra qué», donde ustedes figuran como suministradores, nos hemos enterado de que su empresa fabrica aparatos ópticos para fines industriales.

Dado que nuestra empresa, en su afán de innovación, quisiera modernizar por completo sus instalaciones, desearíamos nos hicieran llegar un catálogo ilustrado de sus productos, cotizándonos sus precios más reducidos especificando al mismo tiempo sus condiciones de pago y plazos de entrega.

Agradeciéndoles por anticipado su atención, les saludamos muy atentamente,

Industrias Metálicas, S.A.

anuario *m* Adressbuch
«Quién suministra qué»
 „Wer liefert was"
suministrador *m*
 Lieferant
aparato *m* **óptico**
 optisches Gerät
para fines industriales
 für Industriezwecke
afán *m* Streben
hacer llegar
 zukommen lassen
catálogo *m* **ilustrado**
 bebilderter Katalog
especificar
 spezifizieren, einzeln aufführen
plazo *m* **de entrega**
 Liefertermin

2 Anfrage nach Industrieausrüstungen
Demanda de equipos industriales

Correo electrónico a industrie.anlagen@com.de

De: Comercial Argentina, Julio Hernandes
Enviado: Jueves, 3 de Noviembre de . . . .,
11.45 horas
Para: Director de Ventas
Asunto: Su gama de productos

Señor:

En nuestro deseo de importar equipos industriales de reconocida calidad, nos hemos dirigido a la Cámara de Industria y Comercio Argentino-Alemana, la cual nos informó que su empresa exporta desde hace muchos años tales productos a diversos países latinoamericanos.

Nos interesaría conocer a fondo la gama de productos que ustedes producen, así como sus condiciones de entrega y pago.

Les rogamos nos envíen catálogos ilustrados, listas de precios y demás material informativo de que dispongan, a fin de estudiar las posibilidades de una relación comercial con su empresa.

Atentamente,

Comercial Argentina, S.A.

reconocido anerkannt
dirigirse a
 sich wenden an
Cámara f **de Industria y Comercio**
 Industrie- und Handelskammer
conocer a fondo
 hier: genau kennen lernen
gama f Palette
condición f **de entrega**
 Lieferbedingung
condición f **de pago**
 Zahlungsbedingung
lista f **de precios**
 Preisliste
demás material informativo
 weiteres Informationsmaterial
relación f **comercial**
 Handelsbeziehung

3 Angebot für Olivenöl
Oferta de aceite de oliva

Langer & Koch
Feinkost
Postfach 2738

D-60318 Frankfurt/M.

Señores:

En contestación a su carta del 15 del corriente, quisiéramos informarles que nuestra casa, una de las más antiguas en esta región, solamente produce aceite de oliva virgen extra de la mejor calidad. El grado máximo de acidez es del 0,2%, uno de los más bajos en el mercado, ya que, como será ya de su conocimiento, el grado de acidez del aceite de oliva virgen extra no debe sobrepasar el 1%. En la elaboración empleamos aceitunas de las variedades «Picudo» y «Pical».

Exportamos desde hace muchos años a empresas del ramo de EE UU, Canadá e Inglaterra, así como a la casa Müller & Co., de Düsseldorf. Suministramos en cajas de 12 botellas, de 500 ml. cada una, todas ellas numeradas, al precio de 2,5 € la botella. Para pedidos de hasta 100 cajas calculamos en concepto de gastos de embalaje y transporte 1,5 € por botella. En caso de suministros de más de 100 cajas, libre de gastos. Tratándose de pedidos de más de 300 cajas, les concederíamos una rebaja del 3%, estando dispuestos a considerar mayores descuentos para pedidos superiores.

Plazo de entrega: 10 días laborables después de la recepción de su pedido en firme. Recomendamos la venta de nuestro aceite dentro de un plazo de 9 meses a partir de su recepción.

.../2

contestación *f* Beantwortung
casa *f* Haus, hier: Firma
aceite *m* **de oliva virgen** natives Olivenöl
grado *m* **de acidez** Säuregrad
sobrepasar übersteigen
elaboración *f* Erzeugung
aceituna *f* Olive
variedad *f* Sorte
ramo *m* Industriezweig
pedido *m* Auftrag
gasto *m* Kosten, Ausgabe
embalaje *m* Verpackung
libre de gastos kostenlos
conceder gewähren
rebaja *f* Nachlass
pedido *m* **superior** größerer Auftrag
día *m* **laborable** Werktag
pedido *m* **en firme** Festauftrag
recepción *f* Erhalt

/2

Pago: contra aceptación de una letra a 30 días vista, domiciliada en el Banco Bilbao Vizcaya, de ésa.

Expedición: a través de nuestra agencia de transportes, Cervantes & Cía., Jaén.

Por paquete postal hemos remitido hoy a su dirección una muestra de nuestro aceite a fin de que puedan examinar la excelente calidad de nuestro producto.

Confiando recibir de ustedes un pedido inicial, al que sucederán, sin duda, muchos más en el futuro, les saludamos muy atentamente,

Maldonado & Cía.
Fábrica de Aceite

Pedro Maldonado
Gerente

aceptación f Akzept
letra f **a 30 días vista**
  30-Tage-Sichtwechsel
domiciliar
  domizilieren
expedición f Versand
agencia f **de transportes** Spedition
muestra f Muster
confiar vertrauen
pedido m **inicial**
  Erstauftrag
suceder hier: folgen

4 Auftrag über Olivenöl
Pedido de aceite de oliva

Maldonado & Cía.
Fábrica de Aceite
Apartado 5712
E-23006 JAEN

Señores:

Acusamos recibo de su carta de fecha 15 del corriente, así como de la muestra que nos enviaron por correo separado.

Habiendo quedado convencidos de la excelente calidad de su aceite de oliva, nos complace pasarles un pedido inicial de 100 cajas, rogándoles lo envíen sin gastos de embalaje y transporte, franco domicilio. Además, regirán las condiciones citadas por ustedes en su oferta del 28 del pasado mes.

Dado que ésta es la primera operación que realizamos, suponemos que desearán tener referencias sobre nuestra empresa. Les rogamos se dirijan al efecto a las empresas citadas en el volante adjunto, con las cuales mantenemos relaciones desde hace muchos años, para obtener cuantos informes deseen sobre nosotros.

Para facilitar esta primera operación, les proponemos pagar por cheque contra recibo de la mercancía, con un descuento del 3%.

Rogándoles la confirmación de este pedido por telefax, les saludamos muy atentamente,

Langer & Koch
Feinkost

acusar recibo de
 den Erhalt bestätigen
corriente *m*
 hier: der laufende Monat
por correo separado
 mit getrennter Post
quedar convencido
 überzeugt sein
pasar un pedido
 einen Auftrag erteilen
citar erwähnen
operación *f* Geschäft
suponer annehmen
referencia *f* Referenz
al efecto
 in dieser Sache
volante *m* Zettel
mantener relaciones con Geschäftsbeziehungen unterhalten mit
informe *m* Auskunft
facilitar erleichtern
descuento *m* Skonto
(tele)fax *m* Telefax

5 Auftragsbestätigung per Fax
Confirmación del pedido por fax

Fecha: 31 de enero del ...
Páginas: 1
De: Pedro Maldonado, Maldonado & Cía.

A: Langer & Koch, Frankfurt/M.
Su Fax: 25 del corriente

Confirmamos muy agradecidos recepción de su pedido con fecha 25 del corriente.

Envío efectuado hoy con Cervantes & Cía. a su dirección.

Envío carta porte y factura triplicado a Banco de Bilbao Vizcaya, Frankfurt. Rogamos retiren allí documentos contra aceptación 30 días.

Esperamos reciban mercancía en perfecto estado.

Atentamente,

Pedro Maldonado
Gerente

confirmar bestätigen
envío *m* Lieferung
efectuar erfolgen
carta *f* **porte** Frachtbrief
factura *f* Rechnung
triplicado dreifach
retirar hier: abholen
aceptación *f* hier: (Wechsel-)Akzept
estado *m* Zustand

6 Verschiffungsanzeige und Dokumentenversand
Aviso de embarque y remesa de documentación

Escobar & Santamaría
Calle 13, n° 153
BOGOTA 1, D. E.
COLOMBIA

Señores:

Como continuación a nuestra carta del 15 del corriente y en respuesta a su fax de ayer, tenemos el gusto de participarles que con fecha de hoy hemos efectuado, de acuerdo con las condiciones estipuladas, el embarque en el vapor «Bremen», con destino a Barranquilla, de los artículos indicados a continuación:

    50 armarios metálicos para herramientas
    70 armarios metálicos clasificadores con
        37 cajoncitos
    100 cajas metálicas para herramientas
    50 taladros eléctricos CSB-550-RET
    100 atornilladores sin cable 9018

Los documentos de embarque y la factura consular fueron remitidos a su agente de aduanas de Barranquilla, Bastos & Cía., con esta misma fecha.

Por el importe total de la factura de

    24.400,– €,

que va adjunta a la presente, nos hemos permitido librar una letra a 30 d/v a cargo de ustedes y a la orden del Banco Germánico de la América del Sur, rogándoles se sirvan dar buena acogida a este giro.

Esperando vernos favorecidos en breve con nuevos pedidos, que serán atendidos, como es habitual de nuestra casa, con el mayor esmero y prontitud, les saludamos muy atentamente,

Krause & Mertens

---

participar hier: mitteilen
embarque *m* Verschiffung
vapor *m* Dampfer, Schiff
con destino a hier: nach
herramienta *f* Werkzeug
armario *m* **clasificador** Sortierschrank
cajoncito *m* Schublade
taladro *m* Bohrer
atornillador *m* **sin cable** kabelloser Schraubendreher
documento *m* **de embarque** Verschiffungsdokument
factura *f* **consular** Konsulatsfaktura
agente *m* **de aduana** Zollagent
librar una letra einen Wechsel ziehen
30 d/v (días vista) 30-Tage-Sicht
a cargo de zulasten von
a la orden de an Order
atender un pedido einen Auftrag bearbeiten
esmero *m* Sorgfalt
prontitud *f* Schnelligkeit

7 Übersendung eines Kontoauszugs
Remisión de extracto de cuenta

Martínez Prado & Co.
Plaza Mayor, 32
E-30003 MURCIA

Estimados señores:

Nos complacemos en remitir adjunto el extracto de cuenta correspondiente al segundo trimestre del año en curso, cerrado al 30 de junio, que arroja un saldo a nuestro favor de

    50.730 euros

y que confiamos encontrarán conforme.

Por dicho importe, nos permitimos, como de costumbre, girar una letra a su cargo a 30 d/f a la orden del Banco Exterior de España en Francfort.

Esperando sus gratas órdenes, les saludamos muy atentamente,

A. Paulsen & Co.

Anexo: 1 extracto de cuenta

---

extracto *m* **de cuenta** Kontoauszug
trimestre *m* Quartal
año *m* **en curso** laufendes Jahr
cerrar abschließen
arrojar hier: aufweisen
saldo *m* Saldo
girar ziehen
letra *f* Wechsel
a su cargo zu Ihren Lasten
d/f = días fecha Tage nach Sicht
a la orden an Order

8 Zahlung durch Scheck
Pago por medio de cheque

Außenhandelsgesellschaft mbH
Hermannstraße 27

D-40233 Düsseldorf

Señores:

Nos complace participar a ustedes que en el día de ayer recibimos, puntualmente y en perfectas condiciones, el suministro de cojinetes de bolas que nos anunciaron por correo electrónico el 25 del corriente.

En cancelación del saldo de su factura, previa deducción del 2% en concepto de pago inmediato, como consta en sus condiciones de entrega, les hacemos llegar el talón adjunto del Banco de Santander por el importe de 50.725 euros.

En espera de su acuse de recibo, aprovechamos la oportunidad para saludarles muy atentamente,

Suministros del Norte, S.A.

Anexo: talón núm. 37597 serie A del Banco de Santander por 50.725,– €

en perfectas condiciones in perfektem Zustand
cojinete m **de bolas** Kugellager
en cancelación hier: zum Ausgleich
previa deducción nach vorherigem Abzug
en concepto de als
pago m **inmediato** sofortige Zahlung
como consta en wie aus ... hervorgeht
hacer llegar a alguien jdm. zukommen lassen
talón m hier: Scheck
acuse m **de recibo** Empfangsbescheinigung
aprovechar la oportunidad die Gelegenheit wahrnehmen

9 Bitte um Fristverlängerung
Petición de prórroga de pago

Rovira & Palacios, S. L.
Saturnino Calleja, 47
E-28002 MADRID

Estimados señores:

Lamentamos tener que comunicarles que, por motivos ajenos a nuestra voluntad, nos es completamente imposible hacer efectiva su letra de cambio por importe de 2.550,– €, vencedera el próximo 20 de abril.

La quiebra de uno de nuestros mejores clientes, así como la práctica paralización de los negocios de nuestro ramo, con el consiguiente retroceso de la cifra de negocios, nos han conducido a esta situación precaria, que esperamos, no obstante, ver superada en corto plazo.

Los motivos expuestos nos obligan a pedirles encarecidamente nos concedan una prórroga de dos meses para hacer efectivo el pago de la deuda, con sus intereses de demora.

Contando con su comprensión y dándoles por anticipado nuestras más expresivas gracias, quedamos a la espera de sus noticias.

Muy atentamente,

Neuman & Wolff

hacer efectivo
 einlösen, bezahlen
letra f **de cambio**
 Wechsel
vencedero fällig
quiebra f Konkurs
paralización f
 Stockung, Stillstand
ramo m
 Sparte, Branche
retroceso m
 Rückgang
cifra f **de negocios**
 Umsatz
situación f **precaria**
 prekäre, schwierige Lage
los motivos expuestos
 die angeführten Gründe
conceder gewähren
prórroga f
 Stundung, Verlängerung
deuda f Schuld
intereses m **de demora**
 Verzugszinsen
comprensión f
 Verständnis

10 Mahnung wegen Nichtzahlung
Reclamación por falta de pago

Steinbach & Co. GmbH
Neuer Wall 25

D-20354 Hamburg

Señores:

En relación con el suministro de máquinas-herramientas se originaron gastos de flete por un importe de 1.250,– €, según nuestra factura del 2 de junio, que acompañaba a nuestra carta de igual fecha.

Lamentamos tener que recordarles que, a pesar del tiempo transcurrido, dicha factura está aún pendiente de pago.

Dado que ustedes siempre cumplieron sus compromisos con puntualidad, atribuimos esta demora a un posible descuido de su parte, por cuyo motivo les rogamos examinen detenidamente el asunto.

Esperando liquiden la deuda pendiente a la mayor brevedad posible, les saludamos muy atentamente,

Transportes Martínez Soria

suministro *m* Lieferung
máquina-herramienta *f* Werkzeugmaschine
originarse entstehen
gastos *m/pl* **de flete** Frachtkosten
recordar erinnern
transcurrir verstreichen
estar pendiente hier: offen stehen
cumplir erfüllen
compromiso *m* Verpflichtung
puntualidad *f* Pünktlichkeit
atribuir a zurückführen auf
demora *f* Verzug
examinar prüfen
detenidamente genau
liquidar ausgleichen, bezahlen
deuda *f* Schuld

11 Reklamation wegen Abweichung vom Muster
Reclamación por diferencia con la muestra

Fábrica de Mantas
«La Leonesa», S.A.
Padre Isla, 37
E-24002 LEON

Señores:

Acabamos de recibir el envío de los géneros correspondientes a nuestro pedido M 25, de fecha 10 del corriente.

El examen de este suministro ha revelado que una de las tres cajas contiene mantas de lana cuya calidad no corresponde a la muestra enviada previamente. Suponemos que su departamento de expedición ha sufrido un error al empaquetar la mercancía.

Con el fin de que puedan comprobar la veracidad de nuestra afirmación, les devolvemos con esta misma fecha, por paquete postal, una de las mantas de esta calidad inferior.

Para evitarnos mutuamente los consiguientes gastos adicionales de devolución y nuevo envío, estaríamos dispuestos a hacernos cargo de las mantas de inferior calidad a un precio reducido. A nuestro juicio un descuento del orden del 15% estaría justificado, dado que en lugar de 100% lana pura se trata de un 80% de lana y un 20% de poliéster.

Esperando su pronta respuesta a nuestra proposición por télex o telefax, les saludamos muy atentamente,

Schäfer & Co. KG

géneros *m/pl* hier: Waren
revelar aufdecken, offenbaren
manta *f* **de lana** Wolldecke
departamento *m* **de expedición** Versandabteilung
sufrir un error hier: einen Fehler machen
empaquetar einpacken
comprobar feststellen
veracidad *f* Wahrhaftigkeit
afirmación *f* Behauptung
devolver zurückschicken
calidad *f* **inferior** mindere Qualität
devolución *f* Rücksendung
a un precio reducido zu einem geringeren Preis
juicio *m* Urteil, hier: Ermessen
estar justificado berechtigt sein
lana *f* **pura** reine Wolle
proposición *f* Vorschlag

12 Annahme der Reklamation
Admisión de la reclamación

TELEFAX

Fecha: 13 de marzo de ...
Páginas: 1

De: Fábrica de Mantas «La Leonesa», S.A., León

A: Schäfer & Co. KG, Düsseldorf

Lamentamos mucho la reclamación que nos hacen con su carta del 15 del corriente en relación con nuestro suministro de mantas de lana, rogándoles encarecidamente nos dispensen este error que, como ustedes habían supuesto, se debió a un descuido de nuestro departamento de expedición.

Agradecemos su buena voluntad de hacerse cargo de la caja de mantas de inferior calidad. Quisiéramos, sin embargo, señalar que no podemos rebajar la mercancía objeto de reclamación en un 15%. Si bien la calidad es inferior, tal descuento constituiría una pérdida considerable para nosotros, prefiriendo en este caso la devolución y reemplazo, por nuestra cuenta, de los géneros objeto de la reclamación. No obstante, en vista de nuestras excelentes relaciones y para solucionar amigablemente el asunto, estaríamos dispuestos a concederles una rebaja del 10%.

En la seguridad de que ello encontrará su aprobación y rogándoles perdonen las molestias ocasionadas, quedamos a la espera de sus prontas noticias.

Muy atentamente,

Fábrica de Mantas
«La Leonesa», S.A.

dispensar
 hier: entschuldigen
supuesto (Part. Perf. von suponer)
 annehmen
buena voluntad *f*
 guter Wille
señalar
 hier: betonen
rebajar herabsetzen
constituir darstellen
pérdida *f* Verlust
re(e)mplazo *m*
 Ersatz, Ersetzung
objeto de
 Gegenstand von
solucionar lösen
amigablemente
 freundschaftlich
conceder gewähren
en la seguridad de que
 hier: da wir sicher sind, dass
aprobación *f*
 Zustimmung
molestia *f*
 Unannehmlichkeit
ocasionar verursachen

13 Reklamation wegen Lieferverzug
Reclamación por demora en el suministro

Industrias Conserveras, S.L.
Paseo del Mar, 18
E-15314 VIGO (S. Julián)

Señores:

Con fecha 15 de abril les pasamos un pedido de 100 latas de anchoas en aceite, 100 latas de mejillones en escabeche y 120 latas de bonito en aceite que ustedes prometieron suministrar en un plazo máximo de dos semanas.

Mucho nos sorprende que, a pesar del tiempo transcurrido sin haber recibido ni la mercancía ni el correspondiente aviso de envío, ustedes no hayan al menos indicado las razones que han conducido a esta demora de casi un mes.

Como ya les habíamos informado al hacer el pedido, necesitamos estas conservas urgentemente para cubrir nuestras existencias, ya casi agotadas. Dada la gran necesidad que tenemos de dichos artículos y los perjuicios que este retraso nos ocasiona, les rogamos encarecidamente efectúen la entrega inmediatamente, ya que de lo contrario nos veríamos obligados a cancelar el pedido.

Atentamente,

Franz Möller & Co. KG

---

lata f
 Dose, Konserve
anchoa f
 Anchovis, Sardelle
aceite m Öl
mejillón m
 Miesmuschel
escabeche m
 Marinade
bonito m
 Thunfischart
suministrar   liefern
plazo m Frist
transcurrido
 vergangen
aviso m **de envío**
 Versandavis
demora f
 Verzögerung
cubrir   hier: auffüllen
existencias f/pl
 Bestand
agotado
 hier: erschöpft
tener gran necesidad de
 großen Bedarf haben an
efectuar la entrega
 Lieferung vornehmen
cancelar   stornieren

14 Ankündigung der Eröffnung eines neuen Geschäfts
Anuncio de la apertura de un nuevo negocio

Sra. Dª
María Dolores Moreno Saldana
Calle del Puerto, 45
E-08031 BARCELONA

Distinguida Señora:

Tenemos mucho gusto en comunicarle que acabamos de abrir al público un establecimiento dedicado a la venta de libros, publicaciones y material de escritorio y oficina, y por esta razón deseamos hacerle saber que a partir de este momento nos tiene a su disposición en la dirección:

Novas, 83
08030 Barcelona.

Al remitirle la presente, no tenemos la intención de promover ventas inmediatas, sino ante todo interesarle para que Vd. pueda decidirse cuanto antes a visitarnos.

Disponemos de larga experiencia en este sector comercial, y aspiramos a ofrecerle una ayuda y un servicio como hasta ahora no ha podido Vd. encontrar.

Puede Vd. estar segura de que nos hallará siempre dispuestos a servirle.

Confiando que para el futuro tendrá en cuenta nuestra oferta, aprovechamos la ocasión para saludarle muy atentamente,

Librería y Artículos de Escritorio «Mañana»

---

acabar de abrir
  soeben eröffnet haben
dedicarse a algo
  sich etw. widmen
material m **de escritorio y oficina**
  Büromaterial
tener la intención
  die Absicht haben
promover fördern
venta f **inmediata**
  unmittelbarer Verkauf
decidirse
  sich entscheiden
experiencia f
  Erfahrung
aspirar a trachten, streben nach
confiar vertrauen
tener en cuenta
  berücksichtigen
aprovechar la ocasión
  die Gelegenheit wahrnehmen

15 Änderung der Anschrift
Cambio de domicilio

Weidemann & Co. KG
Bahnstraße 12

D-40212 Düsseldorf

Estimados clientes:

Debido al creciente desarrollo de nuestros negocios, nos hemos visto obligados a trasladarnos a un local más amplio, situado en

    Calle Pizarro, 92
    28004 MADRID

Nuestros nuevos números de teléfono desde su país son:

    0034-91-532 50 83
    0034-91-532 35 22

Rogamos tomen nota de estos cambios y disculpen las molestias que ello pudiera ocasionarles.

Muy atentamente,

Maquinaria Iberia, S. A.

Luis Medina López
Director General

desarrollo *m*
  Entwicklung
trasladarse
  umziehen
amplio groß
cambio *m* Änderung
disculpar
  entschuldigen
molestia *f*
  Unannehmlichkeit
ocasionar
  verursachen

16 Börsenbericht per Telefax
Informe bursátil por telefax

Muy Sres. míos:

La primera sesión bursátil del mes actual se caracterizó en las cuatro Bolsas españolas por la consolidación de las ganancias de días anteriores.

Tras tres jornadas de subidas, que colocaron el indicador general por encima del 260%, el mercado de valores madrileño retrocedió varias centésimas, aunque consiguió mantenerse por encima de esa barrera psicológica.

Sólo dos grupos, el de Metal-Mecánicas y el de Comunicaciones, lograron avanzar posiciones. El resto registró retrocesos, aunque en ningún caso superiores a los dos puntos.

Los inversores parecen seguir apostando por una recuperación de los mercados en lo que queda de año, por lo que, a pesar de que los últimos indicadores sobre la evolución de la economía española no son muy alentadores, prefieren mantener e incluso tomar posiciones.

El volumen de negocio, aunque inferior al de jornadas anteriores, se mantuvo por encima de los 14 millones de euros. Tan sólo tres valores, Telefónica, PRYCAY y BSCH, acapararon más de 5 millones de euros, la tercera parte del negocio total.

Por otro lado, la CNMV levantó ayer la suspensión de la cotización en el mercado tradicional de Cementos Rezola, suspendida el 4 de mayo por la presentación de una OPA por parte de Ciments Français.

Saludos,

Yolanda Gómez

---

sesión f bursátil
  Börsensitzung
ganancia f Gewinn
jornadas f/pl de subidas
  Tage, an denen Kurssteigerungen zu verzeichnen sind
indicador m general
  allgemeiner Börsenindex
el mercado de valores madrileño Madrider Wertpapierbörse
retroceder zurückgehen
centésima f
  Hundertstel
avanzar posiciones
  hier: Punkte gewinnen
registrar retrocesos
  hier: Punktverluste verzeichnen
inversor m
  Anleger, Investor
apostar por setzen auf
en lo que queda de año
  hier: für den Rest des Jahres
alentador ermutigend
tomar posiciones
  hier: Neuzukäufe tätigen, einsteigen
acaparar
  allein für sich in Anspruch nehmen
levantar
  hier: aufheben
suspensión f de la cotización
  Kursaussetzung
OPA = oferta f pública de adquisición
  öffentliches Kaufangebot

Durch die immer weitere Verbreitung der neuen Kommunikationsmedien sowohl im privaten als auch im geschäftlichen Bereich hat sich in den letzten Jahren der Schwerpunkt der Korrespondenz immer mehr auf Telefax und E-Mail verlagert. Wenn auch vor allem im Bereich der Online-Kommunikation der Ton oft informeller geworden ist, sind doch die Inhalte weitgehend die gleichen geblieben. Die hier angegebenen Briefe können daher auch als Beispiele für Telefax und E-Mail herangezogen werden.

Zur Veranschaulichung der formalen Gestaltung im Anschluss noch jeweils ein Muster für Fax und E-Mail:

17 Musterfax

	Fax
Para:	VINESPA GmbH Hauptstraße 161–163 D–41236 Mönchengladbach
A la atención de:	D. Peter Abegg, Gerente Fax: 00 49-21 66-92 42 91
De:	Carlos García Barreiro Bodegas „El Campanario" S.L. C/Subidita Breve, 79 E–23467 Quintanilla de Onésimo Fax: 00 34-9 62-27 26 35
Fecha:	19 de Marzo de . . . .

(En caso de recepción incorrecta del presente mensaje rogamos se ponga en contacto con nuestra empresa llamando al número de teléfono 00 34-9 62-27 26 36).

TEXTO:

Estimado Peter:

Con fecha de ayer te hemos enviado una caja completa de muestras del vino elaborado con la última variedad que plantamos. Hemos consultado con varios enólogos y pensamos que puede tener excelente aceptación en el mercado alemán. Las fichas de cata y los resultados del análisis se incluyen en la documentación anexa al envío.

El envío salió por mensajería urgente y previsiblemente lo recibirás a principios de la próxima semana.

Me gustaría que lo dieses a probar a tus clientes y me comuniques los resultados.

Espero tus comentarios y quedo a tu disposición si se plantea alguna cuestión sobre este vino que consideramos muy prometedor.

Un saludo muy cordial,

Carlos G. Barreiro

18 Muster einer E-Mail

Correo electrónico

De: Rodriguez, Carlos
Enviado: Lunes, 7 de noviembre de ...., 13.20 horas
Para: José A. Manzano
Copia: Vicente Bormeneo
Asunto: Pedido 234/AX en camino

URGENTE

Mediante el presente correo notificamos la llegada de su pedido 234/AX, de fecha 10 de octubre, confirmado por nuestro fax de 14 de octubre, mediante camión de la empresa DANZAS, durante la mañana del próximo martes, día 8 de noviembre. La descarga será inmediata. Ruego verifiquen cuidadosamente el embalaje del paquete azul anexo al bulto numerado con la marca A-42.

Por si se produjera cualquier incidencia, el teléfono móvil del conductor es el 629-57-90-83.

Saludos

C. Rodriguez/Ferrallistas Reunidos S.A.

Zur Reform
der deutschen Rechtschreibung

Wir bedanken uns beim Bibliographischen Institut, F. A. Brockhaus, Mannheim, für die freundliche Unterstützung bei der Erstellung des Anhangs „Zur Reform der deutschen Rechtschreibung".

Zur Neuregelung der
deutschen Rechtschreibung

Zur deutschen Rechtschreibung gibt es seit dem 1. 8. 1998 nach einem Beschluss der Kultusminister eine Reihe von neuen Regeln. Der folgende Text informiert über die Rechtschreibreform und stellt die wichtigsten Neuerungen anhand einer Wörterliste exemplarisch vor.

Die Schreibung des Deutschen hat sich über einen langen Zeitraum hinweg entwickelt, in dem es keine verbindlichen Rechtschreibregeln gab. Zwar geschah dies nicht willkürlich, es haben sich jedoch viele Schreibweisen herausgebildet, die sich nicht in ein einfaches Regelsystem einordnen lassen und die heute selbst routinierte Schreibende verunsichern und typische Fehlerquellen sind. Warum zum Beispiel schrieb man *radfahren* in einem Wort, *Auto fahren* aber in zwei Wörtern? Wieso trennte man einerseits zwar *Dra-ma-turg*, andererseits aber *Chir-urg*? Warum wurde zwischen *alles übrige* (Kleinschreibung) und *alles Weitere* (Großschreibung) unterschieden?

Die Neuregelung der deutschen Rechtschreibung verringert die Zahl dieser Problemfälle. Sie zielt grundsätzlich darauf ab, die Regeln zur Laut-Buchstaben-Zuordnung, zur Getrennt- und Zusammenschreibung, zur Groß- und Kleinschreibung, zur Zeichensetzung und zur Worttrennung am Zeilenende zu systematisieren und damit das Schreiben und Schreibenlernen zu erleichtern. Dadurch, dass der Geltungsbereich der Grundregeln ausgeweitet wird, entfallen viele Ausnahmen. Die Neuregelung bricht aber nicht mit der historisch gewachsenen Schreibtradition. Deshalb bleibt das vertraute Schriftbild im Großen und Ganzen unverändert.

Die neuen Regeln ersetzen das amtliche Regelwerk aus den Jahren 1901/02. Damals wurde erstmals überhaupt eine einheitliche Rechtschreibung für den ganzen deutschen Sprachraum herbeigeführt. Obwohl es seitdem immer wieder Verbesserungsvorschläge gab, konnte erst jetzt – nahezu ein Jahrhundert später und nach jahrelangen wissenschaftlichen Vorarbeiten von Experten aus allen deutschsprachigen Ländern – ein neues Regelwerk verabschiedet werden. Die zwischenstaatliche Absichtserklärung zur Neuregelung der deutschen Rechtschreibung ist im Sommer 1996 von Deutschland, Österreich, der Schweiz und einigen weiteren Ländern in Wien unterzeichnet worden.

Am 1. 8. 1998 trat die neue deutsche Rechtschreibung offiziell in Kraft und wird seither an den Schulen gelehrt und von den staatlichen Institutionen verwendet. Da die neue Rechtschreibung freilich nicht von einem Tag auf den anderen eingeführt werden kann, ist eine siebenjährige Übergangsfrist vorgesehen, während der die alte Orthographie zwar als überholt, nicht aber als falsch gelten soll. Bis zum 31. 7. 2005 haben alle Schreibenden Zeit, sich mit der Neuregelung vertraut zu machen. Übrigens können sie gerade bei Fremdwörtern in einigen Fällen auch nach 2005 selbst entscheiden, wie sie schreiben wollen: *Delphin* oder *Delfin*, *Portemonnaie* oder *Portmonee* u. A.

Auf eine genauere Darstellung der zahlreichen inhaltlichen Bestimmungen des neuen Regelwerks wird an dieser Stelle verzichtet. Alle neuen Regeln sind leicht und übersichtlich zugänglich im *DUDEN – Die deutsche Rechtschreibung, 21. Auflage 1996*. Sie sind dort – wie übrigens auch alle neuen Schreibungen – rot hervorgehoben und können damit ganz gezielt nachgeschlagen und gelernt werden.

Die folgende Liste bietet eine Auswahl von häufig gebrauchten Wörtern aus dem deutschen Allgemeinwortschatz, deren Schreibung sich durch die Neuregelung geändert hat. Nicht ersichtlich werden daraus die neuen Möglichkeiten der Worttrennung (Silbentrennung) sowie die der Zeichensetzung. Die mit * markierten Formen gelten in Zukunft als die Vorzugsschreibungen.

alt	neu

A

[gestern, heute, morgen] abend	[gestern, heute, morgen] Abend
Abfluß	Abfluss
Abguß	Abguss
Ablaß	Ablass
Abriß	Abriss
Abschluß	Abschluss
Abschuß	Abschuss
absein	ab sein [getrennt]
abwärtsgehen	abwärts gehen [getrennt]
in acht nehmen	in Acht nehmen
außer acht lassen	außer Acht lassen
der/die achte, den/die ich sehe	der/die Achte, den /die ich sehe
jeder/jede achte kommt mit	jeder/jede Achte kommt mit
8fach	weiterhin: 8fach
achtgeben	Acht geben [getrennt]
achthaben	Acht haben [getrennt]
8jährig	8-jährig
der/die 8jährige	der/die 8-Jährige
8mal	8-mal
achtmillionenmal	acht Millionen Mal
8tonner	8-Tonner
achtunggebietend	Achtung gebietend [getrennt]
über Achtzig	über achtzig
Mitte [der] Achtzig	Mitte [der] achtzig
in die Achtzig kommen	in die achtzig kommen
die achtziger Jahre	die Achtzigerjahre*, auch: die achtziger Jahre
die Achtzigerjahre	die Achtzigerjahre, auch: die achtziger Jahre
Adreßbuch	Adressbuch
After-shave	Aftershave [zusammen]
ich habe ähnliches erlebt	ich habe Ähnliches erlebt
und/oder ähnliches (u.ä./o.ä.)	und/oder Ähnliches (u.Ä./o.Ä.)
Alkoholmißbrauch	Alkoholmissbrauch
alleinerziehend	allein erziehend [getrennt]
alleinseligmachend	allein selig machend [getrennt]
alleinstehend	allein stehend [getrennt]
es ist das allerbeste, daß ...	es ist das Allerbeste, dass ...
im allgemeinen	im Allgemeinen
allgemeingültig	allgemein gültig [getrennt]
allgemeinverständlich	allgemein verständlich [getrennt]
allzulange	allzu lange [getrennt]
allzumal	weiterhin: allzumal
allzuoft	allzu oft [getrennt]
allzusehr	allzu sehr [getrennt]
allzuweit	allzu weit [getrennt]
Alptraum	Alptraum, auch: Albtraum
als daß	als dass
aus alt mach neu	aus Alt mach Neu
für alt und jung	für Alt und Jung
er ist immer der alte geblieben	er ist immer der Alte geblieben
alles beim alten lassen	alles beim Alten lassen
Alter ego	Alter Ego

alt	neu
Amboß	Amboss
andersdenkend	anders denkend [*getrennt*]
andersgeartet	anders geartet [*getrennt*]
anderslautend	anders lautend [*getrennt*]
aneinandergeraten	aneinander geraten [*getrennt*]
aneinandergrenzen	aneinander grenzen [*getrennt*]
aneinanderreihen	aneinander reihen [*getrennt*]
angepaßt	angepasst
jmdm. angst machen	jmdm. Angst machen
anheimfallen	anheim fallen [*getrennt*]
anheimstellen	anheim stellen [*getrennt*]
Anlaß	Anlass
anläßlich	anlässlich
Anschiß	Anschiss
Anschluß	Anschluss
ansein	an sein [*getrennt*]
im argen liegen	im Argen liegen
bei arm und reich	bei Arm und Reich
As	Ass
aufeinanderbeißen	aufeinander beißen [*getrennt*]
aufeinanderfolgen	aufeinander folgen [*getrennt*]
aufeinandertreffen	aufeinander treffen [*getrennt*]
aufgepaßt!	aufgepasst!
Aufguß	Aufguss
aufrauhen	aufrauen [*ohne h*]
Aufriß	Aufriss
aufschlußreich	aufschlussreich
ein aufsehenerregendes Ereignis	ein Aufsehen erregendes Ereignis [*getrennt*]
aufsein	auf sein [*getrennt*]
auf seiten	aufseiten [*zusammen*], *auch*: auf Seiten
aufwärtsgehen	aufwärts gehen [*getrennt*]
aufwendig	aufwendig, *auch*: aufwändig
Au-pair-Mädchen	Au-pair-Mädchen, *auch*: Aupairmädchen [*zusammen*]
auseinandergehen	auseinander gehen [*getrennt*]
auseinanderhalten	auseinander halten [*getrennt*]
auseinandersetzen	auseinander setzen [*getrennt*]
Ausfluß	Ausfluss
Ausguß	Ausguss
Ausschluß	Ausschluss
Ausschuß	Ausschuss
aussein	aus sein [*getrennt*]
aufs äußerste gespannt	aufs äußerste gespannt, *auch*: aufs Äußerste gespannt
außerstande	außerstande, *auch*: außer Stande

B

alt	neu
Ballettänzerin	Balletttänzerin, *auch*: Ballett-Tänzerin
Bänderriß	Bänderriss
jmdm. [angst und] bange machen	jmdm. [Angst und] Bange machen
mir ist angst und bange	*weiterhin*: mir ist angst und bange
bankrott gehen	Bankrott gehen
bankrott sein	*weiterhin*: bankrott sein
Baß	Bass

alt	neu
Baßsänger	Basssänger, *auch*: Bass-Sänger
beeinflußbar	beeinflussbar
beeinflußt	beeinflusst
befaßt	befasst
behende	behände
Behendigkeit	Behändigkeit
beieinanderhaben	beieinander haben [*getrennt*]
beieinandersein	beieinander sein [*getrennt*]
beieinanderstehen	beieinander stehen [*getrennt*]
beisammensein	beisammen sein [*getrennt*]
bekanntgeben	bekannt geben [*getrennt*]
belemmert	belämmert
jeder beliebige	jeder **B**eliebige
Bendel	Bändel
Beschiß	Beschiss
Beschluß	Beschluss
Beschuß	Beschuss
ich will im besonderen erwähnen ...	ich will im **B**esonderen erwähnen ...
bessergehen	besser gehen [*getrennt*]
es ist das beste, wenn ...	es ist das **B**este, wenn ...
aufs beste geregelt sein	aufs beste geregelt sein, *auch*: aufs **B**este geregelt sein
zum besten geben/halten	zum **B**esten geben/halten
das erste beste	das erste **B**este
bestehenbleiben	bestehen bleiben [*getrennt*]
Bestelliste	Bestellliste, *auch*: Bestell-Liste
um ein beträchtliches höher	um ein **B**eträchtliches höher
in betreff	in **B**etreff
Bettuch [*zu*: Bett]	Betttuch, *auch*: Bett-**T**uch
bewußt	bewusst
Bewußtlosigkeit	Bewusstlosigkeit
Bewußtsein	Bewusstsein
in bezug auf	in **B**ezug auf
Bibliographie	Bibliographie, *auch*: Bibliografie
Bierfaß	Bierfass
Biß	Biss
bißchen	bisschen
du sollst bitte sagen	du sollst **B**itte sagen*, *auch*: du sollst bitte sagen
es ist bitter kalt	es ist bitterkalt [*zusammen*]
Blackout	Black-out*, *auch*: Blackout
blankpoliert	blank poliert [*getrennt*]
blaß	blass
bläßlich	blässlich
der blaue Planet [*die Erde*]	der **B**laue Planet
bleibenlassen	bleiben lassen [*getrennt*]
Bluterguß	Bluterguss
Bonbonniere	Bonbonniere, *auch*: Bonboniere [*kein doppeltes n*]
Börsentip	Börsentip**p**
im bösen wie im guten	im **B**ösen wie im **G**uten
Boß	Boss
breitgefächert	breit gefächert [*getrennt*]
Brennessel	Bren**n**nessel, *auch*: Brenn-Nessel

alt	neu
brütendheiß	brütend heiß [getrennt]
buntschillernd	bunt schillernd [getrennt]
Büroschluß	Büroschluss
Busineß	Business

C

alt	neu
Centre Court	Centrecourt [zusammen], auch: Centre-Court
Chansonnier	Chansonnier, auch: Chansonier [kein doppeltes n]
Choreographie	Choreographie, auch: Choreografie
Cleverneß	Cleverness
Comeback	Come-back*, auch: Comeback
Corpus delicti	Corpus Delicti
Countdown	Count-down*, auch: Countdown

D

alt	neu
dabeisein	dabei sein [getrennt]
Dachgeschoß	Dachgeschoss [in Österreich weiterhin mit ß]
dahinterklemmen	dahinter klemmen [getrennt]
dahinterkommen	dahinter kommen [getrennt]
darauffolgend	darauf folgend [getrennt]
darüberstehen	darüber stehen [getrennt]
darunterliegen	darunter liegen [getrennt]
dasein	da sein [getrennt]
daß	dass
daß-Satz	dass-Satz, auch: Dasssatz
datenverarbeitend	Daten verarbeitend [getrennt]
Dein [in Briefen]	dein
mein und dein verwechseln	Mein und Dein verwechseln
die Deinen	die Deinen, auch: die deinen
Dekolleté	Dekolleté, auch: Dekolletee
Delphin	Delphin, auch: Delfin
deplaciert, auch: deplaziert	deplaciert, auch: deplatziert
wir haben derartiges nicht bemerkt	wir haben Derartiges nicht bemerkt
dessenungeachtet	dessen ungeachtet [getrennt]
auf deutsch	auf Deutsch
der deutsche Schäferhund	der Deutsche Schäferhund
deutschsprechend	Deutsch sprechend [getrennt]
diät leben	Diät leben
Dich [in Briefen]	dich
dichtbevölkert	dicht bevölkert [getrennt]
dichtgedrängt	dicht gedrängt [getrennt]
Differential	Differenzial*, auch: Differential
Dir [in Briefen]	dir
dortbleiben	dort bleiben [getrennt]
draufsein	drauf sein [getrennt]
Dreß	Dress
etwas aufs dringendste fordern	etwas aufs dringendste fordern, auch: etwas aufs Dringendste fordern
drinsein	drin sein [getrennt]
jeder dritte, der mitwollte	jeder Dritte, der mitwollte
die dritte Welt	die Dritte Welt
Du [in Briefen]	du

alt	neu
auf du und du stehen	auf **Du** und **Du** stehen
im dunkeln tappen	im **D**unkeln tappen
im dunkeln bleiben	im **D**unkeln bleiben
dünnbesiedelt	dünn besiedelt [*getrennt*]
Dünnschiß	Dünnschi**ss**
durcheinanderbringen	durcheinander bringen [*getrennt*]
durcheinandergeraten	durcheinander geraten [*getrennt*]
durcheinanderlaufen	durcheinander laufen [*getrennt*]
Durchfluß	Durchflu**ss**
Durchlaß	Durchla**ss**
durchnumerieren	durchnu**mm**erieren
durchsein	durch sein [*getrennt*]
dußlig	du**ss**lig
Dutzende (von) Reklamationen	Dutzende (von) Reklamationen, *auch*: **d**utzende (von) Reklamationen
E	
ebensosehr	ebenso sehr [*getrennt*]
ebensoviel	ebenso viel [*getrennt*]
ebensowenig	ebenso wenig [*getrennt*]
an Eides Statt	an Eides statt
sein eigen nennen	sein **E**igen nennen
sich zu eigen machen	sich zu **E**igen machen
einbleuen	einbl**äu**en
aufs eindringlichste warnen	aufs eindringlichste warnen, *auch*: aufs **E**indringlichste warnen
das einfachste ist, wenn ...	das **E**infachste ist, wenn ...
Einfluß	Einflu**ss**
einflußreich	einflu**ss**reich
Einlaß	Einla**ss**
Einriß	Einri**ss**
Einschluß	Einschlu**ss**
Einschuß	Einschu**ss**
Einschußstelle	Einschu**ss**stelle, *auch*: Einschuss-Stelle
Einsendeschluß	Einsendeschlu**ss**
der/die/das einzelne	der/die/das **E**inzelne
jeder einzelne von uns	jeder **E**inzelne von uns
bis ins einzelne geregelt	bis ins **E**inzelne geregelt
der/die/das einzige wäre ...	der/die/das **E**inzige wäre ...
kein einziger war gekommen	kein **E**inziger war gekommen
er als einziger hatte ...	er als **E**inziger hatte ...
das einzigartige ist, daß ...	das **E**inzigartige ist, da**ss** ...
die eisenverarbeitende Industrie	die **E**isen verarbeitende Industrie [*getrennt*]
eisigkalt	eisig kalt [*getrennt*]
eislaufen	**E**is laufen [*getrennt*]
Eisschnellauf	Eisschne**lll**auf
energiebewußt	energiebew**uss**t
aufs engste verflochten	aufs engste verflochten, *auch*: aufs **E**ngste verflochten
engbefreundet	eng befreundet [*getrennt*]
engbedruckt	eng bedruckt [*getrennt*]
Engpaß	Engpa**ss**
nicht im entferntesten beabsichtigen	nicht im entferntesten beabsichtigen, *auch*: nicht im **E**ntferntesten beabsichtigen

alt	neu
auf das entschiedenste	auf das entschiedenste, *auch*: auf das Entschiedenste
Entschluß	Entschluss
ein Entweder-Oder gibt es hier nicht	ein Entweder-oder gibt es hier nicht
Erdgeschoß	Erdgeschoss [*in Österreich weiterhin mit ß*]
Erdnuß	Erdnuss
erfaßbar	erfassbar
erfaßt	erfasst
Erguß	Erguss
erholungsuchende Großstädter	Erholung suchende [*getrennt*] Großstädter
Erlaß	Erlass
ermeßbar	ermessbar
ernstgemeint	ernst gemeint [*getrennt*]
ernstzunehmend	ernst zu nehmend [*getrennt*]
erpreßbar	erpressbar
nicht den erstbesten nehmen	nicht den Erstbesten nehmen
der erste, der gekommen ist	der Erste, der gekommen ist
das reicht fürs erste	das reicht fürs Erste
zum ersten, zum zweiten, zum dritten	zum Ersten, zum Zweiten, zum Dritten
die Erste Hilfe	die erste Hilfe
das erstemal	das erste Mal [*getrennt*]
zum erstenmal	zum ersten Mal [*getrennt*]
Erstkläßler	Erstklässler
die Erstplazierten	die Erstplatzierten
eßbar	essbar
Eßbesteck	Essbesteck
essentiell	essenziell*, *auch*: essentiell
Eßtisch	Esstisch
etlichemal	etliche Mal [*getrennt*]
Euch [*in Briefen*]	euch
Euer [*in Briefen*]	euer
die Euren	die Euren, *auch*: die euren
Existentialismus	Existenzialismus*, *auch*: Existentialismus
existentialistisch	existenzialistisch*, *auch*: existentialistisch
existentiell	existenziell*, *auch*: existentiell
Exposé	Exposé, *auch*: Exposee
expreß	express
Exzeß	Exzess
F	
Facette	Facette, *auch*: Fassette
fahrenlassen	fahren lassen [*getrennt*]
Fairneß	Fairness
Fair play	Fairplay [*zusammen*], *auch*: Fair Play
fallenlassen	fallen lassen [*getrennt*]
Faß	Fass
faßbar	fassbar
Fäßchen	Fässchen
du faßt	du fasst
Fast food	Fastfood [*zusammen*], *auch*: Fast Food
Feedback	Feed-back*, *auch*: Feedback
jmdm. feind sein	jmdm. Feind sein
feingemahlen	fein gemahlen [*getrennt*]
fernliegen	fern liegen [*getrennt*]

alt	neu
fertigbringen	fertig bringen [*getrennt*]
fertigstellen	fertig stellen [*getrennt*]
Fertigungsprozeß	Fertigungsprozess
festangestellt	fest angestellt [*getrennt*]
festumrissen	fest umrissen [*getrennt*]
fettgedruckt	fett gedruckt [*getrennt*]
Fitneß	Fitness
fleischfressende Pflanzen	Fleisch fressende [*getrennt*] Pflanzen
flötengehen	flöten gehen [*getrennt*]
Fluß	Fluss
flußaufwärts	flussaufwärts
Flüßchen	Flüsschen
flüssigmachen	flüssig machen [*getrennt*]
Flußschiffahrt	Flussschifffahrt, *auch*: Fluss-Schifffahrt
Fön (*zum Haaretrocknen*)	Föhn, *als Gerät des eingetragenen Warenzeichens weiterhin*: Fön
die Haare fönen	die Haare föhnen
folgendes ist zu beachten	Folgendes ist zu beachten
wie im folgenden erläutert	wie im Folgenden erläutert
Freßsack	Fresssack, *auch*: Fress-Sack
Friedensschluß	Friedensschluss
frischgebacken	frisch gebacken [*getrennt*]
fritieren	frittieren
frohgelaunt	froh gelaunt [*getrennt*]
frühverstorben	früh verstorben [*getrennt*]
Full-time-Job	Fulltimejob [*zusammen*], *auch*: Full-Time-Job
funkensprühend	Funken sprühend [*getrennt*]
furchterregend	furchterregend, *auch*: Furcht erregend [*getrennt*]
Fußballänderspiel	Fußballländerspiel, *auch*: Fußball-Länderspiel

G

alt	neu
Gangsterboß	Gangsterboss
im ganzen gesehen	im Ganzen gesehen
Gäßchen	Gässchen
gefangenhalten	gefangen halten [*getrennt*]
gefangennehmen	gefangen nehmen [*getrennt*]
gegeneinanderprallen	gegeneinander prallen [*getrennt*]
gegeneinanderstoßen	gegeneinander stoßen [*getrennt*]
geheimhalten	geheim halten [*getrennt*]
gehenlassen	gehen lassen [*getrennt*]
gutgelaunt	gut gelaunt [*getrennt*]
gelblichgrün	gelblich grün [*getrennt*]
Gemse	Gämse
genaugenommen	genau genommen [*getrennt*]
genausogut	genauso gut [*getrennt*]
genausowenig	genauso wenig [*getrennt*]
Genuß	Genuss
genüßlich	genüsslich
genußsüchtig	genusssüchtig
Geographie	Geographie, *auch*: Geografie
geradesitzen	gerade sitzen [*getrennt*]

alt	**neu**
geradestellen	gerade stellen [*getrennt*]
Gerichtsbeschluß	Gerichtsbeschluss
um ein geringes weniger	um ein **G**eringes weniger
es geht ihn nicht das geringste an	es geht ihn nicht das **G**eringste an
nicht im geringsten stören	nicht im **G**eringsten stören
geringachten	gering achten [*getrennt*]
geringschätzen	gering schätzen [*getrennt*]
Geschäftsschluß	Geschäftsschluss
Geschoß	Geschoss [*in Österreich weiterhin mit ß*]
gestern abend/morgen/nacht	gestern **A**bend/**M**orgen/**N**acht
getrenntlebend	getrennt lebend [*getrennt*]
gewiß	gewiss
Gewissensbiß	Gewissensbiss
Gewißheit	Gewissheit
glänzendschwarz	glänzend schwarz [*getrennt*]
glattgehen	glatt gehen [*getrennt*]
glatthobeln	glatt hobeln [*getrennt*]
das gleiche tun	das **G**leiche tun
aufs gleiche hinauskommen	aufs **G**leiche hinauskommen
gleich und gleich gesellt sich gern	**G**leich und **G**leich gesellt sich gern
gleichlautend	gleich lautend [*getrennt*]
Glimmstengel	Glimmstängel
glühendheiß	glühend heiß [*getrennt*]
die Goetheschen Dramen	die goetheschen Dramen, *auch*: die Goethe'schen Dramen
Graphit	Graphit, *auch*: Grafit
Graphologie	Graphologie, *auch*: Grafologie
gräßlich	grässlich
Greuel	Gräuel
greulich	gräulich
griffest	grifffest
grobgemahlen	grob gemahlen [*getrennt*]
ein Programm für groß und klein	ein Programm für **G**roß und **K**lein
im großen und ganzen	im **G**roßen und **G**anzen
das größte wäre, wenn ...	das **G**rößte wäre, wenn ...
groß schreiben [*mit großem Anfangsbuchstaben*]	großschreiben [*zusammen*]
Guß	Guss
gußeisern	gusseisern
guten Tag sagen	**G**uten Tag sagen*, *auch*: guten Tag sagen
es im guten versuchen	es im **G**uten versuchen
gutaussehend	gut aussehend [*getrennt*]
gutbezahlt	gut bezahlt [*getrennt*]
gutgehen	gut gehen [*getrennt*]
gutgelaunt	gut gelaunt [*getrennt*]
gutgemeint	gut gemeint [*getrennt*]
guttun	gut tun [*getrennt*]
H	
haftenbleiben	haften bleiben [*getrennt*]
haltmachen	Halt machen [*getrennt*]
Hämorrhoide	Hämorrhoide, *auch*: Hämorride [-ho- *entfällt*]
händchenhaltend	Händchen haltend [*getrennt*]

alt	neu
handeltreibend	Handel treibend [getrennt]
Handkuß	Handkuss
Handout	Hand-out*, auch: Handout
hängenbleiben	hängen bleiben [getrennt]
hängenlassen	hängen lassen [getrennt]
Happy-End	Happyend [zusammen], auch: Happy End [ohne Bindestrich]
Hard cover	Hardcover [zusammen], auch: Hard Cover
hartgekocht	hart gekocht [getrennt]
Haselnuß	Haselnuss
Haselnußstrauch	Haselnussstrauch, auch: Haselnuss-Strauch
Haß	Hass
häßlich	hässlich
du haßt	du hasst
nach Hause	nach Hause, in Österreich und der Schweiz auch: nachhause [zusammen]
zu Hause	zu Hause, in Österreich und der Schweiz auch: zuhause [zusammen]
haushalten	haushalten, auch: Haus halten [getrennt]
heiligsprechen	heilig sprechen [getrennt]
heimlichtun	heimlich tun [getrennt]
heißgeliebt	heiß geliebt [getrennt]
heißumkämpft	heiß umkämpft [getrennt]
helleuchtend	hell leuchtend [getrennt]
hellicht	helllicht
hellodernd	hell lodernd [getrennt]
heransein	heran sein [getrennt]
heraussein	heraus sein [getrennt]
hersein	her sein [getrennt]
herumsein	herum sein [getrennt]
heruntersein	herunter sein [getrennt]
jmdn. auf das herzlichste begrüßen	jmdn. auf das herzlichste begrüßen, auch: jmdn. auf das Herzlichste begrüßen
heute abend/mittag/nacht	heute Abend/Mittag/Nacht
Hexenschuß	Hexenschuss
hierbleiben	hier bleiben [getrennt]
hierlassen	hier lassen [getrennt]
hiersein	hier sein [getrennt]
hierzulande	hierzulande, auch: hier zu Lande [getrennt]
High-Society	Highsociety [zusammen], auch: High Society [ohne Bindestrich]
hilfesuchend	Hilfe suchend [getrennt]
hinaussein	hinaus sein [getrennt]
hinsein	hin sein [getrennt]
hintereinandergehen	hintereinander gehen [getrennt]
hintereinanderschalten	hintereinander schalten [getrennt]
hinterhersein	hinterher sein [getrennt]
hinübersein	hinüber sein [getrennt]
Hochgenuß	Hochgenuss
Hochschulabschluß	Hochschulabschluss
aufs höchste erfreut sein	aufs höchste erfreut sein, auch: aufs Höchste erfreut sein
hofhalten	Hof halten [getrennt]
die Hohe Schule	die hohe Schule

alt	neu
Hoheit	*weiterhin*: Hoheit
Hosteß	Host**ess**
Hot dog	Hotdog [*zusammen*], *auch*: Hot **D**og
ein paar hundert	ein paar hundert, *auch*: ein paar **H**undert
viele Hunderte	viele Hunderte, *auch*: viele **h**underte
Hunderte von Zuschauern	Hunderte von Zuschauern, *auch*: **h**underte von Zuschauern
hurra schreien	**H**urra schreien*, *auch*: hurra schreien

I

Ich-Erzähler	Icherzähler [*zusammen*], *auch*: Ich-Erzähler
im allgemeinen	im **A**llgemeinen
im besonderen	im **B**esonderen
Imbiß	Imbi**ss**
Imbißstand	Imbi**ss**stand, *auch*: Imbi**ss**-Stand
im einzelnen	im **E**inzelnen
im nachhinein	im **N**achhinein
imstande	imstande, *auch*: im **S**tande [*getrennt*]
im übrigen	im **Ü**brigen
im voraus	im **V**oraus
in betreff	in **B**etreff
in bezug auf	in **B**ezug auf
ineinanderfließen	ineinander fließen [*getrennt*]
ineinandergreifen	ineinander greifen [*getrennt*]
Informationsfluß	Informationsflu**ss**
in Frage stellen	in Frage stellen, *auch*: infrage [*zusammen*] stellen
in Frage kommen	in Frage kommen, *auch*: infrage [*zusammen*] kommen
innesein	inne sein [*getrennt*]
instand halten/setzen	instand halten/setzen, *auch*: in Stand halten/setzen
I-Punkt	**i**-Punkt
irgend etwas	irgendetwas [*zusammen*]
irgend jemand	irgendjemand [*zusammen*]
I-Tüpfelchen	**i**-Tüpfelchen

J

ja sagen	**J**a sagen*, *auch*: ja sagen
Jäheit	Jä**hh**eit
2jährig, 3jährig, 4jährig ...	2**-**jährig, 3**-**jährig, 4**-**jährig ...
ein 2jähriger, 3jähriger, 4jähriger	ein 2**-J**ähriger, 3**-J**ähriger, 4**-J**ähriger
jedesmal	jedes Mal [*getrennt*]
Job-sharing	Jobsharing [*zusammen*]
Joghurt	Joghurt, *auch*: Jogurt [*ohne h*]
Jumbo-Jet	Jumbojet [*zusammen*]
für jung und alt	für **J**ung und **A**lt

K

Kabelanschluß	Kabelanschlu**ss**
Kaffee-Ernte	Kaffee-Ernte, *auch*: Kaffe**ee**rnte
Kalligraphie	Kalligraphie, *auch*: Kalligra**f**ie
kalorienbewußt	kalorienbewu**sst**
kaltlächelnd	kalt lächelnd [*getrennt*]

alt	neu
Känguruh	Känguru [*ohne h*]
Karamel	Karame**ll**
karamelisieren	karame**ll**isieren
2karäter, 3karäter, 4karäter ...	2-**K**aräter, 3-**K**aräter, 4-**K**aräter ...
2karätig, 3karätig, 4karätig ...	2-karätig, 3-karätig, 4-karätig ...
Kartographie	Kartographie, *auch*: Kartografie
Kaßler	Ka**ss**ler
Katarrh	Katarrh, *auch*: Katarr [*ohne h*]
kegelschieben	**K**egel schieben [*getrennt*]
kennenlernen	kennen lernen [*getrennt*]
Kennummer	Ke**nnn**ummer, *auch*: Kenn-Nummer
keß	ke**ss**
Ketchup	Ket**sch**up*, *auch*: Ketchup
Kindesmißhandlung	Kindesmi**ss**handlung
sich über etwas im klaren sein	sich über etwas im **K**laren sein
klardenkend	klar denkend [*getrennt*]
klarsehen	klar sehen [*getrennt*]
klarwerden	klar werden [*getrennt*]
klatschnaß	klatschna**ss**
klebenbleiben	kleben bleiben [*getrennt*]
bis ins kleinste geregelt	bis ins **K**leinste geregelt
kleingedruckt	klein gedruckt [*getrennt*]
kleinschneiden	klein schneiden [*getrennt*]
klein schreiben [*mit kleinem Anfangsbuchstaben*]	kleinschreiben [*zusammen*]
Klettverschluß	Klettverschlu**ss**
es wäre das klügste, wenn ...	es wäre das **K**lügste, wenn ...
knapphalten	knapp halten [*getrennt*]
Knockout	Knock-out*, *auch*: Knockout
kochendheiß	kochend heiß [*getrennt*]
Koloß	Kolo**ss**
Kommißbrot	Kommi**ss**brot
Kommuniqué	Kommuniqué, *auch*: Kommuni**kee**
Kompaß	Kompa**ss**
Kompromiß	Kompromi**ss**
kompromißbereit	kompromi**ss**bereit
Kongreß	Kongre**ss**
Kongreßsaal	Kongre**sss**aal, *auch*: Kongre**ss**-**S**aal
Kongreßstadt	Kongre**sss**tadt, *auch*: Kongre**ss**-**S**tadt
Königsschloß	Königsschlo**ss**
Kontrabaß	Kontraba**ss**
Kontrollampe	Kontro**lll**ampe, *auch*: Kontro**ll**-**L**ampe
Kopfschuß	Kopfschu**ss**
kopfstehen	**K**opf stehen [*getrennt*]
krank schreiben	krankschreiben [*zusammen*]
kraß	kra**ss**
Kreppapier	Kre**ppp**apier, *auch*: Krepp-**P**apier
die kriegführenden Parteien	die **K**rieg führenden Parteien [*getrennt*]
kroß	kro**ss**
krummnehmen	krumm nehmen [*getrennt*]
den kürzeren ziehen	den **K**ürzeren ziehen
kürzertreten	kürzer treten [*getrennt*]
kurzgebraten	kurz gebraten [*getrennt*]
kurzhalten	kurz halten [*getrennt*]

alt	neu
Kurzschluß	Kurzschluss
kurztreten	kurz treten [getrennt]
Kuß	Kuss
Küßchen	Küsschen
kußecht	kussecht
du/er/sie küßt	du/er/sie küsst

L

alt	neu
Ladenschluß	Ladenschluss
langgestreckt	lang gestreckt [getrennt]
länglichrund	länglich rund [getrennt]
langstengelig	langstängelig
langziehen	lang ziehen [getrennt]
du läßt	du lässt
zu Lasten	zu Lasten, auch: zulasten [zusammen]
auf dem laufenden sein	auf dem Laufenden sein
laufenlassen	laufen lassen [getrennt]
Laufpaß	Laufpass
Layout	Lay-out*, auch: Layout
leerstehend	leer stehend [getrennt]
leichenblaß	leichenblass
es ist mir ein leichtes, das zu tun	es ist mir ein Leichtes, das zu tun
leichtentzündlich	leicht entzündlich [getrennt]
leichtfallen	leicht fallen [getrennt]
leichtmachen	leicht machen [getrennt]
leichtnehmen	leicht nehmen [getrennt]
leichtverderblich	leicht verderblich [getrennt]
leichtverständlich	leicht verständlich [getrennt]
jmdm. leid tun	jmdm. Leid tun
der letzte, der gekommen ist	der Letzte, der gekommen ist
als letzter fertig sein	als Letzter fertig sein
bis ins letzte geklärt	bis ins Letzte geklärt
letzteres trifft zu	Letzteres trifft zu
zum letztenmal	zum letzten Mal [getrennt]
leuchtendblau	leuchtend blau [getrennt]
es wäre uns das liebste, wenn ...	es wäre uns das Liebste, wenn ...
liebenlernen	lieben lernen [getrennt]
liebgewinnen	lieb gewinnen [getrennt]
liebhaben	lieb haben [getrennt]
liegenbleiben	liegen bleiben [getrennt]
liegenlassen	liegen lassen [getrennt]
Litfaßsäule	weiterhin: Litfaßsäule
Live-Mitschnitt	Live-Mitschnitt, auch: Livemitschnitt [zusammen]
Love-Story	Love-Story, auch: Lovestory [zusammen]
Luftschloß	Luftschloss

M

alt	neu
2mal, 3mal, 4mal ...	2-mal, 3-mal, 4-mal ...
maschineschreiben	Maschine schreiben [getrennt]
maßhalten	Maß halten [getrennt]
Megaphon	Megaphon, auch: Megafon
Mehrheitsbeschluß	Mehrheitsbeschluss
wir haben das menschenmögliche getan	wir haben das Menschenmögliche getan

alt	neu
Mesner	Mesner, *auch:* Messner
meßbar	messbar
Meßbecher	Messbecher
Meßdiener	Messdiener
Meßinstrument	Messinstrument
Meßopfer	Messopfer
Midlife-crisis	Midlifecrisis [*zusammen*], *auch:* Midlife-Crisis
millionenmal	Millionen Mal [*getrennt*]
nicht im mindesten	nicht im Mindesten
mißachten	missachten
Mißbildung	Missbildung
mißbilligen	missbilligen
Mißbrauch	Missbrauch
Mißerfolg	Misserfolg
mißfallen	missfallen
Mißgeburt	Missgeburt
Mißgeschick	Missgeschick
mißglücken	missglücken
Mißgunst	Missgunst
Mißklang	Missklang
Mißkredit	Misskredit
mißlich	misslich
mißlingen	misslingen
mißmutig	missmutig
Mißstand	Missstand
mißtrauisch	misstrauisch
Mißverständnis	Missverständnis
mit Hilfe	mit Hilfe, *auch:* mithilfe [*zusammen*]
[gestern, heute, morgen] mittag	[gestern, heute, morgen] Mittag
wir sprachen über alles mögliche	wir sprachen über alles Mögliche
sein möglichstes tun	sein Möglichstes tun
3monatig, 4monatig, 5monatig ...	3-monatig, 4-monatig, 5-monatig ...
3monatlich, 4monatlich, 5monatlich ...	3-monatlich, 4-monatlich, 5-monatlich ...
Monographie	Monographie, *auch:* Monografie
Mop	Mopp
Mordprozeß	Mordprozess
morgen abend, mittag, nacht	morgen Abend, Mittag, Nacht
[gestern, heute] morgen	[gestern, heute] Morgen
Multiple-choice-Verfahren	Multiplechoiceverfahren [*zusammen*], *auch:* Multiple-Choice-Verfahren
Muskelriß	Muskelriss
ich muß, du mußt, er muß	ich muss, du musst, er muss
ich müßte, du müßtest, er müßte	ich müsste, du müsstest, er müsste
müßiggehen	müßig gehen [*getrennt*]
Myrrhe	Myrrhe, *auch:* Myrre [*ohne h*]
N	
nach Hause	nach Hause, *in Österreich und der Schweiz auch:* nachhause [*zusammen*]
im nachhinein	im Nachhinein
Nachlaß	Nachlass
[gestern, heute, morgen] nachmittag	[gestern, heute, morgen] Nachmittag
Nachschuß	Nachschuss

alt   **neu**

alt	neu
der nächste, bitte!	der Nächste, bitte!
als nächstes wollen wir ...	als Nächstes wollen wir ...
im nachstehenden heißt es ...	im Nachstehenden heißt es ...
[gestern, heute, morgen] nacht	[gestern, heute, morgen] Nacht
nahebringen	nahe bringen [getrennt]
nahelegen	nahe legen [getrennt]
naheliegen	nahe liegen [getrennt]
naheliegend	nahe liegend [getrennt]
etwas des näheren erläutern	etwas des Näheren erläutern
näherliegen	näher liegen [getrennt]
nahestehen	nahe stehen [getrennt]
Narziß	Narziss
narzißtisch	narzisstisch
naß	nass
naßgeschwitzt	nass geschwitzt [getrennt]
naßkalt	nasskalt
Naßrasur	Nassrasur
nebeneinandersitzen	nebeneinander sitzen [getrennt]
nebeneinanderstehen	nebeneinander stehen [getrennt]
nebeneinanderstellen	nebeneinander stellen [getrennt]
Nebenfluß	Nebenfluss
im nebenstehenden wird gezeigt ...	im Nebenstehenden wird gezeigt ...
Negligé	Negligé, auch: Negligee
nein sagen	Nein sagen*, auch: nein sagen
es aufs neue versuchen	es aufs Neue versuchen
auf ein neues!	auf ein Neues!
neueröffnet	neu eröffnet [getrennt]
New Yorker	New Yorker, auch: New-Yorker
nichtrostend	nichtrostend, auch: nicht rostend [getrennt]
Nichtseßhafte	Nichtsesshafte
nichtssagend	nichts sagend [getrennt]
No-future-Generation	No-Future-Generation
die notleidende Bevölkerung	die Not leidende [getrennt] Bevölkerung
in Null Komma nichts	in null Komma nichts
das Thermometer steht auf Null	das Thermometer steht auf null
Nulllösung	Nulllösung, auch: Null-Lösung
numerieren	nummerieren
Numerierung	Nummerierung
Nuß	Nuss
Nußschale	Nussschale, auch: Nuss-Schale

O

alt	neu
O-beinig	O-beinig, auch: o-beinig
obenerwähnt	oben erwähnt [getrennt]
obengenannt	oben genannt [getrennt]
obenstehend	oben stehend [getrennt]
offenbleiben	offen bleiben [getrennt]
offenlassen	offen lassen [getrennt]
offenstehen	offen stehen [getrennt]
des öfteren	des Öfteren
Orthographie	Orthographie, auch: Orthografie
Oxyd	Oxyd, auch: Oxid

alt	neu

P

alt	neu
Panther	Panther, *auch*: Panter [*ohne h*]
Pappmaché	Pappmaché, *auch*: Pappma**schee**
parallellaufend	parallel laufend [*getrennt*]
parallelschalten	parallel schalten [*getrennt*]
Parlamentsbeschluß	Parlamentsbeschlu**ss**
Parteikongreß	Parteikongre**ss**
Parteitagsbeschluß	Parteitagsbeschlu**ss**
Partys, Parties [*Plural von* Party]	Partys
Paß	Pass
passé	passé, *auch*: pass**ee**
paßgerecht	passgerecht
Paßkontrolle	Passkontrolle
Paßstelle	Passstelle, *auch*: Pass-Stelle
Paßstraße	Passstraße, *auch*: Pass-Straße
Paßwort	Passwort
pflichtbewußt	pflichtbewusst
er pißt	er pisst
Platitüde	Plat**t**itüde, *auch*: Platitude
Playback	Play-back*, *auch*: Playback
plazieren	plat**z**ieren
pleite gehen	**P**leite gehen
pleite sein	*weiterhin*: pleite sein
polyphon	polyphon, *auch*: poly**f**on
Pornographie	Pornographie, *auch*: Pornogra**f**ie
Portemonnaie	Portemonnaie, *auch*: Po**rt**monee
potentiell	poten**z**iell*, *auch*: potentiell
potthäßlich	potthässlich
Preisnachlaß	Preisnachlass
Preßlufthammer	Presslufthammer
du preßt	du presst
Preßwehe	Presswehe
privatversichert	privat versichert [*getrennt*]
probefahren	**P**robe fahren [*getrennt*]
Problembewußtsein	Problembewusstsein
Programmusik	Progra**mmm**usik, *auch*: Programm-**M**usik
Progreß	Progress
Prozeß	Prozess
Prozeßkosten	Prozesskosten
Prozeßrechner	Prozessrechner
pudelnaß	pudelnass
Pulverfaß	Pulverfass

Q

alt	neu
Quentchen	Quäntchen
Quickstep	Quickste**pp**

R

alt	neu
radfahren	**R**ad fahren [*getrennt*]
radschlagen	**R**ad schlagen [*getrennt*]
zu Rande kommen	zu Rande kommen, *auch*: zurande [*zusammen*] kommen
Rassenhaß	Rassenhass

alt	neu
zu Rate ziehen	zu Rate ziehen, *auch*: zurate [*zusammen*] ziehen
rauh	rau [*ohne h*]
rauhbeinig	raubeinig [*ohne h*]
Rauhfasertapete	Raufasertapete [*ohne h*]
Rauhhaardackel	Rauhaardackel [*kein doppeltes h*]
Rauhputz	Rauputz [*ohne h*]
Rauhreif	Raureif [*ohne h*]
Rausschmiß	Rausschmiss
recht haben	Recht haben
recht behalten	Recht behalten
recht bekommen	Recht bekommen
jmdm. recht geben	jmdm. Recht geben
recht sein	*weiterhin*: recht sein
Rechtens sein	rechtens sein
Rechtsbewußtsein	Rechtsbewusstsein
Redaktionsschluß	Redaktionsschluss
Regenguß	Regenguss
regennaß	regennass
Regreß	Regress
Regreßpflicht	Regresspflicht
reichgeschmückt	reich geschmückt [*getrennt*]
reichverziert	reich verziert [*getrennt*]
Reifungsprozeß	Reifungsprozess
Reisepaß	Reisepass
Reißverschluß	Reißverschluss
Reißverschlußsystem	Reißverschlusssystem, *auch*: Reißverschluss-System
das ist genau das richtige für mich	das ist genau das Richtige für mich
mit etwas richtigliegen	mit etwas richtig liegen [*getrennt*]
richtigstellen	richtig stellen [*getrennt*]
Riß	Riss
rißfest	rissfest
Roheit	Rohheit
Rolladen	Rollladen, *auch*: Roll-Laden
Rommé	Rommé, *auch*: Rommee
Roß	Ross
Roßkastanie	Rosskastanie
Rößl	Rössl
der rote Planet [*Mars*]	der Rote Planet
rotglühend	rot glühend [*getrennt*]
Rückfluß	Rückfluss
Rückschluß	Rückschluss
rückwärtsgewandt	rückwärts gewandt [*getrennt*]
ruhenlassen	ruhen lassen [*getrennt*]
ruhigstellen	ruhig stellen [*getrennt*]
Rußland	Russland
S	
Saisonschluß	Saisonschluss
Salzfaß	Salzfass
Samenerguß	Samenerguss
sauberhalten	sauber halten [*getrennt*]

alt	neu
saubermachen	sauber machen [*getrennt*]
sausenlassen	sausen lassen [*getrennt*]
Saxophon	Saxophon, *auch*: Saxofon
Schalloch	Schallloch, *auch*: Schall-Loch
Schalterschluß	Schalterschluss
etwas auf das schärfste verurteilen	etwas auf das schärfste verurteilen, *auch*: etwas auf das **Schärfste** verurteilen
ein schattenspendender Baum	ein **Schatten** spendender [*getrennt*] Baum
schätzenlernen	schätzen lernen [*getrennt*]
Schauprozeß	Schauprozess
schießenlassen	schießen lassen [*getrennt*]
Schiffahrt	Schifffahrt, *auch*: Schiff-Fahrt
Schiß	Schiss
Schlammasse	Schlammmasse, *auch*: Schlamm-Masse
schlechtgehen	schlecht gehen [*getrennt*]
schlechtgelaunt	schlecht gelaunt [*getrennt*]
das schlimmste ist, daß ...	das **Schlimmste** ist, dass ...
sie haben ihn auf das schlimmste getäuscht	sie haben ihn auf das schlimmste getäuscht, *auch*: sie haben ihn auf das **Schlimmste** getäuscht
Schloß	Schloss
Schlößchen	Schlösschen
Schloßherr	Schlossherr
Schloßpark	Schlosspark
Schluß	Schluss
schlußendlich	schlussendlich
Schlußfolgerung	Schlussfolgerung
Schlußstrich	Schlussstrich, *auch*: Schluss-Strich
Schlußwort	Schlusswort
sie schmiß mit Steinen	sie schmiss mit Steinen
Schnappschuß	Schnappschuss
Schnellimbiß	Schnellimbiss
Schnelläufer	Schnellläufer, *auch*: Schnell-Läufer
schnellebig	schnelllebig
Schnellschuß	Schnellschuss
Schnepper	Schnepper, *auch*: Schnäpper
schneuzen	schnäuzen
Schokoladenguß	Schokoladenguss
aufs schönste übereinstimmen	aufs schönste übereinstimmen, *auch*: aufs **Schönste** übereinstimmen
er schoß	er schoss
Schraubverschluß	Schraubverschluss
Schreckschußpistole	Schreckschusspistole
Schrittempo	Schritttempo, *auch*: Schritt-Tempo
Schulabschluß	Schulabschluss
an etwas schuld haben	an etwas **Schuld** haben
sich etwas zuschulden kommen lassen	sich etwas zuschulden kommen lassen, *auch*: sich etwas zu **Schulden** [*getrennt*] kommen lassen
schuldbewußt	schuldbewusst
Schulschluß	Schulschluss
Schulstreß	Schulstress
Schulterschluß	Schulterschluss
Schuß	Schuss

alt	neu
schußlig	schusslig
Schußlinie	Schusslinie
Schußwaffe	Schusswaffe
Schußwechsel	Schusswechsel
schwachbetont	schwach betont [getrennt]
schwachbevölkert	schwach bevölkert [getrennt]
aus schwarz weiß machen	aus Schwarz Weiß machen
das Schwarze Brett	das schwarze Brett
Schwarze Magie	schwarze Magie
der Schwarze Peter	der schwarze Peter
schwarzgefärbt	schwarz gefärbt [getrennt]
schwarzrotgolden	schwarzrotgolden, auch: schwarz-rot-golden
schwerfallen	schwer fallen [getrennt]
schwernehmen	schwer nehmen [getrennt]
schwertun	schwer tun [getrennt]
schwerverständlich	schwer verständlich [getrennt]
Science-fiction	Sciencefiction [zusammen], auch: Science-Fiction
See-Elefant	See-Elefant, auch: Seeelefant
jedem das Seine	jedem das Seine, auch: jedem das seine
das Seine beitragen	das Seine beitragen, auch: das seine beitragen
die Seinen	die Seinen, auch: die seinen
seinlassen	sein lassen [getrennt]
auf seiten	aufseiten [zusammen], auch: auf Seiten
von seiten	vonseiten [zusammen], auch: von Seiten
selbständig	selbständig, auch: selbstständig
Selbständigkeit	Selbständigkeit, auch: Selbstständigkeit
selbstbewußt	selbstbewusst
selbsternannt	selbst ernannt [getrennt]
selbstgebacken	selbst gebacken [getrennt]
selbstgemacht	selbst gemacht [getrennt]
selbstverdient	selbst verdient [getrennt]
seligpreisen	selig preisen [getrennt]
seligsprechen	selig sprechen [getrennt]
Sendeschluß	Sendeschluss
Sendungsbewußtsein	Sendungsbewusstsein
sequentiell	sequenziell*, auch: sequentiell
seßhaft	sesshaft
S-förmig	S-förmig, auch: s-förmig
die Shakespeareschen Sonette	die shakespeareschenSonette, auch: die Shakespeare'schen Sonette
Short story	Shortstory [zusammen], auch: Short Story
Showbusineß	Showbusiness
auf Nummer Sicher gehen	auf Nummer Sicher gehen, auch: auf Nummer sicher gehen
Sicherheitsverschluß	Sicherheitsverschluss
siedendheiß	siedend heiß [getrennt]
siegesgewiß	siegesgewiss
sitzenbleiben	sitzen bleiben [getrennt]
sitzenlassen	sitzen lassen [getrennt]
Small talk	Smalltalk [zusammen], auch: Small Talk
so daß	sodass [zusammen], auch: so dass

alt	neu
Sommerschlußverkauf	Sommerschlussverkauf
Soufflé	Soufflé, *auch*: Soufflee
soviel	so viel [*getrennt*]
soweit	so weit [*getrennt*]
sowenig	so wenig [*getrennt*]
Spaghetti	Spaghetti, *auch*: Spagetti [*ohne h*]
spazierenfahren	spazieren fahren [*getrennt*]
spazieren gehen	spazieren gehen [*getrennt*]
Spliß	Spliss
Sportdreß	Sportdress
Sproß	Spross
Spößchen	Sprösschen
Sprößling	Sprössling
standesbewußt	standesbewusst
Startschuß	Startschuss
steckenbleiben	stecken bleiben [*getrennt*]
steckenlassen	stecken lassen [*getrennt*]
stehenbleiben	stehen bleiben [*getrennt*]
stehenlassen	stehen lassen [*getrennt*]
Stengel	Stängel
Steptanz	Stepptanz
Steuererlaß	Steuererlass
Stewardeß	Stewardess
stiftengehen	stiften gehen [*getrennt*]
etwas im stillen vorbereiten	etwas im Stillen vorbereiten
Stilleben	Stillleben, *auch*: Still-Leben
stillegen	stilllegen
Stoffetzen	Stofffetzen, *auch*: Stoff-Fetzen
Stop	Stopp
Straferlaß	Straferlass
strenggenommen	streng genommen [*getrennt*]
strengnehmen	streng nehmen [*getrennt*]
aufs strengste unterschieden	aufs strengste unterschieden, *auch*: aufs Strengste unterschieden
Streß	Stress
der Lärm streßt	der Lärm stresst
Streßsituation	Stresssituation, *auch*: Stress-Situation
Stukkateur	Stuckateur
2stündig, 3stündig, 4stündig ...	2-stündig, 3-stündig, 4-stündig ...
2stündlich, 3stündlich, 4stündlich ...	2-stündlich, 3-stündlich, 4-stündlich ...
Stuß	Stuss
substantiell	substanziell*, *auch*: substantiell

T	
tabula rasa machen	Tabula rasa machen
zutage treten	zutage treten, *auch*: zu Tage [*getrennt*] treten
2tägig, 3tägig, 4tägig ...	2-tägig, 3-tägig, 4-tägig ...
Tankschloß	Tankschloss
Tarifabschluß	Tarifabschluss
Täßchen	Tässchen
ein paar tausend	ein paar tausend, *auch*: ein paar Tausend
Tee-Ei	Tee-Ei, *auch*: Teeei

alt	neu
Tee-Ernte	Tee-Ernte, *auch*: T**ee**ernte
Telephon	Telefon
Telephonanschluß	Telefonanschlu**ss**
Thunfisch	Thunfisch, *auch*: T**u**nfisch [*ohne h*]
Tie-Break	Tie-Break, *auch*: Tie**b**reak [*zusammen*]
aufs tiefste gekränkt	aufs tiefste gekränkt, *auch*: aufs **T**iefste gekränkt
tiefbewegt	tief bewegt [*getrennt*]
tiefempfunden	tief empfunden [*getrennt*]
tiefverschneit	tief verschneit [*getrennt*]
Tintenfaß	Tintenfa**ss**
Tip	Ti**pp**
Tolpatsch	To**ll**patsch
tolpatschig	to**ll**patschig
Topographie	Topographie, *auch*: Topografie
Torschlußpanik	Torschlu**ss**panik
Torschuß	Torschu**ss**
totenblaß	totenbla**ss**
totgeboren	tot geboren [*getrennt*]
Tränenfluß	Tränenflu**ss**
Trekking	Trekking, *auch*: Tre**c**king
treuergeben	treu ergeben [*getrennt*]
triefnaß	triefna**ss**
auf dem trockenen sitzen	auf dem **T**rockenen sitzen
seine Schäfchen ins trockene bringen	seine Schäfchen ins **T**rockene bringen
im trüben fischen	im **T**rüben fischen
Trugschluß	Trugschlu**ss**
Türschloß	Türschlo**ss**

U

alt	neu
übelgelaunt	übel gelaunt [*getrennt*]
übelnehmen	übel nehmen [*getrennt*]
übelriechend	übel riechend [*getrennt*]
Überbiß	Überbi**ss**
Überdruß	Überdru**ss**
übereinanderlegen	übereinander legen [*getrennt*]
übereinanderliegen	übereinander liegen [*getrennt*]
übereinanderwerfen	übereinander werfen [*getrennt*]
Überfluß	Überflu**ss**
überhandnehmen	überhand nehmen [*getrennt*]
übermorgen abend, nachmittag	übermorgen **A**bend, **N**achmittag
Überschuß	Überschu**ss**
überschwenglich	überschw**ä**nglich
ein übriges tun	ein **Ü**briges tun
im übrigen wissen wir doch alle ...	im **Ü**brigen wissen wir doch alle ...
alles übrige später	alles **Ü**brige später
die übrigen kommen nach	die **Ü**brigen kommen nach
übrigbehalten	übrig behalten [*getrennt*]
übrigbleiben	übrig bleiben [*getrennt*]
übriglassen	übrig lassen [*getrennt*]
Umriß	Umri**ss**
umsein	um sein [*getrennt*]
um so [mehr, größer, weniger ...]	umso [*zusammen*] [mehr, größer, weniger ...]

alt	neu
Umwelteinfluß	Umwelteinfluss
sich ins unabsehbare ausweiten	sich ins Unabsehbare ausweiten
unangepaßt	unangepasst
unbeeinflußt	unbeeinflusst
Anzeige gegen Unbekannt	Anzeige gegen unbekannt
unbewußt	unbewusst
und ähnliches (u.ä.)	und Ähnliches (u.Ä.)
unendlichemal	unendliche Mal [getrennt]
unerläßlich	unerlässlich
unermeßlich	unermesslich
unfaßbar	unfassbar
ungewiß	ungewiss
im unklaren bleiben	im Unklaren bleiben
im unklaren lassen	im Unklaren lassen
unmißverständlich	unmissverständlich
unrecht haben	Unrecht haben
unrecht behalten	Unrecht behalten
unrecht bekommen	Unrecht bekommen
unrecht sein	weiterhin: unrecht sein
unselbständig	unselbständig, auch: unselbstständig
Unselbständigkeit	Unselbständigkeit, auch: Unselbstständigkeit
die Unseren	die Unseren, auch: die unseren
untenerwähnt	unten erwähnt [getrennt]
untenstehend	unten stehend [getrennt]
unterbewußt	unterbewusst
unterderhand	unter der Hand [getrennt]
untereinanderstehen	untereinander stehen [getrennt]
ohne Unterlaß	ohne Unterlass
Untersuchungsausschuß	Untersuchungsausschuss
unvergeßlich	unvergesslich
unverläßlich	unverlässlich
V	
Varieté	Varieté, auch: Varietee
veranlaßt	veranlasst
verantwortungsbewußt	verantwortungsbewusst
verblaßt	verblasst
im verborgenen blühen	im Verborgenen blühen
Verdruß	Verdruss
vergeßlich	vergesslich
Vergißmeinnicht	Vergissmeinnicht
du vergißt	du vergisst
verhaßt	verhasst
auf jmdn. ist Verlaß	auf jmdn. ist Verlass
verläßlich	verlässlich
verlorengehen	verloren gehen [getrennt]
vermißt	vermisst
Vermißtenanzeige	Vermisstenanzeige
er hat den Zug verpaßt	er hat den Zug verpasst
Verriß	Verriss
verschiedenes war noch unklar	Verschiedenes war noch unklar
verschiedenemal	verschiedene Mal [getrennt]

alt	neu
Verschluß	Verschluss
Verschlußsache	Verschlusssache, *auch*: Verschluss-**S**ache
verselbständigen	verselbständigen, *auch*: verselbst**st**ändigen
Vertragsabschluß	Vertragsabschluss
viel zuviel	viel zu viel [*getrennt*]
viel zuwenig	viel zu wenig [*getrennt*]
vielbefahren	viel befahren [*getrennt*]
vielgelesen	viel gelesen [*getrennt*]
aus dem vollen schöpfen	aus dem **V**ollen schöpfen
voneinandergehen	voneinander gehen [*getrennt*]
von seiten	vonseiten [*zusammen*], *auch*: von **S**eiten
vorangehendes gilt auch ...	**V**orangehendes gilt auch ...
im vorangehenden heißt es ...	im **V**orangehenden heißt es ...
im voraus	im **V**oraus
vorgefaßt	vorgefasst
vorgestern abend, mittag, morgen	vorgestern **A**bend, **M**ittag, **M**orgen
Vorhängeschloß	Vorhängeschloss
im vorhinein	im **V**orhinein
das vorige gilt auch ...	das **V**orige gilt auch ...
im vorigen heißt es ...	im **V**origen heißt es ...
vorliebnehmen	vorlieb nehmen [*getrennt*]
[gestern, heute, morgen] vormittag	[gestern, heute, morgen] **V**ormittag
Vorschuß	Vorschuss
Vorschußlorbeeren	Vorschusslorbeeren
vorwärtsgehen	vorwärts gehen [*getrennt*]
vorwärtskommen	vorwärts kommen [*getrennt*]
W	
Waggon	Waggon, *auch*: Wagon [*kein doppeltes g*]
Walkie-talkie	Walkie-**T**alkie
Walroß	Walross
Warnschuß	Warnschuss
Wasserschloß	Wasserschloss
wäßrig	wässrig
weichgekocht	weich gekocht [*getrennt*]
Weinfaß	Weinfass
aus schwarz weiß machen	aus **S**chwarz **W**eiß machen
des weiteren	des **W**eiteren
bis auf weiteres	*weiterhin*: bis auf weiteres
weitgereist	weit gereist [*getrennt*]
weitreichend	weit reichend [*getrennt*]
weitverbreitet	weit verbreitet [*getrennt*]
es besteht im wesentlichen aus ...	es besteht im **W**esentlichen aus ...
Wetturnen	Wett**t**urnen, *auch*: Wett-**T**urnen
wieviel	wie viel [*getrennt*]
wie viele	*weiterhin*: wie viele
Winterschlußverkauf	Winterschlussverkauf
wißbegierig	wissbegierig
ihr wißt	ihr wisst
du wußtest	du wusstest
wir wüßten gern ...	wir wüssten gern ...
Witterungseinfluß	Witterungseinfluss
als ob er wunder was getan hätte	als ob er **W**under was getan hätte
sich wundliegen	sich wund liegen [*getrennt*]

alt	neu
X	
X-beinig	X-beinig, *auch*: x-beinig
X-förmig	X-förmig, *auch*: x-förmig
zum x-tenmal	zum x-ten Mal [*getrennt*]
Z	
Zäheit	Zähheit
Zahlenschloß	Zahlenschloss
2zeilig, 3zeilig, 4zeilig ...	2-zeilig, 3-zeilig, 4-zeilig ...
eine Zeitlang	eine Zeit lang [*getrennt*]
zur Zeit [*derzeit*]	zurzeit [*zusammen*]
zielbewußt	zielbewusst
Zierat	Zierrat
zigtausend	zigtausend, *auch*: Zigtausend
Zigtausende	Zigtausende, *auch*: zigtausende
Zivilprozeß	Zivilprozess
zueinanderfinden	zueinander finden [*getrennt*]
Zufluß	Zufluss
sich zufriedengeben	sich zufrieden geben [*getrennt*]
zufriedenlassen	zufrieden lassen [*getrennt*]
zufriedenstellen	zufrieden stellen [*getrennt*]
zugrunde gehen	zugrunde gehen, *auch*: zu Grunde gehen
zugrunde liegen	zugrunde liegen, *auch*: zu Grunde liegen
zugrundeliegend	zugrundeliegend, *auch*: zu Grunde liegend
zugrunde richten	zugrunde richten, *auch*: zu Grunde richten
zugunsten	zugunsten, *auch*: zu Gunsten
zu Hause	zu Hause, *in Österreich und der Schweiz auch*: zuhause [*zusammen*]
bei uns zulande	bei uns zu Lande
zulasten	zulasten, *auch*: zu Lasten
jmdm. etwas zuleide tun	jmdm. etwas zuleide tun, *auch*: jmdm. etwas zu Leide tun
zumute sein	zumute sein, *auch*: zu Mute sein
Zungenkuß	Zungenkuss
sich etwas zunutze machen	sich etwas zunutze machen, *auch*: sich etwas zu Nutze machen
jmdm. zupaß kommen	jmdm. zupass kommen
zu Rande kommen	zu Rande kommen, *auch*: zurande [*zusammen*] kommen
jmdn. zu Rate ziehen	jmdn. zu Rate ziehen, *auch*: jmdn. zurate [*zusammen*] ziehen
zur Zeit [*derzeit*]	zurzeit [*zusammen*]
Zusammenfluß	Zusammenfluss
zusammengefaßt	zusammengefasst
zusammengepaßt	zusammengepasst
zusammengepreßt	zusammengepresst
Zusammenschluß	Zusammenschluss
zusammensein	zusammen sein [*getrennt*]
sich etwas zuschulden kommen lassen	sich etwas zuschulden kommen lassen, *auch*: sich etwas zu Schulden kommen lassen
Zuschuß	Zuschuss
zusein	zu sein [*getrennt*]

alt	neu
zustande kommen	zustande kommen, *auch*: zu **S**tande kommen
zutage treten	zutage treten, *auch*: zu **T**age treten
zuviel	zu viel [*getrennt*]
zu viele	*weiterhin*: zu viele
zuwege bringen	zuwege bringen, *auch*: zu **W**ege bringen
zuwenig	zu wenig [*getrennt*]
jeder zweite war krank	jeder **Z**weite war krank

Notizen

Notizen

Notizen

Notizen

Aufbau des deutsch-spanischen Wörterbuchs
Estructura del diccionario alemán-español

Stichwort in Fettdruck	**'Mätzchen** F n/pl. *(Possen)* monerías f/pl.; *(Kniffe)* trucos m/pl.; martingalas f/pl.; *(überflüssiges Zeug)* ringorrango m; *(Getue)* aspavientos m/pl.; ~ *machen* tratar de producir efecto.	la palabra clave en negrita
Erklärende Hinweise in Kursivschrift		las explicaciones en cursiva
Wendungen in Gill-Schrift		las locuciones en tipo „Gill"
Übersetzungen in Normalschrift	**materi'ell** *adj.* material *(a. fig.)*; *(geldlich)* financiero, pecuniario.	las traducciones en letra normal
Die fette Tilde ersetzt das ganze Stichwort	**'Maurer** m albañil m; F paleta m; **~arbeit** f (obra f de) albañilería f; **~geselle** m oficial m de albañil; **~handwerk** n [...]	La tilde gruesa remplaza a toda la palabra clave
oder einen Teil des Stichworts.	**'Mast|futter** n cebo m, ceba f; **~gans** f ganso m cebado; **~hähnchen** n pollo m cebón *(od. de engorde)*.	o a la parte de la palabra clave que precede a la raya vertical.
Die einfache Tilde steht in den Anwendungsbeispielen für das unmittelbar vorhergehende Stichwort.	**'Mauser** f (0) muda f; ⚬n v/refl.: sich ~ mudar, estar de muda; F *fig.* echar buen pelo *(od. buena pluma)*.	La tilde sencilla remplaza, en los ejemplos de uso, a la palabra clave inmediatamente precedente.
Wechselt die Schreibung von groß zu klein oder umgekehrt, steht die Kreistilde.	**Mathe'ma|tiker** m matemático m; **⚬tisch** *adj.* matemático; *die ~en Wissenschaften* las ciencias exactas.	Si la letra inicial cambia de mayúscula a minúscula o al revés, se emplea la tilde con círculo.
Betonungsakzent	**'mauscheln** *fig.* (-le) v/i. chapurr(e)ar; *(schachern)* cambalachear.	acento para indicar la sílaba tónica
Trennung der Sprechsilben	**'Mäus-chen** n ratoncito m; F *(Mädchen)* nen(it)a f; ⚬**still** *adj.* [...]	separación prosódica de las sílabas
Phonetik	**Mas'seu|r** [ma'søːʀ] m (-s; -e), **~se** [-'søːzə] f masajista m/f.	fonética
Grammatische Angaben in runden Klammern	**Mauso'leum** [-'leːʊm] n (-s; -leen) mausoleo m.	indicaciones gramaticales entre paréntesis
Angabe des Umlauts	**'Maul** n (-¢s; **~**er) boca f; morro m; *(Schnauze)* hocico m *(beide a. P v. Menschen)*; P jeta f; *die bösen Mäuler* las malas lenguas; [...]	indicación de la vocal modificada
Gliederung des Artikels nach Wortarten durch römische Ziffern	**'massig I.** *adj.* voluminoso, abultado; macizo, compacto; **II.** *adv.* en masa; F a porrillo, a manta.	subdivisión del artículo: los números romanos especifican las diversas categorías gramaticales
nach Bedeutungen durch arabische Ziffern	**'matt I.** *adj.* (-est) **1.** *(müde)* cansado, fatigado, agotado; [...] **2.** *(glanzlos)* mate *(a. Phot.)*; *Farbe*: a. apagado; *(trübe)* deslustrado; *Glas*: empañado; opaco; **3.** *Schachspiel*: mate; *j-n ~ setzen* dar mate a alg.; **II.** ⚬ n [...]	las cifras arábigas separan los distintos significados